EDITIONS FRANCIS LEFEBVRE
Tour Lefebvre Dalloz, 10 place des Vosges CS 80357,
92072 Paris La Défense Cedex

ISBN : 978-2-36893-750-1

CODE PRATIQUE

OHADA

Traité, Actes uniformes
et Règlements annotés

A jour au 1er juillet 2025

Lefebvre Dalloz

Cet ouvrage a pour auteur

Mahutodji Jimmy Vital KODO
docteur en droit, avocat aux Barreaux des Hauts-de-Seine (France)
et de Kinshasa Matete (République démocratique du Congo)
Ancien conseiller technique du président de la Cour commune de justice et d'arbitrage de l'OHADA
Membre de la Cour permanente d'arbitrage (La Haye, Pays-Bas)
Membre de la Commission Afrique de la Cour d'arbitrage
de la Chambre de commerce internationale (Paris, France)
Arbitre agréé de plusieurs centres d'arbitrages dont celui de la Cour commune
de justice et d'arbitrage de l'OHADA
Visiteur académique à la Howard University Law School (Washington, DC, États-Unis)
et à l'université du Cap (Afrique du Sud)

Le **professeur Barthélemy MERCADAL** (agrégé des facultés de droit,
auteur du Mémento Francis Lefebvre Droit commercial et coauteur du Mémento Sociétés commerciales)
a dirigé les deux premières éditions de cet ouvrage

Corinne BOISMAIN
maître de conférences habilitée à diriger des recherches (HDR),
Conservatoire national des arts et métiers (CNAM, France),
a rédigé les annotations de jurisprudence comparée des cinq premières éditions de cet ouvrage

PRÉFACE

L'Afrique étant annoncée de toutes parts comme le continent du XXIe siècle, elle doit être à l'unisson de l'environnement juridique que requiert cette promesse.

Elle ne pourra participer aux échanges économiques mondiaux et réussir la mise en œuvre de la zone de libre-échange intercontinentale (ZLECAF) sans un droit rassurant les acteurs de la vie des affaires.

Sur le fondement de cette conviction, des États africains, en majorité francophones, ont créé, par le traité conclu à Port-Louis le 17 octobre 1993, l'Organisation pour l'harmonisation en Afrique du droit des affaires (OHADA). Cette immense ambition s'est traduite par la promulgation progressive d'Actes uniformes dont la réunion constitue, à ce jour, un ensemble de plusieurs milliers de dispositions normatives régulièrement mises à jour et enrichies par de nouveaux sujets. Est ainsi apparu un « Code de commerce » commun aux 17 États parties et, à sa suite, une jurisprudence forte de plus de plusieurs milliers de décisions émanant des juridictions des États parties et de la cour régulatrice, la Cour commune de justice et d'arbitrage (CCJA).

Nous avons le plaisir de saluer la 6e édition de ce Code pratique OHADA, qui a contribué à une consolidation du droit OHADA et à en faire un droit désormais reconnu. C'est un droit qui intrigue les juristes spécialisés dans les systèmes de « common law » qui y voient un obstacle aux échanges, conformément à l'idée reçue qui court tant chez eux que chez les civilistes.

L'initiative de créer le Code de l'OHADA en 2004 semble avoir porté ses fruits.

Barthélemy MERCADAL
Agrégé des facultés de droit, professeur émérite du Conservatoire national des arts et métiers, vice-président et ancien secrétaire général de l'IDEF

Jimmy KODO, FCIArb
Docteur en droit, avocat aux Barreaux des Hauts-de-Seine (France) et de Kinshasa Matete (République démocratique du Congo)

AVANT-PROPOS

> *« C'est la jurisprudence qui constitue la matière première sur laquelle doivent s'exercer nos recherches ; le droit est tel qu'elle le comprend et l'aménage, les documents législatifs n'étant que des matériaux dont l'assemblage et la mise en œuvre lui sont confiés »*
> *(Louis Josserand, Cours de droit civil positif, 1ᵉ éd., 1930, préface, n° 1).*

Cette sixième édition du présent Code demeure fidèle à la tradition instaurée depuis la genèse de cet ouvrage.

Elle réunit, sous chacun des articles constituant les dispositions édictées par l'Organisation pour l'harmonisation en Afrique du droit des affaires (OHADA), des **annotations** tirées de diverses décisions de justice faisant application de ces textes ou susceptibles de les illustrer.

Les annotations de cette nouvelle édition ont été entièrement rédigées par Jimmy Kodo.

Sous les textes, lorsqu'il y a lieu, figure une rubrique « **Jurisprudence OHADA** » rapportant les décisions rendues par les juridictions des dix-sept pays liés par le Traité OHADA et/ou une rubrique « **Jurisprudence comparée** », qui présente des décisions originaires des juridictions de divers pays, présentées dans un ordre alphabétique, en rapport avec le texte de l'OHADA susceptible d'être concerné.

Ainsi conçu, le présent Code apporte à tout juriste ayant, que ce soit à titre de juge, d'avocat, de professeur, de chercheur ou d'étudiant, à appliquer ou à utiliser la législation OHADA, plus de quatre mille références l'ayant directement mise en œuvre, y compris par les juridictions anglophones et de tradition de « common law ».

Le lecteur pourra aussi confronter ces décisions avec celles rendues par les juridictions de droit civil, notamment celles rendues en Belgique, au Canada (spécialement province de Québec), en France, au Luxembourg et dans des pays du Maghreb et du Proche-Orient dont la législation est la plus proche de celle de l'OHADA.

Le rapprochement des décisions OHADA avec ces dernières lui procurera :

- une connaissance brute du droit positif étranger, dépouillé de toute interprétation doctrinale, lui laissant le soin d'en déterminer la portée par lui-même ;
- des repères pour juger, trouver des arguments pour plaider, des informations pour documenter ses cours, pour s'instruire ou pour alimenter ses recherches, soit autant de ressources permettant la pratique d'un droit comparé par les jurisprudences comparées ;
- le moyen d'apprécier la valeur théorique et pratique de la jurisprudence OHADA, dont les applications comparables à celles d'autres pays attestent de sa concordance avec les besoins actuels de la vie des affaires ;
- la preuve de l'émergence de cette jurisprudence dans le concert des échanges internationaux qui la fait affleurer devant les juridictions d'autres pays ;
- la mesure du parallélisme, en particulier, des solutions rendues aux États-Unis avec celles issues des pays civilistes ;
- le sentiment qu'il existe une réelle communauté juridique civiliste au sens où il est habituel de le dire de la communauté juridique de « common law » ; les décisions des pays civilistes retiennent des solutions très comparables, voire identiques, et témoignent d'un « dialogue » des juges qui se réfèrent parfois les uns aux autres ;
- un gage de sécurité juridique, propre en particulier à rassurer le praticien, qui peut ainsi constater par lui-même que « l'herbe n'est pas plus verte ailleurs », ce qui ne peut que renforcer l'adhésion du juriste et du justiciable à son ordre juridique.

Sur le plan éditorial, les noms et prénoms des personnes physiques parties à la procédure ne sont plus mentionnés dans les **références**. Il convient donc de se référer aux autres éléments de référence des décisions présentées (notamment les numéros des décisions) pour les retrouver.

L'attention du lecteur est attirée sur plusieurs points, relatifs aux **réformes récentes** intégrées dans la présente édition et à la jurisprudence de la CCJA.

Concernant les réformes, l'Acte uniforme relatif au système comptable des entités à but non lucratif (**AUSYCEBNL**, adopté le 22 décembre 2022), l'AUPSRVE révisé, ainsi que le nouveau Règlement intérieur de la CCJA en matière d'arbitrage, tous adoptés le 17 octobre 2023, ont été intégrés dans la présente édition.

L'**AUPSRVE révisé** a été consolidé avec l'ancienne version, en faisant ressortir les dispositions nouvelles et celles qui ont été modifiées, pour orienter le lecteur. S'il comporte plusieurs innovations comme la saisie conservatoire du bétail (art. 73-1 [nouv.] à 73-10 [nouv.]), la saisie des biens placés dans un coffre-fort appartenant à un tiers (art. 152-16 [nouv.] à 152-26 [nouv.]), et la saisie du fonds de commerce (art. 245-1 [nouv.] à 245-34 [nouv.]), on peut toutefois déplorer certains aspects de la réforme.

Sur le fond, le praticien pourrait déplorer :

- la limitation du montant des dommages-intérêts, en cas de plusieurs tiers saisis, au montant cumulé des causes de la saisie (art. 38, al. 2) ;
- l'établissement d'une liste de biens insaisissables en des termes susceptibles d'entraîner des confusions ;
- la possibilité désormais offerte, semble-t-il sans réserve, au juge de l'exécution de prononcer des défenses à exécution ou le sursis à exécution (art. 32, al. 2) ;
- l'insaisissabilité, désormais consacrée, des « avoirs des banques ainsi que ceux des autres établissements financiers ou de crédit, de microfinance ou de paiement sous forme de dépôts dans les comptes des banques centrales » (art. 51, al. 9).

La mise en œuvre effective, depuis le 1er juillet 2025, du **Règlement intérieur de la CCJA en matière d'arbitrage**, consacre la marche résolue de l'OHADA vers une autonomisation effective de l'arbitrage institutionnel sous l'égide de la CCJA, notamment par l'affirmation de l'existence d'un Centre d'arbitrage au sein de la Cour, désormais dotée de deux organes (secrétariat général et Comité de suivi des procédures) auxquels est dévolue l'intégralité de l'administration des procédures arbitrales régies par le Règlement d'arbitrage de la CCJA, dont nous proposons une version actualisée et consolidée.

La **jurisprudence** (majoritairement **de la CCJA**) recèle de nombreuses innovations louables, qui démontrent que, dans bien de domaines, la Cour est consciente de la nécessité de s'adapter, en souplesse mais sans sacrifier la sécurité juridique, à l'évolution contemporaine des activités économiques et de leurs enjeux. Nous pouvons en citer quelques exemples.

Dans un arrêt 112/2024, la Cour a affirmé le caractère d'ordre public du délai de conversion d'un redressement en liquidation des biens, en prenant le soin, pour la première fois, de surligner en gras certains passages de l'arrêt faisant ressortir le caractère d'ordre public affirmé (CCJA, 1e ch., nº 112/2024, 25-4-2024 ; AUPCAP, art. 33).

La CCJA a également saisi l'occasion de confirmer la condamnation aux dommages-intérêts d'un débiteur saisi pour contestation téméraire et vexatoire (CCJA, 1e ch., nº 014/2022,

27-1-2022 ; AUPSRVE, art. 171) ou de rappeler qu'un commandement préalable n'est pas nécessaire avant une saisie-attribution (CCJA, 1e ch., no 028/2022, 17-2-2022 ; AUPSRVE, art. 153).

On note néanmoins une fluctuation regrettable de la jurisprudence de la CCJA relative à la notification d'un arrêt d'appel par le greffe de la juridiction d'appel, qui fait courir le délai pour former un pourvoi en cassation (Règl. proc. CCJA, art. 28 ; CCJA, 2e ch., no 162/2024, 30-5-2024 ; CCJA, 1e ch., no 198/2024, 27-6-2024 ; CCJA, 1e ch., no 260/2024, 24-10-2024).

De même, on note la tendance récente de la Cour à se déclarer incompétente (CCJA, 1e ch., no 180/2023, 26-10-2023), parfois d'office et sans inviter les parties à présenter des observations sur le moyen ainsi soulevé (CCJA, 1e ch., no 058/2023, 30-3-2023), dans des procédures qui, pourtant, relèvent de sa compétence.

Tout en espérant que les lecteurs du présent Code pratique auront autant de plaisir à s'en servir que nous en avons eu à le réaliser, nous réitérons notre gratitude aux personnes, de plus en plus nombreuses, qui nous soutiennent à l'occasion de chaque édition par l'envoi de la jurisprudence, et de bien d'autres manières.

Jimmy KODO

ABRÉVIATIONS ET SIGLES

A

Adm.	Administrative
Al.	Alinéa
Arr.	Arrêt
Art.	Article
ASECNA	Agence pour la sécurité de la navigation aérienne en Afrique et à Madagascar
AU	Acte uniforme
AUA	Acte uniforme relatif au droit de l'arbitrage
AUCTMR	Acte uniforme relatif aux contrats de transport de marchandises par route
AUDCG	Acte uniforme révisé relatif au droit commercial général
AUDCIF	Acte uniforme relatif au droit comptable et à l'information financière
AUHCE	Acte uniforme portant organisation et harmonisation des comptabilités des entreprises
AUM	Acte uniforme relatif à la médiation
AUPCAP	Acte uniforme portant organisation des procédures collectives d'apurement du passif
AUPSRVE	Acte uniforme portant organisation des procédures simplifiées de recouvrement et des voies d'exécution
AUS	Acte uniforme révisé portant organisation des sûretés
AUSC	Acte uniforme relatif au droit des sociétés coopératives
AUSCGIE	Acte uniforme révisé relatif au droit des sociétés commerciales et du groupement d'intérêt économique
AUSYCEBNL	Acte uniforme relatif au système comptable des entités à but non lucratif

B

BICA	Bulletin d'information sur la coopération agricole
BRDA	Bulletin rapide de droit des affaires Francis Lefebvre
Bull. civ.	Bulletin des arrêts de la Cour de cassation (chambres civiles)
Bull. crim.	Bulletin des arrêts de la Cour de cassation (chambre criminelle)

C

C.	Cour
CA	Cour d'appel
Cass.	Cassation
Cass. féd.	Cour de cassation fédérale
CCJA	Cour commune de justice et d'arbitrage
Ch.	Chambre
CE	Conseil d'État
CEDEAO/ECOWAS	Communauté économique des États de l'Afrique de l'Ouest
CEMAC	Communauté économique et monétaire d'Afrique centrale
CFA	Communauté financière d'Afrique (franc CFA ou FCFA)
CIMA	Conférence interafricaine des marchés d'assurance
Civ.	Civil(e)
CJCE ou CJUE	Cour de justice des Communautés européennes ou de l'Union européenne
COCC	Code des obligations civiles et commerciales
Com.	Commerciale
Cons. const.	Conseil constitutionnel
Corr.	Correctionnel(le)
COO	Code suisse des obligations

COOP-CA	Société coopérative avec conseil d'administration
CPC	Code de procédure civile
Crim.	Criminel(le)
C. sup.	Cour suprême
D	
D.	Recueil Dalloz
Déc.	Décision
E	
Éd.	Édition
Epic	Établissement public à caractère industriel
Épse	Épouse
ERSUMA	École régionale supérieure de la magistrature
Esp.	Espèce
Ets.	Établissement
F	
FB, FS-PB, FS-P + Bull. civ. I	Indiquent qu'un arrêt est publié au bulletin des arrêts de la Cour de cassation de France et peut être consulté, en interrogeant par le numéro de pourvoi, sur le site Légifrance
FD	Indique qu'un arrêt n'est pas publié au bulletin des arrêts de la Cour de cassation de France, mais peut être consulté, en interrogeant par le numéro de pourvoi, sur le site Légifrance
G	
Gaz. Pal. ou GP	Gazette du Palais
GIE	Groupement d'intérêt économique
I	
IDEF	Institut international de droit d'expression et d'inspiration françaises
J	
JCP	Jurisclasseur périodique ou Semaine juridique
Jex	Juge de l'exécution ou du contentieux de l'exécution selon les pays
JO	Journal officiel
JO OHADA	Journal officiel de l'OHADA
JP	Jurisprudence
JR	Juge régional
JU	Juge unique
Jug.	Jugement
Jur.	Jurisprudence
JURICAF	Base de données de jurisprudence des Cours suprêmes judiciaires francophones (www.juricaf.org/)
M	
MDC	Mémento Pratique Francis Lefebvre, Droit commercial
O	
Obs.	Observation(s)
OHADA	Organisation pour l'harmonisation en Afrique du droit des affaires
OHADATA	Référence des publications sur le site www.ohada.com, suivie du numéro
OHADATA D	Référence des articles de doctrine sur le site www.ohada.com, suivie du numéro

OHADATA J	Référence des décisions sur le site www.ohada.com, suivie du numéro
Ord.	Ordonnance
Ord. réf.	Ordonnance de référés
P	
P-DG	Président-directeur général
R	
RCCM	Registre du commerce et du crédit mobilier
RCS	Registre du commerce et des sociétés
Rec.	Recueil
Réf.	Référé(s)
Règl. arb. CCJA	Règlement d'arbitrage de la Cour commune de justice et d'arbitrage
Règl. proc. CCJA	Règlement de procédure de la Cour commune de justice et d'arbitrage
Rev. dr. uniforme	Revue de droit uniforme
RJDA	Revue de jurisprudence de droit des affaires Francis Lefebvre
RJS	Revue de jurisprudence sociale Francis Lefebvre
S	
SA	Société anonyme
SAS	Société par actions simplifiée
SARL	Société à responsabilité limitée
SCA	Société en commandite par actions
SCOOPS	Société coopérative simplifiée
SCS	Société en commandite simple
Sect.	Section
SNC	Société en nom collectif
SP	Société en participation
SP OHADA	Secrétariat (ou secrétaire) permanent de l'OHADA
Sté	Société
T	
TA	Tribunal administratif
TA	Tribunal arbitral
T. com.	Tribunal de commerce ou commercial selon les pays
TGI	Tribunal de grande instance
TI	Tribunal d'instance
TPI	Tribunal de première instance
TR	Tribunal régional
Transidit	Revue de l'Institut du droit international des transports
TRHC	Tribunal régional hors classe
Trib. féd.	Tribunal fédéral
TS	Tribunal de section
U	
UA	Union africaine
UEMOA	Union économique monétaire ouest-africaine
UNIDA	Association pour l'unification du droit en Afrique
Z	
ZACA	Zone d'activité commerciale et administrative

PLAN GENERAL

Partie I

TRAITÉ, RÉGLEMENTS ET DÉCISIONS

Traité OHADA

Traité portant révision du traité relatif à l'harmonisation du droit des affaires en Afrique

Préambule

Le Président de la République du BENIN,
Le Président du BURKINA FASO,
Le Président de la République du CAMEROUN,
Le Président de la République CENTRAFRICAINE
Le Président de l'Union des COMORES,
Le Président de la République du CONGO,
Le Président de la République de COTE D'IVOIRE,
Le Président de la République GABONAISE,
Le Président de la République de GUINEE,
Le Président de la République de GUINEE BISSAU,
Le Président de la République de GUINEE EQUATORIALE,
Le Président de la République du MALI,
Le Président de la République du NIGER,
Le Président de la République du SENEGAL,
Le Président de la République du TCHAD,
Le Président de la République TOGOLAISE,
Hautes parties contractantes du Traité,

Réaffirmant leur détermination à accomplir de nouveaux progrès sur la voie de l'unité africaine et leur volonté de renforcer la sécurité juridique et judiciaire dans l'espace de l'organisation pour l'harmonisation en Afrique du droit des affaires (OHADA), de nature à garantir un climat de confiance concourant à faire de l'Afrique un pôle de développement ;

Résolus à faire de l'harmonisation du droit des affaires un outil d'affermissement continu de l'État de droit et de l'intégration juridique et économique ;

Décidés à créer toutes les conditions nécessaires à la consolidation des acquis de l'OHADA et à leur amplification et promotion ;

Conviennent de modifier et de compléter le traité relatif à l'harmonisation du droit des affaires en Afrique, signé à Port Louis (Ile Maurice) le 17 Octobre 1993 :

Titre I
DISPOSITIONS GÉNÉRALES

Art. 1 Le présent traité a pour objet l'harmonisation du droit des affaires dans les États parties par l'élaboration et l'adoption de règles communes simples, modernes et adaptées à la situation de leurs économies, par la mise en œuvre de procédures judiciaires appropriées, et par l'encouragement au recours, à l'arbitrage pour le règlement des différends contractuels.

Il a été jugé, par une juridiction du Cameroun anglophone, que l'intention du législateur du Traité OHADA étant la création d'une stabilité économique, les tribunaux doivent en assurer l'application au risque d'entraîner une instabilité économique (Tangi Simon Tacho & Ors) (Suing as Board of Directors [BOD] Members of Azire Cooperative Credit Union Ltd AZICCUL) v. Bih Judith Tabifor (Sued as President of Board of Directors [BOD] of Azire Cooperative Credit Union) (Azire Cooperative Credit Union Ltd [AZICCUL], High Court of Mezam Holden in Bamenda, Suit n° HCB/287M/2012 of 15 October 2012).

OBSERVATIONS Cette décision rendue en application de l'AUSC (sociétés coopératives) ne vise pas spécifiquement l'article 1 du Traité OHADA. Mais elle traduit bien l'état d'esprit avec lequel les juridictions de tout l'espace OHADA devraient mettre en œuvre cette nouvelle législation. Et elle a le mérite de provenir d'une juridiction de common law.

Art. 2 Pour l'application du présent traité, entrent dans le domaine du droit des affaires l'ensemble des règles relatives au droit des sociétés et au statut juridique des commerçants, au recouvrement des créances, aux sûretés et aux voies d'exécution, au régime du redressement des entreprises et de la liquidation judiciaire, au droit de l'arbitrage, au droit du travail, au droit comptable, au droit de la vente et des transports, et toute autre matière que le Conseil des ministres déciderait, à l'unanimité, d'y inclure, conformément à l'objet du présent traité et aux dispositions de l'article 8.

Art. 3 [mod.] La réalisation des tâches prévues au présent Traité est assurée par une organisation dénommée Organisation pour l'Harmonisation en Afrique du Droit des Affaires (OHADA).

L'OHADA comprend la Conférence des Chefs d'État et de Gouvernement, le Conseil des ministres, la Cour commune de justice et d'arbitrage et le Secrétariat Permanent.

Le siège de l'OHADA est fixé à Yaoundé en République du Cameroun. Il peut être transféré en tout autre lieu sur décision de la Conférence des Chefs d'État et de Gouvernement.

Art. 4 [mod.] Des règlements pour l'application du présent Traité et des décisions seront pris, chaque fois que de besoin, par le Conseil des ministres, à la majorité absolue.

• Titre II •

LES ACTES UNIFORMES

Art. 5 Les actes pris pour l'adoption des règles communes prévues à l'article premier du présent traité sont qualifiés « actes uniformes ».

Les actes uniformes peuvent inclure des dispositions d'incrimination pénale.

Les États parties s'engagent à déterminer les sanctions pénales encourues.

Art. 6 Les Actes uniformes sont préparés par le Secrétariat Permanent en concertation avec les gouvernements des États parties. Ils sont délibérés et adoptés par le Conseil des ministres après avis de la Cour commune de justice et d'arbitrage.

Art. 7 [mod.] Les projets d'Actes uniformes sont communiqués par le Secrétariat Permanent aux Gouvernements des États parties, qui disposent d'un délai de quatre-vingt-dix jours à compter de la date de la réception de cette communication pour faire parvenir au Secrétariat Permanent leurs observations écrites.

Toutefois, le délai prévu à l'alinéa premier peut être prorogé d'une durée équivalente en fonction des circonstances et de la nature du texte à adopter, à la diligence du Secrétariat Permanent.

A l'expiration de ce délai, le projet d'Acte uniforme, accompagné des observations des États parties et d'un rapport du Secrétariat Permanent, est immédiatement transmis pour avis par ce dernier à la Cour commune de justice et d'arbitrage. La Cour donne son avis dans un délai de soixante jours à compter de la date de la réception de la demande de consultation.

A l'expiration de ce nouveau délai, le Secrétariat Permanent met au point le texte définitif du projet d'Acte uniforme, dont il propose l'inscription à l'ordre du jour du prochain Conseil des ministres.

Art. 8 L'adoption des Actes uniformes par le Conseil des ministres requiert l'unanimité des représentants des États parties présents et votants.

L'adoption des Actes uniformes n'est valable que si les deux tiers au moins des États parties sont représentés.

L'abstention ne fait pas obstacle à l'adoption des Actes uniformes.

Art. 9 [mod.] Les Actes uniformes sont publiés au Journal officiel de l'OHADA par le Secrétariat Permanent dans les soixante jours suivant leur adoption. Ils sont applicables quatre-vingt-dix jours après cette publication, sauf modalités particulières d'entrée en vigueur prévues par les Actes uniformes.

Ils sont également publiés dans les États parties, au Journal officiel ou par tout autre moyen approprié. Cette formalité n'a aucune incidence sur l'entrée en vigueur des Actes uniformes.

I. Entrée en vigueur des Actes uniformes

A. Application des Actes uniformes aux actes postérieurs à l'entrée en vigueur

L'AUPCAP est inapplicable à une procédure collective ouverte à une date antérieure à son entrée en vigueur – le 19 mai 1998 (CCJA, n° 027/2007, 19-7-2007 : SCI Dakar Invest et SCI Dakar Centenaire c/ 1° / Société Bernabé Sénégal, 2° / I. N. ès qualités de syndic de la liquidation de la Société Sénématel, 3° / État du Sénégal, 4° / CTN, Rec. jur. CCJA n° 10, juill.-déc. 2007, p. 40, Ohadata J-08-246.) ;

C'est à juste titre que l'application d'un décret national pris en vertu de l'article 51 de l'AUPSRVE a été rejetée relativement à une procédure antérieure à son entrée en vigueur (CCJA, ass. plén., n° 085, 20-11-2013 : SGT SA c/ El Hadj Sany Ousmane, Rec. jur. CCJA n° 20, vol. 1, janv.-déc. 2013, p. 125-127, Ohadata J-15-23).

Mais il a été jugé :

– qu'un contrat de représentation conclu en 1994 pour une période d'un an renouvelable par tacite reconduction est régi par l'AUDCG car, bien qu'ayant été conclu avant l'entrée en vigueur de cet acte uniforme, son exécution s'est poursuivie quand ledit Acte uniforme est entré en vigueur. Il en résulte que c'est l'article 18 de l'AUDCG qui est applicable en l'espèce pour déterminer les modalités de prescription de l'action (CA Lomé [Togo], n° 070/09, 21-4-2009 : Société Fan Milk SA Laiterie internationale c/ A. K., Ohadata J-10-223) ;

– que la résiliation judiciaire d'un bail signé le 26 février 1985 et l'expulsion subséquente sont régies par l'AUDCG, dès lors que la procédure de résiliation a été engagée après l'entrée en vigueur de l'AUDCG (CA Lomé (Togo), ch. civ., n° 016/10, 28-1-2010 : K. K. M. c/ A. E. A., Ohadata J-11-99).

Sur une décision de la CCJA qui a reconnu implicitement qu'un bail commercial signé le 31 décembre 1980, d'une durée d'un an, avait été renouvelé par tacite reconduction pour se muer en contrat à durée indéterminée, avant de lui appliquer les dispositions de l'AUDCG relatives à la contestation du congé et l'indemnité d'éviction, voir : CCJA, n° 041/2009, 30-6-2009 : K. A. c/ A. B. née T. E. A., Rec. jur. CCJA n° 13, janv.-juin 2009, p. 109, Ohadata J-10-79, à propos d'un bail portant sur l'exploitation d'un pressing.

L'application de l'AUPSRVE à une assignation datant du 16 juillet 2001 et relative à la vente judiciaire d'un immeuble résulte de l'article 9 du Traité institutif de l'OHADA et non d'un choix du juge d'appel. L'objet du contentieux étant la vente de l'immeuble et non une revendication de propriété, l'application de l'Acte uniforme rend superfétatoire la réponse à l'irrecevabilité fondée sur une disposition nationale (CCJA, ass. plén., n° 048, 23-4-2014 : Bassirou Ibo c/ Yacouba Kodako, NAHOUM Chaïbou, Ohadata J-15-139).

S'il est vrai qu'une convention entre des parties a été passée avant l'entrée en vigueur de l'AUDCG, les dispositions dudit Acte uniforme appréhendent tous les rapports de droit qui entrent dans son champ d'application depuis son entrée en vigueur. Ses dispositions impératives, notamment ses articles 101 à 103 [devenus 133 à 135], lesquels définissent la nature et le contenu du bail à usage professionnel, ont, en vertu de l'article 10 du Traité OHADA, vocation à s'appliquer aux baux en cours, même conclus sous l'empire d'une ancienne disposition contraire de droit interne (CCJA, 3e ch., n° 197/2020, 28-5-2020 : Société Total Guinée SA c/ Ibrahima Diallo et 1 autre).

B. Application des Actes uniformes aux affaires en cours

Il résulte de l'article 10 du Traité OHADA que les Actes uniformes sont, dès leur entrée en vigueur, applicables aux affaires en cours. Dès lors, c'est à bon droit que la cour en fait application dans l'arrêt querellé (CA N'Djamena, n° 519/99, 25-10-1999 : Société STAT c/ Tendron Quincaillerie, F. AHO et al. ; OHADA : Jurisprudences nationales. Ed. Benin Consulting Group, Cotonou (Bénin) : 2004, p. 9, 1TD17).

> **Obs. :** cette décision, qui a été rendue en application de l'article 10 du traité (voir ci-après), semble affirmer l'applicabilité directe des Actes uniformes aux affaires en cours, même si elles ont été introduites avant cette entrée en vigueur. À titre de comparaison, il a été jugé en France que les traités peuvent déroger au principe de la non-rétroactivité de la loi nouvelle (Cass. civ. 16-2-1965 : Clunet 1965.629, note Level) ; et concernant le droit communautaire de l'Union européenne, un acte communautaire n'a en principe, pas d'effet avant sa publication, lorsqu'il établit une règle de fond, sauf s'il ressort clairement de ses termes, finalités ou économie qu'un effet rétroactif doit lui être attribué ; par contre, lorsqu'il pose une règle de procédure, il est applicable à tous les litiges pendants au moment où il entre en vigueur (TPICE 28-1-2004, aff. 180/01 : Rec. II-369).

L'AUDCG est applicable à la rupture de baux commerciaux (abritant des kiosques) conclus avant son entrée en vigueur, dès lors que la notification de ladite rupture a été faite après l'entrée en vigueur. Il s'ensuit que c'est en application des dispositions dudit Acte uniforme que la procédure de résiliation doit être faite conformément à l'article 10 du Traité OHADA (CCJA, 1e ch., n° 40, 10-6-2010 : K c/ 1 – Agence judiciaire de l'État de Guinée, 2 – N, 3 – K., Juris-Ohada, n° 4, oct.-déc. 2010, p. 28, Ohadata J-11-84, J-12-37).

II. Caractère inopérant de la publication des Actes uniformes au J.O. d'un État partie sur leur entrée en vigueur

La publication des actes uniformes au journal officiel d'un État partie est sans influence sur leur entrée en vigueur immédiate (CA du Centre (Cameroun), n° 333/Civ., 2-8-2002 : K. P. E. c/ H. M., Ohadata J-04-470).

> **Obs. :** la cour d'appel a rendu cette décision sur le fondement de l'applicabilité directe des Actes uniformes en visant l'article 10 du Traité OHADA. Cette jurisprudence a été confirmée par la version révisée du Traité OHADA déjà en vigueur et qui la reprend intégralement dans l'article 9 al. 1.

Art. 10 Les Actes uniformes sont directement applicables et obligatoires dans les États parties nonobstant toute disposition contraire de droit interne, antérieure ou postérieure.

I. Effets de l'entrée en vigueur des Actes uniformes

Caractère obligatoire. À compter de son entrée en vigueur, tout Acte uniforme de l'OHADA s'intègre dans l'ordonnancement juridique interne des États parties sans le recours d'aucune mesure nationale (CCJA, 1e ch., n° 002, 7-3-2013 : Société Central Industrie c/ 1) Société Rayane, 2) Hassan Kamel Ftouni, 3) Omais Toufic et 4) Société Cafcaci, Rec. jur. CCJA n° 20, vol. 2, janv.-déc. 2013, pp. 11-14, Ohadata J-15-02).

Tel est le cas, par exemple, de l'Acte uniforme révisé relatif au droit des sociétés commerciales et du GIE qui s'applique sur l'ensemble du territoire des États parties, sans distinction (CCJA, ass. plén., avis n° 002, 23-6-2015 ; demande d'avis n° 255/SP/DAJ/OHADA/2015 du 21-4-2015 : République démocratique du Congo, Ohadata J-16-208 ; CCJA, 1e ch., n° 033, 29-2-2016 : Société Aes Sonel S.A c/ Niat Njifenji Marcel, Ohadata J-16-235).

Les Actes uniformes sont directement applicables et obligatoires dans les États parties nonobstant toute disposition contraire de droit interne, antérieure ou postérieure. Leur application dans les matières qu'ils régissent n'est donc pas une faculté mais une obligation qui s'impose dans leur application aux juridictions nationales (CCJA, ass. plén., n° 106, 4-11-2014 : Amity Bank Cameroon c/ Établissements Satra Express Voyage, Ohadata J-15-197).

En ratifiant le Traité OHADA, le Cameroun l'a intégré dans son ordonnancement juridique interne et il s'impose, de ce fait, à quiconque se trouve sur son territoire. Cette règle est consacrée et réitérée par l'article 3 du Code civil qui dispose que « les lois de police et sûreté obligent tous ceux qui habitent sur le territoire camerounais » (C. Sup. Cameroun, ch. jud., sect. com., n° 02/Com, 22-7-2010 : Sodecao SA c/ Société Shell Cameroun SA, Ohadata J-12-60).

L'affaire soumise à la cour d'appel étant relative à une demande de mainlevée d'une saisie-attribution, cette procédure était régie par les articles 153 à 172 de l'AUPSRVE, dès lors qu'à la date à laquelle la saisie-attribution a été pratiquée, cet Acte uniforme était entré en vigueur, avait déjà intégré l'ordonnancement juridique de la République togolaise, et était de ce fait, applicable « nonobstant toute disposition contraire de droit interne, antérieure ou postérieure ». En soutenant que « le litige est né de l'exécution par l'appelante, d'une décision étrangère au mépris des dispositions légales de droit interne exigeant un exequatur ; que par ailleurs, les problèmes tranchés [...] dans son arrêt [...] du 2 août 2001 ne relèvent pas du domaine de compétence du Traité OHADA, tel que défini en son article 2 ; qu'en outre, l'instance ayant été introduite depuis 1993, il est constant que le Traité OHADA, qui est entré en vigueur en 1998, ne peut s'appliquer au cas d'espèce, au nom du principe de la non-rétroactivité de la loi nouvelle », la cour d'appel a méconnu les dispositions des articles 10 et 13 du Traité OHADA et 337 de l'AUPSRVE et son arrêt encourt la cassation (CCJA, n° 011/2007, 29-3-2007 : O. Y. c/ BIA-Togo SA, Rec. jur. CCJA, n° 9, janv.-juin 2007, p. 79, Ohadata J-08-231).

C'est en violation de l'article 16 de l'AUDCG qu'une cour d'appel a retenu, sur le fondement d'une disposition interne antérieure à l'entrée en vigueur de l'Acte uniforme, la prescription décennale pour une obligation litigieuse née de différents prêts contractés en 1986 pour condamner au paiement, dès lors que l'article 10 du Traité OHADA prône la suprématie des Actes uniformes « directement applicables et obligatoires dans les États parties nonobstant toute disposition contraire de droit interne, antérieure ou postérieure », seules les dispositions de l'AUDCG prévoyant la prescription quinquennale étant ainsi applicables (CCJA, 1e ch., n° 084, 27-4-2017 : Gbetibouo Jean Augustin c/ BIAO-CI devenue NSIA Banque CI).

Les dispositions de l'article 217 de l'AUPCAP s'imposent à l'égard de toutes les décisions rendues en matière de procédures de redressement judiciaire ou de liquidation des biens, sauf celles homologuant le concordat ou prononçant la faillite personnelle. En l'espèce, la décision querellée, qui a été rendue sur des paiements faits pendant la période suspecte, entre dans la procédure collective de liquidation ; le président de la cour d'appel ne pouvait donc, sans méconnaître la primauté accordée à l'Acte uniforme, faire application de dispositions nationales (article 181 du Code de procédure civile ivoirien) pour suspendre son exécution. Il échet donc d'annuler l'ordonnance entreprise et dire qu'il n'y a pas lieu d'évoquer, rien ne restant à juger (CCJA, 2e ch., n° 053, 23-3-2017 : Tiemoko Koffi, Alain Guillemain c/ Société Yara Côte d'Ivoire, Ohadata J-17-201).

En application des articles 10 et 14 du Traité OHADA et 32 de l'AUPSRVE, lorsque l'exécution forcée est entamée, les juridictions nationales de cassation ne peuvent plus, sur la base d'une disposition nationale, exercer leur compétence en matière de sursis à exécution ; les recours contre les décisions rendues en dernier ressort, en matière de sursis à une exécution déjà entamée, comme c'est le cas en l'espèce, sont soumis au régime de l'article 32 de l'AUPSRVE et relèvent donc du champ d'application des dispositions de l'article 14, al. 3 et 4 du Traité OHADA qui donne compétence exclusive à la CCJA (CCJA, 2e ch., n° 147/2021, 24-6-2021 : Association des Propriétaires Terriens Expropriés de Bado c/ Société West African Cement).

Il ressort de la combinaison de l'article 10 du Traité OHADA et de l'article 49 de l'AUPSRVE que la compétence du juge de l'exécution est prévue par le seul article 49 précité à l'exclusion de toutes dispositions contraires de droit interne antérieures ou postérieures. C'est donc en violation de ces dispositions qu'une cour d'appel a confirmé la décision par laquelle le juge du contentieux de l'exécution, saisi d'une contestation de saisie, s'est déclaré incompétent en application des dispositions de droit interne (CCJA, 3e ch., n° 049/2021, 8-4-2021 : Maître Kouoseu Jeanne c/ Ndosseu Ngassa Jephté).

C'est en violation des articles 10 du Traité OHADA et 205 de l'AUS qu'une cour d'appel a convoqué les dispositions de l'article 2127 du Code civil, pour exiger un mandat spécial de [X.], par ailleurs président-directeur général du groupe [X.], alors que l'intéressé n'a fait que mettre à exécution, en sa qualité de gérant dudit groupe, les engagements de ladite société et de [X.] vis-à-vis d'Ecobank Centrafrique, la cour a commis le grief allégué et son arrêt encourt la cassation. Sur l'évocation et pour les mêmes motifs que ceux ayant justifié la cassation de l'arrêt attaqué, il y a lieu d'infirmer le jugement entrepris en ce qu'il a successivement déclaré nul le pacte commissoire contesté, annulé la mutation du titre foncier opérée en faveur de la créancière, et permis à la caution personnelle de continuer à verser la somme de 2 000 000 FCFA par mois en remboursement de la dette en cause. Statuant à nouveau, il convient de débouter la succession [X.] de l'ensemble de ses demandes comme mal fondées. Outre qu'elles ne sont nullement fondées, les actions de la succession Joseph Perrière sont empreintes de mauvaise foi et sont de nature à avoir causé un préjudice à Ecobank Centrafrique contrainte de s'en défendre ; qu'ainsi, la demande reconventionnelle d'Ecobank est fondée en son principe ; au fond, il convient de lui allouer, à titre de réparation, la somme plus juste de 15 000 000 FCFA (CCJA, 1e ch., n° 188/2019, 20-6-2019 : Ecobank Centrafrique SA c/ Groupe Perrière Mines Sarl).

Il résulte de l'article 10 du Traité OHADA et des articles 49, al. 1 et 2, et 336 de l'AUPSRVE que cet Acte uniforme a seule vocation à s'appliquer au délai d'appel relatif aux décisions rendues par la juridiction qu'il institue en son article 49. En l'espèce, les énonciations de l'ordonnance attaquée, qui font foi jusqu'à l'inscription de faux, rapportent qu'elle a été rendue contradictoirement à l'égard des parties. C'est donc en violation de la loi qu'une cour d'appel s'est fondée sur le délai d'appel plus court prévu par la loi nationale, au motif que la suprématie du Traité OHADA n'exclut pas l'application des règles « du droit interne qui ne lui sont pas incompatibles, notamment en matière de procédure », pour déclarer recevable un appel tardif, exposant ainsi son arrêt à la cassation (CCJA, 1e ch., n° 125/2019, 25-4-2019 : Tony Lubamba Mutamba c/ Société Groupe Transport Multimodal).

Il est de principe que la loi spéciale déroge à la loi générale. Selon l'article 10 du Traité OHADA, les Actes uniformes sont directement applicables et obligatoires dans les États parties nonobstant toutes dispositions contraires de droit interne, antérieures ou postérieures ; l'article 101 de l'AUDCG prévoit que les dispositions de son livre VI intitulé « Bail à usage professionnel et fonds de commerce » sont « applicables à tous les baux portant sur [...] les locaux ou immeubles à usage commercial, industriel, artisanal ou à tout autre usage professionnel... ». Les parties étant liées par un bail à usage commercial à durée indéterminée régi par l'AUDCG, les dispositions des articles 123, 124, 125, 126, 127, 130 et 133 dudit Acte uniforme étant déclarées d'ordre public par son article 134, la cour d'appel n'a en rien violé les textes nationaux visés au moyen en écartant l'application des dispositions générales du COCC au profit de celles spéciales de l'AUDCG (CCJA, 3e ch., n° 195/2023, 26-10-2023).

....

II. Abrogation des dispositions nationales concurrentes

A. Primauté des Actes uniformes en cas de conflit avec des dispositions internes

En application de l'article 10 du Traité OHADA, l'AUPSRVE est d'application exclusive, en présence d'une disposition contraire du droit interne. Il s'ensuit que conformément à l'article 49 de l'AUPSRVE, le président du Tribunal, et non le président de la Cour suprême, est compétent pour statuer sur tout litige relatif à une mesure d'exécution forcée ou à une saisie conservatoire (CA Abidjan, n° 226, 15-2-2000 : MLBYJ c/ BIAO, SGBCI et Paribas, Ohadata J-02-128, note anonyme ; confirmée par la CCJA, n° 002, 11-10-2001, Ohadata J-02-06).

Voir l'art. 9 de l'AUPSRVE.

Il s'infère des dispositions combinées de ces deux textes, que la portée abrogatoire des Actes uniformes implique que les dispositions de droit national portant sur le même objet que lesdits Actes uniformes, ou qui leur sont contraires, soient abrogées au profit des seules dispositions du droit uniforme. C'est ainsi que par exemple, seul l'article 30 de l'AUPSRVE est désormais applicable en matière d'immunité d'exécution des entreprises publiques, au détriment de dispositions nationales contraires (CCJA, n° 043/2005, 7-7-2005 : A. Y. c/ Sté TOGO TELECOM, Rec. jur.

CCJA, n° 6, juin-déc. 2005, p. 25.- Juris-Ohada n° 1/ 2006, p. 8. Voir obs. Filiga Michel Sawadogo, Ohadata D-07-16 ; Ohadata J-06-32).

Obs. : voir sous les art. 30 et 336 de l'AUPSRVE.

L'article 10 du Traité abroge ou interdit d'adopter toute disposition interne antérieure contraire ou identique à celles des Actes uniformes (CCJA, 2e ch., n° 259, 13-12-2018 : IAD Sarl c/ CMDT Saem).

L'article 10 du traité relatif à l'OHADA et les articles 336 et 337 de l'AUPSRVE ne concernent pas les décisions judiciaires devenues définitives qui sont exécutoires en République Démocratique du Congo même après le 12 septembre 2012 date à laquelle le traité et les Actes uniformes y sont entrés en vigueur. Doit donc être rejeté, le moyen qui reproche à l'arrêt confirmatif attaqué de s'être basé sur un arrêt du 31 janvier 2012 pour suspendre une exécution alors que cet arrêt a été rendu avant l'entrée en vigueur des textes de l'OHADA en République Démocratique du Congo (CCJA, 2e ch., n° 071, 21-4-2016 : Roger Tshiaba Mbangama, Augustin Mbangama Kabundi c/ Banque Centrale du Congo dite BCC, Banque Commerciale du Congo dite BCDC, Ohadata J-17-20).

Dans le même sens et jugeant que les Actes uniformes étant directement applicables dès leur entrée en vigueur, il y a lieu d'écarter l'application des dispositions nationales :

• en matière de délai d'ajournement au profit des dispositions de l'AUPSRVE dont l'article 10 a prévu le délai d'opposition en matière d'injonction de payer (CA Zinder (Niger), n° 27, 27-4-2006 : Sté SOSACO c/ Elhadji A.A., Ohadata J-10-290) ;

• pour rétracter une ordonnance ayant autorisé l'inscription provisoire d'une hypothèque, l'article 136 de l'AUS étant désormais seul applicable en matière de prénotation judiciaire (CA Littoral (Cameroun), n° 125/REF, 9-7-2008 : D. A. c/ H. A., Ohadata J-10-262) ;

• pour déterminer la juridiction compétente pour statuer sur tout litige ou toute demande relative à une mesure d'exécution forcée ou à une saisie conservatoire qui, au Cameroun, est désormais le juge de l'exécution en application de l'article 49 de l'AUPSRVE (CA Littoral (Cameroun), n° 174/REF, 27-10-2008 : Sté YEMON OIL & DISTRIBUTION c/ N. M., Ohadata J-10-259) ;

• sur la création du JEX par le législateur camerounais, voir les obs. sous l'art. 49 de l'AUPSRVE ;

• en matière de saisie immobilière, seul le délai prévu par l'article 299 de l'AUPSRVE étant à prendre en compte pour une action en distraction (CA Bangui (Rép. Centrafricaine), ch. civ. et com., n° 179, 10-6-2011 : BPMC c/ Consorts M., Répertoire n° 179, année 2011, Ohadata J-12-196).

Des dispositions nationales (notamment l'article 4 al. 1 et 8 de la loi n° 92/08 du 14-8-1992 modifiée par la loi n° 97/08 du 7-8-1997 du Cameroun) sont inapplicables en matière de saisie, en vertu de l'article 10 du Traité institutif de l'OHADA et des articles 336 et 337 de l'AUPSRVE (CCJA, 2e ch., n° 005, 30-1-2014 : Lambert Patrick Dominique Marcel c/ NGUELE Myrys Fleur, Ohadata J-15-96).

De même, c'est l'AUPSRVE lui-même qui, en son sein, comporte les limites relatives à l'injonction de payer, de délivrer ou de restituer, par la faculté ouverte en ses articles 1er et 19. C'est donc à tort que la violation, notamment d'une disposition du Code national de procédure civile, est invoquée pour critiquer l'arrêt rendu en matière d'injonction (CCJA, ass. plén., n° 052, 23-4-2014 : BSIC c/ 1) Société Robert PINCHOU SA, 2) Société HAWA Sarl, Ohadata J-15-143) ;

– en matière de sociétés commerciales et de GIE, l'AUSCGIE ayant abrogé toute disposition contraire du droit interne, antérieure ou postérieure (CCJA, 1e ch., n° 168/2020, 14-5-2020 : American Eagle Guard Security c/ Hôtel Sarakawa) ;

– prévoyant la validation judiciaire de congé, qui n'a plus lieu d'être, et le moyen visant le non-accomplissement de cette formalité est infondé (CCJA, 3e ch., n° 204/2019, 27-6-2019 : Nestor Kouassi Kouadio c/ SCI Résidence du Stade).

La violation de l'article 10 du Traité OHADA suppose qu'une disposition nationale ou interne d'un État partie ait été préférée à celle d'un acte uniforme, normalement applicable au litige. En l'espèce, le pourvoi, qui invoque ce grief sans spécifier clairement la disposition de l'AUSCGIE relative à la reddition de compte dont il n'a pas été fait application, est irrecevable, le moyen apparaissant ainsi vague, confus et mélangé de faits et de droit (CCJA, 1e ch., n° 113/2024, 25-4-2024).

C'est en violation de l'article 10 du Traité OHADA :

– et 336 de l'AUPSRVE qu'un juge s'est basé sur une disposition nationale (en l'espèce, les articles 47 et 48 du décret n° 95/34 du 24-2-1995 portant statut et organisation de la profession de notaire du Cameroun) pour annuler une procédure de saisie immobilière, alors qu'à la date du jugement l'AUPSRVE avait définitivement intégré l'ordre juridique interne de l'État concerné ; cassation de l'arrêt (CCJA, ass. plén., n° 103, 4-11-2014 : BICEC c/ 1) NDENGOUE Noubissie Jean Marie, 2) Sté des Établissements EMOH et Compagnie SARL, Ohadata J-15-194) ;

– et des articles 95 et 150 de l'AUS, notamment en se référant dans l'arrêt querellé aux dispositions d'une loi nationale antérieure et contraires à celles de l'AUS, qu'une cour d'appel a retenu « qu'en omettant de respecter les termes de la convention qu'elle a librement choisi de signer, [la demanderesse] a non seulement violé l'article 3 al. 1 de la loi du 18-1-1951 relative au nantissement de l'outillage et du matériel d'équipement, mais a aussi violé l'article 7 al. 5 de la convention signée le 22-6-2001 avec [la défenderesse] », pour annuler un nantissement et infirmer l'ordonnance entreprise, exposant ainsi son arrêt à la cassation (CCJA, ass. plén., n° 106, 4-11-2014 : Amity Bank Cameroon c/ Établissements Satra Express Voyage, Ohadata J-15-197) ;

– qu'une cour d'appel a écarté l'application des dispositions de l'AUDCG à un bail en retenant que l'AUDCG, entré postérieurement en vigueur, ne peut remettre en cause le bail à durée indéterminée conclu sous l'empire du code des obligations du Sénégal, dès lors que le locataire ne conteste pas sa signature portée sur l'avenant intervenu entre les parties mais soutient simplement que sous prétexte de procéder à une modification des locaux loués pour une augmentation de loyer, le bailleur a fait glisser dans ledit avenant à son insu une rubrique contenant la modification de la durée du bail. Il en est ainsi dès lors que la preuve de cette allégation, qu'il lui appartient de rapporter, ne résulte d'aucun élément du dossier et que par ailleurs, le défaut d'enregistrement d'un acte sous-seing privé n'a d'effet que sur sa date certaine, laquelle n'a pas été contestée en l'espèce ; cassation de l'arrêt. Sur l'évocation, le locataire qui ne s'est pas conformé aux prescriptions de l'article 124 de l'AUDCG est déchu de son droit au renouvellement et il y a lieu de faire droit à la demande du bailleur en ordonnant l'expulsion du locataire (CCJA, 3e ch., n° 074, 30-3-2017 : Agence Indépendance Immobilière, Marcel MAL c/ Rita Khoury) ;

– prônant la supranationalité des Actes uniformes, de l'article 336 de l'AUPSRVE abrogeant toutes les dispositions relatives aux matières qu'il concerne dans les États parties, et de l'article 15 de l'AUPSRVE, aux termes duquel la décision rendue sur opposition est toujours susceptible d'appel, qu'un tribunal a appliqué les dispositions d'une loi organique interne qui prévoient la compétence pour le tribunal saisi de statuer en premier et dernier ressort pour tout litige dont la valeur ne dépasse pas un milliard de FCFA. Cet appel, même s'il est fait « dans les conditions du droit national de chaque État partie », n'en demeure pas moins une voie de recours ouverte aux justiciables quelle que soit la valeur du litige, lesdites « conditions du droit national de chaque État » se rapportant exclusivement aux spécificités éventuelles prévues dans le droit national concerné comme la forme de l'appel ou les délais de distance qui pourraient s'ajouter au délai légal de trente jours. Ainsi, en statuant en premier et dernier ressort sur opposition en raison d'un taux de compétence, le jugement attaqué a violé les dispositions précitées et doit être cassé, sans qu'il soit besoin de statuer sur le second moyen (CCJA, 1e ch., n° 087, 27-4-2017 : Sté Quartz Régie c/ Tagliante Saracino Janine ; CCJA, 1e ch., 234, 29-11-2018 : Piet Kony Kalondji c/ SEP-Congo) ;

– qu'une cour d'appel a écarté l'application des dispositions de l'AUDCG à un bail en retenant que l'AUDCG, entré postérieurement en vigueur, ne peut remettre en cause le bail à durée indéterminée conclu sous l'empire du code des obligations du Sénégal, dès lors que le locataire ne conteste pas sa signature portée sur l'avenant intervenu entre les parties mais soutient simplement que, sous prétexte de procéder à une modification des locaux loués pour une augmentation de loyer, le bailleur a fait glisser dans ledit avenant à son insu une rubrique contenant la modification de la durée du bail. Il en est ainsi dès lors que la preuve de cette allégation, qu'il lui appartient de rapporter, ne résulte d'aucun élément du dossier et que par ailleurs, le défaut d'enregistrement d'un acte sous-seing privé n'a d'effet que sur sa date certaine, laquelle n'a pas été contestée en l'espèce ; cassation de l'arrêt (CCJA, 3e ch., n° 074, 30-3-2017 : Agence Indépendance Immobilière, Marcel Mal c/ Rita Khoury) ;

– qu'une cour d'appel s'est fondée sur des dispositions nationales fixant le régime foncier, fussent-elles d'ordre public, pour infirmer un jugement et ordonner la mainlevée d'une hypothèque provisoire, dès lors qu'en application de l'article 10 du Traité OHADA, la validité de la sûreté constituée le 14 juillet 2004 pour garantir le paiement d'une créance doit s'apprécier au regard des dispositions de l'AUS en vigueur à sa date de constitution ; cassation (CCJA, 2e ch., n° 192/2019, 27-6-2019 : Pierre H. Bisseck c/ Education Technology Sarl) ;

– qu'une cour d'appel, dont la saisine porte sur la matière de saisie-attribution des créances régie par les articles 153 à 172 de l'AUPSRVE, a appliqué des dispositions nationales relatives au juge du contentieux de l'exécution qui fait courir le délai d'appel dans les quinze jours du prononcé de la décision, exposant ainsi son arrêt à la cassation (CCJA, 3e ch., n° 221/2020, 25-6-2020 : Dotele David Josué c/ Gras Savoye Cameroun SA) ;

– qu'une cour d'appel a apprécié les faits déférés en se fondant uniquement sur des dispositions du Code civil national (art. 1108 et 1134 du Code civil camerounais), au seul motif que les parties devaient s'en tenir à leur commune volonté, sans rechercher si l'exécution et le renouvellement dudit contrat étaient conformes aux dispositions d'ordre public de l'AUDCG applicables en l'espèce, alors que le juge a l'obligation de trancher le litige conformément aux règles de droit qui lui sont applicables (CCJA, 1e ch., n° 216/2019, 18-7-2019 : Sylvie Regent c/ Ngann Yonn Jean-Simon).

B. Abrogation totale des dispositions relatives à l'arbitrage

Même s'il s'induit de l'interprétation a contrario de l'article 10 du Traité OHADA qu'il n'y a pas abrogation expresse des lois préexistantes qui ne sont pas contraires en principe aux Actes uniformes, la lecture de cette disposition doit, en ce qui concerne l'arbitrage notamment, être complétée par l'article 35 al. 1 de l'AUA selon lequel cet Acte uniforme tient lieu de loi relative à l'arbitrage dans les États parties. Ainsi, en se substituant aux lois préexistantes organisant l'arbitrage en droit interne, l'AUA abroge toutes les lois générales relatives à l'arbitrage, ne laissant subsister que les éventuelles normes d'organisation de l'arbitrage institutionnel qui ne lui sont pas contraires. Il en résulte qu'une disposition d'une loi nationale sur l'arbitrage ne peut constituer un fondement juridique pertinent d'un recours en annulation (CCJA, 3e ch., no 062/2012, 7-6-2012 : Société CMI c/ Fraternité Saint Jean Eudes d'Abatta).

Obs. : depuis son entrée en vigueur le 5 mai 2014, la version révisée de l'AUSCGIE déroge à la règle de l'abrogation totale des dispositions relatives à l'arbitrage en prévoyant désormais que « l'arbitrage [en matière de sociétés commerciales, dans le contexte de l'AUSCGIE] est réglé par application des dispositions de l'[AUA] ou de tout autre système d'arbitrage convenu par les parties » (AUSCGIE, art. 149 nouv.).

C. Limitation de la portée abrogatoire des Actes uniformes aux matières qu'ils régissent

S'il est exact que « les Actes uniformes sont directement applicables et obligatoires dans les États parties nonobstant toute disposition contraire de droit interne, antérieure ou postérieure » et que « le contentieux relatif à l'application des Actes uniformes est réglé en première instance et en appel par les juridictions des États parties », il est également vrai que la portée abrogatoire des articles 336 et 337 de l'AUPSRVE ne concerne que les matières régies par celui-ci, à savoir les mesures conservatoires, les mesures d'exécution forcée et les procédures simplifiées de recouvrement de créances. Tel n'est pas le cas de l'article 162 de la Constitution de la République démocratique du Congo dont le champ d'application n'est aucunement lié aux matières précitées. En outre, cet article 162 qui traite du contrôle de constitutionalité en République démocratique du Congo n'a pas le même objet que les dispositions d'un Acte uniforme, et la preuve de son caractère contraire n'est pas rapportée pour conclure à une violation de l'article 10 du Traité. Enfin, le principe de la compétence des juridictions nationales pour connaître du contentieux relatif à l'application des Actes uniformes au niveau de la première instance et de l'appel n'exclut pas un éventuel contrôle de constitutionalité qui en soi ne constitue qu'une action en justice (CCJA, 1e ch., no 116/2020, 9-4-2020 : Dickens Konde Phanzu Maloba c/ Ecobank RDC SA).

III. Caractère supplétif des dispositions nationales et de la coutume internationale

A. Dispositions nationales

Le droit communautaire occupe une place de plus en plus importante parmi les normes applicables à l'intérieur des États. Cependant, lorsqu'une disposition nationale n'est pas contraire à une norme communautaire, elle peut venir à son secours en lui apportant d'utiles compléments. Ainsi, lorsqu'il a été mentionné dans l'acte de signification d'une ordonnance d'injonction de payer que « l'opposition doit être formée dans un délai de 15 jours à compter de la date de signification », alors que l'article 10 de l'AUPSRVE dit qu'elle « doit être formée dans les 15 jours qui suivent la signification de l'ordonnance », l'article 140 du code de procédure civile a été valablement appliqué pour retenir que ce manquement de pure forme n'ayant causé aucun préjudice à l'appelant qui s'est défendu convenablement devant le premier juge, l'exploit de signification ne peut être annulé (CA Ouagadougou (Burkina Faso), ch. com., no 014, 20-3-2009 : D. D. c/ B.O.A., Ohadata J-10-205).

B. Coutume internationale

Sur le caractère supplétif de la coutume internationale en l'absence de tout texte : CCJA, ass. plén., no 032, 23-4-2015 : Djoumessap Motsebo Jacqueline Clarisse c/ Secrétariat Permanent de l'OHADA, Ohadata J-16-32.

Art. 11 Le Conseil des ministres approuve sur proposition du Secrétaire Permanent le programme annuel d'harmonisation du droit des affaires.

Art. 12 [mod.] Les Actes uniformes peuvent être modifiés, à la demande de tout État partie ou du Secrétariat Permanent, après autorisation du Conseil des ministres.

La modification intervient dans les conditions prévues par les articles 6 à 9 ci-dessus.

Titre III

LE CONTENTIEUX RELATIF À L'INTERPRÉTATION ET À L'APPLICATION DES ACTES UNIFORMES

Art. 13 Le contentieux relatif à l'application des actes uniformes est réglé en première instance et en appel par les juridictions des États parties.

Pouvoir d'évocation des juridictions d'appel non régi par le Traité

Aucun des articles 13 à 16 du Traité OHADA ne traite du pouvoir d'évocation d'une cour d'appel des États parties qui reste régi par les lois internes desdits États ; il y a donc lieu de rejeter le moyen faisant grief à une cour d'appel de s'être, en violation des articles précités, abstenue d'évoquer la cause après avoir prononcé l'incompétence du juge de l'exécution du tribunal de commerce au profit de celui du tribunal de première instance (CCJA, 3e ch., n° 050/2021, 8-4-2021 : Kabalane & Compagnie SA c/ Maître Coulibaly Soungalo).

Art. 14 [mod.] La Cour commune de justice et d'arbitrage assure l'interprétation et l'application communes du Traité ainsi que des règlements pris pour son application, des actes uniformes et des décisions.

La Cour peut être consultée par tout État partie ou par le Conseil des ministres sur toute question entrant dans le champ de l'alinéa précédent. La même faculté de solliciter l'avis consultatif de la Cour est reconnue aux juridictions nationales saisies en application de l'article 13 ci-dessus.

Saisie par la voie du recours en cassation, la Cour se prononce sur les décisions rendues par les juridictions d'Appel des États parties dans toutes les affaires soulevant des questions relatives à l'application des actes uniformes et des règlements prévus au présent Traité à l'exception des décisions appliquant des sanctions pénales.

Elle se prononce dans les mêmes conditions sur les décisions non susceptibles d'appel rendues par toute juridiction des États parties dans les mêmes contentieux.

En cas de cassation, elle évoque et statue sur le fond.

I. Compétence de la CCJA

A. Critère d'appréciation de la compétence de la CCJA : nature de l'affaire en cause

Il résulte de l'article 14 al. 3 du Traité OHADA que la compétence de la CCJA s'apprécie non pas sur le fondement des moyens invoqués à l'appui du pourvoi, mais plutôt sur la nature de l'affaire qui a donné lieu à la décision attaquée en recherchant si l'affaire soulève des questions relatives à l'application des Actes uniformes ou des règlements prévus au Traité à l'exception des décisions appliquant des sanctions pénales. En l'espèce, la CCJA est compétente pour une affaire relative à une procédure de saisie immobilière introduite devant un tribunal en exécution de décisions de justice devenues définitives (CCJA, 1e ch., n° 003/2013, 7-3-2013 : Abdoulaye Diallo c/ LALLE Bi Ya Jacques, Rec. jur. CCJA n° 20, vol. 1, janv.-déc. 2013, pp. 40-44, Ohadata J-15-03 ; CCJA, ass. plén., n° 143, 11-11-2014 : Henri Flavien LOE EYIKE c/ Banque Internationale du Cameroun pour l'Epargne et le Crédit dite BICEC, Ohadata J-15-233). Dans le même sens, en retenant que la CCJA est compétente pour une affaire relative aux incidents soulevés à la suite d'une procédure de saisie immobilière régie par l'AUPSRVE (CCJA, 3e ch., n° 026, 13-3-2014 : Sté West Africa Investement Company dite WAIC-SA c/ Banque de l'Habitat du Mali dite BHM – SA, Ohadata J-15-117).

L'exception d'incompétence de la CCJA soulevée aux motifs que la Cour suprême nationale a pris une mesure provisoire sur requête aux fins de sursis à exécution d'un arrêt rendu par la cour d'appel doit être rejetée, dès lors que en l'espèce, la CCJA est saisie d'un recours relatif à une décision d'appel, elle-même rendue sur opposition à un jugement en matière d'injonction de payer où seul l'AUPSRVE a vocation à s'appliquer (CCJA, 2e ch., n° 014/2013, 7-3-2013 : Sté CHANAS ASSURANCES SA c/ 1) Polyclinique Joseph SACK SA, 2) AMBASSA Barthélémy, Rec. jur. CCJA n° 20, vol. 1, janv.-déc. 2013, p. 175-177).

La compétence de la Cour fixée par l'article 14 du Traité s'apprécie au regard, non pas des moyens invoqués par les parties ou des textes sur lesquels les juridictions nationales ont fondé leur décision, mais de la décision qui doit être rendue dans une affaire soulevant des questions relatives à l'application des Actes uniformes ou de règlements prévus au Traité, à l'exception des décisions appliquant des sanctions pénales (CCJA, 1e ch., n° 194/2021, 11-11-2021 : Bim SA c/ Payme SA ; CCJA, 1e ch., n° 196/2021, 11-11-2021 : Bim SA c/ Payme SA).

B. Compétence retenue par référence aux Actes uniformes applicables et non évoqués par les parties

Il est de principe que le juge a l'obligation de trancher les litiges qui lui sont soumis conformément aux lois qui régissent la matière, alors même que l'application de ces lois n'aurait pas été expressément requise par les parties. S'agissant d'une société commerciale, son siège, les apports en nature (réalisés lors de la constitution), les cessions de créance de la société au profit de son fondateur, l'assemblée générale, le défaut d'harmonisation de ses statuts avec l'AUSCGIE et la mention du registre de commerce ne peuvent s'apprécier qu'au regard de l'AUSCGIE et de l'AUDCG. Même s'ils n'y ont pas fait référence, c'est nécessairement par application des Actes uniformes énoncés ci-dessus que le premier juge comme la cour d'appel ont tranché le litige en concluant que la demanderesse au pourvoi est une société fictive au service de son fondateur, les demandeurs s'étant eux-mêmes référés à l'article 98 de l'AUSCGIE et le premier juge à l'article 865 AUSCGIE du même Acte uniforme. Par conséquent, la CCJA est bien compétente pour connaître du recours en cassation en application de l'article 14 al. 3 du Traité OHADA (CCJA, 1e ch., n° 18, 31-3-2005 : Sté AFRICOF ; Z. c/ SGBCI, Juris-Ohada, n° 3/ 2005, p. 1, note B. Kouakou Mathurin, Rec. jur. CCJA, n° 5, janv.-juin 2005, vol. I, p. 68 ; Ohadata J-05-370).

Obs. : à titre de comparaison, il a été jugé que le juge doit trancher le litige conformément aux règles de droit qui lui sont applicables (Cass. com. 26-10-1993 : Bull. civ. IV p. 265) et il doit appliquer d'office la règle de droit dans la mesure où elle est d'ordre public (Cass. civ. 4-12-1990 : Bull. civ. I p. 193). L'AUSCGIE précise que ses dispositions sont d'ordre public sauf dans les cas qu'il prévoit (art. 2). Par conséquent, la décision ci-dessus de la CCJA est justifiée car elle confirme la primauté des Actes uniformes.

C. Compétence pour un litige postérieur à l'entrée en vigueur des Actes uniformes

Le litige ayant été soumis aux juges du fond maliens le 4 mars 1999, soit postérieurement à l'entrée en vigueur de l'AUDCG, intervenue le 1er janvier 1998, ledit Acte uniforme ayant intégré l'ordre juridique interne de la République du Mali, à la date de la saisine du Tribunal de Commerce de Bamako, les conditions de compétence de la CCJA étaient réunies, c'est à tort que la Cour suprême du Mali s'est déclarée compétente et l'arrêt qu'elle a rendu le 8 avril 2002 doit être déclaré nul et non avenu (CCJA, n° 055/2005, 15-12-2005 : SEMOS SA c/ BETRA, Rec. jur. CCJA, n° 6, juin-déc. 2005, p. 32. Juris-Ohada, n° 2/2006, p. 13, Ohadata J-06-48).

D. Inexistence des décisions rendues par les juridictions nationales de cassation en violation de la compétence de la CCJA

Voir note n° 6 sous l'art. 18.

E. Caractère inopérant d'une requête en suspension d'exécution

La requête en suspension d'exécution ne peut être assimilée à un pourvoi en cassation par lequel l'une des parties demande à la Cour de cassation de sanctionner la non-conformité de la décision attaquée à la loi. Par conséquent, l'exception d'incompétence de la CCJA soulevée par la défenderesse au pourvoi doit être rejetée dès lors que le bordereau de pièces émanant d'elle ne liste pas de pourvoi formé par la demanderesse au pourvoi contre l'arrêt attaqué, devant la juridiction suprême nationale (CCJA, 2e ch., n° 22, 8-4-2010 : CRÉDIT LYONNAIS CAMEROUN SA c/ Sté FREFOCAM SARL, Juris-Ohada, n° 3/ 2010, juill.-sept., p. 15, Ohadata J-11-66, J-12-45).

F. Décisions non susceptibles d'appel rendues par les juridictions suprêmes nationales et susceptibles de pourvoi en cassation devant la CCJA

En vertu des alinéas 3, 4 et 5 de l'article 14 du Traité OHADA, une juridiction suprême nationale n'est plus apte à exercer la compétence que lui confère l'article 16 du Traité OHADA en matière de sursis à exécution, dès lors que la décision contestée a fait l'objet d'un acte d'exécution forcée conformément à l'AUPSRVE. En le faisant, elle interfère dans les attributions du juge des difficultés d'exécution institué par l'article 49 du même Acte uniforme et sa décision rendue en matière de cassation, étant insusceptible d'appel, tombe dans le champ d'application des dispositions de l'article 14 du Traité susvisées (CCJA, 1e ch., n° 191/2021, 11-11-2021 : Obou Djekou Jeannot Abel c/ Sipef-CI).

L'ordonnance du président d'une juridiction nationale de cassation qui a statué, non en matière de cassation, mais de sursis à exécution, et qui est insusceptible d'appel, peut être attaquée devant la CCJA par voie de cassation dès lors que rendue relativement à un arrêt de la cour d'appel de Libreville objet d'un commandement de payer, considéré comme premier acte d'exécution forcée, elle interfère sur le contentieux des Actes uniformes (CCJA, 1e ch., no 198/2021, 11-11-2021 : Orabank Gabon SA c/ Gabon Special Economic Zone Ports).

La CCJA considère qu'en vertu de l'article 14 du Traité OHADA, la juridiction suprême nationale n'est plus apte à exercer la compétence que lui confère l'article 16 du Traité OHADA en matière de sursis à exécution dès lors que la décision contestée a fait l'objet d'un acte d'exécution forcée conformément à l'AUPSRVE. En le faisant, elle interfère dans les attributions du juge des urgences établi par l'article 49 du même Acte uniforme et, sa décision rendue en matière de cassation étant insusceptible d'appel, tombe dans le champ d'application des dispositions de l'article 14 du Traité susvisées et sera donc cassée. Sur l'évocation et pour les mêmes motifs que ceux ayant justifié la cassation, il y a lieu de déclarer la Cour suprême de Côte d'Ivoire incompétente sur la demande en discontinuation des poursuites de l'exécution du jugement 16 rendu par le tribunal de commerce d'Abidjan, et de renvoyer la demanderesse à mieux se pourvoir (CCJA, 1e ch., no 123/2021, 24-6-2021 : BOHOUSSOU Serge Yves c/ Hassan HYJAZI).

L'ordonnance prise en dernier ressort par le président d'une juridiction nationale de cassation à la suite d'une procédure de saisie-attribution des créances régie par l'AUPSRVE, n'est pas « susceptible d'appel » ; il s'ensuit qu'elle est bien susceptible de recours devant la CCJA, qui doit se déclarer compétente (CCJA, 1e ch., no 329/2020, 22-10-2020 : Sogad BTP S.A. c/ Orabank Gabon S.A.).

La décision par laquelle le premier président d'une juridiction nationale de cassation ordonne qu'il soit sursis à une exécution forcée déjà entamée au moyen d'une saisie, et qui de surcroît n'est pas susceptible d'appel, peut être attaquée devant la CCJA par la voie du recours en cassation. En l'espèce, il en est ainsi dès lors que saisi d'une requête aux fins d'interprétation, le premier président de ladite juridiction n'avait pas moins conscience que cette action était en rapport direct avec l'arrêt de la CCJA ayant cassé et annulé sa précédente ordonnance. La décision par laquelle un sursis à exécution annulé par la CCJA est réactualisé ne saurait échapper à sa compétence, à tout le moins par respect de l'autorité de la chose jugée rattachée à son arrêt (CCJA, 1e ch., no 332/2020, 22-10-2020 : Antoine Yalanzele d'Angouali c/ Union Gabonaise de Banque [UGB]).

En revanche, les décisions des Cours suprêmes nationales statuant comme juridiction de cassation qui méconnaissent la compétence de la CCJA peuvent faire l'objet d'un recours en annulation que la partie intéressée est alors tenue de former devant la CCJA dans les conditions fixées par les dispositions de l'article 18 du Traité OHADA. En l'espèce, quoique le contentieux soit incontestablement relatif à une saisie, matière régie par l'AUPSRVE et qui de ce fait ne relevait manifestement pas de la compétence de la Cour suprême du Cameroun, le pourvoi en cassation formé par la requérante contre une décision par laquelle ladite Cour a exercé son pouvoir de cassation est irrecevable (CCJA, 1e ch., no 240/2020, 25-6-2020 : Bicec c/ Tanko Jean et 1 autre).

G. Décisions ayant retenu la compétence de la CCJA

La CCJA est compétente pour statuer :

1°) dès lors que **l'arrêt attaqué comporte des questions relatives à l'application d'un Acte uniforme** (CCJA, no 059/2005, 22-12-2005 : BIAO-CI c/ Sté IPN, Rec. jur. CCJA, no 6, juin-déc. 2005, p. 38, Ohadata J-06-36). Dans le même sens et retenant que l'affaire faisant suite à une saisie-attribution de créances pratiquée par la requérante au pourvoi, « bien que les débats se soient limités aux problèmes de calcul », soulève une question relative à l'existence d'un titre exécutoire constatant une créance liquide et exigible de nature à justifier la saisie-attribution pratiquée en application de l'article 153 de l'AUPSRVE (CCJA, 2e ch., no 26, 30-4-2008 : COTRACOM SARL c/ TOTAL FINA ELF Côte d'Ivoire, Juris-Ohada, no 4/2008, p. 1, Rec. jur. CCJA, no 11, janv.-juin 2008, p. 65, Ohadata J-09-67) ; (CCJA, ass. plén., no 081, 29-4-2015 : Armand Roland Pierre BEOUINDE c/ Sté Générale de Banques au Burkina (SGBB), Ohadata J-16-81).

Les premiers juges ayant fait application d'Actes uniformes, l'affaire soulève des questions relatives auxdits Actes justifiant la compétence de la CCJA, peu importe si, après cassation et évocation par la CCJA, il s'avère que l'Acte uniforme concerné avait été appliqué à tort à un litige antérieur à son entrée en vigueur (CCJA, 2e ch., no 39, 8-12-2011 : El Hadj S. S., ès qualités de syndic liquidateur de SODEGA, SA en liquidation c/ M. K., Juris-Ohada, 2012, no 3, juill.-sept., p. 20, Ohadata J-13-46) ou lorsque les parties ont débattu de l'application de plusieurs dispositions des Actes uniformes dont celles des articles 72 de l'AUDCG et 277 de l'AUSCGIE (CCJA, 3e ch., no 037, 31-1-2019 : Souley Adamou Galadima, Dame Ouattara Saratou Traoré c/ Chaibou Seydou MAÏGA ; CCJA, 3e ch., no 269, 27-12-2018 : ALADE KOMI MAWULIKPLIMI SOGEMAT SURL c/ CIMTOGO S.A. et 5 autres) ; un arrêt qui, par adoption de motifs de l'ordonnance initiale, a appliqué des dispositions d'un Acte uniforme, en l'espèce, l'article 324 de l'AUPSRVE (CCJA, 3e ch., no 028/2016 du 25-2-2016 : CITIBANK Côte d'Ivoire c/ Billes Héloïse Elaine épse K., Kaunan Kouassi Antoine, Ohadata J-16-230) ; un litige qui se rapportait entièrement à l'application de l'AUCTMR (CCJA, 2e ch., no 124, 23-6-2016 : Sté SAGA France anciennement SAGA Trans c/ Sté SOPAM SA, Ohadata J-17-65) ; CCJA, 2e ch., no 009, 11-1-2018 : N'DA Konan Sylvestre Yao Auguste c/ Koffi Konan Emmanuel) ; s'il est vrai que le tribunal a été saisi d'une requête en répétition de l'indu, cette demande résulte d'une saisie-attribution de créances pour laquelle le créancier saisissant aurait reçu paiement ; indiscutablement, l'affaire soulève bien des questions relatives à l'application de l'AUPSRVE et la CCJA est compétente (CCJA, 1e ch., no 171, 27-7-2017 : Sani Al Hadj Ousmane c/ Sté Générale Tchad ; CCJA, 3e ch., no 098, 2-6-2016 : Sté Euro-Africaine pour le Commerce, l'Industrie et le Développement c/ Sté CIMBENIN, Ohadata J-17-38 ; CCJA, 2e ch., no 206/2020, 25-6-2020 : Société WARDA SÉNÉGAL c/ Banque de l'Habitat du Sénégal, pour un litige soulevant des questions relatives à l'application de l'AUS).

Obs. : on retient de cet arrêt que prima facie, la CCJA est toujours compétente pour connaître d'un pourvoi lorsque les juridictions inférieures ont appliqué des textes de l'OHADA, peu importe si après cassation et évocation, il s'avérait qu'aucun texte de l'OHADA n'était applicable. En d'autres termes, dès lors que les premiers juges font application, même à tort, de textes OHADA, c'est la CCJA qui doit être saisie du pourvoi en cassation et il lui appartient à elle seule de dire après examen au fond que les textes OHADA étaient inapplicables en l'espèce.

C'est à tort que l'incompétence de la CCJA est soulevée :

– aux motifs que, dans le pourvoi, la demanderesse reproche essentiellement à la cour d'appel la violation de dispositions du droit interne sénégalais que, tant en première instance qu'en appel, elle n'a articulé aucun grief ou moyen tiré de la violation ou de l'erreur dans l'application ou l'interprétation d'un Acte uniforme ou règlement prévu au traité et qu'en vérité, elle a inséré dans son pourvoi un moyen pris de la violation d'un Acte uniforme dans le seul dessein de rendre la cour de céans compétente, dès lors qu'en l'espèce le juge d'appel, tranchant le débat relatif à l'application du droit sénégalais ou du droit suisse pour apprécier la validité de la représentation en justice de la société demanderesse, a fait **application** du droit sénégalais, en l'occurrence **de l'AUSCGIE,** dont la violation de l'article 1 est invoquée par le troisième moyen de cassation. Ainsi, l'affaire soulève bien des questions relatives à l'application d'un Acte uniforme (CCJA, 3e ch., no 071, 30-3-2017 : MC BRIDGE ADVISORY LIMITED c/ SENELEC SA) ;

– lorsque le jugement attaqué applique l'AUPSRVE et qu'il est susceptible de pourvoi (CCJA, 1e ch., no 036, 29-2-2016 : Sévérin Adjovi c/ Daoudalawal, Sté Bank Of Africa Bénin SA, Sté KSB SA, Monsieur le Greffier en chef du TPI de 1ère classe de Cotonou, Ohadata J-16-238) ;

– pour une sûreté constituée le 30 avril 1998, date à laquelle l'AUS, entré en vigueur le 1er janvier 1998, avait déjà intégré l'ordre juridique de la République de Côte d'Ivoire (CCJA, 3e ch., no 076, 28-4-2016 : Sté Bank of Africa dite BOA-CI c/ Sté Étude Réalisation et Construction (ERC), Sté SIM-IVOIRIS devenue ORANGE-CI, Ohadata J-17-42) ;

– dès lors que l'arrêt attaqué, qui suspend l'exécution de deux autres arrêts du 13 novembre 2003 et du 20 janvier 2004, a été rendu à la suite d'une procédure d'exécution forcée, notamment une saisie-conservatoire des droits d'associés, entreprise en application des règles édictées par l'AUPSRVE. L'argument selon lequel l'instance a été introduite devant les tribunaux guinéens antérieurement à la ratification du traité de l'OHADA et que le litige ne met en cause l'application d'aucun Acte uniforme est inopérant (CCJA, 2e ch., no 146, 11-8-2016 : Boubakar Hann c/ Ousmane Balde et 6 autres, Ohadata J-17-86) ;

– le jugement faisant l'objet du pourvoi ayant visé les articles 151, 159 et 216 de l'AUPCAP, pour justifier l'irrecevabilité de la tierce-opposition, l'affaire soulève des questions relatives à l'application d'un Acte uniforme (CCJA, 3e ch., no 159, 13-7-2017 : Niangado Oumar Aboubacar c/ Sté AFRAM Liquidation) ;

– au motif que le litige a trait à la responsabilité d'une banque quant au manquement à son devoir d'information, matière ne soulevant aucune question relative à l'application d'un texte de l'OHADA, dès lors qu'il est établi que le juge d'instance a fait application des dispositions de l'AUDCG ; il s'ensuit que l'affaire soulève bien des questions relatives à l'application d'un Acte uniforme, et que la CCJA est bien compétente (CCJA, 2e ch., 194, 25-10-2018 : SIB SA c/ Koulibali Brahima et 3 autres) ;

2°) sur le pourvoi formé contre une ordonnance relative à l'**obtention d'un délai de grâce,** dès lors que le délai de grâce est désormais régi dans les États parties de l'OHADA, par l'article 39, al. 2, de l'AUPSRVE et que le juge compétent pour connaître, même en appel, du contentieux de l'exécution forcée est déterminé en considération de l'article 49 de l'AUPSRVE (CCJA, 2e ch., no 1, 9-3-2006 : Sté ABIDJAN CATERING S.A. c/ L. M, Juris-Ohada, no 3/2006, p. 2 ; Ohadata J-07-08 ; CCJA, 2e ch. no 132, 12-11-2015 : Tatsinkou Jérémie c/ Les Établissements Talezang, Ohadata J-16-125, pour une injonction de payer) ;

3°) sur l'ordonnance ayant ordonné la **suspension de poursuites** et affecté par conséquent la poursuite de mesures d'exécution forcée engagées par une société créancière, cette ordonnance étant une décision à caractère juridictionnel (CCJA, 2e ch., no 1, 9-3-2006, précité, Ohadata J-07-08) ;

4°) pour le pourvoi formé contre une décision rendue par le Président d'une juridiction suprême nationale dans une affaire soulevant une question relative à l'**application de l'article 39 de l'AUPSRVE,** si le Président de la juridiction suprême nationale, qui n'a pas statué en cassation, a rendu une décision non susceptible d'appel (CCJA, no 002/2003, 30-1-2003 : SDV-CI c/ CIVEXIM ; Ohadata J-03-110).

Il en est de même pour le pourvoi contre une ordonnance non susceptible d'appel rendue par le Premier Président de la Cour de cassation du Burkina Faso, en sa qualité de juge chargé de la juridiction des référés instituée au sein de ladite Cour de cassation, à propos d'un litige relatif à une saisie-vente régie par l'AUPSRVE (CCJA, 2e ch., no 013, 27-3-2008 : J. c/ ECOBANK BURKINA SA, Juris-Ohada no 3, juill.-sept. 2008, p. 29, Rec. jur. CCJA, no 11, janv.-juin 2008, p. 110, Ohadata J-09-44) ;

5°) sur un pourvoi relatif à la **question de savoir s'il y a eu ou non un titre exécutoire,** dès lors que le premier jugement mentionne un « titre exécutoire » alors que l'arrêt confirmatif attaqué retient un « titre exécutable ». La sémantique ainsi diversement usitée dans ces décisions illustre que ledit contentieux soulève des questions relatives à la détermination du titre exécutoire, dont la liste limitative et les modalités de constitution sont énoncées à l'article 33 de l'AUPSRVE. L'exception d'incompétence doit donc être rejetée (CCJA, 2e ch., no 051, 26-11-2009 : Sté SODICAM S.A. (anciennement SCORE S. A) c/ M., Juris-Ohada no 1/ 2010, janv.-mars, p. 32, Ohadata J-10-305) ;

6°) lorsque : 1) en raison des dénégations et déclarations contradictoires de la défenderesse au pourvoi, sur l'existence de relations d'affaires entre elle et la demanderesse, la Cour d'appel avait, lors de l'examen de la question, dû recourir aux modes de **preuve entre commerçants** prévus par les articles 5, 15 et 16 de l'AUDCG et que 2) la demanderesse avait invoqué l'article 5 du même Acte uniforme dans son acte d'appel valant premières conclusions pour soutenir qu'en matière commerciale, c'est le principe de la liberté de la preuve qui prévaut ; rejet de l'exception d'incompétence (CCJA, 1e ch., no 39, 10-6-2010 : WESTPORT S.A. en Liquidation c/ C.I.C., Juris-Ohada, no 4/2010, oct.-déc., p. 23, Ohadata J-11-83, J-12-36) ;

7°) lorsque le **litige** objet du pourvoi a été **examiné** depuis les requêtes introductives d'instance, jusqu'à l'acte de pourvoi, **au regard** des dispositions **d'un Acte uniforme,** même si, dans l'espèce, les articles 257 et 258 de l'AUPCAP disposent respectivement que « celui-ci n'est applicable qu'aux procédures collectives ouvertes après son entrée en vigueur », et qu'« il entrera en vigueur le 1er janvier 1999 » (CCJA, no 027/2007, 19-7-2007 : SCI DAKAR INVEST et SCI DAKAR CENTENAIRE c/ 1° / Sté BERNABE SÉNÉGAL, 2° / I. N. ès qualités de syndic de la liquidation de la Sté SENEMATEL, 3° / État du SÉNÉGAL, 4° / Cheikh T. N., Rec. jur. CCJA no 10, juill.-déc. 2007, p. 40, Ohadata J-08-246). La CCJA est également compétente sur un pourvoi relatif à l'homologation d'un concordat préventif, qui relève de l'AUPCAP (CCJA, ass. plén., no 064, 25-4-2014 : Sté F.J ELNSER Trading GMBH, Sté STEEL RESSOURCES c/ Sté Industrielle de Tubes d'Acier dite SITACI, Sté STEEL LINK, Sté TRADESCA, Conseil de l'Ordre des Avocats du Burkina Faso, Ohadata J-15-155) ;

Obs. : dans le cas d'espèce, l'AUPCAP était inapplicable car les faits remontent à une période antérieure à son entrée en vigueur. Mais en dépit de cette situation, les juridictions du fond ont visé l'article 159 de cet Acte uniforme de la procédure. La CCJA rappelle, à juste titre, que ce critère suffisait à emporter sa compétence.

8°) dès lors qu'à la date de l'exploit introductif d'instance, un **Acte uniforme** (AUDCG en l'espèce) était déjà entré en vigueur et **était applicable** (CCJA, no 024/2007, 31-5-2007 : WAGUE BOCAR c/ SOCIMAT-CI, Rec. jur. CCJA no 9, janv.-juin 2007, p. 53, Ohadata J-08-225). Dans le même sens, retenant que l'AUDCG est applicable à la rupture de baux commerciaux (abritant des kiosques) conclus avant l'entrée en vigueur de cet Acte uniforme, dès lors que la notification de ladite rupture a été faite après l'entrée en vigueur et que les différentes parties au procès ont eu à invoquer différentes dispositions de cet Acte uniforme devant le TPI et la Cour d'appel (CCJA, 1e ch., no 40, 10-6-2010 : M. K c/ 1 – Agence judiciaire de l'État de Guinée ; 2 – N ; 3 – M. K., Juris-Ohada, no 4/2010, oct.-déc., p. 28, Ohadata J-11-84, J-12-37) ; CCJA, 3e ch., no 025, 9-4-2015 : Sté Ivoirienne de Concept et de Gestion dite SICG c/ KOUADIO YAH Madeleine, Ohadata J-16-25, compétence pour la résiliation d'un bail commercial ; dans le même sens, pour une affaire relative à la location-gérance : CCJA, 2e ch., no 181, 17-12-2015 : Corlay SA Côte d'Ivoire c/ AYAMEL Moustapha, Ohadata J-16-174 ;

9°) sur le recours en **tierce opposition** formé **contre un arrêt rendu par elle** aux motifs que la requérante n'a pas été appelée à l'instance ayant abouti à cet arrêt et que celui-ci a préjudicié à ses droits, dès lors que l'appréciation du préjudice excipé par la requérante incombe à la CCJA et non à la partie défenderesse (CCJA, no 026/2006, 16-11-2006 : A. A. E. née A. C. c/ SGBCI, S. S., A. A. E., Rec. jur. CCJA no 8, 2006, p. 35, Juris-Ohada, no 2/ 2007, p. 7, Ohadata J-08-98) ;

10°) pour un litige relatif à la **saisie immobilière** (CCJA, 2e ch., no 008, 27-3-2008 : D. c/ B., Juris-Ohada no 3, juill.-sept. 2008, p. 14, Rec. jur. CCJA, no 11, janv.-juin 2008, p. 86, Ohadata J-09-40 ;

CCJA, 3e ch., no 215, 23-11-2017 : STCG, Mbela Nsame Patrice c/ BGFI Bank Cameroun ; CCJA, 3e ch., no 214, 23-11-2017 : Omaïs Jawad c/ Entreprise Dossou, Vidjanagni Dossou Antoine), même introduite sous l'empire de l'AUPSRVE dont l'interprétation et l'application communes sont de la compétence de la CCJA (CCJA, 3e ch., no 098/2018, 26-4-2018 : Pouengue Jean Michel, Pouengue c/ Collectivité Logbongo ; CCJA, 2e ch., no 181, 27-7-2017 : Abdoulaye Diallo c/ Lalle Bi Ya Jacques ; CCJA, 1e ch., no 279/2019, 28-11-2019 : NSIA Banque c/ Société Bell Bénin Communication et 2 autres ; CCJA, 1e ch., no 134/2020, 30-4-2020 : Bank Of Africa Mali c/ Adama Barry ; CCJA, 1e ch., no 115/2020, 9-4-2020 : Talfa Habibou c/ Banque Atlantique Niger, rappelant que la CCJA est seule habilitée à statuer sur sa propre compétence et n'est pas liée par une éventuelle décision d'incompétence d'une juridiction nationale de cassation d'un État partie. Il résulte de l'article 14 du Traité OHADA que la compétence de la CCJA est tributaire non pas des moyens des parties ou des textes appliqués par les juges du fond, mais de la nature de l'affaire, en ce que celle-ci doit mettre en œuvre au moins une disposition d'un Acte uniforme ou d'un règlement prévu au Traité). Tel est le cas :

– pour la distraction d'un immeuble (CCJA, 2e ch. no 135, 12-11-2015 : Djibo Seydou Amadou c/ Seyni Adamou, Ohadata J-16-128) ;

– pour le contentieux relatif à un commandement aux fins de saisie immobilière et à l'annulation d'une saisie (CCJA, 2e ch., no 203, 29-12-2016 : SGBCI c/ Coulibaly Issa, Bombo née Yace Michèle, Ohadata J-17-143) ;

– pour un litige relatif à l'annulation d'un commandement en matière de saisie immobilière, peu important que l'arrêt attaqué n'ait appliqué que des textes du droit national, en l'espèce, les articles 85, 88, 95 et 491 et suivants du Code de procédure civile commerciale et sociale du Mali (CCJA, 2e ch., no 17, 23-2-2017 : Ecobank-Mali c/ Office Malien de l'Habitat, Sté Immobilière Franco-Africaine, Ohadata J-17-177) ;

– pour le sursis à l'exécution d'un jugement avant dire droit rendu en application de l'AUPSRVE par un tribunal statuant en matière de saisie immobilière, décision non susceptible d'appel (CCJA, 3e ch., no 216, 23-11-2017 : Sté Uba Bénin c/ Edmonde Doris Alapini) ;

– lorsque la nullité d'une convention de crédit a été invoquée dans des dires et observations déposés lors d'une audience éventuelle ayant donné lieu au jugement rendu par le tribunal. Dès lors, cette question de nullité, bien que fondée sur l'article 48 du décret du 24 février 1995 portant statut et organisation de la profession de notaire au Cameroun, constitue un des incidents dont le régime procédural est régi par les articles 298 et 311 de l'AUPSRVE et justifiant la compétence de la CCJA (CCJA, 2e ch., no 203, 23-11-2017 : Afriland First Bank SA c/ SHC SA, Sté COGEPRES Sarl) ;

– pour le litige relatif à l'abus du droit de la saisie immobilière, qui est régi par l'AUPSRVE (CCJA, 1e ch., no 016/2022, 27-1-2022 : Simpara Saran Traore c/ Boa Mali SA, précisant que le juge d'un droit est également le juge de l'abus de ce droit) ;

– pour une décision relative à la rétractation et à l'annulation du jugement d'un tribunal, rendue par une cour d'appel statuant en matière de procédure de saisie immobilière, car il s'agit d'un contentieux régi par l'AUPSRVE (CCJA, 1e ch., no 189/2021, 11-11-2021 : Wari Evariste Dembele c/ Salifou Kanoute) ;

– pour une affaire relative à la demande d'homologation d'un rapport d'expertise et l'annulation d'une décision d'adjudication dans le cadre d'une procédure de saisie immobilière régie par l'AUPSRVE, peu important la nature des moyens invoqués par le recourant (CCJA, 2e ch., no 028/2021, 25-2-2021 : Youssoupha Sane c/ Amadou Samb) ;

– pour la décision contestée rendue en matière de saisie immobilière et qui n'a nullement statué sur le principe même de la créance ou sur des moyens de fond tirés de l'incapacité d'une des parties, de la propriété, de l'insaisissabilité ou de l'inaliénabilité des biens saisis, dès lors qu'elle n'est pas susceptible d'appel, mais seulement de pourvoi (CCJA, 2e ch., no 285/2019, 28-11-2019 : Mahamane Bassirou Souley Dan Gara c/ Elh. Moustapha Harouna et 2 autres) ;

– pour le recours dirigé contre un arrêt rendu par une cour d'appel dans le cadre d'une procédure de saisie immobilière, car bien qu'étant recevable pour avoir été soulevée *in limine litis*, l'exception d'incompétence soulevée au motif que le litige implique des sûretés, constituées depuis les années 1986 et 1989, soumises à la législation nationale camerounaise alors en vigueur tant par les règles de leur constitution que par leur extinction, est mal fondée puisqu'en application de l'article 14 du Traité OHADA, la CCJA est compétente pour examiner les recours dirigés contre les décisions rendues par les juridictions d'appel et les décisions non susceptibles d'appel rendues par toute juridiction des États parties, dans toutes les affaires soulevant des questions relatives à l'application des Actes uniformes et des règlements prévus au Traité (CCJA, 2e ch., no 151/2024, 30-5-2024).

11°) dès lors que l'examen du recours, en application de l'article **18 du Traité OHADA,** implique nécessairement qu'elle se prononce sur sa **compétence.** Il n'y a donc pas lieu de statuer spécialement sur l'exception d'incompétence soulevée par la défenderesse au pourvoi aux motifs que « devant la juridiction suprême nationale, la question débattue exclusivement était celle de savoir si la [demanderesse au pourvoi] avait qualité et intérêt à agir ; [que] les Actes uniformes ne visent pas cette législation dont l'application revient et relève exclusivement de la compétence des juridictions nationales » (CCJA, 1e ch., no 38, 17-7-2008 : SDV-CI c/ GETMA-CI, Juris-Ohada no 4/2008, p. 35, Ohadata J-09-77) ;

12o) car si le moyen unique de cassation ne soulève aucune question relative à un Acte uniforme, il n'en demeure pas moins vrai que **le litige** qui oppose les parties **concerne une saisie-attribution de créance** pratiquée le 3 avril 2002, en vertu de l'article 32 de l'AUPSRVE pour le recouvrement de la créance faisant suite à la condamnation prononcée dans ce sens par la cour d'appel d'Abidjan en août 2001 ; et que le recouvrement des créances et les voies d'exécution sont désormais régis, en Côte d'Ivoire, depuis le 10 juillet 1998 par l'AUPSRVE (CCJA, no 016/2008, 24-4-2008 : ECOBANK-CI S.A. c/ 1) Mlle M. C. C. K., 2) M. S. C. K., Rec. jur. CCJA, no 11, janv.-juin 2008, p. 123, Ohadata J-09-107) ; ou l'exécution d'une décision rendue en matière sociale, dès lors qu'elle relève de l'AUPSRVE, la question soulevée étant la **régularité de** l'acte de **dénonciation** suite à la **contestation d'une saisie-attribution** de créances régie par l'article 160 dudit Acte uniforme (CCJA, 1e ch., no 090, 26-4-2018 : Sté F.I.M.A. c/ HIE Halidou ; CCJA, 3e ch., 218, 22-11-2018 : Afriland First Bank c/ Dje Amoin Marie Laurence c/ Entreprise Assureurs Conseils Services, Bamba Ahmed Karamoko ; CCJA, 1e ch., no 254/2020, 25-6-2020 : Ondo Methogo Emmanuel c/ Société Assala Gabon ; CCJA, 2e ch., no 155/2021, 28-10-2021 : Bsic Niger SA c/ État du Niger et Assoumane Mamane, précisant que la compétence de la CCJA est acquise dès lors que l'affaire soulève des questions relatives à l'application d'un Acte uniforme ou d'un règlement prévu au Traité OHADA ; c'est le cas notamment lorsqu'une cause met ou est susceptible de mettre en jeu l'application du Traité, d'un Acte uniforme ou d'un règlement de l'OHADA ou que le litige se rattache directement ou indirectement à une telle réglementation. En l'espèce, l'affaire est consécutive à une procédure de contestation d'une saisie-attribution de créance, et pourrait donner lieu au fond à l'application des dispositions de l'AUPSRVE relatives aux conditions de condamnation du tiers saisi au paiement des causes de la saisie ; il convient alors de rejeter l'exception d'incompétence et se déclarer compétent). Voir aussi CCJA, 2e ch., no 144/2021, 24-6-2021 : Cassidy Gold Guinée SA c/ West Africa Mining Logistic SA.

L'action en contestation relative à une saisie-attribution relève en cassation de la compétence de la CCJA (CCJA, 2e ch., no 101/2020, 9-4-2020 : Bah Ibrahima c/ N'Goran-Ake Olga) ;

13o) dès lors que les moyens de cassation sont fondés sur la **violation** des articles 49, 33 et 153 de **AUPSRVE** et qu'il n'est pas fait état, en tant que grief, de la violation d'une disposition nationale également invoquée, en l'espèce, l'article 307 al. 9 du titre IV du Régime fiscal et domanial nigérien (CCJA, 2e ch., no 025, 8-4-2010 : S.A.T.A. c/ Receveur des impôts de Zinder, Juris-Ohada, no 3, juill.-sept., p. 25, Ohadata J-11-69, J-12-47). Voir aussi le pourvoi formé contre des ordonnances rendues à la suite d'une procédure d'exécution forcée, notamment une saisie-attribution de créances entreprise sur le fondement de l'AUPSRVE (CCJA, 3e ch., no 027, 9-4-2015 : Taha Omar, Kabalan Albert, Sté de Transport et de Distribution de Carburant, dite STDC c/ Sté SHELL Côte d'Ivoire, Ohadata J-16-27) ; (CCJA, 1e ch., no 160, 17-12-2015 : KY Dieudonné Alexandre c/ Sté Générale de Banques en Côte d'Ivoire dite SGBCI, Ohadata J-16-153) ;

14o) sur le recours contre une **décision suspendant l'exécution d'un jugement** [rendu en matière sociale] dont l'exécution est entreprise par application des dispositions de l'AUPSRVE, dès lors que le Code ivoirien de procédure civile n'a prévu aucune voie de recours ordinaire contre les ordonnances rendues en vertu des articles 180 et 181 du même Code par le premier président de la cour d'appel. Saisie d'un tel recours, la CCJA doit se déclarer compétente (CCJA, 2e ch., no 033/2012, 22-3-2012 : Mr Bomisso Gbayoro Mathias c/ Sté Internationale de Linguistique dite SIL). De même, c'est à juste titre que la CCJA a été saisie, dès lors que l'ordonnance rendue par le président de la cour d'appel de Lomé a eu pour effet de **suspendre l'exécution forcée entamée** par la requérante, laquelle a fait commandement à l'assureur, et que des saisies-attributions ont été pratiquées entre les mains de différentes banques. Il en est ainsi car ladite ordonnance a eu une incidence sur l'exécution en cours (CCJA, ass. plén., no 055, 23-4-2014 : Sté TOGOCRUS Sarl c/ 1) Procureur Général près la cour d'appel de Lomé (État Togolais), 2) Sté Omnium Togolaise d'Assistance Maritime (OTAM), 3) Sté Togolaise de Consignation Maritime (STCM), Ohadata J-15-146) ; ou encore lorsque la décision attaquée tend à la **suspension de l'exécution** d'un arrêt devenu définitif, exécution entreprise par application des règles édictées par l'AUPSRVE, en l'espèce des saisies-attributions de créances. La compétence de la Cour est acquise nonobstant la requête civile du Procureur général dont la décision est intervenue après que les opérations de saisie ont été déclenchées (CCJA, ass. plén., no 061, 23-4-2014 : Sté TOGOCRUS SARL c/ 1) Atara M'DAKENA, 2) UNION DES ASSURANCES DU TOGO – UAT, 3) Sté OTAM SARL, 4) STCM SA, Ohadata J-15-152).

La CCJA est compétente lorsque l'arrêt contesté n'a pas eu pour objet d'empêcher qu'une exécution forcée puisse être entreprise sur la base d'une décision frappée d'un pourvoi en cassation mais a statué sur une exécution déjà entamée, cas prévu à l'article 32 de l'AUPSRVE, qui justifie le recours en annulation devant la CCJA (CCJA, 2e ch., no 214/2020, 25-6-2020 : Société JTBS SURL c/ Société Orange Centrafrique).

La Cour décide constamment que la décision d'une Cour suprême nationale fait partie de celles « non susceptibles d'appel rendues par toute juridiction des États parties », dès lors qu'elle peut avoir des interférences directes sur la mise en œuvre du contentieux des Actes uniformes. Il en va ainsi lorsque celle-ci ordonne, comme c'est le cas, le sursis à l'exécution d'une décision, alors que cette exécution est déjà entamée sous la forme des saisies régies par l'AUPSRVE ; il échet par conséquent pour la CCJA de se déclarer compétente (CCJA, 1e ch., no 262/2019, 7-11-2019 : Succession Ange Felix Patasse c/ Société Vicwood Centrafrique SA).

Le pourvoi introduit contre une ordonnance rendue par le président de la chambre pénale de la Cour de cassation qui n'a pas statué en cassation mais en fait et en droit en dernier ressort dans le cadre d'une procédure de défense à l'exécution alors que des actes d'exécution avaient été accomplis, tel le procès-verbal de saisie attribution ayant entamé l'exécution forcée renvoyant à l'application de l'AUPSRVE, est recevable (CCJA, 1e ch., no 091/2020, 9-4-2020 : 2JTH-Gabon SARL c/ Airtel Gabon SA).

L'ordonnance qui a été prise dans le cadre d'un litige opposant les syndics de la liquidation d'une société à une autre société et celle visant justement à suspendre l'exécution provisoire du jugement entrepris devant la cour d'appel peut faire l'objet d'un pourvoi en cassation devant la CCJA, dès lors que ladite ordonnance porte préjudice aux intérêts de la liquidation et que les syndics de ladite liquidation ont un intérêt certain et la qualité à agir contre l'ordonnance ; rejet de l'exception d'irrecevabilité (CCJA, 2e ch., no 21, 08-2-2018 : Tiémoko Koffi, Alain Guillemain c/ LDC-CI SA).

Obs. : l'exception d'irrecevabilité du pourvoi a été soulevée au motif qu'il s'infère des articles 14 et 15 du traité de l'OHADA que seuls sont habilités à exercer un pourvoi en cassation soit une partie à l'instance qui a donné lieu à la décision querellée, soit la juridiction de cassation nationale ; qu'en l'espèce la décision querellée est une ordonnance gracieuse rendue par le premier président de la cour d'appel d'Abidjan sur la seule requête de la société LDC-CI et elle a été prise dans le cadre d'une procédure de droit interne qui n'a prévu aucune voie de recours. On pourrait s'étonner de ce que la CCJA ait reçu le pourvoi contre cette ordonnance, mais comme l'a reconnu le défendeur lui-même, aucune voie de recours n'était prévue en droit interne contre une telle ordonnance qui, de ce fait, rentrait dans la catégorie des « décisions non susceptibles d'appel rendues par toute juridiction des États parties dans les mêmes contentieux » au sens de l'article 14 al. 4 du traité relatif à l'OHADA, justifiant ainsi la compétence de la CCJA ;

15°) sur un litige qui relève de l'**interprétation des articles** 426, 486 al. 1, 489, 492 et 493 de l' **AUSCGIE,** le défendeur au pourvoi ne pouvant se prévaloir sans se contredire dans ses conclusions en additionnelle et réplique devant le Tribunal de travail, d'une part, d'un contrat de travail à durée indéterminée signé entre la Société demanderesse et le défendeur en application des dispositions des articles 426 et 489 de l'AUSCGIE, et d'autre part, s'exonérer de l'application à son litige avec ladite société de cet Acte uniforme ; dans ces conditions, la juridiction suprême nationale en se déclarant compétente, a procédé à une interprétation erronée et une fausse application des dispositions ci-dessus et son arrêt doit être réputé nul et non avenu, sans qu'il soit nécessaire de s'attarder sur le moyen du pourvoi (CCJA, 3e ch., no 013/2012, 8-3-2012 : Elton Oil Company c/ Papa Mactar Sarr) ; ou encore un litige qui concerne la validité d'une fusion-absorption et d'une cession d'actions intervenues entre deux sociétés commerciales (CCJA, 1e ch., no 021, 11-3-2014 : Sté TOTAL GUINÉE SA c/ COPEG SA, L'État Guinéen, Ohadata J-15-112). Il en est de même du litige dans lequel une cour d'appel a, pour infirmer la décision du premier juge, appliqué les articles 485 et 486 de l'AUSCGIE, combinés à l'article 14 des statuts de la société défenderesse, et qui porte sur les contestations des engagements et transactions entre commerçants (CCJA, 1e ch., no 063/2022, 3-3-2022) ;

16°) pour un litige relatif à une **saisie conservatoire** :

– sur le pourvoi contre une décision rendue à la suite d'une **demande de mainlevée d'une saisie** conservatoire (CCJA, 2e ch., no 041, 16-5-2013 : Sté Camerounaise de Raffinage Maya dite SCRM c/ Sté TOTAL Cameroun S.A, Rec. jur. CCJA no 20, vol. 1, janv.-déc. 2013, p. 66-68, Ohadata J-15-41) ;

– notamment l'obtention d'un titre exécutoire sur le fondement de l'article 61 de l'AUPSRVE (CCJA, 1e ch., no 082/2020, 9-4-2020 : Damco – Logistics Mali S.A. c/ La Société d'Exploitation Cotonnière Olam S.A.) ;

– car juger du bien-fondé de la décision ayant rétracté une ordonnance de saisie conservatoire revient de facto à contrôler l'application des dispositions légales régissant une telle mesure d'exécution forcée, ce qui relève de la compétence exclusive de la CCJA (CCJA, 1e ch., no 194/2021, 11-11-2021 : Bim SA c/ Payme SA ; CCJA, 1e ch., no 196/2021, 11-11-2021 : Bim SA c/ Payme SA).

17o) pour une situation dans laquelle l'**exception d'incompétence de la CCJA** soulevée interfère avec un moyen de cassation qui doit être joint au fond, tel un recours en application de l'article 18 du Traité relatif à l'OHADA, la CCJA est bien compétente (CCJA, 1e ch., no 170, 27-7-2017 : Sani Al Hadj Ousmane c/ Sté Générale Tchad).

Voir sous l'art. 17 du Traité.

La CCJA est aussi compétente pour examiner un pourvoi, dès lors que, d'une part, la requête en cassation devant elle comporte un moyen relatif à la **prescription de l'action en réclamation de créances,** sur le fondement de l'article 18 de l'AUDCG et que, d'autre part, la demande d'incompétence de la CCJA est relative à l'évocation, au cas où la Cour reconnaîtrait le bien-fondé de la clause attributive de compétence aux juridictions françaises (CCJA, 2e ch., no 180, 17-12-2015 : Sté Holcibel S.A., Sté Investissements Cimentiers Internationaux S.A. dite ICI c/ Sté HANN & Compagnie S.A., Ohadata J-16-173) ; réparation d'un préjudice dès lors que le litige est né à l'occasion de leur commerce entre commerçants, que les juges du tribunal de commerce saisi ont déclaré cette action prescrite en application des dispositions des articles 16 et 17 de l'AUDCG et que les juges d'appel ont écarté cette prescription pour appliquer à la cause la prescription du droit commun plus longue, ce que conteste la requérante qui sollicite la cassation de l'arrêt entrepris à travers, notamment, son deuxième moyen tiré de la violation des dispositions des articles 1, 2, 16 et 17 de l'AUDCG. Il en est ainsi car l'affaire soulève bien des questions relatives à l'application d'un Acte uniforme (CCJA, 2e ch., no 201, 23-11-2017 : Bolloré Africa Logistics Mali, SA c/ Mamadou Boundy) ;

18o) dès lors qu'outre sa saisine sur la base d'une **demande de compensation,** elle est aussi interpellée sur l'**interprétation ou l'application,** entre autres, des dispositions de l'article 19 al. 2 **du traité relatif à l'OHADA** et de celles de l'article 49 de l'AUPSRVE (CCJA, ass. plén., no 057, 23-4-2014 : Maître Galolo SOEDJEDE c/ Office Togolais des Phosphates (OTP), Ohadata J-15-148) ;

19o) pour connaître du pourvoi relatif au **contentieux de l'exécution forcée d'un titre exécutoire,** matière régie dans l'espace OHADA par l'AUPSRVE (CCJA, ass. plén., no 128, 11-11-2014 : Union Gabonaise de Banque (UGB) c/ YALANZELE DANGOUALI Antoine, Ohadata J-15-218, précisant que ladite compétence est exclusive), d'une action en cassation tendant à la condamnation d'une banque au paiement des causes d'une saisie-attribution pour déclarations inexactes (CCJA, ass. plén., no 143, 11-11-2014 : Henri Flavien LOE EYIKE c/ Banque Internationale du Cameroun pour l'Épargne et le Crédit dite BICEC, Ohadata J-15-233 ; CCJA, 2e ch. no 133, 12-11-2015 : Sté Chanas Assurances c/ Ekobo Din Marianne, Penka Félix, Tiotsop Maurice, Nseke Oh Jean, Talachele Mekontso Oscar Blaise, Mabo, Dieudonné, Ekwalla Alice épouse Edimo, Nji Henry Ndeh, Ngashu et Sonkouat Charlotte, Ohadata J-16-126), ou d'un litige tranché en dernier ressort par un arrêt relatif au contentieux de l'exécution d'une saisie-attribution de créances, matière régie par l'AUPSRVE (CCJA, 3e ch., no 030, 9-4-2015 : ECOBANK Guinée SA c/ Donald MOOR, Ohadata J-16-30 ; CCJA, 3e ch., no 031, 9-4-2015 : KOUADIO KONAN c/ M. KACOU APPIA Justin, AIMAN Christiane Laure épouse KACOU, APPIA Justin, Ohadata J-16-31), une décision qui « constat[te] que la saisie-attribution de créances pratiquée [...] est postérieure à la saisine [du] [...] président de la cour d'appel aux fins d'arrêt de l'exécution provisoire ordonnée » (CCJA, 3e ch., no 051, 1-3-2018 : Sté Maison de production SUK'ARTS c/ Orange Guinée S.A.) ; ou encore pour un litige découlant de l'interprétation d'une décision relative au contentieux de l'exécution forcée d'un titre exécutoire (CCJA, 3e ch., no 344/2019, 19-12-2019 : Société Générale Cameroun S.A. c/ Compagnie Professionnelle d'Assurances S.A.).

20o) lorsqu'une brève économie du litige montre qu'il est reproché au président d'une cour d'appel d'avoir **ordonné le sursis à exécution d'un arrêt** ayant **déjà** été **exécuté** au moyen d'une saisie-attribution de créances, dont la réglementation ressort de l'AUPSRVE (CCJA, 1e ch., no 090, 28-3-2019 : S.I.B c/ TUNDE MOTORS SA et 2 autres c/ Sté Générale Bénin et Autres) ;

21o) pour le **contrat** de partenariat signé entre une banque et une société, pour **commercialiser un ensemble immobilier,** et dans lequel la banque s'engageait à verser des fonds liés à la vente des Halles dans un compte ouvert dans ses livres au nom de la société, opération constituant des **actes de commerce** au sens de l'article 3 de l'AUDCG. En outre, l'état exécutoire établi le 12 mai 2008 par la banque conformément à la loi du 8 février 2008 et assorti d'un privilège, qui fonde la décision critiquée, se rapporte à l'AUPSRVE et à l'AUS. **Ainsi, nonobstant le silence des premiers juges sur ces faits constants,** le litige opposant les parties soulève des questions relevant de la compétence de la CCJA (CCJA, 1e ch., no 068, 14-3-2019 : SICG-Mali c/ BMS) ; ou encore relativement à une **transaction de diamant** intervenue entre les parties, opération **qui,** au regard de sa nature et de la qualité de ses auteurs, **constitue un acte de commerce** au sens de l'article 3 de l'AUDCG, et soulevant ainsi, en soi, des questions relatives à l'interprétation et à l'application d'un Acte uniforme (CCJA, 1e ch., no 021, 24-1-2019 : Sté World Connection Sarl c/ BCC, RDC).

22°) pour une **cession d'actions** et un traité de **fusion-absorption entre sociétés commerciales,** opérations régies par l'AUSCGIE et qu'en plus, la CCJA s'y était déjà reconnue compétente, par un arrêt antérieur (CCJA, 1e ch., 229, 29-11-2018 : Total Guinée SA c/ Compagnie Pétrolière de Guinée, État de Guinée) ;

23°) dès lors que c'est à la suite d'un différend opposant les parties à propos de l'**exécution ou non d'une garantie bancaire** que le tribunal de commerce a jugé que la demanderesse n'a pas exécuté l'obligation de faire mise à sa charge par le tribunal dans son jugement, laquelle obligation consistait en la mainlevée d'une caution bancaire ; l'affaire soulève bien des questions relatives à l'application de l'AUS et la CCJA est compétente (CCJA, 1e ch., no 116, 31-5-2018 : BNI c/ Sté International Malo) ;

24°) pour un litige relatif à un **bail à usage professionnel** (CCJA, 1e ch., no 170/2020, 28-5-2020 : Sodipharm SA c/ Harouna Abdoulaye) :

– et pour la **rétention des biens garnissant les lieux loués** par le bailleur se prévalant de son privilège spécial (CCJA, 2e ch., no 047, 23-3-2017 : SCI IMMO-LYS c/ Entreprise Akissi Construction (EAC), Ohadata J-17-194) ;

– sur la base duquel le demandeur a été condamné à payer une **indemnité d'éviction** au défendeur et pour lequel l'expulsion a été ordonnée (CCJA, 2e ch., no 22, 23-2-2017 : Sté Papigraph-Ci c/ Sté Codipac, Ohadata J-17-182) ;

– relatif à la qualification de bail commercial, qui a pour but de faire bénéficier au locataire des protections légales de ce statut. En présence d'un contrat entre deux sociétés commerciales et portant sur un immeuble situé dans une commune de plus de cinq mille habitants, indépendamment des moyens proposés par les plaideurs et des textes déployés par la Cour de cassation nationale dans son arrêt contesté, l'affaire, prise en elle-même, en ce qu'elle oppose non pas la mairie d'Adjamé et la société demanderesse, liées par un bail à construction, mais la société demanderesse et la société défenderesse à propos d'une convention réunissant manifestement les éléments caractéristiques d'un bail commercial, soulève incontestablement des questions relatives l'application ou à l'interprétation d'un Acte uniforme ; la CCJA est donc compétente (CCJA, 1e ch., no 330/2020, 22-10-2020 : SICG-SA c/ Nestlé Côte d'Ivoire SA et une autre) ;

– et portant sur l'expulsion du locataire d'un bail à usage professionnel régi par l'AUDCG, le fait par le juge d'appel, d'invoquer des dispositions du droit interne sénégalais pour statuer sur la compétence du juge des référés à connaître d'une telle cause ne pouvant ôter le litige du domaine du droit des affaires tel que prévu au Traité OHADA (CCJA, 3e ch., no 158/2020, 30-4-2020 : Société African Oil Gas Corporation c/ Société Atlantik Sea Food) ;

– et concernant le remboursement du montant des constructions réalisées par un preneur sur les lieux objet du bail (CCJA, 3e ch., no 089/2024, 28-3-2024). Il en est de même pour le litige soulevant des questions de validité et d'efficacité de la **cession d'un droit au bail à usage professionnel** expressément réglées par l'AUDCG (CCJA, 2e ch., no 285/2024, 31-10-2024) ;

25°) dès lors que l'objet de la saisine des juges du fond porte sur l'**annulation de l'apport en société** réalisé le 17 février 1986, motif pris de ce que la procuration ayant servi de base à cette réalisation, consentie par-devant notaire à Paris (France), n'a donné lieu à aucune décision d'exequatur au préalable et ce, en violation des articles 353, 354, 793 du Code de procédure civile du Sénégal, des articles 35 et 55 de la convention judiciaire franco-sénégalaise du 29 mars 1974. Il en est ainsi car l'affaire soulève bien des questions relatives à l'application de l'AUSCGIE et qu'au regard des dispositions de l'article 14 du Traité OHADA, **la compétence de la CCJA s'apprécie en recherchant si l'affaire ayant donné lieu à la décision attaquée soulève des questions relatives à l'application d'un acte uniforme ou d'un règlement prévu dans le Traité, à l'exception des décisions appliquant des sanctions pénales** (CCJA, 3e ch., no 167, 1-12-2016 : Daniel Sedar Senghor et 2 autres c/ Léna Michelle M. A. Senghor et Patricia Marie Thérèse Gnilane Senghor ès noms et ès qualités de représentantes de 7 autres, Ohadata J-17-107) ;

26°) sur le pourvoi relatif à la **responsabilité** supposée d'une banque et fondée sur une **faute commise à l'occasion du paiement d'une garantie à première demande,** l'appréciation d'une telle faute supposant une interprétation des dispositions de l'Acte uniforme prévues à cet effet, aussi bien la cour d'appel que le tribunal de grande instance ayant appliqué l'AUS du 17 avril 1997 (CCJA, 2e ch., no 153, 29-6-2017 : Société Générale de Banques au Sénégal c/ Modou Cheikh Babou) ;

27°) pour le litige relatif à l'**assignation en dissolution d'une société commerciale** sur le fondement des articles 147 et 200 de l'AUSCGIE dont l'interprétation et l'application communes sont de la compétence de la Cour de céans. Il échet pour la CCJA de se déclarer compétente (CCJA, 3e ch., no 079/2018, 29-3-2018 : Sté Congolese Wireless Network dite CWN c/ Feruzi Kalume Nyembwe, Sté Vodacom International Ltd dite VIL, Sté Vodacom Congo S.A. dite VC) ;

28°) pour un litige relatif à une **cession de fonds de commerce** faite en application des dispositions des articles 150, 151 et 160 de l'AUDCG (CCJA, 3e ch., no 084, 29-3-2018 : Sté Holding SAVANA

Sénégal, Sté Hôtel Investissements c/ Sté Immobilière de Saly et 3 autres) ;
29°) pour un litige relatif au **pouvoir d'une personne à disposer des droits miniers d'une société sans l'avis de l'assemblée générale extraordinaire** de celle-ci, à la **validité de la contre-lettre liant des sociétés** et à la recevabilité de l'**action des associés de l'une des sociétés contre d'autres,** ces questions relevant des dispositions des articles 329 et suivants de l'AUSPCGIE et 158 de l'AUDCG (CCJA, 1e ch., 240, 29-11-2018 : Medrara Sarl c/ Koba Bipendu et Consorts associés à la Société Congo Bantu) ;
30°) pour un litige relatif à une **location-gérance** et soulevant des questions relatives à l'application de l'AUDCG (CCJA, 1e ch., n° 251/2020, 25-6-2020 : Tchangani Simbossouani c/ Bodjona Pédié née Agoda) ;
31°) pour un litige relatif à la **suspension des effets d'un acte pris par un organe d'une société anonyme** dans **le cadre de la réalisation de son objet social et dont la validité ou la légalité est contestée,** comme en l'espèce, d'une délibération du conseil d'administration du port autonome de Douala, constitué sous la forme d'une société anonyme régie par l'AUSCGIE, intitulée « Résolution n° 0685/19/CA/PAD » et portant création de la régie déléguée de gestion, d'exploitation et de maintenance du terminal à conteneurs du port de Douala-Bonaberi. Un tel litige soulève indubitablement des questions relatives à l'application de l'acte uniforme susvisé et la décision y afférente, non susceptible d'appel, rendue par toute juridiction d'un État partie au Traité OHADA relève, en cassation, de la compétence de la CCJA (CCJA, 3e ch., n° 016/2021, 28-1-2021 : Port autonome de Douala SA c/ Les sociétés APM Terminals B.V. et Bollore SA). Il en est de même du litige relatif à la reconnaissance de la compétence du tribunal administratif de Douala pour connaître de la requête en annulation d'actes pris par les organes d'une société anonyme dans le cadre de la réalisation de son objet social et dont la validité ou la légalité est contestée (notamment une décision du directeur général du Port autonome de Douala et d'une délibération du conseil d'administration dudit Port autonome, constitué sous la forme d'une SA régie par l'AUSCGIE ; ladite résolution portant création d'une régie déléguée de gestion, d'exploitation et de maintenance du terminal à conteneurs du port de Douala-Bonaberi) ; un tel litige soulève indubitablement des questions relatives à l'application de l'acte uniforme susvisé et la décision y afférente, non susceptible d'appel, rendue par toute juridiction d'un État partie au Traité OHADA relève, en cassation, de la compétence de la CCJA (CCJA, ass. plén., n° 198/2023, 30-11-2023) ;
32°) pour un litige relatif à la **réclamation de quotes-parts et de dividendes,** conformément au prescrit des articles 162 et 164 de l'AUSCGIE (CCJA, 1e ch., n° 132/2020, 30-4-2020 : Kim Kyo Hwan et 1 autre c/ Kalonji Mukendi Célestin) ;
33°) pour un **litige relatif à l'arbitrage** :
– au sujet duquel la demanderesse en cassation a, tant en première instance qu'en cause d'appel, soulevé l'incompétence des juridictions étatiques au profit du tribunal arbitral, conformément à la clause compromissoire insérée au contrat, donnant compétence à un centre d'arbitrage situé dans un État partie et fixant le siège du tribunal dans un État partie à l'OHADA (CCJA, 2e ch., n° 002/2022, 20-1-2022 : Brasserie BB Lomé SA c/ Sté CTC-Addra) ;
– lorsque, pour statuer sur une demande en annulation d'un contrat public fondée sur des considérations relatives à sa formation, une cour d'appel a dû examiner sa capacité à le faire en présence d'une clause compromissoire (CCJA, 1e ch., n° 190/2021, 11-11-2021 : SGS c/ État Béninois) ;
– notamment le pourvoi contre l'arrêt faisant suite à l'appel relevé du jugement rendu par une juridiction administrative ayant expressément statué sur l'exception d'incompétence soulevée sur le fondement de l'article 13 de l'AUA, une telle décision pouvant, sur le principe, être soumise à son contrôle (CCJA, 1e ch., n° 067/2021, 8-4-2021 : G.E.B. Afrique SARL c/ État béninois) ;
– lorsque la Cour a été saisie après le jugement d'incompétence du tribunal de commerce d'Abidjan, sur le fondement de l'article 13 de l'AUA (CCJA, 2e ch., n° 140/2023, 15-6-2023).
34°) pour un litige, dès lors que c'est **sous le visa d'un Acte uniforme** (en l'espèce, les art. 22 à 25 de l'AUS et des dispositions relatives à la saisie immobilière) que la cour d'appel a rendu l'arrêt attaqué, ce seul fait suffisant pour retenir sa compétence, car elle est seule habilitée à dire s'il y a eu fausse application des textes visés (CCJA, 2e ch., n° 168/2021, 28-10-2021 : Bank of Africa Mali S.A. c/ Sté Cisse et Frères Sarl) ;
35°) pour une affaire qui tend à obtenir le paiement de la somme mise à la charge d'une personne par une **décision du juge le l'article 49 de l'AUPSRVE,** car elle soulève nécessairement des questions relatives à l'application de l'Acte uniforme précité (CCJA, 1e ch., n° 249/2020, 25-6-2020 : SNIA c/ Ecobank-Bénin SA) ;
36°) pour un litige relatif à la **responsabilité d'un commissaire aux comptes établi sous la forme d'une société anonyme avec conseil d'administration,** notamment sur le fondement de l'article 725 de l'AUSCGIE qui contient les règles relatives à la responsabilité civile des commissaires aux comptes à l'égard des tiers ; par ailleurs, l'instruction n° 31/2005 relative à l'exercice du commissariat aux comptes auprès des structures agréées et des sociétés cotées sur le marché financier régional de l'UEMOA

vise expressément les articles 694 à 734 de l'AUSC-GIE comme applicables aux structures agréées, notamment les sociétés de gestion de patrimoine (CCJA, 2e ch., n° 145/2021, 24-6-2021 : Kouame Bi Iritie c/ Société Ernst & Young Côte d'Ivoire et Société BNI Gestion) ;

37°) pour un litige relatif à l'**injonction :**

– **de payer** (CCJA, 2e ch., n° 172, 17-12-2015 : Sté King Ivoire Sarl c/ Z., Ohadata J-16-165), contentieux régi par l'AUPSRVE, peu important qu'une disposition de droit interne ait été appliquée lors de la résolution du litige (CCJA, 3e ch., n° 136/2021, 24-6-2021 ; CCJA, 2e ch., n° 059/2020, 27-2-2020 : Association du Diocèse de Kindu c/ K.), tel qu'il résulte tant de l'ordonnance initiale que de l'arrêt attaqué (CCJA, 1e ch., n° 195/2022, 1-12-2022) ;

– **de restituer**, notamment pour le pourvoi formé contre l'arrêt qui a statué sur un appel relevé contre un jugement rendu sur opposition à une telle ordonnance rendue en vertu de l'article 23 de l'AUPSRVE, l'énonciation dans l'arrêt de dispositions nationales, notamment des codes congolais de navigation maritime, fluviale et lacustre, n'ayant visé qu'à répondre aux moyens soulevés par l'intimée, qui, sur le fondement de ces dispositions, a plaidé son exonération de toute responsabilité civile, partant de l'obligation de restituer, ce qui ne modifie pas la nature du contentieux qui est relatif à l'application d'un acte uniforme (CCJA, 3e ch., n° 126/2023, 25-5-2023) ;

38°) pour le pourvoi contre un arrêt ayant appliqué la loi nationale créant un **privilège général** en faveur de la défenderesse, privilège dont le régime général relève de l'AUS du 17 avril 1997 applicable en la cause (CCJA, 1e ch., n° 115/2021, 3-6-2021 : SICG-Mali c/ BMS-SA) ;

39°) pour une affaire, **renvoyée devant elle par une juridiction nationale de cassation** :

– relative à des saisies, dont une saisie conservatoire portant sur un navire et une saisie attribution de créances ; les saisies étant, de manière générale, régies au Togo, pays signataire du Traité OHADA, par l'AUPSRVE, l'arrêt attaqué faisant par ailleurs suite à un appel relevé contre une ordonnance rendue par la juridiction des urgences établie par l'article 49 dudit Acte uniforme (CCJA, 1e ch., n° 099/2021, 27-5-2021 : Maître Amegbo Ablamvi c/ Sieur Bechada Jamito et plusieurs autres) ;

– et relative à l'assignation, sur le fondement de l'article 168 de l'AUPSRVE, d'un tiers saisi en paiement des sommes qu'il a cantonnées dans le cadre d'une procédure de saisie-attribution des créances (CCJA, 2e ch., n° 085/2021, 27-5-2021 : Katakiti Afoh c/ Association Togolaise pour le Bien-Être Familial et un autre).

40°) pour la **défense à exécution** relative à une ordonnance rendue par le juge de l'article 49 de l'AUPSRVE contre un tiers requis dans le cadre d'une saisie-attribution pratiquée en vertu du même Acte uniforme (CCJA, 1e ch., n° 189/2019, 20-6-2019 : SAKR Farouk c/ Société Sucrivoire (CCJA, 1e ch., n° 053/2022, 3-3-2022) ;

41°) pour la **suspension d'un jugement** dont l'exécution a été entreprise par application des dispositions de l'AUPSRVE (CCJA, 2e ch., n° 088/2021, 27-5-2021 : Bello Mousibaou c/ Bat RCI).

L'ordonnance par laquelle la juridiction présidentielle de la Cour de cassation d'un État partie à l'OHADA ordonne « la suspension de toutes mesures d'exécution entreprises en vertu d'un arrêt de la CCJA de l'OHADA » soulève indubitablement des questions relatives à l'application du Règlement de procédure de la CCJA ; en tant que décision non susceptible d'appel rendue par une juridiction d'un État partie au Traité OHADA, elle rentre dans le champ de compétence de la CCJA conformément au Traité (CCJA, 2e ch., n° 217/2021, 23-12-2021 : Commodities Corporate Consulting SA et deux autres c/ Latham Éric Jean Louis et un autre) ;

42°) pour la **créance** objet de l'assignation devant le juge commercial de Kolwezi, dès lors qu'elle **tire son origine d'un contrat de vente commerciale conclu entre deux commerçantes** dont l'une a son siège dans un État partie au Traité OHADA (CCJA, 3e ch., n° 224/2020, 25-6-2020 : Société KG MTI-Vertriebsgesellschaft mbH & Co (KG MTI) c/ Manoah Investment Sarl, rappelant que la compétence de la CCJA s'apprécie non pas sur le fondement des moyens invoqués à l'appui du pourvoi, mais plutôt sur la nature de l'affaire qui a donné lieu à la décision attaquée ; il s'ensuit que la compétence doit être retenue par référence aux Actes uniformes applicables alors même que l'application de ces actes n'aurait pas été expressément requise par les deux parties).

Il en est de même pour un litige qui a sa source dans le contrat ayant lié deux sociétés commerciales et qui constitue lui-même une **opération bancaire** caractéristique d'un acte de commerce au sens de l'article 3 de l'AUDCG, d'autant plus qu'il est précisément reproché à l'arrêt attaqué, entre autres, la violation des dispositions de cet article 3, en ce que les juges d'appel ont cru pouvoir statuer en matière civile (CCJA, 1e ch., n° 049/2020, 27-2-2020 : Ecobank Gabon SA c/ M2A Groupe SARL) ;

43°) pour un litige portant sur l'exécution de contrats d'ouverture de crédits bancaires assortis de garanties de remboursement constituées de **gages d'espèces** qui constituent une forme de **sûreté** prévue et régie par l'article 56 de l'AUS (CCJA, 1e ch., n° 119/2021, 24-6-2021 : Ecobank Bénin SA c/ SNIA). Il en est de même pour un litige concernant l'exécution d'une convention d'ouverture de crédit avec une caution solidaire, qui est une sûreté personnelle prévue et régie par l'AUS (CCJA, 1e ch., n° 163/2023, 13-7-2023) ;

44°) pour un litige relatif à une **hypothèque** :
– la **constitution d'une hypothèque conventionnelle** régie par l'AUS, en dépit du renvoi fait en l'espèce par l'article 205 dudit Acte uniforme à la loi nationale relativement à la forme authentique ou sous seing privé de l'acte qui la constate (CCJA, 3e ch., n° 222/2020, 25-6-2020 : UBC PLC c/ Pack Industry SA, précisant que les dispositions de l'article 14 du Traité OHADA traitent de la compétence de la CCJA et non des conditions de recevabilité des recours devant celle-ci) ;
– la réalisation d'un pacte commissoire d'hypothèque consentie sur un immeuble (CCJA, 2e ch., n° 011/2021, 28-1-2021 : Ecobank Centrafrique c/ Établissements Ngaissona) ;
– notamment le contentieux portant sur la validité d'une convention de prêt garanti par une hypothèque portant sur un bien immobilier indivis, pareil litige soulevant indubitablement des questions relatives à l'application de l'AUS (CCJA, 1e ch., n° 192/2024, 27-6-2024). Il en est de même pour le litige à l'occasion duquel il était demandé à une cour d'appel de se prononcer sur la **validité d'un certificat d'enregistrement** et de la convention de prêt hypothécaire qui en est le fondement, dès lors que pour déclarer ces actes nuls, la cour d'appel a fait application de l'article 203, alinéa 3 de l'AUS (CCJA, 3e ch., n° 212/2023, 30-11-2023, rappelant qu'il résulte de l'article 14 du Traité OHADA que, pour l'appréciation de la compétence de la CCJA, il doit être recherché si l'affaire dont les juges du fond ont été saisis soulève des questions relatives à l'application des Actes uniformes ou des règlements prévus au Traité) ;
– lorsque l'ordonnance de la juridiction présidentielle du tribunal de commerce de Kinshasa/Matete, annulée par la cour d'appel de la circonscription, a été rendue dans le cadre d'un litige se rapportant à **l'attribution judiciaire d'un immeuble faisant l'objet d'une affection hypothécaire**, en application, entre autres, des dispositions des articles 49 et 33 point 4 de l'AUPSRVE, 198, 200 et 227 de l'AUS ; et que le pourvoi indique nettement, au titre des moyens de cassation soulevés, un mal jugé tenant à la bonne application des articles 198 et 200 de l'AUS, 52 du Traité OHADA (CCJA, 1e ch., n° 194/2024, 27-6-2024) ;

45°) pour un litige relatif à la méconnaissance de l'article 10 du Traité OHADA, des articles 168, 336 et 337 de l'AUPSRVE, consistant à appliquer l'article 162 al. 1 de la constitution de la République démocratique du Congo en lieu et place des textes susvisés (CCJA, 1e ch., n° 116/2020, 9-4-2020 : Dickens Konde Phanzu Maloba c/ Ecobank RDC SA) ;

46°) pour un litige relatif au **nantissement de comptes bancaires,** régi par les articles 136 et 137 de l'AUS, et à des opérations de comptabilité relevant de l'AUHCE (CCJA, 3e ch., n° 027/2020, 30-1-2020 : Établissement Bethleem Company Trading c/ Ecobank Guinée SA) ;

47°) au sujet d'un arrêt dont il n'est pas contesté qu'il a statué sur des ordonnances de référé qui toutes ont été rendues consécutivement à des **saisies-ventes,** régies par l'AUPSRVE (CCJA, ass. plén., n° 051, 23-4-2014 : Sté Africaine de Banque SIAB-S.A, Sté F. K. Construction Togo Sarl, Ohadata J-15-142 ; CCJA, 1e ch., n° 008, 30-3-2015 : Afriland First Bank (ex CCEI BANK) SA c/ 1) CACIC) SA, 2) Ayants droit de Garba Aoudou, Ohadata J-16-08) ;

48°) pour un jugement ayant statué sur l'existence d'une **société créée de fait** (CCJA, 1e ch., n° 271/2019, 28-11-2019 : Louis Dreyfus Commodities MEA Trading DMCC c/ Concorde pour l'Industrie et l'exploitation SARL) ;

49°) pour un litige relatif à la **légalité d'une résolution du conseil d'administration d'une société** anonyme accordant une rémunération exceptionnelle à un de ses membres (CCJA, 2e ch., n° 010/2021, 28-1-2021 : Simplice De Messe Zinsou c/ Aéroport International d'Abidjan) ;

50°) pour un litige relatif au **recouvrement d'une créance née des redevances recouvrées par une entreprise pétrolière** au cours de ses ventes et qui doivent être reversées, ces redevances étant des obligations nées à l'occasion du commerce, au regard de la comptabilité mixte applicable au défendeur, qui soumet au droit commun les accords et les opérations passés avec les sociétés d'importation et de distribution des produits pétroliers en République centrafricaine ; ces litiges relèvent en cas de contestation de la compétence des juridictions de commerce et, partant, de la CCJA (CCJA, 1e ch., n° 047/2020, 27-2-2020 : Tradex Centrafrique SA c/ Fonds d'entretien routier) ;

51°) pour le recours relatif à la **détermination de la juridiction compétente de l'article 49 de l'AUPSRVE** pour connaître des difficultés d'une exécution forcée (CCJA, 3e ch., n° 299/2019, 28-11-2019 : Sociétés Deveryware Afrique et Deveryware (c/ Chambre de commerce et d'industrie de Côte d'ivoire dite CCI-CI).

52°) la seule allusion, dans les motifs d'un arrêt rendu en matière commerciale, à un jugement correctionnel ne faisant pas de cet arrêt une décision pénale, car par « décisions appliquant des sanctions pénales » évoqué par l'article 14.3 du Traité, il faut entendre une décision rendue en matière pénale, ayant appliqué une sanction pénale, laquelle est régie par l'AUSCGIE, la CCJA est compétente (CCJA, 1e ch., n° 260/2024, 24-10-2024, constatant qu'en l'espèce, l'arrêt attaqué n'a pas été rendu en matière pénale, mais bien en matière commerciale, et s'étant prononcé sur un litige ayant pour origine une cession d'actions, après avoir rappelé que la compétence de la CCJA s'apprécie en recherchant si l'affaire ayant donné lieu à la décision attaquée soulève des questions relatives à l'interprétation ou l'application des Actes uniformes ou d'un règlement prévu au Traité).

53°) dès lors qu'il résulte du dossier qu'une société a, sur le fondement de l'article 465 de l'AUSCGIE, contesté la qualité de Maître [X.] pour la représenter et procéder à une transaction extinctive ; et qu'en réponse, la cour d'appel a relevé que le protocole d'accord querellé était effectivement « intervenu entre les représentants des parties » (CCJA, 3e ch., n° 298/2024, 31-10-2024) ;

54°) dès lors que pour trancher la **fin de non-recevoir opposée par une partie** à l'appel interjeté par l'autre, la cour d'appel a fait application, entre autres dispositions, de l'article 487 de l'AUSCGIE et que la solution qu'elle a retenue fait partie des griefs que le recourant formule dans son pourvoi (CCJA, 1e ch., n° 041/2023, 9-3-2023) ; dans le même sens (CCJA, 3e ch., n° 291/2024, 31-10-2024) ;

55°) pour un litige résultant d'une **action tendant à obtenir la confirmation de droits d'associés** et de droits de propriété sur les actifs sociaux d'une société ainsi que la réparation des dommages causés, qui a mis en discussion devant le tribunal de commerce et la cour d'appel, des contestations relatives à une cession de parts sociales, à la qualité d'associé d'une SARL, matières régies par l' AUSCGIE et au sujet duquel le jugement et l'arrêt contesté ont fait application des articles 16 et 17 de l'AUDCG, également visés dans la requête, en plus des articles 2, 3 et 19 dudit Acte uniforme et 10 du Traité OHADA, au titre des moyens de cassation soulevés, dans le cadre d'une procédure initiée plus de quatre ans après l'entrée en vigueur du Traité et des Actes uniformes susvisés en République démocratique du Congo (CCJA, 1 ch., n° 100/2024, 28-3-2024) ;

56°) en raison de l'**application immédiate de la loi de procédure que constitue l'article 16 de l'AUDCG** qui fixe le délai de prescription des obligations entre commerçants à cinq ans, régissant donc les situations nées avant son entrée en vigueur. En l'espèce, les obligations résultant des relations d'affaires entre les parties étant nées en 2001, l'action en restitution de l'indu introduite le 5 décembre 2017 devant le tribunal de commerce de Butembo est soumise, en matière de prescription, aux règles de prescription prévues à l'article 16 précité dans la mesure où il s'agit d'obligations entre commerçants ; l'affaire soulève donc des questions relatives à l'AUDCG (CCJA, 1e ch., n° 218/2023, 14-12-2023).

Toujours relativement à la prescription :

– pour un litige concernant la réparation d'un préjudice dès lors que le litige est né à l'occasion de leur commerce entre commerçants, que les juges du tribunal de commerce saisi ont déclaré cette action prescrite en application des dispositions des articles 16 et 17 de l'AUDCG et que les juges d'appel ont écarté cette prescription pour appliquer à la cause la prescription du droit commun plus longue, ce que conteste la requérante qui sollicite la cassation de l'arrêt entrepris à travers, notamment, son deuxième moyen tiré de la violation des dispositions des articles 1, 2, 16 et 17 de l'AUDCG. Il en est ainsi car l'affaire soulève bien des questions relatives à l'application d'un Acte uniforme (CCJA, 2e ch., n° 201, 23-11-2017 : Bolloré Africa Logistics Mali, SA c/ Mamadou Boundy) ;

– pour une affaire ayant posé, tant en première instance qu'en appel, le problème de la prescription quinquennale prévue à l'article 16 de l'AUDCG, car quoique, se rapportant à la responsabilité civile délictuelle régie par l'article 1384 du Code civil ivoirien, elle soulève également des questions relatives à l'application de l'AUDCG (CCJA, 3e ch., n° 088/2024, 28-3-2024).

57°) pour le litige portant sur une **licence d'exploitation** conclue en 2007 mais qui, suivant l'article 137 de l'AUDCG, constitue **un élément du fonds de commerce**, dès lors que : (i) ledit contrat est, par sa nature, un contrat de fourniture et de prestation de services dont l'exécution à des échéances successives a généré un litige en 2020, après l'adhésion de République démocratique du Congo au Traité OHADA, intervenue en 2012 ; (ii) compte tenu de la clause compromissoire insérée audit contrat, le litige résultant de son exécution a soulevé, devant les juges du fond, des questions relatives à son arbitrabilité au regard de l'AUA, ainsi que celles relatives à la prescription en matière commerciale, régie par l'AUDCG ; (iii) et que le même litige a donné lieu à des saisies-attributions des créances régies par l'AUPSRVE (CCJA, 1e ch., n° 084/2023, 27-4-2023).

58°) lorsque la décision attaquée est un **jugement rendu en premier et dernier ressort**, donc non susceptible d'appel, par le tribunal de commerce de Bamako au Mali, État partie au Traité OHADA, dans une affaire soulevant des questions relatives à l'application de l'AUCTMR (CCJA, 1e ch., n° 195/2024, 27-6-2024).

59°) dès lors que l'affaire soulève **ou est susceptible de soulever** des questions relatives à l'application d'un Acte uniforme (CCJA, 2e ch., n° 002/2022, 20-1-2022 : Sté Brasserie BB Lome SA c/ Sté CTC-ADDRA « All Deal Driving Real Negoce Arrangement » dite CTC-ADDRA ; CCJA, 2e ch., n° 155/2021, 28-10-2021 : Bsic Niger SA c/ État du Niger et A.).

II. Incompétence de la CCJA

La CCJA ne peut se prononcer sur des décisions des juridictions des États parties dont elle est saisie que lorsque ces décisions sont intervenues dans des affaires soulevant des questions relatives à l'application des Actes uniformes et règlements prévus au Traité OHADA, à l'exception des décisions appliquant des sanctions pénales (CCJA, n° 022/2006, 26-10-2006 : SCI GOLFE DE GUINÉE c/ PROMOMER SARL, Rec. jur. CCJA n° 8/2006, p. 9, Juris-Ohada, n° 1/2007, p. 17, Ohadata J-08-91 ; CCJA, 1e ch. n° 127, 29-10-2015 : Sté Holcibel S.A, Sté Investissements Cimentiers Internationaux (ICI) SA c/ Sté Hann SA et Compagnie et Consorts Hann, Ohadata J-16-120).

Il s'ensuit que la CCJA ne peut connaître, par la voie du recours en cassation, des affaires qui, bien que soulevant des questions relatives à l'application des Actes uniformes et des règlements prévus au Traité, concernent des décisions appliquant des sanctions pénales ; ainsi, la CCJA est incompétente pour le pourvoi exercé contre un arrêt rendu en matière criminelle et qui a, entres autres, déclaré l'accusé coupable de certains faits qui lui sont reprochés et l'a condamné à 15 ans d'emprisonnement ferme (CCJA, 2e ch., n° 053/2012, 7-6-2012 : ETONDE EKOTO Edouard Nathanaël c/ 1) Port Autonome de Douala (P.A.D), 2) Ministère Public ; CCJA, 3e ch., n° 188, 23-12-2015 : ADAMA COULIBALY c/ Procureur Général près la cour d'appel d'Abidjan, COULIBALY Dramane, Ohadata J-16-181).

Elle ne peut statuer sur un litige qui ne met pas en cause l'application d'un Acte uniforme. Ainsi, la CCJA est incompétente pour statuer :

1°) sur un pourvoi relatif à la **violation** des articles 95, 125 et 166 **du règlement de l'UEMOA** relatif aux systèmes de paiement dans les États membres de l'UEMOA, dès lors que, d'une part, il ne s'agit ni d'un Acte uniforme de l'OHADA, ni d'un règlement pris en application du Traité OHADA et que, d'autre part, l'UEMOA et l'OHADA sont deux organisations internationales distinctes instituées par deux traités différents, de sorte que les actes pris par l'une ne peuvent pas être considérés comme émanant de l'autre (CCJA, ord. n° 1/2005, 12-1-2005 : M. S. c/ SIB, Rec. jur. CCJA, n° 5, janv.-juin 2005, vol. 2, p. 70, Ohadata J-06-05) ;

> **Obs. :** l'UEMOA : Union économique et monétaire Oouest-africaine. Sur la situation économique encourageante de l'UEMOA, voir l'éditorial de Barthélemy Mercadal, « Un marché commun en bonne voie : l'UEMOA ») ;

2°) sur une affaire jugée par une juridiction communautaire telle que la Cour de justice de la CEMAC (CCJA, 2e ch., n° 106, 30-12-2013 : Abel Komengue-Malenzapa c/ Ecobank Centrafrique, Banque des États de l'Afrique Centrale (BEAC), Rec. jur. CCJA n° 20, vol. 1, janv.-déc. 2013, p. 78-80, Ohadata J-15-79) ;

3°) lorsqu'il ressort de l'examen des pièces du dossier de la procédure que **l'Acte uniforme invoqué** n'avait pas intégré l'ordre juridique interne des États membres de l'OHADA à la date d'un exploit introductif d'instance, et **ne pouvait** de ce fait **être applicable au litige**, aucun grief ni moyen relatif à l'application dudit Acte uniforme n'ayant pu être formulé et présenté devant les juges du fond (CCJA, 2e ch., n° 34, 16-2-2005 : Banque Africaine de Développement c/ Sté Ivoire café, Rec. jur. CCJA, n° 5, janv.-juin 2005, vol. 1, p. 48 ; Juris-Ohada, n° 4/2005, juill.-sept. 2005, p. 5., Ohadata J-06-08).

> **Obs. :** cette décision qui visait spécifiquement l'AUSCGIE est parfaitement transposable aux autres Actes uniformes sous réserve, le cas échéant, de dispositions spécifiques prévues par chaque Acte uniforme pour son entrée en vigueur.
>
> Voir aussi : (CCJA, n° 038/2007, 22-11-2007 : E. K., M. C. C., K. A. C. c/ Sté Union Africaine, Rec. jur. CCJA n° 10, juill.-déc. 2007, p. 8, Ohadata J-08-240 CCJA, n° 025/2007, 31-5-2007 : Hôtel Les Boukarous c/ Succession Happy Tina G., Rec. jur. CCJA n° 9, janv.-juin 2007, p. 21, Ohadata J-08-216 ; CCJA, n° 001/2001, 11-10-2001 : ETB c/ CFCF, Juridis Périodique, n° 51/2002, p. 106, note Sylvain Souop, Ohadata J-08-64).

Dans le même sens : en l'espèce, l'AUSCGIE adopté le 17 avril 1997 est entré en vigueur en République de Guinée le 21 novembre 2000, soit soixante jours après le dépôt de l'instrument de l'adhésion qui a eu lieu le 22 septembre 2000 ; l'adhésion elle-même ayant eu lieu le 5 mai 2000. Ledit Acte uniforme n'avait pas intégré l'ordre juridique de cet État partie le 28 juillet 1999, date de l'exploit introductif d'instance, et ne pouvait de ce fait être applicable. Dans ce contexte spécifique, aucun grief ni moyen relatif à l'application de l'AUSCGIE n'avait pu être formulé et présenté aux juges du fond si bien que les conditions de compétence de la CCJA en matière contentieuse, telles que précisées à l'article 14 du Traité OHADA, n'étant pas réunies, il y a lieu de déclarer la CCJA incompétente (CCJA, 1e ch., n° 31, 26-5-2005 : B. S. c/ S. K. et SARL Guinée Inter Air, Juris-Ohada, n° 3/2005, p. 45, Rec. jur. CCJA, n° 5, janv.-juin 2005, vol. I, p. 45, Ohadata J-05-383).

Ainsi, les dispositions de l'AUSCGIE qui n'étaient pas encore applicables au moment des faits et dont les dispositions ne sont pas rétroactives sont inapplicables (CCJA, 3e ch., n° 148, 19-11-2015 : First Ayants droit Louis Laugier c/ Jacqueline Casalegno, Sté Chanas Assurances S.A., Ohadata J-16-141).

Dans le même sens :

a. sur l'absence de grief ou de moyen relatif à l'application ou l'interprétation d'un Acte uniforme (CCJA, 1e ch., n° 044/2012, 7-6-2012 : Sté Merciel Corporation West Africa c/ ACTM) ;

b. au sujet d'un gage constitué le 16 octobre 1984 en vertu d'une loi nationale, les parties étant renvoyées à mieux se pourvoir (CCJA, 2e ch., n° 045, 15-7-2010 : C.R.A.B.E. c/ K., Juris-Ohada, n° 1/2011, janv.-mars 2011, p. 14, Ohadata J-12-93) ; voir aussi au sujet de sûretés consenties avant l'entrée en vigueur de l'AUS (CCJA, ass. plén., n° 042, 27-4-2015 : Sté Ivoirienne de Banques dite SIB c/ Rambaud Fernand, Ohadata J-16-42) ; et d'un cautionnement antérieur à l'entrée en vigueur de l'AUS et de l'AUDCG, régi par le Code civil camerounais (CCJA, 3e ch., n° 198, 29-12-2016 : Kondo Njanga Samuel c/ SGBC SA, SRC, Ohadata J-17-138).

Dans le même sens, au sujet :

– d'un pourvoi en cassation formé contre un arrêt rendu à la suite d'un jugement d'annulation d'une adjudication intervenue par jugement du 7 mai 1996, en application de dispositions du Code de procédure civile d'un État partie à l'OHADA, pour une créance revendiquée en vertu d'une grosse notariée revêtue de la formule exécutoire et antérieure à l'entrée en vigueur de l'AUS du 17 avril 1997, qui précisait, en son article 150, n'être applicable qu'aux suretés consenties ou constituées **après** son entrée en vigueur (CCJA, 1e ch., n°146/2022, 3-11-2022) ;

– d'une sûreté conclue avant l'entrée en vigueur de l'AUS du 17 avril 1997, et dont la nullité a été prononcée sur le fondement de dispositions nationales, notamment le Code civil camerounais et le décret 60-172 du 20 septembre 1960 réglementant le statut de notaire, qui n'appelle pas l'application des Actes uniformes (CCJA, 1e ch., n° 254/2024, 24-10-2024 ; CCJA, 1e ch., n° 255/2024, 24-10-2024) ;

c. retenant qu'aucun grief ni moyen relatif à l'application de l'AUSCGIE n'aurait dû être formulé et présenté devant les juges du fond par le requérant au sujet d'un litige relatif à une cession d'actions à titre gratuit intervenue le 16 juillet 1971 (CCJA, 1e ch., n° 043/2012, 7-6-2012 : K. c/ Sté Assurim, Serge Magnard) ;

d. retenant que l'acte de cession par lequel l'État congolais a vendu un hôtel à un commerçant constitue un contrat administratif puisque passé suivant la procédure d'appel d'offres ; au demeurant, cette convention renferme une clause exorbitante du droit commun en son article 8 qui reconnaît à l'État le droit de résiliation de plein droit ; en définitive, le fait pour l'État de céder une entreprise à un commerçant ne requiert point l'application des articles 2 et 3 de l'AUDCG ; de ce fait, la CCJA n'a pas vocation à trancher le litige qui lui est soumis et doit se déclarer incompétente (CCJA, 1e ch., n° 042/2012, 7-6-2012 : État congolais c/ Succession E. composée des héritiers, représentés par José Cyr Ebina) ;

e. précisant que la seule référence à des dispositions d'un Acte uniforme dans l'argumentaire des parties au litige ne peut suffire à justifier la compétence de la CCJA (CCJA, ass. plén., n° 113, 4-11-2014 : ayants droit T. c/ N., Bicec S.A., Ohadata J-15-204 ; CCJA, 1e ch., n° 224, 29-11-2018 : Soluxe International Chad SA c/ Cabinet Groupe Mega Five Sarl) ;

f. au sujet d'une affaire née avant l'applicabilité des textes OHADA en République démocratique du Congo (CCJA, 2e ch., n° 133, 18-5-2017 : N. c/ D.), tel un contrat signé antérieurement à l'entrée en vigueur de l'AUDCG invoqué par le demandeur (CCJA, 3e ch., n° 145/2018, 7-6-2018 : B. c/ Sté Total Côte d'Ivoire), ou encore un litige dont la procédure a été introduite avant l'entrée en vigueur des textes de l'OHADA en République démocratique du Congo (survenue le 12 septembre 2012), et à la résolution duquel les juges du fond n'ont appliqué aucune disposition d'un Acte uniforme ou règlement prévu au Traité (CCJA, 3e ch., n° 155, 13-7-2017 : Celtel Congo SARL c/ Entreprise Sentrad Group, K.) ;

g. au sujet d'une hypothèque consentie antérieurement à l'entrée en vigueur de l'AUS, conformément à l'article 227 de l'AUS (CCJA, 3e ch., n° 172/2021, 28-10-2021 : N. c/ SRC) ;

h. au sujet de faits et actes datés d'avant l'entrée en vigueur du droit OHADA en République démocratique du Congo (CCJA, 1e ch., n° 269/2019, 28-11-2019 : World Connection Sarl c/ BCC et la RDC), tels que des saisies-arrêts engagées en République démocratique du Congo avant l'adhésion de ce pays à l'OHADA et l'entrée en vigueur de l'AUPSRVE dans ce pays (CCJA, 3e ch., n° 304/2020, 22-10-2020 : K. c/ Airtel Congo RDC SA et Vodacom RDC SA) ;

4°) sur un **pourvoi relatif à un recours en annulation,** lorsque la procédure ayant abouti à l'ordonnance attaquée est prévue non par un Acte uniforme ou un règlement prévu au Traité OHADA, mais par une **disposition nationale** et que ladite procédure n'avait pas pour objet de suspendre une poursuite engagée mais d'empêcher qu'une nouvelle exécution puisse avoir lieu (CCJA, 1e ch., n° 10, 24-2-2005 : Sehic Hollywood S.A. et K. M. c/ SCB-CLC – S.A., Standard Chartered Bank S.A. et Sucession P. S. P., Juris-Ohada, n° 2/2005, p. 2, note Brou Kouakou Mathurin. – Rec. jur. CCJA, n° 5, janv.-juin 2005, vol. 1, p. 33, Ohadata J-05-355) ;

> **Obs. :** il s'agissait notamment de l'article 5 de la loi camerounaise n° 92/008 du 14 août 1992 fixant certaines dispositions relatives à l'exécution des décisions de justice et modifiée par l'ordonnance n° 97/018 du 7 août 1997, prévoyant la possibilité de faire suspendre l'exécution d'une décision attaquée par requête au président de la Cour suprême du Cameroun. Voir aussi CCJA, n° 052/2008, 20-11-2008 : Eroh SARL c/ BIB S. A, Ohadata J-10-29, Ohadata J-09-261.

Voir aussi CCJA, ass. plén., n° 079, 29-4-2015 : Rimon Hajjar c/ Conar-iard SA, Ohadata J-16-191 ; CCJA, 2e ch., n° 002, 21-1-2016 : Safipar S.A., Palmafrique S.A., Samba Coulibaly c/ Pottier Guillaume, État de Côte d'Ivoire, Tiemoko Koffi, Ohadata J-16-211 ;

5°) sur un litige relatif au **droit du travail** :

– la contestation relative à la rupture abusive d'un contrat de travail (CCJA, ass. plén., n° 058, 23-4-2014 : 1) Alade Komi Mawulikplimi, 2) Sté de Gérance des Emplois Manutentionnaires et Temporaires dite Sogemat SURL c/ Sté des Ciments du Togo dite CIMTOGO, Ohadata J-15-149, les débats ayant porté sur les relations de travail entre les deux parties et l'inexécution des clauses dudit contrat) ou à ses **conséquences** (CCJA, 1e ch., n° 24, 31-3-2005 : Sté G.P.S. c/ Sté C.I.S, Juris-Ohada, n° 3/2005, p. 23. – Rec. jur. CCJA, n° 5, janv.-juin 2005, vol. 1, p. 42 ; Ohadata J-05-376 ; CCJA, 2e ch., n° 33, 3-7-2008 : P. c/ Centre Pasteur du Cameroun, Juris-Ohada, n° 4/2008, p. 18, Ohadata J-09-72), matières non encore régies par un Acte uniforme, ne soulevant aucune question relative à l'application d'Actes uniformes et règlements prévus par le Traité OHADA et relevant toujours du droit national. Il en est de même de l'arrêt d'une juridiction nationale de cassation qui n'a pas eu pour objet d'arrêter une exécution mais de statuer sur des pourvois formés contre des arrêts rendus en matière sociale, cet arrêt n'ayant pu soulever des questions relatives à l'application ou l'interprétation d'un Acte uniforme ou d'un règlement (CCJA, 2e ch., n° 030, 3-4-2014 : Jacques Nzoghe Ndong c/ Sté d'Énergie et d'Eau du Gabon dite SEEG, Ohadata J-15-121). La CCJA est incompétente, dès lors que les juges du fond, appréciant souverainement les faits à eux soumis, dont notamment le contrat de travail à durée indéterminée, le procès-verbal de réunion du 19 septembre 2007 portant réorganisation de la société demanderesse et la lettre de licenciement du défendeur pour motif économique, en ont déduit que « le contrat de travail existe pleinement » et ont retenu la compétence du juge social en écartant l'application, alléguée par la recourante, des articles 420, 438 et 489 de l'AUSCGIE, au profit des dispositions du Code du travail. Il en est ainsi dès lors qu'en l'état, le droit social n'est pas régi par un Acte uniforme (CCJA, 3e ch., n° 083, 28-4-2016 : Sté Fûts Métalliques de l'Ouest Africain (FUMOA) c/ Sultanali Esmail, Ohadata J-17-31) ;

– le **paiement d'une prime exceptionnelle et de salaires** réclamé par un travailleur à son ancien employeur, devant les juridictions sociales, lesquelles ont statué en application du seul droit national ; les dispositions de l'AUSCGIE invoquées par la demanderesse aussi bien devant le juge d'instance que la cour d'appel, ayant été déclarées inapplicables dans le litige par les juges du fond, après appréciation souveraine des faits qui leur étaient soumis (CCJA, ass. plén., n° 138, 19-11-2015 : BIAO-Côte d'Ivoire dite BIAO-CI c/ Allou Tognan Ernest, Ohadata J-16-131). Voir aussi CCJA, 3e ch., n° 114, 11-5-2017 : Côte d'Ivoire Telecom SA c/ Bancouli Cyrille Ephrem Djaco ;

– concernant un arrêt sanctionnant un jugement du tribunal du travail, rendu en matière sociale, laquelle n'est régie par aucun Acte uniforme de l'OHADA (CCJA, 2e ch., n° 164/2021, 28-10-2021 : La SNCC S.A c/ Kayinda Kanam Well) ;

6°) lorsqu'aucun grief ni moyen tiré de la violation ou de l'erreur dans l'application ou l'interprétation d'un Acte uniforme ou règlement prévu au Traité OHADA n'a été invoqué ni devant le premier juge, ni devant le juge d'appel, l'évocation par le requérant de dispositions d'un Acte uniforme dans l'argumentaire accompagnant l'exposé de son moyen de cassation ne pouvant changer ni le sens ni la motivation de l'arrêt attaqué. Par conséquent, la CCJA doit renvoyer l'affaire devant la juridiction suprême nationale pour qu'il y soit statué (CCJA, n° 046/2005, 7-7-2005 : Ets. Soules & Cie c/ Sté Négoce & Distribution dite N & D Continental Bank Bénin [ex. Crédit lyonnais Bénin], Rec. jur. CCJA, n° 6, juin-déc. 2005, p. 8, Juris-Ohada, n° 1/2006, p. 16 ; Ohadata J-06-27).

Dans le même sens, retenant que :

a. pour que la CCJA exerce sa compétence, il faut que la cause mette ou soit susceptible de mettre en jeu l'application des Actes uniformes et autres règlements du Traité ; il ne suffit pas à une partie de dire que des dispositions de tel Acte uniforme ont été violées pour que la CCJA retienne sa compétence, encore faut-il que de l'examen de la cause il ressorte que la décision attaquée a violé l'Acte uniforme évoqué en s'abstenant de l'appliquer ou en en faisant de mauvaises interprétation ou application (CCJA, 1e ch., n° 045/2012, 7-6-2012 : Africars S.A. c/ Sté Nationale du Port Autonome de Dakar – S.N.P.A.D.) ;

b. la seule évocation d'un Acte uniforme ne peut le rendre applicable à un litige antérieur à son entrée en vigueur (CCJA, 2e ch., n° 047/2012, 7-6-2012 : SAGA Sénégal S.A. c/ 1) Gérard Goriot ; 2) Simaf ; 3) CGFE ; 4) SNAS devenue AGF Sénégal) ;

c. la question soumise à l'appréciation de la CCJA est relative, non pas aux modalités de la prise de décisions et de leurs effets au sein d'une société anonyme unipersonnelle régie par l'article 558 de l'AUSCGIE visé au pourvoi, mais à la validité d'un contrat de vente d'une parcelle de terrain ou à l'existence d'une libéralité portant sur le même objet dont se prévalent respectivement les parties litigantes et qui sont des matières qui ne relèvent ni des Actes uniformes de l'OHADA, ni des règlements prévus au Traité OHADA, mais plutôt du droit interne Burkinabé, la référence à l'AUSCGIE étant injustifiée (CCJA, 3e ch., n° 024, 15-3-2012 : Sté Sahel Compa-

gnie dite SOSACO SA c/ Sté Nationale d'Aménagement des Terrains Urbains dite SONATUR) ;
d. Voir aussi : CCJA, n° 045/2005, 7-7-2005 : Ets Soules & Cie c/ Sté N & D – Continental Bank Bénin (ex-Crédit Lyonnais Bénin), Rec. jur. CCJA, n° 6, juin-déc. 2005, p. 5. – Juris-Ohada, n° 1/2006, p. 13, Ohadata, J-06-26 ; CCJA, n° 016/2007, 26-4-2007 : Sté Cittma SA c/ Fezeu Paul, Rec. jur. CCJA n° 9, janv.-juin 2007, p. 14, Ohadata J-08-214 ; CCJA, 1e ch., n° 19, 25-3-2010 : Sté Générale France c/ El Hadj H., Juris-Ohada, n° 3/2010, juill.-sept., p. 8, Ohadata J-11-63, J-12-19 (au sujet l'exequatur d'une décision étrangère qui relève exclusivement de la législation nationale du pays concerné) ; CCJA 2e ch., n° 35, 8-12-2011 : 1) M., 2) Sté Mandji Immobilier c/ 1) Hoirs T. ; 2) D., Juris-Ohada, 2012, n° 3, juill.-sept., p. 7, Ohadata J-13-42, J-13-139 ;
7°) sur un litige relatif à une **astreinte** :

Obs. : depuis l'entrée en vigueur de l'article 49, alinéa 4, issu de la réforme de l'AUPSRVE du 17 octobre 2023, qui admet désormais la possibilité, pour le juge de l'exécution, d'ordonner, même d'office, une astreinte, puis de la liquider, la jurisprudence ci-dessous relative à l'incompétence de la CCJA pour un litige relatif aux astreintes (quant à leur prononcé et à leur liquidation) est désormais caduque, sauf pour les litiges régis par l'article 49 de l'AUPSRVE du 10 avril 1998.

– à propos du **prononcé** de l'astreinte (CCJA, 3e ch., 208/2018, 22-11-2018 : Sté Générale Tchad S.A. c/ Mamadou N'Guenan Gabriel) ;
– à propos de la **liquidation d'une astreinte** qui n'est pas une modalité de l'exécution forcée des jugements entrant dans le champ d'application des articles 28 et suivants de l'AUPSRVE (CCJA, ass. plén., n° 061, 27-4-2015 : BSIC SA c/ Sté Robert Pinchou SA, Ohadata J-16-61 ; CCJA, 2e ch., n° 182, 17-12-2015 : Dao Hamed Kader, Yao N'dri Pascal, Bini Krah Honoré c/ Sté Allianz – Côte d'Ivoire, Ohadata J-16-175), ne pouvait et n'a pu soulever des questions relatives à l'application d'un Acte uniforme ou règlement prévu à l'article 14 du Traité OHADA (CCJA, 1e ch., n° 36, 2-6-2005 : Sté Chronopost Côte d'Ivoire c/ C. S., Rec. jur. CCJA, n° 5, janv.-juin 2005, vol. 2, p. 52 ; Juris-Ohada, n° 4/ 2005, juill.-sept. 2005, p. 14 ; Ohadata J-06-09) ; ou encore à propos d'une demande de dommages et intérêts en réparation de prétendus préjudices consécutifs à des saisies conservatoires (CCJA, n° 047/2005, 7-7-2005 : Sté Kindy-Mali SARL c/ Bim SA, Rec. jur. CCJA, n° 6, juin-déc. 2005, p. 12. – Juris-Ohada, n° 1/2006, p. 19 ; Ohadata J-06-28 ; CCJA, 3e ch., n° 228/2019, 10-10-2019 : Kimbebe Luc et 27 autres c/ Necotrans Congo S.A. ; CCJA, 1e ch., n° 071/2020, 12-3-2020 : Delamou Majolika Siako c/ Ecobank Guinée SA) ; CCJA, 3e ch., n° 287/ 2020, 27-8-2020 : Sonaec SA c/ Maersk Line A/S).
– l'ordonnance prise par le président de la Cour suprême de Côte d'Ivoire et qui a **ordonné sous astreinte comminatoire la réintégration** de la requérante dans les lieux litigieux, à la suite d'une décision de sursis à exécution d'un arrêt frappé de pourvoi en application de l'article 221 du nouveau Code ivoirien de procédure civile, car l'ordonnance n'avait pour but et pour effet que de faire respecter l'arrêt de sursis à exécution préalablement rendu au cours de l'instance en cassation pendante devant ladite Cour suprême et n'entre pas dans le champ de l'AUPSRVE tel qu'il résulte de l'analyse de l'article 49 dont la violation est invoquée à l'appui du pourvoi. Il en est ainsi car les dispositions de l'AUPSRVE, notamment les articles 28 et suivants relatifs aux voies d'exécution, concernent exclusivement les procédures qui permettent à un créancier de saisir et, au besoin, de faire vendre les biens et droits de son débiteur, afin de se faire payer et celles qui ont pour but la délivrance ou la restitution d'un bien mobilier corporel (CCJA, 1e ch., n° 29, 3-7-2008 : Cicogi CI c/ SCI Iris, Juris-Ohada, n° 4/ 2008, p. 5, Ohadata J-09-68) ;
– le pourvoi relatif à une **décision ordonnant à un notaire d'accomplir, sous astreinte, des formalités** au profit de son client et qui n'a soulevé, devant les juridictions nationales, aucune question relative à l'application d'un texte relatif à l'OHADA, la seule référence à des dispositions d'un Acte uniforme dans l'argumentaire des parties au litige ne suffisant pas à justifier la compétence de la Cour (CCJA, ass. plén., n° 062bis, 29-4-2015 : MOUSTAPHA THIAM c/ NSOA COLGATE PALMOLIVE, Ohadata J-16-65) ;
– à propos d'une astreinte **prononcée et liquidée par les juridictions de fond en application de dispositions nationales**, l'invocation de plusieurs dispositions nationales et des articles 323 et 124 de l'AUSCGIE, 46 et 52 de l'AUDCG, 33 de l'AUPSRVE relatifs respectivement aux délibérations dans les SARL unipersonnelles, aux formalités de publicité qui accompagnent la désignation de dirigeants d'une SARL et au titre exécutoire, pour **critiquer le dispositif de l'arrêt attaqué** qui a confirmé la décision du premier juge rejetant l'exception d'irrecevabilité de la requête du gérant de la société défenderesse pour défaut d'intérêt à agir, étant inopérante ; la cour d'appel n'ayant fait que répondre à l'argument de l'appelante tiré des textes de l'OHADA sus visés, le simple fait d'invoquer devant la CCJA de telles dispositions qui n'ont vocation ni à régir la liquidation d'astreintes ni les conditions d'exercice de l'action en justice régies par le droit national, ne peut fonder la compétence de la CCJA, le litige ne

comportant donc aucun élément sérieux de rattachement au droit OHADA (CCJA, 1e ch., n° 180/2023, 26-10-2023).

Obs. : cet arrêt, que nous espérons isolé, peut paraître très déroutant en ce qu'il semble se contredire et remettre en cause la jurisprudence solidement établie de la Cour en matière d'appréciation de sa propre compétence. D'une part, en constatant elle-même « l'invocation [...] des articles 323 et 124 de l'AUSCGIE, 46 et 52 de l'AUDCG, 33 de l'AUPSRVE relatifs respectivement aux délibérations dans les SARL unipersonnelles, aux formalités de publicité qui accompagnent la désignation des dirigeants de SARL et au titre exécutoire, **pour critiquer le dispositif de l'arrêt attaqué** », pour conclure ensuite que « le litige ne comport[e] donc aucun élément sérieux de rattachement au droit OHADA », elle semble s'être contredite puisque le constat de l'invocation de plusieurs dispositions de plusieurs Actes uniformes **pour critiquer le dispositif de l'arrêt attaqué** caractérise justement l'existence, *prima facie*, de questions relatives à l'application desdits Actes uniformes, peu important qu'elles soient fondées ou non, ce qui n'est pas déterminant au stade de l'appréciation de sa compétence. D'autre part, ayant également constaté, elle-même, que « la **cour d'appel [n'a] fait que répondre à l'argument de l'appelante tiré des textes de l'OHADA susvisés** », ce qui caractérise indiscutablement un litige se rapportant à l'application de textes de l'OHADA, la CCJA ne pouvait, semble-t-il, pas se déclarer incompétente sans remettre en cause sa jurisprudence solidement établie en la matière. À notre avis, elle aurait dû, conformément à sa propre jurisprudence, s'en tenir à ce constat pour retenir sa compétence, quitte à déclarer, le cas échéant, le recours irrecevable ou infondé sur un autre fondement, comme elle l'a déjà fait (CCJA, 2e ch., n° 151/2024, 30-5-2024) ;

8°) sur des arrêts rendus en **matière pénale,** matière qui en application de l'article 14 al. 2 du Traité OHADA échappe à la compétence de la CCJA ; le recours non fondé doit être rejeté sans qu'il soit besoin de se prononcer sur les autres conditions de recevabilité édictées par l'article 18 du Traité OHADA (CCJA, 2e ch., n° 003, 11-1-2018 : Alain Poussy c/ Succession Marie-Antoinette Gbiatibwa Yetienne). Dans le même sens, sur l'application de sanctions pénales (CCJA, ass. plén., n° 143, 14-7-2016 : Ibrahima Aboukhalil c/ État du Sénégal et le Ministère public représentés par l'agent judiciaire de l'État, Karim Meissa Wade, Mamadou Pouye, Monsieur Pierre Goudjo Agbogba et 6 autres, Ohadata J-17-83 ; CCJA, 1e ch., n° 002/2020, 23-1-2020 : Gabriel Loppes So c/ Joaninha Bute fadia) ;

9°) sur **un bail non régi par l'AUDCG** :

– **bail** souscrit par une personne morale portant sur des locaux à **usage de bureaux** pour les besoins de son activité, **et qui n'est pas un bail commercial,** s'agissant d'un parti politique qui a vocation à n'exercer aucune activité lucrative à caractère commercial, industriel, artisanal ou professionnel. Par conséquent un tel bail ne peut être régi par les articles 69 et 71 de l'AUDCG (CCJA, n° 056/2005, 15-12-2005 : RDR c/ F.D.P.C.C., Rec. jur. CCJA, n° 6, juin-déc. 2005, p. 17. – Juris-Ohada, n° 2/2006, p. 16, Ohadata J-06-30) ;

Obs. : dans le cas d'espèce, la CCJA a fait une application combinée de deux dispositions internes à la Côte d'ivoire : 1) l'article 1 al. 1 de la loi n° 93-668 du 9 août 1993 relative aux partis et groupements politiques en Côte d'Ivoire, qui dispose que « le Parti politique est une association de personnes physiques qui adhèrent aux mêmes idéaux politiques, s'engagent à les faire triompher par la mise en œuvre d'un programme, en vue de conquérir et d'exercer le pouvoir selon les principes démocratiques définis dans la Constitution » ; 2) l'article 1 de la loi n° 60-315 du 21 septembre 1960, relative aux associations, disposant que « l'association est la convention par laquelle deux ou plusieurs personnes mettent en commun, d'une façon permanente, leurs connaissances ou leur activité, dans un but autre que lucratif [...] ». Cette solution est spécifique à la Côte d'Ivoire mais, par analogie, il est possible de tenir compte de dispositions nationales (non contraires à l'AUDCG) pour retenir le caractère commercial ou non commercial d'un bail comme l'a fait la CCJA dans cette espèce. Cela pourrait être le cas notamment pour des associations n'ayant pas un objet commercial.

– pour un litige concernant une **expulsion relative à un bail à usage d'habitation** et qui n'a à aucun moment de la procédure soulevé des questions relatives à l'application du Traité ou des Actes uniformes (CCJA, 2e ch., n° 106, 27-4-2017 : Maître Yossa née Djomakoua Eveline Thérèse c/ Jean Jacques Ekindi) ;

– pour un **bail à construction** (CCJA, 2e ch., n° 16, 23-2-2017 : Orabank c/ Kemel Jammal, Consorts Cisse, Ohadata J-17-176) ;

– pour un bail portant sur un terrain nu sans construction, qui n'entre pas dans le champ d'application de l'AUDCG, selon son article 101, point 3 (CCJA, 3e ch., n° 017/2021, 28-1-2021 : Sasso Aya c/ Sté SCB SA) ; voir sous l'art. 101 de l'AUDCG ;

10°) sur un litige relatif au **crédit-bail,** qui ne relève d'aucun Acte uniforme et qui n'a à aucun niveau de la procédure, soulevé de questions relatives à l'application des Actes uniformes et des règlements prévus au Traité (CCJA, 2e ch., no 048, 23-3-2017 : Allali Jean Pacôme c/ Biao-CI devenue NSIA Banque Côte d'Ivoire, Ohadata J-17-195) ;

11°) sur un litige relevant du contentieux de la **taxation d'honoraires** :

– des avocats, régi par une loi interne d'un État partie, dès lors qu'en outre aucune des ordonnances rendues sur opposition de l'ordonnance de taxe du bâtonnier par le premier juge et le président de la cour d'appel n'a fait application d'un quelconque Acte uniforme ; il s'ensuit que les parties doivent être renvoyées à mieux se pourvoir (CCJA, 3e ch., no 217, 23-11-2017 ; CCJA, 3e ch., no 019/2022, 27-1-2022 : SCPA yankori & Associés c/ Libyan Foreign Bank ; CCJA, 3e ch., no 019/2022, 27-1-2022 ;

– d'un huissier (CCJA, 1e ch., no 012, 23-2-2017 : Sofitex c/ Maître Seck Saliou, Ohadata J-17-158) ;

12°) sur un litige relatif à une **concession** :

– **immobilière** par laquelle un port autonome bénéficiant de l'affectation d'un domaine public l'a cédé à une société privée contre redevance, telle matière ne relevant pas du bail à usage professionnel (CCJA, 2e ch., no 148, 11-8-2016 : Port Autonome de Conakry c/ Soumbouya et Compagnie Sarl, Ohadata J-17-88) ;

– **agricole** qui n'a soulevé devant les juridictions du fond aucune question relative à l'application des Actes uniformes et des règlements prévus au Traité OHADA, la seule référence à des dispositions d'un Acte uniforme dans le pourvoi ne pouvant suffire à justifier ladite compétence (CCJA, 2e ch., no 088, 27-4-2017 : Daouda Diagne c/ Sebi-Mango SARL) ;

13°) sur le renvoi d'une affaire devant une autre juridiction du même ordre pour **suspicion légitime** (CCJA, 2e ch., no 202/2018, 25-10-2018 : Alexander L.H. van Hoeken c/ Compagnie des Rejets de Kingamyambo, en sigle Metalkol, Sté ENRC Africa B.V.) ;

14°) sur le **pourvoi** en cassation **contre une décision rendue par une cour constitutionnelle** d'un État partie, haute juridiction dont les décisions sont insusceptibles de recours. Il en est ainsi dès lors qu'il résulte de l'article 14 du Traité OHADA que les décisions des juridictions des États parties susceptibles d'être attaquées par la voie du recours en cassation sont celles rendues par les juridictions d'appel ou celles insusceptibles d'appel rendues par les juridictions du premier degré des États parties statuant légalement en premier et dernier ressort. Contre les décisions rendues par les hautes juridictions nationales statuant en cassation, le législateur OHADA n'a prévu que le recours en annulation dans les conditions édictées par l'article 18 dudit Traité OHADA (CCJA, 2e ch., no 027, 8-2-2018 : B.I.B.E. SA c/ Sté Palace Hôtel le Président et 3 autres) ;

Obs. : la Cour nous rappelle ici que s'agissant des décisions rendues par une haute juridiction nationale au mépris de sa compétence, seul le recours en annulation prévu par l'article 18 du Traité OHADA est possible. Cependant, dans certaines affaires similaires, la Cour a statué en cassation.

15°) sur un litige relatif à la **péremption d'instance** prévue par le Code de procédure civile d'un État partie, dès lors que l'affaire, limitée à l'incident d'instance, ne soulève aucune question relative à l'application des Actes uniformes et des règlements prévus au Traité OHADA (CCJA, 2e ch., no 119, 23-6-2016 : Ayants droit de Feu Akuesson E. c/ Agbidi Timothée de César, Ohadata J-17-60) ;

16°) sur un litige relatif à la **propriété intellectuelle** :

– l'annulation des effets de la demande d'enregistrement d'une marque (CCJA, 2e ch., no 184, 27-7-2017 : CAPRACI c/ Sté ANIL) ;

– un pourvoi relatif à la **responsabilité civile** en matière de **droit d'auteur** (CCJA, 2e ch., no 177, 17-12-2015 : Sté Oasis SPRL c/ Blaise Bula Monga, Ohadata J-16-170) ;

– notamment à une « action en **expertise en propriété intellectuelle**, contrefaçon, ainsi que toutes les actions liées à la contrefaçon, à l'effet d'évaluer ses préjudices financier et moral, la perte d'une chance, le manque à gagner et une évaluation des économies faites par les sociétés [X.] et [Y.] », dès lors que les juridictions du fond ne se sont fondées sur aucun Acte uniforme ou règlement prévu au Traité OHADA et qu'aucun grief ni moyen tiré de la violation ou de l'erreur dans l'application ou l'interprétation d'un Acte uniforme ou règlement prévu au Traité n'ont été invoqués devant ces juridictions, l'évocation des articles 3 et 5 de l'AUDCG, 182, 441 et 444 du Code gabonais de procédure civile et 14 du Traité OHADA, dont l'application supposerait un examen de la cause au fond, étant inopérante (CCJA, 1e ch., no 034/2022, 17-2-2022) ;

17°) sur un litige en **matière contractuelle** :

– relatif à la **responsabilité contractuelle** et le paiement effectué par un tiers, affaires ne soulevant pas de question d'application d'un Acte uniforme (CCJA, 2e ch., no 17, 29-11-2011 : Caroil SA Congo c/ Sté Internationale Catering Services, Juris-Ohada, 2011, no 4, oct.-déc., p. 23, Ohadata J-13-10, J-13-137) ;

Obs. : en l'espèce, des dommages-intérêts étaient demandés par une société A contre une société B pour rupture abusive de relations commerciales. La société B demandait au même juge le remboursement de sommes qu'elle aurait payées à des créanciers de la société A sur le fondement de reconnaissances de dettes.

– pour le contentieux relatif à la mise en œuvre d'un **contrat d'exclusivité** fondé sur une disposition nationale, comme l'article 668 du Code civil guinéen en l'espèce (CCJA, 2e ch., no 013, 2-4-2015 : Société Indigo Publicité SARL c/ Société CellcomGuinée SA, Ohadata J-16-13) ;

– pour le pourvoi relatif à la **réclamation de sommes** : (i) entre deux sociétés **au titre d'un protocole d'accord** qui n'aurait pas été respecté, les dispositions de l'AUDCG ayant été invoquées à tort par le requérant, car l'affaire ne soulève aucune question relative à l'application d'un Acte uniforme et des règlements prévus au Traité (CCJA, ass. plén., n° 063bis, 29-4-2015 : Banque Islamique de Guinée dite BIG c/ Sté AFRICOF, Ohadata J-16-66) ; (ii) les dispositions de l'article 61 de l'AUDCG n'ayant été invoquées qu'à titre analogique dans le seizième feuillet de l'arrêt attaqué (CCJA, 2e ch., n° 150/2023, 29-6-2023). Il en est de même pour l'action en réclamation de sommes d'argent et en réparation de préjudice fondée sur le non-paiement de prestations, qui ne soulève aucune question relative à l'application d'un quelconque Acte uniforme ou règlement prévus par le Traité OHADA ; les premiers juges ne s'étant prononcés sur ladite action qu'en application des dispositions relevant du droit national guinéen, la violation alléguée, pour la première fois en cassation, des articles 67, 68 et 70 de l'AUS, est inopérante, ces articles n'ayant ni été appliqués par les premiers juges, ni invoqués devant eux (CCJA, 3e ch., n° 047/2023, 9-3-2023) ;

– relatif à l'inexécution d'un contrat (CCJA, 3e ch., n° 046, 1-3-2018 : Sté Engen-Gabon c/ Sté Mika Services) ;

– relatif à une **action en résiliation de contrat, de restitution de bien et en paiement de dommages et intérêts** pour inexécution d'un contrat de construction d'immeuble régie par la législation nationale, même si l'un des deux moyens développés par les requérants invoque la violation des article 328 et 329 de l'AUSCGIE, l'affaire ne soulevant en réalité aucune question relative à l'application des Actes uniformes et des règlements prévus au Traité, et le jugement attaqué n'ayant fait l'application d'aucune disposition dérivée du Traité sus visé (CCJA, 1e ch., n° 040/2023, 9-3-2023) ;

18°) sur le **pourvoi formé contre une décision encore susceptible de voies de recours internes** (CCJA, n° 001, 5-2-2009 : Afriland First Bank c/ Co-Syndics de la Liquidation Sitagri SA, M. K. B., N. Y, Y. B., Rec. jur. CCJA, n° 13, janv.-juin 2009, p. 5, Ohadata J-10-48 ; voir notes sous l'AUPCAP, art. 216) ; dans le même sens : CCJA, 2e ch., n° 6, 2-2-2012 : Sté SSI c/ Sany, Juris-Ohada, 2012, n° 4, oct.-déc., p. 25, Ohadata J-13-60. De même, le pourvoi formé avant la décision d'une cour d'appel saisie de la décision du premier niveau est irrecevable (CCJA, ass. plén., n° 134, 11-11-2014 : Cabinet Avocat-Plus Seina c/ Sté Tchadienne des Télécommunications (Sotel Tchad), Ohadata J-15-224).

De même, est irrecevable, le pourvoi en cassation directement formé devant la CCJA contre un jugement susceptible d'appel (comme, en l'espèce, celui qui a été rendu en application de l'article 200 de l'AUPCAP), dès lors qu'aux termes de l'article 14, alinéas 3 et 4 du Traité, la CCJA est saisie par voie de cassation contre les décisions juridictionnelles relatives au contentieux des Actes uniformes insusceptibles d'appel qui n'appliquent pas des sanctions pénales (CCJA, 1e ch., n° 009/2022, 27-1-2022) ;

19°) sur le litige relatif au **droit maritime** :

– en l'occurrence, le transport par mer du sel iodé par un navire, l'absence d'Acte uniforme relatif au contrat de transport de marchandises par mer ne permettant pas à la CCJA d'examiner cette affaire, qui relève des dispositions nationales (CCJA, n° 013, 26-2-2009 : Sté Eka Benya c/ D. L. D. A., Rec. jur. CCJA, n° 13, janv.-juin 2009, p. 30, Ohadata J-10-57, Ohadata J-09-286 ; C. Sup. Côte d'Ivoire, ch. jud., n° 029, 4-2-2010 : Sté Eka-Benya c/ D. L. D. A., Actualités Juridiques, n° 71/2011, p. 49, Ohadata J-13-186, retenant qu'il n'existe pas d'Acte uniforme de l'OHADA en matière maritime) ;

– la réparation d'un préjudice causé dans le cadre de l'exécution d'un contrat de transport maritime de marchandises, aucun Acte uniforme n'ayant été pris en la matière. En l'espèce, l'évocation par la demanderesse au pourvoi de la violation de l'article 179 de l'AUDCG ne suffit pas pour lier la compétence de cette Cour (CCJA, 2e ch., n° 198, 23-11-2017 : La Congolaise des Voies Maritimes, dite CVM SA c/ AGEMI SARL et 3 autres). Dans le même sens, pour un litige régi par le Code de la marine marchande de la CEMAC, l'invocation de l'article 9 de l'AUDCG devant la cour d'appel étant inopérante en l'espèce. Dès lors, en se déclarant compétente pour statuer sur le pourvoi formé devant elle, la Cour suprême nationale n'a en rien méconnu la compétence de la CCJA (CCJA, 1e ch., n° 153/2022, 3-11-2022) ;

– la réparation d'un préjudice né du fait du retard enregistré dans l'exécution d'un contrat de transport maritime de marchandises (CCJA, 2e ch., n° 029, 8-2-2018 : MOI International Singapore (PTE) LTD c/ Armateurs du navire M/V Amsel, IMO) ;

– lorsque l'action devant toutes les juridictions du fond tendait à faire enjoindre à un port autonome de fournir des prestations portuaires aux navires par la demanderesse et n'était fondée sur aucun des Actes uniformes ou règlements prévus au Traité OHADA (CCJA, 2e ch., n° 188/2020, 28-5-2020 : Nouvelle Cimenterie du Benin c/ Port Autonome de Cotonou) ;

– lorsque l'action devant toutes les juridictions du fond tendait au **paiement de redevances** dues au titre de ses différentes prestations portuaires sur le fondement de dispositions nationales et de textes régissant les activités portuaires et n'était fondée sur aucun des Actes uniformes ou règlements prévus au Traité OHADA (CCJA, 2e ch., n° 187/2020, 28-5-

2020 : Nouvelle Cimenterie du Benin c/ Port Autonome de Cotonou) ;
– l'**indemnisation** sollicitée sur le fondement de l'article 1382 du Code civil et des textes conventionnels applicables dans les cas d'indemnisation des assureurs de bateaux, non régis par un Acte uniforme, l'évocation de l'article 61 de l'AUPSRVE par les parties, qui ne vise qu'à rappeler l'obligation pour le créancier saisissant en matière de saisie-conservatoire d'introduire en temps utile toute procédure ou d'accomplir toutes formalités tendant à l'obtention d'un titre exécutoire, étant sans incidence en l'espèce (CCJA, 3e ch., no 113/2019, 11-4-2019 : Bourbon Off Shore Surf Congo SAS c/ Moungounga Mabiala Freddy et 40 autres) ;
20o) sur un litige relatif au **sursis** :
– demande de sursis à l'exécution :

• d'une décision du conseil d'administration de l'ERSUMA par un de ses agents, aucune disposition du Traité OHADA, du règlement no 002/98/CM du 30 janvier 1998, ou du Règlement de procédure de la CCJA, ne permettant à la CCJA d'ordonner le sursis à l'exécution d'une décision autre que ses propres arrêts (CCJA, ord. no 05/2005/CCJA, 7-7-2005 : T. D. c/ conseil d'administration de l'ERSUMA, Ohadata J-06-50) ;

• d'une décision rendue par une juridiction nationale, aucune disposition du Traité OHADA ou du Règlement de procédure de la CCJA ne l'autorisant (CCJA, 2e ch., no 031/2012, 22-3-2012 : BNI c/ M. Tape Baroan), et une telle demande est irrecevable (CCJA, ass. plén., no 120, 11-11-2014 : Morelle Michelle, Sté Mandji immobilier c/ Les Hoirs Tordjeman, Doly Tordjeman, Ohadata J-15-210) ;

• lorsqu'aucun acte d'exécution n'a encore été posé en vue de la mise en œuvre d'une condamnation, dont l'exécution n'était donc pas encore entamée, le débiteur conservant dans ce cas la liberté de solliciter, en application du droit interne, un sursis à exécution (CCJA, 1e ch., no 187/2021, 11-11-2021 : BNI SA c/ Coris Bank International Côte d'Ivoire). Il s'infère de l'article 14 du Traité OHADA que le sursis à exécution provisoire non légiféré par le droit OHADA, reste régi par la législation interne de chaque État partie, tant qu'il n'est pas acquis qu'une voie d'exécution forcée, notamment une saisie, a été entreprise, fondant ainsi la compétence de la CCJA. L'action ayant abouti à l'ordonnance contestée n'ayant pas eu pour objet de statuer sur une quelconque exécution forcée de l'arrêt de la cour d'appel, mais tendant à empêcher qu'une telle exécution soit entamée sur la base d'une décision frappée d'un pourvoi en cassation, la CCJA est incompétente (CCJA, 1e ch., no 113/2021, 3-6-2021 : Ndoye Loury Athanase c/ Société EGCA en liquidation) ;
– **l'opposition a une ordonnance de sursis** à exécution et ce, en application du droit interne régissant ce recours (CCJA, 1e ch., no 320/2019, 12-12-2019 : Ameke Kendza Martial c/ Gabon Telecom SA ; CCJA, 1e ch., no 321/2019, 12-12-2019 : Dame Mekue Jeanne c/ Gabon Telecom SA ; CCJA, 1e ch., no 322/2019, 12-12-2019 : Mamboundou Ghis Gwladyslas c/ Gabon Telecom SA ; CCJA, 1e ch., no 323/2019, 12-12-2019 : Moukagni Didier Charles c/ Gabon Telecom SA ; CCJA, 1e ch., no 324/2019, 12-12-2019 : Djelegue Clément c/ Gabon Telecom SA ; CCJA, 1e ch., no 325/2019, 12-12-2019 : Boundzanga Alain Camille c/ Gabon Telecom SA ; CCJA, 1e ch., no 326/2019, 12-12-2019 : Bingangoye Sylvain Aimé c/ Gabon Telecom SA) ;
– l'examen de la **demande de sursis à l'exécution d'une décision rendue par une juridiction nationale,** conformément à larticle 46 de son Règlement de procédure. Il s'ensuit que le sursis demandé au motif de l'existence d'un pourvoi en cassation contre ledit arrêt, en application de l'article 52 du Règlement de procédure de la CCJA ne peut prospérer (CCJA, 3e ch., no 211/2019, 27-6-2019 : Metis SARL et Adèle Hélène Etouman c/ Anne Marie Minlend Nyobe) ;
– sur l'**action en annulation de l'ordonnance par laquelle le président d'une juridiction nationale de cassation a ordonné le sursis à exécution** d'une décision. En effet, les prérogatives d'une juridiction suprême nationale et celles du président de cette juridiction ne sont pas interchangeables. La saisine, par requête, de la juridiction présidentielle du président d'une juridiction suprême nationale, ne saurait être confondue avec un pourvoi en cassation, de même que ne doivent pas l'être les prérogatives et compétences respectives des deux ordres de juridiction qui opèrent dans des contextes et sur des bases juridiques et procédurales différentes, à savoir, les articles 15 du Traité et 51 du Règlement de procédure de la CCJA pour la juridiction nationale de cassation, et le droit interne pour la juridiction présidentielle du président de la Cour suprême nationale. Dans l'espèce, le droit national autorise le président de la juridiction suprême nationale à statuer sur les requêtes de sursis à exécution des arrêts d'appel, dans la mesure où ces requêtes et l'ordonnance présidentielle subséquente sont licites vis-à-vis des principes et dispositions de l'AUPSRVE régissant l'exécution des décisions judiciaires constitutives de titres exécutoires ; le principe cardinal retenu étant que l'exécution entamée devant aboutir à son terme, si celle-ci n'a ni été enclenchée, ni a fortiori entamée, des demandes de sursis à exécution visant précisément à prévenir cette exécution pouvaient être légitimement exercées, comme en l'espèce, et il entrait alors dans les compétences du président de la juridiction suprême nationale d'y faire droit dès lors que le requérant ne fait état d'aucune exécution ou début d'exécution. Le requérant

est donc mal fondé de demander et de conclure à l'annulation de l'ordonnance attaquée prise en application des dispositions du droit interne, qui ne sont pas de la compétence de la CCJA en vertu de l'article 14 du Traité OHADA (CCJA, n° 026/2009, 30-4-2009 : M. M. c/ Sté Restaurant Chinatown SARL, Rec. jur. CCJA n° 13, janv.-juin 2009, p. 33, Ohadata J-10-58) ;

– Dans le même sens :

• dès lors que, d'une part, l'ordonnance dont le requérant au pourvoi demande l'annulation, en application des articles 18 du Traité OHADA et 49 de l'AUPSRVE, n'a pas été rendue par une juridiction statuant en cassation (mais plutôt par le président de la juridiction suprême nationale statuant en référé) et, d'autre part, qu'elle n'a pas statué sur une demande relative à une mesure d'exécution forcée ou à une saisie conservatoire, comme prévu à l'article 49 de l'AUPSRVE. Il en est ainsi nonobstant l'incompétence du président de la juridiction suprême nationale soulevée par le requérant lors de l'audience de référé qui a abouti à l'ordonnance dont l'annulation est requise (CCJA, n° 020/2010, 25-3-2010 : Maître K.-O. c/ Sopim, Rec. jur. CCJA n° 15, janv.-juin 2010, p. 26, Ohadata J-12-20) ;

• pour le recours exercé contre une décision de sursis à exécution prononcée par une Cour de cassation nationale en vertu d'une loi interne, dès lors qu'aucune exécution n'est entamée : CCJA, 3e ch., n° 147, 19-11-2015 : First International Bank Guinée dite FIBANK c/ Station-service Negueyah, Thiam Aboubacar, Ohadata J-16-140 ;

21°) sur une décision rendue en matière de **défense à exécution provisoire** avant tout acte d'exécution (CCJA, 3e ch., n° 016/2012, 15-3-2012 : Salem Vall Ould Sidete c/ Choueib Ould Mohamed) ; l'incompétence de la CCJA doit être relevée d'office pour un litige relatif à l'exécution provisoire d'un jugement, procédure ouverte par la loi nationale en cas d'appel interjeté contre une décision assortie de l'exécution provisoire, dès lors que l'action qui a abouti à l'ordonnance querellée n'a pas eu pour objet de statuer sur une quelconque exécution forcée entreprise en vertu d'un titre exécutoire mais d'empêcher qu'une telle exécution puisse être entreprise sur la base d'une décision assortie de l'exécution provisoire et frappée d'appel (CCJA, 2e ch., n° 065, 21-4-2016 : Inter-Sécurité Service SARL c/ Biao- Côte d'Ivoire, Ohadata J-17-13 ; CCJA, 2e ch., n° 145, 11-8-2016 : Sté Hann & Cie, El Hadj Boubacar Hann c/ SGBG, Ohadata J-17-85 ; CCJA, 2e ch., n° 061/2020, 27-2-2020 : Gagalo kokou c/ Banque Internationale pour l'Afrique au Togo ; CCJA, 2e ch., n° 150/2020, 30-4-2020 : Safieddine Hassanein c/ De Souza Ayaba épouse D'Almeida et 1 autre ; CCJA, 1e ch., n° 112/2021, 3-6-2021 : Nzoghe Ndong Jacques c/ Bicig SA ; CCJA, 3e ch., n° 229/2019, 10-10-2019 : Kimbebe Luc et 27 autres c/ Necotrans Congo S.A.) ; Il en est de même pour une **ordonnance relative à l'exécution provisoire d'un jugement,** procédure ouverte par la loi nationale en cas d'appel interjeté contre une décision assortie de l'exécution provisoire (CCJA, ass. plén., n° 042, 23-4-2014 : Sté Armement Sardinier Thonier Ivoirien SARL c/ Sté Togo-Port (Port Autonome de Lomé), Ohadata J-15-133, relevant d'office l'incompétence de la CCJA ; CCJA, 2e ch., n° 21, 23-2-2017 : Bouvret Guy c/ Sté Synergie Négoce BTP & Autres, Denise Migolet Mavonga, Ohadata J-17-181).

L'AUPSRVE ne prévoit pas de procédure spécifique contre les décisions assorties de l'exécution provisoire qui doivent être traitées en même temps que le fond du contentieux. C'est le droit processuel national qui prévoit une telle procédure conduite devant le juge des référés d'appel à l'exclusion de l'application de tout Acte uniforme. En l'espèce, la cour d'appel saisie du fond ne s'étant pas encore prononcée, l'ordonnance critiquée ne s'étant bornée qu'à statuer sur l'opportunité du maintien ou non du sursis provisoire ordonné à pied de requête, en application du droit national, la CCJA est incompétente (CCJA, ass. plén., n° 056, 23-4-2014 : Ayants droit de Akakpo Hoalo c/ UAT, UAT-IARD, UAT-Vie, précédemment Union des Assurances de Paris, UAP-VIE et UAP-IARD SA, Ohadata J-15-147) ;

22°) sur **l'exécution forcée de décisions ne soulevant pas de questions relatives à l'application de l'AUPSRVE** (CCJA, n° 051/2005, 21-7-2005 : Sté Texaco-CI c/ Sté Groupe Fregate, Rec. jur. CCJA, n° 6, juin-déc. 2005, p. 15. – Juris-Ohada, n° 1/2006, p. 29, Ohadata J-06-29) ;

23°) sur une **décision ayant acquis l'autorité de la chose jugée,** le pourvoi contre ladite décision étant devenu sans objet. Il en est ainsi dès lors que la juridiction suprême nationale a rejeté un précédent recours formé contre l'arrêt attaqué et que sa décision a acquis l'autorité de la chose jugée irrévocablement. Il en résulte que dès son prononcé, cette décision s'est substituée au jugement initial ayant servi de titre exécutoire de la saisie-attribution litigieuse et que le recours en cassation devant la CCJA est devenu sans objet (CCJA, 1e ch., n° 25, 7-4-2005 : D. J. c/ Bicici et Shell-CI, Juris-Ohada, n° 3/2005, p. 25. – Rec. jur. CCJA, n° 5, janv.-juin 2005, vol. 1, p. 59 ; Ohadata J-05-377) ;

Obs. : cette décision de la CCJA peut paraître surprenante à première lecture, car il s'agissait d'une saisine sur renvoi par la Cour suprême de Côte d'Ivoire en application de l'article 15 du Traité OHADA. Et il s'agissait bien d'une décision entrant dans le champ de compétence matérielle de la CCJA parce qu'elle concernait une saisie-attribution de créance pratiquée en 2000.

D'abord, on peut se demander pourquoi la juridiction suprême nationale saisie ne s'est pas dessaisie au profit de la CCJA dès le départ comme le prescrit l'article 15 du Traité. Ensuite, on peut se demander pourquoi la CCJA enfin saisie ne retient pas sa compétence, car en déclarant le recours « sans objet » pour autorité de la chose jugée, elle admet implicitement que la juridiction suprême nationale était compétente. Cela semble conforme à la solution selon laquelle les voies de nullité n'ont pas lieu contre un jugement définitif.

24°) sur une **décision rendue en application d'une disposition nationale** :

– lorsque l'**ordonnance** contestée a été **rendue en application d'une disposition nationale,** que l'affaire ayant donné lieu à cette ordonnance ne soulève aucune question relative à l'application des Actes uniformes et des règlements prévus au Traité OHADA. Contrairement à ce que prétend la demanderesse au pourvoi, l'article 49 al. 1 de l'AUPSRVE n'est pas applicable en l'espèce, lorsque la procédure de sursis à exécution qui a abouti à l'ordonnance attaquée n'a pas eu pour effet de suspendre une exécution forcée déjà engagée (la signification-commandement de payer ne pouvant être considérée, en l'espèce, comme un acte d'exécution) mais plutôt d'empêcher qu'une telle exécution puisse être entreprise ; qu'il s'ensuit que la CCJA doit se déclarer incompétente pour statuer sur le recours en annulation de l'ordonnance contestée (CCJA, n° 047/2009, 12-11-2009 : UIBG c/ Ets. Alpha Oumar Barry, Rec. jur. CCJA, n° 14, juill.-déc. 2009, p. 39, Ohadata J-10-185). Dans le même sens, la CCJA ayant relevé d'office l'irrecevabilité du pourvoi (CCJA, 2e ch., n° 012, 18-2-2010 : Sté Hann et Compagnie c/ Sté Mamoudou et Frères, SARL, Juris-Ohada, n° 2/ 2010, avr.-juin 2010, p. 33, Ohadata J-11-56). Pour des moyens relatifs à la violation d'articles du Code civil (CCJA, 1e ch., n° 109, 9-6-2016 : Entreprise de Construction et de Services (ECS) c/ Sté TRUST, Ohadata J-17-50) ;

– sur la **régularité d'un appel d'offres** (CCJA, 3e ch., n° 156, 18-10-2018 : Addax Petroleum Oil & Gas Gabon Inc c/ Satram SA) ;

25°) sur un contentieux relatif à la **responsabilité civile** :

– consécutive à un transport aérien, matière non régie par les Actes uniformes en vigueur à ce jour. Il en est ainsi lorsque le jugement a eu à rechercher si l'État de Côte d'Ivoire, responsable des opérations d'acconage et de manutention à l'aéroport d'Abidjan, et le transitaire, la société Bolloré Africa Logistics, ont eu un comportement fautif qui pourrait ouvrir réparation au propriétaire de la marchandise avariée (CCJA, 2e ch., n° 104/2017, 27-4-2017 : État de Côte d'Ivoire c/ Sté Allianz-Côte d'Ivoire, Bolloré Africa Logistics Côte d'Ivoire) ;

– **d'un notaire** pour une négligence fautive ayant précisément empêché la mise en œuvre des dispositions de l'article 255 de l'AUPSRVE, et d'une autre personne du fait de la non-radiation d'une hypothèque, dès lors qu'en elle-même la cause ne soulève aucune question relative à l'application d'un Acte uniforme ou d'un règlement prévu au Traité, la seule mention par le pourvoi des articles des Actes uniformes n'affecte en rien la nature de l'affaire (CCJA, 1e ch., n° 052/2020, 27-2-2020 : Maître Hajarat Aminata Guèye Fall c/ Mademba Tall et Sagef SA) ; dans le même sens, nonobstant l'invocation par la demanderesse au pourvoi des dispositions de l'article 329 de l'AUSCGIE et la référence à celles-ci, à titre analogique, dans le douzième feuillet de l'arrêt attaqué, dès lors qu'il résulte des pièces de la procédure que le litige opposant les parties, objet de l'assignation en paiement de dommages et intérêts initiée sur le fondement des articles 1382 et 1153 du Code civil ivoirien, se rapporte au remboursement par un notaire de sommes d'argent reçues à titre professionnel en son office notarial, et par elle indûment payée à une autre personne ; un tel litige n'étant régi par aucun Acte uniforme, et auquel les juges du fond ont parfaitement appliqué les dispositions des articles 1235, 1342-2 du Code civil et 145 du Code de procédure civile, commerciale et administrative ivoirien (CCJA, 1e ch., n° 184/2024, 27-6-2024) ;

– suite à une expulsion administrative, même si des Actes uniformes sont invoqués par les parties (CCJA, 2e ch., n° 149, 29-6-2017 : Sicacom SARL et 2 autres c/ Good Food SARL) ;

– découlant de la violation d'un contrat de prestation de service, pour non-paiement du reliquat du prix convenu de travaux, et de la rupture abusive dudit contrat, le juge d'appel ayant confirmé dans toutes ses dispositions la décision du premier juge, qui, statuant sur la responsabilité d'un maître d'ouvrage, a prononcé les condamnations, en réparation des préjudices causés à l'architecte, sur le fondement uniquement des dispositions du droit interne, en l'occurrence, le Code civil togolais en son article 1382, et qui n'a soulevé devant les juges de fond aucune question relative à l'application ou à l'interprétation d'un Acte uniforme ou d'un règlement, l'invocation, devant ces juges, de l'article 3 de l'AUDCG pour contrer le moyen tiré de l'incompétence matérielle de la chambre commerciale du TPI de première classe de Lomé étant inopérante (CCJA, 1e ch., n° 118/2024, 25-4-2024) ;

26°) sur la **responsabilité d'une société et sur les évaluations, à dire d'experts,** des dommages subis par la société adverse, la qualité de commerçant des parties ou la commercialité des actes par elles posés ne pouvant à elle seule, au regard des dispositions de l'article 14 du Traité OHADA, justifier la compétence de la CCJA, qui doit renvoyer les parties à mieux se pourvoir (CCJA, 3e ch., no 153/ 2018, 18-10-2018 : Sté Générale de Banques en Guinée dite SGBG c/ Sté Hann & Compagnie, El Hadj Boubacar Hann) ;

27°) sur un contentieux relatif à une **réparation de préjudices** :

– **causés dans le cadre de l'exécution d'un contrat de travaux de forage,** régi par le Code civil, la simple évocation par la demanderesse au pourvoi de la violation des articles 10 du Traité OHADA et 28 al. 1 du Règlement de procédure de la CCJA ne pouvant suffire pour lier la compétence de cette Cour (CCJA, 3e ch., no 206/2019, 27-6-2019 : Delforde SARLU c/ NCN-Diamond SA et 1 autre) ;

– **subis suite à la résiliation unilatérale,** par cette dernière, **d'un contrat de marché** qui liait les parties, aucun Acte uniforme ne traitant, en l'état de la législation communautaire, des questions liées aux ruptures abusives de contrats et leurs conséquences ; l'invocation et la production par la requérante d'un procès-verbal de saisie-attribution et sa dénonciation, qui n'ont jamais été invoqués devant les juges du fond et sur lesquels ne se sont pas prononcées les décisions en cause, ne sauraient changer la nature du litige (CCJA, 1e ch., no 143, 29-6-2017 : Agence pour la Sécurité de la Navigation Aérienne en Afrique et à Madagascar c/ Socimex Sarl) ;

– **découlant de la nullité d'une saisie-vente.** Une telle action est exclusivement fondée sur les dispositions du droit interne, de l'article 144 de l'AUPSRVE indiquant clairement qu'une telle action en responsabilité est exercée dans les termes du droit commun. Il en est ainsi en l'espèce, d'autant plus que les premiers juges ne se sont prononcés sur ledit litige qu'en application stricte des dispositions relevant du droit national (CCJA, 3e ch., no 092, 23-7-2015 : Sté Zamacom SA c/ Brou Assaoure, Ohadata J-16-91) ; ladite incompétence devant être soulevée d'office, pour un litige portant sur la réparation du préjudice découlant de la nullité d'une saisie-vente, dès lors que d'une part, par ordonnance non soumise à la censure de la CCJA, les juges du fond, nonobstant le fait qu'ils ont réitéré l'illégalité de ladite vente, ont principalement fondé la réparation allouée sur les dispositions du droit interne (notamment les articles 350 du Code de procédure civile, commerciale, administrative et financière du Congo dédié aux biens insaisissables) en application de l'article 51 de l'AUPSRVE qui renvoie à la loi nationale de chaque État partie pour la détermination des biens et droits insaisissables ; et que d'autre part, l'article 144 de l'AUPSRVE indique clairement qu'une telle action en responsabilité est exercée dans les termes du droit commun (CCJA, 3e ch., no 195, 29-12-2016 : Mucodec c/ M. Anderson Armand, Ohadata J-17-135 ; CCJA, 3e ch., no 195, 29-12-2016 : Mucodec c/ M. Anderson Armand, Ohadata J-17-135 ; CCJA, 3e ch., no 225/2019, 10-10-2019 : Aloougnim SARL c/ La Bsic-Togo S.A) ;

– **subis par une victime d'accident** en vertu d'un contrat d'assurance liant les protagonistes qui ne relèvent pas des Actes uniformes. Il en est ainsi dès lors que le jugement initial et l'arrêt d'appel ont eu à rechercher si une société et son gérant étaient civilement responsables de l'accident dont a été victime le demandeur au pourvoi, en vue de la mise en œuvre de la garantie souscrite auprès d'une société d'assurance. L'évocation d'un Acte uniforme, notamment l'AUSCGIE en ses articles 27, 161, 162, et 330 en instance d'appel ne saurait faire retenir la compétence de la CCJA (CCJA, 1e ch., no 013, 23-2-2017 : Amegan Ayamenou Komlan Nestor c/ Colina S.A, Eric Fouchard, Toganim Sarl, Ohadata J-17-159) ;

– CCJA, 1e ch., no 179/2020, 28-5-2020 : Guigma Moussa dit Tom Naaba c/ BICIA-B SA ;

28°) sur le **recours directement introduit devant la CCJA et qui n'est dirigé contre aucune décision judiciaire** contentieuse lui faisant grief et ayant appliqué ou interprété l'article 29 de l'AUPSRVE (selon lequel « l'État est tenu de prêter son concours à l'exécution des décisions et des autres titres exécutoires »), dès lors qu'il ne ressort nulle part des prescriptions de l'AUPSRVE, qui contient aussi bien des règles de procédure que des règles de fond relatives aux matières qu'il régit, que pour la mise en œuvre de son article 29 il faille déroger aux conditions normales de saisine et de compétence de la CCJA définies, en matière contentieuse, aux articles 13 et 14, al. 3, du Traité OHADA (CCJA, no 027/2008, 30-4-2008 : Sté APC c/ État du Cameroun, Rec. jur. CCJA, no 11, janv.-juin 2008, p. 19, Ohadata J-09-105) ;

29°) sur un litige en matière **arbitrale** :

– en présence d'une **clause compromissoire attribuant compétence à la Cour d'arbitrage de Côte d'Ivoire** (CACI) pour régler « tout litige qui pourrait naître de l'interprétation, de l'exécution et de la résiliation du présent contrat », ladite clause s'imposant aussi bien aux juges d'appel qu'aux parties litigantes dont singulièrement le défendeur au pourvoi, lequel, bien que n'étant pas signataire du contrat, trouve nécessairement dans l'objet et dans l'exécution de celui-ci le fondement même de sa qualité réelle ou prétendue de créancier poursuivant (CCJA, 2e ch., no 024, 8-4-2010 : M. J c/ M. F., Juris-Ohada, no 3/ 2010, juill.-sept., p. 21, Ohadata J-11-68 : J. R. c/ F. P., Rec. jur. CCJA no 15, janv.-juin 2010, p 133, Ohadata J-12-46, J-13-194) ;

– en présence d'une clause prévoyant que « pour tout litige entre les parties, seuls les tribunaux de Paris seront compétents ». Dans un tel cas, l'incompétence peut être relevée d'office en cause d'appel. En l'espèce, il y a lieu, pour la CCJA, d'infirmer le jugement de première instance en toutes ses dispositions et, statuant à nouveau, de se déclarer incompétente et de renvoyer les parties à mieux se pourvoir (CCJA, 2e ch., no 180, 17-12-2015 : Sté Holcibel S.A., Sté Investissements Cimentiers Internationaux S.A. dite ICI c/ Sté Hann & Compagnie S.A., Ohadata J-16-173) ;

– pour connaître du **recours** exercé **contre une procédure arbitrale qui s'est déroulée en dehors de l'espace OHADA** (à Londres en l'espèce), cette procédure n'étant pas soumise à l'AUA selon l'article 1 de cet Acte uniforme (CCJA, 3e ch., no 20, 6-12-2011 : Safic Alcan Commodities c/ Complexe Chimique Camerounais, Juris-Ohada, no 2/2012, p. 32, Ohadata J-12-204) ;

– nonobstant le fait que le siège de la Commission nationale d'arbitrage et contentieux divers se trouve au Cameroun, État partie aux traités de l'OHADA et de la CIMA, la sentence arbitrale rendue par elle en application du Code CIMA qui constitue un droit communautaire autonome, n'est soumise ni à l'AUA ni à un règlement prévu au Traité OHADA. En cassation, le contentieux y afférent ne relève pas de la CCJA, qui doit se déclarer incompétente lorsqu'elle en est saisie (CCJA, 2e ch., no 195/2019, 27-6-2019 : Aera Assurances SA c/ Proassur SA) ;

– car la sentence arbitrale dont l'exequatur est sollicité à Bamako au Mali ayant été rendue en Suisse, conformément au droit suisse, sous l'égide de la Cour internationale d'arbitrage de la Chambre de commerce internationale (CCI), la société demanderesse ne s'était pas trompée en formant son pourvoi contre l'arrêt querellé devant la Cour suprême du Mali qui, se fondant inopportunément et à tort, sur les dispositions de l'article 32 de l'AUA, inapplicable en l'espèce, s'est déclarée incompétente pour renvoyer la cause à la CCJA. Il en est ainsi dès lors qu'il ressort des dispositions combinées de la Convention pour la reconnaissance et l'exécution des sentences arbitrales étrangères, signée à New York le 10 juin 1958 (à laquelle la Suisse, siège de l'arbitrage et le Mali, pays dans lequel l'exequatur est sollicité, sont tous parties), et de celles des articles 1, 34 et 35 de l'AUA, que celui-ci n'est pas applicable au Mali à la sentence rendue en Suisse, en dehors de l'espace OHADA, les règles de procédure nationales en matière d'exequatur, notamment celles du Code de procédure civile malien, dont l'article 520 malien prévoit que les décisions statuant sur une demande d'exéquatur sont susceptibles des voies de recours du droit commun sauf dispositions contraires, ayant seules vocation à s'appliquer (CCJA, 1e ch., no 029/2024, 1-2-2024).

Obs. : on peut regretter que la CCJA n'ait pas, dans le dispositif de cet arrêt, renvoyé ce litige devant la juridiction nationale de cassation comme elle l'a fait dans une autre affaire similaire dans laquelle, saisie sur renvoi par une juridiction nationale de cassation, elle lui a renvoyé l'affaire après s'être déclarée compétente (CCJA, 2e ch., no 034/2005, 26-5-2005 : Banque Africaine de Développement dite BAD c/ Société Ivoir Café). En tout état de cause, il nous semble judicieux, approprié et juste qu'une juridiction nationale de cassation qui aura initialement renvoyé une affaire devant la CCJA retrouve sa pleine compétence et tranche le litige en cas d'incompétence de la CCJA, même sans renvoi express de celle-ci devant la juridiction nationale ; autrement, il y aurait un déni de justice désastreux (voir les obs. sous art. 15) ;

30o) sur un litige en matière d'**assurance** :

– pour un litige relatif à la **validité d'un contrat d'assurance,** matière qui ne relève ni des Actes uniformes de l'OHADA, ni des règlements prévus au Traité, mais plutôt du droit des assurances réglé par le Code CIMA (Conférence interafricaine des marchés d'assurances) – (CCJA, 3e ch., no 26, 6-12-2011 : Somavie c/ CNCE avant CECP. Juris-Ohada, 2012, no 1, janv.-mars, p. 47, Ohadata J-13-24, J-13-138) ;

– pour un **contrat d'intermédiation en assurance** relevant exclusivement du Code CIMA, la seule référence à des dispositions d'un Acte uniforme dans l'argumentaire des parties au litige ne pouvant suffire à justifier la compétence de la CCJA (CCJA, 2e ch., no 040, 23-3-2017 : Massur c/ NSIA, Ohadata J-17-187) ;

– une **société d'assurances mutuelles** n'a pas un objet commercial et est régie par le Code CIMA, tant dans sa constitution, son administration que sa liquidation. Elle ne relève pas du champ d'application de l'AUSCGIE. C'est donc à tort qu'une cour d'appel s'est fondée sur l'article 429 de l'AUSCGIE pour infirmer l'ordonnance par laquelle le juge des référés saisi s'est déclaré incompétent, le contentieux ayant opposé les parties devant les juges du fond étant relatif à la gouvernance d'une société d'assurances mutuelle régie par le Code CIMA et ne soulevant aucune question relative à l'application d'un Acte uniforme ou d'un règlement prévu au Traité OHADA (CCJA, 1e ch., no 067, 15-3-2018 : Faman Touré c/ Soro Brahima et 18 autres). L'application à tort de l'AUSCGIE à un tel contentieux par lesdites juridictions ne saurait justifier la compétence de la CCJA qui doit se déclarer incompétente nonobstant l'arrêt de renvoi de la chambre judiciaire de la Cour suprême de Côte d'Ivoire qui ne lie pas la CCJA, dont les conditions de la compétence ne sont pas réunies (CCJA, 1e ch., n° 067, 15-3-2018 : Faman Touré c/ Soro Brahima et 18 autres) ;

31°) en matière de **prise à partie d'un magistrat,** procédure disciplinaire spéciale prévue par une disposition nationale (CCJA, 3e ch., n° 229, 14-12-2017 : Mbo Bopesame Albert c/ Sotrabo SARL), pour comportement dolosif dans l'exercice de ses fonctions, qui relève du droit interne, tend à sanctionner le comportement d'un juge pour faute professionnelle et à réparer le préjudice subi par un plaideur (CCJA, 3e ch., n° 158, 27-10-2016 : Amisi Moussa Nasser c/ 1) Sté Crec Resources Universal, 2) La Sté Minière de Kalumbwe Myunga SPRL, (MKM SPRL), 3) La République démocratique du Congo, Ohadata J-17-98) ;

Obs. : les deux arrêts ci-dessus (CCJA, 3e ch., n° 158/2016 du 27-10-2016 et CCJA, 3e ch., n° 229/2017 du 14-12-2017) par lesquels la CCJA s'est déclarée incompétente pour statuer sur un litige soulevant des questions relatives à un texte de l'OHADA et ayant fait l'objet de décisions rendues sur prise à partie nous semblent regrettables et nous espérons un revirement de la jurisprudence la CCJA sur la question dès que l'occasion se présentera. En effet, il résulte l'article 61 de la Loi organique n° 13/010 du 19 février 2013 relative à la procédure devant la Cour de cassation en République démocratique du Congo, selon laquelle « si la prise à partie est déclarée fondée, la Cour [de cassation] annule les arrêts, jugements, ordonnances, procès-verbaux ou tous autres actes attaqués sans préjudice des dommages et intérêts dus au requérant », que la prise à partie est une « procédure spéciale devant la Cour de cassation », notamment « une voie de recours extraordinaire (en nullité) » (cf. Télesphore Kavundja N. Maneno, « La prise à partie en droit judiciaire congolais », Revue de la Faculté de Droit de l'Unigom, N° 1, 2016, p. 213, https://www.pugoma.com/index.php/RFD/article/download/28/11), qui aboutit à l'annulation du jugement rendu par le ou les juges pris à partie s'il paraît à la juridiction nationale de Cassation saisie que la demande est fondée. Dans la mesure où, dans une affaire soulevant des questions relatives à un acte uniforme ou tout autre norme supranationale édictée par le législateur communautaire de l'OHADA, la prise à partie peut amener la juridiction nationale de cassation (ou son équivalent), à annuler la décision issue d'une telle affaire, la prise à partie, tout en étant une procédure disciplinaire, n'en constitue pas moins une procédure susceptible de heurter, dans des certains cas, la compétence matérielle de la CCJA selon les critères établis par celle-ci dans sa jurisprudence constante et bien établie, en application de l'article 14 du Traité OHADA. Il en est ainsi dès lors que le seul critère de compétence de la CCJA est l'existence d'une affaire soulevant des questions relatives à un texte de l'OHADA, la seule exception prévue par le législateur communautaire étant la matière pénale. Il s'ensuit que dans un litige soulevant une question relative à un texte de l'OHADA, la prise à partie, dans sa dimension de « voie de recours extraordinaire » susceptible d'entraîner l'annulation de la décision attaquée par la Cour nationale de cassation (ou constitutionnelle, le cas échéant), ne peut et ne devrait pas être exercée devant la juridiction nationale, afin d'éviter un empiètement sur la compétence matérielle dont la CCJA a été exclusivement dotée par le législateur de OHADA conformément aux articles 2, 10, 13 et 14 du Traité OHADA, norme communautaire ayant la primauté sur les normes nationales. En conséquence, une juridiction nationale supérieure (suprême, de cassation ou constitutionnelle selon les cas), qui serait saisie d'une prise à partie dans un litige soulevant des questions relatives à un texte de l'OHADA, donc relevant de la compétence exclusive de la CCJA, devrait se dessaisir conformément à l'article 15 du Traité, sous réserve, bien entendu, d'un litige ayant un volet pénal avéré. Il en est ainsi car il n'est, en principe, pas possible de faire un « dépeçage » du contentieux qui consisterait à séparer les questions relatives à l'OHADA du reste du litige qui demeure régis par les textes de droit interne (voir à ce sujet, M. J. V. Kodo, « Sur un conflit inédit de juridictions entre la Cour Commune de Justice et d'Arbitrage de l'OHADA et la Cour suprême du Congo », Revue trimestrielle LexisNexis JurisClasseur, juill.-août 2017, pp 855-876, § n° 30).

32°) sur le pourvoi relatif à une **demande de résolution d'une vente** intervenue entre deux personnes physiques non commerçantes (CCJA, 2e ch., n° 169, 17-12-2015 : Cassaignan Yeo Antoine c/ Coulibaly Tiemoko, Ohadata J-16-162). La CCJA doit aussi se déclarer d'office incompétente, nonobstant l'arrêt de renvoi rendu par la Cour de cassation du Niger qui ne la lie pas, pour un litige relatif à une vente régie uniquement par des textes de droit interne, en l'espèce, les articles 1599 du Code civil et 23 de la loi n° 98 du 29 avril 1998 portant statut des notaires au Niger. L'affaire ne soulevant aucune question relative à l'application d'un Acte uniforme ou d'un règlement prévu au Traité, la seule évocation par les requérants et les juges d'appel des dispositions de l'article 246 de l'AUPSRVE ne peut suffire à établir cette compétence (CCJA, 1e ch., 174, 25-10-2018 : Adamou Guirmèye et Autres c/ El Hadj Harouna Adamou) ;

33°) sur l'action fondée sur la **concurrence déloyale** et le **détournement de clientèle,** qui ne met en cause ni le Traité lui-même, ni un Acte uniforme ou un règlement (CCJA, 3e ch., 206, 22-11-2018 : Sté Dieselec c/ Olivier Bazin, Sté Petroleum Logistic Material) ;

34°) lorsque l'action introductive d'instance du défendeur porte sur une **requête aux fins de paiement de diverses sommes d'argent suite à des prestations de services** et que les premiers juges et ceux d'appel se sont prononcés sur le litige sans invoquer un quelconque Acte uniforme, cette incompétence pouvant être relevée d'office (CCJA, 3e ch., no 146, 19-11-2015 : Sotter Sarlu, Slev Bouari SARL c/ Moussa Ali Dogoro, Ohadata J-16-139) ; aussi pour une action en paiement de factures relatives à des travaux effectués, que tant les premiers juges que les juges d'appel se sont prononcés sur le litige sans invoquer un quelconque Acte uniforme (CCJA, 1e ch., no 223, 14-12-2017 : Scgc SARL c/ Sté Ferronnerie d'Akouakam ; CCJA, 2e ch., no 198/2019, 27-6-2019 : cité-Télécom c/ Huawei Technologies Tchad ; CCJA, 3e ch., no 014/2021, 28-1-2021 : Kanga Eba Serge-Arnaud c/ Bicici) ;

35°) à propos d'un jugement ayant statué sur la **demande d'indemnisation à la suite d'une procédure d'expropriation** et qui n'a ni interprété ni appliqué un quelconque Acte uniforme ou règlement prévu au Traité, et qui n'a donné lieu à aucune exécution forcée au sens de l'AUPSRVE (CCJA, ass. plén., no 054, 23-4-2014 : Association des Propriétaires Terriens Expropriés de Bado, dite APTEB c/ Sté Wacem SA, Sté Fortia Cement SA, prasad Montaparti Siva Ramavara, Ohadata J-15-145) ;

36°) en matière d'urgence, ès qualités de juge de l'exécution (JEX) de l'article 49 de l'AUPSRVE, sur la demande de rétractation d'ordonnances suspendant le conseil d'administration d'une société et nommant un mandataire aux fins de convoquer, à brefs délais, une assemblée générale des actionnaires, car le président de la juridiction statuant en matière d'urgence et juge de l'exécution ainsi que la cour d'appel statuant après appel ne sont compétents pour statuer, au regard de l'article 49 de l'AUPSRVE, que lorsque le litige ou la demande est relatif à une mesure d'exécution forcée ou à une saisie conservatoire, ce qui n'est pas le cas de l'espèce, la CCJA, juge de l'exécution, et statuant en matière d'urgence, doit donc se déclarer incompétente sur ce point et renvoyer la cause et les parties à mieux se pourvoir (CCJA, 2e ch., no 1, 2-2-2012 : COFIPA S.A c/ 1) M. T., 2) M. K., 3) I., 4) S.C.I. I.D Investissements, 5) COFIPA Investissement Bank Congo SA, Juris-Ohada, 2012, no 4, oct.-déc., p. 2., Ohadata J-13-55) ;

Obs. : après cassation de l'arrêt qui lui était soumis dans le présent litige, la CCJA s'est retrouvée, au moment de l'évocation du litige au fond, avec une casquette de juge de l'exécution au sens de l'article 49 de l'AUPSRVE car il lui était demandé de rétracter les ordonnances mentionnées ci-dessus. La haute juridiction a alors saisi l'occasion de rappeler les limites de la compétence ratione materiae du juge de l'article 49 AUPSRVE et se l'appliqua puisque dans cette circonstance, elle statuait en cette qualité. À propos du JEX, voir les obs. sous l'article 49 de l'AUPSRVE.

37°) sur une affaire relative à la **reconstitution administrative et financière de la carrière d'une personne,** qui n'a soulevé aucune question relative à l'application ou à l'interprétation d'un Acte uniforme (CCJA, 3e ch., 209, 22-11-2018 : Loterie Nationale du Burkina Faso c/ Daniel Ziem Some) ;

38°) sur le pourvoi étant formé en application d'une disposition nationale portant **attributions, organisation et fonctionnement de la cour suprême** et contre un arrêt qui n'est qu'une mesure provisoire ne préjudiciant en rien sur le fond, les articles 14, 15 et 18 du Traité OHADA et 52 du Règlement de procédure de la CCJA ne trouvant pas application en l'espèce (CCJA, 2e ch., no 147, 11-8-2016 : JC SKA Trading SA c/ Établissements Aboubacar Diallo, Ohadata J-17-87) ;

39°) sur un pourvoi dont les moyens sont fondés sur la violation de dispositions internes de procédure civile et la violation des principes de l'**immutabilité du litige** et de l'**effet dévolutif de l'appel** et qui ne vise aucune disposition d'un Acte uniforme ou règlement prévu au traité, le seul fait d'invoquer l'article 14 du Traité OHADA susvisé et les articles 1 et 2 de l'AUDCG, sans indiquer les dispositions qui auraient été violées ou mal appliquées, ni en quoi elles l'auraient été étant inopérant (CCJA, 1e ch., 221, 29-11-2018 : Sté Renco SPA c/ Socico SA) ;

40°) à propos de l'**ordonnance nommant un administrateur provisoire** pour une société et qui a été rendue à la suite d'une requête « afin de prendre toutes mesures nécessaires à assurer la survie de la société NSS jusqu'à décision sur le fond de la chambre judiciaire de la Cour suprême, actuellement saisie du litige entre les parties », dès lors que la requête énoncée ci-dessus et l'ordonnance qui en est résultée ne portent pas sur l'exécution de l'arrêt du 7 novembre 2003 dont l'arrêt no 030/05 du 13 janvier 2005 avait déjà ordonné la discontinuation des poursuites, mais sont plutôt relatives aux cas d'urgence portés, selon le cas, devant le président du tribunal de première instance ou le premier président de la cour d'appel ou devant le président de la Cour suprême, en application de l'article 221 du Code ivoirien de procédure civile, commerciale et administrative (CCJA, no 032/2006, 13-12-2004 : Nouvelle Scierie Serve c/ V. P. L., Rec. jur. CCJA no 8/

2006, p. 12, Juris-Ohada, n° 2/2007, p. 19, Ohadata J-08-92) ;

41°) sur un **litige** relatif à des boutiques situées dans un marché et **relevant** encore **du domaine public,** le statut de bail commercial ou professionnel ne pouvant s'appliquer aux conventions ayant pour objet des biens dépendant du domaine public même lorsqu'elles sont conclues entre deux personnes de droit privé, en raison du principe de précarité et de révocabilité qui s'applique aux occupations de ce domaine. En l'espèce, la défenderesse n'a pas la qualité de propriétaire des biens immobiliers, objet d'une telle occupation, qui n'est pas régie par l'AUDCG (CCJA, ass. plén., n° 078, 25-4-2014 : La Amadou Issa c/ Sté de Construction et de Gestion des Marchés dite Socogem, Ohadata J-15-169 ; CCJA, ass. plén., n° 075, 29-4-2015 : Sté de Gestion et d'Exploitation de l'aéroport de Conakry-Gbessia dite Sogeac c/ Sory Doumbouya, Ohadata J-16-76) ;

42°) sur un **contentieux relatif à l'utilisation d'un axe routier,** les arrêts attaqués en l'espèce ayant seulement décidé d'un sursis à son exécution et ne s'étant fondés sur aucun Acte uniforme ou règlement prévu par le Traité OHADA (CCJA, ass. plén., n° 129, 11-11-2014 : Sté Matériaux de construction de l'Estuaire – Bâtiment et travaux publics dite MCE-BTP c/ Mboumba Traoré, Bongotha Medard, Ohadata J-15-219) ;

43°) sur un contentieux relatif à la **violation du principe du double degré de juridiction,** la violation des articles 1134 et 1907 du Code civil et le défaut de base légale. La requête qui se contente d'invoquer l'article 14 du Traité OHADA, de l'AUSCGIE et de l'AUPSRVE sans indiquer les dispositions qui auraient été violées ou mal appliquées, ni en quoi elles l'auraient été, est mal fondée (CCJA, 1e ch., n° 004, 12-2-2015 : Sté Générale de Banque en Côte d'Ivoire dite SGBCI c/ SARL Ivoire, Elle Moutamer Fatiha épouse Bourdier, Société Civile Immobilière Ivoire dite SCI Ivoire, Ohadata J-16-04) ;

44°) sur l'**action en revendication en matière de saisie immobilière,** dès lors que l'appréciation de la nature, de l'étendue et de la force probante des droits réels et des titres y afférents excipés par l'appelant sur l'immeuble litigieux relèvent nécessairement des normes du droit foncier national et non des dispositions de l'AUPSRVE, notamment celles des articles 299 et 308 dudit Acte uniforme, sur lesquelles les premiers juges ont fondé leur décision et qui sont manifestement inapplicables en la cause pour trancher un litige portant principalement sur la propriété du même immeuble adjugé à l'une des parties litigantes et revendiqué par l'autre. Le jugement entrepris doit être annulé et les parties renvoyées à se pourvoir ainsi qu'elles aviseront (CCJA, n° 011, 26-2-2009 : Sté Tamoil Burkina SA c/ S. P. dit B., Rec. jur. CCJA n° 13, janv.-juin 2009, p. 121, Ohadata J-10-82) ;

45) sur un litige relatif à **une mesure d'expulsion** visant à remettre les parties dans les situations juridiques qui étaient les leurs avant le contrat de bail ; l'expulsion, qui est certes une mesure d'exécution forcée, ne faisant pas partie des voies d'exécution forcée telles que définies par l'AUPSRVE (CCJA, n° 022/2006, 26-10-2006 : SCI Golfe de Guinée c/ Promomer SARL, Rec. jur. CCJA n° 8/2006, p. 9, Juris-Ohada, n° 1/2007, p. 17, Ohadata J-08-91) ;

Obs. : sur la définition des « voies d'exécution » au sens de l'AUPSRVE, voir les annotations sous l'article 28 de cet Acte uniforme.

46°) sur l'interprétation, en cassation, **d'une disposition** strictement interne **relevant du droit national** et se prononcer sur l'existence éventuelle et la consistance des nullités édictées par celui-ci. Il en est ainsi lorsque le jugement d'adjudication attaqué n'est nullement critiqué dans l'application intrinsèque des règles de l'AUPSRVE relatives à la saisie immobilière, les requérants se bornant plutôt à déplorer la déloyauté, à leur égard, de l'huissier instrumentaire dans la signification des actes préparatoires ayant abouti audit jugement et à relever subséquemment, la nullité de celui-ci sur la base de dispositions du Code de procédure civile national (CCJA, n° 010/2009, 26-2-2009 : Héritiers de feu B. D. c/ SNR, Rec. jur. CCJA n° 13, janv.-juin 2009, p. 27, Ohadata J-10-56, Ohadata J-09-283) ;

47°) sur l'annulation d'une **adjudication réalisée sur le fondement d'un procès-verbal de conciliation** homologué par un tribunal, une telle vente ne résultant d'aucune mesure d'exécution forcée et n'appelant pas à l'application de l'AUPSRVE, dont les articles 254 et 275 relatifs à la saisie immobilière ont été invoqués à tort (CCJA, 2e ch., n° 121, 23-6-2016 : Herbert Grandis c/ 1) Maître I. N., syndic de la liquidation de la société « Dingo Sarl », 2) Les Lodges des Almadies Sarl, Ohadata J-17-62) ;

48°) sur un litige relatif à la **responsabilité** :

– **délictuelle** (CCJA, 1e ch., n° 007, 4-2-2010 : M. P. c/ SDV-Gabon SA, Juris-Ohada, n° 2/2010, avr.-juin 2010, p. 18, Ohadata J-11-51, au sujet de la destruction d'un navire, l'arrêt attaqué ayant été rendu exclusivement sur le fondement des dispositions des articles 1382 et suivants du Code civil, aucun moyen relatif à l'application ou à l'interprétation d'un Acte uniforme ou d'un règlement prévu par le Traité OHADA n'ayant été soulevé et discuté tant devant le premier juge que devant le juge d'appel ; voir aussi CCJA, n° 007/2010, 4-2-2010 : P. N. c/ SDV-Gabon SA, Rec. jur. CCJA n° 15, janv.-juin 2010, p. 20, Ohadata J-12-18) ;

– **civile,** lorsque le litige ne soulève aucune question relative à l'application d'un Acte uniforme. Il en est ainsi notamment lorsque les juges du fond ont eu à rechercher si le défendeur, acquéreur de sucre dans une vente aux enchères, a eu un comportement fautif qui pourrait ouvrir réparation à la demanderesse (CCJA, 2e ch., no 102, 30-12-2013 : Sté Établissements Moussa dit M.K.A c/ Sucaf Centrafrique, Rec. jur. CCJA no 20, vol. 1, janv.-déc. 2013, p. 75-77, Ohadata J-15-49) ou si la demanderesse, liée par un contrat de fourniture de courant électrique à la défenderesse, a eu un comportement fautif qui pouvait ouvrir réparation à son abonnée (CCJA, ass. plén., no 104, 4-11-2014 : Aes Sonel c/ SA Des poissonneries Menengue du Cameroun (SAPMC) S.A., Ohadata J-15-195). L'incompétence de la CCJA doit être relevée d'office dans une affaire relative à une décision condamnant un mandataire indélicat à restituer les deniers à lui confiés par son mandant et qui n'a soulevé, devant les juridictions du fond, aucune question relative à l'application d'un texte relatif à l'OHADA, la seule référence à des dispositions d'un Acte uniforme dans l'argumentaire des parties au litige ne pouvant suffire à justifier la compétence de la Cour (CCJA, 2e ch. no 136, 12-11-2015 : El Hadj Hassan Maina c/ El Hadj Mahamed Girgiri Lawan, Ohadata J-16-129 ; CCJA, 2e ch., no 200/2019, 27-6-2019 : Attahirou Abdourahamane c/ Bia-Niger SA) ; CCJA, 2e ch., no 149/2020, 30-4-2020 : Nocibe S.A. c/ Port autonome de Cotonou) ;

49o) sur un litige relatif à la **responsabilité délictuelle** :

– au sujet de la destruction d'un navire, l'arrêt attaqué ayant été rendu exclusivement sur le fondement des dispositions des articles 1382 et suivants du Code civil, aucun moyen relatif à l'application ou à l'interprétation d'un Acte uniforme ou d'un règlement prévu par le Traité OHADA n'ayant été soulevé et discuté tant devant le premier juge que devant le juge d'appel (CCJA, 1e ch., no 007, 4-2-2010 : M. P. c/ SDV-Gabon SA, Juris-Ohada, no 2/2010, avr.-juin 2010, p. 18, Ohadata J-11-51 ; voir aussi CCJA, no 007/2010, 4-2-2010 : P. N. c/ SDV-Gabon SA, Rec. jur. CCJA no 15, janv.-juin 2010, p. 20, Ohadata J-12-18) ;

– au sujet de la détermination du responsable de manquements ayant conduit à la saisie par la douane malienne de marchandises dont la remise est demandée, et au sujet duquel aucune des parties n'a évoqué, devant les juges du fond, un moyen soulevant des questions relatives à l'interprétation ou l'application d'un Acte uniforme ou d'un règlement prévu au Traité, la seule évocation par le pourvoi des articles 170, 175, 176, 177, 192, 195, 204, 205, 206 et 207 de l'AUDCG ne pouvant suffire à établir la compétence de la CCJA (CCJA, 1e ch., no 013/2022, 27-1-2022 : Diaplastique SARL c/ Bréhima Diarra) ;

50o) sur un différend ne portant que sur l'**existence ou non** d'une obligation, sur l'**absence de cause** ou sur l'**inexécution** d'une telle obligation (CCJA, ass. plén., no 142, 11-11-2014 : Sté Pharmaceutique Gabonaise dite Pharmagabon c/ 1) Hoirs Celuta Benjamin Zinsou représenté par Zinsou René, 2) La Pharmacie de la Gare Routière, Ohadata J-15-232) ; pour un différend relatif à une **réclamation de créances et de dommages-intérêts suite à la rupture ou à l'inexécution de conventions,** qui relève exclusivement des dispositions internes (art. 1134 et 1147 du Code civil tchadien), aucune des parties n'ayant invoqué ni devant le tribunal ni devant la cour d'appel un grief ou un moyen soulevant des questions relatives à l'interprétation ou l'application d'un Acte uniforme ou d'un règlement prévu au traité, la seule évocation par le pourvoi des dispositions des articles 17 de l'AUDCG et 15 de l'AUHCE ne pouvant suffire à établir sa compétence (CCJA, 1e ch., 224, 29-11-2018 : Soluxe International Chad SA c/ Cabinet groupe Mega Five SARL) ;

51o) sur une **action en contestation partielle et en compensation de créances,** qui ne soulève aucune question relative à l'application d'un quelconque Acte uniforme ou règlement OHADA et pour laquelle les premiers juges se sont prononcés uniquement en application de dispositions nationales. Ladite incompétence peut être soulevée d'office (CCJA, 3e ch., no 142, 19-11-2015 : Sté Hann et Compagnie, S.A. c/ Société Holcibel, S.A, Sté Investissements Cimentiers Internationaux (ICI), S.A., Sté Holcim Trading, Maître Mamadou Alimou Bah, Ohadata J-16-135) ;

52o) sur une **action en responsabilité et paiement** visant à faire constater, en application de dispositions nationales, une faute pour non-respect d'une ordonnance à pied de requête et de la décision subséquente ayant ordonné la mainlevée d'une garantie, dès lors qu'une telle action ne soulève aucune question relative à l'application ou à l'interprétation d'un Acte uniforme ou d'un règlement prévu au Traité (CCJA, 1e ch., no 182/2019, 20-6-2019 : SGBS c/ Les Établissements Modou Cheikh Babou) ;

53o) sur une **action en responsabilité et en paiement de sommes d'argent pour saisies abusives,** pour laquelle les premiers juges se sont prononcés uniquement en application de dispositions nationales (CCJA, 3e ch., no 143, 19-11-2015 : Sté Alios Finance Gabon ex-Sogaca c/ Entreprise Ndong Mve & Fils, SARL, Ohadata J-16-136) ;

54o) sur une simple **action en paiement de créance intentée à l'encontre d'une société,** la question de la représentation de la débitrice par ses dirigeants ou par un syndic n'ayant été discutée ni devant le tribunal ni devant la cour d'appel (CCJA, 3e ch., no 150/2018, 7-6-2018 : EEximcor Afrique S.A.

c/ État du Sénégal, Fonds de Promotion Économique) ; dans le même sens, au sujet du jugement du tribunal de commerce d'Abidjan, saisi par le biais d'une procédure d'assignation réglementée par la législation nationale, et relative à la demande d'exécution d'une obligation contractuelle de paiement d'une somme d'argent également régie par le Code civil ivoirien (CCJA, 1e ch., no 205/2022, 29-12-2022) ;

55o) sur un litige portant sur une action en réparation d'un préjudice né à la suite d'une **saisie-attribution de créances** qualifiée d'abusive et fondée sur les dispositions du droit national, aucune disposition d'un Acte uniforme n'étant applicable (CCJA, 2e ch., no 200, 23-11-2017 : Orabank Mali SA c/ École du Progrès) ;

56o) sur un arrêt n'ayant statué que sur un **recours en rectification d'erreurs et omissions régi par les dispositions nationales** (Code de procédure civile de la République Centrafricaine en l'espèce) et ne soulevant aucune question relative à l'application d'un Acte uniforme ou des règlements prévus au Traité OHADA (CCJA, 3e ch., no 162/2020, 30-4-2020 : Allianz Centrafrique Assurances SA c/ Sociétés Dameca et Scad SA) ;

57o) sur un litige relatif à la **demande en restitution** de fonds trop perçu, c'est-à-dire d'une **demande de cessation d'un trouble manifestement illicite et constitutive d'une voie de fait,** l'affaire ne soulevant en soi aucune question relative à l'application d'un Acte uniforme ou d'un règlement prévu au Traité OHADA (CCJA, 1e ch., no 070/2021, 8-4-2021 : BCS SA c/ Entreprise Oumar Konare) ; dans le même sens, sur un litige relatif à la **répétition de l'indu,** non régie par un Acte uniforme, l'invocation, par le demandeur, des articles 246 et 247 de l'AUPSRVE, applicables à une saisie immobilière qui n'a pas été mise en œuvre, étant inopérante, car ne permettant pas de rattacher la présente cause à sa compétence (CCJA, 1e ch., no 319/2019, 12-12-2019 : Abdoul Razak Illo c/ Elh Issaka Idrissa) ;

58o) sur un litige relatif à un **contrat de louage de services** en lien avec des travaux d'études architecturales, ayant opposé une société civile à une société commerciale et auquel les juges du fond ont exclusivement appliqué des dispositions du Code civil et du Code de procédure civile tchadiens (CCJA, 1e ch., no 043/2020, 27-2-2020 : Star Nationale SA c/ Batir) ;

59o) sur un **paiement des dommages-intérêts,** tout comme la tierce opposition subséquente qui a donné lieu à l'arrêt attaqué et ne soulevant aucune question relative à l'application d'un acte uniforme ou à un règlement prévus au Traité OHADA (CCJA, 3e ch., no 106/2020, 9-4-2020 : Marc Rennard c/ Optimum Multimodal Solutions et 1 autre) ;

60o) sur un litige relatif à **l'occupation unilatérale et non autorisée,** par une société commerciale, des accessoires **de l'immeuble** appartenant à un commerçant, bien qu'il s'agisse d'un immeuble à usage commercial, dès lors qu'il n'existe pas de bail ni écrit ni tacite entre les parties et que l'action en dommages-intérêts intentée par le demandeur sur le fait fautif de la défenderesse est réglée par le droit interne et ne soulève aucune question d'application d'un quelconque Acte uniforme ou des règlements de procédure prévus au Traité, les juges du fond ayant invoqué à tort la qualité de commerçant du demandeur pour convoquer l'application de l'AUDCG et de l'AUSCGIE (CCJA, 1e ch., no 024/2022, 17-2-2022 : Kanyinda Nkuadi Djems c/ Airtel Congo RDC S.A) ;

61o) sur des arrêts qui se sont prononcés sur le bien-fondé d'une demande de désistement d'un appel contre un jugement d'adjudication et étaient rendus sur le fondement de dispositions du droit interne et, l'affaire n'ayant soulevé devant la juridiction de fond aucune question relative à l'application des Actes Uniformes et des règlements prévus au Traité OHADA (CCJA, 3e ch., no 118/2019, 11-4-2019 : Mamadou Conte c/ Ahmad Afif) ;

62o) sur un litige relatif à une demande d'exequatur d'un arrêt rendu par la cour d'appel de Ouagadougou, sur le fondement de la Convention générale de coopération en matière de justice existant entre le Burkina Faso et le Togo ; comme tel, il ne pouvait et n'a pu soulever des questions relatives à l'application d'un Acte uniforme ou d'un règlement prévu au Traité OHADA, le fait que cet arrêt soit rendu en application de l'AUCTMR et qu'il soit conforté par un arrêt de rejet du pourvoi en cassation, rendu par la CCJA, ne lui transférant pas l'autorité et la force exécutoire supranationales attachées aux décisions de la juridiction communautaire prescrites à l'article 20 du Traité, lesquelles décisions sont directement exécutoires sur le territoire des États membres, sans procédure d'exequatur (CCJA, 2e ch., no 148/2020, 30-4-2020 : Sopam SA c/ Bolloré Logistics S.A.) ;

63o) en raison de l'autorité de la chose jugée rattachée à un arrêt précédent rendu entre les mêmes parties et par lequel la CCJA avait jugé que c'est à tort que l'AUA a été appliquée à une sentence rendue en dehors de l'espace OHADA, relevée d'office par la CCJA, justifie pleinement l'exception d'incompétence soulevée par la défenderesse (CCJA, 1e ch., no 253/2019, 7-11-2019 : Vodacom International Limited c/ Congolese Wireless Network Sarl).

64o) sur le pourvoi contre l'arrêt d'une cour d'appel qui a rejeté une requête aux fins de défense à exécution provisoire de l'ordonnance du juge des urgences ayant condamné la demanderesse aux causes d'une saisie pratiquée entre ses mains, car bien qu'étant en lien avec les voies d'exécution forcée régies par un Acte uniforme, cet **arrêt a été rendu relativement à une procédure d'exécution au sens de l'article 16 du Traité** OHADA (CCJA, 1e ch., nº 127/2021, 24-6-2021 : Total E et P Congo SA c/ Erto Sarl).

65º) sur le recours concernant la lettre adressée aux recourants par la Commission nationale de la concurrence et qui se borne à les informer que la commission entend remplir les missions qui lui incombent, dans le respect de la loi camerounaise sur la concurrence, car ce n'est pas une décision rendue par une juridiction d'un État partie au sens de l'article 14 du Traité OHADA, susceptible d'être déférée en cassation devant la CCJA (CCJA, 2e ch., nº 077/2021, 29-4-2021 : Voukeng Michel Janvier et Tougoua Djokouale Guy c/ La Commission nationale de la concurrence et trois autres) ;

66º) sur le litige relatif à l'expulsion de l'ancien propriétaire qui occupe encore l'immeuble ayant fait l'objet d'une saisie immobilière, ladite saisie engagée par l'adjudicataire de l'immeuble étant parvenue à son terme, de sorte qu'il est inexact de soutenir que le litige est relatif à une saisie immobilière (CCJA, 1e ch., nº 105/2021, 27-5-2021 : CBAO Groupe Attijariwafa Bank SA c/ Bocar Samba Dieye) ;

67º) sur le **recours formé contre une décision** rendue en premier ressort et qui est **susceptible d'appel,** recours exercé en l'espèce, car la CCJA, ne peut contrôler une telle décision que dans l'exercice de son pouvoir d'évocation (CCJA, 1e ch., nº 068/2021, 8-4-2021 : G.E.B. Afrique Sarl c/ État béninois). Dans le même sens et précisant que l'incompétence de la CCJA doit être relevée d'office pour le jugement contesté qui a été rendu en premier ressort, cette qualification ne résultant pas d'une erreur (CCJA, 1e ch., nº 126/2021, 24-6-2021 : N. L. Athanase, Syndic liquidateur des sociétés Satram SA et Egca SA, c/ Les Sociétés Satram SA ET Egca SA) ;

68º) pour un litige relatif à une **demande d'expertise :**

– **préventive** fondée sur les dispositions de droit interne (art. 167 du Code malien de procédure civile, commerciale et sociale), la simple évocation par le requérant des articles 376 et 710 de l'AUSCGIE dans l'argumentaire accompagnant l'exposé de son moyen unique de cassation ne pouvant changer ni le sens ni la motivation de la décision querellée, laquelle a statué, en se fondant principalement sur les articles 167 et 168 du CPCCS, sur la demande d'expertise préventive, le premier jugement n'étant également fondé sur un quelconque Acte uniforme ou règlement prévu au Traité OHADA (CCJA, 2e ch., nº 129/2024, 25-4-2024) ;

– pour évaluer le patrimoine mobilier et immobilier d'un collège et d'un administrateur séquestre ayant pour mission de gérer provisoirement cet établissement scolaire, la décision du juge de référé statuant sur ces mesures à caractère provisoire et conservatoire, confirmée par l'arrêt dont pourvoi, ayant été rendue sur le fondement du Code civil de la république de Côte d'Ivoire, et ne soulevant aucune question relative à l'application ou à l'interprétation d'un Acte uniforme ou d'un règlement (CCJA, 1e ch., nº 041/2024, 22-2-2024) ;

69º) pour un litige relatif à un **virement bancaire** régi par le règlement CEMAC relatif aux systèmes, moyens et incidents de paiement, l'allusion faite à l'article 16 de l'AUDCG par la demanderesse, au demeurant pour la première fois devant la CCJA, ne changeant pas le fait que le litige n'a pas pour origine l'application ou l'interprétation d'un Acte uniforme (CCJA, 1e ch., nº 036/2024, 22-2-2024) ;

70º) pour trancher un **conflit de compétence matérielle entre différentes juridictions internes d'un État partie**. Sauf dans l'hypothèse où le requérant invoque l'application d'un Acte uniforme ou règlement de l'OHADA, ce qui n'est pas le cas en l'espèce, les moyens de cassation invoquant l'insuffisance et la contrariété de motifs ainsi que la dénaturation des faits, ne sauraient à eux seuls fonder la compétence de la CCJA. Le fait de qualifier faussement le protocole d'accord conclu entre une société et son ex-employé d'acte de commerce et d'invoquer la violation de l'article 3 de l'AUDCG ne saurait fonder la compétence de la Cour pour examiner l'affaire, dès lors que celle-ci ne soulève pas en réalité de question relative à l'application des Actes uniformes ou règlements issus du Traité ; il en résulte que la Cour est incompétente (CCJA, 1e ch., nº 058/2023, 30-3-2023).

> **Obs. :** la Cour ayant souverainement constaté, dans l'exposé des faits, l'existence entre la société demanderesse et son ex-employé, d'un « contrat de travail de directeur financier et un mandat social d'administrateur-directeur général », dont les complications postérieures à la résiliation ont donné lieu au litige, l'existence du mandat d'administrateur-directeur-général, constatée par la CCJA elle-même, nous semble caractériser un litige soulevant des questions relatives à l'application de l'AUSCGIE, qui régit les relations entre les sociétés commerciales et leurs dirigeants (et justifiant de facto la compétence de la CCJA), sauf s'il était caractérisé que le mandat social évoqué était fictif, ce qui ne semble pas ressortir des faits tels qu'énoncés.

71º) dès lors que le contrat, source du litige est un **bail emphytéotique** par lequel la société demanderesse a bénéficié de l'**affectation d'un domaine public**, matière ne relevant pas de l'AUDCG, dans ses dispositions relatives au bail à usage professionnel régi par ses articles 101 et suivants. Il en est ainsi car même si la convention conclue entre les parties autorise le preneur à construire et donc à exploiter un complexe hôtelier, activité qui s'inscrit parfaitement dans l'« activité commerciale, industrielle qui confère au locataire un droit personnel, artisanale ou toute autre activité professionnelle », cette convention ne peut cependant entrer dans la catégorie du bail à usage professionnel, dès lors que le bail emphytéotique confère au preneur un droit réel immobilier, les deux catégories étant appelées à satisfaire des besoins juridiques distincts (CCJA, 1e ch., no 085/2022, 9-6-2022, rappelant qu'en application de l'article 14, alinéa 3 du Traité OHADA, la compétence de la CCJA s'apprécie, non pas sur le fondement des moyens invoqués à l'appui du pourvoi, mais plutôt sur la nature de l'affaire qui a donné lieu à la décision attaquée, en recherchant si l'affaire soulève des questions relatives à l'application des Actes uniformes ou des règlements prévus au Traité, à l'exception des décisions appliquant des sanctions pénales) ;

72°) pour un litige relatif à la **légalité ou non d'un acte administratif réglementaire**, qui n'est pas d'ordre contractuel et ne procède d'aucun instrument relatif aux investissements. Tel est le cas en présence de conventions d'arbitrage liant plusieurs sociétés et un État partie à l'OHADA, et stipulant que tout différend, controverse ou réclamation entre elles, relatif à l'interprétation ou à l'application desdites conventions sera tranché par un tribunal arbitral conformément à la procédure de la CCI pour l'une et de l'OHADA pour les deux autres, car les parties ont entendu clairement soumettre au tribunal arbitral les litiges relatifs à l'exécution de leurs contrats. Si l'État en cause décide unilatéralement par le biais d'actes administratifs, de portée générale, de modifier « les coûts des licences, les modalités de paiement, de modification et de renouvellement dans le domaine des communications électroniques » et « les frais et redevances en matière d'établissement et/ou d'exploitation des réseaux et services des communications électroniques applicables en République centrafricaine » et si ces modifications ont eu des incidences sur ses obligations contractuelles, ses cocontractantes peuvent saisir la juridiction arbitrale pour sanctionner les conséquences économiques de ce manquement. En l'espèce, les sociétés cocontractantes de l'État ayant plutôt, sur le fondement d'une disposition nationale (notamment l'article 25 de la loi organique portant organisation et fonctionnement des tribunaux administratifs), saisi le Tribunal administratif aux fins d'annulation et de sursis à exécution des deux arrêtés interministériels et des factures qui remettent en cause les obligations contractuelles dudit État, ce recours purement administratif est dès lors manifestement hors de portée de la convention d'arbitrage et demeure de la compétence du juge administratif centrafricain (CCJA, 3e ch., no 017/2024, 25-1-2024).

III. Pourvoi en cassation

A. Condition préalable à l'examen d'une décision par la CCJA

L'arrêt qui n'a fait l'objet d'aucun recours en cassation auprès de la CCJA ne peut être discuté devant elle ou annulé par la haute Cour (CCJA, 1e ch., no 001/2013, 7-3-2013 ; pourvoi no 111/2007/PC du 21-12-2007 : Sté AES SONEL SA c/ Centre de Diagnostic et de Soins Médicaux CDSM, Rec. jur. CCJA no 20, vol. 1, janv.-déc. 2013, pp. 84-88, Ohadata J-15-01).

B. Saisine de la CCJA

1° Unicité du pourvoi

La partie qui avait choisi de renoncer à poursuivre le jugement du recours initial qu'elle avait d'abord formé devant une juridiction nationale de cassation et d'opter pour la saisine directe de la CCJA conformément aux articles 14, al. 3 du Traité OHADA et de l'article 28 du Règlement de procédure de ladite Cour, ne saurait être admise à transmettre à celle-ci un « mémoire ampliatif et complétif » pris au soutien du recours initial précité à l'occasion du renvoi légal et effectif de celui-ci par la juridiction Suprême nationale à la CCJA dès lors que ledit mémoire recèle à la fois la volonté évidente et réitérée de son auteur d'exercer contre le même arrêt non seulement un second ou nouveau pourvoi en cassation mais aussi celle de remettre indirectement en cause, par ce biais, l'arrêt antérieur d'irrecevabilité susvisé rendu par la CCJA, lequel a acquis l'autorité de la chose jugée dès le moment où il a été prononcé et est de ce fait devenu irrévocable (CCJA, 1e ch., no 16, 29-6-2006 : Sté ANSARI TRADING COMPANY L TD c/ La SCB-CL.C dénommée actuellement C.L.C., Juris-Ohada, no 4/2006, p. 25, note Brou Kouakou Mathurin, Ohadata J-07-30 ; J-04-86).

Voir sous l'article 28 du Règlement de procédure de la CCJA.

2° Validité du recours adressé au Président de la CCJA

Le fait d'adresser un recours au président de la CCJA au lieu de la Cour elle-même n'entame en rien sa régularité dès lors que c'est bien la cour qui statue (CCJA, 1e ch., no 224, 14-12-2017 : SABC SA c/ Tchounkeu Collince).

C. Pourvois irrecevables

Il y a lieu de déclarer irrecevable d'office le pourvoi formé contre un jugement qui a statué en premier et dernier ressort en matière de résiliation d'un bail professionnel, de condamnation au paiement d'arriérés locatifs et en expulsion, sur le fondement de l'article 8 de la loi organique ivoirienne no 424/2014 du 14 juillet 2014, qui prévoit que « les tribunaux de commerce statuent en premier ressort sur toutes les demandes dont l'intérêt du litige est supérieur à un milliard de FCFA ou est indéterminé... », car si les montants des loyers réclamés sont inférieurs à un milliard (taux de compétence prévu par la loi interne), le tribunal était saisi également de la résiliation du bail, de l'expulsion et de la sous-location. S'agissant de demandes dont l'intérêt est indéterminé, le tribunal de commerce ne pouvait statuer qu'à charge d'appel. Aux termes de l'article 14 al. 5 du Traité OHADA, la CCJA ne peut recevoir le pourvoi dans de telles conditions (CCJA, 2e ch., no 103, 27-4-2017 : Bah Abdoulaye c/ Sté Central Park). De même, le pourvoi en cassation formé contre une décision rendue en premier et dernier ressort par un tribunal sur le fondement d'une loi nationale de procédure prévoyant des taux de ressort est irrecevable, dès lors que le jugement attaqué aurait dû être rendu en premier ressort et est donc susceptible d'appel et qu'au demeurant le qualificatif de jugement rendu en premier et dernier ressort retenu à tort par le premier juge, ne peut en rien lier la CCJA (CCJA, 2e ch., no 063, 15-3-2018 : Sté BIA Côte d'Ivoire c/ Hollogne Francis Rémy Edmond).

D. Inapplication des textes nationaux à la cassation devant la CCJA

Statuant en cassation, la CCJA applique son Règlement de procédure qui ne peut être substitué par des règles de procédures du droit interne d'un État partie au Traité. Il s'ensuit que le moyen faisant grief à un arrêt d'avoir violé, par dénaturation, une disposition nationale relative à l'organisation et au fonctionnement de la juridiction suprême nationale est irrecevable (CCJA, 2e ch., no 026/2021, 25-2-2021 : Gaz du Cameroun S.A c/ azur Btp SARL).

E. Effet de la cassation

La cassation a pour effet d'anéantir l'autorité de la chose jugée attachée à l'arrêt attaqué et entraîne l'annulation de toute décision qui en est la suite, l'application ou l'exécution ; à ce titre, elle fait naître l'obligation de restitution des sommes versées en exécution de la décision annulée. Par ces motifs de pur droit, substitués à ceux erronés du premier juge, il y a lieu de déclarer la demande fondée et y faire droit, surtout que l'arrêt de cassation rendu par la Cour suprême ne fait l'objet d'aucune contestation devant la CCJA saisie conformément à l'article 18 du Traité OHADA (CCJA, 1e ch., no 236, 29-11-2018 : Nsia Banque Ex-BIAO-CI c/ Dehayni Ghassan).

IV. Demande d'avis

A. Nécessité d'une question encore pendante lors de la saisine de la CCJA

Il ressort de l'article 14 al. 2 du Traité OHADA et de l'article 56 du Règlement de procédure de la CCJA que la demande d'avis émanant d'une juridiction d'un État partie doit être consécutive à un contentieux judiciaire pendant devant ladite juridiction nationale et sur lequel celle-ci a estimé nécessaire d'être éclairée par la CCJA avant de rendre sa décision. Lorsque la question a été traitée par un tribunal et est pendante devant une Cour d'appel, les conditions de l'article 56 ne sont pas réunies et il n'y a pas lieu d'émettre un avis (CCJA, Avis no 01/2006/JN, 17-10-2006 : Rec. jur. CCJA no 11, janv.-juin 2008, p. 129, Ohadata J-10-12).

Voir, sous l'article 56 du Règlement de procédure de la CCJA.

B. Impossibilité de saisir la CCJA dans le corps d'une décision ou d'une ordonnance

Sur l'impossibilité de saisir la CCJA d'une demande d'avis consultatif dans le corps d'une ordonnance ou décision ayant statué sur la question soumise à la Cour, voir (CCJA, 2e ch., no 003/2017, 26-1-2017 : Sté VODACOM International LIMITED c/ Congolese Wireless Network SPRL, Ohadata, J-17-149).

V. Recours en interprétation d'une décision rendue par la CCJA

Caractère non suspensif. Sur le caractère non suspensif du recours en interprétation d'une décision rendue par la CCJA, voir l'article 46 du Règlement de procédure de la CCJA.

VI. Évocation

A. Pouvoir d'évocation

Par l'effet de son pouvoir d'évocation, la CCJA, qui n'a pas le devoir de renvoi, se substitue aux juridictions du fond censurées et exerce leurs attributions (CCJA, 1e ch., no 016/2020, 23-1-2020 : Oragroup SA c/ Orabank gabon, Société SOGAD BTP), notamment en faisant ce qu'elles auraient dû faire, selon chaque espèce (CCJA, 1e ch., no 069/2020, 12-3-2020 : Sté Namemco Energy Ltd et 1 autre c/ Vodacom International Limited et 2 autres).

B. Absence de cassation

Il n'y a pas lieu à évocation par la CCJA en l'absence de cassation (CCJA, ass. plén., no 080, 25-4-2014 : IBIKUNLE Karamatou c/ Sté CODA-BÉNIN, Ohadata J-15-171).

C. Demande sans objet

Il n'y a pas non plus lieu à évocation :

– lorsque après la cassation d'un arrêt, rien ne reste à juger (CCJA, 2e ch., no 017, 27-2-2014 : SORO TCHOHONA et KOUAME KAN BLAISE c/ Collège IRIS II et ZOHE Raymonde, Ohadata J-15-108 ; CCJA, 1e ch., no 170, 27-7-2017 : Sani Al Hadj Ousmane c/ Sté Générale Tchad ; CCJA, 3e ch., no 218, 22-11-2018 : Afriland First Bank c/ Dje Amoin Marie Laurence c/ Entreprise Assureurs Conseils Services, Bamba Ahmed Karamoko ; CCJA, 2e ch., n° 146, 11-8-2016 : Boubakar Hann c/ Ousmane Balde et 6 autres, Ohadata J-17-86). Tel est le cas, lorsque statuant sur une requête civile, l'arrêt attaqué a confirmé le jugement qui avait déjà été infirmé par la CCJA et était de ce fait privé de fondement juridique par l'effet de l'autorité de la chose jugée reconnue aux arrêts de la CCJA sur le territoire de chacun des États Parties de l'OHADA en vertu de l'article 20 du Traité OHADA relatif à l'harmonisation du droit des affaires en Afrique (CCJA, 1e ch., n° 221, 14-12-2017 : Ciments de Guinée SA c/ Mohamed Lamine Souare) ;

– il en est de même en cas d'annulation d'une ordonnance pour violation des règles de compétence édictées par les dispositions de l'article 49 de l'AUPSRVE (CCJA, ass. plén., n° 109, 4-11-2014 : CHANAS Assurances SA c/ A.G.F. Cameroun SA devenue Allianz Assurances S.A, Atex Comodities, Ohadata J-15-200 ; CCJA, 3e ch., n° 027, 9-4-2015 : TAHA OMAR, KABALAN Albert, STDC c/ Sté SHELL Côte d'Ivoire, Ohadata J-16-27), ou

– lorsque la CCJA n'a pas été saisie du fond de l'affaire (CCJA, 3e ch., n° 031, 9-4-2015 : M. KOUADIO KONAN c/ M. KACOU APPIA Justin, AIMAN Christiane Laure épouse KACOU, APPIA Justin, Ohadata J-16-31 ; CCJA, 3e ch., n° 216, 23-11-2017 : Sté UBA BÉNIN c/ Edmonde Doris Alapini) ;

– lorsque la cassation remet les choses en l'état (CCJA, 3e ch., n° 051, 1-3-2018 : Sté Maison de production SUK'ARTS c/ Orange Guinée S.A.) ;

– lorsque l'évocation est sans objet ; tel est le cas lorsque l'ordonnance en cause a été annulée (CCJA, 1e ch., n° 224, 14-12-2017 : SABC SA c/ Tchounkeu Collince).

D. Demande précoce

La demande d'évocation tendant à statuer à nouveau est précoce et doit être déclarée irrecevable en l'état (CCJA, ass. plén., n° 050, 23-4-2014 : ADAMAH-FOLLY Foligan Bruno c/ SODJI Ahlin, Ohadata J-15-141).

Sur la demande d'évocation après annulation de l'arrêt d'une juridiction nationale de cassation sur le fondement de l'article 18 du Traité relative à l'OHADA, il y a lieu de renvoyer les parties à se conformer à l'article 52.4 du Règlement de procédure de la CCJA (CCJA, 3e ch., n° 164, 13-7-2017 : BICEC SA c/ Ngou Jean).

Obs. : l'évocation faisant suite à l'annulation de l'article 18 du Traité OHADA ne peut avoir lieu séance tenante, l'article 52 du Règlement de procédure prescrivant une nouvelle saisine de la CCJA dans les deux mois de l'annulation pour statuer au fond. Même si la CCJA ne l'a pas dit, c'est la raison pour laquelle il n'y avait rien à évoquer.

VII. Incidence d'une procédure pénale

A. Sursis à statuer non systématique

Il n'y a lieu à application du principe « le criminel tient le civil en l'état » que si les deux actions sont concomitantes et relèvent d'un même fait générateur. En présence d'une action publique basée sur une plainte avec constitution de partie civile et d'une action civile, qui est la mainlevée, résultant d'une saisie pratiquée, les deux conditions ne sont pas réunies et le moyen visant la violation du principe précité doit être rejeté (CCJA, 2e ch. n° 133, 12-11-2015 : Sté Chanas Assurances c/ Ekobo Din Marianne, Penka Félix, Tiotsop Maurice, Nseke Oh Jean, Talachele Mekontso Oscar Blaise, Mabo, Dieudonné, Ekwalla Alice épouse Edimo, Nji Henry Ndeh, Ngashu et Sonkouat Charlotte, Ohadata J-16-126).

Il n'y a pas lieu de surseoir à statuer, dès lors que la procédure ayant donné lieu au jugement confirmé par l'arrêt faisant l'objet du pourvoi est relative à une demande de validation d'une inscription hypothécaire provisoire ordonnée par la juridiction présidentielle, procédure distincte de toute autre procédure intentée devant les juridictions répressives nationales. La cour d'appel qui, pour refuser la validation d'une inscription hypothécaire provisoire, a énoncé que « l'hypothèque est une sûreté réservée au créancier », « qu'il ne figure au dossier aucune convention de prêt indiquant la hauteur des engagements pris de part et d'autre » et « qu'au stade actuel, la certitude et l'exigibilité de la créance de la [demanderesse] ne sont pas prouvées », alors que, suivant l'article 68 de l'AUHCE, « la comptabilité régulièrement tenue peut être admise en justice pour servir de preuve entre les entreprises pour faits de commerce ou autres… », a violé les dispositions de l'article susvisé et exposé sa décision à la cassation. Sur l'évocation, l'inscription hypothécaire définitive prévue aux articles 136 [devenu 213] et suivants de l'AUS suppose que le demandeur établisse sa qualité de créancier certain à l'égard du débiteur. Pour les mêmes motifs que ceux développés lors de l'examen du moyen de cassation, tiré de la méconnaissance de l'article 68 de l'AUHCE, il y a lieu d'infirmer le jugement rendu en toutes ses dispositions et, statuant à nouveau, de constater que, des extraits de la comptabilité de la demanderesse, la défenderesse reste lui devoir la somme de 5 654 216 799 FCFA et de dire qu'il y a lieu à la validation de l'inscription provisoire d'hypothèque ordonnée par le président du tribunal (CCJA, ass. plén., n° 038, 27-4-2015 : Banque de l'Habitat du Mali (BHM SA) c/ Sté West African Investment (WAIC SA), Ohadata J-16-38).

B. Procédure pénale sans intérêt pour la solution

C'est à tort qu'il est reproché à un arrêt d'avoir statué sur des documents argués de faux, sans autoriser la preuve du faux, alors même qu'une procédure était en cours devant le doyen des juges d'instruction, dès lors que le défaut d'intérêt de la procédure pénale pour la solution a été suffisamment démontré (CCJA, 2e ch., no 173, 17-12-2015 : Église De Jésus Christ Des Saints Des Derniers Jours c/ Sté LAGICOM-CI, SARL, Ohadata J-16-166).

Art. 15 **Les pourvois en cassation prévus à l'article 4 sont portés devant la Cour commune de justice et d'arbitrage, soit directement par l'une des parties à l'instance, soit sur renvoi d'une juridiction nationale statuant en cassation saisie d'une affaire soulevant des questions relatives à l'application des actes uniformes.**

I. Saisine directe de la CCJA

A. Irrecevabilité de la saisine directe de la CCJA par le demandeur à la suite d'un arrêt d'incompétence de la juridiction nationale initialement saisie

Il ressort de la combinaison des articles 15 du Traité OHADA et 51 du Règlement de procédure de la CCJA que la saisine de celle-ci sur renvoi d'une juridiction nationale de cassation s'opère exclusivement par la transmission par celle-ci du recours porté devant elle, et qu'elle transmet « l'ensemble du dossier de l'affaire ». Ainsi saisie, la CCJA applique alors les articles 23 à 50 de son propre règlement et procède à une nouvelle instruction de l'affaire, « sous réserve des adaptations imposées par le mode de saisine ». Il s'ensuit, en l'espèce, que le pourvoi formé directement par un requérant, à la suite de l'arrêt par lequel la juridiction suprême nationale initialement saisie par le même requérant du même pourvoi, a été renvoyé devant la CCJA, plus de trois ans après la signification de l'arrêt attaqué, est irrecevable pour forclusion (CCJA, 1e ch., no 022/2021, 18-2-2021 : Port Autonome de Pointe Noire c/ Josco Sarl).

Il résulte de l'article 15 du Traité OHADA et de l'article 51 du Règlement de procédure de la CCJA que le renvoi devant la CCJA, par une juridiction nationale statuant en cassation, d'une affaire soulevant des questions relatives à l'application des Actes uniformes s'opère par une décision de la CCJA. Lorsqu'il résulte de l'arrêt de la juridiction nationale de cassation que celle-ci a statué sur le premier moyen du pourvoi qu'elle a rejeté, et s'est ensuite déclarée incompétente et a renvoyé les demandeurs à mieux se pourvoir et qu'il ne résulte pas du dispositif dudit arrêt, le renvoi de l'affaire devant la CCJA par la juridiction nationale de cassation, la simple lettre de transmission du dossier de l'affaire devant la CCJA par le greffier en chef de ladite juridiction nationale de cassation ne peut se substituer à la décision de renvoi de celle-ci ; il échet donc de déclarer irrecevable le pourvoi formé par les demandeurs (CCJA, 3e ch., no 201/2020, 28-5-2020 : Établissements Boukanga et frères c/ Commercial Bank Centrafrique).

B. Irrecevabilité de la saisine directe par une personne n'ayant pas été partie à la procédure ayant abouti à l'arrêt attaqué

Est irrecevable, le recours introduit, d'une part, directement devant la CCJA par Maîtres [X.], [Y.] et [Z.], avocats à la Cour, ès qualités de conseils de la Fondation [A.], agissant en qualité de dépositaire au nom et pour le compte de [B.], société en commandite de droit néerlandais, représentée par messieurs [D.] et [E.], et qui, en raison de son statut de fondation, est une personne morale à but non lucratif, donc juridiquement différente de la société commerciale [C.], partie à l'arrêt déféré. D'autre part, ledit pourvoi n'ayant pas été introduit au nom de cette société commerciale, il n'a été produit aucun mandat spécial par elle délivré aux fins de pourvoi en cassation de l'arrêt attaqué, ni à la fondation ni aux avocats susnommés, pour agir tant en son nom et pour son compte qu'au nom et pour le compte de [B] ; il s'en infère que ce recours, ayant ainsi été formé au nom d'une personne non partie audit arrêt, irrégularité non régularisable, et qui ne justifie d'aucun mandat spécial reçu à l'effet d'y procéder, encourt l'irrecevabilité (CCJA, 1e ch., no 194/2024, 27-6-2024).

C. Recevabilité de la saisine directe par une personne ayant été partie à la procédure ayant abouti à l'arrêt attaqué mais n'ayant fait valoir aucun moyen de défense devant les juridictions du fond

Il s'infère de l'article 15 du Traité OHADA que le droit de se pourvoir en cassation devant la CCJA est limité aux parties à l'instance ayant donné lieu à la décision attaquée, et à la juridiction nationale statuant en cassation dans les conditions susdécrites. La demanderesse, qui est partie à l'instance, en l'espèce, comme il résulte des pièces de la procédure, est parfaitement recevable à former un recours en cassation contre l'arrêt attaqué devant la CCJA et l'irrecevabilité de son pourvoi soulevée, au motif que, bien qu'étant partie à l'instance, cette dernière n'a fait valoir aucun moyen de défense tant devant le tribunal que devant la cour d'appel et que de ce fait, elle n'aurait aucun intérêt à former un recours en cassation contre une demande de résolution de convention d'hypothèque alors qu'elle n'est qu'une simple cautionnée doit être rejetée (CCJA, 1e ch., nº 090/2022, 9-6-2022).

....

II. Renvoi par la juridiction suprême nationale

A. Modalités procédurales du renvoi

1º Irrecevabilité du pourvoi envoyé à la CCJA par le greffe d'une cour d'appel

Est irrecevable le pourvoi qui n'est ni porté directement par l'une des parties à l'instance, ni sur renvoi d'une juridiction nationale statuant en cassation comme le prévoit l'article 15 du Traité OHADA. Il en est ainsi du pourvoi envoyé à la CCJA par le greffe d'une cour d'appel (CCJA, 1e ch., nº 115, 9-6-2016 : Mohamed Fadel Dicko c/ Sté Malienne de l'Immobilier et de Gestion Hôtelière (SMIGH-SA), Ohadata J-17-54).

2º Irrecevabilité de l'exception soulevée devant la juridiction nationale de cassation et fondée sur le droit interne

Le moyen d'irrecevabilité d'un pourvoi formé devant une juridiction nationale de cassation et fondé sur un texte de droit interne ne peut prospérer devant la CCJA lorsque cette dernière est saisie par un renvoi de la juridiction nationale en vertu de l'article 15 du Traité relatif à l'OHADA (CCJA, 1e ch., nº 065, 15-3-2018 : Sté Dakar Résidences c/ Caisse de Sécurité Sociale).

3º Application exclusive du Règlement de procédure de la CCJA devant cette dernière

Saisie sur renvoi d'une juridiction nationale de cassation conformément à l'article 15 du Traité OHADA relatif à l'harmonisation du droit des affaires en Afrique, la CCJA applique les règles prévues par son Règlement de procédure, à l'exclusion de celles applicables devant la juridiction suprême étatique (CCJA, 1e ch., nº 221, 14-12-2017 : Ciments de Guinée SA c/ Mohamed Lamine Souare).

B. Illustration des renvois d'affaires à la CCJA par les juridictions nationales suprêmes ou de cassation

Obs. : la liste ci-après n'est pas exhaustive.

1º Burkina Faso

– (CCJA, 3e ch., nº 100/2018, 26-4-2018 : Sté E.R.O.H. c/ B.I.B.) ;

– (CCJA, 2e ch., nº 091/2021, 27-5-2021 : Kone Karim c/ Compaore Ali et un autre) ;

– (CCJA, 1e ch., nº 102/2021, 27-5-2021 : Scic SA c/ La société Vivo Energy Burkina).

2º Cameroun

La Cour suprême du Cameroun, saisie d'un pourvoi relatif à l'application de l'AUPSRVE, doit se déclarer incompétente ratione materiae et renvoyer l'affaire à la CCJA (C. sup. Cameroun, nº 332/CC, 24-4-2008 : Compagnie d'Assurances les provinces réunies and NZOFOU Samuel, Ohadata J-10-254).

Obs. : il s'agit, à notre connaissance, de la première décision en langue anglaise rendue publique. Une demande de paiement a été introduite selon une disposition nationale (Law nº 89/021 of 29 December, 1989). Une ordonnance d'injonction de payer fut rendue. Le débiteur ne fit pas opposition. Le créancier demanda et obtint l'apposition de la formule exécutoire sur l'ordonnance et environ deux mois après que l'ordonnance eut été rendue, le débiteur fit appel. Au lieu de rejeter le recours, la cour d'appel infirma la décision et condamna le créancier aux dépens. C'est alors que la Cour suprême saisie du pourvoi se dessaisit au profit de la CCJA. Cette décision est riche d'enseignements.

1)- Rendue en langue anglaise et en 2008, soit après l'entrée en vigueur du Traité OHADA amendé, elle illustre que l'OHADA est en marche aussi dans ses nouvelles langues officielles (anglais, espagnol et portugais).

2)- Cette décision procède d'une parfaite interprétation de l'AUPSRVE et du Traité OHADA par les juges anglophones du Cameroun. Elle démontre par la même occasion que les juridictions de pays de common law assimilent parfaitement les dispositions de droit civil, même d'inspiration française, et justifie l'entreprise du « Code annoté IDEF de l'OHADA » qui tend à établir la proximité des solutions des pays de common law et de celles de civil law, le droit écrit prédominant désormais partout.

Elles peuvent faire une exacte interprétation des textes OHADA si elles disposent d'une version traduite, ce qui souligne plus que jamais la nécessité de réaliser des traductions des textes officiels de l'OHADA dans les trois autres langues officielles de l'OHADA à savoir l'anglais, l'espagnol et le portugais.

3)- Les juges du Cameroun anglophone reconnaissent implicitement l'autorité de la CCJA.

4)- Enfin, il est souhaitable de pouvoir disposer d'un résumé succinct des principales décisions de la CCJA dans les trois autres langues officielles, ce qui ne ferait que faciliter la tâche des juridictions travaillant dans ces langues.

Dans le même sens (décisions rendues en langue française) :

• C. sup. Cameroun, n° 30/cc, 24-4-2008 : T. L. c/ C.C.A.R., Ohadata J-10-253 ;

• C. sup. Cameroun, n° 134/civ., 21-8-2008 : T. J. D. c/ T. P., Ohadata J-10-252 ;

• C. Sup. Cameroun, ch. jud., sect. com., n° 01/Com., 22-7-2010 : MAGMAT c/ S.C.T., Ohadata J-12-61, litiges relatifs à l'AUSCGIE et l'AUPSRVE ;

• C. Sup. Cameroun, ch. jud. sect. civ., n° 117/civ., 28-4-2011 : Standard Chartered Bank c/ K. N. L., Ohadata J-12-62 ; C. Sup. Cameroun, ch. jud., n° 21/CIV., 15-7-2010 : M. Z. F. c/ O. K. et Sté OMAIS SELECTA SARL, Ohadata J-12-242 ;

• en présence d'un mémoire ampliatif invoquant la violation des dispositions de l'AUA, l'arrêt attaqué ayant statué sur la violation alléguée du Traité OHADA (C. Sup. Cameroun, ch. jud., sect. com., n° 02/Com., 22-7-2010 : SODECAO SA c/ Sté SHELL Cameroun S.A., Ohadata J-12-60 ; CCJA, 3e ch., n° 045/2022, 24-2-2022 : Fowang Alexis c/ Takam Pascal.

• CCJA, 3e ch., n° 046/2022, 24-2-2022 : Ayants droit de feu Zuko Michel c/ NFC Bank SA.

3° Congo (Brazzaville)

Toutes les procédures à l'origine de l'arrêt attaqué étant fondées sur l'application d'Actes uniformes de l'OHADA, la Cour suprême du Congo est incompétente pour se prononcer sur le pourvoi formé, lequel peut cependant relever de la compétence de la CCJA à laquelle il convient de renvoyer la cause et les parties et ce, aux frais du demandeur au pourvoi (C. sup. Congo, ch. com., n° 03/GCS.08, 21-3-2008 : G.C.A. SARL c/ E.-P. née P. H., Ohadata J-13-85, rendu sur le visa de l'art. 14 du Traité) ; (C. Sup. Congo, ch. com., n° 07/GCS.07, 22-11-2007 : S.A.C. SARL c/ S.D.V Congo SA, Ohadata J-13-122). Le moyen qui invoque tantôt la violation d'une disposition d'un Acte uniforme et tantôt la violation de dispositions nationales (Code de procédure civile, commerciale, administrative et financière en l'espèce) échappe à la connaissance de la Cour suprême dès lors que l'arrêt d'appel attaqué a fait lui-même application de dispositions d'Actes uniformes dont le contrôle de la bonne application est de la compétence de la CCJA. Ainsi, la Cour suprême du Congo est incompétente à connaître du pourvoi qui sera dès lors renvoyé devant la CCJA aux frais du demandeur au pourvoi (C. Sup. Congo, ch. com., n° 01/GCS.06, 23-2-2006 : Sté ERNEST et YOUNG c/ Syndic de liquidation de la C.S.A.R., Ohadata J-13-121). Dans le même arrêt, retenant que **la Cour suprême doit se déclarer radicalement incompétente** et renvoyer la cause et les parties devant la CCJA (C. Sup. Congo, ch. com., n° 06/GCS.02, 17-5-2002 : Boulangerie Joseph, Ohadata J-13-119).

Obs. : voir sous l'article 16.

Sur une décision ayant constaté l'incompétence de la Cour suprême du Congo pour un litige opposant deux société commerciales et renvoyé les parties à mieux se pourvoir, voir (C. Sup. Congo, ch. com., n° 07/GCS 2004, 25-5-2004 : Ets. DORINA c/ S.T.C.P.A-Bois, Ohadata J-13-120).

– CCJA, 1e ch., n° 085/2017, 27-4-2017 : BICEC c/ MATIP Christophe ;

– CCJA, 3e ch., n° 037, 31-1-2019 : Souley Adamou Galadima, Dame Ouattara Saratou Traoré c/ Chaibou Seydou MAÏGA ;

– CCJA, 1e ch., n° 002, 24-1-2019 : SGBC c/ TRANSINOR SARL.

4° Congo

– CCJA, 1e ch., n° 038, 29-2-2016 : BGFI BANK c/ SANDE SANY IKAMA, Sté SHO CONGO TRACTAFRIC, Ohadata J-16-240 ;

– CCJA, 2e ch., n° 093/2017, 27-4-2017 : ENI-Congo SA c/ Établissements MIC-Vidéo ;

– CCJA, 1e ch., n° 059, 14-3-2019 : Sté TRACTAFRIC MOTORS CONGO c/ SANDE SANY IKAMA ; et BGFI BANK CONGO c/ SANDE SAMY IKAMA.

– CCJA, 1e ch., n° 022/2021, 18-2-2021 : Port Autonome de Pointe Noire c/ Josco SARL.

– CCJA, 3e ch., n° 178/2021, 28-10-2021 : Grand Garage de Kouilou SARL c/ Maersk-Congo SA.

5° Côte d'Ivoire

Saisie d'une contestation relative à l'application d'un Acte uniforme (AUPCAP en l'espèce), la Cour suprême de Côte d'ivoire doit se dessaisir immédiatement et transmettre l'ensemble du dossier ainsi qu'une copie du présent arrêt de renvoi à la CCJA, en application de l'article 51 du Règlement de procédure de la CCJA (C. Sup. Côte d'Ivoire, ch. jud. civ., n° 052, 4-2-2010 : S.T.I.F. c/ M.-N, Juris-Ohada, n° 1/2011, janv.-mars 2011, p. 29, Ohadata J-12-77, J-12-97).

Dans le même sens et renvoyant la cause et les parties devant la CCJA :

• C. Sup. Côte d'Ivoire, ch. jud., n° 396/09, 4-6-2009 : BICICI c/ SICUS, Actualités Juridiques, n° 68-69, 2010, p. 59, Ohadata J-12-79 ;

• C. Sup. Côte d'Ivoire, ch. jud. civ., n° 284, 8-4-2010 : C. c/ V., Juris-Ohada n° 1/2011, janv.-mars 2011, p. 27, Ohadata J-12-90 ;

• C. Sup. Côte d'Ivoire, ch. jud., civ. et com., n° 262, 1-4-2010 : K. c/ SGBCI SA, Juris-Ohada n° 2/2011, avr.-juin 2011, p. 21, Ohadata J-12-141 ;

• C. sup. Côte d'Ivoire, ch. jud., formation civ. et com., n° 585, 7-10-2010 : M, S, L c/ B. A. C. I., Juris Ohada, 2012, n° 3, juill.-sept., p. 29, Ohadata J-13-48 ;

• CCJA, 3e ch., n° 092/2015, 23-7-2015 : Sté ZAMACOM SA c/ BROU ASSAOURE, Ohadata J-16-91 ;

CCJA, 3e ch., no 095, 23-7-2015 : KONE Lassina c/ AMON KOUASSI Richard, Ohadata J-16-94).
• CCJA, 2e ch., no 019, 18-2-2016 : BOA – CI c/ Sté BORRO & Frères, Ohadata J-16-221 ;
• CCJA, 3e ch., no 119, 11-5-2017 : Rougier Pharma Afrique SA c/ BOAD ;
• CCJA, 1e ch., no 088, 26-4-2018 : S.I.C.O.G.I. c/ Sté I.C.G.-CI.
• CCJA, 2e ch., no 006/2022, 20-1-2022 : Augustin Germain Zevounou c/ Colette Koffi Amlan Epse Kouassi.
• CCJA, 3e ch., no 052/2022, 24-2-2022 : Traore Demba c/ Biao CI.

6o Gabon

– CCJA, 2e ch., no 202, 29-12-2016 : DIA Tely c/ WALLERANG Azizet Jocelyne ;
– CCJA, 1e ch., no 223, 14-12-2017 : SCGC c/ Sté Ferronnerie d'AKOUAKAM ;
– CCJA, 3e ch., no 144, 7-6-2018 : PERENCO Gabon S.A. c/ Sté SEBTA Services et Communications.
– CCJA, 3e ch., no 144/2018, 7-6-2018 : Sté Perenco Gabon S.A. c/ Sté Sebta Services et Communications.
– CCJA, 3e ch., 206/2018, 22-11-2018 : Sté Dieselec c/ Olivier Bazin, Sté Petroleum Logistic Material (PLM).

7o Guinée

– CCJA, 2e ch., no 144, 11-8-2016 : Mamadou Alpha BAH c/ Mamadou Lamine DIALLO ;
– CCJA, 1e ch., no 221, 14-12-2017 : Sté Ciments de Guinée SA c/ Mohamed Lamine SOUARE ;
– CCJA, 3e ch., no 153/2018, 18-10-2018 : SGBG c/ Sté HANN & Compagnie, El Hadj Boubacar HANN.
– CCJA, 1e ch., no 317/2020, 22-10-2020 : Établissements Mamadou Bobo Barry c/ FBN Bank-GUINÉE SA.
– CCJA, 2e ch., no 082/2021, 29-4-2021 : Ahmed Fernand Bangoura c/ SGBG SA.

8o Guinée Bissau

Sur le renvoi, par la Cour suprême de Guinée Bissau, d'une affaire devant la CCJA, voir : CCJA, no 035, 3-6-2010 : C. D. G. c/ BAO SA, Actualités Juridiques, Ed. économique no 1/2011, p. 22, Ohadata J-13-195.

9o Mali

– CCJA, 3e ch., no 163, 1-12-2016 : Fousseyni NIARE c/ TOTAL MALI ;
– CCJA, 2e ch., no 148, 29-6-2017 : ISA TULU SARL, Issiaka Adama FOMBA c/ Cheick Oumar KANTE, CAMEC ;
– CCJA, 3e ch., no 143, 7-6-2018 : Mamadou Kani KONATE c/ Mouhamadou GUEYE ;
– CCJA, 1e ch., no 064, 14-3-2019 : Tombou TRAORE c/ Ladji DRAME.
– CCJA, 1e ch., no 272/2020, 30-7-2020 : N'Sukala SA c/ Baraka Petroleum SARL.
– CCJA, 3e ch., no 308/2020, 22-10-2020 : Abdoulaye Halidou c/ BCS-SA.

10o Niger

La Cour suprême nationale saisie d'un pourvoi relatif à l'application d'un Acte uniforme doit se déclarer incompétente et renvoyer la cause à la CCJA (C. Sup. Niger, no 04-30/C, 29-1-2004 : BINCI c/ A. B. B., Ohadata J-10-276). Il en est de même lorsque le pourvoi soulève trois moyens de cassation dont deux sont relatifs à la violation des dispositions d'un Acte uniforme (C. Sup. Niger, no 05-181/C, 28-7-2005 : Sté d'Aménagement et de Promotion Immobilière c/ Me M. A. D., Huissier de Justice, Ohadata J-10-274).
– CCJA, 3e ch., no 152, 7-6-2018 : Thiombiano Ousseini c/ Délégation de l'Union européenne au Niger, État du NIGER ;
– CCJA, 3e ch., no 214, 22-11-2018 : Necotrans Getma Niger c/ SAPEX ENERGIE SA ;
– CCJA, 1e ch., no 055, 14-3-2019 : Abdou ARDALI c/ BOA-Niger.
– CCJA, 2e ch., no 155/2021, 28-10-2021 : Bsic Niger SA c/ État du Niger et Assoumane Mamane.
– CCJA, 3e ch., no 019/2022, 27-1-2022 : SCPA Yankori & Associés c/ Libyan Foreign Bank.

11o Sénégal

– Cass. Sénégal, 2e ch. civ. et com., no 37, 18-4-2007 : L. D. D. c/ Sté de Promotion et de Financement « Le Crédit Sénégalais », Revue Sénégalaise de Droit des Affaires, Ed. 2011, p. 90, Ohadata J-12-107 ;
– CCJA, 1e ch., no 113, 9-6-2016 : Sté Nationale La Poste c/ Elimane LEYE et Autres ;
– CCJA, 2e ch., no 040, 23-3-2017 : MASSUR c/ NSIA ;
– CCJA, 2e ch., no 007, 11-1-2018 : Khadim NIANG c/ DEMBA DIOP.
– CCJA, 2e ch., no 222/2021, 23-12-2021 : Jamal Omais c/ Les héritières de feue Ndeye Katy Diop.
– CCJA, 3e ch., no 049/2022, 24-2-2022 : Khady Gueye c/ Bruno Nouatin.

12o Togo

– CCJA, 2e ch., no 085/2021, 27-5-2021 : Katakiti Afoh c/ Association Togolaise pour le Bien-Être Familial et un autre.
– CCJA, 1e ch., no 099/2021, 27-5-2021 : Maître Amegbo Ablamvi c/ Sieur Bechada Jamito.

III. Impossibilité pour les juridictions suprêmes nationales d'ordonner des sursis

Il ressort de l'article 15 du Traité OHADA que les Cours de cassation des États parties à l'OHADA ne peuvent à la limite que servir de courroie de transmission des dossiers de pourvoi à la CCJA. Elles ne sont compétentes ni pour statuer sur les mérites de ces pourvois ni pour accorder des sursis à l'exécution des décisions frappées de pourvoi. C'est donc en violation des dispositions de l'article 15 précité qu'un sursis a été sollicité et obtenu du Président de la Cour suprême contre l'ordonnance rendue par le président d'une cour d'appel dans une matière relevant du droit OHADA (CA Lomé (Togo), n° 39/09, 10-3-2009 : Sté TOGO et SHELL c/ A. K., A. F. K. K., A. Y., Ohadata J-10-227).

Obs. : exception faite des litiges régis par l'article 32 de l'AUPSRVE du 10 avril 1998, la jurisprudence ci-dessus est désormais caduque depuis l'entrée en vigueur de l'article 32 issu de la réforme de l'AUPSRVE du 17 octobre 2023, qui admet désormais la possibilité, pour les juridictions compétentes, de prononcer des défenses à exécution ou le sursis à l'exécution.

IV. Recevabilité d'un dossier transmis par une juridiction suprême nationale

Il ne peut être reproché à un pourvoi d'avoir été adressé en dehors du délai de deux mois imparti par l'article 28 du Règlement de procédure de la CCJA, dès lors que c'est en application de l'article 15 du Traité OHADA que la juridiction suprême nationale saisie du pourvoi a transmis le dossier objet du pourvoi à la CCJA ; la fin de non-recevoir soulevée par la défenderesse au pourvoi n'est pas fondée et doit être rejetée (CCJA, 2e ch., n° 35, 3-6-2010 : G c/ B.A.O. SA, Juris-Ohada, n° 4/2010, oct.-déc. 2010, p. 9, Ohadata J-11-79, J-13-195).

Voir sous l'article 28 du Règlement de procédure de la CCJA.

De même :

– le renvoi d'un pourvoi par une juridiction nationale de cassation à la CCJA dispense des formalités prévues par une disposition nationale relative aux pourvois en cassation (CCJA, 2e ch., n° 013, 27-2-2014 : Société Mediterranean Shipping Compagne Senegal dite MSC Sénégal c/ Société Socomaf SA, Ohadata J-15-104), la question de la recevabilité du recours formé devant la CCJA n'ayant plus à être débattue dans ce cas (CCJA, 3e ch., n° 193, 23-12-2015 : Sté Générale de Banques de la Côte d'Ivoire SGBCI c/ Maître Gniple SERY, Ohadata J-16-186) ;

– l'arrêt d'incompétence de la juridiction suprême nationale saisie amène la reprise de la procédure devant la CCJA, devant laquelle seul le Règlement de procédure est applicable. Il s'ensuit que les mémoires antérieurs sont recevables (CCJA, 2e ch., n° 015, 27-2-2014 : Ousmane KHOUMA c/ Société Nationale « LA POSTE », Ohadata J-15-106).

V. Renvoi de l'affaire devant la juridiction nationale de cassation en cas d'incompétence de la CCJA

Lorsque, la CCJA, saisie sur renvoi en application de l'article 15 du Traité OHADA, se déclare incompétente, il y a lieu de renvoyer l'affaire devant la juridiction suprême nationale (CCJA, 2e ch., n° 034/2005, 26-5-2005 : Banque Africaine de Développement dite BAD c/ Société Ivoir Café).

Obs. : cet arrêt est d'une importance capitale et doit être salué dans la mesure où il indique la ligne de conduite à adopter lorsque la CCJA, saisie sur renvoi d'une juridiction nationale de cassation, en vient à se déclarer incompétente. Afin d'éviter un déni de justice pour les justiciables, qui auront déjà perdu du temps pour les deux procédures en cassation, il est primordial et vivement souhaitable que la CCJA renvoie systématiquement devant la juridiction nationale de cassation, qui l'aura initialement renvoyé devant elle, toute affaire pour laquelle la CCJA aura décliné sa compétence. Cette solution est compatible avec l'esprit de l'article 16 du Traité qui suspend toute procédure devant une juridiction nationale de cassation en cas de saisie simultanée de la CCJA. Aucune disposition du Traité OHADA n'interdit d'appliquer la même solution en renvoyant une affaire pour laquelle la CCJA aura décliné sa compétence devant la juridiction nationale qui la lui aura envoyée en assimilant cela, pour une bonne administration de la justice, à une « suspension » au sens de l'article 16 du Traité. Autrement, les parties se retrouveraient dans un vide juridique désastreux, éloignant la Haute Juridiction de la sécurité juridique et judiciaire qu'elle est censée contribuer à maintenir dans l'espace OHADA. Aussi, toute partie diligente se trouvant dans une telle situation devrait à titre subsidiaire, solliciter le retour de la procédure par le CCJA devant la juridiction nationale de cassation, dans l'hypothèse où la CCJA en viendrait à se déclarer, elle aussi, incompétente.

Art. 16 La saisine de la Cour commune de justice et d'arbitrage suspend toute procédure de cassation engagée devant une juridiction nationale contre la décision attaquée. Toutefois, cette règle n'affecte pas les procédures d'exécution.

Une telle procédure ne peut reprendre qu'après arrêt de la Cour commune de justice et d'arbitrage se déclarant incompétente pour connaître de l'affaire.

I. Suspension des procédures nationales

Il ressort de l'article 16 du Traité OHADA que la saisine de la CCJA suspend toute procédure de cassation engagée devant une juridiction nationale contre la décision attaquée, et que ladite juridiction nationale ne peut reprendre l'examen de la procédure que lorsque la CCJA se sera déclarée incompétente pour connaître de l'affaire. Lorsque les requérants au pourvoi ont d'abord introduit devant la CCJA un pourvoi en cassation le 2 juin 2006, avant de saisir la Cour suprême nationale d'un second pourvoi le 8 juin 2006, il incombait à la Cour Suprême nationale de suspendre l'examen du pourvoi en cassation engagé devant elle jusqu'à ce que la CCJA se prononce sur le présent recours. Ne l'ayant pas fait, l'arrêt de rejet du pourvoi rendu par la Cour suprême nationale ne lie pas la CCJA et le pourvoi formé devant la CCJA est recevable dès lors que les conditions de l'article 28 du Règlement de Procédure CCJA sont remplies (CCJA, n° 039/2009, 30-6-2009 : 1°) D. B. J., 2°) S.I.N.I., 3°) CAMAC-CI c/ Banque OMNIFINANCE SA, Rec. jur. CCJA n° 13, janv.-juin 2009, p. 100, Ohadata J-10-77 ; CCJA, 1e ch., n° 008, 30-3-2015 : Afriland First Bank (ex. CCEI BANK) SA c/ 1) Compagnie Africaine pour le Commerce International du Cameroun (CACIC) SA, 2) Ayants droits de GARBA Aoudou, Ohadata J-16-08 ; CCJA, 2e ch., n° 124, 23-6-2016 : SAGA France c/ SOPAM SA, Ohadata J-17-65 ; CCJA, 2e ch., n° 124, 23-6-2016 : Sté SAGA France anciennement SAGA Trans c/ Sté SOPAM SA, Ohadata J-17-65).

Double pourvoi. Le double pourvoi n'a d'autre conséquence que la suspension de la procédure de cassation engagée devant la juridiction nationale (CCJA, 2e ch., n° 084, 22-5-2014 BACI et deux autres c/ 1) KONAN YAO Augustin, 2) ECOBANK Côte d'Ivoire, Ohadata J-15-175). Ainsi, par exemple, l'arrêt attaqué ayant été signifié le 19 décembre 2011, le pourvoi formé devant la CCJA le 17 février 2012 est régulier nonobstant la saisine aux mêmes fins dans la même affaire d'une autre juridiction nationale de cassation qui, en application de l'article 16 du Traité OHADA, doit suspendre la procédure engagée devant elle (CCJA, 3e ch., n° 093, 23-7-2015 : BNI c/ Eholie Malan, Ohadata J-16-92 ; CCJA, 2e ch., n° 124, 23-6-2016 : Sté SAGA France anciennement SAGA Trans c/ Société SOPAM SA, Ohadata J-17-65 ; CCJA, 2e ch., n° 124, 23-6-2016 : Sté SAGA France anciennement SAGA Trans c/ Sté SOPAM SA, Ohadata J-17-65 ; CCJA, 1e ch., n° 184/2023, 26-10-2023).

Dans le même sens, précisant que l'exception d'irrecevabilité d'un pourvoi devant la CCJA, soulevée au motif qu'un pourvoi est déjà pendant devant la juridiction nationale de cassation contre le même arrêt, doit être rejetée (CCJA, 2e ch., n° 199/2023, 30-11-2023).

A. Sursis ordonné par des juridictions suprêmes nationales

Congo (Brazzaville) : selon l'article 16 du Traité OHADA, en dehors des procédures d'exécution, la saisine de la CCJA suspend toute procédure de cassation engagée devant une juridiction nationale contre la décision attaquée, une telle procédure ne pouvant reprendre qu'après le prononcé de l'arrêt de la CCJA se déclarant incompétente pour connaître de l'affaire. La Cour suprême et la CCJA étant saisies chacune d'un pourvoi en cassation contre le même arrêt de la cour d'appel Pointe-Noire, il doit être sursis à l'examen du pourvoi formé devant la Cour suprême jusqu'au prononcé de l'arrêt de la CCJA (C. Sup. Congo, ch. com., n° 07/GCS.07, 22-11-2007 : S.A.C. SARL c/ S.D.V Congo SA, Ohadata J-13-122 ; voir aussi C. Sup. Congo, ch. com., n° 01/GCS.06, 23-2-2006 : Sté ERNEST et YOUNG c/ Syndic de liquidation de la C.S.A.R., Ohadata J-13-121).

Sénégal : sur un arrêt qui, après avoir déclaré l'incompétence de la juridiction suprême nationale, a renvoyé l'affaire devant la CCJA pour les questions relevant de l'OHADA et ordonné le sursis à statuer pour les moyens relevant du droit national, voir (Cass. Sénégal, 2e ch. civ. et com., n° 37, 18-4-2007 : L. D. D. c/ Sté de Promotion et de Financement « Le Crédit Sénégalais », Revue Sénégalaise de Droit des Affaires, Ed. 2011, p. 90, Ohadata J-12-107).

B. Litispendance : rejet de l'exception d'incompétence de la CCJA

La saisine de la CCJA entraînant la suspension de toute procédure de cassation devant une juridiction nationale, conformément à l'article 16 du Traité institutif de l'OHADA, il y a lieu de rejeter l'exception d'incompétence de la CCJA soulevée par la défenderesse au pourvoi au motif que cette dernière aurait déjà saisi la Cour de cassation nationale parce que le recours contient des règles de droit interne. Il en est ainsi dès lors que le contentieux concerne la nullité d'une convention réglementée et prévue par l'AUSCGIE (CCJA, 2e ch., n° 004, 30-1-2014 : ECOBANK CENTRAFRIQUE SA c/ Sté SOCA-CONSTRUCTA SARL, Ohadata J-15-95).

L'exception de litispendance soulevée en raison de la saisine simultanée d'une juridiction nationale suprême et de la CCJA d'un même pourvoi doit être rejetée en application de l'article 16 du Traité OHADA (CCJA, ass. plén., n° 137, 11-11-2014 : NILEDUTCH S.A c/ SATRAM S.A., Ohadata J-15-227).

Dans le même sens :

– et rejetant l'exception de litispendance et de connexité soulevée au motif que les arrêts attaqués ont également fait l'objet d'un pourvoi en cassation devant la juridiction nationale suprême et dont l'instruction se trouve suffisamment avancée, doit être rejetée dès lors qu'en vertu de l'article 16 du traité relatif à l'harmonisation du droit des affaires en Afrique, la saisine de la CCJA suspend toute procédure de cassation engagée devant une juridiction nationale contre la décision attaquée (CCJA, 1e ch., no 033, 29-2-2016 : Sté AES SONEL S.A c/ Monsieur NIAT NJIFENJI Marcel, Ohadata J-16-235) ;

– et précisant qu'il appartient plutôt à la juridiction nationale suprême (ou de cassation) saisie d'une affaire soulevant des questions relatives à l'applications des Actes uniformes ou des règlements pris en application dudit Traité de surseoir à statuer dès lors que la CCJA est saisie, pour rejeter l'exception d'incompétence de la CCJA soulevée au motif qu'au regard des dispositions de l'article 18 du Traité relatif à l'OHADA, l'incompétence de la cour de céans est manifeste lorsque celle-ci est saisie postérieurement à une juridiction nationale statuant en cassation dès lors que ladite juridiction nationale ne s'est pas encore prononcée, ni rendu de décision définitive (CCJA, 1e ch., no 165, 27-7-2017 : BACI c/ Maître Diarrassouba Mamadou Lamine) ;

– et précisant que c'est plutôt la juridiction nationale de cassation qui est **tenue,** le cas échéant, de suspendre l'examen du recours dont elle serait parallèlement saisie, le motif selon lequel un pourvoi a été formé contre le même arrêt devant une juridiction suprême nationale et qu'il y aurait litispendance et connexité au sens des articles 228 et 229 du Code de procédure civile, économique et administrative de Guinée, entraînant par voie de conséquence le dessaisissement de la CCJA devant être rejeté (CCJA, 1e ch., no 229, 29-11-2018 : Total Guinée SA c/ Compagnie Pétrolière de Guinée, État de Guinée) ;

– et précisant que la saisine de la cour suprême d'un État partie à l'OHADA ne peut ni suspendre, ni rendre la procédure en cassation devant la CCJA sans objet ; l'exception de litispendance invoquée en l'espèce au motif que le pourvoi en cassation et la requête en suspension de l'exécution de l'arrêt entrepris, présentés devant la cour Suprême du Cameroun, sont encore pendants devant cette juridiction, pour demander que le sursis à statuer soit ordonné par la CCJA étant mal fondée (CCJA, 3e ch., no 036, 9-3-2017 : Kamo Gamo Ruben c/ BICEC, Ohadata J-17-170).

C'est à tort que l'irrecevabilité d'un recours en annulation est soulevée au motif qu'en dehors de la compétence reconnue à la CCJA par les dispositions de l'article 14 du Traité de l'OHADA, la CCJA ne doit connaître d'un recours contre une décision d'une Cour de cassation nationale que s'il est prouvé que devant cette juridiction, le demandeur au pourvoi a soulevé l'exception de compétence de ladite juridiction nationale ; qu'en l'absence de cette preuve, le présent recours en annulation de l'arrêt déféré doit être déclaré irrecevable, dès lors que l'article 16 du Traité de l'OHADA consacre la compétence des juridictions nationales de cassation en matière de sursis à exécution de sorte que, dans ce cadre, son incompétence n'a pas à être soulevée du seul fait que le litige est relatif au droit OHADA. D'autre part, il ressort de l'article 14 al. 4 du Traité OHADA précité que la CCJA se prononce sur les décisions non susceptibles d'appel rendues par toute juridiction des États parties dans toutes les affaires soulevant des questions relatives à l'application des Actes uniformes et des règlements prévus audit Traité, à l'exception des décisions appliquant des sanctions pénales. En l'espèce, le recours est recevable dès lors qu'il est établi que la Cour de cassation, saisie d'une requête de sursis à l'exécution, a rendu l'arrêt attaqué non susceptible d'appel, et ce, alors que l'exécution forcée du titre, objet de ladite demande de sursis, avait été entamée par le biais d'une saisie-attribution ainsi que cela ressort des énonciations mêmes de ladite décision (CCJA, 1e ch., no 190, 25-10-2018 : Sté SOGAD BTP c/ ORABANK GABON).

C. Effets de la suspension de la procédure devant la juridiction nationale

1o Impossibilité d'exécuter la décision rendue en violation de l'article 16

Sur l'impossibilité d'une décision rendue au mépris de l'article 16 du Traité OHADA d'être exécutée sur le territoire d'un État partie, et par voie de conséquence, d'avoir l'autorité de la chose jugée, en raison de la suspension de la procédure devant la juridiction nationale opérée par la saisine de la CCJA, voir sous l'article 20 (CCJA, ass. plén., no 067, 29-4-2015 : SGBG et deux autres c/ 1) El Hadj Boubacar Hann, 2) Sté Hann et Compagnie, Ohadata J-16-67).

2o Recevabilité du pourvoi formé dans les délais devant la CCJA malgré la saisine antérieure de la juridiction nationale de cassation

Il ressort de l'article 16 du Traité OHADA que la saisine de la CCJA après celle d'une juridiction nationale de cassation relativement à une même décision a pour effet de suspendre la procédure pendante devant cette dernière juridiction et ne saurait donc être une cause d'irrecevabilité du recours exercé devant la CCJA, dès lors que ledit recours a été déposé, comme c'est le cas en l'espèce, dans le délai de deux mois à compter de la signification ou de la notification de la décision attaquée ; il y a donc lieu de rejeter la fin de non-recevoir soulevée et de recevoir conséquemment le pourvoi (CCJA, 3e ch., no 052/2021, 8-4-2021 : Jacques Philippe Lekoba c/ STPM Congo SA).

II. Poursuite des procédures civiles d'exécution malgré la saisine de la CCJA

L'article 16 du Traité OHADA prévoit deux imputations : d'abord, celle où la saisine de la CCJA suspend celle, également faite, d'une juridiction nationale de cassation, ce qui explique que cette précédente procédure ne puisse reprendre devant cette dernière qu'après survenance d'un arrêt d'incompétence de la CCJA ; ensuite, celle concernant le sort des procédures civiles d'exécution qui, elles, peuvent être exercées malgré la saisine de ladite CCJA. Ainsi, lorsqu'un pourvoi a été exercé devant la juridiction suprême nationale contre l'arrêt d'une cour d'appel, et qu'aucun pourvoi relatif à cet arrêt n'a été exercé ou déféré devant la CCJA, qui se trouve uniquement saisie par le requérant d'un « recours en annulation » contre l'ordonnance du Président de la juridiction suprême nationale, ce recours, n'étant pas identique et n'ayant pas le même objet que le pourvoi précité, ne saurait induire, comme celui-ci, les mêmes conséquences et effets sur les procédures d'exécution dont parle l'article 16 du traité et dont il résulte que les conditions d'application, en la cause, font défaut. C'est donc à tort que la violation dudit texte est excipée par le requérant (CCJA, n° 026/2009, 30-4-2009 : M. M. c/ Sté Restaurant Chinatown SARL, Rec. jur. CCJA n° 13, janv.-juin 2009, p. 33, Ohadata J-10-58).

Il a été aussi jugé que la saisine de la CCJA n'affecte pas les procédures d'exécution. Il s'ensuit que c'est à tort que le tiers saisi prend argument de la saisine de la CCJA pour s'opposer à l'exécution d'un arrêt ayant condamné le tiers saisi à payer les causes d'une saisie-attribution. Sa condamnation étant, en l'état, acquise, toute mesure, même conservatoire, ayant pour effet d'empêcher le créancier de recouvrer le montant de cette condamnation, porte manifestement atteinte aux droits de ce dernier. La décision entreprise doit être confirmée (CA Abidjan (Côte d'Ivoire), 5ᵉ ch. civ. et com., D, n° 850, 11-7-2006 : FENACOOPEC-CI c/ P. F., Ohadata J-11-31).

En disposant que « cette règle n'affecte pas les procédures d'exécution », l'article 16 du Traité énonce le principe que le pourvoi devant la CCJA n'est pas suspensif d'exécution de l'arrêt attaqué. La procédure de la requête spéciale aux fins de sursis à exécution prévue par le droit national et qui suppose un pourvoi formé devant la Cour suprême du Congo que l'intimée n'a pas formé est inapplicable dans le cadre d'un pourvoi formé devant la CCJA. Aucune disposition du Traité OHADA et du Règlement de procédure devant la CCJA n'ayant prévu la possibilité de solliciter devant une Cour suprême nationale le sursis à exécution de l'arrêt attaqué devant la CCJA, une telle demande doit être rejetée (CA Pointe-Noire (Congo), n° 144, 30-7-2004 : B. J. A. c/ Sté ABB LUMMUS GLOBAL SPA, Ohadata J-13-125).

En application de l'article 16 du Traité, la juridiction nationale de cassation ne peut connaître d'une procédure d'exécution relative à une saisie pratiquée conformément aux dispositions de l'AUPSRVE, le contentieux des Actes uniformes relevant en cassation de la compétence de la CCJA. C'est donc à bon droit qu'une juridiction suprême nationale s'est déclarée incompétente sur la demande de sursis à exécution dont le succès aurait eu des incidences directes sur la saisie mise en œuvre (CCJA, 1ᵉ ch., n° 315/2020, 22-10-2020 : BCI c/ Duty Free Shop Alima).

Les « procédures d'exécution » visées par l'article 16 du Traité sont celles qui ne sont pas régies par un Acte uniforme, ce qui exclut les demandes ou litiges se rapportant, directement ou indirectement, aux procédures de saisies prévues par l'AUPSRVE. C'est donc par une fausse application de l'article 16 précité que le premier président d'une juridiction nationale de cassation a réitéré, au visa du même article, le sursis à l'exécution qui avait déjà été annulé par la CCJA, pour des motifs encore actuels, exposant l'ordonnance attaquée à la cassation pour violation de l'article 20 du Traité OHADA (CCJA, 1ᵉ ch., n° 332/2020, 22-10-2020 : Antoine Yalanzele D'angouali c/ Union Gabonaise de Banque (UGB).

En application de l'article 32 de l'AUPSRVE, une juridiction nationale de cassation ne peut plus exercer sa compétence en matière de sursis à exécution prévue par l'article 16 du Traité OHADA, dès lors que l'exécution forcée est entreprise conformément aux dispositions de l'AUPSRVE. À partir de cet instant, tous les litiges, demandes et contestations se rapportant à la mesure d'exécution forcée ainsi mise en œuvre, relèvent en principe de la compétence préalable de la juridiction des urgences instituée par l'article 49 du même Acte uniforme. C'est donc en violation des textes précités que le président d'une juridiction nationale de cassation qui a ordonné, le 15 juillet 2019, le sursis à exécution de l'arrêt d'une cour d'appel qui avait donné lieu, depuis le 5 juillet 2019, à une saisie-attribution de créances, a ignoré les textes précités et méconnu l'ordre juridique communautaire qui en découle, exposant ainsi son ordonnance à l'annulation en toutes ses dispositions (CCJA, 1ᵉ ch., n° 050/2020, 27-2-2020 : LGTB Sarl c/ Société Assala Gabon).

Obs. : exception faite des litiges régis par l'article 32 de l'AUPSRVE du 10 avril 1998, l'arrêt ci-dessus est désormais caduc, depuis l'entrée en vigueur de l'article 32 issu de la réforme de l'AUPSRVE du 17 octobre 2023, qui admet désormais la possibilité, pour les juridictions compétentes, de prononcer des défenses à exécution ou le sursis à l'exécution.

III. Autorité de chose jugée de la décision de la juridiction nationale de cassation en absence d'exception d'incompétence de celle-ci

L'hypothèse de la saisine concurrente de la CCJA et d'une juridiction nationale de cassation prévue à l'article 16 du Traité OHADA ne peut être invoquée, dès lors qu'un autre recours en cassation contre le même arrêt d'appel a été exercé devant la Cour suprême suivant exploit en date du 19 mai 2008 et que, vidant son délibéré, ladite Cour suprême dont l'incompétence n'a pas été soulevée a, par arrêt du 4 novembre 2010, déclaré irrecevable le pourvoi formé par le demandeur. En conséquence, le pourvoi est irrecevable pour autorité de la chose jugée (CCJA, 2e ch., n° 176, 8-12-2016 : Diarra Ahmed Aboubacar et 3 autres c/ SGBCI, Sarr Assane, Ohadata J-17-116).

IV. Reprise de la procédure devant la juridiction nationale de cassation qui s'était déclarée incompétente si la CCJA se déclare aussi incompétente

Lorsque, saisie sur renvoi, la CCJA se déclare incompétente nonobstant l'arrêt d'incompétence d'une juridiction nationale de cassation, il y a lieu de dire que l'instance reprendra devant la juridiction nationale de cassation à la demande de la partie la plus diligente en application de l'article 16 du Traité OHADA (CCJA, 1e ch., n° 319/2019, 12-12-2019 : Abdoul Razak Illo c/ Elh Issaka Idrissa).

Obs. : cette solution doit être approuvée en ce qu'elle permet d'éviter qu'un pourvoi ne soit examiné, ni par la CCJA, ni par une juridiction nationale de cassation.

Art. 17 [mod.] L'incompétence manifeste de la Cour commune de justice et d'arbitrage peut être soulevée d'office ou par toute partie au litige in limine litis.

La Cour se prononce dans les trente jours qui suivent la date de réception des observations de la partie adverse ou celle d'expiration du délai imparti pour la présentation desdites observations.

I. Incompétence soulevée par une partie

L'incompétence manifeste de la Cour peut être soulevée par toute partie au litige in limine litis (CCJA, ass. plén., n° 050, 23-4-2014 : ADAMAH-FOLLY Foligan Bruno c/ SODJI Ahlin, Ohadata J-15-141).

II. Irrecevabilité de l'exception d'incompétence fondée sur l'art. 17

L'article 14 du traité relatif à l'OHADA pose le principe de la compétence exclusive de la CCJA sur les recours en cassation formés contre des décisions rendues par les juridictions nationales statuant « dans toutes les affaires soulevant des questions relatives à l'application des Actes uniformes... » nonobstant des moyens de cassation fondés sur des dispositions de droit interne. Il s'ensuit que l'exception d'incompétence soulevée sur le fondement de l'article 17 du traité est irrecevable (CCJA, ass. plén., n° 050, 23-4-2014 : ADAMAH-FOLLY Foligan Bruno c/ SODJI Ahlin, Ohadata J-15-141).

III. Exception d'incompétence de la CCJA interférant avec un moyen de cassation

Une exception d'incompétence de la CCJA interférant avec un moyen de cassation doit être jointe au fond. Il en est ainsi par exemple lorsque dans ses mémoires, l'un des défendeurs a soulevé l'incompétence de la CCJA aux motifs qu'en l'espèce, le président de la cour d'appel n'avait été saisi que de la question relative à la suspension de l'exécution d'arrêt, question qui n'est traitée par aucun des Actes uniformes mais par le Code de Procédure civile qui, en son article 217, ne prévoit que le recours en rétractation devant le même président (CCJA, ass. plén., n° 055, 23-4-2014 : Sté TOGOCRUS Sarl c/ 1) Procureur Général près la cour d'appel de Lomé (État Togolais), 2) Sté Omnium Togolaise d'Assistance Maritime (OTAM), 3) Sté Togolaise de Consignation Maritime (STCM), Ohadata J-15-146).

Art. 18 Toute partie qui, après avoir soulevé l'incompétence d'une juridiction nationale statuant en cassation estime que cette juridiction a, dans un litige la concernant, méconnu la compétence de la Cour commune de justice et d'arbitrage peut saisir cette dernière dans un délai de deux mois à compter de la notification de la décision contestée.

La Cour se prononce sur sa compétence par arrêt qu'elle notifie tant aux parties qu'à la juridiction en cause.

Si la Cour décide que cette juridiction s'est déclarée compétente à tort, la décision rendue par cette juridiction est réputée nulle et non avenue.

I. Notion de juridiction nationale statuant en cassation

L'ordonnance par laquelle le Président d'une juridiction nationale de cassation a ordonné le sursis à exécution d'une décision n'entre pas dans le champ d'application de l'article 18 du Traité OHADA, ce qui entraîne l'incompétence de la CCJA sur l'action en annulation de ladite ordonnance. En effet, les prérogatives d'une juridiction suprême nationale et celles du Président de ladite juridiction ne sont pas interchangeables. La saisine, par requête, de la Juridiction présidentielle du Président d'une juridiction suprême nationale ne saurait être confondue avec un pourvoi en cassation, de même que ne doivent pas l'être les prérogatives et compétences respectives des deux ordres de juridiction qui opèrent dans des contextes et sur des bases juridiques et procédurales différentes, à savoir, les articles 15 du Traité et 51 du Règlement de procédure de la CCJA pour la Juridiction nationale de cassation, et le droit interne pour la Juridiction présidentielle du Président de la Cour Suprême nationale (CCJA, n° 026/2009, 30-4-2009 : M. M. c/ Sté Restaurant Chinatown SARL, Rec. jur. CCJA n° 13, janv.-juin 2009, p. 33, Ohadata J-10-58).

Dans le même sens, retenant que l'ordonnance rendue par le Président d'une juridiction nationale de cassation statuant en référé n'a pas été rendue par une juridiction statuant en cassation et ne peut, de ce fait, être déférée à la censure de la CCJA sur la base de l'article 18 du Traité OHADA (CCJA, n° 020/2010, 25-3-2010 : Maître K.-O. c/ SOPIM, Rec. jur. CCJA n° 15, janv.-juin 2010, p. 26, Ohadata J-12-20).

II. Conditions

L'article 14 du Traité, qui prévoit que seules sont déférées à la censure de la CCJA les décisions rendues par les juridictions d'appel des États parties et les décisions non susceptibles d'appel, doit être combiné avec l'article 18 du même Traité qui vise le cas d'une décision rendue par une juridiction de cassation nationale, méconnaissant la compétence de la CCJA, et ce, en dépit d'un déclinatoire de compétence soulevée par l'une des parties à l'instance comme en l'espèce ; une telle décision est susceptible de recours en annulation devant la CCJA, et il y a lieu de déclarer le recours recevable (CCJA, 3e ch., n° 022/2022, 27-1-2022).

La recevabilité du recours en annulation exige la réunion cumulative de deux conditions, celle d'avoir préalablement soulevé l'incompétence de la juridiction nationale de cassation devant cette dernière et le fait pour celle-ci de s'être prononcée dans une matière relevant de la compétence de la CCJA. En l'espèce, le recours en annulation est irrecevable dès lors que les requérantes ne prouvent pas qu'elles ont plaidé l'incompétence de ladite Cour suprême devant elle ; il ne résulte ni de l'arrêt attaqué, ni du mémoire ampliatif que cette question a été soulevée et discutée ; la seule pièce qui en parle, intitulée note de plaidoirie, est datée du 12 mars 2009, date à laquelle l'arrêt attaqué a été vidé ; aucune des pièces du dossier n'atteste que la Chambre judiciaire de la Cour suprême a été saisie dans les délais de cette exception, ni qu'elle ait été débattue contradictoirement devant elle. En conséquence, le recours est irrecevable pour ne pas avoir été introduit dans les conditions édictées par l'article 18 du Traité OHADA (CCJA, ass. plén., n° 114, 4-11-2014 : Jacqueline Casalegno, La Sté Chanas Assurances SA, La Sté Nationale des Hydrocarbures (SNH) c/ Denis Gillot, Louis Laugier, Ohadata J-15-205 ; CCJA, 2e ch., n° 146, 11-8-2016 : Boubakar Hann c/ Ousmane Balde et 6 autres, Ohadata J-17-86).

Seules deux conditions sont posées à l'article 18 du Traité OHADA, à savoir, d'une part, que l'incompétence ait été soulevée avant la décision de la juridiction nationale, d'autre part, que la CCJA ait été saisie dans le délai de deux mois à compter de la notification de la décision. Lorsque le demandeur au pourvoi a, par écrit non contesté du 16 avril 2007, régulièrement soulevé l'incompétence de la Cour suprême nationale, que la décision contestée a été rendue le 10 juillet 2007 et que la CCJA a été saisie dans le délai prescrit, les conditions de l'article 18 sont remplies (CCJA, n° 029/2011, 6-12-2011 (Pourvoi n° 080/2008/PC du 21-8-2008) : K. K. c/ K. A. J., Rec. jur. CCJA n° 17, juill.-déc. 2011, p. 157 ; Juris-Ohada, 2012, n° 1, janv.-mars, p. 42, Ohadata J-13-172 ; CCJA, 1e ch., n° 153/2022, 3-11-2022, précisant que ces conditions étant remplies en l'espèce, le recours est recevable).

Obs. : voir ci-après sur l'annulation de l'arrêt de la Cour suprême nationale.

A. Exception d'incompétence préalable

Faute par la requérante de justifier qu'elle avait soulevé l'incompétence de la juridiction suprême nationale, son recours est irrecevable comme n'étant pas conforme aux exigences de l'article 18 précité (CCJA, n° 008, 26-2-2009 : Sté IFC SA c/ Y. M. F., Rec. jur. CCJA n° 13, janv.-juin 2009, p. 8, Ohadata

J-10-49, Ohadata J-09-281 ; Actualités Juridiques n° 64-65/2009, p. 269, Ohadata J-10-20 ; CCJA, 2e ch., n° 262, 13-12-2018 : Sté 2JTH Gabon c/ Ecobank Gabon ; CCJA, 1e ch., n° 187/2019, 20-6-2019 : Rasin Amon et Rasin Youval c/ Sté Starenergie 2073).

Il ressort de l'article 18 du Traité que les décisions de fond d'une Cour suprême nationale ne sont contestables devant la CCJA qu'au moyen d'un recours en annulation, et cela, exclusivement par une partie ayant soulevé l'incompétence de ladite juridiction avant qu'elle ne rende sa décision (CCJA, 1e ch., n° 257/2019, 7-11-2019 : CNPS c/ Simon Rosenblum ; CCJA, 1e ch., n° 051/2020, 27-2-2020 : Chanas Assurances SA c/ Louis Laugier ; CCJA, 2e ch., n° 044/2022, 24-2-2022 : Ludovic Branger c/ La société CMA CGM).

Mais c'est en vain que l'exception d'irrecevabilité du recours en annulation contre l'ordonnance de la juridiction présidentielle d'une juridiction nationale de cassation d'un État partie à l'OHADA a été soulevée, au motif que l'incompétence préalable de ladite juridiction nationale n'a pas été soulevée, car, en tant que décision non susceptible d'appel rendue par une juridiction d'un État partie au Traité OHADA, l'ordonnance déférée devant la CCJA rentre dans son champ de compétence tel que défini par l'article 14 du Traité et, les conditions de recevabilité du présent recours sont celles du recours ordinaire en cassation devant cette dernière ; rejet de l'exception (CCJA, 2e ch., n° 217/2021, 23-12-2021 : Commodities Corporate Consulting SA et deux autres c/ Latham Éric Jean Louis).

Cependant, la condition a été tenue pour remplie lorsque, bien que l'arrêt attaqué n'ait pas fait état de l'exception d'incompétence soulevée par le requérant au pourvoi, celui-ci avait, dans son mémoire en réplique à l'exploit du pourvoi en cassation de la défenderesse, soulevé l'incompétence manifeste de la juridiction suprême nationale pour connaître du litige (CCJA, 1e ch., n° 017, 25-3-2010 : S. c/ Côte d'Ivoire Telecom SA, Juris-Ohada, n° 3/ 2010, juill.-sept., p. 4, Ohadata J-11-61, J-12-54).

Il résulte de l'article 18 du traité relatif à l'OHADA qu'un arrêt d'une juridiction nationale de cassation ne peut être annulé que si celle-ci a méconnu la compétence de la CCJA, bien que son incompétence ait été soulevée par une partie, conformément à la procédure suivie devant cette juridiction nationale. Le recours en annulation de la décision de la juridiction nationale de cassation doit être rejeté, dès lors que l'exception d'incompétence n'a pas été soulevée en temps utile par un conseil régulièrement constitué. S'agissant du recours en annulation de l'arrêt rendu par une juridiction nationale de cassation en violation de la compétence de la CCJA, l'exception d'irrecevabilité soulevée devant la CCJA au motif que le déclinatoire de compétence n'a pas été déposé de manière recevable devant la juridiction nationale de cassation est irrecevable, dès lors que le recours en annulation initié devant la CCJA a été fait dans le délai de deux mois prévu à l'article 18 du Traité de l'OHADA (CCJA, 2e ch. n° 137, 12-11-2015 : Établissements GUY-NES et les GALERIES c/ Sté TOTAL CAMEROUN S.A., Ohadata J-16-130).

Le pourvoi exercé sur le fondement de l'article 18 du Traité en l'absence de preuve que le demandeur a soulevé au préalable l'incompétence de la juridiction nationale de cassation au cours de l'instance ayant abouti à l'arrêt contesté est irrecevable. Au demeurant, aucune disposition du Traité OHADA ne permet d'anéantir, après coup, une décision d'une haute juridiction nationale par laquelle celle-ci refuse de rabattre une décision antérieure par elle prise et où le problème de son incompétence ne s'était pas posé et ainsi atteindre cette dernière décision pour l'annuler (CCJA, 1e ch., n° 073, 14-11-2013 : Abdoulaye DIENG c/ Sté TRANSSENE, Rec. jur. CCJA n° 20, vol. 1, janv.-déc. 2013, p. 29-31, Ohadata J-15-73) ; voir aussi (CCJA, ass. plén., n° 072, 29-4-2015 : Sté Bernabé Sénégal SA c/ Société civile immobilière Dakar Invest dite SCI DAKAR INVEST, Société civile immobilière Dakar centenaire dite SCI DAKAR CENTENAIRE, Ohadata J-16-73, précisant que les conditions d'annulation ne sont pas remplies en l'espèce dès lors qu'il ressort de l'arrêt attaqué que la demanderesse a sollicité auprès d'une juridiction suprême nationale, qui l'a rejeté, le sursis à statuer, arguant de la saisine de la CCJA d'une demande en interprétation de son arrêt n° 027/2007 du 19-7-2007).

Lorsque les défendeurs ont soulevé in limine litis l'incompétence de la juridiction suprême nationale tout en invitant cette dernière à saisir la CCJA du dossier, que la juridiction suprême nationale s'est néanmoins déclarée compétente et a rejeté le pourvoi sans répondre à l'exception d'incompétence soulevée, les conditions exigées par l'article 18 du Traité OHADA pour saisir la CCJA d'un recours en annulation sont remplies et l'exception d'irrecevabilité doit être rejetée (CCJA, n° 015/2008, 24-4-2008 : K. A. J. et autres ayants droit de feu K. V. c/ 1) SGBCI, 2) C. D., 3) BICICI, Rec. jur. CCJA, n° 11, janv.-juin 2008, p. 114, Ohadata J-09-106). S'agissant du recours en annulation de l'arrêt rendu par une juridiction nationale de cassation en violation de la compétence de la CCJA, l'exception d'irrecevabilité soulevée devant la CCJA au motif que le déclinatoire de compétence n'a pas été déposé de manière recevable devant la juridiction nationale de cassation est irrecevable, dès lors que le recours en annulation initié devant la CCJA a été fait dans le délai de deux mois prévu à l'article 18 du Traité de l'OHADA (CCJA, 3e ch., n° 141, 19-11-2015 : Sté BOURBON Offshore SURF, S.A.S c/ TATY Jean Claude, Ohadata J-16-134).

L'affaire ayant donné lieu à l'arrêt attaqué étant relative à une procédure d'injonction de payer régie par l'AUPSRVE, c'est en violation flagrante du Traité OHADA que la juridiction suprême nationale a éludé l'exception de son incompétence soulevée devant elle, préférant casser l'arrêt d'appel sur la base de la violation d'une disposition du droit interne soulevée d'office ; il s'ensuit dès lors que sa décision est réputée nulle et non avenue en application des dispositions de l'article 18 in fine du Traité (CCJA, 3e ch., n° 164, 13-7-2017 : BICEC SA c/ Ngou Jean).

1° Preuve de l'exception soulevée

1° Inscription en faux

Certains arrêts ont retenu que les mentions des jugements faisant foi jusqu'à inscription de faux et ne pouvant être combattues par des preuves contraires, le recours est irrecevable en l'absence de mention, dans l'arrêt attaqué, que l'incompétence de la juridiction a été soulevée devant elle avant qu'elle ne rende sa décision (CCJA, 1e ch., n° 187/2019, 20-6-2019 : Rasin Amon et Rasin Youval c/ Sté Starenergie 2073, précisant que la copie d'une lettre du Conseil d'un recourant, datée du 27 février 2018, supposée reçue le 28 février 2018 par le secrétaire de la juridiction nationale de cassation, ayant pour objet la transmission de leur mémoire du 16 février 2018 par lequel l'incompétence de la juridiction nationale aurait été soulevée, n'est pas probante, dès lors qu'aucune des énonciations de l'arrêt attaqué n'y fait état). Dans le même sens : CCJA, 1e ch., n° 231/2020, 25-6-2020 : Groupe Galaxie Sarl c/ Monsieur Attobra Elimon ; CCJA, 1e ch., n° 118/2020, 9-4-2020 : Hamidou Bamba, Ibrahim Bamba, Awa Bamba c/ Ali Jaafar ; CCJA, 1e ch., n° 128/2021, 24-6-2021 : N'Dhatz Anoma Antoine c/ EDI René.

Obs. : cependant, cette position est susceptible d'entraîner des dénis de justice, dès lors qu'il est constant que certaines juridictions nationales de cassation omettent délibérément d'indiquer dans leurs arrêts en cause que leur incompétence a été soulevée devant elles et qu'elles y ont passé outre. Dans ces conditions, exiger du demandeur de rapporter la preuve de s'être inscrit en faux contre de tels arrêts, alors que dans bien des cas, la preuve de l'incompétence soulevée peut être rapportée par la présentation d'un mémoire ou d'une correspondance dans ce sens visée et enregistrée par le greffe de la juridiction concernée, peut paraître excessif et de nature à bafouer les droits de la défense. Dans la plupart des cas, la preuve peut raisonnablement se faire à travers les mémoires ou correspondances échangés devant la juridiction nationale si le conseil de la partie concernée a été diligent en faisant enregistrer ou viser ses écritures ou pièces relatives à l'exception d'incompétence par le greffe de la juridiction. L'inscription en faux, non expressément organisée par le Législateur de l'OHADA dans le Règlement de procédure de la CCJA et au sujet duquel la position de cette dernière ne semble pas encore claire, un de ses arrêt ayant suggéré la possibilité de mener une telle procédure devant la CCJA (CCJA, 1e ch., n° 131/2020, 30-4-2020 : Saham Assurance-CI c/ Sté GTG-CI), ou « selon la loi nationale » sans précision (CCJA, 3e ch., n° 283/2020, 30-7-2020 : Lam Wai Frédérique Lioung et Sté Trading Tim-CI SARL c/ Baci SA). Un autre arrêt suggérant que la procédure peut provenir d'une juridiction suprême nationale (CCJA, 2e ch., n° 008/2021, 28-1-2021 : Cheick Oumar Kante c/ ISA Tulu Sarl) ne devrait pas être retenue comme seul moyen de prouver que l'incompétence d'une juridiction nationale de cassation a été soulevée devant celle-ci. Fort heureusement, la CCJA admet d'autres types de preuve, comme présentés ci-après, et il est souhaitable qu'elle maintienne cette souplesse nécessaire à la préservation des droits de la défense, afin de protéger les plaideurs de bonne foi contre les tactiques dilatoires ou les pratiques néfastes de certaines juridictions nationales de cassation qui omettent délibérément de mentionner que leur incompétence a été soulevée devant elles, dans le seul but de faire échec à l'examen d'un éventuel recours en annulation contre leur décision heurtant l'ordre juridique communautaire de l'OHADA.

2° Validité de l'exception d'incompétence soulevée par écrits non contestés

Seules deux conditions sont posées à l'article 18 du Traité, à savoir, d'une part que l'incompétence ait été soulevée **avant** la décision de la juridiction nationale, d'autre part que la CCJA ait été saisie dans le délai de deux mois à compter de la notification de la décision. L'incompétence de la juridiction suprême nationale soulevée par un écrit non contesté est régulière. La CCJA ayant été saisie dans le délai prescrit, la juridiction suprême nationale s'est déclarée compétente à tort dès lors que le litige concernait une procédure régie par l'AUPSRVE (en l'espèce l'injonction de payer) et l'arrêt attaqué doit être annulé (CCJA, 3e ch., n° 29, 6-12-2011 : K K c/ K A, Juris-Ohada, 2012, n° 1, janv.-mars, p. 42, Ohadata J-13-21).

3° Validité de la preuve par les pièces du dossier

C'est à tort que le défendeur soulève l'irrecevabilité du recours au motif que l'expédition de l'arrêt querellé ne comporte pas la preuve de ce que la compétence de la Cour suprême nationale ait été contestée avant d'être méconnue par elle, dès lors qu'il ressort des pièces du dossier de la procédure, notamment du mémoire en défense en date du 2 octobre 2013, enregistré au greffe de la Cour suprême le 9 octobre 2013, que la demanderesse au pourvoi devant la CCJA a soulevé in limine litis le moyen de défense unique tiré de l'incompétence rationae materiae de la Cour suprême et que celle-ci n'y a pas répondu et a plutôt soulevé d'office un moyen de cassation fondé sur la violation de l'article 39 du Code de procédure civile et commerciale ; le recours est donc recevable en la forme (CCJA, 3e ch., n° 164, 13-7-2017 : BICEC SA c/ Ngou Jean).

L'affaire ayant donné lieu à l'arrêt attaqué étant relative à une procédure d'injonction de payer régie par l'AUPSRVE, c'est en violation flagrante du Traité relatif à l'OHADA que la juridiction suprême nationale a éludé l'exception de son incompétence soulevée devant elle, préférant casser l'arrêt d'appel sur la base de la violation d'une disposition du droit interne soulevée d'office ; il s'ensuit dès lors que sa décision est réputée nulle et non avenue en application des dispositions de l'article 18 in fine dudit Traité (CCJA, 3e ch., n° 164, 13-7-2017 : BICEC SA c/ Ngou Jean).

La preuve du déclinatoire de compétence peut s'établir aussi bien par sa mention dans l'arrêt contesté que par sa mention dans un mémoire enregistré au niveau du greffe de la juridiction nationale de cassation dont la compétence est contestée. En l'espèce, il ressort du « mémoire en cassation » du 6 novembre 2019, enregistré à la Cour suprême le 11 novembre 2019 sous le n° 241/19, que la demanderesse en annulation a soulevé in limine litis, le moyen tiré de l'incompétence de la Cour suprême ; bien que ce déclinatoire de compétence ait été éludé par ladite Cour, sa preuve est suffisamment rapportée par le mémoire susvisé et le recours est donc recevable (CCJA, 3e ch., n° 051/2022, 24-2-2022 : Société Korean National Insurance Coporation c/ Société AVENI-RE).

C'est à tort que l'exception d'irrecevabilité d'un recours en annulation a été soulevée au motif que « l'arrêt attaqué étant totalement muet sur la question de l'exception d'incompétence que déclare avoir soulevée les demandeurs, le seul dépôt d'un mémoire contenant un tel moyen ne saurait constituer la preuve que ledit moyen a été débattu contradictoirement devant la juridiction suprême nationale », dès lors qu'il ressort des pièces du dossier de la procédure, notamment du mémoire en défense déposé au secrétariat général de la juridiction nationale de cassation le 23 janvier 2020 et enregistré sous le numéro 25/20, que les recourants, par le biais de leur conseil Maître X., ont soulevé in limine litis l'incompétence de la Cour de cassation à connaître de l'affaire en ce qu'elle soulève des questions relatives à l'application d'un Acte uniforme ; ledit mémoire ayant également été préalablement communiqué à la partie adverse ainsi que cela ressort du courrier de transmission contenant des décharges des conseils de cette dernière. Ainsi, le moyen tiré de l'incompétence de la Cour ayant été effectivement soulevé et porté contradictoirement devant celle-ci, la condition de recevabilité du recours en annulation est remplie (CCJA, 2e ch., n° 203/2021, 25-11-2021 : Sakr Farouk et deux autres c/ Nsia Banque Côte d'Ivoire).

Lorsqu'il ressort du dossier de la procédure, d'une part, que bien que l'arrêt attaqué de la juridiction nationale de cassation n'ait pas fait état de l'exception d'incompétence soulevée par la demanderesse, celle-ci avait, par mémoire en date du 6 novembre 2019, reçu le 11 novembre 2019 à la Cour sous le n° 241/19, soulevé l'incompétence de ladite juridiction nationale de cassation à connaître du pourvoi exercé devant elle par la défenderesse, et d'autre part, que les juridictions étatiques étaient saisies d'une procédure aux fins d'injonction de payer, régie par l'AUPSRVE, c'est à tort que la juridiction nationale de cassation s'est déclarée compétente ; son arrêt est nul et non avenu (CCJA, 3e ch., n° 051/2022, 24-2-2022 : Société Korean National Insurance Coporation c/ Société AVENI-RE).

4° Application de la règle de l'estoppel au demandeur de l'annulation

Il résulte de l'article 18 du Traité relatif à l'OHADA que seule la partie qui a soulevé le déclinatoire de compétence de la juridiction nationale de cassation peut demander l'annulation de la décision de ladite juridiction devant la CCJA si les autres conditions de l'article 18 sont remplies. Doit donc être rejeté le recours en annulation formé devant la CCJA par une partie qui n'avait pas soulevé l'incompétence dans la procédure nationale (CCJA, 2e ch., n° 183, 8-12-2016 : Samba Coulibaly c/ Office des Faillites de Genève, Ohadata J-17-123 ; CCJA, 1e ch., n° 094, 26-4-2018 : Soucoule Habibata c/ Coulibali Mamadou ; CCJA, 2e ch., n° 054, 23-3-2017 : La Société Civile Immobilière Choucair Frères c/ Sté Générale de Banques, en Côte d'Ivoire SA dite SGBCI, Ohadata J-17-201).

Dans le même sens :

– et rejetant le recours en annulation formé par la demanderesse au pourvoi devant la juridiction suprême nationale, dès lors que l'exception d'incompétence de la juridiction suprême nationale a été soulevée par la défenderesse au pourvoi, la première condition édictée par l'article 18 précité n'étant pas remplie (CCJA, 3e ch., n° 211, 22-11-2018 : Compagnie Ivoirienne d'Hévéa c/ Banque Atlantique Côte d'Ivoire dite BACI).

Obs. : intéressant car belle illustration de la règle de l'estoppel.

– et précisant que l'article 18, al. 1 du Traité relatif à l'OHADA vise, non pas les moyens de cassation développés par le recourant lui-même tirés de l'incompétence des juges du fond dont il conteste la décision, mais le moyen tendant à empêcher la juridiction nationale de cassation saisie du recours d'en connaître, dans la mesure où l'affaire porte sur une matière relevant de la compétence de la CCJA (CCJA, 1e ch., n° 112, 9-6-2016 : SGBF c/ Établissements Nare et Frères « ENAF », Monsieur Nare Guibrina, Ohadata J-17-53).

Le recours en annulation est irrecevable d'office, lorsqu'il est établi que ce sont les demandeurs eux-mêmes qui ont saisi la Cour Suprême nationale devant laquelle ils n'ont présenté aucun déclinatoire de compétence, les conditions exigées par l'article 18 du Traité OHADA n'étant pas réunies (CCJA, 3e ch., n° 106, 26-4-2018 : Gnare Kadiatou et 10 autres c/ Haïdar Moustapha, Entreprise Industrielle de Bâtiments et Divers dite EIB).

5° Incompétence irrégulièrement soulevée

Il résulte de l'article 18 du Traité OHADA que pour être recevable en annulation, le recourant doit avoir au préalable soulevé l'incompétence de la juridiction nationale statuant en cassation, avant de saisir la CCJA dans un délai de deux mois à compter de la notification qui lui est faite de la décision rejetant l'exception. L'exception d'incompétence soulevée dans un mémoire signé par le directeur général d'une société requérante et produit au secrétariat de la juridiction suprême nationale d'un État partie à l'OHADA, en violation de la loi nationale applicable et suivant laquelle toute conclusion produite devant ladite juridiction doit être accompagnée, sous peine d'irrecevabilité, d'au moins deux copies signées par l'avocat ainsi que d'autant d'exemplaires qu'il y a des parties désignées à la décision entreprise, est irrecevable d'office, car le dépôt du mémoire en réplique effectué par une personne non revêtue de la qualité d'avocat doit être assimilé au non-dépôt dudit mémoire ; dans ces conditions, la requérante n'a pas régulièrement soulevé l'incompétence de la juridiction nationale de cassation à connaître du pourvoi porté devant elle et c'est à juste titre que dans son arrêt attaqué, cette juridiction n'a pas fait allusion à ce mémoire en réplique (CCJA, 3e ch., n° 091/2023, 27-4-2023).

6° Recevabilité de l'exception soulevée au stade de l'examen de l'admission devant la juridiction nationale de cassation

C'est à tort qu'il est soutenu que la procédure devant la Cour suprême du Cameroun, consacrée par la loi 2006/016 du 29 décembre 2016 portant organisation et fonctionnement de ladite juridiction, telle que modifiée par la loi n° 2017/014 du 12 juillet 2017, prévoit deux phases dans l'instruction des pourvois, que l'arrêt querellé a été rendu dans la phase préparatoire dite d'admission du pourvoi, destinée uniquement à vérifier si les diligences matérielles y relatives ont été accomplies, avant qu'il soit statué au fond, dans la seconde phase ; et qu'aucun arrêt sanctionnant la compétence n'a donc été rendu de sorte à donner lieu à une voie de recours, si bien que le recours en annulation formé contre une telle décision devant la CCJA serait irrecevable. Il en est ainsi dès lors que l'admission de l'affaire sous-entend nécessairement la compétence de la Cour suprême, bien qu'en l'espèce, celle-ci ne se soit pas prononcée expressément sur cette question. En effet, en permettant de reconnaître le pourvoi suffisamment fondé, ou de le déclarer manifestement mal fondé, irrecevable ou manifestement irrecevable, les dispositions nationales précitées sous-entendent nécessairement la compétence de la Cour suprême du Cameroun, ces sanctions de procédures ne pouvant être prononcées que par une juridiction compétente. En rendant une telle décision en application de l'article 58 de la loi susvisée, la juridiction suprême a implicitement mais nécessairement reconnu sa compétence, rendant recevable le recours en annulation initié contre l'arrêt (CCJA, 1e ch., n° 130/2022, 30-6-2022).

B. Délai d'ordre public

Le délai prescrit par l'article 18 du Traité OHADA est d'ordre public et aucune norme de droit interne ne peut avoir pour effet d'y déroger. Il s'ensuit que le recours exercé plus de deux mois après la notification de l'arrêt attaqué est irrecevable (CCJA, ass. plén., n° 076, 29-4-2015 : Abdoulaye Dieng c/ Sté Transsene, Ohadata J-16-77 ; CCJA, 2e ch., n° 151, 27-10-2016 : Établissements Esper Jehad c/ SIPDC SARL, Ohadata J-17-91).

Il ressort de l'article 18 du Traité que le délai imparti pour saisir la CCJA d'une requête en annulation de la décision d'une juridiction nationale statuant en cassation est de deux mois à compter de la notification de cette décision. Il s'agit d'un délai d'ordre public qui n'est soumis à aucune cause d'interruption, de sorte qu'aucune norme de droit interne ne peut avoir pour effet d'y déroger. En conséquence, le recours formé plus de dix mois plus tard est irrecevable pour forclusion, qui peut être relevée d'office par la Cour en application de l'article 32 de son Règlement de procédure (CCJA, 3e ch., n° 038/2021, 25-2-2021 : Bicec) SA c/ Jean Tanko & une autre ; CCJA, 1e ch., n° 194/2021, 11-11-2021 : Bim SA c/ Payme SA ; CCJA, 1e ch., n° 196/2021, 11-11-2021 : BIM SA c/ Payme SA).

CCJA, 1e ch., n° 237/2020, 25-6-2020 : Société PRO-PME Financement c/ Monsieur Tanko Jean).

1° Computation du délai

La notification de la décision contestée, au sens de l'article 18 du Traité institutif de l'OHADA, n'a pour but que de faire courir le délai du recours en annulation ; l'accomplissement de cette formalité n'est pas une condition de recevabilité du recours. Ainsi, si comme le prétend le défendeur au pourvoi, aucune preuve de la notification de l'arrêt attaqué n'a été rapportée, il y a lieu de dire que le délai de pourvoi court toujours (CCJA, 3e ch., no 164, 13-7-2017 : BICEC SA c/ Ngou Jean).

2o Forclusion constatée par la juridiction nationale

La régularité de la signification d'un arrêt doit être appréciée en application des dispositions pertinentes du droit national de chaque État membre. Ainsi, en République du Sénégal, cette matière est régie par les articles 821 et suivants du Code de procédure civile et non par l'article 53 de l'AUPCAP qui porte sur les conséquences de la liquidation des biens et le dessaisissement du débiteur de la gestion et de l'accomplissement de certains actes. En retenant que le recours a été introduit hors le délai prévu à cet effet, après avoir constaté que la signification a été régulière, la Cour suprême n'a en rien méconnu la compétence de la CCJA et la demande en annulation de l'arrêt de la Cour suprême, qui ne remplit pas la deuxième condition de fond édictée par l'article 18 précité, doit être rejetée (CCJA, 3e ch., no 149, 7-6-2018 : État du Sénégal c/ EEXIMCOR AFRIQUE S.A. et 2 autres).

Mais l'exception d'incompétence de la CCJA soulevée au motif que la Cour suprême étant seule habilitée à examiner les conditions relatives au délai de recours en cassation dont elle est saisie, la CCJA ne peut avoir compétence pour se prononcer sur le motif par lequel ce pourvoi a été déclaré irrecevable, ne peut être accueillie, dès lors que le recours est fondé sur l'article 18 du Traité relatif à l'OHADA, qui ne fait aucun distinguo par rapport à la motivation (CCJA, 3e ch., no 149, 7-6-2018 : État du Sénégal c/ EEXIMCOR AFRIQUE S.A. et 2 autres).

C. Inapplication de dispositions nationales à la procédure de l'article 18 du Traité

Un texte de droit interne, selon lequel « aucun moyen même d'ordre public non soulevé par les parties, ne pourra être examiné sans que celles-ci aient été appelées à présenter leurs observations à cet égard », est inopérant devant la CCJA saisie conformément aux dispositions de l'article 18 du Traité de l'OHADA (CCJA, 3e ch., no 139, 7-6-2018 : Kouadio Konan c/ Kacou Appia Justin et 1 autre).

. . . .

III. Champ d'application de l'article 18

L'article 18 du Traité OHADA concerne la **saisine a posteriori** de la CCJA alors même qu'une juridiction nationale a statué au mépris d'un déclinatoire de compétence. Ce texte est sans influence dès lors que, parallèlement, la saisine de la CCJA s'est faite conformément aux dispositions des articles 14 du Traité et 28 du Règlement de procédure de la CCJA, d'autant qu'aux termes de l'article 16 dudit Traité, « la saisine de la Cour commune de justice et d'arbitrage suspend toute procédure de cassation engagée devant une juridiction nationale contre la décision attaquée » (CCJA, 2e ch., no 07, 30-3-2006 : Sté Civile de Grand-Lahou dite SCGL c/ American Ivoirian Investment Corporation dite A21C, Juris-Ohada, no 3/2006, p. 23, Ohadata J-07-14).

S'il est vrai que la CCJA peut être saisie, aux termes de l'article 18 du Traité OHADA, d'un recours si sa compétence, préalablement soulevée par une partie, a été méconnue par une juridiction nationale de cassation, il n'en demeure pas moins vrai qu'un pourvoi, régulièrement formé devant la CCJA, contre le même arrêt attaqué, est recevable (CCJA, 3e ch., no 094, 1-8-2014 SGBCI c/ KY Dieudonné Alexandre, Ohadata J-15-185).

C'est à tort que l'irrecevabilité d'un recours en annulation est soulevée au motif qu'il est introduit contre un arrêt de discontinuation des poursuites rendu par une Cour de cassation nationale alors que, selon l'article 14 du Traité OHADA, la CCJA ne peut exercer son office en matière contentieuse qu'à l'égard des décisions rendues par les juridictions d'appel des États parties et des décisions non susceptibles d'appel. Il en est ainsi car l'article 14 du Traité, qui prévoit que seules sont déférées à la censure de la CCJA les décisions rendues par les juridictions d'appel des États parties et les décisions non susceptibles d'appel, doit être combiné avec l'article 18 du même Traité qui vise le cas d'une décision rendue par une juridiction de cassation nationale, méconnaissant la compétence de la CCJA et ce, en dépit d'un déclinatoire de compétence soulevée par l'une des parties à l'instance comme en l'espèce ; une telle décision est susceptible de recours en annulation devant la CCJA et le recours formé est recevable (CCJA, 3e ch., no 022/2022, 27-1-2022 : Me Sonte Emile Narcisse Diomandé c/ Houphouet-Boigny Olivier Antoine).

S'il n'est pas contesté qu'en vertu de l'article 18 du Traité OHADA, l'ordonnance rendue par le président d'une juridiction nationale de cassation qui n'a pas statué en cassation ne peut être déférée à la censure de la CCJA, il en va autrement lorsque la décision rendue par la juridiction présidentielle de cassation méconnait la compétence de la CCJA et l'autorité de la chose jugée rattachée à l'arrêt de celle-ci. En l'espèce, sous le couvert de l'interprétation de sa propre décision ordonnant le sursis à l'exécution forcée déjà entamée et annulée par la CCJA, la juridiction nationale de cassation a réitéré le sursis à l'exécution forcée reprise en exécution de l'arrêt de la CCJA ; une telle décision est contestable devant la CCJA au moyen d'un recours en annulation (CCJA,

3e ch., no 093/2021, 27-5-2021 : Groupe A40 Architectes SAS c/ Union Gabonaise de Banque SA).

IV. Décisions ayant annulé l'arrêt d'une juridiction nationale de cassation

Est nul et non avenu, l'arrêt rendu par une juridiction nationale de cassation dans une matière relevant de la compétence de la CCJA (bail), malgré le déclinatoire de compétence (CCJA, 1e ch., no 330/2020, 22-10-2020 : SICG-SA c/ Nestlé Côte d'Ivoire SA et une autre ; CCJA, 2e ch., no 147/2020, 30-4-2020 : SCI Choucair Frères c/ Société Générale Côte d'Ivoire (CCJA, 2e ch., no 140/2020, 30-4-2020 : Bohoussou Serge Yves c/ Hassan Hyjazi ; CCJA, 2e ch., no 010/2021, 28-1-2021 : Simplice De Messe Zinsou c/ Aéroport International d'Abidjan ; CCJA (CCJA, 2e ch., no 011/2021, 28-1-2021 : Ecobank Centrafrique c/ Établissements Ngaissona ; (CCJA, 2e ch., no 203/2021, 25-11-2021 : Sakr Farouk c/ Nsia Banque Côte d'Ivoire ; CCJA, 1e ch., no 194/2021, 11-11-2021 : BIM SA c/ Payme SA ; CCJA, 1e ch., no 196/2021, 11-11-2021 : BIM SA c/ Payme SA).

A. Compétence exclusive de la CCJA, même pour les pourvois mixtes

L'article 14 du Traité OHADA pose le principe de la compétence exclusive de la CCJA pour connaître du recours en cassation contre les décisions rendues par les juridictions d'appel nationales « dans toutes les affaires soulevant des questions relatives à l'application des Actes uniformes... ». Il s'ensuit qu'en retenant que « si l'article 14 al. 1 du Traité OHADA dispose que la CCJA assure dans les États parties l'interprétation et l'application dudit Traité, des règlements pris pour son application et des Actes uniformes, il en est autrement lorsque la juridiction nationale de cassation est saisie d'un pourvoi soulevant à la fois des questions relatives à l'application d'un Acte uniforme et d'un texte de droit interne ; qu'en l'espèce, le demandeur au pourvoi ayant invoqué la violation de l'article 49 al. 1 de l'AUPSRVE et de l'article 3 du Code de procédure civile, commerciale et administrative ivoirien comme moyens de cassation, la Chambre Judiciaire doit retenir sa compétence », alors que les poursuites engagées contre la requérante au pourvoi, tiers saisi, l'ont été sur la base des dispositions de l'article 38 de l'AUPSRVE, la Cour Suprême de Côte d'Ivoire a méconnu la compétence de la CCJA, violant ainsi les dispositions de l'article 18 du Traité OHADA. Son arrêt est nul et non avenu (CCJA, 1e ch., no 38, 17-7-2008 : SDV-CI c/ GETMA-CI, Juris-Ohada no 4/2008, p. 35, Ohadata J-09-77).

Il est constant, selon la jurisprudence de la CCJA, que cette dernière reste seule compétente en application de l'article 14 du Traité relatif à l'OHADA, pour assurer l'interprétation et l'application uniformes du Traité ainsi que des règlements pris pour son application, des Actes uniformes et des décisions, peu importe que le recours soit également fondé sur des textes nationaux (pourvoi mixte). Les décisions de la CCJA, en application de l'article 16 dudit Traité OHADA, s'imposent aussi aux hautes juridictions nationales de l'espace OHADA. En l'espèce, c'est en violation flagrante du traité relatif à l'OHADA que la juridiction nationale de cassation s'est déclarée compétente ; l'arrêt attaqué est nul et non avenu car l'affaire qui y a donné lieu soulève bien des questions relatives à l'application de l'AUPSRVE et que, du reste, la juridiction nationale de cassation, pour casser l'arrêt d'appel déféré devant elle, a soulevé d'office un moyen tiré de la violation de l'article 9 dudit Acte uniforme (CCJA, 1e ch., no 032, 2-5-2013 : Amour John WOFA KYEI c/ ECOBANK BURKINA, Rec. jur. CCJA no 20, vol. 1, janv.-déc. 2013, p. 62-65, Ohadata J-15-32). Selon sa jurisprudence constante, la CCJA a une compétence générale pour examiner un pourvoi en cassation mixte dont les moyens sont fondés aussi bien sur les dispositions d'un Acte uniforme que sur les règles de droit interne d'un État partie. En l'espèce, les moyens développés par les parties concernent aussi bien les dispositions des articles 42 et 132 du décret foncier du 24-7-1906 et 1134 du Code civil (droit interne) que des dispositions de l'article 49 de l'AUPSRVE et celles des articles 123 et 130 anciens de l'AUS. En vertu de la supranationalité des Actes uniformes édictée par l'article 10 du Traité OHADA et de ses prérogatives d'évocation, la CCJA est bien compétente pour connaître de la présente procédure (CCJA, ass. plén., no 059, 23-4-2014 : Banque Atlantique TOGO SA c/ Établissements AKAMA et Fils, ASSANI-BENTHO Mounirou, Ohadata J-15-150).

Obs. : par ces arrêts, la CCJA semble avoir confirmé sa compétence exclusive même pour les pourvois mixtes. Il s'ensuit que la jurisprudence antérieure de certaines juridictions nationales de cassation qui prônaient une compétence partagée avec la CCJA doit être désormais tenue pour caduque. Voir dans les éditions antérieures du présent ouvrage (C. Sup. Niger, civ. Arrêt no 01-158/C, 16-8-2001 : SNAR LEYMA c/ Groupe Hima Souley, Ferdinand AHO et al. ; OHADA : Jurisprudences nationales. Ed. Bénin Consulting Group, Cotonou (Bénin) : 2004, p. 3, 1NE2, Ohadata J-02-28 ; Cass. com. (Burkina Faso), no 22, 14-12-2006 : Sté LAFCHAL SARL c/ C. K. S., Ohadata J-09-01).

C'est à tort qu'une juridiction suprême nationale s'est fondée sur sa jurisprudence selon laquelle « la juridiction nationale retient sa compétence en présence de moyens mixtes, c'est-à-dire lorsque le pourvoi soulève, en plus des griefs relatifs à l'application des textes supranationaux, des moyens relatifs à l'application d'un texte national » pour retenir sa compétence, alors que l'article 14 du traité relatif à l'OHADA pose le principe de la compétence exclusive de la CCJA pour connaître du recours en cassation contre les décisions rendues par les juridictions nationales statuant en second degré « dans toutes les affaires soulevant des questions relatives à l'application des Actes uniformes... ». L'invocation d'une disposition de droit interne aux côtés d'un Acte uniforme comme moyen de cassation ne peut justifier la compétence d'une juridiction de cassation nationale sans enfreindre les dispositions de l'article 14 du Traité, lesquelles reconnaissent à la CCJA une compétence entière dans toutes les affaires soulevant des questions relatives à l'application d'un Acte uniforme. C'est donc à tort que la juridiction suprême nationale s'est déclarée compétente, exposant ainsi son arrêt à la nullité prévue par l'article 18 du traité (CCJA, 3e ch., n° 027, 13-3-2014 : Ibrahim TOURE c/ Cheickna LAH, Ohadata J-15-118. CCJA, ass. plén., n° 050, 23-4-2014 : ADAMAH-FOLLY Foligan Bruno c/ SODJI Ahlin, Ohadata J-15-141).

C'est à tort qu'une juridiction nationale de cassation, dont l'incompétence matérielle a été soulevée, a rejeté ladite incompétence au motif que « les moyens invoqués » relèvent « également du droit interne », exposant ainsi son arrêt à l'annulation prévue à l'article 18 du Traité. Il en est ainsi dès lors que la compétence de la CCJA repose non pas sur la nature des moyens invoqués par les plaideurs mais celle de l'affaire qui doit, entre autres, relever d'un Acte uniforme ; que la procédure de liquidation des biens dans le cadre de laquelle sont intervenues les décisions attaquées en l'espèce est régie par l'AUPCAP. Dans l'intérêt de l'ordre juridique communautaire, il y a lieu pour la CCJA de déclarer l'arrêt déféré nul et non avenu (CCJA, 1e ch., n° 282/2019, 28-11-2019 : Banque Malienne de Solidarité c/ West Africa Investment Company).

Si, bien que l'arrêt attaqué ne se soit prononcé que sur la saisine du premier juge, question relevant du droit interne (le Code de procédure civile et commerciale du Cameroun en l'espèce), le litige opposant les parties, en lui-même, soulève des questions relatives à l'application de l'AUPSRVE, en particulier la procédure d'injonction de payer, la CCJA doit se déclarer compétente (CCJA, 3e ch., n° 067/2023, 30-3-2023).

B. Saisie immobilière

La Cour suprême nationale qui a retenu sa compétence, sur pourvoi contre l'arrêt d'une cour d'appel nationale, en décidant que le moyen unique de cassation invoqué par le demandeur au pourvoi tiré de la contrariété de décisions ne soulève aucune question se rapportant à l'interprétation et à l'application d'Actes uniformes, alors que l'arrêt attaqué a décidé entre autres qu'il n'y a pas lieu de surseoir à la vente de l'immeuble saisi et a ordonné au tribunal de fixer conformément à la loi, une nouvelle date pour la vente dudit immeuble, a méconnu les dispositions de l'article 18 du Traité OHADA en se déclarant à tort compétente. Sa décision est nulle et non avenue (CCJA, 1e ch., n° 003/2013, 7-3-2013 : Abdoulaye Diallo c/ LALLE Bi Ya Jacques, Rec. jur. CCJA n° 20, vol. 1, janv.-déc. 2013, pp. 40-44, Ohadata J-15-03).

L'affaire sur laquelle le TPI et la cour d'appel se sont respectivement prononcés étant relative à l'annulation de la vente aux enchères publiques d'un immeuble, à l'audience des criées du 10 mai 1999 du TPI d'Abidjan, cette procédure est régie, depuis le 10 juillet 1998, par l'AUPSRVE et donc relève désormais de la compétence de la CCJA par application de l'article 14 al. 3 du Traité OHADA. La juridiction suprême nationale s'étant par conséquent déclarée compétente à tort pour connaître du pourvoi en cassation exercé contre l'arrêt d'appel, sa décision est réputée nulle et non avenue en application de l'article 18 du Traité OHADA (CCJA, n° 015/2008, 24-4-2008, précité, Ohadata J-09-106).

Dans le même sens :

- CA Abidjan, n° 617, 8-6-2004 : CFAO c/ O. B. ; Ohadata J-05-349, retenant que les mesures d'exécution basées sur des décisions rendues par une juridiction suprême nationale en violation de la compétence de la CCJA sont irrégulières car lesdites décisions sont juridiquement inexistantes ;

    Obs. : voir aussi les décisions rendues en application des articles 2, 10 et 14 du Traité OHADA sous ces articles.

- CCJA, 1e ch., n° 017, 25-3-2010, précité, Ohadata J-11-61, J-12-54 ;
- CCJA, 1e ch., n° 004, 4-2-2010 : COLAS MALI SA c/ GME SA., Juris-Ohada, n° 2/2010, avr.-juin 2010, p. 9, Ohadata J-11-48, J-12-53 ;
- retenant que la juridiction suprême nationale qui a statué sur le pourvoi à lui soumis nonobstant la demande d'incompétence formulée par la demanderesse au pourvoi a méconnu les dispositions de l'article 18 du Traité OHADA en se déclarant à tort compétente ; il s'ensuit que sa décision est nulle et non avenue (CCJA, 2e ch., n° 050/2012, 7-6-2012 : Kouame Amenan Delphine c/ Boni née N'Guessan Adjoua Claudine).

    Obs. : dans le cas d'espèce, la demanderesse au pourvoi devant la CCJA avait d'abord saisi la juridiction suprême nationale, puis a demandé à cette dernière de se dessaisir et de renvoyer l'affaire devant la CCJA. La chambre judiciaire de la Cour suprême de Côte d'Ivoire a rejeté le pourvoi après s'être déclarée compétente.

• CCJA, 3e ch., no 013/2012, 8-3-2012 : Elton Oil Company c/ Papa Mactar Sarr ; CCJA, 3e ch., no 29, 6-12-2011 : K K c/ K A, Juris Ohada, 2012, no 1, janv.-mars, p. 42, Ohadata J-13-21 ; CCJA, no 029/2011, 6-12-2011 : K. K. c/ K. A. J., Rec. jur. CCJA no 17, juill.-déc. 2011, p. 157, Ohadata J-13-172, condamnant la défenderesse aux dépens ; CCJA, 2e ch., no 015, 2-4-2015 : SONIBANK c/ Succession TAHIROU Illou représentée par Hamadou TAHIROU, Ohadata J-16-15.

C. Injonction de payer

Sur une décision déclarant nulle et non avenue la décision d'une juridiction suprême nationale qui a retenu sa compétence en matière d'injonction de payer malgré le déclinatoire de compétence, voir : CCJA, ass. plén., no 007, 4-2-2014 : État du CAMEROUN c/ Sté Forestière HAZIM et Compagnie SA dite SFH & Cie, Sté Camerounaise de Raffinage MAYA et Compagnie SA, Sté PLASTICS and Co. Sarl, Sté Forestière HAZIM SCIERIE et Compagnie SA dite SFHS, Sté Forestière HAZIM SCIERIE NGAMBE TIKAR, Sté Transport Camerounais SA dite TRANSAC, Sté Forestière Industrielle du Wouri SA dite SFIW, Sté Industrielle du Bois du Cameroun Sarl dite IBCAM, HAZIM CHEHADE HAZIM, Ohadata J-15-98 ; CCJA, 2e ch., no 183, 27-7-2017 : SAMAG SA c/ GRAFICA Ivoire Sarl ; CCJA, 3e ch., no 214, 23-11-2017 : Omaïs Jawad c/ Entreprise Dossou, Vidjanagni Dossou Antoine.

D. Bail commercial et location-gérance

L'arrêt déféré devant la Cour suprême qui a pour source la résiliation d'un contrat de bail prononcée sur le fondement de l'article 101 de l'AUDCG soulève des questions relatives à l'application d'un Acte uniforme et conformément à l'article 14 du Traité relatif à l'harmonisation du droit des affaires en Afrique, seule la CCJA est compétente pour connaître du pourvoi. En statuant sur le pourvoi à lui soumis nonobstant la demande d'incompétence formulée par le demandeur au pourvoi, la Chambre judiciaire de la Cour suprême a enfreint les dispositions de l'article 18 du Traité susvisé en se déclarant à tort compétente ; sa décision est nulle et non avenue (CCJA, ass. plén., no 050, 23-4-2014 : ADAMAH-FOLLY Foligan Bruno c/ SODJI Ahlin, Ohadata J-15-141 ; CCJA, 1e ch., no 237, 29-11-2018 : Ambrosino Claude Jean Pierre c/ Servant Christophe ; CCJA, 1e ch., no 182, 25-10-2018 : Baba Boré Djire c/ Oumar Guindo).

La CCJA est compétente, dès lors que le pourvoi soumis à la Cour suprême nationale était relatif à une location-gérance, matière relevant de l'AUDCG et que, par ailleurs, la demanderesse a effectivement soulevé l'incompétence de la juridiction nationale, qui s'est déclarée compétente à tort, exposant ainsi son arrêt à l'annulation. L'arrêt attaqué doit être déclaré nul et non avenu (CCJA, 2e ch., no 181, 17-12-2015 : Corlay SA Côte d'Ivoire c/ AYAMEL Moustapha, Ohadata J-16-174).

Dans le même sens :

– et jugeant que nonobstant le terme impropre de « cassation » employé par la requérante, il y a lieu de considérer le recours fondé expressément sur les dispositions de l'article 18 du Traité OHADA comme étant en réalité un recours en annulation (CCJA, 3e ch., no 078, 28-4-2016 : Société Civile de Patrimoine AZUR c/ SDV-SAGA CI devenue Bolloré Africa Logistics Côte d'Ivoire, Ohadata J-17-26) ;

– pour une indemnité d'occupation (CCJA, 1e ch., no 040, 22-2-2018 : SCI M & c/ SDTM-CI) ;

– et jugeant qu'il importe peu que le litige en l'espèce ait concerné un bail conclu avant l'entrée en vigueur de l'AUDCG, dès lors que le jugement infirmé par l'arrêt d'appel au sujet duquel la juridiction nationale de cassation a statué a notamment fait application des dispositions des articles 99 et 101 de l'AUDCG, indiquant indiscutablement que l'affaire soulevait des questions relatives à l'application d'un Acte uniforme au sens de l'article 14 al. 3 du traité, et relevait en conséquence de la **compétence matérielle exclusive de la CCJA, à laquelle les parties ne peuvent pas renoncer** (CCJA, 3e ch., no 162, 13-7-2017 : Époux Kalot c/ Ayants droit de feu Boumerhy Antoine) ;

Obs. : même si ce n'est pas précisé, il est possible, comme c'est souvent le cas, que le bail, qui a pu se poursuivre et soit devenu un bail à durée déterminée dont la résiliation est régie par l'AUDCG après son entrée en vigueur.

– sur la résiliation d'un bail professionnel et l'expulsion du preneur (CCJA, 3e ch., no 166, 18-10-2018 : Sylla Mamadou c/ N'Golofoungo Ali Coulibaly).

E. Rétention sur la provision d'un compte bancaire

La rétention exercée sur la provision des comptes d'une personne en République de Guinée (État membre de l'OHADA), après l'entrée en vigueur de l'AUS, relève désormais, en cassation, de la compétence de la CCJA par application de l'article 14 al. 3 du Traité institutif de l'OHADA. C'est donc à tort que la Cour Suprême de Guinée s'est déclarée compétente pour connaître du pourvoi en cassation exercé par les arrêts intervenus dans cette procédure ; sa décision est réputée nulle et non avenue en application des dispositions sus/énoncées de l'article 18 du Traité précité (CCJA, no 047/2009, 12-11-2009 : UIBG c/ Ets. Alpha Oumar BARRY, Rec. jur. CCJA, no 14, juill.-déc. 2009, p. 39, Ohadata J-10-185).

Obs. : il convient de noter qu'il y a une différence entre la nullité de la décision rendue en violation de la compétence de la CCJA et l'inexistence retenue par la cour d'appel d'Abidjan (voir ci-après Ohadata J-05-349), notamment en ce que l'inexistence est imprescriptible. Voir aussi sous l'article 49 de l'AUPSRVE.

F. Hypothèque judiciaire

La CCJA est compétente pour un litige relatif à l'hypothèque autorisée par le président d'un TGI et validée par une cour d'appel ayant décidé le maintien de l'intégralité et de la conversion en hypothèque judiciaire définitive qui sous-tend la condamnation pécuniaire. Dans ces conditions, le contrôle de la régularité procédurale dont se prévaut la Cour Suprême nationale pour retenir sa compétence ne saurait primer sur son obligation de s'assurer au préalable de sa compétence rationae materiae. C'est donc à tort qu'elle s'est déclarée compétente pour examiner le pourvoi en cassation ; sa décision attaquée est réputée nulle et non avenue en application des dispositions de l'article 18 du Traité OHADA (CCJA, 1e ch., n° 168, 17-12-2015 : Société Elco Construction c/ Société Maisons sans frontières Congo SARL dite MSF, Ohadata J-16-161).

G. Autres exemples

– Pour une saisie-attribution de créance (CCJA, ass. plén., n° 069, 25-4-2014 : ECOBANK-BURKINA c/ KOUTOU SOMLAWINDE DAOUDA, Ohadata J-15-160 ; CCJA, 2e ch., n° 202, 23-11-2017 : Kouadio Konan c/ Kakou Appia, A. C. Laure épse Kakou Appia) ou sa validité (CCJA, 3e ch., n° 139, 7-6-2018 : Kouadio Konan c/ Kacou Appia Justin et 1 autre).

Le fait de saisir la Cour suprême nationale d'un pourvoi en cassation assorti d'une requête en surséance contre l'arrêt d'une cour d'appel ayant rejeté la défense à exécution d'une sentence arbitrale constitue une **procédure dilatoire et illégale** en ce qu'elle n'a été prévue par aucun texte (T. com. Pointe-Noire (Congo), n° 001, 9-1-2008 : ENI-CONGO S.A. c/ Ets. MIC VIDEO, Ohadata J-13-71).

Obs. : la « surséance » équivaut au « sursis », terme davantage utilisé. L'article 18 du Traité OHADA n'a pas été expressément visé, mais la solution est transposable, car il était question de la compétence exclusive de la CCJA conformément aux articles 25 et 32 de l'AUA.

– Sociétés commerciales :

• pour un litige relatif à l'annulation de cession d'actions dans une société anonyme (CCJA, 3e ch., n° 015, 25-1-2018 : Sté CKG Holding c/ Sté YARA France) ;

• annulation d'une cession de droits sociaux pour vice de consentement et non-paiement du prix, ainsi que l'opposabilité de cessions de parts sociales entre vifs (CCJA, 2e ch., n° 249, 29-11-2018 : Diarra, née Mariam Traore c/ Mari Diarra).

– Suspension d'une exécution entamée (CCJA, 3e ch., n° 218, 22-11-2018 : Afriland First Bank c/ Dje Amoin, Marie Laurence c/ Entreprise Assureurs Conseils Services, Bamba Ahmed Karamoko sur les vois d'exécution en général, CCJA, 3e ch., n° 157, 27-10-2016 : Daouda Keita c/ Moussa Kante, Abdoulaye Kante, Ohadata J-17-97 ; CCJA, 2e ch., n° 146, 11-8-2016 : Boubakar Hann c/ Ousmane Balde et 6 autres, Ohadata J-17-86 ; CCJA, 1e ch., n° 218, 23-11-2017 : Union Provinciale des Producteurs Semenciers du Bazèga c/ Union Régionale des Producteurs Semenciers du Centre Sud), dans le cadre d'une saisie immobilière (CCJA, 1e ch., n° 170, 27-7-2017 : Sani Al Hadj Ousmane c/ Sté Générale Tchad ; CCJA, 1e ch., n° 190, 25-10-2018 : Sté SOGAD BTP c/ ORABANK GABON, indiquant que le sursis prévu à l'article 16 du Traité n'était pas applicable en l'espèce) ; CCJA, 1e ch., n° 273/2019, 28-11-2019 : Société Mandji Alimentation Générale SARL c/ Sté Saham Assurances Gabon, visant également l'article 32 de l'AUPSRVE ; CCJA, 1e ch., n° 261/2019, 7-11-2019 : Successions Feus Assiba Edouard Johnson et Clarence Johnson Ansah, représentées par Gaston Edouard Johnson et 1 autre c/ Sté Netadi) ;

– recours en cassation formé contre l'arrêt rendu dans une instance soulevant des questions relatives à l'interprétation ou à l'application des articles 426, 438, 471, 473, 475 et 476 de l'AUSCGIE et sur lequel une Cour suprême nationale s'est prononcée sans se dessaisir au profit de la CCJA, alors que son incompétence avait été soulevée (CCJA, 2e ch., n° 110/2023, 27-4-2023) ;

– Compétence du juge de l'exécution (CCJA, 2e ch., n° 131, 18-5-2017 : 1) Sté Armement Safmarine Container lines NV, 2) Sté Maersk Line Agency Cameroun SA c/ Sté des Établissements Momkam) ;

– Sûretés : La juridiction nationale de cassation qui a statué sur un pourvoi dans une affaire soulevant manifestement des questions relatives à l'application d'un Acte uniforme (en l'espèce l'AUS) malgré le déclinatoire de sa compétence a méconnu la compétence de la CCJA et exposé sa décision à l'annulation conformément aux dispositions de l'article 18 du Traité relatif à l'OHADA, même si les moyens de cassation [présentés devant la juridiction nationale de cassation] sont « tirés de l'omission de statuer et du défaut de base légale » (CCJA, 3e ch., n° 050, 1-3-2018 : Sté GTA-C2A/IARDT c/ Sté Afriland First Bank, SGI Togo SA, Sté SITEL).

Obs. : la solution principale posée par cet arrêt n'est pas nouvelle. Cependant, c'est la première fois que la CCJA précise que l'omission de statuer et le défaut de base légale peuvent également donner lieu à l'annulation d'une décision rendue par une juridiction suprême nationale au mépris de sa compétence. En effet, certains plaideurs qui portent encore des affaires soulevant des questions relatives à un Acte uniforme ou un texte de l'OHADA devant une juridiction nationale de cassation essaient de justifier leur stratégie procédurale en invoquant des moyens qui seraient fondés sur des questions en dehors des Actes uniformes, telles que des dispositions de droit interne (Code de procédure civile dans la plupart des cas). La CCJA a pourtant une position claire et constante qui consiste à retenir sa compétence exclusive même en cas de pourvois mixtes, le critère essentiel étant une affaire soulevant des questions relatives à l'application d'un Acte uniforme ou autre texte de l'OHADA. À part la question principale du litige, qui relevait de l'AUS, la position de la CCJA est justifiée en l'espèce dès lors que l'omission de statuer et le défaut de base légale, qui sont prévus par l'article 28 bis du Règlement de procédure de la CCJA relativement aux moyens de cassation devant la CCJA, constituent indiscutablement aussi des « questions relatives à l'application d'un texte de l'OHADA » (en l'occurrence le Règlement de procédure de la CCJA) ; la compétence exclusive de la CCJA était donc justifiée.

....

V. Décisions n'ayant pas annulé l'arrêt de la juridiction nationale de cassation

A. Décision non rendue par une juridiction nationale de cassation et/ ou ne relevant pas de la législation OHADA

1° Ordonnance non rendue par une juridiction statuant en cassation

La CCJA est incompétente lorsqu'il s'avère que l'ordonnance dont le requérant demande l'annulation, en application de l'article 18 du Traité OHADA, n'a pas été rendue par une juridiction statuant en cassation et n'a pas statué sur une demande relative à une mesure d'exécution forcée ou à une saisie conservatoire comme prévu à l'article 49 de l'AUPSRVE. Il en est ainsi même si le requérant a soulevé l'incompétence du Président de la juridiction suprême nationale lors de l'audience de référé qui a abouti à l'ordonnance dont l'annulation est demandée (CCJA, 1e ch., n° 20, 25-3-2010 : Me K.-O. c/ S.O.P.I.M., Juris-Ohada, n° 3/2010, juill.-sept., p. 13, Ohadata J-11-64).

2° Litige relatif à la propriété d'un immeuble

Il n'y a pas lieu d'annuler l'arrêt rendu par une juridiction suprême nationale dès lors qu'il a tranché un litige relatif à la propriété d'un immeuble conformément au droit national et que le problème juridique fondamental ayant été ainsi résolu, il ne se pose plus de question relative à l'application d'un Acte uniforme (CCJA, ass. plén., n° 008, 4-2-2014 : SAPI SCI c/ Sté ARNO SARL, Ohadata J-15-99).

3° Irrecevabilité manifeste du recours contre la décision d'une section administrative d'une Cour d'une juridiction suprême nationale

Il résulte de l'article 14 du Traité relatif à l'OHADA que les décisions des juridictions des États parties susceptibles d'être attaquées par la voie du pourvoi en cassation sont celles rendues par les juridictions d'appel ou celles insusceptibles d'appel rendues par les juridictions du premier degré des États parties statuant légalement en premier et dernier ressort. Contre les décisions rendues par les hautes juridictions nationales statuant en cassation, le législateur OHADA n'a prévu que le recours en annulation dans les conditions édictées à l'article 18 dudit Traité OHADA. En l'espèce, le pourvoi est manifestement irrecevable dès lors que la décision dont pourvoi a été rendue par la section administrative d'une Cour suprême d'une État partie, haute juridiction dont les décisions sont insusceptibles de recours, à l'exception du recours en annulation prévue par l'article 18 du Traité OHADA susvisé (CCJA, 2e ch., n° 130, 7-6-2018 : West African Investment Corporation dite WAIC-SA devenue Tiger Industrie Mali c/ État du Mali, Banque Malienne de Solidarité SA).

4° Irrecevabilité manifeste du pourvoi en cassation formé en lieu et place du recours en annulation qui aurait dû être formé

Il résulte des dispositions de l'article 14 al. 3 et 4 du Traité OHADA que les décisions des juridictions des États parties susceptibles d'être attaquées par la voie du pourvoi en cassation sont celles rendues par les juridictions d'appel ou celles insusceptibles d'appel rendues par les juridictions du premier degré des États parties statuant légalement en premier et dernier ressort. Contre les décisions rendues par les hautes juridictions nationales statuant en cassation, le législateur OHADA n'a prévu que le recours en annulation dans les conditions édictées par l'article 18 dudit Traité. En l'espèce, la décision faisant l'objet du pourvoi, sur le fondement de l'article 14 al. 3 et 4 du Traité, ayant été rendue par une Cour suprême nationale, haute juridiction dont les décisions sont insusceptibles de recours, à l'exception du recours en annulation prévue par l'article 18 du Traité susvisé, le recours en cassation est manifestement irrecevable (CCJA, 2e ch., n° 030, 8-2-2018 : Bayor Kélani c/ Dosseh-Adjanon Daniel, Henry Yaovi Gbone).

Obs. : il est déjà arrivé que la CCJA « casse » la décision d'une juridiction nationale de cassation au lieu de la déclarer « nulle et non avenue » (CCJA, 2e ch., n° 017, 27-2-2014 : SORO TCHO-

HONA et KOUAME KAN BLAISE c/ Collège IRIS II et ZOHE Raymonde, Ohadata J-15-108). En effet, même si les deux procédures ont un résultat équivalent, elles sont différentes, la cassation régie par l'art. 14 du Traité OHADA concernant en principe les décisions rendues par les juridictions de fond ou en dernier ressort et le « recours en annulation » concernant les décisions rendues par les juridictions nationales suprêmes ou de cassation selon l'art. 18 du Traité OHADA. Les parties sont donc encouragées à préciser le type de recours qu'elles introduisent dans chaque cas. En ce qui la concerne, il serait souhaitable que la Cour demeure constante en n'utilisant pas invariablement, comme ce fut le cas en l'espèce, la cassation et l'annulation.

5° Irrecevabilité du recours concernant la liquidation d'une astreinte

Le recours fondé sur l'article 18 du Traité OHADA est irrecevable lorsqu'il ne résulte d'aucune pièce du dossier que la requérante a soulevé l'incompétence préalable de la juridiction nationale de cassation devant elle et qu'en outre, l'arrêt entrepris a été rendu en matière de liquidation d'une astreinte dont la Cour de cassation, saisie du fond de l'affaire, a, par arrêt de son premier président, ordonné le sursis à l'exécution en attendant la décision au fond. Une telle matière, non régie par aucun Acte uniforme, échappe à la compétence de la Cour de céans et il convient donc, en application de l'article 32-2 du Règlement de procédure de la CCJA, de déclarer ledit recours en annulation manifestement irrecevable comme n'étant pas conforme aux prescriptions de l'article 18 du Traité OHADA précité (CCJA, 2e ch., n° 262, 13-12-2018 : Sté 2JTH Gabon c/ Ecobank Gabon).

Doit être rejeté au fond le recours en annulation relatif à un litige ne soulevant aucune question relative à l'application d'un Acte uniforme et, de ce fait, ne relevant pas en cassation de la compétence de la CCJA. Tel est le cas du recours prétendument relatif à l'autorité de la chose jugée attachée à une sentence arbitrale rendue, en application de l'article 23 de l'AUA, mais qui en réalité concerne une action en liquidation d'astreintes et en dommages-intérêts (CCJA, 1e ch., n° 130/2022, 30-6-2022).

Obs. : exception faite des litiges régis par l'article 49, de l'AUPSRVE du 10 avril 1998, depuis l'entrée en vigueur de l'article 49 alinéa 4, issu de la réforme de l'AUPSRVE du 17 octobre 2023, qui admet désormais la possibilité, pour le juge de l'exécution, d'ordonner, même d'office, une astreinte, puis de la liquider, la jurisprudence ci-dessus relative à l'incompétence de la CCJA pour un litige relatif aux astreintes (quant à leur prononcé et à leur liquidation) est désormais caduque.

B. Incompétence de la CCJA pour une décision rendue par une autre juridiction communautaire

Le seul cas d'annulation par la CCJA d'une décision rendue par une juridiction nationale suprême ou de cassation est celui de l'article 18 du Traité OHADA, qui ne concerne que les affaires portées à tort devant les juridictions nationales de cassation et n'est en aucun cas applicable à celles jugées par les juridictions communautaires, telles que la Cour de justice de la CEMAC en l'espèce. La CCJA est donc incompétente (CCJA, 2e ch., n° 106, 30-12-2013 : Abel KOMENGUE-MALENZAPA c/ ECOBANK CENTRAFRIQUE, Banque des États de l'Afrique Centrale (BEAC), Rec. jur. CCJA n° 20, vol. 1, janv.-déc. 2013, p. 78-80, Ohadata J-15-79).

C. Recours devenu sans objet

Le recours en annulation de l'arrêt rendu par une juridiction nationale de cassation au mépris de la compétence de la CCJA est devenu sans objet, lorsque l'arrêt dont l'annulation est poursuivie a disparu de l'ordonnancement juridique du pays concerné, à la suite de l'arrêt de la juridiction nationale de cassation qui a rabattu l'arrêt entrepris et renvoyé la cause et les parties devant sa deuxième chambre civile et commerciale, qui à son tour s'est déclarée incompétente et a renvoyé l'affaire devant la CCJA qui a définitivement statué sur l'affaire (CCJA, 3e ch., n° 079, 30-3-2017 : SCP Hassan Hachem et Fils c/ Souleymane Sow et 2 autres).

D. Autorité de la chose jugée

La cour d'appel qui a clairement spécifié que la question posée par l'article 197 al. 2 de l'AUDCG avait déjà été tranchée par la juridiction nationale de cassation dans un précédent arrêt qui n'a pas été déféré devant la CCJA, pour confirmer le rejet des exceptions et fins de non-recevoir, n'a pas violé les dispositions visées et le pourvoi formé contre son arrêt doit être rejeté (CCJA, ass. plén., n° 137, 11-11-2014 : NILEDUTCH S.A c/ SATRAM S.A., Ohadata J-15-227).

Obs. : il convient de noter cependant que l'autorité de chose jugée n'a été reconnue en l'espèce qu'en l'absence d'une saisine de la CCJA alors que le recours devant la juridiction nationale de cassation était pendant contre l'arrêt attaqué ; en cas de saisine de la CCJA, la décision à intervenir de la juridiction nationale de cassation ne peut avoir l'autorité de chose jugée en raison de la suspension de la procédure imposée par l'art. 18 du Traité. Sur ce point, voir sous les art. 16 et 20 : CCJA, ass. plén., n° 067, 29-4-2015 : 1) S.G.B.G, 2) Sté Générale France, 3) Sté Bayerische Hypo Und Vereinsbank AG c/ 1) El Hadj Boubacar Hann, 2) Sté Hann et Compagnie, Ohadata J-16-67.

Est irrecevable d'office, pour autorité de la chose jugée, le pourvoi formé concurremment devant la CCJA et une juridiction suprême nationale en cassation d'un même arrêt, dès lors que statuant par arrêt contradictoire, la juridiction nationale a cassé et annulé la décision attaquée puis renvoyé les parties, pour être fait droit, devant une cour d'appel, la cause ayant été ainsi tranchée à la demande des parties, sans qu'elles aient soulevé l'incompétence de la juridiction suprême nationale (CCJA, 3e ch., n° 233, 14-12-2017 : Sté CHANAS Assurances c/ Louis Laughier, Jacqueline Casalegno ; CCJA, 2e ch., n° 043, 23-3-2017 : Sté Zhang Lotus Limited Sarl c/ NSIA Banque Côte d'Ivoire (Anciennement BIAO Côte d'Ivoire, Ohadata J-17-190).

Art. 19 **La procédure devant la Cour commune de justice et d'arbitrage est fixée par un Règlement adopté par le Conseil des ministres dans les conditions prévues à l'article 8 et publié au journal officiel de l'OHADA. Il est également publié au journal officiel des États parties ou par tout autre moyen approprié.**

Cette procédure est contradictoire. Le ministère d'un avocat est obligatoire. L'audience est publique.

Art. 20 **Les arrêts de la Cour commune de justice et d'arbitrage ont l'autorité de la chose jugée et la force exécutoire. Ils reçoivent sur le territoire de chacun des États parties une exécution forcée dans les mêmes conditions que les décisions juridiques nationales. Dans une même affaire, aucune décision contraire à un arrêt de la Cour commune de justice et d'arbitrage ne peut faire l'objet d'une exécution forcée sur le territoire d'un État partie.**

I. Principe

Le principe de l'autorité de la chose jugée est violé lorsqu'une juridiction revient sur une affaire déjà tranchée par les juridictions compétentes par une décision passée en force de chose jugée. Tel n'est pas le cas du présent litige qui est relatif à la saisie-attribution de créances pratiquée le 3 décembre 2008 ; le moyen manque donc en droit et sera rejeté (CCJA, 1e ch., n° 082, 28-3-2019 : Sté MAERSK c/ AKPA TCHOTCH Marcelin et 2 autres).

C'est à tort que l'incompétence de la CCJA est soulevée au motif que « dans une affaire numérotée RG : 3152/2015 qui opposait la BNI à la Société International Malo, la BNI avait saisi la CCJA pour qu'elle casse l'arrêt consacrant la mainlevée de la caution bancaire ; à ce pourvoi, par une décision rendue le 31 mai 2018, la CCJA s'est déclarée incompétente pour connaître de cette affaire ; ainsi, dans un paradigme juridique similaire, les faits, les prétentions et la procédure étant les mêmes, la CCJA devrait se déclarer incompétente... », dès lors que contrairement aux allégations de la défenderesse, l'exacte référence du jugement qu'elle mentionne est le n° 734/2016 et non le « RG : 3152/2015 » ; qu'ensuite, la CCJA ne s'était pas déclarée incompétente dans l'arrêt CCJA n° 116/2018 du 31 mai 2018 sus évoqué, mais avait plutôt rejeté le pourvoi aux dépens de la demanderesse ; et que par ailleurs, l'exception soulevée concerne moins la compétence de la Cour que la recevabilité du recours relativement à l'autorité de la chose jugée, au sujet de laquelle la condition de la triple identité de parties, d'objet et de cause n'est pas établie dans la présente espèce, d'autres parties s'étant jointes à la demanderesse et l'identité d'objet n'existant pas, la première affaire concernant la condamnation de la demanderesse à des dommages-intérêts pour avoir refusé d'exécuter une décision de justice, alors que la présente affaire est relative à la conformité du paiement effectué par la garante à l'AUS. Il ensuit que le recours est recevable (CCJA, 3e ch., n° 36, 31-1-2019 : BNI c/ Sté Internationale Malo et 3 autres).

L'article 20 du Traité OHADA est relatif à l'autorité des décisions de la CCJA sur celles contraires rendues dans une même affaire par les juridictions nationales des États parties, en ce sens que de telles décisions des juges nationaux ne peuvent donner lieu à une exécution forcée sur le territoire d'un État partie au Traité. Cependant, aucune exécution forcée n'est alléguée en l'espèce (CCJA, 1e ch., n° 051/2020, 27-2-2020 : Chanas Assurances SA c/ Louis Laugier).

II. Effets de l'autorité de la chose jugée attachée aux arrêts de la CCJA

A. Primauté de l'arrêt de la CCJA en cas de contrariété avec un arrêt rendu par une juridiction nationale

En cas de contrariété entre un arrêt de la CCJA et une autre décision, la décision contraire à celle de la CCJA ne peut être exécutée et doit être annulée. Il en est ainsi, par exemple, lorsqu'il est établi que c'est le même arrêt n° 14 du 12 novembre 2008, rétracté le 25 janvier 2012 par la cour d'appel de Bobo-Dioulasso, qui avait été déféré à la censure de la CCJA, laquelle a rejeté le recours en date du 4 décembre 2012. Ainsi, la décision de rejet de la CCJA qui a pour effet de consolider le redressement judiciaire ordonné par l'arrêt n° 14 est en nette contrariété avec celle déférée qui ordonne la liquidation ; il en résulte que l'arrêt du 25 janvier 2012 ne pouvant être exécuté, doit par conséquent être annulé, sans qu'il y ait lieu à évocation, rien ne restant à juger (CCJA, ass. plén., n° 080, 29-4-2015 : Kabore John Boureima, Kabore Aimé c/ Sté CORI sarl, Maître Yacoba Ouattara, Souleymane Sere, Henry Deckers, Ohadata J-16-80).

Il résulte de l'article 20 du Traité OHADA que les arrêts de la CCJA ont l'autorité de la chose jugée dans tout le territoire des États membres de l'OHADA, de sorte qu'aucune décision contraire ne peut y recevoir exécution. En l'espèce, la CCJA ayant, par arrêt 129/2020 du 30 avril 2020, dans une affaire opposant les mêmes parties pour le recouvrement de la même créance, retenu une créance de 7503,48 $, la somme de 193 589,78 $ réclamée dans la nouvelle procédure ne peut prospérer (CCJA, 1e ch., n° 053/2022, 3-3-2022).

Aucune décision contraire à un arrêt de la CCJA ne peut avoir exécution sur le territoire d'un État partie au Traité OHADA, conformément à l'article 20 dudit Traité (CCJA, ass. plén., n° 077/2023, 27-4-2023).

B. Impossibilité d'exécuter dans l'espace géographique de l'OHADA un arrêt rendu en violation de la compétence de la CCJA

Une décision rendue au mépris de l'article 16 du traité relatif à l'OHADA ne pouvant faire l'objet d'une exécution forcée sur le territoire d'un État partie, conformément à l'article 20 dudit traité, l'arrêt rendu par une juridiction suprême nationale au mépris de la compétence de la CCJA alors que cette dernière était déjà saisie n'a pu avoir l'autorité de la chose jugée, en raison de la suspension de la procédure devant la juridiction nationale opérée par la saisine de la CCJA. Il s'ensuit que le pourvoi est recevable (CCJA, ass. plén., n° 067, 29-4-2015 : 1) Sté Générale de Banques en Guinée dite S.G.B.G, 2) Sté Générale France, 3) Sté Bayerische Hypo Und Vereinsbank AG c/ 1) El Hadj Boubacar Hann, 2) Sté Hann et Compagnie, Ohadata J-16-67).

L'arrêt rendu en violation des articles 18 al. 3 et 20 du Traité OHADA relatif à l'harmonisation du droit des affaires en Afrique est nul et de nul effet et ne peut exercer aucune influence sur l'arrêt de la CCJA du 17 décembre 2015 avec lequel il est en contrariété (CCJA, 2e ch. n° 188, 27-7-2017 : Maisons Sans Frontières SARL c/ ELCO Construction SARL).

C. Irrecevabilité de nouveaux recours

1° Irrecevabilité du recours contre un arrêt déjà examiné par la CCJA

Aux termes des articles 20 du traité de l'OHADA et 41 du Règlement de procédure de la CCJA, les arrêts de la Cour ont l'autorité de la chose jugée, la force exécutoire et la force obligatoire à compter du jour de leur prononcé. Il s'ensuit que le recours en cassation formé par une personne, agissant par le même représentant légal et assistée du même Conseil, contre un arrêt qui a déjà donné lieu à un arrêt rendu par une chambre de la CCJA est irrecevable (CCJA, 1e ch. n° 124, 29-10-2015 : Sté Total Guinée SA c/ 1) Sté Pétrolière de Guinée (COPEG) SA, 2) État de Guinée représenté par l'Agent Judiciaire de l'État, Ohadata J-16-117).

L'autorité de la chose jugée attachée aux arrêts de la CCJA s'oppose à un nouvel examen d'une cause déjà vidée par un précédent arrêt de la CCJA, faute d'objet à juger ; en conséquence, le recours est irrecevable (CCJA, 2e ch., n° 206/2021, 25-11-2021 : Interface Mobile Sarl c/ Sentel GSM SA).

Obs. : voir sous l'art. 41 du Règl. de procédure CCJA.

Un arrêt de la CCJA qui a acquis l'autorité de la chose jugée ne peut faire l'objet d'aucun recours. Tel est le cas lorsque le demandeur a formé un recours en tierce opposition contre l'arrêt n° 083 rendu le 4 décembre 2012 par la CCJA qui a consolidé le redressement judiciaire de la société codéfenderesse ordonné par l'arrêt no 014/08 du 12 novembre 2008 en rejetant le pourvoi formé contre ledit arrêt ; qu'en outre, par arrêt 080/2015 rendu le 29 avril 2015, dans la même cause, la Cour de céans a annulé l'arrêt n° 006 rendu le 25 janvier 2012 par la Cour d'appel de Bobo-Dioulasso sur tierce opposition de CORI et qui a rétracté l'arrêt n° 014/08 en précisant que celui-ci était en nette contrariété avec l'arrêt n° 006 et qu'en conséquence ne pouvait être exécuté et qu'il ne saurait être évoqué puisque plus rien ne restant à juger ; qu'il s'ensuit de ce qui précède que seul l'arrêt n° 083 du 4 décembre 2012 consolidant le redressement judiciaire reste valable et que les différentes procédures dans cette affaire ayant un lien de connexité puisque concernant les mêmes parties litigantes, il y a lieu de constater l'autorité de la chose jugée liée à l'arrêt n° 083/2012 (CCJA, 1e ch., n° 120/2018, 31-5-2018 : Compagnie d'Opérations et de Reconditionnement Industriel dite CORI c/ KABORE John Boureima, KABORE Aimé, SIABI D. François, Henry DECKERS, Belcot Société Générale Burkina dite BSGB).

2° Autorité de chose jugée empêchant le réexamen du même arrêt qui a fait l'objet de recours parallèles

Lorsque parallèlement au pourvoi formé devant la juridiction nationale de cassation, le requérant a formé, contre le même arrêt d'appel, un second recours en cassation devant la CCJA et que le recours devant la CCJA a connu un dénouement par arrêt, il y a lieu de constater d'office l'autorité de la chose jugée relativement à la demande en annulation de la décision de la juridiction nationale de cassation (CCJA, 1e ch. n° 080, 27-4-2017 : Sté AFRICOF c/ Banque Islamique de Guinée).

D. Rejet de l'exception tendant à priver d'effet un arrêt de la CCJA

Il découle de l'arrêt par lequel la CCJA a reconnu à une personne la qualité d'associé d'une société « [...] dès l'acceptation de la cession [de parts sociales] et de la dispense de sa signification consentie par le cédant [...] dans l'acte notarié susmentionné qui fait foi jusqu'à inscription de faux... », qui est entré en force de chose jugée au sens de l'article 20 du Traité OHADA et doit de ce fait recevoir exécution sur le territoire camerounais, que l'exception d'irrecevabilité, tirée du défaut de qualité de cette personne pour agir en tant qu'associé de ladite société, en se fondant sur « des décisions pénales définitivement rendues par les juridictions camerounaises », est infondée (CCJA, 1e ch., n° 241/2020, 25-6-2020 : Zouhair Michel Fadoul El Achkar c/ Transport Omais Kassim SARL).

E. Décisions ayant retenu la contrariété avec un arrêt de la CCJA

1° Décision ayant annulé l'ordonnance d'expulsion validée par la CCJA

Lorsque le recours contre le jugement d'adjudication d'un immeuble a été déclaré irrecevable par la CCJA, consolidant ainsi l'adjudication dudit immeuble à la demanderesse qui en est devenue propriétaire ; l'arrêt ultérieur d'une cour d'appel, qui a retenu que « l'expulsion peut engendrer l'irréparable..., surtout que l'appelant relève qu'il y a erreur faite sur les titres fonciers relatifs aux deux immeubles voisins dont le premier entouré est convoité par [la demanderesse]... » pour annuler l'ordonnance d'expulsion, est en nette contrariété avec la décision de la CCJA qui consacre l'adjudication de l'immeuble à la demanderesse. Ne pouvant être exécuté, cet arrêt de la cour d'appel ne doit être annulé, sans qu'il y ait lieu à évocation, rien ne restant à juger (CCJA, 3e ch., n° 165/2019, 9-5-2019 : Bsic-Tchad c/ Bouari Atteib Salahedine).

2° Sursis ordonné par le président d'une juridiction nationale de cassation

Il résulte des articles 14 et 20 du Traité OHADA que sur le plan judiciaire, la CCJA est dépositaire suprême de la lettre et de l'esprit du Traité et des Actes uniformes. De plus, en application des dispositions combinées des articles 5, 10, 14 et 16 du Traité 32, 49 et 336 de l'AUPSRVE, la juridiction nationale de cassation ne peut plus exercer la compétence qui lui est réservée en matière de sursis à exécution dès lors que l'exécution est consommée, volontairement ou forcément. En l'espèce, en énonçant, au visa même de l'article 16 du Traité OHADA : « Réitérons, si besoin est, le sursis à l'exécution de l'arrêt rendu entre les parties, le 10 août 2018 par le premier président de la cour d'appel judiciaire de Libreville », alors que par arrêt n° 312/2019 du 12 décembre 2019, la CCJA avait, pour des motifs encore actuels, annulé le sursis à exécution objet de cette « réitération », le premier président de la Cour de cassation du Gabon a méconnu l'autorité de la chose jugée attachée audit arrêt par l'article 20 du Traité OHADA, exposant ainsi son ordonnance à l'annulation (CCJA, 3e ch., n° 093/2021, 27-5-2021 : Groupe A40 Architectes SAS c/ Union Gabonaise de Banque SA).

Il résulte des articles 14 et 20 du Traité OHADA que, sur le plan judiciaire, la CCJA est dépositaire suprême de la lettre et de l'esprit du Traité et des Actes uniformes ; elle rappelle constamment qu'en application des dispositions combinées des articles 5, 10, 14 et 16 du Traité 32, 49 et 336 de l'AUPSRVE, une juridiction nationale de cassation ne peut plus exercer la compétence qui lui est réservée en matière de sursis à exécution, dès lors que l'exécution est consommée, volontairement ou forcément. Par définition, le sursis à exécution est un mécanisme dont le but est d'éviter que l'exécution ait lieu, de sorte que sa mise en œuvre est exclue lorsque l'évènement redouté s'est produit ; l'exécution étant, il ne peut s'agir que de l'interrompre ou de l'annuler, avec pour conséquence le remboursement ou la restitution, ce qui n'entre pas dans le champ de compétence de la juridiction du sursis à l'exécution (CCJA, 1e ch., n° 332/2020, 22-10-2020 : Antoine Yalanzele d'Angouali c/ Union Gabonaise de Banque (UGB). Voir aussi : CCJA, 2e ch., n° 217/2021, 23-12-2021 : Commodities Corporate Consulting SA c/ Latham Éric Jean Louis).

3° Décision ayant confirmé l'annulation d'un acte notarié en violation d'un arrêt de la CCJA

La CCJA ayant relevé qu'un acte notarié constitue un titre exécutoire au sens de l'article 30 de l'AUPSRVE, une cour d'appel ne peut, sans méconnaître les dispositions de l'article 20 du Traité OHADA, confirmer le jugement qui a prononcé la nullité de l'acte notarié ci-dessus indiqué ; en statuant ainsi, la cour d'appel a manifestement violé les dispositions de ce texte et exposé sa décision à la cassation. Sur l'évocation, en se prononçant de nouveau sur le même litige entre les mêmes parties sur la même question de la nullité d'hypothèque, déjà tranchée, le tribunal de grande instance de Wouri a méconnu l'autorité de la chose jugée attachée à sa propre décision rendue le 28 mars 2007 et ce, en violation de l'article 1351 du Cameroun. Pour ce motif, ainsi que pour ceux en vertu desquels l'arrêt attaqué a été cassé, il y a lieu d'infirmer en toutes ses dispositions le jugement n° 468 rendu le 10 juin 2009 par le tribunal de grande instance de Wouri et statuant à nouveau, déclarer irrecevable l'action du débiteur (CCJA, 3e ch., n° 067/2020, 27-2-2020 : Union Bank of Cameroon PLC c/ Piwele Grégoire dit Ngako Jeuga Grégoire).

4° Décision ayant remis en cause le montant d'une créance en se fondant sur un jugement de rétractation postérieur à un arrêt de la CCJA

Il ressort de l'article 20 du Traité OHADA que dans une même affaire, aucune décision ne peut remettre en cause l'autorité de la chose jugée attachée à un arrêt de la CCJA. En l'espèce, l'arrêt 234/2018 rendu par la CCJA le 29 novembre 2018, en déclarant irrecevable l'appel formé contre le jugement rendu le 14 mars 2016 qui assortissait le paiement du montant de la créance en principal de 516 661,32 $, d'intérêts judiciaires de 2 % le jour, a eu pour effet de conférer à ce jugement l'autorité et la force de chose jugée avec comme conséquence de revêtir la créance et les intérêts des caractères de certitude et d'exigibilité. Il s'ensuit que la cour d'appel de Kinshasa/Gombe, en faisant fi de l'arrêt de la CCJA et en se basant sur un jugement de rétractation qui lui est postérieur pour écarter les intérêts judiciaires au motif qu'ils sont contestés, a violé l'article 20 du Traité précité, exposant l'arrêt attaqué à la cassation. Sur l'évocation, et pour les mêmes motifs que ceux ayant entraîné la cassation de l'arrêt attaqué, il y a lieu d'infirmer l'ordonnance RRE 767 du 19 février 2021 rendue par la juridiction présidentielle du tribunal de grande instance de Kinshasa/Gombe et statuer à nouveau (CCJA, 3e ch., n° 096/2024, 28-3-2024).

5° Ordonnance d'un tribunal arbitral adoptant la même position que celle d'une sentence partielle antérieurement annulée par la CCJA relativement au même litige

Selon les dispositions combinées des articles 20 du Traité OHADA et 41 du Règlement de procédure de la CCJA, les arrêts de la CCJA ont l'autorité de la chose jugée et la force obligatoire au jour de leur prononcé. Ils reçoivent sur le territoire de chacun des États parties une exécution forcée dans les mêmes conditions que les décisions des juridictions nationales. Dans une même affaire, aucune décision contraire à un arrêt de la Cour commune de justice et d'arbitrage ne peut faire l'objet d'une exécution forcée sur le territoire d'un État partie. Lorsque sa violation contrarie l'exécution d'une décision de la haute cour communautaire de l'OHADA, l'autorité de la chose jugée constitue un élément de l'ordre public international. Il s'en infère qu'en adoptant, dans son ordonnance n°14 du 15 janvier 2024, la même position que celle de la sentence partielle antérieurement annulée par la CCJA le 23 juin 2022, alors même que celle-ci lui faisait nettement obligation de répondre sans attendre à l'exception d'incompétence soulevée, le tribunal arbitral a violé l'autorité de chose jugée attachée aux deux arrêts de la Cour, exposant ainsi sa sentence, qui heurte leur exécution et contrarie l'ordre public international, à l'annulation au sens de l'article 29 du Règlement d'arbitrage de la Cour (CCJA, ass. plén., n° 236/2024, 18-7-2024).

F. Décisions n'ayant pas retenu la contrariété avec un arrêt de la CCJA

1° Décision dépourvue de toute contrariété entre ses motifs et son dispositif

C'est dans le cas d'une contrariété entre le dispositif d'un jugement et ses motifs que se pose la question de la suprématie ou non de l'un sur les autres ; dans les autres cas, il est tout aussi constant que l'autorité de la chose jugée peut s'étendre aux motifs dès lors que ceux-ci sont indissociables de la décision et demeurent le soutien nécessaire du dispositif. Le jugement concerné ne contenant en l'espèce nulle contrariété entre son dispositif et ses motifs, c'est en toute régularité que le juge d'appel a admis l'autorité de la chose jugée sur la question du tiers constituant que le premier juge a du obligatoirement trancher dans les motivations pour prendre sa décision ; rejet (CCJA, 2e ch., n° 075/2021, 29-4-2021 : Banque Populaire de Côte d'Ivoire, c/ Niamoutie Kouao).

2° Décision n'ayant pas statué en méconnaissance d'un arrêt de la CCJA

C'est à tort qu'il est reproché à un arrêt d'avoir violé l'article 20 du Traité OHADA, dès lors qu'il ne ressort d'aucune énonciation de l'arrêt de la Cour ayant statué sur appel d'une ordonnance rendue sur tierce opposition par la juridiction du contentieux de l'exécution, ni une méconnaissance de l'autorité de la chose jugée ou de la force exécutoire d'un arrêt de la CCJA, ni une quelconque contrariété avec une décision rendue par celle-ci ; rejet du moyen (CCJA, 1e ch., n° 176/2019, 23-5-2019 : African Petroleum Consultants Sarl c/ Sonara).

3° Mesure d'administration judiciaire ne comportant aucun acte juridictionnel

L'autorité de la chose jugée est attachée à un acte juridictionnel et non à une mesure d'administration judiciaire. Lorsqu'à la suite du jugement avant dire droit rendu à l'issue d'une audience éventuelle, le tribunal a, par mesure d'administration judiciaire, renvoyé le dossier en attente de la décision d'appel, le principe de l'autorité de la chose jugée ne peut trouver application, aucun acte juridictionnel n'ayant été pris (CCJA, 3e ch., no 092/2021, 27-5-2021 : Bank Of Africa Bénin SA c/ Sacogi SARL, Lokossou Koffi Venance).

4o Décision antérieure d'une juridiction nationale sans incidence sur arrêt plus récent de la CCJA

L'arrêt rendu en 2011 par une juridiction nationale de cassation n'a pu contrarier un arrêt rendu en 2015, donc bien postérieurement, par la CCJA. En l'espèce, le recours en annulation est manifestement infondé (CCJA, 1e ch., no 051/2020, 27-2-2020 : Chanas Assurances SA c/ Louis Laugier).

5o Décision ne portant pas sur la solution retenue dans l'arrêt de la CCJA évoqué

C'est à tort qu'il est reproché à un arrêt d'avoir violé l'article 20 du Traité OHADA, en déclarant nulle et non avenue la saisie immobilière pratiquée sur l'immeuble appartenant au défendeur, malgré un arrêt no 192/2017 du 9 novembre 2017 de la CCJA qui avait déjà ordonné la poursuite de la procédure initiée, dès lors que l'arrêt de la CCJA évoqué par le moyen portait sur la qualité du défendeur par rapport à l'immeuble saisi, et non sur les moyens de fonds développés au soutien des dires et observations et des écritures subséquentes. Il s'ensuit que la cour d'appel, qui a ordonné la poursuite de la procédure d'expropriation, n'a pas commis le grief articulé ; rejet (CCJA, 1e ch., no 025/2022, 17-2-2022 : Shire Petroleum Sarl c/ Louzaki Yemoko).

....

III. Inexistence de l'autorité de la chose jugée

A. Absence de causes identiques

C'est à tort qu'il est reproché à un arrêt d'avoir violé l'article 1351 du Code civil de Côte d'Ivoire relatif à l'autorité de la chose jugée, dès lors qu'aux termes dudit texte, « l'autorité de la chose jugée n'a lieu qu'à l'égard de ce qui a fait l'objet du jugement... » ; et qu'en l'espèce, il n'est pas contesté que la première procédure qui s'est poursuivie jusque devant la CCJA était relative à une mainlevée demandée par la défenderesse pour inexistence de la créance à son encontre alors que la présente est relative à une mainlevée pour absence de titre exécutoire. Manifestement la cause n'étant pas la même, il n'y a pas autorité de la chose jugée et la cour d'appel n'a en rien violé le texte visé au moyen en statuant comme elle l'a fait ; rejet du moyen (CCJA, 3e ch., no 077, 29-3-2018 : Martial Duparc et une autre c/ Sté SCB).

C'est à tort que l'irrecevabilité d'un pourvoi a été soulevée, pour autorité de la chose jugée, au motif que saisie auparavant en tierce-opposition contre son arrêt 83/2012 du 4 décembre 2012, la CCJA avait déjà rendu un arrêt 120 du 31 mai 2018 qui avait débouté la demanderesse de sa prétention. Il en est ainsi, en l'espèce, dès lors que la question principale litigieuse est relative, tant au sort d'une vente, après annulation de la procédure de liquidation qui lui a servi de fondement, qu'à la régularité de la procédure judiciaire ayant conduit à l'annulation de ladite vente. Il s'ensuit que la question du sort des actes consécutifs à une liquidation lorsque celle-ci est annulée, demeure, puisque n'ayant été abordée par aucune des décisions sus-spécifiées ; la question de la régularité de la procédure judiciaire ayant conduit à l'annulation de cette vente, est totalement étrangère aux arrêts déjà rendus par la CCJA, de sorte que l'autorité attachée à ces décisions ne peut faire obstacle à l'examen des moyens du pourvoi. En conséquence, la fin de non-recevoir tirée de l'autorité de la chose jugée sur le fondement de l'article 20 du Traité OHADA doit être rejetée (CCJA, 1e ch., no 059/2022, 3-3-2022).

B. Tierce opposition sans réexamen au fond du litige

C'est à tort qu'il est reproché à un arrêt d'avoir violé d'une part l'article 20 du Traité relatif à l'OHADA et l'article 41 du Règlement de procédure de la CCJA, et, d'autre part, l'article 257 de l'AUSCGIE, en ce que la nullité de la fusion-absorption d'une société par la société demanderesse a fait l'objet d'une régularisation dûment inscrite au Registre du Commerce et du Crédit Mobilier et n'a jamais été contestée, dès lors que la tierce opposition est une voie par laquelle une juridiction ne réexamine une affaire et ne rétracte sa précédente décision qu'après avoir déclaré ledit recours recevable en la forme ; la juridiction qui déclare un tel recours irrecevable et tire, en tant que de besoin, les conséquences de sa décision, relativement au caractère exécutoire de la décision attaquée, en précisant que celle-ci doit produire ses pleins effets, ne procède pas à un réexamen du fond du litige opposant les parties. Il y a donc lieu de considérer, en l'espèce, que la Cour n'a pas réexaminé les demandes en revendication d'actions et en nullité de la fusion-absorption, pour avoir seulement déclaré la tierce opposition irrecevable ; les griefs allégués étant alors extérieurs à l'arrêt attaqué et, par conséquent, inopérants, les exceptions soulevées par la défenderesse manquent d'objet et le pourvoi mérite d'être rejeté (CCJA, 1e ch., no 229, 29-11-2018 : TOTAL GUINÉE S.A. c/ Compagnie Pétrolière de GUINÉE (COPEG), État de GUINÉE).

IV. Autorité de chose jugée des décisions nationales non déférées à la CCJA et empêchant leur réexamen par celle-ci

Incompétence de la juridiction nationale non soulevée devant elle

Le pourvoi est irrecevable, dès lors qu'il ressort des éléments du dossier que la procédure devant la CCJA a été initiée concomitamment avec une autre par devant une Cour suprême nationale, en cassation du même arrêt ; que statuant par arrêt contradictoire du 2 juin 2016, la Cour suprême nationale rejetait le pourvoi en cassation de la demanderesse, qu'en exécution dudit arrêt, il a été procédé le 16 juin 2014, par devant notaire, à l'adjudication de l'immeuble litigieux. La cause ayant ainsi été tranchée à la demande de la demanderesse sans qu'elle ait soulevé l'incompétence de la Cour suprême nationale (CCJA, 2e ch., nº 089, 27-4-2017 : La Société Civile Immobilière Choucair Frères c/ SGBCI SA).

Titre IV

L'ARBITRAGE

Art. 21 En application d'une clause compromissoire ou d'un compromis d'arbitrage, toute partie à un contrat soit que l'une des parties ait son domicile ou sa résidence habituelle dans un des États parties soit que le contrat soit exécuté ou à exécuter en tout ou partie sur le territoire d'un ou plusieurs États parties, peut soumettre un différend d'ordre contractuel à la procédure d'arbitrage prévue par le présent article.

Observations

l'arbitrage institutionnel de la CCJA prévu par les articles 21 et suivants du traité doit être distingué de l'arbitrage ad hoc régi par l'AUA. Voir sous l'article 1 de l'AUA et l'article 10 du Règlement d'arbitrage de la CCJA.

Inopposabilité de l'arbitrage au tiers non-signataire d'une convention d'arbitrage

En vertu de son effet relatif, toute convention d'arbitrage n'engage que ceux qui l'ont signée. La voie de l'arbitrage ne peut être opposée à une tierce personne attraite devant le tribunal, la cour d'appel et la CCJA, dès lors qu'elle n'est liée au requérant par aucune clause compromissoire et que rien au dossier n'indique qu'elle a adhéré à celle souscrite par les parties ; sa présence au procès rend donc inapplicable la clause compromissoire sous-tendant l'exception soulevée. Par ces motifs de pur droit, relevés d'office par la CCJA et substitués à ceux retenus par la cour d'appel, il échet de rejeter le pourvoi comme non fondé, le moyen unique de cassation proposé se révélant inopérant (CCJA, 1e ch., n° 277/2019, 28-11-2019 : djedjei El-Hadj Aliou Baïrou c/ Gnassingbe Biwizibè).

Art. 22 Le différend peut être tranché par un arbitre unique ou par trois arbitres. Dans les articles suivants, l'expression « l'arbitre » vise indifféremment le ou les arbitres.

Lorsque les parties sont convenues que le différend sera tranché par un arbitre unique, elles peuvent le désigner d'un commun accord pour confirmation par la Cour. Faute d'entente entre les parties dans un délai de trente jours à partir de la notification de la demande d'arbitrage à l'autre partie, l'arbitre sera nommé par la Cour.

Lorsque trois arbitres ont été prévus, chacune des parties, dans la demande d'arbitrage ou dans la réponse à celle-ci, désigne un arbitre indépendant pour confirmation par la Cour. Si l'une des parties s'abstient, la nomination est faite par la Cour. Le troisième arbitre qui assume la présidence du tribunal arbitral est nommé par la Cour, à moins que les parties n'aient prévu que les arbitres qu'elles ont désignés devraient faire choix du troisième arbitre dans un délai déterminé.

Dans ce dernier cas, il appartient à la Cour de confirmer le troisième arbitre. Si, à l'expiration du délai fixé par les parties, ou imparti par la Cour, les arbitres désignés par les parties n'ont pu se mettre d'accord, le troisième arbitre est nommé par la Cour.

Si les parties n'ont pas fixé d'un commun accord le nombre des arbitres, la Cour nomme un arbitre unique, à moins que le différend ne lui paraisse justifier la désignation de trois arbitres. Dans ce dernier cas, les parties disposeront d'un délai de quinze jours pour procéder à la désignation des arbitres.

Les arbitres peuvent être choisis sur la liste des arbitres établie par la Cour et mise à jour annuellement. Les membres de la Cour ne peuvent pas être inscrits sur cette liste.

En cas de récusation d'un arbitre par une partie, la Cour statue. Sa décision n'est pas susceptible de recours.

Il y a lieu à remplacement d'un arbitre lorsqu'il est décédé ou empêché, lorsqu'il doit se démettre de ses fonctions à la suite d'une récusation ou pour tout autre motif ou lorsque la Cour, après avoir recueilli ses observations, constate qu'il ne remplit pas ses fonctions, conformément aux stipulations du présent titre ou du règlement d'arbitrage, ou dans les délais impartis. Dans chacun de ces cas, il est procédé conformément aux deuxième et troisième alinéas.

Art. 23 Tout tribunal d'un État partie saisi d'un litige que les parties étaient convenues de soumettre à l'arbitrage se déclarera incompétent si l'une des parties le demande, et renverra le cas échéant à la procédure d'arbitrage prévue au présent traité.

I. Notion de juridiction étatique

Il résulte des dispositions impératives combinées des articles 10, 23 du Traité 11, 13 et 35 de l'AUA, les expressions « tout tribunal d'un État partie » et « juridiction étatique » s'entendent, selon le cas, du juge de première instance, du juge d'appel ou du juge de cassation. Les dispositions impératives de ces textes s'adressent non aux parties, mais au juge étatique. Elles ne font nullement renvoi, quant à leur mise en œuvre, à une quelconque norme du droit national d'un État partie. Elles subordonnent la déclaration d'incompétence du juge étatique, exclusivement à la double condition de l'existence d'une convention d'arbitrage non manifestement nulle et d'une demande expresse d'une partie au procès. Elles ne situent pas l'exercice par les plaideurs de leur droit de soulever l'incompétence du juge étatique, à raison de l'existence d'une convention d'arbitrage, « avant toute défense au fond », comme c'est le cas devant le tribunal arbitral, selon l'article 11 de l'AUA. En conséquence, ne viole pas la loi et n'encourt pas la cassation, l'arrêt par lequel la cour d'appel se déclare incompétente après avoir, d'une part, pris acte de la demande d'incompétence expressément formée par une partie et, d'autre part, constaté l'existence effective d'une convention d'arbitrage entre les parties non manifestement nulle (CCJA, 1e ch., n° 233/2020, 25-6-2020 : Africa Air Assistance c/ ADS et ANACS).

II. Incompétence de la juridiction étatique

A. Principes induits de l'article 23 du Traité

Il ressort de l'article 23 du Traité OHADA et de l'article 4 de l'AUA, que ces dispositions posent deux principes, à savoir le principe de **l'incompétence de toute juridiction étatique** saisie d'un litige que les parties sont convenues de soumettre à une procédure d'arbitrage (Traité OHADA, art. 23), et le principe de **l'autonomie de la convention d'arbitrage** par rapport au contrat principal auquel elle se rapporte (AUA, art. 4). Dans le premier cas, toute juridiction d'un État partie saisie d'un tel litige doit se déclarer incompétente lorsque l'une des parties en fait la demande ; dans le second cas et en vertu de ce principe de l'indépendance de la convention d'arbitrage par rapport au contrat principal, la validité de celle-là n'est pas affectée par la nullité de celui-ci et ladite validité est appréhendée d'après la commune volonté des parties, sans référence nécessaire à un droit étatique. Dans l'espèce, en stipulant expressément dans leur convention que « les parties s'engagent à régler les différends nés de l'application des présentes à l'amiable. À défaut, les différends sont soumis à Abidjan, à l'arbitrage de la Cour de Justice et d'Arbitrage de l'OHADA », les parties ont exprimé leur commune volonté de faire trancher par des arbitres tous les litiges, sauf ceux qu'elles auraient exclus expressément, le cas échéant, qui naîtraient de leur relation contractuelle. La nullité du contrat qui contient la clause compromissoire est incontestablement un des litiges susceptibles de naître de la relation contractuelle et il n'y a pas lieu de rechercher, comme le tribunal et la Cour d'appel l'ont fait, si le litige porte sur la validité et donc l'existence même de la convention, ou sur son application. En effet, le principe d'autonomie de la convention d'arbitrage, par rapport au contrat principal auquel elle se rapporte, impose au juge arbitral, sous réserve d'un recours éventuel contre sa sentence à venir, d'exercer sa pleine compétence sur tous les éléments du litige à lui soumis, qu'il s'agisse de l'existence, de la validité ou de l'exécution de la convention ; ainsi, en retenant sa compétence pour confirmer le jugement entrepris en toutes ses dispositions, au motif que « le litige porte ici sur la validité et donc l'existence même de la convention et non sur son application ; dans ces conditions, la clause compromissoire, qui ne joue que dans l'exécution de la convention, ne peut trouver application en l'espèce ; c'est donc à juste titre que le premier juge a retenu sa compétence », la cour d'appel a fait une mauvaise application des articles 23 du Traité OHADA et 4 de l'AUA précités et son arrêt encourt la cassation. Sur évocation, la CCJA doit infirmer le jugement entrepris, se déclarer incompétente en raison de la clause d'arbitrage, et renvoyer la cause et les parties à la procédure d'arbitrage prévue dans leur convention (CCJA, 1e ch., no 020, 24-4-2008 : S. c/ 1) I, 2) K, Juris-Ohada no 3, juill.-sept. 2008, p. 35, Rec. jur. CCJA, no 11, janv.-juin 2008, p. 97, Ohadata J-09-46, Ohadata J-09-300).

Voir sous l'art. 21 et sur les conditions de validité d'une clause compromissoire par référence, l'AUA, art. 3.

B. Sanction des décisions ayant méconnu la compétence arbitrale

1o Jugements ayant ignoré une clause compromissoire

En présence d'une stipulation contractuelle prévoyant que « Tout différend né entre les parties de l'interprétation et/ou de l'exécution du présent contrat sera, à défaut de résolution amiable, tranché définitivement suivant le règlement de conciliation et d'arbitrage de la Cour commune de justice et d'arbitrage de l'OHADA par un ou plusieurs arbitres nommés conformément à ce règlement auquel les parties déclarent expressément se référer », le jugement qui a ignoré la clause compromissoire doit être infirmé ; statuant à nouveau, il y a lieu de déclarer le TGI de Bangui incompétent en application de l'article 23 du Traité OHADA (CCJA, 1e ch., no 181/2019, 20-6-2019 : Tradex Centrafrique SA c/ Transport Madina SA).

En présence d'une clause compromissoire attribuant clairement la compétence à la Chambre de commerce internationale de Paris, le tribunal devait se déclarer incompétent ; il y a lieu d'infirmer le jugement entrepris, de statuer à nouveau et de déclarer les juridictions étatiques incompétentes (CCJA, 1e ch., no 178/2020, 28-5-2020 : SGS SA c/ La République démocratique du Congo).

2o Jugements ayant interprété une clause compromissoire

Il résulte de l'article 23 du Traité OHADA, l'obligation pour la juridiction étatique saisie d'un litige que les parties ont convenu de soumettre à l'arbitrage, de se déclarer incompétente lorsque l'une des parties en fait la demande. En présence de la stipulation contractuelle selon laquelle « [...] À défaut d'accord amiable, tout différent découlant de l'interprétation du présent contrat seront tranchés définitivement selon le Règlement d'arbitrage de la Chambre de commerce internationale, par un ou plusieurs arbitres nommés conformément à ce règlement. Le lieu de l'arbitrage sera Paris », et du déclinatoire de compétence soulevé, la cour d'appel qui a, tout en retenant que seuls les différends relatifs à l'interprétation du contrat étaient réservés à la compétence des arbitres, retenu sa compétence et procédé à l'interprétation de ladite clause pour en déterminer l'intention commune des parties, a méconnu les dispositions de l'article 23 visé, exposant son arrêt à la cassation. Il en est ainsi car il est indéniable que la réponse aux demandes de condamnation pécuniaire formées par l'État togolais devant le tribunal de première instance de Lomé ne peut découler que de l'interprétation des clauses du contrat en rapport avec les obligations réciproques des parties ; en outre, le contrat ne prévoyant aucun autre mode de règlement de différends, sauf en son article 10 où il prévoit expressément l'intervention du juge des référés pour ordonner l'expulsion des lieux, l'intention des parties de recourir à l'arbitrage parait manifeste. Sur l'évocation et pour les mêmes motifs que ceux ayant entraîné la cassation, il y a lieu d'infirmer le jugement entrepris en toutes ses dispositions et, statuant à nouveau, de se déclarer incompétente (CCJA, 3e ch., no 064/2020, 27-2-2020 : Société Accor Afrique SAS c/ L'État togolais).

Il résulte de l'article 23 du Traité OHADA, l'obligation pour la juridiction étatique saisie d'un litige soumis à une clause compromissoire de se déclarer incompétente lorsque l'une des parties en fait la demande. En présence d'une clause compromissoire selon laquelle « tout différend né de l'interprétation ou de l'exécution du présent bail est réglé à l'amiable. À défaut d'accord amiable, tout différent découlant de l'interprétation du présent contrat seront tranchés définitivement selon le Règlement d'arbitrage de la Chambre de commerce internationale, par un ou plusieurs arbitres nommés conformément à ce règlement. Le lieu de l'arbitrage sera Paris », la cour d'appel qui a jugé que seuls les différends relatifs à l'interprétation du contrat en cause sont réservés à la compétence des arbitres, pour retenir sa compétence et consacrer celle du premier juge nonobstant le déclinatoire soulevé devant elle a violé l'article 23 du Traité, exposant son arrêt à la cassation. Il en est ainsi car en énonçant que « la demande de renouvellement du bail du 18 février 1998 a été formulée au nom et pour le compte de la société STIEH ; que dès lors, l'on se demande en quelle qualité elle sollicite le renouvellement d'un bail dont elle n'est pas signataire » et, d'autre part, que « si le Groupe Accor-Afrique a chargé la société STIEH de la gestion de l'Hôtel SARAKAWA après la conclusion du bail, c'est à tort, car il ressort clairement des dispositions de l'article 9-5-2-1 du contrat de bail du 18 février 1998 que le preneur ne pourra apporter ni céder son droit au présent bail [...], le bailleur devra être appelé à concourir à l'acte ; que l'État togolais n'a agréé aucune cession ni location du fonds de commerce à la STIEH [...] », la cour d'appel a bel et bien procédé à l'interprétation du contrat et à l'analyse de son exécution pour apprécier la commune intention des parties, en violation du principe compétence-compétence qui rend le tribunal arbitral seul responsable de la vérification de sa compétence relativement aux questions posées. Il n'en est autrement que lorsque la clause compromissoire est manifestement nulle ou inapplicable, ce qui n'est pas le cas en l'espèce. Sur l'évocation et pour les mêmes motifs que ceux ayant entraîné la cassation, il y a lieu d'infirmer l'ordonnance entreprise en toutes ses dispositions et, statuant à nouveau, de se déclarer incompétente (CCJA, 1e ch., no 312/2020, 22-10-2020 : Accor Afrique SAS et Stieh S.A c/ État togolais).

3o Jugement ayant statué ultra petita

L'arrêt d'appel qui, pour infirmer le jugement de première instance, retient que celui-ci, après avoir constaté dans le dispositif de sa décision que les parties ont convenu de recourir à un arbitrage institutionnel, s'est déclaré incompétent pour connaître du différend tout en rétractant l'ordonnance autorisant la mesure conservatoire et en ordonnant mainlevée de la saisie pratiquée alors qu'il devait renvoyer les parties à mieux se pourvoir, pour en déduire qu'il a ainsi statué ultra petita, n'a pas violé l'article 23 du Traité OHADA (CCJA, 2e ch., no 092/2020, 9-4-2020 : Société MOI International c/ Société Nabgul et Universal).

4o Jugement ayant écarté une clause compromissoire en la considérant éteinte par la fin de la convention la contenant

En présence d'une convention tripartite comportant une clause compromissoire prévoyant un arbitrage sous l'égide de la CCJA, c'est en violation de l'article 23 du Traité OHADA qu'une cour d'appel a retenu « qu'il est donc évident que l'attribution de compétence cesse avec la fin de la convention », pour écarter la clause compromissoire, alors que la convention d'arbitrage étant indépendante du contrat principal, l'exécution de celui-ci n'affecte ni son existence, ni sa validité, ni son maintien en vigueur. Sur l'évocation, et pour les mêmes motifs que ceux ayant justifié la cassation, il y a lieu de confirmer l'ordonnance dont appel et de renvoyer les parties à mieux se pourvoir, le juge des référés ne pouvant, dans ces conditions, ordonner la restitution du montant du séquestre sans se prononcer sur l'éventuelle participation de la demanderesse au financement, ce qui est de nature à préjudicier au fond (CCJA, 3e ch., no 012/2023, 26-1-2023).

III. Clause compromissoire

La clause insérée dans les statuts d'une société et stipulant que « pour tous les litiges qui opposent la société aux actionnaires, leurs héritiers ou représentants résultant de ces statuts, le recours est soumis à l'arbitrage de la Chambre Commerciale Internationale » entre bien, conformément aux articles 21 et 23 du Traité OHADA, dans le champ d'application de l'arbitrage. En présence d'une telle clause compromissoire, le juge étatique devait se déclarer incompétent, l'une des parties l'ayant demandé et c'est à bon droit que la cour d'appel a confirmé la décision d'incompétence de la juridiction de première instance (CCJA, 2e ch., no 35, 3-6-2010 : G c/ B.A.O. SA., Juris-Ohada, no 4/2010, oct.-déc., p. 9, Ohadata J-11-79, J-13-195).

Voir sous l'article 28 du Règlement de procédure de la CCJA.

IV. Limites de la compétence arbitrale

En présence d'une stipulation contractuelle selon laquelle « ... à défaut d'accord à l'amiable entre les parties, le différend sera tranché définitivement par voie d'arbitrage devant le (GICAM)... étant toutefois précisé que toutes actions immobilières relatives à l'immeuble susvisé seront soumises au tribunal de situation de l'immeuble... », c'est à tort qu'il est reproché à une juridiction la violation de l'article 23 du Traité OHADA, dès lors que la réalisation de l'hypothèque par voie de saisie immobilière est une action réelle dont la compétence, au regard de la stipulation des parties, est conférée au tribunal du lieu de situation de l'immeuble. Cette compétence est d'ordre public et échappe à la justice arbitrale, qui ne peut, à la différence des juridictions étatiques, connaître des voies d'exécution et, donc, de la saisie immobilière (CCJA, 3e ch., no 119/2019, 11-4-2019 : Fowe Michel c/ la Bicec).

Art. 24 Avant de signer une sentence partielle ou définitive, l'arbitre doit en soumettre le projet à la Cour commune de justice et d'arbitrage.

Celle-ci ne peut proposer que des modifications de pure forme.

Absence d'obligation

Les dispositions des articles 23 du Règlement d'arbitrage de la CCJA et 24 du Traité OHADA ne prescrivent nulle part l'obligation pour le tribunal arbitral de faire mention dans la sentence, à peine de nullité de celle-ci, de l'accomplissement de la formalité dont il s'agit ; en outre, le non-accomplissement de ladite formalité de soumission à l'examen préalable de la CCJA des projets de sentence ne figure pas au nombre des cas d'ouverture de contestation de validité des sentences tels que prévus aux articles 25 et 30 du Traité et du Règlement d'arbitrage susvisés. Dans l'espèce, ladite formalité ayant été accomplie par le tribunal arbitral le 21 septembre 2006, le moyen ne peut être accueilli (CCJA, ass. plén., n° 45, 17-7-2008 : SONAPRA c/ SHB, Juris-Ohada, n° 4/2008, p. 60, Ohadata J-09-83).

Art. 25 Les sentences arbitrales rendues conformément aux stipulations du présent titre ont l'autorité définitive de la chose jugée sur le territoire de chaque État partie au même titre que les décisions rendues par les juridictions de l'État.

Elles peuvent faire l'objet d'une exécution forcée en vertu d'une décision d'exequatur.

La Cour commune de justice et d'arbitrage a seule compétence pour rendre une telle décision.

L'exequatur ne peut être refusé que dans les cas suivants :

1. Si l'arbitre a statué sans convention d'arbitrage ou sur une convention nulle ou expirée ;
2. Si l'arbitre a statué sans se conformer à la mission qui lui avait été conférée ;
3. Lorsque le principe de la procédure contradictoire n'a pas été respecté ;
4. Si la sentence est contraire à l'ordre public international.

I. Autorité et force de chose jugée

L'autorité de la chose jugée qui s'attache à une sentence rendue sous l'égide de la CCJA ne peut être remise en cause et n'est susceptible d'aucune autre voie de recours que celle du recours en contestation de validité auquel ne saurait faire obstacle la seule mention du caractère « définitif » de la sentence dans la convention d'arbitrage, les termes employés dans la convention des parties en l'espèce n'étant que des périphrases traduisant cette autorité de la chose jugée. Il en est ainsi car toutes les sentences rendues sous l'égide de la CCJA sont revêtues de « l'autorité de chose jugée » et considérées comme décisions définitives ayant force de chose jugée dès lors qu'elles ne sont plus susceptibles de voies de recours suspensives. Elles peuvent aussi faire l'objet d'un exequatur dès leur reddition conformément à l'article 30 du Règlement d'arbitrage de la CCJA, que la convention d'arbitrage l'ait prévu ou non, sans que cette éventualité puisse constituer un obstacle à l'exercice du recours en contestation de validité de la sentence (CCJA, ass. plén., n° 11, 29-11-2011 : État du Mali c/ Sté ABS International Corporate LTD, Juris Ohada, 2011, n° 4, oct.-déc. 2001, p. 7, Ohadata J-13-06, J-13-147).

Obs. : cet arrêt a été rendu sur le visa de l'art. 23 de l'AUA. Nous pensons qu'il s'agit sans doute d'une erreur typographique et qu'il faut lire plutôt « l'art. 25 du Traité OHADA », car la CCJA avait indiqué que l'AUA est inapplicable à l'arbitrage institutionnel organisé sous son égide comme c'était le cas en l'espèce (voir à ce sujet sous l'art. 1 de l'AUA Ohadata J-09-83). La solution retenue dans l'arrêt ci-dessus (force de chose jugée) correspond plus à l'esprit de l'article 25 du Traité OHADA qui fait référence à une « autorité définitive de chose jugée » qu'à celui de l'art. 23 de l'AUA, qui retient simplement « une autorité de la chose jugée relativement à la contestation tranchée ». Le fait que la CCJA elle-même ait fait application de l'AUA à un arbitrage rendu sous son égide dans une décision qu'il faut espérer isolée (CCJA, 3e ch., n° 12, 29-11-2011 : République de Guinée équatoriale et la Communauté économique et monétaire de l'Afrique centrale (CEMAC) c/ la CBGE, Juris Ohada, n° 1, 2012, janv.-mars, p. 34, Ohadata J-13-19) ne semble pas remettre en cause la présente analyse.

II. Compétence exclusive de la CCJA pour l'exequatur

C'est la CCJA qui est compétente pour prononcer l'exequatur d'une sentence arbitrale et non le tribunal d'Abidjan (CA Abidjan, n° 741, 2-7-2004 : Plaza-Center c/ Sté de coordination et d'ordonnancement Afrique de l'ouest, Actualités juridiques n° 48, 2005, p. 124 ; Ohadata J-05-346).

Obs. : il n'est pas clairement précisé dans cette décision s'il s'agissait d'un arbitrage institutionnel (ce qui entraînerait l'application exclusive des dispositions du Traité OHADA et du Règlement d'arbitrage de la CCJA) ou d'un arbitrage général basé sur l'AUA pour lequel l'article 30 de l'AUA renvoie à la juridiction nationale compétente. Sur l'identification de l'arbitrage institutionnel de l'OHADA, voir sous l'article 1 de l'AUA et l'article 10 du Règlement d'arbitrage de la CCJA.

III. Refus de l'exequatur

Violation de l'ordre public international

Voir sous l'article 30 du Règlement d'arbitrage CCJA.

IV. Rejet de motifs de contestation de validité non prévus

La violation de la loi et la contrariété des motifs de la sentence n'entrent pas dans les cas d'ouverture du recours en contestation de validité des sentences prévus aux articles 25 du Traité et 30 du Règlement d'arbitrage susvisé (CCJA, ass. plén., n° 102/2015, 15-10-2015 : Léopold EKWA NGALLE, Hélène NJANJO NGALLE, Société Anonyme LEN HOLDING, Sté International Business Corporation SA c/ Sté Nationale d'Hydrocarbures (SNH), Personnel SNH, Ohadata J-16-95) (Règl arb., art. 4, 10, 15, 24, 29 30 ; traité, art. 25).

Art. 26 Le Règlement d'arbitrage de la Cour commune de justice et d'arbitrage est fixé par le Conseil des ministres dans les conditions prévues à l'article 8. Il est publié au journal officiel de l'OHADA. Il est également publié au journal officiel des États parties ou par tout autre moyen approprié.

Observations

voir le Règlement d'arbitrage de la CCJA pour les annotations.

Titre V

LES INSTITUTIONS

Art. 27 [mod.] 1. La Conférence des Chefs d'État et de Gouvernement est composée des Chefs d'État et de Gouvernement des États parties. Elle est présidée par le Chef de l'État ou de Gouvernement dont le pays assure la présidence du Conseil des ministres.

Elle se réunit en tant que de besoin, sur convocation de son Président, à son initiative ou à celle du tiers des États parties.

Elle statue sur toute question relative au Traité.

La Conférence ne délibère valablement que si les deux tiers des États parties sont représentés.

Les décisions de la Conférence sont prises par consensus ou, à défaut, à la majorité absolue des États présents.

2. Le Conseil des ministres est composé des ministres chargés de la Justice et des Finances des États parties.

La présidence du Conseil des ministres est exercée à tour de rôle et par ordre alphabétique, pour une durée d'un an, par chaque État partie.

Le Président du Conseil des ministres est assisté par le Secrétaire Permanent.

Les États adhérents assurent pour la première fois la présidence du Conseil des ministres dans l'ordre de leur adhésion, après le tour des pays signataires du Traité.

Si un État partie ne peut exercer la présidence du Conseil des ministres pendant l'année où elle lui revient, le Conseil désigne, pour exercer cette présidence, l'État venant immédiatement après, dans l'ordre prévu aux alinéas précédents.

Toutefois, l'État précédemment empêché qui estime être en mesure d'assurer la présidence en saisit, en temps utile, le Secrétaire Permanent, pour décision à prendre par le Conseil des ministres.

Art. 28 Le Conseil des ministres se réunit au moins une fois par an sur convocation de son Président, à l'initiative de celui-ci, ou du tiers des États parties. Il ne peut valablement délibérer que si les deux tiers au moins des États parties sont représentés.

Art. 29 Le Président du Conseil des ministres arrête l'ordre du jour du Conseil sur la proposition du Secrétaire Permanent.

Art. 30 Les décisions du Conseil des ministres autres que celles prévues à l'article 8 sont prises à la majorité absolue des États parties présents et votants. Chacun des États dispose d'une voix.

Art. 31 [mod.] La Cour commune de justice et d'arbitrage est composée de neuf juges.

Toutefois le Conseil des ministres peut, compte tenu des nécessités de service et des possibilités financières, fixer un nombre de juges supérieur à celui prévu à l'alinéa précédent.

Les Juges de la Cour commune de justice et d'arbitrage sont élus pour un mandat de sept ans non renouvelable, parmi les ressortissants des États parties. Ils sont choisis parmi :

1°) les magistrats ayant acquis une expérience professionnelle d'au moins quinze années et réunissant les conditions requises pour l'exercice dans leurs pays respectifs de hautes fonctions judiciaires ;

2°) les avocats inscrits au Barreau de l'un des États parties, ayant au moins quinze années d'expérience professionnelle ;

3°) les professeurs de droit ayant au moins quinze années d'expérience professionnelle.

Un tiers des membres de la Cour doit appartenir aux catégories visées aux points 2 et 3 de l'alinéa précédent.

La Cour ne peut comprendre plus d'un ressortissant du même État.

Les modalités d'application du présent article seront précisées par le règlement prévu à l'article 19 ci-dessus.

Art. 32 Les membres de la Cour sont élus au scrutin secret par le Conseil des ministres sur une liste de personne[s] présentée à cet effet par les États parties.

Chaque État partie peut présenter deux candidats au plus.

Art. 33 Le Secrétaire Permanent invite les États parties à procéder, dans un délai d'au moins quatre mois, avant les élections, à la présentation des candidats à la Cour.

Le Secrétaire Permanent dresse la liste alphabétique des personnes ainsi présentées et la communique un mois au moins avant les élections aux États parties.

Art. 34 Après leur élection, les membres de la Cour font la déclaration solennelle de bien et fidèlement remplir leurs fonctions en toute impartialité.

Art. 35 En cas de décès d'un membre de la Cour, le Président de la Cour en informe immédiatement le Secrétaire Permanent qui déclare le siège vacant à partir de la date du décès.

En cas de démission d'un membre de la Cour ou si, de l'avis unanime des autres membres de la Cour, un membre a cessé de remplir ses fonctions pour toute autre cause qu'une absence de caractère temporaire, ou n'est plus en mesure de les remplir, le Président de la Cour, après avoir invité l'intéressé à présenter à la Cour ses observations orales, en informe le Secrétaire Permanent, qui déclare alors le siège vacant.

Dans chacun des cas prévus ci-dessus, le Conseil des ministres procède, dans les conditions prévues aux articles 32 et 33, au remplacement du membre dont le siège est devenu vacant, pour la fraction du mandat restant à courir, sauf si cette fraction est inférieure à six mois.

Irrecevabilité d'une demande de récusation de l'ensemble de la Cour

La demande de récusation de tous les juges composant la CCJA est irrecevable, dès lors qu'il ne résulte ni du traité constitutif de l'OHADA, ni du Règlement de procédure de la CCJA, la possibilité de récusation d'un juge, a fortiori de tous les juges composant ladite juridiction communautaire et que la demanderesse, qui a elle-même reconnu à l'occasion de sa plaidoirie que sa demande ne repose sur aucun fondement juridique, ne rapporte, à l'appui de sa requête, aucune preuve des faits qu'elle allègue et n'offre de le faire (CCJA, ass. plén., Arr. ADD n° 084, 18-6-2015 : État du Bénin c/ Sté Bénin Control SA, Sté Commune de Participation dite SCP-SA, Patrice TALON, Ohadata J-16-220).

La demande de récusation des juges de la CCJA ayant rendu un précédent arrêt entre les mêmes parties par crainte que ces derniers ne veuillent se déjuger doit être rejetée lorsqu'elle est basée sur une simple crainte qui n'est pas légalement justifiée (CCJA, 1e ch., n° 221, 14-12-2017 : Ciments de Guinée SA c/ Mohamed Lamine Souare).

Art. 36 Les membres de la Cour sont inamovibles.

Tout membre de la Cour conserve son mandat jusqu'à la date d'entrée en fonction de son successeur.

Art. 37 La Cour élit en son sein, pour une durée de trois ans et demi non renouvelable, son Président et ses deux Vice-Présidents. Les membres de la Cour dont le mandat restant à courir à la date de l'élection est inférieur à cette durée peuvent être élus pour exercer ces fonctions jusqu'à l'expiration dudit mandat. Ils peuvent être renouvelés dans ces fonctions s'ils sont élus par le Conseil des ministres pour exercer un nouveau mandat de membre de la Cour.

Aucun membre de la Cour ne peut exercer des fonctions politiques ou administratives.

L'exercice de toute activité rémunérée doit être autorisé par la Cour.

Art. 38 La durée du mandat des sept juges nommés simultanément pour la constitution initiale de la Cour sera respectivement de trois ans, quatre ans, cinq ans, six ans, sept ans, huit ans et neuf ans. Elle sera déterminée pour chacun d'eux par tirage au sort effectué en Conseil des ministres par le Président du Conseil. Le premier renouvellement de la Cour aura lieu trois ans après la constitution initiale de celle-ci.

Art. 39 [mod.] Le Président de la Cour commune de justice et d'arbitrage nomme le Greffier en chef de la Cour après avis de celle-ci, parmi les greffiers en chef ayant exercé leurs fonctions pendant au moins quinze ans et présentés par les États parties.

Après avis de la Cour, le Président nomme également le Secrétaire général chargé d'assister celle-ci dans l'exercice de ses attributions d'administration de l'arbitrage, selon les critères définis par un règlement du Conseil des ministres.

Il pourvoit, sur proposition, selon les cas, du Greffier en chef ou du secrétaire général, aux autres emplois.

Art. 40 [mod.] Le Secrétariat Permanent est l'organe exécutif de l'OHADA. Il est dirigé par un Secrétaire Permanent nommé par le Conseil des ministres pour un mandat de quatre ans renouvelable une fois.

Le Secrétaire Permanent représente l'OHADA. Il assiste le Conseil des ministres.

La nomination et les attributions du Secrétaire Permanent ainsi que l'organisation et le fonctionnement du Secrétariat Permanent sont définis par un règlement du Conseil des ministres.

Art. 41 [mod.] Il est institué un établissement de formation, de perfectionnement et de recherche en droit des affaires dénommé Ecole Régionale Supérieure de la Magistrature (E.R.SU.MA.).

L'établissement est rattaché au Secrétariat Permanent.

La dénomination et l'orientation de l'établissement peuvent être changées par un règlement du Conseil des ministres.

L'établissement est dirigé par un Directeur Général nommé par le Conseil des ministres pour un mandat de quatre ans renouvelable une fois.

L'organisation, le fonctionnement, les ressources et les prestations de l'établissement sont définis par un règlement du Conseil des ministres.

Art. 42 [mod.] Les langues de travail de l'OHADA sont : le français, l'anglais, l'espagnol et le portugais.

Avant traduction dans les autres langues, les documents déjà publiés en français produisent tous leurs effets. En cas de divergence entre les différentes traductions, la version française fait foi.

Recevabilité des pièces produites dans les langues officielles de l'OHADA

Il ne saurait être reproché à une partie à une procédure devant la CCJA d'avoir produit des pièces en anglais, dès lors que depuis l'adoption du Traité OHADA révisé le 17 octobre 2008 à Québec, l'article 42 a été modifié et l'anglais est, au même titre que le français, l'espagnol et le portugais, une langue de travail de l'OHADA (CCJA, 3e ch., no 31, 6-12-2011 : Sté TRIGON ENERGY LTD c/ BANQUE COMMERCIALE DU SAHEL (BCS SA), Juris-Ohada, 2011, no 4, oct.-déc., no 4, p. 28, Rec. jur. CCJA no 17, juill.-déc. 2011, p. 133, Ohadata J-13-12, J-13-167).

Voir aussi Jérémie Wambo, « Brèves sur la jurisprudence de la CCJA pour l'année 2011 », Revue de l'ERSUMA : Droit des affaires – Pratique Professionnelle, no 1 – juin 2012.

• Titre VI •

DISPOSITIONS FINANCIÈRES

Art. 43 [mod.] Les ressources de l'OHADA sont composées notamment :

a) des contributions annuelles des États parties dont les modalités sont définies par un règlement du Conseil des ministres ;

b) des concours prévus par les conventions conclues par l'OHADA avec des États ou des organisations internationales ;

c) de dons et legs.

Les contributions annuelles des États parties sont arrêtées par le Conseil des ministres.

Le Conseil des ministres approuve les conventions prévues au paragraphe b et accepte les dons et legs prévus au paragraphe c.

Art. 44 Le barème des tarifs de la procédure d'arbitrage instituée par le présent traité ainsi que la répartition des recettes correspondantes sont approuvés par le Conseil des ministres.

Art. 45 [mod.] Le budget annuel de l'OHADA est adopté par le Conseil des ministres.

Les comptes de l'exercice clos sont certifiés par des commissaires aux comptes désignés par le Conseil des ministres. Ils sont approuvés par le Conseil des ministres.

• Titre VII •

STATUT, IMMUNITÉS ET PRIVILÈGES

Art. 46 L'OHADA a la pleine personnalité juridique internationale. Elle a en particulier capacité :

a. de contracter ;
b. d'acquérir des biens meubles et immeubles et d'en disposer ;
c. d'ester en justice.

Art. 47 Afin de pouvoir remplir ses fonctions, l'OHADA jouit sur le territoire de chaque État partie des immunités et privilèges prévus au présent titre.

Art. 48 L'OHADA, ses biens et ses avoirs ne peuvent faire l'objet d'aucune action judiciaire, sauf si elle renonce à cette immunité.

Art. 49 [mod.] Dans les conditions déterminées par un Règlement, les fonctionnaires et employés de l'OHADA, les juges de la Cour commune de justice et d'arbitrage ainsi que les arbitres nommés ou confirmés par cette dernière jouissent dans l'exercice de leurs fonctions des privilèges et immunités diplomatiques.

Les immunités et privilèges mentionnés ci-dessus peuvent être, selon les circonstances, levés par le Conseil des ministres.

En outre, les juges ne peuvent être poursuivis pour des actes accomplis en dehors de l'exercice de leurs fonctions qu'avec l'autorisation de la Cour.

Portée de l'immunité prévue au traité

L'immunité diplomatique conférée par l'article 49 du Traité de l'OHADA, tel que révisé à Québec le 17 octobre 2008, aux fonctionnaires et employés de l'OHADA, n'a pas un caractère absolu ; son étendue dépend de la convention bilatérale ou de l'accord de siège qui les établit. Au demeurant, l'impôt défini, par le Lexique des termes juridiques 2011, 18e édition, comme une « Prestation pécuniaire requise autoritairement des assujettis selon leurs facultés contributives par l'État, les collectivités territoriales et certains établissements publics, à titre définitif et sans contrepartie identifiable, en vue de couvrir les charges publiques ou d'intervenir dans le domaine économique et social », est une prérogative régalienne de l'État. L'accord de siège intervenu entre la République du Cameroun et l'OHADA le 30 juillet 1997, expressément rendu applicable par l'article 2.4.2 à la gestion du personnel de l'OHADA, en son article 17, ne prévoyait l'exonération des impôts sur les traitements et émoluments du fait de leur activité que du Secrétaire permanent, son adjoint et leurs collaborateurs non camerounais. En outre, il ne ressort pas des termes de l'article 27 du Code général des impôts du Cameroun que les nationaux camerounais ayant la qualité d'agents diplomatiques bénéficient de l'exonération fiscale ; enfin, il résulte des termes mêmes de l'article 4 du contrat de travail d'un agent de l'OHADA que son salaire est dû, déduction faite des retenues réglementaires en vigueur dans l'État du siège de l'Institution. Il s'ensuit que le Secrétaire permanent, qui en application de l'accord de siège, a retenu les sommes dues au titre de l'impôt par un agent de l'OHADA de la nationalité du pays d'accueil, n'a pas violé les textes susvisés (CCJA, ass. plén., n° 032, 23-4-2015 : DJOUMESSAP MOTSEBO Jacqueline Clarisse c/ Secrétariat Permanent de l'OHADA, Ohadata J-16-32).

Art. 50 Les archives de l'OHADA sont inviolables où qu'elles se trouvent.

Art. 51 L'OHADA, ses avoirs, ses biens et ses revenus ainsi que les opérations autorisées par le présent traité sont exonérés de tous impôts, taxes et droits de douane. L'OHADA est également exempte de toute obligation relative au recouvrement ou au paiement d'impôts, de taxes ou de droits de douane.

Titre VIII
CLAUSES PROTOCOLAIRES

Art. 52 Le présent traité est soumis à la ratification des États signataires conformément à leurs procédures constitutionnelles.

Le présent traité entrera en vigueur soixante jours après la date du dépôt du septième instrument de ratification. Toutefois, si la date de dépôt du septième instrument de ratification est antérieure au cent quatre-vingtième jour qui suit le jour de la signature du traité, le traité entrera en vigueur le deux cent quarantième jour suivant la date de sa signature.

A l'égard de tout État signataire déposant ultérieurement son instrument de ratification, le traité et les actes uniformes adoptés avant la ratification entreront en vigueur soixante jours après la date dudit dépôt.

Art. 53 Le présent traité est, dès son entrée en vigueur, ouvert à l'adhésion de tout État membre de l'OUA et non signataire du traité. Il est également ouvert à l'adhésion de tout autre État non-membre de l'OUA invité à y adhérer du commun accord de tous les États parties.

A l'égard de tout État adhérent, le présent traité et les actes uniformes adoptés avant l'adhésion entreront en vigueur soixante jours après la date du dépôt de l'instrument d'adhésion.

I. Date d'entrée en vigueur des textes de l'OHADA dans les États parties

A. Entrée en vigueur de l'AUSCGIE en Guinée

L'AUSCGIE adopté le 17-4-1997, est entré en vigueur en République de Guinée le 21-11-2000, soit soixante jours après le dépôt de l'instrument de ratification le 22-9-2000 ; l'adhésion elle-même ayant eu lieu le 5-5-2000 (CCJA, 1e ch., nº 31, 26-5-2005 : B. S. c/ S. K. et SARL Guinée Inter Air, Juris-Ohada, nº 3/2005 p. 45, Rec. jur. CCJA, nº 5, janv.-juin 2005, vol. 1, p. 45, Ohadata J-05-383).

B. Entrée en vigueur du Traité OHADA en République démocratique du Congo

La République démocratique du Congo ayant déposé les instruments d'adhésion au Traité le 13 juillet 2012, le Traité et les Actes uniformes y sont entrés en vigueur le 12 septembre 2012 (CCJA, 1e ch., nº 269/2019, 28-11-2019 : World Connection Sarl c/ BCC et la RDC).

II. Inapplication d'un Acte uniforme

C'est en violation des articles 257 et 258 de l'AUPCAP et 53 du Traité OHADA qu'une cour d'appel a appliqué l'AUPCAP à une procédure collective engagée avant son entrée en vigueur, exposant ainsi son arrêt à la cassation (CCJA, 2e ch., nº 083/2021, 27-5-2021 : Samir Bourgi c/ Malick Gueye et 191 autres).

Art. 54 Aucune réserve n'est admise au présent traité.

Art. 55 Dès l'entrée en vigueur du traité, les institutions communes prévues aux articles 27 à 41 seront mises en place. Les États signataires du traité ne l'ayant pas encore ratifié pourront en outre siéger au Conseil des ministres en qualité d'observateurs sans droit de vote.

Art. 56 Tout différend qui pourrait surgir entre les États parties quant à l'interprétation ou l'application du présent traité et qui ne serait pas résolu à l'amiable peut être porté par un État partie devant la Cour commune de justice et d'arbitrage.

Si la Cour compte sur le siège un juge de la nationalité d'une des parties, toute autre partie peut désigner un juge ad hoc pour siéger dans l'affaire. Ce dernier devra remplir les conditions fixées à l'article 31.

I. Tentative de règlement amiable

Toute juridiction saisie du règlement d'un contentieux peut tenter de concilier les parties. Indépendamment de ce principe, l'article 56 du Traité OHADA édicte l'obligation d'une tentative préalable de règlement amiable de tout différend opposant deux États parties au Traité, porté devant la CCJA et entrant dans son champ de compétence, peu important alors si la cause implique par ailleurs d'autres acteurs intéressés. En l'espèce, les différends portés devant la Cour étant relatifs à l'application du Traité OHADA, en ce qu'ils mettent en œuvre les Actes uniformes qui en sont dérivés. La République de Guinée Équatoriale et la République du Cameroun, États parties à l'OHADA et parties au présent litige, ayant accepté la mise en œuvre préalable d'une tentative de règlement amiable du litige soumis à la Cour, il convient d'ouvrir une procédure de règlement amiable des litiges portés par les recours pendants et, en conséquence, de surseoir à y statuer (CCJA, 1e ch., nº 041/2020, 13-2-2020 : Commercial Bank Cameroun SA et 3 autres c/ République de Guinée Équatoriale et 3 autres).

II. Échec de la tentative de règlement amiable

Lorsqu'un État partie à l'OHADA engagé dans un processus de règlement amiable d'un différend l'opposant à un autre État partie, exprime sa volonté de se retirer du processus ainsi ouvert et de poursuivre les négociations directes avec l'autre État, il y a lieu pour la CCJA d'en prendre acte, de constater l'échec de la tentative de règlement amiable sous ses auspices et d'user de ses prérogatives contentieuses en statuant sur l'affaire (CCJA, 1e ch., nº 009/2022, 27-1-2022 : Commercial Bank Cameroun SA c/ République de Guinée Équatoriale).

Art. 57 [mod.] Les instruments de ratification et les instruments d'adhésion seront déposés auprès du Gouvernement du Sénégal qui sera le Gouvernement dépositaire. Copie en sera délivrée au Secrétariat Permanent par ce dernier.

Art. 58 Tout État ratifiant le présent traité ou y adhérant postérieurement à l'entrée en vigueur d'un amendement au présent traité devient par là même partie au traité tel qu'amendé.

Le Conseil des ministres ajoute le nom de l'État adhérent sur la liste prévue par l'article 27 immédiatement avant le nom de l'État qui assure la présidence du Conseil des ministres à la date de l'adhésion.

Art. 59 [mod.] Le Gouvernement dépositaire enregistrera le Traité auprès de l'Union Africaine et auprès de l'Organisation des Nations Unies conformément à l'article 102 de la Charte des Nations unies.

Art. 60 Le Gouvernement dépositaire avisera sans délai tous les États signataires ou adhérents :

a. des dates de signature ;
b. des dates d'enregistrement du traité ;
c. des dates de dépôt des instruments de ratification et d'adhésion ;
d. de la date d'entrée en vigueur du traité.

• Titre IX •

RÉVISION ET DÉNONCIATION

Art. 61 [mod.] Le Traité peut être amendé ou révisé si un État partie envoie, à cet effet, une demande écrite au Secrétariat Permanent de l'OHADA qui en saisit le Conseil des ministres.

Le Conseil des ministres apprécie l'objet de la demande et l'étendue de la modification.

L'amendement ou la révision doit être adopté dans les mêmes formes que le Traité à la diligence du Conseil des ministres.

Art. 62 Le présent traité a une durée illimitée. Il ne peut, en tout état de cause, être dénoncé avant dix années à partir de la date de son entrée en vigueur.

Toute dénonciation du présent traité doit être notifiée au Gouvernement dépositaire et ne produira d'effet qu'une année après la date de cette notification.

Art. 63 [mod.] Le Traité, rédigé en deux exemplaires en langues française, anglaise, espagnole et portugaise, sera déposé dans les archives du Gouvernement de la République du Sénégal qui remettra une copie certifiée conforme à chacun des États parties.

Article second [du traité signé à Québec – nouv.]
Le présent Traité entrera en vigueur soixante (60) jours après la date du dépôt du huitième instrument de ratification.
Les instruments de ratification et les instruments d'adhésion seront déposés auprès du Gouvernement du Sénégal qui sera le Gouvernement dépositaire. Copie en sera délivrée au Secrétariat Permanent par ce dernier.
Le Gouvernement dépositaire enregistrera le présent Traité auprès de l'Union Africaine et auprès de l'Organisation des Nations Unies conformément à l'article 102 de la Charte des Nations Unies.
Une copie du présent Traité enregistrée sera délivrée au Secrétariat Permanent par le Gouvernement dépositaire.
Le Conseil des ministres approuvera la version consolidée du Traité révisé.
En foi de quoi, les Chefs d'État et de Gouvernement et plénipotentiaires, soussignés, ont apposé leur signature au bas du présent Traité.
Fait à Québec, le 17 octobre 2008.

Règlement de procédure de la Cour commune de justice et d'arbitrage

(Règlement n° 001/2014/CM du 30 janvier 2014 modifiant et complétant le Règlement de procédure de la Cour commune de justice et d'arbitrage du 18 avril 1996, et entré en vigueur le 4 février 2014 – JO OHADA numéro spécial du 4-2-2014, p. 228-240)

Présentation de la réforme du Règlement de procédure de la CCJA

La réforme du Règlement de procédure de la CCJA du 30 janvier 2014 a modifié 18 articles, rajouté 14 nouveaux articles et abrogé l'article 48. Nous présentons ci-après la nouvelle version qui est entrée en vigueur le 4 février 2014, en prenant le soin d'indiquer entre crochets, juste après les numéros d'articles, les modifications « [mod.] » ou « [abrogé] » et les ajouts « [nouv.] ». La liste complète des articles modifiés et rajoutés se retrouve à l'article premier ci-après.

Les innovations de la réforme concernent, entre autres : la réduction de la durée des fonctions du greffier de la CCJA (art. 10) ; le secret absolu des délibérations de la Cour et suppression de la possibilité pour elle d'autoriser un non-membre d'y assister (art. 22) ; l'introduction de nouveaux modes de signification (art. 24) et de neuf motifs de cassation dont la plupart avaient déjà été retenus par la Cour elle-même dans sa jurisprudence antérieure (art. 28 bis). Pour approfondir, voir Jérémie Wambo, « Bref aperçu du Règlement de procédure de la CCJA de l'OHADA tel que modifié le 30 janvier 2014 à Ouagadougou » (http://www.ohada.com/actualite/2106/bref-apercu-du-reglement-de-procedure-de-la-cour-commune-de-justice-et-d-arbitrage-de-l-ohada-tel-que-modifie-le-30-janvier-2014-a-ouagadougou.html).

Par « Règlement » dans les annotations ci-dessous, il convient d'entendre le présent « Règlement de procédure de la CCJA ».

Le Conseil des ministres de l'Organisation pour l'harmonisation en Afrique du droit des affaires (OHADA),

Vu les articles 8 et 19 du Traité relatif à l'harmonisation du droit des affaires en Afrique ;

A délibéré et adopté à l'unanimité des États parties présents et votants, le Règlement modifiant et complétant le Règlement de procédure de la Cour commune de justice et d'arbitrage du 18 avril 1996 ci-après :

Titre I
DE L'ORGANISATION DE LA COUR

Chapitre I
DES MEMBRES DE LA COUR

Art. 1 [mod.] 1 – La Cour commune de justice et d'arbitrage est composée de neuf Juges. Toutefois, le Conseil des ministres peut, sur rapport circonstancié et approfondi du Secrétaire permanent, saisi à cet effet, soit par le Président de la Cour, soit par un État partie, et compte tenu aussi bien des nécessités de service que des possibilités financières de l'Organisation, fixer un nombre impair de Juges supérieur à neuf.

2 – Le mandat des membres de la Cour commence à courir le 1er janvier de l'année suivant leur élection. Le mandat d'un Juge élu en remplacement d'un autre Juge, conformément à l'article 35 du Traité, commence à compter de la déclaration solennelle prévue par l'article 34 du même Traité.

3 – Conformément à l'article 31 du Traité OHADA, les Juges sont élus pour un mandat de sept ans non renouvelable.

4 – En application de l'article 36 alinéa 2 du Traité, tout membre de la Cour conserve son mandat jusqu'à la date d'entrée en fonction de son successeur.

Absence d'imparité inopérante pour une formation plénière de la Cour

Voir sous l'article 9.

Art. 2 [mod.] 1 – Dans l'exercice de leurs fonctions, les membres de la Cour sont égaux, indépendamment de l'âge, de la date d'élection ou de l'ancienneté de leurs fonctions.

2 – Sous réserve des dispositions des paragraphes 3 et 4 du présent article, les membres de la Cour prennent rang selon la date à laquelle ils sont entrés en fonction conformément à l'article 1er du présent Règlement.

3 – Les membres de la Cour entrés en fonction à la même date prennent rang entre eux selon leur âge.

4 – Pendant la durée de leur mandat, le Président, le premier vice-Président et le deuxième vice-Président prennent rang avant les autres membres de la Cour.

Art. 3 [mod.] Lors de son entrée en fonction, tout membre de la Cour doit faire devant celle-ci, en audience publique, la déclaration suivante : « Je déclare solennellement que j'exercerai bien et fidèlement mes fonctions de Juge en tout honneur et en toute impartialité, et que j'observerai scrupuleusement le secret des délibérations ».

Art. 4 1 – La démission d'un membre de la Cour est adressée par écrit au Président de la Cour qui en informe le Secrétaire permanent de l'OHADA. Ce dernier déclare le siège vacant et le Conseil procède au remplacement conformément à l'article 35 du traité.

2 – Si le membre de la Cour qui démissionne est le Président, il fait connaître sa décision à la Cour. Le premier Vice-Président en informe le Secrétaire permanent. Pour le surplus, la procédure prévue au paragraphe 1er du présent article est applicable.

Art. 5 1 – Si un membre de la Cour a cessé de remplir ses fonctions pour toute autre cause qu'une absence de caractère temporaire, ou s'il n'est plus en mesure de remplir lesdites fonctions et si, par suite, l'application de l'article 35 du traité est envisagée, le membre de la Cour intéressé en est informé par le président, dans une communication écrite qui expose les raisons pour lesquelles la procédure est engagée et indique tous les éléments de preuve s'y rapportant. La possibilité lui est ensuite offerte à une séance privée de la Cour de présenter ses observations. A une séance privée ultérieure tenue hors la présence du membre de la Cour intéressé, la question est discutée ; chaque membre de la Cour donne son avis et, si la demande en est faite, il est procédé à un vote.

2 – Si le membre de la Cour concerné par le paragraphe 1er est le président, celui-ci en est informé par le premier Vice-Président qui applique ensuite la procédure prévue audit paragraphe 1er.

Récusation

La demande de récusation des juges de la CCJA ayant rendu un précédent arrêt entre les mêmes parties par crainte que ces derniers ne veuillent se déjuger doit être rejetée lorsqu'elle est basée sur une simple crainte qui n'est pas légalement justifiée (CCJA, 1e ch., no 221, 14-12-2017 : Ciments de Guinée SA c/ Mohamed Lamine Souare).

Sur l'irrecevabilité de la demande de récusation de tous les juges composant la CCJA, voir sous l'article 35 du traité CCJA.

Chapitre II

DE LA PRÉSIDENCE

Art. 6 [mod.] 1 – La Cour élit son président pour une durée de trois ans et six mois, sans que cette durée puisse excéder celle du mandat de l'intéressé en tant que membre de la Cour.

2 – Si le Président cesse de faire partie de la Cour ou démissionne de ses fonctions avant le terme normal de celles-ci, il est procédé à son remplacement pour la période restant à courir.

3 – Le Président n'est pas rééligible. Il peut toutefois être réélu une fois au terme de son premier mandat si ce dernier lui a été conféré pour une durée inférieure à trois ans et six mois, la durée du mandat de Président ne pouvant, en tout état de cause, avoir pour conséquence d'allonger son mandat de juge au-delà de sept ans.

4 – L'élection du Président se déroule sous la direction du Président sortant. Si celui-ci a cessé d'être membre de la Cour ou est empêché, l'élection se déroule sous la direction du membre de la Cour exerçant la présidence, conformément à l'article 8 du présent Règlement.

5 – Le vote a lieu en assemblée plénière, au scrutin secret, après que le membre de la Cour exerçant 1a présidence eut rappelé le nombre de voix requis pour être élu. Seuls les membres de la Cour présents participent au vote.

6 – Le membre de la Cour qui obtient la majorité absolue des voix des membres de l'assemblée plénière de la Cour est déclaré élu. A partir du troisième tour de scrutin, la majorité relative suffit.

7 – L'élection des premier et deuxième vice-présidents se déroule sous la direction du Président nouvellement élu. Les paragraphes 1, 2, 3, 4, et 6 du présent article s'appliquent à cette élection. Les dispositions du paragraphe 3 n'interdisent pas à la Cour d'élire comme Président l'un de ses vice-Présidents.

Art. 7 Le Président dirige les travaux et contrôle les services de la Cour. Il en préside les séances. Il représente la Cour et exerce toute autre mission qui lui est confiée par celle-ci.

Art. 8 Lorsque la Présidence est vacante, ou que le Président est empêché de l'exercer, elle est assurée par le premier Vice-Président, ou à défaut par le second vice-président, ou à défaut par l'un des juges selon l'ordre fixé par l'article 2 ci-dessus.

Chapitre III
DES CHAMBRES

Art. 9 [mod.] 1 – La Cour siège en formation plénière. Elle peut toutefois constituer des chambres de trois ou cinq Juges.

2 – Les chambres sont présidées par le Président de la Cour ou par l'un des vice-Présidents.

3 – Les chambres sont constituées par ordonnance du Président de la Cour.

Absence d'imparité inopérante pour une formation plénière de la Cour

La non-imparité reprochée à la Cour est inapplicable, s'agissant d'une assemblée plénière qui a siégé valablement avec le quorum requis des 2/3 des juges composant ladite Cour (CCJA, ass. plén., n° 142, 14-7-2016 : Sté Forestière Hazim Chéhade et Compagnie (SFH & Cie SA) et autres c/ État du Cameroun, Ohadata J-17-82).

Chapitre IV
DU GREFFE

Art. 10 [mod.] 1 – Le Président de la Cour nomme le Greffier en chef de la Cour après avis de celle-ci, dans les conditions fixées par le premier alinéa de l'article 39 du Traité. Le Greffier en chef est nommé pour une période de quatre ans renouvelable une fois.

2 – En cas de vacance effective ou imminente, le Président avise les gouvernements des États parties, soit dès l'ouverture de la vacance, soit, si la vacance doit résulter de la fin du contrat du Greffier en chef, six mois au moins avant cette expiration. Le Président fixe une date pour la clôture de la liste des candidats de telle façon que les propositions et renseignements les concernant puissent être reçus en temps utile.

3 – Les propositions doivent être accompagnées de tous renseignements utiles sur les candidats et indiquer notamment leur âge, leur nationalité, les fonctions qu'ils ont exercées dans le passé et leurs occupations actuelles.

4 – Le Président communique aux membres de la Cour la liste des candidats et sollicite l'avis de la Cour sur ces candidatures.

Art. 11 Avant d'entrer en fonctions, le Greffier en chef fait devant la Cour la déclaration suivante :

« Je déclare solennellement que j'exercerai en toute loyauté, discrétion et conscience les fonctions qui m'ont été confiées en ma qualité de Greffier en chef de la Cour commune de justice et d'arbitrage et que j'observerai scrupuleusement le secret attaché à mes fonctions. »

Art. 12 [mod.] 1 – Le Greffier en chef exerce ses fonctions sous l'autorité du Président.

2 – Le Greffier en chef assure le secrétariat de la Cour. Il assiste la Cour dans l'accomplissement de ses fonctions. Il est responsable de l'organisation et des activités du greffe.

3 – Il sert d'intermédiaire pour les communications, notifications ou significations émanant de la Cour ou adressées à celle-ci au sujet des affaires portées ou à porter devant elle.

4 – Il a la garde des sceaux et la responsabilité des archives.

5 – Il assure la responsabilité de tous les travaux administratifs et juridictionnels.

6 – Il assiste en personne aux séances plénières de la Cour et établit les procès-verbaux de ces séances.

7 – Le Président peut à tout moment, après avis de la Cour, confier d'autres fonctions au Greffier en chef.

Art. 13 1 – Il est tenu au Greffe, sous la responsabilité du Greffier en chef, un registre coté et paraphé par le Président, sur lequel sont inscrits à la suite et dans l'ordre de leur présentation tous les actes de procédure et les pièces déposées à l'appui.

2 – Mention de l'inscription au registre est faite par le Greffier en chef sur les originaux et, à la demande des Parties, sur les copies qu'elles présentent à cet effet.

3 – Les inscriptions au registre et les mentions prévues au paragraphe précédent constituent des actes authentiques.

4 – Les modalités selon lesquelles le registre est tenu sont déterminées par les instructions prévues à l'article 15 du présent Règlement.

5 – Tout intéressé peut consulter le registre au Greffe et en obtenir des copies ou des extraits suivant le tarif du Greffe établi par la Cour sur proposition du Greffier en chef.

6 – Un avis est publié au Journal officiel de l'OHADA indiquant la date de l'inscription de la requête introductive d'instance, les noms et domiciles des Parties et l'objet du litige.

Toute Partie à l'instance peut en outre obtenir, suivant le tarif du Greffe, des copies des actes de procédure, ainsi que des expéditions des ordonnances et des arrêts.

Art. 14 La Cour peut décider qu'un ou plusieurs Greffiers adjoints seront chargés d'assister le Greffier en chef et de le remplacer dans les limites fixées par les instructions prévues à l'article 15 du présent Règlement. Les emplois correspondants seront pourvus par le Président sur proposition du Greffier en chef.

Art. 15 Des instructions pour le Greffe sont préparées par le Greffier en chef et approuvées par le Président, après avis de la Cour.

Art. 16 1 – Le Greffier en chef ne peut être relevé de ses fonctions que s'il n'est pas en mesure de les exercer ou s'il a manqué aux obligations qui lui incombent.

2 – Avant qu'une décision soit prise en application du présent article, le Greffier en chef est informé par le Président de la mesure envisagée dans une communication écrite qui en expose les raisons et indique tous les éléments de preuve s'y rapportant. La possibilité lui est ensuite offerte de présenter ses observations à une séance privée de la Cour.

3 – La décision est prise par le Président, après avis donné par la Cour.

Art. 17 Si le Greffier en chef cesse ses fonctions avant l'expiration de son mandat, son successeur est nommé pour une période de sept années.

Art. 18 1 – Le plan d'organisation des services du Greffe est établi par le Président sur proposition du Greffier en chef.

2 – Les agents du Greffe sont soumis au Règlement du personnel de l'OHADA en toute matière qui n'est pas incompatible avec l'indépendance de la Cour.

Chapitre V
DU FONCTIONNEMENT DE LA COUR

Art. 19 Le siège de la Cour est fixé à Abidjan. La Cour peut toutefois, si elle le juge utile, se réunir en d'autres lieux, sur le territoire d'un État partie, avec l'accord préalable de cet État qui ne peut, en aucun cas, être impliqué financièrement.

Art. 20 Les dates et heures des séances de la Cour sont fixées par ordonnance du Président.

Art. 21 [mod.] Une chambre est composée de trois Juges. Ce nombre est porté à sept Juges lorsque la Cour siège en formation plénière.

Absence d'imparité inopérante pour une formation plénière de la Cour

Voir sous l'art. 9.

Art. 22 [mod.] 1 – La Cour délibère en chambre du Conseil. Ses délibérations sont et restent secrètes.

2 – Seuls les Juges prennent part aux délibérations.

3 – Il n'est tenu aucun procès-verbal des délibérations de la Cour en matière judiciaire.

4 – Les décisions de la Cour sont prises à la majorité des Juges présents. Les votes sont émis dans l'ordre inverse de celui établi à l'article 2. En cas de partage des voix, celle du Président est prépondérante.

• Titre II •

DE LA PROCÉDURE CONTENTIEUSE

• Chapitre I •

GÉNÉRALITÉS

Art. 23 [mod.] 1 – Le ministère d'Avocat est obligatoire devant la Cour. Est admis à exercer ce ministère toute personne pouvant se présenter en qualité d'Avocat devant une juridiction de l'un des États parties au Traité. Il appartient à toute personne se prévalant de cette qualité d'en apporter la preuve à la Cour. Elle devra en outre produire un mandat spécial de la partie qu'elle représente.

2 – L'Avocat dont le comportement devant la Cour est incompatible avec la dignité de celle-ci ou qui use des droits qu'il tient de ses fonctions à des fins autres que celles pour lesquelles ces droits lui ont été reconnus peut, après avoir été entendu, être exclu à tout moment de la procédure par ordonnance du Président de la Cour. Cette ordonnance est immédiatement exécutoire.

Lorsqu'un Avocat se trouve exclu de la procédure, celle-ci est suspendue jusqu'à l'expiration d'un délai fixé par le Président pour permettre à la partie intéressée de désigner un autre Avocat.

3 – Les ordonnances prises en exécution des alinéas précédents peuvent être rapportées par le Président de la Cour, à la requête de l'Avocat exclu.

I. Irrecevabilité d'un recours non valablement formé par un avocat

A. Irrecevabilité du recours formé par une personne ne justifiant pas de la qualité d'avocat

Est irrecevable, le recours formé par une personne :

– dont le représentant n'a pas justifié de la qualité d'avocat (CCJA, 1e ch., nº 144, 22-12-2014 : Sété Ivoirienne de Concept et de Gestion-Mali dite SICG-MALI c/ Banque de l'Habitat du Mali (BHM-SA), Ohadata J-15-234) dans le délai de dix jours imparti à cet effet par courrier du greffe sur instruction du juge rapporteur (CCJA, 1e ch., nº 161, 17-12-2015 : EZZEDINE YAHIA MOHAMED et TALEB ZARA épse EZZEDINE c/ ELI COBTI HANNA et SOUAD TANIOS, épouse COBTI, Ohadata J-16-154) ;

– sans recourir au ministère d'avocat, car il viole les dispositions de l'article 23-1 nouveau du Règlement de procédure et doit être déclaré irrecevable. Il ne peut être fait application des dispositions de ce même article 23-2 nouveau, dès lors qu'aucun conseil n'avait été constitué (CCJA, 1e ch., nº 095, 26-4-2018 : Kouadio Amani c/ Eglise de Jésus Christ des Saints des Derniers Jours de Côte d'Ivoire).

Mais c'est à tort que l'irrecevabilité d'un recours est soulevée au motif que Me Y, l'un des deux avocats de la requérante, ne produit ni attestation professionnelle ni mandat, au mépris de l'article 23-1 du Règlement précité, dès lors que Me X n'a reçu de la Cour aucune demande de régularisation relativement à son mandat spécial et qu'enfin Me Y, bien que cité parmi les avocats en demande, n'a ni signé la requête de cassation qui ne comporte que la seule signature de Me X, ni produit un quelconque mémoire ; le pourvoi est donc recevable (CCJA, 1e ch., 220, 29-11-2018 : Prévoyance Assurances SA c/ EIFFAGE Sénégal).

B. Irrecevabilité du recours formé par un avocat non constitué pour le requérant

Est irrecevable, car ne respectant pas les prescriptions de régularité édictées par les articles 23 et 27 du Règlement de procédure de la CCJA, le recours signé par un avocat qui n'est pas constitué pour le requérant. Tel est le cas du recours signé par un avocat dans le cabinet duquel domicile a été élu, qui n'est pas régulièrement désigné domicile élu dans la procédure concernée, alors que l'avocat auquel un mandat spécial a été délivré par le requérant à la suite de la lettre l'invitant à régulariser son recours n'est signataire d'aucun document versé à l'appui du pourvoi. Il en est ainsi car n'est recevable devant la Cour que le recours régulièrement introduit par un avocat constitué et ayant justifié de sa qualité d'avocat (CCJA, 3e ch., nº 134, 7-7-2016 : Lallou Mamadou dit Georges c/ Banque Commerciale du Burkina, Ohadata J-17-75).

Obs. : cet arrêt rappelle que seul l'avocat auquel mandat spécial a été donné est valablement constitué et doit signer les documents versés à la procédure. Pour que le pourvoi signé par le domicile élu soit valable, il faudrait que cet avocat soit également celui auquel le requérant aura délivré un mandat spécial.

II. Qualité d'avocat devant la CCJA

Il appartient à toute personne se prévalant de cette qualité d'en rapporter la preuve (CCJA, 2e ch., no 039/2017, 23-3-2017 : Sté ZHANG LOTUS c/ BIAO-CI, Ohadata J-17-173).

A. Preuve de la qualité d'avocat

1° Preuve par tout moyen

L'article 23.1 du Règlement de procédure exige seulement de toute personne se prévalant de la qualité d'avocat d'en apporter la preuve à la Cour ; cette preuve peut s'établir par tout moyen, y compris par la production d'une carte professionnelle. C'est donc à tort que l'irrecevabilité est soulevée au motif que le conseil de la demanderesse n'a pas justifié sa qualité d'avocat par la production d'une attestation du bâtonnier et que la seule carte professionnelle ne suffit pas ; qu'il s'ensuit que le pourvoi est recevable (CCJA, 3e ch., no 173/2021, 28-10-2021 : Chantal Loemba c/ Établissement Carnaval Casino et cinq autres).

2° Copie de la carte professionnelle

La production au dossier d'une copie de la carte de membre de l'ordre des avocats d'un État membre de l'OHADA prouve suffisamment la qualité d'avocat (CCJA, 1e ch., no 159, 17-12-2015 : Sté Africaine de Crédit Automobile dite SAFCA c/ KOUAME AKISSI Françoise, Ohadata J-16-152). Le pourvoi en cassation n'est pas irrecevable du seul fait que l'avocat ait produit au dossier seulement la copie certifiée conforme de sa carte d'identité professionnelle, cette prescription n'étant assortie d'aucune sanction (CCJA, ass. plén., no 086, 20-11-2013 : UNION GABONAISE DE BANQUE c/ PANOURGIAS Narkelis, Rec. jur. CCJA no 20, vol. 1, janv.-déc. 2013, p. 128-131, Ohadata J-15-38).

3° Attestation du bâtonnier ou de son intérimaire

Si le ministère d'avocat est obligatoire devant la Cour et qu'est admise à exercer ce ministère toute personne pouvant se présenter en qualité d'avocat devant une juridiction de l'un des États parties au Traité, il est, par contre, simplement exigé de toute personne se prévalant de cette qualité d'en apporter la preuve à la Cour. Cette preuve pouvant s'établir par tout moyen, le fait que l'attestation soit signée par l'intérimaire d'un bâtonnier sortant n'en dénie pas moins la qualité d'avocat en exercice au conseil des requérants (CCJA, ass. plén., no 080, 29-4-2015 : Kabore John Boureima, Kabore Aimé c/ Sté CORI SARL, Me Yacoba Ouattara, Souleymane Sere, Henry Deckers, Ohadata J-16-80).

L'attestation du bâtonnier de l'ordre des avocats délivrée à un avocat et la copie de la carte professionnelle d'avocat établissent valablement la qualité d'avocat devant la CCJA (CCJA, 3e ch., no 032, 9-3-2017 : Compagnie des Assurances Colina-Mali SA c/ Sté SCAC Delmas Vieljeux-Mali, dite SDV-Mali, devenue Bolloré Africa Logistics-Mali SA, en abrégé BAL Mali SA, Ohadata J-17-166).

La qualité d'avocat d'une personne, qui résulte de « l'attestation d'exercice professionnel » signée par le bâtonnier de l'ordre des avocats de son pays, suffit à lui permettre, au-delà de toute autre disposition d'ordre interne, d'exercer valablement son ministère devant la CCJA. Il s'ensuit que l'exception d'irrecevabilité du pourvoi soulevée au motif que l'avocat de la société demanderesse étant le fils du gérant de ladite société et, en même temps, associé de celle-ci dont il détient 50 parts, ce comportement, « incompatible » au regard, aussi bien de l'article 23 du règlement de procédure de la CCJA que de l'article 6 de la loi no 90/059 du 19 décembre 1990 portant organisation de la profession d'avocat au Cameroun, doit être sanctionné par la cour et irrecevable car l'article 23 précité n'a pas été violé (CCJA, 3e ch., no 230/2019, 10-10-2019 : Société Cemico SARL c/ Richard Ngokseu).

Les conditions de recevabilité du recours en cassation devant la CCJA s'apprécient principalement à la lumière des dispositions de son règlement de procédure. En l'espèce, le conseil de la requérante ayant produit au dossier une carte professionnelle, une « attestation de voyage » signées respectivement du bâtonnier et du secrétaire de l'ordre des avocats ; et étant donné qu'il a régulièrement défendu les intérêts de son client aussi bien en cause d'instance qu'en appel, sa qualité d'avocat est suffisamment prouvée et le pourvoi formé par lui est recevable (CCJA, 2e ch., no 043/2022, 24-2-2022 : Société KPMG RDC c/ Eve Kim Lutondo Mahieu).

Dans le même sens, au sujet de l'examen des conditions d'appréciation de la recevabilité d'un recours devant la CCJA, (CCJA, 1e ch., no 132/2020, 30-4-2020 : Kim Kyo Hwan c/ Kalonji Mukendi Célestin CCJA, 3e ch., no 157/2020, 30-4-2020 : Mouhammad Younes et 1 autre c/ Société Les Moulins Sentenac).

4° Mémoire signé par un avocat ultérieurement omis et complété par un mémoire ampliatif signé par un avocat suppléant

L'exception d'irrecevabilité soulevée aux motifs que la requête est signée par un avocat autre que celui à qui mandat spécial a été donné, que l'avocat mandaté, étant omis du tableau de l'Ordre des Avocats, ne répond plus aux conditions de l'article 28.1 du Règlement de procédure de la CCJA doit être rejetée, dès lors que la requête a été introduite avant l'omission de l'avocat concerné du tableau de l'ordre et que le mémoire ampliatif a été signé par une suppléante, conformément à la loi nationale réglementant la profession d'avocat ; le pourvoi est donc recevable (CCJA, 2e ch., no 088, 8-7-2015 : État du Burkina Faso c/ Sté Générale de Banque au Burkina (SGBB), Ohadata J-16-87).

5o Qualité d'avocat non contestée par les défendeurs

Est recevable, le pourvoi formé par une personne dont les défendeurs eux-mêmes reconnaissent la qualité d'ancien bâtonnier de l'ordre des avocats du Cameroun et qui a produit sa carte professionnelle ainsi que le mandat spécial exigé par l'article 23 du Règlement de procédure de la CCJA. Sa constitution étant valable, la CCJA se doit de retenir son mémoire et déclarer cette exception d'irrecevabilité non fondée (CCJA, ass. plén., no 007, 4-2-2014 : État du CAMEROUN c/ Sté Forestière HAZIM et Compagnie SA dite SFH & Cie, Sté Camerounais de Raffinage MAYA et Compagnie SA, Sté PLASTICS and Co. SARL, Sté Forestière HAZIM SCIERIE et Compagnie SA dite SFHS, Sté Forestière HAZIM SCIERIE NGAMBE TIKAR, Sté Transport Camerounais SA dite TRANSAC, Sté Forestière Industrielle du Wouri SA dite SFIW, Sté Industrielle du Bois du Cameroun SARL dite IBCAM, Sieur HAZIM CHEHADE HAZIM, Ohadata J-15-98).

6o Qualité d'avocat contestée mais ressortant des pièces produites

La contestation de la qualité d'un avocat, qui n'a reçu aucune demande de régularisation est inopérante dès lors que ladite qualité ressort de l'ensemble des pièces du dossier, y compris de l'arrêt querellé (CCJA, 2e ch., no 045, 23-3-2017 : Sté Cameroon Oil Transportation Company dite COTCO c/ Mbouwe Jacques et AXA Assurances, Ohadata J-17-192 ; CCJA, 2e ch., no 186, 27-7-2017 : Zassino Fitalsiguel Paul c/ Sté Griffiths Energy Chad Ltd).

L'article 23 du Règlement de procédure de la CCJA oblige l'avocat à prouver sa qualité, sa capacité à plaider devant les juridictions d'un État partie et son mandat. Lorsque, comme en l'espèce, la qualité d'avocats et de membres d'un cabinet d'avocats ainsi que la capacité à plaider devant les juridictions togolaises des avocats en cause ne sont pas contestées, leur pouvoir de signer les actes de procédure engageant le cabinet dont ils relèvent ne peut être sérieusement remis en cause par la défenderesse sur la base d'arguments tirés de l'organisation interne audit cabinet qui ne les a pas désavoués (CCJA, 1e ch., no 061, 21-4-2016 : OLAM TOGO SARL c/ VATEL SA, Ohadata J-17-09).

La contestation de la qualité d'avocat, qui n'a reçu aucune demande de régularisation est inopérante dès lors que ladite qualité ressort des pièces du dossier ; qu'en l'espèce la qualité d'avocat de Maître Jacob Sangone-Demobona, conseil des requérants, est attestée tant par les jugements du tribunal de commerce de Bangui versés au dossier que par l'arrêt du pourvoi, procédures dans lesquelles l'avocat, régulièrement constitué, défendait déjà les recourants ; le moyen d'irrecevabilité n'étant donc pas fondé, le pourvoi est recevable (CCJA, 2e ch., no 080/2021, 29-4-2021 : Nouganga Jean Baptiste et deux autres c/ Commercial Bank Centrafrique SA).

7o Attestation du bâtonnier non attaquée en faux

À défaut d'avoir attaqué en faux l'attestation délivrée par le bâtonnier et prouvant la qualité d'avocat de maître [X.], la CCJA ne dispose d'aucun élément d'appréciation pour dénier à celui-ci la qualité d'avocat, d'autant plus qu'il était constitué dans la cause devant les juridictions nationales (CCJA, 2e ch., no 328/2024, 28-11-2024).

8o Qualité d'avocat non contestée devant les juridictions nationales

L'article 23 du Règlement de procédure de la CCJA autorisant la preuve de la qualité d'avocat par tout moyen, celle-ci est établie lorsqu'il résulte de l'arrêt attaqué que c'est le conseil dont la qualité a été contestée qui a représenté la demanderesse, intimé à cette instance, sans que cette qualité n'ait été contestée à cette occasion ; et qu'il en a été de même devant le premier juge. La qualité d'avocat du conseil du requérant est suffisamment constante, et ne saurait donc être contestée devant la CCJA (CCJA, 1e ch., no 053/2022, 3-3-2022).

B. Validité de la substitution d'un avocat par un autre

Aucun texte du Règlement n'interdit, comme c'est le cas dans la pratique, la substitution d'un avocat par un de ses collaborateurs, justifiant de la qualité d'avocat (CCJA, ass. plén., no 073, 25-4-2014 : Mandonou Oswald Attin c/ Bank of Africa (BOA-Bénin), Ohadata J-15-164).

C. Validité du recours signé par un seul avocat de la société à laquelle le mandat a été donné

Lorsque le mandat spécial est donné à une société d'avocats, la signature par un seul avocat de cette structure est suffisante pour se conformer aux dispositions de l'article 23.1 du règlement de procédure de la CCJA (CCJA, 1e ch., no 131/2019, 25-4-2019 :

Sogad BTP c/ Sté Orabank Gabon, et Sté Orabank Gabon c/ Sogad BTP).

Le mandat spécial délivré au cabinet [X.] représenté par [Y.], lui-même avocat régulièrement inscrit au tableau de l'ordre des avocats suivant l'attestation d'exercice à lui délivrée par le bâtonnier de l'ordre des avocats du pays est valide et la fin de non-recevoir doit être rejetée (CCJA, 3e ch., no 159/2019, 9-5-2019 : Libyan Foreign Bank SA c/ Hôtel de la Paix d'Agadez SURL).

Chacun des avocats en groupement a qualité pour signer tout acte de procédure au compte de celui-ci ; par conséquent, le recours signé par maître [X.] au nom du cabinet [Y.] auquel il appartient, est régulier, et le recours en annulation formé est recevable (CCJA, ass. plén., no 200/2022, 29-12-2022).

Selon l'article 23 du Règlement de procédure de la CCJA, est admis à exercer le ministère d'avocat devant cette juridiction toute personne pouvant se prévaloir de cette qualité devant une juridiction de l'un des États parties au Traité OHADA. Les dispositions du règlement intérieur du barreau d'un État partie à l'OHADA, interdisant à un avocat associé au sein d'une société civile professionnelle d'exercer à titre individuel, sont inopérantes devant la CCJA, qui n'est liée que par son propre Règlement de procédure ; l'exception d'irrecevabilité soulevée de ce chef doit être rejetée (CCJA, 1e ch., no 015/2023, 16-2-2023).

D. Avocats membres d'un barreau étranger à l'OHADA

Il a pu être déduit de l'accord de coopération en matière de justice entre la République française et la République de Côte d'Ivoire du 24 avril 1961 combiné à l'article 23.1 du Règlement de procédure de la CCJA que la constitution d'un avocat inscrit à un barreau français devant la CCJA est régulière (CCJA, ass. plén., no 11, 29-11-2011 : État du Mali c/ Sté ABS International Corporate LTD, Juris-Ohada, 2011, no 4, oct.-déc. 2001, p. 7, Ohadata J-13-06, J-13-147).

Obs. : il semble résulter de cet arrêt que toute personne pouvant se prévaloir de la qualité d'avocat dans au moins un des États parties à l'OHADA, même sur le fondement d'un accord de réciprocité judiciaire, pourrait, en principe, se présenter devant la CCJA en cette qualité. Mais cela appelle deux observations importantes : **1)** bien qu'il ne puisse, en principe, y avoir de désuétude des conventions de réciprocité, même si les circonstances en vue desquelles elles ont été faites disparaissent (Cass. req. 4-4-1887 : S. 1889.1.317 ; Cass. crim. 8-11-1918 : S. 1920.1.317, note Delpech, au sujet des lois mais transposable aux traités qui ont aussi force de lois), que des usages contraires ont été tolérés ou que lesdites conventions n'ont pas été appliquées pendant longtemps (CA Rouen 8-6-1971 : GP 1971.2.729), nous suggérons à tout avocat souhaitant se prévaloir d'un tel accord de réciprocité de s'assurer de l'effectivité de la réciprocité en vérifiant les accords entre son pays ou son barreau d'origine avec l'un des États membres de l'OHADA avant de se présenter devant la CCJA en qualité d'avocat.

Par exemple, pour les conventions signées avec la France, voir : http://basedoc.diplomatie.gouv.fr/Traites/Accords—Traites.php. À défaut, il pourrait se retrouver dans l'incapacité de prouver son droit d'exercer devant la CCJA conformément à l'article 23-1 du règlement de procédure. Cette remarque est valable pour tout autre pays que la France ayant un accord de réciprocité judiciaire avec l'un des États parties à l'OHADA. **2)** Le caractère non obligatoire de l'élection de domicile dans le ressort de la CCJA prévu par l'art. 28-3 nouveau du Règlement de procédure de la CCJA peut être inapplicable aux avocats se présentant devant la CCJA au titre d'un accord de réciprocité judiciaire si cet accord de réciprocité judiciaire prévoit l'obligation pour l'avocat étranger d'élire domicile dans le barreau d'accueil en prenant un avocat local comme postulant. Dans une telle hypothèse, pour valablement se prévaloir de la qualité d'avocat devant la CCJA, les avocats étrangers jouissant de la réciprocité devraient continuer à élire domicile, plus exclusivement dans le ressort de la CCJA, mais en principe auprès de tout avocat membre d'un barreau d'un État partie à l'OHADA. Il en est ainsi dans la mesure où l'article 28, al. 4 du présent Règlement de procédure prévoit désormais : « La requête [en cassation] peut indiquer que l'Avocat, **ayant son domicile professionnel dans un État partie au Traité,** consent à ce que des significations lui soient adressées par courrier électronique, télécopieur ou tout autre moyen technique de communication laissant trace. » Nous avons souligné. En conclusion, tout avocat devant la CCJA doit justifier d'un domicile professionnel situé dans l'un des États parties à l'OHADA.

III. Mandat spécial

A. Caractère impératif du mandat spécial

Le mémoire produit par le conseil d'une partie qui ne justifie pas d'un mandat spécial et qui n'a pas été régularisé malgré la demande de la cour est irrecevable d'office (CCJA, 1o ch., no 025/2022, 17-2-2022 : Shire Petroleum Sarl c/ Louzaki Yemoko ; CCJA, 3o ch., no 122/2020, 9-4-2020 : Alain Boisnard et Carmelo Talio c/ Coris Bank International Togo SA ; CCJA, 2o ch., no 191/2020, 28-5-2020 : La SGA SPRL en liquidation c/ La Socope SA).

B. Forme du mandat spécial

L'article 23.1 du Règlement de procédure devant la CCJA n'impose aucune forme particulière au mandat spécial et l'on ne saurait exiger ce que la loi elle-même n'exige pas (CCJA, 1e ch., nº 30, 29-4-2010 : THALES SECURITY SYSTEMS SAS c/ Me O. K., Ohadata J-11-74, J-12-50).

L'article 23.1 du règlement de procédure de la CCJA n'impose aucune forme particulière au mandat spécial et on ne peut distinguer là où la loi ne distingue. Il est constant que dans une société à responsabilité limitée le représentant légal n'est autre que le gérant ; c'est donc à tort que la défenderesse au pourvoi a relevé que monsieur [X] n'a pas indiqué sa qualité de gérant de la société demanderesse, alors qu'il est clairement mentionné sur le pouvoir spécial qu'il a agi en qualité de représentant légal de la société OLAM TOGO SARL. Par ailleurs, l'avocat collaborateur agit sous la responsabilité du cabinet où il travaille ; il a qualité pour signer tout acte de procédure et tous les actes qu'il pose sont fait pour le compte de son cabinet. Pour cela, il n'a pas besoin d'un pouvoir spécial pour agir. Il résulte de tout ce qui précède que l'exception d'irrecevabilité soulevée par la société défenderesse n'est pas fondée et que le recours est recevable (CCJA, 3e ch., nº 102, 2-6-2016 : OLAM TOGO SARL c/ VATEL SA, Ohadata J-17-44).

Voir aussi CCJA, 3º ch., nº 164/2019, 9-5-2019 : Megatron SA (PTY) LTD c/ Megatron Federal RDC SARL.

Le Règlement de procédure de la CCJA n'imposant aucune forme particulière au mandat spécial, la non indication expresse de la juridiction devant laquelle le recours doit être formé n'entame en rien la régularité du mandat ainsi donné, dès lors que, d'une part, celui-ci investit pleinement l'avocat mentionné des pouvoirs nécessaires en vertu desquels le recours a été introduit, mentionne le numéro et la date de l'arrêt attaqué ainsi que la juridiction qui l'a rendu, la dénomination des parties et la date et, d'autre part, n'indique aucune autre juridiction et que la matière relève de la compétence de la CCJA devant laquelle le recours est porté. Tel est le cas par exemple de la « Procuration spéciale » au profit d'un avocat et libellée comme suit : « Je soussigné […], donne procuration spéciale aux avocats ci-après […] maître [X.] […] mission de former, individuellement ou collectivement et en mon nom et pour mon compte, pourvoi en cassation contre l'arrêt rendu par la cour d'appel de Kinshasa-Gombe le 20 septembre 2021 sous RCA […]. En cause la Société [Y.] SARL […] contre la Succession [Z.] […] » et dument signée par le mandant (CCJA, 1e ch., nº 100/2024, 28-3-2024).

L'article 23 du Règlement de procédure de la CCJA n'imposant aucune forme particulière au mandat spécial, l'on ne saurait exiger quoi que ce soit là où la loi elle-même n'exige rien. C'est donc à tort que l'irrecevabilité d'un pourvoi est soulevée, au motif que le mandat spécial donné au conseil de la requérante est irrégulier, en ce qu'il est dactylographié sur un papier libre et signé de façon anonyme (CCJA, 2e ch., nº 013/2024, 25-1-2024).

C. Portée du mandat spécial

Le mandat délivré à un avocat à l'effet de représenter une société « […] auprès de la Cour commune de justice et d'arbitrage d'Abidjan pour le recours en cassation contre l'arrêt nº 109/C du 1er août 2008 de la cour d'Appel du Littoral dans l'affaire l'opposant à [X.] » et le pouvoir donné au même avocat d'« […] accomplir toutes les formalités, requérir tous extraits, conclure, plaider et de façon générale, faire le nécessaire pour parvenir à la cassation de l'arrêt sus évoqué » autorise le mandataire à attaquer également l'arrêt avant dire droit simplement préparatoire de l'arrêt visé au mandat (CCJA, 1e ch., nº 008, 30-3-2015 : Afriland First Bank (ex-CCEI BANK) SA c/ 1) CACIC SA, 2) Ayants droit de GARBA Aoudou, Ohadata J-16-08).

D. Mandat spécial non requis pour un avocat agissant pour lui-même

Un avocat régulièrement inscrit au barreau de l'un des États parties à l'OHADA peut valablement représenter tout justiciable devant la CCJA, y compris lui-même (CCJA, ass. plén., nº 049, 23-4-2014 : Maître Galolo SOEDJEDE c/ AKOUETE Koffi Antoine, Banque Internationale pour l'Afrique au TOGO (BIA- TOGO) SA, Trésor public du Togo, Ohadata J-15-140 ; CCJA, ass. plén., nº 043, 23-4-2014 : Succession Edouard Assiba JOHNSON, Couadjo JOHNSON c/ Ayayi Koudahin ANENOU, Entreprise Transit NETADI, Banque Togolaise de Développement (BTD), Me Galolo SOEDJEDE, Ohadata J-15-134). Il en est ainsi car, selon la jurisprudence établie de la CCJA, on ne saurait exiger d'un avocat de produire un mandat spécial qu'il se serait donné à lui-même dès lors que, pouvant représenter tout justiciable devant la CCJA, il serait contraire à l'esprit des dispositions du texte susvisé de le priver de son droit d'agir par lui-même et pour son propre compte (CCJA, ass. plén., nº 057, 23-4-2014 : Maître Galolo SOEDJEDE c/ Office Togolais des Phosphates (OTP), Ohadata J-15-148).

Le recours formé par Me [X], avocat, est recevable, dès lors que la dénomination « avocat » prouve à suffisance sa qualité d'avocat, non contestée, et identifie son titre de maître en tant qu'avocat et que ce dernier peut assurer personnellement sa défense devant la CCJA (CCJA, 1e ch., nº 043, 22-2-2018 : Paul Tchuente c/ Afriland first Bank SA, en présence de la Banque des États de l'Afrique centrale ; CCJA, 1º ch., nº 248/2019, 7-11-2019 : Gabon Temecom SA c/ Maître Gilbert Erangah).

E. Mandat spécial inexistant ou irrégulier

1° Décisions ayant retenu l'irrecevabilité

a. Absence de mandat spécial

Est irrecevable le mémoire déposé par un avocat sans mandat spécial et non régularisé nonobstant la demande écrite du greffe adressée à cet effet au domicile élu du mémorant (CCJA, ass. plén., n° 074, 29-4-2015 : les Héritiers de feu El Hadj Mamadou Oury Diallo et Veuve Bilkhissa Cherif c/ El Hadj Mamadou Dem, Diallo Mohamed et Diallo née Hadja Mbalou Kaba, Ohadata J-16-75), CCJA, 1e ch., n° 034, 22-2-2018 : Djie Evelyne c/ 1) Niankoue Haba, 2) SGBCI ; CCJA, 2e ch., n° 039/2017, 23-3-2017 : Sté ZHANG LOTUS c/ BIAO-CI, Ohadata J-17-173 ; CCJA, 2e ch., n° 062, 21-4-2016 : Institut Supérieur d'Enseignement Technique André Latrille c/ Oudjewaine Kadjo Amenan Suzanne et cinq autres), la non-production du mandat spécial de représentation ne permettant pas à la Cour de s'assurer que l'avocat signataire de la requête introductive a bien qualité pour agir au nom et pour le compte des demandeurs (CCJA, 1e ch., n° 154, 26-11-2015 : MFONKEU Ousmane, NFOUNDIKOU Salamatou, épse MFONKEU c/ BICEC, Ohadata J-16-147).

L'irrecevabilité du recours doit être relevée d'office lorsque l'avocat qui l'a formé n'a produit aucun mandat malgré les multiples correspondances qu'il a reçues du greffe à cet effet (CCJA, 2e ch., n° 19, 23-2-2017 : ZHANG LOTUS LIMITED SARL c/ BIAO Côte d'Ivoire, Ohadata J-17-179 ; CCJA, 1e ch., n° 53, 21-4-2016 : Fatoumata Gbate Diallo, Bintou Gbe Kaba c/ Mamadou Dem et deux autres, Ohadata J-17-01 ; CCJA, 3e ch., n° 081, 28-4-2016 : La Sté CIMGABON c/ Maurice Mezui M'Obiang, Ohadata J-17-29 ; CCJA, 3e ch., n° 136, 7-7-2016 : Bouda Ramonwindé Victor c/ CBAO Groupe Attijariwafa Bank, Convergences Ramonwindé (CORAM) SA, Ohadata J-17-76 ; CCJA, 2e ch., 243, 29-11-2018 : BSIC SA c/ Assoumane Mamane ; CCJA, 1e ch., n° 015/2023, 16-2-2023).

b. Mandat spécial émanant d'un représentant non qualifié de la société

Le mandat spécial prévu par les articles 23-1 et 28-4 [devenu 28-5] du Règlement de procédure de la CCJA doit nécessairement émaner d'un représentant qualifié de la société, qui est, pour une société anonyme avec conseil d'administration, le président directeur général et, en cas d'empêchement de celui-ci, un administrateur délégué par le conseil d'administration, conformément aux dispositions des articles 465 et 468 de l'AUSCGIE. Aucune disposition de l'AUSCGIE n'autorise un administrateur d'une société à la représenter sans mandat du conseil d'administration ou à se prévaloir de la qualité de Directeur général en l'absence du représentant légal. Le mandat de représentation d'une société délivré à un avocat par une personne autre que le représentant légal n'est pas valable, peu importe qu'il s'agisse d'un administrateur de ladite société. Il s'ensuit que le recours en cassation formé dans ces conditions est irrecevable pour violation des articles 23-1 et 28-4 [devenu 28-5] du règlement de procédure de la CCJA (CCJA, 2e ch., n° 024, 18-4-2013 : Sté Tropicale des Allumettes dite SOTROPAL c/ 1) Banque Internationale pour le Commerce et l'Industrie de la Côte d'Ivoire dite BICICI, 2) DRAMA KOFFI Jean Pierre, Rec. jur. CCJA n° 20, vol. 1, janv.-déc. 2013, p. 11-14, Ohadata J-15-24).

Est irrecevable le pourvoi formé :

– par une société dont il n'est pas démontré que la personne ayant donné le mandat spécial est habilitée à le faire. Il en est ainsi lorsque la société a versé au dossier de la procédure ses statuts et le procès-verbal d'une assemblée générale extraordinaire du 7 novembre 2005, reçu le 10 novembre 2005 par un notaire, indiquant que X. est le président-directeur général, qu'un mandat spécial établi le 23 janvier 2007 a été délivré à l'avocat par Y., agissant également en qualité de président-directeur général, et que la société n'a pas répondu à la correspondance du greffe de la Cour lui notifiant le mémoire soulevant l'irrecevabilité tirée du défaut de qualité du représentant de la société demanderesse, au motif que le mandat dont se prévaut son avocat est irrégulier, faute de qualité du mandant (CCJA, ass. plén., n° 040, 27-4-2015 : Banque de l'Habitat du Mali dite BHM-SA c/ Mamadou KEITA, Ohadata J-16-40) ;

– au nom d'une société anonyme par un avocat qui a reçu mandat spécial par le directeur administratif et financier de ladite société, voir sous l'article 487 de l'AUSCGIE ;

– au nom d'une SARL par un avocat qui a reçu mandat spécial par une personne autre que le gérant, voir sous l'article 329 de l'AUSCGIE ;

– par une société lorsque le mandat spécial d'agir en justice a été donné par le directeur de l'usine de cette société sur le fondement d'une disposition des statuts de ladite société, dès lors que ladite disposition statutaire ne prévoit que la possibilité, sur proposition de l'administrateur général, pour l'actionnaire unique de donner un mandat à une ou plusieurs personnes physiques d'assister l'administrateur général à titre d'administrateur général adjoint, et que la société ne produit ni n'offre de produire aucune preuve d'une délégation spéciale donnée à cette fin au directeur d'usine. Il en est ainsi car l'administrateur général d'une société anonyme est la seule personne qualifiée et habilitée à agir au nom et pour le compte de celle-ci et à donner

mandat aux fins de droit (CCJA, 2e ch., no 135, 7-6-2018 : CORAF SA c/ MANI SERVICES SARL) ;
– par une société lorsque le mandat spécial a été délivré par le Secrétaire général de ladite société, qui n'est pas qualifié à délivrer un mandat de représentation à un avocat pour agir au nom de la société à moins de rapporter la preuve qu'il a lui-même reçu mandat à cet effet. Il en est ainsi car dans une société anonyme avec un président du conseil d'administration et un directeur général, c'est ce dernier qui, selon l'article 487 de l'AUSCGIE, représente la société dans ses rapports avec les tiers (CCJA, 1e ch., no 086, 27-4-2017 : Sté MTN Côte d'Ivoire c/ Sté ORICEL SA dite Green-CI) ;
– CCJA, 1e ch., no 010, 23-2-2017 : Grandeur General Trading Côte d'Ivoire SA) c/ Eid Charles Gilbert, Hadad Wahid Adrian Mark, Ohadata J-17-156) ;
– par une société lorsque le mandat spécial a été délivré par son directeur financier, à défaut que prouver que ce dernier a reçu délégation de pouvoir pour agir au nom de la société (CCJA, 3e ch., no 096/2024, 28-3-2024).

Le gérant d'une SARL dont il n'est pas établi que le mandat, arrivé à expiration a été renouvelé, ne peut plus représenter la société. Il s'ensuit que le mandat spécial d'agir en justice délivré par lui dans ces conditions n'est pas valide et le recours est irrecevable (CCJA, 3e ch., no 171/2021, 28-10-2021 : Sté KM Oil Sarl c/ Fonds de Promotion de l'Industrie).

Irrecevabilité d'actes accomplis sans l'assistance du syndic. Sur l'irrecevabilité du mémoire rédigé par un avocat auquel le représentant d'une société faisant l'objet d'un redressement judiciaire a donné seul, sans l'assistance du syndic, mandat spécial à agir, voir sous l'article 52 de l'AUPCAP.

c. Mémoire rédigé par un avocat non muni du pouvoir spécial

Lorsque, d'une part, les mémoires en réponse et en réplique reçus à la CCJA ne portent pas la signature de l'avocat investi du mandat spécial de représentation par les défendeurs au pourvoi, avocat à l'étranger (Conakry), mais portent uniquement celle de l'avocat établi à Abidjan, titulaire du cabinet dans lequel l'avocat étranger des défendeurs a élu domicile conformément à l'article 28.3 du Règlement de procédure de la CCJA, et que, d'autre part, l'avocat signataire exclusif des mémoires en défense se prévaut d'un mandat spécial établi après la date du dépôt du mémoire en réponse, il y a lieu de considérer que le mémoire en réponse a été présenté par un avocat non muni d'un pouvoir spécial exigé par l'article 23 du Règlement de procédure de la CCJA. Il en résulte que ce mémoire en réponse ainsi que le mémoire en duplique subséquent sont irrecevables et ne saisissent pas la CCJA de l'exception d'incompétence et des fins de non-recevoir qui y sont invoquées (CCJA, 1e ch., no 30, 26-5-2005 : Sté SATOYA GUINEE SA c/ Maîtres A. C. et B. T. S., Juris-Ohada, no 3/2005, p. 43, Rec. jur. CCJA, no 5, janv.-juin 2005, vol. I, p. 18 ; Ohadata J-05-382 ; CCJA, 2e ch., no 08, 25-8-2011 : ECOBANK-MALI c/ HOTEL KEMPINSKI F., Juris-Ohada, 2011, no 4, oct.-déc., p. 3, Ohadata J-13-05, J-13-160).

Dans le même sens et déclarant irrecevable le pourvoi : CCJA, 3e ch., no 058/2012, 7-6-2012 : DOUCOURE Bouyagui c/ Edoukou Aka, Epse KOUAME ; CCJA, 3e ch., no 054/2012, 7-6-2012 : BONI Joseph Henri c/ La « Faillite » de la Sté RICOCI.

Le mémoire déposé par un avocat sans mandat spécial est irrecevable. Il en est ainsi lorsque la correspondance du greffe de la Cour impartissant un délai à l'avocat pour la production dudit mandat est retournée avec la mention « non réclamé » (CCJA, ass. plén., no 124, 11-11-2014 : Sté Gabonaise de Transport et d'équipement (SGTEM) c/ Zephirin RAYITA, Ohadata J-15-214).

Pour une décision ayant ordonné la radiation d'un pourvoi formé le 7 mai 2007 par un avocat et qui n'a jamais été régularisé par la production du mandat spécial justifiant sa désignation par un représentant des sociétés demanderesses ayant qualité à cet effet, voir sous l'article 44 bis (CCJA, ass. plén., no 121/2014 du 12-11-2014 : Sté Sunly SARL, Sté BSO Industries SA c/ La liquidation Placages de l'Ogoue, Ohadata J-15-211).

Le mémoire en réplique produit au nom d'une société, qui n'a été signé que par l'avocat domiciliataire de la requérante, mais ne porte ni l'en-tête, ni la signature et encore moins un cachet des avocats régulièrement constitués pour la défense de cette société doit être écarté d'office des débats, en application des articles 23 nouveau et 28 nouveau du Règlement de procédure de la CCJA (CCJA, ass. plén., no 055, 27-4-2015 : ECOBANK SENEGAL SA c/ Banque Sahelo Saharienne pour l'Investissement et le Commerce BSIC SENEGAL, Ohadata J-16-55).

Toute requête, pièce, ou tout mémoire produit par une partie et signé uniquement par l'avocat auprès duquel les avocats titulaires du mandat spécial de représentation ont élu domicile doivent être écartés des débats, en application des articles 23, 27 et 28 du Règlement de procédure de la CCJA. S'agissant, en l'espèce, de la requête initiale et du mémoire du demandeur, le recours doit être déclaré irrecevable, dès lors que ces documents ne portent ni l'en-tête, ni la signature et encore moins un cachet des avocats régulièrement constitués pour la défense du requérant (CCJA, ass. plén., no 110, 11-5-2017 : État du Mali c/ Groupe TOMOTA SA).

d. Pouvoir d'agir en justice non daté équivalant à un défaut de mandat spécial

Il s'induit de l'article 25.1 du Règlement de procédure de la CCJA que « la date » est un élément substantiel pour apprécier de la validité d'un acte de procédure. En conséquence, le « pouvoir » non daté délivré par la demanderesse à ses conseils doit être déclaré non valide, équivalant à un défaut de « mandat spécial » requis à peine de nullité par l'article 23.1 in fine dudit Règlement de procédure. La demanderesse et ses conseils n'ayant pas observé les prescriptions des dispositions sus-énoncées, leur recours encourt l'irrecevabilité (CCJA, ass. plén., n° 141, 11-11-2014 : Sté Omnium Gabonais d'assurances et de Réassurances dite OGAR c/ Sté MAGASIN GRAND VILLAGE AVENUE SARL, Ohadata J-15-231).

e. Mandat spécial délivré par le représentant légal d'une société en son nom propre à l'avocat

Le mandat spécial délivré par le représentant légal d'une société, en son nom propre, à l'avocat de la société n'engage pas ladite société qui jouit d'une personnalité juridique propre et distincte de celle de son représentant légal. Il s'ensuit qu'en l'absence de réponse de l'avocat de la société à l'exception d'irrecevabilité, qui lui a été régulièrement signifiée, le pourvoi est irrecevable et que la société demanderesse doit être condamnée aux dépens (CCJA, 2e ch., n° 197, 24-11-2017 : MINOCAM SARL c/ IFACO SA).

f. Impossibilité d'utiliser un mandat spécial pour une procédure autre que celle pour laquelle il a été délivré

Le mandat dont est investi un avocat dans une procédure de sursis à l'exécution ne peut servir dans une procédure de recours en révision. Il y a donc lieu de constater que le recours en révision a été présenté par un avocat non muni d'un pouvoir spécial exigé par l'article 23 du règlement de procédure et déclarer le recours irrecevable (CCJA, 1e ch., n° 177, 27-7-2017 : Sté CODIPA c/ Sté Trans-Roulements CI).

De même :

– le mandat spécial délivré pour un recours devant la CCJA ne peut servir pour la requête en rectification d'erreur matérielle de l'arrêt issu du recours initial (CCJA, 2° ch., n° 279/2020, 30-7-2020 : Prin-Tec c/ medlog CI) ;

– la procuration spéciale indiquant que maître [X.] est mandaté aux fins « d'introduire et soutenir à la [CCJA] notre requête aux fins d'arbitrage dans le litige l'opposant à la société [A.] contre les sociétés [B.] et [C.] », est limitée à l'introduction d'une requête aux fins d'arbitrage et ne saurait être utilisée pour une procédure autre que celle pour laquelle elle a été délivrée ; il s'ensuit que le pourvoi en cassation formé par l'avocat ainsi désigné est irrecevable pour défaut de mandat spécial (CCJA, 1e ch., n° 084/2023, 27-4-2023).

g. Mandat douteux

Conformément à l'article 23 du Règlement de procédure de la CCJA, le recours en annulation est irrecevable en l'état, lorsqu'il existe un doute sérieux sur la réalité du mandat donné à l'avocat des demandeurs pour agir en leur nom et pour leur compte. Il en est ainsi lorsque, sur contestation du conseil de la défenderesse des deux mandats produits à des dates différentes, l'enquête à laquelle il a été procédé n'a pas confirmé la régularité des deux mandats ; qu'en effet, par courriers des respectivement des commissaires de police du 4e et du 6e arrondissement de la ville où les signatures des mandants étaient supposées être légalisées, il appert que, d'une part, les mandants n'ont jamais déposé leurs signatures dans les registres de ces commissariats pour légalisation et que, d'autre part, l'officier de police certificateur des signatures du premier mandat est inconnu des effectifs du commissariat du 4e arrondissement et que celui du second mandat n'a pas la qualité requise à cet effet et a agi en dehors du service (CCJA, 3e ch., n° 098, 26-4-2018 : Pouengue Jean Michel, Dame Pouengue c/ Collectivité Logbongo).

h. Mandat délivré par un organe inexistant

En droit OHADA, la société anonyme est représentée à l'égard des tiers soit par son directeur général, soit par son administrateur général. Un organe appelé « gérant statutaire », juridiquement inexistant dans ce type de société, ne peut valablement représenter la société à l'égard des tiers ce, dans l'intérêt de la transparence et de la sécurité des situations juridiques ; il y a donc lieu de constater que l'avocat demandeur est dépourvu de mandat spécial et de déclarer en conséquence, le pourvoi irrecevable (CCJA, 1° ch., n° 103/2021, 27-5-2021 : SCIC SA c/ La Société Vivo Energy Burkina).

Dans le même sens, au sujet du mandat spécial délivré par un « président-directeur général », inexistant dans la société anonyme avec administrateur général, voir : CCJA, 2e ch., n° 108/2022, 30-6-2022.

i. Compromis d'arbitrage

Le recours est irrecevable, lorsque le requérant, pour se soustraire de la production d'un mandat spécial tel que prévu à l'article 23 du règlement de procédure, a cru bon de joindre à sa requête aux fins de cassation, le compromis d'arbitrage du 3 juin 2008, lequel mentionne que la société SCIC SA « représentée par Monsieur Ouedraogo Martial, gérant statutaire, en vertu de l'article 26 des statuts, élisant pour les présentes et leurs suites au cabinet de maître A. Abdoul O. Ouedraogo [...] ». Ce compromis d'arbitrage ne saurait tenir lieu de mandat spécial, un tel mandat supposant que l'avocat ait reçu une procuration expresse du demandeur ou de son représentant légal, pour introduire en son nom et pour son compte, le recours en cassation. Si le mandat découlant de la convention précitée, a été conféré pour l'instance arbitrale « et ses suites », ces « suites » ne sauraient s'étendre indéfiniment au point d'inclure une procédure judicaire totalement distincte, en l'occurrence le recours en cassation contre la décision d'un tribunal ayant jugé irrecevable le recours en annulation de la sentence arbitrale (CCJA, 1° ch., n° 103/2021, 27-5-2021 : SCIC SA c/ La Société Vivo Énergy Burkina).

j. Pourvoi formé par des avocats ayant reçu un mandat spécial pour agir au nom d'une société dont le mandat du gérant n'a pas été renouvelé après son expiration

Voir sous l'art. 32 (CCJA, 1e ch., n° 126/2024, 25-4-2024).

k. Mandat délivré par le gérant d'une SARL irrégulièrement désigné

Irrecevabilité du pourvoi formé sur le fondement d'un mandat spécial délivré par le gérant d'une SARL irrégulièrement désigné dans une assemblée générale à laquelle l'associé majoritaire, décédé, n'a pas été représenté (CCJA, 1e ch., n° 033/2024, 1-2-2024).

l. Autres mandats non valides

N'est pas valide :

– le mandat donné signé par le « directeur régional du développement des affaires en Afrique centrale » d'une société requérante, sans autre précision quant à sa qualité pour agir et représenter ladite société comme Sarl ou SA. Dans l'intérêt de la sécurité juridique des situations, la requête introduite dans de telles circonstances doit être déclarée irrecevable en application des dispositions de l'article 32.2 du règlement de procédure (CCJA, 1° ch., n° 175/2020, 28-5-2020 : PCCW Global Limited Sarl c/ Telecel Centrafrique SA) ;

– pour la requête en rectification d'erreur matérielle d'un arrêt de la CCJA, le mandat spécial délivré à un avocat qui avait représenté la même partie devant la CCJA pour la procédure qui a abouti à l'arrêt dont la rectification est sollicitée (CCJA, 2° ch., n° 279/2020, 30-7-2020 : Prin-Tec c/ Medlog CI) ;

– le mandat spécial délivré par une personne différente du représentant légal de la société demanderesse, donc sans qualité pour donner un mandat spécial au nom de celle-ci ; s'agissant en l'espèce, d'une SARL, le mandat aurait dû être délivré par le gérant (CCJA, 3° ch., n° 018/2022, 27-1-2022 : Soroubat SARL c/ S. ; voir aussi CCJA, 2e ch., n° 166/2022, 3-11-2022) ;

– le mandat spécial donné aux avocats qui ne respectent pas les prescriptions de l'article 28.5, 2e tiret, puisque qu'établi par une personne sans qualité, ne peut être régularisé par la requérante après que la partie adverse l'ait relevé pour soulever l'irrecevabilité du mémoire. Il en est ainsi car au sens de l'article 28.6 du règlement de procédure de la CCJA, la régularisation ne se conçoit que dans l'hypothèse d'omission des pièces ou des mentions requises lors de la présentation des recours ou des mémoires (CCJA, 2° ch., n° 148/2021, 24-6-2021 : Bdeac, Sgt S.A. c/ Sotexho, S.A.).

2° Décisions n'ayant pas retenu l'irrecevabilité

a. Dossier en l'état d'être jugé

Pour une décision ayant examiné un recours malgré l'absence d'un mandat spécial délivré à l'avocat, la CCJA ayant retenu que le dossier était en l'état en dépit de ladite omission, voir CCJA, 2e ch., n° 023, 8-4-2010 : M. F. c/ M. K., Juris-Ohada, n° 3/2010, juill.-sept., p. 19, Ohadata J-11-67, J-12-29.

b. Mandat spécial donné après dépôt de la requête

Le mandat spécial de représentation donné à un cabinet d'avocat cinq jours après le dépôt de la requête en cassation par la société demanderesse au pourvoi ne fait pas obstacle à la recevabilité du recours qui ne s'apprécie pas au jour du dépôt dudit recours puisque l'article 28.5 dudit Règlement permet au greffier en chef d'inviter le requérant à régulariser son recours dans un délai raisonnable au cas où le recours n'est pas conforme aux conditions fixées par les textes (CCJA, 2e ch., n° 034/2012, 22-3-2012 : Sté Thales Security Systems c/ Olivier KATTIE).

c. Erreur de référence

La simple erreur sur les références de l'ordonnance querellée ne peut suffire à vicier le mandat spécial délivré par le requérant à son avocat, le litige objet du pourvoi ayant été suffisamment matérialisé dans la requête du pourvoi et par l'indication précise des noms des parties audit procès permettant de lever tout doute sur ledit litige ; au demeurant, les articles 23 et 28 du Règlement de procédure de la CCJA n'exigent, sans autre formalité, que la production d'un mandat régulièrement établi par un représentant qualifié (CCJA, ass. plén., n° 067, 25-4-2014 : SOU SIE Sylvain c/ Sté de Construction et de Gestion Immobilière du Burkina (SOCOGIB), Ohadata J-15-158).

d. Irrégularité réparée

L'exception d'irrégularité soulevée pour mandat non valide ne peut prospérer dès lors que l'irrégularité a été réparée (CCJA, 3e ch., n° 026, 13-3-2014 : Sté West Africa Investement Company dite WAIC-SA c/ Banque de l'Habitat du Mali dite BHM – SA, Ohadata J-15-117). Tel est le cas lorsque le mandat irrégulier délivré par une personne non habilitée a été remplacé par un autre mandat délivré par le représentant légal de la société en cause (CCJA, 3e ch., n° 015, 25-1-2018 : Sté CKG Holding c/ Sté YARA France) ou encore lorsque qu'il a été produit aux débats le procès-verbal de l'assemblée générale ordinaire qui donne pouvoir à l'administrateur général adjoint de représenter la société. Ainsi, le mandat par lui donné à l'avocat ne souffre d'aucune irrégularité (CCJA, 3e ch., n° 079, 28-4-2016 : FISH AND MEAT SA c/ SONAL SARL, Ohadata J-17-27).

De même, les mandats spéciaux produits à la suite d'une demande de régularisation du greffier en chef, qui n'ont pas été argués de faux par la partie adverse et qui n'ont pas non plus été mis en cause par les mandants, sont valides (CCJA, 2e ch. n° 133, 12-11-2015 : Sté Chanas Assurances c/ Ekobo Din Marianne, Penka Félix, Tiotsop Maurice, Nseke Oh Jean, Talachele Mekontso Oscar Blaise, Mabo, Dieudonné, Ekwalla Alice épse Edimo, Nji Henry Ndeh, Ngashu et Sonkouat Charlotte, Ohadata J-16-126).

e. Irrégularité n'ayant pas fait l'objet d'une demande de régularisation

Il a été jugé que la prescription relative à la preuve que le mandat délivré à l'avocat l'a été par une personne habilitée de la personne morale ne peut être assortie de sanction qu'après une demande de régularisation du juge rapporteur restée infructueuse conformément au point 6 de l'article 28 de son Règlement de procédure (CCJA, 2e ch., n° 328/2024, 28-11-2024).

f. Variations de signature

Les variations relevées dans la signature du défendeur ne remettent pas en cause le fait que c'est ce dernier qui a effectivement pratiqué la saisie-vente contestée et délivré le mandat spécial dont se prévaut son conseil ; son mémoire est donc recevable (CCJA, 3e ch., n° 147, 7-6-2018 : Sté SARTEM c/ Yatassaye Hamidou).

F. Mandats spéciaux valides

1. Mandat donné par le dirigeant d'une société ou son adjoint

Le mandat d'agir en justice délivré par le directeur général d'une société anonyme (CCJA, ass. plén., n° 067, 25-4-2014 : SOU SIE Sylvain c/ Sté de Construction et de Gestion Immobilière du Burkina (SOCOGIB), Ohadata J-15-158) ou son adjoint est valide (CCJA, ass. plén., n° 067, 25-4-2014 : SOU SIE Sylvain c/ Sté de Construction et de Gestion Immobilière du Burkina (SOCOGIB), Ohadata J-15-158), dès lors que, conformément à l'article 485 de l'AUSCGIE, le directeur général adjoint assiste le directeur général dans l'exercice de ses fonctions (CCJA, 1e ch., n° 075, 29-3-2018 : BPMG c/ Maître Laye Sano).

Dans le même sens, au sujet d'une société d'assurance dès lors qu'il est produit au dossier, en plus du mandat spécial, une correspondance du président de la commission régionale de contrôle des assurances de la CIMA au président du conseil d'administration de COLINA-Mali SA, pour lui notifier l'agrément dudit directeur général adjoint de cette compagnie, ainsi qu'une copie de l'acte par lequel le président directeur général de la société a délégué ses pouvoirs au directeur général adjoint, ces documents établissant suffisamment la validité de la représentation contestée (CCJA, 3e ch., n° 032, 9-3-2017 : Compagnie des Assurances Colina-Mali SA c/ Sté SCAC Delmas Vieljeux-Mali, dite SDV-Mali, devenue Bolloré Africa Logistics-Mali SA, en abrégé BAL Mali SA, Ohadata J-17-166).

Voir sous l'article 485 de l'AUSCGIE et, pour une société anonyme avec administrateur général, sous l'article 498 de l'AUSCGIE.

L'irrecevabilité d'un pourvoi soulevée au motif que les mandats des conseils de la société requérante ont été signés par un directeur dont la désignation, qui n'a pas été publiée au registre du commerce comme le requiert l'article 124 de l'AUSCGIE, serait inopposable aux tiers et entraînerait l'irrégularité desdits mandants doit être rejetée. Il en est ainsi dès lors que, contrairement aux énonciations du moyen, les changements intervenus figurent bien dans l'extrait du RCCM versé au dossier et que les mandats signés par le directeur concerné sont donc réguliers. L'article 28.5 du Règlement de procédure de la CCJA n'exige, pour les requérants personnes morales, que l'authenticité des pouvoirs du signataire du mandat (CCJA, 3e ch., n° 238, 14-12-2017 : Sté GNCAC c/ SCI Gaby).

Le cogérant d'une SARL est habilité à signer le mandat spécial délivré à un avocat aux fins de représentation devant la CCJA (CCJA, 3e ch., n° 088/2024, 28-3-2024).

2. Etablissement de crédit jouissant d'un statut particulier prévu par le traité de l'UEMOA

Sur la validité du mandat spécial donné par l'administrateur provisoire de la Banque Togolaise pour le Commerce et l'Industrie, établissement de crédit régi par le traité de l'UEMOA, en raison du statut particulier accordé à une telle société par l'article 916 de l'AUSCGIE, voir CCJA, 1e ch., n° 107, 9-6-2016 : BTCI-TOGO SA c/ TOGO Terminals SA, Ohadata J-17-48.

3. Mandat donné par un directeur par intérim ou tout autre agent habilité

Le mandat spécial d'agir en justice donné par le directeur général par intérim d'une société en vertu de la décision l'y habilitant est valable, la défenderesse au pourvoi ne rapportant pas la preuve de ses allégations sur la caducité de la décision sus indiquée. Il en est ainsi d'autant plus qu'il résulte de l'extrait du registre du commerce versé au dossier que le directeur général adjoint peut engager la personne morale ; recevabilité du recours (CCJA, ass. plén., n° 046, 23-4-2014 : 1) Banque Commerciale du Burkina dite BCB, 2) BANK OF AFRICA Burkina Faso dite BOA, 3) Banque Sahélo-Sahérienne pour l'Investissement et le Commerce dite BSIC, 4) Union Régionale des Caisses Populaires du Plateau central dite URCPC c/ Sté AIT INTERNATIONAL LTD, Ohadata J-15-137). L'irrecevabilité d'un recours ne saurait résulter du défaut de production d'un mandat au nom d'un avocat qui n'est signataire ni de la requête ni d'un quelconque mémoire déposé au nom de la recourante, dès lors que la requête et les autres écritures de la demanderesse ne comportent que la signature d'un autre avocat à la cour d'un État partie à l'OHADA et dont le mandat spécial de représentation a été régulièrement produit aux débats et n'a pas été contesté (CCJA, ass. plén., n° 098/2014, 30-10-2014 : SCP PYRAMIDION c/ Agence d'Exécution des Travaux d'Infrastructure du Mali dite AGETIER-Mali, Ohadata J-15-189).

Est aussi valide le mandat spécial délivré par la secrétaire générale par intérim (CCJA, 2e ch., n° 092, 27-4-2017 : Labi Benie Affia Angelle c/ Sté Orange Côte d'Ivoire SA, dès lors qu'en l'espèce il ne s'agit pas de rapports avec les tiers et qu'il appert que la secrétaire a été dûment habilitée par la direction générale de la société) ou le Secrétaire général (CCJA, 1e ch., n° 086, 27-4-2017 : Sté MTN Côte d'Ivoire c/ Sté ORICEL SA dite Green-CI) dûment habilités.

C'est à tort qu'il est conclu à l'irrecevabilité d'un pourvoi au motif que le mandat donné à l'avocat ne l'a pas été par un représentant qualifié à cet effet, aucune pièce ne prouvant que les personnes qui ont signé le mandat sont légalement membres du conseil d'administration, dès lors que la société défenderesse, coassociée de la société demanderesse, n'apporte pas la preuve contraire à l'acte de résolution portant délégation de pouvoir. Il y a lieu en l'état de déclarer le mandat bon et valable et de dire que le pourvoi est recevable (CCJA, 2e ch., n° 003, 26-1-2017 : Sté VODACOM International LIMITED c/ Sté Congolese Wireless Network SPRL, Ohadata J-17-149).

4. Mandat donné par l'un des deux requérants au pourvoi

L'avocat qui a produit un mandat spécial signé par l'un des deux requérants peut valablement exercer son ministère dans cette instance devant la Cour, sans qu'il soit besoin de s'appesantir sur la représentation du corequérant (CCJA, ass. plén., n° 080, 29-4-2015 : Kabore John Boureima, Kabore Aimé c/ Sté CORI SARL, Maître Yacoba Ouattara, Souleymane Sere, Henry Deckers, Ohadata J-16-80).

5. Mandat comportant en en-tête la mention « Cour commune de justice et d'arbitrage »

La mention « Cour commune de justice et d'arbitrage » en en-tête d'un mandat n'entame en rien le contenu de celui-ci, en ce qu'il investit pleinement la société d'avocats mandataire des pouvoirs nécessaires aux fins des présentes (CCJA, 1e ch., n° 061, 21-4-2016 : OLAM TOGO SARL c/ VATEL SA, Ohadata J-17-09).

Obs. : il était reproché au mandat d'avoir été établi, « non avec le papier en-tête de ladite société mais avec un en-tête intitulé Cour commune de justice et d'arbitrage ». Par prudence et pour éviter toute confusion, il est suggéré aux parties, même si la forme est libre, d'établir leur mandat spécial sur papier libre ou avec en-tête de la partie au nom et pour le compte de laquelle le mandat est délivré.

6. Mandat spécial non enregistré comme le prévoit la législation nationale

L'enregistrement d'un acte sous seing privé ayant pour seul objet de lui conférer une date certaine, l'omission de cette formalité, prévue par le droit national (article 1328 du Code civil du Congo) ne peut à elle seule entraîner la nullité du mandat spécial de représentation donné à un avocat dans une procédure devant la CCJA (CCJA, 2e ch., n° 002, 11-1-2018 : LCB BANK, anciennement LA CONGOLAISE DE BANQUE c/ Razaki Souhin, Sté EWEDJE EXCHANGE-Congo).

7. Mandat spécial citant nommément les avocats ayant signé la requête

C'est à tort que l'irrecevabilité d'un recours a été soulevée au motif que la personnalité morale du cabinet d'avocats constitué par le demandeur n'a pas été établie, dès lors que la requête introductive du recours a été signée par des avocats nommément cités dans le mandat spécial délivré par le demandeur, régulièrement produit et non contesté et que la qualité d'avocat de ces derniers n'est pas non plus contestée (CCJA, 2e ch., n° 062, 15-3-2018 : Ahmed Keldi c/ Sitti Djaouharia, épse Chihabbidine).

Les conditions exigées par l'article 23 du Règlement de procédure de la CCJA sont remplies pour un mémoire cosigné par deux avocats régulièrement inscrits au barreau de Guinée et ayant produit au dossier de la procédure le mandat spécial à eux délivré par leur client. Ce mémoire est recevable, dès lors qu'il ne ressort pas des documents produits à l'appui de cette demande que l'avocat mis en cause défend des intérêts opposés dans la présente cause (CCJA, 2e ch., n° 146, 11-8-2016 : Boubakar Hann c/ Ousmane Balde et 6 autres, Ohadata J-17-86).

8. Mandat spécial comportant des erreurs ou fautes d'orthographe

Les fautes d'orthographe dans le mandat délivré à un avocat ne constituent pas un motif d'irrecevabilité d'un pourvoi (CCJA, 2e ch., n° 204, 29-12-2016 : Ndendja Michel c/ Tractafric Motors Cameroun SA).

Une simple erreur sur le titre du donneur de mandat ne saurait vicier l'acte, dès lors qu'y sont suffisamment énoncés le nom de l'avocat, l'objet du mandat, le litige, l'indication précise du nom des parties, toute chose qui enlève tout doute sur l'affaire objet du pourvoi et la personne du mandant. C'est donc à tort que l'irrecevabilité d'un mémoire est soulevée au motif que le mandat spécial a été délivré par [X.], agissant ès qualité de président directeur général et non de gérant de la SARL défenderesse, alors que cette fonction n'existe pas dans une société à responsabilité limitée. En outre, les dispositions des articles 23 et 28 du règlement de procédure de la CCJA n'exigent que la production d'un mandat régulièrement établi par un représentant ayant qualité, sans autre formalité. En l'espèce, il n'est à aucun moment contesté que [X.] est bien le gérant de la société défenderesse ; en conséquence, l'exception sera rejetée comme non fondée (CCJA, 1e ch., no 044/2020, 27-2-2020 : Shelter –Afrique c/ Société Immobilière Serge Kasanda SARL).

9. Mandat spécial ne comportant pas une signature certifiée

L'article 23 du règlement de procédure de la CCJA, qui n'impose aucune forme pour le mandat spécial :

– n'oblige pas les parties à faire certifier leurs signatures et un mandat spécial qui ne comporte pas de signature certifiée est absolument valable (CCJA, 1e ch., no 55, 21-4-2016 : Succession Millerhagame/ Kokou Mawukplimi c/ Sté Saint Michel et CO, Ohadata J-17-02) ;

– n'exige pas que le mandat spécial soit certifié par un officier public (CCJA, 2e ch., no 151/2020, 30-04-2020 : Ecobank-Niger c/ Issa Mahamadou Habibou, rappelant qu'on ne saurait exiger ce que la loi elle-même n'exige pas).

10. Mandat spécial signé par le président du conseil d'administration et le vice-président d'une société étrangère à l'espace géographique OHADA

Le mandat spécial portant les signatures respectives du président du conseil d'administration et du vice-président exécutif d'une société étrangère à l'espace OHADA est valide, dès lors qu'il résulte des statuts de cette société qu'elle est représentée à l'égard des tiers par le conseil d'administration et qu'ainsi au moins un des signataires du mandat est habilité à le délivrer (CCJA, 1e ch., no 116, 9-6-2016 : SIPA c/ COTECNA Inspection SA-Genève, Sté COTECNA Inspection SA-Togo, Ohadata J-17-57).

11. Mandat spécial signé par la personne physique au nom de laquelle les avocats ont formé le pourvoi

C'est à tort que l'irrecevabilité d'un pourvoi est soulevée au motif que le pourvoi n'indique pas les éléments d'identification de la personne morale, notamment la dénomination sociale, la forme de la personne morale, le montant du capital social ou la mention de l'immatriculation au registre de commerce et du crédit mobilier, dès lors qu'il résulte des pièces produites que M. X, au nom duquel agissait l'agence, a signé le mandat spécial autorisant ses avocats à le représenter, rendant sans effets une représentation par l'Agence Indépendance Immobilière dont le défaut de précision de son identité dans les actes de procédure n'affecte en rien la régularité du pourvoi introduit au nom et pour le compte de M. X (CCJA, 3e ch., no 074, 30-3-2017 : Agence Indépendance Immobilière Marcel Mal c/ Rita Khoury).

12. Mandat spécial délivré par un syndic dont la nomination a été infirmée par l'arrêt attaqué

C'est à tort que l'irrecevabilité du mémoire en réponse d'une société a été soulevée, au motif que ses avocats n'ont pas reçu leur mandat du syndic désigné dans le cadre du jugement d'ouverture de la procédure, alors qu'il n'existe aucun acte ayant révoqué ce syndic, dès lors que ledit jugement, qui a prononcé l'ouverture de la liquidation des biens de la société en cause, a été infirmé en toutes ses dispositions par l'arrêt objet du présent pourvoi ; il s'ensuit que les organes de la procédure mis en place par ledit jugement ne peuvent survivre indépendamment de l'existence de cette décision tant que celle-ci n'a pas été cassée ou annulée. En conséquence, le mémoire en réponse est recevable (CCJA, no 007/2022, 20-1-2022).

13. Représentant légal d'une SARL désigné de façon inappropriée

C'est à tort que l'irrecevabilité d'un pourvoi est soulevée, au motif que le représentant de la société demanderesse se serait prévalu des qualités non prévues par l'AUSCGIE et par les statuts de ladite société en se faisant respectivement qualifier par les statuts harmonisés et le procès-verbal de la réunion d'harmonisation des statuts, tantôt administrateur-gérant, tantôt directeur-gérant, tantôt gérant tout court de la SARL. Il en est ainsi dès lors qu'il résulte de la procuration spéciale donnant mission aux conseils de la demanderesse que le représentant légal de cette dernière est le sieur [X.] qui porte le titre de gérant de la SARL ; qu'il résulte aussi des statuts de ladite société, en son article 10, que la demanderesse est « administrée par un ou plusieurs Administrateurs gérants » ; que l'usage du mot « Administrateur » ou « directeur » qui précède celui de « gérant » dans cette stipulation et dans le procès-verbal de la réunion d'harmonisation des statuts n'a pas d'incidence sur sa qualité de gérant, représentant de la société, dès lors qu'il ressort du dossier et des statuts qu'est c'est bien lui qui représente la SARL dans ses relations avec les tiers. La fin de non-recevoir n'est donc pas fondée et le pourvoi est recevable (CCJA, 1e ch., nº 218/2023, 14-12-2023).

14. Autres mandats spéciaux acceptés :

– le mandat spécial non délivré sur papier à entête, car l'article 23 du Règlement de procédure de la CCJA n'exige pas que le mandat spécial donné par une personne morale soit délivré sur papier à entête ; ce texte n'impose aucun formalisme pour ce mandat et l'on ne saurait exiger ce que la loi elle-même n'exige pas (CCJA, 3e ch., nº 140/2021, 24-6-2021 : Société Olheol Industries Côte d'Ivoire c/ Banque Atlantique de Côte d'Ivoire) ;
– le mandat spécial donné en son nom propre à un avocat par une personne en tant que partie à l'instance ayant abouti à l'arrêt de la CCJA dont la suspension de l'exécution, ordonnée par la juridiction présidentielle nationale de cassation, est objet du recours en annulation devant la CCJA (CCJA, 2e ch., nº 217/2021, 23-12-2021 : Commodities Corporate Consulting SA et deux autres c/ Latham Eric Jean Louis) ;
– les « Etablissements CIC », étant une entreprise individuelle, ne peuvent avoir une personnalité juridique propre, distincte de celle de leur promoteur. Ce dernier ayant disparu, son fonds est devenu l'actif successoral dévolu à ses héritiers. Dès lors, le seul mandat spécial donné par le représentant de ces héritiers l'est valablement aux fins de la présente procédure et le mémoire en réponse est recevable (CCJA, 2e ch., nº 151/2021, 24-6-2021 : Bolloré Africa Logistics SAS c/ Etablissements Comptoir International pour le Commerce ; CCJA, 2e ch., nº 152/2021, 24-6-2021 : Bolloré Africa Logistics SAS c/ Etablissements Comptoir International pour le Commerce). De même, une entreprise individuelle se confondant avec la personne même de son promoteur, le mémoire introduit au nom d'une quincaillerie [D.] agissant par son promoteur, monsieur [X.], est recevable (CCJA, 2e ch., nº 107/2023, 27-4-2023) ;
– le mandat délivré au conseil d'une société anonyme par le directeur général de celle-ci et comportant le cachet non contesté de la structure est suffisant, le représentant qualifié désignant l'organe compétent et non l'individu. L'exception soulevée au motif que le mandat spécial, qui ne mentionne que l'un des prénoms du représentant légal, n'aurait pas été délivré par celui-ci est impertinente dès lors que la mention des autres prénoms tels qu'ils figurent au RCCM est sans incidence sur la qualité de ce représentant (CCJA, 1e ch., nº 021/2021, 18-2-2021 : Sgbf SA c/ Cbi SA) ;
– le mandat spécial délivré qui ne mentionne ni le jour ni le mois, dès lors que les autres mentions de cette pièce, à savoir le numéro de l'arrêt attaqué, la dénomination des parties et l'autorisation à représenter et à défendre devant la CCJA, permettent d'en apprécier la validité (CCJA, 3e ch., nº 164/2019, 9-5-2019 : Megratron SA (PTY) Ltd c/ Megatron Federal RDC SARL) ;
– l'acte délivré à un avocat et énonçant que le mandat est donné pour représenter la demanderesse devant la CCJA, « dans le cadre de l'affaire [nom de la demanderesse] contre [noms des défenderesses] ; et à cet effet, d'introduire le pourvoi en cassation, de le suivre jusqu'à parvenir à l'arrêt, de déposer tous mémoires et conclusions au nom et pour le compte de la [demanderesse], et, plus généralement, de faire tout ce qui sera nécessaire dans le cadre de la présente procédure et de ses suites ». Cet avocat a donc pu valablement introduire le recours en cassation, encore appelé pourvoi en cassation. C'est donc à tort que la nullité du recours est soulevée au motif que le mandat de l'avocat a été établi aux fins de « pourvoi en cassation » et non pour un « recours en cassation » (CCJA, 1e ch., nº 123/2019, 25-4-2019 : Diamond Bank c/ Société Mahoussi & Fils SARL) ;
– le mandat de représentation délivré à l'avocat du requérant, rédigé en des termes généraux, sans renseignement des noms des parties, car l'article 23.1 du règlement de procédure de la CCJA ne prescrit aucune forme particulière de mandat (CCJA, 2e ch., nº 275/2020, 30-7-2020 : Moran Jean c/ Ecobank RDC SA et Sté Les Entreprises Swanepoel) ;
– il ressort de l'article 23 du Règlement de procédure de la CCJA que toute personne, pouvant se présenter en qualité d'avocat devant une juridiction de l'un des États parties au Traité, est admise à exercer son ministère devant la cour et doit apporter la preuve de cette qualité d'avocat. La fin de non-recevoir soulevée, au motif que l'intitulé « Cabinet Mayila » figurant dans le mandat spécial donné par la demanderesse est assez vague pour satisfaire aux exigences de l'article susvisé en ce que le « Cabinet Mayila » n'est pas au sens dudit article une personne pouvant se présenter en qualité d'avocat, et que l'avocat signataire du recours n'est ni identifié ni identifiable d'autant que sur le cachet y apposé est inscrit « Cabinet Mayila » sans le nom d'aucun avocat dudit cabinet, doit être rejeté. Il en est ainsi dès lors qu'il ressort des éléments du dossier, notamment du tableau de l'ordre des avocats du Gabon produit par la défenderesse elle-même et de la carte professionnelle délivrée par le bâtonnier dudit ordre, que Maître [M. Mayila H. U.] est avocat au barreau du Gabon et officie au cabinet Mayila au nom duquel le mandat spécial a été établi

par la partie demanderesse au pourvoi ; qu'au surplus, il ressort de l'arrêt attaqué, que c'est ce même cabinet Mayila qui a représenté la demanderesse devant la cour d'appel sans que la défenderesse, assistée alors par le même conseil qu'en cassation, n'élève une quelconque contestation (CCJA, 3e ch., no 302/2020, 22-10-2020 : Bicig SA c/ Dragin SARL) ;

– la mise en harmonie des statuts de la défenderesse avec le Règlement Cobac Emr-R2017/01 fixant les formes juridiques des établissements de microfinance et l'AUSC et la transformation de celle-ci en société coopérative n'entrainent pas la dissolution de la personne morale qui continue toujours d'exister sous un autre nom et de fonctionner sur la base d'autres dispositions législatives. La procédure ayant, en l'espèce, commencé le 24 mars 2016, bien avant cette mise en harmonie et cette transformation, le fait que le mandat spécial ait été donné par la défenderesse sous l'appellation qui était la sienne durant toute la procédure d'instance et même devant la CCJA n'invalide pas en soi le mandat dès lors que la personne physique ayant signé le document est le représentant de la personne morale transformée. La personne ayant délivré le mandat ayant ainsi qualité pour le faire, la fin de non-recevoir du mémoire en réponse tirée du défaut de mandat du conseil n'est donc pas fondée et le mémoire sera déclaré recevable (CCJA, 2e ch., no 030/2021, 25-2-2021 : Noumo Angelbert c/ Mutuelle Communautaire de Nkongsamba (MC2) ;

– il a été jugé que la simple constatation que des mandats ont été donnés à des conseils habilités à représenter une société dans des affaires de nature identique, avec la même adversaire et ce, aussi bien en première instance qu'en cause d'appel et devant le juge de cassation suffit à nourrir la conviction de la CCJA que le pourvoi ne saurait être déclaré irrecevable, sauf à porter atteinte inconsidérément à la sécurité des situations juridiques, d'autant plus que la cour n'a jamais invité la requérante à une quelconque régularisation de son recours (CCJA, 1e ch., no 329/2020, 22-10-2020 : Sogad BTP S.A. c/ Orabank Gabon S.A.) ;

– les avocats qui ont produit un mandat spécial signé par l'un des requérants peuvent valablement exercer leur ministère dans l'instance devant la cour, sans qu'il soit besoin de s'appesantir sur la représentation des corequérants ; le pourvoi est donc recevable (CCJA, 3e ch., no 107/2020, 9-4-2020 : Onyx Developpement SAS c/ Sani Sabo Gado) ;

– c'est à tort que l'irrecevabilité d'un mémoire en réponse d'une société défenderesse est soulevée au motif que ses avocats n'ont pas reçu leur mandat du syndic désigné dans le cadre du jugement d'ouverture de la procédure relative à sa liquidation, alors qu'il n'existe aucun acte ayant révoqué ce syndic, dès lors que le jugement qui a prononcé l'ouverture de la liquidation des biens de la société concernée a été infirmé en toutes ses dispositions par l'arrêt attaqué par le pourvoi en cause. Il s'ensuit que les organes de la procédure mis en place par ledit jugement ne peuvent survivre indépendamment de l'existence de cette décision tant que celle-ci n'a pas été cassée ou annulée ; le mémoire en réponse est donc recevable (CCJA, 2e ch., no 007/2022, 20-1-2022 : Société Groupe Five DRC c/ Société d'exploitation de Kipoi et Les délégués syndicaux de la société d'exploitation de Kipoi) ;

– le mandat spécial délivré par le directeur général adjoint d'une société anonyme dont le capital est entièrement détenu par l'État, qui a été nommé par ordonnance du Président de la République, dès lors que cette nomination a été confirmée par une délibération du conseil d'administration de ladite société. Il en est ainsi car les actes posés par un tel dirigeant sont valides (CCJA, 2e ch., no 008/2024, 25-1-2024).

Obs. : voir sous l'art. 485 de l'AUSCGIE.

– le mandat spécial délivré par le directeur dont la nomination est intervenue sans l'autorisation de la Banque centrale en violation de l'article 17 de l'instruction no 18 de ladite Banque (CCJA, 1e ch., no 061/2022, 3-3-2022, rappelant que les Actes uniformes étant, en vertu de l'article 10 du Traité OHADA, directement applicables et obligatoires dans les États parties nonobstant toute disposition contraire du droit interne, antérieure ou postérieure, leurs dispositions sont d'ordre public et s'appliquent à toutes les sociétés commerciales quels que soient leur forme et leur objet sans qu'on puisse les opposer à des dispositions du droit interne).

L'authentification d'un mandat spécial par notaire n'ayant pas été prescrite par le Règlement de procédure de la CCJA, l'irrecevabilité d'un mémoire en réponse soulevée au motif que dans le bordereau des pièces, les mandats de représentation ont été établis par des notaires territorialement incompétents et par fraude, à savoir à Kaélé et Moloko, alors que les deux parties sont domiciliées à Douala, et qu'il existe un seul notaire à Maroua devant dresser les actes authentiques, ne peut prospérer ; il y a donc lieu de recevoir le mémoire en réponse (CCJA, 2e ch., no 327/2024, 28-11-2024).

IV. Mémoire rédigé par un avocat

Absence de mémoire rédigé par un avocat

1o Décision ayant retenu l'irrecevabilité

Défaut de signature par un avocat

Le ministère d'avocat étant obligatoire devant la CCJA, le mémoire d'une partie qui ne comporte pas la signature d'un avocat, malgré le délai imparti à cette dernière pour régulariser ledit mémoire, est irrecevable (CCJA, n° 8/2002, 21-3-2002 : Sté PALMAFRIQUE c/ E. K. B. K., Juris-Ohada, n° 4/2002, oct.-déc. 2002, p. 19, note anonyme, Ohadata J-02-163), l'article 23-1 du Règlement de procédure ayant rendu obligatoire le ministère d'avocat devant la Cour (CCJA, 2e ch. n° 131, 12-11-2015 : Sté Alpha Shipping Agency And Trading SA, et Talom Moïse c/ Compagnie Financière de L'Estuaire (COFINEST) SA, Ohadata J-16-124). Dans le même sens, retenant que le greffier en chef de la CCJA, tenu de vérifier toutes les écritures et les documents régulièrement déposés par les parties, a invité par lettre le requérant à régulariser son recours sur le défaut de signature de l'avocat et que ce dernier n'a pas donné suite à la lettre du greffier (CCJA, 2e ch., n° 32, 3-6-2010 : K c/ UIRE COOPAG, Juris-Ohada, n° 4/2010, oct.-déc., p. 3, Ohadata J-11-76) et condamnant le requérant aux dépens (CCJA, n° 032/2010, 3-6-2010 : E. K. B. K. c/ UIRE-COOPAG, Rec. jur. CCJA, n° 15, janv.-juin 2010, p. 17, Ohadata J-12-17).

2° Décisions n'ayant pas retenu l'irrecevabilité

a. Continuation de la procédure à défaut d'avocat désigné par la partie malgré sa mise en garde

Lorsqu'une des parties au pourvoi, qui a été informée que le ministère d'avocat était obligatoire devant la CCJA, s'est abstenue de recourir à un avocat, malgré le délai d'un mois qui lui a été imparti à cet effet, la procédure doit suivre son cours et le recours examiné (CCJA, 2e ch., n° 16, 24-2-2005 : 1) SA, M. M. R., SA, & S. A. A. c/ G. née K. TASSABEDO, Sté CGC, Juris-Ohada, n° 2/2005, p. 22 ; Rec. jur. CCJA, n° 5, janv.-juin 2005, vol. 2, p. 34 ; Ohadata J-05-361), seules devant être exposées et examinées les écritures de la partie ayant constitué le ministère d'avocat (CCJA, n° 032/2009, 30-6-2009 : E. N. G. c/ E. D ; Rec. jur. CCJA, n° 13, janv.-juin 2009, p. 91, Ohadata J-10-74). De même, il y a lieu de statuer en l'état des productions de la demanderesse, lorsque le défendeur qui a reçu la notification du recours par le greffe, n'a ni conclu, ni été représenté à la procédure (CCJA, 1e ch., n° 152, 26-11-2015 : CFCC c/ CICE, Ohadata J-16-145).

b. Régularisation non demandée par la Cour

L'exception d'irrecevabilité soulevée au motif qu'un recours a été formé par des avocats n'ayant pas prouvé leur qualité d'avocat doit être rejetée dès lors que la cour ne les a pas invités à une quelconque régularisation en lien avec leur qualité d'avocat (CCJA, 1e ch., n° 259/2019, 7-11-2019 : comilog SA c/ Ntchoreret Ongonwou Robert ; CCJA, 3e ch., n° 158, 13-7-2017 : Jabeili Ibrahim c/ Boussalah Mohamed Boubakeur).

Art. 23 bis [nouv.] **Les Avocats qui se présentent devant la Cour en vertu du mandat spécial visé ci-dessus, jouissent de l'immunité pour les paroles prononcées et les écrits produits relatifs à la cause ou aux parties.**

Art. 24 [mod.] **Les significations prévues au présent Règlement sont faites soit par envoi postal recommandé avec demande d'avis de réception, messagerie expresse, courrier électronique, télécopieur ou tout autre moyen technique de communication laissant trace, d'une copie de l'acte à signifier, soit par remise de cette copie contre reçu. Les copies sont dressées et certifiées conformes par le Greffier en chef.**

OBSERVATIONS Ce texte appelle deux observations :

1) il définit la « signification » au sens de l'ensemble du Règlement en prenant le soin d'énumérer les actes assimilables à la signification. Bien que la signification par voie d'huissier n'ait pas été expressément énumérée, elle doit être tenue pour valable au sens de l'article 24 et de l'ensemble du Règlement dans la mesure où elle se fait par remise d'une copie de l'acte à signifier contre signature et qu'elle répond à la finalité du texte, en apportant la meilleure garantie que l'intéressé sera dûment averti.

2) En vertu du principe selon lequel le législateur ne parle pas pour ne rien dire, autrement dit, toute disposition doit avoir un effet utile, on pourrait penser que l'expression « la signification ou la notification de la décision » qui se trouve à l'article 28 al. 1 révisé ci-après introduit une distinction entre ces deux modalités d'information. Il ne pourrait en être ainsi, au sens du présent règlement qu'autant que celui-ci aurait posé dans une de ses dispositions une définition spécifique de la « notification », à l'image de l'article 24 pour la « signification ». Or, à notre connaissance, il n'en est rien. Aussi bien la conjonction « ou » figurant dans l'article 28 al. 1 révisé ne peut avoir qu'un sens « copulatif » unissant les deux formules dans une signification d'équivalence de formes désignant une même chose. Cette interprétation est d'ailleurs justifiée par la jurisprudence OHADA qui a déjà reconnu à la « notification » d'un jugement le même effet pratique que celui attribué par l'article 24 à la

« signification », à savoir celui de porter la décision rendue à la connaissance d'une partie au procès afin de faire courir les délais de voies de recours (CCJA, 3e ch., no 026, 15-3-2012 : Abraham Guidimti c/ Financial Bank ; CA Littoral (Cameroun), no 104/REF, 26-5-2008 : La SGBC c/ Succession Y. M. Rep. par Y. A. & S. D., Ohadata J-09-145).

I. Validité de la notification par le greffe, qui a le même effet qu'une signification

Le pourvoi est recevable, lorsque la décision attaquée a, comme en l'espèce, été notifiée par le greffier en chef, la signification et la notification emportant les mêmes effets en l'espèce (CCJA, 2e ch., no 104, 30-12-2013 : ABAKAR GAZAMBLE c/ ABAKAR IBI OUMAR ; Rec. jur. CCJA, no 20, vol. 1, janv.-déc. 2013, p. 5-6, Ohadata J-15-51).

II. Pièces valablement communiquées

Le reproche fait par la demanderesse au recours à son adversaire relativement à la non-communication des pièces de la procédure pour s'opposer en l'état à la procédure orale sollicitée par l'adversaire doit être rejetée, dès lors qu'il résulte des pièces du dossier que la demanderesse a régulièrement élu domicile au sein d'un cabinet d'avocats où toutes les pièces sont régulièrement signifiées par le greffe de la cour de céans, en application de l'article 24 du Règlement de procédure (CCJA, 2e ch., no 113, 17-5-2018 : Sté Ottakringer Brauerei A G c/ Sté Union Camerounaise des Brasseries SA).

III. Délai n'ayant pas couru

C'est à tort qu'il est demandé à la cour de déclarer irrecevable un pourvoi aux motifs qu'il est hors délai, dès lors que les exploits de « signification avec commandement avant saisie-vente » et « dénonciation de saisie-attribution de créance », qui ne portent pas trace de la signification de la décision attaquée au sens de l'article 24 du Règlement de procédure, ont seulement servi de mise en demeure en vue de l'exécution forcée ; par conséquent, le délai prescrit n'a pas couru et le pourvoi est recevable (CCJA, 2e ch., no 117, 23-6-2016 : XEEWELL SA c/ United Shipchandler THOUMAS, Ohadata J-17-58).

Art. 25 1 – Lorsqu'un acte ou une formalité doit en vertu du traité ou du présent Règlement être accompli avant l'expiration d'un délai, celui-ci a pour origine la date de l'acte, de l'événement, de la décision ou de la signification qui fait courir ce délai. Le jour au cours duquel survient cet acte, cet événement, cette décision ou cette signification n'est pas compris dans le délai.

2 – Lorsqu'un délai est exprimé en mois ou en année, ce délai expire le jour du dernier mois ou de la dernière année qui porte le même quantième que le jour de l'acte, de l'événement, de la décision ou de la signification qui fait courir le délai. A défaut d'un quantième identique, le délai expire le dernier jour du mois.

3 – Les délais comprennent les jours fériés légaux, les samedis et les dimanches.

4 – Tout délai expire le dernier jour à 24 heures. Le délai qui expirerait normalement un samedi, un dimanche ou un jour férié légal dans le pays où l'acte ou la formalité doit être accompli est prorogé jusqu'au premier jour ouvrable suivant. La liste de ces jours fériés sera dressée par la Cour et sera publiée au Journal officiel de l'OHADA.

5 – Les délais de procédure, en raison de la distance, sont établis par une décision de la Cour publiée au Journal officiel de l'OHADA.

Obs. : voir obs. sous l'art. 24, étant précisé que la « signification » au sens de l'article 24 est large et a le sens générique de la notification, à savoir acte tendant à faire savoir (cf. CPC art. 651).

I. Caractère essentiel de l'indication de la date

Il s'induit de l'article 25.1 du Règlement de procédure de la CCJA que « la date » est un élément substantiel pour apprécier de la validité d'un acte de procédure. En conséquence, le « pouvoir » non daté délivré par la demanderesse à ses conseils doit être déclaré non valide, équivalant à un défaut de « mandat spécial » requis à peine de nullité par l'article 23.1 in fine dudit Règlement de procédure CCJA. La demanderesse et ses conseils n'ayant pas observé les prescriptions des dispositions susénoncées, leur recours encourt l'irrecevabilité (CCJA, ass. plén., no 141, 11-11-2014 : Sté Omnium Gabonais d'assurances et de Réassurances dite OGAR c/ Sté Magasin Grand Village Avenue SARL, Ohadata J-15-231).

II. Point de départ du délai

Le point de départ du délai de deux mois prévu à l'article 28 du Règlement est le lendemain de la signification [ou de la notification] ; en conséquence, le recours en cassation exercé et enregistré au greffe de la CCJA le 29 octobre 2007 contre une décision dont l'acte de signification [ou de notification] est le 28 août 2007 a été fait dans le délai (CCJA, 2e ch., no 38, 8-12-2011 : S. épse A. c/ M. A., Juris-Ohada 2012, no 3, juill.-sept., p. 18, Ohadata J-13-45, J-13-157), de même que celui présenté le 26 mai 2009, contre un arrêt dont l'acte de signification du 25 mars 2009 est recevable (CCJA, 1e ch., no 18, 29-11-2011 : Catram SARL c/ D., Juris-Ohada, 2011, no 4, oct.-déc., p. 24, Ohadata J-13-11, J-13-162).

Au sens de l'article 28 du Règlement de procédure de la CCJA, tout arrêt doit être signifié et le délai de deux mois pour former un recours contre un arrêt court à compter de la signification. S'agissant de la computation des délais, le jour de l'acte n'est pas compris dans le délai. En l'espèce, l'arrêt attaqué ayant été signifié le 9 novembre 2011, la computation du délai, conformément à l'article 25.1 du Règlement de procédure de la CCJA, a commencé à courir à partir du 10 novembre 2011 pour prendre fin le 31 janvier 2012, dès lors que le recourant a sa résidence habituelle au Tchad en Afrique centrale et qu'il y a lieu d'appliquer un délai de distance. En conséquence, le recours formé le 16 janvier 2012 a été fait dans les délais requis et est recevable (CCJA, ass. plén., no 130, 11-11-2014 : Commercial Bank Tchad c/ Ateib Ahmed Belgheit Bouari, Ohadata J-15-220). De même, pour un arrêt attaqué signifié le 27 juillet 2005, le délai de deux mois dans l'intervalle duquel le pourvoi pouvait être régulièrement formé courait du 28 juillet au 28 septembre 2005 ; le pourvoi formé le 28 septembre 2005 l'a été dans le délai légal et doit être déclaré recevable (CCJA, no 034/2007, 22-11-2007 : M. P. c/ 1° / F. F. M. épse B. 2° / B. A. J., 3° / S2PO SARL ; Rec. jur. CCJA, no 10, juill.-déc. 2007, p. 27, Ohadata J-08-244) ; CCJA, 1e ch., no 56, 21-4-2016 : Dalquier Maurice, Madame Oudart épse Dalquier Chantal Juliette c/ Koudou Dago, Ohadata J-17-03).

III. Prorogation du délai

Refus de la prorogation du délai pour un motif non prévu. Une débitrice qui fait opposition à une ordonnance d'injonction de payer rendue dans les conditions de l'article 11 de l'AUPSRVE ne peut, pour échapper à la déchéance dont il résulte de ses propres assertions qu'elle était encourue à la date du 17 juin 2002, se contenter d'alléguer, sans le prouver, que ce terme du délai légal « ne correspond pas à une date utile des audiences civiles » alors même qu'elle ne peut pas justifier être dans les seuls cas de prorogation de délai prévus en matière contentieuse par l'article 25.4 du Règlement de procédure de la CCJA qui dispose que « [...] le délai qui expirerait normalement un samedi, un dimanche ou un jour férié est prorogé jusqu'au premier jour ouvrable suivant [...] » (CCJA, 2e ch., no 30, 3-7-2008 : ATCI CI c/ Sté ECA SARL, Juris-Ohada no 4/2008, p. 7, Ohadata J-09-69).

IV. Délai de distance

Le critère de détermination des délais de distance est le lieu de la résidence (CCJA, 1e ch., no 314/2020, 22-10-2020 : Cassidy Gold Guinée SA c/ West Africa Mining Logistic SARL).

A. Application du délai de distance pour toute partie ne résidant pas habituellement dans le pays abritant la CCJA

Le délai de distance prévu à l'article 1er de la décision no 002/99/CCJA du 4 février 1999 augmentant les délais de procédure en raison de la distance doit s'appliquer lorsque l'arrêt attaqué émane d'une juridiction située en dehors de la Côte d'Ivoire, siège de la CCJA. En l'espèce, l'arrêt attaqué, qui émane de l'Afrique centrale, ayant été signifié le 17 août 2016 le recours introduit à son encontre le 19 octobre 2016 est recevable en vertu des articles 28 du Règlement de procédure de la CCJA et 1er de la décision no 002 suscitée (CCJA, 2e ch., no 203, 23-11-2017 : Afriland First Bank SA c/ SHC SA, Cogepres SARL).

Obs. : en application de la décision no 002/99/CCJA du 4 février 1999 prise en application de l'article 25.5 du Règlement de procédure de la CCJA, les délais de procédure en raison de la distance sont augmentés pour les parties n'ayant pas leur résidence habituelle en Côte d'Ivoire, siège de la CCJA, de 21 jours pour l'Afrique centrale, de 14 jours pour l'Afrique de l'Ouest et de 30 jours pour les Comores.

Les délais de procédure ne sont augmentés, en raison de la distance, qu'au profit des parties n'ayant pas leur résidence habituelle en Côte d'Ivoire. En conséquence, le pourvoi formé par une partie en Côte d'Ivoire plus de 8 mois après la signification de l'arrêt attaqué est irrecevable (CCJA, 1e ch., no 138/2019, 25-4-2019 : Société Civile Immobilière Molitor c/ Dje Yao Christophe).

B. Application du délai de distance même en cas de constitution d'un avocat en Côte d'Ivoire

Le fait, pour une partie bénéficiant du délai de distance, de constituer avocat à Abidjan ne peut avoir aucun effet sur l'application de ladite décision ; l'argument visant à faire dire qu'une partie ne peut se prévaloir de l'augmentation du délai de distance prévu par la décision n° 002/99/CCJA du 4 février 1999 du fait qu'elle a constitué un avocat à Abidjan, auquel elle a donné tous pouvoirs de représentation et lequel a été régulièrement signifié du recours, n'est pas fondé (CCJA, ass. plén., n° 140, 14-7-2016 : Henri Flavien Loe Eyike c/ Banque Internationale du Cameroun pour l'Epargne et le Crédit dite BICEC, Ohadata J-17-80).

C. Application du délai de distance tant pour le recours initial que pour un mémoire en réponse

En vertu de l'article 25.5 du Règlement de procédure de la CCJA et de l'article 1 de la décision n° 002/99/CCJA du 4 février 1999 de la même cour, les délais de distance sont augmentés de vingt et un jours pour une partie ayant sa résidence en Afrique centrale. Dès lors, l'intimé résidant au Cameroun, qui a reçu signification du recours en cassation le 27 novembre 2003 et a déposé à la CCJA son **mémoire en réponse** le 5 mars 2004, se trouve largement dans les délais légaux et ledit mémoire doit être déclaré recevable (CCJA, n° 057, 22-12-2005 : SGBC c/ E. G. ; Ohadata J-06-44).

D. Illustrations de la mise en œuvre du délai de distance

1° Résidence habituelle en Afrique de l'Ouest et hors de Côte d'Ivoire : 14 jours

a. Bénin : CCJA, 1e ch., n° 036, 29-2-2016 : Sévérin Adjovi c/ Daoudalawal et 3 autres, Ohadata J-16-238.

b. Guinée : CCJA, n° 061/2008, 30-12-2008 : El Hadj M. A. B. c/ 1) El Hadj M. L. D., 2) COGEST SA, Rec. jur. CCJA n° 12, juill.-déc. 2008, p. 95, Ohadata J-10-35 ; J-09-270.

c. Niger : en application de la décision n° 002/99/CCJA du 4 février 1999 prise en application de l'article 25.5 du Règlement de procédure de la CCJA, qui augmente les délais de procédure en raison de la distance, pour les parties n'ayant pas leur résidence habituelle en Côte d'Ivoire, de 21 jours pour l'Afrique centrale, de 14 jours pour l'Afrique de l'Ouest et de 30 jours pour les Comores, le requérant, qui a sa résidence habituelle au Niger, bénéficie d'une augmentation des délais de quatorze jours ; son recours déposé le 6 janvier 2017 pour une signification intervenue le 4 novembre 2016 est recevable (CCJA, 1e ch., n° 087, 28-3-2019 : Mahamane Sadissou Oumarou c/ Elh Moustapha Harouna et 2 autres ; CCJA, 2e ch., n° 044/2021, 8-4-2021 : Bassirou Mahaman Kamilou c/ Orabank Niger).

d. Togo : CCJA, 1e ch., n° 55, 21-4-2016 : Succession Millerhagame/Kokou Mawukplimi c/ Sté Saint Michel et CO, Ohadata J-17-02.

2° Résidence habituelle en Afrique centrale : 21 jours

a. Cameroun : CCJA, n° 057/2005, 22-12-2005 : SGBC c/ E. G. ; Rec. jur. CCJA, n° 6, juin-déc. 2005, p. 83 ; Juris-Ohada, n° 2/2006, p. 19 ; Ohadata J-06-44 ; J-08-69 ; CCJA, 2e ch., n° 203, 23-11-2017 : Afriland First Bank SA c/ SHC SA, COGEPRES SARL ; CCJA, 1e ch., n° 327/2020, 22-10-2020 : Fadoul El Achkar Zouhair Michel et un autre c/ Omaïs Kassim ; CCJA, 1e ch., n° 124/2019, 25-4-2019 : Karayannis Christophe c/ SRCC ; CCJA, 2e ch., n° 027/2023, 23-2-2023.

b. Congo Brazzaville : (CCJA, 3e ch., n° 138/2022, 27-10-2022).

c. Gabon : CCJA, 1e ch., n° 29, 29-4-2010 : A c/ B.I.C.I.G., Juris-Ohada, n° 3/2010, juill.-sept., p. 43, Ohadata J-11-73, J-12-49 ; CCJA, 1e ch., n° 006, 4-2-2010 : Clinique Pédiatrique « Fondation Jean François ONDO » c/ ACG-ASCOMA, Juris-Ohada, n° 2/2010, avr.-juin 2010, p. 15, Ohadata J-11-50, J-12-42 ; CCJA, 3e ch., n° 093/2021, 27-5-2021 : Groupe A40 Architectes SAS c/ Union Gabonaise de Banque SA.

d. République démocratique du Congo : CCJA, 3e ch., n° 203/2019, 27-6-2019 : Société Namenco Energy (PTY) Limited c/ Vodacom International Limited ; CCJA, 2e ch., n° 204/2021, 25-11-2021 : Alain Baloji Tshikamba Kankonde c/ Cécile Mbuyi Tshibwabwa et 4 autres ; CCJA, 2e ch., n° 041/2022, 24-2-2022 : Jean-Pierre Eale Boketshu c/ Société Lac SARL).

e. Tchad : pour une signification reçue par l'avocat de la société défenderesse, pour le compte de cette dernière (CCJA, 2e ch., n° 037/2012, 3-5-2012 : Sté ESSO Exploration and Production Chad Inc c/ Ressourcium International SARL).

3° Résidence habituelle dans une zone différente que les précédentes : 30 jours

En application de la décision n° 002/99/CCJA du 4 février 1999 augmentant les délais de procédure en raison de la distance, bénéficie d'un délai de distance de trente jours, la partie à une procédure devant la CCJA qui est domiciliée :

– au Kenya (CCJA, 1e ch., n° 044/2020, 27-2-2020 : Shelter-Afrique c/ Société Immobilière Serge Kasanda SARL) ;

– en Belgique (CCJA, 2e ch., n° 094/2020, 9-4-2020 : Société Georges Forrest Belgiuù c/ Les ciments du Sahel).

Art. 26 [mod.] **Dès saisine de la Cour, le Président désigne un Juge rapporteur chargé de suivre l'instruction de l'affaire et de faire rapport à la Cour.**

Les Juges sont assistés dans leurs fonctions par des juristes référendaires dont le nombre est fixé par le Président, compte tenu du volume du contentieux et des disponibilités financières de l'Organisation.

Saisine de la CCJA à travers son président

L'exception d'irrecevabilité soulevée au motif que le recours en cassation a été adressé au « Président de la Cour commune de justice et d'arbitrage » alors qu'il ressort de la combinaison des articles 14 et 15 du Traité OHADA et 26 et 28 du Règlement de procédure de la CCJA que seule la CCJA peut être saisie d'un recours en cassation n'est pas fondée et doit être rejetée, lorsque son examen révèle que la « Requête en cassation de l'arrêt civil contradictoire [...] » est adressée au président de la CCJA au nom de celle-ci et non au nom de sa juridiction présidentielle. Il en est ainsi lorsque dans le texte dudit recours, le requérant s'adresse plutôt à la Cour et non à la juridiction présidentielle de celle-ci ; qu'il conclut notamment l'exposé des faits et des procédures antérieures par la formule « que tel est l'arrêt soumis à l'appréciation et à la censure de la Haute Cour » et termine le développement de l'unique moyen de cassation par la formule « qu'il s'ensuit qu'elle a violé le texte visé au moyen et son arrêt encourt la sanction de la Haute Cour de céans ». De ce qui précède, il y a lieu de déclarer que le recours en cassation est bien adressé à la CCJA et non à son président ; rejet du moyen (CCJA, 1e ch., n° 43, 17-7-2008 : D. c/ MATCA. Juris-Ohada, n° 4/2008, p. 46, Ohadata J-09-81). Voir aussi CCJA, 2e ch., n° 38, 8-12-2011 : S. épse A. c/ M. A., Juris-Ohada 2012, n° 3, juill.-sept., p. 18, Ohadata J-13-45, J-13-157.

Il résulte sans équivoque des termes employés dans une requête, notamment de l'emploi de la formule « C'est pourquoi la société requérante sollicite qu'il plaise à la Cour commune de justice et d'arbitrage » que les demandes sont adressées à la Cour et non à son président lui-même (CCJA, 1e ch., n° 008, 30-3-2015 : Afriland First Bank (ex-CCEI BANK) SA c/ 1) Compagnie Africaine pour le Commerce International du Cameroun (CACIC) SA, 2) Ayants droit de GARBA Aoudou, Ohadata J-16-08).

Chapitre II

DE LA PROCÉDURE ÉCRITE

Art. 27 [mod.] 1 – L'original de tout acte de procédure doit être signé par l'Avocat de la partie. Cet acte, accompagné de toutes les annexes qui y sont mentionnées, est présenté avec une copie pour la Cour, et autant de copies qu'il y a de parties en cause. Ces copies sont certifiées conformes par la partie qui les dépose.

2 – Tout acte de procédure est daté. Au regard des délais de procédure, seule la date de dépôt au greffe sera prise en considération.

3 – A tout acte de procédure est annexé un dossier, contenant les pièces et documents invoqués à l'appui et accompagné d'un bordereau de ces pièces et documents.

4 – Si, en raison du volume d'une pièce ou d'un document, il n'en est annexé à l'acte que des extraits, la pièce ou le document entier ou une copie complète est déposé au greffe.

I. Défauts ou omissions non sanctionnés

A. Défaut de signature

L'article 27 du Règlement de procédure de la CCJA ne prescrit aucune sanction pour le défaut de signature. L'exception d'irrecevabilité soulevée par le défendeur au pourvoi selon lequel « en dépouillant les pièces versées au dossier, il échet de constater qu'elles n'ont pas été certifiées par le Conseil de [la requérante au pourvoi], violant manifestement les dispositions de l'article 27 », n'est pas fondée et doit être rejetée (CCJA, n° 035/2009, 30-6-2009 : Sté AES SONEL SA c/ N. J., Rec. jur. CCJA n° 13, janv.-juin 2009, p. 144, Ohadata J-10-86).

B. Défaut du cachet certifié conforme non sanctionné

L'exigence de l'apposition du cachet certifié conforme sur les copies n'étant assortie d'aucune sanction par l'article 27 du Règlement de procédure de la CCJA, le recours entaché de cette irrégularité demeure recevable (CCJA, 1e ch., n° 076, 14-11-2013 : Amadou BA c/ Samba Abasse BA, Rec. jur. CCJA n° 20, vol. 1, janv.-déc. 2013, p. 198-201, Ohadata J-15-76).

La prescription de l'article 27.1 du Règlement de procédure de la CCJA relative aux copies certifiées conformes par la partie qui les dépose n'est assortie d'aucune sanction. L'éventualité d'une irrecevabilité du recours prévue à l'article 28.5 du Règlement n'est envisagée qu'à la suite d'une demande de régularisation. Cela n'étant pas fait et l'authenticité des pièces n'étant pas contestée dans le cas d'espèce, il s'ensuit que cette exception ne peut être accueillie et le pourvoi est recevable (CCJA, 2e ch., no 087, 8-7-2015 : Sté Crédit et Epargne pour le financement du Commerce et de l'Industrie du Cameroun (CECIC) c/ Sté AES SONEL, Sté CHELCOM CAMEROUN, Ohadata J-16-86). Dans le même sens : CCJA, 3e ch., no 132, 7-7-2016 : TRANSMARINE SUARL, Sté Civile Immobilière CARLYLE c/ La Banque des Institutions Mutualistes d'Afrique de l'Ouest dite BIMAO SA, Ohadata J-17-73 ; CCJA, 2e ch., no 186, 27-7-2017 : Zassino Fitalsiguel Paul c/ Sté Griffiths Energy Chad Ltd ; CCJA, 1e ch., no 096, 26-4-2018 : Entreprise TECHNIFER GC c/ INJELEC SARL ; CCJA, 3e ch., no 158, 13-7-2017 : Jabeili Ibrahim c/ Boussalah Mohamed Boubakeur ; CCJA, 3e ch., no 075/2022, 2-6-2022).

L'exception d'irrecevabilité de pièces pour violation de l'article 27 al. 1 du Règlement de procédure CCJA au motif qu'elles ne sont pas certifiées conformes par le demandeur au pourvoi ne peut prospérer dès lors que toutes les pièces produites par le demandeur au pourvoi ont été certifiées conformes par régularisation dans les délais à lui impartis conformément à l'article 28.5 du Règlement de procédure (CCJA, 3e ch., no 087, 28-4-2016 : Jack Lucien Bourrely c/ AFRICHIM SARL, Ohadata J-17-35).

La production de l'expédition d'un jugement ou d'un arrêt sous forme de pièce n'a pas besoin d'être certifiée conforme dès lors que, techniquement, l'expédition désigne des copies certifiées conformes aux originaux des décisions de justice. Il s'ensuit que l'exception d'irrecevabilité soulevée au motif que le défendeur a produit des copies non certifiées conformes d'un jugement d'adjudication et d'un arrêt doit être rejetée (CCJA, 3e ch., no 031, 25-2-2016 : Abdoulaye Diallo c/ Lalle Bi Ya Jacques, Ohadata J-16-233).

Dans le même sens :

– CCJA, 3e ch., no 119/2019, 11-4-2019 : Fowe Michel et 2 autres c/ la Bicec ;

– CCJA, 3e ch., no 208/2021, 25-11-2021 : Société Siac SA c/ Cotontchad SN, SA.

– CCJA, 3e ch., no 140/2021, 24-6-2021 : Olheol Industries Côte d'Ivoire c/ Baci.

C. Absence d'un bordereau de pièces

Les termes de l'article 27.3 du règlement de procédure de la CCJA ne sont pas prescrits à peine de nullité. Il s'ensuit que l'exception d'irrecevabilité soulevée au motif qu'aucun bordereau contenant la liste des pièces et documents sur lesquels le recours est fondé n'est annexé au pourvoi ne peut être accueillie (CCJA, 2e ch., no 180, 17-12-2015 : Sté Holcibel SA, ICI c/ Sté HANN & Compagnie SA, Ohadata J-16-173 ; CCJA, 3e ch., no 074, 30-3-2017 : Agence Indépendance Immobilière, Marcel MAL c/ Rita Khoury).

Le défaut de production d'un bordereau des pièces et le défaut de certification de ceux-ci, ne sont assortis d'aucune sanction (CCJA, 2e ch., no 217/2021, 23-12-2021 : Commodities Corporate Consulting SA c/ Latham Eric Jean Louis).

D. Indication des références de la doctrine citée

C'est à tort qu'il est soulevé l'irrecevabilité d'un recours au motif qu'il ne respecte pas les dispositions des articles 27 et 28 du Règlement de procédure de la CCJA, en ce que la requérante y a annexé des pièces en photocopies libres non certifiées conformes, dont certaines ne sont ni cotées ni paraphées, et que leur origine n'est pas prouvée, que, de plus, le pourvoi invoque principalement les articles 66 et 157 du Code de procédure civile congolais sans indiquer l'Acte uniforme ou le Règlement prévu au Traité dont l'application dans l'affaire justifie la saisine de la Cour de céans. Il en est ainsi dès lors que : les pièces annexées au recours versées au dossier sont bien cotées, paraphées et certifiées conformes ; les avocats de la requérante ayant expressément cité les sources de la doctrine qu'ils invoquent ne sont tenus à une quelconque autre preuve y afférente ; le fait pour la demanderesse de hiérarchiser ses moyens est sans incidence sur l'existence de ceux-ci ; outre la violation des articles 66 et 157 du Code de procédure civile, le pourvoi invoque le non-respect des articles 17, 120, 121, 124, 386, 470 et 471 de l'Acte uniforme relatif au droit des sociétés commerciales et du groupement d'intérêt économique. L'exception est mal fondée et le recours recevable (CCJA, 3e ch., no 102, 26-4-2018 : Sté Optimum Multimodal Solutions c/ Sté Bank of Africa RDC).

E. Absence de production des originaux

La formalité de production de l'original de tout acte de procédure, signé par l'avocat de la partie, édictée par les dispositions de l'article 27 du Règlement de procédure de la CCJA n'a été assortie d'aucune sanction par ledit texte et l'article 28 nouveau rend facultatif l'élection de domicile ; il échet dès lors de rejeter l'exception d'irrecevabilité soulevée sur ces points (CCJA, 2e ch., no 126, 7-6-2018 : Krou Ettien Jean-Paul c/ Sté Ivoirienne de Banque dite SIB SA).

F. Production de pièces incomplètes n'entraînant automatiquement l'irrecevabilité du recours

C'est à tort qu'il est soutenu dans un mémoire en réponse que les pièces produites, « en pages insuffisantes », par le recourant n'ont pas été examinées par les juges du fond et qu'ainsi le « recours doit être déclaré irrecevable comme mélangé de fait et de droit », dès lors que la nouveauté invoquée ne constitue pas une cause d'irrecevabilité du recours (CCJA, 2e ch., 249, 29-11-2018 : Diarra, née Mariam Traoré c/ Mari Diarra).

Obs. : en principe, une telle irrégularité affectant les pièces ne peut entraîner que l'irrecevabilité desdites pièces et non de l'entier recours.

II. Défaut ou omission sanctionnés

Il appartient au recourant de permettre à la CCJA d'exercer son contrôle en lui produisant les pièces invoquées à l'appui du recours comme l'exige l'article 27.3 du règlement de procédure. Lorsqu'aucun des actes incriminés ne figurent au dossier et que la requérante ne spécifie pas laquelle des dispositions du texte qu'elle invoque aurait été méconnue par la cour d'appel et en quoi elle l'aurait précisément été, le moyen doit être déclaré irrecevable (CCJA, 1e ch., nº 169/2019, 23-5-2019 : Société Made In Gabon c/ Société SCI Del Sol).

III. Date des actes de procédure

C'est la date du dépôt au greffe de la CCJA qui est prise en considération (CCJA, 2e ch., nº 038, 10-4-2014 : Afriland First Bank (ex-CCEI Bank) c/ Sté Camerounaise des Produits Manufacturiers (SCPM SARL), Ohadata J-15-129).

Si l'article 27 du Règlement prévoit que « tout acte de procédure est daté », il reste que le même article précise « qu'au regard des délais de procédures, seule la date de dépôt au greffe sera prise en considération ». En conséquence, le recours [non daté] déposé le 23 juin 2017 contre un jugement non signifié est régulier en la forme et mérite d'être reçu (CCJA, 1e ch., nº 173/2019, 23-5-2019 : Société Imprimerie du Plateau c/ BBG-CI).

IV. Inscription en faux devant la CCJA

Lorsque, sur le fondement de dispositions nationales (articles 92 et 93 du Code de procédure civile, commerciale et administrative ivoirien en l'espèce), une partie sollicite l'autorisation de prouver la fausseté d'un procès-verbal d'huissier produit dans une procédure devant la CCJA, mais que la partie adverse a déclaré ne plus s'en prévaloir, cette demande devient autant sans objet que sans intérêt pour la solution de leur différend, et sera rejetée en tant que tel (CCJA, 1e ch., nº 131/2020, 30-4-2020 : Saham Assurance-CI c/ Sté GTG-CI).

Obs. : cet arrêt ne vise pas expressément l'article 27, mais a été présenté ici en car il concerne indirectement la production de pièces devant la CCJA.

Chapitre II bis
DU REGIME LINGUISTIQUE

Art. 27 bis [nouv.] 1 – Les langues de travail de la Cour sont celles de l'OHADA, conformément à l'article 42 du Traité révisé.

2 – La langue de procédure est choisie par le requérant, sous réserve des dispositions ci-après :

a) Si le défendeur est un État partie, la langue de procédure est la langue officielle de cet État ;

b) Dans le cas où il existe plusieurs langues officielles, le requérant a la faculté de choisir celle qui lui convient.

3 – La langue de procédure est notamment employée dans les mémoires et plaidoiries des parties, y compris les pièces et documents annexes, ainsi que les procès-verbaux et décisions de la Cour. Toute pièce et tout document produits, annexés et rédigés dans une autre langue sont accompagnés d'une traduction dans la langue de procédure.

4 – Toutefois, dans le cas de production de pièces et documents volumineux, des traductions en extraits peuvent être présentées. A tout moment, la Cour peut exiger une traduction plus complète ou intégrale, soit d'office, soit à la demande d'une des parties.

Recevabilité du recours rédigé en français à l'exception du dispositif de la décision attaquée, repris en anglais

L'irrecevabilité d'un pourvoi soulevée, pour violation prétendue de l'article 27 bis du Règlement de procédure de la CCJA, ayant consisté à ne pas avoir choisi une langue, plus précisément, en rédigeant le recours en français et en anglais, est infondée, dès lors que le recours en annulation d'une sentence arbitrale en cause est entièrement rédigé en français, à l'exception du dispositif de la décision attaquée, repris dans le recours dans sa langue d'origine (anglais en l'espèce), cette exception ne pouvant remettre en cause le choix évident de la langue française opéré par le recourant (CCJA, 2e ch., no 074/2024, 28-3-2024).

Art. 27 ter [nouv.] 1 – A la demande d'un Juge, ou d'une partie, le Greffier en chef prend toutes les dispositions nécessaires pour assurer la traduction de tout ce qui est dit ou écrit dans les langues de travail, conformément à l'article 27 bis, paragraphe 1 ci-dessus.

2 – Les publications de la Cour sont faites dans les langues de travail de l'OHADA.

Art. 27 quater [nouv.] Les textes rédigés dans l'une des langues de travail de l'OHADA font foi.

Art. 28 [mod.] 1 – Lorsque la Cour est saisie par l'une des parties à l'instance par la voie du recours en cassation prévu au troisième ou quatrième alinéa de l'article 14 du Traité, le recours est présenté au greffe dans les deux mois de la signification ou de la notification de la décision attaquée par l'Avocat du requérant dans les conditions fixées à l'article 23 du présent Règlement. Le recours contient :

a) les nom et domicile du requérant ;

b) les noms et domiciles des autres parties à la procédure devant la juridiction nationale et de leur Avocat ;

c) les conclusions du requérant et les moyens invoqués à l'appui de ces conclusions.

Le recours indique les Actes uniformes ou les Règlements prévus par le Traité dont l'application dans l'affaire justifie la saisine de la Cour.

2 – La décision de la juridiction nationale qui fait l'objet du recours doit être annexée à ce dernier. Mention doit être faite de la date à laquelle la décision attaquée a été signifiée au requérant.

3 – Aux fins de la procédure, l'élection de domicile au lieu où la Cour a son siège n'est pas obligatoire. L'élection de domicile indique, le cas échéant, le nom de la personne qui est autorisée et qui a consenti à recevoir toutes significations.

4 – La requête peut indiquer que l'Avocat, ayant son domicile professionnel dans un État partie au Traité, consent à ce que des significations lui soient adressées par courrier électronique, télécopieur ou tout autre moyen technique de communication laissant trace.

5 – Si le requérant est une personne morale, il joint à sa requête :

– ses statuts ou un extrait récent du registre du commerce et du crédit mobilier, ou toute autre preuve de son existence juridique ;

– la preuve que le mandat donné à l'Avocat a été régulièrement établi par un représentant qualifié à cet effet.

6 – Si le recours n'est pas conforme aux conditions fixées au présent article, le Juge rapporteur fixe au requérant un délai aux fins de régularisation du recours ou de production des pièces mentionnées ci-dessus. A défaut de cette régularisation ou de cette production dans le délai imparti, la Cour se prononce sur la recevabilité du recours.

I. Partie à l'instance

Il résulte de l'article 28 du Règlement de procédure de la CCJA que le recours en cassation est présenté par l'une des parties à l'instance. En application de ce texte, lorsqu'une partie au procès décède en cours d'instance, chacun des héritiers est saisi de plein droit de l'action en justice exercée par le de cujus dans la mesure où ladite action n'est pas un bien indivis exigeant le consentement et la signature de chacun des indivisaires. En l'espèce, la succession de Dame [X.], qui est décédée en cours de procédure après avoir interjeté appel du jugement en cause, peut poursuivre la procédure par l'intermédiaire de la personne qui y est légalement, judiciairement ou conventionnellement habilitée ; le sieur [Y.], recourant dans la présente cause, étant à la fois héritier et administrateur des biens de la succession de la défunte, en vertu du jugement d'hérédité rendu dans la cause, est habilité à poursuivre, seul pour le compte de la succession, la procédure engagée par la défunte. Son pourvoi est donc recevable (CCJA, 3e ch., no 016/2024, 25-1-2024).

II. Signification ou notification de la décision attaquée

A. Équivalence de la notification et de la signification au sens de l'alinéa 1

Le pourvoi est recevable, lorsque la décision attaquée a, comme en l'espèce, été notifiée par le greffier en chef, la signification et la notification emportant les mêmes effets en l'espèce (CCJA, 2e ch., no 104, 30-12-2013 : ABAKAR GAZAMBLE c/ ABAKAR IBI OUMAR, Rec. jur. CCJA no 20, vol. 1, janv.-déc. 2013, p. 5-6, Ohadata J-15-51). Dans le même sens, retenant qu'aux termes de l'article 28 nouveau du Règlement de procédure, la notification est suffisante, CCJA, ass. plén., no 047, 27-4-2015 : Liquidation Sté CIM SAHEL ÉNERGIE SA c/ Sté les Ciments du Sahel dite CDS SA, Ohadata J-16-47.

En procédure civile, la notification est la formalité par laquelle un acte extrajudiciaire, un acte judiciaire ou un jugement est porté à la connaissance des intéressés conformément aux règles établies et postule essentiellement la preuve que la personne concernée par l'acte qui en est l'objet en a bien eu connaissance. Elle se distingue alors de la signification, formalité par laquelle un plaideur porte à la connaissance de son adversaire un acte de procédure ou un jugement et qui est toujours effectuée par un huissier de justice ou assimilé. En l'espèce, l'acte par lequel la décision attaquée a été délivrée aux conseils représentant les deux parties par l'administrateur du greffe de la cour d'appel l'ayant rendue, « pour expédition certifiée conforme », constitue à n'en point douter une notification au sens des dispositions de l'article 28.1 du Règlement de procédure de la CCJA, dès lors que, valablement posé par l'administrateur de greffe, il avait pour objet de porter cette décision à la connaissance des parties dûment représentées par leurs conseils respectifs. Il s'ensuit que le pourvoi, formé plus de quatre mois après cette notification, encourt l'irrecevabilité pour forclusion (CCJA, 1e ch., 184/2018, 25-10-2018 : Bolloré Transport Logistics Gabon SA c/ Les Carrières de Makora SA).

Sur le sens analogue des termes « signification » et « notification », voir obs. sous l'art. 24.

B. Appréciation de la validité de la signification selon le droit national

La régularité de la signification d'un arrêt déféré à la censure de la CCJA doit être appréciée non pas suivant les prescriptions du Règlement de procédure de la CCJA, mais en application des dispositions pertinentes du droit national de chaque État membre. En l'espèce, le pourvoi est recevable, dès lors que la signification de l'arrêt attaqué n'a pas été régulièrement faite à domicile selon le droit comorien applicable, le procès-verbal de remise établi par l'huissier indiquant que l'acte n'a pu être remis au destinataire, que son mari a refusé de prendre copie pour la lui remettre et que l'huissier ne l'a pas déposé au parquet et n'a pas laissé un avis de passage conformément au texte applicable (CCJA, 2e ch., no 201, 29-12-2016 : Sitti Djaouharia épse Chihabbidine c/ Ahmed Keldi ; Ohadata J-17-141).

Il s'ensuit que la signification d'un arrêt en violation des formes prescrites par la législation interne applicable n'a pu faire courir les délais du recours et que l'exception d'irrecevabilité soulevée au motif que le recours a été formé hors délai est mal fondée, le recours étant recevable en la forme. Il en est ainsi dès lors qu'il résulte des mentions portées sur l'exploit de signification argué de nullité que, s'étant rendu au domicile élu des époux [X.], l'huissier instrumentaire s'est adressé à « [Y], responsable vente à ARTIS, dénomination commerciale des époux [X.] », qui a refusé de recevoir copie, « mais à qui [il] a délaissé copie en dépit de son refus », et que l'exploit ne mentionne l'accomplissement d'aucune formalité supplémentaire (CCJA, 3e ch., no 162, 13-7-2017 : Epx Kalot c/ Ayants droit de feu Boumerhy Antoine).

C. Significations admises

Signification reçue à un domicile élu et non contestée. La signification de tous les actes d'une procédure au domicile élu d'un requérant et qui ont été reçus sans aucune contestation établit suffisamment le consentement du domiciliataire à les recevoir, si bien que ces significations sont valables

(CCJA, 1e ch., no 008, 30-3-2015 : Afriland First Bank (ex-CCEI BANK) SA c/ 1) Compagnie africaine pour le commerce international du Cameroun (CACIC) SA, 2) Ayants droit de GARBA Aoudou, Ohadata J-16-08).

Sur la validité de la signification faite à l'agence d'une société qui comporte plusieurs établissements disposant du pouvoir de la représenter à l'égard des tiers (telle une banque), voir sous l'article 23 de l'AUSCGIE.

D. Significations non admises

1o Extrait de la décision attaquée communiquée par courriel contesté

Le fait de porter à la connaissance d'une partie dans une autre procédure, par courrier électronique de surcroît contesté par ladite partie, un extrait de la décision attaquée ne saurait être considéré comme la signification de ladite décision au regard de l'article 28 susvisé ; il s'ensuit que l'exception d'irrecevabilité du présent pourvoi pour cause de tardiveté soulevée par la défenderesse n'est pas fondée et doit être rejetée (CCJA, 1e ch., no 41, 10-6-2010 : ATLANTIQUE TELECOM SA c/ 1 – PLANOR AFRIQUE SA, 2 – TELECEL FASO SA, Juris-Ohada, no 4/2010, oct.-déc., p. 35, Ohadata J-11-85).

2o Nature contradictoire de la décision attaquée

La nature contradictoire d'une décision ne saurait valoir une signification au sens de l'article 28-1 du Règlement de procédure de la CCJA (CCJA, ass. plén., no 040, 27-4-2015 : BHM-SA c/ Mamadou KEITA, Ohadata J-16-40).

III. Qualité, intérêt pour saisir la CCJA et autres aspects procéduraux relatifs aux parties

A. Recevabilité du pourvoi en cassation formé par un intervenant volontaire en appel

Il est de jurisprudence bien établie que la personne qui fait une intervention volontaire devant les juges du fond, est partie à l'instance ayant donné lieu à l'arrêt attaqué et, à ce titre, a qualité pour se pourvoir en cassation (CCJA, 3e ch., no 343/2019, 19-12-2019 : Ets Mangousterie de la Source c/ Dandy Makaya Joseph).

B. Recevabilité du pourvoi en cassation formé par une partie à la procédure en appel

Lorsqu'il résulte des mentions de l'arrêt déféré, que le demandeur au pourvoi a été partie à la procédure devant la cour d'appel, le pourvoi qu'il a formé en cette qualité, et ce, en application de l'article 28-1 du Règlement de procédure de la CCJA est recevable (CCJA, 1e ch., no 062/2021, 8-4-2021 : Nzima Nganga Victor c/ Winkele Sakata Tony).

C. Recevabilité du pourvoi non conditionné à la mise en cause de toutes les parties à la procédure ayant abouti à la décision attaquée

Aucune disposition du règlement de procédure de la CCJA ne subordonne la recevabilité d'un recours porté devant celle-ci à la mise en cause de toutes les parties prenantes aux instances ayant eu lieu devant les juridictions du fond (CCJA, 1e ch., no 267/2019, 28-11-2019 : Grégoire Bakandeja Wa Mpunguc/ Société des Grands Hôtels du Congo).

IV. Saisine de la CCJA

Le pourvoi introduit dans les termes, conditions et délais prévus par la loi doit être déclaré recevable en la forme (CCJA, 3e ch., no 140, 19-11-2015 : Rahmoun Jihad Hassan, Rahmoun Ghassan Hassan c/ Fatme Fakhry, Taareck Fakhry, Ohadata J-16-133).

A. Texte applicable à l'appréciation de la recevabilité d'un pourvoi

La recevabilité des requêtes [ou pourvois] en cassation devant la CCJA est régie par le Règlement de procédure de ladite Cour (CCJA, 2e ch., no 084, 22-5-2014 : 1) BACI, 2) B.N.I, 3) Banque pour le Financement de l'Agriculture dite B.F.A c/ 1) KONAN YAO Augustin, 2) ECOBANK Côte d'Ivoire, Ohadata J-15-175) et s'apprécie conformément aux dispositions de l'article2 8 dudit Règlement, à l'exclusion de toute autre disposition de droit interne (CCJA, ass. plén., no 073, 25-4-2014 : Mandonou Oswald ATTIN c/ BANQUE OF AFRICA (BOA-Bénin), Ohadata J-15-164 ; CCJA, 1e ch., no 141, 29-6-2017 : CDCI c/ BSIC-CI). Il s'ensuit que les dispositions des articles 8 et 79, al. 1, 3 et 4 de l'AUPSRVE et celles de l'article 66 du Code de procédure civile et commerciale camerounais, qui sont relatives respectivement à la signification de la décision portant injonction de payer, à la dénonciation de la saisie conservatoire au débiteur et à la signification des jugements de défaut, sont inapplicables en matière de pourvoi en cassation devant la CCJA, notamment en ce qui concerne la signification de l'arrêt attaqué. À défaut de la production d'une disposition nationale (Code de procédure civile et commerciale du Cameroun, en l'espèce) imposant l'indication, dans l'acte de signification d'un arrêt d'appel rendu contradictoirement, de la voie de recours ouverte, du délai de son exercice et de la juridiction devant laquelle le recours doit être porté, l'acte de signification ne comportant

pas les mentions indiquées est valable, dès lors qu'il résulte des dispositions de l'article 602 du Code national de procédure civile précité que « sauf dans les cas où la loi ou les décrets en disposent autrement, les nullités d'exploits ou actes de procédures sont facultatives pour le juge qui peut toujours les accueillir ou les rejeter » (CCJA, 1e ch., no 009, 30-3-2015 : Afriland First Bank (ex-CCEI Bank) SA c/ FOTSO Jean, Ohadata J-16-09).
De même :
– c'est aussi à tort que l'irrecevabilité d'un pourvoi est soulevée pour violation de dispositions nationales au motif que l'assignation en contestation de saisie a été irrégulièrement servie, dès lors que la recevabilité d'un recours devant la CCJA est subordonnée au respect des conditions de forme et de fond fixées à l'article 28 du règlement de procédure CCJA de ladite cour, l'invocation de dispositions nationales pour solliciter l'irrecevabilité du recours étant inopérante (CCJA, 1e ch., no 090, 26-4-2018 : Sté F.I.M.A. c/ HIE HALIDOU) ;
– pour un pourvoi en cassation, la forclusion doit être appréciée selon l'article 28 du Règlement de procédure de la CCJA qui institue un délai de deux mois, à compter de la signification de la décision attaquée, peu importe qu'il s'agisse d'un pourvoi contre une décision d'un juge du contentieux de l'exécution et pour laquelle une disposition nationale a prévu un délai différent de celui du Règlement de procédure de la CCJA. En conséquence, le pourvoi formé le 1er septembre 2014 contre un arrêt prononcé le 6 juin 2012 par le président de la cour d'appel ou un magistrat délégué par lui, statuant en qualité de juge du contentieux de l'opposition et signifié le 28 août 2014 est recevable (CCJA, 2e ch., no 045, 23-3-2017 : Sté Cameroon Oil Transportation Company dite COTCO c/ Mbouwe Jacques et AXA Assurances, Ohadata J-17-192) ;
– le Code général des impôts d'un État partie à l'OHADA ne s'applique pas à la recevabilité du recours devant la CCJA, qui est exclusivement régie par son Règlement de procédure. C'est donc à tort que l'irrecevabilité d'un recours est soulevée, au motif que le contrat de vente en cause n'ayant pas été enregistré, il ne peut servir de fondement audit recours, en application de l'article 362 du Code général des impôts applicable au Cameroun en l'espèce (CCJA, 1e ch., no 035/2023, 9-3-2023).

B. Saisine postérieure à la décision de la juridiction nationale qui aurait dû se dessaisir

L'article 18 du Traité OHADA concerne la saisine a posteriori de la CCJA alors même qu'une juridiction nationale a statué au mépris d'un déclinatoire de compétence. Ce texte est sans influence dès lors que parallèlement la saisine de la CCJA s'est faite conformément aux dispositions des articles 14 du Traité OHADA et 28 du Règlement de procédure d'autant qu'aux termes de l'article 16 dudit Traité OHADA, « la saisine de la Cour commune de justice et d'arbitrage suspend toute procédure de cassation engagée devant une juridiction nationale contre la décision attaquée » (CCJA, 2e ch., no 07, 30-3-2006 : Sté Civile de Grand-Lahou dite SCGL c/ American Ivoirian Investment Corporation dite A21C, Juris-Ohada, no 3/2006, p. 23, Ohadata J-07-14).

C. Saisine sur renvoi en application de l'article 15 du Traité OHADA

Les conditions de recevabilité d'un recours devant la CCJA, saisie sur renvoi en application de l'article 15 du Traité OHADA, sont déterminées par l'article 28 du Règlement de procédure de ladite Cour. La signification de l'arrêt attaqué n'est pas une condition de recevabilité du recours mais est plutôt le point de départ de la computation du délai dans lequel doit s'exercer le recours. En conséquence, l'absence de signification n'a aucune incidence sur la recevabilité du pourvoi (CCJA, 1e ch., no 071, 14-11-2013 : Adnan ATTIEH c/ La Sté FINANCO SA ; Rec. jur. CCJA, no 20, vol. 1, janv.-déc. 2013, p. 19-23, Ohadata J-15-71).
Le recours formé contre un arrêt non signifié à la recourante est recevable (CCJA, 1e ch., no 330/2020, 22-10-2020 : SICG-SA c/ Nestlé Côte d'Ivoire SA).

D. Pourvoi

1o Unicité : irrecevabilité d'un pourvoi réitératif postérieur à l'arrêt d'irrecevabilité du précédent pourvoi

Il est de principe procédural établi qu'une même personne agissant en la même qualité ne peut former qu'un seul pourvoi régulier contre la même décision. Par conséquent le « mémoire ampliatif et complétif » d'un requérant, qui s'inscrit indûment dans la réitération d'un second ou nouveau pourvoi postérieur à l'arrêt d'irrecevabilité rendu par la CCJA sur un précédent pourvoi, est irrégulier et doit être considéré comme ne saisissant pas la Cour de céans (CCJA, 1e ch., no 16, 29-6-2006 : Sté AN SARI TRADING COMPANY L TD c/ SCB-CL.C dénommée actuellement Crédit Lyonnais du Cameroun (CLC), Juris-Ohada, no 4/2006, p. 25, note Brou Kouakou Mathurin, Ohadata J-07-30 ; J-04-86).
Conséquence d'un double pourvoi. Le double pourvoi n'a d'autre conséquence que la suspension de la procédure de cassation engagée devant la juridiction nationale (CCJA, 2e ch., no 084, 22-5-2014 : 1) Banque Atlantique Côte d'Ivoire dite BACI, 2) Banque Nationale d'Investissement dite B.N.I.,

3) Banque pour le Financement de l'Agriculture dite B.F.A. c/ 1) KONAN YAO Augustin, 2) ECOBANK Côte d'Ivoire, Ohadata J-15-175).

2° Pourvoi incident

Le pourvoi incident formé par une partie, en réponse au pourvoi de la partie adverse, obéit aux mêmes règles qui gouvernent le pourvoi principal à savoir, la précision du cas d'ouverture allégué, les moyens de cassation invoqués, la partie de la décision attaquée et ce en quoi celle-ci encourt le reproche allégué. Il en est de même d'une demande reconventionnelle de la défenderesse au pourvoi, qui n'est rien d'autre qu'un pourvoi incident pouvant être inséré dans le mémoire en réponse au pourvoi principal (CCJA, 2e ch., n° 032/2012, 22-3-2012 : SGBCI c/ Ets. Sylla et Frères dits ESF SA).

Le pourvoi incident formé par une partie, en réponse au pourvoi de la partie adverse, obéit aux mêmes règles qui gouvernent le pourvoi principal à savoir, la précision du cas d'ouverture allégué, les moyens de cassation invoqués, la partie de la décision attaquée et ce en quoi celle-ci encourt le reproche allégué. En l'espèce, le pourvoi incident formé dans un mémoire en réponse reçu au greffe dans le délai de trois mois prévu à l'article 30 du Règlement de procédure et exposant un moyen de cassation fondé sur la violation de la loi par fausse interprétation de celle-ci est conforme aux conditions de forme et de délai et donc recevable (CCJA, 2e ch., n° 292/2019, 28-11-2019 : Société Helvetia Assurances et Société Saham Assurance c/ Prin-Tec et Société Medlog Côte d'Ivoire c/ Prin-Tec).

Obs. : sur l'assimilation d'une demande reconventionnelle à un pourvoi incident, qui obéit aux mêmes règles que celles gouvernant le pourvoi principal, à l'exception du délai, voir sous l'article 30.

3° Irrecevabilité du pourvoi en cassation devant la CCJA formé devant le greffe de la juridiction nationale ayant rendu la décision attaquée

Le pourvoi devant la CCJA se formant à son greffe, c'est à tort que la requérante a exercé son recours au greffe de la juridiction nationale ayant rendu la décision attaquée, enfreignant ainsi les dispositions de l'article 28 al. 1 du Règlement de procédure de la CCJA. Il s'ensuit qu'un tel pourvoi, formé en application des dispositions du droit interne, est irrecevable (CCJA, 3e ch., n° 183, 23-12-2015 : SARL Café du Fleuve c/ Jean Claude Paul Pierre RABADAN, Daniel Jean HOUGNON, Badala Hôtel, Ohadata J-16-176), d'office, car ne pouvant valablement saisir la CCJA, tout comme elle ne peut avoir aucun effet sur le pourvoi introduit hors délai devant elle (CCJA, 2e ch., 200/2018, 25-10-2018 : CFAO Equipement SA anciennement dénommée SOCADA c/ La Négresse SARL).

Dans le même sens, au sujet du pourvoi :

– suivant lettre adressée et déposée au greffe de la cour d'appel nationale, laquelle l'a transmise à la CCJA par bordereau, avec les pièces du dossier de la procédure devant les juridictions nationales, lettre dans laquelle la demanderesse n'invoque aucun moyen de cassation (CCJA, 1e ch., n° 42, 18-3-2016 : COTECNA INSPECTION SA c/ Conseil National du Patronat du Mali et 2 autres Ohadata J-16-244 ; CCJA, 1e ch., n° 115, 9-6-2016 : Mohamed Fadel Dicko c/ SMIGH-SA, Ohadata J-17-54) ;

– formé par acte de pourvoi établi par le greffier en chef de la juridiction ayant rendu la décision attaquée irrecevable (CCJA, 3e ch., n° 193, 29-12-2016 : SAMPANA SA c/ Banque Malienne de Solidarité SA et 2 autres, Ohadata J-17-133).

E. Délai de saisine de la CCJA

1° Détermination du délai : Règlement de procédure de la CCJA

S'il est vrai que c'est l'article 208 du Code ivoirien de procédure civile, commerciale et administrative qui fixe le délai dans lequel le pourvoi en cassation peut être formé devant la Cour suprême de Côte d'Ivoire et en détermine la forme, il reste qu'en ce qui concerne la saisine de la CCJA, il faut se référer au Règlement de procédure de ladite Cour (CCJA, n° 042/2005, 7-7-2005 : E. K.-B. K. c/ H. N., A. G., Rec. jur. CCJA, n° 6, juin-déc. 2005, p. 22 ; Juris-Ohada, n° 1/2006, p. 5 ; Ohadata J-06-31).

L'application des dispositions de l'article 28 du règlement de procédure de la CCJA est sans considération de toute saisine d'une juridiction nationale de cassation. Il suffit que le recours porté devant la CCJA soit exercé dans le délai de deux mois imparti par l'article 28 du Règlement de Procédure de la Cour ; le recours étant conforme aux conditions posées par l'article 23 de ce texte, la saisine antérieure de la Cour suprême du Mali est sans influence sur la recevabilité dudit recours devant la CCJA. Il s'ensuit qu'il convient de rejeter l'exception d'irrecevabilité du recours soulevée comme non pertinente, d'autant que la signification n'était pas encore intervenue au moment du pourvoi en cassation devant la CCJA (CCJA, 2e ch., n° 008, 27-3-2008 : D. c/ B., Juris-Ohada n° 3, juill.-sept. 2008, p. 14, Rec. jur. CCJA, n° 11, janv.-juin 2008, p. 86, Ohadata J-09-40).

2° Computation du délai

Il ressort de l'article 28 du Règlement de procédure que le point de départ du délai de pourvoi devant la CCJA court à compter de la signification ou de la notification de la décision attaquée (CCJA, 3e ch., n° 158/2020, 30-4-2020 : Société African Oil Gas Corporation c/ Société Atlantik Sea Food).

a. Signification de la décision attaquée

Le délai de deux mois pour se pourvoir en cassation court à compter de la date de signification en bonne et due forme (CCJA, 1e ch., no 158, 17-12-2015 : Alimatou Sadiya GUEYE DIA c/ SNR, Ohadata J-16-151) de l'arrêt attaqué (CCJA, no 029/2009, 30-4-2009 : I. K. F. c/ Banque Islamique du Sénégal, Rec. jur. CCJA no 13, janv.-juin 2009, p. 17, Ohadata J-10-53 ; CCJA, 2e ch., no 047, 16-7-2010 : SNG SA c/ SAFRICOM SA ; Juris-Ohada no 1/2011, janv.-mars 2011, p. 20, Ohadata J-12-95 ; CCJA, ass. plén., no 130, 11-11-2014 : Commercial Bank Tchad c/ Ateib Ahmed Belgheit Bouari, Ohadata J-15-220), comme il est précisé sous l'article 25 du présent règlement.

Ainsi, par exemple, le pourvoi reçu au greffe le 31 décembre 2009 est recevable dès lors qu'il résulte de l'exploit d'huissier en date du 30 octobre 2009, régulièrement produit, que ce n'est qu'à cette date que le jugement a été signifié à la requérante (CCJA, 1e ch., no 158, 17-12-2015 : Alimatou Sadiya GUEYE DIA c/ Sté Nationale de Recouvrement dite SNR, Ohadata J-16-151).

Dès lors que la contestation porte non pas sur le point de savoir si le recours est recevable à défaut de signification (voir no 3, « Non-application du délai [...] » ci-dessous) mais sur le respect ou non du délai de recours, l'élément d'appréciation à considérer pour se prononcer est la date de la signification en bonne et due forme telle que prévue par l'article 28 du Règlement, même si l'arrêt a été rendu contradictoirement (CCJA, 1e ch., no 41, 10-6-2010 : ATLANTIQUE TELECOM SA c/ 1 – PLANOR AFRIQUE SA, 2 – TELECEL FASO SA, Juris-Ohada, no 4/2010, oct.-déc., p. 35, Ohadata J-11-85, rejetant la communication d'un extrait de l'arrêt attaqué à une partie dans une autre procédure ; voir significations non admises ci-dessus).

Obs. : en rejetant l'exception d'irrecevabilité, la CCJA indique dans le cas d'espèce que le pourvoi est recevable. Cet arrêt n'est pas caduc en ce qu'il a refusé la validité de la notification par courrier électronique, car en l'espèce, la notification a été partielle, réalisée dans une autre procédure et le courrier électronique a été contesté. Désormais, toute notification effectuée par courrier électronique dans le respect de l'article 24 nouveau du présent Règlement de procédure est valable, à condition cependant que l'intégralité de la décision attaquée (et non pas un extrait, comme ce fut le cas en l'espèce) ait été signifiée ou notifiée.

Le point de départ du délai de deux mois prévu à l'article 28 du Règlement de procédure CCJA **est le lendemain de la signification** au regard de l'article 25.1 du même Règlement. Il s'ensuit que pour un arrêt signifié le 12 septembre, le délai du pourvoi a commencé à courir le 13 septembre pour expirer le 13 novembre et que le pourvoi enregistré au greffe de la cour le 13 novembre 2012 a été fait dans le délai (CCJA, 1e ch., no 56, 21-4-2016 : Epx Dalquier c/ Koudou Dago, Ohadata J-17-03).

b. Notification de la décision attaquée

Il a été jugé qu'en application de l'article 28 du Règlement de procédure de la CCJA :

– la partie à laquelle le greffier en chef de la juridiction ayant rendu la décision attaquée a délivré une copie conforme à la minute de la décision disposait en principe d'un délai de deux mois à compter de cette notification pour former son recours, sans préjudice des délais de distance (CCJA, 1e ch., no 068/2021, 8-4-2021 : GEB Afrique SARL c/ État béninois ; CCJA, 3e ch., no 284/2020, 30-7-2020 : Camdev Telecom SA c/ Afriland First Bank SA) ;

– la CCJA considère que la notification de la décision attaquée à une partie par le greffe de la juridiction l'ayant rendue fait courir le délai dans lequel le recours en cassation doit être formé. Il s'ensuit que le recours formé hors délai à compter d'une telle notification est irrecevable (CCJA, 1e ch., no 190/2021, 11-11-2021 : SGS c/ État Béninois) ;

– le délai du pourvoi devant la CCJA court non seulement à compter de la signification de la décision attaquée, mais aussi de sa notification, qui peut être l'œuvre du greffe de la juridiction l'ayant rendue, conformément à l'article 13 du Traité OHADA. En l'espèce, il résulte spécialement de l'examen de la pièce no 7 du bordereau du demandeur que la grosse de l'arrêt attaqué a été délivrée aux parties le 6 mai 2016, par le greffier en chef de la cour d'appel qui l'a rendue ; en l'absence d'indications contraires supplémentaires, cette mention figurant sur un acte établi par un officier ministériel montre que le délai pour former un pourvoi contre ledit arrêt a couru depuis le 6 mai 2016. Il s'ensuit que même en considérant le délai de distance prévu par le Règlement de procédure de la CCJA qui est de vingt-un jours, le requérant était forclos au 21 septembre 2016, date de son recours, qui doit être déclaré irrecevable (CCJA, 1e ch., no 230/2020, 25-6-2020 : Marabe Datoloumby Roger c/ Guelpina Ceubah) ;

– qu'en procédure civile, la notification est la formalité par laquelle un acte extrajudiciaire, un acte judiciaire ou un jugement sont portés à la connaissance des intéressés conformément aux règles établies et postule essentiellement la preuve que la personne concernée par l'acte et qui en est l'objet en a bien eu connaissance. Lorsqu'il résulte des mentions de l'arrêt attaqué que l'expédition certifiée conforme de l'arrêt a été délivrée, par l'administrateur du greffe de la cour, au conseil ayant représenté la demanderesse devant la cour d'appel, l'acte par lequel l'arrêt a été délivré au conseil de la demanderesse « pour expédition certifiée conforme », ayant pour finalité de porter cette décision à la connaissance de cette partie dûment représentée par son conseil, constitue une notification au sens des dispositions de l'article 28-1 du Règlement de procédure de la CCJA. Il s'ensuit, en application des dispositions combinées de l'article 28-1 du Règlement susvisé et de la décision n° 002/99/CCJA du 4 février 1999 augmentant les délais de procédure en raison de la distance, que la demanderesse devait introduire son recours au plus tard le 21 février 2020 ; partant, le pourvoi reçu au greffe de la cour le 12 mars 2020 est irrecevable (CCJA, 2e ch., n° 029/2021, 25-2-2021 : La Société T3 Distribution SARL c/ Le CDRMM) ;

– le recours formé plus de deux mois après la notification, par le conseil de la défenderesse à la demanderesse, du courrier par lequel la défenderesse avait sollicité le rabattement du délibéré, est irrecevable car le courrier qui faisait état de l'arrêt querellé avait été communiqué le même jour à la demanderesse par le biais de son conseil, vaut notification de ladite décision au sens de l'article 28 du Règlement de procédure CCJA est acquise (CCJA, 1e ch., n° 119/2021, 24-6-2021 : Ecobank Bénin SA c/ SNIA).

Sur un arrêt qui a retenu la date de délivrance de l'expédition de la décision attaquée à la recourante, qui avait choisi de saisir la juridiction nationale de cassation malgré la compétence de la CCJA, avant que celle-ci ne renvoie l'affaire à la CCJA, pour déclarer le recours irrecevable pour forclusion, voir sous l'article 51 (CCJA, 1e ch., n° 246/2020, 25-6-2020).

c. Fluctuation regrettable de la jurisprudence de la CCJA relative à la notification

Il a été récemment jugé que :

– c'est à tort que l'irrecevabilité d'un pourvoi est soulevée pour cause de forclusion, au motif que la demanderesse a exercé son recours plus de deux mois après avoir eu connaissance de la décision attaquée par notification du greffe de la juridiction qui l'a rendue, dès lors qu'aucun élément du dossier de la procédure ne confirme pareilles allégations et que la requérante, qui a reçu signification le 9 mars 2022, a formé pourvoi le 21 avril 2022, soit moins de deux mois après cette signification (CCJA, 2e ch., n° 162/2024, 30-5-2024) ;

– l'établissement de la copie certifiée conforme d'une décision ne constitue pas en elle-même une notification, au sens de l'article 28.1 du Règlement de procédure de la Cour ; il faudrait encore qu'il y ait eu remise effective et prouvée de ladite copie au demandeur ou son conseil qui, à partir de cet instant, en a officiellement pris connaissance. En l'espèce, aucun élément du dossier ne permet d'établir que la copie certifiée conforme de l'arrêt attaqué a bien été remise au conseil des demandeurs le 5 avril 2022, et il ressort des pièces de la procédure que l'arrêt a été signifié par les défendeurs à la mairie, par exploit d'huissier ; cette signification ayant date certaine, il convient d'en considérer la date comme point de départ de la computation des délais, plutôt que la date portée sur la copie certifiée conforme de ladite décision (CCJA, 1e ch., n° 260/2024, 24-10-2024 ; voir aussi CCJA, 1e ch., n° 198/2024, 27-6-2024).

Obs. : par ces arrêts récents, et bien d'autres, la CCJA semble avoir amorcé une remise en cause de sa jurisprudence, pourtant bien établie, présentée ci-dessus et consistant à retenir que la délivrance, par le greffe de la juridiction ayant rendu l'arrêt attaqué, constitue une « notification » au sens de l'article 28 du Règlement de procédure faisant courir le délai pour faire enregistrer un pourvoi. Dans la mesure où une telle délivrance, même à titre d'information, permet à la partie destinataire de prendre connaissance du contenu de l'arrêt, ce qui lui permet à son tour de découvrir les éléments de l'arrêt lui causant éventuellement grief et susceptibles de nécessiter un pourvoi en cassation, la position de la jurisprudence de la Cour consistant à retenir la délivrance par le greffe d'une copie de l'expédition de l'arrêt en cause paraît indiscutablement suffisante et appropriée pour faire courir le délai de cassation. Il en est ainsi, dès lors que comme elle l'a souvent réitéré, l'appréciation du délai pour se pourvoir en cassation devant elle se fait exclusivement au regard des dispositions de son Règlement de procédure, à l'exclusion de toute disposition de droit interne. Dans ces conditions, recommencer à exiger une « signification » par voie d'huissier, ou éventuellement une « notification entre avocats », pour faire courir le délai de cassation, allant même jusqu'à exiger parfois que la preuve d'une telle notification soit établie (cf. CCJA, 1e ch., n° 198/2024, 27-6-2024, jugeant que « les seules indications "Pour expédition certifiée conforme à l'original [...]" portées par le greffier en chef [d'une] cour d'appel [sur un arrêt attaqué] ne suffisent pas à établir sa réception effective par la [demanderesse au pourvoi] pour faire courir, dans le chef de cette dernière, le délai du recours en cassation [...] ; qu'**en l'absence de preuve de signification ou de notification de l'arrêt attaqué le recours introduit par ladite banque [pourtant près de six mois après s'être fait délivrer une expédition de l'arrêt par le greffe de la juridiction l'ayant rendu], est recevable comme étant formé dans le délai** », alors que la demanderesse, qui était déjà en possession de ladite expédition depuis cette longue période, avait indiscutablement pris connaissance des éléments de l'arrêt lui causant grief et pouvait déjà former son pourvoi), peut s'apparenter à une régression très regrettable, en raison de l'incertitude et de l'instabilité que cela introduit dans la jurisprudence de la Cour, qui, dans ces conditions, contribue à l'insécurité des situations juridiques, qu'elle a pourtant pour mission de garantir. Il en est ainsi dès lors que ces deux méthodes de communication de l'arrêt à attaquer (« signification » ou « notification entre avocats ») sont équivalentes, relativement à leur effet et leur finalité, à la délivrance d'une copie simple de l'arrêt par le greffe à une partie ou à son avocat. En tout état de cause, il est vivement souhaitable que la Cour se rallie à sa jurisprudence antérieure prenant en compte également la délivrance par le greffe de l'arrêt attaqué au demandeur en cassation. À défaut, il faudrait idéalement, afin d'éviter d'infliger aux justiciables une déroute caractérisant un déni injustifiable de justice, que la Cour, ou à défaut le législateur de l'OHADA à l'occasion d'une prochaine réforme du Règlement de procédure, règle cette question une fois pour toutes, dans un sens comme dans un autre.

3° Non-application du délai : recevabilité du pourvoi formé en l'absence d'une signification valide

La signification d'un arrêt n'est pas la condition du recours contre celui-ci comme l'est le fait d'en avoir connaissance par tout moyen mais marque plutôt le point de départ de la computation du délai dans lequel le recours doit être exercé, les dispositions du Règlement de procédure de la CCJA n'interdisant pas le recours fait avant toute signification [ou notification] de la décision attaquée. Il s'ensuit qu'en l'espèce l'exception d'irrecevabilité du recours soulevée par l'un des défendeurs au pourvoi n'est pas fondée et doit être rejetée (CCJA, 1e ch., n° 40, 10-6-2010 : K c/ 1) Agence judiciaire de l'État de Guinée, 2) N, 3) K., Ohadata J-11-84 ; CCJA, 1e ch., n° 30, 29-4-2010 : THALES Security systems SAS c/ Maître O. K., Ohadata J-11-74, J-12-50 ; CCJA, 2e ch., n° 047, 16-7-2010 : SNG SA c/ Safricom SA, Juris-Ohada n° 1/2011, janv.-mars 2011, p. 20, Ohadata J-12-95 ; CCJA, 1e ch., n° 037, 29-2-2016 : Transrégionales SA c/ Esso Exploration and Production Chad INC (EEPCI), Ohadata J-16-239 ; CCJA, 1e ch., n° 226, 14-12-2017 : Ouafo c/ Afriland First Bank ; CCJA, 3e ch., n° 026, 15-3-2012 : Abraham Guidimti c/ Financial Bank ; CCJA, 3e ch., n° 198/2020, 28-5-2020 : Dpci SA c/ Diallo Marouf André) ;

Les dispositions de l'article 28 du Règlement de procédure ne font pas de la signification préalable de la décision frappée de pourvoi une condition de recevabilité de ce recours (CCJA, 3e ch., n° 036, 9-3-2017 : Kamo Gamo Ruben c/ BICEC, Ohadata J-17-170). Dans le même sens et précisant qu'en disposant que « le recours est présenté au greffe dans les deux mois de la signification ou de la notification de la décision attaquée » le texte visé au moyen établit le délai impératif dans lequel le recours est formé lorsque la décision attaquée a été signifiée ou notifiée (CCJA, 3e ch., n° 140, 7-6-2018 : Ecobank Guinée SA c/ Société Thiallou).

Il résulte de la règle ci-dessus que :

– lorsque la défenderesse au pourvoi ne rapporte pas la preuve qu'elle a signifié l'arrêt attaqué à la demanderesse (...) il ne peut être reproché à la demanderesse de n'avoir pas indiqué la date de la signification qui elle-même n'a pas eu lieu. En tout état de cause, la signification de l'arrêt attaqué n'étant pas une condition de recevabilité du recours mais marquant plutôt le point de départ de la computation du délai dans lequel doit être exercé ledit recours, l'absence de ladite signification n'a, dès lors, aucune incidence sur la recevabilité du pourvoi. Il y a lieu, en conséquence, de déclarer non fondée l'exception d'irrecevabilité soulevée par la défenderesse au pourvoi (CCJA, 2e ch., n° 037/2012, 3-5-2012 : Sté ESSO Exploration and Production Chad Inc c/ Ressourcium International SARL) ;

– le défaut de signification préalable de l'arrêt attaqué n'est pas une cause d'irrecevabilité du pourvoi (CCJA, 1e ch., n° 155, 26-11-2015 : SHC SA c/ First Bank, Ohadata J-16-148 ; CCJA, 2e ch., n° 2, 2-2-2012 : Société SSI c/ SANY, Juris-Ohada, 2012, n° 4, oct.-déc., p. 7, Ohadata J-13-56 ; CCJA, 1e ch., n° 071, 14-11-2013 : Adnan ATTIEH c/ Société Financo SA, Rec. jur. CCJA n° 20, vol. 1, janv.-déc. 2013, p. 19-23, Ohadata J-15-71), et le recours formé contre un arrêt non signifié à la recourante est recevable (CCJA, 1e ch., n° 330/2020, 22-10-2020 : SICG-SA c/ Nestlé Côte d'Ivoire SA et une autre) ;

– le pourvoi est recevable, la signification n'ayant pas encore été faite ; il en est ainsi car le délai court à compter de la signification et non à compter du prononcé de la décision (CCJA, 2e ch., n° 009, 27-2-2014 : Sté des Télécommunications du Tchad dite SOTEL-TCHAD c/ Sté SAS ALCATEL SPACE, Ohadata J-15-100) ;

– l'exception d'irrecevabilité pour forclusion est irrecevable, dès lors que l'arrêt soumis à cassation devant la CCJA est différent de l'arrêt frappé de forclusion et qu'il n'est pas prouvé qu'il a fait l'objet de signification laquelle, par ailleurs, n'est pas une condition de recevabilité du pourvoi au sens de l'article 28 alinéa 1 du Règlement de procédure de la cour mais marque plutôt le point de départ de la computation du délai de deux mois dans lequel le recours doit être exercé (CCJA, 3e ch. n° 121,

22-10-2015 : Sté MAERSK CAMEROUN SA c/ MODI KOKO BEBEY et NJOUONANG YOUMBI, Ohadata J-16-114) ;
– lorsque aucun acte de signification formelle des arrêts entrepris n'a été produit aux débats, au sens de l'article 28 al. 1 du Règlement de procédure CCJA, la simple connaissance que la demanderesse a pu avoir des arrêts attaqués ne saurait suppléer à cette carence et faire courir le délai du recours (CCJA, 1e ch., no 008, 30-3-2015 : Afriland First Bank SA c/ CACIC SA et ayants droit de Garba Aoudou, Ohadata J-16-08). De jurisprudence constante, lorsque aucun acte de signification formelle d'une décision entreprise n'a été produit aux débats, comme en l'espèce, la simple connaissance que le demandeur a pu avoir de la décision attaquée ne saurait suppléer à cette carence et faire courir le délai du recours ; il en résulte que le pourvoi est recevable (CCJA, 3e ch., no 031/2020, 30-1-2020 : Zouhair Michel Fadoul El Achkar c/ SDV Cameroun SA, devenue Bolloré Africa Logistics Cameroun SA ; CCJA, 3e ch., no 306/2020, 22-10-2020 : Sofrikaf SA c/ Frigo Zig Peche, Congélation Vente SA ; CCJA, 3e ch., no 063/2020, 27-2-2020 : SGBF c/ Société Copiafax-Burkina ; CCJA, 3e ch., no 344/2019, 19-12-2019 : SGC SA c/ Compagnie Professionnelle d'Assurances SA).
Il en est de même, lorsque, sans en avoir reçu la signification, le demandeur a pu s'en servir pour solliciter un sursis devant la juridiction nationale (CCJA, 2e ch., no 098/2020, 9-4-2020 : Société Opérateur Monétique Afrique c/ Sieur Kamga Jean).
– faute de signification du jugement attaqué, le délai n'avait pas couru à l'encontre des requérants (CCJA, 2e ch., no 2, 9-3-2006 : L. E. Socatraf c/ CCEI-Bank SA devenue Afriland First Bank SA, Ohadata J-07-09). À défaut de la production aux débats de la preuve d'un acte établissant la signification en bonne et due forme, telle que prévue par l'article 28 du Règlement de procédure CCJA, de l'ordonnance frappée de pourvoi, les délais de recours n'ont pas commencé à courir et il convient de passer outre à l'exception soulevée par le défendeur (CCJA, ass. plén., no 079, 29-4-2015 : Rimon Hajjar c/ SONAR-IARD SA, Ohadata J-16-191 ; CCJA, 2e ch., no 080/2021, 29-4-2021 : Nouganga Jean Baptiste et deux autres c/ Commercial Bank Centrafrique SA). De même, en l'absence de preuve de la signification de l'arrêt attaqué, le recours formé le 13 juin 2013 est recevable, malgré l'observation du défendeur selon laquelle l'arrêt a été rendu contradictoirement depuis le 26 mai 2011 et [qu'il] s'en remet à la sagesse de la cour sur sa recevabilité. Il en est ainsi dès lors qu'aux termes de l'article 28 du Règlement de procédure de la CCJA le recours est recevable dans les deux mois de sa signification (CCJA, 3e ch., no 098, 2-6-2016 : Sté Euro-Africaine pour le Commerce, l'Industrie et le Développement c/ Sté CIMBENIN, Ohadata J-17-38), car le délai reste à courir (CCJA, 1e ch., no 043, 22-2-2018 : Paul Tchuente c/ Afriland first Bank SA, en présence de la Banque des États de l'Afrique centrale) ;
– le pourvoi est recevable en la forme, dès lors qu'il ressort de l'exploit de signification de l'arrêt établi par l'huissier que l'acte n'a pu être remis ni aux représentants légaux des sociétés demanderesses, ni au sieur X., codemandeur en personne, qu'il n'y est fait aucune mention relative au numéro, à la date et à l'autorité signataire de la carte d'identité de la personne qui a reçu l'acte. L'huissier n'ayant ni déposé l'acte à la mairie ni avisé les parties intéressées par lettre recommandée avec accusé de réception du dépôt ainsi fait, conformément aux articles 822 al. 2 et 823 susmentionnés, il s'ensuit que la signification de l'arrêt attaqué n'a pas été régulièrement faite à domicile et n'a pas fait courir le délai (CCJA, 3e ch., no 147, 7-6-2018 : Sté SARTEM c/ Yatassaye Hamidou).

Introduction du pourvoi avant signification de la décision déférée. Il avait été jugé que le pourvoi qui a été formé par le requérant le lendemain de la date à laquelle l'arrêt objet du pourvoi a été rendu est manifestement irrecevable (CCJA, ord. no 007/2009/CCJA, 16-4-2009 : A. D., Alizés Voyages c/ GAV-AOC, Rec. jur. CCJA no 13, janv.-juin 2009, p. 181, Ohadata J-10-98, obs. J. Issa-Sayegh).

Obs. : il est possible que dans le cas d'espèce, la CCJA ait sanctionné le fait, pour le requérant, d'avoir formé son pourvoi avant que le conseil de la partie adverse, dont la demande a prospéré en appel, ne lui signifie l'arrêt d'appel, dès lors que la saisine de la CCJA ne peut valablement intervenir qu'après signification de l'arrêt d'appel (voir CCJA, 2e ch., no 2, 9-3-2006 : L. E. SOCATRAF c/ CCEI-Bank SA devenue Afriland First Bank SA, Juris-Ohada no 3/2006, p. 5 ; Ohadata J-07-09, jugeant que, faute de signification du jugement attaqué, le délai n'avait pas couru à l'encontre des requérants, et CCJA, no 029/2009, 30-4-2009 : I.K. F. c/ Banque Islamique du Sénégal, Rec. jur. CCJA no 13, janv.-juin 2009, p. 17, Ohadata J-10-53). Mais alors un problème se poserait car il suffirait alors pour la partie gagnante en appel de s'abstenir de signifier l'arrêt à sa contradictrice pour empêcher cette dernière de saisir la CCJA. La CCJA semble avoir clarifié sa position par un revirement implicite de jurisprudence. En effet, elle a indiqué dans quatre arrêts, dont le dernier date du 15 mars 2012, que l'article 28 (du Règlement de procédure de la CCJA) ne faisant pas de la notification un préalable obligatoire à la formation du pourvoi, il est loisible à la partie demanderesse de diligenter son recours même avant la notification (voir supra note n° 2.2 Computation de délai – point de départ – sous l'art. 28 et ci-après). L'ordonnance n° 007/2009/CCJA du 16-4-2009 ci-dessus semble donc être devenue caduque, l'assemblée plénière de la cour ayant jugé en 2015 que **la jurisprudence de la CCJA admet le pourvoi formé avant la signification de l'arrêt attaqué,** étant précisé qu'aux termes de l'article 28 nouveau du Règlement de procédure la notification est suffisante (CCJA, ass. plén., n° 047, 27-4-2015 : Liquidation société CIM SAHEL ÉNERGIE SA c/ Sté « les Ciments du Sahel dite CDS SA, Ohadata J-16-47).

Obs. : en conséquence, le pourvoi est recevable s'il y a eu notification de l'arrêt attaqué, comme développé ci-dessus.

Voir sous l'article 24 pour un arrêt de la CCJA qui a retenu la notion de « notification » d'une décision attaquée avant la réforme de l'article 28 nouveau al. 1 du Règlement de procédure (CCJA, 3e ch., n° 026, 15-3-2012, précité).

La mention de la date de signification de l'arrêt attaqué :

– est exigée aux fins de permettre à la cour de s'assurer que le pourvoi a été formé dans le délai requis et ne peut être sanctionnée par l'irrecevabilité que par suite d'une demande de régularisation non satisfaite (CCJA, 2e ch., n° 157/2021, 28-10-2021 : Afriland First Bank c/ B.) ;

– ne vaut que pour autant que cette signification a eu lieu et en l'absence de preuve d'une signification, aucune violation des articles 28-1b) et 28-2 du Règlement de procédure de la CCJA n'est caractérisée et les fins de non-recevoir soulevées seront rejetées comme non fondées (CCJA, 1e ch., n° 149/2022, 3-11-2022).

Le délai prévu à l'article 28 du Règlement de procédure de la CCJA est un délai de forclusion dont l'expiration empêche l'accomplissement de la formalité concernée ; ce texte ne faisant pas de la signification un préalable obligatoire à la formation du pourvoi, il est loisible à la partie demanderesse de diligenter, comme c'est le cas en l'espèce, son recours même avant la signification de l'arrêt attaqué ; en conséquence, l'exception d'irrecevabilité soulevée est infondée (CCJA, 2e ch., n° 038/2022, 24-2-2022 : Sunu Assurances IARD Centrafrique SA c/ BSIC SA ; CCJA, 2e ch., n° 152/2023, 29-6-2023).

4° Validité de la première signification en cas de significations multiples

En présence de deux exploits d'huissier portant signification du même arrêt attaqué à des dates différentes, et en vertu des règles générales de procédure selon lesquelles la mention de la date de signification d'un acte dressé par un huissier de justice fait foi jusqu'à inscription de faux, la première date de signification doit être retenue si aucune procédure de faux n'a été inscrite contre le premier exploit ; et le délai pour se pourvoir court à partir de la date retenue. Dès lors qu'à partir de la date retenue le délai de deux mois prévu a expiré, le pourvoi doit être déclaré irrecevable (CCJA, 1e ch., n° 30, 26-5-2005 : Sté SATOYA GUINÉE SA c/ Maîtres A. C. et B. T. S., Juris-Ohada, n° 3/2005, p. 43. – Rec. jur. CCJA, n° 5, janv.-juin 2005, vol. I, p. 18 ; Ohadata J-05-382).

En cas de significations successives d'une même décision, il y a lieu de prendre en compte la première date de signification pour le décompte du délai du pourvoi (CCJA, 1e ch., n° 036, 29-2-2016 : Sévérin Adjovi c/ Daoudalawal et 3 autres, Ohadata J-16-238).

Obs. : le principe dégagé par ces arrêts pour les significations est valable également pour les notifications.

5° Irrecevabilité du pourvoi tardif : non-prise en compte de la signification de convenance effectuée par le demandeur

Au sens de l'article 28 du Règlement de procédure de la CCJA, le point de départ du délai de recours de deux mois se situe à la date à laquelle le recourant a reçu la signification ou notification de la décision attaquée. Si tel est le principe, il n'en demeure pas moins que la partie qui a déjà exercé une voie de recours contre un jugement qu'elle a par ailleurs déjà signifié elle-même au défendeur ne saurait se prévaloir de cette date de signification comme point de départ du délai du pourvoi. Le tribunal de grande instance ayant, par jugement du 13 octobre 2016, déclaré irrecevables ses dires, le requérant qui a, d'une part, pu attaquer ledit jugement en appel le 27 octobre 2016 et, d'autre part, soutenu lui-même l'avoir signifié le 17 juin 2020 à la défenderesse dans le cadre de la préparation du présent recours en cassation en produisant l'acte de signification ne saurait se prévaloir de la date à laquelle il a lui-même procédé à cette signification dans le simple but de fixer le point de départ du délai de pourvoi. Le présent recours, ayant été introduit le 26 juin 2020 contre le jugement n° 66/CIV du 13 octobre 2016 est donc manifestement irrecevable (CCJA, 2e ch., n° 030/2021, 25-2-2021 : Noumo Angelbert c/ Mutuelle Communautaire de Nkongsamba (MC2).

6° Application des règles de computation de l'article 335 de l'AUPSRVE et du délai de distance

Le pourvoi formé le 19 avril 2010, jour ouvré, contre un arrêt signifié le 16 février 2010 est recevable, en raison de la prorogation du délai au 19 avril, qui était le premier jour ouvré après le 17 (CCJA, 2e ch., n° 086, 8-7-2015 : Ayants Droit DE FEU COFFIE

Benjamin Barthelemy c/ KOFFI N'DRI Beatrice Épse MIAN KOFFI, Ohadata J-16-85).

Compte tenu de l'article 335 de l'AUPSRVE, la computation des délais exclut le 9 novembre 2012 et le 10 janvier 2013, si bien que le recours déposé le 11 janvier 2013 contre une décision signifiée le 9 novembre 2012 a été déposé dans le délai requis, qui d'ailleurs peut être augmenté de quatorze jours suivant la décision n° 002 CCJA du 4 février 1999 (CCJA, 2e ch., n° 004, 21-1-2016 : CBAO-Groupe Attijariwafa Bank c/ Fallou MBODJI, Ohadata J-16-213).

Obs. : pour aller plus loin, voir sous l'art. 25 du présent Règlement de procédure CCJA au sujet du délai de distance et sous l'art. 335 de l'AUPSRVE sur les règles générales de computation des délais.

7° Non-respect du délai de saisine

a. Irrecevabilité du pourvoi hors délai

Le recours en cassation reçu et enregistré au greffe de la CCJA en dehors du délai de deux mois imparti par les articles 25-2 et 28 du Règlement de procédure est irrecevable (CCJA, 2e ch., n° 17, 24-2-2005 : GIE SENEPRESCO c/ CBAO, Juris-Ohada, n° 2/2005, p. 26. – Rec. jur. CCJA, n° 5, janv.-juin 2005, vol. 1, p. 11, Ohadata J-05-362).

Dans le même sens :

– CCJA, n° 052/2009, 26-11-2009 : Cabinet ERNST & YOUNG c/ Syndic de liquidation de la C.S.A.R., Rec. jur. CCJA, n° 14, juill.-déc. 2009, p. 5, Ohadata J-10-179 ;

– CCJA, n° 029/2009, 30-4-2009, Ohadata J-10-53, précité ; CCJA, n° 051/2008, 20-11-2008 : BICICI c/ SONAREST SARL, Rec. jur. CCJA n° 12, juill.-déc. 2008, p. 16, Ohadata J-10-27 ;

– CCJA, n° 047/2008, 20-11-2008 : SCP AZUR c/ SDV-CI SA, Rec. jur. CCJA n° 12, juill.-déc. 2008, p. 13, Ohadata J-10-26, Ohadata J-09-256 ;

– CCJA, 1e ch., n° 43, 17-7-2008 : D. c/ MATCA, Juris-Ohada, n° 4/2008, p. 46, Ohadata J-09-81, à propos du « mémoire complétif et en réplique » reçu à la CCJA plus de sept mois après la signification de l'arrêt attaqué ;

– CCJA, 1e ch., n° 051, 20-11-2008 : BICICI c/ SONAREST SARL, Juris-Ohada n° 1/2009, janv.-mars, p. 12, Ohadata J-09-260, pourvoi formé deux ans après la signification de la décision attaquée ; voir aussi : CCJA, 3e ch., n° 032, 3-4-2014 : AFRILAND FIRST BANK SA c/ LA SAVONNERIE CAMEROUNAISE SARL, Ohadata J-15-123, pourvoi formé 21 jours après la signification de l'arrêt attaqué ; CCJA, 1e ch. n° 128, 29-10-2015 : État de Guinée, représenté par l'agent judiciaire de l'État c/ Sté Mill Impression, représentée par son D.G., Ohadata J-16-121 ;

– CCJA, 1e ch., n° 43, 1-7-2010 : 1) Ets UNIMARCHE, 2) M. P. c/ UBC PLC, Juris-Ohada n° 1/2011, janv.-mars 2011, p. 2, Ohadata J-12-91 ;

– CCJA, 3e ch., n° 23, 6-12-2011 : Sté EGYPT AIR HOLDING c/ Compagnie AIR AFRIQUE LIQUIDATION, Juris-Ohada n° 2/2012, p. 27, Ohadata J-12-202, J-13-31 et J-13-144, au sujet d'un pourvoi exercé le 29 janvier 2007 au lieu du 24 janvier 2007 ;

– CCJA, 2e ch., n° 07, 25-8-2011 : L. c/ 1) W 2) G 3) C, Juris-Ohada, n° 4, oct.-déc. 2011, p. 2, Ohadata J-13-04, J-13-141 ; CCJA, 2e ch., n° 038, 10-4-2014 : Afriland First Bank (ex-CCEI Bank) c/ SCPM SARL, Ohadata J-15-129 ; CCJA, ass. plén., n° 079, 25-4-2014 : BAT-Bénin c/ Maître Nadine Dossou Sakponou, Ohadata J-15-170 ; CCJA, 1e ch., n° 145, 22-12-2014 : Agbia N'Gaman Lucien et Kongoue Modje Grâce épse Agbia c/ BIAO-Côte d'Ivoire dite BIAO-CI, Ohadata J-15-235 ; CCJA, 2e ch., n° 090, 8-7-2015 : Ngassa Kouynou Joseph c/ Petnga T. Claude, Ohadata J-16-90 ; CCJA, 1e ch., n° 053/2022, 3-3-2022 ; CCJA, 3e ch., n° 212/2023, 30-11-2023).

L'irrecevabilité du pourvoi exercé hors délai peut être relevée d'office par la CCJA (CCJA, 1e ch., n° 021, 25-3-2010 : C.M.I. SA c/ L., Juris-Ohada, n° 3/2010, juill.-sept., p. 14, Ohadata J-11-65 ; CCJA, n° 021/2010, 25-3-2010 : CMI SA c/ L. G., Rec. jur. CCJA n° 15, janv.-juin 2010, p. 11, Ohadata J-12-15) ; CCJA, 3e ch., n° 155, 27-10-2016 : Sté ORANGE-Côte d'Ivoire c/ Le Département de BEOUMI, Ohadata J-17-95).

L'irrecevabilité d'un pourvoi introduit plus de deux mois après la signification de l'arrêt attaqué **doit** être relevée d'office (CCJA, 2e ch., n° 070, 21-4-2016 : Église de Jésus Christ des Saints des Derniers Jours c/ Ouattara Zana Siriky exerçant sous la dénomination de « KIANNE Entreprise », Ohadata J-17-19).

Dans le même sens, au sujet du « mémoire en cassation en matière immobilière » et du « mémoire aux fins de jugement », déposés au greffe de la CCJA en dehors du délai imparti par la Cour (CCJA, 3e ch., n° 104, 26-4-2018 : Assane Cisse c/ Bintou Faye Drame).

Irrecevabilité du recours tardif nonobstant le Covid. La simple évocation, en raison de la pandémie de coronavirus, de la décision n° 084/CCJA/PDT du 12 mai 2020 portant mesure exceptionnelle dans la prise en compte des délais de procédure devant la CCJA, de l'état d'urgence sanitaire proclamé en république du Mali ayant entraîné momentanément la fermeture de ses frontières ainsi que de l'embargo imposé par la CEDEAO au Mali suite aux évènements liés au coup d'état intervenu dans ce pays, ne saurait justifier le retard d'un pourvoi, en l'absence de preuve des diligences entreprises et les difficultés avérées rencontrées, pour faire parvenir son recours en cassation dans les délais prescrits, notamment par envoi postal, DHL Express ou assimilé, habituellement utilisé pour transmettre les procédures au greffe de la CCJA. À cet effet, il y a lieu de relever que la demanderesse au pourvoi a introduit dans les mêmes situations que la défenderesse son recours contre le même arrêt ; dès lors, le pourvoi, transmis au greffe de la cour hors délai, est irrecevable (CCJA, 3e ch., no 137/2021, 24-6-2021 : Boa Mali-SA c/ UATT-SA).

b. Recevabilité du pourvoi adressé à la CCJA par une juridiction suprême nationale

Il ne peut être reproché à un pourvoi d'avoir été adressé en dehors du délai de deux mois imparti par l'article 28 du Règlement de procédure de la CCJA, dès lors que c'est en application de l'article 15 du Traité OHADA que la juridiction suprême nationale saisie du pourvoi a transmis le dossier objet du pourvoi à la CCJA ; la fin de non-recevoir soulevée par la défenderesse au pourvoi n'est pas fondée et doit être rejetée (CCJA, 2e ch., no 35, 3-6-2010 : G c/ B.A.O. SA, Juris-Ohada, no 4/2010, oct.-déc., p. 9, Ohadata J-11-79, J-12-33).

c. Suspension du délai en raison de la situation sociopolitique

En raison des événements sociopolitiques survenus en Côte d'Ivoire entre mars et avril 2011, les délais de procédure pour cette période sont suspendus. Les actes de procédure devant normalement intervenir durant cette période peuvent à nouveau être introduits sans forclusion, à compter du 16 mai 2011 (CCJA, décision no 009/2011/CCJA).

F. Contenu de l'acte de saisine

1o Décisions ayant retenu l'irrecevabilité

a. Pourvoi formé contre une décision juridiquement inexistante

Le pourvoi en cassation formé contre un arrêt qui n'existe plus du fait d'une rétractation intervenue entre-temps est sans objet (CCJA, 3e ch., no 170, 1-12-2016 : BICIS c/ Sté Sud HÔTEL et 2 autres, Ohadata J-17-111).

b. Pourvoi incomplet

Le **défaut de production de certaines pièces** (notamment les statuts ou un extrait récent du registre du commerce ou toute autre preuve de l'existence juridique de la société requérante), la non-indication de la date à laquelle l'arrêt attaqué a été signifié ainsi que des Actes uniformes ou règlements prévus par le Traité et dont l'application dans l'affaire justifie la saisine de la CCJA ne permettent pas de déterminer si cette dernière est régulièrement saisie ou si la requérante a la qualité juridique pour la saisir. Ainsi le recours exercé au mépris des prescriptions de l'article 28 du Règlement de procédure de la CCJA doit être déclaré irrecevable (CCJA, 2e ch., no 23, 31-3-2005 : WESTPORT – CI SA c/ Le Mans Assurances Internationales, Juris-Ohada, no 3/2005, p. 21. – Rec. jur. CCJA no 5, janv.-juin 2005, vol. I, p. 16 ; Ohadata J-05-375.

Le recours exercé au mépris des prescriptions de l'article 28.5 du Règlement de procédure de la CCJA est irrecevable. Tel est le cas du défaut de production de pièces (notamment statuts ou extrait du registre de commerce et du crédit mobilier), qui ne permet pas de s'assurer de l'existence juridique de la société requérante (CCJA, 1e ch., no 057, 30-3-2017 : Hôtel le Méridien RE-NDAMA c/ Garantie Voyage Gabon). De même, le mémoire produit par une personne morale sans produire la preuve de son existence juridique est irrecevable, la demande adressée par le conseil de cette personne morale à la cour neuf mois après avoir été invité par le greffe à régulariser son mémoire et par lequel il demandait à la cour un délai de six mois pour produire ladite pièce au motif que, lors de l'exécution de l'ordonnance d'expulsion, le défendeur, usant de son statut d'officier supérieur de la marine, a fait condamner à la brasure le portail d'accès aux locaux litigieux, empêchant ainsi les responsables de la société d'y accéder pour retirer les documents nécessaires à son fonctionnement, est sans fondement (CCJA, 1e ch., no 066, 15-3-2018 : Mian Gaston c/ Sté Sofi [SOFICI-FINANCES]).

Est irrecevable le recours qui ne comporte pas des éléments requis par l'article 28 du Règlement de procédure de la CCJA et qui n'a pas été régularisé malgré la demande expresse de la Cour (CCJA, 2e ch., no 019/2013, 7-3-2013 : Sté INDIGO PUBLICITÉ GUINÉE SARL c/ Sté DHL International Guinée SARL, Rec. jur. CCJA no 20, vol. 1, janv.-déc. 2013, p. 9-20, Ohadata J-15-19 ; CCJA, 2e ch. no 107, 22-10-2015 : Sté BARISSE, SA c/ Sté Anonyme des Poissonneries Populaires du Cameroun (SAPPC), Ohadata J-16-100) et le délai supplémentaire qui ont été impartis au requérant à cet effet (CCJA, ass. plén., no 075, 25-4-2014 : Dubaï-Office Niger c/ Sté Générale des Travaux Publics (SGTP SA), Ohadata J-15-166), dès lors que le défaut de diligence du demandeur met la Cour dans l'impossibilité de statuer sur son recours, étant précisé qu'en cas de cassation et d'évocation de l'affaire la Cour serait amenée à procéder à l'examen des pièces réclamées, qui apparaissent ainsi indispensables au jugement du pourvoi (CCJA, 1e ch. no 123, 29-10-2015 : PAA c/ Barakissa KONE, épse TOURE, Ohadata J-16-116 ; CCJA, 1e ch. no 125, 29-10-2015 : Sté de Recouvrement des Créances du Cameroun (SRC) c/ Sté d'Études et de Représentation en Afrique centrale (SERAC) SARL, Ohadata J-16-118).

Dans le même sens :

– CCJA, 1e ch., no 22, 31-3-2005 : TOTAL TCHAD c/ Tchari Soumaine, Juris-Ohada, no 3/2005, p. 20. – Rec. jur. CCJA, no 5, janv.-juin, vol. I, p. 14 ; Ohadata J-05-374 ;

– CCJA, no 009/2009, 26-2-2009 : Sté Air Company Ltd TIRAMAVIA c/ Sté D. INTERNATIONAL CONGO, Rec. jur. CCJA no 13, janv.-juin 2009, p. 10, Ohadata J-10-50 ; J-09-282 ;

– CCJA, no 31/2007, 22-11-2007 : Sté TRANS-IVOIRE c/ Port Autonome d'Abidjan, Rec. jur. CCJA no 10, juill.-déc. 2007, p. 5, Ohadata J-08-239 ;

– CCJA, nº 021/2006, 26-10-2006 : Clinique Pédiatrique de Batterie IV c/ La Compagnie AXA-Assurances, SA, Rec. jur. CCJA nº 8 / 2006, p. 5, Juris-Ohada, 2/2007, p. 4, Ohadata J-08-90 ;
– CCJA, 2e ch., nº 022, 30-4-2008 : VALMAR SA c/ N., Juris-Ohada nº 2, avr.-juin 2008, p. 26, Rec. jur. CCJA, nº 11, janv.-juin 2008, p. 15, Ohadata J-09-34 ;
– CCJA, 1e ch., nº 014, 24-4-2008 : FIRST SECURITY BANK, NATIONAL ASSOCIATION ELECTRA AIRLINES c/ MUSGROVE & WATSON VOYAGES, Juris-Ohada nº 2, avr.-juin 2008, p. 19. Rec. jur. CCJA, nº 11, janv.-juin 2008, p. 8, Ohadata J-09-31 ; CCJA, 1e ch., nº 225, 14-12-2017 : Sté CIT c/ Sté OST-CI ;
– à propos du seul **défaut d'indication des Actes uniformes** ou des Règlements prévus par le Traité dont l'application dans l'affaire justifie la saisine de la Cour ; en ne mettant pas à la disposition de la CCJA cet élément essentiel d'appréciation sans lequel il pourrait être porté atteinte à la sécurité des situations juridiques, le recours ne permet pas à la CCJA d'exercer son contrôle (CCJA, nº 033/2009, 30-6-2009 : SOREIAC c/ SCABTP, Rec. jur. CCJA nº 13, janv.-juin 2009, p. 24, Ohadata J-10-55 ; voir aussi CCJA, 3e ch., nº 30, 6-12-2011 : BACI c/ Ets K. et Frères dit EKF, Juris-Ohada, 2012, nº 1, janv.-mars, p. 40, Ohadata J-13-20, J-13-146).
Le recours qui n'indique pas les dispositions des Actes uniformes ou des règlements violés dont l'application dans l'affaire justifie la saisine de la cour est irrecevable, faute pour le requérant, de n'avoir mis à la disposition de la cour cet élément essentiel d'appréciation sans lequel il pourrait être porté atteinte à la sécurité des situations juridiques (CCJA, 3e ch., nº 156/2020, 30-4-2020 : Edwin Motsa Puwo c/ Sotin Vallée des Princes Hôtel Sarl).
Est irrecevable, en application des articles 28 et 32.2 du Règlement de procédure de la CCJA, le recours relatif à un différend portant sur la rupture d'un contrat de transport de carburant et qui n'évoque l'application d'aucune disposition d'un Acte uniforme ou d'un règlement prévu au Traité (CCJA, 1e ch., nº 181/2020, 28-5-2020 : Airtel Gabon SA c/ Société Muyamba Service Plus).
– pour un **défaut de production de l'adresse complète du défendeur** au pourvoi, des 9 exemplaires du pourvoi et du mandat de représentation du conseil (CCJA, nº 027/2009, 30-4-2009 : O. N. P., A. M. J.-P., N. N. F. c/ L. L. J.-P., Rec. jur. CCJA nº 13, janv.-juin 2009, p. 15, Ohadata J-10-52 ; CCJA, Nº 025/2009, 30-4-2009 : K. S. D. M. G. c/ SGBCI, A. B., Rec. jur. CCJA nº 13, janv.-juin 2009, p. 13, Ohadata J-10-51).
Il a été aussi jugé que l'adresse du défendeur indiquée dans la requête de pourvoi, à savoir « Monsieur [X.], nouvel administrateur des biens successoraux de feu El Hadj [Y], domicilié à Kamadou-cité, dans la commune urbaine de Macenta dans la région administrative de N'Zérékoré », sans autre précision, est insuffisante pour la signification du pourvoi audit défendeur, formalité indispensable pour le respect du principe du contradictoire et qu'il y a lieu dès lors de juger que le demandeur au pourvoi n'a pas mis la cour en mesure d'examiner le pourvoi et, en conséquence, de déclarer celui-ci irrecevable. Il en est ainsi notamment lorsque par courrier, le greffe de la CCJA a demandé au conseil du demandeur de communiquer sous quinzaine à la cour l'adresse géographique, téléphonique ou postale du défendeur, pour les besoins de la signification du pourvoi et que, par lettre en réponse, l'adresse du conseil du défendeur devant la cour d'appel a été communiquée à la CCJA, sous le couvert du bâtonnier de l'Ordre des avocats du pays d'origine mais que ledit avocat ne s'est pas constitué devant la CCJA et n'a donc pas qualité pour recevoir la signification du pourvoi au nom du défendeur (CCJA, 2e ch., 198, 25-10-2018 : Cécé Loua c/ Mamadi Oulen Kourouma) ;
– pour un **défaut de production du mandat de représentation donné à l'avocat** et de la **preuve de l'existence juridique de la société** demanderesse dans le délai raisonnable d'un mois fixé à cet effet, car les dispositions des articles 28-4 et 28-5 [devenus respectivement 28-5 et 28-6] du Règlement de procédure CCJA sont d'ordre public (CCJA, 1e ch., nº 16, 29-11-2011 : South Africa Airways c/ Société Shanny Consulting, Juris-Ohada oct.-déc. 2011, p. 20, Ohadata J-13-09, J-13-143 ; CCJA, nº 024/2011, 6-12-2011 : Société IPROBAT c/B. M., Rec. jur. CCJA nº 17, juill.-déc. 2011, p. 34 ; Juris-Ohada nº 1, janv.-mars 2012, p. 51, Ohadata J-13-145) ; CCJA, 2e ch., nº 024/2020, 30-1-2020 : Société Coris Bank International Togo c/ Anida Paham-Esso et autres) ;
– pour un **défaut de production du mandat de représentation donné à l'avocat** et de la **preuve de la qualité de l'avocat du demandeur**, malgré la demande expresse de régularisation (CCJA, 2e ch., nº 285/2024, 31-10-2024) ;
– pour un **défaut de production d'une copie des statuts ou d'un extrait récent RCCM** ou de toute autre preuve de l'existence juridique de la société demanderesse ne permet pas de s'assurer de l'existence juridique de la requérante et pourrait porter atteinte à la sécurité des situations juridiques ; de même **le non-paiement de la provision consécutive** est de nature à bloquer l'instruction et le traitement du dossier. Ainsi, ledit recours exercé au mépris des prescriptions des articles 28.5 et 6 précités doit être déclaré irrecevable (CCJA, 2e ch., nº 289/2019, 28-11-2019 : Transimex-Tchad SA c/ Soluxe International de Production de Polypropylène, Co Ltd ; CCJA, 2e ch., nº 145/2019, 9-5-2019 :

Odace c/ Sipf ; CCJA, 3e ch., no 205/2020, 28-5-2020 : Socadin SARLc/ Pharmacie La Colombe) ;
– pour le **défaut de production** de certaines pièces, malgré la demande de régularisation, notamment comme en l'espèce, **du mandat spécial** de représentation donné par le requérant à son avocat **et du justificatif de sa qualité d'avocat,** ne permet pas de s'assurer que l'avocat par le ministère duquel la cour est saisie avait bien qualité pour agir au nom et pour le compte de ladite société et aussi qu'il a bien la qualité d'avocat. Ainsi et faute pour le requérant d'avoir mis à la disposition de la cour ces éléments essentiels d'appréciation sans lesquels il pourrait être porté atteinte inconsidérément à la sécurité des situations juridiques, son recours, exercé au mépris des prescriptions de l'article 28 du Règlement de procédure susvisé, doit être déclaré irrecevable (CCJA, 2e ch., no 151/2019, 9-5-2019 : Pierre Daniel Brechat c/ Bicici SA) ;
– rejetant le courrier adressé à la CCJA – plus de cinq ans après la demande de régularisation du pourvoi – et par lequel le conseil demandait la disjonction de la procédure au motif que les deux sociétés requérantes ne seraient pas solidaires, alors qu'il ressort de l'arrêt d'appel qu'elles ont bien été condamnées solidairement (CCJA, 2e ch., no 021, 30-4-2008 : Sté OTTO IMPORT SPA, Sté TTCI c/ M. S., Juris-Ohada no 3, juill.-sept. 2008, p. 39, Rec. jur. CCJA, no 11, janv.-juin 2008, p. 12, Ohadata J-09-47) ;
– CCJA, 3e ch., no 055/2012, 7-6-2012 : Sidam c/ Société Africaine pour le Développement dite SAD) ; CCJA, 1e ch., no 005/2013, 7-3-2013 : Société Sahel Trading c/ Société Connection au monde SARL, Ohadata J-15-05 ;
– CCJA, ass. plén., no 044, 23-4-2014 : ATLANTIQUE TÉLÉCOM SA c/ PLANOR Afrique, Sté Emirats Télécommunications Corporation (ETISALAT), TELECEL FASO SA, Ohadata J-15-135, pour un requérant qui a, en réponse à la demande de régularisation qui lui a été faite par le greffe, expédié par télécopie à la Cour une photocopie non certifiée conforme de l'expédition de ladite ordonnance, sans indication de la date de sa signification à la requérante ;
– au sujet d'un requérant invité à régulariser son dossier et qui n'a fourni que des expéditions incomplètes et inexploitables (CCJA, ass. plén., no 045, 23-4-2014 : Sté Émirats Télécommunications Corporation (ETISALAT) c/ PLANOR Afrique, Ohadata J-15-136) ;
– pour un **défaut de production des jugements contre lesquels l'arrêt attaqué a été rendu,** malgré la correspondance de la cour demandant leur production dans un délai de 15 jours, correspondance reçue et restée sans suite, la CCJA ne se trouvant pas en mesure de statuer en toute connaissance de cause sur les moyens et prétentions des parties, notamment de déterminer en quelles qualités les défendeurs ont saisi le juge d'instance, et d'apprécier leur qualité à agir, vigoureusement contestées par les demandeurs au pourvoi (CCJA, 3e ch., no 156, 13-7-2017 : Alieu Badara Mohamed Conteh, Sté Congolese Wireless Network, dite CWN SPRL c/ Tukeba Lessa Kimpuni Clément, Feruzi Kalume Nyembwe).

Est irrecevable, le pourvoi formé par une personne morale qui, d'une part, pour justifier son existence juridique, se présente sous la dénomination de « Société [X] **SARL** » dont le siège est situé à Bafoussam B.P. [Y.], n'a produit au dossier qu'un « Registration of business name », un « Certificate of incorporation of group [X.] Cameroun **Ltd** » délivrés à une entité dénommée « GROUPE [X] CAMEROUN SARL, **P.O.BOX** [Z.], Bamenda, par le greffe du tribunal de première instance de Bamenda, et du titre de patente de l'année 2016 indiquant que cette dernière est contribuable du centre des impôts de Bamenda, sans dire en quoi elle lui est assimilable. Il en est ainsi dès lors que n'ont été produits ni les statuts ni un extrait du registre de commerce et du crédit mobilier ni une autre preuve de son existence juridique établis à son nom par le greffe du tribunal de la juridiction compétente dans le ressort duquel est situé son siège social ou son principal établissement, le caractère personnel de l'immatriculation consacré par l'article 49 de l'AUDCG s'opposant à ce qu'une personne morale se prévale de l'immatriculation d'une autre personne morale distincte car l'immatriculation s'attache à la personne de l'assujetti, lequel ne peut en avoir qu'une seule à titre principal (CCJA, 1e ch., no 281, 27-12-2018 : ALIVET CAMEROUN SARL c/ R.I.C. SA) ;
Il a été retenu qu'il est constant, en droit positif de la République démocratique du Congo, que la procuration établie à l'étranger n'est plus soumise à l'obligation de légalisation (CCJA, 3e ch., no 096/2024, 28-3-2024).

c. Absence des moyens

Lorsqu'un acte d'appel ne contient aucun des moyens du pourvoi invoqués devant la CCJA, qui n'ont jamais été soumis, ni expressément ni implicitement aux juges du fond, et que l'appelant n'a pas conclu en appel, lesdits moyens mélangés de fait et de droit doivent être déclarés irrecevables et le pourvoi doit être rejeté (CCJA, no 042/2005, 7-7-2005 : E. K.-B. K. c/ H. N., A. G., Rec. jur. CCJA, no 6, juin-déc. 2005, p. 22. – Juris-Ohada, no 1/2006, p. 5, Ohadata J-06-31).

d. Moyen imprécis

Est irrecevable le moyen qui ne précise ni la partie critiquée de la décision attaquée ni ce en quoi cette dernière encourt le reproche qui lui est fait (CCJA 1e ch., no 005, 28-2-2008 : E. K. B. K. c/ FENACOPAH-CI ; Juris-Ohada no 2 avr.-juin 2008, p. 9 ; Rec. jur. CCJA, no 1, janv.-juin 2008, p. 29, Ohadata J-09-28) ou qui ne permet pas de savoir ce qui est reproché à la décision attaquée (CCJA, no 005/2011, 25-8-2011 :

M. C. c/ 1) M. S. M. 2) Cabinet d'Audit et d'Expertise Comptable, Rec. jur. CCJA n° 17, juill.-déc. 2011, p. 16. Ohadata J-13-140, obs. J. Issa-Sayegh), ou qui est caractérisé par une imprécision totale par rapport à l'arrêt déféré (CCJA, 2e ch., n° 005, 30-1-2014 : Lambert Patrick Dominique Marcel c/ NGUELE Myrys Fleur, Ohadata J-15-96).

Dans le même sens :

– CCJA, n° 040/2009, 30-6-2009 : BETRA c/ SEMOS SA, Rec. jur. CCJA n° 13, janv.-juin 2009, p. 104, Ohadata J-10-78 ;

– CCJA, n° 039/2009, 30-6-2009 : 1) D. B. J., 2) S.I.N.I., 3) CAMAC-CI c/ Banque OMNIFINANCE SA, Rec. jur. CCJA n° 13, janv.-juin 2009, p. 100, Ohadata J-10-77 ;

– CCJA, 1e ch., n° 40, 10-6-2010 : K c/ 1) Agence judiciaire de l'État de Guinée ; 2) N ; 3) K., Juris-Ohada, n° 4/2010, oct.-déc., p. 28, Ohadata J-11-84 ;

– CCJA, 2e ch., n° 05, 25-8-2011 : M. c/ 1) M. S., 2) Cabinet d'Audit et d'Expertise Comptable, Juris-Ohada n° 3/2011, juill.-sept. 2011, p. 8, Ohadata J-12-152 ;

– CCJA, 2e ch., n° 052/2012, 7-6-2012 : Société Alan Dick & C Cameroun c/ Ets. Sogetra Telkom ;

– CCJA, 2e ch., n° 7, 2-2-2012 : SCIPAV SA c/ Sté BALTON SNES, Juris-Ohada, 2012, n° 4, oct.-déc., p. 27, Ohadata J-13-61) ;

– CCJA, 2e ch., n° 017/2013, 7-3-2013 : Abdou Adamou c/ Soumaila Garba, Rec. jur. CCJA n° 20, vol. 1, janv.-déc. 2013, p. 157-159, Ohadata J-15-17 ; CCJA, 2e ch., n° 015, 27-2-2014 : Ousmane Khouma c/ Société Nationale « La Poste », Ohadata J-15-106 ; CCJA, 2e ch. n° 106, 22-10-2015 : Marcel Patrice FINA Matchiona Malela c/ Dandy Makaya et consorts, Ohadata J-16-99 ; CCJA, 2e ch. n° 117, 22-10-2015 : Société SIFCA-CI c/ SISSOKO Aliou, Ohadata J-16-110 ; CCJA, 2e ch., n° 172, 17-12-2015 : Société King Ivoire Sarl c/ Zogba Koudou Robert, Ohadata J-16-165) ;

– CCJA 2e ch., n° 3, 2-2-2012 : ECAMS c/ GASA SA, Juris-Ohada, 2012, n° 4, oct.-déc., p. 14., Ohadata J-13-57, précisant en l'espèce que la référence à l'article 32 de l'AUPSRVE a été faite uniquement pour étayer l'argumentaire du demandeur au pourvoi ;

à propos :

– d'une requête qui traite successivement des généralités sur la nature du litige, des faits, des contestations et du débat juridique et discussion ; et qui, sur les deux derniers points, présente les éléments du débat juridique devant la cour d'appel, les exceptions d'irrecevabilité, les exceptions d'annulation par convention et les autres contestations liées à la demande en annulation du contrat de cession d'une SARL et la mise en cause de responsabilité de l'intermédiaire de la vente (CCJA, n° 003/2009, 5-2-2009 : M. C. c/ 1) S. N. S. V., 2) S. M. et Cabinet CAEC, Rec. jur. CCJA n° 13, janv.-juin 2009, p. 42, Ohadata J-10-60 ; J-09-276, Juris-Ohada n° 2/2009, avr.-juin, p. 7) ;

– du moyen qui se borne à déplorer l'absence dans le commandement signifié au requérant, de la « quasi-totalité » des mentions prescrites à peine de nullité par l'article 219 de l'AUPSRVE, sans spécifier ni caractériser aucune desdites mentions, alors même qu'elle en avait le devoir (CCJA, 2e ch., n° 011, 27-3-2008 : Sté TECRAM TRANSIT c/ M, Juris-Ohada n° 3, juill.-sept. 2008, p. 23, Rec. jur. CCJA, n° 11, janv.-juin 2008, p. 43, Ohadata J-09-42) ;

– du moyen qui fait grief à l'arrêt attaqué d'avoir violé l'article 2 de l'AUSCGIE en ce qu'une société qui serait créée selon les statuts en 1998 n'aurait été régularisée qu'en 2001, soit plus de deux (2) ans après l'entrée en vigueur de l'AUSCGIE (CCJA, 1e ch., n° 001, 4-2-2010 : M. B c/ 1 / INTERTRANS TRADING LIMITED GABON SARL ; 2 / INTERTRANS TRADING LIMITED NIGER SARL ; 3 / S.A.T.A. SARL, Juris-Ohada, n° 2/10, avr.-juin 2010, p. 1, Ohadata J-11-45, J-12-21, J-13-196) ;

– d'un **moyen vague, imprécis et manquant de pertinence,** lorsque la cour d'appel a suffisamment motivé sa décision sur le point indiqué par la requérante. Il en est ainsi du moyen qui reproche à l'arrêt attaqué : 1) un défaut de motifs et une contradiction dans les motifs en ce que la cour, en indiquant dans sa décision que « selon les dispositions de l'article 219 de [l'AUPSRVE], le commandement de délivrer est signifié à la personne tenue de la remise. Il s'agit donc du débiteur. En l'espèce, le débiteur est la Succession et non son représentant. En outre, le terme « chauffeur » n'est pas une indication, et un nom d'individu n'indique pas la qualité de cet individu » ; 2) et selon lequel la cour, en raisonnant comme rapporté ci-dessus, a fait une motivation floue et erronée équivalant à un défaut de motifs, d'où il suit que son arrêt doit être cassé (CCJA, 1e ch., n° 15, 29-11-2011 : SOCCA SA c/ Succession H., Juris-Ohada, 2011, n° 4, oct.-déc., p. 15, Ohadata J-13-08, J-13-149) ; CCJA, 1e ch., n° 145, 22-12-2014 : Francis DESCLERCS c/ Banque Internationale pour le Commerce et l'Industrie de la Côte d'Ivoire dite BICICI, Ohadata J-15-236) ;

– d'un moyen qui ne dit pas en quoi, l'autorité de la chose jugée retenue pour déclarer la deuxième requête en mainlevée irrecevable est en contradiction avec les dispositions relatives à la compétence de la CCJA (CCJA, 2e ch., n° 041, 16-5-2013 : SCRM c/ Société Total Cameroun SA, Rec. jur. CCJA n° 20, vol. 1, janv.-déc. 2013, p. 66-68, Ohadata J-15-41).

– d'un moyen qui ne critique en rien l'arrêt de déchéance qui est une décision sur la forme. Il en est de même du moyen selon lequel le demandeur en cassation aurait été l'objet d'une maladie mentale, car c'est un moyen de fait (CCJA, ass. plén., n° 083, 20-11-2013 : Ogandaga Cyriaque c/ Kingbo Sophie, Rec. jur. CCJA n° 20, vol. 2, janv.-déc. 2013, p. 116-118, Ohadata J-15-22). Voir aussi : CCJA, ass. plén., n° 088, 20-11-2013 : Jacques Nzoghe Ndong c/ Société d'Énergie et d'Eau du Gabon SA dite SEEG-SA, Société Rougier Gabon-SA, Rec. jur. CCJA n° 20, vol. 2, janv. -déc. 2013, p. 131-133, Ohadata J-15-40, rejetant le moyen car l'article 50 de l'AUPSRVE qui y est visé traite des biens saisissables, alors que l'arrêt querellé n'a pas statué sur le fond, mais a déclaré l'appel irrecevable ;

– d'un moyen qui reproche à une cour d'appel la violation de l'article 164 de l'AUPSRVE en ce que la banque tierce saisie par lettre du 23 juin 2010 a affirmé qu'elle détenait dans ses livres six comptes pour le compte de la débitrice et a refusé d'exécuter le commandement de payer en date du 22 février 2010 ; cet état de choses découlait simplement d'un mode de travail convenu entre la banque tierce saisie et le débiteur visiblement pour échapper à leurs créanciers, alors qu'aux termes de l'article 164 précité de l', le tiers saisi procède au paiement en lieu et place du débiteur ; ou encore du moyen qui ne précise pas en quoi l'arrêt attaqué a violé l'article invoqué. Il en est ainsi lorsque le demandeur au pourvoi reproche à la banque tierce saisie d'entraver l'exécution des décisions de justice pour ne pas avoir exécuté le commandement de payer, violant ainsi l'article 38 de l'AUPSRVE ; qu'il soutient que la banque tierce saisie a déclaré opérer uniquement en négatif dans les comptes ouverts dans ses livres au profit de la débitrice, et cela, jusqu'à un milliard cinq cents millions de FCFA par compte, ce qui donne pour les six comptes une disponibilité financière de neuf milliards de FCFA par mois ; que pour briser cette résistance à l'exécution des décisions de justice, il demande de condamner la banque à une astreinte journalière et définitive de dix millions (CCJA, 2e ch., n° 111, 30-12-2013 : Jacques Nzoghe Ndong c/ Banque Internationale pour le Commerce et l'Industrie du Gabon dite BICIG-SA, Banque Centrale des États de l'Afrique centrale dite BEAC, Rec. jur. CCJA n° 20, vol. 1, janv.-déc. 2013, p. 137-140, Ohadata J-15-84) ;

– d'un moyen relatif à la fausseté d'un acte d'huissier pour laquelle une procédure spéciale est prévue et qui ne critique en rien l'arrêt attaqué (CCJA, 2e ch., n° 103, 30-12-2013 : Koffi Konan Noël c/ BIAO-CI, Rec. jur. CCJA n° 20, vol. 1, janv. -déc. 2013, p. 75-77 Ohadata J-15-50) ;

– de conclusions qui développent un argumentaire sur la fraude sans précision, car elles sont inopérantes (CCJA, 3e ch., n° 024, 13-3-2014 : Koutouati A. Akakpo Danwodina c/ Société Togo-Port dite Port Autonome de Lomé, Ohadata J-15-115) ;

– du grief fait à un arrêt attaqué d'avoir violé les articles 256 et suivants de l'AUDCG en ce sens qu'en ordonnant la restitution du connaissement au vendeur, la cour d'appel a procédé à la résolution du contrat de vente (CCJA, ass. plén., n° 052, 23-4-2014 : BSIC c/ 1) Société Robert Pinchou SA, 2) Société Hawa Sarl, Ohadata J-15-143) ;

– du **moyen** qui cite plusieurs articles d'Actes uniformes et ne dit pas en quoi les articles énumérés ont été violés, car il est **inopérant** (CCJA, ass. plén., n° 100, 4-11-2014 : Sté Générale de Banque au Cameroun dite SGBC c/ Sté Camerounaise de Bananeraie de Penja dite SCBP, Ohadata J-15-191, précisant qu'un moyen qui ne critique aucunement l'arrêt attaqué est sans intérêt et donc infondé) ;

Pour d'autres exemples de moyens inopérants : CCJA, 1e ch., n° 155, 26-11-2015 : SHC SA c/ Afriland First Bank SA dite First Bank, Ohadata J-16-148, moyens ne critiquant en rien l'arrêt attaqué ; CCJA, ass. plén., n° 077, 25-4-2014 : Société de Patrimoine des Eaux du Niger (SPEN) c/ Banque Atlantique du Niger dite BAN, Ohadata J-15-168, retenant qu'est irrecevable, car inopérant, le moyen qui fait grief à l'arrêt querellé d'avoir violé les dispositions de l'AUPSRVE au motif que la cour d'appel, bien que saisie d'une procédure d'injonction de payer, s'est permise d'annuler l'acte de cautionnement alors même qu'une autre procédure était pendante devant le tribunal sur cette question et dont la jonction avec celle-ci a été formellement rejetée ; le grief qui porte sur des motifs étrangers à l'arrêt attaqué. Il en est ainsi par exemple lorsqu'il est reproché à une cour d'appel d'avoir retenu que les décomptes journaliers n'ont pas été adressés à la défenderesse par la demanderesse alors que ladite cour a retenu « qu'il résulte cependant des pièces du dossier que les pannes alléguées par la [demanderesse] et les factures de réparations n'ont pas été portées à la connaissance de la [défenderesse]… » (CCJA, 3e ch., n° 095, 1-8-2014 : Société Sciages et Moulures de Côte d'Ivoire dite SMCI c/ Société VIPR, Ohadata J-15-186) ; moyen faisant grief à un arrêt attaqué d'avoir violé les dispositions des articles 157-3, 159, 160 et 335 de l'AUPSRVE en ce qu'il n'a pas annulé la saisie-attribution pratiquée le 2 mars 2012 et dénoncée le 6 mars suivant alors que, si l'huissier a fait ressortir le décompte distinct des sommes réclamées, il a omis de les majorer d'une provision pour les intérêts à échoir dans le délai d'un mois prévu pour élever la contestation (CCJA, ass. plén., n° 138, 11-11-2014 : BGFI Bank SA c/ Gabonaise d'Édition et de Communication (GEC), Ohadata J-15-228) ; moyens relatifs à la validité de l'exploit de signification d'une ordonnance d'injonction de payer et qui ne critiquent en rien l'arrêt attaqué, qui n'a statué que sur la recevabilité de l'opposition formée, notamment en confirmant la décision ayant déclaré le débiteur déchu de son opposition (CCJA, 1e ch., n° 152, 26-11-2015 : CFCC c/ CICE, Ohadata J-16-145).

– du moyen qui se borne à démontrer les insuffisances du jugement rendu par le premier juge sans critiquer l'arrêt attaqué (CCJA, ass. plén., n° 101, 4-11-2014 : FIDEX c/ Sté AUVERGNE Auto, Ohadata J-15-192) ;

– du moyen qui reproche à une cour d'appel d'avoir fait une fausse application de l'article 2 du Traité OHADA en ce que l'astreinte relève du domaine du droit des affaires de l'OHADA et que la procédure permettant de la liquider n'est pas non plus organisée par l'AUPSRVE, l'observation faite sur l'article 2 du Traité OHADA sur le domaine du droit des affaires et l'article 49 du Traité OHADA sus indiqué sur la procédure de liquidation de l'astreinte ne critiquant nullement l'arrêt attaqué (CCJA, ass. plén., n° 111, 4-11-2014 : Banque Internationale du Cameroun pour l'Epargne et le Crédit dite BICEC c/ Maître TONYE Arlette, Ohadata J-15-202) ;

– du moyen selon lequel, aux termes de l'article 10 du Traité OHADA, l'application de l'AUDCG est obligatoire alors qu'en l'espèce la cour d'appel en a fait fi pour parvenir à la décision entreprise (CCJA, ass. plén., n° 126, 11-11-2014 : FOKUI MEUDJE Jean c/ SIKAM Clément, Ohadata J-15-216) ;

– du moyen qui fait grief à l'arrêt attaqué d'avoir violé la loi tchadienne n° 009/98 du 17 Août 1998 créant la SOTEL TCHAD et l'OTRT (Office Tchadien de Régulation des Télécommunications), au motif que SOTEL TCHAD est allée se faire enregistrer au registre du commerce et du crédit mobilier pour devenir SA, une entité privée, alors que la loi précitée n'a pas encore été rapportée ; que cette constitution étant irrégulière rend la société « GROUPE SOTEL TCHAD SA » incompétente pour ester en justice. Il en est ainsi car ce moyen ne détermine ni en quoi la nouvelle constitution est irrégulière, ni en quoi la société anonyme n'aurait pas la qualité pour ester en justice (CCJA, ass. plén., n° 133, 11-11-2014 : Cabinet Avocat-Plus Seina c/ Groupe SOTEL-TCHAD SA, Ohadata J-15-223) ;

– du moyen ne précisant pas en quoi l'arrêt attaqué qui, après avoir constaté le préavis donné aux locataires pour la fin du bail, a ordonné, d'une part, la restitution des clés de l'immeuble, et, d'autre part, le reversement des montants perçus à titre d'avance sur les loyers, a pu violer les dispositions de l'article 78 [devenu 110] de l'AUDCG relatif à la transmission des obligations du bailleur d'un immeuble vendu au nouvel acquéreur (CCJA, 2e ch., n° 082, 29-4-2015 : YOUSSEF Samir et Houssein HYZAZI c/ Héritiers de feu El Hadj Mamady Koulibaly représenté par Moussa Koulibaly, Ohadata J-16-82) ;

– du moyen qui ne précise pas en quoi une cour d'appel qui a seulement statué sur la validité d'un titre exécutoire, a pu violer les articles 157 et 160 de l'AUPSRVE et le pourvoi doit être rejeté (CCJA, 2e ch., n° 090, 8-7-2015 : DIAWARA Mariame c/ BERNARD AMEDEE N'GANGA, Ohadata J-16-89) ;

– du moyen faisant grief à un tribunal arbitral d'avoir violé le principe du contradictoire, en ce qu'il a attribué aux demandeurs à la procédure arbitrale des préjudices qui leur sont étrangers, alors que le principe du contradictoire implique que, même en l'absence d'une partie, le juge ou l'arbitre s'assure de ce que la demande formulée par la partie comparante est justifiée. Il en est ainsi, car ce motif ne spécifie pas de quelle « demande formulée par la partie comparante » il s'agit, ni les « préjudices qui leur sont étrangers » et qui auraient profité aux demandeurs (CCJA, ass. plén., n° 104, 15-10-2015 : État du Bénin représenté par l'agent judiciaire du Trésor c/ Sté Commune de Participation, Patrice TALON, Ohadata J-16-97) ;

– du moyen qui critique non pas l'arrêt déféré qui a statué en matière de bail commercial, mais la procédure de vente de l'immeuble à l'issue de laquelle le nouvel acquéreur a initié la procédure de résiliation ayant donné lieu au litige (CCJA, 1e ch., n° 035, 29-2-2016 : SARL ALUBAT du Cameroun en abrégé ALUBAT-CAM SARL c/ Dega Josue, Ohadata J-16-237).

Sont également vagues, imprécis, mélangés de fait et de droit et irrecevables :

– le moyen qui reproche à un tribunal d'avoir statué comme il l'a fait, alors que, « en date du 18 novembre 2014, la banque internationale du Cameroun pour l'épargne et le crédit (BICEC) a fait servir aux Établissements KOUAGNE représentés par KOUAGNE Anne Marie, NENKUI André, Metiowet épouse NENKUI, un commandement aux fins de saisie immobilière ; qu'à la suite dudit commandement, la BICEC a déposé au greffe du tribunal de céans le 26 janvier 2015 un cahier des charges fixant les conditions de vente de l'immeuble de sieur NENKUI André, et a fait sommation par exploit d'huissier le 27 janvier 2015 d'y insérer leurs dires et observations ; qu'à travers des dires et observations, les exposants ont démontré que la BICEC a violé moultes prescriptions légales dans le cadre de cette procédure » ; que selon les demandeurs au pourvoi, « le jugement dont cassation a ordonné la vente de l'immeuble objet de la saisie, en dépit du non-respect des dispositions » de l'article 246 de l'AUPSRVE, susvisées ; qu'il encourt par conséquent la cassation (CCJA, 1e ch., n° 293, 27-12-2018 : Établissements KOUAGNE c/ BICEC SA) ;

– le moyen qui ne détermine ni la partie de l'arrêt critiquée ni en quoi cette critique est fondée. Tel est le cas lorsque le requérant fait référence à une conclusion qui ne figure nulle part dans l'arrêt déféré ; rejet du pourvoi (CCJA, 2e ch., no 063, 21-4-2016 : Hassane Chams c/ Abbas Zorkot Mohamed, Ohadata J-17-11) ;

– le moyen qui, tel que libellé et présenté, n'invoque en rien la violation d'un quelconque article de l'AUPSRVE qui régit la procédure d'injonction de payer, mais se contente d'évoquer une disposition de droit interne et de discuter de faits souverainement appréciés par les juges du fond, car il est vague et imprécis. Tel est le cas du moyen faisant grief à l'arrêt attaqué d'avoir, d'abord, statué ultra petita en suppléant une partie, en l'occurrence la défenderesse, dans ses plaidoiries et, ensuite, omis de statuer sur les pièces par elle produites, se limitant ainsi à l'examen des seuls arguments de la défenderesse (CCJA, 3e ch., 214, 22-11-2018 : Necotrans Getma Niger c/ SAPEX ENERGIE SA) ;

– le moyen soulevant l'exception d'irrecevabilité d'un pourvoi et qui doit être rejetée, dès lors que l'auteur de l'exception ne spécifie pas en quoi le fait pour une société d'avoir interjeté appel sur la base des textes de droit interne est de nature à vicier la recevabilité de son présent recours, qu'il se borne à relater la procédure de saisie conservatoire de créances sans dire en quoi l'article 165 de l'AUPSRVE aurait été violé et comment cette violation rend le présent recours irrecevable, et ne précise pas davantage dans quelle mesure l'autorité de la chose jugée de l'ordonnance du 28 janvier 2016 et le pouvoir d'évocation de la CCJA peuvent justifier l'irrecevabilité dudit pourvoi (CCJA, 1e ch., 239, 29-11-2018 : Africa Union Financial Services RDC c/ 1) GECOTRANS et BCDC SARL) ;

– la branche d'un moyen qui reproche à un arrêt d'avoir violé les dispositions de l'article 1149 du Code civil ivoirien en la condamnant à payer à la créancière des dommages et intérêts sans préciser les éléments constitutifs de cette somme, dès lors que la recourante n'articule pas suffisamment en quoi la cour d'appel, en répondant à la demande en paiement de dommages et intérêts pour résistance abusive [par les] termes « Considérant en effet, que la [caution], bien qu'ayant cautionné la [débitrice], qui a été incapable d'honorer sa dette à l'égard de [la créancière], a néanmoins opposé une résistance quant au paiement de cette dette. Qu'une telle situation étant préjudiciable pour [la créancière], il y a lieu de faire droit aux prétentions de cette dernière en condamnant la [caution] à lui payer la somme de cent millions (100 000 000) de FCFA à titre de dommages-intérêts », a mal agi ; rejet du moyen (CCJA, 3e ch., no 139, 8-6-2017 : FEDAS-CI c/ Douanes de Côte d'Ivoire, Receveur principal des douanes, État de Côte d'Ivoire) ;

– le moyen qui reproche à un arrêt d'avoir violé la loi sur la computation des délais sans préciser la loi dont il s'agit (CCJA, 3e ch., no 196, 29-12-2016 : Fondation UMCI c/ Bamba Mamadou, Ohadata J-17-136) ;

– le moyen qui ne justifie pas en quoi les articles de l'AUPSRVE visés au moyen ont été mal appliqués (CCJA, 3e ch., no 152, 27-10-2016 : BIAO-CI devenue NSIA Banque CI c/ CATRANS, Ohadata J-17-92, imprécision relative aux art. 14, al. 2 et 33 de l'AUPCAP visés ; CCJA, 3e ch., no 236, 14-12-2017 : Alieu Badara Mohamed Conteh c/ Sté VODACOM International Ltd et 2 autres, imprécision relative aux art. 147 et 200 de l'AUSCGIE visés) ;

– le moyen qui reproche à un arrêt d'avoir violé par mauvaise application l'article 101 de l'AUDCG, en affirmant que la demanderesse ne prouve pas la qualité de commerçant de la défenderesse de par son objet ou sa forme, alors que le dispositif de l'arrêt mentionne qu'elle a statué en matière commerciale, reconnaissant ainsi que le litige des parties est soumis au droit commercial et non au droit civil. Il en est ainsi dès lors que la requérante ne précise pas en quoi sa qualité de commerçant ou non viole l'article 101 de l'AUDCG ; rejet du moyen (CCJA, 1e ch., no 065, 15-3-2018 : Sté Dakar Résidences c/ Caisse de Sécurité Sociale) ;

– le grief fait à un arrêt d'avoir dénaturé les faits en déclarant recevable une demande complémentaire de la partie adverse au mépris des dispositions et des exigences de l'article 101 de l'AUDCG, alors que ladite demande, qui est une demande nouvelle, doit être introduite conformément à la loi, c'est-à-dire après une mise en demeure (CCJA, 1e ch., no 065, 15-3-2018 : Sté Dakar Résidences c/ Caisse de Sécurité Sociale) ;

– le moyen qui reproche à l'arrêt d'avoir confirmé la décision de première instance nonobstant la contradiction entre ses motifs et son dispositif et selon lequel le jugement entrepris aurait dû être rendu par la juridiction présidentielle prévue par l'article 49 al. 1 de l'AUPSRVE en combinaison avec l'article 112 du Code de l'organisation, alors qu'il ressort du dispositif dudit jugement qu'il a été rendu par le juge unique du tribunal de grande instance de Kinshasa/Gombe en tant que président (CCJA, 2e ch., no 071, 21-4-2016 : Roger Tshiaba Mbangama, Augustin Mbangama Kabundi c/ Banque Centrale du Congo dite BCC, Banque Commerciale du Congo dite BCDC, Ohadata J-17-20) ;

– le moyen qui reproche à un arrêt d'avoir violé l'article 368 de l'AUSCGIE aux termes duquel « la réduction du capital ne peut avoir pour effet de réduire le capital lors de la même Assemblée pour le porter à un niveau au moins égal au montant légal », en ce que la cour d'appel, en adoptant que l'assemblée générale du 15 mars 2015 a décidé d'augmenter le capital de quatre-vingts millions (80 000 000) de FCFA par la création de huit mille

(8 000) parts nouvelles complétement assimilées aux parts anciennes, sans constater que l'augmentation du capital social a été précédée d'une réduction du capital inférieure au minimum légal et que la réduction du capital et son augmentation ont été effectuées au cours d'une même assemblée générale, a violé l'article indiqué (CCJA, 2e ch., no 132, 18-5-2017 : SARL Nianing Automobiles et 2 autres c/ Mamadou Diouf et Anne Isabelle Tavaglini Diouf) ;

– le moyen qui fait grief à un arrêt d'avoir violé la loi en refusant de tirer les conséquences de la plainte avec constitution de partie civile du requérant pour faux et usage de faux et abus de confiance et en invoquant l'article 7 du Code pénal qui ne saurait être d'application automatique est vague et imprécise, en ce sens qu'elle n'indique ni la loi qui a été violée ni en quoi elle a été violée et qu'elle ne précise pas non plus pourquoi le juge d'appel a mal appliqué l'article 7 invoqué ; rejet de cette branche du moyen (CCJA, 3e ch., no 156, 27-10-2016 : Abdoulaye Halidou Cisse c/ SOMAPRE SARL et 2 autres, Ohadata J-17-96).

– le moyen qui reproche à un arrêt d'avoir, par insuffisance de motifs, violé l'article 35 c) de la loi no 2006/016 du 29 décembre 2006 en ce que, pour annuler le procès-verbal d'adjudication, il est reproché à la demanderesse et au notaire d'avoir vendu l'immeuble du défendeur sans autorisation et avant la décision sanctionnant les dires et observations, alors que le notaire attendait que lui soient signifiés, avant le jour de la vente, les dires et observations et que l'audience prévue à l'article 272 de l'AUPSRVE ne peut être déclenchée que par les dires (CCJA, 1e ch., no 085, 27-4-2017 : BICEC c/ Matip Christophe) ;

– le moyen qui reproche à un arrêt d'avoir violé l'article 247 de l'AUPSRVE en retenant que la créance remplissait les conditions prescrites au deuxième alinéa dudit article, alors qu'« il a constaté qu'aucun acte prévu par les conventions signées par les parties ne justifie que les formalités, les mises en demeure et commandement nécessaires, les délais, étaient impartis pour rendre la totalité de la créance exigible par anticipation » (CCJA, 1e ch., no 144, 29-6-2017 : Mamadou Doukouré, Market SARL c/ Banque Crédit du Congo) ;

– le moyen unique qui fait grief à un arrêt d'avoir infirmé l'ordonnance du juge des référés au motif qu'il y a une urgence de nature à justifier une expertise sur la base de l'article 13 al. 4 de l'**Acte uniforme relatif à l'OHADA** ; qu'en se déclarant ainsi compétente et en ordonnant une expertise alors que l'incompétence du juge des référés est manifeste, la cour d'appel a violé les alinéas 1, 2 et 3 de l'article 13 de l'**Acte uniforme relatif à l'OHADA** et 247 du Code de procédure civile. Il en est ainsi dès lors que la requérante ne précise ni l'Acte uniforme de l'OHADA dont les dispositions ont été violées, ni en quoi la désignation de l'expert par l'arrêt déféré viole les alinéas 1, 2 et 3 de l'article 13 susmentionné et l'article 247 du Code de procédure civile (CCJA, 2e ch., no 118, 23-6-2016 : Bureau de Contrôle VERITAS c/ SIPRES et 6 autres Ohadata J-17-59) ;

– le moyen qui ne précise pas la partie du jugement critiquée, ni à fortiori en quoi le jugement mérite la critique. Tel est le cas du moyen qui reproche à un jugement qui a rejeté le recours en annulation contre une sentence d'avoir violé les dispositions de l'article 224 al. 1 ancien de l'AUDCG qui dispose que « le vendeur doit livrer les marchandises dans la quantité, la qualité, la spécification, le conditionnement et l'emballage correspondant à ceux prévus au contrat » et dont le deuxième alinéa ajoute que les marchandises ne sont conformes au contrat que si « elles sont propres aux usages auxquels servent habituellement les marchandises de même type », en soutenant que les ascenseurs livrés et posés fonctionnent en dessous de la performance convenue entre les parties dans le contrat et qu'en outre la défenderesse n'a pas respecté l'engagement de rénovation de deux anciens ascenseurs ; que cette non-conformité des ascenseurs a obligé la requérante à refuser de procéder à leur réception (CCJA, 2e ch., no 094, 27-4-2017 : HOTEL EDA OBA SA c/ Sté XOELEVATOR).

– le moyen qui ne spécifie pas en quoi a consisté la dénaturation alléguée au regard de la solution donnée par la cour au litige. (CCJA, 1e ch., no 136/2019, 25-4-2019 : African Petroleum Consultants Sarl c/ Société Générale Cameroun SA) ;

– le moyen qui ne précise pas la partie de l'arrêt qu'il critique et ne détermine pas en quoi l'arrêt attaqué, qui a retenu que « la contestation portant sur l'identification de la propriété objet de la saisie immobilière n'est pas la contestation sur la propriété de l'immeuble prévue comme condition de la recevabilité de l'appel par l'article 300 de l'AUPSRVE », encourt les reproches allégués (CCJA, 3e ch., no 282/2020, 30-7-2020 : SGI Holding Fze SA c/ Le pool bancaire représenté par Ecobank Tchad SA) ;

– le moyen qui porte formellement sur une prétendue violation des dispositions de l'article 249 de l'AUDCG, sans en spécifier les contours quant à l'arrêt attaqué, alors qu'au fond, il prétend que la cour d'appel n'aurait pas répondu à ses conclusions, ce qui, au regard de l'article 28 bis du Règlement de procédure de la CCJA, constitue un motif de cassation distinct de la violation de la loi ; par conséquent, il est irrecevable (CCJA, 1e ch., no 252/2019, 7-11-2019 : Sté Libya Oil Sénégal c/ Sté Bénin Petro) ;

– le moyen qui n'indique ni ne caractérise aucune norme juridique dont la légalité aurait été affectée. Tel est le cas du moyen qui fait grief à l'arrêt attaqué de manquer de base légale en ce que les juges d'appel ont statué sur « des débats », alors, selon le moyen, que, « d'une part, ils étaient saisis par un acte d'appel fondé sur les cas de violation de la loi et que, d'autre part, le jugement entrepris est l'unique siège de l'office desdits juges ou ces derniers devaient puiser les matériaux utiles à l'infirmation ou à la confirmation du jugement, en ce qu'il a rejeté les dires des requérants insérés aux cahiers des charges déposés au greffe du tribunal des criées par la défenderesse au pourvoi » (CCJA, 3e ch., no 114/2019, 11-4-2019 : Abdourahmane Ndoye c/ Bicis SA) ;

– le moyen qui reproche à une cour d'appel d'avoir « violé l'article 141 de l'[AUPSRVE] en ce qu'elle a infirmé l'ordonnance attaquée pour absence de base légale en raison de ce qu'elle a donc visé l'article 141 susdit, le juge d'appel ayant fait une mauvaise interprétation dudit article » (CCJA, 2e ch., no 152/2019, 9-5-2019 : Elhadj Ismaël Diakité c/ Abdoul Gadiri Baldé) ;

– le moyen par lequel le recourant se contente de produire pêle-mêle des éléments de faits et de droit mélangeant, en l'espèce, les périodes d'activités dans les deux stations-services [...] ainsi que les causes des réclamations de remboursement et d'indemnisation. Tels qu'exposés, ces éléments ne permettent pas à la Cour d'exercer son contrôle et le moyen sera rejeté (CCJA, 1e ch., no 219/2019, 18-7-2019 : Sotra c/ Soro Navigue c/ Total Côte d'Ivoire SA).

Obs. : illustration d'une mauvaise attaque d'un jugement ayant rejeté un recours en annulation d'une sentence. En effet, il aurait fallu démontrer en quoi l'annulation rejetée était encourue et qu'en la rejetant la juridiction saisie a mal jugé. Au contraire, c'est une simple demande de cassation qui semble avoir été posée ici.

Est irrecevable, car vague et imprécis, le pourvoi dont le moyen, après avoir rappelé, dans une première partie, une « brève historique des faits », aborde, dans une seconde partie consacrée au « fondement de l'action », la question de la « régularité de la cession de créance » et du transfert des « accessoires de la créance tels que la caution, les privilège et hypothèque » pour terminer, dans une troisième partie traitant des « motifs du pourvoi », par une narration des différentes procédures suivies. Il en est ainsi dès lors qu'il n'y apparaît ni la disposition supposée violée, ni ce en quoi la décision attaquée encourt les reproches allégués (CCJA, 3e ch., no 164, 18-10-2018 : Lugirira Nsimire Marie Claire c/ Nsimire Mirindi Joséphine). De même, le moyen est vague et imprécis, donc irrecevable, et le pourvoi doit être rejeté, lorsque, après avoir rappelé, dans une première partie, « les faits et procédures », la requête aborde, dans une seconde partie consacrée à la « discussion », la question de sa « recevabilité » et le « fond » lié « au péril du recouvrement de la créance » due par le défendeur, qu'il n'y apparaît ni la disposition supposée violée, ni ce en quoi la décision attaquée encourt les reproches allégués (CCJA, 2e ch., no 181, 8-12-2016 : Allou Monique c/ Fonds de prévoyance militaire, Ohadata J-17-121).

Les autres moyens pris en toutes leurs branches réunies, tels qu'énoncés, se caractérisent par leur imprécision et sont donc irrecevables. Aucun moyen ne prospérant, le pourvoi sera rejeté (CCJA, 3e ch., no 084, 29-3-2018 : Sté Holding SAVANA Sénégal, Sté Hôtel Investissements c/ Sté Immobilière de Saly et 3 autres).

L'imprécision ou l'inintelligibilité du moyen ne sont pas des causes d'irrecevabilité du pourvoi, mais de rejet de celui-ci, le cas échéant (CCJA, 1e ch., no 116, 9-6-2016 : Sté Industrielle de Papeterie du Togo dite SIPA c/ Sté COTECNA Inspection SA-Genève, Sté COTECNA Inspection SA-Togo, Ohadata J-17-57).

Le caractère vague et imprécis d'un moyen, à supposer qu'il soit avéré, n'entraîne l'irrecevabilité que de celui-ci et non du recours ; l'exception d'irrecevabilité d'un recours en ce qu'il est fondé sur un moyen vague et imprécis doit être rejeté (CCJA, 3e ch., no 076, 29-3-2018 : Aimable Mpore c/ MTN-CI SA).

e. Moyen nouveau

L'irrecevabilité du pourvoi pour moyen nouveau a été prononcée pour :

1 – une **demande de dommages-intérêts** présentée pour la première fois en appel et qui ne se rattache pas au litige originel (CCJA, no 052/2005, 15-12-2005 : B. K. E. c/ K. K. J., Rec. jur. CCJA, no 6, juin-déc. 2005, p. 72. – Juris-Ohada, no 2/2006, p. 2 ; Ohadata J-06-42) ;

Mais les demandes de condamnations à des dommages et intérêts et aux astreintes formulées par les demandeurs au pourvoi ne peuvent être examinées qu'au cas où la CCJA aurait le cas échéant, cassé l'arrêt attaqué et statué sur le fond ; ces demandes, n'ayant aucune incidence sur la compétence de la CCJA à se prononcer sur le recours en cassation, il s'ensuit que la présente exception d'incompétence soulevée par l'un des défendeurs au pourvoi doit être rejetée comme non fondée (CCJA, 1e ch., no 40, 10-6-2010 : K c/ 1) Agence judiciaire de l'État de Guinée ; 2) N ; 3) K., Juris-Ohada, no 4/2010, oct.-déc., p. 28, Ohadata J-11-84).

(Sur la **nécessité de distinguer une demande nouvelle d'un moyen nouveau en appel,** voir CCJA, ass. plén., no 086, 20-11-2013 : UNION GABONAISE DE BANQUE c/ PANOURGIAS Narkelis, Rec. jur. CCJA no 20, vol. 1, janv.-déc. 2013, p. 128-131, Ohadata J-15-38, retenant que la conclusion tendant à l'annulation du procès-verbal de saisie ne constituait pas une demande nouvelle, mais un nouveau moyen tendant à obtenir la levée de la condamnation aux causes de la saisie. La cour d'appel qui a retenu que « la nullité du procès-verbal de saisie-attribution de créances évoquée par l'appelant n'a pas été soulevée devant les premiers juges et qu'il n'en a nullement été fait état dans le jugement en cause, cela constituant une demande nouvelle au sens de l'article 456 du Code de procédure civile », a violé les dispositions des articles 156 de l'AUPSRVE et 497 du Code de procédure civile (du Gabon), exposant ainsi son arrêt à la cassation sans qu'il soit nécessaire d'examiner la deuxième branche du moyen). Cet arrêt ne vise pas expressément l'article 28, mais est transposable.

2 – le moyen fondé sur la **violation de l'article 313 de l'AUPSRVE,** en ce que la cour d'appel a totalement ignoré l'existence de l'ordonnance de délai de grâce qui a été prise en faveur du demandeur au pourvoi et de l'arrêt de rétractation sur requête civile intervenus concomitamment et postérieurement à l'audience éventuelle, lorsqu'il ne résulte ni des pièces du dossier de la procédure, ni de la décision attaquée, que ce moyen ait été soutenu devant la cour d'appel. Il est un moyen nouveau et pas de pur droit (CCJA, n° 061/2008, 30-12-2008 : El Hadj M. A. B. c/ 1) El Hadj M. L. D., 2) COGEST SA, Rec. jur. CCJA n° 12, juill.-déc. 2008, p. 95, Ohadata J-10-35 ;

3 – le moyen **invoqué pour la première fois devant la CCJA,** car il est **mélangé de fait et de droit** (CCJA, n° 050/2008, 20-11-2008 : C. épse A. E. c/ SAFCA SA, Rec. jur. CCJA n° 12, juill.-déc. 2008, p. 79, Ohadata J-10-32 ; CCJA, n° 046/2008, 20-11-2008 : J. c/ K. née K. M., Rec. jur. CCJA n° 12, juill.-déc. 2008, p. 73, Ohadata J-10-30. Dans le même sens :

– CCJA, n° 021/2007, 31-5-2007 : A. Y. née K. M.-L. c/ SOPROCIM SARL, Rec. jur. CCJA n° 9, janv.-juin 2007, p. 44, Ohadata J-08-223 ; J-09-266 CCJA, 3e ch., n° 155/2019, 9-5-2019 : Établissements Socri c/ Siat Gabon CCJA, 3e ch., n° 050/2021, 8-4-2021 : Kabalane & Compagnie SA c/ Maître Coulibaly Soungalo ;

– CCJA, 1e ch., n° 050, 20-11-2008 : C. épse A. c/ SAFCA SA, Juris-Ohada n° 1/2009, janv.-mars, p. 10, Ohadata J-09-259 ;

– CCJA, 1e ch., n° 046, 20-11-2008 : M c/ K née K., Juris-Ohada n° 1/2009, janv.-mars 2009, p. 1, Ohadata J-09-255 ;

– CCJA, 1e ch., n° 37, 10-6-2010 : A. A. Mining Compagny of Guinea SARL c/ 1) M. C. ; 2) X-TRON Incorporated Limited, Juris-Ohada n° 4/2010, oct.-déc., p. 14, Ohadata J-11-81, J-12-35 ;

– CCJA, 1e ch., n° 028, 29-4-2010 : Main d'Afrique Construction SARL c/ D., Juris-Ohada, n° 3/2010, juill.-sept., p. 39, Ohadata J-11-72 ;

– CCJA, 2e ch., n° 009, 18-2-2010 : S.C.B. SA c/ SITAGRI en Liquidation, Juris-Ohada, n° 2/2010, avr.-juin 2010, p. 24, Ohadata J-11-53 ;

– CCJA, 2e ch., n° 052/2012, 7-6-2012 : Sté Alan Dick & C° Cameroun c/ Ets Sogetra Telkom ; CCJA, ass. plén., n° 045, 27-4-2015 : SNR c/ Héritiers de Feu Matar NDIAYE, Ohadata J-16-45 ; CCJA, ass. plén., n° 056, 27-4-2015 : ECOBANK SENEGAL SA c/ 1) Banque Sahelo Saharienne pour l'Investissement et le Commerce BSIC SENEGAL, 2) ATEX COMODITIES, Ohadata J-16-56 ; CCJA, ass. plén., n° 067, 29-4-2015 : Sté MASSATA HIGH Fashion Inc c/ Compagnie Bancaire de l'Afrique Occidentale dite CBAO, Ohadata J-16-70 ; CCJA, 3e ch. n° 121, 22-10-2015 : Sté MAERSK CAMEROUN SA c/ MODI KOKO BEBEY et NJOUONANG YOUMBI, Ohadata J-16-114 ; CCJA, 3e ch., n° 046/2022, 24-2-2022 ; CCJA, 1e ch., n° 090/2022, 9-6-2022 ; CCJA, 2e ch., n° 189/2023, 26-10-2023 ; CCJA, 3e ch., n° 016/2024, 25-1-2024 ; CCJA, 1e ch., n° 040/2024, 22-2-2024 ; CCJA, 1e ch., n° 108/2024, 28-3-2024 ; CCJA, 2e ch., n° 127/2024, 25-4-2024 ; CCJA, 2e ch., n° 153/2024, 30-5-2024 ; CCJA, 1e ch., n° 192/2024, 27-6-2024 ; CCJA, 1e ch., n° 240/2024 ; 25-7-2024 ; CCJA, 1e ch., n° 251/2024, 24-10-2024 ; CCJA, 2e ch., n° 354/2024, 12-12-2024 ; CCJA, 1e ch., n° 367/2024, 12-12-2024 ;

– CCJA, 2e ch., n° 34, 8-12-2011 : AES SONEL SA c/ Entreprise Denver, Juris-Ohada, 2012, n° 3, juill.-sept., p. 41, Ohadata J-13-41, J-13-155 ; CCJA, 2e ch., n° 090, 23-7-2014 : OUATTARA Issouf c/ TOTAL Côte d'Ivoire, Ohadata J-15-181 ; CCJA, 1e ch., n° 001, 14-1-2015 : COMMISIMPEX c/ CNSS, Ohadata J-16-01, CCJA, 3e ch., n° 193 : SGBCI c/ Maître Gniple SERY, Ohadata J-16-186, sur le mélange du fait et du droit) ;

– au sujet d'une demande de répétition de l'indu et d'une demande de réparation d'un préjudice commercial (CCJA, 2e ch., n° 031/2012, 22-3-2012 : BNI c/ M Tape Baroan) ;

– au sujet d'une demande en restitution des sommes versées dans le cadre d'une saisie ultérieurement annulée (CCJA, 2e ch., n° 037/2012, 3-5-2012 : Sté ESSO Exploration and Production Chad Inc c/ Ressourcium International SARL) ;

– au sujet de la violation, par une cour d'appel, des articles 336 et 337 de l'AUPSRVE pour avoir communiqué une procédure de recouvrement au Parquet Général pour ses conclusions en application de dispositions nationales (CCJA, 2e ch., n° 37, 8-12-2011 : Sté Maersk Côte d'Ivoire c/ CERCI SARL ; SGBCI ; CITIBANK SA ; BACI SA, Juris-Ohada, 2012, n° 3, juill.-sept., p. 13, Ohadata J-13-44) ; CCJA, ass. plén., n° 071,

25-4-2014 : BSIC-SA, NIGER c/ ASSOUMANE MAMANE, Ohadata J-15-162) ;
– au sujet de la fin de non-recevoir tirée de la violation des articles 99 et 103 du Code de l'enregistrement de la CEMAC (CCJA, 1e ch., no 036, 2-5-2013 : 1) SIMO DE BAHAM, 2) SIMO DE BAHAM née CARON Marie Christiane Léontine Amandine Antoinette c/ Sté La PLAZA SARL, Rec. jur. CCJA no 20, vol. 2, janv.-déc. 2013, p. 122-125, Ohadata J-15-36) ;
– au sujet d'un moyen unique fondé sur l'article 159 de l'AUSCGIE (régissant les rapports entres associés d'une même société et portant sur l'expertise de gestion) et différent de celui exposé devant les juges du fond ayant pour objet la nomination d'un administrateur judiciaire (CCJA, 1e ch., no 037, 2-5-2013 : 1) Dénis Daniel François ROZAND, 2) Latré Kayi Tassito LAWSON-HELOU c/ 1) Sté FULLCAT AFRIQUE DE L'OUEST (FAO) SARL, 2) Sté BOKAMION SARL, Rec. jur. CCJA no 20, vol. 1, janv.-déc. 2013, p. 47-49, Ohadata J-15-37) ;
– au sujet d'une demande en perfection de vente sous astreinte de 50 000 000 FCFA par jour de retard, présentée pour la première fois en cassation (CCJA, 1e ch., no 071, 14-11-2013 : Adnan ATTIEH c/ la Sté FINANCO SA, Rec. jur. CCJA no 20, vol. 1, janv.-déc. 2013, p. 19-23, Ohadata J-15-71) ;
– au sujet de l'omission de statuer sur une demande qui n'a pas été soutenue devant la cour d'appel (CCJA, 1e ch., no 077, 14-11-2013 : Sté ACCESS BANK anciennement Banque OMNIFINANCE c/ KAKOU Lydie Patricia, Sté WARID TELECOM Côte d'Ivoire, Rec. jur. CCJA no 20, vol. 2, janv.-déc. 2013, p. 44-47, Ohadata J-15-77) ou encore d'un moyen qui n'a pas été invoqué devant le premier juge (CCJA, ass. plén., no 065, 25-4-2014 : KONE née OUEDRAOGO Azéta c/ 1) Banque Internationale pour le Commerce, l'Industrie et l'Agriculture du Burkina Faso dite BICIA-B, 2) Sté MADOUA SARL, 3) OUEDRAOGO Joseph, Ohadata J-15-156, moyen reprochant à une cour d'appel d'avoir, en dépit de la clarté de clauses contractuelles, rejeté la demande d'annulation d'actes de cautionnement, sans motifs, se contentant d'affirmer que la créance de 80 000 000 FCFA est contestée et que la preuve est faite que le compte de l'une des sociétés en cause avait été crédité de ce montant) ;
– au sujet d'un moyen qui n'a pas été soumis au juge d'appel (CCJA, 2e ch. no 133, 12-11-2015 : Sté Chanas Assurances c/ Ekobo Din Marianne, Penka Félix, Tiotsop Maurice, Nseke Oh Jean, Talachele Mekontso Oscar Blaise, Mabo, Dieudonné, Ekwalla Alice épouse Edimo, Nji Henry Ndeh, Ngashu et Sonkouat Charlotte, Ohadata J-16-126) ;
– au sujet d'un moyen qui reproche à l'arrêt entrepris d'avoir été rendu par une cour d'appel présidée par le même juge qui a également présidé la composition ayant rendu l'arrêt correctionnel, objet de l'exécution, en violation du principe général de droit et de la jurisprudence constante selon lesquels un même juge ne peut connaître d'un recours afférent à une décision qu'il a précédemment rendue (CCJA, 3e ch., no 141, 19-11-2015 : Sté BOURBON Offshore SURF, SAS c/ TATY Jean Claude, Ohadata J-16-134) ;
– sur une demande reconventionnelle (CCJA, 3e ch., no 192, 29-12-2016 : Sté BNETD c/ HOLY-SEALAND SARL, SOTRA, Ohadata J-17-132, le moyen soulevé pour la première fois en cassation) ;
– sur une absence de mise en demeure (CCJA, 2e ch., no 199, 25-10-2018 : FOULLAH Edifice SA c/ Quincaillerie BARH EL-GAZAL Sud) ;
– sur la violation de l'article 200 de l'AUSCGIE concernant la dissolution d'une société et ses conséquences (CCJA, 3e ch., no 199, 29-12-2016 : Fero Bi Kanhou c/ La Clinique Médicale Sainte Marie et 3 autres, Ohadata J-17-139) ;
– sur la violation de l'article 13 de l'AUS, relativement à une caution personnelle (CCJA, 1e ch., no 097, 26-4-2018 : Oumou Salamata Tall c/ CBAO GROUPE ATTIJARIWAFA BANK, Sté ICOTAF) ;
– sur la violation de l'article 30 de l'AUPSRVE relativement à l'immunité d'exécution (CCJA, 1e ch., no 088, 26-4-2018 : S.I.C.O.G.I. c/ Sté I.C.G.-CI) ;
– car fondé sur un document qui n'a pas été examiné en appel (CCJA, 2e ch., no 245, 29-11-2018 : Sté Civile Immobilière DIHO dite SCI DIHO c/ Maître Mame Adama Gueye) ;
– sur une demande d'augmentation d'astreinte (CCJA, 1e ch., no 126, 18-5-2017 : Sté Bluesky Airlines SAS c/ Régie des Voies Aériennes dite RVA, Commandant de l'Aéroport International de Ndjili) ;
– sur la violation du droit interne relatif à l'effet dévolutif de l'appel (CCJA, 3e ch., no 028, 25-2-2016 : CITIBANK Côte d'Ivoire c/ Billes Héloïse Elaine épse Kaunan, Kaunan Kouassi Antoine, Ohadata J-16-230) ;
– sur la violation du principe du contradictoire (CCJA, 3e ch., no 084, 29-3-2018 : Sté Holding SAVANA Sénégal, Sté Hôtel Investissements c/ Sté Immobilière de Saly et 3 autres) ;
– sur la compétence des juridictions du non contestée (CCJA, 1e ch., no 089, 26-4-2018 :

ANEDAK SARL c/ Sté ANGKOR KASEKAM ROONGROEUG Co Ltd) ;

– sur la production tardive, en cassation, de pièces relatives à des saisies antérieures, qui ne peut avoir aucun effet, dès lors qu'il n'est pas prouvé que ces pièces ont été produites devant les juges du fond (CCJA, 3e ch., no 192, 29-12-2016 : Sté BNETD c/ HOLYSEALAND SARL, SOTRA, Ohadata J-17-132) ; CCJA, 3e ch., no 51, 25-3-2016 : Amos Djoro Ernest c/ Monsieur Nakle Georges, Ohadata J-16-253 ; CCJA, 1e ch., no 043, 22-2-2018 : Paul Tchuente c/ Afriland first Bank SA, en présence de la BEAC ; CCJA, 3e ch., no 077, 28-4-2016 : Diabagate Soumahila c/ La Banque de l'Habitat de Côte d'Ivoire dite BHCI SA, Ohadata J-17-25 ; CCJA, 3e ch., no 169, 1-12-2016 : Compagnie Ivoirienne d'Electricité, dite CIE c/ Sté Tropical Bois, SGBCI, Ohadata J-17-109 ; CCJA, 3e ch., no 082, 28-4-2016 : Sté GRANDEUR GENERAL TRADING COTE D'IVOIRE dite GGT-CI c/ Eid Charles Gilbert, Hadad Wadih Adrian Mark, Ohadata J-17-30 ; CCJA, 3e ch., no 085, 28-4-2016 : Zorkot Nabil c/ Sidibe Salimata épse Fabre, Adoube N'daka Luc, Ohadata J-17-33 ; CCJA, 3e ch., no 098, 2-6-2016 : Sté Euro-Africaine pour le Commerce, l'Industrie et le Développement c/ Sté CIMBENIN, Ohadata J-17-38 ; CCJA, 1e ch., no 120, 18-5-2017 : Église de Jésus Christ des Saints des Derniers Jours de Côte d'Ivoire c/ CINE LAZER SARL) ;

– au sujet de moyens discutés devant la cour d'appel et n'apparaissant nullement dans les motifs de l'arrêt querellé (CCJA, 1e ch., no 166/2023, 13-7-2023).

Obs. : il nous semble cependant que s'il est constaté, en cassation, que les moyens ont bien été discutés devant la cour d'appel, ils ne devraient plus être considérés comme « nouveaux » en cassation en raison du simple fait qu'ils n'auront pas été mentionnés dans les motifs de l'arrêt attaqués, dès lors qu'il n'est pas impossible que la juridiction d'appel les ait sciemment omis afin d'éviter une éventuelle cassation de son arrêt pour omission de répondre à un chef de demande.

L'irrecevabilité est encourue dès lors qu'il ne résulte ni des énonciations du jugement attaqué ni des pièces du dossier de la procédure que cette allégation a été soumise à l'appréciation du premier juge (CCJA, 3e ch., no 154, 18-10-2018 : CAA devenue BNI c/ Kaunan Kouassi Antoine) ;

4 – des **pièces qui n'ont pas été** soumises au juge du fond, seule la solution légale donnée et les moyens débattus devant les premiers juges devant être produits en cassation (CCJA, no 057/2008, 11-12-2008 : A. Y. T. c/ Ayants droit de B. F., Rec. jur. CCJA no 12, juill.-déc. 2008, p. 19, Ohadata J-10-28 ; CCJA, 1e ch., no 259/2024, 24-10-2024, précisant que la production des pièces pour la première fois en cassation entraîne l'irrecevabilité des pièces en cause et non du pourvoi).

Il en est de même pour des pièces postérieures à l'arrêt attaqué, qui doivent être écartées des débats (CCJA, 3e ch., no 157/2020, 30-4-2020 : Mouhammad Younes c/ Société Les Moulins Sentenac) ;

5 – un moyen fondé essentiellement sur **l'inexactitude du calcul des intérêts** de droit mentionnés dans l'acte de signification d'une ordonnance d'injonction de payer et la prétendue nullité pour ce seul motif dudit acte à la suite duquel a été ouverte l'instance d'opposition ayant abouti à un jugement, au demeurant rendu en faveur des requérantes (CCJA, 2e ch., no 026, 8-4-2010 : 1) S. née K., 2) Sté VETIVERT c/ BIAO-CI, Juris-Ohada, no 3/2010, juill.-sept., p. 32, Ohadata J-11-70, J-12-30).

Il en est de même lorsque, contrairement à ce que soutiennent les demandeurs au pourvoi, il ne ressort ni des pièces du dossier de la procédure ni de l'arrêt attaqué qu'ils avaient **demandé à la cour d'appel l'application de l'**article 101 [devenu 133] de l'AUDCG, mais qu'ils ont plutôt demandé à la cour d'appel de constater la reconnaissance partielle de leur prétention par le premier juge d'instance, de constater le rejet de l'intervention volontaire de A., de constater que le juge d'instance a statué ultra petita, de dire et arrêter que la superposition des baux commerciaux est facteur de nullité du second et enfin demandé l'infirmation partielle du jugement à l'encontre de N. et l'Agence judiciaire de l'État puis statuant à nouveau ou sur évocation, sollicité la résiliation ou la révocation du bail de N., de débouter celui-ci, l'Agence judiciaire de l'État et A. de leurs prétentions comme mal fondées, d'enjoindre à l'État, représenté par l'Agence judiciaire de l'État, le respect strict de ses obligations contractuelles à leur égard et enfin de condamner l'intimé N. au paiement de cent millions (100 000 000) de francs guinéens à titre de dommages et intérêts (CCJA, 1e ch., no 40, 10-6-2010 : K c/ 1) Agence judiciaire de l'État de Guinée ; 2) N ; 3) K., Juris-Ohada, no 4/2010, oct.-déc., p. 28, Ohadata J-11-84).

En soulevant, pour la première, fois, en cassation, devant la CCJA, **l'incompétence de celle-ci fondée sur une clause d'arbitrage,** alors même qu'il est généralement admis en matière d'arbitrage que, dans un litige devant être soumis à un tribunal arbitral en vertu d'une convention d'arbitrage, si le demandeur saisit un tribunal étatique malgré cette convention et que le défendeur ne soulève pas l'incompétence de cette juridiction, c'est que les parties ont renoncé à voir leur litige dénoué par une juridiction arbitrale, ladite exception d'incompétence est un moyen nouveau qui, en cette qualité, doit être déclaré irrecevable (CCJA, 2e ch., no 047, 16-7-2010 : SNG SA c/ SAFRICOM SA, Juris-Ohada no 1/2011, janv.-mars 2011, p. 20, Ohadata J-12-95) ;

6 – un **moyen de fait.** Tel est le cas du moyen selon lequel le demandeur en cassation aurait été l'objet d'une maladie mentale (CCJA, ass. plén., no 083, 20-11-2013 : OGANDAGA Cyriaque c/ KINGBO Sophie, Rec. jur. CCJA no 20, vol. 2, janv.-déc. 2013, p. 116-118, Ohadata J-15-22).

Jugé que le moyen qui tend à faire admettre par la CCJA l'existence d'une fraude imputable aux défendeurs, appréciée sur la base d'un certain nombre de faits et éléments précis, procède d'un mélange de fait et de droit et doit à ce titre être déclaré irrecevable (CCJA, 1e ch., 222, 29-11-2018 : SAPHIC c/ État de Côte d'Ivoire et 2 autres) ;

7 – un **moyen reformulé.** C'est à tort qu'il est reproché à un arrêt d'avoir violé l'article 11 en ce qu'il a jugé que les opposants ont respecté le délai d'un mois alors d'une part, que les opposants n'ont apporté aucune preuve du « réaménagement du calendrier du tribunal de Ziguinchor » et que d'autre part, l'avenir servi par eux pour l'audience du 25 septembre 2005, ne l'a été qu'au seul greffier en chef et non point au créancier. Il en est ainsi, car le constat fait relativement au calendrier relève de l'appréciation du juge du fond et, contrairement aux énonciations du moyen, dans les écritures en cause d'appel, c'est plutôt l'assignation du greffier qui aurait été omise ; par cette reformulation, le moyen devient nouveau et en conséquence irrecevable (CCJA, ass. plén., no 044, 27-4-2015 : Maître Sandembou DIOP c/ ATEPA TECHNOLOGIES, Ohadata J-16-44).

8 – la **branche d'un moyen non discutée devant les juges du fond,** mélangé de fait et de droit (CCJA, 2e ch., no 241/2019, 31-10-2019 : Collectif des Délégués des Commerçants du Grand Marché de Niamey c/ So SA et 1 autre).

9 – un **moyen nouveau présenté devant la CCJA après un renvoi.**

Le mémoire déposé à la CCJA par le recourant, dans le cadre d'un dessaisissement d'une juridiction nationale de cassation, n'est censé contenir que des observations complétant les développements relatifs aux moyens déjà soulevés à tort et contradictoirement discutés devant cette juridiction. Il s'ensuit que les moyens nouvellement invoqués par le recourant devant la CCJA ne sauraient être examinés, car irrecevables (CCJA, 2e ch., no 207/2020, 25-6-2020 : Sotelma-SA c/ Spe SARL).

10 – un **moyen nouveau présenté comme n'ayant pas connu de réponse de la part de la juridiction de fond.**

On ne saurait faire grief à une cour d'appel de ne pas avoir pris en considération, dans sa décision, un moyen qui ne lui a pas été soumis ; il s'agit d'un moyen nouveau qu'on ne peut soulever pour la première fois en cassation ; irrecevabilité du moyen (CCJA, 2e ch., no 146/2020, 30-4-2020 : Société Commodities Corporate Consulting et 2 autres c/ Latham Éric Jean Louis).

11 – un **moyen nouveau en appel** (CCJA, 1e ch., no 119/2020, 9-4-2020 : Yattara Fodé c/ Aly B. Soufane).

Obs. : l'évocation d'un moyen nouveau en appel par la CCJA ne doit pas surprendre car après cassation, lorsqu'elle évoque, dans la position d'une cour d'appel, elle peut relever la nouveauté d'un moyen conformément à la loi nationale éventuellement applicable.

f. Pourvoi formé par erreur contre un autre arrêt

Le moyen unique tiré de la violation de l'article 10 de l'AUPSRVE est irrecevable et le pourvoi doit être rejeté, lorsque que l'arrêt attaqué ne s'est à aucun moment prononcé sur la recevabilité de l'opposition formée par le débiteur et que l'arrêt qui s'est prononcé sur ladite opposition n'a pas fait, en l'état, l'objet d'un pourvoi en cassation (CCJA, 1e ch., no 018, 25-3-2010 : C.I. TELCOM SA c/ M. S., Juris-Ohada, no 3/2010, juill.-sept., p. 6, Ohadata J-11-62, J-12-28).

Obs. : dans l'espèce, il y a eu une succession de décisions dans le même litige et le pourvoi n'a pas été formé contre l'arrêt qui s'est prononcé sur la décision rendue sur opposition à une ordonnance d'injonction de payer.

g. Moyen critiquant les motifs de la décision attaquée et ne comportant aucun grief contre la décision attaquée

Le moyen qui critique des motifs de l'arrêt attaqué, ne comporte aucun grief contre la décision elle-même et ne précise ni la partie critiquée de la décision entreprise, ni ce en quoi celle-ci encourt les reproches allégués, est irrecevable (CCJA, 2e ch., no 020, 18-2-2016 : Sté Anonyme Immobilière BASSARI dite SAI BASSARI c/ CBAO, Groupe ATTIJARIWAFA Bank SA ; Compagnie Sahélienne d'Entreprises dite CSE SA, Ohadata J-16-222). Tel est le cas :

– du moyen qui reproche à une cour d'appel d'avoir retenu dans sa motivation qu'une société de droit privé ne peut bénéficier de l'immunité d'exécution prévue à l'article 30 de l'AUPSRVE alors que, d'une part, la S.N.E. est une société dont le capital social est détenu à 100 % par l'État tchadien, actionnaire unique, et qu'elle a versé aux débats les différents décrets lui conférant la qualité de délégataire du service public de transport et de distribution de l'énergie électrique sur le territoire tchadien et alors que, d'autre part, en exigeant la preuve d'un texte national accordant l'immunité d'exécution à la S.N.E., la cour d'appel a renié le caractère supranational du Traité de l'OHADA et des Actes uniformes, violant ainsi l'article 10 dudit Traité OHADA (CCJA,

3e ch., no 039, 31-1-2019 : Sté Nationale d'Electricité dite SNE c/ AHMAT RAKHIS SALEH) ;
– du moyen qui reproche à l'arrêt déféré d'avoir, dans sa motivation, considéré que l'arrêt avant dire droit du 9 mars 2012 avait acquis l'autorité de la chose jugée, faute de recours, alors qu'un arrêt attaqué de requête civile ne peut être considéré comme ayant acquis ladite autorité qu'après que le recours de requête civile dirigé à son encontre aura été rejeté ou déclaré irrecevable ; qu'en statuant ainsi l'arrêt attaqué a violé l'article visé au moyen qui prévoit la requête civile comme voie de recours extraordinaire de rétractation (CCJA, 3e ch., no 148, 7-6-2018 : État du Sénégal c/ 1) EEXIMCOR AFRIQUE SA, 2) Papa Ousmane Ahne, 3) Mambaye Seye) ;
– lorsque les recourants articulent deux moyens de cassation tirés de la violation des articles 247 et 250 de l'AUPSRVE que, selon le premier moyen, la BGFI a fait pratiquer la saisie querellée sur la base de la convention de compte courant avec cautionnement hypothécaire à laquelle la demanderesse n'était pas partie, alors que suivant les dispositions de l'article 247 de l'AUPSRVE sus-évoqué, « la vente forcée d'un immeuble ne peut être poursuivie qu'en vertu d'un titre exécutoire constatant une créance liquide et exigible », et que, selon le second moyen, la banque n'a pas poursuivi dans cette instance l'épouse du codemandeur avec lequel elle est mariée sous le régime de la communauté des biens, alors qu'aux termes de l'article 250 de l'AUPSRVE susmentionné « la vente forcée des immeubles communs est poursuivie contre les deux époux » (CCJA, 3e ch., no 215, 23-11-2017 : STCG, Mbela Nsame Patrice c/ BGFI Bank Cameroun).
Dans le même sens, au sujet de motifs retenus par une cour d'appel au terme d'une appréciation souveraine des éléments du dossier en sa possession (CCJA, 1e ch., no 031/2022, 17-2-2022).

h. Moyen portant sur le fond du litige et ne critiquant en rien l'arrêt attaqué

Doit être rejeté le moyen qui porte sur le fond d'un litige et ne critique en rien l'arrêt attaqué qui ne s'est prononcé que sur la question d'irrecevabilité de l'appel. Tel est le cas du moyen :
– qui reproche à l'arrêt attaqué d'avoir violé l'article 170 de l'AUPSRVE, en ce que, d'une part, la cour a erré en déclarant irrecevable la contestation de la saisie-attribution de créances initiée avant l'expiration du délai d'un mois, alors que la contestation a été portée dans le délai d'un mois, et que, d'autre part, la cour a appliqué à tort les délais fixés par l'article 170 de l'AUPSRVE précité pour retenir la forclusion, alors que seules les contestations ayant trait avec le litige y sont concernées et sont soumises au délai d'un mois prescrit par ledit article et que la régularité de la saisie, en l'espèce, n'est pas contestée mais que c'est la mainlevée qui est sollicitée du fait du paiement effectué ;
– qui reproche à l'arrêt attaqué d'avoir violé l'article 165 de l'AUPSRVE, en ce que, bien qu'ayant reçu paiement par chèque, un créancier poursuivant n'a pas donné mainlevée de la saisie-attribution de créances pratiquée, alors que le paiement effectué contre quittance entre les mains du créancier ou de son mandataire justifiant d'un pouvoir spécial est libératoire, en ce qu'il éteint l'obligation du débiteur (CCJA, 1e ch., no 069, 29-3-2018 : Sté Maersk Côte d'Ivoire c/ Sté E.D. & F. MAN COCOA Ltd, Citibank ; même référence pour les deux exemples).

i. Moyen manquant en fait

Manque en fait et doit être rejeté le moyen :
– intitulé « omission de statuer » et reprochant à l'arrêt déféré de ne pas avoir statué sur une demande relative à la nature d'un contrat litigieux, alors que la question soulevée était déterminante de l'application ou non des articles 1 et 2 de l'AUPSRVE, dès lors qu'il résulte des mentions de l'arrêt attaqué que la demanderesse au pourvoi, qui n'a ni comparu ni été représentée à l'instance d'appel et n'y a présenté aucun moyen de défense, n'a pu y présenter les conclusions prétendument éludées (CCJA, 1e ch., no 002, 12-2-2015 : Sté Habitat Bellecour Côte d'Ivoire dite HBCI SARL c/ KOUOTO SOUASSOU Bruno, Ohadata J-16-02 ; voir aussi CCJA, ass. plén., no 041, 27-4-2015 : Ets Jean AZAR c/ Banque Commerciale du Sahel dite BCS SA, Ohadata J-16-41) ;
– qui reproche à une cour d'appel d'avoir méconnu le sens de l'article 49 de l'AUPSRVE en soutenant que ladite juridiction présidentielle statuant en matière d'urgence peut prononcer des condamnations à des dommages-intérêts, alors que, d'une part, seul le juge du fond est compétent pour prononcer des dommages-intérêts dans le cadre d'une action en responsabilité civile et que, d'autre part, relativement aux saisies de créances, la seule personne pouvant faire l'objet de condamnation au paiement des dommages-intérêts est exclusivement le tiers saisi et en aucun cas le créancier saisissant. Il en est ainsi dès lors que, contrairement aux allégations du recourant, la cour d'appel n'a pas prononcé de condamnation à dommages-intérêts (CCJA, 2e ch., no 005, 26-1-2017 : BSIC – CI SA c/ Entreprise de Services des Produits Pétroliers SA, Ohadata J-17-151).
– qui reproche à un arrêt d'avoir qualifié le contrat liant les parties de contrat d'entrepôt, pour le soumettre aux dispositions des articles 520 et suivants du Code des obligations civiles et commerciales sénégalais, alors qu'il s'agit d'un bail commercial régi par le Code Ohada sur le droit commercial. Il en est ainsi car la cour d'appel qui a retenu, contrairement aux allégations de la requérante, que

« les parties ont entendu s'engager dans la location du hangar n° 2, la qualification de bail qu'elles ont retenu étant pertinente, à l'exclusion de toute intention d'entreposage », en a déduit « qu'en tant que tel, le bail est régi spécialement par les dispositions des articles 71 et suivants [de l'AUDCG du 17 avril 1997] » (CCJA, 3e ch., n° 116/2019, 11-4-2019 : Les grands moulins du Mali c/ Société Les entrepôts de Hann).

Voir aussi : (CCJA, 2e ch., n° 149/2019, 9-5-2019 : Addax Petroleum Cameroon Company SA c/ Ekita Group SA).

j. Moyen tendant à remettre en cause les faits souverainement appréciés par les juges du fond

Doit être rejeté le moyen, qui, tel que libellé, tend au réexamen des faits souverainement appréciés par les juges du fond, qui échappent au contrôle de la CCJA (CCJA, 2e ch., n° 090, 23-7-2014 : OUATTARA Issouf c/ TOTAL Côte d'Ivoire, Ohadata J-15-181 ; CCJA, 1e ch., n° 002, 24-1-2019 : SGBC c/ TRANSINOR SARL ; CCJA, 3e ch., n° 198/2020, 28-5-2020 : Kouassi Amoin épouse Djaha c/ Sgmt). Tel est le cas du moyen :

– faisant grief à l'arrêt déféré d'avoir fixé les dommages-intérêts à 10 000 000 FCFA sans se référer à des éléments objectifs d'appréciation et, dans une deuxième branche, d'avoir déclaré injustifiées les prétentions du locataire-gérant concernant la restitution des commissions et le remboursement des frais financiers, alors, selon le recourant, que nulle part dans le contrat et ses annexes ne sont prévus des prélèvements au titre de commissions devant rémunérer les prestations fournies par la défenderesse et que, si des prélèvements sur le prix [de] cession revendeur étaient prévus à l'annexe 2 du contrat au titre des frais financiers liés au crédit d'avance de fonds de roulement, le locataire-gérant avait toujours nié la réalité du crédit qui aurait justifié leur acquisition au bailleur (CCJA, 2e ch., n° 090, 23-7-2014 : OUATTARA Issouf c/ TOTAL Côte d'Ivoire, Ohadata J-15-181 ; CCJA, 3e ch., n° 192, 23-12-2015 : EKRA VICTOR CHARLES c/ THIAM ABDEL AZIZ, Ohadata J-16-185) ;

– qui relève de la compétence souveraine des juges du fond et est irrecevable (CCJA, ass. plén., n° 125, 11-11-2014 : MONSI NESTOR c/ SGBC SA, Ohadata J-15-215) ;

– reprochant à une cour d'appel d'avoir violé l'article 25 de l'AUS (non révisé), en condamnant la demanderesse à payer à la défenderesse la somme de 113 461 916 FCFA à titre de reliquat de l'avance de démarrage garantie par elle, sans tenir compte de la somme de 70 000 000 FCFA qui avait fait l'objet d'une mainlevée partielle de la part de la défenderesse au profit de la demanderesse, en raison de l'exécution des travaux, alors qu'aux termes du texte susvisé « l'extinction partielle ou totale de l'obligation principale entraîne dans la même mesure celle de l'engagement de la caution », et invoquant la violation de dispositions nationales portant régime général des obligations, en ce que l'arrêt a confirmé le jugement entrepris en toutes ses dispositions, alors que le tribunal de commerce de Bamako, bien qu'ayant reconnu la responsabilité de la défenderesse, qu'il a condamnée pour rupture abusive du contrat, n'a alloué à la demanderesse que la somme de 95 000 000 FCFA en réparation du préjudice subi du fait de ladite rupture, sans se prononcer sur les dommages-intérêts, et alors qu'aux termes du texte susvisé la responsabilité emporte obligation de réparer le préjudice et que les dommages-intérêts doivent être fixés de telle sorte qu'ils soient pour la victime la complète réparation dudit préjudice (CCJA, ass. plén., n° 037, 27-4-2015 : BDM c/ BHM, Ohadata J-16-37) ;

– évoquant une dénaturation (CCJA, ass. plén., n° 041, 27-4-2015 : Ets Jean AZAR c/ BCS SA, Ohadata J-16-41) ; CCJA, 1e ch., n° 164, 17-12-2015 : SOTRA SA c/ SOTHEV SA, Ohadata J-16-157, au sujet de l'appréciation des conditions d'une injonction de payer) ;

– reprochant à l'arrêt attaqué d'avoir violé l'article 754 de l'AUSCGIE au motif que les actions litigieuses étant immatriculées au nom de Lenoil Holding, société de droit nigérian, Lenoil Guinée qui est une société de droit guinéen était mal fondée à revendiquer les dividendes attachés à des actions dont elle n'est pas propriétaire ; qu'ainsi l'arrêt attaqué encourt la cassation pour violation du texte visé au moyen, selon lequel « à chaque action est attaché un droit au dividende proportionnellement à la quotité du capital qu'elle représente » (CCJA, 1e ch., 230, 29-11-2018 : Sté Guinéenne de Pétrole dite SGP SA c/ Lenoil Guinée SARL) ;

– ne contenant l'énoncé d'aucun moyen de cassation au sens des dispositions de l'article 28 du Règlement de procédure de la CCJA (CCJA, ass. plén., n° 070, 29-4-2015 : Ibrahima Khalil TOURE c/ Mohamed K., F. K., Ohadata J-16-190) ;

– reprochant à l'arrêt attaqué d'avoir, par insuffisance de motifs, relevé que la requérante a sollicité l'annulation d'une saisie hors délai et n'a, à aucun moment, examiné le bien-fondé des arguments par elle développés, alors qu'elle a toujours soutenu qu'elle n'était pas au courant de la saisie, l'huissier ayant agi de concert frauduleux avec le commissaire aux comptes de à qui il signifiait les actes, lequel les remettait à son tour à l'actionnaire minoritaire de la société (CCJA, 1e ch., n° 070, 29-3-2018 : Sté Comptoir Papetier du Sénégal SA c/ Sté Africaine de Bois et 5 autres) ;

– qui ne critique en rien la décision attaquée, reprochant notamment au jugement attaqué d'avoir violé la loi par mauvaise appréciation des faits en ce que, pour faire droit à la demande reconventionnelle de SIPROGIM qui réclamait le paiement de six mois d'arriérés de loyers, le tribunal a retenu que « la société DHL GF n'a pas apporté la preuve de la remise des clés à SIPROGIM et doit pour cela être maintenue dans les liens contractuels », alors que « la société DHL GF a bel et bien remis les clés à la société SIPROGIM qui a refusé tout état des lieux aux motifs que le bail continuait de courir jusqu'au 20 février 2015 ; que l'article 26 du contrat de bail stipule que chacune des parties a la faculté de résilier le présent bail en cas de non-respect des obligations contractuelles prévues aux présentes. Chacune des parties a également la faculté de résilier, à tout moment et en dehors de toute défaillance du cocontractant, le présent bail moyennant respect d'un préavis d'au moins trente (30) jours servis à l'autre partie par lettre recommandée. Or, avant le délai fixé par la SIPROGIM, cette dernière a donné les locaux à un nouveau locataire, en l'espèce la Société SCA Groupe CA ; Comment aurait-elle pu ouvrir les locaux alors qu'elle n'avait pas les clés pour les céder à un nouveau locataire ? » (CCJA, 1e ch., n° 033, 22-2-2018 : Sté DHL Global Forwarding Côte d'Ivoire c/ SIPROGIM-CI) ;

– qui reproche à un arrêt une insuffisance de motifs en ce qu'il a retenu que, « de l'analyse des divers relevés de comptes produits, il apparaît effectivement que la société ICOTAF est débitrice de la somme de 1 010 885 673 FCFA ; que ce montant intègre en outre la somme de 400 000 000 FCFA garantie par le FAGACE », alors que madame [X] a produit devant la cour d'appel la requête aux fins d'arbitrage déposée devant la CCJA le 6 novembre 2006 par la CBAO qui précise n'avoir qu'une créance de 643 854 187 FCFA, demandant à être couverte par le FAGACE à concurrence de 400 000 000 FCFA, et que la cour d'appel ne fournit pas les éléments de son analyse lui permettant d'écarter la preuve fournie par la demanderesse au pourvoi (CCJA, 1e ch., n° 097, 26-4-2018 : Oumou Salamata Tall c/ CBAO GROUPE ATTIJARIWAFA BANK, Sté ICOTAF) ;

– à la fois confus et constitué d'un mélange de faits et de droit (CCJA, 1e ch., n° 009, 24-1-2019 : Sté HABANA CAFE SARL c/ Sté Civile Immobilière le Pélican Doré).

– qui, en présence d'une appréciation souveraine des juges du fond, invite la CCJA à procéder à ce même exercice (CCJA, 1e ch., n° 252/2019, 7-11-2019 : Sté Libya Oil Sénégal c/ Sté Bénin Petro) ;

– qui moyen qui critique la fixation de dommages-intérêts par une cour d'appel, car il est une règle consacrée que les juges du fond sont souverains dans l'appréciation et la fixation du quantum des dommages-intérêts (CCJA, 3e ch., n° 120/2019, 11-4-2019 : Dame Billie Mbaye c/ L'Hôtel King Fadh Palace).

k. Pourvoi fondé sur des griefs extérieurs à l'arrêt attaqué

Le pourvoi qui se fonde sur des griefs extérieurs à l'arrêt déféré et donc irrecevables est par conséquent mal fondé et doit être rejeté. Tel est le cas lorsqu'il est reproché, à tort :

– à un arrêt d'avoir violé les articles 299, 311, 313, 247, 254, 269, 297 et 264 de l'AUPSRVE, pour un ensemble de raisons énumérées, dès lors qu'il résulte de ses énonciations que l'arrêt déféré n'a statué que sur la recevabilité de l'appel interjeté par le débiteur saisi, qui a été déclaré irrecevable en la forme. La cour d'appel, qui s'est ainsi bornée à vérifier si le recours considéré remplissait les conditions exigées par l'article 300 de l'AUPSRVE, n'a pas examiné le fond de l'affaire et n'encourt donc nullement les griefs formulés par le recourant (CCJA, 2e ch., n° 181, 27-7-2017 : Abdoulaye Diallo c/ Sieur Lalle Bi Ya Jacques) ;

– à un jugement d'avoir violé l'article 430 du Code de procédure civile du Bénin en rejetant une demande de remise de l'adjudication alors que le tribunal était déjà saisi d'une requête en récusation contre son président, dès lors qu'il ne ressort pas des énonciations du jugement déféré faisant foi jusqu'à inscription de faux que le tribunal a été saisi d'une demande de récusation de l'un de ses membres ; **le grief étant extérieur à l'arrêt** et, dans tous les cas, nouveau, il ne saurait prospérer (CCJA, 1e ch., n° 062, 14-3-2019 : MARLAN'S COTTON INDUSTRIES c/ 1) État BENINOIS, 2) SCI AIGLON PROPERTIES, 3) FIRST PORT INTERNATIONAL CÔTE D'IVOIRE SA).

l. Moyen critiquant une décision non déférée à la CCJA

Est irrecevable, le moyen critiquant une décision :

– non déférée en lieu et place de l'arrêt attaqué (CCJA, 2e ch., n° 156/2021, 28-10-2021 : Akoube Mathias et trois autres c/ Koffi Konan) ;

– du premier juge au lieu de l'arrêt déféré (CCJA, 3e ch., n° 095/2021, 27-5-2021 : Kouadou Tanoh Célestine épouse D. c/ Alley Youmand Lucien).

m. Pourvoi visant deux décisions mais ne critiquant qu'une seule

Le pourvoi en cassation qui, tout en visant deux décisions différentes, ne critique qu'une seule desdites décisions doit être déclaré irrecevable d'office contre la décision non critiquée (CCJA, 2e ch., n° 274/2024, 31-10-2024).

n. Pourvoi ou moyen ne permettant pas à la CCJA d'exercer son contrôle

Est irrecevable le pourvoi ou le moyen dont les énonciations ne permettent pas à la CCJA d'exercer valablement son contrôle conformément à l'esprit de l'article 28 de son Règlement de procédure CCJA. Tel est le cas :

– lorsque la demanderesse au **pourvoi** se borne à énoncer dans sa requête : « Les dispositions de la

législation communautaire de l'OHADA invoqués à l'appui du présent pourvoi sont :
Sur la recevabilité :
Les articles :
– 14 al. 1, 3 et 4 du Traité OHADA du 17 octobre 1993 relatif à l'harmonisation du droit des affaires en Afrique dit traité OHADA signé à Port Louis et tel que révisé à Québec le 17 octobre 2008.
– 15 et 19 dudit Traité OHADA et
– 27 et 28 et suivants du Règlement de procédure CCJA du 18 avril 1996 de la Cour commune de justice dite CCJA ;
Sur le fond :
– L'article 28 du Règlement de procédure CCJA ;
– Sous toutes réserves à pourvoir aux insuffisances éventuelles conformément aux dispositions de l'article 28 du Règlement de procédure CCJA susvisé par monsieur le Greffier en chef de la CCJA ;
Et ce sera justice » (CCJA, 1e ch., n° 021, 24-1-2019 : World Connection SARL c/ BCC, RDC).
– du **moyen** qui se contente de soutenir qu'au Cameroun, l'action dirigée contre la délibération d'un organe d'une société commerciale relève nécessairement de la compétence des juridictions de l'ordre judiciaire à l'exclusion de tout autre juridiction, sans préciser la juridiction compétente dans l'ordre judiciaire camerounais pour en connaître, ainsi que la loi attribuant cette compétence à ladite juridiction. Il en est ainsi car la détermination de la juridiction compétente pour connaître d'un litige relève du droit interne et, en particulier, de l'organisation judiciaire de chaque État partie au Traité OHADA (CCJA, 3e ch., n° 016/2021, 28-1-2021 : Port Autonome de Douala SA c/ Les sociétés APM Terminals B.V et Bollore SA).

o. Moyen d'irrecevabilité renvoyant à la question de la compétence de la CCJA

Le moyen par lequel des défendeurs demandent à la cour de déclarer irrecevable le pourvoi, au motif que la décision attaquée est rendue à la suite d'une requête civile, procédure inconnue du Règlement de procédure de la CCJA, dont les conditions de mise en œuvre sont définies à l'article 287 du Code de procédure civile national et que l'arrêt querellé n'a statué sur aucune disposition d'un acte uniforme de l'OHADA, ainsi exposé, renvoie à la question de la compétence de la CCJA et non à celle de la recevabilité du pourvoi. En l'espèce, le recours, étant introduit dans le délai et selon les formes prescrites par le Règlement de procédure, est recevable (CCJA, 3e ch., n° 148, 7-6-2018 : État du Sénégal c/ 1) Eeximcor Afrique SA, 2) Papa Ousmane Ahne, 3) Mambaye Seye).

p. Moyen visant la violation d'un avant-projet d'Acte uniforme relatif aux obligations

Selon la combinaison des articles 28, 28 bis et 28 ter du Règlement de procédure de la CCJA, le recours en cassation indique les Actes uniformes ou les Règlements prévus par le Traité dont l'application dans l'affaire justifie la saisine de la Cour et, à peine d'irrecevabilité, met en œuvre au moins un des cas limitativement énumérés par l'article 28 ter précité comme ouvrant droit à un tel recours. Il en ressort la nécessité pour le recourant d'articuler des moyens de droit suffisamment clairs et dépourvus de toute ambiguïté. En l'espèce, le premier moyen, tiré de la violation de l'AUS est vague et imprécis ; le second moyen prend argument d'un avant-projet d'Acte uniforme relatif au droit des obligations ; que dans ces conditions, il y a lieu pour la Cour de les déclarer irrecevables (CCJA, 1e ch., n° 260/2019, 7-11-2019 : Sté Nicom c/ Banque de développement des Comores).

q. Recours auquel la décision attaquée n'est pas annexée

L'irrecevabilité manifeste du recours doit être soulevée d'office par la CCJA lorsque le demandeur invité à régulariser son recours par la production de la décision attaquée ne s'est pas exécuté dans le délai imparti (CCJA, 1e ch., n° 234/2020, 25-6-2020 : Siaka Sitouok et ayants droit Siaka Emmanuel c/ Migec S ; CCJA, 2e ch., n° 148/2019, 9-5-2019 : Deugoue Paule Sylvie c/ Société des Établissements Monkam SA).

r. Moyen visant la violation de textes inapplicables devant la juridiction qui a rendu la décision attaquée

Le moyen qui n'indique pas en quoi les articles 28 bis et 28 ter du Règlement de procédure de la CCJA qui réglementent les cas d'ouverture à cassation devant celle-ci ont pu être violés par une cour d'appel devant laquelle ils ne sont pas applicables est irrecevable (CCJA, 3e ch., n° 219/2020, 25-6-2020 : Gras Savoye Cameroun SA c/ D.).

s. Moyen critiquant une décision autre que celle qui est attaquée

Le moyen qui ne critique pas l'arrêt, mais plutôt le jugement d'instance, ne dit pas en quoi les dispositions légales visées au moyen ont été violées par la cour d'appel et qui, tout en visant la violation de la loi, développe plutôt, sans les spécifier, deux autres cas d'ouverture à la cassation, notamment l'insuffisance de motifs, ainsi que le défaut de base légale ; ce moyen est vague, imprécis, ne permet pas à la cour d'exercer son contrôle, et de ce fait irrecevable (CCJA, 1e ch., n° 304/2024, 28-11-2024).

t. Moyens fondés sur les prétentions d'une autre partie à la procédure ayant abouti à l'arrêt attaqué

Un demandeur est dépourvu de qualité pour porter devant la CCJA, dans le cadre d'un pourvoi en cassation, les griefs formulés par des moyens se rapportant à des prétentions élevées par une autre partie à la procédure ayant abouti à l'arrêt attaqué, et de tels moyens sont irrecevables. Tel est le cas, par exemple, du moyen présenté par le cessionnaire d'un droit au bail, demandeur en cassation, reprochant à une cour d'appel de n'avoir pas répondu aux conclusions des héritiers du bailleur du bail cédé, tendant à l'infirmation partielle du jugement d'instance dans sa partie relative à la résiliation du bail à usage professionnel conclu avec le preneur du bail (qui a cédé celui-ci), alors, selon le moyen, que cette demande a été soumise à la cour d'appel par voie d'appel incident par les héritiers du bailleur (CCJA, 2e ch., n° 285/2024, 31-10-2024).

u. Autres types de moyens irrecevables

– moyen **ambigu.**Tel est le cas du moyen qui, incriminant principalement une « violation de la loi », mais faisant référence, dans sa conclusion à un défaut de base légale, ne permet pas à la Cour de spécifier le grief articulé contre l'arrêt attaqué, aucun des deux cas n'ayant fait l'objet d'une démonstration quelconque par la demanderesse au pourvoi (CCJA, 1e ch., n° 019/2021, 18-2-2021 : First International Bank RDC SA c/ Richard Lukusa Kalombo. Voir aussi CCJA, 2e ch., n° 153/2021, 24-6-2021 : Motor Oil Trading c/ Sonidep, et sur des moyens confus et ambigus : CCJA, 2e ch., n° 079/2021, 29-4-2021 : BGFI Bank Cameroun SA c/ Total Cameroun AS ; CCJA, 3e ch., n° 219/2020, 25-6-2020 : Gras Savoye Cameroun SA c/ D.) ; dans le même sens, au sujet de branches de moyen qui sont ambiguës et n'indiquent pas la partie de la décision qui aurait commis les griefs allégués (CCJA, 2e ch., n° 063/2024, 29-2-2024) ; ou encore, lorsqu'au lieu de spécifier le grief articulé autour de la disposition alléguée, la requérante a livré un développement confus en invoquant pèle mêle des dispositions du Code civil béninois, ce qui ne permet pas à la CCJA d'exercer son contrôle relativement au grief relevé (CCJA, 2e ch., n° 162/2024, 30-5-2024) ;

– moyen qui n'est pas clair, précis, et qui n'indique pas le chef de dispositif critiqué de l'arrêt dont pourvoi (CCJA, 2e ch., n° 074/2021, 29-4-2021 : Talotsing Paghou Marcel c/ Afriland First Bank SA). Il a pu être jugé que la branche de moyen assimilant la « non-réponse aux conclusions » à « l'omission ou le refus de répondre à des chefs de demandes », alors qu'il s'agit de cas d'ouverture différents, manque de clarté et de précision et doit être déclarée irrecevable (CCJA, 2e ch., n° 142/2021, 24-6-2021 : Société Commerciale des Supers Bazars c/ SIME Mathieu, En présence de la Liquidation FOPI SA) ;

– moyen tiré de « l'imprécision de l'identification de l'immeuble saisi », qui ne met en œuvre aucun des cas d'ouverture à cassation prescrits par l'article 28 bis du Règlement de procédure de la CCJA (CCJA, 3e ch., n° 282/2020, 30-7-2020 : SGI Holding FZE SA c/ Le pool bancaire représenté par Ecobank Tchad SA).

– moyen tiré de la contrariété de décisions, car il ne rentre pas dans les cas d'ouverture visés par l'article 28 bis du Règlement de procédure de la CCJA (CCJA, 2e ch., n° 058/2020, 27-2-2020 : Société de Transformation Alimentaire c/ Hadi Ali Maazou).

Obs. : s'il est vrai et regrettable que la réforme du Règlement de procédure de la CCJA n'ait pas expressément consacré la contrariété de décisions parmi les moyens de cassation prévus à l'article 28 bis, il n'en demeure pas moins que la contrariété de décision, peut, le cas échéant, être appréhendée à travers la violation d'une disposition nationale l'interdisant, ce qui, dans une affaire soulevant des questions relatives à un Acte uniforme ou tout autre texte issu de la législation de l'OHADA, tomberait sous le coup de la violation de la loi. En attendant qu'une nouvelle réforme vienne entériner la cassation pour contrariété de décisions, il est déjà possible d'y recourir, ne serait-ce que partiellement, pour la cassation de décisions des juridictions nationales des États parties à l'OHADA qui seraient en contrariété avec un arrêt de la CCJA, comme le prévoit déjà l'article 20 du Traité. En tout état de cause, le fondement de la première pièce de cet édifice semble avoir déjà été posé par la CCJA elle-même, qui a déjà prononcé la cassation une décision pour « contrariété de décisions » (voir sous l'art. 32, CCJA, 3e ch., n° 212/2021, 25-11-2021 : Kin Pierre Stanislas c/ Société Sires), ce qui à notre avis est un pas non négligeable dans la bonne direction.

– moyen inintelligible (CCJA, 1e ch., n° 266/2019, 28-11-2019 : Expérience in technology (XIT SARL) c/ Ecobank RDC SA) ;

– moyen extérieur à l'arrêt contesté en ce qu'il n'a pas été discuté devant la cour d'appel (CCJA, 1e ch., n° 232/2020, 25-6-2020 : Sehic Hollywood Hotel c/ Pro PME Financement SA) ;

– le moyen qui n'invoque la violation d'aucune des dispositions des différents textes susceptibles d'être convoqués relativement à la recevabilité du recours formé eu égard à la nature du contentieux en cause, étant précisé que la recevabilité d'un pourvoi devant la CCJA est régie par les articles 23 et suivants du Règlement de procédure de celle-ci, complétés, le cas échéant, par les dispositions spécifiques à chaque contentieux (CCJA, 1e ch., n° 134/2020, 30-4-2020 : Bank of Africa Mali c/ Adama Barry).

2° Décisions n'ayant pas retenu l'irrecevabilité

a. Liberté de forme du pourvoi

L'article 28 du Règlement de procédure de la CCJA n'impose aucune forme du pourvoi en cassation et se contente juste d'énumérer les mentions dudit recours, au demeurant le non-paiement des frais de pourvoi ne fait pas partie des conditions de recevabilité dudit pourvoi, tout comme l'imprécision contenue dans la requête s'agissant de la formation du délibéré qui du reste est suppléée par la production de l'arrêt attaqué versé au dossier. Recevabilité du pourvoi (CCJA, 3e ch., no 023, 13-3-2014 : BIAT c/ Souleymane AHMAT GAMAR, Ohadata J-15-114).

b. Régularisation du pourvoi

1 – Pourvoi régularisé avant toute demande de régularisation

L'exception d'irrecevabilité soulevée doit être rejetée lorsque, avant toute demande de régularisation du juge rapporteur à l'adresse du conseil du demandeur, des pièces de procédure subséquentes ont suppléé à cette lacune (CCJA, 2e ch., no 098, 27-4-2017 : Afriland First Bank SA c/ Sté CASTOR BATISSEUR, Achindati Etienne), par transmission spontanée avant la clôture des débats (CCJA, 3e ch., no 184/2022, 24-11-2022 ; CCJA, 2e ch., no 005/2022, 20-1-2022 ; CCJA, 1e ch., no 195/2022, 1-12-2022).

2 – Pourvoi régularisé dans le délai imparti

La régularisation du pourvoi, à la demande du greffier, dans le délai imparti (CCJA 1e Ch., no 005, 28-2-2008 : E. K. B. K. c/ FENACOPAH-CI, Juris-Ohada no 2, avr.-juin 2008, p. 9 ; Rec. jur. CCJA, no 1, janv.-juin 2008, p. 29, Ohadata J-09-28) ou avant la clôture des débats (CCJA, ass. plén., no 033, 23-4-2015 ; Rec. no 011/2014/PC du 24-1-2014 : État DU MALI c/ Sté Groupe TOMOTA SA, Ohadata J-16-33), rend le pourvoi recevable (CCJA, ass. plén., no 073, 29-4-2015 : STCC, Yves Marie DULIOUST, Directeur Général de la STCC, Abdel Aziz THIAM, Président du Conseil d'Administration de la STCC c/ GAMAL CHALLOUB, Ohadata J-16-74) et l'exception d'irrecevabilité sans objet (CCJA, 3e ch., no 025, 9-4-2015 : SICG c/ KOUADIO YAH Madeleine, Ohadata J-16-25, régularisation par production du mandat donné à l'avocat). Il en est ainsi, car l'article 28 in fine dudit Règlement de procédure de la CCJA permet la régularisation de la production d'un recours par la production de pièces manquantes (CCJA, ass. plén., no 073, 25-4-2014 : Mandonou Oswald ATTIN c/ BANQUE OF AFRICA (BOA-Bénin), Ohadata J-15-164) ; voir aussi : CCJA, 2e ch., no 088, 8-7-2015 : État du Burkina Faso c/ SGBB, Ohadata J-16-87, admettant le pourvoi, les frais de consignation ayant été payés à la suite de la demande de régularisation, ce qui a permis de remettre l'affaire au rôle de la cour.

Voir aussi :

– (CCJA, 2e ch., no 005/2022, 20-1-2022 : Penda Ponke Isidore Pascal c/ Société Civile Immobilière Jally, au sujet des griefs relatifs à la preuve de la qualité d'avocat et à la signification de l'arrêt attaqué relevés avant la fin de la procédure) ;

– (CCJA, 3e ch., no 051/2022, 24-2-2022 : Société Korean National Insurance Coporation c/ Société Aveni-Re).

3 – Régularisation non demandée

L'absence des mentions prévues à l'article 28 du Règlement de procédure de la CCJA dans un pourvoi n'entraîne l'irrecevabilité du recours que suite à une demande de régularisation formulée par le greffe à l'attention du requérant et restée infructueuse ; aucune demande de régularisation du recours n'ayant été adressée à la requérante, le pourvoi est donc recevable (CCJA, 1e ch., no 171/2023, 13-7-2023).

Ainsi, en l'absence dans le dossier d'une demande de régularisation prévue à l'article 28-5 [devenu 28-6] du Règlement de procédure restée sans suite, l'omission de la mention « certifiée conforme » sur les copies des pièces produites par une partie ne peut à elle seule justifier l'irrecevabilité du recours et ce, d'autant plus que les pièces dont s'agit ont été déposées, communiquées et discutées contradictoirement aussi bien en instance qu'en appel sans être contestées tant dans leur forme que dans leur substance et qu'il n'est dénoncé aucune fraude derrière cette omission (CCJA, 3e ch., no 31, 6-12-2011 : Sté Trigon Energy Ltd c/ BU Sahel (BCS SA), Juris-Ohada, 2011, no 4, oct.-déc., no 4, p. 28, Rec. jur. CCJA no 17, juill.-déc. 2011, p. 133, Ohadata J-13-12, J-13-167 ; CCJA, 1e ch., no 035/2023, 9-3-2023).

Obs. : il s'agit plus précisément de l'absence de constatation d'une demande de régularisation restée sans suite.

La prescription de l'article 28.1-b) du Règlement de procédure, suivant laquelle « le recours contient [...] les noms et domiciles des autres parties à la procédure devant la juridiction nationale et de leur avocat... », ne peut être assortie de sanction que suite à une demande de régularisation du greffier ; cela n'étant pas fait et, s'agissant d'une mention non substantielle dans le cas d'espèce, il s'ensuit que cette exception ne peut être accueillie et le pourvoi est recevable (CCJA, ass. plén., no 080, 29-4-2015 : Kabore John Boureima, Kabore Aimé c/ La Sté CORI SARL, Maître Yacoba Ouattara, Souleymane Sere, Henry Deckers, Ohadata J-16-80). Voir aussi : CCJA, 2e ch., no 180, 27-7-2017 : Sté Delta Rich Development et un autre c/ Stés CNPC et autres ; CCJA, 1e ch., no 108, 9-6-2016 : Tia Togbé Olivier c/ Koffi Konan Emmanuel, Ohadata J-17-49. CCJA, 3e ch., no 158, 13-7-2017 : Jabeili Ibrahim c/ Boussalah Mohamed Boubakeur).

Dans le même sens :

– la prescription de l'article 28, 5) relative à la preuve de l'existence juridique d'une personne morale et que le mandat délivré en son nom l'a été par une personne habilitée ne peut être assortie de sanction que suite à une demande de régularisation du juge rapporteur, conformément au point 6 du même article ; tel n'étant pas le cas en l'espèce, l'exception soulevée ne peut être accueillie et le recours est recevable (CCJA, 1e ch., n° 253/2020, 25-6-2020 : Amadou Djigue et la Société Djigue SA c/ Bsic Mali SA). CCJA, 2e ch., n° 165/2021, 28-10-2021 : Standard Chartered Bank Cameroun SA c/ Sté JDDS SARL) ;

– lorsque le défaut d'indication, dans la requête introductive, des nom et adresse de la défenderesse et de leurs conseils a été couvert par la mention de ces informations dans plusieurs pièces régulièrement produites au dossier, notamment le mandat spécial délivré à leur conseil et la sentence arbitrale attaquée elle-même ; et qu'au demeurant, la demande de régularisation prévue par l'article 28.6 du Règlement de procédure relativement à ces informations manquantes n'a pas été adressée au requérant, aucune irrecevabilité ne peut être prononcée de ces chefs (CCJA, ass. plén., n° 214/2021, 23-12-2021 : Établissements Enacam c/ Société Générale Cameroun et GICAM) ;

– au sujet de la mention du siège d'une société (CCJA, 1e ch., n° 254/2020, 25-6-2020 : Ondo Methogo Emmanuel c/ Société Assala Gabon).

c. Identification des parties

Identification satisfaisante. La fin de non-recevoir basée sur une violation de l'article 28-1 a n'est pas fondée dès lors que le recours contient le nom de la société requérante ainsi que son domicile qui est son siège social (CCJA, 1e ch., n° 27, 7-4-2005 : SONAR c/ PAPME, Juris-Ohada, n° 3/2005, p. 32, Rec. jur. CCJA, n° 5, janv.-juin 2005, vol. I, p. 78, Ohadata J-05-379).

Aucune violation de l'article 28 al. 1 ne peut être reprochée à l'arrêt qui s'est contenté de mentionner l'État de Côte d'Ivoire uniquement au niveau des qualités sans en référer dans les motifs et dispositif et n'a tiré aucune conséquence relativement à la décision à l'égard de l'État de Côte d'Ivoire, lequel ne peut en conséquence être considéré comme partie à la procédure (CCJA, 2e ch., n° 034/2012, 22-3-2012 : Sté Thales Security Systems c/ M. Olivier KATTIE).

Pour un pourvoi tendant à la défense tout à la fois des intérêts d'une société en liquidation et de la masse des créanciers, l'indication de leur qualité de « syndics de la liquidation de la LCCI » apparaît suffisante ; l'exception d'irrecevabilité soulevée aux motifs que, d'une part, l'identification des demandeurs est insuffisante, ces derniers déclarant agir en qualité de « syndics de la liquidation judiciaire de la société cotonnière LCCI », sans préciser s'ils ont agi en qualité d'organes de la procédure collective elle-même, de représentants de la LCCI ou enfin d'organes de la masse des créanciers et que, d'autre part, la preuve de l'existence juridique de ladite société n'a pas été rapportée conformément aux dispositions de l'article 28.4 du Règlement de procédure de la CCJA doit être rejetée, dès lors que l'acte d'inscription au registre du commerce de la société concernée a été produit et satisfait aux exigences de l'article 28.4 Règlement de procédure de la susvisé (CCJA, 1e ch., n° 032, 29-2-2016 : Tiemoko Koffi, Guillemain Alain c/ Kagnassy Sidi Mohamed et 2 autres, Ohadata J-16-234).

Il n'y a pas d'irrecevabilité lorsque le défaut d'indication dans la requête introductive des nom et adresse d'une personne morale, partie à la procédure, et de son conseil a été couvert par la mention de ces informations dans plusieurs pièces régulièrement produites au dossier, notamment la requête en injonction de payer, l'exploit de signification de l'ordonnance d'injonction de payer, le jugement rendu sur opposition et l'arrêt attaqué lui-même (CCJA, 3e ch., n° 158, 13-7-2017 : Jabeili Ibrahim c/ Boussalah Mohamed Boubakeur).

C'est à tort qu'il est reproché à une cour d'appel d'avoir violé les dispositions combinées des articles 28 du Règlement de procédure de la CCJA et 121 de l'AUSCGIE, en ce que le recours en annulation au nom d'une société ne mentionne pas l'organe de gestion, d'administration ou de direction habilité à ester en justice en son nom, dès lors que l'article 28 du Règlement de procédure de la CCJA ne fait pas de la mention des organes de gestion, d'administration ou de direction une exigence à peine d'irrecevabilité ; il y est demandé les noms et domiciles du requérant, de sorte que la mention de la raison sociale et de son siège social, avec à l'appui ses statuts et/ou son registre de commerce, est suffisante (CCJA, 2e ch., n° 074/2024, 28-3-2024).

Au sens de l'article 28.4 du Règlement de procédure de la CCJA, l'obligation qui incombe au requérant, personne morale, est de produire ses statuts ou un extrait récent du registre de commerce et du crédit mobilier ou tout autre document pour donner la preuve de son existence juridique (CCJA, 1e ch., n° 075, 29-3-2018 : BPMG c/ Maître Laye Sano).

Identité de la personne physique représentant le demandeur non exigée. Il ne ressort pas du Règlement de procédure de la CCJA, l'obligation d'indiquer dans le recours ou dans le mémoire ampliatif, le nom de la personne physique représentant le recourant au pourvoi (CCJA, 3e ch. n° 121, 22-10-2015 : Sté MAERSK CAMEROUN SA c/ MODI KOKO BEBEY et NJOUONANG YOUMBI, Ohadata J-16-114).

Absence d'obligation de citer une personne appelée en intervention forcée et contre laquelle le jugement n'a pas statué. Aucune violation de l'article 28-1 du Règlement de procédure de la CCJA ne peut être valablement reprochée à la demanderesse en ce qu'elle a omis de citer devant la CCJA une personne qui avait été partie à la procédure devant les juridictions nationales, après y avoir été appelée en intervention forcée, puisque ni le jugement ni l'arrêt frappé du pourvoi ne mentionnent cette personne comme une partie à la procédure et qu'aucune de ces décisions n'a statué sur une prétention émise par ladite personne ou dirigée contre elle (CCJA, 3e ch., no 032, 9-3-2017 : Compagnie des Assurances Colina-Mali SA c/ Sté SCAC BAL Mali SA, Ohadata J-17-166).

La prescription de l'article 28.5) du Règlement de procédure de la CCJA suivant laquelle « si le requérant est une personne morale, il joint à sa requête : – ses statuts ou un extrait récent du registre du commerce et du crédit mobilier, ou toute autre preuve de son existence juridique… » ne peut être assortie de sanction que à la suite d'une demande de régularisation du juge rapporteur, conformément au point 6 du même article. En tout état de cause, l'existence juridique d'une personne morale pouvant être établie par toute autre preuve, l'extrait du registre de commerce délivré le 27 janvier 2009 par le greffier en chef chargé du RCCM du tribunal de commerce de Bangui, ainsi que le mandat donné le 28 septembre 2006 suivi d'un « Acte de renonce d'une procuration » fait et passé le 26 février 2014 en l'étude de maître Mbailassem Siméon, notaire à Moundou, constituent autant de preuves de l'existence juridique de la société S.A.E.M. R. Cattin et Cie. Il s'ensuit que cette branche de l'exception d'irrecevabilité du pourvoi ne peut également être accueillie (CCJA, 3e ch., no 231/2019, 10-10-2019 : dite S.A.E.M. R. Cattin & Cie c/ Abdelkader Youssouf).

Non-indication des noms des autres parties, qui ressortent de l'arrêt attaqué, annexé au recours. La recevabilité du pourvoi en cassation devant la CCJA s'apprécie, non à la lumière du droit interne mais selon les exigences des articles 23 à 28 du règlement de cette Cour. Il en ressort que le pourvoi est recevable, dès lors que le demandeur a satisfait à toutes ces exigences et a annexé à son recours l'arrêt querellé, lequel mentionne expressément les noms de toutes les parties au procès (CCJA, 2e ch., no 083/2021, 27-5-2021 : Samir Bourgi c/ Malick Gueye).

Omission des parties n'ayant pas participé à la procédure devant la juridiction de fond. C'est à tort que l'irrecevabilité d'un pourvoi est soulevée au motif qu'il n'a pas indiqué les nom, prénoms et domicile des autres parties à la procédure devant la cour d'appel, ces prescriptions faites aux fins de la notification du recours par le greffe de la CCJA étant apparues sans intérêt, dès lors que lesdites parties, qui n'ont ni participé aux débats au cours de l'instance devant la juridiction de fond, ni été visées dans le dispositif de la décision attaqué, n'ont pas pu acquérir la qualité de parties au litige devant cette juridiction et que de ce fait, l'on ne saurait reprocher au recourant de ne les avoir pas mentionné dans son pourvoi (CCJA, 2e ch., no 157/2021, 28-10-2021 : Afriland First Bank c/ Bouare Aminata Remarck). Dans le même sens et précisant que la prescription de l'article 28.1-b) du Règlement de procédure relative à l'indication, dans un recours, des « noms et domiciles des autres parties à la procédure devant la juridiction nationale et de leur avocat… », n'est sanctionnée par la CCJA qu'à la suite d'une demande de régularisation du juge rapporteur restée vaine ; à défaut, l'exception soulevée ne peut être accueillie dès lors qu'il s'agit d'une mention non substantielle (CCJA, 1e ch., no 249/2020, 25-6-2020 : Snia c/ Ecobank Bénin SA).

C'est à tort qu'une défenderesse soulève l'irrecevabilité d'un recours, au motif que, l'appellation sous laquelle elle a été désignée dans ce recours, à savoir, « la société Génie civil construction internationale Côte d'Ivoire », est différente de celle qui figure sur son registre de commerce sur lequel elle est enregistrée sous le nom « la GCCI Côte d'Ivoire », ce qui, selon elle, d'une part, équivaut à un défaut d'indication de l'identification précise d'une partie litigante, constitutif d'une violation de l'article 28 du Règlement de procédure de la CCJA et que, d'autre part, signifierait que le recours a été dirigé contre une société inexistante et doit, de ce fait, être déclaré irrecevable. Il en est ainsi dès lors qu'il ressort des pièces de la procédure que dans son acte d'appel, la défenderesse s'est elle-même, identifiée sous la dénomination « société Génie Civil Construction International (GCCI CI) et que, par la suite, cette identification a été reprise par la cour d'appel dans l'arrêt attaqué (CCJA, 2e ch., no 220/2021, 23-12-2021 : FTCI SARL c/ Société GCCI-CI).

Recevabilité du pourvoi formé par une société étrangère à l'espace OHADA sans appréciation de son existence en vertu de l'AUSCGIE : pour une société de droit américain et ayant son siège social aux États-Unis, l'appréciation de la qualité de son représentant ou de son existence juridique et sa capacité d'ester en justice à l'aune des dispositions de l'AUSCGIE sont inopérantes et le pourvoi formé par celle-ci est recevable (CCJA, 3e ch., no 138/2022, 27-10-2022).

Recevabilité du pourvoi omettant l'indication de l'identité et l'adresse de parties tierces sur le recours. Aucune sanction n'étant prévue par le Règlement de procédure de la CCJA à cet effet, le pourvoi qui omet l'indication des identités et adresses de tierces parties sur la requête est recevable (CCJA, 2e ch., no 013/2024, 25-1-2024).

d. Identification des Conseils des parties devant la juridiction nationale

Le défaut d'indication des avocats des défendeurs devant la juridiction nationale, ne saurait justifier l'irrecevabilité du recours dès lors que, ces informations ressortent des pièces de la procédure et, en l'occurrence, de la décision déférée à laquelle la Cour peut avoir égard (CCJA, 2e ch., n° 217/2021, 23-12-2021 : Commodities corporate consulting SA et deux autres c/ Latham Eric Jean Louis).

e. Décision objet du recours

1 – Ordonnance de référé : validité du pourvoi auquel elle est annexée

La fin de non-recevoir basée sur la violation de l'article 28-2 du Règlement de procédure n'est pas fondée dès lors qu'il ressort des pièces produites que l'ordonnance de référé, objet du recours, a bien été annexée du pourvoi (CCJA, 1e ch., n° 27, 7-4-2005 : SONAR c/ PAPME, Juris-Ohada, n° 3/2005, p. 32, Rec. jur. CCJA, n° 5, janv.-juin 2005, vol. I, p. 78, Ohadata J-05-379).

2 – Établissement valable de la décision attaquée

Preuve du caractère contradictoire ou par défaut d'une décision. Il est de principe, d'une part, qu'il incombe au demandeur au pourvoi d'établir le véritable caractère de la décision attaquée à savoir si elle est contradictoire ou par défaut ; d'autre part, les mentions d'une décision de justice, en l'occurrence celles de l'arrêt attaqué, font foi jusqu'à inscription de faux. Les seules affirmations du requérant, en l'absence d'une procédure dûment exercée et déclarative de faux, ne sauraient évincer les mentions que comporte un exploit, lesquelles font dès lors foi ; il s'ensuit que l'arrêt attaqué, qui a été rendu à la suite de cet exploit et dont les mentions indiquent qu'il l'a été « contradictoirement », ne saurait être déclaré nul et encore moins être qualifié d'arrêt de défaut (CCJA, n° 33, 26-5-2005 : K. B. c/ F. O. A., Rec. jur. CCJA, n° 5, janv.-juin 2005, vol. 2, p. 9 ; Juris-Ohada, n° 4/2005, juill.-sept. 2005, p. 2 ; Ohadata J-06-13).

3 – Acte de signification de la décision attaquée non exigé

C'est à tort que l'irrecevabilité d'un recours est soulevé pour violation de l'article 28 du Règlement de procédure de la CCJA au motif que la requête ne contient pas l'acte de signification de la décision attaquée, dès lors que, selon l'article 28.2 du du Règlement précité, la décision de la juridiction nationale qui fait l'objet du recours doit être annexée à ce dernier, que mention doit être faite de la date à laquelle la décision attaquée a été signifiée au requérant et qu'en l'espèce le jugement attaqué a été notifié le 22 février 2018 (CCJA, 1e ch., 236/2018, 29-11-2018 : NSIA BANQUE Ex-BIAO-CI c/ DEHAYNI Ghassan ; CCJA, 1e ch., n° 063/2021, 8-4-2021 : Marc Orphanides c/ Alkarim Alnoor Jamal ; CCJA, 2e ch., n° 277/2020, 30-7-2020 : Sitarail c/ SIB et un autre. L'absence d'une copie de la signification n'a point d'incidence sur la recevabilité du pourvoi (CCJA, 1e ch., n° 036, 2-5-2013 : 1) Simo de Baham, 2) Simo de Baham née Caron Marie Christiane Léontine Amandine Antoinette c/ Sté La Plaza SARL, Rec. jur. CCJA n° 20, vol. 2, janv.-déc. 2013, p. 122-125, Ohadata J-15-36).

Le recours, étant formé contre un arrêt de la cour d'appel et non contre un jugement de première instance, est recevable. C'est donc à tort que l'irrecevabilité d'un recours a été soulevé au motif que le recourant a omis de produire le jugement dont il a demandé la cassation et l'annulation (CCJA, 2e ch., n° 192/2020, 28-5-2020 : Abdourahmane Barry c/ Société Barry Thierno Issiaga).

4 – Nécessité de former un pourvoi unique contre une décision ADD et la décision au fond

Le pourvoi contre un arrêt qui admet seulement la compétence de la juridiction d'appel, qui a été contestée par le biais d'une exception d'incompétence, ne peut être formé qu'en même temps que le pourvoi contre l'arrêt sur le fond. Il en résulte que le délai du pourvoi contre le premier ne court qu'à compter du point de départ du délai pour former un pourvoi contre le second. En l'espèce, le pourvoi formé contre l'arrêt avant-dire droit du 6 septembre 2018 l'ayant été au même moment que celui introduit contre l'arrêt définitif du 27 juin 2019, qui a été signifié le 31 août 2019, le pourvoi introduit le 21 novembre 2019 contre l'arrêt « avant-dire droit », dont le point de départ du délai court à compter de cette signification, a donc été introduit dans le délai de deux mois prévu à l'article 28 du Règlement de procédure de la Cour, augmenté des délais de distance prévus par la décision n° 002/CCJA du 4 février 1999. L'exception d'irrecevabilité de ce recours doit donc être rejetée (CCJA, 2e ch., n° 158/2021, 28-10-2021 : Augustin Ndala Tshizembe c/ Equity Bank Congo SA).

5 – Erreur sur la décision attaquée

La production d'un jugement autre que celui attaqué ne doit s'analyser qu'en une simple erreur matérielle, le défendeur au pourvoi ayant lui-même précisé que le jugement en cause est bien celui n° 18/CIV du 11 juin 2015 du tribunal de grande instance du Moungo, à Nkongsamba ; qu'il s'ensuit que l'exception d'irrecevabilité soulevée au motif qu'en lieu et place du jugement n° 18/CIV du 11 juin 2015 supposé attaqué, les demandeurs au pourvoi ont plutôt produit que le jugement n° 15/CIV du 11 juin 2015 ne peut être accueilli (CCJA, 3e ch., n° 119/2019, 11-4-2019 : Fowe Michel et 2 autres c/ la Bicec).

f. Moyen nouveau de pur droit

Un moyen de pur droit peut être soulevé pour la première fois en cassation ; il en est ainsi par exemple du moyen relatif à la violation de l'article 1 de l'AUA (CCJA, 3e ch., n° 20, 6-12-2011 : Safic Alcan Commodities c/ Complexe chimique caremounais,

Juris-Ohada n° 2/2012 p. 32, Ohadata J-12-204, au sujet du siège d'un arbitrage situé en dehors de l'espace OHADA).

g. Moyen nouveau basé sur le fondement duquel la décision attaquée a été rendu

L'irrecevabilité qui a été soulevée, d'un moyen fondé sur la violation de l'article 203 de l'AUS, au motif qu'il s'agit d'un moyen nouveau en cassation, doit être rejetée dès lors que l'arrêt attaqué a été motivé sur le fondement de ladite disposition (CCJA, 2e ch., n° 206/2020, 25-6-2020 : Société Warda Sénégal c/ Banque de l'Habitat du Sénégal).

h. Moyen soulevé devant le premier juge mais non en appel

Lorsqu'il résulte de la procédure en appel que les demandeurs au pourvoi n'ont fait valoir aucun moyen de défense au fond devant la cour d'appel après que celle-ci ait ordonné le retrait de leurs conclusions pour forclusion ; mais que pour se déterminer, la cour d'appel a statué sur les moyens de défense soumis au premier juge par l'une des parties au pourvoi, au titre desquels figure la limitation de responsabilité prévue par l'article 18-1 de l'AUCTMR, un tel moyen n'est pas nouveau et est recevable dans la procédure devant la CCJA (CCJA, 2e ch., n° 292/2019, 28-11-2019 : Société Helvetia Assurances et Société Saham Assurance c/ Prin-Tec et Société Medlog Côte d'Ivoire c/ Prin-Tec).

i. Absence de moyen nouveau en appel

Si l'article 175 du Code de procédure civile ivoirien invoqué en l'espèce dispose qu'il ne peut être formé en cause d'appel aucune demande nouvelle, c'est à la condition qu'il ne s'agisse pas d'une « défense à l'action ». En l'espèce, la demande fondée sur l'irrecevabilité de l'action en résiliation du bail pour défaut de signification des actes de procédure à la personne représentant l'entreprise individuelle est un moyen de défense à l'action ; en la rejetant comme demande nouvelle, la cour d'appel a faussement appliqué le texte susvisé, exposant son arrêt à la cassation (CCJA, 1e ch., n° 121/2019, 25-4-2019 : Ouattara Nan c/ SCI Azuretti).

Obs. : c'est sans doute aussi parce que c'est un moyen d'ordre public puisque touchant à la compétence d'attribution des juridictions.

j. Preuve de l'existence juridique suffisamment rapportée par des pièces du dossier

L'obligation faite par l'article 28-4 du Règlement de procédure de la CCJA à la partie, personne morale, de produire « … ses statuts ou un extrait récent du Registre du Commerce et du Crédit Mobilier… » n'a d'autre fin que d'établir l'existence juridique de celle-ci. En l'espèce, cette preuve résulte suffisamment de l'acte d'immatriculation de la demanderesse en date du 18 mai 2006, non contesté, ainsi que des autres pièces du dossier et il échet de déclarer la fin de non-recevoir opposée de ce chef mal fondée (CCJA, 3e ch., n° 032, 9-3-2017 : Compagnie des Assurances Colina-Mali SA c/ Sté SCAC Delmas Vieljeux-Mali, dite SDV-Mali, devenue Bolloré Africa Logistics-Mali SA, en abrégé BAL Mali SA, Ohadata J-17-166 ; CCJA, 3e ch., 205, 22-11-2018 ; SARL Hotel La Détente c/ Bara Tall).

De même, la demanderesse qui a joint à sa requête un extrait de déclaration de constitution de personne morale renseignant qu'elle a été inscrite au registre de commerce et du crédit mobilier sous le numéro TCH-NDJ/2001/B/0613, et qu'elle est régulièrement représentée par Monsieur [X. Y.], signataire du mandat spécial d'agir délivré aux avocats de cette dernière aux fins du présent pourvoi, satisfait à l'exigence de l'article 28-5 du Règlement de procédure de la CCJA (CCJA, 1e ch., n° 037, 29-2-2016 : TRANSREGIONALES SA c/ ESSO EXPLORATION AND PRODUCTION CHAD INC (EEPCI), Ohadata J-16-239).

Le titre de patente délivré par les services habilités du ministère de l'Economie et des Finances de l'État du Cameroun à une société relativement à la liquidation de ses impositions au titre d'une année précédente et produit par ladite société dans une procédure devant la CCJA établit suffisamment l'existence juridique de la société qui s'en prévaut (CCJA, 2e ch., n° 197, 24-11-2017 : MINOCAM SARL c/ IFACO SA).

L'erreur, dans un pourvoi en cassation, sur l'indication du montant du capital de la société demanderesse n'est pas de nature à remettre en cause l'existence juridique de cette dernière et ne peut entraîner l'irrecevabilité du pourvoi (CCJA, 3e ch., n° 079, 28-4-2016 : FISH AND MEAT SA c/ SONAL SARL, Ohadata J-17-27).

Le fait que l'extrait du registre du commerce et du crédit mobilier date de 2015 n'est pas de nature à atteindre la sécurité juridique des situations engagées et le pourvoi est recevable (CCJA, 1e ch., n° 067/2021, 8-4-2021 : G.E.B. Afrique SARL c/ État béninois).

k. Indication au pourvoi des textes ayant justifié la décision attaquée

L'indication, au pourvoi, des articles 38 et 154 de l'AUPSRVE qui ont justifié la décision attaquée ne constitue pas des moyens nouveaux pouvant emporter l'irrecevabilité du recours ; il s'ensuit que le recours est conforme à l'article 28-1 du Règlement de procédure de la CCJA et donc recevable (CCJA, 1e ch., n° 171, 27-7-2017 : Sani Al Hadj Ousmane c/ Sté Générale Tchad).

Il ne peut être valablement soutenu qu'un pourvoi en cassation n'est fondé sur la violation des dispositions d'aucun Acte uniforme ou Règlement prévus au Traité, dès lors qu'en l'espèce le moyen unique du pourvoi est fondé de façon explicite sur la violation des articles 117 et 118 de l'AUSCGIE (CCJA, 1e ch., no 116, 9-6-2016 : SIPA c/ Sté COTECNA Inspection SA-Genève, Sté COTECNA Inspection SA-Togo, Ohadata J-17-57).

l. Production, après renvoi devant la CCJA, d'un mémoire complémentaire mentionnant des textes de l'OHADA

L'exception d'irrecevabilité d'un pourvoi soulevée sur le fondement de l'article 28 al. 1 du Règlement de procédure de la CCJA, au motif qu'il n'indique pas de dispositions d'un Acte uniforme ou d'un Règlement de l'OHADA qui auraient été violées est irrecevable dès lors que s'agissant d'un pourvoi initialement formé devant une juridiction nationale de cassation qui a renvoyé la cause devant la CCJA, la demanderesse a adressé à la CCJA un mémoire complémentaire évoquant des dispositions d'un Acte uniforme (les art. 67, 68 et 69 de l'AUS en l'espèce) pour mieux asseoir son argumentaire (CCJA, 3e ch., no 120/2019, 11-4-2019 : Dame Billie Mbaye c/ L'Hôtel King Fadh Palace).

m. Jurisprudence produite sous forme de pièce

La production d'une pièce, en l'occurrence d'un arrêt, pour justifier une demande tendant aux mêmes fins que celles soumises au premier juge ne peut être considérée comme une prétention nouvelle et l'exception d'irrecevabilité de cette pièce doit être rejetée (CCJA, 3e ch., no 161, 1-12-2016 : Ouattara Dougnimata Ahmed c/ Sté Vivo Energie Côte d'Ivoire ex-Sté Shell Côte d'Ivoire, Ohadata J-17-101).

n. Non-production de l'acte de procédure en autant de copies qu'il y a de parties

La violation de l'obligation de production de l'acte de procédure en autant de copies qu'il y a de parties en cause et de pièces invoquées à l'appui de la procédure, n'est assortie d'aucune sanction (CCJA, 2e ch., no 192/2020, 28-5-2020 : Abdourahmane Barry c/ Société Barry Thierno Issiaga).

o. Recevabilité des pièces produites en régularisation, spontanée ou à la demande de la Cour, avant la clôture de l'instruction

Contrairement à la production d'un mémoire en réplique ou en duplique devant la Cour qui, en application de l'article 31 du Règlement de procédure, ne peuvent être déposés sans l'autorisation du président de la Cour, les pièces peuvent être produites en régularisation du recours, soit à la demande du juge rapporteur chargé de la mise état de la procédure, soit spontanément par une partie avant d'y être invitée par ce dernier. Cette possibilité est prévue par l'article 28, alinéa 5, tant que l'instruction de l'affaire n'a pas été clôturée. C'est donc à tort qu'une partie a sollicité le rejet de pièces déposées au greffe de la CCJA aux motifs qu'elles ont été déposées sans autorisation du président de la Cour, conformément à l'article 31 du Règlement de procédure (CCJA, 1e ch., no 206/2022, 29-12-2022).

p. Absence de renonciation à un pourvoi en raison de la réitération d'une saisie

En matière civile, sauf cas expressément prévu par la législation, un arrêt rendu par une cour d'appel est exécutoire de droit, le pourvoi n'ayant pas un effet suspensif ; ainsi, l'on ne saurait déduire du fait que le saisissant a fait pratiquer une nouvelle saisie-attribution de créance le 10 mai 2022, après l'arrêt ayant ordonné la mainlevée d'une précédente saisie, sa volonté de renoncer à se pourvoir en cassation contre ledit arrêt ni considérer que le pourvoi est dépourvu d'objet du fait de la mainlevée ordonnée par la décision de la cour d'appel. Il y a donc lieu de déclarer le pourvoi recevable comme étant conforme aux dispositions de l'article 28 du Règlement de procédure de la CCJA (CCJA, 3e ch., no 094/2024, 28-3-2024).

q. Absence de précision quant au destinataire des significations en cas d'élection de domicile chez un avocat

La constitution d'un conseil par une partie devant la CCJA valant, d'office, élection de domicile au cabinet dudit conseil, il en résulte que l'avocat commis est bien habilité à recevoir signification de tous les actes de procédure délivrés dans le cadre du pourvoi ; il échet alors de déclarer le pourvoi recevable. C'est donc à tort que l'irrecevabilité d'un pourvoi est soulevée, au motif que le demandeur a fait élection de domicile sans toutefois préciser dans sa requête qui, de lui ou de son conseil, est habilité à recevoir les significations et que cet état de fait constituerait une irrégularité devant être sanctionnée par l'irrecevabilité du pourvoi, en application de l'article 28-3 du Règlement de procédure (CCJA, 2e ch., no 061/2024, 29-2-2024).

r. Nouvel argument n'équivalant pas un moyen nouveau en cassation : exception d'incompétence fondée sur une stipulation contractuelle qualifiée de clause compromissoire en appel

Le fait de justifier, en cassation, l'incompétence du président du tribunal de commerce de Lubumbashi, par l'existence d'une clause contractuelle des parties stipulant que « pour tout conflit d'interprétation, d'exécution et de toute autre nature pouvant survenir dans le cadre du présent protocole d'accord, les parties conviennent de recourir au dialogue et au règlement amiable. En cas de non-conciliation, la loi sud-africaine sera d'application », alors qu'en appel, l'incompétence soulevée avait été fondée sur l'existence de cette même clause qui avait été qualifiée de compromissoire, ne rend pas le moyen nouveau puisqu'il s'agit d'un simple nouvel argument (CCJA, 1e ch., no 039/2023, 9-3-2023).

s. Indépendance des recours formés contre une décision avant-dire-droit et une décision rendue au fond

Les recours formés contre un arrêt avant dire droit et un arrêt rendu au fond sont indépendants ; l'annulation de l'arrêt de fond n'entraîne pas automatiquement celle de l'arrêt improprement qualifié d'avant dire droit, et celle de l'arrêt avant dire droit n'a non plus aucune incidence décisive sur l'arrêt de fond. Le défaut d'objet allégué n'est pas fondé (CCJA, 1e ch., n° 053/2022, 3-3-2022).

t. Caractère exécutoire d'une décision rendue en premier et dernier ressort sans incidence sur la recevabilité d'un pourvoi

Le caractère exécutoire d'une décision rendue en dernier ressort par une cour d'appel ne saurait faire obstacle à l'exercice du pourvoi, l'autorité de la chose jugée interdisant seulement, au sens de l'article 1350, alinéa 3 du Code civil national applicable en l'espèce, que la même question litigieuse opposant les mêmes parties prises en la même qualité et procédant de la même cause que la précédente soit portée à nouveau devant une juridiction autrement que par l'exercice d'une voie de recours (CCJA, 2e ch., n° 328/2024, 28-11-2024).

u. Recevabilité de pièces complémentaires produites à l'appui de l'évocation après cassation

C'est à tort que l'irrecevabilité de pièces produites à l'appui de l'évocation après cassation par la CCJA est soulevée, au motif qu'elles sont nouvelles, mélangées de faits et de droit et, surtout, postérieures à l'ordonnance appelée, dès lors qu'à l'évidence, cette exception ne tient pas compte du caractère hybride de la CCJA, juridiction de fond après cassation ; une pièce nouvelle ne peut être, certes, présentée pour la première fois en cassation, mais elle peut l'être à tout moment en première instance ou en appel. Au stade de l'évocation sur le fond par la CCJA, des pièces complémentaires, qui ne sont pas produites par les appelants en suite de faits nouveaux, mais bien en lien avec les mêmes faits qui ont été à l'origine du litige opposant les parties sont recevables, et il ne saurait être fait grief à une partie de compléter ou d'affiner son argumentaire par ces pièces complémentaires qui, en dépit de leur postériorité à l'ordonnance appelée, s'inscrivent manifestement dans la continuité d'un litige qui demeure pendant par-devant diverses juridictions (CCJA, 2e ch., n° 061/2023, 30-3-2023).

V. Election de domicile au siège de la CCJA

A. Caractère facultatif

Depuis l'entrée en vigueur du nouveau Règlement de procédure de la CCJA, l'élection de domicile dans le ressort du siège de la CCJA n'est plus qu'une faculté et aucune exception en raison de la simple absence d'élection de domicile n'est recevable (CCJA, 2e ch. n° 133, 12-11-2015 : Sté Chanas Assurances c/ Ekobo Din Marianne et neuf autres, Ohadata J-16-126). Il ne peut donc être valablement soutenu que le recours est irrecevable pour non production d'une attestation de domiciliation prouvant que la personne auprès de qui le requérant a élu domicile a consenti à recevoir toutes les significations (CCJA, ass. plén., n° 051, 27-4-2015 : AMSATOU GUEYE c/ Sté Nationale de Recouvrement dite SNR, Ohadata J-16-51 ; CCJA, 2e ch. n° 135, 12-11-2015 : DJIBO Seydou Amadou c/ SEYNI Adamou, Ohadata J-16-128). Dans le même sens : (CCJA, 1e ch., n° 063/2021, 8-4-2021 : Marc Orphanides c/ Alkarim Alnoor Jamal ; CCJA, 2e ch., n° 285/2019, 28-11-2019 : Mahamane Bassirou Souley Dan Gara c/ Elh. Moustapha Harouna).

B. Dispense en cas de siège social à Abidjan

Le requérant au pourvoi n'est pas astreint à l'obligation d'élection de domicile au siège de la CCJA prescrite par l'article 28.3 du Règlement de procédure de la CCJA dès lors qu'il a son siège social à Abidjan, siège de la CCJA, et que son avocat lui-même est domicilié à Abidjan (CCJA, n° 059/2005, 22-12-2005 : BIAO-CI c/ Sté IPN, Rec. jur. CCJA, n° 6, juin-déc. 2005, p. 38, Ohadata J-06-36).

C. Poursuite de la procédure malgré l'absence d'élection de domicile

Pour un cas dans lequel la CCJA a décidé d'examiner un recours, en dépit de l'absence l'élection de domicile à Abidjan, siège de la CCJA, avec l'indication du nom de la personne qui est autorisée et qui a consenti à recevoir toutes significations, malgré les deux correspondances adressées au requérant par le greffier de la CCJA et qui ne sont pas parvenues au destinataire, la Cour ayant considéré que toutes les diligences prescrites par son Règlement de procédure ont été accomplies, voir : CCJA, 1e ch., n° 028, 29-4-2010 : Main d'Afrique Construction SARL c/ D., Juris-Ohada, n° 3/2010, juill.-sept., p. 39, Ohadata J-11-72, J-12-31.

Obs. : il est à noter que la CCJA n'observe pas un formalisme excessif et favorise le cours de la justice. En admettant la recevabilité d'un tel recours, la CCJA a également pris une position innovante qui a été entérinée par l'article 28-3 nouveau du règlement qui n'exige plus d'élection de domicile au siège de la Cour.

D. Constitution d'avocat valant élection de domicile au sein du cabinet de l'avocat

La constitution d'avocat valant élection de domicile au cabinet de celui-ci et les nom, prénom et adresse précise du conseil du demandeur ayant été indiqués dans la requête, aucune violation de l'article 28.3 ne peut être invoquée (CCJA, 3e ch., no 158, 13-7-2017 : Jabeili Ibrahim c/ Boussalah Mohamed Boubakeur).

La constitution d'un conseil par une partie devant la CCJA vaut, d'office, élection de domicile au cabinet dudit conseil (CCJA, 2e ch., no 061/2024, 29-2-2024).

Ainsi, les griefs portant sur « la non-conformité de l'adresse au siège social et la non-élection du domicile » au siège de la CCJA ne peuvent prospérer, la requérante ayant élu domicile en l'étude de son conseil (CCJA, 2e ch., no 013/2024, 25-1-2024).

VI. Identification du demandeur au pourvoi

A. Preuve de l'existence juridique d'une personne morale

Une personne morale a établi son existence juridique :

• dès lors que les renseignements relatifs à l'existence juridique de la société ressortent de l'extrait de registre de commerce produit par elle, et que le poste de directeur général adjoint a été créé par le conseil d'administration et confié à la personne ayant délivré le mandat spécial à l'avocat de l'espèce (CCJA, 1e ch., no 27, 7-4-2005 : SONAR c/ PAPME, Juris-Ohada, no 3/2005, p. 32, Rec. jur. CCJA, no 5, janv.-juin 2005, vol. 1, p. 78., Ohadata J-05-379) ;

• lorsqu'elle a joint à la requête ses statuts ou un extrait récent du registre de commerce ou toute autre preuve de son existence juridique ; elle n'est pas tenue de produire à l'appui de sa requête, des « statuts harmonisés » (CCJA, no 058/2005, 22-12-2005 : Sté UNITED PLASTIC SERVICES dite UPS SA c/ STPC SARL, Rec. jur. CCJA, no 6, juin-déc. 2005, p. 87, Juris-Ohada, no 2/2006, p. 23, Ohadata J-06-45).

L'article 28, al. 4 du Règlement de procédure de la CCJA ne prescrit aucune exigence sur la présentation des statuts. Le moyen selon lequel « seule la première page des statuts produits par la société demanderesse est certifiée conforme sans précision de l'autorité qui l'a certifiée et qu'aucune page n'est ni paraphée ni signée alors que le requérant, personne morale de droit privé, doit joindre à sa requête ses statuts ou un extrait récent du registre de commerce ou toute autre preuve de son existence juridique » est irrecevable (CCJA, 2e ch., no 034/2012, 22-3-2012 : Sté Thales Security Systems c/ Olivier KATTIE).

Sur la validité de l'extrait Kbis délivré par le greffier du tribunal de commerce du domicile d'une société demanderesse au pourvoi et domiciliée en France, voir (CCJA, 1e ch., no 30, 29-4-2010 : THALES SECURITY SYSTEMS SAS c/ Maître O. K., Juris-Ohada, no 3/2010, juill.-sept., p. 47, Ohadata J-11-74, J-12-50).

Le recours d'une société n'est pas irrecevable du seul fait de la production d'un extrait de registre du commerce datant de plus de cinq ans. La cour n'ayant pas invité la société à régulariser son recours, il y a lieu de considérer que celui-ci est recevable (CCJA, 3e ch., no 147, 7-6-2018 : Sté SARTEM c/ Yatassaye Hamidou).

1 – Recevabilité de l'action d'une société dont les statuts ont été mis en harmonie après le délai prévu

Le fait que les statuts d'une société aient été modifiés longtemps après le délai prescrit par l'article 915 de l'AUSCGIE n'a aucune incidence sur la recevabilité du pourvoi, d'autant plus qu'en l'espèce les statuts régularisés ont été produits. Il s'ensuit que le pourvoi de cette société est recevable (CCJA, ass. plén., no 103, 4-11-2014 : BICEC c/ 1) NDENGOUE Noubissie Jean Marie, 2) Sté des Ets EMOH et Compagnie SARL, Ohadata J-15-194).

2 – Recevabilité de l'action d'une société dont les statuts n'ont pas été publiés

L'exception d'irrecevabilité du pourvoi d'une société, soulevée, au motif que celle-ci n'a pas publié ses statuts au journal officiel en violation des dispositions des articles 256-1 à 268 de l'AUSCGIE doit être rejetée, dès lors que conformément à l'article 28 du Règlement de procédure de la Cour, la requérante a joint à sa requête un extrait de son RCCM qui atteste de la régularité de sa constitution ; le pourvoi est donc recevable (CCJA, 3e ch., no 015/2021, 28-1-2021 : Maison Galaxy Sarl c/ Kiambi Diangenda Chico, liquidateur de la succession Kiambi Yavanga Bangambula José).

B. Qualité à agir

1. Représentant d'une société

Nul ne peut se prévaloir du défaut d'accomplissement d'une formalité de publicité ne portant ni sur la constitution de la société ni sur la modification des statuts sans avoir accompli aucune des possibilités supplétives que lui offre l'article 259 de l'AUSCGIE, qui n'édicte par ailleurs aucune sanction. En l'espèce, le défendeur à un pourvoi ne peut ne se prévaloir du défaut d'inscription du nouveau Directeur

Général de la société demanderesse au Registre du commerce et du Crédit mobilier et conclure au défaut de qualité de celui-ci pour agir au nom de ladite société (CCJA, 2e ch., no 025, 8-4-2010 : S.A.T.A. c/ Receveur des impôts de Zinder, Juris-Ohada, no 3, juill.-sept., p. 25, Ohadata J-11-69, J-12-47).

L'argument suivant lequel le mandat de représentation de la société demanderesse n'a pas été délivré par une personne habilitée à la représenter conformément à l'article 28-4 du Règlement n'est pas fondé dans la mesure où il ressort des pièces du dossier que le signataire dudit mandat a dûment été habilité à cet effet par le représentant légal de la société demanderesse (CCJA, 3e ch., no 31, 6-12-2011 : Sté TRIGON ENERGY LTD c/ BU SAHEL (BCS SA), Juris-Ohada, 2011, no 4, oct.-déc., no 4, p. 28, Ohadata J-13-12).

Irrecevablilité du recours exercé par une personne non habilitee à représenter une société. Le recours exercé par une personne non habilitée à représenter légalement une SARL est irrecevable, dès lors que ladite personne n'a pu donner un mandat valable à l'avocat de la société demanderesse. Il en est ainsi sans que la déconstitution de l'avocat dépourvu de mandat, son remplacement par un autre et le changement de dénomination de la société, notifiés à la CCJA, en réponse à la lettre du greffier en chef dont l'objet était tout autre, ne soient de nature à influencer cette issue (CCJA, 1e ch., no 156, 26-11-2015 : Rodéo Developpement Ltd SARL c/ Sté Unitrans Cameroun, Challenger Air Sea, Ohadata J-16-149).

2. Action exercée par un ministère au nom d'un État

En ce qui concerne le défaut de qualité du ministère des finances (du Cameroun) à ester en justice dans les litiges relatifs aux affaires forestières, les deux ministères, à savoir celui de l'économie et celui des finances, représentent valablement l'État ; en matière de recouvrement de créances administratives, ce dernier est l'organe le plus compétent pour ester en justice au nom de l'État par le truchement de l'agent judiciaire du Trésor, conformément au décret no 73/51 du 10 février 1973 relatif à la défense de l'État en justice. L'exception tirée de la violation du principe de spécialité ne peut pas prospérer ; il s'ensuit que le pourvoi de l'État du Cameroun est recevable (CCJA, ass. plén., no 007, 4-2-2014 : État du CAMEROUN c/ Sté Forestière HAZIM et Compagnie SA dite SFH & Cie, Sté Camerounais de Raffinage MAYA et Compagnie SA, Sté PLASTICS and Co. SARL, Sté Forestière HAZIM SCIERIE et Compagnie SA dite SFHS, Sté Forestière HAZIM SCIERIE NGAMBE TIKAR, Sté Transport Camerounais SA dite TRANSAC, Sté Forestière Industrielle du Wouri SA dite SFIW, Sté Industrielle du Bois du Cameroun SARL dite IBCAM, HAZIM CHEHADE HAZIM, Ohadata J-15-98). Le ministère des mines, de l'énergie et de l'hydraulique, qui est un démembrement de l'État centrafricain chargé de l'administration du secteur concerné par l'objet social d'une société dont l'État centrafricain détient 10 % des actions à travers le ministère des finances et du budget, peut valablement ester en justice au nom et pour le compte de l'État centrafricain dans un litige impliquant ladite société (CCJA, ass. plén., no 122, 11-11-2014 : SOGAL c/ État centrafricain, Ohadata J-15-212).

3. Irrecevabilité de l'action exercée au nom d'une succession par la concubine du défunt

Est irrecevable, le recours formé au nom d'une succession par une personne à laquelle un jugement a refusé la qualité pour agir. Il en est ainsi notamment de la concubine qui n'avait aucun lien de droit avec le de cujus (CCJA, 2e ch. no 109, 22-10-2015 : Succession LYKO Michel Charles Léon, représentée par LYKO née CHALLIER Martine c/ MOUGANG Joseph, Ohadata J-16-102).

4. Impossibilité pour une personne qui n'a pas été partie devant la cour d'appel de se pourvoir en cassation

Une caution solidaire, qui n'a pas été partie devant la cour d'appel ne saurait se pourvoir en cassation contre la décision querellée (CCJA, 2e ch. no 131, 12-11-2015 : Sté Alpha Shipping Agency And Trading SA, et Talom Moïse c/ Compagnie Financière de L'Estuaire (COFINEST) SA, Ohadata J-16-124).

Le tiers saisi qui a été condamné au paiement des causes d'une saisie, qui n'a pas formé appel principal contre l'ordonnance de condamnation et qui n'a ni formé appel incident, ni présenté un quelconque moyen de défense devant la cour d'appel où elle a été intimée, est irrecevable à se pourvoir en cassation contre une décision à laquelle elle n'était pas partie et qui n'a prononcé aucune condamnation à son encontre (CCJA, 1e ch., no 009, 3-2-2017 : CNR International SARL c/ Sinte Seka Philibert et 5 autres, Ohadata J-17-155).

5. Recevabilité du pourvoi formé par un assureur tiers à un contrat de transport de marchandises

Mais le défaut de la qualité de partie au contrat de transport de l'assureur de marchandises transportées, même avéré, ne pourrait avoir pour effet l'irrecevabilité du recours formé par l'assureur (CCJA, 3e ch., no 032, 9-3-2017 : COLINA-Mali SA c/ SCAC

DELMAS VIELJEUX-Mali, dite SDV-Mali, devenue BOLLORE AFRICA LOGISTICS-Mali SA, BAL Mali SA, Ohadata J-17-166).

6. Recevabilité du pourvoi formé par une personne physique, es qualité de caution d'une société

C'est à tort que l'irrecevabilité d'un recours a été soulevée, aux motifs que celui-ci est formé par une société non partie à l'arrêt attaqué et qui, étant une personnalité juridique distincte du sieur X., caution de ladite société, ne saurait s'approprier devant la cour de céans les moyens développés par ce dernier devant la cour d'appel. Il en est ainsi lorsque le recours énonce « Pour Moustapha TALL SA ... », mais précise ensuite en sa page 2 « que Monsieur [X.] ès-qualité de caution réelle de la Société Moustapha TALL SA entend former un pourvoi en cassation contre l'arrêt attaqué [...] », et que c'est le sieur X., ès qualités de caution, qui a donné le pouvoir à l'avocat ayant déposé le recours. Le pourvoi est l'œuvre du sieur X. et réunit les conditions exigées par l'article 28 du Règlement de procédure (CCJA, 2e ch., no 014, 23-2-2017 : Moutstapha Tall SA c/ ECOBANK-SENEGAL, Ohadata J-17-174).

C. Entreprise individuelle

Lorsque le requérant est une entreprise individuelle, le pouvoir spécial donné par le promoteur de ladite entreprise individuelle est régulier, dès lors qu'une entreprise individuelle se confond avec la personne même de son promoteur (CCJA, 1e ch., no 43, 1-7-2010 : 1) Ets UNIMARCHE, 2) P. c/ UBC PLC, Juris-Ohada no 1/2011, janv.-mars 2011, p. 2, Ohadata J-12-91). Une entreprise individuelle, qui n'a pas de personnalité juridique, se confond avec la personne de son promoteur. Ainsi, le fait pour le requérant d'indiquer l'adresse de « Technique Sécurité Auto » comme étant son domicile ne contrevient en rien aux dispositions de l'article 28 [du Règlement de procédure de la CCJA] et le pourvoi est recevable (CCJA, 2e ch. no 111, 22-10-2015 : DIALLO Sékou c/ FALL Ibnou, FALL Sidi, FALL Cheick Tidiane, FALL Sérigne M'baye, PAPA Yérim, Ohadata J-16-104).

D. Recours contre une personne décédée

Voir sous l'article 44.

....

VII. Mise en état : condition préalable à l'examen des dossiers

L'examen d'un dossier de procédure par la CCJA ne s'opère que lorsque ledit dossier est en état, c'est-à-dire lorsque tous les échanges d'écritures et de pièces sont clos ; pendant la période de ces échanges, il est loisible aux parties de combler toutes les lacunes, tant qu'un juge rapporteur n'a pas encore déposé les projets des résultats d'analyse. En l'espèce, le grief du défaut de mention du nom de l'avocat de la demanderesse a été comblé dans le mémoire en réplique déposé par la société (CCJA, 1e ch., no 001, 14-1-2015 : Commissions Import Export dite COMMISIMPEX c/ Caisse Nationale de Sécurité Sociale dite CNSS, Ohadata J-16-01).

....

VIII. Régularisation impossible

Selon l'article 28.6 du Règlement de procédure de la CCJA, la régularisation ne se conçoit que dans l'hypothèse d'omission des pièces ou des mentions requises lors de la présentation des recours ou des mémoires. Le manquement tiré d'un mandat spécial délivré par des personnes non habilitées (comme le directeur juridique et le directeur des risques d'une société anonyme avec un président du conseil d'administration et un directeur général) ne peut être rattrapé par la société demanderesse, surtout après que la défenderesse l'ait relevé ; il s'ensuit que le mandat spécial produit n'étant pas délivré par un représentant qualifié, le recours introduit dans ces conditions par l'avocat est irrecevable (CCJA, 2e ch., no 001/2024, 25-1-2024).

Art. 28 bis [nouv.] Le recours en cassation est fondé sur :
– la violation de la loi ;
– l'incompétence et l'excès de pouvoir ;
– la violation des formes prescrites par la loi à peine de nullité ;
– le défaut, l'insuffisance ou la contrariété des motifs ;
– l'omission ou le refus de répondre à des chefs de demandes ;
– la dénaturation des faits de la cause ou des pièces de la procédure ;
– le manque de base légale ;
– la perte de fondement juridique ;
– le fait de statuer sur une chose non demandée ou d'attribuer une chose au-delà de ce qui a été demandé.

Obs. : par une construction jurisprudentielle souvent fondée sur les « principes généraux du droit », la CCJA avait déjà établi plusieurs des cas d'ouverture de cassation figurant à l'article 28 bis nouveau du Règlement de procédure. Nous présentons ci-après ces décisions sous les cas de cassation auxquels ils correspondent. En entérinant presque toutes les décisions de cette réforme implicitement initiée par la CCJA dans sa jurisprudence, le législateur de l'OHADA démontre que la CCJA joue pleinement son rôle et que les juges de droit civil ne sont pas enfermés dans les règles écrites car ils jouissent d'une certaine autonomie qui leur permet de « créer le droit », à l'instar de leurs homologues de Common law. A ce propos, voir Jimmy KODO, « Les systèmes de droit civil des Pays du Sud – Afrique sub-saharienne : L'autonomie du juge dans l'application de l'OHADA à travers la jurisprudence », communication présentée durant le 33e congrès de l'Institut international de droit d'expression et d'inspiration françaises (IDEF), 16-17 mai 2013 à l'université de Montréal (Canada), publié dans la Revue de l'ERSUMA, numéro spécial IDEF, mars 2014 : http://revue.ersuma.org/no-special-idef-mars-2014/les-systemes-de-droit-civil-des/article/les-systemes-de-droit-civil-des.

I. Violation de la loi

A. Existence justifiant la cassation

1° Recours contre une décision implicite de rejet du président de la CCJA dans un litige impliquant la CCJA et l'un de ses agents

En fixant le montant de l'indemnité d'intérim allouée à son ancien greffier sans observer les prescriptions de l'article 26 b), le président de la CCJA a violé, par mauvaise interprétation et application, lesdites prescriptions. Il suit que la requête en paiement du complément d'indemnité d'intérim adressée au président de la CCJA est fondée. En conséquence, ladite décision implicite de rejet du président de la CCJA encourt l'annulation et la CCJA doit être condamnée à payer au requérant la somme due dont le calcul correct au regard du Règlement précité est annexé à la fin de l'arrêt (CCJA, n° 48/2009, 26-11-2009 : A. A. c/ Cour commune de justice et d'arbitrage de l'OHADA, Rec. jur. CCJA, n° 14, p. 32, Ohadata J-10-184).

2° Violation par rajout au texte

La cour d'appel qui a retenu que « l'expertise de gestion porte sur les actes de gestion qui ont été désapprouvés par l'assemblée générale… qu'ainsi en l'absence de preuve de mauvaise gestion, la [demanderesse] ne peut valablement solliciter l'expertise… », pour confirmer l'ordonnance qui a débouté la demanderesse de sa requête en expertise de gestion a ajouté à l'article 159 de l'AUSCGIE des conditions qu'il ne pose pas et exposé son arrêt à la cassation pour fausse application de la loi. Il est ainsi dès lors qu'aux termes de cette disposition l'expertise de gestion peut être relative à toute opération de gestion si la condition relative au capital est remplie (CCJA, 2e ch., n° 042/2013, 16-5-2013 : Sté EURAPHARMA c/ 1) Sté LABOREX COTE D'IVOIRE dite LABOREX – CI, 2) Sté PHARMAFINANCE 3) YAO KOFFI Joseph, Ohadata J-15-42, rendu en application de l'ancien art. 159 de l'AUSCGIE qui prévoyait 5 % du capital, mais transposable à la nouvelle version). De même :

– la cour d'appel qui a refusé à un compte bancaire le caractère professionnel au motif que seul le compte spécial visé à l'article 80 bénéficie du régime de protection de l'article 27 al. 3, a ajouté auxdites dispositions une condition qu'elles ne comportent pas et exposé son arrêt à la cassation. Sur évocation, confirmation de l'ordonnance ayant retenu l'insaisissabilité du compte du notaire (CCJA, 2e ch., n° 012, 27-2-2014 : Maître Serigne Mbaye BADIANE c/ Maître Aïssatou Gueye DIAGNE, Ohadata J-15-103) ;

– la cour d'appel qui, pour faire droit à la requête de mainlevée d'une saisie conservatoire, a retenu que « … la créance réclamée n'est pas certaine et les intimés mal venus à invoquer une quelconque menace de son recouvrement… » a violé l'article 54 de l'AUPSRVE et exposé son arrêt à la cassation en ajoutant la condition de certitude alors que seul le fondement de la créance en son principe, était exigé (CCJA, ass. plén., n° 108, 4-11-2014 : ONGOLO-Entrepreneur-Prestataire de services c/ Sté Africaine pour l'Industrie et le Commerce au Cameroun dite SAFRIC SA, Ohadata J-15-199) ;

– la cour d'appel, qui a retenu que, « [un] arrêt ne comportant aucune condamnation, le tiers-saisi qui est un professionnel de la banque n'ignorait pas qu'il ne s'agissait pas du « titre exécutoire constatant une créance liquide et exigible » exigé par l'article 153 de l'Acte uniforme suscité ; il s'ensuit que c'est à bon droit que le premier juge a estimé qu'elle avait failli à son obligation de précaution », a violé les articles 35, 156, al. 1 et 164, al. 1 de l'AUPSRVE en y ajoutant une obligation de précaution supplémentaire qu'elles ne renferment pas, exposant ainsi son arrêt à la cassation (CCJA, 3e ch., n° 024, 9-4-2015 : BIAO-CI c/ 1) KOUASSI Bertin, propriétaire de l'entreprise individuelle dénommée Recherche et Réalisation Industrielle dite RRI, 2) KOUA KOMENAN Bilé, Ohadata J-16-24) ;

– viole la loi, en y ajoutant ce qu'elle ne dit pas, la cour d'appel qui confirme la décision d'un juge estimant la convocation d'un conseil d'administration irrégulière du fait de la seule inobservation des formalités de la transmission des documents relatifs aux questions inscrites à l'ordre du jour. Il en est ainsi dès lors que, d'une part, les statuts de la société concernée ne sanctionnent pas de nullité la non production des documents relatifs aux questions inscrites à l'ordre du jour et autorisent la convocation même verbale du conseil d'administration et la fixation de l'ordre du jour, même lors de la réunion, si la moitié au moins des administrateurs en exercice sont présents ; et que, d'autre part, le défendeur ne conteste pas avoir reçu, par voie d'huissier de justice, la lettre de convocation de la réunion du conseil d'administration, mais n'invoque que la non production des documents relatifs à ce conseil pour demander l'annulation de ses délibérations. Il convient d'annuler la décision entreprise pour violation de l'article 453 al. 1 et 4 de l'AUSCGIE et de l'article 16 des statuts de la société concernée qui ne conditionne point la régularité des délibérations du conseil d'administration à la transmission des documents inscrits à l'ordre du jour dudit conseil d'administration, mais plutôt à la régularité de la convocation audit conseil, régulière en l'espèce. Sur l'évocation, le jugement ayant constaté l'irrégularité de la convocation du défendeur doit être infirmé en en toutes ses dispositions et la convocation du défendeur déclarée régulière (CCJA, ass. plén., n° 073, 29-4-2015 : Sté du Terminal à Conteneurs de Conakry (STCC), Yves Marie DULIOUST, Directeur Général de la STCC, Abdel Aziz THIAM, Président du Conseil d'Administration de la STCC c/ GAMAL CHALLOUB, Ohadata J-16-74).

Pour un exemple en matière de saisie immobilière, le juge d'appel ayant fait une distinction entre des décisions rendues en audience éventuelle et d'adjudication et celles rendues en annulation : CCJA, 2e ch., n° 004, 21-1-2016 : CBAO-Groupe Attijariwafa Bank c/ Fallou MBODJI, Ohadata J-16-213.

À la lecture combinée des articles 1 et 2 de l'AUPSRVE, il ressort qu'une créance est liquide lorsque non seulement son montant est déterminable en argent, mais aussi dès lors que le quantum est déterminé dans sa quantité, c'est-à-dire chiffré. En l'espèce, le contrat du marché attribué au défendeur ayant indiqué le montant des travaux sous-traités et la facture détaillée desdits travaux adressée avant leur exécution à la société sous-traitante ayant été chiffrée, le caractère liquide de la créance de réalisation de ces travaux ne saurait donner lieu à une contestation sérieuse ; en retenant l'exigence d'un accord préalable sur le montant de la créance comme condition de sa liquidité à l'égard du débiteur, l'arrêt déféré a ajouté aux dispositions susvisées une condition que la loi ne prévoit pas, s'exposant ainsi à la cassation sans qu'il soit besoin d'examiner les autres moyens (CCJA, 1e ch., n° 121, 31-5-2018 : ONATEL SA c/ FADOUL TECHNIBOIS SA).

3° Autorité de la chose jugée prévue par un texte national

La cour d'appel qui, au mépris d'un précédent arrêt rendu par elle et non soumis à son appréciation, a, par un nouvel arrêt rendu entre les mêmes parties, ordonné la restitution par l'une d'elles de la somme réclamée sous astreinte a violé l'autorité de la chose jugée (édictée par l'article 376 du Code de procédure civile du Gabon) et exposé son arrêt à la cassation. Sur l'évocation, le juge de l'exécution qui a accueilli l'exception d'irrecevabilité d'une demande sur le fondement de l'autorité de la chose jugée acquise par l'ordonnance dont la rétractation lui a été demandée sans examiner le fond de l'affaire a bien motivé sa décision ; confirmation de l'ordonnance initiale (CCJA, ass. plén., n° 128, 11-11-2014 : UGB c/ YALANZELE DANGOUALI Antoine, Ohadata J-15-218).

Obs. : solution transposable à tous les cas concernant l'autorité de la chose jugée.

C'est à tort qu'une cour d'appel s'est servie d'un moyen soulevé d'office et non soumis aux débats, pour infirmer le jugement querellé, violant ainsi l'article 52 al. 4 du Code de procédure civile de Côte d'Ivoire et exposant son arrêt à la cassation (CCJA, 2e ch., n° 020, 2-4-2015 : BICICI c/ 1) Donwahi Alain Richard Ahipaud, 2) Donwahi épouse Koffi Illa Ginette, Ohadata J-16-20).

La cour d'appel qui, statuant en matière de contentieux de l'exécution a refusé d'infirmer l'ordonnance entreprise ayant fait remonter les effets de la saisie des salaires sur plusieurs arrérages antérieurs, estimant « Qu'en ordonnant le paiement de la cause de la saisie à compter de février 2008, alors que la créancière lui avait demandé de le faire à compter de juillet de la même année, le premier juge a violé le principe de l'interdiction de statuer ultra petita ; qu'en conséquence la voie de recours ouverte est la requête civile et non l'appel », a violé les dispositions de l'article 10 du Traité relatif à l'OHADA qui consacre la prééminence du droit OHADA sur le droit interne, celles de l'article 49 de l'AUPSRVE qui règlent les modalités de l'appel des décisions rendues par le juge du contentieux de l'exécution qui priment sur les dispositions du droit interne et qui se suffisent à elles mêmes. En refusant de tirer les conséquences de la violation de l'article 213 dudit Acte uniforme AUPSRVE, qu'elle a pourtant constatée, elle a exposé son arrêt à la cassation (CCJA, 3e ch., n° 023, 9-4-2015 : Sté ALPICAM INDUSTRIES SARL c/ MOGUEM Justine, Ohadata J-16-23).

C'est en violation de l'article 167 du Code de procédure civile commerciale et sociale du Mali qu'une cour d'appel a énoncé « qu'il est constant, ainsi qu'il résulte des pièces du dossier et des débats, que des contestations majeures tendant à éclairer la lanterne de la cour n'ont pas trouvé solution ; que des questions d'ordre technique ont été posées de part et d'autre ; qu'il échet, pour une bonne distribution de la justice de dire n'y avoir lieu à référé et de renvoyer les parties à se mieux pourvoir », pour infirmer l'ordonnance ayant accueilli la demande d'une expertise, exposant son arrêt à la cassation. Il en est ainsi dès lors que l'emploi de la formule « dit n'y avoir lieu à référé » renvoie à l'irrecevabilité de la demande, alors que les dispositions de l'article 167 susviséesCode de procédure civile affranchissent le juge des référés des conditions habituelles et restrictives du référé, et qu'en vertu de ce texte l'examen des prétentions du demandeur relève des pouvoirs dudit juge. Sur l'évocation, le demandeur, en sa qualité d'actionnaire, a un motif légitime et un intérêt certain à préconstituer la preuve de faits dont pourrait dépendre la solution d'une action en responsabilité contre les dirigeants sociaux de la société. Sa demande précédente de communication de pièces ne peut, s'agissant d'une procédure de référé, faire obstacle à l'application de l'article 167 du Code de procédure civile du Mali, la mission d'audit demandée ne constituant en rien une immixtion dans le fonctionnement de la société. C'est donc à bon droit que le premier juge y a fait droit et l'ordonnance doit être confirmée (CCJA, ass. plén., n° 057, 27-4-2015 : Moctar Maciré DIAKITE c/ Salifou BENGALY, Sté d'Ingénierie en Energie dite SINERGIE SA, Ohadata J-16-57).

4° Violation d'une disposition nationale

Le fait pour les requérants d'invoquer, dans un de leurs moyens, aux côtés de la violation de plusieurs Actes uniformes, la violation d'une loi nationale est en conformité avec l'article 28 bis du Règlement de procédure de la CCJA qui prévoit la violation de la loi comme un des cas d'ouverture du recours en cassation, lequel cas d'ouverture renvoyant à la fois aux normes de l'OHADA et à la loi nationale des États parties au Traité (CCJA, 1e ch., n° 145/2022, 3-11-2022).

En cas de disposition :

– relative au contradictoire : c'est en violation de la loi nationale l'interdisant qu'une cour d'appel a reçu une pièce versée au dossier par lettre en cours de délibéré et qui n'a pas été communiquée à la partie adverse, exposant ainsi son arrêt à la cassation. Sur l'évocation, il y a lieu de se référer à l'arrêt précédemment rendu par la CCJA et évoquant la même affaire (CCJA, 2e ch. n° 112, 22-10-2015 : Bank Of Africa Côte d'Ivoire dite BOA-CI c/ Compagnie Africaine de Transit dite CATRANS, Banque Internationale pour l'Afrique de l'Ouest dite BIAO-CI, Sté Générale de Banques en Côte d'Ivoire dite SGBCI, Ohadata J-16-105 ; voir aussi CCJA, 2e ch., n° 180, 17-12-2015 : Sté Holcibel SA, Sté Investissements Cimentiers Internationaux SA dite ICI c/ Sté HANN & Compagnie SA, Ohadata J-16-173, pour une violation de l'article 197 du Code de procédure civile, économique et administrative de Guinée par une cour d'appel qui a rejeté des exceptions soulevées devant elle, et statuant sur le fond, confirmé les condamnations prononcées contre les appelantes, sans les avoir invitées à conclure sur le fond, exposant ainsi son arrêt à la cassation) ;

– interdisant le recours en révision : c'est à tort qu'une cour d'appel a déclaré recevable un recours en révision en violation d'un texte national l'interdisant, s'exposant ainsi à cassation, sans qu'il soit nécessaire d'analyser les autres moyens. Sur l'évocation, le recours en révision est manifestement hors du délai prévu par l'article 579 du Code de procédure civile du Burkina ; ainsi, pour les mêmes motifs que ceux développés lors de l'examen du moyen de cassation, il y a lieu de le déclarer irrecevable (CCJA, 3e ch., n° 100, 26-4-2018 : Sté E.R.O.H. c/ B.I.B.).

– relative à la requête civile : c'est en violation de l'article 295 du Code de procédure civile qu'un arrêt a déclaré recevable une requête civile dont les conditions n'étaient pas remplies, s'exposant ainsi à la cassation. Sur l'évocation et pour les mêmes motifs que ceux ayant conduit à la cassation, il échet de déclarer la requête irrecevable (CCJA, 3e ch., n° 071, 30-3-2017 : MC BRIDGE ADVISORY LIMITED c/ SENELEC SA).

Obs. : le litige en l'espèce soulevait une question relative à l'application de l'art. 1 de l'AUSCGIE, car le juge d'appel, tranchant un débat relatif à l'application du droit sénégalais ou du droit suisse pour apprécier la validité de la représentation en justice de la société demanderesse, a fait application du droit sénégalais, en l'occurrence de l'AUSCGIE, dont la violation de l'article 1 était invoquée par le troisième moyen de cassation.

C'est en violation :

– des articles 15 du Code de procédure civile et 19 de la constitution de la République Démocratique du Congo qu'une cour d'appel a rejeté la requête de réouverture des débats alors que non seulement la société débitrice n'avait pas été informée de l'existence de l'appel incident de la créancière, mais, encore et surtout, elle n'a pas été en mesure d'échanger des écritures et des pièces avec son adversaire relativement audit appel ; l'arrêt doit être cassé (CCJA, 1e ch., n° 079/2020, 9-4-2020 : Mutanda Mining SARL c/ Karibu Africa Services S.A.) ;

– de la disposition nationale relative à la prise à partie, qu'un arrêt a été rendu par une formation de

jugement dont a fait partie un juge après avoir reçu la signification d'une requête de prise à partie formé contre lui, exposant son arrêt à la cassation (CCJA, 1e ch., n° 254/2019, 7-11-2019 : Mukendi Kalonji c/ Sté Rawbank SA) ;
– de l'article 133 du Code de procédure civile du Gabon qu'un juge a ordonné d'office une expertise comptable, mesure qui touche le fond de l'affaire, alors qu'il était tenu de statuer préalablement sur la fin de non-recevoir soulevée et qui devait être tranchée sans examen au fond, exposant son jugement à la cassation (CCJA, 2e ch., n° 193/2023, 26-10-2023) ;
– de l'article 21 de la Constitution de la République démocratique du Congo, aux termes duquel « tout jugement est écrit et motivé. Il est prononcé en audience publique. Le droit de former un recours contre un jugement est garanti à tous. Il est exercé dans les conditions fixées par la loi », et aux termes des articles 35, 24 et 66 du Code de procédure civile dudit État, qu'une cour d'appel a retenu la motivation suivante : « Vu le PV du 24/10/2018 [renvoyant] la cause à l'audience publique du 7/11/2018 pour [réassigner] l'intervenant forcé et plaidoirie au fond et à la forme. Vu l'appel formé contre ledit PV, par Maître [X.], Avocat au Barreau du Nord-Kivu [...] suivant déclaration faite et actée au greffe de la cour d'appel du Nord-Kivu en date du 6/11/2018 », dont il ressort que la cour d'appel a été saisie de l'appel interjeté contre un PV dressé à l'audience et non contre un jugement, pour déclarer ce recours recevable et statuer au fond sans infirmation, sans avoir caractérisé l'existence d'un jugement dont elle serait saisie par voie d'appel, exposant ainsi son arrêt à la cassation. Sur l'évocation, un procès-verbal d'audience dont il ressort que le tribunal a pris une mesure d'administration ordonnant la réassignation d'un tiers en qualité d'intervenant à une audience ultérieure, ne saurait tenir lieu de jugement ; qu'il y a donc lieu de déclarer l'appel irrecevable (CCJA, 3e ch., n° 075/2022, 2-6-2022) ;
– du principe selon lequel « le criminel tient le civil en l'état » posé par la loi (art. 169 du Code de procédure civile gabonais applicable en l'espèce), qui exprime le caractère impératif des règles qui régissent les compétences ratione materiae respectives des juridictions répressives et civiles ou commerciales ; de ce fait, il constitue une règle d'ordre public, dont la violation doit être relevée d'office, comme moyen de pur droit ressortant des faits de la cause. En l'espèce, la cour d'appel qui a révoqué le sursis à statuer ordonné par un juge et évoqué le fond de l'affaire, alors qu'une procédure pénale était bien pendante devant le juge d'instruction a méconnu le principe « le criminel tient le civil en l'état », clairement exprimé dans la loi, et exposé sa décision à la cassation de ce seul chef. Sur l'évocation, et pour les mêmes motifs que ceux ayant entraîné la cassation, il y a lieu de confirmer en toutes ses dispositions, le jugement initial qui a sursis à statuer après avoir constaté l'existence d'une procédure pénale pendante (CCJA, 1e ch., n° 202/2022, 29-12-2022).
Aux termes de l'article 37 du décret 2019-567 du 26 juin 2019 fixant les modalités d'application de la loi portant statut des commissaires de justice en Côte d'Ivoire, « Le commissaire de justice est tenu, à peine de nullité de ses actes, de mentionner au bas des originaux et de leur copie le coût total de chaque acte et d'indiquer le nombre de rôles, de copies de pièces, ainsi que le détail de tous les articles formant le coût de l'acte, conformément à la réglementation sur la tarification des actes des commissaires de justice ». En l'espèce, l'acte d'appel qui n'a pas observé ces prescriptions doit être déclaré nul et de nul effet. En outre, que l'article 123 du Code de procédure civile dispose que « La nullité des actes de procédure est absolue ou relative. Elle est absolue, lorsque la loi le prévoit expressément ou que l'acte porte atteinte à des dispositions d'ordre public. Dans tous les autres cas, la violation d'une règle de procédure n'entraîne la nullité de l'acte que s'il en résulte un préjudice pour la partie qui s'en prévaut. La juridiction saisie doit soulever d'office la nullité absolue ». En disposant que « Le commissaire de justice est tenu, à peine de nullité de ses actes [...] », l'article 37 du décret 2019-567 du 26 juin 2019 précité énonce une règle d'ordre public, dont la violation devait être soulevée d'office par la cour d'appel qui, contrairement aux affirmations de la SAPRIM, n'avait pas à attendre une demande en ce sens de l'intimé pour constater la nullité de l'acte d'appel principal. Enfin, que l'article 170 du Code de procédure civile dispose que : « En tout état de cause, l'appel incident suit le sort de l'appel principal, sauf le cas où l'appel principal a fait l'objet de désistement » ; il s'ensuit que l'appel incident de dame [X.] n'était pas recevable en raison de l'irrecevabilité de l'appel principal de tenant à la nullité de l'acte y relatif. Il s'infère de ce qui précède que les appels interjetés devant la cour d'appel étaient irrecevables et en décidant autrement, les juges d'appel ont commis le grief articulé par le moyen qui suffit à la cassation des arrêts attaqués (CCJA, 1e ch., n° 057/2022, 3-3-2022).

5° Violation par fausse ou mauvaise interprétation ou application

L'erreur dans l'interprétation et l'application de la loi s'entend bien de la fausse ou mauvaise interprétation ou application, mais aussi du refus d'appliquer le texte ; elle traduit et explicite de manière précise l'existence de la violation de la loi. Dès lors, il y a lieu de rejeter l'exception d'irrecevabilité soulevée aux motifs que l'erreur dans l'interprétation et l'application de la loi invoquée par le pourvoi ne fait pas partie des différents cas d'ouverture énumérés à l'article 28 nouveau du Règlement de procédure de la CCJA (CCJA, 2e ch., n° 006, 11-1-2018 : United Bank For Africa SA c/ AXE Communication SARL).

La « mauvaise interprétation et application de l'article 15 in fine de l'AUVE » s'inscrit dans « la violation de la loi » qui est bien un cas d'ouverture à cassation (CCJA, 2e ch., n° 059/2020, 27-2-2020 : Association du Diocèse de Kindu c/ Ibrahim Kasimu).

6° Violation consistant pour un juge à ne pas tirer les conséquences de ses propres constatations

La cour d'appel, qui, après avoir constaté « qu'il est constant comme résultant du procès-verbal de l'assemblée générale extraordinaire des associés [...] que le 7 juillet 2010, Madame [X.] avait été nommée gérante intérimaire en attendant la nomination d'un gérant statuaire » et « qu'il a été mis fin à partir du 1er juillet 2011 à la gérance par intérim de Mme [X.] », a ensuite retenu « qu'il n'en demeure pas moins que la SARL [...] ne peut être mise hors de cause qu'en prouvant « conformément à l'article 329 de [l'AUSCGIE] » que [la défenderesse] avait connaissance de ce que la susnommée n'avait plus le pouvoir de signer lesdits bons de livraison ou qu'elle ne pouvait l'ignorer », a appliqué à la SARL en cause des dispositions légales se rapportant aux pouvoirs d'un gérant en exercice, manquant ainsi de tirer les conséquences nécessaires de ses propres constatations relatives à la révocation de Dame X., a violé l'article 329 précité et exposé son arrêt à la cassation (CCJA, 2e ch., n° 185, 27-7-2017 : DJOLIBA A.O. SARL c/ COSED SARL, Ndeye Marie Dieng Fall).

Obs. : dans certains cas, ce type de violation a donné lieu à une cassation pour contrariété ou contradiction ; voir sous la section correspondante.

7° Violation de la loi par refus d'application

C'est en violation de l'article 34 de l'AUA, par refus d'application, qu'un juge a dit non fondée la demande d'exequatur d'une sentence rendue sur le fondement des règles autres que celles prévues par l'AUA, à laquelle la convention des Nations Unies pour la reconnaissance et l'exécution des sentences arbitrales étrangères, dûment ratifiée par le Cameroun, était applicable et à laquelle la recourante s'était strictement conformée, exposant son arrêt à la cassation (CCJA, 1e ch., n° 166/2017, 27-7-2017 : Geodis Projects Cameroon S.A c/ Tenga S.A).

Lorsqu'il ressort de l'arrêt attaqué que le litige opposant les parties, tant devant le tribunal que devant la cour d'appel de la même ville, porte sur une procédure d'injonction de payer régie par les dispositions des articles 1 à 18 de l'AUPSRVE, mais que ledit arrêt conclut à la confirmation du jugement contesté sur le fondement des articles 153 et 164 dudit Acte uniforme, régissant la saisie-attribution des créances, en méconnaissance totale des dispositions prérappelées, que la cour d'appel n'a ni invoqué ni appliqué en la cause, il y a lieu de relever d'office qu'en statuant comme elle l'a fait, la cour d'appel a violé, par refus d'application, lesdits textes et exposé sa décision à la cassation. Sur l'évocation, l'appelante n'ayant invoqué aucune violation, par le jugement rendu sur opposition à une ordonnance d'injonction de payer, d'une quelconque disposition en rapport avec la procédure d'injonction de payer, il y a lieu de déclarer recevable mais non fondé l'appel interjeté et en conséquence, de confirmer ledit jugement en toutes ses dispositions (CCJA, 2e ch., n° 038/2022, 24-2-2022 : Sunu Assurances IARD Centrafrique SA c/ BSIC SA).

8° Violation d'une clause attributive de compétence, loi des parties à un contrat

En présence d'une clause ayant clairement attribué la compétence :

– à une juridiction française (Rennes, France en l'espèce) pour connaître d'éventuels différends relatifs à leur contrat, c'est en violation du droit interne et de la loi des parties qu'une cour d'appel a retenu que « le problème soulevé par l'avenant porte sur la modification de la convention du 25 mai 2005 qui passe de la gratuité de certaines prestations de [la demanderesse] au profit de [la défenderesse] à leur rémunération ; que cette question de modification n'ayant pas été prévue sur la liste des cas à soumettre à la juridiction française comme l'a si bien démontré le premier juge... », sans dire en quoi les effets de la clause attributive excluaient la prétendue modification, de nature à rendre le tribunal de Niamey compétent en lieu et place de celui librement convenu, exposant son arrêt à la cassation. Sur l'évocation, et pour les mêmes motifs que ceux ayant entraîné la cassation, il y a lieu d'annuler le jugement entrepris et, statuant à nouveau, de dire que le tribunal de commerce de Niamey est incompétent en la cause (CCJA, 1e ch., n° 245/2020, 25-6-2020 : Nutriset S.A.S c/ Sani Sabo Gado et 2 autres) ;

– à une juridiction étrangère et remplissant les conditions prévues par la loi nationale applicable, à savoir l'insertion de manière apparente dans un engagement convenu entre des parties commerçantes, c'est en violation de la loi des parties qu'une cour d'appel a déclaré ladite clause « contraire à l'ordre public des affaires » et « abusive », exposant son arrêt à la cassation. Sur l'évocation et pour les mêmes motifs que ceux ayant entraîné la cassation, il y a lieu, d'une part, de confirmer en toutes ses dispositions le jugement du tribunal de commerce qui s'est déclaré incompétent et, d'autre part, d'annuler le second jugement du même tribunal qui avait annulé la convention en cause (CCJA, 2e ch., no 027/2021, 25-2-2021 : Onyx Développement SAS c/ Sani Sabo Gado ; STA SA c/ Sani Sabo Gado).

9o Violation de la loi par non-respect du contradictoire

C'est en violation de la loi :

– notamment de l'article 75 de l'AUPCAP, qu'un juge a déclaré irrecevable, sur le fondement de l'article 75 précité qui n'a pas fait l'objet de débats, l'action en paiement d'un créancier, alors qu'aucune des parties au procès n'a invoqué les faits sur le fondement desquels le premier juge s'est prononcé, exposant ainsi son jugement à la cassation (CCJA, 2e ch., no 287/2019, 28-11-2019 : Sgtp c/ Alina Sidi Mohamed) ;

– de l'article 52 du Code de procédure civile de Côte d'Ivoire (dont les dispositions participent du respect du principe du contradictoire, que le juge ne peut fonder sa décision sur un moyen non préalablement discuté devant lui), que pour régler un litige, un juge a invoqué d'office un contrat de prestation de services sans avoir au préalable demandé aux parties de présenter leurs observations, alors qu'il résulte des éléments du dossier, notamment du libellé des bons de commande et des conclusions de la société PICA visant les articles 1582 du Code civil et 262 de l'AUDCG, que les parties ont entendu conclure un contrat de vente ; cassation (CCJA, 1e ch., no 173/2019, 23-5-2019 : Société Imprimerie du Plateau c/ BBG-CI) ;

– notamment du droit interne (art. 7 du Code de procédure civile du Burkina Faso) qu'une cour d'appel s'est fondée sur un argument de droit soulevé d'office pour procéder à une rectification sans solliciter les observations des parties, exposant son arrêt à la cassation (CCJA, 1e ch., no 059/2022, 3-3-2022, rappelant que s'il est vrai que le juge doit appliquer aux faits les dispositions légales appropriées, il est tout aussi vrai qu'il ne peut faire application d'un moyen de droit soulevé d'office, sans appeler les observations des parties).

10o Violation de dispositions combinées par omission de distinguer au dispositif d'une décision

Sur la cassation d'un arrêt qui a omis de dissocier entre deux éléments du dispositif d'un jugement n'étant pas tous susceptibles d'appel, voir par exemple sous l'AUPCAP, article 33, notamment un exemple de violation des dispositions combinées des articles 33 et 216 de l'AUPCAP (CCJA, 1e ch., no 149/2022, 3-11-2022).

11o Autres exemples de violation de la loi

C'est en violation de la loi :

– CCJA, 3e ch., no 195, 23-12-2015 : Ecobank Cameroun SA c/ Groupe International de Diffusion et de Publication (GIDP) SA, Ohadata J-16-188, violation des articles 1273 du Code civil camerounais selon lequel la novation ne se présume point et 247 de l'AUPSRVE ;

– En l'espèce, des dispositions nationales relatives à la profession d'avocat, qu'une cour d'appel a fondé sa conviction sur des procès-verbaux de réunion de négociations tenues entre les parties en présence de leurs avocats pour confirmer une condamnation prononcée par le premier juge, alors, qu'au sens des dispositions sus visées, ces documents, couverts par le sceau du secret, auraient dû être écartés des débats ; en statuant de la sorte, la cour d'appel a exposé sa décision à la cassation (CCJA, 2e ch., no 215/2021, 23-12-2021 : Holcibel S.A. c/ Société Hann et Compagnie S.A.) ;

– qu'une cour d'appel a confirmé la motivation d'un juge qui, pour caractériser le dol et la fraude imputés aux défendeurs, s'est fondé sur une loi nouvelle non rétroactive, nonobstant les termes explicites de de celle-ci, exposant ainsi son arrêt à la cassation (CCJA, 1e ch., no 132/2020, 30-4-2020 : Kim Kyo Hwan c/ Kalonji Mukendi Célestin) ;

– qu'un arrêt mentionne avoir été rendu par une formation dont le président, affecté dans une autre juridiction, avait déjà rejoint son poste, si bien que la formation annoncée n'a pu valablement « délibérer » au sens de la législation nationale applicable (CCJA, 1e ch., no 236/2020, 25-6-2020 : La SGP S.A. c/ Gaip Oil S.A. et 2 autres) ; CCJA, 1e ch., no 324/2020, 22-10-2020 : SGP S.A. c/ Gaip Oil S.A. ;

– en l'espèce de l'article 324 du Code procédure civile de Côte d'Ivoire, selon lequel aucune décision de justice ne peut être exécutée sans signification préalable, sauf si la loi en dispose autrement, qu'une cour d'appel a énoncé que la signification d'une décision de justice, « pour être régulière, doit porter sur une décision complète », alors que le dispositif de ladite décision qui contient la solution du litige des parties et auquel est attaché l'autorité de la chose jugée a été entièrement produit, justifiant l'existence de la créance dont l'exécution forcée est poursuivie, la cour d'appel d'Abidjan a violé les dispositions du texte visé au moyen et exposé son arrêt à la cassation (CCJA, 2e ch., no 101/2020, 9-4-2020 : Bah Ibrahima c/ N'Goran-AkeOlga).

Obs. : cette décision peut sembler déroutante en ce qu'elle pourrait laisser penser que le seul dispositif de la décision avait été signifié en l'espèce. Dans une telle hypothèse, il y aurait eu violation de la loi nationale ivoirienne d'autant plus qu'en droit ivoirien, une attestation du plumitif (qui reproduit le seul dispositif d'une décision) n'est pas un titre exécutoire (TPI d'Abengourou (Côte d'Ivoire), ord. réf. n° 20, 14-6-2006 : A. O. A. c/ A. B. J., Ohadata J-09-177). En l'espèce, la décision avait été signifiée, mais avec deux pages manquantes ; le dispositif, partie la plus importante ayant été produit, la CCJA a estimé la condition de la loi nationale remplie et sanctionné la cour d'appel.

– nationale interdisant à la juridiction des référés de préjudicier au principal, qu'une cour d'appel, statuant en référé, a ordonné le paiement de dividendes manifestement litigieux, se prononçant ainsi sur le fond du différend, et exposant ainsi son arrêt à la cassation pour violation de la loi, relevée d'office. Sur l'évocation et pour les mêmes motifs que ceux ayant entraîné la cassation, il y a lieu pour la CCJA, statuant de nouveau, de rétracter l'arrêt attaqué et de déclarer les juridictions de référé incompétentes (CCJA, 1e ch., n° 325/2020, 22-10-2020 : SGP S.A. c/ Gaip Oil S.A. et deux autres en présence d'une autre) ; CCJA, 1e ch., n° 324/2020, 22-10-2020 : SGP S.A. c/ Gaip Oil S.A. ;

– qu'un juge des référés a connu du fond d'une affaire alors qu'il était incompétent (CCJA, 3e ch., n° 179/2021, 28-10-2021 : Société Radio Nostalgie c/ Bougane Gueye).

B. Absence de violation de la loi justifiant la cassation

1° Moyen non fondé sur les textes OHADA

Une cour d'appel qui n'a pas eu à se prononcer sur le fond d'un litige ne pouvait avoir violé l'ensemble des textes visés au pourvoi (en l'espèce, art. 28, 178 et 78 de l'AUPSRVE) et le moyen doit être rejeté. Il en est ainsi lorsque la cour d'appel ne s'est prononcée que sur la question de compétence ou non du juge des référés à connaître d'une demande de rétraction d'une ordonnance sur requête, question régie par le droit national (CCJA, 1e ch., n° 014, 25-3-2010 : M. B. c/ M. N., SGBCI, BIAO CI, Ohadata J-11-58, J-12-25).

Aucune discrimination n'étant faite entre les lois, la violation de la loi alléguée doit avoir eu lieu à l'occasion du règlement d'une affaire soulevant des questions relatives à l'application d'un Acte uniforme ou d'un règlement, pour relever de la compétence de la CCJA telle que fixée par l'article 14 du Traité OHADA (CCJA, 1e ch., n° 254/2019, 7-11-2019 : Mukendi Kalonji c/ Sté RawbankSA). Voir aussi (CCJA, 2e ch., n° 144/2021, 24-6-2021 : Cassidy Gold Guinée SA c/ West Africa Mining Logistic SA ; CCJA, 2e ch., n° 155/2021, 28-10-2021 : Bsic Niger SA c/ État du Niger et Assoumane Mamane).

Obs. : l'article 28 n'a pas été expressément visé, mais est applicable en l'espèce.

Dans le même sens :

– relevant d'office l'irrecevabilité du pourvoi, les parties s'étant bornées à énoncer des griefs fondés sur la violation du droit interne, alors que le contentieux soulevait des questions relatives à l'application d'un Acte uniforme, notamment l'AUPSRVE (CCJA, n° 012/2010, 18-2-2010 : Sté HANN et Compagnie, Sté MAMOUDOU et Frères, SARL c/ SGP SA, Rec. jur. CCJA n° 15, janv.-juin 2010, p. 8, Ohadata J-12-14) ; voir aussi CCJA, ass. plén., n° 082, 20-11-2013 : Sté SOGIMPEX c/ Sté ARLIT PEINTURE, Rec. jur. CCJA n° 20, vol. 2, janv.-déc. 2013, p. 116-118, Ohadata J-15-21, jugeant que c'est à juste titre qu'une cour d'appel a retenu que « le litige qui oppose [les parties] résulte de la mauvaise interprétation du Protocole d'accord par les parties signataires », les articles 161 et 162 de l'AUSCGIE invoqués ne trouvant aucune application ;

– retenant que les moyens qui ne critiquent intrinsèquement l'application ou l'interprétation d'aucune disposition d'un Acte uniforme, alors que l'examen des éléments de preuve ainsi que l'évaluation et la réparation du préjudice qu'ils invoquent relèvent de l'appréciation souveraine des juges du fond sont des moyens de fait et irrecevables de ce fait. Il en est ainsi notamment lorsque lesdits moyens soutiennent essentiellement que ce sont des règles et des principes généraux du droit civil et de la procédure civile gouvernant l'administration de la preuve et la réparation du préjudice qui ont été violés par l'arrêt attaqué (CCJA, n° 050/2009, 26-11-2009 : Sté CAMIF c/ Sté A.N.I., Actualités Juridiques n° 70, 2011, p. 54, Ohadata J-12-80) ;

– retenant qu'**un enrichissement sans cause,** à supposer qu'il existe, **ne peut constituer un cas d'ouverture de cassation,** car il permet plutôt à celui qui s'en prévaut d'engager contre le bénéficiaire dudit enrichissement une « action en répétition de l'indû ». rejet du moyen de cassation (CCJA, 1e ch., n° 37, 10-6-2010 : A. A. Mining Compagny of Guinea SARL c/ 1) M. C., 2) X-TRON Incorporated Limited, Juris-Ohada n° 4/2010, oct.-déc., p. 14, Ohadata J-11-81, J-12-35) ;

– au sujet d'une **demande non prévue par le Règlement de procédure de la CCJA** (CCJA, 2e ch., n° 051, 26-11-2009 : Sté SODICAM SA (anciennement SCORE SA) c/ M., Juris-Ohada n° 1/2010, janv.-mars, p. 32, Ohadata J-10-305, retenant que la demande relative au caractère vexatoire et abusif n'ayant pas été prévue par le Règlement de procédure de la CCJA, la demande de dommages-intérêts de ce chef doit être rejetée).

N'a pas violé l'article 441 du Code de procédure civile du Gabon par fausse interprétation le juge d'appel qui a retenu que l'examen des faits de l'espèce et des pièces produites ne laissent apparaître aucune circonstance nouvelle intervenue en la cause, depuis le rendu de la décision déférée pour justifier la rétractation sollicitée (CCJA, 3e ch., no 007, 26-2-2015 : Résidence MAISHA SA c/ Sté Garantie Voyage Gabon, Ohadata J-16-07) ;

– au sujet du pourvoi en cassation qui soulève deux moyens de cassation pris, « du défaut de réponse à conclusions, défaut de base légale » mais n'indique aucun Acte uniforme ou règlement prévu au Traité dont l'application dans l'affaire justifie la saisine de la Cour (CCJA, 1e ch., no 315/2020, 22-10-2020 : SGBG SA c/ Kadil SARL ; voir aussi CCJA, 3e ch., no 234/2019, 10-10-2019 : Induscom Sarl c/ EKC S.A.).

La cour d'appel qui, appréciant souverainement les faits, a retenu que c'est le nantissement d'un dépôt à terme qui constituait la condition suspensive de la mise en place d'un crédit, n'a pas violé l'article 100 du Code des obligations civiles et commerciales du Sénégal (CCJA, ass. plén., no 055, 27-4-2015 : ECOBANK SENEGAL SA c/ BSIC SENEGAL, Ohadata J-16-55).

Toutefois, lorsque les demandeurs au pourvoi n'établissent pas l'existence de circonstances particulières ayant fait dégénérer en abus le recours des défenderesses, leur demande de dommages-intérêts doit être rejetée (CCJA, 1e ch., no 27, 29-4-2010 : Sté CONNEXION MARKETING & B c/ Sté SYNERGIE GABON et O., Juris-Ohada, no 3/2010, juill.-sept., p. 35, Ohadata J-11-71, J-12-48 ; CCJA, 1e ch., no 37, 10-6-2010 : A. A. Mining Compagny of Guinea SARL c/ 1) M. C. ; 2) X-TRON Incorporated Limited, Juris-Ohada no 4/2010, oct.-déc., p. 14, Ohadata J-11-81 ; J-12-35).

Obs. : en s'abstenant d'affirmer dans le présent arrêt, que la demande relative aux dommages-intérêts n'est pas prévue par le Règlement, la CCJA semble indiquer implicitement qu'un demandeur de dommages-intérêts qui prouve avoir subi un préjudice (peut-être du fait d'un pourvoi abusif) pourrait se voir allouer une réparation. Il est de principe général du droit que tout abus, comme tout acte d'estoppel, peut donner lieu à réparation.

Les dispositions du Code civil ivoirien relatives aux effets d'un contrat entre les parties audit contrat (art. 1582, 1583, 1604 et 1605) ne peuvent avoir été violées, dès lors qu'il s'agit, en l'espèce, des relations entre l'acheteur et le tiers (CCJA, 3e ch., no 085, 28-4-2016 : Zorkot Nabil c/ Sidibe Salimata épouse Fabre, Adoube N'daka Luc, Ohadata J-17-33).

Voir aussi : CCJA, 1e ch., no 071, 14-11-2013 : Adnan ATTIEH c/ Sté FINANCO SA, Rec. jur. CCJA no 20, vol. 1, janv.-déc. 2013, p. 19-23, Ohadata J-15-71, jugeant qu'une demande de paiement de dommages-intérêts qui n'est pas justifiée doit être rejetée et transposable sur le principe de l'admission d'une demande justifiée. Également, rejetant une telle demande pour absence de preuve d'un préjudice : CCJA, 1e ch., no 021, 11-3-2014 : Sté TOTAL GUINEE SA c/ COMPAGNIE PETROLIERE DE GUINEE (COPEG SA), État Guinéen, Ohadata J-15-112, ou d'abus du droit d'agir en justice (CCJA, ass. plén., no 043, 23-4-2014 : Succession Edouard Assiba JOHNSON, Couadjo JOHNSON c/ Ayayi Koudahin ANENOU, Entreprise Transit NETADI, Banque Togolaise de Développement (BTD), Maître Galolo SOEDJEDE, Ohadata J-15-134 ; CCJA, ass. plén., no 060, 23-4-2014 : 1) MENSAH Tètè, 2) MENSAH Adjoko c/ 1) ASSIOBO K. Tissogan, 2) TUNKARA Aboubacar, Ohadata J-15-151. Sur le refus d'une telle demande présentée à titre reconventionnel : CCJA, ass. plén., no 105, 4-11-2014 : AES SONEL SA c/ Henri NGALLE MONONO, Georges EYOMBO ANGANDZIE, BALENG MAAH Célestin, Ohadata J-15-196) ; CCJA, ass. plén., no 067, 29-4-2015 : 1) Sté Générale de Banques en Guinée dite S.G.B.G, 2) Sté Générale France, 3) Sté Bayerische Hypo Und Vereinsbank AG c/ 1) El Hadj Boubacar Hann, 2) Sté Hann et Compagnie, Ohadata J-16-67, rejetant les réclamations en dommages-intérêts contres des actionnaires qui ont exercé leur droit de réclamer le reversement de dividendes sans abus de procédure de leur part.

Pour une décision ayant accepté de réparer un préjudice, voir : CCJA, 1e ch., no 003, 12-2-2015 : BNI c/ AKOBE Georges Armand, Ohadata J-16-03, jugeant que le refus de délivrer un certificat de travail par une société à son ancien directeur général cause à ce dernier un préjudice certain résultant, notamment, de l'impossibilité pour lui de justifier de son expérience professionnelle. Ce préjudice doit être réparé, mais il convient de s'en tenir à la somme allouée par le premier juge au titre de dommage intérêts lorsqu'elle apparaît juste et fondée.

Obs. : certains arrêts récents de la CCJA n'admettent plus des pourvois fondés uniquement sur la violation d'un texte national si le recours ne soulève pas de questions relatives à l'application des Actes uniformes et des règlements du Traité. Dans certains cas, elle se déclare incompétente (CCJA, 1e ch., no 109, 9-6-2016 : Entreprise de Construction et de Services (ECS) c/ Sté TRUST, Ohadata J-17-50) ; parfois elle déclare le pourvoi irrecevable (CCJA, 2e ch., no 057, 15-3-2018 : Kengne Kako Bienvenue c/ KALIMBA SARL, Abobi Severin ; CCJA, 1e ch., no 045, 18-3-2016 : Sté OASIS SPRL c/ Tshoto Tshibamba Donald et 12 autres, Ohadata J-16-247), même d'office (CCJA, 3e ch., no 158/2018, 18-10-2018 : Sté West Africa Steel Manufactury dite WASM c/ Boua Alban), allant jusqu'à dire que la simple invocation par la requérante d'un article d'un Acte unifome (l'art. 317 de l'AUSCGIE en l'espèce), sans dire en quoi les décisions attaquées, qui n'ont pas appliqué ce texte, l'ont violé, ne peut suffire à asseoir la recevabilité dudit recours (CCJA, 3e ch., no 160, 13-7-2017 : Ana Paula Trinidade c/ Antonio José Santos Martins et 2 autres). Il a même été jugé que ladite irrecevabilité est encourue pour violation des dispositions de l'article 28 du Règlement de procédure de la CCJA (CCJA, 1e ch., no 034, 29-2-2016 : S.T.I.O SARL c/ Alfred Domec, Ohadata J-16-236).

Mais dans d'autres situations, la CCJA a statué uniquement sur des violations du droit national, jugeant par exemple que c'est à tort qu'il est reproché à un arrêt attaqué d'avoir violé l'article 142-4 du Code de procédure civile ivoirien par omission de statuer sur certains des chefs de demandes, en ce que après avoir déclaré recevables les écritures de son conseil, il n'aurait pas statué notamment sur la vérification même de la tenue du conseil d'administration. Il en est ainsi car la cour, ayant déjà statué sur la validité du procès-verbal du conseil d'administration, a nécessairement répondu à la vérification de la tenue effective de la réunion dudit organe ; les moyens sont donc superfétatoires et seront rejetés comme non fondés (CCJA, 3e ch., no 076, 29-3-2018 : Aimable Mpore c/ MTN-CI SA).

Obs. : en n'indiquant pas catégoriquement que la violation de la loi comme motif de cassation au sens de l'article 28 bis du Règlement de procédure ne concerne que les textes de l'OHADA (Traité, Actes uniformes et règlement), cet arrêt de la troisième chambre suggère implicitement que la violation de la loi peut bien concerner des textes nationaux, à condition toutefois, comme c'était le cas en l'espèce, que l'affaire soulève des questions relatives à un ou à des textes de l'OHADA.

Autres décisions concernant l'absence de violation d'un texte national (avec ou sans corrélation avec un acte uniforme) :

– l'article 1351 du Code civil de Côte d'Ivoire relatif à l'autorité de la chose jugée (CCJA, 3e ch., no 077, 29-3-2018 : Martial Duparc, Fatoume Houaballah épse Duparc c/ Sté d'Etude et de Développement de la Culture Bananière dite SCB, rejet) ;

– l'article 73 du Code de procédure civile du Sénégal relativement à l'intervention forcée (CCJA, 3e ch., no 084, 29-3-2018 : Sté Holding SAVANA Sénégal, Sté Hôtel Investissements c/ Sté Immobilière de Saly et 3 autres ; rejet) ;

– l'article 1330 du Code civil de Côte d'Ivoire relatif à l'indivisibilité de la preuve (CCJA, 3e ch., no 031, 25-2-2016 : Abdoulaye Diallo c/ Lalle Bi Ya Jacques, Ohadata J-16-233) ;

– l'article 324 du Code ivoirien de procédure civile en reconnaissant le caractère exécutoire à la grosse d'un jugement non signifié (CCJA, 1e ch., no 063, 30-3-2017 : Bamba Kanvaly, Fadiga Fatoumata épse Bamba c/ Mamadi Kamissoko) ;

– l'article 226 du Code ivoirien de procédure civile (CCJA, 3e ch., no 028, 25-2-2016 : CITIBANK Côte d'Ivoire c/ Billes Héloïse Elaine épse Kaunan, Kaunan Kouassi Antoine, Ohadata J-16-230) ;

– l'article 1384 al. 4 du Code civil ivoirien relativement à la responsabilité du commettant du fait de son préposé (CCJA, 3e ch., no 010, 25-1-2018 : Église de Jésus Christ des Saints des derniers jours c/ Djouka Amon Hilaire) ;

– l'article 2052 du Code civil du Bénin pour l'autorité de chose jugée d'un protocole d'accord (CCJA, 3e ch., no 154, 27-10-2016 : ORYX BENIN SA c/ ADN GAS SARL, Ohadata J-17-94) ;

– les articles 53 et 96 du Code congolais de procédure civile relativement à la clôture d'un compte (CCJA, 1e ch., no 144, 29-6-2017 : Mamadou Doukouré, Sté New Market SARL c/ Banque Crédit du Congo) ;

– les articles 272 à 275 de l'AUPSRVE, l'article 39 du Code de procédure civile et commerciale du Cameroun et l'article 7 de la loi no 2006/015 du 29 décembre 2006 portant organisation judiciaire du Cameroun, relativement à des dires et observations régulièrement insérés dans un cahier des charges ; rejet (CCJA, 2e ch., no 023, 8-2-2018 : First Oil Cameroon SA c/ Sté Union Bank of Cameroon, État du Cameroun, Aoudou Bassirou).

C'est à tort qu'il est reproché à un arrêt :

– d'avoir annulé un jugement commercial par une décision civile alors que suivant la loi organique nationale, les contestations relatives aux engagements et transactions entre commerçants sont de la compétence des tribunaux de commerce, dès lors qu'il est bien indiqué à l'en-tête de l'arrêt que la chambre qui a statué est chargée des affaires civiles et commerciales ; la seule mention « en matière civile » étant une simple erreur matérielle n'entamant pas la validité dudit arrêt (CCJA, 2e ch., no 180, 27-7-2017 : Sté Delta Rich Development et un autre c/ Stés CNPC et autres) ;

– d'avoir violé l'article 47 du Code de procédure civile ivoirien, d'avoir dénaturé des faits de la cause ou des pièces de la procédure et d'avoir manqué de base légale, notamment en ce que, pour rejeter la demande de nullité du jugement du tribunal fondée sur le fait que le délibéré qui a été fixé au 24 juillet 2019 a été vidé prématurément le 10 juillet 2019 sans que le rapprochement de date n'ait été notifié à la demanderesse, il a considéré que la requérante n'a pas exercé son droit de rétractation de l'ordonnance abréviative de délai dès qu'elle en a eu connaissance et qu'elle est donc supposée avoir acquiescé à ladite décision. Il en est ainsi car il résulte de l'article 47, alinéa 6 du Code de procédure civile ivoirien que les décisions par lesquelles le tribunal décide de retenir l'affaire le même jour, de fixer la date à laquelle l'affaire sera plaidée et d'impartir des délais utiles à la communication de pièces ou au dépôt de conclusions, d'autoriser, à la demande des parties, l'évocation de l'affaire avant le terme des délais fixés ou de désigner parmi les juges de la formation de jugement un juge pour la mise en état si l'affaire lui paraît complexe, sont des décisions de pure administration judiciaire contre lesquelles aucun recours n'est possible. En l'espèce, l'arrêt attaqué ayant rejeté une demande de nullité d'un jugement rendu avant la date précédemment annoncée comme celle de son délibéré n'a en rien violé le texte invoqué ; et en considérant pour ce faire que la demanderesse qui n'a pas sollicité la rétractation de l'ordonnance abréviative de délai est supposée avoir acquiescé à ladite décision, l'arrêt querellé n'a ni dénaturé les faits ou les pièces de la procédure ni manqué de base légale (CCJA, 1e ch., nº 086/2023, 27-4-2023) ;

– d'avoir violé l'article 50 du Code de procédure civile du Togo, suivant lequel « le juge ne peut fonder sa décision sur les moyens de droit qu'il a relevés d'office, sans avoir au préalable invité les parties à présenter leurs observations », en relevant d'office le moyen fondé sur l'article 262 de l'AUDCG, qui n'a, à aucun moment, fait l'objet de débats, et sous la motivation duquel il a retenu qu'« en dehors du paiement du prix, l'autre obligation essentielle que le contrat de vente met à la charge de l'acheteur est de prendre livraison de la marchandise », pour en déduire que la défenderesse n'a pas commis de faute en revendant les marchandises non enlevées dans le délai imparti, et que s'agissant de l'invocation spontanée d'un moyen de droit, la cour d'appel se devait d'inviter les parties à y faire leurs observations. Il en est ainsi dès lors qu'il résulte de l'arrêt attaqué que les parties ont débattu de la question relative aux obligations découlant de leur contrat de vente de produits congelés, à savoir l'obligation de payer le prix et celle de prendre livraison de la marchandise ; il s'ensuit qu'en fondant sa motivation sur les dispositions de l'article 262 précité, relatives à cette question, le juge d'appel n'a pas relevé d'office un moyen de droit mais a plutôt apporté la solution juridique au moyen débattu (CCJA, 1e ch., nº 240/2024, 25-7-2024).

2º Violation par refus d'application

Un refus d'application ne peut être reproché à un arrêt qui n'a pas statué sur le fond (CCJA, 2e ch., nº 041, 16-5-2013 : Sté Camerounaise de Raffinage Maya et compagnie dite SCRM c/ Sté TOTAL Cameroun SA, Rec. jur. CCJA nº 20, vol. 1, janv.-déc. 2013, p. 66-68, Ohadata J-15-41).

3º Violation par fausse application

Le moyen reprochant à une cour d'appel d'avoir, par fausse application, violé des dispositions nationales fixant l'organisation et les règles de fonctionnement de la Cour suprême en retenant que la décision de sursis ordonnée par la section administrative de la Cour supérieure produisait ses effets alors qu'il devait au préalable vérifier si les conditions d'application de cette disposition étaient réunies, à savoir, la notification de l'arrêt ordonnant le sursis, ne peut prospérer en l'absence de preuve de cette assertion (CCJA, 3e ch., nº 026, 13-3-2014 : Sté West Africa Investement Company dite WAIC-SA c/ Banque de l'Habitat du Mali dite BHM – SA, Ohadata J-15-117).

4º Moyen mal fondé : violation visant un texte différent de celui qui a été appliqué ou inapplicable à l'espèce

C'est à tort qu'il est reproché :

– à un arrêt d'avoir violé les articles 71, 101, 106 et 256 de l'AUDCG, en ce que les relations des parties renvoyaient tantôt au bail commercial, tantôt à la vente commerciale mais que le juge d'appel a ignoré cette interaction notamment quant à la résiliation du bail et à l'expulsion du locataire. Il en est ainsi car dans l'AUDCG, de 1997, le bail commercial, le fonds de commerce et la vente commerciale sont traités sous des titres différents ne renvoyant pas les uns aux autres (CCJA, 2e ch., nº 090, 23-7-2014 : OUATTARA Issouf c/ TOTAL Côte d'Ivoire, Ohadata J-15-181) ;

– à un jugement attaqué d'avoir erré en appliquant l'article 1142 du Code civil, alors que le litige est relatif à l'exécution ou l'inexécution d'une garantie autonome régie par les articles 40 et suivants de l'AUS, dès lors que la demande est fondée sur l'article 1142 du Code civil relatif à l'obligation de faire ou de ne pas faire qui en l'espèce consistait en la mainlevée d'une caution bancaire ordonnée par le jugement d'un tribunal de commerce assorti de l'exécution provisoire. C'est en vain que la requérante allègue l'application des articles 40 et suivants de l'AUS qui traitent de la formation des garanties et contre-garanties autonomes et de leurs effets ; dès lors, le grief visé au moyen n'est pas fondé et ce moyen sera rejeté (CCJA, 1e ch., nº 116, 31-5-2018 : BNI c/ Sté International Malo) ;

– une violation de l'article 1384 al. 4 du Code civil ivoirien au motif que la responsabilité du commettant du fait de son préposé ne peut être engagée lorsque ce dernier a agi en dehors de ses fonctions, en usurpant le titre de directeur de l'Église, dès lors que l'arrêt attaqué ne fait aucune référence à cette disposition, que la responsabilité du préposé n'a été invoquée que pour rejeter le sursis et que pour mettre le paiement à la charge de l'église (CCJA,

2e ch., no 069, 21-4-2016 : Église de Jésus Christ des Saints des Derniers Jours c/ Guede Justin, Ohadata J-17-18) ;

– à un arrêt attaqué la violation de l'article 33 de l'AUPSRVE en ce que la convention de vente de l'immeuble par le demandeur au profit du défendeur, passée par-devant notaire et n'ayant jamais été résolue, continue de produire ses effets de sorte que la créance alléguée, contestée et non exigible, s'oppose à la procédure d'injonction de payer. Il en est ainsi dès lors qu'il résulte de l'arrêt attaqué en sa 8e page que l'ordonnance d'injonction de payer a été rendue sur la base du protocole d'accord de remboursement et de la reconnaissance de dette du 13 septembre 2011 et non sur la base de l'acte notarié vanté ; la cour d'appel n'a donc point violé l'article 33 précité qui n'était pas applicable en l'espèce et le moyen doit être rejeté (CCJA, 1e ch., no 189, 9-11-2017 : Piameu Nanpidia Ferdinand c/ Kenne Pascal) ;

– à un arrêt d'avoir violé l'article 201 al. 1 de l'AUSCGIE en condamnant une société défenderesse après avoir retenu que sa dissolution ne pouvait pas être opposable au codéfendeur dès lors que les demanderesses avaient formé appel contre le jugement qui avait déclaré irrecevable l'opposition formée hors délai et que par ailleurs, dans leurs conclusions en appel, les appelantes ont orienté leurs débats sur la dissolution de la société défenderesse et le caractère fictif de la cession de créance qui non seulement n'étaient pas débattus devant le tribunal, mais surtout n'étaient pas l'objet de leur recours en appel. La cour d'appel relève elle-même, et à juste titre, que « la présente action tend à faire constater la violation par le premier juge de la procédure relative à l'opposition à l'ordonnance d'injonction de payer ». En confirmant ledit jugement par adoption de ses motifs, l'arrêt, qui a recadré les débats, n'a pas commis le grief soulevé et le pourvoi, non fondé, doit être rejeté (CCJA, 1e ch., no 178, 27-7-2017 : Mohamed Abdallah Doura & Moerenhout Eliane T c/ Jean-Luc Moerenhout et 2 autres) ;

– à un arrêt d'avoir violé l'article 92 de l'AUPSRVE en n'invalidant pas une saisie-attribution de créances, alors que l'acte de signification du commandement sur lequel s'appuient tous les exploits d'exécution subséquents ne comporte pas les mentions prescrites par le texte visé au moyen, dès lors que ce dernier est relatif à la saisie-vente et non à la saisie-attribution de créances. S'agissant d'une saisie-attribution de créances, il ne peut recevoir application et le moyen sera rejeté comme non fondé (CCJA, 3e ch., no 086, 29-3-2018 : EMPLOI SERVICE SA c/ Thomas RIMBALE) ;

– l'article 243 de l'AUDCG, qui est relatif au délai dans lequel l'acceptation de l'offre doit être exprimée, et non comme l'insinue le moyen, au délai de livraison de la marchandise ; il s'ensuit que ce texte n'a pas été violé par la cour d'appel de Dakar (CCJA, 1e ch., no 252/2019, 7-11-2019 : Sté Libya Oil Sénégal c/ Sté Bénin Petro) ;

– à un tribunal d'avoir, en violation de l'article 13 du Traité OHADA, retenu sa compétence et ignoré le recours à l'arbitrage invoqué par les recourants, dès lors que l'article 13 précité invoqué par les demandeurs au pourvoi ne traite nullement de la question de compétence en matière d'arbitrage (CCJA, 3e ch., no 119/2019, 11-4-2019 : Fowe Michel c/ la Bicec) ;

– l'article 133 de l'AUDCG visé aux moyens, qui est relatif à la résiliation du bail à usage professionnel et ne s'applique pas au crédit-bail, dès lors que c'est au terme d'une appréciation des faits de la cause que les juges ont souverainement retenu que les demandes de la défenderesse ne se heurtaient à aucune contestation sérieuse et pouvaient par conséquent relever de la compétence des juridictions de référé (CCJA, 1e ch., no 174/2019, 23-5-2019 : Kaz Logistics Sarl c/ Alios Finances Sénégal SA).

– à une cour d'appel qui aurait rendu deux décisions dans le cadre de la même procédure, l'article 28 al. 2 du Règlement de procédure de la CCJA, qui s'applique aux pourvois formés devant celle-ci (CCJA, 1e ch., no 176/2019, 23-5-2019 : African Petroleum Consultants SARL c/ Sonara).

Une juridiction n'a pu violer des textes dont elle n'a pas fait application (CCJA, 2e ch., no 290/2019, 28-11-2019 : Société Ecobank Guinée SA c/ Agence Tenen Voyage SARL ; CCJA, 3e ch., no 065/2020, 27-2-2020 : Le GIC Tegwagning c/ Le Crédit Communautaire d'Afrique).

5o Autorité de chose jugée d'un arrêt rendu par une juridiction nationale de cassation en violation de la compétence de la CCJA et contre lequel aucun recours n'a été formé devant la CCJA

L'arrêt rendu par la cour d'appel qui a clairement spécifié que la question posée par l'article 197 al. 2 de l'AUDCG avait déjà été tranchée par la juridiction nationale de cassation dans un précédent arrêt qui n'a pas été déféré devant la CCJA, pour confirmer le rejet des exceptions et fins de non-recevoir, n'a pas violé les dispositions visées et le pourvoi formé contre son arrêt doit être rejeté (CCJA, ass. plén., no 137, 11-11-2014 : NILEDUTCH SA c/ SATRAM SA, Ohadata J-15-227).

6o Violation non sanctionnée par la nullité

Il n'y a pas lieu à cassation, dès lors que la disposition dont la violation a été constatée n'a pas prévu la nullité.

Il en est ainsi, peu important qu'il s'agisse d'un Acte uniforme (CCJA, 1e ch., n° 001, 14-1-2015 : Commissions Import Export dite COMMISIMPEX c/ Caisse Nationale de Sécurité Sociale dite CNSS, Ohadata J-16-01, à propos de la saisine d'un tribunal par voie de requête, pour l'ouverture d'une procédure collective, alors que aux termes de l'art. 28 al. 1 [devenu 31 al. 3] de l'AUPCAP, il aurait dû être saisi par voie d'assignation) ou d'une disposition nationale (CCJA, 2e ch., n° 147, 24-12-2014 : Henri Flavien Loe EYIKE c/ Caisse Autonome d'Amortissement (CAA), Ohadata J-15-237). La violation d'une disposition nationale, notamment le Code de procédure civile, ne peut donner lieu à cassation en vertu de l'article 28 bis du Règlement de procédure de la CCJA dès lors que la violation alléguée n'est sanctionnée par aucune nullité. Il en est de même pour celle de mentions relatives au défaut de comparution prévues par un texte national, dès lors que les articles 9, 10 et 11 de l'AUPSRVE qui seuls réglementent la saisine de la juridiction compétente en cas d'opposition à une injonction de payer, ne les ont pas prévues (CCJA, ass. plén., n° 044, 27-4-2015 : Maître Sandembou DIOP c/ ATEPA TECHNOLOGIES, Ohadata J-16-44).

7° Enregistrement de décisions, régie par la loi nationale

Les actions tendant à la mise en cause du tiers saisi, qu'elles soient fondées sur l'article 156 ou sur l'article 168 de l'AUPSRVE, relèvent toutes de la procédure de l'article 49 du même Acte uniforme et à ce titre sont jugées à charge d'appel et ne constituent pas des décisions contenant des dispositions définitives au sens de l'article 351 du Code général des impôts du Cameroun visé au moyen. C'est donc de manière superfétatoire qu'une cour d'appel a fait la distinction. L'enregistrement des décisions de justice étant du domaine exclusif de la loi nationale, il ne peut être fait grief à l'arrêt déféré d'avoir violé les articles 336 de l'AUPSRVE et 10 du Traité OHADA (CCJA, 2e ch., n° 147, 24-12-2014 : Henri Flavien Loe EYIKE c/ Caisse Autonome d'Amortissement (CAA), Ohadata J-15-237).

8° Appréciation souveraine des juges du fond

C'est par une appréciation souveraine des faits, ne caractérisant aucune violation de la loi :

– que des juges du fond ont pu déduire, des éléments de preuve qui leur ont été soumis, un comportement non équivoque de la société demanderesse tendant à faire de son unité de Pointe-Noire une succursale en visant non seulement l'aveu judiciaire, mais aussi la turpitude de ladite société, pour retenir leur compétence. Cette appréciation des faits échappe au contrôle du juge de cassation et en statuant comme elle l'a fait, la cour d'appel n'a pas violé l'article 1356 du Code civil congolais relatif à l'aveu judiciaire. De même, la violation alléguée de la désignation erronée de la juridiction compétente prévue à l'article 160 de l'AUPSRVE et la branche du moyen tirée de la caducité de la saisie ne peuvent non plus prospérer pour les mêmes raisons et les moyens concernés doivent être rejetés (CCJA, 3e ch., n° 141, 19-11-2015 : Sté BOURBON Offshore SURF, SAS c/ TATY Jean Claude, Ohadata J-16-134) ;

– qu'un tribunal a requalifié la demande de réalisation d'une promesse de gage dont il était saisi en demande de restitution de fond et y fait droit (CCJA, 1e ch., n° 090/2020, 9-4-2020 : Bank of Africa Mali c/ Mamadou Lamine Kanoute).

9° Absence d'erreur d'appréciation

La cour d'appel qui, pour condamner une banque, tierce-saisie au paiement de dommages-intérêts, a énoncé qu'« il est également établi que du fait de la déclaration inexacte faite par la [tierce-saisie], la [créancière] a perdu toute chance d'avoir paiement de sa créance au moment de la saisie du 30 avril 2008, dans la mesure où à cette date, la déclaration inexacte n'a pas permis de connaître d'une part l'existence du compte mais surtout si le compte était créditeur ; qu'ainsi la [tierce-saisie] a fait perdre au créancier saisissant de faire valoir ses droits avant la date de la dernière saisie qui a fait ressortir le solde créditeur ; le comportement fautif de la [tierce-saisie] a donc eu pour conséquence de nuire à la société saisissante, de sorte que cette dernière est fondée à obtenir réparation.. », a démontré l'existence d'une faute, d'un dommage et d'un lieu de causalité ; elle n'encourt donc pas le grief de violation ou d'erreur d'application de la loi (CCJA, 1e ch., n° 163, 17-12-2015 : Sté Générale de Banques en Côte d'Ivoire dite SGBCI c/ Sté Ivoirienne de Ciment et Matériaux dite SOCIMAT, Ohadata J-16-156).

10° Erreur dans l'application de la loi

Est irrecevable le pourvoi fondé sur :

– le moyen unique de cassation tiré de l'erreur dans l'application ou l'interprétation de la loi, sans autre indication sur celle-ci (CCJA, 2e ch., n° 055, 15-3-2018 : SIPEF-CI c/ Sté Corporate et Consulting dite CFC) ;

– l'erreur dans l'application ou l'interprétation de la loi, notamment des articles 1937 et 1944 du Code civil, sans indiquer les Actes uniformes ou textes de l'OHADA en cause (CCJA, 2e ch., n° 005, 11-1-2018 : Africaine de Radiateurs Automobiles SARL c/ Banque Internationale pour le Commerce et l'Industrie en Côte d'Ivoire SA).

L'invocation, même erronée, d'une disposition légale, ne suffit pas à la cassation d'une décision lorsque son incidence sur la pertinence de la solution du litige n'est pas démontrée. Tel est le cas lorsqu'il est reproché à un arrêt d'avoir confirmé un jugement en se fondant sur l'article 121 de l'AUSCGIE, alors que ce texte n'est pas applicable aux sociétés anonymes avec conseil d'administration concernées en l'espèce, soumises aux dispositions de l'article 487 du même Acte uniforme. Il y a lieu de rejeter ce moyen comme dépourvu de toute pertinence sur la régularité de la saisie immobilière (CCJA, 1e ch., no 056/2022, 3-3-2022).

11o Violation concernant une ordonnance non déférée à la censure de la CCJA

Le moyen faisant grief à un arrêt d'avoir violé l'article 22 de l'AUPCAP en considérant la caducité ordonnée par l'ordonnance qui a constaté la caducité de l'ordonnance suspendant les poursuites individuelles, alors, selon le moyen, que l'ordonnance de suspension des poursuites individuelles ne peut faire l'objet d'un recours, doit être rejeté, dès lors que l'ordonnance en cause n'a pas, en l'état, été déférée à la censure de la CCJA, qui ne peut donc se prononcer sur sa régularité (CCJA, 3e ch., no 098, 2-6-2016 : Sté Euro-Africaine pour le Commerce, l'Industrie et le Développement c/ Sté CIMBENIN, Ohadata J-17-38).

C'est à tort qu'il est reproché à l'arrêt attaqué d'avoir, par mauvaise interprétation, violé les articles 8 et 9 de l'AUPCAP en ce qu'il s'est fondé sur l'ordonnance qui a constaté la caducité de l'ordonnance suspendant les poursuites individuelles et a remis les parties dans l'état antérieur avant ladite ordonnance pour justifier le bien-fondé de l'action en paiement de créances de la défenderesse alors, selon le moyen, que la décision de suspension des poursuites individuelles proscrit toute action contre le débiteur tendant à obtenir le paiement de créances nées antérieurement à cette décision. Il en est ainsi, dès lors que la défenderesse a obtenu le 4 mai 2001 l'ordonnance qui a constaté la caducité de l'ordonnance de suspension des poursuites et remis les parties dans l'état où elles se trouvaient avant ladite ordonnance, que l'exécution de ladite ordonnance a été ordonnée sur simple minute avant enregistrement et que cette ordonnance produit ses effets même dans le cas de l'appel qui n'est pas suspensif. En décidant que la défenderesse qui détient une créance sur la demanderesse est légalement en droit, suite à cette ordonnance, non soumise à la censure de la CCJA, de poursuivre le recouvrement, la cour d'appel n'a en rien commis le grief visé au moyen (CCJA, 3e ch., no 098, 2-6-2016 : Sté Euro-Africaine pour le Commerce, l'Industrie et le Développement c/ Sté CIMBENIN, Ohadata J-17-38).

12o Violation sans grief d'un texte

C'est à tort qu'il est reproché à un arrêt d'avoir violé la loi, dès lors que la disposition interne dont la violation est évoquée ne sanctionne l'irrégularité que si elle cause grief et qu'en l'espèce la requérante ne justifie d'aucun préjudice résultant de la violation invoquée (CCJA, 2e ch., no 026/2018, 8-2-2018 : Sté CKG HOLDING, Goore Bi Zih Charles Kader c/ B.A.C.I.).

13o Absence de violation en raison de l'effet dévolutif de l'appel

C'est à tort qu'il est reproché à une cour d'appel d'avoir violé l'article 10 du Traité relatif à l'OHADA et les articles 32, 336 et 337 de l'AUPSRVE, en entérinant l'ordonnance du président d'une cour d'appel suspendant l'exécution déjà entamée du jugement ayant condamné dès lors qu'en vertu de son pouvoir d'évocation la cour d'appel avait l'obligation de vider en entier le contentieux. La remise en cause de la condamnation met de toute évidence fin à la question de la continuation des poursuites et c'est à bon droit qu'après infirmation du jugement entrepris sur ce point la cour a ordonné la discontinuation des poursuites ; rejet de cette branche du moyen (CCJA, 3e ch., no 076, 29-3-2018 : Aimable Mpore c/ MTN-CI SA).

14o Violation du principe de la contradiction par le relevé d'office d'un moyen non soumis aux observations des parties

C'est à tort qu'il est reproché à l'arrêt d'avoir violé, par mauvaise application, l'article 50 du Code de procédure civile togolais, en retenant que le premier juge n'a pas respecté le principe du contradictoire en appliquant d'office les articles 22 et 23 de l'AUDCG aux éléments soumis aux débats, sans en solliciter les observations des parties, conformément à l'article 46 du Code de procédure civile togolais, alors que, selon le moyen, la contradiction aurait été respectée dès lors que la reconnaissance de dette figurait parmi les éléments débattus. Il en est ainsi car pour appliquer d'office les articles 22 et 23 de l'AUDCG, le juge devait, en vertu de l'article 50 du Code de procédure civile togolais, offrir aux parties la possibilité de débattre de cette règle de droit, non invoquée par celles-ci. Bien que la reconnaissance de dette ait été un élément des débats, elle ne dispensait pas le juge de son obligation de respecter le contradictoire lorsqu'il soulevait d'office un moyen de droit ; il s'ensuit que la cour d'appel a justement retenu que le premier juge a violé le principe du contradictoire en ne sollicitant pas les observations des parties sur les articles 22 et 23 de l'AUDCG (CCJA, 2e ch., no 283/2024, 31-10-2024).

15° Absence de violation d'une loi générale à laquelle une loi spéciale déroge

Il est de principe que la loi spéciale déroge à la loi générale. En écartant l'application de dispositions générales du COCC au profit de celles spéciales de l'AUDCG, une cour d'appel n'a nullement violé les textes visés au second moyen dans ses trois branches qui seront par conséquent rejetées comme étant mal fondées. Il en est ainsi dès lors que selon l'article 10 du Traité OHADA, les Actes uniformes sont directement applicables et obligatoires dans les États parties nonobstant toutes dispositions contraires de droit interne, antérieures ou postérieures, et que l'article 101 [devenu 133] de l'AUDCG prévoit que les dispositions de son livre VI intitulé « Bail à usage professionnel et fonds de commerce » sont « applicables à tous les baux portant sur les locaux ou immeubles à usage commercial, industriel, artisanal ou à tout autre usage professionnel » (CCJA, 3e ch., no 195/2023, 26-10-2023).

16° Autres exemples

C'est à tort qu'il est reproché à un arrêt attaqué d'avoir violé l'article 8 de l'AUPSRVE en ce qu'il a déclaré valable l'acte de signification d'une ordonnance portant injonction de payer alors que les frais d'huissier et les frais bancaires réclamés par la poursuivante et portés dans l'exploit de signification ne figurent pas dans l'ordonnance d'injonction de payer. Il en est ainsi, dès lors que l'ordonnance a bien prévu le paiement des intérêts et des frais de procédure à venir et que l'exploit de signification quant à lui en a précisé les montants, la première condition prescrite à l'article 8 de l'AUPSRVE à peine de nullité ayant ainsi été remplie. De même, c'est à tort qu'il est reproché à un arrêt d'avoir violé l'article 2 de l'AUPSRVE en déclarant une Église responsable des agissements fautifs de son ex-employé au motif que le fait d'avoir apparemment donné mandat à celui-ci engageait sa responsabilité contractuelle, alors que selon cette disposition la procédure d'injonction de payer ne peut être utilisée lorsque la personne en cause n'est pas contractuellement tenue envers le demandeur. La démarche des juges du fond a consisté à montrer que le mandat apparent a permis de parvenir à la réalisation du contrat consistant en l'espèce à la commande qui a été suivie de la livraison, dans les locaux de l'Église, et qu'à ce moment de l'échange aucune infraction n'était reprochée à l'employé (CCJA, 2e ch., no 173, 17-12-2015 : Église De Jésus Christ Des Saints Des Derniers Jours c/ Sté LAGICOM-CI, SARL, Ohadata J-16-166 ; CCJA, 2e ch., no 174, 17-12-2015 : Église De Jésus Christ Des Saints Des Derniers Jours c/ Sékou Madeye Eugénie epse GUEU, Ohadata J-16-167 ; CCJA, 2e ch., no 178, 17-12-2015 : Église De Jésus Christ Des Saints Des Derniers Jours c/ La Sté STMCI, Ohadata J-16-171, voir aussi J-16-166).

Voir aussi :

– CCJA, 3e ch., no 185, 23-12-2015 : BICICI c/ Sté Nationale de Transports Terrestres dite SONATT, Ohadata J-16-178 (absence de violation des art. 92 et 100 de l'AUPSRVE) ;

– CCJA, 3e ch., no 187, 23-12-2015 : Agence d'Etudes et de Promotion de l'Emploi (AGEPE) c/ Kouadio Suzanne Rovia Adjoua, Ohadata J-16-180 (violation de l'art. 1 de l'AUPSRVE alléguée à tort, la demanderesse n'ayant pas contesté le caractère de certitude, de liquidité et d'exigibilité de la créance en cause, conditions appréciées par la cour qui a retenu que la créance remplissait les conditions d'une injonction de payer) ;

– sur une absence de violation de la loi par absence de retranchement (voir sous l'art. 101 de l'AUDCG), CCJA, 1e ch., no 065, 15-3-2018 : Sté Dakar Résidences c/ Caisse de Sécurité Sociale ;

– CCJA, 3e ch., no 199, 29-12-2016 : Fero Bi Kanhou c/ La Clinique Médicale Sainte Marie et 3 autres, Ohadata J-17-139 ;

– CCJA, 3e ch., no 087, 28-4-2016 : Jack Lucien Bourrely c/ AFRICHIM SARL, Ohadata J-17-35 (moyen nouveau).

– le moyen visant la violation de la loi sans spécifier en quoi la loi aurait été violée (CCJA, 3e ch., no 157/2020, 30-4-2020 : Mouhammad Younes c/ Société Les Moulins Sentenac ; voir aussi CCJA, 1e ch., no 082/2022, 9-6-2022, au sujet de la branche d'un moyen qui, telle que formulée, ne précise pas en quoi les textes visés au moyen (art. 419 et 420 de l'AUSCGIE) et qui sont relatifs aux modalités de désignation des administrateurs et à la durée de leur mandat ont été violés, ne permettant pas à la CCJA d'exercer son contrôle) ;

– violation alléguée d'une disposition du droit interne en suppléant d'office un moyen de prescription, dès lors qu'il résulte de l'arrêt entrepris que la cour d'appel a plutôt répondu à un moyen contenu dans l'acte d'appel (CCJA, 1e ch., no 132/2021, 24-6-2021 : APC Sarl c/ Comafrique Technologies SA).

– n'a en rien violé les dispositions légales susvisées, la cour d'appel qui, pour rejeter une demande de sursis à statuer, a justement retenu que l'action en réparation d'un préjudice fondé sur une faute de gestion commise par un dirigeant social est distincte de l'action pénale pour escroquerie dirigée contre un fournisseur (CCJA, 2e ch., no 058/2020, 27-2-2020 : Société de Transformation Alimentaire c/ H.).

– est irrecevable le moyen qui ne précise pas la partie de la décision attaquée. Tel est le cas du moyen qui, invoquant la violation de l'article 48, alinéa 1er du décret 95/034 du 24 février 1995 portant statut et organisation de la profession de notaire au Cameroun, se contente de remettre en cause la compétence territoriale du notaire instrumentaire sans exposer la position adoptée par le tribunal sur cette question et la contrariété supposée de sa décision à ce texte (CCJA, 1e ch., nº 145/2022, 3-11-2022) ;

– irrecevabilité de la branche d'un moyen qui, tel que formulé, constitué d'un mélange de droit et de fait tend plutôt, sous le prétexte de la violation de la loi, à remettre en discussion l'appréciation souveraine des faits par les juges de fond et est, par conséquent, irrecevable (CCJA, 1e ch., nº 061/2022, 3-3-2022 ; CCJA, 3e ch., nº 089/2024, 28-3-2024 ; CCJA, 2e ch., nº 027/2023, 23-2-2023).

C. Violation de la loi n'entraînant pas la cassation

Le moyen reprochant à un arrêt d'avoir mentionné qu'il a été rendu contradictoirement à l'égard de la requérante, alors que les conditions d'une telle qualification n'étaient pas réunies au regard des dispositions nationales du Code de procédure civile visés au moyen doit être rejeté comme spécieux, dès lors que la qualification d'un arrêt de cour d'appel relativement au mode de comparution des parties ne saurait constituer un motif de cassation que si elle nuit au droit de celui qui l'invoque, et qu'en l'espèce la demanderesse s'est valablement pourvue en cassation (CCJA, 1e ch., nº 248/2019, 7-11-2019 : Gabon Telecom SA c/ Maître Gilbert Erangah).

....

II. Excès de pouvoir

A. Décisions n'ayant pas retenu l'excès de pouvoir

Il appartient au juge d'appliquer, aux moyens soulevés par les parties, le texte de loi qu'il juge approprié pour trancher leur différend. C'est donc à tort qu'il est reproché à l'arrêt attaqué d'avoir fait application des articles 139 à 159 de l'AUPSRVE sans au préalable provoquer les observations des parties, dès lors qu'il résulte de l'arrêt querellé que les intimés au procès d'appel ont bien invoqué l'irrecevabilité de l'action de la société demanderesse au pourvoi. C'est ce qui ressort des termes de l'arrêt ainsi rédigé : « Considérant que la Société RAYANE et HASSAN KAMEL FTOUNI ont, au principal, soulevé l'irrecevabilité de l'action de la Société CENTRAL INDUSTRIE pour défaut de qualité. » Il résulte ainsi des pièces du dossier que les parties ont bien débattu tant devant le premier juge qu'en cause d'appel du moyen tiré de l'irrecevabilité de l'action de la requérante et que, en retenant l'irrecevabilité de l'action de la demanderesse, par application des articles incriminés, la cour d'appel n'a en rien excédé ses pouvoirs ; rejet du moyen (CCJA, 1e ch., nº 002/2013, 7-3-2013 : Sté CENTRAL INDUSTRIE c/ 1) Sté RAYANE, 2) HASSAN KAMEL FTOUNI, 3) OMAIS TOUFIC et 4) Sté CAFCACI, Rec. jur. CCJA nº 20, vol. 2, janv.-déc. 2013, p. 11-14, Ohadata J-15-02).

L'excès de pouvoir s'entend de l'empiètement par une autorité des compétences d'une autre autorité, ou de l'abstention d'exercice de ses attributions. En l'espèce, seules les dispositions de l'article 731 de l'AUSCGIE, ont été mises en œuvre et appliquées par les juges du fond, à l'exclusion des dispositions invoquées au moyen régissant la procédure des sanctions disciplinaires susceptibles d'être infligées à un commissaire aux comptes par son propre ordre. De plus, l'ordre des experts comptables statuant en matière disciplinaire n'est pas la juridiction compétente visée par les articles 732 et 734 de l'AUSCGIE, lesquels déclinent parfaitement la procédure de droit commun de la révocation d'un commissaire aux comptes. Il s'ensuit que la cour d'appel n'a pas empiété sur la compétence de l'ordre professionnel et le moyen est mal fondé (CCJA, 1e ch., nº 175/2019, 23-5-2019 : Sareci SARL c/ Union des Caisses Mutualistes d'Epargne et de Crédit Kafo Jiginew).

L'appréciation souveraine, exclusive de dénaturation, rendue nécessaire par les termes utilisés dans le rapport (formation/étude), qui a amené une cour d'appel à retenir « qu'il ressort clairement du rapport que l'expert a mené des actions qui même si elles peuvent être assimilées à des études techniques n'en revêtent pas moins le caractère d'une formation » ne caractérise aucun excès de pouvoir (CCJA, 2e ch., nº 194/2019, 27-6-2019 : Sonitel SA c/ EPN).

En droit de l'arbitrage, le tribunal arbitral constitue le premier degré de juridiction tandis que la juridiction compétente pour connaître du recours en annulation constitue le second degré. Cette compétence étant échue, au Burkina Faso, à la cour d'appel, celle-ci n'excède en rien son pouvoir en employant les termes « appelante » et « intimée » pour désigner les parties devant elle (CCJA, 3e ch., nº 307/2020, 22-10-2020 : UBA SA c/ ABC SARL).

Le moyen tiré de l'excès de pouvoir mais qui, dans sa formulation, reproche à l'arrêt attaqué un manque de clarté dans sa motivation, ainsi que des affirmations sans justification juridique est à la fois vague et imprécis et doit, de ce fait, être déclaré irrecevable (CCJA, 2e ch., nº 003/2022, 20-1-2022 : Afram c/ La SCI la Grâce).

C'est à tort qu'il est fait grief à un arrêt d'avoir remis en cause le titre exécutoire en portant un jugement négatif sur la régularité, la pertinence et l'existence même d'une ordonnance rendue par la CCJA à la requête du recourant, alors que le juge d'appel est incompétent pour critiquer un titre exécutoire, dès lors que l'arrêt a seulement relevé que c'est par « la ruse et la fraude » que le recourant a obtenu en son nom le titre exécutoire qui aurait dû être délivré au créancier de la défenderesse, dont il était le conseil (CCJA, 2e ch., n° 007/2021, 28-1-2021 : Maître Kontchou Gabriel c/ Cfao Technologies).

L'excès de pouvoir, au sens de l'article 28 du Règlement de procédure, consiste, pour le juge, à méconnaître l'étendue de sa compétence en empiétant sur les attributions d'une juridiction d'un autre ordre, sur celles du pouvoir législatif ou du pouvoir exécutif, ou encore en statuant par voie générale et réglementaire. C'est donc à tort qu'il est reproché à un arrêt d'avoir excédé son pouvoir en ordonnant la mainlevée d'une saisie-attribution alors que la cour d'appel avait été saisie uniquement de défenses à exécution, dès lors qu'il résulte des énonciations de l'arrêt que le juge d'appel avait été saisi, par l'acte d'appel, d'un grief tiré d'un mal jugé et que la note de plaidoirie mentionnait expressément une demande de mainlevée de la saisie pratiquée ; en ordonnant cette mainlevée, la cour d'appel a statué dans le cadre de ses attributions en tant que juge de l'ordre judiciaire, sans excéder son pouvoir (CCJA, 2e ch., n° 346/2024, 12-12-2024).

L'excès de pouvoir et l'incompétence, cas d'ouverture à cassation prévu à l'article 28 bis du Règlement de procédure de la CCJA, s'entendent de la décision prise par une juridiction en dehors de ses attributions juridictionnelles ou encore la méconnaissance par le juge de l'étendue de son pouvoir de juger. En l'espèce, la cour d'appel, régulièrement saisie par le biais d'une loi de procédure, en l'occurrence l'AUPSRVE, en vigueur et applicable devant elle, qui, pour déclarer le président du tribunal de commerce de Lubumbashi compétent et admettre de manière plus générale la compétence des juridictions congolaises, a retenu, d'une part, que l'article 10 du protocole d'accord ne constitue ni une clause compromissoire, les parties n'ayant pas voulu soumettre leur litige à un arbitre, ni une clause attributive de compétence, les parties ayant seulement entendu soumettre leur litige né au droit substantiel de l'Afrique du Sud, et, d'autre part, qu'en application de l'article 3 de l'AUPSRVE, la juridiction compétente pour l'injonction de payer en cause est celle de Lubumbashi où est effectivement domicilié le créancier poursuivant, est restée dans le cadre de ses attributions juridictionnelles et n'a aucunement méconnu l'étendue de son pouvoir de juger (CCJA, 1 ch., n° 039/2023, 9-3-2023).

L'excès de pouvoir, cas d'ouverture à cassation prévu à l'article 28 bis du Règlement de procédure de la CCJA, s'entend de la décision prise par une juridiction en dehors de ses attributions juridictionnelles ou encore de la méconnaissance par le juge de l'étendue de son pouvoir de juger. Le recours à un homme de l'art, sauf disposition légale contraire, est une faculté offerte au juge du fond qui peut décider souverainement s'il a besoin, pour l'examen d'une cause, de connaissances techniques qui lui sont étrangères et justifiant de la commission d'un expert ; le fait de ne pas désigner un expert ne peut être considéré comme un excès de pouvoir et la cour d'appel qui a statué sur une demande d'indemnité d'éviction sans recourir à une expertise (non sollicitée en l'espèce) n'a donc pas dépassé ses attributions juridictionnelles (CCJA, 1e ch., n° 014/2023, 16-2-2023).

B. Décision(s) ayant retenu l'excès de pouvoir

1° Juridiction ayant statué hors délai alors qu'elle était déjà dessaisie

L'excès de pouvoir, prévu à l'article 28 bis du Règlement de procédure, sanctionne la décision prise par une juridiction en dehors de ses attributions juridictionnelles, notamment lorsqu'elle méconnaît les limites de sa saisine, soit parce qu'elle n'est pas encore saisie, soit parce qu'elle ne l'est plus. Il résulte des articles 46 et 173 du Code de procédure civile, commerciale et administrative ivoirien qu'au jour fixé pour l'audience, si l'affaire est enrôlée, elle est obligatoirement appelée ; l'article 140, alinéa 4 du même Code dispose qu'« En tout état de cause, le tribunal doit statuer dans un délai de six mois maximum, à compter de la première audience » ; il ressort également des articles 41 et 49 de la loi ivoirienne relative aux juridictions de commerce que si les parties comparaissent, la juridiction de commerce s'assure que les parties ont entrepris les diligences en vue de parvenir à un règlement amiable du litige ; que l'article 45, alinéa 3 de la même loi dispose qu'« En tout état de cause, le jugement est rendu dans un délai impératif de trois mois à compter de la première audience ». Il résulte de la combinaison de ces dispositions, ajoutées à l'article 27 de l'AUA, qu'aucune juridiction ivoirienne ne peut commencer à instruire une affaire avant la date fixée pour la première audience, elle-même fixée par le demandeur sur l'acte de saisine ou lors de l'enrôlement. Il en ressort que la notion de date de saisine prévue par l'article 27 de l'AUA doit être entendue, en république de Côte d'Ivoire, comme celle à laquelle la juridiction nationale peut légalement commencer l'instruction de son dossier, à savoir la date de la première audience. En l'espèce, l'affaire objet du recours en annulation de la sentence arbitrale ayant été appelée pour la première fois à l'audience du 23 décembre 2021, le délai de trois mois qui commence à courir à compter de ce jour expire le jour du dernier mois qui porte le même quantième que le jour de l'acte ou de l'événement qui le fait courir ; ce jour qui porte le même quantième étant le 23, la cour d'appel qui a statué le 24 mars 2021, alors que le délai avait expiré la veille à savoir le

23 mars 2021, l'a fait hors délai. Au moment où elle statuait, la cour d'appel était donc dessaisie au profit de la CCJA, et statuant dans ces conditions, la cour d'appel a commis un excès de pouvoir et son arrêt est dès lors nul et non avenu, sans qu'il y ait lieu à évocation (CCJA, 1e ch., no 171/2023, 13-7-2023).

2o Existence

L'excès de pouvoir, prévu à l'article 28 bis du Règlement de procédure de la CCJA au titre des cas d'ouverture à cassation, sanctionne la décision prise par une juridiction en dehors de ses attributions juridictionnelles, notamment lorsqu'elle méconnaît les limites de sa saisine, soit parce qu'elle n'est pas encore saisie, soit parce qu'elle ne l'est plus. En l'espèce, la cour d'appel saisie suivant assignation en annulation de sentence arbitrale en date du 10 juin 2020, enrôlée et appelée à l'audience commerciale de ladite cour du 6 juillet 2020, avait, conformément aux exigences de délai de l'article 27 de l'AUA, trois mois, soit jusqu'au 6 octobre 2020, date limite, pour rendre son arrêt. Faute d'avoir statué dans ce délai, elle se trouvait dessaisie et ne devait plus entreprendre aucune décision ; en statuant ainsi au-delà dudit délai, elle a commis un excès de pouvoir, susceptible d'être relevé d'office, et son arrêt rendu le 7 décembre 2020 est dès lors nul et non avenu, sans qu'il y ait lieu à évocation (CCJA, 1e ch., no 114/2024, 25-4-2024).

III. Violation des formes prescrites par la loi à peine de nullité

A. Condition préalable de nullité requise

L'arrêt qui a estimé que « le défaut de production des pièces en copies certifiées conformes n'entraîne pas la nullité de l'exploit de signification » n'a pas violé les dispositions de l'article 7 de l'AUPSRVE, dès lors qu'aux termes de l'article 28 bis du Règlement de procédure de la CCJA la violation des formes prévues par la loi ne constitue un cas d'ouverture à cassation que lorsqu'elles sont prescrites à peine de nullité, ce qui n'est pas le cas en l'espèce, rendant donc le moyen irrecevable (CCJA, 2e ch., no 147/2017, 29-6-2017 : Lauvergne Sabine c/ SCI Indivision Lecoeur).

B. Défaut de mentions obligatoires dans la décision attaquée

Au sens de l'article 28 [bis] du Règlement de procédure de la CCJA, la violation des formes prescrites à peine de nullité s'entend du défaut, dans le jugement, de mentions obligatoires. Est donc irrecevable, car manquant de clarté et de précision, le moyen qui, sous le couvert de ce cas d'ouverture, développe la violation de la loi, reprochant à l'arrêt, dans la seconde branche, d'avoir violé l'article 133 de l'AUDCG qui lui impose de vérifier la conformité de la procédure de résiliation aux exigences posées par ce texte et ne vise, dans ses reproches contenus dans la première banche, aucun dispositif de l'arrêt attaqué, mais critiquant plutôt le bail qui aurait été signé par une personne non habilitée (CCJA, 2e ch., no 352/2024, 12-12-2024).

IV. Défaut, insuffisance ou contrariété des motifs

Le défaut, l'insuffisance ou la contrariété des motifs, qui dénonce une discordance dans la motivation de l'arrêt, peut indifféremment affecter les motifs entre eux ou les motifs et le dispositif (CCJA, 3e ch., no 094/2021, 27-5-2021 : Société Fatiah Holding SA, Aïssata Dicourou BA c/ Société Orabank Mali SA).

A. Défaut de motivation

Le défaut de motifs, au sens de l'article 28 du Règlement de procédure de la CCJA, s'entend d'une véritable absence de toute justification de la décision attaquée qui rend impossible son contrôle en cassation (CCJA, 1e ch., no 128/2022, 30-6-2022).

La cassation pour défaut de motifs n'est prononcée que dans les hypothèses où l'arrêt déféré ne contiendrait aucune justification en droit, et surtout en fait, de la décision rendue (CCJA, 2e ch., no 151/2024, 30-5-2024).

1o Existence

En l'absence de toute justification en droit, l'arrêt attaqué dont il ressort de la partie intitulée « discussion » qu'il n'a fait qu'exposer une partie de l'argumentaire d'une partie sans l'analyser et n'est aucunement motivé encourt cassation (CCJA, 3e ch., no 127, 7-7-2016 : Mohamed Lamine Souare c/ Sté Ciments de Guinée, Ohadata J-17-68).

Doit être approuvée la cour d'appel qui a retenu que « le fait pour un juge de dire qu'il manque de temps pour apprécier une cause constitue un défaut de motivation » (CCJA, 3e ch., no 153, 27-10-2016 : Réseau des Caisses d'Epargne et de Crédit du Mali (Nyèsigiso) c/ Pharmacie Espace-santé (Ibrastou), Moustapha Sidibe, Ohadata J-17-93).

La cour d'appel qui, après avoir justement retenu que « le fait pour un juge de dire qu'il manque de temps pour apprécier une cause constitue un défaut de motivation » n'a pas motivé son propre arrêt sur l'exception d'irrecevabilité de l'une des oppositions pourtant soulevée devant elle, a exposé son arrêt à la cassation. Il en est ainsi dès lors qu'il résulte des mentions de l'arrêt critiqué que « [M. X.] ne peut être distingué de la Pharmacie Espace Santé « Ibrastou », que les deux constituent la même et unique partie dans les deux instances […] », alors même qu'il résulte des pièces versées au dossier que la pharmacie Ibrastou, étant une SARL, ne peut être confondue avec la personne de son gérant, également personnellement concernée par l'une des procédures d'injonction de payer en cause (CCJA, 3e ch., no 153, 27-10-2016 : Réseau des Caisses d'Epargne et de Crédit du Mali (Nyèsigiso) c/ Pharmacie Espace-santé (Ibrastou), Moustapha Sidibe, Ohadata J-17-93).

Doit être cassé, pour défaut de motifs, l'arrêt qui ne comporte nulle part la réponse à l'exception d'irrecevabilité de l'opposition soulevée, alors qu'il résulte de l'examen des pièces du dossier, notamment de l'acte d'appel valant premières conclusions en sa page 7 et de l'arrêt querellé lui-même en sa page 5, que le demandeur a excipé de l'exception d'irrecevabilité de l'opposition et que cependant nulle part dans l'arrêt critiqué on ne trouve la réponse à cette exception d'irrecevabilité (CCJA, 3e ch., no 115, 11-5-2017 : Guetat Ehouman Noël c/ Guetat Eugénie épse K & 16 autres).

a. Absence totale de réponse à une prétention

Conformément à l'article 28 bis tiret 4 du Règlement de procédure, le défaut de réponse à conclusion constitue un défaut de motifs en ce sens que le juge, saisi d'une demande, a l'obligation de répondre à cette demande en motivant sa réponse en fait et en droit. En l'espèce, l'arrêt qui ne comporte aucune réponse à une demande pourtant mentionnée sous la rubrique consacrée à la présentation des prétentions des parties, a méconnu les exigences de l'article 28 bis précité et encourt la cassation de ce chef (CCJA, 3e ch., no 343/2019, 19-12-2019 : Ets Mangousterie de la Source c/ Dandy Makaya Joseph).

b. Décision fondée sur des données matérielles et des parties étrangères au dossier

Tout arrêt qui fonde sa décision sur des données matérielles et des parties étrangères au dossier équivaut à une décision non motivée. Tel est le cas lorsqu'il résulte de la première page de l'arrêt attaqué que les parties litigantes en la présente cause sont la société A, demanderesse, appelante, et la société B, intimée, assistées respectivement de Maîtres X1 et X2, tous deux avocats à la Cour ; qu'aux pages 12, 13 et 14, sont mentionnés d'autres avocats et une autre partie : la SCP X3, Maître X4 et associés et un « intimé » ; que ceux-ci sont inconnus de la société demanderesse qui n'a même pas reçu communication de leurs conclusions ; que par ailleurs, il est établi que le juge d'appel a évoqué une audience du 6 avril 2016 dont il n'est pas prouvé que l'appelante a pris part ou, tout au moins, y a été régulièrement appelée. Il s'en infère qu'en statuant comme elle l'a fait, la cour d'appel a commis le grief allégué ; qu'il échet de casser l'arrêt attaqué de ce seul chef, avant d'évoquer sur le fond (CCJA, 2e ch., no 167/2021, 28-10-2021 : Prudential Beneficial Insurance SA c/ Afrique Constructions SA).

2o Inexistence

C'est à tort qu'il est reproché à une décision de n'être pas motivée :

– dès lors qu'il en ressort que la cour s'est bien prononcée sur la demande d'annulation de la cession de la défenderesse et l'en a déboutée avant de statuer sur sa demande alternative en paiement des loyers (CCJA, 3e ch., no 084, 29-3-2018 : Sté Holding SAVANA Sénégal, Sté Hôtel Investissements c/ Sté Immobilière de Saly) ;

– dès lors qu'elle s'est contentée d'affirmer, sur la rénovation des anciens ascenseurs, que c'est à bon droit que le tribunal arbitral a jugé que la défenderesse n'a aucunement manqué à son obligation contractuelle sans motiver son affirmation, que, par la deuxième branche, il est fait grief au jugement d'être insuffisamment motivé en ce qu'il a soutenu que le procès-verbal de constat, les déclarations du sieur Apele Nicolas NOVIGNON ainsi que l'audition du sieur Barkola Lawin à la barre ne suffisent pas à dire qu'il y a sabotage des ascenseurs par des agents de XO-ELEVATOR, sans préciser en quoi ces témoignages sont insuffisants, qu'en outre l'officier de police judiciaire qui est intervenu sur les lieux n'a pas été autorisé à témoigner et que le jugement querellé, n'ayant pas observé le principe du contradictoire et du respect des droits de la défense, encourt cassation. Il en est ainsi dès lors que, par rapport aux affirmations portées aux deux branches, le jugement querellé a entendu se référer à la motivation du Tribunal arbitral, que, dans le premier cas, le tribunal arbitral a constaté l'impossibilité de l'engagement de XOELEVATOR « à fournir gratuitement deux (2) ascenseurs d'un montant total de 17 464 000 FCFA pour gagner un marché de 84 180 000 FCFA » et que, dans le deuxième cas, le procès-verbal du 24 novembre 2011 n'est pas relatif à « un non-fonctionnement des ascenseurs provoqué par une manœuvre humaine », que le rapport d'intervention du sieur Segbe Koami « n'est ni daté ni signé » et qu'Apele Nicolas a « reconnu n'avoir pas assisté personnellement aux manœuvres de sabotage ». Il s'ensuit donc que le jugement dont pourvoi n'encourt pas les griefs invoqués (CCJA, 2e ch., no 094/2017, 27-4-2017 : HOTEL EDA OBA SA c/ Sté XOELEVATOR) ;

– tant en droit qu'en fait, dès lors que c'est nécessairement après une vérification matérielle de la régularité des actes querellés que les juges d'appel en ont souverainement déduit que toutes les formalités et mentions légales requises [par l'article 92 de l'AUPSRVE] ont été observées, justifiant ainsi suffisamment leur décision (CCJA, 1e ch., no 169/2019, 23-5-2019 : Société Made In Gabon c/ Société SCI Del Sol) ;

– lorsque la cour d'appel, après avoir rappelé les motifs du jugement entrepris, a procédé par adoption de motifs du premier juge (CCJA, 2e ch., no 290/2019, 28-11-2019 : Société Ecobank Guinée SA c/ Agence Tenen Voyage SARL) ;

– car la juridiction d'appel n'a l'obligation de répondre qu'à des conclusions motivées et non à une argumentation demeurée informulée au dispositif des conclusions. D'une part, pour recevoir une réponse de la juridiction d'appel, les conclusions d'appel doivent formuler expressément des prétentions ainsi que les moyens de fait et de droit sur lesquels de telles prétentions sont fondées ; d'autre part, lesdites prétentions doivent être récapitulées sous forme de dispositif. À défaut, elles sont analysées comme une simple argumentation demeurée informulée qui ne nécessite pas impérativement une réponse. En l'espèce, la requérante ayant sollicité simplement du juge d'appel la confirmation de l'ordonnance entreprise à la suite des développements sur la non-levée des réserves, sans que la moindre formulation récapitulative propre aux arguments relatifs à cette non-levée des réserves ne figure au dispositif de ses conclusions d'appel le moyen visant le défaut de motifs de l'arrêt attaqué n'est pas fondé et doit être rejeté (CCJA, 2e ch., no 163/2021, 28-10-2021 : Soniloga SA c/ Entreprise Morey) ;

– dès lors que le moyen, sous le couvert du défaut de motifs, tente de remettre en cause l'appréciation souveraine des juges du fond (CCJA, 2e ch., no 144/2020, 30-4-2020 : Total Cameroun c/ Kweidi Elong Aimé France) ;

– dès lors qu'en visant des articles des statuts de la société en cause, dont la conformité au droit communautaire OHADA a été reconnue, la cour d'appel a bien motivé sa décision (CCJA, 3e ch., no 117/2019, 11-4-2019 : Jean Félix Mulumba c/ Sep-Congo) ;

– dès lors que dans la formulation de la branche du moyen, la requérante, qui admet l'existence de motifs qu'elle ne fait que critiquer, n'expose pas en réalité un défaut de motifs mais plutôt une absence de liens entre les motifs retenus par l'arrêt attaqué et les moyens exposés par la demanderesse sur la base des articles 188 et 198 sus-indiqués. Il s'ensuit qu'en retenant, en l'espèce, que la société [C.] n'est nullement concernée par la relation contractuelle entre les autres sociétés visées et que les moyens tirés de la confusion d'actifs ne peuvent prospérer, la cour d'appel a donné des motifs à sa décision (CCJA, 1e ch., no 128/2022, 30-6-2022) ;

– car c'est par une appréciation souveraine qu'une cour d'appel a écarté un rapport d'expertise, aux motifs, d'une part, que l'expert, qui n'a pas rencontré deux des sociétés en cause, ne les a pas entendues avant de déposer son rapport et, d'autre part, que celui-ci n'a également pas signalé les difficultés alléguées dans son rapport au juge qui l'a commis afin que celui-ci enjoigne auxdites sociétés de produire leurs pièces. C'est donc à tort qu'il est reproché à son arrêt un défaut de motifs par usage de motifs inopérants et utilisation d'une clause de style dépourvue de toute motivation précise (CCJA, 1e ch., no 128/2022, 30-6-2022).

– en déboutant la demanderesse de toutes ses demandes y compris celle relative aux dommages-intérêts formulés devant le premier juge qui n'y aurait pas statué, dès lors aux pages 14 et 15 de son arrêt, la cour d'appel a bien jugé, sur la demande de dommages-intérêts, que « dans les obligations qui se bornent au paiement d'une certaine somme, les dommages-intérêts résultant du retard dans l'exécution ne consistent jamais que dans la condamnation aux intérêts au taux légal ; que le créancier auquel le débiteur en retard a causé un préjudice indépendant de ce retard peut obtenir des dommages-intérêts distincts des intérêts moratoires de la créance, sauf à en rapporter la preuve ; […] qu'en l'espèce, la société [demanderesse] ne prouve ni n'offre de justifier les préjudices allégués ». En statuant ainsi dans ses motifs et en rejetant dans le dispositif de son arrêt l'ensemble des demandes, la cour d'appel n'a donc pas commis le grief allégué (CCJA, 1e ch., no 128/2022, 30-6-2022) ;

– lorsque les mentions critiquées dans l'arrêt sont sans effet sur la décision retenue par la cour d'appel. Tel est le cas lorsqu'il est fait grief à la cour d'appel de n'avoir pas donné de motifs à son arrêt, le dispositif indiquant « statuant publiquement, contradictoirement à l'égard des parties, en chambre commerciale et en dernier ressort, en collégialité et à l'unanimité des voix des membres » et les qualités de l'arrêt portant que « [X.] et [Y.] (ont) pour conseil Maître [Z.] », alors, selon le moyen, que, d'une part, [X.] n'ayant pas comparu, la cour d'appel devrait statuer par défaut à l'égard de ce dernier et que, d'autre part, Maître [Z.] n'a jamais été le conseil de [X.] (CCJA, 2e ch., no 151/2024, 30-5-2024).

B. Insuffisance de motifs

1o Existence

N'a pas suffisamment motivé sa décision, qui encourt de ce fait la cassation :

– La cour d'appel qui, pour infirmer un jugement, s'est limitée à énoncer qu'« il résulte des éléments non contestés du dossier de la procédure, notamment de l'état foncier versé aux débats, que l'immeuble objet du titre foncier no 21.905 a été transféré après la vente intervenue entre les époux [K. et N. B.] depuis le 10 octobre 1996, c'est-à-dire bien avant que la [demanderesse] n'obtienne les décisions lui donnant une garantie de remboursement de sa créance… », sans préciser lesdits « éléments non contestés » et l'état foncier sur lesquels elle s'est basée pour parvenir à une telle assertion, alors même qu'il appert que ladite vente n'a pas été

publiée dès sa conclusion, car elle ne permet pas à CCJA d'exercer son contrôle (CCJA, 2e ch., no 001, 21-1-2016 : BICICI SA c/ NDIAYE BASSIROU, Ohadata J-16-210) ;
– l'arrêt qui, pour parvenir à la mise en jeu de la responsabilité d'une banque à la suite d'une vente, fait référence à des actes de procédure dont le saisi doit recevoir personnellement signification, sans déterminer les dits actes et les textes les organisant (CCJA, 2e ch., no 005, 21-1-2016 : CBAO c/ Abdoul Aziz DIONGUE, GIE MBACKOL ENTREPRISE, Khadim BA, Ohadata J-16-214) ;
– la cour d'appel qui, pour infirmer un jugement, a estimé que « cette créance douteuse » ne peut faire l'objet d'une procédure d'injonction de payer, sans démontrer en quoi les différentes lettres de change acceptées par le tiré, qui sont le support de ladite créance, sont privées de validité, car elle ne permet pas à la CCJA d'exercer son contrôle (CCJA, 2e ch., no 009, 21-1-2016 : SGBCI c/ SICOM, Sté Hyssand Transit SARL, Ohadata J-16-218) ;
– le juge qui, pour rétracter des ordonnances dont opposition, a affirmé dans des jugements rendus à la même date, en des termes identiques, que « le sieur [X] a produit à la procédure une pile de pièces pour justifier le règlement de la créance ; que le tribunal ne dispose ni le temps, ni l'expertise nécessaire pour procéder à une étude détaillée des différentes pièces versées par l'opposant et en conséquence les montants payés ; que seule une expertise comptable ne pouvant être ordonnée dans une procédure d'injonction de payer peut donner les renseignements nécessaires ; que la certitude de la créance est donc en cause », a exposé ses jugements à l'infirmation car une telle motivation est légère et insuffisante (CCJA, 3e ch., no 153, 27-10-2016 : Réseau des Caisses d'Epargne et de Crédit du Mali (Nyèsigiso) c/ Pharmacie Espace-santé (Ibrastou), Moustapha Sidibe, Ohadata J-17-93) ;
– lorsqu'il résulte de l'arrêt querellé et des conclusions tant en appel qu'en réplique que le demandeur a sollicité de la cour d'appel l'irrecevabilité de la fin de non-recevoir soulevée par la défenderesse au motif qu'elle a été introduite après que cette dernière a présenté ses défenses au fond, lesquelles ont été examinées et discutées devant le tribunal, qu'il a également plaidé la nullité de l'hypothèque litigieuse qui a été donnée en violation de l'ancien article 4 de l'AUS et de l'article 9 in fine de l'AUS mais que nulle part dans l'arrêt critiqué on ne retrouve de réponse à ces exception et moyens (CCJA, 2e ch., no 025, 8-2-2018 : Couloud Yao Hyacinthe c/ BICICI).
– lorsque l'arrêt attaqué a déclaré l'appel d'une partie irrecevable sans apporter une réponse à ses allégations selon lesquelles le premier juge s'est prononcé sur sa capacité à surenchérir conformément à l'article 300 de l'AUPSRVE (CCJA, 3e ch., no 134, 8-6-2017 : SIB c/ SCI ACACIA et 3 autres) ;
– la cour d'appel qui a décidé de retenir plutôt la date de l'assignation devant le tribunal de commerce pour considérer un codéfendeur comme mineur, sans autre justification, étant entendu que l'instance devant la cour d'appel est bien distincte de celle devant le tribunal et que la contestation de la recevabilité portait sur la première. De plus, relativement à la loi régissant l'état du codéfendeur, l'arrêt attaqué garde également le silence, la cour d'appel se contentant simplement de qualifier le codéfendeur de mineur sans préciser le fondement légal de ce statut, alors que dans ses écritures en appel, la demanderesse a bien ressorti cette question en relevant que « [le codéfendeur] est de nationalité française et au regard de sa loi nationale il est majeur. S'agissant de l'état d'une personne, seule sa loi personnelle lui est applicable et en l'espèce la loi française. La capacité [du codéfendeur] à ester en justice doit nécessairement être appréciée au regard de cette unique loi. Celui-ci étant français, il est majeur selon la législation française ». En présence de telles allégations formulées par l'une des parties, le juge d'appel en statuant sur la minorité ou non du codéfendeur, devait préciser la loi permettant de trancher cette question ; en ne le faisant pas, elle a, là encore, insuffisamment motivé sa décision (CCJA, 1e ch., no 125/2021, 24-6-2021 : SGCI c/ Kuyo Kessie Marvin) ;
– la cour d'appel qui a, dans le dispositif de son arrêt, annulé un jugement attaqué pour violation de la loi sans indiquer aucunement dans sa motivation en quoi le jugement a violé la loi (CCJA, 2e ch., no 239/2019, 31-10-2019 : Elh Issaka Idrissa c/ Abdoul Razak Illo) ;
– la cour d'appel qui, en présence d'un jugement pénal ayant retenu que « la créance vantée [...] n'existe pas et que le prévenu a altéré la vérité dans un écrit », a décidé qu'une telle procédure pénale n'a aucune incidence sur le litige, sans préciser exactement sur quels éléments de droit elle s'est basée pour parvenir à une telle assertion, alors qu'il appert de ladite procédure pénale que la créance litigieuse est inexistante, car elle ne permet pas à la CCJA d'exercer son contrôle ; cassation (CCJA, 2e ch., no 154/2021, 24-6-2021 : Minoterie de Matadi S.A. c/ Office congolais de contrôle).

2o Absence

C'est à tort qu'il est fait grief à un arrêt d'avoir procédé par insuffisance de motifs :
– en estimant qu'il s'est écoulé plus de 30 jours entre la date de l'opposition et la date de la comparution des parties à l'instance, qu'ainsi est créée une confusion entre ajournement et enrôlement, qu'en effet l'arrêt n'a pas précisé si la date qui doit être

retenue comme étant celle de l'ajournement est celle qui est indiquée dans l'acte de l'opposition du 18 septembre (ajourné au 15 octobre 2008) ou si cette date est plutôt celle contenue dans l'avenir d'audience du 23 octobre (ajourné au 29 octobre). Il en est ainsi car la requérante ne produit aucune pièce relativement à la date du 15 octobre 2008 tendant à prouver que l'enrôlement qui a été impossible à cette date n'a pu se faire que le 29 octobre 2008. La cour d'appel, en faisant le décompte entre le 18 septembre 2008, date de l'opposition, et le 29 octobre 2008, seule date de comparution vérifiée, a légalement justifié sa décision qui ne souffre ni de contrariété ni d'obscurité (CCJA, 2e ch., n° 175, 17-12-2015 : Poste de Côte d'Ivoire c/ Security and Cleaning SARL, Ohadata J-16-168) ;

– en ce qu'après avoir repris la motivation du premier jugement, il n'a pas dit en quoi une augmentation du capital social par la création de nouvelles parts constitue une augmentation des engagements des associés, dès lors que le premier jugement dont la motivation a été adoptée a expressément retenu que le passage du capital de dix millions (10 000 000) de FCFA à quatre-vingts millions (80 000 000) de FCFA par la création de (8 000) parts nouvelles de dix mille (10 000) FCFA souscrites par les anciens associés correspond à une augmentation des engagements des associés ; en procédant ainsi, la cour d'appel a suffisamment motivé ; rejet (CCJA, 2e ch., n° 132, 18-5-2017 : SARL Nianing Automobiles et 2 autres c/ Mamadou Diouf et Anne Isabelle Tavaglini Diouf) ;

– en présence de deux stipulations contractuelles antinomiques, d'appliquer une stipulation contractuelle au détriment de l'autre, dès lors que, contrairement aux énonciations du moyen, les deux clauses ne sont pas antinomiques, la cour d'appel, pour justifier la cessation unilatérale du bail par le preneur, ayant énoncé que « ledit contrat [contient] une clause permettant à l'une des parties [de donner] un préavis », « que dans le contrat de bail conclu entre [les parties] est insérée une clause pour sa résiliation » et « que [le locataire] a donné un préavis avant cette rupture du contrat du bail ». S'agissant d'une cessation en dehors de tout non-respect des clauses du bail, l'arrêt est suffisamment motivé ; rejet (CCJA, 2e ch., n° 186, 27-7-2017 : Zassino Fitalsiguel Paul c/ Sté Griffiths Energy Chad Ltd) ;

– car le visa erroné d'un texte ne constitue pas une insuffisance de motifs. En l'espèce, bien que l'arrêt attaqué ait visé à tort l'article 22 al. 2 de l'AUDCG, les motifs propres retenus pour justifier la décision et répondre aux conclusions du défendeur étaient fondés sur la règle de droit appliquée par la jurisprudence, selon laquelle la demande en justice interrompt la prescription (CCJA, 2e ch., n° 144/2020, 30-4-2020 : Total Cameroun c/ Kwedi Elong Aimé France) ;

– lorsque la cour d'appel, pour déclarer irrecevable comme intervenu hors délai, l'appel formé le 23 juin 2017 contre le jugement sur opposition rendu le 13 avril 2017, a relevé, qu'en application de l'article 15 de l'AUPSRVE, le délai d'appel relativement à un jugement rendu à la suite d'une opposition à une ordonnance d'injonction de payer est de trente jours à compter de la date de cette décision (CCJA, 3e ch., n° 283/2020, 30-7-2020 : Lam Wai Frédérique Lioung et Sté Trading TIM-CI SARL c/ Baci SA) ;

– en se contentant du défaut de motivation de l'acte d'appel pour confirmer le jugement attaqué, ensuite, de n'avoir pas provoqué des débats contradictoires, en renvoyant la cause pour être mise en état, enfin, d'avoir rendu sa décision sur le fondement d'un moyen de droit relevé d'office, sans qu'au préalable les observations des parties n'aient été appelées à ce sujet, et d'avoir ainsi commis les griefs visés aux moyens. Il en est ainsi dès lors qu'il résulte des pièces de la procédure, qu'au moment de la rédaction et de la signification de son acte d'appel, l'appelant, qui n'était pas entré en possession de la décision attaquée, ne pouvait motiver conséquemment son recours, les motifs du juge étant inconnus ; que cependant, le défendeur lui a fait tenir, suivant bordereau en date du 29 janvier 2018, reçu le 30 janvier 2018, une copie de l'expédition de la décision attaquée ; qu'il était depuis ce jour, en mesure de produire ses écritures d'appel ; que mieux, alors que le dossier a été appelé pour la première fois à l'audience de la cour d'appel, le 17 février 2018, un renvoi de plus de trente jours lui a été concédé, aux fins qu'il produise lesdites écritures ; que bien qu'il ait été informé par lettre écrite de l'intimé de la date de ce renvoi, ainsi que de l'intention de celui-ci de faire juger l'affaire sans mise en état préalable, l'appelant n'a ni produit d'écritures d'appel, ni demandé un délai supplémentaire à cette même fin, ni formulé aucune autre demande, notamment le renvoi de l'affaire à la mise en état. C'est donc à bon droit que la cour d'appel s'est bornée à constater qu'il ne formule aucune critique contre le jugement attaqué ; de ce fait, elle n'avait aucune raison de modifier la décision attaquée, puisque ne pouvant se substituer à l'appelant pour rechercher les griefs qui pourraient conduire à l'annulation de celle-ci ; qu'il n'y a alors aucune violation, ni des droits de la défense, ni du principe du contradictoire, encore moins excès de pouvoir ou insuffisance de motifs (CCJA, 2e ch., n° 091/2021, 27-5-2021 : Kone Karim c/ Compaore Ali) ;

– car en relevant que les factures ont été réceptionnées par le groupement Piemme Construction – Kamaad Industrie créé pour les besoins de la cause et installé par les deux sociétés sur le site des constructions avec une direction unique les représentant, pour en déduire que ces sociétés ont agi solidairement dans le cadre de la mission de contrôle et d'assistance technique confiée au Bureau Véritas Côte d'Ivoire, la cour d'appel, qui a également retenu que la créance résultant de ces factures a une cause contractuelle et qu'elle est certaine liquide et exigible à l'égard des deux sociétés, a suffisamment motivé sa décision et lui a donné une base légale ; rejet (CCJA, 3e ch., no 176/2021, 28-10-2021 : Société Kamaad Industrie c/ Bureau Véritas Côte d'Ivoire et Société Piemme Construction Côte d'Ivoire) ;

– en ce que, il a confirmé en toutes ses dispositions, l'ordonnance du juge de l'urgence en invoquant les articles 35 et 57 sans préciser l'Acte uniforme auquel ils correspondent et alors même, que la demanderesse n'a jamais invoqué ces dispositions légales dans ses écritures ; il en est ainsi dès lors, d'une part, qu'il résulte aisément de la lecture de l'arrêt déféré, que les dispositions invoquées résultent de l'AUPSRVE et, d'autre part, que pour confirmer le jugement, l'arrêt retient que « la Cour note à titre liminaire que [la demanderesse], dans ses conclusions du 27 mai 2019 en soutien à sa requête d'appel qui ne se résume qu'en une déclaration, n'a pas indiqué le texte de loi sur lequel elle fonde ce moyen ; qu'elle a en revanche, cité des jurisprudences qui, à l'analyse, sanctionnent non pas la non production du titre exécutoire mais son absence ; que c'est à bon droit que le juge a fondé sa décision non pas seulement sur l'article 35 qui n'énonce aucune sanction quant à la production du titre, mais également sur les dispositions de l'article 57 qui énoncent, entre autres, que l'acte contient à peine de nullité : l'énonciation du titre exécutoire en vertu duquel la saisie est pratiquée ». En se déterminant ainsi, la cour d'appel a donné une motivation suffisante à son arrêt rejet (CCJA, 2e ch., no 003/2022, 20-1-2022 : Afram c/ La SCI la Grâce) ;

– dès lors que la juridiction administrative, pour justifier l'intérêt à agir des défenderesses, a retenu que « la résolution fait grief en ce qu'elle met entre parenthèse l'APIMI que le Port Autonome de Douala a lancé et pour lequel les requérantes ont soumissionné » ; rejet (CCJA, 3e ch., no 016/2021, 28-1-2021 : Port Autonome de Douala SA c/ Les sociétés APM Terminals B.V et Bollore SA) ;

– lorsque par les motifs fidèlement rapportés par le moyen, l'arrêt querellé répond suffisamment aux observations du requérant ; rejet (CCJA, 1e ch., no 256/2019, 7-11-2019 : Thierno Berete c/ El Hadj Boubacar Hann).

– dès lors que, la cour d'appel, pour forger sa conviction, a retenu, sur la base des « articles 491, 492 et 493 de l'[AUSCGIE] », que non seulement le défendeur était présent à la réunion du conseil d'administration et surtout, que « les différents mails qu'il a échangés à cet égard (et) qu'il a versés au dossier suffisent à dire que c'est de façon éclairée qu'il a accepté ses nouvelles fonctions et signé le 1er septembre 2017 avec [la demanderesse] un contrat de travail dans lequel il était expressément indiqué qu'il n'avait plus de mandat social », sans dénaturer le procès-verbal dont elle n'a fait que reproduire l'esprit (CCJA, 1e ch., no 238/2020, 25-6-2020 : NSIA Banque Cote d'Ivoire c/ Philippe Emile Attobra) ;

– dès lors qu'après avoir précisé que les circonstances qui menacent le recouvrement sont des éléments de pur fait, la cour d'appel a relevé, pour infirmer l'ordonnance entreprise, « qu'en exigeant [du créancier saisissant] d'apporter la preuve du risque sérieux d'insolvabilité [du débiteur], le premier juge a entendu limit[er] les circonstances de nature à [...] menacer le recouvrement de la créance au seul risque sérieux d'insolvabilité du débiteur [...] alors même que toutes manœuvres entreprises de mauvaise foi par le débiteur qui seraient de nature à priver d'efficacité toutes mesures de recouvrement peuvent constituer une menace de recouvrement de la créance » (CCJA, 2e ch., no 163/2021, 28-10-2021 : Soniloge SA c/ Entreprise Morey) ;

– non-caractérisée en matière de transport par route (CCJA, 3e ch., no 111/2019, 11-4-2019 : Faso Huilerie SARL c/ Ouedraogo Hamado) ;

– CCJA, 3e ch., no 051/2021, 8-4-2021 : Communauté Sant' Egidio Acap Ong c/ CFAO Motors RCA SA ;

– car la cour d'appel qui a indiqué qu'aucun élément du dossier à elle soumis ne permettait d'apprécier l'existence d'une précédente assignation devant le juge d'instance, pour conclure à l'irrecevabilité de la demande de condamnation formulée en appel, a suffisamment motivé sa décision (CCJA, 1e ch., no 026/2024, 1-2-2024) ;

– en ce que la cour d'appel a conclu à la régularité des mandats sans en préciser ni la date, ni l'objet, ni l'identité et la qualité des signataires desdits mandats, alors que, s'agissant d'un pouvoir spécial pour hypothéquer, ces informations étaient indispensables, notamment pour l'appréciation de la qualité du mandant au regard de l'article 487 de l'AUSCGIE qui définit les attributions du directeur général dans les sociétés anonymes avec président du conseil d'administration et directeur général, ainsi que pour l'appréciation de la date qui permet de vérifier la période de validité desdits mandats ; et que faute de précision sur ces éléments, la décision n'a pas été suffisamment motivée. Il en est ainsi car la cour d'appel a suffisamment motivé sa décision relative à la régularité des mandats des signataires de la convention de prêt et d'hypothèque, les demandeurs, qui ne justifient pas avoir expressément demandé à la cour d'appel l'indication des éléments qu'ils invoquent, étant malvenus à lui reprocher de ne l'avoir pas fait (CCJA, 1e ch., nº 056/2022, 3-3-2022) ;

– en ce qu'il n'a pas répondu à trois moyens au soutien de l'appel, tirés respectivement de l'extinction de l'hypothèque du fait de sa réalisation, de la validité de la convention de compte courant avec affectation hypothécaire et du caractère inopérant des dispositions de la convention sur l'élimination de toutes formes de discrimination à l'égard des femmes (CEDEF). Il en est ainsi dès lors qu'il ressort de l'arrêt attaqué que la cour d'appel a statué par évocation après annulation de la décision du premier juge pour violation des dispositions de l'article 39 du Code de procédure civile et commerciale camerounais, au motif que cette décision reproduit uniquement le dispositif de l'acte introductif d'instance et non l'entièreté de celui-ci ; puis, statuant dorénavant comme juge du premier degré sur la demande initiale en nullité de la convention de compte courant et conséquemment en mainlevée des inscriptions hypothécaires, cette cour a retenu la motivation suivante, sur le constat de la nullité de l'hypothèque : « Considérant qu'il ressort de l'examen des pièces […] que [du] fait de la communauté de la propriété de l'immeuble […] le Sieur [X.] ne pouvait faire signer une telle hypothèque en son nom qu'avec son épouse, ou alors tout seul avec l'accord de cette dernière ; que la nullité d'ordre public de cette hypothèque ne peut être convertie que par un jugement de divorce définitif intervenu avant la date de signature de la convention et non par une simple déclaration de célibat sans valeur juridique ». Sur la demande de mainlevée de l'hypothèque, la cour d'appel a retenu que « considérant que l'annulation de l'hypothèque […] étant d'ordre public, la conséquence de droit est qu'elle est supposée n'avoir jamais existé, qu'il faut donner mainlevée de ladite hypothèque ». La cour d'appel a ainsi suffisamment motivé sa décision (CCJA, 1e ch., nº 192/2024, 27-6-2024).

Le moyen tiré de « l'insuffisance de recherche de tous les éléments de fait qui justifient l'application de la loi » s'analyse en une insuffisance de motifs. En l'espèce, il n'est pas fondé dans la mesure où la cour qui disposait déjà d'éléments suffisants pour son appréciation, ne devait plus procéder à d'autres investigations supplémentaires ; rejet (CCJA, 1e ch., nº 166/2020, 14-5-2020 : Mfopa Yacouba c/ CFAO Motors Bénin SA).

Le recours à l'expertise étant une mesure d'instruction qu'ordonne le juge lorsqu'il considère qu'il lui manque des éléments techniques d'appréciation pour rendre sa décision, la réponse à une demande d'expertise ou de contre-expertise d'une partie relève de l'appréciation souveraine du juge du fond et ne saurait caractériser une quelconque insuffisance de motifs pouvant conduire à la cassation (CCJA, 2e ch., nº 227/2024, 11-7-2024).

La cour d'appel qui, pour confirmer le jugement qui lui a été déféré, a retenu « qu'il résulte de [l'article 103 de l'AUDCG], que le bail à usage professionnel est un contrat de location qui lie le propriétaire d'un immeuble ou d'un local (ou son représentant) au locataire (professionnel), pour exploiter dans ces lieux son activité professionnelle pour un temps (déterminé ou non) fixé d'un commun accord par les deux parties. Que ce contrat peut être écrit ou verbal. […] qu'en l'espèce, le seul élément constant de la convention conclue entre les parties est la remise de la somme de 2 000 000 FCFA représentant « [l]e montant du site (terrain) de Bissiga dont il est superficiaire » par monsieur [X.] à [Y.] ; qu'aucun élément de la décharge ne permet de dire que monsieur [X.] a agi au nom et pour le compte de la société [Z.] ou que la somme versée l'a été au titre d'un loyer dont la périodicité n'a pas été précisée ; que s'il y a bien contrat sur un immeuble formant une parcelle sise à Bissiga, les éléments de preuve de ce contrat ne permettent pas de conclure certainement à un bail professionnel tel que défini ci-dessus ; que c'est donc à bon droit que le premier juge a retenu que faute d'établir l'existence du bail, [Y.] ne saurait prétendre à des loyers y afférents ; qu'il convient dès lors de confirmer le jugement attaqué en toute ses dispositions », a suffisamment motivé sa décision (CCJA, 3e ch., nº 127/2023, 25-5-2023).

C'est à tort qu'il est reproché à une cour d'appel le défaut, l'insuffisance ou la contrariété de motifs en ce que, d'une part, elle s'est limitée à déclarer irrecevable l'action de la demanderesse pour prescription sans prendre le soin d'expliciter avec des arguments les raisons qui l'ont poussée à retenir la prescription et, d'autre part, elle s'est contredite dans ses motifs consignés à travers le dernier paragraphe du dix-septième feuillet et le dix-huitième feuillet de son arrêt. Il en est ainsi dès lors que pour retenir l'extinction de l'action de la demanderesse par la prescription, l'arrêt attaqué a rappelé la règle de la prescription quinquennale prévue à l'article 16 de l'AUDCG applicable à la cause, situé la naissance de l'obligation courant mai 2001 et écarté le fait interruptif de la prescription invoqué. De seconde part, dans les feuillets nos 17 et 18 de l'arrêt attaqué, la cour n'a fait que relater les arguments du défendeur originaire en faveur de l'irrecevabilité de l'action en ses deux branches ; s'il y a une contradiction dans ces arguments, elle n'est pas le fait de la cour d'appel qui a commencé sa propre motivation à la fin du dix-neuvième feuillet ; la cour d'appel ayant suffisamment et sans contradiction motivé son arrêt, le moyen n'est donc pas fondé et doit être rejeté (CCJA, 1e ch., no 218/2023, 14-12-2023).

C. Contradiction des branches du moyen au pourvoi

Le moyen au pourvoi dont les deux branches sont contradictoires, la première reprochant à l'arrêt une insuffisance de motif et la seconde une absence de motifs, est irrecevable (CCJA, no 029/2006, 28-12-2006 : CCTE Le Rallye c/ S.C. Marcus, Rec. jur. CCJA no 8/2006, p. 40, Juris-Ohada no 1/2007, p. 29, Ohadata J-08-99).

D. Contradiction de motifs

1. Définition

Il est fait obligation au juge de motiver sa décision. Le motif est entendu comme la raison de fait ou de droit que le juge indique comme l'ayant déterminé à se prononcer comme il l'a fait. **Les motifs contradictoires se détruisent et s'annihilent réciproquement** (CA Cotonou, no 005/CH-COM/2020, 15-1-2020 : N. G., C. D. c/ I. A.).

La contrariété de motifs s'entend de la contradiction entre les motifs, ou entre les motifs et le dispositif d'une même décision, et non de la contradiction entre les motifs ou les motifs et le dispositif de deux décisions distinctes. Il s'ensuit que le moyen visant la contrariété entre une décision avant-dire droit, non attaquée, et un arrêt attaqué, manque en fait et doit être rejeté (CCJA, 2e ch., no 149/2019, 9-5-2019 : Addax Petroleum Cameroon Company SA c/ Ekita Group SA).

> **Obs. :** l'ancien arrêt dans le Code relatif à la contradiction entre motifs et dispositif est caduc car rendu avant la réforme du Règlement de procédure qui prévoit que la contrariété de motifs entraîne la cassation. La CCJA ayant assimilé la contrariété de motifs et la contrariété entre les motifs et le dispositif d'une décision, les conséquences des deux doivent être les mêmes, à savoir la cassation.

En droit, il y a contradiction de motifs lorsque les motifs contradictoires « se détruisent et s'annihilent réciproquement, aucun d'eux ne pouvant alors être retenu comme fondement de la décision » (CCJA, 2e ch., no 002/2022, 20-1-2022 : Brasserie BB Lomé SA c/ Sté CTC-Addra ; CCJA, 2e ch., no 002/2022, 20-1-2022).

Il y a contradiction de motifs lorsque les motifs d'une même décision s'opposent au point de s'annuler (CCJA, 2e ch., no 212/2024, 4-7-2024).

2. Absence

S'il est de principe que la contradiction de motifs – qui équivaut à un défaut de motif, en ce que les motifs contradictoires s'annulent – est susceptible d'entraîner la cassation d'une décision rendue sur leur fondement, il n'en demeure pas moins vrai que s'agissant d'une contradiction entre les qualités de l'arrêt attaqué et son dispositif, celles-là retenant que l'audience publique ordinaire est tenue en matière civile, tandis que celui-ci énonçant que la Cour a statué en matière commerciale ; ladite contradiction procède d'une erreur matérielle pouvant être rectifiée à tout moment. Il ne s'agit donc pas de contradiction de motifs et le moyen tiré du défaut de motifs n'est pas fondé et doit être rejeté (CCJA, no 040/2009, 30-6-2009 : BETRA c/ SEMOS SA, Rec. jur. CCJA no 13, janv.-juin 2009, p. 104, Ohadata J-10-78).

> Mais la contradiction des motifs ne peut concerner que ceux de la décision attaquée et non celle entre les motifs de celui-ci et ceux d'une autre décision (en l'espèce, décision d'un juge-commissaire dans le cas d'une procédure collective). Il s'ensuit que le moyen est inopérant et ne peut être accueilli (CCJA, 2e ch., no 009, 18-2-2010 : S.C.B. SA c/ SITAGRI En Liquidation, Juris-Ohada, no 2/2010, avr.-juin 2010, p. 24, Ohadata J-11-53, J-12-23).

Il n'y a aucune contradiction entre le fait qu'une décision ait déclaré un appel recevable en la forme et celui de déclarer le même appel irrecevable au fond. Lorsque, comme en l'espèce l'arrêt attaqué a déclaré l'appel recevable en la forme parce qu'il a estimé que ledit appel a été relevé dans les forme et délai prévus par la loi mais a estimé que « l'action en contestation initiée par Mademoiselle M ne peut plus être recevable » au motif que la « décision [qu'elle a attaquée] a acquis autorité de la chose jugée », et que nulle part l'arrêt attaqué n'a mentionné que la décision est rendue « par réputé contradictoire à l'égard de [l'une des parties] » et ce, ni au niveau des qualités ni du dispositif, le moyen visant la contradiction est non fondé et doit être rejeté (CCJA, 2e ch., no 05, 25-8-2011 : M. c/ 1) M. S., 2) Cabinet d'Audit et d'Expertise Comptable, Juris-Ohada no 3/2011, juill.-sept. 2011, p. 8, Ohadata J-12-152).

Autres exemples d'absence de contradiction de motifs, la CCJA ayant retenu :

– qu'une cour d'appel a donné une base légale à sa décision ne contrariant pas ses motifs (voir CCJA, 2e ch., no 40, 8-12-2011 : BINCI SA c/ État du Niger, Juris-Ohada, 2012, no 3, juill.-sept., p. 24, Ohadata J- voir 13-47, J-13-158) ;

– que les contradictions alléguées concernant, non pas les faits relevés par les juges du fond, mais les conséquences juridiques qu'ils en ont tirées, la branche du moyen visant une contradiction de motifs n'est pas fondée et doit être rejetée (CCJA, 1e ch., no 15, 29-11-2011 : SOCCA SA c/ Succession H., Juris-Ohada, 2011, no 4, oct.-déc., p. 15, Ohadata J-13-08, J-13-149).

– qu'il ne peut être reproché à un arrêt d'avoir violé des dispositions du Code national de procédure civile dès lors qu'en l'espèce, l'arrêt avant dire droit du 18 février 2011 qui a statué sur la recevabilité des appels n'a pas été frappé de pourvoi, que l'arrêt déféré n'a fait que constater cet arrêt avant dire droit et que, contrairement aux énonciations du moyen, il n'y a aucune contrariété entre le 8e rôle qui a constaté le trop-perçu et le 9e rôle qui a consacré la condamnation des sociétés appelantes. Enfin, la production du dossier d'instance étant une conséquence de l'appel, la réponse à telle conclusion est superfétatoire (CCJA, 2e ch., n° 031, 3-4-2014 : Sté OK PLAST CAM SARL c/ LONKEU NJOUBOUSSI Bienvenu, Ohadata J-15-122) ;

– que c'est à tort qu'il est reproché à un arrêt d'avoir, par adoption de motifs, repris la contradiction des motifs du premier juge qui a retenu qu'il résulte des pièces produites qu'une contrainte rendue exécutoire par arrêté ministériel a été signifiée aux défendeurs, d'avoir lui-même énoncé qu'« il est constant comme résultant des pièces de la procédure, que la créance dont le paiement est poursuivi par contrainte en date du 25 janvier 1995 rendue exécutoire par arrêté ministériel du 24 juin 1992 résulte de la garantie [de X.]... » et d'avoir malgré tout dénié le caractère de titre exécutoire à la contrainte. Il en est ainsi car même si la contrainte a été rendue exécutoire par arrêté ministériel, elle devait néanmoins être signifiée ; dès lors son état de titre exécutoire au sens de l'article 33 de l'AUPSRVE est utilement contesté ; que du fait de la différence entre « contrainte rendue exécutoire » et un titre exécutoire il n'y a aucune contrariété de motifs et le moyen doit être écarté (CCJA, ass. plén., n° 045, 27-4-2015 : Sté Nationale de Recouvrement dite SNR c/ Héritiers de Feu Matar NDIAYE, Ohadata J-16-45) ;

– que l'arrêt qui a refusé d'accueillir, sur le fondement de l'article 32 de l'AUPSRVE une action en condamnation en l'absence de toute procédure d'exécution forcée l'arrêt ne se contredit en rien (CCJA, ass. plén., n° 052, 27-4-2015 : Sté Nationale de Recouvrement SNR c/ 1) Compagnie Bancaire de l'Afrique Occidentale (CBAO), 2) Aliou DIOUF, 3) Sté SEDIS, 4) Sté DAMETAL, 5) Caoutchouc & Plastiques, Ohadata J-16-52) ;

– la cour d'appel, qui a retenu « que toutefois, en vertu de l'article 144 de l'AUPSRVE susvisé et dont le sens a été précisé par la CCJA, un débiteur qui attend que ses biens saisis soient mis à la vente pour agir et solliciter l'annulation de ladite vente doit être considéré comme ayant agi avec tardiveté, qu'autrement dit, son action doit être déclarée irrecevable, ce qui est manifestement le cas en l'espèce », n'a en rien contrarié ses motifs (CCJA, 1e ch., n° 070, 29-3-2018 : Sté Comptoir Papetier du Sénégal SA c/ Sté Africaine de Bois et 5 autres) ;

– qu'il n'y a pas de contrariété de motifs lorsque des juges saisis de différentes demandes, en rejettent l'une et déclarent l'autre irrecevable. Tel est le cas lorsqu'il ressort des pièces du dossier que dans les conclusions en réponse versées devant le tribunal, les conseils des défendeurs ont demandé aux juges de déclarer nulle la surenchère de la demanderesse sur le fondement de l'article 284 de l'AUPSRVE et des articles 60, 61 et 65 de la loi 2004-42 du 8 juin 2004 réglementant la profession d'avocat au Niger, qu'en outre ils ont demandé l'irrecevabilité de la surenchère sur la base des articles 287 de l'AUPSRVE, 23 des statuts de la société demanderesse, 43 de la loi 2008-33 du 3 juillet 2008 portant réglementation bancaire, 43 de la loi-cadre portant réglementation bancaire de l'UMOA, que la nullité et l'irrecevabilité de la surenchère ont été formellement demandées sur le fondement des articles 284 et 287 de l'AUPSRVE et que, répondant aux différents chefs de demande, les juges ont rejeté la demande sur la nullité de la surenchère et accueilli celle relative à l'irrecevabilité. C'est donc à tort qu'il est reproché à l'arrêt attaqué la contrariété de motifs en déclarant, d'une part, que la surenchère est valide, et d'autre part, qu'elle est irrecevable en ce qu'après avoir constaté et décidé dans le dispositif « qu'il n'y a pas lieu à nullité de la procédure de surenchère initiée par la [demanderesse] » le jugement attaqué déclare ensuite que « cette surenchère est irrecevable » que soit la surenchère n'est pas valide et elle est rejetée, soit elle est valide et elle est reçue (CCJA, 3e ch., n° 137, 7-7-2016 : BCN c/ Cherif Ould Abdine, SGTP, Compagnie Dubaï Office Niger, Ohadata J-17-77) ;

– qu'il n'y a ni contrariété ni insuffisance de motifs, lorsque le juge du fond a souverainement fixé le montant de dommages-intérêts pour inexécution contractuelle ; rejet du moyen (CCJA, 2e ch., n° 008, 26-1-2017 : 1) GETMA Togo SA, 2) MANUPORT Togo SA c/ Ets CIC, 3) Kpokpoya Akouété, Groupe NECOTRANS, Ohadata J-17-154) ;

– que ne s'est pas contredite la cour d'appel qui, après avoir relevé que l'action tendait à obtenir la nullité du congé et le paiement d'une indemnité d'éviction, a retenu que le règlement de cette indemnité est subordonné à l'acquisition par le preneur du droit au renouvellement de son bail, dès lors que l'obtention de ce droit au renouvellement est elle-même soumise à une procédure non observée par le preneur en l'espèce ; rejet du moyen (CCJA, 3e ch., n° 205, 22-11-2018 : SARL Hotel La Détente c/ Bara Tall) ;

– que la cour d'appel qui, pour évaluer la somme due au titre du manque à gagner, a retenu que : « ... alors qu'il a dans sa décision finale du 19 juin

2012 homologué le rapport d'expertise [...] sans aucune réserve, le tribunal a néanmoins conclu à un manque à gagner se chiffrant à la somme de 45 825 389 FCFA et non celle de 13 790 429 FCFA arrêté par l'expert » et en a déduit « que ce fait constitue une contrariété de motifs rendant imparable l'infirmation de la décision querellée », n'a aucunement contrarié les motifs de sa décision. Il en est ainsi car en statuant de cette manière, elle n'a fait qu'analyser le contenu du rapport d'expertise homologué par le premier juge et apprécier ensuite sa valeur probante (CCJA, 3e ch., no 155/2019, 9-5-2019 : Établissements Socri c/ Siat Gabon) ;

– que n'est pas affecté de contrariété de motifs le jugement dont il ressort que c'est au vu des factures produites et du paiement partiel intervenu, que le tribunal a retenu que la créance réclamée à l'appelante était certaine, le fait pour le tribunal d'indiquer que malgré tout, la débitrice continuait à la contester ne constitue en rien une contradiction. Aussi, le tribunal qui a déclaré partiellement fondée la débitrice en son opposition et l'a condamnée au paiement de la créance réclamée, mais a rejeté la demande d'exécution provisoire, ne s'est pas contredit, étant donné que, sur les deux demandes formulées, seule l'une a triomphé (CCJA, 2e ch., no 220/2021, 23-12-2021 : FTCI Sarl c/ Société GCCI-CI) ;

– qu'il n'y a pas de contradiction entre les motifs d'un arrêt dont la lecture renseigne nettement que, d'une part, la cour d'appel a rejeté la demande en paiement de sommes d'argent à titre de dommages-intérêts en retenant, par application des dispositions de l'article 492 de l'AUSCGIE du 17 avril 1997 sous l'empire duquel a été conclu le contrat de mandat, que le directeur général est révocable ad nutum [...] ; que d'autre part, s'agissant de la demande en paiement de l'indemnité de rupture, les juges ont estimé qu'en observation de la convention des parties, le demandeur avait droit à l'indemnité prévue à cette fin dès lors que le motif de la rupture, fautif ou non, n'avait pas été indiqué. Il s'en déduit que tous les motifs de l'arrêt s'agencent parfaitement et que nulle contradiction ne peut être reprochée à la cour d'appel (CCJA, 2e ch., no 081/2021, 29-4-2021 : Pathé Ndiaye c/ Salama Assurances Sénégal S.A) ;

– qu'il n'y a nulle contradiction à affirmer qu'il y a eu une omission d'énumération dans un dispositif et de dire ensuite que le juge de l'interprétation n'a rien ajouté à l'ordonnance (CCJA, 3e ch., no 344/2019, 19-12-2019 : Société Générale Cameroun S.A. c/ Compagnie Professionnelle d'Assurances S.A.) ;

– que le grief de contrariété de motifs concerne une contradiction entre deux constatations de fait de la décision. En l'espèce, à travers les deux motifs bien séparés dans l'arrêt critiqué, la cour d'appel a répondu à deux prétentions distinctes de la demanderesse. Premièrement, sur la question de l'existence ou non d'un titre exécutoire constatant une créance liquide et exigible pour laquelle la demanderesse avait invoqué la convention de compte courant et le protocole d'accord du 10 avril 2017, l'arrêt, après avoir analysé ces documents, constate simplement qu'il s'agit d'actes sous seing privés qui ne sont ni notariés, ni signés par un juge ; il conclut alors que de tels actes ne peuvent, indépendamment de toutes autres considérations, constituer titres exécutoires. Deuxièmement, sur la question de la nullité du commandement aux fins saisie pour laquelle la demanderesse avait plaidé la validité de l'exploit fondée sur l'existence d'un titre exécutoire constatant une créance liquide et exigible, l'arrêt, après avoir retenu la qualité incontestable de titres exécutoires des deux grosses hypothécaires, conclut cependant que ces titres exécutoires qui fixent seulement le plafond des sommes à garantir, ne constatent pas une créance liquide et exigible. Ces deux motifs qui répondent à la qualification juridique de deux actes sous seing privés et de deux actes authentiques ne sont en rien contradictoires (CCJA, 2e ch., no 151/2020, 30-4-2020 : Ecobank-Niger c/ Issa Mahamadou Habibou) ;

– que c'est sans contradiction qu'un juge d'appel, après avoir rappelé les prétentions des parties devant le premier juge, a énoncé « [...] qu'il y a lieu de constater que les parties, par leurs conclusions devant le juge commercial ont suffisamment démontré leur mésentente en leur qualité d'associées, tout en alléguant que la société pouvait être sauvée, allégations qui ont motivé le juge à user de son pouvoir souverain pour désigner un administrateur provisoire autre que les coassociées elles-mêmes », pour conclure « qu'ainsi, le premier juge n'a pas violé les dispositions des articles 12, 20 et 24 du code civil ; qu'il y a lieu de dire et juger qu'il a statué à bon droit » (CCJA, 2e ch., no 236/2019, 31-10-2019 : Société Made In Gabon c/ Davin Antchandie Ivette Simone) ;

– que c'est à tort qu'il est reproché à l'arrêt attaqué une contrariété de motifs, en ce que, dans ses motivations, la cour d'appel a affirmé, d'une part, que « la disposition visée par le tribunal et relative à l'instruction no 26-11-2016 de la BCEAO n'a pas été le point culminant qui a entrainé le rejet des prétentions de la [demanderesse] comme elle veut le faire comprendre » et, d'autre part, que « l'article 8 de l'instruction de la BCEAO n'a pas été utilisé pour soutenir le rejet des prétentions de la [demanderesse] », dès lors que la référence à l'article 8 de l'instruction précitée, ayant déjà été jugée comme un motif surabondant qui n'a aucune influence décisive sur la sentence entreprise, la cour, qui a relevé que

ce texte n'a pas été utilisé pour soutenir le rejet des prétentions de la SITACI, ne se contredit nullement et n'encourt pas le reproche allégué (CCJA, 1e ch., no 049/2024, 22-2-2024) ;
– que la cour d'appel qui a relevé, dans l'exposé des faits, la décision présentée comme titre exécutoire, et constaté par la suite que ladite décision avait été anéantie, ne s'est pas contredite et a donné une motivation suffisante à sa décision (CCJA, 1e ch., no 084/2023, 27-4-2023) ;
– que c'est à tort qu'il est reproché à un arrêt d'avoir fondé sa décision sur des motifs contradictoires, en ce qu'il a condamné une société [A] à payer aux sociétés [B] et [C] la somme de 15 850 912 FCFA au motif, d'une part, que la société [A] n'a pas rendu compte de l'utilisation de cette somme qui constitue le solde créditeur que les deux autres sociétés lui ont communiqué et, d'autre part, que [A] ne rapporte pas la preuve du paiement de ladite somme au profit de ces sociétés, dès lors qu'il résulte des propres constatations de l'arrêt attaqué que les sociétés [B] et [C] ont sollicité les services de la société [A] pour l'enlèvement de commandes d'intrants agricoles au port autonome de Cotonou et qu'au titre de cette prestation elles ont payé la somme de 25 000 000 FCFA dont elle n'ont reçu aucun compte rendu de justification ; en faisant de telles constatations l'ayant conduit à condamner la société [A] au paiement, la cour d'appel, qui auparavant avait relevé que la société [A] n'avait pas rendu compte de l'utilisation de cette somme ne s'est en rien contredite (CCJA, 1e ch., no 128/2022, 30-6-2022) ;
– qu'il ne peut y avoir contradiction entre les motifs et le dispositif lorsque les motifs querellés sont entachés d'une simple erreur de calcul qui n'altère en rien leur substance. En effet, le fait pour une cour d'appel d'avoir énoncé que le total de la créance découverte postérieurement au jugement correctionnel est d'abord de 30 271 226 FCFA et, ensuite, de 55 036 314 FCFA constitue une simple erreur formelle qui n'altère en rien la substance de cette motivation, dès lors que, dans ces mêmes motifs, la cour d'appel a suffisamment détaillé les sommes constitutives de cette créance découverte postérieurement, dont la somme numérique permet de conclure qu'il ne s'est agi que d'une erreur formelle sans incidence sur la substance de la décision (CCJA, 2e ch., no 212/2024, 4-7-2024).

3. Existence

Il y a contrariété ou contradiction de motifs :
– pouvant être relevée d'office, en ce qu'un arrêt querellé, après avoir exposé que « l'ordonnance d'injonction de payer […] qui n'a pu être signifiée dans les trois mois de sa date est, comme disposé à l'article 7 *alinéa* 2 du même Acte uniforme, non avenue et caduque », motive cependant une condamnation par rapport à l'opposition de la même ordonnance : « que [X.] est bien créancière de [Y.] de la somme en principal de 59 742 584 FCFA … ». En statuant ainsi, le juge d'appel a manifestement retenu deux motivations qui ont entraîné une contrariété dans le dispositif, exposant ainsi son arrêt à la cassation (CCJA, ass. plén., no 074, 25-4-2014 : Eticap Niger c/ Batimat, Ohadata J-15-165) ;
– dans l'arrêt qui a retenu dans la même motivation le caractère incertain d'une créance et l'irrecevabilité de l'action, les motifs contraires équivalant à une absence de motifs entraînant la cassation. Il en est ainsi lorsque l'arrêt a affirmé que « la créance poursuivie […] n'est pas certaine (…) qu'il y a lieu d'infirmer le jugement rendu et statuant à nouveau de déclarer irrecevable la […] demande de recouvrement […] » (CCJA, 2e ch., no 003, 21-1-2016 : Bicici SA c/ Maître Foldah Kouassi Yolande, Ohadata J-16-212) ;
– lorsqu'une cour d'appel a fait état du paiement avoué par les créanciers et a pourtant retenu la totalité du montant signifié par un huissier, sans aucune déduction, exposant ainsi son arrêt à la cassation (CCJA, 2e ch., no 006, 26-1-2017 : Sté Essenci SA, Sabraoui Ali Mohamed c/ Boni Charles Fabrice Elie, Boni Cyr Olivier Yao, Ohadata J-17-156) ;
– pouvant être relevée d'office, dans l'arrêt qui, après avoir exposé « qu'en l'espèce, le jugement […] n'a pas fait l'objet d'appel » et que « la cour ne [peut que] constater […] l'inexistence d'un appel contre le jugement entrepris… », a déclaré les demandeurs forclos de leur appel, les deux motivations retenues ayant provoqué une contrariété dans le dispositif, entraînant la cassation (CCJA, 2e ch., no 145/2020, 30-4-2020 : Abou Hassanein Import Export c/ Société Générale Tchad).
– lorsqu'un arrêt a retenu qu'une partie ayant refusé de s'engager dans un contrat avait pu résilier celui-ci de façon unilatérale (CCJA, 1e ch., no 131/2019, 25-4-2019 : Sogad BTP c/ Sté Orabank Gabon, et Sté Orabank Gabon c/ Sogad BTP) ;
– lorsqu'un arrêt a retenu que « la société [X] a fait pratiquer une saisie de biens meubles corporels sur la base d'un extrait de répertoire […] [qui] ne constitue pas un titre exécutoire au sens de l'article 33 de l'[AUPSRVE] ; qu'il s'ensuit que ledit commandement de payer encourt la nullité » et, d'autre part, indiqué que « c'est à tort que le premier juge a déclaré nul le commandement de payer » (CCJA, 1e ch., no 172/2020, 28-5-2020 : Bicig SA c/ Mistral Voyages SA) ;
– lorsqu'une cour d'appel a confirmé purement et simplement un jugement querellé après avoir désapprouvé la qualification juridique donnée par ce jugement à un contrat litigieux (contrat de location), sans au préalable infirmer ledit jugement en corrélation avec la qualification qu'elle a estimé la plus appro-

priée (bail à usage professionnel). Il en est ainsi car l'appel d'une décision rendue en premier ressort tend à la faire réformer ou annuler par la juridiction d'appel (CCJA, 3e ch., no 300/2019, 28-11-2019 : CNSS c/ Alain Franck Kabore) ;

– lorsqu'une cour d'appel a constaté d'une part, que la clause compromissoire insérée dans un contrat ne saurait recevoir application en raison du fait que ledit contrat arrivé à terme n'a pas fait l'objet d'avenant par écrit et que les relations entre les parties résultent désormais d'un contrat non écrit à durée indéterminée et, d'autre part, fait application de la clause d'exclusivité contenue dans le même contrat, pour retenir qu'une partie à ce contrat était tenue par ladite clause (CCJA, 2e ch., no 002/2022, 20-1-2022 : Brasserie BB Lomé SA c/ Sté Ctc-Addra) ;

– lorsqu'une cour d'appel a constaté, d'une part, que la clause compromissoire stipulée dans un contrat ne saurait recevoir application en raison du fait que ledit contrat arrivé à terme n'a pas fait l'objet d'avenant écrit et que les relations entre les parties résultent désormais d'un contrat non écrit à durée indéterminée et, d'autre part, appliqué la clause d'exclusivité contenue dans le même contrat, pour retenir qu'une partie à ce contrat était tenue par ladite clause ; ce faisant, elle a introduit une contrariété de motifs équivalant à une absence de motifs, exposant son arrêt à la cassation (CCJA, 2e ch., no 002/2022, 20-1-2022).

Pour un exemple de contrariété de motif en matière de saisie immobilière, voir (CCJA, 3e ch., no 220/2020, 25-6-2020 : Société Central Park c/ Maître Vincent Bourgoing-Dumonteil).

E. Contradiction entre les motifs et le dispositif

1. Cassation

Il avait été jugé qu'il est de principe qu'en cas de contrariété entre le dispositif et les motifs, ce sont ces derniers qui priment (CCJA, 2e ch., no 6, 9-3-2006 : Sté Indus-Chimie c/ M.R.P., Juris-Ohada, no 3/2006, p. 20, Ohadata J-07-13). Cette solution semble déroutante dès lors qu'en général, c'est le dispositif qui est la partie la plus importante d'une décision en ce que c'est à lui que s'attache principalement l'autorité de la chose jugée. Sur la contradiction entre le motif et le dispositif d'une décision en droit français, voir Cass. com. 27-3-1990 : JCP 1990, IV, 203.

Également jugé que c'est dans le cas d'une contrariété entre le dispositif d'un jugement et ses motifs que se pose la question de la suprématie ou non de l'un sur les autres ; dans les autres cas, il est tout aussi constant que l'autorité de la chose jugée peut s'étendre aux motifs dès lors que ceux-ci sont indissociables de la décision et demeurent le soutien nécessaire du dispositif. Le jugement concerné ne contenant en l'espèce nulle contrariété entre son dispositif et ses motifs, c'est en toute régularité que le juge d'appel a admis l'autorité de la chose jugée sur la question du tiers constituant que le premier juge a du obligatoirement trancher dans les motivations pour prendre sa décision (CCJA, 2e ch., no 075/2021, 29-4-2021 : Banque Populaire de Cote d'Ivoire, c/ Niamoutie Kouao).

Enfin, la CCJA a jugé que la contrariété de motifs s'entend de la contradiction entre les motifs, ou entre les motifs et le dispositif d'une même décision, et non de ceux de deux décisions distinctes. Il s'ensuit que le moyen visant la contrariété entre une décision avant-dire droit, non attaquée, et un arrêt attaqué, manque en fait et doit être rejeté (CCJA, 2e ch., no 149/2019, 9-5-2019 : Addax Petroleum Cameroon Company SA c/ Ekita Group SA).

Obs. : en assimilant la contradiction entre les motifs et le dispositif d'une décision (lorsqu'elle est caractérisée) avec la contradiction entre les motifs d'une décision, la Cour semble indiquer, fort heureusement, que la contradiction entre motifs et dispositifs d'une décision doit entraîner la cassation, ce qui à notre avis rend caduque la décision antérieure mentionnée ci-avant (CCJA, 2e ch., no 6, 9-3-2006), d'autant plus que cette décision a été rendue avant la réforme du Règlement de procédure qui a consacré la contrariété de motifs comme moyen de cassation. En conséquence, la contrariété avérée entre les motifs et le dispositif d'une décision devrait désormais entraîner la cassation, au même titre que la contrariété entre les motifs d'une décision. La jurisprudence récente de la Cour présentée ci-après oriente dans cette direction.

Dans le même sens, et jugeant que le défaut, l'insuffisance ou la contrariété des motifs, qui dénonce une discordance dans la motivation de l'arrêt, peut indifféremment affecter les motifs entre eux ou les motifs et le dispositif. En l'espèce, la cour d'appel qui, après avoir admis la fin de non-recevoir soulevée par la défenderesse tirée de la tardiveté de l'action des requérantes a, d'une part, connu du fond de l'affaire et, d'autre part, dans le dispositif, déclaré la même action recevable, s'est contredite, privant ainsi de motifs sa décision (CCJA, 3e ch., no 094/2021, 27-5-2021 : Société Fatiah Holding SA, Aïssata Dicourou BA c/ Société Orabank Mali SA).

2. Absence

C'est à tort qu'il est reproché à l'arrêt attaqué une contrariété entre les motifs d'une part et entre le dispositif et les motifs d'autre part, en ce qu'après avoir rejeté l'exception de déchéance, l'arrêt a confirmé la décision querellée pour la même déchéance. Il en est ainsi dès lors que, contrairement aux énonciations du moyen, la cour n'a pas rejeté la déchéance mais l'exception tendant à déclarer la déchéance irrecevable ; qu'elle a alors constaté la déchéance et confirmé le jugement. Il n'y a donc ni contrariété entre les motifs ni contrariété entre les motifs et le dispositif (CCJA, 2e ch., no 014, 27-2-2014 : Sté AL MAKARU AL ASMA SA c/ Sté REMACO Ltd, Ohadata J-15-105).

En constatant dans le dispositif la non-libération des actions par certains actionnaires et en leur reconnaissant par la suite la qualité d'actionnaire, la cour d'appel qui a, dans sa motivation, sur le fondement des articles 75 et suivants, 244 et 389 de l'AUSCGIE, retenu que le retard dans la libération de sa part ou la faute de n'avoir pas libéré ladite part n'enlève pas à l'actionnaire retardataire ou défaillant sa qualité de membre de la société et en a déduit que l'on acquiert la qualité d'associé par le seul fait de souscrire des actions ne s'est pas contredite (CCJA, ass. plén., no 080, 25-4-2014 : IBIKUNLE Karamatou c/ Sté CODA-BENIN, Ohadata J-15-171).

La contrariété alléguée entre le motif et le dispositif de l'arrêt attaqué n'est pas établie, lorsque le juge a, dans son dispositif, confirmé le jugement querellé dans toutes ses dispositions (CCJA, 3e ch., no 141, 19-11-2015 : Société Bourbon Offshore Surf, SAS c/ TATY Jean Claude, Ohadata J-16-134).

Doit être rejeté, le moyen visant l'annulation d'un arrêt : d'une part, pour contradiction entre le motif et le dispositif en ce que, tant dans les qualités de l'arrêt que dans la motivation, la cour a évoqué une personne au nombre des appelants et l'a omise dans le dispositif ; d'autre part, une contradiction en retenant dans la motivation que « la CNPCI est une société anonyme de droit nigérien » après avoir énoncé qu'elle a son siège [aux îles Caïman] ». Il en est ainsi car il s'agit de simples erreurs matérielles n'ayant eu aucune incidence dans la procédure ; elles ne relèvent ni du défaut ou insuffisance de motifs, ni de la contrariété ; il y a lieu de rejeter ce moyen (CCJA, 2e ch., no 180, 27-7-2017 : Sté Delta Rich Development et un autre c/ Stés CNPC et autres).

Le moyen qui ne relève et ne précise pas les éléments caractérisant la contradiction alléguée entre les motifs et le dispositif d'un arrêt attaqué doit être rejeté (CCJA, 2e ch., no 026/2021, 25-2-2021 : Gaz du Cameroun SA c/ Azur BTP SARL).

C'est à tort qu'il est reproché à une décision la contradiction entre les motifs et le dispositif, en ce qu'elle énonce dans ses motifs qu'il ressort de la procédure qu'en sus de la somme de 56 000 000 FCFA objet du jugement correctionnel, la créance a été reconnue pour un montant de 55 036 314 FCFA, mais consacre dans son dispositif, une créance à hauteur de 2 100 000 FCFA, et qu'en omettant de reconnaître le montant de 56 000 000 FCFA dans son dispositif, la cour d'appel a entretenu la contradiction entre ce dispositif et les motifs qui en constituent le support. Il en est ainsi dès lors que la cour d'appel, dans le dispositif de l'arrêt après avoir partiellement infirmé le jugement entrepris et condamné le sieur [X.] à payer aux sociétés défenderesses au pourvoi la somme de 55 036 314 FCFA dont 6 029 079 FCFA pour [A.], 3 490 000 FCFA pour [B.] et 2 100 000 FCFA pour [C.], a confirmé ledit jugement pour le surplus, en ce compris la condamnation du sieur [X.] par le premier juge, au paiement de la somme de 56 000 000 FCFA à Pargest SA. En vertu de ces énonciations, les motifs et le dispositif de l'arrêt attaqué se trouvent en parfaite cohérence (CCJA, 2e ch., no 212/2024, 4-7-2024).

3. Existence

La cour d'appel qui a retenu que « [...] les relevés de comptes bancaires sur lesquels se fonde la [demanderesse] ne sauraient, en l'absence de tout arrêt de compte établi contradictoirement entre les parties, suffire à justifier la réalité ou la certitude de la créance de 581 384 473 FCFA qu'elle réclame à la [défenderesse] [...] » pour rendre l'arrêt confirmatif déféré a exposé son arrêt à la cassation, car cette motivation allant dans le sens du non fondement de la créance est en nette contrariété avec la décision d'irrecevabilité violant du coup les articles 12 et 14 de l'AUPSRVE (CCJA, 2e ch., no 016, 27-2-2014 : BICICI c/ Société Eburnea, Ohadata J-15-107).

La cour d'appel qui, après avoir annulé une garantie immobilière dans le cadre de laquelle l'acte de cession avait été remis, a manqué de tirer les conséquences de cette annulation en ordonnant la restitution dudit acte à son propriétaire a affecté ainsi son arrêt d'une contrariété justifiant la cassation (CCJA, 1e ch., no 54, 14-3-2019 : Souley Adamou Galadima, Dame Ouattara Saratou Traoré c/ Chaibou Seydou MAIGA).

Le juge qui a retenu, pour caractériser une double saisie, que les créanciers ne rapportent pas la preuve qu'ils ont procédé à la mainlevée de la première saisie **n'a pas tiré les conséquences de ses propres constatations** dès lors qu'il ressort des énonciations d'une ordonnance du 13 août 2015 que, « saisie par le demandeur, la juridiction des référés de céans a ordonné le 12 mai 2015 la mainlevée de [la saisie-attribution pratiquée sur les comptes de HMD] ». Il y a donc lieu d'annuler ladite ordonnance en toutes ses dispositions et, statuant à nouveau, de déclarer valide la dernière saisie pratiquée le 3 juin 2015 sur les avoirs du débiteur (CCJA, 3e ch., no 038, 31-1-2019 : DADIE Jean Bertin et 50 autres c/ Hôpital Méthodiste de DABOU, en présence de la BACI).

F. Contrariété de décisions

Une juridiction nationale a estimé que la « contrariété de décisions » résidait notamment dans le fait pour un tribunal de ne pas respecter sa propre jurisprudence sur une question spécifique (CA Ouagadougou, ch. civ. & com., n° 53, 6-7-2001 : EROF c/ SGBB, Ohadata J-09-08).

Il n'y a ni contrariété de jugement ni violation de l'autorité de la chose jugée, dès lors que la cour d'appel a rétracté son arrêt causant la contrariété et que l'ordonnance initiale est devenue un titre exécutoire (CCJA, ass. plén., n° 138, 11-11-2014 : BGFI Bank SA c/ Gabonaise d'Édition et de Communication (GEC), Ohadata J-15-228).

....

V. Omission ou refus de répondre à des chefs de demandes

Le juge saisi d'une demande a l'obligation de répondre à cette demande en motivant sa réponse en fait et en droit (CCJA, 3e ch., n° 118, 22-10-2015 : BICICI SA c/ Josiane KOFFI BREDOU, Ohadata J-16-111).

A. Défaut de réponse à conclusions

1° Existence

Il est de principe que les décisions de justice doivent être motivées à peine de nullité ; le défaut de réponse à conclusions constitue un défaut de motifs, et les arrêts qui ne contiennent pas de motifs encourent l'annulation. Lorsqu'il a été demandé à une cour d'appel de déclarer irrecevable une requête d'injonction de payer pour violation de l'article 4 de l'AUPSRVE, pour défaut d'indication de la forme morale de la société créancière ; qu'après avoir relevé cette exception d'irrecevabilité la cour d'appel n'a à aucun moment répondu à ce moyen et a immédiatement axé la motivation de sa décision sur le bien-fondé de la confirmation du jugement querellé, sa décision encourt la cassation pour défaut de réponses à conclusion. Sur évocation, l'absence de la mention de la forme sociale de la société créancière (dans une requête d'injonction de payer) ne permet pas, d'une part, d'apprécier si ladite société jouit d'une personnalité juridique lui permettant d'ester en justice et, d'autre part, d'apprécier si M. peut la représenter es-qualité de gérante au regard de sa forme juridique. Par conséquent, la requête doit être déclarée irrecevable en violation de l'article 4 de l'AUPSRVE et l'ordonnance d'injonction de payer rendue sur cette base doit être annulée (CCJA, 1e ch., n° 19, 31-3-2005 : B.I.G. c/ C.C.M, Juris-Ohada, n° 3/2005, p. 8, Rec. jur. CCJA, n° 5, janv.-juin 2005, vol. 2, p. 38 ; Ohadata J-05-371).

De même, le jugement dont il ressort que les juges n'ont pas statué sur des chefs de demande reconventionnelles doit être réformé (CCJA, 2e ch., n° 5, 2-2-2012 : SCI Lumière c/ IPM, Juris-Ohada, 2012, n° 4, oct.-déc. 2012, p. 19, Ohadata J-13-59).

Obs. : décision antérieure à l'entrée en vigueur de l'art. 28 bis nouveau du Règlement mais transposable par analogie. La CCJA a d'abord cassé la décision attaquée (arrêt d'appel) et, en évoquant l'affaire au fond, a réformé le premier jugement (comme aurait dû le faire la cour d'appel.

Il y a lieu de casser l'arrêt dans lequel une confusion sur l'objet du litige a entraîné un défaut de réponse aux conclusions. C'est ainsi lorsque l'objet de l'instance est relatif à un paiement des causes de la saisie et non à une contestation et qu'en l'espèce, la demanderesse au pourvoi est défenderesse principale et pas simplement appelée à l'audience pour faire des observations (CCJA, ass. plén., n° 091, 20-11-2013 : UBA Cameroun c/ Maître Ndongmo Tapet Thérèse, Rec. jur. CCJA n° 20, vol. 2, janv.-déc. 2013, p. 52-54, Ohadata J-15-45).

Nécessité de motiver, même en l'absence de l'appelant. Le seul défaut de l'appelant ne peut justifier la confirmation de la décision attaquée en l'absence d'une motivation inhérente à l'affaire elle-même. La cour d'appel, qui a retenu que « la [demanderesse au pourvoi] n'a pas déposé de conclusions ni de pièces pour soutenir son action malgré plusieurs renvois à cet effet ; [...] qu'en revanche, [le défendeur au pourvoi] a sollicité la confirmation de celui-ci ; qu'il y a lieu de faire droit à cette demande », pour confirmer le jugement entrepris et faire droit aux prétentions du défendeur alors qu'aucune motivation inhérente à l'affaire elle-même n'est relevée, a exposé son arrêt à la cassation (CCJA, 2e ch., n° 108, 30-12-2013 : BIS c/ Meïssa Ndiaye, Rec. jur. CCJA n° 20, vol. 2, janv.-déc. 2013, p. 73-75, Ohadata J-15-81).

La requête du demandeur aux fins d'être autorisé à assigner en contestation étant fondée en sus de la caducité de la saisie-attribution, sur la nullité des exploits de saisie-attribution et de dénonciation tirée de la violation de l'article 246 du Code de procédure civile de Côte d'ivoire, la cour d'appel qui n'a examiné que le grief sur la caducité de la saisie et omis ainsi de statuer sur la demande en nullité des exploits de saisie et de dénonciation, alors qu'il est de principe en droit processuel que le juge statue sur tout ce qui lui a été demandé, a exposé son arrêt à la cassation (CCJA, 3e ch., n° 028, 13-3-2014 : PAA c/ 1) BACI, 2) Maître Aboa Alain Cyrille, Ohadata J-15-119).

Lorsqu'il résulte de l'examen des conclusions et de l'arrêt querellé lui-même que la demanderesse a sollicité de la cour d'appel la nullité d'un exploit de dénonciation du 17 novembre 2010, que nulle part dans l'arrêt on ne trouve la réponse à ce chef de demande, il y a omission ou refus de réponse justifiant la cassation sans qu'il soit besoin d'examiner les autres moyens (CCJA, 2e ch., no 171, 17-12-2015 : Société Atlas Assurances c/ Société Rimco, Société Ivoirienne de Banque dite SIB, Ohadata J-16-164).

Il est de principe conforme à l'article 28 bis(nouveau) point 5 du Règlement de procédure de la CCJA que le juge saisi d'une demande a l'obligation d'y répondre en motivant sa réponse en fait et en droit. En l'espèce, le demandeur au pourvoi ayant, dans ses écritures devant la cour d'appel, soulevé l'irrecevabilité de l'opposition formée par la défenderesse par-devant le premier juge, comme tardive, l'arrêt attaqué qui n'a nullement statué sur ce moyen doit être cassé (CCJA, 3e ch., no 026/2020, 30-1-2020 : Mouiche Aboubacar c/ PPSM SARL).

2o Absence

Il est de principe qu'on ne puisse se prévaloir d'un défaut de réponse à des conclusions autres que les siennes. La demande de condamnation aux dépens dont fait état le moyen n'émanant pas des demandeurs au pourvoi, ceux-ci ne peuvent faire grief à l'arrêt attaqué de n'y avoir pas répondu. Il suit que le moyen n'est pas fondé et doit être rejeté (CCJA, no 020/2009, 16-4-2009 : T. B. A. c/ Sté MRL Liquidation et Y. K. N., Rec. jur. CCJA no 13, janv.-juin 2009, p. 70, Ohadata J-10-68). De même, il ne peut être reproché à une cour d'appel d'avoir omis de statuer sur un moyen qui ne lui a pas été soumis. C'est à tort qu'il est reproché à un arrêt d'avoir omis de statuer sur un moyen d'appel tiré de la nullité d'un acte de saisine pour non indication en tête de celui-ci de l'heure à laquelle chacune des saisies a été pratiquée, dès lors qu'il ne résulte ni de l'arrêt querellé ni des pièces versées aux débats que la demanderesse a plaidé en cause d'appel la nullité de l'acte de saisine pour non indication de la date et de l'heure de chacune des saisies ; et qu'elle ne verse pas aux débats ses conclusions par lesquelles elle aurait soulevé ce moyen. Rejet du moyen (CCJA, 3e ch., no 094, 23-7-2015 : BNI c/ AKOBE Georges Armand, Ohadata J-16-93).

Il est de principe bien établi qu'une partie ne peut se prévaloir d'un défaut de réponse à des conclusions qui n'émanent pas d'elle-même ; en l'espèce, les moyens qui auraient été ignorés par l'arrêt attaqué n'émanant pas de la demanderesse au pourvoi, qui ne peut donc pas faire grief à cet arrêt de n'y avoir pas répondu, le moyen doit être rejeté (CCJA, ass. plén., no 077/2023, 27-4-2023).

Pour un autre exemple d'absence de défaut de réponse à conclusions, voir : CCJA, 1e ch., no 15, 29-11-2011 : SOCCA SA c/ Succession H., Juris-Ohada, 2011, no 4, oct.-déc., p. 15, Ohadata J-13-08, J-13-149.

La cour d'appel qui a retenu, pour confirmer l'ordonnance entreprise, que « le juge des référés est compétent si l'urgence est rapportée, pour statuer sur tous les litiges dont le fond relève du tribunal de grande instance, qu'il est sans conteste que le tribunal de grande instance hors classe de Niamey est au fond compétent pour connaître de la restitution du connaissement, que, parce qu'il urge de mettre fin à la rétention périlleuse et sans cause légitime par la [demanderesse] de ce connaissement, le juge des référés est compétent en la cause », a suffisamment motivé sa décision relativement à l'urgence (CCJA, ass. plén., no 052, 23-4-2014 : Banque Sahélo-BSIC c/ 1) Société Robert Pinchou SA, 2) Sté Hawa Sarl, Ohadata J-15-143).

C'est à tort qu'il est reproché à une cour d'appel d'avoir violé les articles 1 à 3 de l'AUPSRVE, en ce qu'il a estimé que la demanderesse n'a pas apporté la preuve de sa créance, dès lors que dans son deuxième attendu, la cour a expressément motivé que les relevés de compte sont des pièces unilatérales qui n'ont pas été discutées contradictoirement. Cette motivation suffit à exclure la mise en œuvre de la procédure d'injonction de payer (CCJA, 2e ch., no 10, 27-2-2014 : Société Générale de Banques au Sénégal dite SGBS c/ Massamba Gueye, Ohadata J-15-101).

Le défaut de réponse à conclusions reproché à un arrêt n'est pas constitué, dès lors que l'arrêt a implicitement répondu à toutes les conclusions de la demanderesse, notamment en confirmant la décision du juge des référés, et s'étant souverainement fondé sur des faisceaux d'indices, a engagé la responsabilité de la demanderesse et l'a condamnée au paiement des causes de la saisie (CCJA, ass. plén., no 055, 27-4-2015 : EcoBank Sénégal SA c/ Banque Sahelo Saharienne pour l'Investissement et le Commerce BSIC Sénégal, Ohadata J-16-55).

Adoption de motifs. Il ne peut être valablement reproché à un arrêt d'être dépourvu de motif lorsque le juge d'appel a adopté les motifs du juge d'instance, estimant qu'il a fait une bonne application des dispositions régissant la matière, motivant ainsi sa décision (CCJA, ass. plén., no 053, 27-4-2015 : Société ABM Technologies c/ Société CFAO Technologies, Ohadata J-16-53).

Aucun défaut de motivation ne peut être reproché à un juge d'appel, en ce qu'il se serait simplement contenté de reprendre l'argumentation de la partie adverse, alors qu'il devait indiquer les raisons qui l'ont conduit à admettre ladite argumentation, dès lors qu'à la suite de cette argumentation la cour a conclu « ... que le juge des référés, juge de l'évidence et du constat, n'a fait que jouer son rôle ». Il en est ainsi car il y a eu une adoption de motifs ayant conduit à la confirmation de l'ordonnance querellée (CCJA, 2e ch., no 013, 27-2-2014 : Société Mediterranean Shipping Company Senegal dite MSC Sénégal c/ Société Socomaf SA, Ohadata J-15-104).

Il ne peut être valablement reproché à un arrêt d'appel de ne pas avoir répondu aux conclusions relatives à la première saisie et à la consignation des sommes entre les mains du greffier en chef, se contentant d'évoquer le motif du premier juge, alors qu'il ne saurait y avoir deux saisies pour les mêmes causes, dès lors que la cour d'appel a précisé « que de tout ce qui précède et pour des motivations non contraires à celles du premier juge, la cour ne peut que confirmer l'ordonnance querellée en toutes ses dispositions ». Il apparaît clairement de cette motivation que la cour a procédé par adoption de motifs pour confirmer l'ordonnance querellée ; rejet du moyen (CCJA, ass. plén., n° 085, 20-11-2013 : Société Générale Tchad dite SGT SA c/ El Hadj Sany Ousmane, Rec. jur. CCJA n° 20, vol. 1, janv.-déc. 2013, p. 125-127, Ohadata J-15-23).

Obs. : cette décision n'a pas visé expressément l'art. 28 bis, mais est transposable.

Dans le même sens, au sujet de l'adoption de motifs non interdite par la disposition nationale invoquée au soutien du moyen et en présence d'une motivation explicite dans la première décision (CCJA, 2e ch. n° 133, 12-11-2015 : Sté Chanas Assurances c/ Ekobo Din Marianne, Penka Félix, Tiotsop Maurice, Nseke Oh Jean, Talachele Mekontso Oscar Blaise, Mabo, Dieudonné, Ekwalla Alice épouse Edimo, Nji Henry Ndeh, Ngashu et Sonkouat Charlotte, Ohadata J-16-126).

C'est à tort qu'il est reproché à un arrêt de n'avoir pas répondu au moyen tiré du rejet de l'exception de déchéance, dès lors que l'arrêt confirmatif a jugé que « … l'opposition à l'ordonnance portant injonction de payer a été signifiée à la [défenderesse] le 1er mars 2006 avec assignation à comparaître à l'audience du 20 avril 2006 ; qu'entre la date de l'opposition et celle de l'assignation il y a un délai d'ajournement supérieur à celui prévu par l'article 11 ; qu'il y a lieu dès lors de confirmer le jugement entrepris en ce qu'il a déclaré la société appelante déchue de son opposition… ». En confirmant le jugement d'instance et en déclarant la société appelante déchue de son opposition, l'arrêt querellé a répondu aux conclusions relativement à l'exception de déchéance ; rejet du moyen (CCJA, 2e ch., n° 014, 27-2-2014 : Société Al Makaru Al Asma SA c/ Société Remaco Ltd, Ohadata J-15-105).

Aucune violation de l'article 274 de l'AUPSRVE ne peut être reprochée à une cour d'appel qui a adopté les motifs du premier juge qui lui a caractérisé les agissements frauduleux découverts à l'occasion d'une procédure pénale. L'application de l'article 274 de l'AUPSRVE ayant été liée à celle de l'article 275 de l'AUPSRVE, le moyen doit être rejeté (CCJA, 2e ch., n° 031, 3-4-2014 : Société OK Plast Cam Sarl c/ Lonkeu Njouboussi Bienvenu, Ohadata J-15-122).

Manque en fait et doit être rejeté, le moyen intitulé « omission de statuer » et reprochant à l'arrêt déféré de ne pas avoir statué sur une demande relative à la nature d'un contrat litigieux, alors que la question soulevée était déterminante de l'application ou non des articles 1 et 2 de l'AUPSRVE, dès lors qu'il résulte des mentions de l'arrêt attaqué que la demanderesse au pourvoi, qui n'a ni comparu, ni été représentée à l'instance d'appel et n'y a présenté aucun moyen de défense, n'a pu y présenter les conclusions prétendument éludées (CCJA, 1e ch., n° 002, 12-2-2015 : Société Habitat Bellecour Côte d'Ivoire dite HBCI Sarl c/ Kouoto Souassou Bruno, Ohadata J-16-02) ; voir aussi (CCJA, ass. plén., n° 041, 27-4-2015 : Ets Jean Azar c/ Banque Commerciale du Sahel dite BCS SA, Ohadata J-16-41).

Le défaut de réponse à conclusions n'est pas caractérisé lorsque le mémorant, dans ses conclusions d'appel, a fait référence à l'article 1023 du Code général des Impôts en ce qu'il réglemente la présentation des titres de perception et les interruptions de leur prescription et qu'à ces conclusions la cour a répondu en motivant qu'à compter du 24 janvier 1995 « un nouveau délai quinquennal commence à courir et devait arriver à expiration le 27 janvier 2000 » (CCJA, ass. plén., n° 045, 27-4-2015 : SNR c/ Héritiers de Feu Matar Ndiaye, Ohadata J-16-45).

Le moyen faisant grief à un arrêt d'avoir violé les articles 15-4 al. 2 du contrat d'ouverture de crédit, 123 de l'AUS et 270 de l'AUPSRVE au motif que la cour n'a pas répondu au moyen tiré de l'absence d'hypothèque valable et a prêté des pouvoirs à l'article 270 de l'AUPSRVE sus indiqué alors, selon le moyen, que les effets de la sûreté cessent si l'inscription n'a pas été renouvelée, ne peut être accueilli, dès lors qu'il ressort de l'arrêt attaqué que les juges d'appel ont examiné le moyen tiré du renouvellement de l'hypothèque et ont conclu à son rejet aux motifs que les dires ne peuvent être soulevés, à peine de déchéance, que jusqu'à cinq jours avant l'audience éventuelle (CCJA, ass. plén., n° 078, 29-4-2015 : Société Netsure, Sabo dite Ndèye Diagne épouse DIOP c/ Banque Sahélo-Saharienne pour l'Investissement et le Commerce dite BSIC, Ohadata J-16-79).

C'est à tort qu'il est reproché à un arrêt de ne pas avoir répondu à certaines demandes, notamment celles de ne pas prendre en considération des pièces antérieures à la créance en cause, dès lors qu'il ressort des énonciations de l'arrêt attaqué que les juges du fond ont examiné et analysé toutes les pièces produites par les parties au soutien de leurs prétentions, pour conclure à l'extinction de cette créance (CCJA, 1e ch., n° 025/2022, 17-2-2022 : Shire Petroleum Sarl c/ Louzaki Yemoko).

Défaut de motivation non caractérisé : appréciation souveraine des juges du fond. Le moyen tiré du défaut de motifs ne peut non plus prospérer à cause des raisons ci-dessus décrites tirées de l'appréciation souveraine et suffisante faites par les juges du fond des éléments de preuve soumis à leur appréciation (CCJA, 3e ch., no 141, 19-11-2015 : Société Bourbon Offshore Surf, SAS c/ Taty Jean Claude, Ohadata J-16-134).

Le seul défaut de mention du nom de la demanderesse dans le dispositif n'annule pas les réponses données et ne saurait s'analyser en défaut de réponse à ses conclusions ; rejet (CCJA, 2e ch., no 023, 8-2-2018 : First Oil Cameroon SA c/ Sté Union Bank of Cameroon, État du Cameroun, Aoudou Bassirou).

Pour qu'un chef de demande justifie une réponse, la partie doit énoncer un fait, un acte ou un texte d'où, par un raisonnement juridique, elle prétend déduire le bien-fondé d'une demande ou d'une défense ; ce raisonnement doit cependant être de nature à influer sur la solution du litige, ce qui a pour conséquence que le juge du fond n'a pas à répondre à des conclusions manifestement dépourvues de toute portée. En l'espèce, pour déclarer l'action éteinte par la prescription, la cour d'appel a relevé les dispositions de l'article 16 précité pour en tirer la conséquence pertinente ; le raisonnement de la requérante, basé également sur les articles 17, 22 et 23 de l'AUDCG, ne pouvant en rien influer sur la solution finalement retenue, l'arrêt attaqué n'était pas tenu de répondre de manière spécifique à ces arguments (CCJA, 1e ch., no 218/2023, 14-12-2023).

C'est à tort qu'il est reproché à une cour d'appel de n'avoir pas répondu à ses conclusions sur la régularité d'actes notariés alors, selon le moyen, qu'elle se devait de le faire, dès lors qu'en retenant, au vu des conditions et termes suspensifs stipulés dans l'acte notarié, que l'obligation de mettre l'ensemble immobilier à la disposition du requérant n'était pas établie de manière irréfutable et incontestable, la cour d'appel s'est prononcée sur la portée dudit acte et a bien répondu aux conclusions du requérant (CCJA, 2e ch., no 061/2024, 29-2-2024).

C'est à tort qu'il est reproché à un arrêt d'avoir omis de répondre à des chefs de demande, dès lors qu'il ressort nettement de l'arrêt attaqué que la cour d'appel a répondu implicitement à toutes les conclusions, les chefs de demandes prétendument omis par la cour s'appréciant comme des éléments de ces demandes principales auxquelles ils sont intimement liés. Tel est le cas, en l'espèce, de « la demande en paiement d'indemnités exceptionnelles », de « l'annulation de la décision prise par le conseil d'administration en sa séance tenue le 15 octobre 2010 » et, enfin, du « paiement des dommages-intérêts » (CCJA, 2e ch., no 008/2022, 20-1-2022).

Pour être recevable, un moyen de cassation doit être clair et précis ; la recourante qui invoque, comme cas d'ouverture à cassation, un refus ou une omission de répondre à un chef de demande, sans exposer clairement dans les développements du moyen le chef de demande auquel la cour d'appel a refusé ou a omis de répondre, expose le moyen de cassation soulevé à l'irrecevabilité. Tel est le cas par exemple lorsque, dans lesdits développements, le moyen reproche plutôt à l'arrêt attaqué d'avoir déclaré irrecevable sa demande de paiement des frais, ce qui, d'une part, ne résulte d'ailleurs pas du dispositif dudit arrêt et, d'autre part, constituerait plutôt une réponse au chef de demande de paiement de frais ; tel que formulé, le moyen est donc ambigu, toute chose qui empêche la cour d'examiner sa pertinence ; qu'il échet dès lors de le déclarer irrecevable (CCJA, 1e ch., no 201/2022, 29-12-2022).

La cour d'appel qui a déclaré irrecevable une expertise financière sollicitée « parce que présentée pour la première fois en appel » a effectivement statué sur cette demande et n'a pas omis de répondre à un chef de demande (CCJA, 2e ch., no 005/2022, 20-1-2022).

B. Omission de statuer

L'omission de statuer suppose une carence grave du dispositif de la décision critiquée, mais aussi et surtout, un refus avéré de statuer sur un chef de demande. Lorsque, sous couvert d'un grief de défaut de base légale de l'arrêt attaqué, le moyen dénonce une omission de statuer relative en l'occurrence à la recevabilité de l'appel, sur laquelle ledit arrêt ne s'est prononcé que dans le dispositif au lieu de le faire dans les motifs, ces éléments n'étant pas en l'espèce établis, le moyen doit être déclaré irrecevable (CCJA, no 023/2006, 16-11-2006 : Safca et Safbail c/ Sté Air Continental, Rec. jur. CCJA no 8, 2006, p. 27, Juris-Ohada, no 1/2007, p. 19, Ohadata J-08-96).

1o Existence

Doit être cassé, l'arrêt qui omet de statuer sur une demande importante. Il en est ainsi :

– de l'arrêt qui a omis de statuer sur des chefs de demande contenus dans les conclusions d'un appel incident (CCJA, 3e ch., no 156/2019, 9-5-2019 : Société Lybia Oil Cameroun c/ Sci Ventadour). Par exemple, lorsque par conclusions d'appel une partie a exposé « que les actes de saisie-attribution de créances pratiquée le 24 août 2010 et de dénonciation du 31 août 2010 sur lesquels se fonde l'appelant pour déclarer une déclaration inexacte et incomplète […] ont été déclarés nuls par la première chambre de la cour […] », car la conséquence logique de cette demande est le débouté du fait de l'inexistence des saisies à la date du 28 juillet 2011 à laquelle l'arrêt a été rendu (CCJA, 2e ch., no 084, 22-5-2014 : 1) BACI, 2) BNI, 3) BFA c/ 1) Konan Yao

Augustin, 2) Ecobank Côte d'Ivoire, Ohadata J-15-175) ;
– de l'arrêt qui a omis de statuer sur la violation alléguée d'un Acte uniforme (CCJA, 3e ch., no 022, 9-4-2015 ; P 039/2011/PC du 24-5-2011 : Edmond ZEGBEHI BOUAZO c/ LOBA AYE Evrard, Sté Générale de Banques en Côte d'Ivoire (SGBCI), Banque Atlantique de Côte d'Ivoire (BACI), Ohadata J-16-22) ;
– de l'arrêt qui a annulé un jugement déféré pour omission de statuer sur le chef de demande relatif à la restitution de l'acte de cession, sans pourtant statuer sur ladite demande (CCJA, 1e ch. no 54, 14-3-2019 : Souley Adamou Galadima, Dame Ouattara Saratou Traoré c/ Chaibou Seydou MAIGA) ;
– de l'arrêt attaqué, dont ni les motifs ni le dispositif ne comportent de réponse à un chef de demande pourtant suffisamment exposé par la cour d'appel dans la présentation des prétentions des parties (CCJA, 2e ch., no 20, 08-2-2018 : ALBAROUT SARL c/ Asan Holding SA ; CCJA, 2e ch., no 251, 13-12-2018 : SCI H2 c/ SCI ZANOUBA, précisant que tel est le cas en l'espèce dès lors qu'il apparaît clairement, de l'examen des pièces du dossier, notamment de l'arrêt querellé lui-même en sa page 2, qu'il a été demandé à la cour, si elle estime confirmer le premier juge, d'ordonner le remboursement des investissements réalisés par elle et de les renvoyer devant le juge du fond) ;
– lorsqu'il résulte, de l'analyse des pièces du dossier, que la requérante avait régulièrement plaidé devant la cour d'appel la violation des dispositions de l'article 157 de l'AUPSRVE, en ce que l'exploit de la saisie querellée établi par l'huissier de justice instrumentaire n'avait pas, selon elle, observé les prescriptions des paragraphes 1, 3 et 5 dudit texte, et que l'arrêt attaqué a omis de répondre aux critiques concernant le paragraphe 5 (CCJA, 1e ch., no 082, 28-3-2019 : Sté MAERSK c/ AKPA TCHOTCH Marcelin et 2 autres) ;
– lorsque la demanderesse a soutenu, dans ses conclusions d'appel, que c'est à bon droit que le premier juge a donné mainlevée des saisies, leur dénonciation ayant « été faite tardivement », que cette saisie pratiquée le 24 février 2015 a été dénoncée le 5 mars 2015 alors qu'elle devait l'être au plus tard le 4 mars 2015, qu'elle a alors demandé « de déclarer ladite saisie caduque » et, par conséquent, de confirmer la décision entreprise, mais que l'arrêt déféré a énoncé à cet effet qu'il n'est pas « besoin d'examiner » alors que ces moyens articulaient un grief relatif aux conditions de la saisie et étaient de nature à justifier la confirmation de l'ordonnance attaquée (CCJA, 2e ch., no 107, 27-4-2017 : Sté GNCAC c/ STIO SARL) ;
– lorsque l'arrêt n'a pas statué sur une relative demande liée à la majoration d'une astreinte (CCJA, 1e ch., no 126, 18-5-2017 : Bluesky Airlines SAS c/ RVA, Commandant de l'Aéroport International de Ndjili) ;
– lorsqu'il est constant que, en première instance et en appel, la demanderesse a fondé son action sur l'article 91 de l'AUS et les articles 2094, 2108 et 2116 du Code des activités économiques de la République de Guinée et que, sans se prononcer sur lesdits moyens, la cour d'appel s'est bornée à confirmer le jugement querellé en toutes ses dispositions (CCJA, 3e ch., no 140, 7-6-2018 : Ecobank Guinée SA c/ Sté Thiallou) ;
– de l'arrêt de la cour d'appel qui, statuant à nouveau, après infirmation de la décision qui a déclaré irrecevable l'opposition à une injonction de payer déférée devant elle, a ordonné la rétractation de l'ordonnance d'injonction de payer sans se prononcer sur la recevabilité de l'opposition (CCJA, 2e ch., 193, 25-10-2018 : BICICI c/ FIB-CI SARL, Fakry Issam) ;
– lorsqu'il résulte des éléments produits au dossier, notamment des conclusions d'appel et de celles en réplique, que le recourant a bien présenté à la cour d'appel les demandes énoncées au moyen et qu'il apparaît de son examen que l'arrêt déféré n'y a pas répondu (CCJA, 1e ch., no 048, 18-3-2016 : Anon Seka c/ GECOS FORMATION SARL, Ohadata J-16-250) ou encore de l'arrêt qui ne comporte aucune réponse à un chef de demande qui figure pourtant dans l'acte d'appel valant premières conclusions (CCJA, 3e ch., no 163, 18-10-2018 : SOAD c/ BICICI SA) ;
– de l'arrêt qui ne s'est nullement prononcé sur la demande d'annulation d'un cahier des charges déposé au greffe du tribunal, malgré la demande formulée dans l'acte d'appel par le demandeur sur le fondement des articles 266 et 267-10 de l'AUPSRVE (CCJA, 2e ch., no 014, 23-2-2017 : Moutstapha Tall SA c/ ECOBANK-SENEGAL, Ohadata J-17-174) ;
– de l'arrêt qui s'abstient de répondre à la demande soumise à la cour d'appel mais statue sur un autre sujet, méconnaissant ainsi l'effet dévolutif de l'appel (CCJA, 2e ch., no 20, 23-2-2017 : Konan Kouakou René c/ STAR Auto SA, Ohadata J-17-180) ;
– dès lors que saisie d'une demande, même non prévue par les textes, la cour d'appel n'y a pas répondu. Il en est ainsi, par exemple, lorsque l'arrêt déféré énonce que « de façon additionnelle, [le demandeur] soulève la violation de l'article 106 du Code de procédure civile, en ce que le Tribunal n'a pas communiqué la procédure au Ministère public, alors que l'intérêt du litige est supérieur à vingt-cinq millions (25.000.000) FCFA, revêtant ainsi la décision de nullité », que [le défendeur] y a répliqué que « l'Acte uniforme qui s'applique dans le cas d'espèce n'a pas prévu cette formalité » et que la cour d'appel n'a donné aucune réponse à ce moyen (CCJA, 3e ch.,

n° 082, 29-3-2018 : Sté SOMEF-CI c/ Sté NESTLÉ Côte d'Ivoire) ;

– lorsqu'il résulte de l'examen de l'arrêt attaqué et des autres pièces du dossier que les demandeurs ont sollicité de la cour d'appel la comparution à la barre des trois parties qui se sont désistées et que, nulle part dans ledit arrêt, il n'est mentionné de réponse à ce chef de demande, il y a donc omission ou refus de répondre justifiant la cassation et ce, sans qu'il soit besoin d'analyser le moyen restant (CCJA, 3e ch., n° 268, 27-12-2018 : Mbaiguedem Djebonde Jérémie et 2 autres c/ Djeringa Laokoura Céphas et 6 autres) ;

– lorsqu'un arrêt a omis de statuer sur l'exception d'incompétence du tribunal de grande instance soulevée en raison de la clause compromissoire stipulée par les parties. Sur l'évocation, il est de règle que pour justifier en appel les prétentions qu'elles avaient soumises au premier juge, les parties peuvent invoquer des moyens nouveaux, produire de nouvelles pièces ou proposer de nouvelles preuves. L'incompétence d'une juridiction du fond constituant un moyen de défense et non une demande, celle qui a été soulevée en appel est recevable en la forme ; en conséquence, le jugement initial doit être infirmé et le tribunal de grande instance déclaré incompétent (CCJA, 1e ch., n° 181/2019, 20-6-2019 : Tradex Centrafrique SA c/ Transport Madina SA) ;

– lorsqu'il résulte des conclusions en appel d'une partie que cette dernière a soulevé l'irrecevabilité d'une action pour cause d'inexistence d'une saisie conservatoire, et a en outre sollicité l'annulation d'une ordonnance pour violation des article 21 du Code de procédure civile du Burkina Faso et 222 de l'AUS, et que l'ordonnance déférée ne contient aucune réponse à ces chefs de demandes (CCJA, 3e ch., n° 063/2020, 27-2-2020 : Société Générale Burkina Faso c/ Société Copiafax-Burkina) ;

– lorsque la Cour d'appel qui, disposant d'un pouvoir d'évocation au second degré, ne s'est pas prononcée sur l'expertise sollicitée par la requérante au pourvoi, alors qu'il ressort de l'article 8 de l'AUPSRVE que l'opposition a « pour objet de saisir la juridiction de la demande initiale du créancier et de l'ensemble du litige ». Il en est ainsi car le juge du fond saisi d'une demande ayant l'obligation d'y donner une réponse en motivant celle-ci tant en fait qu'en droit (CCJA, 1e ch., n° 070/2020, 12-3-2020 : Société Atlantique Télécom Centrafrique c/ Société Système Application Electroniques) ;

– lorsqu'il résulte de l'examen des pièces d'un dossier et notamment des conclusions d'appel incident que la requérante a, au principal, soulevé l'irrecevabilité de l'appel interjeté par l'autre partie en invoquant les dispositions de l'article 300 de l'AUPSRVE, en ce qu'il ne touche à aucun des cas d'ouverture prévus par ledit texte ; mais que nulle part dans l'arrêt on ne trouve la réponse à ce chef de demande (CCJA, 1e ch., n° 104/2021, 27-5-2021 : Ecobank Centrafrique SA c/ Centradem Sarl) ;

– lorsque le jugement entrepris a omis de se prononcer sur les demandes de nullité d'un commandement de saisie immobilière, du cahier des charges et du rapport de la contre-expertise, l'octroi d'un délai de grâce et la désignation d'un troisième expert immobilier, formulées dans différentes conclusions (CCJA, 1e ch., n 061/2021, 8-4-2021 : Yves Michel Fotso c/ Commercial Bank Cameroun SA, État du Cameroun) ;

– lorsqu'il résulte des propres énonciations de l'arrêt attaqué que la cour d'appel n'a nullement répondu à une demande, en l'espèce l'irrecevabilité d'une action sur le fondement de l'article 66 de l'AUDCG, moyen auquel les autres parties ont du reste répondu (CCJA, 1e ch., n° 327/2020, 22-10-2020 : Fadoul El Achkar Zouhair Michel et un autre c/ Omaïs Kassim) ;

– lorsque l'arrêt a omis de se prononcer sur l'exception d'incompétence soulevée devant la cour d'appel (CCJA, 1e ch., n° 123/2019, 25-4-2019 : Diamond Bank c/ Société Mahoussi & Fils Sarl).

Voir aussi : CCJA, 1e ch., n° 119/2020, 9-4-2020 : Yattara Fodé c/ Aly B. Soufane ; CCJA, 1e ch., n° 131/2020, 30-4-2020 : Saham Assurance-CI c/ Société GTG-CI).

Il est de principe que le juge doit statuer sur toutes les demandes faites par les parties au procès et lorsqu'il résulte de l'examen des pièces d'un dossier, notamment des conclusions d'appel, qu'il a été demandé à une cour d'appel d'annuler un jugement qui a statué infra petita, mais qu'on ne trouve nulle part dans l'arrêt attaqué la réponse à ce chef de demande, cet arrêt encourt la cassation (CCJA, 2e ch., n° 224/2024, 11-7-2024).

2° Absence

Un arrêt ne peut omettre de statuer sur un moyen qui n'a jamais été soulevé devant la cour d'appel (CCJA, 2e ch., n° 009/2021, 28-1-2021 : Traore Mamadou c/ Doumbia Mama épouse Traore).

Selon les principes généraux du droit processuel, l'accessoire suit le principal, et l'appel d'un jugement avant-dire-droit a lieu en même temps que celui frappant la décision statuant sur le fond qui, en définitive, dessaisit le premier juge en liquidant les dépens réservés par la décision avant-dire-droit. Il en résulte que lorsque la cour d'appel est saisie d'une affaire ayant donné lieu d'abord à un jugement avant-dire-droit puis à un jugement au fond, le sort qu'elle réserve au jugement au fond emporte celui de la décision avant-dire-droit, d'une part, et que c'est principalement le jugement sur le fond qui, en cause d'appel, est attaqué, l'appelant dût-il, pour en obtenir l'infirmation ou la réformation, se prévaloir de griefs tirés des seuls termes de la décision avant-dire-droit, d'autre part. Dès lors, si une cour d'appel doit nécessairement examiner tous les moyens des parties dirigés contre les deux décisions ainsi simultanément attaquées, il est évident, comme résultant du simple jeu des principes généraux du droit sus-rappelés, que la décision par laquelle elle confirme celle du premier juge concerne principalement le jugement au fond d'avec lequel fait corps celui avant-dire-droit, lequel en subit nécessairement et accessoirement le sort, sans que la juridiction d'appel ne soit alors obligée d'apporter cette précision dans son arrêt ; le moyen manque alors de pertinence en droit. En l'espèce, le premier juge a bien relevé que l'appel a été formé contre les deux ordonnances et, après avoir répondu à chacun des moyens sur lesquels l'appelante a fondé les deux appels, a conclu sa motivation en indiquant « qu'il y lieu de confirmer les deux ordonnances entreprises par application des dispositions de l'article 50 du code de procédure civile et commerciale et de condamner l'appelante aux dépens ». Il résulte ainsi des motifs de l'arrêt déféré que la confirmation concerne les deux ordonnances attaquées ; dès lors, l'emploi du singulier dans le dispositif dudit arrêt, qui relève manifestement d'une simple erreur matérielle, ne peut entraîner l'infirmation de ladite décision (CCJA, 1e ch. no 126, 29-10-2015 : Sté Douala International Terminal (DIT) c/ Sté Nimbah Trading, Ohadata J-16-119).

L'arrêt qui a retenu l'application de l'article 1998 du Code civil et a écarté ipso facto l'article 1384 visé au moyen, n'avait pas à répondre expressément à cette conclusion ; il n'a donc pas omis de statuer (CCJA, 2e ch., no 173, 17-12-2015 : Eglise De Jésus Christ Des Saints Des Derniers Jours c/ Sté LAGICOM-CI, SARL, Ohadata J-16-166).

C'est à tort qu'il est reproché à l'arrêt attaqué d'avoir omis de répondre :

– aux conclusions des appelants qui ont soutenu que la créance objet de poursuites n'était pas rendue exigible du fait que la créancière n'a pas procédé à la clôture juridique du compte et que la caution qui n'était pas informée des incidents de paiement a réglé les échéances impayées rendant ainsi les poursuites injustifiées, dès lors que, comme précisé dans la première branche du premier moyen et dans le deuxième moyen, le gérant statutaire de la société débitrice, ne pouvait pas « ne pas être informé des incidents de paiement » pour être exonéré de ses obligations de caution ; rejet du moyen (CCJA, 1e ch., no 144, 29-6-2017 : Mamadou Doukouré, Sté New Market SARL c/ Banque Crédit du Congo) ;

– à la demande visant à obtenir de la cour d'appel une enquête civile aux fins de production par le créancier des originaux de présumés reçus de paiement et de l'acte d'engagement pour vérification de leur authenticité, dès lors que, en ne donnant pas suite à la demande les invitant à ordonner une enquête civile, les juges du fond n'ont fait qu'user de leur pouvoir souverain d'appréciation du bien-fondé de celle-ci, sans avoir à y répondre par un motif spécial. Au demeurant, il n'appartient pas à la juridiction saisie en matière d'injonction de payer de procéder à une mise en état pour liquider la créance ; rejet de cette première branche du moyen (CCJA, 1e ch., no 189, 9-11-2017 : Piameu Nanpidia Ferdinand c/ Kenne Pascal) ;

– à des chefs de demande, en ce que la cour d'appel n'a pas statué sur la caducité d'une saisie conservatoire dont la requérante avait relevé la caducité, faute d'avoir été initiée dans le mois de la procédure tendant à l'obtention du titre exécutoire, dès lors que, en déclarant irrecevable, sur le fondement de l'article 144 de l'AUPSRVE, l'action en annulation de la vente, la cour d'appel a implicitement répondu sur la caducité de la saisie conservatoire qui ne pouvait plus, à l'étape de la procédure où la vente était déjà effective et le prix de celle-ci remis au créancier saisissant, être débattue, car étant devenue sans objet. Pour les mêmes motifs que ceux ayant prévalu au rejet du quatrième moyen, il convient de dire non fondé le cinquième moyen, qui reproche à l'arrêt attaqué d'avoir violé les articles 5 alinéa 2, 6 al. 2 et 61 de l'AUPSRVE, en ce que le président du tribunal régional hors classe de Dakar avait restitué à la SAB les pièces accompagnant sa requête aux fins d'injonction de payer, celle-ci devenant ainsi sans objet, et que, entre le 20 juin et le 27 novembre 2013, aucune action n'a été entreprise pour l'obtention du titre exécutoire, alors que, aux termes de l'article 61 de l'Acte uniforme précité, le créancier se devait, dans le mois qui suit la saisie, accomplir les formalités nécessaires à l'obtention du titre exécutoire (CCJA, 1e ch., no 070, 29-3-2018 : Sté Comptoir Papetier du Sénégal SA c/ Sté Africaine de Bois et 5 autres) ;

– à l'un des moyens d'appel tiré de la nullité de la requête aux fins d'injonction de payer pour violation de l'article 4 al. 3 de l'AUPSRVE en ce que ladite requête n'était pas accompagnée de pièces justifiant la créance, dès lors que l'arrêt énonce « qu'il résulte des pièces produites au dossier de la procédure, que la créance dont le recouvrement est poursuivi émane d'une commande adressée à la [défenderesse], qui a livré les marchandises réceptionnées par l'église et que le bon de commande dont copie figure au dossier n'est pas contesté […] ». En mentionnant que les pièces justifiant la créance ont été produites, la cour d'appel a répondu au moyen invoqué et la première branche doit être rejetée (CCJA, 1e ch., no 120, 18-5-2017 : Eglise de Jésus Christ des Saints des Derniers Jours de Côte d'Ivoire c/ CINE LAZER SARL) ;

– aux conclusions de la demanderesse dès lors qu'il ressort de l'arrêt, en ses pages 8 et 9, qu'une réponse a été donnée aux conclusions relatives au contrat sur la base duquel ont été appréciées la rupture et les sommes allouées, l'arrêt ayant conclu « qu'ils [les arbitres] ont donc déduit le renouvellement du contrat initial, du fait que les relations contractuelles se sont poursuivies au-delà du terme du contrat [...] les arbitres ne se sont pas contredits dans leurs motifs en décidant qu'il a eu renouvellement ». Rejet du moyen qui manque en fait (CCJA, 2e ch., n° 093, 27-4-2017 : ENI-Congo SA c/ Etablissements MIC-Vidéo) ;

– à l'un des moyens d'appel tiré de la nullité de la requête aux fins d'injonction de payer pour violation de l'article 4 al. 1 de l'AUPSRVE, en ce que ladite requête n'a pas été déposée au greffe par un mandataire autorisé par la loi, mais plutôt par une tierce personne, huissier de justice, n'ayant aucune qualité pour représenter la société créancière en justice, dès lors qu'il résulte, de la requête aux fins d'injonction de payer à laquelle la cour d'appel a nécessairement eu égard, qu'elle a été déposée au greffe aux poursuites et diligences du président-directeur général de la société créancière, sieur [X.], satisfaisant ainsi aux prescriptions de l'article 4 précité. Il ne peut être reproché à la cour de n'avoir pas donné suite à une fausse allégation de l'appelante qui soutenait le contraire et qui, de ce fait, était inopérante ; rejet de cette branche du moyen (CCJA, 1e ch., n° 120, 18-5-2017 : Eglise de Jésus Christ des Saints des Derniers Jours de Côte d'Ivoire c/ CINE LAZER SARL) ;

– à un chef de demande lorsque ladite juridiction a implicitement statué sur la demande en rejetant « le surplus des demandes ». En l'espèce, c'est donc à tort qu'il est reproché à une cour d'appel d'avoir omis de statuer sur le chef de demande tendant à déclarer sans objet l'appel interjeté contre l'ordonnance du juge de l'exécution dès lors que le tiers saisi s'est libéré des causes de la saisie, car, en rejetant « le surplus des demandes », la cour d'appel a implicitement statué sur cette demande (CCJA, 2e ch., n° 072, 21-4-2016 : ONG World Vision Niger c/ Younoussa Lilla, Ohadata J-17-21) ;

– à une demande relative à l'intervention forcée de dame X. en tant que seule responsable vis-à-vis d'une société B ; qu'en ne le faisant pas, le tribunal a, selon le moyen, omis de statuer et exposé sa décision à la cassation, dès lors que, relativement à la question, le jugement attaqué énonce, d'une part, que dame X. agissait dans le cadre de ses fonctions avec les moyens mis à sa dispositions par la société A et qu'en raison de ces circonstances la société B a cru légitimement traiter avec une employée habilitée à cet effet et que, d'autre part, la reconnaissance formelle de ses méfaits par dame X. ne peut mettre hors cause la société A, dans la mesure où, au moment des faits, la société B ignorait que celle-ci agissait pour son compte. Par ces motifs, le premier juge a bien statué sur la demande relative à la condamnation de l'intervenante forcée, et l'a rejetée en ne retenant que la seule responsabilité de la société A en sa qualité d'employeur ; il s'ensuit donc que le moyen tenant à l'omission de statuer n'est pas fondé et doit être rejeté (CCJA, 2e ch., n° 101, 27-4-2017 : AXA Assurances Côte d'Ivoire SA c/ 1) Sté Trans Tour Voyages, 2) Ketekou épse Able Yéblé Doris Josiane) ;

– à l'un des moyens d'appel tiré de la violation de l'article 4 al. 2 de l'AUPSRVE en ce que la requête aux fins d'injonction de payer n'a mentionné que la dénomination de l'église sans préciser sa forme, dès lors que cette branche du moyen, non soumise aux juges du fond et invoquée pour la première fois devant la CCJA, mélangée de fait et de droit, est irrecevable (CCJA, 1e ch., n° 120, 18-5-2017 : Église de Jésus Christ des Saints des Derniers Jours de Côte d'Ivoire c/ CINE LAZER SARL) ;

– en retenant qu'« il est constant que la [demanderesse] n'a pas exécuté l'obligation de faire mise à sa charge par le tribunal consistant en la mainlevée de la caution bancaire », dès lors que c'est dans leur appréciation souveraine des faits que les juges ont retenu que la demanderesse n'a pas exécuté l'obligation de faire mise à sa charge, répondant ainsi implicitement à sa préoccupation ; rejet du moyen (CCJA, 1e ch., n° 116, 31-5-2018 : Banque Nationale d'Investissement c/ Sté International Malo) ;

– d'une part, sur le cantonnement de l'appel de la partie adverse qui aurait empêché le demandeur en cassation de demander la réformation de la partie du jugement non dévolue par elle à la cour d'appel et, d'autre part, sur l'exception tirée de la compétence exclusive du juge des référés en matière d'expulsion, dès lors qu'il ressort de l'arrêt attaqué que les deux parties ont respectivement interjeté appel contre le jugement entrepris. Il en est ainsi dès lors que, par l'effet dévolutif des appels, la cour d'appel est amenée à réexaminer l'entier dossier. La requérante ne peut donc se prévaloir d'un quelconque cantonnement de l'appel de l'autre partie pour soulever un défaut de réponses à ses conclusions relativement audit cantonnement (CCJA, 1e ch., n° 065, 15-3-2018 : Sté Dakar Résidences c/ Caisse de Sécurité Sociale) ;

– à la fin de non-recevoir soulevée par la demanderesse, dès lors que la cour d'appel a énoncé « que les appels relevés d'une part par l'État de Côte d'Ivoire et d'autre part par la société GMG Investment, la TRCI et M. [X], sont intervenus conformément aux prescriptions légales ; qu'il convient de les

déclarer recevables » (CCJA, 1e ch., 222, 29-11-2018 : SAPHIC c/ État de Côte d'Ivoire, Sté GMG Investment, Joseph-Désiré Biley) ;
– en ce que, saisie du dossier comprenant deux actions introduites devant le tribunal de commerce, portant respectivement sur la validité du congé donné à un preneur et l'expulsion de celui-ci, la cour d'appel n'aurait statué que sur l'expulsion. Il en est ainsi dès lors, d'une part, que le dispositif du jugement déféré à la cour d'appel ne comporte nullement un chef spécifique à la validation du congé comme le prétend la demanderesse, et qu'il ressort du dossier qu'il a été procédé à une jonction de procédures faisant de l'expulsion la principale demande, le bien-fondé du congé donné au preneur devenant une condition de cette expulsion. Fort de cette articulation du litige, la cour d'appel, qui a rejeté la demande d'expulsion, a nécessairement et implicitement statué sur les mérites du congé excipé (CCJA, 2e ch., nº 114/2022, 30-6-2022).

Lorsqu'il ne résulte nulle part des mentions de l'arrêt critiqué et des pièces versées aux débats qu'un chef de demande quelconque ayant trait à l'arrêt versé aux débats ait été omis par la cour d'appel, qui, dans son appréciation souveraine des faits soumis à sa censure, a décidé à l'instar du premier [juge] que la créance objet de la saisie conservatoire était hypothétique car dépendant de l'issue favorable d'un procès, il n'y a pas eu omission de répondre à un chef de demande et le moyen doit être rejeté (CCJA, 3e ch., nº 138, 8-6-2017 : Compagnie Minière du Mont Klahoyo c/ Toure Ben Stewart).

Il ne peut être valablement reproché à une cour d'appel de s'être prononcée uniquement sur l'un des deux moyens d'infirmation d'un jugement, lorsque les deux moyens, alternatifs, tendent aux mêmes fins c'est-à-dire à l'annulation ou à l'infirmation du jugement. L'accueil d'un moyen annihile l'examen de l'autre ; c'est sans intérêt que la cour aurait examiné le moyen tiré de la contradiction entre les motifs et le dispositif dans la mesure où l'examen de celui pris de la contradiction des motifs a abouti à l'infirmation du jugement querellé et la cour d'appel n'était plus obligée de répondre au second moyen (CCJA, 3e ch., nº 097, 2-6-2016 : Sté Euro-Africaine pour le Commerce, l'Industrie et le Développement c/ Sté CIMBENIN, Ohadata J-17-37).

La cour d'appel qui a retenu qu'« il ressort de l'article 23 des statuts de la [demanderesse] qui traite des pouvoirs du conseil d'administration à son point 5 que les compétences de celui-ci sont entre autres d'autoriser l'achat ou la location des biens immobiliers nécessaires aux activités de la banque, la vente ou la cession de baux de ceux-ci ou toute autre forme autorisée par la loi ; Qu'il ressort clairement de ce texte que tout achat d'immeuble doit, pour être valablement fait, être préalablement autorisé par le conseil d'administration de la banque ; Qu'aucune autorisation du conseil d'administration en vue de l'achat des immeubles, objets de la poursuite ne figure au dossier de la procédure ; Que dès lors, le directeur général de la [demanderesse] qui a donné pouvoir spécial à son conseil n'a pas qualité requise pour un tel acte d'achat d'immeuble ; Que c'est à bon droit que le premier juge a déclaré irrecevable cette surenchère de ce chef », pour confirmer le jugement d'irrecevabilité, sur le fondement de cette stipulation statutaire, a implicitement répondu au moyen de la demanderesse (omission de répondre à des demandes relatives à la violation des articles 121, 487 et 488 de l'AUSCGIE) qui est un moyen insusceptible d'exercer une influence sur la solution du litige de sorte qu'il était inutile d'y répondre (CCJA, 3e ch., nº 137, 7-7-2016 : BCN c/ Cherif Ould Abdine, SGTP, Compagnie Dubaï Office Niger, Ohadata J-17-77).

Obs. : cette décision illustre l'importance de bien cibler les demandes.

Lorsqu'il n'est pas démontré, contrairement à ce que prétend le moyen, que la demanderesse a plaidé devant le premier juge le moyen tiré de la violation de l'article 157-1º de l'AUPSRVE, le grief n'est donc pas avéré et doit être rejeté comme étant mal fondé (CCJA, 1e ch., nº 082, 28-3-2019 : Sté MAERSK c/ AKPA TCHOTCH Marcelin et 2 autres).

Infra petita. Le moyen qui reproche à un juge d'avoir jugé infra petita sans préciser la demande sur laquelle ce juge n'a pas statué doit être rejeté en l'absence de toute preuve au soutien de cette prétention (CCJA, 3e ch., nº 102, 2-6-2016 : OLAM TOGO SARL c/ VATEL SA, Ohadata J-17-44).

C'est à tort que l'omission de statuer a été reprochée :
– à l'arrêt qui a relevé qu'« aucune contestation quant à la régularité de la participation de tel ou tel participant n'a été relevée ; que le procès-verbal et les résolutions qui en sont issues ont été signés par [les demandeurs], qui étaient d'ailleurs des membres du bureau de séance lors de l'AGO, une occasion à laquelle ils auraient dû contester les procurations […] qu'il y a lieu dès lors de déclarer régulière [l'assemblée] et les résolutions qui en sont issues », pour déclarer tant dans ses motifs que dans son dispositif que l'assemblée générale ordinaire était régulière et que les résolutions prises étaient valables, a nécessairement statué sur la résolution numéro 5 et n'avait plus l'obligation de statuer, par une réponse particulière, sur celle-ci (CCJA, 1e ch., nº 184/2019, 20-6-2019 : Sani Sabo Gado et Hadi Ali Mazou c/ Fatchima Daddy Gaoh) ;
– à des juges d'appel dès lors qu'il ressort explicitement de la motivation de leur arrêt qu'ils se sont effectivement prononcés sur la demande d'expertise faite et ont souverainement décidé de ne pas y faire

droit, le juge pouvant, selon son intime conviction, ordonner ou non une expertise ou toute autre mesure d'instruction (CCJA, 3e ch., nº 028/2020, 30-1-2020 : Kafack Bowen Léopold c/ succession Pelami Luc) ;

– à une cour d'appel qui a déclaré une mesure d'expertise financière sollicitée « irrecevable parce que présentée pour la première fois en appel » (CCJA, 2e ch., nº 005/2022, 20-1-2022 : Penda Ponke Isidore Pascal c/ Société civile immobilière Jally) ;

– à un arrêt attaqué d'avoir omis ou refusé de répondre à des dires et conclusions qui sollicitaient l'expertise d'immeubles saisis dont la valeur a été minorée par le saisissant, dès lors que le non-examen par le premier juge de la demande d'expertise des deux immeubles du requérant n'a pas été soumis à la juridiction d'appel qui ne s'y est donc pas prononcée (CCJA, 2e ch., nº 074/2021, 29-4-2021 : Talotsing Paghou Marcel c/ Afriland First Bank SA) ;

– relativement à un chef de demande visant à faire constater que l'immeuble dont la distraction est demandée est juridiquement différent de celui saisi, et donc contraire aux allégations du recourant, l'arrêt attaqué ayant énoncé que « [...] le conservateur foncier, sachant d'avance que l'immeuble querellé était déjà immatriculé, n'avait plus besoin de créer un autre titre foncier distinct du premier, il n'avait qu'à donner les vrais renseignements concernant cet immeuble ou faire des inscriptions dans le premier titre foncier [...] » (CCJA, 1e ch., nº 316/2020, 22-10-2020 : Abdoulaye Traore c/ 1/ Nènè Rouguiatou Balde) ;

– à l'arrêt qui indique sans ambiguïté que « les documents présentés par la [demanderesse], notamment l'ordre de virement d'octobre 2008 pour un montant de 10 123 euros, l'ordre de compensation du 24 juin 2014 pour un montant de 26 370 euros, et l'ordre de virement de juillet 2008 pour un montant de 50 000 euros (attestent) le paiement partiel de la dette » (CCJA, 1e ch., nº 085/2020, 9-4-2020 : Compagnie Batoula SA c/ Snetor Chimie SA) ;

– aux juges d'appel, dès lors que l'arrêt a répondu implicitement à toutes les conclusions (CCJA, 2e ch., nº 008/2022, 20-1-2022 : Société Aeria c/ Simplice de Messe Zinsou) ;

– à des juges d'appel qui ont nettement précisé dans l'arrêt attaqué que les motifs qui y sont exposés sont « impertinents » (CCJA, 3e ch., nº 117/2019, 11-4-2019 : Jean Félix Mulumba c/ Sep-Congo).

Lorsque, sous couvert d'un grief de défaut de base légale de l'arrêt attaqué, le moyen dénonce une omission de statuer relative en l'occurrence à la recevabilité de l'appel, sur laquelle ledit arrêt ne s'est prononcé que dans le dispositif au lieu de le faire dans les motifs, ces éléments n'étant pas en l'espèce établis, le moyen doit être déclaré irrecevable (CCJA, nº 023/2006, 16-11-2006 : Safca et Safbail c/ Sté Air Continental, Rec. jur. CCJA nº 8, 2006, p. 27, Juris-Ohada, nº 1/2007, p. 19, Ohadata J-08-96).

Le moyen tiré de l'omission ou du refus de répondre aux chefs de demandes de [X.] soulevé par [Y.] est irrecevable, faute de pourvoi relevé par [X.] contre l'arrêt attaqué (CCJA, 3e ch., nº 089/2024, 28-3-2024).

....

VI. Dénaturation

La dénaturation, au sens de l'article 28 bis du Règlement de procédure de la CCJA, suppose :

– une modification délibérée et inexacte d'un écrit ou de la réalité des faits constatés dans un écrit (CCJA, 2e ch., nº 324/2024, 28-11-2024) ;

– l'altération du sens clair et précis d'un texte et s'entend d'une dénaturation substantielle et non de pure forme (CCJA, 2e ch., nº 077/2024, 28-3-2024).

A. Dénaturation des faits

Au sens de l'article 28 bis du Règlement de procédure de la CCJA, la dénaturation des faits s'entend de l'altération du sens clair et précis d'un écrit (CCJA, 3e ch., nº 207/2024, 4-7-2024).

1º Existence

C'est par dénaturation des faits qu'une cour d'appel :

– a infirmé un jugement entrepris, déclaré recevable l'opposition et rétracté l'ordonnance d'injonction de payer rendue, dès lors qu'en l'espèce, la créance réclamée était certaine parce que résultant d'un protocole d'accord librement signé par les parties ; liquide en ce que le montant y était expressément mentionné, et exigible en ce qu'elle devait être entièrement payée au 15 avril 2000. En outre, il ne s'agissait pas d'un protocole portant sur le remboursement de la TVA payée par le demandeur, mais d'un remboursement de sommes que la défenderesse a reconnu avoir retenues à tort au titre de la TVA ; cassation de l'arrêt (CCJA, ass. plén., nº 060, 27-4-2015 : Entreprise LE GITE c/ NECSO CUBIERTAS SA, Ohadata J-16-60) ;

– pour confirmer le débouté du demandeur, a soutenu « qu'en outre, il convient de relever que la saisie immobilière est dirigée contre l'appelant en tant que tiers détenteur car l'immeuble objet de la poursuite, est grevé au profit de l'intimé, qu'exerçant son droit de suite, l'intimé créancier hypothécaire, a le droit de saisir cet immeuble quand bien même celui-ci serait entre les mains d'une autre personne que le débiteur.. », alors que de l'examen des pièces de la procédure, il n'apparaît nulle part une hypothèque au profit du défendeur, exposant ainsi son arrêt à la cassation (CCJA, 2e ch. nº 135, 12-11-2015 : DJIBO Seydou Amadou c/ SEYNI Adamou, Ohadata J-16-128) ;

– a qualifié une cession de bail de sous-location, alors que les termes clairs et sans équivoque de l'acte ne donnent lieu à aucune interprétation, exposant ainsi son arrêt à la cassation (CCJA, 1e ch., no 167, 17-12-2015 : Alexander ODIKA c/ Oumarou ALI, Ohadata J-16-160) ;
– s'est fondée sur une ordonnance non signifiée et faisant l'objet d'un pourvoi, pour débouter un créancier saisissant de sa demande en paiement des causes de la saisie, a donné à cette ordonnance une portée qu'elle n'avait pas, exposant ainsi son arrêt à la cassation (CCJA, 1e ch., no 021/2021, 18-2-2021 : Sgbf SA c/ CBI SA) ;
– a affirmé que la cession de bail faite par [X.] à [Y.] portait sur deux boutiques et un magasin, pour une durée de 99 ans, alors que, d'une part, le troisième magasin n'a fait l'objet d'aucune cession de droit, et qu'il est bien précisé au paragraphe 2 du volet « loyer » de ce contrat qu'il ne fait pas partie du prix de cession de 10 000 000 FCFA des deux boutiques et, d'autre part, qu'une telle durée ne résulte d'aucune pièce de la procédure, exposant l'arrêt attaqué à la cassation (CCJA, 1e ch., no 197/2024, 27-6-2024).

2o Absence

Il avait été antérieurement jugé que seule l'interprétation d'un écrit peut faire l'objet d'un pourvoi fondé sur un grief de dénaturation, mais non l'interprétation d'un fait. Il s'ensuit que la cour d'appel qui a retenu « qu'[un codébiteur] ne conteste pas le principe de la créance dans la mesure où son gérant statutaire (…) a expressément reconnu devoir à [la créancière] dans l'acte portant transaction du 20 septembre 2000 qu'il a signé la somme de 785 625 310 F CFA en principal, intérêts, frais et tous autres accessoires, mais prétend avoir réglé partiellement sa dette par un paiement de 313 096 321 F CFA opéré au profit de ladite banque, sans produire la preuve », ne peut être accusée d'avoir dénaturé les faits pour avoir indiqué que le codébiteur ne conteste pas le principe de la créance ; rejet du moyen (CCJA, 1e ch., no 41, 17-7-2008 : 1) COLAF SARL, 2) L, 3) M. épse L. c/ ECOBANK – BENIN SA, Juris-Ohada, no 4/2008, p. 41, Ohadata J-09-79).

Obs. : cet arrêt est désormais caduc car l'article 28 bis prévoit expressément l'ouverture de la cassation pour « la dénaturation des faits de la cause ou des pièces de la procédure ».

Requalification des faits. Aucun grief ne peut être reproché à une cour d'appel qui, sans dénaturer les faits, leur a donné une autre qualification. S'agissant en l'espèce d'un contrat non écrit, la preuve n'est pas rapportée que le juge l'a mal interprété, de même qu'il n'est pas prouvé que la différenciation des prix est un usage commun et régulièrement observé entre les parties (CCJA, 2e ch., no 031, 3-4-2014 : Sté OK PLAST CAM SARL c/ LONKEU NJOUBOUSSI Bienvenu, Ohadata J-15-122).

Appréciation souveraine des juges du fond, dont les motifs échappent au contrôle de la juridiction de cassation. C'est par une appréciation souveraine de plusieurs faits qu'une cour d'appel a indiqué que « les bureaux ne peuvent être valablement retenus pour la détermination de la compétence territoriale, n'étant ni un siège social ni un lieu d'habitation », pour retenir que le siège social de la société en cause était situé à Dakar et que le demandeur a préalablement au dépôt de sa requête aux fins d'injonction de payer, le 4 juillet 2005, par acte faisant également foi pour le recouvrement de la même créance, servi une mise en demeure à la société défenderesse et à une autre personne à Dakar à l'adresse suivante : « Boulevard Martin Luther King … ». Il n'y a donc ni dénaturation des faits ni violation du statut des huissiers ; rejet du moyen (CCJA, ass. plén., no 044, 27-4-2015 : Maître Sandembou DIOP c/ ATEPA TECHNOLOGIES, Ohadata J-16-44).

Voir aussi : CCJA, 1e ch., no 025/2022, 17-2-2022 : Shire Petroleum Sarl c/ Louzaki Yemoko ; CCJA, 2e ch., no 194/2019, 27-6-2019 : Sonitel SA c/ EPN ; CCJA, 2e ch., no 056/2020, 27-2-2020 : Société Startimes Média Centrafrique c/ Alfred Taingo Poloko.

Il n'y a pas de dénaturation des faits dès lors que le demandeur prétend être associé du défendeur sans en rapporter aucune preuve ; que le bilan du restaurant dont il se prévaut pour prétendre avoir fait des apports d'un montant de 42 221 100 FCFA figurant audit bilan au compte « 47 » qui représente le compte ordinaire des créanciers et débiteurs d'une société ne prouve nullement qu'il est un associé du défendeur ; que seule la créance sur les appareils électroménagers reposant sur des bons d'expédition et des reçus de Western Union, non contestés par le demandeur au pourvoi, est justifiée. En l'absence de toute preuve contraire sur les apports faits dans la création du restaurant en cause, société individuelle immatriculée au seul nom du défendeur, la cour d'appel, appréciant souverainement les faits sans les dénaturer, a légalement justifié sa décision (CCJA, ass. plén., no 071, 29-4-2015 : YOUCEF AOUADENE c/ ABDEL AZIZ MOUZAIA, Ohadata J-16-72).

De même, c'est à tort qu'il est reproché à un arrêt d'avoir dénaturé les faits :
– l'exposé des motifs et le dispositif de l'arrêt de la cour d'appel n'étant que l'exacte reproduction des faits et demandes énoncés dans les propres écrits du recourant ; le pourvoi doit être rejeté, le moyen n'étant pas fondé (CCJA, 3e ch., no 162, 18-10-2018 : Traore Salif c/ BICICI SA) ;
– dès lors que l'énumération des faits est conforme aux pièces produites (CCJA, 2e ch., no 124, 23-6-

2016 : Sté SAGA France anciennement SAGA Trans c/ Sté SOPAM SA, Ohadata J-17-65).

– en procédant à la liquidation des biens d'une société alors que tous les éléments contenus dans la requête introductive permettent d'affirmer que a sollicité un redressement judiciaire, dès lors que la copie de la déclaration de cessation de paiement versée au dossier et certifiée par le tribunal de commerce est intitulée « Déclaration de cessation de paiement aux fins d'ouverture d'une procédure de liquidation de biens en date du 06 octobre 2014 » et est conclue de la manière suivante : « ... c'est ce qui explique, Monsieur le Président, la présente déclaration de cessation de paiement en vue de la liquidation des biens de [la société]. » Cette requête ne présentant aucune équivoque quant à la volonté réelle de la SMSA d'obtenir sa liquation, le moyen soulevé manque de fondement et doit être rejeté (CCJA, 1e ch., nº 169, 27-7-2017 : Bayswater Constructing And Mining SARL c/ Sté Seguenega Mining SA (Sté en liquidation) et 4 autres) ;

– car des erreurs qui n'ont eu aucune influence ni sur la matière litigieuse ni sur le dispositif ne sont pas susceptibles d'être critiquées par le grief de la dénaturation. En l'espèce, le moyen visant la dénaturation au motif que les premiers juges ont reproduit de manière erronée une disposition ne peut prospérer dès lors que, la décision d'incompétence ayant été acquise par l'application de la clause compromissoire, toutes les autres motivations devenaient surabondantes ; rejet du pourvoi (CCJA, 2e ch., nº 180, 27-7-2017 : Sté Delta Rich Development et un autre c/ Stés CNPC et autres) ;

– et leur sens clair et précis à l'audience, en relevant que les avocats ont, tant à la barre que dans leurs écritures, développé des éléments de fait et de droit, alors qu'il n'y a jamais eu de débats et que l'audience n'a duré qu'à peine trois minutes, dès lors que ce moyen, en s'appuyant sur la durée de l'audience, ne précise pas en quoi les faits ont été dénaturés (CCJA, 3e ch., nº 152, 7-6-2018 : Thiombiano Ousseini c/ Délégation de l'Union européenne au Niger, État du Niger) ;

– dès lors qu'il résulte de l'article 144 de l'AUPSRVE qu'aucune action en annulation ne peut être sollicitée après la distribution du prix. La vente ayant déjà eu lieu et le prix de la vente ayant été distribué, en l'espèce, toute action intervenue à cette étape de la procédure de vente ne peut prospérer. C'est donc à tort qu'il est reproché à la cour d'appel d'avoir dénaturé les faits, statué ultra petita et sans base légale ; rejet des moyens (CCJA, 1e ch., nº 070, 29-3-2018 : Sté Comptoir Papetier du Sénégal SA c/ Sté Africaine de Bois et 5 autres).

Pour d'autres exemples de dénaturation de faits non avérée (CCJA, 1e ch., nº 009, 24-1-2019 : Sté HABANA CAFE SARL c/ Sté Civile Immobilière le Pélican Doré ; CCJA, 1e ch., nº 064, 14-3-2019 : Tombou TRAORE c/ Ladji DRAME ; voir aussi, cumulant la dénaturation avec les griefs de violation du Code de procédure civile et d'avoir statué ultra petita CCJA, 3e ch., nº 194, 29-12-2016 : SAMPANA SA c/ Sté Ciments de Guinée et 4 autres.

– dès lors que le moyen visant la dénaturation tend à remettre en cause l'appréciation faite par le juge du fond des faits de la cause (CCJA, 3e ch., nº 58/2020, 30-4-2020 : Société African Oil Gas Corporation c/ Société Atlantik Sea Food ; CCJA, 2e ch., n 149/2019, 9-5-2019 : Addax Petroleum Cameroon Company SA c/ Ekita Group SA) ;

– dès lors que leur version prétendument tronquée par la cour d'appel se trouve dans la partie de l'arrêt intitulée « Faits, moyens et prétentions des parties » et non dans la partie des motifs de l'arrêt, la cour d'appel n'ayant fait que reproduire les écritures de la défenderesse (CCJA, 1e ch., nº 173/2020, 28-5-2020 : La SGP SA c/ La Copeg SA) ;

– dès lors que le juge de fond, usant de son pouvoir souverain d'appréciation, a requalifié un préjudice financier et économique allégué en préjudice commercial (CCJA, 2e ch., nº 144/2020, 30-4-2020 : Total Cameroun c/ Kwedi Elong Aimé France) ;

– dès lors que le moyen, infondé, n'indique pas en quoi il y aurait eu dénaturation des faits par la cour d'appel (CCJA, 3e ch., nº 102/2020, 9-4-2020 : SGBG-SA c/ Thiallou SARL) ;

– en affirmant que le scandale fait par dame [X.] n'avait pas causé un risque réputationnel pour la banque, en se fondant sur l'idée que ce scandale aurait eu lieu au secrétariat du directeur général pendant une réunion avec le comité de crédit du conseil d'administration, alors que, selon le moyen, ce scandale s'est produit dans la salle de réunion du comité de risques du conseil d'administration. Il en est ainsi dès lors que la cour d'appel, appréciant souverainement les faits qui s'étaient déroulés dans un espace privé soustrait aux regards extérieurs, a estimé que l'incident n'avait pas compromis la réputation de la banque (CCJA, 2e ch., nº 324/2024, 28-11-2024) ;

– dès lors que, sous le couvert de ce cas d'ouverture, la requérante reproche plutôt à l'arrêt de n'avoir pas répondu totalement aux chefs de demandes (CCJA, 3e ch., nº 207/2024, 4-7-2024) ;

– alors qu'elle n'a fait que statuer sur une demande modificative d'une partie, ce qui ne saurait constituer une dénaturation des faits, d'autant plus que le moyen ne précise pas les faits qui ont été dénaturés ou en quoi a consisté la dénaturation (CCJA, 3e ch., nº 180/2024, 6-6-2024) ;

– dès lors que le moyen ne permet pas à la CCJA de déterminer les faits qui auraient été dénaturés (CCJA, 2e ch., nº 063/2024, 29-2-2024) ;

– et les pièces d'une procédure en altérant la clause attributive de compétence stipulée par les parties pour parler d'une clause compromissoire et en déniant, par voie de conséquence, à ladite stipulation contractuelle l'attribution exclusive de compétence au juge sud-africain alors, selon le moyen, que ladite stipulation contractuelle ne prévoit pas de soumettre tout litige à un arbitre, mais plutôt à un juge sud-africain, qui n'est pas un arbitre, encore moins un juge de l'espace OHADA appliquant les dispositions de l'AUPSRVE. Il en est ainsi dès lors que la stipulation contractuelle en cause ne peut être considérée comme une clause compromissoire, les parties n'ayant nulle part prévu de désigner un arbitre pour trancher les litiges ; qu'elle ne constitue pas non plus une clause attributive de compétence, ne désignant aucune juridiction en charge de trancher leurs futurs litiges ; que cette clause doit être entendue comme une clause de désignation de la loi applicable, par laquelle les parties désignent l'État dont la loi, en particulier le droit matériel ou du fond, à l'exclusion des lois de procédures qui restent celles du for, s'appliquera en cas de conflit entre elles. En l'espèce, c'est donc sans dénaturation et sans se contredire dans les motifs de l'arrêt attaqué que la cour d'appel a statué comme elle l'a fait (CCJA, 1e ch., n° 039/2023, 9-3-2023) ;

– dès lors que la cour d'appel a retenu qu'une personne ne peut se prévaloir des différents notes et courriers du directeur général et du président du conseil d'administration d'une société, sa seule signature ne pouvant lier la société qui a refusé de le signer et « qu'il convient dès lors de rejeter sa demande en paiement comme mal fondée, sans que ni les règles relatives à la preuve des actes juridiques, notamment le commencement de la preuve par écrit, ni la théorie de l'apparence ne trouvent à s'appliquer en l'espèce, dès lors que la formalité essentielle de l'approbation du conseil d'administration au protocole d'accord n'existe pas » (CCJA, 1e ch., n° 032/2022, 17-2-2022) ;

– en donnant aux différentes factures émises par la bailleresse un sens autre que celui d'un écrit probatoire qui la lie au preneur, dès lors que le moyen ne spécifie pas en quoi consiste la dénaturation alléguée au regard de la solution donnée par la cour au litige ; il se révèle par conséquent imprécis, vague et doit être déclaré irrecevable (CCJA, 2e ch., n° 127/2024, 25-4-2024) ;

– en retenant, au constat de la résistance d'une banque, « qu'il est tout aussi établi et constant qu'en désespoir de cause, c'est sur autorisation du juge d'instance que l'expert a déposé son rapport au tribunal, après de multiples relances à la [banque] ; d'où il suit que ce moyen n'est pas fondé et c'est à bon droit qu'il a été rejeté par le premier juge » (CCJA, 2e ch., n° 152/2024, 30-5-2024).

Pour un autre exemple de dénaturation non caractérisée, voir (CCJA, 2e ch., n° 043/2021, 8-4-2021 : Exp Communicart/Working Ladies Cabs SARL c/ Fressart Bernard).

B. Dénaturation des pièces

La dénaturation suppose l'altération par le juge du fond du sens clair et précis d'un écrit (CCJA, 2e ch., n° 021/2020, 30-1-2020 : Société Sicim Spa Succursale Cameroun c/ Société trois N SARL), de nature à exercer une influence décisive sur la solution d'un litige (CCJA, 2e ch., n° 153/2024, 30-5-2024) et s'entend d'une dénaturation substantielle et non de pure forme (CCJA, 2e ch., n° 077/2024, 28-3-2024).

1° Existence

En présence d'un compromis de vente dont des articles stipulent que, « en cas de non-réalisation du présent compromis dans le délai convenu, il est prévu sa résiliation pure et simple sans droit ni frais de part ni d'autre, le promettant s'obligeant à restituer l'intégralité de l'acompte perçu à titre d'avance, le bénéficiaire étant dispensé des loyers échus pendant la même période et devant reprendre leurs cours du seul fait de l'expiration du délai de réalisation de la promesse de vente » et qu'« il est fait observer que le bénéficiaire est actuellement locataire des locaux promis à la vente et qu'il se trouvera par la suite dispensé du paiement de loyers pour compter du jour de signature de la présente promesse de vente », c'est par une dénaturation de la convention des parties qu'une cour d'appel a décidé que les loyers seront dus à compter du 1er janvier 1999 à raison de 400 000 FCFA par mois, et que le paiement des arriérés de loyers n'interviendra qu'après restitution de l'acompte versé. Il en est ainsi dès lors qu'il résulte de la convention des parties que le point de départ des loyers dus par le locataire est fixé non à la date d'expiration du délai de réalisation de la promesse de vente, fixée au 31 décembre 1998, mais à celle de la restitution de l'acompte (CCJA, 3e ch., n° 189, 29-12-2016 : Hoirs Mamdou Oule Diallo c/ Sté MTS et Cheikh T. N'DIAYE, Ohadata J-17-129).

La cour d'appel qui a refusé de donner acte aux parties du règlement amiable intervenu entre elles et a confirmé purement et simplement le jugement entrepris a dénaturé les faits ou les pièces de la procédure, exposant ainsi son arrêt à la cassation. Sur l'évocation, il convient d'infirmer le jugement attaqué pour les mêmes raisons ayant motivé la cassation de l'arrêt, de constater le règlement amiable intervenu entre les parties, de leur en donner acte et de dire n'y avoir lieu à la liquidation des biens de la demanderesse en l'absence de créancier poursuivant (CCJA, 2e ch., n° 153/2019, 9-5-2019 : SGTP SA c/ Total Niger SA).

Normalement amené à interpréter souverainement les faits et les actes, le juge du fond doit cependant se garder des interprétations dites dénaturantes qui méconnaissent l'esprit et la lettre de ceux-ci. En l'espèce, la cour d'appel qui a retenu que l'évaluation faite par la société débitrice sur la base d'un relevé de compte bancaire était dépourvue de toute « origine » et n'était ni « fiable » ni « crédible », alors même que, non seulement ce relevé émane de la banque créancière, et figure parmi les pièces du dossier depuis la première instance, a, en faisant du contenu du relevé de compte de la banque une lecture contraire aux termes clairs et précis qu'il contient, dénaturé cette pièce sous couvert d'interprétation, exposant ainsi son arrêt la cassation sans qu'il soit besoin d'analyser les autres moyens (CCJA, 3e ch., n° 158/2019, 9-5-2019 : Fasso Balo Sarl c/ Bank of Africa Mali SA).

Une clause attributive de compétence se définit comme la convention, rédigée de manière très apparente, par laquelle les parties à un contrat, généralement des commerçants, s'engagent à soumettre à une juridiction territorialement compétente qu'elles désignent, l'ensemble des litiges qui pourraient naître de l'exécution, de l'interprétation ou de la résiliation de ce contrat. Il se déduit de la stipulation contractuelle selon laquelle « tous litiges auxquels le présent contrat pourra donner lieu, tant dans sa validité que pour son interprétation, son exécution ou sa résiliation, relèveront de la compétence exclusive du tribunal de grande instance ou tribunal de commerce de la juridiction de Rouen (France) », que les parties avaient bien fait le choix d'un transfert de compétence à une juridiction qu'elles avaient choisie en cas de survenance de différends. Par ailleurs, les pièces du dossier démontrant suffisamment que toutes les parties sont commerçantes, la modification de la convention, qui est une question de validité, entre bien dans les cas énumérés à la stipulation contractuelle précitée, contrairement aux allégations des défendeurs au pourvoi. C'est donc en dénaturation de la convention des parties, clairement rédigée et donc dénuée de toute ambiguïté que la cour d'appel de Niamey a confirmé la compétence du tribunal de commerce de Niamey, au détriment de celle du tribunal de commerce de Rouen, exposant ainsi son arrêt à cassation. Sur l'évocation et pour les mêmes motifs que ceux ayant entraîné la cassation, tiré de la dénaturation de la convention des parties, il y a lieu d'annuler le jugement rendu par le tribunal de commerce de Niamey ; évoquant et statuant à nouveau, la cour se déclarera incompétente et renverra la cause et les parties devant le tribunal de commerce de Rouen, en France (CCJA, 3e ch., n° 163/2019, 9-5-2019 : STA c/ Sani Sabo Gado, en présence de Nutriset SAS).

La stipulation selon laquelle « les parties s'engagent, en cas de litige ne pouvant être résolu à l'amiable ou par voie de négociation entre elles, de s'accorder sur le choix du tribunal compétent, soit le tribunal de commerce d'Abidjan, soit celui de Bamako, suivant le contexte de la réalisation de la prestation. Ce choix devra être convenu entre les parties avant l'enclenchement de la procédure judiciaire » constitue une clause attributive de compétence ayant pour effet de confier le règlement d'un litige à une juridiction légalement sans qualité pour en connaître, qu'il s'agisse de compétence d'attribution ou de compétence territoriale. En énonçant que « l'appelante ne démontre pas en quoi la saisine du tribunal de commerce de Bamako fait grief à ses intérêts, tandis que l'avènement du Traité [OHADA] ramène, depuis, la communauté des États parties à un espace unique de droit », alors qu'il ne résulte de nulle pièce du dossier que, préalablement à l'enclenchement de l'action en justice, il a été procédé à un règlement amiable entre les parties ou qu'un accord ait été trouvé pour la désignation du tribunal de commerce de Bamako, la cour a méconnu la lettre et l'esprit de la clause attributive de compétence du contrat, exposant son arrêt à la cassation. Sur l'évocation et pour les mêmes motifs que ceux ayant entraîné la cassation, il y a lieu d'infirmer le jugement querellé et, statuant à nouveau, de renvoyer les parties à l'observation de la clause attributive stipulée dans leur contrat, les conventions légalement formées tenant lieu de loi à ceux qui les ont faites (CCJA, 1e ch., n° 082/2020, 9-4-2020 : Damco – Logistics Mali SA c/ La Société d'Exploitation Cotonnière Olam SA).

La dénaturation des pièces telle que prévue à l'article 28 bis du Règlement de procédure de la CCJA s'entend de l'altération par le juge du fond du sens clair et précis d'un écrit. En l'espèce, la cour d'appel qui, pour condamner un tiers-saisi à des dommages intérêts, a retenu que celui-ci a déclaré dans les procès-verbaux de saisie que « tous les comptes sont nantis alors qu'il ressort du contrat de nantissement qu'un seul des comptes est nanti, fait donc preuve d'un comportement fautif qui de toute évidence a pour objectif de faire obstacle à l'exécution » ; puis « qu'il ressort du contrat de nantissement qu'un seul des comptes est nanti », alors que, d'une part, le tiers-saisi a précisé dans le procès-verbal de saisie que « les sommes ci-dessus sont nanties au profit [du tiers-saisi] à hauteur de 15.516.44.890 », et que, d'autre part, l'acte de nantissement est clairement intitulé « nantissement de créances issues de l'exécution d'un marché », a dénaturé tant les déclarations claires et précises contenues dans les procès-verbaux de saisie que l'acte de nantissement lui-même, exposant son arrêt à la cassation (CCJA, 3e ch., n° 171/2024, 6-6-2024).

La cour d'appel qui, pour prononcer la nullité d'une assignation, a retenu que « l'exploit introductif d'instance litigieux ne mentionne pas la date à laquelle il a été dressé selon la formule usuelle [l'an deux mille seize et le...] [...] ; que le tribunal de grande instance du Wouri, s'étant rendu compte que l'exploit introductif d'instance n'est pas daté, a, à bon droit, tiré les conséquences de cette carence ainsi constatée en le déclarant nul », alors que dans l'acte en cause il est écrit les dates « 09/12/2016, à 14 h 06, 09/12/2016 à 14 h 24 et 13/12/2016 à 13 h 40 » au regard des noms des parties qu'il concerne, a dénaturé le contenu dudit acte, exposant son arrêt à la cassation (CCJA, 3e ch., no 067/2023, 30-3-2023).

2o Absence

C'est à tort qu'il est reproché à un arrêt d'avoir dénaturé :

– des pièces de la procédure en confirmant le jugement en énonçant « que ses motifs sont pertinents » alors, d'une part, que c'est au mépris de l'article 8.3 de la convention de compte courant stipulant que le solde définitif sera arrêté une fois la liquidation des opérations effectuée que le premier juge a estimé régulière la clôture dudit compte sans préciser s'il s'agissait du solde définitif ou non et, d'autre part, qu'en la matière l'exigibilité est reportée à la clôture et à l'établissement du solde définitif, et que l'absence de clôture et de solde définitif vaut défaut de créance exigible pouvant fonder une exécution forcée, dès lors que, la banque ayant valablement clôturé le compte courant, les opérations postérieurement enregistrées sur celui-ci, en ce qu'elles sont toutes conformes aux stipulations des articles 4.1, 4.2 et 8.2 de la convention des parties, ne remettent pas en cause la régularité de cette clôture (CCJA, 1e ch., 228, 29-11-2018 : Tchiakoua Siantou Joseph Raoul c/ Afriland First Bank SA) ;

– le contrat liant les parties, en ce que la cour d'appel a admis que soient payées à la défenderesse des notes de ristournes émises au nom de [X.], alors que ce dernier est tiers au contrat des parties litigantes, qu'en procédant de la sorte les juges d'appel ont, selon la requérante, dénaturé ledit contrat et, par voie de conséquence, exposé l'arrêt attaqué à la cassation. Il en est ainsi dès lors qu'il ressort des énonciations de l'arrêt déféré qu'après avoir soutenu que le contrat qui sert de fondement aux demandes de [Y., la défenderesse] a été signé par cette dernière ès qualités de représentante de [X.], la société demanderesse a, par la suite, admis avoir été liée à la défenderesse et prétendu avoir fait jouer les règles de la compensation, en vertu de la clause du contrat prévoyant que la société peut, de façon exceptionnelle, prélever le montant des ristournes de l'encours de sa cliente. Il s'ensuit que la cour n'a pas commis le grief allégué au moyen car la société demanderesse, en reconnaissant avoir débité le compte de la défenderesse du montant des notes litigieuses, a nécessairement reconnu la confusion entre [X.] et la défenderesse, au regard desdites notes ; il y a donc lieu de rejeter également ce moyen (CCJA, 1e ch., no 091, 28-3-2019 : FKS SARL c/ Hamida YAHAYA) ;

– le procès-verbal de l'assemblée générale extraordinaire qui comportait, selon le moyen, deux résolutions qui sont intimement liées, alors que les premiers juges n'ont retenu que l'augmentation du capital sans relever sa réduction préalable à zéro, dès lors que l'arrêt, tout en se référant à l'augmentation du capital comme une augmentation de l'engagement des associés, n'a à aucun moment dénaturé le procès-verbal en ce qu'il a fait état d'une « réduction préalable à zéro » ; ce moyen, n'étant pas fondé, sera écarté (CCJA, 2e ch., no 132, 18-5-2017 : SARL Nianing Automobiles et 2 autres c/ Mamadou Diouf et Anne Isabelle Tavaglini Diouf ; CCJA, 1e ch., no 286, 27-12-2018 : Pierre KOUADIO c/ Sté EURO-LAIT) ;

– des pièces de la procédure en déclarant que « le préjudice subi [...] étant, sur la foi des pièces versées au dossier, évalué aux sommes cantonnées dans le jugement autorisant la saisine, il y a lieu d'en ordonner le paiement », alors que le premier juge n'a cantonné aucune somme et que la saisie avait été levée à la suite de l'ordonnance du juge des référés ; il en est ainsi dès lors qu'il résulte de l'arrêt attaqué que le paiement dont il s'agit fait suite à une saisie conservatoire ordonnée par le juge des requêtes et confirmée par la cour d'appel (CCJA, 3e ch., no 133/2021, 24-6-2021 : Société nile dutch Congo c/ Société africaine de services) ;

– des faits et pièces, car les mentions d'un jugement, acte authentique, faisant foi jusqu'à inscription de faux, le demandeur qui n'a jamais engagé de procédure d'inscription de faux contre les énonciations des actes de justice qu'il conteste est irrecevable à porter une telle contestation devant la CCJA (CCJA, 1e ch., no 124/2021, 24-6-2021 : Hassan Hyjazi c/ Bohoussou Serge Yves) ;

– une convention, dès lors que la cour d'appel a démontré l'existence de la créance dans les motivations de l'arrêt avec des termes clairs et précis qui ne prêtent à nulle confusion ; et que par ailleurs, le terme contesté de « prêt » découle de la propre convention des parties, l'arrêt n'ayant fait que le reproduire en sa dixième page (CCJA, 2e ch., no 088/2021, 27-5-2021 : Kouassi Richard Amon, Yannick Akassi Eholie c/ BGFIBANK Côte d'Ivoire).

– alors que sous ce couvert, le moyen tend en réalité à remettre en discussion devant la CCJA l'appréciation souveraine de la reproduction de l'acte introductif d'instance (CCJA, 2e ch., no 007/2021, 28-1-2021 : Maître Kontchou Gabriel c/ CFAO Technologies ; CCJA, 1e ch., no 011/2022, 27-1-2022 ; CCJA, 2e ch., no 004/2024, 25-1-2024) ;

– des pièces, dès lors qu'en s'abstenant de produire les pièces prétendument dénaturées, les recourants ne permettent pas à la cour d'exercer son contrôle (CCJA, 3e ch., no 157/2020, 30-4-2020 : Mouhammad Younes c/ Société Les moulins de Sentenac) ;

– des conclusions, dès lors que la dénaturation de conclusions suppose un écrit produit devant la cour et dont le sens clair et précis rend inutile toute interprétation. En l'espèce, il y a lieu de relever que pour asseoir l'existence d'un titre exécutoire constatant une créance liquide et exigible, la demanderesse a, dans ses conclusions d'appel, procédé à l'analyse des articles 1er et 2 du protocole d'accord du 10 avril 2017 qui laissent apparaître que le défendeur reconnaît devoir au requérant la somme de 714 382 548 FCFA et conclu qu'« en jugeant que la [défenderesse] ne dispose pas d'un titre exécutoire constatant une créance liquide et exigible, les premiers juges ont violé les textes sus visés ». Une telle conclusion n'est pas un exemple de limpidité à l'abri de toute interprétation quant à la portée que la demanderesse a voulu donner à ce protocole d'accord. En interprétant cette partie des conclusions de la demanderesse et considérant qu'elle a soutenu que « le protocole d'accord transactionnel signé par les parties […] représente aussi un autre fondement de sa créance car il constitue, lui aussi, un titre exécutoire constatant une créance liquide et exigible [»], la cour d'appel n'a en rien dénaturé les conclusions (CCJA, 2e ch., no 151/2020, 30-4-2020 : Ecobank-Niger c/ Issa Mahamadou Habibou) ;

– des pièces, dès lors que le grief de dénaturation des pièces n'est retenu que si le juge du fond a, pour se prononcer, fait d'un écrit une lecture contraire aux termes clairs et concis qu'il contient. En l'espèce, c'est par une appréciation souveraine des pièces et des faits soumis à son analyse que le juge du second degré a estimé qu'ils n'étaient pas suffisamment démonstratifs de l'occupation partielle dénoncée par le requérant (CCJA, 3e ch., no 028/2020, 30-1-2020 : Kafack Bowen Léopold c/ Succession Pelami Luc) ;

– les termes clairs d'une convention de location-gérance, en retenant que « les constatations relevées et retenues par l'autorité administrative constituent des manquements par le preneur de ses obligations […] », dès lors que l'adverbe « notamment », figurant dans ladite convention et qui est synonyme de « en particulier », est mise pour une citation non exhaustive (CCJA, 2e ch., no 199/2019, 27-6-2019 : François Ndiaye c/ Les héritiers de feu Alioune Diop) ;

– des pièces sans spécifier le contenu des pièces prétendument dénaturées (CCJA, 1e ch., no 056/2022, 3-3-2022) ;

– les pièces d'un dossier, car l'arrêt qui a résumé les arguments du requérant, intimé en barre d'appel, en indiquant « qu'en réplique, l'intimé, sous l'organe de son conseil […], soutient que la réparation du préjudice subi par l'appelant est manifestement en péril ; la requérante a, dès lors, grand intérêt et afin de garantir le recouvrement futur de sa créance de s'adresser à la justice pour que des mesures conservatoires soient prises à l'encontre du patrimoine de son débiteur qui n'a pas de domicile au Mali, et qu'elle soit ainsi autorisée à pratiquer une saisie foraine sur les biens meubles de ce dernier se trouvant au Mali », n'a en rien dénaturé les faits car l'usage par le second juge du terme « requérante » et du groupe de mots « qu'elle soit ainsi autorisée à pratiquer une saisie foraine » laisse clairement entendre que l'auteur de la requête aux fins de pratiquer la saisie foraine est une personne autre que le demandeur en cassation (CCJA, 2e ch., no 153/2024, 30-5-2024).

Est irrecevable, car mélangé de droit et de fait, le moyen qui évoque une dénaturation des pièces mais réprouve plutôt l'appréciation faite par la cour des éléments de preuve produits au dossier par les parties (CCJA, 1e ch., no 327/2019, 12-12-2019 : SCI Santala c/ CBAO Groupe Attijari Wafa Bank SA).

Le grief de dénaturation des pièces n'est retenu que si le juge du fond a, pour se prononcer, fait d'un écrit une lecture contraire aux termes clairs et concis qu'il contient. En l'espèce, c'est par une appréciation souveraine des pièces et des faits soumis à son analyse que, sans encourir le grief allégué, le juge du second degré a décidé que la qualité du mandant de l'avocat qui a fait appel n'avait pas été prouvée et que l'irrecevabilité dudit appel était encourue ; que dès lors, ce moyen n'est pas fondé (CCJA, 3e ch., no 164/2019, 9-5-2019 : Megatron SA (PTY) Ltd c/ Megatron Federal RDC SARL).

C'est à tort qu'une cour d'appel a été accusée de dénaturation dès lors que d'une part, pour caractériser la faute de la demanderesse, le juge d'appel s'est appuyé non seulement sur le rapport du cabinet indépendant désigné par l'ONECCA, mais aussi sur celui de la Commission bancaire de l'UEMOA, qui ont remis en cause la compétence de la demanderesse pour le premier et la violation des articles 697 et 698 de l'AUSCGIE pour le second. Par ailleurs, c'est de manière exacte que la cour d'appel a reproduit des mentions contenues dans le rapport de la Commission bancaire de l'UEMOA (CCJA, 1e ch., no 175/2019, 23-5-2019 : Sareci Sarl c/ Union des Caisses Mutualistes d'Epargne et de Crédit Kafo Jiginew).

L'erreur sur la date d'un contrat [15 juillet 2015 au lieu du 14 juillet 2015], ainsi que celle relative au nombre des parties au litige [2 au lieu de 5] sont des omissions de forme qui n'ont pas d'incidence substantielle sur la solution du litige et sont susceptibles de simple rectification. Elles ne peuvent donc pas constituer la dénaturation alléguée ; rejet (CCJA, 2e ch., no 077/2024, 28-3-2024).

C. Irrecevabilité du moyen fondé sur la dénaturation et visant à remettre en cause le fond

Le moyen qui, fondé sur la dénaturation de faits ou de pièces de la procédure, tend à remettre en cause l'appréciation souveraine des faits par les juges du fond et est irrecevable. Tel est le cas par exemple :

– lorsque la requérante fait grief à l'arrêt entrepris d'avoir, pour ordonner son expulsion, reconnu à la défenderesse la qualité de bailleur, en se fondant sur de simples correspondances, une sommation d'huissier qu'elle lui aurait fait servir, ainsi que sur des quittances de loyer, alors que le bail produit aux débats n'a pas été conclu au nom de la défenderesse mais à celui d'une société qui est totalement étrangère à la défenderesse, laquelle n'a pas établi sa qualité de propriétaire du local litigieux, ni produit aux débats une quelconque convention au sens de l'article 103 de l'AUDCG lui conférant qualité pour donner lesdits locaux à bail ; rejet du pourvoi (CCJA, 1e ch., no 060, 21-4-2016 : Mongo Clotilde c/ Sté de Distribution Gabonaise dite SODIGAB SA, Ohadata J-17-08) ;

– du moyen qui reproche à l'arrêt attaqué d'avoir retenu que « l'applicabilité du Règlement CEMAC adopté le 22 novembre 2012 s'impose à toutes les procédures en cours, peu importe que la saisie soit intervenue antérieurement ou postérieurement » pour lever la saisie pratiquée le 20 juillet 2012, alors, selon le moyen, qu'en faisant produire des effets au Règlement CEMAC antérieurement au 22 novembre 2012, date de sa signature et de son enregistrement, l'arrêt a dénaturé cette pièce de procédure (CCJA, 1e ch., no 043, 22-2-2018 : Paul Tchuente c/ Afriland first Bank SA, En présence de la Banque des États de l'Afrique centrale).

D. Irrecevabilité du moyen fondé sur la dénaturation mais qui est mélangé de fait et de droit, vague et imprécis

Tel est le cas du moyen :

– qui reproche à un arrêt d'avoir, par dénaturation des faits et pièces, violé l'article 35 b) de la loi no 2006/016 du 29 décembre 2006 en ce « qu'il est soutenu dans l'arrêt attaqué que le premier juge a ordonné que la vente soit faite dans le passé, deux ans avant sa décision, et que ladite vente est clandestine et frauduleuse alors qu'il est évident que le jugement sur dires et observations du 3 février 2005 et qui fixe au 27 mars 2003 la date d'adjudication par-devant notaire comporte une erreur au niveau de la date prévue pour cette adjudication et il ne pouvait s'agir que du 27 mars 2005 et non 27 mars 2003 ; Alors de surcroît qu'il ressort tant du procès-verbal d'apposition des placards du 17 février 2003 que de son acte de dénonciation du même jour que la date de vente était bien prévue au 27 mars 2003 à 9 heures du matin à l'Etude du Notaire, prescription qui a été respectée si bien qu'on ne peut parler ni de fraude, ni de clandestinité de la vente » (CCJA, 1e ch., no 085, 27-4-2017 : BICEC c/ Matip Christophe) ;

– tiré d'une mauvaise application des articles 1315 du Code civil et 43 du Code de procédure civile, de la dénaturation des faits de la cause et des pièces de la procédure, et par lequel il est fait grief à un arrêt d'avoir dit que le demandeur, qui réclame le paiement d'une somme, ne rapporte ni n'offre de rapporter la preuve que, au cours de l'exécution dudit contrat jusqu'à sa rupture, elle a effectivement mis à la disposition de sa cocontractante un employé pour le poste de chef d'entreprise, alors, selon le moyen, que le débat n'a pas lieu d'être dans la mesure où c'est en qualité de gérant unique de la société demanderesse que le sieur X. a conclu le contrat de tâcheronnat (CCJA, 3e ch., no 269, 27-12-2018 : ALADE KOMI MAWULIKPLIMI SOGEMAT SURL c/ CIMTOGO SA et 5 autres).

VII. Manque de base légale

Toute décision motivée doit avoir une base légale (CCJA, ass. plén., no 111, 4-11-2014 : BICEC c/ Maître Tonye Arlette, Ohadata J-15-202, précisant qu'en se fondant sur l'article 49 de l'AUPSRVE pour décider de la recevabilité d'un appel, le juge d'appel n'a pas violé le principe des droits de la défense qui, par ailleurs, a été respecté dans la mesure où la décision a été rendue contradictoirement).

Toute décision de justice doit, au sens de l'article 28 bis du Règlement de procédure de la CCJA, avoir une base légale. La cour d'appel qui a vidé sa saisine sans laisser transparaître l'application d'un quelconque texte de loi a **insuffisamment motivé son arrêt, qui manque de base légale et encourt,** de ce chef, la cassation (CCJA, 3e ch., no 36, 31-1-2019 : BNI c/ Sté Internationale Malo et 3 autres).

Le manque de base légale :

– suppose que les motifs de la décision ne permettent pas de vérifier si les éléments nécessaires pour justifier l'application qui a été faite de la loi se trouvent bien dans la cause (CCJA, 3e ch., no 154/2020, 30-4-2020 : Sesg Sarl c/ Agetipe ; CCJA, 3e ch., no 210/2021, 25-11-2021 : S. c/ Perseus Yaoure SARL) ;

– s'entend d'une incomplétude de l'exposition du fait dont la conséquence est l'inexactitude ou l'incomplétude des motifs de droit qui laissent de côté certaines conditions indispensables, certaines présuppositions nécessaires de la règle de droit, lesquelles empêchent la juridiction de cassation de vérifier si celle-ci a été correctement mise en œuvre (CCJA, 2e ch., no 333/2024, 28-11-2024).

A. Manque de base légale caractérisé

1o Distraction d'un bien saisi

La cour d'appel qui, sans tenir compte de toutes les pièces dont a fait état la requérante, propriétaire de l'objet d'une saisie critiquée, a affirmé de façon péremptoire que l'arrêt attaqué en opposition procède d'une bonne appréciation des faits, n'a ni motivé sa décision ni laissé transparaître l'application d'un texte de loi. Son arrêt manque de base légale, est insuffisamment motivé et encourt la cassation (CCJA, no 052/2005, 15-12-2005 : B. K. E. c/ K. K. J., Rec. jur. CCJA, no 6, juin-déc. 2005, p. 72. – Juris-Ohada, no 2/2006, p. 2, Ohadata J-06-42).

Saisie-attribution. Doit être cassé pour manque de base légale :

– et insuffisance de motifs, l'arrêt de la cour d'appel qui condamne le tiers saisi aux causes de la saisie-attribution pour manquement à son obligation de déclaration sans rechercher si les prescriptions légales spécifiées par l'article 156 de l'AUPSRVE pour recueillir cette déclaration avaient été régulièrement accomplies par le créancier (CCJA, no 8/2002, 21-3-2002 : Sté PALMAFRIQUE c/ E. K. B. K., Juris-Ohada, no 4/2002, oct.-déc. 2002, p. 19, note anonyme, Ohadata J-02-163) ;

– l'arrêt qui a considéré que la nullité d'un acte de signification commandement entraîne subséquemment la nullité de la saisie-attribution de créances pratiquée, car le commandement préalable prévu par l'article 92 de l'AUPSRVE pour une saisie-vente n'est pas exigé pour une saisie-attribution de créances. Sur l'évocation, l'ordonnance ayant annulé le commandement de payer et jugé que cette nullité n'affectait pas les actes subséquents doit être confirmée (CCJA, 3e ch., no 095, 23-7-2015 : KONE Lassina c/ Amon Kouassi Richard, Ohadata J-16-94).

2o Arbitrage régi par l'AUA

La cour d'appel qui, pour retenir que la demande tendant à voir déclarer nulle un protocole transactionnel relève bien de la compétence de la juridiction étatique en raison de ce que le tribunal arbitral n'est pas encore saisi, s'est bornée à affirmer qu'« il ressort également de l'article 13, alinéa 2 de [l'AUA] que si, comme dans le cas d'espèce où le Tribunal n'est pas encore saisi, la juridiction étatique doit également se déclarer incompétente, c'est à la condition que la convention d'arbitrage ne soit manifestement nulle », sans démontrer en quoi la convention d'arbitrage contenue dans le protocole transactionnel est manifestement nulle, n'a pas donné une base légale à sa décision qui encourt cassation (CCJA, 1e ch., no 43, 17-7-2008 : D. c/ MATCA. Juris-Ohada, no 4/2008, p. 46, Ohadata J-09-81).

3o Fusion de sociétés

La cour d'appel qui a retenu « … qu'il est constant que la [Sté A] a absorbé par fusion la [Sté B] ; que cette convention a pour conséquence le transfert tant des actifs de la [Sté B] que de ses passifs sur la [Sté A] ; Or considérant qu'il n'est pas contesté qu'à la date de ladite fusion ainsi qu'il ressort du courrier en date du 21 février 2000 adressé par la [Sté B] SFCI aux époux [X.] en réponse à la suite réservée à l'exécution de la convention les liant, la [Sté B] était débitrice des époux [X.] au titre de ladite convention ; qu'ainsi cette dette n'ayant pu être [constatée] avant la date de la fusion absorption litigieuse, celle-ci est absorbée par la [Sté A] qui en devient contractuellement la débitrice et est donc tenue de s'en acquitter », sans démontrer au préalable en quoi la correspondance du 21 juillet 2000 a pu rendre la Sté B débitrice des époux X., alors que ce fait a été contesté par la Sté A tout au long de la procédure, n'a pas donné de base légale à sa décision, qui encourt la cassation (CCJA, 2e ch., no 018/2013, 7-3-2013 : Compagnie des Bananes de Côte d'Ivoire dite CDBCI c/ Martial Duparc, Fatome Houballah épse Duparc, Rec. jur. CCJA no 20, vol. 2, janv.-déc. 2013, p. 80-83, Ohadata J-15-18).

Le droit de préemption a pour effet de conférer à son bénéficiaire le droit de se substituer à l'acheteur initialement pressenti, mais non de lui conférer la propriété du bien sur lequel il porte. En l'espèce, l'annulation de la fusion et de la vente entre A. et B. par le jugement no 31 du 15 mai 2008 ne peut avoir pour effet de restituer à C. son droit de propriété sur les actions qu'il avait cédées à A. par l'acte de vente du 20 décembre 1996 ; ni le paiement du prix par E., ni l'homologation de l'acte de cession du 11 août 2008 par le tribunal de Conakry, même par jugement devenu définitif, ni son classement au rang des minutes d'un notaire, ne peuvent avoir pour effet d'en couvrir l'irrégularité. La cour d'appel qui a retenu le contraire n'a pas donné de base légale à sa décision qui encourt la cassation (CCJA, 1e ch., no 021, 11-3-2014 : Total Guinée SA c/ Copeg SA, L'État guinéen, Ohadata J-15-112).

4o Injonction de payer

N'a pas donné de base légale à son arrêt, qui doit être cassé, la cour d'appel qui a estimé qu'une créance n'est pas certaine parce que la créancière ne rapporte pas la preuve de l'exécution de la réparation par la production du bordereau de livraison à la débitrice. Il en est ainsi dès lors qu'aucune disposition de l'AUPSRVE n'exige, pour établir la certitude d'une créance, la production d'un bordereau de livraison, et qu'en l'espèce, la débitrice n'a jamais contesté les travaux réalisés. Sur évocation, est certaine la créance fondée sur la production d'un bon de commande, d'une facture et de la commande signée du débiteur qui ne conteste ni la relation contractuelle les liant, ni même la réalisation des réparations objet de ladite facture (CCJA, 1e ch., n° 031, 2-5-2013 : CFAO-C c/ Société Scierie du Bandama, Rec. jur. CCJA n° 20, vol. 1, janv.-déc. 2013, p. 178-181, Ohadata J-15-31).

Décisions fondée sur une simple déduction. La cour d'appel qui, en matière d'injonction de payer, a statué par simple déduction de l'attitude d'un supposé débiteur, alors qu'il y a une contradiction manifeste entre les factures supposées être contresignées par le capitaine du navire et le document de livraison visé par l'administration des douanes, jetant de ce fait un doute sérieux sur la nature des produits livrés et leur valeur, n'a pas donné de base légale à sa décision qui encourt la cassation. Il en est ainsi notamment lorsque, pour caractériser le caractère certain et liquide d'une créance litigieuse, la cour a retenu que, d'une part, « (...) une enquête de la gendarmerie a été effectuée sur cette affaire et une copie du procès-verbal non contestée de cette enquête est produite aux débats ; il en résulte que les responsables et agents des douanes en service à l'époque des faits ont confirmé que les marchandises litigieuses ont effectivement été livrées à bord du navire sous le contrôle de la douane, laquelle a également confirmé l'authenticité de sa signature sur les documents de livraison » ; que, d'autre part, « le capitaine du navire n'a jamais en réalité contesté le principe de la livraison des marchandises et de la créance, (...) s'est contenté de ne relever contre la saisie que des moyens de pure forme, à savoir l'absence d'indication de l'identité complète du navire, de désignation de la juridiction compétente, la contestation de sa signature..., sans déclarer, ni affirmer n'avoir pas reçu livraison de marchandises, ce qui doit être interprété comme une reconnaissance implicite de la livraison des marchandises à bord du navire » (CCJA, 2e ch., n° 086, 23-7-2014 : Sté Ivoirienne de Manutention et de Transit (SIMAT) c/ Sté Etablissement DJIEOULAI Michel, Ohadata J-15-177).

N'a pas de base légale et encourt la cassation l'arrêt qui a, d'une part, retenu que le montant d'une créance réclamée est contesté pour non-production des factures et, a d'autre part, constaté que le montant réclamé est le cumul de plusieurs factures impayées et que la requête aux fins d'injonction de payer est introduite conformément à la loi, précisant le montant de la créance, ses différents éléments ainsi que son fondement, puis a décidé que la créance n'est pas certaine sans spécifier en quoi elle n'est pas certaine et que le recouvrement ne peut être fait par la procédure d'injonction de payer (CCJA, 3e ch., n° 187, 29-12-2016 : Sté ivoirienne de gardiennage sécurité Assistance dite LAVEGARDE c/ La Sté CLEAN BOR-CI, Ohadata J-17-127).

La cour, qui a procédé par une motivation qui confond les critères de certitude et de liquidité d'une créance, sans pour autant spécifier, comme cela était attendu, si les paiements allégués qui confirment le principe de créance avaient suffi à éteindre celle-ci au regard du montant réclamé par le requérant, a fait manquer de base légale à sa décision, qui encourt la cassation de ce chef. Tel est le cas de l'arrêt qui a énoncé que « les éléments produits au dossier ne peuvent pas permettre de démontrer le caractère certain et liquide de la créance surtout dans son montant ; en effet en se référant au nombre d'heures pris en compte, il y a lieu de s'apercevoir que [X] travaille plus de 11 heures par jour. Il est évident qu'une telle performance est humainement impossible. Il y a lieu donc de conclure que la société Indian Institute of Hardwar[e] Technology (IIHT) ayant déjà payé la somme de 2 000 000 FCFA, elle ne saurait être condamnée à payer d'autres sommes ; Il en résulte que la créance poursuivie n'est ni certaine ni liquide conformément à l'article premier de l'acte uniforme OHADA portant organisation des procédures simplifiées de recouvrement et des voies d'exécution... » (CCJA, 1e ch., n° 083, 28-3-2019 : THEHOUA AKA Jean c/ Indian Institute of Hardware Technology).

5° Lettre de garantie

C'est à tort qu'une cour d'appel a retenu une faute d'imprudence et de négligence contre une banque (garante), en ce qu'elle a donné suite à l'appel d'une garantie sans avoir pris l'avis préalable du donneur d'ordre, alors que la demande en paiement « n'a pas été authentifiée » par ce dernier et qu'à la date du paiement la période de validité de la lettre de garantie lui servant de fondement avait expiré, pour confirmer le jugement et rejeter la demande en paiement de la garante. Il en est ainsi dès lors qu'aucune disposition de la lettre de garantie litigieuse, qui constitue la loi des parties, ne subordonne le paiement par le garant ou le contre-garant à l'avis préalable du donneur d'ordre ou à l'« authentification » de la demande de paiement par ces derniers et que l'appel de la garantie a été fait dans le délai prévu par les parties dans leur convention. La cour d'appel n'a pas donné de base légale à sa décision, qui encourt la cassation (CCJA, 3e ch., n° 031, 9-3-2017 : BOA-CI SA c/ Sté Aminou Moussibaye industrie-Côte d'Ivoire, Ohadata J-17-165).

6° Vente commerciale

En application de l'article 235 de l'AUDCG, les dispositions sur la vente commerciale ne régissent pas « les ventes de marchandises achetées pour un usage personnel, familial ou domestique, à moins que le vendeur, à un moment quelconque avant la conclusion ou lors de la conclusion du contrat, n'ait pas su et n'ait pas été censé savoir que ces marchandises étaient achetées pour un tel usage ». La cour d'appel qui a qualifié la vente intervenue entre une personne et une société de vente commerciale, pour lui appliquer la prescription biennale, sans caractériser l'usage pour lequel le véhicule était acheté n'a pas donné de base légale à sa décision, qui encourt de ce fait cassation (CCJA, 2e ch., nº 204, 29-12-2016 : Ndendja Michel c/ TRACTAFRIC MOTORS CAMEROUN SA).

La cour d'appel qui, après s'être référée au premier jugement qui a visé l'article 281 de l'AUDCG, a prononcé une condamnation unilatérale en omettant de remettre le vendeur dans ses droits à restitution ou de lui imposer le remplacement des marchandises non conformes a ainsi statué sans base légale, exposant son arrêt à la cassation (CCJA, 3e ch., nº 083, 29-3-2018 : MATE ALU SARL c/ SMART ELECTRONICS SARL).

7º Cour manquant de mettre ses propres constatations en corrélation avec les textes applicables

Lorsqu'il ressort des pièces du dossier, notamment du procès-verbal de l'assemblée générale extraordinaire du 30 décembre 2011, que le capital social de la société anonyme en cause était composé de 29 198 actions détenues par X à hauteur de 19 371 actions, par la société Colonial à hauteur de 9 253 actions et par sieur Y à hauteur de 574 actions, qu'il n'est pas contesté que le vote du mandataire de Y, bénéficiaire de la suppression du droit préférentiel de souscription, a été retracté, qu'il est établi que sieur X a voté pour la suppression et que la société Colonial a voté contre et que, dès lors, il appert que le seul vote de l'actionnaire X, sans la prise en compte des 574 actions de Y dans le calcul du quorum et de la majorité, atteignait 67,67 % des voix, soit la majorité qualifiée des deux tiers prescrite par l'article 554 de l'AUSCGIE pour la suppression du droit préférentiel et, subséquemment, pour la modification du capital social, n'a pas donné une base légale à sa décision la cour d'appel qui s'est abstenue de mettre ainsi en corrélation les dispositions de l'article 587 de l'AUSCGIE avec ces constatations, exposant ainsi son arrêt à la cassation (CCJA, 3e ch., nº 141, 7-6-2018 : Livio Banfi, Massimiliano Banfi, Sénégal Tanneries SA c/ Sté Colonial Products And Equipment Ltd).

8º Condamnation à des intérêts au mépris des stipulations contractuelles

N'a pas donné de base légale à sa décision, qui encourt la cassation, la cour d'appel qui a condamné au paiement d'une somme de 1 551 977 411 FCFA, comprenant des intérêts conventionnels calculés au taux de 15 % sur la totalité du principal de la créance alléguée, alors que la stipulation d'un tel intérêt entre les parties ne résulte que d'un « Contrat de prêt-Reconnaissance de dette » du 25 mars 1996 et ne concerne en conséquence que le prêt de 400 000 dollars US constaté par cet acte (CCJA, 3e ch., nº 158, 13-7-2017 : Jabeili Ibrahim c/ Boussalah Mohamed Boubakeur).

9º Contradiction caractérisant un manque de base légale

La cour d'appel qui a conclu que la rupture d'un contrat d'agence relevait d'un abus de droit, alors qu'il ressort des rapports des experts, tel qu'indiqué dans les énonciations de l'arrêt querellé, d'une part, que le contrat signé entre les parties était, dès son origine, source de « perte de valeurs » et, d'autre part, que les ventes du mandataire ont connu une baisse pour diverses raisons, s'est contredite. Cette contradiction, qui préjudicie à la rationalité de la décision attaquée, prive celle-ci de base légale et l'expose à la cassation (CCJA, 1e ch., nº 313/2020, 22-10-2020 : Interface Mobile SARL c/ Sentel Gsm SA).

10º Jugement accordant un montant forfaitaire à titre de dommages intérêts en l'absence de dommages chiffrés

Une victime, pour obtenir des dommages-intérêts pour perte sèche, doit établir avec précision les préjudices subis et en fournir les preuves ; en outre, la détermination du montant des dommages-intérêts alloués doit correspondre à la valeur des gains manqués du fait de cette perte sèche. La cour d'appel qui a accordé forfaitairement à une partie le montant de 700 000 000 FCFA à titre de dommages et intérêts pour perte sèche, sans aucune base de calcul, n'a pas donné de base légale à sa décision, qui encourt la cassation. Sur l'évocation, le tribunal était plutôt appelé à se prononcer sur chacune des pertes sèches invoquées par la quincaillerie [D.], et en déterminer le montant correspondant à la perte subie, pour chacune d'elle, notamment : le blocage des camions de la quincaillerie [D.] par la demanderesse au pourvoi ; la suspension unilatérale du contrat par la demanderesse au pourvoi ; et la prolongation, par la demanderesse au pourvoi, de la suspension des activités par arrêtés ministériels en dépit de la levée des mesures par l'administration publique. Ne l'ayant pas fait, le premier juge n'a pas justifié sa décision ; par conséquent, pour les mêmes motifs que ceux ayant entraîné la cassation, tirés du défaut de base légale, il y a lieu d'infirmer le jugement dont appel. La quincaillerie [D.] n'ayant apporté aucun élément pouvant permettre de déterminer, pour chaque chef de perte sèche alléguée, le coût du préjudice subi, il y a lieu de la déclarer mal fondée en son action. S'agissant en revanche de la demande reconventionnelle de ma demanderesse en cassation, visant à faire condamner la quincaillerie [D.] à lui payer la somme de quarante-huit millions (48 000 000) FCFA à titre de factures impayées, il convient d'y faire droit, dès lors qu'il est acquis au dossier que ladite quincaillerie est débitrice envers l'autre partie de ce montant au titre de factures impayées (CCJA, 2e ch., no 107/2023, 27-4-2023).

11o Confusion de pénalités de retard et d'une retenue de garantie

A manqué de donner une base légale à son arrêt, qui encourt la cassation de ce chef, la cour d'appel qui a rejeté la demande de restitution d'une retenue de garantie alors que la livraison convenue par les parties était déjà faite, au motif qu'il s'agissait de pénalités de retard, confondant ainsi deux mécanismes distincts ayant des fondements différents, notamment la retenue de garantie constituée par 10 % du montant total du contrat, payable à la réception des ouvrages, qui est différente des pénalités de retard également stipulées par les parties et représentant le même montant (CCJA, 1e ch., no 041/2023, 9-3-2023).

12o Autres décisions ayant caractérisé le manque de base légale

N'a pas donné de base légale à sa décision, qui doit être cassée :

– la cour d'appel qui, pour confirmer le jugement qui a rejeté la demande de rémunération et de dommages et intérêts, a retenu « ainsi, la révocation du mandat social de l'appelant est intervenue à la suite de la prise de contrôle de la société [A] par la société [B], actionnaire unique de la société [C] ; il y a lieu dans ces conditions de dire que la révocation de l'appelant n'est pas irrégulière et abusive et dire en conséquence sans objet, sa demande en paiement de rémunération des fonctions de gérant », sans rechercher si le demandeur a droit ou non au paiement de rémunérations au titre des fonctions de gérant qu'il a déjà exercées (CCJA, 3e ch., no 210/2021, 25-11-2021 : Moussa Serifou c/ Perseus Yaoure Sarl) ;

– le juge qui, pour ordonner la mainlevée d'une saisie immobilière pour défaut d'exigibilité de la créance, a retenu que les défauts de la société Ceco SA sont liés à la survenance de situations imprévisibles, irrésistibles et insurmontables telle la Covid-19 qui a eu pour conséquence des mesures comme le confinement, la fermeture de frontières aériennes et terrestres et l'interdiction de la circulation interurbaine qui ont entraîné l'arrêt des activités économiques, sans établir la réalité des difficultés de trésoreries qui affecteraient le débiteur ainsi que le lien de causalité entre la pandémie évoquée et lesdites difficultés. Il est relevé d'office que s'il est établi que la force majeure invoquée par le jugement attaqué pour conclure à la non-exigibilité de la créance et à la mainlevée de la saisie immobilière se définit comme un événement imprévisible, irrésistible et extérieur, l'épidémie de coronavirus (Covid-19) ne constitue pas en soi ce fait justificatif et ne saurait constituer un cas de force majeure que si les éléments constitutifs sus décrits sont réunis. L'existence de chacun de ces éléments est fonction des faits de chaque espèce et de l'impossibilité avérée, pour la partie qui l'invoque, d'exécuter l'obligation légale ou contractuelle mise à sa charge. Si la pandémie de Covid-19 présente incontestablement pour la requérante les caractères d'extériorité et d'imprévisibilité, il n'en est pas de même pour le critère d'irrésistibilité qui doit s'apprécier, en matière d'obligation de sommes d'argent, en fonction des difficultés réelles de trésorerie de la débitrice, lesquelles doivent avoir exclusivement pour cause cette pandémie et doivent rendre impossible l'exécution par celle-ci de son obligation de payer ses dettes échues. **Cassation partielle de la décision pour manque de base légale relevée d'office.** Sur l'évocation et pour les mêmes motifs que ceux ayant entraîné la cassation, il y a lieu d'ordonner la continuation des poursuites devant le tribunal par la fixation par cette juridiction d'une nouvelle date d'adjudication dès notification (CCJA, 2e ch., no 219/2021, 23-12-2021 : Société Générale Bénin SA c/ Société Ceco AS) ;

– la cour d'appel qui, pour infirmer la décision du premier juge et ordonner la radiation d'une hypothèque, inscrite sur les immeubles de [X.], a retenu que celui-ci n'était pas engagé personnellement par la convention de crédit, mais agissait en qualité de représentant de la société [Y.], et que la banque aurait dû engager une procédure collective pour apurer le passif de ladite société, alors que l'hypothèque judiciaire dont s'agit résultait plutôt de la grosse d'une ordonnance d'injonction de payer qui condamnait solidairement la société [Y.] et son directeur général, feu [X.], à payer à la banque une certaine somme, les rendant ainsi codébiteurs (CCJA, 2e ch., no 327/2024, 28-11-2024, relevant d'office le grief sanctionné) ;

– la cour d'appel qui, pour caractériser le caractère certain d'une créance litigieuse, a procédé par simple soustraction entre le montant du marché et les

factures payées, sans rechercher les quantités réelles des prestations réalisées conformément au bordereau des prix du contrat, s'agissant d'un marché à prix unitaire. Il en est ainsi car le montant global d'un « marché à prix unitaire » où le prestataire est payé au regard des quantités exactes qu'il réalise n'est qu'indicatif et ne peut être considéré comme automatiquement acquis au prestataire (CCJA, 3e ch., n° 212/2019, 27-6-2019 : Société Arab Contractors Côte d'Ivoire c/ SCIA-CI) ;
– la cour d'appel qui a constaté le « grave manquement (de la part [d'un notaire]) en tant qu'officier ministériel pendant l'élaboration et la signature de l'affectation hypothécaire » et engagé sa responsabilité civile professionnelle sans indiquer en quoi consistait ce manquement (CCJA, 2e ch., n° 032/2021, 25-2-2021 : Maître Maitournam Ibrahim c/ Bassirou Mahaman Kamilou et Orabank Niger) ;
– la cour d'appel qui, en présence de plusieurs saisies-attributions de créance, a retenu la caducité, sans préciser qu'elle ne concerne qu'une saisie du 28 juillet 2017 et sans se prononcer sur la validité de celle pratiquée le 29 août 2017, comme cela lui était demandé (CCJA, 1e ch., n° 270/2020, 30-7-2020 : Établissements Kokou Services et quatre autres c/ Batipro SARL).

B. Manque de base légale non caractérisé

Le grief qui, tendant à dénoncer une erreur de droit commise par les juges d'appel, n'indique ni ne caractérise en l'espèce aucune norme juridique dont la légalité aurait été affectée est irrecevable, car imprécis. Il en est ainsi lorsque, dans l'espèce, il est reproché à l'arrêt attaqué un manque de motif ou de base légale, pour avoir retenu que les requérants ont été condamnés à payer la somme de 2 500 000 francs au gérant de la société, ès qualités, alors que le paiement de cette somme aurait dû être prononcé en faveur de la société elle-même (CCJA, n° 024/2006, 16-11-2006 : S. D. M. – A. M. c/ H. A. dit « CRISE », Rec. jur. CCJA n° 8 / 2006, p. 32 ; Juris-Ohada n° 1/2007, p. 23, Ohadata J-08-97).

Obs. : pour d'autres cas d'irrecevabilité pour moyen imprécis, voir sous l'art. 28.

1° Signification par lettre recommandée

Il n'y a pas de défaut de base légale, dès lors que l'article 251 (du Code de procédure civile de Côte d'Ivoire) qui concerne effectivement la signification à mairie dans son alinéa premier vise in fine « la lettre recommandée avec demande d'avis de réception [...] » qui, aux termes de l'arrêt querellé, est le premier acte signifié à la débitrice en l'espèce (CCJA, 2e ch., n° 011/2013, 7-3-2013 : Société Tropical Rubber CI dit TRCI c/ Cabinet d'Étude et de Recouvrement en Côte d'Ivoire dite CERCI, Rec. jur. CCJA n° 20, vol. 1, janv.-déc. 2013, p. 155-156, Ohadata J-15-11).

A suffisamment motivé et donné une base légale à son arrêt, la cour d'appel qui a considéré qu'une saisie conservatoire a été autorisée et pratiquée en violation des dispositions de l'article 54 de l'AUPSRVE a ordonné la mainlevée et débouté les requérantes de leur demande en paiement des causes de la saisie, car elle a implicitement répondu à la question de déclaration des biens (prévue par l'article 107 de l'AUPSRVE) qui est devenue sans intérêt en l'espèce (CCJA, 3e ch., n° 096, 1-8-2014 : Bagui Maleukeu Jeannette, Dahe Brigilie c/ Compagnie Abidjanaise de Réparations Navales et de Travaux Industriels dite Carena Sarl, Ohadata J-15-186).

2° Compensation de créances

Aucune cassation n'est encourue, lorsque le défaut de base légale reproché à l'arrêt d'appel n'est pas caractérisé. Il en est ainsi, par exemple, lorsque la cour d'appel a retenu, sur le fondement de dispositions de droit interne, que « ... la société [X.] a cédé respectivement au profit de la société [Y.] et au profit de [X.], une partie de la créance détenue par elle sur la [société Z.] pour des sommes respectives de 100 millions et 50 millions FCFA ; que dès lors, par l'effet de la compensation légale prévue à l'article 1290 du code civil, les dettes réciproques s'éteignent jusqu'à concurrence de leurs quotités respectives ; qu'il en résulte que la créance de la [société Z.] à l'égard de la [société Y.] est éteinte depuis la signification des créances... » (CCJA, 3e ch., n° 028, 9-4-2015 : SGBCI c/ Gabris Elaham, Gabris Laura épse Zorkot, Ohadata J-16-28).

Pour d'autres exemples, voir CCJA, 3e ch., n° 145, 19-11-2015 : Papa Thioune c/ Stéphane Cheikh Nicolas dit Luc Nicolai, Ohadata J-16-138, au sujet de la distinction entre la contestation et l'action en nullité d'un congé en matière de bail commercial.

3° Appréciation souveraine des juges du fond

Doit être rejeté, le moyen qui, sous le couvert de l'absence de base légale, remet en discussion des faits souverainement appréciés par les juges du fond, qui ont estimé que c'est en violation des articles 160, 164 et 165 de l'AUPSRVE que le décaissement litigieux a été effectué, ce qui n'est pas contesté par le pourvoi (CCJA, 1e ch., n° 099/2021, 27-5-2021 : Maître Amegbo Ablamvi c/ Sieur Bechada Jamito et plusieurs autres ; CCJA, 3e ch., n° 157/2020, 30-4-2020 : Mouhammad Younes c/ Société Les Moulins Sentenac).

C'est à tort qu'il est reproché à un arrêt de manquer de base légale, alors que la cour d'appel a souverainement apprécié les faits. Tel est le cas :

– lorsque la cour a fondé sa décision sur des éléments de fait caractérisant le défaut de preuves de la qualité de tiers saisi défendeur et en soutenant par ce moyen unique et vague, que « la cour d'appel a violé la loi » sans préciser les dispositions légales qui auraient été ainsi violées, il y a lieu de retenir que la cour d'appel en statuant comme elle l'a fait, a fait une saine interprétation des dispositions de l'Acte uniforme susvisé et le recours qui est non fondé doit être rejeté (CCJA, 1e ch., no 153, 26-11-2015 : BOA Olivier Thierry c/ Port Autonome de San-Pedro, Ohadata J-16-146).

Dans le même sens et précisant qu'un moyen portant sur l'appréciation souveraine des faits par les juges du fond échappe au contrôle du juge de cassation : CCJA, 3e ch., no 187, 23-12-2015 : AGEPE c/ Kouadio Suzanne Rovia Adjoua, Ohadata J-16-180) ;

– lorsqu'il est reproché à un arrêt de ne pas avoir pris l'avis d'un expert avant de rendre sa décision alors que l'affaire est complexe et technique et nécessite un avis éclairé d'un expert, dès lors qu'il est de principe que le recours à un expert est laissé à l'appréciation souveraine du juge ; en s'abstenant d'y recourir, les juges n'ont en rien violé la loi ; rejet du moyen (CCJA, 3e ch., no 031, 25-2-2016 : Abdoulaye Diallo c/ Lalle Bi Ya Jacques, Ohadata J-16-233) ;

– lorsqu'une cour d'appel a rejeté le moyen relatif à l'absence de signification d'une ordonnance d'injonction de payer, en énonçant « … qu'il ne résulte pas de la procédure que le changement d'adresse dont se prévaut [l']appelante a fait l'objet de publication ou qu'il a été signifié à [l'intimée]. Que ce changement d'adresse ne saurait donc être opposable à l'intimé ». Cette appréciation souveraine des faits échappe au contrôle de la CCJA (CCJA, 2e ch., 245, 29-11-2018 : Sté Civile Immobilière DIHO dite SCI DIHO c/ Maître Mame Adama Gueye) ;

– lorsqu'il est reproché à un arrêt de ne pas donner de motifs suffisants pour rejeter les contestations de la recourante quant à l'existence d'une créance et de s'être contenté de motifs obscurs, dès lors que c'est dans son rôle de juge du fond que la cour d'appel, appréciant souverainement les faits qui lui sont soumis et qui échappent au contrôle de la CCJA, affirme que « néanmoins, celle-ci ne rapporte pas la preuve des paiements faits par elle pour apurer sa dette », avant d'ajouter « que mieux, contrairement aux déclarations des appelants, la créance dont le recouvrement est poursuivi, n'a aucun lien avec la gestion de l'Administrateur Séquestre (…), et que la [défenderesse] n'avait saisi une quelconque somme d'argent entre les mains dudit administrateur pour se faire payer » (CCJA, 2e ch., no 026/2018, 8-2-2018 : Sté CKG HOLDING, Goore Bi Zih Charles Kader c/ B.A.C.I.) ;

– lorsque, en l'absence d'une quelconque contestation de la créancière sur les sommes déjà perçues, une cour d'appel a conclu que « la [créancière] a effectivement reçu des paiements à hauteur de 11 539 216 Francs CFA de sorte que le montant lui restant dû est de 10 090 784 FCFA. C'est donc à bon droit que le juge des référés a donné effet à la saisie pour la fraction non contestée de la dette à savoir la somme de 10 090 784 FCFA » (CCJA, 1e ch., no 058, 30-3-2017 : Entreprise de Nettoyage Industriel SARL c/ Centre d'Etudes de Gestion et d'Expansion dit CEGEX SARL).

4o Mandat apparent

C'est à tort qu'il est reproché à un arrêt de manquer de base légale en ce qu'il a déclaré que « les apparences non camouflées ont permis à la société LAGICOM d'avoir foi en la qualité exprimée de l'employé de l'Eglise et en la régularité de l'opération effectuée » et que, partant, la responsabilité de l'Eglise peut être engagée sur le fondement du mandat apparent, dès lors que l'arrêt a relevé l'attachement de l'employé à ce lieu de travail et la livraison du matériel objet des commandes dans ce même lieu ; que, par contre, la demanderesse ne prouve pas que le tiers connaissait la structure interne de l'Eglise. Il en est ainsi car ces faits ont constitué des éléments déterminants qui ont conduit la cour d'appel à retenir le mandat apparent (CCJA, 2e ch., no 173, 17-12-2015 : Eglise De Jésus Christ Des Saints Des Derniers Jours c/ Sté LAGICOM-CI, SARL, Ohadata J-16-166). Voir aussi : CCJA, 2e ch., no 069, 21-4-2016 : Eglise de Jésus Christ des Saints des Derniers Jours c/ Guede Justin, Ohadata J-17-18 ; CCJA, 1e ch., no 120, 18-5-2017 : Eglise de Jésus Christ des Saints des Derniers Jours de Côte d'Ivoire c/ CINE LAZER SARL, jugeant que la cour, qui a confirmé, en toutes ses dispositions, le jugement qui mentionnait « qu'il n'est pas contesté que monsieur [X] a toujours eu un bureau au sein de l'église sur lequel il est écrit CHAIR MAN, c'est-à-dire directeur, ne saurait opposer son organisation interne à la société qui a cru de bonne foi contracter avec le mandataire de l'église », ne s'est nullement contredite et a légalement justifié sa décision ; rejet du moyen ; CCJA, 3e ch., no 010, 25-1-2018 : Eglise de Jésus Christ des Saints des derniers jours c/ Djouka Amon Hilaire.

5o Opposabilité à une partie de ses propres conclusions dans une instance antérieure

C'est à tort qu'il est reproché à un arrêt le défaut de base légale résultant de l'absence, de l'insuffisance et de l'obscurité des motifs, pour avoir retenu qu'une action était prescrite, au motif que la demanderesse a posé des actes interruptifs de prescription, dès lors que le pourvoi est formé contre un arrêt issu d'une procédure différente et rendu par la même cour d'appel à la demande de la défenderesse qui, dans ses propres conclusions en appel, a affirmé dans ses moyens de défense relatifs à l'autorité de la chose jugée que la procédure d'injonction de payer du 24 avril 2013 est différente de celle qui a engendré l'arrêt du 30 avril 2010 (...) » (CCJA, 1e ch., n° 124, 18-5-2017 : Sté Côte d'Ivoire Télécom c/ Sté Intel Afrique).

Obs. : il s'agissait de deux procédures différentes. La demanderesse utilisait des arguments tirés d'une procédure séparée (celle qui a abouti à un arrêt rendu le 30 avril 2010) pour essayer de démontrer qu'il y a eu un acte interruptif de prescription dont la cour d'appel n'aurait pas tenu compte dans la procédure qui a abouti à l'arrêt attaqué du 12 décembre 2014. La CCJA oppose alors à la demanderesse ses propres conclusions antérieures en appel dans lesquelles elle avait affirmé que les deux procédures étaient différentes, la conséquence logique étant que cet aveu judiciaire rend inopérante l'argumentation nouvelle qu'offrait la demanderesse. Cet arrêt illustre implicitement, mais de façon remarquable, la règle jurisprudentielle selon laquelle la reconnaissance, par une partie, d'un fait dans des conclusions qu'elle produit dans une procédure constitue un aveu judiciaire de cette partie (Cass. 3e civ., 10-3-2016, pourvoi n° 15-10995) qui peut naturellement être retenu contre elle ou lui être déclaré opposable ultérieurement.

6° Enonciations s'appuyant sur un moyen de fait

C'est à tort qu'il est reproché à un arrêt le défaut de base légale en ordonnant la séquestration des loyers entre les mains de la Carpa alors, selon le moyen, que la bailleresse n'a jamais refusé d'encaisser les loyers et que le défendeur au pourvoi a lui-même expressément renoncé à la consignation des loyers à la Carpa et, enfin, que le premier juge a refusé de faire droit à une telle demande, dès lors que, pour statuer comme elle l'a fait, la cour d'appel a retenu « qu'il ressort de l'analyse des faits qu'une atmosphère tendue et délétère s'est installée dans les rapports entre [les parties] ; que pour éviter toutes formes d'agressions mutuelles lors de l'encaissement des loyers, il convient d'ordonner que ceux-ci soient reversés entre les mains de la Carpa ». Ces énonciations qui ne s'appuient que sur un moyen de pur fait, échappent au contrôle de la juridiction de cassation ; rejet du moyen (CCJA, 2e ch., n° 125, 7-6-2018 : Davi Philomène Mable c/ Saad Chadi).

7° Décision suffisamment motivée

La cour d'appel, qui a relevé que « non seulement les appelants ne produisent au dossier ni l'exploit du pourvoi en cassation, ni l'ordonnance de suspension qu'ils invoquent, mais [que,] en plus, ceux-ci ne contestent pas sérieusement la somme dont le paiement est réclamé par la SGBCI... », pour approuver l'inscription hypothécaire définitive en confirmant le jugement entrepris, a suffisamment motivé sa décision et il ne peut lui être reproché d'avoir manqué de donner une base légale à sa décision (CCJA, 2e ch., n° 042, 23-3-2017 : Ayants droit de feu Dramera Mamadou c/ Sté Générale de Banques en Côte d'Ivoire, Ohadata J-17-189).

La cour d'appel qui s'est référée, entre autres, à l'article 244 de l'AUSCGIE, aux termes duquel la nullité d'un acte du conseil d'administration ne peut résulter que d'une disposition impérative dudit Acte uniforme, des textes régissant les contrats ou de la violation d'une clause des statuts pour rejeter les moyens développés par le demandeur, n'a en rien violé les articles 458, 459, 453 et 461 dudit Acte uniforme, ni omis de donner une base légale à sa décision dont les motifs ne sont ni contraires ni insuffisants ; le moyen n'est donc pas fondé et sera rejeté (CCJA, 3e ch., n° 076, 29-3-2018 : Aimable Mpore c/ MTN-CI SA).

Est irrecevable le moyen qui, après avoir reproché à l'arrêt attaqué de manquer de base légale en ce que ses motifs sont à la fois insuffisants et obscurs, ne démontre nulle part l'insuffisance ou l'obscurité des motifs (CCJA, 2e ch., n° 179, 8-12-2016 : Sté SAGA-CI devenue SDV SAGA puis Bolloré Africa Logistics-CI c/ Sté Petroleum Technical Industry dite PTI, Ohadata J-17-119).

Pour d'autres exemples de décisions suffisamment motivées et accusées à tort de manquer de base légale :

– prescription relative aux lettres de change (CCJA, 1e ch., n° 115, 31-5-2018 : Sté des Transports Abidjanais dite SOTRA c/ Sté Industrie Diffusion) ;

– jonction de procédures et résiliation d'un bail (CCJA, 1e ch., 233, 29-11-2018 : Boumerhy Angèle et 3 autres c/ 1) Kalot Ahmed, Maha D. épse Kalot) ;

– inscription d'une hypothèque (CCJA, 3e ch., n° 085, 28-4-2016 : Zorkot Nabil c/ Sidibe Salimata épse Fabre, Adoube N'daka Luc, Ohadata J-17-33).

– CCJA, 1e ch., n° 039, 22-2-2018 : S.G.B.G, Sté Générale France dite S.G. c/ Sté HANN et Cie et 2 autres.

8° Location-gérance ne pouvant être confondue avec un bail

C'est à tort qu'il est reproché à un arrêt de manquer de base légale en ce que le juge du fond n'a procédé que par des rappels de définitions, des reproches au premier juge et des dénégations de droit sans application d'aucun des textes du livre VI de l'AUDCG. Il en est ainsi car en se fondant sur les articles 137 de l'AUDCG qui énumère les éléments constituant le fonds de commerce, entre autres le droit au bail qui est l'objet du contrat, et l'article 138 qui détermine les modes d'exploitation d'un fonds de commerce et après s'être rassuré que le contrat intervenu entre les parties est un contrat de location-gérance qui ne peut être confondu avec un bail à usage professionnel, pour conclure que le contrat de location-gérance ne peut être confondu avec un contrat de bail commercial qui, seul, donne droit au renouvellement du contrat, la cour d'appel a constaté la fin du contrat de location-gérance et son renouvellement par le propriétaire, donnant ainsi une base légale à sa décision ; rejet du moyen (CCJA, 1e ch., n° 221, 14-12-2017 : Mor Diop c/ Michel Corfec).

9° Continuation de poursuites ordonnée sur le fondement d'un titre régulier

C'est à tort qu'il est reproché à un arrêt le défaut de base légale résultant de l'obscurité, de l'interprétation, de l'insuffisance ou de la contrariété des motifs en ce que, pour ordonner la continuation des poursuites, il a retenu que la saisie-attribution de créances est fondée sur un titre exécutoire régulier en considérant la date de la signification d'une expédition comme celle de la grosse du jugement, dès lors que la saisie-attribution de créances a été pratiquée sur la base de la grosse d'un jugement devenu définitif, faute de recours dans les délais légaux. En ordonnant la continuation des poursuites sur le fondement d'un titre exécutoire régulier, la cour d'appel a bien donné une base légale à son arrêt et le moyen doit être rejeté (CCJA, 1e ch., n° 063, 30-3-2017 : Bamba Kanvaly, Fadiga Fatoumata épse Bamba c/ Mamadi Kamissoko).

10° Consécration d'un usage observé par les parties

Il ressort de l'article 239 de l'AUDCG que les usages professionnels s'imposent aux parties dès lors qu'il est établi qu'ils ont déjà été observés par celles-ci dans une autre relation contractuelle similaire ; en l'espèce, la reconnaissance par le demandeur au pourvoi d'un autre contrat de financement le liant à la défenderesse au pourvoi, dont une stipulation admet les usages professionnels de la réfaction, constitue la preuve de l'admission par les parties de cet usage professionnel de la réfaction. Il s'ensuit que la cour d'appel, qui a retenu que « [le] contrat des parties stipule que le bénéficiaire du prêt exigera à chaque livraison qu'il lui soit délivré par le représentant de la société [défenderesse], un bordereau attestant que le produit a bel et bien été livré et qu'il est conforme aux normes de qualité et de quantité », a fait une application correcte de la règle de droit et le moyen reprochant à l'arrêt attaqué le défaut de base légale résultant de l'absence, l'insuffisance et l'obscurité des motifs doit être rejeté (CCJA, 3e ch., n° 101, 2-6-2016 : Tounkara Kaido c/ OUTSPAN-IVOIRE SA, Ohadata J-17-41).

11° Voie de recours exercée hors délai

C'est à tort qu'il est reproché à un arrêt d'avoir manqué de base légale en déclarant irrecevable un appel au motif qu'il est formé hors délai, dès lors qu'il résulte du procès-verbal de compulsoire, établi à la requête de la demanderesse, que le plumitif de l'audience mentionne clairement que le jugement a été prononcé le 27 mai 2009 et qu'à l'audience du 10 juin 2009 cette affaire n'a pas été inscrite au rôle. En se basant « sur des éléments du dossier, en l'occurrence le jugement n° 1866/CIV3/D, confirmé par l'attestation de plumitif produit par la société BORRO et Frères non contesté par l'adversaire » pour déclarer l'appel irrecevable, la cour d'appel a suffisamment motivé sa décision, sur laquelle l'ordonnance ultérieure du premier président de la cour d'appel, rendue en violation de l'article 186 du Code de procédure civile ivoirien, ne saurait avoir une incidence ; rejet du pourvoi (CCJA, 2e ch., n° 019, 18-2-2016 : Bank Of Africa CI c/ La Sté BORRO & Frères, Ohadata J-16-221).

12° Imputation d'intérêts sur une créance

C'est à tort qu'il est reproché à un arrêt de manquer de base légale pour absence et insuffisance des motifs en retenant que les paiements effectués par la débitrice se sont imputés d'abord sur les intérêts de droits, conformément aux dispositions de l'article 1254 du Code civil selon lesquelles seul le consentement du créancier peut permettre l'imputation de paiements partiels sur le capital par préférence aux intérêts, dès lors qu'en retenant que, « ayant acquiescé à cette décision en payant dans les conditions fixées par ledit arrêt de la cour d'appel, la somme de deux cent cinquante millions (250 000 000) C qui s'impute d'abord sur les intérêts aux termes de l'article 1254 du Code civil, la [débitrice] reste encore redevable à la [créancière] » la cour d'appel a donné une base légale à sa décision en l'état de ses constatations (CCJA, 1e ch., n° 088, 26-4-2018 : S.I.C.O.G.I. c/ Sté I.C.G.-CI).

13° Décision suffisamment motivée par rapport à l'existence de contrats administratifs

C'est à tort qu'il est reproché à un arrêt d'avoir manqué de base légale résultant de l'insuffisance de motifs, en ce que, pour statuer comme elle l'a fait, la cour d'appel de commerce a procédé par de simples allégations de règles prétendues applicables, sans suffisamment motiver sa décision, se contentant de décrire la procédure d'exécution dans le cadre d'un contrat de marché public et le mode de paiement, sans démontrer en quoi la banque, en se portant cessionnaire de créance des débiteurs, créanciers de l'État, est partie à un contrat de marché public pour qu'il lui soit appliqué les procédures de contentieux administratif prévues en la matière. Il en est ainsi dès lors que l'arrêt attaqué n'énonce pas que les cessions constituent un contrat de marché public, mais « qu'en se portant cessionnaire des créances détenues par les cédants contre l'État de Côte d'Ivoire dans le cadre de contrats de marchés publics, la société [banque en cause] a acquis les créances nées de ces contrats, ces créances à elle transmises gardant la même nature conformément aux techniques sus-indiquées de la cession de créance, sans que sa qualité de banque et la signification de l'acte de cession à l'État de Côte d'Ivoire y changent quelque chose ». Au sens de l'arrêt déféré, les marchés publics sont non les cessions de créances, mais les contrats de fourniture liant les cédants à la Direction nationale des cantines scolaires, entité déconcentrée de l'État. Relativement à l'existence de contrats de marché public, après avoir rappelé la définition légale du marché public, l'arrêt attaqué juge que les contrats de fourniture conclus par une personne physique ou morale avec l'État et ses démembrements pour leurs besoins sont par détermination légale des contrats administratifs ; ainsi, la cour d'appel a parfaitement livré une motivation compréhensible qui soustrait sa décision du grief allégué. Enfin, l'argument tiré de ce que l'État de Côte d'Ivoire n'a pas opposé des exceptions lors de sa notification est inopérant en la cause, dans la mesure où la question traitée par la cour d'appel n'a porté que sur la compétence d'attribution des premiers juges, gouvernée par des règles d'ordre public (CCJA, 1e ch., nº 010/2022, 27-1-2022).

14º Prise en compte partielle d'un rapport d'expertise

La cour d'appel qui, pour homologuer partiellement un rapport d'expertise, après avoir rejeté les conclusions de l'expert en ce qu'elles ont abouti à la somme de 33 000 000 FCFA sur la base de simples projections avec les charges d'exploitation, relève toutefois, en faveur de ladite homologation, que ledit rapport comportait d'autres éléments pertinents pour évaluer les éléments factuels relatifs au chiffre d'affaires, aux investissements réalisés par le locataire et aux frais de déménagement du locataire, ne s'est pas contredite dans ses motifs et a donné une base légale à sa décision (CCJA, 1e ch., nº 014/2023, 16-2-2023).

15º Autres décisions n'ayant pas déterminé un manque de base légale

C'est à tort qu'il est reproché à une cour d'appel d'avoir manqué de donner une base légale à son arrêt :

– dès lors que dans ses motifs, l'arrêt reprend in extenso les termes des deux rapports imputant des fautes à la demanderesse dans sa mission de commissaire aux comptes et que c'est sur la base des manquements ainsi relevés que la cour d'appel a pertinemment conclu que « [la demanderesse], en sa qualité de commissaire aux comptes [...] a commis les fautes au sens de l'article 731 de l'AUSCGIE, justifiant sa révocation [...] » (CCJA, 1e ch., nº 175/2019, 23-5-2019 : Sareci Sarl c/ Union des caisses mutualistes d'épargne et de crédit Kafo Jiginew) ;

– en ce qu'elle s'est abstenu de faire application des Actes uniformes en violation de l'article 13 du Traité OHADA, alors que la procédure est régie par les dispositions des articles 54 et suivants de l'AUPSRVE, dès lors que saisi en contentieux relatif à l'application des Actes uniformes, le juge n'en fait application que lorsque les questions de droit y sont relatives. En l'espèce, la cour d'appel qui a statué sur les points de droit interne soulevés par les parties a donné une base légale à sa décision et n'a pas violé l'article 13 du Traité OHADA (CCJA, 3e ch., nº 133/2021, 24-6-2021 : Société nile dutch Congo c/ Société Africaine de Services) ;

– car la recevabilité d'une opposition à ordonnance portant injonction de payer s'opère conformément aux dispositions de l'article 10 de l'AUPSRVE. En l'espèce, en déclarant recevable l'opposition après avoir constaté qu'aucune signification a été faite à sa personne, alors qu'elle était condamnée solidairement avec la société Piemme Construction au paiement de la créance due au créancier, l'arrêt confirmatif ne s'est pas contredit et n'a pas manqué de base légale (CCJA, 3e ch., nº 176/2021, 28-10-2021 : Société Kamaad Industrie c/ Bureau véritas Côte d'Ivoire et Société Piemme Construction Côte d'Ivoire) ;

– dès lors que la lecture de l'arrêt renseigne nettement que, pour confirmer que le défendeur est un tiers constituant et non une « caution personnelle », le juge d'appel a fondé sa conviction aussi bien sur des articles de la convention notariée de prêt que sur les dispositions idoines de l'AUPSRVE, avant d'en déduire que la décision du premier juge de l'exécution qui a fait ces constatations est revêtue de l'autorité de la chose jugée. Il s'en infère que l'arrêt, suffisamment motivé, n'est en rien dépourvu de base légale (CCJA, 2e ch., nº 075/2021, 29-4-2021 : Banque Populaire de Côte d'Ivoire, c/ Niamoutie Kouao) ;

– dès lors que le moyen du créancier reprochant à l'arrêt d'avoir « omis d'appliquer les articles 38 et

156 de l'AUPSRVE en faveur d'un créancier saisissant, au motif qu'il n'a pu prouver avoir subi un préjudice, alors que le créancier poursuivant n'a plus à justifier d'un quelconque préjudice pour obtenir condamnation du tiers saisi au paiement des causes de la saisie », manque en fait et doit être rejeté, la cour d'appel n'ayant pas demandé à ce dernier de prouver le préjudice qu'il a subi, mais ayant plutôt relevé qu'il n'a pas prouvé que son débiteur disposait de plusieurs comptes dans les livres du tiers-saisi (CCJA, 3e ch., no 013/2021, 28-1-2021 : Cissé Fanta c/ Ecobank Côte d'Ivoire) ;

– dès lors qu'après avoir révélé que le locataire n'a émis aucune réserve sur l'état du local loué au moment du contrat, la cour d'appel a retenu, conformément à l'article 73 de l'AUDCG (de 1997), que le bailleur est « présumé avoir rempli son obligation de livrer les locaux en bon état » (CCJA, 3e ch., no 116/2019, 11-4-2019 : Les Grands Moulins du Mali c/ Société Les entrepôts de Hann) ;

– en confirmant la décision du premier juge sur le montant mensuel autorisé pour la saisie des rémunérations sans indiquer l'assiette du salaire qui a permis de fixer le montant et la quotité saisissables desdites rémunérations, conformément aux dispositions de l'article 177 de l'AUPSRVE, dès lors que l'arrêt s'est fondé sur une disposition nationale relative au régime de la quotité saisissable qui fixe le maximum à 33 % de l'assiette pour retenir, en réponse à la demande de réévaluation en considération du salaire du débiteur de 5 184 149 FCFA, que l'article 3 de ladite disposition nationale n'impose nullement à la juridiction d'accorder nécessairement ce maximum de 33 % et que le montant de un million accordé par le tribunal est raisonnable. En se déterminant ainsi, la cour d'appel, qui a fait usage de son pouvoir souverain en raison des circonstances de la cause de moduler le montant de la saisie dans la limite de la quotité saisissable du salaire du débiteur, a légalement justifié sa décision (CCJA, 2e ch., no 009/2021, 28-1-2021 : Traore Mamadou c/ Doumbia Mama épouse Traoré) ;

– dès lors que, pour infirmer le jugement rendu par le tribunal de première instance d'Abidjan Plateau, l'arrêt attaqué relève « qu'il est acquis aux débats qu'au cours du contrôle financier effectué le 19 février 2007, le bailleur, [...] a notamment constaté un manquant de caisse d'un montant de 640 935 FCFA, [...] ; il est également constant qu'alors que dans sa lettre du 26 février 2007, [le bailleur] a intimé [au locataire-gérant], l'ordre de ne réaliser aucune dépense sans l'accord préalable des inspecteurs et de sa hiérarchie, il a été constaté, au cours d'un autre contrôle en date du 5 octobre 2007, un manquant de caisse de 1 896 409 FCFA et l'octroi d'un prêt de 1 235 000 FCFA à un client ; étant donné que ce sont ces raisons qui ont motivé la résiliation du contrat liant les parties, il y a lieu de considérer que la résiliation par [le bailleur] du contrat de location-gérance n'est pas abusive ». En déduisant de ces motifs tirés de sa souveraine appréciation des éléments en sa possession, le risque d'une dissimulation des recettes de la station de nature à compromettre le remboursement des crédits accordés au locataire-gérant, la cour d'appel a donné une base légale à sa décision (CCJA, 1e ch., no 133/2019, 25-4-2019 : Tinhin Gboblei Bernard c/ Total Côte d'Ivoire SA) ;

– en énonçant, d'une part, que la preuve d'un fait incombe à celui qui l'allègue et en considérant que faute pour la demanderesse d'établir sa créance sur le défendeur, son recours au mécanisme de résiliation stipulé dans le contrat n'est pas justifié et, d'autre part, qu'en prenant ainsi l'initiative de le rompre dans ces conditions sans préavis, la demanderesse a consommé un abus de droit, engageant sa responsabilité civile du fait du préjudice subi (CCJA, 2e ch., no 144/2020, 30-4-2020 : Total Cameroun c/ Kwedi Elong Aimé France) ;

– alors que la cour d'appel, en s'appuyant sur une disposition du Code de procédure civile énonçant que « l'action malicieuse, vexatoire, dilatoire ou qui n'est pas fondée sur des moyens sérieux, constitue une faute ouvrant droit à réparation. Il en est de même de la résistance abusive à une action bien fondée » pour prononcer une condamnation pour « recours abusif », a souverainement apprécié les faits de la cause et effectivement pourvu sa décision d'une base légale (CCJA, 1e ch., no 326/2020, 22-10-2020 : Gaston Serge Ndong-Meviane c/ Hoirs Giovannetti) ;

– relatif à la réparation des préjudices matériel, commercial et moral subis, dès lors que la cour d'appel a considéré d'abord que le préjudice matériel subi par le défendeur est étayé par des pièces justificatives versées au dossier, ensuite que le préjudice commercial est lié au manque à gagner dans l'activité de production du fonds de commerce constitué par la station-service, du fait de la rupture abusive du contrat et de la rupture brutale d'une relation commerciale, enfin que le préjudice moral se résout au désagrément éprouvé par l'intimé dans son honneur, sa réputation à la suite de l'attitude de l'appelante. Par ces énonciations, la cour d'appel a motivé en fait et en droit son arrêt qui n'encourt pas de ce fait les griefs allégués (CCJA, 2e ch., no 144/2020, 30-4-2020 : Total Cameroun c/ Kwedi Elong Aimé France) ;

– en ce que, pour déclarer l'appel irrecevable, la cour d'appel a visé à tort l'article 16 de l'AUPSRVE, qui ne présente aucun rapport avec un quelconque délai pour la recevabilité de recours contre une décision d'injonction de payer, dès lors que l'arrêt critiqué a bien mentionné « qu'en la matière [...], le délai d'appel est de trente jours à compter de la date de cette décision » ; cette mention reflète plutôt le contenu de l'article 15 de l'AUPSRVE relativement aux voies de recours contre la décision rendue sur opposition à l'ordonnance d'injonction de payer, traduisant ainsi une erreur matérielle manifeste de frappe du numéro du texte adéquat (CCJA, 3e ch., no 235/2019, 10-10-2019 : Tonde Mouni c/ Société Total Côte d'Ivoire) ;

– car l'arrêt est un acte authentique dont les constatations font foi jusqu'à inscription de faux. Une telle procédure n'ayant pas été engagée en l'espèce contre l'arrêt attaqué, il convient de rejeter, comme mal fondé, le moyen « reprochant à l'arrêt attaqué, d'avoir indiqué que « la [défenderesse], assignée en la personne de sa secrétaire n'a ni comparu ni conclu », alors qu'il résulte du dossier d'appel que la [défenderesse] a comparu par le canal de Maître [X.], avocat près la cour d'appel d'Abidjan et conclu en déposant au dossier des écritures datées du 27 novembre 2015 ainsi que cela ressort de la sommation interpellative faite au greffier en chef de la cour d'appel ; que la cour d'appel qui n'a ni reproduit ni rappelé les moyens en cause d'appel de la SGMT ». Au surplus, la demanderesse qui a fait allusion à une sommation interpellative au greffier en chef de la cour d'appel, sans la produire, n'a, par conséquent, pas mis les éléments d'appréciation à la disposition de la CCJA, 3e ch., no 198/2020, 28-5-2020 : Kouassi Amoin épouse Djaha c/ SGMT ;

– dès lors que le moyen mélangé de fait et de droit tend à remettre en discussion le montant d'un préjudice matériel et économique souverainement établi par une cour d'appel sur la base d'éléments factuels discutés devant elle. Tel est le cas par exemple d'un moyen reprochant à l'arrêt attaqué de manquer de base légale en se fondant sur les rapports d'expertise pourtant contestés par les parties, alors que, selon le moyen, le rapport d'expertise du préjudice matériel manque de crédibilité en raison de la prise en compte de la valeur neuve des machines d'occasion, de la non-déduction du coût du matériel récupéré et des autres frais greffés au coût de la nouvelle presse sans fondement, et que le rapport d'expertise sur le préjudice économique n'a pas été homologué par le tribunal (CCJA, 1e ch., no 026/2024, 1-2-2024 ; CCJA, 1e ch., no 081/2023, 27-4-2023) ;

– dès lors que, sous ce couvert, le moyen constitue en réalité une reprise de moyens ou de branches de moyens déjà examinés, qui doit subir le même sort que ces derniers (CCJA, 1e ch., no 056/2022, 3-3-2022) ;

– au motif que, pour entrer en voie de condamnation, l'arrêt n'a retenu que les sommes dont la banque est prétendument débitrice de la société débitrice, tout en occultant les sommes dues par cette société elle-même à son égard. Il en est ainsi car en visant plusieurs dispositions du Code de procédure civile, économique et administrative de la Guinée, dont l'article 377, pour asseoir sa motivation, la cour d'appel n'a pas violé la loi et a bien donné une base légale à sa décision (CCJA, 2e ch., no 152/2024, 30-5-2024) ;

– dès lors que, pour confirmer la résiliation du bail et l'expulsion d'un preneur, la cour d'appel a retenu, sur le fondement de l'article 133, alinéa 3 de l'AUDCG, « qu'il est constant comme s'évinçant des propres aveux de monsieur [X.] qu'il n'a pas intégralement payé les arriérés de loyers échus encore dus à la bailleresse dans le délai de trente jours, suite à la mise en demeure qui lui a été régulièrement servie » (CCJA, 2e ch., no 006/2022, 20-1-2022) ;

– dès lors qu'aucune disposition légale n'oblige une cour d'appel à citer nommément, dans sa motivation, chaque document présenté à titre de preuve. En l'espèce, la cour d'appel qui a constaté que les documents qui lui sont soumis par la partie débitrice ne prouvent pas le bien-fondé des avoirs ni du paiement d'une somme prétendus a légalement motivé sa décision (CCJA, 2e ch., no 163/2022, 3-11-2022). A donné une base légale à sa décision, la cour d'appel qui n'énonce pas que les cessions constituent un contrat de marché public, mais « qu'en se portant cessionnaire des créances détenues par les cédants contre l'État de Côte d'Ivoire dans le cadre de contrats de marchés publics, la société Ecobank a acquis les créances née de ces contrats, ces créances à elle transmises gardant la même nature conformément aux techniques sus-indiquées de la cession de créance, sans que sa qualité de banque et la signification de l'acte de cession à l'État de Côte d'Ivoire y changent quelque chose ». Au sens de l'arrêt déféré, les marchés publics sont, non les cessions de créances, mais les contrats de fourniture liant les cédants à la Direction nationale des cantines scolaires, entité déconcentrée de l'État. Par ailleurs, relativement à l'existence de contrats de marché public, après avoir rappelé la définition légale du marché public, l'arrêt attaqué juge que les contrats de fourniture conclus par une personne physique ou morale avec l'État et ses démembrements pour leurs besoins sont par détermination légale des contrats administratifs ; ainsi, la cour d'appel a parfaitement livré une motivation compréhensible qui soustrait sa décision du grief allégué. Enfin, l'argument tiré de ce que l'État de Côte d'Ivoire n'a pas opposé des exceptions lors de sa notification est inopérant en la cause, dans la mesure où la question traitée par la cour d'appel n'a porté que sur la compétence d'attribution des premiers juges, gouvernée par des règles d'ordre public (CCJA, 1e ch., no 010/2022, 27-1-2022 : Ecobank Côte d'Ivoire SA c/ État de Côte d'Ivoire).

Est inopérant le moyen qui, fondé sur une pièce qui n'établit aucun lien avec le grief articulé, ne permet pas à la cour d'exercer son contrôle. Tel est le cas lorsqu'il est reproché à un arrêt un défaut de base légale résultant d'une insuffisance de motifs, en ce qu'il s'est limité, d'une part, au paiement antérieur d'une seule facture d'un montant de 16 700 000 FCFA, pour estimer qu'une telle preuve était insuffisante pour établir l'usage conventionnel entre les parties, et, d'autre part, au terme « camions bloqués » pour décider que les immobilisations dont les frais sont réclamés ne sont pas conformes aux précédentes immobilisations qui constateraient un blocage, alors, selon le moyen, que le relevé bancaire produit au dossier retrace clairement plusieurs paiements de factures d'immobilisation par la défenderesse et que le terme « immobilisation » signifie en lui-même blocage. Il en est ainsi dès lors que, contrairement à ce que soutient la requérante, si le relevé bancaire produit comporte des mentions de paiements et de virements, il ne permet nullement de rattacher l'une quelconque de ces opérations à des paiements de frais d'immobilisation de camions aux fins de chargement et de déchargement des marchandises, motif également différent de celui de blocage de 3 camions au Nigeria, et pour lequel le montant de 16 700 000 FCFA a été payé (CCJA, 1e ch., no 365/2024, 12-12-2024).

....

VIII. Perte de fondement juridique

A. Généralité

Le fait pour un requérant d'invoquer, dans l'un de ses moyens, la perte du fondement juridique est en conformité avec les articles 28 et 28 bis du Règlement de procédure de la CCJA dès lors que d'autres moyens du pourvoi invoquent un acte uniforme ou un règlement pris en application du Traité (CCJA, 1e ch., no 145/2022, 3-11-2022).

B. Décisions ayant retenu la perte de fondement juridique

Il y a perte de fondement juridique justifiant la cassation et pouvant être soulevée d'office :

– lorsqu'un arrêt attaqué a déclaré bonne et valable une saisie conservatoire de créance dont la mainlevée amiable avait été donnée par le créancier deux mois avant l'arrêt attaqué. La saisie étant amiablement levée, l'arrêt attaqué, qui avait pour fondement juridique ladite saisie, se trouve ainsi privé de celui-ci et encourt cassation. Plus rien ne restant à juger, il n'y a pas lieu à évocation (CCJA, 1e ch., no 141, 29-6-2017 : CDCI c/ BSIC-CI) ;

– lorsque l'ordonnance d'injonction de payer qui a donné lieu au jugement sur lequel s'est prononcé l'arrêt attaqué a été rendue sur la base d'une autre ordonnance du 13 juin 2013 et de l'ordonnance du 27 janvier 2015 qui en a résulté et que la CCJA a, par des arrêts du 27 juillet 2017, annulé l'ordonnance d'injonction de payer du 13 juin 2013 et déclaré sans effet juridique les décisions subséquentes, dont l'ordonnance du 27 janvier 2015. Il en résulte que l'ordonnance du 22 avril 2015, le jugement et l'arrêt attaqué sont ainsi privés de fondement juridique ; en conséquence, il convient de casser l'arrêt attaqué et dire qu'il n'y a pas lieu à évocation, plus rien ne restant à juger (CCJA, 1e ch., no 118, 31-5-2018 : Marcel Lukusa Ditaba c/ Banque Commerciale du Congo dite BCDC) ;

– lorsque l'autorité de la chose jugée rattachée à l'arrêt de la cour suprême nationale qui a cassé et annulé dans toutes ses dispositions la décision ayant fondé la saisie entreprise a vocation à ôter à la décision attaquée devant la CCJA sa valeur de titre exécutoire ; dans ce contexte, la responsabilité du tiers-saisi, qui ne peut être mise en œuvre qu'à raison d'une saisie juridiquement fondée, doit être écartée. L'arrêt attaqué ayant perdu son fondement encourt donc la cassation conformément aux dispositions de l'article 28 bis (nouveau) du Règlement de procédure de la CCJA, susvisé, sans qu'il soit besoin d'examiner les autres moyens du pourvoi (CCJA, 1e ch., no 259/2019, 7-11-2019 : Comilog SA c/ Ntchoreret Ongonwou Robert) ;

– dès lors que l'arrêt d'appel est devenu inauthentique à la suite de sa cassation par la CCJA, le jugement attaqué, par lequel un tribunal s'appuie principalement sur un arrêt rendu par une cour d'appel, devant être cassé de ce seul chef, (CCJA, 1e ch., no 135/2020, 30-4-2020 : Société Coopérative des Producteur Agricoles des Bamboutos c/ Mutuelle communautaire de croissance de Babadjou) ;

– dès lors que la Cour de cassation de la République démocratique du Congo, saisie en procédure de prise à partie ayant annulé, le 30 août 2021, le jugement RCE 5900 ayant donné lieu, en appel, à l'arrêt attaqué, celui-ci, régulier à l'époque où il a été rendu, se trouve dès lors entaché d'irrégularité par l'effet de l'anéantissement du jugement RCE 5900 qui lui servait de base ; il a donc perdu son fondement juridique et il échet, pour la cour, de le casser sans évocation, plus rien ne restant à juger (CCJA, 1e ch., no 084/2023, 27-4-2023).

C. Décision n'ayant pas retenu la perte de fondement juridique

Lorsque les travaux de démolition envisagés sont contrariés tant par les multiples procédures engagées par le demandeur au pourvoi, tendant tant à contester les différentes cessions de l'immeuble litigieux, que par la remise en cause de son expulsion des lieux occupés et sa réintégration sur les mêmes lieux, la cour d'appel qui a décidé, dans ces circonstances, que c'est à bon droit que le premier juge a rejeté la demande de l'appelant comme mal fondée, pour confirmer la décision d'expulsion assortie de l'exécution provisoire soumise à sa censure, n'a en rien fait perdre de fondement juridique à sa décision (CCJA, 1e ch., no 021/2023, 16-2-2023).

Doit être rejeté le moyen qui reproche à l'arrêt attaqué de manquer de fondement juridique, en ce qu'il s'appuie et reconduit les conclusions de l'arrêt en défenses à exécuter précédemment rendu dans la même cause en date du 30 septembre 2021 et dont la cassation est sollicitée, sans dire en quoi, en l'état, l'arrêt susvisé manque de fondement juridique (CCJA, 1e ch., no 084/2023, 27-4-2023).

IX. Statuer sur une chose non demandée ou attribuer une chose au-delà de ce qui a été demandé

A. Définition

Ultra petita signifie « au-delà de ce qui a été demandé », par exemple lorsqu'une juridiction accorde plus qu'il n'a été demandé. Extra petita a le même sens mais concerne spécifiquement les cas où le juge statue sur une question qui ne lui a pas été soumise (voir Gérard Cornu, Vocabulaire juridique, Association Henri Capitant/PUF, 3e éd. 2002).

B. Décisions rendues extra petita

1° Radiation abusive d'un commandement de saisie immobilière

Le tribunal qui a constaté le droit de propriété du créancier poursuivant sur un titre foncier et ordonné la radiation du commandement aux fins de saisie immobilière, a statué extra petita, puisque l'objet de sa saisine n'était pas de faire ordonner la radiation du commandement inscrit au Livre foncier par le créancier saisissant, mais d'inviter le débiteur saisi à prendre connaissance du cahier de charges déposé, afin d'y insérer ses dires et observations. La cour d'appel, qui a confirmé le jugement entrepris, a également statué extra petita et exposé son arrêt à la cassation (CCJA, 2e ch., no 008, 27-3-2008 : D. c/ B., Juris-Ohada no 3, juill.-sept. 2008, p. 14, Rec. jur. CCJA, no 11, janv.-juin 2008, p. 86, Ohadata J-09-40).

Obs. : il était fait application de l'art. 269 de l'AUPSRVE.

2° Décision rendue contre une personne qui n'était pas partie à l'instance

La cour qui a décidé d'autorité de faire de personnes qui n'ont jamais été appelés à l'instance et que personne n'a demandé à rendre parties à celle-ci, des parties au procès, s'est prononcée sur une chose non demandée (CCJA, 1e ch., no 54, 14-3-2019 : Souley Adamou Galadima, Dame Ouattara Saratou Traoré c/ Chaibou Seydou MAIGA).

3° Décision retenant un montant inexact pour mettre en doute la certitude d'une créance

La cour d'appel qui a statué sur une chose non demandée expose sa décision à la cassation. Tel est le cas lorsque la cour s'est fondée sur un montant inexact pour émettre « un doute sur la certitude de la créance », en retenant notamment « qu'il ressort de la requête aux fins d'injonction de payer et des pièces y jointes figurant au dossier, qu'alors que la [créancière] réclame une créance initiale d'un montant de 24 917 817 FCFA au titre de ses prestations pour des heures supplémentaires, elle produit à titre de justificatif un décompte dont le montant cumulé donne une créance d'un montant de 35 539 804 FCFA, ce qui constitue une incohérence qui est de nature à mettre un doute sur la certitude de la créance » (CCJA, 1e ch., no 127, 18-5-2017 : Sté Relation Main d'Œuvre dite RMO c/ Sté Afriland First Bank anciennement Access Bank).

4° Décision rendue sur un point non débattu

Doit être cassé l'arrêt qui s'est prononcé sur une chose non demandée. Il en est ainsi par exemple lorsque l'arrêt attaqué a retenu que c'est la non-taxation des honoraires d'un expert désigné qui a amené le débiteur poursuivi à ne pas les honorer et a paralysé de ce fait l'accomplissement de la mission de ce dernier, alors que ce point n'a nulle part été débattu entre les parties (CCJA, 1e ch., no 055, 30-3-2017 : SAFCA c/ DOUMBIA Mohamed, Ohadata J-17-202).

5° Condamnation à des dommages-intérêts non demandés

Dans le cadre du règlement du contentieux, le juge a le devoir de se prononcer seulement sur ce qui est demandé. En l'espèce, c'est en violation de cette règle, également posée par l'article 12 du Code de procédure civile gabonais, qu'une cour d'appel a prononcé une condamnation à des dommages-intérêts alors qu'elle n'a jamais été saisie d'une telle demande, exposant son arrêt à la cassation (CCJA, 1e ch., n° 070/2022, 21-4-2022).

C. Décisions rendues ultra petita

1° Existence

La cour d'appel qui s'est fondée sur les motifs des premiers juges pour confirmer un jugement attaqué qui, sur la base des articles 23 et 24 de l'AUS, avait retenu que, les cautions n'ayant pas été informées de la défaillance du débiteur, qui n'a pas honoré ses engagements, l'ordonnance d'injonction de payer doit être rétractée, alors même qu'il ressort de l'exploit par lequel le débiteur a formé son opposition que cette demande n'a jamais été formulée et, encore moins, devant le juge d'appel, pour n'avoir pas conclu ni comparu devant celui-ci, s'est prononcée sur une chose non demandée, statuant ainsi ultra petita ; son arrêt doit être cassé sans qu'il soit nécessaire d'examiner le second moyen. Sur l'évocation et pour les mêmes motifs que ceux ayant entraîné la cassation de l'arrêt attaqué, il y a lieu de dire mal fondée l'opposition formée, d'infirmer le jugement du tribunal et, en conséquence, de restituer à l'ordonnance d'injonction de payer son plein et entier effet (CCJA, 1e ch., n° 036, 22-2-2018 : ACEP Cameroun SA c/ Kamdjo Mbogne Martial, visant expressément « le principe de statuer ultra petita »).

2° Absence

Il ne peut être reproché au juge du fond de statuer ultra petita que lorsqu'il s'est prononcé sur une question qui ne lui a pas été soumise (CCJA, 2e ch., n° 021/2020, 30-1-2020 : Société Sicim SPA Succursale Cameroun c/ Société trois N SARL).

a. Contestation du congé pour un bail commercial

La décision qui a déclaré qu'une contestation de congé est tardive n'a plus à se prononcer sur la demande d'indemnité d'éviction ; en décidant ainsi, le juge d'appel n'a ni violé les articles 94 et 95 [respectivement devenus 126 et 127] de l'AUDCG, ni statué ultra petita et a donné une base légale à sa décision (CCJA, n° 041/2009, 30-6-2009 : KOBLAN AKOMCI c/ AKA BERTIN née Thérèse Eliane AKISSI, Rec. jur. CCJA n° 13, janv.-juin 2009, p. 109, Ohadata J-10-79).

b. Compétence du juge d'appel

L'ordonnance ayant ordonné la restitution d'un objet saisi sous astreinte comminatoire est susceptible d'appel et le juge est tenu, par l'effet dévolutif de l'appel, de rejuger en fait et en droit, la décision qui lui est déférée. Par le recours exercé aux fins de « rétracter » l'ordonnance de référé fixant une astreinte de 20 000 000 FCFA par heure de retard, l'appelante sollicitait la réformation, voire l'annulation de ladite ordonnance. La suppression de l'astreinte ordonnée étant bel et bien une réformation de l'ordonnance critiquée, la cour d'appel n'a ni statué ultra petita, ni violé les articles visés aux moyens ; il s'ensuit que les moyens ne sont pas fondés et doivent être rejetés (CCJA, n° 016/2009, 16-4-2009 : M. S. M. D. c/ SOGACA, Rec. jur. CCJA n° 13, janv.-juin 2009, p. 60, Ohadata J-10-65).

c. Faculté de choix ouverte au tribunal par les conclusions

Sur un autre arrêt ayant retenu qu'il n'a pas été statué ultra petita (au-delà de ce qui a été demandé), voir CCJA, 2e ch., n° 6, 9-3-2006 : Sté INDUS-CHIMIE c/ M.R.P., Juris-Ohada, n° 3/2006, p. 20, Ohadata J-07-13, rendu sur le fondement de l'article 38 de l'AUPSRVE.

Obs. : il a été retenu, en l'espèce, que « si le dispositif de l'exploit d'assignation en paiement en date du 22 janvier 2002 indique que [X.] demandait au tribunal de « condamner en outre la Société INDUS-CHIMIE au paiement des causes de la saisie, soit la somme de 25 259 383 francs CFA en principal et à une somme non précisée représentant les frais ; condamner la Société INDUS-CHIMIE à payer la somme 20 000 000 de francs CFA, à titre de dommages-intérêts, conformément à l'article 38 de l'AUPSRVE, il ressort cependant des motifs du même exploit d'assignation que [X.] demandait plutôt « qu'il plaise par conséquent au tribunal condamner la Société INDUS-CHIMIE à payer la somme de 27 514 313 FCFA représentant le principal et frais ; en outre, conformément à l'article 38 susvisé, le requérant sollicite la condamnation de la société INDUS-CHIMIE à verser la somme de 20 000 000 CFA à titre de dommages et intérêts » ; que le dispositif de l'exploit d'assignation en paiement, loin de contredire les motifs, dit plutôt la même chose, l'huissier instrumentaire ayant seulement omis de préciser le montant des frais dans le dispositif ; qu'en tout état de cause, il est de principe qu'en cas de contrariété entre le dispositif et les motifs, ce sont ces derniers qui priment ».

d. Liquidation d'une société prononcée par un juge sur saisine d'office

Il ne peut être reproché à une cour d'appel d'avoir statué ultra petita en prononçant la liquidation d'une société alors que les demandeurs n'ont saisi le tribunal que pour le paiement, sous huitaine, de leurs droits, arriérés de salaires et autres droits conventionnels, dès lors qu'aussi bien le tribunal que la cour d'appel ne se sont pas prononcés sur les demandes initiales du Collectif des travailleurs, mais se sont plutôt saisis d'office en raison des informations fournies par le Collectif des travailleurs pour statuer comme ils l'ont fait (CCJA,

3e ch., no 32, 8-12-2011 : SOCALIB c/ Collectif des travailleurs de la SOCALIB, Juris-Ohada, 2012, no 2, 2012, avr.-juin, p. 29, Ohadata J-13-34, J-13-153).

e. Arbitrage

pour une illustration de l'absence de décision ultra petita en matière d'arbitrage, voir sous l'art. 30 du Règlement d'arbitrage de la CCJA (Ohadata J-13-06), qui a retenu qu'il est de jurisprudence que la mission des arbitres, définie par la convention d'arbitrage, est délimitée principalement par l'objet du litige, tel qu'il est déterminé par les prétentions des parties sans s'attacher uniquement à l'énoncé des questions posées par l'acte de mission. Ainsi, le tribunal arbitral, en relevant, par une interprétation exclusive de toute dénaturation des faits de la cause, que la responsabilité délictuelle de l'État du Mali « constamment invoquée par l'État du Mali » est dans le débat, s'est légalement autorisé, dans le respect de sa mission et sans violer le principe du contradictoire, à retenir la responsabilité délictuelle de l'État du Mali. Par ailleurs, le tribunal arbitral qui a retenu la responsabilité délictuelle et subséquemment la réparation du préjudice par équivalent, sous forme de dommages-intérêts conformément à l'article 123 de la loi malienne portant régime général des obligations, a pris en compte tous les éléments permettant d'évaluer le préjudice parmi lesquels le coût d'acquisition des bus concernés en l'espèce et n'a pas statué ultra petita).

f. Procédure collective

Le fait, pour une banque, de s'approprier une somme se trouvant dans le compte d'un client en dehors de la procédure de redressement en cours contre ce client est tout à fait abusif ; c'est à juste titre et sans avoir statué ultra petita que le tribunal saisi a appliqué une mesure d'astreinte prévue par le Code de procédure civile et condamné la banque à des dommages-intérêts (CCJA, 2e ch., no 010/2013, 7-3-2013 : BGFIBANK c/ Sté de la Haute MONDAH dite SHM, représentée par EDO Rufin Dubernard, syndic, Rec. jur. CCJA no 20, vol. 2, janv.-déc. 2013, p. 26-28, Ohadata J-15-10).

g. Cantonnement de la fraction non contestée d'une créance

C'est à tort qu'il est reproché à un arrêt attaqué le vice de l'ultra petita, en ce qu'il laisse entendre qu'une des parties au litige a demandé le cantonnement de la fraction non contestée de la créance, et en ce qu'il s'est prononcé sur cette demande, alors qu'aucune partie n'a soumis à la cour d'appel une telle demande, qui n'a fait l'objet d'aucune discussion, dès lors que l'arrêt relève que la requérante a contesté les intérêts de droits et les émoluments dus à l'huissier qu'il a estimé excessifs, que la défenderesse, dans ses notes de plaidoirie, demandait de « donner effet à la saisie pour la fraction non contestée de la dette », que c'est en réponse à cette demande que l'arrêt a retenu qu'il y a lieu de réduire lesdits frais aux montants résultant des calculs de l'appelante ; et que par ailleurs, aux termes des dispositions de l'article 171 de l'AUPSRVE, la juridiction saisie a le pouvoir de donner effet à la saisie pour la fraction non contestée de la créance ; rejet du moyen (CCJA, 3e ch., no 070, 30-3-2017 : MAERSK SA Côte d'Ivoire c/ COLINA SA Côte d'Ivoire).

h. Griefs extérieurs ou étrangers

Il ne peut être reproché à une cour d'appel d'avoir statué ultra petita, lorsque, tout en en faisant état d'un incendie, elle n'a statué que sur le non-paiement des loyers lié au refus des bailleurs de reconnaître les impenses invoquées par les locataires, le maintien de ces derniers dans les lieux et la compensation des créances. En plus donc d'être extérieurs à l'arrêt attaqué, les griefs articulés par le moyen manquent de pertinence et ne sont nullement fondés ; le moyen sera par conséquent rejeté (CCJA, 1e ch., 233, 29-11-2018 : Boumerhy Angèle et 3 autres c/ 1) Kalot Ahmed, Maha D. épse Kalot). Le grief totalement étranger à l'arrêt attaqué doit être rejeté. Tel est le cas par exemple du moyen qui reproche à un arrêt attaqué de comporter des motifs contradictoires, en se fondant à la fois sur les pouvoirs légaux et sur les pouvoirs spéciaux pour reconnaître la qualité aux signataires de la convention d'hypothèque. Il en est ainsi dès lors qu'il est relevé que la cour d'appel n'a nullement parlé d'un mandat spécial que les signataires de la convention d'hypothèque auraient versé au dossier ; que la cour énonce plutôt qu'il résulte des pièces du dossier que « deux dirigeants sociaux régulièrement mandatés et par conséquent habilités à engager leurs sociétés » ; que le mandat dont il est question est un mandat social. Il n'y a donc aucune contradiction de motifs (CCJA, 1e ch., no 056/2022, 3-3-2022).

i. Opposition à une injonction de payer

Il ne peut être valablement reproché à une cour d'appel d'avoir statué ultra petita dès lors que, en examinant l'opposition formée par le demandeur au pourvoi, aussi bien le tribunal que la cour d'appel se sont bornés à vérifier le bien-fondé de la décision d'injonction de payer et ont, en conséquence, débouté la demanderesse de toutes ses demandes. Cette dernière ayant été déboutée, il ne peut avoir lieu à ultra petita. Même si l'arrêt a omis de procéder à la déduction de l'acompte, comme l'affirme la demanderesse, cela ne saurait constituer un motif de cassation dans la mesure où il est possible d'y procéder au moment de l'exécution. Les moyens sont inopérants et il y a lieu de les rejeter (CCJA, 3e ch., no 011, 25-1-2018 : Sté des Travaux Divers SA c/ OASIS MOTORS SA).

j. Allocation de sommes complémentaires à un bailleur

C'est à tort qu'il est reproché à la cour d'appel d'avoir statué statué ultra petita en allouant la somme sollicitée dans une demande complémentaire, alors que, dans l'exploit introductif d'instance qui définit les limites et l'étendue du procès, la partie adverse réclamait seulement la somme de 102 142 511 FCFA. Il en est ainsi dès lors que le juge d'appel a fondé sa décision sur les dispositions de l'article 273 al. 2 du nouveau Code de procédure civile du Sénégal, qui prévoit que « les parties peuvent aussi demander [en cause d'appel] des intérêts, arrérages, loyers et autres accessoires échus depuis la décision de première instance et des dommages-intérêts pour le préjudice souffert depuis cette décision ». C'est donc à bon droit que les loyers échus depuis le jugement ont été accordés et le moyen doit être rejeté (CCJA, 1e ch., nº 065, 15-3-2018 : Sté Dakar Résidences c/ Caisse de Sécurité Sociale).

k. Violation alléguée du principe dispositif

Il ne peut être reproché au juge du fond de violer le principe dispositif que lorsqu'il a fondé sa décision sur des faits qui ne sont pas dans le débat (CCJA, 2e ch., nº 021/2020, 30-1-2020 : Société Sicim SPA Succursale Cameroun c/ Société trois N Sarl).

l. Astreinte prononcée d'office par un juge

S'il est admis que le juge doit se prononcer sur des points qui lui ont été soumis par les parties et qu'il statue ultra petita lorsqu'il accorde plus qu'il ne lui a été demandé, il est également non moins admis, de doctrine et de jurisprudence constantes, que tout juge peut ordonner d'office une astreinte pour assurer l'exécution de sa décision. En l'espèce, en assortissant leur arrêt de l'astreinte querellée, les juges d'appel n'ont en rien commis le grief visé au moyen (CCJA, 3e ch., nº 028/2020, 30-1-2020 : Kafack Bowen Léopold c/ Succession Pelami Luc).

m. Régularité d'une assemblée générale

C'est à tort qu'il est reproché à un arrêt d'avoir statué ultra petita et « déclaré régulière l'assemblée générale ordinaire [...] », dès lors qu'il ressort de l'exploitation des pièces du dossier que la question de la régularité de l'assemblée générale en cause a bien été soumise à la cour d'appel qui, en relevant que les procurations données par les sociétés [X. et Y.] n'avaient pas été contestées et que ces sociétés qui ont intérêt n'ont jamais remis en cause lesdites procurations, et conclu que l'assemblée en cause était régulière (CCJA, 1e ch., nº 184/2019, 20-6-2019 : Sani Sabo Gado et Hadi Ali Mazou c/ Fatchima Daddy Gaoh).

n. Absence de cession de parts sociales constatée et dont les conséquences ont été tirées

C'est à tort qu'il est reproché à une cour d'appel d'avoir statué au-delà de sa saisine, en se contredisant et en vidant l'assignation de son objet, en écartant du dossier des conventions incriminées, pour ensuite dire qu'il y a absence de cession de parts au profit de [A.], alors, selon le moyen, que nulle part dans leurs prétentions, [B.] et [C.] n'ont soutenu ou invoqué l'absence de cession de parts sociales, même s'il n'est pas contesté qu'ils ont demandé d'écarter ces conventions. Il en est ainsi car, contrairement aux énonciations du grief ci-dessus articulé, en constatant, en l'espèce, l'absence de cession des parts sociales de [B.] et [C.] au profit de [A.], la cour n'a fait que tirer les conséquences de la mise à l'écart par elle des conventions de cession desdites parts sociales, pour défaut de production par les requérants des originaux sollicités en vue d'en attester l'authenticité (CCJA, 1e ch., nº 038/2024, 22-2-2024).

o. Condamnation à une somme souverainement déduite par la cour d'appel des pièces d'une procédure

C'est à tort qu'il est reproché à un arrêt d'avoir statué ultra petita en condamnant une société [A] à payer à des sociétés [B] et [C] la somme de 15 850 912 FCFA au motif que le point qu'elles ont fait et qui a été communiqué à la société mandataire révèle un solde créditeur non contesté de ce montant à leur profit alors d'une part, que selon les textes applicables (notamment art. 6 du Code de procédure civile nationale et 28 bis du Règlement de procédure de la CCJA) prévoient respectivement que le juge doit se prononcer seulement sur ce qui est demandé et que le fait de statuer ultra petita est un moyen de cassation, et d'autre part, qu'à la page 3, paragraphe 1er de l'arrêt attaqué, il est indiqué que les sociétés [B] et [C] sollicitaient le paiement de la somme de 14 850 912 FCFA. Il en est ainsi dès lors que même s'il est affirmé dans l'arrêt attaqué, qui reprenait les demandes des deux sociétés contenues dans l'exploit d'opposition du 12 mars 2018, que la somme réclamée se chiffrait à 14 850 912 FCFA, il résulte des propres constatations de la cour d'appel que « les sociétés [B] et [C] sollicite[nt] la condamnation de la société [A] à [leur] payer [...] 15 850 912 FCFA » ; en condamnant dans son dispositif la société [A] à payer ce montant récapitulé aux sociétés [B] et [C], l'arrêt querellé n'a pas alloué au-delà de ce qui a été demandé (CCJA, 1e ch., nº 128/2022, 30-6-2022).

Art. 28 ter [nouv.] **A peine d'irrecevabilité, un moyen de cassation ou un élément de moyen de cassation doit mettre en œuvre au moins un des cas d'ouverture visés à l'article précédent.**

I. Inapplication d'une disposition nationale relative à la présentation des moyens de cassation

L'article 28 ter du Règlement de procédure de la CCJA, seul applicable en cassation devant la CCJA, permet au recourant d'invoquer simultanément plusieurs cas d'ouverture dans un moyen de pourvoi, par suite le moyen qui comporte plusieurs cas d'ouverture de cassation est recevable, nonobstant la disposition de droit national qui prévoit le contraire (CCJA, 3e ch., no 120/2019, 11-4-2019 : Dame Billie Mbaye c/ L'Hôtel King Fadh Palace).

II. Nécessité de structurer ses écritures en présentant un cas d'ouverture à cassation par moyen ou branche de moyen

À supposer même que le demandeur ait voulu asseoir son pourvoi sur un moyen unique, prévu l'article 28 ter du règlement, qui autorise le demandeur à mettre en œuvre, dans un moyen unique, plusieurs des cas d'ouverture à cassation, ledit moyen unique doit, dans ce cas, se décliner en autant de branches que nécessaires à la spécification et à la compréhension de chacun des cas d'ouverture au soutien du pourvoi. En invoquant, à la fois, la violation de la loi, la contrariété des motifs, la dénaturation des faits, le fait de statuer plus que demandé, le défaut de motivation, tous des moyens constituant des cas d'ouverture à cassation distincts, le pourvoi articule un moyen global qui se révèle confus, constitué d'un mélange inexploitable de droit et de fait, et qui ne permet pas à la CCJA d'exercer son contrôle (CCJA, 1e ch., no 184/2020, 28-5-2020 : Kanyinda Nkuadi Djems c/ Vodacom Congo RDC SA).

Est irrecevable, et le pourvoi qu'il sous-tend doit être rejeté comme manquant de fondement, le moyen unique faisant état de deux cas d'ouverture à cassation sans les caractériser en autant de branches que nécessaires à la spécification de chaque cas d'ouverture. Il en est ainsi car la violation de la loi et le manque de base légale constituant des cas d'ouverture à cassation distincts, le moyen unique, tel que formulé, se révèle confus, vague et constitué d'un mélange de droit et de fait qui ne permet pas à la cour d'exercer son contrôle (CCJA, 1e ch., no 104/2021, 27-5-2021 : Ecobank Centrafrique SA c/ Centradem Sarl).

III. Recours et moyens de cassation irrecevables

A. Recours fondé sur un moyen non prévu par le Règlement de procédure de la CCJA

Est irrecevable car fondé sur un moyen de cassation non prévu par le Règlement de procédure de la CCJA :

– le moyen reprochant à une cour d'appel de n'avoir pas permis à la Cour de cassation d'exercer son contrôle de régularité, en ne faisant état dans son arrêt que d'une partie des conclusions des intimés et de celles des autres parties à l'instance, dès lors qu'aucune juridiction n'a l'obligation de faire état dans leur intégralité des conclusions des parties (CCJA, 3e ch., no 084, 29-3-2018 : Société Holding Savana Sénégal, Société Hôtel Investissements c/ Société Immobilière de Saly) ;

– le moyen tiré de la violation des principes généraux de l'exécution forcée (CCJA, 1e ch., no 099/2021, 27-5-2021 : Maître Amegbo Ablamvi c/ Sieur Bechada Jamito) ;

– le moyen tiré de la violation des effets relatifs des décisions judiciaires (CCJA, 1e ch., no 099/2021, 27-5-2021 : Maître Amegbo Ablamvi c/ Sieur Bechada Jamito) ;

– le moyen unique tiré de la « contrariété des décisions », qui n'est pas inclus dans les cas d'ouverture de la cassation limitativement fixés par l'article 28 bis du Règlement de procédure de la CCJA (CCJA, 3e ch., no 305/2019, 28-11-2019 : Société Elco Constructions Sarl c/ Société Eni Congo) ;

– le moyen tiré de « la non-liquidité, la non-exigibilité et la preuve du document de la créance poursuivie » (CCJA, 3e ch., no 282/2020, 30-7-2020 : SGI Holding FZE SA c/ Le pool bancaire représenté par Ecobank Tchad SA) ;

– le moyen faisant grief à un arrêt attaqué de s'être contenté de mentionner qu'il « annule l'ordonnance entreprise », sans indiquer le texte justifiant cette nullité, alors qu'il est de principe général de droit qu'il n'y a pas de nullité sans texte, et que conformément aux dispositions de l'article 7 de la loi no 2006/015 du 29 décembre 2006, « toute décision judiciaire est motivée en fait et en droit. L'inobservation de la présente disposition entraîne la nullité d'ordre publique de la décision » (CCJA, 2e ch., no 026/2021, 25-2-2021 : Gaz du Cameroun SA c/ Azur BTP SARL) ;

– le moyen fondé sur le défaut de signification d'arrêt et la signification d'arrêt sur simple copie de l'expédition (CCJA, 2e ch., no 077/2024, 28-3-2024) ;

– le moyen tiré de l'état de « cessation des paiements » de la société [défenderesse] et qui, sans spécifier clairement le grief, est mélangé de fait et de droit et invite la cour, non qualifiée pour un tel exercice en cause de cassation, à examiner les faits et pièces souverainement appréciés par les juges du fond. Il en est ainsi car en application des dispositions de l'article 28 ter du Règlement de procédure de la CCJA, un moyen de cassation ou un élément de moyen de cassation doit, à peine d'irrecevabilité, mettre en œuvre au moins un des cas d'ouverture visés par l'article 28 bis du même Règlement ; cela induit l'obligation du recourant de formuler avec précision le grief fait à la décision querellée et devant faire partie des cas d'ouverture visés par ce texte (CCJA, 1e ch., n° 108/2024, 28-3-2024) ;

– le moyen tiré de la violation du principe du contradictoire (en ce qu'une cour d'appel a écarté le résultat d'une contre-expertise au profit de celui d'une première expertise, en relevant d'office un moyen de droit, notamment le caractère probatoire du premier rapport vis-à-vis du second, sans avoir, au préalable, invité les parties à présenter leurs observations) n'est pas un cas d'ouverture prévu par l'article 28 bis du Règlement de procédure de la CCJA et de ce fait irrecevable (CCJA, 2e ch., n° 141/2023, 29-6-2023).

> **Obs. :** au regard de la jurisprudence de la CCJA, il aurait sans doute été judicieux pour le demandeur d'identifier dans les dispositions de droit interne applicable, celle qui interdit au juge de fonder sa décision sur un argument soulevé d'office et non soumis aux observations préalables des parties, puis de fonder son pourvoi sur une violation de ladite disposition.

NB : il avait été jugé, avant l'entrée en vigueur de l'actuel Règlement de procédure de la CCJA, que le Règlement de procédure de la CCJA [dans sa version antérieure au 4 février 2014] n'ayant pas prévu de cas d'ouverture du pourvoi en cassation, il convient de se référer au droit interne (en l'espèce, le Code de procédure civile, commerciale et administrative ivoirien) pour savoir si le moyen invoqué en l'espèce, à savoir une mauvaise appréciation de la cause, peut être reçu comme moyen de cassation. Le pourvoi doit être déclaré irrecevable, dès lors que l'article 206 du Code de procédure civile de Côte d'Ivoire n'a pas prévu « la mauvaise appréciation de la cause » parmi les motifs de cassation (CCJA, 2e ch., n° 059, 25-7-2013 : SGBCI c/ 1) Société Eivmel, Sarl, 2) Sibi Moussa, Rec. jur. CCJA n° 20, vol. 1, janv.-déc. 2013, p. 51-53, Ohadata J-15-60). Cette décision doit être considérée comme caduque, sauf dans l'hypothèse où il existerait encore au rôle de la Cour, des pourvois formés avant l'entrée en vigueur du règlement de 2014, qui demeureraient en principe régis par le règlement antérieur.

B. Recours n'indiquant pas au moins un moyen de cassation visé à l'art. 28 bis

Le recours qui n'indique ni les Actes uniformes, ni les Règlements prévus par le Traité de l'OHADA dont l'application justifie la saisine de la Cour, comme l'exige l'article 28-1 précité ; et qui n'indique aucun des cas d'ouverture à cassation visés à l'article 28 bis (nouveau) dudit Règlement est vague, imprécis et irrecevable (CCJA, ass. plén., n° 124, 11-11-2014 : SGTEM c/ Zephirin RAYITA, Ohadata J-15-214).

Lorsque le demandeur au pourvoi n'invoque dans ses moyens aucun des cas d'ouverture à cassation visés à l'article 28 bis du Règlement de procédure CCJA, se contentant de soulever pêle-mêle les griefs de déclarations inexactes et incomplètes et la non-communication des pièces justificatives, et invoque, sans l'articuler, la violation des articles 80, 81 et 156 de l'AUPSRVE, ces moyens vagues et imprécis doivent être déclarés irrecevables, ainsi que le pourvoi (CCJA, 2e ch., n° 124, 7-6-2018 : Maximilien Yangongo Boganda c/ Banque Populaire Maroco Centrafricaine (BPMC) SA, Commercial Bank Centrafricaine (CBCA), Ecobank Centrafrique).

Est irrecevable le moyen qui reproche à une cour d'appel d'avoir fondé sa décision sur des conclusions non communiquées à la partie adverse, au mépris du respect des droits de la défense, et sur celles de la codéfenderesse, irrecevables, en ce qu'elles sont déposées hors délai, dès lors que ce moyen ne se réfère à aucun cas d'ouverture en rapport avec l'article 28 bis du Règlement de procédure de la CCJA (CCJA, 3e ch., n° 152, 7-6-2018 : Thiombiano Ousseini c/ Délégation de l'Union européenne au Niger, État du Niger).

Sont irrecevables, des moyens qui ne se réfèrent à aucun cas d'ouverture en rapport avec l'article 28 bis du Règlement de procédure de la CCJA. Tel est le cas : du moyen reprochant à l'arrêt attaqué d'avoir déduit des motifs d'un arrêt avant dire droit qu'il a réglé définitivement la question de la capacité de deux codéfendeurs, pour conclure à l'irrecevabilité de la requête civile alors que ledit arrêt, dans son dispositif, s'est limité à déclarer recevable leur action en responsabilité diligentée contre l'État du Sénégal et qu'en statuant ainsi l'arrêt a méconnu l'autorité de la chose jugée qui est rattachée au dispositif de la décision et non à ses motifs ; du moyen reprochant à la cour d'appel d'avoir également méconnu l'autorité de la chose jugée rattachée au jugement et à l'arrêt entérinant la procédure de liquidation des biens de deux codéfendeurs, pour trancher la question de leur capacité en considération de l'arrêt du 9 mars 2012, lequel a simplement admis la recevabilité d'une action qu'ils ont introduite hors la représentation de leur syndic (CCJA, 3e ch., n° 148, 7-6-2018 : État du Sénégal c/ 1) EEXIMCOR AFRIQUE SA, 2) Papa Ousmane Ahne, 3) Mambaye Seye).

Le pourvoi en cassation dont les quatre moyens n'invoquent la violation d'aucune disposition d'un texte normatif de l'OHADA et formé par un demandeur qui se borne simplement à plaider que le litige en cause est commercial parce qu'opposant des commerçants est irrecevable (CCJA, 2e ch., n° 054/2018, 15-3-2018 : Cabinet MCR International SARL c/ Madame Ouatara née Koné Angèle).

C. Moyen imbriquant plusieurs cas d'ouverture à cassation

Si l'article [28] ter du Règlement de procédure ne s'oppose pas à ce qu'un moyen ou un élément de moyen de cassation mette en œuvre plusieurs cas d'ouverture à cassation, l'emploi de la formule « au moins un » permettant d'en déduire l'admission de la pluralité, encore faut-il qu'un tel moyen ou élément de moyen permette à la CCJA d'identifier le grief véritablement fait à l'arrêt attaqué et d'en apprécier sa pertinence. En l'espèce, en concluant à un défaut de base légale de la décision d'annulation de la sentence arbitrale pour mauvaise application de la loi, après avoir invoqué la violation des dispositions des articles 25 de l'AUA et de celles de 1170 du Code de procédure civile, relatif à la compétence de la cour d'appel, cette branche du moyen se révèle vague et imprécise et doit donc déclarée irrecevable (CCJA, 1e ch., n° 177/2020, 28-5-2020 : Sarci Sarl c/ Atlantique-Telecom SA ; CCJA, 1e ch., n° 019/2021, 18-2-2021 : First International Bank RDC SA c/ Monsieur Richard Lukusa Kalombo).

Dans le même sens, précisant que :

– c'est à la condition que chaque cas invoqué dans le moyen unique soit caractérisé dans une branche spécifique de manière à permettre à la cour d'identifier le grief véritablement fait à l'arrêt attaqué et d'en apprécier la pertinence. En l'espèce, le moyen de cassation, qui, tiré de la violation de la loi, invoque simultanément l'omission ou le refus de répondre à des chefs de demandes, le manque de base légale, et la dénaturation des faits de la cause, n'obéit pas aux spécifications ci-dessus, est confus et mélangé de faits et de droit, et de ce fait irrecevable (CCJA, 2e ch., n° 272/2024, 31-10-2024) ;

– pour être recevable, le moyen de cassation doit être clair et précis ; pour être clair et précis, un moyen de cassation qui comporte deux cas d'ouverture doit spécifier et développer chaque cas d'ouverture distinctement. En l'espèce, le premier moyen est tiré à la fois du défaut de base légale, de la violation de la loi, voire du défaut de motifs, sans que ces cas d'ouverture ne soient spécifiés dans les développements ; un tel moyen manque de clarté et de précision et doit en conséquence être déclaré irrecevable (CCJA, 2e ch. n° 321/2024, 28-11-2024).

Est irrecevable, le moyen qui, tel qu'articulé, manque de clarté dans la mesure où il invoque deux cas d'ouverture envisagés distinctement par le Règlement de procédure de la CCJA de sorte qu'il est impossible à la cour de mettre en lien le grief articulé avec celui du cas d'ouverture que le recourant entend invoquer. Tel est le cas du moyen tiré du « défaut de base légale pour insuffisance de motifs » (CCJA, 2e ch., n° 157/2021, 28-10-2021 : Afriland First Bank c/ B.).

Est donc irrecevable :

– le moyen unique invoqué pour la première fois en cassation, et qui imbrique deux cas d'ouverture à cassation, à savoir, la violation de la loi et le manque de base légale, sans les spécifier (CCJA, 2e ch., n° 285/2019, 28-11-2019 : Mahamane Bassirou Souley Dan Gara c/ Elh. Moustapha Harouna) ;

– le moyen qui imbrique deux cas d'ouverture à cassation, notamment le défaut de motifs et le manque de base légale, sans les spécifier, et dont le libellé énonce pourtant la violation des articles 156 et 161 de l'AUPSRVE, car ne permettant pas à la CCJA d'identifier le grief véritablement fait à l'arrêt attaqué et d'apprécier sa pertinence (CCJA, 1e ch., n° 002, 24-1-2019 : Sgbc c/ Transinor SARL ; CCJA, 2e ch., n° 077/2024, 28-3-2024) ;

– d'office, le recours fondé sur un moyen unique de cassation, pris du manque de base légale résultant de l'absence, de l'insuffisance, de l'obscurité et de la contrariété des motifs et reprochant aux juges du fond la violation ou la mauvaise application des articles 1382 et 1731 du Code civil ivoirien, visés en l'espèce (CCJA, 2e ch., n° 059, 15-3-2018 : Diby Ebrottie Marc c/ Becky Gnaly Michel Gervais ; CCJA, 2e ch., n° 061, 15-3-2018 : Ayamel Moustapha c/ Société Corlay CI, ex-Chevron-CI, ex-Texaco) ;

– le moyen dans l'énoncé duquel le recourant relève, pêle-mêle, une violation de la loi ou l'erreur dans l'application ou l'interprétation de la loi et un manque de base légale CCJA, 1e ch., n° 108, 9-6-2016 : Tia Togbé Olivier c/ Koffi Konan Emmanuel, Ohadata J-17-49) ;

– le moyen qui, tel que présenté dans son intitulé et dans son développement, ne permet pas à la CCJA de saisir les griefs véritablement invoqués, de manière à exercer son contrôle. Tel est le cas du moyen visant la violation de l'article 7 de la loi 2006 du 29 décembre 2006 portant organisation judiciaire du Cameroun, mais dans le développement duquel la requérante invoque aussi la violation de l'article 300 de l'AUPSRVE qui réglemente les voies de recours contre les décisions judiciaires rendues en matière de saisie immobilière, en soutenant que le premier juge, qui a statué sur la nullité de la convention hypothécaire et d'un autre acte qui remettent en cause respectivement le principe de créance et la propriété du bien saisi, a jugé en dernier ressort alors que sa décision est susceptible d'appel sur ces deux questions, ce qui révèlerait, toujours selon le moyen, une contradiction entre les motifs et le dispositif (CCJA, 1e ch., n° 145/2022, 3-11-2022) ;

– le moyen de cassation, tiré du seul défaut de motifs, mais qui met en œuvre, en même temps, deux cas d'ouverture à cassation, à savoir le défaut de motifs et l'omission ou le refus de répondre à des chefs de demandes, sans caractériser chacun d'eux dans une branche spécifique, de sorte qu'il n'est pas clairement démontré en quoi il y a eu défaut de motifs d'une part, et omission ou le refus de répondre à des chefs de demandes, d'autre part, car vague, confus, ambigu et ne mettant pas la CCJA en mesure d'exercer son contrôle (CCJA, 1e ch., nº 061/2022, 3-3-2022) ;

– le moyen de cassation qui, tout en visant un seul cas d'ouverture, à savoir la violation de la loi, développe dans son contenu, tour à tour, la violation de la loi, le manque de base légale et le fait de statuer ultra petita (CCJA, 1e ch., nº 201/2022, 29-12-2022) ; voir aussi CCJA, 2e ch., nº 004/2024, 25-1-2024.

Est également irrecevable le moyen tiré de la violation de la loi, qui met en œuvre, en même temps, plusieurs cas d'ouverture à cassation, sans les spécifier, comme :

– la violation de la loi et le manque de base légale (CCJA, 1e ch., nº 061/2022, 3-3-2022 ; CCJA, 3e ch., nº 343/2024, 28-11-2024) ;

– le défaut de base légale et l'absence de motifs (CCJA, 1e ch., nº 082/2022, 9-6-2022) ;

– la violation de la loi, puis, dans la première branche, développe la dénaturation des faits et pièces de la cause ; et dans les deuxième, troisième et quatrième branches, puis invoque successivement le défaut de motifs, la contradiction de motifs et le défaut de réponse à conclusions (CCJA, 3e ch., nº 016/2024, 25-1-2024).

D. Recours n'articulant pas avec précision le grief fait à la décision attaquée

En application de l'article 28 ter du Règlement de procédure de la CCJA, un moyen de cassation ou un élément de moyen de cassation doit, à peine d'irrecevabilité, mettre en œuvre au moins un des cas d'ouverture visés par l'article 28 du même règlement ; cela induit l'obligation du recourant de formuler avec précision le grief fait à la décision querellée. En l'espèce, le recourant ne spécifie pas clairement le grief, le moyen se caractérisant par ailleurs par un mélange de faits et de droit qui invite la cour, non qualifiée pour un tel exercice en cause de cassation, à examiner les faits souverainement appréciés par les juges du fond ; il s'ensuit que tel qu'articulé, le deuxième moyen de cassation est irrecevable (CCJA, 1e ch., nº 097/2021, 27-5-2021 : Africarail SA et un autre c/ État du Bénin et trois autres États).

Dans le même sens, précisant que si la violation de la loi et le manque de base légale figurent bien au nombre des cas d'ouverture à cassation devant la CCJA, force est de relever que le recourant ne spécifie pas clairement en quoi consiste ces griefs ; en outre, le moyen se caractérise par son ambiguïté et son imprécision et tend à soumettre à l'examen de la cour, qui n'en a pas le pouvoir en cause de cassation, les faits souverainement appréciés par les juges du fond (CCJA, 1e ch., nº 109/2021, 27-5-2021 : Hôtel Sarakawa c/ Société American Eagle Guard Security).

IV. Recours recevables

La violation de la loi figurant parmi les cas d'ouverture prévus à l'article 28 bis du Règlement de procédure de la CCJA, le pourvoi fondé sur une violation de l'article 54 de l'AUPSRVE par une cour d'appel est recevable (CCJA, 2e ch., nºs 181 et 182, 8-12-2016 : Allou Monique c/ Fonds de Prévoyance Militaire, Ohadata J-17-122).

V. Inapplication du Règlement de procédure à une procédure nationale

Le Règlement de procédure de la CCJA constitue un ensemble de formalités spécifiques à l'institution, et ne saurait être applicable à une autre juridiction nationale régie par les règles internes de procédure. Il s'ensuit que les moyens de cassation fondés sur la violation des articles 29 et 46 du Règlement de procédure de la CCJA ne sauraient prospérer (CCJA, ass. plén., nº 088, 20-11-2013 : Jacques NZOGHE NDONG c/ Sté d'Énergie et d'Eau du Gabon SA dite SEEG-SA, Sté ROUGIER GABON-SA ; Rec. jur. CCJA, nº 20, vol. 2, janv.-déc. 2013, p. 131-133, Ohadata J-15-40 ; CCJA, ass. plén., nº 089, 20-11-2013 : Jacques NZOGHE NDONG c/ Sté d'Énergie et d'Eau du Gabon SA dite SEEG-SA ; Rec. jur. CCJA, nº 20, vol. 2, janv.-déc. 2013, p. 134-136, Ohadata J-15-43).

Art. 29 Le recours est signifié par la Cour à toutes les parties à la procédure devant la juridiction nationale. Dans le cas prévu au paragraphe 5 de l'article précédent, la signification est faite dès la régularisation ou dès que la Cour aura admis la recevabilité, eu égard aux conditions de forme énumérées audit article.

I. Inapplication de l'article 29 à une procédure nationale

L'article 29 du Règlement de procédure de la CCJA a pour champ d'application la procédure devant cette juridiction et est inapplicable à la procédure d'assignation devant le juge de l'urgence, qui demeure régie par les dispositions nationales (CCJA, 2e ch., nº 111, 30-12-2013 : Jacques NZOGHE NDONG c/ Banque Internationale pour le Commerce et l'Industrie du Gabon dite BICIG-SA, Banque Centrale des États de l'Afrique centrale, dite BEAC, Rec. jur. CCJA nº 20, vol. 1, janv.-déc. 2013, p. 137-140, Ohadata J-15-84).

....

II. Parties à la procédure

Si les autres sociétés nées de la dissolution de la société défenderesse peuvent être considérées comme étrangères à la procédure devant les juridictions nationales, tel n'est pas le cas de la société dissoute, partie à la procédure devant lesdites juridictions nationales et défenderesse dans le présent pourvoi ; il s'ensuit que la fin de non-recevoir tirée de la violation du texte visé au moyen n'est pas fondée et le pourvoi est recevable (CCJA, 1e ch., nº 044, 1-7-2010 : Sté A.P.C. c/ 1) CHEVRON TEXACO CAMEROUN SA, anciennement SHELL CAMEROUN SA, 2) TEXACO CAMEROUN SA, 3) CHEVRON TEXACO AFRICA HOLDINGS LIMITED, 4) CHEVRON MIDDLE EAST HOLDINGS LIMITED, Ohadata J-12-92).

....

III. Signification du recours

A. Destinataires de la signification

Il résulte de l'article 29 du Règlement de procédure de la CCJA que celle-ci n'a obligation de signifier le recours qu'aux « parties à la procédure devant la juridiction nationale ». L'arrêt attaqué n'indiquant pas les raisons pour lesquelles le tiers opposant n'a pu participer au litige principal bien que son conjoint en était initiateur, l'une des conditions essentielles de l'article 47 du Règlement de procédure n'a pas été remplie et la tierce opposition est irrecevable (CCJA, 3e ch., nº 018, 25-1-2018 : Ngo Omam F. Dorette épse Ipanda c/ BICEC).

L'article 29 du Règlement de procédure de la CCJA ne subordonne nullement la recevabilité d'un pourvoi à sa signification à toutes les parties ; l'exception soulevant l'irrecevabilité d'un pourvoi, au motif qu'il n'a pas été signifié au codéfendeur, est donc mal fondée, et le pourvoi est recevable (CCJA, 3e ch., nº 291/2024, 31-10-2024).

B. Significations valides

1º Diligences suffisantes du greffe

Le principe du contradictoire a été respecté et le recours doit être examiné, dès lors que le greffe de la CCJA a tenté de joindre par lettre l'autre partie au litige, en l'espèce le syndic d'une société, afin de lui notifier le recours en cassation et que cette correspondance est demeurée sans suite (CCJA, 2e ch., nº 010/2013, 7-3-2013 : Banque Gabonaise et Française Internationale dite BGFIBANK c/ Sté de la Haute MONDAH dite SHM, représentée par EDO Rufin Dubernard, syndic, Rec. jur. CCJA nº 20, vol. 2, janv.-déc. 2013, p. 26-28, Ohadata J-15-10 ; CCJA, 1e ch., nº 167, 17-12-2015 : BIAO-CI c/ Alexander ODIKA c/ Oumarou ALI, Ohadata J-16-160).

2º Signification faite au siège d'une société

La signification faite à une société à son siège social est valable (CCJA, 1e ch., nº 004, 12-2-2015 : Sté Générale de Banque en Côte d'Ivoire dite SGBCI c/ SARL IVOIRE, EL MOUTAMER Fatiha épse BOURDIER, Sté Civile Immobilière IVOIRE dite SCI IVOIRE, Ohadata J-16-04).

3º Signification faite au conseil d'une partie en cause d'appel

Il y a lieu d'examiner le recours, dès lors que le pourvoi a été signifié au défendeur à l'adresse de son conseil et que ce courrier du greffier en chef de la cour est demeuré sans suite, le principe du contradictoire ayant été respect (CCJA, 2e ch., nº 203, 29-12-2016 : SGBCI c/ Coulibaly Issa, Bombo née Yace Michèle, Ohadata J-17-143).

Il a été jugé qu'en application des articles 29 et 30 du Règlement de procédure de la CCJA la signification, par lettre du greffe de la CCJA restée sans suite, d'un recours à une partie par l'entremise de son conseil en cause d'appel est valable, le principe du contradictoire ayant été observé (CCJA, 1e ch., nº 218, 23-11-2017 : Union Provinciale des Producteurs Semenciers du Bazèga c/ Union Régionale des Producteurs Semenciers du Centre Sud).

C. Signification non valide

Toute signification doit être faite par exploit d'huissier, habilité à cet effet ; une remise manuelle d'un acte judiciaire par un administrateur de greffe ne peut valoir signification de cet acte, car ne remplissant pas les conditions légales de forme d'une signification. Il s'ensuit que l'exception soulevée n'étant pas fondée, le pourvoi doit être déclaré recevable (CCJA, 1e ch., nº 097, 26-4-2018 : Oumou Salamata Tall c/ CBAO GROUPE ATTIJARIWAFA BANK, Sté ICOTAF).

D. Signification impossible : irrecevabilité du recours

La signification du recours à la défenderesse étant une formalité indispensable au respect du principe du contradictoire, l'absence de l'adresse de la défenderesse, et le défaut de régularisation du recours, ne permettent pas à la CCJA d'examiner le pourvoi, qui en conséquence est irrecevable en application de l'article 28.6 du règlement de procédureCCJA (CCJA, 3e ch., nº 281/2020, 30-7-2020 : Nile Dutch Congo SA c/ Safricas SA ; CCJA, 3e ch., nº 305/2020, 22-10-2020 : BPMC SA c/ Betraba SARL).

Art. 30 1 – Toute partie à la procédure devant la juridiction nationale peut présenter un mémoire en réponse dans un délai de trois mois à compter de la signification du recours.

2 – Le mémoire en réponse contient :

a) les nom et domicile de la partie qui le produit ;

b) la date à laquelle le pourvoi lui a été signifié ;

c) les conclusions présentées et les moyens invoqués.

3 – Les paragraphes 3, 4 et 5 de l'article 28 et l'article 29 sont applicables.

I. Computation du délai

C'est la date de réception de la signification du pourvoi par le défendeur qu'il faut prendre en compte pour la computation du délai dans lequel il doit déposer son mémoire en défense. Ainsi, le mémoire en réponse reçu au greffe de la cour le 24 août 2015 est recevable dès lors qu'il résulte de l'accusé de réception de la correspondance du greffe portant signification du pourvoi aux défenderesses que celle-ci a été reçue par ses destinataires le 4 juin 2015 (CCJA, 1e ch., n° 116, 9-6-2016 : Sté Industrielle de Papeterie du Togo dite SIPA c/ Sté COTECNA Inspection SA-Genève, Sté COTECNA Inspection SA-Togo, Ohadata J-17-57).

....

II. Mémoires irrecevables

A. Mémoires déposés hors délai

Le mémoire déposé après l'expiration du délai est irrecevable (CCJA, n° 48, 26-11-2009 : A. A. c/ CCJA, n° 14, p. 32, Ohadata J-10-184, à propos d'un mémoire déposé par la CCJA dans un litige l'opposant à l'un de ses anciens employés ; dans le même sens, CCJA, n° 005, 5-2-2009 : J. N. N. c/ SEEG ; Rec. jur. CCJA, n° 13, janv.-juin 2009, p. 117, Ohadata J-10-81 ; CCJA, 1e ch., n° 222, 29-11-2018 : Saphic c/ État de Côte d'Ivoire et 2 autres ; CCJA, 2e ch., n° 004, 11-1-2018 : Coris Bank International c/ Zorom Adama, REXI, mémoire déposé plus d'un an après le délai imparti ; CCJA, 1e ch., n° 118, 31-5-2018 : Marcel Lukusa Ditaba c/ Banque commerciale du Congo dite BCDC ; CCJA, 3e ch., n° 152, 27-10-2016 : BIAO-CI devenue NSIA Banque CI c/ Catrans, Ohadata J-17-92).

Dans le même sens et précisant que l'irrecevabilité doit être relevée d'office, CCJA, 3e ch., n° 203, 22-11-2018 : Airtel Gabon SA c/ 2JTH-Gabon sarl ; CCJA, 3e ch., n° 210, 22-11-2018 : Airtel Gabon SA c/ 2JTH-Gabon SARL ; CCJA, 2e ch., n° 056/2020, 27-2-2020 : Société Startimes Média Centrafrique c/ Alfred Taingo Polok ; CCJA, 2e ch., n° 010/2021, 28-1-2021 : Simplice de Messe Zinsou c/ Aéroport International d'Abidjan ; CCJA, 2e ch., n° 284/2019, 28-11-2019 : Sipres c/ Société prévoyance assurances et 7 autres ; CCJA, 3e ch., n° 165/2019, 9-5-2019 : Bsic-Tchad c/ Bouari Atteib Salahedine ; CCJA, 2e ch., n° 101/2022, 9-6-2022.

Dans le même sens, précisant que la simple invocation, en raison de la pandémie à coronavirus, de la décision n° 084/CCJA/PDT du 12 mai 2020 portant mesure exceptionnelle dans la prise en compte des délais de procédure devant la CCJA ainsi que de l'état d'urgence sanitaire proclamé en république démocratique du Congo ayant entraîné la fermeture de ses frontières du 24 mars au 15 août 2020, ne saurait justifier cette réponse tardive du 7 octobre 2020 au lieu du 9 juin 2020, dès lors que la défenderesse n'a pas démontré les diligences entreprises pour faire parvenir son mémoire en défense dans les délais prescrits, notamment par envoi postal ou assimilé, habituellement utilisé pour transmettre les procédures au greffe de la cour. Le mémoire est donc irrecevable (CCJA, 3e ch., n° 035/2021, 25-2-2021 : Tshibola Manji Agnès et un autre c/ Equity Bank Congo et deux autres).

Le mémoire déposé hors délai est irrecevable, la simple invocation, en raison de la pandémie à coronavirus, de la décision n° 084/CCJA/PDT du 12 mai 2020 portant mesure exceptionnelle dans la prise en compte des délais de procédure devant la CCJA ainsi que de l'état d'urgence sanitaire proclamé en république démocratique du Congo ayant entraîné la fermeture de ses frontières du 1 avril au 15 mai 2020, ne saurait justifier cette réponse tardive du 16 juillet 2020, dès lors que la défenderesse n'a pas démontré les diligences entreprises après le déconfinement pour faire parvenir son mémoire en défense dans les délais prescrits, notamment par envoi postal ou assimilé, habituellement utilisé pour transmettre les procédures au greffe de la Cour (CCJA, 3e ch., n° 133/2021, 24-6-2021 : Société nile dutch Congo c/ Société africaine de services).

B. Mémoire produit par une personne qui n'est pas partie au litige

Les mémoires déposés par un avocat pour « [X] épouse [Y], propriétaire [d'une] entreprise individuelle d'architecture et de décoration intérieure, matériaux de construction », sont irrecevables, dès lors que cette personne n'est pas partie au litige, quand bien même elle serait l'épouse de l'exploitant de l'entreprise individuelle (CCJA, 3e ch., n° 064/2012, 7-6-2012 : Sté AXA-CI c/ Sté ARTIS).

C. Mémoires en réplique comportant des moyens additionnels de cassation

Il a été jugé que le mémoire en réplique qui comporte des moyens additionnels de cassation est d'office irrecevable, l'autorisation de répliquer accordée au demandeur n'étant pas une autorisation de rajouter de nouveaux moyens à sa demande (CCJA, 1e ch., 240/2018, 29-11-2018 : Sté Medrara SARL c/ Koba Bipendu et Consorts associés à la Sté Congo Bantu).

Obs. : l'irrecevabilité de tout le mémoire en réplique retenue par cet arrêt nous semble excessive car si le mémoire en réplique comporte des réponses à plusieurs moyens, il faudrait isoler le moyen nouveau, auquel l'irrecevabilité devrait s'appliquer, sous réserve qu'il ne s'agisse pas d'un moyen de pur droit qui peut être soulevé en tout état de cause. Déclarer irrecevable l'intégralité d'un mémoire en réplique autorisé par la Cour simplement parce qu'il comporte un moyen nouveau qui n'est pas de pur droit semble abusif et attentatoire aux droits de la défense. Il en est ainsi dès lors que l'irrecevabilité d'un moyen de cassation n'entraîne pas automatiquement l'irrecevabilité de tout le pourvoi (CCJA, 1e ch., no 249/2020, 25-6-2020 : SNIA c/ Ecobank Bénin SA ; CCJA, 1e ch., no 183/2021, 11-11-2021 : Gueye Aliou c/ Société Central Park) sauf si ce dernier n'est fondé que sur le seul moyen irrecevable. Par analogie, la sanction ne doit frapper que le moyen nouveau et ne devrait entraîner l'irrecevabilité de tout le mémoire en réplique que si celui-ci ne comporte que le moyen nouveau et que celui-ci n'est pas de pur droit.

III. Mémoires recevables

A. Mémoires déposés après une prorogation du délai

Est recevable le mémoire en réponse déposé par une partie qui a pris le soin d'obtenir la prorogation préalable du délai de distance auprès du président de la CCJA. Mais est irrecevable le mémoire déposé hors délai par une partie qui prétend avoir bénéficié de la même prorogation par le président sans en rapporter la preuve écrite (CCJA, ass. plén., no 043, 23-4-2014 : Succession Edouard Assiba JOHNSON, Couadjo JOHNSON c/ Ayayi Koudahin ANENOU, Entreprise Transit NETADI, Banque Togolaise de Développement (BTD), Maître Galolo SOEDJEDE, Ohadata J-15-134).

B. Mémoires régularisés après une demande de la cour

En application de l'article 30 du règlement de procédure de la CCJA dont le point 3 renvoie au paragraphe 5 de l'article 28 du même règlement et du paragraphe 6 de l'article 28 précité, aucune irrecevabilité, pour défaut de production de pièces, ne peut être prononcée que si une demande de régularisation adressée par le juge rapporteur est restée sans effet ou que ladite partie n'a pas procédé à une régularisation spontanée. Lorsque, comme en l'espèce, la défenderesse a annexé à son mémoire en duplique reçu au greffe de la cour ses statuts, un extrait de son registre du commerce et du crédit mobilier, ainsi que deux extraits de procès-verbaux de réunions, respectivement du conseil d'administration et de l'assemblée générale extraordinaire des actionnaires, attestant la qualité de directeur général de celui qui a signé le mandat spécial habilitant les conseils à la représenter en défense au pourvoi, la fin de non-recevoir du mémoire en réponse doit être rejetée (CCJA, 2e ch., no 158/2021, 28-10-2021 : Augustin Ndala Tshizembe c/ Equity Bank Congo SA).

IV. Mémoire responsif

Le **pourvoi incident formé** par une partie, **en réponse au pourvoi** de la partie adverse, obéit aux mêmes règles qui gouvernent le pourvoi principal, à savoir la précision du cas d'ouverture allégué, les moyens de cassation invoqués, la partie de la décision attaquée et ce en quoi celle-ci encourt le reproche allégué. Il en est de même d'une demande reconventionnelle de la défenderesse au pourvoi, qui n'est rien d'autre qu'un pourvoi incident pouvant être inséré dans le mémoire en réponse au pourvoi principal (CCJA, 2e ch., no 032/2012, 22-3-2012 : Sté Générale de Banques en Côte d'Ivoire dite SGBCI c/ Ets Sylla et Frères dits ESF SA).

Le pourvoi incident, introduit par des défendeurs par la voie de leur mémoire en réplique du 3 août 2015, enregistré au greffe de la cour le 6 août 2015, est recevable en la forme pour avoir été introduit dans le délai de trois mois à compter de la réception faite le 6 mai 2015 de l'acte de signification du recours en cassation (CCJA, 3e ch., no 115, 11-5-2017 : Guetat Ehouman Noël c/ Guetat Eugénie épse K & 16 autres ; CCJA, 2e ch., no 292/2019, 28-11-2019 : Société Helvetia Assurances et Société Saham Assurance c/ Prin-tec et Société Medlog Côte d'Ivoire c/ Prin-Tec).

Obs. : cette dernière décision, en mentionnant un « mémoire en réplique », semble indiquer la possibilité, pour le demandeur au pourvoi principal, d'introduire un pourvoi incident, dès lors que, selon l'article 31, le « mémoire en réplique » vient du demandeur principal en réponse au « mémoire en réponse » du défendeur. Cependant, cette interprétation serait inefficace et, à notre avis, le « mémoire en réplique du 3 août » mentionné par cet arrêt doit s'entendre en réalité du « mémoire en réponse » du défendeur, puisqu'il est précisé que le défendeur a reçu notification du pourvoi en cassation le 6 mai 2015. La computation du délai de 3 mois qui lui est imparti par l'article 30, al. 1 pour déposer son mémoire en réponse arrive au 6 août 2015, raison pour laquelle le dépôt du mémoire comportant le pourvoi incident le 3 août 2015 a été déclaré recevable. En conclusion, il y a lieu de retenir que tout pourvoi incident doit être formé dans un délai de trois mois de la notification du pourvoi principal au défendeur.

Les dispositions de l'article 30 paragraphe 2 du règlement de procédure de la CCJA ne sont assorties d'aucune sanction. Au surplus, la production par les défenderesses au pourvoi, personnes morales, d'un bordereau de pièces contenant leurs statuts avec indication de leurs sièges sociaux respectifs est non seulement de nature à prouver leur existence, mais aussi à permettre l'accès à tous renseignements les concernant ; il s'ensuit que l'exception doit être rejetée (CCJA, 2e ch., no 203, 23-11-2017 : Afriland First Bank SA c/ SHC SA, COGEPRES SARL).

. . . .

V. Absence de mémoire

Lorsque le défendeur au pourvoi n'a pas produit de mémoire en réponse dans le délai de trois mois imparti, malgré le courrier du greffier en chef de la CCJA, il y a lieu de passer outre à cette défection et de dire le dossier en état d'être jugé (CCJA, no 030/2009, 30-4-2009 : Docteur A. C. c/ Sté DPCI, Rec. jur. CCJA no 13, janv.-juin 2009, p. 88, Ohadata J-10-73 ; CCJA, no 012/2009, 26-2-2009 : Sté NRCCI c/ Sté ALPICI, Rec. jur. CCJA no 13, janv.-juin 2009, p. 52, Ohadata J-10-63 ; J-09-285).

Dans le même sens et retenant que le contradictoire a été respecté et que le recours doit être examiné, dès lors que :

– le défendeur a bien reçu la notification du pourvoi (CCJA, 1e ch., no 004/2013, 7-3-2013 : Sté Nouvelle Scierie d'Agnibilékro (NSDA SARL) c/ FLUTEC BOIS EN LIQUIDATION SARL ; Rec. jur. CCJA, no 20, vol. 1, janv.-déc. 2013, p. 152-154, Ohadata J-15-04) ;

– toutes les parties n'ont pas produit de mémoire en réponse nonobstant le courrier du greffier en chef reçu par leur(s) conseil(s) (CCJA, 2e ch., no 024, 18-4-2013 : Sté Tropicale des Allumettes dite SOTROPAL c/ 1) Banque Internationale pour le Commerce et l'Industrie de la Côte d'Ivoire dite BICICI, 2) DRAMA KOFFI Jean Pierre ; Rec. jur. CCJA, no 20, vol. 1, janv.-déc. 2013, p. 11-14, Ohadata J-15-24).

Sur la suspension des délais en raison de la situation en Côte d'Ivoire en 2011, voir sous l'article 28.1.

Art. 31 **1 – Le recours et le mémoire en réponse peuvent être complétés par un mémoire en réplique et un mémoire en duplique ou par tout autre mémoire lorsque le Président, soit d'office, soit à la suite d'une demande présentée en ce sens dans un délai de quinze jours à compter de la signification du mémoire en réponse ou en réplique, le juge nécessaire et l'autorise expressément.**

2 – Lorsque le Président autorise le dépôt d'une réplique ou d'une duplique, ou de tout autre mémoire, il fixe les délais dans lesquels ceux-ci sont produits.

I. Mémoires et pièces irrecevables

A. Mémoires et écritures additionnelles non autorisées

Il résulte de l'article 31 du règlement de procédure de la CCJA que les mémoires complémentaires au recours ainsi que les mémoires en réplique et en duplique ne peuvent être déposés que sur autorisation du président de la cour. En l'espèce, la réplique déposée par la demanderesse sans cette autorisation est irrecevable avec les pièces l'accompagnant (CCJA, 2e ch., no 220/2021, 23-12-2021 : FTCI Sarl c/ Société GCCI-CI), même si elle ne fait que reprendre pour l'essentiel les arguments développés dans le recours (CCJA, ass. plén., no 11, 29-11-2011 : État du Mali c/ Sté ABS International Corporate Ltd, Juris-Ohada, 2011, no 4, oct.-déc. 2001, p. 7, Ohadata J-13-06, J-13-147).

Il résulte de l'article 31 du Règlement de procédure de la CCJA que tout mémoire complémentaire au recours et au mémoire en réponse ne peut être déposé que s'il a été autorisé par le président de la cour ; à défaut, il doit être déclaré irrecevable (CCJA, 2e ch., no 003/2022, 20-1-2022).

Il en est de même pour :

– le « mémoire en défense » (CCJA, 2e ch., no 203/2021, 25-11-2021 : Sakr Farouk c/ Nsia Banque Côte d'Ivoire) ;

– le mémoire « en duplique » (CCJA, 3e ch., no 052/2022, 24-2-2022 : Traore Demba c/ Biao CI, relevant d'office l'irrecevabilité ; CCJA, 2e ch., no 219/2021, 23-12-2021 : Société Générale Bénin SA c/ Société Ceco AS ; CCJA, 2e ch., no 003/2022, 20-1-2022 : Afram c/ La SCI la Grâce) ;

– le mémoire « en réplique » (CCJA, 3e ch., no 052/2021, 8-4-2021 : Jacques Philippe Lekoba c/ STPM Congo SA ; CCJA, 2e ch., no 153/2021, 24-6-2021 : Motor Oil Trading c/ Sonidep ; CCJA, 3e ch., no 173/2021, 28-10-2021 : Chantal Loemba c/ Établissement Carnaval Casino).

De même, le moyen du recourant qui, ayant fait grief à l'arrêt attaqué de manquer de motifs et s'étant réservé le droit de développer davantage son argumentation dès la mise à disposition de l'arrêt attaqué et y a été autorisé, s'est abstenu de développer ce moyen, malgré l'autorisation qui lui a été accordée par la Cour, doit être écarté comme non pertinent (CCJA, 1e ch., n° 273/2020, 30-7-2020 : Guissou Dominique c/ Ecobank Burkina).

B. Pièces et correspondances non autorisées

Le courrier du conseil du demandeur au pourvoi qui a été classé au dossier sans aucune autorisation en violation de l'article 31 du Règlement de procédure de la CCJA est irrecevable (CCJA, ass. plén., n° 085, 20-11-2013 : SGT SA c/ El HADJ SANY OUSMANE, Rec. jur. CCJA, n° 20, vol. 1, janv.-déc. 2013, p. 125-127, Ohadata J-15-23).

C. Mémoire en réponse très tardif

Est irrecevable, d'office, en application de l'article 31, alinéa 2 du Règlement de procédure de la CCJA, le mémoire en réponse produit hors délais, le délai de distance éventuellement applicable étant inclu (CCJA, 2e ch., n° 077/2024, 28-3-2024, pour un mémoire produit huit mois après la signification du recours ; CCJA, 1e ch., n° 192/2024, 27-6-2024).

II. Mémoires et pièces recevables

A. Recevabilité du mémoire dont une version électronique a été reçue par la cour dans le délai imparti

C'est à tort que l'irrecevabilité d'un mémoire en réplique a été soulevée, pour forclusion, au motif qu'il a été déposé le 22 mars 2021 au lieu de l'être depuis le 15 mars 2021, dès lors qu'il ressort du dossier que la version électronique du mémoire a été soumise le 11 mars 2021 au greffe de la CCJA qui en a accusé réception le 12 du même mois, en conformité avec la décision n° 084/2020/CCJA/PT portant mesures exceptionnelles dans la prise en compte des délais de procédure devant la CCJA ; qu'il y a donc lieu de rejeter la demande de la société CTC-ADDRA tendant à écarter ledit mémoire en réplique des débats (CCJA, 2e ch., n° 002/2022, 20-1-2022 : Brasserie BB Lomé SA c/ Sté CTC-Addra).

B. Mémoire ampliatif ou tout mémoire autorisé

L'article 31 du règlement de procédure de la CCJA ne spécifiant pas la nature du mémoire dont le dépôt peut être autorisé, le mémoire ampliatif du recourant autorisé par le président de la cour et signifié à la partie défenderesse qui n'avait pas encore produit de conclusions est recevable (CCJA, 1e ch., n° 124/2020, 9-4-2020 : Saran Simpara Traore c/ Bank of Africa Mali).

C. Mémoire complémentaire au recours initial, reçu au greffe avant le dépôt du mémoire en réponse

L'autorisation préalable du président de la cour prescrite à l'article 31 du Règlement de procédure n'est exigée que lorsqu'une partie souhaite déposer un mémoire à la suite d'un mémoire en réponse ou en duplique. S'agissant, en l'espèce, d'un mémoire complémentaire, faisant corps avec la requête initiale et reçu au greffe de la cour le 31 mars 2022, bien avant le dépôt du mémoire en réponse en date du 4 mai 2022, il n'est donc pas soumis aux prescriptions de l'article 31 susmentionné et est donc recevable (CCJA, ass. plén., n° 199/2022, 29-12-2022).

D. Recevabilité de pièces produites en régularisation, spontanée ou à la demande de la cour, avant la clôture de l'instruction

Voir sous l'article 28 (CCJA, 1e ch., n° 206/2022, 29-12-2022).

III. Concentration des moyens devant la CCJA

Il résulte de l'article 31 du Règlement de procédure de la CCJA que le principe de la concentration des moyens s'applique devant la CCJA, sous réserve de la mise en œuvre des dispositions de l'article 31 du Règlement de procédure de la CCJA précité, lesquelles ne fixent aucun contenu précis pour le mémoire dont le dépôt est permis. Le mémoire querellé ayant été autorisé en application dudit texte, il échet pour la cour de rejeter l'exception d'irrecevabilité soulevée pour tardiveté (CCJA, 1e ch., n° 068, 14-3-2019 : SICG-Mali c/ BMS).

IV. Recevabilité du mémoire autorisé par le président

Le mémoire produit sur autorisation du président de la CCJA est recevable. Le moyen concluant à l'irrecevabilité du mémoire en duplique de la défenderesse au motif que cette dernière, qui n'avait pas produit dans le délai un mémoire en réponse à son pourvoi, ne pouvait pas être autorisée par le président de la cour de céans à dupliquer est inopérant dès lors que c'est à la suite d'une décision souveraine rendue conformément à l'article 31 du Règlement de procédure que le président a autorisé le dépôt dudit mémoire (CCJA, 3e ch., n° 076, 29-3-2018 : Aimable Mpore c/ MTN-CI SA).

Art. 32 [mod.] 1 – Toute exception à la compétence de la Cour ou à la recevabilité du recours doit être présentée dans le délai fixé pour le dépôt de la première pièce de procédure émanant de la partie soulevant l'exception. La Cour peut statuer distinctement sur l'exception ou la joindre au fond.

2 – Lorsque la Cour est manifestement incompétente pour connaître du recours ou lorsque celui-ci est manifestement irrecevable ou manifestement non fondé, elle peut à tout moment par décision motivée, se déclarer incompétente, déclarer le recours irrecevable ou le rejeter.

I. Exceptions

A. Présentation des exceptions : aucun ordre requis

Si l'article 32 du Règlement de procédure de la CCJA impose un délai pour présenter les exceptions d'irrecevabilité et d'incompétence, il ne prévoit cependant aucune sanction relativement à l'ordre de présentation. Il s'ensuit que le fait d'avoir soulevé l'irrecevabilité du pourvoi, avant de soulever l'incompétence de la CCJA, ne rend pas le recours irrecevable (CCJA, ass. plén., n° 143/2016, 14-7-2016 : A. c/ État du Sénégal et le Ministère public, Ohadata J-17-83).

B. Exceptions recevables

1° Nouveauté d'une demande

Est recevable, en l'état, l'exception d'irrecevabilité soulevée in limine litis par les défenderesses au pourvoi sur le caractère nouveau de la demande, dès lors qu'elle ne peut être appréciée au début de la procédure puisque ayant une similitude avec le moyen unique de cassation et que, d'autre part, le jugement dont se prévalent les défenderesses n'ayant pas acquis force exécutoire ne peut produire aucun effet (CCJA, 1e ch., n° 037, 2-5-2013 : 1) Denis Daniel François ROZAND, 2) Latré Kayi Tassito LAWSON-HELOU c/ 1) Sté FULLCAT AFRIQUE DE L'OUEST (FAO) SARL, 2) Sté BOKAMION SARL, Rec. jur. CCJA, n° 20, vol. 1, janv.-déc. 2013, p. 47-49, Ohadata J-15-37).

Il doit être tenu compte des **dernières écritures d'une partie.** Ainsi par exemple, il n'y a pas lieu de rejeter l'exception d'irrecevabilité soulevée par la défenderesse, au motif que cette dernière a, à première vue soulevé une exception d'irrecevabilité alors qu'elle conclut son mémoire en sollicitant de la CCJA qu'elle se déclare incompétente pour connaître du pourvoi en cassation conformément à l'article 28 du Règlement de procédure de la CCJA, dès lors que, si dans son mémoire en réponse la défenderesse s'est référée à l'incompétence, elle a rectifié l'erreur dans son mémoire en duplique et a en définitive conclu à l'irrecevabilité du recours (CCJA, 2e ch., n° 066, 21-4-2016 : Kachtaban Mohamed Chaffic c/ BIAO-Côte d'Ivoire dite BIAO-CI, SA, Ohadata J-17-14).

2° Pas de demande reconventionnelle en appel sans appel incident

L'intimé qui n'a formé aucun appel incident pour contester la décision entreprise, est irrecevable à réitérer en appel ses demandes reconventionnelles soumises au premier au juge (CCJA, 1e ch., n° 168/2020, 14-5-2020 : American eagle guard security c/ Hôtel Sarakawa).

3° Mise à l'écart de pièces tardives pour violation du contradictoire

La partie qui entend se prévaloir de pièces à l'appui de ses prétentions doit les communiquer en temps utile à l'autre partie, sous peine que de telles pièces soient taxées de tardives, rejetées comme telles et écartées du dossier. Le lot de pièces communiquées par l'appelante n'étant pas conforme aux prescriptions légales des articles 6 et 150 du Code de procédure civile burkinabé applicable en l'espèce, il sera écarté du dossier, dans l'intérêt d'une saine application du principe du contradictoire (CCJA, 1e ch., n° 021/2021, 18-2-2021 : SGBF SA c/ CBI SA).

C. Exceptions irrecevables

1° Exception tardive

a. Exception présentée hors délai

L'exception d'incompétence et l'irrecevabilité du recours in limine litis contenus dans un mémoire en réponse transmis au greffe de la CCJA après l'expiration du délai de trois mois imparti à la défenderesse au pourvoi pour répondre est irrecevable (CCJA, n° 12/2002, 18-4-2002 : Total Fina Elf c/ Sté COTRACOM, Ohadata J-02-65, obs. Joseph Issa-Sayegh).

Les exceptions d'irrecevabilités présentées tardivement, en ce qu'elles n'ont pas été présentées dans le délai imparti sont irrecevables. Tel est le cas lorsqu'une partie ayant déposé son mémoire en réponse avec pièces au greffe le 16 août 2016 n'a soulevé des exceptions d'irrecevabilité du pourvoi que le 15 mars 2018 (CCJA, 3e ch., n° 205/2019, 27-6-2019 : Nbm SA c/ Amc SA.).

b. Exception présentée après conclusions au fond

Est irrecevable :

– la fin de non-recevoir présentée par une partie dans un mémoire additionnel après avoir conclu au fond (CCJA, 1e ch., n° 277/2018, 27-12-2018 : Y. c/ Sartem) ;

– l'exception de procédure soulevée dans un mémoire en duplique, après qu'il ait été conclu au fond dans un premier mémoire en réponse (CCJA, 2e ch., no 160/2024, 30-5-2024).

2° Recevabilité du moyen dont l'appréciation nécessite un examen au fond

L'irrecevabilité d'un pourvoi en cassation ne pouvant tendre qu'à sanctionner l'inobservation des conditions ou des formalités prévues pour son exercice devant la CCJA, l'appréciation des griefs faits dans un pourvoi quant à la violation d'articles d'un Acte uniforme relève de leur examen au fond, et le pourvoi doit être reçu (CCJA, 1e Ch., no 001, 24-1-2008 : Standard Chartered Bank Cameroun dite SCBC c/ Caisse Nationale de Prévoyance Sociale dite CNPS ; Juris-Ohada no 2, avr.-juin 2008, p. 2 ; Rec. jur. CCJA, no 11, janv.-juin 2008, p. 70, Ohadata J-09-26).

3° Exception de litispendance

L'exception de litispendance soulevée in limine litis par le défendeur au pourvoi, découlant de la saisine concomitante du TGI hors classe de Niamey, statuant en matière commerciale et du président dudit tribunal statuant comme juge de l'urgence en application de l'article 49 de l'AUPSRVE, ne peut être appréciée au stade de l'examen des moyens de cassation, mais, le cas échéant, si la CCJA cassait l'arrêt attaqué, invoquait et statuait sur le fond. Il s'ensuit que ladite exception doit être déclarée irrecevable en l'état (CCJA, 2e ch., no 40, 8-12-2011 : BINCI SA c/ État du Niger, Juris-Ohada, 2012, no 3, juill.-sept., p. 24, Ohadata J-13-47, J-13-158).

Obs. : cet arrêt rendu antérieurement à l'entrée en vigueur de l'art. 32 nouveau du règlement est transposable.

L'exception d'irrecevabilité pour litispendance soulevée au motif que les arrêts attaqués ont également fait l'objet d'un pourvoi en cassation devant la juridiction nationale suprême et dont l'instruction se trouve suffisamment avancée, doit être rejetée, dès lors que, en vertu de l'article 16 du Traité Ohada relatif à l'harmonisation du droit des affaires en Afrique, la saisine de la CCJA suspend toute procédure de cassation engagée devant une juridiction nationale contre la décision attaquée (CCJA, 1e ch., no 033, 29-2-2016 : AES SONEL SA c/ Niat Njifenji Marcel, Ohadata J-16-235).

4° Exception tirée de la péremption d'instance

L'exception d'irrecevabilité tirée de la péremption de l'instance en cassation n'est pas fondée et doit être rejetée dès lors que, d'une part, il résulte des pièces du dossier, contrairement aux allégations de la demanderesse, que, suite au pourvoi formé le 16 mars 2010 contre l'arrêt attaqué devant la Cour suprême de Côte d'Ivoire, l'un des défendeurs au pourvoi a conclu le 8 juillet 2010 par son avocat, mais aussi que le président de la chambre judiciaire de cette cour a, par ordonnance de distribution rendue le 17 novembre 2010, désigné un conseiller rapporteur, tout comme monsieur le procureur général près ladite cour qui a pris ses conclusions le 8 février 2013 ; d'autre part, le pourvoi initial ayant été fait devant la Cour suprême de Côte d'Ivoire, l'article 28 du Règlement de procédure CCJA de la cour de céans ne peut être évoqué pour la validité dudit pourvoi régi par les dispositions du droit national ivoirien. En conséquence, l'exception d'irrecevabilité doit être rejetée et le pourvoi déclaré recevable en la forme (CCJA, 3e ch., no 129, 7-7-2016 : United Bank of Africa dite UBA c/ Sté GRASSFIELDS HOLDING limited GBL C2, Maître Désiré Kangah, Ohadata J-17-70).

5° Contredit

Les dispositions de l'article 14 du Traité OHADA n'ayant pas prévu le contredit, la mise en œuvre de cet article ne peut être affectée par une disposition contraire du droit interne. L'exception d'irrecevabilité tirée de la forclusion n'est pas fondée et doit être rejetée, la saisine sur renvoi d'une juridiction nationale statuant en cassation étant régie par l'article 30 du Règlement de procédure de la CCJA dont aucune violation n'a été invoquée en l'espèce (CCJA, 3e ch., no 163, 1-12-2016 : Fousseyni Niare c/ Total Mali, Ohadata J-17-103).

6° Prescription

L'exception d'irrecevabilité d'un pourvoi pour cause de prescription des faits au moment de son introduction doit être rejetée, dès lors que la CCJA est juge en droit et non en fait (CCJA, 1e ch., no 037, 29-2-2016 : TRANSREGIONALES SA c/ ESSO EXPLORATION AND PRODUCTION CHAD INC (EEPCI), Ohadata J-16-239).

7° Défaut de qualité non avéré

L'irrecevabilité soulevée au motif que SOTRADI SARLU, étant différente de la SOTRADI SA partie au procès, ne peut donc, pour défaut de qualité, introduire ce recours doit être rejetée et le pourvoi déclaré recevable, dès lors que ce fut par erreur que le greffier en chef chargé du Registre de commerce et du Crédit mobilier de Douala a écrit sur la couverture de l'extrait « SARLU » comme la forme juridique de SOTRADI, alors qu'il résulte clairement des pièces du dossier de la procédure, notamment du contenu de l'extrait du Registre de commerce et du Crédit mobilier, que la SOTRADI est une société anonyme et que l'arrêt no 022/C querellé a été rendu à Douala le 17 janvier 2014, par la cour d'appel du Littoral, dans une affaire opposant la Sté SOTRADI, Société Anonyme, à la Sté OASIS MOTORS, société anonyme (CCJA, 3e ch., no 011, 25-1-2018 : Sté des Travaux Divers SA c/ OASIS MOTORS SA).

C'est à tort qu'une partie, dans son mémoire en réponse soulève in limine litis l'irrecevabilité du pourvoi à l'égard de certaines parties, qui se sont désistées, ainsi qu'à l'égard d'autres qui n'étaient pas parties au procès, dès lors qu'il ressort des pièces de la procédure que certaines des personnes mentionnées étaient parties aux procès, aussi bien en première instance qu'en appel comme en font foi l'ordonnance de la juridiction présidentielle et l'arrêt de la cour d'appel, et que par ailleurs, s'il est exact que l'arrêt dont s'agit mentionne dans son dispositif le désistement de [X. Y.], il n'en demeure pas moins qu'elles sont revenues sur ce désistement pour avoir dûment signé et le recours en cassation et le mandat spécial délivré à l'avocat et qu'enfin lesdits recours et mandat n'évoquent nulle part les nom et prénom de [Z] ; de ce qui précède, il y a lieu de rejeter l'exception (CCJA, 3e ch., no 038, 31-1-2019 : DADIE Jean Bertin et 50 autres c/ Hôpital Méthodiste de DABOU, en présence de la BACI).

8° Exception fondée sur le défaut d'intérêt tirée du droit national

La recevabilité d'un recours en cassation devant la CCJA est régie par l'article 28 de son Règlement de procédure CCJA, à l'exclusion de toute disposition de la législation interne d'un État partie au Traité de l'OHADA. Il s'ensuit que l'exception d'irrecevabilité du pourvoi soulevée par la défenderesse, au motif que, la mainlevée de la saisie conservatoire pratiquée ayant été donnée, CDCI ne justifie dorénavant d'aucun intérêt à obtenir la cassation de l'arrêt attaqué devenu sans objet, et ce, conformément à l'article 31 du Code ivoirien de procédure civile Code de procédure civile commerciale et administrative selon lequel « l'action n'est recevable que si le demandeur justifie d'un intérêt légitimement protégé, direct et personnel », ne peut prospérer et le recours est recevable (CCJA, 1e ch., no 141, 29-6-2017 : CDCI c/ BSIC-CI).

9° Exception devenue sans objet

L'exception d'irrecevabilité soulevée devient sans objet lorsque la situation a pu être spontanément régularisée dans le mémoire en réponse, le pourvoi étant ainsi recevable en la forme (CCJA, 3e ch., no 139, 8-6-2017 : Fédérale d'Assurances Côte d'Ivoire c/ Administration des Douanes de Côte d'Ivoire et 2 autres).

10° Exception visant l'incompétence de la CCJA, qui n'était pas caractérisée en l'espèce

L'exception d'irrecevabilité d'un pourvoi sur le fondement de l'article 28 c-2 du Règlement de procédure de la CCJA, aux motifs qu'il n'indique pas en quoi la saisine de la cour est justifiée et qu'en outre les moyens invoqués ne sont pas relatifs aux Actes uniformes, doit être rejetée, dès lors que le contentieux du fond déféré à la cour d'appel par la voie de la requête civile est relatif à la restitution de parts sociales, à la distribution de dividendes et au paiement de dommages et intérêts, matières régies par l'AUSCGIE, et que la cour a été saisie dans les termes et délais fixés (CCJA, 3e ch., no 194, 29-12-2016 : SAMPANA SA c/ Sté Ciments de Guinée et 4 autres).

11° Exception visant à tort l'incomplétude et le caractère vague non avérés du moyen unique

Les requérants qui ont indiqué que l'arrêt attaqué, en confirmant le jugement entrepris, viole selon eux les articles 1, 4 et 5 de l'AUPSRVE se sont conformés aux prescriptions de l'article 28.1 du Règlement de procédure de la CCJA qui exige que le recours contienne « les conclusions du requérant et les moyens invoqués à l'appui de ces conclusions », et « indique les actes uniformes [...] dont l'application dans l'affaire justifie la saisine de la Cour ». C'est à tort que le défendeur soulève l'irrecevabilité du recours au motif qu'il articule un moyen unique tiré de la violation de la loi ou de l'erreur dans l'application ou l'interprétation de la loi, sans indiquer en quoi l'arrêt querellé a mérité ce grief, et l'exception d'irrecevabilité, qui est mal fondée, doit être rejetée (CCJA, 2e ch., no 041, 23-3-2017 : Sté REGIA SARL et Anongba Guillaume c/ BNI, Ohadata J-17-188).

12° Fin de non-recevoir concernant l'intitulé du recours formé devant la CCJA

Le pourvoi en cassation devant la CCJA étant également appelé recours en cassation (CCJA, 1e ch., no 123/2019, 25-4-2019 : Diamond Bank c/ Société Mahoussi & Fils sarl et 1 autre), c'est à tort que l'irrecevabilité d'un pourvoi est soulevée au motif qu'il est intitulé « Mémoire aux fins de pourvoi en cassation », dès lors qu'aucune disposition de l'article 14, al. 3 du Traité ou des articles 28 et 31 du règlement de procédure de la CCJA ne consacre l'appellation qu'il convient de donner au recours en cassation. En tout état de cause, un mémoire se définit selon le lexique des termes juridiques 2018-2019 comme « un document écrit contenant l'exposé des prétentions d'un plaideur et des moyens de droit invoqués à leur appui ». Tel étant le cas en l'espèce, du document de saisine de la CCJA intitulé « Mémoire aux fins de pourvoi en cassation » ; il y a lieu de rejeter la fin de non-recevoir soulevée comme manquant de pertinence et de recevoir conséquemment le pourvoi (CCJA, 3e ch., n° 103/2020, 9-4-2020 : Norgine SAS c/ Setexpharm SARL).

13° Fin de non-recevoir tirée de l'acquiescement prétendument tiré de l'exécution ou du début d'exécution de l'arrêt attaqué

Est irrecevable la fin de non-recevoir tirée de l'acquiescement à l'arrêt attaqué, en ce que celui-ci a déjà été totalement exécuté par le paiement à la demanderesse, toute chose qui implique la renonciation des parties à tout recours contre ladite décision, dès lors qu'en droit, le fait pour une partie de se borner à recevoir, sans le solliciter, un paiement en exécution d'un arrêt exécutoire ne vaut pas acquiescement (CCJA, 3e ch., n° 306/2020, 22-10-2020 : Sofrikaf SA c/ Frigo Zig Pêche, Congélation Vente SA).

C'est à tort que la fin de non-recevoir d'un pourvoi est soulevée au motif que le demandeur aurait acquiescé à l'arrêt attaqué et privé d'objet tout recours contre ledit arrêt, en acceptant sans réserve le paiement de la fraction non contestée de la créance qui lui a été accordée par la décision attaquée. Il en est ainsi dès lors qu'il résulte de l'article 171, alinéa 1 de l'AUPSRVE que la décision donnant effet à la saisie pour la fraction non contestée de la dette étant exécutoire sur minute, le créancier peut valablement recevoir paiement de ladite fraction, sans que cela ne suffise à constituer une renonciation à exercer un recours contre la même décision pour la partie de la dette qui fait l'objet de contestation. Dès lors, en l'espèce, la perception sans réserve de la fraction non contestée de la créance par le demandeur, telle que décidée par l'arrêt attaqué, ne saurait à elle seule valoir acquiescement à ladite décision, le privant de son droit de recours contre ledit arrêt pour la fraction de la dette qui fait l'objet de contestation ; le pourvoi est donc recevable (CCJA, 3e ch., n° 096/2024, 28-3-2024).

14° Autres exceptions irrecevables :

Est une exception irrecevable ou mal fondée :

– l'irrecevabilité d'un recours soulevée pour obscurité du libellé, en ce qu'il ressort de la lecture du dispositif du recours que le demandeur sollicite la cassation de l'arrêt n° 098, et que la cour se trouve dans l'impossibilité d'apprécier laquelle des deux décisions attaquées en cassation fait l'objet du pourvoi, dès lors que l'identification de l'arrêt attaqué ressort de la page de garde du recours en cassation, la simple erreur matérielle ayant consisté à mettre le numéro du jugement dans le dispositif de la requête aux fins de pourvoi, ne pouvant nullement constituer une cause d'irrecevabilité du pourvoi (CCJA, 3e ch., n° 048/2021, 8-4-2021 : Kiambi Diangenda Chicco, Liquidateur de la succession feu Kiambi Yavanga José c/ Ecobank RDC SA) ;

– l'irrecevabilité soulevée pour autorité de la chose jugée, la recevabilité des recours adressés à la CCJA s'appréciant au regard de son règlement de procédure. S'agissant de l'autorité de chose jugée relativement aux contentieux dont elle est saisie et qui relèvent de sa compétence, elle est appréciée au regard de ses seuls arrêts et ordonnances, à l'exclusion de toutes autres décisions des juridictions nationales, fussent-elles de cassation. Cette fin de non-recevoir n'étant pas fondée, il échet de la rejeter et de déclarer le recours recevable (CCJA, 2e ch., n° 147/2021, 24-6-2021 : Association des propriétaires terriens expropriés de Bado c/ Société west african cement) ;

– l'exception d'irrecevabilité qui, dans son articulation, vise le moyen unique de cassation qui ne constitue pas une cause d'irrecevabilité du recours au regard de l'article 28 du Règlement de procédure de la CCJA. Tel est le cas de l'irrecevabilité soulevée in limine litis, au motif que le locataire affirme que le tribunal de commerce d'Abidjan aurait violé l'article 133 de l'AUDCG en retenant contre lui la faute de sous-location des lieux objet du bail litigieux, alors, selon le locataire, demandeur à la cassation, que ce tribunal n'a en aucun moment statué sur la sous-location concernant le locataire mais a seulement retenu contre lui le grief tenant à l'existence d'arriérés de loyers ; qu'elle estime ainsi, que le moyen invoqué par le recourant est imprécis, confus et ne reflète pas la réalité (CCJA, 1e ch., n° 183/2021, 11-11-2021 : Gueye Aliou c/ Société central park) ;

– l'exception ne concernant pas directement l'arrêt rendu au mépris de la compétence de la CCJA. C'est à tort que l'irrecevabilité d'un pourvoi a été soulevée au motif que dans l'instance de cassation qui a abouti à l'arrêt de cassation du 20 décembre 2017 rendu par la cour suprême du Sénégal, l'incompétence de la juridiction n'a pas été soulevée du fait que la procédure devait appeler l'application d'un Acte uniforme de l'OHADA. Il en est ainsi dès lors que la décision objet du recours est l'arrêt n° 5 du 28 novembre 2019 rendu par la cour d'appel de Saint-Louis et non l'arrêt du 20 décembre 2017 rendu par la cour suprême du Sénégal en cassation et annulation de l'arrêt n° 386 du 15 décembre 2016 de la cour d'appel de Dakar, même si l'arrêt n° 5 du 28 novembre 2019 a été rendu à la suite de celui de la cour suprême ; l'exception d'irrecevabilité est mal fondée et convient de déclarer le pourvoi recevable

(CCJA, 3e ch., no 135/2021, 24-6-2021 : Ascot Commodities c/ Bocar Samba Diew) ;
– l'exception d'irrecevabilité du pourvoi en cassation formé contre l'arrêt d'une juridiction nationale de cassation ayant statué dans une matière relevant de la compétence de la CCJA, dès lors que l'article 14 du Traité, fondement de l'action du requérant, est relatif à la compétence de la CCJA et non à la recevabilité du recours en cassation qui est plutôt régi par les articles 28 et suivants du Règlement de procédure de la CCJA ; et qu'aucun grief n'a été précisément fait au recours au regard de ces dispositions (CCJA, 1e ch., no 123/2021, 24-6-2021 : Bohoussou Serge Yves c/ Hassan Hyjazi) ;
– l'exception relative à la validité d'exploits d'officier ministériel contre lesquels la personne soulevant l'exception ne s'est pas inscrite en faux (CCJA, 1e ch., no 235/2020, 25-6-2020 : Moussa Kante c/ Daouda Keita) ;
– l'exception relative à l'inexistence d'une société qui a toujours été opposée à la société demanderesse depuis la condamnation de cette dernière, solidairement avec d'autres, au paiement des causes de saisies pratiquées contre un débiteur, et dont l'existence juridique n'a jamais fait l'objet d'un débat tendant à remettre en cause sa représentation, et contre laquelle la défenderesse a obtenu la mainlevée de la saisie d'attribution de créances, nul ne pouvant se contredire au gré de ses intérêts procéduraux au détriment de son adversaire ; ladite société ne peut donc se voir empêcher d'agir devant la CCJA (CCJA, 1e ch., no 232/2020, 25-6-2020 : Sehic Hollywood Hôtelc/ pro PME Financement SA) ;
– l'exception d'irrecevabilité d'un pourvoi soulevée au motif qu'il viole les articles 27, 28 bis et 28 ter du règlement de procédure de la CCJA en ce que, la recourante n'a pas joint le jugement contre lequel l'arrêt attaqué a été rendu, dès lors que les dispositions précitées font obligation au recourant d'annexer à son recours la décision de la juridiction nationale qui fait l'objet du recours, et qu'en l'espèce, la recourante a produit à l'appui de son recours, l'arrêt d'appel attaqué (CCJA, 3e ch., no 225/2020, 25-6-2020 : Ngogny Kane c/ Ousmane Faty Sow) ;
– l'exception d'irrecevabilité du pourvoi formé contre un arrêt avant-dire-droit est recevable, dès lors que cet arrêt, également interlocutoire, comporte des éléments de fond sur lesquels le juge d'appel s'est définitivement prononcé. Cette nature mixte justifiant l'exercice du pourvoi, l'exception d'irrecevabilité soulevée doit être rejetée (CCJA, 1e ch., no 238/2020, 25-6-2020 : nsia Banque Côte d'Ivoire et 1 autre c/ Philippe Émile Attobra) ;
– l'exception d'irrecevabilité fondée sur l'erreur de visa des textes, qui est sans incidence sur la recevabilité du recours dès lors que le recours a été introduit par un avocat justifiant d'un mandat conformément à l'article 23 et dans les délais prévus aux articles 25 et 28 du règlement de procédure (CCJA, 3e ch., no 198/2020, 28-5-2020 : DPCI SA c/ Diallo Marouf André) ;
– l'exception fondée sur le fait de porter le no 112/2018/PC à la place de no 122/2018/PC, qui ne procède que d'une simple erreur matérielle, sans incidence sur la recevabilité du mémoire ampliatif qui le comporte (CCJA, 3e ch., no 198/2020, 28-5-2020 : DPCI SA c/ Diallo Marouf André) ;
– l'exception d'irrecevabilité d'un pourvoi, fondée sur l'allégation non prouvée que deux sociétés partageraient la même localisation en fraude aux articles 23, 24 et 25 de l'AUSCGIE (CCJA, 3e ch., no 230/2019, 10-10-2019 : Société Cemico SARL c/ Richard Ngokseu) ;
– l'exception d'irrecevabilité qui touche au fond, notamment lorsque les défendeurs, après avoir déclaré qu'ils répondaient à leur adversaire in limine litis, ont cependant développé à l'appui de leur exception des éléments qui concernent la matière même du procès (CCJA, 3e ch., no 304/2019, 28-11-2019 : Davi Tokko Kossi c/ Mamby Keita) ;
– l'exception d'irrecevabilité d'un recours soulevée au motif que la cour d'appel qui a rendu l'arrêt attaqué a été saisie d'une requête civile contre le même arrêt et que si la requête civile est admise, la décision attaquée sera rétractée et les parties se retrouveront au même état où elles étaient avant la décision. Il en est ainsi car la recevabilité d'un pourvoi en cassation devant la CCJA est appréciée par référence aux dispositions du règlement de procédure de la CCJA, au regard duquel le fait qu'une procédure parallèle soit pendante devant une juridiction nationale du fond n'affecte aucunement la recevabilité d'un recours (CCJA, 1e ch., no 252/2019, 7-11-2019 : Sté Libya Oil Sénégal c/ Sté Bénin Petro) ;
– l'irrecevabilité d'un recours soulevée au motif que le demandeur n'a pas démontré en quoi l'arrêt attaqué soulève des questions relatives à l'application des Actes uniformes ou des règlements prévus au Traité, le recourant ayant fondé son recours principalement sur des dispositions du droit interne, dès lors que la sentence à l'origine du recours en cassation a été rendue en application de l'AUA (de 1999), matière qui rentre dans celles définies à l'article 2 du Traité OHADA ; l'invocation du droit interne est indifférente et il n'en résulte aucune violation de l'article 28.1 du Règlement de procédure de la Cour (CCJA, 1e ch., no 063/2021, 8-4-2021 : Marc Orphanides c/ Alkarim Alnoor Jamal) ;
– l'exception d'irrecevabilité d'un recours soulevé au motif de l'absence d'une pièce différente des seules pièces exigées à peine d'irrecevabilité du recours en cassation par l'article 28 du Règlement de procédure,

à savoir la décision de la juridiction nationale qui fait l'objet du recours, les statuts, un extrait du RCCM ou toute autre preuve de son existence juridique si le requérant est une personne morale et un mandat spécial régulièrement donné à l'avocat du requérant (CCJA, 2e ch., no 146/2020, 30-4-2020 : Société Commodities Corporate Consulting c/ Iatham Éric Jean Louis et 2 autres) ;

– l'exception d'irrecevabilité d'un recours soulevé au motif qu'il n'est fondé sur aucun Acte uniforme ou texte issue de l'OHADA, car si l'article 245 de l'AUDCG, applicable à la vente commerciale, ne peut être invoqué en la cause que par analogie, le pourvoi répond aux exigences de l'article 28.1 du Règlement de procédure de la CCJA dès lors qu'une partie a exposé que le litige est relatif à une opération de banque, donc un acte de commerce au sens de l'article 3 du même Acte uniforme (CCJA, 1e ch., no 131/2019, 25-4-2019 : Sogad BTP c/ Sté Orabank Gabon, et Sté Orabank Gabon c/ Sogad BTP).

Le mémoire par lequel un défendeur soulève l'irrecevabilité d'un recours, au motif que les moyens qui le sous-tendent sont vagues et imprécis, pour certains, et relèvent de l'appréciation souveraine des juges du fond, pour d'autres, est irrecevable, dès lors que la recevabilité des moyens qui sous-tendent un recours en cassation n'affecte pas la recevabilité de celui-ci (CCJA, 1e ch., no 311/2019, 12-12-2019 : Xavier Ndusha Birhafanwa c/ Rawbank SA).

Si le Traité et le Règlement de procédure OHADA édictent les conditions de recevabilité communes aux recours portés devant la CCJA, il en existe d'autres spécifiques à chaque type de contentieux. En matière de saisie immobilière, les articles 293, 300 et 313 de l'AUPSRVE prévoient que le jugement qui se prononce sur une action en nullité principale d'une adjudication, en ce qu'il est rendu en matière de saisie immobilière, est susceptible de pourvoi devant la CCJA, dans la mesure où il ne statue pas sur le principe de créance ou sur des moyens de fonds tirés de l'incapacité des parties, de la propriété, de l'insaisissabilité ou de l'inaliénabilité des biens saisis ; tel étant le cas en l'espèce, le recours est recevable, dès lors qu'il est par ailleurs conforme aux dispositions du règlement précité (CCJA, 1e ch., no 135/2020, 30-4-2020 : Société coopérative des producteur agricoles des Bamboutos c/ Mutuelle communautaire de croissance de Babadjou).

D. Jonction des exceptions au fond

L'irrecevabilité d'un pourvoi en cassation ne pouvant tendre qu'à sanctionner l'inobservation des conditions ou formalités prévues pour son exercice devant la cour de céans, l'appréciation du caractère sérieux des griefs faits au présent pourvoi quant à la violation de dispositions d'un Acte uniforme (136, 139, 140 de l'AUPSRVE en l'espèce) relève de leur examen au fond ; il y a lieu de joindre au fond l'examen desdits griefs (CCJA, 2e ch., no 07, 30-3-2006 : Sté Civile de Grand-Lahou dite SCGL c/ American Ivoirian Investment Corporation dite A21C, Juris-Ohada, no 3/2006, p. 23, Ohadata J-07-14).

Les exceptions qui interfèrent avec le fond d'un dossier ou qui impliquent l'examen des moyens d'un pourvoi (CCJA, 3e ch., no 209/2021, 25-11-2021 : N. c/ SGCI) doivent être examinées conjointement avec le fond du pourvoi. Tel est le cas :

– lorsque c'est nécessaire (CCJA, 2e ch., no 20, 23-2-2017 : K. c/ STAR Auto SA, Ohadata J-17-180) ;

– par exemple, de l'exception d'irrecevabilité soulevée aux motifs que la demanderesse a formé une tierce opposition principale contre l'arrêt confirmatif no 220 du 7 juin 2016 de la cour d'appel auquel elle n'était pas partie et qui est revêtu de l'autorité de la chose jugée par l'effet de l'arrêt no 021 du 11 mars 2014 de la CCJA, que la demanderesse est dépourvue du droit d'agir du fait de l'annulation du traité de fusion – absorption du 14 avril 2006, qu'elle n'a pas observé les dispositions de l'article 648 du Code de procédure civile guinéen selon lequel, « en cas d'indivisibilité à l'égard de plusieurs parties au jugement attaqué, la tierce opposition n'est recevable que si toutes ces parties sont appelées à l'instance » et que, l'assignation en tierce opposition n'ayant pas appelé à l'instance la défenderesse, ce manquement entraîne l'irrecevabilité dudit recours et, partant, du présent pourvoi en cassation (CCJA, 1e ch., 229, 29-11-2018 : Total Guinée SA c/ Compagnie Pétrolière de Guinée, État de Guinée) ;

– d'une part, de l'irrecevabilité du recours soulevée pour « défaut d'indication et de citation des parties au procès », en violation des articles 281 de l'AUPSRVE et de l'article 14 du Traité de l'OHADA, et, d'autre part, des moyens proposés de la partie adverse, non seulement pour absence de clarté et de précision, mais aussi en raison de leur caractère nouveau (CCJA, 1e ch., no 062, 14-3-2019 : Marlan's cotton industries c/ 1) État Béninois, 2) SCI Aiglon Properties, 3) First port international Côte d'ivoire SA) ;

– des moyens développés in limine lits dans les conclusions d'un défendeur et de la demande en tierce opposition (CCJA, 1e ch., 168, 25-10-2018 : 1) C., 2) Sté Geseco Select c/ 1) Sté Sodigab SA, 2) La Comete SA) ;

– lorsque les mérites de l'exception soulevée ne peuvent être appréciés qu'après examen des moyens du pourvoi. Tel est le cas par exemple de l'irrecevabilité d'un recours, soulevée au motif que la recourante n'est « ni propriétaire des 67 316 actions adjugées à la [défenderesse] à la suite de la saisie desdites actions et de leur vente aux enchères publiques et ayant généré les dividendes querellés, ni une débitrice à l'encontre de laquelle ladite saisie a été opérée » (CCJA, 1e ch., no 325/2020, 22-10-2020 : SGP S.A. c/ Gaip Oil S.A.). Dans le même sens, pour l'exception d'irrecevabilité d'un recours soulevée dans un mémoire en réplique au motif que la cour d'appel a déclaré recevable l'appel interjeté alors que l'ordonnance rendue par le tribunal de grande instance n'a tranché aucune des matières visées par l'article 300 de l'AUPSRVE (CCJA, 1e ch., no 104/2021, 27-5-2021 : Ecobank Centrafrique SA c/ Centradem SARL) ;

– de l'exception d'irrecevabilité d'un recours soulevée au motif que le recours est axé sur des moyens sur lesquels l'arrêt attaqué ne s'est pas prononcé (CCJA, 1e ch., no 011/2022, 27-1-2022 : Société LHG S.A c/ Société Hann et Compagnie) ;

– de l'exception qui implique l'examen des moyens du pourvoi. Il en est ainsi de l'irrecevabilité soulevée au motif que le recours est axé sur des moyens sur lesquels l'arrêt attaqué ne s'est pas prononcé (CCJA, 1e ch., no 011/2022, 27-1-2022).

II. Incompétence manifeste de la CCJA

Conformément aux dispositions de l'article 32.2 du Règlement de procédure de la CCJA, lorsque la CCJA est manifestement incompétente pour connaître du recours lorsque celui-ci est manifestement irrecevable ou manifestement non fondé, elle peut à tout moment rejeter ledit recours par voie d'ordonnance motivée (CCJA, ord. 05/2005/CCJA, 7-7-2005 : T. D. c/ Conseil d'administration de l'Ersuma de l'OHADA, Ohadata J-06-50). Tel est le cas du pourvoi dirigé contre une décision de l'UEMOA ; celle-ci et l'OHADA sont deux organisations internationales distinctes instituées par deux traités différents, de sorte que les actes pris par l'une ne peuvent pas être considérés comme émanant de l'autre. Le règlement de l'UEMOA relatif aux systèmes de paiement dans les États membres de l'UEMOA dont la violation des articles 95, 125 et 66 du règlement UEMOA est invoquée à l'appui du recours, n'étant ni un Acte uniforme de l'OHADA, ni un règlement pris en application du Traité OHADA, la CCJA est manifestement incompétente pour connaître d'un tel recours (CCJA, ord. 1/2005, 12-1-2005 : M. S. c/ SIB, Rec. jur. CCJA, no 5, janv.-juin 2005, vol. II, p. 70, Ohadata J-06-05).

III. Irrecevabilité manifeste

A. Effets

Il ressort de l'article 1351 du Code civil ivoirien qu'il faut, pour que la fin de non-recevoir tirée de l'autorité de la chose jugée prospère, que soit réunie la triple identité de parties, de cause et d'objet. L'irrecevabilité d'une voie de recours entraîne l'irrévocabilité de la chose précédemment jugée, la décision critiquée s'en trouvant alors consolidée et devenant insusceptible de la même voie de recours. En l'espèce, l'arrêt no 9 du 15 janvier 2015 rendu par la cour d'appel d'Abidjan, statuant à l'époque comme « cour d'appel en matière commerciale », ayant déclaré la défenderesse irrecevable en son appel dirigé contre le jugement no 292/2014 du 10 avril 2014 pour cause de forclusion, cet arrêt rendu contradictoirement à l'égard des parties ne peut être remis en cause que par l'exercice d'une voie de recours extraordinaire comme le pourvoi ou le recours en révision ; en l'absence d'un tel recours, la cour d'appel qui, pour déclarer recevable un second appel exercé contre le même jugement par la même partie et contre le même intimé, retient que le fondement juridique de cet arrêt a été anéanti par une décision postérieure ayant annulé la signification, a porté atteinte à l'autorité de la chose jugée résultant de l'arrêt no 9 qui a consacré l'irrévocabilité dudit jugement. Il y a lieu de casser l'arrêt attaqué qui est en contrariété avec le premier arrêt d'irrecevabilité (CCJA, 3e ch., no 212/2021, 25-11-2021 : Kin Pierre Stanislas c/ Société Sires).

Obs. : cette décision, bien que rendue au sujet d'un litige de droit interne, éclaire sur les effets de l'irrecevabilité qui sont transposables à tous les cas d'irrecevabilité se retrouvant dans les textes édictés par l'OHADA. Elle constitue sans doute aussi une première pièce de la contrariété de décisions justifiant la cassation.

L'irrecevabilité des moyens d'un pourvoi n'affecte par le pourvoi (CCJA, 1e ch., no 249/2020, 25-6-2020 : SNIA c/ Ecobank Bénin SA), sauf si tous les moyens sont irrecevables.

B. Pourvois manifestement irrecevables

1o Recours non daté

Est manifestement irrecevable le recours formé par une lettre non datée (CCJA, ord. no 008/2009/CCJA, 16-4-2009 : Sté Groupement Friedlander MTS c/ Ets Zoumana TRAORE, Rec. jur. CCJA, no 13, janv.-juin 2009, p. 183, Ohadata J-10-99).

Sur l'irrecevabilité d'un pourvoi formé par le requérant le lendemain de la date à laquelle l'arrêt objet du pourvoi a été rendu, voir supra, sous l'article 28, note no 2.5. (CCJA, ord. no 007/2009/CCJA, 16-4-2009, Ohadata J-10-98).

2o Recours tendant à obtenir le sursis d'une décision rendue par une juridiction nationale

Le recours tendant à obtenir le sursis à l'exécution d'une décision rendue par une juridiction nationale est manifestement irrecevable, dès lors que selon l'article 46 du même Règlement de procédure, la CCJA ne peut ordonner le sursis à l'exécution forcée que de ses propres arrêts (CCJA, 1e ch., ord. n° 007, 31-7-2013 : Sté Africaine de Technologie dite ATEC c/ Sté BERNABE Côte d'Ivoire, Rec. jur. CCJA, n° 20, vol. 2, janv.-déc. 2013, p. 152-153, Ohadata J-15-90, précisant qu'un tel recours doit être rejeté par voie d'ordonnance ; CCJA, ass. plén., n° 118, 4-11-2014 : MFONKEU OUSMANOU, MFONKEU née NFOUNDIKOU SALAMATOU c/ Banque internationale pour le crédit et l'épargne du Cameroun dite BICEC, Ohadata J-15-209 ; CCJA, ass. plén., n° 120, 11-11-2014 : Morelle Michelle, Sté Mandji immobilier c/ Les Hoirs Tordjeman, Doly Tordjeman, Ohadata J-15-210).

3° Pourvoi formé contre une sentence rendue en application de l'AUA

Le pourvoi en cassation formé contre une sentence arbitrale rendue en application de l'AUA est manifestement irrecevable (CCJA, 3e ch., n° 021, 9-4-2015 : Sté EMCICA Congo SARL c/ Sté ELECTRA SA, Ohadata J-16-21).

4° Pourvoi ne comportant aucun grief spécifique relatif à la violation de l'Acte uniforme applicable

Peut être soulevée d'office l'irrecevabilité manifeste du pourvoi formé par un requérant qui n'élève à l'appui de son recours en cassation aucun grief spécifique ayant trait à la violation d'une quelconque disposition de l'Acte uniforme applicable, qui s'est borné à énoncer des moyens fondés sur la violation du droit national et qui n'a pas répondu aux courriers du greffe demandant aux parties de déposer leurs écritures et pièces dans un délai d'un mois à compter de la réception desdits courriers (CCJA, ass. plén., n° 046, 27-4-2015 : SOCRES c/ Sté IMMO CONSEIL, Ohadata J-16-46 ; CCJA, 2e ch., n° 085/2021, 27-5-2021 : Katakiti Afoh c/ Association togolaise pour le bien-être familial et un autre).

Obs. : cet arrêt, qui a visé l'article 28 du Règlement de procédure, illustre parfaitement le pourvoi manifestement irrecevable prévu à l'article 32 dudit règlement.

5° Pourvoi ne saisissant pas régulièrement la CCJA

Le pourvoi qui ne saisit pas régulièrement la CCJA est manifestement irrecevable. Il en est ainsi, par exemple, lorsque la juridiction suprême nationale initialement saisie a vidé sa saisine en renvoyant les parties devant le centre d'arbitrage de la CCJA. Cette irrecevabilité peut être relevée d'office (CCJA, 3e ch., n° 194, 23-12-2015 : DAM SARR c/ MATCA, Ohadata J-16-187).

6° Acquiescement ou transaction

Lorsqu'il est acquis au dossier que le requérant, qui fait grief à l'arrêt attaqué d'avoir minoré les dommages-intérêts qu'il lui a alloués en les fixant à 5 000 dollars américains, a, sans réserve, perçu ladite somme des mains de la partie adverse, marquant ainsi son acquiescement audit arrêt, le recours doit être déclaré irrecevable, un tel acte entraînant la renonciation par son auteur aux voies de recours contre la décision exécutée (CCJA, 1e ch., n° 285, 27-12-2018 : Batunga Sana Lelo Hervé c/ Citrigroup Congo SA, Samsung Electronics East Africa Limited).

La transaction a la même valeur qu'une décision passée en force de chose jugée et entraîne l'extinction de l'action. Il résulte nettement de la stipulation contractuelle selon laquelle en présence d'un accord stipulant nettement que « la [défenderesse] renonce de façon définitive et irrévocable à son action en paiement de créances, de saisies-ventes enclenchées contre la [demanderesse] […] il est interdit à toutes les deux parties de quelque manière que ce soit (dénonciation) de revenir sur cette affaire de réclamation de créance à compter de la signature du présent protocole d'accord », les deux parties ont effectivement transigé relativement à leur litige. Cet accord transactionnel n'ayant été ni dénoncé ni remis en cause par l'une d'entre elles, il continue de produire ses effets qui entraînent l'extinction de l'action et s'opposent, par conséquent, au recours en cassation qui doit être déclaré irrecevable (CCJA, 2e ch., n° 042/2021, 8-4-2021 : Cassidy Gold Guinée SA. c/ West Africa Mining Logistic Sarl).

Une fin de non-revoir tirée de l'existence d'un accord transactionnel mettant un terme à un différend peut être proposée comme moyen devant la CCJA (CCJA, 1e ch., n° 188/2021, 11-11-2021 : Bénin Control SA c/ Bureau Veritas SA ; CCJA, 3e ch., n° 302/2019, 28-11-2019 : Corfitex Trading Limited Sénégal SA. c/ Fatou Thiam).

7° Grief visant un jugement non déféré à la CCJA

Le grief visant un jugement qui n'a pas été déféré à la censure de la CCJA est irrecevable (CCJA, 3e ch., n° 274, 27-12-2018 : Banque Internationale pour l'Afrique au Togo c/ GTC SARL).

Obs. : par transposition, lorsque tout un pourvoi en cassation vise un arrêt qui n'a pas été déféré à la censure de la CCJA, il doit être déclaré irrecevable.

8° Décision rendue en matière de saisie immobilière et susceptible d'appel

Aux termes de l'article 32 de son Règlement de procédure, la CCJA peut à tout moment, par décision motivée, constater l'irrecevabilité manifeste d'un recours. Selon l'article 300 de l'AUPSRVE, les décisions judiciaires rendues en matière de saisie-immobilière sont susceptibles d'appel dès lors qu'elles statuent sur le principe même de la créance. Tel est le cas en l'espèce comme il est établi, comme résultant des énonciations mêmes du jugement attaqué, que le tribunal a statué sur le moyen de nullité d'une saisie-immobilière soulevé, tiré de la violation des dispositions de l'article 247 de l'AUPSRVE, en ce notamment que la créance poursuivie ne remplissait pas les conditions de certitude et de liquidité. Il échet donc pour la CCJA de constater que le jugement entrepris ne peut lui être directement déféré et, par conséquent, de relever d'office l'irrecevabilité du pourvoi (CCJA, 1e ch., 178, 25-10-2018 : The Phone House SARL c/ Sté Union Bank Of Cameroun ; CCJA, 1e ch., 188, 25-10-2018 : WATO André Marie et K. T. Reine c/ MIGEC SA ; CCJA, 1e ch., 178, 25-10-2018 : The Phone House SARL c/ Sté Union Bank Of Cameroun ; CCJA, 1e ch., 188/2018, 25-10-2018 : Sieur Wato André Marie et Kengne Tamto Reine c/ MIGEC SA).

9º Autorité de la chose jugée

Est irrecevable d'office, pour autorité de la chose jugée :

– le pourvoi formé contre un jugement ayant fait l'objet d'un appel qui a abouti à un arrêt rendu par la cour d'appel est irrecevable (CCJA, 3e ch., nº 132, 7-7-2016 : TRANSMARINE SUARL, Sté Civile Immobilière CARLYLE c/ La Banque des Institutions Mutualistes d'Afrique de l'Ouest dite BIMAO SA, Ohadata J-17-73), pour autorité de la chose jugée (CCJA, 3e ch., nº 135, 7-7-2016 : Sté SAI BASSARI c/ CBAO GROUPE ATTIJARI WAFA BANK, Compagnie Sahélienne d'Entreprises dite CSE SA ; CCJA, 3e ch., nº 138, 7-7-2016 : Sté Cheikh Ahmadou Bamba NDIAYE dite CABN, Sté SENEGAL WELLNESS FACTORY c/ Crédit International et la BSIC, Ohadata J-17-78) ;

– le pourvoi formé concurremment devant la CCJA et une juridiction suprême nationale en cassation d'un même arrêt, dès lors que, statuant par arrêt contradictoire, la juridiction nationale a cassé et annulé la décision attaquée puis renvoyé les parties, pour être fait droit, devant une cour d'appel, la cause ayant été ainsi tranchée à la demande des parties, sans qu'elles aient soulevé l'incompétence de la juridiction suprême nationale (CCJA, 3e ch., nº 233, 14-12-2017 : Sté CHANAS Assurances c/ Louis Laughier, Jacqueline Casalegno) ;

– une transaction qui n'a pas été annulée pour les causes limitativement énumérées par le droit national applicable (CCJA, 2e ch., nº 144, 11-8-2016 : Mamadou Alpha Bah c/ Mamadou Lamine Diallo, Ohadata J-17-84) ;

– le pourvoi devenu inopérant parce que le litige a déjà été tranché par un autre arrêt de la CCJA (CCJA, 2e ch., nº 152, 29-6-2017 : BOA-CI c/ CATRANS et 2 autres) ;

– le recours en opposition, lorsque les moyens invoqués à l'appui dudit recours sont les mêmes que ceux sur lesquels la cour s'est prononcée lors de l'examen de la requête en contestation de validité d'une sentence arbitrale ; ladite sentence et l'arrêt rendu par la plénière de la CCJA le 15 octobre 2015 sont insusceptibles d'être remis en cause par ce biais (CCJA, 2e ch., nº 112/2018, 17-5-2018 : Léopold Ekwa Ngalle, Hélène Njanjo Ngalle, Sté Anonyme LEN HOLDING, Sté International Business Corporation SA c/ Sté Nationale d'Hydrocarbures (SNH), Personnel SNH) ;

– aux sens de l'article 1351 du Code civil ivoirien applicable en l'espèce, le pourvoi formé contre des arrêts qui avaient précédemment fait l'objet de pourvoi, opposant les mêmes parties agissant en la même qualité, rejetés par une juridiction nationale de cassation dont l'incompétence n'a pas été soulevée (CCJA, 3e ch., nº 050/2022, 24-2-2022 : Société Vivo Energy de Côte d'Ivoire c/ Adou Sylvain).

Le pourvoi en cassation contre un jugement est irrecevable, dès lors que l'appel interjeté par la demanderesse au pourvoi contre le jugement avait abouti à un arrêt qui, ayant acquis l'autorité de la chose jugée, n'est susceptible d'être remis en cause que par la voie du pourvoi en cassation (CCJA, 3e ch., nº 053/2021, 8-4-2021 : Africastones Sarl c/ Afriland First Bank SA).

Le pourvoi dont est saisie la CCJA sur renvoi d'une juridiction nationale de cassation doit être déclaré irrecevable lorsqu'il résulte des pièces du dossier que la même cause, pour le même objet, entre les mêmes parties agissant dans les mêmes qualités, a été soumise à la CCJA qui a déjà statué par un arrêt (CCJA, 2e ch., nº 195/2020, 28-5-2020 : Compagnie minière du Mont Klahoyo c/ Toure Ben Stewart).

Est irrecevable, pour autorité de la chose jugée, le pourvoi formé contre un jugement ayant déjà fait l'objet d'un appel qui a été déclaré irrecevable, dès lors que la cause a déjà été tranchée, à la suite de la même demande fondée sur les mêmes cause et objet, entre les mêmes parties (CCJA, 2e ch., nº 060/2020, 27-2-2020 : Ivoire Filako Service International et 1 autre c/ Coris Bank International Côte d'Ivoire).

10º Demande relative à l'exclusion d'un avocat et fusionnée avec un mémoire en réponse

La demande du défendeur au pourvoi relative à l'exclusion de la procédure de l'avocat du demandeur doit, en application de l'article 23 nouveau du Règlement de procédure CCJA, faire l'objet d'une requête adressée au président de la CCJA ; une telle demande fusionnée au mémoire en réponse est irrecevable (CCJA, 3e ch., no 137, 7-7-2016 : BCN c/ Cherif Ould Abdine, SGTP, Compagnie Dubaï Office Niger, Ohadata J-17-77).

11° Recours n'invoquant la violation d'aucun texte relatif à l'OHADA

Est irrecevable, d'office, le recours qui n'invoque la violation d'aucune disposition d'un Acte uniforme ou d'un Règlement prévu au Traité. Tel est le cas d'un recours fondé sur trois moyens de cassation, pris respectivement de la violation du principe du contradictoire, de la violation du principe de loyauté et de l'atteinte à l'honorabilité et à la considération du dirigeant, moyens par lesquels le requérant développait des faits qui selon lui seraient constitutifs d'un certain nombre de violations commises par le conseil d'administration qui l'a révoqué et que les juges du fond n'ont pas sanctionnés (CCJA, 2e ch., no 060, 15-3-2018 : Franck Berthod c/ Tôles Ivoires SA et 2 autres).

Doit être relevée d'office, l'irrecevabilité du pourvoi qui n'invoque la violation d'aucun Acte uniforme ou règlement prévu par le Traité OHADA, en violation de l'article 28.1, c) in fine du Règlement de procédure de la CCJA (CCJA, 2e ch., no 223/2021, 23-12-2021 : Ndjodo Minyebele Fabrice c/ Sté Tana africa Investment Managers Limited), et qui n'est, de surcroit, axé que sur des moyens tirés de la violation de dispositions du droit interne, est manifestement irrecevable (CCJA, 3e ch., no 224/2020, 25-6-2020 : Société KG MTI-Vertriebsgesellschaft mbH & Co (KG MTI) c/ Manoah Investment SARL).

Il est de principe constamment admis par la CCJA, que bien que saisie sur renvoi d'une juridiction nationale de cassation faisant application des dispositions de l'article 15 du Traité, la CCJA apprécie la recevabilité de tous les recours portés devant elle en se référant exclusivement aux dispositions de son Règlement de procédure, sans préjudice des éventuelles adaptations qu'induit son mode de saisine. En l'espèce, lorsque le « mémoire après renvoi devant la CCJA » produit par le demandeur n'indique aucune disposition d'un Acte uniforme ou d'un règlement prévu par le Traité OHADA dont l'application dans l'affaire justifie la saisine de la cour, il convient de déclarer le recours manifestement irrecevable conformément à l'article 32.2 de son Règlement de procédure ; (CCJA, 3e ch., no 180/2021, 28-10-2021 : Houssou Bodounrin Simon c/ Société nouvelle cinique saint sauveur SARL).

Est irrecevable le recours fondé sur la violation de l'article 14 du Code de procédure civile, économique et administrative et sur la violation du principe du contradictoire et qui n'a indiqué aucun Acte uniforme ou règlement prévu par le Traité OHADA dont l'application dans l'affaire justifie la saisine de la CCJA (CCJA, 3e ch., no 226/2020, 25-6-2020 : Établissements Mamadou Bobo Barry c/ FNB Bank Guinée SA).

De même, est manifestement irrecevable le recours fondé respectivement sur la violation des articles 349 et 357 du Code de procédure civile et la mauvaise interprétation des faits et qui n'indique aucun Acte uniforme ou règlement prévu par le Traité OHADA dont l'application justifie la saisine de la CCJA et qui, de ce fait, ne permet pas à celle-ci d'exercer son contrôle (CCJA, 3e ch., no 227/2020, 25-6-2020 : Socoba-EDTPL SA c/ Société Bernabe Gabon SA).

Voir aussi : CCJA, 3e ch., no 204/2020, 28-5-2020 : Société Grupo Pefaco SLU et 2 autres c/ Orabank Togo SA ; CCJA, 3e ch., no 161/2020, 30-4-2020 : Somina SA c/ Station Bagazam ; CCJA, 2e ch., no 276/2020, 30-7-2020 : Kayissan Ayémiahé Anani-Mekle née Lawson-Hogban c/ Union togolaise de banque dite UTB.

12° Recours en cassation formé contre la décision d'une juridiction suprême nationale

Il résulte des dispositions de l'article 14, al. 3 et 4 du Traité OHADA que les décisions des juridictions des États parties susceptibles d'être attaquées par la voie du pourvoi en cassation sont celles rendues par les juridictions d'appel ou celles insusceptibles d'appel rendues par les juridictions du premier degré des États parties statuant légalement en premier et dernier ressort. Contre les décisions rendues par les hautes juridictions nationales statuant en cassation, le législateur OHADA n'a prévu que le recours en annulation dans les conditions édictées par l'article 18 dudit Traité OHADA. En l'espèce, la décision faisant l'objet du pourvoi, sur le fondement de l'article 14, al. 3 et 4 du Traité OHADA, ayant été rendue par une cour suprême nationale, haute juridiction dont les décisions sont insusceptibles de recours, à l'exception du recours en annulation prévue par l'article 18 du Traité OHADA susvisé, le recours en cassation est manifestement irrecevable (CCJA, 2e ch., no 030, 8-2-2018 : Bayor Kélani c/ Dosseh-Adjanon Daniel, Henry Yaovi Gbone ; CCJA, 2e ch., no 130, 7-6-2018 : West African Investment Corporation dite WAIC-SA devenue Tiger Industrie Mali c/ État du Mali, Banque malienne de solidarité SA).

13° Recours incomplet non régularisé dans le délai imparti

Est manifestement irrecevable, pour défaut de régularisation dans le délai imparti, le recours incomplet (notamment 12 pièces manquantes, dont le mandat donné par les clients à l'avocat pour les représenter devant la cour) (CCJA, 2e ch., no 109, 17-5-2018 : Ayants droit de la succession de Feu Zéphirin Chimbouka c/ Complexe Scolaire MAEVY d'Elite).

14° Recours dont la nature n'est pas précisée

Si le Règlement de procédure de la CCJA prévoit des recours extraordinaires pouvant déboucher sur la rétractation de l'un de ses arrêts, il incombe au recourant de spécifier la nature du recours qu'il utilise pour permettre à la partie adverse de préparer utilement sa défense et à la cour d'exercer son contrôle. Lorsque la requérante n'a pas apporté cette précision, il échet pour la cour de déclarer d'office sa « requête aux fins de rétractation » irrecevable par application des dispositions de l'article 32, al. 2 du Règlement de procédure de la CCJA (CCJA, 1e ch., no 187, 25-10-2018 : Wallerang Azizet Jocelyne c/ Dia Tely).

15° Signification d'un mémoire inopérante sur l'incompétence ou l'irrecevabilité manifestes

En cas d'incompétence ou d'irrecevabilité manifeste prévu à l'article 32.2, al. 2 du Règlement de procédure de la CCJA, la signification d'un mémoire est inopérante. Il s'ensuit que la CCJA s'étant définitivement prononcée par arrêt, dont la liquidation des dépens est présentement sollicitée, est sans objet la demande de régularisation de procédure formulée par la demanderesse au pourvoi initial, motif pris de la violation du principe de la contradiction en ce que le mémoire de la défenderesse au pourvoi initial ne lui avait pas été signifié avant que la cour ne se déclare incompétente en application de l'article 32.2 du Règlement de procédure (CCJA, 3e ch., no 310/2020, 22-10-2020 : Stés Dameka et SCAD SA c/ Compagnie Allianz Centrafrique SA).

16° Pourvoi réitéré contre le même arrêt

Est manifestement irrecevable, d'office, le second pourvoi formé par un même requérant contre un arrêt ayant déjà fait l'objet d'un pourvoi sur lequel la CCJA s'est déjà prononcée (CCJA, 3e ch., no 018/2021, 28-1-2021 : Sté BIA Côte d'Ivoire c/ Hollogne Francis Rémy Edmond ; CCJA, 2e ch., no 247/2019, 31-10-2019 : Maître Yaro Zileto Daouda c/ Société Hôtel de la Paix).

17° Réitération d'une requête aux fins de compulsoire satisfaite

La partie qui avait introduit une requête aux fins de compulsoire à laquelle la CCJA a donné une suite favorable ne saurait engager une autre action pour un autre compulsoire, l'introduction de ce recours par un conseil différent et l'argument pris de la nécessité d'un procès-verbal étant inopérants ; la requête doit donc être rejetée comme non fondée (CCJA, 1e ch., no 321/2020, 22-10-2020 : SCI Choucair Frères c/ SGCI).

18° Requête aux fins de ré-enrôlement

Il n'y a pas lieu de statuer à nouveau dans une affaire déjà tranchée par la CCJA, même lorsque la requérante et son premier conseil ont failli dans le suivi de leur recours. Il s'ensuit que la requête aux fins de ré-enrôlement formée par le nouveau conseil de la requérante ne peut prospérer, en application de l'article 32.2 du Règlement de procédure (CCJA, 1e ch., no 262/2020, 16-7-2020 : Gabon Telecom SA c/ Moukagni Didier Charles ; CCJA, 1e ch., no 263/2020, 16-7-2020 : Gabon Telecom SA c/ Bingangoye Sylvain Aimé ; CCJA, 1e ch., no 264/2020, 16-7-2020 : Gabon Telecom SA c/ Ameke kenza Martial ; CCJA, 1e ch., no 265/2020, 16-7-2020 : Gabon Telecom SA c/ Mamboundou Ghis Gwladyslas ; CCJA, 1e ch., no 266/2020, 16-7-2020 : Gabon Telecom SA c/ Boundzanga Alain Camille ; CCJA, 1e ch., no 267/2020, 16-7-2020 : Gabon Telecom SA c/ Djelegue Clément ; CCJA, 1e ch., no 268/2020, 16-7-2020 : Gabon Telecom SA c/ Mekue Jeanne).

19° Autres exemples de pourvois ou recours manifestement irrecevables

Voir : CCJA, 1e ch., no 293, 27-12-2018 : Établissements KOUAGNE et 3 autres c/ BICEC SA ; CCJA, 1e ch., no 295, 27-12-2018 : Sté des Grands Hôtels du CONGO SA (SGHC SA) c/ MBULU MUSESO et 10 autres ; saisie immobilière : CCJA, 1e ch., no 011, 24-1-2019 : NYANGANG Robert c/ SRC ; CCJA, 1e ch., no 065, 14-3-2019 : Ranti Elisabeth DOSSOU épse Thomas OROUNLA c/ BIBE.

> **Obs.** : sur l'irrecevabilité d'un recours formé contre une décision ou ordonnance non encore susceptible de pourvoi, voir sous l'article 14 du Traité et l'article 313 de l'AUPSRVE.

Est manifestement irrecevable :

– le pourvoi formé contre le jugement qui a statué sur des dires déposés devant le tribunal, par lequel les requérants ont, entre autres, contesté le principe de la créance lié à une absence de reddition des comptes (CCJA, 1e ch., no 139/2019, 25-4-2019 : Yonga André et Maigonra Yvette c/ Fofides) ;

– le recours formé en dehors du délai imparti (CCJA, 3e ch., no 181/2021, 28-10-2021 : United Bank for Africa c/ Alain Nounke) ;

– le pourvoi formé contre un jugement qui a statué sur la contestation du « principe de créance faute de reddition des comptes » pour la déclarer irrecevable (CCJA, 1e ch., no 140/2019, 25-4-2019 : Groupement Hadil spécial sécurité privée et entretien Sarl c/ Crédit du Sahel) ;

– le pourvoi en cassation utilisé pour obtenir la restitution de l'indu qui ne peut être poursuivi que par action principale devant les juges du fond. En l'espèce, l'exécution volontaire par la demanderesse des décisions précitées, dont l'arrêt attaqué, ayant définitivement mis fin au litige opposant les parties, le pourvoi manifestement formé à tort par cette dernière est sans objet (CCJA, 3e ch., no 105/2020, 9-4-2020 : Samsung Electronics East Africa Limited c/ Hervé Batunga Sana Lelo) ;

– le pourvoi qui n'est assis sur aucun argument pertinent (CCJA, 1e ch., no 316/2019, 12-12-2019 : Hollogne Francis Remy Edmond c/ Société Bia CI SA) ;

– le pourvoi qui, en lieu et place de moyens de cassation, ne contient qu'une série d'incriminations faites pêle-mêle à l'arrêt attaqué et ne visant aucun motif précis de cet arrêt. Il en est ainsi car une telle discussion est vague, imprécise et ne visant aucun moyen précis prévu à l'article 28 bis du Règlement de procédure (CCJA, 2e ch., no 202/2019, 27-6-2019 : Niamien Kouamé Elvice Cyriac c/ Outspan Ivoire SA).

– d'office, le pourvoi formé par des avocats ayant reçu un mandat spécial pour agir au nom d'une société dont le mandat du gérant n'a pas été expressément renouvelé après son expiration, qui n'a pas été « régulièrement établi par un représentant qualifié à cet effet ». Il en est ainsi dès lors que, conformément aux dispositions de l'article 323 de l'AUSCGIE, la survenance du terme du mandat de deux ans du gérant statutaire, faute d'avoir été renouvelé expressément, entraine sa cessation de plein droit, sans que le gérant, qui devient alors un gérant de fait, ne puisse se prévaloir d'une reconduction tacite de ses fonctions ou revendiquer les garanties attachées à ce statut, et dont bénéficie le seul dirigeant de droit, investi des pouvoirs les plus étendus pour agir en toutes circonstances au nom de la société, en vertu des dispositions de l'article 329 du même Acte uniforme (CCJA, 1e ch., no 126/2024, 25-4-2024).

C. Pourvois n'ayant pas été reconnus manifestement irrecevables

1° Transaction

a. Transaction non intervenue entre toutes les parties

La transaction qui n'est pas intervenue entre toutes les parties au litige ne peut entraîner l'irrecevabilité du pourvoi (CCJA, 2e ch., no 195, 23-11-2017 : African Industries SARL et 2 autres c/ K.).

b. Protocole d'accord avec une portée limitée

C'est à tort que l'irrecevabilité d'un pourvoi est soulevée au motif qu'un accord de transaction conclu entre les parties aurait eu pour effet l'extinction de toute action relativement à la créance réclamée, dès lors que le protocole d'accord invoqué n'a pas prévu l'extinction de toute action dans le cadre du litige qui oppose les parties, et qu'un recours exercé contre un jugement ayant statué sur d'autres réclamations formulées plus tard par une partie à ce protocole d'accord est recevable, l'objet du jugement étant différent de celui de l'accord (CCJA, 2e ch., no 162/2024, 30-5-2024).

2° Recours comportant une erreur matérielle dans la mention de l'Acte uniforme le fondant

N'est pas manifestement irrecevable le recours comportant la transcription « Acte uniforme portant procédure collecte [...] et voies d'exécution », qui est manifestement une erreur matérielle de saisie, dès lors que l'AUPSRVE est bien l'acronyme de l'Acte uniforme portant organisation des procédures simplifiées de recouvrement et des voies d'exécution, et que le recours indique être fondé sur le moyen unique tiré de la violation de « l'alinéa 3 de l'article 81 de l'AUPSRVE » dont le contenu a été exactement cité (CCJA, 3e ch., no 214/2019, 27-6-2019 : National Financial Crédit Bank SA c/ S.).

3° Recours remplissant toutes les conditions prévues au Règlement de procédure de la CCJA

N'est pas manifestement irrecevable le recours qui remplit les conditions de délai, de représentation et de saisine édictées par les dispositions des articles 23 et suivants du Règlement de procédure de la CCJA lors de son examen, car c'est au moment de statuer que la CCJA apprécie la recevabilité des pourvois (CCJA, 1e ch., no 197/2021, 11-11-2021 : Gabon Special Economic Zone Ports c/ Orabank Gabon SA).

4° Saisine simultanée de la CCJA et de la juridiction nationale de cassation d'un recours contre la même décision

Le fait de saisir à la fois la CCJA et la Cour de cassation nationale n'est pas une cause d'irrecevabilité du recours devant la CCJA, dès lors que la juridiction nationale de cassation qui doit surseoir à statuer conformément à l'article 16 du TraitéOHADA, n'a pas encore vidé sa saisine sur le recours en cassation (CCJA, 2e ch., no 328/2024, 28-11-2024).

5° Pourvoi en cassation possible contre tout arrêt d'appel

Le fait qu'une décision de justice soit insusceptible d'appel ne rend pas irrecevable le pourvoi en cassation introduit contre l'arrêt d'une cour d'appel qui a statué sur l'appel formé contre ladite décision ; le pourvoi formé est donc recevable (CCJA, 1e ch., no 086/2023, 27-4-2023).

IV. Recours manifestement infondés

A. Requête aux fins de rectification et de rabat d'arrêt

La « requête aux fins de rectification et de rabat d'arrêt » est manifestement non fondée et doit être rejetée, lorsque, contrairement à ce que soutient la requérante, la CCJA n'a rendu qu'un seul arrêt dans l'affaire l'opposant à la défenderesse, le seul fait que le greffier en chef de la Cour ait délivré deux expéditions de versions différentes, portant le même numéro du greffe et la même date, ne suffisant pas à déduire que la CCJA a rendu deux arrêts (CCJA, ord. n° 01/2010/CCJA, 26-1-2010 : Sté d'Exploitation de la Clinique SOKHNA FATMA c/ SONATEL, Rec. jur. CCJA n° 15, janv.-juin 2010, p. 183, Ohadata J-12-55).

Obs. : dans certains cas, la cour a plutôt préféré retenir l'irrecevabilité, jugeant ainsi que la demande de rabat d'arrêt présentée à la CCJA est manifestement irrecevable dès lors que le Règlement de procédure ne prévoit pas cette procédure (CCJA, ass. plén., n° 029, 02-3-2017 : X. c/ Conseil des ministres de l'OHADA, Ohadata J-17-186), qui ne correspond à aucune des voies de recours prévues par le Règlement de procédure de la Cour (CCJA, 1e ch., n° 256/2024, 24-10-2024, précisant que selon les articles 14, 15, 18 du Traité et des articles articles 45, 46, 47 et 49 du Règlement de procédure de la CCJA, celle-ci peut être saisie, en matière contentieuse, d'un pourvoi en cassation, d'une demande d'intervention, d'un recours en rectification ou interprétation, d'un recours en tierce opposition, d'un recours en révision ou encore, d'un recours en annulation).

B. Omission de statuer non caractérisée

La requête en omission de statuer est manifestement non fondée et doit être rejetée lorsque, contrairement à ce que soutient la requérante, la CCJA s'est prononcée, en prenant le troisième moyen en ses quatre branches réunies, sur la contestation de validité de la sentence tirée de la violation de l'ordre public international (CCJA, ord. n° 04/2008/CCJA, 19-11-2008 : SONAPRA c/ SHB, Rec. jur. CCJA n° 12, juill.-déc. 2008, p. 165, Ohadata J-10-46).

Art. 33 La Cour peut à tout moment pour cause de connexité, ordonner la jonction de plusieurs affaires aux fins de la procédure écrite ou orale ou de l'arrêt qui met fin à l'instance. Elle peut les disjoindre à nouveau.

I. Jonction de procédures

A. Décisions ayant prononcé la jonction

1° Identité de parties et de moyens

Lorsque les pourvois en cassation formés contre deux arrêts différents concernent les mêmes parties et invoquent des moyens identiques, il convient de statuer par une seule et même décision sur les deux instances (CCJA, n° 050/2005, 21-7-2005 : GOMPCI c/ J. M., décédé ; Rec. jur. CCJA, n° 6, juin-déc., p. 104 – Juris-Ohada, n° 1/2006, p. 26 ; Ohadata J-06-49 ; CCJA, 3e ch., n° 172, 1-12-2016 : BURIDA c/ DISTELEC AFRIQUE SARL, Ohadata J-17-112 ; CCJA, 3e ch., n° 171/2024, 6-6-2024).

La jonction peut également être prononcée :

– pour une identité de cause, d'objet et de parties (CCJA, n° 003/2007, 1-2-2007 : Maître BOA Olivier Thierry, avocat, Maître DOFFOU KOTCHI René c/ COULIBALY Kassoum, Rec. jur. CCJA, n° 9, janv.-juin 2007, p. 61, Ohadata J-08-227 ; CCJA, n° 035/2010, 3-6-2010 : C. D. G. c/ BAO SA, Rec. jur. CCJA, n° 15, janv.-juin 2010, p. 74, Ohadata J-12-33) ; dans le même sens, jonction ordonnée pour une bonne administration de la justice (CCJA, 1e ch., n° 056, 13-6-2013 : 1) Sté Traitement de surface Afrique dite TDS Afrique, 2) Sté de travaux publics et de négoce en Afrique dite STPN-Afrique, 3) Sté Conseil location audit maintenance Afrique, dite CLAM-Afrique, 4) Sté de traitement de gaz Afrique dite TDG-Afrique c/ Marie Christine SALY épse MASSOULIER, Ohadata J-15-56 ; CCJA, ass. plén., n° 112, 4-11-2014 : KOUAM Michel c/ TANKOUE Jean Robert, NJOUME Ernest, Sté TRANS MUNGO Services SARL, Ohadata J-15-203 ; CCJA, 3e ch., n° 093, 1-8-2014 : KEBET Ousmane, Entreprise KEBET Ousmane c/ Sté générale de banques en Côte d'Ivoire dite SGBCI, Ohadata J-15-184 ; CCJA, 2e ch., arrêt ADD, n° 084, 8-7-2015 : GNANGO Emmanuel Patrice Loba, KOUABLAN Anoh, AKOUBE Mathias, DON AKE Thomas, TOTI Boga, AWO ALIE Ferdinand, KOUADIO AWUA Mathieu, YAO ADJOUA Jacqueline, SORO Kadiatou c/ SCI IPROBAT, Ohadata J-16-83 ; CCJA, 3e ch., n° 144, 19-11-2015 : Financial Bank Gabon devenue ORABANK c/ Sté PAMIKO MARITIME COMPANY, PANOURGIAS NARKELIS, Ohadata J-16-137 ; CCJA, 3e ch., n° 192, 23-12-2015 : EKRA VICTOR CHARLES c/ THIAM ABDEL AZIZ, Ohadata J-16-185 ; CCJA, 1e ch., n° 219, 14-12-2017 : IAD c/ CMDT et GSCVM ; CCJA, 1e ch., n° 174, 27-7-2017 : RMO sous-traitance c/ COFIPA-CI, Essan Assoman et 18 autres) ;

– pour les procédures en contestation de validité et de l'opposition à exequatur de la même sentence arbitrale, eu égard au lien étroit de connexité des deux procédures et pour une bonne administration de la justice (CCJA, 1e ch., no 03, ass. plén., 31-1-2011 : PLANOR AFRIQUE SA c/ ATLANTIQUE TELECOM SA, Juris-Ohada no 2/2011, avr.-juin 2011, p. 8, Ohadata J-12-136 ; CCJA, ass. plén., no 160, 1-12-2016 : CMDT, GSCVM c/ Sté Inter Africaine de Distribution dite IAD, Ohadata J-17-100) ;

– pour l'identité d'objet des litiges, des parties et des moyens des pourvois qui constituent entre les différentes procédures un lien tel qu'il est de l'intérêt d'une bonne justice de les juger ensemble (CCJA, 3e ch., no 064/2012, 7-6-2012 : Sté AXA-CI c/ Sté ARTIS) ;

– avant dire droit (CCJA, 2e ch., arrêt ADD, no 083, 22-5-2014 : 1) BACI, 2) BNI, 3) BFA c/ 1) KONAN YAO Augustin, 2) ECOBANK Côte d'Ivoire, Ohadata J-15-174) ;

– pour le dossier de renvoi par une cour suprême et le pourvoi formé devant la CCJA concernant la même affaire (CCJA, 2e ch., no 088, 27-4-2017 : Daouda Diagne c/ SEBI-MANGO SARL) ;

– pour les trois demandes de liquidation des dépens dont la CCJA est saisie contre la même défenderesse pour le même motif (CCJA, 2e ch., no 154, 29-6-2017 : Sté la Savonnerie Camerounaise et 2 autres c/ Sté Afriland First Bank SA ; CCJA, 3e ch., 215, 22-11-2018 : Afriland First Bank c/ Kamo Gamo Ruben, Minoterie de l'Ouest Cameroun SARL) ;

– par la CCJA sur le fondement d'une disposition nationale lorsqu'elle évoque une affaire – en l'espèce, article 371 CPCCS malien et eu égard à la connexité des procédures, établie par la confusion apparente des différentes créances en cause (CCJA, 3e ch., no 153, 27-10-2016 : Réseau des Caisses d'Epargne et de Crédit du Mali (Nyèsigiso) c/ Pharmacie Espace-santé (Ibrastou), Moustapha Sidibe, Ohadata J-17-93) ;

– pour deux pourvois formés contre le même arrêt (CCJA, 1e ch., no 059, 14-3-2019 : Sté TRACTAFRIC MOTORS CONGO c/ SANDE SANY IKAMA et BGFI BANK CONGO c/ SANDE SAMY IKAMA) ; (CCJA, 1e ch., no 131/2019, 25-4-2019 : Sogad BTP c/ Sté Orabank Gabon, et Sté Orabank Gabon c/ Sogad BTP) ;

– pour deux pourvois connexes (CCJA, 1e ch., no 042, 22-2-2018 : FAOURA SA c/ Banque Atlantique du Sénégal SA ; CCJA, 1e ch., no 042, 22-2-2018 : Sté FAOURA SA c/ BANQUE ATLANTIQUE DU SENEGAL SA).

– en présence de deux pourvois dirigés contre des décisions distinctes mais opposant les mêmes parties, sur les mêmes faits et développant les mêmes moyens de cassation (CCJA, 1e ch., no 183/2019, 20-6-2019 : Société Transrail c/ Canac Sénégal SA. et Canac Railways Services INC).

La jonction des procédures, mesure que la cour peut, même d'office, prescrire en tout état de cause, ne saurait dépendre d'une signification préalable dès lors que la cour se trouve saisie d'affaires présentant un lien de connexité évident. En l'espèce, il est constant que pour les deux recours se rapportant aux mêmes faits opposant les mêmes parties et posant un même problème juridique, il y a lieu d'y faire droit, en raison de cette connexité manifeste, l'instruction ayant de surcroît permis aux défenderesses d'accéder au contenu du nouveau recours et de s'en défendre valablement (CCJA, 1e ch., no 225, 29-11-2018 : TRANSRAIL SA c/ 1) CANAC SENEGAL SA et 2) CANAC RAILWAYS SERVICES INC) :

– CCJA, 1e ch., no 238/2020, 25-6-2020 : Nsia Banque Côte d'Ivoire et 1 autre c/ Philippe Émile Attobra ;

– CCJA, 2e ch., no 284/2019, 28-11-2019 : Sipres c/ Société prévoyance assurances ;

– CCJA, 3e ch., no 137/2021, 24-6-2021 : Boa Mali-SA c/ UATT-SA ;

– CCJA, 2e ch., no 151/2021, 24-6-2021 : Bolloré Africa Logistics SAS c/ Établissements comptoir international pour le commerce ;

– CCJA, 2e ch., no 152/2021, 24-6-2021 : Bolloré Africa Logistics SAS c/ Établissements comptoir international pour le commerce ;

– CCJA, 1e ch., no 236/2020, 25-6-2020 : La SGP SA. c/ Gaip Oil SA. ;

– CCJA, 1e ch., no 077/2020, 9-4-2020 : Pearl Gold AG SA c/ Société Wassoul'Or, État du Mali ;

– CCJA, 2e ch., no 027/2021, 25-2-2021 : Onyx Développement SAS c/ Sani Sabo Gado ; STA SA c/ Sani Sabo Gado ;

– CCJA, 2e ch., no 148/2021, 24-6-2021 : Bdeac, Sgt SA. c/ Sotexho, SA. ;

– CCJA, 3e ch., ADD no 340/2019, 19-12-2019 : Ecobank Côte d'Ivoire SA, Orabank Côte d'Ivoire SA c/ Société Innovation Design Technique ;

– CCJA, 1e ch., no 041/2020, 13-2-2020 : Commercial Bank Cameroun SA c/ république de Guinée équatoriale ;

– CCJA, 1e ch., no 322/2020, 22-10-2020 : Bicec SA c/ Tanko Jean ;

– CCJA, 1e ch., no 327/2020, 22-10-2020 : Fadoul El Achkar Zouhair Michel et un autre c/ Omaïs Kassim ;

– CCJA, 2e ch., no 292/2019, 28-11-2019 : Société Helvetia assurances et Société Saham assurance c/ Prin-Tec et Société Medlog Côte d'Ivoire c/ Prin-Tec ;

– CCJA, 1e ch., no 057/2022, 3-3-2022 ;

– CCJA, 1e ch., no 084/2023, 27-4-2023.

Pour une bonne administration de la justice, il y a lieu d'ordonner la jonction des pourvois dirigés contre le même arrêt, fondés sur les mêmes moyens et concernant les mêmes parties, pour y être statué par un seul et même arrêt conformément à l'article 33 du Règlement de procédure de la Cour (CCJA, ass. plén., no 198/2022, 29-12-2022).

De même, des recours interférant qui sont dirigés contre une même décision opposent les mêmes parties et constituent, en réalité, un seul et même recours doivent être examinés ensemble, dans l'intérêt d'une bonne administration de la justice ; leur jonction doit donc être ordonnée, conformément à l'article 33 du Règlement de procédure de la CCJA (CCJA, 2e ch., no 193/2023, 26-10-2023).

Il a été aussi jugé qu'une cour d'appel peut ordonner, même d'office, la jonction de procédures, sans statuer *ultra petita* (CCJA, 1e ch., 233, 29-11-2018 : Boumerhy Angèle et 3 autres c/ 1) Kalot Ahmed, Maha D. épse Kalot).

B. Décisions n'ayant pas prononcé la jonction

1o Bonne administration de la justice

Pour un arrêt ayant retenu que pour une bonne administration de la justice, il n'y a pas lieu d'ordonner la jonction des deux procédures, voir CCJA, 2e ch., arrêt ADD, no 105, 30-12-2013 : Abel KOMENGUE-MALENZAPA c/ 1) ECOBANK CENTRAFRIQUE, 2) Banque des États de l'Afrique centrale dite BEAC, Ohadata J-15-52.

Il n'y a pas lieu de joindre des pourvois connexes lorsque l'examen séparé de ces procédures ne laisse craindre aucune contrariété de décisions (CCJA, 1e ch., no 221, 14-12-2017 : Ciments de Guinée SA c/ Mohamed Lamine Souare).

La jonction de procédures est sans objet et doit être rejetée lorsque la cour a déjà vidé sa saisine relativement à certains des recours dont la jonction a été sollicitée (CCJA, 3e ch., no 015/2021, 28-1-2021 : Maison galaxy sarl c/ Kiambi Diangenda Chico, liquidateur de la succession Kiambi Yavanga Bangambula José).

2o Pourvois formés contre deux arrêts distincts opposant les mêmes parties

Il n'y a pas un lien de connexité suffisant pour justifier la jonction de deux pourvois opposant les mêmes parties mais formés contre deux arrêts distincts, qui ne sont pas relatifs à la même saisie et sont fondés sur des moyens de cassation différents (CCJA, 2e ch., 259, 13-12-2018 : IAD SARL c/ CMDT SAEM ; CCJA, 2e ch., 260, 13-12-2018 : IAD SARL c/ CMDT SAEM).

Il n'y a pas lieu de joindre deux procédures concernant les mêmes parties lorsque les pourvois sont formés contre deux arrêts distincts (CCJA, 3e ch., no 221/2020, 25-6-2020 : Dotele David Josué c/ Gras Savoye Cameroun SA).

3o Pourvois concernant des arrêts différents

Il n'y a pas lieu à une jonction de procédures :

– lorsque les pourvois concernent des arrêts différents (CCJA, 3e ch., no 127, 7-7-2016 : Mohamed Lamine Souare c/ Sté Ciments de Guinée, Ohadata J-17-68) ;

– lorsque la connexité invoquée n'est pas établie, les pourvois étant formés contre deux arrêts distincts statuant sur des demandes tout aussi différentes (CCJA, 1e ch., no 062/2021, 8-4-2021 : Nzima Nganga Victor c/ Winkele Sakata Tony) ;

– entre les mêmes parties en l'absence d'un lien de connexité suffisant. Tel est le cas lorsque les pourvois sont formés contre des arrêts distincts et n'ayant pas le même objet, l'un visant la cassation et l'autre la révision (CCJA, 3e ch., no 227/2019, 10-10-2019 : Mbulu Museso c/ TMB S.A et sghc S.A).

4o Jonction impossible

La jonction sollicitée est sans objet lorsque la CCJA a déjà statué sur l'un des pourvois concernés par la demande de jonction (CCJA, 1e ch., no 026/2024, 1-2-2024).

....

II. Moyens interférant

A. Jonction

Il y a lieu d'examiner ensemble, pour une réponse unique :

– plusieurs moyens qui interfèrent (CCJA, 3e ch., no 019/2012, 15-3-2012 : Gogbe Soumahoro c/ Sté Texaco Côte d'Ivoire ; CCJA, 3e ch., no 017/2012, 15-3-2012 : Berdam International SARL c/ Biao Côte d'Ivoire ; CCJA, 2e ch., no 051, 23-3-2017 : SCI Gyam, Sopim c/ Baci et 4 autres, Ohadata J-17-198 ; CCJA, 1e ch., no 063, 14-3-2019 : Polyclinique Avicennes sarl c/ 1) Zekpa Aristide Lucien Victorien et autres ; CCJA, 1e ch., no 54, 14-3-2019 : Souley Adamou Galadima, Dame Ouattara Saratou Traoré c/ Chaibou Seydou Maiga ; CCJA, 1e ch., no 92, 28-3-2019 : Sté civile immobilière Souare c/ Dany Jacqueline Cormier ; CCJA, 1e ch., no 107, 28-3-2019 : Assala Gabon SA c/ LGTB Sarl) ; CCJA, 1e ch., no 271/2019, 28-11-2019 : Société Louis Dreyfus Commodities MEA Trading DMCC c/ Société concorde pour l'industrie et l'exploitation SARL ; CCJA, 1e ch., no 004/2020, 23-1-2020 : Église de Jésus Christ des Saints des derniers jours c/ Bouabehi Serge Alain ; CCJA, 1e ch., no 044/2020, 27-2-2020 : Shelter-Afrique c/ Société Immobilière Serge Kasanda sarl ; CCJA, 1e ch., no 273/2020, 30-7-2020 : Guissou Dominique c/ Ecobank-Burkina ; CCJA, 1e ch., no 318/2020, 22-10-2020 : Afriland First Bank c/ Automobile Cars By Claude Sarl ; CCJA, 1e ch., no 174/2019, 23-5-2019 : Kaz Logistics Sarl c/ Alios Finances Sénégal SA ; CCJA, 1e ch., no124/2024, 25-4-2024) ;

– plusieurs moyens interférant, en ce que l'une est la résultante de l'autre (CCJA, 1e ch., no 026/2022, 17-2-2022 : Palmci SA c/ Gouani Assouan, en présence d'Ecobank CI SA) ;

– différentes branches d'un moyen qui interfèrent (CCJA, 3e ch., no 222/2020, 25-6-2020 : UBC PLC c/ Pack Industry SA et 1 autre ; CCJA, 1e ch., no 247/2020, 25-6-2020 : Erto Sarl c/ Bollore Transport & Logistics SA ; CCJA, 3e ch., no 223/2020, 25-6-2020 : Société Sokoi Bagnae N'dri's International c/ Société Osmont Africa ; CCJA, 1e ch., no 232/2020, 25-6-2020 : Sehic hollywood hôtel c/ Pro PME Financement SA ; CCJA, 1e ch., no 086/2022, 9-6-2022 ; CCJA, 3e ch., no 195/2023, 26-10-2023 ; CCJA, 2e ch., no 086/2024, 28-3-2024) ;
– des moyens connexes (CCJA, 1e ch., no 065/2021, 8-4-2021 : Konate Issouf et neuf autres c/ SMI SARL) ;
– des moyens ayant le même objet (CCJA, 2e ch., no 077/2024, 28-3-2024).

B. Sort identique

Le moyen qui a le même fondement qu'un autre moyen rejeté doit être rejeté pour les mêmes motifs (CCJA, 2e ch., no 124, 23-6-2016 : Sté SAGA France anciennement SAGA Trans c/ Sté SOPAM SA, Ohadata J-17-65). Il en est de même de la branche d'un moyen qui formule le même grief que la précédente, qui subira le même sort qu'elle (CCJA, 1e ch., 230, 29-11-2018 : SGP SA c/ Lenoil Guinée SARL).
Dans le même sens :
– en cas de pluralité de moyens de cassation, un moyen auquel les motifs de rejet d'un autre moyen répondent doit subir un sort identique (CCJA, 1e ch., no 111, 9-6-2016 : Sté OIKOCREDIT c/ ORABANK Côte d'Ivoire, Ohadata J-17-52, rejet en l'espèce) ;
– le moyen qui est étroitement lié à un autre déjà examiné subira le même sort que celui-ci (CCJA, 1e ch., no 062, 14-3-2019 : MARLAN'S COTTON INDUSTRIES c/ 1) État BENINOIS, 2) SCI AIGLON PROPERTIES, 3) FIRST PORT INTERNATIONAL COTE D'IVOIRE SA).

Le moyen qui reprend un moyen déjà rejeté sera rejeté pour les mêmes motifs que ceux fondant le rejet du premier (CCJA, 1e ch., no 017/2022, 27-1-2022 : Société établissement Kheit Sarl c/ Baci SA et Keita Harouna).
Ainsi, les critiques faites à l'arrêt relatives à l'absence de signature de l'acte de cautionnement par [une créancière] ayant été rejetées, le moyen fondé sur le défaut de base légale ne peut non plus prospérer malgré l'affirmation surabondante de la cour d'appel selon laquelle « l'article 4 [de l'AUS] ayant été édicté dans l'intérêt des parties, notamment la caution et le créancier, c'est à tort que la [caution] sollicite la nullité dudit acte pour absence de mention manuscrite », une telle assertion même fausse n'ayant eu aucun effet sur la solution retenue du litige. Il convient donc de rejeter cette seconde branche du moyen et de rejeter conséquemment le recours comme étant non fondé (CCJA, 3e ch., no 139, 8-6-2017 : FEDAS-CI c/ Douanes de Côte d'Ivoire, Receveur principal des douanes, État de Côte d'Ivoire).
Le pourvoi en cassation doit être rejeté lorsque tous les moyens ont été rejetés (CCJA, 3e ch., no 010, 25-1-2018 : Eglise de Jésus Christ des Saints des derniers jours c/ Djouka Amon Hilaire).

III. Recevabilité de la pluralité de pourvois formés contre la même décision dans le délai

Deux pourvois formés contre le même arrêt dans le délai prescrit par le Règlement de procédure de la CCJA et développant des moyens distincts sont recevables et il convient de les joindre en application de l'article 33 du Règlement de procédure (CCJA, 1e ch., no 128/2019, 25-4-2019 : Alabi Oyedele Clément c/ Azeez Atanda Isau).

Chapitre III
DE LA PROCÉDURE ORALE

Art. 34 1 – La procédure devant la Cour est essentiellement écrite. Toutefois la Cour peut, à la demande de l'une des parties, organiser dans certaines affaires une procédure orale.

2 – En pareil cas, le Greffier en chef informe les parties de la décision prise et de la date de l'audience, telle que fixée par le Président.

Caractère non obligatoire de la procédure orale

A. Absence de difficulté, cour suffisamment éclairée après conclusion des parties

La requête tendant à organiser une procédure orale devant la CCJA peut être rejetée, lorsque les parties ont régulièrement conclu sur tous les moyens, que toutes les pièces ont été produites et que l'affaire ne présente aucune spécificité de nature à rendre indispensable une procédure orale (CCJA, 2e ch., no 008/2013, 7-3-2013 : SGBC SA c/ WABO René, Rec. jur. CCJA no 20, vol. 2, janv.-déc. 2013, p. 5-9, Ohadata J-15-08).
Il n'y a pas lieu d'organiser une procédure orale lorsque toutes les parties ont conclu en produisant les

pièces utiles et que le dossier ne présente aucune difficulté particulière (CCJA, 2e ch., no 11, 27-2-2014 : TANG Emmanuel c/ 1) Banque Internationale du Cameroun pour l'Epargne et le Crédit dite BICEC, 2) Caisse Autonome d'Amortissement, Ohadata J-15-102) ou qu'aucune difficulté particulière ne demeure après les différentes conclusions des parties (CCJA, ass. plén., no 047, 27-4-2015 : Liquidation sté CIM SAHEL ENERGIE SA c/ Sté « les Ciments du Sahel dite CDS SA, Ohadata J-16-47) et que la cour s'estime suffisamment éclairée par les pièces versées aux débats par les parties pour rendre une décision (CCJA, 2e ch., no 113, 17-5-2018 : Sté OTTAKRINGER BRAUEREI A. G c/ Sté Union Camerounaise des Brasseries SA ; CCJA, ass. plén., no 159, 1-12-2016 : CMDT, 2) GSCVM c/ Sté IAD, Ohadata J-17-99 ; CCJA, ass. plén., no 077/2023, 27-4-2023).

B. Demande sans objet à cause du rejet d'une demande principale

La demande principale (recours en révision) n'étant pas admise, il n'y a pas lieu de faire droit à la sollicitation des requérants tendant à l'organisation d'une procédure orale (CCJA, ass. plén., no 142, 14-7-2016 : Sté Forestière Hazim Chéhade et Compagnie (SFH & Cie SA) et autres c/ État du Cameroun, Ohadata J-17-82).

De même, la demande d'une procédure orale est sans objet et ne sera pas accordée dès lors que :

– la cour s'est déclarée incompétente (CCJA, 2e ch., no 102, 27-4-2017 : Communauté Urbaine de Douala c/ Feudjio Belmondo) ;

– la demande de révision n'a pas été admise (CCJA, ass. plén., no 139, 14-7-2016 : Sté CFAO c/ État du Mali ; CCJA, ass. plén., no 140, 14-7-2016 : Henri Flavien Loe Eyike c/ Banque Internationale du Cameroun pour l'Epargne et le Crédit dite BICEC, Ohadata J-17-80).

C. Procédure orale inutile ou inadaptée aux circonstances

1o Inutilité

Il n'y a pas lieu d'ordonner la procédure orale demandée lorsque :

– son utilité n'est pas avérée (CCJA, ass. plén., no 025, 02-3-2017 : SFH & Cie SA et autres c/ État du Cameroun, Ohadata J-17-185) ;

– la cour s'estime suffisamment éclairée par les productions au dossier (CCJA, 3e ch., no 108/2020, 9-4-2020 : L'ONG International Tearfund c/ Bassan Nazem El Ali ; CCJA, 3e ch., no 342/2019, 19-12-2019 : BCDC c/ Société Iburst RDC Sarlu ; CCJA, 1e ch., no 011/2020, 23-1-2020 : RDC c/ Estagri SARL) ;

– lorsqu'elle est clairement fixée sur les différentes questions de droit posées (CCJA, 1e ch., no 070/2021, 8-4-2021 : BCS SA c/ Entreprise Oumar Konare).

2o Inadaptation aux circonstances

Au sens de l'article 1er de la décision no 054/2020/CCJA/PDT portant adoption de nouvelles dispositions pour les audiences de la CCJA, aucune procédure orale ne peut être organisée au cours des audiences pendant la crise sanitaire liée à la pandémie du Covid-19 ; il n'y a donc pas lieu de faire droit à cette demande d'organisation d'une procédure orale (CCJA, 2e ch., no 008/2022, 20-1-2022 : Société Aeria c/ Simplice de Messe Zinsou).

Art. 35 L'audience est publique, à moins qu'il n'en soit décidé autrement par la Cour. La décision de huis clos comporte défense de publication des débats.

Art. 36 Le Président dirige les débats et exerce la police de l'audience. Il détermine l'ordre dans lequel les Parties sont appelées à prendre la parole.

Art. 37 Le Président peut, au cours des audiences, poser des questions aux parties. La même faculté appartient à chaque juge avec l'autorisation du Président.

Art. 38 1 – Le Greffier en chef établit un procès-verbal de chaque audience. Ce procès-verbal est signé par le Président et par le Greffier en chef. Il constitue un acte authentique.

2 – Les parties peuvent prendre connaissance au Greffe de tout procès-verbal et en obtenir copie à leurs frais.

Chapitre IV

DES ARRÊTS DE LA COUR

Art. 39 L'arrêt de la Cour contient :
- l'indication qu'il est rendu par la Cour ;
- la date du prononcé ;
- les noms des juges qui y ont pris part, ainsi que celui du Greffier ;
- l'indication des Parties ;
- les noms des avocats des Parties ;
- les conclusions des Parties ;
- l'exposé sommaire des faits ;
- les motifs ;
- le dispositif, y compris la décision relative aux dépens.

I. Irrecevabilité du pourvoi ne critiquant pas la décision contestée

La décision d'une cour d'appel est légalement justifiée et le pourvoi contre elle doit être rejeté, dès lors que ce pourvoi ne critique pas la décision incriminée (CCJA, n° 09/2005, 27-1-2005 : Société Afrocom CI c/ Citibank, Ohadata J-05-191, Juris-Ohada, n° 1/2005, janv.-mars 2005, p. 28).

De même, est irrecevable, le moyen qui critique la décision du premier juge au lieu de l'arrêt déféré (CCJA, 3e ch., n° 095/2021, 27-5-2021 : Kouadou Tanoh Célestine épouse D. c/ Alley Youmand Lucien).

II. Absence de violation de l'article 39 qui n'a pas été appliqué

C'est à tort que dans son pourvoi en cassation, une requérante reproche à l'arrêt attaqué d'avoir violé l'article 39 al. 4 du Règlement de procédure de la CCJA en la présentant sous le vocable « cabinet Architecture Imagerie et construction », alors qu'elle est immatriculée au [RCCM] sous la dénomination « Société Architecture Imagerie et Construction en abrégé AIC ». Il en est ainsi dès lors que le texte visé au moyen est relatif aux mentions des arrêts de la CCJA et ne peut avoir été violé par la cour d'appel qui n'a pas eu à l'appliquer (CCJA, 1e ch., n° 220/2019, 18-7-2019 : Société Architecture Imagerie et Construction AIC c/ Société architecture du marbre).

Art. 40 [mod.] 1 – L'arrêt est rendu en audience publique, les parties dûment avisées.

2 – La minute de l'arrêt est signée par le Président et le Greffier en chef. Elle est conservée au greffe. Expédition et copie certifiée conforme en sont délivrées aux parties qui en font la demande, selon le tarif fixé par la Cour.

Art. 41 L'arrêt a force obligatoire à compter du jour de son prononcé.

I. Autorité de la chose jugée

Une question tranchée par un arrêt de la CCJA entre les mêmes parties acquiert l'autorité de la chose jugée et ne saurait être à nouveau discutée (CCJA, 1e ch., n° 003, 12-2-2015 : Banque Nationale d'Investissement dite BNI c/ AKOBE Georges Armand, Ohadata J-16-03).

Irrecevabilité d'un nouveau pourvoi. Lorsque des affaires portées devant la CCJA présentent entre elles une triple identité d'objet, de cause et de parties, il y a autorité de la chose jugée et force obligatoire à l'égard de toutes les parties au litige en vertu de l'article 20 du Traité OHADA et 41 du règlement de procédure de la CCJA. Les effets subséquents de l'autorité de la chose jugée, notamment le principe d'interdiction de deux pourvois successifs à l'encontre d'une même décision par la même partie agissant en une même qualité (interdiction de réitérer), entraînent l'irrecevabilité d'un nouveau pourvoi (CCJA, 1e ch., n° 16, 29-6-2006, Sté AN SARI TRADING COMPANY L TD c/ SCB-CLC dénommée actuellement Crédit Lyonnais du Cameroun (CLC), Juris-Ohada, n° 4/2006, p. 25, note Brou Kouakou Mathurin ; Ohadata J-07-30 ; voir Ohadata J-04-86 ; CCJA, 2e ch., n° 176, 17-12-2015 : BICICI c/ Sté Côte d'Ivoire Assistance Médicale dite CI-AM, Ohadata J-16-169).

Lorsqu'un requérant a formé deux pourvois en cassation contre le même arrêt, le premier devant la CCJA, le 15-10-2010, ayant abouti à l'arrêt n° 077/2013 du 14-11-2013 et l'autre devant la juridiction suprême nationale le 17-8-2010 et qui s'est soldé par le dessaisissement par la juridiction suprême nationale au profit de la CCJA, il y a lieu de relever d'office que le deuxième pourvoi introduit contre le même arrêt est sans objet et donc irrecevable. Il en est ainsi dès lors que, par son arrêt précité, la CCJA a tranché le pourvoi introduit par le requérant contre l'arrêt attaqué, cette décision de la CCJA étant immédiatement exécutoire en application de l'article 41 du Règlement de procédure (CCJA, 3e ch., n° 035, 3-4-2014 : Sté ACCESS BANK Côte d'Ivoire c/ KAKOU Lydie Patricia, Ohadata J-15-126).

Saisie d'un pourvoi qui a déjà fait l'objet d'un arrêt de la CCJA entre les mêmes parties agissant dans les mêmes qualités relativement au même arrêt, la Cour doit relever d'office l'autorité de la chose jugée et déclarer le pourvoi irrecevable (CCJA, 2e ch., n° 037, 10-4-2014 : Sté Trading et d'Exploitation du Pétrole Brut et de Produits Pétroliers dite TRADEX Centrafrique c/ Agence de Stabilisation et de Régulation des Prix des Produits Pétroliers dite ASRP, Ohadata J-15-128). Il en est ainsi dès lors que les décisions de la CCJA ne sont susceptibles d'aucun recours (CCJA, ass. plén., n° 112, 4-11-2014 : KOUAM Michel c/ TANKOUE Jean Robert, NJOUME Ernest, TRANS MUNGO Services SARL, Ohadata J-15-203).

Obs. : voir sous l'art. 20 du Traité CCJA.

Mais l'exception d'irrecevabilité tirée de l'autorité de la chose jugée doit être rejetée, en ce que l'irrecevabilité de l'appel n'affecte pas la régularité de la procédure du pourvoi conformément à l'article 28 du Règlement de procédure de la CCJA (CCJA, 3e ch. n° 121, 22-10-2015 : Société Maersk Cameroun SA c/ Modi Koko Bebey et Njouonang Youmbi, Ohadata J-16-114).

Conformément à l'article 1351 du Code civil ivoirien, pour qu'il y ait autorité de la chose jugée, il faut que la chose demandée soit la même, que la demande soit fondée sur la même cause et que la demande soit entre les mêmes parties en la même qualité. En l'espèce, il y a autorité de la chose jugée même si des parties qui devaient être appelées ne l'ont pas été, dès lors que, tant dans le jugement ayant statué sur l'annulation de l'adjudication en cause que dans le jugement ultérieur sur le maintien de la vente sur surenchère, la triple identité est largement réalisée. Il en est ainsi car, dans les deux instances, le retour de l'immeuble dans le patrimoine de la demanderesse est la seule chose demandée, les deux instances ont eu pour fondement l'article 313 de l'AUPSRVE et les sociétés saisies, demanderesses en cassation, ont toujours été opposées aux adjudicataires, d'une part, et la banque saisissante, d'autre part, toutes défenderesses à la cassation ; rejet du moyen (CCJA, 2e ch., n° 051, 23-3-2017 : SCI GYAM, SOPIM c/ BACI et 4 autres, Ohadata J-17-198).

Le pourvoi est irrecevable pour autorité de la chose jugée, dès lors que, après avoir précédemment cassé l'arrêt d'appel et en évoquant, la CCJA avait confirmé le jugement initial en toutes ses dispositions et non pas seulement sur la qualification, alors que le présent pourvoi oppose les mêmes parties et porte sur le même objet que celui de l'arrêt précédemment cassé ; il en est ainsi car la triple identité de cause, d'objet et de parties est avérée (CCJA, 2e ch., n° 052, 23-3-2017 : 1) Kamo Gamo Ruben 2) MINOCAM SARL c/ AFRILAND FIRST BANK (Ex-CCEI BANK), Ohadata J-17-199).

Lorsque parallèlement au pourvoi formé devant la juridiction nationale de cassation, le requérant a formé, contre le même arrêt d'appel, un second recours en cassation devant la CCJA et que le recours devant la CCJA a connu un dénouement par arrêt, il y a lieu de constater d'office l'autorité de la chose jugée relativement à la demande en annulation de la décision de la juridiction nationale de cassation (CCJA, 1e ch., n° 080, 27-4-2017 : Sté AFRICOF c/ Banque Islamique de Guinée).

L'exécution d'un arrêt comportant des dispositions contraires est impossible. Tel est le cas d'un arrêt qui, après avoir déclaré irrecevable la requête faite à une cour suprême nationale de déclarer nul et non avenu un arrêt de la CCJA, a retenu qu'un autre arrêt d'appel, déjà annulé par la décision de la CCJA, « est et demeure la seule décision de justice qui fait foi et dont l'exécution doit être poursuivie, par tous moyens de droit » (CCJA, 2e ch., n° 188, 27-7-2017 : Maisons Sans Frontières SARL c/ ELCO Construction SARL).

Il résulte des articles 20 du Traité OHADA et 41 du Règlement de procédure de la CCJA que sous réserve des recours extraordinaires, une question tranchée par un arrêt de la CCJA entre les mêmes parties ne saurait être à nouveau discutée. En l'espèce, le pourvoi est irrecevable dès lors que la CCJA a déjà rendu entre les mêmes parties, un arrêt contre le même arrêt d'appel (CCJA, 2e ch., n° 144/2019, 9-5-2019 : UBA SA c/ Axe Communication Sarl).

II. Exécution provisoire devant la CCJA

A. Décisions l'ayant rejetée

La demande de l'exécution provisoire n'est pas justifiée devant la CCJA et doit être rejetée comme mal fondée (CCJA, 1e ch., n° 168/2020, 14-5-2020 : Société American Eagle Guard Security c/ Hôtel Sarakawa) ou sans objet (CCJA, 1e ch., n° 182/2020, 28-5-2020 : Presan-Kl c/ Bsic-Mali-SA, précisant qu'aux termes de l'article 41 du Règlement de procédure de la CCJA « l'arrêt a force obligatoire à compter de son prononcé »).

De même, la demande d'exécution provisoire n'est pas justifiée devant la CCJA et doit être rejetée (CCJA, 1e ch., n° 168/2020, 14-5-2020 : American Eagle Guard Security c/ Hôtel Sarakawa).

Il en est ainsi dès lors que la décision de la CCJA, même en évoquant et statuant après cassation, est exécutoire par elle-même dès qu'elle est rendue (CCJA, 2e ch., no 220/2021, 23-12-2021 : FTCI Sarl c/ Société GCCI-CI).
L'exécution provisoire n'est pas justifiée relativement aux décisions de la CCJA qui ne sont susceptibles d'aucun recours suspensif (CCJA, 1e ch., no 013/2020, 23-1-2020 : Soumah Sandra c/ Société Meriane Voyages & Compagnie Air France).

B. Décision l'ayant accordée dans le cadre de l'évocation

L'exécution provisoire sur minute et avant enregistrement demandée en appel peut être ordonnée par le juge d'appel pour faciliter l'accès du justiciable aux droits qu'il tire des jugements portant sur des sommes importantes et qui peuvent être exécutés conformément à la réglementation nationale de chaque État partie ; en l'espèce, il échet de faire droit à la demande (CCJA, 1e ch., no 049/2020, 27-2-2020 : Ecobank Gabon SA c/ M2A Groupe SARL).

C. Effets du caractère immédiatement exécutoire des décisions de la CCJA

En vertu du caractère immédiatement exécutoire des arrêts de la CCJA et des dispositions de l'article 115 de l'AUDCG, le locataire qui s'est maintenu dans les lieux pendant 26 mois malgré l'expiration de son bail est alors redevable, en plus de la somme préalable de 3 500 000 FCFA réclamée par le locataire au titre d'indemnité d'occupation depuis la fin du contrat, des loyers liés à son occupation des lieux à raison de 700 000 FCFA par mois (CCJA, 1e ch., no 024/2021, 18-2-2021 : Keita Harouna c/ Société 911 Security SA).

III. Formule exécutoire

Si l'article 41 du Règlement de procédure de la CCJA prévoit qu'un arrêt de celle-ci a force obligatoire dès son prononcé, il reste qu'en vertu de l'article 46 du même règlement, l'exécution forcée des arrêts de la cour « est régie par les règles de la procédure civile en vigueur dans l'État sur le territoire duquel elle a lieu. La formule exécutoire est apposée, sans autre contrôle que celui de la vérification de l'authenticité du titre, par l'autorité nationale que le Gouvernement de chacun des États parties désignera à cet effet dont il donnera connaissance à la Cour [...] ». En constatant que l'arrêt CCJA no 044/2010 du 1er juillet 2010 n'était pas revêtu de la formule exécutoire pour valoir titre exécutoire, la cour d'appel n'a en rien violé l' (article 41 précité CCJA, 1e ch., no 176/2019, 23-5-2019 : African Petroleum Consultants Sarl c/ Sonara).

Art. 42 [mod.] Un recueil de jurisprudence de la Cour est publié par les soins d'un comité mis en place par le Président. Ce comité est chargé, en outre, de toute autre publication de la Cour.

Chapitre V
DES DÉPENS

Art. 43 1 – Il est statué sur les dépens dans l'arrêt qui met fin à l'instance.

2 – Sont considérées comme dépens récupérables :

a) les droits de Greffe ;

b) les frais indispensables exposés par les Parties aux fins de la procédure, notamment les frais de déplacement et de séjour et la rémunération des avocats, selon le tarif fixé par la Cour ;

c) les frais qu'une partie a dû exposer aux fins d'exécution forcée suivant le tarif en vigueur dans l'État où l'exécution forcée a lieu.

3 – La Partie qui succombe est condamnée aux dépens, à moins que la Cour, pour des motifs exceptionnels, n'en décide autrement.

Si plusieurs Parties succombent, la Cour décide du partage des dépens.

À défaut de conclusions sur les dépens, chaque Partie supporte ses propres dépens.

I. Condamnation aux dépens

A. Dépens à la charge du perdant

Lorsque la demande de liquidation et de taxation des dépens paraît justifiée, la CCJA l'accorde et les met à la charge de la partie succombante (CCJA, ord. no 015/2009/CCJA, 30-7-2009 : Ayants droit de B. F. et A. P. c/ État de Côte d'Ivoire, Rec. jur. CCJA, no 14, juill.-déc. 2009, p. 47, Ohadata J-10-186 – dépens mis à la charge de l'État de Côte d'Ivoire).

Dans le même sens, CCJA, ord. n° 001/2009/CCJA, 19-1-2009 : Sté I.B.A.S., SARL c/ Sté LOTENY TELECOM, SA, Rec. jur. CCJA n° 13, janv.-juin 2009, p. 173, Ohadata J-10-92.

B. Partage des dépens entre des parties ayant partiellement succombé

Chacune des parties ayant partiellement succombé, il échet de les condamner au partage des dépens (CCJA, 3e ch., n° 309/2020, 22-10-2020 : Ngu Aza Otay c/ Ecobank Cameroun SA).

C. Solidarité du gérant d'une entité sans personnalité juridique pour le paiement des dépens

La rémunération des avocats constitue des frais indispensables fixés par la cour. En l'espèce, à défaut de convention d'honoraires entre les parties et au vu des énonciations de l'arrêt donnant lieu à la demande de liquidation des dépens, il convient de dire que la requête est fondée. La partie condamnée aux dépens étant une entité sans personnalité juridique, il convient de condamner solidairement l'entité et son gérant ou exploitant au paiement à l'avocat de la somme de 2 250 000 FCFA au titre de sa rémunération (CCJA, 1e ch., n° 190/2019, 20-6-2019 : Ric SA c/ Alivet Cameroun SARL).

II. Droits de greffe

Sont considérés comme dépens récupérables, les frais relatifs aux droits de greffe. En l'espèce, doit être rejetée comme mal fondée la demande de la somme de 100 000 FCFA réclamée au titre de frais de dépôt de la requête aux fins de liquidation des dépens et de levée de la copie originale de la décision à intervenir sans produire aucune pièce justificative (CCJA, 1e ch., n° 315/2019, 12-12-2019 : Sapmc SA et Ntsamo Étienne c/ Aes Sonel devenue Eneo Cameroon SA).

III. Honoraires des avocats

A. Modalités de fixation

Dans la fixation de la rémunération des conseils (avocats) ayant participé à une procédure devant la CCJA :

– les dépens sont liquidés en précisant, entre autres, les honoraires, les frais de déplacement et de séjour de l'avocat, et les frais de greffe. En l'espèce, la demande ayant été déclarée partiellement justifiée, les dépens ont été liquidés à la somme de trente-six millions deux cent dix mille (36 210 000) FCFA décomposée comme suit :

- honoraires de l'avocat : 35 000 000 FCFA
- déplacement de l'avocat : 675 000 FCFA
- séjour de l'avocat : 500 000 FCFA
- frais de greffe : 35 000 FCFA (CCJA, Ord. n° 002, 15-2-2013 ; req. 166/2012/PC du 29-11-2012 : Maître EMADAK Touko Eliane c/ Sté Mobile Telephone Network Solutions (MTN NS), Rec. jur. CCJA n° 20, vol. 2, janv.-déc. 2013, p. 145, Ohadata J-15-88) ;

– il peut être tenu compte de la complexité du dossier, du temps qui y a été consacré par le conseil, du montant du taux du litige et du gain qui en résulte pour le client du conseil. En l'espèce, eu égard aux élémentx indiqués ci-dessus et en considération du gain de deux milliards cent quatre-vingt-trois millions quatre cent quarante-deux mille soixante-quatre (2 183 442 064) FCFA qui en résulte pour la société mandante, il convient, en application de l'article 1er alinéa 2 de la décision n° 001/2000/CCJA du 16 février 2000 susvisée, de déclarer la demande partiellement justifiée et d'y faire droit à hauteur de cent cinquante millions (150 000 000) de FCFA au titre de tous frais confondus (CCJA, ord. n° 001, 14-1-2013 ; req. du 21-11-2012 : Elh Harouna MALLAM c/ Seydou BOUKARI, Rec. jur. CCJA n° 20, vol. 2, janv.-déc. 2013, p. 143-144, Ohadata J-15-87).

Pour un autre exemple, voir CCJA, ord. n° 003, 15-2-2013 ; req. 165/2012/PC du 29-11-2012 : Maître EMADAK Touko Eliane c/ Sté Mobile Telephone Cameroon Limited (MTNC), Rec. jur. CCJA n° 20, vol. 2, janv.-déc. 2013, p. 146, Ohadata J-15-89. En l'espèce, la demande ayant été déclarée partiellement justifiée, les dépens ont été liquidés à la somme de trente-six millions deux cent dix mille (36 210 000) FCFA décomposée comme suit : honoraires de l'avocat : 35 000 000 FCFA, déplacement de l'avocat : 675 000 FCFA, séjour de l'avocat : 500 000 FCFA et frais de greffe : 35 000 FCFA).

B. Possibilité d'en demander la liquidation sans mandat spécial

L'exception d'irrecevabilité d'une requête à fins de liquidation des dépens introduite par le conseil d'une partie agissant en son nom propre est recevable relativement aux frais de greffe, mais pas pour les honoraires, les frais de séjour et de déplacement de l'avocat, qui peuvent être réclamés par celui-ci sans mandat de la partie gagnante. Mais en l'absence de pièces justificatives, l'avocat doit être débouté de sa réclamation relative aux frais de l'avocat, notamment les honoraires, frais de séjour et de déplacement et les dépens de la procédure relative à la liquidation desdits frais mis à sa charge (CCJA, 3e ch., n° 013, 25-1-2018 : SCBP c/ Sté Générale Cameroun ; CCJA, 3e ch., n° 014, 25-1-2018 : Maître Paul Tchuente, Avocat à la Cour c/ Sté Afriland First Bank).

C. Possibilité pour un avocat de faire liquider ses honoraires par la cour

1° En cas de non-paiement de ses honoraires par son client

L'avocat dont les services n'ont pas été rémunérés par la partie qui l'a constitué peut solliciter auprès de la cour la taxation de ses honoraires, en vertu des dispositions de l'article 1er de la décision n° 01/2000/CCJA du 16 février 2000 fixant la rémunération, les frais de déplacement et de séjour des avocats. Mais en l'espèce, n'ayant exposé aucun frais et ne pouvant prétendre qu'à ses honoraires, l'avocat ne saurait solliciter la liquidation à son profit de l'entièreté desdits dépens qui englobent aussi bien ses honoraires que les frais de greffes et autres débours exposés par son client, alors surtout qu'il ne justifie pas avoir été mandaté à cet effet par son client. En conséquence, l'avocat qui sollicite, non la taxation de ses honoraires, mais la liquidation des dépens à son profit a formé une demande manifestement irrecevable, en application des articles 32.2 et 43 du Règlement de procédure de la CCJA (CCJA, 1e ch., n° 008/2020, 23-1-2020 : maître Paul Tchuente c/ STPC SARL).

2° En cas de contestation

Au sens de l'article 43 du Règlement de procédure de la CCJA, c'est la partie qui a gagné le procès qui demande la liquidation des dépens, elle diffère de la taxation des honoraires qu'un avocat peut, de son propre chef et en cas de contestation, solliciter de la cour. En l'espèce, la requérante sollicite, non la taxation de ses honoraires à proprement parler, mais la liquidation à son profit des dépens dont sa rémunération d'avocat est l'une des composantes ; la partie gagnante qui a seule la qualité pour réclamer une telle liquidation n'étant pas associée à cette démarche, il y a lieu, pour la sécurité des situations juridiques, de déclarer la requérante irrecevable en l'état de sa demande (CCJA, 1e ch., n 036/2020, 13-2-2020 : maître Tankeu Yvonne c/ Société Standard Chartered Bank Cameroun).

3° Refus de la demande de liquidation d'honoraires directement présentée par l'avocat à la cour

Il a été jugé que les dépens, qui comprennent les honoraires de l'avocat constitué, sont constitués par les sommes exposées par la partie qui a gagné le procès, lesquelles doivent lui être remboursées par la partie perdante. Le conseil de la partie gagnante, demandeur en l'espèce, qui n'a exposé aucun frais et qui ne peut prétendre qu'à ses honoraires, ne saurait, sous le couvert de la taxation des dépens, mettre lesdits honoraires à la charge de la partie perdante qui, en réalité, ne doit pouvoir les payer qu'en les remboursant à la partie gagnante, à concurrence de ce qui a été effectivement payé, conformément au barème en vigueur devant la CCJA. Au sens de l'article 43 du Règlement susvisé, la partie gagnante ne peut obtenir la liquidation des dépens à son profit qu'en justifiant avoir effectivement exposé lesdits frais au nombre desquels les honoraires de l'avocat. Lorsque l'avocat requérant sollicite, non la liquidation des dépens au profit de sa cliente, mais la taxation de ses honoraires, à la charge d'une partie qui ne l'a pas constitué, une telle action est manifestement irrecevable en application des dispositions de l'article 32.2 du Règlement de procédure (CCJA, 1e ch., n° 331/2020, 22-10-2020 : maître Voukeng Michel Janvier c/ Piwele Grégoire).

Obs. : cette décision semble regrettable et constituer un pas en arrière après les deux décisions présentées ci-avant, car il n'est pas impossible qu'un avocat se retrouve face à l'impécuniosité de son client après avoir presté pour lui, lorsque par exemple il est difficile d'exécuter une décision favorable qu'il aura obtenue pour son client. Dans une telle hypothèse, il est vivement souhaitable que la cour maintienne la possibilité qui avait été ouverte par l'arrêt (CCJA, 1e ch., n° 008/2020, 23-1-2020) ci-dessus, aux avocats qui justifieraient ne pas avoir été payés par leur client, d'obtenir la liquidation de leurs honoraires directement contre la partie qui aura été condamnée aux dépens.

IV. Frais irrépétibles dont la demande de remboursement est infondée ou irrecevable

La demande tendant à ce que la CCJA statue par une disposition particulière sur les frais irrépétibles – lesquels correspondent aux frais cités à l'alinéa 2.b de l'article 43 du Règlement de Procédure de la CCJA et sont récupérables, au tarif déterminé par l'annexe susvisée dans les dépens afférents à la présente instance auxquels sera condamnée la partie perdante est irrecevable (CCJA, n° 029/2007, 19-7-2007 : SIR SA c/ 1°) BONA SHIPHOLDING LTD, Rec. jur. CCJA n° 10, juill.-déc. 2007, p. 12, Ohadata J-08-241).

Si l'article 43.2 du Règlement de procédure de la CCJA dispose que les « droits de greffe » constituent des « dépens récupérables », il demeure que la partie qui réclame le paiement d'un quantum doit en prouver l'effectivité ou à défaut être déboutée de sa demande (CCJA, 1e ch., 185, 25-10-2018 : Nguessi Jean Pierre c/ Wanmo Martin).

A. Frais de déplacement du gérant d'une société

Le déplacement du gérant d'une société à la CCJA pour le prononcé d'un arrêt concernant la société n'étant ni obligatoire ni indispensable, il ne peut être pris en compte dans les dépens à liquider, en application de l'article 43.2-b du Règlement de procédure de la CCJA et les débours exposés à ce titre par le recourant sont irrecevables. En l'espèce, les frais d'envoi de colis relatif à la procédure à travers les services de Bolloré (380 $), de certification des pièces et photocopies du dossier (356 $), de retrait de l'arrêt au greffe de la CCJA et les honoraires de chacun des deux conseils ont été accordés (CCJA, 2e ch., no 208/2020, 25-6-2020 : Fretin Construct Sarl c/ La province du Kongo Central).

B. Frais exposés et non compris dans les dépens

L'instance en liquidation des dépens étant particulière et indépendante de l'instance statuant sur le pourvoi, les demandes formulées par les parties au titre de frais exposés et non compris dans les dépens doit être rejetée en l'état (CCJA, 1e ch., no 021/2021, 18-2-2021 : SGBF SA c/ CBI SA).

. . . .

V. Liquidation des dépens

La demande de liquidation des dépens ne peut être accueillie que pour les dépens récupérables, en appréciation des justificatifs produits (CCJA, 2e ch., no 139/2020, 30-4-2020 : Banque commerciale du Congo c/ Roger Tshiaba Mbangama).

A. Demandes recevables en la forme

1o Demande formée par un avocat

À la lecture combinée de l'article 43 du Règlement de procédure de la CCJA et de l'article 1er de la décision no 001/2000/CCJA du 16 février 2000, il y a lieu de déclarer recevable en la forme la requête d'un avocat ayant représenté une partie dans une procédure devant la CCJA (CCJA, 2e ch., no 090, 27-4-2017 : Maître Doudou Ndoye c/ Pape Mactar Sarr).

2o Demande présentée pour un arrêt et non une ordonnance de taxe

Les requêtes adressées à la CCJA pour y être statué par arrêt, et non par ordonnance de taxation, ne manquent pas de fondement légal dans la mesure où elles visent l'article 43 du Règlement de procédure de la CCJA et la décision no 001/2000/CCJA du 16 février 2000 fixant la rémunération, les frais de déplacement et de séjour des avocats. De plus, en l'absence de preuve d'une renonciation des requérants à faire liquider les dépens prononcés par les arrêts rendus à leur profit par la CCJA, les dispositions de l'article 28.1-b) du Règlement de procédure de la CCJA ne sont pas applicables dès lors qu'aucune instance relative à la liquidation des dépens ne s'est tenue devant les juridictions nationales et que la CCJA est saisie à titre initial ; il s'ensuit que les requêtes sont recevables et que l'exception soulevée doit être rejetée (CCJA, 2e ch., no 154, 29-6-2017 : Sté la Savonnerie Camerounaise et 2 autres c/ Sté Afriland First Bank SA).

3o Autorité de la chose jugée inopérante

Il n'y a pas d'autorité de chose jugée empêchant la recevabilité d'une nouvelle requête à fins de liquidation des dépens dès lors que d'une part, l'arrêt qui s'était prononcé sur la première demande n'avait pas débouté le requérant de sa demande mais avait plutôt déclaré celle-ci « irrecevable en l'état », eu égard à l'insuffisance des éléments du dossier ; d'autre part, le montant des dépens récupérables par un plaideur n'est pas fixé arbitrairement par celui-ci mais résulte des justificatifs fournis à l'appui de la demande et appréciés, au fond, par la cour. Il convient donc de rejeter l'exception et dire que la requête est recevable (CCJA, 3e ch., no 215/2019, 27-6-2019 : Kalonda Ngoyi c/ Cgha-Memling).

S'il est constant que le requérant saisit la CCJA des mêmes demandes, il y a lieu de relever que s'agissant de la procédure spéciale de liquidation des dépens récupérables auxquels le requérant a droit, l'autorité de la chose jugée ne saurait être invoquée en l'espèce, alors, d'une part que le requérant ne vise plus tous les chefs de sa première requête et que, d'autre part, il produit désormais des pièces au soutien de ses prétentions. La décision no 001/2000/CCJA prévoit, en son article 1er, que la rémunération due à l'avocat est fixée à 3 % lorsque la valeur du litige se situe entre 500 000 000 et 1 000 000 000 FCFA. En l'espèce, l'intérêt du litige étant fixé à 715 674 078 FCFA selon le commandement du 16 novembre 2011, la rémunération de l'avocat sera fixée à 21 470 222 FCFA. Par ailleurs, le requérant produit au dossier des justificatifs de frais de déplacement et de séjour d'une valeur de 629 000 FCFA, somme au remboursement de laquelle il a droit (CCJA, 1e ch., no 180/2019, 23-5-2019 : Tchuente Paul c/ Afriland First Bank).

4o Montant des condamnations dans la décision principale non inclus dans les dépens

La requête à fins de liquidation des dépens est recevable lorsque, contrairement aux allégations de la défenderesse, le montant des condamnations prononcées par l'arrêt ayant entraîné la demande des dépens n'est pas compris dans les dépens mais a plutôt servi de base du calcul de la rémunération de l'avocat (CCJA, 3e ch., no 108/2019, 11-4-2019 : Anon Seka : Société Gecos formation, prenant en compte, en plus des honoraires de l'avocat, les frais relatifs à l'enrôlement, à la copie exécutoire et de photocopies et reliures).

5° Rattachement des dépens à l'instance qui leur a donné naissance

En condamnant une partie aux dépens après avoir déclaré son recours irrecevable en l'état, la CCJA n'a pas réservé ceux-ci, mais éteint l'instance introduite. Même si la partie peut encore saisir la cour, il ne pourra s'agir que d'un recours différent qui introduirait une instance nouvelle susceptible de générer d'autres dépens pouvant donner lieu à une demande de liquidation ; l'exception d'irrecevabilité de la demande de liquidation des dépens doit donc être rejetée et ladite demande déclarée recevable (CCJA, 1e ch., n° 190/2019, 20-6-2019 : Ric SA c/ Alivet Cameroun Sarl et 1 autre).

6° Demande d'horaires d'avocats présentée au nom d'une partie à une procédure devant la CCJA

L'exception d'irrecevabilité d'une requête aux fins de liquidation des dépens soulevée au motif qu'elle a été présentée à la cour par les sociétés qui n'ont aucune qualité pour agir en l'espèce car s'agissant des honoraires dus aux avocats, il incombe à ces derniers d'en formuler la demande en paiement en leurs propres noms, ne peut prospérer et la requête est recevable en la forme (CCJA, 3e ch., n° 310/2020, 22-10-2020 : Sociétés Dameka et SCAD SA c/ Compagnie Allianz Centrafrique SA).

7° Preuve non rapportée du paiement allégué des honoraires aux avocats : rejet de l'allégation de tentative d'escroquerie au jugement

L'exception d'irrecevabilité d'une requête aux fins de liquidation des dépens soulevée au motif qu'elle constitue une tentative d'escroquerie au jugement dans la mesure où il est établi, par les pièces du dossier, que la société demanderesse a déjà payé à ces mêmes avocats les sommes qu'ils réclament au titre de leurs honoraires, ne peut prospérer en l'absence de preuve de ces allégations (CCJA, 3e ch., n° 310/2020, 22-10-2020 : Sociétés Dameka et SCAD SA c/ Compagnie Allianz Centrafrique SA).

8° Demande présentée par une partie à l'arrêt ayant été condamnée aux dépens

Une partie principale à l'arrêt de la CCJA qui a condamné une autre partie aux dépens est fondée à solliciter la liquidation desdits dépens (CCJA, 1e ch., n° 204/2024, 27-6-2024).

B. Demandes irrecevables

1° Demande prématurée

Est irrecevable en l'état :

– la demande de liquidation des dépens présentée dans une instance, dès lors qu'en application de l'article 43 du Règlement de procédure de la CCJA les dépens sont liquidés non pas dans l'arrêt mettant fin à l'instance, mais après le prononcé de celui-ci (CCJA, 1e ch., n° 012, 24-1-2019 : Sté Générale Burkina-Faso c/ N.) ;

– la demande de condamnation d'une partie aux entiers dépens dont la liquidation doit inclure, notamment, et non exclusivement, un montant de 35 000 000 FCFA pour les honoraires des avocats, au taux d'intérêt judiciaire de 6 % l'an en vigueur en République démocratique du Congo, applicable à compter de la notification de l'arrêt à intervenir, dès lors que suivant l'article 43 du Règlement de procédure de la CCJA, les dépens ne peuvent être liquidés et taxés qu'après le prononcé de l'arrêt mettant fin à l'instance (CCJA, ass. plén., n° 104/2022, 23-6-2022) ;

– la demande de condamnation d'une partie au titre de frais exposés et non compris dans les dépens, au motif que la demanderesse s'est vu contrainte de s'attacher les services non gratuits d'un conseil pour faire entendre sa cause en justice ; en effet, elle doit être examinée dans le cadre de la liquidation des dépens devant la CCJA (CCJA, 1e ch., n° 273/2020, 30-7-2020 : G. c/ Ecobank Burkina) ;

– les demandes relatives aux honoraires d'avocats et aux frais de déplacement, car elles doivent être examinées dans le cadre de la liquidation des dépens devant la cour (CCJA, 1e ch., n° 274/2020, 30-7-2020 : Microfi SA c/ Union des Assurances du Burkina-IARDT).

En prévoyant, parmi les dépens récupérables, les frais qu'une partie a dû exposer aux fins d'exécution forcée, l'article 43 du Règlement de procédure de la CCJA n'exclut point la détermination de la nature et du montant des frais entrant en dépens par une décision ultérieure, l'exécution forcée de la décision mettant fin à l'instance ne pouvant intervenir avant son prononcé. Est donc infondée et doit être rejetée l'exception d'irrecevabilité d'une requête en liquidation des dépens soulevée au motif que, conformément aux dispositions de l'article 43 du Règlement de procédure de la CCJA précité, la détermination de la nature et du montant des frais entrant en dépens, par les parties, doit se faire à l'occasion du recours en cassation, faute de quoi, chaque partie supportera ses propres dépens, la loi exigeant que la cour se prononce sur lesdits dépens dans l'arrêt qui met fin à l'audience et non dans un arrêt différent ou séparé (CCJA, 1e ch., n° 235, 29-11-2018 : Société United Bank of Africa [UBA] c/ Société Grassfields Holding Limited [GBL]).

2° Demande déposée au nom d'une société sans mandat valide

La requête en liquidation des dépens déposée au nom d'une société est irrecevable en l'état, lorsque le mandat spécial excipé par le conseil de la société est vicié, en ce qu'il ne comporte que la seule signature du directeur général adjoint, alors que suivant l'expédition d'un acte notarié versé au dossier, les pouvoirs délégués par le président de la société ne peuvent être valablement mis en œuvre que par deux responsables agissant conjointement, conformément à un tableau préétabli annexé audit acte (CCJA, 3e ch., 216, 22-11-2018 : Afriland First Bank c/ Sté Castor Bâtisseur, Achindati Étienne).

3° Demande déposée avec un mandat spécial destiné à une autre procédure

La liquidation des dépens étant requise dans le cadre d'une instance autonome, le pouvoir spécial donné à un avocat « à l'effet de former au nom et pour le compte » d'une société, dont X est le gérant, « un pourvoi en cassation devant la CCJA et dirigé contre l'arrêt n° 56/Civ du 3 février 2016 » rendu par la cour d'appel du centre à Yaoundé ne concerne pas la requête aux fins de liquidation des dépens introduite au nom de X ; celle-ci méconnaît les dispositions de l'article 23 du Règlement de procédure de la CCJA. Surabondamment, les dispositions relatives aux dépens (articles 43-2 du Règlement de procédure de la CCJA, 1er et 2 de la décision n° 001/2000/CCJA du 16 février 2000 fixant la rémunération, les frais de déplacement et de séjour des avocats) ne confèrent pas aux parties la qualité pour solliciter, en lieu et place des intéressés [avocats ayant représenté les parties devant la CCJA], les frais relatifs aux honoraires d'avocats, à leurs déplacements et à leurs séjours ; il s'ensuit que la requête introduite par X doit être déclarée irrecevable (CCJA, 1e ch., 186, 25-10-2018 : Mibe Célestin c/ Ngokseu Richard).

4° Demande déposée par un avocat différent de celui qui avait représenté la partie devant la CCJA

Il appartient à l'avocat ayant assisté une partie devant la CCJA de demander la liquidation des dépens relatifs aux honoraires et frais de déplacement et de séjour. Est irrecevable la requête présentée par un autre avocat au nom d'une personne au profit de laquelle l'arrêt de la CCJA générateur des dépens a été rendu (CCJA, 1e ch., 185, 25-10-2018 : Nguessi Jean Pierre c/ Wanmo Martin).

5° Demande déposée par l'avocat de la partie au bénéfice de laquelle la condamnation a été prononcée

Il a été jugé que suivant l'article 43-b du Règlement de procédure de la CCJA, seule la partie qui a gagné le procès a qualité pour demander la liquidation des dépens que la partie succombante a été condamnée à lui payer. En l'espèce, le cabinet d'avocats, qui ne produit par ailleurs au dossier de la procédure aucun mandat de son client l'autorisant à agir, est irrecevable à demander la taxation et le paiement de sa rémunération, les honoraires de l'avocat, exposés devant la CCJA étant compris dans les dépens et ne pouvant être distraits de ce lot, la taxation des honoraires emportant la liquidation d'une partie des dépens (CCJA, 2e ch., n° 040/2022, 24-2-2022 : Cabinet Partners Association d'Avocats c/ Société BGFI Bank CI).

Il résulte des articles 14 al. 3 et 4 du Traité, et 23 du Règlement de procédure de la CCJA, que les frais de la procédure incombent à la partie à une procédure devant la CCJA et c'est elle qui est en droit d'en demander le recouvrement lorsque son adversaire est condamné aux dépens. Il s'ensuit qu'est infondée et doit être rejetée la requête à fins de liquidation des dépens initiée par un avocat en son propre nom et qualité sans produire au dossier de la procédure un mandat de ses clients l'autorisant à réclamer la liquidation des dépens et la taxation de ses honoraires, qui sont compris dans les dépens fixés par l'article 43-b du Règlement de procédure et ne sont pas à distraire du lot des dépens. Il en est ainsi car accorder à cet avocat le bénéfice de la liquidation des dépens à l'insu de la partie ayant initié le recours donnant lieu aux dépens dont la liquidation, créerait la répétition de l'indu s'il s'avère que ses honoraires ont déjà été payés par cette partie (CCJA, 2e ch., n° 212/2020, 25-6-2020 : maître Tankeu Yvonne c/ Société Standard Chartered Bank Cameroon).

6° Demande globale

Si, aux termes de l'article 43 de son Règlement de procédure, il revient à la CCJA de liquider les dépens prononcés par ses arrêts, il reste que la partie qui sollicite la liquidation des dépens, quelle qu'en soit la nature, doit en fixer le montant à l'effet de permettre à la CCJA d'en apprécier la conformité aux textes en vigueur. En l'espèce, la requérante qui formule une demande globale, indiquant que selon le barème de la cour, les honoraires d'un avocat dans la cause s'élèvent à 35 000 000 FCFA et demande de fixer, d'une part, à 385 000 000 FCFA les honoraires du collectif des avocats constitués et, d'autre part, à 1 000 000 000 FCFA « les frais supplémentaires d'avocats occasionnés depuis 8 ans par les procédures abusives de la défenderesse, soit au total 1 385 000 000 FCFA », alors qu'il n'appartient pas à la cour de se substituer à la requérante dans la fixation du quantum de chacun des postes tels que spécifiés tant par l'article 43 et la décision n° 001/2000/CCJA du 16 février 2000 fixant la rémunération, les frais de déplacement et de séjour des avocats, la requérante n'a pas mis la cour en mesure d'exercer son contrôle ; et sa demande sera déclarée irrecevable en l'état (CCJA, 1e ch., n° 270/2019, 28-11-2019 : Société African Petroleum Consultants c/ Corlay Cameroun SA).

C. Rejet de la demande

1° Absence de justificatifs

Il résulte de l'article 43 du Règlement de procédure de la CCJA que les dépens récupérables sont les sommes d'argent exposées par la partie qui en demande le remboursement, ce qui nécessite des justificatifs ; la requérante, qui n'a produit aucune pièce justificative de ses réclamations par rapport aux différentes rubriques des dépens récupérables, doit être déboutée (CCJA, 3e ch., 215, 22-11-2018 : Afriland First Bank c/ Kamo Gamo Ruben, Minoterie de l'Ouest Cameroun SARL). Dans le même sens : CCJA, 2e ch., n° 125, 23-6-2016 : ASCOT COMMODITIES c/ Bocar Samba Dieye, Ohadata J-17-66 ; CCJA, 3e ch., 217, 22-11-2018 : Afriland First Bank c/ CACIC SA, Ayants droit Garba Aoudou ; CCJA, 3e ch., 204, 22-11-2018 : Woappi Zacharie c/ Talezang ; CCJA, ass. plén., n° 159, 1-12-2016 : 1) Compagnie Malienne pour le Développement des Textiles dite CMDT, 2) Groupement des Syndicats de Producteurs de Coton et Vivriers du Mali dit GSCVM c/ Sté Inter Africaine de Distribution dite IAD, Ohadata J-17-99.

Lorsque les deux parties réclament des sommes au titre des frais non compris dans les dépens mais ne versent aucune preuve justificative de ces dépenses, elles doivent être déboutées (CCJA, 2e ch., n° 126, 23-6-2016 : Tessougue Madou c/ Sankara Issouf, Ohadata J-17-67).

2° Arrêt ayant uniquement statué sur la compétence de la CCJA ou la recevabilité

L'arrêt de la CCJA dont la liquidation des dépens est demandée n'ayant statué que sur la compétence, sans avoir pu apprécier la valeur du litige, aucune rémunération ne saurait être due à ce titre. Par rapport aux frais de déplacement et de séjour, les sommes dont il a été justifié au titre du déplacement et du séjour, à savoir de 412 500 FCFA pour le voyage aller et retour et de 90 000 FCFA pour le séjour, seront mises à la charge du client qui a été représenté par l'avocat (CCJA, 2e ch., n° 090, 27-4-2017 : Maître Doudou Ndoye c/ Pape Mactar Sarr).

Aucune rémunération ne peut être accordée au conseil de la demanderesse au titre des dépens dès lors que l'arrêt de la CCJA au sujet duquel la liquidation des dépens est sollicitée n'a statué que sur « la recevabilité du moyen » et n'a pas pu apprécier la valeur du litige, la demanderesse n'ayant pas répliqué aux prétentions de la défenderesse ; en revanche, les frais d'expédition des documents à la cour et les frais de greffe, soit respectivement les sommes de 477 800 et 150 000 FCFA, sont justifiés et il y a lieu de les mettre à la charge de la partie condamnée aux dépens, qui ne les conteste nullement (CCJA, 2e ch., n° 218/2021, 23-12-2021 : Joséphine Nsimire Mirindi c/ Marie-Claire Lugirira).

Il a été jugé que lorsque l'arrêt à la suite duquel la liquidation des dépens est sollicitée n'a statué que sur la compétence et n'a pu apprécier la valeur du litige, aucune rémunération d'avocats ne saurait être liquidée. S'agissant des frais de déplacement, le montant de 988 600 FCFA pour le voyage aller-retour de deux avocats est justifié et doit être mis à charge de la partie ayant succombé (CCJA, 3e ch., n° 310/2020, 22-10-2020 : Sociétés Dameka et Scad SA c/ Compagnie Allianz Centrafrique SA).

Obs. : le refus de toute rémunération aux conseils du défendeur qui a obtenu gain de cause à la suite de l'arrêt d'incompétence de la CCJA peut sembler excessif dans la mesure où, même s'il n'a pas été signifié à la demanderesse initiale avant que la cour se déclare incompétente, les diligences des avocats de la défenderesse ont, directement ou indirectement contribué au succès des prétentions de leur cliente (la défenderesse) matérialisé par l'arrêt d'incompétence rendu par la cour. Sans chercher à déterminer la proportion de la réussite attribuable au travail des avocats de la défenderesse, leur refuser toute rémunération serait dénier leur prestation et le temps qui y a été consacré, dans la mesure où, abstraction faite des honoraires de résultats qui ne sont dus que si le résultat escompté est atteint, les prestations d'avocats sont en principe toujours facturables, nonobstant le résultat obtenu. En conséquence, il aurait été préférable d'accorder une rémunération aux conseils de la défenderesse, qui avait obtenu gain de cause à l'issue de la procédure dont la liquidation des dépens était recherchée.

3° Demande infondée

Conformément à l'article 43 du Règlement de procédure de la CCJA et l'article 1 de la décision n° 001/2000/CCJA du 16 février 2000 du président de la CCJA, fixant la rémunération, les frais de déplacement et de séjour des avocats, qui ne prévoit quant à elle en son article 1er que la rémunération due à l'avocat, les demandes qui n'entrent pas dans le cadre des dispositions précitées sont infondées.

Tel est le cas en l'espèce :
– de l'intérêt du litige qui porte non sur le montant de 64 500 000 FCFA mais plutôt sur celui de 44 500 000 FCFA, qui correspond à la valeur d'acquisition du véhicule selon la motivation de l'arrêt n° 204 de la CCJA ;
– des frais de domiciliation versés au second avocat, alors même que la domiciliation n'est pas obligatoire et que le requérant a fait deux fois le voyage Douala-Abidjan et Abidjan-Douala ;
– de la majoration du fait de « circonstances exceptionnelles » qui n'entre pas dans le cadre de la décision susvisée ;
– du « reçu provisoire » du 4 juin 2014 portant sur la somme de 70 000 FCFA, pièce sous seing privé ne présentant pas les caractères d'un justificatif (CCJA, 3e ch., n° 160/2018, 18-10-2018 : Stanislas Wouam Nkounchou c/ Sté Tractafric Motors Cameroun SA).
Est infondée et doit être rejetée, la demande de liquidation des dépens présentée par une partie qui avait signé une convention de dation en paiement, qui mentionne, dans le décompte de la créance couverte par l'opération, les « frais de recouvrement plus accessoires » d'un montant de 81 153 375 FCFA prenant en compte les dépens dont la liquidation est poursuivie (CCJA, 2e ch., n° 012/2021, 28-1-2021 : Bia-Togo S.A. c/ GTC sarl et Uniprix SARL).

4° Frais de séjour : non-prise en compte de l'allongement de la durée de séjour des avocats à Abidjan à cause de la pandémie du Covid-19, élément prévisible

Lorsque les deux avocats des sociétés demanderesses sont arrivés à Abidjan le 20 mars 2020 pour le dépôt au greffe de leur mémoire en réponse, formalité ne pouvant excéder trois jours, les sommes respectives de 3 000 000 FCFA et 2 975 000 FCFA sollicitées n'étaient pas justifiées dès lors que la fermeture des frontières par la République de Côte d'Ivoire le 22 mars 2020 en raison de la pandémie liée au coronavirus invoquée, est un fait imprévisible non imputable à une partie. En conséquence, il échet de retenir au profit de chacun d'eux, la somme de 90 000 FCFA multipliée par quatre jours, soit au total,720 000 FCFA. Les frais de greffe de 50 000 CFA étant également justifiés, il y a lieu de les mettre à charge de la débitrice des dépens (CCJA, 3e ch., n° 310/2020, 22-10-2020 : Stés Dameka et SCAD SA c/ Compagnie Allianz Centrafrique SA).

5° Exclusion des dépens concernant la procédure devant les juridictions nationales

Les dépens à la charge de la partie succombante sont ceux liés à l'instance opposant les parties devant la CCJA, à l'exclusion de toutes autres instances, notamment celles au niveau national. Les sommes dont le remboursement est sollicité n'ayant pas été exposées à l'occasion de l'instance opposant les parties devant la CCJA et ne figurant par ailleurs pas au rang des dépens récupérables, il y a lieu de rejeter la demande les concernant. Aux termes de l'article 4 al. 4 de la décision n° 001/2000/CCJA du 16 février 2000 du président de la CCJA fixant la rémunération, les frais de déplacement et de séjour des avocats, si le voyage de l'avocat se fait par voie aérienne, le montant des frais est égal au prix d'un seul billet au tarif de la classe économique, tant à l'aller qu'au retour. Ainsi, les frais d'un seul billet d'avion méritent d'être remboursés, en l'occurrence le premier billet d'avion matérialisé par la première facture d'un montant de 498 855 FCFA et qui a permis au conseil d'introduire le recours à la CCJA. Il apparait que la demanderesse chiffre à 1 500 000 FCFA les frais de son séjour et de son hébergement, sans en produire aucune pièce justificative ; et que, à défaut de la preuve desdits frais, il demeure constant que le déplacement du conseil a été effectif et a nécessairement engendré des frais qui méritent d'être pris en compte. La cour peut valablement évaluer lesdits frais à 90 000 FCFA par jour et les calculer sur la base d'un maximum de trois jours, délai permettant d'arriver à Abidjan, d'accomplir les formalités de dépôt du recours et de retourner vers son lieu de résidence habituelle ; qu'à ce titre, il doit est alloué à la requérante la somme de 270 000 FCFA. Par ailleurs, la demanderesse chiffre la rémunération de l'avocat à la somme de 10 433 410 FCFA, sans toutefois expliquer à quoi elle correspond ou tout au moins la base de calcul, alors surtout qu'elle verse au dossier la décharge d'un chèque d'un montant de 6 000 000 F tiré le 1er février 2019 sur la Société Générale Tchad au profit de son conseil qui reconnaît avoir ainsi perçu cette somme à titre d'honoraires. En application des textes en vigueur, les sommes mises à la charge de la partie succombante doivent être celles effectivement déboursées par la partie gagnante qui en sollicite le remboursement. La cour ne saurait octroyer au-delà de ce qui a effectivement été exposé par la partie gagnante ; dès lors, il y a lieu de fixer la somme due au titre du remboursement des honoraires de l'avocat à 6 000 000 FCFA et de condamner le défendeur à ce montant (CCJA, 1e ch., n° 075/2020, 12-3-2020 : Finadev-Tchad SA c/ Mbaïkaoutar François).

Obs. : la position de la CCJA consistant à ne liquider que les dépens relatifs à la procédure devant elle gagnerait à être revue car pour les parties, dans le périple judiciaire qui amène en cassation, l'arrêt de la CCJA constitue le « terminus » ; et pour la partie ayant obtenu la condamnation de son adversaire au paiement de ses dépens, il peut être très frustrant de devoir retourner devant les juridictions ou instances nationales pour faire liquider ses dépens. Une piste pourrait être de faire liquider les dépens concernant les procédures devant les juridictions nationales par la cour si les textes applicables sont fournis ; mais cela pourrait entraîner des conflits dans la mesure où le contentieux relatif aux dépens devant les juridictions nationales relève de juridictions et de textes souvent différents de ceux prévus par le législateur OHADA. Une autre hypothèse pourrait être de faire liquider les dépens par le bâtonnier ou le président de la juridiction de fond, puis de produire les justificatifs à la CCJA qui les rajouterait aux dépens liquidés par elle. Mais là encore il pourrait y avoir des complications en cas de contentieux portant sur les honoraires. En tout état de cause, la question mériterait une réflexion pragmatique et approfondie.

6° Rejet de la demande de paiement d'honoraires d'un avocat impliqué dans plusieurs procédures devant la CCJA mais dans la même affaire et pour la même partie

Il a été jugé que la demande de paiement des honoraires de maître [X.], agissant pour le compte de la demanderesse, pour le même montant et dans la même affaire opposant les parties, bien que dans des procédures différentes, ayant déjà été prise en compte dans le cadre de l'examen de sa requête antérieure enregistrée au greffe de la CCJA sous un autre numéro, il ne saurait y être fait droit deux fois et il doit être débouté (CCJA, 1e ch., n° 204/2024, 27-6-2024).

D. Rejet de la demande fondée sur des textes nationaux

Est irrecevable, en l'état, la demande de liquidation des dépens formulée en application de dispositions internes d'un État partie, dès lors que, devant la CCJA, les liquidation et taxation des dépens sont régies par l'article 43 du Règlement de procédure de la CCJA. Tels qu'énumérés à l'article susvisé, ils ne peuvent être liquidés et taxés qu'après le prononcé de l'arrêt mettant fin à l'instance (CCJA, 3e ch., n° 152, 7-6-2018 : Thiombiano Ousseini c/ Délégation de l'Union européenne au Niger, État du Niger).

Les frais d'avocat et autres étant réglés devant la CCJA conformément à l'article 43 de son Règlement de procédure, il n'y a pas lieu à application des dispositions nationales (Code de procédure civile) et une telle demande doit être rejetée (CCJA, 1e ch., n° 123/2019, 25-4-2019 : Diamond Bank c/ Société Mahoussi & Fils Sarl et 1 autre).

Obs. : cette décision pourrait s'assimiler à une limitation du pouvoir d'évocation de la CCJA car si, en évoquant, elle se place dans la position du juge du fond pour faire ce que ce dernier aurait dû faire, la CCJA devrait ainsi pouvoir accorder des frais irrépétibles correspondant à la procédure au fond, qui est différente de celle qui se déroule en cassation devant elle.

Les frais irrépétibles devant être sollicités dans le cadre de la liquidation des dépens, une telle demande formée doit être rejetée en l'état (CCJA, 1e ch., n° 183/2019, 20-6-2019 : Société Transrail c/ Canac Sénégal SA et Canac Railways Services INC).

La demande de condamnation d'une partie au paiement d'une somme au titre de remboursement de frais d'avocat, dont le fondement légal en droit national n'est pas précisé, doit être rejetée (CCJA, 3e ch., n° 063/2020, 27-2-2020 : Société Générale Burkina Faso c/ Société Copiafax-Burkina).

E. Illustrations de la liquidation des dépens

Sur une ordonnance ayant liquidé les dépens en se basant sur décision n° 001/2000/CCJA du 16-2-2000 fixant les rémunérations, les frais de déplacement et de séjour des avocats pour liquider les dépens, voir CCJA, Ord. n° 03/2010/CCJA, Req n° 128/2009/PC du 09/12/2009 : État du Cameroun/SONARA c/ Sté APC, Rec. jur. CCJA n° 15, janv.-juin 2010, p. 188, Ohadata J-12-57).

En considération du temps consacré au dossier par les conseils de la demanderesse, du montant en litige et enfin du gain de plus de six milliards de FCFA qui en résulte pour la demanderesse, sans compter la condamnation au versement d'intérêts de retard, il convient, en application de l'article 1er al. 2 de la décision n° 001/2000/CCJA du 16 février 2000 susvisée, de déclarer la demande partiellement justifiée. Appréciant les justificatifs produits, notamment les dépenses effectuées au cours des différentes procédures contentieuses et d'arbitrage, ainsi que celles visant à l'exécution des décisions rendues, la cour liquide souverainement l'ensemble des frais et débours au titre des deux requêtes à la somme de 794 711 850 FCFA (CCJA, 1e ch., n° 219, 14-12-2017 : Sté Inter Africaine de Distribution dite IAD c/ CMDT et GSCVM).

En application de l'article 43 du Règlement de procédure de la CCJA et de la décision n° 001/2000/CCJA du 16 février 2000 fixant la rémunération, les frais de déplacement et de séjour des avocats, pour un litige dont l'intérêt est supérieur à 1 000 000 000 FCFA (1 424 249 034 FCFA en l'espèce), la rémunération de l'avocat correspondant à 2,5 % du montant sus-indiqué doit être fixée a trente-cinq millions six cent six mille deux cent vingt-cinq (35 606 225) FCFA et ce, pour l'ensemble des arrêts rendus par la CCJA ayant le même objet, et les requérants seront déboutés pour le surplus de leurs demandes et pour la condamnation séparée (CCJA, 2e ch., n° 154, 29-6-2017 : Sté la Savonnerie Camerounaise et 2 autres c/ Sté Afriland First Bank SA).

Il résulte de l'article 43 du Règlement de procédure de la cour de céans et de l'article 1 al. 2 de la décision n° 001/2000/CCJA du 16 février 2000 fixant la rémunération, les frais de déplacement et de séjour des avocats que les dépens comportent les frais indispensables exposés par les parties aux fins de la procédure, notamment les frais de déplacement et de séjour et la rémunération des avocats, selon le tarif fixé par la cour. En l'espèce, il y a lieu, appréciant les justificatifs produits, de déclarer la requête fondée et de condamner la personne à la charge de laquelle les dépens ont été mis au paiement des dépens liquidés comme suit : divers frais, 139 400 FCFA ; honoraires de l'avocat, 7 735 000 FCFA ; soit un total de 7 874 400 FCFA (CCJA, 1e ch., n° 092, 26-4-2018 : Assi Ossey Cyriaque c/ Aman Ayaye Jean-Baptiste).

Il résulte desarticles 43 du Règlement de procédure de la cour de céans et 1 al. 2 de la décision n° 001/2000/CCJA du 16 février 2000 fixant la rémunération, les frais de déplacement et de séjour des avocats que les dépens comportent les frais indispensables exposés par les parties aux fins de la procédure, notamment les frais de déplacement et de séjour et la rémunération des avocats, selon le tarif fixé par la cour. En l'espèce, il y a lieu, appréciant les justificatifs produits, de déclarer la requête partiellement fondée et de condamner la personne à la charge de laquelle les dépens ont été mis au paiement des dépens liquidés comme suit : divers frais, 570 900 FCFA ; honoraires de l'avocat, 591 772 FCFA soit un total de 1 162 672 FCFA. La requérante sera déboutée du surplus de ses demandes (CCJA, 1e ch., n° 093, 26-4-2018 : CNPS de Côte d'Ivoire c/ SGBCI).

Le montant du litige n'étant pas déclaré dans la requête et aucune pièce produite au dossier n'en faisant état, la cour fixe discrétionnairement la rémunération de l'avocat à 35 000 000 FCFA conformément à l'article 1er de la décision susvisée. S'agissant de frais de déplacement et de séjour récupérables, les justifications produites attestent l'achat d'un billet aller-retour de la classe économique au prix de 1023,00 dollars américains, soit 511 500 FCFA, et un séjour de 5 jours, soit 450 000 FCFA à raison de 90 000 FCFA par jour. Ainsi la somme totale correspondant aux dépens de l'arrêt n° 71/2016 est de 35 961 500 FCFA, qu'il échet de mettre à la charge des parties qui ont succombé dans l'affaire ayant donné lieu à l'arrêt précité (CCJA, 1e ch., n° 194, 9-11-2017 : Banque Commerciale du Congo SA (BCDC) c/ Roger Tshiaba Mbangama et Augustin Mbangama Kabundi).

Suivant les dispositions des articles 43-2 du Règlement de procédure de la CCJA, 1er et 2 de la décision n° 001/2000/CCJA du 16 février 2000, l'avocat qui a assisté une partie peut demander à la Cour de liquider les dépens relativement à ses honoraires, en établissant l'effectivité de leur paiement. En l'espèce, le requérant ayant rapporté les preuves de toutes ses prétentions, il échet d'y faire droit (CCJA, 1e ch., 189, 25-10-2018 : Maître Bokuma Etike c/ Blaise Bula Monga).

Il a été jugé que la décision n° 001/2000/CCJA du 16 février 2000 du président de la CCJA, fixant la rémunération, les frais de déplacement et de séjour des avocats, prévoit, en son article 1er, que la rémunération due à l'avocat est fixée à 2,5 % de l'intérêt du litige lorsqu'il est supérieur à 1 000 000 FCFA conformément au tableau annexé (CCJA, 2e ch., n° 218/2021, 23-12-2021 : Joséphine Nsimire Mirindi c/ Marie-Claire Lugirira).

La demande de liquidation des dépens qui mérite d'être accueillie ne le sera que pour les dépens récupérables de la décision mettant fin à l'instance, en appréciation des justificatifs produits et conformément au barème établi par la cour pour la rémunération des avocats. En l'espèce, le montant du litige, tel qu'il ressort de l'arrêt contre lequel le recours devant la CCJA a été déclaré irrecevable pour forclusion, étant de 330 686 500 FCFA, la rémunération de l'avocat sera fixée à 3,5 % de ce montant, en application de l'annexe à la décision n° 001/2000/CCJA du 16 février 2000. Par conséquent, les dépens récupérables s'établissent comme suit :

- honoraires de l'avocat : 12 449 027 FCFA ;
- copie exécutoire de l'arrêt : 50 000 FCFA ;
- copie exécutoire de l'ordonnance : 10 000 FCFA ;
- divers frais DHL : 271 750 FCFA.

Soit un total de 12 780 777 FCFA ; qu'il échet de condamner la Bicec à payer ce montant à maître Kontchou Gabriel et monsieur Dassi Michel (CCJA, 2e ch., n° 280/2020, 30-7-2020 : Kontchou Gabriel, Dassi Michel c/ la BICEC).

Aux termes de l'article 43 du Règlement de procédure de la CCJA et de la décision n° 001/2000/CCJA du 16 février 2000 fixant la rémunération, les frais de déplacement et de séjour des avocats sont considérés comme dépens récupérables selon le tarif fixé par la cour, les frais indispensables exposés par les parties aux fins de la rémunération des avocats. En l'espèce, selon les énonciations de l'arrêt d'appel ayant fait l'objet de la procédure devant la CCJA, l'action initiée devant la cour d'appel poursuivait la réparation d'un préjudice dont le montant cumulé s'élevait à 827 799 000 FCFA. L'intérêt du litige étant compris entre 500 000 001 et 1 000 000 000 FCFA, la rémunération de l'avocat doit, selon les textes applicables, correspondre à 3 % de 827 799 000 FCFA ; que dès lors, la rémunération requise d'un montant de 24 833 970 FCFA est juste et fondée ; qu'il échet d'y faire droit (CCJA, 1e ch., n° 315/2019, 12-12-2019 : SAPMC SA et Ntsamo Étienne c/ Aes Sonel devenue Eneo Cameroon SA).

La demanderesse ayant justifié le paiement de 150 000 FCFA de frais normaux de procédure de pourvoi, 91 500 FCFA de frais d'envoi de pourvoi et de mémoire par DHL à la CCJA, 80 000 FCFA de frais de délivrance de l'expédition et de la copie exécutoire de l'arrêt, soit au total la somme de 321 500 FCFA, il échet de condamner le défendeur au remboursement de ce montant, et de dire que chaque partie supportera ses propres dépens de l'instance de liquidation des dépens (CCJA, 1e ch., nº 204/2024, 27-6-2024).

VI. Réservation des dépens

Les dépens doivent être réservés, dès lors que la CCJA n'a pas tranché le fond du litige (CCJA, 1e ch., nº 003/2013, 7-3-2013 : Abdoulaye Diallo c/ LALLE Bi Ya Jacques, Rec. jur. CCJA nº 20, vol. 1, janv.-déc. 2013, p. 40-44, Ohadata J-15-03 ; CCJA, 1e ch., nº 032, 2-5-2013 : Amour John WOFA KYEI c/ ECOBANK BURKINA, Rec. jur. CCJA nº 20, vol. 1, janv.-déc. 2013, p. 62-65, Ohadata J-15-32).

VII. Dépens d'une partie attraite devant la CCJA et mise hors de cause

La partie attraite devant la CCJA et contre laquelle aucun moyen du pourvoi n'est dirigé doit être mise de cause par la décision à intervenir et est fondée à obtenir la condamnation de la partie succombante à lui répéter les dépens engagés pour se défendre (CCJA, 1e ch., nº 035, 2-5-2013 : Banque Internationale du Burkina dite BIB c/ 1) Compagnie AXA Côte d'Ivoire dite AXA-CI, 2) Sté Citibank dite CITIBANK SA, 3) Banque Internationale pour le Commerce et l'Industrie de la Côte d'Ivoire dite BICICI, 4) Sté Générale de Banque en Côte d'Ivoire dite SGBCI, Rec. jur. CCJA nº 20, vol. 1, janv.-déc. 2013, p. 105-111, Ohadata J-15-35).

VIII. Masse des dépens, toutes les parties ayant succombé

Il y a lieu de faire masse des dépens lorsque :

– toutes les parties ont succombé (CCJA, 3e ch., nº 153, 27-10-2016 : Réseau des Caisses d'Épargne et de Crédit du Mali (Nyèsigiso) c/ Pharmacie Espace-santé (Ibrastou), Moustapha Sidibe, Ohadata J-17-93) ;

– les demandes de chacune des parties ont partiellement prospéré, il convient de faire masse des dépens (CCJA, 1e ch., nº 041/2023, 9-3-2023, mettant les dépens à la charge de chacune des parties, pour moitié).

Sur un arrêt qui a dispensé des dépens les parties ayant chacune formé un recours en rectification d'erreur matérielle dont un seul a abouti, voir CCJA, 1e ch., nº 322/2020, 22-10-2020 : Bicec SA c/ Tanko Jean.

Chapitre VI

DES DÉSISTEMENTS, DES RADIATIONS ET DES PÉREMPTIONS

Art. 44 [mod.] **1 – Le demandeur peut se désister de son instance.**

2 – Le désistement d'instance entraîne extinction de l'instance, si le défendeur y consent, ou s'il n'a présenté aucune demande reconventionnelle ou fin de non-recevoir.

3 – Le désistement d'instance ne met pas fin à l'action, sauf si le demandeur déclare renoncer expressément à l'action.

4 – Le désistement est constaté par ordonnance du Président de la Cour ou du Président de la Chambre, ou par arrêt de la Cour s'il intervient après le dépôt du Rapport.

I. Désistement de l'instance

Obs. : les décisions présentées ci-après ont été rendues en application de l'article 44 ancien mais demeures transposables en ce qui concerne les effets du désistement d'instance.

A. Recours non encore signifié au défendeur : pas de notification du désistement

Le désistement d'instance ne mettant pas fin à l'action, il n'y a pas lieu de notifier le désistement d'un demandeur au défendeur dès lors que le recours initial n'avait pas encore été signifié à ce dernier (CCJA, 1e ch., nº 018/2020, 23-1-2020 : Liquidation BMBC c/ SCI Kent devenue Ekita Group SA).

B. Renonciation par les parties à toute prétention

En vertu de l'article 44.1 du Règlement de procédure de la CCJA, si, avant qu'elle n'ait statué, les parties informent la CCJA qu'elles renoncent à toute prétention, le président ordonne la radiation de l'affaire du registre et statue sur les dépens. En cas d'accord sur les dépens, il statue selon l'accord (CCJA, ord. nº 07/2005/CCJA, 10-11-2005 : T. D. c/ ERSUMA de l'OHADA, Rec. jur. CCJA, nº 6, juin-déc. 2005, p. 111, Ohadata J-06-52 ; CCJA, ord.

nº 08/2005/CCJA, 21-11-2005 : GMTCI, c/ SODIMA, Rec. jur. CCJA nº 6 juin-déc. 2005, p. 113, Ohadata J-06-53).

Il y a lieu de donner acte aux parties lorsqu'elles informent la Cour de leur désistement (CCJA, ass. plén., nº 068, 25-4-2014 : 1) BIB SA, 2) BCB SA c/ Brasseries du Faso (Brafaso SA), Ohadata J-15-159) ou lorsqu'elles ont transigé (CCJA, 3e ch., nº 093, 1-8-2014 : Kebet Ousmane, Entreprise Kebet Ousmane c/ Société Générale de Banques en Côte d'Ivoire dite SGBCI, Ohadata J-15-184).

C. Désistement par le requérant

Il résulte de l'article 44.2 du Règlement de procédure de la CCJA que le requérant a le droit de renoncer à l'instance engagée devant la Cour, à condition qu'il en informe la CCJA par écrit, et que la conséquence d'un tel désistement est la radiation de l'affaire du registre. En conséquence, la radiation du pourvoi doit être ordonnée sans qu'il soit besoin de se prononcer sur l'acquiescement à l'arrêt attaqué et [constater] que la procédure de cassation nationale suspendue ne peut être reprise, la CCJA ne pouvant examiner en l'état ces observations de la défenderesse déposées au dossier sans que le recours en cassation ait été notifié [à la défenderesse au pourvoi] (CCJA, ord. nº 01/2008/CCJA, 13-2-2008 : BIB c/ Sté EROII, Rec. jur. CCJA, nº 11, janv.-juin 2008, p. 133, Ohadata J-09-109).

1º Désistement accepté par le défendeur

En cas de désistement d'instance du demandeur accepté par le défendeur, il y a lieu d'en prendre acte et de constater l'extinction de l'instance, chaque partie devant supporter ses dépens conformément à la convention intervenue entre elles (CCJA, ass. plén., nº 110, 4-11-2014 : État du Cameroun, Liquidation ONCPB c/ Sté Générale de Banques au Cameroun (SGBC), en présence de Maître YEN EYOUM Lydienne, intervenante volontaire, Ohadata J-15-201).

Il en est de même lorsque le défendeur n'a présenté aucune demande reconventionnelle ou fin de non-recevoir. Les dépens sont à la charge du demandeur, conformément à l'article 44 quater (nouveau) (CCJA, ass. plén., nº 127, 11-11-2014 : Sté Gabonaise de Raffinage c/ OSSAVOU MBOUMBA Jean Claude, BONGOTHA Medard, Ohadata J-15-217 ; CCJA, 3e ch. nº 120, 22-10-2015 : DIDI KOUKO Félix Olivier Georges c/ Banque internationale pour l'Afrique de l'Ouest de Côte d'Ivoire dite BIAO-CI, Ohadata J-16-113 ; CCJA, ord. nº 002, 23-4-2015 : Sté Colgate Palmolive Cameroun, SA c/ Sté Cargo Express Plus, SARL, Ohadata J-16-200).

Voir dans le même sens, pour un procès-verbal de désistement signé par toutes les parties et homologué par la cour d'appel, la requérante étant condamnée aux dépens : CCJA, 2e ch., nº 079, 29-4-2015 : Aïda Sow Bertrand c/ Gilbert Pirolli, Mme Élisabeth GIBERT, Ohadata J-16-192 ; CCJA, ord. nº 007, 21-10-2015 : Société Access Bank SA, anciennement Banque Omnifinance c/ Société Groupement Togolais d'Assurances/Compagnie Africaine d'Assurances-IARD, en abrégé GTA-C2A/IARD, Société Ivoirienne de Télécommunication, en abrégé Sitel, Ohadata J-16-205 ; CCJA, ord. nº 008, 12-11-2015 : Société Getma International c/ Société Transafrica, Ohadata J-16-206.

Dans le même sens mais mettant les dépens à la charge du demandeur (CCJA, 3e ch., nº 105, 2-6-2016 : First Trust Savings et Loan (FTSL) c/ Groupe Tatsi Sarl, Epoux Tchinda Fomath Alexis, Ohadata J-17-46 ; CCJA, 1e ch., nº 060/2021, 8-4-2021 : Basseyla Dominique c/ Genti André).

Il y a lieu de donner acte au demandeur de son désistement et de le condamner aux dépens :

– lorsque les défendeurs, par mémoire reçu au greffe, déclarent ne pas s'opposer au désistement et solliciter que le demandeur soit condamné aux dépens (CCJA, 2e ch., nº 111, 17-5-2018 : Société Rawbank c/ Société Katanga Go Sarl, Ibrahim Rachid, Ali Rachid ; CCJA, 1e ch., nº 010/2020, 23-1-2020 : Rawbank SA c/ Katanga Go Sarl) ;

– lorsqu'il produit aux débats le protocole d'accord qu'elle a signé avec la partie adverse (CCJA, 2e ch., nº 128, 7-6-2018 : Société Prestige Telecom c/ Ramadane SARR, Société Atlantique Télécom) ; CCJA, 1e ch., nº 064/2021, 8-4-2021 : Nsia Banque Côte d'Ivoire c/ Société Énergie Services) ;

– lorsque la demanderesse ayant, par mémoire signé de son conseil, informé la cour de son désistement, auquel la défenderesse a acquiescé par mémoire signé de son conseil (CCJA, 3e ch., nº 144, 7-6-2018 : PERENCO Gabon SA c/ Sté SEBTA Services et Communications).

– voir aussi CCJA, ass. plén., nº 167, 25-10-2018 : État du Niger c/ Sté Africard Co Limited.

2º Silence du défendeur ayant reçu notification assimilable à une renonciation à l'instance

Le silence des requérants, après avoir reçu une notification de la transaction signée par les parties et produit par la défenderesse doit être assimilé à une renonciation à l'instance par ces derniers ; il échet dès lors, de prendre acte du protocole transactionnel signé par les parties et d'ordonner en conséquence, la radiation de l'affaire conformément aux dispositions de l'article 44 du Règlement de procédure (CCJA, 2e ch., nº 078/2021, 29-4-2021 : Kouakou Ahossy Alain c/ Le Vicariat régional de l'Afrique de l'Ouest).

Il se déduit du silence du conseil d'un défendeur qui, après avoir accusé réception de la notification du désistement de la requérante, n'indique pas s'il consent ou non à ce désistement, qu'il ne s'y oppose pas et renonce à toute fin de non-recevoir qu'il a pu soulever. En conséquence, il doit être donné acte de son désistement d'instance à la requérante (CCJA, 2e ch., no 004/2021, 28-1-2021 : Canal Plus Burkina SA c/ Prosat SARL).

Il doit être fait droit à la demande de désistement d'instance en en prenant acte, lorsque :

– les défendeurs n'ont pas organisé leur défense ni présenté de demandes reconventionnelles (CCJA, 2e ch., no 240/2019, 31-10-2019 : Socopao Sénégal SA c/ Compagnie Sahélienne d'Industrie SA) et qu'ils ont déclaré, sur notification de la correspondance de désistement d'instance, ne pas s'opposer à la demande qui n'appelle aucune observation de leur part (CCJA, 3e ch., no 141/2021, 24-6-2021 : Nsia Banque Bénin c/ Salifou Issa ; CCJA, 3e ch., no 182/2021, 28-10-2021 : Laboratoire Central Vétérinaire c/ Tropics SARL et IB Multicom) ;

– le demandeur a informé la cour de son désistement, et que des avocats s'y sont opposés à la barre, dès lors qu'il résulte des pièces du dossier que le seul avocat régulièrement constitué devant la cour pour le défendeur n'a présenté aucune demande reconventionnelle ou fin de non-recevoir dans son mémoire en réponse, se contentant de demander le rejet pur et simple du pourvoi du demandeur. Les dépens sont mis à la charge du demandeur (CCJA, ass. plén., no 053, 23-4-2014 : BIA-Togo SA c/ BIM SA, Ohadata J-15-144 ; CCJA, 3e ch., no 311/2020, 22-10-2020 : Elmodis S SARL c/ Toto Martin Kambou) ;

– le défendeur n'a formé aucune opposition (CCJA, 3e ch., no 297/2019, 28-11-2019 : Nsia Banque c/ Berte Seriba), ni présenté aucune fin de non-recevoir ou demande reconventionnelle (CCJA, 1e ch., no 077/2020, 9-4-2020 : Pearl Gold AG SA c/ Société Wassoul'or, État du Mali).

3o Désistement refusé par une partie

La demande de désistement doit être rejetée lorsque la défenderesse :

– a informé la cour qu'un protocole d'accord, totalement exécuté, aurait été signé par les parties et réglerait définitivement leur différend, mais que, par observations écrites adressées à la cour, la requérante maintient son recours (CCJA, 1e ch., no 179, 5-10-2018 : Société ECA Trading SARL c/ Caisse nationale de prévoyance sociale) ;

– s'y oppose (CCJA, 1e ch., no 333/2020, 22-10-2020 : Société Transport Omais Kassim Sarl c/ E.), en indiquant avoir précisé dans ses conclusions que le recours ne remplissait pas les conditions de recevabilité (CCJA, 1e ch., no 184/2021, 11-11-2021 : T. c/ Collectivité Logbongo), et il y a lieu d'examiner le pourvoi dans ce cas (CCJA, 3e ch., no 171/2024, 6-6-2024).

4o Désistement partiel à l'encontre d'un défendeur

Lorsque la requérante a sollicité, dans son mémoire en réponse, qu'il lui soit donné acte de son désistement vis-à-vis de l'une des défenderesses, et que dans son mémoire en duplique la défenderesse s'en est rapportée, il y a lieu de donner acte à la requérante de son désistement aux demandes formulées contre la défenderesse concernée (CCJA, 2e ch., no 206/2021, 25-11-2021 : Interface Mobile Sarl c/ Sentel GSM SA.

D. Désistement d'une partie à un contrat en cause

Le désistement d'une partie principale à un contrat, en cours de procédure, ne constitue pas une cause d'irrecevabilité du recours. Il s'ensuit que le désistement d'un débiteur principal ne rend pas irrecevable la participation de la caution à la procédure (CCJA, 2e ch., n 094/2020, 9-4-2020 : Société Georges Forrest Belgium c/ Les ciments du Sahel).

E. Désistement d'appel constaté durant l'évocation après cassation

Lorsqu'un appelant a, par conclusions, déclaré se désister de son appel, et que cette demande n'a rencontré aucune objection particulière de la part des autres parties, il échet d'en prendre acte et de déclarer son désistement parfait (CCJA, 1e ch., no 054/2022, 3-3-2022).

....

II. Interruption de l'instance

A. Décès d'une partie : classement provisoire du dossier

Décès de l'une des parties : classement provisoire du dossier au greffe de la CCJA. À défaut de disposition spécifique du Règlement de procédure de la CCJA régissant l'interruption de l'instance du fait du décès de l'une des parties, il y a lieu, en l'espèce, de classer provisoirement le dossier de la procédure au greffe de la CCJA, en application de l'article 107 du Code ivoirien de procédure civile, commerciale et administrative (CCJA, 2e ch., no 37, 3-7-2008 : S c/ G, Juris-Ohada, no 4/2008, p. 33, Ohadata J-09-76).

Obs. : l'article 107 du Code ivoirien de procédure civile, commerciale et administrative dispose que « l'instance est interrompue et le dossier est provisoirement classé au greffe, à la suite du décès de l'une des parties, ou de la perte de sa capacité d'ester en justice, du décès du représentant légal ou de la perte par celui-ci de cette qualité, à moins que l'affaire ne soit déjà en état, auquel cas le tribunal peut statuer ». La CCJA a suivi les suggestions du défendeur au pourvoi défunt, laissant une voie ouverte à la poursuite de l'action par les ayants droit du défendeur décédé. Cette situation révèle une carence du Règlement de procédure de la CCJA dont on espère la correction par le législateur OHADA à l'occasion d'une éventuelle mise à jour du règlement. Dans l'espèce, le contentieux avait son origine en Côte d'Ivoire. C'est sans doute la raison pour laquelle le Code ivoirien de procédure civile a été utilisé par la CCJA.

Il est de principe général du droit que le décès de l'une des parties interrompt l'instance. Dans un tel cas, il y a lieu d'interrompre l'instance et d'inviter la succession à l'accomplissement des diligences nécessaires en vue de la reprise de celle-ci (CCJA, 3e ch., no 213/2021, 25-11-2021 : Kakou Louise Léonie dite Goudard c/ Sicogere ; CCJA, 3e ch., no 308/2020, 22-10-2020 : Abdoulaye Halidou c/ BCS-SA).

Le recours en cassation constitue une instance nouvelle qui ne peut être introduite contre une personne n'existant plus (CCJA, 2e ch., no 011, 18-2-2010 : BICEC c/ SITAGRI en liquidation, Juris-Ohada, no 2/2010, avr.-juin, p. 32, obs. J. Issa-Sayegh, Ohadata J-11-55). Dans le même sens, le pourvoi en cassation formé le 25 janvier 2005 contre un jugement rendu le 18 décembre 2002 alors que le défendeur est décédé le 2 décembre 1998 est irrecevable (CCJA, no 011/2010, 18-2-2010 : BICEC c/ N. N. D. I., Rec. jur. CCJA no 15, janv.-juin 2010, p. 5, Ohadata J-12-13).

Obs. : cette décision ne vise pas expressément l'art. 44, mais est transposable.

B. Décès de l'avocat

En cas de décès de l'avocat d'une partie à une procédure devant la CCJA, il n'y a pas lieu de suspendre la procédure lorsqu'un autre avocat a été désigné pour liquider le cabinet de son confrère décédé (CCJA, 3e ch., no 108/2019, 11-4-2019 : 2019 Anon Seka : Société Gecos Formation).

III. Absence de demande reconventionnelle

Les écritures par lesquelles un défendeur en cassation a sollicité le rejet du pourvoi et la confirmation de l'arrêt attaqué ne constituent pas une demande reconventionnelle au sens de l'article 44 du Règlement de procédure de la CCJA, qui s'entend, en procédure civile, d'une demande incidente par laquelle le défendeur à une instance se porte lui-même demandeur contre le requérant. Aucune demande incidente n'ayant été présentée en l'espèce, il doit être donné acte au demandeur qui se désiste et à la charge duquel les dépens seront mis (CCJA, 2e ch., no 064, 15-3-2018 : PUMA Energy Distribution Bénin SA c/ Koundo Vlavo).

Art. 44 bis [nouv.] **La radiation sanctionne, dans les conditions de la loi, les défauts de diligence des parties. Elle emporte retrait de l'affaire du rôle des affaires en cours.**

La décision de radiation est une mesure d'administration judiciaire.

L'affaire n'est rétablie que sur justification de l'accomplissement des diligences dont le défaut a entraîné la radiation s'il n'y a pas par ailleurs péremption.

I. Décisions ayant ordonné la radiation

A. Défaut de paiement de la provision

La radiation de l'affaire du rôle de la Cour doit être ordonnée lorsque, à l'expiration du délai qui lui a été imparti pour payer la provision, la demanderesse ne s'est pas exécutée (CCJA, ord. no 009, 7-10-2013 : Société de Transport INZA et Frères dite STIF c/ N'Guessan Jean Marie Harding, Rec. jur. CCJA no 20, vol. 2, janv.-déc. 2013, p. 155, Ohadata J-15-91).

Obs. : cette ordonnance a été rendue avant l'entrée en vigueur du Règlement de procédure révisé de la CCJA, mais demeure transposable.

B. Défaut de régularisation

Lorsque la lettre du greffier en chef de la CCJA enjoignant aux parties de régulariser leur dossier dans un délai d'un mois est restée sans effet pendant plus d'un an, rendant ainsi l'instruction de leur affaire et conséquemment son jugement impossible en l'état, la radiation de l'affaire doit être ordonnée et il y a lieu de faire masse des dépens (CCJA, 3e ch., no 033, 3-4-2014 : Rouguiyatou TALL c/ BST devenue CBAO Groupe ATTIJARI WAFA BANK, Ohadata J-15-124).

Le pourvoi formé le 7 mai 2007 par un avocat et n'a jamais été régularisé par la production du mandat spécial justifiant sa désignation par un représentant des sociétés demanderesses ayant qualité à cet effet et de l'extrait récent du registre de commerce doit être radié du rôle des affaires en cours de la CCJA et les demanderesses doivent être condamnées aux dépens (CCJA, ass. plén., no 121, 11-11-2014 : Sté Sunly SARL, Sté BSO Industries SA c/ La liquidation Placages de l'Ogoue, Ohadata J-15-211 ; CCJA, 2e ch., no 062, 21-4-2016 : Institut Supérieur d'Enseignement Technique André Latrille c/ Oudjewaine Kadjo Amenan Suzanne et 5 autres).

II. Décision ayant rejeté la demande de radiation

L'existence d'une transaction affecte une instance si les parties à celle-ci s'en désistent dans les conditions fixées par la loi. Aux termes de l'article 44 bis du Règlement de procédure, la radiation sanctionne un défaut de diligence, ce qui n'est pas le cas lorsqu'une partie à laquelle un désistement extinctif d'instance a été notifié n'a ni conclu ni signé la transaction invoquée, encore moins donné une suite formelle à la notification de la demande de radiation ; rejet de la demande (CCJA, 1e ch., 239, 29-11-2018 : Africa Union Financial Services RDC c/ 1) GECOTRANS et BCDC SARL).

Art. 44 ter [nouv.] L'instance est périmée lorsque aucune des parties n'accomplit de diligence pendant deux ans à partir du dernier acte de procédure.

La péremption n'éteint pas l'action, elle emporte seulement extinction de l'instance sans qu'on puisse opposer des actes de la procédure périmée ou s'en prévaloir.

Péremption constatée d'office

La péremption de l'instance peut être constatée, même d'office, par la cour. En l'espèce, elle doit être constatée et les dépens de celle-ci doivent être laissés à la charge de la demanderesse, dès lors que le dernier acte de procédure est la lettre du 3 novembre 2011, dûment reçue le 11 du même mois, que le greffier en chef de la cour de céans a adressée au conseil de la demanderesse, pour lui faire part de l'impossibilité de signifier le présent recours aux défendeurs, les adresses de ces derniers étant imprécises, et que l'avocat domiciliataire ne fait plus partie du barreau de Côte d'Ivoire (CCJA, 1e ch., n° 41, 18-3-2016 : Assamon Monique c/ Ayants droit Ekra Dangbo Lucien, Ohadata J-16-243).

Lorsque par lettre du greffe de la CCJA le requérant a été invité à procéder au paiement à la régie de la Cour, dans un délai de quinze jours à compter de sa réception, la somme de 80 000 FCFA, à titre de frais normaux de procédure, et que plus de deux ans après avoir reçu ladite lettre, qui est le dernier acte de la procédure, le requérant n'a pas accompli la diligence requise, il y a lieu de constater la péremption de l'instance et de laisser les dépens à la charge du requérant (CCJA, 3e ch., n° 218/2020, 25-6-2020 : Kossou Coffi Gérard Rodrigue c/ l'Ersuma).

Art. 44 quater [nouv.] Les décisions de radiation et de péremption peuvent être prises d'office par la Cour ou à la requête d'une des parties.

En cas de désistement et de péremption, les dépens sont mis à la charge du demandeur.

Art. 44 quater [nouv.]

I. Radiation à la demande d'une partie

A. À la demande d'une partie

Il résulte de l'article 44 quater du Règlement de procédure de la CCJA que le demandeur au pourvoi peut solliciter expressément la radiation de son action. En cas d'une telle demande, avant signification du pourvoi au défendeur, il y a lieu d'en donner acte au demandeur, qui en supportera les dépens, et d'ordonner le retrait de l'affaire du rôle (CCJA, ord. n° 005, 19-10-2015 : Me Lacombe T. Hélène c/ Société Génération Nouvelle Assurances Côte d'Ivoire, Ohadata J-16-203).

B. D'office par la cour

Il y a lieu d'ordonner d'office la radiation d'une affaire du rôle de la CCJA et de condamner chacune des parties à supporter ses dépens, lorsque, suivant mémoire en défense, le conseil du défendeur demande à la cour de constater qu'un protocole d'accord transactionnel est intervenu entre les parties et de déclarer le pourvoi sans objet, qu'elle produit au dossier le protocole d'accord transactionnel entre les parties dont l'article 4 dispose qu'« il règle entre les parties, définitivement et sans réserve, tous litiges nés ou à naître relatif à la collaboration qui a existé entre elles » et qu'« il emporte renonciation à tous les droits, actions ou prétentions à quelque titre que ce soit entre les parties et conformément aux articles 2044, 2052 du Code civil » et qu'enfin la demanderesse n'a pas répliqué au mémoire qui lui a été régulièrement signifié par le greffe, suivant correspondance reçue par son conseil (CCJA, 3e ch., n° 136, 8-6-2017 : Sté Mc CROFT TOBACCO Côte d'Ivoire c/ VREMEN Serge Yvon).

II. Dépens à la charge du demandeur

Obs. : les décisions ci-après ont été rendues en application de l'article 44 ancien du Règlement de procédure de la CCJA, mais elles sont transposables en ce qu'elles ont mis les dépens à la charge du requérant au pourvoi, comme le prévoit désormais l'article 44 quater du nouveau Règlement de procédure. Il n'y a plus lieu pour le défendeur de conclure dans ce sens avant que la Cour ne condamne le demandeur qui se désiste aux dépens.

Si le requérant renonce à l'instance, le président ordonne la radiation de l'affaire du registre et condamne le demandeur aux dépens (CCJA, ord. nº 06/2005/CCJA, 7-7-2005 : Sehic Hollywood SA c/ SABC SA, Bicec, Rec. jur. CCJA, nº 6, juin-déc. 2005, p. 110 ; Ohadata J-06-51 ; CCJA, ord. nº 013/2009/CCJA, 18-5-2009 : Société Bourbon Offshore Surf c/ M. Taty Jean-Claude, Rec. jur. CCJA nº 13, janv.-juin 2009, p. 192, Ohadata J-10-104 ; CCJA, ord. nº 03/2007/CCJA, 13-4-2007 : SCPA Abel Kassi & Associés, avocats près la cour d'appel d'Abidjan c/ SCB-CL.C dénommée actuellement Crédit Lyonnais Cameroun-SA), Rec. jur. CCJA nº 9, janv.-juin 2007, p. 101, Ohadata J-08-238 ; CCJA, ord. nº 02/2008/CCJA, 24-4-2008 : S. K. c/ Shell de Guinée SA, Rec. jur. CCJA, nº 11, janv.-juin 2008, p. 135, Ohadata J-09-110 ; CCJA, ord. nº 03/2011/CCJA, 8-12-2011 : BIB c/ Société Eroh, Rec. jur. CCJA nº 17, juill.-déc. 2011, p. 164, Ohadata J-13-175 ; CCJA, ass. plén., nº 127, 11-11-2014 : Société Gabonaise de Raffinage c/ Ossavou Mboumba Jean Claude, Bongotha Medard, Ohadata J-15-217).

Il en est de même lorsque le désistement du requérant au pourvoi est parvenu au greffe de la CCJA avant que le recours en cassation n'ait été notifié aux défendeurs. Il n'y a pas lieu de requérir les observations de ces derniers et la requérante supportera ses dépens (CCJA, ord. nº 4/2006/CCJA, 20-12-2006 : État de Côte d'Ivoire c/ 1) Y. K., 2) BNI ex-CM, Rec. jur. CCJA, nº 8, p. 71, Ohadata J-08-62 ; CCJA, ord. nº 05/2006/CCJA, 20-12-2006 : SFIC c/ Liquidation Provisoire de la BMBC, Ohadata J-08-59).

III. Partage des dépens à la suite d'une transaction

Obs. : les décisions antérieurement rendues en application de l'article 44 ancien du Règlement de procédure de la CCJA et qui faisaient supporter à chaque partie ses dépens à défaut de conclusions contraires sont désormais caduques puisque les dépens consécutifs au désistement ou à la péremption sont désormais mis à la charge du demandeur (voir la liste dans la première édition de ce Code, p. 81 et s.).

Néanmoins, il nous semble que la décision suivante qui a fait supporter à chaque partie ses dépens à la suite d'une transaction entre les parties demeure transposable, en raison du caractère contractuel de la transaction, à la condition toutefois que cette répartition ait été expressément prévue dans l'accord transactionnel.

Chaque partie supporte ses dépens lorsque le pourvoi est devenu sans objet à la suite d'une transaction. Il en est ainsi au sujet d'une transaction intervenue entre les parties avant même la saisine de la CCJA et qui n'a été ni dénoncée ni remise en cause par elles, rappelant qu'une transaction est valable à tout moment où les voies de recours ne sont pas épuisées, même lorsque ne subsiste que la voie du recours extraordinaire (CCJA, 2e ch., nº 31, 3-6-2010 : C. c/ A., Juris-Ohada, nº 4/2010, oct.-déc., p. 1, Ohadata J-11-75 ; CCJA, nº 031/2010, 3-6-2010 : A. C. c/ C. O. A., Rec. jur. CCJA nº 15, janv.-juin 2010, p. 14, Ohadata J-12-16).

• Chapitre VII •

DE L'INTERVENTION

Art. 45 1 – Les États parties au traité peuvent intervenir aux litiges soumis à la Cour. Le même droit appartient à toute personne ayant intérêt, pour la conservation de ses droits, à soutenir les prétentions de l'une des parties.

2 – La demande d'intervention est présentée dans les trois mois de la publication prévue au paragraphe 6 de l'article 13 du présent Règlement.

La demande contient :

a) l'indication de l'affaire ;

b) l'indication des parties principales au litige ;

c) les noms et domicile de l'intervenant ;

d) l'élection de domicile de l'intervenant au lieu où la Cour a son siège ;

e) les conclusions au soutien desquelles l'intervenant demande d'intervenir ;

f) dans le cas de demandes d'intervention autres que celles d'États membres, l'exposé des raisons justifiant l'intérêt à intervenir.

3 – La demande d'intervention est signifiée aux parties. Le Président met les parties en mesure de présenter leurs observations écrites ou orales avant de statuer sur la demande d'intervention.

4 – Si l'intervention est admise, l'intervenant reçoit communication de tous les actes de procédure signifiés aux parties. Le Président peut cependant, à la demande d'une partie, exclure de fait de communication des pièces confidentielles.

5 – L'intervenant accepte le litige dans l'état où il se trouve lors de son intervention.

6 – Le Président fixe le délai dans lequel l'intervenant peut présenter un mémoire en intervention. Il fixe également le délai dans lequel les parties peuvent répondre à ce mémoire.

I. Autonomie de l'intervention par rapport à l'action du demandeur principal

L'agent judiciaire d'un État qui ne conteste pas être le signataire d'un acte de renonciation ne peut valablement invoquer un vice de son consentement en l'absence de preuve, ses seules allégations ne pouvant emporter la conviction de la Cour, alors surtout qu'il a été produit au cours de l'instance d'appel un second acte du 15 décembre 2008, dont il n'a pas non plus contesté la signature, et par lequel il a réitéré le désistement d'instance et d'action fait au nom de son mandant. En l'absence de preuve d'un quelconque vice, le protocole du 24 novembre 2006 doit s'analyser comme une convention synallagmatique de désistement d'instance et d'action ayant force obligatoire entre les signataires. En conséquence, il y a lieu d'infirmer le jugement, de donner acte aux signataires de leur désistement, mais de dire que celui-ci est sans effet sur l'intervention de l'autre partie dont l'action est fondée sur un droit propre, distinct de celui du demandeur principal (CCJA, 1e ch., n° 021, 11-3-2014 : Sté TOTAL GUINEE SA c/ La COMPAGNIE PETROLIERE DE GUINEE (COPEG SA), L'État Guinéen, Ohadata J-15-112).

II. Recevabilité de l'intervention

A. Intervention recevable

Il y a lieu de déclarer l'intervention volontaire d'un État recevable en la forme, lorsqu'il justifie d'un intérêt légitime (CCJA, 1e ch., n° 061/2021, 8-4-2021 : Yves Michel Fotso c/ Commercial Bank Cameroun SA, État du Cameroun).

B. Intervention rejetée

La requête en intervention doit être rejetée dès lors que la cour a pris acte du désistement de la demanderesse principale et a, en conséquence, constaté l'extinction de l'instance par un arrêt (CCJA, 3e ch., n° 153/2020, 30-4-2020 : Michael Reza Pacha c/ Société Wassoul'or).

III. Nécessité de soutenir les prétentions d'une partie

Il résulte de l'article 45-1 du Règlement de procédure de la CCJA que, pour prospérer, l'intervention volontaire doit nécessairement venir au soutien des prétentions d'une des parties à l'instance. La demande d'intervention qui vise principalement à s'opposer au désistement d'instance sollicité par le demandeur et accepté par le défendeur et, par conséquent, ne vient en appui des prétentions d'aucune des deux parties est irrecevable (CCJA, ass. plén., n° 110, 4-11-2014 : État du Cameroun, Liquidation ONCPB c/ SGBC, en présence de Maître Yen Eyoum Lydienne, intervenante volontaire, Ohadata J-15-201).

IV. Irrecevabilité de l'appel en intervention forcée en cassation

Aucune disposition du Règlement de procédure n'autorisant la mise en cause d'une personne n'ayant été ni partie ni représentée à l'instance devant les premiers juges, l'appel en intervention forcée en cassation est irrecevable (CCJA, ass. plén., n° 043, 23-4-2014 : Succession Edouard Assiba JOHNSON, Couadjo JOHNSON c/ Ayayi Koudahin ANENOU, Entreprise Transit NETADI, Banque Togolaise de Développement (BTD), Maître Galolo SOEDJEDE, Ohadata J-15-134).

Obs. : sur l'impossibliité, pour une caution qui, n'ayant pas été partie devant la cour d'appel, ne saurait se pourvoir en cassation contre la décision querellée, voir sous l'art. 28. (CCJA, 2e ch. n° 131, 12-11-2015 : Sté Alpha Shipping Agency And Trading SA, et Talom Moïse c/ Compagnie Financière de L'Estuaire (COFINEST) SA, Ohadata J-16-124).

La demande faite à la CCJA d'ordonner l'intervention forcée d'une partie, en l'espèce un État, afin d'être confronté à ses affirmations, doit être jointe à l'appréciation des mérites de forme et de fond du recours en révision. Le recours n'étant fondé sur aucun élément de nature à exercer une influence décisive sur la décision attaquée, rien ne justifie l'intervention sollicitée qui doit être rejetée (CCJA, 1e ch., n° 126/2020, 9-4-2020 : Orabank Gabon c/ Sogad BTP).

Chapitre VII bis
DES RECTIFICATIONS ET INTERPRÉTATIONS

Art. 45 bis [nouv.] 1 – En cas de contestation sur le sens ou la portée du dispositif d'un arrêt, il appartient à la Cour de l'interpréter.

2 – Toute partie peut demander l'interprétation du dispositif d'un arrêt, dans les trois ans qui suivent son prononcé.

3 – La demande en interprétation est présentée conformément aux dispositions des articles 23 et 27 du présent Règlement. Elle spécifie en outre :

a) l'arrêt visé ;

b) la partie du dispositif dont l'interprétation est demandée.

4 – La Cour statue par voie d'arrêt après avoir mis les parties en mesure de présenter leurs observations. La minute de l'arrêt interprétatif est annexée à la minute de l'arrêt interprété. Mention de l'arrêt interprétatif est faite en marge de la minute de l'arrêt interprété.

I. Recours en interprétation

Qualité pour exercer le recours. En prescrivant indistinctement et sans restriction d'aucune sorte que « toute partie » peut demander l'interprétation du dispositif d'un arrêt dans les trois ans qui suivent le prononcé, l'article 48 du Règlement a ainsi donné la possibilité aux parties figurant dans l'instance antérieure ayant abouti à l'arrêt, objet du recours, tant en qualité de demanderesse que de défenderesse, de demander l'interprétation dudit arrêt selon les modalités et conditions fixées par ledit article (CCJA, 1e ch., no 01, ass. plén., 31-1-2011 : 1) SENEMATEL SA, 2) M. N., 3) Sté BERNABE SÉNÉGAL c/ 1) SCI DAKAR INVEST, 2) SCI DAKAR Centenaire, Juris-Ohada no 2/2011, avr.-juin 2011, p. 2, Ohadata J-12-135).

Obs. : l'art. 45 nouveau est une version modifiée de l'ancien art. 48 du Règlement qui a été abrogé par la réforme du Règlement. Cet arrêt, qui a été rendu sur le fondement de l'ancien art. 48 du Règlement est transposable car l'ancien art. 48 est devenu l'art. 45 al. 1 du Règlement sans aucune modification.

II. Recours irrecevables

A. Recours tardif

La demande d'interprétation tardive est irrecevable (CCJA, 3e ch., no 309/2020, 22-10-2020 : Ngu Aza Otay c/ Ecobank Cameroun SA).

B. Arrêt ne présentant aucune obscurité dans son dispositif

Un recours en interprétation ne peut être fondé que si l'arrêt dont l'interprétation est demandée présente quelque obscurité ou ambiguïté dans son dispositif ; le recours en interprétation est non fondé et doit être rejeté lorsque le dispositif de la décision déférée est sans équivoque et n'appelle aucune interprétation (CCJA, 1e ch., no 053, 31-12-2009 : Sté GITMA devenue GETMA c/ Sté SICPRO, Ohadata J-10-306).

Obs. : dans le cas d'espèce, il était demandé à la CCJA d'interpréter un arrêt de cassation et d'évocation qu'elle avait rendu le 30-12-2008 dans un litige relatif à un bail commercial. La CCJA avait retenu dans la motivation de sa décision de rejet du pourvoi contre l'arrêt de condamnation du preneur « que c'est seulement le 11 novembre 2003 que le preneur, [demanderesse en l'espèce] a déclaré vouloir dénoncer ledit contrat la liant [à la bailleresse] et assigné celle-ci en annulation dudit contrat », qu'à l'évidence « déclarer vouloir dénoncer le contrat liant un preneur à un bailleur et assigner celui-ci en annulation dudit contrat ne signifie nullement dénonciation et annulation automatique dudit contrat, le désir de dénoncer le contrat unilatéralement ne suffisant pas à mettre fin aux relations contractuelles existant entre les parties, dès lors que le preneur continuait à occuper les lieux loués à la date de la requête aux fins d'injonction de payer, bien que ne payant pas les loyers échus ». En indiquant dans le dispositif de son arrêt que « l'Ordonnance d'injonction de payer rendue le 21-7-2004 par la juridiction présidentielle du TPI d'Abidjan sortira son plein et entier effet », la CCJA avait clairement entendu valider la condamnation du preneur à payer à la bailleresse une somme principale assortie d'intérêts et frais dont les détails étaient indiqués dans la décision de la CCJA. Il était donc clair que le dispositif de l'arrêt du 30-12-2008 dont l'interprétation était demandée était sans équivoque et n'appelait de ce fait aucune interprétation, ce que rappelle la Cour.

L'arrêt dont le dispositif reprend la solution de façon claire et conforme à ses motifs ne nécessite aucune interprétation. Tel est le cas lorsqu'après cassation, la CCJA a, sur évocation, reçu l'opposition formée contre une ordonnance d'injonction de payer qui avait condamné solidairement monsieur [X] au paiement de la créance de 19 100 556 FCFA réclamée à la société défenderesse par la demanderesse à concurrence du montant de quatre millions FCFA en sa qualité de caution ; et que réexaminant les conditions cumulatives de certitude, d'exigibilité et de liquidité de la créance, la CCJA n'a pas confirmé l'ordonnance, mais a plutôt retenu que les conditions susvisées n'existaient qu'à l'égard de la somme de 5 000 000 FCFA et a, en conséquence, condamné la débitrice à payer et a renvoyé la créancière à mieux se pourvoir quant au surplus de sa demande. Dès lors, le dispositif de l'arrêt qui reprend cette condamnation est à la fois clair et conforme aux motifs de l'arrêt et ne nécessite aucune interprétation (CCJA, 2e ch., n° 216/2021, 23-12-2021 : Bicici c/ Société FIB-CI et Fakhry Issam).

C. Arrêt ayant fait une saine application des textes applicables aux faits de la cause

Le recours en interprétation est non fondé et doit être rejeté lorsque l'arrêt dont l'interprétation est demandée procède d'une saine application aux faits de la cause des dispositions de l'Acte uniforme applicable et que les juridictions nationales ont déjà statué sur les mêmes faits entre les mêmes parties, l'application par ces juridictions du droit interne en vigueur avant l'avènement de l'Acte uniforme concerné relève des seules appréciations et responsabilités desdites juridictions, dont les divergences ou contradictions juridiques excipées par les requérants dans leur recours en interprétation et sur lesquelles ils consultent la CCJA ne sauraient ni concerner ni engager celle-ci (CCJA, 1e ch., n° 01, ass. plén., 31-1-2011 : 1) SENEMATEL SA, 2) M. N., 3) Sté BERNABE SÉNÉGAL c/ 1) SCI DAKAR INVEST, 2) SCI DAKAR Centenaire, Juris-Ohada n° 2/2011, avr.-juin 2011, p. 2, Ohadata J-12-135).

Obs. : l'art. 45 nouveau est une version modifiée de l'ancien art. 48 du Règlement qui a été abrogé par la nouvelle version du Règlement.

D. Recours formulant des critiques de fond

Aux termes de l'article 45 bis du Règlement de procédure CCJA, la demande en interprétation du dispositif d'un arrêt de la CCJA a lieu en cas « de contestation sur le sens ou la portée » dudit dispositif. Le recours en interprétation institué par l'article 45 du Règlement de procédure CCJA n'a pas pour objet de formuler des récriminations à l'encontre de la décision dont l'interprétation est sollicitée, ce qui rend d'office la requête irrecevable. Tel est le cas lorsqu'au soutien de sa demande la requérante expose que l'arrêt dont l'interprétation est sollicitée « méconnaît radicalement en ses dispositions l'article 16 du Traité OHADA ». Et que la partie avance également que l'arrêt a aussi été rendu en contradiction manifeste avec la doctrine constante des arrêts de la [CCJA], que sans être exempt de dénaturation des documents de la cause, il a examiné d'office un moyen, non soulevé par les parties, sans inviter celles-ci à présenter leurs observations à ce sujet et qu'enfin, elle ajoute qu'il n'est pas encore établi qu'en son arrêt, la deuxième chambre de la [CCJA] ait fait observer par les parties ni même qu'elle ait elle-même observé le principe du contradictoire (CCJA, 1e ch., 180, 25-10-2018 : Sté Civile Immobilière Choucair Frères c/ Sté Générale de Banques en Côte d'Ivoire SA dite SGBCI).

Est mal fondé le recours en interprétation qui réunit les conditions de forme exigées, mais qui, par son objet, met en discussion la réponse donnée par la CCJA à un moyen. En effet, la contestation des motifs des décisions de la CCJA n'est pas le but que poursuit le législateur OHADA à travers l'article 45 du Règlement de procédure (CCJA, 1e ch., n° 069/2021, 8-4-2021 : Navigue Soro c/ Total Côte d'Ivoire SA).

Au sens de l'article 45 bis du Règlement de la CCJA, la demande d'interprétation doit porter sur le dispositif d'un arrêt pour en élucider le sens et la portée. Le recours qui, tel qu'énoncé, ne vise pas à obtenir le sens et la portée du dispositif d'un arrêt de la CCJA, mais se borne plutôt à formuler des griefs contre celui-ci et à demander à la cour d'en justifier les motifs, n'est pas conforme aux dispositions de l'article 45 bis précité et doit par conséquent, être déclaré irrecevable (CCJA, 2e ch., n° 150/2019, 9-5-2019 : SCI Choucair Frères c/ SGBCI, SA).

Dans l'interprétation de sa décision, la CCJA ne saurait exercer un quelconque contrôle sur des moyens qui relèvent de l'appréciation souveraine du juge du fond (CCJA, 3e ch., n° 344/2019, 19-12-2019 : Société Générale Cameroun S.A. c/ Compagnie professionnelle d'Assurances S.A.).

III. Recours recevable

Le recours en interprétation est recevable, lorsqu'il est établi que le dispositif de l'arrêt en cause fait l'objet d'une lecture distincte des parties concernées, avec pour conséquence ;

– la mainlevée de saisies pratiquées par la demanderesse, cette dernière étant bénéficiaire directe des condamnations pécuniaires prononcées par cette décision (CCJA, 1e ch., n° 025/2021, 18-2-2021 : Sogad BTP c/ Orabank Gabon SA) ;

– l'opposition de la défenderesse à s'exécuter, la demanderesse, étant bénéficiaire directe des condamnations pécuniaires prononcées par cette décision (CCJA, 1e ch., n° 024/2021, 18-2-2021 : Keita Harouna c/ Société 911 Security SA).

Obs. : pour une illustration de la mise en œuvre de l'interprétation par la cour, voir sous l'article 115 de l'AUDCG avec les références du même arrêt.

IV. Interprétation effectuée

La demanderesse conteste le point de vue de la défenderesse selon lequel la CCJA « a annulé une soit-disant [sic] vente immobilière qu'elle aurait conclue avec la [demanderesse] », ce qui fonderait son action « en restitution de ce qu'elle aurait payé au titre de cette vente » et, par mémoire, la défenderesse affirme que la CCJA a effectivement « constaté la nullité du contrat de vente liant la [défenderesse] à la [demanderesse] ». À cet égard, pour la cour, il résulte clairement de ses motifs de cassation de l'arrêt n° 435 du 7 juin 2013 rendu par elle et de l'évocation « sur la situation juridique du local en litige » que l'arrêt n° 073/ 2016 du 21 avril 2016 constate bien la nullité de la vente de l'immeuble qui a pu lier les parties, ne retenant entre celles-ci que l'existence d'un bail à usage professionnel (CCJA, 1e ch., 176, 25-10-2018 : SCI Choucair Frères c/ SGBCI).

Il est reconnu que seul le dispositif d'une décision de justice a une portée décisoire, à l'exclusion des motifs qui le soutiennent. Dans l'arrêt, dont interprétation du dispositif, la cour a fondamentalement reproché au tribunal arbitral d'avoir différé l'examen des exceptions d'incompétence fondées sur des motifs d'ordre public économique national béninois et communautaire de l'UEMOA à une phase ultérieure. Lesdites exceptions, fondées ou non, posaient des questions relatives non seulement à l'application des lois de police, dont l'examen, en arbitrage international, ne saurait être différé, mais aussi à la disponibilité des droits en cause et, donc, à l'aptitude même du litige à accéder à l'arbitrage, au sens de l'article 2 de l'AUA. La cour a alors estimé que le tribunal arbitral devait répondre à de telles exceptions « toutes affaires cessantes ». Par ailleurs, aucune des parties n'ayant invité la cour, dans ce cadre, à évoquer cette question litigieuse, elle n'a pas pu la trancher, et sa décision ne peut être lue comme ayant répondu à l'exception d'incompétence d'ordre public soulevée par l'État du Bénin et la SBEE, exception à laquelle, dans ce contexte, à ce stade et en vertu du principe compétence-compétence, le tribunal arbitral est seul habilité à répondre. Au bénéfice de ce qui précède, il y a lieu, pour la cour, d'inviter les parties à retenir le sens et la portée qui seront contenus dans le dispositif du présent arrêt, lesquels sont les seuls attachés à son arrêt 105/2022 du 23 juin 2022 (CCJA, ass. plén., n° 174/2023, 26-10-2023)

V. Demande de dommages-intérêts

La demande de dommages-intérêts pour procédure abusive doit être rejetée lorsque la demanderesse n'établit pas en quoi la demande de rectification et d'interprétation soumise à la CCJA est abusive et malveillante (CCJA, 3e ch., n° 309/2020, 22-10-2020 : Ngu Aza Otay c/ Ecobank Cameroun SA).

Art. 45 ter [nouv.] Les erreurs et omissions matérielles qui affectent un arrêt de la Cour peuvent toujours être réparées par elle selon ce que le dossier révèle ou, à défaut, selon ce que la raison commande.

La Cour est saisie par simple requête par l'une des parties ou par requête commune : elle peut aussi se saisir d'office.

Obs. : la jurisprudence présentée ci-après a été rendue par la CCJA sur le fondement de « principes généraux du droit » reconnus par elle, avant la réforme du Règlement. Il s'agit ici également d'une position innovante de la Cour qui a été entérinée par le législateur de l'OHADA par l'art. 45 ter nouveau du Règlement.

I. Erreur

A. Erreur purement matérielle

Il est de principe que les erreurs et omissions matérielles qui affectent une décision, même passée en force de chose jugée, peuvent toujours être réparées par la juridiction qui l'a rendue (CCJA, n° 053/2008, 20-11-2008 : Dam SARR c/ 1) M.A.T.C.A., 2) DIBY Irène, Rec. jur. CCJA n° 12, juill.-déc. 2008, p. 153, Ohadata J-10-44, Ohadata J-09-262).

Ainsi :

– l'arrêt attaqué qui a involontairement mentionné dans son dispositif, avoir statué en matière civile plutôt qu'en matière commerciale, a commis une erreur purement matérielle, laquelle ne constitue pas un cas d'ouverture en cassation ; irrecevabilité du moyen (CCJA, n° 024/2006, 16-11-2006 : S. D. M. – A. M. c/ H. A. dit « CRISE », Rec. jur. CCJA n° 8/2006, p. 32, Juris-Ohada n° 1/2007, p. 23, Ohadata J-08-97) ;

Obs. : voir notes sous AUSCGIE, art. 1.

– la mention d'une date erronée pour la décision attaquée dans une des phrases des conclusions ne constitue qu'une erreur matérielle qui n'est pas susceptible d'entacher de nullité la requête aux fins de pourvoi dès lors que celle-ci comporte la bonne date en sa première page. L'exception d'irrecevabilité du pourvoi soulevée au motif que la décision attaquée n'est pas précisée alors même que ladite décision a été jointe au pourvoi doit être rejetée (CCJA, 1e ch., n° 39, 10-6-2010 : WESTPORT SA en liquidation c/ C.I.C., Juris-Ohada, n° 4/2010, oct.-déc., p. 23, Ohadata J-11-83, J-12-36) ;

– lorsqu'une erreur matérielle a été commise dans la rédaction d'un arrêt en ce que l'un des conseils d'une partie au litige n'a pas été mentionné, cette erreur doit être réparée en rajoutant l'indication manquante (CCJA, 2e ch., no 10, 25-8-2011 : ATLANTIQUE TELECOM SA c/ 1) PLANOR AFRIQUE SA, 2) TELECEL FASO SA, Juris-Ohada no 3/2011, juill.-sept. 2011, p. 6, Ohadata J-12-151 ; CCJA, no 009/2011, 25-8-2011 : État du Bénin c/ BIBE, Rec. jur. CCJA no 17, juill.-déc. 2011, p. 150, Ohadata J-13-170) ;

– l'arrêt no 009/2007 du 15 mars 2007 ayant été rendu au profit de l'OPVN sur le pourvoi de celui-ci, la CCJA a commis une erreur en le condamnant aux dépens, après avoir inexactement énoncé que celui-ci avait succombé. Il y a lieu de réparer d'office ladite erreur. La SONIBANK, ayant succombé ainsi qu'il résulte manifestement des énonciations de l'arrêt susvisé, doit être condamnée aux dépens (CCJA, no 018/2007, 26-4-2007 : OPVN c/ SONIBANK, en présence de la CCA, État du Niger, ELHADJ N. A., Rec. jur. CCJA no 9, janv.-juin 2007, p. 96, Ohadata J-08-235 ;

– doivent être réparées les deux erreurs purement matérielles commises dans la rédaction de l'en-tête de la minute de l'arrêt concerné, l'une concernant le nom du premier demandeur susnommé au pourvoi, l'autre concernant le nom de l'avocat ayant formé ledit pourvoi (CCJA, ord. no 01/2007/CCJA rectificative de l'arrêt no 024/2006, 16-11-2006, 23-1-2007 : SAMAILA DAN NANA ; ALI MARE c/ HAMIDOU ABDOU dit « CRISE », Rec. jur. CCJA no 9, janv.-juin 2007, p. 99, Ohadata J-08-236 ; CCJA, no 018/2007, 26-4-2007 : OPVN c/ SONIBANK, en présence de la CCA, État du Niger, ELHADJ NASSIROU AMBOUKA, Rec. jur. CCJA no 9, janv.-juin 2007, p. 96, Ohadata J-08-235). Dans le même sens, au sujet de la réparation de l'omission du nom d'une partie, CCJA, 2e ch., no 185, 8-12-2016 : Boubacar Hann c/ Ousmane Balde et 6 autres, Ohadata J-17-125 ;

– il en est de même pour un arrêt qui indique par erreur que l'avocat d'une société A s'est constitué pour une société B, toutes parties au même litige devant la CCJA (CCJA, ord. no 01/2011/CCJA, 12-7-2011 portant rectification de l'arrêt no 003/2011 du 31-1-2011, pour cause d'erreur matérielle) : PLANOR AFRIQUE SA c/ ATLANTIQUE TELECOM SA, Rec. jur. CCJA no 16, juill. 2010-juin 2011, p. 66, Ohadata J-12-192 et J-13-173, mettant les dépens de cette procédure de rectification à la charge de la CCJA). Dans le même sens, sur une réparation consistant à indiquer les noms des deux conseils ayant représenté une partie à une procédure devant la CCJA : CCJA, 2e ch., no 10, 25-8-2011 : ATLANTIQUE TELECOM SA c/ 1) PLANOR AFRIQUE SA, 2) TELECEL FASO SA, Juris-Ohada no 3/2011, juill.-sept. 2011, p. 6, Ohadata J-12-151.

Voir aussi CCJA, no 040/2009, 30-6-2009 : BETRA c/ SEMOS SA, Rec. jur. CCJA no 13, janv.-juin 2009, p. 104, Ohadata J-10-78 qui retient qu'une contradiction entre les [motifs] de l'arrêt attaqué et son dispositif, les motifs retenant que l'audience publique ordinaire est tenue en matière civile, tandis que le dispositif énonçant que la cour a statué en matière commerciale, procède d'une erreur matérielle pouvant être rectifiée à tout moment. Il s'agissait, dans ce dernier cas d'un arrêt rendu par une cour d'appel.

– lorsque, dans les motifs d'une décision de la CCJA, il est mentionné « Sur la recevabilité du recours », alors que dans le dispositif, la Cour s'est déclarée incompétente, il résulte desdits motifs que la Cour a statué sur sa compétence et non sur la recevabilité du pourvoi. Ainsi, la divergence entre les motifs et la mention du dispositif résulte d'une erreur purement matérielle, dont il y a lieu d'ordonner d'office la rectification, conformément à l'article 45 ter du Règlement de procédure, sans qu'il soit nécessaire d'entendre les parties (CCJA, 1e ch., no 157, 26-11-2015 : Sté Holcibel SA, Sté Investissements Cimentiers Internationaux c/ Sté Hann SA et Compagnie et Consorts Hann, Ohadata J-16-150).

Il y a lieu de rectifier l'erreur matérielle affectant un arrêt de la CCJA qui a énoncé qu'une ordonnance a condamné une personne à payer la somme de 24 882 860 FCFA au titre des causes d'une saisie, alors que l'ordonnance condamne cette personne à payer la somme de 524 882 860 FCFA.

B. Erreur ayant une influence décisive

Au sens de l'article 45 ter du Règlement de procédure de la CCJA, qui relève du chapitre VII bis du Règlement précité spécialement consacré aux « rectifications et interprétations », les erreurs et omissions matérielles qui affectent tout arrêt de la cour peuvent toujours être réparées par celle-ci. La recevabilité de la demande y afférente s'appréciant uniquement en fonction de ce que le dossier révèle ou selon ce que la raison commande, la rectification rendue nécessaire prendra éventuellement la forme d'une rétraction de la décision querellée ; il s'ensuit que l'exception d'irrecevabilité soulevée au motif que la seule voie de recours par laquelle la rétractation de l'arrêt en cause aurait pu être recherchée est la révision n'est pas fondée et doit être rejetée. La raison commande à la CCJA, dans l'intérêt d'un procès équitable, de rectifier des omissions de procédure non imputables aux parties et qui ont eu une influence décisive sur la décision rendue par la rétractation de sa décision par laquelle elle a déclaré irrecevable un pourvoi de la requérante au motif que ses conseils n'avaient pas rapporté la preuve de leur qualité d'avocats, dès lors que les éléments du dossier révèlent que le greffe de la CCJA a enregistré le pourvoi déposé par un avocat et a délivré à celui-ci un reçu en y inscrivant les mentions relatives à sa qualité d'avocat préalablement vérifiée, que cette qualité d'avocat ressort également des pièces du dossier y compris de l'arrêt objet du pourvoi susvisé et que les conseils de la société en cause n'ont reçu aucune demande de régularisation du recours et que néanmoins, par un arrêt ultérieur, la cour a déclaré irrecevable le pourvoi au motif que la qualité d'avocats des conseils de cette dernière n'avait pas été rapportée. En conséquence, il échet de renvoyer la cause et les parties à une audience ultérieure pour un réexamen dudit pourvoi (CCJA, 1e ch., 191, 25-10-2018 : SICG-MALI c/ Banque de l'Habitat du Mali).

C. Possibilité pour la CCJA de rétracter son arrêt en cas d'erreur

La structure de son capital ne constitue nullement un obstacle à la justiciabilité d'une société commerciale, quand bien même elle aurait un État ou une personne morale de droit public comme actionnaire. Dans un procès, chaque acte incarne un instrumentum et un negotium, puisqu'il représente à la fois un acte matériel, c'est-à-dire un support ou document, et une construction intellectuelle, donc une chose immatérielle. La juridiction qui affirme qu'un acte manque au dossier déposé entre ses mains par une partie, alors que c'est le contraire, omet un acte matériel. Dans la mesure où cette omission est déterminante sur sa décision, en ce qu'elle écarte du traitement de l'affaire la prise en compte du contenu de l'acte omis, il revient à la juridiction de réparer ce manquement, à la demande d'une partie ou d'office, au nom de la transparence et de l'équité judiciaires. Contrairement aux affirmations du demandeur, il incombe à la CCJA de restaurer l'ordre juridique communautaire à la construction duquel œuvre sa jurisprudence, et elle l'a fait le 25 octobre 2018 en harmonie avec sa position habituelle, selon laquelle un vice de procédure lié à la représentation des parties litigantes n'est sanctionné par l'irrecevabilité du recours que lorsque la partie concernée, ou son conseil, a été préalablement invitée par la cour à réparer l'irrégularité qui lui est alors explicitement relevée. Cette orientation ayant été méconnue à la suite des omissions de procédure non imputables aux parties, la rétractation s'imposait au titre de la réparation nécessaire au rétablissement de l'ordre juridique protégé. La CCJA tient ce pouvoir des dispositions de l'article 45 ter de son Règlement de procédure, selon ce que le dossier révèle ou, à défaut, selon ce que la raison commande et, en l'espèce, le dossier a révélé l'irréalité du motif de l'arrêt critiqué relatif à la preuve de la qualité d'avocat, tandis que la raison juridique commandait le retrait de la décision comportant l'inexactitude. La finalité des textes régissant les voies extraordinaires de recours étant de prolonger la protection des droits de la défense au-delà de l'autorité de la chose jugée rattachée aux décisions de justice, il en résulte que les termes de l'article 45 ter du Règlement de procédure de la CCJA, qui permet à la cour, selon ce que révèle le dossier ou ce que la raison commande, de réparer les iniquités qui affectent son arrêt, ne sauraient recevoir une interprétation réduite à la seule réparation des erreurs et omissions matérielles, à l'exclusion de toutes celles, aussi manifestes soient-elles, portant sur la procédure. À supposer même que telle serait la lettre du texte, il entre dans la mission de la CCJA de rechercher la réelle volonté du législateur qui, assurément, ne peut avoir voulu porter une caution formelle à l'injustice et à l'obstruction du droit des justiciables à accéder à la justice pour défendre leurs intérêts. De plus, les griefs articulés par le requérant au visa du même article 45 ter du Règlement de procédure sont étrangers aux arrêts querellés. L'arrêt du 22 décembre 2014 qui s'est limité à déclarer le recours de la SICG Mali irrecevable, au motif que ses conseils n'auraient pas prouvé leur qualité d'avocat, n'a jamais statué sur le fond du litige opposant les parties. Il en résulte que les arrêts des 25 octobre 2018 et 14 mars 2019 n'ont pu, sur le fond, modifier un quelconque droit préalablement et définitivement reconnu à l'une des parties litigantes par la CCJA. Et en tout état de cause, la volonté du législateur OHADA, à travers l'obligation du tiers opposant d'indiquer les raisons pour lesquelles il n'a pu participer au procès relatif au litige principal, est de lutter contre la lenteur judiciaire et d'éviter les procédures dilatoires ou abusives ; il en résulte le pouvoir de la CCJA d'apprécier la pertinence des raisons alléguées par un tiers opposant, au regard des circonstances propres à la cause. En l'espèce, il est relevé, d'une part, que l'État du Mali étant actionnaire de la société BMS, ses intérêts ont nécessairement été valablement représentés et défendus dans le cadre des arrêts critiqués, par le représentant légal et statutaire de la structure, conformément au droit régissant les sociétés commerciales. D'autre part, après avoir affirmé avoir été au courant des instances ayant opposé la BMS à la société SICG Mali, l'État du Mali ne se prévaut d'aucun motif pertinent pour justifier sa non-participation à ces procès. Au regard de tout ce qui précède, il échet pour la CCJA de déclarer la requête en tierce opposition de l'État du Mali irrecevable (CCJA, 1e ch., no 259/2020, 16-7-2020 : État du Mali c/ SICG Mali SARL).

II. Absence d'erreur ou d'omission susceptible d'être réparée

A. Recours non fondés sur des erreurs

Le recours en rectification d'erreur matérielle fondé sur des éléments ne caractérisant en rien des erreurs et omissions matérielles pouvant justifier la rectification d'un arrêt de la CCJA au sens de l'article 45 ter de son règlement est irrecevable (CCJA, 1e ch., n° 283/2019, 28-11-2019 : IAD c/ CMDT- Saem).

Le recours en rectification matérielle d'un arrêt de la Cour de céans, en ce que, selon les réclamations formulées par le demandeur, la mensualité de ses honoraires s'élève à 160 000 F, que, sur cette base de calcul, les quinze mensualités accordées par la CCJA devraient s'élever à 2 400 000 F au lieu de 2 160 000 F inscrits dans le dispositif de l'arrêt, n'est pas recevable dès lors que la somme allouée l'a été, non pas en fonction de la réclamation du demandeur, mais sur la base d'un contrat au terme duquel les honoraires mensuels sont de 120 000 F. Nulle part, il n'est fait référence à un montant de 160 000 F et, s'il y a lieu de dire que les quinze mensualités courent à compter de septembre 2001, il n'y a aucune rectification à apporter sur le montant sur cette requête (CCJA, 2e ch., n° 097, 29-10-2014 : ATTIOGBE KOSSI c/ Sté FAN MILK SA, Laiterie Internationale, Ohadata J-15-188).

Au sens de l'article 45 ter nouveau de son Règlement de procédure, les erreurs et omissions affectant un arrêt de la CCJA ne peuvent donner lieu qu'à des réparations ou corrections n'ayant aucune incidence sur la substance de la décision en cause, la cour étant saisie par simple requête de l'une des parties ou par requête commune, voire même d'office. Sont donc irrecevables d'office les demandes de réparer l'omission résultant de ce qu'il n'a pas été répondu à un mémoire ampliatif déposé le 22 juillet 2015, mais aussi de statuer sur les moyens de cassation que ce mémoire ampliatif comportait et, par suite, de casser et d'annuler l'arrêt rendu le 20 février 2016 par la cour d'appel, de telles demandes, au sens de l'article 45 ter CCJA précité, ne visent pas à réparer simplement des erreurs ou omissions matérielles affectant l'arrêt critiqué, mais plutôt la rectification d'une erreur de droit que ne permet pas de corriger ledit article. Surabondamment, l'obligation de réponse n'est exigée que pour les moyens du pourvoi, c'est-à-dire de la requête du pourvoi déposé dans le délai de deux mois et non les autres moyens contenus dans les mémoires complémentaires qui doivent se contenter de préciser les moyens déjà indiqués dans le recours. En conséquence, il y a lieu de déclarer irrecevable d'office le recours ainsi introduit (CCJA, 2e ch., 248, 29-11-2018 : Bolloré Logistics anciennement SAGA France c/ Sté SOPAM SA

Il ressort de l'article 45 ter du Règlement de procédure que la rectification exige pour sa recevabilité, l'existence d'erreurs ou omissions matérielles caractérisées dans la décision dont la rectification est sollicitée, à l'exclusion de la remise en cause de l'interprétation ou de l'appréciation par la cour des faits et moyens soumis à son examen (CCJA, 3e ch., n° 037/2021, 25-2-2021 : Vivo Energy Mali SA c/ Fasogaz SA).

Il est constant que la procédure prévue à l'article 45 ter du Règlement de procédure de la CCJA permet de procéder, sous certaines conditions, à la correction d'une erreur ou omission matérielle affectant l'arrêt de la Cour et n'a pas pour finalité de modifier la substance d'une décision ayant acquis l'autorité de la chose jugée. En l'espèce, le fait pour la CCJA, usant de son pouvoir d'évocation en application de l'article 39 de son Règlement de procédure, de statuer sur une demande formulée devant le juge d'appel, ne constitue ni une erreur ni une omission devant être réparée en application de l'article 45 ter dudit règlement ; la requête est donc irrecevable (CCJA, 3e ch., n° 057/2021, 8-4-2021 : Société Gmt Shipping Côte d'Ivoire c/ Société Global Trading Group Côte d'Ivoire).

La requête en rectification d'erreurs matérielles qui, loin de viser une rectification d'erreurs matérielles au sens des dispositions de l'article 43 ter du Règlement de procédure de la CCJA, tend plutôt à un réexamen par la cour des éléments de preuve sur lesquels elle s'est déjà prononcée, est manifestement non fondée et doit être rejetée en application de l'article 32.2 du Règlement. Tel est le cas de l'arrêt dont la rectification est sollicitée et qui avait retenu que « le juge saisi de l'opposition à injonction de payer connaît de l'entièreté du litige et rend, en cas d'échec de la tentative de conciliation des parties, une décision qui se substitue à l'ordonnance d'injonction de payer, en examinant tous les aspects du litige et, sans méconnaître les caractères de certitude, de liquidité et d'exigibilité de la créance, en arrêter le montant au regard des pièces et des textes applicables ; qu'en l'espèce, il ressort des pièces du dossier de la procédure que la société Telecel Centrafrique a bien reconnu, dans ses premières écritures, devoir, au 1er mars 2017, l'équivalent en dollars américains de la somme de 1 782 710 416 FCFA ; que dès lors, il y a lieu de la condamner à cette somme » (CCJA, 1e ch., n° 141/2019, 25-4-2019 : Telecel Centrafrique SA c/ Société PCCW Global limited).

B. Erreur

1° Absence d'erreur susceptible d'être réparée

En prononçant des condamnations, le juge du contentieux de l'exécution a statué sur le fond et n'est pas intervenu dans le cadre du sursis à exécution qui est une instance incidente et se distingue du pourvoi ; en outre, la demanderesse indique bien que cette décision du juge du contentieux de l'exécution n'est susceptible d'aucun recours en droit camerounais. Il en résulte qu'elle émane de la Cour suprême du Cameroun exerçant sa fonction de cassation dans le domaine précis du contentieux de l'exécution autre que le sursis à exécution. Une telle décision ne peut être déférée à la CCJA que par la voie du recours en annulation prévu par l'article 18 du Traité OHADA, et ce, exclusivement par une partie ayant préalablement soulevé l'incompétence du juge suprême national. En l'énonçant, l'arrêt entrepris n'a nullement commis une erreur susceptible de réparation au sens de l'article 45 Ter du Règlement (CCJA, 1e ch., no 322/2020, 22-10-2020 : Bicec SA c/ Tanko Jean).

2° Erreur de droit

Le défaut d'indication des Actes uniformes ou des règlements prévus par le Traité dont l'application dans l'affaire justifie la saisine de la cour, constitue une erreur de droit qui échappe à la procédure de régularisation prévue à l'article 28-6 du Règlement de procédure de la CCJA, et ne peut donner lieu à réparation sur le fondement de l'article 45 ter précité, un tel défaut ne permettant pas à la cour d'exercer son contrôle. Il s'ensuit que la requête en rétractation formée contre un arrêt de la cour pour avoir déclaré irrecevable le recours des requérants, motif pris de ce qu'il « n'indique à l'examen, aucun Acte uniforme ou règlement prévu par le Traité OHADA, dont l'application dans l'affaire justifie la saisine de la Cour de céans » ne peut être accueillie, car ne constituant pas une erreur ou omission matérielle affectant l'arrêt entrepris (CCJA, 1e ch., no 108/2021, 27-5-2021 : Société Grupo Pefaco Slu et deux autres c/ Orabank Togo SA).

3° Erreur inexistante

La demande de rectification d'une erreur matérielle inexistante, en ce que la cour n'a fait que reprendre fidèlement, sur l'arrêt en cause, l'identité de la requérante telle qu'elle figure sur son recours en cassation, doit être rejetée (CCJA, 3e ch., no 309/2020, 22-10-2020 : Ngu Aza Otay c/ Ecobank Cameroun SA).

Si cet article permet la réparation des omissions matérielles, encore faut-il qu'il en existe une pour qu'il reçoive application. En l'espèce, la convention de sous-traitance du 4 janvier 2005, invoquée, fait partie d'un ensemble contractuel. Les contrats procédant de l'autonomie de la volonté et étant exécutés de bonne foi, la confiance qui fonde le recours à l'arbitrage est mise à mal lorsqu'une partie à un ensemble contractuel est convaincue de fraude, comme c'est le cas ; c'est en ce sens que la CCJA énonce dans son arrêt ouvrant la révision et qui fait corps avec celui attaqué, « que la fraude corrompt tout ». Aucune omission matérielle n'a été commise ; le recours en rectification d'erreur matérielle, qui procède d'une mauvaise compréhension du sens des décisions entreprises, est irrecevable (CCJA, 1e ch., no 040/2020, 13-2-2020 : Transrail c/ Canac Sénégal S.A. et Cana Railways Services INC).

4° Erreur d'appréciation

L'erreur d'appréciation commise par la CCJA ne peut entraîner la rétractation de son arrêt, dès lors que la solution de fond retenue par la cour est conforme aux faits de la cause, au droit mis en œuvre et à sa jurisprudence relative aux décisions de sursis à exécution et aux dispositions de l'article 32 de l'AUPSRVE (CCJA, 1e ch., no 261/2020, 16-7-2020 : Sté Assala Gabon c/ LGTB SARL).

C. Arrêt d'irrecevabilité pour autorité de chose jugée

La réparation des erreurs ou omissions matérielles prévue à l'article 45 ter du Règlement de procédure de la CCJA n'a pas pour finalité de rétracter purement et simplement un arrêt de la CCJA. En l'espèce, lorsque la demanderesse a saisi à la fois la Cour suprême nationale et la CCJA d'un recours en cassation contre le même arrêt et que, statuant bien avant l'examen du dossier par la CCJA, la Cour suprême de Côte d'Ivoire, rejetait le pourvoi en cassation, l'irrecevabilité, pour autorité de la chose jugée, du second pourvoi devant la CCJA apparaît inéluctable, nonobstant la malencontreuse et superfétatoire mention dans les motifs de l'arrêt querellé suivant laquelle « c'est en exécution de cet arrêt no 436/16 du 2 juin 2016 qu'il a été procédé le 16 juin 2014 à l'adjudication de l'immeuble litigieux […] » ; en statuant ainsi qu'elle l'a fait, la CCJA n'a commis aucun manquement de nature à justifier la rétractation de son arrêt (CCJA, 2e ch., no 152/2020, 30-4-2020 : SCI Choucair Frères c/ Société Générale Côte d'Ivoire).

D. Recours fondé sur un moyen contestant les motifs et le dispositif de l'arrêt attaqué

Est irrecevable, la demande qui, loin de suggérer la réparation d'une omission matérielle au sens de l'article 45 ter du Règlement de procédure de la CCJA, constitue plutôt une contestation tant des motifs que du dispositif de l'arrêt en cause. Tel est le cas par exemple du recours évoquant une omission matérielle en ce que la cour aurait manqué d'indiquer la nature de l'activité exercée par la requérante pour en tirer les conséquences idoines sur la nature du préjudice économique subi par elle (CCJA, 2e ch., n° 031/2021, 25-2-2021 : Prin-tec SARL c/ Helvetia Assurances SA).

Si l'approche des erreurs et omissions visées par l'article 45 ter du Règlement de procédure peut être intellectuelle et non seulement matérielle, selon ce que le dossier révèle ou ce que commande la raison, c'est à la condition que les griefs soient relatifs à un acte précis de la procédure de saisine de la CCJA, dont l'exploitation ou la non prise en compte aura exercé une influence décisive sur la décision de la cour, en privant notamment à tort une partie de son droit d'accès à la cassation. Lorsque tous les moyens proposés par la requête critiquent la solution de fond donnée par la cour au litige et ne caractérisent en rien une erreur ou une omission au sens de l'article 45 ter précité, la requête est irrecevable (CCJA, 1e ch., n° 192/2021, 11-11-2021 : SGS c/ État béninois).

E. Recours fondé sur un moyen procédant d'un cas d'ouverture à cassation

Le recours en rectification d'erreur matérielle à l'appui duquel des moyens caractérisant de véritables cas d'ouverture à cassation (notamment la violation de la loi) ont été invoqués est irrecevable, dès lors qu'il vise à amener la cour à procéder à la cassation de son propre arrêt, tel que l'y invite la requérante (CCJA, 2e ch., n° 045/2021, 8-4-2021 : Sacop SA c/ Le Crédit du Sahel SA).

La procédure prévue à l'article 45 ter du Règlement de procédure permet de procéder, sous certaines conditions, à la correction d'une erreur ou omission matérielle affectant un arrêt de la cour et n'a point pour finalité de modifier la substance d'une décision ayant acquis l'autorité de la chose jugée. La requête qui, sous le couvert de la rectification d'erreurs ou omissions matérielles, non démontrées, vise plutôt la rétractation de l'arrêt querellé et le réexamen de la demande initiale, doit être rejetée (CCJA, 3e ch., n° 036/2021, 25-2-2021 : Moussa Sérifou c/ Yaoure Mining SA).

III. Appréciation de l'erreur dans le cadre de l'évocation : erreur sans incidence sur la portée décisionnelle d'un jugement

Une simple méprise sur les références d'un jugement ne saurait entacher la portée décisionnelle de celui-ci, s'il n'y a aucun doute sur l'existence et le contenu de la décision qui est censée être visée (CCJA, 1e ch., n° 059/2022, 3-3-2022).

Obs. : décision rendue par la CCJA dans le cadre de l'évocation d'un appel, mais transposable en ce qui concerne la solution retenue au fond.

Chapitre VIII
DE L'EXÉCUTION FORCÉE

Art. 46 1 – L'exécution forcée des arrêts de la Cour est régie par les règles de la procédure civile en vigueur dans l'État sur le territoire duquel elle a lieu. La formule exécutoire est apposée, sans autre contrôle que celui de la vérification de l'authenticité du titre, par l'autorité nationale que le Gouvernement de chacun des États parties désignera à cet effet et dont il donnera connaissance à la Cour.

Après l'accomplissement de ces formalités à la demande de l'intéressé, celui-ci peut poursuivre l'exécution forcée en saisissant directement l'organe compétent, suivant la législation nationale.

2 – L'exécution forcée ne peut être suspendue qu'en vertu d'une décision de la Cour.

3 – Toute demande tendant à surseoir à l'exécution forcée d'une décision de la Cour est présentée dans les conditions prévues aux articles 23 et 27 du présent Règlement. Elle est immédiatement signifiée aux autres Parties, auxquelles le Président fixe un bref délai pour la présentation de leurs observations écrites ou orales.

4 – Le Président statue sur la demande par voie d'ordonnance motivée et non susceptible de recours. Cette ordonnance est immédiatement signifiée aux Parties.

5 – A la demande d'une Partie, l'ordonnance peut à tout moment être modifiée ou rapportée.

6 – Le rejet de la demande n'empêche pas la Partie qui l'avait introduite de présenter une autre demande fondée sur des faits nouveaux.

I. Décisions ayant refusé la suspension de l'exécution

A. Exercice d'une voie de recours

L'exercice, par le demandeur au pourvoi, d'une nouvelle opposition contre l'ordonnance lui faisant d'injonction de délivrer des objets mobiliers ne saurait constituer à lui seul un motif de suspension de l'arrêt de la CCJA ayant confirmé ladite ordonnance ; la demande doit être rejetée (CCJA, ord. nº 5/2004, 7-7-2004 : D. M. c/ SOGEFIBAIL, Rec. jur. CCJA, nº 4, juill.-déc. 2004, p. 54 ; Ohadata J-05-278 ; obs. J. Issa-Sayegh).

Le fait d'avoir introduit un recours en interprétation contre un arrêt rendu par la CCJA ne saurait justifier la suspension de l'exécution de cet arrêt alors que la Cour ne s'est pas encore prononcée, car cela équivaudrait à faire examiner par le président de ladite Cour, par anticipation, lesdits arguments et ainsi de préjuger sur l'issue du recours en interprétation. Il en est ainsi même si le requérant se prévaut de la pertinence des arguments développés dans le recours en interprétation. Rejet de la demande (CCJA, ord. nº 006/2009/CCJA, 16-4-2009 : Sté GITMA devenue GETMA-CI c/ SICPRO, Rec. jur. CCJA nº 13, janv.-juin 2009, p. 179, Ohadata J-10-97).

Il y a lieu de rejeter la demande :

– tendant à sursoir à l'exécution d'un arrêt de la CCJA lorsque l'arrêt a fait l'objet d'un recours en tierce opposition déclaré irrecevable (CCJA, 2e ch., nº 151/2021, 24-6-2021 : Bolloré Africa Logistics SAS c/ Établissements Comptoir International pour le Commerce et trois autres), ou encore que l'exécution de l'arrêt attaqué a déjà été entamée et que le recours en tierce opposition dont l'arrêt a fait l'objet a été déclaré irrecevable (CCJA, 2e ch., nº 152/2021, 24-6-2021 : Bolloré Africa Logistics SAS c/ Établissements Comptoir International pour le Commerce) ;

– de sursis à statuer formée par la défenderesse dans un mémoire en réplique, au motif qu'elle a introduit, auprès de la CCJA un recours en révision contre l'arrêt de la CCJA qui avait cassé l'arrêt en exécution duquel l'expertise a été faite, dès lors que la CCJA avait déjà déclaré irrecevable le recours en révision (CCJA, 2e ch., nº 206/2021, 25-11-2021 : Interface Mobile SARL c/ Sentel GSM SA).

B. Absence d'une exécution forcée

Lorsque, à la date de l'introduction de la demande tendant à surseoir à l'exécution forcée de l'arrêt rendu par la CCJA, la preuve d'une mesure d'exécution forcée, comme l'exige l'article 46 du Règlement de procédure de la CCJA, n'a pas été rapportée par la requérante, la requête tendant à obtenir le sursis à l'exécution forcée doit être rejetée (CCJA, ord. nº 004/2009/CCJA, 5-3-2009 : Sté GITMA devenue GETMA-CI c/ SICPRO, Rec. jur. CCJA nº 13, janv.-juin 2009, p. 176, Ohadata J-10-95).

C. Décisions non rendues par la CCJA

Il est de jurisprudence constante que la CCJA ne peut prononcer que le sursis à l'exécution de ses propres décisions (CCJA, ass. plén., nº 118, 4-11-2014 : MFONKEU OUSMANOU, MFONKEU née NFOUNDIKOU SALAMATOU c/ Banque Internationale pour le Crédit et l'Épargne du Cameroun dite BICEC, Ohadata J-15-209). Aucune disposition, ni du Traité OHADA, ni du Règlement nº 002/98/CM du 30 janvier 1998, ni du Règlement de procédure, ne permettant à la CCJA d'ordonner le sursis à l'exécution d'une décision autre que ses propres arrêt, elle est donc incompétente pour connaître d'une demande de sursis à exécution formée contre une décision :

– du conseil d'administration de l'ERSUMA par un de ses agents (CCJA, ord. nº 05/2005/CCJA, 7-7-2005 : T. D. c/ Conseil d'administration de l'ERSUMA de l'OHADA, Ohadata J-06-50) ;

– rendue par une juridiction nationale et une telle demande est irrecevable (CCJA, ass. plén., nº 120, 11-11-2014 : Morelle Michelle, Sté Mandji immobilier c/ Hoirs Tordjeman, Doly Tordjeman, Ohadata J-15-210) ; dans le même sens et renvoyant la demanderesse à mieux se pourvoir : CCJA, 3e ch., nº 213, 23-11-2017 : Maisons Sans Frontières SARL c/ ELCO Construction SARL ; CCJA, 3e ch., nº 212, 23-11-2017 : Succession Ngounou et 2 autres c/ Sté Afriland First Bank ;

– du recours en annulation partielle de l'arrêt de la juridiction suprême nationale qui a ordonné le sursis à l'exécution d'un arrêt d'appel (CCJA, 3e ch., nº 099, 26-4-2018 : Sté HANN et Compagnie, Boubacar HANN c/ S.G.B.G.).

> **Obs. :** il faut préciser qu'après avoir été saisie d'un pourvoi au fond la cour suprême s'est dessaisie au profit de la CCJA.

De même, la demande de sursis à statuer doit être rejetée lorsque la procédure ayant donné lieu au jugement et à l'arrêt faisant l'objet du pourvoi est la procédure de dissolution d'une société et est distincte d'une autre procédure intentée devant les juridictions répressives contre l'un des associés. Cette demande de sursis à statuer n'est pas fondée et doit être rejetée (CCJA, nº 039/2008, 17-7-2008 : A. B. c/ B. A. B., Rec. jur. CCJA nº 12, juill.-déc. 2008, p. 105, Ohadata J-10-37).

Aux termes de l'article 46.3 de son Règlement de procédure CCJA, la CCJA ne peut ordonner le sursis à exécution que de ses propres décisions. En l'espèce, la requête aux fins de sursis à exécution dirigée contre une décision rendue par une juridiction nationale (une cour d'appel en l'occurrence) est irrecevable, la CCJA ne pouvant statuer (CCJA, 1e ch., nº 049, 25-3-2016 : Adama Coulibaly c/ la MATCA, Ohadata J-16-251).

II. Décision ayant accordé la suspension de l'exécution

Risque économique et social sur les emplois et l'investissement d'une société dont la liquidation a été prononcée. Si l'exercice d'un recours en révision contre un arrêt de la CCJA ne saurait constituer à lui seul un motif de sursis à l'exécution de cet arrêt, la sauvegarde des droits et obligations réciproques des parties commande que soit ordonné le sursis à l'exécution lorsqu'il apparaît des faits et circonstances de l'affaire, tels que décrits par les parties dans leurs écritures respectives, que l'exécution de l'arrêt en cause pourrait entraîner, au regard de la liquidation des biens d'une société, un préjudice irréparable et des conséquences manifestement excessives en ce qu'elles occasionneraient notamment un risque économico-social considérable sur l'investissement et les emplois tant directs qu'induits (CCJA, Ord. n° 030/2022/CCJA, 26-8-2022 : Société d'Exploitation de Kipoi et ses délégués syndicaux c/ Groupe Five DRC SARL).

III. Suspension ne concernant pas l'arrêt de la CCJA

C'est à tort qu'il est reproché à la cour d'appel d'avoir violé l'article 46 du Règlement de procédure de la CCJA, au motif qu'en donnant mainlevée elle a dû surseoir à un arrêt de la CCJA, qui a statué dans le litige l'opposant au débiteur, alors que ni le premier juge ni la cour d'appel n'a cette compétence. Il en est ainsi car l'arrêt rendu par la CCJA l'a été entre le créancier poursuivant et le débiteur et ne concernait nullement le tiers saisi ; rejet du moyen (CCJA, 2e ch., n° 111, 30-12-2013 : Jacques NZOGHE NDONG c/ Banque Internationale pour le Commerce et l'Industrie du Gabon dite BICIG-SA, Banque Centrale des États de l'Afrique centrale, dite BEAC, Rec. jur. CCJA n° 20, vol. 1, janv.-déc. 2013, p. 137-140, Ohadata J-15-84).
Les dispositions des articles 41 et 46 al. 2 du Règlement de procédure de la CCJA (relatives à la force obligatoire et à la suspension d'exécution des arrêts de la CCJA) et celles de l'article 16 du Traité OHADA (relatives au caractère non suspensif de la saisine de la CCJA en ce qui concerne les procédures d'exécution) sont inapplicables à une demande relative à une mesure d'exécution forcée, laquelle relève de la compétence préalable du président de la juridiction compétente statuant en matière d'urgence, ou le magistrat délégué par lui, conformément à l'article 49 de l'AUPSRVE. Il s'ensuit que la cour d'appel qui, statuant relativement à la contestation d'une saisie-attribution des créances, a retenu que le président du tribunal de grande instance de Pointe-Noire, juge des référés, est compétent, annulé les saisies – attribution en cause et – ordonné leur mainlevée n'a en rien violé les articles 41 et 46 al. 2 du Règlement de procédure CCJA et 16 du Traité relatif à l'OHADA (CCJA, 3e ch., n° 240, 14-12-2017 : ELCO CONSTRUCTION SARL c/ MAISONS SANS FRONTIÈRES SARL).

IV. Condamnation à une astreinte par la CCJA

Sur le fondement des dispositions combinées de l'article 46 du Règlement de procédure de la CCJA et d'une disposition nationale permettant aux juridictions d'ordonner, même d'office, une astreinte pour assurer l'exécution de leurs décisions, la CCJA peut assortir sa décision d'une astreinte, dans l'intérêt exclusif de l'ordre juridique communautaire. Il en est ainsi notamment en cas de résistance par un plaideur à l'exécution d'une décision de la CCJA consistant à faire réitérer par une juridiction nationale le sursis annulé par la CCJA (CCJA, 1e ch., n° 332/2020, 22-10-2020 : Antoine Yalanzele d'Angouali c/ Union Gabonaise de Banque (UGB).

• Chapitre IX •

DES VOIES DE RECOURS EXTRAORDINAIRES

Art. 47 1 – Toute personne physique ou morale peut présenter une demande en tierce opposition contre un arrêt rendu sans qu'elle ait été appelée, si cet arrêt préjudicie à ses droits.

2 – Les dispositions des articles 23 et 27 du présent Règlement sont applicables à la demande en tierce opposition. Celle-ci doit en outre :

a) spécifier l'arrêt attaqué ;

b) indiquer en quoi cet arrêt préjudicie aux droits du tiers opposant ;

c) indiquer les raisons pour lesquelles le tiers opposant n'a pu participer au litige principal.

La demande est formée contre toutes les Parties au litige principal.

3 – L'arrêt attaqué est modifié dans la mesure où il fait droit à la tierce opposition. La minute de l'arrêt rendu sur tierce opposition est annexée à la minute de l'arrêt attaqué. Mention de l'arrêt rendu sur tierce opposition est faite en marge de la minute de l'arrêt attaqué.

I. Recevabilité de la tierce opposition

A. Recours en tierce opposition recevables

Les conditions de recevabilité de la tierce opposition sont précisées par l'article 47-2 du Règlement de procédure de la cour et lorsqu'elles sont remplies, le recours est recevable (CCJA, 2e ch., n° 046/2021, 8-4-2021 : Fotso née Jeanne d'Arc C. N. c/ Afriland First Bank SA).

Le recours en tierce opposition est recevable, lorsque, d'une part, la requérante spécifie bien dans sa requête que sa tierce opposition est dirigée contre un arrêt rendu par la CCJA qui préjudicie à ses droits pour avoir rejeté le recours en annulation formé contre un arrêt de la Cour suprême de Côte d'Ivoire ayant rejeté le pourvoi en cassation formé par son époux contre le jugement d'adjudication attribuant l'immeuble litigieux à une autre personne et que, d'autre part, elle fait observer que, si ledit immeuble devait revenir à une personne autre qu'elle-même ou son époux, ses droits et ceux de leurs enfants seraient lésés et déplore enfin de n'avoir pas été appelée à l'instance ayant abouti audit arrêt devant la CCJA, faute d'avoir été informée de son existence (CCJA, n° 026/2006, 16-11-2006 : A. A. E. née A. C. c/ SGBCI, S. S., A. A. E., Ohadata J-08-98).

Est recevable, en la forme, car conforme aux prescriptions de l'article 47-2 du Règlement de procédure CCJA, le recours en tierce opposition dirigé contre un arrêt de la CCJA qui préjudicie aux droits du recourant pour avoir rejeté le pourvoi formé contre un arrêt d'appel ayant infirmé le jugement qui a déclaré irrecevable la demande d'annulation de l'adjudication dont elle est la bénéficiaire, le rejet du pourvoi de la décision confirmant l'annulation de l'adjudication par la cour d'appel et, par conséquent, la perte pour la recourante des immeubles, d'autant plus qu'elle n'a pas été appelée à l'instance ayant abouti audit arrêt devant la CCJA, faute d'en avoir été informée (CCJA, 2e ch., n° 100, 27-4-2017 : SCI Saving c/ Succession Sunjio Justin, BICEC).

Est recevable la tierce opposition formée par une personne à laquelle un arrêt préjudicie (notamment parce que l'autorité de chose jugée et la force exécutoire qui en résultent l'empêchent d'exploiter son fonds de commerce) alors qu'elle n'a pas été appelée à la procédure (CCJA, 1e ch., 168, 25-10-2018 : 1) Chami Maya, 2) Sté Geseco Select c/ 1) Sté Sodigab SA, 2) La Comete SA).

L'État béninois est un tiers à l'arrêt attaqué pour n'y avoir pas été partie ou représenté ; cet arrêt préjudicie à ses intérêts dès lors qu'il est incontesté qu'il a convenu avec la BIBE SA de révoquer la cession de créances qui les liait ; que cette révocation a été notifiée à la SEICB SA par la BIBE SA ; s'étant engagé à ne pas empêcher le recouvrement de la créance de la BIBE SA, il ne s'était plus prévalu d'une créance à l'égard de la SEICB SA ; l'arrêt entrepris remet en cause son engagement puisqu'il serait, par son effet, tenu de rembourser à la BIBE. Il est évident enfin que la révocation de la cession visait à faciliter le redressement de la BIBE SA en proie à des difficultés, de sorte que le tiers opposant avait intérêt à ne pas obstruer le recouvrement initié par cette dernière. Au regard de tout ce qui précède, il y a lieu de déclarer recevable en la forme, le recours formé par l'État béninois, surtout qu'il n'est pas établi que le requérant a été régulièrement appelé au litige principal (CCJA, 1e ch., n° 101/2021, 27-5-2021 : État béninois c/ Seicb, Biic SA).

B. Recours en tierce opposition irrecevables

1° Caractère cumulatif des trois conditions requises

En vertu de l'article 47 du Règlement de procédure de la CCJA, à peine d'irrecevabilité, en plus de sa qualité de tiers, l'auteur de la tierce opposition doit justifier à la fois d'un préjudice réel ou virtuel lié à l'arrêt querellé, et d'un motif déterminant expliquant sa non-participation au procès relatif au litige principal, ces trois conditions étant cumulatives. La demande ne justifiant d'aucune motif sérieux de nature à l'avoir empêché de participer à l'instance principale ayant donné lieu à l'arrêt attaqué alors qu'il est constant qu'il en a eu connaissance, son recours est irrecevable, d'autant qu'il ne justifie pas davantage les droits qu'il invoque, ni d'un préjudice pouvant résulter de l'arrêt attaqué qui n'a jamais statué sur le fond des intérêts en cause (CCJA, 1e ch., n° 184/2021, 11-11-2021 : Takam Pascal c/ Collectivité Logbongo).

2° Irrecevabilité du recours contre un arrêt n'ayant prononcé aucune condamnation contre le demandeur

Il résulte de l'article 47 du Règlement de procédure de la CCJA qu'à peine d'irrecevabilité, en plus de sa qualité de tiers, l'auteur du recours doit dans celui-ci justifier à la fois d'un préjudice réel ou virtuel lié à l'arrêt querellé, et d'un motif déterminant expliquant sa non-participation au procès relatif au litige principal. La volonté du législateur OHADA, à travers l'obligation du tiers opposant d'indiquer les raisons pour lesquelles il n'a pu participer au procès relatif au litige principal, est de lutter contre la lenteur judiciaire et d'éviter les procédures dilatoires ou abusives. Il en résulte le pouvoir de la CCJA d'apprécier la pertinence des raisons alléguées par un tiers opposant, au regard des circonstances propres à la cause. En l'espèce, la demanderesse a été informée du procès sur le litige principal et ne justifie pas d'un motif valable l'ayant empêché d'y prendre part ; de surcroit, l'arrêt attaqué ne comporte aucune condamnation contre elle. Au regard de tout ce qui précède, le recours en tierce oppositions est irrecevable (CCJA, 1e ch., n° 016/2020, 23-1-2020 : Oragroup SA c/ Orabank Gabon, Société Sogad BTP).

II. Irrecevabilité de la tierce opposition

A. Manque d'intérêt à agir du demandeur

1° Absence de préjudice

En vertu de l'article 47-1 du Règlement de procédure, le recours en tierce opposition contre un arrêt qui ne porte pas préjudice doit être rejeté (CCJA, n° 37, 2-6-2005 : STIL c/ SOTACI, Rec. jur. CCJA, n° 5, janv.-juin 2005, vol. I, p. 21 ; Juris-Ohada, n° 4/2005, juill.-sept. 2005, p. 16, Ohadata J-06-06).

L'arrêt de la CCJA, objet d'un recours en tierce opposition, qui a seulement prononcé l'irrecevabilité du recours en annulation formé par [X], sur le fondement de l'article 18 du Traité OHADA contre l'arrêt rendu par la Cour Suprême de Côte d'Ivoire, n'a ce faisant nullement statué en matière patrimoniale et n'a donc pu décider de la dévolution de l'immeuble litigieux à une tierce personne, au préjudice des droits et intérêts revendiqués par la requérante sur celui-ci. Dans ces circonstances, c'est vainement que le tiers opposant soutient que « le fait que le recours formé par [X] soit déclaré mal fondé lui fait perdre obligatoirement la propriété de l'immeuble litigieux, sans que ses droits et prétentions n'aient été examinés par la Cour de céans... », alors même que le cadre spécifique de la saisine sus-évoquée de ladite Cour ne lui permettait point de prononcer un quelconque droit incompatible ou non avec celui auquel prétend la requérante. Dès lors, l'arrêt attaqué n'ayant pas préjudicié aux droits et intérêts de cette dernière sur ledit immeuble, il n'y a donc pas lieu de le modifier en ce qui la concerne ; par conséquent, la demande en tierce opposition est non fondée et la requérante doit être déboutée (CCJA, n° 026/2006, 16-11-2006 : A. A. E. née A. C. c/ SGBCI, S. S., A. A. E., Rec. jur. CCJA n° 8, 2006, p. 35, Juris-Ohada, n° 2/2007, p. 7, Ohadata J-08-98).

Il résulte de l'article 47 du Règlement de procédure de la CCJA que le tiers opposant est tenu de justifier l'effectivité des droits prétendument lésés par la décision attaquée. En l'espèce, l'arrêt attaqué ayant statué dans une procédure de saisie immobilière, il revenait à la requérante de prouver le droit de propriété dont elle se prévaut sur les biens saisis ; elle ne rapporte pas cette preuve qui ne peut résulter du seul jugement d'hérédité versé au dossier, mais doit être établie conformément à l'article 1er du décret n° 76/165 du 27 avril 1976 modifié par le décret n° 2005/481 du 16 décembre 2005 fixant les conditions d'obtention du titre foncier, selon lequel celui dont le nom figure au titre en est le propriétaire. En l'occurrence, feu X étant propriétaire, le consentement de son épouse n'était nécessaire ni pour l'hypothèque ni pour la vente forcée des titres saisis, aucun élément du dossier n'établissant ni leur appartenance à la communauté des époux conformément aux articles 1402 et suivants du Code civil camerounais, ni le transfert de leur propriété à la requérante. De tout ce qui précède, il résulte que la demanderesse ne justifie d'aucun droit légitimement établi susceptible d'avoir été lésé par la décision attaquée ; dans ces conditions, son recours doit être déclaré irrecevable, sans qu'il soit alors besoin d'examiner les autres moyens de la défense (CCJA, 1e ch., 170/2018, 25-10-2018 : Veuve Garba Aoudou née Hawa c/ 1) Afriland First Bank SA (ex-C.C.E.I. Bank), 2) CACIC SA et El Hadj Garba Aoudou).

La tierce opposition formée par un tiers dont le recours ne spécifie pas en quoi la décision entreprise lui porte préjudice, qui se contente d'indiquer « qu'alertée par ces cascades de procédures et saisies auprès des banques congolaises et ayant pris conscience du fait que l'exécution de cet arrêt [querellé] [...] peut conduire à [sa] faillite au regard de son capital social, la requérante a formé la présente tierce-opposition », et dont la requête ne fait nullement état d'une raison valable l'ayant empêché de participer au litige principal, est irrecevable (CCJA, 1e ch., n° 255/2019, 7-11-2019 : Boa Group SA c/ 1/ Optimum Multimodal Solutions sarl et Bank of Africa RDC).

2° Non-contrariété à l'ordre public de la CEMAC par une sentence arbitrale

L'exercice de l'action en tierce opposition suppose, au regard des dispositions de l'article 47.2 du Règlement de procédure de la CCJA qui dispose que la demande doit « indiquer en quoi l'arrêt préjudicie aux droits du tiers opposant », l'existence d'un intérêt à agir, alors qu'en l'espèce, la solution donnée au litige dans la sentence consistant en l'allocation de dommages-intérêts en réparation d'un préjudice né d'une situation ponctuelle qui a épuisé ses effets dans le dénouement de l'instance arbitrale, n'est pas de nature à perpétuer un comportement en contrariété à un ordre public dont la CEMAC serait chargée de veiller au respect dans son espace. Il s'ensuit que cette organisation communautaire ne justifie pas d'un intérêt à agir pour l'exercice de ce recours et qu'il échet en conséquence de le déclarer irrecevable (CCJA, 3e ch., no 12, 29-11-2011 : République de Guinée équatoriale et la Communauté économique et monétaire de l'Afrique centrale (CEMAC) c/ CBGE, Juris-Ohada, no 1, 2012, janv.-mars, p. 34, Ohadata J-13-19, J-13-142).

Obs. : en l'espèce, la violation de l'ordre public de la CEMAC était invoquée pour absence d'avis favorable de l'Autorité monétaire de la République de Guinée sur l'agrément donné par la Commission bancaire d'Afrique centrale (COBAC) pour l'exercice d'une activité d'établissement de crédit.

B. Défaut de qualité pour agir

Est irrecevable, pour défaut de qualité pour agir, la tierce opposition formée par :

– des personnes qui ne présentent, à l'appui de leur demande, aucun document ni preuve de leur qualité d'ayants droit de la personne à la succession de laquelle elles déclarent venir, comme requis par la législation nationale applicable, le Code de la famille du Sénégal (CCJA, 2e ch., no 123, 23-6-2016 : Awa Diallo, Aïssatou Diallo c/ CBAO Groupe Attijariwafa et 3 autres, Ohadata J-17-64) ;

– le requérant qui, tout en ayant reçu la notification d'un pourvoi en cassation par le greffe de la CCJA, s'est abstenu de déposer un mémoire dans le délai imparti, car il n'est pas un « tiers » à la décision rendue par la CCJA sur le pourvoi (CCJA, 1e ch., no 265/2019, 28-11-2019 : Cirak Suleyman c/ Établissements Kokou Services et autres).

C. Arrêt n'ayant pas statué au fond

L'arrêt attaqué, qui a cassé un arrêt d'appel, dit n'y avoir lieu à évocation et condamné l'une des défenderesses aux dépens et qui n'a à aucun moment statué sur le fond du litige, n'a pu en conséquence prononcer une quelconque condamnation susceptible d'être supportée par les demandeurs. Les tiers opposants n'émettant aucune critique à l'encontre d'une disposition quelconque de l'arrêt attaqué, pour qu'il y soit statué à nouveau en tenant compte de leurs droits, leur recours en tierce opposition est irrecevable (CCJA, 1e ch., no 010, 30-3-2015 : État du Cameroun, Sté Nationale de Raffinage, dite SONARA c/ Sté African Petroleum Consultants, dite APC SARL, CHEVRON, TEXACO Cameroun anciennement SHELL, Cameroun, actuellement Corlay Cameroun SA, Ohadata J-16-10).

D. Ordonnance du président de la CCJA

Il résulte de l'article 47 du Règlement de procédure de la CCJA, qui définit les conditions dans lesquelles une partie peut exercer un recours en tierce opposition, que la tierce opposition est formée contre un arrêt de la Cour de céans et que le tiers opposant doit donner les raisons l'ayant empêché de prendre part au litige en indiquant en outre en quoi l'arrêt rendu préjudicie à ses droits. La tierce opposition formée contre une ordonnance rendue par le président de la CCJA et non un arrêt est irrecevable, le Règlement de procédure ne l'ayant pas prévue. Tout justiciable estimant être desservi par une décision de justice ayant le droit d'exercer une voie de recours contre celle-ci, il ne peut lui être reproché d'y avoir recouru ; la demande en condamnation pour procédure téméraire, abusive et vexatoire doit être rejetée (CCJA, 3e ch., no 030, 25-2-2016 : Banque Internationale de l'Afrique Occidentale Côte d'Ivoire dite BIAO-CI c/ Sté Ivoirienne de Produits de Négoce dite IPN, SCPA ABEL KASSI, KOBON & Associés, Ohadata J-16-232).

E. Omission des raisons de non-participation au litige principal

La tierce opposition est irrecevable lorsque que la requête n'indique pas « les raisons pour lesquelles le tiers opposant n'a pu participer au litige principal ». En l'espèce, la précision faite a posteriori par la demanderesse, dans son mémoire, selon laquelle elle n'a pas participé au litige principal pour n'y avoir « pas été appelée ni représentée », est insuffisante dès lors qu'elle a déjà soutenu la communauté des biens, dont elle fait état, dans son action en intervention et en annulation d'hypothèque, devant le tribunal de grande instance qui a rendu un jugement le 23 mars 2008. Elle ne peut valablement affirmer qu'elle était dans l'ignorance de la procédure ayant abouti, le 1er juillet 2010, à l'arrêt critiqué, et ne pouvait y intervenir. En tout état de cause, l'arrêt attaqué s'est amplement expliqué, pour le rejeter, sur le moyen tiré de la communauté de biens des époux Ngako et l'article 2121 du Code civil camerounais, invoqué par la demanderesse, n'est applicable qu'au conjoint ayant des droits ou des créances vis-à-vis de l'autre sur les biens propres de celui-ci (CCJA, 2e ch., no 050, 23-3-2017 : D.H. Ekollo Priso Aaggar épse Ngako dit Piwele c/ Union Bank of Cameroon PLC et 2 autres, Ohadata J-17-197).

La requête en tierce opposition qui n'indique pas les raisons pour lesquelles la requérante, qui aurait intérêt à être dans la procédure, n'a pas été appelée à l'instance ayant abouti à l'arrêt attaqué et qui ne spécifie pas non plus en quoi ce dernier, qui ne comporte aucune condamnation contre la requérante, préjudicie à ses droits, est irrecevable (CCJA, 2e ch., no 151/2021, 24-6-2021 : Bolloré Africa Logistics SAS c/ Établissements comptoir international pour le commerce ; CCJA, 2e ch., no 152/2021, 24-6-2021 : Bolloré Africa Logistics SAS c/ Établissements comptoir international pour le commerce).

....

III. Fondement du recours en tierce opposition

A. Tierce opposition fondée

Il résulte de l'article 47.3 du Règlement de procédure de la CCJA que la cour qui déclare la tierce opposition recevable ouvre à nouveau le débat au fond et apprécie l'opportunité de modifier la décision attaquée dans l'intérêt exclusif du tiers opposant, en tenant compte des observations des parties au litige principal. En l'espèce, s'il n'est pas contesté que le bail expirait bien le 31 décembre 2009, de sorte que son renouvellement devait être demandé au plus tard fin septembre 2009 par acte extrajudiciaire, il demeure tout aussi constant, comme résultant de l'examen des éléments du dossier, que, par exploits d'huissier de justice datés des 14 et 15 décembre 2007, le bailleur avait été effectivement signifié de la lettre en date du 29 novembre 2007 par laquelle son locataire exprimait clairement sa volonté de voir ledit bail renouvelé, se conformant ainsi aux dispositions légales en vigueur en la matière. Dans ces conditions, il n'y avait pas lieu pour la CCJA de constater, comme elle l'a fait, la résiliation du bail. La tierce opposition étant donc fondée, il échet de modifier l'arrêt entrepris par le rejet du pourvoi de la société SODIGAB relativement à la résiliation du bail abritant le fonds de commerce du demandeur, et de dire qu'elle a droit à la réintégration desdits lieux. En revanche, la CCJA ayant été saisie d'un recours en tierce opposition par madame X., les demandes formulées à titre personnel par la société LA COMETE, en ce qu'elles se heurtent à l'autorité de la chose jugée de l'arrêt attaqué, doivent être déclarées irrecevables (CCJA, 1e ch., 168, 25-10-2018 : 1) Chami Maya, 2) Sté GESECO SELECT c/ 1) Sté SODIGAB SA, 2) LA COMETE SA).

Lorsque les allégations de la demanderesse sont corroborées par diverses pièces du dossier et ne font l'objet d'aucune contestation sérieuse, le recours en tierce opposition, qui réunit toutes les conditions de forme prévues par l'article 47 du Règlement de procédure de la CCJA, doit être déclaré recevable. Et lorsqu'il est fondé, le dispositif de la décision contre laquelle il est exercé peut être modifié selon le besoin (CCJA, 1e ch., no 114/2021, 3-6-2021 : Total Guinée SA c/ la Copeg SA et la SGP SA).

La tierce opposition établit que : par convention du 3 juillet 2018, la BIBE SA a cédé à l'État béninois, une créance de 5 379 494 128 FCFA ; si les parties ont bien par la suite révoqué cette cession, la BIBE l'a notifiée par erreur à la SEICB SA suivant exploit du 8 janvier 2019 ; malgré tout cette dernière n'a rien réclamé à l'État béninois mais s'est bornée, dans le cadre de la saisie immobilière, à soutenir que la créance invoquée par la BIBE SA n'était plus certaine, sans appeler l'État béninois en intervention forcée ; c'est dans ce contexte que sont intervenues les décisions judiciaires ayant abouti à la saisine de la CCJA qui a statué par l'arrêt dont tierce opposition. Il s'ensuit que le commandement aux fins de saisie immobilière du 24 décembre 2018 a été signifié alors que la cession de créances du 3 juillet 2018 avait déjà fait l'objet d'une révocation de la part de ses auteurs ; dès lors, il échet de rétracter l'arrêt entrepris, de statuer de nouveau et rejeter le pourvoi formé contre l'arrêt no 2020-003/CM/CA-AB du 16 janvier 2020 de la cour d'appel d'Abomey (CCJA, 1e ch., no 101/2021, 27-5-2021 : État béninois c/ Seicb, Biic SA).

B. Tierce opposition infondée

Est mal fondé le recours en tierce opposition :

– tendant à faire modifier un arrêt de la CCJA, aux motifs que, en rejetant le pourvoi formé contre l'arrêt no 286 rendu le 5 août 2009 par la cour d'appel du centre, la CCJA n'a pas fait une juste appréciation des faits de la cause, ni une bonne interprétation des articles 117 et 150 de l'AUS du 17 avril 1997 et des articles 336 et 337 de l'AUPSRVE, car, selon le moyen, c'est l'article 117 précité, en son alinéa 2, qui renvoie aux « règles de la saisie immobilière » pour la réalisation de l'hypothèque et car ces « règles de la saisie immobilière » qui doivent gouverner la procédure, dans le cas d'espèce, sont les dispositions de l'AUPSRVE qui, aux termes de son article 337, sont « applicables aux [...] mesures d'exécution forcée et procédures de recouvrement engagées après son entrée en vigueur » ; en se fondant sur l'article 150 susvisé pour décider que « les lois nationales en vigueur au moment de la constitution des sûretés antérieures à l'Acte uniforme doivent gouverner la procédure devant en résulter jusqu'à complet paiement » et rejeter le pourvoi, l'arrêt dont tierce opposition a violé les textes visés. Il en est ainsi dès lors que l'arrêt attaqué a justement retenu qu'en application de l'article 150 de l'AUS du 17 avril 1997 « celui-ci n'est applicable qu'aux sûretés consenties après son entrée en vigueur » ; cette exclusion expresse empêche qu'il soit fait application de son article 117 qui renvoie aux « règles de la saisie immobilière », les sûretés, en l'espèce, étant constituées antérieurement à sa prise d'effet. En conséquence, le grief contre l'arrêt attaqué n'est pas avéré et la demande en tierce opposition sera rejetée (CCJA, 2e ch., no 100, 27-4-2017 : SCI SAVING c/ Succession Sunjio Justin, BICEC) ;

– formé au motif qu'en retenant qu'un jugement d'adjudication n'est pas susceptible de pourvoi en cassation, la CCJA a violé l'article 7 de la Charte africaine des droits de l'homme, sans préciser en quoi, celle-ci a empêché la requérante de faire entendre sa cause devant elle. Il en est ainsi dès lors que contrairement à l'analyse de la requérante, en disposant que « la décision judiciaire ou le procès-verbal d'adjudication établi par le notaire ne peut faire l'objet d'aucune voie de recours », l'article 293 de l'AUPSRVE spécialement dédié au recours contre la décision judiciaire et le procès-verbal d'adjudication, exclut toute voie de recours contre ceux-ci, y compris le recours en cassation prévu par l'article 14 du Traité OHADA, sans préjudice des dispositions de l'article 313 du même Acte uniforme qui ne consacre que la voie de l'action principale en annulation portée devant la juridiction compétente. En conséquence, la cour qui a justement déclaré irrecevable le pourvoi formé par la demanderesse sur le fondement des textes susvisés et qui ne s'est nullement prononcée sur une quelconque prétention des parties, n'a pu préjudicier aux droits de la requérante, dont le recours en tierce opposition est infondé (CCJA, 2e ch., no 046/2021, 8-4-2021 : Fotso née Jeanne d'Arc C. N. c/ Afriland First Bank SA).

Art. 48 [abrogé]

Observations

voir sous l'art. 45 bis nouveau ci-dessus.

Art. 49 1 – La révision de l'arrêt ne peut être demandée à la Cour qu'en raison de la découverte d'un fait de nature à exercer une influence décisive et qui, avant le prononcé de l'arrêt, était inconnu de la Cour et de la partie qui demande la révision.

2 – La procédure de révision s'ouvre par un arrêt de la Cour constatant expressément l'existence d'un fait nouveau, lui reconnaissant les caractères qui donnent ouverture à la révision et déclarant de ce chef la demande recevable.

3 – La Cour peut subordonner l'ouverture de la procédure en révision à l'exécution préalable de l'arrêt.

4 – La demande en révision doit être formée dans un délai de trois mois à compter du jour où le demandeur a eu connaissance du fait sur lequel la demande en révision est basée.

5 – Aucune demande en révision ne pourra être formée après l'expiration d'un délai de dix ans à dater de l'arrêt.

I. Conditions de recevabilité d'un recours en révision

A. Conditions de fond

Il ressort de l'article 49 du Règlement de procédure de la CCJA qu'il faut, pour que le recours en révision soit recevable, que le fait découvert soit de nature à exercer une influence décisive et qu'il ait été inconnu à la fois de la cour et de la partie demanderesse en révision avant le prononcé de l'arrêt (CCJA, 3e ch., no 138/2021, 24-6-2021 : Société distribution pharmaceutique de Côte d'Ivoire Diallo Marouf André).

B. Délai

Le point du départ du délai de trois mois n'est pas la date de signification de l'arrêt dont la révision est demandée, mais le jour où le demandeur a eu connaissance du fait sur lequel la demande en révision est fondée (CCJA, 1e ch., no 328/2020, 22-10-2020 : Ntchoreret Ongonwou Robert c/ Comilog SA).

II. Recours en révision irrecevables

A. Éléments déjà connus du requérant

Est irrecevable la demande de révision fondée sur des éléments connus du demandeur avant le prononcé de l'arrêt dont la révision est demandée et qui ne sont pas de nature à exercer une incidence décisive sur la délibération de l'assemblée plénière ayant rendu la décision (CCJA, ass. plén., no 142, 14-7-2016 : Sté Forestière Hazim Chéhade et Compagnie (SFH & Cie SA) et autres c/ État du Cameroun, Ohadata J-17-82).

Tel est le cas :

– lorsque les faits allégués n'ont aucun caractère nouveau et ne sont pas susceptibles d'exercer une influence décisive sur le résultat de l'instance (CCJA, 1e ch., no 40, 17-7-2008 : H. c/ 1) SNDA sarl 2) W., Juris-Ohada, no 4/2008, p. 37, Ohadata J-09-78) ;

– pour la non-tenue d'une audience (en matière arbitrale), qui était connue aussi bien des demandeurs à la révision que de la CCJA (CCJA ass. plén., n° 059, 18-7-2013 : 1) CMDT, 2) GSCVM c/ IAD, Ohadata J-15-59) ;
– d'une décision de justice déjà connue du demandeur depuis plus de trois mois, pour avoir été exploitée par le demandeur antérieurement à l'introduction du recours en révision (CCJA, ass. plén., n° 068, 14-11-2013 : Fagace c/ BST, Icotaf, Ohadata J-15-68) ;
– d'une circulaire consacrant l'insaisissabilité des biens et droits des sociétés du portefeuille de l'État congolais, dont fait partie la requérante, étant précisé que, au-delà de sa place dans la hiérarchie des normes, une circulaire constitue une loi au sens large et, à ce titre, ne peut avoir été ignorée par la requérante qu'elle concerne tout spécialement (CCJA, 1e ch., n° 295, 27-12-2018 : Sté des Grands Hôtels du Congo SA (SGHC SA) c/ Mbulu Museso et 10 autres) ;
– d'actes propres à la CCJA suggérant l'interprétation d'une lettre du greffier en chef de la CCJA et des motifs de l'arrêt dont la révision est demandée visant expressément ladite lettre (CCJA, ass. plén., n° 109, 11-5-2017 : Sté ivoirienne de concept et de gestion Mali c/ Banque de l'Habitat du Mali) ;
– d'une prétendue pièce qui serait inconnue du requérant et de la cour, et qui émane du requérant (CCJA, ass. plén., n° 140, 14-7-2016 : Henri Flavien Loe Eyike c/ Banque internationale du Cameroun pour l'épargne et le crédit dite BICEC, Ohadata J-17-80, précisant que le fait nouveau doit être inconnu de la cour et de la partie qui demande la révision) ;
– du recours en révision fondé sur le non-respect des exigences des dispositions de l'article 1er de l'AUPSRVE et sur l'irrégularité d'une reconnaissance de dette pour non-conformité aux exigences de l'article 1326 du Code civil (CCJA, 1e ch., n° 145, 29-6-2017 : Dagher Roland Habib, Dagher Roland Bechara c/ Samir Firzli, Soad Firzli) ;
– d'un fait inconnu de la cour mais qui n'était pas ignoré par les demandeurs en révision, lesquels avaient bénéficié d'un arrêt de la cour d'appel de Bamako qui leur était favorable (CCJA, ass. plén., n° 159, 1-12-2016 : 1) Compagnie Malienne pour le Développement des Textiles dite CMDT, 2) Groupement des Syndicats de Producteurs de Coton et Vivriers du Mali dit GSCVM c/ Sté Inter Africaine de Distribution dite IAD, Ohadata J-17-99) ;
– de la composition de la CCJA à la date du 4 février 2014, qui est conforme à celle ayant délibéré sur l'affaire et sur laquelle l'élection du 3 février 2014 ne pouvait exercer aucune influence décisive (CCJA, ass. plén., n° 142, 14-7-2016 : SFH & Cie SA et Autres c/ État du Cameroun, Ohadata J-17-82) ;
– dès lors que les faits allégués par le demandeur étaient connus de lui avant le prononcé de l'arrêt et qu'il soutient simplement pu s'en prévaloir faute d'avoir comparu (CCJA, ass. plén., n° 026, 2-3-2017 : Omaïs Kassim, Transport Omaïs Kassim Selecta sarl c/ Michel Zouhair Fadoul El Achkar, Ohadata J-17-160) ;
– dès lors que les faits reprochés invoqués étaient connus de la demanderesse, société du groupe X. victime, son autonomie de fonctionnement comme succursale étant à cet égard inopérante ; la demanderesse ne peut avoir pris connaissance des faits évoqués seulement depuis l'arrêt de la Cour suprême de Madrid du 19 mai 2016 sanctionnant une longue procédure dans laquelle le plaignant n'était autre que le groupe X. De plus, cette décision ayant été rendue à sa requête trois semaines avant celle dont la révision est requise, la demanderesse a été en mesure d'en être informée et d'informer la CCJA (CCJA, ass. plén., n° 028, 2-3-2017 : Togo Terminal SA (ex-SE2M-Togo SA) c/ BTCI-Togo SA, Ohadata J-17-162) ;
– de l'arrêt d'appel qui a confirmé un jugement mentionné dans une instance ayant donné lieu à un arrêt antérieur de la CCJA, car il n'apporte rien de nouveau aux faits déjà connus de la CCJA et des parties avant le prononcé de l'arrêt dont la révision est demandée (CCJA, 3e ch., n° 052, 1-3-2018 : Eshun Cleopas Natchia c/ SCI Business Center) ;
– de la date de délivrance d'une expédition avec le cachet du greffier en chef, qui n'est pas de nature à faire la preuve de la découverte d'une sentence à laquelle celui qui l'invoque est partie ; et [en cas d']exécution entamée sur la base d'un titre exécutoire par provision, aux risques du créancier poursuivant, l'annulation ultérieure du titre n'est pas de nature à remettre en cause la procédure d'exécution ainsi parachevée avant même la saisine de la cour de céans ; il s'ensuit que le recours en révision est irrecevable (CCJA, 3e ch., n° 075, 30-3-2017 : Yalanzele Dangouali Antoine c/ Union Gabonaise de Banque) ;
– lorsqu'il est allégué, à tort, que le fait que des locataires qui ont bénéficié d'une indemnité d'éviction occupaient encore les locaux donnés à bail, et ne pouvaient pas en conséquence réclamer ladite indemnité, serait nouveau et aurait été inconnu de la CCJA à la date de l'arrêt ; il en est ainsi car la libération des lieux par le locataire n'est pas une condition d'octroi de l'indemnité d'éviction et aucun locataire pouvant prétendre à une indemnité d'éviction ne peut être obligé de quitter les lieux avant d'en avoir reçu paiement. Jusqu'au paiement de cette indemnité, le locataire a droit au maintien dans les lieux aux conditions et clauses du contrat de bail pour lequel congé a été servi (CCJA, 2e ch., n° 031, 8-2-2018 : Guenan Ismaïl Salih c/ Ets Kokou Services SARL et 5 autres).

– lorsque le recours en révision est fondé sur des éléments connus du requérant qui en a fait état dans ses écritures déposées devant les juridictions de fond (CCJA, 1e ch., no 126/2019, 25-4-2019 : Ipanda François de Paul c/ Bicec SA et l'État du Cameroun) ;
– lorsque la requérante n'a jamais contesté avoir reçu copie de la grosse du jugement ayant servi de fondement à la saisie, car elle a nécessairement eu connaissance que le jugement a été rendu par défaut, en matière correctionnelle et qu'il a été assorti de l'exécution provisoire, ce qui a pour conséquence de permettre son exécution en application des articles 32 et 33 de l'AUPSRVE (CCJA, 3e ch., no 138/2021, 24-6-2021 : Société distribution pharmaceutique de Côte d'Ivoire Diallo Marouf André) ;
– d'une part, du moyen visant l'incompétence de la CCJA à rendre l'arrêt attaqué, et qui s'appuie sur des éléments connus de la CCJA et l'ayant conduit à retenir sa compétence ; et d'autre part, de l'existence d'un pourvoi devant la juridiction nationale de cassation contre le même arrêt d'appel attaqué devant la CCJA, qui était connue du demandeur, partie à l'instance, au moment où la CCJA rendait sa décision (CCJA, 1e ch., no 012/2022, 27-1-2022 : EDI René c/ N'Dhatz Thérèse née Kra Betis) ;
– lorsque le premier moyen évoque des faits déjà connus de la cour avant le prononcé de son arrêt qui en fait mention ; que le deuxième moyen ne constitue pas un fait nouveau, tandis que le troisième moyen est l'expression d'une appréciation subjective du requérant (CCJA, 1e ch., no 129/2019, 25-4-2019 : Ndengoue Noumbissi Jean Marie c/ Bicec SA).
– relativement à la violation du principe du contradictoire, en ce qu'une partie dont le conseil devant la juridiction nationale s'est abstenu de lui transmettre la signification du recours en annulation formé devant la CCJA et notifié au conseil (CCJA, 2e ch., no 146/2019, 9-5-2019 : Saphic SA c/ L'État de Côte d'Ivoire).

B. Fait nouveau non établi

Lorsque l'arrêt de la CCJA dont la révision est demandée a eu à trancher, après cassation de l'arrêt d'une cour d'appel, l'unique point de contestation portant sur le respect ou non par des arbitres de leur mission et la validité conséquente de la sentence qu'ils ont rendue et que, sur ce point de droit, la CCJA a, après l'examen de leur mission au regard de la convention des parties et du dispositif de la sentence arbitrale qu'ils ont rendue, conclu que les arbitres sont restés dans le cadre de la mission qui leur a été confiée et rejeté le recours en annulation de la sentence arbitrale, le recours en révision doit être rejeté si le document présenté par la requérante au soutien dudit recours en révision ne présente aucun des caractères prévus à l'article 49 sus-énoncé du Règlement de procédure (CCJA, no 38, 2-6-2005 : SOTACI c/ D. G. et D. J., Rec. jur. CCJA, no 5, janv.-juin 2005, vol. I, p. 25 ; Juris-Ohada, no 4/2005, juill.-sept. 2005, p. 19, Ohadata J-06-07).

Le recours en révision est irrecevable lorsque le fait nouveau invoqué par le demandeur n'est pas établi. Tel est le cas lorsque le demandeur à la révision soutient avoir reçu, postérieurement au prononcé de l'arrêt attaqué, une correspondance ainsi qu'un relevé de compte, desquels il résulterait que le représentant de la société en cause n'a jamais procédé au versement de son apport en numéraire au capital de la société, n'avait pas la qualité d'associé et ne pouvait, en conséquence, la représenter comme elle l'a fait aussi bien devant les juridictions nationales que devant la CCJA. Il en est ainsi dès lors que la correspondance invoquée par le demandeur en révision ne figure ni au bordereau des pièces ni dans le dossier produit par son conseil et que les seules mentions du relevé bancaire produit aux débats ne permettent pas d'établir la propriété des sommes versées dans le compte initial de la société et donc lequel des associés a ou non libéré sa part du capital social (CCJA, 2e ch., no 062, 15-3-2018 : Ahmed Keldi c/ Sitti Djaouharia, épse Chihabbidine).

L'évocation, par la CCJA, d'une demande formulée devant le juge d'appel, ne constitue pas un fait nouveau de nature à exercer une influence décisive sur l'arrêt attaqué ; la condition de nouveauté n'étant pas remplie, le recours en révision est irrecevable (CCJA, 3e ch., no 056/2021, 8-4-2021 : Société GMT Shipping Côte d'Ivoire c/ Global Trading Group Côte d'Ivoire).

La déconstitution du conseil d'une partie ayant surenchéri dans une adjudication n'est pas un élément nouveau susceptible de justifier une révision (CCJA, 1e ch., no 328/2019, 12-12-2019 : SCI de Saligny c/ Société PAC International Cameroun).

C. Fait nouveau inopérant

Un fait nouveau mais non susceptible d'avoir une influence décisive sur la décision de la CCJA ne peut, de ce fait, constituer une cause de révision au sens de l'article 49 du Règlement de procédure de la cour ; il s'ensuit que la demande de révision fondée sur un tel fait est irrecevable (CCJA, 1e ch., no 157/2022, 3-11-2022).

D. Fait non postérieur à la décision dont la révision est sollicitée

Il résulte de l'article 49 du Règlement de procédure de la CCJA que le fait nouveau doit être postérieur à la décision dont révision est sollicitée et que les parties devaient être dans l'impossibilité de l'obtenir avant cette décision et qu'enfin il doit être déterminant sur le sort du litige. Les conditions n'étant pas remplies en l'espèce, le recours est irrecevable (CCJA, 1e ch., no 175, 27-7-2017 : SGBCI c/ Sté Civile Immobilière CHOUCAIR Frères).

E. Éléments n'étant pas de nature à exercer une influence sur l'arrêt dont la révision est sollicitée

Le recours en révision non fondé sur un élément de nature à exercer une influence décisive sur la décision attaquée est irrecevable (CCJA, 1e ch., no 126/2020, 9-4-2020 : Orabank Gabon c/ Sogad BTP).

Tel est le cas :

– de l'arrêt rendu en violation des articles 18 al. 3 et de l'article 20 du traité OHADA, qui est nul et de nul effet et ne peut exercer aucune influence sur l'arrêt de la CCJA du 17 décembre 2015 avec lequel il est en contrariété. (CCJA, 2e ch., no 188, 27-7-2017 : Maisons Sans Frontières SARL c/ Elco Construction SARL).

– de la convocation de l'administration fiscale en date du 22 juillet 2020 invoquée par la demanderesse, qui était inconnue d'elle et de la cour au moment où celle-ci rendait sa décision, dans la mesure où elle n'atteste nullement que les conditions prévues par l'article 124 de l'AUDCG (dont les dispositions sont d'ordre public) étaient observées par la demanderesse au moment où la cour rendait l'arrêt dont la révision est demandée ; en conséquence le recours en révision est irrecevable (CCJA, 2e ch., no 087/2021, 27-5-2021 : New Primo Company SARL c/ SCI Big-CI) ;

– du recours en révision d'un arrêt rendu au visa de l'article 28-1 du Règlement de procédure de la CCJA et sanctionnant par l'irrecevabilité un recours dont les moyens reposaient sur les seules dispositions des lois internes, vice qui ne peut faire l'objet de régularisation, au sens de l'article 28 du Règlement de procédure (CCJA, 1e ch., no 071/2021, 8-4-2021 : Société Grupo Pefaco SLU et deux autres c/ Orabank Togo) ;

– du recours en révision fondé sur un fait nouveau mais non décisif (CCJA, 1e ch., no 195/2021, 11-11-2021 : Libyan African Investment Company-Chad c/ Oung-Vang Singkobo Levy) ;

En outre, jugé que bien que constituant un fait inconnu de la CCJA au sens de l'article 49 de son Règlement de procédure, l'erreur de la CCJA ayant consisté à énoncer dans un arrêt que la défenderesse à la procédure devant elle « n'a ni comparu ni conclu » et qu'il y avait lieu « de statuer sur l'affaire », alors qu'en réalité la signification du recours n'était pas parvenue à temps à la défenderesse, n'est pas « de nature à exercer une influence décisive » sur la décision entreprise. Il en est ainsi dès lors qu'au visa de l'article 32 de l'AUPSRVE, la CCJA a annulé une ordonnance de sursis à exécution rendue après un commandement aux fins de saisie valant premier acte d'exécution forcée, ce qui a rendu inopérant le second moyen de la requérante selon lequel la défenderesse avait volontairement donné mainlevée de la saisie. Tel est le cas car il n'aurait pu suffire à une décision contraire dans le recours de référence, eu égard à la jurisprudence de ce siège ; que non seulement cette mainlevée qui ne concernait que la saisie n'a pas affecté l'existence juridique de l'ordonnance mais en sus, elle n'a pu couvrir la violation de l'article 32 précité par cette décision (CCJA, 1e ch., no 260/2020, 16-7-2020 : Sté Assala Gabon c/ LGTB SARL).

F. Recours en révision contre un arrêt de révision

Est irrecevable le recours en révision d'un arrêt de révision, ni le Traité ni le Règlement de procédure de la CCJA ne l'ayant prévu (CCJA, ass. plén., no 040, 17-4-2014 : 1) Compagnie Malienne pour le Développement des Textiles dite CMDT, 2) Groupement des Syndicats de Producteurs de Coton et Vivriers du Mali dit GSCVM c/ Sté Inter Africaine de Distribution dite IAD, Ohadata J-15-131).

G. Recours non formé dans le délai imparti

Est irrecevable le recours en révision qui est manifestement tardif (CCJA, 2e ch., no 089, 23-7-2014 : KOITA Bassidiki c/ Fabris Oscar ADONE, Ohadata J-15-180 ; CCJA, 2e ch., no 201/2021, 25-11-2021 : Interface Mobile sarl c/ Saga Africa Holdings Limited ; CCJA, 2e ch., no 008/2021, 28-1-2021 : Cheick Oumar Kante c/ ISA Tulu SARL). Tel est le cas du recours :

– formé plus de six mois après la découverte du fait prétendu nouveau (CCJA, 1e ch., no 044, 22-2-2018 : CODIPAC c/ Sté Trans-Roulements CI) ;

– fondé sur le fait que, dans l'évocation de l'arrêt attaqué, la cour de céans, faisant application de l'article 30 de l'AUPSRVE, a fait valoir la qualité d'entreprise publique d'une société pour ordonner la mainlevée de la saisie-attribution de créance critiquée alors, selon les demandeurs, que non seulement la société AES SONEL n'a à aucun moment, dans son mémoire ampliatif emportant recours en cassation enregistré au greffe de la cour, fait valoir à son profit les dispositions de l'article 30 précité, mais aussi que, par une publication datée du 8 août 2005, le ministre des finances du Cameroun a publié la liste des entreprises d'État dans le journal « Cameroun Tribune », seul journal d'annonces légales de l'époque, et que la société AES SONEL n'en fait pas partie, dès lors qu'il est établi que la question liée au statut de personne morale de droit public bénéficiant de l'immunité d'exécution de l'article 30 AUPSRVE visé au moyen, concernant la société en cause, a été discutée devant la cour d'appel, qu'en plus la publication dans le journal d'annonces légales sur laquelle se fondent les demandeurs date du

8 août 2005 et qu'elle est ainsi opposable à tous les justiciables camerounais censés l'avoir lu ; dès lors, le fait allégué à l'appui des trois moyens de cassation n'est ni nouveau ni ayant les caractères donnant lieu à révision de l'article 49.2 susvisé (CCJA, 2e ch., no 108, 17-5-2018 : Henry Ngalle Monono & Eyombo Angandze G. c/ Sté AES SONEL dite ENEO) ;
– basé sur la procédure de rabat d'arrêt engagée devant une Cour de cassation nationale contre un arrêt rendu par la même juridiction suprême à l'initiative du demandeur de la révision, dès lors que le demandeur en révision, qui était à l'origine de cette procédure, en a eu nécessairement connaissance au jour du dépôt de sa requête en rabat d'arrêt, et que plus de huit mois se sont écoulés entre l'initiation de la procédure de rabat d'arrêt et le recours en révision. Quoiqu'ayant été déclaré irrecevable, le recours en révision ne revêt pas un caractère de nature à justifier la condamnation du demandeur à des dommages-intérêts pour procédure abusive au sens de l'article 6 du Code de procédure civile (CCJA, 1e ch., no 328/2020, 22-10-2020 : Ntchoreret Ongonwou Robert c/ Comilog SA).

H. Recours devenu sans objet en raison du rejet du recours principal

C'est à juste titre que la cour d'appel de Libreville a déclaré un recours irrecevable, dès lors que c'est l'article 529 du Code de procédure civile (gabonais) qui précise les cas d'ouverture du recours en révision et que, des situations qu'il énumère limitativement, il n'apparaît nulle part le cas de pièces nouvelles survenues après l'arrêt dont la révision est demandée. Le rejet du premier moyen rend irrecevable le moyen attaquant l'arrêt soumis au recours en révision (CCJA, ass. plén., no 090, 20-11-2013 : Sté CITIBANK Gabon SA c/ Sté PAMICO MARITIME COMPANY, PANOURGIAS Narkelis, Rec. jur. CCJA no 20, vol. 1, janv.-déc. 2013, p. 33-35, Ohadata J-15-44).

Obs. : l'art. 49 n'a pas été expressément visé.

I. Autres causes d'irrecevabilité

Les énonciations des arrêts de la CCJA relatives à l'assignation des parties font foi jusqu'à inscription de faux, sous réserve d'une rectification par la cour des erreurs et omissions matérielles. Le demandeur est donc irrecevable à les contester au moyen d'un recours en révision (CCJA, 1e ch., no 019/2020, 23-1-2020 : Tasah Loweh Laurence c/ Amity Bank Cameroon SA).

La procédure de révision ne peut être l'occasion pour les plaideurs de tirer avantage de leurs propres turpitudes. Il y a donc lieu de conclure en l'espèce que l'inexistence au dossier de la note d'intérim invoquée par la requérante, ne constitue pas un fait de nature à justifier la révision de l'arrêt attaqué. Tel est le cas en l'espèce, lorsque la société demanderesse au pourvoi fonde son recours en révision sur l'inexistence, au dossier de la cour ayant statué, de la note de service désignant [X] pour assurer l'intérim de son directeur général ; qu'il est cependant constant que la cour n'a pas validé le mandat du conseil de la requérante faute d'une explication relative à la qualité de son signataire. L'inexistence de cette explication, indissociable de celle de la note d'intérim brandie, ne pouvait par conséquent lui être inconnue ; de même, la société requérante ne saurait prétendre avoir ignoré l'absence au dossier de la note d'intérim, puisque c'est sur ce fait qu'était expressément fondée l'exception d'irrecevabilité de son recours soulevée par ses contradicteurs. La requérante n'ayant jamais répondu à ce moyen, l'opportunité pour la CCJA d'user des dispositions de l'article 28.6 de son Règlement de procédure n'était, dans ces conditions, pas avérée (CCJA, 1e ch., no 130/2020, 30-4-2020 : Sté Aerco c/ Sté Duty free shop Alima).

Est irrecevable le recours en révision formé par des délégués syndicaux qui ne sont pas qualifiés à représenter la demanderesse en justice (CCJA, 1e ch., no 206/2022, 29-12-2022).

Obs. : transposable à toute action en justice.

III. Recours en révision recevables

A. Collusion dans une procédure arbitrale

En présence de courriels dont les contenus révèlent une collusion entre l'arbitre, le conseil d'une société partie à la procédure arbitrale et le dirigeant de cette dernière, et de la preuve de l'authenticité de ces courriels, rapportées par le directeur général de la société Niger Télécoms sur réquisitions du procureur général près la cour d'appel de Niamey et confortée par le Bureau Central National Interpol de Niamey, la Direction de l'Informatique et des Traces Technologiques de la police criminelle de la République de Côte d'Ivoire et l'expert agréé près la Cour de cassation française, l'existence de ces mails produits au dossier constitue un fait nouveau, inconnu de la CCJA et de l'État du Niger, demandeur à la révision, lequel, s'il était connu de la Cour avant le prononcé de son arrêt dont révision est sollicitée, aurait exercé une influence décisive. Il en est ainsi d'autant plus que le conseil de la partie adverse a avoué, lors de son audition, l'existence des courriels et précisé l'identité de leurs auteurs. La découverte de ce fait nouveau donne ouverture à la procédure de révision de l'arrêt attaqué (CCJA, 3e ch., no 087, 12-4-2018 : État du Niger c/ Sté Africard Co Limited).

B. Fraude corrompt tout

Selon l'article 49 du Règlement de procédure de la CCJA, la révision de l'arrêt peut être demandée à la cour en raison de la découverte d'un fait de nature à exercer une influence décisive et qui, avant le prononcé de l'arrêt, était inconnu de la cour et de la partie qui demande la révision. De même, il résulte des articles 4 et 13 de l'AUA que, si les juges étatiques apprécient l'autonomie de la clause compromissoire en rapport avec la commune volonté des parties, ils peuvent retenir leur compétence lorsque cette commune volonté paraît inexistante, la clause compromissoire opposée par une partie se révélant dans ces conditions d'une nullité manifeste. En l'espèce, il ressort des pièces du dossier que les contrats comportant la clause compromissoire ayant motivé les arrêts attaqués sont irrévocablement argués de faux depuis le 30 décembre 2016, ce qui remet sérieusement en cause l'authenticité même de ladite clause ; étant donné que la fraude corrompt tout, il y a lieu de considérer qu'il s'agit là d'un fait inconnu par la demanderesse et par la cour avant le prononcé des décisions querellées, et de nature à exercer une influence décisive sur celles-ci. Il importe donc d'ouvrir la procédure de révision contre les arrêts n° 082/2014 du 22 mai 2014 et n° 164/2016 du 1er décembre 2016 (CCJA, 1e ch., 225, 29-11-2018 : TRANSRAIL SA c/ 1) CANAC SÉNÉGAL SA et 2) CANAC RAILWAYS SERVICES INC).

En présence de décisions rendues par des juridictions pénales compétentes d'un État partie à l'OHADA ayant la force de chose jugée, dont il résulte l'inexistence judiciairement établie d'une rencontre effective des volontés des parties de conclure un contrat et de prévenir le règlement des différends y relatifs au moyen de l'arbitrage, la convention d'arbitrage invoquée se révèle manifestement inapplicable. Ce fait inconnu par la requérante et la CCJA avant le prononcé, par la cour, des arrêts en cause, a décisivement influencé ceux-ci. Il échet donc de réviser les décisions, au moyen de leur rétractation, et de statuer à nouveau sur les pourvois qui ont donné lieu à ces arrêts. Statuant à nouveau, la convention excipée par les demanderesses au pourvoi étant irrévocablement arguée de faux et manifestement inapplicable, la cour ne peut y tirer ni l'expression effective d'une liberté contractuelle de nature à lui conférer l'effet d'autonomie allégué, ni l'incompétence des juridictions étatiques et encore moins une quelconque prescription qui ne peut avoir couru qu'à compter de la date de l'établissement définitif du faux. En conséquence, les pourvois ne sont fondés en aucun de leurs moyens et seront rejetés (CCJA, 1e ch., n° 183/2019, 20-6-2019 : Société Transrail c/ Canac Sénégal S.A. et Canac Railways Services INC).

C. Admissibilité d'un élément nouveau dans le cadre d'un recours en révision

À la différence du recours en cassation qui exclut les moyens non préalablement soumis aux juges du fond, le recours en révision se fonde précisément sur des éléments nouveaux non connus du demandeur et de la CCJA avant la décision objet de la demande de révision. Lorsque cette condition est remplie, et que les défendeurs reconnaissent expressément que la demanderesse a découvert les pièces invoquées au soutien de son recours après que l'arrêt attaqué ait été rendu, et que celles-ci n'ont jamais été portées à la connaissance de la CCJA avant sa décision, le recours en révision, dont les conditions sont ainsi remplies, est recevable (CCJA, 1e ch., n° 117/2021, 3-6-2021 : Société Libyan Foreign Bank (LFB) c/ Société hôtel de la paix d'Agadez SURL).

D. Jugement exécutoire en l'état

Le jugement exécutoire en l'état, qui révèle que c'est à tort qu'une société, in bonis, a été mise en liquidation de ses biens, constitue véritablement un fait nouveau au sens de l'article 49 du Règlement de procédure CCJA, inconnu de celle-ci et de la partie, et a une influence décisive ; sa découverte donne ouverture à la révision de l'arrêt attaqué, qui est de ce fait recevable, sans qu'il soit besoin de s'étendre sur les autres faits invoqués (CCJA, 1e ch., n° 206/2022, 29-12-2022).

E. Autres recours en révision recevables

Le recours en révision est aussi recevable :

– lorsqu'il est établi qu'il n'a pas été tenu compte du mandat spécial reçu par le greffe de la CCJA à la suite d'une demande de régularisation d'un recours, et que l'arrêt attaqué, qui a été rendu après réception du mandat spécial, a déclaré le recours irrecevable « au motif que leur conseil a été invité à régulariser le recours par la production du mandat spécial qu'ils lui ont remis pour les représenter, mais ne l'a pas fait », le reçu délivré par DHL pour la prise en charge du pli contenant le mandat spécial envoyé, ainsi que le récépissé attestant la réception du pli par le greffier en chef de la cour à la même date, documents dont l'existence et l'authenticité n'ont été nullement contestées, constituent un fait nouveau, inconnu de la cour et des demandeurs à la révision. Il est indubitable que s'il était connu de la cour avant le prononcé de son arrêt dont révision est sollicitée, ce fait aurait exercé une influence décisive ; sa découverte donne donc ouverture à la procédure de révision de l'arrêt attaqué ; en conséquence la demande en révision est recevable (CCJA, 1e ch., n° 106/2021, 27-5-2021 : Alain Boisnard et Carmelo Talio c/ Coris Bank International Togo SA) ;

– en raison de l'avènement d'une décision définitive modifiant le rapport de droit des parties (CCJA, 1e ch., n° 121/2021, 24-6-2021 : SCI IA dune d'Esterias c/ Roger Lauture) ;

– en raison de la découverte d'une sous-location non autorisée : l'exploit d'huissier établissant une sous-location d'un local, par un occupant qui s'abstient de payer les loyers, à des tiers à des fins d'habitation, sans habilitation par le bailleur. En effet, ces éléments attestent d'une violation de l'article 121 de l'AUDCG et est de nature à caractériser un fait nouveau au sens des dispositions de l'article 49 du Règlement de procédure de la CCJA (CCJA, 1e ch., n° 121/2021, 24-6-2021 : SCI la Dune d'Esterias c/ Roger Lauture) ;

– en cas de découverte par le demandeur d'un protocole d'accord transactionnel déterminant. En l'espèce, le protocole d'accord transactionnel entre plusieurs personnes, ayant pour objet de régler tous les litiges entre les parties, et comportant une renonciation claire et irrévocable, par la défenderesse et toute entité de son groupe, à toute contestation, demande ou créance ainsi qu'à toute instance judiciaire ou arbitrale relative à toute opération au Bénin de toute entité dudit groupe, constitue un contrat entre les signataires, mais caractérise un fait décisif pour la demanderesse qui n'y est pas partie. En vertu de la renonciation stipulée par le protocole découvert, la défenderesse et toutes ses entités étaient tenues de mettre fin à toute instance en cours entre elles et toute partie, surtout qu'elles comportaient une réclamation relative à des opérations effectuées au Bénin par la défenderesse ; en outre, si ce protocole avait été porté à sa connaissance, la cour en aurait tiré les conséquences juridiques nécessaires, dont l'extinction de l'action exercée de la défenderesse. Ainsi, à la date de son arrêt attaqué, ce fait décisif n'était pas connu de la CCJA, aucune des parties ne l'ayant d'ailleurs évoqué ni dans les mémoires et conclusions, ni au titre des pièces produites par les parties. Par ailleurs, l'arrêt dont la révision étant antérieur au fait nouveau découvert par la demanderesse la date à laquelle le protocole d'accord transactionnel en cause lui a été signifiée, c'est vainement que la défenderesse évoque dans son mémoire les doutes sur la date à laquelle la demanderesse a eu connaissance de ce fait nouveau, sans rapporter la preuve que celui-ci lui était connu depuis une autre date de nature à compromettre son recours. Celui-ci ayant donc observé les délais, le recours en révision est recevable en la forme (CCJA, 1e ch., n° 107/2021, 27-5-2021 : Bénin Control SA c/ Bureau Veritas SA).

IV. Procédure de révision

A. Ouverture de la procédure

Aux termes des articles 49 et 50 du Règlement de procédure de la CCJA, la révision peut être demandée en raison de la découverte d'un fait de nature à exercer une influence décisive et qui, avant le prononcé de l'arrêt, était inconnu de la cour et de la partie qui demande la révision. La procédure de révision s'ouvre par un arrêt constatant expressément l'existence d'un fait nouveau, lui reconnaissant les caractères qui donnent ouverture à la révision et déclarant de ce chef la demande recevable (CCJA, 3e ch., n° 087, 12-4-2018 : État du Niger c/ Sté Africard Co Limited).

Il découle de l'article 49 du Règlement de procédure de la CCJA que la CCJA est saisie d'une seule demande en révision, laquelle donne lieu à un premier arrêt constatant l'existence du fait nouveau ayant les caractères qui donnent droit à l'ouverture de la procédure de révision et se prononçant en même temps sur la recevabilité de ladite demande, avant examen, le cas échéant, du bien-fondé de la demande sur les conclusions des parties (CCJA, 2e ch., n° 108, 17-5-2018 : Henry Ngalle Monono & Eyombo Angandze G. c/ Sté AES SONEL dite ENEO).

Lorsque les faits allégués par la demanderesse à la révision revêtent incontestablement les caractères requis et tendent à démontrer qu'en dépit de l'irrégularité de la forme de la rupture du bail commercial entreprise, la bailleresse aurait pu être fondée à résilier ce bail et demander l'expulsion du locataire, en établissant qu'il n'honorait pas son engagement contractuel de paiement des loyers et se livrait, sans y être autorisé, à la sous-location des lieux à des tiers aux fins d'habitation, violant par conséquent les dispositions de l'article 121 de l'AUDCG, il y a lieu d'ouvrir la procédure de révision contre l'arrêt attaqué, et d'inviter les parties à produire le cas échéant, dans un délai de deux mois à compter de la notification du présent arrêt, tout élément qu'elles estiment nécessaire, en vue d'un jugement au fond du recours en révision (CCJA, 1e ch., n° 121/2021, 24-6-2021 : SCI la Dune d'Esterias c/ Roger Lauture).

En application des articles 49.2 et 50 de son Règlement de procédure, il convient pour la cour d'ouvrir la procédure de révision contre l'arrêt attaqué et d'inviter les parties à produire le cas échéant, dans un délai de deux mois à compter de la notification du présent arrêt, tout élément qu'elles estiment nécessaire, en vue d'un jugement au fond de la demande en révision (CCJA, 1e ch., n° 107/2021, 27-5-2021 : Bénin control SA c/ Bureau Veritas SA ; CCJA, 1e ch., n° 117/2021, 3-6-2021 : Société Libyan foreign Bank (LFB) c/ Société Hôtel de la Paix d'Agadez Surl).

B. Non-incidence d'une procédure pénale

La provenance de courriels d'une quelconque procédure, soit-elle pénale, n'enfreint en rien l'examen des pièces considérées comme faits nouveaux dont seule la CCJA peut juger de l'opportunité pour apprécier la demande de révision qui lui est adressée (CCJA, 3e ch., no 087, 12-4-2018 : État du Niger c/ Sté Africard Co Limited).

C. Rejet de l'exécution provisoire préalable sollicitée

La demande de la défenderesse tendant à ce que l'ouverture de la procédure de révision de l'arrêt en cause soit subordonnée à l'exécution provisoire de cet arrêt doit être rejetée, dès lors que la défenderesse ne se prévaut d'aucun motif permettant à la cour de justifier une telle mesure et qu'au demeurant, la CCJA, qui ne s'est prononcée que sur la recevabilité du pourvoi en cassation dans l'arrêt dont la révision est sollicitée, ne saurait en trouver un, faute d'avoir abordé le fond (CCJA, 1e ch., no 106/2021, 27-5-2021 : Alain Boisnard et Carmelo Talio c/ Coris Bank International Togo SA).

V. Rejet au fond du recours en révision

Il est de principe acquis, et de jurisprudence constante de la CCJA, que la fraude corrompt tout. En l'espèce, les divers moyens de défense de la défenderesse au recours en révision, illustratifs de cette fraude perpétrée par la partie adverse, étant tous corroborés par diverses pièces produites au dossier et emportant la conviction de la cour, celles « découvertes » par la demanderesse en révision, fussent-elles « nouvelles », ne sont pas de nature à remettre en cause la motivation, pertinente et mesurée, de l'arrêt, dont la révision sollicitée doit être rejetée (CCJA, 2e ch., no 060/2023, 30-3-2023).

VI. Réparation du préjudice résultant d'un recours vexatoire

Le recours en révision est irrecevable dès lors que le requérant a connaissance de l'élément qu'il invoque depuis plus de trois mois avant la saisine de la CCJA, et qu'en se prévalant des motifs de l'arrêt attaqué, le requérant invoque des faits nécessairement connus de la cour au moment où elle rendait sa décision. Le recours en révision est un recours essentiellement basé sur des considérations de fait. En l'espèce, le recours reposant sur aucun élément factuel sérieux et les pièces du dossier établissant le caractère manifestement infondé et inapproprié des multiples procédures initiées par le requérant contre le défendeur, qui a été obligé de s'en défendre, la procédure revêt un caractère vexatoire et il y a lieu de faire droit à la demande, en allouant au défendeur la somme plus juste de 15 000 dollars américains (CCJA, 1e ch., no 179/2019, 23-5-2019 : Marcel Lukusa Ditaba c/ Banque Commerciale du Congo).

Art. 50 1 – Les dispositions des articles 23 et 27 du présent Règlement sont applicables à la demande en révision. Celle-ci doit en outre contenir les indications nécessaires pour établir que les conditions fixées à l'article 49 sont remplies.

2 – La demande en révision est formée contre toutes les Parties à l'arrêt dont la révision est demandée.

3 – Ces dernières ont le droit de présenter des observations écrites sur la recevabilité de la requête. Ces observations sont communiquées à la Partie dont émane la demande.

4 – Avant de rendre son arrêt sur la recevabilité de la demande, la Cour peut donner à nouveau aux Parties la possibilité de présenter leurs vues à ce sujet.

5 – Si la demande est déclarée recevable, la Cour fixe les délais pour toute procédure ultérieure qu'elle estime nécessaire pour se prononcer sur le fond de la demande.

6 – La minute de l'arrêt portant révision est annexée à la minute de l'arrêt révisé. Mention de l'arrêt portant révision est faite en marge de la minute de l'arrêt révisé.

Ouverture d'une demande en révision

Conformément à l'article 50 du Règlement de procédure de la CCJA, il y a donc lieu de recevoir en la forme les recours en révision, au fond, de constater l'existence d'un fait nouveau de nature à exercer une influence décisive sur les arrêts en cause, en conséquence, d'ouvrir la procédure de révision contre lesdits arrêts et d'inviter la demanderesse à parfaire sa défense en vue de l'examen au fond de sa demande de révision, dans un délai d'un mois à compter de la notification du présent arrêt, les défenderesses disposant du même délai pour y répliquer, à compter de la notification du mémoire de la demanderesse ; réserver les dépens (CCJA, 1e ch., 225, 29-11-2018 : Transrail SA c/ 1) Canac Sénégal SA et 2) Canac railways Services Inc.).

En application de l'article 50, alinéa 5 du même Règlement de procédure, il y a lieu d'inviter les parties à produire, dans un délai de 15 jours à compter de la signification de l'arrêt ouvrant la révision, leurs moyens sur le fond de la demande (CCJA, 1e ch., no 206/2022, 29-12-2022).

• Chapitre X •
DU RENVOI PAR LE JUGE NATIONAL

Art. 51 [mod.] Lorsque la Cour est saisie conformément aux articles 14 et 15 du Traité OHADA par une juridiction nationale statuant en cassation qui lui laisse le soin de juger une affaire soulevant des questions relatives à l'application des Actes uniformes, cette juridiction est dessaisie d'office.

Elle transmet à la Cour l'ensemble du dossier de l'affaire, avec une copie de la décision de renvoi. Dès réception de ce dossier, les parties sont avisées de cette transmission par la Cour.

Les dispositions des articles 23 à 50 du présent Règlement sont applicables sous réserve des adaptations imposées par le mode de saisine.

I. Dessaisissement au profit de la CCJA

Saisie d'une contestation relative à l'application d'un Acte uniforme (AUPCAP en l'espèce), la Cour suprême de Côte d'Ivoire doit se dessaisir immédiatement et transmettre l'ensemble du dossier ainsi qu'une copie du présent arrêt de renvoi à la CCJA, en application de l'article 51 du Règlement de procédure de la CCJA (C. Sup. Côte d'Ivoire, ch. jud. civ., n° 052, 4-2-2010 : S.T.I.F. c/ M.-N, Juris-Ohada, n° 1/2011, janv.-mars 2011, p. 29, Ohadata J-12-77, J-12-97 ; C. Sup. Côte d'Ivoire, ch. jud., n° 396/09, 4-6-2009 : BICICI c/ SICUS, Actualités Juridiques, n° 68-69, 2010, p. 59, Ohadata J-12-79 ; C. Sup. Côte d'Ivoire, ch. jud. civ., n° 284, 8-4-2010 : C. c/ V., Juris-Ohada n° 1/2011, janv.-mars 2011, p. 27, Ohadata J-12-90 ; C. Sup. Côte d'Ivoire, ch. jud., civ. & com., n° 262, 1-4-2010 : K. c/ SGBCI SA, Juris-Ohada n° 2/2011, avr.-juin 2011, p. 21, Ohadata J-12-141).

Obs. : les décisions ci-dessus sont transposables car le dessaisissement immédiat qu'elles indiquent est compatible avec le dessaisissement d'office retenu par la version révisée de l'art. 51 du Règlement.

II. Recevabilité des mémoires

A. Mémoires irrecevables

Selon l'article 51 al. 2 de son Règlement de procédure CCJA, lorsque la CCJA est saisie d'un pourvoi sur renvoi d'une juridiction nationale statuant en cassation, conformément aux articles 14 et 15 du Traité OHADA, les dispositions des articles 23 à 50 dudit Règlement de procédure CCJA sont applicables, sous réserve des adaptations imposées par le mode de saisine. Est donc irrecevable le « Mémoire en demande aux fins de cassation » par lequel la requérante soulève quatre moyens de cassation, pris de la violation des dispositions des articles 40, 116 du Code de procédure civile, économique et administrative (CPCEA) et des articles 668, 673 et 1098 du Code civil, la violation d'une disposition quelconque d'un Acte uniforme ou règlement prévu au Traité n'étant pas invoquée au soutien du pourvoi (CCJA, 3e ch., n° 078, 30-3-2017 : Sohaco-Pharma sarl c/ Sté Philco-Pharma).

B. Mémoires recevables

Le pratique consistant, en cas de renvoi d'un pourvoi devant la CCJA par une juridiction nationale de cassation, pour les plaideurs ayant reçu notification par le greffe de la CCJA du renvoi, à rajouter dans un mémoire des moyens de cassation fondés sur la violation d'un texte relatif à l'OHADA (Traité, Acte uniforme ou Règlement), est une adaptation admise par la cour en application des articles 23 à 51 de son Règlement de procédure. Il s'ensuit que l'exception d'irrecevabilité du recours soulevée, au motif que dans son pourvoi en cassation devant la juridiction nationale, le demandeur n'a invoqué nulle part des dispositions de droit OHADA ; que « constatant l'inopportunité de ce recours » devant la CCJA, il a « frauduleusement » introduit deux nouveaux moyens portant sur la violation d'un Acte uniforme pour « surprendre la religion de la [CCJA] », est infondée et le recours est recevable (CCJA, 3e ch., n° 208/2019, 27-6-2019 : Koudougou Lallé Jean c/ United Bank for Africa).

III. Notification aux parties de la transmission du dossier à la CCJA par la juridiction suprême nationale

En application de l'article 51 du Règlement de procédure de la CCJA, le greffier en chef a informé le cabinet Dako & Gueu ayant introduit le présent pourvoi de sa réception que, lesdits avocats ayant indiqué leur déport dans la cause, la Cour en a pris acte et informé la société SOMEF-CI par correspondance n° 0114/2017/G4 demeurée non réclamée à sa boite postale, qu'en tenant compte des écritures déposées par la SOMEF-CI devant la Cour suprême de Côte d'Ivoire il appert que la cour de céans, qui a par ailleurs reçu les conclusions de NESTLE CÔTE D'IVOIRE, peut valablement statuer sur le recours (CCJA, 3e ch., no 082, 29-3-2018 : Sté SOMEF-CI c/ Sté NESTLE Côte d'Ivoire).

Lorsque, par des lettres en date du 24 octobre 2023, le greffier en chef de la CCJA a avisé respectivement les demandeurs, [X.] et [Y.], et la défenderesse, [Z.], du renvoi de la cause devant la cour, et qu'il a en outre envoyé le 2 novembre 2023 des courriels à leurs conseils aux adresses retrouvées dans la procédure, aux fins de leur demander d'accuser réception de la lettre portant avis de réception du dossier, il y a lieu de statuer sur le pourvoi, le principe du contradictoire ayant été respecté (CCJA, 2e ch., no 232/2024, 11-7-2024).

IV. Loi applicable à la procédure

A. Exclusivité du Règlement de procédure de la CCJA

Lorsque la CCJA est saisie sur renvoi d'une juridiction nationale de cassation en application de l'article 15 du Traité, cette recevabilité est examinée au regard des règles prévues par son Règlement de procédure à l'exclusion de celles applicables devant la juridiction de cassation nationale (CCJA, 1e ch., no 103/2021, 27-5-2021 : Scic SA c/ La Société Vivo Energy Burkina).

Bien que saisie sur renvoi d'une juridiction nationale de cassation faisant application des dispositions de l'article 15 du Traité OHADA, la CCJA apprécie la recevabilité de tous les recours portés devant elle en se référant, exclusivement, aux dispositions de son Règlement de procédure, sans préjudice des éventuelles adaptations qu'induit son mode de saisine. En l'espèce, l'examen du pourvoi transmis par la Cour de cassation du Niger ne laissant apparaître aucune atteinte au Règlement précité, il y a lieu de le déclarer recevable (CCJA, 1e ch., no 115/2020, 9-4-2020 : Talfa Habibou c/ Banque Atlantique Niger ; CCJA, 2e ch., no 222/2021, 23-12-2021 : Jamal Omais c/ Les héritières de feue Ndeye Katy Diop).

B. Non-application des fins de non-recevoir prévues par la loi nationale

Lorsque la juridiction suprême nationale saisie d'un pourvoi s'en dessaisit au profit de la CCJA, normalement compétente, seul le Règlement de procédure de celle-ci est applicable. Il en résulte que l'irrecevabilité d'un tel pourvoi allégué en vertu de dispositions nationales en matière de procédure civile (en l'occurrence le Code de procédure civile et administrative) est infondée et doit être rejetée (CCJA, no 062/2005, 22-12-2005 : Sté COM-CI c/ SCI-LES ROSIERS, Rec. jur. CCJA, no 6, juin-déc. 2005, p. 95, Juris-Ohada, no 2/2006, p. 40, Ohadata J-06-47).

C. Purge de la péremption invoquée devant la juridiction nationale de cassation

En application de l'article 51 du Règlement de procédure de la CCJA, la décision de renvoi devant la CCJA purge la péremption invoquée devant la juridiction nationale statuant en cassation. Ainsi, en l'espèce, la CCJA, régulièrement saisie par un arrêt d'une cour suprême nationale, ne saurait constater et sanctionner une péremption affectant l'instance qui se déroulait devant cette juridiction. Il s'ensuit que l'exception tirée de la péremption doit être rejetée (CCJA, 3e ch., no 163, 1-12-2016 : Fousseyni Niare c/ Total Mali, Ohadata J-17-103).

V. Recours renvoyés devant la CCJA et non suivis d'un mémoire malgré la demande de la CCJA

A. Inertie du demandeur

1o Décision ayant prononcé l'irrecevabilité

Est déclaré irrecevable d'office, le pourvoi formé devant la juridiction nationale de cassation sur le fondement exclusif de textes de droit interne, lorsque la juridiction nationale de cassation a renvoyé le pourvoi devant la CCJA et que la requérante, informée, n'a présenté aucun mémoire à l'appui de son pourvoi initial formé devant la juridiction nationale malgré la lettre du greffe de la CCJA l'y invitant (CCJA, 1e ch., no 250/2020, 25-6-2020 : Hadja Fatou Fofana c/ Abdoulaye Camara ; CCJA, 1e ch., no 317/2020, 22-10-2020 : Établissements Mamadou Bobo Barry c/ FBN Bank-Guinée SA).

Dans le même sens et prononçant plutôt l'irrecevabilité en l'état (CCJA, 1e ch., no 272/2020, 30-7-2020 : N'Sukala SA c/ Baraka Petroleum SARL).

2o Décision ayant poursuivi la procédure

Lorsque l'avis de réception du dossier renvoyé par la Cour de cassation nationale a été signifié à la partie demanderesse au pourvoi par courrier, conformément aux dispositions de l'article 51 du Règlement de procédure de la CCJA, sans réaction de sa part, il y a lieu de dire que le principe du contradictoire a été observé et d'examiner l'affaire sur la base des moyens présentés devant la juridiction nationale de cassation (CCJA, 3e ch., no 304/2019, 28-11-2019 : Davi Tokko Kossi c/ Mamby Keita).

B. Inertie des deux parties

1o Parties ayant été touchées

Lorsque les parties à un pourvoi devant une juridiction nationale de cassation ont été informées, par lettre du greffier en chef de la CCJA, du renvoi de la cause devant la CCJA et qu'en plus un courriel a été envoyé par le greffe au conseil de la société requérante aux différentes adresses email retrouvées au dossier aux fins de lui demander d'accuser réception des lettres de signification ; que par lettre le mémoire déposé par la demanderesse a été signifié à la défenderesse qui n'a produit aucun mémoire, le contradictoire a été respecté et il convient de statuer sur le pourvoi (CCJA, 2e ch., no 185/2020, 28-5-2020 : Projet Cerco Bénin c/ Assanatou Boureima Sanya).

2° Poursuite de la procédure après notification par courriel à l'adresse du conseil d'une partie trouvée dans les pièces de la procédure

Lorsque le greffe de la CCJA a avisé par lettre une partie du renvoi de la cause devant la CCJA et que n'ayant aucun retour, il a vainement envoyé un courriel au conseil de cette dernière à l'adresse courriel retrouvée dans la procédure aux fins de lui demander d'accuser réception de la lettre portant avis de réception du dossier renvoyé, il y a lieu de statuer sur le pourvoi, le principe du contradictoire ayant été respecté (CCJA, 2e ch., no 207/2020, 25-6-2020 : Sotelma-SA c/ SPE SARL).

....

VI. Recevabilité du recours

A. Recours irrecevables

1° Demandeur n'ayant soulevé aucun moyen de cassation

Le recourant qui n'a soulevé aucun moyen de cassation devant la juridiction nationale de cassation, et qui s'est contenté de demander à cette juridiction, qu'il avait lui-même saisie, de se déclarer incompétente et de renvoyer l'affaire devant la CCJA, ne s'est conformé ni aux exigences de la législation nationale fixant les règles de fonctionnement de la juridiction nationale de cassation, ni à celles des articles 28, 28 bis et 28 ter du Règlement de procédure de la CCJA qui exigent respectivement la mention des moyens de cassation soutenant le pourvoi dans le mémoire ampliatif et l'acte introductif du pourvoi. Un tel manquement ne peut, même par l'adaptation du renvoi opéré par la juridiction nationale de cassation aux règles de procédure applicables devant la CCJA, conformément à l'article 51 du règlement de celle-ci, être régularisé par son mémoire déposé au greffe et comportant un des moyens visés par l'article 28 précité. Il en est ainsi dès lors que le mémoire produit devant la CCJA, dans le cadre d'une affaire qui lui est renvoyée par une juridiction nationale de cassation, n'est censé contenir que des observations complétant les développements relatifs aux moyens déjà soulevés à tort devant la juridiction nationale de cassation. En conséquence, le pourvoi est irrecevable, nonobstant l'invocation par le requérant de la violation de l'article 13 de l'AUA dans son mémoire ampliatif (CCJA, 2e ch., no 217/2020, 25-6-2020 : Entreprise btp Ali Badara keita c/ BTO Mali SARL).

2° Recours tardif

Saisie sur renvoi d'une juridiction nationale statuant en matière de cassation, la CCJA apprécie la recevabilité du pourvoi suivant l'article 51 de son Règlement de procédure, qui renvoie aux articles 23 à 50 du même Règlement sous réserve des adaptations imposées par le mode de saisine. En l'espèce, l'expédition de l'arrêt attaqué ayant été délivrée à la recourante le 24 juin 2016 et le premier moyen de cassation de la requête introduite par elle par devant la juridiction nationale de cassation étant tiré de la violation d'un Acte uniforme (art. 1 de l'AUA), la recourante ne pouvait donc ignorer qu'une compétence exclusive, en pareil cas, est dévolue à la CCJA, et se devait en conséquence, d'exercer son recours conformément aux dispositions du Règlement de procédure sus indiquées. Le pourvoi est donc irrecevable pour dépassement du délai (CCJA, 1e ch., no 246/2020, 25-6-2020 : Faoura SA c/ Banque Atlantique du Sénégal SA).

Le pourvoi en cassation formé devant la juridiction nationale et renvoyé devant la CCJA est irrecevable dès lors qu'il a été formé hors délai en violation de l'article 28 du Règlement de procédure de la CCJA (CCJA, 3e ch., no 338/2019, 19-12-2019 : Wodie Marie Ferdinande c/ BICICI).

B. Recours recevable

La recevabilité du recours ne peut être soulevée devant la CCJA saisie sur renvoi (CCJA, 2e ch., no 058/2020, 27-2-2020 : Société de Transformation Alimentaire c/ Hadi Ali Maazou).

Lorsqu'elle est saisie sur renvoi d'une juridiction nationale de cassation en application de l'article 15 du Traité, la CCJA apprécie la recevabilité du recours transmis en appliquant exclusivement son Règlement de procédure, dont elle adapte la mise en œuvre au regard du mode particulier de sa saisine ; il s'en infère que le délai de recours prévu à l'article 28 dudit Règlement doit s'apprécier au regard de la date de dépôt du pourvoi devant la juridiction nationale de cassation. En l'espèce, l'arrêt attaqué ayant été signifié à la demanderesse au pourvoi le 9 octobre 2019, le pourvoi enregistré au greffe de la Cour suprême du Sénégal le 10 décembre 2019 est recevable, dès lors qu'en application de l'article 25 du Règlement de procédure de la CCJA, le délai de recours, qui a commencé à courir le 10 octobre 2019, est arrivé à expiration le 10 décembre 2019 à 24 heures (CCJA, 2e ch., no 108/2022, 30-6-2022).

Chapitre XI

DU RECOURS PRÉVU À L'ARTICLE 18 DU TRAITÉ

Art. 52 1 – Lorsque la Cour est saisie, conformément à l'article 18 du traité, d'un recours tendant à l'annulation d'un jugement par lequel une juridiction nationale statuant en cassation aurait méconnu la compétence de la Cour, ce recours est immédiatement signifié par le Greffier en chef à toutes les parties à la procédure devant la juridiction nationale.

2 – Chacune de ces parties peut présenter un mémoire dans un délai de trois mois à compter de la signification du recours.

3 – Les mémoires ainsi déposés sont communiqués au requérant et aux autres parties. Ceux-ci peuvent présenter un nouveau mémoire dans le délai fixé par le Président. Ce dernier décide en outre s'il y a lieu à audience.

4 – Si la Cour décide que la juridiction nationale s'est déclarée compétente à tort, la décision rendue par cette juridiction est réputée nulle et non avenue. Toute partie devant ladite juridiction peut dans les deux mois de la signification du jugement de la Cour saisir cette dernière d'un recours en cassation contre la décision du juge du fond dans les conditions prévues à l'article 14 du traité et aux articles 23 à 50 du présent Règlement.

I. Signification de l'arrêt d'annulation rendu par la CCJA aux parties : simple point de départ du délai de saisine de la CCJA en cassation après annulation

La signification de l'arrêt d'annulation de la CCJA n'est pas la condition du recours contre la décision du juge du fond, mais elle marque plutôt le point de départ de la computation du délai dans lequel le recours contre celle-ci doit être exercé ; il s'ensuit qu'en l'absence d'une preuve de la signification effective dudit arrêt au demandeur, l'exception d'irrecevabilité du recours n'est pas fondée et doit être rejetée (CCJA, 2e ch., n° 223/2024, 11-7-2024).

II. Caractère facultatif d'un mémoire devant la CCJA

Il résulte de l'article 52 al. 1 et 2 du Règlement de procédure de la CCJA que la présentation d'un mémoire par une partie à la procédure d'annulation instituée par l'article 18 du Traité OHADA est facultative (CCJA, 2e ch., 46/2019, 9-5-2019 : Saphic SA c/ L'État de Côte d'Ivoire).

III. Recevabilité du recours

A. Recours recevables

Le recours formé sur le fondement des articles 487 et 639 de l'AUSCGIE et conformément à l'article 52 du Règlement de procédure de la CCJA après l'annulation par cette dernière d'un arrêt d'une juridiction nationale de cassation rendu au mépris de la compétence de la CCJA satisfait pleinement aux exigences de l'article 28 du Règlement précité et est recevable (CCJA, 1e ch., 222, 29-11-2018 : Saphic c/ État de Côte d'Ivoire et 2 autres).

En l'absence d'une preuve de signification de l'arrêt de la CCJA ayant annulé la décision d'une juridiction nationale de cassation en application de l'article 18 du Traité OHADA, il y a lieu de considérer que le nouveau recours formé conformément à l'article 52.4 du Règlement de procédure de la CCJA est recevable (CCJA, 1e ch., n° 124/2021, 24-6-2021 : Hassan Hyjazi c/ Bohoussou Serge Yves).

Obs. : il conviendra de noter que contrairement à l'article 28.1 du Règlement de procédure de la CCJA qui prévoit la présentation d'un recours au greffe de la CCJA « dans les deux mois de la signification **ou de la notification** de la décision attaquée […] », et en application duquel la cour prend parfois en compte la notification effectuée par le greffe de la juridiction ayant rendu l'arrêt attaqué, (CCJA, 1e ch., n° 068/2021, 8-4-2021 : G.E.B. Afrique sarl c/ État béninois ; (voir CCJA, 3e ch., n° 284/2020, 30-7-2020 ; CCJA, 1e ch., n° 230/2020, 25-6-2020 ; CCJA, 1e ch., n° 190/2021, 11-11-2021 sous l'art. 28), l'article 52.4 mentionne spécifiquement la seule « signification » comme point de départ du délai, si bien qu'en l'absence de signification, aucun délai ne court. Il est vrai que l'article 52.4 renvoie aux articles 23 à 50 du Règlement, mais en raison de la précision figurant à l'article 54.2 concernant la « signification », il doit être considéré que le législateur OHADA a entendu ne considérer que la signification dans le contexte de l'article 54.2 du Règlement.

B. Recours irrecevables

Le recours en cassation formé dans le cadre de l'article 52 du Règlement de procédure de la CCJA en violation du délai imparti par ce texte est irrecevable (CCJA, 1e ch., no 235/2020, 25-6-2020 : Moussa Kante c/ Daouda Keita).

....

IV. Irrecevabilité du sursis à l'exécution d'un arrêt de la CCJA annulant l'arrêt d'une cour suprême nationale pour incompétence ratione materiae

La demande de sursis à l'exécution d'un arrêt de la CCJA annulant l'arrêt d'une juridiction suprême nationale pour incompétence ratione materiae et invitant les parties à se conformer à l'article 52-4 du Règlement de procédure de la CCJA doit être rejetée, car cela reviendrait à empêcher les parties de saisir la CCJA en application de ce texte (CCJA, ord. no 2, 16-2-2005 : A. Y. T. c/ B. A., C. ès qualités de tuteur de B. A., K. M. ès qualités de tuteur de B. I., Rec. jur. CCJA, no 5, janv.-juin 2005, vol. 2, p. 72, Ohadata J-06-12).

....

V. Nécessité de saisir la CCJA d'un nouveau pourvoi après annulation d'un arrêt rendu en violation de sa compétence par une juridiction suprême nationale

Après l'annulation d'une décision rendue en violation de la compétence de la CCJA, il convient de renvoyer les parties à se conformer aux dispositions de l'article 52.4 du Règlement de procédure de la CCJA. Rejet de la demande par laquelle la requérante au pourvoi demande à la CCJA, « à titre subsidiaire au cas où elle déclarait nul et non avenu l'arrêt [...] de la Cour suprême de Côte d'Ivoire, de casser et annuler l'arrêt [...] de la cour d'appel d'Abidjan, d'évoquer, de statuer à nouveau et prononcer la nullité de la vente de l'immeuble litigieux pour violation des dispositions d'ordre public du "Traité OHADA" » (CCJA, no 015/2008, 24-4-2008 : K. A. J. et autres ayants droit de Feu K. V. c/ 1) SGBCI, 2) C. D., 3) BICICI, Rec. jur. CCJA, no 11, janv.-juin 2008, p. 114, Ohadata J-09-106 ; CCJA, 1e ch., no 032, 2-5-2013 : Amour John WOFA KYEI c/ ECOBANK BURKINA, Rec. jur. CCJA no 20, vol. 1, janv.-déc. 2013, p. 62-65, Ohadata J-15-32).

Dans le même sens, retenant que :

– la demande tendant à voir la CCJA statuer à nouveau après l'annulation de l'arrêt rendu par la juridiction suprême nationale en violation de la compétence de la CCJA est formulée en violation de l'article 52.4 du Règlement de procédure et doit être déclarée irrecevable : CCJA, 2e ch., no 050/2012, 7-6-2012 : Kouame Amenan Delphine c/ Boni née N'Guessan Adjoua Claudine ; CCJA, 2e ch., no 015, 2-4-2015 : SONIBANK c/ Succession TAHIROU Illou représentée par Hamadou TAHIROU, Ohadata J-16-15 ;

– sont irrecevables, pour violation de l'article 52.4 du Règlement de procédure de la CCJA, les moyens en cassation présentés simultanément avec un recours en annulation de la décision rendue par une juridiction nationale de cassation au mépris de la compétence de la CCJA. Il appartient au requérant, de réintroduire un nouveau recours en cassation de l'arrêt d'appel (CCJA, 1e ch., no 003/2013, 7-3-2013 : Abdoulaye Diallo c/ LALLE Bi Ya Jacques, Rec. jur. CCJA no 20, vol. 1, janv.-déc. 2013, p. 40-44, Ohadata J-15-03 ; CCJA, 3e ch., no 015, 25-1-2018 : Sté CKG Holding c/ Sté Yara France).

• Titre III •

DE LA PROCÉDURE CONSULTATIVE

Art. 53 Dans l'exercice des fonctions consultatives que lui confie le deuxième alinéa de l'article 14 du traité, la Cour applique les dispositions ci-après. Elle applique également, dans la mesure où elle le juge convenable, les autres dispositions du présent Règlement.

Art. 54 Toute demande d'avis consultatif émanant d'un État partie ou du Conseil des ministres est présentée par requête écrite. Cette requête formule, en termes précis, la question sur laquelle l'avis de la Cour est sollicité. Il y est joint tout document pouvant servir à élucider la question.

Art. 55 1 – Le Greffier en chef notifie immédiatement toute demande d'avis consultatif émanant d'un État aux autres États parties au traité.

2 – Lors de ces notifications, le Greffier en chef fait connaître à ses correspondants que la Cour est disposée à recevoir leurs observations écrites dans le délai fixé par le Président.

3 – Les observations écrites ainsi déposées sont communiquées au demandeur et aux autres auteurs d'observations écrites. Ceux-ci sont admis à discuter les observations ainsi reçues dans les formes, mesures et délais fixés dans chaque cas par le Président. Ce dernier décide en particulier s'il y a lieu à audience.

Art. 56 Toute décision par laquelle une juridiction visée à l'article 14 du traité sollicite un avis consultatif est notifiée à la Cour à la diligence de cette juridiction. Cette décision formule en termes précis la question sur laquelle la juridiction a estimé nécessaire de solliciter l'avis de la Cour pour rendre son jugement. Il y est joint tout document pouvant servir à élucider la question.

I. Impossibilité pour une juridiction de demander un avis sur un litige non pendant devant elle

Il ressort de l'article 14 al. 2 du Traité OHADA et de l'article 56 du Règlement de procédure de la CCJA que la demande d'avis émanant d'une juridiction d'un État partie doit être consécutive à un contentieux judiciaire pendant devant ladite juridiction nationale et sur lequel celle-ci a estimé nécessaire d'être éclairée par la CCJA **avant** de rendre sa décision. Lorsque la question a été traitée par un tribunal et est pendante devant une cour d'appel, les conditions de l'article 56 ne sont pas réunies et il n'y a pas lieu d'émettre un avis (CCJA, avis n° 01/2006/JN, 17-10-2006 : Rec. jur. CCJA n° 11, janv.-juin 2008, p. 129, Ohadata J-10-12 ; J-09-108).

II. Impossibilité pour une juridiction de demander un avis sur une question non contenue dans un litige pendant devant elle

Il s'infère des articles 13, 14 du Traité OHADA, et 56 du Règlement de procédure de la CCJA, que les questions pouvant faire l'objet d'un avis consultatif de la CCJA doivent être tirées d'un litige pendant devant la juridiction nationale requérante. En l'espèce, le tribunal de commerce de Cotonou étant appelé à régler un litige relatif à la contestation d'une saisie conservatoire de biens meubles corporels convertie en saisie-vente, les questions se rapportant à la saisie immobilière pour lesquelles il n'est pas saisi, ne peuvent donner lieu à avis de sa part (CCJA, ass. plén., Avis, n° 001/2019, 25-3-2019 : Demande d'avis consultatif du président du tribunal de commerce de Cotonou (République du Bénin).

Art. 57 1 – Le Greffier en chef notifie immédiatement toute demande d'avis consultatif émanant d'une juridiction visée à l'article 14 du traité OHADA aux parties en cause devant cette juridiction. Il la notifie en outre aux États parties aux traités.

2 – Lors de ces notifications, le Greffier en chef fait connaître à ses correspondants que la Cour est disposée à recevoir leurs observations écrites dans le délai fixé par le Président.

3 – Les observations écrites ainsi déposées sont communiquées aux auteurs d'autres observations écrites. Ceux-ci sont admis à discuter les observations ainsi reçues dans les formes, mesures et délais fixés dans chaque cas par le Président. Ce dernier décide en particulier s'il y a lieu à audience.

Art. 58 L'avis consultatif contient :
- l'indication qu'il est rendu par la Cour ;
- la date du prononcé ;
- les noms des juges qui y ont pris part, ainsi que celui du Greffier ;
- l'exposé sommaire des faits ;
- les motifs ;
- la réponse à la question posée à la Cour.

• Titre IV •

DISPOSITIONS FINALES

Art. 59 Le présent Règlement entrera en vigueur dès sa signature. Il sera publié au Journal officiel de l'OHADA.

Observations

la version révisée du Règlement a été intercalée entre l'art. premier nouveau et les art. 2 et 3 nouveaux ci-après. Afin de simplifier la présentation, nous avons d'abord présenté les art. 1 à 59 qui constituent l'essentiel du Règlement, puis les trois autres art. qui ne font que matérialiser la réforme.

Article premier [nouv.]

Les articles 1er, 2, 3, 6, 9, 10, 12, 21, 22, 23, 23 bis, 24, 26, 27, 27 bis, 28, 28 bis, 28 ter, 32, 40, 42, 44, 44 bis, 44 ter, 45 bis, 45 ter, 48 et 51 ainsi que les chapitres IV bis, VI, et VII bis du Règlement de procédure de la Cour commune de justice et d'arbitrage du 18 avril 1996 sont modifiés et complétés [comme présenté ci-dessus].

Article 2 [nouv.]

L'article 48 du Règlement de procédure du 18 avril 1996 est abrogé.

Article 3 [nouv.]

Le présent Règlement, qui prendra effet à compter de la date de sa publication, abroge toutes les dispositions contraires du Règlement de procédure de la Cour commune de justice et d'arbitrage du 18 avril 1996, et sera publié au Journal Officiel de l'OHADA.

Il sera aussi publié au Journal Officiel des États Parties ou par tout autre moyen approprié.

Fait à Ouagadougou, le 30 janvier 2014.

Règlement d'arbitrage de la Cour commune de justice et d'arbitrage de l'OHADA

Mise en œuvre effective du nouveau Règlement intérieur de la CCJA en matière d'arbitrage

Le 17 octobre 2023, le Conseil des ministres de l'OHADA a approuvé un nouveau Règlement intérieur de la CCJA en matière d'arbitrage qui a compartimenté l'arbitrage sous l'égide de la Cour en mettant en place un Centre d'arbitrage autonome au sein de la Cour, doté de deux organes (le Secrétariat général et le Comité de suivi des procédures). Désormais, les tâches antérieurement exercées par la Cour, dans le cadre de l'administration des arbitrages sous son égide, à travers des formations restreintes composées de certains de ses juges, sont dévolues au Centre d'arbitrage par une répartition entre ses deux organes.

L'application de ce Règlement intérieur, qui avait été suspendue depuis le 22 novembre 2023, est effective depuis le 1er juillet 2025. Bien que le législateur de l'OHADA ne l'ait pas fait, nous proposons ici une version consolidée du Règlement d'arbitrage de la CCJA avec le Règlement intérieur en matière d'arbitrage du 17 octobre 2023, qui a substantiellement modifié le régime de l'administration des arbitrages sous l'égide de la Cour.

La version annotée ci-après présente, entre crochets et en italiques, les modifications apportées au Règlement d'arbitrage par le Règlement intérieur. Le Règlement intérieur lui-même, ainsi qu'un tableau de concordance entre les deux Règlements (d'arbitrage et intérieur) sont reproduits ci-après. Les versions officielles non consolidées de ces textes sont disponibles sur le site officiel de l'OHADA et sur les canaux habituels de diffusion.

Avertissement

L'attention du lecteur est attirée sur le fait que les mentions [nouv.] et [mod.] suivant les numéros d'articles figuraient déjà dans le Règlement d'arbitrage depuis sa réforme de 2017. Ces mentions ne doivent pas être confondues avec les modifications induites par la mise en application du Règlement intérieur de la CCJA en matière d'arbitrage révisé, modification qui sont signalées en italique et entre crochets « [ ] » dans la présente version consolidée.

Le Conseil des ministres de l'Organisation pour l'harmonisation en Afrique du droit des affaires (OHADA)

– Vu le Traité relatif à l'harmonisation du droit des affaires en Afrique, signé le 17 octobre 1993 à Port Louis, tel que révisé le 17 octobre 2008 à Québec, notamment en ses articles 8, 21 à 26 et 39 ;

– Vu l'avis n° 03/2017/AU en date des 5 et 6 octobre 2017 de la Cour commune de justice et d'arbitrage ;

– Après en avoir délibéré ;

Adopte à l'unanimité des États parties présents et votants, le Règlement dont la teneur suit :

Chapitre Premier
ATTRIBUTIONS DE LA COUR COMMUNE DE JUSTICE ET D'ARBITRAGE EN MATIERE D'ARBITRAGE

Exercice par la Cour de ses attributions

Article 1 [mod.] 1.1. La Cour commune de justice et d'arbitrage, ci-après dénommée « la Cour », exerce, dans les conditions ci-après définies, les attributions d'administration des arbitrages dans le domaine qui lui est dévolu par l'article 21 du Traité relatif à l'harmonisation du droit des affaires en Afrique, ci-après dénommé « Traité » [*, à travers son Centre d'arbitrage, ci-après dénommé le Centre, qui en fait partie intégrante*].

Les décisions que [*le Centre*] prend à ce titre, en vue d'assurer la mise en œuvre et la bonne fin des procédures arbitrales et celles liées à l'examen de la sentence, sont de nature administrative.

Les membres [*du Comité de suivi des procédures*] ayant la nationalité d'un État impliqué directement dans une procédure arbitrale doivent se déporter de la formation [*du Comité*] dans l'affaire en cause. Le Président de la Cour procède à leur remplacement, le cas échéant, par ordonnance.

[*Le Centre*] communique avec le tribunal arbitral et les parties au cours d'un arbitrage par l'intermédiaire du secrétaire général. Celui-ci leur transmet ses décisions, ainsi que celles prises par [*le Centre*].

[*Le Centre*] peut faire appel à des experts pour avis consultatif dans les conditions définies par le Règlement intérieur de la Cour.

Les décisions administratives prises par [*le Centre*] sont dépourvues de toute autorité de la chose jugée et sans recours. Les motifs de ces décisions peuvent être communiqués à toutes les parties sous réserve que l'une des parties impliquées dans la procédure d'arbitrage en fasse la demande avant que la décision ne soit prise.

1.2. La Cour exerce les compétences juridictionnelles qui lui sont attribuées par l'article 25 du Traité en matière d'autorité de la chose jugée et d'exequatur des sentences rendues dans sa formation contentieuse ordinaire et conformément à la procédure prévue pour celle-ci [*par une formation juridictionnelle de la Cour, dénommée Organe de contrôle des sentences arbitrales CCJA, statuant dans une chambre dédiée, ou dans sa formation plénière*].

1.3. Les attributions [*du Centre*] définies au paragraphe 1.1 ci-dessus en matière d'administration des procédures arbitrales sont assurées dans les conditions prévues au chapitre II du présent Règlement.

Les attributions juridictionnelles de la Cour prévues au paragraphe 1.2 ci-dessus sont exercées dans les conditions prévues par le chapitre III du présent Règlement et le Règlement de procédure de la Cour.

Observations

L'entrée en vigueur du Règlement intérieur de la CCJA en matière d'arbitrage adopté le 17 octobre 2023, à la même date, et sa mise en œuvre effective à compter du 1er juillet 2025 (suivant délibération de l'Assemblée générale de la CCJA en date du 27 juin 2025), consacre la marche résolue de l'OHADA vers une autonomisation effective de l'arbitrage sous l'égide de la CCJA par une compartimentation de l'activité arbitrale de la Cour à travers l'affirmation expresse de l'existence d'un Centre d'arbitrage doté de ses propres organes, et fonctionnant désormais en dehors de toute intervention de la Cour à travers des formations restreintes de ses juges comme ce fut jusqu'à une époque récente. Désormais, le Centre d'arbitrage de la CCJA (art. 1.2 du Règlement intérieur), susceptible d'ouvrir un bureau en tout autre endroit de la planète (art. 2.2 du Règlement intérieur), est doté de deux organes, un Secrétariat général, désormais « isolé » de la Cour, et un « Comité de suivi des procédures » (art. 3 du Règlement intérieur).

Les responsabilités qu'assumait autrefois la Cour en matière d'administration des arbitrages sous son égide, à travers des formations restreintes de ses juges, sont désormais dévolues au secrétariat général et au Comité de suivi des procédures, qui se partagent les différentes tâches de l'introduction d'une demande d'arbitrage à la notification de la sentence. Cette compartimentation de l'arbitrage sous l'égide de la Cour constitue une étape décisive vers l'autonomisation totale de l'arbitrage suivant le Règlement d'arbitrage de la CCJA, et qui devrait raisonnablement estomper les critiques dont faisait souvent l'objet la CCJA, ainsi qualifiée de « juge et partie », d'institution à « double casquette », etc. Sans opiner sur le procédé utilisé, ayant consisté à insérer des dispositions modificatrices de certains articles du Traité relatif à l'OHADA (notamment art. 22 et 24), par un simple Règlement, et qui s'explique sans doute par les circonstances rendant très difficile une modification directe du Traité, qui semble de toute façon prévue et attendue, il convient de saluer cette initiative dont l'impact positif sur le processus arbitral suivant le Règlement de la CCJA ne peut être sérieusement nié.

Chapitre II

PROCEDURE [*ARBITRALE*] DEVANT [*LE CENTRE D'ARBITRAGE DE*] LA COUR COMMUNE DE JUSTICE ET D'ARBITRAGE

Mission [*du Centre d'arbitrage*] de la Cour commune de justice et d'arbitrage

Art. 2 [mod.] 2.1. La mission [*du Centre*] est d'administrer, conformément au présent Règlement, une procédure arbitrale lorsqu'un différend d'ordre contractuel, en application d'une convention d'arbitrage, lui est soumis par toute partie à un contrat, soit que l'une des parties a son domicile ou sa résidence habituelle dans un des États parties, soit que le contrat est exécuté ou à exécuter, en tout ou partie, sur le territoire d'un ou de plusieurs États parties.

[*Le Centre*] peut également administrer des procédures arbitrales fondées sur un instrument relatif aux investissements, notamment un Code des investissements ou un traité bilatéral ou multilatéral relatif aux investissements.

2.2. [*Le Centre*] ne tranche pas [*lui*]-même les différends.

[*Il*] nomme ou confirme les arbitres. [*Il*] est informé du déroulement de l'instance et examine les projets de sentence.

2.3. Le fonctionnement [*du Centre d'arbitrage*] de la Cour est régi par son Règlement intérieur adopté en assemblée générale. Ce Règlement est exécutoire après son approbation par le Conseil des ministres statuant dans les conditions prévues à l'article 4 du Traité.

Désignation des arbitres

Art. 3 [mod.] 3.1. Le différend peut être tranché par un tribunal arbitral constitué par un arbitre unique ou par trois arbitres.

Lorsque les parties sont convenues que le différend sera tranché par un arbitre unique, elles peuvent le désigner d'un commun accord pour confirmation par [*le Comité de suivi des procédures*]. A défaut d'accord entre les parties dans un délai de trente (30) jours à partir de la notification de la demande d'arbitrage à l'autre partie, l'arbitre est nommé par [*le Comité*].

Lorsque trois arbitres ont été prévus, chacune des parties, dans la demande d'arbitrage ou dans la réponse à celle-ci, désigne un arbitre indépendant pour confirmation par [*le Comité*]. Si l'une des parties s'abstient, la nomination est faite par la Cour. Le troisième arbitre, qui assume la présidence du tribunal arbitral, est nommé par [*le Comité*], à moins que les parties n'aient prévu que les arbitres qu'elles ont désignés devraient choisir le troisième arbitre dans un délai déterminé. Dans ce dernier cas, il appartient [*au Comité*] de confirmer le troisième arbitre. Si à l'expiration du délai fixé par les parties ou imparti par [*le Comité*], les arbitres désignés par les parties n'ont pu se mettre d'accord, le troisième arbitre est nommé par [*le Comité*].

Si les parties n'ont pas fixé d'un commun accord le nombre des arbitres, [*le Comité*] nomme un arbitre unique, à moins que le différend ne lui paraisse justifier la désignation de trois arbitres. Dans ce dernier cas, les parties disposent d'un délai de quinze (15) jours pour procéder à la désignation des arbitres.

Lorsque plusieurs demandeurs ou défendeurs doivent présenter [*au Centre*] des propositions conjointes pour la nomination d'un arbitre et que celles-ci ne s'accordent pas dans les délais impartis, [*le Comité*] peut nommer la totalité du tribunal arbitral.

3.2. Les arbitres peuvent être choisis sur la liste des arbitres établie par [*le Centre*] et mise à jour annuellement. Les membres de la Cour ne peuvent pas être inscrits sur cette liste.

3.3. Pour nommer les arbitres, [*le Comité*] peut solliciter l'avis des experts visés à l'alinéa 6 du paragraphe 1.1 de l'article premier et tient compte notamment de la nationalité des parties, du lieu de résidence de celles-ci et celui de leur conseil et des arbitres, du siège de l'arbitrage, de la langue des parties, de la nature des questions en litige, de la disponibilité des arbitres et, éventuellement, du droit applicable au différend.

Lorsqu'[*il*] doit nommer un ou plusieurs arbitres, [*le Comité*] y procède aussi rapidement que possible et, sauf convention contraire des parties, selon la procédure suivante :

a) Le secrétaire général communique à chacune des parties une liste identique établie par [*le Comité*] et comportant au moins trois noms ;

b) Dans un délai fixé par le secrétaire général, chaque partie lui renvoie cette liste sur laquelle elle indique les noms des arbitres par ordre de préférence et, le cas échéant, raye le ou les noms auxquels elle s'oppose ;

c) Après expiration du délai fixé par le secrétaire général, [*le Comité*] nomme le ou les arbitres sur la base des noms approuvés sur les listes qui lui ont été renvoyées, et conformément à l'ordre de préférence indiqué par les parties.

Si, pour quelque motif que ce soit, la nomination ne peut pas être faite en vertu de cette procédure, [*le Comité*] peut exercer son pouvoir discrétionnaire pour nommer un ou plusieurs arbitres.

Observations

Désormais, c'est le « Comité de suivi des procédures », ou encore le « Comité », suivant le législateur lui-même à l'article 5.1 du Règlement intérieur de la CCJA en matière d'arbitrage, en date du 17 octobre 2023, qui gère la nomination et la confirmation des arbitres. Suivant la disposition du législateur lui-même, le « Comité » doit s'entendre, invariablement, partout dans le Règlement intérieur en matière d'arbitrage et dans le Règlement d'arbitrage, par transposition, du « Comité de suivi des procédures ».

Il convient de préciser que bien que le Règlement indique l'attribution de chacun des organes du Centre d'arbitrage de la CCJA, ce dernier continuera d'interagir avec les parties aux procédures arbitrales ainsi qu'avec les arbitres à travers son secrétariat général, qui est habilité à faire l'interface. Donc les parties et les arbitres continueront de communiquer avec le Centre par le secrétariat général. D'une façon générale, le Centre sera saisi, par les parties ou les arbitres, de toute question relative à l'administration d'une procédure ; en son sein, le Centre prendra les décisions et mesures appropriées dans chaque cas en fonction de la répartition des compétences entre le secrétariat général et le Comité de suivi des procédures. Mais en tout état de cause, c'est le secrétariat général, porte-parole du Centre, qui notifiera aux parties prenantes (arbitres, parties et leurs conseils, etc.) les décisions prises. Ainsi, par exemple, bien qu'à l'article 3.1, alinéa 5 du Règlement d'arbitrage consolidé, nous ayons remplacé « à la Cour » par « [*au Centre*] », la lecture à faire de cette disposition consolidée est que les parties et les arbitres s'adresseront au Centre d'arbitrage, à travers son secrétariat général ; même si c'est le Comité de suivi des procédures qui prendra la décision finale, en fonction de la question en cause, les parties auront à interagir avec le secrétariat général. Donc, bien qu'il soit écrit « le Centre », on comprend que c'est le Centre à travers son Comité de suivi des procédures ou son secrétariat général, selon les cas.

Indépendance, récusation et remplacement des arbitres

Art. 4 [mod.] 4.1. Tout arbitre nommé ou confirmé par [*le Comité*] doit être et demeurer indépendant et impartial vis-à-vis des parties.

Il doit poursuivre sa mission jusqu'à son terme avec diligence et célérité.

Avant sa nomination ou sa confirmation par [*le Comité*], l'arbitre pressenti révèle par écrit au secrétaire général toutes circonstances de nature à soulever des doutes légitimes sur son impartialité ou son indépendance.

Dès réception de cette information, le secrétaire général la communique par écrit aux parties et leur fixe un délai pour faire connaître leurs observations éventuelles.

L'arbitre fait connaître immédiatement par écrit au secrétaire général et aux parties toutes circonstances de même nature qui surviendraient entre sa nomination ou sa confirmation par [*le Comité*] et la notification de la sentence finale.

4.2. La demande de récusation fondée sur une allégation de défaut d'indépendance ou sur tout autre motif est introduite par l'envoi au secrétaire général d'une déclaration précisant les faits et circonstances sur lesquels est fondée cette demande.

La demande est envoyée par la partie, à peine de forclusion, soit dans les trente (30) jours suivant la réception par celle-ci de la notification de la nomination ou de la confirmation de l'arbitre par [*le Comité*], soit dans les trente (30) jours suivant la date à laquelle la partie introduisant la demande de récusation a été informée des faits et circonstances qu'elle évoque à l'appui de sa demande de récusation, si cette date est postérieure à la réception de la notification susvisée.

[*Le Comité*] se prononce sur la recevabilité en même temps que, s'il y a lieu, sur le bien-fondé de la demande de récusation, après que le secrétaire général a mis l'arbitre concerné, les parties et les autres membres du tribunal arbitral s'il y en a, en mesure de présenter leurs observations par écrit dans un délai approprié. Ces observations écrites sont communiquées aux autres parties et membres du tribunal arbitral.

4.3. Il y a lieu à remplacement d'un arbitre lorsque celui-ci est décédé, lorsque [*le Comité*] a admis sa récusation ou lorsque sa démission a été acceptée par [*le Comité*].

Lorsque la démission d'un arbitre n'est pas acceptée par [*le Comité*] et que celui-ci refuse cependant de poursuivre sa mission, il y a lieu à son remplacement s'il s'agit d'un arbitre unique ou du président d'un tribunal arbitral.

Dans les autres cas, [*le Comité*] apprécie s'il y a lieu au remplacement compte tenu de l'état d'avancement de la procédure et de l'avis des deux arbitres qui n'ont pas démissionné. Si [*le Comité*] estime qu'il n'y a pas lieu à remplacement, la procédure se poursuit et la sentence est rendue malgré le refus de concours de l'arbitre dont la démission a été refusée.

[*Le Comité de suivi des procédures*] prend sa décision en ayant égard, notamment, aux dispositions de l'article 28, alinéa 2 du présent Règlement.

4.4. Il y a lieu également à remplacement d'un arbitre lorsque [*le Comité*] constate qu'il est empêché de jure ou de facto, d'accomplir sa mission, ou qu'il ne remplit pas ses fonctions conformément au titre IV du Traité ou au présent Règlement, ou dans les délais impartis.

Lorsque, sur le fondement d'informations venues à sa connaissance, [*le Comité*] envisage l'application de l'alinéa qui précède, il se prononce sur le remplacement après que le secrétaire général a communiqué par écrit ces informations à l'arbitre concerné, aux parties et aux autres membres du tribunal arbitral s'il y en a, et les a mis en mesure de présenter leurs observations par écrit dans un délai approprié.

En cas de remplacement d'un arbitre qui ne remplit pas ses fonctions conformément au titre IV du Traité, au présent Règlement ou dans les délais impartis, la désignation d'un nouvel arbitre est faite par [*le Comité*] sur avis de la partie qui avait désigné l'arbitre à remplacer, sans que [*le Comité*] soit lié par l'avis ainsi exprimé.

Lorsque [*le Comité*] est informé que, dans un tribunal arbitral comptant trois personnes, l'un des arbitres, autre que le président, ne participe pas à l'arbitrage, sans pour autant avoir présenté sa démission, [*le Comité*] peut, comme indiqué au paragraphe 4.3, alinéas 3 et 4 ci-dessus, ne pas procéder au remplacement dudit arbitre lorsque les deux autres arbitres acceptent de poursuivre l'arbitrage malgré l'absence de participation d'un des arbitres.

4.5. Sitôt reconstitué, le tribunal arbitral fixe, après avoir invité les parties à faire connaître leurs observations, dans quelle mesure la procédure antérieure est reprise.

4.6. Dans tous les cas énoncés aux paragraphes 4.1 à 4.4 ci-dessus donnant lieu au remplacement d'un arbitre, le secrétaire général met les parties et les autres arbitres en mesure de présenter leurs observations écrites sur le remplacement et communique ces informations aux autres parties et aux membres du tribunal arbitral.

[*Le Comité*] statue sans recours sur la nomination, la confirmation, la récusation ou le remplacement d'un arbitre, dans les conditions du paragraphe 3.3 de l'article 3 du présent Règlement.

I. Indépendance des arbitres envers les parties

Aux termes de l'article 4.1 du Règlement d'arbitrage de la CCJA, tout arbitre nommé par la Cour doit être et demeurer indépendant des parties (CCJA, 3e ch., n° 087, 12-4-2018 : État du Niger c/ Société Africard Co Limited).

II. Absence de recours contre les décisions statuant sur la nomination, la confirmation ou la récusation d'un arbitre

En application de l'article 4 du Règlement d'arbitrage de la CCJA, régissant les arbitrages institutionnels sous l'égide de ladite Cour, la décision de confirmation, de récusation ou de remplacement d'un arbitre incombe [au Comité de suivi des procédures] et est insusceptible de recours. En l'espèce, la sentence arbitrale produite pour soutenir la demande d'annulation pour violation de l'ordre public international n'est pas un élément nouveau susceptible de mettre en cause l'indépendance d'un arbitre qui avait, dans sa déclaration d'acceptation et d'indépendance, et dans le curriculum vitae qui l'accompagne, visés par les défendeurs au recours dans l'un de leurs mémoires en réponse, clairement indiqué sa qualité de fonctionnaire et de chargé pendant 14 ans du suivi du contentieux de l'État à l'international. Ne viole donc pas ledit Règlement d'arbitrage le tribunal arbitral constitué sous l'égide de la CCJA, qui s'est déclaré incompétent pour apprécier une demande de récusation d'un arbitre et qui s'est contenté de prendre acte de la décision de confirmation dudit arbitre par la Cour. Il y a lieu de rejeter conséquemment la demande en annulation de la sentence arbitrale pour violation du principe d'indépendance et d'impartialité d'un arbitre comme étant non fondée (CCJA, ass. plén., n° 102, 15-10-2015 : Léopold EKWA NGALLE, Hélène NJANJO NGALLE, LEN HOLDING SA, International Business Corporation SA c/ Société Nationale d'Hydrocarbures, Personnel SNH, Ohadata J-16-95).

Obs. : arrêt rendu avant l'entrée en vigueur du Règlement intérieur de la CCJA en matière d'arbitrage en date du 17 octobre 2023, mais transposable, dès lors que les décisions prises par le Comité de suivi des procédures sont de nature administrative (art. 7.2 du Règlement intérieur du 17 octobre 2023) et que les décisions administratives prises dans le cadre de l'administration des procédures arbitrales sont dépourvues d'autorité de la chose jugée et sans recours (art. 1.1, al. 7 et 4.6, al. 2 du Règlement d'arbitrage de la CCJA).

Demande d'arbitrage

Art. 5 [mod.] Toute partie désirant avoir recours à l'arbitrage institué par l'article 21 du Traité et dont les modalités sont fixées par le présent Règlement adresse sa demande au secrétaire général.

Cette demande doit contenir :

a) les nom, prénoms, qualités, raison sociale et adresses postale et électronique des parties avec indication d'élection de domicile pour la suite de la procédure ;

b) la convention d'arbitrage liant les parties, qu'elle résulte d'un contrat ou de tout autre instrument ou, le cas échéant, l'indication de l'instrument relatif aux investissements sur lequel est fondée la demande ;

c) un exposé sommaire du différend, des prétentions du demandeur et des moyens produits à l'appui, ainsi que l'énoncé du montant de ses demandes ;

d) toutes indications utiles et propositions concernant le nombre et le choix des arbitres ;

e) les conventions intervenues entre les parties sur le siège de l'arbitrage, la langue de l'arbitrage, la loi applicable à la convention d'arbitrage, à la procédure de l'arbitrage et au fond du litige ; à défaut de telles conventions, les souhaits du demandeur à l'arbitrage sur ces différents points sont exprimés.

La demande doit être accompagnée du montant du droit prévu pour l'introduction des instances dans le barème des frais de l'Annexe II au présent Règlement.

Le Secrétaire général notifie immédiatement aux défendeurs, la date de réception de la demande, joint à cette notification un exemplaire de la requête avec toutes les pièces annexées, un exemplaire du présent Règlement et accuse réception de sa requête au demandeur. Le Secrétaire général peut exiger une preuve du pouvoir de tout représentant d'une partie agissant au nom du ou des demandeurs.

La date de réception par le Secrétaire général de la demande d'arbitrage, conformément au présent article, constitue la date de l'introduction de la procédure d'arbitrage.

Si la demande d'arbitrage n'est pas accompagnée du montant du droit visé à l'alinéa 3 du présent article, ou si la demande du Secrétaire général de lui adresser un nombre d'exemplaires suffisants de la requête et de toutes les pièces n'est pas satisfaite, le Secrétaire général peut impartir un délai au demandeur pour satisfaire à ces demandes et, en cas de besoin, proroger ce délai. A son expiration, la demande d'arbitrage sera classée sans que cela fasse obstacle à la réintroduction des mêmes demandes à une date ultérieure, dans une nouvelle demande d'arbitrage.

Convention d'arbitrage

Validité d'une convention d'arbitrage non écrite. Voir CCJA, ass. plén., nº 020, 18-4-2013 : Sté IAD c/ 1) et 2) GSCVM, Rec. jur. CCJA nº 20, vol. 2, janvier-décembre 2013, p. 104-109, Ohadata J-15-20).

Réponse à la demande

Art. 6 [mod.] Le ou les défendeurs doivent, dans les trente (30) jours à compter de la date de réception de la notification de la demande d'arbitrage par le secrétaire général, adresser leurs réponses à celui-ci.

Dans le cas visé à l'alinéa 2 du paragraphe 3.1 de l'article 3 du présent Règlement, l'accord des parties doit être réalisé dans le délai de trente (30) jours prévu audit article.

La réponse doit contenir :

a) confirmation ou non de ses nom, prénoms, raison sociale et adresse tels que les a énoncés le demandeur, avec élection de domicile pour la suite de la procédure ;

b) confirmation ou non de l'existence d'une convention d'arbitrage résultant d'un contrat ou de tout autre instrument entre les parties renvoyant à l'arbitrage en vertu du présent Règlement ;

c) un bref exposé du différend et de la position du défendeur sur les demandes formées contre lui avec indication des moyens et des pièces sur lesquelles il entend fonder sa défense ;

d) les réponses du défendeur sur tous les points traités par la demande d'arbitrage sur les rubriques (d) et (e) de l'article 5 ci-dessus.

Réponse à la demande reconventionnelle

Art. 7 [mod.] Si le défendeur a formé dans sa réponse une demande reconventionnelle, le demandeur peut, dans les trente (30) jours de la réception de sa réponse, répondre à cette demande par une note complémentaire.

Provision pour frais d'arbitrage

Art. 8 [mod.] Après réception de la demande d'arbitrage, de la réponse et, éventuellement, de la note complémentaire telles que visées aux articles 5, 6 et 7 ci-dessus, ou passé les délais pour les recevoir, le secrétaire général saisit [*le Comité*] pour la fixation de la provision pour les frais de l'arbitrage, la mise en œuvre de celui-ci et, s'il y a lieu, la fixation du lieu de l'arbitrage.

Le dossier est envoyé à l'arbitre quand le tribunal arbitral est constitué et que les décisions prises en application du paragraphe 11.2 de l'article 11 du présent Règlement pour le paiement de la provision ont été satisfaites.

Obs. : le Règlement intérieur ne spécifie pas qui, du secrétariat général ou du Comité de suivi des procédures, doit fixer le siège d'un arbitrage en cas de besoin. La version antérieure du Règlement d'arbitrage disposait que « le secrétaire général saisit la Cour … » à cet effet (art. 8, al. 1). La compétence de la Cour en matière d'administration des arbitrages suivant son Règlement d'arbitrage ayant été dévolue au Centre d'arbitrage, désormais doté de deux organes (secrétariat général et Comité de suivi des procédures), il nous semble, sous réserve d'une décision souveraine que sera amené à prendre le Centre d'arbitrage à cet effet, que le secrétariat général, qui ne peut en principe s'autosaisir, en l'absence d'une disposition expresse le prévoyant, ne pourrait saisir que le Comité de suivi des procédures, seul autre organe du Centre d'arbitrage.

Intervention forcée

Art. 8-1 [nouv.] 8-1.1 La partie qui souhaite faire intervenir une personne liée par la convention d'arbitrage, mais étrangère à la procédure arbitrale, soumet au Secrétaire général une demande d'arbitrage contre celle-ci.

Avant la constitution du tribunal arbitral, [*le Secrétaire général*] peut fixer un délai pour soumettre les demandes d'intervention.

Si, au moment de la demande d'intervention, le tribunal a déjà été constitué ou l'un de ses membres nommé ou, le cas échéant, confirmé, l'intervention est déclarée irrecevable, à moins que les parties et l'intervenant en conviennent autrement et que le tribunal l'admette en tenant compte de l'état d'avancement de la procédure arbitrale.

La date de réception de la demande d'intervention par le Secrétaire général est considérée, à toutes fins, comme celle de l'introduction de la procédure d'arbitrage contre la partie intervenante.

8-1.2 La demande d'intervention contient les éléments suivants :

a) la référence du dossier de la procédure existante ;

b) les nom et dénominations complètes, qualités, adresses postale et électronique de chacune des parties, y compris la partie intervenante, et

c) les éléments requis à l'article 5, alinéa 2.b, c., d. et e. du présent Règlement.

8-1.3 La demande d'intervention n'est transmise par le secrétaire général qu'à condition qu'elle soit accompagnée du nombre d'exemplaires requis au paragraphe 12.1 de l'article 12 du présent Règlement et du montant du droit prévu pour l'introduction des procédures dans le barème des frais de l'Annexe II.

8-1.4 La partie intervenante soumet une réponse conformément, et sous réserve des changements nécessaires, aux dispositions de l'article 6 du présent Règlement ou, si le tribunal arbitral a déjà été constitué, selon les directives de ce dernier. Elle peut former des demandes contre toute autre partie conformément aux dispositions de l'article 7 ci-dessus.

Obs. : en général, c'est le secrétariat général d'un Centre d'arbitrage qui est l'interface des parties et d'un tribunal arbitral, nonobstant l'organisation interne du Centre d'arbitrage susceptible de donner lieu à des décisions prises en interne par d'autres organes du Centre que son secrétariat général. Il nous a semblé qu'en l'absence de précision par le législateur, c'est le secrétaire général, dont les attributions incluent notamment veiller, « **avec l'assistance du Comité de suivi des procédures**, à la bonne administration et au bon déroulement des procédures d'arbitrage », suivant l'article 6.1, 6). Rien n'interdit cependant, dans le Règlement intérieur, au secrétariat général de déléguer certaines tâches spécifiques qui ne lui sont pas expressément dévolues au comité technique, qui est censé l'assister. Tel est le cas par exemple de l'intervention volontaire intervenant avant la constitution d'un tribunal, sur laquelle le Comité de suivi des procédures, compétent pour « statuer sur les incidents de procédure » (art. 7.1, 5), et qui a également pour attribution d'« assurer le bon déroulement des procédures arbitrales » (art. 7.1, 4), peut valablement être amené à se prononcer si l'organisation interne du Centre d'arbitrage, sous la coordination du secrétaire général, en venait à retenir cette solution. Il en est ainsi notamment parce que l'intervention volontaire d'un tiers à l'arbitrage peut déclencher un incident, pour lequel le Comité de suivi des procédures est expressément compétent.

I. Définition de l'intervention

L'intervention se définit comme l'introduction volontaire ou forcée d'un tiers dans un procès déjà ouvert. Cette définition vaut en matière d'arbitrage où elle suppose, au sens des dispositions de l'article 8-1.1 du Règlement d'arbitrage de la CCJA, que l'intervenant, volontaire ou forcé, soit, ab initio ou par adhésion explicite ou implicite, partie à la convention d'arbitrage justifiant l'instance arbitrale engagée (CCJA, ass. plén., n° 039/2021, 8-4-2021 : Nemale Holding SAS et M. Constant Nemale c/ République de Guinée équatoriale).

II. Possibilité de trancher la question de l'intervention par une ordonnance de procédure

Les ordonnances de procédures ont pour seul objet de résoudre les questions relatives au déroulement de l'instance. La demande d'intervention forcée est précisément relative au déroulement de l'instance. La société Afrimedia International n'ayant jamais formellement intégré l'instance arbitrale, c'est à tort que les requérants revendiquent le bénéfice d'une sentence arbitrale relativement à son intervention (CCJA, ass. plén., n° 039/2021, 8-4-2021 : Nemale Holding SAS et M. Constant Nemale c/ République de Guinée équatoriale).

III. Distinction entre l'intervention forcée et la demande d'arbitrage

L'intervention forcée ne s'assimile pas à la demande d'arbitrage à l'encontre d'une partie qui en est l'objet, et un tribunal arbitral qui a tranché la demande d'intervention forcée par une simple ordonnance de procédure n'a ni manqué à sa mission, ni violé l'ordre public international. Voir sous les rubriques « B. Non-respect par l'arbitre de sa mission » et « D. Contrariété à l'ordre public international » sous l'article 30.

Intervention volontaire

Art. 8-2 [nouv.] Aucune intervention volontaire n'est admissible avant la constitution du tribunal arbitral.

Après la constitution du tribunal arbitral, toute intervention volontaire dans une procédure d'arbitrage est subordonnée à l'approbation préalable des parties et du tribunal arbitral.

Pluralité des parties

Art. 8-3 [nouv.] 8-3.1 Un arbitrage sous l'égide de la Cour peut avoir lieu entre plus de deux parties lorsqu'elles ont consenti d'avoir recours à l'arbitrage conformément au présent règlement. Dans l'hypothèse d'un arbitrage multipartite, toute partie peut former des demandes contre toute autre partie.

8-3.2 Toute partie qui forme une demande conformément au paragraphe 8-3.1 ci-dessus fournit les éléments requis à l'article 5 du présent règlement.

8-3.3 Dès lors que le tribunal arbitral a été saisi du dossier, il détermine la procédure à suivre pour toute nouvelle demande.

Pluralité de contrats

Art. 8-4 [nouv.] 8-4.1 Des demandes découlant de plusieurs contrats ou en relation avec ceux-ci peuvent être formées dans le cadre d'un arbitrage unique.

8-4.2 Lorsque ces demandes sont formées en application de plusieurs conventions d'arbitrage, il appartient au tribunal arbitral de constater que :

a) les parties sont convenues d'avoir recours à l'arbitrage conformément au présent Règlement et qu'il y a compatibilité entre ces conventions d'arbitrage, et

b) toutes les parties à l'arbitrage sont convenues de faire trancher les demandes dans le cadre d'une procédure unique.

Absence de convention d'arbitrage

Art. 9 [mod.] Lorsque, prima facie, il n'existe pas entre les parties de convention d'arbitrage visant l'application du présent règlement, si la défenderesse décline l'arbitrage de la Cour ou ne répond pas dans le délai de trente (30) jours visé à l'article 6 ci-dessus, la partie demanderesse est informée par le secrétaire général qu'il se propose de saisir [*le Comité*] en vue de [*le*] voir décider que l'arbitrage ne peut avoir lieu.

[*Le Comité*] statue, au vu des observations du demandeur produites dans les trente (30) jours suivants si celui-ci estime devoir en présenter.

Obs. : l'« arbitrage de la Cour » prévu à l'article 9, alinéa 1 doit désormais s'entendre de l'« arbitrage administré par le Centre d'arbitrage de la Cour », conformément à l'article 3 du Règlement intérieur qui a expressément affirmé l'existence d'un Centre d'arbitrage créé par la Cour. Le secrétariat général ne pouvant en principe se saisir lui-même (en l'absence d'une disposition expresse du législateur à cet effet), il semble logique qu'il saisisse le Comité de suivi des procédures de toute difficulté survenant dans le contexte de l'article 9, qui peut s'assimiler à un incident de procédure pour lequel le Comité a reçu une compétence exclusive (art. 7.1, 5 du Règlement intérieur en matière d'arbitrage).

I. Consentement non présumé

Sur un arrêt ayant jugé que le consentement à la saisine d'un tribunal arbitral sous l'égide de la CCJA ne se présume pas et qu'à défaut de preuve du consentement verbal de la partie adverse, le tribunal arbitral a statué sans convention d'arbitrage que sa sentence doit être annulée, voir CCJA, ass. plén., n° 039, 17-4-2014 : État du Mali c/ Société CFAO, Ohadata J-15-130.

Voir également sous l'art. 30.

II. Effet relatif d'une clause compromissoire insérée dans un pacte d'actionnaires

Sur l'effet d'une telle clause, notamment sur le fait que la présence d'une société tierce lors de la conclusion d'une convention ne lui confère pas la qualité de partie à celle-ci et qu'aucune instance arbitrale ne peut lier ladite société, voir sous l'article 30 du Règlement d'arbitrage, à la section « Ordre public international, absence de violation ».

III. Inexistence d'une convention d'arbitrage conclue en violation de l'ordre public

Voir sous l'art. 10 et 30.

Effets de la convention d'arbitrage

Art. 10 [mod.] 10.1. Lorsque les parties sont convenues d'avoir recours à l'arbitrage de la Cour, elles se soumettent par là même aux dispositions du titre IV du Traité, au présent Règlement, au Règlement intérieur de la Cour, à leurs annexes et au barème des frais d'arbitrage, dans leur rédaction en vigueur à la date de l'introduction de la procédure d'arbitrage indiquée à l'article 5 du présent règlement.

10.2. Si l'une des parties refuse ou s'abstient de participer à l'arbitrage, celui-ci a lieu nonobstant ce refus ou cette abstention.

10.3. Lorsqu'une des parties soulève un ou plusieurs moyens relatifs à l'existence, à la validité, ou à la portée de la convention d'arbitrage, [*le Comité*], ayant constaté prima facie l'existence de cette convention, peut décider, sans préjuger la recevabilité ou du bien-fondé de ces moyens, que l'arbitrage aura lieu. Dans ce cas, il appartiendra au tribunal arbitral de prendre toutes décisions sur sa propre compétence.

10.4. Le tribunal arbitral est seul compétent pour statuer sur sa propre compétence ainsi que sur la recevabilité de la demande d'arbitrage.

Sauf stipulation contraire, si le tribunal arbitral considère que la convention d'arbitrage est valable et que le contrat liant les parties est nul ou inexistant, le tribunal arbitral est compétent pour déterminer les droits respectifs des parties et statuer sur leur demandes et conclusions.

Obs. : les situations visées à l'article 10.3 du Règlement d'arbitrage correspondent aux incidents de procédure susceptibles d'émailler une procédure arbitrale et pour laquelle le Comité de suivi des procédures a une compétence exclusive (art. 7.1, 5 du Règlement intérieur).

I. Inapplication de l'AUA à l'arbitrage institutionnel de la CCJA

L'AUA n'est pas applicable à l'arbitrage institutionnel spécifique de la CCJA ; seuls les textes prévus par l'article 10.1 du Règlement d'arbitrage de la CCJA sont applicables à ce type d'arbitrage (CCJA, ass. plén., n° 45, 17-7-2008 : SONAPRA c/ SHB, Juris-Ohada, n° 4/2008, p. 60, Ohadata J-09-83).

Il est constant que, conformément à l'article 10 du Règlement d'arbitrage de la CCJA, l'AUA ne figure pas au nombre des textes applicables à l'arbitrage institutionnel spécifique de la CCJA. En application de l'article 10.1 précité, il y a lieu d'écarter les violations alléguées des articles 14 et 16 de l'AUA, inapplicables en l'espèce (CCJA, ass. plén., n° 102,

15-10-2015 : Léopold EKWA NGALLE, Madame Hélène NJANJO NGALLE, Société Anonyme LEN HOLDING, Société International Business Corporation SA c/ Société Nationale d'Hydrocarbures (SNH), Personnel SNH, Ohadata J-16-95 ; CCJA, ass. plén., n° 139, 19-11-2015 : République de Guinée c/ GETMA International, Ohadata J-16-132).

II. Référence implicite à l'arbitrage institutionnel de la CCJA

Toute clause renvoyant à l'arbitrage conformément aux dispositions du traité de l'OHADA, renvoie à l'arbitrage institutionnel sous l'égide de la CCJA. Il en est ainsi car le titre IV du traité, intitulé « L'arbitrage », auquel sont dédiés les articles 21 à 25, ne règlemente que l'arbitrage institutionnel de la CCJA, les arbitrages ad hoc et les autres arbitrages institutionnels étant régis par l'AUA. En conséquence, le grief contestant la validité d'une sentence, au motif que la clause d'arbitrage renvoyant aux dispositions du traité de l'OHADA est vague et imprécise et ne peut permettre d'affirmer que la commune volonté des parties est de retenir l'arbitrage CCJA, n'est pas fondé (CCJA, ass. plén., n° 103, 15-10-2015 : Benin Control SA c/ État du Bénin, Ohadata J-16-96).

III. Compétence de la CCJA pour un litige arbitral dont aucune juridiction étatique ne peut connaître

L'équité et la bonne administration de la justice commandent, pour éviter tout déni de justice et donc toute insécurité juridique, qu'un tribunal arbitral connaisse obligatoirement et tranche le fond d'un litige dont aucune juridiction étatique nationale ne peut plus connaître. Il en est ainsi dès lors que, par une décision ayant acquis l'autorité de la chose jugée, les juridictions étatiques nationales ont décidé, sur le fondement de la convention d'arbitrage insérée dans le contrat des parties, que l'affaire relève de la compétence d'une juridiction arbitrale et non d'une juridiction étatique. Le tribunal arbitral désigné par la CCJA est compétent bien que la convention d'arbitrage ne vise pas expressément l'arbitrage CCJA, dès lors que, d'une part, aucun autre centre d'arbitrage n'a été choisi et que, d'autre part, toutes les parties ont signé le procès-verbal constatant l'objet de l'arbitrage et fixant le déroulement de la procédure arbitrale et sont convenues de l'application du Règlement d'arbitrage de la CCJA comme règles de la procédure, démontrant ainsi leur volonté commune de soumettre le litige à un tribunal arbitral sous l'égide de la CCJA (CCJA, ass. plén., n° 020, 18-4-2013 : Sté Inter Africaine de Distribution dite IAD c/ 1) Compagnie Malienne pour le Développement des Textiles dite CMDT ; 2) Groupement des Syndicats de Producteurs de Coton et Vivriers du Mali dit GSCVM, Rec. jur. CCJA n° 20, vol. 2, janvier-décembre 2013, p. 104-109, Ohadata J-15-20).

Obs. : cet arrêt ne vise pas expressément l'art. 10 qui est applicable en raison de la question en cause.

IV. Autonomie de la convention d'arbitrage

A. Affirmation du principe

C'est en violation de la convention des parties et du Règlement d'arbitrage de la CCJA qu'une cour d'appel a subordonné l'application de la clause d'arbitrage à la validité de la convention dans laquelle elle est insérée ; en se déterminant ainsi, alors qu'il est de principe constant que la convention d'arbitrage est autonome par rapport au contrat qui la contient et que la nullité de celui-ci est sans effet sur sa validité, la cour d'appel a violé les dispositions visées au moyen, exposant ainsi son arrêt à la cassation. Il en est ainsi notamment lorsque la cour d'appel a retenu qu'« il n'est pas contesté que les parties ont annexé à leur convention du 10 septembre 2004 modifiée et complétée par l'avenant du 27 janvier 2005, une clause compromissoire fixant la procédure à suivre en cas de litige. Il est également constant qu'aux termes des dispositions de l'article 4 de l'AUA, la convention d'arbitrage est indépendante du contrat principal ; toutefois, il y a lieu d'indiquer que bien qu'elle soit indépendante du contrat principal dont la nullité est sans effet sur elle, la convention d'arbitrage n'a de sens qu'insérée dans la convention liant les parties. Par conséquent, la validité du contrat dit principal auquel elle se greffe, conditionne son effectivité. Aussi, c'est à tort que le tribunal s'est déclaré compétent alors qu'il est constant que ladite clause n'est pas applicable ex nihilo », pour infirmer le jugement et retenir sa compétence (CCJA, 1e ch., n° 097, 23-7-2015 : SODIMA SA devenue SANIA-Cie SA c/ DRAMERA Mamadou, Ohadata J-16-194).

B. Limitation de l'autonomie de la clause compromissoire par l'ordre public : inexistence d'une convention conclue en violation de l'ordre public

En vertu de l'autonomie de la clause compromissoire, les parties sont libres de contracter et de prévoir les termes de leur contrat. Cependant, si leur volonté constitue une source d'obligations aux côtés de la loi, elle n'a point une puissance absolue en matière contractuelle. En l'occurrence, la validité de la clause compromissoire et l'intention des parties sont appréciées par rapport au droit étatique, notamment en fonction des règles impératives et de l'ordre public. La portée d'une clause compromissoire est limitée par les règles qui protègent des intérêts supérieurs placés hors d'atteinte des conventions particulières. En droit béninois, on ne peut, par des conventions particulières, déroger aux lois qui intéressent l'ordre public et les bonnes mœurs (article 6 du Code civil béninois). À ce titre, une clause compromissoire ne doit pas heurter l'ordre public de ce pays, pays dans lequel elle a vocation à être exécutée par les parties ; la suprématie de la collectivité sur l'individu interdit qu'il soit porté atteinte à l'ordre public qui exprime le vouloir-vivre de la nation que menaceraient certaines initiatives individuelles en forme de contrat. L'ordre public constitue un rappel à l'ordre de l'État aux contractants lorsque ceux-ci touchent des règles qu'il estime capitales. On recourt à la notion d'ordre public international pour désigner l'ensemble des règles reconnues par la Communauté des nations comme participant de la protection des intérêts supérieurs des États. Il est commun aux pays reconnus par cette Communauté de protéger leurs marchés publics par des règles impératives qui établissent alors un ordre public. En la cause, le tribunal arbitral a, de fait, retenu sa compétence tout en ordonnant un sursis à statuer sur des moyens évoqués au soutien de son incompétence et tirés de la violation des règles dont l'impérativité commande un régime spécifique de traitement. La convention des marchés publics et le contrat subséquent n'ayant jamais rempli les conditions légales requises, ils étaient sous le coup de la déchéance ; en retenant sa compétence dans ces conditions, le tribunal arbitral a violé l'ordre public international, en ce qu'il a donné effet à une clause compromissoire inexistante au regard du droit interne du Bénin et des directives de l'UEMOA en matière de marchés publics et de délégation de services publics (CCJA, ass. plén., nº 105/2022, 23-6-2022 : 1/ Société Béninoise d'Énergie Électrique (SBEE) SA, 2/ État du Bénin c/ Innovent Bénin SA).

. . . .

V. Incompétence des juridictions nationales

La mise en exécution de la grosse de la convention des parties par la demanderesse est prématurée et les saisies opérées doivent être annulées, dès lors que les ordonnances querellées ont à juste titre relevé que la convention des parties prescrit pour le règlement de tout différend, l'obligation d'une préalable tentative de conciliation avant, le cas échéant, recours à l'arbitrage de la CCJA (CCJA, 2e ch., nº 075, 21-4-2016 : SGBCI c/ Kobenan Tah Thomas, SIB, Ohadata J-17-24).

Obs. : la convention des parties mentionnée dans cette décision illustre une clause graduée.

Mesures provisoires

Art. 10-1 [nouv.] Sauf stipulation contraire, la convention d'arbitrage donne compétence au tribunal arbitral pour se prononcer sur toute demande provisoire ou conservatoire pendant le cours de la procédure arbitrale, à l'exception des demandes relatives aux sûretés judiciaires et aux saisies conservatoires.

Les sentences prononcées dans le cadre de l'alinéa qui précède sont susceptibles de demandes d'exequatur immédiates, si l'exequatur est nécessaire pour l'exécution de ces sentences provisoires ou conservatoires.

Avant la remise du dossier au tribunal arbitral et, exceptionnellement après celle-ci, au cas où l'urgence des mesures provisoires et conservatoires demandées ne permet pas au tribunal arbitral de se prononcer en temps utile, les parties peuvent demander de telles mesures à la juridiction étatique compétente.

Ces demandes, ainsi que les mesures prises par la juridiction étatique compétente, sont portées sans délai à la connaissance du secrétaire général qui en informe le tribunal arbitral.

Provision pour frais de l'arbitrage

Art. 11 [mod.] 11.1. [*Le Centre*] fixe le montant de la provision de nature à faire face aux frais de l'arbitrage entraînés par les demandes dont [*il*] est saisi, tels que définis par l'article 24 du présent règlement, à moins que des demandes ne soient formées conformément aux articles 8-1, 8-2 et 8-3 du présent règlement, auquel cas le paragraphe 11.3 ci-après s'applique.

Cette provision est ensuite ajustée si le montant en litige se trouve modifié d'un quart au moins ou si des éléments nouveaux rendent nécessaire cet ajustement.

Lorsque des demandes reconventionnelles sont formées par le défendeur, [*le Centre*] peut fixer des provisions distinctes pour les demandes principales et les demandes reconventionnelles. Lorsque [*le Centre*] fixe des provisions distinctes, chaque partie doit verser les provisions correspondant à ses demandes respectives.

11.2. Les provisions sont dues par parts égales par le ou les demandeurs et le ou les défendeurs. Cependant, leur versement peut être effectué en totalité par chacune des parties pour la demande principale et la demande reconventionnelle, au cas où l'autre partie s'abstiendrait d'y faire face.

Les provisions ainsi fixées doivent être réglées [*au secrétariat général*] en totalité avant la remise du dossier à l'arbitre. Pour les trois quarts au plus, leur paiement peut être garanti par une caution bancaire satisfaisante.

11.3. Lorsque des demandes sont formées conformément aux articles 8-1, 8-2 et 8-3 du présent règlement, [*le Centre*] fixe une ou plusieurs provisions et décide à quelle partie le paiement incombe ou dans quelle proportion ce paiement est partagé entre elles. Lorsque [*le Centre*] a précédemment fixé une provision conformément au présent article, celle-ci est remplacée par la ou les provisions fixées conformément au présent paragraphe. Dans ce cas, le montant de toute provision précédemment payée par une partie est considéré comme un paiement partiel par cette partie de sa part de la ou des provisions fixées par [*le Centre*] conformément au présent paragraphe.

11.4 L'arbitre n'est saisi que des demandes pour lesquelles il a été satisfait entièrement au paragraphe 11.2 ci-dessus.

Lorsqu'une demande de provision n'est pas satisfaite, [*le Comité*], saisi par le secrétaire général, peut inviter le tribunal arbitral à suspendre ses activités et fixer un délai qui ne saurait être inférieur à trente (30) jours, à l'expiration duquel les demandes auxquelles correspond cette provision sont considérées comme retirées. Un tel retrait ne prive pas la partie concernée du droit de réintroduire ultérieurement la même demande dans une autre procédure.

Obs. : le législateur ayant désormais confié la fixation des provisions et frais au Centre d'arbitrage, sans préciser lequel de ses organes le ferait (art. 13.1 du Règlement intérieur), il appartiendra au Centre de se déterminer à ce sujet. Le secrétaire général, destiné à veiller au bon déroulement des procédures d'arbitrage, avec l'assistance du Comité de suivi des procédures (art. 6.1, 6 du Règlement intérieur), est bien indiqué pour fixer les provisions et autres frais à faire régler par les parties. Mais rien ne s'oppose à ce que cette tâche soit dévolue par le Centre au Comité de suivi des procédures, auquel il incombe également d'« assurer le bon déroulement des procédures arbitrales » (art. 7.1, 4 du Règlement intérieur).

Notification, communication et délais

Art. 12 [mod.] 12.1. Les mémoires et toutes communications écrites présentées par toute partie, ainsi que toutes pièces annexes, sont fournis en autant d'exemplaires qu'il y a de parties plus un pour chaque arbitre et une copie électronique est envoyée au secrétaire général.

Saisi du dossier, le tribunal arbitral ainsi que les parties adressent au Secrétaire général copie électronique de tous les échanges relatifs à la procédure.

12.2. Toutes notifications ou communications du Secrétaire général et du tribunal arbitral sont faites à l'adresse ou à la dernière adresse connue de la partie qui en est destinataire ou de son représentant, telle que communiquée par celle-ci ou par l'autre partie, le cas échéant. La notification ou la communication peut être effectuée par remise contre reçu, lettre recommandée, service de transport, courriel ou par toute autre moyen électronique permettant de fournir la preuve de l'envoi.

12.3. La notification ou la communication valablement faite est considérée comme acquise quand elle a été reçue par l'intéressé ou, si elle a été valablement effectuée conformément au paragraphe 12.2 ci-dessus, aurait dû être reçue par l'intéressé ou par son représentant.

12.4. Les délais fixés par le présent règlement ou par [*le secrétaire général*] commencent à courir le jour suivant celui où la notification ou la communication est considérée comme faite aux termes du paragraphe 12.3 ci-dessus.

Lorsque, dans le pays où la notification ou la communication a été considérée comme faite à une certaine date, le jour suivant celle-ci est un jour férié ou non ouvrable, le délai commence à courir le premier jour ouvrable suivant.

Les jours fériés et les jours non ouvrables sont compris dans le calcul des délais et ne rallongent pas ceux-ci. Si le dernier jour du délai imparti est un jour férié ou jour non ouvrable dans le pays où la notification ou la communication a été considérée comme faite, le délai expire à la fin du premier jour ouvrable suivant.

Après constitution du tribunal arbitral et avec l'accord de celui-ci, les parties peuvent convenir de réduire les différents délais prévus par le présent règlement. Si les circonstances le justifient, [*le secrétaire général*] peut, après concertation avec les parties, prolonger, à la demande du tribunal, un tel délai ou tout autre délai résultant du présent règlement, pour permettre au tribunal arbitral de remplir ses fonctions.

Obs. : tous les délais prévus par le Règlement intérieur et non spécifiés par le législateur seront fixés par le secrétaire général (art. 6.1, 6), 7.1 6) et 13.1, al. 2 du Règlement intérieur). Il semble s'en déduire que sous réserve d'une éventuelle décision contraire du Centre, c'est le secrétaire général qui devrait impartir les délais durant une procédure arbitrale.

I. Notification des mémoires aux arbitres effectuée par les parties et non par le secrétariat général

C'est à tort qu'il est reproché à un tribunal arbitral d'avoir déclaré irrecevable un mémoire notifié par secrétariat général du centre d'arbitrage, dès lors qu'il résulte de la sentence contestée que les parties ont été régulièrement mises en situation, non seulement de faire connaître tout ce qui est utile au succès de leurs demandes ou de leur défense, mais aussi d'examiner et de discuter les pièces et les moyens soumis au tribunal arbitral. En vertu de l'article 12 du Règlement d'arbitrage, et contrairement aux prétentions de la demanderesse, les mémoires doivent être adressés directement à chaque arbitre et non par l'entremise du secrétaire général (CCJA, ass. plén., n° 306/2019, 12-12-2019 : Holidays Market Sarl c/ Diagonal SA).

II. Prise en compte de la première notification d'une sentence arbitrale

En cas de notification d'une sentence arbitrale rendue sous l'égide de la CCJA par courriel émanant du secrétariat général aux parties par sa transmission à leurs conseils respectifs, la notification ultérieure de la même sentence par courrier, de type DHL, n'a nullement pour effet d'annuler la première notification intervenue par mail, mode de notification admis par l'article 12.2 du Règlement d'arbitrage de la Cour et également retenu, en l'espèce, dans le procès-verbal de réunion de cadrage. Il s'ensuit que le recours en annulation formé en computant le délai à partir de la seconde notification est irrecevable pour forclusion (CCJA, ass. plén., n° 234/2024, 18-7-2024).

Siège de l'arbitrage

Art. 13 [mod.] Le siège de l'arbitrage est fixé par la convention d'arbitrage ou par un accord postérieur des parties.

À défaut, il est fixé par une décision [*du Centre d'arbitrage*] prise avant la transmission du dossier au tribunal arbitral.

Sauf accord contraire et après consultation des parties, le tribunal arbitral peut décider de tenir des audiences et réunions et délibérer en tout lieu qu'il considère opportun.

Lorsque les circonstances rendent impossible ou difficile le déroulement de l'arbitrage au lieu qui avait été fixé, [*le Centre d'arbitrage*] peut, à la demande des parties, d'une partie ou de l'arbitre, choisir un autre siège.

Obs. : le Centre d'arbitrage déterminera souverainement lequel de ses deux organes (le secrétariat général ou le Comité de suivi des procédures) prendrait une décision relative au siège d'une procédure arbitrale dans le silence des parties ou en cas de désaccord.

Validité du siège d'un tribunal arbitral situé en dehors de l'espace de l'OHADA

Il a été jugé que l'arbitrage sous l'égide de la CCJA n'oblige pas les parties à fixer le siège de l'arbitrage dans un lieu précis qu'aucune disposition légale ne subordonne la validité d'un tel arbitrage à cette condition, et que la fixation du siège hors l'espace de l'OHADA n'a aucune incidence sur la lex arbitri, qui demeure le Règlement de procédure de la CCJA, le contrôle juridictionnel pouvant toujours être assuré par la CCJA. Il s'ensuit que le motif d'annulation fondé sur le choix d'un siège situé en dehors du territoire de l'OHADA doit être rejeté comme infondé (CCJA, ass. plén., n° 111/2021, 3-6-2021 : Njounkwe Martin c/ Oragroup SA).

Obs. : sur le risque potentiel que peut comporter la fixation du siège d'un tribunal arbitral en dehors de l'espace géographique de l'OHADA, et particulièrement à Paris (France), voir CA Paris, 1e ch., 25-2-2020 : Léopold Ekwa Ngalle & autres c/ Epic Société nationale des hydrocarbures & autres, Rev. arb. 2021.205, note A. Fouchard, p. 227 ; M. J. V. Kodo, Sur les dangers de l'installation du siège d'un tribunal arbitral sous l'égide de la CCJA en dehors de l'espace OHADA, The Paris Journal of International Arbitration, Special Africa Issue, 2023-2, pp 353-361.

Confidentialité de la procédure arbitrale

Art. 14 [mod.] La procédure arbitrale est confidentielle. Les travaux [*du Centre d'arbitrage*] relatifs au déroulement de la procédure arbitrale sont soumis à cette confidentialité, ainsi que toutes réunions [*du Centre d'arbitrage*] pour l'administration de l'arbitrage. Elle couvre les documents soumis [*au Centre*] ou établis par [*celui*]-ci à l'occasion des procédures qu'elle administre.

Sous réserve d'un accord contraire de toutes les parties, celles-ci et leurs conseils, les arbitres, les experts et toutes les personnes associées à la procédure d'arbitrage, sont tenus au respect de la confidentialité des informations et documents qui sont produits au cours de cette procédure. La confidentialité s'étend, dans les mêmes conditions, aux sentences arbitrales.

Le Secrétaire général est autorisé à publier des extraits de sentences arbitrales sans mentionner les éléments permettant d'identifier les parties.

Procès-verbal de cadrage

Art. 15 [mod.] 15.1. Après réception du dossier, le tribunal arbitral convoque les parties ou leurs représentants dûment habilités et leurs conseils à une réunion de cadrage qui doit se tenir aussi rapidement qu'il est possible et, au plus tard, dans les quarante-cinq (45) jours de sa saisine. A cette occasion, le tribunal arbitral peut exiger la preuve du pouvoir de tout représentant d'une partie, s'il l'estime nécessaire. Le tribunal arbitral peut, avec l'accord des parties, tenir cette réunion sous forme de conférence téléphonique ou de vidéoconférence.

La réunion de cadrage a pour objet de :

a) constater la saisine du tribunal arbitral et les demandes sur lesquelles il doit se prononcer. Il est procédé à une énumération de ces demandes telles qu'elles résultent des mémoires respectivement produits par les parties à cette date, avec une indication sommaire des motifs de ces demandes et des moyens invoqués pour qu'il y soit fait droit ;

b) constater s'il existe ou non un accord des parties sur les points énumérés aux articles 5.e) et 6.b) et d). En l'absence d'un tel accord, le tribunal arbitral constate que la sentence aura à se prononcer à ce sujet ;

c) constater l'accord des parties sur la langue de l'arbitrage ou permettre au tribunal arbitral de prendre une décision sur celle-ci au cours de la réunion ;

d) permettre, en cas de besoin, au tribunal arbitral d'interroger les parties pour savoir si celles-ci entendent lui attribuer les pouvoirs d'amiable compositeur, en vertu de l'article 17 du présent Règlement ;

e) prendre les dispositions qui paraissent appropriées pour la conduite de la procédure arbitrale que le tribunal arbitral entend appliquer ainsi que les modalités d'application de celles-ci ;

f) fixer un calendrier prévisionnel de la procédure arbitrale précisant les dates de remise des mémoires respectifs jugés nécessaires et, le cas échéant, la date de l'audience à l'issue de laquelle les débats seront déclarés clos. Cette date de l'audience ne doit pas être fixée par le tribunal arbitral au-delà de six mois après la réunion de cadrage, sauf accord des parties.

15.2. Le tribunal arbitral établit un procès-verbal de la réunion de cadrage qu'il signe après avoir recueilli les éventuelles observations des parties.

Les parties ou leurs représentants sont invités à signer également le procès-verbal. Si l'une des parties refuse de signer le procès-verbal ou formule des réserves à son encontre, ledit procès-verbal est soumis [*au Comité*] pour approbation.

Une copie du procès-verbal de cadrage est adressée aux parties et à leurs conseils, ainsi qu'au secrétaire général.

15.3. Le calendrier prévisionnel de l'arbitrage figurant dans le procès-verbal de cadrage peut, en cas de nécessité, être modifié par le tribunal arbitral, à son initiative après observations des parties ou à la demande de celles-ci.

Ce calendrier modifié est adressé au secrétaire général pour être [*archivé*].

15.4. Le tribunal arbitral rédige et signe la sentence dans les 90 jours qui suivent son ordonnance de clôture des débats, sauf prorogation ordonnée par [*le secrétaire général*], d'office ou à la demande du tribunal arbitral.

15.5. Lorsque la sentence intervenue ne met pas un terme final à la procédure d'arbitrage, une réunion est aussitôt organisée pour fixer, dans les mêmes conditions, un nouveau calendrier pour la sentence qui tranchera complètement le litige.

Obs. : le Règlement intérieur ne l'ayant pas précisé, nous pensons que le refus de signer le PV de cadrage caractérise un incident de procédure relevant de la compétence du Comité de suivi des procédures (art. 7.1, 5 du Règlement intérieur), même si c'est le Centre d'arbitrage qui sera saisi d'une telle difficulté à travers le secrétariat général, qui assure l'interface avec les parties et leur tribunal.

L'archivage des PV de cadrage signés, auxquels sont souvent annexés les calendriers provisionnels de procédure, est dévolu au Secrétaire général (art. 6.1, 9 du Règlement intérieur).

I. Délimitation de la mission de l'arbitre

La mission de l'arbitre est délimitée par l'objet du litige, lequel est déterminé par les prétentions et demandes des parties telles qu'exposées dans le procès-verbal constatant l'objet de l'arbitrage et fixant le déroulement de la procédure prévu à l'article 15 du Règlement d'arbitrage, sans qu'il y ait lieu de s'attacher au seul énoncé des questions litigieuses fait par la demanderesse elle-même dans ses diverses écritures. En l'espèce, il résulte du procès-verbal établi par les arbitres et régulièrement signé par toutes les parties conformément aux dispositions de l'article 15 précité que le tribunal arbitral était appelé à se prononcer sur le caractère abusif ou non de la résiliation par la défenderesse d'une convention de maîtrise d'œuvre signée par les parties, au regard des stipulations de ladite convention et des dispositions de l'article 77 de la loi 87-31/ARNM du 29 août 1987 fixant le régime des obligations au Mali, applicable en l'espèce, ainsi que sur la demande reconventionnelle en paiement présentée par la demanderesse. Le tribunal qui, analysant les dispositions contractuelles et appréciant les faits et prétentions des parties, ainsi que les éléments de preuve qui lui ont été fournis, a estimé que « [la défenderesse] n'a commis aucune faute » et « n'est coupable d'aucune rupture abusive » et a en conséquence débouté la demanderesse de toutes ses demandes et fait droit à celles reconventionnelles de la défenderesse, qu'il a trouvées fondées, n'a en rien méconnu l'objet de sa mission (CCJA, ass. plén., n° 098, 30-10-2014 : SCP PYRAMIDION c/ AGETIER-Mali, Ohadata J-15-189 ; CCJA, ass. plén., n° 033, 23-4-2015 : État DU MALI c/ Groupe TOMOTA S.A., Ohadata J-16-33).

II. Calendrier prévisionnel

A. Modification : absence de violation de sa mission par le tribunal arbitral

Le calendrier du déroulement de la procédure, établi par le tribunal arbitral au cours de la réunion durant laquelle est, entre autres, défini l'objet du litige, a un caractère prévisionnel. S'agissant d'une prévision de date, celle-ci est susceptible de modification ; dès lors, le fait de modifier un tel calendrier, qui n'avait qu'un caractère prévisionnel ou indicatif, ne saurait être valablement considéré comme une violation par le tribunal arbitral des termes de sa mission ; il suit que ce moyen, qui manque de pertinence, doit être rejeté (CCJA, ass. plén., n° 45, 17-7-2008 : SONAPRA c/ SHB, Juris-Ohada, n° 4/2008, p. 60, Ohadata J-09-83).

La violation de l'article 15.4 du Règlement d'arbitrage de la CCJA n'est pas assortie de nullité et il est de jurisprudence constante que le déroulement du calendrier de la procédure a un caractère prévisionnel, susceptible de modification. Dès lors, la modification d'un tel calendrier faite conformément à l'article 15.4 du Règlement précité ne saurait être valablement considérée comme une violation par le tribunal des termes de sa mission (CCJA, ass. plén., n° 102, 15-10-2015 : Léopold EKWA NGALLE, Madame Hélène NJANJO NGALLE, Société Anonyme LEN HOLDING, Société International Business Corporation SA c/ Société Nationale d'Hydrocarbures (SNH), Personnel SNH, Ohadata J-16-95).

Absence de notification de la prorogation accordée au tribunal par la Cour aux parties : pas de nullité de la sentence. Il résulte de l'article 15.4 du Règlement d'arbitrage de la CCJA que l'arbitre peut solliciter de la CCJA, une prorogation du délai légal de 90 jours à lui prescrit pour rendre sa sentence. En l'espèce, le défaut de notification aux parties, par le tribunal arbitral, des prorogations obtenues par décisions de la Cour, n'est pas une cause de nullité de la sentence. C'est donc à tort qu'il est reproché à un Tribunal d'avoir rendu la sentence attaquée après extinction de l'instance arbitrale, au motif que la sentence arbitrale a été rédigée hors le délai légal de 90 jours, et parce que les décisions de prorogation de ce délai ne lui ont pas été notifiées, violant ainsi l'article 15.4 du Règlement d'arbitrage de la CCJA (CCJA, ass. plén., n° 027, 2-3-2017 : État du Mali, SOTELMA SA c/ SEAQUEST-INFOTEL MALI S.A (SQIM S.A), Ohadata J-17-161).

B. Délai

Il ne peut être reproché au tribunal arbitral de ne pas avoir rendu sa sentence à l'échéance prévue si, pendant la rédaction de la sentence en cours de délibéré, le tribunal arbitral s'est vu confronté à la nécessité de demander un complément d'information à la requérante pour asseoir sa décision et a été amené à rabattre ledit délibéré pour solliciter et obtenir, de la CCJA, la prorogation du délai dans l'intervalle duquel il devait rendre la sentence attaquée. Dans l'espèce, et contrairement à ce que soutient la requérante, le tribunal arbitral avait fait connaître aux parties, avant le 2 août 2006, les motifs pour lesquels il ne pouvait rendre sa sentence à ladite date du 2 août 2006. C'est ainsi que le tribunal arbitral a demandé à la requérante de produire un certain nombre de pièces et lui a accordé un délai de 30 jours à compter de la réception de ladite lettre, et un délai de 15 jours à compter de la réception des documents précités à la défenderesse pour ses observations. Il découle de tout ce qui précède que le moyen n'est pas fondé et doit être rejeté (CCJA, ass. plén., n° 45, 17-7-2008 : SONAPRA c/ SHB, Juris-Ohada, n° 4/2008, p. 60, Ohadata J-09-83).

C. Etablissement d'un nouveau calendrier

Absence de réunion préalable. Le moyen qui reproche à la sentence attaquée la violation de l'article 15.5 du Règlement d'arbitrage de la CCJA, en ce que, « après avoir rendu la sentence partielle (…), les arbitres n'ont pas cru devoir convoquer une réunion avant que d'imposer aux parties une expertise ainsi qu'un nouveau calendrier pour l'exécution de cette mesure » alors que, selon le moyen, « ce procédé est vertement en contradiction avec les dispositions de l'article 15.5 du Règlement d'arbitrage, lequel impose un préalable obligatoire de réunion des parties avant l'établissement d'un nouveau calendrier », ne figure pas au nombre de cas d'ouverture de contestation de validité de sentence arbitrale rendue sous l'égide de la CCJA et ne saurait prospérer (CCJA, ass. plén., n° 45, 17-7-2008 : SONAPRA c/ SHB, Juris-Ohada, n° 4/2008, p. 60, Ohadata J-09-83).

Règles applicables à la procédure

Art. 16 [mod.] Les règles applicables à la procédure devant le tribunal arbitral sont celles qui résultent du présent règlement et, dans le silence de ce dernier, celles que les parties ou, à défaut, le tribunal arbitral, déterminent en se référant ou non à la loi de procédure applicable à l'arbitrage.

Les parties doivent être traitées sur un pied d'égalité et chaque partie doit avoir toute possibilité de faire valoir ses droits. Les parties agissent avec célérité et loyauté dans la conduite de la procédure et s'abstiennent de toutes mesures dilatoires.

La partie qui, en connaissance de cause, s'abstient d'invoquer sans délai une irrégularité et poursuit l'arbitrage, est réputée avoir renoncé à s'en prévaloir.

I. Choix de l'application du Règlement d'arbitrage par les parties

La signature, par les parties, du procès-verbal constatant l'objet de l'arbitrage et fixant le déroulement de la procédure arbitrale ainsi que l'acceptation par elles de l'application du Règlement d'arbitrage de la CCJA comme règles de la procédure, démontre ainsi leur volonté commune de soumettre le litige à un tribunal arbitral sous l'égide de la CCJA (CCJA, ass. plén., n° 020/2013, 18-4-2013 : Sté Inter Africaine de Distribution dite IAD c/ 1) Compagnie Malienne pour le Développement des Textiles dite CMDT ; 2) Groupement des Syndicats de Producteurs de Coton et Vivriers du Mali dit GSCVM, Rec. jur. CCJA n° 20, vol. 2, janvier-décembre 2013, p. 104-109, Ohadata J-15-20).

II. Égalité des parties

A. Respect de l'égalité des parties

Au regard de l'article 19 du Règlement d'arbitrage de la CCJA, il appartient au tribunal arbitral, d'apprécier les mesures d'instruction adéquates pour la solution du litige. Par conséquent, en décidant, au vu « des données particulièrement complexes de la situation » débattues contradictoirement par toutes les parties, « qu'il ne saurait donc en l'espèce, conclure à l'existence d'un cas de force majeure », le tribunal arbitral ayant rendu la sentence attaquée n'a pas méconnu **le principe d'égalité de traitement entre les parties, qui doit être respecté en matière d'arbitrage** (CCJA, n° 029, 19-7-2007 : SIR SA c/ BONA SHIPHOLDING LTD et 4 autres, Rec. jur. CCJA n° 10 – juillet-décembre 2007, p. 12, Ohadata J-08-241).

B. Violation de l'égalité des parties

Il y a violation de l'égalité des parties à l'arbitrage pouvant justifier l'annulation de la sentence lorsque :

– des parties à un arbitrage produisent des copies divergentes du règlement d'arbitrage, l'une prévoyant un délai de 15 jours et l'autre un délai de 30 jours, et que les arbitres accordent des délais différents aux parties pour préparer et présenter leur défense ;

– les arbitres font preuve de discrimination en appliquant le contrat à une partie tout en refusant de le faire pour l'autre partie au litige ;

– les arbitres gardent le silence sur les conclusions d'une partie (CA Centre (Cameroun), n° 52/civ, 6-2-2008 : GROUPE PRODICOM SARL, représenté par K. J. c/ SDBC, SNC, BAT, Le centre d'arbitrage du GICAM, Ohadata J-10-249).

Obs. : même référence pour les trois situations présentées.

Sur l'annulation d'une sentence pour violation du principe du contradictoire, voir sous l'art. 14.

III. Moyen d'annulation non invoqué au cours de la procédure d'arbitrage

Le demandeur en annulation d'une sentence arbitrale ne peut fonder son recours sur une irrégularité de procédure d'arbitrage qu'il n'a pas invoquée lors de l'arbitrage (CA Abidjan, n° 1060, 25-7-2003 : M. V. J. P. c/ La Scierie Nouvelle de Gadouan, Ohadata J-03-292). De même, il n'y a pas lieu à annulation d'une sentence arbitrale pour composition irrégulière du tribunal arbitral lorsque les parties qui demandent l'annulation ont eu connaissance de la désignation du nouveau juge arbitre et se sont abstenues d'invoquer sans délai cette prétendue irrégularité jusqu'au prononcé de la sentence arbitrale. La cour d'appel qui a annulé ladite sentence a violé l'article 14 et son arrêt doit être cassé (CCJA, 1e ch., n° 27, 29-4-2010 : Sté CONNEXION MARKETING & B c/ Sté SYNERGIE GABON et Dame O., Juris-Ohada, n° 3/2010, juill.-sept., p. 35, Ohadata J-11-71, J-12-48).

Obs. : le texte de l'actuel art. 16 a été importé de l'art. 14 al. 8 [devenu al. 13] de l'AUA, qui a été intégré dans le Règlement d'arbitrage de la CCJA à sous l'article 16 al. 3 modifié avec insertion d'une virgule après « arbitrage ». La jurisprudence antérieure, transposable, est reproduite.

Loi applicable au fond

Art. 17 [mod.] Les parties sont libres de déterminer les règles de droit que le tribunal arbitral devra appliquer au fond du litige. A défaut de choix des parties, le tribunal arbitral applique les règles de droit qu'il estime les plus appropriées en l'espèce.

Dans tous les cas, le tribunal arbitral tient compte des stipulations du contrat et des usages du commerce international.

Il peut également statuer en amiable compositeur si les parties ont expressément donné leur accord.

I. Usages

En application du Règlement d'arbitrage de la CCJA, en son article 17 auquel les parties avaient convenu de soumettre le litige, l'arbitre tiendra compte des usages de commerce dans tous les cas, c'est-à-dire même lorsque les parties ont expressément désigné la loi devant s'appliquer au différend. Dans l'espèce, en se référant aux usages de commerce, dont l'existence n'est pas contestée par la requérante, le tribunal arbitral a statué en droit ainsi qu'il en avait l'obligation (CCJA, n° 029/2007, 19-7-2007 : SIR SA c/ BONA SHIPHOLDING LTD et 4 autres, Rec. Jur. CCJA n° 10, juill.-déc. 2007, p. 12, Ohadata J-08-241).

. . . .

II. Amiable composition

L'amiable composition se définit de manière négative comme le pouvoir des arbitres de ne pas s'en tenir à l'application stricte des règles de droit, ce qui permet aussi bien de les ignorer que de s'en écarter, tant que leur sentiment de l'équité l'exige. Le tribunal arbitral qui a fondé la condamnation sur un élément contesté par l'une des parties, sans fournir des éléments d'appréciation fondés sur le droit ivoirien devant régir ladite procédure, a usé des pouvoirs d'amiable compositeur que les parties ne lui ont pas conférés et sa sentence encourt l'annulation. Dans l'espèce, il ressort de la sentence arbitrale attaquée, en ce qui concerne le préjudice causé par la société A à la société B, que celle-ci, dans ses écritures et plaidoirie orale, envisage ledit préjudice au regard de 23 années de collaboration avec le groupe N. Toutefois, le tribunal arbitral, « tout en estimant légitime une telle vision », n'a pas suivi la société B, aux motifs que sa compétence était déterminée par la clause compromissoire ; il affirme avoir seulement pris en considération les relations de près de deux années civiles intervenues, selon lui, entre la société B et sa cocontractante, la société A. Dès lors, en condamnant la société A à payer à la société B, toutes causes de préjudice confondues, la somme de cinq milliards de FCFA, aux motifs que « le rôle important joué par la société [A], en bout de la chaîne des sociétés du groupe N., dans la mise à l'écart brutale de la société B, est pris en considération pour l'évaluation du préjudice subi par la société B », le tribunal arbitral a fondé ladite condamnation sur la période de vingt-trois années, pourtant contestées, résultant de la collaboration antérieure entre la société B et le groupe N., au sein duquel la société A est une entité autonome (CCJA, n° 028/2007, 19-7-2007 : Sté NESTLE SAHEL c/ SCIMAS, Rec. jur. CCJA n° 10, juill.-déc. 2007, p. 62, Ohadata J-08-250).

Obs. : bien que n'ayant pas été expressément visé par la CCJA, c'est l'art. 17 qui prévoit l'amiable composition dont la définition est donnée par la juridiction supranationale.

Demandes nouvelles

Art. 18 [mod.] **Après la signature du procès-verbal de cadrage par le tribunal arbitral, les parties ne peuvent former de nouvelles demandes hors des limites dudit procès-verbal, sauf autorisation du tribunal arbitral qui tient compte de la nature de ces nouvelles demandes, de l'état d'avancement de la procédure et de toutes autres circonstances pertinentes.**

Instruction de la cause

Art. 19 [mod.] **19.1. Le tribunal arbitral instruit la cause dans les plus brefs délais par tous les moyens appropriés.**

Après examen des écrits des parties et des pièces versées par elles aux débats, le tribunal arbitral entend contradictoirement les parties si l'une d'elles en fait la demande. A défaut, il peut décider d'office leur audition.

Le tribunal arbitral peut inviter les parties à lui fournir des explications de fait et à lui présenter, par tout moyen légalement admissible, les preuves qu'il estime nécessaires au règlement du différend. Il décide de la recevabilité des preuves et apprécie librement leur force.

Les parties comparaissent soit en personne, soit par représentants dûment mandatés. Elles peuvent être assistées de leurs conseils.

Le tribunal arbitral peut décider d'entendre les parties séparément s'il l'estime nécessaire. Dans ce cas, l'audition de chaque partie a lieu en présence des conseils des deux parties.

L'audition des parties a lieu au jour et au lieu fixés par le tribunal arbitral.

Si l'une des parties, quoique régulièrement convoquée, ne se présente pas, le tribunal arbitral, après s'être assuré que la convocation lui est bien parvenue, a le pouvoir, à défaut d'excuse valable, de procéder néanmoins à l'accomplissement de sa mission, le débat étant réputé contradictoire.

Le procès-verbal d'audition des parties, dûment signé, est adressé en copie au secrétaire général [*du Centre d'arbitrage*].

19.2. Le tribunal arbitral peut également décider d'entendre des témoins, experts commis par les parties ou toute autre personne, en présence des parties, ou en leur absence à condition que celles-ci aient été dûment convoquées.

19.3. Le tribunal arbitral peut statuer sur pièces si les parties le demandent ou l'acceptent.

19.4. Sauf convention contraire des parties, le tribunal arbitral peut nommer un ou plusieurs experts chargés de lui faire un rapport sur les points précis qu'il déterminera et inviter ces derniers à témoigner à l'audience. Le cas échéant, le tribunal arbitral peut demander à une partie de fournir à l'expert tous renseignements appropriés ou de lui soumettre ou rendre accessibles, aux fins d'examen, toutes pièces ou autres éléments pertinents.

19.5. Le tribunal arbitral invite les parties aux audiences dont il règle le déroulement. Celles-ci sont contradictoires.

Sauf accord du tribunal arbitral et des parties, les audiences ne sont pas ouvertes aux personnes étrangères à la procédure.

I. Égalité de traitement des parties

Au regard de l'article 19 du Règlement d'arbitrage de la CCJA, il appartient au tribunal arbitral d'apprécier les mesures d'instruction adéquates à la solution du litige. Par conséquent, en décidant, au vu « des données particulièrement complexes de la situation » débattues contradictoirement par toutes les parties, « qu'il ne saurait donc en l'espèce, conclure à l'existence d'un cas de force majeure », le tribunal arbitral ayant rendu la sentence attaquée n'a pas méconnu le principe d'égalité de traitement entre les parties, qui doit être respecté en matière d'arbitrage (CCJA, n° 029/2007, 19-7-2007 : SIR SA c/ BONA SHIPHOLDING LTD et 4 autres, Rec. jur. CCJA n° 10 – juillet-décembre 2007, p. 12, Ohadata J-08-241).

II. Caractère non obligatoire des mesures d'instructions susceptibles d'être ordonnées par l'arbitre

Conformément à l'article 19 du Règlement d'arbitrage, il relève de l'office du tribunal arbitral d'apprécier l'opportunité des mesures d'instruction adéquates à la solution du litige, telle l'audition d'un témoin. Ni la transcription des dépositions des témoins ni l'établissement d'un procès-verbal de l'audience ne constituent une obligation imposée au tribunal arbitral par le Règlement d'arbitrage de la CCJA, auquel les parties ont convenu de soumettre leur différend. Les arbitres ne sauraient donc se voir reprocher de ne pas avoir procédé à ces formalités (CCJA, ass. plén., n° 098, 30-10-2014 : SCP PYRAMIDION c/ AGETIER-Mali, Ohadata J-15-189).

III. Caractère facultatif du ministère d'avocat

Il résulte de l'article 19.1 al. 3 du Règlement d'arbitrage de la CCJA que le ministère d'avocat n'est pas obligatoire dans une procédure d'arbitrage. En conséquence, la présence d'un avocat dont la condamnation est alléguée ne rend en rien la sentence contraire à l'ordre public international et le recours en contestation de validité de la sentence doit être rejeté (CCJA, ass. plén., n° 099, 30-10-2014 : SOGEFCO-SA c/ CELTEL CONGO devenue AIRTEL CONGO SA, Ohadata J-15-190).

Clôture de la procédure arbitrale

Art. 19-1 [nouv.] 19-1.1. Le tribunal arbitral ordonne la clôture de la procédure arbitrale :

a) dès que possible après la dernière étape de présentation des arguments de fond par les parties en vertu du calendrier de procédure ;

b) lorsque le demandeur retire sa demande, à moins que le défendeur ne s'y oppose et que le tribunal arbitral reconnaisse qu'il a légitimement intérêt à ce que le différend soit définitivement réglé ;

c) lorsque le tribunal arbitral constate que la poursuite de la procédure est, pour toute autre raison, devenue superflue ou impossible.

19-1.2. Après clôture de la procédure, les parties ne peuvent former aucune demande ni soulever aucun moyen. Elles ne peuvent non plus présenter d'observations ni produire de pièces si ce n'est à la demande expresse et écrite du tribunal arbitral.

Impossibilité de réaménager le calendrier procédural après la clôture de la procédure

Conformément à l'article 19.1.2 du Règlement d'arbitrage, l'ordonnance de clôture interdit tout réaménagement du calendrier de procédure pour le dépôt d'écritures ou la déposition de témoins. Il s'ensuit que la déclaration d'irrecevabilité du mémoire d'une partie, en observation de dispositions réglementaires bien précises, ne saurait constituer une violation du principe du contradictoire qui suppose que chacune des parties ait été mise en mesure de discuter l'énoncé des faits et les moyens juridiques que ses adversaires lui ont opposés (CCJA, ass. plén., n° 306/2019, 12-12-2019 : Holidays Market Sarl c/ Diagonal SA).

Sentences d'accord parties

Art. 20 [mod.] Si les parties se mettent d'accord au cours de la procédure arbitrale, elles peuvent demander au tribunal arbitral que cet accord soit constaté en la forme d'une sentence rendue d'accord parties.

Exception d'incompétence

Art. 21 [mod.] 21.1. Si l'une des parties entend contester la compétence du tribunal arbitral pour connaître de tout ou partie du litige pour quelque motif que ce soit, elle doit soulever l'exception dans les mémoires prévus aux articles 6 et 7 du présent Règlement et, au plus tard, au cours de la réunion de cadrage.

21.2. A tout moment de l'instance, le tribunal arbitral peut examiner d'office sa propre compétence pour des motifs d'ordre public sur lesquels les parties sont alors invitées à présenter leurs observations.

21.3. Le tribunal arbitral peut statuer sur l'exception d'incompétence soit par une sentence préalable, soit dans une sentence définitive ou partielle après débats au fond, sujettes au recours en annulation.

Lorsqu'un recours en annulation est formé contre une sentence préalable par laquelle le tribunal a retenu sa compétence, la procédure arbitrale n'est pas suspendue.

I. Exception d'incompétence du tribunal arbitral non fondée

C'est à juste titre qu'un tribunal arbitral a, par ordonnance de procédure, constaté que la demanderesse ne produit pas d'élément nouveau à verser dans le débat sur l'exception d'incompétence soulevée et a procédé à la clôture des débats sur la compétence du tribunal arbitral (CCJA, ass. plén., n° 059, 18-7-2013 : 1) CMDT, 2) GSCVM c/ IAD, Ohadata J-15-59).

Obs. : cet arrêt n'a pas expressément visé l'article 21.

II. Sentence partielle susceptible d'un recours en annulation

Aux termes de l'article 21.3 du Règlement d'arbitrage de la CCJA, la sentence partielle susceptible d'un recours en annulation est celle qui statue sur une exception d'incompétence. Il s'ensuit qu'une sentence partielle qui n'a pas statué sur une telle exception ne saurait avoir une autorité de chose jugée indépendante de celle de la sentence attaquée d'avec laquelle elle fait corps et qui la vise de façon expresse dans son dispositif. En l'espèce, le recours concernant donc les deux sentences, l'exception soulevée est irrecevable et le recours en annulation recevable (CCJA, ass. plén., n° 306/2019, 12-12-2019 : Holidays Market Sarl c/ Diagonal SA).

Étape préalable à l'arbitrage

Art. 21-1 [nouv.] 21-1.1. En présence d'une convention imposant aux parties de suivre une étape de résolution du différend préalable à l'arbitrage, le tribunal arbitral examine la question du respect de l'étape préalable si l'une des parties en fait la demande et renvoie, le cas échéant, à l'accomplissement de l'étape préalable.

21-1.2. Si l'étape préalable n'a pas été engagée, le tribunal arbitral suspend la procédure pendant un délai qu'il estime convenable, afin de permettre à la partie la plus diligente de mettre en œuvre cette étape.

21-1.3. Si l'étape préalable a effectivement été engagée, le tribunal arbitral constate, le cas échéant, son échec.

Cette disposition nouvelle prévoit expressément la possibilité d'inclure des clauses graduées dans les conventions des parties. Pour une illustration d'une telle clause, voir CCJA, 2e ch., n° 075, 21-4-2016 : SGBCI c/ Kobenan Tah Thomas, SIB, Ohadata J-17-24 ; la convention des parties prévoyait pour le règlement de tout différend, l'obligation d'une préalable tentative de conciliation avant, le cas échéant, recours à l'arbitrage de la CCJA).

Sentence arbitrale

Art. 22 [mod.] 22.1. Outre le dispositif, la sentence arbitrale doit contenir l'indication :

a) des noms et prénoms du ou des arbitres qui l'ont rendue ;

b) de sa date ;

c) du siège du tribunal arbitral ;

d) des noms, prénoms et dénomination des parties, ainsi que leur domicile ou siège social ;

e) le cas échéant, des noms et prénoms des conseils ou de toute personne ayant représenté ou assisté les parties ;

f) de l'exposé des prétentions respectives des parties, de leurs moyens, ainsi que des étapes de la procédure.

La sentence doit être motivée.

Si le tribunal arbitral a reçu des parties le pouvoir de statuer en amiable compositeur, mention en est faite.

22.2. La sentence arbitrale est réputée rendue au siège de l'arbitrage et au jour de sa signature après l'examen [*du Comité*].

22.3. La sentence arbitrale est rendue dans la procédure et selon les formes convenues par les parties. A défaut d'une telle convention, la sentence est rendue à la majorité des voix lorsque le tribunal est composé de trois arbitres.

La sentence est signée par le ou les arbitres.

Toutefois, si un arbitre ou deux arbitres refusent de la signer, il doit en être fait mention et la sentence a le même effet que si elle avait été signée par tous les arbitres.

22.4. Tout membre du tribunal arbitral peut remettre au président de celui-ci son opinion particulière pour être jointe à la sentence.

Obs. : l'article 22, alinéa 11 (numéroté 22. 3) dispose que « la sentence arbitrale est rendue dans la procédure et selon les formes convenues par les parties. À défaut d'une telle convention, la sentence est rendue à la **majorité des voix lorsque le tribunal est composé de trois arbitres** ». L'article 22, alinéa 13 dispose que « toutefois, **si** un arbitre ou **deux arbitres refusent**

de la signer, il doit en être fait mention et la sentence a le même effet que si elle avait été signée par tous les arbitres ».

Bien qu'elle soit conforme à l'esprit de l'ancien art. 22, al. 4 du Règlement d'arbitrage de la CCJA et similaire à l'art. 32 du Règlement d'arbitrage de la CCI actuellement en vigueur, l'introduction de l'al. 13 ci-dessus nous semble regrettable, pour les raisons ci-après :

– pour une formation collégiale de **trois arbitres,** la « majorité des voix » au sens de l'art. 22 al. 13 est indiscutablement **deux arbitres** ;

– il résulte de l'art. 22, al. 10 (numéroté 22. 2) que la sentence n'est réputée rendue qu'**après sa signature** (car à la date de sa signature par les membres du tribunal) ;

– il résulte de l'art. 22, al. 10 (numéroté 22. 2) que la sentence n'est réputée rendue qu'**après sa signature** (ie à la date de sa signature par les membres du tribunal) ;

– il ne semble pas concevable que deux arbitres refusent de signer une sentence qui aura été rendue à la majorité des voix, car un arbitre ne peut en principe refuser de signer la sentence consacrant une solution qu'il a retenue ;

– prévoir, comme le fait l'art. 22, al. 13 du Règlement, que « (...) **si** (...) **deux arbitres refusent de la signer, (...) la sentence a le même effet que si elle avait été signée par tous les arbitres** », revient à considérer que le seul arbitre qui aura signé (sans doute le président du tribunal, comme c'est le cas pour la CCI et dans l'ancien règlement de la CCJA), constituerait à lui seul une majorité sur les deux autres arbitres. En d'autres termes, s'il arrivait que les deux coarbitres soutiennent une opinion différente de celle du président du tribunal, ce dernier pourrait, à lui seul, imposer sa vision de la solution à tout le tribunal bien qu'étant minoritaire, et ce, simplement à cause de sa position de président ;

– dans de telles conditions, l'al. 13 révisé vide de sa substance l'al. 11, car de deux choses l'une : soit on a une véritable formation collégiale statuant à la majorité de deux arbitres sur trois, peu importan la composition de cette majorité, soit la sentence est purement et simplement rendue par un juge unique et aucun problème de majorité ne se poserait. Mais permettre à un arbitre mis en minorité, d'imposer sa vision des choses aux parties simplement parce qu'il est le président ne semble pas conforme à la volonté des parties qui auront souhaité un arbitrage collégial pour lequel ils auront payé des frais conséquents.

La construction de l'art. 22 ne semble pas suggérer la possibilité, pour les parties, d'exiger, par une convention, un tribunal statuant à la majorité de deux arbitres à défaut d'unanimité, dès lors que l'al. 13 a été séparé de l'al. 11, qui le prévoit.

Il nous semble donc très regrettable que le législateur de l'OHADA n'ait pas clairement subordonné la validité d'une sentence rendue par une formation collégiale à la signature par au moins deux arbitres formant la majorité, peu important la position du président du tribunal. En effet, on aurait pu imaginer un système imposant au président du tribunal arbitral, même mis en minorité, de signer la sentence résultant de la majorité des deux arbitres, quitte à lui permettre de joindre son opinion dissidente comme c'est permis pour tout autre arbitre minoritaire dissident.

Il est possible que ce soit dû à une erreur (voir en comparaison les art. 19 et 21 de l'AUA) ; mais en tout état de cause et s'il s'agit d'une erreur, il n'en demeure pas moins que c'est la version actuellement en vigueur, ce qui pose problème.

Examen préalable par [*le Comité de suivi des procédures*]

Art. 23 [mod.] 23.1. Le tribunal arbitral transmet les projets de sentences sur la compétence, de sentences partielles qui mettent un terme à certaines prétentions des parties, et de sentences définitives au Secrétaire général pour examen par [*le Comité*] avant signature.

Les autres sentences ne sont pas soumises à un examen préalable, mais seulement transmises [*au Comité*] pour information.

23.2. [*Le Comité*] peut proposer des modifications de pure forme, attirer l'attention du tribunal arbitral sur des demandes qui ne semblent pas avoir été traitées, sur des mentions obligatoires qui ne figurent pas dans le projet de sentence, en cas de défaut de motivation ou en cas d'apparente contradiction dans le raisonnement, sans toutefois pouvoir suggérer un raisonnement ou une solution de fond concernant le différend.

[*Le Comité*] examine le projet de sentence qui lui est soumis dans un délai maximum d'un (1) mois à compter de sa réception.

Absence d'obligation de mentionner l'examen préalable dans la sentence

Les dispositions des articles 23 du Règlement d'arbitrage de la CCJA et 24 du traité OHADA ne prescrivent nulle part l'obligation pour le tribunal arbitral de faire mention dans la sentence, à peine de nullité de celle-ci, de l'accomplissement de la formalité dont il s'agit ; en outre, le non-accomplissement de ladite formalité de soumission à l'examen préalable de la CCJA des projets de sentence ne figure pas au nombre des cas d'ouverture de contestation de validité des sentences tels que prévus aux articles 25 et 30 du traité Ohada et du Règlement d'arbitrage susvisés. Dans l'espèce, ladite formalité ayant été accomplie par le tribunal arbitral le 21 septembre 2006, le moyen ne peut être accueilli (CCJA, ass. plén., n° 45, 17-7-2008 : SONAPRA c/ SHB, Juris-Ohada, n° 4/2008, p. 60, Ohadata J-09-83).

Obs. : L'article 23 du Règlement d'arbitrage de la CCJA énumérait, avant la réforme, un certain nombre de sentences qui devaient être soumises à l'examen préalable avant notification aux parties. La Cour ne pouvait alors « proposer que des modifications de pure forme ». Cependant, l'article 23.2 révisé dispose désormais que « 23.2. [Le Comité] **peut** proposer des modifications de pure forme, attirer l'attention du tribunal arbitral sur des **demandes qui ne semblent pas avoir été traitées,** sur des **mentions obligatoires qui ne figurent pas dans le projet de sentence,** en cas de **défaut de motivation** ou en cas d'**apparente contradiction dans le raisonnement,** sans toutefois pouvoir suggérer un raisonnement ou une solution de fond concernant le différend ».

Il est désormais permis au Comité de suivi des procédures d'aller plus loin que des suggestions de forme, car il peut « attirer l'attention du tribunal arbitral » :

– « sur des **demandes qui ne semblent pas avoir été traitées** » ;

– « sur des **mentions obligatoires qui ne figurent pas dans le projet de sentence** » ;

– « en cas de **défaut de motivation** » ;

– « ou en cas d'**apparente contradiction dans le raisonnement** ».

Chacune des quatre irrégularités ci-dessus sur lesquelles il est permis au Comité de suivi des procédures d'« attirer l'attention du tribunal arbitral » peut constituer une cause d'annulation de la sentence dans les conditions ci-après :

a. Demandes ne semblant pas avoir été traitées : une demande ne semblant pas avoir été traitée correspond en réalité au refus ou à l'omission de répondre à un chef de demande, qui caractérise un manquement à sa mission par un arbitre (CA Lyon, 1e ch. civ., 15-1-2004, Capclim c/ SNC GFC : GP 2004. som.1979, solution retenue en droit français mais transposable à l'OHADA) au sens de l'article 29.2 c du Règlement et susceptible de justifier l'annulation d'une sentence. Sur le manquement du tribunal à sa mission, voir sous l'art. 29 ci-après. Il convient de préciser cependant que l'art. 26, al. 3 révisé permet de saisir à nouveau un tribunal arbitral afin qu'il statue sur une demande qu'il aurait omise. Du coup, la possibilité d'obtenir l'annulation d'une sentence arbitrale pour défaut de réponse à un chef de demande semble considérablement réduite.

b. Absence de mentions obligatoires dans le projet de sentence : l'absence de mentions obligatoires dans une sentence n'est pas expressément prévue comme cause d'annulation d'une sentence. Il ne nous semble ni impossible ni excessif de considérer que l'omission de certaines mentions essentielles dans une sentence (telles que la date, les noms et signature des arbitres) puisse être assimilée à un manquement du tribunal arbitral à sa mission, avec les conséquences à en tirer.

c. Défaut de motivation de la sentence et apparentes contradictions dans le raisonnement : comme il sera démontré sous l'article 29 ci-après, l'existence d'une motivation critiquable ou erronée doit être distinguée de l'absence de motivation à laquelle peut être assimilée l'existence de motifs contradictoires. Or la présence de contradictions dans le raisonnement peut caractériser l'existence de motifs contradictoires dont il faut également tirer les conséquences comme indiqué ci-dessus. Ainsi, au moins le défaut de motivation constitue une cause certaine d'annulation d'une sentence pour manquement du tribunal à sa mission. Il est incontestable que cet examen de plus en plus minutieux, dont la faculté est désormais dévolue au Comité de suivi des procédures, a pour objet de limiter indirectement les risques d'annulation de sentences arbitrales, ce qui est tout à fait louable.

Cependant, si le Comité de suivi des procédures n'y prend garde, le recours à cette faculté pourrait la transformer à l'occasion de procédures arbitrales, en « souffleuse de solutions » aux arbitres pour des motifs d'annulation potentiels, ce qui pourrait s'apparenter à une limitation inappropriée et injustifiée des droits de défense de la partie ayant intérêt à demander l'annulation de la sentence justifiée par l'irrégularité qui aura été « soufflée » au tribunal arbitral.

En raison du caractère « élitiste » de l'arbitrage qui se manifeste à travers une très forte sélection, d'une part, des personnes susceptibles d'être nommées arbitres et d'autre part, de celles qui sont effectivement nommées par les parties et les institutions d'arbitrage, les arbitres font l'objet d'une très haute estime qui en contrepartie, devrait exiger un très haut niveau de compétence et de technicité.

Ainsi, on peut difficilement admettre, voire concevoir, qu'un arbitre s'abstienne (par omission ?) de statuer sur une demande qui lui est soumise, omette des mentions obligatoires, ne sache pas motiver une sentence ou en rédiger une claire, intelligible et sans contradiction. Il en est ainsi dès lors que les arbitres, rares élus auxquels il est souvent attribué de l'expérience et des compétences exceptionnelles les mettant à part, ne devraient pas avoir besoin de se faire prendre la main et être guidés dans l'exercice de cet office exceptionnel réservé à une « élite » pour lequel, il faut le rappeler, les parties auront payé des sommes parfois non négligeables.

A notre avis, un tribunal arbitral ne devrait pas bénéficier d'une telle aide, de même qu'une juridiction de fond ne bénéficie pas d'une telle aide de la part d'une cour d'appel qui, à son tour, n'en bénéficie pas de la CCJA. Il ne nous viendrait pas à l'esprit d'imaginer un tribunal de commerce soumettant à une cour d'appel son projet de décision en espérant que la Cour lui indique les éléments du projet de décisions susceptibles d'emporter l'infirmation ultérieure de la décision par la cour d'appel. De même, une cour d'appel ne soumettrait pas à la Cour de cassation son projet d'arrêt en attendant de la juridiction de cassation qu'elle identifie les moyens potentiels de cassation de l'arrêt s'il faisait l'objet d'un pourvoi. Le fait que l'arbitrage et la voie judiciaire ordinaire soient différents n'a aucune incidence ici dès lors que le résultat est le même.

En réalité, l'examen préalable désormais prévu par l'article 23 du Règlement semble dépasser le cadre de l'administration des procédures arbitrales au sens de l'article 1 du Règlement d'arbitrage, et dans ces conditions, le Comité de suivi des procdures devrait se livrer avec retenue à ce genre de suggestions, au risque de s'immixer peut-être dans la procédure arbitrale, ou simplement d'entraver la jouissance et l'exercice, par une partie à une procédure arbitrale, de ses droits de défense.

En d'autres termes, il est très probable qu'en voulant mieux faire, le législateur de l'OHADA ait en réalité exposé cet aspect de l'administration arbitrale à plus de critiques sur son impartialité, bien que la CCJA ait été « isolée » par la création du Comité de suivi des procédures et un pas décisif vers la séparation du Centre d'arbitrage de la Cour elle-même. Il en est ainsi dès lors que les justiciables courent un risque, potentiellement résiduel, certes mais non négligeable, d'être privés de recours nécessaires contre une sentence, ce qui peut être une violation indirecte du droit de la défense. Il est donc **vivement souhaitable que le Comité de suivi des procédures limite considérablement le recours à cette faculté laissée à son appréciation souveraine,** à défaut de s'abstenir d'y recourir, ce qui pourtant nous semble être la meilleure option à cause des raisons présentées ci-dessus.

Décision sur les frais de l'arbitrage

Art. 24 [mod.] 24.1. Le tribunal arbitral liquide les frais de l'arbitrage dans la sentence arbitrale et décide à laquelle des parties le paiement incombe ou dans quelle proportion ils sont partagés entre les parties.

24.2. Lors de la liquidation des frais, le tribunal arbitral tient compte des circonstances pertinentes, y compris dans quelle mesure chacune des parties a conduit l'arbitrage avec célérité et efficacité en termes de coûts.

24.3. Les frais de l'arbitrage comprennent :

a) les honoraires de l'arbitre et les frais administratifs fixés par [*le Centre*], les frais éventuels de l'arbitre, les frais de fonctionnement du tribunal arbitral, les honoraires et frais des experts en cas d'expertise. Les honoraires des arbitres et les frais administratifs [*du Centre*] sont fixés conformément à un barème établi par l'Assemblée générale de la Cour et approuvé par le Conseil des ministres de l'OHADA statuant dans les conditions prévues à l'article 4 du Traité ;

b) les frais normaux exposés par les parties pour leur défense, selon l'appréciation qui est faite par le tribunal arbitral des demandes formulées sur ce point par les parties.

24.4. Si les circonstances de l'espèce le rendent exceptionnellement nécessaire, [*le Centre*] peut fixer les honoraires de l'arbitre à un montant supérieur ou inférieur à ce qui résulterait de l'application du barème, d'office ou à la demande motivée de l'arbitre.

Toute fixation d'honoraires sans l'aval [*du Centre*] est nulle et de nul effet, sans que cela puisse constituer une cause d'annulation de la sentence.

24.5. En cas de retrait de toutes les demandes ou s'il est mis fin à l'arbitrage avant qu'une sentence définitive ne soit rendue, [*le Centre*] fixe les honoraires, les frais des arbitres et les frais administratifs. Si les parties ne sont pas convenues du partage des frais de l'arbitrage ou d'autres questions pertinentes relatives aux frais, ces contestations sont tranchées par [*le Centre*].

Obs. : selon l'article 13.1 du Règlement intérieur, c'est le Centre d'arbitrage qui fixe les provisions, dont le recouvrement incombe au Secrétaire général (art. 6.1, 11 du Règlement intérieur).

I. Validité de la condamnation solidaire d'un intervenant volontaire à supporter les frais avec la partie condamnée

En application de l'article 24.1 du Règlement d'arbitrage de la CCJA, c'est à juste titre qu'un tribunal arbitral a condamné un intervenant volontaire à l'instance arbitrale à supporter solidairement les frais de l'arbitrage avec la partie condamnée dans la sentence, après avoir constaté que l'intervenant a voulu être partie à la procédure arbitrale. L'intervenant volontaire ne peut donc valablement reprocher au tribunal de l'avoir in fine condamné solidairement avec le défendeur à payer les frais de l'arbitrage et autres frais sans motif justifié, après avoir écarté le principe d'une condamnation solidaire à la réparation des préjudices résultant de cette rupture de la convention de partenariat. Il s'ensuit que le motif tiré de la non-conformité du tribunal à sa mission n'est pas fondé et sera rejeté (CCJA, ass. plén., n° 027, 2-3-2017 : État du Mali, SOTELMA SA c/ SEAQUEST-INFOTEL MALI S.A (SQIM S.A), Ohadata J-17-161).

II. Répartition finale des frais entre les parties par le tribunal arbitral

Sur une sentence arbitrale ayant condamné une partie à rembourser à l'autre trois quarts de la provision sur les frais d'arbitrage qu'elle a avancés au début de la procédure, et ordonné à chaque partie de supporter ses autres frais, voir CCJA, ass. plén., n° 111/2021, 3-6-2021 : Njounkwe Martin c/ Oragroup SA).

III. Illicéité d'un accord séparé entre les arbitres et les parties sur les honoraires

Il résulte des dispositions combinées des articles 24.2, 24.3, 25.1 du Règlement d'arbitrage de la CCJA et 9 de la Décision n° 004/99/CCJA du 3 février 1999 relative aux frais d'arbitrage que dans l'arbitrage sous l'égide de la CCJA, les honoraires des arbitres sont exclusivement fixés par la Cour, conformément au barème annexé à la Décision n° 004/99/CCJA du 3 février 1999. La Cour peut fixer les honoraires des arbitres à un montant supérieur ou inférieur à ce qui résulterait de l'application de ce barème, si les circonstances de l'espèce le rendent exceptionnellement nécessaire ; mais tout accord séparé entre les parties et l'arbitre sur ses honoraires est nul et de nul effet. Ces dispositions ont pour objet de garantir aux parties qui ont décidé de soumettre leur litige à l'arbitrage de la Cour, le paiement d'honoraires prévisibles, proportionnels à la valeur réelle du litige et déterminés selon un barème connu à l'avance (CCJA, ass. plén., n° 139, 19-11-2015 : République de Guinée c/ GETMA International, Ohadata J-16-132).

Notification de la sentence

Art. 25 25.1. La sentence rendue, le secrétaire général en notifie aux parties le texte signé du tribunal arbitral, après que les frais d'arbitrage ont été réglés intégralement [*au Centre*] par les parties ou l'une d'entre elles.

25.2. Des copies supplémentaires certifiées conformes par le secrétaire général sont à tout moment délivrées aux parties qui en font la demande.

25.3. Par le fait de la notification ainsi effectuée, les parties renoncent à toute autre notification ou dépôt à la charge du tribunal arbitral.

Interprétation, rectification ou complément de la sentence

Art. 26 [mod.] La sentence dessaisit le tribunal arbitral du différend.

Le tribunal arbitral a néanmoins le pouvoir d'interpréter la sentence ou de rectifier les erreurs ou omissions matérielles qui l'affectent.

Lorsqu'il a omis de statuer sur un chef de demande, il peut le faire par une sentence additionnelle.

Dans l'un ou l'autre cas susvisé, la requête doit être adressée au secrétaire général dans les trente (30) jours de la notification de la sentence.

Le Secrétaire général communique, dès réception, la requête au tribunal arbitral et à la partie adverse en accordant à celle-ci un délai de trente (30) jours pour adresser ses observations au demandeur et au tribunal arbitral.

Lorsque le tribunal arbitral ne peut plus être réuni et, à défaut d'accord des parties sur la nomination d'un nouveau tribunal arbitral, [*le Comité*] nomme un arbitre unique afin de statuer sur le recours en interprétation, rectification ou complément de sentence.

Après examen contradictoire du point de vue des parties et des pièces qu'elles ont éventuellement soumises, le projet de sentence rectificative ou additionnelle doit être adressé pour l'examen préalable prévu à l'article 23 du présent Règlement dans les quarante-cinq (45) jours de la saisine du tribunal arbitral.

La procédure qui précède ne comporte pas d'honoraires sauf dans le cas prévu à l'alinéa 6 du présent article. Quant aux frais, s'il en est, ils sont supportés par la partie qui a formé la requête si celle-ci est rejetée entièrement. Dans le cas contraire, ils sont partagés entre les parties dans la proportion fixée pour les frais d'arbitrage dans la sentence objet de la requête.

Obs. : la possibilité, désormais offerte à un tribunal arbitral qui aura omis de statuer sur un chef de demande de se « rattraper » par une sentence additionnelle constitue également, sans aucun doute, un autre moyen de limiter les risques d'annulation d'une sentence (pour manquement du tribunal à sa mission). S'il est vrai que c'est une mesure indiscutablement avantageuse pour un tribunal arbitral, une partie peut déplorer d'avoir, dans le meilleur des cas, à perdre du temps en attendant qu'un tribunal soit amené à statuer sur une demande initialement omise et, dans le pire des cas, à perdre du temps et à payer un nouvel arbitre (lorsque le tribunal initial ne peut plus être réuni) pour accomplir la mission à laquelle aura failli le premier tribunal après avoir été payé. Dans de telles conditions, l'arbitrage pourrait devenir inutilement trop onéreux pour les parties, qui en seraient les grandes perdantes.

Autorité de chose jugée et exécution provisoire

Art. 27 [mod.] 27.1 Toute sentence arbitrale rendue conformément au présent Règlement revêt un caractère obligatoire pour les parties et a l'autorité définitive de la chose jugée sur le territoire de chaque État partie, au même titre que les décisions rendues par les juridictions de l'État. Elle peut faire l'objet d'une exécution forcée sur le territoire de l'un quelconque des États parties.

27.2 Par la soumission de leur différend au présent Règlement, les parties s'engagent à exécuter sans délai la sentence à intervenir.

27.3 Le tribunal arbitral peut, par décision motivée, accorder ou refuser l'exécution provisoire à la sentence si cette exécution a été sollicitée.

Dépôt et sanction légale de la sentence

Art. 28 [mod.] Toute sentence rendue conformément au présent Règlement est déposée en original au secrétaire général.

Dans tous les cas non visés expressément par le présent Règlement, [*le Centre*] et le tribunal arbitral procèdent en s'inspirant de celui-ci et en faisant leurs meilleurs efforts pour que la sentence soit susceptible de sanction légale.

Obs. : le Centre d'arbitrage déterminera souverainement lequel de ses deux organes (le secrétariat général ou le Comité de suivi des procédures) prendrait une décision dans le contexte de l'alinéa 2 de l'article 28 du Règlement d'arbitrage.

Chapitre III

RECOURS EN ANNULATION, RECONNAISSANCE ET EXECUTION FORCEE DES SENTENCES ARBITRALES

Recours en annulation

Art. 29 [mod.] 29.1. La partie qui forme un recours en annulation contre une sentence rendue dans un arbitrage de la Cour par un tribunal arbitral doit saisir la Cour par une requête que la Cour notifie à la partie adverse.

29.2. Les parties peuvent convenir de renoncer au recours en annulation de la sentence arbitrale, à la condition que celle-ci ne soit pas contraire à l'ordre public international.

Le recours en annulation contre la sentence n'est recevable que :

a) si le tribunal arbitral a statué sans convention d'arbitrage ou sur une convention nulle ou expirée ;

b) si le tribunal arbitral a été irrégulièrement composé ou l'arbitre unique irrégulièrement désigné ;

c) si le tribunal arbitral a statué sans se conformer à la mission qui lui a été confiée ;

d) si le principe du contradictoire n'a pas été respecté ;

e) si la sentence arbitrale est contraire à l'ordre public international ;

f) si la sentence arbitrale est dépourvue de toute motivation.

29.3. Le recours en annulation est recevable dès le prononcé de la sentence. Il cesse d'être recevable s'il n'a pas été formé dans les deux (02) mois de la notification de la sentence visée à l'article 25 du présent Règlement.

29.4. La Cour instruit la cause et statue dans les conditions prévues par son Règlement de procédure.

Dans ce cas, les délais de procédure sont réduits de moitié.

La Cour rend sa décision sur le recours dans les six (06) mois de sa saisine.

29.5. Si la Cour refuse la reconnaissance et l'autorité de chose jugée à la sentence qui lui est déférée, elle l'annule.

Elle évoque et statue au fond si les parties en font la demande.

Si les parties n'ont pas demandé l'évocation, la procédure est reprise à la requête de la partie la plus diligente à partir, le cas échéant, du dernier acte de l'instance arbitrale reconnu valable par la Cour.

I. Notion de « sentence arbitrale » susceptible de faire l'objet d'un recours en annulation : détermination en dehors de la qualification retenue par les arbitres ou les parties

Il résulte de l'article 29 du Règlement d'arbitrage de la CCJA que le recours en annulation est formé contre une sentence arbitrale, celle-ci se définissant comme l'acte par lequel le tribunal arbitral exerce son pouvoir juridictionnel. La qualification de sentence ne dépend ni des termes usités par les parties, ni de la manière dont les arbitres ont dénommé leur décision. Dès lors que le tribunal arbitral a, partiellement ou non, tranché un litige entre les parties – en l'occurrence la demande d'une partie qu'il soit immédiatement statué sur la compétence de la juridiction –, sa décision reçoit la qualification de sentence et est, conséquemment, sujette à l'annulation prévue à l'article 29 du Règlement d'arbitrage de la CCJA. Il s'ensuit, en l'espèce, que la décision attaquée, dénommée « ordonnance de procédure » et par laquelle le tribunal arbitral a décidé de joindre au fond les exceptions d'incompétence et d'irrecevabilité soulevées par une partie, ne lie aucunement la CCJA, de sorte que le recours en annulation ainsi formé est recevable (CCJA, ass. plén., n° 236/2024, 18-7-2024).

II. Notification du recours à la partie adverse

L'irrecevabilité du recours en contestation de validité [devenu recours en annulation] soulevée par la défenderesse, au motif que les actes y relatifs ne lui ont pas été notifiés conformément aux dispositions de l'article 29.1 du Règlement d'arbitrage de la CCJA doit être rejetée, dès lors qu'il résulte des exploits de notification de requêtes, faits par voie d'huissier et reçus au domicile élu de la défenderesse (un avocat au barreau d'Abidjan, selon les indications de la requête en arbitrage), que la défenderesse a bien reçu la notification du recours en contestation de validité de la sentence arbitrale (CCJA, ass. plén., n° 81, 28-3-2019 : Société NESTLE Cameroun c/ Groupe ABBASSI Sarl).

Il ressort de l'article 29 du Règlement d'arbitrage du 11 mars 1999 que, pour sa recevabilité, la requête en contestation de validité d'une sentence doit être déposée au greffe de la CCJA dans le délai de deux mois suivant la notification de ladite sentence aux parties par le secrétaire général, la notification de la requête à la partie adverse par le requérant n'étant, quant à elle, assortie d'aucune sanction. La requête litigieuse ayant été déposée dans les deux mois de la notification de la sentence, elle est recevable (CCJA, ass. plén., n° 127/2020, 30-4-2020 : Kabamba Mulangi Hyacinthe c/ DHL Global Forwarding DR Congo Sarl et 4 autres).

III. Incompétence d'une juridiction nationale

Une cour d'appel est incompétente pour connaître de la requête en annulation d'une sentence arbitrale rendue sur la base du Règlement d'arbitrage de la CCJA, seule la CCJA étant compétente dans un tel cas (CA Ouagadougou (Burkina Faso), ch. com., n° 34, 5-6-2009 : Sté JOSSIRA INDUSTRIE c/ ECOBANK-BURKINA, Ohadata J-12-168).

Compétence de la CCJA retenue pour un litige dont aucune juridiction nationale ne peut plus connaître. Voir sous l'art. 10 : CCJA, ass. plén., n° 020, 18-4-2013 : Sté Inter Africaine de Distribution dite IAD c/ 1) CMDT ; 2) GSCVM, Rec. jur. CCJA n° 20, vol. 2, janvier-décembre 2013, p. 104-109, Ohadata J-15-20.

IV. Mission du juge saisi d'un recours en annulation et modalités de mise en œuvre

La CCJA ne contrôle ni si le droit a été bien dit ni la solution de droit retenue. Elle a pour mission de s'assurer que la sentence dont l'annulation est demandée est conforme à l'ordre public international. Aussi, sans apprécier ni la pertinence ni l'opportunité de la sentence déférée, la Cour ne peut-elle que constater l'inaptitude de cette décision à intégrer l'ordre juridique interne de la République du Bénin. La seule existence de la sentence partielle attaquée, comme acte de justice, contrarie les règles qui fixent les conditions de la passation des marchés publics en matière d'énergie au Bénin, État partie au Traité OHADA.

Le juge de l'annulation se réfère à son propre ordre juridique, en ce que son appréciation se fait selon les règles impératives de son for ; il existe en la cause un ordre public communautaire et toute sentence contraire à celui-ci ne serait pas exécutée. En particulier, la CCJA ne saurait, dans l'exercice de son pouvoir d'annulation des sentences arbitrales, accueillir l'argument d'un moyen précoce, alors que celui-ci poursuit le respect de l'ordre public qu'un juge saisi du règlement contentieux d'un différend n'est nullement autorisé, même provisoirement, à mettre en veille, en l'absence d'une disposition légale spécialement établie à cette fin, l'ordre public se caractérisant par la permanence de sa vigueur. En outre, dans le règlement contentieux des litiges, le juge n'a pas à distinguer là où la loi s'abstient elle-même de le faire. En ouvrant le recours en annulation « si la sentence arbitrale est contraire à l'ordre public international », l'article 29.2 –e) ne distingue pas selon qu'il s'agit d'une sentence préalable, partielle ou définitive, le moyen tiré de la contrariété à l'ordre public international pouvant être invoqué contre tous les types de sentences ; partant, il n'existe pas des motifs d'annulation susceptibles d'être utilisés contre les sentences préalables ou partielles, tandis que d'autres seraient réservés exclusivement à la contestation des sentences définitives. Par ailleurs, aux termes de l'article 29.4 du Règlement d'arbitrage de la CCJA, saisie du recours en annulation contre une sentence préalable, partielle ou définitive, la Cour « instruit la cause et statue dans les conditions prévues par son Règlement de procédure ». En application du Règlement de procédure, la Cour saisie d'un moyen en examine la recevabilité sur le plan formel et, le cas échéant, les mérites de fond ; sauf à sortir de ce cadre qui fixe légalement le champ de son intervention en matière contentieuse, elle ne saurait répondre à un moyen qui sous-tend un recours, en énonçant tout simplement qu'il est prématuré, sans au préalable se prononcer sur sa recevabilité et, le cas échéant, son bien-fondé. Dans la mise en œuvre des lois, le juge ne saurait ajouter à celles-ci ; l'argument de la prématurité d'un moyen, qui tend de fait à priver un plaideur du bénéfice de celui-ci pour la défense de ses intérêts dans une instance contentieuse, n'est énoncé nulle part dans l'article 29.2 du Règlement d'arbitrage de la CCJA qui prévoit plutôt, entre autres, et de manière non équivoque, que le recours en annulation d'une sentence arbitrale, quelle qu'en soit la nature, est « recevable » si cette sentence est contraire à l'ordre public international ; c'est cette recevabilité qu'il faut contrôler. Il entre dans la mission de la CCJA de veiller à l'intégrité de la procédure arbitrale placée sous son égide, cette intégrité devant notamment se traduire par le respect de la liberté de défense des parties litigantes, en ce que celle-ci participe de leur système de défense. Dès lors, aucun moyen de défense ne saurait valablement être qualifié de précoce s'il tend au respect des règles à caractère d'ordre public dans le déroulement d'une instance consacrée au règlement d'un conflit (CCJA, ass. plén., n° 105/2022, 23-6-2022 : 1/ Société Béninoise d'Énergie Électrique (SBEE) SA, 2/ État du Bénin c/ Innovent Bénin SA).

V. Appréciation de la recevabilité du recours

La recevabilité du recours en annulation d'une sentence arbitrale rendue sous l'égide de la CCJA s'apprécie au regard des articles 29 et 30 du Règlement d'arbitrage de la cour, et non au regard de l'article 28 du Règlement de procédure de cette juridiction, qui traite de la recevabilité du recours en cassation contre les décisions rendues par les juridictions d'appel des États parties. Les moyens d'annulation invoqués par la demanderesse étant visés à l'article 29.2 précité, l'irrecevabilité du recours soulevée, au motif qu'il n'énonce aucun acte uniforme ni règlement prévu au Traité dont la violation serait alléguée, ce qui selon la défenderesse violerait l'article 28 du Règlement de procédure de la CCJA, n'est pas fondée et doit être rejetée (CCJA, ass. plén., n° 111/2021, 3-6-2021 : Njounkwe Martin c/ Oragroup SA).

VI. Renonciation à tout recours

A. Nécessité d'une renonciation expresse

La renonciation ne se présume pas. S'agissant, en l'espèce, d'une convention d'arbitrage non écrite, la demanderesse est censée ne pas avoir renoncé au recours en contestation de validité de la sentence prescrit par l'article 29.2, al. 1 du Règlement d'arbitrage de la CCJA, dès lors qu'il ne résulte d'aucune pièce versée au dossier que les parties à ladite convention ont entendu renoncer explicitement audit recours (CCJA, ass. plén., n° 020, 18-4-2013 : Sté IAD c/ 1) CMDT ; 2) GSCVM, Rec. jur. CCJA n° 20, vol. 2, janvier-décembre 2013, p. 104-109, Ohadata J-15-20).

Il est de jurisprudence constante de la CCJA que la renonciation des parties à toute contestation de la validité d'une sentence arbitrale ne peut résulter que de leur volonté clairement exprimée et sans aucune équivoque. En l'espèce, les termes « toute sentence prononcée par le Tribunal arbitral sera définitive, opposable aux parties » contenus dans la clause compromissoire ne sont que des périphrases traduisant la règle de l'autorité de la chose jugée qui s'attache à la sentence rendue sous l'égide de la CCJA. Ils signifient qu'une telle sentence ne peut être remise en cause et n'est susceptible d'aucune autre voie de recours que celle de la contestation de validité à laquelle ne saurait faire obstacle la seule mention du caractère « définitif » de la sentence contenue dans la clause compromissoire (CCJA, ass. plén., n° 033, 23-4-2015 : État DU MALI c/ Groupe TOMOTA S.A., Ohadata J-16-33).

Le seul usage du vocable « en dernier ressort » dans la convention des parties n'est pas suffisant pour traduire une renonciation expresse au recours en contestation de validité d'une sentence (CCJA, ass. plén., n° 102/, 15-10-2015 : Léopold EKWA NGALLE, Hélène NJANJO NGALLE, Société Anonyme LEN HOLDING, International Business Corporation SA c/ Société Nationale d'Hydrocarbures (SNH), Personnel SNH, Ohadata J-16-95).

La convention d'arbitrage conclue par les parties, bien qu'ayant prévu que « tous différends découlant du présent contrat ou en relation avec celui-ci... seront tranchés définitivement suivant le Règlement d'arbitrage de la [CCJA]... », ne saurait interdire le recours en contestation de validité de sentence initié par l'une des parties, dès lors qu'il ne ressort pas de ladite convention une renonciation expresse audit recours. La locution adverbiale « définitivement », qui est purement usuelle, ne saurait impliquer à elle seule la renonciation au recours en contestation de validité spécialement prévu par le Règlement d'arbitrage susvisé, recours auquel les parties ne peuvent renoncer que par une disposition expresse de la convention d'arbitrage. Tel n'étant pas le cas en l'espèce, il y a lieu de rejeter l'exception d'irrecevabilité soulevée par la SCIMAS (CCJA, n° 028, 19-7-2007 : Sté NESTLE SAHEL c/ SCIMAS, Rec. jur. CCJA n° 10, juill.-déc. 2007, p. 62, Ohadata J-09-104).

Ni la saisine des juridictions de droit commun d'une demande de mesures simplement conservatoires ni la signification d'un certificat de propriété comme en l'espèce, ne permettent par elles-mêmes de présumer la renonciation par leur auteur à une clause compromissoire, laquelle ne peut résulter que d'une manifestation de volonté des parties dépourvue d'équivoque. Sur le moyen tiré de la compétence des juridictions de droit commun pour connaître de la validité du protocole, il doit être rejeté pour les mêmes motifs que ceux qui ont conduit à la cassation ; le jugement entrepris doit être confirmé (CCJA, 1re ch., n° 097, 23-7-2015 : SODIMA SA devenue SANIA-Cie SA c/ DRAMERA Mamadou, Ohadata J-16-194).

Le recours en contestation de validité de la sentence est irrecevable lorsque les parties ont renoncé à toutes voies de recours par une disposition expresse de la convention d'arbitrage qu'ils ont signée (CCJA, 3e ch., n° 12, 29-11-2011 : République de Guinée équatoriale et la Communauté économique et monétaire de l'Afrique centrale (CEMAC) c/ la CBGE, Juris-Ohada, n° 1, 2012, janv.-mars, p. 34, Ohadata J-13-19, J-13-142).

B. Absence de renonciation

Partie non signataire de la clause d'arbitrage. La société D qui soutient, sans être démentie dans ses différentes écritures, n'avoir jamais été partie à un pacte d'actionnaires signé le 28 août 2004 entre des sociétés A, B, et C alors seules actionnaires d'une société E dans le capital duquel la société D n'est entrée qu'en août 2004 est fondée à exercer un recours en contestation de validité d'une sentence arbitrale dès lors que la société D n'est pas formellement signataire du pacte d'actionnaires prévoyant l'arbitrage, la seule référence au pacte d'actionnaires ne pouvant à elle seule justifier l'irrecevabilité du recours de la société D (CCJA, 1e ch., nº 03, ass. plén., 31-1-2011 : PLANOR AFRIQUE SA c/ ATLANTIQUE TELECOM SA, Juris-Ohada, nº 2/2011, avr.-juin 2011, p. 8, Ohadata J-12-136).

Sur le rejet de l'opposition à exequatur fondée sur des motifs non prévus par le Règlement, voir sous l'art. 30-5.

C. Existence de la renonciation

En application de l'article 29.2, alinea 1 du Règlement d'arbitrage de la CCJA [ancien], et en présence d'une clause compromissoire stipulant que « tout différend non réglé à l'amiable un mois après sa survenance, sera soumis exclusivement à la procédure d'arbitrage de la [CCJA-OHADA], conformément aux règlements en vigueur. Les décisions et sentences rendues lieront les parties qui s'engagent à les exécuter de bonne foi et à renoncer à tous recours contre elles », le recours en annulation de la sentence est irrecevable, dès lors que par une telle clause, les parties ont clairement et expressément renoncé à tout recours contre la sentence arbitrale, et que la demanderesse n'a, par ailleurs, mentionné dans son recours aucune atteinte à l'ordre public international, ce qui rend pleinement applicable les dispositions légales susvisées (CCJA, 1e ch., nº 359/2024, 12-12-2024).

. . . .

VII. Moyens d'annulation d'une sentence arbitrale

Pour des raisons pratiques, les quatre motifs d'annulation d'une sentence, également susceptibles d'empêcher l'exequatur d'une sentence au sens de l'article 30 du Règlement d'arbitrage, ont été présentés sous l'article 30 ; seuls les deux autres motifs additionnels d'annulation (composition irrégulière et absence de toute motivation) seront présentés sous cet article.

A. Sentence dépourvue de toute motivation

1º Sanction du défaut total de motifs

Au sens de l'article 29.2 du Règlement d'arbitrage de la CCJA, l'absence de motivation, comme cause d'annulation d'une sentence, sanctionne un défaut total de motifs et ne confère pas au juge de l'annulation le pouvoir de contrôler la pertinence des motivations énoncées par les arbitres. En l'espèce, la sentence objet du litige comprenant bien des motifs dans son libellé, le grief allégué n'est pas fondé et sera rejeté (CCJA, ass. plén., nº 128/2020, 30-4-2020 : Société IHS CI c/ Société Projex CI).

N'est pas « dépourvue de toute motivation », au sens de l'article 29.2.f du Règlement d'arbitrage de la CCJA, la sentence qui a dans ses paragraphes 314 à 355 procédé à une analyse de toutes les demandes formulées, admis pour certaines le principe de la réparation des préjudices subis, avant d'en déterminer les montants dans les paragraphes suivants. Ces deux premières branches du premier motif d'annulation doivent être rejetées, d'autant plus que les griefs, par leur libellé, tendent à inviter la Cour à apprécier la pertinence de la motivation retenue par les arbitres et analyser à nouveau les pièces produites au soutien des arguments des parties, toutes choses qui ne relèvent pas du contrôle de la Cour en matière d'annulation (CCJA, ass. plén., nº 111/2021, 3-6-2021 : Njounkwe Martin c/ Oragroup SA).

2º Contradictions pouvant s'assimiler à une absence de motivation

Comme l'a jugé la CCJA, la contradiction de motifs n'est pas en tant que tel une cause d'annulation d'une sentence prévue au Règlement d'arbitrage (CCJA, ass. plén., nº 102, 15-10-2015 : Léopold Ekwa Ngalle et trois autres c/ SNH, Personnel SNH, Ohadata J-16-95). Cependant, le principe procédural selon lequel la contradiction de motifs équivaut à un défaut de motifs, en ce que les motifs contradictoires s'annulent, principe qui est susceptible d'entraîner la cassation d'une décision rendue sur leur fondement (CCJA, nº 040, 30-6-2009 : Betra c/ Semos SA, Rec. jur. CCJA nº 13, janv.-juin 2009, p. 104, Ohadata J-10-78), nous semble transposable en matière d'arbitrage car la contradiction entre les motifs d'une sentence peut avoir le même effet d'annulation et rendre, dans certains cas, la sentence inexécutable en l'état, ce qui peut s'apparenter à une absence de motivation, justifiant, au sens de l'article 29.2 f du Règlement d'arbitrage de la CCJA, l'annulation d'une sentence. Il a d'ailleurs été jugé que dès lors que le recours en annulation ne permet pas à la cour d'appel de connaître d'un moyen concernant le fond du litige, la contradiction entre les motifs de la sentence, quelle qu'en soit la nature, entache celle-ci d'un vice de motivation équivalant à un défaut de motifs. L'obligation de motiver incombant aux arbitres qui statuent comme amiables compositeurs, le moyen reprochant à la cour d'appel d'avoir annulé partiellement une sentence pour contradiction entre ses motifs n'est pas fondé (Cass. civ. 25-10-1995 : JCP G 1995.IV.2616 ; Cass. 2e civ. 25-10-1995 : Groupement d'intérêt économique Commerçants réunis indépendants c/ Société Multimob, pourvoi nº 93-10.472). La jurisprudence française semble malheureusement avoir abandonné cette position en rejetant désormais les recours en annulation contre des sentences arbitrales comportant des motifs contradictoires, au motif, entre autres, que ce moyen tendrait, en réalité, à critiquer au fond la motivation de la sentence (Cass. 1e civ. 11-5-1999 et CA Paris, 1e ch. C, 26-10-1999 : Rev. arb. 1999.811, note E. Gaillard ; Cass. 2e civ. 6-12-2001 : D. 2002.IR.133). Cependant, cette raison ne nous semble pas convaincante, dès lors que la simple lecture d'une sentence arbitrale suffit pour constater des contradictions dans sa motivation et qu'une simple lecture n'équivaut pas à un réexamen de ladite sentence ; constater l'existence de contradictions (ce que peut faire le juge de l'annulation) n'équivaut pas à entreprendre une analyse de la motivation (ce que le juge de l'annulation ne doit pas faire). À ce sujet, il est édifiant de noter qu'en Belgique, la contradiction de motifs est considérée comme une absence de motifs (CA Bruxelles, 1e ch. suppl., 6-12-2000 : GP. 2001.som.861 obs. B. Hanotiau). Enfin, le manquement à la mission du tribunal arbitral peut aussi valablement être retenu pour annuler une sentence comportant de graves contradictions dans sa motivation, car lorsque, comme c'est le cas du Règlement d'arbitrage de la CCJA, la motivation de la sentence est requise par un règlement d'arbitrage, l'absence de motivation constitue une violation de leur mission par les arbitres (CA Paris, 1e ch. C, 5-10-2000, Pawelec c/ SA Pernod Ricard : GP 2001.som.1909), qui n'auront pas délivré toute la prestation pour laquelle ils se seront engagés en acceptant leur mission d'arbitre et pour laquelle ils auront en principe été rémunérés.

B. Composition irrégulière du Tribunal

C'est à tort que l'annulation d'une sentence est sollicitée pour composition irrégulière du tribunal, au motif qu'après la nomination des arbitres, la demanderesse s'est rendue compte que celui désigné par la société défenderesse avait récemment statué et occupé pour le compte d'une société tierce qui est partenaire directe de la défenderesse, et que craignant le risque de manque d'impartialité elle a, conformément à l'article 4 du Règlement d'arbitrage [du 11 mars 1999, applicable en l'espèce], récusé ledit arbitre sans obtenir gain de cause. Il en est ainsi dès lors que : (i) le secrétaire général du centre d'arbitrage de la Cour avait soumis aux observations des parties la déclaration complémentaire de l'arbitre pressenti, qui précisait avoir, par le passé, été désigné par la Cour internationale d'arbitrage de la CCI comme arbitre d'urgence dans une affaire ayant opposé une société actionnaire de la défenderesse à une société mauricienne sans rapport avec la procédure arbitrale en cours ; (ii) la demanderesse, qui soutient avoir usé de son droit de récusation, n'apporte aucune preuve de cette allégation, son conseil ayant reconnu que le projet de courriel par lequel il avait prévu adresser des observations au secrétaire général « n'est jamais parti ; je vous prie de prendre en gré mes excuses. Je vais en tirer les conséquences » ; (iii) et qu'au surplus, dans son mémoire en réponse, reçu au greffe le 8 février 2022, la demanderesse n'a pu édifier sur la saisine de la CCJA de sa requête aux fins de récusation puisqu'il y écrit : « Que craignant pour le risque manifeste d'impartialité qu'elle encourait, [la demanderesse] le dénonça et usa de son droit de récusation pourtant lui légalement reconnu dans requête en récusation adressée au Secrétaire Général de la CCJA référencée... ou mail du... » Ainsi, la demanderesse qui, ni avant ni après la nomination ou la confirmation de l'arbitre concerné, n'a introduit aucune demande de récusation et qui de surcroît a signé le procès-verbal [de cadrage], prévu à l'article 15 du Règlement d'arbitrage, est mal venue maintenant à invoquer l'irrégularité de la composition du tribunal arbitral, d'autant plus qu'elle ne justifie pas en quoi le fait pour l'arbitre d'avoir, par le passé, été désigné en cette même qualité dans une cause impliquant l'actionnaire de son adversaire est de nature à entamer son indépendance et son impartialité (CCJA, ass. plén., n° 104/2022, 23-6-2022).

Obs. : arrêt rendu en application de l'article 4 du Règlement d'arbitrage de 1999, mais transposable.

VIII. Délai

Lorsque la sentence arbitrale dont la validité est contestée a été rendue le 15 janvier 2007 et notifiée le 31 janvier 2007 au Conseil du requérant au pourvoi, ce dernier avait, en application de l'article 29.3 du Règlement d'arbitrage de la CCJA, et en tenant compte du délai de distance de 14 jours prescrit par la Décision n° 002/99/CCJA, jusqu'au 16 avril 2007, soit le premier jour ouvrable après le dimanche 15 avril, pour exercer son recours. Ledit recours, qui n'a été reçu et enregistré au greffe de la CCJA que le 7 mai 2007 est irrecevable (CCJA, n° 031/2009, 30-4-2009 : K. R. J. c/ BIB, Rec. jur. CCJA n° 13, janvier-juin 2009, p. 19, Ohadata J-10-54).

IX. Évocation

Pour prospérer, la demande d'évocation doit résulter de la volonté commune de toutes les parties (CCJA, ass. plén., n° 020, 18-4-2013 : Sté IAD c/ 1) CMDT ; 2) GSCVM, Rec. jur. CCJA n° 20, vol. 2, janvier – décembre 2013, p. 104-109, Ohadata J-15-20) et clairement exprimée par elles. En raison de l'opposition marquée par une partie au litige et basée sur le contrat qui n'a pas prévu l'évocation, il convient de conclure que les conditions d'application dudit article ne sont pas réunies ; en conséquence, la demande d'évocation formulée par l'autre partie au litige doit être rejetée (CCJA, n° 028, 19-7-2007 :

Sté NESTLE SAHEL c/ SCIMAS, Rec. jur. CCJA n° 10 – juill.-déc. 2007, p. 62, Ohadata J-08-250 ; CCJA, ass. plén., n° 236/2024, 18-7-2024).

X. Reprise de la procédure

Reprise non nécessaire. La sentence arbitrale ayant été annulée pour absence de convention, il n'y a pas lieu à reprise dudit arbitrage sous l'égide de la CCJA (CCJA, ass. plén., n° 039, 17-4-2014 : État du Mali c/ Société CFAO, Ohadata J-15-130).

XI. Impossibilité de statuer sur la demande d'annulation en cas de révision au fond

Il ne peut être statué sur la demande d'annulation d'une sentence arbitrale lorsque l'examen de cette demande est étroitement lié au sort de la demande en révision au fond (CCJA, 3e ch., n° 087, 12-4-2018 : État du Niger c/ Société Africard Co Limited).

Exequatur

Art. 30 [mod.] 30.1. La sentence est susceptible d'exequatur dès son prononcé.

L'exequatur est demandé par une requête adressée au Président de la Cour, avec copie au secrétaire général. Ce dernier transmet immédiatement à la Cour les documents permettant d'établir l'existence de la sentence arbitrale et de la convention d'arbitrage.

30.2. L'exequatur est accordé, dans les quinze (15) jours du dépôt de la requête, par une ordonnance du Président de la Cour ou du juge délégué à cet effet et confère à la sentence un caractère exécutoire dans les États parties. Cette procédure n'est pas contradictoire.

L'exequatur n'est pas accordé si la Cour se trouve déjà saisie, pour la même sentence, d'une requête formée en application de l'article 29 ci-dessus. En pareil cas, les deux requêtes sont jointes.

Sauf si l'exécution provisoire de la sentence a été ordonnée par le tribunal arbitral, l'exercice du recours en annulation suspend l'exécution de la sentence arbitrale jusqu'à ce que la Cour ait statué.

La Cour est également compétente pour statuer sur le contentieux de l'exécution provisoire.

La décision sur l'exequatur des sentences relatives à des mesures provisoires ou conservatoires est rendue dans un délai de trois (03) jours à compter du dépôt de la requête à la Cour.

30.3. Si l'exequatur est refusé, la partie requérante peut saisir la Cour dans les quinze (15) jours de la notification du rejet de sa requête. Ce délai est réduit à trois (3) jours lorsque le recours porte sur l'exécution d'une sentence du tribunal arbitral relative à des mesures provisoires ou conservatoires. Elle notifie le recours à la partie adverse.

30.4. La décision du président qui accorde l'exequatur n'est susceptible d'aucun recours.

30.5. L'exequatur ne peut être refusé que dans les cas suivants :

a) si le tribunal arbitral a statué sans convention d'arbitrage ou sur une convention nulle ou expirée ;

b) si le tribunal arbitral a statué sans se conformer à la mission qui lui avait été conférée ;

c) lorsque le principe de la procédure contradictoire n'a pas été respecté ;

d) si la sentence est contraire à l'ordre public international.

I. Exequatur

A. Possibilité d'accorder l'exequatur dès la reddition de la sentence

Les sentences rendues sous l'égide de la CCJA, étant revêtues de « l'autorité de chose jugée » et considérées comme décisions définitives ayant force de chose jugée dès lors qu'elles ne sont plus susceptibles de voies de recours suspensives, peuvent faire l'objet d'un exequatur dès leur reddition conformément à l'article 30 du Règlement d'arbitrage de la CCJA, que la convention d'arbitrage l'ait prévu ou non, sans que cette éventualité puisse constituer un obstacle à l'exercice du recours en contestation de validité de la sentence (CCJA, ass. plén., n° 11, 29-11-2011 : État du Mali c/ Sté ABS International Corporate LTD, Juris-Ohada, 2011, n° 4, oct.-déc. 2001, p. 7, Ohadata J-13-06).

B. Validité de la demande d'exequatur adressée au Président et non à la Cour

C'est à bon droit que le demandeur a sollicité l'exequatur au président de la CCJA et non à la Cour, dès lors qu'à la date de sa demande, le recours en contestation de validité de la sentence arbitrale n'avait pas encore été introduit par la partie adverse ; dans ces conditions, aux termes des dispositions des articles 30.2, 30.4 et 30.5 du Règlement d'arbitrage de la CCJA, seul le président de cette cour ou le juge par lui délégué à cet effet est habilité, par une procédure non contradictoire, à accorder ou à refuser l'exequatur par ordonnance motivée. Il échet donc de déclarer, en la forme, cette requête aux fins d'exequatur recevable (CCJA, ass. plén., n° 103, 15-10-2015 : Bénin Control SA c/ État du Bénin, Ohadata J-16-96 ; CCJA, ass. plén., n° 104, 15-10-2015 : État du Bénin représenté par l'Agent judiciaire du Trésor c/ Société Commune de participation, Patrice Talon, Ohadata J-16-97).

C. Nécessité d'accorder l'exequatur si les conditions sont remplies

La requête d'exequatur remplissant toutes les conditions de forme et de fond doit prospérer (CCJA, ass. plén., n° 128/2020, 30-4-2020 : Société IHS CI c/ Société Projex CI).

D. Décisions accordant l'exequatur

1° Octroi de l'exequatur

– **par une ordonnance du Président de la CCJA** : conformément à l'article 30.2 du Règlement d'arbitrage de la CCJA, l'exequatur est accordé à l'occasion d'une procédure non contradictoire par une ordonnance du président de la CCJA ou du juge délégué à cet effet et confère à la sentence un caractère exécutoire dans tous les États parties (CCJA, Ord. n° 01/2015/CCJA : Société I.A.D. c/ 1) CMDT, 2) Groupement des Syndicats de Producteurs de Coton et Vivriers du Mali dit GSCVM, Ohadata J-16-199 ; CCJA, Ord. n° 003/2015, 4-6-2015 : GILLET Jean-Paul c/ 1) BRVM, 2) Dépositaire Central/Banque de Règlement (DC/BR), Ohadata J-16-201) ;

– **par un arrêt en cas de jonction d'un recours en annulation et d'une demande d'exequatur** : la demande faite à la CCJA de constater la validité d'une sentence arbitrale et de la revêtir de l'exequatur conformément à l'article 30 du Règlement d'arbitrage de la CCJA étant recevable en la forme et justifiée quant au fond, il y a lieu d'y faire droit par arrêt, eu égard à la jonction des procédures précédemment ordonnée (CCJA, ass. plén., n° 81, 28-3-2019 : Société NESTLE Cameroun c/ Groupe ABBASSI Sarl).

2° Absence de recours en annulation

En l'absence de contestation [devenu recours en annulation] d'une sentence rendue sous l'égide de la CCJA dans le délai imparti par les dispositions du Règlement d'arbitrage de la CCJA, il y a lieu d'accorder l'exequatur qui confère à cette sentence un caractère exécutoire dans tous les États parties au traité OHADA (CCJA, Ord. n° 016/2009/CCJA, 19-8-2009 : ATLANTIQUE TELECOM S.A. c/ PLANOR AFRIQUE S.A., Rec. jur. CCJA n° 14, juill.-déc. 2009, p. 48, Ohadata J-10-187).

Dans le même sens, au sujet d'une sentence partielle devenue définitive, en l'absence de recours contre elle (CCJA, ass. plén., n° 104/2022, 23-6-2022).

3° Irrecevabilité ou rejet au fond du recours en annulation

Il y a lieu d'ordonner l'exequatur de la sentence lorsque le recours en contestation de validité (ou en annulation) de ladite sentence a été déclaré irrecevable (CCJA, 3e ch., n° 12, 29-11-2011 : République de Guinée équatoriale et la Communauté économique et monétaire de l'Afrique centrale (CEMAC) c/ la CBGE, Juris-Ohada, n° 1, 2012, janv.-mars, p. 34, Ohadata J-13-19, J-13-142) ou rejeté au fond (CCJA, Ord. n° 06/2011/CCJA, 21-12-2011 (Requête aux fins d'exequatur du 9-12-2011) : SHB c/ SONAPRA, Rec. jur. CCJA n° 17, juill.-déc. 2011, p. 168, Ohadata J-13-178 ; CCJA, ass. plén., n° 103, 15-10-2015 : Benin Control SA c/ État du Bénin, Ohadata J-16-96).

Dans le même sens :

– CCJA, ord. n° 005/2009/CCJA, 5-3-2009 : CNPM c/ COTECNA INSPECTION S.A., Rec. jur. CCJA n° 13, janvier-juin 2009, p. 178, Ohadata J-10-96 ;

– CCJA, ord. n° 003/2009/CCJA, 2009 : ECOBANK BURKINA SA c/ JOSSIRA INDUSTRIE SA, Rec. jur. CCJA n° 13, janvier-juin 2009, p. 175, Ohadata J-10-94 (NDLR : date incomplète) ;

– CCJA, ord. n° 002/2009/CCJA, 22-1-2009 : BST devenue ATTIJARI BANK SENEGAL c/ FAGACE, 2/ I.C.O.T.A.F. SA, Rec. jur. CCJA n° 13, janvier-juin 2009, p. 174, Ohadata J-10-93 ;

– CCJA, ord. n° 02/2 007/CCJA 8-3-2007 : BIB c/ K. R. J., Rec. de Jurisprudence n° 9 – janvier-juin 2007, p. 100, Ohadata J-08-237 ;
– CCJA, ass. plén., n° 027, 2-3-2017 : État du Mali, SOTELMA SA c/ SEAQUEST-INFOTEL MALI S. A, Ohadata J-17-161 ; CCJA, ass. plén., n° 104/2022, 23-6-2022 ;
– CCJA, ass. plén., n° 167/2019, 23-5-2019 : Bang Contractors Company Ltd SARL c/ Société CMA-CGM Cameroun Terminal Container 3CTC SA, relevant la conformité de la demande d'exequatur aux exigences légales. Voir aussi CCJA, ass. plén., n° 306/2019, 12-12-2019 : Holidays Market Sarl c/ Diagonal SA.

4° Absence de délai pour délivrer l'exequatur

Outre le fait qu'une ordonnance d'exequatur ne peut avoir pour effet de priver une partie de son droit au recours en contestation de validité, l'article 30 du Règlement d'arbitrage de la CCJA ne prévoit aucun délai pour délivrer l'ordonnance d'exequatur, la seule prescription relative au lien entre les procédures d'exequatur et d'examen de la validité de la sentence résulte de l'article 30.3 qui dispose que « l'exequatur n'est pas accordé si la Cour est déjà saisie, pour la même sentence, d'une requête [en contestation de validité] formée en application de l'article 29 [du Règlement d'arbitrage] ». En l'espèce, la CCJA n'étant saisie d'aucun recours en contestation de validité de la sentence pouvant faire obstacle à la délivrance de l'exequatur, à la date à laquelle l'ordonnance d'exequatur a été rendue, le moyen fondé sur la violation de l'article 29.3 du Règlement d'arbitrage de la CCJA en ce qu'elle « prive [la requérante] de son droit légitime et fondamental d'introduire son recours en contestation de validité contre la sentence du 5 août aussi longtemps que [l'ordonnance d'exequatur]... est maintenue » doit être rejeté (CCJA, 1e ch., n° 03, ass. plén., 31-1-2011 : PLANOR AFRIQUE SA c/ ATLANTIQUE TELECOM SA, Juris-Ohada, n° 2/2011, avr.-juin 2011, p. 8, Ohadata J-12-136).

II. Jonction des procédures

Il est dans l'intérêt des parties et d'une bonne justice que les procédures relatives à la requête aux fins d'exequatur et au recours en contestation de validité [devenu recours en annulation] d'une même sentence arbitrale soient jointes et jugées par une seule et même décision (CCJA, ord. n° 02/2011/CCJA, 30-9-2011 : République de Guinée équatoriale c/ CBGE, Rec. jur. CCJA n° 16, juill. 2010-juin 2011, p. 68, Ohadata J-12-193 et J-13-174, prononçant la jonction de 1/ Requête aux fins d'exequatur du 18 juin 2009 et 2/ Recours en contestation de validité de sentence n° 065/2009/PC du 13 juillet 2009. CCJA, 3e ch., n° 12, 29-11-2011 : République de Guinée équatoriale et la CEMAC c/ la CBGE, Juris-Ohada, n° 1, 2012, janv.-mars, p. 34, Ohadata J-13-19, J-13-142). Dans le même sens, conformément à l'article 30.3 [devenu 30.2, al. 2] du Règlement d'arbitrage de la CCJA et dès lors que les deux procédures sont liées (CCJA, ass. plén., n° 020, 18-4-2013 : Société IAD c/ 1) CMDT ; 2) GSCVM, Rec. jur. CCJA n° 20, vol. 2, janvier-décembre 2013, p. 104-109, Ohadata J-15-20 ; CCJA, ass. plén., n° 103, 15-10-2015 : Benin Control SA c/ État du Bénin, Ohadata J-16-96 ; CCJA, ass. plén., n° 104, 15-10-2015 : État du Bénin représenté par l'Agent Judiciaire du Trésor c/ Société Commune de Participation, Patrice Talon, Ohadata J-16-97 ; CCJA, ass. plén., n° 027, 2-3-2017 : État du Mali, Sotelma SA c/ SEAQUEST-INFOTEL MALI SA (SQIM SA), Ohadata J-17-161 ; CCJA, ass. plén., n° 81, 28-3-2019 : Société NESTLE Cameroun c/ Groupe ABBASSI Sarl ; CCJA, ass. plén., n° 128/2020, 30-4-2020 : Société IHS CI c/ Société PROJEX CI ; voir aussi, retenant la connexité des deux procédures : CCJA, ass. plén., n° 167/2019, 23-5-2019 : Bang Contractors Company Ltd SARL c/ Société CMA-CGM Cameroun Terminal Container 3CTC SA ; CCJA, ass. plén., n° 001/2021, 14-1-2021 : Ayivor Bakou Georges c/ Maître Abbey Gagnon Guy ; CCJA, ass. plén., n° 104/2022, 23-6-2022.

III. Requête devenue sans objet

La requête en opposition à exequatur devient sans objet lorsque la sentence arbitrale qui en fait l'objet a été annulée (CCJA, 1e ch., n° 03, ass. plén., 31-1-2011 : PLANOR AFRIQUE SA c/ ATLANTIQUE TELECOM SA, Juris-Ohada, n° 2/2011, avr.-juin 2011, p. 8, Ohadata J-12-136).

IV. Moyen de contestation de validité ou d'annulation non prévu

Ne relève pas des cas d'ouverture du recours en contestation de validité, limitativement énumérés aux articles 25 du Traité Ohada et 30.6 [devenu 30.5] du Règlement d'arbitrage de la CCJA, et ne saurait prospérer :
– le moyen qui reproche à la sentence attaquée la violation de l'article 15.5 du Règlement d'arbitrage de la CCJA, en ce que, « après avoir rendu la sentence partielle [...], les arbitres n'ont pas cru devoir convoquer une réunion avant que d'imposer aux parties une expertise ainsi qu'un nouveau calendrier pour l'exécution de cette mesure » alors que, selon le moyen, « ce procédé est vertement en contradiction avec les dispositions de l'article 15.5 du Règlement d'arbitrage de la CCJA, lequel impose un préalable obligatoire de réunion des parties avant l'établissement d'un nouveau calendrier » (CCJA, ass. plén., n° 45, 17-7-2008 : Sonapra c/ SHB, Juris-Ohada, n° 4/2008, p. 60, Ohadata J-09-83). Voir aussi ci-après Ohadata J-12-137) ;

– l'absence de motivation d'une sentence arbitrale, qui n'était pas incluse dans les cas d'ouverture à contestation de validité prévus à l'article 30.6 du Règlement d'arbitrage du 11 mars 1999 (CCJA, ass. plén., n° 127/2020, 30-4-2020 : K. c/ DHL Global Forwarding DR Congo SARL). Dans le même sens, au sujet du motif d'annulation reprochant à un tribunal arbitral de ne pas avoir motivé sa sentence et de s'être « contenté de reprendre à la limite près l'argumentaire de la partie intimée » tout en rejetant en bloc les prétentions de l'autre partie, pourtant émaillées de preuves (CCJA, ass. plén., n° 104/2022, 23-6-2022). C'est également à tort qu'une partie reproche à un tribunal arbitral de ne pas avoir « traité de manière autonome et approfondie » ses demandes alors qu'il a consacré plusieurs pages aux demandes de la partie adverse et soutient qu'elle en déduit que le tribunal arbitral n'a donné aucune motivation à sa sentence en ce qui concerne les moyens qu'elle a présentés (CCJA, ass. plén., n° 81, 28-3-2019 : Société Nestlé Cameroun c/ Groupe Abbassi SARL) ;

– le grief fait au tribunal d'avoir « troublé l'ordre public dans le déroulé de la procédure » (CCJA, ass. plén., n° 098, 30-10-2014 : SCP Pyramidion c/ Agetier-Mali, Ohadata J-15-189) ;

– la violation de la loi et la contrariété des motifs de la sentence (CCJA, ass. plén., n° 102, 15-10-2015 : Léopold Ekwa Ngalle, Hélène Njanjo Ngalle, Société Anonyme Len Holding, Société International Business Corporation SA c/ Société Nationale d'Hydrocarbures (SNH), Personnel SNH, Ohadata J-16-95) ;

– la violation de « la lex arbitri française », s'agissant d'un recours en contestation de validité d'une sentence arbitrale rendue sous l'égide de la CCJA et pour lequel seul le Règlement d'arbitrage de ladite cour est applicable (CCJA, ass. plén., n° 102, 15-10-2015 : Léopold Ekwa Ngalle, Hélène Njanjo Ngalle, Société Anonyme Len Holding, Société International Business Corporation SA c/ Société Nationale d'Hydrocarbures (SNH), Personnel SNH, Ohadata J-16-95) ;

– le moyen faisant grief à une sentence arbitrale d'avoir violé les dispositions de l'article 22.1 [devenu 22.1, al. 8] du Règlement d'arbitrage de la CCJA au motif que la sentence querellée était insuffisamment motivée, dès lors qu'aux termes de l'article 29.2 du Règlement d'arbitrage CCJA, la contestation de validité de la sentence arbitrale ne peut être fondée que sur un des motifs énumérés à l'article 30.6 [devenu 29.2] du même Règlement, au titre desquels ne figure pas l'insuffisance de la motivation de la sentence (CCJA, ass. plén., n° 141, 14-7-2016 : État du Niger c/ Sté Africard CO LTD (BVI), Ohadata J-17-81, déclarant irrecevable la demande).

Le grief tiré du non-respect de la procédure de conciliation préalable, nonobstant le fait que le tribunal arbitral n'ait pas expressément répondu à ce moyen, n'est pas fondé, dès lors qu'il résulte des pièces du dossier de la procédure, notamment, de la demande d'arbitrage et d'une lettre signifiée par exploits d'huissier, que la défenderesse a satisfait aux exigences de la conciliation préalable en notifiant à la demanderesse l'existence du différend, en souhaitant le recours à la procédure de conciliation préalable et en prenant même le soin de proposer un conciliateur (CCJA, ass. plén., n° 103, 15-10-2015 : Société Benin Control SA c/ État du Bénin, Ohadata J-16-96).

Le traitement inégal des parties dans la répartition des frais de l'instance ne figurant pas au nombre des motifs d'annulation d'une sentence arbitrale, limitativement énumérés à l'article 29.2 du Règlement d'arbitrage, ne saurait être accueillie la branche du motif d'annulation reprochant à un tribunal arbitral d'avoir omis de justifier les frais d'arbitrage et d'avoir condamné le défendeur à l'instance arbitrale à rembourser les trois quarts des frais d'arbitrage à la partie demanderesse, contrairement à ce que prévoit la décision n° 004/99/CCJA du 3 février 1999, laquelle, selon la requérante, exige en son article 4 une condamnation à parts égales (CCJA, ass. plén., n° 111/2021, 3-6-2021 : Njounkwe Martin c/ Oragroup SA).

Mais c'est à tort que l'irrecevabilité d'un recours en contestation de validité [devenu recours en annulation] est soulevée aux motifs qu'un recours n'est ouvert que dans les hypothèses limitativement prévues par l'article 30.6 du Règlement d'arbitrage de la CCJA, dès lors que l'un des moyens soulevés se fonde sur l'absence de conformité de la décision de l'arbitre à sa mission (CCJA, ass. plén., n° 141, 14-7-2016 : État du Niger c/ Société Africard Co LTD (BVI), Ohadata J-17-81).

V. Refus d'exequatur et ouverture de l'opposition à exequatur

Il y a lieu de rejeter la demande d'exequatur d'une sentence devant être annulée (CCJA, ass. plén., n° 104, 15-10-2015 : État du Bénin représenté par l'Agent Judiciaire du Trésor c/ Société Commune de Participation, Patrice TALON, Ohadata J-16-97).

A. Absence de convention d'arbitrage valide

1° Absence avérée d'une convention valide

Le consentement à la saisine d'un tribunal arbitral sous l'égide de la CCJA ne se présume pas et aucune disposition ni du Traité fondateur de l'OHADA, ni du Règlement de procédure de la CCJA, ne permet de tirer de la non-réponse à une lettre reçue dans le cadre d'une procédure arbitrale, une renonciation à un déclinatoire écrit et plaidé de compétence. Au surplus, la défenderesse ne prouve pas le consentement verbal que lui aurait donné la partie adverse. Ainsi, le Tribunal arbitral a statué sans convention d'arbitrage et sa sentence doit être annulée sans qu'il soit besoin de statuer sur le second moyen (CCJA, ass. plén., n° 039, 17-4-2014 : État du Mali c/ Société CFAO, Ohadata J-15-130).

2° Absence non avérée d'une convention valide

a. Offre implicite d'arbitrage acceptée

Les demandeurs, qui n'ont cessé de soutenir, devant les juridictions nationales, que la clause d'arbitrage contenue dans le protocole de financement est applicable au défendeur et que le litige les opposant doit être soumis à l'arbitrage, ont ainsi fait une offre d'arbitrage au défendeur, thèse au demeurant corroborée par un arrêt de la Cour suprême nationale. La CCJA ayant, par arrêt du 18 avril 2013, déclaré compétent le tribunal arbitral en motivant que le procès-verbal constatant l'objet de l'arbitrage et fixant le déroulement de la procédure arbitrale a été signé par toutes les parties qui ont ainsi convenu de l'application du Règlement d'arbitrage CCJA comme règles de la procédure, démontrant ainsi leur volonté commune de soumettre le litige à un tribunal arbitral sous l'égide de la CCJA, la question relative à la compétence du tribunal arbitral ne peut plus être discutée dans la même cause et entre les mêmes parties dès lors que cet arrêt de la CCJA a acquis l'autorité de la chose jugée. C'est donc à tort qu'il a été reproché à la sentence d'avoir été rendue sans convention valide (CCJA, ass. plén., n° 160, 1-12-2016 : CMDT, GSCVM c/ Société Inter Africaine de Distribution dite IAD, Ohadata J-17-100).

b. La clause prévoyant un arbitrage « conformément aux règles d'arbitrage de l'OHADA » renvoie à l'arbitrage institutionnel de la CCJA

Les « règles d'arbitrage de l'OHADA » visées dans une clause compromissoire stipulant que « tout litige découlant de l'interprétation de l'exécution du contrat sera tranché par arbitrage, conformément aux règles d'arbitrage de l'OHADA ; en cas d'échec, les parties se réfèreront aux juridictions nationales du pays abritant le siège de la banque » renvoient indiscutablement aux dispositions du titre IV du Traité de l'OHADA consacré à l'arbitrage institutionnel de la CCJA et auxquelles les parties doivent se soumettre. C'est donc à bon droit que le tribunal arbitral s'est déclaré compétent pour connaître du litige à lui soumis et le moyen tendant à faire juger que, si de la clause compromissoire précitée il peut être déduit la volonté des parties d'aller à l'arbitrage, ses termes ne permettent pas de dire qu'elle renvoie à l'arbitrage institutionnel de la CCJA, comme l'affirme le tribunal arbitral et que les arbitres, en se saisissant du litige, ont statué sans convention est infondé et sera rejeté (CCJA, ass. plén., n° 111, 11-5-2017 : National Financial Credit Bank SA (NFC) c/ Cheick Ibra Fall N'Diaye).

Obs. : il est vrai que l'OHADA connaît deux systèmes d'arbitrages et que la décision ci-dessus consistant à déclarer que la clause désignant l'arbitrage de l'OHADA sans précision renvoie à l'arbitrage institutionnel de la CCJA peut paraître arbitraire. Cependant, elle nous semble justifiée car elle présente le plus d'avantages pour les parties en leur permettant de maîtriser le coût de l'arbitrage par l'existence d'un barème des frais connus d'avance, de gagner du temps en permettant un recours unique contre la sentence devant la CCJA, et qui donne lieu à un arrêt non soumis à l'exequatur dans les autres États parties à l'OHADA, contrairement à une sentence qui aurait été rendue en application de l'AUA et qui n'échapperait à une procédure d'exequatur dans les États parties différents de celui qui en aura abrité le siège que si un pourvoi en cassation était formé contre la décision statuant sur le recours en annulation d'une telle sentence.

c. Clause pathologique

Une clause pathologique s'entend d'une clause dont la rédaction imparfaite ne permet pas la constitution d'un tribunal arbitral et rend impossible l'établissement de la compétence arbitrale du tribunal. En l'espèce, la clause compromissoire ne saurait être pathologique du seul fait du choix par les parties d'un siège d'arbitrage hors l'espace OHADA, en l'occurrence la ville de Paris en France, dès lors que l'arbitrage sous l'égide de la CCJA n'oblige pas les parties à fixer le siège de l'arbitrage dans un lieu précis qu'aucune disposition légale ne subordonne la validité d'un tel arbitrage à cette condition, et que la fixation du siège hors l'espace OHADA n'a aucune incidence sur la lex arbitri, qui demeure le Règlement de procédure de la CCJA, le contrôle juridictionnel allégué par la partie demanderesse pouvant être assuré par la CCJA. Il s'ensuit que le motif d'annulation fondé sur le choix d'un siège situé en dehors du territoire de l'OHADA doit être rejeté comme infondé (CCJA, ass. plén., n° 111/2021, 3-6-2021 : Njounkwe Martin c/ Oragroup SA).

B. Non-respect par l'arbitre de sa mission

1° Délimitation de la mission de l'arbitre

Sur la délimitation de la mission de l'arbitre par l'objet du litige, qui est déterminé par les prétentions et demandes des parties telles qu'exposées dans le procès-verbal constatant l'objet de l'arbitrage et fixant le déroulement de la procédure, voir sous l'art. 15 ; voir aussi : CCJA, ass. plén., n° 098, 30-10-2014 : SCP PYRAMIDION c/ AGETIER-Mali, Ohadata J-15-189, CCJA, ass. plén., n° 033,

23-4-2015 : État DU MALI c/ Société Groupe TOMOTA SA, Ohadata J-16-33 ; CCJA, ass. plén., n° 81, 28-3-2019 : Société NESTLE Cameroun c/ Groupe ABBASSI Sarl.

2° Absence de révision au fond de la sentence

Le non-respect par l'arbitre de sa mission ne peut avoir pour objet la révision au fond de la sentence mais seulement de permettre au juge de vérifier si les arbitres se sont ou non, sur les points où leur décision est critiquée, conformés à leur mission, sans avoir à apprécier le bien-fondé de leur décision. Rejet du moyen (CCJA, ass. plén., n° 11, 29-11-2011 : État du Mali c/ Sté ABS International Corporate LTD, Juris-Ohada, 2011, n° 4, oct.-déc. 2001, p. 7, Ohadata J-13-06).

Le grief tiré du non-respect par l'arbitre de sa mission ne peut avoir pour objet la révision au fond de la sentence ; il permet seulement à la CCJA de vérifier si les arbitres se sont ou non conformés à leur mission, sur les points où leur décision est critiquée, sans avoir à apprécier le bien-fondé de leur décision. Aux termes de l'article 15 du Règlement d'arbitrage de la CCJA, la mission de l'arbitre est délimitée principalement par les prétentions des parties, telles qu'elles résultent du procès-verbal constatant l'objet de l'arbitrage et fixant le déroulement de la procédure. En l'espèce, le Tribunal arbitral qui a estimé, en application de la loi malienne n° 87-31 du 29 août 1987 portant régime général des obligations, et dans le respect de sa mission, après analyse des différents éléments produits et discutés par les parties, que l'État du Mali a failli à ses obligations contractuelles et a souverainement fixé la réparation des préjudices qui en ont résulté pour le cocontractant n'a donc pas tranché en amiable compositeur ; il s'ensuit que le moyen selon lequel ne se sont pas conformés à leur mission doit être rejeté (CCJA, ass. plén., n° 033, 23-4-2015 : État DU MALI c/ Société Groupe TOMOTA S.A., Ohadata J-16-33).

Voir aussi CCJA, ass. plén., n° 81, 28-3-2019 : Société NESTLE Cameroun c/ Groupe ABBASSI Sarl).

3° Décisions n'ayant pas retenu le non-respect de sa mission par l'arbitre

a. Responsabilité délictuelle retenue sans dénaturation

Il est de jurisprudence que la mission des arbitres, définie par la convention d'arbitrage, est délimitée principalement par l'objet du litige, tel qu'il est déterminé par les prétentions des parties sans s'attacher uniquement à l'énoncé des questions dans l'acte de mission. Ainsi, le tribunal arbitral, en relevant, par une interprétation exclusive de toute dénaturation des faits de la cause, que la responsabilité délictuelle de l'État du Mali « constamment invoquée par l'État du Mali » est dans le débat, s'est légalement autorisé, dans le respect de sa mission et sans violer le principe du contradictoire, à retenir la responsabilité délictuelle de l'État du Mali. Outre le fait que la mission des arbitres est délimitée principalement par l'objet du litige tel qu'il résulte des prétentions des parties sans s'attacher uniquement à l'énoncé des points spécifiés dans l'acte de mission, le tribunal arbitral qui a retenu la responsabilité délictuelle et subséquemment la réparation du préjudice par équivalent, sous forme de dommages-intérêts conformément à l'article 123 de la loi malienne portant Régime Général des Obligations, a pris en compte tous les éléments permettant d'évaluer le préjudice parmi lesquels le coût d'acquisition des bus concernés en l'espèce. Rejet du moyen (CCJA, ass. plén., n° 11, 29-11-2011 : État du Mali c/ Sté ABS International Corporate LTD, Juris-Ohada, 2011, n° 4, oct.-déc. 2001, p. 7, Ohadata J-13-06).

b. Condamnation aux dommages-intérêts

Le fait pour le tribunal arbitral de se prononcer sur une demande de condamnation au titre de dommages-intérêts et en ventilant le montant de ladite condamnation ne constitue pas une violation de sa mission (CCJA, ass. plén., n° 102, 15-10-2015 : Léopold EKWA NGALLE, Hélène NJANJO NGALLE, Société Anonyme LEN HOLDING, Société International Business Corporation SA c/ Société Nationale d'Hydrocarbures (SNH), Personnel SNH, Ohadata J-16-95).

Les affirmations des arbitres sur les faits soumis à leur appréciation et l'évaluation souveraine du montant des dommages et intérêts sur la base des éléments de faits soumis à leur appréciation ne sont pas de nature à justifier l'annulation de la sentence (CCJA, ass. plén., n° 103, 15-10-2015 : Société Benin Control SA c/ État du Bénin, Ohadata J-16-96).

c. Modification du calendrier de la procédure

Voir sous l'art. 15.4 : CCJA, ass. plén., n° 102, 15-10-2015 : Léopold EKWA NGALLE, Hélène NJANJO NGALLE, Société Anonyme LEN HOLDING, Société International Business Corporation SA c/ Société Nationale d'Hydrocarbures (SNH), Personnel SNH, Ohadata J-16-95.

d. Recherche préalable d'un règlement amiable

Le tribunal arbitral n'a pas statué sans se conformer à sa mission relativement à la recherche d'un règlement amiable, dès lors qu'il résulte de la sentence qu'une partie a sollicité un règlement amiable du différend par lettres et qu'à l'inverse, l'autre partie a suspendu unilatéralement la convention, entraînant ainsi l'impossibilité de l'exécuter (CCJA, ass. plén., n° 104, 15-10-2015 : État du Bénin représenté par l'Agent Judiciaire du Trésor c/ Société Commune de Participation, Patrice Talon, Ohadata J-16-97).

e. Utilisation du rapport de l'expert demandé par l'une des parties

L'accord de volonté qui est à la base du contrat entre les parties et les textes de loi relatifs font obstacle à ce que l'une d'elles puisse, en cours d'exécution du contrat, le modifier ou le résilier. Il s'ensuit que l'utilisation du rapport de l'expert pour fixer le montant des dommages et du manque à gagner n'écarte pas le tribunal de sa mission, dès lors qu'il ressort de la procédure que durant l'audience des plaidoiries, le directeur du Contentieux de l'État demandeur a déclaré que « (…) le Tribunal ne doit s'en tenir, pour évaluer le préjudice qui a été causé [au défendeur], qu'à des pièces ou à des preuves qui ne souffrent d'aucune ambiguïté (…). C'est pourquoi, j'insiste là-dessus, il faut un vrai travail d'expert pour déterminer exactement le préjudice qui aura été causé [au défendeur] (…) » (CCJA, ass. plén., n° 141, 14-7-2016 : État du Niger c/ Sté Africard CO LTD (BVI), Ohadata J-17-81).

f. Prise en compte de la jurisprudence applicable à la cause

Il ne peut être reproché au tribunal d'avoir failli à sa mission en écartant des dispositions du Code des marchés publics qui ont été déclarées inapplicables à la cause par une Cour de justice de l'État demandeur, au motif que les dispositions écartées étaient postérieures à la convention en cause. La convention des parties prévoyait que « dans le cas d'une résiliation, par l'État demandeur, et sans manquement du cocontractant, l'État demandeur s'engage à lui verser les sommes correspondant aux manques à gagner résultant de cette résiliation… » ; et qu'il résulte du procès-verbal valant acte de mission que « le Tribunal pourra, de sa propre initiative ou à la demande d'une des parties, après avoir entendu les parties, nommer en application de l'article 19.3 du Règlement d'arbitrage CCJA, un ou plusieurs experts […] ». En conséquence, le tribunal arbitral a bien statué conformément à sa mission et n'a pas violé l'article 30.6-2 du Règlement d'arbitrage de la CCJA (CCJA, ass. plén., n° 141, 14-7-2016 : État du Niger c/ Société Africard Co LTD (BVI), Ohadata J-17-81).

> **Obs. :** cet arrêt indique implicitement qu'un tribunal arbitral peut valablement tenir compte de la jurisprudence applicable dans l'accomplissement de sa mission et qu'il ne peut lui être reproché d'avoir failli à sa mission de ce seul fait.

g. Arbitrage fondé sur un procès-verbal de cadrage non signé par toutes les parties mais validé par la Cour

C'est à tort qu'il est reproché au tribunal d'avoir failli à sa mission, dès lors qu'il résulte de la décision n° 113/2013/CCJA/ADM/ARB que suite au refus des demandeurs de participer à la réunion prévue à l'article 15 du Règlement, le président de la Cour a, sur la demande du tribunal arbitral, approuvé le procès-verbal de réunion. En se fondant sur la décision de la Cour pour se déclarer compétente, la sentence n'a en rien contrarié le procès-verbal. Ce moyen doit être rejeté, dès lors qu'il ne résulte, par ailleurs, pas de la sentence que le tribunal a statué en amiable compositeur (CCJA, ass. plén., n° 160, 1-12-2016 : CMDT, GSCVM c/ IAD, Ohadata J-17-100).

> **Obs. :** rendue sous l'empire de l'ancien Règlement d'arbitrage, mais transposable.

h. Tribunal injustement accusé d'avoir statué en amiable compositeur

C'est à tort qu'il est reproché à un tribunal arbitral d'avoir statué sans se conformer à sa mission, en ce qu'il a statué en amiable compositeur parce qu'il se serait trompé dans le décompte des jours ; que « faussant le dies ad quem », le tribunal a dès lors considéré que la convention de partenariat du 13 juillet 2006 s'était poursuivie, faisant concorder le délai d'expiration de la convention et la date de la signature de l'avenant de prorogation de 90 jours, des conditions suspensives, afin de motiver le caractère unilatéral et anormal de la résiliation intervenue le 2 mai 2007 à l'initiative de la demanderesse. Il en est ainsi dès lors que, d'une part, l'erreur dans la computation des délais, qui aurait pu être relative à un défaut de convention d'arbitrage, n'est pas rapportée et que la signature de l'avenant par les parties le 12 septembre 2006 entrait bien dans le champ de la convention de partenariat, d'autre part (CCJA, ass. plén., n° 027, 2-3-2017 : État du Mali, SOTELMA SA c/ SEAQUEST-INFOTEL MALI S. A (SQIM S. A), Ohadata J-17-161).

En reprochant à une sentence arbitrale le non-respect par l'arbitre de sa mission, en ce qu'investi par les parties du pouvoir de trancher leur différend en droit, ce dernier aurait failli à cette mission en adoptant des motifs limités et contradictoires, la requérante, qui ne saurait reprocher à un arbitre statuant en équité une contradiction ou une insuffisance de motifs, admet implicitement que celui-ci n'a pas jugé en amiable composition mais plutôt en droit, conformément à la mission qui lui avait été confiée (CCJA, ass. plén., n° 001/2021, 14-1-2021 : Ayivor Bakou Georges c/ Maître Abbey Gagnon Guy).

Le moyen reprochant à un tribunal arbitral d'avoir violé sa mission en statuant en amiable compositeur, alors que sa mission était de statuer uniquement en droit sur le litige qui lui était soumis, doit être rejeté comme impertinent dès lors que, tel qu'exposé, le grief relève de la non-prise en compte de certaines pièces produites par l'une des parties, évoque sans en préciser ou situer le niveau dans la sentence entreprise, le fait pour le tribunal arbitral d'avoir statué en amiable composition, et conclut à l'annulation de la sentence pour défaut de motif (CCJA, ass. plén., n° 111/2021, 3-6-2021 : Njounkwe Martin c/ Oragroup SA).

i. Condamnation portant sur une convention couverte par la clause d'arbitrage

C'est à tort qu'il est reproché à un tribunal d'avoir outrepassé sa mission en octroyant des manques à gagner au défendeur sur le fondement d'un contrat de 2005 qui ne fait pourtant pas l'objet de l'arbitrage, dès lors que le tribunal arbitral a préalablement indiqué dans la sentence que le « contrat de 2005 » était en dehors de son champ de compétence et que « la convention » visée par le tribunal dans la sentence pour prononcer les condamnations est bien celle que les Parties ont signée et qui faisait l'objet de l'arbitrage (CCJA, ass. plén., n° 027, 2-3-2017 : État du Mali, Sotelma SA c/ Seaquest-Infotel Mali S. A (SQIM S. A), Ohadata J-17-161).

j. Tribunal accusé d'avoir omis d'appliquer d'office une clause de limitation de responsabilité et d'être devenu le défenseur d'une partie

C'est à tort qu'il est reproché au tribunal arbitral de ne pas s'être conformé à la mission qui lui avait été confiée, notamment en s'abstenant d'appliquer d'office la « clause de limitation de responsabilité », et en devenant « l'aide, le défenseur de l'une des parties… » par la correspondance du 24 avril 2016 qui, selon elle, visait à amener une partie à revoir sa demande qui aurait été mal fondée, car le grief du non-respect de sa mission par l'arbitre permet à la Cour de vérifier si l'arbitre s'est ou non conformé à sa mission qui est déterminée par les prétentions et les demandes des parties, sans avoir à examiner le bien-fondé de sa décision. En l'espèce, le motif visant l'annulation doit être rejeté, d'une part, parce que la question relative à l'application de la « clause limitative de responsabilité » relève du fond de la sentence et ne saurait être soumise à l'examen de la CCJA et, d'autre part, parce que, usant de son pouvoir d'instruction, le tribunal arbitral a requis, par une lettre, l'éclairage des parties sur des points précis en lien direct avec les éléments de faits soumis à son appréciation ; cet acte qui relève du déroulement normal de la procédure arbitrale, tel que prévu par les dispositions des articles 19.1 et 15 du Règlement d'arbitrage de la CCJA, ne saurait justifier l'annulation de la sentence arbitrale entreprise ; qu'il s'ensuit que ce motif n'est pas plus prospère que ses précédents et mérite le rejet (CCJA, ass. plén., n° 81, 28-3-2019 : Société Nestlé Cameroun c/ Groupe Abbassi SARL).

k. Participation du conseil d'une partie à la réunion de cadrage par téléphone

C'est à tort qu'il est reproché à un tribunal arbitral d'avoir manqué à sa mission et violé le principe d'une procédure équitable, dès lors : qu'il ne ressort pas des pièces versées au dossier que le tribunal arbitral, en ordonnant que le conseil d'une partie prenne part, sous forme de conférence téléphonique, à la réunion de cadrage, a rompu l'égalité de traitement des parties, le procès-verbal de la réunion préparatoire dressé ayant été accepté et signé sans aucune réserve par toutes les parties ; que d'ailleurs, l'article 15.1 du Règlement d'arbitrage de la CCJA autorise la tenue de la réunion de cadrage sous cette forme ; qu'au surplus, il résulte des productions que toutes les parties ont eu le loisir de faire valoir leurs moyens de défense à travers trois échanges programmés dans le calendrier prévisionnel qui n'a pas fait l'objet de modification et dont le respect incombe au tribunal arbitral ; que, par ailleurs, il ne résulte d'aucune pièce que le président du tribunal arbitral aurait agi sans l'aval des autres arbitres ; qu'enfin, la prorogation de la date de la signature de la sentence arbitrale ne constitue pas une modification du calendrier prévisionnel. Il s'ensuit que le tribunal arbitral n'a en rien commis les griefs allégués au motif et s'est conformé à sa mission déterminée par le procès-verbal de cadrage (CCJA, ass. plén., n° 167/2019, 23-5-2019 : Bang Contractors Company Ltd SARL c/ Société CMA-CGM Cameroun Terminal Container 3CTC SA).

l. Tribunal s'étant prononcé sur l'ensemble des demandes des parties en appliquant les règles prévues

Il est de droit constant que le grief du non-respect de leur mission par les arbitres permet à la Cour, sans avoir à examiner le bien-fondé de la décision, de vérifier si ces derniers se sont conformés à leur mission définie par la convention d'arbitrage et délimitée principalement par l'objet du litige tel qu'il est déterminé par les prétentions et les demandes des parties. En l'espèce, il ne peut être valablement reproché au tribunal d'avoir manqué à sa mission dès lors qu'il ressort de l'analyse de la convention d'arbitrage et de la sentence constestée, d'une part, que les arbitres se sont prononcés sur l'ensemble des prétentions et demandes respectives des parties et, d'autre part qu'ils ont fait application au fond du litige du Code civil et du Code de procédure civile congolais. De surcroît, l'application faite par le tribunal arbitral de cette réglementation ne peut être soumise à la censure de la Cour (CCJA, ass. plén., n° 127/2020, 30-4-2020 : Kabamba Mulangi Hyacinthe c/ DHL Global Forwarding DR Congo Sarl et 4 autres).

m. Demande d'intervention forcée d'une personne tranchée par une ordonnance de procédure du tribunal

Une fois qu'il est installé, le tribunal arbitral, à qui les parties litigantes n'ont prescrit aucune forme précise à cet effet, statue sur les questions d'administration de la procédure selon la forme qui lui semble appropriée. En l'espèce, les recourants écrivent en page 5 de leur requête du 6 décembre 2019 : « Nous avons sollicité en application de l'article 8-1.1 alinéa 2 du Règlement que le tribunal arbitral admette une telle demande en intervention forcée de la société Afrimedia International dans un souci de bonne administration de la procédure et ce, malgré le stade avancé de la procédure ». La partie qui a expressément requis d'un tribunal arbitral que celui-ci admette la demande en intervention forcée d'une tierce personne à titre de mesure « de bonne administration de la procédure » est malvenue à demander à la CCJA une requalification en demande d'arbitrage de sa propre sollicitation, et ce pour dénoncer le fait qu'il y ait été répondu par ordonnance. Cette démarche est d'autant plus inopérante que la voie de l'ordonnance a toujours été utilisée par le tribunal arbitral pour régler diverses autres questions de même nature, comme en attestent les ordonnances de procédure n° 1 du 15 mai 2019 adoptant les règles complémentaires de celles du Règlement et n° 3 en date du 30 octobre 2019 ayant précisé « les conditions de la production de pièces sollicitées par la défenderesse et de communication de deux pièces nouvelles sollicitées par les demandeurs ». Il s'ensuit que la demande d'intervention forcée de la société Afrimedia International, formée par le demandeur, n'a pu caractériser une demande d'arbitrage et n'était qu'une simple demande de mesure d'administration. Dès lors, les arbitres n'ont en rien commis le reproche articulé par le premier motif, lequel sera par conséquent rejeté comme mal fondé (CCJA, ass. plén., n° 039/2021, 8-4-2021 : Nemale Holding SAS et M. Constant Nemale c/ République de Guinée équatoriale).

n. Reddition d'une ordonnance de procédure destinée à informer une juridiction nationale saisie d'une contestation relative à une mesure provisoire qu'elle a prise

C'est à tort qu'il est reproché à un tribunal arbitral d'avoir manqué à sa mission, d'une part, en n'examinant pas les preuves présentées et en se limitant à dire que la demanderesse n'a jamais apporté les preuves de ses allégations ; et d'autre part « en s'étalant longuement et inutilement sur une demande en dédommagement » de la partie adverse à la suite de mesures provisoires prises par une juridiction étatique, au point de rendre des ordonnances de procédure de nature à offrir à la partie adverse les moyens d'exercer une influence dans les affaires pendantes devant ladite juridiction étatique. Il en est ainsi car d'une part, la mission du tribunal arbitral est délimitée par l'objet du litige, qui est déterminé par les prétentions et demandes respectives des parties telles qu'exposées dans le procès-verbal [de cadrage] prévu à l'article 15 du Règlement d'arbitrage et, que d'autre part, le non-respect par le tribunal arbitral de sa mission ne peut avoir pour objet la révision au fond de la sentence, mais permet seulement à la Cour de vérifier si les arbitres se sont ou non conformés à leur mission, sur les points où leur décision est critiquée sans avoir à apprécier le bien-fondé de ladite décision. En l'espèce, le tribunal arbitral, après avoir, dans la sentence attaquée, d'une part, noté au paragraphe 7 que : « … le tribunal arbitral […] a examiné tous les documents gisant au dossier, qu'ils soient de nature factuelle ou juridique, ainsi que toutes les allégations des parties, même si certains de ces documents ou allégations ne sont pas expressément mentionnés dans l'attribution finale », et, d'autre part, énuméré les prétentions respectives des parties, du paragraphe 93 au paragraphe 100, a, dans les paragraphes 122 à 252, examiné successivement chacune de ces prétentions, au nombre desquelles figure la demande de la demanderesse relative aux frais de la procédure et leur a donné une réponse, s'est conformé à la mission qui lui a été confiée et est resté dans ses limites en prenant l'ordonnance de procédure destinée à informer une juridiction nationale saisie d'une contestation visant une mesure provisoire prise par celle-ci, qu'il n'est pas saisi du même contentieux contrairement à ce que la demanderesse avait fait croire devant ladite juridiction nationale (CCJA, ass. plén., n° 104/2022, 23-6-2022).

4° Décisions ayant retenu le non-respect de sa mission par l'arbitre

Augmentation des honoraires directement négociée par les arbitres avec les parties sans s'accord de la Cour. En application de l'article 10.1 du Règlement d'arbitrage de la CCJA, ne s'est pas conformé à sa mission et a exposé sa sentence à l'annulation le tribunal arbitral qui a délibérément écarté des dispositions essentielles du Règlement d'arbitrage auquel les parties ont convenu de soumettre le traitement de leur différend par la clause compromissoire insérée dans leur contrat. Il en est ainsi lorsqu'à la suite de la fixation par la Cour du montant des honoraires des arbitres, le président du tribunal arbitral a directement négocié avec les conseils des parties en litige et obtenu leur accord pour que le montant desdits honoraires soit revu à la hausse ; qu'ayant ensuite saisi la CCJA pour obtenir la régularisation de cette majoration, ses requêtes ont été rejetées à deux reprises et que nonobstant ces décisions de refus, le président du tribunal arbitral a obtenu de la partie au bénéfice de laquelle la sentence a été rendue, le paiement de sa quote-part sur la somme réclamée, outre la condamnation de cette dernière au paiement de la quote-part de la partie ayant succombé dans l'arbitrage (CCJA, ass. plén., n° 139, 19-11-2015 : République de Guinée c/ GETMA International, Ohadata J-16-132).

Obs. : une tentative de faire exécuter aux États-Unis d'Amérique cette sentence annulée par la CCJA n'a pas abouti, la juridiction américaine (US District Court for the District of Columbia) ayant retenu que les règles de l'arbitrage institutionnel de la CCJA (le Règlement d'arbitrage et ses annexes), par lesquelles les parties ont accepté d'être liées, « supportent sans ambiguïté la position selon laquelle la détermination des honoraires des arbitres relève de la compétence exclusive de la Cour, ni le tribunal arbitral, ni les parties, ne pouvant [s'arroger] cette autorité ». En sollicitant l'augmentation des honoraires dans ces conditions malgré l'interdiction exprimée à deux reprises par la CCJA, les arbitres ont violé les règles applicables et l'annulation de la sentence arbitrale dans ces conditions ne viole pas l'ordre public américain ; rejet de l'exequatur au États-Unis d'Amérique (Getma Int'l v. The Republic of Guinea N° 14-1616, Mem Op. (D.C. June 9, 2016)) ; confirmé par la cour d'appel du Disctrict de Columbia le 7 juillet 2017 (Getma International v. Republic of Guinea, n° 16-7087 (D.C. Cir. 2017) : https://law.justia.com/cases/federal/appellate-courts/cadc/16-7087/16-7087-2017-07-07.html).

C. Respect du contradictoire

1° Parties mises en mesure de discuter les pièces et moyens soumis au tribunal

Le principe du contradictoire a été respecté à l'égard de la partie qui a eu connaissance de la procédure et a déposé un mémoire en réponse (CCJA, ass. plén., n° 104, 15-10-2015 : État du Bénin représenté par l'Agent Judiciaire du Trésor c/ Société Commune de Participation, Patrice Talon, Ohadata J-16-97).

Il est satisfait au principe du contradictoire, dès lors que chaque partie a eu la possibilité d'examiner et de discuter les pièces ainsi que les moyens soumis au tribunal arbitral. Dans l'espèce, la sentence énonçant que « toutes les pièces ont été bien reçues et qu'aucune d'entre elles n'a été dissimulée ; que les parties ont disposé de tout le temps nécessaire et utile pour débattre... », le principe du contradictoire n'a pas été violé (CCJA, n° 029, 19-7-2007 : SIR SA c/ Bona Shipholding LTD et 4 autres, Rec. jur. CCJA n° 10 – juillet-décembre 2007, p. 12, Ohadata J-08-241).

Le principe du contradictoire suppose que chacune des parties ait été mise en mesure de discuter l'énoncé des faits et les moyens juridiques que ses adversaires lui ont opposés. Il a été respecté lorsqu'il résulte des pièces de la procédure que la pièce invoquée en l'espèce, la lettre d'un notaire, a été communiquée durant les débats aux requérants et qu'ils se sont même librement prononcés sur ladite pièce ; que contrairement aux affirmations des requérants, il ne résulte pas des pièces de la procédure qu'il y ait eu soustraction des pièces ou que les parties n'ont pas été mises en état de faire connaitre tout ce qui est nécessaire au succès de leur demande ou de leur défense ni que la sentence contestée a été rendue sur la base exclusive de la lettre du notaire. Enfin, il ne résulte aucune contradiction à ce que le tribunal, qui a rejeté les demandes reconventionnelles d'une partie tendant à faire supporter par les requérants les frais par eux exposés dans le cadre de la procédure d'arbitrage, comme étant nouvelles et qu'il se soit prononcé sur ces mêmes demandes, car il a l'obligation légale en application de l'article 24 du règlement d'arbitrage de liquider les frais de l'arbitrage et de décider à laquelle des parties le paiement incombe, ou dans quelle proportion ils sont partagés entre elles (CCJA, ass. plén., n° 102, 15-10-2015 : Léopold Ekwa Ngallle, Hélène Njanjo Ngalle, Société Anonyme Len Holding, Société International Business Corporation SA c/ Société Nationale d'Hydrocarbures (SNH), Personnel SNH, Ohadata J-16-95).

2° Absence d'obligation d'impartir les mêmes délais aux parties

Si le respect du principe de la contradiction impose que chaque partie ait pu faire connaître ses prétentions et discuter celles de son adversaire, de telle sorte que rien de ce qui a servi à fonder la sentence n'ait échappé aux débats, il n'impose en revanche pas à l'arbitre l'obligation d'impartir strictement les mêmes délais pour chaque chef de demande. En l'espèce, la demanderesse, qui, d'une part, a apposé sa signature sur le procès-verbal fixant le déroulement de la procédure sans aucune réserve et ainsi donné son accord sur le calendrier prévisionnel y contenu et, d'autre part, a effectivement communiqué et déposé ses écritures dans les délais qui lui étaient impartis dans ledit procès-verbal, est malvenue à invoquer une quelconque violation de ses droits (CCJA, ass. plén., n° 098, 30-10-2014 : SCP Pyramidion c/ Agence d'Exécution des Travaux d'Infrastructure du Mali dite Agetier-Mali, Ohadata J-15-189).

3° Caractère facultatif du recours à un expert

Le respect du principe du contradictoire suppose que chacune des parties ait été mise en mesure de discuter l'énoncé des faits et les moyens juridiques que ses adversaires lui ont opposés. Le recours ou non à un expert est une faculté à la discrétion de l'arbitre, aux termes de l'article 19.3 du Règlement d'arbitrage de la CCJA, et ne saurait constituer un motif de violation du principe du contradictoire. En l'espèce, le contradictoire a été respecté dès lors qu'il résulte de la sentence contestée que les parties au litige ont été mises en état non seulement de faire connaître tout ce qui est nécessaire au succès de leur demande ou de leur défense, mais aussi d'examiner et de discuter les pièces ainsi que les moyens soumis au tribunal arbitral (CCJA, ass. plén., n° 033, 23-4-2015 : État du Mali c/ Société Groupe Tomota SA, Ohadata J-16-33).

Dans le même sens, et rappelant que l'article 19.3 du Règlement d'arbitrage de la CCJA laisse le soin de recourir à un expert à la discrétion de l'arbitre (CCJA, ass. plén., n° 103, 15-10-2015 : Société Benin Control SA c/ État du Bénin, Ohadata J-16-96).

4° Sentence rendue à la majorité et signée par tous les arbitres

Aucune violation du contradictoire ne peut être reprochée aux arbitres dès lors qu'il n'est pas contesté que la sentence arbitrale a été rendue à la majorité, qu'elle a été signée par les deux arbitres, l'opinion minoritaire du troisième y étant jointe, conformément aux prescriptions de l'article 22.4 du Règlement d'arbitrage (CCJA, ass. plén., n° 098, 30-10-2014 : SCP Pyramidion c/ Agence d'Exécution des Travaux d'Infrastructure du Mali dite Agetier-Mali, Ohadata J-15-189).

5° Moyen vague et imprécis

Est vague et imprécis le moyen faisant grief à un tribunal arbitral d'avoir violé le principe du contradictoire, en ce qu'il a attribué aux demandeurs à la procédure arbitrale des préjudices qui leur sont étrangers, alors que le principe du contradictoire implique que, même en l'absence d'une partie, le juge ou l'arbitre s'assure de ce que la demande formulée par la partie comparante est justifiée. Il en est ainsi, car ce motif ne spécifie pas de quelle « demande formulée par la partie comparante » il s'agit, ni les « préjudices qui leur sont étrangers » et qui auraient profité aux demandeurs (CCJA, ass. plén., n° 104, 15-10-2015 : État du Bénin représenté par l'Agent Judiciaire du Trésor c/ Société Commune de Participation, Patrice TALON, Ohadata J-16-97).

Lorsqu'il résulte de la sentence contestée que les parties ont échangé les écritures et ont produit des pièces avant l'audience des plaidoiries, la Cour n'est pas en mesure d'affirmer que le principe du contradictoire n'a pas été respecté, dès lors que la pièce qui n'aurait pas été communiquée aux demandeurs n'est pas spécifiée (CCJA, ass. plén., n° 160, 1-12-2016 : CMDT, GSCVM c/ IAD, Ohadata J-17-100).

6° Caractère inopérant du refus délibéré d'une partie de participer à la procédure

L'arbitrage par défaut étant reconnu par l'article 10.2 du Règlement d'arbitrage, aux termes duquel, si l'une des parties refuse de participer à l'arbitrage, celui-ci a lieu nonobstant ce refus ou cette abstention, le refus délibéré d'une personne de participer à l'arbitrage ne porte pas atteinte au principe du contradictoire ; cette branche du motif n'est pas fondée et sera rejetée (CCJA, ass. plén., n° 160, 1-12-2016 : CMDT, GSCVM c/ IAD, Ohadata J-17-100).

7° Absence de traitement inégalitaire et de discussion sur la loi applicable

C'est à tort qu'il est reproché à une sentence attaquée la violation du principe du contradictoire tirée de l'inégalité de traitement des parties, la manière dont celles-ci sont traitées au sein de la sentence et l'absence de discussion sur la loi applicable telle que présentée dans les écritures post audience, en ce que, d'une part, la correspondance du tribunal du 24 avril 2016 avait pour but unique de permettre à la défenderesse de trouver un fondement plus solide à ses prétentions et que, d'autre part, la loi appliquée n'a pas été discutée ; qu'ainsi, selon la demanderesse au pourvoi, le tribunal arbitral a « rompu l'équilibre du procès (…) et introduit la rupture du traitement à égalité des parties », devant conduire à la nullité de la sentence. Il en est ainsi dès lors que le fait pour un tribunal arbitral d'inviter les parties litigantes à l'éclairer davantage sur des points précis de leur différend entre dans les pouvoirs d'instruction établis par les dispositions de l'article 19.1 du Règlement d'arbitrage de la CCJA ; il ne caractérise pas un traitement inégalitaire desdites parties violant le principe du contradictoire. En l'espèce, le moyen doit être rejeté dès lors qu'il résulte de la sentence contestée que les parties ont valablement fait valoir leurs moyens de défense, y compris sur la loi applicable ; qu'elles ont examiné et discuté les éléments comptables, les pièces et les moyens soumis au tribunal arbitral (CCJA, ass. plén., n° 81, 28-3-2019 : Société NESTLE Cameroun c/ Groupe ABBASSI Sarl).

8° Tribunal relevant un élément dans le débat et ne nécessitant pas d'observations préalables des parties

Le tribunal arbitral qui, loin d'avoir relevé d'office un moyen de droit, a éclairé l'assimilation faite par le demandeur entre l'exploit de citation devant une juridiction et la mise en demeure, étayant du coup son raisonnement en réponse à un argument d'une partie déjà compris dans le débat et qui ne nécessitait donc pas des observations préalables des parties, n'a en rien violé le principe du contradictoire. Du reste, le fait de noter qu'un exploit de mise en demeure ne peut valablement être fait par le greffier d'une juridiction incompétente n'a pas seul déterminé le tribunal arbitral dans sa décision de déclarer les mises en demeure irrégulières (CCJA, ass. plén., n° 127/2020, 30-4-2020 : Kabamba Mulangi Hyacinthe c/ DHL Global Forwarding DR Congo Sarl).

9° Rejet d'une demande de réouverture des débats et renonciation à envoyer un questionnaire aux parties comme initialement décidé par le tribunal

Le respect du principe du contradictoire suppose que chacune des parties ait pu faire connaître ses prétentions et discuter celles de son adversaire de telle sorte que rien de ce qui a servi à fonder la sentence n'ait échappé aux débats. C'est donc à tort qu'il est reproché au tribunal arbitral de n'avoir pas respecté le principe du contradictoire en rejetant, comme nouvelle, une demande de réouverture des débats, et en ne soumettant pas de questionnaire écrit aux parties, contrairement à la décision qu'il avait prise dans ce sens eu égard à l'impossibilité de tenir l'audience à cause de la pandémie de Covid-19 ou de procéder par téléconférence. Il en est ainsi dès lors qu'en l'espèce, il ressort de l'ordonnance de procédure n° 1 que les parties et le tribunal arbitral ont signé le calendrier de procédure en vertu duquel les parties ont échangé des mémoires sur le fond jusqu'au dépôt du dernier mémoire en duplique ; que par ordonnance de procédure n° 9, le tribunal arbitral a clos les débats en précisant qu'il « confirme qu'il fournira aux parties une liste de questions dans la mesure où elles sont pertinentes ou les informera qu'il n'a pas besoin d'autres informations ou preuves en juin 2020 » ; que par ordonnance de procédure n° 11, le tribunal arbitral décida qu'il « ne requiert plus aucune information de la part des parties tant sur les questions de fond que de compétence de cette affaire ». Dans ces conditions, le tribunal arbitral n'a pas enfreint le principe du contradictoire en déclarant irrecevable la note en cours de délibéré déposée tardivement et en informant les parties qu'il ne leur soumettra plus de questionnaire (CCJA, ass. plén., n° 104/2022, 23-6-2022).

10° Admission d'une demande d'exécution provisoire formée après le dépôt de l'acte de mission

C'est à tort que l'annulation d'une sentence arbitrale pour manquement au principe de la contradiction a été demandée, au motif que le tribunal arbitral a déclaré recevable la demande d'exécution provisoire d'une partie déposée après la signature de l'acte de mission, dès lors que, pour recevoir la demande d'exécution provisoire de la défenderesse, formulée dans le mémoire sur les frais déposé après la signature de l'acte de mission, le tribunal arbitral a retenu au paragraphe n° 215 de la sentence, par une motivation que la CCJA n'a le pouvoir d'apprécier ou de remettre en cause, que bien que constituant une demande nouvelle, elle ne dépasse pas les limites de l'acte de mission « car elles sont directement liées au litige des parties et ne modifient ni n'ajoutent à la gamme de considérations exposées dans l'acte de mission. En tout état de cause, la demanderesse n'a soulevé aucune objection quant à la recevabilité des demandes d'exécution provisoire de la défenderesse » (CCJA, ass. plén., n° 104/2022, 23-6-2022).

11° Refus d'écarter des débats un texte de loi publié au Journal officiel et communiqué tardivement comme pièce par une partie

C'est à tort qu'il est reproché à une sentence la violation du principe du contradictoire, en ce que le tribunal arbitral a refusé de rouvrir les débats, ou d'écarter un texte de loi tardivement communiqué, la veille de l'audience des plaidoiries, et ce, de manière incomplète, sans les annexes, dès lors : (i) qu'il ressort aussi bien des énoncés de la sentence critiquée que des productions des parties que l'ordonnance-loi concernée, dont la demanderesse disposait des références depuis la production, le 27 décembre 2021, du rapport définitif d'expertise, lui a bien été communiquée avant l'ouverture des débats ; (ii) et qu'il n'est pas superflu de rappeler que, *stricto sensu*, la loi publiée au Journal officiel du pays, et que nul n'est censé ignorer, ne fait pas à proprement parler partie des pièces dont la communication est exigée à l'adversaire dans un procès. Au regard de ces éléments, c'est à bon droit que le tribunal arbitral a conclu que le principe du contradictoire avait bien été respecté, et qu'il n'y avait pas lieu d'écarter l'ordonnance-loi évoquée (CCJA, ass. plén., n° 200/2022, 29-12-2022).

D. Contrariété à l'ordre public international

1° Absence de violation

a. Litige relevant de l'arbitrage interne

Le litige qui oppose deux sociétés de droit béninois relativement au commerce interne, relève de l'arbitrage interne. Et lorsqu'il résulte de la clause compromissoire en vertu de laquelle le litige a été soumis à l'arbitrage, que le droit applicable au fond du litige est le droit béninois, c'est à tort qu'est invoquée la violation de l'ordre public international comme moyen d'annulation de la sentence rendue dans un tel arbitrage (CCJA, ass. plén., n° 45, 17-7-2008 : SONAPRA c/ SHB, Juris-Ohada, n° 4/2008, p. 60, Ohadata J-09-83).

b. Moyen imprécis

Le moyen qui invoque la violation de l'ordre public international sans préciser en quoi la sentence attaquée serait contraire à l'ordre public international ne peut prospérer, le recours en contestation de validité d'une sentence arbitrale ne pouvant être fondé que sur un ou plusieurs des motifs énumérés à l'article 30.6. du Règlement d'arbitrage de la CCJA (CCJA, 1e ch., n° 04, ass. plén., 30-6-2011 : SONAPRA c/ SHB, Juris-Ohada, n° 2/2011, avr.-juin 2011, p. 12, Ohadata J-12-137).

c. Responsabilité contractuelle d'une partie retenue par le tribunal

Le tribunal arbitral qui a procédé à l'analyse des éléments en liaison avec la convention litigieuse conclue entre les parties, produits et débattus contradictoirement par elles, pour retenir la responsabilité de la demanderesse, en a déduit, en s'appuyant sur la loi malienne, que la demanderesse a manqué à ses obligations contractuelles et l'a condamnée à réparer les dommages subis, n'a en rien contrarié l'ordre public international et le motif doit être rejeté (CCJA, ass. plén., n° 033, 23-4-2015 : État DU MALI c/ Société Groupe TOMOTA S.A., Ohadata J-16-33).

d. Injonction faite à un État de surseoir à sa décision de suspendre l'exécution d'un contrat

Le tribunal arbitral qui a enjoint à un État de surseoir à l'exécution de sa décision de suspension du contrat qu'il a librement conclu ou d'avoir à réparer les effets de son acte, n'a pas enfreint les prérogatives régaliennes de cet État et n'a contrarié en rien l'ordre public international (CCJA, ass. plén., n° 103, 15-10-2015 : Société Benin Control SA c/ État du Bénin, Ohadata J-16-96).

e. Compétence du tribunal retenue sur le fondement d'un arrêt de la CCJA

Le tribunal arbitral qui s'est déclaré compétent en application d'un arrêt de la CCJA s'est bien prononcé sur sa compétence en application des articles 11 de l'AUA et 10.3 du Règlement d'arbitrage et n'a, ainsi, en rien violé lesdits articles. S'agissant de la régularité ou non du second tribunal arbitral mis en place par la Cour, il convient de rappeler que, lors de la reprise de la procédure, le défendeur a proposé la désignation d'un arbitre contrairement aux demandeurs qui en ont proposé trois ; les parties ne s'accordant pas sur le nombre d'arbitres, et en application de l'article 3 du Règlement d'arbitrage aux termes duquel « si les parties n'ont pas fixé d'un commun accord le nombre des arbitres, la Cour nomme un arbitre unique, à moins que le différend ne lui paraisse justifier la désignation de trois arbitres… », la Cour a, par une décision administrative non susceptible de recours selon l'article 1.1 de son Règlement d'arbitrage, désigné un arbitre unique. En conséquence, la sentence n'est en rien contraire à l'ordre public international (CCJA, ass. plén., n° 160, 1-12-2016 : CMDT, GSCVM c/ Société Inter Africaine de Distribution dite IAD, Ohadata J-17-100).

f. Clause compromissoire étendue à un non-signataire après incompétence des juridictions étatiques soulevée par les demandeurs

Les demandeurs, qui ont eux-mêmes déduit que le contrat les liant doit être étendu au défendeur et que, pour cette raison, le litige doit être soumis à la procédure d'arbitrage, sollicitant ainsi l'incompétence des juges étatiques, incompétence consacrée par des décisions ayant acquis force de chose jugée désormais irréversible, ne peuvent valablement reprocher à la sentence d'être contraire à l'ordre public international en ce que le tribunal arbitral a étendu la clause compromissoire au défendeur qui n'était pas signataire de ladite clause (CCJA, ass. plén., n° 160, 1-12-2016 : CMDT, GSCVM c/ IAD, Ohadata J-17-100).

> **Obs. :** en citant certaines dispositions de l'AUA dans cet arrêt, dont le rappel des faits ne permet pas de saisir la différence, la Cour semble peut-être avoir raté une belle occasion de rappeler sa jurisprudence, désormais établie, selon laquelle l'AUA est inapplicable à un arbitrage institutionnel de la CCJA.

g. Prorogation de leur convention par les parties

C'est à tort que l'un des demandeurs reproche à une sentence d'être contraire à l'ordre public international pour une mauvaise computation des délais l'ayant empêché de constater la caducité de la convention entre les parties qui a fait naître le litige, dès lors que les parties ont renoncé à se prévaloir de la non-réalisation d'une des conditions suspensives de leur convention dans le délai initial, souhaitant ainsi poursuivre l'exécution de cette dernière aux nouvelles conditions arrêtées par elles. Il en est ainsi dès lors que les parties ont convenu dans leur convention du 13 juillet 2006 que « la réalisation des conditions ci-dessus devra être constatée par les deux Parties dans un document commun, qui formalisera de ce fait la date d'entrée en vigueur de la Convention. Les conditions préalables à l'entrée en vigueur de la Convention prévues ci-dessus devront avoir été réalisées au plus tard soixante (60) jours après la signature de ladite Convention, à moins que les parties [ne] fixent d'un commun accord, avant la fin de cette période, une date ultérieure. Il sera mis fin de plein droit à la Convention de concession dans le cas où les conditions précisées ci-dessus ne seraient pas réalisées dans la date limite ainsi fixée » ; que le 12 septembre 2006, les parties, représentées par les mêmes personnes, ont signé un avenant qui stipulait notamment qu'« afin de finaliser la formalisation pour l'entrée en vigueur de la Convention de partenariat signé le 13 juillet 2006 entre [elles], les deux parties s'accordent pour procéder au report de quatre-vingt-dix (90) jours à compter de la signature de ce document (...). Ainsi, le délai d'entrée en vigueur de la convention est fixé de commun accord et pour une durée supplémentaire de quatre-vingt-dix (90) jours à compter du 12 septembre 2006 ; pendant cette période, il sera procédé à la signature de l'Accord Tripartite de gestion du compte spécial (entre les parties) ainsi qu'à la finalisation du cahier des charges ». La convention des parties ayant été prorogée, le demandeur est mal venu à réclamer sa caducité. Il s'ensuit que la sentence arbitrale attaquée n'est pas contraire à l'ordre public international (CCJA, ass. plén., n° 027, 2-3-2017 : État du Mali, Sotelma SA c/ Seaquest-Infotel Mali S. A (SQIM S. A), Ohadata J-17-161).

h. Inapplication du Code du travail à la révocation d'un mandat social

C'est à tort qu'il est reproché à une sentence d'être contraire à l'ordre public international en ce qu'elle a violé de manière flagrante le Code du travail camerounais que les parties sont censées appliquer et qui donne compétence exclusive aux juridictions camerounaises, alors que le respect de l'ordre public international postule la prise en compte et le respect des législations nationales des États, dans la mesure où ces législations ne violent pas les engagements internationaux de l'État, dès lors que, d'une part, le litige dont était saisi le tribunal arbitral est né de la révocation du mandat d'un directeur général d'une société anonyme par son conseil d'administration relevant des dispositions de l'AUSCGIE ; et d'autre part, qu'il ne ressort pas du dossier que ce directeur occupait, par le contrat de travail, un autre emploi effectif en sus de son mandat social. Il en résulte que la compétence exclusive des tribunaux de travail du Cameroun invoquée n'est pas justifiée. Le tribunal arbitral ayant été saisi conformément à la volonté des parties, sa sentence n'est, par conséquent, pas contraire à l'ordre public international, et le motif doit être rejeté (CCJA, ass. plén., n° 111, 11-5-2017 : National Financial Credit Bank SA (NFC) c/ Cheick Ibra Fall N'Diaye).

i. Application du droit harmonisé de l'OHADA et du droit français à titre supplétif

C'est à tort qu'il est reproché à une sentence d'avoir violé l'ordre public international, en ce que le tribunal arbitral a écarté la clause compromissoire à l'insu des parties, fait une interprétation unilatérale de l'ordonnance de saisine sans interroger les parties et écarter d'autorité la loi des parties, violant ainsi le principe du respect de la volonté des parties posé par l'article 21 du Traité de l'OHADA. Il en est ainsi dès lors que le tribunal arbitral qui, après analyse du dossier, affirme que « ...le procès-verbal de saisine étant un document consensuel requérant la signature des parties à côté de celles des membres du Tribunal arbitral selon l'article 15.2 du règlement [de la] Cour commune de justice et d'arbitrage, il est inopérant pour NESTLE de soutenir que la formulation trouvée ne peut être considérée comme expressément modifiant l'article 20.1 du contrat en raison du fait que le Tribunal arbitral n'aurait pas interrogé les parties sur leurs intentions » et « considère que l'autonomie des parties, principe angulaire en arbitrage international notamment en ce qui concerne la détermination par les parties du droit applicable au fond du litige, commande à donner plein essor au choix des parties librement arrêté lors de l'établissement du Procès-verbal de saisine précisant, de manière non équivoque, les textes que les parties souhaitent voir appliquer à la résolution de leur litige... », pour en déduire qu'il appliquera le « droit harmonisé (les Actes uniformes) applicable dans l'espace OHADA et le droit français de manière supplétive », selon l'accord convenu au point I du Procès-verbal de saisine », n'a commis aucun des griefs énoncés au moyen qui est mal fondé (CCJA, ass. plén., n° 81, 28-3-2019 : Société NESTLE Cameroun c/ Groupe ABBASSI Sarl).

j. Absence d'indication du droit qui aurait été appliqué à tort par le tribunal arbitral

C'est à tort qu'il est reproché à une sentence arbitrale d'avoir violé l'ordre public international en refusant d'appliquer les dispositions du contrat liant les parties et le Code civil camerounais, dès lors que le tribunal arbitral a statué au fond en application des dispositions des articles 1134, 1142, 1146, 1156, 1157, 1159, 1160 et 1220 du Code civil applicable au Cameroun et que le motif d'annulation n'indique pas le droit qui aurait été appliqué à tort par le tribunal. En réalité, ce motif vise plutôt à amener la Cour à se prononcer sur la pertinence des réponses données par le tribunal arbitral sur la violation ou non par la demanderesse de ses obligations contractuelles, sur le respect par la défenderesse de la procédure de résiliation unilatérale du contrat et sur le caractère abusif de ladite résiliation. Une telle mission échappe au contrôle du juge de l'annulation d'une sentence arbitrale et le moyen doit être rejeté (CCJA, ass. plén., n° 167/2019, 23-5-2019 : Bang Contractors Company Ltd SARL c/ Société CMA-CGM Cameroun Terminal Container 3CTC SA).

k. Motif d'annulation interférant avec un autre motif déjà déclaré infondé

Le motif d'annulation qui interfère avec un précédent motif que la Cour a déclaré infondé doit être également rejeté. En l'espèce, la Cour ayant déterminé que les parties litigantes ont été valablement mises en mesure de faire valoir leurs moyens de défense, le motif soutenant que la sentence serait contraire à l'ordre public international, en ce que le tribunal arbitral aurait violé le principe du contradictoire, est infondé et sera rejeté (CCJA, ass. plén., n° 306/2019, 12-12-2019 : Holidays Market Sarl c/ Diagonal SA).

De même, le grief de violation de l'ordre public international, fondé sur le fait, selon le moyen, que par le non-respect du principe du contradictoire par le tribunal arbitral et le défaut de motivation de la sentence, les droits de la défense et le droit à un procès équitable auraient été « énervés » en la cause, est mal fondé dès lors qu'en l'espèce, les griefs de non-respect du contradictoire et du défaut de motivation allégué ont été déclarés infondés (CCJA, ass. plén., n° 127/2020, 30-4-2020 : Kabamba Mulangi Hyacinthe c/ DHL Global Forwarding DR Congo Sarl et 4 autres).

Les principes du respect des droits de la défense et du droit à un procès équitable, dont la violation est sanctionnée en vertu de l'ordre public international, renvoient, pour le premier, au droit de faire valoir ses arguments, de connaître et de discuter les prétentions de son adversaire, et d'échanger avec lui les pièces du dossier ; et pour le second, à diverses garanties en vue de la bonne administration de la justice, dont le principe du contradictoire est une composante. En l'espèce, le second motif au soutien de la demande d'annulation et tiré de la violation de l'ordre public international reprenant, en le déclinant autrement, le premier motif tiré de la violation du principe du contradictoire duquel il ne s'éloigne pas, il doit être rejeté, pour les mêmes motifs ayant conduit au rejet du premier motif d'annulation (CCJA, ass. plén., n° 200/2022, 29-12-2022).

l. Moyen conviant à une appréciation de la pertinence des motifs de la sentence

Le recours en annulation de sentence visé à l'article 29.2 du Règlement d'arbitrage de la CCJA, qui prévoit parmi les causes d'annulation la contrariété à l'ordre public international, permet à la Cour de contrôler, non le bien-fondé ou non de la solution juridique retenue par la sentence, mais l'aptitude de celle-ci à s'insérer dans l'ordre juridique des États parties. Telle qu'exposée, la première branche du premier motif d'annulation, prétendument tiré de la contrariété avec l'ordre public international, convie plutôt à une appréciation de la pertinence des motifs de la sentence entreprise, laquelle n'est pas du ressort de la Cour statuant comme juge de l'annulation ; cette branche du moyen n'est donc pas fondée et doit être rejetée (CCJA, ass. plén., n° 001/2021, 14-1-2021 : Ayivor Bakou Georges c/ Maître Abbey Gagnon Guy).

m. Motif conviant le juge de l'annulation à une nouvelle instruction de l'affaire au fond

Le motif ou la branche de motif d'annulation qui, sous le couvert de la contrariété à l'ordre public international, convie plutôt à procéder à une nouvelle instruction de l'affaire au fond, ce qui ne correspond pas à un contrôle de la conformité de la sentence à l'ordre public international et ne rentre pas dans la mission de la Cour fixée par l'article 29.2 de son Règlement d'arbitrage, est infondé et doit être rejeté. Tel est le cas lorsque le recours reproche à la sentence arbitrale la contrariété avec l'ordre public international, en ce que l'arbitre aurait inversé la charge de la preuve (CCJA, ass. plén., n° 001/2021, 14-1-2021 : Ayivor Bakou Georges c/ Maître Abbey Gagnon Guy).

n. Motif conviant le juge de l'annulation à remettre en cause le pouvoir souverain d'appréciation du tribunal et se substituer à celui-ci au fond

Le motif ou la branche de motif d'annulation qui, sous le couvert de la contrariété à l'ordre public international, convie le juge de l'annulation à remettre en cause le pouvoir souverain du tribunal arbitral dans l'appréciation des éléments de preuve et ainsi à se substituer à celui-ci dans le règlement du fond du différend, est infondé et doit être rejeté, une telle prérogative ne rentrant pas dans la mission de la Cour fixée par l'article 29.2 de son Règlement d'arbitrage. Tel est le cas par exemple lorsque le recours reproche à la sentence arbitrale la contrariété avec l'ordre public international, en ce que l'arbitre aurait retenu comme éléments de preuve d'une créance exclusivement les documents constitués par la partie qui s'en est (CCJA, ass. plén., n° 001/2021, 14-1-2021 : Ayivor Bakou Georges c/ Maître Abbey Gagnon Guy).

o. Demande d'intervention tranchée par une ordonnance de procédure

Le grief de violation de l'ordre public international, en ce que le tribunal arbitral a tranché la demande d'intervention forcée formulée par les requérants par voie d'ordonnance de procédure, privant ainsi ces derniers de leur droit au recours en annulation consacré par l'article 29.1 du Règlement d'arbitrage de la CCJA, auquel ils n'ont jamais ni renoncé ni pour lequel ils n'ont été déclarés forclos est infondé dès lors que le recours en annulation atteste suffisamment que, contrairement à leurs affirmations, l'ordonnance de procédure critiquée n'a pas eu pour effet de priver les requérants de leur droit d'exercer un recours en annulation contre la sentence rendue relativement au litige qui les oppose à la République de Guinée équatoriale. De plus, les arbitres ayant reçu des parties litigantes la mission de statuer en droit, leur ordonnance de procédure est susceptible de recours en même temps que leur sentence définitive ; dès lors, en formant le présent recours, les demandeurs ont valablement exercé leurs droits (CCJA, ass. plén., n° 039/2021, 8-4-2021 : Nemale Holding SAS et Constant Nemale c/ République de Guinée équatoriale).

p. Réparation de préjudices économique et moral d'une personne morale

La réparation de préjudices économiques et moraux dits incertains et hypothétiques d'une personne morale ne relève en rien de la violation de l'ordre public international. Le motif reprochant à une sentence d'avoir violé l'ordre public international en ordonnant la réparation de préjudices qui, selon le requérant, ne sont ni certains, ni directs, ni personnels et en ne démontrant ni la perte subie, ni le gain manqué de la défenderesse, doit être rejeté comme non pertinent dès lors que c'est après une démonstration juridique au vu des éléments en sa possession que le tribunal arbitral a alloué à la partie demanderesse des sommes en réparation des préjudices subis ; et que, par ailleurs, en l'état de sa formulation, le motif invoqué tend à amener la Cour à examiner la motivation retenue par les arbitres au soutien de leur sentence, toute chose qui ne relève pas du contrôle de la CCJA en matière d'annulation (CCJA, ass. plén., nº 111/2021, 3-6-2021 : Njounkwe Martin c/ Oragroup SA).

q. Effet relatif de la clause compromissoire insérée dans un pacte d'actionnaires

Par un pacte d'actionnaires, les associés peuvent compléter leur contrat de société en s'accordant, entre autres, sur les ventes à venir de leurs titres, soit à des tiers, soit entre eux, par une clause de préemption réciproque, ou sur les modalités de leur vote dans les assemblées générales. Le pacte d'actionnaires est donc soumis au principe de l'effet relatif des contrats et, à ce titre, la clause compromissoire qu'elle peut comporter ne lie que ses signataires et, le cas échéant, ceux qui y adhèrent. En l'espèce, il est acquis que le pacte d'actionnaires signé n'engage que les requérants, l'État du Cameroun et la défenderesse. Le fait pour une société tierce d'avoir été présente lors de la conclusion de cette convention ne lui conférant point la qualité de partie à celle-ci, aucune instance arbitrale n'a pu lier ladite société, les requérants et la défenderesse. En rendant l'ordonnance de procédure en cause, le tribunal arbitral n'a nullement fait encourir à sa sentence la violation de l'ordre public international (CCJA, ass. plén., nº 039/2021, 8-4-2021 : Nemale Holding SAS et M. Constant Nemale c/ République de Guinée équatoriale).

r. Refus d'appliquer des normes inapplicables en l'espèce

C'est à tort qu'il est reproché à une sentence arbitrale d'être contraire à l'ordre public international, en ce que le tribunal arbitral a refusé d'appliquer les principes généraux du droit et violé l'article 441 du Code civil congolais, alors que c'est le droit congolais qui est applicable au litige. Il en est ainsi dès lors que la sentence arbitrale a relevé que : (i) selon la loi congolaise, le recours aux principes généraux de droit congolais n'est prescrit que lorsque la matière n'est pas prévue par un décret, un arrêté ou une ordonnance déjà promulguée, et que le différend, en l'espèce, faisant spécifiquement l'objet du décret des contrats ou des obligations contractuelles du 30 juillet 1888, les principes généraux de droit congolais ne peuvent donc recevoir application ; (ii) que concernant la violation de l'article 441 du Code civil, le tribunal arbitral a également indiqué que cette disposition ne s'applique qu'aux marchés à forfait, ce qui n'était pas le cas en l'espèce (CCJA, ass. plén., nº 104/2022, 23-6-2022).

2º Violation

a. Autorité de la chose jugée

Même s'il a effectivement fait l'objet d'un pourvoi en cassation, l'arrêt rendu par une cour d'appel entre les parties n'en demeurait pas moins au moment du prononcé de la sentence une décision définitive bénéficiant de l'autorité et de la force de chose jugée aussi longtemps qu'il n'est pas annulé. Il s'y ajoute, en l'espèce, que le pourvoi en cassation formé contre ledit arrêt devant la CCJA a été rejeté le 10 juin 2010, ce qui lui confère l'irrévocabilité. L'autorité de la chose jugée, principe fondamental de la justice en ce qu'il assure la sécurité juridique d'une situation acquise, participant de l'ordre public international au sens des articles 29.2 et 30.6-4. du Règlement d'arbitrage de la CCJA, s'oppose à ce que l'arbitre statue dans la même cause opposant les mêmes parties. Par conséquent, en statuant à nouveau sur la demande de cession forcée des mêmes actions, la sentence du tribunal arbitral, qui porte ainsi atteinte à l'ordre public international, doit être annulée (CCJA, 1e ch., nº 03, ass. plén., 31-1-2011 : Planor Afrique SA c/ Atlantique Telecom SA, Juris-Ohada, nº 2/2011, avr.-juin 2011, p. 8, Ohadata J-12-136).

b. Annulation d'un décret par le tribunal arbitral

S'il est constant qu'une juridiction arbitrale est compétente pour connaître des litiges engendrés par l'exercice par un État de ses prérogatives de puissance publique, autant que cet État peut recourir à l'arbitrage relativement à ses droits, ce pouvoir juridictionnel ne doit se limiter qu'à la question des réparations dues à une personne physique ou morale privée, consécutives à des dommages résultant de l'exercice de ces prérogatives de puissance publique, sans avoir à juger de la validité des actes pris par l'État dans l'exercice de ses prérogatives. Il s'ensuit que la sentence qui, au lieu de se limiter aux condamnations pécuniaires, a déclaré qu'un décret est de nul effet sur la convention des parties et par conséquent, décidé que ladite convention n'est pas suspendue du fait de ce décret a contrarié l'ordre public international et encourt l'annulation (CCJA, ass. plén., nº 104, 15-10-2015 : État du Bénin représenté par l'Agent Judiciaire du Trésor c/ Société

Commune de Participation, Patrice Talon, Ohadata J-16-97).

c. Tribunal arbitral ayant différé l'examen de sa compétence, compétence contestée en raison de l'inexistence de la convention d'arbitrage conclue en violation de dispositions d'ordre public

Contrarie manifestement l'ordre public international et doit être annulée, la sentence partielle qui, tout en statuant sur l'exception d'incompétence dans le cadre de laquelle les moyens liés à de graves irrégularités, tenant notamment à la violation de l'ordre public lors de la formation de la convention des parties ont été soulevés, a retenu la compétence du tribunal arbitral à connaître de l'affaire et renvoyé leur examen à une phase ultérieure. Il en est ainsi car ce faisant, elle reporte *de facto* et *sine die* la prise en compte des conséquences juridiques des différentes décisions de l'Autorité de Régulation de l'Électricité, alors que les vices constatés posent des questions d'ordre public dont l'urgence d'un traitement s'impose, dès lors que ce sont la survie des liens juridiques à l'origine du différend et, subséquemment, les mérites de la convention d'arbitrage, justifiant l'intervention du tribunal arbitral, qui étaient en cause. Le procédé retenu par le tribunal arbitral, en repoussant l'examen de certains moyens de défense proposés par la SBEE et l'État du Bénin à une phase ultérieure de l'instance, vise à obliger ceux-ci à se soumettre à une instance au fond dont ils ont pourtant le droit d'empêcher l'avènement et la tenue effective, en vertu du principe de la liberté de défense. Par l'effet de celui-ci, une juridiction saisie du règlement d'un litige ne peut empêcher un plaideur d'user d'un moyen au moment où il l'estime opportun pour sa défense. C'est d'ailleurs ce que revendiquent les demandeurs, à travers leur déclinatoire de compétence, dont ils soutiennent le bien-fondé en se prévalant des moyens dont l'appréciation est injustement repoussée. Le regard que le tribunal arbitral devait porter sur les moyens considérés n'appelait aucune analyse soutenue des faits et des pièces, ni aucune interprétation d'un quelconque texte complexe ou une audition de quelques témoins ; il lui aurait suffi de mettre en œuvre le Code de la commande publique de la République du Bénin et les dispositions communautaires, dans leurs dispositions relatives aux modalités procédurales d'ordre public. Au total, le grief énoncé par le moyen étant pleinement caractérisé, il y a lieu, d'annuler la sentence partielle attaquée, sans qu'il soit besoin d'examiner les autres moyens soulevés (CCJA, ass. plén., n° 105/2022, 23-6-2022 : 1/ Société Béninoise d'Énergie Électrique (SBEE) SA, 2/ État du Bénin c/ Innovent Bénin SA).

d. Sentence partielle dénommée « ordonnance de procédure » par le tribunal arbitral et en contrariété avec la jurisprudence de la CCJA

Lorsque sa violation contrarie l'exécution d'une décision de la Haute Cour communautaire de l'OHADA, l'autorité de la chose jugée constitue un élément de l'ordre public international. Il s'en infère qu'en adoptant, dans sa prétendue ordonnance n° 14 du 15 janvier 2024, la même position que celle de la sentence partielle antérieurement annulée par la CCJA le 23 juin 2022, alors même que celle-ci lui faisait nettement obligation de répondre sans attendre à l'exception d'incompétence soulevée, le tribunal arbitral a violé l'autorité de la chose jugée attachée aux deux arrêts de la Cour, exposant ainsi sa sentence, qui heurte leur exécution et contrarie l'ordre public international, à l'annulation au sens de l'article 29 du Règlement d'arbitrage de la Cour (CCJA, ass. plén., n° 236/2024, 18-7-2024).

Formule exécutoire

Art. 31 [mod.] 31.1. Le Secrétaire général délivre à la partie qui lui en fait la demande une copie de la sentence certifiée conforme à l'original déposé conformément à l'article 28 du présent Règlement, sur laquelle figure une attestation d'exequatur. Cette attestation mentionne que l'exequatur a été accordé à la sentence, selon le cas, soit par une ordonnance du Président de la Cour régulièrement notifiée, soit par un arrêt de la Cour rejetant un recours en annulation, soit par un arrêt de la Cour infirmant un refus d'exequatur.

31.2. Au vu de la copie conforme de la sentence revêtue de l'attestation du secrétaire général, l'autorité nationale désignée par l'État partie pour lequel l'exequatur a été demandé, appose la formule exécutoire telle qu'elle est en vigueur dans ledit État.

Recours en révision

Art. 32 [mod.] La sentence arbitrale peut faire l'objet d'un recours en révision, déposé au secrétaire général, qui le transmet au tribunal arbitral en raison de la découverte d'un fait de nature à exercer une influence décisive et qui, avant le prononcé de la sentence, était inconnu du tribunal arbitral ou de la partie qui demande la révision. A défaut d'accord des parties sur la nomination d'un nouveau tribunal arbitral :

a) lorsque le tribunal arbitral était constitué d'un arbitre unique et ne peut plus être réuni, [*le Comité*] nomme un arbitre unique afin de statuer sur le recours en révision ;

b) lorsque le tribunal arbitral était constitué de trois arbitres et ne peut plus être réuni, [*le Comité*] nomme, après consultation des parties, soit un nouveau tribunal constitué de trois arbitres, soit un arbitre unique afin de statuer sur le recours en révision ;

c) lorsque le tribunal arbitral était constitué de trois arbitres et qu'un ou plusieurs des arbitres ne peuvent plus être réunis, [*le Comité*] nomme, après consultation des parties, des arbitres afin de compléter le tribunal arbitral qui statue sur le recours en révision.

Sursis à l'exécution d'une sentence

Il a été jugé que la CCJA peut surseoir à l'exécution forcée d'une sentence arbitrale lorsque l'ouverture de la révision contre son arrêt peut entraîner, par voie de conséquence, la remise en cause de ladite sentence comme se rattachant à cet arrêt par un lien de dépendance nécessaire. Il est de règle que, sauf si l'exécution provisoire de la sentence a été ordonnée par le tribunal arbitral, l'exercice du recours en annulation suspend l'exécution de la sentence arbitrale jusqu'à ce que la Cour ait statué. En l'espèce, les sentences querellées n'étant pas exécutoires par provision et leur exécution forcée pouvant avoir de conséquences irrémédiables, il échet d'ordonner le sursis à exécution sollicité (CCJA, 3e ch., n° 087, 12-4-2018 : État du Niger c/ Société Africard Co Limited).

Tierce opposition

Art. 33 [mod.] La tierce opposition contre les sentences arbitrales est portée devant la Cour. Il en est de même contre les arrêts de la Cour, lorsque celle-ci a statué au fond conformément à l'alinéa 2 du paragraphe 29.5 de l'article 29 du présent Règlement.

La tierce opposition est ouverte sous les conditions prévues par l'article 47 du Règlement de procédure de la Cour commune de justice et d'arbitrage.

Sur l'irrecevabilité de la tierce opposition pour manque d'intérêt à agir, voir sous l'art. 47 du Règlement de procédure de la CCJA (Ohadata J-13-19).

Dispositions finales

Art. 34 [mod.] Le présent Règlement, qui abroge le Règlement d'arbitrage du 11 mars 1999, sera publié au Journal Officiel de l'OHADA dans un délai de soixante (60) jours à compter de son adoption. Il sera également publié au Journal Officiel des États Parties.

Il entre en vigueur quatre-vingt-dix jours à compter de sa publication au Journal Officiel de l'OHADA.

Fait à Conakry, le 23 novembre 2017.

Règlement intérieur de la Cour commune de justice et d'arbitrage en matière d'arbitrage

La Cour Commune de Justice et d'Arbitrage de l'OHADA ;

Vu le Traité relatif à l'Harmonisation du Droit des Affaires en Afrique signé à Port-Louis du 17 octobre 1993, tel que révisé à Québec le 17 octobre 2008 ;

Vu le Règlement de procédure de la Cour Commune de Justice et d'Arbitrage de l'OHADA ;

Vu le Règlement d'arbitrage de la Cour Commune de Justice et d'Arbitrage de l'OHADA ;

Vu le Règlement portant Statut du personnel de l'OHADA ;

Vu le Règlement financier de l'OHADA ;

Après en avoir délibéré en Assemblée générale

Adopte le Règlement intérieur dont la teneur suit :

Dispositions générales

Art. 1 **1.1** La Cour Commune de Justice et d'Arbitrage, ci-après la Cour, traite les questions liées aux procédures arbitrales suivies par elle dans le cadre du Titre IV du Traité relatif à l'Harmonisation du Droit des Affaires en Afrique et de l'article 1er du Règlement d'Arbitrage de la Cour Commune de Justice et d'Arbitrage de l'OHADA.

1.2 La Cour exerce ses attributions en matière d'arbitrage à travers son Centre d'arbitrage, ci-après dénommé le Centre, qui en fait partie intégrante.

• Titre I •

DE L'ORGANISATION DU CENTRE

Siège

Art. 2 **2.1.** Le Centre a son siège à Abidjan en République de Côte d'Ivoire.

2.2. Le Centre peut ouvrir un Bureau dans tout État de l'espace OHADA, ou en dehors dudit espace.

2.3. Le Bureau est créé par décision du Président de la Cour, sur proposition du Secrétaire Général du Centre et après approbation du Conseil des Ministres. Il est dirigé par un Chef de Bureau ayant rang de Secrétaire Général Adjoint du Centre.

Composition du centre

Art. 3 Le Centre comprend un Secrétariat Général et un Comité de suivi des procédures.

Organisation du secrétariat général

Art. 4 **4.1.** Le Secrétariat Général du Centre est administré par un Secrétaire Général.

4.2. Le Secrétaire Général est assisté dans ses fonctions d'un Secrétaire Général Adjoint.

4.3. Le Secrétariat Général dispose de deux assistants de direction au moins et d'un personnel administratif d'appui dont notamment des traducteurs qualifiés dans les langues de travail de l'OHADA.

Composition et fonctionnement du comité de suivi des procédures

Art. 5 **5.1.** Le Comité de Suivi des Procédures, ci-après le Comité, comprend cinq (05) membres au moins.

5.2. Il est présidé par le Secrétaire Général du Centre. En cas d'empêchement ou d'indisponibilité du Secrétaire Général, la présidence du comité est assurée par son Adjoint.

5.3. En cas d'absence ou d'indisponibilité du Secrétaire Général et du Secrétaire Général Adjoint, le Comité est présidé par un de ses membres désigné à cet effet par le Secrétaire Général.

5.4. Le Comité délibère valablement avec trois (03) membres.

5.5. Les décisions du Comité sont prises à la majorité des voix. En cas de partage de voix, celle du Président est prépondérante.

TITRE II

DES FONCTIONS DU CENTRE

Attributions du secrétaire général

Art. 6 **6.1.** Le Secrétaire Général est le responsable administratif et financier du Centre dont il assure la gestion quotidienne. À ce titre, il :

1) élabore les projets de programme d'activités et de budget et les soumet à l'approbation de la Cour ;

2) enregistre les demandes d'arbitrage sur un répertoire général où sont inscrites toutes les affaires d'arbitrage soumises au Centre ; y sont mentionnés, notamment : la date de dépôt, le numéro d'inscription, les nom et prénoms des parties et éventuellement ceux des mandataires, la nature de la demande, les pièces produites par les parties et les actes administratifs accomplis par le Secrétariat Général au fur et à mesure du déroulement de la procédure ;

3) établit des notes et autres documents destinés à l'information des parties et des arbitres ou nécessaires à la conduite de l'arbitrage ;

4) gère le personnel administratif du Centre ;

5) élabore le rapport financier annuel du Centre ;

6) assure la coordination des activités d'arbitrage du Centre ; à ce titre, il veille, avec l'assistance du Comité de suivi des procédures, à la bonne administration et au bon déroulement des procédures d'arbitrage ;

7) veille à la confidentialité des procédures dont le Centre est saisi ;

8) rédige, reçoit, enregistre, transmet et assure la conservation des correspondances écrites concernant les procédures et la vie du Centre ;

9) conserve dans les archives du Centre les procès-verbaux de cadrage de l'arbitrage, ainsi que copie de toutes décisions et courriers pertinents rédigés par le Secrétariat Général dans chaque affaire d'arbitrage ;

10) prépare la documentation nécessaire et assure le relai entre les différentes parties prenantes aux procédures d'arbitrage ;

11) veille au recouvrement des provisions pour frais d'arbitrage conformément au barème des frais d'arbitrage de la CCJA et au paiement des honoraires des arbitres et experts ;

12) fait des propositions à la Cour, en vue de la révision éventuelle des barèmes des frais administratifs et des honoraires des arbitres et des experts ;

13) authentifie et notifie les sentences arbitrales, en certifie les copies à la demande des parties et en assure la conservation ;

14) initie et assure l'exécution ainsi que la promotion des activités du Centre ;

15) prend une part active aux conférences et rencontres nationales et internationales portant sur les modes alternatifs de règlement des différends.

6.2. Au cours de l'audience de rentrée solennelle de la Cour, le Secrétaire Général fait un exposé des activités du Centre durant l'année écoulée.

Attributions du comité de suivi des procédures

Art. 7 **7.1.** Le Comité de suivi des procédures a pour missions de :

1) vérifier, après réception de la demande d'arbitrage, l'existence ou non d'une convention d'arbitrage entre les parties ;

2) confirmer ou nommer les arbitres lors d'une instance arbitrale ;

3) transmettre au Tribunal arbitral les dossiers ayant satisfait entièrement aux prescriptions de l'article 11.2 du Règlement d'arbitrage de la CCJA ;

4) assurer le bon déroulement des procédures arbitrales ;

5) statuer sur les incidents de procédure ;

6) statuer sur la recevabilité et le bien-fondé de la demande de récusation des arbitres, après que le Secrétaire Général a mis l'arbitre concerné, les parties et les autres membres du Tribunal arbitral, s'il y en a, en mesure de présenter leurs observations par écrit, dans un délai approprié ; ces observations écrites sont communiquées aux autres parties et aux membres du Tribunal arbitral ;

7) examiner les projets de sentences conformément aux dispositions de l'article 23 du Règlement d'arbitrage de la Cour Commune de Justice et d'Arbitrage ;

8) proposer, le cas échéant, à la Cour des modifications de son Règlement d'arbitrage.

7.2. Les décisions que le Comité prend en vue d'assurer la mise en œuvre et la bonne fin des procédures arbitrales ainsi que celles liées à l'examen de la sentence sont de nature administrative.

• TITRE III •

STATUT DU PERSONNEL DU CENTRE

Recrutement

Art. 8 **8.1.** Le Secrétaire Général et les autres membres du Comité sont recrutés parmi les personnes qualifiées en matière de modes alternatifs de règlement des différends commerciaux et relatifs aux investissements. Ils doivent avoir une bonne maîtrise d'au moins deux langues de l'Organisation.

8.2. Le Secrétaire Général et le Secrétaire Général Adjoint sont recrutés conformément aux dispositions du Traité et du Statut du personnel de l'OHADA

8.3. Les membres du Comité de suivi des procédures autres que le Secrétaire Général et le Secrétaire Général Adjoint sont recrutés conformément aux dispositions du Statut du personnel de l'OHADA. Ils font partie du personnel international de l'Organisation.

8.4. Les secrétaires et autres membres du personnel administratif d'appui du Secrétariat Général sont recrutés par le Président de la CCJA, sur proposition du Secrétaire Général. Ils font partie du personnel local de l'Organisation.

Déclaration sur l'honneur

Art. 9 **9.1.** Avant d'entrer en fonction, le Secrétaire Général et le Secrétaire Général Adjoint font, devant la Cour, la déclaration suivante : « *Je déclare solennellement que j'exercerai en toute loyauté, discrétion et conscience les fonctions qui m'ont été confiées en ma qualité de Secrétaire Général (Secrétaire Général Adjoint) du Centre d'Arbitrage de la Cour Commune de Justice et d'Arbitrage et que j'observerai scrupuleusement le secret attaché à mes fonctions* ».

9.2. Les membres du Comité de suivi des procédures et les Chefs des bureaux ouverts en application de l'article 2 du présent Règlement intérieur font la même déclaration devant la Cour.

9.3. Les autres membres du personnel du Centre font une déclaration écrite sur l'honneur dont les termes et les modalités sont fixés par décision du Président de la Cour.

Incompatibilité

Art. 10 **10.1.** Le Secrétaire Général, le Secrétaire Général Adjoint et les autres personnels du Centre ne peuvent intervenir personnellement, comme arbitre ou comme conseil, dans une affaire soumise à l'arbitrage institutionnel de la CCJA.

10.2. Les personnes visées à l'article 10.1 ci-dessus, même après leur mandat à la Cour, sont indéfiniment tenues au secret professionnel. Elles ne peuvent intervenir, de quelque manière que ce soit, dans les procédures dont elles ont eu connaissance dans l'exercice de leurs fonctions.

10.3. Lorsqu'un membre du Comité de Suivi des procédures est, à quelque titre que ce soit, concerné par une procédure d'arbitrage soumise au Centre, il doit, dès qu'il a connaissance de cette situation, en informer par écrit le Secrétaire Général qui en avise la Cour. Si c'est le Secrétaire Général lui-même qui est concerné, il en informe le Président qui en avise la Cour. Il en va de même lorsque c'est le Secrétaire Général Adjoint qui est concerné.

10.4. Le membre du Centre concerné par la procédure doit s'abstenir de toute participation aux discussions et/ou prises de décisions qui interviendraient à l'occasion de cette procédure, et se retirer de la salle de réunion tant qu'elle y est évoquée. Il ne reçoit pas communication des informations et des documents soumis au Centre à l'occasion de cette procédure.

Obligation de déport

Art. 11 **11.1.** Tout membre du Comité ayant la nationalité d'un État impliqué dans une procédure arbitrale dont la Cour est saisie doit se déporter de la formation du Comité dans l'affaire en cause.

11.2. En cas de déport d'un membre du Comité, le Président de la Cour procède, par ordonnance, à son remplacement.

Vacance

Art. 12 En cas d'empêchement définitif du Secrétaire Général ou de son Adjoint, le Président de la Cour constate la vacance du poste et en saisit le Secrétaire Permanent de l'OHADA, en vue de leur remplacement, conformément aux textes en vigueur.

• TITRE [IV] •

DE LA PROCÉDURE ARBITRALE

Mise en œuvre de la procédure

Art. 13 **13.1.** La procédure n'est mise en œuvre que lorsque le demandeur a préalablement consigné l'avance du montant de la provision pour frais d'arbitrage fixée par le Centre.

En cas d'omission, le Secrétariat Général l'invite à le faire dans un délai n'excédant pas quarante-cinq (45) jours. Passé ce délai, la demande d'arbitrage est considérée comme non avenue.

13.2. La consignation est faite dans les caisses de la Régie de la Cour.

13.3. Sous réserve de l'accomplissement des diligences prévues aux paragraphes précédents, le Secrétaire Général du Centre désigne, par décision, un membre du Comité pour soumettre audit Comité, pour adoption, un rapport sur l'affaire.

13.4. Une copie du rapport est distribuée aux membres du Comité ; celui-ci se réunit à la date fixée par le Secrétaire Général, afin de se prononcer sur la suite à donner à la demande d'arbitrage conformément à l'alinéa 2 de l'article 21 du Traité relatif à l'harmonisation du droit des affaires en Afrique et aux articles 1er et 2 du Règlement d'arbitrage de la Cour.

13.5. Le rapport susmentionné, qui est confidentiel et destiné au seul usage du Centre, contient notamment les éléments ci-après :

1) l'indication que le préalable de la consignation a été accompli ;

2) l'exposé sommaire de la demande d'arbitrage ainsi que du contrat de base ayant donné lieu au différend entre les parties ;

3) la référence au texte de la clause compromissoire ou du compromis ;

4) la liste des documents fournis par les parties.

13.6. Le rapport donne au Centre des orientations sur la recevabilité ou le rejet de la demande d'arbitrage. Dans la première hypothèse, le Centre procède ainsi qu'il est disposé à l'article 3 du Règlement d'arbitrage. Dans la seconde hypothèse, le Secrétaire Général renvoie la demande d'arbitrage à la partie demanderesse.

Confidentialité de la procédure arbitrale

Art. 14 **14.1.** Les informations et documents de la procédure d'arbitrage sont à la disposition du Centre, des parties, de leurs conseils, des arbitres, des experts et de toutes les personnes associées à la procédure arbitrale.

14.2. La procédure arbitrale est confidentielle. Les travaux du Centre relatifs au déroulement de la procédure arbitrale sont soumis à cette confidentialité, ainsi que les réunions du Centre pour l'administration de l'arbitrage. Cette confidentialité couvre les documents soumis au Centre ou établis par lui à l'occasion des procédures qu'elle diligente.

14.3. Sous réserve d'un accord contraire de toutes les parties, celles-ci et leurs conseils, les arbitres, les experts, et toutes les personnes associées à la procédure d'arbitrage sont tenus au respect de la confidentialité des informations et documents qui sont produits au cours de cette procédure. La confidentialité s'étend, dans les mêmes conditions, aux sentences arbitrales.

14.4. Toutefois, le Président, et en cas d'absence ou d'empêchement, le premier Vice-Président ou à défaut le second Vice-Président de la Cour Commune de Justice et d'Arbitrage, peuvent autoriser des chercheurs effectuant des travaux de nature scientifique dans le domaine des matières soumises à l'arbitrage, à prendre connaissance de certains documents d'intérêt général, à l'exception des mémoires, notes, communications et pièces remis par les parties dans le cadre des procédures arbitrales.

14.5. L'octroi de l'autorisation prévue à l'article 14.4 ci-dessus est subordonné à l'engagement écrit, par le bénéficiaire, de respecter le caractère confidentiel des documents communiqués et de ne procéder à aucune publication s'y rapportant sans en avoir auparavant soumis le texte, pour accord, au Président et, en cas d'absence ou d'empêchement, au premier Vice-Président ou à défaut au second Vice-Président de la Cour Commune de Justice et d'Arbitrage.

Contrôle des sentences arbitrales CCJA

Art. 15 **15.1.** Le contrôle des sentences arbitrales rendues sous l'égide du Centre est assuré par une formation juridictionnelle de la Cour, dénommée Organe de contrôle des sentences arbitrales CCJA, statuant dans une chambre dédiée, ou dans sa formation plénière.

15.2. L'Organe de Contrôle a pour mission d'assurer le contrôle juridictionnel des sentences arbitrales, tel que prévu par le chapitre III du Règlement d'arbitrage de ladite Cour.

15.3. Le recours en annulation des sentences est régi par l'article 29 du Règlement d'arbitrage.

15.4. La demande d'exequatur est soumise au Président de la Cour et l'exequatur est accordé aux sentences, conformément à l'article 30 du Règlement d'arbitrage.

Comptabilité du centre

Art. 16 **16.1.** Les provisions pour frais d'arbitrage font l'objet d'une comptabilité à partie double tenue par un fonctionnaire de la Cour nommé en qualité de Régisseur de recettes et de dépenses par décision du Président de la Cour, après avis du Secrétaire Général.

16.2. Les opérations d'encaissement ou de paiement incombant au Régisseur sont exécutées pour le compte du Centre.

16.3. La nomenclature et le fonctionnement des différents comptes sont établis par une instruction adoptée par la Cour, sur proposition du Secrétaire Général.

16.4. Le Régisseur perçoit une indemnité de responsabilité fixée par décision du Président de la Cour. En cas de manquement à ses obligations dans l'exercice de ses fonctions, il engage sa responsabilité personnelle.

Dispositions finales

Art. 17 Le présent Règlement, qui abroge toutes dispositions antérieures contraires, entre en vigueur à compter de la date de son approbation par le Conseil des Ministres de l'OHADA. Il est publié au Journal Officiel de l'OHADA.

Fait à Abidjan, le 22 septembre 2023

Observations

Bien qu'il ait été signé par la présidente de la CCJA à Abidjan le 22 septembre 2023, l'approbation du présent Règlement intérieur, au sens de l'art. 17, est matérialisée par sa signature par la présidente du Conseil des Ministres de l'OHADA le 17 octobre 2023 à Kinshasa. De ce fait, il y a lieu de considérer que ce Règlement intérieur a été adopté à Kinshasa le 17 octobre 2023.

TABLEAU DE CONCORDANCE ENTRE LE REGLEMENT D'ARBITRAGE DE LA CCJA ET LE REGLEMENT INTERIEUR DE LA CCJA EN MATIERE D'ARBITRAGE

Dispositions du *Règlement d'arbitrage de la CCJA* modifiées par le *Règlement intérieur en matière d'arbitrage du 17 octobre 2023* et effectivement appliqué à compter du 1er juillet 2025[1]	Dispositions du *Règlement intérieur en matière d'arbitrage du 17 octobre 2023* (effectivement appliqué à compter du 1er juillet 2025) modifiant le Règlement d'arbitrage de la CCJA	Observations **NB :** en plus des titres dont les modifications apparaissent directement dans la version consolidée, les modifications sont mentionnées ci-après, par article.
Art. premier, 1.1	Art. 1.2	Rajout de « [, *à travers son Centre d'arbitrage, ci-après dénommé le Centre, qui en fait partie intégrante*] ».
Art. 1.1, al. 2	Art. 1.2	
Art. 1.1, al. 3		Suppression de l'alinéa, devenu sans objet.
Art. 1.1, al. 4	Art. 11.1	« de la Cour » a été remplacé par « [*du Comité de suivi des procédures*] » ; « de la Cour » a été remplacé par « [*du Comité*] ».
Art. 1.1, al. 5	Art. 6.1, 8) ; Art. 1.2	« La Cour » a été remplacée par « [*Le Centre*] ».
Art. 1.1., al. 6	Art. 1.2	« Le président de la Cour » a été remplacé par « [*Centre*] ».
Art. 1.1., al. 7	Art. 1.2	« La Cour » a été remplacée par « [*le Centre*] ».
Art. 1.2	Art. 15.1	Rajout de « [*par une formation juridictionnelle de la Cour, dénommée Organe de contrôle des sentences arbitrales CCJA, statuant dans une chambre dédiée, ou dans sa formation plénière*] ».
Art. 1.3, al. 1	Art. 1.2	« de la Cour » a été remplacé par « [*du Centre*] ».
Art. 2.1	Art. 1.2	« de la Cour » a été remplacé par « [*du Centre*] ».
Art. 2.1, al. 2	Art. 1.2	« La Cour » a été remplacée par « [*Le Centre*] ».

1. Entré en vigueur dès son approbation par le Conseil des ministres de l'OHADA le 17 octobre 2023, son exécution avait été suspendue par une délibération de l'Assemblée générale de la Cour en date du 22 novembre 2023, en attendant que les dispositions pratiques permettant sa mise en œuvre effective (recrutement du personnel, entre autres) soient prises. Des dispositions ayant été prises entre-temps, une autre résolution de l'Assemblée générale de la Cour, en date du 27 juin 2025, décida de la mise en œuvre effective du Règlement intérieur du 17 octobre 2023 à compter du 1er juillet 2025.

Dispositions du *Règlement d'arbitrage de la CCJA* modifiées par le *Règlement intérieur en matière d'arbitrage du 17 octobre 2023* et effectivement appliqué à compter du 1er juillet 2025 [1]	Dispositions du *Règlement intérieur en matière d'arbitrage du 17 octobre 2023* (effectivement appliqué à compter du 1er juillet 2025) modifiant le Règlement d'arbitrage de la CCJA	Observations **NB :** en plus des titres dont les modifications apparaissent directement dans la version consolidée, les modifications sont mentionnées ci-après, par article.
Art. 2.2	Art. 1.2	« La Cour » a été remplacée par « [*Le Centre*] » ; « elle » a été remplacée par « [lui] ».
Art. 2.2., al. 2	Art. 1.2	« Elle » a été remplacée par « [*Il*] » ; « e » a été supprimé de « informée ».
Art. 2.3	Art. 1.2	« de la Cour » a été remplacé par « [*du Centre d'arbitrage*] ».
Art. 3.1, al. 2	Art. 7.1, 2)	« la Cour » a été remplacée par « [*le Comité de suivi des procédures*] », puis par « [*le Comité*] », qui désignent le même organe du Centre.
Art. 3.1, al. 3	Art. 7.1, 2)	« la Cour » a été remplacée par « [*le Comité*] ».
Art. 3.1, al. 4	Art. 7.1, 2)	« la Cour » a été remplacée par « [*le Comité*] ».
Art. 3.1, al. 5	Art. 7.1, 2)	« à la Cour » a été remplacé par « [*au Centre*] » ; puis « la Cour » a été remplacée par « [*le Comité*] ».
Art. 3.2	Art. 1.2	« la Cour » a été remplacée par « [*le Centre*] ». En l'absence de précision dans le Règlement intérieur sur l'organe habilité à établir la liste des arbitres agréés, il revient au Centre de déterminer souverainement son organisation interne à ce sujet. Dans tous les cas, à travers le SG ou le Comité, c'est le Centre d'arbitrage qui établira sa liste.
Art. 3.3, al. 1	Art. 7.1, 2)	« la Cour » a été remplacée par « [*le Comité*] ».
Art. 3.3, al. 2	Art. 7.1, 2)	« elle » a été remplacée par « [*il*] » et « la Cour » a été remplacée par « [*le Comité*] ».
Art. 3.3, a)	Art. 7.1, 2)	« la Cour » a été remplacée par « [*le Comité*] ».

Dispositions du *Règlement d'arbitrage de la CCJA* modifiées par le *Règlement intérieur en matière d'arbitrage du 17 octobre 2023* et effectivement appliqué à compter du 1er juillet 2025 [1]	**Dispositions du *Règlement intérieur en matière d'arbitrage du 17 octobre 2023* (effectivement appliqué à compter du 1er juillet 2025) modifiant le Règlement d'arbitrage de la CCJA**	**Observations** **NB :** en plus des titres dont les modifications apparaissent directement dans la version consolidée, les modifications sont mentionnées ci-après, par article.
Art. 3.3, c)	Art. 7.1, 2)	« la Cour » a été remplacée par « [*le Comité*] ».
Art. 3.3, al. 6	Art. 7.1, 2)	« la Cour » a été remplacée par « [*le Comité*] ».
Art. 4.1, al. 1	Art. 7.1, 2)	« la Cour » a été remplacée par « [*le Comité*] ».
Art. 4.1, al. 3	Art. 7.1, 2)	« la Cour » a été remplacée par « [*le Comité*] ».
Art. 4.1, al. 5	Art. 7.1, 2)	« la Cour » a été remplacée par « [*le Comité*] ».
Art. 4.2, al. 2	Art. 7.1, 2)	« la Cour » a été remplacée par « [*le Comité*] ».
Art. 4.2, al. 3	Art. 7.1, 6)	« la Cour » a été remplacée par « [*le Comité*] ».
Art. 4.3, al. 1	Art. 7.1, 6)	« la Cour » a été remplacée par « [*le Comité*] ».
Art. 4.3, al. 2	Art. 7.1, 6)	« la Cour » a été remplacée par « [*le Comité*] ».
Art. 4.3, al. 3	Art. 7.1, 6)	« la Cour » a été remplacée par « [*le Comité*] ».
Art. 4.3, al. 4	Art. 7.1, 6)	« la Cour » a été remplacée par « [*le Comité*] ».
Art. 4.4, al. 1	Art. 7.1, 6)	« la Cour » a été remplacée par « [*le Comité*] ».
Art. 4.4, al. 2	Art. 7.1, 6)	« la Cour » a été remplacée par « [*le Comité*] ».
Art. 4.4, al. 3	Art. 7.1, 6)	« la Cour » a été remplacée par « [*le Comité*] ».
Art. 4.4, al. 4	Art. 7.1, 6)	« la Cour » a été remplacée par « [*le Comité*] ».
Art. 4.6, al. 2	Art. 7.1, 6)	« la Cour » a été remplacée par « [*le Comité*] ».
Art. 8, al. 1	Art. 7.1, 4) ; Art. 13.1, al. 1	« la Cour » a été remplacée par « [*le Comité*] ».
Art. 8-1.1, al. 2	Art. 6.1, 6)	« la Cour » a été remplacée par « [*le secrétaire général*] »
Art. 9, al. 1	Art. 7.1, 1) ; Art. 7.1, 5)	« la Cour » a été remplacée par « [*le Comité*] » ; « la » a été remplacée par « [*le*] ».

Dispositions du *Règlement d'arbitrage de la CCJA* modifiées par le *Règlement intérieur en matière d'arbitrage du 17 octobre 2023* et effectivement appliqué à compter du 1er juillet 2025 [1]	Dispositions du *Règlement intérieur en matière d'arbitrage du 17 octobre 2023* (effectivement appliqué à compter du 1er juillet 2025) modifiant le Règlement d'arbitrage de la CCJA	Observations **NB :** en plus des titres dont les modifications apparaissent directement dans la version consolidée, les modifications sont mentionnées ci-après, par article.
Art. 9, al. 2	Art. 7.1, 1) ; Art. 7.1, 5)	« la Cour » a été remplacée par « [*le Comité*] ».
Art. 10.3	Art. 7.1, 1) ; Art. 7.1, 5)	« la Cour » a été remplacée par « [*le Comité*] ».
Art. 11.1, al. 1	Art. 13.1, al. 1	« la Cour » a été remplacée par « [*le Centre*] » ; « elle » a été remplacée par « [*il*] ».
Art. 11.1, al. 3	Art. 13.1, al. 1 ; Art. 6.1, 11)	« la Cour » a été remplacée par « [*le Centre*] ».
Art. 11.2, al. 2	Art. 13.1, al. 1 ; Art. 6.1, 11)	« à la Cour » a été remplacé par « [*au secrétariat général*] ».
Art. 11.3	Art. 13.1, al. 1 ; Art. 6.1, 11)	« la Cour » a été remplacée par « [*le Centre*] ».
Art. 11.4, al. 2	Art. 7.1, 3)	« la Cour » a été remplacée par « [*le Comité*] » ; « saisie » a été remplacée par « [*saisi*] ».
Art. 12.4, al. 1	Art. 6.1, 6) ; Art. 7.1 6) ; Art. 13.1, al. 2	« la Cour » a été remplacée par « [*le secrétaire général*] ».
Art. 12.4, al. 4	Art. 6.1, 6) ; Art. 7.1, 6) ; Art. 13.1, al. 2	« la Cour » a été remplacée par « [*le secrétaire général*] ».
Art. 13, al. 2	Art. 6.1, 6) ; Art. 7.1, 4)	« de la Cour » a été remplacé par « [*du Centre d'arbitrage*] ».
Art. 13, al. 4	Art. 6.1, 6) ; Art. 7.1, 4)	« la Cour » a été remplacée par « [*le Centre d'arbitrage*] ».
Art. 14, al. 1	Art. 14.2	« de la Cour » a été remplacé par « [*du Centre d'arbitrage*] » ; ensuite, « à la Cour » a été remplacé par « [*au Centre*] », et « celle » a été remplacée par « [*celui*] ».
Art. 15.2, al. 3	Art. 6.1, 5)	« à la Cour » a été remplacé par « [*au Comité*] ».
Art. 15.3, al. 2	Art. 6.1, 9)	« communiqué à la Cour » a été remplacé par « [*archivé*] ».
Art. 15.4	Art. 6.1, 6) ; Art. 7.1, 6) ; Art. 13.1, al. 2	« la Cour » a été remplacée par « [*le secrétaire général*] ».
Art. 19.1, al. 8	Art. 1.2	« de la Cour » a été remplacé par « [*du Centre d'arbitrage*] ».

Dispositions du *Règlement d'arbitrage de la CCJA* modifiées par le *Règlement intérieur en matière d'arbitrage du 17 octobre 2023* et effectivement appliqué à compter du 1er juillet 2025 [1]	Dispositions du *Règlement intérieur en matière d'arbitrage du 17 octobre 2023* (effectivement appliqué à compter du 1er juillet 2025) modifiant le Règlement d'arbitrage de la CCJA	Observations **NB :** en plus des titres dont les modifications apparaissent directement dans la version consolidée, les modifications sont mentionnées ci-après, par article.
Art. 22.2	Art. 7.1, 7)	« de la Cour » a été remplacé par « [*du Comité*] ».
Art. 23	Art. 7.1, 7)	« la Cour » a été remplacée par « [*le Comité*] ».
Art. 23.1, al. 1	Art. 7.1, 7)	« la Cour » a été remplacée par « [*le Comité*] ».
Art. 23.1, al. 2	Art. 7.1, 7)	« à la Cour » a été remplacé par « [*au Comité*] ».
Art. 23.2, al. 1	Art. 7.1, 7)	« La Cour » a été remplacée par « [*Le Comité*] ».
Art. 23.2, al. 2	Art. 7.1, 7)	« La Cour » a été remplacée par « [*Le Comité*] ».
Art. 24.3, a)	Art. 13.1 ; Art. 1.2 ; Art. 6.1, 11)	« la Cour » a été remplacée par « [*le Centre*] » et « de la Cour » par « [*du Centre*] ».
Art. 24.4, al. 1	Art. 13.1	« la Cour » a été remplacée par « [*le Centre*] ».
Art. 24.4, al. 2	Art. 13.1	« de la Cour » a été remplacé par « [*du Centre*] ».
Art. 24.5	Art. 13.1	« la Cour » a été remplacée par « [*le Centre*] ».
Art. 25.1	Art. 13.1	« à la Cour » a été remplacé par « [*au Centre*] ».
Art. 26, al. 5	Art. 7.1, 2)	« la Cour » a été remplacée par « [*le Comité*] ».
Art. 28, al. 2	Art. 1. 2	« la Cour » a été remplacée par « [*le Centre*] ».
Art. 32, a)	Art. 7.1, 2)	« la Cour » a été remplacée par « [*le Comité*] ».
Art. 32, b)	Art. 7.1, 2)	« la Cour » a été remplacée par « [*le Comité*] ».
Art. 32, c)	Art. 7.1, 2)	« la Cour » a été remplacée par « [*le Comité*] ».

NB : nonobstant toute considération relative à la hiérarchie des normes, pertinente en l'espèce en ce qui concerne le Traité relatif à l'OHADA qui en principe ne devrait – ou n'aurait pas dû – être modifié par un simple Règlement, il convient de noter, enfin noter que le Règlement intérieur du 17 octobre 2023 a une incidence directe sur les articles 22 et 24 du Traité, qu'il amène à relire en remplaçant la « Cour » (CCJA) par le « Centre d'arbitrage de la CCJA », son « Comité de suivi des procédures » ou son « Secrétariat général », suivant les situations concernées aux articles 22 et 24 dudit Traité.

Décisions relatives aux frais d'arbitrage

Avertissement

La mise en œuvre effective, depuis le 1er juillet 2025, du Règlement intérieur de la CCJA en matière d'arbitrage a une incidence directe sur plusieurs dispositions des différents textes applicables à l'arbitrage institutionnel sous l'égide de la CCJA. Le lecteur est ainsi invité à consulter la version consolidée du Règlement d'arbitrage de la CCJA, qui prend en compte ces modifications, ainsi que le tableau de concordance qui est annexé dans la présente édition.

Compte tenu de cette nouveauté, il y a lieu de considérer que dans plusieurs dispositions de la Décision relative aux frais d'arbitrage reproduite ci-après, le terme « La Cour », est désormais remplacé, suivant les cas, par « Le Centre d'arbitrage [de la CCJA] », « le Comité de suivi des procédures », et/ou « le Secrétariat général » du Centre d'arbitrage de la CCJA.

DECISION N° 004/99/CCJA DU 3 FEVRIER 1999 RELATIVE AUX FRAIS D'ARBITRAGE

(J.O. OHADA n° 8, 15 mai 1999, p. 21-22)

LA COUR COMMUNE DE JUSTICE ET D'ARBITRAGE DE L'OHADA ;

Vu le Traité relatif à l'harmonisation du droit des affaires en Afrique ;

Vu le Règlement d'arbitrage de la Cour commune de justice et d'arbitrage de l'OHADA, notamment en ses articles 11 et 24 ;

Vu le Règlement n° 001/98 CM du 30 janvier 1998 portant règlement financier des Institutions de l'OHADA, notamment en son article 14.

DECIDE

Chapitre I : Provision pour frais de l'arbitrage

Art. 1 Chaque demande d'arbitrage soumise aux termes du Règlement d'arbitrage de la Cour commune de justice et d'arbitrage (CCJA) doit être accompagnée du versement d'une avance de 200,000 francs CFA sur les frais administratifs. Ce versement n'est pas récupérable et sera porté au crédit du demandeur au titre de la part qui lui incombe des frais administratifs d'arbitrage.

Art. 2 L'avance sur la provision fixée par la Cour conformément à l'article 11 du Règlement d'arbitrage ne devra pas normalement excéder le montant obtenu par l'addition des frais administratifs, (tableau annexe I) du minimum des honoraires d'arbitre correspondant au montant de la demande (tableau à l'annexe II) et des frais remboursables éventuels du tribunal arbitral encourus pour l'établissement du procès-verbal. Lorsque ce montant n'est pas déclaré, la Cour fixe l'avance à sa discrétion. Le paiement effectué par le demandeur sera porté à son crédit pour la part qui lui incombe de la provision pour frais de l'arbitrage déterminée par la Cour.

Art. 3 La provision pour frais de l'arbitrage fixée par la Cour conformément à l'article 11 du Règlement d'arbitrage comprend les honoraires de l'arbitre et les frais administratifs, les frais éventuels de l'arbitre. les frais de fonctionnement du tribunal arbitral, les honoraires et frais des experts en cas d'expertise.

Art. 4 La provision est due par parts égales par le ou les demandeurs et le ou les défendeurs. Cependant le versement de cette provision pourra être effectué en totalité par chacune des parties au cas où l'autre ou les autres parties s'abstiendraient d'y faire face.

La provision ainsi fixée doit être réglée au secrétariat général de la Cour en totalité avant la remise du dossier à l'arbitre ; pour les trois quarts au plus, son paiement peut être garanti par une caution bancaire suffisante.

Le secrétariat général définit les conditions applicables aux garanties bancaires que les parties pourront utiliser conformément aux dispositions ci-dessus.

Art. 5 Le montant de la provision peut être ajusté à tout moment si le montant en litige se trouve modifié d'un quart au moins ou si des éléments nouveaux rendent nécessaire cet ajustement.

Chapitre II : Frais et Honoraires

Art. 6 La Cour fixe les honoraires de l'arbitre selon le tableau de l'annexe II, ou à sa discrétion lorsque le montant du litige n'est pas déclaré.

Si les circonstances de l'espèce le rendent exceptionnellement nécessaire, la Cour peut fixer les honoraires de l'arbitre à un montant supérieur ou inférieur à ce qui résulterait de l'application du barème.

Art. 7 Lors de la fixation des honoraires de l'arbitre, la Cour prend en considération la diligence de celui-ci, le temps passé, la rapidité de la procédure et la complexité du litige de façon à arrêter un chiffre dans les limites prévues ou, au-delà ou en deçà de celles-ci dans les circonstances exceptionnelles prévues à l'article 6 alinéa 2 ci-dessus.

Art. 8 Lorsqu'une affaire est soumise à plus d'un arbitre, la Cour peut, à sa discrétion, augmenter la somme forfaitaire destinée au paiement des honoraires, normalement dans la limite du triple de celle prévue pour un arbitre unique.

Art. 9 Les honoraires et dépenses de l'arbitre sont exclusivement fixés par la Cour, en accord avec ce qui est prévu par le Règlement d'arbitrage. Tout accord séparé entre parties et arbitres sur leurs honoraires est nul et non avenu.

Nullité d'un accord séparé entre les arbitres et les parties sur les honoraires

Voir sous l'art. 24 du Règlement d'arbitrage de la CCJA.

Art. 10 La Cour fixe les frais administratifs pour chaque arbitrage selon le tableau de l'annexe 1, ou à sa discrétion lorsque le montant en litige n'est pas déclaré. Si les circonstances de l'espèce le rendent exceptionnellement nécessaire, la Cour peut fixer les frais administratifs à un montant inférieur ou supérieur à celui qui résulterait du tableau de l'annexe I, mais sans pouvoir normalement dépasser le maximum prévu par le tableau de calcul de l'annexe III.

Art. 11 Si un arbitrage prend fin avant le prononcé d'une sentence finale, la Cour fixe les frais de l'arbitrage à sa discrétion tout en tenant compte du stade atteint par la procédure d'arbitrage ainsi que les autres éléments pertinents.

Art. 12 Lorsqu'il s'agit d'une demande conformément à l'article 26 du Règlement d'arbitrage, la Cour peut fixer une provision pour couvrir les honoraires et les frais supplémentaires du tribunal arbitral et subordonner la transmission de cette demande au tribunal arbitral au paiement comptant de la totalité de cette provision.

La Cour peut également fixer à sa discrétion les honoraires éventuels de l'arbitre dans le cas de figure prévu à l'article 26 alinéa 3 du Règlement d'arbitrage.

Art. 13 Les montants payés à l'arbitre ne comprennent pas la taxe sur la valeur ajoutée (TVA) ou toutes autres taxes, charges et tous impôts qui pourraient être dus sur les honoraires de l'arbitre. Les parties doivent s'acquitter du paiement de ces taxes, charges ou impôts.

Chapitre III : Tableaux de calcul des frais administratifs et des honoraires de l'arbitre

Art. 14 Les tableaux de calculs des frais administratifs et des honoraires de l'arbitre ci-annexés s'appliquent à toutes les procédures introduites à compter de l'entrée en vigueur du Règlement d'arbitrage.

Art. 15 Pour calculer le montant des frais administratifs et des honoraires de l'arbitre, les montants calculés pour chaque tranche doivent être additionnés.

Toutefois, si le montant en litige dépasse cinq milliards de francs, une somme forfaitaire de trente millions constituera la totalité des frais administratifs.

Art. 16 La présente décision entre en vigueur à compter de la date de son approbation par le Conseil des ministres de l'OHADA. Elle sera publiée au Journal Officiel de l'OHADA.

Fait à Abidjan, le 3 février 1999.

Le Président.

ANNEXE I – FRAIS ADMINISTRATIFS

Pour un montant en litige	Frais administratifs
Jusqu'à 25 000 000	500 000
De 25 000 001 à 125 000 000	2,00 %
De 125 000 001 à 500 000 000	1,00 %
De 500 000 001 à 750 000 000	0,40 %
De 750 000 001 à 1 000 000 000	0,20 %
De 1 000 000 001 à 5 000 000 000	0,05 %
Au-dessus de 5 000 000 000	30 000 000

ANNEXE II – HONORAIRES D'UN ARBITRE

Pour un montant en litige	Honoraires	
	Minimum	Maximum
Jusqu'à 25 000 000	500 000	10,00 %
De 25 000 001 à 125 000 000	1,50 %	5,00 %
De 125 000 001 à 500 000 000	1,00 %	3,00 %
De 500 000 001 à 750 000 000	0,50 %	2,00 %
De 750 000 001 à 1 000 000 000	0,30 %	1,50 %
De 1 000 000 001 à 5 000 000 000	0,10 %	0,30 %
Au-dessus de 5 000 000 000	0,01 %	0,05 %

ANNEXE III – FRAIS ADMINISTRATIFS ET HONORAIRES D'UN ARBITRE RESULTANT DE CALCULS CORRECTS

Montant en litige	Frais administratifs	Honoraires d'un arbitre	
		Minimum	Maximum
Jusqu'à 25 000 000	500 000	500 000	10, 00 % du montant en litige
De 25 000 001 à 125 000 000.	500 000 + 2,00 % du montant supérieur à 25 000 000	500 000 + 1, 50 % du montant supérieur à 25 000 000	2 500 000 + 5, 00 % du montant supérieur à 25 000 000
De 125 000 001 à 500 000 000	2 500 000 + 1,00 % du montant supérieur à 125 000 000	2 000 000 + 1,00 % du montant supérieur à 125 000 000	7 500 000 + 3,00 % du montant supérieur à 125 000 000
De 500 000 001 à 750 000 000	6 250 000 + 0,40 % du montant supérieur à 500 000 000	5 750 000 + 0, 50 % du montant supérieur à 500 000 000	18 750 000 + 2, 00 % du montant supérieur à 500 000 000
De 750 000 001 à 1 000 000 000	7 250 000 + 0, 20 % du montant supérieur à 1 000 000 000	7 000 000 + 0,30 % du montant supérieur à 750 000 000	23 750 000 + 1, 50 % du montant supérieur à 750 000 000

Montant en litige	Frais administratifs	Honoraires d'un arbitre	
		Minimum	Maximum
De 1 000 000 001 à 5 000 000 000	7 750 000 + 0, 05 % du montant supérieur à 1 000 000 000	7 750 000 + 0, 10 % du montant supérieur à 1 000 000 000	27 500 000 + 0, 30 % du montant supérieur à 1 000 000 000
Au-dessus de 5 000 000 000	30 000 000	11 750 000 + 0,01 % du montant supérieur à 5 000 000 000	39 500 000 + 0,05 % du montant supérieur à 5 000 000 000

DECISION N° 004/99/CM DU 12 MARS 1999 PORTANT APPROBATION DE LA DECISION N° 004/99/CCJA RELATIVE AUX FRAIS D'ARBITRAGE

(J.O. OHADA n° 8, 15 mai 1999, p. 23)

Le Conseil des ministres de l'Organisation pour l'Harmonisation en Afrique du Droit des Affaires (OHADA) réuni à Ouagadougou (Burkina Faso) les 11 et 12 mars 1999 ;

Vu le Traité relatif à l'Harmonisation du Droit des Affaires en Afrique ;

Vu le Règlement d'arbitrage de la Cour commune de justice et d'arbitrage de l'OHADA, notamment en ses articles 11 et 24 ;

Vu le barème établi par l'Assemblée Générale de la Cour commune de justice et d'arbitrage de l'OHADA, le 3 février 1999.

DECIDE :

Art. 1 Le barème des honoraires des arbitres et des frais administratifs de la Cour commune de justice et d'arbitrage de l'OHADA établi par ladite Cour en son assemblée Générale du 3 février 1999 est approuvé.

Art. 2 La présente décision sera publiée au Journal Officiel de l'OHADA et communiquée partout où besoin sera.

Fait à Ouagadougou, le 12 mars 1999.

Paul KIEMDE

Partie II

ACTES UNIFORMES

AUA

Acte Uniforme relatif au droit de l'Arbitrage

Le Conseil des ministres de l'Organisation pour l'harmonisation en Afrique du droit des affaires (OHADA),

– Vu le Traité relatif à l'harmonisation du droit des affaires en Afrique, signé le 17 octobre 1993 à Port-Louis, tel que révisé le 17 octobre 2008 à Québec, notamment en ses articles 8, 21 à 26 et 39 ;

– Vu l'avis nº 04/2017/AU en date des 5 et 6 octobre 2017 de la Cour commune de justice et d'arbitrage ;

Après en avoir délibéré ;

Adopte à l'unanimité des États parties présents et votants, l'Acte uniforme dont la teneur suit.

• Chapitre I •

CHAMP D'APPLICATION

Article premier Le présent Acte uniforme a vocation à s'appliquer à tout arbitrage lorsque le siège du tribunal arbitral se trouve dans l'un des États parties.

Jurisprudence OHADA

I. Caractère impératif de l'AUA : abrogation des lois nationales antérieures

L'AUA s'est substitué aux lois préexistantes organisant l'arbitrage en droit interne, ne laissant que les éventuelles normes d'organisation de l'arbitrage institutionnel qui ne lui sont pas contraires (CCJA, 3e ch., nº 062/2012, 7-6-2012 : Sté Constructions Métalliques Ivoiriennes dite CMI c/ Fraternité Saint Jean Eudes d'Abatta, Ohadata J-14-167).

II. Inapplicabilité de l'AUA

A. Arbitrage institutionnel de la CCA

L'AUA n'est pas applicable à l'arbitrage institutionnel spécifique de la CCJA qui, selon l'article 10 du Règlement d'arbitrage de la CCJA, est régi par les dispositions du titre IV du Traité OHADA, le Règlement d'arbitrage de la CCJA, le règlement intérieur de la CCJA, leurs annexes et le barème des frais d'arbitrage dans leur rédaction en vigueur à la date de l'introduction de la procédure d'arbitrage (CCJA, ass. plén., nº 45, 17-7-2008 : Sonapra c/ SHB, Juris-Ohada, nº 4/2008, p. 60, Ohadata J-09-83).

B. Litige relevant d'une matière régie par un droit communautaire autonome : assurances régies par le Code CIMA

Nonobstant le fait que le siège de la Commission nationale d'arbitrage et contentieux divers se trouve au Cameroun, État partie aux Traités de l'OHADA et de la CIMA, la sentence arbitrale rendue par elle en application du Code CIMA, qui constitue un droit communautaire autonome, n'est soumise ni à l'AUA ni à un règlement prévu au Traité OHADA. En cassation, le contentieux y afférent ne relève pas de la CCJA, qui doit se déclarer incompétente lorsqu'elle en est saisie (CCJA, 2e ch., nº 195/2019, 27-6-2019 : Aréa Assurances SA c/ Proassur SA).

C. Tribunal arbitral situé en dehors de l'espace OHADA

L'arbitrage qui a eu lieu hors de l'espace OHADA (à Londres, en l'espèce) n'est pas soumis à l'AUA ; la cour d'appel qui lui a appliqué cet Acte uniforme a violé l'article 1 et exposé son arrêt à la cassation. Sur évocation, c'est à tort que la cour d'appel s'est estimée compétente et a fait une fausse application de l'AUA ; la CCJA doit se déclarer incompétente (CCJA, 3e ch., nº 20, 6-12-2011 : Safic Alcan Commodities c/ Complexe Chimique Camerounais, Juris-Ohada nº 2/2012 p. 32, Ohadata J-12-204, J-13-33, J-13-164).

Dans le même sens, sur une sentence rendue en Suisse (CCJA, 2e ch., nº 113, 17-5-2018 : Sté Ottakringer Brauerei AG c/ Sté Union Camerounaise des Brasseries (UCB SA), jugeant, sur l'évocation et pour les mêmes motifs que ceux ayant entraîné la cassation, que la cour d'appel de Douala est incompétente pour connaître dudit recours en annulation).

III. Validité du recours à l'arbitrage institutionnel sous l'égide d'un centre national en cas d'impossibilité de mener un arbitrage sous l'égide de la CCJA

En présence d'une convention d'arbitrage stipulant que le conflit sera soumis à l'arbitrage conformément aux dispositions légales sur l'arbitrage, c'est à tort qu'il est reproché à un arrêt d'avoir violé l'article 1 de l'AUA en imposant l'arbitrage institutionnel CECAM « sans l'accord de toutes les parties », dès lors qu'il est acquis au dossier que la demanderesse avait été la première à saisir la CCJA d'une demande d'arbitrage sous son égide et que c'est à la suite de la décision négative de cette Cour qu'à son tour la défenderesse a saisi le CECAM qui offre également un arbitrage institutionnel. Dès lors, le moyen est marqué d'une contradiction de la part de son auteur qui avait déjà soutenu la possibilité d'un arbitrage institutionnel (CCJA, 1e ch., nº 037/2020, 13-2-2020 : Vivo Energy Mali SA c/ Fasogaz SARL).

Il a également été jugé que :

– nul ne pouvant se prévaloir de sa propre turpitude, c'est à tort qu'une partie a prétendu que seul l'arbitrage ad hoc était envisageable pour le règlement du différend qui l'oppose à une autre partie, alors qu'elle avait déjà elle-même proposé un arbitrage institutionnel en saisissant la CCJA d'une demande d'arbitrage et qu'elle n'avait pris aucune initiative pour mettre en œuvre l'arbitrage ad hoc qu'elle invoquait (CCJA, 1e ch., nº 037/2020, 13-2-2020 : Vivo Énergy Mali SA c/ Fasogaz SARL) ;

– c'est à tort qu'il est reproché à la juridiction statuant sur un recours en annulation d'avoir retenu « qu'aucune partie ne peut se prévaloir de sa propre turpitude car la carence du contrat sur ce point incombe aux deux parties » pour entériner la saisine du Centre de conciliation et d'arbitrage du Mali (CECAM), dès lors qu'il n'y a aucune contradiction lorsque le tribunal statuant sur un recours en annulation affirme que le recours à un arbitrage institutionnel est ouvert aux parties signataires d'une convention d'arbitrage dont le caractère lacunaire est clairement établi relativement au mode d'arbitrage prévu et constitue effectivement une turpitude desdites parties, le fait que la turpitude s'applique aussi à la défenderesse n'écartant pas son application à la demanderesse (CCJA, 1e ch., nº 037/2020, 13-2-2020 : j-Vivo Énergy-Mali SA c/ Fasogaz SARL).

IV. Obligation de recourir à l'arbitrage convenu, même si le siège est fixé en dehors de l'espace OHADA

Voir sous l'art. 13 ci-après (CCJA, 2e ch., nº 328/2024, 28-11-2024).

Art. 2 [mod.] Toute personne physique ou morale peut recourir à l'arbitrage sur les droits dont elle a la libre disposition.

Les États, les autres collectivités publiques territoriales, les établissements publics et toute autre personne morale de droit public peuvent également être parties à un arbitrage, quel que soit la nature juridique du contrat, sans pouvoir invoquer leur propre droit pour contester l'arbitrabilité d'un différend, leur capacité à compromettre ou la validité de la convention d'arbitrage.

Jurisprudence OHADA

I. Personnes pouvant recourir à l'arbitrage

A. Personnes physiques et morales

L'AUA admet toute personne physique ou morale à recourir à l'arbitrage sur les droits dont elle a la libre disposition. C'est donc en vain que le représentant d'un journal oppose la nullité d'une clause compromissoire inscrite dans le contrat de partenariat le liant au demandeur, dès lors que c'est la violation des droits cédés dans ledit contrat qui est à l'origine de la saisine du tribunal et que l'action est également dirigée contre lui ès qualités. Il s'ensuit que les juridictions nationales sont incompétentes au profit de la Cour d'arbitrage, conformément à l'article 7 du contrat (CA Abidjan [Côte d'Ivoire], 1e ch. civ. et com., nº 585, 10-6-2005 : A. c/ Sté CI-Télécom, Sté Bates A. G. Partners, M. Z., M. G., Le Burida Juris-Ohada nº 2/2007, p. 29, Ohadata J-08-78).

B. États parties au Traité OHADA

Un État partie au Traité OHADA est malvenu d'invoquer sa propre réglementation pour contester la validité d'une convention d'arbitrage signée par son ministre des Finances, dès lors qu'au regard des circonstances de la signature de la convention, les représentants de la défenderesse au pourvoi ont pu croire légitimement aux pouvoirs de ce ministre qui était aussi l'Autorité monétaire dudit État. C'est à bon droit que le tribunal arbitral s'est estimé compétent pour statuer sur le litige en rendant la sentence dont la validité est contestée (CCJA, 3e ch., nº 12, 29-11-2011 : République de Guinée équatoriale et la Communauté économique et monétaire de l'Afrique centrale (CEMAC) c/ la CBGE, Juris-Ohada, nº 1, 2012, janv.-mars, p. 34, Ohadata J-13-19, J-13-142).

II. Arbitrabilité d'un litige

Nécessité de distinguer entre l'inarbitrabilité d'un litige et l'application d'une disposition d'ordre public par un arbitre

L'interdiction faite à une personne physique ou morale de compromettre sur les droits dont elle n'a pas la libre disposition et qui intéressent naturellement l'ordre public ne signifie pas que tout litige relatif à une opération soumise à une réglementation présentant un caractère d'ordre public se trouverait de ce fait soustrait à tout arbitrage. Le seul fait que la nature du litige puisse amener l'arbitre à appliquer certaines règles juridiques d'ordre public n'est donc pas une cause d'inarbitrabilité du litige. En jugeant que le litige opposant les parties, parce qu'il est justifiable des règles d'ordre public de convocation et de tenue de l'assemblée générale et de conseil d'administration de SA contenues dans l'AUSCGIE est inarbitrable, et donc hors de portée d'une convention d'arbitrage, la cour d'appel, qui a confondu entre l'application par l'arbitre d'une disposition d'ordre public, ce qui ressort de sa compétence, et l'inarbitrabilité du litige, a violé, par fausse application, les articles 2 de l'AUSCGIE et 2 de l'AUA, exposant son arrêt à la cassation, sans qu'il soit nécessaire d'examiner les autres branches et les autres moyens du pourvoi (CCJA, 2e ch., nº 193/2020, 28-5-2020 : Grant Thornton SA c/ Pape Ndiaga Mbengue).

III. Compétence arbitrale

A. Validité de la clause compromissoire entre personnes non commerçantes

La clause compromissoire insérée dans un contrat conclu entre deux non-commerçants est valable, l'AUA n'exigeant pas que toutes les parties soient commerçantes. En présence d'une telle clause, les juridictions étatiques ne peuvent connaître des litiges résultant de ce contrat (CA Abidjan, nº 1032, 30-7-2002 : SCI Les Tisserins c/ Dame C. épse D. D., Ohadata J-03-28).

B. Absence de renonciation à la clause d'arbitrage

La renonciation à la clause compromissoire doit être expresse et non supposée et le fait, pour un débiteur, de solliciter un délai de paiement ne signifie pas qu'il renonce à la clause compromissoire (CA Douala, nº 81/réf., SOCIAA c/ BAD, Ohadata J-02-31).

IV. Litige relatif à un contrat de travail

En présence d'une clause d'arbitrage incluse dans le Règlement d'emploi du personnel d'encadrement de l'ASECNA, des cadres partis à la retraite sans avoir perçu leur indemnité de cessation d'activité sont recevables à demander au juge des référés la désignation d'un arbitre (CA Abidjan, ord. réf. nº 1435, 2-7-2003 : T. K. E. et A. N. c/ ASECNA, Ohadata J-04-177, obs. Joseph ISSA-SAYEGH).

Obs. : l'ASECNA est l'agence pour la sécurité de la navigation aérienne en Afrique et à Madagascar.

Jurisprudence comparée

États-Unis

A. Consentement des parties à l'arbitrage

À défaut de rencontre des volontés des parties le contrat d'arbitrage est nul (Guidotti v. Legal Helpers Debt Resolution LLC. 716 F.3d 764 (2013)).

Les juges ne doivent pas automatiquement considérer que les parties se sont accordées pour arbitrer le litige en cause ; ils doivent vérifier que celles-ci ont clairement et sans équivoque consenti à l'arbitrage (First Options of Chicago, Inc. v. Kaplan, 514 US. 938 (1995)).

Les parties doivent consentir à une clause d'arbitrage de manière claire et non équivoque. En conséquence, un associé n'est pas lié par une clause d'arbitrage insérée dans le règlement de la société dont il est associé et dont il n'a jamais reçu copie (Kirleis v. Dickie, McCamey & Chilcote, P.C., 560 F.3d 156 (2009)).

Conformément au droit fédéral de l'arbitrage et au droit californien de l'arbitrage, un contrat d'arbitrage est valide et irrévocable sauf si le demandeur prouve qu'il existe une cause de nullité relevant du droit commun des contrats (Armendariz v. Foundation Health Psycare Services, Inc. 24 Cal. 4th 83, 6 P.3d 669, 99 Cal. Rptr. 2d 745, 2000 Cal.). Une partie ne peut pas être obligée à recourir à l'arbitrage pour un litige n'entrant pas dans les termes de la clause d'arbitrage (United Steelworkers v. Warrior & Gulf Navigation Co. 363 U.S. 574 (1960)).

Même si les termes de la clause d'arbitrage prévoient un recours extensif à l'arbitrage, ce recours ne s'applique toutefois que pour les litiges que les parties ont réellement consenti de soumettre à l'arbitrage (Victoria, 222 Cal.Rptr. 1, 710 P.2d).

B. L'arbitrage et les règles édictées par la FINRA

Conformément aux règles édictées par la Financial Industry Regulation Authority (FINRA, autorité de régulation américaine), les membres de la FINRA doivent recourir à l'arbitrage pour les litiges nés avec leurs consommateurs lorsque :

– le consommateur le demande ;

– le litige est en relation directe avec les activités du membre de la FINRA en cause (Washington Square Securities, Inc. v. Aune (385 F.3d 432, 2004)).

Un organisme à but non lucratif qui paie deux banques pour des conseils financiers est un consommateur au sens des règles édictées par la FINRA ; il peut donc valablement saisir un arbitre pour résoudre un litige né entre lui et les banques en cause (UBS Financial Services, Inc., v. Carilion Clinic 706F.3d 319 (2013)).

Les règles édictées par la FINRA en matière d'arbitrage portant sur la régulation financière ne sont pas d'ordre public ; les parties peuvent donc valablement stipuler dans leur contrat qu'en cas de litige les parties devront saisir une cour de justice (Kidder Peaboy & Co. v. Zinsmeyer Trust P'ship, 41 F.3d 861 (1994)).

Afin que les termes contractuels imposant le recours à une cour de justice en cas de litige s'appliquent (à la place des règles édictées par la FINRA), ces termes doivent être clairs et sans ambiguïtés (Smith Barney, Inc. v. Critical Health Sys0 of N.C., Inc., 212 F.3d (2000)).

C. Droit californien

Le droit californien impose aux juges d'appliquer une clause d'arbitrage à moins qu'une des trois conditions suivantes n'existe :

– une partie a renoncé à son droit à l'arbitrage ;
– il existe une cause de nullité ;
– en raison d'un litige similaire avec une troisième partie porté devant les juges, il existe un risque de solutions contradictoires (Laswell v. AG Seal Beach, LLC 189 Cal.App.4th 1399 (2010)).

D. Non-application d'une clause d'arbitrage à un tiers

Selon la Cour suprême des États-Unis, le droit fédéral de l'arbitrage impose au juge d'appliquer les clauses d'arbitrage même si un litige similaire, impliquant un tiers, est jugé par une cour de justice (Dean Witter Reynolds Inc. v. Byrd 470 U.S. 213 (1985)).

Le représentant de la marque du produit vendu n'étant pas partie au contrat comprenant la clause d'arbitrage, lequel est conclu entre le vendeur de ce produit et un acheteur, ce représentant ne peut pas obliger l'acheteur à recourir à l'arbitrage (Kramer v. Toyota Motor Corporation, 705F.3d 1122 (2013)).

L'obligation de recourir à l'arbitrage ne peut pas être invoquée par un tiers au contrat ; ce dernier ne peut donc pas demander au juge d'obliger la partie au contrat en cause de recourir à l'arbitrage (Britton v. Co.op Banking Grp., 4F.3d 742 (1993)).

L'interprétation favorable à l'extension de l'arbitrage ne s'étend pas à ceux qui ne sont pas partie à un contrat d'arbitrage (Comedy Club, Inc. v. Impro W. Assocs., 553F.3d 1277 (2009)).

Une clause d'arbitrage stipulant qu'elle ne s'appliquerait qu'aux litiges entre les parties au contrat ne peut pas s'appliquer à un tiers ; le tiers ne peut donc pas obliger le défendant à recourir à l'arbitrage (Mndi v. Union Security Life Insurance Co. 555F.3d 1042 (2009)).

E. Les deux exceptions fondées sur la théorie de la réparation équitable (equitable estoppel)

1° Tiers qui a profité du contrat

Conformément au principe de réparation équitable (equitable estoppel), un tiers à un contrat qui profite en toute connaissance de cause du contrat en cause peut être contraint de respecter la clause d'arbitrage qui est contenue dans celui-ci (Deloitte Noraudit v. Deloitte Haskin & Sells, U.S. 9 F3.d 1060 (1993)).

2° Actions étroitement liées

Conformément au principe de réparation équitable (equitable estoppel), un tiers à un contrat peut imposer à une partie de respecter la clause d'arbitrage contenue dans un contrat, si le tiers est en relation étroite avec la partie au contrat en cause et si son action est très fortement liée aux obligations découlant du contrat (Sunkist Soft Drinks, Inc. v. Sunkist Growers, Inc., 10 F.3d 753, 757 (1993)).

Conformément au principe de réparation équitable (equitable estoppel), si une partie doit se fonder sur les termes d'un contrat dans sa défense contre un tiers, ce dernier peut imposer à cette partie d'appliquer la clause d'arbitrage contenue dans celui-ci (Metalclad Corp. v. Ventana Envtl. Org. P'ship, 109 Cal.App.4th 1705 (2003)).

F. Clause d'arbitrage lésionnaire ou abusive

Une clause d'arbitrage peut être annulée si elle n'est pas conforme au droit commun des contrats et, en particulier, si elle est lésionnaire ou abusive (unconscionability) (Doctor's Assocs., Inc. v. Casarotto, 517 U.S. 681 (1996)).

> **Obs. :** en l'espèce, les juges posent le principe mais la question porte sur l'application du droit fédéral par rapport au droit fédéré.

Une clause est lésionnaire ou abusive (unconscionability), notamment si le coût pour une partie est prohibitif (Parilla v.IAP Worldwide Services VI, Inc., 368 f.3d 269 (2009)).

Art. 3 [mod.] **L'arbitrage peut être fondé sur une convention d'arbitrage ou sur un instrument relatif aux investissements, notamment un code des investissements ou un traité bilatéral ou multilatéral relatif aux investissements.**

JURISPRUDENCE OHADA

Effet de la convention d'arbitrage

La volonté, sans équivoque, des parties de recourir à l'arbitrage résulte de la clause stipulant qu'« [e]n cas de contestation la Cour d'arbitrage des Comores (CACOM) sera seule compétente pour en connaitre » ; en présence d'une telle clause, c'est en violation de l'article 3 de l'AUA qu'une cour d'appel, qui de surcroit était inapte à s'y prononcer en lieu et place de la CACOM en vertu du principe de la compétence-compétence, a prétendu l'inexistence d'une clause compromissoire pour annuler la sentence rendue, exposant ainsi son arrêt à la cassation. Sur l'évocation, et pour les mêmes moyens que ceux ayant entrainé la cassation, le recours en annulation doit être rejeté et l'exequatur sollicité accordé à la sentence (CCJA, 1e ch., n° 249/2019, 7-11-2019 : Banque de Développement des Comores c/ Société Négoce International de Commerce).

Art. 3-1 [nouv.] La convention d'arbitrage prend la forme d'une clause compromissoire ou d'un compromis.

La clause compromissoire est la convention par laquelle les parties s'engagent à soumettre à l'arbitrage les différends pouvant naître ou résulter d'un rapport d'ordre contractuel.

Le compromis est la convention par laquelle les parties à un différend déjà né conviennent de le régler par la voie de l'arbitrage.

La convention d'arbitrage doit être faite par écrit, ou par tout autre moyen permettant d'en administrer la preuve, notamment par la référence faite à un document la stipulant.

JURISPRUDENCE OHADA

I. Convention d'arbitrage inexistante

La convention d'arbitrage est un contrat par lequel les parties investissent l'arbitre de la mission de trancher leur différend ; elle doit être appréciée d'après la commune volonté des parties. Le fait pour une partie au litige de n'avoir pas réagi à la proposition faite par l'autre partie sur un éventuel arbitrage prouve qu'elle n'a pas manifesté sa volonté de conclure la convention et, pour cela elle, n'a participé ni à la désignation de l'arbitre ni au déroulement de la procédure. Il en est ainsi notamment lorsqu'il ressort du protocole d'accord signé par les parties qu'en cas de litige résultant du contrat, elles élisent domicile auprès des tribunaux. Dans l'espèce, la convention d'arbitrage, qui n'a pas été acceptée par toutes les parties, est inexistante et entraîne la nullité de la sentence (CA Centre (Cameroun), n° 381/civ., 30-9-2009 : Sté PAMOL Plantation LTD c/ N. F., Ohadata J-10-133).

De même, l'annulation de l'acte authentique ayant servi de fondement à une sentence arbitrale entraîne l'annulation de ladite sentence qui n'a plus de support (CA Littoral (Cameroun), n° 060/C, 16-5-2008 : T. J., Dame T. née N. c/ Sté Pro PME Financement SA, Ohadata J-09-124).

II. Condition de validité d'une clause compromissoire par référence

Il est de principe qu'en matière d'arbitrage international, la clause compromissoire par référence écrite à un document qui la contient est valable, à défaut de mention dans la convention principale, lorsque la partie à laquelle la clause est opposée a eu connaissance de la teneur de ce document au moment de la conclusion du contrat et qu'elle a accepté l'incorporation du document au contrat. Lorsque, comme en l'espèce, une cour d'appel, après avoir examiné les diverses transactions intervenues entre les parties, a souverainement relevé, par une décision motivée, que la clause d'arbitrage contenue dans un pacte d'actionnaires n'est pas opposable à l'une des défenderesses au pourvoi parce qu'il ne ressort nulle part du dossier qu'elle ait eu connaissance de ladite clause et qu'elle ait manifesté la volonté d'être liée par la convention d'arbitrage, le moyen contre cet arrêt n'est pas fondé et doit être rejeté (CCJA, 1e ch., n° 41, 10-6-2010 : Atlantique Télécom SA c/ 1 – Planor Afrique SA, 2 – Télécel Faso SA, Juris-Ohada, n° 4/2010, oct.-déc., p. 35, Ohadata J-11-85, J-12-38, note Achille Ngwanza, Rev. arb. 2012-3, p. 615).

Obs. : l'ancien article 3 a été transformé en article 3-1, précédé de trois nouveaux alinéas qui définissent la clause compromissoire et le compromis d'arbitrage. En introduisant cette nuance entre la clause compromissoire (qui précède souvent un litige) et le compromis d'arbitrage (qui est souvent signé après la naissance du litige), le législateur de l'OHADA semble s'être démarqué de la pratique dans d'autres systèmes tels qu'en France, où la distinction entre la clause et le compromis ne semble plus avoir d'importance quant à leur effets depuis la fusion des deux notions opérée par la réforme de l'arbitrage en France en vigueur depuis le 1er mai 2011 (voir notamment le décret 2011-48 du 13-1-2011 portant réforme de l'arbitrage (JORF 14-1-2011 p. 777) qui a réuni les règles applicables à la clause compromissoire et au compromis sous un chapitre unique intitulé « La convention d'arbitrage » – CPC de France article 1442 à 1527).

Jurisprudence comparée

I. France

Validité d'une clause compromissoire par référence figurant dans une confirmation de commande

La cour d'appel qui, pour refuser de donner effet à une clause d'arbitrage figurant aux conditions générales de vente, dont l'existence est mentionnée dans la confirmation de commande du vendeur, a retenu par motifs propres et adoptés, qu'« il n'est pas démontré que l'acheteur ait eu connaissance de l'existence de la clause compromissoire au moment de la conclusion du contrat, la référence à cette clause, fondue dans des conditions générales séparées, rédigées en langue anglaise et en caractères à peine visibles, n'apparaissant pas clairement au recto de la confirmation de commande », alors qu'il ressort de l'arrêt attaqué que la confirmation de commande envoyée par le vendeur à l'acheteur comporte une référence aux conditions générales de vente, lesquelles stipulent une clause compromissoire portée à la connaissance de l'acheteur qui a, fût-ce par son silence, accepté cette référence, a violé les articles 134 du Code civil (désormais abrogé) et 1492 du Code de procédure civile (Cass. 1e civ. 11-5-2012 no 10-25.620, Légifrance).

II. Ghana

Nature de l'écrit

Une convention d'arbitrage doit nécessairement être faite par écrit. Elle peut toutefois résulter d'un échange de lettres, de fax, telex, courriels ou tout moyen qui permet d'obtenir une trace écrite de l'accord. En conséquence, une convention d'arbitrage offerte et acceptée par courriel est valide (Atuguba & associates v. Scipion Capital (UK) Ltd & Holman Fenwick Willian LLP, Superior Court of judicature, Supreme Court of Justice, civil appeal : no J4/04/2019, 03/04/2019).

III. Kenya

Intérêt de l'arbitrage

L'arbitrage est un moyen moderne de résoudre les conflits ; il est plus rapide et il se fait dans un environnement feutré. C'est pourquoi les juges s'efforcent toujours d'encourager les parties à résoudre leurs différends par voie d'arbitrage lorsqu'une clause compromissoire a été insérée dans leur contrat (Kenya Pipeline Company Limited vs. Datalogix Limited and Another Nairobi HCCC no 490 of 2004 [2008] 2 EA 193).

Art. 4 [mod.] La convention d'arbitrage est indépendante du contrat principal.

Sa validité n'est pas affectée par la nullité de ce contrat et elle est appréciée d'après la commune volonté des parties, sans référence nécessaire à un droit étatique.

Les parties ont toujours la faculté, d'un commun accord, de recourir à l'arbitrage, même lorsqu'une instance a déjà été engagée devant une juridiction étatique.

Jurisprudence OHADA

I. Autonomie de la convention d'arbitrage

A. Dessaisissement du juge étatique : autonomie de la clause d'arbitrage

L'article 23 du Traité OHADA et l'article 4 de l'AUA posent deux principes, à savoir le principe de l'incompétence de toute juridiction étatique saisie d'un litige que les parties sont convenues de soumettre à une procédure d'arbitrage et le principe de l'autonomie de la convention d'arbitrage par rapport au contrat principal auquel elle se rapporte. Dans le premier cas, toute juridiction d'un État partie saisie d'un tel litige doit se déclarer incompétente lorsque l'une des parties en fait la demande ; dans le second cas et en vertu de ce principe de l'indépendance de la convention d'arbitrage par rapport au contrat principal, la validité de la convention n'est pas affectée par la nullité du contrat et ladite validité est appréhendée d'après la commune volonté des parties, sans référence nécessaire à un droit étatique. Dans l'espèce, en stipulant expressément dans leur convention que « les parties s'engagent à régler les différends nés de l'application des présentes à l'amiable et que, à défaut, les différends sont soumis à Abidjan, à l'arbitrage de la Cour de justice et d'arbitrage de l'OHADA », les parties ont exprimé leur commune volonté de faire trancher par des arbitres, tous les litiges, sauf ceux qu'elles auraient exclus expressément, le cas échéant, qui naîtraient de leur relation contractuelle. La nullité du contrat qui contient la clause compromissoire est incontestablement un des litiges susceptibles de naître de la relation contractuelle et il n'y a pas lieu de rechercher, comme le tribunal et la cour d'appel l'ont fait, si le litige porte sur la validité et donc l'existence même de la convention, ou sur son application. En effet, le principe d'autonomie de la convention d'arbitrage, par rapport au contrat principal auquel elle se rapporte, impose au juge arbitral, sous réserve d'un recours éventuel contre sa sentence à venir, d'exercer sa pleine compétence sur tous les éléments du litige à lui soumis, qu'il s'agisse de l'existence, de la validité ou de l'exécution de la convention. Ainsi, en retenant sa compétence pour confirmer le jugement entrepris en toutes ses dispositions, au motif que « le litige porte ici sur la validité et donc l'existence même de la convention et non sur son application ; dans ces conditions, la clause compromissoire, qui ne joue que dans l'exécution de la convention, ne peut trouver application en l'espèce ; c'est donc à juste titre que le premier juge a retenu sa compétence », la cour d'appel a fait une mauvaise application des articles 23 du Traité OHADA et 4 de l'AUA précités et son arrêt encourt la cassation. Sur évocation, la CCJA doit infirmer le jugement entrepris, se déclarer incompétente en raison de la clause d'arbitrage et renvoyer la cause et les parties à la procédure d'arbitrage prévue dans leur convention (CCJA, 1e ch., nº 020, 24-4-2008 : S. c/ 1) I, 2) K, Juris-Ohada nº 3, juill.-sept. 2008, p. 35, Rec. jur. CCJA, nº 11, janv.-juin 2008, p. 97, Ohadata J-09-46, Ohadata J-09-300).

La convention d'arbitrage étant indépendante du contrat principal, l'exécution du contrat principal n'affecte ni l'existence ni la validité et encore moins le maintien en vigueur de la clause compromissoire signée par les parties (CA Pointe-Noire 4-3-2005 : Cofipa Investment Bank Congo c/ Sté Comadis Congo, Ohadata J-13-73).

Dans le même sens, jugeant que :

– c'est en violation des articles 4 et 13 de l'AUA qu'une cour d'appel a subordonné la validité de la clause d'arbitrage à celle de la convention qui la contient (CCJA, 2e ch., nº 082/ 22-5-2014 : 1) Sté Canac Sénégal SA, 2) Sté Canac Railways. Services Inc c/ Sté Transrail SA, Ohadata J-15-173). Voir sous l'article 13 ;

– le principe de la validité de la convention d'arbitrage doit s'apprécier sans référence nécessaire à un droit étatique, donc d'après la commune volonté des parties (CCJA, ass. plén., nº 069/, 29-4-2015 : Sté Bougainvilliers, Sté Immobilière Thiam Banda, devenue Sté d'investissements Thiam Banda SA, les Héritiers de feu Mayoro Wade c/ Monsieur Paul Mochet, Ohadata J-16-71).

L'article 4 de l'AUA pose le principe de l'autonomie de la convention d'arbitrage qui constitue un objet juridique distinct du contrat principal dont la résiliation est sans effet sur la validité de la clause compromissoire qu'il contient. La cour d'appel qui a retenu que l'annulation d'une convention d'assistance technique équivaut à la renonciation des clauses de la convention d'arbitrage, subordonnant ainsi la validité de la clause d'arbitrage à celle de la convention, a méconnu les dispositions de l'article 4 de l'AUA et exposé ainsi son arrêt à la cassation. Sur l'évocation et pour les mêmes motifs que ceux ayant entraîné la cassation de l'arrêt, le jugement entrepris doit être infirmé et statuant à nouveau, il y a lieu de déclarer ledit tribunal incompétent (CCJA, 3e ch., nº 164, 1-12-2016 : Sté Canac Sénégal, Sté Canac Railways Services Inc c/ Transrail SA, Ohadata J-17-104).

B. Impossibilité pour l'État partie à l'OHADA et signataire d'une convention d'arbitrage d'évoquer son propre droit pour contester ladite convention

Voir sous l'article 2 (Ohadata J-13-19).

C. Compétence du juge étatique retenue en cas de clause compromissoire manifestement nulle

Voir sous l'article 13 (CCJA, 1e ch., nº 225, 29-11-2018 : Transrail SA c/ 1) Canac Sénégal SA et 2) Canac Railways Services INC).

Obs. : le nouvel alinéa 2 de l'article 4 modifié apporte une clarification (en prévoyant de « recourir à l'arbitrage » plutôt que de recourir à une « convention d'arbitrage ») et précise qu'il s'agit d'une juridiction « étatique ». Cette précision est utile dans la mesure où il faut distinguer la « juridiction étatique » qui, saisie en présence d'une convention d'arbitrage (clause compromissoire ou un compromis selon l'article 3-1 nouv.), doit se dessaisir au profit de la « juridiction arbitrale » conformément à la volonté des parties.

II. Compétence subsidiaire du juge étatique dans l'appréciation de la validité d'une convention d'arbitrage

Il ressort de l'article 4 de l'AUA que dans l'appréciation de la validité d'une convention d'arbitrage, il doit être tenu compte de la commune volonté des parties (CCJA, 2e ch., no 002/2022, 20-1-2022 : Brasserie BB Lomé SA c/ Sté CTC-ADDRA).

III. Appréciation de la validité de la convention d'arbitrage

A. Prise en compte de la volonté commune des parties

Il résulte de l'article 4 de l'AUA qu'il doit être tenu compte de la commune volonté des parties dans l'appréciation de la validité d'une convention d'arbitrage (CCJA, 2e ch., no 002/2022, 20-1-2022).

B. Appréciation dans le contexte d'un contrat tacitement reconduit

L'appréciation de l'existence, de la validité et de la portée d'une convention d'arbitrage stipulée dans un contrat, qu'il appartient à un tribunal arbitral de faire, en application des articles 4, 11 et 13 de l'AUA, s'entend nécessairement aussi de l'appréciation de l'exception d'incompétence des juridictions étatiques tirée de la convention d'arbitrage en cas de prolongation tacite dudit contrat. En l'espèce, les parties ayant stipulé, dans le contrat initial renouvelé à plusieurs reprises, une clause compromissoire attribuant compétence à un tribunal arbitral sous l'égide de la Cour d'arbitrage du Togo (CATO), puis poursuivi leurs relations commerciales à l'échéance du dernier renouvellement, sans conclure aucun avenant audit contrat, en soulevant l'incompétence du juge étatique à la suite de la saisine qui en a été faite par la défenderesse, la demanderesse pose la question de la portée de la convention d'arbitrage stipulée au contrat initial et estime que cette clause doit s'appliquer à la nouvelle relation qui n'est que la continuation du contrat initial. L'appréciation de la portée de la clause compromissoire incombant au tribunal arbitral, il y a lieu d'infirmer le jugement entrepris, de déclarer en l'état le juge étatique incompétent et de renvoyer les parties à mieux se pourvoir (CCJA, 2e ch., no 002/2022, 20-1-2022).

C. Clause pathologique

1o Définition

Une clause pathologique s'entend d'une clause dont la rédaction défectueuse ne permet pas la constitution d'un tribunal arbitral, et rend impossible l'établissement de la compétence arbitrale du tribunal. En l'espèce, la clause compromissoire ne saurait être pathologique du seul fait du choix par les parties d'un siège d'arbitrage hors l'espace OHADA, en l'occurrence la ville de Paris en France, dès lors que l'arbitrage sous l'égide de la CCJA n'oblige pas les parties à fixer le siège de l'arbitrage dans un lieu précis, qu'aucune disposition légale ne subordonne la validité d'un tel arbitrage à cette condition, et que la fixation du siège hors l'espace OHADA n'a aucune incidence sur la lex arbitri, qui demeure le Règlement de procédure de la CCJA, le contrôle juridictionnel allégué par la partie demanderesse pouvant être assuré, comme c'est présentement le cas, par la CCJA. Il s'ensuit que le motif d'annulation fondé sur le choix d'un siège situé en dehors du territoire de l'OHADA doit être rejeté comme infondé (CCJA, ass. plén., no 111/2021, 3-6-2021 : N. c/ Oragroup SA).

2o Absence de clause pathologique

N'est pas pathologique la clause compromissoire stipulant que « tous différends découlant de la présente Convention ou en relation avec celle-ci seront tranchés définitivement suivant l'Acte uniforme OHADA relatif au droit de l'arbitrage en date du 11 mars 1999 et le Règlement de procédure de la Cour commune de justice et d'arbitrage (la CCJA) [...]. La ou les demanderesse (s) devront initier la procédure d'arbitrage en envoyant une demande d'arbitrage à la CCJA conformément au Règlement d'arbitrage de la CCJA » (CCJA, ass. plén., no 111/2021, 3-6-2021 : N. c/ Oragroup SA).

Jurisprudence comparée

I. Belgique

La nullité d'un compromis de vente en application des textes portant organisation de l'aménagement du territoire n'entraîne pas celle subséquente de la clause d'arbitrage contenue dans la convention annulée (Cour de cassation de Belgique 22-11-2013 no C. 12. 0405 F : Juricaf).

II. États-Unis

Validité d'une clause incluse dans un contrat contraire à l'ordre public

Une clause d'arbitrage n'est pas nulle du seul fait que le contrat dans lequel elle est insérée contient des dispositions contraires à l'ordre public (Prima Paint Corp. v. Flood & Conklin Mfg. Co. – 388 U.S. 395 (1967).

III. France

Composition irrégulière d'un tribunal résultant du caractère pathologique de la clause d'arbitrage

Le caractère pathologique seul d'une clause d'arbitrage suffit à rendre irrégulière la composition du tribunal arbitral ou la désignation de l'arbitre (Cass. 1e civ., 4-3-2020, nº 18-22.019).

IV. Kenya

A. La validité du contrat

Les parties peuvent valablement soumettre la question de savoir si leur contrat est valide à l'arbitrage (Hercules Insurance Co. Ltd vs. Trivedi & Co. Limited Civil Appeal nº 12 of 1962 [1962] EA 358).

B. La fraude et l'arbitrage

Le fait qu'une partie invoque une tromperie (*fraud*) n'empêche pas la clause compromissoire insérée dans le contrat de vente de jouer car l'arbitre est tout à fait à même d'établir s'il y a eu ou non tromperie (Kenya Pipeline Company Limited vs. Datalogix Limited and Another Nairobi HCCC nº 490 of 2004 [2008] 2 EA 193).

C. Application de la clause compromissoire

Lorsqu'une clause compromissoire stipule que tous les litiges relatifs au présent contrat seront soumis à l'arbitrage, les juges n'ont pas d'autre choix que de respecter les termes contractuels et en conséquence de renvoyer les parties devant un arbitre (Zahra S Mohamed & Another vs. Insurance Co. of East Africa Ltd Nairobi (Milimani) HCCC nº 521 of 2008 (OS).

D. Arbitrage et injonction

Avant ou même pendant une procédure d'arbitrage, une partie peut saisir le juge afin de voire protéger ses droits (*injunction*) (Cannon Assurance (Kenya) Limited v. Mohansons (Kenya) Limited and Jaspaul Singh Kandhari, In The High Court of Kenya at Nairobi, civil suit nº 1182 (2002).

L'objectif des juges est alors de garantir que l'autre partie ne profite pas de la procédure d'arbitrage pour faire disparaître frauduleusement ses biens (CMC Aviation Ltd v. Crusair Ltd (nº 1) [1987] KLR 103).

Chapitre II

CONSTITUTION DU TRIBUNAL ARBITRAL

Art. 5 [mod.] *La mission d'arbitre ne peut être confiée qu'à une personne physique.*

Le tribunal arbitral est constitué soit d'un seul arbitre, soit de trois arbitres. À défaut d'accord entre les parties, le tribunal arbitral est constitué d'un arbitre unique.

JURISPRUDENCE OHADA

I. Régularisation de la désignation des arbitres

Si les parties à une convention d'arbitrage désignent les arbitres en nombre pair, la composition du tribunal arbitral peut être régularisée selon les modalités prévues à l'article 8 de l'AUA. Lorsqu'en l'espèce les deux premiers arbitres désignés selon les modalités prévues dans la clause compromissoire ont complété la composition du tribunal arbitral, en désignant le troisième arbitre sans attendre que se réalise le préalable de leur éventuel désaccord sur une sentence commune, c'est un tribunal arbitral, composé non pas de deux, mais de trois arbitres, qui a statué et rendu la sentence litigieuse. En annulant la convention d'arbitrage, alors que le juge compétent dans l'État partie tient de l'article 8 de l'AUA, s'il est saisi à cet effet, le pouvoir de prendre des mesures pour que le tribunal arbitral soit constitué conformément à la règle d'imparité affirmée au premier alinéa dudit article, le tribunal a violé les dispositions de l'article 8 de l'AUA et son jugement doit être cassé (CCJA, nº 044/2008, 17-7-2008 : Sarci SARL c/ 1e) Atlantique Télécom SA, 2e) Télécel Bénin SA, Actualités Juridiques nº 64-65/2009, p. 243 ; Ohadata J-10-15).

Obs. : pour annuler la convention d'arbitrage contenue, le jugement attaqué retient « qu'à l'analyse, il apparaît clairement que l'article 43 des statuts de la société [X], dont le tribunal arbitral a tiré l'existence d'une convention d'arbitrage régulière, a prévu un arbitrage par deux arbitres, en laissant la possibilité de désignation d'un troisième arbitre à une hypothèse, celle où les deux arbitres ne parviendraient pas à se mettre d'accord sur une sentence commune ; [...] que cette prévision des parties, dans le contexte d'un arbitrage par deux arbitres, est viciée au regard de la disposition susvisée de la loi uniforme qui régit l'arbitrage ; qu'il est également contraire au principe fondamental de l'obligation de délibérer en nombre impair, en matière de justice ; [...] que ces vices de l'article 43 des statuts de la société [X] rendent la clause de recours à l'arbitrage non fonctionnelle et inapplicable à l'organisation d'une procédure arbitrale efficace ». Au lieu d'annuler la convention d'arbitrage, la juridiction compétente aurait dû, comme l'y autorise l'article 8, al. 2 de l'AUA, désigner un troisième arbitre ; elle est sanctionnée par la CCJA pour ne pas l'avoir fait.

II. Absence de violation du contradictoire

La demanderesse qui n'a produit aucun élément pouvant justifier sa défaillance à l'instance d'arbitrage ne saurait être fondée à invoquer le non-respect du principe du contradictoire en ce que les sessions arbitrales se sont tenues en son absence. Il en est ainsi lorsqu'il ressort des motifs de la sentence attaquée que le défendeur a notifié à la demanderesse, par exploit d'huissier, une demande d'arbitrage datée du 10 décembre 2007, l'informant par la même occasion qu'il a choisi comme arbitre M. [X.] et l'invitant dans le délai de quinze jours à désigner le sien faute de quoi il serait procédé à cette désignation par le président du TPI ; que face à la carence de la demanderesse, le président du TPI a désigné un second arbitre et que ces deux arbitres retenus ont choisi le troisième arbitre ; que le greffier en chef du TPI a notifié la composition du tribunal ainsi constitué à la demanderesse par exploit d'huissier du 9 mai 2008 en l'invitant à prendre part à la réunion préparatoire devant se tenir le 15 mai 2008 (CA Centre (Cameroun), n° 199/civ., 28-4-2010 : Sté Arab Contractors c/ Cabinet F. MBA SARL, Ohadata J-12-73, J-12-241).

Obs. : le premier alinéa du nouvel article 5 reprend l'obligation, qui existait à l'ancien article 6, de ne confier la mission d'arbitre qu'à une personne physique. Le second alinéa relatif à la composition (trois ou un arbitre) a été pris de l'ancien article 8 al. 1 qui a été complété. Le contenu de l'ancien article 5 a été modifié et déplacé au nouvel article 6 ci-dessous. Les parties veilleront à prévoir dans leur convention d'arbitrage, quelle que soit sa forme (clause compromissoire en amont d'un litige ou compromis après la naissance d'un litige), le nombre d'arbitres souhaité. Selon l'enjeu, notamment financier du litige, elles voudront conserver plus de contrôle dans le processus arbitral en prévoyant un tribunal de trois membres, dès lors que leur silence entraînerait la désignation d'un arbitre unique.

III. Absence de violation de l'article 5 de l'AUA relativement à une désignation qu'il ne régit pas

C'est à tort qu'il est reproché à un arrêt d'avoir violé l'article 5 de l'AUA, en ce que le mode de désignation du tribunal arbitral et, particulièrement, le nom de l'arbitre désigné par défaut par le centre d'arbitrage pour le compte de la demanderesse n'ont pas été notifiés à cette dernière, ni la composition du tribunal avec les noms des arbitres. Il en est ainsi dès lors que, d'une part, ce moyen n'a jamais été soumis au tribunal, que, d'autre part, le tribunal arbitral ayant évolué sous l'empire du règlement du Centre de conciliation et d'arbitrage du Mali (CECAM), on ne saurait lui reprocher la violation de l'article 5 de l'AUA qui, du reste, porte non pas sur la désignation des arbitres mais sur la mission d'arbitre qui ne doit être confiée qu'à une personne physique, et qu'enfin, les éléments du dossier, notamment les courriers du CECAM des 6 juin 2018, 10 juillet 2018 et 20 août 2018, montrent que la requérante a été associée à la procédure de désignation des arbitres (CCJA, 1e ch., n° 037/2020, 13-2-2020 : Vivo Énergy Mali SA c/ Fasogaz SARL).

Obs. : manifestement, c'est l'article 6 de l'AUA qui aurait dû être invoqué puisqu'il régit les modalités de désignation des arbitres.

IV. Obligation pour un centre d'arbitrage de respecter la volonté des parties en désignant le nombre d'arbitres convenu par elles

Sur l'obligation pour un centre d'arbitrage de respecter la volonté des parties dans la constitution d'un tribunal arbitral, qui a résulté en l'annulation d'une sentence pour composition irrégulière parce qu'un centre a imposé un collège arbitral au lieu de l'arbitre unique convenu par les parties, voir sous l'article 26.

Art. 6 [mod.] Les arbitres sont nommés, révoqués ou remplacés conformément à la convention des parties.

Lorsque les parties ont prévu la désignation de deux arbitres nonobstant les dispositions de l'article 5, al. 2 du présent Acte uniforme, le tribunal arbitral est complété par un troisième arbitre choisi par les parties d'un commun accord.

En l'absence d'accord, le tribunal arbitral est complété par les arbitres désignés ou, à défaut d'accord entre ces derniers, par la juridiction compétente dans l'État partie. Il en est de même en cas de nomination rendue nécessaire pour cause de récusation, d'incapacité, de décès, de démission ou de révocation d'un arbitre.

A défaut d'accord des parties sur la procédure de nomination ou si leurs stipulations sont insuffisantes :

a) en cas d'arbitrage par trois arbitres, chaque partie nomme un arbitre et les deux arbitres ainsi nommés choisissent le troisième arbitre ; si une partie ne nomme pas un arbitre dans un délai de trente (30) jours à compter de la réception d'une demande à cette fin émanant de l'autre partie ou si les deux arbitres ne s'accordent pas sur le choix du troisième arbitre dans un délai de trente (30) jours à compter de leur désignation, la nomination est effectuée, sur la demande d'une partie, par la juridiction compétente dans l'État partie ;

b) en cas d'arbitrage par un arbitre unique, si les parties ne peuvent s'accorder sur le choix de l'arbitre, celui-ci est nommé, sur la demande d'une partie, par la juridiction compétente dans l'État partie.

La décision de nomination d'un arbitre par la juridiction compétente intervient dans un délai de quinze (15) jours à compter de sa saisine, à moins que la législation de l'État partie ne prévoie un délai plus court. Cette décision n'est susceptible d'aucun recours.

JURISPRUDENCE OHADA

I. Désignation des arbitres par les parties

A. Tribunal irrégulièrement constitué

Lorsque le délai de trente jours imparti à une partie pour désigner son arbitre a expiré le 30 décembre 2006, la mise en demeure faite à cette partie aux fins de désignation de son arbitre ne devait lui être adressée qu'à compter du 31 décembre 2006, au cas où à cette date elle n'aurait pas fait cette désignation. La désignation par le président du TPI, sur saisine de l'autre partie, du second arbitre par ordonnance le 18 décembre 2006, avant même que le délai légal n'expire, et la constitution du tribunal arbitral ad hoc n'ont pas obéi aux prescriptions de l'article 5, al. 2, a) quant au délai de désignation du deuxième arbitre et de l'article 9 quant au traitement égalitaire dont doit bénéficier toute partie à un procès, l'une des parties n'ayant pu exercer son droit de désignation d'un arbitre. Il s'ensuit que le tribunal arbitral ad hoc a été irrégulièrement constitué et sa sentence encourt l'annulation (CCJA, n° 044/2008, 17-7-2008 : Sarci SARL c/ 1e) Atlantique Télécom SA, 2e) Télécel Bénin SA, Actualités Juridiques n° 64-65/2009, p. 243 ; Ohadata J-10-15).

B. Validité de la désignation de l'arbitre dans une clause compromissoire avant la naissance du litige

Le moyen tiré de l'irrégularité de la désignation de l'arbitre unique n'est pas fondé et doit être rejeté, lorsque les parties ont expressément et directement désigné dans la clause compromissoire un arbitre unique en la personne du président du tribunal de commerce de Pointe-Noire, et que c'est bien ledit arbitre qui a été saisi et a rendu la sentence attaquée (CA Pointe-Noire 4-3-2005 : Cofipa Investment Bank Congo c/ Sté Comadis Congo, Ohadata J-13-73).

C. Prééminence de la volonté des parties dans la constitution du tribunal

Les dispositions de l'article 5, al. 1 de l'AUA [devenu 6, al. 1] selon lesquelles « les arbitres sont nommés, révoqués ou remplacés conformément à la convention des parties » consacrent le principe de la prééminence de la volonté des parties dans la constitution du tribunal arbitral, et le caractère simplement supplétif des dispositions de l'AUA. En présence de stipulations contractuelles selon lesquelles « le Tribunal arbitral sera composé de trois (3) arbitres dont deux (2) seront désignés par chacune des parties, le troisième arbitre étant choisi par les deux arbitres précédemment nommés. Chaque partie s'engage à désigner son arbitre dans un délai maximum de quinze jours suivant la demande d'arbitrage adressée par l'une des parties à l'autre, par lettre recommandée avec accusé de réception ou par tout moyen prouvé. À défaut de désignation par une des parties de son arbitre et/ou du troisième arbitre, ceux-ci seront désignés sur requête de la partie la plus diligente par le président du Tribunal de commerce de Libreville », et qui ne prévoient d'autre délai que celui de 15 jours accordé au défendeur pour nommer son arbitre, et aux deux premiers arbitres nommés pour désigner le troisième, la demanderesse a été mise en mesure d'exercer son droit de désignation de l'un des membres du tribunal arbitral et aucune rupture de l'égalité des parties dans la composition dudit tribunal ne peut utilement être invoquée, la demande d'arbitrage ayant été notifiée à la défenderesse le 6 mars 2014 et l'ordonnance du juge d'appui ayant été rendu le 31 mars 2014, soit après l'expiration du délai de quinze (15) jours prévu aux dispositions conventionnelles. Le moyen est donc mal fondé et sera rejeté (CCJA, 2e ch., no 196, 25-10-2018 : Le Bistro Family SARL c/ Rosace Marbrée SARL).

Obs. : au soutien de son recours en annulation, la société Le Bistro Family fait valoir en substance que la société Rosace Marbrée lui ayant notifié la désignation de son arbitre le 6 mars 2014, la saisine du tribunal de première instance de Libreville en vue de la désignation du deuxième arbitre en ses lieu et place de même que la décision du tribunal sur cette demande ne pouvaient intervenir qu'après l'expiration du délai de trente jours prévu par l'article 5, al. 2, a) de l'AUA, soit à partir du 6 avril 2014 qu'en rendant son ordonnance le 31 mars 2014, le tribunal a violé ce texte, de sorte que le tribunal arbitral a été irrégulièrement constitué.

II. Désignation des arbitres par un centre d'arbitrage

A. Annulation pour désignation irrégulière de l'arbitre

Lorsqu'il résulte du compromis d'arbitrage que les parties ont donné pouvoir à la Chambre nationale des arbitrages pour désigner le président du tribunal arbitral et qu'aucun document n'a été produit au dossier pour établir que l'arbitre unique a été désigné par ladite chambre en l'espèce, l'arbitre s'est autoproclamé sa désignation exposant ainsi sa sentence à l'annulation, ainsi que l'exequatur qui en a résulté (CA Ouest (Cameroun), no 53/civ., 13-7-2011 : Z. F., G. P. c/ Sté ACEP-Cameroun, Me T. Jean, Ohadata J-12-64).

B. Obligation d'appliquer les dispositions du règlement du centre non écartées par les parties

Lorsque les parties ont convenu de soumettre tout litige survenu entre elles à l'arbitrage du GICAM pour être définitivement tranché suivant son Règlement d'arbitrage, sans avoir expressément écarté les dispositions de l'article 9 dudit règlement CCJA, relatives à la formation du tribunal arbitral, c'est à tort que la cour d'appel a fait application de l'AUA pour annuler la sentence querellée, notamment en retenant que « [...] l'institution d'arbitrage du GICAM a désigné d'autorité Me Henri JOB président du tribunal arbitral, ce en violation des dispositions pertinentes de l'article 5, al. 2 a) de l'[AUA] l'arbitrage ». L'arrêt doit donc être cassé (CCJA, 2e ch., no 242, 29-11-2018 : Commercial Bank of Cameroon, dite CBC SA c/ Archidiocèse de Yaoundé).

III. Désignation des arbitres par la juridiction compétente

Annulation pour désignation irrégulière de l'arbitre. Le silence gardé par une partie à un litige face au courrier émanant de l'autre partie qui lui a proposé la nomination d'un arbitre fait non seulement présumer son refus mais caractérise le désaccord des parties sur le choix de l'arbitre rendant ainsi nécessaire le recours au juge conformément aux dispositions de l'article 5 de l'AUA. Il s'ensuit que la demande de nomination d'un arbitre dont est saisie la juridiction est recevable. En ce qui concerne le nombre d'arbitres, il peut être déduit, de la clause compromissoire convenue entre les parties qui stipulait qu'« il sera recouru à l'arbitrage présidé par un juriste de droit congolais », que les parties ont opté pour un arbitre unique. Il en est ainsi car le mot « présidé » ne peut à lui seul suffire pour inférer que les parties ont pensé à une formation collégiale de l'instance arbitrale dont l'un serait le président, puisque, même pour un tribunal composé d'un seul arbitre ou d'une juridiction à juge unique, l'on peut toujours utiliser le verbe « présider ». Faute par les parties d'avoir désigné l'arbitre unique devant connaître du litige qui les oppose, le juge des référés doit y procéder conformément à l'article 5 précité (T. com. Pointe-Noire (Congo), ord. réf. no 007, 8-1-2002 : Sté Sony Services c/ Sté Universal Sodexho, Ohadata J-13-70).

IV. Désignation irrégulière d'un arbitre : nullité sans grief

C'est à tort qu'une cour d'appel a retenu que « ... le code de procédure civile en son article 127 précise entre autre qu'aucun acte de procédure ne peut être déclaré nul pour vice de forme si la nullité n'en est pas expressément prévue par la loi », et que « ... mieux, l'article 5 [devenu 6] sus-indiqué n'ayant prévu aucune nullité en cas d'inobservation de la procédure désignant un arbitre, un tel moyen doit être écarté surtout que même la partie qui l'invoque ne prouve pas le préjudice que lui cause cette irrégularité soulevée » pour écarter l'exception d'irrecevabilité fondée sur l'irrégularité de la constitution du tribunal arbitral, pour non-respect des délais de désignation des arbitres prévus par l'article 5 [devenu 6] de l'AUA. Il en est ainsi dès lors que la disposition interne sur laquelle la cour a fondé sa décision (l'article 127 du Code de procédure civile du Gabon) n'est pas applicable au présent litige, qui est régi par les seules dispositions de l'AUA, l'irrégularité de la composition du tribunal arbitral étant érigée en cas d'ouverture du recours en annulation d'une sentence arbitrale par l'article 27 [sic] de l'AUA, et qu'aucune disposition dudit Acte uniforme ne subordonne l'annulation d'une sentence à la preuve d'un préjudice par la partie qui invoque la nullité ; l'arrêt attaqué encourt la cassation pour violation des textes visés au moyen (CCJA, 2e ch., n° 196, 25-10-2018 : Le Bistro Family SARL c/ Rosace Marbrée SARL).

Obs. : une erreur semble s'être glissée dans le texte de l'arrêt qui a mentionné l'article 27 de l'AUA au lieu de l'article 26.

V. Absence de convention d'arbitrage : rétractation de l'ordonnance désignant un arbitre en violation de la volonté des parties

La volonté de soumettre un litige à l'arbitrage doit être clairement exprimée dans la convention des parties. La clause qui attribue compétence au juge étatique implique la renonciation des parties à l'arbitrage et l'ordonnance du juge des requêtes portant désignation d'un arbitre dans de telles conditions doit être rétractée, à la requête de la partie la plus diligente, pour violation de la volonté contractuelle (TPI Yaoundé-Ekounou (Cameroun), ord. n° 185, 6-5-2013 : Socaepe SA c/ Bucavoyages SARL ET Anaba MBO Alexandre, Ohadata J-14-125).

Obs. : le nouvel article 6 modifie l'ancien article 5 et le complète. La compétence exclusive de la « juridiction compétente » dans l'État partie abritant le siège de l'arbitrage pour la désignation d'un arbitre en cas de difficulté a été maintenue, sans doute parce que législateur de l'OHADA n'a pas institutionnalisé l'arbitrage régi par l'Acte uniforme. En effet, comme l'AUA ne rend pas obligatoire la création de centres d'arbitrage dans les États parties et que les parties à un différend ne sont pas tenues de recourir à un tel centre avant de mettre en œuvre une procédure arbitrale régie par l'AUA, l'autorité de désignation d'un arbitre en cas de difficulté ne pouvait être que judiciaire. La jurisprudence reproduite ci-dessous par transposition a été rendue en application de l'article 5 ancien qui est devenu article 6.

Jurisprudence comparée

I. France

A. Nomination des arbitres

Coparties à l'arbitrage : interdiction aux parties de renoncer, dans la clause compromissoire, à nommer l'arbitre. Toute partie à un arbitrage ayant un intérêt dans le litige identique à celui d'une autre partie ne peut renoncer au droit de nommer l'arbitre dans la clause compromissoire ; elle ne peut le faire qu'après la naissance du litige (Cass. civ. 7-1-1992 : RJDA 3/92 n° 297).

Non-validité de la clause prévoyant que deux parties à l'arbitrage, cocédants, désigneraient chacun un arbitre. Dans un cas où deux parties étaient cédantes et où était réclamée la désignation d'un arbitre pour chacune d'elles, il a été jugé que cette désignation conduirait à un tribunal composé de quatre arbitres dont deux n'auraient qu'une demie voix, que la partie de la clause d'arbitrage autorisant un tel mécanisme, contraire à la règle de l'imparité, était d'ailleurs réputée non écrite par l'article 1459 du nouveau Code de procédure civile et que, au surplus, la désignation d'un seul arbitre pour deux parties dont le sort était lié, ayant signé la convention indivisément et solidairement et n'ayant pas d'intérêts divergents, ne constituait pas une rupture d'égalité entre les parties (CA Paris, 1e ch. C, 10-10-2002 : GP 2003.som.1849 ; Rev. arb. 2003.1277 note A. Lacabarats).

B. Liberté des arbitres pour le choix du troisième arbitre

S'il peut être d'usage, dans une procédure d'arbitrage, que les arbitres prennent l'accord des parties qui les ont désignés pour faire choix du troisième arbitre, il n'y a aucune obligation, bien au contraire ; en effet, l'indépendance des arbitres à l'égard des parties doit les conduire, en cas de difficulté, à s'accorder entre eux sans avoir à tenir systématiquement compte de l'avis des parties (TGI Paris 4-4-2003 : Rev. arb. 2005.162 note L. Jaeger).

C. Responsabilité des arbitres

La responsabilité civile des arbitres peut être engagée en cas de manquement à leur obligation d'impartialité et de bonne foi, ou encore en cas de commission d'une faute personnelle équipollente au dol ou constitutive d'une fraude, d'une faute lourde ou d'un déni de justice (Cass. 1e civ. 15-1-2014 n° 11-17.196 : BRDA 4/14 inf. 28).

II. Tunisie

Partialité de l'arbitre. L'existence de liens spéciaux est une présomption irréfragable de la partialité de l'arbitre (CA Tunis 15-6-1989, cité par A. Ouerfelli, Bull. Assoc. suisse de l'arbitrage 2000 n° 2 p. 267).

Art. 7 [mod.] L'arbitre qui accepte sa mission doit porter cette acceptation à la connaissance des parties par tout moyen laissant trace écrite.

L'arbitre s'engage à poursuivre sa mission jusqu'au terme de celle-ci à moins qu'il justifie d'un empêchement ou d'une cause légitime d'abstention ou de démission.

L'arbitre doit avoir le plein exercice de ses droits civils et demeurer indépendant et impartial vis-à-vis des parties.

Tout arbitre pressenti informe les parties de toute circonstance de nature à créer dans leur esprit un doute légitime sur son indépendance et son impartialité et ne peut accepter sa mission qu'avec leur accord unanime et écrit.

A partir de la date de sa nomination et durant toute la procédure arbitrale, l'arbitre signale sans tarder de telles circonstances aux parties.

Jurisprudence OHADA

I. Validité de l'acceptation de sa mission par l'arbitre avant la naissance du litige

Absence de violation de sa mission par l'arbitre. Il n'y a pas violation de l'article 7 de l'AUA lorsque le protocole d'accord comportant la clause compromissoire par laquelle les parties ont directement désigné un arbitre a aussi été signé par ce dernier. Ce faisant, l'arbitre, qui a accepté sa mission d'arbitre avant même que le litige ne naisse, n'avait plus à porter une seconde fois à la connaissance des parties l'acceptation de sa mission, dès lors que les parties qui ont aussi signé ledit protocole d'accord avaient connaissance, par le moyen d'un écrit, de l'acceptation de sa mission par l'arbitre. En tout état de cause, le fait pour l'arbitre d'accepter sa mission avant la naissance du litige ne comporte aucune sanction particulière et ne peut caractériser le grief de violation de sa mission par l'arbitre car elle se rapporte plus à la constitution du tribunal arbitral qu'à la mission de l'arbitre (CA Pointe-Noire 4-3-2005 : Cofipa Invesment Bank Congo c/ Sté Comadis Congo, Ohadata J-13-73).

II. Manque d'indépendance d'un arbitre envers le conseil de la partie qui l'a nommé

Le tribunal arbitral n'est régulier que s'il est composé d'arbitres indépendants et impartiaux et si la procédure de sa constitution est exempte de tout vice. L'interpellation formelle du tribunal arbitral sur la nature des liens de collaboration que l'arbitre désigné par le demandeur à la procédure arbitrale avait avec le conseil dudit demandeur n'ayant reçu aucune réponse permettant d'apprécier l'incidence de ces liens non révélés sur son indépendance et son impartialité, c'est par une juste application des articles 7 et 26 de l'AUA que la cour d'appel a retenu « qu'il est de jurisprudence que l'arbitre doit révéler toute circonstance de nature à affecter son jugement et à provoquer dans l'esprit des parties un doute raisonnable sur ses qualités d'impartialité et d'indépendance qui sont l'essence même de la fonction arbitrale », pour annuler la sentence (CCJA, 2e ch., n° 151, 29-6-2017 : Wanmo Martin c/ Nguessi Jean Pierre).

Obs. : les conditions relatives à l'indépendance des arbitres ont été renforcées, notamment par l'exigence de l'exercice des droits civils. En outre, les arbitres sont responsabilisés par l'engagement qu'ils prennent d'aller au terme de leur mission sauf à justifier d'un motif légitime d'empêchement. Les arbitres ont également une obligation d'information renforcée à l'égard des parties, quant à toute cause de récusation, y compris celles pouvant naître après le début de la procédure.

III. Absence d'une cause légitime d'abstention ou de démission : procédure de récusation évoquée par les conseils des parties mais non initiée

Lorsqu'il ne ressort des éléments du dossier aucune procédure régulière de récusation de l'arbitre désigné par le juge d'appui devant la juridiction compétente, de simples correspondances adressées au conseil de la partie demanderesse par celui de la partie défenderesse ne sauraient être considérées comme constitutives d'une procédure de récusation régulière, d'autant qu'au reçu desdites correspondances, l'arbitre désigné a sursis à statuer sur le fond de la procédure, en attendant éventuellement une décision du juge qui serait régulièrement saisi. En l'absence d'une quelconque procédure engagée, c'est à bon droit que le tribunal a repris, après sa sentence partielle, la procédure, l'arbitre désigné ne supposant en sa personne aucune cause de récusation telle qu'indiquée à l'article 7, al. 2 de l'Acte uniforme (CCJA, 1re ch., n° 063/2021, 8-4-2021 : Marc Orphanides c/ Alkarim Alnoor Jamal).

JURISPRUDENCE COMPAREE

I. Allemagne

A. Conseil d'une partie

La récusation d'un arbitre ne saurait être justifiée du seul fait que l'arbitre était auparavant le conseil de l'autre partie et qu'il a émis un avis juridique favorable contre la partie demandant sa récusation ; en effet, un conseil juridique ne défend pas sa propre opinion, il représente une partie ; sa récusation ne serait possible que s'il ne se détachait pas de son opinion antérieure et ne parvenait pas à analyser objectivement le litige dans le cadre duquel il est arbitre (Trib. rég. sup. Hambourg 11-3-2003 : GP 2003.som.3931 obs. V. Denoix de Saint Marc).

B. Lien de famille

Les liens de famille entre un arbitre et une partie ne peuvent être invoqués qu'au moyen d'une procédure de récusation ; en l'espèce, bien que l'arbitre fût le frère de la demanderesse, sa nomination en tant qu'arbitre n'a pas été annulée, aucune incompatibilité fondée sur un lien de famille n'existant en matière d'arbitrage et seul un manque d'impartialité ou d'indépendance pouvant justifier la récusation (Trib. rég. sup. Francfort 27-4-2006 : GP 2007.som.1267 cité par V. Denoix de Saint Marc).

C. Consultant sur le litige à arbitrer

La récusation de la personne nommée a été prononcée lorsque la partie qui l'a désignée lui avait au préalable demandé un mémoire sur l'affaire concernée, car « pour qu'une demande de révocation soit fondée, il n'importe pas de savoir si le juge est effectivement impartial, mais uniquement (...) s'il subsiste un doute quant à son impartialité » (Trib. sup. Hambourg 28-6-2004, cité par V. Denoix de Saint Marc, Panorama de jurisprudence allemande : GP 2004.doct.3960).

D. Lien de connaissance entre l'arbitre et le conseil du défendeur à l'arbitrage

Ne constitue pas un motif de récusation de l'arbitre, désigné pour connaître d'un litige qui avait trait au respect de la libre concurrence, le fait que cet arbitre soit membre du comité de rédaction de la revue ayant publié un article sur les problèmes de concurrence rédigé par le conseil du défendeur et qu'il soit aussi membre d'une association professionnelle ayant organisé une conférence au cours de laquelle le conseil du défendeur était intervenu sur un thème identique ; en effet, des juristes actifs dans le domaine de l'arbitrage appartiennent à un milieu étroit et se côtoient forcément dans un cadre professionnel ; l'amitié ou un lien de connaissance entre un arbitre et le conseil d'une partie ne peut donc suffire à justifier un motif de récusation (Trib. rég. sup. Francfort 4-10-2007 : GP 2008.som. 28 mars cité par V. Denoix de Saint Marc).

II. Belgique

A. Participation à plusieurs procédures similaires

Il a été fait droit à la demande de récusation d'un arbitre, présentée par une banque, au motif que l'arbitre désigné avait participé à au moins six procédures arbitrales relatives à des situations similaires et ayant pour objet la mise en cause de la responsabilité de la même banque pour le même type de manquement, la responsabilité de cette banque ayant été retenue dans tous ces cas, car ces faits étaient de nature à faire naître dans le chef de la banque un doute légitime en ce qui concerne l'absence de préjugé et la capacité de cet arbitre d'aborder le nouveau litige avec un esprit totalement vierge d'opinion préalable sur la question litigieuse (Trib. prem. Inst. Bruxelles 14-12-2006, SA CBC Banque c/ M. JMM, M. BH, Epx Pestiaux : GP 2007.som.1271 cité par B. Hanotiau).

B. Relations d'affaires avec les membres du cabinet d'avocats défenseur de l'une des parties

Ne justifie pas la récusation d'un arbitre le fait que celui-ci soit en relation d'affaires avec les membres d'un cabinet d'avocats d'une des parties ; la personne choisie comme arbitre a sa propre intégrité professionnelle qui, lorsqu'elle est arbitre, peut être considérée comme plus importante que les sensibilités et les buts qu'elle poursuit en tant qu'avocat, et qu'elle peut partager avec les membres du cabinet d'avocat qui défendent l'une des parties devant le tribunal arbitral dont elle est membre (CA Bruxelles, 17e ch., 29-10-2007 no 2007/AR/70, République de Pologne c/ Eueko BV : PA 2008 nos 60-61 p. 17 note T. Kaïssi ; GP 2008.som. 28 mars cité par B. Hanotiau).

III. Egypte

Appartenance au cabinet d'avocat défenseur de la partie qui a désigné l'arbitre. La sentence est entachée d'une nullité ab initio lorsque c'est à la réception de la notification de la sentence que le demandeur a découvert en lisant les inscriptions du papier à en-tête de la lettre de notification que l'arbitre nommé par la société défenderesse figurait parmi ceux partenaires de la firme d'avocats qui a assumé la représentation de cette société (CA Le Caire 25-11-1998, 50e ch., no 42 année judiciaire 115 : GP 2006.doctr. 15/17 oct. obs. A. S. EL Kodheri).

IV. États-Unis

Récusation si partialité évidente ou corruption des arbitres. Les juridictions hésitent à annuler les sentences qui leur sont soumises et ne le font que dans des cas limités, notamment en cas de partialité évidente ou de corruption des arbitres ; une partie qui invoque la partialité doit montrer qu'une personne raisonnable conclurait à la partialité en faveur d'une partie ; plusieurs facteurs sont pris en considération : intérêt financier que l'arbitre a au résultat de l'arbitrage ; le caractère plus ou moins direct du lien qui unit l'arbitre à une partie ; la concomitance de cette relation avec la procédure arbitrale. En l'espèce, le fait qu'un arbitre n'avait pas déclaré que le cabinet d'avocat de son fils représentait une des parties dans une autre procédure arbitrale sans lien avec la première n'est pas apparu à la Cour comme étant « direct, final et influent mais plutôt lointain, incertain ou spéculatif » et pas de nature à créer un intérêt entre l'arbitre et l'une ou l'autre des deux procédures arbitrales (Transported Coal Sea de Venezuela CA c/ SMT Sjipmanagement & Transport Ltd, US District 9-1-2007 : GP 2007.1275 cité par E. Ordway et B. Derains).

V. France

A. Obligation de renseignement incombant à l'arbitre

L'arbitre est tenu de révéler tout élément pouvant faire douter de son impartialité, sauf si celui-ci est notoire (CA Paris 18-11-2006 : Rev. arb. 2006.192 note Perreau-Saussine). L'arbitre peut accepter sa mission si, après avoir informé les parties, il obtient leur accord (NCPC art. 1452, al. 2 ; CA Paris 22-3-1990 : Rev. arb. 1991.123 ; CA Paris 18-11-2006, précité).

B. Indépendance de l'arbitre

Le fait qu'un arbitre ait effectué une expertise comptable pour l'une des parties avant sa nomination n'est pas en soi suffisant pour vicier la composition du tribunal arbitral (Cass. civ. 19-4-1985 : JCP G 1985.IV.223), ni le fait qu'il se soit rendu dans les locaux d'une partie pour se faire présenter le matériel litigieux avant la signature du compromis (CA Paris 28-4-1988 : D. 1988.IR.161), ni le fait, pour un arbitre appelé à statuer sur l'appel en garantie formé après une procédure principale, de l'avoir précédemment connue comme arbitre de cette procédure (TGI Paris 13-1-1986 : Rev. arb. 1987.63 note Bellet), ni le fait d'avoir eu connaissance antérieurement d'une affaire connexe (CA Paris 12-1-1996 : D. 1996.IR.65), ni le fait que l'arbitre a été désigné par une partie qu'il avait aidée à trouver un avocat avant l'ouverture de la procédure (Cass. civ. 16-3-1999 : RJDA 7/99 n° 867, 1e esp.).

C. Manque d'indépendance de l'arbitre

Causes. Ne peut pas être arbitre :
- la personne qui a donné un avis sur le différend (CA Versailles 14-11-1996 : RJDA 1/97 n° 144) ;
- la personne devant être arbitre unique, présentée comme indépendante, qui est l'associé professionnel du conseil de l'autre partie (Cass. com. 16-7-1964 : GP 1964.2.371) ; mais il n'y a pas une erreur substantielle sur la personne dans le fait d'avoir cru qu'une personne, qui avait utilisé le titre d'« arbitre de la CCI », jouissait – ce qui n'est pas le cas – d'un titre spécifique conféré par cette chambre (TGI Paris 15-1-1988 : Rev. arb. 1988.316) ;
- la personne qui se trouve en opposition d'intérêts avec le demandeur ; il en résulte un obstacle à l'application de la clause compromissoire entraînant l'incompétence de la juridiction arbitrale (Cass. com. 26-2-1973 : Rev. arb. 1974.290 note Rubellin-Devichi) et la possibilité de mettre en cause la responsabilité de cet arbitre (TGI Paris 12-5-1993 : GP 1993.som.578).

D. Conditions de prise en compte d'une cause de dépendance

Une fois nommé, un arbitre ne peut être récusé que pour une cause qui se serait révélée ou serait survenue depuis sa désignation (Cass. civ. 25-3-1999 : Rev. arb. 1999.319 note Jarrosson). La contestation peut être portée devant le président du tribunal chargé de trancher les difficultés de constitution du tribunal arbitral (TGI Paris 1-4-1993 : Rev. arb. 1993.455 note Bellet ; cf. NCPC art. 1463). Mais cette compétence n'est pas d'ordre public : lorsque les parties ont opté pour un règlement d'arbitrage, la contestation sur la récusation peut être tranchée par le centre chargé de l'application dudit règlement (TGI Paris 23-6-1988 : Rev. arb. 1988.657 note Fouchard). Elle peut l'être aussi par la voie d'une action en nullité contre la sentence (CA Paris 2-7-1992 : GP 1994.som.721).

E. Irrecevabilité de la demande de récusation pour indignité du demandeur

Est irrecevable, en vertu de la règle de l'estoppel, la demande de récusation d'une partie qui, après s'être interrogée sur l'indépendance d'un arbitre dans un courrier adressé aux arbitres, n'a introduit une requête en récusation devant le juge d'appui que plus d'un an après (CA Paris, 1e ch. C, 7-2-2008 : Rev. arb. 2008.som.166).

VI. Pays-Bas

Arbitre ayant conseillé un recours en annulation d'une sentence à laquelle une des parties à l'arbitrage s'était référée. La renonciation d'un arbitre a été obtenue au motif que cet arbitre était intervenu comme conseil dans un recours en annulation dirigé contre une sentence arbitrale rendue dans une affaire entre des parties étrangères au présent arbitrage mais à laquelle une des parties à l'arbitrage s'était référée, l'arbitre en cause ne pouvant apprécier avec candeur tous les aspects de la sentence invoquée (Ord. du président du Rechtbank's Gravenhage 18-10-2004 : République du Ghana c/ Telekop Malaysia Berhad : GP 2005.som.1355 chr. Ingen-Housz).

VII. Suisse

A. Erreur de procédure

Une erreur de procédure ne constitue pas un motif de récusation, cette erreur devant être invoquée dans la procédure de recours contre la sentence ; en l'espèce, après le retrait du troisième arbitre, les deux arbitres restants avaient rendu une sentence interlocutoire (Trib. fédéral suisse 20-12-1989 : RDAI 1992.461).

B. Défaut d'indépendance

Pour plus de détails sur la récusation des arbitres pour défaut d'indépendance, voir P.-Y. Tschanz, Indépendance des arbitres en droit suisse, Rev. arb. 2000.523 ; P.-Y. Tschanz et I. Fellrath Gazzini : Rev. arb. 2005.181 ; voir aussi GP 2007.doctr.22 avril cité par P.-Y. Gunter et J. Nicolas, Trib. fédéral 3-8-2006, qui cite des décisions du Tribunal fédéral selon lesquelles : le fait qu'un arbitre ait siégé dans une autre affaire avec l'avocat d'une partie n'est pas une raison suffisante de douter objectivement de son indépendance (ATF 129 III 445 c 3.3.3. p. 454 et c. 4.2.2.2. p. 466) ; une relation d'amitié entre un arbitre et l'avocat d'une partie ne suffit pas en général pour admettre l'existence d'une partialité (AFT 129 II 445 c. 4. 2.2.2. p. 466).

Art. 8 [mod.] En cas de différend, et si les parties n'ont pas réglé la procédure de récusation, la juridiction compétente dans l'État partie statue au plus tard dans un délai de trente (30) jours sur la récusation, les parties et l'arbitre entendus ou dûment appelés. Faute pour la juridiction compétente d'avoir statué dans le délai ci-dessus indiqué, elle est dessaisie et la demande de récusation peut être portée devant la Cour commune de justice et d'arbitrage par la partie la plus diligente.

La décision de la juridiction compétente rejetant la demande de récusation n'est susceptible que de pourvoi devant la Cour commune de justice et d'arbitrage.

Toute cause de récusation doit être soulevée dans un délai n'excédant pas trente (30) jours à compter de la découverte du fait ayant motivé la récusation par la partie qui entend s'en prévaloir.

La récusation d'un arbitre n'est admise que pour une cause révélée après sa nomination.

Lorsqu'il est mis fin au mandat d'un arbitre ou lorsque celui-ci se déporte pour toute autre raison, un arbitre remplaçant est nommé conformément aux règles applicables à la nomination de l'arbitre remplacé, sauf convention contraire des parties. Il en est de même lorsque le mandat de l'arbitre est révoqué par accord des parties et dans tout autre cas où il est mis fin à son mandat.

Observations

Le législateur favorise la célérité en enfermant la récusation dans des délais. Toute demande de récusation doit être soulevée, dans les trente jours de la découverte de la cause la justifiant, devant la juridiction compétente du siège de l'arbitrage, qui devra statuer dans le même délai, au-delà duquel la CCJA peut être saisie en l'absence de décision par la juridiction nationale saisie. Ces dispositions préservent l'ordre public procédural en permettant aux parties de faire valoir leurs motifs légitimes de récusation, tout en limitant les risques de tactiques dilatoires pouvant consister à transformer la procédure de récusation en un « marathon judiciaire » en lui-même. On note à l'article 8, al. 5 modifié une flexibilité du législateur permettant aux parties de prévoir un mode différend de désignation d'un nouvel arbitre en cas de défaillance d'un arbitre désigné ou pour toute autre cause de remplacement. Les parties pourront ainsi prévoir dans leur convention d'arbitrage la possibilité de faire désigner l'arbitre remplaçant par un centre d'arbitrage de l'État dans lequel l'arbitrage a lieu.

• Chapitre III •
L'INSTANCE ARBITRALE

Art. 8-1 [nouv.] En présence d'une convention imposant aux parties de suivre une étape de résolution du différend préalable à l'arbitrage, le tribunal examine la question du respect de l'étape préalable si l'une des parties en fait la demande et renvoie, le cas échéant, à l'accomplissement de l'étape préalable.

Si l'étape préalable n'a pas été engagée, le tribunal arbitral suspend la procédure pendant un délai qu'il estime convenable, afin de permettre à la partie la plus diligente de mettre en œuvre cette étape.

Si l'étape préalable a effectivement été engagée, le tribunal arbitral constate, le cas échéant, son échec.

Observations

Le nouvel article 8-1 a été introduit pour prendre en compte la possibilité désormais offerte aux parties de prévoir une médiation préalable à toute procédure judiciaire ou arbitrale. Il appartiendra aux parties, si elles choisissent de prévoir une médiation préalable, de bien rédiger leur clause afin de la différencier d'une clause prévoyant une conciliation préalable. Le texte rappelle l'obligation du tribunal arbitral, en présence d'une convention des parties prévoyant « une étape de résolution du différend préalable à l'arbitrage » (sans doute une conciliation ou une médiation) et si une partie en fait la demande, d'examiner la question et de suspendre au besoin la procédure arbitrale afin de permettre la mise en œuvre de l'étape préalable omise. Le législateur n'ayant pas prévu de sanction, il ne s'agit pas d'une formalité procédurale à accomplir d'office par le tribunal arbitral. Cependant, la suspension de la procédure arbitrale pour permettre la réalisation de la formalité en cause devient obligatoire si les parties l'ont prévue dans leur convention et que l'une d'elles la demande expressément. À notre avis, si le tribunal arbitral passe outre l'accomplissement d'une telle formalité, en présence d'une stipulation claire des parties et de la demande de l'une d'elles, le tribunal arbitral pourra être sanctionné par l'annulation de sa sentence pour violation de l'ordre public (procédural dans ce cas), et/ou non-respect de sa mission. On recommanderait donc aux parties de veiller à présenter en temps utile toute demande relative à la formalité préalable omise en veillant à ce que cette demande soit constatée par écrit dans les procès-verbaux de séance ou leurs échanges avec le tribunal selon les cas. Les arbitres veilleront, en ce qui les concerne, à constater par écrit tout détail procédural dès le début de la procédure, afin qu'une partie ne puisse ultérieurement alléguer avoir soulevé une demande à laquelle le tribunal aura passé outre.

Jurisprudence OHADA

I. Annulation d'un commandement prématurément servi

Le tribunal de grande instance qui, pour annuler un commandement aux fins de saisie immobilière, a rappelé les stipulations de la convention de compte des parties, prévoyant le recours amiable préalable et le recours arbitral pour trancher des différends dans l'exécution de ladite convention, avant toutes actions immobilières, pour en déduire que la créancière a servi commandement prématurément en violation de la clause compromissoire, n'a en rien violé les dispositions du texte visé au moyen (CCJA, 2e ch., no 293/2019, 28-11-2019 : BICEC c/ N.). Voir aussi, Règlement d'arbitrage de la CCJA, article 21-1.

II. Durée de suspension de la procédure non comprise dans le délai prévu à l'article 12 de l'AUA

Le tribunal arbitral qui, tirant les conséquences du caractère préalable de la phase de conciliation ou de règlement amiable, laquelle ne peut se dérouler concurremment avec celle d'arbitrage proprement dite, mais après son épuisement, a constaté avec les parties l'échec de celle-ci et convenu, suivant procès-verbal dûment signé par eux le 3 mars 2022, que la procédure d'arbitrage pouvait suivre son cours conformément à l'acte de mission, à compter de la date de cette signature, admettait ainsi, avec les parties, une suspension de la procédure d'arbitrage pendant cette période de conciliation, non comprise dans le délai de six mois prévu à l'article 12 de l'AUA, tel que relevé par la cour d'appel qui, en rejetant le recours en annulation contre la sentence attaquée, a légalement justifié sa décision. C'est donc à tort qu'il est reproché à l'arrêt querellé d'avoir rejeté le moyen d'annulation de la sentence, tiré de la violation par le tribunal arbitral du délai de six mois qui lui était imparti pour statuer (CCJA, 1e ch., nº 049/2024, 22-2-2024).

Art. 9 Les parties doivent être traitées sur un pied d'égalité et chaque partie doit avoir toute possibilité de faire valoir ses droits.

JURISPRUDENCE OHADA

A. Violation de l'égalité des parties

Il y a violation de l'égalité des parties à l'arbitrage pouvant justifier l'annulation de la sentence lorsque :

– des parties à un arbitrage produisent des copies divergentes du règlement d'arbitrage, l'une prévoyant un délai de 15 jours et l'autre un délai de 30 jours, et que les arbitres accordent des délais différents aux parties pour préparer et présenter leur défense ;

– les arbitres font preuve de discrimination en appliquant le contrat à une partie tout en refusant de le faire pour l'autre partie au litige ;

– les arbitres gardent le silence sur les conclusions d'une partie (CA Centre (Cameroun), nº 52/civ., 6-2-2008 : Groupe Prodicom SARL, représenté par K. J. c/ SDBC, SNC, BAT, Le centre d'arbitrage du Gicam, Ohadata J-10-249).

Obs. : même référence pour les trois situations présentées.

Sur l'annulation d'une sentence pour violation du principe du contradictoire, voir sous l'article 14.

B. Absence de violation de l'égalité des parties

C'est à tort qu'il est reproché à une cour d'appel d'avoir violé l'article 9 de l'AUA en rejetant le moyen tiré de la violation du principe du contradictoire aux motifs « que la [demanderesse] n'établit pas avoir été empêchée de faire valoir ses droits tout au long de la procédure d'arbitrage […] », dès lors qu'il est établi qu'après avoir fixé le délibéré de l'affaire au 4 août 2014, le tribunal arbitral a, le 10 juillet 2014, demandé aux conseils des deux parties, et non seulement au conseil de la [défenderesse] comme le prétend [la demanderesse], de produire un certain nombre de pièces au plus tard le 17 juillet 2014 ; que les pièces produites à cet effet par la [défenderesse] ont été communiquées au conseil de [la demanderesse] le 21 juillet 2014, et celle-ci a disposé d'un délai suffisant pour y répliquer avant le prononcé de la sentence intervenue le 4 août 2014 ; le moyen n'étant donc pas fondé, il convient de le rejeter (CCJA, 1e ch., nº 220, 29-11-2018 : Prévoyance Assurances SA c/ Eiffage Sénégal).

Art. 10 [mod.] Le fait pour les parties de s'en remettre à un organisme d'arbitrage les engage à appliquer le Règlement d'arbitrage de cet organisme, sauf pour les parties à en écarter expressément certaines dispositions, en accord avec ledit organisme.

La procédure arbitrale commence à la date à laquelle l'une des parties engage la procédure de constitution du tribunal arbitral.

JURISPRUDENCE OHADA

I. Annulation de la sentence pour violation du choix des parties relatif au centre d'arbitrage

De la clause compromissoire stipulant que « le présent contrat est régi par le droit camerounais (ou OHADA). En cas de contestation ou de litige qui pourrait survenir entre les parties concernant l'exécution ou l'interprétation d'une ou de plusieurs clauses […] le litige sera tranché définitivement suivant le règlement de conciliation et d'arbitrage de la Chambre de commerce internationale de Paris par un tribunal arbitral nommé conformément à ce règlement […] », il ressort que les parties ont choisi la Chambre de commerce internationale de Paris pour le règlement de leur litige et qu'elles n'ont nullement porté leur choix sur un autre centre d'arbitrage. En annulant la sentence rendue sous l'égide du GICAM (Cameroun), la cour d'appel du Littoral n'a en rien violé la loi. Il en est ainsi d'autant plus qu'il ressort même de la sentence que la défenderesse au pourvoi a soulevé l'incompétence du Centre arbitral du GICAM en se prévalant de la clause compromissoire au contrat qui précise le choix de la Chambre de commerce internationale de Paris comme institution d'arbitrage pour trancher leur litige. La cour d'appel du Littoral qui a retenu que le Centre d'arbitrage du GICAM n'a pas été choisi par les parties n'a en rien violé la loi (CCJA, ass. plén., n° 006, 04-2-2014 : Sté Arno c/ Sté Libya Oil Cameroun, Ohadata J-15-97).

II. Inapplicabilité du règlement d'un centre de procédure non choisi par les parties

C'est à tort qu'il est reproché à une cour d'appel d'avoir violé l'article 10 de l'AUA en rejetant le moyen tiré de la méconnaissance de leur mission par les arbitres, qui ont accueilli la demande des intérêts de droit formée par la [défenderesse] en cours d'instance, en violation de l'article 21 du Règlement de procédure du centre d'arbitrage, de médiation et de conciliation de Dakar, dès lors que, d'une part, il ne ressort pas du dossier que les parties ont entendu soumettre leur procédure au Règlement de procédure du centre d'arbitrage de la chambre de commerce, d'agriculture et d'industrie de Dakar, et que d'autre part s'agissant des intérêts de droit, ils ont bien été demandés par la [défenderesse] le 23 avril 2014, avant la clôture du débat. Cette demande, au demeurant contestée par [la demanderesse] dans son mémoire du 23 avril 2014, devait être examinée par le tribunal arbitral en vertu de son obligation de vider toute sa saisine et en le faisant, ledit tribunal n'a en rien outrepassé sa mission et la cour d'appel, en statuant comme elle l'a fait, n'a pas commis le grief énoncé au moyen, qui sera rejeté (CCJA, 1e ch., n° 220, 29-11-2018 : Prévoyance Assurances SA c/ Eiffage Sénégal).

III. Point de départ de l'instance arbitrale

L'instance arbitrale étant liée dès le moment où l'une des parties saisit le ou les arbitres conformément à la convention d'arbitrage, selon l'article 10, al. 2 de l'AUA, c'est à tort qu'il est reproché à l'arrêt querellé d'avoir déclaré l'incompétence au motif que le tribunal arbitral était déjà saisi, d'une part, du fait que le 29 octobre 2004 l'une des parties a informé l'autre qu'elle initiait une procédure d'arbitrage et que, d'autre part, par la lettre du 22 décembre 2004 l'un des deux arbitres déjà désignés a informé les conseils des parties de la désignation du troisième arbitre, alors que, selon le moyen, la saisine d'un tribunal arbitral qui empêcherait une juridiction étatique de retenir sa compétence ne peut être déduite que de l'acceptation de la mission par les arbitres (CCJA, 2e ch., n° 180, 27-7-2017 : Sté Delta Rich Development c/ Sté CNPC).

Obs. : désormais, il est précisé que les parties ne peuvent écarter des dispositions du Règlement d'un centre d'arbitrage qu'« en accord avec ledit organisme », en d'autres termes si ledit Règlement permet une telle dérogation. Le second alinéa du nouvel article 10 clarifie le point de départ d'une procédure arbitrale initiée sur le fondement de l'AUA, à savoir au moment où l'une des parties commence la constitution du tribunal arbitral, notamment par la désignation de son arbitre s'il s'agit d'un arbitrage à trois ou, le cas échéant, conformément au Règlement d'un centre d'arbitrage, qui aura été convenu par les parties ou encore par la saisine de la juridiction compétente aux fins de désignation d'un arbitre unique. Les parties veilleront à bien initier cette phase initiale de la procédure arbitrale, car elle peut avoir des conséquences, notamment sur la prescription, qui pourra être suspendue ou interrompue, selon les cas, par ce commencement de la procédure arbitrale.

Jurisprudence comparee

I. Allemagne

Interprétation de la volonté des parties. La clause d'arbitrage désignant une institution inexistante, la « German Central Chamber of Commerce », a été validée comme révélant la volonté non ambiguë des parties de se référer à une institution d'arbitrage allemande et l'institution la plus proche de celle recherchée par les parties a été désignée pour connaître du litige (Trib. rég. sup. Berlin 15-10-1999 : Rev. arb. 2003.499 obs. R. H. Kreindler et J. K. Schaefer).

II. États-Unis

A. Acceptation de la clause d'arbitrage

Une partie qui n'a pas consenti de manière claire et éclairée à une clause d'arbitrage n'est pas liée par cette dernière (The Prudential Insurance Co. of America v. Lai, 42 F.3d 1299 (1994).

B. Etendue de la clause

Selon une règle générale, lorsqu'une clause d'arbitrage est incluse dans un contrat, seuls les litiges que les parties ont eu l'intention de soumettre à l'arbitrage pourront y être soumis à l'exclusion de tous les autres (Regency Group Inc. V. McDaniels, 647 So.2d 192 (1994)).

III. France

A. Application automatique du règlement d'arbitrage de l'organisme désigné

La désignation d'un organisme d'arbitrage entraîne le déroulement de l'arbitrage selon ledit règlement sans que les parties aient à ajouter autre chose, et notamment à rédiger un compromis à la naissance du litige (cf. CA Poitiers 20-12-1950 : D. 1951.103).

B. Interprétation de la volonté des parties sur le choix de l'organisme d'arbitrage

Il a été jugé que :

– par la clause compromissoire, qui désignait la « Commission d'arbitrage de la Chambre de commerce française de Paris », les contractants avaient entendu soumettre leur litige à la chambre arbitrale de Paris, organisation d'arbitrage ayant des liens institutionnels avec la Chambre de commerce de Paris (Cass. 1e civ. 28-5-2002 : GP 2002.som.1811) ;

– la désignation du « Règlement de conciliation et d'arbitrage de la Chambre de Commerce Internationale de Genève » ne devait pas s'entendre comme visant le règlement d'arbitrage de la Chambre de commerce internationale, Genève étant le lieu où devait se dérouler l'arbitrage, mais comme se référant à l'institution même de la Chambre de Commerce dont le siège est à Genève ; il en a été déduit que la désignation de l'arbitre par cette chambre était régulière (sentence intérimaire CCI n° 10671 : JDI 2005.1268 obs. E. S. Romero).

C. Action en responsabilité contre la Chambre de commerce internationale

1° Loi applicable

La loi française, loi du siège de la Chambre de commerce internationale (CCI), est applicable aux rapports contractuels existant entre cette institution et la partie qui la saisit d'une demande d'arbitrage (TGI Paris 21-5-1997 : Rev. arb. 1997.417).

2° Rapports contractuels unissant la CCI à la partie qui la saisit d'une demande d'arbitrage

L'intervention d'un centre d'arbitrage pour le règlement d'un litige a un fondement contractuel, l'offre que présente le centre par l'adoption et la diffusion de son règlement étant acceptée lorsque, par leur convention, les parties consentent à confier à l'institution choisie le soin d'organiser et d'administrer l'arbitrage ; en contrepartie de l'adhésion des parties au règlement, celles-ci s'engagent à se conformer aux dispositions de ce règlement et à accomplir, dans l'instance arbitrale les formalités qui y sont définies, la responsabilité de l'organisme étant engagée en cas de manquement dans l'exécution de son mandat (Cass. 1e civ. 20-2-2001 : D. 2001.IR.903 ; Bull. civ. I n° 39, écartant la responsabilité de la CCI à défaut de preuve rapportée d'un manquement de sa part).

La faute de la Cour internationale d'arbitrage a été écartée dès lors que celle-ci avait justifié avoir exercé le contrôle formel de la sentence ; la sentence est l'œuvre des arbitres et la Cour peut seulement, tout en respectant la liberté de décision de l'arbitre, appeler son attention sur des points intéressant le fond du litige, sans que cette faculté puisse lui conférer un quelconque pouvoir juridictionnel (TGI Paris, 1e ch., 1e sect., 22-5-2002 : Rev. arb. 2002.som.785).

Art. 11 [mod.] Le tribunal arbitral est seul compétent pour statuer sur sa propre compétence, y compris sur toutes questions relatives à l'existence ou à la validité de la convention d'arbitrage.

L'exception d'incompétence doit être soulevée avant toute défense au fond, sauf si les faits sur lesquels elle est fondée ont été révélés ultérieurement.

Le tribunal arbitral peut statuer sur sa propre compétence dans la sentence au fond ou dans une sentence partielle sujette au recours en annulation.

JURISPRUDENCE OHADA

I. Compétence exclusive et à titre principal du tribunal arbitral pour statuer sur sa compétence

C'est à tort qu'il est reproché à l'arrêt d'avoir, sur le fondement de la clause compromissoire contenue dans le contrat, décliné la compétence de la cour d'appel et d'avoir ainsi omis de statuer sur certaines demandes, alors que l'alinéa 2 de la clause d'arbitrage rend compétent le tribunal de travail de Niamey pour tout litige relatif à ce contrat ; qu'enfin cette clause compromissoire est manifestement nulle en ce qu'elle déroge à l'article 6 du Code civil et aux dispositions d'ordre public du Code du travail et ne peut, en aucune façon, justifier l'incompétence des juridictions de travail. Il en est ainsi lorsqu'il est établi que dès la saisine du tribunal de travail par le demandeur, le défendeur a soulevé l'exception d'incompétence ; que la cour d'appel, non saisie de ce chef, n'a pas estimé manifestement nulle la clause compromissoire. Il s'ensuit que seul un tribunal arbitral est compétent pour examiner la validité de la clause et pour statuer sur l'affaire au fond et en se déclarant, sur évocation, incompétente, la cour d'appel n'encourt en rien les griefs allégués (CCJA, 3e ch., no 152, 7-6-2018 : Thiombiano Ousseini c/ Délégation de l'Union européenne au Niger, État du Niger).

Le moyen reprochant à un jugement ayant statué sur le recours en annulation d'une sentence d'avoir violé l'article 9 de l'AUA, en ce qu'il a reconnu le Centre de conciliation et d'arbitrage du Mali (CECAM) comme organisme d'arbitrage, nonobstant les stipulations contractuelles des parties et la décision par laquelle la CCJA a estimé ne pas devoir ouvrir un arbitrage sous son égide, est infondé, car le grief est extérieur au jugement attaqué qui, saisi d'un recours en annulation, n'avait pas à appliquer les dispositions légales visées par le moyen en lieu et place du tribunal arbitral, en vertu du principe « compétence-compétence » ; il y a donc lieu de rejeter comme mal fondé ce moyen (CCJA, 1re ch., no 037/2020, 13-2-2020 : Vivo Énergy Mali-SA c/ Fasogaz SARL).

Il ressort des articles 4, 11 et 13 de l'AUA qu'en présence d'une convention d'arbitrage, la juridiction étatique doit se déclarer incompétente lorsque l'une des parties en fait la demande, ceci d'autant plus qu'il appartient au tribunal arbitral d'apprécier l'existence, la validité et la portée de la convention d'arbitrage. Il en résulte que l'appréciation de la portée de cette convention s'entend nécessairement aussi de l'appréciation de l'exception tirée de la clause arbitrale en cas de prolongation tacite du contrat. En l'espèce, les parties ayant convenu, dans le contrat initial renouvelé à plusieurs reprises, d'une clause compromissoire donnant compétence à un tribunal arbitral siégeant sous l'égide de la Cour d'arbitrage du Togo (CATO), puis ayant poursuivi leurs relations commerciales à l'échéance du dernier renouvellement, en janvier 2017 sans conclure aucun avenant audit contrat, la demanderesse pose la question de la portée de la convention d'arbitrage insérée dans le contrat initial ; elle soutient que cette clause doit s'appliquer à la nouvelle relation qui n'est que la continuation du contrat initial et soulève l'incompétence du juge étatique suite à la saisine qui en a été faite par la défenderesse. Au regard des dispositions ci-dessus visées, l'appréciation de la portée de la clause compromissoire incombant au tribunal arbitral, il y a lieu de déclarer en l'état le juge étatique incompétent et de renvoyer les parties à mieux se pourvoir (CCJA, 2e ch., no 002/2022, 20-1-2022 : Brasserie BB Lomé SA c/ Sté CTC-ADDRA).

II. Caractère non absolu du principe compétence-compétence

Le principe de la « compétence-compétence » qui permet aux arbitres de statuer sur la validité intrinsèque de la convention d'arbitrage et de se prononcer ainsi sur leur compétence n'a pas une portée absolue puisque les juridictions étatiques saisies d'un recours en annulation suivant les cas visés à l'article 26 de l'AUA contrôlent la compétence du tribunal arbitral. Il en résulte que le recours initié dans ce cadre est recevable (CA Centre (Cameroun), no 381/civ., 30-9-2009 : Sté Pamol Plantation LTD c/ N. F., Ohadata J-10-133).

Obs. : sur le contrôle, par le juge de l'annulation, de l'appréciation faite par le tribunal arbitral de la clause l'ayant amené à retenir sa compétence, voir sous l'article 26 (CCJA, 2e ch., no 151, 29-6-2017 : Wanmo Martin c/ Nguessi Jean Pierre).

III. Caractère autonome du principe compétence-compétence

Les articles 11 et 4 de l'AUA posent le principe de la « compétence-compétence » des arbitres et du principe de la validité de la convention d'arbitrage, qui doit s'apprécier, sans référence nécessaire à un droit étatique, donc d'après la commune volonté des parties. La cour d'appel qui a refusé d'annuler les sentences arbitrales soumises à sa censure, aux motifs que le tribunal arbitral a dû souverainement déduire des faits de la cause, dont notamment, le fait de souhaiter « l'extension de l'arbitrage à d'autres qui ne sont pas parties à la convention d'arbitrage », une volonté commune des parties d'accepter ledit arbitrage nonobstant l'annulation de la convention de compte courant, n'a en rien violé la loi (CCJA, ass. plén., no 069/2015, 29-4-2015 : Sté Bougainvilliers, Sté Immobilière Thiam Banda, devenue Sté d'investissements Thiam Banda SA, Les Héritiers de feu Mayoro Wade c/ Monsieur Paul Mochet, Ohadata J-16-71).

Obs. : en l'espèce, la cour d'appel avait retenu que « les parties qui excipent du caractère nul de la convention d'arbitrage et qui en poursuivent l'annulation, l'ont exécutée en partie en participant à la conférence préparatoire à l'arbitrage même pour avoir désigné un arbitre et déposé leurs conclusions et même souhaité l'extension de l'arbitrage à d'autres qui ne sont pas parties à la convention d'arbitrage ».

IV. Absence de violation de l'article 11 par une cour d'appel

Lorsque le contrat de distribution commerciale exclusive des parties comporte une clause compromissoire en vertu de laquelle tout différend survenu entre elles serait tranché par un tribunal arbitral, faute d'accord amiable, et que toutes les parties ont, chacune, visé ledit contrat dans leurs différentes écritures, y compris dans les lettres de mission adressées au tribunal arbitral ad hoc, la cour d'appel qui a confirmé les sentences rendues n'a en rien violé les dispositions de l'article 11, al. 1 de l'AUA (CCJA, 3e ch., no 154, 27-10-2016 : Oryx Benin SA c/ ADN Gas SARL, Ohadata J-17-94).

Obs. : le principe « compétence-compétence » est renforcé en ce qu'il est précisé que seul le tribunal arbitral est compétent pour statuer sur sa propre compétence. Toute partie non convaincue de la compétence du tribunal, pour quelque raison que ce soit, veillera à soulever l'exception clairement dès le départ, se ménageant ainsi une éventuelle issue favorable si elle devait exercer des voies de recours. Bien souvent, une contestation bien formulée à cette étape donne des moyens supplémentaires à soutenir devant la juridiction compétente. En d'autres termes, les parties ne devraient pas attendre de soulever une éventuelle incompétence du tribunal arbitral pour la première fois devant la juridiction saisie d'un recours ; il faut que l'incompétence ait été soulevée devant le tribunal arbitral et que ce dernier ait l'occasion de statuer sur sa compétence. Il peut être conseillé aux arbitres, même en l'absence de contestation de leur compétence, de constater, ne serait-ce qu'à titre liminaire, leur compétence à trancher le litige qui leur a été soumis dans leur sentence. Cela réduirait le risque d'une invalidation ultérieure de leur sentence pour incompétence, sauf dans les cas où les causes de l'incompétence apparaîtraient après le début de la procédure.

Art. 12 [mod.] **Si la convention d'arbitrage ne fixe pas de délai, la mission du tribunal arbitral ne peut excéder six (6) mois à compter du jour où le dernier arbitre l'a acceptée.**

Le délai d'arbitrage, légal ou conventionnel, peut être prorogé, soit par accord des parties, soit à la demande de l'une d'elles ou du tribunal arbitral, par la juridiction compétente dans l'État partie.

JURISPRUDENCE OHADA

I. Prorogation du délai

A. Prorogation du délibéré non contestée par une partie

C'est à tort qu'il est reproché à un arrêt d'avoir énoncé qu'« en accusant réception dudit courriel par mail de ses conseils du 10 juillet 2014 ainsi libellé : « Chers tous, bien reçu », sans avoir émis de contestation sur la modification du délai ainsi proposé […], la [demanderesse] a tacitement accepté la continuation de l'instance arbitrale », alors que la date du délibéré arrêtée par les parties et le tribunal arbitral le 17 juillet 2014 a été prorogée d'autorité par celui-ci par décision du 9 juillet 2014 ; qu'il ne s'est pas agi d'une simple proposition de prorogation de date que les parties auraient pu contester ; qu'en statuant ainsi, la cour d'appel a, selon le moyen, dénaturé les faits de la cause et exposé l'arrêt querellé à la cassation. Il en est ainsi dès lors que la prorogation du délibéré faite le 9 juillet 2014 n'a pas été concomitante au prononcé de la sentence et a précédé le 17 juillet 2014, date à laquelle la sentence était attendue par la demanderesse ; il s'ensuit que celle-ci a eu toute la latitude pour contester cette mesure qualifiée par le tribunal arbitral de décision de mise en état, et d'exiger le maintien du délibéré au 17 juillet 2014. Dans ces conditions, le fait pour la cour d'appel d'user du terme « proposé » pour évoquer ce changement de date ne saurait constituer une dénaturation des faits de la cause de nature à justifier l'annulation d'une sentence. Au demeurant, la demanderesse ne spécifie pas en quoi le fait allégué aurait affecté la mission du tribunal arbitral ; le moyen est alors dépourvu de toute pertinence et sera rejeté. C'est aussi à tort qu'il est reproché à un arrêt d'avoir refusé d'annuler une sentence au motif que en accusant réception de la décision du tribunal arbitral prorogeant le délibéré sans émettre la moindre contestation et en se présentant à la nouvelle date du délibéré, la demanderesse a tacitement accepté la continuation de l'instance arbitrale jusqu'au 4 août 2014 alors, selon le moyen, que l'article 12 de l'AUA ne permet pas aux arbitres de proroger de leur propre chef le délai de l'arbitrage ; que la sentence ayant été rendue en dehors du délai conventionnel de l'arbitrage retenu par les parties, le tribunal arbitral a outrepassé sa mission et statué sur une convention expirée qu'ainsi la cour d'appel a violé la loi et exposé sa décision à la cassation (CCJA, 1e ch., no 220, 29-11-2018 : Prévoyance Assurances SA c/ Eiffage Sénégal).

B. Prorogation tacite par les parties

L'article 12 de l'AUA ne précisant pas la forme de l'acte constatant l'accord des parties prorogeant le délai de la mission des arbitres, la prorogation peut être tacite et, dans ce cas, elle se déduit d'actes et faits émanant des parties elles-mêmes lorsque celles-ci, comme c'est le cas en l'espèce, ont poursuivi leur tentative de règlement amiable, étape préalable à la mise en œuvre de la procédure arbitrale, jusqu'au 3 mars 2022, alors même que, selon le calendrier figurant dans l'acte de mission du 13 janvier 2022, elles n'avaient imparti que 7 jours francs à l'accord sur la tentative de conciliation, soit jusqu'au 21 janvier 2022, sans aucune contestation sur le dépassement de ce délai imparti (CCJA, 1e ch., nº 049/2024, 22-2-2024).

II. Caractère prévisionnel du calendrier de la procédure

En application de l'article 12, al. 1 de l'AUA qui dispose que « si la convention d'arbitrage ne fixe pas un délai, la mission des arbitres ne peut excéder six mois à compter du jour où le dernier d'entre eux l'a acceptée », lorsque la date de l'acceptation par le dernier arbitre de sa mission n'est pas établie, comme c'est le cas en l'espèce, le délai de l'arbitrage court de la première réunion entre les parties et les arbitres. En l'espèce, cette première réunion a eu lieu le 6 février 2014, date à laquelle les parties ont convenu avec les arbitres d'un « délai de quatre (4) à six (6) mois pour la fin de la procédure » ; le terme de l'instance arbitrale ayant ainsi été fixé entre le 6 juin 2014 au plus tôt et le 6 août 2014 au plus tard, en rendant sa sentence le 4 août 2014, le tribunal arbitral n'a pas statué sur une convention d'arbitrage expirée, la prorogation du délibéré critiquée se révélant dans ces conditions comme une simple modification de calendrier sans incidence sur la validité de la convention d'arbitrage et le délai de l'instance arbitrale. Elle ne peut fonder l'annulation de la sentence arbitrale entreprise. De plus, c'est en vain que la demanderesse se prévaut du défaut d'une décision du juge d'appui, alors, d'une part, que la cour d'appel a fondé sa décision sur une prorogation d'accord parties et, d'autre part, que le délibéré a été maintes fois prorogé sans que les parties et le tribunal arbitral ne sollicitent l'office du juge étatique. En statuant donc comme ils l'ont fait, les juges d'appel n'ont pas violé le texte visé au moyen, qui sera rejeté comme mal fondé (CCJA, 1e ch., nº 220, 29-11-2018 : Prévoyance Assurances SA c/ Eiffage Sénégal).

Obs. : des clarifications ont été apportées aux modalités de prorogation du délai. Il convient de rappeler que le respect du délai par le tribunal arbitral est capital, en raison du risque d'une annulation éventuelle de la procédure ou de tous les actes procéduraux accomplis après l'expiration dudit délai si aucune prorogation n'a été préalablement accordée. La formulation et la structure grammaticale de l'article 12, al. 2, notamment le positionnement des virgules, semble se prêter aux deux interprétations suivantes. **Première hypothèse** : la prorogation du délai peut être valablement accordée par les parties si celles-ci sont d'accord et sans que le recours à la juridiction compétente dans l'État partie abritant le siège du tribunal soit nécessaire. **Seconde hypothèse** : dans tous les cas et même si les parties sont d'accord, seule la juridiction compétente peut autoriser la prorogation du délai. Les deux positions nous semblent pouvoir être soutenues mais en attendant que la jurisprudence vienne éventuellement fixer l'interprétation à retenir de cette disposition, la première hypothèse nous semble être la meilleure à retenir, pour les raisons suivantes. L'arbitrage étant l'affaire des parties, son choix consacre l'expression de leur autonomie que tout devrait être mis en œuvre pour favoriser. Si, pour une raison quelconque, l'arbitrage n'est pas terminé à l'expiration du délai et que les parties sont favorables à la prorogation, il n'y a rien de répréhensible ni de contrariant à l'ordre public de leur permettre de poursuivre la procédure dès lors qu'elles se prêtent au jeu. De même, il ne sert à rien de rallonger la durée de la procédure de quelques semaines et d'accroître les frais de procédure et honoraires des conseils pour aller requérir et obtenir l'autorisation d'un juge lorsque les parties sont déjà d'accord. À cet effet, il serait judicieux pour les parties de prévoir d'avance l'interprétation à retenir au cas où le besoin se ferait ressentir, dès lors qu'aucune disposition de l'AUA ne l'interdit expressément et qu'on ne saurait exiger ce que la loi elle-même n'exige pas (CCJA, 1e ch., nº 30, 29-4-2010 : Thalès Security Systems SAS c/ Me O. K., Juris-Ohada, nº 3/2010, juill-sept., p. 47, Ohadata J-11-74, J-12-50). Les arbitres pourraient également susciter le débat sur la question dès le début de la procédure et arrêter une marche à suivre si le besoin se faisait ressentir. En tout état de cause, il est évident que si une seule partie souhaite la prorogation, ou si le tribunal arbitral le souhaite et que les parties ensemble ou l'une d'entre elles ne sont pas d'accord, seule la juridiction compétente devra trancher.

Jurisprudence comparée

I. Belgique

L'extinction de la convention d'arbitrage résultant de l'annulation de la sentence rendue après l'expiration du délai fixé par les parties n'entraîne pas à elle seule la nullité des sentences régulièrement rendues avant l'expiration dudit délai (Cour de cassation Belgique 10-1-2014, C. 13. 0339 F : Juricaf).

....

II. Egypte

A. Point de départ du délai pour rendre la sentence

Le point de départ du délai au terme duquel les arbitres doivent avoir rendu leur sentence n'est pas la date du dépôt de la demande d'arbitrage, mais sa notification à la partie défenderesse (CA Le Caire 25-12-1996, ch. 63 Année judiciaire 113 n° 37 : GP 2006.doctr. 15/17 octobre obs. A. S. EL Kodheri).

B. Possibilité de constituer un nouveau tribunal arbitral après l'expiration du délai

Les parties peuvent, par un accord postérieur, consentir à s'engager dans une nouvelle procédure d'arbitrage en choisissant d'autres arbitres qui acceptent par écrit leur mission et fixer à ce tribunal le délai dans lequel il doit statuer (CA Le Caire 20-11-2000, ch. 8e année judiciaire 117, nos 61 et 62 : GP 2006.doctr. 15/17 octobre obs. A. S. EL Kodheri).

....

III. France

A. Délai de six mois

Acceptation par l'arbitre. L'acceptation n'est pas constituée par l'adhésion de principe formulée en premier lieu par l'arbitre, mais par l'acceptation définitive exprimée lorsque la mission a été entièrement définie par les parties (CA Paris 28-11-1991 : Rev. arb. 1992.625 obs. Pellerin).

B. Prorogation du délai

1° Détermination de la prorogation dans la convention d'arbitrage

Les parties peuvent, par avance, dans la convention d'arbitrage, décider des prorogations d'une durée déterminée auxquelles l'arbitre pourra recourir, dès lors que le temps maximal imparti à ce dernier pour statuer est ainsi conventionnellement arrêté (Cass. 2e civ. 20-6-1996 : Bull. civ. II p. 101).

2° Prorogation tacite par les parties

La prorogation peut être tacite ; elle peut résulter d'actes ou de faits constatés par écrit et émanant des parties elles-mêmes ou de leurs mandataires investis d'un pouvoir spécial (Cass. req. 10-2-1931 : GP 1931.1.623 ; Cass. civ. 12-3-1986 : GP 1986.pan.147 : compromis établi postérieurement à l'expiration du délai, mais comportant, à la suite d'une demande de « mise au point » adressée par lettre recommandée par l'arbitre aux parties, un nouveau délai précisé de la main de chacune d'elles en marge du compromis) ou de la comparution volontaire des parties devant le tribunal arbitral après expiration du délai (Cass. civ. 27-10-1982 : BRDA 4/83 p. 21).

Mais le silence de l'une des parties est insuffisant pour l'établir (CA Paris 9-2-1961 : D. 1961.283).

3° Prorogation demandée par un arbitre

Chacun des arbitres peut demander la prorogation (TGI Paris réf. 29-11-1989 : JCP G 1990.IV.58).

4° Interdiction de prorogation par les arbitres

Les arbitres ne peuvent pas proroger le délai, quel que soit l'arbitrage, cette règle étant d'ordre public interne et international français ; sa violation justifie le refus de l'exequatur (CA Paris 22-9-1995 : Rev. arb. 1996.100 note Gaillard), même si la convention d'arbitrage les y a autorisés (CA Paris 29-6-2006 : GP 2006.som.3350).

5° Durée de la prorogation consentie

La prorogation peut être fixée par les parties pour un temps librement déterminé (CA Paris 2-10-1992 : Rev. arb. 1992.626 obs. Pellerin). Mais à défaut d'indication de sa durée, elle ne vaut que pour six mois (Cass. civ. 1-6-1994 : RJDA 10/94 n° 1089).

6° Défaut de prorogation

L'absence ou l'irrégularité de prorogation du délai prévu, si elle est établie, entraîne l'expiration du compromis (CA Paris 30-11-1979 : D. 1980.IR.104).

Art. 13 [mod.] Lorsqu'un différend faisant l'objet d'une procédure arbitrale en vertu d'une convention d'arbitrage est porté devant une juridiction étatique, celle-ci doit, si l'une des parties en fait la demande, se déclarer incompétente.

Si le tribunal arbitral n'est pas encore saisi ou si aucune demande d'arbitrage n'a été formulée, la juridiction étatique doit également se déclarer incompétente à moins que la convention d'arbitrage ne soit manifestement nulle ou manifestement inapplicable à l'espèce. Dans ce cas, la juridiction étatique compétente statue sur sa compétence en dernier ressort dans un délai maximum de quinze (15) jours. Sa décision ne peut faire l'objet que d'un pourvoi en cassation devant la Cour commune de justice et d'arbitrage dans les conditions prévues par son règlement de procédure.

En tout état de cause, la juridiction étatique ne peut relever d'office son incompétence.

Toutefois, l'existence d'une convention d'arbitrage ne fait pas obstacle à ce qu'à la demande d'une partie, une juridiction étatique, en cas d'urgence reconnue et motivée, ordonne des mesures provisoires ou conservatoires dès lors que ces mesures n'impliquent pas un examen du différend au fond pour lequel seul le tribunal arbitral est compétent.

JURISPRUDENCE OHADA

I. Compétence limitée et subsidiaire du juge étatique

A. Mesure conservatoire

1° Saisies

En présence d'une clause compromissoire, le juge étatique est compétent, sauf clause contraire, pour se prononcer sur une mesure conservatoire telle que la saisie de navires. Inversement, sauf disposition contraire dans la clause compromissoire, il n'est pas compétent pour ordonner une expertise afin de faire les comptes entre les parties, surtout en l'absence d'urgence, s'agissant du juge des référés (CA Douala, n° 81/réf. 15-5-2000, SOCIAA c/ Bad, Ohadata J-02-31). Dans le même sens, ordonnant la désignation d'un séquestre des loyers provenant de la location-gérance de la société objet du litige (TGI du Wouri (Cameroun), n° 640, 3-6-2011 : I. C. A. c/ R. C. P., Ohadata J-12-212).

La stipulation, dans un contrat, d'une clause compromissoire attribuant compétence à un arbitre n'interdit pas le recours à un juge étatique pour obtenir une mesure conservatoire telle qu'une saisie conservatoire de créances pour préserver les intérêts du demandeur (TPI Yaoundé-Ekounou (Cameroun), ord. n° 141, 12-4-2013 : Sté Buca Voyages SARL c/ Socaepe, Ohadata J-14-124).

2° Désignation d'un administrateur provisoire

Selon l'alinéa 4 de l'article 13 de l'AUA, la décision judiciaire qui a désigné un administrateur provisoire ne viole en rien l'article 13 de l'AUA (CCJA, 1e ch., n° 097/2021, 27-5-2021 : Africarail SA c/ État du Bénin).

3° Compétence du juge des référés retenue à raison de l'urgence

La présence d'une clause statutaire prévoyant que « tous litiges sur l'application des présentes, soit entre associés, soit entre l'un d'eux et la société, seront réglés par voie d'arbitrage » et l'article 13, al. 4 de l'AUA, qui dispose que « […] l'existence d'une convention d'arbitrage ne fait pas obstacle à ce qu'à la demande d'une partie, une juridiction, en cas d'urgence reconnue et motivée […] ordonne des mesures provisoires ou conservatoires […] », consacrent la compétence du juge des référés, nonobstant l'existence d'une convention d'arbitrage, à la double condition « qu'il y ait urgence motivée et reconnue », d'une part, et que « les mesures (provisoires ou conservatoires) à ordonner n'impliquent pas un examen du litige au fond ». Le juge des référés a l'obligation de rechercher si la contestation alléguée est sérieuse et si la mesure sollicitée est justifiée par l'existence d'un différend comme en l'espèce ; il peut même, en présence d'une telle contestation, prescrire des mesures conservatoires pour prévenir un dommage imminent, étant précisé qu'en l'espèce la nomination d'un gérant intérimaire à laquelle il a été procédé dénote du caractère essentiellement provisoire des mesures sollicitées.

L'urgence a été justifiée à travers les agissements du gérant d'une SARL, qui sont de nature à compromettre les intérêts de la société et de l'un de ses associés, l'imminente perte d'un marché attribué, la résiliation du bail de la société et la tentative de deux associés de dissoudre la société en cause pour créer une autre sur ses cendres. Concernant les mesures provisoires ou conservatoires, si le tribunal arbitral n'est pas encore constitué, comme en l'espèce, le juge des référés demeure compétent, en cas d'urgence caractérisée, pour ordonner ces mesures, même s'il doit apprécier le caractère non contestable du litige ; ceci se justifie d'autant plus que le retard apporté dans le règlement du litige compromettrait les intérêts de la société et que sa décision ne lie pas le tribunal qui aura statué au fond. En l'espèce, ordonner au gérant de cesser tout acte d'administration et/ou de gestion et de procéder à la passation avec le gérant intérimaire n'est pas exclusif de la compétence du juge des référés, car il s'agit d'une mesure provisoire destinée à assurer le fonctionnement de la société et à préserver ses intérêts, compte tenu du différend existant entre les associés, en attendant la constitution et la saisine du tribunal arbitral, étant précisé qu'il a déjà été indiqué que le juge des référés a été saisi pour constater la révoca-

tion du gérant et non pour apprécier la régularité de cette révocation.
C'est donc à tort qu'un juge des référés, pour se déclarer incompétent, a énoncé que « les mesures sollicitées exigeraient non seulement du juge des référés, l'appréciation de la régularité de la révocation [du gérant], mais en outre, dépasseraient le cadre des mesures provisoires et conservatoires que pourrait ordonner le juge des référés, sans faire préjudice au principal » alors qu'il lui était demandé, non pas de se prononcer sur la régularité de la révocation du gérant, mais de constater ladite révocation consécutive à une assemblée générale. Il y a lieu d'infirmer la décision attaquée et de se déclarer compétent (CA Niamey, n° 142, 24-12-2003 : Sté Toutelec Niger c/ C. H., Ohadata J-04-75).

B. Tribunal arbitral non encore saisi

En cas de contestation d'un protocole transactionnel qui dispose que « toute contestation née directement ou indirectement de l'interprétation ou de l'exécution du protocole ou en relation avec celle-ci, sera soumise à la chambre d'arbitrage de la [CCJA] », la demande d'une partie tendant à voir déclarer la nullité du protocole transactionnel est bien de la compétence de la juridiction étatique dès lors que tribunal arbitral n'est pas encore saisi. La décision du premier juge qui a retenu sa compétence doit être confirmée sur ce point (CA Abidjan (Côte d'Ivoire), 5e ch. civ. et com. C, n° 170, 27-2-2007 : D. S. c/ Matca, Ohadata J-08-41).

C. Mauvaise foi d'une partie ayant entravé la mise en œuvre de l'arbitrage et la renonciation expresse de l'autre partie à la clause compromissoire

La volonté des parties de recourir à l'arbitrage ne peut être respectée que si les parties sont loyales. Lorsqu'une partie a, par son comportement, empreint de mauvaise foi fait perdre confiance à l'autre, il n'y a pas de violation de la clause compromissoire par la partie qui, en raison de l'indifférence de l'autre face à ses multiples démarches relatives au règlement du litige, a renoncé expressément à la clause compromissoire et saisi le juge étatique (CCJA, n° 012/2012, 8-3-2012 : Sté EICB c/ Sté Groupe Eoulee SARL, Rec. jur. CCJA n° 18, janv.-juin 2012, p. 114, Ohadata J-14-147).

D. Clause compromissoire manifestement nulle

Il résulte des articles 4 et 13 de l'AUA que, si les juges étatiques apprécient l'autonomie de la clause compromissoire en rapport avec la commune volonté des parties, ils peuvent retenir leur compétence lorsque cette commune volonté paraît inexistante, la clause compromissoire opposée par une partie se révélant dans ces conditions d'une nullité manifeste. En l'espèce, il ressort des pièces du dossier que les contrats comportant la clause compromissoire ayant motivé les arrêts attaqués sont irrévocablement argués de faux depuis le 30 décembre 2016, ce qui remet sérieusement en cause l'authenticité même de ladite clause ; étant donné que la fraude corrompt tout, il y a lieu de considérer qu'il s'agit d'un fait inconnu par la demanderesse et par la cour avant le prononcé des décisions querellées, et de nature à exercer une influence décisive sur celles-ci. Il importe donc d'ouvrir la procédure de révision contre les arrêts n° 082/2014 du 22 mai 2014 et n° 164/2016 du 1er décembre 2016 (CCJA, 1e ch., n° 225, 29-11-2018 : Transrail SA c/ 1) Canac Sénégal SA et 2) Canac Railways Services INC).

II. Incompétence du juge étatique

A. Autonomie de la clause d'arbitrage

En présence de conventions ayant prévu le recours à l'arbitrage pour le règlement des différends, c'est en violation des articles 4 et 13 de l'AUA qu'une cour d'appel a retenu sa compétence, subordonnant la validité de la clause d'arbitrage à celle de la convention qui la contient, à la suite de la résiliation de ladite convention, pour décider que la demanderesse ne pouvait se prévaloir de la clause compromissoire contenue dans le contrat, exposant ainsi son arrêt à la cassation. Sur l'évocation, il y a lieu d'infirmer le jugement qui a rejeté l'exception d'incompétence et de renvoyer les parties à mieux se pourvoir (CCJA, 2e ch., n° 082/2014, 22-5-2014 : 1) Sté Canac Sénégal SA, 2) Sté Canac Railways Services Inc c/ Sté Transrail SA, Ohadata J-15-173).
N'a pas violé la loi, la cour d'appel qui, ayant exactement relevé que la clause attributive de compétence en faveur d'un tribunal arbitral voulue par les parties est leur loi avec tous les effets qui s'y rapportent, en a justement déduit son incompétence lorsque l'une des parties en a fait la demande, en application de l'article 13 de l'AUA. C'est donc à tort qu'il est reproché à un arrêt d'avoir, d'une part, violé la loi des parties en refusant de tirer les conséquences du refus de payer le loyer par le preneur qui ne s'analyserait pas seulement en une inexécution du contrat, mais constituerait une cause de résiliation du contrat prévue par les parties elles-mêmes, et, d'autre part, d'avoir violé les articles 13, al. 2 de l'AUA, 133 et 134 de l'AUDCG en faisant de l'article 13, al. 2 le siège de la motivation, alors que, toujours selon le moyen, l'obligation de payer les loyers à la charge du preneur est d'ordre public et empêcherait la clause arbitrale insérée au contrat de bail de produire ses effets, ladite clause étant considérée comme nulle et non avenue (CCJA, 3e ch., n° 173/2021, 28-10-2021 : Chantal Loemba c/ Etablissement Carnaval Casino).

Obs. : le pourvoi reprochait à l'arrêt attaqué d'avoir, en présence d'un bail assorti d'une clause compromissoire, violé, d'une part, la loi des parties (le bail) et, d'autre part, l'article 13, al. 2 de l'AUA et les articles 133 et 134 de l'AUDCG. Au titre de la violation du contrat, il était reproché à l'arrêt attaqué d'avoir « refus[é] de tirer les conséquences du refus de payer le loyer par le locataire qui [selon le pourvoi] ne s'analyserait pas seulement en une inexécution du contrat, mais constituerait une cause de résiliation du contrat prévue par les parties elles-mêmes ». En d'autres termes, ce moyen semblait reprocher à la cour d'appel de ne pas avoir directement prononcé la résiliation du contrat sans renvoyer les parties à l'arbitrage qu'elles avaient convenu. En second lieu, il était reproché à l'arrêt d'avoir violé l'article 13, al. 2 de l'AUA et les articles 133 et 134 de l'AUDCG « en faisant de l'article 13, al. 2 le siège de la motivation », c'est-à-dire en renvoyant les parties à l'arbitrage qu'elles avaient convenu, alors que, toujours selon le moyen, l'obligation de payer les loyers à la charge du locataire est d'ordre public et empêcherait la clause arbitrale insérée au contrat de bail de produire ses effets, cette clause étant considérée comme nulle et non avenue. La CCJA rejette les moyens en rappelant, à juste titre et fort heureusement, la règle de l'incompétence du juge étatique en présence d'une convention d'arbitrage, règle qui ne souffre d'aucune exception simplement à cause du caractère d'ordre public de l'obligation de payer les loyers qui, au demeurant, ne doit avoir aucune incidence sur l'obligation, pour les parties, de se conformer à leur convention d'arbitrage librement stipulée.

B. Urgence d'une mesure conservatoire non démontrée

S'il est vrai que l'article 13 de l'AUA autorise le juge des référés à statuer en matière d'urgence, même dans les domaines où compétence a été attribuée à une juridiction arbitrale, c'est à la seule condition que les parties motivent et justifient l'urgence qu'elles invoquent. En l'absence de preuve par des documents probants, la prétendue mésentente entre les actionnaires et la paralysie du fonctionnement normal des organes d'une société ne suffisent pas à caractériser une menace des intérêts de ladite société et de ses actionnaires, et à justifier la nomination d'un administrateur provisoire pour la gérer et l'administrer. La seule correspondance dénonçant les agissements d'un autre dirigeant est insuffisante. Il en est d'autant plus ainsi que le président du conseil d'administration qui demande la mise sous administration judiciaire de la société concernée (laquelle est une société anonyme avec une gestion complexe reposant sur une multitude d'organes dirigeants) ne justifie pas avoir, dans sa correspondance, porté les faits incriminés à la connaissance du conseil d'administration qu'il ne conteste pas n'avoir pas régulièrement réuni. En conséquence, les conditions ne sont pas réunies pour que la juridiction des référés du tribunal d'Abidjan ait compétence pour connaître du litige ; c'est donc à tort qu'elle s'est déclarée compétente et a ordonné la nomination d'un administrateur provisoire. Il y a lieu d'infirmer sa décision et, statuant à nouveau, de la déclarer incompétente (CA Abidjan, ch. civ. et com., n° 260/11, 8-7-2011 : Sté C-Mobile Group Holding c/ D. M. E., Actualités Juridiques, Edition économique n° 1/2011, p. 12, Ohadata J-13-192).

En présence d'une clause contractuelle stipulant que « les parties devront faire leurs meilleurs efforts pour arriver à un règlement amiable de tout litige pouvant survenir entre elles dans le cadre du contrat. En l'absence d'un règlement amiable dans un délai de 60 jours après la demande correspondante d'une des parties pour un règlement à l'amiable, chaque partie sera en droit de soumettre l'affaire à l'arbitrage conformément aux règles de conciliation et l'arbitrage prévue par l'OHADA. L'arbitrage aura lieu à Dakar », c'est en violation de l'article 13 de l'AUA qu'une cour d'appel a confirmé l'ordonnance de référé qui a ignoré l'exception d'incompétence, résilié la convention des parties et condamné l'une d'elles. Il en est ainsi car la décision de résiliation et de condamnation ne constitue nullement une mesure conservatoire ou provisoire au sens de l'article 13 précité. Sur l'évocation, la décision de résiliation ne saurait être considérée comme une mesure conservatoire ou provisoire et la convention d'arbitrage, qui n'est pas manifestement nulle, doit produire ses effets. Il y a lieu d'infirmer l'ordonnance entreprise et de se déclarer incompétent (CCJA, ass. plén., n° 047, 27-4-2015 : Liquidation Sté CIM Sahel Energie SA c/ Sté « les Ciments du Sahel dite CDS SA », Ohadata J-16-47).

C. Mesure urgente impliquant l'examen au fond

Si, aux termes de l'article 13, al. 4 de l'AUA, le juge des référés peut statuer en matière d'urgence même en présence d'une clause compromissoire, les mesures qu'il serait amené à prendre ne doivent en aucun cas impliquer un examen du litige au fond. L'action en référé tendant à obtenir la mainlevée d'un gage constitué aux termes d'une convention de garantie à première demande implique nécessairement l'examen au fond de la validité de la convention de garantie conclue par les deux parties, ce qui entraîne l'incompétence de la juridiction des référés. La cour d'appel qui a ainsi retenu sa compétence a méconnu les dispositions de l'article 13 précité et exposé sa décision à la cassation. (CCJA, 2e ch., n° 018/2015, 2-4-2015 : Sté United Bank for Africa (UBA) c/ Sté Beneficial Life Insurance (BLI), Ohadata J-16-18).

Il résulte de l'article 13, al. 4 de l'AUA que le juge des référés ne saurait, en présence d'une convention d'arbitrage, n'ordonner que des mesures provisoires ou conservatoires sans préjudicier au fond. En l'espèce, a violé ces dispositions la cour d'appel qui, pour rejeter le moyen soutenant que le juge des référés était incompétent en raison de l'existence d'une clause compromissoire, a retenu que la société UBA ne justifie pas que la société Inlife Holding et la société Grassfields Holding ont donné leur accord pour la saisine exclusive d'un tribunal arbitral en cas de litige quant à l'interprétation et à l'exécution du protocole d'accord et en a déduit que la clause compromissoire ne saurait être opposable à la société Grassfields Holding (CCJA, 3e ch., n° 129, 7-7-2016 : United Bank of Africa dite UBA c/ Sté Grassfields Holding limited GBL C2, Me Désiré Kangah, Ohadata J-17-70).

Doit également être censurée une cour d'appel qui s'est déclarée compétente pour statuer sur la demande d'une partie à un contrat d'accès à internet tendant à infirmer le jugement de première instance, à prononcer la résolution du contrat aux torts et griefs de l'intimée, de lui faire payer la créance telle que postulée dans la sommation du 25 janvier 2016 et de la condamner ensuite au paiement des dommages-intérêts de 50 000 USA sur pied de l'article 258 du Code civil livre III. En effet, l'analyse d'une telle demande implique un examen du litige au fond, pour lequel seul le tribunal arbitral est compétent en raison de la clause compromissoire prévue au contrat liant les parties (CCJA, 3e ch., n° 200/2020, 28-5-2020 : ZTE RDC SARL c/ DHI Télécom DRC SARL).

D. Appréciation au fond de la nullité d'une convention d'arbitrage

La cour d'appel qui, pour retenir que la demande tendant à voir déclarer nul un protocole transactionnel relève de la compétence de la juridiction étatique en raison de ce que le tribunal arbitral n'est pas encore saisi, s'est bornée à affirmer qu'« il ressort également de l'article 13, al. 2 de [l'AUA] que si, comme dans le cas d'espèce où le tribunal n'est pas encore saisi, la juridiction étatique doit également se déclarer incompétente, c'est à la condition que la convention d'arbitrage ne soit manifestement nulle », sans démontrer en quoi la convention d'arbitrage contenue dans le protocole transactionnel est manifestement nulle, n'a pas donné une base légale à sa décision, qui encourt cassation. Et sur l'évocation, il résulte de la combinaison du principe de validité et du principe de « compétence-compétence » en matière arbitrale que le juge étatique ne peut procéder à un examen substantiel et approfondi d'une convention d'arbitrage pour se prononcer sur la nullité de celle-ci ; la nullité manifeste d'une convention d'arbitrage ne doit découler que de l'apparence de celle-ci. En l'espèce, l'examen substantiel et approfondi échappant à la compétence de la juridiction étatique, c'est à tort que le TPI d'Abidjan Plateau s'est déclaré compétent. Il convient donc d'infirmer le jugement querellé, de se déclarer incompétent en raison de la convention d'arbitrage et de renvoyer la cause et les parties à la procédure d'arbitrage prévue au protocole transactionnel (CCJA, 1e ch., n° 43, 17-7-2008 : D. c/ Matca, Juris-Ohada, n° 4/2008, p. 46, Ohadata J-09-81).

E. Clause d'arbitrage pure et simple, y compris celle ayant prévu un arbitrage en dehors de l'espace OHADA

En présence d'une clause dans la convention des parties prévoyant que « la juridiction compétente pour connaître de tout litige ou contestation pouvant provenir de l'application ou de l'interprétation du protocole d'accord et de son annexe ne peut être qu'une juridiction arbitrale constituée sous l'égide de la Chambre de commerce internationale et devant fonctionner selon le règlement d'arbitrage de cette dernière », et en application de l'article 13, al. 1 et 2 de l'AUA, toute juridiction étatique saisie d'un tel litige doit se déclarer incompétente. C'est donc en violation des dispositions énoncées ci-dessus qu'une cour d'appel s'est déclarée compétente pour se prononcer sur le fond du litige nonobstant l'existence de la clause d'arbitrage et les décisions de cette juridiction encourent la cassation (CCJA, 1e ch., n° 12, 24-2-2005 : Sté Macaci c/ M. J.-P., Juris-Ohada, n° 2/2005, p. 9, Rec. jur. CCJA, n° 5, janv.-juin 2005, vol. 2, p. 27, Ohadata J-05-357).

L'action en nullité des résolutions d'assemblées générales d'une société est régie par la disposition statutaire prévoyant que « tous litiges sur l'application des présentes, soit entre associées, soit entre l'un d'eux et la société, seront réglés exclusivement par voie d'arbitrage », sans que la distinction entre actes légaux d'ordre public et d'autres ait une quelconque importance. Par conséquent, le juge saisi doit se déclarer incompétent (TGI du Wouri (Cameroun), n° 640, 3-6-2011 précité, Ohadata J-12-212).

Le juge qui, en présence de stipulations contractuelles expresses soumettant tout litige « à l'arbitrage conformément à la réglementation de la Fondation d'arbitrage d'Afrique du Sud à Sandton, Gauteng, Afrique du Sud », a énoncé que le différend étant né de l'inexécution contractuelle pour cas de force majeure, le juge compétent est celui du lieu d'exécution de cette difficulté, pour retenir la compétence des juridictions maliennes a méconnu les dispositions de l'article 13 de l'AUA dès lors que par ces stipulations, les parties ont sans équivoque retenu l'arbitrage comme l'unique voie de résolution de leurs contentieux. Sur l'évocation, l'appel est recevable en la forme mais au fond, et pour les mêmes motifs que ceux ayant entraîné à la cassation, il y a lieu d'infirmer le jugement et de déclarer fondée l'exception d'incompétence (CCJA, 2e ch., no 244, 29-11-2018 : Nedbank-Limited SARL c/ Sté Grands Moulins du Mali SA).

Il résulte de l'article 13 de l'AUA qu'en présence d'une convention d'arbitrage valide, le juge étatique doit se déclarer incompétent lorsque l'une au moins des parties en fait la demande, peu important que le siège du tribunal arbitral soit situé en dehors d'un État partie à l'OHADA. En stipulant dans leur contrat que « le différend sera alors finalement réglé selon les règles d'arbitrage de la Chambre de commerce internationale par trois (3) arbitres désignés en conformité avec les règles arbitrales ; l'arbitrage aura lieu à Paris », les parties ont sans équivoque opté pour l'arbitrage comme mode exclusif de règlement des différends susceptibles de naître de leur relation contractuelle. C'est donc en violation des articles 13, alinéas 1 et 2 de l'AUA qu'une cour d'appel a infirmé le jugement d'incompétence rendu par le tribunal de commerce (au motif que le siège de l'arbitrage étant situé en France, État non-partie à l'OHADA, les dispositions de l'AUA étaient inapplicables), puis retenu sa compétence pour se prononcer sur le fond du litige nonobstant l'existence de la clause d'arbitrage, exposant l'arrêt attaqué à la cassation. Il convient donc de casser l'arrêt attaqué et de restituer au jugement initial ses pleins et entiers effets sans qu'il soit besoin ni d'examiner les autres branches du moyen unique du pourvoi, ni d'évoquer les questions restant à juger ressortissant de la compétence d'une juridiction arbitrale, puis de renvoyer les parties à mieux se pourvoir (CCJA, 2e ch., no 328/2024, 28-11-2024).

F. Absence de renonciation à l'arbitrage

La volonté des parties de renoncer à la convention d'arbitrage contenue dans un contrat, lorsqu'elle est tacite, ne peut être manifestée qu'une fois le litige né. En outre elle doit être certaine, c'est-à-dire résulter d'actes démontrant avec évidence et sans équivoque l'intention de la partie à laquelle on l'oppose de renoncer à la clause d'arbitrage et d'accepter la compétence de la juridiction étatique. Le fait de rompre un contrat ne peut en soi, à défaut de manifestation de volonté non équivoque en ce sens, caractériser une renonciation tacite à ladite convention d'arbitrage. En l'espèce, pour la défenderesse, une telle volonté ne pouvait être manifestée que par l'acceptation sans réserve du débat au fond devant le juge étatique saisi par son contradicteur, étant entendu qu'une telle attitude procédurale, aux termes de l'article 13, al. 2 de l'AUA vaut renonciation tacite à la convention d'arbitrage et acceptation de la compétence du juge étatique. C'est donc à tort que pour rejeter l'exception d'incompétence soulevée comme mal fondée et retenir leur compétence, des juges ont retenu que « les parties avaient renoncé de leur propre gré à voir leur litige tranché par un tribunal arbitral, la société [A] pour avoir rompu le contrat sans mettre en œuvre la procédure d'arbitrage et la société [B] pour avoir porté le litige devant le tribunal de commerce ». Le jugement attaqué doit être annulé en toutes ses dispositions. Statuant à nouveau, la cour d'appel doit se déclarer incompétente (CA Pointe-Noire, no 046, 7-11-2008 : Sté Celtel Congo c/ Sogefco SA, Ohadata J-13-76).

Obs. : le raisonnement de la cour d'appel quant à l'impossibilité de renoncer implicitement à la clause compromissoire avant la naissance du litige est justifié, mais s'agissant en l'espèce d'une clause prévoyant l'arbitrage institutionnel de la CCJA, c'est l'article 23 du traité relatif à l'OHADA qui aurait dû être visé pour motiver le rejet de la renonciation implicite alléguée, l'AUA étant inapplicable à l'arbitrage institutionnel de la CCJA (CCJA, ass. plén., no 45, 17-7-2008 : Sonapra c/ SHB, Ohadata J-09-83 ; CCJA, ass. plén., no 102, 15-10-2015 : Léopold Ekwa Ngallé, Hélène Njanjo Ngallé, Len Holding SA, International Business Corporation SA c/ SNH, Personnel SNH, Ohadata J-16-95 ; CCJA, ass. plén., no 139, 19-11-2015 : République de Guinée c/ GETMA International, Ohadata J-16-132).

G. Clause d'arbitrage ne prévoyant la compétence judiciaire qu'en dernier ressort

Dans l'interprétation des conventions, il faut rechercher la commune volonté des parties. La clause d'un contrat indiquant que tous les litiges relatifs au contrat « pourront être réglés par voie d'arbitrage » doit être considérée dans son ensemble et il faut en retenir que les juridictions étatiques ne sont saisies du litige « qu'en dernier recours ». C'est donc à bon droit que le premier juge s'est déclaré incompétent en application de l'article 13 de l'AUA et le jugement doit être confirmé (CA Ouagadougou, ch. civ. et com., no 116, 19-5-2006 : K. H. (BTM) c/ Sosaco, Ohadata J-09-25).

Obs. : une lecture de l'intégralité de la clause permet de comprendre que les parties n'ont pas prévu de régler leurs litiges éventuels uniquement par voie d'arbitrage : « Tout litige relatif au contrat doit être prioritairement réglé à l'amiable et par voie de négociations directes entre le maître d'ouvrage et l'entrepreneur. En cas d'échec des négociations, ces litiges pourront être réglés par voie d'arbitrage. Le collège arbitral sera composé comme suit l'arbitre nommé par le maître d'ouvrage, l'arbitre nommé par l'entrepreneur, l'arbitre conjointement nommé par le maître d'ouvrage et l'entrepreneur. À défaut d'un règlement par voie d'arbitrage, les litiges seront tranchés en dernier recours par les juridictions compétentes de Ouagadougou ».

Par sa décision, la cour d'appel clarifie l'intention des parties, en rappelant que le recours aux juridictions étatiques n'est prévu, en l'espèce, qu'après échec d'un règlement amiable ou d'un arbitrage. Le premier juge s'était donc déclaré incompétent car sa compétence était subsidiaire. Mais cette clause est à éviter car la condition « à défaut d'un règlement par voie d'arbitrage » est ambiguë : elle ne peut s'entendre que du cas où l'arbitrage, pour une raison ou une autre, ne pourrait pas être mis en œuvre ; en effet, dès lors qu'un tribunal arbitral aura statué, le litige aura été réglé par voie d'arbitrage, sauf si le tribunal se déclarait incompétent. Sur les conditions de validité d'une clause compromissoire par référence, voir sous l'article 3.

H. Validité de la clause d'arbitrage non réitérée dans des conventions successives en l'absence de novation

Pour qu'il y ait novation au sens de l'article 1271 [devenu 1329 et 1333] du Code civil, on exige l'extinction d'une obligation, la naissance d'une autre, l'intention de nover et enfin un élément nouveau caractérisant la nouvelle obligation, et qui consiste dans le changement de parties, d'objet ou de cause. Lorsque, comme en l'espèce, la convention initiale du 5 avril 2004 consacrait un prêt remboursable en 36 mois et que la convention de consolidation du 29 novembre 2004 concerne la même dette, les obligations contenues dans les conventions successives des parties ne sont nullement incompatibles. En cas d'emprunt, il ne suffit pas, pour opérer une novation, de modifier les modalités de remboursement, les seuls changements du taux des intérêts et des délais de paiement, voire les changements dans les sûretés, étant impropres à caractériser à eux seuls une novation et ce, quelle que soit l'intention des parties (cf. Cass. 1e civ. 20-11-1967 : Dalloz Sirey 1969 p. 321 note N. Gomaa ; Cass. 1e civ. 2-12-1997 D. 1998 p. 549 note C. Caron). Et sauf intention contraire des parties, la transaction n'emporte pas novation ; la transaction, bien qu'étant un nouvel accord de volontés, ayant trait aux obligations issues d'un précédent contrat, ne remplace pas celui-ci et ne constitue pas une source nouvelle de droits et d'obligations, à moins que les parties n'aient voulu changer la cause de leurs relations contractuelles (intention novatoire). Par conséquent, l'existence d'une transaction n'interdit pas d'invoquer les dispositions du contrat originaire qui demeure la source des relations entre les parties qui doivent l'exécuter de bonne foi conformément aux dispositions de l'article 1134 [devenu 1104] du Code civil (cf. Cass. 1e civ. 21-1-1997 : D. 1997.som.179 note L. Aynès). C'est donc à bon droit que l'appelante s'est prévalue de la clause compromissoire prévue à l'article 20 de la convention d'ouverture de crédit à moyen terme pour soulever l'incompétence du TGI. En passant outre, le premier juge a violé l'article 13 de l'AUA et le jugement doit être infirmé. Statuant à nouveau, il convient de déclarer les juridictions commerciales burkinabè incompétentes (CA Ouagadougou (Burkina Faso), ch. com., nº 028, 21-3-2008 : Soburex c/ B.I.B., Ohadata J-12-133).

I. Litiges soumis à l'arbitrage

Exécution d'une hypothèque. Si des parties sont convenues de soumettre « tous différends » à l'arbitrage, la juridiction étatique saisie par l'une des parties doit, en application de l'article 13 de l'AUA, se déclarer incompétente, même s'il s'agit de la réalisation d'une hypothèque dans le cadre d'une saisie immobilière (TGI de la Mifi (Cameroun), nº 79/civ., 1-8-2006 : CBC c/ K. N. E., dame K. née D. E., Ohadata J-07-70, obs. J. Issa-Sayegh).

J. Application de l'incompétence du juge étatique

La juridiction saisie doit se déclarer incompétente même si le tribunal arbitral n'est pas encore saisi (TGI Ouagadougou, nº 416/2005, 28-9-2005 : Sosaco c/ Mme K. H., Ohadata J-07-114).

Aux termes de l'article 891.3 du Code de procédure civile sénégalais, la juridiction étatique peut prendre des mesures provisoires ou conservatoires lorsqu'un tribunal arbitral est saisi, à la condition que ces mesures ne préjudicient pas au fond. En l'espèce, l'expertise ordonnée par les premiers juges tendait non pas uniquement à sauvegarder des droits du défendeur, mais à se prononcer sur le quantum du reliquat de la créance due ; le tribunal arbitral ayant eu justement à statuer sur ce point, c'est à tort que l'expertise a été décidée ; il y a donc lieu de rejeter la demande d'expertise (CCJA, 2e ch., nº 125, 23-6-2016 : Ascot Commodities c/ Bocar Samba Dieye, Ohadata J-17-66).

La juridiction étatique qui s'est déclarée incompétente à la demande d'une partie, après avoir relevé, en application de l'article 13 de l'AUA, que la clause attributive de compétence en faveur d'un tribunal arbitral voulue par les parties est leur loi avec tous les effets qui s'y rapportent, n'a pas violé la loi et le pourvoi formé contre sa décision doit être rejeté comme manifestement infondé, conformément à l'article 32-2 du Règlement de procédure de la CCJA

(CCJA, 2e ch., no 140/2023, 15-6-2023). Voir aussi CCJA, 2e ch., no 152/2023, 29-6-2023.

K. Inexistence d'une mesure provisoire ou conservatoire : injonction de payer

La procédure d'injonction de payer consacrée par les dispositions des articles 1er et suivants de l'Acte uniforme portant organisation des procédures simplifiées de recouvrement et des voies d'exécution (AUPSRVE) à laquelle il a été fait recours, et qui implique une appréciation des conditions et causes de la créance, éléments de fond, n'est pas une mesure provisoire ou conservatoire que le juge étatique peut être amené à prendre, en présence d'une clause compromissoire, au sens des dispositions de l'article 13, alinéa 4 de l'AUA, laquelle n'appelle de la part de celui-ci aucun examen au fond du litige. En l'espèce, la cour d'appel qui, pour confirmer le jugement par lequel un juge saisi de l'opposition à une injonction de payer, s'est déclaré incompétent, a constaté que les parties étaient liées par une convention signée conjointement et comportant une clause compromissoire prévoyant l'arbitrage suivant le Règlement de la chambre de commerce internationale et siégeant à Paris, a fait une bonne application de l'article précité (CCJA, 1e ch., no 189/2024, 27-6-2024).

....

III. Mise en œuvre de l'exception d'incompétence du juge étatique

A. Exigence d'un déclinatoire de compétence par une partie

La juridiction étatique saisie d'un litige relevant de la compétence d'un tribunal arbitral en vertu d'une convention d'arbitrage ne peut décliner sa propre compétence qu'à la condition que l'une des parties lui en ait fait la demande. Le pourvoi doit être rejeté dès lors que le demandeur ne s'est pas conformé aux dispositions de l'article 13 de l'AUA (CCJA, 1e ch., no 9, 29-6-2006 : F.K.A c/ H.A.M, Juris-Ohada, no 4/2006, p. 2, Ohadata J-07-23).

B. Autonomie de la législation communautaire qui n'exige pas un déclinatoire in limine litis

Il avait été antérieurement jugé par un tribunal arbitral international que l'incompétence d'une juridiction étatique saisie d'un litige malgré l'existence d'une convention d'arbitrage entre les parties est simplement relative et doit être soulevée in limine litis, faute de quoi il y avait lieu de passer outre à l'exception d'incompétence soulevée après que les parties aient conclu au fond (TPI Douala Bonanjo (Cameroun), no 714/civ., 19-7-2012 : Bamabissassiga Esaïe c/ Cartel Cameroun SARL, Ohadata J-14-48).

La CCJA avait également statué dans le même sens, jugeant notamment :

– qu'est un moyen nouveau qui, en cette qualité, doit être déclaré irrecevable le moyen qui soulève, pour la première fois en cassation, devant la CCJA, l'incompétence de celle-ci en se fondant sur une clause d'arbitrage, alors même qu'il est généralement admis en matière d'arbitrage que, dans un litige devant être soumis à un tribunal arbitral en vertu d'une convention d'arbitrage, si le demandeur saisit un tribunal étatique malgré cette convention et que le défendeur ne soulève pas l'incompétence de cette juridiction, c'est que les parties ont renoncé à voir leur litige dénoué par une juridiction arbitrale (CCJA, 2e ch., no 047/2010, 16-7-2010 : SNG SA c/ Safricom SA, Juris-Ohada no 1/2011, janv.-mars 2011, p. 20, Ohadata J-12-95) ;

– que l'exception d'incompétence fondée sur l'existence d'une convention d'arbitrage, qui se distingue des exceptions d'incompétence ratione materiae et de communication de pièces au sens de l'article 129 du Code de procédure civile du Sénégal, est soumise au régime procédural de ce texte, et doit en conséquence être présentée avant toute défense au fond. En l'espèce, il ne résulte ni des qualités, ni des motifs ou du dispositif du jugement objet de l'appel, que l'un des défendeurs, qui a pourtant été représenté à l'instance et y a assuré sa défense, a soulevé devant le tribunal l'exception d'incompétence des juridictions étatiques comme elle aurait pu le faire à ce stade de la procédure ; n'ayant pas été invoquée devant le premier juge, qui a vidé sa saisine sur le fond, l'exception ne pouvait pas être examinée pour la première fois en cause d'appel et est donc irrecevable (CCJA, 2e ch., no 284/2019, 28-11-2019 : Sipres c/ Société Prévoyance Assurances).

Obs. : cette décision n'a pas expressément visé l'article 13, mais il lui est transposable. L'article 129, al. 1 du Code de procédure civile du Sénégal, visé dans cet arrêt dispose que « toutes les exceptions, demandes en nullité, fin de non-recevoir purement formelles résultant de l'expiration des délais de procédure et tous les déclinatoires, sauf l'exception d'incompétence *ratione materiae* et l'exception de communication de pièces, sont déclarées non recevables s'ils sont présentés après qu'il a été conclu au fond ». Il se pose la question de savoir si l'incompétence de la juridiction nationale soulevée en raison de l'existence d'une clause compromissoire correspond à l'exception d'incompétence *ratione materiae* au sens de l'article 129 précité, qui pourrait être soulevée à tout moment. Nous pensons que oui, car l'exception d'incompétence en raison d'une clause compromissoire s'assimile à une incompétence *ratione materiae*. En droit comparé, c'est d'abord une exception d'incompétence et non une fin de non-recevoir ; il a été ainsi jugé que l'exception tirée de l'existence d'une clause compromissoire est régie par les dispositions qui gouvernent les exceptions de procédure (Cass 1e civ. 13-5-2020 no 18-25.966 F-PB, écartant la qualification de fin de non-recevoir). C'est ensuite inhérent à la matière, qui est entendue comme ce qui relève des dispositions légales ou réglementaires qui régissent la solution du litige à trancher. Or, il est de règle qu'en présence d'une clause compromissoire, ni nulle ni inapplicable, le litige doit être tranché par un tribunal arbitral et non par une juridiction. Cette solution nous semble donc inadaptée et ne devrait pas être suivie. Fort heureusement, la CCJA a opéré un revirement de jurisprudence présenté ci-après.

Cependant, la CCJA a jugé en 2020 qu'il résulte des dispositions impératives combinées des articles 10, 23 du Traité, 11 et 13 et 35 de l'AUA, que les expressions « tout tribunal d'un État partie » et « juridiction étatique » s'entendent, selon le cas, du juge de première instance, du juge d'appel ou du juge de cassation. Les dispositions impératives de ces textes s'adressent non aux parties, mais au juge étatique. Elles ne font nullement renvoi, quant à leur mise en œuvre, à une quelconque norme du droit national d'un État partie. Elles subordonnent la déclaration d'incompétence du juge étatique, exclusivement à la double condition de l'existence d'une convention d'arbitrage non manifestement nulle et d'une demande expresse d'une partie au procès. Elles ne situent pas l'exercice par les plaideurs de leur droit de soulever l'incompétence du juge étatique, à raison de l'existence d'une convention d'arbitrage, « avant toute défense au fond », comme c'est le cas devant le tribunal arbitral, selon l'article 11 de l'AUA. En conséquence, ne viole pas la loi et n'encourt pas la cassation, l'arrêt par lequel la cour d'appel se déclare incompétente après avoir, d'une part, pris acte de la demande d'incompétence expressément formée par une partie et, d'autre part, constaté l'existence effective d'une convention d'arbitrage entre les parties non manifestement nulle (CCJA, 1e ch., no 233/2020, 25-6-2020 : Africa Air Assistance c/ ADS et Anacs).

Obs. : il convient de noter toutefois que par une autre décision rendue en 2024, la CCJA semble avoir pris le contrepied de sa position exprimée ci-dessus, ce qui semble avoir induit un conflit dans sa jurisprudence sur ce point. Elle a notamment jugé que l'arrêt qui a retenu, conformément aux articles 179 et 180 du Code de procédure civile, commerciale, administrative et financière du Congo, que l'exception d'incompétence doit être soulevée in limine litis avant toute défense au fond, à peine d'irrecevabilité, et constaté que la demanderesse a plutôt exposé ses moyens de défense dès son premier exploit en faisant des observations qui touchent le fond du litige, n'a en rien violé les articles 23 du Traité OHADA et 13 de l'AUA visés au moyen (CCJA, 2e ch., no 077/2024, 28-3-2024). Cette décision semble caractériser un rétropédalage de la Haute Juridiction par rapport à sa jurisprudence de 2020 (no 233/2020), qui est susceptible de dérouter les plaideurs par l'insécurité judiciaire ainsi créée, et qui nous semble regrettable. Il est vivement souhaitable que la Cour revienne à sa jurisprudence antérieure de 2020 précitée, qui nous semble plus compatible avec l'esprit de l'« effet négatif du principe compétence-compétence » qui, selon la doctrine la plus autorisée, « **s'adresse aux juridictions étatiques** [et] prolonge l'effet négatif de la convention d'arbitrage en **interdisant aux juridictions étatiques** saisies par une partie du fond du litige, en dépit de l'existence, au moins prima facie, d'une convention d'arbitrage [...], **de statuer** [...] avant que les arbitres eux-mêmes n'aient eu l'occasion de se prononcer sur ces questions » (cf. E. Gaillard, « L'effet négatif de la compétence-compétence », Études de procédure et d'arbitrage en l'honneur Jean-François Poudret, Faculté de droit de l'université de Lausanne, 1999, p. 387, cité par M. J. V. Kodo, « Le rayonnement de la pensée d'Emmanuel Gaillard en droit de l'arbitrage commercial international en Afrique », in « Hommage à Emmanuel Gaillard : Une pensée en action », Journal du droit international, Clunet, no 4/2022, octobre-décembre 2022, doctr. 12, p. 1215, § 37).

C. Saisine préalable du tribunal arbitral non nécessaire

Il résulte de l'article 13 de l'AUA que, devant une clause compromissoire, toute juridiction étatique est tenue de décliner sa compétence, sans qu'une saisine préalable du juge arbitral ne soit nécessaire ou qu'une demande d'arbitrage n'ait été formulée. C'est donc en violation de cette disposition qu'une cour d'appel a retenu, pour rejeter l'exception d'incompétence soulevée devant elle, qu'« en raison de la clause compromissoire, la société [X.] avait, par correspondance du 20 août 2020, reçue le 4 septembre 2020, saisi le Centre de conciliation et d'arbitrage du Mali (CECAM) d'une demande d'arbitrage ; que celui-ci a, en date du 10 septembre 2020, notifié cette demande à l'autre partie ; que faute pour elle d'y avoir réservé une suite et face à son inertie pendant plus de 5 mois aux démarches entreprises par la société [X.] en vue d'un règlement du litige par l'arbitrage, et qui démontre sa mauvaise foi, cette dernière a expressément renoncé à l'arbitrage et n'a pas violé la clause y relative », exposant son arrêt à la cassation. Sur l'évocation, et pour les mêmes motifs que ceux ayant justifié la cassation, il convient d'infirmer le jugement du tribunal de commerce de Bamako, et de déclarer ce dernier incompétent (CCJA, 1e ch., n° 109/2024, 28-3-2024).

IV. Compétence de la CCJA pour le pourvoi formé contre un arrêt qui a statué relativement à l'existence d'une clause compromissoire

L'irrecevabilité d'un pourvoi soulevée au motif qu'aucune juridiction arbitrale n'a encore été saisie de l'affaire avant la saisine de la CCJA, qui est une juridiction de cassation, et que ce manquement procédural viole le principe de double degré de juridiction doit être rejetée, dès lors que le pourvoi est formé contre la décision d'une cour d'appel statuant sur l'interprétation des dispositions de l'AUA relative à l'existence d'une clause compromissoire ; la CCJA étant la juridiction de cassation en cette matière, le pourvoi est recevable (CCJA, 3e ch., n° 152, 7-6-2018 : Thiombiano Ousseini c/ Délégation de l'Union européenne au Niger, État du Niger).

V. Effet de l'irrecevabilité de l'appel interjeté contre une décision ayant retenu la compétence du juge en présence d'une clause compromissoire

C'est à tort qu'il est fait grief à un arrêt d'avoir omis de répondre aux chefs de demande de la requérante relatifs à l'incompétence des juridictions étatiques en raison de l'existence d'une clause compromissoire, dès lors que les juges du fond ayant déclaré l'appel de la demanderesse irrecevable en la forme, ils n'avaient plus à contrôler les mérites de fond de la décision du tribunal administratif de Cotonou quant à sa compétence. La CCJA disposant d'un pouvoir d'évocation après cassation, il incombait à la requérante de spécifier en quoi l'observation du principe du contradictoire remettrait en cause la motivation qui sous-tend la décision d'irrecevabilité de son recours prononcée par la cour d'appel ; à défaut d'une telle précision, ce moyen ne saurait justifier la cassation escomptée et doit être rejeté comme dépourvu de pertinence (CCJA, 1e ch., n° 067/2021, 8-4-2021 : G.E.B. Afrique SARL c/ État béninois).

VI. Inopposabilité de la convention d'arbitrage aux tiers non-signataires

A. Décisions ayant retenu l'inopposabilité

La convention d'arbitrage ne peut être imposée aux tiers même assignés en intervention forcée à l'occasion d'un litige relatif au contrat comportant ladite convention d'arbitrage, l'article 23 du Traité OHADA et l'article 13 de l'AUA n'ayant pas prévu cette possibilité. Il en est ainsi lorsque la convention d'arbitrage a été signée entre A et B, et que l'action est principalement initiée par A, signataire, contre C (non-signataire de la convention), et subsidiairement, contre B (signataire) et D (non signataire). Par conséquent l'exception d'incompétence soulevée par B n'est pas valable et le tribunal saisi est bien compétent (TPI Lomé, ch. civ. et com., 4-7-2003 : Star c/ Renault-CFAO-SFCE, Revue Camerounaise de l'arbitrage n° 22, juill.-sept. 2003, p. 15, note Pierre Boubou, Ohadata J-08-161).

Obs. : on peut se demander, dans l'hypothèse où le tribunal retient sa compétence à l'égard d'un tiers non-signataire de la convention d'arbitrage, ce qui se passerait pour la partie signataire de la convention et qui a été assignée de façon subsidiaire. Le tribunal la mettra-t-elle hors de cause ? Ou statuera-t-il quand même à son encontre ? Dans sa note, Pierre Boubou condamne cette décision du tribunal de Lomé pour violation de la convention d'arbitrage.

En application de l'effet relatif des contrats, une convention d'arbitrage ne lie, en principe, que les parties qui l'ont signée (Cass. com. 15-11-1978 : D. 1979.IR.130 ; Sentence CCI n° 2138 rendue en 1974 : Clunet 1975.934 obs. Derains) ; ainsi une sentence qui s'est prononcée sur le fond d'un litige à l'égard d'un tiers à la convention d'arbitrage a été annulée pour violation des dispositions interdisant à l'arbitre de statuer en dehors de la mission qui lui a été attribuée (CA Paris 19-12-1986 : GP. 1987.som.108).

Les tribunaux français ont admis dans certains cas qu'une convention d'arbitrage puisse être imposée à des tiers. Il en est ainsi, par exemple :

– lorsque les intéressés sont parties à des contrats différents, mais connexes ou indivisibles (CA Versailles 7-2-2002 : BTL 2002.166 ; CA Paris 7-5-2009, n° 08-2025 : Petites Affiches 2009 n° 159-160 note P. Barbet). Il y a connexité lorsque des demandes sont liées entre elles par un rapport si étroit qu'il y a intérêt à les instruire et à les juger en même temps afin d'éviter des solutions inconciliables si les causes étaient jugées séparément. Ainsi, ceux qui sont restés des tiers à un contrat peuvent se voir opposer la clause attributive de compétence si l'action dirigée contre eux présente un lien indivisible avec l'action tombant sous ladite clause (Cass. com. 7-5-1957 : D. 1958.167 note Pochon, solution relative à une clause attributive de compétence mais transposable à une clause compromissoire) ;

– lorsque est partie au contrat une société appartenant à un groupe de sociétés, dès lors que les éléments contractuels et l'exécution postérieure établissent que les parties avaient envisagé l'exécution du contrat litigieux par les sociétés du groupe (Cass. com. 28-11-1989 : Bull. civ. Joly 1990 p. 192 ; sentence CCI n° 4131 rendue en 1982 : Clunet 1983.899 obs. Derains).

En revanche, n'est pas lié par la convention l'intervenant volontaire à l'instance arbitrale dont la demande est irrecevable car incompatible avec la nature contractuelle de l'arbitrage (CA Paris 9-4-2009 n° 07-17769 : JCP G 2009 n° 47462 p. 40 obs. Ortscheidt). Et l'intervention forcée à l'égard d'une partie a été refusée à défaut d'extension possible à cette partie de la clause d'arbitrage. Ainsi, une partie assignée en intervention forcée devant un tribunal arbitral ne peut pas devenir partie à l'arbitrage ; sa participation à l'arbitrage ne peut lui être imposée que si la clause d'arbitrage fondant la compétence du tribunal arbitral peut lui être étendue (Cass. 1e civ. 14-3-2006 n° 496, Conselho National de Carregadores c/ Charasse : RJDA 10/06 n° 1094 ; DMF 2006.479 obs. O. Cachard ; Rev. arb. 2006.653 note G. Bolard).

Dans le cas d'espèce, le tribunal a considéré que lorsque l'action en justice est initiée principalement contre une partie non signataire de la convention d'arbitrage, la convention d'arbitrage ne peut être imposée à tout le monde et le tribunal saisi peut retenir sa compétence. Cette solution doit être approuvée car elle procède d'une bonne administration de la justice (voir par exemple, en France, Cass. com. 9-11-1987 : JCP G 1988.IV.21, à propos d'une clause attributive de compétence mais transposable au cas d'espèce). Ainsi, il est juste de ne pas imposer l'arbitrage à une partie non signataire de la convention d'arbitrage, lorsque l'action est principalement dirigée contre cette dernière.

Illustration. Soit quatre sociétés, A, B, C, et D. La société A cède les actions de C à B le 26 août 2004. Le 28 août 2004, A et B signent un accord sur les missions de contrôle, accord à intégrer au pacte d'actionnaires signé entre A et D le 10 février 2004. La convention de cession des actions entre A et B contient une clause attributive de juridiction. Le pacte d'actionnaires entre A et D contient une clause compromissoire. L'entrée de (B) dans le capital de (C) ayant été faite postérieurement à la conclusion du pacte d'actionnaires dont il n'est fait référence qu'à l'occasion de la signature de l'accord sur le contenu des missions de contrôle, la clause compromissoire contenue dans le pacte d'actionnaires est inopposable à (B) dès lors que (A) ne rapporte pas la preuve, en tant que partie cédante des actions, que (B) ait eu connaissance de ladite clause et ait manifesté la volonté d'être liée par la convention d'arbitrage (CA Ouagadougou (Burkina Faso), ch. com., n° 037/09, 19-6-2009 : Sté Atlantique Télécom et Sté Etisalat c/ Sté Planor Afrique et Sté Télécel, Ohadata J-10-214).

La clause d'arbitrage insérée dans les statuts d'une société et ne concernant que les associés et la société elle-même est inapplicable à un litige concernant un tiers qui n'est pas associé de ladite société. En conséquence, l'exception d'incompétence des juridictions étatiques soulevée doit être rejetée (CCJA, 2e ch., n° 058, 15-3-2018 : CCTR SARL devenue CATRC SA c/ Séficam-PFI SARL).

B. Décision n'ayant pas retenu l'inopposabilité

La clause compromissoire attribuant compétence à la cour d'arbitrage de Côte d'Ivoire (CACI) pour régler « tout litige qui pourrait naître de l'interprétation, de l'exécution et de la résiliation du présent contrat » s'impose aussi bien aux juges d'appel qu'aux parties litigantes dont singulièrement le défendeur au pourvoi, lequel, bien que n'étant pas signataire dudit contrat, trouve nécessairement dans l'objet et dans l'exécution de celui-ci le fondement même de sa qualité réelle ou prétendue de créancier poursuivant ou, à tout le moins, de mandataire censé être commis par de tiers architectes, du reste non clairement identifiés par lui en l'occurrence, pour quérir une commission sur le marché défini par le contrat concerné. En méconnaissant ladite clause, la cour d'appel a exposé sa décision à la cassation. Sur évocation, la CCJA doit se déclarer incompétente et renvoyer les parties à mieux se pourvoir (CCJA, 2e ch., n° 024, 8-4-2010 : M. J c/ M. F. Juris-Ohada, n° 3/2010, juill.-sept., p. 21, Ohadata J-11-68, 9-6-2006 : J. R. c/ F. P., Rec. jur. CCJA n° 15, janv.-juin 2010, p. 133, Ohadata J-12-46).

VII. Clause compromissoire manifestement inapplicable

A. Inapplicabilité en matière de saisie immobilière

C'est à tort qu'il est reproché à un tribunal étatique d'avoir violé l'article 13 de l'AUA en retenant à tort sa compétence malgré le déclinatoire de compétence soulevé sur la base d'une clause compromissoire stipulée au contrat des parties, dès lors que pour se déclarer compétent, la juridiction étatique s'est fondée d'une part, sur la convention de compte courant elle-même qui, après avoir stipulé la clause compromissoire à l'article XVI B), a précisé au C), 8e rôle, du même article qu'« en outre, toutes actions immobilières relatives à l'immeuble seront soumises au tribunal du lieu de situation de ce dernier », et d'autre part, sur les dispositions d'ordre public des articles 246 et 282, alinéa 1er de l'AUPSRVE, qui prévoient que la vente des immeubles d'un débiteur a lieu aux enchères publiques à la barre de la juridiction compétente ou en l'étude du notaire convenu par les parties, à l'exclusion donc de la juridiction arbitrale (CCJA, 1e ch., no 145/2022, 3-11-2022).

B. Inapplicabilité au litige ne relevant pas directement de l'arbitrage

En présence de conventions d'arbitrage liant plusieurs sociétés et un État partie à l'OHADA, et stipulant que tout différend, controverse ou réclamation entre elles, relatif à l'interprétation ou à l'application desdites conventions sera tranché par un tribunal arbitral conformément à la procédure de la CCI pour l'une et de l'OHADA pour les deux autres, les parties ont entendu clairement soumettre au tribunal arbitral les litiges relatifs à l'exécution de leurs contrats. Si l'État en cause décide unilatéralement, par le biais d'actes administratifs de portée générale, de modifier « les coûts des licences, les modalités de paiement, de modification et de renouvellement dans le domaine des communications électroniques » et « les frais et redevances en matière d'établissement et/ou d'exploitation des réseaux et services des communications électroniques applicables en République centrafricaine » et si ces modifications ont eu des incidences sur ses obligations contractuelles, ses cocontractantes peuvent saisir la juridiction arbitrale pour sanctionner les conséquences économiques de ce manquement. En l'espèce, les sociétés cocontractantes de l'État ayant plutôt, sur le fondement d'une disposition nationale (notamment l'article 25 de la loi organique portant organisation et fonctionnement des tribunaux administratifs), saisi le Tribunal administratif aux fins d'annulation et de sursis à exécution des deux arrêtés interministériels et des factures qui remettent en cause les obligations contractuelles dudit État, un tel litige relatif à la légalité ou non d'un acte administratif réglementaire n'est pas d'ordre contractuel et ne procède d'aucun instrument relatif aux investissements. Ce recours purement administratif est dès lors manifestement hors de portée de la convention d'arbitrage et demeure de la compétence du juge administratif centrafricain. Le pourvoi contre la décision de la juridiction administrative d'appel rendue dans cette affaire est, dans ces conditions, hors du champ de compétence de la CCJA (CCJA, 3e ch., no 017/2024, 25-1-2024).

JURISPRUDENCE COMPAREE

I. Allemagne

Renonciation à la compétence du juge des référés allemand pour statuer sur les mesures conservatoires. La nouvelle loi allemande, entrée en vigueur le 1er janvier 1998, autorise l'arbitre à prendre des mesures conservatoires et permet à la partie intéressée de saisir le juge étatique, qui peut ordonner l'exécution de la décision de l'arbitre.

Mais il a été admis que les parties pouvaient écarter la compétence du juge des référés allemand et que tel était le cas lorsque les parties avaient institué la compétence d'un tribunal arbitral situé à Genève et choisi le droit suisse, car elles avaient ainsi entendu réunir en un même lieu et soumettre à un même régime juridique l'ensemble de leur différend, y compris en matière de référé (Trib. rég. sup. Nuremberg 30-11-2004 : GP 2005.som.1348).

II. Argentine

Renonciation du juge argentin à sa compétence pour le prononcé des mesures provisoires. Le juge argentin peut prononcer des mesures provisoires dès lors que l'arbitrage est placé sous le règlement de la Cour d'arbitrage de la CCI qui les autorise (Cámara Nacional de Apelaciones en lo Comercial 22-9-2005, Searle Ltd c/ Roemmers SAICF/GP 2007.som. 13 juillet rapporté par F. Mantilla-Serrano et E. Silva Romero).

III. Belgique

Pas d'autorité de la chose jugée de la mesure provisoire sur la décision au fond à venir mais autorité au regard de demandes similaires pour une situation identique. La décision qui s'est prononcée sur une demande de mesures provisoires n'a pas l'autorité de la chose jugée sur la décision au fond à venir, mais sur d'autres actions en obtention de mesures provisoires, pour autant toutefois que les circonstances de fait soient restées inchangées ; la seconde demande de mesures provisoires dont l'objet était resté inchangé par rapport à la première a été, en l'espèce, satisfaite car les faits sur lesquels elle était fondée étaient tout à fait différents (sentence arbitrale 17-5-2002 : GP 2004 rapporté par B. Hanotiau 21/22 mai).

IV. Colombie

Ouverture d'une procédure collective. La procédure d'arbitrage peut se poursuivre malgré l'ouverture d'une procédure collective prononcée par un juge colombien ; si la saisine du tribunal arbitral n'était pas possible après le prononcé du jugement d'ouverture de la procédure collective, une partie pourrait se délier de son obligation de soumettre les litiges à l'arbitrage en demandant l'ouverture d'une procédure collective, ce qui serait un abus de droit (Corte Suprema de Justicia de la Nación 5-4-2005, Bear Service SA c/ Cerveceria Modelo SA : GP 2008.som. 28 mars cité par F. Mantilla-Serrano et

E. Siva Romero, les auteurs n'apportent aucune précision quant à l'opposabilité de la sentence rendue sur l'action ainsi recevable à la procédure collective).

V. États-Unis

Prononcé de mesures provisoires pendant l'instance arbitrale. Une cour a admis qu'elle pouvait prononcer des mesures provisoires alors même qu'une instance arbitrale était pendante (Bahrain Telecommunications c/ DiscoveryTel Inc. : GP 2007.som. 13 juillet cité par E. Ordway et B. Derains)

VI. France

A. Incompétence de la juridiction étatique : appréciation de la clause nulle ou manifestement inapplicable

1° Obligation du juge étatique de se déclarer incompétent

Dès lors que la clause d'arbitrage n'est pas nulle ou manifestement inapplicable, le juge étatique doit se déclarer incompétent car il appartient à l'arbitre de statuer, par priorité, sur sa propre compétence (Cass. com. 21-2-2006 n° 230 : D. 2006.IR.670 ; Rev. crit. 2006.606 note F. Jault-Seseke ; Rev. arb. 2006.943 et 893 art. O. Cachard) ; en conséquence :

– il est interdit au juge étatique de procéder à un examen substantiel et approfondi de la convention d'arbitrage, et ce, quel que soit le lieu où siège le tribunal arbitral (Cass. 1e civ. 7-6-2006 n° 937 : D. 2006.IR.1701 ; GP 2006.som.3354 ; JDI 2006.1384 note A. Mourre ; Bull. civ. I n° 287, en déduisant qu'en l'état de la décision américaine ayant jugé que la clause compromissoire était opposable à l'une des parties l'analyse complexe en droit et en fait du litige ne pouvait conduire à écarter la clause compromissoire et que cette clause n'étant pas manifestement inapplicable, le juge français ne pouvait empiéter sur la compétence arbitrale) ;

– dès lors qu'il a été constaté que le destinataire à un contrat de transport avait eu connaissance d'une convention d'arbitrage, les juges ont pu en déduire qu'ils n'étaient pas compétents pour connaître du litige (Cass. 1e civ. 21-11-2006 n° 1755 : D. 2007.som.26 ; DMF 2007.404 obs. P. Delebecque ; Bull. civ. I n° 502).

2° Convention d'arbitrage ne pouvant être considérée comme manifestement nulle

Sont impropres à caractériser la nullité manifeste ou l'inapplicabilité de la clause d'arbitrage les motifs retenant, pour écarter la compétence des arbitres, que :

– les demandes d'indemnisation présentées par une société, sur le fondement délictuel, du chef de rupture brutale des pourparlers ne se rattachent nullement au contrat de distribution qui régissait antérieurement les relations entre les parties et avec lequel ces pourparlers ne constituent pas un ensemble contractuel unique (Cass. 1e civ. 25-4-2006 : JCP G 2006.IV.2106 ; Bull. civ. I n° 196 ; GP 2006.som. 15/17 octobre ; Rev. crit. 2007.128 note F. Jault-Seseke, 1e esp.) ;

– il n'est pas prouvé que la clause a été établie (Cass. 1e civ. 28-11-2006 : JCP 2007.IV.1012 ; GP 2007.som.1203 ; DMF 2007.411 obs. M. Rémond-Gouilloud ; Bull. civ. I n° 513) ;

– le litige met en cause d'autres défendeurs qui ne sont pas liés par la clause (Cass. 1e civ. 23-1-2007 : Rev. arb. 2007.som.136 ; GP 2007.som.1203 ; DMF 2007.415 obs. O. Cachard ; Rev. arb. 2007.279 obs. P. Pic) ;

– les « arbitres ne seront soumis à aucune règle ni aucun délai prévu au Code de procédure civile » en relevant que cette clause déroge aux règles d'ordre public (Cass. 1e civ. 7-6-2006 n° 963 : D. 2006IR1768 ; GP 2006 ;

– il existait un doute sur l'application de la clause compromissoire, ce doute justifiant un débat au fond devant l'arbitre (Cass. 1e civ. 23-5-2006 : JCP G 2006.IV.2304 ; Rev. crit. 2007.128, 2e esp., note F. Jault-Seseke, som.3352) ;

– la présence dans les statuts de la société d'une contradiction entre une clause attributive de juridiction et une clause compromissoire constitue une contestation sérieuse s'opposant à la désignation d'un arbitre (Cass. 1e civ. 14-11-2007 : RJDA 4/08 n° 469) ;

– le litige opposant le liquidateur d'un franchisé au franchiseur relatif à la nullité de l'accord de franchise au moment de sa formation est exclu de la clause compromissoire ne visant que les contestations nées de l'interprétation et de l'exécution de l'accord de franchise (Cass. 1e civ. 12-12-2007 : RJDA 4/08 n° 470).

3° Clause d'arbitrage manifestement inapplicable

La cour d'appel, qui a constaté que les parties avaient voulu distinguer les contrats par des clauses contraires, a pu en déduire que la clause stipulée dans le contrat de gage dont l'exécution était poursuivie excluait la compétence du tribunal arbitral, de laquelle seul le contrat d'approvisionnement ressortissait, de sorte que la convention d'arbitrage stipulée au contrat d'approvisionnement était manifestement inapplicable au litige (Cass. 1e civ., 4-7-2006, n° 05-11.591).

La cour d'appel, qui n'a pas eu à procéder à une quelconque investigation, a exactement déduit que la clause compromissoire, contenue aux avant-contrats qui étaient les réservations de fret, avait été remplacée, par une nouvelle expression de la volonté des parties, par les stipulations des connaissements, de sorte qu'elle était devenue manifestement inapplicable (Cass. 1e civ., 11-7-2006, no 03-19838, Rev. arb. 2006, p. 979).

4o Renonciation à l'arbitrage

a. Existence d'une renonciation

Vaut renonciation à recourir à l'arbitrage le fait :

– pour le défendeur attrait par le demandeur devant la juridiction étatique d'introduire des demandes reconventionnelles (Cass. civ. 6-6-1978 : Bull. civ. I p. 171) ;

– de porter le litige qui devait être l'objet d'un arbitrage devant une juridiction étatique (Cass. 1e civ. 7-6-2006 no 952 : RJDA 1/07 no 113) ;

– pour une partie de refuser de participer à l'arbitrage initié par l'autre ; celle-ci prenant acte de ce refus et renonçant à l'arbitrage peut alors choisir de saisir la juridiction étatique (Cass. 1e civ. 7-6-2006 : Rev. arb. 2006.som.963 obs. J.-Y. Garaud et C.-H. de Taffin).

b. Absence de renonciation

N'a pas renoncé à se prévaloir de l'arbitrage :

– la partie qui a accepté un nouvel accord ayant pour objet d'amender le contrat antérieur contenant la clause compromissoire mais qui n'a pas remis en cause l'économie de ce premier contrat (CA Paris 23-1-2009 no 06-09031, 25e ch. B, Carbon Impacte c/ Structil : GP 2009.som.2641) ;

– la partie qui a engagé une action aux fins de mise en liquidation judiciaire d'une filiale de l'autre partie à l'arbitrage, sa débitrice en vertu de contrats distincts, une telle action relevant de la compétence exclusive des juridictions étatiques (CA Paris 21-1-2010 no 08-19673, ch. 1-1, Sté Inversiones Errázuriz Limitada SA c/ Sté Kreditanstalt für Wiederaufbau : Rev. arb. 2010.339 note F.-X. Train ; GP 2010.som.2380 note D. Bensaude).

B. Mesures provisoires ou conservatoires

1o Compétence de principe

Les tribunaux peuvent aussi, tant que le tribunal arbitral n'est pas constitué, être saisis en référé pour prendre des mesures provisoires ou conservatoires (Cass. 1e civ. 6-12-2005 : RJDA 6/06 no 729 : expertise), sauf convention contraire des parties expresse ou implicite résultant, par exemple, de l'adoption d'un règlement d'arbitrage qui comporterait une telle renonciation (Cass. civ. 18-11-1986 : Clunet 1987.125 note Gaillard, jugeant que tel n'est pas le cas du règlement d'arbitrage Cirdi en son état applicable à l'espèce).

2o Portée de la compétence du juge des référés

Le juge des référés ne peut pas davantage constater l'acquisition de plein droit d'une clause résolutoire, car cette mesure reviendrait à priver la clause compromissoire de toute portée juridique (CA Paris 22-10-1985 : D. 1986.IR.66), ni autoriser une saisie-attribution car, n'étant pas subordonnée au péril de la créance, celle-ci n'est pas une mesure conservatoire (Cass. civ. 28-6-1989 : Rev. arb. 1989.653 note Fouchard : à propos d'une saisie-arrêt ; dans le même sens, Cass. com. 20-5-1997 : RJDA 10/97 no 1285).

3o Octroi d'une provision

Le juge des référés ne peut pas condamner au versement d'une provision lorsqu'une instance d'arbitrage est pendante car, lorsqu'un tribunal arbitral est saisi en vertu d'une convention d'arbitrage, la juridiction d'État doit se déclarer incompétente (Cass. 2e civ. 18-6-1986 : Bull. civ. II p. 66 ; Cass. civ. 20-3-1989 : D. 1990.147 note Peyrard). Il en est de même si les parties ont conventionnellement écarté sa compétence (CA Paris 13-2-1990 : D. 1990.593 note Peyrard : à propos d'un arbitrage international), sauf renonciation ultérieure à leur convention (même arrêt).

4o Compétence du juge des référés

Le juge des référés peut, si la procédure arbitrale n'a pas été engagée, connaître d'une demande de provision (Cass. civ. 20-3-1989, précité), à la condition qu'il y ait urgence (Cass. com. 29-6-1999 : RJDA 10/99 no 1157 ; Cass. civ. 13-6-2002 : D. 2002.IR.2169) et que la demande ne se heurte pas à une contestation sérieuse (CA Versailles 22-5-1992 : Rev. arb. 1992.666 obs. Moitry).

VII. Royaume-Uni

A. Compétence du juge pour prononcer des mesures provisoires

La nouvelle législation de l'arbitrage, entrée en vigueur le 31 janvier 1997, permet aux arbitres d'ordonner des mesures provisoires qui sont définies dans les articles 38 et 39 de l'Arbitration Act. L'article 41 du même acte fixe les sanctions du défaut d'exécution de la mesure ordonnée par l'arbitre et l'article 42 autorise la partie intéressée à saisir le juge étatique.

Avant l'entrée en vigueur de cette législation, les tribunaux anglais se sont déclarés incompétents pour ordonner une mesure provisoire et conservatoire :

– dans l'affaire du tunnel sous la Manche, estimant qu'étaient compétents les tribunaux du lieu de l'arbitrage, tribunaux situés à Bruxelles (Chambre des lords 21-1-1993, AC.334 ; voir V. Veeder, L'arrêt du tunnel sous la Manche et les mesures conservatoires, Rev. arb. 1993.705) ;

– dans l'affaire Bank Mellat c/ Helsinki Techniki SA, quoique le lieu de l'arbitrage fût à Londres, estimant que le lieu de l'arbitrage ne créait pas un lien suffisant avec l'Angleterre (Court of Appeal 1984, Q. B.291,

(1983) 3 All E R428, cité par A. Reiner, Clunet 1998.862 note 21) ;
– dans l'affaire Ken Ren, où le lieu de l'arbitrage était aussi à Londres, en l'absence d'autres facteurs liant la cause de manière suffisante à l'Angleterre, à propos d'une mesure demandée en matière de dépôt de garantie (Rev. arb. 1998.513 note D. Kapelink – Klinger).

B. Absence de clause d'arbitrage : compétence de la juridiction étatique saisie du litige

La clause par laquelle des parties se sont engagées « à s'efforcer » de résoudre tout différend par un arbitrage (will « endeavour » to first resolve the matter through (…) arbitration) ne constitue pas une clause d'arbitrage les obligeant à recourir à l'arbitrage en cas de différend. Il en résulte que la juridiction étatique saisie peut valablement retenir sa compétence et juger l'affaire (Kruppa v. Benedetti & Anor, [2014] EWHC 1887 (Comm), [2014] WLR(D) 250, http://www.bailii.org/ew/cases/EWHC/Comm/2014/1887.html).

VIII. Suisse

Caractère non obligatoire d'une procédure de conciliation. La clause de conciliation affirmant que « des négociations en cours ne constitueront en aucun cas un empêchement à l'engagement d'une procédure arbitrale » revient en fait à nier le caractère obligatoire de la procédure de conciliation (Trib. fédéral 6-6-2007, X c/ Y : GP 2008.som. 28 mars cité par P.-Y. Gunter).

Art. 14 [mod.] Les parties peuvent, directement ou par référence à un règlement d'arbitrage, régler la procédure arbitrale. Elles peuvent aussi soumettre celle-ci à la loi de procédure de leur choix.

Faute d'une telle convention, le tribunal arbitral peut procéder à l'arbitrage comme il le juge approprié.

À l'appui de leurs prétentions, les parties ont la charge d'alléguer et de prouver les faits propres à les fonder.

Les parties agissent avec célérité et loyauté dans la conduite de la procédure et s'abstiennent de toutes mesures dilatoires.

Si, sans invoquer de motif légitime :

a) le demandeur ne présente pas sa demande, le tribunal arbitral met fin à la procédure arbitrale ;

b) le défendeur ne présente pas sa défense, le tribunal arbitral poursuit la procédure arbitrale sans toutefois considérer ce défaut en soi comme une acceptation des allégations du demandeur ;

c) l'une des parties omet de comparaître à l'audience ou de produire des documents, le tribunal arbitral peut poursuivre la procédure et statuer sur la base des éléments de preuve dont il dispose.

Le tribunal arbitral peut inviter les parties à lui fournir des explications de fait et à lui présenter, par tout moyen légalement admissible, les preuves qu'il estime nécessaires à la solution du différend.

Il ne peut retenir dans sa décision les moyens, explications ou documents invoqués ou produits par les parties que si celles-ci ont été à même d'en débattre contradictoirement.

Il ne peut fonder sa décision sur les moyens qu'il aurait relevés d'office sans avoir au préalable invité les parties à présenter leurs observations.

Si l'aide des autorités judiciaires est nécessaire à l'administration de la preuve, le tribunal arbitral peut, d'office ou sur requête, solliciter le concours de la juridiction compétente dans l'État partie.

La partie qui, en connaissance de cause, s'abstient d'invoquer sans délai une irrégularité et poursuit l'arbitrage est réputée avoir renoncé à s'en prévaloir.

Le tribunal arbitral, sauf volonté contraire des parties, dispose également du pouvoir de trancher tout incident de vérification d'écritures ou de faux.

En cas de besoin, le tribunal arbitral peut, après consultation des parties ou à leur demande, nommer un ou plusieurs experts chargés de lui faire rapport sur les points qu'il détermine et entendre ces derniers à l'audience.

Le tribunal arbitral peut également, à la demande de l'une ou l'autre partie, prononcer des mesures provisoires ou conservatoires à l'exclusion des saisies conservatoires et des sûretés judiciaires qui restent de la compétence des juridictions étatiques.

Jurisprudence OHADA

I. Moyens irrecevables

A. Moyen d'annulation non invoqué au cours de la procédure d'arbitrage

Le demandeur en annulation d'une sentence arbitrale ne peut fonder son recours sur une irrégularité de procédure d'arbitrage qu'il n'a pas invoquée lors de l'arbitrage (CA Abidjan, n° 1060, 25-7-2003 : M. V. J. P. c/ La Scierie Nouvelle de Gadouan, Ohadata J-03-292).

De même, il n'y a pas lieu à annulation d'une sentence arbitrale pour composition irrégulière du tribunal arbitral lorsque les parties qui demandent l'annulation ont eu connaissance de la désignation du nouveau juge arbitre et se sont abstenues d'invoquer sans délai cette prétendue irrégularité jusqu'au prononcé de la sentence arbitrale. La cour d'appel qui a annulé ladite sentence a violé l'article 14 et son arrêt doit être cassé (CCJA, 1e ch., n° 27, 29-4-2010 : Sté Connexion Marketing & B c/ Sté Synergie Gabon et Dame O., Juris-Ohada, n° 3/2010, juill.-sept., p. 35, Ohadata J-11-71, J-12-48).

La juridiction nationale qui a retenu qu'« il ressort qu'une partie à une sentence arbitrale ne peut se prévaloir de l'alinéa 8 [devenu art. 14, al. 13 de l'AUA] que lorsque l'irrégularité qui n'a pas été soulevée devant la juridiction arbitrale se rapporte à la procédure d'arbitrage et non à la validité de la convention d'arbitrage, à la composition du tribunal arbitral ou à la désignation de l'arbitre unique », pour annuler une sentence a distingué là où la loi ne distingue pas, en ajoutant à la loi, violant ainsi les dispositions de l'article 14, al. 8 [devenu al. 13] de l'AUA, exposant ainsi sa décision à la cassation sans qu'il soit besoin d'examiner les autres moyens du pourvoi. Il en est ainsi dès lors que les demandeurs en annulation de la sentence arbitrale querellée, excipent, pour la première fois devant le juge étatique, de la nullité de la convention d'arbitrage pour violation de l'ordre public, alors même que la défenderesse à l'instance arbitrale et cosignataire du contrat de prestation de service, s'est abstenue d'invoquer sans délai devant l'arbitre [la moindre] irrégularité jusqu'au terme de l'instance arbitrale à laquelle elle a activement participé en cosignant l'acte de mission, assistée de deux avocats qui ont déposé des conclusions, notes en cours de délibéré et pièces pour le compte de leur client. Sur l'évocation et pour les mêmes motifs que ceux ayant entraîné la cassation du jugement attaqué, il y a lieu de rejeter les demandes en annulation fondées sur la nullité de la convention d'arbitrage (CCJA, 2e ch., n° 114, 17-5-2018 : Le Groupement d'intérêt économique CSI-Fruitex c/ L'État béninois, La Sté Nationale pour la Promotion Agricole).

De même, c'est à tort qu'est sollicitée l'annulation d'une sentence arbitrale pour avoir été rendue à la suite d'une audience de plaidoirie organisée devant le tribunal composé d'un arbitre unique, alors qu'il est prévu dans la convention des parties un tribunal arbitral composé de trois membres, dès lors que, aux termes de l'article 14, al. 8 [devenu al. 13], de l'AUA, « la partie qui, en connaissance de cause, s'abstient d'invoquer sans délai une irrégularité et poursuit l'arbitrage est réputée avoir renoncé à s'en prévaloir » (CCJA, 3e ch., n° 203, 22-11-2018 : Airtel Gabon SA c/ 2JTH-Gabon SARL).

C'est à tort qu'une partie prétend que, faute d'accord sur la désignation d'un arbitre unique, les parties devaient chacune en choisir un, le troisième devant être nommé, en cas de désaccord entre les deux premiers, par la chambre de commerce locale et ce, conformément à l'article 6 du contrat, dès lors que selon l'article 14, al. 8 de l'AUA, la partie qui, en connaissance de cause, s'abstient d'invoquer sans délai une irrégularité et poursuit l'arbitrage est réputée avoir renoncé à s'en prévaloir ; en l'espèce, la défenderesse, qui a participé aux deux conférences préparatoires de l'instance arbitrale, sans jamais soulever ce qu'elle considère désormais comme une irrégularité, est réputée avoir renoncé à s'en prévaloir aux termes de l'article 14 précité (CCJA, 2e ch., n° 221/2021, 23-12-2021 : Elaf Sénégal SARL c/ Saudi Arabian Airlines Corporation).

Dans le même sens, et au sujet d'une renonciation à se prévaloir de la composition irrégulière d'un tribunal, voir sous l'art. 26 (CCJA, 1e ch., n° 243/2024, 25-7-2024).

B. Moyen critiquant la sentence arbitrale elle-même

Le moyen qui, sous l'angle de la violation du principe de la contradiction, ne critique en rien l'arrêt déféré mais critique la sentence arbitrale sur laquelle cet arrêt s'est prononcé est irrecevable, dès lors qu'en analysant les circonstances de la remise des convocations contestées la cour d'appel a souverainement apprécié les faits et estimé que le contradictoire a été respecté (CCJA, 2e ch., n° 011/2015, 2-4-2015 : Asecna c/ Sté Snack Bags, Ohadata J-16-11).

II. Annulation de la sentence pour non-respect du contradictoire

Il résulte des dispositions combinées des articles 9 et 14, al. 5 et 6 de l'AUA que le respect du contradictoire par l'arbitre (dont l'inobservation est sanctionnée par l'annulation de la sentence) s'entend, d'une part, de l'obligation qui lui est faite d'accorder à chacune des parties la possibilité de faire valoir ses prétentions, connaître celles de son adversaire et procéder à leur discussion, et, d'autre part, de l'interdiction de se fonder sur des moyens relevés d'office sans que les parties n'aient été invitées au préalable à en discuter ou de procéder seul à des investigations personnelles. En l'espèce, l'arbitre qui énonce dans sa sentence avoir lui-même procédé à une enquête sans associer les parties ni soumettre à la discussion de celles-ci les éléments de fait ou de droit recueillis lors de cette investigation (du reste non consignés dans un procès-verbal) n'a pas respecté le principe du contradictoire, dès lors que la motivation de sa sentence établit de façon péremptoire qu'il s'est fondé sur les informations recueillies lors de son enquête solitaire ; la sentence attaquée doit être annulée en toutes ses dispositions (CA Pointe-Noire 4-3-2005 : Cofipa Investment Bank Congo c/ Sté Comadis Congo, Ohadata J-13-73).

Obs. : sur le principe du contradictoire, voir sous l'article 26.

III. Moyen soulevé d'office par le tribunal arbitral

C'est à tort qu'il est reproché à une cour d'appel d'avoir violé l'article 26.c) de l'AUA, en rejetant le moyen tiré de la violation de l'acte de mission par le tribunal arbitral, qui a invoqué d'office un moyen de pur droit sans avoir invité les parties à présenter leurs observations, conformément au droit national applicable (notamment art. 29 du Code de procédure civile burkinabé). Il en est ainsi dès lors que, pour rejeter, en l'espèce, le moyen relatif au caractère non fondé des motifs de non-renouvellement des lignes de crédit, soulevé par la demanderesse, le tribunal arbitral a légalement justifié sa décision par des motifs propres, fondés sur le contrat des parties et les dispositions de l'article 1134 du Code civil, auxquels il aurait pu s'en tenir, la simple référence à l'article 8 de l'instruction n° 26-11-2016 de la BCEAO, un motif surabondant, n'ayant aucune influence décisive sur ladite décision et ne saurait s'analyser en un moyen de pur droit soumis aux observations des parties. Dès lors, la cour d'appel qui, statuant sur le moyen d'annulation tiré de la violation par le tribunal arbitral de sa mission, a retenu, de première part, que celui-ci a répondu à toutes les questions qui lui avaient été soumises conformément à la loi burkinabé, de deuxième part, que la disposition relative à l'instruction n° 26-11-2016 de la BCEAO n'a pas été le point culminant qui a entrainé le rejet des prétentions de la SITACI et, de troisième part, qu'il ne s'agissait pas d'un point de droit qui nécessitait l'intervention des parties, pour en fin conclure que le tribunal arbitral n'a donc aucunement violé sa mission, laquelle est délimitée par l'objet du litige, et qu'il convient de rejeter ce moyen comme mal fondé, n'a pas commis le grief articulé, qui est inopérant (CCJA, 1e ch., n° 049/2024, 22-2-2024).

JURISPRUDENCE COMPAREE

I. Espagne

Irrecevabilité du moyen d'annulation non invoqué au cours de la procédure d'arbitrage. Est irrecevable le recours en annulation de la sentence rendue alors que la partie demanderesse n'a pas soulevé la caducité de la convention d'arbitrage au cours de la procédure d'arbitrage (Audiencia Provincial de Madrid 18-3-2004, cité par F. Pombo et A. Sabater, Panorama de jurisprudence espagnole : GP 2004.doct.3961) ; voir aussi, Trib. provincial de Madrid 8-10-2004, B. y Lubricantes E.S. c/ Sematel : GP 2005.som.1352 chr. Sabater.

II. États-Unis

Renonciation à l'irrégularité. La partie qui a accepté de participer à une procédure d'arbitrage ne peut ensuite s'opposer à l'exécution de la sentence en invoquant une absence de convention d'arbitrage (Slancy c/ International Amateur Athletic Federation, 244 F 3d 580 (7th Cir. 2001), cité par E. Ordway et B. Derains, Panorama de jurisprudence américaine, Doct. : GP 2004. 3961).

III. France

A. Preuve des faits allégués devant les arbitres

1° Choix des mesures appropriées

Les arbitres apprécient l'opportunité d'ordonner une mesure appropriée (CA Paris 3-12-1998, 2e esp. : Rev. arb. 1999.601 note Hory).

2° Communication des procès-verbaux

Le défaut de communication des procès-verbaux, documents que les avocats des parties n'ont pas invité l'arbitre à dresser, n'est qu'une irrégularité purement formelle de la procédure. Il ne peut en être déduit que l'arbitre n'a pas statué conformément à sa mission (CA Paris 28-4-1988 : D. 1988.IR.161).

B. Mesures d'instruction ordonnées par les tribunaux étatiques

Les parties peuvent demander au juge des référés d'ordonner une mesure d'instruction en vertu de l'article 145 du nouveau Code de procédure civile tant que le tribunal arbitral n'est pas saisi (Cass. civ. 11-10-1995 : RJDA 4/96 n° 568 ; CA Aix 5-7-1977 : Bull. Cour d'Aix 1977/3 p. 112 ; voir sentence CCI n° 2444 en 1976 : Clunet 1977.932 obs. Derains). Sur l'article 145, voir MDC n° 75527.

C. Débats contradictoires

Les parties ne peuvent pas renoncer à contester le non-respect du principe du contradictoire (CA Paris 13-11-1980 : Rev. arb. 1984.129 note Bernard, tenant pour sans portée l'absence de protestation de la victime pendant l'arbitrage).

Il s'ensuit que :

– si un troisième arbitre a été désigné faute d'accord entre les deux arbitres, la sentence ne peut pas être rendue sans que les parties aient été appelées à faire valoir leurs prétentions devant le collège arbitral ainsi constitué (Cass. civ. 31-1-1979 : Bull. civ. II p. 23) ;

– à partir du moment où les arbitres ont accepté leur mission ils ne peuvent avoir connaissance des éléments du procès émanant d'une partie, oralement ou par écrit, qu'en présence de l'autre partie ou après s'être assurés que les écrits adverses lui ont été communiqués (Cass. civ. 17-7-1978 : JCP G 1978.IV.299 ; CA Paris 3-12-1965 : JCP G 1966.II.14625 note Boulbès) ;

– des faits ne peuvent être admis comme preuves que si la partie à qui ils sont opposés a eu la possibilité de faire la preuve contraire (CA Paris 3-12-1965, précité) ;

– les rapports d'expertise doivent être soumis à chacune des parties pour qu'elles soient en mesure de les discuter contradictoirement (CA Paris 7-12-1965 : JCP G 1966.II.14625 note Boulbès ; dans le même sens à propos d'un « rapport » déposé par un arbitre au nom de la partie qui l'a désigné, CA Paris 25-1-1991 : RJDA 3/91 n° 254) ;

– les débats ne peuvent pas être immédiatement clôturés lorsqu'une partie a soulevé l'exception d'incompétence et n'a pas conclu subsidiairement au fond ; les arbitres doivent lui laisser un délai suffisant pour lui permettre de fournir ses explications sur le fond du litige et ne peuvent statuer sur la compétence et sur le fond par une même sentence (CA Paris 3-3-1987 : D. 1987.IR.73) ;

– des témoignages ne peuvent pas être recueillis hors la présence des parties et sans leur en communiquer les résultats, au motif que la position des témoins était déjà connue d'elles (Cass. civ. 16-12-1985 : Rev. arb. 1987.390 obs. Pellerin) ;

– un arbitre ne peut pas fonder sa décision sur des faits dont il a eu personnellement connaissance sans soumettre ces éléments à la discussion des parties (CA Paris 6-3-1986 : Rev. arb. 1987.390 obs. Pellerin ; dans le même sens, Cass. civ. 21-6-1995 : RJDA 12/95 n° 1467).

En revanche, il n'y a pas violation de la règle du contradictoire :

– lorsqu'une partie n'a pas usé de la faculté qu'elle avait de faire parvenir ses observations à l'arbitre (Cass. civ. 16-2-1978 : Bull. civ. II p. 32) ;

– lorsque les arbitres rejettent une production nouvelle, sous la forme d'une note en délibéré, étrangère aux seuls éclaircissements qu'ils avaient demandés aux parties sur certains points précis (Cass. civ. 31-5-1976 : JCP G 1976.IV.245) ;

– lorsque les arbitres ne tiennent pas compte des productions tardives des deux parties (CA Paris 18-11-1983 : Rev. arb. 1987.77).

D. Sanctions des irrégularités de procédure

1° Irrecevabilité de l'exception d'irrégularité

a. Partie demanderesse à l'arbitrage

La partie demanderesse à l'arbitrage est irrecevable à soutenir l'absence ou la nullité de la convention d'arbitrage (CA Paris, 1e ch. C, 11-3-2004 : Rev. arb. 2004.som.453).

b. Critiques sans substance

La présentation d'un grief d'annulation devant le tribunal arbitral est une règle protectrice de la loyauté procédurale et du résultat arbitral ; elle serait privée de toute efficacité s'il suffisait de proférer devant l'arbitre menaces et critiques sans substance, afin de se ménager, le moment venu, la possibilité d'isoler ultérieurement tel ou tel élément de procédure présenté comme une violation du contradictoire (CA Paris, 1e ch. C, 23-6-2005 : Rev. arb. 2005.som.799).

2° Renonciation à soulever les irrégularités

La partie qui, bien que régulièrement et complètement informée de la procédure, s'en est intégralement désintéressée ne peut plus se plaindre de violations du principe du contradictoire auxquelles elle a renoncé en ne les énonçant pas quand elle aurait pu le faire ; mais les arbitres doivent pleinement informer les parties, même celle qui fait défaut ou s'abstient, de toutes les étapes et incidents de la procédure ; notamment, lorsque l'un des arbitres désigné ne siège plus dans le tribunal, les deux arbitres restants, même si le règlement d'arbitrage (en l'espèce celui de l'American Arbitration Association) les autorise à poursuivre à deux l'arbitrage, ne peuvent le faire sans porter atteinte au principe d'égalité des parties dans la désignation des arbitres, auquel les parties n'avaient pas renoncé (CA Paris, 1e ch. C, 21-4-2005 : GP 2005.som.3503 ; Rev. arb. 2006.672 note L. Jaeger).

Sur la renonciation à recours dans d'autres pays, voir aussi :

– pour l'Espagne : chr. P.-Y. Tschanz et I. Fellrath Gazzini : Rev. arb. 2005.185 ;

– pour le Liban : chr. N. Najjar : Rev. arb. 2005.293 n° 10.

IV. Pays-Bas

Violation par les arbitres des règles de procédure fixées par eux : non-violation de l'ordre public étatique

Une sentence arbitrale élaborée en violation de règles de procédure établies par les arbitres eux-mêmes n'affecte pas, du fait de cette seule violation, l'ordre public, tel que visé à l'article 1065-1 du CNCP, et ce parce que de telles règles ne relèvent pas du droit impératif dont la nature est fondamentale au point où son exécution peut être empêchée (Gerechtshof's Gravenhage 17-12-1998 : GP 2001.som.1280 communication A. Ingen-Housz).

V. Suisse

Les arbitres peuvent rejeter des pièces non probantes pour établir un fait décisif sans avoir à avertir préalablement la partie qui les a produites de leur insuffisance (Trib. fédéral 9-1-2008 : GP 2009.som. 25 octobre rapporté par P.-Y. Gunter et P. Fleury).

VI. Tunisie

Application des principes fondamentaux de procédure. Seuls les principes fondamentaux de procédure sont applicables à l'instance arbitrale (Cass. 14-5-1998, cité par A. Ouerfelli, Bull. Assoc. Suisse de l'Arbitrage 2000 n° 2 p. 269), notamment le principe du contradictoire (CA Tunis 6-7-1999, cité par A. Ouerfelli, Bull. Assoc. Suisse de l'Arbitrage 2000 n° 2 p. 271).

Ne sont pas applicables les règles concernant les demandes reconventionnelles (CA Tunis 15-6-1989, cité par A. Ouerfelli, Bull. Assoc. Suisse de l'Arbitrage 2000 n° 2 p. 270).

Art. 15 [mod.] Le tribunal arbitral tranche le fond du différend conformément aux règles de droit choisies par les parties. À défaut de choix par les parties, le tribunal arbitral applique les règles de droit qu'il estime les plus appropriées en tenant compte, le cas échéant, des usages du commerce international.

Il peut également statuer en amiable compositeur lorsque les parties lui ont conféré ce pouvoir.

JURISPRUDENCE OHADA

I. Amiable composition

Obligation de l'arbitre de statuer en équité. L'arbitre amiable compositeur a l'obligation de confronter les solutions légales à l'équité, au risque de trahir la mission qui lui a été confiée (CA Abidjan 27-4-2001, SOTACI c/ épx D., Ohadata J-02-127 ; note P. Boulanger ; Ohadata J-02-171).

Des arbitres, qui se sont fondés sur des solutions légales pour régler un différend et qui n'avaient pas l'obligation, comme le soutient une partie, de statuer uniquement en amiables compositeurs, sont restés dans le cadre de la mission qui leur est confiée et la demande d'annulation de leur sentence doit être rejetée (CCJA, n° 010/2003, 19-6-2003 : D. G. et Mme D. J. c/ Sté Soctaci, Actualités Juridiques n° 40/2003, p. 15 ; Ohadata J-04-65, Ohadata J-02-127).

Obs. : sur une définition de l'amiable composition par la CCJA, voir sous l'article 17 du Règlement d'arbitrage de la CCJA.

II. Mauvaise application du texte

La mauvaise application d'un texte de loi par l'arbitre, même avérée, ne peut, par elle seule, constituer une violation de sa mission par l'arbitre, au sens des dispositions de l'article 26 de l'AUA ; le moyen étant mal fondé, le recours doit être rejeté (CCJA, 3e ch., n° 037, 9-3-2017 : Kouassi Yao Alexandre c/ Sté Armajaro Côte d'Ivoire, Ohadata J-17-171).

JURISPRUDENCE COMPARÉE

I. France

A. Amiable composition

1° Définition de l'amiable composition

La clause d'amiable composition est une renonciation conventionnelle aux effets et au bénéfice de la règle de droit, les parties perdant la prérogative d'en exiger la stricte application, et les arbitres recevant corrélativement le pouvoir de modifier ou modérer les conséquences des stipulations contractuelles, dès lors que l'équité ou l'intérêt commun des parties l'exige (CA Paris 28-11-1996 : Rev. arb. 1997.380 note Loquin).

2° Choix de l'amiable composition

a. Adoption de l'amiable composition

Les arbitres sont amiables compositeurs lorsqu'ils sont invités à statuer librement (CA Lyon 28-6-1881 : DP 1882.2.190).

b. Absence de choix de l'amiable composition

Les parties n'ont pas opté pour l'amiable composition :

– lorsqu'elles ont prévu que la décision des arbitres « s'imposera aux parties », cette formule ne permettant pas de déduire leur volonté de choisir l'amiable composition (Cass. 2e civ. 13-5-1991 : Bull. civ. II p. 78) ;

– lorsque la clause compromissoire ne prévoit pas l'amiable composition, qu'il n'est pas fait référence à un règlement d'arbitrage comportant une telle clause et que l'acte de mission et les mémoires déposés par les parties ne contiennent aucune précision en ce sens (CA Paris, 1e ch. A, 14-9-1994 : D. 1994.IR.227) ;

– dès lors que les juges du fond constatant, d'une part, que les parties sont expressément convenues que les arbitres statueraient en amiables compositeurs et, d'autre part, que l'acte de mission précisait que les arbitres appliqueraient les règles du droit comptable et du droit commercial, il y a lieu de rechercher si, par cette mention, les parties n'ont pas renoncé sans équivoque à l'amiable composition au profit d'un arbitrage de droit (Cass. 1e civ. 3-10-2006 : Rev. arb. 2006.994 obs. J.-Y. Garaud et C.-H. de Taffin ; RJDA 3/07 n° 307).

3° Portée de l'amiable composition quant aux contestations à trancher

Application de l'amiable composition à la demande d'interprétation de la sentence. La demande d'interprétation de sa sentence soumise au tribunal arbitral doit être jugée en amiable composition comme la clause d'arbitrage la commande, car elle ne constitue pas une instance nouvelle (CA Paris, 1e ch. C, 6-11-2003 : Rev. arb. 2004.630 note Bensaude).

B. Pouvoirs de l'arbitre amiable compositeur

1° Obligation de statuer en équité

a. Portée de l'obligation de statuer en équité

Les arbitres amiables compositeurs ont le pouvoir de statuer en équité comme ils l'entendent, mais non l'obligation de statuer seulement en équité (Cass. civ. 29-11-1995 : Rev. arb. 1996.234 note Loquin). S'ils peuvent appliquer les règles de droit, ils doivent néanmoins justifier que cette application est conforme à l'équité (Cass. civ. 15-2-2001 : D. 2001.2780 note Rontchevsky).

En tout état de cause, ils doivent respecter les règles d'ordre public, qu'ils doivent même invoquer d'office (CA Paris 16-3-1995 : Rev. arb. 1996.146 obs. Derains), notamment motiver l'exercice de leur pouvoir (Cass. civ. 25-10-1995 : JCP G 1995.IV.2616 ; CA Paris 20-1-1989 : D. 1989.IR.61), faire respecter l'obligation incombant à chaque partie de prouver les faits nécessaires au succès de sa prétention (Cass. civ. 28-2-1990 : Rev. arb. 1991.649 obs. Pellerin), observer le principe du contradictoire ainsi que les limites de leur mission (CA Colmar 8-6-2000 : GP 2001.som.1597 note Vray ; CA Paris 14-12-2000 : Rev. arb. 2001.806) et faire respecter le principe de bonne foi (CA Paris 5-7-2001 : GP 2002.som.760).

b. Méconnaissance de l'obligation de statuer en équité

Les arbitres ne se prononcent pas en amiables compositeurs lorsqu'ils se réfèrent à « l'ensemble des règles du commerce international dégagées par la pratique et ayant reçu la sanction des jurisprudences nationales » (Cass. civ. 22-10-1991 : Clunet 1992.177 note Goldman), s'ils statuent conformément au droit tout en déclarant agir en amiables compositeurs (CA Versailles 13-7-1994 : Rev. arb. 1995.495 note Jarrosson), si les parties les ont chargés de qualifier le contrat litigieux (CA Paris 21-3-1991 : Rev. arb. 1991.669 note Loquin) ou si, tout en utilisant l'expression « en équité » pour qualifier la somme qu'ils décident être la juste indemnisation du préjudice, ils déterminent celle-ci en appliquant les règles du droit français relatives à la réparation du préjudice (CA Paris 3-6-1993, 3e esp. : Rev. arb. 1995.468 ; dans le même sens, Cass. civ. 30-9-1981 : JCP G 1981.IV.389).

2° Obligation de motiver la sentence au regard de l'équité

La mission d'amiable composition n'a pas été respectée lorsque les arbitres ont rejeté une demande en paiement exclusivement par application des règles de droit, sans s'expliquer sur la conformité de celle-ci à l'équité (Cass. 2e civ. 10-7-2003 : Bull. civ. II n° 234 ; JCP G 2003 IV 2573 ; JCP E 2004.112 note G. Chabot ; CA Paris, 1e ch. C, 15-1-2004 : Rev. arb. 2004. 907 note J.-G. Betto). L'amiable compositeur doit confronter la solution résultant du droit ou du contrat à l'équité (CA Paris, 1e ch. C, 12-2-2004 : GP 2004.som.1985 ; Rev. arb. 2004.665 et chr. G. Bolard p. 511, spéc. n° 18), le pouvoir d'amiable composition n'étant pas à sa disposition (CA Paris, 1e ch. C, 20-11-2003 : Rev. arb. 2004.som.441).

3° Applications de l'équité

Les arbitres peuvent :

– choisir comme date d'évaluation d'un bien celle qui leur paraît la plus opportune (CA Douai 4-5-1951 : D. 1951.476) ;

– ordonner l'exécution provisoire de la sentence sans avoir à justifier de l'urgence (CA Paris 18-6-1948 : D. 1948.444 ; voir aussi CA Aix 28-9-1982 : GP 1983.som.181) ;
– refuser d'annuler, par équité, l'assemblée générale d'un groupement d'intérêt économique et d'une société qui avait été irrégulièrement tenue (CA Paris 6-1-1984 : Rev. arb. 1985.279 ; CA Paris 12-3-1985 : Rev. arb. 1985.299) ;
– décider d'évaluer des actions non pas à la date prévue au contrat, mais à la date du départ des actionnaires, puis d'écarter l'application d'une clause pénale et enfin de restreindre la portée d'une clause de non-concurrence (CA Paris 12-3-1985 : Rev. arb. 1985.299) ;
– ne pas respecter les règles de procédure (CA Paris 21-2-1966 : JCP G 1966.II.14828 note Level ; CA Rouen 26-11-1976 : DMF 1977.413 : possibilité pour l'arbitre de prendre des renseignements d'ordre technique hors de la connaissance des parties) ;
– pour résoudre le différend relatif aux comptes des parties, condamner l'une d'entre elles au paiement du solde mettant fin aux conventions d'où ces comptes résultaient, en l'absence de toute demande en condamnation (CA Paris 26-11-1968 : Rev. arb. 1968.133) ou tempérer la rigueur d'un arrêté comptable contradictoire (CA Paris 31-5-1991 : Rev. arb. 1992.669 obs. Moitry) ;
– prononcer la compensation ou la solidarité, bien que ces mesures n'aient pas été expressément demandées (Cass. com. 17-1-1967 : JCP G 1967.II.15065 note P.L.) ;
– prévoir, même en l'absence de demande, des garanties concernant l'exécution de la sentence (CA Limoges 25-11-1968 : Rev. arb. 1968.143) ;
– atténuer les effets excessifs d'une clause, pour concilier la lettre d'un contrat international de longue durée et son exécution de bonne foi dans des circonstances qui bouleverseraient l'équilibre entre les parties (Cass. civ. 28-4-1987 : Bull. civ. I p. 96 ; voir aussi CA Paris 4-11-1997 : Rev. arb. 1998.704 obs. Derains).

4º Décisions hors du champ de l'équité

L'arbitre amiable compositeur ne peut pas :
– renégocier un contrat (CA Paris 12-3-1985 : Rev. arb. 1985.299) ou refaire, après l'avoir déclaré résolu, un contrat comportant de nouvelles obligations et des modalités d'exécution originales (CA Paris 28-11-1996 : Rev. arb. 1997.381 note Loquin) ;
– rechercher, devant se prononcer sur les conditions d'application d'un contrat de publicité liant les parties, si l'une d'elles avait rempli ses obligations d'employeur à l'égard de l'autre (Cass. civ. 20-12-1971 : Rev. arb. 1972.122 note Loquin) ;
– imposer aux héritiers une dette personnelle à l'égard d'une personne étrangère au partage qu'il avait reçu mission d'effectuer (Cass. civ. 5-6-1973 : Rev. arb. 1974.11 note Loquin) ;
– attribuer à une partie une somme supérieure à celle demandée (Cass. civ. 25-3-1992 : Rev. arb. 1992.671 obs. Zollinger, cet auteur précisant dans sa note qu'il s'agissait d'amiable composition).

II. Italie

Portée du pouvoir de statuer en équité. Le pouvoir de statuer en équité n'exclut pas la possibilité de trancher en droit si les arbitres estiment que le droit ou l'équité coïncident, sans qu'il soit nécessaire de démontrer cette identité lorsqu'elle résulte implicitement de la motivation dans son ensemble (Cass. 1e civ. 25-5-2007 nº 12319 : GP 2008.som. 28 mars cité par T. Tamieri).

III. Suisse

Appréciation de faits délictueux. Le tribunal arbitral n'est pas tenu de surseoir à statuer lorsqu'il n'est appelé qu'à apprécier les conséquences civiles de faits dénoncés par la partie demanderesse du sursis comme constitutifs d'infraction, notamment lorsque ces faits intervenaient seulement dans l'appréciation préjudicielle de la validité du contrat sur lequel des prétentions étaient fondées (Trib. fédéral 19-2-2007, B Fund Ltd c/ A Group Ltd : GP 2008.som. 28 mars cité par P.-Y. Gunter).

Art. 16 [mod.] La procédure arbitrale s'achève par le prononcé d'une sentence définitive.

Elle prend également fin par une ordonnance de clôture.

Le tribunal arbitral prend une ordonnance de clôture lorsque :

a) le demandeur retire sa demande, à moins que le défendeur ne s'y oppose et que le tribunal arbitral reconnaisse qu'il a légitimement intérêt à ce que le différend soit définitivement réglé ;

b) les parties conviennent de clore la procédure ;

c) le tribunal arbitral constate que la poursuite de la procédure est, pour toute autre raison, devenue superflue ou impossible ;

d) le délai d'arbitrage initial ou prorogé a expiré ;

e) il y a acquiescement à la demande, désistement ou transaction.

Jurisprudence OHADA

I. Caractère prévisionel du calendrier de la procédure

Aux termes de l'article 16 de l'AUA, le déroulement du calendrier de la procédure arbitrale a un caractère prévisionnel, susceptible de modification. Dès lors, une modification du calendrier obtenue sur autorisation du président de la juridiction compétente ne saurait constituer une fraude emportant la violation de l'article 15 visé au moyen. Il en est ainsi dès lors qu'il est établi que l'accord des parties sur le règlement d'arbitrage a été consensuel et sans équivoque (CCJA, 3e ch., n° 154, 27-10-2016 : ORYX BENIN SA c/ ADN GAS SARL, Ohadata J-17-94).

Obs. : décision rendue en application de l'article 16, al. 1 [devenu 16, al.3 d] mais transposable.

II. Décision rendue dans le délai initial ou prorogé

La décision rendue dans le délai de l'arbitrage accordé par le président de la juridiction compétente, après demande de prorogation de délai par le tribunal arbitral ad hoc, ne peut être déclarée nulle (CCJA, 3e ch., n° 154, 27-10-2016 : ORYX BENIN SA c/ ADN GAS SARL, Ohadata J-17-94).

Jurisprudence comparée

I. Égypte

A. Point de départ du délai pour rendre la sentence

Le point de départ du délai au terme duquel les arbitres doivent avoir rendu leur sentence n'est pas la date du dépôt de la demande d'arbitrage, mais sa notification à la partie défenderesse (CA Le Caire 25-12-1996, ch. 63 Année judiciaire 113 n° 37 : GP 2006.doctr. 15/17 oct. obs. A. S. EL Kodheri).

B. Possibilité de constituer un nouveau tribunal arbitral après l'expiration du délai

Les parties peuvent, par un accord postérieur, consentir à s'engager dans une nouvelle procédure d'arbitrage en choisissant d'autres arbitres qui acceptent par écrit leur mission et fixer à ce tribunal le délai dans lequel il doit statuer (CA Le Caire 20-11-2000, ch. 8e, Année judiciaire 117 nos 61 et 62 : GP 2006.doctr. 15/17 oct. obs. A. S. EL Kodheri).

II. France

A. Expiration du délai

1° Calcul du délai

Le délai se calcule de quantième à quantième (CA Paris 4-2-1968 : Rev. arb. 1968.13).

2° Conséquences de l'extinction du délai

À l'expiration du délai, l'instance est éteinte et les arbitres cessent donc de plein droit leurs fonctions si la sentence n'a pas été signée – mais pas nécessairement déposée – avant le terme (Cass. req. 27-4-1900 : D. 1901.1.494). L'expiration du délai laisse subsister la clause compromissoire et continue d'obliger les parties à recourir à l'arbitrage pour faire trancher leur litige (CA Paris 25-6-1991 : GP 1993.som.578 ; CA Colmar 21-9-1993 : Rev. jur. CCJA com. 1994.154 note Jarrosson).

3° Maintien de la compétence arbitrale

La compétence arbitrale n'est pas nécessairement caduque du fait de l'extinction du lien d'instance en raison de l'expiration du délai de mission des arbitres sans qu'une sentence ait été rendue ; dès lors que les parties n'ont pas renoncé à l'application de la clause compromissoire et qu'aucun obstacle caractérisé ne fait échec à la continuation de la procédure d'arbitrage, la compétence arbitrale a subsisté (Cass. 2e civ. 18-2-1999 : D. 1999.IR.73 ; Rev. arb. 1999.299 note Ph. Pinsolle).

4° Sentence hors délai

Existence. Une sentence rendue selon le règlement de la Chambre de commerce internationale est hors du délai de compromis lorsqu'elle a été signée par l'arbitre le dernier jour du délai et que l'approbation, en la forme, que devait donner de la sentence la cour d'arbitrage de cette chambre a été donnée postérieurement à l'expiration du délai (Cass. civ. 27-4-1981 : GP 1981.584).

5° Responsabilité des arbitres

Les arbitres sont tenus, par une obligation de résultat, de respecter le délai d'arbitrage ; ils commettent une faute en laissant expirer ce délai sans en demander la prorogation au juge d'appui, à défaut d'accord des parties ou faute pour celles-ci de la solliciter ; ils sont ainsi responsables de l'annulation de la sentence qui en est résultée (Cass. 1e civ. 6-12-2005 n° 1660 : D. 2006.274 note P.-Y. Gautier ; JCP E 2006.1284 note G. Chabot ; JCP G 2006 II 10066 note T. Clay ; Rev. arb. 2006.126 note C. Jarrosson ; RJDA 6/06 n° 728).

6° Nullité

La sentence rendue hors délai est nulle mais cette nullité laisse subsister les actes de la procédure arbitrale antérieurs à la date d'expiration du délai d'arbitrage, notamment les rapports d'expertise déposés avant cette date (Cass. civ. 18-5-1989 Rev. arb. 1990.903 obs. B. M.). Les parties peuvent cependant renoncer à se prévaloir de cette nullité (Cass. civ. 10-10-1979 : Bull. civ. II p. 160).

B. Prorogation du délai d'arbitrage

1° Prérogative exclusive des parties

Les parties peuvent, par avance, dans la convention d'arbitrage, décider des prorogations d'une durée déterminée auxquelles l'arbitre pourra recourir, dès lors que le temps maximal imparti à ce dernier pour statuer est ainsi conventionnellement arrêté (Cass. 2e civ. 20-6-1996 : Bull. civ. II p. 101).

Les parties ne peuvent pas confier aux arbitres, par délégation, le soin de fixer le délai (Cass. civ. 18-5-1942 : DA 1942.105 ; CA Lyon 9-3-1953 : D. 1953.398).

Les arbitres ne peuvent pas proroger le délai, quel que soit l'arbitrage, cette règle étant d'ordre public interne et international français ; sa violation justifie le refus de l'exequatur (CA Paris 22-9-1995 : Rev. arb. 1996.100 note Gaillard ; rappr. Cass. 2e civ. 7-11-2002 n° 1098 : RJDA 8-9/04 n° 1070, confirmant que les arbitres ne peuvent eux-mêmes proroger le délai et doivent en demander la prorogation avant son expiration), même si la convention d'arbitrage les y a autorisés (CA Paris 29-6-2006 : GP 2006.som.3350).

2° Décision de prorogation

La prorogation peut résulter de la comparution volontaire des parties devant le tribunal arbitral après expiration du délai (Cass. civ. 27-10-1982 : BRDA 4/83 p. 21). Chacun des arbitres peut aussi demander la prorogation (TGI Paris réf. 29-11-1989 : JCP G 1990.IV.58). La prorogation peut être tacite, mais ne peut résulter que d'actes ou de faits constatés par écrit et émanant des parties elles-mêmes ou de leurs mandataires investis d'un pouvoir spécial (Cass. req. 10-2-1931 : GP 1931.1.623 ; Cass. civ. 12-3-1986 : GP 1986.pan.147 : compromis établi postérieurement à l'expiration du délai, mais comportant, à la suite d'une demande de « mise au point » adressée par lettre recommandée par l'arbitre aux parties, un nouveau délai précisé de la main de chacune d'elles en marge du compromis).

Le silence de l'une des parties est insuffisant pour l'établir (CA Paris 9-2-1961 : D. 1961.283).

3° Durée de la prorogation

La prorogation peut être fixée par les parties pour un temps librement déterminé (CA Paris 2-10-1992 : Rev. arb. 1992.626 obs. Pellerin).

4° Défaut de prorogation

L'absence ou l'irrégularité de prorogation du délai prévu, si elle est établie, entraîne l'expiration du compromis (CA Paris 30-11-1979 : D. 1980.IR.104).

C. Suspension du délai

1° Suspension par la convention d'arbitrage

Le délai peut être suspendu en vertu de la convention d'arbitrage (Cass. civ. 5-4-1993 : Bull. civ. II p. 74).

2° Refus de la suspension

a. Par les arbitres

Les arbitres n'ont pas le pouvoir de décider unilatéralement la suspension du délai (CA Paris 9-3-2000 : Rev. arb. 2001.som.199). La sentence partielle et provisoire rendue dans le dernier jour du délai d'arbitrage, sans qu'il y ait eu prorogation conventionnelle ou judiciaire, n'entraîne ni suspension ni interruption du délai ; en conséquence, l'arbitre n'a pas respecté sa mission, statuant partiellement au fond et prononçant un sursis à statuer (CA Paris, 1e ch. C, 10-11-1995 : Rev. arb. 1997.596 obs. J. Pellerin).

b. Par le recours en annulation

Le délai n'est pas suspendu lorsque la sentence qui a ordonné une mesure d'instruction est attaquée en annulation bien que cette action entraîne la suspension de l'exécution de la sentence (Cass. civ. 5-4-1994 : D. 1994.363 note Chartier).

D. Acquiescement à la sentence

L'acquiescement à une sentence arbitrale, qu'il soit exprès ou implicite, emporte renonciation aux voies de recours (Cass. civ. 9-10-1985 : Rev. arb. 1987.75).

III. Tunisie

Respect du délai pour statuer. La continuation de la procédure après l'expiration du délai pour statuer vaut prorogation de celui-ci (CA Tunis 3-1-1996, cité par A. Ouerfelli, Bull. Assoc. Suisse de l'Arbitrage 2000 n° 2 p. 274).

Mais il n'y a pas prorogation si aucun acte de procédure n'a été accompli après l'expiration du délai (CA Tunis 15-6-1999, cité par A. Ouerfelli, Bull. Assoc. Suisse de l'Arbitrage 2000 n° 2 p. 274). Le respect du délai fixé pour clore un arbitrage interne n'est pas applicable à l'arbitrage international (CA Tunis 12-1-1999, cité par A. Ouerfelli, Bull. Assoc. Suisse de l'Arbitrage 2000 n° 2 p. 274).

Art. 17 Le tribunal arbitral fixe la date à laquelle l'affaire sera mise en délibéré. Après cette date, aucune demande ne peut être formée ni aucun moyen soulevé.

Aucune observation ne peut être présentée, ni aucune pièce produite si ce n'est à la demande expresse et par écrit du tribunal arbitral.

JURISPRUDENCE COMPARÉE

I. Allemagne

Défaut d'un arbitre au délibéré. Si un arbitre refuse de participer au délibéré alors qu'il y est invité par les autres membres du tribunal arbitral, ces derniers peuvent néanmoins décider en son absence ; à cet effet, ils doivent communiquer aux parties leur intention de rédiger la sentence même en l'absence de l'arbitre défaillant (Code allemand de procédure civile art. 152) ; la procédure est entachée d'un vice à défaut d'information des parties dans un délai suffisant avant la délibération du tribunal arbitral incomplet ; mais un tel vice ne peut être utilement invoqué comme fondement d'une demande d'annulation de la sentence que s'il peut être considéré comme ayant eu une telle incidence sur la décision ; il est considéré comme ayant eu une telle incidence si l'on ne peut pas exclure qu'en présence de l'arbitre défaillant la décision aurait pu être différente ; en l'espèce, les juges ont considéré que si l'arbitre défaillant, ou son remplaçant dans l'hypothèse d'une révocation, avait participé au délibéré, il aurait pu non seulement faire sienne l'argumentation du demandeur, mais également convaincre les autres membres du tribunal (Trib. rég. sup. La Sarre 29-10-2002 : GP 2003 som.1923, communication V. Denoix de Saint Marc).

II. France

A. Nécessité du délibéré

La sentence doit être rendue après délibéré, ce qui est le cas même si un arbitre n'a pas signé la sentence dès lors qu'il a été en mesure de formuler toutes remarques utiles (Cass. civ. 28-1-1981 : Rev. arb. 1982.425 note Fouchard ; CA Paris 11-1-2003 : Rev. arb. 2003.som.245 : à propos d'un arbitrage international).

B. Interdiction des opinions dissidentes

L'affirmation d'une opinion dissidente constitue une violation du délibéré (cf. TGI Paris 13 janv. 1986 : GP 1986.som.17).

C. Modalités du délibéré

Aucune forme particulière n'est imposée au délibéré (Cass. civ. 28-1-1981 : GP 1981.373 note Viatte : non-obligation de procéder par réunion collégiale, dès lors que chaque arbitre est consulté).

III. Suisse

Validité d'une délibération par correspondance. Le Tribunal fédéral suisse (16-10-2003 : Rev. arb. 2004.695 note Lévy et Stucki) a validé une délibération par correspondance.

Art. 18 Les délibérations du tribunal arbitral sont secrètes.

JURISPRUDENCE COMPARÉE

I. Belgique

Mention de l'adoption de la sentence à la majorité. La mention que la sentence a été adoptée à la majorité ne constitue pas une violation du secret du délibéré, car :

– le secret du délibéré garantit l'indépendance des magistrats et n'est pas de nature à altérer la décision qui a été rendue à la suite du délibéré ;

– les sentences qui sont signées par la majorité des arbitres sont valables (CA Bruxelles, 1e ch. suppl., 6-12-2000 : GP.2001.som.861 communication B. Hanotiau).

II. Suisse

Communication du résultat aux parties

Le secret du délibéré n'a pas été violé par la communication aux parties de son résultat par le président du tribunal arbitral (Trib. fédéral 10-11-2005 : GP 2006.som.21/22 avril obs. P.-Y. Gunter).

• Chapitre IV •

LA SENTENCE ARBITRALE

Art. 19 [mod.] La sentence arbitrale est rendue selon la procédure et les formes convenues par les parties.

A défaut d'une telle convention, la sentence est rendue à la majorité des voix lorsque le tribunal est composé de trois arbitres.

Si les parties se mettent d'accord au cours de la procédure arbitrale, elles peuvent demander au tribunal arbitral que cet accord soit constaté en la forme d'une sentence rendue d'accord parties. Cette sentence a le même statut et produit les mêmes effets que toute autre sentence mettant fin au différend.

Art. 20 [mod.] Outre le dispositif, la sentence arbitrale doit contenir l'indication :

a) des nom et prénoms du ou des arbitres qui l'ont rendue,

b) de sa date,

c) du siège du tribunal arbitral,

d) des nom, prénoms et dénomination des parties, ainsi que leur domicile ou siège social,

e) le cas échéant, des nom et prénoms des conseils ou de toute personne ayant représenté ou assisté les parties,

f) de l'exposé des prétentions respectives des parties, de leurs moyens ainsi que des étapes de la procédure.

La sentence arbitrale doit être motivée.

Si le tribunal arbitral a reçu des parties le pouvoir de statuer en amiable compositeur, mention en est faite.

JURISPRUDENCE COMPARÉE

I. Espagne

Illicéité de la clause imposant que la sentence soit rendue à l'unanimité. Une clause prévoyant l'unanimité enfreint un principe de base du droit de l'arbitrage selon lequel, lorsque les parties ont choisi de recourir à un collège arbitral et non à un arbitre unique, elles ont accepté que la juridiction collégiale appelée à trancher le litige puisse connaître des avis dissidents et statue à la majorité ; au cas contraire, la clause ne pourrait remplir la finalité qui est sa raison d'être, étant donné que la seule volonté de l'un des membres de l'institution entraverait son fonctionnement et l'empêcherait de trancher les litiges qui lui sont soumis (Audiencia Provincial de Burgos 21-7-2000 : GP.2001.som.868 communication F. Pombo).

II. France

A. Défaut du nom des arbitres

La sentence qui ne comprend pas le nom des arbitres et qui n'est pas signée est nulle (CA Paris 18-11-1993 : Rev. arb. 1994.505 note Loquin).

B. Date de la sentence

1° Erreur

Une erreur de date ne peut être assimilée à une absence de date et peut donner lieu à une rectification d'erreur matérielle (Cass. 2e civ. 30-9-1999, 2e esp. : Rev. arb. 2000.267 note J.-G. Betto).

2° Absence

L'observation de l'obligation de dater la sentence doit résulter de la sentence elle-même ; l'omission de sa date ne peut être réparée ou suppléée par des documents extrinsèques (Cass. 2e civ. 9-11-2000 : GP 2001.som.16/17 nov.).

C. Motivation de la sentence

Les motifs doivent être réels et pas contradictoires (Cass. 2e civ. 25-10-1995 : Bull. civ. II p. 146) ; peu importe qu'ils ne soient pas convaincants (CA Paris 19-10-1995 : Rev. arb. 1996.79), erronés (Cass. civ. 22-1-1975 : Clunet 1975.548 note Fouchard) ou qu'ils ne répondent pas à la totalité de l'argumentation des parties (CA Paris 15-12-1972 : Rev. arb. 1973.98 ; CA Paris 10-3-1988 : Rev. arb. 1989.269 note Fouchard).

D. Lieu du prononcé de la sentence

La sentence peut être prononcée dans un autre lieu que celui où se sont tenus les débats, mais doit l'être au lieu fixé pour l'arbitrage (Cass. civ. 9-2-1994 : RJDA 8-9/94 nº 978 ; CA Paris 11-1-1996 : Rev. arb. 1996.100 note Gaillard).

E. Mentions non requises

Il ne saurait être exigé que soit mentionné, dans la sentence, que les arbitres l'ont rendue à l'unanimité ou à la majorité (CA Rouen 16-4-1986 : Rev. arb. 1988.327).

Art. 21 **La sentence arbitrale est signée par le ou les arbitres.**

Toutefois, si une minorité d'entre eux refuse de la signer, il doit en être fait mention et la sentence a le même effet que si elle avait été signée par tous les arbitres.

JURISPRUDENCE COMPARÉE

I. France

A. Signature de la sentence

1º Par tous les arbitres à des jours différents

La sentence est signée par tous les arbitres, peu important qu'elle ne soit pas signée le même jour par tous (cf. Cass. 1e civ. 15-7-1999 : Bull. civ. I nº 232).

2º Par la majorité des arbitres

La sentence est réputée signée lorsque sont mentionnés ces termes : « sentence signée par la majorité des arbitres conformément à l'article 1473 du nouveau Code de procédure civile » ; cette sentence satisfait aux exigences de ce texte, dès lors qu'il est précisé implicitement mais sans ambiguïté qu'une minorité des arbitres a refusé de signer la sentence (CA Paris, 1e ch. suppl., 5-7-1990 : Rev. arb. 1991.359 obs. B. Moreau).

3º Par correspondance

Aucune disposition du nouveau Code procédure civile n'exclut la signature de la sentence par voie de correspondance entre les arbitres, ceux-ci n'ayant pas l'obligation de se trouver physiquement présents au siège de l'arbitrage ; la signature par correspondance entre les arbitres est, pour des raisons évidentes de pragmatisme, tout à fait possible (CA Paris, 1e ch. C, 30-5-2006 : GP 2006.som.3357).

B. Refus de signature

Il n'est pas nécessaire d'indiquer les motifs du refus de signature (CA Paris 15-10-1991 : D. 1991.IR.253). À défaut de la mention requise du refus, la sentence doit être annulée, même en l'absence de grief (Cass. 1e civ. 3-10-2006 nº 1392 : RJDA 2/07 nº 209).

C. Exclusion du paraphe des pages de la sentence

Les pages de la sentence n'ont pas à être paraphées par les arbitres (CA Paris 26-6-1987 : D. 1987.IR.183).

Art. 22 [mod.] **La sentence dessaisit le tribunal arbitral du différend.**

Le tribunal arbitral a néanmoins le pouvoir d'interpréter la sentence ou de rectifier les erreurs et omissions matérielles qui l'affectent.

Lorsqu'il a omis de statuer sur un chef de demande, il peut le faire par une sentence additionnelle.

Dans l'un ou l'autre cas susvisé, la requête doit être formulée dans le délai de trente (30) jours à compter de la notification de la sentence. Le tribunal arbitral dispose d'un délai de quarante-cinq (45) jours pour statuer.

Si le tribunal arbitral ne peut à nouveau être réuni, il appartient à la juridiction compétente dans l'État partie de statuer.

JURISPRUDENCE COMPAREE

I. Espagne

Possibilité de contester la notification de la clôture de la procédure seulement en cas de grief. L'ordonnance de clôture a été valablement communiquée lorsqu'elle a été envoyée par le tribunal arbitral au numéro de fax du défendeur, où elle a été reçue par l'épouse de ce dernier, lequel n'a pas été admis à s'en plaindre car il n'a pas pu établir que son incapacité à recevoir rapidement l'ordonnance de procédure lui avait causé un préjudice ou avait limité son aptitude à se défendre efficacement dans la procédure d'arbitrage (Ord. de l'Audiencia Provincial de Málaga 7-6-2006 : GP 2007.som.1274 cité par A. Sabater).

II. France

A. Rectification de la sentence

Pouvoirs des arbitres. La rectification doit intervenir sans modifier le sens de la décision (Cass. civ. 16-6-1976 : Rev. arb. 1977.269 note Mezger) et en respectant le principe du contradictoire (CA Paris 28-4-1988 : D. 1988.IR.161).

Les arbitres, dès lors que le tribunal arbitral peut à nouveau être réuni, peuvent corriger la date indiquée dans le dispositif de la sentence et la remplacer par la date dont l'exactitude est confirmée par des lettres d'envoi recommandées aux parties (CA Paris, 1e ch. C, 27-3-2003 : Rev. arb. 2003.som.553).

Sur le pouvoir des juges de rectifier les erreurs manifestes et matérielles jusqu'à l'intervention de l'ordonnance d'exequatur, voir TGI Paris 27-6-1968 : Rev. arb. 1968.108 (double déduction d'une même somme).

B. Incompétence de la juridiction saisie du recours en annulation de la sentence

Le recours en annulation ne déférant pas la sentence à la cour, seuls les arbitres, dès lors qu'ils peuvent être à nouveau saisis, sont compétents pour réparer les erreurs qui affectent leur sentence (CA Paris, 1e ch. C, 18-10-2001 : D. 2001.IR.3327).

C. Notification de la sentence par l'arbitre

La notification de la sentence par l'arbitre n'est qu'une règle de procédure de pure forme ; son défaut ne peut être sanctionné que s'il cause grief (CA Paris 28-4-1988 : D. 1988.IR.161).

D. Authenticité de la sentence

Les énonciations d'une sentence ont la force probante d'un acte authentique (CA Paris 10-3-1995 : Rev. arb. 1996.143 obs. Derains). La sentence fait foi jusqu'à l'inscription de faux de ses énonciations relatives au déroulement de la procédure ; en conséquence, la mention de la sentence selon laquelle une pièce était jointe à la communication de pièces faite par une partie a force probante (CA Paris, 1e ch. C, 25-2-1994 : Rev. arb. 1995.129 obs. P. Véron ; dans le même sens, Cass. 2e civ. 12-12-1990 : Rev. arb. 1991.317 obs. Ph. Théry).

Art. 23 La sentence arbitrale a, dès qu'elle est rendue, l'autorité de la chose jugée relativement à la contestation qu'elle tranche.

JURISPRUDENCE OHADA

Force de chose jugée

Sur la force de chose jugée rattachée aux sentences rendues sous l'égide de la CCJA, voir sous l'article 25 du Traité OHADA (Ohadata J-13-06).

JURISPRUDENCE COMPARÉE

I. France

A. Existence de l'autorité de la chose jugée

Défaut de dispositif. La sentence, même en l'absence de dispositif, jouit de l'autorité de la chose jugée car :

– l'article 1476 du nouveau Code de procédure civile, à la différence de l'article 480 du même nouveau Code de procédure civile, relatif au jugement, ne prévoit pas que l'autorité de la chose jugée attachée à la sentence arbitrale implique que la contestation ait été tranchée dans un dispositif ;

– l'article 1471 du nouveau Code de procédure civile précité, à la différence de l'article 455 dudit nouveau Code de procédure civile relatif aux jugements, n'exige pas que la sentence arbitrale énonce la décision sous forme de dispositif ; il suffit que sur chaque point en discussion la sentence arbitrale exprime clairement la décision de l'arbitre (Cass. 2e civ. 25-3-1999 : D. 1999.IR.113 ; Rev. arb. 1999.311 note J.-B. Racine ; Bull. civ. II no 57).

B. Absence d'autorité de la chose jugée

Cette autorité n'a lieu qu'à l'égard de l'acte juridictionnel par lequel l'arbitre tranche le litige, ce qui n'est pas le cas :

– des énonciations d'une sentence qui doivent s'analyser comme une proposition de l'arbitre en vue d'une renégociation, même si cette sentence a été revêtue de l'exequatur, dès lors que cette proposition a été expressément soumise à l'accord des parties et que celui-ci n'a pas été donné (CA Paris 24-10-1991 : Rev. arb. 1992.494 obs. Rondeau-Rivier) ;

– de la sentence par laquelle le tribunal arbitral a ordonné une expertise sur une question donnée ; le tribunal n'était donc pas dessaisi sur ce point et il a pu ainsi, sans violer l'ordre public, statuer sur cette question par une seconde sentence, en dépit du recours en annulation formé contre les chefs de décision contenus dans la première sentence (CA Paris, 1ᵉ ch. C, 3-7-1997 : Rev. arb. 1997.608 obs. L. Degos).

C. Opposabilité aux tiers de la sentence

1° Non-application des formalités de la cession de créance

La sentence s'impose aux tiers, sans que ceux-ci puissent se prévaloir pour écarter cette opposabilité des dispositions de l'article 1690 du Code civil (signification au débiteur cédé), lesquelles ne concernent que les conventions relatives aux cessions de créance, de droit ou d'action sur un tiers et auxquelles n'est donc pas soumise la décision qui, tranchant un litige sur la nullité d'un acte de cession, en prononce l'annulation (CA Paris, 16ᵉ ch. A, 15-12-2004 : GP 2005.som.3504).

2° Opposabilité de la chose jugée par la sentence

La sentence qui a autorité de la chose jugée entre les parties n'en est pas moins opposable aux tiers ; une partie, en l'espèce l'actionnaire majoritaire de la société qui invoquait avoir subi un état de dépendance économique de la part de son quasi exclusif fournisseur, est donc sans droit à invoquer le préjudice par ricochet qui aurait résulté pour elle d'un abus de dépendance économique dès lors que la société dont elle est membre, plaignante et cocontractante du fournisseur, n'a pas été reconnue victime par une sentence arbitrale (Cass. com. 7-1-2004 : GP 2004.som.1986 ; Bull. civ. IV n° 4).

Art. 24 [mod.] **Le tribunal arbitral peut, si l'exécution provisoire de la sentence arbitrale a été sollicitée, l'accorder ou la refuser par décision motivée.**

JURISPRUDENCE OHADA

Nécessité de motiver l'exécution provisoire

L'exécution provisoire des sentences arbitrales doit être réglée par référence exclusive aux dispositions de l'AUA, notamment ses articles 24 et 28, al. 2, dès lors qu'aucune disposition de l'AUA ne renvoie expressément aux dispositions nationales sur l'exécution provisoire. En ne précisant pas les conditions auxquelles cette exécution provisoire peut être ordonnée, le législateur communautaire a nécessairement reconnu aux arbitres le pouvoir souverain d'en ordonner chaque fois qu'ils le jugent nécessaire à la seule condition de justifier leur décision par une motivation propre. Il s'ensuit que le juge du contentieux de l'exécution provisoire doit accorder les défenses à exécution provisoire chaque fois que celle-ci a été ordonnée sans motivation. Lorsque l'exécution provisoire dont est assortie la sentence arbitrale n'est soutenue par aucune motivation, il convient de faire droit à la demande de la demanderesse en faisant défense à cette exécution provisoire (CA Pointe-Noire, n° 180, 8-10-2004 : Sté Universal Sodexho c/ Sté Cor, Ohadata J-13-72).

Chapitre V
RECOURS CONTRE LA SENTENCE ARBITRALE

Art. 25 [mod.] **La sentence arbitrale n'est pas susceptible d'opposition, d'appel ni de pourvoi en cassation.**

Elle peut faire l'objet d'un recours en annulation qui doit être porté devant la juridiction compétente dans l'État partie.

Toutefois, les parties peuvent convenir de renoncer au recours en annulation de la sentence arbitrale à la condition que celle-ci ne soit pas contraire à l'ordre public international.

La décision de la juridiction compétente dans l'État partie sur le recours en annulation n'est susceptible que de pourvoi en cassation devant la Cour commune de justice et d'arbitrage.

La sentence arbitrale peut faire l'objet d'une tierce opposition par toute personne devant la juridiction de l'État partie qui eût été compétente à défaut d'arbitrage et lorsque cette sentence préjudicie à ses droits.

Elle peut également faire l'objet d'un recours en révision devant le tribunal arbitral en raison de la découverte d'un fait de nature à exercer sur la solution du différend une influence décisive et qui, avant le prononcé de la sentence, était inconnu du tribunal arbitral et de la partie qui demande la révision. Lorsque le tribunal arbitral ne peut plus être réuni, le recours en révision est porté devant la juridiction de l'État partie qui eût été compétente à défaut d'arbitrage.

Jurisprudence OHADA

I. Recours impossibles contre la sentence arbitrale

A. Pourvoi en cassation

Une sentence arbitrale rendue en application de l'AUA ne peut être attaquée par la voie du pourvoi en cassation et un tel pourvoi formé est irrecevable (CCJA, 3e ch., n° 021/2015, 9-4-2015 : Sté Emcica Congo SARL c/ Sté Electra SA, Ohadata J-16-21).

B. Pourvoi conjoint contre la sentence et l'ordonnance ayant statué sur la demande d'annulation

Il résulte de l'article 25 de l'AUA que seule la décision statuant sur le recours en annulation est susceptible de pourvoi en cassation devant la CCJA. Le pourvoi dirigé à la fois contre la sentence arbitrale, qui pourtant ne peut faire l'objet d'un tel recours, et contre l'ordonnance qui a statué sur la demande en annulation de ladite sentence est manifestement formulé en violation de l'article 25 de l'AUA et irrecevable, d'autant plus que le moyen unique du pourvoi se borne à critiquer la sentence arbitrale en lieu et place de la décision ayant statué sur la demande en annulation de ladite sentence (CCJA, 1e ch., n° 096, 26-4-2018 : Entreprise Technifer GC c/ Injelec SARL).

II. Recours en annulation

A. Loi applicable

La seule loi applicable quant au recours contre une sentence arbitrale est l'AUA, qui en détermine le cadre général (CA Abidjan (Côte d'Ivoire), ch. civ. et com., n° 1060, 25-7-2003 : V.J.P. c/ S.N.G. : Actualités Juridiques n° 51 p. 326 ; Ohadata J-09-293).

B. Juridiction compétente

L'AUA n'ayant pas précisé le juge compétent devant lequel le recours en annulation doit être porté, il y a lieu, lorsque le tribunal arbitral a siégé dans un État partie au Traité OHADA, de se reporter à la loi nationale de cet État pour cette détermination (CCJA, n° 044/2008, 17-7-2008 : Sarci SARL c/ 1e) Atlantique Télécom SA, 2e) Télécel Bénin SA, Actualités Juridiques n° 64-65/2009, p. 243 ; Ohadata J-10-15 ; CCJA, n° 010/2003, 19-6-2003 : D. G. et Mme D. J. c/ Sté Soctaci, Actualités Juridiques n° 40/2003 p. 15 ; Ohadata J-04-65, J-02-127).

Obs. : les arrêts ci-dessus ne sont désormais plus utiles que pour la règle de détermination de la juridiction compétente qu'ils posent. En effet, des évolutions législatives ont maintenu la compétence de la cour d'appel du lieu du siège du tribunal arbitral en Côte d'Ivoire et ont désormais attribué compétence à la cour d'appel du siège de l'arbitrage au Bénin. Voir ci-après, à titre indicatif, la liste des pays pour lesquels nous avons l'information.

1° Compétence de la cour d'appel

a. Bénin

Conformément à l'article 1170 du Code de procédure civile, commerciale, sociale, administrative et des comptes en République du Bénin, le recours en annulation d'une sentence rendue en application de l'AUA est porté devant la cour d'appel du siège de l'arbitrage par voie d'assignation (Loi 2008-7 du 28-2-2011 portant Code de procédure civile, commerciale, sociale, administrative et des comptes en République du Bénin : https://sgg.gouv.bj/doc/loi-2008-07/).

b. Burkina Faso

Selon la doctrine, le Pr Paul Gérard Pougoue : « En disposant que la décision du juge compétent n'est susceptible que d'un pourvoi en cassation devant la CCJA l'article 25, al. 3 de l'Acte unique de l'OHADA sur le droit de l'arbitrage semble plus favorable à la compétence de la cour d'appel. En effet, les décisions rendues par le premier juge sont d'ordinaire susceptibles d'appel au second degré de juridiction. L'arbitre constitue le premier degré, et le recours en annulation exercé au second degré [...] ». À défaut de désignation du juge compétent par la législation nationale au Burkina Faso, il apparaît judicieux de reconnaître en la cour d'appel du ressort dans laquelle la sentence a été rendue la juridiction compétente visée à l'article 25, al. 3 OHADA précité comme juridiction de second degré des décisions rendues par le tribunal arbitral et dont les décisions sont susceptibles de pourvoi en cassation ; par ailleurs, les États parties, tels la Côte d'Ivoire et le Sénégal, dont la loi nationale sur l'arbitrage organise un tel recours ont désigné la cour d'appel dans le ressort de laquelle la sentence avait été rendue comme juridiction compétente. Il convient donc de déclarer la chambre commerciale de la cour d'appel de Ouagadougou compétente pour connaître du présent recours (CA Ouagadougou (Burkina Faso), ch. com., n° 043, 16-4-2010 : Sté Services Universels c/ Sté SOGEA-SATOM, Ohadata J-12-182).

c. Cameroun

C'est à tort qu'il est reproché à une cour d'appel d'avoir « statué en dernier ressort, en collégialité et à l'unanimité, comme chambre des appels civils et commerciaux », alors que, selon le moyen, l'article 25 de l'AUA prohibe l'appel en matière d'arbitrage et n'admet que le recours en annulation, dès lors qu'en l'espèce la cour n'a statué que sur le fondement strict des motifs qui lui ont été présentés, après avoir précisé qu'elle statuait « sur le recours en annulation présenté par [l'une des parties] ». Il en est ainsi car la cour n'aura statué comme juridiction d'appel que si elle avait examiné la sentence au fond, les mentions relevées par le recourant étant superfétatoires (CCJA, 2e ch., n° 151, 29-6-2017 : Wanmo Martin c/ Nguessi Jean Pierre).

d. Congo

En l'état actuel de l'organisation judiciaire congolaise, la juridiction dont les décisions sont, par principe, susceptibles de pourvoi en cassation et qui connaît du contentieux de l'exécution provisoire, au moyen de la procédure de défense à exécution provisoire, est sans nul doute la juridiction d'appel, à l'[exclusion] de la Cour suprême dont les décisions, en ce qu'elle est juge de cassation, ne peuvent, en principe, être soumises à la censure d'une juridiction de cassation supérieure. Il s'ensuit, en application des dispositions combinées des articles 25, al. 3 et 28, al. 2 de l'AUA, que la cour d'appel dans le ressort de laquelle la sentence arbitrale en cause a été rendue est bien le juge compétent pour connaître du recours en annulation contre une telle sentence arbitrale et, partant, du contentieux de l'exécution provisoire de ladite sentence. En l'espèce, la demande aux fins de défense à exécution provisoire de la requérante est recevable, celle-ci ayant justifié qu'elle avait préalablement formé un recours en annulation contre la sentence arbitrale (CA Pointe-Noire, n° 180, 8-10-2004 : Sté Universal Sodexho c/ Sté Cor, Ohadata J-13-72).

e. Côte d'Ivoire

La jurisprudence avait retenu la compétence de la cour d'appel sur le fondement de textes anciens qui ont depuis été remplacés (CA Abidjan, 27-4-2001, SOTACI c/ époux D., Ohadata J-02-127 ; note P. Boulanger ; Ohadata J-02-171 ; CCJA, n° 010, 19-6-2003 : D. G. et Mme D. J. c/ Sté SOCTACI, *Actualités Juridiques* n° 40/2003, p. 15 ; Ohadata J-04-65). L'article 9 de l'ordonnance 2012-158 du 9 févr. 2012 déterminant l'intervention des juridictions nationales dans la procédure d'arbitrage a maintenu la compétence de la cour d'appel en disposant en son article 9 que « le recours en annulation est introduit par voie d'assignation devant la cour d'appel du lieu du siège du tribunal arbitral » (www.sgg.gouv.ci/photo_doc/1374057547Ordonnance_N_2012-158.pdf). Depuis l'entrée en vigueur de la loi 2016-1110 du 8 décembre 2016 portant création, organisation et fonctionnement des juridictions de commerce, c'est désormais la cour d'appel de commerce d'Abidjan, nouvellement créée, qui est compétente pour les recours en annulation des sentences rendues en application de l'AUA.

2° Cas particulier

Mali

Il avait été jugé en 2016 que le décret 09-220/P-RM du 11 mai 2009 portant modification du Code de procédure civile, commerciale et sociale en vigueur au Mali ne mentionnant pas, parmi les dispositions concernées, celles de l'article 923 du décret 94-226/P-RM du 28 juin 1994 portant ancien Code de procédure civile, commerciale et sociale dont les dispositions sont par ailleurs contraires à celles de l'article 18 du décret 99-254/P-RM en date du 15 sept. 1999 portant nouveau Code de procédure civile, commerciale et sociale selon lequel « la compétence des juridictions en raison de la matière est déterminée par les règles relatives à l'organisation judiciaire et par les dispositions particulières », la cour d'appel de Bamako qui a retenu, par arrêt du 12 mai 2010, que, « en l'état actuel de la pratique judiciaire et de la jurisprudence au Mali, les recours en annulation des sentences arbitrales sont introduits devant le tribunal du premier degré où la sentence a été rendue » pour se déclarer incompétente et renvoyer les parties à mieux se pourvoir devant le tribunal compétent, fondant ainsi sa décision sur la jurisprudence constante des juridictions maliennes, n'a nullement dépourvu son arrêt de base légale. Ainsi, le recourant n'ayant pas prouvé la survivance alléguée de l'article 923 visé au moyen, la cour d'appel de Bamako n'a en rien violé les articles visés au moyen, qui sera rejeté (CCJA, 3e ch., n° 163, 1-12-2016 : Fousseyni Niare c/ Total Mali).

Il a ensuite été jugé :

– en 2019 qu'en République du Mali, État partie au Traité de l'OHADA, au sein duquel l'AUA s'applique, l'article 923 du décret 94-226/P-RM du 28 juin 1994 portant ancien Code de procédure civile, commerciale et sociale désigne la cour d'appel comme seule juridiction compétente pour connaître du recours en annulation d'une sentence arbitrale. Il y a donc lieu pour la CCJA de relever, d'office, que c'est en violation des dispositions de l'article 25 de l'AUA et de l'article 923 du décret 94-226/P-RM susmentionné que le tribunal de commerce de Bamako a retenu sa compétence pour statuer sur le recours en annulation formé contre une sentence arbitrale rendue le 2 mai 2013 par un tribunal arbitral constitué sous l'égide du Centre de Conciliation et d'Arbitrage du Mali ; qu'il échet, dès lors, de casser le jugement déféré sans qu'il soit besoin d'examiner les griefs du pourvoi (CCJA, 1e ch., nº 053/2019, 14-3-2019 : NCT Trading SA c/ Gamby Service SARL) ;

– puis en 2023, qu'en république du Mali, État partie au Traité OHADA et au sein duquel l'AUA s'applique, l'article 923 du décret nº 94-226/P-RM du 28 juin 1994 portant ancien Code de procédure civile, commerciale et sociale désigne la cour d'appel comme seule juridiction compétente pour connaître du recours en annulation d'une sentence arbitrale. Ainsi, en ne relevant pas l'incompétence du tribunal de grande instance de la commune IV du district de Bamako à statuer sur le recours en annulation de la sentence arbitrale, la cour d'appel a violé, par méconnaissance, l'article 25 de l'AUA, exposant son arrêt à la cassation. Sur l'évocation et pour les mêmes motifs que ceux ayant entraîné la cassation, il y a lieu de déclarer le tribunal de grande instance de la commune IV du district de Bamako incompétent, d'annuler en conséquence le jugement appelé et de renvoyer les parties à mieux se pourvoir (CCJA, 2e ch., nº 232/2023, 21-12-2023).

Obs. : cet arrêt récent de la CCJA semble avoir pris position en s'alignant sur l'arrêt de 2019 (CCJA, 1e ch., nº 053/2019, 14-3-2019) qui avait opté pour la compétence de la cour d'appel pour connaître des recours en annulation contre les sentences arbitrales rendues en application de l'AUA au Mali. Le conflit de jurisprudence sur le sujet, qui avait été signalé dans l'édition précédente (2019), semble ainsi avoir été résolu par la CCJA en faveur de la cour d'appel.

C. But du recours en annulation

Il s'infère des dispositions de l'article 25 de l'AUA que le recours en annulation n'a pas pour but un réexamen au fond de la sentence (CCJA, 2e ch., nº 110, 17-5-2018 : Trois N SARL c/ Sté Sicim Spa) et les juges statuant sur le recours en annulation d'une sentence ne peuvent se substituer à un tribunal arbitral dans son appréciation du fond (CCJA, 1e ch., 220, 29-11-2018 : Prévoyance Assurances SA c/ EIFFAGE Sénégal, au sujet de l'appréciation d'un appel en garantie, mais transposable).

C'est donc à tort qu'il est reproché à une juridiction saisie sur l'annulation d'avoir tiré conséquence de ce « que la non-réponse et l'absence de motivation pouvant seules justifier le recours en annulation, compte tenu de l'analyse ci-dessus » pour rejeter cette seconde branche du moyen, le juge de l'annulation n'ayant en rien commis le grief allégué et ayant ainsi satisfait à l'obligation de vérification formelle des réponses apportées aux prétentions des parties, sans s'intéresser à la pertinence des réponses apportées par les arbitres qui échappe en principe à son contrôle (CCJA, 2e ch., nº 110, 17-5-2018 : Trois N SARL c/ Sté Sicim Spa).

Il est de principe que le recours contre une sentence arbitrale ne permet pas au juge de l'annulation de procéder à un réexamen de l'affaire au fond. De même, le recours à l'expertise est purement facultatif et n'est justifié que s'il manque des éléments purement techniques pour éclairer le juge, sans que cela implique, pour lui ou pour l'expert, de se substituer aux parties pour fonder ou justifier leurs demandes ; ainsi, c'est au plaideur qui réclame des dommages-intérêts de prouver la faute de sa cocontractante, de justifier l'étendue du préjudice subi et son lien avec ladite faute. En l'espèce, le tribunal arbitral a constaté et retenu, pour rejeter la demande de dommages-intérêts de la demanderesse, que celle-ci n'a pas prouvé ou offert de prouver le manque à gagner allégué ; c'est en procédant à un réexamen au fond de l'affaire, alors qu'elle n'en avait pas le pouvoir, que la cour d'appel a retenu que le tribunal arbitral aurait dû recourir à une expertise pour établir un fait allégué par l'une des parties, pour annuler la sentence attaquée, exposant son arrêt à la cassation (CCJA, 1e ch., nº 035/2023, 9-3-2023).

D. Parties au recours en annulation : mise hors de cause d'un centre d'arbitrage assigné en annulation d'une sentence

N'ayant pas été partie à la sentence arbitrale, le centre d'arbitrage ne saurait être concerné par la procédure d'annulation de ladite sentence et doit par conséquent être mis hors de cause (CCJA, ass. plén., nº 214/2021, 23-12-2021 : Etablissements Enacam c/ Société Générale Cameroun et Gicam).

III. Renonciation au recours en annulation

A. Possibilité de la renonciation

La jurisprudence antérieure considérait que toute clause de renonciation au recours en annulation était réputée non écrite (CA Abidjan 27-4-2001, Sotaci c/ époux D. précité, Ohadata J-02-127 ; J-02-171), en ce qui concerne le recours en annulation, qui était, selon la CCJA, prévu par l'article 25 ancien de l'AUA (CCJA, nº 010/2003, 19-6-2003, précité, Ohadata J-04-65 et J-02-127).

Mais il a été jugé que la renonciation à l'exercice de toute voie de recours étant une simple obligation de faire mise à la charge de chaque partie, sa violation n'affectait en rien la recevabilité du recours en annulation exercé par l'une des parties, mais ouvrait droit à dommages et intérêts. Il en résulte que le recours en annulation est recevable (CA Abidjan (Côte d'Ivoire), n° 1060, 25-7-2003 : précité, Ohadata J-09-293).

Obs. : désormais, l'article 25 al. 3 nouveau en vigueur prévoit expressément la possibilité de renoncer à un recours en annulation. Nous déconseillons cependant aux parties de renoncer d'avance à tout recours contre une éventuelle sentence, les effets d'une telle clause pouvant s'avérer dommageables pour la « partie faible » durant les négociations qui pourrait ainsi se retrouver dans l'incapacité de rechercher l'annulation d'une sentence qui serait affectée de l'une des causes d'annulations limitatives prévues par le législateur. En tout état de cause, si les parties, en connaissance de cause, choisissent de renoncer d'avance à tout recours en annulation, elles devraient l'indiquer expressément dès lors que selon la jurisprudence constante relative à la renonciation, qui ne se présume pas (CCJA, ass. plén., n° 020, 18-4-2013 IAD c/ 1) CMDT et GSCVM, Ohadata J-15-20), celle-ci doit résulter de la volonté clairement exprimée et sans aucune équivoque des parties, les termes « toute sentence prononcée par le tribunal arbitral sera définitive, opposable aux parties » n'étant que des périphrases traduisant la règle de l'autorité de la chose jugée qui s'attache à la sentence rendue sous l'égide de la CCJA (CCJA, ass. plén., n° 033, 23-4-2015 : État du Mali c/ Groupe Tomota SA, Ohadata J-16-33). De même, le seul usage de l'expression « en dernier ressort » dans une convention des parties n'est pas suffisant pour traduire une renonciation expresse au recours (CCJA, ass. plén., n° 102, 15-10-2015 : Léopold Ekwa Ngalle c/ SNH et le Personnel de la SNH, Ohadata J-16-95), les décisions ci-dessus ont été rendues en application du Règlement d'arbitrage de la CCJA qui sont transposables à la question de la renonciation.

B. Absence de renonciation au recours en annulation

Contrairement aux affirmations de la défenderesse, la clause compromissoire qui interdit seulement « le recours en appel du jugement arbitral », n'interdit nullement le recours en annulation de la sentence ou en cassation de la décision rendue à la suite de la demande d'annulation (CCJA, 2e ch., n° 094/2020, 9-4-2020 : Société George Forrest Belgium c/ Les Ciments du Sahel).

Il est de jurisprudence de la CCJA que la renonciation des parties à toute contestation de la validité d'une sentence arbitrale ne peut résulter que de leur volonté clairement exprimée et sans équivoque. En l'espèce, les dispositions du règlement du centre d'arbitrage du GICAM suivant lesquelles « les sentences arbitrales rendues conformément au présent règlement sont définitives » ne traduisent que la règle de l'autorité de la chose jugée qui s'attache aux sentences rendues sous son égide et signifient que de telles sentences ne peuvent être remises en cause et ne sont susceptibles d'aucune autre voie de recours que celle du recours en annulation, auquel ne saurait faire obstacle la seule mention du caractère « définitif » de la sentence (CCJA, ass. plén., n° 199/2022, 29-12-2022).

IV. Recours contre la décision statuant sur l'annulation

A. Pourvoi en cassation

1° Compétence exclusive de la CCJA

La seule voie ouverte contre les décisions rejetant des demandes de recours en annulation et de défense à exécution provisoire d'une sentence est le pourvoi en cassation, qui doit être formé devant la CCJA. Tout pourvoi formé contre une telle décision devant une juridiction suprême nationale constituerait une procédure dilatoire et illégale en ce qu'elle n'a été prévue par aucun texte (T. com. Pointe-Noire (Congo), n° 001, 9-1-2008 : Eni-Congo SA c/ Ets. Mic Vidéo, Ohadata J-13-71).

Obs. : voir sous l'article 32.

C'est à tort qu'est soulevée l'irrecevabilité du pourvoi formé contre la décision rendue sur le recours en annulation d'une sentence, au motif qu'en raison d'une stipulation contractuelle des parties, aux termes de laquelle « [...] compétence est donnée à un tribunal arbitral qui devra statuer en équité en dernier ressort [...] », toute décision de justice rendue en dernier ressort est insusceptible d'appel et ne peut donner lieu qu'à un pourvoi en cassation et qu'ainsi seule la sentence arbitrale, et non l'arrêt de la cour d'appel, était susceptible d'un pourvoi en cassation. En effet, il résulte de l'article 25 de l'AUA que la décision de la juridiction d'un État partie statuant sur le recours en annulation d'une sentence arbitrale est susceptible de pourvoi en cassation devant la CCJA. L'exception est mal fondée et le pourvoi est recevable en la forme (CCJA, 2e ch., 196, 25-10-2018 : Le Bistro Family SARL c/ Rosace Marbrée SARL).

2° Application exclusive du délai prévu à l'article 28.1 du Règlement de procédure de la CCJA

En vertu de l'article 25 de l'AUA, la décision d'une juridiction nationale saisie d'un recours en annulation d'une sentence arbitrale n'est susceptible que de pourvoi en cassation devant la CCJA. Le délai pour exercer ce pourvoi est celui prévu par l'article 28.1 du Règlement de procédure de ladite Cour, les délais prévus à l'article 27 de l'Acte uniforme précité n'étant relatifs qu'à la saisine de la juridiction nationale compétente pour connaître du recours en annulation, au temps imparti à cette juridiction pour se prononcer sous peine de dessaisissement et, le cas échéant, à la saisine de la CCJA du recours en annulation (CCJA, 3e ch., no 216/2023, 30-11-2023).

B. Absence d'effet suspensif du pourvoi en cassation

Une sentence annulée cesse ipso facto de produire tout effet et le juge de l'annulation n'a pas à le dire expressément dans sa décision, ce qui serait redondant. L'arrêt statuant sur le recours en annulation d'une sentence est de droit exécutoire en ce que le recours dont il peut faire l'objet aux termes de l'article 25, al. 3 de l'AUA, à savoir le pouvoir en cassation devant la CCJA, n'est pas suspensif de son exécution (CA Pointe-Noire 4-3-2005 : Cofipa Investment Bank Congo c/ Sté Comadis Congo, Ohadata J-13-73).

Jurisprudence comparée

I. Argentine

Validité de la renonciation à l'appel. La renonciation à faire appel de la sentence n'est pas contraire à la Constitution, cette dernière n'ayant pas consacré le principe de la double instance pour toutes les procédures (Cámara nacional de Apelaciones en lo Comercial 8-8-2007, Gasnor SA c/ Mobil Argentina SA : GP 2008.som. 28 mai cité par F. Mantilla-Serrano et E. Siva Romero).

II. Bulgarie

Limitation des causes d'annulation. Les moyens d'annulation de la sentence arbitrale sont explicitement énumérés à l'article 47 de la loi sur l'arbitrage commercial international, chacun de ces moyens étant en lui-même un moyen d'annulation. D'autres vices de la sentence ne constituent pas des moyens d'annulation (Cour suprême de cassation de Bulgarie, collège commercial, 2e ch. com., no 185, 10-6-2004 (rejet) – décision attaquée : Cour d'arbitrage près la Chambre de commerce et d'industrie de Bulgarie 20/07/2001 : JURICAF).

III. France

A. Recevabilité des seules voies de recours expressément autorisées

Seules les voies de recours prévues par la loi peuvent être exercées, les parties ne pouvant les modifier même en vertu d'un accord exprès (Cass. civ. 6-4-1994 : RJDA 6/94 no 735).

La juridiction saisie ne peut pas substituer d'office à la voie de recours qui lui est soumise et qui tend à la réformation de la sentence une autre voie de recours ; seules les parties peuvent changer l'objet du recours qu'elles ont annoncé au moment de la déclaration de ce dernier, et ce tant que la juridiction n'a pas été saisie (NCPC art. 1487, al. 2 ; Cass. 2e civ. 26-6-1985 : Bull. civ. II p. 85). Lorsque la signification relative au recours exercé est nulle, le nouveau recours est un recours distinct et non une requalification du recours initial ; le nouveau recours est recevable, car il ne constitue pas la modification interdite du précédent (CA Paris 4-7-1996, ord. mise en état : Rev. arb. 1996.653).

B. Recours en révision

La renonciation « à toutes voies de recours » ne peut exclure le recours en révision (CA Paris 14-3-1991 : Rev. arb. 1991.657 obs. Pellerin).

IV. Suisse

A. Diligence due par le recourant

La partie qui se considère victime d'un vice de procédure doit l'invoquer sans tarder sous peine de forclusion (Trib. fédéral 9-1-2007 : X SARL c/ Masse en faillite de Y SA : GP 2008.som. 28 mars cité par P.-Y. Gunter).

B. Nullité de la renonciation à l'appel incluse dans un règlement d'arbitrage

1o Différends sportifs

Cette renonciation est invalidée au motif que le sportif n'est pas en mesure de l'écarter lorsqu'il adhère à la fédération ayant compétence sur le sport qu'il pratique, ici le tennis, adhésion à laquelle il est quasiment contraint de se soumettre, cette fédération réunissant tous les meilleurs joueurs de tennis masculins (Trib. fédéral 22-3-2007, X c/ ATP Tour : GP 2008.som. 28 mars cité par P.-Y. Gunter).

2o Différends en matière de propriété intellectuelle

La renonciation incluse dans le règlement d'arbitrage de l'Organisation mondiale de la propriété intellectuelle (Ompi) constitue une renonciation indirecte incompatible avec l'exigence de renonciation expresse imposée par l'article 192 de la loi suisse de droit international privé (Trib. fédéral 6-6-2007, X c/ Y : GP 2008.som. 28 mars cité par P.-Y. Gunter).

Art. 26 [mod.] Le recours en annulation n'est recevable que :

a) si le tribunal arbitral a statué sans convention d'arbitrage ou sur une convention nulle ou expirée ;

b) si le tribunal arbitral a été irrégulièrement composé ou l'arbitre unique irrégulièrement désigné ;

c) si le tribunal arbitral a statué sans se conformer à la mission qui lui a été confiée ;

d) si le principe du contradictoire n'a pas été respecté ;

e) si la sentence arbitrale est contraire à l'ordre public international ;

f) si la sentence arbitrale est dépourvue de toute motivation.

Jurisprudence OHADA

I. Recevabilité du recours en annulation

A. Recevabilité du recours en annulation formé en violation des règles de procédure civile mais qui n'a pas empêché la partie adverse de se défendre

Doit être rejetée la demande en nullité d'exploits introductifs d'instance soulevée *in limine litis* au motif que ces actes avaient été délaissés au conseil de la requérante au mépris des textes concernant les parties domiciliées à l'étranger, dès lors que la requérante ne justifie d'aucun préjudice précis directement lié à cette irrégularité et qu'elle a valablement fait valoir ses moyens de défense dans l'instance introduite par les actes querellés (CCJA, 1e ch., nº 269/2020, 30-7-2020 : Bureau Véritas SA c/ Bénin Control SA).

Dans un recours en annulation, seule importe la matérialité de la procuration spéciale, dont l'existence est, en l'espèce, prouvée, et sa production au dossier, l'absence de mention dans l'assignation et dans les registres du greffe de la cour étant inopérante (CCJA, 1e ch., nº 063/2021, 8-4-2021 : Marc Orphanides c/ Alkarim Alnoor Jamal).

Obs. : cette solution est transposable au mandat spécial pour les procédures devant la CCJA.

B. Recevabilité du recours en annulation formé contre une sentence arbitrale avant-dire droit

La demande en irrecevabilité du recours en annulation d'une sentence arbitrale avant-dire droit est sans objet, si la Cour est également saisie d'un recours en annulation de la sentence finale que la sentence avant-dire droit aura simplement servi à préparer ; les deux sentences faisant corps, la seule recevabilité du recours contre la sentence finale suffit (CCJA, 1e ch., nº 269/2020, 30-7-2020 : Bureau Véritas SA c/ Bénin Control SA).

C. Saisine de la juridiction compétente : recevabilité du recours en annulation formé par assignation

En l'absence de prescription particulière sur le mode de saisine par les dispositions de l'AUA applicable à la convention des parties, qui renvoient simplement à un « recours », l'action en annulation portée contre une sentence arbitrale devant la juridiction étatique compétente par voie d'assignation ne saurait être déclarée irrecevable, d'autant que l'article 192 du Code de procédure civile de la RDC, applicable en l'espèce, dispose, s'agissant de l'arbitrage, que « la demande en nullité formée par voie d'assignation est portée devant la cour d'appel […] » (CCJA, 1e ch., nº 063/2021, 8-4-2021 : Marc Orphanides c/ Alkarim Alnoor Jamal).

D. Jonction des exceptions impliquant l'examen des moyens du recours au fond

Le moyen d'irrecevabilité tiré du fait que le recours en annulation d'une sentence arbitrale n'est pas conforme aux cas d'ouverture de l'article 26 de l'AUA implique l'examen des moyens du recours et doit, par conséquent, être joint au fond (CCJA, ass. plén., nº 214/2021, 23-12-2021 : Établissements Enacam c/ Société Générale Cameroun et Gicam).

E. Caractère limitatif des motifs d'annulation prévus par l'AUA

Le recours en annulation de la sentence arbitrale, régi notamment par l'article 26 de l'AUA, n'est ouvert que pour les seuls motifs qui y sont limitativement énumérés. Il en résulte que :

– une disposition d'une loi nationale sur l'arbitrage ne peut constituer un fondement juridique pertinent d'un recours en annulation, l'AUA s'étant substitué aux lois préexistantes organisant l'arbitrage en droit interne, ne laissant que les éventuelles normes d'organisation de l'arbitrage institutionnel qui ne lui sont pas contraires (CCJA, 3e ch., nº 062, 7-6-2012 : Sté Constructions Métalliques Ivoiriennes dite CMI c/ Fraternité Saint Jean Eudes d'Abatta, Ohadata J-14-167, déclarant irrecevable le recours) ; voir sous les articles 35 et 10 du Traité de l'OHADA ;

– le moyen reprochant à une cour d'appel d'avoir violé les articles 11, 13, al. 1 et 26 de l'AUA en ce qu'elle a exigé une procédure préalable à l'arbitrage proprement dit dans laquelle la convention d'arbitrage devrait d'abord être annulée, pour que la sentence arbitrale rendue sur la procédure d'arbitrage proprement dite puisse être attaquée d'annulation, doit être rejeté, nonobstant les affirmations de la cour d'appel qui n'ont aucun effet sur le bien-fondé des motifs d'annulation limitativement fixés par l'article 26 de l'AUA, dès lors que le moyen d'annulation tiré de la nullité de la convention d'arbitrage a été lui-même rejeté (CCJA, ass. plén., n° 069, 29-4-2015 : Sté Bougainvilliers, Sté Immobilière Thiam Banda, devenue Sté d'investissements Thiam Banda SA, Les Héritiers de feu Mayoro Wade c/ Paul Mochet, Ohadata J-16-71). Dans le même sens, la violation d'une loi applicable au fond du litige, qui implique nécessairement un réexamen de l'affaire au fond, dont le juge saisi en annulation de la sentence arbitrale n'a pas le pouvoir, ne peut prospérer. Tel est le cas du moyen qui vise l'annulation d'une sentence au motif que le tribunal arbitral a assorti ladite sentence de l'exécution provisoire, pourtant prohibée en cette matière par la loi applicable au litige (CCJA, 1e ch., n° 035/2023, 9-3-2023) ;

– la mauvaise application d'un texte de loi par l'arbitre, même avérée, ne peut, par elle seule, constituer une violation de sa mission par l'arbitre, au sens des dispositions de l'article 26 de l'AUA ; le moyen étant mal fondé, le recours doit être rejeté (CCJA, 3e ch., n° 037, 9-3-2017 : Kouassi Yao Alexandre c/ Sté Armajaro Côte d'Ivoire, Ohadata J-17-171).

Les moyens d'annulation ambigus et ne relevant pas des motifs d'annulation limitativement prévus par l'article 26 de l'AUA ne peuvent pas prospérer. Tel est le cas par exemple du moyen reprochant à un tribunal arbitral de ne pas s'être fondé sur les moyens plaidés par les parties pour retenir qu'une clause contractuelle d'exclusivité et de non-concurrence ne produit ses effets que pendant la période de validité des contrats ; qu'en statuant ainsi, toujours selon le moyen, le tribunal arbitral a suppléé à la défaillance de la partie adverse et retenu un moyen de droit tiré de la limitation de la durée de la clause d'exclusivité et de non-concurrence (CCJA, 1e ch., n° 269/2020, 30-7-2020 : Bureau Véritas SA c/ Bénin Control SA).

F. Moyens d'annulation irrecevables pour la première fois en cassation

Les moyens d'annulation d'une sentence arbitrale, relatifs à la composition irrégulière du tribunal arbitral et au non-respect du principe du contradictoire, soulevés pour la première fois en cassation, sont irrecevables, car mélangés de fait et de droit (CCJA, 3e ch., n° 134/2021, 24-6-2021 : Praps-Mali c/ Guindo BTP SARL).

II. Nécessité de spécifier le grief justifiant l'annulation prononcée

Le tribunal qui, pour annuler une sentence arbitrale, s'est borné à énoncer « qu'il ressort de l'article 13 de l'[AUA], qu'en présence d'une convention d'arbitrage la juridiction étatique doit se déclarer incompétente à moins que la convention d'arbitrage ne soit manifestement nulle ; que l'article 26 dudit acte ajoute que la demande d'annulation sera favorablement accueillie si le Tribunal arbitral a statué sans convention d'arbitrage ou sur une convention nulle ou expirée ; que les juridictions étatiques ayant retenu leur compétence, il faut en déduire la nullité de la convention d'arbitrage invoquée » a exposé son jugement à la cassation. Il en est ainsi car en se déterminant de la sorte, alors que **la coexistence d'une clause attributive de compétence et d'une clause compromissoire dans un même contrat est conforme au droit de l'arbitrage dans le cadre duquel est requis l'appui d'un juge étatique que les parties peuvent désigner,** sans par ailleurs indiquer, parmi les causes limitativement énumérées par l'article 26 qu'il cite, laquelle justifie l'annulation prononcée, ni dire en quoi la clause compromissoire souscrite par les parties encourait la nullité ou était expirée, le tribunal a commis les griefs articulés par le moyen (CCJA, 1e ch., n° 012, 24-1-2019 : Sté Générale Burkina-Faso c/ Naré Guibrina).

III. Pas de grief nécessaire en présence d'un moyen d'annulation prévu

Aucune disposition de l'AUA ne subordonne l'annulation d'une sentence à la preuve d'un préjudice par la partie qui invoque la nullité et l'arrêt qui a retenu le contraire sur le fondement de textes nationaux encourt la cassation (CCJA, 2e ch., 196, 25-10-2018 : Le Bistro Family SARL c/ Rosace Marbrée SARL).

IV. Cassation de la décision ayant annulé sans fondement une sentence

A fait une mauvaise application de l'article 26 de l'AUA et son arrêt doit être donc être censuré la cour d'appel qui, pour annuler une sentence arbitrale rendue le 2 octobre 2019, a retenu que « sauf prorogation, toute décision du tribunal arbitral prise au-delà du délai légal ou conventionnel qui lui est imparti, peut être frappée de nullité », alors qu'il ressort nettement des qualités et des visas de la sentence que le comité de gestion du centre d'arbitrage avait bien autorisé le tribunal à déposer sa décision au plus tard le 10 octobre 2019 (CCJA, 2e ch., no 221/2021, 23-12-2021 : Elaf Sénégal SARL c/ Saudi Arabian Airlines Corporation).

....

V. Motifs d'annulation d'une sentence arbitrale

A. Absence d'une convention d'arbitrage valide

1o Contrôle, par le juge de l'annulation, de l'appréciation faite par le tribunal de la clause l'ayant amené à retenir sa compétence

En application de l'article 26, al. 1 de l'AUA, le juge de l'annulation dispose d'un pouvoir de contrôle de l'appréciation faite par le tribunal arbitral de la clause compromissoire ou du compromis l'ayant déterminé à retenir sa compétence au regard de l'article 11 de l'AUA. En procédant à cette appréciation sur l'interprétation faite par le tribunal arbitral de la clause ambiguë des statuts, la juridiction statuant sur l'annulation n'a en rien violé l'article 12 de l'AUSCGIE. C'est donc à tort qu'il est reproché à l'arrêt d'avoir retenu que la clause stipulée à l'article 45 des statuts ayant conduit à l'arbitrage n'est pas une clause compromissoire mais plutôt une simple procédure préalable de conciliation alors, selon le moyen, que l'article 11 susvisé institue la priorité à la juridiction arbitrale pour statuer sur l'existence ou la validité d'une convention d'arbitrage, l'intervention du juge de l'annulation n'étant qu'accessoire et résiduelle ; qu'en qualifiant ladite clause de pathologique n'ouvrant pas droit à l'arbitrage, la cour d'appel a procédé à une dénaturation des faits souverainement appréciés par les arbitres et à une révision de la sentence arbitrale sur le raisonnement juridique du tribunal arbitral, toutes choses qui ne relèvent pas de l'office du juge de l'annulation (CCJA, 2e ch., no 151, 29-6-2017 : Wanmo Martin c/ Nguessi Jean Pierre).

De même, la juridiction qui, saisie de l'annulation d'une sentence, a souverainement interprété la convention des parties, n'a en rien dénaturé les faits, car face à la controverse développée autour de la clause compromissoire litigieuse, il lui incombait, en tant que juge du fond, de faire valoir son pouvoir souverain d'appréciation (CCJA, 1e ch., no 177/2020, 28-5-2020 : Sarci SARL c/ Atlantique-Télécom SA).

2o Nullité de la sentence rendue sans convention

La sentence rendue en l'absence d'une convention d'arbitrage est nulle et la défense à son exécution provisoire peut être ordonnée (CA de L'Ouest (Cameroun), no 44/CIV, 8-4-2009 : Sté AES-Sonel c/ Ets. Yakuno, Ohadata J-12-219).

3o Décision ayant retenu l'absence de convention

Les contrats procédant de l'autonomie de la volonté et étant exécutés de bonne foi, la confiance qui fonde le recours à l'arbitrage est mise à mal lorsqu'une partie à un ensemble contractuel est convaincue de fraude (CCJA, 1e ch., no 040/2020, 13-2-2020 : Transrail c/ Canac Sénégal SA. et Canac Railways Services INC).

4o Décisions n'ayant pas retenu l'absence de convention

a) Convention conclue par mandataire

On ne saurait reprocher à un arbitre d'avoir statué sans convention contenant la clause compromissoire au motif que la convention contenant la clause compromissoire avait été conclue par un tiers, dès lors que cette personne, en sa qualité de gérant de la boutique de l'auteur du recours en annulation, ne pouvait agir qu'au nom et pour le compte de ce dernier. C'est donc à juste titre que le premier juge, en se fondant sur la théorie de l'apparence, a condamné l'auteur du recours au paiement des sommes dues à l'autre partie à l'arbitrage (CA Abidjan 20-4-2001 : PDCI c/ SARL J. & A. International Co, Ohadata J-02-127, 1e esp., note P. Boulanger).

b) Convention non expirée

C'est à tort que le demandeur soutenait que le Centre d'arbitrage du GICAM ayant procédé, par lettre du 8 février 2011, à la désignation d'un arbitre unique qui a accepté sa mission par correspondance du même jour, le tribunal arbitral constitué depuis cette date disposait d'un délai de 60 jours à compter de la même date, de sorte qu'à celle indiquée dans la sentence comme étant celle de son prononcé, soit le 3 février 2012, la convention d'arbitrage était expirée, dès lors que le tribunal arbitral a été constitué à la suite de la décision du centre d'arbitrage en date du 13 décembre 2011, par laquelle celui-ci a confirmé les arbitres désignés par les parties et nommé l'arbitre unique initial en qualité de président du tribunal arbitral. Moins de 6 mois s'étant écoulés entre cette dernière date et celle du prononcé de la sentence, le moyen doit être rejeté comme mal fondé (CCJA, 2e ch., 242, 29-11-2018 : Commercial Bank of Cameroon, dite CBC SA c/ Archidiocèse de Yaoundé).

C'est à tort qu'il est reproché à un tribunal arbitral d'avoir rendu sa sentence au-delà des six mois légalement requis, dès lors que le délai a été dûment prorogé par le centre d'arbitrage (CCJA, 2e ch., no 221/2021, 23-12-2021 : Elaf Sénégal SARL c/ Saudi Arabian Airlines Corporation).

c) Illettrisme d'une partie n'ayant pas entravé sa capacité à négocier

C'est à tort que l'annulation d'une sentence est demandée au motif de l'inexistence d'une convention d'arbitrage, dès lors qu'il est acquis au dossier que par conventions de décembre 2006 et mars 2007, les parties ont prévu une clause compromissoire par laquelle elles ont entendu régler les différends y relatifs par voie d'arbitrage. En retenant sa compétence, le tribunal arbitral n'a donc pas statué sans convention d'arbitrage. Enfin, il n'est pas démontré que l'illettrisme supposé de l'une des parties ait été de nature à influencer sa capacité à négocier les transactions dont elle a bénéficié, ainsi que sa conscience des garanties aménagées par les parties relativement au règlement des conflits pouvant naître de l'exécution desdites conventions. Il s'ensuit que la demande d'annulation de la sentence entreprise n'est pas fondée et doit être rejetée (CCJA, 1e ch., nº 012, 24-1-2019 : Sté Générale Burkina-Faso c/ Naré Guibrina).

d) Compétence du tribunal arbitral actée par les parties lors d'une conférence préparatoire

C'est à tort qu'il est reproché à une sentence d'avoir été rendue sans convention d'arbitrage entre les parties litigantes, dès lors qu'il résulte de la sentence attaquée que le 31 janvier 2019, il s'est tenu dans les locaux du centre d'arbitrage une conférence préparatoire en présence des conseils des parties et à laquelle les parties « ont confirmé la compétence du tribunal arbitral et convenu de soumettre leur litige au règlement d'arbitrage du [centre d'arbitrage], au droit sénégalais et au droit OHADA et défini le calendrier de la procédure » ; contrairement aux prétentions de la défenderesse, il s'en infère que le tribunal arbitral a statué sous l'égide du centre d'arbitrage avec l'accord explicite des deux parties et en vertu d'une réelle convention d'arbitrage (CCJA, 2e ch., nº 221/2021, 23-12-2021 : Elaf Sénégal SARL c/ Saudi Arabian Airlines Corporation).

e) Clause pathologique n'ayant pas empêché les parties de recourir à l'arbitrage

C'est à tort qu'il est reproché à une cour d'appel d'avoir « gravement méconnu la portée de la convention des parties » en rejetant le moyen d'annulation de la sentence fondé sur l'inexistence ou l'expiration de la convention d'arbitrage alors que, selon le moyen, il est clair que la clause de règlement des différends n'a jamais désigné expressément le Centre d'arbitrage, de médiation et de conciliation de Dakar mais obligeait plutôt les parties à faire l'effort d'un règlement amiable dans un délai qui était, par ailleurs, largement dépassé. Il en est ainsi dès lors que la cour d'appel, après avoir constaté que la clause compromissoire n'indiquait ni l'institution arbitrale, ni la modalité de désignation des arbitres, a retenu « qu'une telle clause n'est pas nulle puisque l'article 5 de l'[AUA] permet la saisine du juge étatique pour compléter la formation du tribunal arbitral » ; puis également constaté qu'en l'espèce, les parties ont unanimement et de façon sans équivoque désigné le centre d'arbitrage de la chambre de commerce de Dakar comme institution, que chacune d'elles a choisi un arbitre, lesquels, à leur tour, ont désigné un président du tribunal arbitral et que les parties ont ainsi participé au déploiement de l'arbitrage jusqu'au prononcé de la sentence, la demanderesse ayant même formulé des demandes reconventionnelles qui n'ont pas été examinées, faute d'avoir payé les frais y afférents (CCJA, 3e ch., nº 180/2022, 24-11-2022).

B. Composition irrégulière du tribunal arbitral

1º Preuve d'un préjudice non nécessaire pour l'annulation

L'irrégularité de la composition du tribunal arbitral a été érigée en cas d'ouverture du recours en annulation d'une sentence arbitrale par l'article 27 *[sic]* de l'AUA, et aucune disposition dudit Acte uniforme ne subordonne l'annulation d'une sentence à la preuve d'un préjudice par la partie qui invoque la nullité ; l'arrêt attaqué encourt la cassation pour violation des textes visés au moyen (CCJA, 2e ch., 196, 25-10-2018 : Le Bistro Family SARL c/ Rosace Marbrée SARL).

Obs. : une erreur semble s'être glissée dans le texte de l'arrêt, qui a mentionné l'article 27 de l'AUA au lieu de l'article 26.

2º Décisions ayant retenu l'irrégularité

a) Désignation de l'arbitre par une institution différente de celle prévue par les parties

La cour d'appel qui a retenu que c'est en violation de la loi que l'arbitre unique a été désigné par une institution différente de celle prévue par les parties pour conclure à l'annulation de la sentence arbitrale querellée s'est conformée à l'une des conditions de recevabilité prévues à l'article 26 de l'AUA, en l'occurrence la désignation irrégulière de l'arbitre unique par une institution d'arbitrage autre que celle prévue dans la clause compromissoire au contrat liant les parties. En conséquence, le moyen n'est pas fondé (CCJA, ass. plén., nº 006/2014, 4-2-2014 : Sté Arno c/ Sté Libya Oil Cameroun, Ohadata J-15-97).

b) Arbitre ayant des liens avec le conseil de la partie qui l'a nommé

Le tribunal arbitral n'est régulier que s'il est composé d'arbitres indépendants et impartiaux et si la procédure de sa constitution est exempte de tout vice. L'interpellation formelle du tribunal arbitral sur la nature des liens de collaboration que l'arbitre désigné par le demandeur à la procédure arbitrale avait avec le conseil dudit demandeur n'ayant reçu aucune réponse permettant d'apprécier l'incidence de ces liens non révélés sur son indépendance et son impartialité, c'est par une juste application des articles 7 et 26 de l'AUA que la cour d'appel a retenu « qu'il est de jurisprudence que l'arbitre doit révéler toute circonstance de nature à affecter son jugement et à provoquer dans l'esprit des parties un doute raisonnable sur ses qualités d'impartialité et d'indépendance qui sont l'essence même de la fonction arbitrale », pour annuler la sentence (CCJA, 2e ch., no 151, 29-6-2017 : Wanmo Martin c/ Nguessi Jean Pierre).

c) Désignation d'un collège d'arbitres par un centre d'arbitrage, au lieu de l'arbitre unique prévu par les parties

C'est en violation des dispositions des articles 5 de l'AUA et 9.1 de son propre règlement d'arbitrage qu'un centre d'arbitrage a imposé un collège d'arbitres nonobstant l'accord des parties de voir leur litige tranché par un arbitre unique ; en procédant ainsi, il a irrégulièrement constitué le tribunal arbitral, de sorte que la sentence rendue par ce tribunal encourt l'annulation, sans qu'il soit besoin d'examiner les autres moyens du recours ; la procédure arbitrale pourra être reprise à la requête de la partie la plus diligente en application de l'article 29 de l'AUA (CCJA, ass. plén., no 214/2021, 23-12-2021 : Établissements Enacam c/ Société Générale Cameroun et Gicam).

d) Révélation très tardive par un arbitre de liens avec une partie

La régularité de la composition d'un tribunal arbitral, au sens de l'article 26 de l'AUA, s'apprécie non seulement au regard de la procédure de sa constitution, qui doit se conformer aux articles 5 et 8 dudit Acte uniforme, mais aussi des critères d'impartialité et d'indépendance du ou des arbitres qui le composent, conformément à l'article 7 du même Acte uniforme. L'article 14 de l'AUA ne peut être opposé au demandeur de l'annulation d'une sentence que si ces faits reprochés à l'arbitre étaient portés à sa connaissance dès le début de la procédure arbitrale, conformément à l'article 7, alinéa 4 dudit Acte uniforme, repris par l'article 10.1 du Règlement d'arbitrage du Centre du GICAM. Lorsqu'il ressort du dossier que l'arbitre en cause a été désigné d'office par le Centre d'arbitrage GICAM, le 8 septembre 2020, à la suite du refus de la société demanderesse s'est abstenue, dès le départ, de participer à cet arbitrage sous l'égide du GICAM, en raison du non-respect des étapes préalables de négociation et de conciliation prévues par la clause compromissoire ; que cet arbitre a fait sa déclaration d'indépendance et d'impartialité, en omettant de révéler ses précédents liens de collaboration avec le directeur général de la partie demanderesse à l'arbitrage, et par ailleurs 2nd vice-président du GICAM, avec qui il avait siégé au conseil exécutif du GICAM et coanimé, en septembre 2018, une table ronde sur le climat des affaires au Cameroun ; et que c'est neuf mois après sa prise de fonction d'arbitre et quatre jours après la clôture définitive des débats et la mise en délibéré du dossier intervenues, que l'arbitre en cause a, dans une « déclaration complémentaire » laconique, reconnu « avoir occupé la fonction de Président de la Commission "Amélioration Environnement des Affaires" du GICAM », ce, en violation des articles 7 de l'AUA et 10.1 du Règlement du Centre d'arbitrage précités, l'invocation, dans ces circonstances, par la défenderesse de l'article 14 de l'AUA est inopérante. Il s'ensuit qu'un tribunal arbitral, sur lequel subsiste un doute légitime sur l'indépendance et l'impartialité de son membre, est irrégulièrement constitué et en conséquence, la sentence attaquée doit être annulée (CCJA, ass. plén., no 199/2022, 29-12-2022).

3o Décisions n'ayant pas retenu l'irrégularité

a) Magistrat en fonction nommé arbitre en violation de textes nationaux inopérants

C'est à tort qu'il est sollicité l'annulation d'une sentence arbitrale pour composition irrégulière du tribunal arbitral, du fait de la désignation d'un magistrat en fonction au parquet général près la Cour de cassation comme coarbitre, sans l'accord de sa hiérarchie, alors que, selon le moyen, l'article 13 de la loi no 12/94 portant statut des magistrats au Gabon interdit à ceux-ci « l'exercice de toute activité professionnelle ou salariée », dès lors que la régularité de la composition d'un tribunal arbitral, au sens de l'article 26 de l'AUA, ne s'apprécie qu'au regard de la procédure de sa constitution, qui doit se conformer aux articles 5 et 8 dudit Acte uniforme, de l'impartialité et de l'indépendance du ou des arbitres qui le composent. En l'espèce, il n'est démontré aucune violation des dispositions susmentionnées lors de la désignation de l'arbitre contesté et ni son indépendance ni son impartialité vis-à-vis des parties ne sont mises en cause (CCJA, 3e ch., 203, 22-11-2018 : Airtel Gabon SA c/ 2JTH-Gabon SARL).

b) Désignation des membres du tribunal en application du règlement du centre choisi par les parties

C'est à tort qu'une partie invoque la constitution irrégulière d'un tribunal arbitral, au motif que le centre d'arbitrage du GICAM a désigné un président du tribunal, avant même que les parties en litige ne nomment leurs arbitres respectifs, alors que la législation applicable en matière d'arbitrage prévoit le contraire et que la décision ultérieure par laquelle le centre d'arbitrage a confirmé les arbitres et formalisé cette désignation ne saurait couvrir l'irrégularité invoquée. Il en est ainsi dès lors que l'article 9.4 du Règlement d'arbitrage CCJA de la GICAM applicable au différend dispose que « si les parties n'ont pas fixé d'un commun accord le nombre des arbitres, le centre nomme un arbitre unique, à moins que le différend ne lui paraisse justifier la désignation de trois arbitres. Dans ce dernier cas, les parties disposent d'un délai de 15 jours pour procéder à la désignation des arbitres » ; qu'aux termes de l'article 15.2 du même Règlement d'arbitrage CCJA « si l'une des parties refuse ou s'abstient de participer à l'arbitrage, celui-ci a lieu nonobstant ce refus ou cette abstention » ; qu'il est établi que c'est à la demande de la demanderesse, et à la suite du défaut de réponse à la demande d'arbitrage par la défenderesse, que le centre d'arbitrage du GICAM, faisant application des dispositions précitées, a procédé à la désignation d'un arbitre unique ; que c'est à la demande de la défenderesse, à laquelle la demanderesse ne s'est pas opposée, que la composition du tribunal a été modifiée, par l'adjonction de deux coarbitres, alors que l'arbitre unique avait déjà été désigné et qu'il avait déjà convoqué des réunions de cadrage, auxquelles la défenderesse a d'ailleurs effectivement participé ; si, dans sa correspondance du 14 juillet 2011 portant à la connaissance de l'arbitre unique la recomposition du tribunal, le Centre a informé ce dernier de sa volonté de le nommer président dudit tribunal, c'est par décision ultérieure, intervenue après que chacune des parties a désigné son arbitre, que cette nomination a été formalisée. L'irrégularité dont se prévaut la défenderesse n'a donc pas été démontrée, le principe du traitement égalitaire des parties dans la composition du tribunal ayant été respecté et le moyen sera rejeté (CCJA, 2e ch., 242, 29-11-2018 : Commercial Bank of Cameroon, dite CBC SA c/ Archidiocèse de Yaoundé).

c) Appréciation de la régularité exclusivement par rapport avec l'AUA

Au sens de l'article 26 de l'AUA, la régularité de la composition d'un tribunal arbitral ne s'apprécie qu'au regard de la procédure de sa constitution qui doit se conformer aux articles 5 et 8 dudit Acte uniforme, de l'impartialité et de l'indépendance du ou des arbitres qui le composent, et non en considération des dispositions d'une loi nationale. Dès lors, l'arrêt de la cour d'appel qui énonce que la partie qui avait connaissance de la composition du tribunal arbitral qui s'est poursuivi sans objection aucune, « est réputée avoir acquiescé à cette composition et donc renoncé à son droit de faire objection », n'a pas violé le texte susvisé (CCJA, 2e ch., nº 094/2020, 9-4-2020 : Société George Forrest Belgium c/ Les Ciments du Sahel).

d) Désignation d'un arbitre pour briser la résistance d'une partie à l'arbitrage

En présence d'une convention d'arbitrage n'ayant prévu ni le mode de désignation ni le nombre des arbitres, c'est en application de l'article 5, b) de l'AUA du 11 mars 1999, de la convention de cession de parts sociales liant les parties, complétés par celles de l'article 161, al. 1, 2 et 3 du Code de procédure civile de la République démocratique du Congo que le juge d'appui, en l'occurrence le président du tribunal de commerce de Kinshasa/Gombe, brisant la résistance de la défenderesse à l'arbitrage, a désigné, après deux premières ordonnances infructueuses, un arbitre unique pour connaître du litige entre les parties. C'est donc en méconnaissance de l'intervention rendue nécessaire du juge d'appui dans la procédure et des décisions prises par [le juge d'appui] en vue de rendre effective la procédure, notamment l'ordonnance de désignation de l'arbitre unique et celle ayant rétracté l'ordonnance qui a inopportunément désigné un second arbitre, alors que l'instance arbitrale était déjà en cours, que la cour d'appel a retenu que « […] le tribunal arbitral a été irrégulièrement composé et l'arbitre unique irrégulièrement désigné en tenant compte de la volonté d'une seule partie […], qui a même fait rétracter le juge sur le deuxième arbitre qui était l'expression de la volonté de la partie Alkarim […] ; il n'a pas été donné aux deux arbitres, désignés à la requête de chacune des parties, de compléter le troisième arbitre ou par choix par le juge compétent sur le troisième arbitre pour plus d'impartialité […] ». Il en résulte une violation par mauvaise application de l'article 5, b) de l'AUA [ancien], ensemble les dispositions pertinentes du Code de procédure civile de la RDC, par la cour d'appel de Kinshasa/Gombe, exposant l'arrêt attaqué à la cassation (CCJA, 1e ch., nº 063/2021, 8-4-2021 : Marc Orphanides c/ Alkarim Alnoor Jamal).

La désignation d'un arbitre unique ne saurait être reprochée à la demanderesse, en l'absence d'une volonté contraire des parties, dès lors qu'il fallait faire face à l'inertie de la défenderesse ; c'est donc à bon droit qu'a été prise l'ordonnance du juge d'appui désignant un arbitre unique pour connaître du litige. Il ne saurait être davantage reproché au juge d'appui d'avoir rapporté une ordonnance tendant à désigner un second arbitre, alors même que la procédure d'arbitrage était déjà mise en œuvre depuis son ordonnance de désignation de l'arbitre unique (CCJA, 1e ch., nº 063/2021, 8-4-2021 : Marc Orphanides c/ Alkarim Alnoor Jamal).

e) Clause pathologique n'empêchant pas la mise en œuvre de l'arbitrage

La clause qui, telle que libellée, renvoie expressément à l'arbitrage, ne saurait être déclarée inexistante ou nulle, nonobstant ses insuffisances, dès lors qu'elle doit opportunément être complétée par les dispositions pertinentes tant de l'article 5, b) de l'AUA de 1997 que de celles du Code de procédure interne applicable. Tel est le cas en l'espèce de la clause intitulée « notifications-différends-droit applicable » et stipulant qu'« […] en cas de différend, elles (les parties) privilégient le règlement amiable. À défaut, elles s'en remettent à l'arbitrage. Dans ce cas, le droit applicable est le droit congolais et le lieu d'arbitrage, Kinshasa ». C'est donc à bon droit que le tribunal arbitral a considéré valable ladite clause (CCJA, 1e ch., no 063/2021, 8-4-2021 : Marc Orphanides c/ Alkarim Alnoor Jamal).

f) Renonciation à se prévaloir de l'irrégularité

La partie qui, régulièrement représentée par son conseil, a fait valoir ses moyens de défense lors de la réunion préliminaire au cours de laquelle il a été établi par le tribunal arbitral, en accord avec les parties, le calendrier prévisionnel des audiences, et n'a jamais soulevé une quelconque irrégularité de la composition dudit tribunal durant tout le déroulement de la procédure devant celui-ci, jusqu'au prononcé de la sentence querellée, est réputée avoir renoncé à s'en prévaloir aux termes de l'article 14, alinéa 10 de l'AUA. Tel est le cas de l'irrégularité alléguée de la composition d'un tribunal arbitral, pour violation : (i) d'une part, des articles 5 et 9 de l'AUA, en ce qu'aucune possibilité ne lui a été donnée de nommer un arbitre sur les trois, aucune demande ne lui ayant été adressée à cet effet, et, que n'ayant donc désigné aucun arbitre, il aurait fallu que le juge le fasse en ses lieu et place, la défaillance, volontaire ou non, d'une partie quant à la nomination d'un arbitre ne pouvant être palliée que par le juge ; (ii) d'autre part, des articles 10.2, alinéa 2 et 11.3 du Règlement d'arbitrage de la Cour d'arbitrage de Côte d'Ivoire (CACI), en ce que non seulement le président du tribunal arbitral a été désigné par les co-arbitres, alors qu'il aurait dû l'être par le Comité technique de la CACI, mais aussi, qu'il ne lui a été donné, en aucun moment, l'occasion d'émettre des réserves sur les arbitres désignés (CCJA, 1e ch., no 243/2024, 25-7-2024).

C. Non-respect de sa mission par le tribunal arbitral

1o Obligation pour le juge de motiver les manquements imputés à l'arbitre

Pour affirmer valablement que des arbitres ne se sont pas conformés à leur mission, et annuler leur sentence, en application de l'article 26 de l'AUA, une cour d'appel doit non seulement indiquer préalablement l'étendue de la mission des arbitres, eu égard notamment à la convention d'arbitrage, mais également spécifier en quoi ils ont failli à leur mission, avant de tirer les conséquences. En ne le faisant pas, la cour d'appel a fait une mauvaise application de l'article 26 de l'AUA et son arrêt encourt la cassation (CCJA, no 010/2003, 19-6-2003 : D. G. et D. J. c/ Sté SOCTACI, Actualités Juridiques no 40/2003, p. 15 ; Ohadata J-04-65 et J-02-127).

2o Décisions n'ayant pas retenu le non-respect de sa mission par un tribunal arbitral

a) Mauvaise application de la loi par le tribunal

Sur un arrêt ayant retenu que la mauvaise application d'un texte de loi par l'arbitre, même avérée, ne peut, par elle seule, constituer une violation de sa mission par l'arbitre, au sens des dispositions de l'article 26 de l'AUA, voir CCJA, 3e ch., no 037, 9-3-2017 : Kouassi Yao Alexandre c/ Sté Armajaro Côte d'Ivoire, Ohadata J-17-171.

b) Tribunal ayant statué sur une demande de dommages-intérêts figurant dans l'acte de saisine

C'est à tort qu'il est reproché :

– à un arrêt statuant sur la demande d'annulation d'une sentence d'avoir violé l'article 26, al. 4 de l'AUA en n'appliquant pas au cas d'espèce l'article 143 du Code de procédure civile, commerciale, administrative et financière [du Congo] aux termes duquel « le juge est tenu de statuer dans les limites du litige, telles qu'elles ont été fixées par les parties », au motif, selon le moyen, que même si l'AUA n'a pas prévu une disposition dans ce sens, il n'en demeure pas moins que « certaines dispositions des lois nationales existantes sur l'arbitrage peuvent également demeurer applicables » et qu'il en résulte que la règle de l'article 143 visé pouvait pallier les insuffisances de la loi internationale. Il en est ainsi dès lors que, contrairement aux énonciations du moyen, le tribunal arbitral a toute latitude pour statuer sur les dommages-intérêts qui, en l'occurrence, ont été expressément mentionnés parmi les demandes initiales dans l'acte de mission du tribunal arbitral. L'arrêt querellé n'a pas violé l'article 26 en ses al. 3 et 4 et le moyen doit être rejeté (CCJA, 2e ch., no 093, 27-4-2017 : ENI-Congo SA c/ Ets MIC-Vidéo) ;

– à un tribunal d'avoir manqué à sa mission en condamnant une partie aux dommages-intérêts et aux autres frais de la procédure, alors que la clause compromissoire limitait la mission à « l'interprétation, l'exécution des présentes ou des obligations pouvant découler du contrat », car la mission de l'arbitre est délimitée par l'objet du litige ; celui-ci est déterminé par les prétentions et demandes des parties telles qu'exposées dans le procès-verbal constatant l'objet de l'arbitrage et fixant le déroulement de la procédure ; aux termes de l'article 15 de la convention des parties, « le tribunal arbitral statuera conformément au droit applicable en République du Gabon… ». En allouant des dommages-intérêts à une partie, à la suite du différend qui lui était soumis, sur le fondement des articles 1147 et 1153 du Code civil gabonais, le tribunal arbitral a statué en droit et n'a donc pas outrepassé sa mission (CCJA, 3e ch., 203, 22-11-2018 : Airtel Gabon SA c/ 2JTH-Gabon SARL).

Sur un arrêt ayant retenu que pour fixer le quantum d'une indemnité, un tribunal arbitral, comme tout juge du fond, n'est nullement lié par l'avis qu'un expert consignerait dans son rapport, même à sa demande (CCJA, 1e ch., 220, 29-11-2018 : Prévoyance Assurances SA c/ Eiffage Sénégal).

La mission des arbitres est circonscrite par la convention d'arbitrage et délimitée principalement par l'objet du litige, tel que déterminé par les prétentions des parties ; l'arbitre manque à sa mission s'il ignore l'objet du litige rigoureusement défini par la convention d'arbitrage, ou s'il s'abstient de statuer sur une demande qui a régulièrement été formulée. Lorsqu'il ressort de la sentence attaquée que le tribunal arbitral a bien pris en compte la demande relative au paiement des dommages-intérêts, mais l'a rejetée, au motif que la charge de la preuve du manque à gagner allégué était à sa charge, l'arbitre n'a nullement violé sa mission et a répondu à la demande dont il était saisi (CCJA, 1e ch., no 035/2023, 9-3-2023).

c) L'amiable composition n'interdit pas l'application de normes juridiques conduisant à une solution équitable

C'est à tort qu'il est reproché à un tribunal arbitral d'avoir manqué à sa mission en statuant en droit et non en équité comme le lui ont prescrit les parties dans leur clause compromissoire, notamment en se bornant à appliquer des textes de loi là où l'équité et les usages commerciaux dictaient une solution plus conciliante et mesurée, pour tenir compte des intérêts des parties. Il en est ainsi même en présence d'une stipulation des parties selon laquelle, à défaut de règlement à l'amiable des litiges survenus à l'occasion de l'application de celle-ci, « compétence exclusive est donnée à un tribunal arbitral qui devra statuer en équité et en dernier ressort », dès lors que la mission d'amiable compositeur n'interdit pas l'application des normes juridiques, sous réserve pour l'arbitre de vérifier qu'elles conduisent à une solution équitable du litige ; en l'espèce, l'appelante ne démontrant pas en quoi la sentence critiquée est injuste et inéquitable ainsi qu'elle le prétend, le moyen sera rejeté (CCJA, 2e ch., 196, 25-10-2018 : Le Bistro Family SARL c/ Rosace Marbrée SARL).

d) Absence de violation de dispositions du règlement d'un centre d'arbitrage non-choisi par les parties

Voir, sous l'article 10, CCJA, 1e ch., 220, 29-11-2018 : Prévoyance Assurances SA c/ Eiffage Sénégal.

e) Allégation d'une fraude relative à la date de reddition de la sentence

C'est à tort qu'il est allégué que, dans la sentence querellée, il est indiqué que celle-ci a été rendue le 3 février 2012 à 12 heures ; que cette date est inexacte et mettrait en relief la fraude dont serait émaillée le prononcé de la sentence, l'effet recherché étant d'anticiper la décision pour l'arrimer artificiellement au délai du prononcé de celle-ci, et ainsi contourner, au profit de la demanderesse de l'arbitrage, le moyen soulevé par la défenderesse, tiré de l'expiration du délai d'arbitrage qu'ainsi le tribunal n'aurait pas respecté sa mission. Il en est ainsi dès lors que cette allégation n'est confortée par aucun élément du dossier ni des débats (CCJA, 2e ch., 242, 29-11-2018 : CBC SA c/ Archidiocèse de Yaoundé).

f) Pouvoir de rendre une sentence arbitrale avant-dire-droit implicitement inclus dans la mission d'un tribunal arbitral

Le tribunal arbitral qui reçoit mission de trancher un différend définitivement peut prescrire des mesures provisoires concourant à l'atteinte de cet objectif. La sentence avant-dire droit s'inscrit dans cette logique et n'a pas besoin d'être prévue par le procès-verbal de cadrage, son éventualité étant comprise dans la mission de juger conférée aux arbitres, celui qui peut le plus pouvant le moins. Par conséquent, le tribunal arbitral qui rend une sentence avant-dire droit ne sort pas de sa mission et ne modifie en rien le calendrier de l'arbitrage lorsqu'il n'est pas établi que, par l'effet de ladite sentence avant-dire droit, le tribunal arbitral a statué hors le chronogramme et les délais fixés en accord avec les parties. Il s'ensuit que la demande d'annulation de la sentence arbitrale avant-dire droit n'est pas justifiée et doit être rejetée (CCJA, 1e ch., no 269/2020, 30-7-2020 : Bureau Vérital SA c/ Bénin Control SA).

g) Tribunal accusé d'avoir rendu une sentence alors que l'acte de mission n'avait pas été signé par une partie

C'est à tort qu'il est reproché à un arbitre d'« avoir rendu une sentence, alors que l'acte de mission n'a pas été signé par une partie, et que les frais sollicités par l'arbitre n'ont été ni acceptés ni payés ; qu'en l'absence de ces formalités, il y a lieu de conclure que le tribunal arbitral a statué sans se conformer à une quelconque mission, et que sa sentence encourt annulation ». En effet, il ressort des mêmes pièces de la procédure que bien que le projet d'acte de mission et un projet de calendrier ont été dûment transmis et réceptionnés par toutes les parties, la défenderesse a plutôt multiplié, par le biais de son conseil, des incidents, allant de la contestation de la procédure à la récusation de l'arbitre désigné par le juge d'appui, sans engager pour autant la procédure prévue par l'article 7, al. 3 et 4 de l'AUA, toutes choses de nature à contrarier la procédure arbitrale engagée. Il en résulte que la partie défenderesse à l'instance d'arbitrage a été parfaitement mise en mesure de faire valoir ses arguments, c'est donc en vain qu'elle prétend que l'arbitre n'a pas respecté sa mission, et que le principe du contradictoire n'a pas été respecté (CCJA, 1e ch., nº 063/2021, 8-4-2021 : Marc Orphanides c/ Alkarim Alnoor Jamal).

h) Tribunal accusé d'avoir soulevé d'office un moyen sans recueillir les observations des parties

C'est à tort qu'il est reproché à une cour d'appel d'avoir violé l'article 26.c) de l'AUA, en rejetant le moyen tiré de la violation de l'acte de mission par le tribunal arbitral, qui a invoqué d'office un moyen de pur droit sans avoir invité les parties à présenter leurs observations, conformément au droit national applicable (notamment art. 29 CPC burkinabé). Il en est ainsi dès lors que pour rejeter, en l'espèce, le moyen relatif au caractère non fondé des motifs de non-renouvellement des lignes de crédit, soulevé par la demanderesse, le tribunal arbitral a légalement justifié sa décision par des motifs propres, fondés sur le contrat des parties et les dispositions de l'article 1134 du Code civil, auxquels il aurait pu s'en tenir, la simple référence à l'article 8 de l'instruction nº 26-11-2016 de la BCEAO, un motif surabondant, n'ayant aucune influence décisive sur ladite décision et ne saurait s'analyser en un moyen de pur droit soumis aux observations des parties. Dès lors, la cour d'appel qui, statuant sur le moyen d'annulation tiré de la violation par le tribunal arbitral de sa mission, a retenu, de première part, que celui-ci a répondu à toutes les questions qui lui avaient été soumises conformément à la loi burkinabé, de deuxième part, que la disposition relative à l'instruction nº 26-11-2016 de la BCEAO n'a pas été le point culminant qui a entrainé le rejet des prétentions de la SITACI et, de troisième part, qu'il ne s'agissait pas d'un point de droit qui nécessitait l'intervention des parties, pour en fin conclure que le tribunal arbitral n'a donc aucunement violé sa mission, laquelle est délimitée par l'objet du litige, et qu'il convient de rejeter ce moyen comme mal fondé, n'a pas commis le grief articulé, qui est inopérant (CCJA, 1e ch., nº 049/2024, 22-2-2024).

i) Dépassement du délai de reddition de la sentence arbitrale

C'est à tort qu'il est reproché à un arrêt de n'avoir pas tiré la conséquence juridique idoine du dépassement du délai par le tribunal arbitral, qui a statué ainsi sans se conformer à sa mission, en ce que, la sentence arbitrale a été rendue un mois et 23 jours hors délai, dès lors que le Règlement de procédure du Centre d'arbitrage de la chambre de commerce de Dakar, sous l'égide duquel l'arbitrage s'était déroulé, prescrit un délai maximum de six mois, à compter de la réunion préparatoire, pour le prononcé de la sentence. C'est donc à raison que la Cour d'appel a estimé que ce calendrier est prévisionnel et indicatif et que la sentence a été rendue dans le délai (CCJA, 3e ch., nº 180/2022, 24-11-2022).

D. Non-respect du contradictoire

Le principe du contradictoire, une composante des droits de la defense, est un ensemble de garanties en vue d'une bonne administration de la justice, destinées à assurer à une partie la protection de ses intérêts tout au long du procès et dont la violation est sanctionnée en vertu de l'ordre public international, qui renvoit, pour son respect, au droit de faire valoir contradictoirement ses arguments, de connaitre et discuter les moyens et prétentions de son adversaire et d'échanger avec lui les éléments de preuve ou pièces du dossier. Lorsqu'il ressort aussi bien des énoncés de la sentence dont l'annulation est poursuivie et de l'arrêt attaqué que des productions des parties, que celles-ci et le tribunal arbitral ont signé, d'une part, l'acte de mission contenant le calendrier prévisionnel du déroulement de la procédure arbitrale en vertu duquel elles ont échangé leurs écritures et pièces, sollicité et obtenu le report de l'audience de plaidoiries à laquelle elles ont effectivement pris part, marquant la clôture des débats, et, d'autre part, le procès-verbal de non conciliation préalablement signé, l'arrêt attaqué n'a en rien violé le contradictoire en relevant que « le principe du contradictoire a été respecté car chacune des parties a conclu et réagi aux prétentions et points de droit de l'autre ». Il en est ainsi dès lors qu'au regard de ce qui précède et en considération de ce que la référence à l'instruction nº 26-11-2016 de la BCEAO, motif surabondant, ne constituait pas un moyen de droit nécessitant l'intervention des parties, la cour d'appel qui a rejeté le motif au soutien de la demande d'annulation tire de la violation du principe du contradictoire, également repris et décliné au soutien du troisième moyen tiré de la violation des droits de la défense et, partant de l'ordre public international, n'a en rien commis les reproches articlés par ces moyens, lesquels seront par conséquent rejetés (CCJA, 1e ch., nº 049/2024, 22-2-2024).

1º Décisions ayant retenu le non-respect du contradictoire

a) Défaut de communication de pièces

Le principe du contradictoire suppose que chacune des parties ait pu faire valoir ses prétentions, connaître celles de son adversaire et procéder à leur discussion. Pour que ce principe soit respecté, toute pièce produite en cours de délibéré doit au préalable avoir été communiquée à l'autre partie, aux fins d'éventuelles observations ou discussion. En l'absence de preuve de communication des pièces produites, le tribunal arbitral devrait soit ignorer ladite pièce dans sa décision, soit rabattre le délibéré aux fins de communication, si la pièce lui semble d'une importance pouvant se traduire dans sa future décision. Le tribunal arbitral qui a admis en cours de délibéré des pièces capitales produites sans communication préalable et a fondé, même partiellement, sa décision sur ces pièces n'a pas respecté le principe du contradictoire et sa sentence encourt l'annulation (CA Centre (Cameroun), n° 52/civ., 6-2-2008 : GROUPE PRODICOM SARL, représenté par K. J. c/ SDBC, SNC, BAT, Le centre d'arbitrage du Gicam, Ohadata J-10-249).

b) Défaut de comparution de toutes les parties devant l'arbitre autoproclamé

Le principe du contradictoire obligatoire en matière d'arbitrage n'a pas été respecté lorsqu'il n'est pas prouvé que toutes les parties ont comparu devant l'arbitre et que la sentence querellée a été rendue à la hâte, l'audience commencée en fin de matinée s'étant achevée à 12 h 30 après que l'affaire a été mise en délibéré pour quelques minutes seulement. Cette irrégularité expose la sentence à l'annulation, ainsi que l'exequatur qui en a résulté (CA Ouest (Cameroun), n° 53/CIV, 13-7-2011 : Z. F., G. P. c/ Sté Acep-Cameroun, Me T. Jean, Ohadata J-12-64).

c) Sentence rendue sur le fondement de pièces non débattues contradictoirement

L'arbitre qui, pour entrer en condamnation, ne s'est pas fondé sur des pièces débattues contradictoirement expose sa sentence à l'annulation (CA Ouagadougou (Burkina Faso), ch. com., n° 043, 16-4-2010 : Sté Services Universels c/ Sté Sogéa-Satom, Ohadata J-12-182).

2° Décisions n'ayant pas retenu le non-respect du contradictoire

a) Parties ayant eu la possibilité d'examiner et de discuter les pièces et moyens soumis au tribunal

Il est satisfait au principe du contradictoire, lorsque chaque partie a eu la possibilité d'examiner et de discuter les pièces ainsi que les moyens soumis au tribunal arbitral. Dans l'espèce, la sentence énonçant que « toutes les pièces ont été bien reçues et qu'aucune d'entre elles n'a été dissimulée ; que les parties ont disposé de tout le temps nécessaire et utile pour débattre… », le principe du contradictoire n'a pas été violé (CCJA, n° 029/2007, 19-7-2007 : Sir SA c/ Bona Shipholding LTD, Rec. jur. CCJA n° 10-juill.-déc. 2007, p. 12, Ohadata J-08-241).

Obs. : décision rendue par la CCJA en application du Règlement d'arbitrage de la CCJA, mais transposable à l'AUA.

b) Partie ayant reçu les pièces et observations écrites de la partie adverse sans produire les siennes

La partie qui ne conteste pas avoir reçu communication des pièces et observations écrites du conseil de son contradicteur et qui s'est abstenue de produire les siennes, acquiesçant par là même audit rapport d'expertise en cause, ne peut valablement invoquer le non-respect du contradictoire (CCJA, 3e ch., n° 154, 27-10-2016 : Oryx Bénin SA c/ ADN Gas SARL, Ohadata J-17-94).

C'est à tort qu'il est reproché à un tribunal arbitral d'avoir violé le principe du contradictoire pour avoir, alors que le débat était limité à la question de l'expiration ou non du délai d'arbitrage, rendu sa sentence définitive, alors qu'il se devait soit de rendre une sentence partielle sur l'exception discutée, soit de joindre celle-ci au fond et l'inviter à présenter sa défense sur la substance de la demande, dès lors que les demandes et les moyens développés à l'appui, sur lesquels le tribunal arbitral a statué dans sa sentence, sont contenus dans la requête en arbitrage, dont la demanderesse ne conteste pas avoir reçu communication régulière ; que la demanderesse n'invoque aucune pièce ou écriture qui ne lui ait été communiquée ; que lors des réunions de cadrage fixant le déroulement de la procédure, les mêmes demandes ont été exposées, la demanderesse ayant déclaré s'en tenir à sa demande de réaménagement du tribunal arbitral. Il résulte des mentions de la sentence que lors des débats, la demanderesse a maintenu son exception tenant à l'expiration du délai d'arbitrage, « … en demandant au tribunal arbitral de s'en tenir à cette exception » ; que le Tribunal, qui a joint au fond les exceptions soulevées par la demanderesse et n'a fondé sa décision sur aucun moyen soulevé d'office, n'avait pas à inviter ce dernier, à qui il était loisible de le faire, à présenter sa défense au fond. L'irrégularité dénoncée n'étant pas démontrée, il y a lieu de rejeter le moyen comme mal fondé (CCJA, 2e ch., 242, 29-11-2018 : CBC SA c/ Archidiocèse de Yaoundé).

c) Tribunal arbitral ayant répondu au moyen soulevé par une partie en réplique à l'autre partie

La violation du principe du contradictoire visée par l'article 26 de l'AUA ne peut pas se déduire de la compréhension qu'un tribunal arbitral peut se faire d'un moyen de défense valablement discuté par les parties litigantes, comme la force majeure. C'est donc en violation de ce texte qu'une cour d'appel a annulé une sentence arbitrale pour non-respect du contradictoire, dès lors que le tribunal arbitral n'a fait, comme la loi l'y oblige et par référence aux contrats liant les parties et valant leur loi, que répondre à un moyen proposé par une partie pour faire échec à la demande de l'autre partie (CCJA, 1e ch., no 269/2020, 30-7-2020 : Bureau Véritas SA c/ Bénin Control SA).

d) Demandes non examinées à cause du non-paiement de la provision

Le respect du principe du contradictoire suppose que chacune des parties ait été mise en mesure de discuter l'énoncé des faits et les moyens juridiques que ses adversaires lui ont opposés. C'est donc par une saine application de l'article 26-d de l'AUA qu'un arrêt ayant retenu « qu' […] il ressort des mentions de la sentence querellée que la demanderesse a été mise en situation de faire valoir ses droits ; que toutefois, selon le règlement du Centre, les demandes non accompagnées des frais correspondants sont considérées comme retirées ; que la demanderesse qui avait souscrit à l'arbitrage et reçu le règlement d'arbitrage savait donc à quoi s'en tenir » pour rejeter le recours en annulation. De même, c'est à tort qu'il est reproché à un arrêt d'avoir violé l'article 26-e) de l'AUA en rejetant le moyen relatif à la violation, par le tribunal arbitral, d'une règle d'ordre public international des États signataires du Traité OHADA, contenue dans l'article 9 de l'AUA, suivant laquelle « les parties doivent être traitées sur un pied d'égalité et chaque partie doit avoir la possibilité de faire valoir ses droits » ; et qu'en restreignant cette disposition à la seule phase de constitution du tribunal arbitral, la cour d'appel aurait, selon le moyen, violé le texte visé au moyen. Il en est ainsi dès lors que la cour d'appel a démontré que « la demanderesse a été mise en situation de faire valoir ses droits » et que la non-prise en compte, par le tribunal arbitral, des demandes reconventionnelles d'une partie résulte de son refus de payer les frais y afférents, conformément au Règlement de procédure de l'institution d'arbitrage, préalablement porté à sa connaissance, lors de la constitution du tribunal arbitral ; en conséquence, ce moyen, qui ne précise pas outre mesure en quoi une « règle d'ordre public international » a été violée en l'espèce, n'est pas fondé (CCJA, 3e ch., no 180/2022, 24-11-2022).

E. Contrariété à l'ordre public international

Obs. : à la différence de l'exequatur accordé en vertu de l'arbitrage institutionnel de la CCJA, l'exequatur accordé par un juge national de l'espace OHADA ne vaut que pour son pays, car l'ordre public visé englobant celui des États, celui d'un autre État peut-être différent et le juge qui accepte l'exequatur ne peut rendre qu'une décision ayant effet dans son ressort de compétence.

1o Décision ayant retenu la contrariété à l'ordre public international

Tribunal arbitral ayant violé l'autorité de la chose jugée

Il a été jugé que suivant l'article 26, e) de l'AUA, la contrariété d'une sentence arbitrale avec l'ordre public international constitue un motif d'annulation de celle-ci. Saisi pour se prononcer sur la validité d'un contrat, le jugement d'un tribunal qui, constatant qu'aucune des parties n'avait soulevé l'exception d'incompétence, a annulé ce contrat par jugement assorti de l'exécution provisoire, bénéficie de l'autorité de la chose jugée nonobstant l'appel interjeté, tant qu'il n'est pas annulé. L'autorité de la chose jugée qui constitue un principe fondamental de la justice, en ce qu'il assure la sécurité d'une situation acquise, participe de l'ordre public international visé à l'article 26, e) de l'AUA. À ce titre, il s'oppose à ce que l'arbitre statue à nouveau dans la même cause opposant les mêmes parties et ayant le même objet. En conséquence, la sentence arbitrale partielle qui déclare compétent le tribunal arbitral pour statuer à nouveau sur la même demande porte atteinte à l'ordre public international et doit être annulée. (CCJA, 3e ch., no 068/2020, 27-2-2020 : La République du Bénin c/ La Société Générale de Surveillance SA).

2o Décisions n'ayant pas retenu la contrariété à l'ordre public international

a) Violation alléguée du règlement intérieur du barreau d'État partie à l'OHADA

C'est à tort qu'il est reproché à une sentence d'être contraire à l'ordre public interne et international pour avoir violé l'article 76, al. 3 du règlement intérieur du barreau du Bénin en retenant que la constitution d'un avocat a été régulièrement autorisée par le bâtonnier alors, selon le moyen, que cet avocat a obtenu des décisions de justice avant d'être autorisé par le bâtonnier, dès lors qu'il est établi que par lettre en date du 31 décembre 2012, adressée au tribunal arbitral ad hoc, le bâtonnier de l'ordre des avocats du Bénin avait donné son accord pour la constitution de l'avocat concerné comme conseil de la défenderesse (CCJA, 3e ch., no 154, 27-10-2016 : Oryx Bénin SA c/ ADN Gas SARL, Ohadata J-17-94).

b) Violation alléguée de l'ordre public international d'un État partie à l'OHADA

C'est à tort qu'il est reproché à un tribunal arbitral d'avoir violé l'ordre public international de l'État du Sénégal en statuant sans convention d'arbitrage et bien après l'expiration du délai légal, sans prorogation par le juge compétent, dès lors que les moyens tirés de l'absence de convention d'arbitrage et de l'expiration du délai d'arbitrage avaient été rejetés par la CCJA comme étant mal fondés, et ne peuvent, par conséquent, justifier une violation d'un quelconque ordre public (CCJA, 2e ch., no 221/2021, 23-12-2021 : Elaf Sénégal SARL c/ Saudi Arabian Airlines Corporation).

c) Violation du seul ordre public interne d'un État partie à l'OHADA

Il a été jugé qu'une sentence arbitrale rendue dans une affaire qui relève de l'arbitrage interne, relativement à une convention à laquelle le droit applicable au fond du litige est exclusivement le droit interne de l'État dont les parties relèvent, ne saurait être annulée pour violation de l'ordre public international, sur le fondement d'une disposition de droit interne réputée d'ordre public, mais de nature purement nationale. En l'espèce, l'arbitrage opposant deux parties ivoiriennes, installées en Côte d'Ivoire, relativement à une convention conclue en Côte d'Ivoire, régie par le droit ivoirien, et dans un litige où les dispositions légales évoquées sont également celles de la loi ivoirienne, il s'agit donc d'une question relative à l'ordre public interne et non international. C'est donc en violation de l'article 26 de l'AUA que la cour d'appel de commerce d'Abidjan a annulé la sentence arbitrale attaquée sur le fondement de l'ordre public international, au motif que celui-ci englobe nécessairement les dispositions d'ordre public interne, alors que l'article 8 de la loi ivoirienne du 20 mars 1970 dont la violation est invoquée est une disposition d'ordre public interne ivoirien, dépourvue de tout caractère international, et qui ne saurait, par conséquent, être considérée comme un élément de l'ordre public international, exposant ainsi l'arrêt attaqué à la cassation (CCJA, 1e ch., no 243/2024, 25-7-2024).

F. Absence de toute motivation dans une sentence arbitrale

1o Décisions n'ayant pas retenu l'absence de toute motivation

a) Motivation existante

Le tribunal arbitral qui a relevé dans sa sentence que « la résiliation par la société [X.] ARAB CONTRACTORS des différents contrats l'ayant lié [à la société Y.] n'a non seulement pas respecté les formes prescrites à l'article 7 desdits contrats qui édicte une mise en demeure par lettre recommandée restée infructueuse, mais aussi ne s'est pas accompagnée d'un constat préalable des manquements du prestataire justifiant ladite résiliation, ainsi que le prévoit l'article 14 des diverses conventions. Que de telles violations de la loi des parties relèvent de la mauvaise foi manifeste de [X.] et constituent un abus lors de la résiliation intervenue le 5 juin 2007 des contrats passés avec son mandataire susnommé, pour la réalisation d'ouvrage sue le chantier de construction… » a suffisamment motivé sa sentence quant à la responsabilité de la société demanderesse dans la rupture de son lien contractuel avec la défenderesse avant de condamner la demanderesse à la réparation du préjudice civil. Aucun élément nouveau pouvant fonder l'annulation de ladite sentence n'ayant été apporté à la cour, celle-ci doit être confirmée en tous points (CA Centre (Cameroun), no 199/Civ, 28-4-2010 : Sté Arab Contractors c/ Cabinet F. MBA SARL, Ohadata J-12-73).

b) Tribunal ayant répondu à toutes les prétentions des parties

C'est à tort qu'il est reproché à une sentence :

– un défaut de motivation tiré de la non-réponse aux prétentions de la recourante et de la contradiction entre ses motifs, dès lors que le juge de l'annulation a constaté, après un examen souverain des faits soumis à son appréciation, que la sentence litigieuse a répondu à toutes les prétentions des parties (CCJA, 2e ch., no 110, 17-5-2018 : Trois N SARL c/ Sté Sicim Spa) ;

– de manquer de motivation, en violation des articles 26-6 de l'AUA alors que, selon le moyen, d'une part, le tribunal arbitral n'a pas expliqué pourquoi il a accordé la somme de 1 373 638 000 FCFA à la demanderesse au lieu des 1 901 531 060 FCFA réclamés et, d'autre part, a condamné la défenderesse à l'arbitrage au paiement des dommages-intérêts à hauteur de 185 000 000 FCFA, sans déterminer ni caractériser juridiquement la faute commise par cette dernière, dès lors que le moyen relatif à l'absence de motivation de la sentence, au sens de l'article 26 de l'AUA, est une exigence de forme visant à vérifier que le contenu de la sentence répond aux prétentions et moyens des parties. Il ne peut avoir pour objet la révision au fond de la sentence ou l'appréciation du bien-fondé de la décision des arbitres par la juridiction de recours. En l'espèce, le moyen n'est pas fondé et sera rejeté, dès lors qu'il résulte de la lecture de la sentence querellée que celle-ci contient bien les motifs dans son libellé (CCJA, 3e ch., no 203, 22-11-2018 : Airtel Gabon SA c/ 2JTH-Gabon SARL).

c) Exécution provisoire ordonnée par un tribunal

C'est à tort qu'il est reproché à une sentence arbitrale de ne pas être motivée, notamment en ce que le tribunal arbitral a ordonné l'exécution provisoire pour la totalité des sommes allouées sans préjudice du montant d'un million de Riyals saoudiens, en visant l'urgence liée à l'ancienneté de la créance, au péril de son recouvrement en rapport avec l'attitude de la société défenderesse, mais sans caractériser en quoi cette ancienneté rend urgent le recouvrement pour la demanderesse ni en quoi l'attitude de la compagnie peut être considérée comme un péril au recouvrement. Il en est ainsi dès lors que, si l'article 24 de l'AUA dispose que le tribunal arbitral peut accorder ou refuser l'exécution provisoire par décision motivée, il ressort pourtant en l'espèce, tant de l'articulation même du propre moyen de la défenderesse que de la lecture de la sentence arbitrale, que cette mesure a effectivement été motivée (CCJA, 2e ch., no 221/2021, 23-12-2021 : Elaf Sénégal SARL c/ Saudi Arabian Airlines Corporation).

2o Impossibilité pour le juge de l'annulation de contrôler le contenu de la motivation si elle existe

A légalement justifié sa décision la cour d'appel qui, après avoir considéré qu'une partie à l'instance avait soulevé des cas de contrariété de motifs et de non pertinence de motifs que cette partie avait assimilé à un défaut de motifs, a relevé que seul le défaut de motifs constitue un cas d'ouverture du recours en annulation d'une sentence arbitrale au sens de l'article 26 de l'AUA, pour en déduire qu'elle « [...] risque d'excéder ses pouvoirs » en procédant à un contrôle du contenu de la motivation de la sentence arbitrale. C'est donc à tort qu'il lui est reproché d'avoir violé, par interprétation erronée, les dispositions de l'article 26, c) de l'AUA (CCJA, 2e ch., no 094/2020, 9-4-2020 : Société George Forrest Belgium c/ Les Ciments du Sahel).

XII. Manque de coopération d'une partie : non constitutif d'omission de répondre aux conclusions

La partie qui n'a pas coopéré avec l'expert dont elle a demandé la désignation, avant dire droit, au tribunal arbitral et qui s'est abstenue de faire ses observations tant sur le rapport d'expert à la demande du tribunal arbitral, que sur les observations de la partie adverse ne peut valablement reprocher à l'arrêt confirmatif des sentences en cause le défaut de réponse aux conclusions pris en violation de l'article 26 de l'AUA. Il en est ainsi dès lors que contrairement aux allégations de la demanderesse au pourvoi, la société défenderesse a, dans sa lettre de mission adressée au tribunal arbitral ad hoc, sollicité avant dire droit une expertise comptable et financière des opérations effectuées par les deux parties, de la conclusion de leur contrat à la survenance du contentieux ; que c'est sur la base des deux lettres de mission que le règlement d'arbitrage a été proposé par le tribunal arbitral ad hoc et approuvé par les deux parties qu'ainsi, en application de l'article 9 dudit règlement d'arbitrage, le tribunal arbitral ad hoc a ordonné l'expertise par jugement avant dire droit no 03/2012 ; que suite à cette décision ordonnant l'expertise des comptes, il n'est pas contesté, d'une part, que la société demanderesse s'est abstenue de fournir à l'expert désigné les pièces en sa possession pour faciliter le travail de celui-ci et, d'autre part, qu'elle n'a pas fait d'observations ni sur le rapport tel que l'a sollicité le tribunal arbitral ad hoc ni sur les observations de la société défenderesse relativement audit rapport qui lui ont été communiquées (CCJA, 3e ch., no 154, 27-10-2016 : ORryx Bénin SA c/ ADN Gas SARL, Ohadata J-17-94).

Jurisprudence comparée

I. Allemagne

Irrecevabilité du recours pour défaut d'application d'une convention d'arbitrage prétendue valable. Dans un cas où le recourant en annulation de la sentence prétendait que la convention d'arbitrage était bien applicable, il a été jugé que le Code de procédure civile ne fournit aucune voie de recours contre une sentence pour laquelle l'arbitre se reconnaît à tort incompétent (Cour fédérale de justice (BGH) 6-6-2002 : GP 2003.som.1922 obs. V. Denoix de Saint Marc).

II. Angleterre

A. Généralité

Les juges anglais ne sont jamais contraints de respecter aveuglément la loi étrangère (*In the Estate of Fuld, decd (no 3)* [1968] P 675, 698).

Il arrive exceptionnellement qu'une loi étrangère soit contraire aux principes fondamentaux reconnus par les lois anglaises. Dans ce cas, les juges anglais doivent refuser de reconnaître ou d'exécuter le jugement étranger fondé sur cette loi et ce dans toute la mesure requise par les circonstances (*Kuwait Airways Corporation v Iraqi Airways Co & Anor* [2002] UKHL 19).

Un juge anglais ne refusera la reconnaissance d'un jugement étranger que si ce dernier est contraire à l'ordre public, aux bonnes mœurs ou s'il viole un principe fondamental de justice (*Loucks v Standard Oil Co of New York* (1918) 120 NE 198, 202).

Le fait que le refus de reconnaissance d'un jugement étranger sur le fondement de la violation de l'ordre public soit une règle vague et imprécise ne la rend pas illégale. D'autant plus que ce principe existe dans tous les pays (*Kuwait Airways Corporation v Iraqi Airways Co & Anor* [2002] UKHL 19).

Il convient d'être vigilant avec l'ordre public car il s'agit d'un cheval très indiscipliné dont vous ne savez jamais où il vous mènera. Il peut donc vous éloigner plutôt que de vous rapprocher de la bonne solution (*Richardson v Mellish* [1824] 2 Bing 229, 252).

Un bon cavalier sait dompter un cheval indiscipliné. Il peut le faire sauter par-dessus les obstacles et le faire retomber du côté de la justice (*Enderby Town Football Club Ltd v The Football Association Ltd* [1971] 1 All ER 215, 219).

B. Décisions ayant retenu la contrariété à l'ordre public

1° Absence de procès équitable

Si le condamné n'a pas eu un procès équitable, l'exequatur du jugement de condamnation doit être refusé car ce dernier est contraire à l'ordre public (*Maronier v Larmer* [2003] QB 620).

2° Expropriation sans indemnisation

La loi iranienne qui exproprie et nationalise une société sans indemniser ses actionnaires est contraire à l'ordre public. En conséquence, elle ne peut pas avoir d'effet sur le sol anglais (*Anglo-Iranian Oil v Jaffrate* (« The Rose Mary ») [1953] 1 WLR 246).

3° Contrat nul au regard de la loi anglaise

Lorsqu'un contrat est nul conformément aux dispositions de la loi anglaise et de la loi du pays dans lequel le contrat doit être exécuté, les juges doivent refuser le paiement de la commission réclamée au titre du contrat (*Lemenda Trading Co Ltd v African Middle East Petroleum Co Ltd* [1988] 1 All ER 513).

4° Cession d'une action judiciaire

La cession d'une action judiciaire dans laquelle le cessionnaire n'a aucun intérêt économique étant contraire à l'ordre public (champetry) ne peut pas obtenir exécution en Angleterre (Trendtex Trading Corpn v Credit Suisse [1982] AC 679).

5° Atteinte au droit de propriété résultant d'une guerre

L'invasion du Koweit par l'Irak étant une violation flagrante du droit international, il serait contraire à l'ordre public d'autoriser l'application d'une loi irakienne (repugnant iraki law) portant gravement atteinte aux droits de propriété (*Kuwait Airways Corporation v Iraqi Airways Co & Anor* [2002] UKHL 19).

III. Argentine

Les causes d'annulation des sentences sont limitatives (Camara nacional de Apelaciones en lo Comercial, 8-8-2007, Gasnor SA c/ Mobil Argentina SA : GP 2008.som. 28 mai cité par F. Mantilla-Serrano et E. Siva Romero).

IV. Belgique

A. Contrôle de l'ordre public

La sentence doit être examinée non seulement d'un point de vue formel mais aussi du point de vue du contenu ; le juge a pour mission d'assurer l'effectivité des dispositions d'ordre public ; l'absence de révision au fond interdit au tribunal de réexaminer les éléments du litige tels qu'ils ont été soumis par les parties au tribunal arbitral et de substituer sa propre appréciation à celle des arbitres ; c'est à partir de la sentence et de sa motivation qu'il convient de déterminer si l'ordre public est ou non violé (T. 1e instance Bruxelles 8-3-2007 : Rev. arb. 2007.303 note A. Mourre et L. Radicati di Brozolo).

B. Contrôle de motivation

L'annulation de la sentence arbitrale non motivée exclut un contrôle par le juge de la valeur du contenu de la motivation de la sentence arbitrale et la circonstance qu'une motivation est inexacte ne constitue pas un défaut de motivation. Est donc justifiée la décision des juges selon laquelle « la portée donnée par les arbitres à une clause ou à une convention relève de leur pouvoir d'appréciation » mais « une interprétation erronée d'une clause ne constitue pas en soi une cause d'annulation d'une sentence arbitrale » (Cour de cassation de Belgique 13-1-2011 n° C. 10. 0302 F : Juricaf).

V. Bulgarie

Les moyens d'annulation d'une sentence sont expressément énumérés par l'article 47 de la loi sur l'arbitrage commercial international. Par suite, ne peuvent être invoqués comme causes d'annulation tous les autres vices affectant la sentence arbitrale. En l'espèce, la cour d'arbitrage avait été saisie d'un différend relatif à l'exécution de deux accords de compensation (dits « de troc ») ayant pour objet la fourniture d'une quantité déterminée moyennant un prix fixé à la tonne de minerai de fer pendant une certaine durée et renfermant une clause stipulant que tous les litiges ultérieurs découlant du contrat ou s'y rapportant et non réglés à l'amiable seraient soumis au tribunal arbitral près la chambre de commerce et d'industrie de Bulgarie-Sofia, la décision étant définitive et obligatoire pour les parties. La sentence condamnant l'une des sociétés au paiement d'une somme représentant la contrepartie financière des marchandises non livrées aux termes de l'un des accords et de dommages et intérêts moratoires a fait l'objet d'une demande d'annulation fondée sur l'article 47 de la loi bulgare sur l'arbitrage international par la société condamnée, estimant que la cour d'arbitrage avait statué sur des questions ne relevant pas de la convention d'arbitrage. La Cour de cassation a écarté la demande d'annulation en estimant que l'annulation prévue par l'article 47 de la loi bulgare sur l'arbitrage commercial international ne s'étendait pas à toutes les sentences arbitrales entachées de vice mais uniquement aux vices explicitement énumérés par l'article 47 ; en effet, le présent litige découlant des relations commerciales et relevant du droit privé a été tranché en application d'une convention d'arbitrage (Cour suprême de cassation, collège commercial, 2e ch. com., no 185, 18-6-2005, affaire civile no 1010/2002, Juricaf).

VI. Colombie

La liste des causes d'annulation des sentences est limitative ; l'annulation d'une sentence ne peut donc pas être prononcée sur le fondement des causes d'annulation des contrats ; la prescription de l'action en paiement d'une créance contractuelle n'est pas d'ailleurs une cause de nullité des contrats ni de droit privé ni de droit public (Consejo de Estado de lo Contencioso administrativo 21-3-2007 : Hospital Departamental de Granada ESE c/ Etnofuturo : GP 2008.som. 28 mars cité par. F. Mantilla-Serrano et E. Silva Romero).

VII. Costa Rica

Motivation. Le contrôle de la motivation de la sentence n'est pas une cause d'annulation de cette dernière (Corte Suprema de Justicia de Costa Rica 23-3-2006 : GP 2007.som. 13 juillet rapporté par F. Mantilla-Serrano et E.).

VIII. Espagne

Renonciation au recours en annulation. Le recours en annulation est irrecevable lorsque le demandeur n'a pas soulevé le moyen de nullité devant le tribunal arbitral (Ord. de l'Audiencia Provincial de Madrid 17-3-2006, Wayss & Freytag et Sollazo Hermanos c/ Aguas Argentinas : GP 2008.som. 28 mars cité par A. Sabater).

IX. États-Unis

A. Principe du contradictoire

Il a été jugé que devrait être rejetée une contestation du principe du contradictoire soulevée pour s'opposer à l'exequatur d'une sentence arbitrale, en vertu de l'article 5-1 b de la convention de New York, au motif que la partie soulevant l'exception avait eu les moyens de s'opposer à la prétendue violation (Cour fédérale des États-Unis, New York district sud, 24 août 1990 : Rev. arb. 1994.739 note Y. Derains).

B. Ordre public

Les juges peuvent annuler une décision arbitrale qui est contraire à une règle d'ordre public (Eastern Associated Coal Corp. v. Mine Workers, 531 U.S. 57 (2000)).

Mais ils doivent favoriser la reconnaissance et l'application des sentences arbitrales étrangères car la sécurité juridique qui en résulte favorise les exportations de produits américains (Indocomex Fibres Pte. Ltd. v. Cotton Co. Intern., 916 F. Supp. 721 (W.D. Tenn. 1996)).

1o Interprétation stricte

Les juges doivent accorder l'exequatur d'une sentence arbitrale étrangère sauf si une cause de non-reconnaissance prévue dans la Convention de New York de 1958 est présente (Yusuf *Ahmed Alghanim & Sons v. Toys "R" Us, Inc.*, 126 F.3d 15, 20 (2d Cir. 1997)).

L'exequatur d'une sentence arbitrale ne peut être refusée que s'il est clairement établi qu'elle a été obtenue par fraude, corruption ou par des moyens indus (*Karppinen v. Karl Kiefer Machine Co.*, 187 F.2d 32 (2nd Cir. 1951)).

Les tribunaux doivent interpréter très limitativement la notion d'ordre public contenue dans la Convention de New York et ne doivent refuser la reconnaissance d'une sentence arbitrale étrangère que lorsque cette dernière viole les notions les plus élémentaires de moralité et de justice (Europcar *Italia, S.p.A. v. Maiellano Tours, Inc.*, 156 F.3d 310, 313 (2d Cir.1998)).

2o Violation de l'ordre public : décisions ayant refusé l'exequatur

a) Dommages-intérêts punitifs accordés par un tribunal arbitral

Obs. : les décisions ci-après concernent l'exequatur de jugements étrangers, mais sont transposables à une sentence arbitrale, par analogie, l'ordre public d'un ordre juridique donné ne changeant pas selon que l'exequatur concerne un jugement ou une sentence.

Les dommages et intérêts accordés par des arbitres pour punir le contractant et qui sont donc sans rapport avec le dommage subi sont punitifs (*penal*) et en tant que tels, bien qu'autorisés par le droit français, ne sont pas exécutables (*will not be enforced)* aux États-Unis (Laminoirs *v. Southwire Co.*, 484 F. Supp. 1063, (N.D.Ga.1980)).

b) Jugement étranger rendu en contrariété avec la loi américaine

Aucune nation n'a l'obligation de reconnaitre un jugement rendu dans un pays étranger qui est fondamentalement contraire aux principes qu'elle reconnaît. Par suite, un jugement anglais qui aurait pour conséquences de remettre en cause la loi antitrust américaine ne pourrait pas recevoir l'exequatur (*Laker Airways Ltd. v. Sabena, Belgian World Airlines*, 731 F.2d 909, 937 (D.C.Cir.1984)).

Les juges n'ont pas à reconnaître un jugement étranger lorsque les tribunaux de ce pays ne sont pas impartiaux ou que la loi n'a pas été scrupuleusement appliquée (due process of law) (Ocean Warehousing BV v. Baron Metals and Alloys, 157 F. Supp. 2d 245 (S.D.N.Y. 2001)).

3º Absence de violation de l'ordre public : décisions n'ayant pas refusé l'exequatur

a) Audition d'un expert ayant travaillé sur le chantier objet du litige

Le fait que les arbitres aient entendu comme expert une personne ayant travaillé sur le chantier objet du litige ne permet pas de refuser l'exequatur sur le fondement de la violation de l'ordre public (Industrial Risk Insurers, Barnard & Burk Group, Inc., barnard and Burk Engineers and Constructors, Inc., isi, Inc., American Home Assurance Co., defendants-third-party-plaintiffs-appellants, v. M.a.n. Gutehoffnungshutte Gmbh, third-party-defendant-appellee-cross-appellant.holland & Knight, Mark E. Grantham, Appellants, v. Industrial Risk Insurers, Barnard & Burk Group, Inc., barnard and Burk Engineers and Constructors, Inc., isi, Inc., American Home Assurance Co., defendants-third-party-plaintiffs-appellees, 141 F.3d 1434 (11th Cir. 1998)).

b) Cause de refus non prévue dans la convention de New York

L'exequatur d'une sentence arbitrale internationale ne peut être refusé que pour une cause expressément prévue dans la convention de New York. En conséquence, le fait qu'un arbitre appartienne à une organisation qui a travaillé pour une partie à l'arbitrage ne justifie pas un refus d'exequatur pour violation de l'ordre public (Belize Bank Limited v. Government of Belize, nº 16-7083 (D.C. Cir. 2017)).

Les causes permettant de refuser l'exequatur prévues à l'article V de la convention de New York sont exhaustives ; le juge ne peut donc pas refuser l'exequatur d'une décision arbitrale internationale en se fondant sur une cause non prévue dans la Convention, par exemple en se fondant sur le non-respect manifeste de la loi (*manifest disregard" of the law*) (*Brandeis Intsel Ltd. v. Calabrian Chemicals Corp.*, 656 F. supp. 160, (S.D.N.Y.1987)).

L'exequatur d'un jugement étranger qui annule une sentence arbitrale alors qu'aucune cause prévue dans la convention de New York ou dans le droit fédéral de l'arbitrage n'existe, doit être refusée (Matter of Chromalloy Aeroservices (Arab Republic), 939 F. Supp. 907 (D.D.C. 1996)).

La partie qui demande le rejet de la reconnaissance d'une sentence arbitrale doit prouver qu'une cause prévue à l'article V de la convention de New York est présente. Le seul fait que la partie ait, en toute connaissance, refusé de participer à la procédure d'arbitrage, ne justifie pas une non-reconnaissance d'une sentence arbitrale étrangère sur le fondement de la violation de l'ordre public (Geotech Lizenz AG v. Evergreen Systems, Inc., 697 F. Supp. 1248 (E.D.N.Y. 1988)).

c) Procès équitable

La partie qui a été notifiée de la procédure arbitrale et dont les avocats étaient présents au cours cette dernière, n'a pas fait la preuve que ses droits à la défense n'ont pas été respectés. En conséquence, la reconnaissance de la sentence arbitrale ne peut pas être refusée comme étant contraire à l'ordre public (Sarhank Group v. Oracle Corp., *01 civ. 1285, 2002 WL 31268635, (S.D.N.Y. Oct. 9, 2002))*.

d) Témoignages contradictoires d'une partie

Le fait qu'une partie ait émis des témoignages contradictoires ne justifie pas le refus de reconnaissance d'une décision arbitrale sur le fondement de la violation de l'ordre public (Waterside Ocean Navigation Co. v. Int'l Navigation Ltd., 737 F.2d 150, 152 (2d Cir.1984)).

e) Absence d'audition d'un témoin jugé important par une partie qui n'a pas sollicité son audition

L'exequatur d'une sentence arbitrale ne sera pas refusé parce qu'un témoin important n'a pas été entendu par les arbitres si, lors de la procédure d'arbitrage, la partie réclamant le refus de l'exequatur n'a pas demandé aux arbitres de convoquer ce témoin (Catz American Co. v. Pearl Grange Fruit Exchange, Inc., *292 F. Supp. 549* (S.D.N.Y.1968)).

f) Politique étrangère

Une violation de la politique étrangère des États-Unis, en l'espèce leur politique d'embargo vis-à-vis de l'Iran, n'est pas une violation de l'ordre public permettant de refuser l'exequatur d'une décision arbitrale étrangère (MGM Productions v. Aeroflot Russian Airlines, 573 F. Supp. 2d 772 (S.D.N.Y. 2003)).

La violation de l'ordre public permettant de refuser la reconnaissance des sentences arbitrales doit être entendue restrictivement. En conséquence, l'ordre public ne peut pas avoir pour objectif de protéger la politique nationale américaine et la reconnaissance d'une sentence arbitrale ne peut pas être refusée simplement parce que les États-Unis et l'Égypte ont des relations difficiles (Parsons & Whittemore Overseas Co. v. Société Générale de l'Industrie du papier (1974)).

g) Violation de la loi

La convention de New York n'autorise pas les juges à modifier les termes d'une sentence arbitrale et une simple erreur dans l'application d'une loi ne justifie pas le refus de l'exequatur d'une sentence arbitrale internationale (Hewlett-Packard, Inc. v. Berg, 867 F. Supp. 1126 (D. Mass. 1994)).

En principe, une violation de la loi américaine sur l'antitrust n'est pas une violation de l'ordre public permettant de refuser l'exequatur d'une sentence arbitrale (*La Société Nationale pour La Recherche, La Production, Le Transport, La Transformation et La Commercialisation des Hydrocarbures v. Shaheen Natural Resources*, 585 F. Supp. 57, (S.D.N.Y. 1983)).

h) Erreur de droit

Une simple erreur de droit ou de fait ne permet pas à un juge de refuser l'exequatur d'une sentence arbitrale internationale (Karaha Bodas Co. v. Pertambangan, 190 F. Supp. 2d 936 (S.D. Tex. 2001)).

Le fait que la sentence arbitrale soit considérée comme erronée par une partie, sans que cette dernière ne puisse démontrer une fraude, ne permet pas de refuser la reconnaissance d'une sentence arbitrale étrangère sur le fondement de la violation de l'ordre public (Indocomex Fibres Pte. Ltd. v. Cotton Co. Intern., 916 F. Supp. 721 (W.D. Tenn. 1996)).

i) Intérêts

Le seul fait que les arbitres aient fixé un taux d'intérêt de retard élevé (11,25 %) ne justifie pas le refus de l'exequatur sans preuve que le droit étranger appliqué interdit les dommages-intérêts punitifs (*penal*) (*Brandeis Intsel Ltd. v. Calabrian Chemicals Corp.*, 656 F. Supp. 160, (S.D.N.Y.1987))

Le fait que les arbitres aient fixé un taux d'intérêt de retard de 17 % ne justifie pas le rejet de l'exequatur d'une décision arbitrale internationale sur le fondement de la violation de l'ordre public relatif à l'interdiction des dommages-intérêts punitifs (*penal)* aux États-Unis *(American Construction Machinery, 659 F. Supp. 426 (S.D.N.Y. 1987)).*

j) Dommages-intérêts

Le fait que les arbitres aient accordé des dommages-intérêts en réparation des profits perdus en raison de l'inexécution de son obligation par l'autre partie n'est pas contraire à l'ordre public. L'exequatur de la sentence ne peut donc pas être rejetée sur ce fondement (Karaha Bodas Co. v. Pertambangan, 190 F. Supp. 2d 936 (S.D. Tex. 2001)).

k) Objection non soulevée à temps durant la procédure arbitrale

Lorsqu'une partie aurait pu soulever un moyen de défense au cours de la procédure d'arbitrage et qu'elle ne l'a pas fait, elle ne peut pas, lors de la procédure d'exequatur, se fonder sur ce moyen pour demander le refus de la reconnaissance de la sentence arbitrale sur le fondement de la violation de l'ordre public (Intern. Standard Elec. v. Bridas Sociedad Anonima, 745 F. Supp. 172 (S.D.N.Y. 1990)).

Une partie qui a accepté et participé à la procédure d'arbitrage ne peut pas, pour demander le refus de l'exequatur, invoquer ses propres turpitudes (*American Construction Machinery, supra*, 659 F. Supp. 426 (S.D.N.Y. 1987)).

l) Fraude

L'exequatur d'une sentence arbitrale internationale ne peut pas être refusée, comme contraire à l'ordre public, parce qu'une partie aurait commis une fraude, dès lors qu'il n'est pas démontré que la partie adverse a caché des informations à l'arbitre ou que cette présumée fraude a eu lieu après la procédure d'arbitrage (Indocomex Fibres Pte. Ltd. v. Cotton Co. Intern., 916 F. Supp. 721 (W.D. Tenn. 1996)).

m) Fraude

Un jugement rendu contre un citoyen américain dans un pays étranger (la France) doit recevoir l'exequatur lorsque le jugement semble avoir été rendu par une cour compétente et selon des règles de procédures permettant un procès équitable, peu importe que le défendeur n'ait pas eu les mêmes opportunités qu'il aurait pu avoir si le procès s'était tenu aux États-Unis (Hilton v. Guyot, 159 U.S. 113 (1895)).

Obs. : décision rendue concernant l'exequatur d'un jugement étranger, mais transposable à une sentence arbitrale, par analogie, l'ordre public d'un ordre juridique donné ne changeant pas selon que l'exequatur concerne un jugement ou une sentence.

X. France

A. Défaut de convention d'arbitrage

1° Absence de convention

Les arbitres n'ont pas statué en vertu d'une convention d'arbitrage :

– lorsqu'ils ont prononcé une seconde sentence dans un même litige après avoir par une première sentence débouté le demandeur, car ils se trouvaient alors dessaisis et ne pouvaient prononcer une seconde sentence rendue ultérieurement dans le même litige (Cass. 2e civ. 5-4-1994 : RJDA 8-9/94 nº 979) ;

– lorsqu'ils ont statué sur le fondement d'un acte de mission, établi après un premier échange de mémoires, qui ne reproduisait que partiellement la clause litigieuse, et alors que cet acte n'a pas été signé par l'une des parties qui avait contesté la privation du recours aux tribunaux étatiques envisagés par l'acte de mission en dépit des termes explicites de la clause ; les juges ont pu qualifier la clause figurant au contrat comme instituant une procédure de conciliation préalable à la saisine de la juridiction étatique (Cass. 1e civ. 11-7-2006 nº 1300 : RJDA 2/07 nº 210).

2° Convention valable

Les arbitres n'ont pas statué sur une convention nulle :

– au motif que le compromis ne comportait pas la détermination de l'objet du litige qui est imposée à peine de nullité, dès lors que la sentence exposait les prétentions respectives des parties et leurs moyens, la preuve de l'objet du litige étant alors considérée comme rapportée, compte tenu du caractère authentique des énonciations de la sentence quant à ce que l'arbitre a pu constater (CA Paris, 1e ch. C, 6-11-1997 : Rev. arb. 1998.706 obs. Y. Derains) ;

– lorsqu'ils ont rendu leur sentence alors qu'avait été dressé un acte dit « compromis d'arbitrage » qui ne comportait pas la signature du requérant en nullité, dès lors que ce document ne précisait que le calendrier et les règles de procédure applicables à l'instance (Cass. 2e civ. 21-11-2002 : JCP G 2003.IV.1602 ; RJDA 3/03 no 342).

B. Mentions de la sentence

Mentions non requises. L'omission du prénom d'une partie ne constitue pas un cas d'annulation de la sentence et le défaut d'indication du prénom dans les convocations par lettre recommandée avec accusé de réception ne suffit pas à établir le défaut de convocation dans la mesure où d'autres circonstances permettent d'établir que la partie en cause avait eu connaissance de la notification (CA Paris, 1e ch. suppl., 28-6-1991 : Rev. arb. 1992.633 obs. J. Pellerin).

C. Mission des arbitres

1o Respect de leur mission par les arbitres

La mission confiée aux arbitres a été respectée :
– lorsque l'arbitre statue dans la même sentence à la fois sur la difficulté soulevée sur la compétence et celle sur le fond du litige (CA Paris, 1e ch. C, 10-3-1995 : Rev. arb. 1996.143 obs. Y. Derains) ;
– lorsque l'arbitre se déclare dessaisi par le prononcé de la sentence, peu important qu'il ait reçu postérieurement à la sentence un mémoire complémentaire, car cette demande ne l'oblige pas à rouvrir les débats puisqu'il ne s'agit ni d'une requête en interprétation, ni d'une requête en rectification d'erreur matérielle, ni d'une requête en omission de statuer (CA Paris, 1e ch. C, 30-5-1995 : Rev. arb. 1996.533) ;
– même lorsqu'ils n'ont pas fixé la date à laquelle l'affaire doit être mise en délibéré (Cass. 2e civ. 12-12-1990 : Rev. arb. 1991.317 note Théry).

2o Méconnaissance de leur mission par les arbitres

La mission confiée aux arbitres a été méconnue :
– lorsque le tribunal arbitral s'est prononcé sur une demande de remboursement d'un prêt qui ne faisait pas partie de la mission des arbitres et qui ne présentait aucun lien avec la demande principale ; le chef correspondant de la sentence, détachable des autres dispositions de celle-ci, doit être annulé (Cass. 2e civ. 5-4-1994 : RJDA 8-9/94 no 979) ;
– lorsque l'arbitre a statué sur l'indemnisation du préjudice causé par le retard dans le versement de fonds, en incluant le trouble dans les relations contractuelles et les difficultés de trésorerie dans les éléments constitutifs du préjudice, alors que la demanderesse à l'arbitrage avait limité d'une manière expresse sa demande à la réparation d'un préjudice consistant uniquement en une perte de change (Cass. 2e civ. 9-12-1997 : Rev. arb. 1998.417 obs. L. Kiffer) ;
– lorsque les arbitres, s'agissant d'une cession d'actions avec obligation pour le cessionnaire de rembourser les comptes courants d'associés aux cédants, devaient rechercher si une faute dans la gestion de la société acquise par le cessionnaire avait été commise et avait entraîné le non-remboursement des comptes courants, justifiant l'allocation de l'indemnité demandée, et ont estimé que la question qui leur était posée était de savoir si le cessionnaire était ou non personnellement engagé au paiement des sommes figurant sur les comptes (CA Montpellier, 1e ch., 12-12-2000 : JCP (éd. E) 2002.320 note F. Auckenthaler) ;
– lorsque les arbitres, sans en être requis, ont prononcé une condamnation au profit d'une partie étrangère à l'arbitrage ; l'annulation de la sentence doit alors être intégrale, celle qui viserait uniquement le bénéficiaire de la condamnation ôterait toute portée à la décision critiquée et empêcherait son exécution, la cour ne pouvant, sans statuer au fond, substituer un autre bénéficiaire à celui désigné par la sentence dès lors que cette désignation ne résulte pas d'une erreur matérielle (CA Paris, 1e ch. C, 26-9-2001 : Rev. arb. 2001.som.915) ;
– lorsque l'arbitre a statué ultra petita en accordant au demandeur une somme excédant le montant de la demande ; en effet, l'évaluation d'un chef de préjudice faite par le demandeur a pour effet de figer l'objet de la prétention de ce même chef, alors que la faculté donnée au juge d'apprécier les conditions de réparation pécuniaire du préjudice lui impose de ne pas dépasser cette évaluation (CA Versailles, 1e ch., 1e sect., 26-6-2003 no 02/04579 : Bull. inf. C. cass. 2004 no 244) ;
– lorsque l'arbitre n'a pas statué sur un moyen soulevé par une partie (CA Lyon, 1e ch. civ., 15-1-2004 : GP 2004.som.1979) ;
– lorsque la mission des arbitres était circonscrite à la recherche de la responsabilité contractuelle de l'une des parties, que le tribunal arbitral a statué sur une demande relative à l'éventuelle responsabilité quasi-délictuelle de cette partie qui, même si elle tend à une condamnation à paiement en réparation du préjudice qui aurait été subi du fait de la cessation prématurée des contrats, implique tant au niveau des faits que du droit un examen radicalement différent et doit s'analyser non comme une demande incidente ayant le même objet que la demande principale, mais comme une demande ayant un objet différent (CA Paris, 1e ch. C, 6-4-2006 : Rev. arb. 2006.som.485) ;
– lorsque, investi par un compromis, l'arbitre, sans nouvel accord des parties, statue sur une demande incidente n'entrant pas, par son objet, dans les prévisions du compromis ; ainsi la demande relative à l'éventuelle responsabilité quasi-délictuelle d'une

société a été analysée non comme une demande incidente ayant le même objet que la demande principale mais comme une demande ayant un objet différent (Cass. com. 6-3-2007 n° 319 : RJDA 8-9/07 n° 917).

3° Appréciation de la mission

Le vice du dépassement de la demande ne s'analyse qu'à partir des écritures des parties et non à partir des pièces versées au débat (CA Paris, 1e ch. suppl., 17-10-1991 : Rev. arb. 1992.672 obs. Zollinger).

4° Omission de statuer

L'omission par l'arbitre de statuer sur un chef de demande peut être réparée par l'arbitre, et ne constitue pas un cas d'ouverture du recours en annulation (Cass. 2e civ. 7-1-1999 : JCP 1999.IV.1281 ; Rev. arb. 1999.272 note D. Foussard).

Il en est de même du rejet en termes généraux dans le dispositif de la sentence des demandes sans motivation (CA Paris, 1e ch. G, 17-1-2001 : GP 2001.som.1910).

D. Principe du contradictoire

1° Respect du principe du contradictoire

Le principe du contradictoire a été observé :

– lorsque le seul grief invoqué contre la sentence est qu'elle a qualifié improprement de « défenderesse » la « demanderesse » (CA Paris, 1e ch. suppl., 31-5-1991 : Rev. arb. 1992.669 obs. Moitry) ;

– lorsque les arbitres ont, dans le doute, interprété la convention en faveur du débiteur, dès lors qu'ils n'ont fait que se conformer aux règles générales du Code civil relatives à l'interprétation des contrats et trancher un moyen qui était nécessairement dans le débat dans la mesure où les parties s'opposaient sur l'interprétation d'une clause contractuelle et où l'une des parties avait fait référence dans son mémoire « aux règles générales des contrats » (CA Paris 25-3-1993, 1e esp. Rev. arb. 1995.468) ;

– lorsque les arbitres ont fondé d'office leur décision sur l'esprit du contrat et ont écarté les clauses littérales de ce dernier, celles-ci s'étant révélées inapplicables au cas d'espèce ; le moyen de droit ainsi soulevé était donc dans le débat (CA Paris, 1e ch., 28-5-1993 : DMF 1993.572 note R. Achard) ;

– lorsque l'arbitre a rappelé les droits conférés à l'une des parties par le contrat à l'appui de sa réponse à un grief formulé contre l'autre partie (CA Paris, 1e ch. C, 3-6-1993, 3e esp. : Rev. arb. 1995.468) ;

– lorsque les arbitres qui n'ont pas tenu d'audience des plaidoiries ont néanmoins permis aux parties de présenter leurs explications à plusieurs reprises et d'échanger leurs mémoires et leurs pièces (CA Aix, 8e ch. B, 30-9-1993 : Bull. d'Aix 1993-2.som.50 obs. E. Putman) ;

– lorsque le dossier de plaidoirie remis à l'issue de l'audience peut répondre aux arguments développés dans les conclusions de l'adversaire sous la seule réserve que ne soient pas formulées par ce biais de nouvelles demandes ni produites des pièces non communiquées, la déontologie des avocats n'imposant pas la communication du dossier de plaidoirie à l'adversaire, sauf demande expresse de ce dernier (CA Versailles 13-7-1994 : Rev. arb. 1995.495 note C. Jarrosson) ;

– lorsque les dispositions de l'article 6 du règlement d'arbitrage CCI, alors applicables à la procédure, relatives aux notifications ou communications ont été respectées, aucune autre formalité n'étant exigée (CA Paris, 1e ch. C, 24-3-1995 : Rev. arb. 1996.259 note J.M. Talau) ;

– lorsque le tribunal procède à l'audition de la plaidoirie du conseiller technique d'une des parties car, d'une part, l'article 14 du règlement d'arbitrage de la Chambre de commerce internationale, alors applicable en la cause, autorise l'arbitre à entendre toute personne à condition que ce soit contradictoirement et, d'autre part, l'article 15.5 du même Règlement de la prévoit que les parties peuvent être assistées de conseils sans préciser qu'il ne peut s'agir que de conseils juridiques (CA Paris, 1e ch. C, 13-4-1995 : Rev. arb. 1996.536) ;

– lorsqu'une société condamnée par une sentence arbitrale a eu connaissance de la date d'audience trois semaines avant celle-ci et a été dûment informée du déroulement de la procédure arbitrale, a présenté par écrit ses moyens de défense et n'a justifié d'aucune impossibilité de comparaître aux dates de remplacement proposées par la chambre arbitrale pour l'audience (CA Paris 3-10-1996 : DA 1996.1322 ; dans le même sens, la partie plaignante ayant disposé du temps suffisant pour faire valoir ses moyens de défense à l'encontre des demandes de son adversaire et des pièces justificatives de celles-ci dont elle était informée depuis plus d'un mois, CA Paris, 1e ch. civ. C, 15-10-1996, 6e esp. : Rev. arb. 1997.239).

– lorsque des arbitres ont arrêté le fondement juridique de la condamnation sans inviter les parties à en débattre, dès lors qu'ils n'avaient introduit aucun moyen nouveau dans le débat et n'avaient, pour trancher le litige comme ils l'ont fait, rien ajouté aux éléments de fait et de droit discutés par les parties (CA Paris, 1e ch. civ. C, 23-1-1996, 3e esp. : Rev. arb. 1997.239) ;

– lorsque l'arbitre, qui a le devoir de résoudre le litige avec une célérité raisonnable en évitant les mesures inutiles, n'a pas demandé d'informations complémentaires après les plaidoiries ; l'égalité procédurale entre les parties n'exige pas non plus d'étendre à l'une les mesures prises à l'égard de l'autre, la possibilité pour celles-ci d'échanger six

jeux d'écritures étant suffisante (CA Paris, 1e ch. C, 4-2-1999 : GP 2001.som.1907) ;
– lorsque l'arbitre, auquel il a été demandé de limiter la divulgation des documents contractuels versés aux débats, a donné connaissance de cette demande au conseil de l'autre partie (Cass. 1e civ. 5-1-2000 : GP.2000.som.2560) ;
– lorsque l'arbitre a, en présence des parties, arrêté les modalités de communication des pièces et d'échange des mémoires, tout en les invitant à lui faire connaître si elles souhaitaient la tenue d'une audience à l'effet de fournir toutes observations complémentaires, et que la sentence a énoncé que les parties ont fait parvenir à l'arbitre les pièces dont elles entendaient faire usage et se les sont communiquées entre elles, sans solliciter la tenue d'une telle audience (Cass. 2e civ. 13-1-2000 : GP 2000.som.2562) ;
– lorsque le débat étant complet et clos sur l'ensemble des questions soumises au tribunal arbitral, et les arbitres en ayant déduit les conséquences juridiques qu'ils estimaient fondées, ceux-ci n'ont pas soumis préalablement au prononcé de la sentence sa motivation au débat contradictoire, sauf à empêcher les arbitres à jamais de statuer s'il fallait toujours provoquer les explications des parties sur le raisonnement à tenir (CA Paris, 1e ch. C, 23-1-2003 : Rev. arb. 2003.som.252) ;
– lorsque le tribunal arbitral a fondé sa décision sur une pièce régulièrement produite aux débats et soumise à la libre discussion des parties, quand bien même cette pièce n'aurait pas été visée dans les écritures des parties (CA Paris, 1e ch. C, 10-6-2004 : GP 2004.som.3898).

Le principe de la contradiction [...] interdit qu'une décision soit rendue sans que chaque partie ait été en mesure de faire valoir ses prétentions de fait et de droit, de connaître les prétentions de son adversaire et de les discuter. Il interdit également que des écritures ou des documents soient portés à la connaissance du tribunal arbitral sans être également communiqués à l'autre partie, et que des moyens de fait ou de droit soient soulevés d'office sans que les parties aient été appelées à les commenter. Il est toutefois constant que l'arbitre peut tirer des conséquences d'un fait dans les débats ou procéder à une interprétation des éléments qui sont dans les débats, quand bien même les parties n'ont pas insisté sur ce point, sans que cela signifie qu'il a soulevé un moyen d'office. Il s'ensuit que :
– il n'y a aucune violation du principe de la contradiction à ne pas soumettre préalablement au prononcé de la sentence la motivation de celle-ci au débat contradictoire, sauf à empêcher les arbitres de jamais statuer s'il leur fallait provoquer les explications des parties sur le raisonnement à tenir ;
– le fait qu'un moyen ne figure pas dans les lignes directrices post-audience ou que le défendeur ne l'ait pas invoqué ne signifie pas pour autant qu'il a été soulevé d'office par l'arbitre et qu'il n'a pas été discuté contradictoirement ;
– il ne peut être tiré de ce que l'arbitre n'a pas expressément intégré dans les lignes directrices l'interprétation par analogie qu'il serait amené à faire de la comparaison de certaines clauses contractuelles, interprétation qui relève de son raisonnement, qu'il aurait soulevé ce moyen d'office ou qu'il ne l'aurait pas soumis au débat ;
– la question que l'arbitre a posée au paragraphe 297 de la sentence concernant la comparaison des régimes de garanties entre les articles 9.1, 9.2, 9.3, 9.4 et 9.5 et l'article 2.3 fait partie intrinsèque du raisonnement de l'arbitre sur la base d'éléments qui étaient dans le débat, qu'il a interprétés comme faisant un tout cohérent sur les conditions fixées contractuellement pour la résiliation du contrat, cette motivation relevant de son pouvoir ;
– c'est à tort qu'il est soutenu qu'un moyen de droit n'avait pas été soumis à la discussion des parties, car il est constant que dès lors que la décision des arbitres est fondée sur des éléments tirés des pièces produites de part ou d'autre et régulièrement débattus, aucune violation du contradictoire n'est caractérisée.

En l'espèce, d'une part, la discussion des parties telle que rapportée par l'arbitre dans la sentence mentionne que la question des garanties contractuelles et du respect d'un délai pour corriger les non-conformités alléguées étaient dans le débat et que la société Tetronics avait répondu aux demandes de la société BlueOak sur les violations alléguées des conditions et garanties (CA Paris, ch. Commerciale internationale, pôle 5, ch. 16, n° 12/2022 : Société Blueoak Arkansas LLC c/ Société Tetronics International Limited, n° 20/06487, n° Portalis 35L7-V-B7E-CBYMO).

2° Violation du contradictoire

Le principe du contradictoire a été méconnu :
– lorsque la décision rendue en vertu d'un compromis indique qu'un dossier a été remis à l'arbitre par une partie, mais ne fait pas état de la communication de ces pièces à l'autre partie (CA Paris, 1e ch. suppl., 24-10-1991 : Rev. arb. 1993.110 obs. C. Jarrosson) ;
– lorsque l'arbitre a fondé partiellement sa décision relative à un partage d'honoraires sur une jurisprudence dont il était l'auteur sans la communiquer aux parties ni leur permettre de la discuter contradictoirement (CA Paris, 1e ch. C, 28-3-1996, 5e esp. : Rev. arb. 1997.239, annulant les dispositions de la sentence – dont les différents chefs étaient divisibles – fondées sur le motif susvisé) ;

– lorsque le tribunal arbitral n'a pas informé les parties à l'arbitrage des investigations téléphoniques poursuivies par un des membres, peu important que les informations obtenues fussent d'ordre général Cass. 2e civ. 10-11-1998 : JCP 1998.IV.3494 ; Rev. arb. 1998.680 note J.-G. Betto ; Bull. civ. II no 266) ;
– dès lors que les parties à un litige ont été entendues en qualité de sachants ; a ainsi été justement annulée la sentence rendue tandis que des parties au litige porté devant le tribunal arbitral pour y être intervenues volontairement avaient été entendues par le tribunal comme des tiers susceptibles de lui fournir des informations objectives (Cass. 2e civ. 25-3-1999 : JCP (éd. E) 1999.pan.934 ; Rev. arb. 2000.267 note J.-G. Betto, 1e esp. Bull. civ. II no 266) ;
– dès lors que, les parties ayant établi un calendrier d'échange des mémoires, une partie a transgressé ce calendrier en déposant un mémoire le jour de l'audience ; elle a ainsi elle-même contrevenu au principe du contradictoire et le tribunal arbitral en rejetant ce mémoire n'y a pas, partant, porté atteinte (CA Paris, 1e ch. C, 23-1996 : Rev. arb. 2000.471 note J.-B. Racine).

E. Motivation

1o Vice de motivation

a) Décision ayant annulé une sentence pour contradiction entre les motifs, équivalent à un défaut de motifs

Il a été jugé que dès lors que le recours en annulation ne permet pas à la cour d'appel de connaître d'un moyen concernant le fond du litige, la contradiction entre les motifs de la sentence, quelle qu'en soit la nature, entache celle-ci d'un vice de motivation équivalant à un défaut de motifs. L'obligation de motiver incombant aux arbitres qui statuent comme amiables compositeurs, le moyen reprochant à la cour d'appel d'avoir annulé partiellement une sentence pour contradiction entre ses motifs n'est pas fondé (Cass. 2e civ. 25-10-1995 no 93-10.472, Groupement d'intérêt économique Commerçants réunis indépendants c/ Société Multimob : JCP G 1995.IV.2616).

Obs. : décision rendue au sujet de l'amiable composition mais transposable à toutes les sentences arbitrales dès lors qu'elles sont soumises à l'obligation d'être motivées. La jurisprudence française semble avoir évolué dans le sens du rejet d'une demande d'annulation d'une sentence comportant des motifs contradictoires, la raison souvent évoquée étant, comme il ressort de décisions ci-dessous, que cela reviendrait à critiquer au fond la motivation de la sentence. Cette raison ne nous semble pas convaincante, dès lors que la simple lecture d'une sentence arbitrale suffit pour constater des contradictions dans sa motivation et qu'une simple lecture n'équivaut pas à un réexamen de ladite sentence. Il en est ainsi en raison du principe procédural selon lequel la contradiction de motifs équivaut à un défaut de motifs, en ce que les motifs contradictoires s'annulent, principe qui est susceptible d'entraîner la cassation d'une décision rendue sur leur fondement (CCJA, no 040, 30-6-2009 : Betra c/ Sémos SA, Rec. jur. CCJA no 13, janv.-juin 2009, p. 104, Ohadata J-10-78, rendue en matière contentieuse mais transposable à l'arbitrage).

b) Décisions n'ayant pas annulé une sentence pour contradiction entre ses motifs

Une sentence ne peut pas être annulée pour contradiction de motifs car ce moyen tend, en réalité, à critiquer au fond la motivation de la sentence (Cass. 1e civ. 11-5-1999 et CA Paris, 1e ch. C, 26-10-1999 : Rev. arb. 1999.811 note E. Gaillard ; Cass. 2e civ. 6-12-2001 : D. 2002.IR.133).

En Belgique, la contradiction de motifs est considérée comme une absence de motifs (CA Bruxelles, 1e ch. suppl., 6-12-2000 : GP. 2001.som.861 obs. B. Hanotiau).

Le contenu de la motivation ne peut être contrôlé par le juge de la régularité de la sentence que dans les cas définis par l'article 1502 du nouveau Code de procédure civile de violation du principe de la contradiction ou de l'ordre public international (Cass. 1e civ. 14-6-2000 : D. 2000.IR.195 ; Bull. civ. I no 181. Dans le même sens, CA Paris, 1e ch. C, 16-11-2000 : Rev. arb. 2001.729 note H. Lécuyer).

Le contenu de la motivation échappant au contrôle du juge de la régularité de la sentence, le moyen fondé sur une contradiction entre les motifs de la sentence et le dispositif est donc irrecevable (CA Paris, 1e ch. C, 30-10-2003 : GP 2004.som.1984).

2o Existence d'une motivation

Lorsque la motivation de la sentence est requise par le règlement d'arbitrage, l'absence de motivation constitue une violation de leur mission par les arbitres ; mais l'arbitre, qui n'est pas tenu de répondre à la totalité de l'argumentation des parties, a suffisamment motivé sa décision par l'indication du montant du préjudice, même sans préciser le mode de calcul (CA Paris, 1e ch. C, 5-10-2000 : GP 2001.som.1909).

Dès lors que la motivation existe, il importe peu qu'elle soit convaincante ou non (CA Paris, 1e ch. C, 8-11-2001 : Rev. arb. 2001.som.925). Le caractère critiquable de la motivation n'est pas une cause d'annulation de la sentence (CA Paris, 1e ch. C, 25-3-2004 : Rev. arb. 2004.671 note J. Ortscheidt). De même, n'est pas un cas d'ouverture du recours en annulation de la sentence le grief tiré du défaut de réponse à des chefs de conclusions (Cass. 2e civ. 31-1-2002 : Bull. civ. II no 9).

F. Ordre public

1o Mise en œuvre de l'exception d'ordre public

Contrôle du juge de l'annulation. La violation de l'ordre public doit résulter de la solution donnée au litige, la méconnaissance d'une qualification même d'ordre public étant sans incidence si cette solution ne heurte pas l'ordre public (Cass. civ. 20-2-1991 : Rev. arb. 1991.453 note Idot). Le contrôle du respect des règles d'ordre public est mené à partir des éléments de fait et de droit retenus par les arbitres dans leur sentence, compte tenu de ce qui a été plaidé devant eux, la cour saisie d'un recours en annulation n'étant pas juge du procès qui s'est déroulé devant le tribunal arbitral (CA Paris 15-6-2000 : Rev. arb. 2001.806 obs. Derains). Il s'ensuit que :

– il n'appartient pas non plus à la cour d'apprécier les motifs adoptés par les arbitres pour parvenir à la solution retenue (CA Paris 14-12-2000 : Rev. arb. 2001.806 obs. Derains) ;

– doit être rejeté le moyen d'une partie qui soutient que le tribunal arbitral, en rejetant l'exception d'irrecevabilité des demandes fondées sur la prescription, a violé l'ordre public, car il oblige la cour à vérifier la pertinence du raisonnement juridique par lequel les arbitres ont rejeté l'exception de prescription (CA Paris, 1e ch. C, 25-11-2004 : Rev. arb. 2005.som.216) ;

– ne peut être soulevé le moyen qui invoque le grief de dénaturation au titre de la violation de l'ordre public (CA Paris, 1e ch. C, 18-1-2007 : Rev. arb. 2007.som.134).

Le contrôle exercé par le juge de l'annulation pour la défense de l'ordre public international s'attache seulement à examiner si l'exécution des dispositions prises par le tribunal arbitral heurte de manière manifeste, effective et concrète les principes et valeurs compris dans l'ordre public international. Ainsi, le principe d'une condamnation au paiement de dommages-intérêts punitifs n'est pas, en soi, contraire à l'ordre public international français. Il en est autrement si le montant alloué est disproportionné au regard du préjudice subi et des manquements aux obligations contractuelles du débiteur (CA Paris, pôle 1, ch. 1, 25-2-2020, no 17/18001).

Nullité de la renonciation par avance des parties à soulever l'exception d'ordre public. Les parties ne peuvent pas renoncer par avance à invoquer la nullité pour la violation de l'ordre public (CA Paris 2-12-1977 : GP 1978.1.som.209).

2o Violation de l'ordre public

L'ordre public a été violé en cas de mise en œuvre d'un mode contractuel d'évaluation du préjudice subi en cas d'inexécution d'un contrat aboutissant à permettre à la victime de fixer elle-même le montant de son indemnisation (CA Paris 3-11-1977 : Rev. arb. 1978.486 note Ph. F.).

3o Non-violation d'une règle d'ordre public

L'ordre public n'a pas été méconnu :

– lorsque les arbitres n'ont pas constaté la compensation des condamnations par eux prononcées, dès lors que celle-ci – qui ne leur a d'ailleurs pas été demandée – s'opère de plein droit en l'espèce en application de l'article 1290 [devenu 1347] du Code civil (CA Paris, 1e ch. suppl., 2-12-1988 : Rev. arb. 1990.909 obs. B. Moreau) ;

– lorsque a été omise la fixation de la date à laquelle l'affaire devait être mise en délibéré (Cass. 1e civ. 12-12-1990 : Rev. arb. 1991.317 note Théry).

XI. Irak

A. Méconnaissance de leur mission par les arbitres

Le tribunal peut, d'office ou à la demande de l'une des parties, annuler la sentence arbitrale lorsqu'une erreur substantielle a entaché la sentence ou la procédure requise pour sa validité (CPC art. 273). En l'espèce, la sentence arbitrale est annulée pour erreur substantielle. La Haute Juridiction a reproché aux arbitres d'avoir appliqué l'article 146-2 du Code civil permettant ainsi la révision d'un contrat d'entreprise pour imprévision alors que, d'une part, la demande portait sur la réparation du préjudice résultant du retard et non pas sur la restauration de l'équilibre contractuel et que, d'autre part, la fluctuation des prix consécutive aux circonstances actuelles dans le pays était bien prévisible, ce qui fait échec à la théorie de l'imprévision (Cass. féd., ch. élargie, 26-92007, pourvoi no 103).

B. Non-respect du principe du contradictoire

Vice de procédure. En cas d'inobservation par les arbitres des procédures prévues par le Code de procédure civile, le tribunal peut annuler la sentence arbitrale et trancher le litige, conformément à l'article 274 dudit Code, qui dispose que « le tribunal peut entériner la sentence arbitrale ou l'annuler totalement ou partiellement. Il a droit, en cas d'annulation, de renvoyer l'affaire aux arbitres pour remédier aux défauts ou de trancher le litige par lui-même lorsque l'affaire s'y prête ». Cassation de l'arrêt de la cour d'appel pour avoir validé une sentence arbitrale fondée sur un rapport d'expertise lacunaire établi, sans respecter le principe du contradictoire, par un expert non assermenté (Cass. féd., ch. civ., 6-5-2008, pourvoi no 293).

C. Annulation d'une sentence pour erreur substantielle

Si la sentence est entachée d'une erreur substantielle, le tribunal peut la renvoyer aux arbitres pour la reformer ou procéder à son annulation et statuer directement sur le fond en faisant appel à l'expertise, le cas échéant. Ainsi, l'annulation de la sentence peut être prononcée dès lors que les arbitres n'ont pas respecté les clauses du contrat d'entreprise relatives au taux d'achèvement des travaux et si celui-ci autorise le maitre de l'ouvrage à réduire la tâche convenue, cela d'autant plus que la sentence omet de se prononcer sur les indemnités dues à l'entrepreneur en raison de cette réduction en contrepartie des matières premières entreposées et des véhicules et équipements apportés. Dans ce cas, le tribunal est admis à statuer directement sur le fond et pourra éventuellement diligenter une expertise à cette fin, conformément aux articles 273-274 du Code de procédure civile (Cass. féd. 21-5-2008, pourvoi 185, http://qanoun.iraqja.iq/view.900).

XII. Italie

Contrôle de l'ordre public. La condition de contrariété à l'ordre public doit être vérifiée uniquement par référence au dispositif de la sentence (Cass. 1e civ. d'Italie 8-4-2004 : GP 2005.som.1355 chr. Tampieri).

XIII. Pays-Bas

A. Défaut de motivation

Une sentence arbitrale ne contient pas de motivation concernant la valorisation des actions qui était en cause, dès lors qu'elle fait des renvois, en des termes très généraux, à des « corrections » et à des « marges brutes » car ces renvois ne permettent aucune compréhension quant à la détermination du montant de ces actions ; il en va de même en ce qui concerne la description de ce montant comme la « valeur des parts raisonnablement déterminée à présent » ; la sentence arbitrale est, en outre, dépourvue de toute précision concernant les critères de valorisation utilisés et la manière dont la valeur des parts a été établie ; ces éléments sont en conséquence enveloppés dans les brumes, de sorte que la décision de valorisation indiquée dans la sentence doit être qualifiée de non motivée (président du Rechtbank Utrecht 21-11-2000 : GP 2003.som.3937 communication A. Ingen-Housz).

L'annulation d'une sentence pour défaut de motivation n'est pas possible pour motivation défectueuse ; mais il convient d'assimiler le défaut de motivation au cas où certes une motivation a été donnée mais où ne peut être décelée la moindre explication cohérente pour le jugement en question (Hoge Raad 9-1-2004 : GP 2006.som.1339 obs. A. Ingen-Housz ; dans le même sens, Gerechtshof Amsterdam 9-6-2005 : GP 2006.som.3424 rapporté par A. Ingen-Housz).

Une sentence peut être annulée pour absence de motivation « cohérente et pertinente » mais le juge du contrôle doit faire preuve d'une nécessaire retenue en n'intervenant que dans les « cas parlants » (Hoge Raad 22-12-2006 : GP 2008.som. 28 mars cité par A. Ingen-Housz).

B. Annulation partielle de la sentence

Une sentence a été partiellement annulée, les différentes décisions y figurant étant dissociables, lorsque condamnant une partie solidairement avec une autre dès lors que cette partie ne pouvait pas être considérée comme ayant accepté la convention d'arbitrage pour le seul motif que, bien que non partie au contrat, son directeur avait accepté qu'elle reçoive des confirmations de commande et des factures afférentes à l'exécution du contrat (Hoge Raad 20-1-2006 : GP 2008.som. 28 mars cité par A. Ingen-Housz).

XIV. Suisse

A. Respect de sa mission par l'arbitre

Ne méconnaît pas les limites de sa mission l'arbitre qui donne à la demande une autre qualification juridique que celle présentée par le demandeur (Trib. fédéral 21-9-2007, Dame Y c/ Z : GP 2008.som. 28 mars cité par P.-Y. Gunter).

B. Respect du contradictoire

L'arbitre n'a pas à soumettre à la discussion des parties les principes juridiques sur lesquels il va fonder son jugement, sauf si ces principes n'ont pas été évoqués dans la procédure antérieure et qu'aucune des parties ne s'en est prévalue et ne pouvait en supputer la pertinence en la cause (Trib. fédéral 17-7-1998 : GP 2003.som.1931 obs. Y. Gunter).

Le droit d'être entendu ne garantit pas aux parties le droit d'être informé par le tribunal arbitral que celui-ci renonce à l'administration de preuves, dès lors que celui-ci considère ces preuves comme n'étant pas (plus) pertinentes et ce, même dans l'hypothèse où les parties ont prévu une règle procédurale obligeant le tribunal arbitral à annoncer formellement une telle décision de refus et que celui-ci ne l'a pas fait (Trib. fédéral 16-3-2004, cité par P.-Y. Gunter, Panorama de jurisprudence suisse : GP 2004.doct. 3967).

C. Décision ultra petita

Un tribunal arbitral a statué ultra petita en condamnant le demandeur à régler une dette litigieuse alors que le défendeur avait seulement demandé la constatation de l'existence de cette dette (Trib. fédéral 28-4-1992 : Clunet 1996.743).

En revanche, tel n'est pas le cas lorsque le tribunal retient des moyens de droit qui n'ont pas été invoqués, car il procède seulement à une nouvelle qualification des faits de la cause dès lors que la conclusion en cause a été motivée de façon suffisante (Trib. fédéral 30-4-1992 : Clunet 1996.744).

D. Défaut de motivation

Le défaut de motivation ne constitue pas un motif de recours en annulation de la sentence, ce défaut n'étant pas contraire à l'ordre public (Trib. fédéral 13-9-2004, A c/ B, D. et Fondation X. : GP 2005.som.1356).

E. Ordre public

1° Conditions de recevabilité de l'exception d'ordre public

Pour constater que la sentence a violé l'ordre public, il ne suffit pas de constater que les motifs de la sentence sont contraires à l'ordre public, il faut encore pouvoir tirer la même conclusion de son dispositif (Trib. fédéral 6-9-1996 : GP 2000.som.281).

2° Absence de violation de l'ordre public

Il n'y a pas violation de l'ordre public :

– lorsque cette violation est invoquée en cas de griefs formulés dans le cadre de l'appréciation des preuves ni même dans celui de l'application du droit au fond puisqu'il n'existe pas en matière d'arbitrage international de révision au fond (Trib. fédéral 28-1-1997 : GP 2000.som.279 ; Trib. fédéral 18-11-2004, A. SA c/ B. Inc. : GP 2005.som.1358) ;

– lorsque la sentence a prononcé des sanctions disciplinaires relevant du domaine du droit associatif suisse ; il n'y avait donc pas lieu de statuer sur le point de savoir si le monopole de l'État en matière d'exécution forcée relevait de l'ordre public (Trib. fédéral 5-1-2007 : X SAD c/ Fédération internationale de football association (FIFA) : GP 2008.som. 28 mars cité par P.-Y. Gunter) ;

– lorsque les griefs adressés aux arbitres sont : la prolongation du délai de notification des motifs de la demande accordée par le président du tribunal arbitral sans consultation préalable de ses coarbitres ; le refus du tribunal arbitral d'entendre les parties dans une même audience ; les délibérations du tribunal arbitral hors du siège de l'arbitrage ; les constatations de droit ou de fait erronées (sous certaines réserves) (Trib. fédéral 24-3-1997 : GP 2000.som.280) ou, en particulier, la violation du principe pacta sunt servanda, le recourant critiquant le processus d'interprétation de dispositions contractuelles et la détermination des conséquences juridiques (Trib. fédéral 14-6-2000 : GP 2001.som.863 ; Trib. fédéral 18-11-2004, A. SA c/ B. Inc. : GP 2005.som.1358).

Il ne peut y avoir violation du principe pacta sunt servanda que dans le cas où le juge reconnaît l'existence d'un contrat mais refuse d'ordonner son respect en se fondant sur des considérations non déterminantes ou, inversement, lorsqu'il nie l'existence d'un contrat et néanmoins admet une obligation contractuelle (Trib. fédéral 26-5-2000, Reteitalia Spa c/ Lagardère : GP 2001.som.865 ; Trib. fédéral 6-12-2004 : GP 2005.som.1357 ; Trib. fédéral 13-11-2006 : GP 2007.doctr. 22 avril cité par P.-Y. Gunter et J. Nicolas).

F. Refus d'annulation d'une sentence pour violation de l'ordre public

Interprétation retenue d'une clause d'un contrat créant une obligation conditionnelle. Ne constitue pas une violation de l'ordre public l'interprétation de la clause d'un contrat prévoyant la rémunération de la partie recourante. Cette clause, incluse dans le contrat de prestation de services conclu entre la recourante et une société donneur d'ordre, prévoyait que cette rémunération ne lui serait due par ce dernier qu'autant qu'il recevrait lui-même la rémunération qui lui était due par le contrat le liant à un maître d'ouvrage ; dès lors, les arbitres n'ont pas méconnu les engagements contractuels entre la recourante et son donneur d'ordre en relevant que la recourante ne pouvait exiger le paiement des prestations lui revenant au motif que le donneur d'ordre avait été payé au titre du contrat principal par une autre partie que le maître d'ouvrage, en l'espèce par un organisme public (la Compagnie française d'assurance pour le commerce extérieur) garantissant l'exécution des contrats conclus au titre du commerce extérieur. Dans cette affaire, à la suite de difficultés d'exécution d'un contrat de construction d'un terminal d'aéroport conclu avec un organisme étatique consécutives à des dépassements de délais et de coûts imputables au maître d'ouvrage, la société entrepreneur a conclu un contrat de conseil et d'assistance avec une société faîtière d'un groupement d'entreprise, travaillant pour l'État concerné visant à résoudre ses graves difficultés de trésorerie et comportant une clause d'arbitrage selon le règlement d'arbitrage de la Chambre de commerce internationale (CCI). Cet accord n'ayant pas débouché sur un arrangement amiable entre l'État et l'entrepreneur, ce dernier a engagé une procédure arbitrale qui a conduit le tribunal arbitral à la condamnation en paiement du maître d'ouvrage à son profit. Ayant vainement demandé au maître d'ouvrage le règlement des montants alloués par le tribunal arbitral, la société entrepreneur s'est adressée à la Compagnie française d'assurance pour le commerce extérieur, qui s'était engagée à garantir, à hauteur de 90 %, le recouvrement de la créance reconnue par la juridiction arbitrale ; elle a touché une indemnité d'assurance et le solde de sa créance lui a été versé quelques années plus tard à la suite de la conclusion d'un accord bilatéral de consolidation de dettes par les gouvernements de l'État français et de l'État (Tribunal fédéral Suisse, 1re Cour civile, n° 4P.253/2004, 8-4-2005, Juricaf).

G. Recherche d'office

Le juge de l'exécution doit examiner d'office l'éventualité d'une violation de l'ordre public (Cour de justice du canton de Genève 11-12-1997 : GP 2000.som.282).

XV. Cour de justice de l'Union européenne (CJUE)

Contrôle du recours à la notion d'ordre public par le juge d'un État membre. La Cour de justice de l'Union européenne n'a pas pour rôle de définir le contenu de l'ordre public d'un État contractant. Il lui incombe néanmoins de contrôler les limites dans le cadre desquelles le juge d'un État contractant peut avoir recours à cette notion pour ne pas reconnaître une décision émanant d'une juridiction d'un autre État contractant. Un État contractant peut tenir compte, pour refuser l'exequatur d'une décision, du fait que le juge de l'État d'origine a refusé à ce dernier le droit de se faire défendre sans comparaître personnellement (CJUE 28 mars 2000. – Dieter Krombach contre André Bamberski. – Demande de décision préjudicielle : Bundesgerichtshof – Allemagne. – Convention de Bruxelles – Exécution des décisions – Ordre public. – Affaire C-7/98).

Art. 27 [mod.] **Le recours en annulation est recevable dès le prononcé de la sentence. Il cesse de l'être s'il n'a pas été exercé dans le mois de la signification de la sentence munie de l'exequatur.**

La juridiction compétente statue dans les trois (3) mois de sa saisine. Lorsque ladite juridiction n'a pas statué dans ce délai, elle est dessaisie et le recours peut être porté devant la Cour commune de justice et d'arbitrage dans les quinze (15) jours suivants. Celle-ci doit statuer dans un délai maximum de six (6) mois à compter de sa saisine. Dans ce cas, les délais prévus par le Règlement de procédure de la Cour commune de justice et d'arbitrage sont réduits de moitié.

JURISPRUDENCE OHADA

I. Saisine de la juridiction compétente

A. Recevabilité du recours formé par le promoteur d'une entreprise individuelle

Un établissement constituant une entreprise individuelle qui se confond avec la personne même de son promoteur, personne physique, n'a nullement besoin de justifier son existence juridique et le recours introduit par le promoteur est recevable (CCJA, ass. plén., nº 214/2021, 23-12-2021 : Établissements Enacam c/ Société Générale Cameroun et Gicam).

B. Délai

1º Point de départ du délai

a) À compter de la signification d'une sentence revêtue de l'exequatur

Le fait que le législateur communautaire ne se soit pas arrêté à « la signification de la sentence » mais qu'il ait précisé « la signification de la sentence munie de l'exequatur » induit que si le délai d'un mois prévu à cet article doit courir à compter de la signification, c'est à la condition que cette signification ait porté sur une sentence munie de l'exequatur. Il s'ensuit qu'en l'espèce la sentence arbitrale signifiée sans avoir été revêtue de l'exequatur n'est pas conforme aux prescriptions de l'article 27 de l'AUA et ne peut pas faire courir le délai du recours en annulation. Le recours formé par la demanderesse avant que le délai d'un mois n'ait commencé à courir est intervenu dans le délai légal (CA Pointe-Noire 4-3-2005 : Cofipa Investment Bank Congo c/ Sté Comadis Congo, Ohadata J-13-73).

b) Délai non couru en raison du non-aboutissement de la signification

Il ressort de l'article 27 de l'AUA du 11 juin 1999, selon lequel « le recours en annulation est recevable dès le prononcé de la sentence, il cesse de l'être s'il n'a pas été exercé dans le mois de la signification de la sentence munie de l'exequatur », que pour être recevable, le recours en annulation d'une sentence signifiée doit intervenir dans le mois de cette formalité. En droit, pour faire courir le délai d'exercice des voies de recours, la signification, dont l'objectif est de porter l'acte à la connaissance du destinataire, doit, lorsqu'elle est faite à une personne morale, être délivrée à son représentant légal, à un fondé de pouvoir de ce dernier ou à toute autre personne habilitée à cet effet. En l'espèce, la cour d'appel qui, pour déclarer un recours en annulation recevable, a constaté : (i) que l'exploit, de par son intitulé, « notification de date de renvoi contenant signification d'acte », « est source de méprise tant en ce qui concerne la nature réelle de l'acte notifié, que s'agissant des conséquences juridiques y attachées » ; (ii) qu'il résulte des mentions de l'exploit, que l'acte « a été remis à la guérite de la société [X.] au nommé [Y.] dont le lien juridique avec cette société n'est pas précisé » ; et (iii) qu'« qu'en raison de ces manquements la date à laquelle cet acte est effectivement parvenu aux représentants légaux de cette société ne peut être objectivement déterminée », n'a en rien violé l'article 27 précité, dès lors que cette imprécision ne permet pas de savoir si le nommé [Y.] était habilité à recevoir la signification au nom de la société (CCJA, 3e ch., no 175/2024, 6-6-2024).

c) Délai non couru pour une sentence partielle insusceptible de revêtir l'exequatur

Au sens de l'article 27 de l'AUA, le point de départ du délai d'un mois prescrit est à compter de la signification d'une sentence revêtue de l'exequatur ; en l'espèce, la sentence partielle qui, par sa nature, n'est pas susceptible de revêtir la formule exécutoire et qui n'a pas été signifiée n'a pu faire courir le délai (CCJA, 3e ch., no 068/2020, 27-2-2020 : La République du Bénin c/ La Société Générale de Surveillance SA ; CCJA, 1e ch., no 063/2021, 8-4-2021 : Marc Orphanides c/ Alkarim Alnoor Jamal).

2o Irrecevabilité du recours tardif

Le recours en annulation exercé en dehors du délai imparti après la signification de la sentence est irrecevable. La cour d'appel qui, pour déclarer recevable le recours exercé le 26 décembre 2007 contre une sentence signifiée le 16 novembre, a retenu que la première requête en annulation basée sur une disposition nationale en date du 30 novembre 2006 suspendait le délai de recours d'un mois a violé par mauvaise interprétation l'article 27 de l'AUA et exposé son arrêt à la cassation (CCJA, 2e ch., no 049/2012, 7-6-2012 : Pro-PME Financement SA c/ 1) Tanko Jean, 2) Mme Tanko née Ndouheu Madeleine ; dans le même sens, pour un recours exercé plus d'un an après la notification de la sentence, CCJA, 2e ch., no 049/2012, 7-6-2012 : Sté Pro-PME Financement SA c/ 1) Monsieur T., 2) Madame T. née N., Ohadata J-14-166).

Est irrecevable, le recours en annulation formé le 29 juillet 2010 contre une sentence munie de l'exequatur qui a été signifiée au requérant le 9 juillet 2008. Cette irrecevabilité empêche l'examen des moyens de fond, qui deviennent inopérants (CCJA, 3e ch., no 034, 9-3-2017 : Libya Oil Chad SA c/ Gamma SARL, Ohadata J-17-168).

. . . .

II. Dessaisissement de la juridiction nationale

A. Dessaisissement inapplicable à une procédure antérieure à l'AUA révisé

En vertu de l'article 25 de l'AUA du 11 mars 1999, applicable en l'espèce, la CCJA ne peut être saisie que des recours en cassation initiés contre des décisions rendues par le juge national compétent, à la suite d'un recours contre les sentences arbitrales rendues sous l'égide d'un centre d'arbitrage local ou par un tribunal ad hoc. Par dérogation à ce principe, l'article 27 de l'AUA du 23 novembre 2017 a instauré un mécanisme de saisine directe de la CCJA d'un recours en annulation de sentence arbitrale rendue dans un État partie, en cas de défaillance de la juridiction nationale compétente. Toutefois, aux termes de l'article 35 de l'AUA, ce mécanisme « n'est applicable qu'aux procédures arbitrales commencées après son entrée en vigueur ». Il s'ensuit, en l'espèce, que l'AUA du 23 novembre 2017, actuellement en vigueur, étant inapplicable à la procédure arbitrale en cause, qui s'est terminée en 2015, une telle sentence ne peut être soumise à la CCJA que par un pourvoi en cassation contre la décision de la juridiction nationale qui aura statué sur le recours en annulation et un tel recours directement formé devant la CCJA est irrecevable (CCJA, ass. plén., no 110/2021, 3-6-2021 : Orabank Côte d'Ivoire c/ Ecogif Distribution Sarl, Expertis SA).

B. Point de départ du délai pour le dessaisissement : saisine de la juridiction matérialisée par l'enregistrement au greffe de la juridiction

L'assignation en annulation d'une sentence arbitrale, datée du 16 février 2021, déposée et enregistrée sous numéro au greffe de la juridiction le 18 février 2021, consacre ainsi la saisine de la juridiction. Celle-ci n'ayant pas statué dans le délai de trois mois à compter de cette dernière date conformément à l'article 27 de l'AUA, le recours en annulation introduit le 21 mai 2021 est recevable. C'est donc à tort que l'exception d'irrecevabilité du recours a été soulevée au motif que, bien que l'assignation ait été reçue au greffe le 16 février 2021, la cour d'appel n'a pu être saisie qu'après enrôlement de l'assignation à l'audience du 1er mars 2021 et avait jusqu'au 1er juin 2021 pour statuer, de sorte qu'en application de l'article 27 de l'AUA, le recours introduit devant la CCJA le 21 mai 2021 est prématuré et, en conséquence, irrecevable (CCJA, ass. plén., no 214/2021, 23-12-2021 : Établissements Enacam c/ Société Générale Cameroun et Gicam).

Obs. : depuis l'entrée en vigueur de l'AUA révisé, doit être considérée comme caduque la décision antérieure de la CCJA selon laquelle en l'absence d'une disposition spéciale de l'AUA relatif à l'arbitrage y renvoyant, le délai (de trois mois en l'espèce) imparti par une disposition nationale à la juridiction nationale compétente pour statuer sur le recours en annulation d'une sentence rendue sur le fondement de l'AUA ne saurait s'appliquer au contentieux de l'arbitrage (CCJA, 1e ch., no 177/2020, 28-5-2020 : Sarci SARL c/ Atlantique Télécom SA).

Le recours en annulation d'une sentence arbitrale formé devant la CCJA sur le fondement de l'article 27 de l'AUA est recevable, dès lors que la juridiction nationale initialement saisie du recours en annulation n'a pas statué dans le délai de trois mois à compter de sa saisine, matérialisée par l'enregistrement du recours au greffe de la juridiction nationale. C'est donc à tort que l'irrecevabilité du recours en annulation ainsi formé devant la CCJA a été soulevée au motif que, bien que l'assignation ait été reçue au greffe de la juridiction nationale le 16 février 2021, la cour d'appel n'a pu être saisie qu'après enrôlement de ladite assignation à l'audience du 1er mars 2021 et avait jusqu'au 1er juin 2021 pour statuer et que le recours formé devant la CCJA le 21 mai 2021 serait prématuré (CCJA, ass. plén., nº 214/2021, 23-12-2021).

C. Nullité de la décision rendue hors délai pour excès de pouvoir, susceptible d'être relevée d'office

L'excès de pouvoir, prévu à l'article 28 bis du Règlement de procédure, sanctionne la décision prise par une juridiction en dehors de ses attributions juridictionnelles, notamment lorsqu'elle méconnaît les limites de sa saisine, soit parce qu'elle n'est pas encore saisie, soit parce qu'elle ne l'est plus. Il résulte des articles 46 et 173 du Code de procédure civile, commerciale et administrative ivoirien qu'au jour fixé pour l'audience, si l'affaire est enrôlée, elle est obligatoirement appelée ; l'article 140, alinéa 4 du même Code dispose qu'« [e]n tout état de cause, le tribunal doit statuer dans un délai de six mois maximum, à compter de la première audience » ; il ressort également des articles 41 et 49 de la loi ivoirienne relative aux juridictions de commerce que si les parties comparaissent, la juridiction de commerce s'assure que les parties ont entrepris les diligences en vue de parvenir à un règlement amiable du litige ; que l'article 45, alinéa 3 de la même loi dispose qu'« [e]n tout état de cause, le jugement est rendu dans un délai impératif de trois mois à compter de la première audience ». Il résulte de la combinaison de ces dispositions, ajoutées à l'article 27 de l'AUA, qu'aucune juridiction ivoirienne ne peut commencer à instruire une affaire avant la date fixée pour la première audience, elle-même fixée par le demandeur sur l'acte de saisine ou lors de l'enrôlement. Il en ressort que la notion de date de saisine prévue par l'article 27 de l'AUA doit être entendue, en république de Côte d'Ivoire, comme celle à laquelle la juridiction nationale peut légalement commencer l'instruction de son dossier, à savoir la date de la première audience. En l'espèce, l'affaire objet du recours en annulation de la sentence arbitrale ayant été appelée pour la première fois à l'audience du 23 décembre 2021, le délai de trois mois qui commence à courir à compter de ce jour expire le jour du dernier mois qui porte le même quantième que le jour de l'acte ou de l'événement qui le fait courir ; ce jour qui porte le même quantième étant le 23, la cour d'appel qui a statué le 24 mars 2021, alors que le délai avait expiré la veille, à savoir le 23 mars 2021, l'a fait hors délai. Au moment où elle statuait, la cour d'appel était donc dessaisie au profit de la CCJA et, statuant dans ces conditions, la cour d'appel a commis un excès de pouvoir et son arrêt est dès lors nul et non avenu, sans qu'il y ait lieu à évocation (CCJA, 1e ch., nº 171/2023, 13-7-2023).

L'excès de pouvoir, prévu à l'article 28 bis du Règlement de procédure de la Cour de céans au titre des cas d'ouverture à cassation, sanctionne la décision prise par une juridiction en dehors de ses attributions juridictionnelles, notamment lorsqu'elle méconnaît les limites de sa saisine, soit parce qu'elle n'est pas encore saisie, soit parce qu'elle ne l'est plus. En l'espèce, la cour d'appel saisie suivant assignation en annulation de sentence arbitrale en date du 10 juin 2020, enrôlée et appelée à l'audience commerciale de ladite Cour du 6 juillet 2020, avait, conformément aux exigences de délai de l'article 27 de l'AUA, trois mois, soit jusqu'au 6 octobre 2020, date limite, pour rendre son arrêt. Faute d'avoir statué dans ce délai, elle se trouvait dessaisie et ne devait plus entreprendre aucune décision ; en statuant ainsi au-delà dudit délai, elle a commis un excès de pouvoir, susceptible d'être relevé d'office, et son arrêt rendu le 7 décembre 2020 est dès lors nul et non avenu, sans qu'il y ait lieu à évocation (CCJA, 1e ch., nº 114/2024, 25-4-2024).

D. Preuve d'un préjudice non nécessaire

Les dispositions péremptoires de l'article 27 de l'AUA ne laissent aucune place, pour leur application, à la démonstration d'un quelconque préjudice subi par une partie. En l'espèce, la juridiction nationale saisie du recours en annulation le 17 septembre 2021, n'ayant pas rendu sa décision à la date limite du 17 décembre 2021, conformément aux exigences de la loi susmentionnée, est en conséquence dessaisie au profit de la CCJA et il y a lieu de déclarer nuls et non avenus tous les actes relatifs à ce dossier prononcés par ladite juridiction, après son dessaisissement (CCJA, ass. plén., nº 199/2022, 29-12-2022).

E. Pourvoi en cassation sans objet contre la décision non avenue du juge ayant statué hors délai

Il résulte de l'article 27 de l'AUA que le juge saisi du recours en annulation d'une sentence arbitrale munie de l'exequatur doit statuer dans les trois mois à compter de sa saisine, sous peine de dessaisissement. En l'espèce, il y a lieu de constater d'office le dessaisissement de la cour d'appel qui a rendu son arrêt 9 mois après sa saisine, et de dire sa décision non avenue. Dès lors, le recours en cassation contre sa décision devient sans objet (CCJA, 3e ch., no 216/2023, 30-11-2023).

La sentence arbitrale dont l'annulation a été prononcée hors délai par une décision ultérieurement déclarée nulle et non avenue par la CCJA et contre laquelle le recours prévu par l'article 27 de l'AUA n'a pas été exercé dans le délai imparti par cette disposition ne peut plus, après l'annulation ainsi prononcée par la CCJA, faire l'objet d'un recours directement devant la CCJA ; le recours formé dans de telles conditions est irrecevable (CCJA, 1e ch., no 202/2024, 27-6-2024).

Obs. : voir sous « Nullité de la décision rendue hors délai pour excès de pouvoir, susceptible d'être relevée d'office », CCJA, 1e ch., no 171/2023, 13-7-2023.

F. Illustrations du dessaisissement

Conformément aux exigences de l'article 27 de l'AUA :

– il y a lieu de relever d'office que la juridiction saisie le 20 avril 2020 puis le 16 juin 2020 d'un recours en annulation contre une sentence arbitrale rendue le 16 mars 2020 avait, en application de l'article 27, alinéa 2 de l'AUA, 3 mois pour se prononcer sous peine de dessaisissement et devait rendre sa décision au plus tard le 17 septembre 2020 ; au-delà de cette date, elle se trouvait dessaisie de l'affaire et ne pouvait plus rendre aucune décision. Il y a donc lieu de déclarer non avenu l'arrêt intervenu dans ces conditions. D'autre part, en application des mêmes dispositions ci-dessus relevées, la demanderesse avait un délai de 15 jours à partir du dessaisissement de la cour d'appel pour saisir la CCJA d'un recours en annulation de ladite sentence ; son recours formé au-delà de ce délai est irrecevable comme exercé contre une décision non avenue (CCJA, 3e ch., no 183/2022, 24-11-2022) ;

– la juridiction nationale saisie le 14 juillet 2021 du recours en annulation contre une sentence arbitrale devait vider sa saisine avant la date limite du 14 octobre 2021 ; ne l'ayant pas fait, elle était dessaisie au profit de la CCJA, non à compter du 21 février 2022, date à laquelle elle a rendu son arrêt, mais depuis le 15 octobre 2021. Il s'ensuit que le recours porté devant la CCJA le 3 mars 2022, alors qu'il aurait dû l'être dans les quinze jours suivant le 14 octobre 2021, est irrecevable car tardif (CCJA, ass. plén., no 049/2023, 23-3-2023) ;

– la cour d'appel saisie le 13 janvier 2023 d'un recours en annulation contre une sentence arbitrale se devait de vider sa saisine avant la date limite du 14 avril 2023 ; ne l'ayant pas fait, elle était d'office dessaisie au profit de la CCJA à partir de cette date, et non à compter du 14 septembre 2023, date à laquelle elle a rendu son arrêt. Par conséquent, en portant son recours devant la CCJA le 28 septembre 2023, alors qu'elle aurait dû le faire dans les quinze jours suivant le 14 avril 2023, la demanderesse l'a exposé à l'irrecevabilité pour forclusion (CCJA, 1e ch., no 051/2024, 22-2-2024 ; CCJA, 1e ch., no 052/2024, 22-2-2024).

III. Impossibilité de violer des dispositions de l'AUA non appliquées en l'absence de recours en annulation

La cour d'appel, qui a statué sur appel d'une ordonnance rendue en matière de contentieux de l'exécution et n'a jamais été saisie dans le cadre d'un quelconque recours contre des sentences arbitrales, n'a pas pu violer les articles 22, 23, 25, 27, 30 et 32 de l'AUA. Il s'ensuit que le moyen selon lequel « tout en admettant la légalité de la saisie-attribution du 29 mai 2002 pratiquée sur le fondement d'un titre exécutoire constitué par un jugement accordant l'exequatur à la sentence arbitrale du 17 avril 2002 la cour d'appel du littoral se contredit en déclarant que cette dernière a été annulée par une autre sentence rendue par le même arbitre le 18 mars 2003 » ; qu'en se déterminant de la sorte, elle a violé les textes visés au moyen et son arrêt encourt la cassation » est mal fondé et sera rejeté (CCJA, 1e ch., no 176/2019, 23-5-2019 : African Petroleum Consultants SARL c/ Sonara).

Jurisprudence comparée

I. Allemagne

Qualification de sentence susceptible de recours en annulation. Le recours contre une sentence de procédure a été jugée recevable (Cf. Cour fédérale de justice [BGH] 6-6-2002 : GP 2003.som.1922 obs. V. Denoix de Saint Marc).

N'a pas été considérée comme une sentence la décision du « tribunal » constitué au sein d'une association et composé exclusivement de membres élus au sein de cette association, car un tel tribunal ne permet pas le respect des droits de la défense (Cour fédérale de justice [BGH] 27-5-2004 no III ZB 53/03, cité par V. Denoix de Saint Marc, Panorama de jurisprudence allemande : GP 2004.doct.3959).

II. Autriche

Irrecevabilité du recours. Rejet du recours juridictionnel effectué contre une décision arbitrale qui avait fixé les langues (allemand et anglais) dans lesquelles l'arbitrage se déroulerait au motif que ce recours n'est recevable que si la matière en cause a une importance significative quant à la protection de l'unité, de la consistance ou encore du développement de la loi ; tel n'est pas le cas du recours contre une décision de procédure dans le domaine des directives procédurales (Cour suprême d'Autriche 12-4-1994 : Yearbook 1997.264).

III. France

A. Recevabilité du recours

1° Existence d'une sentence

Le recours n'est ouvert que contre une sentence, c'est-à-dire un acte qui tranche de manière définitive, en tout ou en partie, le litige, que ce soit sur le fond, sur la compétence ou sur un moyen de procédure, et qui a pour effet de mettre fin à l'instance (CA Paris 25-3-1994 : Rev. arb. 1994.391 note Jarrosson). Tel est le cas d'une décision refusant de surseoir à statuer (CA Paris 7-7-1987 : Rev. arb. 1988.649 note Mezger) ou tranchant des questions de procédure litigieuses (CA Paris 9-7-1992 : Rev. arb. 1993.303 note Jarrosson).

2° Absence d'une sentence

Le recours ne peut pas être exercé contre une décision par laquelle une institution permanente d'arbitrage (en l'occurrence la cour d'arbitrage de la CCI) rejette une demande de récusation d'un arbitre (Cass. civ. 7-10-1987 : Rev. arb. 1987.479 note Mezger), ni contre un document qui analyse des pièces fournies et une discussion sommaire de celles-ci et qui se présente sous la forme d'une simple lettre adressée à une seule partie, l'autre partie n'ayant reçu qu'une copie non signée, un tel document n'étant qu'un rapport d'expertise (CA Paris 26-5-1987 : Rev. arb. 1987.509 note Jarrosson), ni contre une mesure prise pour l'instruction du litige (Cass. civ. 6-12-2001 : Rev. arb. 2002.697 note Ortscheidt).

B. Effet du recours

Dès lors que le recours en annulation est ouvert, l'appel en réformation est irrecevable (CA Aix 10-1-1983 : GP 1983.136 note Dureuil).

IV. Liban

Absence de sentence. N'a pas été considéré comme une sentence l'acte présenté à l'exequatur qui ne comportait pas les mentions relatives aux demandes et aux prétentions des parties et un dispositif présentant une tournure décisoire dispensant de toute déduction et de toute interprétation (Cour de cassation libanaise, 5e ch. civ., 23-4-2002 n° 64/2002 : Rev. arb. 2003.457 note M. Sfeir-Slim et H. Slim).

V. Suède

Existence d'une sentence. Le recours juridictionnel a été admis contre la décision d'un arbitre de mettre un terme à la procédure arbitrale, sans avoir réglé le différend, en se fondant sur la mauvaise compréhension de la demande d'une partie, car l'article 21 de la loi suédoise se référant à une « irrégularité de procédure ouvre un recours contre les décisions de procédure » (Cour suprême de Suède, Jansson c/ Reprot type AB, NJA 1975 p. 536, cité par S. Jarvin, Rev. arb. 1998.633).

VI. Suisse

A. Irrecevabilité des recours

Les recours en annulation ne sont pas recevables :
– contre les sentences partielles, préjudicielles ou incidentes (Trib. fédéral 6-2-1990, Clunet 1996.737) ;
– contre les décisions qui ne présentent pas des garanties suffisantes d'impartialité et d'indépendance pour constituer des actes judiciaires ou des sentences arbitrales et qui sont de simples manifestations de volonté ; il en est ainsi de la « sentence » rendue dans sa propre affaire, comme c'est le cas de celle rendue par l'organe d'une association ayant la qualité de partie au litige (Trib. fédéral 15-3-1993 : Clunet 1996.735, important peu de savoir si l'indépendance personnelle des membres du tribunal arbitral pouvait être sauvegardée par les règles de la récusation) ;
– contre la décision d'un organisme privé, tel qu'un comité d'arbitrage d'une chambre de commerce, qui ne constitue pas une sentence (Trib. fédéral 9-3-2005 : GP 2005.doctr. 21/22 oct. obs. P.-Y. Gunter ; GP 2005.som.3578).

B. Recours contre une sentence rectificative

La sentence rectificative n'ajoutant rien à la sentence initiale n'en est que l'accessoire et en partage donc le sort ; en conséquence (Trib. fédéral 12-1-2005 : GP 2005.doctr. 21/22 oct. obs. P.-Y. Gunter ; GP 2005.som.3588 ; Rev. arb. 2006.843 chr. P.-Y. Tschanz et I. Fellrath Gazzini) :
– elle est caduque de plein droit en cas d'annulation de la sentence originelle ; si elle n'a pas encore été rendue au moment de cette annulation, la procédure de rectification devient sans objet, faute de sentence à rectifier ;
– il est exclu que, par le biais d'un recours dirigé contre la sentence rectificative, une partie s'en prenne, pour la première fois ou derechef, à la sentence initiale qu'elle a négligé d'attaquer dans le délai prévu à cette fin ou qu'elle a attaquée sans succès, car il est exclu de remettre en cause l'autorité de la chose jugée qui s'attache à la sentence originelle sous le couvert d'un recours dirigé contre la sentence rectificative ;
– le délai pour recourir contre la sentence originelle n'est pas suspendu par le dépôt d'une requête en correction de cette sentence et une partie n'a pas l'obligation procédurale d'introduire d'abord la

procédure de correction de la sentence avant de déposer un recours contre celle-ci ;
– si aucun recours n'est formé contre la sentence originelle ou si ce recours est déclaré irrecevable ou rejeté, la sentence rectifiée se substituera à la sentence originelle ;
– si le tribunal arbitral n'admet pas la demande de rectification, la première sentence continuera à déployer ses effets ;
– si le recours dirigé contre la sentence rectificative aboutit à sa nullité, la sentence originelle revit.

Art. 28 [mod.] Sauf si l'exécution provisoire de la sentence a été ordonnée par le tribunal arbitral, l'exercice du recours en annulation suspend l'exécution de la sentence arbitrale jusqu'à ce que la juridiction compétente dans l'État partie ou la Cour commune de justice et d'arbitrage, selon le cas, ait statué.

Cette juridiction est également compétente pour statuer sur le contentieux de l'exécution provisoire.

Jurisprudence OHADA

I. Non-suspension de l'exécution déjà entamée

L'exécution forcée d'une sentence arbitrale qui a commencé avant l'introduction de requêtes en annulation et en défense d'exécution de ladite sentence ne peut plus être suspendue, conformément à l'article 32 de l'AUPSRVE (T. com. Pointe-Noire (Congo), n° 001, 9-1-2008 : Eni-Congo SA c/ Ets Mic Vidéo, Ohadata J-13-71).

Obs. : voir sous l'art. 32 de l'AUPSRVE (Ohadata J-10-236).

II. Compétence de la juridiction statuant sur le recours en annulation de la sentence

Voir sous l'article 25.

III. Refus injustifié d'une demande d'exequatur en violation de l'article 28

En application des articles 27 et 28 de l'AUA, la juridiction saisie d'un recours en annulation d'une sentence arbitrale qui ne statue pas dans le délai de trois mois à compter de sa saisine est dessaisie au profit de la CCJA, laquelle doit être saisie dans un délai de quinze jours à compter du dessaisissement. En l'espèce, le recours en annulation initié le 5 janvier 2022 ayant été enrôlé et appelé à l'audience le 21 janvier 2022, la juridiction saisie avait jusqu'au 21 avril 2022 pour rendre son arrêt, et la demanderesse en annulation, 15 jours à compter du lendemain de cette date, pour introduire son recours devant la CCJA, afin de maintenir le recours en annulation suspensif. D'une part, faute d'avoir statué dans le délai imparti, la cour d'appel est dessaisie de plein droit et son arrêt rendu hors délai le 17 février 2023 est non avenu ; d'autre part, en l'absence de recours introduit dans le délai imparti devant la CCJA après ce dessaisissement, la sentence arbitrale devient définitive. C'est donc en violation de l'article 28 de l'AUA, qui ne peut s'apprécier sans tenir compte des dispositions impératives de l'article 27 du même acte uniforme, que le tribunal de première instance de Limbe a ainsi rejeté la demande d'exequatur, alors qu'un recours en annulation est encadré dans des délais, exposant son jugement à la cassation sans qu'il y ait lieu d'évoquer le fond (CCJA, 2e ch., n° 074/2024, 28-3-2024).

Art. 29 [mod.] En cas d'annulation de la sentence arbitrale et sauf lorsque ladite annulation est fondée sur le fait que le tribunal a statué sans convention d'arbitrage ou sur une convention nulle ou expirée, il appartient à la partie la plus diligente d'engager, si elle le souhaite, une nouvelle procédure arbitrale, conformément au présent Acte uniforme.

Jurisprudence OHADA

Non-évocation de l'affaire par la juridiction qui a annulé la sentence

L'article 29 de l'AUA disposant qu'en cas d'annulation de la sentence il appartient à la partie la plus diligente d'engager, si elle le souhaite, une nouvelle procédure arbitrale, la cour d'appel qui a annulé une sentence arbitrale ne peut évoquer l'affaire et il convient donc de renvoyer les parties à mieux se pourvoir (CA Abidjan 27-4-2001, SOTACI c/ épx D., Ohadata J-02-127 ; note P. Boulanger ; Ohadata J-02-171, 2e esp.).

JURISPRUDENCE COMPARÉE

Irak

Absence de pouvoir du juge pour statuer à la place des arbitres. En cas d'impossibilité pour les arbitres de mener à bien leur mission, le tribunal peut, en vertu de l'article 274 du Code de procédure civile, soit retourner l'affaire aux arbitres pour en corriger les défauts, soit statuer directement sur le litige lorsque l'affaire s'y prête, indépendamment de la sentence arbitrale. Dès lors, cassation du jugement qui, après avoir diligenté une expertise, avait entériné la sentence arbitrale. La Haute Juridiction fait grief aux juges du fond de n'avoir pas retourné l'affaire aux arbitres, qui doivent eux-mêmes recourir à l'expertise et rendre leur sentence conformément à la loi (Cour de cassation, ch. élargie, 7-10-2007, pourvoi n° 80).

Chapitre VI

RECONNAISSANCE ET EXÉCUTION DES SENTENCES ARBITRALES

Art. 30 [mod.] La sentence arbitrale n'est susceptible d'exécution forcée qu'en vertu d'une décision d'exequatur rendue par la juridiction compétente dans l'État partie.

JURISPRUDENCE OHADA

Juridiction compétente pour l'exécution d'une sentence arbitrale étrangère

Si l'AUA [la cour parle de « Traité OHADA »] réglemente les procédures d'arbitrage et l'exequatur des sentences arbitrales prises par la CCJA, la reconnaissance des sentences arbitrales étrangères par les juridictions ivoiriennes est soumise à la convention des Nations unies du 10 juin 1958 et aux dispositions de droit interne non abrogées par l'AUA (CA Abidjan, n° 486, 20-4-2004 : Sté Prodexi c/ Sté Raimond Commodities INC, Actualités Juridiques, n° 48/2005, p. 126 ; Ohadata J-05-347).

Obs. : la cour a retenu le Code ivoirien de procédure civile, contrairement à la loi ivoirienne 93-671 du 9-8-1993 relatif à l'arbitrage qui semblait devoir s'appliquer.

JURISPRUDENCE COMPARÉE

I. Espagne

Octroi de l'exequatur à une sentence objet d'un recours en annulation. L'exequatur a été accordé à une sentence en dépit d'un recours en annulation devant les juridictions françaises en se référant aux solutions admises par les tribunaux français et américains (Ord. Trib. prem. Inst. n° 3 de Rubi 11-6-2007, Pavan SRL c/ Leng d'Or SA : GP 2008.som. 28 mars cité par A. Sabater).

II. États-Unis

A. Convention de New York pour la reconnaissance et l'exécution des sentences arbitrales étrangères

1° Objectif de la Convention

L'objectif de la Convention est de promouvoir l'exécution des clauses d'arbitrage dans les contrats du commerce international afin de faciliter ce commerce (David L. Threlkeld & Co. V. Metallgesellschaft Ltd. 923 F.2d 245 (1991)).

2° Application de la Convention

Il n'est pas nécessaire, pour que la convention s'applique, que les deux parties aient leur siège social ou leur domicile dans un pays signataire de la convention ; il suffit que l'arbitrage se fasse dans un pays signataire (Smith/Enron Cogeneration limited Partnership, Inc. v. Smith Cogeneration International Inc, 198 F.3d 88 (1999)).

La Convention s'applique lorsque quatre conditions sont remplies :

– la clause arbitrale doit être écrite ;
– la clause doit prévoir que l'arbitrage se déroulera dans un pays signataire de la convention ;
– l'objet du contrat en cause doit relever du commerce ;
– l'arbitrage ne doit pas concerner un litige purement interne (Ledee v. Ceramiche Ragno 684 F.2d 184 (1982)).

B. Recours contre une décision d'arbitrage

Il est possible de faire appel directement d'une décision judiciaire concernant uniquement une demande tendant à rendre obligatoire l'arbitrage (Gammaro v. Thorp Consumer Discount Co. 15 F.3d 93 (1994)). En revanche, il n'est pas possible de faire appel directement d'une décision judiciaire concernant une demande tendant à rendre obligatoire l'arbitrage lorsque cette demande est mélangée avec un autre litige (Perera v. Siegel Trading Co. 951 F.2d 780 (1992)).

II. France

A. Demande d'exequatur

L'exequatur peut être demandé par la partie qui a succombé lorsqu'elle y a intérêt (CA Paris 5-12-1963 : D. 1964.582 note Robert).

B. Décision d'exequatur

1° Refus pour défaut d'intérêt

Il n'y a pas lieu de l'accorder si aucune voie d'exécution n'est susceptible d'être exercée (CA Paris 5-12-1963 : D. 1964.582 note Robert), notamment si le litige a été résolu par une transaction (TGI Paris 8-7-1970 : JCP G 1971.II.16810 obs. Ruzié).

2° Prononcé de l'exequatur après transaction sur l'exécution de la sentence

L'exequatur doit être accordé lorsque, postérieurement au prononcé de la sentence, les parties ont conclu une transaction concernant son exécution (Cass. civ. 17-6-1971 : JCP G 1971.II.16914 note Level).

3° Non-modification de la sentence

Il ne peut apporter aucune modification à la sentence : par exemple, accorder à une partie des dommages-intérêts pour compenser le préjudice complémentaire résultant du retard dans le paiement, « compte tenu du faible taux d'intérêt alloué par la sentence » (Cass. civ. 14-12-1983 : GP 1984.pan.136).

4° Effet du refus d'exequatur

À défaut d'exequatur, la sentence ne prend pas effet et, par exemple, ses dispositions relatives à l'astreinte ne peuvent pas être appliquées (CA Rennes 26-9-1984 : Rev. arb. 1986.441 note Ancel).

Art. 31 [mod.] La reconnaissance et l'exequatur de la sentence arbitrale supposent que la partie qui s'en prévaut établisse l'existence de la sentence arbitrale.

L'existence de la sentence arbitrale est établie par la production de l'original accompagné de la convention d'arbitrage ou des copies de ces documents réunissant les conditions requises pour leur authenticité.

Si ces pièces ne sont pas rédigées dans la ou les langue(s) officielle(s) de l'État partie où l'exequatur est demandé, la partie doit en produire une traduction certifiée par un traducteur inscrit sur la liste des experts établie par les juridictions compétentes.

La reconnaissance et l'exequatur sont refusés si la sentence est manifestement contraire à une règle d'ordre public international.

La juridiction étatique, saisie d'une requête en reconnaissance ou en exequatur, statue dans un délai qui ne saurait excéder quinze (15) jours à compter de sa saisine. Si, à l'expiration de ce délai, la juridiction n'a pas rendu son ordonnance, l'exequatur est réputé avoir été accordé.

Lorsque l'exequatur est accordé, ou en cas de silence de la juridiction saisie de la requête en exequatur dans le délai de quinze (15) jours comme indiqué ci-dessus, la partie la plus diligente saisit le greffier en chef ou l'autorité compétente de l'État partie pour apposition de la formule exécutoire sur la minute de la sentence. La procédure relative à la demande d'exequatur n'est pas contradictoire.

Jurisprudence OHADA

Exequatur, par la CCJA, d'une sentence remplissant les conditions de l'art. 31

Lorsqu'elle est en est saisie, il y a lieu, pour la CCJA, de faire droit à la demande d'exequatur d'une sentence qui remplit les conditions de l'article 31 de l'AUA (CCJA, 1e ch., nº 012, 24-1-2019 : Sté Générale Burkina-Faso c/ Naré Guibrina).

Jurisprudence comparée

France

A. Reconnaissance et exécution d'une sentence rendue dans le contexte du Traité de l'OHADA

La sentence internationale, qui n'est rattachée à aucun ordre juridique étatique, comme celle rendue dans le contexte du Traité de l'OHADA, est une décision de justice internationale dont la régularité est examinée au regard des règles dans le pays où sa reconnaissance et son exécution sont demandées (CA Paris, 1e ch. C, 31-1-2008 : Rev. arb. 2008.som.163).

B. Refus de l'exequatur pour motif d'ordre public

L'exequatur est refusé lorsque :

– la sentence n'a pas le caractère contentieux ou est d'une inexistence flagrante (Cass. civ. 17-6-1971 : JCP G 1971.II.16914 note Level) ;

– la sentence est contraire à l'ordre public (même arrêt) ;

– la sentence a méconnu les stipulations de la clause compromissoire (Cass. com. 30-7-1952 : D. 1952.724).

Art. 32 [mod.] La décision qui refuse l'exequatur n'est susceptible que de pourvoi en cassation devant la Cour commune de justice et d'arbitrage.

La décision qui accorde l'exequatur n'est susceptible d'aucun recours.

Toutefois, le recours en annulation de la sentence emporte, de plein droit, dans les limites de la saisine de la juridiction compétente de l'État partie, recours contre la décision ayant accordé l'exequatur.

Jurisprudence OHADA

I. Recours en annulation d'une sentence

Compétence d'une cour d'appel retenue selon la loi nationale. En application d'une disposition nationale lui attribuant compétence, une cour d'appel est compétente pour connaître du recours en annulation d'une sentence arbitrale rendue dans un État partie à l'OHADA (CA Centre (Cameroun), n° 199/Civ, 28-4-2010 : Sté Arab Contractors c/ Cabinet F. MBA SARL, Ohadata J-12-73).

II. Pourvoi en cassation contre la décision du juge national compétent

L'exception d'incompétence de la CCJA pour cause de litispendance, au motif que l'ordonnance rendue par le juge du contentieux de l'exécution du tribunal a fait l'objet d'un appel et que, ce faisant, la CCJA doit se dessaisir au profit de cette cour d'appel, n'est pas fondée, dès lors que selon l'article 32 de l'AUA que « la décision qui refuse l'exequatur n'est susceptible que de pourvoi en cassation devant la Cour commune de justice et d'arbitrage » et qu'il résulte du mémoire en réplique de la demanderesse en date du 21 juillet 2014 que par arrêt du 14 mai 2014, dont l'extrait du plumitif dressé le 20 juin 2014 est produit au dossier, la cour d'appel, vidant sa saisine, a déclaré l'appel de la recourante irrecevable (CCJA, 1e ch., n° 166, 27-7-2017 : Geodis Projects Cameroon (G.P CAM) SA anciennement dénommée Tchad Cameroun Logistique (TCL) SA c/ Tenga SA).

Obs. : sur la compétence exclusive de la CCJA pour le pourvoi en cassation, voir sous l'article 25 (Ohadata J-13-71).

C'est à tort qu'il est soulevé une fin de non-recevoir tirée de « l'extinction de l'objet du pourvoi » sur le fondement de l'ordonnance accordant l'exequatur à la sentence arbitrale attaquée et du procès-verbal d'huissier constatant l'exécution de ladite sentence à Libreville, car l'exécution d'une sentence arbitrale ne lui confère aucun caractère irrévocable dès lors qu'il résulte de l'article 32, al. 3 de l'AUA que « … le recours en annulation de la sentence emporte de plein droit, dans les limites de la saisine du juge compétent de l'État partie, recours contre la décision ayant accordé l'exequatur ». L'auteur du recours en annulation de la sentence ayant donné lieu à l'arrêt attaqué a ainsi un intérêt certain à l'examen de son recours et la fin de non-recevoir sera rejetée (CCJA, 2e ch., 196, 25-10-2018 : Le Bistro Family SARL c/ Rosace Marbrée SARL).

Art. 33 [mod.] Le rejet du recours en annulation emporte, de plein droit, validité de la sentence arbitrale ainsi que de la décision ayant accordé l'exequatur.

JURISPRUDENCE OHADA

Effets du rejet d'un recours en annulation

Il résulte de l'article 33 de l'AUA que le rejet du recours en annulation conforte le caractère exécutoire de la sentence arbitrale. Ainsi, en déclarant prématuré en l'état la demande de cantonnement de la saisie conservatoire querellée au montant de la condamnation prononcée par la sentence arbitrale, au motif de l'existence d'un recours en annulation contre celle-ci, alors que, par son arrêt précédemment rendu le 20 novembre 2015, elle avait déjà rejeté comme non fondé ledit recours, la cour d'appel a violé le texte visé au moyen et exposé sa décision à la cassation (CCJA, 2e ch., n° 021/2020, 30-1-2020 : Sté Sicim Spa Succursale Cameroun c/ Société Trois N SARL).

Il ressort des articles 29 et 33 de l'AUA que la juridiction saisie du recours en annulation d'une sentence arbitrale peut, soit procéder à l'annulation de celle-ci et dans cette hypothèse, renvoyer les parties à engager une nouvelle procédure d'arbitrage si elles le désirent, soit rejeter le recours en annulation, ce rejet ayant comme conséquence de valider la sentence et la décision ayant accordé l'exequatur. La cour d'appel qui, après avoir examiné les motifs d'annulation d'une sentence, les a tous rejetés puis a énoncé dans le dispositif « Au fond, confirme la sentence arbitrale… », n'a fait que tirer les conséquences de ces rejets, la confirmation étant ici synonyme de validation (CCJA, ch., n° 307/2020, 22-10-2020 : Uba SA c/ ABC SARL).

Art. 34 [mod.] **Les sentences arbitrales rendues sur le fondement de règles différentes de celles prévues par le présent Acte uniforme sont reconnues dans les États parties, dans les conditions prévues par les conventions internationales éventuellement applicables et, à défaut, dans les mêmes conditions que celles prévues aux dispositions du présent Acte uniforme.**

JURISPRUDENCE OHADA

Exequatur d'une sentence rendue dans un État tiers à l'OHADA

A. Sentence pour l'exequatur de laquelle la convention de New York est applicable

Il y a lieu de relever d'office que conformément à l'article 34 de l'AUA, l'exequatur des sentences arbitrales rendues dans les États tiers à l'OHADA s'opère selon les conventions internationales si l'État où la sentence a été rendue et l'État partie où la sentence est invoquée sont liés en ce domaine. En l'espèce la Belgique (pays où la sentence a été rendue) et la République démocratique du Congo (pays de l'exécution) étant liées par des conventions internationales (notamment celle de New York en date du 10 juin 1958), c'est donc à tort que le président d'un tribunal a fait application de l'AUA pour refuser d'accorder l'exequatur d'une sentence. L'ordonnance querellée doit être cassée et les parties remises au même et semblable état où elles étaient avant ladite ordonnance (CCJA, 2e ch., n° 003, 26-1-2017 : Sté Vodacom International Limited c/ Sté Congolese Wireless Network SPRL, Ohadata J-17-149).

Il résulte des dispositions de l'article III de la convention de New York et des articles 184 et 185 du Code de procédure civile de la RDC que dans ce pays, l'appel contre une ordonnance rendue en matière d'exequatur d'une sentence arbitrale relève de la compétence du président de la cour d'appel. En l'espèce, c'est en violation de ces textes que la cour d'appel de Kinshasa a statué sur l'appel interjeté et l'a déclaré irrecevable, malgré le déclinatoire de compétence, sans se prononcer sur cette exception et bien que l'ayant jointe au fond, exposant ainsi son arrêt à la cassation. Sur l'évocation, il ressort des dispositions combinées de l'article 3 de la convention de New York du 10 février 1958 et de celles de l'article 34 de l'AUA que cet Acte uniforme n'est pas applicable en République Démocratique du Congo à la sentence rendue en France. C'est donc à tort que le président du tribunal de commerce de Kinshasa/Gombe a fait application de l'article 1er dudit Acte uniforme à une cause qui en réalité ne soulève l'application ni du Traité OHADA, ni d'un règlement ou Acte informe prévu à ce Traité. Il s'ensuit que, dans le cadre de l'exercice de son pouvoir d'évocation, la CCJA doit constater que la cause ne relève pas du droit OHADA, et de faire ce qu'aurait dû faire la cour d'appel de Kinshasa/Gombe, c'est-à-dire se déclarer incompétente à statuer sur l'affaire en formation collégiale (CCJA, 1e ch., n° 069/2020, 12-3-2020 : Namenco Energy Ltd. c/ Vodacom International Limited).

Il ressort des dispositions combinées de l'article 34 de l'AUA et de l'article 3 de la convention pour la reconnaissance et l'exécution des sentences arbitrales étrangères de New York du 10 juin 1958 qui dispose que « Chacun des États contractants reconnaîtra l'autorité d'une sentence arbitrale et accordera l'exécution de cette sentence conformément aux règles de procédure suivies dans le territoire où la sentence est invoquée [...] », que l'AUA n'est pas applicable au Sénégal à une sentence rendue en Angleterre. Dès lors, en considérant que l'AUA n'est pas applicable à l'arbitrage rendu par la Gafta dont le siège se trouve à Londres en Angleterre, en dehors de l'espace OHADA, et que seules les dispositions nationales avaient vocation à s'appliquer, la cour d'appel n'a pas violé les textes visés aux moyens (CCJA, 3e ch., no 135/2021, 24-6-2021 : Ascot commodities c/ Bocar Samba Diew).

B. Sentence rendue sous l'égide de la Chambre de Commerce internationale

L'exequatur d'une sentence rendue par la Cour internationale de la Chambre de commerce internationale de Paris dans un litige opposant deux sociétés camerounaises est régi par la convention des Nations unies pour la reconnaissance et l'exécution des sentences arbitrales étrangères, qui lie la France et le Cameroun, et non par les dispositions de l'article 34 de l'accord de coopération en matière de justice entre la République unie du Cameroun et la République française, qui conditionne la reconnaissance des décisions contentieuses ou gracieuses rendues en matière civile, sociale ou commerciale par les juridictions siégeant sur les territoires des deux États, à l'épuisement des voies de recours. Il en est ainsi dès lors que les conditions prévues par l'accord de coopération précité n'étaient pas applicables en l'espèce en raison de ce que l'article 28, al. 6 du règlement d'arbitrage de la chambre de commerce internationale de conciliation et d'arbitrage auquel les parties avaient librement choisi de soumettre leur litige dispose que « toute sentence revêt un caractère obligatoire pour les parties par leur soumission de leur différend au présent règlement, les parties s'engagent à exécuter sans délai la sentence à intervenir, et sont réputées avoir renoncé à toutes voies de recours auxquelles elles peuvent valablement renoncer ». En se fondant sur l'article 34 de l'AUA pour refuser l'exequatur d'une telle sentence, le juge du contentieux de l'exécution du tribunal de première instance a violé, par refus d'application, l'article 34 précité et exposé sa décision à la cassation ; il échet donc de casser l'ordonnance querellée et de dire qu'il n'y a pas lieu à évocation (CCJA, 1e ch., no 166, 27-7-2017 : Geodis Projects Cameroon SA c/ Tenga SA).

La sentence arbitrale dont l'exequatur est sollicité à Bamako au Mali ayant été rendue en Suisse, conformément au droit suisse, sous l'égide de la Cour internationale d'arbitrage de la Chambre de commerce internationale (CCI), la société demanderesse ne s'était pas trompée en formant son pourvoi contre l'arrêt querellé devant la Cour suprême du Mali qui, se fondant inopportunément et à tort, sur les dispositions de l'article 32 de l'AUA, inapplicable en l'espèce, s'est déclarée incompétente pour renvoyer la cause à la Cour de céans. Il en est ainsi dès lors qu'il ressort des dispositions combinées de la Convention pour la reconnaissance et l'exécution des sentences arbitrales étrangères, signée à New York le 10 juin 1958 (à laquelle la Suisse, siège de l'arbitrage et le Mali, pays dans lequel l'exequatur est sollicité, sont tous parties), et de celles des articles 1, 34et 35 de l'AUA, que celui-ci n'est pas applicable au Mali à la sentence rendue en Suisse, en dehors de l'espace OHADA, les règles de procédure nationales en matière d'exequatur, notamment celles du code de procédure civile malien, dont l'article 520 prévoit que les décisions statuant sur une demande d'exequatur sont susceptibles des voies de recours du droit commun sauf dispositions contraires, ayant seules vocation à s'appliquer. Il y a donc lieu, pour la CCJA, de se déclarer incompétente (CCJA, 1e ch., no 029/2024, 1-2-2024).

C. Compétence subsidiaire de la CCJA en l'absence d'un autre texte applicable à la sentence rendue à l'extérieur de l'espace OAHDA

L'autorité de la chose jugée rattachée à un arrêt précédent rendu entre les mêmes parties et par lequel la CCJA avait jugé que c'est à tort que l'AUA a été appliquée à une sentence rendue en dehors de l'espace OHADA, relevée d'office par la CCJA, justifie pleinement l'exception d'incompétence soulevée par la défenderesse. À cet égard, il sied d'indiquer, en application des articles 1, 34 et 35 de l'AUA, que la CCJA connait de l'exequatur des sentences rendues en application de l'AUA lorsque le siège du tribunal arbitral est dans l'un des États parties, ou lorsqu'il n'existe aucune convention internationale entre le pays tiers où la sentence a été rendue et l'État partie sur le territoire duquel son exécution est poursuivie. Il en est ainsi, enfin, lorsque, nonobstant l'existence d'une convention internationale, celle-ci parait lacunaire ; c'est dans les deux dernières hypothèses qu'est applicable l'article 35 de l'AUA, en tant qu'il institue un droit commun de l'arbitrage, précisément applicable en l'absence de toute disposition spéciale contraire. Il y a donc lieu pour la CCJA de se déclarer incompétente (CCJA, 1e ch., no 253/2019, 7-11-2019 : Vodacom International Limited c/ Congolèse Wireless Network SARL).

Chapitre VII
DISPOSITIONS FINALES

Art. 35 [mod.] Le présent Acte uniforme tient lieu de loi relative à l'arbitrage dans les États parties.

Il n'est applicable qu'aux *procédures* arbitrales *commencées* après son entrée en vigueur.

JURISPRUDENCE OHADA

I. Abrogation des dispositions nationales relatives à l'arbitrage

En se substituant aux lois préexistantes organisant l'arbitrage en droit interne, l'AUA abroge toutes les lois générales relatives à l'arbitrage, ne laissant subsister que les éventuelles normes d'organisation de l'arbitrage institutionnel qui ne lui sont pas contraires. Il en résulte qu'une disposition d'une loi nationale sur l'arbitrage ne peut constituer un fondement juridique pertinent d'un recours en annulation (CCJA, 3e ch., n° 062/2012, 7-6-2012 : Sté Constructions Métalliques Ivoiriennes dite CMI c/ Fraternité Saint Jean Eudes d'Abatta).

Voir n° 1 sous l'article 26 et n° 2.2. sous l'article 10 du Traité OHADA.

Champ d'application territorial. Lorsque le siège du tribunal arbitral se trouve en dehors des États parties au Traité OHADA, l'AUA ne peut s'appliquer à la sentence arbitrale rendue par ce tribunal arbitral et il faut rechercher le droit applicable dans les dispositions du droit national relatif à l'arbitrage. En l'espèce, seule s'applique la loi ivoirienne 93-671 du 9 avril 1993 relative à l'arbitrage (CA Abidjan, n° 1157, 19-11-2002 : Sté Ivoire Commodities c/ Sté Namaco, Ohadata J-03-300, Ohadata J-03-300).

II. Application dans le temps

A. Application aux instances introduites après l'entrée en vigueur de l'Acte uniforme

L'AUA se substitue aux dispositions internes relatives à l'arbitrage (CA Abidjan (Côte d'Ivoire), 1e ch. civ. et com., n° 585, 10-6-2005 : A. c/ Sté CI-Télécom, Sté Bates A.G. Partners, M. Z., M. G., LE Burida, Juris-Ohada n° 2/2007, p. 29, Ohadata J-08-78, jugé à propos de la loi n° 93.673 du 9 août 1993 sur l'arbitrage (Côte d'Ivoire) mais transposable à tous les États parties à l'OHADA).

L'AUA est applicable à une instance arbitrale engagée le 27 décembre 1999, même si au moment de la signature de la convention de cession de titres par les parties (le 16-2-1998), la loi ivoirienne 93-671 du 9 août 1993 relative à l'arbitrage était applicable (CCJA, n° 010/2003, 19-6-2003 : D. G. et Mme D. J. c/ Sté Soctaci, Actualités Juridiques n° 40/2003, p. 15 ; Ohadata J-04-65, J-02-127).

B. Non-application aux instances introduites avant l'entrée en vigueur de AUA

1° Sentence antérieure

Conformément à l'article 35, al. 2 de l'AUA, cet Acte uniforme n'est inapplicable qu'aux instances arbitrales nées après son entrée en vigueur. Il ne peut donc être appliqué à une sentence rendue le 19 mars 1999, soit avant son entrée en vigueur (CCJA, n° 1/2002, 10-1-2002 : CTM c/ Colina SA, Ohadata J-02-23).

2° Instance antérieure

Les conditions de compétence de la CCJA en matière d'arbitrage ne sont pas réunies pour une instance arbitrale née avant l'entrée en vigueur de l'AUA et la CCJA doit se déclarer incompétente (CCJA, n° 23, 17-6-2004 : PDCI-RDA c/ Sté J & A International Compagnie SARL, Juris-Ohada n° 3/2004, juill.-oct. 2004, p. 24, note BROU Kouakou Mathurin. Rec. jur. CCJA de la CCJA, n° 3, janv.-juin 2004, p. 40 ; Ohadata J-04-384 ; CCJA, n° 029, 15-7-2004 : F. N. c/ BOA-CI ; CCJA, n° 018, 29-4-2004 : Unimat c/ Sodirep).

3° Non-application de l'AUA au recours en annulation d'une sentence rendue en vertu d'une loi nationale applicable avant son entrée en vigueur

Jugé qu'un litige ayant été initié sur le fondement de la loi du 9 août 1993 relative à l'arbitrage applicable en Côte d'Ivoire, il est opportun que le recours en annulation de la sentence ait pour fondement la même loi et il s'ensuit que les dispositions du Traité OHADA ne sont pas applicables à ce recours (CA Abidjan 20-4-2001 : PDCI c/ SARL J. & A. International Co, Ohadata J-02-127, note P. Boulanger).

Art. 36 [mod.] Le présent Acte uniforme, qui abroge l'Acte uniforme du 11 mars 1999 relatif au droit de l'arbitrage, sera publié au Journal Officiel de l'OHADA dans un délai de soixante (60) jours à compter de son adoption. Il sera également publié au Journal Officiel des États parties.

Il entre en vigueur quatre-vingt-dix (90) jours à compter de sa publication au Journal Officiel de l'OHADA.

Fait à Conakry, le 23 novembre 2017.

Jurisprudence OHADA

Inapplicabilité de l'AUA de 2017 à un litige antérieur à son entrée en vigueur

Si l'article 13 de l'AUA ouvre la voie du pourvoi contre un jugement ayant statué sur la compétence, cette faculté résulte de la révision de cet Acte uniforme survenue le 23 novembre 2017 ; eu égard aux termes de l'article 36 dudit Acte uniforme, c'est l'ancienne rédaction de son article 13 qui s'applique à une clause compromissoire prévue dans des contrats signés en 2014. Cet article 13 ancien ne traitant pas expressément des voies de recours contre le jugement par lequel un tribunal statue sur une exception d'incompétence fondée sur l'existence d'une convention d'arbitrage, cette réalité induit un renvoi implicite au droit interne de chaque État partie. En droit tchadien précisément, un tel jugement est susceptible d'appel ; il y a donc lieu pour la CCJA de relever d'office que le présent pourvoi est irrecevable et de le déclarer tel (CCJA, 1e ch., nº 074/2020, 12-3-2020 : Société Internationale de Equipos Cientificos SA c/ MG Group SARL).

AUM

Acte uniforme relatif à la médiation

Le Conseil des ministres de l'Organisation pour l'harmonisation en Afrique du droit des affaires (OHADA),

– Vu le Traité relatif à l'harmonisation du droit des affaires en Afrique, signé le 17 octobre 1993 à Port-Louis, tel que révisé le 17 octobre 2008 à Québec, notamment en ses articles 2, 8, 21 à 26 et 39 ;

– Vu la Décision n° 09/2017/CM/OHADA du 30 mars 2017 relative au programme d'harmonisation du droit des affaires en Afrique ;

– Vu l'avis n° 05/2017/AU/2017 en date des 5 et 6 octobre 2017 de la Cour commune de justice et d'arbitrage ;

– Après en avoir délibéré ;

Adopte, à l'unanimité des États parties présents, l'Acte uniforme dont la teneur suit :

• Chapitre 1 •
DEFINITIONS ET CHAMP D'APPLICATION

Définition

Art. 1 Au sens du présent Acte uniforme :

a) le terme « médiation » désigne tout processus, quelle que soit son appellation, dans lequel les parties demandent à un tiers de les aider à parvenir à un règlement amiable d'un litige, d'un rapport conflictuel ou d'un désaccord (ci-après le « différend ») découlant d'un rapport juridique, contractuel ou autre ou lié à un tel rapport, impliquant des personnes physiques ou morales, y compris des entités publiques ou des États ;

b) le terme « médiateur » désigne tout tiers sollicité pour mener une médiation quelle que soit l'appellation ou la profession de ce tiers dans l'État partie concerné.

La médiation peut être mise en œuvre par les parties (médiation conventionnelle), sur demande ou invitation d'une juridiction étatique (médiation judiciaire), d'un tribunal arbitral ou d'une entité publique compétente.

La médiation peut être ad hoc ou institutionnelle.

JURISPRUDENCE OHADA

Notion de médiation au sens de l'AUM

Il a été jugé que la lettre adressée, avant l'entrée en vigueur de l'AUM, au directeur général de la demanderesse par le conseil de la défenderesse en rapport avec le litige opposant les parties ne constitue pas une « médiation » au sens de l'article 1 de l'AUM (CCJA, 2e ch., n° 150/2021, 24-6-2021 : Sotelma SA c/ Société Manutention Africaine Mali Sasu).

Obs. : en l'espèce, la demanderesse au pourvoi avait visé l'article 21 de l'AUDCG, mais la référence faite par la Cour à l'AUM n'est pas incorrecte, bien que les faits pertinents soient antérieurs à l'entrée en vigueur de l'AUM.

Champ d'application

Art. 2 Le présent Acte uniforme s'applique à la médiation. Toutefois, il ne s'applique pas aux cas dans lesquels un juge ou un arbitre, pendant une instance judiciaire ou arbitrale, tente de faciliter un règlement amiable directement avec les parties.

Observations

Il nous semble **primordial et absolument nécessaire** de préciser ici que **l'AUM devrait être limité à la médiation dans le cadre du droit des affaires de l'OHADA** au sens de l'article 2 du Traité relatif à l'harmonisation du droit des affaires en Afrique (OHADA). À défaut, il serait confusément indiqué aux parties et aux juridictions nationales inférieures que l'AUM pourrait faire l'objet de pourvois devant la CCJA alors même qu'il aura été appliqué dans des procédures concernant des matières étrangères au champ matériel de la compétence de la CCJA qui demeure limité aux matières prévues par l'article 2 du Traité relatif à l'OHADA dans le contexte de l'article 14 dudit Traité. Il en est ainsi car conformément au Traité, la CCJA ne peut retenir sa compétence que si la matière concernée par une procédure de médiation entre dans le cadre du « droit des Affaires » au sens de l'article 2 dudit Traité, à l'exception des décisions faisant application de sanctions pénales. Il en est ainsi car il nous semble difficile, voire impossible, d'effectuer un « dépeçage » du contentieux devant la CCJA si l'application de l'AUM venait à être imbriquée avec des matières totalement étrangères au champ de compétence de la CCJA (voir à ce sujet, Mahutodji Jimmy Vital Kodo, « Sur un conflit inédit de juridictions entre la Cour commune de justice et d'arbitrage de l'OHADA et la Cour suprême du Congo », Revue trimestrielle LexisNexis JurisClasseur – JDI, n° 3, juill.-août 2017, var. 4, § n°s 31 et 47).

Aussi, il nous semble que l'article 2 de l'AUM devrait se lire et s'entendre de la façon suivante, même si le législateur ne l'a pas précisé : « *Le présent Acte uniforme s'applique à la médiation* ***relative à tout litige qui ne peut être tranché que par l'application de la législation issue de l'OHADA, à savoir le Traité, les Actes uniformes, les Règlements ou tout autre texte à caractère normatif édicté par l'OHADA.*** *Toutefois, il ne s'applique pas aux cas dans lesquels un juge ou un arbitre, pendant une instance judicaire ou arbitrale, tente de faciliter un règlement amiable directement avec les parties* ».

Chapitre 2

PROCEDURE DE MEDIATION

Médiation institutionnelle

Art. 3 Le fait de recourir à une institution de médiation emporte adhésion des parties au règlement de médiation de ladite institution.

Début de la procédure de médiation

Art. 4 La procédure de médiation débute le jour où la partie la plus diligente met en œuvre toute convention de médiation écrite ou non.

Si, en l'absence de convention, la partie qui a invité une autre partie à la médiation n'a pas reçu d'acceptation de son invitation écrite dans les quinze (15) jours de la date de réception de l'invitation ou à l'expiration de tout autre délai qui y est spécifié, elle peut considérer l'absence de réponse comme un rejet de l'invitation à la médiation.

Une juridiction étatique ou arbitrale peut, en accord avec les parties, suspendre la procédure et les renvoyer à la médiation. Dans les deux cas, la juridiction étatique ou arbitrale fixe le délai de suspension de la procédure.

Sauf convention contraire des parties, le début de la procédure de médiation suspend le délai de prescription de l'action. Lorsque la procédure de médiation a pris fin sans qu'un accord issu de la médiation soit intervenu, le délai de prescription recommence à courir, pour une durée qui ne peut être inférieure à six (6) mois, à compter du jour où la médiation s'est achevée sans accord.

Nombre et désignation des médiateurs

Art. 5 Les parties choisissent le ou les médiateurs d'un commun accord.

Pour la désignation des médiateurs, les parties peuvent demander l'assistance de toute personne physique ou morale, notamment un centre ou une institution offrant des services de médiation, appelée « autorité de désignation ».

A cet effet, une partie peut demander à l'autorité de désignation de recommander des personnes ayant les qualités et compétences requises pour servir de médiateur.

Les parties peuvent également convenir que l'autorité de désignation nomme directement le ou les médiateurs.

Lorsqu'elle recommande ou nomme des médiateurs, l'autorité de désignation tient compte des considérations propres à garantir la désignation d'une personne indépendante, impartiale et disponible. Elle prend en compte, le cas échéant, le fait qu'il peut être souhaitable de nommer une personne de nationalité différente de celle des parties, notamment lorsque les parties sont de nationalité différente.

Lorsqu'une personne est sollicitée en vue de sa désignation en qualité de médiateur, elle signale toutes circonstances de nature à soulever des doutes légitimes sur son impartialité ou son indépendance. À compter de la date de sa nomination et durant toute la procédure de médiation, le médiateur révèle aux parties, sans tarder, toutes circonstances nouvelles susceptibles de soulever des doutes légitimes sur son impartialité ou son indépendance.

Statut du médiateur

Art. 6 Au moment de sa désignation, le médiateur confirme, dans une déclaration écrite, son indépendance et son impartialité ainsi que sa disponibilité pour assurer la procédure de médiation.

Lorsque le médiateur révèle aux parties après sa nomination la survenance de circonstances nouvelles susceptibles de soulever des doutes légitimes sur son impartialité ou son indépendance, il les informe de leur droit de s'opposer à la poursuite de sa mission.

Si l'une des parties refuse en conséquence de poursuivre la médiation, il est mis fin à la mission du médiateur.

Conduite de la médiation

Art. 7 Les parties sont libres de convenir, y compris par référence à un règlement de médiation, de la manière dont la médiation doit être conduite.

A défaut, le médiateur mène la médiation comme il l'estime approprié, compte tenu des circonstances de l'affaire, des souhaits exprimés par les parties et de la nécessité de parvenir rapidement à un règlement du différend.

Dans tous les cas, le médiateur accomplit sa mission avec diligence et accorde, dans la conduite de la médiation, un traitement équitable aux parties et, ce faisant, prend en compte les circonstances de l'affaire.

Le médiateur n'impose pas aux parties une solution au différend. Toutefois, il peut, à tout stade de la médiation, en fonction des demandes des parties et des techniques qu'il estime les plus appropriées au vu des circonstances du différend, faire des propositions en vue du règlement du différend.

Après consultation des parties, le médiateur peut inviter celles-ci à désigner un expert en vue de recueillir un avis technique.

Principes directeurs de la médiation

Art. 8 Le médiateur et toute institution établie dans l'un des États Parties offrant des services de médiation adhèrent aux principes garantissant le respect de la volonté des parties, l'intégrité morale, l'indépendance et l'impartialité du médiateur, la confidentialité et l'efficacité du processus de médiation. Le médiateur s'assure que la solution envisagée reflète réellement la volonté des parties dans le respect des règles d'ordre public.

Echanges entre le médiateur et les parties

Art. 9 Le médiateur peut rencontrer les parties ou communiquer avec elles, ensemble ou séparément. Lorsque le médiateur souhaite rencontrer ou s'entretenir avec l'une des parties et/ou son conseil séparément, il en informe l'autre partie et/ou son conseil au préalable ou dès que possible après sa rencontre ou communication unilatérale avec l'une des parties.

Lorsque le médiateur reçoit d'une partie des informations concernant le différend, il peut en révéler la teneur à toute autre partie à la médiation. Toutefois, lorsqu'une partie donne au médiateur une information sous la condition expresse qu'elle demeure confidentielle, celle-ci ne doit être révélée à aucune autre partie à la médiation.

Confidentialité

Art. 10 Toutes les informations relatives à la procédure de médiation doivent demeurer confidentielles, sauf convention contraire des parties, à moins que leur divulgation soit exigée par la loi ou rendue nécessaire pour la mise en œuvre ou l'exécution de l'accord issu de la médiation.

Recevabilité des éléments de preuve dans une autre procédure

Art. 11 Une partie à la procédure de médiation, le médiateur et toute tierce personne, y compris celles qui ont été associées à l'administration de la procédure de médiation, ne peuvent, dans une procédure arbitrale ou judiciaire ou dans une procédure analogue ni invoquer ni présenter l'un ou l'autre des éléments de preuve ci-après ni témoigner à leur sujet :

a) une invitation à la médiation adressée par une partie ou le fait qu'une partie était disposée à participer à une procédure de médiation, sauf lorsqu'une partie doit prouver l'existence d'un accord ou de l'envoi d'une invitation pour engager le processus de médiation en relation avec l'article 4 du présent Acte uniforme ;

b) les vues exprimées ou les suggestions faites par une partie au cours de la médiation concernant une solution éventuelle de règlement du différend ;

c) les déclarations faites ou les faits admis par une partie au cours de la procédure de médiation ;

d) les propositions faites par le médiateur ou par l'une des parties ;

e) le fait qu'une partie a indiqué être disposée à accepter une proposition de règlement présentée par le médiateur ou par l'autre partie ;

f) un document établi aux seules fins de la procédure de médiation.

L'alinéa 1 du présent article s'applique quel que soit le support ou la forme des informations ou des éléments de preuve qui s'y trouvent visés.

La divulgation des informations visées à l'alinéa 1 du présent article ne peut être ordonnée par un tribunal arbitral, une juridiction étatique ou une autre autorité publique compétente.

Si de telles informations sont présentées comme éléments de preuve en violation des dispositions de l'alinéa 1 du présent article, ceux-ci sont irrecevables. Néanmoins, ces informations peuvent être divulguées ou reçues comme éléments de preuve dans la mesure exigée par la loi ou nécessaire à la mise en œuvre ou à l'exécution de l'accord issu de la médiation.

Les dispositions des alinéas 1, 2 et 3 du présent article s'appliquent, que la procédure arbitrale ou judiciaire ou toute procédure analogue se rapporte ou non au différend qui fait ou a fait l'objet de la procédure de médiation.

L'obligation de confidentialité ne s'étend pas aux éléments de preuve préexistants à la procédure de médiation ou constitués en dehors de toute relation avec celle-ci.

Observations

L'attention du lecteur est attirée sur les alinéas 9 et 10 de l'article 11 qui peuvent sembler contradictoires avec l'article 10. En attendant d'être fixés par la jurisprudence sur l'interprétation à retenir de ces textes, il convient de les appliquer avec précaution.

Fin de la procédure de médiation

Art. 12 La procédure de médiation prend fin par :

a) la conclusion d'un accord écrit issu de la médiation signé par les parties et, si celles-ci en font la demande, par le médiateur ;

b) la déclaration écrite du médiateur indiquant, après consultation des parties, que de nouveaux efforts de médiation ne se justifient plus, à la date de la déclaration, ou lorsqu'une des parties ne participe plus aux réunions de médiation malgré des relances du médiateur ;

c) la déclaration écrite des parties adressée au médiateur indiquant qu'elles mettent fin à la procédure de médiation, à la date de la déclaration ;

d) la déclaration écrite d'une partie adressée à l'autre partie ou aux autres parties et, si un médiateur a été nommé, au médiateur, indiquant qu'il est mis fin à la procédure de médiation, à la date de la déclaration ; ou

e) l'expiration du délai de médiation sauf si les parties décident conjointement de prolonger ce délai en accord avec le médiateur.

La partie qui entend se prévaloir de la fin de la médiation est tenue d'en apporter la preuve ; elle peut le faire par tout moyen.

Lorsque la médiation ordonnée par le juge ou par l'arbitre prend fin sans que les parties ne parviennent à un accord, la procédure judiciaire ou arbitrale reprend son cours normal.

Lorsqu'une telle procédure de médiation prend fin par accord amiable des parties, le juge ou l'arbitre constate cet accord, qui peut faire l'objet d'exécution conformément à l'article 16 du présent Acte uniforme.

Frais de la médiation

Art. 13 Les parties déterminent, soit directement, soit par référence à un règlement de médiation, les frais de la médiation, y compris les honoraires du médiateur.

En cas de médiation judiciaire, la juridiction étatique saisie, qui désigne un médiateur, fixe les frais en accord avec les parties et ordonne la consignation des provisions entre les mains du greffier en chef de la juridiction ou de l'organe compétent de l'État partie. Si une partie ne verse pas sa quote-part des frais fixés, il est permis à l'autre partie de la verser afin que la médiation puisse être mise en œuvre. À défaut de consignation dans le délai fixé par le juge, sa décision est non avenue et la procédure judiciaire reprend son cours.

Lorsque la juridiction étatique désigne une institution de médiation, elle renvoie les parties à se conformer au barème de cette institution.

Les frais de la médiation sont supportés par les parties à parts égales, sauf convention contraire.

Incompatibilités

Art. 14 Sauf convention contraire des parties, le médiateur ne peut assumer les fonctions d'arbitre ou d'expert dans un différend qui a fait ou qui fait l'objet de la procédure de médiation ou dans un autre différend né du même rapport juridique ou lié à celui-ci.

Le médiateur ne peut assumer les fonctions de conseil dans un différend qui a fait ou qui fait l'objet de la procédure de médiation, ou dans un autre différend né du même rapport juridique ou lié à celui-ci.

Recours à une procédure arbitrale ou judiciaire

Art. 15 Lorsque les parties sont convenues de recourir à la médiation et se sont expressément engagées à n'entamer, pendant une période donnée ou jusqu'à la survenance d'un événement spécifié, aucune procédure arbitrale ou judiciaire relative à un différend déjà né ou qui pourrait naître ultérieurement, il est donné effet à cet engagement par le tribunal arbitral ou la juridiction étatique jusqu'à ce que les conditions dont il s'accompagne aient été satisfaites.

Les dispositions de l'alinéa précédent ne sont pas applicables lorsqu'une partie estime nécessaire d'engager, à des fins provisoires et conservatoires, une procédure pour la sauvegarde de ses droits. L'engagement d'une telle procédure ne doit pas être considéré en soi comme une renonciation à la convention de médiation ni comme mettant fin à la procédure de médiation.

Exécution de l'accord issu de la médiation

Art. 16 Si, à l'issue de la médiation, les parties concluent un accord écrit réglant leur différend, cet accord est obligatoire et les lie. L'accord issu de la médiation est susceptible d'exécution forcée.

A la requête conjointe des parties, l'accord de médiation peut être déposé au rang des minutes d'un notaire avec reconnaissance d'écritures et de signatures. Le notaire en délivre, à la requête de la partie intéressée, une grosse ou une copie exécutoire.

A la requête conjointe des parties ou, à défaut, à la requête de la partie la plus diligente, l'accord de médiation peut également être soumis à l'homologation ou à l'exequatur de la juridiction compétente. Le juge statue par ordonnance. Il ne peut modifier les termes de l'accord issu de la médiation.

La juridiction compétente se borne à vérifier l'authenticité de l'accord de médiation et fait droit à la demande dans un délai maximum de quinze (15) jours ouvrables à compter du dépôt de la demande.

Toutefois, l'homologation ou l'exequatur peut être refusé si l'accord de médiation est contraire à l'ordre public.

A défaut de décision dans le délai de quinze (15) jours visé au quatrième alinéa du présent article, l'accord de médiation bénéficie automatiquement de l'homologation ou de l'exequatur. La partie la plus diligente saisit le Greffier en chef ou l'organe compétent qui appose la formule exécutoire. La partie adverse qui estime que l'accord de médiation est contraire à l'ordre public peut saisir la Cour commune de justice et d'arbitrage d'un recours contre l'acte d'homologation ou d'exequatur automatique dans les quinze (15) jours de la notification de l'accord revêtu de la formule exécutoire ; la Cour commune de justice et d'arbitrage statue dans un délai maximum de six (6) mois. Dans ce cas, les délais prévus par le règlement de procédure de la Cour commune de justice et d'arbitrage sont réduits de moitié. Le recours est suspensif de l'exécution de l'accord.

La décision du juge qui accorde l'homologation ou l'exequatur n'est susceptible d'aucun recours. Celle qui refuse l'homologation ou l'exequatur ne peut faire l'objet que d'un pourvoi devant la Cour commune de justice et d'arbitrage, qui statue dans un délai maximum de six (6) mois. Dans ce cas, les délais prévus par le règlement de procédure de la Cour commune de justice et d'arbitrage sont réduits de moitié.

Les dispositions des alinéas 4, 5, 6 et 7 du présent article s'appliquent à l'accord issu d'une médiation intervenue en l'absence de procédure arbitrale en cours. Lorsque l'accord issu d'une médiation intervient alors qu'une procédure arbitrale est en cours, les parties ou la partie la plus diligente avec l'accord exprès de l'autre partie peuvent demander au tribunal arbitral constitué de constater l'accord intervenu dans une sentence d'accord parties. Le tribunal arbitral statue sans débat, à moins qu'il estime nécessaire d'entendre les parties.

Observations

Dès lors que la possibilité, pour le juge compétent, de refuser l'homologation ou l'exequatur de l'accord de médiation est ainsi envisagée pour contrariété avec l'ordre public (art. 16, al. 5), il nous semble risqué d'avoir prévu la possibilité d'un simple dépôt de l'accord de médiation au rang des minutes d'un notaire, parce que **ce dernier, dépourvu d'imperium, ne peut contrôler la conformité de l'accord à l'ordre public.**

• Chapitre 3 •

DISPOSITIONS TRANSITOIRES ET FINALES

Application du présent Acte uniforme

Art. 17 Le présent Acte uniforme tient lieu de loi relative à la médiation dans les États Parties.

Il n'est applicable qu'aux procédures de médiation commencées après son entrée en vigueur.

Observations

Voir sous l'article 2 au sujet du champ d'application.

Publication et entrée en vigueur

Art. 18 Le présent Acte uniforme sera publié au Journal Officiel de l'OHADA dans un délai de soixante (60) jours à compter de son adoption. Il sera également publié au Journal Officiel des États parties.

Il entre en vigueur quatre-vingt-dix (90) jours à compter de sa publication au Journal Officiel de l'OHADA.

Fait à Conakry, le 23 novembre 2017.

AUDCIF

Acte uniforme relatif au droit comptable et à l'information financière

Avertissement
L'AUDCIF a été adopté par le Conseil des ministres de l'OHADA le 26 janvier 2017. Il est entré en vigueur le 1er janvier 2018 pour les comptes personnels des entités et le 1er janvier 2019 pour les comptes consolidés, les comptes combinés et les états financiers établis selon les normes IFRS.
Les nouveautés notables de l'AUDCIF concernent notamment l'introduction des normes IFRS (International Financial Reporting Standards), destinées aux marchés financiers.
Le numéro des articles modifiés ou ajoutés à la version précédente (AUHCE) est suivi de [mod.] ou de [nouv.].
Nous avons conservé la jurisprudence antérieure qui demeure transposable.

Le Conseil des ministres de l'Organisation pour l'harmonisation en Afrique du droit des affaires (OHADA),

Vu le traité relatif à l'harmonisation du droit des affaires en Afrique, signé à Port Louis le 17 octobre 1993, tel que révisé à Québec le 17 octobre 2008, notamment en ses articles 2, 5 à 10 et 12 ;

Vu le rapport du secrétariat permanent et les observations des États parties ;

Vu l'avis n° 003/2016 du 20 décembre 2016 de la Cour commune de justice et d'arbitrage ;

Après en avoir délibéré, adopte à l'unanimité des États parties présents et votants, l'Acte uniforme dont la teneur suit :

Titre I

DES COMPTES PERSONNELS DES ENTITES (PERSONNES PHYSIQUES ET PERSONNES MORALES)

Chapitre I

DISPOSITIONS GENERALES

Art. 1 [mod.] Toute entité au sens de l'article 2 ci-dessous est soumise aux dispositions du présent Acte uniforme et doit mettre en place, pour l'information externe et pour son propre usage, une comptabilité générale conformément audit Acte uniforme.

A cet effet :

– elle classe, saisit, enregistre dans sa comptabilité les événements qui sont constatés et toutes opérations, entraînant des mouvements de valeur, qui sont traitées avec des tiers ou qui sont constatées ou effectuées dans le cadre de sa gestion interne ;

– elle fournit, après traitement approprié de ces opérations, les redditions de comptes auxquelles elle est assujettie légalement ou de par ses statuts, ainsi que les informations nécessaires aux besoins des divers utilisateurs.

Art. 2 [mod.] Sont astreintes à la mise en place d'une comptabilité, dite comptabilité financière, les entités soumises aux dispositions de l'Acte uniforme portant sur le droit commercial général, de l'Acte uniforme relatif aux sociétés commerciales et du groupement d'intérêt économique et de l'Acte uniforme relatif au droit des sociétés coopératives, les entités publiques, parapubliques, d'économie mixte et, plus généralement, les entités produisant des biens et des services marchands ou non marchands, dans la mesure où elles exercent, dans un but lucratif ou non, des activités économiques à titre principal ou accessoire qui se fondent sur des actes répétitifs, à l'exception de celles soumises aux règles de la comptabilité publique.

Art. 3 [mod.] La comptabilité doit satisfaire, dans le respect de la convention de prudence, aux obligations de régularité, de sincérité et de transparence inhérentes à la tenue, au contrôle, à la présentation et à la communication des informations qu'elle a traitées.

JURISPRUDENCE OHADA

Méthodologie de l'examen des comptes

Pour vérifier la conformité de la tenue des comptes au principe de prudence, qui pourvoit aux obligations de régularité, de sincérité et de transparence dans la tenue des comptes, et pour apprécier le respect de la règle de la permanence, qui permet la comparabilité des résultats d'un exercice à un autre, lesquels principe et règle permettent de restituer la prééminence de la réalité sur les apparences, l'examen des états financiers par exercice constitue la démarche apte à y pourvoir. Il en résulte que si, à la demande des parties, des expertises ont été ordonnées et que certains experts ont procédé par analyse groupée (d'une part, des comptes de bilan à travers les immobilisations, les emprunts, les clients et les fournisseurs, d'autre part, des comptes de gestion, notamment les transports consommés) et que d'autres ont procédé à un examen des comptes par exercice, en mettant en relief chaque fois que nécessaire les particularités observées, c'est cette dernière méthodologie qui doit être homologuée (CA Port-Gentil, 1e ch. civ. et com., 1-3-2007 : Gabon Voyages c/ Descarceaux, Ohadata J-08-129).

Art. 4 [mod.] Pour garantir la fiabilité, la compréhension et la comparabilité des informations, la comptabilité de chaque entité implique :

– le respect d'une terminologie et de principes directeurs communs à l'ensemble des entités concernées des États parties au traité relatif à l'harmonisation du droit des affaires en Afrique ;

– la mise en œuvre de postulats, de conventions, de méthodes et de procédures normalisées éventuellement par secteurs professionnels ;

– une organisation répondant à tout moment aux exigences de collecte, de tenue, de contrôle, de présentation et de communication des informations comptables se rapportant aux opérations de l'entreprise visées à l'article premier.

Art. 5 [mod.] Il est institué un système comptable unique, commun à tous les États parties composé, du Plan comptable général OHADA et du Dispositif comptable relatif aux comptes consolidés et combinés, dénommé Système comptable OHADA en abrégé SYSCOHADA et annexé au présent Acte uniforme.

Le SYSCOHADA a pour objet la collecte, la tenue, le contrôle, la présentation et la communication par les entités, d'informations financières établies dans les mêmes conditions de fiabilité, de compréhension et de comparabilité.

Toutefois, les établissements de crédit, les établissements de microfinance, les acteurs du marché financier, les sociétés d'assurance et de réassurance, les organismes de sécurité et prévoyance sociales et les entités à but non lucratif ne sont pas assujettis au SYSCOHADA.

Il est procédé régulièrement, par voie de décision, à la mise à jour du Plan comptable général OHADA et du Dispositif comptable relatif aux comptes consolidés et combinés, sur avis ou recommandation de la Commission [de] normalisation comptable de l'OHADA conformément au Règlement n° 002/2009 portant création, organisation et fonctionnement de ladite Commission.

JURISPRUDENCE OHADA

Limites de l'applicabilité de l'AUDCIF aux établissements de crédit

Il résulte de la combinaison des articles 1, 2 et 5 de l'AUDCIF que celui-ci est applicable aux établissements de crédit, à l'exception du système comptable OHADA (Syscohada) auquel ils ne sont pas assujettis (CCJA, 3e ch., n° 350/2020, 26-11-2020 : ATM SARL c/ NSIA Banque Côte d'Ivoire).

Art. 6 [mod.] L'application du Système comptable OHADA implique que :

– la convention de prudence soit en tout cas observée, à partir d'une appréciation raisonnable des événements et des opérations à enregistrer au titre de l'exercice ;

– l'entité se conforme aux règles et procédures en vigueur en les appliquant de bonne foi ;

– les responsables des comptes mettent en place et en œuvre des procédures de contrôle interne indispensables à la connaissance qu'ils doivent normalement avoir de la réalité et de l'importance des événements, opérations et situations liés à l'activité de l'entité ;

– les informations soient présentées et communiquées clairement sans intention de dissimuler la réalité derrière l'apparence.

Observations

À propos du principe de prudence mentionné à l'alinéa 1 de l'article 6, voir aussi aux articles 6 et 35.

Art. 7 [mod.] Les états financiers de synthèse regroupent les informations financières au moins une fois par an sur une période de douze mois, appelée exercice ; ils sont dénommés états financiers annuels.

L'exercice coïncide avec l'année civile.

La durée de l'exercice est exceptionnellement inférieure à douze mois pour le premier exercice débutant au cours du premier semestre de l'année civile. Cette durée peut être supérieure à douze mois pour le premier exercice commencé au cours du deuxième semestre de l'année. En cas de cessation d'activité, pour quelque cause que ce soit, la durée des opérations de liquidation est comptée pour un seul exercice, sous réserve de l'établissement de situations annuelles provisoires.

Art. 8 [mod.] Un jeu complet d'états financiers annuels comprend le Bilan, le Compte de résultat, le tableau des flux de trésorerie ainsi que les Notes annexes.

Les états financiers forment un tout indissociable et décrivent de façon régulière et sincère les événements, opérations et situations de l'exercice pour donner une image fidèle du patrimoine, de la situation financière et du résultat de l'entité.

Les états financiers sont établis et présentés conformément aux dispositions des articles 25 à 34 ci-dessous, de façon à permettre leur comparaison dans le temps, exercice par exercice, et leur comparaison avec les états financiers annuels des autres entités, dressés dans les mêmes conditions de régularité, de fidélité et de comparabilité.

Les entités dont les titres sont inscrits à une bourse de valeurs et celles qui sollicitent un financement dans le cadre d'un appel public à l'épargne, doivent établir et présenter les états financiers annuels selon les normes internationales d'informations financières, appelées normes IFRS, en sus des états financiers visés aux alinéas précédents.

Les états financiers annuels établis selon les normes IFRS sont destinés exclusivement aux marchés financiers. Ils ne peuvent servir de support de base pour la détermination du bénéfice distribuable visé par l'Acte uniforme relatif au droit des sociétés commerciales et du groupement d'intérêt économique.

Art. 9 [mod.] La régularité et la sincérité des informations regroupées dans les états financiers annuels de l'entité résultent d'une description adéquate, loyale, claire, précise et complète des événements, opérations et situations se rapportant à l'exercice.

La comparabilité des états financiers annuels au cours des exercices successifs nécessite la permanence dans la terminologie et dans les méthodes utilisées pour retracer les événements, opérations et situations présentés dans ces états.

Art. 10 [mod.] Toute entité qui applique correctement le Système comptable OHADA est réputée donner, dans ses états financiers une image fidèle, de sa situation et de ses opérations, exigée en application de l'article 8 ci-dessus.

Lorsque l'application d'une prescription comptable se révèle insuffisante ou inadaptée pour donner l'image fidèle, des informations complémentaires ou des justifications nécessaires sont obligatoirement fournies dans les Notes annexes.

Art. 11 [mod.] Les états financiers annuels visés à l'article 8 sont rendus obligatoires, en tout ou en partie, en fonction de la taille des entités appréciée selon des critères relatifs au chiffre d'affaires hors taxes de l'exercice.

Les présentations des états financiers annuels et de tenue de comptes admises par le présent Acte uniforme sont le Système normal et le Système minimal de trésorerie.

Toute entité est, sauf exception liée à sa taille, soumise au Système normal de présentation des états financiers et de tenue des comptes.

Art. 12 [abrogé.]

Art. 13 [mod.] Les petites entités sont assujetties, sauf option, au Système minimal de trésorerie en abrégé SMT.

Sont éligibles au Système minimal de trésorerie, les entités dont le chiffre d'affaires hors taxes annuel est inférieur aux seuils suivants :

– soixante (60) millions de FCFA ou l'équivalent dans l'unité monétaire ayant cours légal dans l'État partie, pour les entités de négoce ;

– quarante (40) millions de FCFA ou l'équivalent dans l'unité monétaire ayant cours légal dans l'État partie, pour les entités artisanales et assimilées ;

– trente (30) millions de FCFA ou l'équivalent dans l'unité monétaire ayant cours légal dans l'État partie, pour les entités de services.

• Chapitre II •

ORGANISATION COMPTABLE

Art. 14 [mod.] L'organisation comptable mise en place dans l'entité doit satisfaire aux exigences de régularité et de sécurité pour assurer l'authenticité des écritures de façon à ce que la comptabilité puisse servir à la fois d'instrument de mesure des droits et obligations des partenaires de l'entité, d'instrument de preuve, d'information des tiers et de gestion.

Art. 15 L'organisation comptable doit assurer :

– un enregistrement exhaustif, au jour le jour, et sans retard des informations de base ;

– le traitement en temps opportun des données enregistrées ;

– la mise à la disposition des utilisateurs des documents requis dans les délais légaux fixés pour leur délivrance.

Art. 16 [mod.] Pour maintenir la continuité dans le temps de l'accès à l'information, toute entité établit un manuel décrivant les procédures et l'organisation comptables.

Ce manuel, mis à jour périodiquement, est destiné à garantir le caractère définitif de l'enregistrement des mouvements. Il est conservé aussi longtemps qu'est exigée la présentation des états financiers successifs auxquels il se rapporte.

Les mouvements affectant le patrimoine de l'entité sont enregistrés en comptabilité, opération par opération, dans l'ordre de leur date de valeur comptable. Cette date est celle de l'émission par l'entité de la pièce justificative de l'opération, ou celle de la réception des pièces d'origine externe. Les opérations de même nature réalisées en un même lieu et au cours d'une même journée peuvent être récapitulées sur une pièce justificative unique.

Les mouvements sont récapitulés par période préalablement déterminée qui ne peut excéder un mois.

L'entité procède à l'opération d'inventaire par le relevé physique de tous les éléments de son patrimoine avec la mention de la nature, de la quantité et de la valeur de chacun d'eux à la date de l'inventaire.

Les données d'inventaire sont organisées et conservées de manière à justifier le contenu de chacun des éléments recensés du patrimoine.

Art. 17 [mod.] L'organisation comptable doit au moins respecter les conditions de régularité et de sécurité suivantes :

1. la tenue de la comptabilité dans la langue officielle et dans l'unité monétaire ayant cours légal du pays ;
2. l'emploi de la technique de la partie double, qui se traduit par une écriture affectant au moins deux comptes, l'un étant débité et l'autre crédité. Lorsqu'une opération est enregistrée, le total des sommes inscrites au débit des comptes doit être égal au total des sommes inscrites au crédit d'autres comptes ;
3. la justification des écritures par des pièces datées, conservées, classées dans un ordre défini dans le manuel décrivant les procédures et l'organisation comptables, susceptibles de servir comme moyen de preuve et portant les références de leur enregistrement en comptabilité ;
4. le respect de l'enregistrement chronologique des opérations tel qu'il est prévu par les alinéas 3, 4 et 5 de l'article 16 ci-dessus ;
5. l'identification de chacun de ces enregistrements précisant l'indication de son origine et de son imputation, le contenu de l'opération à laquelle il se rapporte ainsi que les références de la pièce justificative qui l'appuie ;
6. le contrôle par inventaire de l'existence et de la valeur des biens, créances et dettes de l'entité conformément aux alinéas 6 et 7 de l'article 16 ci-dessus ;
7. le recours, pour la tenue de la comptabilité de l'entité, à un plan de comptes normalisé dont la liste figure dans le Système comptable OHADA ;
8. la tenue obligatoire de livres ou autres supports autorisés ainsi que la mise en œuvre de procédures de traitement agréées, permettant d'établir les états financiers annuels visés à l'article 8 ci-dessus.

Art. 18 [mod.] Les comptes du Système comptable OHADA sont regroupés par catégories homogènes appelées classes.

Pour la comptabilité financière, les classes comprennent :

– des classes de comptes de situation ;
– des classes de comptes de gestion.

Chaque classe est subdivisée en comptes identifiés par des numéros à deux chiffres ou plus, selon leur degré de dépendance vis-à-vis des comptes de niveaux supérieurs, dans le cadre d'une codification décimale.

Le plan de comptes de chaque entité doit être suffisamment détaillé pour permettre l'enregistrement des opérations.

Lorsque les comptes prévus par le Système comptable OHADA ne suffisent pas à l'entité pour enregistrer distinctement toutes ses opérations, elle peut ouvrir toutes subdivisions nécessaires.

Inversement, si des comptes prévus par le Système comptable OHADA sont trop détaillés par rapport aux besoins de l'entité, elle peut les regrouper dans un compte global de même niveau, plus contracté, conformément aux possibilités offertes par le Système comptable OHADA et à condition que le regroupement ainsi opéré puisse au moins permettre l'établissement des états financiers annuels dans les conditions prescrites.

Les opérations sont enregistrées dans les comptes dont les intitulés correspondent à leur nature.

Art. 19 [mod.] Les livres comptables et autres supports dont la tenue est obligatoire sont :

– le livre-journal, dans lequel sont inscrits les mouvements de l'exercice, enregistrés en comptabilité, dans les conditions exposées au paragraphe 4 de l'article 17 ci-dessus ;

– le grand-livre, constitué par l'ensemble des comptes de l'entité, où sont reportés ou inscrits simultanément au journal, compte par compte, les différents mouvements de l'exercice ;

– la balance générale des comptes, état récapitulatif faisant apparaître, à la clôture de l'exercice, pour chaque compte :

- le solde débiteur ou le solde créditeur, à l'ouverture de l'exercice ;
- le cumul depuis l'ouverture de l'exercice des mouvements débiteurs et le cumul des mouvements créditeurs ;
- le solde débiteur ou le solde créditeur, à la date considérée ;

– le livre d'inventaire, sur lequel sont transcrits le Bilan, le Compte de résultat et le Tableau des flux de trésorerie de chaque exercice, ainsi que le résumé de l'opération d'inventaire.

L'établissement du livre-journal et du grand-livre peut être facilité par la tenue de journaux et livres auxiliaires, ou supports en tenant lieu, en fonction de l'importance et des besoins de l'entité. Dans ce cas, les totaux de ces supports sont périodiquement et au moins une fois par mois respectivement centralisés dans le livre-journal et dans le grand-livre.

Art. 20 [mod.] Les livres comptables et autres supports doivent être tenus sans blanc ni altération d'aucune sorte.

Toute correction d'erreur, commise et découverte sur l'exercice en cours, s'effectue exclusivement par inscription en négatif des éléments erronés ; l'enregistrement exact est ensuite opéré.

La correction d'une erreur significative commise au cours d'un exercice antérieur doit être opérée par ajustement du compte report à nouveau.

Toute correction d'erreur découverte sur l'exercice en cours et commise sur les exercices antérieurs doit faire l'objet d'une information dans les Notes annexes.

Art. 21 [mod.] Les petites entités visées à l'article 13 ci-dessus qui relèvent du Système minimal de trésorerie tiennent une simple comptabilité de trésorerie dans les conditions fixées par le Système comptable OHADA. Les états financiers de ces entreprises ainsi que leurs règles d'établissement font l'objet d'une édition distincte.

Art. 22 [mod.] Lorsqu'elle repose sur un traitement informatique, l'organisation comptable doit recourir à des procédures qui permettent de satisfaire aux exigences de régularité et de sécurité requises en la matière de telle sorte que :

1. les données relatives à toute opération donnant lieu à enregistrement comptable comprennent, lors de leur entrée dans le système de traitement comptable, l'indication de l'origine, du contenu et de l'imputation de ladite opération, et puissent être restituées sur papier ou sous une forme directement intelligible ;
2. l'irréversibilité des traitements effectués interdise toute suppression, addition ou modification ultérieure d'enregistrement ; toute donnée entrée doit faire l'objet d'une validation, afin de garantir le caractère définitif de l'enregistrement comptable correspondant ; cette procédure de validation doit être mise en œuvre au terme de chaque période qui ne peut excéder un mois ;
3. la chronologie des opérations écarte toute possibilité d'insertion intercalaire ou d'addition ultérieure. Pour figer cette chronologie le système de traitement comptable doit prévoir une procédure périodique dite « clôture informatique » au moins trimestrielle et mise en œuvre au plus tard à la fin du trimestre qui suit la fin de chaque période considérée ;
4. les enregistrements comptables d'une période clôturée soient classés dans l'ordre chronologique de la date de valeur comptable des opérations auxquelles ils se rapportent. Toutefois, lorsque la date de valeur comptable correspond à une période déjà clôturée, l'opération concernée est enregistrée au premier jour de la période non encore clôturée. Dans ce cas, la date de valeur comptable de l'opération est mentionnée distinctement ;
5. l'intégrité des données enregistrées offre des conditions de garantie et de conservation conformes à la réglementation en vigueur. Est notamment réputée intègre toute transcription indélébile des données qui entraîne une modification irréversible du support ;
6. l'organisation comptable garantisse toutes les possibilités d'un contrôle éventuel en permettant la reconstitution ou la restitution du chemin de révision et en donnant droit d'accès à la documentation relative aux analyses, à la programmation et aux procédures des traitements, en vue notamment de procéder aux tests nécessaires à l'exécution d'un tel contrôle ;
7. les états périodiques fournis par le système de traitement soient numérotés et datés. Chaque enregistrement doit s'appuyer sur une pièce justificative établie sur papier ou sur un support assurant la fiabilité, la conservation et la restitution en clair de son contenu pendant les délais requis.

Chaque donnée, entrée dans le système de traitement par transmission d'un autre système de traitement, doit être appuyée d'une pièce justificative probante.

Art. 23 Les états financiers annuels sont arrêtés au plus tard dans les quatre mois qui suivent la date de clôture de l'exercice. La date d'arrêté doit être mentionnée dans toute transmission des états financiers.

JURISPRUDENCE OHADA

Refus d'une présentation anticipée des comptes annuels

Jugé qu'une comptabilité tenue en violation du principe de l'annualité, et soumise à approbation des associés sans autorisation de prolongation requise du juge, ne peut faire autorité en cas de contestation des résultats, encore et surtout pour des engagements contractés en cours d'exercice sans consultation des associés. S'agissant notamment des comptes de l'année 1998, dont l'exercice restait à courir pour être clôturé au terme de l'année civile, leur présentation anticipée au 15 décembre 1998 n'est pas de nature à donner une image fidèle de la gestion de l'entreprise.

Annulation des délibérations relatives aux décisions collectives ordinaires issues de l'assemblée générale ordinaire ayant statué sur les états financiers de synthèse annuels (CA Port-Gentil, 1e ch. civ. et com., 1-3-2007 : Gabon Voyages c/ Descarceaux, Ohadata J-08-129).

Art. 24 **Les livres comptables ou les documents qui en tiennent lieu, ainsi que les pièces justificatives, sont conservés pendant dix ans.**

JURISPRUDENCE OHADA

I. Distinction entre l'obligation comptable de conservation de documents et la prescription

C'est à tort qu'il est reproché à un jugement d'avoir prononcé l'extinction de l'obligation principale de la société cautionnée et par conséquent la créance de la banque, en violation de l'article 24 de l'AUHCE [devenu AUDCIF], qui fait obligation à tout commerçant de conserver les pièces comptables pendant une durée de dix (10) ans, laissant subsister la créance comptable dont la prescription est de la même durée, dès lors que l'obligation de conserver ces documents comptables pendant une durée de sécurité de 10 ans ne saurait être confondue avec la prescription extinctive et libératoire de l'article 18 [devenu 16] de l'AUDCG, dont l'objectif est à la fois d'inciter le créancier à la diligence et de protéger le débiteur contre l'accumulation de dettes périodiques sur une période très importante. En sanctionnant l'inertie de la demanderesse et en prononçant l'extinction de l'obligation principale sur le fondement de l'article 18 de l'AUDCG, et celle du cautionnement hypothécaire pris par le défendeur sur le fondement des articles 25 [devenu 36] et 124 [devenu 201], al. 2 de l'AUS (ancien), le Tribunal de commerce a bien justifié sa décision ; rejet du moyen (CCJA, 3e ch., no 154, 18-10-2018 : CAA devenue BNI c/ Kaunan Kouassi Antoine).

II. Limitation de l'obligation de conservation des pièces à la durée prévue

Il résulte de l'article 24 de l'AUDCIF que les commerçants n'ont l'obligation de conserver les livres comptables et les documents, ainsi que les pièces justificatives, que durant une période de dix ans. En l'espèce, c'est par une exacte application de ce texte qu'une cour d'appel a débouté une personne de sa demande de production de relevés bancaires, qui constituent des pièces comptables, concernant une période datant de plus de dix ans (de 2000 à 2014) (CCJA, 3e ch., no 350/2020, 26-11-2020 : ATM SARL c/ NSIA Banque Côte d'Ivoire).

III. Preuve par les livres comptables

Voir sous l'AUDCG, art. 2 (CCJA 3e ch., no 159-2025, 15-5-2025).

Chapitre III
JEU COMPLET D'ÉTATS FINANCIERS ANNUELS

Art. 25 [mod.] **A l'exception des Notes annexes, les états financiers annuels visés à l'article 8 ci-dessus sont présentés conformément à des modèles dont les éléments composants sont classés en rubriques successives, elles-mêmes subdivisées en postes.**

Ces modèles sont établis en fonction des systèmes comptables prévus aux articles 11 et 13 ci-dessus et présentés conformément à des tracés figurant dans le Système comptable OHADA.

Art. 26 [mod.] **Le Système normal comporte l'établissement du Bilan, du Compte de résultat de l'exercice, du Tableau des flux de trésorerie ainsi que des Notes annexes dont les dispositions principales sont fixées dans le Système comptable OHADA. Il comporte aussi l'établissement d'un état supplémentaire statistique.**

Art. 27 [abrogé]

Art. 28 [mod.] Le Système minimal de trésorerie visé à l'article 13 ci-dessus repose sur l'établissement d'un *Bilan, d'un Compte de résultat et de Notes annexes* dressés à partir de la comptabilité de trésorerie que doivent tenir les *entités* conformément *aux modèles du Système comptable OHADA*.

La conception du Système minimal de trésorerie permet de tenir compte, dans le calcul du résultat et dans l'établissement *du Bilan, [des]* éléments suivants, lorsqu'ils sont significatifs :

– variation des stocks ;

– variation des créances ;

– variation des *dettes*.

Art. 29 [mod.] Le Bilan décrit séparément les éléments d'actif et les éléments de passif constituant le patrimoine de l'*entité*. Il fait apparaître de façon distincte les capitaux propres.

Le Compte de résultat récapitule *en liste*, les produits et les charges qui font apparaître par *cascade les résultats intermédiaires et, in fine*, le bénéfice net ou la perte nette de l'exercice.

Le Tableau *des flux de trésorerie* retrace les *mouvements « entrée » ou « sortie » de liquidités* de l'exercice.

Les Notes annexes complèt*ent* et précis*ent* l'information donnée par les autres états financiers annuels.

Art. 30 [mod.] Le Bilan de l'exercice fait apparaître de façon distincte :

– à l'actif : l'actif immobilisé, l'actif *circulant, la* trésorerie-*passif et l'écart de conversion-actif* ;

– au passif : les ressources *stables, le passif circulant, la* trésorerie-*passif et l'écart de conversion-passif.*

Art. 31 [mod.] Le Compte de résultat de l'exercice fait apparaître les produits et les charges, distingués selon qu'ils concernent les opérations d'exploitation *et les opérations financières* attachées aux activités ordinaires *et* les opérations hors activités ordinaires.

Le classement des produits et des charges *en liste doit* perme*ttre* d'établir des soldes *intermédiaires* de gestion *en cascade* dans les conditions définies par le Système comptable OHADA.

Art. 32 [mod.] Le Tableau des flux de trésorerie de l'exercice fait apparaître *la trésorerie nette en début* d'exercice, les flux de *trésorerie provenant des activités opérationnelles, les flux de trésorerie provenant des opérations d'investissement, les flux de trésorerie provenant des capitaux propres, les flux de trésorerie provenant des capitaux étrangers et la trésorerie nette en fin d'exercice*.

Art. 33 [mod.] Les états financiers annuels, précédemment décrits *aux articles 30 à 32 ci-dessus*, sont accompagnés de *Notes annexes, organisées par une référence croisée avec l'information liée*.

Les Notes annexes contiennent des informations complémentaires à celles qui sont présentées dans le Bilan, le Compte de résultat et le Tableau des flux de trésorerie. Les Notes annexes fournissent des descriptions narratives ou des décompositions d'éléments présentées dans les autres états financiers, ainsi que des informations relatives aux éléments qui ne répondent pas aux critères de comptabilisation dans les autres états financiers.

Les Notes annexes comportent tous les éléments de caractère significatif qui ne sont pas mis en évidence dans les autres états financiers et sont susceptibles d'influencer le jugement que les utilisateurs des documents peuvent porter sur le patrimoine, la situation financière et le résultat de l'entité. Il en est ainsi notamment pour le montant des engagements donnés et reçus dont le suivi doit être assuré par l'entité dans le cadre de son organisation comptable.

Toute modification dans la présentation des états financiers annuels ou dans les méthodes d'évaluation doit être signalée dans l*es Notes annexes*.

Art. 34 Les états financiers annuels de chaque *entité* respectent les dispositions ci-*dessous* :

– le bilan d'ouverture d'un exercice doit correspondre au bilan de clôture de l'exercice précédent ;

– toute compensation, non juridiquement fondée, entre postes d'actif et postes de passif dans le Bilan et entre postes de charges et postes de produits dans le Compte de résultat est interdite ;

– la présentation des états financiers est identique d'un exercice à l'autre ;

– chacun des postes des états financiers comporte l'indication du chiffre relatif au poste correspondant de l'exercice précédent.

Lorsque l'un des postes chiffrés d'un état financier n'est pas comparable à celui de l'exercice précédent, c'est ce dernier qui doit être adapté. L'absence de comparabilité ou l'adaptation des chiffres est signalée dans l*es Notes annexes*.

Chapitre IV

REGLES D'EVALUATION ET DE DETERMINATION DU RESULTAT

Art. 35 [mod.] La méthode d'évaluation des éléments inscrits en comptabilité est fondée sur l*es* conventions du coût historique, de prudence et *l'hypothèse de base* de continuité d'exploitation. Cependant, *l'entité* peut procéder à la réévaluation des *immobilisations corporelles et financières* dans le respect des dispositions des articles 62 à 65 ci-*dessous*.

Art. 36 [mod.] Le coût historique des biens inscrits à l'actif du bilan est constitué par :

– le coût réel d'acquisition pour ceux achetés à des tiers, la valeur d'apport pour ceux apportés par l*es actionnaires*, les associés *ou les membres*, la valeur actuelle pour ceux acquis à titre gratuit ou, en cas d'échange, par la valeur *actuelle* de celui des deux éléments dont l'estimation est la plus sûre ;

– le coût réel de production pour ceux produits par l'*entité* pour elle-même.

La subvention obtenue, le cas échéant, pour l'acquisition ou la production d'un bien n'a pas d'influence sur le calcul du coût du bien acquis ou produit.

Art. 37 [mod.] Le coût réel d'*une immobilisation* est formé :

– du prix d'achat définitif *net de remises et de rabais commerciaux, d'escompte de règlement et de taxes récupérables* ;

– des charges rattachables directement à l'opération d'achat ;

– *des frais d'acquisition notamment les droits d'enregistrement, les honoraires, les commissions, les frais d'actes, après déduction des taxes récupérables* ;

– des charges d'installation qui sont nécessaires pour mettre le bien en état d'utilisation ;

– de l'estimation initiale des coûts relatifs au démantèlement, à l'enlèvement de l'immobilisation et à la remise en état du site sur lequel elle est située, si cette obligation incombe à l'entité, soit du fait de l'acquisition de l'immobilisation corporelle, soit du fait de son utilisation pendant une durés spécifique à des fins autres que la production de stocks au cours de cette période. Ces coûts comptabilisés comme un composant de l'immobilisation, font l'objet d'un plan d'amortissement propre tant pour la durée que pour le mode.

Le coût réel d'acquisition *d'une marchandise, d'une* matière *première* ou d'un service est formé :

– *du prix d'achat net de remises, rabais, ristournes et de taxes récupérables. Les escomptes de règlement sont des produits financiers qui ne viennent pas en déduction du prix d'achat* ;

– *des frais accessoires rattachables directement à l'opération d'achat.*

Le coût réel de production d'*une immobilisation ou d'un service* est formé :

– du coût d'acquisition des matières et fournitures utilisées pour cette production ;

– des charges directes de production ;

– des charges indirectes de production dans la mesure où elles peuvent être raisonnablement rattachées à la production du bien ;

– *de l'estimation initiale des coûts relatifs au démantèlement à l'enlèvement de l'immobilisation et à la remise en état du site dans les conditions visées à l'alinéa 1 cinquième tiret ci-dessus.*

Les coûts d'emprunt nécessaires au financement de l'acquisition ou de la production d'un actif qualifié, immobilisation incorporelle, corporelle ou stock, font partie du coût du bien lorsqu'ils concernent la période de production de cet actif, jusqu'à la date d'acquisition ou la date de réception définitive.

Un actif qualifié est un actif qui exige une longue période de préparation avant de pouvoir être utilisé ou vendu.

Tous les frais accessoires encourus sont inclus dans le cout d'acquisition ou de production du bien jusqu'à son lieu d'exploitation et sa mise en état de fonctionner.

Art. 38 [mod.] Lorsque des biens différents sont acquis conjointement ou sont produits de façon indissociable pour un coût global d'acquisition ou de production, le coût d'entrée de chacun des biens considérés est déterminé dans les conditions suivantes :

– si les biens sont individualisés par la suite, le coût initial global est ventilé proportionnellement à la valeur attribuable à chacun d'eux, après définition de la méthode de valorisation ;

– dans le cas où tous les biens ne peuvent être individuellement valorisés, par référence à un prix de marché, ou de façon forfaitaire s'il n'existe pas de prix de marché, ceux des biens qui n'auront pu être ainsi directement valorisés le seront par différence entre le coût initial global et la valorisation du ou des autres biens.

Mention doit être faite dans les Notes annexes des modalités d'évaluation retenues.

Art. 38-1 [nouv.] *L'entité ventile le montant d'une immobilisation corporelle en ses parties significatives dès lors que* :

– *les éléments d'actif sont dissociables* ;

– *les éléments d'actif ont une utilisation différente* ;

– la durée d'utilité de chaque élément est différente ;

– le coût de chaque élément peut être évalué de façon fiable et qu'il est significatif par rapport au coût total de l'immobilisation.

Chaque élément de l'immobilisation visée à l'alinéa précédent doit être comptabilisé séparément dès on acquisition ou son remplacement.

La décomposition de ces immobilisations n'est autorisée que pour les bâtiments et autres ouvrages, les avions, les bateaux, les camions, les autocars, les bus, les véhicules blindés de transport de fonds, certains matériels et outillages des entités industrielles, minières, agricoles, hospitalières et pétrolières, dès lors que l'entité dispose de statistiques et autres informations lui permettant de bien appréhender la durée d'utilité de chaque élément.

Art. 38-2 [nouv.] *La poursuite de l'exploitation d'une immobilisation corporelle peut être subordonnée à la réalisation régulière de révisions ou d'inspections majeures destinées à identifier d'éventuelles défaillances, avec ou sans remplacement de pièces. Lorsqu'une inspection ou une révision majeure est réalisée, son coût est comptabilisé dans la valeur comptable de l'immobilisation corporelle comme un composant à titre de remplacement, si les critères de comptabilisation sont satisfaits. Toute valeur comptable résiduelle du coût de la précédente révision est décomptabilisée.*

Art. 39 [mod.] *Pour tenir compte de l'hypothèse* de continuité de l'exploitation, l'*entité* est normalement considérée comme étant en activité, c'est-à-dire comme devant continuer à fonctionner dans un avenir raisonnablement prévisible. Lorsqu'elle a manifesté l'intention ou quand elle se trouve dans l'obligation de se mettre en liquidation ou de réduire sensiblement l'étendue de ses activités, sa continuité n'est plus assurée et l'évaluation de ses biens doit être reconsidérée.

Il en est de même quand il s'agit d'un bien ou d'un ensemble de biens autonome dont la continuité d'utilisation est compromise en raison notamment de l'évolution irréversible des marchés ou de la technique.

Art. 40 La cohérence des évaluations au cours des exercices successifs implique la permanence dans l'application des règles et des procédures les concernant.

JURISPRUDENCE OHADA

Méthodologie adaptée

L'examen des états financiers par exercice constitue la démarche la plus appropriée pour vérifier la conformité de la tenue des comptes au principe de prudence et apprécier le respect de la règle de la permanence, qui permet la comparabilité des résultats d'un exercice à un autre, lesquels principe et règle permettent de restituer la prééminence de la réalité sur les apparences (CA Port-Gentil, 1e ch. civ. et com., 1-3-2007 : Gabon Voyages c/ Descarceaux, Ohadata J-08-129).

Art. 41 [mod.] Toute exception à la permanence visée à l'article 40 ci-dessus doit être justifiée par la recherche d'une meilleure information ou par des circonstances impératives.

Il en est ainsi :

– en cas de changement exceptionnel intervenu aussi bien dans la situation de l'entité que du fait de l'environnement juridique, économique ou financier dans lequel elle évolue ;

– à la suite de modifications ou de compléments apportés à la réglementation comptable.

Dès lors que les exceptions visées ci-dessus sont décidées par les autorités compétentes en matière de normalisation comptable, leurs conséquences comptables sur la situation de l'entité doivent être imputées, en tout ou en partie, sur les capitaux propres du bilan d'ouverture de l'exercice au cours duquel elles sont constatées.

Toutes informations nécessaires à la compréhension et à l'appréciation des changements intervenus sont données dans les Notes annexes, conformément aux dispositions de l'article 33 ci-dessus.

Art. 42 [mod.] A la clôture de chaque exercice, l'entité doit procéder au recensement et à l'évaluation de ses biens, créances et dettes à leur valeur effective du moment, dite valeur actuelle.

La valeur actuelle est une valeur d'estimation du moment qui s'apprécie en fonction du marché et de l'utilité de l'élément pour l'entité.

L'utilité de l'élément pour l'entité est à déterminer dans le cadre de la continuité de l'exploitation ou d'utilisation, telle que définie à l'article 39 ci-dessus, ou, le cas échéant, dans l'hypothèse de non-continuité.

Art. 43 [mod.] La valeur d'inventaire est la valeur actuelle à la date de clôture de l'exercice.

Cette valeur d'inventaire est comparée à la valeur d'entrée figurant au bilan. Si la valeur d'inventaire est supérieure à la valeur d'entrée, cette dernière est maintenue dans les comptes, sauf cas expressément prévus par la législation. Si la valeur d'inventaire est inférieure à la valeur d'entrée, l'amoindrissement est constaté de façon distincte sous la forme d'un amortissement ou d'une dépréciation selon que cette perte de valeur est jugée définitive ou non.

Art. 44 [mod.] Les stocks et les productions en cours sont évalués unité par unité ou catégorie par catégorie.

L'unité d'inventaire est la plus petite partie qui peut être inventoriée sous chaque article.

A la sortie du stock ou à l'inventaire :

– les biens matériellement identifiés et individualisés ainsi que ceux qui ne sont pas interchangeables, sont évalués article par article à leur coût d'entrée ;

– les biens interchangeables non identifiables après leur entrée en stock sont évalués, soit en considérant que le premier bien entré est le premier bien sorti, méthode dite P.E.P.S., soit à leur coût moyen pondéré d'acquisition ou de production, méthode dite C.M.P.

L'entité doit utiliser la même méthode pour tous les stocks ayant une nature et un usage similaire pour l'entité.

Pour des stocks de nature ou d'usage différents, des méthodes différentes peuvent être utilisées.

Les techniques d'évaluation du coût des stocks, telles que la méthode du coût standard ou la méthode du prix de détail, peuvent être utilisées pour des raisons pratiques si ces méthodes donnent des résultats proches du coût réel du stock.

Art. 45 [mod.] L'amortissement consiste pour l'entité à répartir le montant amortissable du bien sur sa durée d'utilité selon un plan prédéfini.

Le montant amortissable du bien s'entend de la différence entre le coût d'entrée d'un actif et sa valeur résiduelle prévisionnelle.

La valeur résiduelle prévisionnelle d'un actif est le montant estimé qu'une entité obtiendrait actuellement de la sortie de l'actif, après déduction des coûts de sortie estimés, si l'actif avait déjà l'âge et se trouvait déjà dans l'état prévu à la fin de sa durée d'utilité.

La durée d'utilité est définie en fonction de l'utilité attendue de cet actif pour l'entité. Tous les facteurs suivants sont pris en considération pour déterminer la durée d'utilité d'un actif :

– l'usage attendu de cet actif par l'entité, évalué par référence à la capacité ou à la production physique attendue de cet actif ;

– l'usure physique attendue dépendant notamment des cadences de production et de la maintenance ;

– l'obsolescence technique ou commerciale découlant de changements ou d'améliorations dans la production ou d'une évolution de la demande du marché pour le produit ou le service fourni par l'actif ;

– les limites juridiques ou similaires sur l'usage de l'actif, telles que les dates d'expiration des contrats de location.

Le plan d'amortissement est la traduction comptable de la répartition systématique du montant amortissable d'un actif selon le rythme de consommation des avantages économiques attendus en fonction de sa durée d'utilité.

Différents modes d'amortissement peuvent être utilisés pour répartir de façon systématique le montant amortissable d'un actif sur sa durée d'utilité. Ces modes incluent :

– le mode linéaire qui conduit à une charge constante sur la durée d'utilité de l'actif ;

– le mode dégressif à taux décroissant qui conduit à une charge décroissante sur la durée d'utilité de l'actif ;

– le mode des unités de production ou unités d'œuvre (nombre de pièces produites, heures de fonctionnement, nombre de kilomètres parcourus, nombre d'heures de travail, etc.) qui donne lieu à une charge basée sur l'utilisation ou la production prévue de l'actif ;

– et tout autre mode mieux adapté.

Toutefois un mode d'amortissement basé sur les revenus générés par l'utilisation de l'actif est interdit pour les immobilisations corporelles. De même, l'amortissement financier qui consiste à amortir une immobilisation au même rythme que le coût de son financement n'est pas autorisé.

Le mode d'amortissement retenu est appliqué de manière cohérente d'une période à l'autre, sauf en cas de changement du rythme attendu de consommation de l'actif.

La date de début d'amortissement est la date à laquelle l'actif immobilisé est en état de fonctionner et au lieu d'utilisation prévu par l'entité.

Toute modification significative dans l'environnement juridique, technique, économique de l'entité et dans les conditions d'utilisation du bien est susceptible d'entraîner la révision du plan d'amortissement en cours d'exécution.

La constatation de la dotation aux amortissements d'une immobilisation amortissable est obligatoire même en cas d'absence ou d'insuffisance de bénéfice.

Art. 46 [mod.] La dépréciation permet de constater la perte de valeur de l'actif.

A la clôture de chaque exercice, une entité doit apprécier s'il existe un quelconque indice qu'un actif a subi une perte de valeur. S'il existe un tel indice, l'entité doit estimer la valeur actuelle de l'actif concerné et la comparer avec la valeur nette comptable.

L'actif doit être déprécié lorsque la valeur nette comptable est supérieure à la valeur actuelle.

La constatation de cette dépréciation est obligatoire même en cas d'absence ou d'insuffisance de bénéfice.

Pour les immobilisations, cette dépréciation est constatée par une dotation et pour les autres éléments de l'actif, par une charge pour dépréciation.

Après la comptabilisation d'une perte de valeur, l'amortissement de l'actif doit être calculé sur la base de la valeur comptable brute diminuée de la valeur résiduelle provisionnelle, des amortissements cumulés et de la dépréciation.

Art. 47 [mod.] Les amortissements et les dépréciations sont inscrits distinctement à l'actif en diminution de la valeur brute des biens et des créances correspondants pour donner leur valeur comptable nette.

Art. 48 [mod.] Les risques et charges, nettement précisés quant à leur objet, que des événements survenus ou en cours rendent seulement probables, entraînent la constitution, par dotations, de provisions financières pour risques et charges à inscrire au passif du bilan dans la rubrique : dettes financières. Toutefois, lorsque l'échéance probable du risque ou de la charge est à court terme, les provisions sont constituées par constatation de charges pour provisions pour risques à court terme et inscrites au passif dans la rubrique : passif-circulant.

Une provision est un passif externe ou une dette dont l'échéance ou le montant est incertain. Le terme provision désigne les provisions pour risques et charges.

Par dérogation, les provisions réglementées sont constituées uniquement en application de dispositions légales notamment fiscales.

Un passif externe est une obligation actuelle de l'entité de transférer une ressource économique à la suite d'évènements passés.

Les dotations aux provisions pour risques et charges à plus d'un an sont inscrites dans un compte de dotation aux provisions tandis que celles qui sont liées à un risque à moins d'un an sont enregistrées au compte charges pour provisions pour risques à court terme.

Les entités doivent évaluer et comptabiliser sous forme de provisions à inscrire au passif externe du bilan, les engagements de retraite.

Art. 49 [mod.] Il doit être procédé, dans l'exercice, à tous amortissements, dépréciations et provisions nécessaires pour couvrir les pertes de valeurs, les risques et les charges probables, même en cas d'absence ou d'insuffisance de bénéfice.

Il doit être tenu compte des risques, charges et produits intervenus au cours de l'exercice ou d'un exercice antérieur, même s'ils sont connus seulement entre la date de clôture de l'exercice et celle de l'arrêté des comptes.

JURISPRUDENCE OHADA

Absence de violation de l'article 49

C'est à tort qu'il est reproché à un arrêt d'avoir violé les articles 11 de l'instruction n° 94-05 du 16 août 1994 relative à la comptabilisation et au provisionnement des engagements en souffrance et 49, alinéa 1 de l'AUHCE en retenant que le crédit sur le compte en cause est saisissable sans avoir au préalable identifié la nature de ce compte interne ni le propriétaire de la provision alors que ce compte, identifié non pas comme un compte de dépôt mais un compte de provision et dont le crédit résulte des obligations de la banque à constituer une provision pour toutes les créances qui sont devenues douteuses ou litigieuses, n'est pas propriété du client et donc insaisissable. Il en est ainsi, dès lors que lors de la saisie, la banque saisie a produit à l'huissier instrumentaire un relevé intitulé « tous les comptes du client » parmi lesquels figure le compte en cause ; en retenant que l'instruction n° 94-05 précité n'indique pas en ses articles 1,

3, 4, 5 et 11, alinéa 1 que la provision du compte « Prov/Précontentieux » est la propriété exclusive de la banque pour décider que le compte est susceptible de saisie, la cour d'appel n'a en rien violé les textes précités et le pourvoi doit être rejeté (CCJA, 3e ch., no 193, 23-12-2015 : Société Générale de Banques de la Côte d'Ivoire SGBCI c/ Me Gniple Sery, Ohadata J-16-186).

Art. 50 [mod.] Lorsque la valeur des éléments de l'actif et du passif de l'entité dépend des fluctuations des cours des monnaies étrangères, des règles particulières d'évaluation s'appliquent dans les conditions définies par les articles 51 à 58 ci-dessous.

Art. 51 [mod.] Les biens acquis en devises sont comptabilisés dans l'unité monétaire ayant cours légal dans l'État partie par conversion de leur coût en devises, sur la base du cours de change du jour de l'acquisition. Cette valeur est maintenue au bilan jusqu'à la date de consommation, de cession ou de disparition des biens.

Art. 52 [mod.] Les créances et les dettes libellées en monnaies étrangères sont converties dans l'unité monétaire ayant cours légal dans l'État partie, sur la base du cours de change à la date de formalisation de l'accord des parties sur l'opération, quand il s'agit de transactions commerciales, ou à la date de mise à disposition des devises, quand il s'agit d'opérations financières.

Art. 53 Lorsque la naissance et le règlement des créances ou des dettes s'effectuent dans le même exercice, les écarts constatés par rapport aux valeurs d'entrée, en raison de la variation des cours de change, constituent des pertes ou des gains de change à inscrire respectivement dans les charges financières ou les produits financiers de l'exercice.

Il en est de même, quelle que soit l'échéance des créances et des dettes libellées en monnaies étrangères, dès lors qu'une opération de couverture a été conclue à leur sujet au cours de l'exercice et dans la limite du montant de cette couverture.

Art. 54 [mod.] Lorsque les créances et les dettes libellées en monnaies étrangères subsistent au bilan à la date de clôture de l'exercice, leur enregistrement initial est corrigé sur la base du dernier cours de change à cette date.

Les différences entre les valeurs initialement inscrites dans les comptes coûts historiques et celles résultant de la conversion à la date de l'inventaire majorent ou diminuent les montants initiaux et constituent :

– des pertes probables, dans le cas de majoration des dettes ou de minoration des créances,

– des gains latents, dans le cas de majoration des créances ou de minoration des dettes.

Ces différences sont inscrites directement au bilan dans des comptes d'écarts de conversion à l'actif, pertes probables ou du passif, gains latents.

Les gains latents n'interviennent pas dans la formation du résultat. Les pertes probables entraînent la constitution d'une provision pour pertes de change.

Art. 55 A la date de règlement des créances et des dettes, les pertes et les gains de change à cette date sont constatés par rapport à leur coût historique.

Art. 56 [mod.] Par dérogation et à titre exceptionnel, lorsqu'un emprunt est contracté ou qu'un prêt est consenti à l'étranger pour une période supérieure à un an, la perte ou le gain résultant à la clôture de l'exercice de l'emprunt ou du prêt en devises doit être étalé sur la durée restant à courir jusqu'au dernier remboursement ou encaissement, en proportion des remboursements ou encaissements à venir prévus au contrat. Le gain futur total ou la perte future totale est recalculé à la clôture de chaque exercice et le montant potentiel est mentionné dans les Notes annexes.

Art. 57 [mod.] Lorsque les opérations traitées en monnaies étrangères sont telles qu'elles concourent à une position globale de change au sein de l'entité, le montant de la dotation à la provision pour pertes de change est limité à l'excédent des pertes probables sur les gains latents afférents aux éléments inclus dans cette position.

Pour l'application de cette disposition, la position globale de change s'entend de la situation, devise par devise, de toutes les opérations engagées contractuellement par l'entité, même si elles n'ont pas encore été inscrites dans les comptes. De plus, le calcul du montant de la provision pour pertes de change doit être ajusté en fonction de l'échéance des éléments inclus dans la position globale de change.

Art. 58 [mod.] Quand elles subsistent au bilan, les disponibilités en devises sont converties en unité monétaire ayant cours légal dans l'État partie sur la base du dernier cours de change connu à la date de clôture de l'exercice et les écarts constatés sont inscrits directement dans les produits et les charges de l'exercice comme gains de change ou pertes de change.

Art. 58-1 [nouv.] Les contrats qualifiés de couverture sont identifiés et traités comptablement en tant que tels dès leur origine et conservent cette qualification jusqu'à leur échéance ou dénouement.

Une opération est qualifiée de couverture si elle présente toutes les caractéristiques suivantes :

– les contrats ou options de taux d'intérêt achetés ou vendus ont pour effet de réduire le risque de variation de valeur affectant l'élément couvert ou un ensemble d'éléments homogènes ;

– l'élément couvert peut être un actif, un passif, un engagement existant ou une transaction future non encore matérialisée par un engagement si cette transaction est définie avec précision et possède une probabilité suffisante de réalisation ;

– l'identification du risque à couvrir est effectuée après la prise en compte des autres actifs, passifs et engagements ;

– une corrélation est établie entre les variations de valeur de l'élément couvert et celles du contrat de couverture, ou celles de l'instrument financier sous-jacent s'il s'agit d'options de taux d'intérêt, puisque la réduction du risque résulte d'une neutralisation totale ou partielle, recherchée, à priori, entre les pertes éventuelles sur l'élément couvert et les gains sur les contrats négociés, ou l'option achetée en couverture.

Une option vendue ne remplit pas les conditions requises pour être un instrument de couverture car elle ne permet pas de réduire efficacement le risque sur le résultat d'un élément couvert. Toutefois, lorsqu'elle est désignée comme compensant une option achetée, y compris une option incorporée à un autre instrument financier, elle est considérée comme un instrument de couverture.

Art. 58-2 [nouv.] Les variations de valeur des contrats négociés sur les marchés organisés, constatées par la liquidation quotidienne des marges débitrices et créditrices, sont portées au compte de résultat en charge ou produits financiers.

Les variations de valeur des options constatées lors de transactions de gré à gré sont enregistrées au compte Instruments de trésorerie en attente de régularisation ultérieure :

– à l'actif du bilan pour les variations qui correspondent à une perte latente ;

– au passif du bilan pour les variations qui correspondent à un gain latent.

Les gains latents n'interviendront pas dans la formation du résultat.

Lorsque l'ensemble des transactions de gré à gré engendre une perte latente, celle-ci entraîne la constitution d'une provision financière.

Art. 58-3 [nouv.] Lorsque les couvertures fixent définitivement le cours de la monnaie étrangère à l'échéance, l'incertitude disparaît totalement. La valeur des créances ou des dettes en monnaies étrangères à l'échéance est connue. La couverture transforme les créances et les dettes en monnaies étrangères en créances et dettes en monnaie de l'État partie ayant cours légal.

La date de mise en place de la couverture a toutefois une incidence sur le traitement comptable à effectuer :

– si la couverture est mise en place avant l'opération, les créances et les dettes sont enregistrées au cours fixé par l'instrument de couverture. Il n'y a donc pas d'écart de conversion, ni de provision à constater. Le résultat financier n'est pas affecté ;

– lorsque la couverture est prise après l'opération, tant que celle-ci n'est pas mise en place, les écarts de conversion et les provisions nécessaires sont comptabilisés comme mentionné aux articles 54 et suivants ci-dessous. Lors de la réalisation de la couverture, les créances et dettes sont converties au cours de couverture. Les écarts, constatés entre la valeur d'origine des créances et des dettes et leur évaluation au cours de couverture, sont comptabilisées en résultat financier. Les éventuelles provisions sont reprises.

Art. 58-4 [nouv.] Lorsque les couvertures ne fixent pas définitivement le cours de la monnaie étrangère à l'échéance, le taux de conversion des créances et dettes en monnaies étrangères applicable à l'échéance n'est pas connu. Seul le risque de perte est réduit par l'instrument de couverture utilisé. Les écarts de conversion relatifs aux créances et dettes en monnaies étrangères sont entièrement constatés. En revanche, la provision pour perte de change n'est constituée qu'à concurrence du risque non couvert.

Art. 59 [mod.] Le résultat de chaque exercice est indépendant de celui qui le précède et de celui qui le suit. Pour sa détermination, il convient de lui rattacher et de lui imputer tous les événements et toutes les opérations qui lui sont propres et ceux-là seulement.

Art. 60 [abrogé]

Art. 61 [mod.] Les produits et les charges concernant des exercices antérieurs qui n'ont pu être pris en compte avant la clôture desdits exercices, sont enregistrés, selon leur nature, comme les produits et les charges de l'exercice en cours et participent à la formation du résultat d'exploitation, financier ou hors activités ordinaires de cet exercice. Ils doivent faire l'objet d'une mention spécifique dans les Notes annexes.

Art. 62 [mod.] Dans le respect des dispositions de l'article 35 du présent Acte uniforme, la réévaluation doit porter sur les immobilisations corporelles et financières.

Cette réévaluation a pour conséquence la substitution d'une valeur, dite réévaluée, à la valeur nette précédemment comptabilisée.

Toute réévaluation partielle est interdite.

La différence entre valeurs réévaluées et valeurs nettes précédemment comptabilisées constitue, pour l'ensemble des éléments réévalués, l'écart de réévaluation.

L'écart de réévaluation est inscrit distinctement au passif du bilan dans les capitaux propres.

Art. 63 [mod.] La valeur réévaluée d'un élément ne peut, en aucun cas, dépasser sa juste valeur, à la date prise en compte pour point de départ de la réévaluation, c'est-à-dire sa valeur actuelle, telle qu'elle est définie à l'article 42 ci-dessus.

La date d'effet de la réévaluation doit être la date de clôture de l'exercice de réévaluation.

Art. 64 [mod.] La valeur réévaluée des immobilisations amortissables sert de base au calcul des amortissements sur la durée d'utilité restant à courir depuis l'ouverture de l'exercice de réévaluation, sauf révision du plan d'amortissement, en application des dispositions du dernier alinéa de l'article 45 du présent Acte uniforme.

Art. 65 [mod.] L'écart de réévaluation ne peut être incorporé au résultat de l'exercice de réévaluation.

Il n'est pas distribuable.

Il peut être incorporé en tout ou partie au capital.

Observations

L'alinéa 3 résulte de la scission des deux paragraphes composant l'ancien alinéa 2.

Chapitre V

VALEUR PROBANTE DES DOCUMENTS, CONTROLE DES COMPTES, COLLECTE ET PUBLICITE DES INFORMATIONS COMPTABLES

Art. 66 [mod.] Le livre-journal et le livre d'inventaire sont cotés, paraphés et numérotés de façon continue par la juridiction compétente de chaque État partie concerné.

Art. 67 [mod.] Dans les entités qui ont recours à la technique de l'informatique pour la tenue de leur comptabilité, des documents électroniques écrits peuvent tenir lieu de journal et de livre d'inventaire ; dans ce cas, ils doivent être identifiés, numérotés et datés, dès leur établissement, par des moyens légaux offrant toute garantie de respect de la chronologie des opérations, de l'irréversibilité et de l'intégrité des enregistrements comptables.

Art. 68 [mod.] La comptabilité régulièrement tenue peut être admise en justice pour servir de preuve entre les entités pour faits de commerce ou autres.

Si elle a été irrégulièrement tenue, elle ne peut être invoquée par son auteur à son profit.

Jurisprudence OHADA

I. Comptabilité irrégulière

Impossibilité pour l'auteur de l'invoquer à son profit. En vertu de l'article 68 de l'AUHCE, une comptabilité irrégulièrement tenue, en ce qu'elle ne restitue pas une image fidèle de la gestion, ne peut être invoquée par son auteur à son profit. Il en résulte, par exemple, que, lorsque la créance alléguée par le gérant d'une SARL procède d'une présentation globale des états financiers soumis tardivement aux associés en violation du principe de l'annualité, et de l'examen anticipé des comptes annuels, en violation des articles 17 et 23 de l'AUHCE, et que ladite créance a été augmentée par un engagement unilatéral contracté par le gérant à l'insu de l'associé unique, les délibérations de l'assemblée générale au cours de laquelle cet engagement aurait été décidé doivent être écartées au profit des conclusions de l'expert désigné par le tribunal, en cas de désaccord entre le gérant et l'associé, s'agissant d'une SARL à associé unique (CA Port-Gentil, 1e ch. civ. et com., 1-3-2007 : Gabon Voyages c/ Descarceaux, Ohadata J-08-129).

II. Validité de la comptabilité régulière comme preuve

A. Décision antérieure rendue en application de l'AUHCE

La cour d'appel qui, pour refuser la validation d'une inscription hypothécaire provisoire, a énoncé que « l'hypothèque est une sûreté réservée au créancier », « qu'il ne figure au dossier aucune convention de prêt indiquant la hauteur des engagements pris de part et d'autre » et « qu'au stade actuel, la certitude et l'exigibilité de la créance de la [demanderesse] ne sont pas prouvées », alors que suivant l'article 68 de l'AUHCE, « la comptabilité régulièrement tenue peut être admise en justice pour servir de preuve entre les entreprises pour faits de commerce ou autres… » a violé les dispositions de l'article susvisé et exposé sa décision à la cassation. Sur l'évocation, l'inscription hypothécaire définitive prévue aux articles 136 [devenu 213] et suivants de l'AUS suppose que le demandeur établisse sa qualité de créancier certain à l'égard du débiteur. Pour les mêmes motifs que ceux développés lors de l'examen du moyen de cassation, tiré de la méconnaissance de l'article 68 de l'AUHCE, il y a lieu d'infirmer le jugement rendu en toutes ses dispositions et, statuant à nouveau, de constater que, des extraits de la comptabilité de la demanderesse, la défenderesse reste lui devoir la somme de 5 654 216 799 FCFA et de dire qu'il y a lieu à la validation de l'inscription provisoire d'hypothèque ordonnée par le président du tribunal (CCJA, ass. plén., nº 038/2015, 27-4-2015 : Banque de l'Habitat du Mali (BHM SA) c/ Sté West African Investment (WAIC SA), Ohadata J-16-38). AUS, art. 213.

B. Décisions rendues en application de l'AUDCIF

Il a été jugé que c'est en violation de l'article 68 de l'AUDCIF qu'une cour d'appel s'est fondée sur un rapport d'expertise erroné pour en déduire le bien-fondé de la contestation de la clôture du compte courant d'une société, qui dégageait un solde débiteur à sa charge, dès lors que la créance réclamée par la banque, qui résultait d'une comptabilité régulièrement tenue, était établie (CCJA, 1e ch., nº 184/2023, 26-10-2023).

Nécessité de produire les preuves des bons de commande et des paiements effectués. La cour d'appel qui, dans son contrôle de l'admissibilité de documents produits en vue de matérialiser des opérations intervenues entre cocontractants, s'est référée à l'article 68 de l'AUDCIF pour énoncer que « l'admission des relevés des compte établis unilatéralement par la société [demanderesse] comme preuve de la situation régulière de la preuve de ce que ces documents retracent une situation comptable de [la défenderesse] dans ses livres est subordonnée (…) à la preuve de ce que ces documents retracent une comptabilité régulière, des achats et paiements de l'appelante, preuve qui ne peut être rapportée que par la présentation des bons de commande, factures et preuves de paiements effectués par cette dernière… », n'a en rien violé les dispositions des articles 9 et 110 du Code des obligations civiles et commerciales. En outre, s'il est vrai que les notes de ristourne litigieuses ont été émises au nom de [X.], il ressort des énonciations de l'arrêt déféré, faisant foi jusqu'à inscription de faux, que la société demanderesse a confirmé l'application desdites notes à l'activité de la défenderesse, ainsi que le débit du compte nº 411 MH 013 ouvert dans son grand livre au nom de la défenderesse ; tout cela étant attesté par les relevés de compte versés au dossier, c'est à bon droit que la cour a appliqué l'article 68 susvisé (CCJA, 1e ch., nº 091, 28-3-2019 : FKS SARL c/ Hamida Yahaya).

Art. 69 [mod.] L'entité détermine, sous sa responsabilité, les procédures nécessaires à la mise en place d'une organisation comptable permettant aussi bien un contrôle interne fiable que le contrôle externe, par l'intermédiaire, le cas échéant, de commissaires aux comptes, de la réalité des opérations et de la qualité des comptes, tout en favorisant la collecte des informations.

Art. 70 [mod.] Dans les entités qui désignent, volontairement ou obligatoirement, des commissaires aux comptes, ces derniers :

– soit émettent une opinion indiquant que les états financiers sont réguliers et sincères et donnent une image fidèle du résultat des opérations de l'exercice écoulé ainsi que de la situation financière et du patrimoine à la fin de cet exercice écoulé ;

– soit expriment en la motivant, une opinion avec réserve ou défavorable ou indiquent qu'ils sont dans l'impossibilité d'exprimer une opinion.

Les commissaires aux comptes se prononcent sur la sincérité et la concordance avec les états financiers, des informations données dans le rapport de gestion.

Art. 71 [mod.] A la clôture de chaque exercice, les organes d'administration ou de direction, selon le cas, dressent l'inventaire et les états financiers, conformément aux dispositions des chapitres précédents, et établissent un rapport de gestion ainsi que, le cas échéant, un bilan social.

Le rapport de gestion expose la situation de l'entité durant l'exercice écoulé, ses perspectives de développement ou son évolution prévisible et, en particulier, les perspectives de continuation de l'activité, l'évolution de la situation de trésorerie et le plan de financement.

Les événements importants, survenus entre la date de clôture de l'exercice et la date à laquelle il est établi, doivent également y être mentionnés.

Tous ces documents ainsi que la liste des conventions réglementées sont transmis aux commissaires aux comptes s'ils existent, quarante-cinq jours, au moins, avant la date de l'Assemblée générale ordinaire.

Art. 72 [mod.] Les états financiers annuels et le rapport de gestion établis par les organes d'administration ou de direction, selon les cas, sont soumis à l'approbation des actionnaires, des associés ou des membres dans le délai de six mois à compter de la date de clôture de l'exercice.

Art. 73 [mod.] Les entités se conforment aux mesures communes de communication des informations aux actionnaires, aux associés ou aux membres et de publicité des états financiers annuels ainsi qu'à celles prévues pour les entités faisant appel public à l'épargne, à la fin du premier semestre, conformément aux dispositions spécifiques aux sociétés anonymes faisant appel public à l'épargne prévues dans l'Acte uniforme relatif au droit des sociétés commerciales et du groupement d'intérêt économique.

Art. 73-1 [nouv.] Les entités dont les titres sont inscrits à une bourse de valeurs et celles qui sollicitent un financement dans le cadre d'un appel public à l'épargne, doivent déposer en sus des états financiers de synthèses SYSCOHADA, les états financiers établis selon les normes IFRS et approuvés par l'assemblée générale ordinaire, au registre de commerce et du crédit mobilier et auprès des organes habilités des marchés financiers de leur région ou de l'État partie.

Les commissaires aux comptes :

– soit émettent une opinion indiquant que les états financiers IFRS sont réguliers et sincères et donnent une image fidèle du résultat des opérations de l'exercice écoulé ainsi que de la situation financière et des flux de trésorerie à la fin de cet exercice ;

– soit expriment en la motivant, une opinion avec réserve ou défavorable ;

– soit indiquent qu'ils sont dans l'impossibilité d'exprimer une opinion.

• TITRE II •

DES COMPTES CONSOLIDES ET DES COMPTES COMBINES

• Chapitre I •

COMPTES CONSOLIDES

Art. 74 [mod.] Toute entité, qui a son siège social ou son activité principale dans l'un des États parties et qui contrôle de manière exclusive ou conjointe une ou plusieurs autres entités, doit établir et publier chaque année les états financiers consolidés de l'ensemble constitué par toutes ces entités ainsi qu'un rapport sur la gestion de cet ensemble.

Les entités qui n'exercent qu'une influence notable sur une ou plusieurs entités n'ont pas l'obligation d'établir et de publier des comptes consolidés.

En revanche, dès lors qu'il y a obligation d'établir des comptes consolidés, les entités sous influence sont incluses dans le périmètre de consolidation.

Art. 75 [mod.] L'établissement et la publication des états financiers consolidés sont à la charge des organes d'administration et de direction de l'entité dominante de l'ensemble consolidé, dite entité consolidante.

Les états financiers consolidés des entités dont les titres sont inscrits à une bourse de valeurs et celles qui sollicitent un financement dans le cadre d'un appel public à l'épargne, doivent être établis et présentés selon les normes IFRS.

Art. 76 [mod.] L'obligation de consolidation subsiste même si l'entité consolidante est elle-même sous contrôle exclusif ou conjoint d'une ou de plusieurs entités ayant leur siège social et leur activité principale en dehors de l'espace économique formé par les États parties. L'identité de cette ou de ces entités est signalée dans les Notes annexes des états financiers personnels de l'entité consolidante de l'espace économique formé par les États parties ainsi que dans les Notes annexes consolidées.

Art. 77 [mod.] Sont dispensées de l'obligation de consolidation, les entités dominantes de l'espace juridique formées par les États parties qui sont elles-mêmes, sous le contrôle d'une autre entité de cet espace soumise à une obligation de consolidation.

Toutefois, cette exemption ne peut être invoquée dans les trois cas suivants :

– si les deux entités ont leur siège social dans deux régions différentes de l'espace OHADA ;

– si l'entité fait appel public à l'épargne ;

– si des états financiers consolidés sont exigés par un ensemble d'associés ou d'actionnaires représentant au moins le dixième du capital de l'entité dominante.

Les régions de l'espace OHADA s'entendent des ensembles économiques institutionnels formés par les États parties.

Observations

Le texte officiel vise « les entités dominantes de l'espace juridique formées par les États parties [...] ». On peut se demander si ce n'est pas par inadvertance que le législateur a employé le féminin pour le mot « formées » car il en résulte que ce sont les entités qui ont été formées par les États parties, ce qui surprend à la lecture. Il nous semble plutôt que c'est l'espace juridique formé par les États parties que le législateur a voulu désigner.

L'ancienne version du texte mentionnait notamment, à titre d'exemple, la Communauté économique et monétaire de l'Afrique centrale, l'Union économique et monétaire ouest-africaine.

Art. 78 [mod.] Le contrôle exclusif est le pouvoir de diriger les politiques financière et opérationnelle d'une entité afin de tirer des avantages économiques de ses activités.

Ce contrôle résulte :

– soit de la détention directe ou indirecte de la majorité des droits de vote dans une autre entité ;

– soit de la désignation, pendant deux exercices successifs, de la majorité des membres des organes d'administration, de direction ou de surveillance d'une autre entité ; l'entité consolidante est présumée avoir effectué cette désignation lorsqu'elle a disposé au cours de cette période, directement ou indirectement, d'une fraction supérieure à quarante pour cent des droits de vote et qu'aucun autre associé ne détenait, directement ou indirectement, une fraction supérieure à la sienne ;

– soit du droit d'exercer une influence dominante sur une entité en vertu d'un contrat ou de clauses statutaires, lorsque le droit applicable le permet et que l'entreprise consolidante est associée de l'entreprise dominée.

Le contrôle conjoint est le partage du contrôle d'une entité, exploitée en commun par un nombre limité d'associés ou d'actionnaires, de sorte que les politiques financière et opérationnelle résultent de leur accord.

Un contrôle conjoint est caractérisé par l'existence :

– d'un nombre limité d'associés ou d'actionnaires partageant le contrôle ; le partage du contrôle suppose qu'aucun associé ou actionnaire n'est susceptible à lui seul de pouvoir exercer un contrôle exclusif en imposant ses décisions aux autres ; l'existence d'un contrôle conjoint n'exclut pas la présence d'associés ou d'actionnaires minoritaires ne participant pas au contrôle conjoint ;

– d'un accord contractuel qui :

- prévoit l'exercice du contrôle conjoint sur l'activité économique de l'entité exploitée en commun ;
- établit les décisions qui sont essentielles à la réalisation des objectifs de l'entité exploitée en commun et qui nécessitent le consentement de tous les associés ou actionnaires participant au contrôle conjoint.

L'influence notable est le pouvoir de participer aux politiques financière et opérationnelle d'une entité sans en détenir le contrôle. L'influence notable peut notamment résulter d'une représentation dans les organes de direction, de la participation aux décisions stratégiques, de l'existence d'opérations inter-entités importantes, de l'échange de personnel de direction, de liens de dépendance technique.

Pour l'établissement des comptes consolidés, l'entité dominante est présumée exercer une influence notable sur la gestion et la politique financière d'une autre entité si elle détient directement ou indirectement une participation représentant au moins un cinquième (1/5) des droits de vote.

Art. 79 [mod.] Un jeu complet d'états financiers consolidés comprend : le Bilan, le Compte de résultat, le Tableau des flux de trésorerie, le Tableau de variation des capitaux propres ainsi que les Notes annexes.

Ils forment un tout indissociable et sont établis conformément aux dispositions du présent Acte uniforme.

Ils sont présentés, conformément aux modèles du Système comptable OHADA pour les comptes personnels des entités, avec en complément les rubriques et postes spécifiques liés à la consolidation, notamment Ecarts d'acquisition et Intérêts minoritaires.

Art. 80 [mod.] Les comptes des entités placées sous le contrôle exclusif de l'entité consolidante sont consolidés par intégration globale.

Les comptes des entités contrôlées conjointement avec d'autres associés ou actionnaires par l'entité consolidante sont consolidés par intégration proportionnelle.

Les comptes des entités sur lesquelles l'entité consolidante exerce une influence notable sont consolidés par mise en équivalence.

Art. 81 [mod.] Dans l'intégration globale, le bilan consolidé reprend les éléments du patrimoine de l'entité consolidante, à l'exception des titres des entités consolidées à la valeur comptable desquels sont substitués les différents éléments actifs et passifs, constitutifs des capitaux propres de ces entités, déterminés d'après les règles de consolidation.

Dans l'intégration proportionnelle, est substituée à la valeur comptable de ces titres la fraction représentative des intérêts de l'entité consolidante – ou des entités détentrices – dans les différents éléments actifs et passifs, constitutifs des capitaux propres de ces entités, déterminés d'après les règles de consolidation.

Dans la mise en équivalence, est substituée à la valeur comptable des titres détenus la part qu'ils représentent dans les capitaux propres, déterminée d'après les règles de consolidation des entités concernées.

Art. 82 [mod.] L'écart de consolidation est constaté par différence entre le coût d'acquisition des titres d'une entité consolidée et la part des capitaux propres que représentent ces titres pour l'entité consolidante, y compris le résultat de l'exercice réalisé à la date d'entrée de l'entité dans le périmètre de consolidation.

L'écart de première consolidation d'une entité est en priorité réparti dans les postes appropriés du bilan consolidé sous forme d'écarts d'évaluation ; la partie non affectée de cet écart est inscrite à un poste particulier d'actif ou de passif du bilan consolidé constatant un écart d'acquisition.

L'écart non affecté est rapporté au compte de résultat, conformément à un plan d'amortissement ou de reprise de provisions.

Art. 83 [mod.] Lorsque l'écart de première consolidation ne peut être ventilé, par suite de l'ancienneté des entités entrant pour la première fois dans le périmètre de consolidation, cet écart, qualifié d'écart d'acquisition, peut être imputé directement en résultat consolidé, après déduction des dividendes reçus par le groupe et amortissements de l'écart d'acquisition à l'ouverture de l'exercice d'incorporation de ces entités.

Toutes explications sur le traitement de l'écart susvisé doivent être données dans les Notes annexes.

Art. 84 [mod.] Le chiffre d'affaires consolidé est égal au montant des ventes de biens et services liés aux activités courantes de l'ensemble constitué par les entités consolidées par intégration.

Il comprend, après élimination des opérations internes à l'ensemble consolidé :

1. le montant net, après retraitements éventuels, du chiffre d'affaires réalisé par les entités consolidées par intégration globale ;

2. la quote-part de l'entité ou des entités détentrices dans le montant net, après retraitements éventuels, du chiffre d'affaires réalisé par les entités consolidées par intégration proportionnelle.

Art. 85 [mod.] Le compte de résultat consolidé comprend :

1. les éléments constitutifs :

a) du résultat de l'entité consolidante,

b) du résultat des entité consolidées par intégration globale,

c) de la fraction du résultat des entités consolidées par intégration proportionnelle, représentative des intérêts de l'entité consolidante ou des autres entités détentrices incluses dans l'ensemble consolidé ;

2. la fraction du résultat des entités consolidées par mise en équivalence, représentative soit des intérêts directs ou indirects de l'entité consolidante, soit des intérêts de l'entité ou des entités détentrices incluses dans l'ensemble consolidé.

Art. 86 [mod.] La consolidation impose :

1° le classement des éléments d'actif et de passif ainsi que des éléments de charges et de produits des entités consolidées par intégration, selon le plan de classement retenu pour la consolidation ;

2° l'harmonisation de l'évaluation et de la comptabilisation des actifs et passifs des entités du groupe ;

3° l'élimination de l'incidence sur les comptes des écritures passées pour la seule application des législations fiscales ;

4° l'élimination des résultats internes à l'ensemble consolidé, y compris les dividendes ;

5° la constatation de charges, lorsque les impositions afférentes à certaines distributions prévues entre des entreprises consolidées par intégration ne sont pas récupérables, ainsi que la prise en compte des réductions d'impôts, lorsque des distributions prévues en font bénéficier des entités consolidées par intégration ;

6° l'élimination des comptes réciproques des entités consolidées par intégration globale ou proportionnelle.

L'entité consolidante peut omettre d'effectuer certaines des opérations décrites au présent article, lorsqu'elles sont d'incidence négligeable sur le patrimoine, la situation financière et le résultat de l'ensemble constitué par les entités comprises dans la consolidation.

Art. 87 [mod.] L'écart constaté d'un exercice à l'autre et qui résulte de la conversion en unité monétaire ayant cours légal dans l'État partie des comptes d'entités étrangères est, selon la méthode de conversion retenue, inscrit distinctement soit dans les capitaux propres consolidés, soit au compte de résultat consolidé.

Art. 88 Lorsque des capitaux sont reçus en application de contrats d'émission ne prévoyant ni de remboursement à l'initiative du prêteur, ni de rémunération obligatoire en cas d'absence ou d'insuffisance de bénéfice, ceux-ci peuvent être inscrits au bilan consolidé à un poste de capitaux propres.

Les biens détenus par des organismes qui sont soumis à des règles d'évaluation, fixées par des lois particulières, sont maintenus dans les comptes consolidés à la valeur qui résulte de l'application de ces règles.

Art. 89 [mod.] Le Bilan consolidé est présenté, selon le modèle prévu dans le Système comptable OHADA pour les comptes personnels, Système normal, en faisant toutefois distinctement apparaître :
– les écarts d'acquisition ;
– les titres mis en équivalence ;
– les impôts différés ;
– la part du groupe dans les résultats non distribués ;
– la part des intérêts minoritaires dans les résultats non distribués.

Art. 90 [mod.] Le compte de résultat consolidé est présenté, selon le modèle du Système normal, en faisant distinctement apparaître :
– le résultat net de l'ensemble des entités consolidées par intégration ;
– la quote-part des résultats nets des entités consolidées par mise en équivalence ;
– la part des associés minoritaires et la part de l'entité consolidante dans le résultat net ;
– le résultat par action.

Art. 91 [mod.] Les produits et les charges sont classés par nature dans le Compte de résultat consolidé. Ce dernier peut être accompagné d'une présentation des produits et des charges classés selon leur destination, sur décision prise par l'entité consolidante.

Art. 92 [mod.] Sont enregistrées au Bilan et au Compte de résultats consolidés les impositions différées résultant :
– d'une part et dans une approche dite de résultat :

1. du décalage temporaire entre la constatation comptable d'un produit ou d'une charge et son inclusion dans le résultat fiscal d'un exercice ultérieur ;
2. des aménagements, éliminations et retraitements prévus à l'article 86 ci-dessus ;
3. de déficits fiscaux reportables des entités comprises dans la consolidation, dans la mesure où leur imputation sur les bénéfices fiscaux futurs est probable.

– d'autre part et dans une approche dite bilantielle de la différence entre la valeur comptable d'un actif ou d'un passif au bilan et sa base fiscale. La base fiscale d'un actif ou d'un passif est le montant attribué à cet actif ou ce passif à des fins fiscales.

Art. 93 [mod.] Le Tableau consolidé des flux de trésorerie consolidés, classe les flux de trésorerie en flux engendrés par les activités :
– opérationnelles ;
– d'investissement ;
– de financement.

Le tableau consolidé des flux de trésorerie consolidés fait apparaître la contribution de chaque type d'activité à la variation globale de la trésorerie du groupe.

Art. 94 [mod.] Les Notes annexes consolidées doivent :
– fournir des descriptions narratives ou des décompositions d'éléments présentés dans les autres états financiers ;

– comporter toutes les informations de caractère significatif permettant d'apprécier correctement le périmètre, le patrimoine, la situation financière et le résultat de l'ensemble constitué par les entités incluses dans la consolidation.

Elles incluent notamment :

– une déclaration de conformité aux comptes consolidés du Système comptable OHADA ;

– un résumé des principales méthodes comptables appliquées ;

– d'autres informations dont les passifs éventuels et les engagements contractuels non comptabilisés, des informations non financières tel[les] que, par exemple, les objectifs et méthodes de gestion des risques financiers ;

– un tableau de variation du périmètre de consolidation précisant toutes les modifications ayant affecté ce périmètre, du fait de la variation du pourcentage de contrôle des entités déjà consolidées, comme du fait des acquisitions et des cessions de titres.

Art. 95 [mod.] Sont dispensés de l'établissement et de la publication d'états financiers consolidés, les ensembles d'entités dont le chiffre d'affaires ne dépasse pas pour chaque exercice, pendant deux exercices successifs, un total hors taxes de 500 000 000 FCFA ou l'équivalent dans l'unité monétaire ayant cours légal dans l'État partie.

Cette limite est établie sur la base des états financiers arrêtés des deux derniers exercices des entités incluses dans la consolidation.

Art. 96 [mod.] Sont laissées en dehors du périmètre de consolidation, les entités dont la perte de contrôle ou de l'influence notable exercée par l'entité mère peut être démontrée.

Sont exemptées de publier des comptes consolidés les entités qui ne contrôlent (de manière exclusive ou conjointe) que des entités qui peuvent être exclues de la consolidation pour les causes suivantes :

– des restrictions sévères et durables remettent en cause substantiellement le contrôle ou le transfert de fonds par la filiale ;

– les actions ou parts de cette filiale ou participation ne sont détenues qu'en vue de leur cession ultérieure ;

– les informations nécessaires à l'établissement des comptes consolidés ne peuvent être obtenues sans frais excessifs ou dans des délais comptables avec les délais légaux d'établissement et de contrôle de ces comptes.

En outre, les entités dont l'importance est négligeable par rapport à l'ensemble consolidé peuvent être exclues du périmètre de consolidation.

Toute exclusion de la consolidation d'entités entrant dans les catégories visées au présent article doit être justifiée dans les Notes annexes de l'ensemble consolidé.

Art. 97 Les entités entrant dans la consolidation sont tenues de faire parvenir à l'entité consolidante les informations nécessaires à l'établissement des comptes consolidés.

La date de clôture des états financiers de l'entité mère et de ses filiales, utilisée pour la préparation des états financiers consolidés doit être la même. Lorsque la date de clôture de l'entité mère et celle d'une filiale sont différentes, la filiale prépare, pour les besoins de la consolidation, des états financiers supplémentaires à la même date que ceux de l'entité mère.

Toutefois, lorsqu'il est difficile d'établir des comptes à la même date, il est possible de déroger à ce principe si le décalage de la clôture des comptes de la filiale par rapport à celle de l'entité mère n'excède pas trois mois. Dans ce cas, un ajustement des comptes de la filiale est effectué pour tenir compte des effets significatifs des transactions ou évènements qui ont été traduits dans les comptes de la filiale durant cette période intermédiaire.

Dans le cas où il est nécessaire d'établir des états financiers supplémentaires de la filiale, ceux-ci sont soumis au contrôle d'un commissaire aux comptes ou, s'il n'en est point, d'un professionnel chargé du contrôle des comptes.

Art. 98 [mod.] L'absence d'information ou une information insuffisante relative à une entité entrant dans le périmètre de consolidation ne remet pas en cause l'obligation pour la société dominante d'établir et de publier des comptes consolidés. Dans ce cas exceptionnel, elle est tenue de signaler le caractère incomplet des comptes consolidés.

Art. 99 [mod.] Un rapport sur la gestion de l'ensemble consolidé expose la situation de l'ensemble constitué par les entités comprises dans la consolidation, son évolution prévisible, les événements importants survenus entre la date de clôture de l'exercice de consolidation et la date à laquelle les comptes consolidés sont établis ainsi que ses activités en matière de recherche et de développement.

Art. 100 [mod.] Lorsqu'une entité établit des états financiers consolidés, les commissaires aux comptes, à la lumière des éléments probants obtenus :

– soit concluent que les états sont réguliers et sincères et donnent une image fidèle du résultat des opérations de l'exercice écoulé, ainsi que de la situation financière et du patrimoine de l'ensemble constitué par les entités comprises dans la consolidation à la fin de l'exercice ;

– soit expriment, en la motivant, une opinion avec réserve ou défavorable ou indiquent qu'ils sont dans l'impossibilité d'exprimer une opinion.

Les commissaires aux comptes se prononcent également sur la sincérité et la concordance avec les états financiers consolidés, des informations données dans le rapport de gestion.

Art. 101 [mod.] Les états financiers consolidés régulièrement approuvés, le rapport de gestion de l'ensemble consolidé ainsi que le rapport du commissaire aux comptes font l'objet, de la part de l'entité qui a établi les comptes consolidés, d'une publicité effectuée selon les modalités prévues par l'article 73 du présent Acte uniforme.

Art. 102 [mod.] Le tableau d'activité et de résultats prévu à l'article 849 de l'Acte uniforme relatif au droit des sociétés commerciales et du GIE indique le montant net du chiffre d'affaires et le résultat des activités ordinaires avant impôts de l'ensemble consolidé. Chacun des postes du tableau comporte l'indication du chiffre relatif au poste correspondant de l'exercice précédent et du premier semestre de cet exercice.

Chapitre II
COMPTES COMBINES

Art. 103 [mod.] Les entités, qui forment dans une région de l'espace OHADA, un ensemble économique soumis à un même centre stratégique de décision situé hors de cette région, sans qu'existent entre elles des liens juridiques de domination, établissent et présentent des états financiers, dénommés états financiers combinés, comme s'il s'agissait d'une seule entité.

A l'effet d'identifier les entités susceptibles d'entrer dans la formation d'un tel ensemble, toute entité placée, en dernier ressort, sous contrôle exclusif ou conjoint d'une personne morale doit en faire mention dans les Notes annexes faisant partie de ses états financiers annuels personnels.

Chacune de ces entités est tenue de préciser, dans les Notes annexes, l'entité de l'État partie chargée de l'établissement des comptes combinés.

Ces états financiers doivent impérativement être établis suivant les règles et méthodes spécifiques aux comptes combinés du présent Acte uniforme.

Les autorités compétentes des États parties peuvent imposer l'établissement et la présentation de comptes combinés à des groupes d'entités qui sont implantés sur leur territoire, dont la cohésion repose sur certains éléments objectifs permettant de justifier l'établissement et la présentation de tels comptes.

Art. 104 [mod.] Les règles et méthodes des comptes combinés sont destinés à toute entité qui établit des états financiers combinés, à titre facultatif ou à titre obligatoire, du fait d'une disposition légale ou d'un engagement conventionnel.

L'établissement et la présentation des états financiers combinés obéissent aux règles prévues en matière de comptes consolidés, sous réserve des dispositions des articles 105 à 109 ci-dessous.

Art. 105 [mod.] Le périmètre de combinaison englobe toutes les entités d'un État partie d'une même région de l'espace OHADA satisfaisant à des critères d'unicité et de cohésion caractérisant l'ensemble économique formé, quels que soient leur activité, leur forme juridique ou leur objet, lucratif ou non.

Art. 106 [mod.] Les éléments objectifs visés à l'article 103, dernier al. ci-dessus, consistent en des critères d'unicité et de cohésion pouvant relever des cas suivants :

– entités dirigées par une même personne morale ou par un même groupe de personnes ayant des intérêts communs ;

– entités appartenant aux secteurs coopératif ou mutualiste et constituant un ensemble homogène à stratégie et direction communes ;

– entités faisant partie d'un même ensemble, non rattachées juridiquement à la société holding mais ayant la même activité et étant placées sous la même autorité ;

– entités ayant entre elles des structures communes ou des relations contractuelles suffisamment étendues pour engendrer un comportement économique coordonné dans le temps ;

– entités liées entre elles par un accord de partage de résultats ou par toute autre convention, suffisamment contraignant et exhaustif pour que la combinaison de leurs comptes soit plus représentative de leurs activités et de leurs opérations que les comptes personnels de chacune d'elles.

Art. 106-1 [nouv.] Les comptes combinés sont obtenus en procédant aux opérations suivantes :

– cumul des comptes des entités faisant partie du périmètre des comptes combinés, éventuellement après retraitements et reclassement (élimination des incidences sur les comptes des écritures passées pour la seule application des législations fiscales, impositions différées comptabilisées...) ;

– élimination des comptes réciproques : actifs et passifs, charges et produits ;

– neutralisation des résultats provenant d'opérations effectuées entre les entités comprises dans le périmètre.

Art. 107 [mod.] Les capitaux propres combinés sont établis dans les conditions suivantes :

– en l'absence de liens de participation entre les entités incluses dans le périmètre de combinaison, les capitaux propres combinés représentent le cumul des capitaux propres retraités de ces entités ;

– s'il existe des liens de capital entre des entités incluses dans le périmètre de combinaison, le montant des titres de participation qui figure à l'actif de l'entité détentrice est imputé sur les capitaux propres combinés ;

– si les entités incluses dans le périmètre de combinaison sont la propriété d'une personne physique ou d'un groupe de personnes physiques, la part des autres associés dans les capitaux propres et dans le résultat de ces entités sera traitée sous forme d'intérêts minoritaires ;

– d'une façon plus générale, lorsque la cohésion d'un ensemble d'entités résulte d'une unicité de direction, de l'exercice d'une activité commune au sein d'un ensemble plus large d'entités, d'une intégration opérationnelle des différentes entités ou de circonstances équivalentes, il est nécessaire de distinguer les associés constituant des ayants droit aux capitaux propres combinés et les associés considérés comme tiers vis-à-vis de ces capitaux. La distinction entre ces deux catégories d'associés permet d'apprécier les intérêts minoritaires à retenir au bilan et au compte de résultat issus de la combinaison des comptes de l'ensemble économique considéré.

Art. 108 [mod.] Lorsque le lien de capital entre deux ou plusieurs entités dont les comptes sont combinés est d'un niveau suffisant pour justifier la consolidation entre elles, il est maintenu au bilan combiné les écarts d'évaluation et d'acquisition inscrits dans les comptes consolidés.

Art. 108-1 [nouv.] Un jeu complet d'états financiers combinés comprend : le Bilan combiné, le Compte de résultat combiné, le Tableau combiné des flux de trésorerie et les Notes annexes.

Art. 109 [mod.] Les Notes annexes des comptes combinés précisent notamment :

– la nature des liens à l'origine de l'établissement des comptes combinés ;

– le nom de l'entité combinante ;

– la liste des entités incluses dans le périmètre de combinaison et les modalités de détermination de ce périmètre ;

– l'indication des motifs qui justifient la non combinaison de certaines entités, bien qu'elles répondent aux critères d'inclusion dans le périmètre de combinaison ;

– la qualité des ayants droit aux capitaux propres et des éventuels bénéficiaires d'intérêts minoritaires ;

– les régimes de taxation des résultats inhérents aux diverses formes juridiques des entreprises incluses dans le périmètre de combinaison ;

– les descriptions narratives ou des décompositions d'éléments présentés dans les autres états financiers.

Art. 110 [mod.] Les états financiers combinés font l'objet d'un rapport sur la gestion de l'ensemble combiné, et d'une opinion du ou des commissaires aux comptes, suivant les mêmes principes et modalités que ceux prévus pour les états financiers consolidés.

• TITRE III •

DES DISPOSITIONS PENALES

Art. 111 [mod.] Encourent une sanction pénale les dirigeants d'entités au sens de l'article 2 du présent Acte uniforme qui :

– n'auront pas, pour chaque exercice social, dressé l'inventaire et établi les états financiers annuels, consolidés ou combinés ainsi que, le cas échéant, le rapport de gestion et, le cas échéant, le bilan social ;

– auront sciemment, établi et communiqué des états financiers ne donnant pas une image fidèle du patrimoine, de la situation financière et du résultat de l'exercice.

Les infractions prévues par le présent Acte uniforme sont punies conformément aux dispositions du Droit pénal en vigueur dans chaque État partie.

TITRE IV

DES DISPOSITIONS TRANSITOIRES ET FINALES

Art. 111-1 [nouv.] Les comptes d'actif ou de passif supprimés ou traités autrement par le présent Acte uniforme doivent être traités comme indiqué au titre VIII Opérations spécifiques, Chapitre 41 par le biais d'un compte qui a été créé exclusivement à cet effet : 475 Compte transitoire lié à la révision du SYSCOHADA, compte actif-compte passif.

Art. 112 [mod.] Sous réserve des dispositions de l'article 113, al. 2 ci-dessous, sont abrogées à compter de la date d'entrée en vigueur du présent Acte uniforme, les dispositions de l'Acte du 24 mars 2000 portant organisation et harmonisation des comptabilités des entreprises ainsi que toutes dispositions de droit interne antérieures contraires.

Art. 113 [mod.] Le présent Acte uniforme auquel sont annexés le Plan comptable général OHADA et le Dispositif comptable relatif aux comptes consolidés et combinés sera publié au Journal Officiel de l'OHADA dans un délai de soixante (60) jours à compter de la date de son adoption. Il sera également publié dans les États parties au journal officiel ou par tout autre moyen approprié. Il est applicable quatre-vingt-dix (90) jours après cette publication.

L'entrée en vigueur est fixée :

– pour les comptes personnels des entités, au 1er janvier 2018 ;

– pour les comptes consolidés, les comptes combinés et les états financiers selon les normes IFRS, au 1er janvier 2019.

Fait à Brazzaville, le 26 janvier 2017.

AUDCG

Acte uniforme révisé portant sur le droit commercial général

Le Conseil des ministres de l'Organisation pour l'harmonisation en Afrique du droit des affaires (OHADA) ;

– Vu le Traité relatif à l'harmonisation du droit des affaires en Afrique, signé à Port-Louis le 17 octobre 1993, tel que révisé à Québec le 17 octobre 2008, notamment en ses articles 2, 5 à 10 et 12 ;

– Vu le rapport du Secrétariat Permanent et les observations des États parties ;

– Vu l'avis n° 001/2010 en date du 30 juin 2010 de la Cour commune de justice et d'arbitrage ;

Après en avoir délibéré, adopte à l'unanimité des États parties présents et votants l'Acte uniforme dont la teneur suit :

Chapitre préliminaire
CHAMP D'APPLICATION

Art. 1 [anc. art. 1 mod.] Tout commerçant, personne physique ou morale y compris toutes sociétés commerciales dans lesquelles un État ou toute autre personne de droit public est associé, ainsi que tout groupement d'intérêt économique, dont l'établissement ou le siège social est situé sur le territoire de l'un des États parties au Traité relatif à l'harmonisation du Droit des Affaires en Afrique, ci-après dénommés « États parties », est soumis aux dispositions du présent Acte uniforme.

Sont également soumises, sauf dispositions contraires, au présent Acte uniforme et dans les conditions définies ci-après, les personnes physiques qui ont opté pour le statut d'entreprenant.

En outre, tout commerçant ou tout entreprenant demeure soumis aux lois non contraires au présent Acte uniforme, qui sont applicables dans l'État partie où se situe son établissement ou son siège social.

Les personnes physiques ou morales, et les groupements d'intérêt économique, constitués, ou en cours de formation à la date d'entrée en vigueur du présent Acte uniforme, doivent mettre les conditions d'exercice de leur activité en harmonie avec la nouvelle législation dans un délai de deux ans à compter de la publication du présent Acte uniforme au Journal Officiel.

Passé ce délai, tout intéressé peut saisir la juridiction compétente afin que soit ordonnée cette régularisation, si nécessaire sous astreinte.

JURISPRUDENCE OHADA

I. Application de l'AUDCG à des commerçants

La vente intervenue entre deux commerçants est régie par l'AUDCG, conformément à l'article 1 de cet Acte uniforme (TPI Abidjan, n° 327 CIV7, 25-4-2001 : Sitbai c/ CFCD-CI, Ohadata J-02-111, obs. J. Issa-Sayegh).

Il résulte de l'article 1 de l'AUDCG que les dispositions de ce texte sont applicables à « tout commerçant, personne physique ou morale y compris toutes sociétés commerciales dans lesquelles un État ou une personne de droit public est associé, ainsi que tout groupement d'intérêt économique, dont l'établissement ou le siège social est situé sur le territoire de l'un des États parties au Traité ». En l'espèce, le litige opposant une société de droit togolais, dont le siège est à Lomé, à une société de droit suisse qui possède une succursale au Togo, qui, au demeurant, a été installée dans la cause, c'est à bon droit que le juge d'appel a fait application des dispositions de l'AUDCG, en l'espèce, l'article 18 de l'AUDCG. Le moyen, qui est mal fondé, doit être rejeté et la demanderesse, qui succombe, doit être condamnée aux dépens (CCJA, 1e ch., n° 116, 9-6-2016 : Sipa c/ Sté Cotecna inspection SA-Genève, Sté Cotecna inspection SA-Togo, Ohadata J-17-57).

II. Subsistance des dispositions nationales non contraires

Les dispositions nationales concernant le bail commercial n'ont pas été totalement abrogées par l'AUDCG, dans la mesure où l'alinéa 2 de l'article 1er dispose expressément que, « en outre, tout commerçant demeure soumis aux lois non contraires au présent Acte Uniforme, qui sont applicables dans l'État partie où se situe son établissement ou son siège social ». Par conséquent, les articles 635 et 636 du COCC, qui n'ont rien de contraire aux dispositions de l'AUDCG, demeurent en vigueur (TR Thiès, civ. et com., 21-3-2002 : Total ELF Fina Sénégal c/ B. S., Ohadata J-03-36, obs. J. Issa-Sayegh, 1e esp.).

• Livre I •

STATUT DU COMMERÇANT ET DE L'ENTREPRENANT

• Titre I •

STATUT DU COMMERÇANT

• Chapitre I •

DÉFINITION DU COMMERÇANT ET DES ACTES DE COMMERCE

Art. 2 [anc. art. 2 mod.] **Est commerçant celui qui fait de l'accomplissement d'actes de commerce par nature sa profession.**

JURISPRUDENCE OHADA

I. Établissement de la qualité de commerçant

A. Preuve par tout moyen

La qualité de commerçant se prouve par tout moyen. Par exemple, elle peut être déduite de façon implicite des déclarations d'une personne faisant l'objet de poursuites pénales et des pièces de la procédure, notamment le jugement correctionnel. Il en est ainsi car l'article 32 de l'AUPCAP dispose qu'« une condamnation pour banqueroute simple ou frauduleuse […] peut être prononcée, même si la cessation des paiements n'a pas été constatée dans les conditions prévues par [cet] Acte Uniforme » (TRHC Dakar, corr., 4-12-2001 : Ministère public et héritiers Y. F. c/ Cheikh T. D., M. D. et A. F., Ohadata J-03-100).

B. Accomplissement habituel d'actes de commerce

La créance souscrite le 30 novembre 1974 et conclue suivant l'accord transactionnel, dans le cadre de leurs relations d'affaires, entre une société et un commerçant, ayant fait l'objet de diverses traites revenues impayées doit être considérée comme étant une créance commerciale conclue entre une société commerciale par la forme et une personne accomplissant habituellement des actes de commerce au sens des dispositions de l'article 2 de l'AUDCG. Le jugement entrepris sera donc infirmé sur ce point et la créance déclarée prescrite pour les mêmes raisons (CCJA, 3e ch., no 115, 11-5-2017 : Guetat Ehouman Noël c/ Guetat Eugénie épse K).

II. Absence de la qualité de commerçant

A. État

Un État est une personne morale titulaire de la souveraineté et en tant que tel, est une puissance publique ; il ne saurait être considéré comme ayant accompli un acte de commerce au sens de l'article 3 de l'AUDCG, ni [un acte] répondant à la définition de commerçant, malgré son interventionnisme économique par la création des entreprises, qui seules, sont des commerçantes et non lui-même, bien que propriétaire desdites entreprises (CCJA, 1e ch., no 042/2012, 7-6-2012 : État Congolais c/ Succession Charles Ebina composée des héritiers, Représentés par JOSE Cyr Ebina).

Mais les actes de commerce effectués par une personne morale de droit public (en l'espèce, opérations de banque réalisées par un Établissement public à caractère financier, industriel et commercial) sont du ressort du tribunal de commerce et non des juridictions administratives (T. com. Brazzaville (Congo), no 036, 26-4-2011 : Succession E. c/ CCA et LCB, Ohadata J-13-78).

B. Associés d'une SARL

S'il est constant que [A.] est une société à responsabilité limitée, donc commerciale par la forme, il appert cependant que le statut d'associés de ses membres, dont se prévalent les six autres requérants, ne leur confère nécessairement pas la qualité de commerçants ; il s'ensuit, qu'en retenant que « dans le cas d'espèce les intimés se disent associés de [A.] qui est une société commerciale de par sa forme "SARL", ne peuvent qu'être des commerçants, de même pour les appelants, il s'agit bien des obligations nées entre commerçants à l'occasion de leur commerce », sans caractériser la nature commerciale des actes qu'ils auraient accomplis et les obligations qui en découlent ainsi que leur qualité de commerçant, la cour d'appel a violé, par mauvaise application, les articles 2 et 3 de l'AUDCG, exposant son arrêt à la cassation. Sur l'évocation, le litige opposant les parties étant une action aux fins de confirmation de droits d'associés et des droits de propriété sur les actifs sociaux d'une SARL et en réparation de dommages causés ; il y a lieu, pour les mêmes motifs que ceux ayant déterminé la Cour à retenir sa compétence et ceux non contraires du jugement déféré, de rejeter le déclinatoire de compétence soulevé, comme mal fondé et de confirmer conséquemment le jugement déféré de ce chef (CCJA, 1e ch., nº 100/2024, 28-3-2024).

JURISPRUDENCE COMPARÉE

I. États-Unis

A. Application du Code de commerce uniforme

Achat pour revendre. Conformément aux termes du Code de commerce uniforme de Pennsylvanie, une personne qui achète des biens pour les revendre est un professionnel soumis au Code de commerce Uniforme (Videoray, LLC v. Integrated Support Associates Inc. District Court, ED Pennsylvania, civil action nº 08-2042 (2008)).

B. Transactions immobilières de manière régulière

Une personne qui fait de la publicité et des transactions immobilières de manière régulière est un professionnel soumis au Code de commerce Uniforme (Seidling v. Roedl, Wisconsin Court of Appeals, nº 2009AP107 (2009)).

C. Un fermier peut être un professionnel

Les juges estiment que la réponse à la question de savoir si un fermier est un commerçant doit être faite au cas par cas. Lorsqu'un fermier a une bonne connaissance du marché du grain, notamment pour l'avoir pratiqué pendant des années, il doit être considéré comme un professionnel pour tout ce qui concerne la vente ou l'achat de grains (Smith v. General Mills, Inc. 968 P. 2d 723 (1998)).

II. France

A. Exercice habituel du commerce

1º Définition

L'exercice des actes de commerce est habituel lorsque ces actes sont suffisamment répétés pour constituer une activité procurant à son auteur ses principales ressources (cf. CA Paris 13-1-1976 : JCP G 1977.II.18576 obs. Boitard).

Ainsi sont commerçants des spéculateurs en bourse, si les opérations sont fréquentes et importantes (CA Paris 17-6-1971 : JCP G 1971.II.16817 ; CA Paris 13-1-1976 : JCP G 1977.II.18576 obs. Boitard).

2º Preuve

La preuve de l'habitude résulte de ce que l'intéressé ne justifie pas d'une autre activité telle qu'elle pourrait être exclusive de celle de commerçant (Cass. com. 4-10-1994 : D. 1995.456 note Barabé-Bouchard) ou d'une situation de fortune qui lui permette de se contenter d'accomplir des actes de commerce uniquement dans le but de faire fructifier ses capitaux (CA Paris 13-1-1976, précité).

3º Existence de l'habitude

Une association offrant de manière permanente aux particuliers un site Internet visant à favoriser les échanges d'immeubles et développant ensuite la rencontre des offres et demandes, pratique ainsi ce type d'actes lui conférant la qualité de commerçant ; dès lors, elle peut valablement être assignée en justice devant le tribunal de commerce (Cass. com. 14-2-2006 : BRDA 5/06 p. 13).

4º Absence d'habitude

Ne sont pas accomplis à titre principal et avec régularité, constance et coordination :
– des signatures de lettres de change, lorsque ces lettres sont émises en règlement d'une dette non commerciale (CA Aix 28-2-1973 : D. 1973.som.111) ou lorsque leur ampleur n'excède pas le cadre d'une activité artisanale normale (cf. Cass. com. 11-5-1993 : RJDA 11/93 nº 986) ou le cadre d'une activité libérale (CA Aix 21-6-1991 : RJDA 12/91 nº 1067) ;
– des actes de commerce accomplis de façon sporadique (Cass. com. 15-6-1982 : Bull. Joly 1982.786) ;
– le seul fait de se porter acquéreur d'un bail commercial (CA Aix 12-11-1998 : JCP G 1999.IV.2306).

B. Exercice à titre personnel

1º Actes accomplis en commun

Ceux qui accomplissent en commun des actes de commerce agissent à titre personnel ; l'exploitation en commun suppose la réunion de trois éléments : participation matérielle à l'exploitation, absence de subordination juridique, confusion des intérêts (Cass. com. 30-3-1993 : Bull. civ. IV p. 86).

Ainsi sont commerçants :
– ceux qui ont exploité en commun une entreprise commerciale (Cass. com. 6-7-1976 : Bull. civ. IV p. 200), même s'il n'existe pas entre eux une société de fait (Cass. com. 28-6-1983 : Bull. civ. IV p. 167) ;
– le père qui, pour aider son fils dans l'exploitation d'un magasin, avait passé des commandes, réceptionné des marchandises, sollicité de divers fournisseurs des délais de paiement, émis et accepté des effets de commerce qu'il domiciliait sur ses propres comptes en banque, exploitait le fonds de commerce

en commun avec son fils et avait donc la qualité de commerçant (Cass. com. 6-2-1979 : Bull. civ. IV p. 40) ;
– la concubine du propriétaire d'un bar-restaurant qui avait participé à l'exploitation du fonds, non comme l'aurait fait une personne salariée, mais en confondant ses intérêts avec ceux de son concubin (Cass. com. 27-3-1984 : JCP G 1986.II.20530 obs. Défossez) ;
– les indivisaires qui ont donné mandat à l'un d'entre eux d'exploiter le fonds, ces indivisaires demeurant commerçants après le décès du mandataire, car à défaut de l'inscription au registre du commerce de ce décès, l'indivision successorale est restée exploitante du fonds, au lieu et place du défunt (Cass. com. 18-3-1986 : D. 1987.143 note Romani) ; en revanche, les indivisaires héritiers d'un commerçant qui n'ont pas donné mandat, ne sont pas commerçants quand bien même le décès du propriétaire du fonds n'aurait pas été inscrit au registre du commerce, seul celui qui a effectivement exploité le fonds étant commerçant (Cass. com. 7-2-1989 : Bull. civ. IV p. 33) ;
– le conjoint qui, en collaborant avec son épouse dans son commerce, s'est comporté comme le véritable dirigeant et a accompli des actes de commerce dans l'intérêt de l'entreprise dont il n'est pas en mesure de contester sérieusement l'existence (embauche et licenciement d'un employé, souscription d'un contrat au nom de l'entreprise, démarches auprès des fournisseurs) (CA Rouen, 2e ch. civ., 14-5-1992, inédit, qui étend la procédure de liquidation judiciaire au conjoint).

2o Actes accomplis par personne interposée

Lorsque les actes de commerce sont accomplis par une personne interposée, tant le prête-nom que celui qui se cache derrière lui ont la qualité de commerçant (Cass. com. 26-12-1961 : Bull. civ. III p. 440 ; Cass. com. 29-1-1968 : Bull. civ. IV p. 33 ; Cass. com. 17-3-1969 : Bull. civ. IV p. 98 ; Cass. com. 17-10-1989 : Bull. civ. IV p. 169).

III. Haïti

Actes de commerce par des non-commerçants

Celui qui se livre à des activités commerciales pour en faire sa profession habituelle a la qualité de commerçant (Cour de cassation du 12-4-1984).

Un non-commerçant peut occasionnellement accomplir un ou des actes de commerce (Cour de cassation du 25-10-1979).

Art. 3 [anc. art. 3 mod.] L'acte de commerce par nature est celui par lequel une personne s'entremet dans la circulation des biens qu'elle produit ou achète ou par lequel elle fournit des prestations de service avec l'intention d'en tirer un profit pécuniaire. Ont, notamment, le caractère d'actes de commerce par nature :
– l'achat de biens, meubles ou immeubles, en vue de leur revente ;
– les opérations de banque, de bourse, de change, de courtage, d'assurance et de transit ;
– les contrats entre commerçants pour les besoins de leur commerce ;
– l'exploitation industrielle des mines, carrières et de tout gisement de ressources naturelles ;
– les opérations de location de meubles ;
– les opérations de manufacture, de transport et de télécommunication ;
– les opérations des intermédiaires de commerce, telles que la commission, le courtage, l'agence, ainsi que les opérations d'intermédiaire pour l'achat, la souscription, la vente ou la location d'immeubles, de fonds de commerce, d'actions ou de parts de société commerciale ou immobilière ;
– les actes effectués par les sociétés commerciales.

JURISPRUDENCE OHADA

I. Opérations de transit, de transport et de manufacture

Les opérations de transit, de transport et de manufacture étant des actes de commerce, l'article 1202 du Code civil [ivoirien] n'est pas applicable en matière commerciale où la solidarité se présume. Les opérateurs intervenant dans le transport maritime doivent être solidairement condamnés à réparer le préjudice subi par le créancier lorsque leurs fautes respectives ont contribué à la réalisation de ce préjudice (CA Abidjan (Côte d'Ivoire), ch. civ. et com., 6-5-2005 : Sté Géodis Côte d'Ivoire, le capitaine commandant du navire M/V « AGAT », Sté Agat

Navigation c/ Sté Foncias Tiad devenue Agat Burkina Faso, Ohadata J-09-158).

II. Banques

A. Nature commerciale de l'activité bancaire

Une banque a la qualité de commerçant en ce sens qu'elle accomplit des opérations de banque à titre habituel. Il s'ensuit que la clause d'attribution de compétence insérée dans le contrat conclu entre une banque et une société commerciale est valable, les deux parties étant commerçantes (TGI Ouagadougou (Burkina Faso), n° 074/2008, 9-4-2008 : SOBITRAF c/ B.O.A., Ohadata J-09-393, Ohadata J-09-392.

Est de nature commerciale une créance découlant d'une opération de banque entre deux sociétés commerciales (CCJA, 2e ch., n° 032/2021, 25-2-2021 : Maître Maitournam Ibrahim c/ Bassirou Mahaman Kamilou et Orabank Niger).

Les contrats entre commerçants pour les besoins de leur commerce, ainsi que les opérations de banque, constituent des actes de commerce au sens de l'article 3 de l'AUDCG. Tel est le cas de pourparlers précontractuels en lien avec l'ouverture d'une ligne de crédit aux fins du commerce (CCJA, 1e ch., n° 180/2020, 28-5-2020 : Congo Idrissa EBCPC c/ Bicia-B).

B. Limitation des activités commerciales que les banques peuvent réaliser pour leur propre compte

La cour d'appel qui a retenu que, « aux termes de l'article 43 de la loi 2008-33 du 3 juillet 2008 et 43 de la loi-cadre portant réglementation bancaire de l'UEMOA, « il est interdit aux banques de se livrer pour leur propre compte ou pour le compte d'autrui à des activités commerciales [...] sauf dans la mesure où ces opérations sont nécessaires ou accessoires à l'exercice de leur activité commerciale ou nécessaires pour le recouvrement de leurs créances » ; que l'article 3 de l'[AUDCG] définit l'acte de commerce comme étant celui par lequel une personne s'entremet dans la circulation des biens qu'elle produit ou achète ; que la [demanderesse] est une institution bancaire et en cette qualité, ses activités sont strictement encadrées ; que l'opération de surenchérissement qu'elle a initiée n'est ni nécessaire ou accessoire à l'exercice de son activité bancaire ni nécessaire au recouvrement de ses créances ; qu'il ne s'agit point là d'un recouvrement [...] », a donné une base légale à sa décision et les griefs visés au moyen ne sont pas fondés (CCJA, 3e ch., n° 137, 7-7-2016 : BCN c/ Cherif Ould Abdine, SGTP, Cie Dubaï Office Niger, Ohadata J-17-77).

III. Contrats entre commerçants pour les besoins de leur commerce

A. Convention de groupement pour l'exécution d'un marché public

La convention de groupement conclue, en l'espèce, pour les besoins de leur commerce par des sociétés anonymes dont les sièges sociaux se trouvent à Bamako au Mali, en vue de soumissionner à un marché relatif aux travaux d'aménagement des voiries et de drainage, est un acte de commerce régi par l'AUDCG (CCJA, 1e ch., n° 004, 4-2-2010 : Colas Mali SA c/ GME SA., Juris-Ohada, n° 2/2010, avr.-juin 2010, p. 9, Ohadata J-11-48, J-12-53).

B. Contrat entre deux sociétés commerciales et portant sur l'organisation de la sécurité de l'une par l'autre

Selon l'article 2 de la loi 22-2009/AN du 12 mai 2009 portant création, organisation et fonctionnement des tribunaux de commerce au Burkina Faso, les tribunaux de commerce connaissent des contestations relatives aux actes et effets de commerce entre toutes personnes tels que prévus par les articles 3 et 4 l'AUDCG. En application de l'article 3 de l'AUDCG, le contrat conclu par deux sociétés et ayant pour objet l'organisation, par l'une, de la sécurité des biens de l'autre, est un contrat de prestation de services non un contrat de travail. S'agissant de deux sociétés commerciales et d'une opération entre elles pour les besoins de leur commerce, c'est à tort que le tribunal de commerce s'est déclaré incompétent (au motif que la cause porte sur un litige entre employeur et employé et relève de ce fait de la juridiction sociale) et son jugement doit être infirmé (CA Ouagadougou (Burkina Faso), ch. com., n° 20, 2-2-2018 : Sté Le Cabinet de Détective Privé et de Gardiennage c/ La Sté des Boulangeries 2000, http://tribunal-commerce.justice.gov.bf/download/arret-n-020-du-02-02-2018-cdpg-contre-societe-des-boulangeries-2000-sarl/).

C. Contrat de partenariat entre une banque et une société pour commercialiser un bien immobilier

Constitue un acte de commerce au sens de l'article 3 de l'AUDCG le contrat de partenariat signé entre une banque et une société pour commercialiser un ensemble immobilier, dans lequel la banque s'engageait à verser des fonds liés à la vente de cet ensemble immobilier dans un compte ouvert dans ses livres au nom de la société (CCJA, 1e ch., n° 068/2019, 14-3-2019 : SICG-Mali c/ BMS).

IV. Achat pour revendre

Pharmacie. Un pharmacien est un commerçant (CCJA, 2e ch., no 008, 21-1-2016 : Biao-Côte d'Ivoire c/ Traoré Matenin, épse Coulibaly, Ohadata J-16-217).

V. Assurances mutuelles

Sur le caractère non commercial de l'activité d'une société d'assurances mutuelles, qui est régie par le code CIMA, tant dans sa constitution, son administration que sa liquidation, voir (CCJA, 1e ch., no 067, 15-3-2018 : Faman Touré c/ Soro Brahima et 18 autres).

VI. Exploitation de mines : opération portant sur du diamant

L'opération consistant, pour une société minière, à remettre à une banque, un diamant destiné à être vendu à l'étranger, constitue, au regard de sa nature et de la qualité de ses auteurs, un acte de commerce au sens de l'article 3 de l'AUDCG (CCJA, 1e ch., no 021, 24-1-2019 : Sté World Connection Sarl c/ BCC, RDC).

VII. Compétence d'attribution des juridictions statuant en matière commerciale

A. Compétence des juridictions commerciales pour un litige entre commerçants

1o Détermination de la compétence par la nature commerciale du litige

Le tribunal de grande instance n'est pas compétent pour statuer sur un litige relatif à une créance découlant d'une opération de banque entre deux sociétés commerciales dès lors qu'une telle créance a une nature commerciale ; ce litige relève de la compétence de la juridiction spécialisée qu'est le tribunal de commerce (CCJA, 2e ch., no 032/2021, 25-2-2021 : Maître Maitournam Ibrahim c/ Bassirou Mahaman Kamilou et Orabank Niger).

La rupture de pourparlers précontractuels en lien avec l'ouverture d'une ligne de crédit aux fins du commerce relève des juridictions commerciales, ce qui justifie la compétence de la CCJA en cassation (CCJA, 1e ch., no 180/2020, 28-5-2020 : Congo Idrissa EBCPC c/ Bicia-B).

2o Juridiction ayant statué, à tort, « en matière civile » sur un litige de nature commerciale

C'est à tort qu'une cour d'appel au Gabon a statué en matière civile sur un litige de nature commerciale en vertu de l'article 3 de l'AUDCG qui devait, à ce titre, être connu par la chambre commerciale conformément aux dispositions de l'article 72 de la loi no 7/94 portant organisation de la justice en République gabonaise ; même si l'affaire a été traitée par une chambre qui connaît, selon l'organisation propre à la cour, du contentieux tant civil que commercial, les règles de la compétence d'attribution, d'ordre public, imposaient qu'il y soit statué en matière commerciale. Ainsi, la cour a violé la loi au sens de l'article 28 bis du Règlement de procédure de la Cour et son arrêt doit être cassé (CCJA, 1e ch., no 049/2020, 27-2-2020 : Ecobank Gabon SA c/ M2A Groupe SARL).

B. Incompétence du tribunal de commerce dans une action dirigée par un commerçant contre un non-commerçant

Le statut de commerçant d'une banque ne suffit pas à la compétence du tribunal de commerce dans une action dirigée contre un débiteur non commerçant qui, de surcroît, n'a accompli aucun acte de commerce. Certes, l'article 9 de la loi no 2016-1110 du 8 décembre 2016 portant création, organisation et fonctionnement des juridictions de commerce en Côte d'Ivoire énonce que le tribunal de commerce connaît des contestations relatives aux engagements et transactions entre commerçants, mais c'est à la condition que les deux parties au litige aient le statut de commerçant, ce qui n'est pas le cas. En effet, si les opérations ayant transféré la propriété des créances s'analysent en acte de commerce, cette commercialité s'applique aux rapports entre la banque et ses clientes, et non à l'État de Côte d'Ivoire, tiers, par rapport à ces cessions qui ne lui sont opposables qu'à la suite de leur notification. Pour ce dernier, débiteur cédé, la nature de la dette ne change pas, même s'il se retrouve face à un nouveau créancier ; il en est d'autant plus ainsi qu'il ne ressort pas du dossier que l'État de Côte d'Ivoire a accepté la cession dans les conditions prévues par l'article 85 de l'AUS, lesquelles auraient pu conduire à une mutation éventuelle de la nature initiale de sa dette. En outre, aux termes de l'article 2-1, al. 2 du décret 2009-259 du 6 août 2009 portant le Code des marchés publics applicable à la cause, « les marchés publics sont des contrats écrits conclus à titre onéreux avec une ou des personnes physiques ou morales par l'État, les établissements publics, les collectivités territoriales et, plus généralement, par les personnes morales de droit public, les associations formées par une ou plusieurs personnes morales de droit public, ainsi que par les sociétés d'État, et les sociétés à participation financière publique majoritaire, en vue de répondre à leurs besoins en matière de travaux, de fournitures ou de services ». En l'espèce, les contrats en cause ont été conclus par la direction de cantines scolaires, service rattaché au ministère de l'éducation nationale, en vue de répondre à ses besoins de fourniture ; que ces contrats, conclus par écrit à titre onéreux avec des personnes physiques et morales, constituent des marchés publics ; si les créances qui en sont issues ont été cédées à la banque, cela ne modifie pas leur nature originelle, à savoir des créances nées de l'exécution d'un marché public ; en vertu du Code des marchés publics, le contentieux né de l'exécution d'un contrat de marché public relève des juridictions compétentes pour connaître du contentieux des contrats administratifs. Il s'ensuit qu'en déclarant le tribunal de commerce incompétent, la cour d'appel de commerce n'a pas violé les articles 1, 2 et 3 de l'AUDCG (CCJA, 1e ch., nº 010/2022, 27-1-2022 : Ecobank Côte d'Ivoire SA c/ État de Côte d'Ivoire).

C. Limitation de la compétence matérielle des juridictions par des régimes particuliers

L'approbation, par la Commission régionale de contrôle des assurances (CRCA), un organe de la Conférence internationale des marchés d'assurances dite « CIMA », de la cession d'actions d'une société d'assurances, empêche que la validité de ladite cession soit mise en cause devant les juridictions nationales, en application de l'article 48 du Traité CIMA et de l'article 14 du Traité OHADA. La question soulevée ne relevant ni des Actes uniformes de l'OHADA ni des Règlements prévus au traité, mais plutôt du droit des assurances réglé par le Traité CIMA, c'est à bon droit que la cour d'appel de commerce d'Abidjan s'est déclarée incompétente. C'est donc à tort qu'il est fait grief à l'arrêt attaqué d'avoir violé les dispositions de l'article 3 de l'AUDCG, en retenant l'incompétence du tribunal de commerce d'Abidjan pour connaître du litige au profit du Conseil des ministres de la CIMA (CCJA, 2e ch., nº 101/2023, 27-4-2023).

Jurisprudence comparée

I. France

A. Achat de biens, meubles ou immeubles, en vue de leur revente

1º Biens meubles ou immeubles

a. Meubles

Les pharmaciens, qui achètent des médicaments pour les revendre, font des actes de commerce (Cass. crim. 25-5-1905 : DP 1905.1.399 ; T. civ. Aix 22-1-1947 : JCP G 1947.II.3876 note Savatier ; voir aussi CA Angers 11-5-1951 : JCP G 1951.II.6344).

b. Immeubles

Mise à disposition d'offres sur échanges d'immeubles sur un site internet.
Constitue un acte de commerce l'offre faite par une association, de manière permanente, aux particuliers d'un site internet visant à favoriser les échanges d'immeubles, ce dont il résulte qu'était offert une prestation permettant la rencontre de l'offre et de la demande en vue de la vente et de l'achat d'immeubles (Cass. com. 14-2-2006 : RJDA 7/06 nº 848 : JCP G 2006 IV 1548 ; D. 2006.som. 783 E. Chevrier ; GP 2006.som.18/19 octobre note P. Ballet).

Acte civil. L'achat ou la vente d'immeubles accompli en dehors de l'achat pour revendre est un acte civil, même entre commerçants (Cass. civ. 14-6-1989 : Bull. civ. III p. 78 : rejet de la preuve par tous moyens ; CA Nancy 30-6-1960 : D. 1960.678 : compétence du tribunal de grande instance pour la solution des contestations relatives au transfert et à la constitution des droits réels immobiliers).

2º Intention de revendre

a. Preuve

Celui qui invoque le caractère commercial de l'acte peut prouver cette intention par tous moyens, laquelle se déduit généralement de la multiplicité et de l'importance des opérations d'achat suivies d'une vente (Cass. com. 15-11-1965, inédit), sauf aveu de l'auteur des actes (CA Colmar 16-6-1982 : GP 1983.114).

b. Recherche d'un bénéfice

L'intention de revendre doit être inspirée par le désir de réaliser un bénéfice, quel que soit le résultat, positif ou négatif, de l'opération (pour un exemple, CA Paris 11-1-1995 : D. 1995.IR.62 : à propos d'une transaction sur immeuble par un marchand de biens).

N'est pas un acte de commerce, même si une revente intervient, l'achat d'un tapis, d'un bijou ou d'un immeuble, en vue de placer une somme d'argent (cf. CA Colmar 16-6-1982 : GP 1983.som.114).

B. Opérations de banque, de bourse, de change, de courtage, d'assurance, et de transit

1º Existence d'un acte de commerce

Constitue un acte de commerce :

– le prêt accordé à une société par la Banque Internationale pour la Reconstruction et le Développement ; cette banque recherchant un profit à travers ces opérations car, quoiqu'elle poursuive des objectifs d'intérêt général et qu'elle consente des prêts à des « conditions raisonnables », chaque opération doit demeurer rentable et ses statuts réservent une possibilité de distribution de bénéfices aux États membres (CA Paris, 1e ch. A, 6-11-1990 : JCP (éd. E).1996.I.20595) ;

– l'activité de la caisse syndicale de crédit mutuel, quoique cette caisse ait eu légalement la possibilité de garder son statut civil, dès lors qu'elle dispense des crédits ; en conséquence, le tribunal de commerce est compétent pour connaître de la responsabilité contractuelle encourue par cette caisse dans l'exercice de ladite activité (Cass. com. 10-3-1998 : RJDA 7/98 n° 877).

2° Conséquences

Toute personne qui accomplit un acte de banque fait un acte de commerce isolé : par exemple, prêts par un notaire (Cass. com. 2-2-1970 : JCP G 1970.II.16313 obs. J.A.) ou par l'État à une entreprise en difficulté dans l'intention d'assurer sa survie (T. com. Paris 2-12-1985 : GP 1986.131).

C. Les contrats entre commerçants pour les besoins de leur commerce

1° Présomption de commercialité

Tous les actes faits par un commerçant sont présumés faits pour les besoins de son commerce mais le commerçant peut apporter la preuve contraire ; un commerçant ne saurait prétendre qu'il a accompli un acte pour son usage personnel en invoquant qu'il n'a pas mentionné sa qualité de marchand de biens dans l'acte d'acquisition de l'immeuble, ni fait figurer cette transaction dans son registre professionnel non plus qu'au bilan de son activité commerciale, alors qu'il est établi que le but de l'opération était bien de revendre l'immeuble après l'avoir transformé et amélioré ou de le louer pour en tirer des bénéfices et que l'achat a été réalisé dans un but spéculatif avec la participation de deux autres marchands de biens en s'inscrivant dans le cadre de l'activité commerciale de l'intéressé (CA Paris, 1e ch. D, 11-1-1995 : D. 1995.IR.62).

2° Actes concernés

Tout acte d'exploitation pour les besoins du commerce peut être un acte de commerce par accessoire ; ainsi des actes suivants :

– des contrats, par exemple de vente, louage, mandat (Cass. req. 12-12-1911 : D. 1913.1.129 ; CA Paris 10-12-1935 : DH 1936.122), prêt (Cass. civ. 30-7-1907 : D. 1908.1.61), assurance (Cass. civ. 24-1-1865 : DP 1865.1.72), dépôt (Cass. civ. 2-7-1941 : DA 1941.291), même de la location d'immeuble (Cass. com. 5-12-1961 : D. 1962.88 ; CA Rouen 12-12-1972 : Rev. jur. com. 1973.89) ;

– des délits ou quasi-délits, tels les faits de concurrence déloyale (Cass. com. 7-4-1967 : D. 1968.61) ou sources de responsabilité civile (Cass. req. 11-12-1944 : D. 1945.213 note Gabolde : responsabilité du fait des choses ; T. com. Seine 22-6-1951 : D. 1951.som.78 : responsabilité du fait des préposés) ;

– des quasi-contrats, notamment répétition de l'indu (Cass. civ. 5-2-1907 : D. 1907.1.429).

D. Les opérations de manufacture, de transport et de télécommunication

Les opérations de « manufacture » comprennent les opérations de construction (Cass. req. 20-10-1908 : D. 1909.1.246 ; CA Aix 4-2-1986 : Bull. Cour d'Aix 1986/1 p. 53), de rénovation d'immeuble (T. com. Paris 18-4-1991 : Dr. sociétés 1992/8-9 n° 179) ou d'édition, notamment, de livres, disques, films, logiciels (CA Paris 27-2-1968 : D. 1968.375).

E. Les actes effectués par les sociétés commerciales

Voir sous l'art. 6 de l'AUSCGIE.

II. Haïti

Qualification d'acte de commerce

1° Actes de commerce mixtes

La maison de commerce qui se livre avec les fonds provenant de la vente de ses marchandises, à des opérations d'emprunts publics, agit dans l'intérêt de son commerce, et fait, partant, acte de commerce (Cour de cassation du 10-5-1977).

Les actes de commerce mixtes tels que quasi-délits, mêmes s'ils sont accomplis par un commerçant, ne relèvent pas nécessairement de la compétence de la juridiction commerciale ; il est de règle pratique que, si l'acte est civil pour le demandeur et commercial pour le défendeur, celui-là peut assigner à son choix soit devant le tribunal civil, soit devant le tribunal de commerce (Cour de cassation du 15-2-1981).

2° Actes accomplis par l'État

À l'égard de l'État, l'acte de concession ne peut avoir un caractère commercial, l'État dans ce cas ne pouvant avoir l'intention de spéculer ; gérant de la chose commune, il ne fait qu'augmenter le bien-être général (Cour de cassation du 18-11-1992).

III. Irak

Intention de revendre

Ne constitue pas un acte de commerce la vente d'une voiture lorsque celle-ci est intervenue de manière occasionnelle sans être motivée par le désir de réaliser un bénéfice (Cour de cassation 16-3-1975 : Recueil Mashahdi droit commercial, p. 14).

Art. 4 **Ont notamment le caractère d'actes de commerce, par leur forme, la lettre de change, le billet à ordre et le warrant.**

JURISPRUDENCE COMPARÉE

France

Signature d'un billet à ordre

Le tribunal de commerce est compétent lorsque le billet à ordre porte en même temps des signatures de commerçants et de non-commerçants (C. com. art. L 721-4, al. 1).

Les tribunaux en ont déduit que le tribunal de commerce est compétent :

– dès qu'un signataire est obligé commercialement alors même qu'il ne serait pas commerçant ; la signature des billets à ordre pour le règlement d'un prêt consenti à un commerçant pour l'achat d'un fonds de commerce entraîne la compétence du tribunal de commerce, sans qu'il soit nécessaire de rechercher à quelle date le commerçant intéressé a effectivement commencé à exploiter son fonds de commerce et sollicité son inscription au registre du commerce (CA Paris 18-5-1957 : JCP G 1957.IV.146) ;

– pour l'aval, chaque fois qu'il est donné en garantie d'une signature commerciale (Cass. civ. 21-4-1869 : D. 1869.1.407 ; CA Douai 31-7-1913 : D. 1914.2.1 note Percerou) ;

– à l'égard d'un signataire non commerçant, même lorsqu'il est poursuivi seul, dès l'instant qu'une signature commerciale figure sur le billet (Cass. civ. 20-12-1847 : D. 1848.1.25 ; CA Paris 22-12-1891 : D. 1892.2.184 ; toutefois CA Aix 5-4-1873 : D. 1874.2.79, exigeant, à tort, la mise en cause des commerçants, celle-ci n'étant pas requise par l'art. L 721-4 C. com.) ; il en est ainsi même lorsque les signataires commerçants ne peuvent plus être poursuivis : par exemple, lorsque le négociant bénéficiaire d'un billet exerce un recours contre le souscripteur non commerçant après avoir remboursé le porteur (CA Pau 16-2-1874 : D. 1875.2.98) ou après avoir retiré ou récupéré pour faute de paiement le billet (Cass. req. 2-3-1925 : S. 1925.1.203).

Art. 5 [anc. art. 5, 13, 15 et 16 mod.] Les actes de commerce se prouvent par tous moyens même par voie électronique à l'égard des commerçants.

Tout commencement de preuve par écrit autorise le commerçant à prouver par tous moyens contre un non-commerçant.

Les livres de commerce tenus en application des dispositions du présent Acte uniforme sont admis par le juge pour constituer une preuve dans les conditions prévues ci-dessus.

Les livres de commerce et les états financiers de synthèse constituent des moyens de preuve.

Dans le cours d'une contestation, la représentation des livres de commerce et des états financiers de synthèse peut être ordonnée par le juge, même d'office, à l'effet d'en extraire ce qui concerne le litige.

JURISPRUDENCE OHADA

I. Preuve entre commerçants

A. Application exclusive de l'AUDCG

L'article 1326 du Code civil ivoirien ne s'applique pas lorsqu'il s'agit, entre commerçants, de prouver les actes de commerce, lesquels sont régis par l'article 5 de l'AUDCG et se prouvent par tous moyens. L'arrêt par lequel une cour d'appel a reconnu que la lettre échangée entre deux sociétés commerciales, et par laquelle l'une s'est engagée à apurer le solde de son compte auprès de la seconde, valait reconnaissance de dette, se trouve légalement justifié au regard des seules dispositions de l'article 5 de l'Acte uniforme susindiqué. C'est donc à tort qu'il est reproché à cette cour d'avoir omis de vérifier si la défenderesse avait exécuté toutes ses obligations contractuelles et le pourvoi doit être rejeté (CCJA, n° 053, 15-12-2005 : Sté Côte d'Ivoire Céréales c/ Sté Shanny Consulting, Rec. jur. CCJA, n° 6, juin-déc. 2005, p. 35 ; Juris-Ohada n° 2/2006, p. 6, Ohadata J-06-35).

B. Absence de hiérarchie entre les moyens de preuve admis par la loi

La liberté de preuve proclamée par l'article 5 de l'AUDCG ne remet pas en cause les modes de preuve admis par la loi mais signifie simplement qu'en matière commerciale il n'y a pas, comme en matière civile, une hiérarchie entre les modes de preuve. D'autre part, le commencement de preuve par écrit ne suffit pas à lui tout seul pour constituer une preuve parfaite ; pour être efficace, ce mode de preuve doit être renforcé par des indices, des témoignages. En l'espèce, en jugeant, sous le visa de l'article 1315 du Code civil relatif à la répartition de la charge de la preuve, qu'il « appartient au Groupement d'intérêt économique [X.], qui soutient s'être acquitté de ses loyers, d'en rapporter la preuve », la cour d'appel, qui a souverainement constaté que le groupement [X.] se contente de soutenir qu'il est à jour de ses loyers qui se chiffrent à un total de 230 000 000 FCFA sans rapporter une quelconque preuve de ses allégations, a donné une base légale à sa décision (CCJA, 1e ch., no 134/2022, 30-6-2022).

II. Preuve contre les non-commerçants

Existence d'un commencement de preuve par écrit à l'égard d'un non-commerçant. Depuis l'entrée en vigueur de la nouvelle version de l'AUDCG, l'article 5, al. 2 de cet Acte uniforme autorisant la preuve par tout moyen contre un non-commerçant lorsqu'il y a un commencement de preuve par écrit contre ce dernier, les décisions ci-après, rendues en application de l'AUDCG du 17 avril 1997, ne peuvent être appliquées que dans leurs dispositions ne contredisant pas la preuve par tout moyen en cas de commencement de preuve par écrit. Il avait été jugé, en effet, que les lois nationales étaient applicables sans réserve ; ainsi :

– un commerçant qui entendait prouver contre une personne n'ayant pas la qualité de commerçant devait être soumis aux règles du Code civil (TPI Daloa (Côte d'Ivoire), no 70 bis, 6-5-2005 : B. B. c/ B. D., Ohadata J-09-182, retenant que la liberté de preuve instituée par l'article 5 de l'AUDCG ne s'appliquait que lorsqu'il s'agissait de prouver des actes de commerce entre commerçants ou à l'égard des commerçants) ;

– les dispositions nationales régissaient la preuve en présence d'une partie non commerçante (CA Daloa (Côte d'Ivoire), no 257, 30-11-2005 : M. D. B. c/ B. B., Ohadata J-09-212).

III. Preuve par tous moyens

A. Liberté de la preuve

La preuve des obligations entre commerçants est libre (CCJA, 1e ch., no 164, 17-12-2015 : Sté des transports abidjanais dite Sotra SA c/ Sté de transformation d'Hévéas dite Sothev SA, Ohadata J-16-157).

> **Obs. :** certaines décisions présentées ci-après ont été rendues en application de l'ancien art. 15 de l'AUDCG mais sont transposables.

La cour d'appel qui a exigé qu'une créance soit bien fondée et que la preuve de ladite créance soit rapportée par un type précis d'éléments, pour pratiquer une saisie conservatoire, a ajouté à la loi et violé les articles 54 de l'AUPSRVE et 5 de l'AUDCG, exposant son arrêt à la cassation (CCJA, 1e ch., no 035/2024, 22-2-2024).

Sur la liberté de la preuve de l'autorisation de travaux par un bailleur, voir sous l'art. 131 (CCJA, 3e ch., no 089/2024, 28-3-2024).

Preuve de l'extinction d'une dette nantie au profit d'une banque. Lorsqu'une société et une banque ont signé une convention de nantissement d'un marché en vertu de laquelle la société cliente a ouvert un compte dans les livres de la banque, et y a versé tous les décomptes du marché, la banque n'est plus créancière de la société dès lors qu'elle a retenu des sommes encaissées au nom et pour le compte de la société, ces sommes retenues ayant apuré la dette de sa cliente envers la banque (CA Ouagadougou, ch. civ. et com., no 53, 6-7-2001 : Erof c/ SGBB, Ohadata J-09-08, retenant que toute demande de restitution par la débitrice du permis urbain d'habiter remis en garantie à la banque au moment de la signature de leur convention constitue une demande nouvelle irrecevable en appel).

B. Appréciation souveraine des juges du fond

Il ne peut être reproché à des juges du fond qui, après avoir examiné les circonstances de l'espèce, en ont souverainement déduit l'absence de la preuve d'une créance alléguée pouvant justifier des saisies conservatoires d'avoir fondé l'[inexistence] de la preuve de la créance sur la seule absence d'un écrit (CCJA, 3e ch., no 057/2012, 7-6-2012 : Studio d'architecture Basset dite Saba c/ Gabon propre service (GPS) et Morgan Auzanneau Hubert).

C. Moyens de preuve reconnus

1o Document certifié par un expert-comptable

Le document intitulé « situation compte Monsieur X. […] » et certifié par un expert-comptable agréé constitue une preuve fiable d'une créance dans la mesure où il contient les détails chiffrés des opérations commerciales intervenues entre les parties ; il importe peu que ledit document n'ait pas été établi sur le papier entête de la société créancière, dès lors qu'il n'y a pas contestation des signatures et que le nom et l'adresse de la société créancière sont mentionnés en haut du document (CA Lomé (Togo), no 44/2007, 31-7-2007 : Sté STCK c/ Sté Simpara, Ohadata J-10-161).

2o Livres de commerce entre commerçants

Sur l'utilisation des livres de commerce entre commerçants pour fonder une injonction de payer, voir : CA Ouagadougou, ch. civ. et com., no 157/06, 20-10-2006 : F. E. S. (Sobuco) c/ Sitrapal SA, Ohadata J-09-18.

L'article 5 de l'AUDCG ne vise pas les extraits de compte comme preuve, mais les livres comptables régulièrement tenus et ayant respecté un certain formalisme légalement encadré. En l'espèce, la cour d'appel qui n'a pas dénié toute valeur probante au tableau extrait de la comptabilité de la demanderesse, mais a plutôt retenu que ledit tableau ne prouve pas le paiement ou les remises prétendus, n'a en rien violé l'article 5. C'est donc à tort qu'il est reproché à l'arrêt d'avoir violé l'article 5 en fixant la créance principale à la somme de 38 342 384 FCFA, rejetant la demande de prise en compte des remises et d'expertise sur ces remises (CCJA, 2e ch., no 163/2022, 3-11-2022).

3o Preuve par un faisceau d'indices

En application de l'article 5, al. 2 de l'AUDCG, la prorogation du contrat de bail d'immeuble commercial non bâti du 31 août 2012 au 1er septembre 2013, le procès-verbal de « la séance de travail du lundi 6 janvier 2014 » entre les parties en présence de la fille de l'une d'elles, qui occupait en location-gérance les installations édifiées par la société demanderesse, l'émission du chèque de paiement des arriérés d'occupation du terrain objet du bail, réceptionné par le conseil de la défenderesse et payé, sont autant d'éléments de preuve qui démontrent à suffisance que la demanderesse n'occupait pas les lieux illégalement et rendent en conséquence sans fondement les prétentions de la défenderesse à obtenir 99 000 000 FCFA de dommages-intérêts. Il y a donc lieu d'infirmer l'ordonnance d'injonction de payer et de débouter la défenderesse (CCJA, 1e ch., no 087, 27-4-2017 : Sté Quartz Régie c/ Tagliante Saracino Janine).

D. Moyens de preuve non reconnus

Extraits de compte ne provenant pas des documents prévus par l'AUDCG. Il ressort de l'analyse des articles 5 et 13 de l'AUDCG que le livre journal, le grand livre et le livre d'inventaire tenus conformément aux dispositions des Actes uniformes sur le droit commercial général et sur la comptabilité des entreprises, notamment en comportant le numéro d'immatriculation au registre du commerce et du crédit mobilier de la personne physique ou morale concernée, en étant côtés et paraphés par le président de la juridiction compétente ou par le juge délégué à cet effet et enfin en étant tenus sans blanc, ni altération d'aucune sorte comme l'exige l'article 14 de l'AUDCG, peuvent être admis par le juge pour constituer une preuve entre commerçants. Lorsque, comme en l'espèce, les documents produits par la demanderesse pour faire la preuve de sa créance sur la défenderesse sont des extraits du compte courant qu'elle avait ouvert au nom de la défenderesse dans ses livres et que lesdits extraits ne proviennent pas des documents limitativement énumérés par les Actes uniformes précités, c'est à bon droit que la cour d'appel a considéré que lesdits extraits de compte ne sont qu'un simple listing ne pouvant faire la preuve d'une créance (CCJA, 1e ch., no 39, 10-6-2010 : Wesport SA en liquidation c/ C.I.C. ; Juris-Ohada, no 4/2010, oct.-déc., p. 23, Ohadata J-11-83, J-12-36).

IV. Preuve par les livres de commerce

A. Expertise

1o Caractère non contraignant

Il est de principe général acquis qu'un rapport d'expertise ne lie aucunement le juge, celui-ci en faisant une appréciation souveraine au regard des faits de la cause (CCJA, 3e ch., no 159/2025, 15-5-2025).

2o Audition de l'expert non nécessaire

À la lumière des articles 2 et 5 de l'AUDCG et 19 et 24 de l'AUDCIF, lesquels mettent un accent particulier, concernant la charge de la preuve, sur la qualité de commerçante d'une banque et l'obligation pour elle de tenir obligatoirement un livre-journal, un grand livre, une balance générale des comptes et un livre d'inventaire, une audition supplémentaire de l'expert commis est superfétatoire, son rapport écrit, ainsi que les nombreuses pièces du dossier et, surtout, le relevé du compte courant, suffisant amplement à éclairer la religion de la cour sur le solde réel du compte liant la banque à sa cliente ; par conséquent, le jugement qui a refusé d'auditionner un expert dans ces conditions doit être confirmé (CCJA, 3e ch., no 159/2025, 15-5-2025).

B. Détermination des engagements financiers d'un commerçant envers sa banque

1o Prise en compte du seul compte conventionnel

A fait une bonne appréciation et une bonne application de la loi qui doivent être confirmées le jugement qui, pour rejeter les prétentions d'une banque visant à prendre en compte, pour la détermination des engagements de son client dans ses livres, le calcul tant du solde du compte courant de la cliente ainsi que celui d'un autre « compte d'avances sur marchés », a retenu « que l'on peut légitimement s'interroger sur la réalité et la portée de ce second "compte", si tant est qu'il en soit un ; qu'en effet, les avances sur marché que ce second "compte" est supposé constater apparaissent bien sur le compte courant de [la demanderesse], ainsi que les remboursements dont elles ont fait l'objet ; qu'un compte bancaire [...] est destiné à recevoir les encaissements et les décaissements de fonds réalisés par un banquier pour son client et est ouvert par la banque à son client sur demande de celui-ci ; que son ouverture, fruit d'un accord de volonté, suppose également la signature entre le consommateur et la banque d'une convention de compte qui fixe les modalités de fonctionnement ; qu'il suit que le "compte" querellé, dit "d'avances sur marché" et qui, selon [la banque], est articulé au compte [du client] pour matérialiser ses demandes de financement, "compte" non créé sur demande [du client] et auquel ce dernier n'a pas accès ne peut être considéré comme un […] ; qu'il est constant que c'est un compte que [le client] a ouvert dans les livres de [la banque] (le compte n° [X.]) ; que **ce compte ayant**, en tout état de cause, **cristallisé et retracé tous les opérations et mouvements financiers survenus dans le cadre de leurs relations** (prêts, remboursements, avances sur marchés, paiements des autorités contractantes, perceptions d'intérêts), il suit que **c'est son seul solde qui va déterminer l'état des engagements financiers des parties** » (CCJA, 3e ch., n° 159/2025, 15-5-2025).

2° Irrégularité et inopposabilité des « déblocages automatiques » pratiqués par les banques

Doit être confirmé le jugement qui, pour condamner la pratique dite des « déblocages automatiques » auxquels se livrent des banques au détriment et à l'insu de leurs clients, et les déclarer inopposables à ceux-ci, a retenu la motivation suivante : « [le client] les conteste au motif que ce sont de nouveaux crédits mis en place sans son accord et qui sont venus, avec les intérêts générés, gonfler le débit de son compte […] ; [la banque], de prime abord, acquiescé au rapport de l'expert qui estimait qu'il s'agit de "crédits novateurs" positionnés lorsque le niveau du découvert sur le compte courant ne permettait pas d'utiliser les paiements des autorités contractantes à solder les avances des marchés correspondants, pour, ensuite, se désolidariser de l'expert en soutenant que ces déblocages correspondent à des reports de paiement sollicités par [le client] suivants différents courriers […] ; il faut entendre par report d'échéance "une suspension des remboursements d'un concours financier sur une période bien définie […] "un avantage accordé à l'emprunteur par le prêteur afin de reporter le paiement d'une ou plusieurs échéances à une date ultérieure" ou encore "une interruption temporaire du remboursement des mensualités d'un prêt" ; le report d'échéance n'augmente pas le montant de la mensualité suivante mais rallonge la durée du remboursement du crédit en question et, à l'issue de la période de suspension, l'emprunteur reprend le remboursement de son crédit […] ; en mettant en place de nouveaux crédits comme elle l'a fait, sous prétexte de reports d'échéances au lieu de suspendre simplement le remboursement des créances existantes, [la banque] ne peut prétendre que les déblocages automatiques qu'elle a choisi de faire, l'ont été sur la demande de [son client] (qui a plutôt sollicité des reports d'échéances) ; **elle ne peut donc les lui opposer et lui réclamer les incidences financières y relatives** […] ; **il convient, en définitive, de déclarer irrégulière et non valable cette pratique de déblocages automatiques** (sur le mécanisme de laquelle, au demeurant, [la banque] et l'expert ne s'accordent pas, ce qui dénote d'une **pratique non conventionnelle**, **inappropriée** en l'espèce **et opaque** […] et de dire que **[le client] n'a pas à les supporter** dès lors qu'il est établi que les avances sur marchés dont ils sont la réponse aux reports d'échéances, ont été effectivement payées avant ou par la suite par [le client] ou les autorités contractantes » (CCJA, 3e ch., n° 159/2025, 15-5-2025).

3° Détermination du solde d'un compte bancaire à travers l'historique résultant des relevés

Selon une jurisprudence constante de la CCJA, le compte courant étant un contrat par lequel deux personnes, qui sont périodiquement créancière et débitrice réciproques, font figurer leurs créances et dettes en articles de compte indivisibles, seule sa clôture – contradictoire au demeurant – peut faire apparaître au profit de l'une ou l'autre de ces personnes un solde créditeur correspondant à une créance certaine, liquide et exigible. Aucune clôture n'ayant eu lieu en l'espèce, le jugement qui, pour déterminer le solde du compte d'une société dans les livres d'une banque, a retenu, en substance, que son historique révèle « un compte avec un crédit total de 4 098 288 540 FCFA ; que cette somme, confrontée au débit réel du compte qui se chiffre à 3 560 450 728 FCFA, donne un compte de TMI, en définitive, créditeur de la somme de 537 837 812 FCFA », doit être confirmé, dès lors que cette partie du jugement est conforme à l'examen des pièces versées aux débats (CCJA, 3e ch., n° 159/2025, 15-5-2025).

4° Réparation des préjudices causés par les « déblocages automatiques » indument infligés à un commerçant par sa banque

Sur la réparation des préjudices causés par la banque à la société cliente et son gérant du fait des « déblocages automatiques », il y a lieu de confirmer, en toutes ses dispositions à l'exception du montant des dommages-intérêts qu'il convient de rehausser à deux milliards (2 000 000 000) FCFA (pour tous préjudices confondus), le jugement initial qui a retenu la motivation suivante : « **Sur l'inexécution de ses obligations par la banque** : le défaut de loyauté reproché par [la cliente] à [la banque] dans l'exécution de la convention de compte courant les liant est justifié ; que la pratique des déblocages automatiques (non prévue par la convention de compte courant) qui a constitué, dans la réalité, en une mise en place de nouveaux crédits avec des intérêts moratoires (ce qui requiert normalement une demande formelle du client) pour et à l'insu [de la cliente], alors que ce[tte] derni[ère] ne sollicitait qu'un report d'échéances (une suspension du paiement pour le temps indiqué dans la demande), méconnaît l'obligation qu'a la Banque de respecter la convention ou encore de préserver les intérêts de son client, surtout que les écritures correspondantes à ces déblocages venaient irrégulièrement alourdir le débit du compte [de la cliente] […] ; [la banque] ne pouvait régulièrement poursuivre [la cliente] en paiement alors que le compte de cette dernière est, comme démontré ci-dessus, créditeur sans contrevenir aux dispositions de l'article 1134 du Code civil qui prescrivent aux parties à une convention à laquelle elles ont souscrite, de l'exécuter de bonne foi […] ; elle a fait preuve de déloyauté et de mauvaise foi envers son client et doit, en conséquence, être tenue à réparer les préjudices qui ont pu en découler pour sa cocontractante.

Sur la réalité du préjudice économique :

[…] ainsi que démontré plus haut, le compte [de la cliente] est créditeur alors que les écritures passées par [la banque] le rendaient débiteur ; cette situation qui a eu pour effet d'immobiliser des fonds appartenant [à la cliente] et dont elle devrait avoir la libre jouissance, [lui] a nécessairement causé un manque à gagner […] ; le statut de débiteur que [la banque] a réussi à conférer [à la cliente], alors que la réalité est tout autre, n'encourage pas les autres institutions bancaires à financer les marchés gagnés par [la cliente, qui] a indubitablement subi des préjudices de ce fait du moment où aucune entreprise d'exécution de marchés publics ne peut fonctionner sans la possibilité d'obtenir du financement auprès des banques […] ; au regard de ces développements, que le manque à gagner évoqué par [la cliente] est établi [et il] échoit de condamner [la banque] qui en est responsable à le réparer.

Sur l'existence d'un préjudice moral :

[…] en dehors des contrats et partenariats résiliés et qui dénotent clairement de la crise de confiance que la situation d'endettement [de la cliente] a engendrée dans ses relations avec les autorités contractantes et ses partenaires, c'est à bon droit que [la cliente] insiste sur "la sensibilité du monde des affaires et surtout du domaine des marchés publics où il est difficile de survivre avec une image écornée comme celle qu'elle a désormais, celle d'une société incapable de respecter ses engagements et à qui la capacité financière requise pour soumissionner aux marchés fait défaut" ; […] elles sont également pertinentes, les allégations [de la cliente] selon lesquelles son image est ternie auprès des institutions bancaires qui, "ignorant la vérité des choses, doivent la considérer comme un mauvais payeur, une société qui doit un demi-milliard", et seraient naturellement réticentes à lui prêter de l'argent ; […] elle a enfin raison de soutenir que "les perspectives sont très sombres pour elle et que même si la justice parvenait à rétablir la vérité, le mal a déjà été fait et il faudra énormément du temps pour qu'elle parvienne à reconquérir la confiance de tout ce monde déçu" ; […] il convient au regard de ce que dessus, de dire également que le préjudice moral subi par [le client] est suffisamment établi et de condamner [la banque] à sa réparation.

Sur le montant de la condamnation :

[…] la perte ou le manque à gagner subi par [la cliente] du fait de sa situation d'endettement fictive provoquée par [la banque] est déterminable […] ; en prenant la valeur des marchés exécutés par [la cliente] entre 2016 et 2018 qui se chiffre à neuf cent vingt millions (920 000 000) FCFA avec un financement de sept cent six millions (706.000.000) FCFA, soit un bénéfice de plus de deux cent millions (200 000 000) F-CFA, on peut en déduire qu'avec la somme dont le compte [de la cliente] est présentement créditeur (plus de cinq cent millions) mais qui a toujours, par le jeu des écritures, figuré au débit du compte, [la cliente] a bien pu financer entre 2018 et 2020 des marchés pratiquement équivalents à ceux de 2016-2018 et a pu, cette fois-ci sans les intérêts normaux et moratoires à devoir à la Banque, engranger meilleur bénéfice ; [la banque] a ainsi privé [la cliente] d'une chance d'avoir ce bénéfice. […] il est constant que depuis 2018, [la cliente] n'arrivait plus à soumissionner à certains marchés ou n'a pas pu exécuter les marchés qu'elle gagnait pourtant et ce, à cause de la situation d'endettement fictive susdite ; […] il en infère que [la Banque] l'a privée de ses bénéfices sur pratiquement trois années ; qu'aussi et pour les mêmes raisons, les comptes [de la cliente] sont-ils actuellement vides et la société est dans la situation d'arrêt ; […] il faudra donc [le] remettre sur pied et restaurer son image, ce qui implique nécessairement des fonds que [le client] devra débourser ; […] enfin, la santé du Gérant [de la cliente], ainsi que l'atteste le certificat médical […] versé aux débats, n'a pas été épargnée par l'introduction de la présente action contre sa société qui, comme finalement démontré, ne devait normalement pas à [la banque] ; […] son rétablissement ou la stabilisation de son état de santé nécessite aussi des investissements financiers ; […] en définitive, et au vu des pertes et manque à gagner subis par [le client] ainsi que des investissements financiers nécessaires pour la restaurer dans sa situation antérieure au dommage, […] il convient de faire droit à sa demande de condamnation de [la banque] à des dommages-intérêts […] » (CCJA, 3e ch., no 159/2025, 15-5-2025).

Jurisprudence comparée

I. Belgique

L'existence d'une créance à l'égard d'un commerçant peut être prouvée par un tiers en produisant le contenu des livres du commerçant (Cour de cassation de Belgique 08-01-2010, C.08.0593.F, Juricaf).

II. France

A. Preuve par tous moyens

1° Existence de la qualité de commerçant

Il faut que celui contre lequel la preuve est rapportée ait la qualité de commerçant, personne physique ou morale, le jour de la conclusion de l'acte, même s'il l'a perdue par la suite (Cass. com. 16-12-1980 : Bull. civ. IV p. 340).

Un commerçant ne peut pas prouver librement l'engagement d'un non-commerçant même si cet engagement est un acte de commerce (CA Paris 17-5-1985 : BRDA 15-16/85 p. 20 ; rappr. Cass. civ. 2-5-2001 : Bull. civ. I n° 108).

2° Existence d'un acte de commerce

Il faut en outre que l'engagement souscrit par le commerçant soit un acte de commerce (Cass. com. 21-6-1994 : RJDA 12/94 n° 1400 ; Cass. com. 26-5-2004 n° 822 : RJDA 11/04 n° 1290). Un prêt consenti à un commerçant pour ses besoins personnels n'est pas un tel acte et ne peut être prouvé par tous moyens (Cass. civ. 23-5-1977 : GP 1978.1.89 note Viatte ; dans le même sens, Cass. com. 19-1-1993 : RJDA 5/93 n° 467).

3° Étendue de la liberté des preuves

Ne sont pas applicables pour prouver un acte de commerce :

– l'obligation de preuve par écrit lorsque l'engagement est d'un montant supérieur à 1 500 € ou pour prouver contre le contenu d'un acte (Cass. civ. 21-2-1984 : Bull. civ. I p. 54) ;

– l'obligation relative aux mentions manuscrites qui doivent figurer sur les engagements unilatéraux (Cass. 1e civ. 2-5-2001 : Bull. civ. I n° 108) ;

– l'obligation d'enregistrement de l'acte pour établir la date certaine des actes sous seing privé à l'égard des tiers (Cass. com. 25-4-1983 : D. 1984.1 note Jourdain).

4° Preuve par tous moyens non rapportée

La preuve n'est pas rapportée des frais d'entretien et de location de bateaux réclamés lorsqu'ils ne sont établis ni par un bon de commande ni par aucun autre document contractuel et qu'ils ne peuvent valablement être prouvés par l'émission discrétionnaire d'une facture plus d'une année après la prestation (CA Versailles, 13e ch., 12-10-1995 : JCP E 1996 pan.242 ; dans le même sens, CA Versailles 12e ch., 4-2-1993 : GP 1994.som.81).

5° Prise en compte des livres comptables

a. Régularité des livres

Si l'une des parties conteste la régularité des livres, le juge doit vérifier si les livres peuvent être tenus pour réguliers (Cass. com. 18-2-1992 : RJDA 5/92 n° 539).

b. Droit d'invoquer les livres comptables

Les livres comptables ne peuvent pas être invoqués par celui qui les a établis, notamment en sa qualité d'expert-comptable du commerçant (Cass. civ. 6-5-1997 : RJDA 10/97 n° 1300).

c. Preuve résultant des livres comptables

1. Libre appréciation du juge

Il appartient au juge d'apprécier dans quelle mesure les livres comptables font preuve des prétentions de l'une ou l'autre des parties (Cass. civ. 30-3-1869 : DP 1869.1.239 ; Cass. com. 18-3-1969 : Bull. civ. IV p. 102). Rien ne l'oblige à les admettre, même à titre de simple présomption (Cass. req. 30-12-1907 : DP 1908.1.148).

2. Preuve admise

Preuve d'une créance. Un créancier fait la preuve de l'existence de sa créance par la production des extraits de sa comptabilité lorsqu'il en ressort :

– que les parties étaient en relations d'affaires suivies jusqu'à ce que l'acheteur des fournitures cède son fonds de commerce ;

– que les fournitures du créancier étaient payées sur relevés bimensuels, les quatre relevés litigieux correspondant aux livraisons effectuées au cours des deux derniers mois précédents ;

– que par leur date, leur numéro et leur montant, ces mêmes relevés s'inscrivaient dans la suite normale des seize précédemment émis et payés par l'acquéreur depuis le début de l'année en cours (CA Rouen 8-9-1994, inédit).

6° Preuve du défaut de paiement d'une créance

La preuve qu'un transporteur n'avait pas été payé de sa créance par le commissionnaire, son donneur d'ordre, a été déduite de l'envoi d'une lettre recommandée au commissionnaire et de la production du grand livre certifié par l'expert-comptable mentionnant la créance (CA Douai 26-1-2006 : BTL 2006.312).

B. Commencement de preuve par écrit

1° Actes valant écrit

Constituent un écrit pouvant servir de commencement de preuve par écrit :

– un acte dont la somme promise en paiement n'est pas écrite de la main du signataire conformément à

l'article 1326 [devenu 1376] du Code civil (Cass. civ. 13-11-1996 : RJDA 2/97 n° 247 ; Cass. 1e civ. 1-2-2005 : Bull. civ. I n° 58) ;
– la souche d'un carnet de chèques (CA Lyon 14-10-1981 : JCP G 1982.IV.363) ;
– un bordereau de transfert d'actions sous le régime antérieur à la dématérialisation des valeurs mobilières mais transposable désormais à l'ordre de mouvement (Cass. com. 3-11-1983 : Bull. civ. IV p. 254) ;
– un relevé manuscrit de débours (Cass. civ. 2-4-1963 : Bull. civ. I p. 172) ;
– un jugement opposable à ceux contre lequel il est invoqué (Cass. civ. 29-2-1972 : D. 1972.som.118) ;
– une photocopie d'une reconnaissance de dettes signée par l'emprunteur, lequel ne contestait ni l'existence de l'acte ni la conformité de la photocopie à l'original, selon lui détruit (Cass. civ. 14-2-1995 : JCP G 1995.II.22402 note Chartier ; dans le même sens, CA Paris 15-2-1990 : D. 1990.IR.72).

2° Actes ne valant pas écrit

Ne vaut pas commencement de preuve par écrit :
– une sommation interpellative (Cass. 3e civ. 4-2-2004 n° 123 : RJDA 6/04 n° 773) ;
– le versement d'une somme d'argent dans les mains d'un notaire (Cass. civ. 23-4-1997 : RJDA 8-9/97 n° 1152) ;
– un relevé informatique relatif à une créance téléphonique à défaut d'écrit constatant l'abonnement (Cass. 1e civ. 12-7-2005 n° 1192 : RJDA 3/06 n° 362).

3° Auteur de l'écrit

L'écrit doit émaner de celui à qui il est opposé ; tel est le cas :
– lorsque le document a été écrit par l'intéressé (Cass. civ. 20-11-1911 : DP 1914.1.317) ou lorsqu'il porte sa signature (Cass. civ. 15-5-1934 : DP 1934.1.113 note E.P.) même si le texte a été rédigé par un tiers (CA Lyon 14-10-1981 : JCP G 1982.IV.363) ; mais la signature n'est pas une condition nécessaire pour établir que l'écrit émane de la partie à laquelle on l'oppose (Cass. civ. 27-1-1971 n° 69-13.273 : Bull. civ. I n° 34) ;
– lorsque l'écrit a fait l'objet d'une approbation expresse ou tacite de la part de celui à qui on l'oppose (Cass. civ. 29-2-1972 : Bull. civ. III p. 102) ; par exemple, des lettres écrites par une femme peuvent être opposées à son mari dès lors que celui-ci avait fait état de l'une d'elles comme émanant de lui (Cass. civ. 7-7-1955 : D. 1955.737) ; cette appropriation peut résulter de ce que l'écrit est l'œuvre intellectuelle de celui auquel il est opposé ; il en est ainsi lorsqu'il a dicté l'écrit, même s'il ne l'a ni rédigé ni signé (Cass. req. 6-12-1933 : DP 1935.1.61 note Désiry) ;
– lorsque l'écrit est l'œuvre du mandataire de celui auquel on l'oppose (Cass. civ. 28-6-1989 : Bull. civ. I p. 174) ; ainsi, par exemple, la déclaration contenue dans un mémoire rédigé par un avocat car celui-ci est présumé représenter la partie pour laquelle il effectue les actes de la procédure (Cass. civ. 5-10-1976 : Bull. civ. I p. 229), mais non la lettre écrite par un notaire qui avait seulement pour mission de rédiger un acte (Cass. civ. 10-10-1978 : GP 1978.2.pan.430).

4° Vraisemblance de l'écrit

L'écrit doit rendre vraisemblable le fait allégué, c'est-à-dire le rendre probable et pas seulement possible (CA Colmar 12-11-1948 : D. 1949.72) :
– un contrat de bail permet de prouver que le locataire est titulaire d'une licence de débit de boissons dès lors que celle-ci lui est nécessaire pour exploiter son fonds de commerce et que le transfert de la licence à son profit a été déclaré à l'administration fiscale (Cass. com. 30-1-1996 : RJDA 6/96 n° 762) ;
– une lettre par laquelle un fils demande à son père de l'aider dans son installation qui ne rend pas plus vraisemblable le prêt allégué par le père que la donation dont se prévaut le fils (CA Chambéry 20-1-1975 : JCP G 1975.IV.6526 obs. J.A.).

5° Preuve complémentaire de l'écrit

Le commencement de preuve par écrit doit être complété par un élément extrinsèque (Cass. civ. 22-7-1975 : Bull. civ. I p. 208), qui peut être constitué par :
– un témoignage résultant par exemple des déclarations faites par un tiers lors d'une comparution personnelle (Cass. civ. 9-12-1981 : Bull. civ. I p. 318) ou de l'attestation dans l'acte même de son existence par des témoins (Cass. 1e civ. 1-2-2005 : Bull. civ. I n° 58) ;
– des présomptions, par exemple tirées d'actes d'exécution (Cass. civ. 22-7-1975 n° 74-12.425 : Bull. civ. I n° 246), de papiers domestiques (n° 75726) ou de l'enregistrement et de la publication d'une expédition d'un acte (Cass. civ. 18-12-1990 n° 89-10.519 : Bull. civ. I n° 301).

II. Haïti

A. Appréciation par le juge consulaire des factures, livres de commerce et faits de la cause

En matière commerciale, le juge du fond reste dans les limites de sa compétence et ne viole aucun texte lorsqu'il apprécie la correspondance, les factures, les livres de commerce, les faits et circonstances de la cause, pour en tirer des présomptions propres à établir l'existence et la commercialité de la créance ;

son appréciation sur ce point échappe à la censure du tribunal (Cour de Cassation du 3-4-1978).

B. Recevabilité de la preuve par les livres de commerce

Le tribunal a commis un excès de pouvoir et violé l'article 1132 du Code civil en déclarant irrecevable pour défaut de titre le commerçant qui, pour prouver des prêts d'argent faits à la partie adverse, a offert, comme commencement de preuve par écrit, ses livres de commerce, lesquels, surtout, avaient été tenus par le débiteur lui-même (Cass. 24-3-1993).

En se fondant sur la contradiction relevée entre les écritures d'un livre-journal et le compte qui a été extrait pour écarter le livre de la cause et admettre qu'il n'y a aucune preuve de la créance, le juge méconnaît la règle de droit édictée en l'article 1119 du Code civil qui dispose que si le titre original subsiste, les copies ne font foi que de ce qui est contenu au titre dont la représentation peut toujours être exigée ; il viole également l'article 107 du Code de commerce qui dispose que les achats et ventes se constatent par les livres des parties et commet un excès de pouvoir pour refus d'accueillir la preuve offerte par une partie dans le cas où la loi l'autorise (Cass. 23-3-1982).

C. Pouvoir des juges quant à l'administration des preuves

Les juges consulaires ont, en effet, les pouvoirs les plus larges sur l'administration des preuves destinées à former leur conviction ; c'est ainsi que, en matière de livres de commerce, il a été jugé maintes fois que le tribunal de commerce peut refuser d'ordonner l'apport des livres du créancier pour faire vérifier la libération totale ou partielle du débiteur, et cela alors même que le débiteur réclame cette présentation et offre d'ajouter foi aux livres indiqués ; le principe est le même quant aux livres du débiteur (Cass. 4-5-1987).

Chapitre II
CAPACITÉ D'EXERCER LE COMMERCE

Art. 6 Nul ne peut accomplir des actes de commerce à titre de profession, s'il n'est juridiquement capable d'exercer le commerce.

Jurisprudence comparée

France

Incapacité du majeur en tutelle

La mise en tutelle d'un majeur associé en nom collectif le prive juridiquement de la capacité d'être commerçant, mais si le majeur a poursuivi son activité commerciale après sa mise en tutelle, il est néanmoins soumis aux dispositions des procédures collectives ; tel est le cas du majeur sous tutelle qui est demeuré inscrit au registre du commerce et des sociétés en qualité d'associé en nom collectif, qui, de ce fait, avait la qualité de commerçant pendant la poursuite de son activité commerciale, nonobstant la mesure d'incapacité prononcée à la date d'ouverture de la procédure de redressement judiciaire de la société et qui, partant, se trouvait lui-même passible de cette procédure (Cass. com. 28-11-2000 : RJDA 5/01 n° 601).

Art. 7 [anc. art. 7 mod.] Le mineur, sauf s'il est émancipé, ne peut avoir la qualité de commerçant ni effectuer des actes de commerce.

Le conjoint du commerçant n'a la qualité de commerçant que s'il accomplit les actes visés aux articles 3 et 4 ci-dessus, à titre de profession et séparément de ceux de l'autre conjoint.

Jurisprudence comparée

France

Conjoint d'un commerçant

1° Qualité de commerçant

A la qualité de commerçant :

– la femme d'un commerçant au seul motif que le numéro de compte figurant sur le papier commercial de l'entreprise était celui de son compte personnel et que toutes les opérations commerciales transitaient par ce compte (Cass. com. 15-7-1987 : Bull. civ. IV p. 135) ;

– l'époux d'une débitrice, mise en redressement puis en liquidation judiciaires, qui, après avoir eu « à une époque le titre de directeur administratif rémunéré », était apparu comme « ayant présidé aux destinées de l'affaire », disposant d'une procuration sur les comptes bancaires avant que ceux-ci ne soient mis à son nom, dirigeant le personnel, étant « le correspondant des administrations, des clients et des fournisseurs », défendant les dossiers contentieux, alors que son épouse les ignorait, celle-ci ayant déclaré lors d'une enquête de police n'être pas souvent présente au siège de l'entreprise, tandis qu'un vérificateur fiscal avait indiqué ne l'avoir jamais rencontrée ; en dépit de sa situation de salarié alléguée, cet époux avait exercé pour son compte personnel des actes de commerce, en avait fait sa profession habituelle, et pouvait être mis en redressement judiciaire (Cass. com. 10-5-1989 : Rev. jur. com. 1990.87) ;

– le mari d'une commerçante qui non seulement entretenait avec les clients du magasin de son épouse des relations suivies et fréquentes, et avait une procuration sur le compte bancaire du commerce, mais surtout avait conclu le contrat d'assurance du magasin et fait figurer son nom dans la publicité (Cass. com. 15-10-1991 : Bull. IV n° 286) ;

– le mari qui s'était immiscé dans l'activité commerciale de son épouse au-delà de la simple assistance en raison des faits suivants : il avait souscrit avec son épouse, avant l'immatriculation au registre du commerce de cette dernière, un emprunt destiné à la création d'entreprise, était intervenu comme coemprunteur et avait signé deux lettres de change au nom de l'établissement principal ; des fournisseurs avaient établi des factures à son nom et s'étaient adressés à lui pour obtenir le paiement car il le considérait comme le véritable exploitant ; le mari avait souscrit à son nom des contrats d'assurance destinés à couvrir les pertes ; l'enseigne du fonds principal comportait le nom du conjoint (CA Dijon, 1e ch., 2-7-1996 : JCP 1997.IV.290, décidant l'extension au mari de la procédure de liquidation judiciaire ouverte à l'égard de l'épouse) ;

– l'épouse d'un pharmacien, non inscrit au registre du commerce et des sociétés mais qui se livrait à des actes de commerce à titre habituel dépassant le stade de la simple collaboration, en l'espèce qui exerçait la pharmacie comme cela est établi par les faits suivants : les époux avaient acquis ensemble la pharmacie ; l'épouse était titulaire du diplôme de pharmacien et était inscrite à l'ordre des pharmaciens à titre personnel ; le chiffre d'affaires réalisé par le mari lui imposait un assistant qui n'était autre que son épouse ; le compte commercial ouvert dans les livres du Crédit Lyonnais était un compte joint au nom des deux époux ; l'épouse était en outre titulaire d'un diplôme d'orthopédie et elle exerçait cette activité qui nécessite pour y être autorisée de justifier de locaux, ce qui était son cas, ainsi que celui de son époux, l'un et l'autre disposant de deux numéros d'agrément distincts (CA Rouen, 2e ch. civ., 4-12-1997, inédit, étendant à l'épouse la procédure de redressement judiciaire ouverte à l'égard de son mari) ;

– l'épouse qui avait dirigé l'établissement, pris la qualité d'employeur à l'égard des salariés, disposé d'une procuration sur le compte commercial de son conjoint, formé un recours contre la décision de fermeture de l'établissement (Cass. com. 15-2-2000 : RJDA 6/00 n° 682) ;

– l'épouse mentionnée au registre du commerce et des sociétés en qualité de coexploitante du fonds de commerce qui, cotitulaire d'un compte joint ayant servi à la réalisation d'opérations commerciales, a reconnu, comme son mari, devoir une certaine somme correspondant à une dette née de l'activité commerciale, a demandé, comme son époux, un crédit fournisseur en faisant état des commerces qu'ils possédaient et a donné en garantie des biens propres pour assurer le paiement de dettes commerciales ; à défaut pour cette épouse de rapporter la preuve contraire, ces éléments démontrent que celle-ci est personnellement intervenue, seule ou avec son mari, selon des choix dont il n'est pas établi qu'ils lui ont été dictés, à la réalisation habituelle d'actes de nature commerciale ayant pour finalité l'intérêt de l'entreprise commune (Cass. com. 15-3-2005 n° 03-19359 : JCP E 2005.1789 note Th. Leobon).

2° Absence de qualité de commerçant

Une femme mariée ne peut pas être tenue pour commerçante du seul fait qu'elle a sa résidence familiale à la même adresse que le fonds de commerce, qu'elle participe à la gestion de celui-ci et tolère l'établissement de factures à son nom, dès lors qu'il n'est pas démontré qu'elle faisait des actes de commerce personnellement et non pas comme simple aide de son mari, sous la dépendance de celui-ci (Cass. com. 18-12-1984 : Bull. civ. IV p. 286 ; dans le même sens, CA Rouen 26-2-1992 : RJDA 4/92 n° 389).

Art. 8 [an. art. 8 mod.] Nul ne peut exercer une activité commerciale lorsqu'il est soumis à un statut particulier établissant une incompatibilité.

Il n'y a pas d'incompatibilité sans texte.

Il appartient à celui qui invoque l'incompatibilité d'en rapporter la preuve.

Les actes accomplis par une personne en situation d'incompatibilité n'en restent pas moins valables à l'égard des tiers de bonne foi.

Ceux-ci peuvent, si bon leur semble, se prévaloir des actes accomplis par une personne en situation d'incompatibilité, mais celle-ci ne peut s'en prévaloir.

Art. 9 L'exercice d'une activité commerciale est incompatible avec l'exercice des fonctions ou professions suivantes :

– fonctionnaires et personnels des collectivités publiques et des entreprises à participation publique ;

– officiers ministériels et auxiliaires de justice : avocat, huissier, commissaire-priseur, agent de change, notaire, greffier, administrateur et liquidateur judiciaire ;

– expert-comptable agréé et comptable agréé, commissaire aux comptes et aux apports, conseil juridique, courtier maritime ;

– plus généralement, toute profession dont l'exercice fait l'objet d'une réglementation interdisant le cumul de cette activité avec l'exercice d'une profession commerciale.

JURISPRUDENCE COMPARÉE

I. Belgique

Avocat. L'accomplissement d'un acte commercial unique, certes illicite pour un avocat, ne peut être qualifié d'exercice d'une activité commerciale d'industrie ou de négoce incompatible avec la profession d'avocat en vertu de l'article 437, al. 1-3° du Code judiciaire belge.

Dans cette affaire, un avocat avait été mandaté par son client en vue de négocier la vente de biens immobiliers dans le cadre d'une procédure judiciaire non encore introduite comportant des caractéristiques très spécifiques, courantes dans un contrat commercial d'intermédiaire en immeubles et acceptables dans ce contexte (exclusivité du mandat et clauses pénales contractuelles) mais qui sont difficilement conciliables avec une mission civile dans la mesure où elles relèvent du domaine lucratif ; par suite, cette mission exclusive assortie de telles obligations complémentaires n'est assimilable ni à un mandat exclusif usuel ni à une assistance juridique aux mandats ni enfin à une activité professionnelle d'avocat ; elle présente un caractère commercial et constitue une activité de courtage particulière illicite contraire au bon ordre et inadmissible pour un avocat ; toutefois, l'accomplissement d'un acte de commerce unique ne peut être assimilé à l'exercice d'un négoce ou d'une industrie au sens de l'article 437 du Code judiciaire et n'entraîne donc pas d'incompatibilité avec la profession d'avocat dès lors qu'une telle opération demeure isolée (Cour de cassation de Belgique, 1e ch. civ. et com., n° C 04-0129N, 27-10-2005 : Juricaf).

II. France

Fonctionnaire. Un fonctionnaire qui a pris un fonds de commerce en location-gérance ne peut pas invoquer l'incompatibilité de cette qualité avec celle de commerçant pour échapper à ses obligations contractuelles (Cass. com. 30-1-1996 : RJDA 4/96 n° 498).

Art. 10 Nul ne peut exercer une activité commerciale, directement ou par personne interposée, s'il a fait l'objet :

– d'une interdiction générale, définitive ou temporaire, prononcée par une juridiction de l'un des États parties, que cette interdiction ait été prononcée comme peine principale ou comme peine complémentaire ;

– d'une interdiction prononcée par une juridiction professionnelle ; dans ce cas, l'interdiction ne s'applique qu'à l'activité commerciale considérée ;

– d'une interdiction par l'effet d'une condamnation définitive à une peine privative de liberté pour un crime de droit commun, ou à une peine d'au moins trois mois d'emprisonnement non assortie de sursis pour un délit contre les biens, ou une infraction en matière économique ou financière.

Art. 11 L'interdiction à titre temporaire d'une durée supérieure à 5 ans, de même que l'interdiction à titre définitif, peuvent être levées, à la requête de l'interdit, par la juridiction qui a prononcé cette interdiction.

Cette requête n'est recevable qu'après expiration d'un délai de cinq (5) ans à compter du jour où la décision prononçant l'interdiction est devenue définitive.

L'interdiction prend fin par la réhabilitation dans les conditions et les formes prévues par l'Acte uniforme portant organisation des procédures collectives d'apurement du passif.

Art. 12 Sans préjudice d'autres sanctions, les actes accomplis par un interdit sont inopposables aux tiers de bonne foi.

La bonne foi est toujours présumée.

Ces actes sont toutefois opposables à l'interdit.

JURISPRUDENCE COMPARÉE

France

Nullité pour erreur commune des parties à un cautionnement sur l'interdiction de faire du commerce frappant l'emprunteur

Un minotier qui s'était porté caution du remboursement d'un prêt destiné à financer l'acquisition d'un fonds de commerce de boulangerie-pâtisserie alors que l'acquéreur avait été radié d'office du registre du commerce et des sociétés avec effet rétroactif à une date antérieure à la conclusion du prêt et du cautionnement, puis mis en liquidation judiciaire, a obtenu la nullité du cautionnement, dès lors qu'a été retenue l'existence d'une erreur commune à la caution et à la banque prêteuse et bénéficiaire du cautionnement lors de la conclusion du contrat de cautionnement, erreur portant sur une qualité substantielle du débiteur principal, à savoir son interdiction d'exercer une activité commerciale (Cass. com. 19-11-2003 : RJDA 8-9/04 n° 937).

• Chapitre III •
OBLIGATIONS COMPTABLES DU COMMERÇANT

Art. 13 [anc. art. 13 mod.] Tout commerçant, personne physique ou morale, doit tenir tous les livres de commerce conformément aux dispositions de l'Acte uniforme relatif à l'organisation et à l'harmonisation des comptabilités des entreprises.

Il doit en outre respecter, selon le cas, les dispositions prévues par l'Acte uniforme relatif à l'organisation et l'harmonisation des comptabilités des entreprises et à l'Acte uniforme relatif au droit des sociétés commerciales et du groupement d'intérêt économique.

Art. 14 [anc. art. 14 mod.] Les livres de commerce doivent mentionner le numéro d'immatriculation au Registre du Commerce et du Crédit Mobilier.

Art. 15 [anc. art. 17] Toute personne morale commerçante doit également établir tous les ans ses états financiers de synthèse conformément aux dispositions de l'Acte uniforme portant organisation et harmonisation des comptabilités des entreprises et de l'Acte uniforme relatif au droit des sociétés commerciales et du groupement d'intérêt économique.

• Chapitre IV •
PRESCRIPTION

Art. 16 [anc. art. 18 mod.] Les obligations nées à l'occasion de leur commerce entre commerçants, ou entre commerçants et non-commerçants, se prescrivent par cinq ans si elles ne sont pas soumises à des prescriptions plus courtes.

Cette prescription extinctive est soumise à la loi régissant le droit qu'elle affecte.

JURISPRUDENCE OHADA

I. Obligations concernées

A. Loyers d'un bail commercial

L'article 18 [devenu 16] de l'AUDCG ayant prévu une prescription de cinq ans pour les obligations nées à l'occasion de leur commerce entre commerçants ou entre commerçants et non commerçants, le bailleur qui n'a pas reçu paiements de loyers disposait d'un délai de 5 ans à compter de l'exigibilité de chaque loyer, pour réclamer le paiement. Il s'ensuit que les loyers de septembre 1983 à novembre 1994 sont frappés par la prescription, étant entendu que la sommation du 28 décembre 1999 est le premier acte de réclamation du bailleur ;

mais les loyers de décembre 1994 à février 1995 ne sont pas concernés par la prescription quinquennale (CA Abidjan, n° 683, 31-5-2002 : Z. G. c/ E. J., Ohadata J-03-27). De même, la demande en paiement d'arriérés de loyers d'un bail commercial allant d'octobre 1982 à octobre de 2004 se trouve frappée par la prescription quinquennale prévue à l'article 16 de l'AUDCG et le jugement rendu ne peut être confirmé que pour le surplus (CCJA, 2e ch., n° 073, 21-4-2016 : SCI Choucair et Frères c/ SGBCI SA, Ohadata J-17-22).

B. Obligation de droit commun en remboursement d'une lettre de change ou d'un chèque

Les porteurs d'une lettre de change détiennent également une action en remboursement de droit commun contre les endosseurs, distincte de celle prévue par le règlement n° 15/2001/CM/UEMOA du 19 septembre 2002 relatif aux systèmes de paiement dans les États membres de l'UEMOA, qui se prescrit par cinq ans, conformément à l'article 18 [devenu 16] de l'AUDCG (CA Bobo-Dioulasso (Burkina Faso), ch. com., n° 08/08, 23-4-2008 : S. D. c/ B.O.A., Ohadata J-12-109).

La créance souscrite le 30 novembre 1974 et conclue suivant l'accord transactionnel, dans le cadre de leurs relations d'affaires, entre une société et un commerçant, ayant fait l'objet de diverses traites revenues impayées doit être considérée comme étant une créance commerciale conclue entre une société commerciale par la forme et une personne accomplissant habituellement des actes de commerce au sens des dispositions de l'article 2 de l'AUDCG. Le jugement entrepris sera donc infirmé sur ce point et la créance déclarée prescrite pour les mêmes raisons (CCJA, 3e ch., n° 115, 11-5-2017 : Guetat Ehouman Noël c/ Guetat Eugénie épse K).

De même, le créancier qui a déclenché une procédure d'injonction de payer environ huit ans après l'émission de titres de paiement en cause (chèques) ne peut pas échapper à la forclusion et la cour d'appel qui a déclaré sa créance prescrite après avoir retenu la prescription quinquennale n'a pas violé l'article 16 de l'AUDCG (CCJA, 1e ch., n° 124, 18-5-2017 : Sté Côte d'Ivoire Télécom c/ Sté Intel Afrique).

C. Obligation en paiement de factures

L'action en paiement de factures datant de plus de cinq ans à la date de l'introduction de l'instance est prescrite (CA Abidjan (Côte d'Ivoire), 27e ch. civ. et com. A, n° 554, 27-5-2005 : SIVOA c/ Sté T3 A SARL, Ohadata J-08-61).

D. Actes mixtes

C'est par une mauvaise interprétation de l'article 18 [devenu 16] de l'AUDCG, dont les dispositions sont péremptoires, qu'une cour d'appel a décidé d'exclure les relations d'affaires d'un mécanicien garagiste et d'une société du champ d'application de l'article précité, pour les soumettre à la prescription trentenaire du droit commun et son arrêt encourt la cassation (CCJA, 1e ch., n° 18, 29-11-2011 : Catram SARL c/ D. ; Juris-Ohada, 2011, n° 4, oct.-déc., p. 24, Ohadata J-13-11, J-13-162).

E. Actes de commerce par accessoire

Les actes de commerce par accessoire sont régis par l'AUDCG, notamment l'article 18 [devenu 16] de l'AUDCG, en ce qui concerne la prescription. Il en résulte que c'est cette prescription quinquennale qui est applicable à un concessionnaire automobile qui fait de la réparation, une activité rattachée à la vente des véhicules, dès lors qu'il réalise ainsi des actes de commerce par accessoire (CA du Littoral (Cameroun), n° 176/CC, 5-11-12 : S. née T. F. c/ Sumoca SA, Ohadata J-14-03).

F. Redevances recouvrées par les entreprises pétrolières

Les redevances recouvrées par les entreprises pétrolières au cours de leurs ventes et qui doivent être reversées à l'Agence de stabilisation et de régulation des prix des produits pétroliers, étant des obligations nées à l'occasion du commerce, relèvent, en cas de contestation, de la compétence du tribunal de commerce (CCJA, 2e ch., n° 112, 30-12-2013 : Sté trading et d'exploitation du pétrole brut et de produits pétroliers (Tradex Centrafrique SA) c/ ASRP, Rec. jur. CCJA, n° 20, vol. 2, janv.-déc. 2013, p. 23-25, Ohadata J-15-85).

G. Obligations entre un pharmacien et un commerçant

Un pharmacien et une banque ont tous les deux la qualité de commerçant ; les actes accomplis par eux et les obligations qu'ils assument entre eux ou à l'égard d'autres personnes entrent bien dans le champ de l'article 18 [devenu 16] de l'AUDCG. S'agissant d'une action en justice pour avoir le paiement d'une somme, l'objet de leurs transactions, peu importe la forme en laquelle l'obligation a été constatée, elle tombe sous le coup de la prescription quinquennale et le pourvoi doit être rejeté (CCJA, 2e ch., n° 008, 21-1-2016 : Biao-Côte d'Ivoire c/ Traoré Matenin, épse Coulibaly, Ohadata J-16-217).

H. Obligations entre toutes parties commerçantes

L'arrêt qui, en application de l'article 18 [devenu 16] de l'AUDCG, a relevé qu'en raison de leur caducité, la saisie conservatoire pratiquée par une société A sur les avoirs d'un GIE B, ainsi que l'ordonnance l'autorisant, n'a aucun effet interruptif du délai à l'égard d'une société C (maître d'ouvrage et défenderesse au pourvoi) et écarté l'application de la prescription trentenaire aux obligations nées entre commerçants à l'occasion de leur commerce, n'a en rien violé la disposition visée au moyen et le pourvoi doit être rejeté. Il en est ainsi dès lors que, d'une part, tant devant le premier juge que devant la cour d'appel, la société A, demanderesse, n'a pas fait l'état de l'existence d'une quelconque pièce attestant que depuis le 17 novembre 2002, date alléguée de la rupture du contrat, elle a exercé à l'encontre de la société C, défenderesse au pourvoi, une action au fond ou en référé pour la préservation des droits dont elle se prévaut, la seule action engagée contre elle l'ayant été au-delà du délai de cinq ans qui expirait le 17 novembre 2007 et que, d'autre part, il résulte des productions au dossier que toutes les parties en cause sont commerçantes et que l'action initiée devant le tribunal du commerce par la demanderesse porte sur une obligation née de son commerce (CCJA, 1e ch., n° 037, 29-2-2016 : Transrégionales SA c/ EEPCI, Ohadata J-16-239).

Les parties au litige étant toutes des commerçantes et le litige les opposant né à l'occasion de leur commerce, c'est par une mauvaise interprétation des articles 16, 17 et 18 de l'AUDCG (ancien) qu'une cour d'appel a décidé d'exclure le litige du champ d'application de l'article 18 précité pour les soumettre à la prescription de droit commun, exposant ainsi son arrêt à la cassation sans qu'il soit nécessaire d'examiner les autres moyens. Sur l'évocation et pour les mêmes raisons que celles ayant entraîné la cassation de l'arrêt attaqué, il y a lieu de confirmer le jugement attaqué qui par une saine application de la loi (notamment articles 16 et 17 de l'AUPSRVE anciens) au litige né de relations commerciales entre deux commerçants, a appliqué la prescription quinquennale et déclaré prescrite l'action introduite plus de cinq ans après la résiliation contractuelle (CCJA, 2e ch., n° 201, 23-11-2017 : Bolloré Africa Logistics Mali, ex SDV Mali SA, dite BAL Mali SA c/ Mamadou Boundy).

La créance résultant d'un prêt consenti le 29 novembre 1978, entre un commerçant et une société commerciale, dans le but de l'augmentation du capital social d'une société, garantie par un nantissement des actions détenues par le commerçant dans ladite société et dont la convention de prêt prévoyait la possibilité d'un remboursement soit en marchandise, sous conditions, soit en espèces, et en règlement de laquelle des lettres de change émises sont revenues impayées est commerciale. Le caractère commercial de ladite créance est attestée par la forme commerciale de la société qui est une société à responsabilité limitée, par le but recherché à travers ladite convention de prêt, le renflouement des caisses de la société anonyme dans laquelle ils sont tous actionnaires et avec laquelle la créancière entretient des relations commerciales, notamment la vente de bois, et par les lettres de change émises en vue du paiement du prêt consenti qui font de l'émetteur un commerçant au sens des dispositions de l'article 2 de l'AUDCG non révisé. Dès lors, le tribunal qui a déclaré la créance litigieuse prescrite en application de l'article 18 dudit Acte uniforme a fait une saine application de la loi et sa décision doit être confirmée sur ce point (CCJA, 3e ch., n° 115, 11-5-2017 : Guetat Ehouman Noël c/ Guetat Eugénie épse K et 16 autres).

I. Cession de parts sociales

C'est en violation de l'article 16 de l'AUDCG qu'une cour d'appel a rejeté la fin de non-recevoir tirée de la prescription de l'action relative à la cession de parts sociales dont le protocole d'accord a été signé huit ans avant la requête introductive, exposant ainsi son arrêt à la cassation. Sur l'évocation et pour les mêmes motifs que ceux ayant entraîné la cassation, il y a lieu d'infirmer en toutes ses dispositions le jugement entrepris et déclarer irrecevable l'action en résolution du protocole pour prescription. L'action introduite n'ayant à aucun moment revêtu un caractère abusif et vexatoire, la demande de condamnation à payer la somme de trente millions (30 000 000) de FCFA, sur le fondement de l'article 6 du Code de procédure civile, à titre de dommages-intérêts pour procédure abusive et vexatoire sera rejetée (CCJA, 2e ch., n° 150, 29-6-2017 : Fayad Nadim, Skaf Moustapha c/ Daher Mohamed).

J. Action en réclamation d'indemnités du dirigeant d'une société commerciale

L'action en réclamation initiée par l'ancienne directrice générale adjointe d'une société et qui a pour point de départ le 22 août 2001, date de sa démission des sociétés en cause, est prescrite et donc irrecevable (CCJA, 2e ch., n° 130, 18-5-2017 : Aza Ngu Otay c/ Ecobank Cameroun SA).

K. Obligations nées à l'occasion de l'activité professionnelle d'une banque

Les obligations nées à l'occasion de l'activité professionnelle d'une banque relèvent du champ d'application de l'article 16 de l'AUDCG (CCJA, 1e ch., n° 100/2021, 27-5-2021 : Ecobank Côte d'Ivoire c/ Savadogo Mariam).

L. Distinction entre obligation soumise à la prescription et délai de conservation des documents comptables

C'est à tort qu'il est reproché à un jugement d'avoir prononcé l'extinction de l'obligation principale de la société cautionnée et, par conséquent, la créance de la banque, en violation de l'article 24 de l'AUHCE, qui fait obligation à tout commerçant de conserver les pièces comptables pendant une durée de dix (10) ans, laissant subsister la créance comptable dont la prescription est de la même durée, dès lors que l'obligation de conserver ces documents comptables pendant une durée de sécurité de 10 ans ne saurait être confondue avec la prescription extinctive et libératoire de l'article 18 [devenu 16] de l'AUDCG, dont l'objectif est à la fois d'inciter le créancier à la diligence et de protéger le débiteur contre l'accumulation de dettes périodiques sur une période très importante. En sanctionnant l'inertie de la demanderesse et en prononçant l'extinction de l'obligation principale sur le fondement de l'article 18 précité, et celle du cautionnement hypothécaire pris par le défendeur sur le fondement des articles 25 et 124, al. 2 de l'AUS (du 17-4-1997), le Tribunal de commerce a bien justifié sa décision (CCJA, 3e ch., n° 154, 18-10-2018 : CAA devenue BNI c/ Kaunan Kouassi Antoine).

II. Obligations non concernées

Litiges non contractuels : responsabilité civile délictuelle

Il s'infère de l'article 16 de l'AUDCG que la prescription quinquennale ne s'applique qu'aux obligations nées à l'occasion de leur commerce, entre commerçants ou entre commerçants et non-commerçants, à l'exclusion donc des litiges non contractuels que sont les obligations légales, règlementaires ou découlant de droits spécifiques à moins qu'une disposition particulière prévoie le même délai ou renvoie à ce délai prévu par l'article 16 précité. En l'espèce, le dommage causé aux marchandises de la société demanderesse étant dû à la chute du portique de quai de la société Abidjan Terminal, dont elle avait la garde, sur le conteneur dans lequel se trouvaient ces marchandises, il s'agit effectivement d'une question de responsabilité civile délictuelle régie par l'article 1384 du Code civil ivoirien ; en conséquence, l'article 16 visé au moyen ne s'applique pas à cette prescription, plutôt soumise à la loi ivoirienne qui régit le droit de la responsabilité en matière de délits et quasi-délits. C'est donc en violation de l'article 16 précité que la cour d'appel a retenu la prescription prévue par ce texte inapplicable, exposant l'arrêt attaqué à la cassation. Sur l'évocation, et pour les mêmes motifs que ceux ayant justifié la cassation, il y a lieu d'infirmer le jugement entrepris et de rejeter la fin de non-recevoir tirée de la prescription. L'accident ayant causé le dommage ayant pour cause un fait commis par un navire appartenant à une société [A.], une telle cause, étrangère à la société [B.], s'analyse en un fait d'un tiers ; il échet dès lors, par substitution de motifs, de confirmer le jugement querellé qui a rejeté la demande de condamnation. **Sur l'appel incident** : il résulte des articles 103, alinéa 2 et 104 du Code de procédure civile, commerciale et administrative que les parties sont recevables à assigner en intervention forcée toute personne non-partie à l'instance, mais qui pourrait user de la voie de la tierce opposition contre le jugement à intervenir. En l'espèce, si la société [B.] peut assigner en intervention forcée la société [A], armateur du navire à l'origine du dommage causé à la société [C.], demanderesse, il n'en demeure pas moins que ladite société n'a nullement la qualité nécessaire pour solliciter, aux fins de cette assignation en intervention forcée, la condamnation de l'intervenante forcée à payer des sommes d'argent à la société [C.], dès lors qu'elle n'a reçu aucun mandat dans ce sens ; il échet, par conséquent, d'infirmer le jugement entrepris, en ce qu'il a rejeté la demande de condamnation de [A.] au lieu de la déclarer irrecevable. **Sur la demande reconventionnelle** : l'abus de droit suppose une intention de nuire ou le détournement du droit de sa finalité ; en l'absence de la preuve de cette intention de nuire ou de celle du détournement de l'action de sa finalité, le fait pour la demanderesse d'exercer une action en justice en vue d'obtenir réparation du préjudice qu'elle prétend avoir subi ne peut constituer un abus de droit d'ester en justice ; il échet de confirmer le jugement pour avoir rejeté la demande de condamnation (CCJA, 3e ch., n° 088/2024, 28-3-2024).

III. Application dans le temps

A. Obligation née d'un contrat tacitement reconduit

Un contrat de représentation conclu en 1994 pour une période d'un an renouvelable par tacite reconduction est régi par l'AUDCG car, bien qu'ayant été conclu avant l'entrée en vigueur de cet Acte uniforme, son exécution s'est poursuivie quand ledit Acte uniforme est entré en vigueur. Il en résulte que le délai de prescription de cinq ans prévu par l'article 18 [devenu 16] est applicable en l'espèce. S'agissant d'une créance à jour fixe, le délai court à compter de la fin du mois et non de la présentation de la facture. Dans le cas d'espèce, le délai a couru du 31 juillet 1996 et a expiré le 31 juillet 2001, si bien que le demandeur est forclos (CA Lomé (Togo), n° 070/09, 21-4-2009 : Sté FAN MILK SA Laiterie internationale c/ A. K., Ohadata J-10-223).

Obs. : voir l'art. 17 à propos du point de départ de la prescription.

B. Obligation née d'un contrant de transport de marchandises antérieur à l'entrée en vigueur de l'AUCTMR

L'AUCTMR entré en vigueur le 1er janvier 2004 ne pouvant être appliqué au litige résultant du transport de marchandises intervenu en décembre 2003, la prescription quinquennale de l'article 18 [devenu 16] de l'AUDCG est applicable, puisqu'il s'agit d'une obligation entre commerçants (CA Bobo-Dioulasso (Burkina Faso), ch. com., n° 04/09, 28-1-2009, K. R. c/ La SNTB, Ohadata J-10-108).

C. Obligation née de prêts contractés antérieurement à l'AUDCG

C'est en violation de l'article 16 de l'AUDCG qu'une cour d'appel a retenu, sur le fondement d'une disposition interne antérieure à l'entrée en vigueur de l'Acte uniforme, la prescription décennale pour une obligation litigieuse née de différents prêts contractés en 1986 pour condamner au paiement, dès lors que l'article 10 du Traité instituant l'OHADA prône la suprématie des Actes uniformes « directement applicables et obligatoires dans les États parties nonobstant toute disposition contraire de droit interne, antérieure ou postérieure », seules les dispositions de l'AUDCG prévoyant la prescription quinquennale étant ainsi applicables. La lettre du 10 octobre 2005 par laquelle le débiteur reconnaissait sa dette et demandait une dernière chance pour l'apurer constituant un acte interruptif de prescription, la banque était fondée à solliciter le remboursement de ses créances au plus tard le 10 octobre 2010 ; l'action en paiement ayant été engagée par la banque le 9 juillet 2014, celle-ci est prescrite en application de l'article 16 précité ; cassation de l'arrêt. Sur l'évocation pour les mêmes motifs que ceux ayant entraîné la cassation, il y a lieu de constater la prescription de la créance (CCJA, 1e ch., n° 084, 27-4-2017 : Gbetibouo Jean Augustin c/ Biao-CI devenue NSIA Banque CI).

D. Inapplication de l'AUDCG à une obligation née et exécutée antérieurement à l'AUDCG

La prescription prévue par l'article 18 [devenu 16] de l'AUDCG est inapplicable à une obligation née en 1988-1989, l'AUDCG n'étant entré en vigueur qu'à partir de 1998. C'est donc en violation de l'article 18 ci-dessus que la cour d'appel d'Abidjan a enfermé ladite prescription dans l'article 18 et son arrêt encourt la cassation (C. sup. Côte d'Ivoire, ch. jud., civ., n° 132, 15-3-2007 : Sifca SA c/ Y. ; Juris-Ohada, n° 1/2010, janv.-mars, p. 52, Ohadata J-11-03).

IV. Interruption de la prescription

A. Actes reconnus comme interruptifs : règlement partiel d'une créance

C'est à tort qu'il est reproché à un tribunal d'avoir violé l'article 16 de l'AUDCG (de 2010) en condamnant au paiement d'une créance prescrite, dès lors que si l'article 16 de l'AUDCG prévoit que « les obligations nées à l'occasion de leur commerce entre commerçants, ou entre commerçant et non commerçant, se prescrivent par cinq ans […] », l'alinéa 1 de l'article 23 du même Acte uniforme dispose également que « la reconnaissance par le débiteur du droit de celui contre lequel il prescrivait interrompt le délai de prescription ». Ainsi, bien que la transaction justifiant la créance poursuivie date de 2006, celle-ci n'est nullement prescrite, dans la mesure où il est établi que le débiteur a continuellement reconnu sa dette en effectuant des règlements partiels, dont le dernier remonte au 5 janvier 2016. Il s'ensuit qu'en condamnant le débiteur au paiement, alors qu'il a été saisi le 21 août 2017, le tribunal du commerce de Niamey n'a pas violé le texte visé au moyen (CCJA, 1e ch., n° 014, 24-1-2019 : Yaye Issaka c/ Sté El Nasser).

B. Actes non reconnus comme interruptifs

Le tribunal qui, pour déclarer irrecevable une demande en recouvrement pour cause de prescription, a retenu que « s'il est vrai qu'en tenant compte de l'année 2017, la prescription ne saurait être invoquée dans la mesure où le délai de 5 ans […] court toujours, il n'en demeure pas moins que la pièce alléguée n'est pas une reconnaissance de dette susceptible d'interrompre la prescription conformément aux dispositions de l'article 23 de l'[AUDCG] et qu'un tel courrier [une mise en demeure] ne saurait interrompre la prescription de l'action de sorte que, depuis le 2 mars 2013, la prescription est acquise », a fait une exacte application de la loi, qui mérite approbation (CCJA, 3e ch., n° 122/2022, 30-6-2022).

V. Forclusion pour non-respect du délai

L'action exercée en dehors du délai légal de cinq ans imparti est irrecevable pour forclusion (CCJA, 2e ch., n° 215/2021, 23-12-2021 : Holcibel SA c/ Société Hann et compagnie SA).

A. Point de départ du délai de prescription

Le point de départ du délai de prescription de cinq ans prévu par l'article 16 de l'AUDCG est le terme qui affecte la créance. En l'espèce, le point de départ de ce délai ne saurait être la date à laquelle l'acquéreur, par souscription des actions d'une société à capital variable, a manifesté sa volonté de se retirer du capital de cette dernière, retrait qui n'était d'ailleurs pas possible parce qu'il est autorisé uniquement dans les sociétés à capital variable par l'article 269-6 de l'AUSCGIE, ce qui n'était pas le cas de la société. Le point de départ du délai ne saurait non plus être la date de l'appel à la libération du capital ; en effet, les actions ayant été souscrites le 27 juin 2011, c'est à compter de cette date que court le délai de libération du montant reliquataire de la valeur des actions en application de l'article 774 de l'AUSCGIE. Tenant compte de ce point de départ, le terme affectant la créance du reliquat est le 27 juin 2014, dernier jour du délai de libération de trois ans prévu à l'article 774 précité ; le délai de prescription de cinq ans prévu à l'article 16 susvisé commence alors à courir à compter de cette date pour expirer le 27 juin 2019. L'action en paiement ayant été introduite le 18 septembre 2018 l'a donc été dans le délai prévu par les dispositions combinées des articles 16 et 19 de l'AUDCG (CCJA, 2e ch., no 200/2021, 25-11-2021 : Seniran Auto SA c/ Sté TSE Afrique SA).

L'action en réclamation d'une facture née à l'occasion d'une relation entre commerçantes, soumise à la prescription quinquennale de l'article 16 de l'AUDCG, se prescrit à compter de la connaissance par la créancière des faits lui permettant d'agir. C'est donc à bon droit que, pour déclarer irrecevable, comme prescrite, l'action en paiement du prix des prestations formée par la société [A.], l'arrêt a retenu que « l'action de [A.] est fondée sur la facture récapitulative no 11774 datée du 31 décembre 2011 […] ; que cette facture, de par son contenu, permet de dire qu'elle récapitule le coût de tous les travaux effectués par [A.] dans l'hôtel [X.], entre 2009 et 2011 et portant sur la somme de 209 721 069 FCFA HT ou 247 470 861 FCFA TTC ; qu'il est mentionné dans la lettre valant mise en demeure du 6 février 2019, que sur ce montant, celui de 150 449 968 FCFA HT a été réglé en 2011 suivant factures no 11709/1001 en sorte qu'il reste la somme de 59 271 101 FCFA HT ou 69 939 899 FCFA TTC ; que c'est ce montant qui est l'objet des présentes poursuites ; qu'il s'en infère qu'à la date du 31 décembre 2011 la Société [A.], non seulement connaissait les faits lui permettant d'exercer son action, mais surtout, elle avait livré les derniers travaux objet de ses prestations entre 2009 et 2011 ; que dès lors, la date du 31 décembre 2011 apparaît comme le point de départ de la prescription de la créance poursuivie dans la présente ». D'autre part, la condamnation de la société [A.] au paiement des dommages et intérêts pour action abusive et frauduleuse ayant été sollicitée devant le premier juge, qui y avait expressément répondu, c'est également à bon droit que la cour d'appel a statué sur un moyen de défense dont elle était régulièrement saisie. Il en est ainsi car le principe de l'effet dévolutif de l'appel n'étant pas limité à certains chefs du jugement, et l'appelante ayant conclu subsidiairement sur le moyen tiré de la condamnation de l'intimé au paiement de dommages et intérêts devant la cour d'appel, celle-ci, après appréciation tirée des circonstances de fait, a souverainement constaté que la société « [A.] a commis un abus de droit par détournement de procédure » et l'a condamnée en conséquence (CCJA, 2e ch., no 190/2023, 26-10-2023).

B. Décisions ayant retenu la forclusion

La forclusion pour prescription a été retenue pour :

– l'action en réparation des préjudices subis du fait de la rupture « unilatérale et abusive » d'un contrat, intervenue treize ans après la cessation de ce contrat (CCJA, 3e ch., no 209/2019, 27-6-2019 : Bureau privé de surveillance et de gardiennage c/ Société ninière de Dinguiraye) ;

– l'action par laquelle un créancier réclame en 2016 une créance née d'un contrat de prestation de services dont il situe l'origine à la période de 2006-2008, soit plus de huit ans après les dernières factures émises (CCJA, 2e ch., no 287/2019, 28-11-2019 : SGTP c/ Alina Sidi Mohamed) ;

– l'action initiée en dehors du délai de cinq ans à partir de la date d'une facture d'achat d'équipements d'énergie, les courriels échangés par les parties au contrat d'achat au-delà de ce délai ne pouvant, à eux seuls, relever la société défenderesse de la forclusion encourue dès lors qu'ils n'établissent pas l'existence d'une cause légale d'interruption du délai de prescription. En outre, la lettre adressée au directeur général de la demanderesse par le conseil de la défenderesse en rapport avec le litige opposant les parties ne constitue pas une « médiation » au sens de l'article 1 de l'AUM. Il s'ensuit qu'à la date où elle a été exercée par la défenderesse, l'action en paiement était prescrite et en décidant le contraire, la cour d'appel a exposé sa décision à la cassation. Sur l'évocation, cette action est irrecevable (CCJA, 2e ch., no 150/2021, 24-6-2021 : Sotelma SA c/ Société manutention africaine Mali Sasu) ;

– l'action visant à faire condamner une banque à délivrer l'historique d'un compte sous astreinte, alors que la constatation de la clôture de ce compte remonte à plus de dix ans, soit au-delà des prescriptions édictées par les articles 18 de l'AUDCG, entré en vigueur le 1er janvier 1998, et 24 de l'AUHCE (CCJA, 1e ch., no 176/2020, 28-5-2020 : Afriland First Bank c/ Cacic SA) ;

– l'action en responsabilité initiée le 25 avril 1994, soit plus de cinq ans après le 31 août 2007, date à laquelle elle était ouverte (CCJA, 1e ch., no 180/2020, 28-5-2020 : Congo Idrissa EBCPC c/ Bicia-B) ;

– l'action initiée par une société commerciale et fondée sur les relations contractuelles qui la liaient à l'association professionnelle des banques et établissements financiers de Côte d'Ivoire, dès lors qu'il ressort de l'article 16 de l'AUDCG que la prescription du droit commun n'est pas applicable aux obligations nées à l'occasion de leur commerce, entre commerçants ou entre commerçants et non commerçants, lesquelles se prescrivent par cinq ans (CCJA, 3e ch., no 054/2021, 8-4-2021 : Tamaris International SA c/ Apbef-CI).

C. Décisions n'ayant pas retenu la forclusion

Selon l'article 16 de l'AUDCG, les obligations nées à l'occasion de leur commerce entre commerçants, ou entre commerçants et non commerçants, se prescrivent par cinq ans si elles ne sont pas soumises à des prescriptions plus courtes ; l'article 23 du même Acte uniforme énonce que toute demande en justice interrompt le délai de prescription. En l'espèce, c'est à bon droit qu'une cour d'appel a jugé que la procédure d'injonction de payer engagée par un créancier contre son débiteur avait interrompu la prescription. En effet, pour retenir une telle solution, la cour d'appel s'est fondée aussi bien sur l'état de créances présenté dans le règlement préventif du débiteur que sur l'ordonnance mettant ce dernier sous règlement préventif et sur le jugement ayant prorogé le délai de ce règlement (CCJA, 1e ch., no 085/2020, 9-4-2020 : Compagnie Batoula SA c/ Snetor Chimie SA).

C'est à tort qu'il est reproché à un arrêt d'avoir violé les articles 16, 17 et 133 de l'AUDCG, en considérant que la prescription de la demande en paiement des intérêts conventionnels couvrait la période de juin 2016 à juin 2021 et non pas celle allant de juillet 2016 à juillet 2021, alors que, selon le moyen, la prescription quinquennale correspond à l'écoulement d'un délai de cinq années après lesquelles le droit d'agir n'existe plus, et que la modification en cours d'instance de la somme réclamée est un aveu du caractère erroné des sommes poursuivies. Il en est ainsi car en considérant, au vu des éléments de la procédure, que les intérêts de juillet 2016 à juillet 2021 étaient déjà nés et existaient depuis l'année 2016 et au moment de la mise en demeure du 1er juillet 2021, de sorte qu'ils ne pouvaient être couverts par la prescription quinquennale, la cour d'appel, qui a tenu compte à la fois de la date à laquelle le bailleur a eu connaissance de son droit d'agir, de la nature de la créance et de la mise en demeure qui a interrompu la prescription, n'a pas violé les textes visés au moyen (CCJA, 2e ch., no 233/2024, 11-7-2024).

JURISPRUDENCE COMPARÉE

France

A. Obligations et actions visées

Ont été soumises comme relevant de la prescription commerciale spécifique (de dix ans) avant qu'elle ne soit abrogée par la loi 2008-561 du 17 juin 2008, les obligations ou actions suivantes :

– toutes les obligations (CA Versailles 15-11-1990 : RJDA 3/91 no 255), même celles de caractère civil pour une partie dès lors que ces obligations sont nées à l'occasion de l'activité d'un commerçant (Cass. civ. 29-4-1997 : RJDA 11/97 no 1440) ;

– l'action en répétition du paiement indu (Cass. com. 23-10-2001 : RJDA 3/02 no 228 ; Cass. com. 29-11-2005 no 1502 : JCP G 2005.IV.3806) ;

– les actions en responsabilité délictuelle ou quasi délictuelle (Cass. com. 14-5-1979 : Bull. civ. IV p. 121 ; Cass. com. 23-10-2001 : RJDA 3/02 no 228) ;

– l'action en paiement d'une somme réclamée en vertu d'un titre exécutoire (Cass. 1e civ. 11-2-2003 no 184 : RJDA 10/03 no 1033) ;

– les actions contractuelles (Cass. 3e civ. 24-4-2003 no 511 : RJDA 8-9/03 no 884) ;

– les actions contractuelles directes (CA Aix 10-10-1986 : Scapel 1986.52) ;

– les actions relatives à des obligations soumises à une prescription inférieure à la prescription commerciale, mais qui ont fait l'objet d'un nouvel engagement de la part du débiteur emportant novation (Cass. com. 28-2-1991 : BT 1991.308 ; CA Paris 7-2-1986 : BT 1986.410 ; CA Paris 30-5-1997 : BTL 1997.644 ; CA Versailles 9-11-2000 : BTL 2001.542 ; et no 1383) ;

– l'action en responsabilité du mandataire commerçant envers son mandant (Cass. com. 27-9-2005 : RJDA 1/06 no 23) ;

– la dette d'honoraires due par une société commerciale née des prestations d'un avocat effectuées pour son compte (Cass. 1e civ. 4-1-2006 : D. 2006.som.303 obs. Chevrier).

B. Obligations non visées

Ne sont pas soumises à la prescription commerciale les « contestations relatives aux créances d'impôts ou de taxes (qui) ne sauraient être considérées comme se rapportant à des obligations nées à l'occasion de leur commerce entre commerçants ou entre commerçants et non-commerçants » (CA Versailles, 1e ch. 2e sect., 2-6-2000 : Rev.trim.-com.2001.49 no 1 obs. J. Derruppé).

Art. 17 **A la différence du délai de forclusion qui court, pour la durée fixée par la loi, à compter de l'événement que celle-ci détermine, le délai de prescription court à compter du jour où le titulaire du droit d'agir a connu ou aurait dû connaître les faits lui permettant d'exercer son action.**

JURISPRUDENCE OHADA

Point de départ de la prescription

Remarque préliminaire : certaines des décisions citées ci-dessous ont été rendues en application de la version antérieure de l'AUDCG (art. 18 devenu 16 et s.) mais sont transposables.

A. Loyers

Conformément à l'article 18 [devenu 16] de l'AUDCG, les obligations nées à l'occasion de leur commerce entre commerçants ou entre commerçants et non commerçants se prescrivant par cinq ans si elles ne sont pas soumises à des prescriptions plus courtes. Et il est de principe qu'« une citation en justice, même en référé, un commandement ou une saisie, signifiés à celui qu'on veut empêcher de prescrire, interrompt la prescription ainsi que les délais pour agir ». En l'espèce, les arriérés de loyers étant dus depuis la conclusion du bail (le 28 septembre 1983) jusqu'à sa dénonciation le 23 février 1995, la cour d'appel qui a retenu que « [le bailleur] disposait d'un délai de 5 ans à compter de l'exigibilité de chaque loyer pour réclamer le paiement ; ainsi les loyers de septembre 1983 à novembre 1994 sont frappés par la prescription étant entendu que la sommation du 28 décembre 1999 est le premier acte de réclamation [du bailleur et qu']il suit que les loyers de décembre 1994 à février 1995 ne sont pas concernés par la prescription quinquennale », n'a en rien violé les normes mentionnées ci-dessus et le pourvoi doit être rejeté. Il en est ainsi car, le contrat ayant prévu un différé de trois mois non payables et non compris dans sa durée, les loyers dus au titre de la période allant du 28 décembre 1983 au 28 décembre 1993, qui sont deux périodes consécutives de cinq ans, auraient dû être réclamés pour interrompre la prescription avant chaque échéance de cinq ans (CCJA, nº 20, 17-6-2002 : Affaire : E.A.J.C.I c/ G., Juris-Ohada, nº 3/2004, juill.-oct. 2004, p. 6, note Brou Kouakou Mathurin – Rec. jur. CCJA, nº 3, janv.-juin 2004, p. 69, Ohadata J-04-381).

B. Compte courant bancaire

En présence d'un compte courant, le point de départ du délai de prescription est constitué par la date de clôture des opérations entre les parties (CA Bobo-Dioulasso (Burkina Faso), ch. com., nº 12, 20-8-2008 : S. B. c/ B.I.B, Ohadata J-12-111).

En matière de fonctionnement de compte courant, le délai de prescription de 5 ans court à compter de la date de clôture du compte. Dans l'espèce, il n'y a pas prescription lorsque le compte a été clôturé le 8 mai 2006 et que l'ordonnance d'injonction de payer a été signifiée le 14 février 2007 (CA Ouagadougou (Burkina Faso), ch. com., nº 038, 19-6-2009 : SGTF SARL c/ SGBB, Ohadata J-10-216).

La règle est applicable aux obligations d'un crédit documentaire conçu et exécuté comme un élément du compte courant ; le délai de prescription a alors couru à partir du 14 décembre 2007, date de clôture du compte courant et de réclamation du solde débiteur ; par conséquent l'action intervenue le 9 octobre 2008 l'a été dans le délai et le jugement doit être confirmé sur ce point (CA Ouagadougou (Burkina Faso), ch. com., nº 82, 3-12-2010 : SGBB c/ Sté Label Informatique, Ohadata J-12-179).

Dès lors qu'il n'est pas contesté que les dernières opérations sur le compte litigieux remontent à 1991, la banque qui ne produit aucun acte de clôture dudit compte comme ayant été régulièrement notifié au titulaire avant la date du 12 février 2014, date marquant la première réclamation faite par voie d'huissier, ne peut valablement reprocher au tribunal saisi d'avoir commis une erreur dans l'interprétation des articles 16 et 17 de l'AUDCG, en jugeant que la banque ne rapportait pas la preuve de la clôture du compte notifiée. L'appréciation souveraine des faits et éléments de preuve soumis à lui qui a amené un tribunal à énoncer qu'« il est constant, comme résultant des pièces produites notamment du livret d'épargne et des reçus, que contrairement aux allégations de la SIB, l'auteur des demandeurs feu [X] est titulaire d'un compte dans ses livres, ouvert sous le numéro 36700258 A dans son agence de Korogho ; lesdites pièces établissent que le compte a enregistré des mouvements de versement et est effectivement créditeur de la somme de 20 460 000 FCFA ; la SIB qui prétend que feu [X] a de son vivant effectué des retraits sur le compte ne rapporte pas la preuve desdits retraits, alors même que les versements sont prouvés » échappe au contrôle du juge de cassation. Il s'ensuit que, en statuant comme il l'a fait, le tribunal de commerce n'a pas commis le grief qui lui est fait (CCJA, 2ᵉ ch., nº 194, 25-10-2018 : Sté ivoirienne de banque dite SIB SA c/ 1) Koulibali Brahima).

C. Protocole d'accord

Lorsqu'une banque créancière a dénoncé le protocole d'accord conclu avec le débiteur et imparti un délai de quinze jours à ce dernier pour payer sa créance sous peine de poursuites judiciaires, ces termes non équivoques ne donnaient aucune autre opportunité de maintenir son compte en activité dans les livres de la créancière, qui entendait par là recouvrer sa créance par voie judiciaire à l'arrivée du terme des 15 jours. Le point de départ de la prescription se situe à ce délai imparti dans le protocole d'accord qui est devenu la loi des parties. Plus de cinq ans s'étant écoulés, il y a lieu de confirmer le jugement qui a déclaré la créance prescrite (CA

Ouagadougou (Burkina Faso), ch. com., n° 028, 19-3-2010 : Bicia-B c/ S. F., Ohadata J-12-186).

Obs. : cette formulation laisse penser qu'il y a eu un délai imparti dans le protocole d'accord et un second délai de quinze jours imparti après la dénonciation du protocole d'accord ; si c'était bien le cas, la prescription aurait dû courir à compter de l'expiration du second délai, puisque le premier a été « neutralisé » par la dénonciation du protocole. Dans tous les cas, la prescription de cinq ans était acquise en l'espèce.

D. Règlement par traite

La prescription quinquennale des obligations entre commerçants prévue par l'article 224 du Code sénégalais des obligations civiles et commerciales (COCC) ne court qu'à compter de la date de l'exigibilité de la dette. S'agissant d'un règlement par traites, la créance correspondante à chacune d'elles n'est exigible qu'aux échéances successives de ces traites (art. 218 COCC). Un commandement de payer servi avant la date d'expiration du délai de cinq ans pour l'acquisition de la prescription du premier effet du commerce interrompt le délai de prescription (art. 219 COCC) (TRHC Dakar, n° 1602, 28-8-2001 : SGBS c/ Financo SA, Ohadata J-02-199 ; voir obs. J. Issa-Sayegh).

Obs. : décision rendue en application du droit interne sénégalais ; le point de départ fixé par le Code sénégalais au jour de la naissance de la dette est incomplet par rapport à l'art. 17 de l'AUDCG qui prévoit le jour où le débiteur a connu ou aurait dû connaître les faits permettant d'exercer son action. De plus, s'agissant du paiement d'une traite, il aurait dû être précisé par les juges s'il s'agissait de l'action cambiaire en paiement ou de l'action du droit commun en paiement de la créance constatée par la traite.

E. Cession de parts sociales

En relevant, sans que cela ne soit contesté par une pièce du dossier de la procédure, que « contrairement aux énonciations du moyen allégué, le délai de prescription n'a pas commencé à courir à l'égard de [X.] et [Y.] à compter du 7 mars 2002 date matérialisant les conventions de cession de leurs parts sociales [...], mais bien plus tard lors de la découverte de cette cession par la consultation de l'extrait du RCCM le 6 juillet 2014 », c'est à bon droit qu'une cour d'appel a jugé « qu'en agissant le 2 juillet 2015 ils ne sont pas forclos puisqu'ils avaient jusqu'au 6 novembre 2019 pour agir » (CCJA, 1e ch., n° 038/2024, 22-2-2024).

Art. 18 La prescription se compte par jours et non par heures. Elle est acquise lorsque le dernier jour du terme est accompli.

Jurisprudence comparée

France

A. Accomplissement du délai : appréciation au jour de l'assignation

Pour apprécier si le temps est écoulé, le juge doit se placer au jour de l'assignation et non à celui de sa décision (cf. Cass. civ. 16-5-1974 : GP 1974.2.som.183 : à propos de la prescription acquisitive, mais transposable).

B. Non-application des règles relatives aux délais de procédure au calcul des délais de prescription

S'agissant de la prescription annale applicable aux actions nées du contrat de transport, ce délai étant un délai de prescription, les règles du Code de procédure civile relatives aux délais de procédure, notamment celle prévoyant la prorogation du délai expirant un samedi, lui sont inapplicables (T. com. Paris 9-12-2004, SA Safter c/ SAS Rézéenne de Transport : BTL 2005.14).

Art. 19 La prescription ne court pas à l'égard d'une créance qui dépend d'une condition jusqu'à ce que la condition arrive, à l'égard d'une créance à terme jusqu'à ce que ce terme soit arrivé, à l'égard d'une action en garantie jusqu'à ce que l'éviction ait eu lieu.

Jurisprudence OHADA

L'article 19 de l'AUDCG fixe le point de départ du délai de prescription des créances à terme, des créances conditionnelles et des actions en garantie ; pour les créances à terme, ce texte prévoit que la prescription ne court pas jusqu'à ce que le terme soit arrivé. En l'espèce, la créance résultant du non-versement par une société de la totalité du montant des actions qu'elle avait souscrites à l'occasion d'une augmentation du capital est incontestablement une créance affectée d'un terme dans la mesure où la société créancière ne peut pas en réclamer le paiement avant l'échéance du délai de trois ans prévu par l'article 774 de l'AUSCGIE. Par suite, en décidant que l'article 19 précité n'a pas vocation à s'appliquer aux faits de l'espèce et en déclarant la créance atteinte par la prescription, la cour d'appel de Dakar a violé l'article 19 précité précité par refus d'application, exposant son arrêt à la cassation (CCJA, 2e ch., nº 200/2021, 25-11-2021 : Seniran Auto SA c/ Sté TSE Afrique SA).

Art. 20 **La suspension de la prescription a pour effet d'en arrêter temporairement le cours sans effacer le délai déjà couru.**

Art. 21 **La prescription ne court pas ou est suspendue à l'égard de celui qui est dans l'impossibilité d'agir par suite d'un empêchement résultant de la loi, de la convention ou de la force majeure.**

Elle est suspendue à compter du jour où, après la survenance d'un litige, les parties conviennent de recourir à la médiation ou à la conciliation ou, à défaut d'accord écrit, à compter du jour de la première réunion de médiation ou de conciliation. Le délai de prescription recommence à courir, pour une durée qui ne peut être inférieure à six mois, à compter de la date à laquelle soit l'une des parties ou les deux, soit le médiateur ou le conciliateur déclarent que la médiation ou la conciliation est terminée.

Elle est également suspendue lorsque le juge accueille une demande de mesure d'instruction présentée avant tout procès. Le délai de prescription recommence à courir, pour une durée qui ne peut être inférieure à six mois, à compter du jour où la mesure a été exécutée.

JURISPRUDENCE OHADA

I. Point de départ de la prescription

S'agissant de livraisons successives de béton sur une période d'au moins deux ans, n'a pas donné une base légale à sa décision la cour d'appel qui alors qu'elle avait relevé que le point de départ de la prescription du défaut de conformité ne saurait être fondé uniquement que sur la date de la première découverte de la malfaçon, le 2 septembre 2015, alors que les mêmes problèmes subsistaient sur des livraisons ultérieures à cette date. La défenderesse ayant reconnu, par courrier du 13 août 2016, le défaut de conformité d'une partie de ses livraisons, dont elle s'est engagée à payer le prix ; une offre de règlement amiable ayant été faite le 2 juin 2017, suivie d'une ordonnance du juge des référés du 11 août 2017 désignant un expert à l'effet d'évaluer la conformité du béton livré par la défenderesse, la cour d'appel qui s'est abstenue de rechercher si ces différents faits n'étaient pas interruptifs de la prescription et faisaient courir un nouveau délai susceptible de rendre recevable la demande de la demanderesse, conformément à l'article 21 suscité, n'a pas donné une base légale à sa décision, qui doit être cassée. Sur l'évocation, en acceptant d'installer une usine de production de béton sur le chantier de construction de la station de traitement d'eau confiée à la demanderesse, la société défenderesse a contracté un ensemble d'obligations qui s'intègrent dans les objectifs poursuivis par son cocontractant ; ces obligations, consistant notamment en la fourniture régulière et dans les délais impartis des matériaux de qualité convenue, ne peuvent se résoudre uniquement à une obligation de conformité. Dès lors, eu égard aux éléments de faits constants du dossier, en retenant que « les griefs à l'encontre de la société défenderesse ne sont pas exclusivement portés sur la non-conformité du béton et portent sur la mauvaise exécution du contrat liant les parties », pour décider que l'action de la demanderesse est soumise à la prescription quinquennale et pour prononcer les différentes condamnations, le tribunal du commerce d'Abidjan a fait une saine appréciation des faits et une bonne application de la loi (CCJA, 2e ch., nº 096/2020, 9-4-2020 : Société Sogea Satom Côte d'Ivoire c/ Société Batipro Béton).

II. Suspension de la prescription

Pour une illustration, voir sous l'art. 301 (CCJA, 1e ch., nº 259/2024, 24-10-2024).

JURISPRUDENCE COMPARÉE

France

A. Empêchement d'agir ne valant pas suspension

N'emporte pas suspension de la prescription :

– le retard mis par un expert judiciaire (CA Paris 4-2-1974 : BT 1974.408) ou par un commissaire d'avaries de la compagnie d'assurance du transporteur à déposer son rapport (CA Paris 16-2-1982 : BT 1982.310) ou un expert judiciaire (CA Paris 4-2-1974 : BT 1974.408) ;

– une expertise amiable (Cass. com. 21-3-1984 : BT 1984.503) ;

– la conduite de simples pourparlers (CA Versailles, 1e ch., 11-3-1993, Mme X c/ Y : D. 1993.IR.145) ;

– la contestation de son droit par le débiteur, qui discutait le prix de travaux exécutés par l'entrepreneur hors devis, dès lors que l'entrepreneur avait réalisé les travaux litigieux en 1975, ne les avait facturés que le 5 mai 1977 et avait engagé l'action en paiement seulement le 29 août 1987 (Cass. com. 17-11-1992, Pellier ès qual. c/ Hôtel New York : Bull. IV n° 362) ;

– l'existence d'une expertise en cours, car rien n'empêche le demandeur de délivrer une citation en justice (CA Orléans 13-11-1996, Sté Stendal c/ SNCF : BTL 1997.731) ;

– la lettre produite par le transporteur mentionnant une suspension de trois mois accordée par son assureur (CA Douai 19-1-2011 n° 11/02280 : BTL 2012.203).

B. Empêchement d'agir valant suspension

L'impossibilité d'agir entraînant la suspension de la prescription a été admise au profit :

– de l'expéditeur auquel le transporteur a faussement déclaré que les marchandises avaient été livrées au destinataire pour finalement l'aviser, six mois après, que celles-ci avaient été perdues (Cass. com. 3-5-1976 : BT 1976.319) ;

– d'un transporteur affrété qui réclamait paiement à son donneur d'ordre d'une certaine somme dès lors que les modalités d'établissement de sa rémunération ne lui avaient pas permis, jusqu'à la date de son assignation, de se rendre compte de la rentabilité exacte de son travail et d'apprécier l'économie globale du contrat le liant au donneur d'ordre ; en conséquence, le transporteur avait été dans l'impossibilité d'agir, pour avoir, de manière légitime et raisonnable, ignoré la naissance de son droit (Cass. com. 13-4-1999 : RJDA 6/99 n° 669).

Art. 22 L'interruption de la prescription a pour effet d'effacer le délai de prescription acquis. Elle fait courir un nouveau délai de même durée que l'ancien.

Art. 23 La reconnaissance par le débiteur du droit de celui contre lequel il prescrivait interrompt le délai de prescription.

La demande en justice, même en référé, interrompt le délai de prescription comme le délai de forclusion. Il en est de même lorsque la demande est portée devant une juridiction incompétente ou lorsque l'acte de saisine de la juridiction est annulé par l'effet d'un vice de la procédure. L'interruption produit ses effets jusqu'à l'extinction de l'instance. Elle est non avenue si le demandeur se désiste de sa demande, s'il laisse périmer l'instance ou si sa demande est définitivement rejetée.

JURISPRUDENCE OHADA

I. Actes interruptifs de la prescription

A. Reconnaissance par le débiteur

En application de l'article 277 de l'AUDCG du 17 avril 1997, il y a bien une interruption du délai de prescription lorsque des paiements partiels ont été effectués par le débiteur à la suite d'interpellations du créancier (TGI Bobo-Dioulasso (Burkina Faso), n° 166, 5-6-2002 : Gecer-SARL c/ Burkina Moto, Ohadata J-09-60).

Obs. : décision rendue en application de la version antérieure de l'AUDCG, mais transposable. Voir aussi sous l'art. 301.

Lorsqu'il résulte des pièces de la procédure que, dans son dernier courrier daté du 24 novembre 2011, la débitrice a reconnu que « le solde de la société [créancière] dans ses livres s'établissait en date du 16 novembre 2011 à 57 519 312 FCFA en faveur de cette dernière » sans distinction de date des actes générateurs de ladite créance, la cour d'appel qui a retenu « qu'il résulte des dispositions combinées des articles 301 et 23 du Traité de l'OHADA sur le droit commercial général qui disposent respectivement que « le délai de prescription en matière commerciale est de deux ans » et « la reconnaissance par le débiteur du droit de celui contre lequel il prescrivait interrompt la prescription », [...] qu'il résulte des pièces du dossier que du fait de l'échéance de la créance qui arrivait à expiration le 30 septembre 2009, la prescription intervenait le 2 octobre 2011 ; que par les différents courriers en date des 11 mars et 24 novembre 2011, la [débitrice] a établi des reconnaissances de dette au profit de la [créancière] qui ont effet d'interrompre la prescription ; qu'ainsi conformément à l'article 23 susvisé un nouveau délai de deux ans a été acquis à la [créancière], prolongeant ainsi la date d'expiration de la prescription au 26 novembre 2013 ; qu'ainsi, au moment de l'introduction de l'instance en recouvrement le 8 mai 2013 l'action de la [créancière] n'était pas prescrite » a légalement justifié sa décision (CCJA, 1e ch., nº 083, 27-4-2017 : Sotra c/ DPI Sarl). Pour une autre illustration de l'interruption de la prescription, voir CCJA, 1e ch., nº 115, 31-5-2018 : SOTRA c/ Sté Industrie Diffusion (retenant que la cour d'appel qui, pour décider qu'une créance n'est pas prescrite, s'est fondée sur toutes les pièces du dossier dont les lettres de change, les chèques constatant que la débitrice a reconnu les droits de la créancière en réglant ses factures outre la lettre du 20 avril 2010 reçue le même jour et par laquelle le directeur général de la société créancière réclamait à la débitrice le règlement de ses créances, n'a en rien violé l'article 23 de l'AUDCG, la prescription ayant été interrompue par les différents actes invoqués ci-dessus).

La cour d'appel qui, pour dire une créance réclamée non atteinte par la prescription, a adopté les motifs du premier juge, selon lesquels « il est établi au vu des pièces versées au dossier, qu'en date du 1er octobre 2020, le cédant a reçu paiement par devant témoins, de la somme de 331 millions sur les 400 000 000 restants dus ; que même si la cession d'action justifiant la créance poursuivie date de 2013, celle-ci n'est nullement prescrite dans la mesure où le débiteur a reconnu sa dette en effectuant un paiement dont les traces remontent au 1er octobre 2020 », n'a aucunement, par ces constatations et énonciations souveraines qui démontrent que la créance réclamée n'était pas atteinte par la prescription en ce qu'elle avait fait l'objet de reconnaissance et paiement partiel par le débiteur moins d'une année avant la demande en justice, violé les articles 16 et 17 de l'AUDCG visés au moyen (CCJA, 3e ch., nº 341/2024, 28-11-2024).

B. Citation en conciliation

N'a en rien violé la loi et a motivé sa décision la cour d'appel qui, pour apprécier l'effet interruptif d'une citation en conciliation, a fait application d'une jurisprudence de la CCJA en la matière et en a déduit que la prescription avait été interrompue par cette conciliation (CCJA, 2e ch., nº 144/2020, 30-4-2020 : Total Cameroun c/ Kwedi Elong Aimé France).

C. Sommation de payer

Bien que datant de 2008, une créance poursuivie ne saurait être prescrite, dans la mesure où il est établi que le débiteur l'a reconnue et a établi un chèque en paiement, lequel a été suivi des sommations de payer, dont la dernière date du 15 septembre 2015 ; par conséquent, l'action introduite en 2017 est recevable (CCJA, 1e ch., nº 114/2023, 25-5-2023).

II. Actes non-interruptifs de la prescription

A. Absence de reconnaissance par le débiteur

Si l'article 23 de l'AUDCG dispose que la reconnaissance par le débiteur du droit de celui contre lequel il prescrivait interrompt le délai de prescription, la mise en œuvre de ce texte suppose que la reconnaissance de dette alléguée soit prouvée. Cette preuve doit découler de la production d'un document contenant un certain nombre de mentions, dont le montant exact de la dette reconnue et sa cause, le tout traduisant un engagement sans équivoque relativement à une obligation bien déterminée. En décidant que la créance poursuivie est prescrite comme liée à des transactions remontant à 2011, après avoir constaté qu'aucun élément du dossier ne permet de juger que « la [défenderesse] a donné son ferme engagement à payer cette créance, dont elle a d'ailleurs toujours exigé en vain que les factures lui soient prouvées », les juges du fond, loin de l'avoir violé, ont très exactement appliqué l'article 23 précité (CCJA, 1e ch., nº 137/2019, 25-4-2019 : Sté Sania CIE c/ Unilever Niger SA).

B. Assignation suivie d'un désistement ou courrier invitant à une tentative de règlement amiable non aboutie

En vertu des dispositions des articles 23 et 24 de l'AUDCG, sont seuls interruptifs de la prescription les actes suivants : la reconnaissance par le débiteur du droit de celui contre lequel il prescrit, la demande en justice, même en référé ou une citation en conciliation, ainsi que l'acte d'exécution forcée. Il s'ensuit que l'assignation en justice suivie d'un désistement attesté par un jugement n'a pas pu valablement interrompre la prescription encourue. Des courriers aux fins de tentative de règlement amiable préalable, et aux fins de constat de l'échec de la tentative du règlement amiable n'entrent pas non plus dans les catégories d'actes interruptifs de prescription visées par la loi. Le premier courrier est celui par lequel une partie à un litige invite l'autre partie à une tentative de règlement amiable, au demeurant imposée par le droit national ivoirien (applicable en l'espèce) comme préalable à toute saisine du tribunal de commerce, tandis que le second a pour objet de constater l'échec de la tentative de conciliation. Le fait qu'ils aient été déchargés sans réserve par la demanderesse ne change rien ni à leur nature ni à leur objet, de sorte qu'il n'est pas possible, sans violer la loi, de leur attribuer un quelconque effet interruptif de la prescription encourue. C'est donc en violant la loi par refus d'application de l'article 16 de l'AUDCG qu'un tribunal leur a reconnu une valeur interruptive de la prescription, exposant son jugement à la cassation. De plus, le moyen tiré de l'insuffisance de motifs paraît également fondé, dès lors que le tribunal ne spécifie pas sur quoi il fonde sa décision lorsqu'il énonce que « ces réclamations ayant été régulièrement notifiées à la société [demanderesse], qui les a déchargées sans réserve, il suit que lesdits actes ont valablement interrompu la prescription » (CCJA, 1e ch., no 100/2021, 27-5-2021 : Ecobank Côte d'Ivoire c/ Savadogo Mariam).

III. Impossibilité d'interrompre une prescription acquise

Selon l'article 23 de l'AUDCG, la reconnaissance par le débiteur du droit de celui contre lequel il prescrivait interrompt le délai de prescription. En droit, l'interruption est un incident qui, en matière de prescription civile, arrête le cours du délai et anéantit rétroactivement le temps déjà accompli ; il s'ensuit qu'une prescription acquise ne peut pas être interrompue. En l'espèce, la demanderesse se prévaut d'un accord intervenu le 23 janvier 2012 pour invoquer l'interruption de la prescription biennale de son action relative à des ventes commerciales datant de 2007 et 2008, alors qu'en l'absence d'un acte suspensif ou interruptif, une telle action se prescrivait en 2010. Il s'ensuit qu'en constatant que la requérante n'a fait valoir aucun acte suspensif ou interruptif de prescription, la cour d'appel a pu, sans violer l'article 23 précité, déclarer l'action éteinte par la prescription (CCJA, 3e ch., no 103/2020, 9-4-2020 : Norgine SAS c/ Setexpharm SARL).

Il résulte de l'article 16 de l'AUDCG que les obligations nées à l'occasion de leur commerce entre commerçants ou entre commerçants et non-commerçants se prescrivent par cinq ans si elles ne sont pas soumises à des prescriptions plus courtes ; selon les articles 22 et 23 du même Acte uniforme, cette prescription peut être interrompue notamment par la reconnaissance de dette du débiteur, effaçant le délai de prescription acquis. Au sens de ces dispositions, la reconnaissance de dette n'a un caractère interruptif de la prescription quinquennale que si elle intervient avant l'expiration dudit délai de prescription, une reconnaissance de dette intervenue postérieurement à l'expiration du délai de prescription n'ayant donc aucun effet interruptif. En l'espèce, l'obligation dont l'exécution est demandée étant née le 16 mai 2001, l'action introduite pour sanctionner son inexécution aurait dû l'être au plus tard le 16 mai 2006 et la reconnaissance de cette dette faite devant l'officier du ministère public le 17 décembre 2016 ne peut donc interrompre un délai de prescription déjà expiré. En jugeant en conséquence que l'action est éteinte par la prescription au motif que la demanderesse, qui était au courant du paiement de la somme de 76 043 USD depuis le 16 mai 2001, n'a introduit sa réclamation que le 21 novembre 2016, soit plus de quatorze (14) ans, la cour d'appel n'a pas commis le grief allégué (CCJA, 1e ch., no 218/2023, 14-12-2023).

JURISPRUDENCE COMPARÉE

I. Allemagne

Demande d'arbitrage

Une requête d'arbitrage a été reconnue comme interruptive de la prescription par des arbitres, appliquant le droit allemand (sentence CCI no 7374 en 1995, Chronique de jurisprudence arbitrale de la Chambre de commerce internationale par E. Jolivet : GP 2002.946).

II. Belgique

Citation devant un juge étranger incompétent

Une citation devant un juge étranger incompétent est interruptive de la prescription (Rechtbank Van Koophandel Te Antwerpen 27-3-1990 : DET 1991.783).

III. France

A. Reconnaissance du droit par le débiteur

1o Règles générales

La reconnaissance peut émaner du mandataire du débiteur, à condition que celui-ci le soit réellement (cf. Cass. 1e civ. 4-5-2012 no 11-15.617 : D. 2012.1661 note Dondero).

Elle n'est soumise à aucune forme : notamment, il n'est pas nécessaire qu'elle soit faite au cours d'une instance (Cass. civ. 23-10-1984 : Bull. civ. III p. 137), ni que le mot « aveu » soit employé (Cass. civ. 13-11-1974 : Bull. civ. I p. 245). Il suffit qu'elle intervienne avant l'expiration du délai de prescription (CA Paris 13-1-1984 : BT 1984.416).

L'interruption vaut pour les obligations tant délictuelles que contractuelles (Cass. req. 3-6-1893 : DP

1894.1.17 note Planiol). Mais elle ne peut pas jouer à l'égard d'une prescription justifiée par une raison d'ordre public de direction (nº 17940).

2º Reconnaissance de la dette par la compensation

La compensation vaut reconnaissance si le débiteur l'a invoquée entre sa dette et celle du créancier (Cass. com. 27-5-2008 nº 07-13.565 : RJDA 12/08 nº 1336 ; CA Versailles 6-10-2011 nº 10/06614 : BTL 2011.620) ou si les parties sont convenues, avant le terme de la prescription, de compenser leurs créances réciproques (Cass. 1e civ. 22-10-2002 nº 1472 : RJDA 2/03 nº 212).

Elle n'est pas interruptive si elle a été demandée après l'expiration de la prescription, les conditions légales en auraient-elles été réunies avant, car le débiteur n'a pas reconnu alors à temps la créance du créancier (Cass. com. 6-2-1996 : RJDA 5/96 nº 725) ou si celui à qui on oppose la compensation par laquelle il aurait reconnu sa dette n'a pas eu une volonté certaine de s'en prévaloir (Cass. com. 6-7-2010 nº 09-16.681).

3º Existence de la reconnaissance

Il y a reconnaissance :

– lorsque le débiteur a demandé et obtenu de son créancier un délai de trois mois pour régler le montant de sa dette (CA Aix 20-5-1981 : Bull. Cour d'Aix 1981/2 p. 25) ou lui a demandé une remise de sa dette (Cass. 2e civ. 15-6-2004 : Bull. civ. II nº 297) ;

– lorsque le débiteur n'a soulevé formellement dans ses écritures aucun moyen tendant à établir que sa dette n'est pas du montant allégué par le demandeur (CA Paris 17-4-1985 : BT 1985.246) ;

– en cas de correspondance du déménageur adressée à son client par laquelle il s'engage à faire « tout son possible » pour assurer la réparation des dommages (CA Paris 10-5-1985 : BT 1985.509) ;

– en cas de reconnaissance de dette inconditionnelle (Cass. com. 14-3-1995 : RJDA 8-9/95 nº 980) ;

– en cas de demande de remise de la somme réclamée par le Fonds national de solidarité (Cass. 1e civ. 15-6-2004 nº 03-30.052 : Bull. civ. II nº 297) ;

– en cas de maintien par le débiteur du gage entre les mains du créancier ou du tiers convenu (Cass. com. 31-10-2006 nº 1177 : RJDA 3/07 nº 290).

4º Absence de reconnaissance

Ne vaut pas reconnaissance de la part du débiteur de l'obligation :

– la simple exécution de travaux à l'amiable par un entrepreneur de construction, sans que la nature et l'étendue de ces travaux soient déterminées, pas plus que la connaissance des désordres et le financement de travaux par l'assureur au titre de la police maître d'ouvrage, celui-ci n'étant pas un entrepreneur tenu à garantie (CA Paris 2-3-1988 : D. 1988.IR.96) ;

– la lettre du vendeur adressée à son acquéreur accusant réception de l'évaluation faite par ce dernier des pénalités de retard et mentionnant une erreur commise dans son calcul (cour d'arbitrage de la Chambre de commerce extérieur de la RDA 11-7-1977, Yearbook 1978.210, transposable) ;

– l'offre d'une transaction (CA Paris 13-6-2007 nº 05/23361 : DMF 2008.720 obs. Tassel).

B. Demande en justice

1º Demandes interruptives

a. Assignation en justice

1. Parties à l'assignation

L'assignation doit être signifiée au débiteur par le créancier lui-même (Cass. com. 11-11-1996 : RJDA 11/96 nº 1330) ou par son mandataire (cf. Cass. com. 2-11-1993 : BT 1993.795).

L'assignation par le créancier subrogé, en l'espèce l'assureur, interrompt la prescription de l'action transmise bien qu'il n'ait pas eu au moment de la délivrance de son assignation la qualité de subrogé dès lors qu'il l'est devenu avant que le juge du fond n'ait statué (Cass. 3e civ. 18-9-2009 nº 08-17.012 : Bull. civ. III nº 180) mais non de celle concernant l'action personnelle du créancier contre le débiteur (Cass. com. 24-6-2003 : JCP G 2003.IV.2473).

Elle doit être adressée au débiteur que le créancier veut empêcher de prescrire et non pas à un tiers (Cass. civ. 8-6-1988 nº 86-14.736 : Bull. civ. II nº 137 ; Cass. 3e civ. 15-6-2005 nº 725 : RJDA 11/05 nº 1302). Toutefois, l'acte vaut interruption même s'il n'a pas été signifié au débiteur dès lors que le créancier a manifesté à temps sa volonté de lui réclamer son droit (par exemple en cas de plainte contre X, nº 71759) et même si le débiteur n'en a eu connaissance qu'après l'expiration du délai (Cass. civ. 11-12-1985 nº 84-14.209 : Bull. civ. II nº 195).

Une inexactitude de rédaction qui ne laisse aucune équivoque sur la personne assignée ne retire pas son effet à l'assignation (CA Aix 15-2-1979 : BT 1979.352). La régularisation est possible (CPC art. 115).

Lorsque les débiteurs sont solidaires ou indivisibles, l'assignation adressée à l'un d'eux interrompt la prescription contre tous les autres (MDC nos 50178 et 50126).

2. Assignation interruptive de la prescription

L'exploit d'huissier citant le débiteur à comparaître devant un tribunal donné vaut assignation interruptive de la prescription :

– à la condition tant devant le tribunal de grande instance que devant le tribunal de commerce, que copie de l'exploit soit déposée au greffe du tribunal visé dans le délai imparti car, à défaut, l'assignation est caduque (CPC art. 757, al. 2 et 857, al. 2 ;

Cass. ass. plén. 3-4-1987 n° 86-11.536 : JCP G 1987.II.20792 concl. Cabannes ; Cass. civ. 10-11-1993 : RJDA 1/94 n° 12) ;
– si son contenu correspond à l'objet de l'action qu'il s'agit de sauvegarder (Cass. soc. 27-5-1992 : RJS 12/92 n° 1388 ; Cass. com. 25-1-1994 : JCP G 1994.IV.854) ;
– s'il est délivré devant le juge des référés, quel qu'en soit l'objet (C. civ. art. 2241, al. 1 ; Cass. civ. 12-2-1991 : Bull. civ. I p. 38 : demande de provision ; Cass. civ. 10-5-2000 : GP 2000.1901 : demande d'expertise ; Cass. com. 8-7-2008 n° 07-15.933 : D. 2008.2071.som. obs. Delpech : demande de provision, précisant que l'interruption vaut aussi pour l'action en garantie qui a le même fondement que la demande de provision) ;
– s'il est délivré devant un tribunal incompétent, quels que soient le délai en cause et le cas d'incompétence (Cass. ch. mixte 24-11-2006 n° 04-18.610 : D. 2007.1112 note Wintgen) ;
– s'il est délivré au nom d'une association de locataires, regroupant 126 preneurs, pour une somme globale incluant le montant des charges indûment payées par chacun d'eux (Cass. 3e civ. 21-1-2009 n° 07-18.533 : D. 2009.373.som. obs. Y. Rouquet ; RJDA 4/09 n° 311) ;
– s'il est délivré au coauteur de l'acte dont l'autre auteur est décédé, biens qu'une l'assignation ne puisse être valablement délivrée au nom d'une personne décédée (Cass. 2e civ. 25-2-2010 n° 09-11.820, FS-PB : D. 2010.713.som) ;
– s'il est annulé par l'effet d'un vice de procédure, par exemple en cas de mention d'une date d'audience inexistante (Cass. com. 13-3-2012 n° 10-25.534).

Assignation visant le montant total des réclamations de plusieurs demandeurs. A produit un effet interruptif la demande de répétition d'un indu de charges locatives émanant d'une association de locataires, regroupant 126 preneurs, pour une somme globale incluant le montant des charges indûment payées par chacun d'eux (Cass. 3e civ. 21-1-2009 n° 07-18.533, Association des Locataires de la Résidence Les Buissonnets c/ société Omnium de Gestion Immobilière de l'Ile-de-France : D. 2009. 373.som. obs. Y. Rouquet ; JCP G 2009 IV 1292 ; RJDA 4/09 n° 311).

Assignation devant une juridiction incompétente. La déclaration de créance, qui est assimilée à une action en justice, interrompt la prescription même si elle a été faite devant un juge territorialement incompétent, lorsque cette incompétence a été reconnue et a entraîné l'annulation du jugement prononcé par la juridiction incompétente (CA Amiens, ch. sol., 23-1-2006, Recette des impôts de Calvi c/ Chuffart : JCP G 2007 IV 1052).

Assignation délivrée au nom de deux parties dont l'une est décédée au moment de la délivrance de l'acte : validité au regard du coauteur vivant. Si l'assignation ne peut être valablement délivrée au nom d'une personne décédée, il n'en est pas de même en ce qui concerne l'autre personne coauteur de l'acte (Cass. 2e civ. 25-2-2010 n° 09-11.820, FS-PB : D. 2010.713.som).

b. Autres demandes ou mesures interruptives

Vaut interruption de la prescription tout acte constituant une demande de reconnaissance d'une prétention, tel que :
– la conclusion d'un compromis d'arbitrage (CA Bastia 18-2-1856 : D. 1856.2.141 ; cf. CA Toulouse 4-6-1863 : D. 1863.2.108) ;
– une demande d'arbitrage, conforme à la clause compromissoire insérée dans un contrat (Cass. civ. 11-12-1985 : JCP G 1986.II.20677 note Taisne ; CA Paris 4-5-1976 : DMF 1977.305), l'effet interruptif demeurant même après annulation de la sentence (cf. Cass. civ. 29-2-1984 : Rev. arb. 1986.43 note Moreau), mais cessant à compter du jour où le tribunal arbitral s'est déclaré incompétent (Cass. com. 7-12-1999 : RJDA 2/00 n° 157) ;
– la demande reconventionnelle présentée devant le tribunal du commerce dans les conclusions de l'intéressé ; elle interrompt à la date de ces dernières la prescription dès lors que le concluant a comparu ou était représenté à l'audience (Cass. civ. 26-11-1998 2 arrêts : Bull. civ. II n° 282 et n° 283). Les conclusions reconventionnelles sont irrecevables lorsque le concluant n'a pas comparu ou ne s'est pas fait représenter à l'audience (Cass. com. 23-11-1982 : Bull. IV n° 366) ;
– la plainte avec constitution de partie civile, même dans le cadre d'une information pénale ouverte contre personne non dénommée, dès lors qu'elle traduit la volonté des plaignants de mettre en cause la responsabilité de l'auteur de l'infraction (Cass. com. 28-4-1998 : RJDA 8-9/98 n° 1069 ; Cass. 2e civ. 12-12-2002 : Bull. civ. II n° 284 ; toutefois, CA Versailles 19-12-2002 n° 01/2649 : RJDA 4/03 n° 389 ; cf. Cass. ch. mixte 24-2-1978 : Bull. civ. n° 3) ; peu important que la plainte ait visé des faits qui se seraient par la suite révélés comme prescrits ; il s'ensuit en conséquence que c'est à bon droit que le premier juge a considéré que cette constitution de partie civile avait interrompu la prescription et qu'un nouveau délai avait commencé à courir à compter du prononcer de l'arrêt ayant mis un terme à la procédure pénale (CA Agen 27-5-2008 n° 07/0014, ch. 1e civ. : Bull. inf. C. cass. 2009 n° 300) ;
– la déclaration d'une créance à la procédure collective du débiteur (Cass. com. 28-6-1994 : RJDA 1/95 n° 89 ; Cass. com. 15-3-2005 n° 446 : RJDA 8-9/05

n° 1013) ; en cas d'infirmation de la décision d'ouverture de la procédure, l'interruption de la prescription est non avenue (Cass. com. 26-5-2010 n° 09-10.852 : RJDA 12/10 n° 1166) ;
– la demande additionnelle formée par voie de conclusions (Cass. 2ᵉ civ. 13-7-2005 n° 1212 : Bull. civ. II n° 196) ;
– la contestation de la demande de rétractation de l'ordonnance rendue sur requête qui a été rejetée, de ce fait, par une ordonnance de référé contradictoire (Cass. 3ᵉ civ. 14-12-2011 n° 10-25.178 : GP 2012.som.859 note Foulon et Strickler, rendu sous l'art. 2244 C. civ. [devenu 2241]).

2° Demandes non interruptives de la prescription

a. Assignations en justice

1. Copie de l'assignation non déposée au greffe

C'est le cas de l'assignation non déposée au greffe du tribunal de grande instance dans les quatre mois de celle-ci car il en résulte la caducité de l'instance, laquelle peut donc être constatée même devant la cour d'appel ; l'instance ne peut être considérée comme introduite au motif que l'assignation a été jointe à une autre procédure déjà ouverte et que cette jonction vaut conclusions, alors que cette assignation était caduque (Cass. 1ᵉ civ. 10-10-1995, Mme Huille c/ Batthyany : D. 1996.534 note A. Bottian).

Obs. : la cour d'appel avait jugé que le tribunal était valablement saisi d'une demande en résolution judiciaire d'une vente immobilière, non déposée au greffe dans le délai de quatre mois, au motif qu'il était valablement saisi par une assignation aux fins de validation de saisie conservatoire, « laquelle contient implicitement mais nécessairement une demande en paiement » et que l'assignation aux fins de résolution de la vente, simplement jointe à cette procédure, valait conclusions, toutes les parties ayant de surcroît échangé des écrits de procédure de telle sorte que le débat judiciaire avait été engagé dans le délai de quatre mois des deux assignations et aucune d'elles n'ayant relevé en première instance le moyen tiré de la caducité. L'application draconienne de la condition du dépôt au greffe de l'assignation est justifiée par la nécessité d'éviter les abus commis par certains qui usaient d'assignations conservatoires afin d'interrompre la prescription jusqu'à l'issue du procès, l'effet interruptif se doublant d'un effet suspensif du délai, et attendaient des années avant d'enrôler réellement l'affaire devant le tribunal.

2. Assignation non conforme à l'objet de la demande

Il en est ainsi de l'assignation d'une épouse réclamant au nom de l'indivision post-communautaire, les fruits et revenus des parts sociales perçus par le mari depuis l'assignation en divorce, bien que les opérations de liquidation de communauté soient interruptives de prescription à l'égard de toutes les prétentions qui s'y rattachent, car si l'épouse était recevable à rechercher les fruits et revenus des biens indivis pour les cinq années antérieures à la date du procès-verbal de difficultés établi par le notaire, dès lors qu'il faisait état de ses réclamations formulées de ce chef, l'assignation qu'elle avait délivrée ne mentionnait pas une telle demande (Cass. 1ᵉ civ. 10-2-1998 : D. 1998.IR.64).

b. Autres actes ou demandes non interruptifs

Sauf convention contraire le cas échéant, n'emportent pas interruption de la prescription :
– les requêtes : aux fins de conciliation (Cass. civ. 8-6-1988 : JCP E 1989.15511 note Taisne) ; en injonction de payer (Cass. civ. 3-10-1995 : RJDA 6/96 n° 813) ; en désignation d'un expert en vue de réunir des preuves (Cass. 3ᵉ civ. 9-11-2005 n° 1189 : RJDA 4/06 n° 372) ;
– la participation du débiteur à des pourparlers (cf. Cass. civ. 5-10-1988 : D. 1989.209 note Choppin de Janvry : à propos d'une suspension) ;
– la lettre recommandée portant mise en demeure, dont l'accusé de réception a été signé par le destinataire (Cass. civ. 26-6-1991 : RJDA 8-9/91 n° 762) ;
– l'opposition à l'ordonnance d'injonction de payer, assortie d'une demande de compensation simplement enregistrée au greffe et non notifiée au demandeur (CA Nancy 27-1-2004 : BTL 2004.153), ni l'opposition non motivée (CA Paris 18-12-1996 : BTL 1997.295) ;
– la sommation interpellative qui ne comporte pas reconnaissance par le débiteur de sa dette ou ne procède pas d'un titre exécutoire (Cass. civ. 6-3-1996 : Bull. civ. III p. 43).

3° Effets de la demande en justice

a. Demande au fond

1. Poursuite de l'interruption jusqu'à extinction de l'instance

L'interruption de la prescription résultant de la demande en justice produit ses effets jusqu'à l'extinction de l'instance (C. civ. art. 2242) ; le nouveau délai ne commence à courir que de ce moment (Cass. 2ᵉ civ. 8-4-2004 n° 02-15.096 : Bull. civ. II n° 181).

2. Extinction de l'instance

L'instance est éteinte au jour :
– de la clôture de la procédure et pas seulement jusqu'à l'admission de la créance en cas de déclaration de créance à une procédure collective (Cass. com. 31-5-1976 : Bull. civ. IV p. 156) ;
– du rejet définitif de la demande, que la demande ait été rejetée par un moyen de fond (Cass. civ.

29-11-1988 : Bull. civ. I p. 230 : rejet d'une demande de nullité ; Cass. civ. 24-1-1996 : D. 1996.IR.81 : débouté des parties civiles par un jugement de relaxe ; Cass. 2e civ. 14-5-2009 n° 07-21.094 : Bull. civ. II n° 127 : rejet d'un référé pour existence d'une contestation sérieuse) ou écartée par une fin de non-recevoir (Cass. civ. 22-5-2002 : Bull. civ. I n° 141 ; CA Versailles 12-1-1995 : D. 1995.IR.97) ; mais l'effet interruptif subsiste dès lors que le jugement est frappé d'appel (CA Bordeaux 14-11-1990 : BT 1992.149) ;

– du désistement du demandeur ; c'est le cas lorsqu'un armateur déclare devant le juge des référés qu'il renonce pour l'instant à sa demande de surestaries en attente des opérations d'expertise (Cass. com. 7-3-1995, Marfret c/ SCAC, BTL 1995.812). L'effet interruptif demeure si le désistement énonce que l'action sera reprise ultérieurement (Cass. com. 12-7-1994 : JCP G 1994.IV.2293) ou si le désistement est justifié par l'incompétence du tribunal saisi car il ne porte pas sur le fond même du droit (Cass. civ. 12-12-1995 : JCP G 1996.IV.289 ; Cass. soc. 9-7-2008 n° 07-60.468) ;

– de la survenance de la péremption d'instance (Cass. soc. 21-5-1996 : RJS 7/96 n° 795) ;

– où le litige a trouvé sa solution, à savoir le jour de la signification de la décision définitive rendue (Cass. 3e civ. 15-2-2006 n° 192 : Bull. civ. III n° 41, refusant de situer la solution du litige au jour où la décision définitive a été rendue, l'instance n'étant pas close, en effet, tant qu'une voie de recours peut être exercée)

3. Non-extinction de l'instance

L'effet interruptif de la demande en justice se poursuit :

– dès lors qu'il n'existe aucune circonstance permettant de regarder l'interruption comme non avenue ; l'instance concernant le paiement d'un billet à ordre avalisé, non suivie de diligences, ayant été inscrite dans un rôle d'attente puis réintroduite ultérieurement, viole les articles 2244 (devenu 2240, 2241 et 2244) du Code civil et 179 du Code de commerce, la cour d'appel qui retient que la prescription était intervenue au motif que trois ans s'étaient écoulés depuis le dernier acte de poursuite juridique, sans relever que l'instance introduite initialement avait pris fin (Cass. com. 20-10-1998, SA Lyonnaise de banque c/ Lezier : JCP 1998.IV.3354 ; RJDA 1/99 n° 122) ;

– jusqu'à ce qu'une décision, fût-elle d'incompétence, mette définitivement fin à l'action civile engagée devant la juridiction pénale par d'une constitution de partie civile (Cass. 1e civ. 16-1-2001, Mutuelles du Mans c/ Mme Ehumoana : RJDA 4/01 n° 540) ;

– après la radiation de l'instance, la radiation emportant non-extinction de l'instance mais suspension du cours de celle-ci (Cass. 1e civ. 13-1-2004, Sté Câbles Pirelli c/ Cie Axa Global Risks : Bull. civ. I n° 11 ; BTL 2004.70 ; JCP G 2004 IV 1436) ;

– à défaut de vérification de la créance déclarée à la procédure collective ouverte contre un débiteur, ce fait ne pouvant être assimilé à l'une des circonstances rendant, par application de l'article 2247 (devenu 2243) du Code civil, non avenue l'interruption de la prescription (Cass. com. 15-3-2005 n° 446, Maturana c/ SA Union : RJDA 8-9/05 n°1013).

b. Demande en référé

1. Effet de la demande en référé-provision

En cas d'assignation en référé-provision, l'effet interruptif se poursuit jusqu'à la solution du litige au fond (Cass. 1e civ. 12-2-1991 n° 88-19.826 : Bull. civ. I n° 61 ; Cass. com. 27-11-2001 : RJDA 4/02 n° 383), car ce référé oblige le juge à prendre parti sur le caractère non sérieusement contestable de l'obligation, donc au fond.

2. Effet de la demande en référé en désignation d'un expert

L'assignation en référé pour désignation d'un expert – et par analogie pour les autres référés – n'interrompt le délai de prescription que pendant la durée de l'instance à laquelle il est mis fin par l'ordonnance désignant l'expert (Cass. com. 19-12-2001 : RJDA 5/02 n° 480) ou, en cas d'appel, après l'arrêt statuant sur ce recours (Cass. 2e civ. 19-6-2008 n° 07-15.343 : Bull. civ. II n° 143, relatif à une ordonnance de référé expertise en matière d'assurance).

Pour éviter le risque de prescription, il faut déposer une assignation au fond à toutes fins ou introduire une action au fond dans le délai de prescription applicable à compter du jour de l'ordonnance de désignation de l'expert (CA Lyon 17-2-2012 n° 10/02820 : BTL 2012.164).

L'effet interruptif de l'ordonnance désignant l'expert n'est pas prolongé par l'ordonnance rendue par le juge chargé des expertises, qui n'est pas intervenue à la suite d'une citation mais d'un courrier de l'expert demandant l'extension de sa mission (Cass. 3e civ. 25-5-2011 n° 10-19.271 : Bull. civ. III n° 85).

c. Effet de la demande au regard d'une autre demande

L'interruption joue à l'égard d'une autre demande formée hors délai qui tend au même but :

– interruption, par l'assignation en responsabilité délictuelle, de la prescription de l'action en responsabilité contractuelle (Cass. com. 1-10-1991 : RJDA 11/91 n° 974) ;

– interruption, par l'action engagée initialement sur le fondement de la garantie décennale contre le vendeur, de l'action récursoire de celui-ci en responsabilité contractuelle contre ses cocontractants (Cass. 3e civ. 22-9-2004 n° 894 : Bull. civ. III n° 152) ;

– interruption, par l'exercice de l'action paulienne contre l'apport de biens en société, de la prescription de l'action en recouvrement de la créance litigieuse engagée ultérieurement dès lors que cette action portait sur les mêmes biens (Cass. 2e civ. 28-6-2012 n° 11-20.011 : Bull. civ. II n° 123).

L'interruption ne joue pas à l'égard d'une autre demande formée hors délai qui tend au même but :

– action initiale en nullité d'un partage d'ascendant et action ultérieure en réduction des donations excédant la quotité disponible (Cass. 1e civ. 13-11-2003 n° 1456 : D. 2003.IR.2932) ;

– action en résiliation d'un crédit-bail et restitution du bien et action en paiement de loyers dus en vertu du contrat (Cass. com. 4-7-2006 n° 876 : Bull. civ. IV n° 168) ;

– action initiale contre l'assureur dommages-ouvrage et action postérieure en garantie décennale (Cass. 3e civ. 18-11-2009 n° 08-13.642 : Bull. civ. III n° 250).

C. Interruptions conventionnelles

Les parties peuvent, d'un commun accord, ajouter d'autres causes d'interruption aux causes légales (Cass. civ. 25-6-2002 n° 00-14.590 : Bull. civ. I n° 174 : validité de la clause prévoyant l'interruption par une lettre, même simple ; CA Aix 9-5-1985 : DMF 1987.som.52 : clause d'une police d'assurance maritime réputant interruptive la remise à l'assureur des pièces justificatives de la réclamation de l'assuré, et, sur pourvoi, Cass. com. 8-12-1987 : DMF 1990.541).

Art. 24 **Un acte d'exécution forcée interrompt le délai de prescription comme le délai de forclusion.**

Jurisprudence comparée

France

Interrompent la prescription :

– la signification de l'ordonnance portant injonction de payer car elle constitue une demande en justice (Cass. com. 9-4-1991 n° 89-16.923 : Bull. civ. IV n° 136) ;

– le commandement mais seulement s'il est parvenu à son destinataire, ce qui n'est pas le cas si, notifié par lettre recommandée avec demande d'avis de réception, celle-ci a été retournée avec la mention « non réclamée, retour à l'envoyeur » (Cass. 2e civ. 9-6-2005 n° 03-11.185 (n° 913) : RJF 11/05 n° 1311).

Un exploit d'huissier portant sommation de payer ne vaut commandement que s'il contient une sommation de payer en vertu d'un titre exécutoire (CA Metz 2-2-2006, SA Tradibeauce c/ SA Heppner : BTL 2006.234).

Art. 25 **L'interpellation faite à l'un des débiteurs solidaires par une demande en justice ou par un acte d'exécution forcée ou la reconnaissance par le débiteur du droit de celui contre lequel il prescrivait interrompt le délai de prescription contre tous les autres, même contre leurs héritiers.**

L'interpellation faite au débiteur principal ou sa reconnaissance interrompt le délai de prescription à l'égard de la caution.

Jurisprudence comparée

France

L'effet interruptif se produit, que la solidarité soit conventionnelle ou légale (Cass. 3e civ. 13-1-2010 n° 08-19.075).

Art. 26 **Les juges ne peuvent soulever d'office le moyen résultant de la prescription.**

Sauf renonciation, la prescription peut être opposée en tout état de cause, même en appel.

JURISPRUDENCE OHADA

I. Prescription implicitement soulevée par la CCJA

Il a été implicitement jugé par la 3e chambre de la CCJA, statuant sur un recours en révision et sur le fondement de l'article 32.2 de son Règlement de procédure, que la CCJA peut soulever d'office la prescription (CCJA, 3e ch., no 286/2020, 27-8-2020 : NGU Aza Otay c/ Ecobank Cameroun SA).

Obs. : le présent arrêt a déclaré irrecevable le recours en révision formé contre un arrêt antérieur par lequel la CCJA, statuant sur l'évocation après la cassation, avait soulevé d'office la prescription prévue à l'art. 18 (devenu art. 16) de l'AUDCG (CCJA, 2e ch., no 130/2017, 18-5-2017 : NGU Aza Otay c/ Ecobank Cameroun SA). La requérante invoqua la violation de l'art. 26 de l'AUDCG interdisant aux juges de soulever d'office la prescription. La CCJA releva d'office l'irrecevabilité du recours en révision en indiquant qu'aucune condition de l'art. 49 du Règlement de procédure relatif à la révision n'était réunie en l'espèce. L'art. 32, al. 2 du Règlement de procédure de la CCJA n'exigeant pas que celle-ci recueille les observations des parties après avoir soulevé d'office un moyen, la requérante n'a pas pu soulever son moyen relatif à l'art. 26 de l'AUDCG avant que l'arrêt no 130/2017 (contre lequel le recours en révision était formé) ne fût rendu.

La violation alléguée de l'art. 26 précité soulève la question de savoir si l'interdiction prévue par ce texte s'applique à la CCJA au même titre qu'aux juges du fond. En effet, si on considère que durant l'évocation après la cassation, la CCJA ne fait que prendre la place de la juridiction du fond pour « faire ce qu'elle aurait dû faire », en reprenant l'expression de la CCJA elle-même (CCJA, 1e ch., no 069/2020, 12-3-2020 : Sté Namemco Energy Ltd c/ Vodacom International Limited), alors en l'espèce, la CCJA aurait dû s'abstenir de relever d'office l'exception de prescription comme elle l'avait fait dans l'arrêt no 130/2017 précité. Si en revanche, on accorde une portée générale à l'art. 32, al. 2 du Règlement de procédure de la CCJA au point de faire prévaloir le pouvoir qu'il confère à la CCJA sur l'interdiction prévue à l'art. 26 de l'AUDCG, qui ne concernerait alors que les juges du fond, aucune violation de l'art. 26 précité ne peut être retenue à l'encontre de la CCJA ; peut-être alors qu'en raison de l'importance de la question, il aurait été préférable, pour préserver les droits de la défense, que la CCJA recourut aux art. 33 et 34 de son règlement intérieur en matière contentieuse et consultative, selon lesquels la CCJA peut demander aux parties de fournir des informations utiles et, en cas d'évocation, ordonner toute mesure d'instruction qu'elle juge nécessaire, comme elle l'a déjà fait en sursoyant à l'examen d'autres chefs de demandes (CCJA, 1e ch., no 131/2019, 25-4-2019 : Sogad BTP c/ Sté Orabank Gabon). Par l'arrêt commenté, qui semble être le premier en son genre, la CCJA semble avoir opté pour la seconde hypothèse, tendance que sa jurisprudence ultérieure aura sans doute à confirmer ou infirmer. En attendant, il convient de noter que dans l'arrêt no 130/2017 précité, la cour avait préalablement relevé que la requérante avait renoncé à ses réclamations par une transaction, avant de soulever le moyen tiré de la prescription. La transaction intervenue entre les parties nous semble suffisante pour faire échec aux prétentions de la requérante, si bien qu'en l'espèce, la prescription soulevée d'office par la CCJA, à supposer qu'elle eût été fautive, sous réserve de ce qui est exposé ci-dessus, aurait quand même été inopérante. En tout état de cause, un arrêt plus récent de la CCJA, présenté ci-après, rappelle l'interdiction faite au juge de soulever d'office la prescription. L'avenir indiquera laquelle des deux thèses la CCJA confirmera.

II. Impossibilité pour le juge de soulever d'office la prescription

Il ressort de l'article 26 de l'AUDCG qu'il est interdit au juge de soulever lui-même le moyen tiré de la prescription d'une action. Lorsque le premier juge a soulevé d'office la fin de non-recevoir tirée de la prescription de l'action d'une partie et que celle-ci avait demandé à la cour d'appel de sanctionner cette irrégularité par l'infirmation de ce jugement, la cour d'appel, en confirmant le jugement initial, a admis la possibilité pour le juge de soulever d'office le moyen tiré de la prescription ; en se déterminant ainsi, elle a violé le texte visé et exposé son arrêt à la cassation. Sur l'évocation, le jugement dont il ressort que le juge a soulevé d'office la prescription doit être infirmé sur ce point (CCJA, 3e ch., no 054/2021, 8-4-2021 : Tamaris International SA c/ Apbef-CI).

JURISPRUDENCE COMPARÉE

I. France

A. Absence de pouvoir du juge

Le juge ne peut soulever d'office la prescription celle-ci serait-elle d'ordre public (Cass. civ. 28-6-1988 n° 86-15.400 : Bull. civ. I n° 206).

B. Irrecevabilité de l'exception en cassation

L'exception ne peut pas être soulevée pour la première fois devant la Cour de cassation (Cass. com. 19-12-2000 : RJDA 3/01 n° 398).

C. Exception dilatoire

Le débiteur peut être privé de l'effet de la prescription s'il a frauduleusement usé de manœuvres dilatoires dans le seul but de parvenir à l'expiration du délai de prescription (cf. CA Colmar 10-5-1996 : Bull. inf. C. cass. 1996 n° 1013).

D. Exception soulevée par les créanciers

Peuvent invoquer la prescription les créanciers, ou toute autre personne ayant intérêt à ce que la prescription soit acquise, même si le débiteur y a renoncé (CA Paris 30-1-2008 : BTL 2008.171, rendu sous l'empire de l'ancien art. 2225 identique à propos de l'exception soulevée par l'assureur en dépit de la renonciation de l'assuré mais transposable en droit commun).

II. Suisse

Abus de l'exception de prescription

L'exception de prescription est abusive lorsque le débiteur qui la soulève a un comportement qui incite le créancier à renoncer à entreprendre des démarches juridiques pendant le délai de prescription et que, selon une appréciation raisonnable fondée sur des critères objectifs, le retard apparaît compréhensible (T. fédéral 21-1-2002 : GP 2003. som. 1932 obs. Y. Gunter).

Art. 27 Le paiement effectué pour éteindre une dette ne peut être répété au seul motif que le délai de prescription était expiré.

JURISPRUDENCE COMPARÉE

France

Lorsque le délai de prescription est expiré, le droit qui y est soumis ne peut même pas être invoqué par une exception à l'action en justice (Cass. civ. 29-3-1950 : D. 1950.396 ; Cass. 3e civ. 4-11-2004 : Bull. civ. III n° 186).

Art. 28 Seule une prescription acquise est susceptible de renonciation.

La renonciation à la prescription est expresse ou tacite. La renonciation tacite résulte de circonstances établissant sans équivoque la volonté de ne pas se prévaloir de la prescription.

Celui qui ne peut exercer par lui-même ses droits ne peut renoncer seul à la prescription acquise.

Un créancier ou toute autre personne ayant intérêt à ce que la prescription soit acquise peut l'opposer ou l'invoquer lors même que le débiteur y renonce.

JURISPRUDENCE OHADA

Irrecevabilité du moyen relatif à la renonciation soulevé pour la première fois en appel

Lorsqu'il ressort des énonciations de l'arrêt attaqué que la demanderesse qui a considéré dans ses conclusions que la prescription soulevée pour la première fois devant le juge d'appel est constitutive d'une demande nouvelle et comme telle irrecevable, il en ressort qu'elle n'a nullement appelé le juge à se prononcer sur le moyen tiré de la renonciation à la prescription (CCJA, 3e ch., n° 103/2020, 9-4-2020 : Norgine SAS c/ Setexpharm SARL).

Jurisprudence comparée

France

A. Renonciation tacite

1° Existence

Il en est ainsi :

– lorsqu'une offre de règlement intervient postérieurement à la date de prescription (CA Aix 13-10-1978 : DMF 1980.79) ou le règlement lui-même (CA Versailles 11-1-2007 : BTL 2007.204) ;

– lorsque la dette exigible est assortie d'un gage en la possession duquel le débiteur a laissé son créancier (TGI Paris 27-4-1980 : Banque 1980.1169).

2° Absence

N'a pas renoncé à la prescription :

– le transporteur qui requiert une expertise judiciaire (CA Lyon 28-1-1981 : BT 1981.408) ;

– le débiteur qui a écrit, sans qu'une quelconque offre de paiement puisse s'en dégager : « nous sommes étonnés de nous voir réclamer des factures datant de plus de quatre ans » et qui s'est référé à des « accords amiables pour le partage des frais d'avances entre nos deux sociétés » (CA Paris 1-2-1985 : DMF 1985.430) ;

– l'assuré poursuivi en paiement d'une prime, qui énonce, dans des conclusions postérieures au délai de prescription, qu'il pouvait apparaître éventuellement comme débiteur (Cass. civ. 8-7-1986 : Bull. civ. I p. 192) ;

– le commissionnaire de transport qui n'a conclu avec le demandeur en indemnisation aucun protocole d'accord et n'a effectué aucun versement, de simples pourparlers ayant été seulement engagés (CA Versailles, 12e ch sect. 2, 16-12-2004 n° 03/04413 : Bull. inf. C. cass. 2005 n° 852) ;

– le créancier d'une pension alimentaire qui est resté inactif pendant sept ans (Cass. 1e civ. 4-10-2005 n° 1314, Bouchet Fouillet c/ Boex Fontvielle : RJDA 2/06 n° 189) ;

– l'assureur qui a participé à une mesure d'instruction ordonnée en référé, car cette participation n'implique pas, à elle seule, sa volonté non équivoque de renoncer à l'exception de prescription (Cass. 3e civ. 6-6-2007 n° 05-16027 : JCP E 2008.1745 n° 9 obs. G. Courtieu) ;

– le transporteur qui, après avoir soulevé la fin de non-recevoir de la prescription dans des conclusions écrites, n'a plus fait figurer ce moyen dans les deux jeux de conclusions ultérieurs (CA Aix 30-6-2010 n° 08/16.766 : DMF.2011.434 obs. Humann) ;

– le locataire qui ne conteste pas des loyers et charges réclamés par son bailleur et le paiement de certaines de ces sommes (Cass. 3e civ. 5-4-2011 n° 10-16.748, F-D : RJDA 7/11 n° 605).

B. Renonciation non établie

1° Motivation insuffisante

Ne suffisent pas à caractériser la renonciation non équivoque du débiteur à se prévaloir de la prescription les motifs selon lesquels l'avocat du débiteur a adressé à celui des créanciers des conclusions dans lesquelles figurait un tableau récapitulant les sommes dues par le débiteur et celles dont il était créancier, car ce décompte même si le solde en apparaissait erroné, n'en constituait pas moins une reconnaissance des sommes dues, et dès lors une renonciation tacite à la prescription aujourd'hui invoquée (Cass. 3e civ. 26-5-2009 n° 08-16.570 : RJDA 8-9/09 n° 703).

2° Condition de création ou d'augmentation de l'insolvabilité non requise

Les appelés en garantie peuvent se prévaloir de l'article 2225 (devenu 2253) du Code civil aux termes duquel « les créanciers ou toute autre personne ayant intérêt à ce que la prescription soit acquise peuvent l'opposer, encore que le débiteur ou le propriétaire y renonce » ; l'application de ce texte n'est pas subordonnée au fait que la renonciation du défendeur principal soit de nature à créer ou à augmenter son insolvabilité, mais relève du droit qu'a le garant de faire valoir tous les moyens de défense dont le garanti dispose et qu'il néglige d'invoquer, le garant n'ayant pas à supporter les conséquences de la complaisance (ou de l'ignorance) du défendeur principal (CA Paris, 5e ch. A, 6-12-2000, Cie Sephoa c/ Les Terminaux de Normandie : BTL.2001.110).

3° Effet de la renonciation

La renonciation de l'assureur à une prescription acquise ne fait pas courir un nouveau délai de prescription ; par suite, viole les articles L 114-1 du Code des assurances et 2220 du Code civil, une cour d'appel qui, pour déclarer prescrite l'action engagée le 1er avril 1999 par un assuré à l'encontre d'un assureur, retient que ce dernier avait manifesté qu'il n'entendait pas se prévaloir de la prescription acquise au 17 mai 1992, qu'il attendait l'issue d'une instruction pénale, et qu'aucun acte n'était venu interrompre la prescription biennale qui avait recommencé à courir à compter de l'ordonnance de non-lieu rendue le 30 novembre 1995 (Cass. 2e civ. 16-11-2006 n° 05-16.082 : Bull. civ. II n° 323).

Art. 29 La durée de la prescription peut être abrégée ou allongée par accord des parties. Elle ne peut toutefois être réduite à moins d'un an ni étendue à plus de dix ans.

Les parties peuvent également, d'un commun accord, ajouter aux causes de suspension et d'interruption de la prescription.

JURISPRUDENCE COMPARÉE

I. Allemagne

Validité d'une convention prolongeant le délai de prescription

Les parties (transporteur et destinataire) peuvent valablement convenir de prolonger le délai de prescription jusqu'à une date déterminée ; cette prolongation de délai peut ne viser expressément que les litiges relatifs à la cargaison couverte par certains connaissements et pas les autres litiges portant sur des marchandises couvertes par d'autres connaissements (CA Düsseldorf 25-4-1996 : DMF 1998.169 obs. G. Auchter ; pour un autre exemple d'aménagement contractuel du délai de prescription, Bundesgerichtshof 12-2-1976 : Rev. dr. uniforme 1976.II.402).

II. Canada

Convention sur les causes de suspension et d'interruption de la prescription

Une suspension conditionnelle du délai de prescription est valable ; le bénéficiaire de pareille suspension, qui ne respecte pas la condition qui lui est imposée, ne peut se prévaloir de la suspension (Federal Court of Appeal of Toronto, 19-5-1999, Riva Stahl GmbH, Fedmet Trading c/ Combined Atlantic Carriers GmbH : DET.2000.616).

III. France

A. Application des conventions sur la prescription

1° Interprétation de droit strict

La prescription prévue au contrat de vente CAF pour l'action à porter devant des arbitres ne s'applique pas lorsque les parties se soumettent à la juridiction commerciale (T. com. Paris 17-12-1975 : DMF 1977.413).

Application en cas de faute lourde. La convention reçoit application même en cas de faute lourde de la partie qui l'invoque (Cass. com. 12-7-2004 n° 1199 : RJDA 11/04 n° 1286).

2° Allongement du délai convenu pour expiration un jour férié

Une prorogation du délai de prescription a été admise par les juges auxquels il était demandé de préciser si le délai conventionnel prorogé pouvait en outre bénéficier de la prorogation jusqu'au jour ouvrable suivant, prévue par l'article 642 du Code de procédure civile lorsque le délai expire un samedi, un dimanche ou un jour férié ; en l'espèce, les juges ont admis la prorogation du délai expirant un dimanche au jour suivant (CA Aix, 2e ch. civ., 13-1-1989, La Cie Maritime d'affrètement c/ New India Ass. Cie Ltd).

3° Réduction du délai

Loi étrangère applicable à l'obligation La réduction de la prescription peut aussi résulter de ce que le contrat est régi par une loi étrangère prévoyant un délai plus court (Cass. civ. 31-1-1950 : D. 1950.261 note Lerebours-Pigeonnière).

Existence d'une réduction conventionnelle. La réduction du délai de prescription à trois ans à compter de leur échéance a été admise pour les actions relatives à des bons de caisse, la mention de ce délai figurant sur le recto des bons et des rectifications manuscrites portées sur les bons démontrant que ces mentions avaient été discutées lors de leur souscription, soit plus de trois mois avant leur remise à la banque, délai au cours duquel le souscripteur avait pu vérifier les caractéristiques des bons (Cass. com. 27-11-2005 : JCP E 2006.1050 n° 10 obs. N. Mathey).

B. Suspension ou report de la prescription

1° Validité d'un report conditionnel de prescription

N'est pas abusive la condition expresse selon laquelle le report de prescription consentie pour établir l'existence d'un paiement subrogatoire devrait parvenir au promettant du report avant le 5 septembre 1996, dès lors que le paiement était intervenu le 5 juin 1996 ; la condition n'ayant pas été respectée, le report n'est pas intervenu et le demandeur s'est trouvé de ce fait irrecevable à agir, son action étant prescrite (CA Paris 2-2-2005, Groupama Transport c/ Capitaines des navires Bonastar II et Castello : BTL 2005.373).

2° Extension au contractant substitué du report de prescription consenti au contractant initial

Le report de prescription accordé par l'assureur de la marchandise à un transporteur « roll on – roll off » s'étend au transporteur maritime substitué, sans qu'il soit besoin que le report ait été porté à la connaissance de ce dernier (CA Aix-en-Provence, 2e ch., 10-3-1994, Ollivier c/ Delmas Vieljeux : Scapel 1994.140) :

Obs. : en sens contraire, un jugement avait déclaré inopposable au transporteur substitué un report de prescription accordé par le commissionnaire à son client (T. com. Paris, 21-6-1993, Seine et Rhône c/ Sté la France IARD : BTL 1993.522).

3o Application au document expressément visé

Le report de prescription qui vise l'action se rapportant à un « seawaybill » (document de transport à personne dénommée non négociable) déterminé, et à celui-ci exclusivement, ne peut pas être invoqué au profit d'une action visant un autre seawaybill, même si la marchandise transportée et sinistrée a été placée sous ce dernier document alors qu'elle aurait dû l'être sous le seawaybill pour lequel le report a été consenti (CA Versailles 2-4-2009 12e ch. sect. 2, no 07/07857, SA Groupama Transport c/ SA Maersk : DMF 2009.704 obs. Y. Tassel).

C. Interruption

Interrompent valablement la prescription :

– la clause prévoyant l'interruption par une lettre, même simple (Cass. civ. 25-6-2002 no 00-14.590 : Bull. civ. I no 174) ;

– la clause d'une police d'assurance maritime réputant interruptive la remise à l'assureur des pièces justificatives de la réclamation de l'assuré (CA Aix 9-5-1985 : DMF 1987.som.52 et, sur pourvoi, Cass. com. 8-12-1987 : DMF 1990.541).

IV. Suisse

Caractère supplétif du régime de la prescription

La prescription de droit privé n'est pas, dans l'ordre juridique suisse, un principe fondamental (T. fédéral 13-3-1992 : Clunet 1996.747).

• Titre II •

STATUT DE L'ENTREPRENANT

• Chapitre I •

DÉFINITION DE L'ENTREPRENANT

Art. 30 L'entreprenant est un entrepreneur individuel, personne physique qui, sur simple déclaration prévue dans le présent Acte uniforme, exerce une activité professionnelle civile, commerciale, artisanale ou agricole.

L'entreprenant conserve son statut si le chiffre d'affaires annuel généré par son activité pendant deux exercices successifs n'excède pas les seuils fixés dans l'Acte uniforme portant organisation et harmonisation des comptabilités des entreprises au titre du système minimal de trésorerie.

Ce chiffre d'affaires annuel est en ce qui concerne les commerçants et les artisans, d'une part, celui de leurs activités de vente de marchandises, d'objets, de fournitures et denrées ou de fourniture de logement et, d'autre part, celui de leurs activités de prestations de services, et, en ce qui concerne les agriculteurs, celui de leurs activités de production.

Lorsque, durant deux années consécutives, le chiffre d'affaires de l'entreprenant excède les limites fixées pour ses activités par l'État partie sur le territoire duquel il les exerce, il est tenu, dès le premier jour de l'année suivante et avant la fin du premier trimestre de cette année de respecter toutes les charges et obligations applicables à l'entrepreneur individuel. Dès lors, il perd sa qualité d'entreprenant et ne bénéficie plus de la législation spéciale applicable à l'entreprenant.

Il doit en conséquence se conformer à la réglementation applicable à ses activités.

L'entreprenant, qui est dispensé d'immatriculation au Registre du Commerce et du Crédit Mobilier, est tenu de déclarer son activité tel qu'il est prévu dans le présent Acte uniforme.

Chaque État partie fixe les mesures incitatives pour l'activité de l'entreprenant notamment en matière d'imposition fiscale et d'assujettissement aux charges sociales.

Jurisprudence OHADA

Inexistence de la qualité d'entreprenant sans l'accomplissement de la formalité déclarative

Il résulte des articles 30 et 62 de l'AUDCG que l'entreprenant est un entrepreneur individuel, personne physique qui, sur simple déclaration prévue dans l'AUDCG, exerce une activité professionnelle civile, commerciale, artisanale ou agricole [...] et est tenu de déclarer son activité au registre du commerce et du crédit mobilier ; au sens de ces dispositions, l'entreprenant n'est pas une activité en tant que telle mais plutôt un statut qui peut être utilisé par d'autres personnes exerçant ou voulant exercer une activité commerciale, civile, artisanale ou agricole. En l'espèce, n'ayant pas déclaré une activité en son nom dans les formes prévues auxdits articles, le sieur [X.] n'est donc pas entreprenant et, en lui conférant ce statut au seul motif qu'il s'est manifestement comporté comme tel, la cour d'appel a violé les articles précités, exposant son arrêt à la cassation (CCJA, 3e ch., n° 094/2024, 28-3-2024).

Observations

Pour le système minimal de trésorerie et le chiffre d'affaires minimum, voir les art. 2, 11 et 13 de l'AUDCIF.

Chapitre II
OBLIGATIONS COMPTABLES DE L'ENTREPRENANT

Art. 31 L'entreprenant est tenu d'établir, dans le cadre de son activité, au jour le jour, un livre mentionnant chronologiquement l'origine et le montant de ses ressources en distinguant les règlements en espèces des autres modes de règlement d'une part, la destination et le montant de ses emplois d'autre part. Ledit livre doit être conservé pendant cinq ans au moins.

Art. 32 En outre, l'entreprenant qui exerce des activités de vente de marchandises, d'objets, de fournitures et denrées ou de fourniture de logement doit tenir un registre, récapitulé par année, présentant le détail des achats et précisant leur mode de règlement et les références des pièces justificatives, lesquelles doivent être conservées.

Chapitre III
PRESCRIPTION

Art. 33 Les obligations nées à l'occasion de leurs activités entre entreprenants, ou entre entreprenants et non entreprenants, se prescrivent par cinq ans si elles ne sont pas soumises à des prescriptions plus courtes.

Cette prescription extinctive est soumise à la loi régissant le droit qu'elle affecte.

Le régime de la prescription prévu aux articles 17 à 29 du présent Acte uniforme s'applique à l'entreprenant.

• Livre II •

REGISTRE DU COMMERCE ET DU CRÉDIT MOBILIER

• Titre I •

DISPOSITIONS GÉNÉRALES

• Chapitre I •

MISSIONS DU REGISTRE DU COMMERCE ET DU CRÉDIT MOBILIER

Art. 34 Le Registre du Commerce et du Crédit Mobilier est institué aux fins de :

– permettre aux assujettis à la formalité d'immatriculation au Registre du Commerce et du Crédit Mobilier de faire leur demande d'immatriculation, d'obtenir dès le dépôt de leur demande leur numéro d'immatriculation et d'accomplir les autres formalités prévues par le présent Acte uniforme et toute autre disposition légale ;

– permettre aux entreprenants de faire leur déclaration d'activité, d'obtenir dès le dépôt de celle-ci leur numéro de déclaration d'activité et d'accomplir les autres formalités prévues par le présent Acte uniforme et toute autre disposition légale ;

– permettre l'accès des assujettis et des tiers aux informations conservées par le Registre du Commerce et du Crédit Mobilier ;

– permettre de satisfaire aux exigences de sécurité, de célérité, de transparence et de loyauté nécessaires au développement des activités économiques ;

– recevoir les inscriptions relatives au contrat de crédit-bail et, aux sûretés prévues par l'Acte uniforme portant organisation des sûretés ou par toute autre disposition légale.

Art. 35 [anc. art. 19 mod.] Le Registre du Commerce et du Crédit Mobilier a pour objet :

1°) de recevoir les demandes d'immatriculation, notamment :

– des personnes physiques ayant la qualité de commerçant au sens du présent Acte uniforme ;

– des sociétés commerciales ;

– des sociétés civiles par leur forme et commerciales par leur objet ;

– des groupements d'intérêt économique ;

– des succursales au sens de l'Acte uniforme relatif au droit des sociétés commerciales et du groupement d'intérêt économique ;

– de tous les groupements dotés de la personnalité juridique que la loi soumet à l'immatriculation audit Registre ;

– de toute personne physique exerçant une activité professionnelle que la loi soumet à l'immatriculation audit Registre ;

– des établissements publics ayant une activité économique et bénéficiant de l'autonomie juridique et financière.

L'immatriculation donne lieu à l'attribution dès le dépôt de sa demande par l'assujetti d'un numéro d'immatriculation qui est personnel à chaque personne immatriculée.

2°) de recevoir la déclaration d'activité de l'entreprenant, de lui délivrer, dès le dépôt de sa déclaration, son numéro de déclaration d'activité, de recevoir ses déclarations modificatives et de prendre acte de sa déclaration de cessation d'activité ;

3°) de recevoir le dépôt des actes et pièces et mentionner les informations, prévus par les dispositions du présent Acte uniforme, par celles de l'Acte uniforme relatif au droit des sociétés commerciales et du groupement d'intérêt économique, par l'Acte uniforme portant organisation et harmonisation des comptabilités des entreprises et par toute autre disposition légale ;

4°) de recevoir les demandes de mention modificative, complémentaire et secondaire ;

5°) de recevoir les demandes de radiation des mentions y effectuées ;

6°) de recevoir toutes les demandes d'inscription des sûretés prévues par l'Acte uniforme portant organisation des sûretés et par toute autre disposition légale. Il reçoit également l'inscription des contrats de crédit-bail ;

7°) de recevoir toutes les demandes d'inscription modificative ou de renouvellement d'inscription des sûretés prévues par l'Acte uniforme portant organisation des sûretés et par toute autre disposition légale ;

8°) de recevoir toutes les demandes de radiation des inscriptions prévues par l'Acte uniforme portant organisation des sûretés et par toute autre disposition légale ;

9°) de délivrer, à toute époque, les documents nécessaires pour établir l'exécution par les assujettis des formalités prévues par les Actes uniformes et toute autre disposition légale ;

10°) de mettre à la disposition du public les informations figurant dans les formulaires prévus aux articles 39 et 40 ci-dessous selon les dispositions de l'article 66 de l'Acte uniforme portant organisation des sûretés, sous réserve des restrictions légales existantes dans l'État partie.

Chapitre II
ORGANISATION DU REGISTRE DU COMMERCE ET DU CRÉDIT MOBILIER

Art. 36 [anc. art. 20 mod.] Le Registre du Commerce et du Crédit Mobilier est tenu par le greffe de la juridiction compétente ou l'organe compétent dans l'État partie sous la surveillance du Président de ladite juridiction ou du juge délégué par lui à cet effet ou de l'autorité compétente dans l'État partie.

Un Fichier National centralise les renseignements consignés dans chaque Registre du Commerce et du Crédit Mobilier.

Un Fichier Régional, tenu auprès de la Cour commune de justice et d'arbitrage, centralise les renseignements consignés dans chaque Fichier National.

Les informations figurant dans les formulaires remis au greffe ou à l'organe compétent dans l'État partie et dans les registres et répertoires du Registre du Commerce et du Crédit Mobilier sont destinées à l'information du public.

Art. 37 [anc. art. 21 mod.] Le Registre du Commerce et du Crédit Mobilier, pour accomplir les missions prévues à l'article 35, 1°), 2°), 3°), 4°), 5°), 9°) et 10°) ci-dessus, comprend :

1°) un registre d'arrivée mentionnant dans l'ordre chronologique du dépôt, la date et le numéro de chaque déclaration, demande, ou dépôt d'actes ou de pièces reçus par le greffe ou l'organe compétent dans l'État partie. Le répertoire mentionne également et suivant le cas les noms, prénoms, raison sociale, dénomination sociale, nom commercial ou appellation du déclarant ou du demandeur ainsi que l'objet de la déclaration ou de la demande ou du dépôt des actes ou des pièces ;

2°) un répertoire alphabétique des personnes immatriculées et des entreprenants ;

3°) un répertoire par numéro des personnes immatriculées et des entreprenants ;

4°) un dossier individuel pour chaque entreprenant et chaque personne immatriculée, constitué suivant le cas par la déclaration d'activité ou la demande d'immatriculation, les pièces jointes à la déclaration ou à la demande en application des articles ci-après.

Le cas échéant le dossier individuel est complété par les mentions subséquentes et leurs pièces jointes telles que définies par les articles ci-après ou des textes particuliers.

Art. 38 Le Registre du Commerce et du Crédit Mobilier, pour accomplir les missions prévues à l'article 35, 6°), 7°), 8°), 9°) et 10°) ci-dessus, comprend :

1°) Un registre chronologique des dépôts mentionnant le dépôt de la demande d'inscription de la sûreté, de modification, de renouvellement ou de radiation de l'inscription initiale, avec indication de la date d'arrivée et du numéro d'ordre d'arrivée de chaque demande reçue.

Le registre chronologique des dépôts mentionne également le dépôt de la demande d'inscription et de radiation du contrat de crédit-bail.

Le registre chronologique des dépôts mentionne en outre les informations figurant sur le formulaire utilisé pour la demande d'inscription et prévu par l'article 53-a et b de l'Acte uniforme portant organisation des sûretés.

2°) Un répertoire alphabétique des personnes constituant ou supportant des sûretés et des crédits-preneurs avec mention pour chacun d'eux, par sûreté et par contrat de crédit-bail, des inscriptions, des modifications, des renouvellements et des radiations le tout par ordre chronologique.

3°) Un dossier individuel pour chaque personne, physique ou morale, commerçante ou non commerçante, immatriculée ou non immatriculée dans l'État partie, constituant ou supportant une sûreté faisant l'objet d'une inscription, ou pour tout crédit-preneur. Le dossier individuel comprend le formulaire utilisé pour la demande d'inscription ainsi que le formulaire utilisé pour toute autre demande en relation avec la sûreté.

Jurisprudence comparée

France

Définition du crédit-bail

Selon la législation et la jurisprudence françaises :

– « constitue un contrat de crédit-bail, au sens des articles L 313-7 s du Code monétaire et financier, l'opération de location de biens d'équipement ou de matériels d'outillage achetés en vue de leur location par des entreprises qui en demeurent propriétaires, lorsque ces opérations, quelle que soit leur qualification, donnent au locataire la possibilité d'acquérir tout ou partie des biens loués, moyennant un prix convenu tenant compte, au moins pour partie, des versements effectués à titre de loyers » (C. mon. fin. art. L 313-7, 1) ;

– le contrat qui ne comporte pas de promesse unilatérale de vente de la part du bailleur n'est pas un contrat de crédit-bail (Cass. com. 15-6-1999 : RJDA 10/99 n° 1118 ; Cass. com. 7-4-2010 n° 09-10.129 : RJDA 7/10 n° 778) ;

– le contrat peut prévoir, sans dénaturer l'opération, que l'option sera susceptible d'être exercée par le preneur dès la première année et, ensuite, à d'autres époques, avant la fin du bail (Cass. com. 8-12-1987 : JCP G 1988.II.21065 note Bey).

L'absence d'une clause expresse d'option d'achat par le locataire du bien à sa valeur résiduelle est compatible avec le crédit-bail dans la mesure où cette valeur apparaît au contrat et qu'elle tient compte du montant des loyers eu égard au prix du bien en cause, car cette indication, qui n'aurait aucune raison d'être dans un contrat de location, traduit la promesse unilatérale de vente du bailleur (CA Poitiers 24-2-1993 : JCP G 1993.IV.1459).

Mais il n'y a pas crédit-bail si le bien objet du contrat est destiné à la vente et non à la location (CA Nîmes 27-2-1992 : Bull. inf. C. cass. 1992 n° 1730).

Le crédit-bail se distingue du contrat de louage de chose en ce que ce dernier ne comporte pas, par essence, de promesse de vente en fin de contrat : il y a donc location pure et simple si le locataire n'a pas la faculté de devenir acquéreur du seul fait de la levée de l'option (Cass. com. 14-4-1972 : JCP G 1972.II.17269 note Alfandari ; Cass. com. 30-5-1989 : Bull. civ. IV p. 110 ; Cass. com. 30-11-1999 : RJDA 2/00 n° 202).

Mais il y a contrat de crédit-bail lorsque, notamment, le matériel a été spécialement acheté en vue de la location, que le montant du loyer et la durée du contrat ont été fixés pour permettre d'amortir intégralement le prix et de couvrir les frais de gestion et que le locataire doit payer les loyers quoi qu'il advienne au matériel (CA Aix 11-6-1992 : RJDA 4/93 n° 334) ou lorsque le locataire a une option d'achat avec pour seule condition de faire connaître au bailleur sa décision un mois avant l'expiration du contrat, car cette clause n'étant pas soumise à l'agrément du bailleur constitue une promesse unilatérale de vente (Cass. com. 4-6-1996 : DA 1996.1165).

Art. 39 Toute déclaration de l'entreprenant ou demande d'immatriculation est établie sur le formulaire mis à disposition à cet effet par le greffe ou l'organe compétent dans l'État partie, sauf le cas d'utilisation des moyens électroniques.

La demande est signée suivant le cas par le déclarant, le demandeur ou son mandataire qui doit à la fois justifier de son identité et, sauf s'il est avocat, professionnel agréé, huissier, notaire ou syndic, être muni d'une procuration signée du déclarant ou du demandeur.

Le formulaire dûment rempli est conservé par le greffier ou le responsable de l'organe compétent dans l'État partie.

Le greffier ou le responsable de l'organe compétent dans l'État partie délivre immédiatement au déclarant ou au demandeur un accusé d'enregistrement avec mention de la date, de la désignation de la formalité effectuée et selon le cas du numéro de déclaration d'activité ou du numéro d'immatriculation.

Une copie de ce formulaire avec le dossier individuel constitué des pièces certifiées conformes est adressée dans un délai d'un mois par le greffier ou le responsable de l'organe compétent dans l'État partie au Fichier National, pour transmission, dans le même délai, d'une copie dudit formulaire et d'un extrait du dossier au Fichier Régional.

Art. 40 Toute demande d'inscription, de modification, de renouvellement et de radiation d'une sûreté et d'un contrat de crédit-bail, est établie sur le formulaire mis à disposition à cet effet par le greffe ou l'organe compétent dans l'État partie du Registre du Commerce et du Crédit Mobilier, sauf le cas d'utilisation des moyens électroniques.

La demande est signée par les personnes visées à l'article 51 de l'Acte uniforme portant organisation des sûretés. Le signataire, sauf s'il est avocat, professionnel agréé, huissier, notaire ou syndic, doit justifier de son identité et être muni d'une procuration signée de la personne qui demande l'inscription.

Le formulaire dûment rempli est conservé par le Registre du Commerce et du Crédit Mobilier.

Une copie de ce formulaire auquel est joint le dossier individuel constitué des pièces certifiées conformes est immédiatement adressée au Fichier National.

Art. 41 La demande d'inscription au Registre du Commerce et du Crédit Mobilier est faite pour les sûretés par les personnes déterminées par l'article 51 de l'Acte uniforme portant organisation des sûretés.

La demande d'inscription au Registre du Commerce et du Crédit Mobilier pour le contrat de crédit-bail est faite par le crédit-bailleur ou le crédit-preneur.

Le Registre du Commerce et du Crédit Mobilier compétent pour recevoir l'inscription du crédit-bail est celui dans le ressort duquel est immatriculé ou s'est déclaré le crédit-preneur et, dans les autres cas, dans le ressort du domicile du crédit-preneur.

Art. 42 La date de l'inscription d'une sûreté ou d'un contrat de crédit-bail est celle mentionnée au registre chronologique des dépôts prévu par l'alinéa 1 de l'article 38 ci-dessus.

Art. 43 [anc. art. 24 mod.] Sont en outre transcrites d'office au Registre du Commerce et du Crédit Mobilier :

1°) les décisions intervenues dans les procédures individuelles de faillite ou dans les procédures collectives d'apurement du passif ;

2°) les décisions prononçant des sanctions patrimoniales contre les dirigeants des personnes morales ;

3°) les décisions de réhabilitation ou les mesures d'amnistie faisant disparaître les déchéances ou interdictions.

Le greffe de la juridiction ou l'organe compétent dans l'État partie qui a rendu une décision dont la transcription doit être faite au Registre du Commerce et du Crédit Mobilier communique un exemplaire signé de cette décision dans les meilleurs délais aux greffes ou aux organes compétents dans l'État partie dans le ressort desquels les formalités doivent être accomplies. Toute personne intéressée peut également requérir du ou des Registres du Commerce et du Crédit Mobilier concernés, la transcription de la décision en cause.

Toute personne qui entend se prévaloir d'une des décisions dont la transcription doit être faite d'office est tenue d'établir que cette décision a été transcrite, à charge pour elle d'en demander la transcription au Registre du Commerce et du Crédit Mobilier compétent.

• Titre II •

IMMATRICULATION AU REGISTRE DU COMMERCE ET DU CRÉDIT MOBILIER

• Chapitre I •

CONDITIONS DE L'IMMATRICULATION

Section I • IMMATRICULATION DES PERSONNES PHYSIQUES

Art. 44 [anc. art. 25 mod.] Toute personne physique dont l'immatriculation est requise par la loi doit, dans le premier mois de l'exercice de son activité, demander au greffe de la juridiction compétente ou à l'organe compétent dans l'État partie, dans le ressort de laquelle son activité se déroule, son immatriculation au Registre du Commerce et du Crédit Mobilier.

La demande faite avec le formulaire prévu à l'article 39 ci-dessus indique :

1°) les noms, prénoms et domicile personnel de l'assujetti ;

2°) ses date et lieu de naissance ;

3°) sa nationalité ;

4°) le cas échéant, le nom sous lequel elle exerce son activité, ainsi que l'enseigne utilisée ;

5°) la ou les activités exercées ;

6°) le cas échéant, la date et le lieu de mariage, le régime matrimonial adopté, les clauses opposables aux tiers restrictives de la libre disposition des biens des époux ou l'absence de telles clauses, les demandes en séparation de biens ;

7°) les noms, prénoms, date et lieu de naissance, domicile et nationalité des personnes ayant le pouvoir général d'engager par leur signature la responsabilité de l'assujetti ;

8°) l'adresse du principal établissement et, le cas échéant celle de chacune des succursales et de chacun des établissements exploités sur le territoire de l'État partie ;

9°) le cas échéant, la nature et l'adresse des derniers établissements qu'il a exploités précédemment avec l'indication de leur numéro d'immatriculation au Registre du Commerce et du Crédit Mobilier ;

10°) la date du commencement, par l'assujetti, de son activité et le cas échéant de celle des autres succursales et établissements ;

11°) toute autre indication prévue par des textes particuliers.

JURISPRUDENCE OHADA

I. Existence de l'entreprise individuelle d'une personne physique

Une personne inscrite au registre du commerce et du crédit mobilier, avec comme activité principale, « entrepreneur BTP » et comme nom commercial, Barou entreprise de travaux « Betra », constitue une entreprise individuelle. C'est pour cette raison que dans le contrat signé entre une société et Betra, cette dernière a été désignée sous le vocable « l'entrepreneur » et représentée par son directeur, Monsieur O. K. Ainsi, il s'agit bien d'une procédure dirigée contre Monsieur O. K., personne physique et seul propriétaire de l'entreprise individuelle Betra et pouvant s'inscrire, comme il l'a fait, au registre du commerce et du crédit mobilier, conformément à l'article 25 [devenu 44] de l'AUDCG. Le pourvoi formé par Betra est donc recevable (CCJA, n° 040, 30-6-2009 : Betra c/ Semos SA, Rec. jur. CCJA, n° 13, janv.-juin 2009, p. 104, Ohadata J-10-78).

La saisie immobilière diligentée contre l'immeuble appartenant à Monsieur [L. Y.], personne physique et seul propriétaire de l'entreprise individuelle dénommée « Ets [Y.] », inscrite au RCCM, est régulière car l'identité de la personne physique commerçante créant une entreprise individuelle se confond avec celle-ci. C'est donc en violation de l'article 44 de l'AUDCG qu'une cour d'appel a ordonné la défense à exécution de l'ordonnance de condamnation, au motif qu'il existe une contestation sérieuse au sujet de l'identification de la personne qui a contracté avec la créancière dans le litige porté devant le premier juge ; cassation de l'arrêt. Sur l'évocation, le moyen fondé sur l'apurement de la dette relève du fond du litige, qui ne fait pas l'objet de l'instance soumise devant elle. En outre, et pour les mêmes motifs ayant entraîné la cassation, il y a lieu de confirmer l'ordonnance attaquée et d'ordonner la poursuite de la procédure de saisie immobilière (CCJA, 1e ch., n° 192, 9-11-2017 : Shire Petroleum SARL c/ Les établissements Yemoko Louzaki).

Sur la confusion d'une entreprise individuelle avec la personnalité de son propriétaire, voir aussi CCJA, 3e ch., n° 117, 11-5-2017 : Safe Zorkot c/ Douhohou Anicet.

II. L'immatriculation ne confère pas la qualité de commerçant

Il a été jugé que l'immatriculation, qui est une simple mesure de publicité, ne confère pas la qualité de commerçant mais s'applique à une personne l'ayant déjà ; de même la radiation laisse subsister certains éléments du fonds de commerce parmi lesquels le nom commercial, avec son actif et son passif. En l'occurrence le décès du promoteur a pour effet de transférer les établissements CIC dans le patrimoine des héritiers qui à leur tour peuvent se faire représenter en justice, s'agissant d'une action transmissible à cause de la mort. Les moyens d'irrecevabilité sont infondés et seront rejetés (CCJA, 2e ch., n° 008, 26-1-2017 : 1) Getma Togo SA, 2) Manuport Togo SA c/ Ets. CIC, 2) Kpokpoya Akouété, Groupe Necotrans, Ohadata J-17-154).

Obs. : il nous semble cependant inapproprié de considérer l'immatriculation, ou la radiation, comme « simple mesure de publicité », car l'alinéa 1 de l'art. 38 [devenu 59] de l'AUDCG crée, à l'instar d'autres pays (comme l'Allemagne et la France), une présomption de commercialité en disposant que « toute personne immatriculée au registre du commerce et du crédit mobilier est présumée, sauf preuve contraire, avoir la qualité de commerçant au sens du présent Acte uniforme ». Pris en ce sens, la solution est exacte au fond mais en la forme « publicité » aurait dû être remplacé par « présomption ». Par ailleurs, les héritiers ayant reçu le fonds dans l'actif successoral, il nous semble aussi inexact de dire que l'un d'eux représente le fonds car celui-ci n'a pas de personnalité, mais est devenu plutôt un actif successoral indivis. L'un des héritiers pouvait représenter ses coïndivisaires mais par le fonds et il lui fallait un mandat pour agir en justice en leur nom. Voir la rubrique « jurisprudence comparée » sous l'art. 59.

Art. 45 [anc. art. 26 mod.] A l'appui de sa demande, le demandeur est tenu de fournir les pièces justificatives suivantes quelle que soit leur forme ou leur support :

1°) un extrait de son acte de naissance ou de tout document administratif justifiant de son identité ;

2°) un extrait de son acte de mariage en tant que de besoin ;

3°) une déclaration sur l'honneur signée du demandeur et attestant qu'il n'est frappé d'aucune des interdictions prévues par l'article 10 ci-dessus. Cette déclaration sur l'honneur est complétée dans un délai de soixante-quinze (75) jours à compter de l'immatriculation par un extrait de casier judiciaire ou à défaut par le document qui en tient lieu ;

4°) un certificat de résidence ;

5°) une copie du titre de propriété ou du bail ou du titre d'occupation du principal établissement et le cas échéant de celui des autres établissements et succursales ;

6°) en cas d'acquisition d'un fonds ou de location-gérance, une copie de l'acte d'acquisition ou de l'acte de location-gérance ;

7°) le cas échéant, une autorisation préalable d'exercer le commerce ;

8°) le cas échéant, les pièces prévues par des textes particuliers.

Section II • IMMATRICULATION DES PERSONNES MORALES

Art. 46 [anc. art. 27 mod.] Les personnes morales soumises par des dispositions légales à l'immatriculation doivent demander leur immatriculation dans le mois de leur constitution, auprès du greffe de la juridiction compétente ou de l'organe compétent dans l'État partie dans le ressort duquel est situé leur siège social ou leur principal établissement.

Cette demande faite avec le formulaire prévu à l'article 39 ci-dessus mentionne :

1°) la raison sociale ou la dénomination sociale ou l'appellation suivant le cas ;

2°) le cas échéant, le sigle ou l'enseigne ;

3°) la ou les activités exercées ;

4°) la forme de la personne morale ;

5°) le cas échéant, le montant du capital social avec l'indication du montant des apports en numéraire et l'évaluation des apports en nature ;

6°) l'adresse du siège social, et le cas échéant, celle du principal établissement et de chacun des autres établissements ;

7°) la durée de la société ou de la personne morale telle que fixée par ses statuts ou le texte fondateur ;

8°) les noms, prénoms et domicile personnel des associés tenus indéfiniment et personnellement responsables des dettes sociales avec mention de leur date et lieu de naissance, de leur nationalité, le cas échéant, de la date et du lieu de leur mariage, du régime matrimonial adopté et des clauses opposables aux tiers restrictives de la libre disposition des biens des époux ou l'absence de telles clauses ainsi que les demandes en séparation de biens ;

9°) les noms, prénoms, date et lieu de naissance, et domicile des gérants, dirigeants, administrateurs ou associés ayant le pouvoir général d'engager la personne morale ou le groupement ;

10°) les noms, prénoms, date et lieu de naissance, domicile des commissaires aux comptes, lorsque leur désignation est prévue par l'Acte uniforme relatif au droit des sociétés commerciales et des groupements d'intérêt économique ;

11°) ou toute autre indication prévue par une disposition légale particulière.

Jurisprudence comparée

France

A. Exclusion de toute autre mention

La tenue du registre du commerce et des sociétés (RCS) étant strictement réglementée, seules peuvent être portées sur le registre les inscriptions prévues par la réglementation et être déposés en annexe les actes et pièces désignés par cette réglementation ; par suite, dans un cas où les statuts d'une SARL déposés au greffe mentionnaient comme associé une personne prétendant n'avoir jamais participé à la constitution de cette société, il y a lieu de rejeter la demande de cette personne tendant, d'une part, à porter au RCS la mention selon laquelle elle nie sa qualité d'associé et, d'autre part, à annexer aux statuts la plainte qu'elle a déposée pour falsification de ceux-ci, dès lors que cette mention et cette pièce ne figurent pas parmi ceux visés par le décret de 1984 (CA Paris 21-3-2000 : RJDA 9-10/00 n° 867).

B. Mention des dirigeants

1° Mention des seuls dirigeants désignés par la réglementation

S'agissant d'une SARL, qui est dirigée par un gérant, son représentant légal, ces dispositions ne permettent pas d'inscrire une autre personne que celui-ci au RCS ; il en résulte qu'un directeur ayant le pouvoir de diriger l'établissement d'une SARL ne peut être inscrit au RCS (CA Paris 26-3-2002 : RJDA 10/02 n° 1031).

2° Occultation autorisée en justice de l'adresse personnelle du dirigeant

Il y a lieu d'autoriser une société à faire figurer au registre du commerce et des sociétés l'adresse de son siège à la place de l'adresse personnelle de l'un de ses administrateurs afin de protéger celui-ci et les membres de sa famille de toute atteinte violente, cet administrateur, dont la famille compte au nombre des deux cents premières fortunes mondiales, ayant déjà été victime de tentatives d'extorsion de fonds et de chantage, dont diverses attestations et une enquête conduite par un consultant privé ont établi l'existence (CA Paris 21-3-2000 : RJDA 9-10/00 n° 869).

C. Immatriculation et dépôt au greffe du tribunal de commerce

La liste des pièces à déposer au registre conformément à l'article 48 du décret 84-406 du 30 mai 1984 est limitative ; par conséquent, aucun document autre que ceux indiqués par ce texte ne peut être déposé au greffe (CA Paris 21-3-2000 : RJDA 9-10/00 n° 867).

1° Personnes devant être mentionnées dans la demande d'immatriculation

Seules les personnes dont la mention d'identité est requise par les textes doivent figurer et peuvent être mentionnées au registre du commerce et des sociétés ; il en résulte qu'un directeur ayant le pouvoir de diriger l'établissement d'une société ne peut pas être inscrit audit registre (CA Paris 26-3-2002 : RJDA 10/02 n° 1031).

2° Dispense de mention

Lorsqu'un dirigeant est victime de menaces depuis de longues années à raison de ses fonctions au sein d'une société, il peut obtenir du juge commis à la surveillance au registre du commerce le remplacement de l'adresse de son domicile personnel par celle du siège social (CA Paris 23-1-1998 : RJDA 7/98 n° 861 som. ; CA Paris 21-3-2000 : RJDA 9-10/00 n° 869).

3° Régularité, immatriculation et dépôt au greffe

Le magistrat chargé de la surveillance du registre du commerce et des sociétés n'a pas à juger l'opportunité de l'immatriculation d'une société dès lors qu'il n'a pas relevé le caractère incomplet du dossier d'immatriculation ou la violation des règles impératives applicables à cette forme de société, ou de la violation d'une règle d'ordre public (CA Douai 8-2-1996 : RJDA 12/96 n° 1476 som.).

Art. 47 [anc. art. 28 mod.] A cette demande sont jointes les pièces justificatives suivantes quelle que soit leur forme ou leur support :

1°) une copie certifiée conforme des statuts ou de l'acte fondateur ;

2°) la déclaration de régularité et de conformité ou de la déclaration notariée de souscription et de versement ;

3°) la liste certifiée conforme des gérants, administrateurs, dirigeants ou associés tenus indéfiniment et personnellement responsables ou ayant le pouvoir d'engager la société ou la personne morale ;

4°) une déclaration sur l'honneur signée du demandeur et attestant qu'il n'est frappé d'aucune des interdictions prévues par l'article 10 ci-dessus. Cette déclaration sur l'honneur est complétée dans un délai de soixante-quinze (75) jours à compter de l'immatriculation par un extrait de casier judiciaire ou à défaut par le document qui en tient lieu ;

5°) le cas échéant, une autorisation préalable d'exercer l'activité du demandeur.

Art. 48 [anc. art. 29 mod.] Toute personne physique ou morale non assujettie à l'immatriculation au Registre du Commerce et du Crédit Mobilier en raison du lieu d'exercice de son activité ou de son siège social doit, dans le mois de la création d'une succursale telle que définie par l'Acte uniforme relatif au droit des sociétés commerciales et du groupement d'intérêt économique, ou d'un établissement, sur le territoire de l'un des États parties, en requérir l'immatriculation.

Cette demande faite avec le formulaire prévu à l'article 39 ci-dessus est déposée au Greffe de la juridiction ou auprès de l'organe compétent dans l'État partie dans le ressort duquel est établie cette succursale ou cet établissement et doit mentionner :

1°) le cas échéant, son nom commercial, son sigle ou son enseigne ;

2°) la dénomination sociale ou le nom de la succursale ou de l'établissement ;

3°) la ou les activités exercées ;

4°) la dénomination sociale de la société étrangère propriétaire de cette succursale ou de cet établissement ; son nom commercial ; son sigle ou son enseigne ; la ou les activités exercées ; la forme de la société ou de la personne morale ; sa nationalité ; l'adresse de son siège social ; le cas échéant, les noms, prénoms et domicile personnel des associés indéfiniment et personnellement responsables des dettes sociales ;

5°) les noms, prénoms, date et lieu de naissance de la personne physique domiciliée sur le territoire de l'État partie, ayant le pouvoir de représentation et de direction de la succursale.

Section III • DISPOSITIONS COMMUNES À L'IMMATRICULATION DES PERSONNES PHYSIQUES ET MORALES

Art. 49 [anc. art. 30] L'immatriculation d'une personne physique ou morale a un caractère personnel.

Nul ne peut être immatriculé à titre principal à plusieurs registres ou à un même registre sous plusieurs numéros.

JURISPRUDENCE OHADA

Impossibilité de se prévaloir de l'immatriculation d'une autre personne morale

Le caractère personnel de l'immatriculation consacré par l'article 49 de l'AUDCG s'oppose à ce qu'une personne morale se prévale de l'immatriculation d'une personne morale distincte car l'immatriculation s'attache à la personne de l'assujetti, lequel ne peut en avoir qu'une seule à titre principal ; il s'ensuit que faute d'avoir produit la preuve de son existence juridique, le pourvoi formé par la Sté ALIVET CAMEROUN SARL doit être déclaré irrecevable (CCJA, 1e ch., n° 281, 27-12-2018 : ALIVET CAMEROUN SARL c/ Sté Rural Investment Crédit SA (RIC)).

Est irrecevable le pourvoi formé par une personne morale qui, d'une part, pour justifier son existence juridique, se présente sous la dénomination de « Société [X.] SARL » dont le siège est situé à Bafoussam BP. [Y.], n'a produit au dossier qu'un « Registration of business name », un « Certificate of incorporation of group [X.] Cameroun Ltd » délivrés à une entité dénommée « GROUPE [X.] CAMEROUN S.A.R.L, P.O.BOX [Z.], Bamenda, par le greffe du TPI de Bamenda, et du titre de patente de l'année 2016 indiquant que cette dernière est contribuable du centre des impôts de Bamenda, sans dire en quoi elle lui est assimilable. Il en est ainsi dès lors que ni les statuts ni un extrait du registre du commerce et du crédit mobilier ni toute autre preuve de son existence juridique établis à son nom par le greffe du tribunal de la juridiction compétente dans le ressort duquel est situé son siège social ou son principal établissement n'ont été produits, le caractère personnel de l'immatriculation consacré par l'article 49 de l'AUDCG s'opposant à ce qu'une personne morale se prévale de l'immatriculation d'une autre personne morale distincte car, l'immatriculation s'attache à la personne de l'assujetti, lequel ne peut en avoir qu'une seule à titre principal (CCJA, 1e ch., n° 281, 27-12-2018 : Alivet Cameroun SARL c/ R.I.C. SA).

Art. 50 Dès réception du formulaire de demande d'immatriculation dûment rempli et des pièces prévues par le présent Acte uniforme, le greffier ou le responsable de l'organe compétent dans l'État partie délivre au demandeur un accusé d'enregistrement qui mentionne la date de la formalité accomplie et le numéro d'immatriculation.

Le greffier ou le responsable de l'organe compétent dans l'État partie dispose d'un délai de trois mois pour exercer son contrôle tel que prévu par l'article 66 du présent Acte uniforme et le cas échéant notifier à la partie intéressée le retrait de son immatriculation et procéder à sa radiation.

Art. 51 [anc. art. 31] En cas de transfert du lieu d'exercice de son activité dans le ressort territorial d'une autre juridiction, l'assujetti doit demander :

– sa radiation du Registre du Commerce et du Crédit Mobilier dans le ressort duquel il était immatriculé ;

– une nouvelle immatriculation au Registre du Commerce et du Crédit Mobilier de la juridiction dans le ressort de laquelle son activité est transférée ; cette immatriculation n'est définitive qu'après la vérification prévue aux alinéas 4 et 5 ci-après.

A cet effet, l'assujetti doit suivant le cas, fournir les renseignements et documents prévus aux articles 44 à 48 ci-dessus.

Ces formalités doivent être effectuées par l'assujetti dans le mois du transfert.

Le greffe ou l'organe compétent dans l'État partie en charge du Registre du Commerce et du Crédit Mobilier dans le ressort duquel l'assujetti a transféré son activité doit, dans le mois de la nouvelle immatriculation, s'assurer de la radiation de l'assujetti en exigeant de celui-ci un certificat délivré par le greffe ou l'organe compétent dans l'État partie du lieu de la précédente immatriculation.

Faute de diligence de l'assujetti, le greffe ou l'organe compétent dans l'État partie doit d'office faire procéder à la mention rectificative, et ce, aux frais de l'assujetti.

Section IV • MENTIONS MODIFICATIVES, COMPLÉMENTAIRES ET SECONDAIRES

Art. 52 [anc. art. 33] Si la situation de l'assujetti subit ultérieurement des modifications qui exigent la rectification ou le complément des énonciations portées au Registre du Commerce et du Crédit Mobilier, il doit formuler, dans les trente (30) jours de cette modification, une demande de rectification ou de mention complémentaire.

Toute modification concernant notamment l'état civil, le régime matrimonial, la capacité, et l'activité de l'assujetti personne physique, ou encore toute modification concernant le statut des personnes morales assujetties à l'immatriculation doit être mentionnée au Registre du Commerce et du Crédit Mobilier.

La cessation partielle d'activité doit également être mentionnée au Registre du Commerce et du Crédit Mobilier.

Toute demande de modification, ou de mention complémentaire ou secondaire est signée comme indiqué à l'article 39 du présent Acte uniforme.

Le greffier ou le responsable de l'organe compétent dans l'État partie délivre un accusé d'enregistrement qui mentionne la formalité accomplie ainsi que sa date.

Art. 53 [anc. art. 34 mod.] Toute personne physique ou morale assujettie à l'immatriculation au Registre du Commerce et du Crédit Mobilier est tenue, si elle exerce son activité à titre secondaire dans le ressort d'autres juridictions, de souscrire une déclaration d'immatriculation secondaire dans le délai d'un mois à compter du début de l'exploitation.

Cette déclaration doit mentionner, outre la référence à l'immatriculation principale, les renseignements requis :

– pour les personnes physiques par l'article 44 ci-dessus ;
– pour les personnes morales par l'article 46 ci-dessus.

Le greffier ou le responsable de l'organe compétent dans l'État partie délivre un accusé d'enregistrement qui mentionne la formalité accomplie ainsi que sa date.

Art. 54 [anc. art. 35 mod.] La demande d'immatriculation secondaire doit être déposée au Registre du Commerce et du Crédit Mobilier de la juridiction dans le ressort de laquelle est exercée l'activité.

Le greffe ou l'organe compétent dans l'État partie intéressé adresse, dans le mois de l'immatriculation secondaire, une copie de la déclaration d'immatriculation secondaire au greffe ou à l'organe compétent dans l'État partie en charge du Registre où a été effectuée l'immatriculation principale.

Toute inscription d'un lieu d'exercice secondaire de l'activité donne lieu à l'attribution d'un numéro d'immatriculation.

Section V • RADIATION

Art. 55 [anc. art. 36 mod.] Toute personne physique immatriculée doit, dans le délai d'un mois à compter de la cessation de son activité, demander sa radiation au Registre du Commerce et du Crédit Mobilier. Cette formalité doit également être accomplie pour les succursales et établissements.

En cas de décès d'une personne physique immatriculée, ses ayants droit doivent, dans le délai de trois mois à compter du décès, demander la radiation de l'inscription au Registre, ou sa modification s'ils doivent eux-mêmes continuer l'activité.

A défaut de demande de radiation dans le délai visé aux deux premiers alinéas du présent article, le greffe ou l'organe compétent dans l'État partie procède à la radiation après décision de la juridiction compétente ou de l'autorité compétente dans l'État partie, statuant à bref délai, saisie à sa requête ou à celle de tout intéressé.

Le greffier ou le responsable de l'organe compétent dans l'État partie en charge du Registre du Commerce et du Crédit Mobilier délivre un accusé d'enregistrement qui mentionne la formalité accomplie ainsi que sa date.

JURISPRUDENCE OHADA

I. Demande de radiation infondée

La demande de radiation doit être rejetée lorsqu'aucune condition exigée par l'article 36 [devenu 55] de l'AUDCG n'est établie pour la justifier. En l'espèce, le litige relatif à la gestion de l'établissement n'est pas une condition prévue pour la radiation au RCCM ; il en est ainsi lorsque la radiation a été sollicitée au motif qu'il s'agit d'un établissement de fait qui n'avait pour intérêt que de permettre l'ouverture d'un compte bancaire (T. com. Pointe-Noire (Congo), n° 168, 23-9-2009 : J. T. M. c/ A. M., Ohadata J-13-89).

II. Effets de la radiation

La radiation laisse subsister certains éléments du fonds de commerce parmi lesquels le nom commercial, avec son actif et son passif. En l'occurrence, le décès du promoteur a pour effet de transférer les établissements CIC dans le patrimoine des héritiers qui à leur tour peuvent se faire représenter en justice s'agissant d'une action transmissible à cause de mort. Les moyens d'irrecevabilité sont infondés et seront rejetés (CCJA, 2e ch., n° 008, 26-1-2017 : 1) Getma Togo SA, 2) Manuport Togo SA c/ Ets CIC, 2) Kpokpoya Akouété, Groupe Necotrans, Ohadata J-17-154).

JURISPRUDENCE COMPARÉE

Irak

Fin de la qualité de commerçant : radiation

Le commerçant est considéré comme avoir cessé ses activités commerciales à compter de la date de sa radiation du Registre du commerce. Avant cette date, il est toujours réputé commerçant et pouvant ainsi être assigné en faillite par l'un de ses créanciers lorsqu'il est en cessation de paiements (Cour de cassation 28-11-1979 : Recueil Mashahdi droit commercial, p. 10).

Art. 56 Le greffier ou le responsable de l'organe compétent dans l'État partie procède d'office à la radiation de la personne physique ou morale immatriculée tel que prévu à l'article 50 ci-dessus.

Art. 57 La radiation emporte la perte des droits résultant de l'immatriculation.

Art. 58 [anc. art. 37 mod.] La dissolution d'une personne morale, pour quelque cause que ce soit, doit être déclarée, en vue de sa transcription au Registre du Commerce et du Crédit Mobilier, dans le délai d'un mois au greffe de la juridiction compétente ou à l'organe compétent dans l'État partie auprès duquel elle est immatriculée.

Il en va de même pour la nullité de la société à compter de la décision qui l'a prononcée.

La radiation doit être demandée par le liquidateur dans le délai d'un mois, à compter de la clôture des opérations de liquidation.

Le cas échéant, la radiation doit être demandée pour les mentions complémentaires et immatriculations secondaires ainsi que pour les succursales et établissements.

A défaut de demande de radiation dans le délai prescrit, le greffe de la juridiction compétente ou l'organe compétent dans l'État partie procède à la radiation sur décision de la juridiction compétente ou de l'autorité compétente dans l'État partie, statuant à bref délai, saisie à sa requête ou à celle de tout intéressé.

Le greffier ou le responsable de l'organe compétent dans l'État partie délivre un accusé d'enregistrement qui mentionne la formalité accomplie ainsi que sa date.

JURISPRUDENCE COMPARÉE

France

Radiation d'une personne morale

1° Dissolution préalable

Le greffier ne peut procéder à la radiation que si les formalités relatives à la dissolution ont été effectuées au registre du commerce et des sociétés, la perte des actes ou procès-verbaux de dissolution ne dispensant pas le liquidateur d'effectuer ces formalités (Avis 03-11 du Comité de coordination du registre du commerce et des sociétés (CCRCS) 1-4-2003 : Bull. RCS 21-22/03 p. 29).

2° Effet

La radiation d'une société au registre du commerce et des sociétés est sans incidence sur la personnalité morale de la société, celle-ci subsistant aussi longtemps que les droits et obligations de la société n'ont pas été liquidés (Cass. com. 20-2-2001 : RJDA 5/01 n° 590).

Chapitre II

EFFETS DE L'IMMATRICULATION

Art. 59 [anc. art. 38 mod.] Toute personne immatriculée au Registre du Commerce et du Crédit Mobilier est présumée, sauf preuve contraire, avoir la qualité de commerçant au sens du présent Acte uniforme.

Toutefois, cette présomption ne joue pas à l'égard des personnes physiques non commerçantes dont l'immatriculation au Registre du Commerce et du Crédit Mobilier résulte d'une disposition légale, et des personnes morales qui ne sont pas réputées commerçantes du fait du présent Acte uniforme, de l'Acte uniforme relatif au droit des sociétés commerciales et du groupement d'intérêt économique ou d'une disposition légale particulière.

Toute personne physique ou morale immatriculée au Registre du Commerce et du Crédit Mobilier est tenue d'indiquer sur ses factures, bons de commande, tarifs et documents commerciaux ainsi que sur toute correspondance, son numéro et son lieu d'immatriculation au Registre du Commerce et du Crédit Mobilier.

JURISPRUDENCE OHADA

Défaut d'indication du numéro et du lieu d'immatriculation

Force probante des factures quoique dépourvues des mentions susvisées. L'omission des mentions prescrites par l'article 38 [devenu 59 de l'AUDCG] ne peut aucunement avoir pour effet de dénuer les factures qui ne les comportent pas, de leur force probante, en l'absence de texte qui la sanctionne (TRHC Dakar, n° 226, 31-1-2001 : Sogei, M. D. et K. T. c/ Sté Immo Tropic et J. C., Ohadata J-05-89 ; voir Ohadata J-04-158, obs. Ndiaw Diouf).

JURISPRUDENCE COMPARÉE

I. Allemagne

Qualité de commerçant de toute personne inscrite au registre de commerce

Une entreprise industrielle ou commerciale, dont l'exploitation n'est pas considérée comme une entreprise commerciale au sens du Code de commerce, est néanmoins considérée comme entreprise commerciale au sens de ce Code quand le nom de l'entreprise est inscrit au registre du commerce ; l'entrepreneur est autorisé mais non obligé de s'immatriculer au registre du commerce selon les modalités qui s'appliquent aux entreprises commerciales ; l'entreprise ainsi immatriculée pourra se faire rayer du registre, sur demande, à moins que l'activité entreprise, de par son mode d'exploitation ou sa taille, requière désormais une structure ou une organisation commerciale.

Par ailleurs, est considérée comme entreprise commerciale chaque entreprise industrielle ou commerciale au sens du Code de commerce, à moins que l'activité entreprise, de par son mode d'exploitation ou sa taille, ne requière pas de structure ou d'organisation commerciale (Handelsrechtsreformgesetz (HRefG), BGBl 1998 vol. 1 p. 1474 s.).

II. France

Présomption de commercialité

Une personne immatriculée au registre du commerce est présumée être commerçante (C. com. art. L 123-7). Ainsi, la personne qui donne son fonds en location-gérance, tout en demeurant immatriculée au registre du commerce, est présumée avoir la qualité de commerçant (Cass. com. 17-2-2015 n° 13-27.508 : RJDA 7/15 n° 491). Mais cette présomption est une présomption simple (CA Grenoble 27-9-2012 n° 12/00933 : Rev. proc. coll. 2012 n° 6 § 222 note Lebel). Par suite, les tiers peuvent prouver que l'intéressé exerce en réalité une activité civile ou salariée.

La faculté de prouver que l'activité exercée n'est pas commerciale malgré l'immatriculation appartient aussi à la personne immatriculée (Cass. com. 21-3-1981 : JCP G 1981.IV.197 ; Cass. com. 7-12-1983 : Bull. civ. IV p. 295), à condition qu'elle prouve que les tiers qui invoquent à son encontre la présomption de commercialité savaient qu'elle n'était pas commerçante ; à défaut de quoi la présomption est irréfragable contre cette personne (Cass. com. 27-9-2016 n° 14-21.964 : RJDA 2/17 n° 96).

Une personne, même non immatriculée au registre du commerce et des sociétés, peut être tenue pour commerçante s'il est établi qu'elle a fait des actes de commerce à titre de profession habituelle (Cass. com. 4-1-1994, n° 92-11.654 : RJDA 6/94 n° 741).

Cas où la preuve peut être apportée. Seuls les tiers sont recevables à prouver qu'une personne, bien que non immatriculée, est commerçante, celle-ci ne pouvant pas invoquer un défaut d'inscription pour se soustraire aux responsabilités et aux obligations des commerçants (C. com. art. L 123-8, al. 1). En revanche, un commerçant qui ne s'est pas immatriculé dans un délai de quinze jours à compter du commencement de son activité ne peut pas se prévaloir de la qualité de commerçant à l'égard des tiers (C. com. art. L 123-8, al. 1) ; par exemple, il ne peut pas bénéficier du statut des baux commerciaux.

Modes de preuve. La preuve peut être faite par tous moyens. Les juges retiennent généralement la réunion de divers indices : installation matérielle (nature et importance des locaux et des équipements), spéculation sur le travail d'autrui, exploitation d'un fonds de commerce, prise de la qualité de commerçant dans un acte (par exemple, dans une police d'assurance ou dans une déclaration administrative), inscriptions administratives (liste électorale des tribunaux et chambres de commerce : CA Agen 23-12-1921 : DP 1922.2.7), mention sur les rôles des impositions fiscales (Cass. civ. 14-5-1912 : DP 1912.1.303), emploi de procédés de gestion commerciale (lettre de change, publicité, prospection organisée de la clientèle), etc.

Art. 60 [anc. art. 39 mod.] Toute personne physique assujettie à l'immatriculation au Registre du Commerce et du Crédit Mobilier qui n'a pas demandé celle-ci dans les délais prévus, ne peut se prévaloir, jusqu'à son immatriculation, de la qualité de commerçant lorsque son immatriculation est requise en cette qualité.

Toute personne morale assujettie à l'immatriculation au Registre du Commerce et du Crédit Mobilier qui n'a pas demandé celle-ci dans les délais prévus, ne peut se prévaloir de la personnalité juridique jusqu'à son immatriculation.

Toutefois, elle ne peut invoquer son défaut d'immatriculation au Registre du Commerce et du Crédit Mobilier pour se soustraire aux responsabilités et aux obligations inhérentes à cette qualité.

Jurisprudence OHADA

Défaut d'immatriculation au RCCM

Non-exonération des obligations inhérentes aux commerçants. Quoique dépourvue de la personnalité juridique, la société non immatriculée (en l'espèce, la filiale d'une société dont le siège social est établi en dehors de l'espace OHADA) ne saurait se soustraire aux responsabilités et aux obligations inhérentes à la qualité de commerçant (T. com. Brazzaville (Congo), ord. réf. n° 065, 28-10-2011 : Société générale Wietc Company Ltd c/ Brael-Congo SARL, Ohadata J-13-111).

Obs. : sur la nécessité pour les sociétés étrangères à l'espace OHADA ou les sociétés ayant plusieurs filiales dans différents États membres de l'OHADA de s'immatriculer et les modalités de cette formalité, voir l'art. 98 de l'AUSCGIE et les art. 46 à 54 de l'AUDCG.

Art. 61 [anc. art. 40 mod.] Toute personne assujettie à l'immatriculation au Registre du Commerce et du Crédit Mobilier ne peut, dans l'exercice de ses activités, opposer aux tiers et aux administrations publiques, qui peuvent toutefois s'en prévaloir, les faits et actes sujets à transcription ou mention que si ces derniers ont été publiés au Registre du Commerce et du Crédit Mobilier.

Cette disposition n'est pas applicable si l'assujetti établit qu'au moment où ils ont traité, les tiers ou administrations en cause avaient connaissance des faits et actes dont s'agit.

Jurisprudence OHADA

Rejet du moyen fondé sur l'article 61 en l'absence de mauvaise foi

Faute pour l'appelant d'avoir rapporté la preuve que le défendeur était de mauvaise foi, le moyen tiré du défaut de qualité de l'« Entreprise de l'Avenir » ne saurait prospérer car inopposable aux tiers de bonne foi ; cette fin de non-recevoir, qui du reste n'en constitue pas vraiment une, l'appelant s'étant présenté sur sa vraie identité en cours de procédure à savoir « Monsieur [O. T.], commerçant, exerçant à l'enseigne Entreprise de l'Avenir... », doit être rejetée (CA Ouagadougou (Burkina Faso), ch. com., n° 011, 1-2-2008 : O. T. c/ S.L.M., Ohadata J-12-128).

Jurisprudence comparée

France

Opposabilité par l'épouse d'un commerçant

Seule la personne assujettie à l'immatriculation est privée du droit d'opposer aux tiers les faits et actes qui auraient dû être publiés ; tel n'est pas le cas de l'épouse qui n'est pas commerçante et qui peut leur opposer le jugement de séparation de corps non publié (Cass. civ. 20-10-1992 : Bull. civ. I p. 170) ou les clauses du contrat de mariage de séparation de biens qui n'ont pas été publiées, notamment celle selon laquelle les meubles meublants sont présumés être la propriété de l'épouse, dès lors que le contrat de mariage a été mentionné dans l'acte du mariage (CA Paris 2-5-1997 : JCP 1998.I.135 n° 20 obs. M. Storck).

• Titre III •

DÉCLARATION D'ACTIVITÉ DE L'ENTREPRENANT AU REGISTRE DU COMMERCE ET DU CRÉDIT MOBILIER

Art. 62 L'entreprenant déclare son activité avec le formulaire prévu à l'article 39 ci-dessus, sans frais, au greffe de la juridiction compétente ou à l'organe compétent dans l'État partie, dans le ressort duquel il exerce. Il fournit les éléments suivants :

1°) noms et prénoms ;

2°) adresse d'exercice de l'activité ;

3°) description de l'activité ;

4°) justificatif d'identité ;

5°) éventuellement, justificatif du régime matrimonial.

Dès réception du formulaire de déclaration d'activité dûment rempli et des pièces prévues par le présent Acte uniforme, le greffier ou le responsable de l'organe compétent dans l'État partie délivre au déclarant un accusé d'enregistrement qui mentionne la date de la formalité accomplie et le numéro de déclaration d'activité.

L'entreprenant ne peut commencer son activité qu'après réception de ce numéro de déclaration d'activité qu'il doit mentionner sur ses factures, bons de commande, tarifs et documents ou correspondances professionnels, suivi de l'indication du Registre du Commerce et du Crédit Mobilier qui a reçu sa déclaration et de la mention « Entreprenant dispensé d'immatriculation ».

Les déclarations de modification de l'activité ou du lieu d'exercice ainsi que la déclaration de radiation sont adressées de la même manière et sans frais au greffe de la juridiction compétente ou à l'organe compétent dans l'État partie.

JURISPRUDENCE OHADA

Inexistence de la qualité d'entreprenant sans l'accomplissement de la formalité déclarative.

Obs. : voir sous l'art. 30.

Art. 63 A l'appui de sa déclaration, le demandeur est tenu de fournir les pièces justificatives suivantes quels que soient leur forme et leur support :

1°) un extrait de son acte de naissance ou de tout document administratif justifiant de son identité ;

2°) le cas échéant, un extrait de son acte de mariage ;

3°) une déclaration sur l'honneur signée du demandeur et attestant :

– s'il est commerçant, qu'il n'est frappé d'aucune des interdictions prévues par l'article 10 ci-dessus ;

– s'il n'est pas commerçant, qu'il n'a fait l'objet d'aucune interdiction d'exercer en relation avec sa profession et qu'il n'a fait l'objet d'aucune condamnation pour les infractions prévues par l'article 10 ci-dessus.

Cette déclaration sur l'honneur est complétée, dans un délai de soixante-quinze (75 jours) à compter de la date de l'immatriculation, par un extrait de casier judiciaire ou à défaut par le document qui en tient lieu ;

4°) un certificat de résidence ;

5°) le cas échéant, une autorisation préalable d'exercer l'activité du déclarant.

Art. 64 Le numéro de déclaration d'activité est personnel.

Nul ne peut être déclaré comme entreprenant à plusieurs registres ou sous plusieurs numéros à un même registre.

L'entreprenant ne peut être en même temps immatriculé au Registre du Commerce et du Crédit Mobilier. Il n'a pas le même statut que les personnes immatriculées au Registre du Commerce et du Crédit Mobilier.

Art. 65 La personne physique qui satisfait aux obligations déclaratives prévues aux articles 62 à 64 ci-dessus est présumée avoir la qualité d'entreprenant.

En cette qualité, elle bénéficie des dispositions :

– de l'article 5 du présent Acte uniforme relatives à la preuve ;

– des articles 17 à 29 et 33 du présent Acte uniforme relatives à la prescription ;

– des articles 101 à 134 du présent Acte uniforme relatives au bail à usage professionnel. En cas de changement d'activité, l'entreprenant doit en faire la déclaration au greffe compétent ou à l'organe compétent dans l'État partie.

De même, en cas de changement de lieu d'exercice de son activité, il doit faire une déclaration modificative au greffe ou à l'organe compétent dans l'État partie du Registre du Commerce et du Crédit Mobilier compétent.

En cas de cessation d'activité, l'entreprenant doit faire une déclaration à cet effet auprès du greffe compétent ou de l'organe compétent dans l'État partie.

Toutes les déclarations de l'entreprenant sont faites sans frais.

Titre IV

CONTENTIEUX RELATIF AU REGISTRE DU COMMERCE ET DU CRÉDIT MOBILIER

Art. 66 [anc. art. 41 mod.] Le greffier ou le responsable de l'organe compétent dans l'État partie en charge du Registre du Commerce et du Crédit Mobilier s'assure, sous sa responsabilité, que la demande et la déclaration sont complètes et vérifie la conformité de leurs énonciations aux pièces justificatives produites comme prévu aux articles 50 et 58 ci-dessus.

Le greffier ou le responsable de l'organe compétent dans l'État partie exerce son contrôle sur la régularité formelle de la demande et de la déclaration qui lui sont soumises.

S'il constate des inexactitudes ou s'il rencontre des difficultés dans l'accomplissement de sa mission, il peut convoquer le demandeur ou le déclarant pour recueillir toutes explications et pièces complémentaires.

La décision du greffier ou du responsable de l'organe compétent dans l'État partie prise en application de l'article 50 ci-dessus doit être motivée et notifiée à la partie intéressée. Cette décision est susceptible de recours dans le délai de quinze (15) jours à compter de sa notification. Le greffier ou le responsable de l'organe compétent dans l'État partie qui a refusé de recevoir une déclaration ou une demande, ou de faire droit à une demande de pièces ou d'information d'un assujetti ou d'un tiers, doit motiver sa décision et la notifier à la partie intéressée. Cette décision peut faire l'objet d'un recours dans un délai de quinze (15) jours à compter de sa notification.

Le recours contre la décision du greffier ou du responsable de l'organe compétent dans l'État partie est fait devant la juridiction compétente ou l'autorité compétente dans l'État partie statuant à bref délai. La décision de la juridiction compétente ou de l'autorité compétente dans l'État partie est susceptible de recours, dans un délai de quinze (15) jours à compter de la date de son prononcé, devant la juridiction de recours compétente statuant de la même manière.

La procédure ci-dessus décrite est applicable aux contestations entre les assujettis ou les déclarants et le greffier ou le responsable de l'organe compétent dans l'État partie, et entre les tiers et le greffier ou le responsable de l'organe compétent dans l'État partie.

Jurisprudence OHADA

I. Recours contre la décision du greffier en charge du RCCM

A. Assignation en contestation contre le greffier chargé du RCCM

Il résulte de l'article 66 de l'AUDCG que les actions en contestation des déclarations sont dirigées contre le greffier en charge du RCCM ayant procédé à leur inscription, en raison de la mission de transparence des affaires et de sécurité juridique conférée au RCCM. La partie qui conteste les inscriptions modificatives portées au RCCM doit assigner le greffier de cette juridiction, responsable des inscriptions. Il s'ensuit que l'action en nullité initiée par un ancien associé gérant, en son nom propre et au nom de la société, est irrecevable, car il n'avait juridiquement plus qualité pour agir au nom de la société postérieurement à la décision de la CCJA ayant nommé un administrateur provisoire (CCJA, 1e ch., n° 327/2020, 22-10-2020 : Fadoul El Achkar Zouhair Michel c/ Omaïs Kassim).

B. Admissibilité de la tierce opposition prévue par le droit interne

L'article 66 de l'AUDCG, qui a, en vertu de l'article 10 du Traité, une primauté sur le droit national contraire, et qui organise la procédure ordinaire de recours contre les décisions du greffier en charge du registre du commerce et du crédit mobilier en matière d'immatriculation, de modification et de radiation, ne neutralise pas la voie de recours extraordinaire que constitue la tierce opposition qui est formée contre un arrêt rendu sur appel contre un jugement du tribunal de première instance saisi d'un recours contre la décision de refus du greffier en charge du registre du commerce. En l'espèce, la tierce opposition, réglementée par l'article 603 du Code de procédure civile, commerciale et sociale du Mali et exercée dans ces conditions contre un arrêt de la Cour d'appel et non directement contre la décision de refus du greffier, n'est en rien contraire aux dispositions invoquées, et cette branche du moyen doit être rejetée (CCJA, 1e ch., no 204/2022, 29-12-2022).

II. Absence d'obligation pour le greffier en cas de fraude

Même si l'article 66 de l'AUDCG prescrit au greffier en charge du RCCM de procéder à un contrôle formel de la demande d'accomplissement de formalité qui lui est soumise, ce texte, pour des besoins de sécurité juridique, ne saurait être interprété comme interdisant audit greffier de refuser d'accomplir une formalité ou de délivrer un acte malgré la régularité formelle de la demande et la complétude des documents légaux exigés, lorsqu'il est manifeste que l'opération pour l'exécution de laquelle les demandes sont formulées est empreinte de fraude, au regard des formalités antérieurement reçues dans son registre et incompatibles avec celles nouvellement sollicitées, étant entendu que toute décision de refus de sa part est sujette à recours. En l'espèce, la société [X.], mise auparavant en liquidation de biens, par jugement du 23 décembre 2015 du tribunal de commerce de Bamako, conformément aux dispositions de l'AUPCAP, ne saurait conclure, sans fraude, une opération de fusion-absorption. Une telle opération n'est autorisée, en cas de liquidation de la société absorbée, que dans le cadre d'une liquidation amiable ou judiciaire organisée pour les sociétés in bonis, au regard des articles 189, alinéa 2, 203 et suivants et 670 et suivants de l'AUSCGIE, à l'exclusion donc des sociétés en cessation des paiements, placées sous le régime de la liquidation des biens, qui est une procédure collective pour laquelle l'AUPCAP y dédiée n'a pas prévu la fusion-absorption comme solution. Au vu de ces motifs de droit substitués, c'est donc à bon droit que la cour d'appel a rétracté son précédent arrêt infirmatif qui avait ordonné la radiation de la société [X.] et enjoint en même temps au greffier en chef de délivrer à la requérante une attestation constatant l'effectivité de la fusion-acquisition conclue en fraude de la loi (CCJA, 1e ch., no 204/2022, 29-12-2022).

Jurisprudence comparée

France

A. Pouvoir du greffier

1° Désignation du local de l'entreprise

Le greffier n'a pas à vérifier la régularité des droits du déclarant sur le local de l'entreprise ; il doit seulement contrôler la réalité de l'adresse déclarée (Avis 04-01 et 03-77 du Comité de coordination du registre du commerce et des sociétés (CCRCS) : Bull. RCS 26-27/2004 p. 15).

2° Immatriculation d'un groupement d'intérêt économique

Le greffier n'a pas d'autre obligation que celle de s'assurer que les renseignements exigés par la réglementation lui sont fournis ; il n'a pas à exercer un contrôle sur la qualité des membres du groupement et n'a donc pas à rechercher si ces derniers exercent ou non une activité économique (CA Paris 17-4-1986, inédit).

B. Pouvoir de la juridiction saisie du contentieux

Il n'appartient pas au juge chargé de la surveillance du registre du commerce et des sociétés de juger :
– de l'opportunité de l'immatriculation d'une société à responsabilité limitée dès lors qu'il n'a pas relevé le caractère incomplet du dossier d'immatriculation ou la violation des règles impératives régissant cette forme de société, ou encore la violation d'une règle d'ordre public ; le juge commis à la surveillance du registre du commerce et des sociétés ne pouvait donc pas s'opposer à la demande d'immatriculation de cette société (CA Douai 8-2-1996 : RJDA 12/96 no 1476.som.) ;
– au fond quant à la validité des actes qui lui sont remis ; par suite, il excède ses pouvoirs en enjoignant à des locataires-gérants, à la suite de la dénonciation du contrat de location-gérance par le loueur, de demander leur radiation du registre, alors que le tribunal de commerce est saisi du différend qui oppose les parties sur la qualification dudit contrat (Cass. com. 29-4-1997 : RJDA 8-9/97 no 1038).

Art. 67 Le contentieux relatif aux sûretés et aux privilèges est régi par les dispositions de l'Acte uniforme portant organisation des sûretés.

Les dispositions des articles 66, 68 et 69 ci-dessous sont applicables au contentieux relatif au crédit-bail.

Art. 68 [anc. art. 42 mod.] Faute par un assujetti à une formalité prescrite au présent Acte uniforme de demander celle-ci dans le délai prescrit, la juridiction compétente ou l'autorité compétente dans l'État partie, statuant à bref délai, peut, soit d'office, soit à la requête du greffe ou de l'organe compétent dans l'État partie en charge du Registre du Commerce et du Crédit Mobilier ou de tout autre requérant, rendre une décision enjoignant à l'intéressé de faire procéder à la formalité en cause.

Dans les mêmes conditions, la juridiction compétente ou l'autorité compétente dans l'État partie peut enjoindre à toute personne physique ou morale immatriculée au Registre du Commerce et du Crédit Mobilier de faire procéder :

– soit aux mentions complémentaires ou rectificatives omises ;

– soit aux mentions ou rectifications nécessaires en cas de déclaration inexacte ou incomplète ;

– soit à sa radiation.

Jurisprudence OHADA

Action en nullité non-admise

L'article 68 de l'AUDCG, selon lequel la juridiction compétente dans l'État partie peut, le cas échéant, enjoindre à toute personne immatriculée au RCCM de faire procéder soit aux mentions complémentaires ou rectificatives, soit aux mentions ou rectifications nécessaires en cas de déclaration inexacte ou incomplète, soit à sa radiation, ne prévoit pas d'action en annulation d'une formalité mentionnée au RCCM contre la personne l'ayant demandée ; il s'ensuit qu'une telle action est irrecevable (CCJA, 1ᵉ ch., nº 327/2020, 22-10-2020 : Fadoul El Achkar Zouhair Michel c/ Omaïs Kassim).

Art. 69 [anc. art. 43 mod.] Toute personne tenue d'accomplir une des formalités prescrites au présent Acte uniforme, et qui s'en est abstenue, ou encore qui a effectué une formalité par fraude, est punie des peines prévues par la loi pénale nationale, ou le cas échéant par la loi pénale spéciale prise par l'État partie en application du présent Acte uniforme.

S'il y a lieu, la juridiction qui prononce la condamnation ordonne la rectification des mentions et transcriptions inexactes.

Jurisprudence OHADA

Inscription de faux.

Un juge ne peut, sans se contredire, relever la « mauvaise foi de la banque » et dire mal fondée l'inscription en faux en cause ; il est de principe consacré que commet un faux intellectuel l'auteur qui aura constaté ou fait constater faussement un fait ayant une portée juridique dans le dessein de porter atteinte aux intérêts pécuniaires ou aux droits d'autrui ou encore, pour se procurer un avantage illicite. En l'espèce, il est manifeste que le but recherché par la banque, en modifiant frauduleusement la durée telle qu'elle était convenue entre les parties, était de se ménager une pièce fondamentale qui lui permettrait d'organiser une vente forcée au détriment d'une société débitrice et de son dirigeant qui a affecté un immeuble en garantie de sa dette. C'est donc à tort que pour rejeter cette demande, le premier juge a retenu, en substance et sur le fondement de l'article 68, ancien, de l'AUDCG, « que si la mention du délai de dix (10) ans a caractérisé la mauvaise foi de la banque en l'espèce, sans qu'il ne soit nécessaire d'ordonner la rectification des mentions erronées au regard des circonstances de l'affaire, il y a lieu de considérer que l'inscription du nantissement, prise le 21 août 2014, ne valait que pour une période de cinq (5) ans, sauf renouvellement avant l'expiration de ce délai ». Le faux étant donc avéré sur le formulaire d'inscription du 21 août 2014, lequel mentionne d'apparente mauvaise foi la durée de dix (10) ans au lieu de cinq (5) ans en application du texte légal, il y a lieu d'infirmer l'ordonnance attaquée sur ce point. De plus, c'est par une mauvaise interprétation de la loi applicable (en l'espèce, la loi 054-2017 du 5 décembre 2017 portant réglementation de la profession d'huissier au Burkina) que, pour rejeter une demande d'inscription en faux contre un procès-verbal d'inventaire dressé par voie d'huissier, un juge s'est fondé sur les dispositions des articles 15 et 16 de ladite loi pour retenir que les constatations effectuées par un huissier « font foi jusqu'à preuve du contraire et ne peuvent faire l'objet d'une procédure d'inscription de faux », alors que ladite loi n'exclut aucun acte authentique d'une procédure en contestation de faux. En l'espèce, il convient de relever, de première part, que l'examen de la pièce arguée de faux révèle une incohérence textuelle, en ce que le procès-verbal d'inventaire de fonds de commerce est daté du 19 juillet 2019, alors que le commandement de payer la créance reliquataire de 349 125 139 FCFA, qui devrait logiquement précéder l'inventaire, est daté, quant à lui, du 2 août 2019. À l'instar de l'intimée, la simple erreur matérielle aurait pu être évoquée si, de seconde part, d'autres faits tout autant ambigus n'étaient constatés ; c'est le cas des matériels de la société débitrice, non inventoriés et ne figurant pas sur la liste des biens vendus, qui ont été retrouvés par les services de gendarmerie dans une villa privée, dans une clinique [A.] ou dans une clinique [B] dont le directeur général d'alors, le docteur [X.], prétend que « ledit matériel s'y trouvait pour raison de maintenance ou réparation ». Il s'en déduit que la pièce incriminée est bien fausse, intellectuellement, pour n'avoir été établie que pour les besoins de la vente forcée ; en conséquence, l'ordonnance querellée est également infirmée sur ce point (CCJA, 2e ch., no 061/2023, 30-3-2023).

Obs. : décision rendue sur le fondement de l'ancien article 68, mais dont la solution, toujours valide, nous semble transposable.

C'est à bon droit que pour débouter une partie de l'inscription en faux à titre incident contre une convention de nantissement, un premier juge a retenu « que la convention de nantissement arguée de faux a été signée par la [banque créancière] et la [débitrice] ; que cette dernière ne désavoue ni les clauses contractuelles ni sa signature qui y est apposée et n'apporte par ailleurs la preuve d'aucune falsification ou d'altération de l'acte ; que celui-ci fait foi entre les parties contractantes ; que la non-inscription ou l'absence de renouvellement de l'inscription de cette sûreté au RCCM ne peut conférer à l'acte le caractère de faux ; que l'inscription en faux contre la convention de nantissement ne peut donc prospérer […] » ; il y a lieu de confirmer cette motivation (CCJA, 2e ch., no 061/2023, 30-3-2023).

● Titre V ●

DISPOSITIONS PARTICULIÈRES

Art. 70 Chaque État partie peut désigner un Registre du Commerce et du Crédit Mobilier unique pour accomplir les formalités relatives aux sûretés et au crédit-bail prévues par le présent Acte uniforme, par l'Acte uniforme portant organisation des sûretés et par toutes autres dispositions légales.

Obs. : voir AUS, art. 52 et s.

Art. 71 Le greffier ou le responsable de l'organe compétent dans l'État partie en charge du Registre du Commerce et du Crédit Mobilier désigné à cet effet est seul compétent pour accomplir les missions prévues à l'article 35 du présent Acte uniforme.

Le greffier ou le responsable de l'organe compétent dans l'État partie en charge du Registre du Commerce et du Crédit Mobilier désigné utilise pour les formalités visées à l'article 70 ci-dessus, les registre et répertoire existants et prévus à l'article 38 du présent Acte uniforme.

Art. 72 En vue de permettre au Registre du Commerce et du Crédit Mobilier désigné de mettre en œuvre les dispositions de l'article 70 ci-dessus, chaque Registre du Commerce et du Crédit Mobilier dispose d'un délai d'un an pour transférer au Registre du Commerce et du Crédit Mobilier désigné l'ensemble des dossiers relatifs aux sûretés et aux contrats de crédit-bail inscrits dans ses registres, comportant notamment les dates d'inscription, de modification, de renouvellement et de radiation.

Nonobstant les dispositions qui précèdent, en cas de modification, renouvellement et radiation d'une inscription, dès réception de la demande y afférente, le greffe ou l'organe compétent dans l'État partie en charge du Registre du Commerce et du Crédit Mobilier désigné demande au greffe ou à l'organe compétent dans l'État partie en charge du Registre du Commerce et du Crédit Mobilier ayant reçu l'inscription initiale l'envoi immédiat du dossier concerné. La transmission doit être faite dans l'urgence, en tout cas dans un délai d'un mois à compter de la réception de la demande.

Les personnes visées à l'article 51 de l'Acte Uniforme portant organisation des sûretés, à défaut de transfert du dossier concerné par le Registre du Commerce et du Crédit Mobilier dans les délais prévus ci-dessus, peuvent saisir la juridiction compétente ou l'autorité compétente dans l'État partie statuant à bref délai, à l'effet d'en obtenir le transfert par le greffier concerné ou le responsable de l'organe compétent dans l'État partie.

Le greffier ou le responsable de l'organe compétent dans l'État partie en charge du Registre du Commerce et du Crédit Mobilier désigné doit procéder, dès réception du dossier concerné, à la transcription dans le registre chronologique des dépôts et dans le répertoire alphabétique des données y figurant.

Les dates d'inscription, de renouvellement, de modification ou de radiation sont notamment portées sur le registre chronologique des dépôts et dans le répertoire alphabétique avec la précision qu'il s'agit du report d'une inscription, d'un renouvellement, d'une modification ou d'une radiation provenant d'un dossier transmis avec notamment indication du Registre du Commerce et du Crédit Mobilier d'origine.

Le créancier d'une sûreté, l'agent des sûretés ou le crédit-bailleur, à défaut de transcription dans le registre chronologique des dépôts et dans le répertoire alphabétique des données figurant dans le dossier transmis par le Registre du Commerce et du Crédit Mobilier, dans un délai de 48 heures à compter de la réception dudit dossier, peut saisir la juridiction compétente ou l'autorité compétente dans l'État partie statuant à bref délai à l'effet d'en obtenir la transcription par le greffier ou le responsable de l'organe compétent dans l'État partie.

• Livre III •

FICHIER NATIONAL

• Chapitre I •

DISPOSITIONS GÉNÉRALES

Art. 73 Chaque État partie organise un Fichier National pour :

– centraliser les renseignements et informations consignés dans chaque Registre du Commerce et du Crédit Mobilier ;

– permettre l'accès des assujettis et des tiers aux informations conservées par le Fichier National ;

– permettre de satisfaire aux exigences de sécurité, de célérité, de transparence et de loyauté nécessaires au développement des activités économiques ;

– recevoir les déclarations relatives aux hypothèques faites à la diligence de l'autorité en charge de la publicité des hypothèques ou d'une des personnes visées par l'article 51 de l'Acte uniforme portant organisation des sûretés.

Le fichier national reçoit de chaque Registre du Commerce et du Crédit Mobilier copies des formulaires, sous forme papier ou numérique, et des dossiers individuels sous forme numérique ou constitués des pièces certifiées conformes par le greffier ou le responsable de l'organe compétent dans l'État partie en charge du Registre du Commerce et du Crédit Mobilier.

• Chapitre II •

ORGANISATION DU FICHIER NATIONAL

Art. 74 Chaque État partie désigne l'organe en charge de la tenue du Fichier National.

Le Fichier National est tenu sous la surveillance du ministère en charge de la justice. Les informations contenues dans les formulaires transmis au Fichier National sont destinées à l'information du public.

A toute demande d'information faite au Fichier National, le greffier ou le responsable de l'organe compétent dans l'État partie doit répondre immédiatement ou au plus tard dans un délai de quarante-huit (48) heures à compter de la réception de la demande. La demande peut être formulée par voie électronique ainsi que la réponse.

Art. 75 Le Fichier National comprend :

1°) un registre d'arrivée mentionnant, dans l'ordre chronologique la réception de la transmission, la nature du formulaire et du dossier reçus. Le registre mentionne également les déclarations relatives aux hypothèques. Un numéro d'ordre d'arrivée est attribué à chaque transmission et à chaque déclaration d'hypothèque ;

2°) un répertoire alphabétique des personnes concernées par les formulaire et dossier relatifs à l'immatriculation et à la déclaration d'activité reçus de chaque Registre du Commerce et du Crédit Mobilier avec mention :

a) pour les personnes physiques, de leurs nom, prénoms, date et lieu de naissance, du numéro d'immatriculation au Registre du Commerce et du Crédit Mobilier ou du numéro de la déclaration d'activité au Registre du Commerce et du Crédit Mobilier, de la nature de l'activité exercée, de l'adresse du principal établissement ou du lieu d'exercice de l'activité, des succursales et établissements situés dans le ressort de la juridiction du Registre du Commerce et du Crédit Mobilier ou hors de ce ressort ;

b) pour les personnes morales, selon le cas, de leur raison sociale, ou dénomination sociale, de leur forme juridique, de leur numéro d'immatriculation, de la nature de l'activité exercée, de l'adresse du principal établissement, de l'adresse du siège social, des succursales et établissements situés dans le ressort du Registre du Commerce et du Crédit Mobilier ou hors de ce ressort.

3°) un répertoire alphabétique des personnes concernées par les formulaire et dossier relatifs à l'inscription des sûretés et du crédit-bail, ainsi que par les déclarations d'hypothèques. Le répertoire fait mention des inscriptions supportées par ces personnes, contenant pour chacune d'elles les données y relatives, le tout par ordre chronologique ;

4°) un dossier individuel pour chaque personne concernée par les formulaire, déclaration d'hypothèque et dossier reçus par le Fichier National.

• Livre IV •

FICHIER RÉGIONAL

• Chapitre I •

DISPOSITIONS GÉNÉRALES

Art. 76 Un Fichier Régional, tenu auprès de la Cour commune de justice et d'arbitrage, est organisé aux fins de :

– centraliser les renseignements et informations consignés dans chaque Fichier National ;

– permettre l'accès des assujettis et des tiers aux informations conservées par le Fichier Régional ;

– permettre de satisfaire aux exigences de sécurité, de célérité, de transparence et de loyauté nécessaires au développement des activités économiques.

Il reçoit de chaque Fichier National de chaque État partie copies des formulaires, sous forme papier ou numérique, et le cas échéant, un extrait des dossiers individuels en forme numérique ou constitués des pièces certifiées conformes par le greffier ou le responsable de l'organe compétent dans l'État partie en charge du Fichier National de chaque État partie.

Il assume la même mission d'information du public que le Fichier National.

• Chapitre II •

ORGANISATION DU FICHIER RÉGIONAL

Art. 77 Le Fichier Régional comprend :

1°) un registre d'arrivée mentionnant, dans l'ordre chronologique la réception de la transmission, la nature du formulaire et du dossier reçus. Un numéro d'ordre est attribué à chaque transmission ;

2°) un répertoire alphabétique des personnes concernées par les formulaires et le dossier reçus de chaque Fichier National, portant sur l'immatriculation et la déclaration d'activité avec mention :

a) pour les personnes physiques, de leurs nom, prénoms, date et lieu de naissance, du numéro d'immatriculation au Registre du Commerce et du Crédit Mobilier ou le numéro de déclaration d'activité au Registre du Commerce et du Crédit Mobilier, de la nature de l'activité exercée, de l'adresse du principal établissement ou du lieu d'exercice de l'activité, des succursales et établissements situés dans le ressort de la juridiction du Registre du Commerce et du Crédit Mobilier ou hors de ce ressort ;

b) pour les personnes morales, selon le cas, de leur raison sociale ou dénomination sociale, de leur forme juridique, de leur numéro d'immatriculation, de la nature de l'activité exercée, de l'adresse du principal établissement, de l'adresse du siège social, des succursales et établissements situés dans le ressort du Registre du Commerce et du Crédit Mobilier ou hors de ce ressort.

3°) un répertoire alphabétique des personnes concernées par les formulaires et déclaration d'hypothèque reçus de chaque Fichier National avec mention des inscriptions supportées par elles ;

4°) un extrait du dossier individuel pour chaque personne concernée par les formulaires et déclaration d'hypothèque.

Art. 78 Les informations contenues dans les formulaires et déclaration d'hypothèque transmis au Fichier Régional sont destinées à l'information du public.

A toute demande d'information formulée au Fichier Régional, le responsable doit répondre immédiatement ou au plus tard dans un délai de quarante-huit (48) heures à compter de la réception de la demande.

Livre V

INFORMATISATION DU REGISTRE DU COMMERCE ET DU CRÉDIT MOBILIER, DU FICHIER NATIONAL ET DU FICHIER RÉGIONAL

Chapitre I

PRINCIPES GÉNÉRAUX DE L'UTILISATION DES PROCÉDURES ÉLECTRONIQUES

Art. 79 Les dispositions du présent Livre s'appliquent aux formalités ou demandes prévues par le présent Acte uniforme, par tout autre acte uniforme ou par toute autre règlementation. Ces demandes ou formalités peuvent être effectuées par voie électronique, dès lors qu'elles peuvent être transmises et reçues par cette voie par leurs destinataires.

Toutefois, les dispositions du présent Livre ne s'appliquent pas aux échanges ou transmissions électroniques qui font l'objet de législations particulières.

Art. 80 Dans chaque État partie, le Registre du Commerce et du Crédit Mobilier et le Fichier National peuvent être tenus et exploités soit sur support papier, soit sous forme électronique.

Le Fichier Régional est tenu et exploité soit sur support papier, soit sous forme électronique.

Art. 81 Un Comité technique de normalisation des procédures électroniques institué au sein de l'OHADA est chargé de la normalisation des procédures effectuées au moyen de documents et de transmissions électroniques.

Chapitre II

VALIDITÉ DES DOCUMENTS ÉLECTRONIQUES ET DES SIGNATURES ÉLECTRONIQUES

Art. 82 Les formalités accomplies auprès des Registres du Commerce et du Crédit Mobilier au moyen de documents électroniques et de transmissions électroniques ont les mêmes effets juridiques que celles accomplies avec des documents sur support papier, notamment en ce qui concerne leur validité juridique et leur force probatoire.

Les documents sous forme électronique peuvent se substituer aux documents sur support papier et sont reconnus comme équivalents lorsqu'ils sont établis et maintenus selon un procédé technique fiable, qui garantit, à tout moment, l'origine du document sous forme électronique et son intégrité au cours des traitements et des transmissions électroniques.

Les procédés techniques fiables et garantissant, à tout moment, l'origine des documents sous forme électronique ainsi que leur intégrité au cours de leurs traitements et de leurs transmissions électroniques sont reconnus valables par le présent Acte uniforme ou par le Comité technique de normalisation des procédures électroniques prévu à l'article 81 du présent Acte uniforme.

L'usage d'une signature électronique qualifiée est un procédé technique fiable et garantissant, à tout moment, l'origine des documents sous forme électronique, leur intégrité au cours de leurs traitements et de leurs transmissions électroniques.

Art. 83 La signature électronique qualifiée est appliquée à un document et permet d'identifier le signataire et de manifester son consentement aux obligations qui découlent de l'acte.

Elle présente les caractéristiques suivantes :

– elle est liée uniquement au signataire ;

– elle permet d'identifier dûment le signataire ;

– elle est créée par des moyens que le signataire peut garder sous son contrôle exclusif ;

– elle est liée au document auquel elle se rapporte de telle sorte que toute modification ultérieure du document soit détectable.

La signature électronique qualifiée est formée des composants techniques suivants :

– un logiciel de création de signature et un logiciel de vérification de signature ;

– un certificat électronique, authentifiant le signataire, produit par un prestataire de services de certification électronique.

Le Comité technique de normalisation des procédures électroniques prévu à l'article 81 du présent Acte uniforme détermine les critères à remplir pour être un prestataire de services de certification électronique.

Art. 84 Le certificat électronique employé en support de la signature électronique qualifiée est une attestation électronique qui lie des données afférentes à la vérification de signature à une personne et confirme l'identité de cette personne.

Il présente au minimum les mentions suivantes :

– le nom du titulaire du certificat ;

– la clé cryptographique publique du titulaire ;

– la période de validité du certificat ;

– un numéro de série unique ;

– la signature électronique du prestataire de services de certification électronique.

Art. 85 La réglementation de l'Organisation pour l'harmonisation en Afrique du Droit des Affaires, et à défaut, le droit interne des États parties, énonce les contraintes techniques appliquées aux composants de la signature électronique pour que celle-ci soit réputée qualifiée.

Chapitre III

UTILISATION ET CONSERVATION DES DOCUMENTS ÉLECTRONIQUES

Art. 86 La demande ou la déclaration ainsi que les pièces justificatives peuvent se présenter, totalement ou partiellement, sous forme électronique, sous réserve du respect des dispositions de l'article 79 du présent Acte uniforme en ce qui concerne le destinataire et du respect des dispositions des articles 82 à 85 du présent Acte uniforme en ce qui concerne la conformité des documents.

Art. 87 En cas d'option pour la voie électronique, les personnes en charge des Registres du Commerce et du Crédit Mobilier délivrent, dans le respect des dispositions du présent Acte uniforme, les mêmes actes que ceux délivrés en cas d'accomplissement des formalités sur support papier.

Les documents remis par les autorités en charge des Registres du Commerce et du Crédit Mobilier sont sous la forme de procédés techniques fiables et garantissant, à tout moment, l'origine des documents sous forme électronique ainsi que leur intégrité au cours de leurs traitements et de leurs transmissions électroniques reconnus valables par le présent Acte uniforme ou par le Comité technique de normalisation des procédures électroniques prévu à l'article 81 du présent Acte uniforme.

Ils prennent les dénominations suivantes :

– pour les formalités d'immatriculation : accusé d'enregistrement de l'immatriculation mentionnant la date et le numéro d'immatriculation ;

– pour les formalités de déclaration : accusé d'enregistrement de la déclaration portant la date et le numéro de la déclaration d'activité ;

– pour les autres formalités au Registre du Commerce et du Crédit Mobilier : accusé d'enregistrement mentionnant la date et la nature de la formalité ;

– pour les formalités liées à l'inscription des sûretés : accusé d'enregistrement ou certificat de dépôt portant la date, la désignation de la formalité effectuée et le numéro d'ordre ;

– pour les formalités de renouvellement d'inscription : accusé d'enregistrement ou certificat de renouvellement portant la date, la désignation de la formalité effectuée et le numéro d'ordre ;

– pour les formalités de modification et de radiation de l'inscription au répertoire : accusé d'enregistrement ou certificat de modification ou de radiation portant la date, la désignation et le numéro d'ordre.

Les autres documents prévus dans le cadre des dispositions du présent Acte uniforme et émis par voie électronique ont les mêmes dénominations que celles prévues dans la procédure par usage du papier sous réserve des dispositions des articles 82 à 85 ci-dessus. L'accusé d'enregistrement avec les mentions prévues par le présent Acte uniforme, ou par tout autre Acte uniforme ou toute autre disposition légale, indique que les formulaires, documents, actes ou les informations attendus ont bien été reçus par le destinataire et sont exploitables, notamment par des traitements électroniques.

L'accusé d'enregistrement est délivré par le greffier ou le responsable de l'organe compétent dans l'État partie en charge du Registre du Commerce et du Crédit Mobilier dès réception de la demande ou de la déclaration par voie électronique conformément aux dispositions du présent Acte uniforme.

Art. 88 Le greffier ou le responsable de l'organe compétent dans l'État partie en charge du Registre du Commerce et du Crédit Mobilier est habilité à extraire des décisions juridictionnelles ou administratives, qui lui sont transmises sur support papier ou sous forme électronique, les mentions à porter dans les dossiers individuels ou en marge des registre et répertoire.

Les mentions marginales inscrites dans le dossier individuel ou en marge des registre et répertoire, établis sur support électronique, figurent dans un fichier informatique lié au dossier individuel d'origine signé par le greffier ou le responsable de l'organe compétent dans l'État partie au moyen de sa signature électronique qualifiée.

Les copies intégrales des dossiers individuels, complétées de ces mentions marginales, sont transmises dans les vingt-quatre (24) heures au Fichier National, lequel transmet dans les vingt-quatre (24) heures par voie électronique au Fichier Régional, les copies des formulaires, sous forme numérique et, le cas échéant, un extrait des dossiers individuels en forme numérique ou constitués des pièces certifiées conformes par le greffier ou le responsable de l'organe compétent dans l'État partie en charge du Fichier National de l'État partie.

Art. 89 Lorsqu'une demande ou une déclaration est faite sous forme électronique et à défaut de la signature électronique du demandeur, du déclarant ou de son mandataire, le greffier ou le responsable de l'organe compétent dans l'État partie en charge du Registre du Commerce et du Crédit Mobilier valide la demande ou la déclaration par sa propre signature électronique qualifiée, après examen du document et des pièces justificatives.

Dans ce cas, l'accusé d'enregistrement ne porte pas mention du numéro de déclaration d'activité, d'immatriculation ou d'ordre.

Le numéro de déclaration d'activité ou le numéro d'immatriculation ou le numéro d'ordre, selon le cas, est délivré dans un délai de quarante-huit (48) heures, après la validation par le greffier ou le responsable de l'organe compétent dans l'État partie, de la déclaration ou de la demande ainsi que des pièces justificatives jointes.

Art. 90 Une autorité administrative peut communiquer au Registre du Commerce et du Crédit Mobilier, directement sous forme papier ou support électronique, les informations soumises à publicité en vertu des dispositions du présent Acte uniforme ou de tout autre Acte uniforme ou de toute autre disposition légale, nonobstant la présence de données à caractère personnel.

Art. 91 La conservation de la déclaration ou de la demande établies sur support électronique est assurée dans des conditions de nature à en préserver la durabilité, l'intégrité et la lisibilité.

L'ensemble des informations concernant la déclaration ou la demande dès son établissement, telles que les données permettant de l'identifier, de déterminer ses propriétés, notamment les signatures électroniques qualifiées, et d'en assurer la traçabilité, est également conservé.

Les opérations successives justifiées par sa conservation, notamment les migrations d'un support de stockage électronique à un autre dont les informations peuvent faire l'objet, ne retirent pas aux enregistrements électroniques des déclarations ou des demandes leur valeur d'original.

Le procédé de conservation doit permettre l'apposition par le greffier ou le responsable de l'organe compétent dans l'État partie en charge de mentions postérieures à l'enregistrement sans qu'il en résulte une altération des données précédentes.

Chapitre IV

UTILISATION DE LA VOIE ÉLECTRONIQUES POUR LA TRANSMISSION DES DOCUMENTS

Art. 92 Les Registres du Commerce et du Crédit Mobilier, les Fichiers Nationaux et le Fichier Régional peuvent fournir un service informatique accessible par l'Internet, sécurisé, permettant au demandeur ou au déclarant, selon son choix, de :

– faire toute demande ou déclaration ;

– transmettre, notamment par messagerie électronique, un dossier unique de demande ou de déclaration composé de documents sous forme électronique et de pièces justificatives numérisées ;

– préparer une demande de manière interactive en ligne, notamment sur le site web du Registre du Commerce et du Crédit Mobilier concerné, et la transmettre par cette voie.

Art. 93 Le greffe ou l'organe compétent dans l'État partie en charge du Registre du Commerce et du Crédit Mobilier peut répondre par voie électronique à toute demande d'information qui lui est adressée par cette voie. Aucune confirmation sur papier n'est nécessaire tant pour la demande que pour la réponse.

Art. 94 Les échanges entre les Registres du Commerce et du Crédit Mobilier, les Fichiers Nationaux et le Fichier Régional sont revêtus de la signature électronique qualifiée de l'émetteur afin d'en garantir l'origine et l'intégrité.

Art. 95 Pour toute transmission directe par voie électronique notamment par messagerie électronique, il est fait usage par le demandeur ou le déclarant de sa signature électronique qualifiée.

Art. 96 La transmission des dossiers individuels, de copies ou d'extraits prévue par les Actes uniformes peut s'effectuer par moyens électroniques, notamment en la numérisant préalablement dans des conditions garantissant sa reproduction à l'identique selon les recommandations émises par le Comité technique de normalisation des procédures électroniques prévu à l'article 81 du présent Acte uniforme.

Les informations sont considérées être envoyées par moyens électroniques lorsqu'elles sont émises et reçues à destination au moyen d'équipements électroniques de traitement, y compris la compression numérique, et de stockage de données, et entièrement transmises, acheminées et reçues par fils, par radio, par moyens optiques ou par d'autres moyens électromagnétiques selon des modalités définies par les États parties, mais permettant l'interopérabilité entre le système d'information des émetteurs et récepteurs. Des accusés de réception sont envoyés par les organismes destinataires aux organismes émetteurs. Ils sont munis de la signature électronique qualifiée du greffier ou du responsable de l'organe compétent dans l'État partie de l'organisme destinataire.

Chapitre V

PUBLICITÉ ET DIFFUSION DES INFORMATIONS DES REGISTRES SOUS FORME ÉLECTRONIQUE

Art. 97 Dans les conditions prévues par le présent Acte uniforme et par l'Acte uniforme portant organisation des sûretés, toute personne peut obtenir sous forme électronique les informations figurant sur les formulaires déposés au Registre du Commerce et du Crédit Mobilier.

Elle peut obtenir en outre communication des extraits ou copies de tout ou partie des documents publiés au Registre du Commerce et du Crédit Mobilier en application du présent Acte uniforme, de l'Acte uniforme relatif au droit des sociétés commerciales et du groupement d'intérêt économique et de l'Acte uniforme portant organisation et harmonisation des comptabilités des entreprises.

Art. 98 Le greffe ou l'organe compétent dans l'État partie en charge du Registre du Commerce et du Crédit Mobilier, après avoir utilisé un système de numérisation dans des conditions garantissant la reproduction à l'identique, peut procéder à la copie sur support électronique de tout ou partie d'un dossier individuel sur papier.

Les informations données sous forme électronique ne sont pas certifiées conformes, sauf demande expresse du demandeur. A défaut de certification, les informations données ne valent que comme simple renseignement.

La certification des copies électroniques doit garantir à la fois l'authentification de leur origine et l'intégrité de leur contenu, au moyen au moins d'une signature électronique qualifiée de l'autorité en charge du Registre du Commerce et du Crédit Mobilier. La copie authentique comporte en outre la date et l'image de son sceau. Mention est portée sur la copie délivrée de sa conformité à l'original.

Les informations, extraits et copies intégrales d'un document peuvent être transmis au demandeur à l'adresse électronique qu'il a préalablement indiquée, dans des conditions garantissant l'intégrité de l'acte, la confidentialité de la transmission, l'identité de l'expéditeur et celle du destinataire.

Art. 99 Le coût de l'obtention d'une information, d'un extrait ou d'une copie intégrale sur support papier ou sur support électronique ou voie électronique ne peut être supérieur au coût administratif de l'opération.

Art. 100 Le Registre du Commerce et du Crédit Mobilier peut transmettre par voie électronique aux organismes administratifs destinataires de l'État partie les informations et pièces justificatives les concernant, nonobstant la présence de données à caractère personnel.

Livre VI

BAIL À USAGE PROFESSIONNEL ET FONDS DE COMMERCE

Titre I

BAIL À USAGE PROFESSIONNEL

Chapitre préliminaire

CHAMP D'APPLICATION

Art. 101 [anc. art. 69 mod.] Les dispositions du présent titre sont applicables à tous les baux portant sur des immeubles rentrant dans les catégories suivantes :

1°) locaux ou immeubles à usage commercial, industriel, artisanal ou à tout autre usage professionnel ;

2°) locaux accessoires dépendant d'un local ou d'un immeuble à usage commercial, industriel, artisanal ou à tout autre usage professionnel, à la condition, si ces locaux accessoires appartiennent à des propriétaires différents, que cette location ait été faite en vue de l'utilisation jointe que leur destinait le preneur, et que cette destination ait été connue du bailleur au moment de la conclusion du bail ;

3°) terrains nus sur lesquels ont été édifiées, avant ou après la conclusion du bail, des constructions à usage industriel, commercial, artisanal ou à tout autre usage professionnel, si ces constructions ont été élevées ou exploitées avec le consentement exprès du propriétaire ou portées à sa connaissance et expressément agréées par lui.

JURISPRUDENCE OHADA

I. Compétence pour qualifier le bail

A. Incompétence du juge des référés pour qualifier le bail

Le juge des référés est incompétent pour déterminer la destination véritable d'un local qui a fait l'objet de deux contrats différents signés par les mêmes parties, respectivement pour des usages d'habitation et commercial, d'autant plus qu'en l'espèce le juge du fond est déjà saisi (TRHC Dakar, Ord. réf. n° 1062, 10-9-2001 : A. T. c/ M. L. L. et T. de V. M., Ohadata J-05-69).

B. Critère déterminant la qualification

Selon l'article 69 [devenu 101] de l'AUDCG, c'est la destination des locaux qui détermine la nature commerciale du bail (TRHC Dakar, n° 234, 31-1-2001 : Héritiers de feu A. S. c/ El Hadj N. T., Ohadata J-05-62).

Obs. : cette décision reconnaît le caractère commercial d'un bail mixte ; voir sous l'art. 128.

II. Locaux exclus du statut

A. Bail d'habitation

Lorsqu'il ne ressort pas du contrat de location d'une villa sise dans une cité et comprenant deux pièces, un salon, deux salles d'eau équipées, une cuisine et une cour, ni d'aucune autre pièce que cette villa a reçu une destination entrant dans le champ d'application de l'article 69 [devenu 101] de l'AUDCG, il doit être considéré que le bail est à usage d'habitation. Le congé à servir pour mettre un terme à un tel bail reste soumis aux dispositions du code des obligations civiles et commerciales et le preneur ne peut invoquer l'inobservation des dispositions de l'AUDCG pour solliciter l'annulation du congé. Le congé servi étant régulier et arrivé à terme, l'expulsion du preneur doit être ordonnée (TRHC Dakar, n° 1995, 3-12-2003 : S. M. c/ N. S., Ohadata, J-04-275).

Le bail signé entre un bailleur, personne physique et une société commerciale pour servir d'habitation à un dirigeant de ladite société n'est pas un bail commercial, dès lors qu'il ressort clairement du contrat qu'il a été signé pour un usage d'habitation (CA Abidjan, n° 811, 8-7-2003 : Socoprim c/ A. K. C., Ohadata J-03-331).

N'est pas destiné à l'exercice d'une activité commerciale, le bail conclu pour usage d'habitation, si le preneur a changé l'affectation des locaux de façon unilatérale, sans que la preuve du consentement du bailleur ait été rapportée (CA Ouagadougou, ord. réf. n° 30/2001, 31-5-2001 : Sonatur c/ Fepaci, Ohadata J-06-65).

B. Bail non conclu : local réservé et clés non remises comme convenu

Le bail commercial n'existe que lorsque le propriétaire a donné son accord. En cas d'une formalité préalable consistant pour une commerçante à verser la somme de 500 000 FCFA à une mairie pour réserver une logette sur une place de marché, il n'y a pas eu bail commercial du fait de l'accomplissement de cette seule formalité dès lors qu'il était expressément prévu au contrat type de location que « le présent bail est accepté moyennant un loyer mensuel de 12 000 FCFA échu payé en espèces au bailleur ou à son représentant, exigible dès la remise des clés de la boutique au locataire ». Ainsi, c'était seulement après remise des clés que la Mairie signait les contrats de location et en l'absence de cette opération dans l'espèce, il n'y a jamais eu de bail commercial (CA Cotonou (Bénin), n° 2006-00l/CM/CA-AB, 9-11-2006 : G. A. née K. c/ 1/ T. N. épse A. 2/ Mairie de Bohicon représentée par le Maire, Ohadata J-10-246).

C. Conventions ayant pour objet des biens du domaine public

1° Boutiques dans un marché

Le statut de bail commercial ou professionnel ne peut s'appliquer aux conventions ayant pour objet des biens dépendant du domaine public (en l'espèce, boutiques situées dans un marché) même lorsqu'elles sont conclues entre deux personnes de droit privé, en raison du principe de précarité et de révocabilité qui s'applique aux occupations de ce domaine. En l'espèce, la défenderesse n'a pas la qualité de propriétaire des biens immobiliers, objet d'une telle occupation, qui n'est pas régie par l'AUDCG (CCJA, ass. plén., n° 078, 25-4-2014 : La Amadou Issa c/ Sté de construction et de gestion des marchés dite Socogem, Ohadata J-15-169).

2° Convention d'occupation temporaire dans un aéroport

La « convention portant autorisation d'occupation temporaire du domaine public à l'aéroport de Conakry-Gbessia », qui précise que le « bénéficiaire » doit « occuper l'espace pour les activités définies à l'article 4 de la présente convention sans lui donner aucun caractère de fonds de commerce », n'a pas la nature d'un bail commercial, bien qu'en présentant les apparences en ce sens qu'elle porte sur un local affecté à un usage commercial. Il en est ainsi car elle porte sur une dépendance du domaine public et ne peut par conséquent relever de l'AUDCG allégué par la demanderesse au pourvoi, mais également parce qu'elle comporte des clauses exorbitantes du droit commun propres aux contrats publics, à l'instar de l'article 8 qui prive le « bénéficiaire » de toute indemnité en raison, entre autres, de troubles divers liés à l'exploitation du service public de l'aéroport, de l'état des dépendances et installations du domaine public (CCJA, ass. plén., n° 075, 29-4-2015 : Sté de gestion et d'exploitation de l'aéroport de Conakry-Gbessia dite Sogeac c/ Sory Doumbouya, Ohadata J-16-76).

3° Bail emphytéotique

Le bail emphytéotique, par lequel une société bénéficiant de l'affectation d'un domaine public, est autorisée à construire et donc à exploiter un complexe hôtelier, activité qui s'inscrit parfaitement dans l'« activité commerciale, industrielle qui confère au locataire un droit personnel, artisanale ou toute autre activité professionnelle », n'entre pas dans la catégorie du bail à usage professionnel, et ne relève pas de l'AUDCG dans ses dispositions relatives au bail à usage professionnel régi par ses articles 101 et suivants, dès lors que l'emphytéose confère au preneur un droit réel immobilier, les deux catégories étant appelées à satisfaire des besoins juridiques distincts (CCJA, 1e ch., n° 085/2022, 9-6-2022).

D. Conventions relatives à la démolition de constructions sur un terrain et l'édification de constructions

La convention notariée par laquelle une succession a donné à bail à une société une parcelle de terrain urbain bâti sise à Lomé, pour une durée de 40 ans, à charge entre autres, pour cette dernière, de démolir les constructions y édifiées et d'y édifier « des constructions en dur, à toute hauteur permise par les règlements d'urbanisme et en se conformant strictement à ces règlements, notamment un rez-de-chaussée surélevé d'étages [...] » n'entre pas dans le champ d'application de l'article 69 [devenu 101] de l'AUDCG, dès lors qu'aucune de ses mentions n'indique qu'elle porte sur une des catégories de locaux ou immeubles citées à ce texte. Il s'ensuit que le litige ne soulève aucune question relative à l'application d'un Acte uniforme ou règlement prévus au Traité et la CCJA est incompétente (CCJA, 1e ch., n° 55, 21-4-2016 : Succession Millerhagame/ Kokou Mawukplimi c/ Sté Saint Michel et co, Ohadata J-17-02).

E. Bail portant sur un terrain nu

Il résulte de l'article 101, 3° de l'AUDCG que les dispositions régissant le bail à usage professionnel ne sont applicables aux terrains nus que lorsque d'une part, ont été édifiées, avant ou après la conclusion du bail, des constructions à usage industriel, commercial, artisanal ou à tout autre usage professionnel et d'autre part, si ces constructions ont été élevées ou exploitées avec le consentement exprès du propriétaire ou portées à sa connaissance et expressément agréées par lui. En l'espèce, aucune construction n'ayant été édifiée sur les terrains nus, objet du contrat en cause, ni avant ni après la conclusion du bail, le contrat liant les parties ne rentre pas dans le champ d'application de l'AUDCG. En conséquence, la CCJA est incompétente pour en connaître (CCJA, 3e ch., nº 017/2021, 28-1-2021 : Sasso Aya c/ Sté SCB SA).

....

III. Locaux soumis au statut

A. Locaux destinés à une activité commerciale

Les locaux sont destinés à l'exercice d'une activité commerciale ou professionnelle :

– dès lors que la société locataire, inscrite au registre du commerce et agréée par le Ministère du commerce pour exercer une activité commerciale, a pour objet « la construction, la location et la gestion de centres préscolaires, scolaires et culturels. La participation par tous moyens et sous quelque forme que ce soit et en tous pays à toutes entreprises créées ou à créer, pouvant se rattacher directement ou indirectement à l'objet susvisé ». Il s'ensuit que le bail par lequel elle prend en location des locaux destinés à servir de jardin d'enfants est un bail commercial soumis au régime légal des baux commerciaux (CA Port-Gentil, 9-12-1999 : Sté Kossi c/ Paroisse Saint-Paul des Bois, Penant nº 837, sept.-déc. 2001, p. 345 ; Ohadata J-02-45, précisant que pour déterminer la nature commerciale [ou non du bail consenti à une société], il faut se référer aux statuts de ladite société, à son objet social et non simplement aux clauses du bail) ;

– lorsque la convention a été signée par les parties en vue de l'exploitation d'un restaurant, car un restaurant est habituellement destiné à un usage commercial (CA Daloa, nº 295, 20-11-2002 : K.K. c/ S.G, Juris-Ohada, nº 4/2005, juill.-sept. 2005, p. 32, Ohadata J-06-19), souvent désigné en Afrique OHADA « maquis » (CA Abidjan, nº 373, 2-2-2004 : A. Y. M.-L. c/ A. N. O., Ohadata J-04-497) ; il en est ainsi du bail initialement destiné à l'habitation et dont le locataire a changé la destination en exploitant un restaurant dans les locaux loués sans que le bailleur n'y oppose une résistance ; ce bail acquiert alors la nature commerciale et sa résiliation doit se faire conformément à l'article 101 [devenu 133] de l'AUDCG (CA Abidjan, nº 689, 5-6-2001 : E. B. M. c/ K. A. L., Ohadata J-04-100) ;

– lorsque la convention a été signée pour l'exploitation d'un débit de boissons (TGI Bobo-Dioulasso (Burkina Faso), ord. réf. nº 64 bis, 30-5-2003 : BRCB, Sottra c/ Y. P., Ohadata J-04-54) ;

– lorsque le contrat porte sur l'exploitation d'une usine de fabrique de matelas (CA Ouagadougou (Burkina Faso), ch. com., nº 042, 6-6-2008 : Latex Foam Ruber Products SA c/ B. J. C., Ohadata J-11-43).

Le régime juridique applicable au bail commercial d'un immeuble est le même que celui qui est applicable à la location de matériel destiné à l'usage dudit immeuble, en application des articles 517 et 523 al. 1 et 3 du Code civil du Burkina Faso qui disposent respectivement que « les biens sont immeubles par leur nature, par leur destination ou par l'objet auquel ils s'appliquent » et que « les objets que le propriétaire d'un fonds y a placés pour le service de l'exploitation de ce fonds sont immeubles par destination. Sont aussi immeubles par destination, tous effets mobiliers que le propriétaire a attachés au fonds à perpétuelle demeure » (TGI Ouagadougou (Burkina Faso), nº 667 du 19-6-2002 : S. née G. T. R. c/ C. née G. H. Y., Ohadata J-04-19) ;

Obs. : dans cette décision, le tribunal se fonde sur l'art. 69 [devenu 101] de l'AUDCG pour appliquer le statut du bail commercial à des biens immeubles par destination.

B. Locaux destinés à une activité professionnelle

Le statut des baux commerciaux prévu par l'AUDCG est applicable aux baux professionnels (TR Niamey, nº 084, 3-3-2004 : P.K.F. c/ A.B., Ohadata J-09-114). Il en résulte que le caractère de bail commercial a été admis pour l'exploitation :

– d'un garage automobile (CA Littoral (Cameroun), nº 178/REF, 27-10-2008 : L. E. C. E. A. c/ A. B. E., Ohadata J-10-270 ; CA Abidjan, nº 1205, 29-11-2002 : K. K. c/ T. Y., Ohadata J-03-307) ;

– d'un pressing (CCJA, nº 041, 30-6-2009 : Koblan Akomci c/ A. B. née T. E. A., Rec. jur. CCJA, nº 13, janv.-juin 2009, p. 109, Ohadata J-10-79, à propos d'un bail portant sur l'exploitation d'un pressing) ;

– d'un cabinet d'avocats (TGI du Wouri (Cameroun), nº 554, 10-5-2011 : CNPS c/ Etude Mes N. et E., Ohadata J-12-214 ;

– d'un immeuble destiné à l'enseignement (CCJA, ass. plén., nº 067, 25-4-2014 : Sou Sie Sylvain c/ Sté de construction et de gestion immobilière du Burkina (Socogib), Ohadata J-15-158).

C. Locaux de terrains nus : consentement du bailleur à l'édification de constructions

Sont également soumis au statut du bail commercial les baux des terrains nus sur lesquels ont été édifiées soit avant soit après le bail, des constructions à usage, industriel, commercial, artisanal ou professionnel, lorsque ces constructions ont été élevées ou exploitées avec le consentement du propriétaire, ou à sa connaissance. Ainsi, la bailleresse qui indique avoir subordonné son consentement à l'aide que devait lui apporter le preneur pour la conclusion d'un autre contrat de bail et qui explique dans ses conclusions que le preneur aurait utilisé son ciment, son eau et son sable, et qu'elle aurait pris en charge certains travaux, reconnaît ainsi que les travaux ont été faits à sa connaissance de sorte que la réserve qu'elle invoque ne saurait prévaloir. En ce qui concerne le non-paiement du prix, celui-ci n'est pas une condition de validité du contrat, mais plutôt une cause de résiliation (CA Bobo-Dioulasso (Burkina Faso), ch. civ. et com., n° 12, 6-3-2006 : G. A. c/ T. A., Ohadata J-09-399).

Le bail à usage commercial, quel qu'il soit, est exclusivement soumis à l'AUDCG, l'absence de construction sur le site litigieux étant inopérante sur l'applicabilité de ce texte (CA du Littoral (Cameroun), n° 193/CC, 4-7-2011 : Hôtel Akwa Palace SA c/ SAPI SCI, Ohadata J-14-04).

D. Sous-location

Le contrat de sous-location d'un local faisant l'objet d'un bail commercial est également un bail commercial (CA Lomé (Togo), n° 127/2007, 22-11-2007 : M. S. c/ D. S., Ohadata J-10-162).

En présence d'un bail autorisant expressément le preneur à sous-louer les locaux, il y a incontestablement un bail entre le preneur et le sous-locataire qui a régulièrement payé les loyers dans le cadre de la sous-location (CCJA, 1e ch., n° 073/2020, 12-3-2020 : N'Diaye Mohamed c/ Ali Jaffar).

IV. Exclusion des dispositions nationales au regard d'un bail commercial

Reconnaissance de la commercialité du bail. L'appelante qui a reconnu que son bail était commercial (et donc régi par l'AUDCG) ne saurait se prévaloir de la violation des dispositions nationales pour demander l'annulation dudit bail, d'autant plus que les dispositions nationales invoquées excluent de leur champ d'application les baux commerciaux (CCJA, 2e ch., n° 4, 9-3-2006 : A.B c/ Prosuma ; Juris-Ohada, n° 3/2006, p. 16, Ohadata J-07-11).

V. Unicité du bail

En présence de deux baux, l'un signé en 1992 portant sur l'unique bâtiment appartenant à la bailleresse et l'autre portant sur deux bâtiments ultérieurement construits avec l'autorisation verbale d'un représentant de la bailleresse, l'immeuble donné en location et les constructions litigieuses réalisées en cours de bail par la locataire constituent un « ensemble indivisible » permettant à la cour de juger que les parties étaient en réalité liées par un bail à durée déterminée signé en 1992 et renouvelé en 1996 dans des termes quasiment identiques (CA Port-Gentil, 9-12-1999 : Sté Kossi c/ Paroisse Saint-Paul des Bois, Penant n° 837, sept.-déc. 2001, p. 345 ; Ohadata J-02-45).

Jurisprudence comparée

I. Canada

Définition du bail commercial en fonction des clauses du bail

Suivant l'article 1851 du Code civil du Québec (C.C.Q.), le bail « est le contrat par lequel une personne, le locateur, s'engage envers une autre personne, le locataire, à lui procurer, moyennant un loyer, la jouissance d'un bien, meuble ou immeuble, pendant un certain temps ».

Dans le dossier sous étude, ce contrat prévoit que le local sera utilisé à des fins mixtes à savoir : résidentielle et commerciale. Ce dernier usage ne devant pas faire en sorte que la superficie totale du local soit de défense et entraide aux familles et utilisée pour plus du tiers à un autre usage que l'habitation. Le seul fait que l'un des signataires du bail soit une entreprise ne permet pas de conclure qu'il s'agit d'un bail commercial. Pour déterminer si nous sommes en présence d'un bail de logement ou d'un bail commercial, il faut se référer au bail et non à l'usage quotidien qu'on fait du local. Le bail étant le contrat qui lie les parties, il faut s'y référer. Dans le cas sous étude, si l'intimée D.E.F.I. utilise le local pour plus d'un tiers de sa superficie totale à un usage autre que l'habitation, les intimés ne respectent pas ce qui est convenu au bail. Toujours dans cette hypothèse, ils dérogeraient en outre à l'article 1856 du C.C.Q. qui précise : « Ni le locateur ni le locataire ne peuvent, au cours du bail, changer la forme ou la destination du bien loué ». Dans un tel cas, le recours est prévu à l'article 1863 du C.C.Q. dans les termes suivants : « L'inexécution d'une obligation par l'une des parties confère à l'autre le droit de demander, outre des dommages-intérêts, l'exécution en nature, dans les cas qui le permettent. Si l'inexécution lui cause à elle-même ou, s'agissant d'un bail immobilier, aux autres occupants, un préjudice sérieux, elle peut demander la résiliation du bail. » L'inexécution confère, en outre, au locataire le droit de demander une diminution de loyer ; lorsque le tribunal accorde une telle diminution de loyer, le locateur qui remédie au défaut a néanmoins le droit au rétablissement du loyer pour l'avenir

(« Liang c/ Sté de défense et entraide aux familles immigrantes », Cour du Québec, Division de Pratique, Province De Québec, District De Montréal, « Chambre civile », Canada, n° 500-02-110982-02,77 novembre 2002).

II. États-Unis

Existence d'un bail

Afin de savoir si l'on est en présence d'un bail sur une chose mobilière ou en présente d'un prêt avec garantie sur ce bien, il convient de déterminer l'intention des parties au moment de la conclusion du contrat ainsi que de s'attacher aux faits de chaque espèce. Le contrat doit être qualifié de contrat de bail lorsque le contrat stipule que le locataire doit assurer le bien pour sa valeur de remplacement pendant toute la durée du bail et qu'à la fin du bail le bien doit être retourné au propriétaire aux frais du locataire (re Edison Brothers Stores, Inc, 207 B.R. 801 (1997)).

III. France

A. Application d'une loi nouvelle modifiant le régime du bail commercial

Application immédiate. Les effets légaux d'un contrat étant régis par la loi en vigueur à la date où ils se produisent, la loi 4 août 2008, qui a modifié les dispositions de l'article L 145-9 du Code de commerce, définissant les modalités de délivrance du congé d'un bail commercial, doit s'appliquer à un congé délivré après son entrée en vigueur, même si le bail commercial a été conclu avant celle-ci (Cass. 3e civ. 3-7-2013 n° 12-21.541 : RJDA 12/13 n° 984).

B. Notion de local

1° Existence d'un local

Constitue un local :
– une boutique même si son exiguïté ne permet pas à la clientèle d'y pénétrer (CA Paris 4-6-1959 : Rev. Loyers 1959.546) ;
– un simple baraquement dès lors qu'il est destiné à l'exploitation d'un fonds de commerce (Cass. 3e civ. 25-1-1977 : Bull. III n° 38) ;
– l'emplacement dans un supermarché lorsqu'il est bien déterminé, peu important qu'il soit surmonté d'une cabine mobile (TGI Paris 25-10-1973 : Rev. Loyers 1975.377) ;
– un emplacement stable, parfaitement délimité et pouvant être séparé des locaux du magasin dans lequel il est consenti par des rideaux métalliques, bénéficiant d'une vitrine et d'un accès sur rue direct, distinct de celui du supermarché dont les horaires d'ouverture sont d'ailleurs différents, les produits vendus dans les deux magasins n'étant pas identiques et les étalages du preneur étant situés à l'extérieur du supermarché, sur le trottoir de la voie publique (CA Paris, 16e ch. A, 21-6-1994 : GP 1995 som.48 note Ph.-H. Brault, ce preneur justifiant ainsi d'une clientèle propre et autonome).

2° Absence de local

Ne constituent pas un immeuble ou un local :
– des aires de stationnement sans accès indépendant, délimitées par de simples bandes de peinture tracées sur le sol (Cass. 3e civ. 18-3-1992 : Bull. III n° 94) ;
– ni un bureau de vente constitué par une structure en aluminium de 16 mètres carrés garnie d'un faux plafond, d'une membrane en toile, de quatre côtés en baies vitrées et d'un plancher, ni un chapiteau de toile destiné à des véhicules d'occasion, dépourvu de fondation à l'exception de plots de béton, soutenu par un mât central simplement posé au sol, maintenu vertical par des haubans et démontable ; il importe peu qu'un permis de construire ait été délivré, une telle autorisation administrative relevant de réglementations d'urbanisme applicables aussi bien aux constructions définitives qu'à la mise en place d'aménagements ou d'équipements érigés à titre précaire ou provisoire (CA Versailles, 12e ch., sect. 2, 28-11-2002 n° 01/03490 : Bull. inf. C. cass. n° 736) ;
– un entrepôt de stockage destiné à des produits de grande consommation et de bureaux dans lequel le locataire n'a jamais eu l'intention d'exploiter un magasin de vente et d'y recevoir une clientèle (Cass. 3e civ. 16-6-2004 : BRDA 13/04 inf. 18).

C. Exercice dans les lieux d'une activité commerciale, industrielle, artisanale ou professionnelle

1° Exercice d'une activité autonome dans un centre commercial

L'occupant d'un emplacement dans une grande surface ou un hôtel, bar ou buffet dans une salle de spectacle ou sur un terrain de sport, etc. exerce une activité commerciale s'il jouit du libre exercice de son activité (Cass. 3e civ. 19-1-2005 n° 60 : RJDA 4/05 n° 362).

Tel est le cas lorsqu'un commerce est exercé dans une construction permanente située à l'extérieur d'un supermarché (Cass. civ. 1-12-1976 : Bull. civ. III p. 331 ; Cass. 3e civ. 23-11-2004 : GP 2005.som.1307) ou lorsque la dépendance ne contraint « que modérément » la gestion du locataire (Cass. civ. 6-3-1984 : Loyers 1984 n° 233).

En revanche, n'est pas libre d'exercer son commerce le locataire qui est soumis aux horaires d'ouverture du centre commercial, lequel assure le paiement des charges, de même que l'organisation de la publicité et fixe la politique des prix (Cass. 3e civ. 5-2-2003, n° 155 : D. 2003.910 obs. Y. Rouquet ; RJDA 4/03 n° 365 ; JCP G 2004 II 10039 note M. Meyer-Gast).

2° Bail consenti par une société immobilière

Une société propriétaire d'immeubles exerce une activité commerciale dans les lieux où elle se livre à la conclusion habituelle de contrats de courte durée, ayant pour objet par exemple la location à des particuliers d'emplacements de garage pour voitures automobiles ou d'appartements meublés (Cass. soc. 2-4-1957 : JCP G 1958.II.10356 ; Cass. civ. 5-6-1970 : D. 1970.673 ; Cass. civ. 30-10-1984 : Bull. civ. III p. 139 ; CA Paris 11-1-1991 : JCP G 1991.IV.122).

Ce n'est pas le cas lorsqu'elle loue durablement les lieux (souvent après aménagement et division en boutiques) à des commerçants pour les besoins de leur activité (Cass. com. 13-11-1962 : GP 1963.1.121 ; Cass. com. 2-3-1964 : GP 1964.1.353 ; Cass. com. 30-10-1969 : JCP G 1969.IV.288 ; CA Paris 23-6-1987 : GP 1988.som.17).

D. Locaux accessoires

1° Locaux non essentiels à l'exploitation du fonds de commerce

L'exercice d'une activité commerciale n'est pas compromis lorsque le preneur ne démontre pas que :

– la privation de la jouissance d'aires de stationnement entraverait de façon notable l'exploitation de son activité commerciale d'éditeur, notamment en interdisant à ses clients de stationner leurs véhicules à proximité (CA Paris, 16e ch. B, 23-9-1993, RJDA 12/93 n° 1004) ;

– le stockage des marchandises et de certaines machines ne peut se faire dans le local principal (CA Rennes, 7e ch., 11-6-2003 n° 02/04042 : Bull. inf. C. cass. 2003 n° 1481).

2° Local essentiel à l'exploitation du fonds de commerce

Est de nature à compromettre l'exercice d'une activité commerciale, la privation :

– d'un local qui sert à l'usage de garage et d'atelier ainsi qu'à l'entrepôt des matériaux en fer et des outils utilisés pour la transformation de ces matériaux, dès lors que, pour des raisons techniques, afin d'éviter l'oxydation de l'un de ces métaux par des projections de l'autre, les travaux exécutés sur le fer doivent être réalisés dans un local séparé de ceux exécutés sur l'aluminium et réciproquement ; la perte de ce local entraînerait donc la cessation de la branche d'exploitation concernant les matériaux en fer et porterait préjudice au fonds de commerce auquel elle ferait perdre une partie de la clientèle ou de son achalandage (CA Montpellier, 1e ch. B, 24-3-1993 : JCP 1993.IV.2334) ;

– d'une cave, dès lors que l'usage exclusif de réserve ou d'entrepôt de la cave louée suppose une activité commerciale et révèle le lien économique avec la boutique et que le bail commercial ne comportant aucun local à usage d'habitation, la location de cette cave serait sans intérêt pour les preneurs si elle n'était pas destinée à l'exploitation du fonds (CA Paris 20-6-1995 : D. 1995.IR.185) ;

– du local d'habitation loué à un boulanger exerçant son activité dans la boutique qu'il occupe au rez-de-chaussée en vertu d'un bail commercial conclu dans le même immeuble avec le même bailleur (CA Versailles, 12e ch., 15-10-1998 : DA 1999.200) ;

– des emplacements aménagés sur un terrain nu loués à plusieurs sociétés de construction de maisons individuelles sur lesquels ces sociétés avaient édifié une maison par emplacement à titre de modèle type, avec autorisation d'utiliser une ou deux pièces comme bureau sommaire de réception, car ces maisons témoins édifiées sur les terrains nus avec l'accord du bailleur appartenaient à des sociétés dont l'objet était la vente « clés en mains » de maisons individuelles choisies par les clients au vu de ces modèles types, et en conséquence, les maisons constituaient pour ces sociétés des locaux accessoires dont la disparition compromettait leur exploitation principale (Cass. 3e civ. 29-9-1999 : RJDA 11/99 n° 1180) ;

– d'un terrain destiné à servir de parking à une bibliothèque à l'exploitation de laquelle il était nécessaire (CA Toulouse 6-10-2005 : JCP G 2006 IV 2073) ;

– d'un emplacement de 22 mètres carrés sis au rez-de-chaussée d'un immeuble, non fermé, situé dans un parking plus vaste et sans accès indépendant, mais qui compte tenu de sa nature, de sa fonction et de sa situation est indispensable à l'exploitation du fonds de commerce de restauration du preneur (Cass. 3e civ. 22-3-2006 n° 387 : RJDA 6/06 n° 625 : D. 2006.1108 obs. Y. Rouquet ; GP 2006. 1923 obs. P.-H. Brault).

E. Terrains nus

1° Constructions

a. Absence

Ne constituent pas des constructions :

– de simples travaux d'aménagement du sol, par exemple pour un golf (Cass. com. 9-2-1960 : GP 1960.1.296) ;

– une aire de parc de voitures avec implantation de bancs, de mâts porte-drapeaux et de panneaux (Cass. civ. 11-10-1978 : Rev. loyers 1979.36 note J.V.) ;

– un matériel sportif et de loisirs (CA Douai 1-2-1985 : Loyers 1985 n° 204) ;

– divers baraquements, installations sommaires et constructions légères aisément démontables

(Cass. com. 10-1-1961 : Rev. loyers 1961.381 ; Cass. civ. 9-11-1982 : Loyers 1983 n° 51 ; Cass. civ. 8-2-1989 : GP 1989.pan.80 ; CA Versailles 7-5-1987 : GP 1988.som.98) ;
– les pylônes d'un téléski (Cass. civ. 16-3-1988 : Bull. civ. III p. 32).

b. Existence

Constituent des constructions :
– un bar aménagé à proximité de terrains de tennis (Cass. civ. 1-2-1972 : Bull. civ. III p. 51) ;
– un hangar destiné au stockage de matériaux de construction (Cass. civ. 4-12-1979 : D. 1980.IR.204) ;
– un local fixe à structure rigide, dont la fixité résulte de ce qu'il est relié aux réseaux d'eau, d'électricité, de téléphone et de tout-à-l'égout, peu important qu'il ait été déplacé dès lors que ce déplacement a nécessité l'intervention d'une grue de 14 tonnes et a donné lieu à une véritable implantation avec des travaux de scellement et de branchement (CA Nîmes 6-3-2003 : GP 2003.som. 3171 note Brault).

2° Affectation

Une activité commerciale doit être exploité dans les constructions (Cass. civ 11-5-1998 : Bull. civ. III p. 52).

3° Consentement du bailleur

Est valable tout acte manifestant une volonté certaine (Cass. com. 25-2-1964 : Bull. civ. III p. 81 ; Cass. civ. 19-3-1974 : GP1974.1.pan.133).

IV. Luxembourg

A. Absence de bail

Un bail commercial est une convention qui porte sur un immeuble que l'une des parties s'oblige à délivrer à l'autre pendant un certain temps pour y exploiter un commerce et cela moyennant paiement d'un loyer ; tel n'est pas le cas de la convention par laquelle une société pétrolière charge une personne d'exploiter une station-service et lui confie la vente de ses propres produits avec engagement pour l'exploitant de s'approvisionner chez la société pétrolière, l'exploitant étant payé par commissions sur les ventes réalisés (J.P.Esch/Alz, 14-8-1990, L//J, Rôle 1130/90).

B. Notion d'exploitation commerciale

La location de chambres meublées n'est pas une exploitation commerciale ; le fait que le locataire ait aménagé les lieux de façon à en faire des studios qu'il sous-loue est à lui seul insuffisant pour faire qualifier de commercial le bail principal (J.P.Luxbg, 22-10-1999, L//J, Rôle 4449/99.).

En l'absence de toute clause expresse aux termes de laquelle les lieux loués se trouvent conventionnellement affectés à un usage commercial, la description contractuelle ne permet pas de conclure à l'existence d'un bail commercial ; le fait que le preneur ait aménagé les lieux de façon à en faire des studios qu'il sous-louait est à lui seul insuffisant pour faire qualifier de commercial le bail principal, alors qu'il est établi que le preneur ne pratique pas la sous-location à titre professionnel, et qu'au surplus, le bailleur était au courant de cette sous-location, sans pour autant imposer au preneur les clauses et conditions d'un bail commercial (J.P.Luxbg, 20-11-1989, L//J, Rôle 3245/89).

V. Suisse

Définition du bail commercial (a contrario)

En l'espèce, l'objet loué était un box de garage et rien n'indiquait qu'il ait servi à une autre destination, il ne s'agit donc ni d'une habitation, ni d'un local commercial ; en outre, aucun élément ne permet de retenir que l'usage de ce box aurait été cédé en relation avec une habitation ou un local commercial au sens de l'article 253a CO. (Tribunal fédéral suisse, 1e cour civile, 19-12-2002, 4P.217/2002).

Art. 102 [anc. art. 70] Les dispositions du présent Titre sont également applicables aux personnes morales de droit public à caractère industriel ou commercial, et aux sociétés à capitaux publics, qu'elles agissent en qualité de bailleur ou de preneur.

JURISPRUDENCE OHADA

Bail commercial d'un établissement public

En tant que société d'État, le Port Autonome d'Abidjan est soumis à la législation issue du Traité OHADA (AUSCGIE, art. 1 et AUDCG, art. 1). Il s'ensuit que le bail conclu par le Port Autonome d'Abidjan avec une autre société commerciale est un bail commercial relevant de la compétence des juridictions de droit commun (CA Abidjan, n° 904, 8-7-2003 : Port autonome d'Abidjan c/ Sté Trans-Ivoire, Ohadata J-05-178, Juris-Ohada n° 4/2004, p. 51).

• Chapitre I •

CONCLUSION ET DURÉE DU BAIL

Art. 103 [anc. art. 71 mod.] **Est réputé bail à usage professionnel toute convention, écrite ou non, entre une personne investie par la loi ou une convention du droit de donner en location tout ou partie d'un immeuble compris dans le champ d'application du présent Titre, et une autre personne physique ou morale, permettant à celle-ci, le preneur, d'exercer dans les lieux avec l'accord de celle-là, le bailleur, une activité commerciale, industrielle, artisanale ou toute autre activité professionnelle.**

JURISPRUDENCE OHADA

I. Qualification de bail commercial ou à usage professionnel

A. Appréciation souveraine des juges du fond

L'existence ou non d'un bail, au sens de l'article 101 de l'AUDCG, est souverainement appréciée par les juges du fond (CCJA, 2e ch., no 027/2023, 23-2-2023 ; CCJA, 3e ch., no 127/2023, 25-5-2023).

B. Existence

Est un bail commercial ou à usage professionnel :

– le contrat de bail, même verbal, dès lors qu'un fonds de commerce est exploité dans les locaux loués (TGI Bobo-Dioulasso (Burkina Faso), no 219, 21-6-2006 : AD Sanou S. S. c/ O. L., Ohadata J-09-89), même s'il n'est pas soutenu par un écrit, que le législateur n'exige pas, l'existence d'un bail à usage professionnel pouvant être constatée (CCJA, 2e ch., no 140/2020, 30-4-2020 : Bohoussou Serge Yves c/ Hassan Hyjazi) ;

– le bail portant sur un immeuble destiné à l'enseignement (bail professionnel) régi par les dispositions de l'AUDCG (CCJA, ass. plén., no 067, 25-4-2014 : SOU SIE Sylvain c/ Sté de construction et de gestion immobilière du Burkina (Socogib), Ohadata J-15-158) ;

– le bail établi entre le concessionnaire du terrain appartenant à une commune, sur lequel un centre commercial a été édifié par le concessionnaire, d'une part, et le locataire de deux magasins dans ledit centre commercial d'autre part. Il en est ainsi dès lors qu'est intervenu, entre la commune et le concessionnaire, un avenant donnant la possibilité à ce dernier de céder son droit de jouissance et d'exploitation avec le consentement de la commune. L'arrêt attaqué doit être cassé (CCJA, 3e ch., no 025, 9-4-2015 : Sté ivoirienne de concept et de gestion dite SICG c/ Kouadio Yah Madeleine, Ohadata J-16-25).

Dans le même sens, indiquant qu'aux termes de l'article 103 de l'AUDCG, la qualité de bailleur peut être acquise non seulement au propriétaire de l'immeuble mais aussi à « toute personne investie par la loi ou une convention du droit de donner en location tout ou partie de l'immeuble ». Lorsqu'il est constant, comme non démenti en l'espèce, qu'en contrepartie de son occupation des lieux litigieux pour les besoins de son activité professionnelle, X. a toujours versé des loyers directement entre les mains de Y., et non celles de la mairie, propriétaire des locaux, d'une part, et que, d'autre part, X. a fait des offres à Y. à l'effet d'apurer sa dette de loyers, Y. est bailleur de X. La résiliation du bail à usage professionnel et l'expulsion du preneur pouvant, à la demande du bailleur, être ordonnées en cas de non-paiement des loyers, c'est à bon droit que le tribunal du commerce, après avoir constaté que toutes les conditions requises à cet effet étaient réunies, a résilié le contrat ayant lié les parties et expulsé le preneur ; il y a lieu pour la cour de céans de confirmer le jugement entrepris, par substitution de motifs (CCJA, 1e ch., no 084, 28-3-2019 : Youssouf Soumaoro c/ Abdoulaye Bathily) ;

– la convention aux termes de laquelle une personne a mis à la disposition d'une société ayant pour activité l'exploitation de produits pétroliers, un terrain urbain destiné à accueillir l'implantation d'une station-service que la société s'est engagée à construire pour y exercer son activité commerciale et en contrepartie de laquelle la société devait verser des loyers au propriétaire du terrain durant tout le temps de l'exploitation de cette station-service, dont une partie des installations lui revenait en pleine propriété à la fin du contrat (CCJA, 3e ch., no 197/2020, 28-5-2020 : Société Total Guinée SA c/ Ibrahima Diallo) ;

– le bail de la chose d'autrui, qui demeure toujours valable entre les parties qui l'ont signé quoiqu'inopposable au véritable propriétaire. En l'espèce, les parties ayant librement signé le bail de 2006 sans que le preneur ait émis la moindre réserve tant sur la caducité de la procuration que sur la régularité du bail, la nature du contrat de 2006 n'a pas changé dès lors qu'elle s'inscrit dans la définition du bail à usage professionnel telle qu'elle résulte de l'article 103 de l'AUDCG. Il y a lieu donc de rejeter la fin de

non-recevoir tirée du défaut de qualité du fils de celui qui avait signé le bail initial (CCJA, 1e ch., no 216/2019, 18-7-2019 : Sylvie Regent c/ Ngann Yonn Jean-Simon) ;
– le bail portant sur le domaine privé de l'État : en présence de dispositions nationales disposant que les biens meubles et immeubles acquis par l'État à titre gratuit ou onéreux selon les règles de droit commun, font partie du domaine privé de l'État, et que le domaine privé de l'État peut être attribué en jouissance ou en propriété à des personnes physiques ou morales (art 10 et 12 de l'ordonnance 74-2 du 6 juillet 1974 fixant le régime domanial au Cameroun en l'espèce), c'est à bon droit, et en conformité avec l'article 103 de l'AUDCG qu'une cour d'appel a retenu que le caractère professionnel du bail en cause, qui porte sur un domaine privé de l'État, n'est pas à contester et que ce bail est donc régi par l'AUDCG (CCJA, 2e ch., no 086/2024, 28-3-2024).

C. Absence

1o Bail souscrit par une personne morale et portant sur des locaux à usage de bureau

N'est pas un bail commercial le bail souscrit par une personne morale portant sur des locaux à usage de bureaux pour les besoins de son activité, lorsqu'il s'agit d'un parti politique qui n'a vocation à exercer aucune activité lucrative à caractère commercial, industriel, artisanal ou professionnel. Par conséquent un tel bail ne peut être régi par les articles 69 et 71 [respectivement devenus 101 et 103] de l'AUDCG et la CCJA n'est pas compétente pour la saisine du pourvoi relatif à une telle affaire (CCJA, no 056, 15-12-2005 : RDR c/ F.D.P.C.C., Rec. jur. CCJA, no 6, juin-déc. 2005, p. 17 ; Juris-Ohada, no 2/2006, p. 16, Ohadata J-06-30).

Obs. : dans le cas d'espèce, la CCJA a fait une application combinée de deux dispositions internes à la Côte d'Ivoire : 1) l'art. 1, al. 1, de la loi no 93-668 du 9 août 1993 relative aux partis et groupements politiques en Côte d'Ivoire, qui dispose que « le parti politique est une association de personnes physiques qui adhèrent aux mêmes idéaux politiques, s'engagent à les faire triompher par la mise en œuvre d'un programme, en vue de conquérir et d'exercer le pouvoir selon les principes démocratiques définis dans la Constitution » ; et 2) l'art. 1 de la loi no 60-315 du 21 septembre 1960, relative aux associations, disposant que « l'association est la convention par laquelle deux ou plusieurs personnes mettent en commun, d'une façon permanente, leurs connaissances ou leur activité, dans un but autre que lucratif. [...] ». Cette solution est spécifique à la Côte d'Ivoire, mais par analogie, il est possible de tenir compte de dispositions nationales (non contraires à l'AUDCG) pour retenir le caractère commercial ou non commercial d'un bail comme l'a fait la CCJA dans cette espèce. Cela pourrait être le cas notamment pour des associations n'ayant pas un objet commercial.

2o Convention d'occupation précaire d'un domaine public

N'est pas un bail au sens de l'article 71 devenu 103 de l'AUDCG la convention d'occupation conclue sur un domaine de l'État dont la caractéristique principale est sa précarité qui permet à la collectivité ou à l'entité publique propriétaire d'en récupérer la jouissance pour un motif d'intérêt général, le statut des baux commerciaux ne pouvant s'appliquer aux conventions ayant pour objet des biens dépendants du domaine public, même lorsque le bail est conclu entre deux personnes privées. Il en est ainsi lorsque le « procès-verbal de remise » passé entre les parties présente les caractéristiques d'un acte administratif ou un acte préétabli par l'administration auquel le preneur a simplement adhéré et par lequel la société affectataire et non propriétaire du hangar et du terre-plein, met ceux-ci à la disposition du preneur pour exploitation, moyennant paiement d'une redevance et non d'un loyer, cette mise à disposition pouvant cesser à tout moment. C'est donc à bon droit que les juges du fond saisis ont mis en œuvre les dispositions du droit interne, qui seules avaient vocation à s'appliquer en l'espèce, la CCJA ne pouvant dans ces conditions retenir sa compétence (CCJA, 1e ch., no 045, 7-6-2012 : Africars SA c/ Sté nationale du port autonome de Dakar – S.N.P.A.D.).

C'est à tort qu'il est reproché à un arrêt d'avoir retenu que l'occupation par le preneur d'un local, aux fins d'une librairie, était irrégulière, ledit local n'étant pas compris dans le contrat de bail, alors, selon le requérant, que la cour d'appel ne pouvait se déterminer ainsi, en ignorant l'accord qu'il avait obtenu du bailleur qui lui avait permis d'occuper ledit local aux fins de la librairie, 14 années durant, sans aucune protestation de celui-ci. Il en est ainsi dès lors que, par ce moyen, le requérant invite la CCJA à discuter de la réalité d'un accord verbal qu'il aurait obtenu du propriétaire d'occuper les lieux dont l'inclusion dans le bail lui est contestée, ce qui constitue une question relative à la preuve dudit accord, donc une question de pur fait, laissée à l'appréciation souveraine des juges du fond (CCJA, 1e ch., no 121/2023, 25-5-2023).

3o Simple remise des clés aux fins de visite d'un local

C'est en violation des articles 109 et 125 de l'AUDCG qu'une cour d'appel a considéré la remise des clés comme la preuve d'un bail à usage professionnel et le défaut de notification de congé de six mois par le bailleur au preneur, dans le cadre d'un bail à durée indéterminée, pour allouer une indemnité d'éviction, alors même qu'une simple remise de clés au preneur pour la visite des lieux n'établit pas un contrat de bail et que, selon l'article 123 de l'AUDCG, le délai de congé de 6 mois n'est acquis qu'au preneur qui justifie de l'exploitation conforme aux stipulations du bail pendant une durée de deux ans au moins, exposant son arrêt à la cassation. Sur l'évocation, le bail à usage professionnel dont la demanderesse entend se prévaloir n'a point existé entre les parties, la seule invocation d'une demande adressée à la direction générale de la demanderesse par l'exploitante du restaurant et contenant les annotations « DFC pour recenser les boutiques libres et informer la DG » suivie d'une remise de clés pour la visite des lieux ne saurait établir la preuve d'un bail professionnel au regard des articles 103 de l'AUDCG et 1101 du Code civil. Nul ne pouvant se prévaloir de sa propre turpitude, l'action de la défenderesse revêt effectivement un caractère vexatoire et malicieux ; cependant la demande reconventionnelle de dommages-intérêts pour procédure vexatoire et malicieuse étant justifiée en la forme, est exagérée quant à son quantum, qu'il convient de fixer à la somme de 1 000 000 FCFA (CCJA, 2e ch., no 101/2022, 9-6-2022).

II. Absence de droit à obtenir un écrit

Il résulte de l'article 71 [devenu 103] de l'AUDCG que la demande d'une partie tendant à obliger son adversaire à signer un bail écrit sous astreinte paraît injustifiée et doit être rejetée (CA Abidjan, no 330, 10-3-2000 : M. E. c/ Sté Total CI, F. Aho et al. ; OHADA : Jurisprudences nationales. Ed. Bénin Consulting Group, Cotonou (Bénin) : 2004, p. 24, 2CI11).

III. Validité du bail conclu par une personne non propriétaire mais dûment habilitée à le conclure

Il ressort de l'article 103 de l'AUDCG que la qualité de bailleur peut être acquise non seulement au propriétaire de l'immeuble, mais aussi à toute personne investie par une convention du droit de donner en location tout ou partie de l'immeuble (CCJA, 3e ch., no 215/2023, 30-11-2023).

IV. Absence du droit de donner en location un local

A. Caducité d'une procuration après décès de son auteur

Tout acte juridique accompli au nom d'une personne décédée est nul et de nul effet. La procuration est *un acte intuitu personae aux effets* duquel le décès de la personne qui a donné une procuration met fin. Il en résulte que le bail conclu au nom d'une personne deux ans après le décès de cette dernière doit être déclaré nul et de nul effet (TPI 1e classe, Lomé (Togo), ch. civ. et com., no 85/2009, 16-1-2009 : S. L. A. et S. K. c/ S. M. D. et M. A. F., Ohadata J-11-39).

Obs. : cette décision, qui ne vise aucun texte de l'AUDCG, a été rendue au sujet d'un bail à construction, mais le principe qui s'en dégage est transposable au bail à usage professionnel de l'AUDCG, notion qui inclut les baux à construction sous certaines conditions. Voir supra, art. 101.

B. Inopposabilité du bail conclu par une autre personne que le propriétaire du local

Le bail conclu par une personne autre que le propriétaire de l'immeuble loué et en fraude des droits de ce dernier lui est inopposable comme conclu par une personne n'ayant aucune qualité pour le faire. C'est donc à tort que les premiers juges ont condamné une partie qui n'a fait qu'exécuter une décision définitive ordonnant l'expulsion de tous occupants de l'immeuble lui appartenant, exposant leur arrêt à la cassation. Sur l'évocation et pour les mêmes motifs que ceux ayant entraîné la cassation de l'arrêt querellé, il y a lieu de casser le jugement déféré et débouter le demandeur (CCJA, 1e ch., no 114, 9-6-2016 : Dame Hounkpatin Akoko c/ Coffie Franck, Ohadata J-17-55).

V. Validité du bail verbal

Rejet de la demande de suspension de l'exécution d'une décision d'expulsion du locataire jouissant d'un bail verbal. La demande de suspension d'une décision ayant ordonné l'expulsion sous astreinte d'un preneur qui est redevable de plusieurs mois de loyers et ne prouve pas les impenses qu'il aurait réalisées doit être rejetée, la circonstance qu'il s'agît en l'espèce d'un bail verbal étant sans importance, dès lors que le bail commercial, même verbal, est désormais régi par les dispositions de l'AUDCG et non plus le droit national (CA Centre (Cameroun), no 68/DE, 4-3-2011 : C. J. c/ S. N. M., Ohadata J-12-74).

Le formalisme de l'écrit n'étant pas exigé en matière de bail commercial, l'argument selon lequel un contrat de bail qui n'est ni paraphé, ni signé par l'une des parties, ni enregistré, est impropre à établir l'existence d'un lien contractuel entre les parties et ne peut les lier juridiquement doit être rejeté (T. com. Pointe-Noire (Congo), no 054, 19-7-2011 : I. A. c/ S. F. et S. S., Ohadata J-13-80).

Bien que verbale, l'opération par laquelle une personne a mis son immeuble à la disposition d'une autre pour lui permettre d'exercer son activité professionnelle, moyennant le paiement d'un loyer, constitue un bail à usage professionnel au sens des dispositions des articles 101 et suivants de l'AUDCG (CCJA, 1e ch., 182, 25-10-2018 : Baba Boré Djire c/ Oumar Guindo).

Il résulte de l'article 71 [devenu 103] de l'AUDCG qu'un bail commercial pouvait être conclu par écrit ou verbalement ; c'est donc en violation dudit texte qu'une cour d'appel a confirmé l'ordonnance qui a décidé de l'expulsion du preneur après arrêt des travaux de ce dernier, exposant ainsi son arrêt à la cassation (CCJA, 3e ch., no 037, 31-1-2019 : Souley Adamou Galadima, Dame Ouattara Saratou Traoré c/ Chaibou Seydou MAÏGA).

Il ressort de l'article 103 de l'AUDCG que le bail à usage professionnel peut être écrit ou verbal. C'est en usant son pouvoir souverain d'appréciation, sans la moindre violation de l'article 103 précité, qu'une cour d'appel, après avoir rappelé la règle précitée, a retenu, pour rejeter la demande de condamnation d'une partie à des impayés de loyers, que « le seul élément constant de la convention conclue entre les parties est la remise de la somme de 2 000 000 FCFA représentant [...] le montant du site (terrain) de Bissiga dont il est superficiaire par Monsieur [X.] à [Y.] ; qu'aucun élément de la décharge ne permet de dire que Monsieur [X.] a agi au nom et pour le compte de la société [Z.] ou que la somme versée l'a été au titre d'un loyer dont la périodicité n'a pas été précisée ; que s'il y a eu un contrat sur un immeuble formant une parcelle sise à Bissiga, les éléments de preuve de ce contrat ne permettent pas de conclure certainement à un bail professionnel tel que défini ci-dessus » (CCJA, 3e ch., no 127/2023, 25-5-2023).

VI. Absence de l'obligation de louer le local au locataire-gérant d'un fonds de commerce

Les articles 69 et 71 [devenus 101 et 103] de l'AUDCG combinés ne prévoient nulle part que le bailleur du fonds de commerce est tenu de conférer au preneur, un bail commercial, lorsqu'il est également propriétaire de l'immeuble dans lequel est exploité le fonds de commerce. Cela étant précisé, il échet de relever que la doctrine et la jurisprudence françaises en général, ne reconnaissent pas le droit au bail commercial au locataire, dans le cadre d'une location-gérance, puisque **la condition sine qua non est que le bénéficiaire de la propriété commerciale doit être propriétaire du fonds de commerce,** ce qui n'est point le cas du locataire gérant ; c'est le propriétaire du fonds qui peut le revendiquer, au cas où il ne serait pas propriétaire de l'immeuble où est exploité le fonds de commerce (voir Georges Ripert et René Roblot, « Droit Commercial », tome I, 16e éd. p. 457 et 458). Lorsque le bailleur est, en même temps, propriétaire du local où est exploité le fonds de commerce, comme c'est le cas en l'espèce, il n'y a pas bail commercial, mais simple jouissance par le locataire gérant, de ce bail inhérent à la location-gérance du fonds ; le bail porte à la fois « sur l'immeuble et le fonds de commerce », Cass. civ. sect. com. 11-2-1963, rec. Dalloz, 1963 p. 388 (TR Thiès, civ. et com., 21-3-2002 : Total ELF Fina Sénégal c/ B. S., Ohadata J-03-36, obs. J. Issa-Sayegh, 1e esp.).

Obs. : la présente décision a cité telles que présentent la doctrine et la jurisprudence françaises.

VII. Effet de la désignation confuse de la personne morale locataire d'un bail commercial

Sur les implications de la désignation confuse du preneur d'un bail, une société identifiée en en-tête « P/N Burkina représenté par son gérant Monsieur [Y.] », mais au cachet « P et N BF représentée par le Président Directeur Général » sans la précision s'il s'agit d'une SARL ou d'une SA, voir sous l'art. 17 de l'AUSCGIE.

Jurisprudence comparée

I. Belgique

Affectation commerciale

1° Irrecevabilité de la preuve par témoins à l'encontre du bailleur non commerçant

En vertu de la loi sur les baux commerciaux, tombent sous l'application de la loi les baux d'immeubles qui, soit de manière expresse ou tacite dès l'entrée en jouissance du preneur, soit de l'accord exprès des parties en cours du bail, sont affectés principalement par le preneur ou par un sous-locataire à l'exercice d'un commerce de détail ou à l'activité d'un artisan directement en contact avec le public ; lorsque les parties, lors de la conclusion du bail, ont exclu par écrit la destination du commerce de détail, la preuve de l'accord du bailleur, qui n'est pas commerçant, à la modification de cette destination, ne peut être reçue par témoins (Cour de cassation, Belgique 07-11-2013, C.13.0165.N, Juricaf).

2° Validité de la dérogation du commun accord des parties à la clause du bail interdisant l'affectation à un commerce de détail

Conformément au principe de l'autonomie de la volonté, les parties peuvent décider d'un commun accord de déroger à une clause du contrat de bail excluant l'affectation principale des lieux loues à une activité de commerce de détail et le juge peut admettre l'existence d'un accord tacite du bailleur sur une telle affectation desdits lieux, cet accord fut-il donné dès l'entrée en jouissance du preneur, sans avoir à constater l'existence d'une simulation ou d'une fraude à la loi (Cour de cassation, Belgique 08-11-2013, C.12.0607.F, Juricaf).

II. Canada

Manquement d'une partie dans la négociation d'un bail

1° Common law

Refus de sanctionner la négligence commise en vue du renouvellement du bail par un négociateur envers l'autre partie. A l'occasion d'une négociation en renouvellement d'un bail liant le bailleur et l'administration locataire, il a été jugé que, même si le bailleur avait octroyé un délai de réflexion portant sur le prix de location augmenté après travaux de réfection, le locataire ayant respecté le délai de négociations imparti et procédé ensuite à un appel d'offres, était en droit d'adjuger l'appel d'offres à un autre bailleur proposant un tarif de location inférieur à celui du bailleur initial sans violer son obligation de négocier de bonne foi ni faire preuve de négligence envers le premier bailleur.

Même lorsque les parties déjà liées par un contrat, de bail en l'espèce, étaient entrées en négociations pour son renouvellement, et partant se trouvaient entretenir des liens étroits sans lien de dépendance, on ne saurait imposer à l'une de se montrer diligente envers l'autre n'ayant pas effectué de déclarations inexactes et sanctionner celle qui aurait par une négligence fait subir à l'autre une perte économique. En conséquence, le négociateur qui a manqué de tenir informé son partenaire économique de sa décision de ne pas conclure avec lui mais de lancer un appel d'offres, ne peut pas être condamné à réparer la perte économique subie par le partenaire bailleur responsable des retards avec qui les pourparlers ont été rompus et qui a ensuite été évincé de l'appel d'offres en raison d'un tarif proposé supérieur à celui d'un autre soumissionnaire. Pour justifier la non-indemnisation de cette perte, les juges ont invoqué les cinq raisons suivantes : la négociation opérant uniquement un transfert de richesses, la collectivité ne subit aucun préjudice car ce que l'une des parties perd, l'autre le gagne ; économiquement, il serait préjudiciable de refuser à une partie de profiter des avantages que sa position lui a permis d'acquérir sans pour autant qu'elle soit automatiquement responsable de ses avantages ; favoriser la réparation serait permettre à la partie perdante de se rattraper après coup ; rechercher les négligences obligerait les tribunaux à scruter dans les moindres détails les comportements des parties ; il est opportun de décourager les poursuites inutiles contraires à l'essence même des négociations, susceptibles de nuire au bon déroulement du marché et risquant d'entraîner une substitution des tribunaux aux forces du marché.

Par ailleurs, il a été constaté que le reproche de diligence résultant d'un manque de négocier de bonne foi n'était pas à trancher car non repris devant le Cour suprême et, partant, que la solution ancienne selon laquelle le droit canadien ne reconnaît pas encore l'obligation de négocier de bonne foi s'appliquait (Cour suprême du Canada, 30-11-2000, arrêt n° 26893, Martel Building Ltd. C. Canada, Juricaf).

2° Droit civil

Rupture abusive des pourparlers en vue de la conclusion d'un bail : refus de conclure après acceptation d'une offre de location. S'est soustraite à ses engagements contractuels et a omis de satisfaire à son obligation de bonne foi la personne qui refuse la signature du bail commercial après avoir accepté une offre de contrat sans communiquer les raisons de son désaccord même si le projet de bail comprenait plusieurs clauses qui n'ont pas été négociées ou acceptées au préalable par les parties et, en particulier, l'ajout de stipulations concernant diverses garanties exigées du propriétaire ; si elle n'avait pas l'obligation d'accepter ces clauses exorbitantes de l'entente de location, elle avait l'obligation d'informer le propriétaire de sa position, de lui faire connaître de manière diligente les clauses avec lesquelles elle était en désaccord dès lors qu'il n'est pas rare qu'un bail commercial contienne des stipulations additionnelles à celles mentionnées dans une offre de location et en particulier des clauses de garanties non exceptionnelles ni abusives (Cour supérieure Québec 26-6-2008 2424-8643 Québec inc. c. Sam Lévy et Associés inc., 2008 QCCS 2789 (CanLII)).

III. États-Unis

A. Nature du bail

Le bail commercial est un contrat portant sur la possession du bien immobilier loué. Sauf clause contraire du bail, le locataire prend le local dans l'état dans lequel il se trouve. Par conséquent, aucune action ne peut être intentée à l'encontre du propriétaire pour défaut d'entretien (Humphrey v. Byron, 447 Mass. 322 ; 850 N.E.2d 1044 (2006)).

B. Interprétation du contrat

Les juges doivent donner aux termes contractuels leur sens commun sauf si le contrat lui-même leur donne un sens technique ou un sens différent du sens commun (Valence Operating Co. v. Dorsett, 164 S.W.3d 656 (2005)).

IV. France

A. Convention précaire

1° Critères : existence de circonstances particulières légitimant la précarité

a. Absence de précarité

Les parties n'ont pas eu l'intention de conclure une convention d'occupation précaire :

– lorsque, en l'absence d'écrit et d'aucune pièce crédible, seul est invoqué le montant du loyer (1 200 F) pour des locaux sans confort dans une petite construction sur cour et présentant un certain état de délabrement (CA Paris, 2e ch. B, 2-10-1992 : GP 1994.som.175 note Ph. de Belot) ;

– lorsqu'elles ont conclu par écrit une « convention d'occupation » qui énonce qu'« elle est consentie et acceptée pour une durée de trois années (3) qui commenceront à courir à compter du 1er juillet 1990, pour se terminer à pareille époque de l'année 1993 » ; que « le bail finira de plein droit à l'expiration du terme fixé (mais que) toutefois le propriétaire accordera à l'occupant un délai de trois mois pour finir la saison en cours et faire le déménagement » ; au titre des obligations du preneur, que celui-ci entretiendra les lieux occupés « en bon état de réparations locatives » et qu'il devra « également contracter toutes assurances suffisantes contre les risques locatifs » ; que la convention sera résiliée de plein droit en cas de non-paiement de l'indemnité d'occupation, de même que dans l'hypothèse d'une « sous-occupation » des lieux concédés par le preneur sans l'assentiment exprès du propriétaire ; que leur accord deviendra caduc si l'activité de camping n'était pas agréée ou ne pouvait être assortie d'une police d'assurance suffisamment large dans ses garanties (CA Rouen, 1e ch. civ., 14-5-1997, RJDA 12/97 no 1466) ;

– lorsqu'elles ont conclu trois conventions successivement pour des durées de vingt-trois et douze mois, qualifiées chacune de convention précaire, faute de mentionner l'existence de circonstances exceptionnelles marquant le terme de celles-ci ou la possibilité pour le propriétaire d'y mettre fin unilatéralement ; ces conventions étaient en réalité des baux de deux ans dérogatoires au statut dès lors qu'à l'expiration de la première convention le locataire, d'une part, était resté dans les lieux et avait été laissé en possession et, d'autre part, n'avait à aucun moment renoncé au bénéfice du statut puisque la conclusion d'un second bail dérogatoire ne valait pas renonciation ; un bail soumis au statut s'était ainsi substitué au bail dérogatoire et faute de congé ou de demande de renouvellement signifié conformément au statut, le bail s'était trouvé tacitement reconduit dans toutes ses dispositions et notamment celles relatives au loyer et à la destination (CA Paris, 16e ch. B, 5-4-2002, no 00/09252 : RJDA 11/02 no 1119 et, sur pourvoi, Cass. 3e civ. 19-11-2003 no 1262 : D. 2003.3051 obs. Y. Rouquet : RJDA 2/04 no 140).

b. Existence de la précarité

Constituent des circonstances légitimant la précarité :

– la situation transitoire de l'immeuble loué : occupation consentie dans l'attente d'une expropriation (Cass. 3e civ. 6-11-1991 : RJDA 12/91 no 1003 ; CA Caen, 1e ch. civ. et com., 14-4-2005, no 04/441 : RJDA 3/06 no 235 ; rappr. CA Paris, 16e ch. A, 22-6-2005 no 03/3789 : RJDA 2/06 no 106), de l'obtention d'un accord commandant la possibilité de conclure un bail (Cass. 3e civ. 29-4-2009 no 08-13.308 : RJDA 7/09 no 598), d'une reconstruction du local détruit par un incendie (Cass. civ. 8-12-1982 : JCP G 1983.IV.65 ; Cass. 3e civ. 2-4-2003 no 490 : RJDA 8-9/03 no 697) ou, s'agissant d'une construction légère et démontable, occupation consentie dans l'attente de l'édification d'un immeuble (CA Aix 23-10-1986 : D. 1988.242 note Roy Loustaunau) ;

– des motifs d'amitié, d'entraide, de bienveillance : occupation précaire consentie à la fin d'un bail non renouvelé pour permettre au preneur de trouver d'autres locaux (Cass. com. 28-2-1966 : Bull. civ. III p. 102) ;

– les besoins du commerçant qui, par exemple, non assuré du succès d'un point de vente, veut en faire l'essai sans se lier par un bail (Cass. civ. 16-4-1973 : AJPI 1974.317 note J.V.) ;

– les modalités de l'occupation : l'occupation discontinue et temporaire justifie la précarité (Cass. civ. 14-11-1973 : D. 1974.139 : pièce mise à la disposition d'une banque les jours de marché ou de foire ; CA Paris 28-11-1989 : JCP G 1990.IV.59 : mise à disposition de vitrines et rayons ; CA Paris 26-2-1991 : D. 1991.som.370 obs. Rozès : autorisation d'installation d'un kiosque mobile et démontable ; TGI Paris 13-12-1979 : D. 1980.503 note Brière de l'Isle : salles de cours utilisées à certaines heures) ; mais l'occupation d'un logement de fonction par un salarié du locataire n'est pas précaire (Cass. civ. 7-4-1994 : RJDA 7/94 no 782) ;

– des circonstances exceptionnelles ; ainsi, la convention d'occupation d'un terrain sur lequel était exploitée une centrale à béton, conclue par la ville de Decazeville, dès lors qu'il était constaté que :

• cette convention s'imposait compte tenu de la situation exceptionnelle du terrain proche de la périphérie de la ville de Decazeville où, dans le meilleur intérêt de la population de la commune, il était envisagé de créer une zone industrielle destinée aux petites et moyennes entreprises et industries ;

• le prix était constitué d'une très modeste redevance pour un terrain d'une surface de près d'un hectare « urbanistiquement et économiquement stratégique » ;

• la durée de la location portée à 5 ans n'ôtait nullement à celle-ci sa précarité et manifestait seulement le souci de la commune de permettre à la société de rentabiliser ses investissements, étant précisé que le renouvellement du matériel de celle-ci mettrait fin automatiquement au contrat (Cass. 3e civ. 16-2-2000 : RJDA 4/00 no 384).

2o Nullité de la convention d'occupation précaire frauduleuse

Anéantissement des clauses de la convention. La fraude corrompant tout, le bailleur qui a signé une convention d'occupation précaire dans des conditions établissant une volonté de faire échec aux dispositions impératives du statut des baux commerciaux n'est pas recevable à invoquer à l'encontre de l'occupant une clause de la convention frauduleuse restrictive du droit de cession du bail protégé par l'article L. 145-16 du Code de commerce de (Cass. 3e civ. 1-4-2009 no 07-21.833 : BRDA 8/09 inf. 14).

3o Conséquences de la précarité

Non-application du régime du bail commercial. La convention précaire ne constitue pas un bail et échappe au régime du bail commercial (Cass. civ. 30-4-1969 : Bull. civ. III p. 264).

En conséquence l'occupant ne peut pas :

– exiger du propriétaire qu'il se conforme aux obligations d'un bailleur de locaux, notamment en ce qui concerne les travaux rendus indispensables par la vétusté des locaux (CA Versailles, 12e ch. sect. 1. 20-10-2005 no 05/1175 : RJDA 5/06 no 507) ;

– invoquer les dispositions de l'article 1733 du Code civil relatives aux obligations du locataire en cas d'incendie de la chose louée, et doit répondre de la perte de celle-ci dans les termes de l'article 1302 du même code, et non pas sur le fondement de la responsabilité délictuelle de l'article 1382 dudit code, dès lors que l'occupant sans droit ni titre, avait été initialement introduit dans les lieux en vertu des conventions passées entre le bailleur et le locataire principal, puis entre ce dernier et lui, et qu'il était ainsi tenu de restituer les biens immobiliers du propriétaire dont il n'était que détenteur précaire ; par suite, la responsabilité de l'occupant a été retenue, celui-ci n'ayant pas établi que l'incendie n'était pas dû à sa faute ou n'ayant pas justifié d'un cas de force majeure l'exonérant de son obligation de restitution après mise en demeure (Cass. 3e civ. 14-12-2005 no 1413 : RJDA 4/06 no 373).

B. Caractère administratif d'un bail conclu par une commune

Etait exorbitante du droit commun car non usuelle dans les rapports entre particuliers la clause contenue dans un contrat de location par une commune à une société de locaux affectés, d'une part, à l'exploitation d'une patinoire et à la location de patins et, d'autre part, à l'exploitation d'un bar, d'une cafétéria-snack et à la vente de vêtements liés à la pratique des sports de glace obligeant le locataire à mettre l'aire de patinage et le matériel permettant la pratique réglementaire de ce sport à disposition des élèves des écoles primaires de la commune et de leurs accompagnateurs, à certaines plages horaires, selon un planning établi en concertation avec les services municipaux et les responsables éducatifs et à mettre à disposition un éducateur sportif qualifié pour l'encadrement technique des groupes scolaires ; en contrepartie, la commune s'engageait à verser une participation financière destinée à couvrir les dépenses d'entretien, de réparation et de remplacement du matériel fourni (CA Rennes 9-2-2011 no 09/7955 : BRDA 4/11 inf. 20).

C. Absence d'obligation de louer le local au locataire-gérant d'un fonds de commerce

Lorsque le propriétaire du fonds de commerce est aussi propriétaire de l'immeuble dans lequel le fonds est exploité, le fonds ne comporte pas de droit au bail, celui-ci ne constituant pas, de plein droit, un élément nécessaire du fonds de commerce (Cass. com. 27-4-1993 : RJDA 11/93 no 896) ; l'acquéreur du fonds ne peut donc pas se le faire attribuer sans l'accord du propriétaire de l'immeuble (Cass. civ. 8-12-1964 : GP 1965.1.250).

V. Suisse

A. Absence de conclusion tacite du contrat

Par contrat de bail, une société louait à deux preneurs une arcade et un local à usage de café-restaurant moyennant un loyer fixé. L'un des locataires SARL a ensuite donné en gérance libre le fonds de commerce contre une redevance déterminée. À la suite de la faillite de la SARL, le propriétaire a résilié le bail dont il n'avait pas autorisé la mise en location-gérance. La conclusion tacite d'un nouveau bail après cette résiliation a été écartée par le tribunal fédéral dès lors que le versement régulier des loyers par le locataire n'avait pas été établi, les deux règlements effectués ayant été réglés à titre d'indemnités pour occupation illicite des locaux (Tribunal fédéral suisse, 1re cour civile, arrêt no 4A 247/2008 du 19-8-2008, Juricaf).

B. Erreur sur la surface du local loué non déterminante de l'engagement du locataire

Selon l'article 23 du Code suisse des obligations, le contrat n'oblige pas celle des parties qui, au moment de conclure, était dans une erreur essentielle. Celle-ci se rencontre notamment en cas d'erreur dite de base telle que définie à l'article 24, al. 1, ch. 4 du même Code, soit une erreur portant sur des faits que la loyauté commerciale permettait à celui qui s'en prévaut de considérer comme des éléments nécessaires du contrat. D'un point de vue subjectif, celui qui se prévaut de son erreur doit s'être trompé sur un fait déterminé touchant, pour lui, à la base nécessaire du contrat, ce fait doit avoir exercé une influence décisive sur la volonté de conclure du déclarant qui, sans cette circonstance, n'aurait pas passé le contrat ou, en tout cas, pas à ces conditions. Selon la jurisprudence, un cocontractant ne peut invoquer un fait déterminé comme condition sine qua non du contrat lorsqu'il ne s'est pas préoccupé, au moment de conclure, d'éclaircir une question qui se posait manifestement en rapport avec ce fait. D'un point de vue objectif, l'erreur ne sera essentielle que si elle porte sur des faits qui, selon le principe de la bonne foi en affaires, peuvent être considérés comme la base nécessaire du contrat. Lorsqu'en l'espèce, le contrat de bail d'un local commercial conclu entre une société anonyme et une société à responsabilité limitée prévoit expressément une superficie approximative du local comprise entre deux données chiffrées, la société locataire ne peut ni refuser de régler les loyers, ni résilier le bail, ni encore en demander la nullité en invoquant une erreur essentielle déterminante de son consentement dès lors qu'elle a fait connaître au représentant des bailleurs son intérêt pour la location d'une « surface de 50 à 200 m² pour y installer une boutique » (Tribunal fédéral suisse, 1e cour civile, arrêt nº 4A_408/2007 du 7-2-2008, Juricaf).

Art. 104 [anc. art. 72 mod.] **Les parties fixent librement la durée du bail.**

Le bail à usage professionnel peut être conclu pour une durée déterminée ou indéterminée.

A défaut d'écrit ou de terme fixé, le bail est réputé conclu pour une durée indéterminée.

Le bail prend effet à compter de la signature du contrat, sauf convention contraire des parties.

Jurisprudence OHADA

I. Validité d'un bail de neuf ou de vingt-huit ans

Le bail commercial d'une durée de neuf ans conserve toute sa valeur juridique et ne peut être frappé de nullité au regard du droit positif, dès lors que l'article 72 [devenu 104] de l'AUDCG permet aux parties de fixer librement la durée du bail commercial, qui peut être déterminée ou indéterminée (TPI Gagnoa (Côte d'Ivoire), nº 61, 18-6-2001 : F.Y. c/ La Coopec de Guiberoua ; Juris-Ohada, nº 1/2005, janv.-mars 2005, p. 48 ; Ohadata J-05-197).

De même, la fixation par les parties de la durée d'un bail à 28 ans renouvelable ne peut soustraire le bail aux dispositions de l'AUDCG dès lors qu'il est manifeste que le bail a été consenti pour les activités commerciales d'une société. C'est donc à tort que se fondant sur des dispositions d'une loi nationale portant répression des atteintes à la propriété foncière, une cour d'appel a qualifié le bail d'emphytéotique et retenu que le signataire n'avait aucun mandat des coïndivisaires pour la transaction, exposant son arrêt à la cassation. Il en est ainsi car le bail a été concédé à la société demanderesse par un coïndivisaire qui avait déjà accompli des actes de même nature sur ledit immeuble à l'égard d'autres preneurs, sans aucune remise en cause de son mandat, ce comportement ayant pu conduire des tiers à croire raisonnablement de bonne foi qu'il agissait pour le compte de l'indivision. Sur l'évocation et pour les mêmes motifs que ceux ayant entraîné la cassation, tiré de la méconnaissance des articles 10 du Traité relatif à l'OHADA et 103 de l'AUDCG, il y a lieu d'infirmer le jugement du tribunal en toutes ses dispositions et, statuant à nouveau, de débouter le demandeur de sa requête et de dire que le contrat querellé doit continuer à produire ses effets (CCJA, 2e ch., nº 187, 27-7-2017 : Sipafie SARL c/ Révérend père Alexis Marie A.).

II. Bail réputé conclu à durée indéterminée

A. Bail verbal

Un bail verbal est réputé conclu pour une durée indéterminée et s'exécute comme tel (CA Abidjan, nº 449, 24-4-2001 : D c/ Ets Barnoin, Juris-Ohada, nº 2/2004, juin-août 2004, p. 65, Ohadata J-04-305 ; Ohadata J-02-120), même lorsque les parties n'en ont pas précisé la durée (CA Bobo-Dioulasso (Burkina Faso), ch. com., nº 13/09, 10-6-2009 : S. I. c/ C. M. M., Ohadata J-09-398).

Un contrat de bail non enregistré se transforme en bail verbal qui, en l'absence d'écrit, est réputé conclu pour une durée indéterminée et n'obéit plus aux prescriptions de l'article 74 [devenu 106] de l'AUDCG] (CA de l'Ouest (Cameroun), nº 44/CIV,

22-6-2011 : Sté G.D.B. c/ T. Dieudonné, Ohadata J-12-66).

Lorsque du 31 décembre 1999, date d'expiration du dernier bail écrit conclu entre les parties, au 2 mai 2002, date à laquelle le bailleur a donné congé de six mois à au preneur, il n'a été conclu aucun autre contrat de bail écrit, que le preneur s'est maintenu dans les lieux sans opposition du bailleur qui a continué à percevoir les loyers, il s'est ainsi établi comme base des relations entre les deux parties, un bail non écrit à durée indéterminée, en application de l'article 72 [devenu 104] de l'AUDCG. S'agissant d'un bail à durée indéterminée, le congé donné par le bailleur au preneur, dans le respect des articles 72 et 93, al. 1 [respectivement devenus 104 et 125, al. 1] de l'AUDCG est régulier. En conséquence, l'opposition du preneur au congé de six mois n'est pas fondée et doit être rejetée (CCJA, n° 030, 22-11-2007 : SCI Golfe de Guinée c/ Marina Atlantic SARL, Rec. jur. CCJA, n° 10, juill.-déc. 2007, p. 44, Ohadata J-08-247).

Conformément à l'article 72 [devenu 104] de l'AUDCG, le bail initialement conclu le 1er avril 1983 pour une (1) année et devant expirer au 30 mars 1984, est devenu, du fait de la tacite reconduction, un contrat non écrit et à durée indéterminée qui ne peut prendre fin que par un congé donné conformément aux dispositions de l'article 93 [devenu 125] de l'AUDCG, dès lors qu'à défaut de congé, le locataire a été maintenu dans les locaux plusieurs années durant sans qu'un autre bail écrit ne soit à nouveau conclu. C'est donc à tort que la cour d'appel a jugé que les parties n'ont jamais stipulé pour un contrat à durée indéterminée et que le bail est, dans ce cas, reconduit pour un an correspondant à la durée du bail initial et sa décision encourt cassation. Sur évocation, la décision de première instance doit être infirmée en toutes ses dispositions et, statuant à nouveau, il n'y a pas lieu à expulsion du preneur (CCJA, ass. plén., n° 132, 11-11-2014 : Tejerizo Jean Jacques c/ Succession Chabrier Jean Baptiste, Ohadata J-15-222).

B. Reconduction tacite

En cas de reconduction tacite :

– le contrat est réputé renouvelé aux clauses et conditions initiales, les loyers étant dus dans les mêmes conditions que le contrat initial (TGI Ouagadougou (Burkina Faso), n° 001/2008, 16-1-2008 : Z. H. c/ T. A., Ohadata J-09-378) ;

– le bail renouvelable par tacite reconduction s'analyse en un bail à durée indéterminée (CCJA, n° 041, 30-6-2009 : K. A. c/ A. B. née T. E. A., Rec. jur. CCJA, n° 13, janv.-juin 2009, p. 109, Ohadata J-10-79, au sujet d'un bail conclu le 31-12-1980 pour un an et qui avait été renouvelé par tacite reconduction pour se muer en contrat à durée indéterminée, la CCJA lui appliquant les dispositions de l'AUDCG relatives à la contestation du congé et l'indemnité d'éviction) ; CCJA, 1e ch., n° 40, 10-6-2010 : K. c/ 1 – Agence judiciaire de l'État de Guinée ; 2 – N ; 3 – Monsieur K. ; Juris-Ohada, n° 4/2010, oct.-déc., p. 28, Ohadata J-11-84, J-12-37 ; CA Littoral (Cameroun), n° 194/réf, 17-11-2008 : Sté Utras Cameroun SARL c/ C. N., Ohadata J-10-255, dans le même sens tenant le bail reconduit pour un bail à durée indéterminée).

Mais c'est à tort qu'il est reproché à un arrêt d'avoir dénaturé une clause claire du contrat en se trompant sur le décompte des périodes triennales additionnées à partir du 1er avril 2002, et en affirmant « qu'il y a lieu de retenir qu'il découle des stipulations susvisées, que les parties ont entendu conclure un bail commercial pour trois périodes triennales, ce qui signifie que le bail doit expirer le 31 mars 2014 », alors qu'un bon décompte aurait amené la cour d'appel à fixer l'expiration dudit bail au 31 mars 2011, dès lors que le contrat de bail liant les parties stipule en sa deuxième page que « le présent bail est consenti pour une durée de trois années, renouvelable par tacite reconduction (trois, six, neuf), et prendra effet à compter du 1er avril 2002 ». Le principe de la tacite reconduction étant apprécié au terme de la première échéance contractuelle de trois années, soit à compter du 1er avril 2005, les trois périodes triennales doivent être comptées non à partir de la conclusion du contrat, mais à l'échéance de la période contractuelle de trois ans ; c'est donc à bon droit que les juges du fond ont fixé l'expiration du bail au 31 mars 2014. C'est aussi à tort qu'il est reproché à un arrêt d'être parti d'un postulat erroné pour considérer que le congé servi par le bailleur le 24 juillet 2013 n'avait pas de raison d'être et que la demande en nullité était sans objet, alors même que le régime juridique de la convention des parties s'analysait, depuis le 31 mars 2011, en un bail à durée indéterminée, dès lors que les trois périodes triennales de renouvellement du bail doivent être comptées à partir de l'échéance de la durée initiale du contrat fixée à trois ans. La cour d'appel n'a pas fait une mauvaise interprétation de la durée du bail et en décidant que le congé n'est prévu que pour le cas du bail à durée indéterminée, elle n'a pas statué sur le fondement d'un postulat erroné (CCJA, 3e ch., 205, 22-11-2018 : SARL Hotel La Detente c/ Bara Tall).

III. Fin du bail à durée déterminée avant son terme

A. Validation de la résiliation prévue au contrat et mise en œuvre par le preneur

C'est à tort qu'il est reproché à un arrêt d'avoir violé l'article 104 de l'AUDCG en entérinant la stipulation contractuelle prévoyant fin avant son terme d'un bail à durée déterminée moyennant un préavis. Et c'est à tort qu'il est reproché à une cour d'appel d'avoir insuffisamment motivé sa décision, en présence de deux stipulations contractuelles antinomiques, d'appliquer une stipulation contractuelle au détriment de l'autre, dès lors que contrairement aux énonciations du moyen, les deux clauses ne sont pas antinomiques, la cour d'appel, pour justifier la cessation unilatérale du bail par le preneur, ayant énoncé que « ledit contrat [contient] une clause permettant à l'une des parties [de donner] un préavis », « que dans le contrat de bail conclu entre [les parties] est insérée une clause pour sa résiliation » et « que [le locataire] a donné un préavis avant cette rupture du contrat du bail ». S'agissant d'une cessation en dehors de tout non-respect des clauses du bail, l'arrêt est suffisamment motivé et le moyen qui n'est pas fondé, sera rejeté (CCJA, 2e ch., no 186, 27-7-2017 : Zassino Fitalsiguel Paul c/ Sté Griffiths Energy Chad Ltd).

B. Condamnation justifiée au paiement des loyers restant dus

C'est par une appréciation souveraine des faits qu'un tribunal qui a constaté que le preneur d'un bail à durée déterminée de trois ans renouvelable a effectué un seul paiement au titre de la première année, puis résilié le contrat qui était censé courir jusqu'à l'expiration du bail, a retenu « qu'en agissant ainsi, [le preneur] a privé le demandeur du gain de quatre millions huit cent mille francs (4 800 000) FCFA que celui-ci aurait perçu de l'occupation par le [preneur] de son local pendant les 2 ans restant à courir jusqu'à l'expiration du bail » et condamné le preneur à payer ce montant au bailleur. Le moyen du preneur reprochant au juge d'instance de n'avoir pas suffisamment motivé sa décision, en ce qu'avant de le condamner en paiement, le premier juge aurait dû de façon claire et précise, répondre à la question de savoir si la résiliation du bail dans des conditions indépendantes de la volonté du preneur était constitutive d'une faute contractuelle, dans la mesure où ledit locataire a démontré sa bonne foi, est mal fondé (CCJA, 2e ch., no 238/2019, 31-10-2019 : Société IHS Côte d'Ivoire c/ Dan Kouine André).

Obs. : l'art. 104 n'a pas été spécifiquement visé mais nous semble applicable relativement à la durée déterminée du bail. On notera que l'arrêt ne relève pas qu'une mise en demeure préalable ait été notifiée par le preneur lors de la résiliation. L'art. 125, al. 1, qui est d'ordre public selon l'art. 134, al. 1, n'a prévu l'exigence d'un préavis préalable à la résiliation que pour les baux à durée indéterminée. Il s'ensuit qu'en l'absence de stipulation contractuelle spécifique, toute partie peut résilier sans préavis un tel bail avant le terme, tout en étant tenu de réparer le préjudice occasionné par une telle résiliation brutale. Le preneur qui déciderait de résilier avant terme, comme ce fut le cas en l'espèce, pourra être condamné au paiement de la totalité de loyers prévus jusqu'au terme convenu. S'agissant du bailleur qui prendrait une telle décision, il devrait être tenu de verser des dommages-intérêts au preneur, sous la forme d'une combinaison d'une indemnité d'éviction dont le montant pourrait correspondre à la somme des loyers restants dus jusqu'au terme, ainsi que les dépenses additionnelles éventuelles qu'entraîneraient la relocation du preneur, dont le montant devrait être justifié.

Jurisprudence comparée

I. Canada

Silence des parties et qualification du contrat de bail à durée indéterminée

En l'absence d'entente entre les parties quant à la durée de ce bail, il y a lieu de conclure qu'il s'agit d'un bail à durée indéterminée. Pour mettre fin à un tel bail, le locataire doit donner un avis au locateur d'une durée équivalente au terme fixé pour le paiement des loyers (art. 1882 du Code civil du Québec). Le loyer étant payé chaque mois, le locataire devait donc donner un avis d'un mois pour mettre fin à son bail. À défaut, le [bailleur] est justifié à réclamer le paiement des loyers des mois précédant l'avis (« Remax Acs Inc. c. Matte, FCour du Québec », Cour du Québec, « Division des petites créances », Canada, Province du Québec, District de Québec, « Chambre civile », no 200-32-035687-044, 27-4-2005).

II. États-Unis

Caractère non abusif d'une clause limitant la liberté du locataire

La clause d'un bail commercial stipulant que le locataire n'aura l'obligation d'ouvrir un commerce et de payer un loyer que si une enseigne phare exploite également un magasin dans l'ensemble commercial au jour de l'entrée en vigueur du contrat de bail n'est pas abusive. Les juges ont considéré en l'espèce que les deux parties étaient des professionnels très informés (Grand Prospect Partnes, L.P v. Ross Dress For Less, INC, RO67327 (2015)).

III. Irak

Novation du bail antérieur par un nouveau bail en modifiant l'économie (novation par changement d'objet)

La conclusion d'un bail subséquent à un bail antérieur et portant modification du prix et de la durée, rend caduc le contrat antérieur ; les obligations des parties seront définies selon le nouveau contrat. Dans cette affaire les parties à un bail avaient conclu un nouveau contrat sur le même immeuble modifiant le contrat initial sur certains points (la durée, le prix, la superficie). Les juges du fond ont débouté le requérant qui demandait de corriger la durée du contrat pour la ramener de 15 à 20 ans prévus par le contrat initial. La Cour de cassation approuve les motivations des juges du fond qui ont estimé que par leur convention subséquente, les parties ont rendu caduc leur premier contrat qui n'existait plus de point de vue juridique et qu'on doit se référer au dernier contrat pour déterminer les droits et obligations des contractants car une fois valable, le contrat ne peut être révoqué, ni modifié à moins d'un texte de la loi ou d'une convention contraire (C. civ art.146-1) (Cour de cassation fédérale 19-5-2009, pourvoi 1496/app.imm/2009 : Bull. jud. n° 9, déc. 2009 n° 30).

IV. Luxembourg

Tacite reconduction

La tacite reconduction prévue à l'article 1738 du Code civil requiert que le locataire, après l'expiration du bail, est resté en possession des lieux ce, sans opposition de la part du bailleur (Tr. Arr. luxbg, 4-1-1996, L//J, 54811).

V. Suisse

Prolongation de la durée du bail

Ouverture d'une période de suspension de l'effet du congé donné par le bailleur en cas de projet de cessation prochaine de l'activité exercée dans les lieux. Aux termes de l'article 272, al.1 du Code des obligations suisse, le locataire d'un local commercial peut demander la prolongation du bail lorsque la fin du contrat aurait pour lui ou sa famille des conséquences pénibles sans que les intérêts du bailleur le justifient. Et selon l'article 2, dans la pesée des intérêts, l'autorité compétente doit prendre en considération les circonstances de la conclusion du bail, la situation personnelle, familiale et financière des parties ainsi que le comportement du bailleur et le besoin éventuel du bien par celui-ci ou ses proches parents ou alliés, la situation de l'immeuble sur le marché local susceptible de justifier une prolongation du bail ou de sa durée. La pesée des intérêts en fonction de cette liste permet de déterminer le principe d'une éventuelle prolongation du bail et de sa durée. Et la fixation de la durée de la prolongation selon les critères précités relève du pouvoir souverain des juges du fond.

En l'espèce, le détenteur de certificat d'actions lui conférant un droit de jouissance sur un appartement appartenant à une société, a sous-loué l'appartement à un médecin dentiste qui a sous-loué à son tour à un autre titulaire d'un certificat d'actions l'appartement voisin ; avec l'accord des autres actionnaires locataires, le dentiste a percé une porte entre les deux appartements. Un avocat a alors acquis un certificat d'actions portant sur l'un des deux appartements et a ensuite acquis le certificat d'actions de l'autre appartement. Il a alors signifié au dentiste son congé pour l'un des deux appartements à une date fixée, le dentiste ayant réduit son activité à mi-temps et autorisé un homme d'affaires à utiliser le local pour y travailler régulièrement et en guise de boîte aux lettres. Le dentiste contestant le congé à lui signifié a sollicité une unique prolongation de six ans de la durée de son bail. La commission de conciliation a accordé à celui-ci une prolongation de trois ans augmentée d'un an par la cour d'appel afin que le dentiste locataire puisse aménager plus aisément d'autres locaux destinés à son activité professionnelle et supporter les dépenses consécutives. En tout état de cause, les juges ne sauraient exiger du locataire proche du terme de son activité professionnelle qu'il assume les frais de réinstallation afférents à son activité (Cour civile 15-5-2000, 4C.62/2000 : Juricaf).

Chapitre II
OBLIGATIONS DU BAILLEUR

Art. 105 [anc. art. 73] Le bailleur est tenu de délivrer les locaux en bon état.

Il est présumé avoir rempli cette obligation :

– lorsque le bail est verbal ;

– ou lorsque le preneur a signé le bail sans formuler de réserve quant à l'état des locaux.

Jurisprudence OHADA

I. Dégradations imputables au preneur en l'absence d'état des lieux

Lorsque le preneur n'a pas pris le soin de faire établir un état des lieux à son entrée en jouissance des locaux loués, le bailleur est présumé avoir livré le local en bon état et c'est à bon droit que les frais de réfection au moment de la rupture du contrat de bail sont imputés au preneur, qui est présumé avoir perpétré les dégradations nécessitant réparation (CA de l'Ouest (Cameroun), n° 44/CIV, 22-6-2011 : Sté G.D.B. c/ T. D., Ohadata J-12-66).

Lorsque le bailleur reproche au locataire d'avoir entrepris des travaux dans son immeuble, sans son accord, et sollicite sa condamnation à leur remise en l'état, et que le locataire oppose le défaut d'un état des lieux contradictoire à la signature du bail, dû à la précipitation observée lors de sa conclusion, la demande du bailleur doit être rejetée en l'état, le procès-verbal dressé par l'huissier à la demande du bailleur n'étant pas suffisamment exhaustif et ne permettant pas à la Cour de se déterminer utilement, aucune description précise des dégradations causées par le locataire n'ayant été faite (CCJA, 1e ch., n° 053/2023, 30-3-2023).

II. Imprudence du preneur

La cour d'appel qui, pour confirmer un jugement, a retenu que la requérante pouvait elle-même, avant de s'engager, faire évaluer correctement par un homme de l'art la nature et la durée des travaux, a entendu rappeler la diligence dont toute personne raisonnable est tenue de faire preuve avant de conclure un contrat et a considéré que le preneur, ayant été informé de la vétusté des lieux, était tenu de se renseigner suffisamment sur la durée et la nature des travaux à effectuer sur l'immeuble loué, afin de mieux négocier la période d'exemption quant au paiement de loyer ; en statuant ainsi, la cour d'appel n'a en rien violé l'article 105 précité (CCJA, 2e ch., n° 352/2024, 12-12-2024).

Jurisprudence comparée

I. États-Unis

A. Obligation du bailleur de délivrer les locaux en bon état

Un locataire peut légitiment résilier un contrat de bail et obtenir des dommages-intérêts lorsque le bailleur ne répare pas une fuite provenant du toit, fuite qui rend le local inutilisable (Jaffe Spindler Company v. Genesco Inc. Court of Appeals fourth Circuit 747 F.2d 253 (1984)).

Dans l'État du Massachussetts, le locataire d'un bail commercial prend les locaux en l'état (Gade v. National Creamery Co., 324 Mass. 515, 518 (1949)).

En conséquence, le bailleur d'un bail commercial, contrairement au bailleur d'un bail d'habitation, n'a pas l'obligation de réparer les défauts préexistants du local loué, sauf clause contractuelle contraire (Humphrey v. Byron, 447 Mass. 322 (Mass. 2006)).

B. Assurance portant sur le local loué

Une clause d'un contrat d'assurance, portant sur un local commercial mis en location, excluant la prise en charge des dommages causés suite à des comportements frauduleux ou délinquants de l'assuré ou de toute personne mise dans les lieux par l'assuré est valable. Cette clause d'exclusion s'applique même si le locataire est resté dans le local loué et a possiblement dégradé ce dernier après la résiliation du contrat de bail (Pacific Entreprises, LLC v. AMCO Insurance Company, 2015 WL 1862413 (23/04/2015)).

II. France

A. Manquement du bailleur à son obligation de délivrance du local en bon état

1° Existence d'un manquement

Le bailleur a manqué à son obligation de délivrance :

– dès lors qu'il n'a pas remis au locataire un local conforme à la destination prévue au bail, ce qui est le cas même s'il a demandé, s'agissant d'un local situé dans une copropriété au syndicat des copropriétaires, pour son locataire, l'autorisation d'effectuer les travaux, et si, à la date du refus d'autorisation par l'assemblée générale des copropriétaires, il n'était plus propriétaire des locaux (Cass. 3e civ. 26-3-1997 n° 550 P : RJDA 7/97 n° 883) ;

– dès lors que le preneur s'est trouvé dans l'impossibilité d'exercer dans les lieux loués l'activité prévue au bail, qui se heurtait aux dispositions du plan d'occupation des sols ayant classé la zone d'implantation du bâtiment en zone non constructible exclusivement réservée à l'agriculture, et que le bailleur aurait dû vérifier si la chose louée pouvait être affectée à l'usage prévu au bail, différent de celui auquel les lieux loués avaient été préalablement destinés (Cass. 3e civ. 2-7-1997 : RJDA 12/97 n° 1464, 1e esp.) ;

– lorsque, ayant consenti deux baux à des locataires distincts sur des locaux mal désignés dans les actes, il a accepté tacitement qu'un de ces locataires aménage un local qui a été reconnu comme revenant à l'autre locataire, cet accord n'étant pas de nature à créer des droits locatifs opposables au locataire en titre ; le locataire qui avait aménagé le local était un occupant précaire et le juge des référés était compétent pour faire cesser ce trouble sans qu'il soit nécessaire de démontrer une urgence particulière (CA Paris, 14e ch. A, 18-6-1997 : Rev. jur. com. 1999.133) ;

– lorsqu'il a loué un local à usage de bureaux alors qu'il s'agissait d'un local d'habitation pour lequel il n'avait obtenu de l'administration lors du précédent bail qu'une autorisation subordonnée à la condition de compensation par conversion d'une certaine superficie de locaux à usage commercial en locaux d'habitation ; il ne pouvait dès lors opposer au locataire actuel que l'administration avait contraint à remplir la condition non encore entièrement satisfaite, que cette intervention de l'administration envers ledit locataire, qui lui demandait des dommages-intérêts pour manquement à son obligation de délivrance d'une jouissance paisible, était pour lui imprévisible au moment de la conclusion du bail avec ce dernier (Cass. 3e civ. 19-1-2000 : RJDA 9-10/00 n° 836) ;

– lorsque, par le fait d'un tiers dont il doit répondre, il n'a pas permis au locataire, en l'espèce le liquidateur judiciaire de ce dernier qui poursuivait le bail en vue de sa cession, de prendre possession des locaux ; le bailleur avait, en effet, introduit frauduleusement des membres de sa famille dans les lieux et le liquidateur avait dû intenter plusieurs actions pour obtenir leur expulsion, ce qui justifiait qu'il ait été fondé à s'opposer au règlement du loyer pour toute la période où la jouissance des lieux n'avait pu être obtenue ; le loyer n'était dû que pour la période comprise entre l'expulsion des tiers et la cession du bail au nouveau locataire (CA Versailles, 12e ch., 20-1-2000 : JCP.2001.IV.1029) ;

– lorsqu'il n'a pas procédé au désamiantage des locaux avant l'entrée dans les lieux du locataire, qui a découvert après celle-ci, à l'occasion de travaux entrepris, la présence d'amiante, alors qu'il avait promis de livrer, à compter de la prise d'effet du bail, un immeuble dans lequel les travaux d'aménagement, qu'il avait autorisés, devaient être réalisés et qu'aucune clause contractuelle ne le déchargeait de son obligation de délivrance d'un local immédiatement utilisable à la fin qu'avaient eu en vue les parties (Cass. 3e civ. 2-7-2003 : JCP G 2003 IV 2530 ; RJDA 10/03 n° 1027) ;

– lorsqu'il n'a pas remis les locaux à la disposition du locataire à la date convenue, en raison du départ tardif du précédent locataire dont il répond (Cass. 3e civ. 19-5-2004 n° 590 : RJDA 8-9/04 n° 947, à propos d'un bail d'habitation mais transposable) ;

– lorsqu'il a laissé tomber en ruine le hangar loué, en dépit des avertissements du locataire et de la connaissance personnelle qu'il avait acquis de l'état des lieux par plusieurs visites sur le site (Cass. 3e civ. 25-1-2006 : JCP G 2006 IV 1347).

2° Absence de manquement

Le bailleur n'a pas commis de manquement lorsque :

– le locataire a été dans l'impossibilité d'exploiter son commerce à la suite du constat par la mairie de l'exécution par lui de travaux d'aménagement sans permis de construire, alors que l'administration l'avait informé que les travaux y étaient soumis, et faute pour lui d'avoir régularisé sa situation dès lors qu'il n'était pas établi qu'il s'était trouvé dans l'impossibilité d'obtenir cette autorisation (Cass. 3e civ. 1-10-1997 : RJDA 12/97 n° 1464, 2e esp.) ;

– lorsque, locataire de tous les locaux composant un centre commercial avait sous-loué une partie des locaux à une société exerçant une activité complémentaire à la sienne, il a délivré les locaux convenus, le sous-locataire ne pouvant pas lui reprocher d'avoir résilié son bail car les clauses relatives aux modalités d'exploitation n'établissaient pas une commune intention des parties d'obliger le locataire à maintenir son activité dans le centre aussi longtemps que la sous-location perdurerait (Cass. 3e civ. 3-7-2013 n° 12-18.099 FS-PB : RJDA 11/13 n° 879).

3° Sanctions du manquement

a. Remise en état

La remise en état a notamment été ordonnée à propos :

– de la pose d'une marquise privant le locataire de la vue de la chaussée (CA Paris 19-7-1895 DP 1896.2.364) ;

– de la suppression d'une installation de gaz existante lors de l'entrée du locataire dans les lieux (Cass. 1e civ. 4-1-1950 : JCP 1950.IV.33) ;

– de la suppression d'un deuxième escalier (Cass. 1e civ. 22-3-1961 : Bull. civ. I n° 178).

b. Cessation du trouble illicite

Le juge des référés peut ordonner que soit mis un terme au trouble de jouissance manifestement illicite ; il y a lieu par exemple de faire cesser la voie de fait ayant consisté à invoquer brutalement le caractère précaire de l'occupation qui durait depuis quatre ans pour faire fermer les accès au deuxième étage, empêchant ainsi la poursuite de l'exploitation du magasin (CA Reims 13-6-1989 : Juris. Champagne-Ardenne 1989/90 n° 9).

Mais le bailleur ne peut pas être condamné à des travaux de réfection des lieux dès lors que les juges ne constatent pas qu'il a manqué à son obligation de délivrance (Cass. 3e civ. 19-6-2013 n° 12-18.337 : BRDA 14/13 inf. 17).

c. Résolution judiciaire

Le bail peut être résolu pour inexécution partielle de son obligation de délivrance par le bailleur ; dans ce cas le preneur, en raison de l'anéantissement rétroactif du bail dès l'origine, n'est tenu depuis ce moment qu'à une indemnité mensuelle d'occupation dont les juges du fond fixent souverainement le montant (Cass. 3e civ. 30-4-2003 no 516 : RJDA 7/03 no 694 ; JCP E 2004.30 note M. Kéita).

d. Résiliation judiciaire

Le bailleur est exposé à subir la résiliation du bail demandée par le locataire, sans pouvoir lui opposer utilement la clause du bail prévoyant que le locataire ferait son affaire personnelle de l'obtention des autorisations administratives, dès lors qu'il est le seul à pouvoir mettre les locaux en conformité avec la réglementation, le bailleur ayant déjà essuyé un rejet de sa demande de permis de construire avant la conclusion du bail (Cass. 3e civ. 18-5-2005 no 593 : RJDA 10/05 no 1070).

e. Réparation des conséquences de la procédure collective appliquée au locataire

Un bailleur peut être tenu pour partiellement responsable de la procédure collective de son locataire lorsque le défaut d'entretien des locaux et de leur environnement immédiat a favorisé la dégradation du fonds de commerce exploité par le locataire ; la défaillance du bailleur à maintenir dans un état décent le bail commercial qui, depuis l'origine, faisait partie indissociable des lieux loués même s'il ne s'agissait pas d'une galerie commerciale au sens strict, constitue une faute contractuelle (CA Paris 18-2-2004, no 01/3181, 16e ch. : RJDA 5/05 no 503).

B. État des lieux

1o Force probante

Dispense de la pluralité d'originaux. L'état des lieux établi contradictoirement entre le bailleur et le locataire se bornant à constater une situation de fait, il n'a pas, pour valoir preuve, à être dressé, comme un acte synallagmatique, en autant d'originaux qu'il y a de parties ayant un intérêt distinct (Cass. 3e civ. 23-5-2002 : RJDA 8-9/02 no 860, 2e esp.).

2o Obligation d'entretien incombant au bailleur pendant la durée du bail

Le bailleur doit, pendant toute la durée du bail, faire les réparations qui peuvent devenir nécessaires (C. civ. art. 1720, al. 2 ; Cass. 3e civ. 25-2-2004 no 237 : RJDA 6/04 no 674), notamment pour éviter une dégradation de nature à engendrer une perte de clientèle (CA Paris 18-2-2004 no 01/3181 : RJDA 5/05 no 503).

Si les locaux loués sont situés dans un centre commercial dont il est propriétaire, il doit entretenir les parties communes du centre, accessoires nécessaires à leur usage (Cass. 3e civ. 19-12-2012 no 11-23-541 : BRDA 1/13 inf. 19). À défaut, il ne peut pas se prévaloir de la clause résolutoire du bail pour inexécution de travaux par le locataire car il n'est pas alors de bonne foi pour l'invoquer (Cass. civ. 27-5-1987 : GP 1987.pan.212).

Le bailleur reste tenu des réparations qui lui incombaient pendant le cours du bail, même après la vente de l'immeuble (Cass. 3e civ. 14-11-2007 no 06-18.430 : RJDA 4/08 no 376). Il en est libéré si le locataire, qui se plaint d'un défaut de la chose louée, ne l'a pas informé des modifications qu'il lui a apportées et qui sont à l'origine de son dommage ni invité à remédier aux conséquences qui pouvaient s'ensuivre (Cass. 3e civ. 15-10-2010 no 09-67.192 : RJDA 11/10 no 1047 : à propos d'un bail d'habitation mais transposable).

Mais il n'est pas responsable du défaut d'entretien dès lors qu'il n'a pas été mis en demeure d'y procéder (Cass. civ. 10-7-1996 : RJDA 11/96 no 1298), qu'il a été averti après plusieurs années (huit ans) de l'existence d'une dégradation (Cass. 3e civ. 9-2-2005 no 192 : RJDA 5/05 no 505 : partage de responsabilité) ou que la nécessité de procéder à une réparation résulte de l'inexécution par le locataire de sa propre obligation d'entretien (Cass. civ. 11-12-1991 : RJDA 2/92 no 129).

Sauf urgence, le bailleur ne doit rembourser au locataire les travaux dont il est tenu que s'il a été préalablement mis en demeure de les réaliser et si, à défaut d'accord, le locataire a obtenu une autorisation judiciaire de se substituer à lui (Cass. 3e civ. 23-5-2013 no 11-29.011 : BRDA 11/13 inf. 15).

III. Irak

A. Obligation de délivrer les locaux en état de servir à l'usage auquel ils sont destinés

Le bailleur est tenu de livrer au preneur la chose louée et ses accessoires en état de servir à l'usage auquel ils sont destinés suivant l'usage ou la convention des parties. Ainsi, le bailleur a manqué à son obligation de délivrance dès lors qu'il s'est avéré qu'a la superficie des locaux loués est nettement inférieure à celle prévue dans le contrat. Le locataire est fondé à réclamer la résiliation du bail (Cass. féd. 18-12-2013, pourvoi no 6612 : Revue Législation et jurisprudence, no 2, 2014, p. 163-16).

B. Sanction de la non-livraison de la chose louée

Lorsque la chose louée (parking) n'a pas été livrée, le preneur peut, après avoir mis en demeure le bailleur, demander la résiliation du contrat selon l'article 177 du Code civil qui prévoit que : « Dans les contrats synallagmatiques, lorsqu'une l'une des parties n'exécute pas son obligation, l'autre partie pourra, après avoir mis le débiteur en demeure, réclamer l'exécution du contrat ou en demander la résolution, avec dommages-intérêts, dans les deux cas, s'il y a lieu » (Cour de cassation fédérale 16-9-2008, pourvoi 2133).

IV. Luxembourg

Non-renonciation tacite de la remise en état des lieux

La simple acceptation des clefs par le bailleur, même sans réserves, n'implique pas nécessairement qu'il renonce à réclamer la remise en état des lieux ; cependant, le propriétaire doit actionner le locataire sortant dans un délai rapproché du départ afin de mettre le locataire à l'abri de réclamations tardives et d'éviter le dépérissement des preuves (Tr.Arr.Luxbg., 14-3-1996, L//J, Rôle 54930.)

V. Pologne

Obligation du bailleur de fournir l'accès à l'eau

Le bailleur, conformément à l'article 662 § I du Code civil et l'article 9 du décret relatif à la location d'immeubles, est tenu d'assurer la jouissance paisible du bien loué au preneur à bail ; cette obligation comprend l'obligation d'assurer l'accès à l'eau, sans quoi les locaux loués ne remplissent pas les conditions posées par les textes visés (Cour de cassation, SN 7-3-1997, II CKN 25/97).

Art. 106 [anc. art. 74 mod.] Le bailleur fait procéder, à ses frais, dans les locaux donnés à bail à toutes les grosses réparations devenues nécessaires et urgentes.

En ce cas, le preneur en supporte les inconvénients.

Les grosses réparations sont notamment celles des gros murs, des voûtes, des poutres, des toitures, des murs de soutènement, des murs de clôture, des fosses septiques et des puisards.

Le montant du loyer est alors diminué en proportion du temps et de l'usage pendant lequel le preneur a été privé de la jouissance des locaux.

Si les réparations urgentes sont de telle nature qu'elles rendent impossible la jouissance du bail, le preneur peut en demander la suspension pendant la durée des travaux à la juridiction compétente statuant à bref délai.

Il peut également en demander la résiliation judiciaire à la juridiction compétente.

Jurisprudence OHADA

I. Travaux nécessaires

Expulsion du locataire

Un juge des référés ne peut ordonner la réouverture de portes fermées sur l'ordonnance de la juridiction suprême nationale autorisant la poursuite de travaux dans un immeuble vétuste sans porter préjudice au fond (CA Abidjan, n° 1098, 29-7-2003 : SCI Résidence du Stade c/ Me B. C. B., Ohadata J-03-346).

Obs. : décision rendue en application de l'art. 95 [devenu 127] de l'AUDCG, mais transposable.

II. Réparations non urgentes effectuées sans l'autorisation du bailleur

La réparation est une notion juridique nettement distincte de la modification et de la transformation. Le preneur qui effectue des réparations non urgentes et des modifications sans autorisation préalable du bailleur doit être condamné à réparer le préjudice causé au bailleur (TGI Ouagadougou (Burkina Faso), n° 079/07, 25-4-2007 : B. C. c/ Bureau des Investissements Populaires, Ohadata J-09-384).

III. Réparations imputables au preneur

A. Absence d'état des lieux

En absence d'établissement d'état des lieux préalablement à l'entrée en jouissance du preneur, il est réputé avoir perpétré les dégradations nécessitant réparation (CA de l'Ouest (Cameroun), n° 44/CIV, 22-6-2011 : Sté G.D.B. c/ T. D., Ohadata J-12-66, précisant qu'un bail non enregistré se transforme en bail verbal et qu'en l'absence d'écrit, le bail est réputé conclu pour une durée indéterminée et n'obéit plus aux prescriptions de l'article 74 [devenu 106] de l'AUDCG]).

B. Réparations légères

La réparation du sanitaire et la peinture ne sont pas des grosses réparations au sens de l'article 74 [devenu 106] et doivent être supportées par le preneur (CA Ouagadougou (Burkina Faso), ch. com., n° 026, 5-3-2010 : BIPL c/ B. A. C., Ohadata J-12-187).

C. Insonorisation des locaux

C'est à tort qu'il est reproché à un arrêt d'avoir violé l'article 106 de l'AUDCG en considérant que les travaux nécessités par l'insonorisation des locaux incombaient au preneur, alors selon le moyen que, ces travaux touchent à la structure du bâtiment et constituent à l'évidence de grosses réparations qui incombent au bailleur, dès lors que l'arrêté de fermeture n'étant pas fondé exclusivement sur le motif d'insonorisation des lieux, comme cela résulte des constatations de la cour d'appel qui a retenu que « que les nuisances multiples susceptibles de troubler l'ordre public et le non-respect des heures de fermetures sont clairement des charges de ville et de police qui, exclusivement, incombent au preneur ; que le preneur ne peut, en violation des stipulations conventionnelles, méconnaître son obligation de paiement des loyers et invoquer, malhabilement, le bénéfice de l'arrêté préfectoral sanctionnant sa gestion tirée du non-respect des heures de fermeture à l'insonorisation des lieux, en ce que chaque motif retenu par le préfet revêt une autonomie propre à engager sa responsabilité contractuelle » (CCJA, 2e ch., no 199/2019, 27-6-2019 : François Ndiaye c/ Les héritiers de feu Alioune Diop).

IV. Travaux n'entrant pas dans le régime prévu à l'article 74 [devenu 106]

Lorsque le bailleur a lui-même spécifié qu'il s'agit d'une démolition, le régime prévu à l'article 74 [devenu 106] de l'AUDCG doit être exclu (CCJA, 2e ch. no 111, 22-10-2015 : Diallo Sékou c/ Fall Ibnou, Fall Sidi, Fall Cheick Tidiane, Fall Sérigne M'baye, papa Yérim, Ohadata J-16-104).

Obs. : voir sous l'art. 95 [devenu 127] de l'AUDCG.

JURISPRUDENCE COMPARÉE

I. Canada

Obligation du locataire de subir les réparations urgentes

Le Code civil du Québec (CCQ), dispose :

– d'une part, : « Le locateur est tenu de délivrer au locataire le bien loué en bon état de réparation de toute espèce et de lui en procurer la jouissance paisible pendant toute la durée du bail. Il est aussi tenu de garantir au locataire que le bien peut servir à l'usage pour lequel il est loué, et de l'entretenir à cette fin pendant toute la durée du bail » (art. 1854) ;

– d'autre part : « Le locataire doit subir les réparations urgentes et nécessaires pour assurer la conservation ou la jouissance du bien loué. Le locateur qui procède à ces réparations peut exiger l'évacuation ou la dépossession temporaire du locataire, mais il doit, s'il ne s'agit pas de réparations urgentes, obtenir l'autorisation préalable du tribunal, lequel fixe alors les conditions requises pour la protection des droits du locataire. Le locataire conserve néanmoins, suivant les circonstances, le droit d'obtenir une diminution de loyer, celui de demander la résiliation du bail ou, en cas d'évacuation ou de dépossession temporaire, celui d'exiger une indemnité » (art. 1865).

Dans le cas présent, le local loué à destination d'exploitation d'un salon de coiffure avait été fortement endommagé par un incendie, la locataire ne pouvait continuer de l'occuper.

Le locateur n'a pas expliqué le très long délai de réparation qui est apparu anormal dans les circonstances de la cause. La locataire a eu droit à une compensation pour troubles et inconvénients découlant du manque de diligence du locateur. Le Tribunal a fixé cette indemnité à l'équivalent d'un mois de loyer, soit 400 $.

Par ailleurs, elle n'a pas eu droit à la différence de loyer qu'elle réclamait pour une période d'un an puisqu'il n'y avait aucun lien de droit entre cette réclamation et la terminaison de son bail.

(Lefebvre c. Gag, 2005-06-28, no 450-32-009644-048, Cour du Québec, « Division des petites créances », Canada, Province de Québec, District de Saint François, Localité de Sherbrooke, « Chambre civile »).

II. France

A. Grosses réparations

1o Possibilité de déroger à l'obligation du bailleur

Le bailleur peut s'affranchir de cette obligation par une clause mettant à la charge du locataire les grosses réparations, l'article 1720 du Code civil n'étant pas d'ordre public (Cass. civ. 7-2-1978 : Bull. civ. III p. 56 ; CA Versailles 29-6-2001 : GP 2002.som.1821).

2o Existence

Constituent des grosses réparations :

– les travaux de ravalement de l'immeuble à défaut d'énonciation claire du bail ; s'agissant de dispositions exorbitantes du droit commun, les clauses relatives à la charge des travaux de ravalement ne donnent nullement le droit au propriétaire d'obtenir du locataire le remboursement du coût de ces travaux que ce dernier n'aurait pas décidé lui-même de faire effectuer en fonction de leur opportunité ou de leur nécessité (CA Paris, 8e ch. A, 10-10-1990 : D. 1990.IR.247, la souffrance des travaux de ravalement signifie uniquement que le locataire ne peut se prévaloir d'aucun préjudice en raison de la gêne causée par de tels travaux) ;

– les travaux de ravalement et de curage des fosses d'aisances (Cass. 3e civ. 21-2-1996 : RJDA 5/96 n° 611). En revanche, le prix du contrat d'entretien du réseau d'évacuation des eaux usées incombe au locataire (Cass. 3e civ. 21-2-1996, précité) ;
– les travaux de suppression de l'amiante existant dans l'immeuble loué (CA Paris, 16e ch. B, 26-11-1999 : RJDA 6/00 n° 635 ; CA Versailles, 3e ch., 18-1-2002 : RJDA 8-9/02 n° 858) ;
– les travaux de réfection de la couverture du local rendus nécessaires par l'infestation de la charpente d'insectes xylophages, laquelle menace de s'effondrer (CA Paris 4-4-2005 : JCP E 2005.pan.830).

3° Absence

Ne constituent pas des grosses réparations :
– au sens de la clause qui met à la charge du locataire les grosses réparations telles qu'elles sont définies par l'article 606 du Code civil de manière que tout soit toujours en bon état, « net de toutes détériorations ou dégradations d'aucune sorte », des travaux d'entretien de l'immeuble à la charge normalement du propriétaire et sans relation avec les grosses réparations définies par l'article 606 du Code civil (CA Paris, 15e ch. B, 10-1-1991 : D. 1991.IR.50) ;
– la réparation des conduits de cheminée présentant une fissuration due à un travail trop intensif, car les conduits de cheminée ne sont pas visés par l'article 606 du Code civil (Cass. 3e civ. 30-5-1996 n° 981 D : RJDA 8-9/96 n° 1015) ;
– les travaux suivants :
• la refonte d'une installation de chauffage vétuste, qui n'est pas destinée à maintenir ou à restaurer la structure de l'immeuble et nécessaire à sa conservation ;
• la remise en état d'un élément d'équipement, même si la dépense s'avère très importante, comme celle concernant le changement d'un ascenseur vétuste ;
• la restauration de l'étanchéité, qui n'est qu'un élément de maçonnerie, et dont la détérioration, phénomène courant, qui expose les parties internes de l'immeuble aux pénétrations d'eau, ne concerne pas sa structure (CA Paris, 2e ch. A, 11-1-2000 : D. 2000.IR.78) ;
– au sens de la clause mettant à la charge du locataire les réparations visées par l'article 606 du Code civil, qui est d'interprétation stricte, la réfection de la couverture atteinte par la vétusté, le bailleur n'étant pas exonéré de la réfection totale de la toiture (Cass. 3e civ. 16-5-2000 : GP. 2001.som. 500 note J.-D. Barbier) ;
– les travaux d'adaptation du système de climatisation assurant le chauffage et le refroidissement d'un immeuble destiné à la location de bureaux de prestige (CA Versailles, ch. réunies, 2-10-2001 : RJDA 3/02 n° 230) ;
– les travaux relatifs à la remise aux normes de l'équipement des ventilations des logements et à la réfection pour remise aux normes de l'installation électrique (Cass. 3e civ. 5-4-2005 n° 475 : RJDA 8-9/05 n° 37) ;
– en présence d'une clause du bail les mettant à la charge du bailleur au sens strict et restrictif, les travaux de révision complète de la toiture recommandés par un expert au bailleur, ce fait étant à lui seul insuffisant à caractériser la nécessité de gros travaux, car une révision ne peut être comprise comme la réfection totale de la toiture visée comme telle par l'article 606 du Code civil (CA Besançon, ass., 9-11-2005 : JCP E 2006 IV 1487).

B. Conséquences des grosses réparations

1° Mise à disposition d'un local de remplacement

Lorsque les grosses réparations, telle celle de réfection de la charpente qui menace de s'effondrer, rendent impossible la jouissance du local loué, il n'existe plus de contrepartie au paiement du loyer et il incombe au bailleur de mettre à la disposition du preneur un local de remplacement permettant l'exercice normal de l'activité commerciale ; il s'ensuit que le bailleur ne peut demander le paiement d'une indemnité d'occupation pour le local de remplacement et ne peut invoquer la clause du bail contraire qui pour refuser au preneur une indemnisation pour le préjudice subi ; les frais d'installation et d'aménagement du local de remplacement sont aussi à la charge du bailleur, ainsi que le préjudice commercial et le trouble de jouissance subi par le preneur (CA Paris 4-4-2005 : JCP E 2005.pan.830).

2° Non-remboursement du locataire qui agit sans autorisation du bailleur à défaut d'urgence

Si le bailleur n'obtempère pas après mise en demeure, le locataire, qui en l'absence d'urgence a procédé aux travaux sans autorisation judiciaire, ne peut en obtenir le remboursement (Cass. 3e civ. 9-11-2010 n° 09-69.762 : RJDA 3/11 n° 214 ; sur le remplacement du débiteur défaillant, MDC n° 14905).

III. Pologne

Caractère supplétif du texte fixant les obligations d'entretien du bailleur

Le texte de l'article 662 § I du Code civil est un texte supplétif, par conséquent les parties au contrat sont libres d'y déroger et de répartir librement les obligations entre le bailleur et le preneur [...] ; les parties au contrat, en l'espèce, ayant modifié la répartition des charges prévue par le texte de l'article 662 § I, le bailleur n'est plus tenu à toutes les obligations relatives à la jouissance paisible du bien loué, prévues par le texte visé ; il n'est tenu qu'aux obligations contractuelles (Sygn. akt II CSK 283/11, 12-1-2012).

Art. 107 [anc. art. 75 mod.] **Lorsque le bailleur refuse d'assumer les grosses réparations qui lui incombent, le preneur peut se faire autoriser par la juridiction compétente, statuant à bref délai, à les exécuter conformément aux règles de l'art, pour le compte du bailleur. Dans ce cas, la juridiction compétente, statuant à bref délai, fixe le montant de ces réparations et les modalités de leur remboursement.**

Jurisprudence OHADA

I. Autorisation des grosses réparations

A. Mesures judiciaires de mise en œuvre de l'obligation du bailleur aux grosses réparations : rapport d'expert désigné par le tribunal

Seul le rapport de l'expert désigné par le tribunal indiquant la nature et le montant exact des réparations peut servir de base pour ordonner au bailleur de procéder aux grosses réparations ; à défaut, les dispositions de l'article 75 [devenu 107] de l'AUDCG ne peuvent recevoir application (CA Abidjan, n° 373, 2-2-2004 : A. Y. M.-L. c/ A. N. O., Ohadata J-04-497).

Obs. : sur une mise en état avant-dire-droit ordonnée par une cour d'appel afin de permettre à un preneur de faire la preuve qu'il a réalisé des impenses et leur évaluation, voir CA Abidjan, n° 235/100, 18-2-2000 : C. A. c/ O. M., F. AHO et al. précité, p. 26, 2CI12.

B. Travaux réputés autorisés par le bailleur

En obtenant auprès de la communauté urbaine de Yaoundé une autorisation de bâtir, après l'arrêt par cette dernière des travaux entrepris par un preneur à bail commercial pour défaut de permis de bâtir, les bailleurs ont consenti à la réalisation des travaux effectués par le preneur qu'ils n'ignoraient pas. C'est donc par une souveraine appréciation que la cour d'appel a condamné les bailleurs à dédommager le preneur pour les travaux qu'il a réalisés et qui ont mis en valeur les locaux loués (CCJA, 1e ch., n° 036, 2-5-2013 : 1) Simo de Baham, 2) Simo de Baham née Caron Marie Christiane Léontine Amandine Antoinette c/ Sté La PLAZA SARL, Rec. jur. CCJA, n° 20, vol. 2, janv.-déc. 2013, p. 122-125, Ohadata J-15-36).

C. Appréciation souveraine des juges du fond

La cour d'appel qui a souverainement apprécié les faits et analysé les pièces produites aux débats (entre autres, les courriers échangés entre le bailleur et le locataire, le plan détaillé d'exécution des travaux, la demande d'autorisation de la mairie, la facture du coût des travaux et le procès-verbal de visite des lieux émanant de la protection civile), pour condamner le bailleur à payer au locataire la somme de 16 910 945 FCFA en remboursement des travaux qu'il a effectués, n'a en rien violé les articles 74 et 75 [devenus 106 et 107] de l'AUDCG visés au moyen, qui n'est pas fondé (CCJA, 3e ch., n° 51, 25-3-2016 : Amos Djoro Ernest c/ Nakle Georges, Ohadata J-16-253).

II. Travaux non autorisés

A. Expulsion du preneur qui a agi sans autorisation du bailleur

Doit être confirmée l'ordonnance d'expulsion rendue à l'encontre du preneur qui n'a pas recueilli l'accord du bailleur sur les impenses qu'il a réalisées sur l'immeuble (CA Douala., n° 6/REF, 20-10-2003 : Sté TV CAM c/ S. B. et E. B., F. AHO et al. ; OHADA : Jurisprudences nationales. Ed. Bénin Consulting Group, Cotonou (Bénin) : 2004, p. 78, 3CM34).

B. Résiliation judiciaire du bail

Le preneur qui ne prouve pas que le local qu'il envisageait de prendre à bail nécessitait de grosses réparations que s'est refusé d'assumer le bailleur, que lesdits travaux ont été réalisés avec l'accord du bailleur sur le principe de leur remboursement sur le prix du loyer, et qui n'a pas saisi le tribunal afin de se faire autoriser à réaliser les travaux ne peut voir sa demande de remboursement prospérer. C'est donc à juste titre que le bailleur a obtenu la résiliation judiciaire du bail et l'expulsion du preneur qui doit être condamné à payer les loyers échus (Section de tribunal de Dabou (Côte d'Ivoire), n° 106, 3-10-2006 : A. G. c/ L. N.n Y., Ohadata J-09-186).

Art. 108 [anc. art. 76] Le bailleur ne peut, de son seul gré, ni apporter des changements à l'état des locaux donnés à bail, ni en restreindre l'usage.

Jurisprudence OHADA

Restriction de l'usage des locaux

Il y a restriction de l'usage des locaux lorsque le preneur n'a pas accès à l'eau et au parking et que deux salles des locaux loués lui sont inaccessibles par le fait de la bailleresse qui les a fermées (CA Centre (Cameroun), n° 77/CIV, 4-2-2011 : E. M. V. c/ F. J. M., Ohadata J-12-02).

Jurisprudence comparée

I. France

A. Forme de la chose louée : clause autorisant les modifications

Les parties peuvent déroger à l'interdiction de modifier la forme de la chose louée ; il en est ainsi lorsque les parties sont précisément convenues, par une « clause de souffrance » que le preneur « ne pourra mettre obstacle aux travaux que le bailleur jugerait bon d'exécuter tant dans l'immeuble que dans les locaux loués »... celui-ci pouvant « de même faire procéder à des additions ou à l'édification d'étages additionnels ou à des constructions contiguës ; les locataires ne peuvent alors s'opposer aux travaux entrepris dès lors qu'ils ne sont pas susceptibles d'entraîner une modification définitive défavorable de la chose louée, en l'espèce des locaux dans une galerie marchande, et que les changements provisoires ne sont que la conséquence desdits travaux ; toutefois, la clause précitée étant exorbitante du droit commun et nécessairement d'interprétation stricte, le bailleur a été condamné à verser aux locataires des dommages-intérêts au motif que la seule présence pendant trois ans d'un vaste chantier aux abords de la galerie marchande était constitutive d'un trouble anormal de jouissance (CA Paris, 16e ch. A, 28-1-1998 : DA 1998.366 obs. Y. R. ; RJDA 6/98 n° 687 som.).

B. Interdiction de changer la forme de la chose louée

1° Application au local loué

Le bailleur ne peut pas démolir en cours de bail des locaux même inoccupés (cf. Cass. civ. 9-3-1994 : RJDA 2/95 n° 114) ni réaliser des travaux d'extension du local (Cass. civ. 3-4-1996 : RJDA 7/96 n° 892, condamnant le bailleur à démolir les travaux d'extension d'un centre commercial).

2° Application de l'interdiction aux accès au local loué

L'interdiction de changer la forme de la chose louée s'applique aussi aux accessoires de la chose louée comme les entrées et couloirs d'accès (CA Paris 31-10-1957 : GP.1957.2.397) ; par suite :
– un locataire a été condamné au remplacement de l'accès d'un immeuble sur une voie dégagée par une sortie sur une voie resserrée et sans trottoir (Cass. 1e civ. 27-6-1967 : D. 1967.673) ;
– le bailleur d'un local commercial situé dans une galerie marchande qui a modifié l'agencement de cette galerie en supprimant son accès principal, a engagé sa responsabilité contractuelle sur le fondement de l'article 1723 du Code civil (CA Nancy 4-2-1998 : JCP E 1999 p. 1868 § 19-1 ; rappr. CA Orléans, ch. com., 26-2-2004 et CA Paris, 16e ch. B, 29-4-2004 : JCP E 2005 863 n° 23 obs. J. Monéger).

II. Irak

Obligations du bailleur : interdiction de changer la forme de la chose louée

Le bailleur doit s'abstenir de troubler le preneur dans la jouissance de la chose louée. Il ne peut apporter à cette chose ou à ses dépendances aucun changement qui en diminue la jouissance (art. 753 C. civ.). Ainsi, viole son obligation le bailleur qui après avoir loué un hangar de vente en gros de fruits et légumes procède à la fermeture de l'une de ses entrées. Le preneur qui a obtenu la résiliation du bail est fondé à réclamer le remboursement du loyer payé pour la période où il n'a pas joui du local (Cass. fédérale 7-4-2008, pourvoi 730).

III. Suisse

Obligation imposée au locataire de supporter des travaux d'entretien nécessaires et urgents

Rejet de la demande des locataires en suspension des travaux. Des travaux de réfection du système d'alimentation et d'évacuation des eaux propres et usées (tuyauterie et colonnes de chute), de rénovation complète des salles de bain et cuisines, y compris leur équipement, ainsi que des façades et des ferblanteries, et le remplacement des fenêtres et des stores ayant été jugés nécessaires, les locataires ont été déboutés de leur demande tendant à obtenir une mesure provisoire de suspension des travaux envisagés jusqu'à ce que le juge statue au fond sur leur utilité (Tribunal fédéral suisse, 1e cour civile, 21-6-2005 n° 4P.122/2005 : Juricaf).

Art. 109 [anc. art. 77] Le bailleur est responsable envers le preneur du trouble de jouissance survenu de son fait, ou du fait de ses ayants-droit ou de ses préposés.

JURISPRUDENCE OHADA

I. Existence d'un trouble

A. Travaux effectués par le bailleur sans consentement du preneur et sans autorisation judiciaire

Les travaux effectués par le bailleur sans autorisation judiciaire, et qui ont entraîné des trous dans le local du preneur constituent un trouble de jouissance que l'exercice du seul droit de propriété du bailleur ne peut justifier. Il y a lieu de faire cesser ce trouble en procédant aux frais du bailleur à la réparation des trous (TRHC Dakar, 12-12-2002 : A. N., F. S. A. w. D., S. S. c/ M. A. M. et agence immobilière Marega, Ohadata J-03-205).

B. Concession partielle de la jouissance à un concurrent du preneur et refus d'appliquer la clause de compensation des améliorations réalisées par le preneur

Le bailleur qui a intégré les locaux loués et en a concédé une partie de la jouissance à des tiers pour y exercer des activités commerciales concurrentielles avec celles du locataire cause un trouble de jouissance à ce dernier. Il en est aussi de même lorsque le preneur qui valorisé la parcelle, n'a pas été mis en mesure d'obtenir la compensation de ses investissements par réduction du loyer alors que c'était convenu. Le bailleur doit être condamné à réparer le trouble (CA Bobo-Dioulasso (Burkina Faso), ch. civ., n° 29/08, 17-3-2008 : S. I. c/ B. O., Ohadata J-10-113).

C. Incursions intempestives dans les locaux troublant la clientèle

Le bailleur doit être condamné à réparer le préjudice causé au preneur par ses incursions intempestives dans le local où le preneur exploitait un cybercafé, lesquelles ont entraîné la perte de la clientèle et la fermeture subséquente du cybercafé ; condamnation du bailleur à 100 000 FCFA de dommages-intérêts (TPI Lomé (Togo), ch. civ. et com., n° 1206, 21-5-2010 : Sangronio K. D. c/ E. K., Ohadata J-11-92).

D. Fermeture arbitraire du local

Le bailleur qui a rompu unilatéralement un bail en fermant le local a failli à son obligation et a engagé sa responsabilité, dès lors qu'il était tenu de garantir une jouissance paisible au preneur. Il doit de ce fait être condamné à réparer le préjudice causé au preneur (CA Ouagadougou (Burkina Faso), ch. com., n° 034, 19-3-2010 : M. Z. A. c/ T. L. J., Ohadata J-12-185).

E. Détention des clés du local loué troublant la jouissance du locataire

C'est à tort qu'il est reproché à un arrêt attaqué d'avoir violé les dispositions de l'article 133, al. 1 et 2 de l'AUDCG, en condamnant une personne à respecter les clauses et conditions d'un contrat de bail commercial sous astreinte comminatoire alors, selon le moyen, que les dispositions légales susvisées n'ont pas prévu qu'un locataire ou un bailleur soit condamné sous astreinte comminatoire à respecter ou à exécuter une clause ou une condition d'un contrat de bail commercial, dès lors que l'article 133 visé au moyen est relatif à la résiliation du bail à usage professionnel alors que dans le cas d'espèce, il s'agit d'une action en cessation de troubles dans la jouissance des lieux loués et en séquestration des loyers. De telles actions trouvent leur fondement dans l'article 109 du même Acte uniforme selon lequel « Le bailleur est responsable envers le preneur du trouble de jouissance survenu de son fait, ou du fait de ses ayants-droit ou de ses préposés ». Ainsi, en affirmant « qu'en outre, il ressort des déclarations de Madame [X.] que sa fille [Y.] qui loge sur le site et qui ne ferme les grilles que la nuit ne pourrait en aucun cas donner libre accès à ses appartements, au péril de sa vie ; Que cette déclaration a été confirmée par son mandataire [...] qui lors de l'exécution de la décision attaquée, a refusé de remettre les clés des grilles d'entrée ainsi qu'il résulte du procès-verbal d'exécution en date du 14 janvier 2015 ; Qu'il en résulte qu'elle reconnaît détenir les clés réclamées par Monsieur [Z.] troublant ainsi la jouissance de celui-ci des locaux qu'elle lui a loués », la cour d'appel n'a pas fait application de l'article 133 visé au moyen ; au contraire, elle a souverainement apprécié les faits soumis à sa censure et a estimé qu'ils sont constitutifs du trouble de jouissance donnant lieu à condamnation au paiement de dommages et intérêts (CCJA, 2e ch., n° 125, 7-6-2018 : Davi Philomène Mable c/ Saad Chadi).

Obs. : cet arrêt illustre l'importance de viser les textes appropriés au soutien de ses prétentions.

II. Preuve du trouble

La preuve du trouble de jouissance incombe au preneur (CA Dakar, 2e ch. civ. et com., n° 365, 18-7-2002 : N. D., épse T. c/ A. K., Ohadata J-02-197).

JURISPRUDENCE COMPARÉE

I. Canada

Manquement du bailleur à son obligation de procurer au locataire une jouissance paisible : résiliation unilatérale par le locataire fondé à invoque l'exception d'inexécution

Contrairement à ce qu'affirmait la défense en cette affaire, la question de droit relevait non pas de la validité du motif de congé donné par le locataire, mais bien de celle d'une rupture du contrat pour défaut de jouissance paisible du local commercial.

En effet, durant une période de quatre mois, il a été fait état d'une fuite provenant de tuiles dessoudées et décolorées du toit qui bien que sommairement réparée a persisté. Ce préjudice doit être considéré comme étant une atteinte substantielle au contrat, étant entendu de surcroît qu'il nuisait à l'image de salubrité et de sécurité que devait véhiculer l'activité commerciale en cause vis-à-vis du public pour être crédible.

Au vu de la gravité des manquements du bailleur, la cour estime donc que le locataire était en droit de mettre unilatéralement fin au bail, seul le loyer d'août étant dû pour règlement de tout solde. Elle estime qu'il existait une obligation tacite mais nécessaire de jouissance paisible du bien pesant sur le bailleur. Ce dernier n'ayant pas respecté cette obligation, il déliait par là même son locataire de son engagement de respecter le terme convenu du contrat de bail (« Shun Cheong Holdings B.C. Ltd. v. Gold Ocean City Supermarket Ltd. », 2002-08-13, n° : CA027149, Court Of Appeal for British Columbia, British Columbia).

II. France

Responsabilité du bailleur du fait du trouble causé par d'autres locataires

Le bailleur est responsable envers le preneur des troubles de jouissance causés par les autres locataires et n'est exonéré de cette responsabilité qu'en cas de force majeure (Cass. 3e civ. 19-5-2004 n° 594 : RJDA 8-9/04 n° 948, l'art. 1719 excluant l'application de l'art. 1384, al. 2 C. civ.).

Un bailleur peut être tenu pour partiellement responsable de la procédure collective de son locataire lorsque le défaut d'entretien des locaux et de leur environnement immédiat a favorisé la dégradation du fonds de commerce exploité par le locataire ; la défaillance du bailleur à maintenir dans un état décent le bail commercial qui, depuis l'origine, faisait partie indissociable des lieux loués même s'il ne s'agissait pas d'une galerie commerciale au sens strict, constitue une faute contractuelle (CA Paris 18-2-2004, n° 01/3181, 16e ch. : RJDA 5/05 n° 503).

III. Irak

A. Existence et sanction du trouble de jouissance occasionné par le bailleur

Résolution judiciaire du bail pour fermeture de l'accès aux lieux loués. Ayant payé le loyer convenu, le locataire a exécuté son obligation selon le contrat, il incombe dès lors au bailleur d'honorer son obligation de délivrer au locataire le bien loué et de lui en procurer la jouissance paisible pendant toute la durée du bail. En cas de trouble de jouissance de la part du bailleur, le locataire peut, après mise en demeure, demander la résolution du contrat (C. civ. art. 753 et 177). Dès lors, c'est à bon droit que les juges de fond ont prononcé la résolution d'un contrat de location d'un parking lorsque le bailleur a procédé à la fermeture de celui-ci avant la fin du contrat, empêchant ainsi son exploitation et n'a pas cessé cette violation en dépit de la mise en demeure adressée par le locataire (Cour de cassation fédérale, ch. civ., 3-8-2008, pourvoi n° 1716).

B. Absence de trouble de jouissance imputable au bailleur

Non-obligation du bailleur à assurer la sécurité des lieux. L'impossibilité de jouir du local loué due à des raisons d'insécurité n'autorise pas le preneur à demander la résolution du contrat car garantir la sécurité ne relève pas des obligations incombant au bailleur selon le contrat du bail. Ainsi, lorsque le bailleur a exécuté ses obligations contractuelles notamment la mise à disposition des locaux, le preneur n'est pas fondé à demander la résolution du contrat en dépit de l'impossibilité invoquée de jouir des locaux en raison de l'insécurité qui régnait dans le secteur où l'immeuble était situé (Cour de cassation, ch. civ., 12-3-2008, pourvoi n° 488).

C. Troubles de jouissance occasionnés par les pouvoirs publics

1° *Fermeture administrative*

Lorsque les troubles de jouissance ont été occasionnés par la fermeture administrative des locaux en raison de leur non-conformité avec la réglementation en vigueur, le locataire n'est pas en droit de réclamer la restitution du loyer payé. Il peut, en revanche, demander la résiliation du bail ou la réduction du loyer avec réparation, selon l'article 754 du Code civil.

Il s'agissait d'une location de deux boutiques moyennant un loyer de deux millions dinars irakiens pour une durée d'un an. Après avoir pris possession des lieux, il s'est avéré que ceux-ci ont été construits illégalement et contrairement aux normes en vigueur ce qui a entraîné leur fermeture par l'administration. Le locataire a assigné le bailleur en répétition du loyer payé.

Le premier juge a accueilli favorablement cette demande, mais son jugement a été infirmé en appel. Le locataire a formé un pourvoi en cassation. La Cour de cassation a rejeté le pourvoi en estimant que le locataire, privé de la jouissance des locaux en raison de la fermeture administrative, était en droit de demander la résiliation du bail ou la réduction du loyer avec réparation, le cas échéant. L'article 754 du Code civil prévoit, à cet effet, que « 1 – si un tiers prétend avoir sur la chose louée un droit incompatible avec ceux découlant du bail au profit du preneur, ce dernier doit dénoncer le fait au bailleur sans délai, et peut demander sa mise hors cause. Dans ce cas, la poursuite est exercée uniquement contre le bailleur. 2 – Si par la suite de cette prétention, le preneur est effectivement privé de la jouissance que lui confère le bail, il peut suivant les circonstances, demander la résolution du bail ou la réduction du prix, avec des dommages-intérêts, le cas échéant » (Cass. féd. 27-4-2008, pourvoi nº 760).

2º Barrière de sécurité créée par les forces de police

Le fait, pour les forces de sécurité, d'entourer les locaux loués (restaurant) et ses environs d'une barrière de sécurité pour parer les risques d'attentats terroristes n'engage pas la garantie du bailleur car ce dernier n'a pas troublé le preneur dans la jouissance de la chose louée. Dans ce cas, lorsque la jouissance de la chose louée est notablement amoindrie, le preneur ne peut que demander la réduction du prix ou la résolution du bail ; dès lors qu'il a opté pour la deuxième solution, il ne pourra plus demander la diminution du loyer (Cass. féd. 3-8-2008, pourvoi 1681/app.imm./08 : Bull. jud., nº 3, oct. 2008, nº 10).

D. Absence de garantie pour trouble de jouissance dû à l'insécurité ambiante constitutive d'une quasi-force majeure

L'anarchie régnant à cause de la guerre et l'« absence du droit » rend irrecevable la demande en réparation intentée par le preneur dont la jouissance a été troublée, car étant dans l'impossibilité d'empêcher le trouble, l'autre partie ne saurait tenue pour responsable. Ainsi, dans une affaire où un parking et des bureaux commerciaux ont été donnés à bail de 2001 à 2005, le locataire demande réparation au bailleur pour les troubles occasionnés par la guerre de 2003 : les locaux ont été occupés temporairement par les troupes étrangères puis pillés et squattés par des particuliers. La Cour conclut qu'il n'y a pas lieu d'invoquer la garantie d'éviction car « l'entrée des troupes étrangères en Irak a provoqué un état d'anarchie généralisé dans le pays, l'arrêt des services publics et l'absence de l'état de droit. Les biens publics et privés ont été pillés, mis à sac et dégradés, y compris les bureaux et fonds de commerce. Ceci rend infondée l'action en réparation pour défaut de jouissance du bien loué car le bailleur ne saurait être tenu responsable du préjudice subi du fait d'un événement général qui a touché l'ensemble du territoire ». Quant à la demande de réduction du loyer, la Cour estime qu'il y a lieu de mettre en œuvre l'article 146-2 du Code civil (théorie de l'imprévision) une fois remplies ses conditions (Cass. féd., 3-7-2007, pourvoi 818, http://qanoun.iraqja.iq/view.479/).

IV. Pologne

Troubles causés aux tiers

Engage sa responsabilité le bailleur qui loue ses locaux dans un état qui expose à un danger le preneur à bail ou des personnes que ce dernier invite à pénétrer dans les lieux (Cour d'appel de Katowice, 7-10-1992, I ACr 498/92 OSA 1993/6/38).

V. Suisse

A. Non-réduction du loyer pour trouble léger

Aux termes de l'article 259d CO, si le défaut entrave ou restreint l'usage pour lequel la chose a été louée, le locataire peut exiger du bailleur une réduction proportionnelle du loyer à partir du moment où le bailleur a eu connaissance du défaut et jusqu'à l'élimination de ce dernier. Quant à l'article 259a CO, il prévoit que si, en raison du défaut, le locataire a subi un dommage, le bailleur lui doit des dommages-intérêts s'il ne prouve qu'aucune faute ne lui est imputable. Faute de définition légale, la notion de défaut doit être rapprochée de l'état approprié à l'usage pour lequel la chose a été louée, au sens de l'article 256, al. 1 CO ; elle suppose la comparaison entre l'état réel de la chose et l'état convenu.

L'objet de référence est celui sur lequel le locataire peut sincèrement compter d'après le contenu du contrat, car le défaut se définit comme l'absence d'une qualité dont l'existence avait été promise ou à laquelle la partie contractante pouvait s'attendre selon les règles de la bonne foi. Parmi les défauts qui surviennent pendant la durée du bail, la loi distingue, d'une part, les menus défauts, à la charge du locataire, et, d'autre part, les défauts de moyenne importance et les défauts graves, qui ouvrent au locataire les droits prévus à l'article 259a CO.

La notion de défaut est identique quel que soit le ou les moyens mis en œuvre par le locataire. Il n'y a donc pas lieu de soumettre l'un des droits énumérés à l'article 259a CO à des conditions d'exercice plus restrictives que les autres droits. Au surplus, la cour cantonale a estimé que la présence d'un ou deux ouvriers pendant un ou deux jours ne constituait qu'un léger inconvénient, impropre à causer un réel préjudice (Tribunal fédéral suisse, 1e cour civile, 9-12-2005, 4C.288/ 2005).

B. Réduction du loyer pour bruit excessif

En présence de travaux de démolition et de reconstruction d'un bâtiment voisin de l'immeuble loué qui avaient rendu difficile le travail de la locataire, celle-ci a obtenu une réduction de 60 % de son loyer en faisant valoir qu'elle était une agence de placement fixe et temporaire, dont l'activité était essentiellement exercée par téléphone ou de vive voix, en tout cas à 80 %, et que le bruit des travaux rendait par le bruit inaudibles les conversations téléphoniques (Tribunal fédéral, 1e c. civ., 24-10-2005 no 4C 219/205 : Juricaf).

Art. 110 [anc. art. 78 mod.] Le bail ne prend pas fin par la cessation des droits du bailleur sur les locaux donnés à bail.

Dans ce cas, le nouveau bailleur est substitué de plein droit dans les obligations de l'ancien bailleur et doit poursuivre l'exécution du bail.

Jurisprudence OHADA

I. Transfert du bail à l'acquéreur

A. Vente ou mutation du titre de propriété

L'article 78 [devenu 110] de l'AUDCG relatif à la continuation de plein droit du bail est inapplicable en l'absence de vente des locaux donnés à bail ou de mutation du droit de propriété (TGI Ouagadougou (Burkina Faso), no 045, 27-2-2008 : T. B. c/ S. F., Ohadata J-09-381).

B. Retrait de la gestion de l'immeuble au bailleur

C'est en violation des dispositions de l'article 110 de l'AUDCG qu'une cour d'appel a estimé qu'un décret qui a retiré la gestion de l'immeuble en cause à la société de gestion du patrimoine immobilier de l'État (SOGEPIE) « s'impose à tous y compris au [demandeur] qui ne peut s'y opposer en invoquant quelque droit » pour fonder l'expulsion du locataire, car ledit décret n'a eu pour effet que de retirer la gestion de cet immeuble à la SOGEPIE. En conséquence, le contrat de bail conclu par cette dernière subsiste et les obligations qui en découlent doivent être exécutées par le bailleur (CCJA, 3e ch., no 175, 1-12-2016 : Groupe ivoire académie c/ Esatic (Ex-Isapt), Konaté Adama, Ohadata J-17-115).

II. Obligation d'exécution par l'acquéreur

A. Principe

Il est de principe acquis que la continuation du bail de plein droit en cas de vente de l'immeuble loué constitue une exception à l'effet relatif des conventions et qu'elle s'étend à tous les cas de mutation de propriété, dont la vente des locaux donnés à bail, conformément à l'article 78 [devenu 110] de l'AUDCG. C'est donc à tort que le premier juge a statué en sens contraire et son jugement doit être infirmé (CA du Littoral (Cameroun), no 151/CC, 4-7-2011 : Sté Groupe Socomer et Noscam c/ CNCC, Ohadata J-14-05).

Par la cession intervenue concernant un bail, le nouvel acquéreur est substitué dans les obligations de l'ancien bailleur et doit poursuivre l'exécution du bail. C'est en violation de l'article 110 de l'AUDCG qu'une cour d'appel a affirmé le contraire, exposant son arrêt à la cassation (CCJA, 2e ch., no 055/2020, 27-2-2020 : Roger Lauture c/ La SCI La dune d'esterias).

Le fait, pour une cour d'appel, de se fonder sur l'article 110 de l'AUDCG pour qualifier une personne de propriétaire de lots donnés à bail ne saurait constituer une dénaturation des faits de la cause, de nature à justifier la cassation de l'arrêt attaqué, dès lors que le premier juge avait constaté que cette personne tirait sa qualité de propriétaire d'arrêtés de concession définitifs (CCJA, 1e ch., no 028/2024, 1-2-2024).

La cour d'appel qui a confirmé une ordonnance de référé qui a débouté un preneur de la contestation de la saisie conservatoire pratiquée contre lui, en se fondant sur les articles 54 et 55 de l'AUPSRVE et 110 de l'AUDCG, selon lesquelles le bail ne prend pas fin par la cession des droits du bailleur sur les locaux donnés à bail, le nouveau bailleur étant substitué de plein droit dans les obligations de l'ancien bailleur, et devant, de ce fait, poursuivre l'exécution du bail, a suffisamment motivé sa décision et ne s'est en rien contredite (CCJA, 1e ch., no 028/2024, 1-2-2024).

En conséquence, doit être :

– débouté de son action en expulsion du preneur, l'acquéreur d'un immeuble déjà loué, dès lors que le bail n'a pas pris fin par l'acquisition du local par l'acquéreur et que ce dernier a continué à percevoir les loyers (TRHC Dakar, ord. réf. no 1570, 6-10-2003 : J. A. S. c/ A. S., Ohadata J-04-260) ;

– poursuivie l'exécution d'un contrat de concession ou de bail sur des installations et locaux commerciaux conclu au lendemain d'une cession ayant entraîné mutation du droit de propriété sur l'immeuble dans lequel se trouvent les locaux donnés à bail, le nouvel acquéreur étant, de plein droit, substitué dans les droits et obligations du bailleur. Il en est ainsi dès lors que le concédant était habilité à concéder, sous son entière responsabilité, tout ou partie de ces installations (TPI Cotonou (Bénin), n° 025/1e ch. com., 2-9-2002, R.G. n° : 022/2000 : Sadiv c/ Sté Fagbohoun et fils SARL et A S E C N A, Ohadata J-04-283) ;

– tenu pour violant nécessairement le principe de la poursuite de l'exécution du bail au lendemain de la cession de l'immeuble, objet du bail, l'ordonnance de mise en demeure de déguerpir notifiée par le nouvel acquéreur au locataire en question. Mais l'action du preneur tendant à faire annuler la mise en demeure qui lui a été adressée par l'acquéreur de l'immeuble est irrecevable, lorsque le preneur est déchu de son droit au renouvellement pour non-respect de l'article 92 [devenu 124] de l'AUDCG – préavis de trois mois non respecté (TPI Cotonou (Bénin), ord. réf. n° 014 Réf-Com, 31-7-2002, R.G. : 001/2002 : Sté CCC SARL c/ A. N. et F.B.F., Ohadata J-04-290).

Lorsqu'il résulte des pièces d'un dossier que, à la suite de la demande du bailleur et des différents entretiens entre ce dernier et le locataire, les parties ont convenu de proroger le bail commercial les liant pour la période de janvier 2015 au 31 décembre 2021 ; qu'à la suite de cet accord, le bailleur a perçu un montant de 51 600 USD représentant une avance de loyer pour quatre années moyennant un prélèvement, par le locataire, d'un dédommagement d'intérêts sur les avances à 15 %, soit 7 740 USD et que cet accord est réalisé de manière non équivoque par la mention manuscrite « vu et approuvé bon pour accord » du bailleur, marquant ainsi son adhésion au principe même de la prorogation du bail ainsi qu'aux conditions de celle-ci, telles que définies dans la correspondance entre les parties. Le contrat de bail commercial conclu le 3 mai 1995 entre les parties étant régulièrement prorogé au 31 décembre 2021 par accord des parties, c'est à tort que le locataire a été expulsé des lieux loués au profit d'une autre personne, dès le 31 décembre 2014. En jugeant alors régulière, la rupture du bail dès le 31 décembre 2014 et l'expulsion du locataire des lieux, la cour d'appel a violé l'article 110 de l'AUDCG, exposant sa décision à la cassation (CCJA, 3e ch., n° 197/2020, 28-5-2020 : Société Total Guinée SA c/ Ibrahima Diallo).

B. Effets

1° Validité de l'appel en cause du nouvel acquéreur du local loué

Il résulte de l'article 110 de l'AUDCG que le bail professionnel ne prend pas fin par la cession des droits du bailleur sur les locaux donnés à bail. Dans ce cas, le nouveau bailleur ou le nouvel acquéreur est substitué de plein droit dans les obligations de l'ancien bailleur et doit poursuivre l'exécution du bail. En l'espèce, c'est à juste titre que le locataire a appelé le nouvel acquéreur du terrain objet du bail, avec toutes les constructions que celle-ci y a édifiées, en la cause pour que la décision à intervenir lui soit opposable (CCJA, 3e ch., n° 197/2020, 28-5-2020 : Société Total Guinée SA c/ Ibrahima Diallo).

2° Rétablissement, sous astreinte, du preneur expulsé dans les lieux

Par l'effet de sa subrogation dans les droits reconnus et obligations mises à charge du bailleur dont il a désormais la qualité, l'acquéreur d'un local loué reste tenu de respecter jusqu'à son terme le bail commercial prorogé. En l'espèce, il convient d'ordonner le rétablissement du locataire expulsé dans ses droits de preneur à bail, ainsi que la continuation de ce bail par l'acquéreur jusqu'au terme convenu, ce dans le délai d'un mois à compter de la signification du présent arrêt, sous astreinte définitive de 7 000 000 de Francs guinéens par jour de retard (CCJA, 3e ch., n° 197/2020, 28-5-2020 : Société Total Guinée SA c/ Ibrahima Diallo).

3° Restitution, sous astreinte, du matériel d'exploitation d'une station-service

Le bail liant les parties prévoit que la propriété du matériel d'exploitation de la station-service demeurera acquise au locataire à la fin du contrat, par suite l'ancien propriétaire qui a fait enlever le matériel d'exploitation de la station-service doit être condamné à restituer, dans le délai d'un mois de la signification de la décision et sous astreinte définitive de 7 000 000 GNF par jour de retard, le matériel à son propriétaire légitime, dès lors que le bail a été prorogé et se poursuit (CCJA, 3e ch., n° 197/2020, 28-5-2020 : Société Total Guinée SA c/ Ibrahima Diallo).

....

III. Obligation d'exécution par le locataire

A. Congé délivré par l'acquéreur au preneur

1° Validité du congé pour défaut de paiement des loyers

En cas de vente des locaux loués, la substitution du bailleur dans ses obligations par l'acquéreur habilite ce dernier à donner congé au preneur, qui doit être débouté de sa demande d'annulation du congé qui lui a été notifié par le nouvel acquéreur au motif qu'il ne lui reconnaît par la qualité de bailleur ; il en est ainsi notamment dès lors que le preneur, qui avait accepté un congé de six mois, s'est plus tard rétracté et a persisté dans son refus de payer le loyer à l'acquéreur auquel il déniait la qualité de bailleur (TGI Bobo-Dioulasso (Burkina Faso), n° 191, 6-6-2001 : Sogeco c/ Ets Coulibaly Moussa et fils et T. B., Ohadata J-09-55).

Obs. : sur le rejet de la demande d'indemnité d'éviction dirigée contre l'ancien propriétaire, voir sous l'art. 126.

2° Expulsion du locataire en vertu du congé

Le nouvel acquéreur peut donner congé au preneur aux fins de reprendre les lieux dans le but d'y installer ses bureaux ; il peut faire expulser le preneur qui ne libère pas les lieux au terme du congé et qui s'abstient de payer le loyer, (CCJA, n° 062, 30-12-2008 : M. N. R. c/ ATLAS ASSURANCES SA, Rec. jur. CCJA n° 12, juill.-déc. 2008, p. 99, Ohadata J-10-36, Ohadata J-09-271, Juris-Ohada n° 1/2009, janv.-mars, p. 45).

Le pourvoi fondé sur un moyen vague et imprécis est irrecevable et doit être rejeté. Tel est le cas lorsque les requérants ne précisent pas en quoi l'arrêt attaqué qui, après avoir constaté le préavis donné aux locataires pour la fin du bail, a ordonné, d'une part, la restitution des clés de l'immeuble, et, d'autre part, le reversement des montants perçus à titre d'avance sur les loyers, a pu violer les dispositions de l'article 78 [devenu 110] de l'AUDCG qui est relatif à la transmission des obligations du bailleur d'un immeuble vendu au nouvel acquéreur (CCJA, 2e ch., n° 082, 29-4-2015 : Youssef Samir et Houssein Hyzazi c/ Héritiers de feu El Hadj Mamady Koulibaly représenté par Moussa Koulibaly, Ohadata J-16-82).

B. Résiliation par l'acquéreur

Le nouveau bailleur est en droit de résilier le bail lorsque le preneur ne paie pas les loyers dus (CA Littoral (Cameroun), n° 077/CC, 5-5-2008 : Minn Society SARL c/ N. P., Ohadata J-09-130).

C'est à tort qu'un preneur persiste dans son refus de reconnaître comme son bailleur l'acquéreur des locaux donnés à bail et s'obstine dans son refus de payer le loyer en accumulant des arriérés de plusieurs mois. Par conséquent la résiliation judiciaire du bail doit être prononcée et l'expulsion du preneur et de tous les occupants de son chef ordonnée (TGI Bobo-Dioulasso (Burkina Faso), n° 191, 6-6-2001 : Sogeco c/ Ets Coulibaly Moussa et fils et T. B., Ohadata J-09-55).

Obs. : sur la non-exigence au nouvel acquéreur de notifier son titre de propriété au preneur, voir sous l'art. 125.

C. Inopposabilité à l'acquéreur de la demande de renouvellement adressée par le preneur à l'ancien propriétaire

Les articles 78 et 91 [respectivement devenus 110 et 123 de l'AUDCG] et suivants de l'AUDCG ne trouvent application que si le preneur a été diligent. Le preneur qui, au lieu de solliciter le renouvellement de son bail entre les mains du nouvel acquéreur, l'a fait plutôt entre celles de son ancien bailleur, qui n'avait plus la qualité de bailleur et dont les actes ne pouvaient nullement être opposables au nouveau propriétaire, ne peut se prévaloir de sa propre turpitude et soutenir que son bail a été renouvelé dans les formes et délais prescrits par la loi (CCJA, ass. plén., n° 139, 11-11-2014 : Hassan Salman c/ Anatchoue Zaouil Fouad, Ohadata J-15-229).

IV. Vente du local intervenue après cession du droit au bail non notifiée au bailleur

Rejet de la demande de réparation de l'acquéreur expulsé pour inopposabilité de la cession au bailleur. Aux termes de l'article 110 de l'AUDCG, le bail ne prend pas fin par la cessation des droits du bailleur sur les locaux donnés à bail et, dans ce cas, le nouveau bailleur est substitué de plein droit dans les obligations de l'ancien bailleur et doit poursuivre l'exécution du bail. En présence d'une cession qui n'a pas été notifiée au bailleur dans les formes prescrites par l'article 119 de l'AUDCG, n'a pas violé ce texte la cour d'appel qui, pour confirmer le jugement qui a débouté l'acquéreur de son action en réparation pour expulsion, a retenu que « la cession de bail dont se prévaut l'appelante qui n'est pas connue de [...] la vendeuse ne peut prospérer et se heurte aux dispositions de l'article 119 de l'[AUDCG] d'après lesquelles, à défaut de signification ou de notification d'une cession du bail dans les conditions de l'article 118 du même Acte, la cession est inopposable au bailleur » (CCJA, 2e ch., n° 084/2021, 27-5-2021 : Romoun Abi Astride Sorelle c/ Santa Lucia Cameroun SARL, SCI-Holding).

JURISPRUDENCE COMPARÉE

I. France

A. Opposabilité du bail à l'acquéreur

L'acquéreur ne peut expulser le locataire qui a un bail authentique ou dont la date est certaine (Cass. civ. 12-7-1976 : Bull. civ. III p. 233) ; toutefois, le bail est aussi opposable à l'acquéreur, même à défaut de date certaine, lorsque l'acquéreur en a eu connaissance et l'a accepté de manière non équivoque (Cass. com. 11-2-1964 : D. 1964.262 note Esmein ; Cass. civ. 12-3-1969 : Rev. loyers 1969.281).

B. Inopposabilité du bail

Le bail est inopposable à l'acquéreur :

– lorsque le vendeur et le locataire lui avaient caché l'existence du bail (CA Versailles 3-2-1988 : GP 1988.som. 446) ;

– si le congé a été délivré avant la vente de l'immeuble, l'acquéreur étant alors dispensé du paiement de l'indemnité d'éviction (Cass. civ. 27-10-1993 : JCP G 1995.II.22390 note Boccara), dont l'ancien propriétaire reste seul tenu (Cass. civ. 30-5-2001 : Bull. civ. III n° 69).

C. Conséquences de l'inopposabilité du bail

1° Droit de l'acquéreur de donner congé ou de mettre en cause la responsabilité du locataire

L'acquéreur peut se prévaloir du bail et donner congé sans être tenu de signifier son acquisition au locataire par l'une des formalités de la cession de créances (signification au débiteur cédé), car ces formalités ne concernent pas le transfert des droits réels immobiliers (Cass. civ. 7-11-1990 : Bull. civ. III p. 127 ; dans le même sens, Cass. civ. 5-6-1991 : Bull. civ. III p. 95 : droit de l'acquéreur de mettre en cause la responsabilité du locataire pour incendie).

2° Absence de droit de demander la résiliation

L'acquéreur ne peut pas demander la résiliation du bail en se fondant sur des fautes du locataire antérieures à la vente, sauf s'il bénéficie d'une cession de créance ou d'une subrogation expresse (Cass. 3e civ. 2-10-2002 n° 1441 : RJDA 12/02 n° 1241) ou sauf son droit à se prévaloir de l'effet acquis d'une clause résolutoire (Cass. civ. 30-5-1990 : JCP G 1992.II.21834).

3° Obligation de la caution du locataire

La caution du locataire demeure tenue à l'égard de l'acquéreur de l'immeuble loué (CA Paris 6-3-1997 : D. 1997.571).

II. Irak

Opposabilité du bail à l'acquéreur

Lorsque la propriété de l'immeuble loué est transférée à une autre personne, le bail n'est pas opposable au nouvel acquéreur, à moins qu'il n'ait date certaine antérieure à l'acte de vente. Ainsi, lorsque l'occupant contre lequel est dirigé l'action en expulsion prétend avoir pris le local à bail de l'ancien propriétaire, le tribunal devra lui demander d'établir sa qualité de locataire en vertu d'un acte à date certaine antérieure à la date de transfert de la propriété. Le bail dont la date est incertaine est inopposable à l'acquéreur qui peut expulser le locataire (Cass. féd. 4-5-2008, pourvoi 831, http://qanoun.iraqja.iq/view.474/).

III. Luxembourg

A. Opposabilité du bail à l'acquéreur

Si le bailleur vend la chose louée, l'acquéreur ne peut expulser le fermier ou le locataire qui a un bail authentique ou dont la date est certaine, à moins qu'il ne se soit réservé ce droit par le contrat de bail (C. civ. art. 1743 u). Il n'en demeure pas moins que l'acquéreur peut puiser lui-même dans le contrat le droit de mettre fin au bail, et peut dès lors congédier le bailleur (Tr. Arr. Luxbg 8-11-2002, L//J, Rôle 75737).

B. Inopposabilité du bail à l'acquéreur

1° Inopposabilité par les sous-locataires ayant cause d'un locataire lui-même frappé d'inopposabilité

Lorsque le bail ayant existé entre l'ancien propriétaire de l'immeuble et le locataire principal n'est pas opposable aux nouveaux propriétaires, les sous-locataires ne peuvent invoquer à l'égard des nouveaux acquéreurs leurs relations contractuelles avec le locataire principal, étant donné que le sous-locataire ne peut avoir plus de droits que le locataire principal (Tr. Arr. Luxbg 7-11-1991, L//J, Rôle 215/91).

2° Validité de la renonciation de l'acquéreur à l'inopposabilité

Le bail commercial ne peut être opposé par les preneurs aux nouveaux acquéreurs de l'immeuble que dans les conditions fixées par l'article 1743 du Code civil. Il ne saurait jouer qu'à la condition que le bail ait acquis date certaine avant la vente de l'immeuble loué. Dans la mesure où tel n'était pas le cas, les nouveaux acquéreurs sont en droit d'expulser les locataires qui ne peuvent leur opposer leur bail. Les nouveaux acquéreurs peuvent cependant continuer le bail, en acceptant de se substituer aux bailleurs originaires et en renonçant par là même à se prévaloir du défaut d'opposabilité du bail à leur égard, renonciation qui est toujours possible. Il en résulte, au cas où l'immeuble donné en location a fait l'objet d'une seconde aliénation, que les acquéreurs ayant acquis lors de la deuxième vente, ne peuvent se prévaloir de ce que le bail n'a acquis date certaine que postérieurement à la première vente de l'immeuble. Ils n'ont aucune qualité pour s'en prévaloir ; seuls les premiers acquéreurs auraient pu s'en prévaloir tout comme ils pouvaient y renoncer. A l'égard des acquéreurs ayant acquis l'immeuble en deuxième lieu, il suffit donc que les conditions d'application de l'article 1743 soient données avant que les deuxièmes acquéreurs aient acquis l'immeuble en question. (Tr. Arr. Luxbg 18-4-1985, L//J, Rôle 32706 ; 84/85).

IV. Serbie

Suite à l'achat des locaux, l'acquéreur est substitué dans les droits et obligations du bailleur (Loi sur les obligations art. 591) et peut, en accord avec le contrat de bail signé entre l'ancien propriétaire et le preneur, donner congé ; ce congé est valablement donné lorsqu'il l'est conformément aux conditions fixées au bail, notamment quant au délai à observer pour la prise d'effet du congé, ce qui oblige le défendeur à quitter les locaux en les laissant vides de personnes et de biens (Cour suprême de Serbie Prev. 497/95 du 15-11-1995).

Art. 111 [anc. art. 79 mod.] Le bail ne prend pas fin par le décès de l'une ou l'autre des parties.

En cas de décès du preneur, personne physique, le bail se poursuit avec les conjoints, ascendants ou descendants en ligne directe, qui en ont fait la demande au bailleur par signification d'huissier de justice ou notification par tout moyen permettant d'établir la réception effective par le destinataire, dans un délai de trois mois à compter du décès.

En cas de pluralité de demandes, le bailleur peut saisir la juridiction compétente, statuant à bref délai, afin de voir désigner le successeur dans le bail.

En l'absence de toute demande dans ce délai de trois mois, le bail est résilié de plein droit.

La dissolution de la personne morale preneuse n'entraîne pas, de plein droit, la résiliation du bail des immeubles affectés à l'activité du preneur. Le liquidateur est tenu d'exécuter les obligations du preneur, dans les conditions fixées par les parties. Le bail est résilié de plein droit après une mise en demeure adressée au liquidateur, restée plus de soixante (60) jours sans effet.

JURISPRUDENCE OHADA

I. Inapplication des articles 111 et 133 à une cession du droit au bail

Voir sous l'art. 118 (CCJA, 1e ch., n° 197/2024, 27-6-2024).

II. Conséquences de l'absence de demande de continuation d'une sous-location

Le sous-locataire d'un bail à usage professionnel dispose des mêmes droits que le locataire, l'absence de toute demande de continuation du contrat dans les termes de l'article 111 de l'AUDCG de la part des héritiers du sous-locataire, depuis le décès de celui-ci, entraîne la résiliation de plein droit dudit contrat, sans préjudice de leur expulsion du magasin, objet de sous-location (CCJA, 1e ch., n° 197/2024, 27-6-2024).

Chapitre III
OBLIGATIONS DU PRENEUR

Art. 112 [anc. art. 80 mod.] En contrepartie de la jouissance des lieux loués, le preneur doit payer le loyer aux termes convenus entre les mains du bailleur ou de son représentant dûment mandaté.

Le paiement du loyer peut être fait par correspondance ou par voie électronique.

JURISPRUDENCE OHADA

I. Jouissance des lieux par le preneur : commencement dès la remise des clés aux fins d'occupation

S'il ressort expressément de l'article 112, alinéa 1 de l'AUDCG que le paiement des loyers est la contrepartie de la jouissance des lieux loués, elle ne subordonne pas ce paiement à l'exercice par le preneur de son activité dans les lieux loués ; la jouissance effective des lieux commence dès la remise des clés aux fins d'occupation et, sauf convention contraire, le loyer est dû dès la première échéance prévue au contrat. En l'espèce, la convention des parties n'ayant dispensé du paiement des loyers que durant les 3 premiers mois, à l'expiration de ces 3 mois, le loyer est devenu exigible (CCJA, 2e ch., nº 352/2024, 12-12-2024).

II. Obligation du locataire au paiement du loyer

Par le bail, le preneur s'oblige principalement à verser au bailleur un loyer. Il doit être condamné au paiement d'arriérés des loyers lorsqu'il ne prouve pas avoir rempli cette obligation (TRHC Kaolack, 25-7-2000 : C. H. c/ F. N., Ohadata J-03-219).

Le preneur qui reconnaît devoir neuf mois de loyer sans justifier cet état de fait doit être condamné à payer au bailleur le montant des arriérés de loyers plus les dépens (TGI Bobo-Dioulasso (Burkina Faso), nº 238, 7-12-2005 : Ets. SANGA c/ BELEM Idrissa, Ohadata J-09-65).

Les dispositions de l'article 133 de l'AUDCG étant d'ordre public et s'imposant aux parties et aux juridictions, la circonstance de la mise en vente d'un immeuble loué ne dispensait pas le locataire de son devoir de paiement des loyers (CCJA, 3e ch., nº 049, 1-3-2018 : TOURE DEURY c/ Ali Ahmat ABACAR et Mahamat Adoum ABACAR) ; de même que la délivrance d'un congé ne suspend pas le bail et les obligations respectives des parties demeurent (CCJA, 2e ch., nº 147, 29-6-2017 : Lauvergne Sabine c/ SCI Indivision Lecoeur).

Conformément à l'article 112 de l'AUDCG, la non-remise des clés invoquée par un bailleur pour soutenir la continuation du bail ne peut prospérer dès lors que les diligences du preneur pour remettre les clés au bailleur en temps utile ont échoué du seul fait de ce dernier, qui a œuvré pour se rendre introuvable alors qu'il avait conscience de la volonté du preneur de résilier le contrat après que la demande du preneur relative à la réduction du loyer a été rejetée. En conséquence, il convient de retenir que le bail a pris fin à la date à laquelle le preneur a réitéré au bailleur, par voie d'huissier, sa volonté de restituer les clés afin que les locaux soient loués à un autre preneur. Il en est ainsi d'autant plus que pour un bail à durée déterminée, l'alternative pour le bailleur face à une résiliation anticipée est de se faire réparer les préjudices subis du fait de la rupture anticipée (T. com. Ouagadougou, nº 014, 13-9-2017 : PNBF SARL c/ Sanga Mady, http://tribunal-commerce.justice.gov.bf/download/jugement-n017-du-18-01-2017-societe-pnbf-sarl-contre-sanga-mady/).

C'est à tort qu'il est reproché à un arrêt d'avoir violé l'article 112 de l'AUDCG, en retenant qu'un preneur était tenu de payer les loyers de la période couverte par l'arrêté préfectoral portant fermeture du local loué, dès lors que d'une part, il résulte des pièces versées au dossier dont notamment l'arrêté de fermeture provisoire que la décision de fermeture de l'établissement est fondée sur plusieurs motifs à savoir : « nuisances multiples susceptibles de générer des troubles à l'ordre public ; troubles récurrents à la tranquillité publique consécutifs à l'usage de la musique à l'intérieur d'un établissement non insonorisé ; non-respect des heures de fermeture ; récidive dans la commission des faits […] qui avaient conduit à [une fermeture antérieure par arrêté préfectoral] » ; et que d'autre part, il résulte de l'arrêt querellé que le preneur qui a continué à occuper les lieux malgré la fermeture provisoire ne prouve pas avoir restitué au bailleur les clés de l'établissement fermé et a, nonobstant la mise en demeure d'avoir à payer les loyers, refusé de s'acquitter du paiement des loyers, ne peut être exonéré du paiement des loyers pendant la durée de son occupation (CCJA, 2e ch., nº 199/2019, 27-6-2019 : François Ndiaye c/ Les héritiers de feu Alioune Diop).

Mais la cour d'appel qui a confirmé le jugement d'expulsion et condamné un preneur sans rechercher si la consignation des sommes dues par le preneur ne le libérait pas des loyers « échus et impayés » selon le dispositif du jugement appelé, a insuffisamment motivé sa décision et ne permet pas à la CCJA d'exercer son contrôle, exposant ainsi l'arrêt attaqué à la cassation sans qu'il soit nécessaire d'analyser les moyens restants (CCJA, 3e ch., nº 230/2019, 10-10-2019 : Société Cemico SARL c/ Richard Ngokseu).

III. Mode de paiement

Le paiement effectué par chèque couvrant le principal est parfaitement valable, le chèque en tant qu'instrument de paiement étant libératoire dès sa remise à moins de prouver qu'il n'était pas provisionné ou qu'il l'a été insuffisamment (TRHC Dakar, 5-5-2003 : SAI – Libération c/ J. C. R., Ohadata J-03-210).

IV. Incompétence du juge de l'exécution pour ordonner l'expulsion pour défaut de paiement du loyer

Le juge de l'urgence, qui est le juge de l'exécution, est incompétent à connaître d'une demande en expulsion ou de paiement d'arriérés de loyers, qui ne constituent ni une demande relative à une mesure d'exécution forcée, ni une saisie conservatoire au sens de l'article 49 de l'AUPSRVE (TPI Douala Ndokoti, ord. n° 147/074-05, 27-1-2005 : Sté Anfi c/ W. M., Ohadata J-05-145).

V. Procédure de recouvrement des loyers

L'AUDCG n'a pas prévu une procédure spéciale pour le recouvrement des loyers, la procédure d'injonction de payer n'étant qu'une procédure certes prévue pour être rapide mais la faculté d'y recourir n'exclut pas le recours à une action en paiement relevant du droit commun (TGI du Wouri (Cameroun), n° 554, 10-5-2011 : CNPS c/ Etude Mes N. et E., Ohadata J-12-214).

VI. Exonération du preneur par la faute du bailleur

Le bailleur qui a loué à un preneur un immeuble non exploitable du fait d'impayés de factures d'eau et d'électricité, entrainant le refus des services compétents de fournir l'eau et l'électricité à l'immeuble, et s'est abstenu de régulariser cette situation avec les services précités, n'a pas mis son locataire en mesure de jouir pleinement des lieux loués, et dont la destination était bien précisée dans le contrat. Une telle attitude constitue une faute grave justifiant la résiliation unilatérale, faute qui exempte l'auteur de la rupture de toute responsabilité. En l'espèce, le comportement du preneur qui, après avoir vainement tenté d'obtenir du bailleur le règlement des arriérés d'eau et d'électricité pour lui permettre de souscrire des abonnements afin de rendre les locaux propres à l'hébergement d'une école maternelle, tel que prévu par le contrat, a quitté les lieux, après avoir fait dresser par un huissier procès-verbal du 30 septembre 2017 constatant l'absence d'électricité et d'eau, due à des impayés, s'analyse en une résiliation unilatérale du bail, qui engage la responsabilité civile de son auteur, sauf si elle est justifiée par la faute grave du cocontractant. C'est donc en violation de l'article 112 de l'AUDCG qu'une cour d'appel a condamné le preneur à payer la somme de 23 400 000 FCFA au titre des arriérés de loyers, qui débordent la période comprise entre la date de la signature du bail et celle de la résiliation unilatérale par le preneur, exposant son arrêt à la cassation. Sur l'évocation, et pour les mêmes motifs que ceux ayant entraîné la cassation, il y a lieu de rejeter, comme non fondée, la demande de résiliation du bail, d'autant que le procès-verbal de constat d'huissier produit par le bailleur lui-même montre bien que le locataire avait déjà quitté les locaux à cette date ; il y a lieu également de rejeter la demande d'expulsion comme sans objet (CCJA, 1e ch., n° 053/2023, 30-3-2023).

VII. Caractère inopérant de la régularisation tardive des loyers sur la procédure de résiliation et d'expulsion déjà initiée

Obs. : voir sous l'art. 133 (CCJA, 3e ch., n° 297/2024, 31-10-2024).

Jurisprudence comparée

I. Canada

A. Sanction du non-paiement de son loyer par le locataire

Refus d'appliquer la clause résolutoire pour défaut du préavis prévu. Le Tribunal était saisi d'une requête en résiliation de bail, réclamation de loyer et expulsion en vertu des articles 762 et suivants du Code de procédure civile. La preuve avait révélé que les parties étaient liées par un bail commercial signé en mars 2002 avec effet rétroactif au 1er janvier 2002. Le bail était prévu pour une durée initiale de six (6) mois prenant fin le 30 juin 2002 et prévoyait un renouvellement pour une période de deux (2) années « à moins que le locataire devienne en défaut de rencontrer ses obligations et qu'un terme soit mis à la présente entente (le bail commercial) ».

Le bail prévoyait la mise en défaut du locataire si celui-ci « ne se conformait pas aux obligations résultant de l'une et l'autre des clauses, charges et conditions du présent acte » et s'il « ne payait pas à leurs échéances respectives ». « Advenant tout cas de défaut, le locateur aura le droit, sous réserve de ses autres droits et recours, [...] de se prévaloir de la clause résolutoire ci-dessous. »

« Au cas de défaut du locataire de se conformer à l'une ou l'autre des conditions et obligations des présentes, le locateur aura le droit s'il le juge à propos, et sans préjudice à ses autres recours de demander la résolution des présentes y compris la clause d'achat/vente après avoir servi à qui de droit un préavis de trente (30) jours. ».

Ainsi, le Tribunal peut dès maintenant constater les nombreux défauts d'exécution de paiement des loyers depuis janvier 2002 et condamner la partie intimée à payer la somme de 4 400 $ pour les mois de janvier et février 2002 avec intérêts au taux légal ainsi que l'indemnité additionnelle prévue au Code civil du Québec depuis la signification de la requête le 21 juin 2002. La requête en résiliation peut elle-même constituer le préavis, mais comme elle a été signifiée le 21 juin 2002, le délai de trente (30) jours n'est pas encore expiré. (Couture c. Tavaras, Cour du Québec, « Division de la pratique », Canada, « Chambre civile », n° 200-02-030029-021, 2002-06-27.)

B. Validité de la clause de résiliation de plein droit pour non-paiement du loyer

Les parties sont liées par bail depuis le 15 novembre 1999, relativement à un immeuble commercial situé au 9400 boulevard Laurier à La Plaine, district de Terrebonne. Ce bail est consenti pour une période de trois ans, se terminant le 15 novembre 2002. La défenderesse occupe toujours les lieux. Ce bail contient une clause de résiliation de bail exprimée en ces termes :

« Le locateur aura droit de résiliation si le locataire fait défaut de payer tout loyer et tout autre montant dû aux termes du bail dans les trente (30) jours de leur date d'échéance. » Le loyer est établi à 2 300,50 $ (avec les taxes) et est payable le 15 de chaque mois. Il n'a pas été payé depuis le 15 novembre 2002. N'ont pas été payées non plus les taxes municipales dont la défenderesse s'était obligée en vertu du bail ce, pour les mois de mai, juillet et septembre 2002.

La demanderesse a droit à la résiliation de plein droit du bail en vertu de la clause résolutoire convenue entre les parties, compte tenu du défaut de la défenderesse de respecter ses engagements contractuels. La cour d'appel du Québec a reconnu ce droit dans un arrêt où, sous la plume du juge Chamberland, il est déclaré :

« Avec égards pour le juge de première instance, j'estime que l'arrêt Place Fleur de Lys précité, ne fait pas autorité lorsque le bail contient, comme en l'espèce, une clause en stipulant clairement la résiliation de plein droit au cas de défaut de paiement du loyer. En effet, dans l'arrêt Place Fleur de Lys, le bail intervenu entre les parties ne comportait pas de clause de résiliation automatique ou de plein droit. C'est dans ce contexte que, confrontée à la règle générale énoncée à l'article 1605 C.c.Q (Code civil du Québec), la Cour concluait, sous la plume de mon collègue le juge Baudoin, que « le législateur, en matière de contrat de louage, a voulu reconnaître la résolution judiciaire comme règle générale. » J'ai d'autant moins d'hésitation à reconnaître la validité et la portée d'une clause prévoyant expressément la résiliation de plein droit d'un bail commercial au cas d'inexécution des engagements contractuels pris par l'une ou l'autre des parties que cela me semble aller dans le sens de ce que le législateur a voulu favoriser en adoptant la règle posée par l'article 1605 C.c.Q au titre « Des obligations en général ». Si le créancier d'une obligation inexécutée se trompe en soutenant que le bail est résilié de plein droit, sans poursuite judiciaire, il risque de se faire dire plus tard par le tribunal qu'il n'avait pas droit à cette résolution et d'avoir à payer le prix de son erreur. Le contrôle judiciaire a posteriori vaut bien, dans ce contexte, le contrôle judiciaire a priori. »

En l'espèce, la clause de la résiliation est suffisamment claire pour donner ouverture è la résolution de plein droit et compte tenu que le défaut de la défenderesse est antérieur à l'avis d'intention, l'on ne peut prétendre que le bail est toujours en vigueur. La demanderesse a droit à la reprise de possession des lieux sans devoir obtenir l'autorisation de la Cour de faillite en vertu de l'article 69.4 L.F.I. (« Pieces d'Auto la Plaine Ltée c. 9083-1785 Quebec Inc. », 2003-05-30, n° : 700-22-009841-031, Cour du Québec, « chambre civile », Canada, Province du Québec, District de Terrebonne, Localité de St-Jérome).

C. Compensation des loyers et du montant des travaux mis à la charge du bailleur mais assumés par le locataire

Saisie-exécution par le bailleur injustifiée pour défaut de paiement des loyers. Un bailleur s'étant engagé à faire des travaux substantiels de rénovation et d'aménagement d'un local commercial et qui ne les a pas réalisés, reste tenu par les termes du contrat de bail.

Le locataire, plaignant en l'espèce, avait ainsi effectué en place et lieu du bailleur lesdits travaux et dépensé 18 555 dollars à cet effet. Or, le bail conclu prévoyait que si le locataire venait à investir une telle somme, il pouvait par la suite la déduire du loyer à payer. Dès lors, au moment de la saisie-exécution opérée par le bailleur, aucun loyer n'était dû. C'est à juste titre que le locataire a supposé que le propriétaire devait avoir connaissance des termes du contrat, et notamment de cette clause de retenue des frais engagés par le locataire sur les loyers. Le tribunal reproche donc au propriétaire de ne pas avoir fait une lecture approfondie du contrat en cause, ce qui lui aurait évité de mettre en œuvre de façon injustifiée la procédure de saisie-exécution. Il conclut donc qu'il n'y avait aucun arriéré pouvant justifier d'une cessation du contrat de bail commercial (« Ker-Mar Enterprises Inc. v. Sunsan Enterprises

Inc. », 1996-11-22, n° : 22114, The Supreme Court Of British Columbia, British Colombia).

II. États-Unis

A. Indépendance des obligations des parties à un bail

Dans un contrat de bail commercial, en l'absence de dispositions contraires, les obligations des parties sont indépendantes (Roth v. Golden Slipper Restaurant & Catering, 167 Pa.Super. 558, 76 A.2d 475 (1950).

En conséquence, le locataire est tenu de s'acquitter du loyer même si le bailleur ne respecte pas ses obligations (Thompson v. Harris, 9 Ariz.App. 341, 452 P.2d 122 (1969)).

B. Non-paiement des loyers

La clause d'un contrat conclu entre des personnes informées prévoyant qu'en cas de défaut de paiement d'un loyer, le locataire devra verser immédiatement la totalité des loyers restant dus jusqu'au terme du bail est valide (Cummings Props., LLC v. National Communications Corp., 449 Mass. 490, 491, 494 (2007)).

Les parties sont libres de spécifier dans leur contrat la date et le montant que devra verser le locataire en cas de défaut de paiement du loyer. Dans le silence du bail, les dommages-intérêts (*indemnification*) ne seront dus qu'au terme prévu dans le contrat, c'est-à-dire quand le préjudice subi par le bailleur pourra définitivement être évalué (Gardiner v. Parsons, 224 Mass. 347, 350 (1916)).

Sauf, dispositions contractuelles ou légales contraires, la résiliation du bail commercial met fin à l'obligation du locataire de payer le loyer (Krasne v. Tedeschi & Grasso, 436 Mass. 103, 109 (2002)).

C. Relocation du local

Si, malgré un défaut de paiement des loyers, le contrat de bail n'a pas été résilié, le bailleur n'a pas l'obligation de limiter son préjudice en relouant le local à des locataires solvables (Cantor v. Van Noorden Co., 4 Mass. App. Ct. 819, 819 (1976)).

En revanche, une fois le bail commercial résilié, le bailleur doit rechercher de nouveaux locataires afin de limiter son préjudice ; il ne peut pas attendre la fin théorique du bail résilié avant de rechercher un nouveau locataire (Krasne v. Tedeschi & Grasso, 436 Mass. 103, 109 (2002)).

D. Vente du local

En cas de défaut de paiement du loyer ayant entraîné la résiliation du bail, et lorsque le bailleur vend le local qui était loué, il ne peut pas obtenir de dédommagement pour les loyers qui auraient été dus par le locataire entre la date de la vente et la fin théorique du bail (Krasne v. Tedeschi & Grasso, 436 Mass. 103, 109 (2002)).

E. Clause d'exonération de responsabilité

Lorsque le contrat de bail commercial précise qu'aucun évènement ou circonstance ne pourra libérer le locataire de son obligation de payer le loyer, la survenance d'une cause prévue dans la clause de « force majeure » ne l'autorise pas à ne pas verser le loyer (476 Grand LLC v. Dodge of Englewood, Inc., 2012 N.J. Superior Court, Unpub. Docket No. A-2048-10T1 (2012)).

Une clause de « force majeure » doit être interprétée de manière restrictive car elle n'est pas destinée à protéger une partie contre les risques normaux d'un contrat (Urban Archaeology Ltd. v. 207 E. 57th St. LLC, 34 Misc. 3d 1222, 951 N.Y.S.2d 84, 2009 N.Y. Slip Op. 52825 (N.Y. Sup. Ct. 2009)).

Une partie sera libérée de son obligation uniquement si l'évènement en cause est expressément prévu par la clause de « force majeure » (Kel Kim Corp. v Central Markets, Inc., 70 NY2d 900, 902 (1987)).

En conséquence, lorsque la clause ne précise pas que la partie sera libérée de son obligation en cas de survenance d'une crise économique grave, la partie doit exécuter ses obligations et notamment payer le loyer stipulé dans le contrat de bail (Urban Archaeology Ltd. v. 207 E. 57th St. LLC, 34 Misc. 3d 1222, 951 N.Y.S.2d 84, 2009 N.Y. Slip Op. 52825 (N.Y. Sup. Ct. 2009)).

F. Absence d'exonération

Les parties sont tenues d'exécuter leurs obligations contractuelles même si des circonstances ou des évènements imprévus rendent l'exécution plus coûteuse (Kel Kim Corp. v Central Markets, Inc., 70 NY2d 900, 902 (1987)).

Toutefois, la partie qui n'a pas exécuté son obligation peut invoquer un cas de force majeure (*impossibility*). Cependant, des difficultés financières ou économiques, y compris l'éventualité d'une insolvabilité ou d'une faillite, ne suffisent pas de décharger une partie de ses obligations contractuelles (Stasyszyn v Sutton East Assocs., 161 AD2d 269, 271 (1990)).

Les juges de l'État de New York ont par exemple refusé de décharger une partie de ses obligations contractuelles en raison d'une hausse du prix du cobalt due notamment à une grève des travailleurs (General Electric v. Metals Resources Group, 293 A.D.2d 417, 741 N.Y.S.2d 218 (N.Y. App. Div. 2002).

III. France

A. Montant du loyer

Réduction du montant du loyer pour la durée du bail non applicable en cas de renouvellement. Le bailleur, qui avait accepté pour la durée du bail initial en contrepartie de travaux réalisés par le locataire, le loyer réduit pendant plusieurs années et approuvé par écrit le calcul de l'indexation opéré par le locataire, n'avait pas renoncé à demander au locataire, au moment de son départ, le loyer contractuellement exigible à l'expiration du bail ; en effet, ni l'acceptation par le bailleur, avant la date de renouvellement du bail, du calcul opéré par le locataire et du paiement de loyers indexés sur la base du loyer minoré, ni le silence gardé au cours du bail renouvelé ne manifestaient de manière non équivoque sa volonté de renoncer à exiger le loyer d'origine à compter du renouvellement (Cass. 3e civ. 22-1-2014 nº 12-29.856 : BRDA 3/14 inf. 17).

B. Commandement de payer le loyer

Pouvoir de l'indivisaire. Même s'il vise la clause résolutoire d'un bail, le commandement de payer doit être considéré comme un acte conservatoire pouvant être délivré par un seul indivisaire (Cass. 3e civ. 4-2-2014 nº 12-13.653 : BRDA 6/14 inf. 15).

C. Droit du locataire de suspendre le paiement des loyers

1º Existence

Le locataire peut décider de lui-même de ne pas payer le loyer :
– lorsqu'il est constaté que les lieux loués ont été sinistrés (cf. Cass. 3e civ. 21-11-1990 : Bull. III nº 238) ;
– lorsqu'il a été privé, par une décision administrative de la jouissance totale des locaux, même si effectivement cette décision n'interdisait que l'accès du public au magasin car :

• les locaux loués comprenaient les réserves inhérentes à l'exploitation même qui s'étendaient sur les deux tiers de l'immeuble et qui n'étaient plus que des locaux morts dépourvus de toute utilité pour le locataire, l'exploitation du fonds n'ayant pu être reprise dans l'immeuble sinistré ;

• les conditions d'exploitation du fonds dans le local de transfert doivent rester totalement étrangères au bailleur qui n'a à répondre que de la location litigieuse sans pouvoir tirer argument de la location de substitution laquelle au demeurant n'a été que temporaire ;

• les clauses du bail interdisant de suspendre le paiement des loyers en cas de destruction de l'immeuble, ou encore obligeant le preneur à souffrir sans indemnité ou diminution de loyer tous les travaux nécessaires, étaient inopérantes en l'espèce dans la mesure où, notamment, l'application de la clause « travaux » était subordonnée (sauf à y voir une clause abusive) à une jouissance au moins partielle des lieux ainsi qu'en témoigne l'emploi de l'expression « ou diminution de loyer » (CA Paris, 16e ch. A, 20-5-1997 : GP 1997.som.20 note Ph.-H. Brault, annulant et refusant effet à la clause résolutoire visée audit commandement) ;

– lorsqu'un tiers a gardé les clefs des lieux loués dans lesquels il lui était désormais impossible d'accéder ; les juges du fond ne sauraient lui refuser l'utilisation de l'exception d'inexécution au motif qu'il disposait de toutes les voies de droit lui permettant de réinvestir les locaux sans tarder (Cass. 3e civ. 21-3-2006 nº 406 : RJDA 6/06 nº 624).

2º Absence

Le locataire ne peut pas se faire justice à lui-même et décider de ne pas payer le loyer :
– lorsqu'il invoque que le bailleur n'a pas exécuté de remise en état alors qu'aucun accord n'était intervenu avec ce dernier sur ces travaux (Cass. 3e civ. 18-3-1992 : RJDA 6/92 nº 559) ;
– lorsqu'il ne démontre pas que les désordres allégués tenant au mauvais état des lieux l'ont empêché d'exercer son activité commerciale, l'interdépendance des obligations réciproques du contrat synallagmatique n'existant pas entre l'obligation du locataire de payer les loyers qui est une créance certaine et l'obligation d'entretien du bailleur qui consiste en l'exécution de travaux et représente une créance indéterminée ; en conséquence, le défaut d'entretien du bailleur ne justifie ni l'exception d'inexécution de son obligation de paiement par le locataire, le paiement du loyer étant fondé sur la fourniture du logement et non sur son état, ni la compensation entre la dette de loyer qui est certaine, liquide et exigible et la créance indemnitaire du preneur qui reste indéterminée tant qu'une décision de justice ne l'a pas fixée (CA Paris, 16e ch. B, 2-2-1995 : JCP (éd. E) 1995.pan.456). Dans le même sens, CA Paris, 16e ch. A, 16-2-2000 : D. 2000.AJ.243 obs. Y. Rouquet, refusant néanmoins au bailleur la résiliation du bail car le locataire n'avait pas agi de mauvaise foi dans la mesure où les troubles dénoncés par lui pour justifier son refus de paiement des loyers étaient réels et où il avait versé une partie des loyers et déposé le surplus sur un compte séquestre, son manquement n'apparaissant pas ainsi d'une gravité suffisante pour justifier la résiliation du bail à ses torts.
– lorsqu'il se prévaut de l'inexécution par le bailleur de travaux de mise en conformité des lieux, en l'espèce une résidence hôtelière, dès lors que ladite résidence était exploitée en dépit des difficultés et qu'il n'était pas en mesure de désigner avec précision les

parties du bien qui n'auraient pas pu être louées (Cass. 3e civ. 8-4-1998 : RJDA 6/98 no 686).

D. Acquisition de la clause résolutoire de plein droit

Défaut de décision passée en force de chose jugée. L'action introduite par le bailleur avant la mise en liquidation judiciaire du preneur, en vue de faire constater l'acquisition de la clause résolutoire prévue au bail pour défaut de paiement des loyers ou des charges échus antérieurement au jugement d'ouverture de la procédure ne peut, dès lors qu'elle n'a donné lieu à aucune décision passée en force de chose jugée, être poursuivie après ce jugement ; en conséquence, l'ordonnance de référé qui constate l'acquisition de la clause résolutoire et qui est frappée d'appel par le locataire avant sa mise en liquidation judiciaire n'est pas une décision passée en force de chose jugée à la date de la liquidation, peu important sa confirmation ultérieure en appel (Cass. com. 15-2-2011 no 10-12.747 : Légifrance).

E. Obligation des copreneurs pour une dette divisible

Dès lors que le bail ne stipule pas la solidarité entre les colocataires :

– le paiement de la dette de loyer incombe à chacun pour sa part, car cette dette n'est pas par elle-même indivisible (Cass. 3e civ. 30-10-2013 no 12-21.034 : RJDA 2/14 no 86, 1e esp.) ;

– et précise que chacun d'eux a la faculté de résilier le contrat à tout moment sous réserve d'un préavis, de sorte que chaque locataire peut valablement donner congé, le bail se poursuivait alors avec le locataire restant sur l'ensemble des locaux avec obligation de payer l'intégralité du loyer en contrepartie de la jouissance des lieux (Cass. 3e civ. 30-10-2013 no 12-21 : RJDA 2/14 no 86, 1e esp.).

IV. Irak

Obligation du locataire au paiement du loyer à défaut d'empêchement de force majeure établi

Un locataire d'une boutique n'ayant pas payé le loyer pendant trois ans a été assigné par son bailleur et condamné par les juges du fond au paiement de la dette du loyer. A l'appui de son pourvoi en cassation, il a soutenu l'existence d'une force majeure qui l'aurait empêché de jouir de la chose louée. La Haute juridiction rejette le pourvoi en affirmant que lorsqu'est procurée la jouissance paisible du local loué, le preneur est tenu de payer le prix du loyer prévu dans le contrat, peu importe qu'il n'ait pas occupé le local. Le locataire qui invoque une force majeure qui l'a empêché de jouir de la chose louée ne saurait prospérer dans la mesure où il aurait dû intenter une action propre sur ce chef et la prouver devant les tribunaux. Il ne peut se libérer de son obligation de payer les termes échus du loyer dès lors que le bailleur avait mis à sa disposition les locaux loués (Cour de cassation fédérale, ch. civ., 6-7-2008, pourvoi no 1500).

V. Luxembourg

A. Obligation du locataire au paiement du loyer caractéristique du bail

Le bail est un contrat à titre onéreux. Il implique l'obligation pour le preneur de payer un prix, en contrepartie de la jouissance locative. S'il est vrai que le prix ne consiste pas nécessairement en une somme d'argent, qu'il peut revêtir la forme de prestations en nature, et qu'il ne doit pas être déterminé, pourvu qu'il soit simplement déterminable, il constitue cependant un élément essentiel du bail qui ne se conçoit pas sans lui (Tr. Arr. Luxbg 15-11-2002, L//J, 75192).

B. Droit du locataire de suspendre le paiement des loyers

Le locataire a le droit de refuser, en tant que partie, le paiement du loyer en cas de manquement par le bailleur à son obligation d'entretien des lieux loués. Toutefois, la défaillance du bailleur doit justifier la retenue du loyer, le simple défaut d'entretien n'étant pas suffisant, car le locataire continue d'avoir la jouissance de la chose louée, même si elle est imparfaite. Le défaut d'entretien doit être tel qu'il rend la chose inutilisable à l'usage contractuellement prévu. La jurisprudence luxembourgeoise se rallie aux décisions de la Cour de cassation française et retient que l'*exceptio non adimpleti contractus* ne saurait être admise qu'à la condition que le défaut d'exécution des travaux dont s'abstient le bailleur prive le locataire de toute la jouissance ou à peu près des lieux loués (Tr. Arr. Luxbg 26-1-2001, L//J, 66307).

Art. 113 [anc. art. 81 mod.] Le preneur est tenu d'exploiter les locaux donnés à bail, en bon père de famille, et conformément à la destination prévue au bail ou, à défaut de convention écrite, suivant celle présumée d'après les circonstances.

Toutefois il est possible, pour le preneur, d'adjoindre à l'activité prévue au contrat de bail des activités connexes ou complémentaires relevant d'un même domaine que celui envisagé lors de la conclusion du bail. Le preneur doit en aviser de manière expresse le bailleur. Le bailleur peut s'y opposer pour des motifs graves.

En cas de changement de l'activité prévue au contrat, le preneur doit obtenir l'accord préalable et exprès du bailleur qui peut s'y opposer pour des motifs sérieux.

En cas de conflit entre le bailleur et le preneur, il appartient à la partie la plus diligente de saisir la juridiction compétente.

Jurisprudence OHADA

I. Inopposabilité du changement de destination non accepté par le bailleur

Un changement d'affectation de locaux loués n'est pas opposable au bailleur lorsque la preuve de son consentement ne peut être rapportée (CA Ouagadougou, nº 30/2001, 10-5-2001 : SONATUR c/ FEPACI, F. AHO et al. ; OHADA : Jurisprudences nationales. Ed. BENIN CONSULTING GROUP, Cotonou (Bénin) : 2004, p. 34, 2BF19).

II. Préjudice subi par le bailleur consécutif au changement de destination

Afin de faire résilier le bail pour changement de destination, le bailleur doit impérativement apporter la double preuve du changement et du préjudice souffert qui en est résulté. En l'espèce, même si le changement de destination est implicitement reconnu par le preneur, le bailleur qui s'est contenté d'invoquer une gêne pour les voisins n'établit pas avoir subi un préjudice et la demande de résiliation doit être rejetée (TRHC Dakar, 5-5-2003 : héritiers de Feu El Hadji A. C. c/ S. A., Ohadata J-03-212).

III. Abandon des locaux loués

Condamnation au paiement des arriérés de loyers et frais d'ouverture des portes. Les preneurs qui accusent plusieurs mois d'arriérés de loyers impayés et qui ont abandonné les locaux loués en y laissant leur marchandises sans mot dire au bailleur ont manqué à leurs obligations et doivent être condamnés solidairement au paiement des arriérés de loyers et des frais d'ouverture des portes des locaux (TGI Ouagadougou (Burkina Faso), nº 179/08, 5-11-2008 : O. N. El Hadji c/ N. L. et N. C., Ohadata J-09-383), à condition toutefois que le bailleur les ait vainement sommés de respecter les clauses du bail (voir sous l'art. 101 devenu 133).

Jurisprudence comparée

I. Belgique

Droit de chaque colocataire à présenter une demande de renouvellement propre

L'exploitant d'un fonds de commerce de café avait demandé seul le renouvellement d'un bail commercial contracté par plusieurs locataires. La cour d'appel avait déclaré nulle cette demande aux motifs que celle-ci devait être introduite par tous les colocataires du bail ; selon les juges, celle-ci ne constituait pas un simple acte conservatoire et risquait d'émaner d'un preneur insolvable susceptible de causer un préjudice au bailleur. En outre, les obligations indivisibles et solidaires contractées par les trois colocataires s'engageant en tant que concessionnaires à reprendre le bail rendaient le bail indivisible par leurs volontés. La décision a été censurée par la Cour de cassation :

– la demande de renouvellement du bail commercial peut valablement être introduite par un seul des preneurs en cas de pluralité de colocataire ;

– à ses yeux, le statut impératif des baux commerciaux tend à protéger le locataire et chacun des preneurs bénéficie du droit fondamental au renouvellement du bail ;

– les juges du fond ont procédé à une interprétation inconciliable en déduisant l'indivisibilité du bail commercial du caractère conjoint et solidaire des obligations souscrites par les colocataires en tant que cessionnaires-preneurs (Cour de cassation de Belgique (1e ch. Civ. et com., nº C.99. 0368.N, 11-4-2003, Juricaf).

II. États-Unis

A. Obligations du locataire

Dans tous les baux commerciaux les obligations du locataire ne se limitent pas à payer le loyer, ce dernier doit également respecter les activités prévues au contrat ou encore se conformer aux lois et règlements en vigueur (Waldbaum, Inc. v. Fifth Ave. Of Long Island Realty Asscos., 85 N.Y.2d 600, N.E.2d 1299 (1995)).

Lorsque la clause stipulant les activités permises est générale, les juges doivent entendre les parties afin de déterminer leur intention lors de la conclusion du contrat (Norville LLC. V. Carr-Gottstein Foods Co., 84 P.3d 996 (2004)).

Une clause stipulant notamment que le locataire devra utiliser le local pour l'activité de supermarché d'alimentation générale comprenant tous les articles et tous les services offerts généralement dans les autres magasins de ce type, n'inclut pas l'activité de banque à l'exception de l'installation de distributeurs de billets (Norville LLC. V. Carr-Gottstein Foods Co., 84 P.3d 996 (2004)).

B. Les améliorations apportées par le locataire

1° Stipulations contractuelles

Lorsque le contrat de bail stipule que le locataire devra rendre le local dans le même état qu'il l'a reçu, le locataire est alors en droit de reprendre toutes les améliorations qu'il a apportées pendant la durée du bail dès lors que cette reprise n'endommage pas le local (Cremers v.v Halman, 403 S.W.3d 878 (2013)).
Lorsque le contrat de bail prévoit expressément les règles relatives aux aménagements réalisés par le locataire, les juges doivent les appliquer (Ashford Com, Inc. v. Crescent Real Estate Funding III 2005WL 2787014 (2005)).

2° Les améliorations dans les baux sans aménagements durables

Un contrat de bail commercial peut stipuler que le locataire pourra exploiter son activité dans les lieux loués à la condition qu'il ne fasse que des aménagements provisoires c'est-à-dire qui pourront être retirés sans endommager le local loué (*A trade fixture*) (Connely v. Art et Gary, Inc, 630 S.W.2d 514 (1982)).
Lorsque le bail en cause est un bail n'autorisant que les aménagements provisoires (*A trade fixture*), en principe, à la fin du bail les aménagements réalisés sont présumés appartenir au locataire et doivent donc être enlevés par ce dernier (Alexander v. Cooper 842 S.W.2d 644 (1992)).
Le contrat de bail peut néanmoins prévoir une clause contraire (Boyett v. Boegner 746 S.W.2d 25 (1988)).

III. France

A. Respect de la destination des lieux

1° Activité conforme à la destination contractuelle

La destination des lieux fixée au bail est respectée : lorsqu'à l'activité de station-service est adjointe celle de vente de denrées alimentaires et de boissons (CA Versailles 21-2-1991 : Loyers 1991 n° 441) ;
– lorsque l'activité accessoire antérieurement autorisée par le bailleur est ensuite devenue prépondérante (CA Bordeaux, 5e ch., 21-2-1995 : JCP.1995.IV.2356) ;
– lorsqu'une pharmacie vend des produits de parapharmacie (CA Paris 13-11-1996 : Administrer, janvier, p. 29) ;
– lorsque le bail interdit l'exercice, dans un logement, d'un commerce ou d'une profession libérale, industrielle ou artisanale et que le locataire exerce une activité d'assistance maternelle, d'ordre essentiellement familial, consistant à y recevoir, moyennant salaire, des enfants que le département de Paris lui confie (Cass. 3e civ. 14-5-1997, n° 786 P : RJDA 7/97 n° 882) ;
– lorsqu'à un débit de tabac est adjointe la vente de voitures miniatures et de stylos, à condition toutefois que la commercialisation de ces objets reste tout à fait marginale (CA Paris, 22-4-1997 : DA 1997.1212) ;
– lorsqu'au bail autorisant l'activité de boisson est adjointe celle de bureau de PMU qui en est le prolongement (CA Aix-en-Provence, 4e ch. A, 13-11-1997 : GP 1998.som.164 note J.-D. Barbier ; contra CA Metz 15-11-1995 : GP 1996.som.257) ;
– lorsque à l'activité initialement prévue de « marchand de vin » a été adjointe une activité de débit de boissons, car si l'expression « marchand de vin » ne concernait, à la date de la conclusion du premier bail, que la vente de ce liquide, cette activité ne peut se limiter à la vente à emporter, tandis que l'évolution des usages conduit à dire que l'équivalent en est aujourd'hui une activité de débit de boissons (CA Paris, 16e ch. B, 9-11-2001 : GP 2002.som.1106 note Ch.-E. Brault) ;
– lorsque l'activité prévue au bail est celle « d'hôtel meublé », dont il n'existe pas de définition légale, et que le locataire propose un service de blanchissage, assure l'entretien et la police de l'établissement, et que les tarifs pratiqués sont particulièrement modestes (CA Paris, 16e ch. B, 9-11-2001, précité, écartant la prétention du bailleur soutenant que le locataire n'exploitait pas un hôtel meublé et que ses clients étaient de simples locataires de chambres en meublé, titulaires d'un contrat civil) ;
– lorsque le bail imposait au locataire une occupation personnelle des lieux et que celui-ci a donné son fonds de commerce en location-gérance, car l'occupation des lieux visée par le bail n'avait pas pour objet d'empêcher le locataire d'adopter le mode d'exploitation qui lui paraissait le plus approprié (Cass. 3e civ. 14-11-2002 n° 2002 : RJDA 2/03 n° 115) ;
– lorsque les locaux ont été loués à l'usage exclusif de « boulangerie froide, pâtisserie, confiserie, charcuterie, traiteur », et que le locataire y vendait des boissons non alcoolisées telles que jus de fruits ou sodas sans solliciter l'autorisation du bailleur au motif que cette activité accessoire constituait un développement usuel de l'activité de boulangerie et se rattachait naturellement à celle-ci compte tenu de l'évolution des usages de la profession, et ce d'autant que ces boissons, placées dans une vitrine réfrigérée, étaient destinées à une consommation immédiate (CA Paris, 16e ch A, 1-6-2005 n° 03/14252 : RJDA 12/05 n° 1325, 1e esp.).

2° Activité non conforme à la destination contractuelle

La destination des lieux fixée au bail n'est pas respectée :
– lorsqu'a été domiciliée dans les lieux une entreprise dont l'activité est exclue par le bail (Cass. 3e civ. 10-11-1971 : Bull. III n° 547) ;

– lorsque le local d'habitation inclus dans les lieux loués a été utilisé comme réserve de marchandises alors que les lieux loués devaient servir pour partie à l'exploitation du commerce, et pour une autre partie, à l'habitation, et qu'ils ne pouvaient, même temporairement, être utilisés à un autre usage, peu important que la clause déterminant cette destination ait aussi précisé que « dans l'ensemble, les lieux loués forment une location indivisible à titre commercial pour le tout », car, en raison de son ambiguïté elle a été souverainement interprétée par les juges (Cass. 3e civ. 14-3-1990 : JCP 1991.1.pan.37) et, réciproquement, lorsque les lieux ont été loués exclusivement pour une utilisation commerciale et que le locataire en a affecté une partie à l'habitation, peu important que ce soit pour le logement de l'un de ses salariés et qu'il ait été fait mention dans le bail de l'existence de sanitaires et d'une cuisine dès lors que les parties n'ont pas expressément prévu un usage mixte (CA Paris, 16e ch. B, 14-1-2000 : D. 2000.AJ.142.som.) ;

– lorsqu'une activité de restaurant a été exercée dans les lieux où était autorisé un commerce de traiteur, car le mot traiteur, quoiqu'il fût dans un passé lointain synonyme de restaurateur comme l'indique le petit Robert, désigne aujourd'hui, la langue et les usages du commerce ayant évolué, celui qui prépare des repas, des plats à emporter et à consommer chez soi (CA Paris 14-5-1992 : JCP (éd. E) 1992.pan.1119 ; contra CA Paris, 16e ch. A, 17-10-1995, no 93/22570 : Loyers 1996 no 25) ; de même lorsque, à l'activité de vente de sandwiches autorisée par le bail, a été adjointe la vente de plats cuisinés, tels qu'assiettes de frites, crudités, merguez et brochettes, cette activité relevant de la restauration (CA Paris, 16e ch. A, 1-6-2005 no 04/1527 : RJDA 12/05 no 1325, 2e esp.) ou à l'activité de « crêperie-restaurant », celle de bar sans respect de la notification au bailleur de l'adjonction, peu important que l'omission ait été commise par le locataire précédent et que le bailleur n'ait pas alors réagi (CA Rennes, 7e ch. 18-1-2006 : JCP G 2006 IV 2488, refusant néanmoins de prononcer la résiliation mais la réservant pour le cas où l'activité de bar serait poursuivie).

– lorsque le locataire gérant du fonds de commerce a organisé pour les clients de l'hôtel des activités touristiques, bien qu'elles ne pussent s'exercer, de par leur nature, dans les locaux loués, ainsi que cela ressortait de l'extrait Kbis du registre des sociétés, alors qu'aux termes du bail, les locaux loués devaient servir exclusivement à l'exploitation du commerce d'hôtel-restaurant, pension de famille, bar, salon de thé et tout commerce similaire, sauf autorisation du bailleur pour l'adjonction d'activités connexes ou complémentaires (Cass. 3e civ. 18-3-1998 : RJDA 5/98 no 569) ;

– lorsque le locataire a créé dans les lieux loués un véritable restaurant en aménageant une cuisine et en transformant la salle de bar en salle à manger alors que le bail avait pour objet des locaux à usage de bar-snack-jeu et que ses stipulations obligeaient le preneur à recueillir le consentement exprès et par écrit du bailleur avant d'entreprendre la transformation des lieux (Cass. 3e civ. 27-5-1998 : RJDA 7/98 no 842).

– lorsque le bailleur ayant donné l'autorisation au locataire d'étendre l'activité de « marchand de vins, liqueurs, charbon et autres combustibles » à celle de « café-bar-petite brasserie », le locataire a proposé à sa clientèle des plats garnis, lesquels n'entraient pas dans cette catégorie mais répondaient à une véritable activité de restauration non autorisée, même implicitement par le bailleur (Cass. 3e civ. 17-11-1998 : RJDA 2/99 no 149.som.) ;

– lorsque le bail interdisant au locataire de se substituer quelque personne que ce soit ou de prêter les lieux, même temporairement à des tiers, le locataire a donné le fonds en location-gérance (Cass. 3e civ. 22-1-2003 no 29 : RJDA 4/03 no 367) ;

– lorsque l'activité prévue au bail était celle de « bijouterie fantaisie » et que le locataire s'est livré à la vente de bijoux en or, même de faible valeur, dès lors qu'il est d'usage dans le commerce de la bijouterie de distinguer selon que l'activité porte sur des bijoux comportant des métaux et pierres précieux ou semi-précieux ou sur des bijoux qui n'en comprennent pas (CA Rouen, ch. 1 cab. 1, 4-9-2002 no 99/2554 : RJDA 3/03 no 235) ;

– lorsque le bail stipulant que les locaux doivent être exclusivement consacrés à l'activité commerciale d'agence immobilière le locataire fait lui-même valoir qu'il n'est pas agent immobilier pour des raisons administratives, mais agent commercial exerçant une activité d'intermédiaire pour l'achat, la souscription ou la vente d'immeubles, de fonds de commerce, d'actions ou parts de sociétés immobilières, ces deux activités ne pouvant être assimilées du point de vue de la destination des lieux (Cass. 3e civ. 23-3-2005 no 364 : RJDA 6/05 no 660) ;

– lorsque les locaux ont été loués à l'usage exclusif de « boulangerie froide, pâtisserie, confiserie, charcuterie, traiteur », et que le locataire y a offert un service payant de photocopies, lequel ne constituait pas une activité incluse dans celles prévues au bail et caractérisait donc un manquement du locataire à ses obligations contractuelles ; néanmoins, cette infraction n'a pas été jugée suffisamment grave pour justifier la résiliation du bail, dès lors qu'elle n'avait pas causé de préjudice au bailleur ou aux commerces voisins et que cette activité était très limitée (CA Paris, 16e ch A, 1-6-2005 no 03/14252 : RJDA 12/05 no 1325, 1e esp.) ;

– lorsque la clause de destination du bail autorisait une activité de « Vins, liqueurs et vente de produits à emporter » et que le locataire a exploité un bar de nuit dans les lieux loués, ce qui résulte des éléments suivants : il a changé le nom de l'enseigne, qui est devenue « Le Cocktail » ; il a fait mentionner en lettres dorées le mot « Club » sur le linteau de la porte d'entrée ; les locaux accueillaient des « hôtesses » qui consommaient avec une clientèle recherchant leur compagnie ; l'attraction commerciale des lieux, ouverts uniquement tard dans la nuit, était due exclusivement à leur mode d'exploitation atypique reposant sur le libertinage (CA Paris, 16e ch. A, 5-10-2005 n° 04/6033 : RJDA 2/06 n° 111, faisant application de la clause résolutoire, sans que les autorisations préfectorales d'ouverture la nuit obtenues par le locataire puissent faire obstacle à la mise en œuvre de cette clause) ;

– lorsque les locaux avaient été loués à usage de centre sportif de squash et, accessoirement, pour l'exploitation d'un club house avec restauration rapide, snack, salon de thé et que le locataire les avait utilisés pour des activités de restauration et d'organisation de soirées musicales, alors que la commune intention des parties avait été simplement de mettre à la disposition du locataire des équipements à l'usage des clients sportifs recherchant une structure où ils puissent pratiquer une activité physique avant toute chose et se restaurer en quelques minutes dans le cadre d'un emploi du temps chargé, notamment en semaine dans les intervalles de leurs horaires de travail et alors que les soirées musicales, qui donnaient lieu à des annonces publicitaires dans la presse locale, loin d'être réservées aux seuls membres du centre sportif ou à leurs proches, étaient destinées à un public de consommateurs n'ayant aucun lien avec eux (Cass. 3e civ. 25-1-2006 n° 119 : BRDA 4/06 inf. 21).

3° Résiliation judiciaire du bail pour violation de la destination des lieux

a. Pouvoir d'appréciation des juges

Les juges disposent d'un pouvoir d'appréciation de la gravité du manquement aux obligations du bail (Cass. civ. 8-11-1977 : Rev. loyers 1978.197).

b. Prononcé de la résiliation

La résiliation du bail commercial portant sur des locaux à usage de cafétéria-restauration rapide a été prononcée, dès lors que le preneur avait commis les infractions suivantes :

– organisation de soirées dansantes, activité non prévue au bail et ne pouvant se rattacher à la cafétéria ou a la restauration rapide comme pourrait l'être une simple musique dite d'ambiance ;

– mise à la disposition d'un tiers des locaux alors que le bail interdisait la sous-location (CA Paris, 16e ch. B, 13-12-1990 : RJDA 2/91 n° 98).

c. Rejet de la demande de résiliation

Le prononcé de la résiliation a été refusé :

– dans un cas où les manquements du preneur ont été jugés insuffisants (CA Versailles 12-10-1989 : GP 1990.som.700) ;

– à défaut d'exploitation des locaux depuis plusieurs années, dès lors qu'aucune stipulation expresse du bail ne faisait obligation au preneur d'exploiter son fonds de commerce dans les locaux loués (Cass. 3e civ. 10-6-2009 n° 08-14.422 : BRDA 12/09 inf. 13).

B. Adjonction d'activité connexe ou complémentaire

1° Existence d'une activité connexe ou complémentaire

Est complémentaire :

– de la vente de « charcuterie, comestibles », la vente des « produits bretons » (et donc des gâteaux bretons) (Cass. civ. 19-2-1974 : Rev. loyers 1974.272) ;

– de celle de chaussures, la vente d'articles de maroquinerie (CA Paris 25-11-1974 : GP 1975.1.100) ;

– du commerce d'épicerie, la vente de liquides (CA Rouen 8-12-1967 : GP 1968.1.263) ;

– de l'activité de « plomberie, sanitaire et chauffage », l'activité de « carrelage, peinture, électricité », s'agissant d'un artisan exerçant à titre individuel (CA Versailles 25-10-1990 : RJDA 1/91 n° 17) ;

– de l'activité de café-bar, celle de restauration rapide (Cass. 3e civ. 19-7-2000 : RJDA 12/00 n° 1076 som.).

2° Absence d'une activité connexe ou complémentaire

N'est pas complémentaire :

– de l'activité de tailleur, la vente de gants et sacs à main (CA Rouen 6-5-1969 : D. 1969.626) ;

– de l'exploitation d'un café-bar, l'activité de brasserie et plat du jour (CA Paris 17-4-1986 : JCP G 1987.IV.334) ou la gestion d'une discothèque (CA Bordeaux 22-4-1986 : Loyers 1986 n° 386) ;

– d'une activité de restauration sans cuisson, une restauration impliquant une cuisson (Cass. 3e civ. 18-6-2002 : RJDA 10/02 n° 991).

IV. Irak

Irresponsabilité du locataire qui jouit des lieux conformément à leur destination contractuelle pour le dommage causé par une attaque terroriste

Le locataire n'est pas responsable des dommages causés tant qu'il jouit des lieux conformément à la destination contractuelle. En l'espèce, une société de presse a pris à bail des locaux meublés afin d'y installer son siège social. Une attaque criminelle a entraîné la destruction partielle de l'immeuble et l'incendie des meubles. Le bailleur a demandé réparation au locataire pour le dommage causé en alléguant que l'attaque a été suscitée par les articles incendiaires de l'agence de presse. La Cour de cassation a estimé que c'est à bon droit que les juges du fond ont conclu que le locataire, qui usait des locaux loués conformément au contrat de bail, ne peut pas être tenu responsable de l'explosion qui a endommagé l'immeuble. En effet, l'article 762 du Code civil prévoit que « le preneur doit user de la chose louée de la manière convenue. À défaut de convention, il doit en user d'une manière conforme à sa destination » (Cour de cassation fédérale 23-4-2008, pourvoi n° 951).

V. Suisse

Résiliation pour non-respect de la destination contractuelle des lieux à la suite d'une mise du fonds de commerce en location-gérance

Lorsque la destination des lieux prévue au contrat de bail est modifiée, le contrat peut être résilié par le bailleur dont l'autorisation requise pour sous-louer n'a pas été demandée alors qu'il aurait eu une raison de s'y opposer au titre de la destination des lieux prévus au bail ; en l'espèce, aux termes d'un contrat de bail initial, les locaux étaient destinés à l'exploitation d'un fonds de commerce de café-restaurant ; or, à la suite de la mise en gérance libre du fonds de commerce, ils ont été utilisés pour l'exploitation d'un bar à champagne ; il en est résulté une modification sensible de la destination des lieux car aux termes de l'article 262, al. 1 du Code des obligations, l'exploitant initial n'était pas tenu de tolérer la modification de l'activité exercée et les éventuelles nuisances consécutives diffèrent de celle d'un restaurant ; dès lors, un tel contrat de gérance libre présentait des inconvénients majeurs pour le bailleur qui avait ainsi un motif valable de s'opposer à la « sous-location » et justifiait la résiliation anticipée notifiée au locataire après un avertissement écrit resté vain aux termes de l'article 257, al. 3 du Code des obligations (Tribunal fédéral suisse, arrêt n° 4A 127/2008, 2-6-2008, Juricaf).

Art. 114 [anc. art. 82] Le preneur est tenu aux réparations d'entretien.

Il répond des dégradations ou des pertes dues à un défaut d'entretien au cours du bail.

JURISPRUDENCE OHADA

Réparation du préjudice résultant de la destruction du local

Le preneur, exploitant d'une usine de fabrique de matelas qui a pris feu, peut être condamné à réparer le préjudice causé au bailleur du fait de la destruction de son immeuble dès lors que sont considérés commerciaux les engagements qui naissent des risques de l'exploitation, cette règle générale de commercialité n'admettant que trois exceptions qui concernent les accidents du travail dont sont victimes les ouvriers et employés, les actions en contrefaçon et les actions en responsabilité civile tendant à la réparation des dommages causés par un véhicule qui relèvent de la compétence exclusive des juridictions civiles (cf. G. Ripert et R. Roblot, Traité de droit commercial, TI, 18ᵉ éd., n° 358). Il s'ensuit, en l'espèce, que la chambre commerciale du TGI est compétente (CA Ouagadougou (Burkina Faso), ch. com., n° 042, 6-6-2008 : Latex Foam Ruber Products SA c/ B. J. C., Ohadata J-11-43).

Obs. : cette décision ne vise pas expressément l'art. 82 [devenu 114] de l'AUDCG, mais elle est transposable. Et la référence à la doctrine (Ripert et Roblot) est dans le texte de l'arrêt.

JURISPRUDENCE COMPARÉE

France

A. Réparations imputables au locataire

1° Réparations locatives

Les simples réparations locatives ou de menu entretien incombent au locataire ; en relèvent les travaux de réparation des conduits de cheminée présentant une fissuration due à un travail trop intensif car les conduits de cheminée ne sont pas des grosses réparations (Cass. 3ᵉ civ. 30-5-1996 : RJDA 8-9/96 n° 1015) ;

2° Dégradations survenues au cours du bail renouvelé

Le fait qu'un nouveau bail ait été conclu entre les parties n'interdit pas au bailleur de réclamer au locataire, hormis les réparations énumérées à l'article 606 du Code civil restant à sa charge, la réparation des dégradations résultant de l'usage de la chose pendant toute la durée de la location (Cass. 3ᵉ civ. 8-12-1999, Sté Vacher c/ Sicard : RJDA 2/00 n° 133).

3º Dégradations portant préjudice au bailleur

Le locataire n'est tenu que des dégradations dont il résulte pour le bailleur un préjudice (Cass. 3e civ. 3-12-2003 nº 1337 : RJDA 4/04 nº 407).

4º Dégradations prouvées par le bailleur

En dépit de l'absence d'état des lieux, le bailleur peut prouver la perte d'un élément de la chose louée (Cass. 3e civ. 8-4-1999 : RJDA 6/99 nº 647).

B. Dégradations non imputables au locataire

Dégradations survenues pendant la période de jouissance. Ne peuvent être imputées au locataire les désordres de l'installation de chauffage, constatées après le départ de ce dernier, aux motifs qu'ils sont dus au gel et qu'il appartenait au locataire de purger cette installation et de la mettre hors gel, le désordre lui étant imputable quelle que soit la date à laquelle il avait été relevé, sans constater que le gel à l'origine des dommages s'était produit au cours de la période de jouissance des lieux (Cass. 3e civ. 18-3-1998 : RJDA 5/98 nº 562).

C. Exécution par le locataire des réparations lui incombant

Le locataire doit procéder aux réparations au fur et à mesure des besoins (CA Rouen 3-12-1992 : RJDA 1/93 nº 7), sans toutefois que le bailleur puisse exiger de lui, sauf clause contraire expresse, qu'il réalise des travaux en cours de bail, à moins que leur inexécution ne compromette la solidité de l'immeuble (Cass. civ. 28-4-1893 : DP 1893.1.407 ; CA Rouen 3-12-1992, précité).

A ce titre, il peut être exigé de lui :

– de réparer la totalité du préjudice subi par le bailleur portant sur les biens immobiliers et mobiliers (Cass. 3e civ. 19-7-2000 : RJDA 12/00 nº 1073) ;

– d'assumer les travaux de nettoyage imposés pour la protection de l'environnement (Cass. 3e civ. 10-4-2002 : RJDA 7/02 nº 734) ;

– de réparer la perte de la chance d'une vente des locaux loués à un meilleur prix, que celui que le bailleur a obtenu, si ces locaux lui avaient été restitués dans l'état dans lequel ils auraient dû se trouver : cette perte de chance a été évaluée à 50 % de la différence entre le prix obtenu et le prix possible (CA Lyon, 1e ch., 15-3-2007, Sté Jackdaw polymère France c/ Rochat : JCP (éd. E) 2008.pan.1078).

D. Exonération du locataire

Preuve de l'absence de faute par le locataire. Il appartient au locataire de prouver que le dommage a eu lieu sans sa faute, et non au bailleur d'établir que la faute commise par le locataire est la cause du préjudice (Cass. 3e civ. 28-1-2004 nº 72 : D. 2004 IR 537 ; RJDA 5/04 nº 528).

Art. 115 [anc. art. 83] **A l'expiration du bail, le preneur qui, pour une cause autre que celle prévue à l'article 126 ci-après, se maintient dans les lieux contre la volonté du bailleur doit verser une indemnité d'occupation égale au montant du loyer fixé pendant la durée du bail, sans préjudice d'éventuels dommages et intérêts.**

JURISPRUDENCE OHADA

I. Condamnation au paiement d'une indemnité d'occupation

Le preneur qui s'est maintenu dans les locaux plus de trois mois après la résiliation du bail doit être condamné à payer une indemnité d'occupation au bailleur (TRHC Kaolack, 25-7-2000 : C. H. c/ F. N., Ohadata J-03-219), indemnité dont le montant peut être contractuellement fixé dans le bail (CCJA, 1e ch., nº 032, 22-2-2018 : Sté des Brasseries du Gabon c/ SCI Claire de Lune, jugeant qu'en présence d'un bail stipulant que « le jour de l'expiration du bail, le preneur doit remettre les clés des locaux au bailleur. A l'expiration du bail, le preneur qui, pour une cause autre que celle prévue à l'article ci-après, se maintient dans les lieux contre la volonté du bailleur, doit verser une indemnité d'occupation égale au montant du loyer fixé pendant la durée du bail, sans préjudice d'éventuels dommages et intérêts », la créance dont se prévaut le bailleur est contractuelle dès lors que le bail étant expiré le 31 décembre, les clés des lieux loués ont été transmises le 31 janvier par un huissier, les locaux restant ainsi sous la jouissance du locataire, qui était redevable du loyer du mois de janvier à titre d'indemnité d'occupation conformément à l'article 13 du bail. La détention des clés jusqu'au 31 janvier, date de leur remise au propriétaire des lieux, rend exigible le paiement des loyers du mois de janvier fixés à 15 000 000 FCFA et confère le caractère de certitude et de liquidité à la créance. Les conditions de déclenchement de la procédure d'injonction de payer étaient réunies et c'est à bon droit que le juge d'appel a confirmé le premier jugement).

Mais la demande d'une indemnité d'occupation qui n'est étayée par aucun élément présenté à la CCJA doit être rejetée (CCJA, 1e ch., nº 071, 14-11-2013 : Adnan Attieh c/ La Sté Financo SA Rec. jur. CCJA nº 20, vol. 1, janv.-déc. 2013, p. 19-23, Ohadata J-15-71).

Par l'acquisition, dûment authentifiée par un acte notarié qui fait foi jusqu'à preuve du contraire des faits non constatés personnellement par le notaire, l'acquéreur d'un bien immobilier donné en bail s'est substitué de plein droit dans les droits et obligations de l'ancien bailleur. L'exécution du bail devait conséquemment se poursuivre, à son avantage. Ainsi, le tribunal de commerce qui a condamné le preneur à payer une indemnité d'occupation à l'acquéreur de l'immeuble, son nouveau bailleur, n'a en rien violé l'article 115 visé au moyen (CCJA, 3e ch., no 232/2019, 10-10-2019 : SDTM-CI c/ SCI M & J).

Le locataire qui s'est maintenu dans les lieux après expiration du bail doit une indemnité d'occupation et des dommages-intérêts, pour sa résistance abusive à libérer les lieux ; il y a lieu de faire droit aux demandes du bailleur et de condamner le locataire aux sommes demandées (CCJA, 1e ch., no 275/2019, 28-11-2019 : Keita Harouna c/ Société 911 Sécurité SA).

Interprétation d'un arrêt de la CCJA ayant condamné à une indemnité d'occupation. En l'espèce, la CCJA a condamné la défenderesse à payer la somme de 3 500 000 FCFA conformément à la demande du bailleur, au titre d'une indemnité d'occupation à caractère compensatoire et indemnitaire, indexée sur l'occupation désormais illégale des lieux loués, et se référant au paiement des sommes convenues au titre de loyer mensuel, soit 700 000 FCFA par mois, tel que stipulé par le contrat liant les parties et qui a expiré le 31 décembre 2015. Si la condamnation à 2 800 000 FCFA au titre de dommages-intérêts est fixe, tel ne saurait être le cas de l'indemnité d'occupation qui, estimée à 3 500 000 FCFA par le bailleur au moment de l'instance en cassation, doit légitimement et à défaut d'enrichissement sans cause, être revue sur la base d'un montant de 700 000 FCFA par mois de loyer échu, et ce, jusqu'à la libération effective des lieux par l'occupant. À la date de l'arrêt déféré, le bailleur avait estimé cette indemnité à 3 500 000 FCFA, somme qui lui a été accordée. En vertu du caractère immédiatement exécutoire des arrêts de la CCJA et des dispositions de l'article 115 de l'AUDCG, le locataire qui s'est maintenu dans les lieux pendant 26 mois malgré l'expiration de son bail est alors redevable, en plus de la somme préalable de 3 500 000 FCFA réclamée par le locataire au titre d'indemnité d'occupation depuis la fin du contrat, des loyers liés à son occupation des lieux à raison de 700 000 FCFA par mois. Au regard de ce qui précède, la cour approuve l'interprétation du requérant, ainsi que cela sera spécifié au dispositif du présent arrêt (CCJA, 1e ch., no 024/2021, 18-2-2021 : Keita Harouna c/ Société 911 Sécurity SA).

II. Inapplication à une résiliation de plein droit prévue par le contrat

L'article 83 [devenu 115] de l'AUDCG traite d'une obligation incombant au preneur, à savoir celle de versement d'une indemnité d'occupation égale au montant du loyer fixé pendant la durée du bail, sans préjudice d'éventuels dommages et intérêts ; ne traitant donc pas des conditions de résiliation de plein droit du bail commercial, la cour d'appel n'a pu le violer par « application inappropriée » en constatant la résiliation de plein droit des contrats en application de l'article 8 desdits contrats (CCJA, 1e ch., no 40, 10-6-2010 : K. c/ 1 – Agence judiciaire de l'État de Guinée ; 2 – N ; 3 – K., Juris-Ohada, no 4/2010, oct.-déc., p. 28, Ohadata J-11-84, J-12-37).

Obs. : en l'espèce, il était reproché à la cour d'appel d'avoir fait une fausse application de l'art. 83 devenu 115, en se fondant sur l'article 8 du contrat pour constater la résiliation de plein droit dudit contrat, alors, selon le moyen, que les requérants avaient bénéficié de contrats d'une durée de trois ans renouvelable par tacite reconduction et que depuis le 1er novembre 1993, la période était écoulée et que les parties étaient désormais en présence d'un contrat à durée indéterminée.

III. Expulsion du locataire

C'est à tort qu'un juge des référés s'est déclaré incompétent pour connaître d'une expulsion alors que le locataire n'avait élevé aucune contestation à la suite du congé qui lui a été notifié par le bailleur. L'expulsion du preneur doit être ordonnée (CA Abidjan, no 449, 24-4-2001 : D c/ Ets Barnoin, Juris-Ohada, no 2/2004, juin-août 2004, p. 65, Ohadata J-04-305).

Jurisprudence comparée

I. France

Copreneurs solidaires

Extinction à l'expiration du bail résilié et non-application au paiement de l'indemnité d'occupation. Sauf stipulation expresse contraire, l'engagement solidaire souscrit par des copreneurs d'un bail commercial ne survit pas à la résiliation du bail et l'indemnité d'occupation est due en raison de la faute quasi délictuelle commise par celui qui se maintient sans droit dans les lieux (Cass. 3e civ. 1-4-2009 no 08-3.508 : BRDA 8/09 inf. 15).

II. Irak

A. Validité de la clause pénale sanctionnant un maintien dans les lieux irrégulier

En l'espèce, le contrat d'une durée d'un an comportait une stipulation contractuelle en vertu de laquelle la poursuite d'occupation par le locataire au-delà du terme, sans accord écrit du bailleur, n'est pas considérée comme un nouveau bail ; le locataire resté dans les lieux sera tenu de payer le double du montant du loyer pour la période d'occupation post-locative. Cette clause est jugée valable puisque, d'après la Haute juridiction, le contrat est la loi des parties et que telle convention n'est pas contraire à l'ordre public. Le locataire doit, en conséquence, payer une indemnité d'occupation égale au double du montant du loyer, sans besoin de sommation. Le bailleur a ainsi le droit de réclamer un loyer double pour la période d'occupation à compter de l'expiration du contrat (Cour de cassation fédérale 11-10-2008 : Bull. judiciaire n° 5, févr. 2009 disponible sur www.iraqijudicature.org).

B. Validité de la clause fixant le montant d'indemnité d'occupation

L'accord des parties pour fixer le montant d'indemnité d'occupation dû après l'expiration du bail est valable. Ainsi, est valable le bail du local de commerce qui stipule que « si le preneur ne libère pas les lieux à l'échéance du bail, il sera tenu de verser pour la période de retard un montant égal au loyer fixé majoré de 50 %, sans besoin de mise en demeure » (Cass. féd. 5-11-2008, pourvoi 2470, http://qanoun.iraqja.iq/view.935/).

C. On ne peut demander la révision du loyer après le prononcé du jugement d'expulsion

Le bailleur qui a obtenu un jugement d'expulsion ne pourra par la suite mettre le locataire qui s'est maintenu dans les lieux en demeure pour demander une augmentation du loyer fixé car le contrat a pris fin judiciairement et n'a aucune existence juridique. Le droit du propriétaire se borne en l'occurrence à demander à son ancien locataire une indemnité d'occupation avec dommages-intérêts, le cas échéant (Cass. féd. 4-5-2008, pourvoi 829, http://qanoun.iraqja.iq/view.442/).

Chapitre IV
LOYER

Art. 116 [anc. art. 84 mod.] Les parties fixent librement le montant du loyer, sous réserve des dispositions législatives ou réglementaires applicables.

Le loyer est révisable dans les conditions fixées par les parties ou à défaut lors de chaque renouvellement au titre de l'article 123 ci-après.

JURISPRUDENCE OHADA

I. Composition du loyer

Assimilation du « pas-de-porte » au loyer. Pour un bail commercial, la somme payée par le locataire au titre de « pas-de-porte » doit être assimilée au loyer en cas de litige et en l'absence de preuve (C. Sup. Côte d'Ivoire, ch. jud., n° 89, 1-7-2004 : D. L. c/ A. K. A., Actualités juridiques, n° 49, 2005, p. 216 ; Ohadata J-05-350).

Obs. : la décision ci-dessus n'a visé aucun texte. Dans une affaire similaire, la Cour suprême de Côte d'Ivoire avait antérieurement refusé un-pas-de porte, notion inexistence en droit ivoirien, alors que l'article du Code civil de Côte d'Ivoire était invoqué (C. Sup. Côte d'Ivoire, ch. jud., n° 249, 15-4-2004 : C. née A. E. K. c/ Z. G., Actualités juridiques, n° 49, 2005, p. 221, Ohadata J-05-353. Voir sous l'art. n° 101 (devenu 133) de l'AUDCG). L'assimilation du pas-de-porte au loyer semble entraîner l'invocation de l'article 84 (devenu 116) de l'AUDCG qui traite du loyer et ne fait que confirmer la compétence de la CCJA pour ce type de contentieux, d'autant plus que dans l'espèce il s'agissait d'un litige né après l'entrée en vigueur de l'AUDCG. Sur la nullité des décisions rendues par les juridictions suprêmes nationales en violation de la compétence d'attribution de la CCJA, voir sous l'art. 18 du Traité OHADA. Il est souhaitable qu'à l'avenir ce type de litiges soit transmis à la CCJA.

II. Liberté des parties

Il résulte de l'article 84, al. 1 [devenu 116, al. 1] de l'AUDCG que le législateur OHADA entend consacrer le principe du consensualisme dans les conventions, sous réserve d'une restriction apportée à cette liberté par les lois et règlements internes. Aucune restriction légale et réglementaire n'ayant été versée par les parties aux débats, en l'espèce, il convient de leur laisser toute liberté pour s'accorder sur le nouveau montant à chaque période triennale ou selon leur propre convenance (CA Ouagadougou, ch. civ. et com., n° 84, 16-7-2004 : Burkina et Shell c/ O. S. P., Ohadata J-05-228).

Obs. : les « dispositions législatives ou réglementaires applicables » mentionnées à l'art. 116

doivent s'entendre des dispositions nationales, dès lors qu'il n'y en a pas dans l'OHADA et qu'il s'agit de celles qui sont applicables, donc qui existent déjà, et non de celles à venir éventuellement.

Mais la liberté contractuelle de fixation des loyers prévue à l'article 116 de l'AUDCG ne peut priver d'effet l'autre stipulation légale n'autorisant une sous-location qu'avec l'accord exprès du bailleur (CCJA, ass. plén., n° 150, 27-10-2016 : SADEC SARL c/ L'Archevêché de Conakry, Ohadata J-17-90).

Obs. : voir sous l'art. 117 pour la révision en cas de sous-location non autorisée.

III. Etablissement du loyer

En cas de contestation sur le montant du loyer, le montant figurant dans l'original du contrat de bail doit être retenu (TRHC Dakar, 5-5-2003 : Sté Fratelli Italia SARL c/ Y. M. K., Ohadata J-03-211, jugeant que la photocopie produite par le preneur et qui indiquait un loyer de 100 000 francs doit être écartée au profit de l'original qui indiquait clairement un montant de 275 000 francs).

IV. Révision du loyer

A. Sort des législations nationales sur la révision

1° Validité de la révision conventionnelle conformément à la loi nationale

Le bail qui stipule que « le loyer [...] sera révisable à l'expiration de chaque période triennale dans les conditions prescrites par la loi (ivoirienne) n° 80-1069 du 13 septembre 1980 et selon les variations de l'indice prévu aux articles 29 et 34 de ladite loi concernant les loyers d'immeubles à usage commercial, industriel ou artisanal » n'est pas contraire aux dispositions de l'article 84 [devenu 116] de l'AUDCG. Il s'ensuit, en l'espèce, que le loyer du contrat de bail litigieux est révisable à l'expiration de chaque période triennale en tenant compte de l'indice prévu aux articles 29 et 34 de la loi 80-1069 précitée (CA Abidjan, n° 350, 25-3-2003 : A. B. c/ Sté Prosuma, Ohadata J-03-278).

2° Non-application de principe des dispositions de la loi nationale

Les dispositions de l'AUDCG n'imposant aucune forme particulière à la proposition de révision du loyer, l'exception de nullité fondée sur une disposition nationale exigeant que la proposition du nouveau loyer soit faite par acte extrajudiciaire ou par lettre recommandée, avec demande d'avis de réception doit être rejetée (CA Abidjan, n° 1009, 14-11-2000, Sté Transports Saint Christophe c/ Serifa, Ohadata J-04-116 ; Juris-Ohada, n° 3/2003, juill.-sept. 2003, p. 60, retenant que la loi ivoirienne n° 80-1069 du 13 septembre 1980 a été abrogée par l'AUDCG).

Obs. : les deux arrêts de la cour d'appel d'Abidjan présentés ci-dessus semblent contradictoires. L'arrêt du 14 novembre 2000 a considéré que la loi n° 80-1069 du 13 septembre 1980 a été abrogée par l'AUDCG, alors que l'arrêt du 25 mars 2003 a admis la référence à ladite loi pour déterminer les modalités d'une révision triennale. Voir, à propos de cette tendance à l'auto-contradiction par certaines juridictions appliquant l'OHADA, Mahutodji Jimmy Vital Kodo, L'application des Actes uniformes de l'OHADA, éd. Academia-Bruylant, Louvain-La-Neuve (Belgique), 2012, p. 154 et s. ; et sur quelques pistes, voir p. 139-140. Cet état de chose justifie la nécessité de disposer d'un ouvrage présentant de façon structurée la jurisprudence rendue en application des Actes uniformes, comme s'efforce de le faire le présent Code annoté.

B. Révision triennale

La demande de révision du montant du loyer est justifiée dans son principe lorsque l'ensemble des loyers a connu une augmentation sensible en raison de la situation économique générale marquée par une élévation des coûts. Mais le montant du loyer fixé par le premier juge doit être réduit lorsqu'il apparaît excessif au regard des critères prévus par l'article 85 [devenu 117] de l'AUDCG (CA Abidjan, n° 1009, 14-11-2000, précité, Ohadata J-04-116 ; Juris-Ohada, n° 3/2003, juill.-sept. 2003, p. 60, tenant compte de la situation du local et des prix des loyers couramment pratiqués dans le voisinage). Cette révision du prix du loyer par le tribunal pourra être réalisée à la fin de chaque période triennale (TPI Bangangté, n° 10/CIV, 17-4-2003 : T. D. c/ Sté G.D.B., Ohadata J-05-166).

C. Respect de la volonté des parties

Le loyer n'étant révisable que dans les conditions fixées conventionnellement par les parties, selon l'article 84 [devenu 116] de l'AUDCG, un bailleur ne peut pas réviser le loyer avant la date convenue dans le contrat (TPI Gagnoa (Côte d'Ivoire), n° 61, 18-6-2001 : F.Y. c/ La Coopec de Guiberoua, Juris-Ohada, n° 1/2005, janv.-mars 2005, p. 48 ; Ohadata J-05-197).

Il est de principe que les conventions légalement formées tiennent lieu de loi à ceux qui les ont faites, et il n'appartient pas aux tribunaux de compléter ni de modifier la clause de révision adoptée par les parties à un bail commercial. Dès lors, c'est à bon droit qu'en se fondant sur les stipulations des protocoles d'accord des parties relatives à la modification du loyer, le premier juge a débouté l'appelante de son action tendant à la révision des loyers (CCJA, 2e ch., n° 4, 9-3-2006 : A.B c/ Sté Prosuma, Juris-Ohada, n° 3/2006, p. 16, Ohadata J-07-11).

V. Absence de révision du loyer

Litige relatif à la fixation du loyer et non à sa révision. Lorsque, contrairement aux allégations de la demanderesse au pourvoi, le problème posé aux juges du fond, en l'espèce, n'est pas celui de la fixation du montant d'un nouveau loyer, mais plutôt celui de la détermination du montant du loyer convenu entre les parties à partir d'une appréciation des trois contrats de bail signés et de diverses autres pièces versées aux débats par les parties, la cour d'appel n'a pu violer l'article 84 [devenu 116] de l'AUDCG, lequel n'était pas applicable en l'espèce (CCJA, n° 029, 28-12-2006 : CCTE Le Rallye c/ S.C. Marcus, Rec. jur. CCJA n° 8 / 2006, p. 40, Juris-Ohada n° 1/2007, p. 29, Ohadata J-08-99).

Jurisprudence comparée

I. France

Obligation du preneur au paiement des charges locatives

Dans le cas d'un bail consenti moyennant un loyer « hors taxes et hors charges » (termes figurant en lettres majuscules dans le bail), le loyer prévu par une telle clause n'est pas un loyer toutes charges comprises ; le locataire, qui n'avait jamais remis en cause son obligation de payer les taxes en plus du loyer, était donc redevable des charges locatives (CA Versailles 3-9-2013 n° 12/04215, 12e ch. : RJDA 2/14 n° 88).

II. Irak

A. Révision du contrat pour imprévision

1° Application en raison d'événements exceptionnels : application de l'imprévision

Lorsque, par suite d'événements exceptionnels, imprévisibles et ayant un caractère de généralité, l'exécution de l'obligation contractuelle, sans devenir impossible, devient excessivement onéreuse de façon à menacer le débiteur d'une perte exorbitante, le juge peut, après avoir pris en considération les intérêts des parties, réduire, dans une mesure raisonnable, l'obligation devenue excessive (C. civ. art. 146-2). Application sur un bail commercial conclu avant la guerre de 2003 à la suite de l'impossibilité pour le locataire de poursuivre les activités commerciales dans les locaux loués en raison de l'insécurité qui régnait dans la localité en raison du conflit. En l'espèce, la Cour de cassation a entériné l'arrêt de la cour d'appel qui avait ordonné la réduction du loyer d'un montant correspondant à l'excès estimé par les experts (565 489 I.D.), qui ont relevé que le contrat est devenu onéreux au cours de sa deuxième année d'exécution en raison de l'extrême difficulté éprouvée par le locataire dans l'exercice de ses activités, à la suite de la guerre de 2003. Les juges de cassation rappellent que l'article 140 du Code de la preuve permet au juge de fonder sa décision sur un rapport d'expertise motivé (Cour de cassation fédérale, ch. civ. 20-6-2007, pourvoi n° 230).

2° Non-application pour défaut de coût excessif

La condition relative à l'exécution excessivement onéreuse doit être prouvée par le locataire qui demande la réduction du loyer en raison des circonstances exceptionnelles et imprévisibles affectant l'exécution du contrat. Le juge dispose d'un pouvoir discrétionnaire d'appréciation à cet égard.

Il s'agit, en l'espèce, d'un bail de trois ans portant sur un parking (du 17 septembre 1990 au 16 septembre1993). Le locataire s'est abstenu de payer le loyer pour la période du 17 janvier 1991 au 28 avril 1991. Il a été assigné en paiement des loyers échus. D'après le locataire, l'exploitation du parking a été rendue impossible durant cette période en raison de la pénurie d'essence et l'arrêt des activités pendant la guerre de 1991. La cour d'appel avait estimé qu'il n'y avait pas lieu de mettre en œuvre la théorie de l'imprévision au motif que ces circonstances n'étaient que temporaires et n'ont duré qu'une courte période par rapport à l'ensemble du contrat, cela d'autant plus que le locataire a pu par la suite reprendre l'exploitation pendant deux ans ce qui lui a permis de compenser la perte. La mise en œuvre de la révision supposant l'onérosité excessive fait défaut en l'occurrence. La décision a été approuvée par la Cour de cassation (Cass.1e ch. élargie 1-12-1995, al-mawsoaa al-adlyiah, n° 62, 1999, p. 2-3).

B. Force obligatoire du contrat

1° Intangibilité du contrat

D'après l'article 150 du Code civil, le contractant est tenu d'exécuter le contrat conformément à son contenu, d'une manière répondant aux exigences de la bonne foi. La force obligatoire implique que le contrat ne peut être révoqué ou modifié, sauf loi ou convention contraire. Dès lors, il est impossible au bailleur de réclamer au locataire un prix de loyer supérieur à celui convenu dans le contrat (Cour de cassation fédérale, ch. civ. 20-3-2008, pourvoi n° 256).

2° Irrecevabilité de l'exceptio non adempleti contractus

Le locataire ne saurait invoquer l'*exceptio non adempleti contractus* pour refuser de payer le loyer au seul motif que le bailleur a violé les obligations lui incombant selon le bail. En l'espèce, le bailleur d'un local commercial avait assigné le locataire en paiement du terme échu du loyer. Refusant de payer, le locataire a soutenu que le bailleur lui a interdit de vendre certains produits qu'il vendait auparavant dans le local. La Haute juridiction approuve les juges du fond d'avoir écarté ce moyen aux motifs que le locataire peut, en cas de non-respect par le bailleur des conditions contractuelles, saisir la justice d'une demande de résolution du contrat ou de réduction du loyer. Il reste, toutefois, tenu de payer le loyer à l'échéance (Cour de cassation fédérale, 20-4-2008, pourvoi n° 910).

Art. 117 [anc. art. 85] **A défaut d'accord écrit entre les parties sur le nouveau montant du loyer, la juridiction compétente, statuant à bref délai, est saisie par la partie la plus diligente. Pour fixer le nouveau montant du loyer, la juridiction compétente tient notamment compte des éléments suivants :**
- **la situation des locaux ;**
- **leur superficie ;**
- **l'état de vétusté ;**
- **le prix des loyers commerciaux couramment pratiqués dans le voisinage pour des locaux similaires.**

JURISPRUDENCE OHADA

I. Fixation du loyer par le juge

A. Caractère impératif de la saisine du juge en cas de désaccord

1° Exclusion de la disposition nationale contraire

Le pouvoir reconnu au juge de fixer le montant du loyer à défaut d'accord écrit entre les parties est d'ordre public en vertu de l'article 102 [devenu 117 de l'AUDCG] et les dispositions d'une norme de droit national ne peuvent lui être opposées (CCJA, 2e ch., n° 36, 3-7-2008 : Sté Burkina et Shell c/ O., Juris-Ohada, n° 4/2008, p. 30, Ohadata J-09-75).

2° Statu quo en cas de non-saisine du juge

Une cour d'appel ayant retenu, au sujet du litige relatif au montant d'un loyer, « qu'il n'existe aucun écrit consacrant de manière explicite la baisse du taux du loyer au montant déclaré par [X.] ; qu'aucune des parties n'ayant saisi la juridiction compétente pour la révision du taux du loyer, il en découle que celui-ci reste inchangé et que les parties restent régies par le contrat initial fixant le taux du loyer à 2 300 000 FCFA mensuel pour chaque hangar », il s'en infère que, devant le désaccord entre les deux parties litigantes sur la fixation du montant des loyers, les parties demeurent régies par le contrat initial ; l'arrêt querellé n'a donc en rien violé l'article 117 de l'AUDCG visé au moyen, qui sera rejeté (CCJA, 2e ch., n° 127/2024, 25-4-2024).

Lorsqu'aucun nouveau loyer n'a été fixé par la juridiction compétente, à la suite de l'augmentation contestée, faute d'avoir été saisie à la diligence de l'une quelconque des parties, la cour d'appel qui a retenu que « [le preneur] s'étant opposé au paiement du loyer mensuel de 500 000 FCFA, [le bailleur] n'a pas saisi la juridiction compétente afin que celle-ci fixe le nouveau loyer du local ; que dans ces conditions, il ne peut valablement soutenir que le loyer mensuel est de 500 000 FCFA depuis le mois de mai 2018 », n'a nullement violé l'article 117 de l'AUDCG visé au moyen (CCJA, 1e ch., n° 027/2024, 1-2-2024).

B. Juridiction compétente

Les règles de compétences des juridictions étant d'ordre public, un tribunal à compétence exclusivement civile doit se déclarer incompétent pour un litige relatif à un bail commercial, notamment la révision du loyer (TPI Cotonou, 1e ch. civ. moderne, n° 61/03, 18-6-2003 : O. T. T. c/ Sté Kolawole et Fils, Ohadata J-05-306).

Il s'infère des termes de l'article 117 de l'AUDCG, d'une part, que l'Acte uniforme renvoie la désignation de la « juridiction compétente » au droit interne de chaque État partie et que, d'autre part, la périphrase « à bref délai » contenue dans ledit article 117, renvoie ipso facto à la juridiction présidentielle statuant « en la forme des référés » ou « comme en matière de référé » sans être pour autant juge des référés mais bien en tant que juge du fond, en abrégeant les délais habituels de citation et de recours. Du reste, les requérantes n'indiquant pas, à l'appui de leur moyen, le texte du droit interne ou communautaire qui fixe le délai d'appel d'une décision rendue par une juridiction statuant à bref délai, la cour d'appel qui a appliqué le délai de 8 jours prévu par les dispositions internes (art. 228, al. 2 et 325 du code de procédure civile ivoirien) régissant le délai d'appel des ordonnances de référés, n'a en rien violé les dispositions de l'article 117 précité, lesquelles ne réglementent point le délai d'appel d'une décision rendue par une juridiction statuant à bref délai. En conséquence, le pourvoi, qui est mal fondé sera rejeté (CCJA, 2e ch., no 136, 7-6-2018 : Unacoopec-CI, Coopec-Djibi c/ Dogbo Ezechiel Hippolyte).

C. Pouvoir discrétionnaire du juge

À défaut d'accord écrit entre les parties sur le nouveau montant du loyer, la juridiction compétente fixe le montant du nouveau loyer sur le fondement des critères de l'article 85 [devenu 117] de l'AUDCG (TPI Cotonou (Bénin), no 018/ 2e Ch. Com., 10-5-2001 : A. O. c/ Héritiers A. M., Ohadata J-04-288 ; TGI Ouagadougou (Burkina Faso), no 236 du 14-5-2003 : O. S. P. c/ Burkina et Shell, Ohadata J-04-243), qu'elle peut apprécier souverainement (CA Abidjan, no 236, 10-2-2004 : SCO Afrique de l'Ouest c/ CAA, Ohadata J-04-495). En effet, il s'agit d'un pouvoir discrétionnaire qui est accordé au juge (CCJA, 1e ch., no 56, 21-4-2016 : Epoux Dalquier c/ Koudou Dago, Ohadata J-17-03, précisant qu'il ne peut donc lui être opposé le défaut de désignation d'un expert pour ce faire car, même fixé à dire d'expert, le montant du nouveau loyer peut être modifié par le juge en vertu du pouvoir souverain de fixation de loyer que lui reconnaît cette disposition. En retenant, pour fixer le montant du nouveau loyer, des éléments puisés de deux rapports d'expertise non homologués mais qui doivent être considérés comme pièces acquises aux débats puisque versés au dossier de la procédure par les deux parties, lesquelles pièces contiennent par ailleurs des indications précises sur la situation des locaux, leurs superficies et leurs états de vétusté auxquelles la cour d'appel a nécessairement eu égard, celle-ci n'a en rien violé l'article 117 précité).

D. Critères déterminants dans la fixation du loyer

1o Prise en compte de la marge importante résultant d'une sous-location non autorisée

La liberté contractuelle de fixation des loyers prévue à l'article 116 de l'AUDCG ne peut priver d'effet l'autre stipulation légale n'autorisant une sous-location qu'avec l'accord exprès du bailleur. La juridiction saisie, à défaut d'accord des parties, a la faculté de réajuster le loyer principal ; c'est donc à juste titre qu'une cour d'appel a confirmé le jugement qui, tenant compte de la marge importante tirée par le locataire de la sous-location non autorisée, a révisé le montant du loyer en application de l'article 122 de l'AUDCG. Le moyen reprochant à l'arrêt attaqué d'avoir violé les dispositions des articles 116 et 123 de l'AUDCG en révisant le montant des loyers sans tenir compte des dispositions contractuelles qui avaient déjà fixé les conditions de révision des loyers doit donc être rejeté ; et c'est à tort qu'il est fait grief à l'arrêt attaqué d'avoir confirmé une révision des loyers sans tenir compte de l'état de vétusté des bâtiments et des investissements que le locataire a faits pour la rénovation des immeubles, violant ainsi les dispositions de l'article 117 de l'AUDCG, dès lors qu'il résulte du dossier de la procédure que les juges du fond ont effectivement fondé leur décision sur les éléments prévus à l'article 117 visé (CCJA, ass. plén., no 150, 27-10-2016 : Sadec SARL c/ L'Archevêché de Conakry, Ohadata J-17-90).

Obs. : voir sous l'art. 121.

2o Exclusion des améliorations réalisées par le preneur

Dans la détermination du prix du loyer, on ne peut pas prendre en compte l'amélioration des lieux dont la charge est rapportée par le preneur, celle-ci étant plutôt prise en compte dans la fixation de l'indemnité d'éviction. C'est donc à bon droit que l'expert n'en a pas tenu compte (TRHC Dakar, no 153, 22-1-2002 : K. A. c/ M. F., Ohadata J-05-58).

Obs. : on pourrait considérer que les améliorations entrent dans la « situation des locaux » ; mais à la lettre, « situation » évoque l'emplacement et non l'état. Le régime des baux commerciaux étant dérogatoire, il s'interprète strictement. On ne peut donc pas reprocher au juge d'avoir reporté, sur la base de ce texte, la prise en compte des améliorations à la fin du bail, car à ce moment, le bailleur acquerra celles-ci par accession. Il doit alors les indemniser.

3o La non-révision du loyer pendant une longue période

Devant le désaccord entre les parties sur la fixation du montant des loyers, c'est par une exacte application des articles 116 et 117 qu'une cour d'appel, pour confirmer le jugement appelé, a retenu, sous l'intitulé de « la révision du prix », que « le premier Juge, s'appuyant sur les articles 116 et 117 de l'[AUDCG], a indiqué que, depuis près de 15 années, les coûts des loyers n'ont pas connu de révision à la hausse malgré le coût de la vie qui ne cesse de s'élever ; et tenant compte de la situation des locaux, de leur superficie et des prix des loyers commerciaux pratiqués à Abidjan-Plateau, il a fait droit à la demande de l'intimée en fixant les loyers comme demandé. Il convient de confirmer cette décision […], surtout que l'appelante n'a fait aucune contre-proposition » (CCJA, 2e ch., no 161/2021, 28-10-2021 : La société Espace Médical Saint Paul c/ La Compagnie Industrielle du Bois).

4o Période d'occupation effective du local

Lorsqu'il ressort des pièces d'un dossier que la rupture unilatérale du contrat est intervenue suite au procès-verbal de constat d'huissier du 30 septembre

2017, le locataire ne peut être condamné qu'à payer les loyers de juillet à octobre 2017, période pendant laquelle il a effectivement donné effet au contrat par sa présence sur les lieux, soit la somme de 7 200 000 FCFA, de laquelle l'on déduira celle de 6 250 000 FCFA donnée au titre d'avance de loyers et de caution. L'intimé et demandeur reconventionnel (locataire) doit être condamné à payer à l'appelant (bailleur) la somme de 950 000 FCFA. Dès lors qu'il a été retenu que le locataire doit payer des loyers pour les mois de juillet à octobre 2017, soit la somme de 7 200 000 FCFA, sa demande de restitution de la somme de 6 250 000 FCFA donnée au titre d'avance de loyers et de caution est infondée. S'agissant de la demande de dommages et intérêts, elle est fondée, la faute grave du bailleur ayant été à l'origine de la résiliation unilatérale du bail par le locataire ; mais le montant demandé étant exagéré, sera réduit à 1 000 000 FCFA, plus juste (CCJA, 1e ch., n° 053/2023, 30-3-2023).

E. Prise d'effet du nouveau loyer

1° Au jour de l'assignation en révision

Détermination de la date d'effet par recours à la loi nationale en l'absence de précision dans l'AUDCG. L'AUDCG prévoit en son article 85 [devenu 117] la possibilité de la révision judiciaire du loyer en prescrivant en particulier qu'« à défaut d'accord entre les parties sur le nouveau montant du loyer, la juridiction compétente est saisie par la partie la plus diligente… », mais ne précise pas toutefois la date à partir de laquelle court le nouveau loyer fixé par le juge. Dans l'espèce, pour la fixation de cette date, nécessaire à la solution du litige, il convient de se référer à la loi nationale ivoirienne n° 77995 du 18 décembre 1977 réglementant les rapports des bailleurs et des locataires des locaux d'habitation et à usage professionnel, dont l'article 8 in fine dispose en ce qui concerne la date de départ du nouveau loyer fixé par le juge, qu'en cas de désaccord entre les parties sur ce point, « le prix judiciairement fixé est dû à compter de l'assignation ». Cette disposition ne contrevenant à aucune disposition de l'AUDCG, en ce que celui-ci n'a pas prévu une telle spécification, il échet de conclure qu'il est applicable en l'espèce. Dès lors, les loyers révisés, fixés par la cour d'appel, courent à compter de l'assignation et non à partir de la date de la signification de l'arrêt d'appel, ladite signification visant essentiellement, dans le cadre ultérieur de l'exécution forcée, à informer le débiteur de l'existence d'un titre exécutoire détenu contre lui par le créancier poursuivant. Il s'ensuit qu'en statuant comme elle l'a fait, la cour d'appel a violé l'article 8 de la loi ivoirienne n° 77995 du 18 décembre 1977 applicable en la cause et son arrêt encourt la cassation (CCJA, n° 054, 11-12-2008 : R. J. G. c/ M. T. S. L., Docteur D. E. A., Rec. jur. CCJA n° 12, juill.-déc. 2008, p. 129, Ohadata J-10-39, Ohadata J-09-263).

Obs. : cette application subsidiaire de la loi nationale est justifiée, d'autant plus que le traité OHADA ne l'interdit pas.

2° Au jour du jugement

Le nouveau loyer court à compter du jugement qui l'a fixé et ne peut rétroagir ; le bailleur est donc mal venu de réclamer un reliquat de loyer pour la période antérieure à ce jugement (TRHC Dakar, n° 153, 22-1-2002 : K. A. c/ M. F., Ohadata J-05-58).

Obs. : cette décision demeure valable et conforme à la jurisprudence de la CCJA ci-dessus pour autant qu'elle a été rendue conformément aux dispositions nationales du Sénégal. À défaut de disposition nationale la solution est fondée car une décision de justice ne peut prendre effet que du jour de son prononcé une fois passée en force de chose jugée.

II. Acquiescement du locataire au nouveau loyer

Le locataire qui, tout en refusant l'augmentation du loyer, s'abstient de saisir la juridiction compétente pour la fixation du nouveau loyer et se maintient dans les locaux est réputé avoir acquiescé au nouveau loyer. En refusant également de payer le nouveau loyer, le locataire ne saurait se considérer comme de bonne foi et son expulsion doit être ordonnée, dès lors qu'une mise en demeure lui a été faite sans succès (CA Abidjan (Côte d'Ivoire), 5e ch. civ. et com. B, n° 144, 20-2-2007 : B. K. c/ D. D. A., Ohadata J-08-43).

Obs. : en l'espèce, six mois se sont écoulés entre la signification de l'augmentation du loyer au preneur et la mise en demeure de ce dernier par le bailleur ayant précédé l'assignation du preneur en paiement du loyer au montant augmenté.

Dans le même sens et retenant qu'en refusant de payer le loyer et en choisissant de se maintenir par la force depuis plusieurs années, l'appelant ne peut bénéficier d'une indemnité d'éviction (CA Centre (Cameroun), n° 310/Civ, précité ; Ohadata J-12-75).

III. Fixation judiciaire du loyer non-nécessaire en absence de désaccord

Il n'y a pas lieu à fixation d'un nouveau loyer par voie judiciaire lorsqu'il ressort des pièces du dossier que les parties se sont parfaitement accordées sur l'augmentation du loyer à hauteur de 6 %, corroborée par la facturation des loyers correspondant à la période concernée en l'espèce (CCJA, 3e ch., n° 156/2019, 9-5-2019 : Société Lybia Oil Cameroun c/ SCI Ventadour).

Jurisprudence comparée

France

A. Défaut d'acceptation du nouveau loyer par le locataire qui s'est maintenu dans les lieux

L'accord sur le montant d'un nouveau loyer d'un locataire de locaux commerciaux, qui avait reçu du bailleur un congé avec offre de renouvellement pour un nouveau loyer et s'était maintenu dans les lieux après l'expiration du bail en continuant à régler le montant du loyer du bail expiré, ne pouvait être déduit de la mention dans l'acte de cession du fonds du montant du loyer demandé par le bailleur – dans la mesure où l'acte mentionnait à la fois ce montant et celui du loyer du bail expiré, ni de l'absence de saisine du juge des loyers commerciaux (Cass. 3e civ. 23-3-2010 no 09-12.592 : Légifrance).

B. Situation du local dans l'immeuble

L'absence d'ascenseur à partir du deuxième étage d'un immeuble est une cause de minoration du loyer pour les commerces situés aux étages supérieurs (CA Paris 15-3-1988 : Ann. Loyers 1989.625).

C. Loyer du bail renouvelé des hôtels

La recette théorique globale tirée de la location des chambres, elle-même corrigée afin de tenir compte des remises accordées, du taux d'occupation des chambres et des travaux éventuellement effectués dans les lieux, utilisée par la méthode hôtelière traditionnelle pour déterminer la valeur locative des établissements, ne doit pas prendre en compte le service du petit-déjeuner qui n'a pas connu une évolution significative au cours des dernières années (CA Paris 4-2-2009 no 08/4247 : BRDA 7/09 inf. 15).

Chapitre V
CESSION ET SOUS-LOCATION

Art. 118 [anc. art. 86 mod.] Si le preneur cède le bail et la totalité des éléments permettant l'activité dans les lieux loués, la cession s'impose au bailleur.

Si le preneur cède le bail seul ou avec une partie des éléments permettant l'activité dans les lieux loués, la cession est soumise à l'accord du bailleur.

Toute cession du bail doit être portée à la connaissance du bailleur par signification d'huissier de justice ou notification par tout moyen permettant d'établir la réception effective par le destinataire, mentionnant :

– l'identité complète du cessionnaire ;
– son adresse ;
– et le cas échéant, son numéro d'immatriculation au Registre du Commerce et du Crédit Mobilier.

Jurisprudence OHADA

I. Sanction de la confusion entre cession et sous-location d'un bail

La cour d'appel qui a qualifié une cession de bail de sous-location, alors que les termes clairs et sans équivoque de l'acte ne donnent lieu à aucune interprétation, a dénaturé l'accord qui fait la loi des parties, exposant ainsi son arrêt à la cassation (CCJA, 1e ch., no 167, 17-12-2015 : Biao-CI c/ Alexander Odika c/ Oumarou ALI, Ohadata J-16-160).

II. Inopposabilité de la cession au bailleur pour défaut d'information de ce dernier

Voir sous l'art. 119.

Cession de créance. Une cession de créance, au sens de l'article 118 de l'AUDCG, requiert sa signification par voie d'huissier de justice ou sa notification au bailleur. En l'absence d'une telle formalité, il n'existe aucune créance remplissant les conditions prévues par l'article 1 de l'AUPSRVE susceptible de faire l'objet d'une injonction de payer ; en conséquence, l'opposition formée contre une ordonnance rendue dans ces conditions est fondée et le demandeur de l'injonction de payer doit être débouté (CCJA, 3e ch., no 067/2023, 30-3-2023).

III. Caractère contraignant de la cession intégrale au bailleur, même en l'absence de notification à ce dernier

Il résulte des articles 118, alinéa 1 et 119 de l'AUDCG que la cession du bail à usage professionnel accompagnée de la totalité des éléments permettant l'activité dans les lieux loués s'impose au bailleur de sorte que le défaut de signification ou de notification de ladite cession rend simplement cette dernière inopposable à son endroit. En l'espèce, c'est par une saine application des dispositions précitées qu'une cour d'appel a rejeté la demande de résolution d'une cession de droit au bail pour condamner la société cessionnaire au paiement du solde du prix de ladite cession, dès lors qu'elle constate que la société cessionnaire « a accepté l'offre de cession de droit au bail faite par [le cédant] […] ; qu'elle a pris possession du bien objet de cession et y a apporté des modifications […] », caractérisant ainsi une cession du bail à usage professionnel accompagnée de la totalité des éléments permettant l'activité dans les lieux loués, sur laquelle le défaut de signification ou de notification au bailleur n'a aucun effet sur la validité de la convention et son efficacité entre le cédant et le cessionnaire (CCJA, 2e ch., no 285/2024, 31-10-2024).

IV. Transfert du droit au bail issu d'une vente aux enchères non-assimilable à une cession

C'est à tort qu'il est reproché à un arrêt d'avoir violé les articles 118, al. 3 et 119 de l'AUDCG, en ce que la cour d'appel a reconnu une cession de bail qui n'a pas été signifiée ou notifiée au bailleur, dès lors qu'en l'espèce la cession de bail n'est pas consentie par le preneur mais résulte d'une vente aux enchères publiques consécutive à la réalisation du nantissement sur la station-service en cause. Un tel transfert du droit au bail n'est pas assimilable au cas régi par les dispositions des articles 118 et 119 de l'AUDCG susvisé (CCJA, 2e ch., no 095/2020, 9-4-2020 : Coopec Ave c/ BSIC-Togo).

V. Inapplication des articles 111 et 133 à une cession

En présence d'un « bail » en date du 24 décembre 2018, avec prise d'effet à compter du 23 mai 2007, comportant à la fois une cession du droit au bail de [X.] sur deux boutiques, laquelle opère transfère des droits et obligations du cédant au cessionnaire, susceptible de donner lieu seulement à une procédure d'annulation, et un contrat de sous-location d'un magasin, lequel, en raison de son caractère de contrat à exécution successive peut donner lieu à une procédure de résiliation, les dispositions des articles 111 et 133 de l'AUDCG invoquées sont inapplicables à la cession ainsi intervenue ; en conséquence, le jugement dont appel, en assimilant une telle cession à un contrat de bail pour en prononcer la résiliation, doit être infirmé et les demandes y afférentes rejetées (CCJA, 1e ch., no 197/2024, 27-6-2024).

Jurisprudence comparée

I. États-Unis

A. Libre cession du bail

Conformément au droit de l'État de l'Ohio, un bail commercial est librement cessible sauf clause contraire expresse (Crowe v. Riley, 63 Ohio St. 1, 57 N.E. 956 (1900)).

B. Refus légitime du bailleur

Le bailleur peut légitimement refuser la cession du bail commercial lorsque :
– le locataire verse un loyer inférieur au loyer prévu au contrat (Sayed v. Rapp 10 A.D.3d 717 (2004)) ;
– il se fonde sur des éléments objectifs, tel que l'illégalité de l'activité envisagée (Astoria Bedding, Sleeper Bedding Ctr. V. Northside Partnership, 239 A.D.2d 775, 657 N.Y.2d 796) ;
– l'activité envisagée dans le contrat de cession de bail est différente des activités envisagées dans le contrat de bail initial (Sayed v. Rapp 10 A.D.3d 717 (2004)) ;
– si son refus se justifie pour des raisons commerciales (Kendall v. Ernest Pestana, Inc. 40 Cal3.d 488, 220 Cal.Rptr. 818 (1985)).

Le refus de cession d'un bail commercial par un bailleur de plusieurs locaux commerciaux situés dans un centre commercial est légitime lorsque l'activité envisagée par le nouveau locataire concurrence l'activité exercée par un autre locataire et que, de ce fait, cela risque de préjudicier aux relations entre le bailleur et les autres locataires (Warmack v. Merchants Nat'l Bank of Ft. Smith, 272 Ark. 166, 612 S.W.2d 733 (1981)).

C. Refus non légitime du bailleur

Le refus par un bailleur de la cession d'un bail n'est pas légitime s'il est motivé uniquement par sa volonté d'augmenter le loyer demandé (Kendall v. Ernest Pestana, Inc. 40 Cal3.d 488, 220 Cal.Rptr. 818 (1985)).

D. Activités autorisées en cas de cession ou de sous-location

Le cessionnaire et le sous-locataire doivent respecter la clause du contrat de bail initial limitant les activités pouvant être exercées dans le local loué (GMS Management Co, Inc. v. Vliet WL 287955 (2006)).

La clause du bail soumettant la cession du bail à l'autorisation du bailleur a pour objectif de protéger la propriété de ce dernier et non de le protéger contre tout aléa économique (Ringwood Assocs. V. Jack's of Route 23 Inc., 153 N.J.Super. 294, 379 A.2d 508 (1977)).

II. France

A. Cession du fonds de commerce : Interprétation des clauses interdisant la cession du bail à l'acquéreur du fonds de commerce

1° Cause interdisant au locataire de céder son bail sauf à un « successeur dans son commerce »

Cette clause ne permet la cession du bail qu'à l'acquéreur du fonds (Cass. civ. 8-2-1984 : Bull. civ. III n° 32 ; CA Paris 12-11-1991 : D. 1991.IR.290) ; il faut alors qu'il y ait acquisition effective du fonds exploité par le cédant, mais peu importe qu'il y ait seulement achat partiel d'un fonds de commerce dès lors qu'il y a exploitation indépendante (Cass. civ. 11-2-1987 : Loyers 1987 n° 128) ; le fonds ne peut pas être réduit à la seule clientèle attachée à l'emplacement (Cass. civ. 16-6-1981 : Rev. loyers 1981.435 note J.V.).

2° Clause réservant la faculté de céder au profit du « successeur dans le même commerce »

Cette clause ne comporte pas, dans l'intention commune des parties, « l'obligation que le cessionnaire du bail soit aussi l'acquéreur du fonds » (Cass. civ. 11-1-1978 : JCP G 1978.II.18944 obs. Boccara) ; le bailleur ne peut donc s'opposer à la cession dès lors que le nouveau locataire exerce le même commerce.

B. Cession isolée du bail

1° Existence d'une cession du bail

Il y a cession du bail en cas :
– de donation ou une donation-partage (Cass. soc. 10-1-1958 : Bull. civ. IV p. 48) ;
– d'apport du bail en société (Cass. civ. 2-2-1977 : Bull. civ. III p. 44) ;
– de cession du fonds de commerce dissimulant la cession du bail (Cass. com. 12-12-1989 et Cass. civ. 28-2-1990 : GP 1990.413 et 414 ; Cass. com. 27-2-1996 : DA 1996.448).
– de cession d'une partie indivise du fonds de commerce dès lors que le bail interdit au preneur de procéder à toute cession et que l'indivision étant dépourvue de personnalité morale, il ne peut être soutenu que l'indivision subsiste comme seule entité locataire opposable au bailleur (CA Paris, 16ᵉ ch. B, 16-6-1995 : D. 1997.som.299 obs. L. Rozès) ;
– la cession par un copreneur de ses droits indivis dans le bail à l'autre copreneur (Cass. 3ᵉ civ. 10-3-1999 : Petites Affiches 1999 n° 93 p. 6, sanctionnant par la résiliation du bail le défaut de notification au bailleur de cette cession) ;
– de cession d'un fonds de commerce de vente de matériel informatique dès lors qu'aucune clientèle n'est plus attachée au fonds, la boutique étant fermée depuis longtemps (Cass. com. 24-1-2006 n° 100 : RJDA 6/06 n° 626).

2° Absence de cession du bail

Le bail n'est pas cédé :
– en cas de transformation d'une société (Cass. com. 29-5-1961 : Bull. civ. III p. 212) ;
– en cas de cession par des associés des parts d'une société titulaire d'un bail (Cass. civ. 22-6-1988 : Bull. civ. III p. 63 ; CA Paris, 16ᵉ ch. A, 18-2-1992 : RJDA 11/92 n° 1029), sauf preuve d'une cession déguisée du bail (cf. Cass. 3ᵉ civ. 10-7-2002 n° 1251 : RJDA 11/02 n° 1120) ;
– en cas de mise à disposition d'une société de fait (Cass. civ. 28-6-1989 : Bull. civ. III p. 82) ;
– lorsque le locataire, qui avait pris à bail les 2ᵉ et 3ᵉ étages d'un immeuble, a cédé une branche autonome d'activité, exercée au 2ᵉ étage, à laquelle était attachée une clientèle propre et qui constituait, dès lors, un fonds de commerce indépendant de celui dont le locataire poursuivait l'exploitation dans des locaux distincts, c'est-à-dire ceux du 3ᵉ étage (Cass. com. 14-4-1992 : Bull. IV n° 161) ;
– en cas de partage d'une indivision, car l'attributaire est censé avoir été seul preneur depuis l'origine de l'indivision (Cass. 3ᵉ civ. 23-3-2011 n° 10-30.495 : RJDA 7/11 n° 610) ou en cas de cession de ses droits indivis par un indivisaire à son coïndivisaire, cette cession ayant principalement le caractère d'un partage (Cass. 3ᵉ civ. 13-10-2004 n° 994 : RJDA 1/05 n° 13).

III. Suisse

Survivance des termes et conditions du bail cédé

L'article 263, al. 1 du code suisse des obligations subordonne le transfert du bail commercial à un tiers au consentement écrit du bailleur. Dès l'instant où le transfert de bail emporte une substitution de locataire qui a pour résultat de modifier fondamentalement le rapport contractuel initial, il ne peut intervenir à l'insu du bailleur.

En cas de carence de ce dernier, ou de refus de son consentement, il incombe au locataire de saisir le juge en invoquant un refus sans justes motifs. Lorsque le bailleur a donné son consentement, le tiers est subrogé à l'ancien locataire, à teneur de l'article 263, al. 3 CO. Le bénéficiaire du transfert prend la place du transférant dans le contrat, ce qui constitue un changement de locataire, les clauses du contrat de bail n'étant pas modifiées pour le surplus. En particulier, le loyer dû par le bénéficiaire du transfert est celui prévu par le contrat, sans augmentation. Si le bailleur a donné son accord au transfert en connaissance d'éventuelles modifications des modalités d'usage de la chose, le contenu du contrat entre lui-même et le locataire actuel doit être considéré comme modifié. En règle générale, comme le contrat se poursuit, il ne saurait être question de permettre au reprenant de contester le loyer, ni au bailleur de le modifier au moment du changement de preneur, sans recourir à la formule officielle instituée à l'article 269d CO. Les obligations sont celles qui existaient au moment de la conclusion du bail initial (Tribunal fédéral suisse, 1e cour civile, 28-4-2003, 4C.45/2003).

Art. 119 [anc. art. 87] **A défaut de signification ou de notification, dans les conditions de l'article 118 ci-dessus, la cession est inopposable au bailleur.**

JURISPRUDENCE OHADA

I. Inopposabilité de la cession au bailleur pour défaut d'information de ce dernier

Il résulte des articles 118 et 119 de l'AUDCG que le preneur ne peut céder son bail sans en avoir informé préalablement et formellement le bailleur, le défaut d'information étant sanctionné, non par la nullité, mais par l'inopposabilité de la cession au bailleur, en ce sens que la cession ne produit aucun effet à l'égard de celui-ci, tout se passant pour lui comme si la cession n'avait jamais existé, même si elle est valable entre les parties. En l'espèce, l'arrêt attaqué, qui, après avoir rappelé les conditions d'opposabilité de la cession découlant de l'article 118 précité, a retenu, d'une part, que « l'information du bailleur par le preneur de la cession du bail est formelle et ne peut nullement s'induire de simples déclarations selon lesquelles l'activité du cessionnaire était exploitée au vu et au su du bailleur » et, d'autre part, que « l'appelant n'a pas pu établir de façon indéniable que la sommation interpellative délaissée au bailleur avait porté à sa connaissance la cession de bail dont il a profité dans les conditions requises par les textes susvisés, alors que celui-ci conteste en avoir été informé », pour juger que la cession du bail n'était pas opposable au bailleur, faute d'avoir été portée à sa connaissance, n'a pas violé les textes invoqués par le moyen, qui mérite d'être rejeté (CCJA, 1e ch., n° 010, 24-1-2019 ; Bouah Alban c/ Cisse Seyhoud).

II. Caractère contraignant de la cession intégrale au bailleur, même en l'absence de notification à ce dernier

Obs. : voir sous l'art. 118.

JURISPRUDENCE COMPARÉE

France

A. Opposabilité du bail

1° Existence

La cession est opposable au bailleur, même à défaut d'accomplissement des formalités de l'article 1690 du Code civil (signification au débiteur cédé) ou de celles prévues au bail, si celui-ci l'a acceptée sans équivoque (Cass. ass. plén. 14-2-1975 : D. 1975.349).

Valent acceptation :

– la demande de paiement et de révision des loyers adressée au cessionnaire (Cass. civ. 5-11-1976 : GP 1977.1.pan.16) ;

– l'acceptation pendant plusieurs années du paiement des loyers effectué par le cessionnaire (Cass. civ. 11-5-1981 : JCP G 1982.IV.254) ;

– la demande faite par le bailleur lui-même de réitérer la cession par acte notarié (Cass. civ. 6-10-1982 : Loyers 1983 n° 109) ;

– la délivrance au cessionnaire d'un congé comportant offre de renouvellement et l'existence de pourparlers sur la fixation du prix du bail renouvelé (Cass. civ. 31-5-1983 : JCP G 1984.II.20156 note Petit).

2° Absence

Ne valent pas acceptation de la cession la simple connaissance par le bailleur ou les tiers de la cession (Cass. ass. plén. 14-2-1975, précité) ou la perception par le bailleur des loyers en délivrant quittance au nom du cédant (CA Paris 20-10-1980 : Loyers 1983 n° 110) ou en les versant sur un compte bloqué (Cass. civ. 10-5-1989 : JCP G 1989.IV.256) ne valent pas acceptation de la cession.

B. Sanctions autres que l'inopposabilité

1° Résiliation

a. Refus de la résiliation

Le défaut d'appel du bailleur à concourir à l'acte ne justifie pas la résiliation du bail dès lors que le non-respect des formalités prévues a été sans incidence pour le bailleur (Cass. civ. 12-7-1995 : RJDA 11/95 n° 1209 ; CA Paris 15-5-2002 : JCP G 2002.IV.2617 ; la résiliation a été écartée sur le seul fait que le cédant s'était porté garant du paiement des loyers

(Cass. civ. 11-2-1981 : Rev. loyers 1981.235 ; CA Paris 3-2-1988 : Loyers 1988 n° 179).

b. Prononcé de la résiliation

Le défaut de signification justifie la résiliation dès lors qu'elle empêche le bailleur de contrôler les conditions de la cession (Cass. civ. 14-10-1980 : Rev. loyers 1981.157 ; CA Versailles 20-2-1992 : RJDA 6/92 n° 563), ainsi que le défaut de rédaction d'un acte notarié dressé par le notaire du bailleur, car, de ce fait, le bailleur a été privé d'un titre exécutoire direct contre le preneur (Cass. civ. 24-6-1998 : DA 1998.1387).

Constituait une faute grave, justifiant la résiliation du bail aux torts exclusifs du locataire le manquement à son obligation contractuelle de prévenir le bailleur de son intention de céder le droit au bail en lui indiquant les qualités de l'acquéreur éventuel, le prix de la cession ainsi que les modalités de paiement de celui-ci de manière à lui permettre d'exercer son droit de préférence (Cass. 3e civ. 15-6-2011 n° 10-16.421 : Légifrance).

2° Refus de renouvellement

L'inobservation des formalités peut constituer un cas de refus de renouvellement sans indemnité d'éviction (CA Paris 21-11-1995 : DA 1996.69).

3° Indemnisation du cessionnaire

Le cédant qui n'a pas accompli les formalités peut être condamné à réparer le préjudice subi par le cessionnaire (Cass. com. 26-1-1966 : GP 1966.1.303).

C. Acceptation tacite de la cession par le bailleur

Le bailleur a accepté tacitement la cession, reconnu au cessionnaire la qualité de locataire et renoncé implicitement à se prévaloir du congé qu'il avait délivré avant la cession : en accusant réception de la notification de la cession, le bailleur avait indiqué au cessionnaire qu'il avait procédé à la régularisation de la situation dans ses fichiers et lui avait réclamé les loyers impayés ; il n'avait alors pas fait la moindre allusion au congé délivré avant la cession de bail, ni interdit au cessionnaire d'entrer dans les lieux puisque le terme visé au congé était depuis longtemps échu, ni rappelé qu'il n'avait pas la qualité de locataire mais celle d'occupant sans titre ; il ne l'avait pas invité à déférer sans délai au congé ; enfin, il avait entretenu pendant neuf mois des rapports normaux avec le cessionnaire (CA Paris 4-10-2007 : BRDA 11/08 inf. 21).

D. Refus du bailleur d'autoriser une cession de bail

Un contrat de bail de locaux à usage commercial n'interdisait pas au preneur la cession du droit au bail à un tiers autre que l'acquéreur de son fonds de commerce et le refus opposé par le bailleur à cette cession ne pouvait être discrétionnaire et devait revêtir un caractère légitime ; l'échec des pourparlers conduits par le bailleur avec le cessionnaire en vue de la conclusion d'un contrat de bail ne caractérisait pas un motif légitime du refus opposé à la cession de son droit au bail (Cass. 3e civ. 15-6-2011 n° 10-16.233 : Légifrance).

Art. 120 [anc. art. 88 mod.] Lorsque la cession s'impose au bailleur, celui-ci dispose d'un délai d'un mois à compter de cette signification ou notification pour s'opposer, le cas échéant, à celle-ci et saisir la juridiction compétente statuant à bref délai, en justifiant des motifs sérieux et légitimes de s'opposer à cette cession.

La violation par le preneur des obligations du bail, et notamment le non-paiement du loyer, constitue un motif sérieux et légitime de s'opposer à la cession.

Pendant toute la durée de la procédure, le cédant reste dans les lieux et demeure tenu aux obligations du bail.

Lorsque la cession requiert l'accord du bailleur, celui-ci dispose d'un délai d'un mois à compter de cette signification ou notification pour communiquer au preneur son acceptation ou son refus. Passé ce délai, le silence du bailleur vaut acceptation de la cession de bail.

Art. 121 [anc. art. 89] Sauf stipulation contraire du bail, toute sous-location totale ou partielle est interdite.

En cas de sous-location autorisée, l'acte doit être porté à la connaissance du bailleur par tout moyen écrit.

A défaut, la sous-location lui est inopposable.

JURISPRUDENCE OHADA

I. Preuve de la sous-location non autorisée

Sur l'admission d'un exploit d'huissier non attaqué en faux comme preuve d'une sous-location non autorisée (voir CCJA, 1e ch., no 185/2021, 11-11-2021 : SCI La Dune d'Esterias c/ Roger Lauture).

II. Défaut d'autorisation

1o Résiliation du bail

C'est à bon droit qu'un juge prononce la résiliation d'une sous-location consentie par le preneur en violation de l'article 89 [devenu 121] de l'AUDCG (CA Dakar, no 237, 13-4-2001 : A. D. c/ Y. S., F. AHO et al. précité ; p. 15, 2SN6).

Le preneur qui n'a pas recueilli l'accord du bailleur sur la sous-location de l'immeuble qu'il a réalisée doit être expulsé (CA Douala., no 6/REF, 20-10-2003 : Sté TV CAM c/ S. B. et E. B., F. AHO et al. précité, p. 78, 3CM34).

Dans le même sens, TPI Daloa, no 31, 20-2-2004 : Ayants droit de Feu S.B. c/ B.T et B.H, Juris-Ohada, no 2/2005, p. 44 ; Ohada J-05-369).

Il est constant, suivant les dispositions de l'article 89 [devenu 121] de l'AUDCG, que la sous-location doit être préalablement autorisée par le bailleur et être portée à sa connaissance de manière expresse. La cour d'appel qui a retenu que les bailleurs connaissaient l'existence de la sous-location en cause et ne pouvaient exciper de son inopposabilité, alors que, tout au long de la procédure, aucun acte écrit attestant que la sous-location a été portée à la connaissance des bailleurs et que ceux-ci ont donné leur accord n'a été produit, a méconnu les dispositions de l'article 89 [devenu 121] de l'AUDCG et exposé sa décision à la cassation. Sur l'évocation, toute sous-location non autorisée par le bailleur et qui ne lui est pas notifiée par écrit viole les dispositions de l'article 89 [devenu 121] de l'AUDCG, justifiant ainsi la résiliation du bail principal et l'expulsion du locataire et de tous occupants de son chef. Il ressort des pièces du dossier de la procédure que les demandeurs n'avaient pas autorisé la sous-location intervenue entre leur locataire et le sous-locataire et que cette sous-location n'a pas été portée à leur connaissance par écrit. Il y a donc lieu d'infirmer le jugement initial en toutes ses dispositions. Aucun abus du droit d'agir en justice n'ayant été démontré, les appelants doivent être déboutés de leur demande en dommages-intérêts pour procédure abusive (CCJA, ass. plén., no 060, 23-4-2014 : 1) MENSAH Tètè, 2) Mensah Adjoko c/ 1) Assiobo K. Tissogan, 2) Tunkara Aboubacar, Ohadata J-15-151).

La cour d'appel qui a jugé que le titulaire d'un bail emphytéotique n'avait aucun droit juridiquement protégé de nature à fonder son action du fait de l'acquisition de la résiliation de plein droit du bail résultant d'une sous-location non autorisée n'a pas violé l'article 3 du Code ivoirien de procédure civile visé au moyen, qui doit être rejeté (CCJA, 3e ch., no 087, 28-4-2016 : Jack Lucien Bourrely c/ Africhim SARL, Ohadata J-17-35).

2o Révision du loyer par le juge

Sur un arrêt ayant validé la prise en compte de la marge importante réalisée par le preneur d'une sous-location non autorisée, pour réajuster le prix du loyer, voir (CCJA, ass. plén., no 150, 27-10-2016 : Sadec SARL c/ L'Archevêché de Conakry, Ohadata J-17-90).

III. Rejet de la demande d'indemnité d'éviction formée par le sous-locataire

La demande d'indemnité d'éviction formulée par le sous-locataire d'un bail commercial est mal fondée et doit être rejetée, dès lors que le locataire principal ne tient pas du propriétaire un droit à sous-location (TGI Ouagadougou (Burkina Faso), no 045, 27-2-2008 : T. B. c/ S. F., Ohadata J-09-381).

IV. Validité, entre ses signataires, de la sous-location non autorisée par le bailleur

Il ressort de l'article 121 de l'AUDCG que la sous-location qui n'a pas été portée à la connaissance du bailleur n'est inopposable qu'à celui-ci ; par conséquent elle peut produire ses effets entre les deux parties au contrat de sous-location. En l'espèce, lorsqu'il ressort de l'arrêt attaqué que les juges du fond, après « l'exploitation des pièces du dossier de la procédure » ont retenu, relativement à l'existence du contrat de bail : « qu'au regard des faits-ci-dessus relatés, il apparait évident que la rétractation de l'ordonnance du 29 avril a rétabli la société [X.] dans son état de sous-locataire de la société [Y.], cette dernière étant à jour du paiement des loyers dus [au bailleur principal] par le paiement de la somme de 45.000.000 F », appliquant ainsi la loi aux faits qu'ils ont souverainement constatés et appréciés en retenant que la société [X.] tient les lieux en sous-location du chef de la société [Y.], il ne saurait leur être reproché une quelconque violation des articles 103 et 121 de l'AUDCG visés au moyen qui sera donc rejeté comme manquant de pertinence (CCJA, 3e ch., no 215/2023, 30-11-2023).

V. Sanction de la confusion entre la cession et la sous-location d'un bail

Obs. : voir sous l'art. 118.

VI. Jouissance, par le sous-locataire, des mêmes droits que le locataire

Le sous-locataire d'un local commercial dispose des mêmes droits que le locataire (CCJA, 1e ch., no 197/2024, 27-6-2024).

Jurisprudence comparée

I. États-Unis

Légitimité du refus du bailleur

Le refus par le bailleur d'une sous-location du local est légitime lorsqu'il doit en résulter une diminution des ventes et donc de la partie variable du loyer basée sur le pourcentage des ventes (Newman v. Hinky Dinky Omaha-Lincoln, Inc., 2 Neb.App. 555, 512 N.W.2d 410 (1990)).

Le refus par le bailleur d'une sous-location du local est légitime lorsque le sous-locataire envisage de vendre les mêmes biens que le bailleur (Pay'N'Pak Stores, Inc. v. Superior Court, 210 Cal.App.3d 1404, 258 Cal.Rptr. 816 (1989)).

II. France

A. Existence d'une sous-location

La sous-location implique le paiement d'un prix ou la fourniture d'une contrepartie (Cass. 3e civ. 10-11-2009 no 08-17.892 : RJDA 2/10 no 124).

Constitue une sous-location :

– la mise à disposition d'un tiers d'un mur des locaux loués pour y apposer un panneau publicitaire et la perception d'une rémunération périodique en contrepartie de la jouissance du mur (CA Nîmes, 2e ch., 13-12-1990 : GP 1993.som.34 : sous-location partielle) ;

– la mise des locaux à la disposition d'un tiers, même gratuitement, dès lors qu'elle comporte une contrepartie, l'avantage consistant dans le maintien de l'ouverture du commerce alors que le locataire exerce lui-même une autre activité (Cass. 3e civ. 26-2-1992 : Rev. huissiers 1993.111 note D. Vidal) ;

– la mise à disposition de locaux, quoique qualifiée de location-gérance, dans lesquels était exploité un fonds de commerce, dès lors que le propriétaire du fonds s'était réservé toute l'exploitation prévue à son propre bail (Cass. 3e civ. 26-11-1997 : RJDA 1/98 no 40) ;

– la « cession » par le locataire de son fonds de commerce en crédit-bail à un tiers, car, par là, ce dernier est devenu le locataire de celui-ci (Cass. 3e civ. 21-1-1998 : RJDA 4/98 no 393).

B. Absence de sous-location

Ne constituent pas des sous-locations :

– une occupation précaire telle la mise à disposition ne conférant aucun droit au bénéficiaire (CA Paris 15-12-1987 : Bull. inf. C. cass. 1988 no 263) ;

– la mise à disposition de deux comités touristiques d'une partie des locaux loués dès lors que le personnel desdits comités travaillait sous la responsabilité du locataire principal (Cass. 3e civ. 19-4-1989 : Loyers 1989 no 339) ainsi que la mise à disposition par le preneur, exploitant dans les lieux loués des studios de musique et de danse, de ces locaux à un institut de formation de danse et de musique dès lors que celle-ci comportait des limitations à la jouissance des lieux dans le temps et que de nombreuses prestations relatives à l'équipement et à l'entretien des locaux étaient assurées par le preneur, qui avait aussi conservé le contrôle de l'accueil et de la sécurité (Cass. 3e civ. 13-2-2002 : BRDA 6/02 inf. 10) ;

– l'exposition permanente ou temporaire de meubles et objets mobiliers notamment sous la forme de « Show-Room », c'est-à-dire de salon d'exposition (CA Paris, 16e ch. A, 17-5-1989 : JCP E 1989.18645) ;

– un hébergement à des fins de représentation commerciale (Cass. civ. 20-6-1989 : BRDA 1/90 p. 13 : accueil par une société mère de ses filiales rémunéré par des commissions variables d'un mois à l'autre) ; la domiciliation d'une autre entreprise commerciale (Cass. civ. 7-2-1996 : RJDA 5/96 no 613).

C. Dissimulation de la sous-location

1o Indices de dissimulation

a. Dissimulation par une location-gérance

1. Existence

La dissimulation d'une sous-location prohibée sous un contrat de location-gérance se déduit :

– de l'obligation faite au locataire-gérant de payer directement le loyer au propriétaire et de satisfaire à toutes les charges, clauses et conditions du bail (Cass. com. 2-6-1958 : Bull. III no 219 ; CA Paris, 16e ch. B, 14-3-1991 : D. 1992.som.367 obs. Rozès) ;

– de l'utilisation des lieux par le prétendu locataire-gérant dès lors que celui-ci n'avait jamais utilisé le nom commercial et l'enseigne du prétendu loueur du fonds et possédait une clientèle environ dix fois supérieure à celle antérieurement exploitée dans les mêmes lieux qui s'élevait à quatre clients (CA Paris, 16e ch. A, 18-3-1970 : JPI 1971.335 note J. Viatte) ;

– de la mise à disposition d'un appartement que comportait le fonds de commerce dès lors que le bail de ces locaux forme un tout indivisible et que l'on ne peut dissocier le sort de l'appartement de celui de la boutique, alors surtout que le sous-locataire a déclaré verser une indemnité pour la sous-location dont il bénéficiait et que la mise à disposition de l'appartement se faisait en échange de travaux de secrétariat ou de gardiennage (CA Paris, 16e ch., 19-1-1993 : D. 1993.IR.113, reconnaissant que la clause résolutoire de plein droit a fonctionné au profit du bailleur, le preneur n'ayant pas mis fin à la sous-location dans le mois suivant la mise en demeure régulière délivrée par le bailleur conformément aux stipulations du bail) ;

– de ce que le prétendu locataire-gérant est tenu de payer directement le loyer et de satisfaire à toutes les charges et conditions du bail (CA Paris 16e ch. B, 14-3-1991 : D. 1991.IR.105).

2. Absence

La location-gérance de fonds de commerce n'a pas été requalifiée en sous-location pour les raisons suivantes :

– la fermeture temporaire des lieux pendant la durée des travaux, nécessitée par la résiliation de la franchise et l'aménagement des locaux pour leur exploitation sous une nouvelle enseigne, n'était pas de nature à faire disparaître le fonds de commerce ni à faire perdre à la société propriétaire du fonds sa clientèle préexistante ;

– si la résiliation de la franchise et l'ouverture d'un nouveau point de vente sous l'enseigne du franchiseur à proximité des locaux loués pouvaient faire perdre à la société une partie de sa clientèle, elles ne permettaient pas au bailleur d'affirmer que la clientèle avait disparu en totalité ; le bailleur n'établissait pas que cette clientèle aurait été exclusivement constituée des fidèles clientes de cette enseigne, insusceptibles de trouver un intérêt dans d'autres marques de prêt-à-porter (CA Paris 10-4-2013 no 11/01736, ch. 5-3, SCI Saint-Honoré 265 c/ SARL : BRDA 10/13 inf. 19).

b. Dissimulation par une société

Les juges doivent rechercher si l'apport d'un droit au bail, sans l'accord du bailleur, à une EURL, ne constitue pas une sous-location irrégulière (Cass. 3e civ. 4-2-1997 : Dr. sociétés 1997/4 no 57 note Bonneau).

D. Ratification de la sous-location par le bailleur

Le bailleur a autorisé la sous-location :

– lorsque, sans avoir été appelé à concourir à l'acte mais informé par le locataire de la sous-location, il a donné son accord à celle-ci sans réclamer la communication de ses conditions et a autorisé directement le sous-locataire à effectuer des travaux dans le local (Cass. 3e civ. 8-4-1992 : Bull. III no 122) ;

– lorsqu'il a, par un avenant au bail, reconnu cette possibilité au locataire en faveur d'une société déterminée, convenu dans le même acte d'une augmentation du loyer et a régulièrement adressé par la suite les avis d'échéance et des quittances au sous-locataire (CA Paris, 16e ch. B, 3-11-2000, : RJDA 3/01 no 277).

....

III. Pologne

Résiliation du bail pour sous-location interdite

Si le preneur viole l'obligation contractuelle lui interdisant de sous-louer et malgré une mise en demeure refuse d'y mettre fin, le bailleur peut immédiatement résilier le contrat de bail ; les parties peuvent prévoir dans cette hypothèse, la possibilité pour le bailleur de résilier le contrat sans mise en demeure préalable. Cass., 15-11-1984, sygn. III CRN 215/84, Lex nr 8650).

Art. 122 [anc. art. 90] **Lorsque le loyer de la sous-location totale ou partielle est supérieur au prix du bail principal, le bailleur a la faculté d'exiger une augmentation correspondante du prix du bail principal, augmentation qui à défaut d'accord entre les parties est fixée par la juridiction compétente, statuant à bref délai, en tenant compte des éléments visés à l'article 117 ci-dessus.**

....

Jurisprudence OHADA

Rejet de la demande d'augmentation

Lorsque le bailleur n'a pas relevé appel contre le montant des loyers fixé par le premier juge, la cour d'appel ne peut faire droit à la demande d'augmentation du montant (CA Lomé, ch. civ. et com., no 106/2010, 24-6-2010 : Sté Romex-Togo c/ Héritiers W., Ohadata J-11-105).

Jurisprudence comparée

France

Refus de la majoration du loyer principal

1° Sous-location de locaux appartenant au locataire

La majoration du loyer n'est pas fondée dès lors que le preneur principal donne en sous-location des locaux qu'il avait construits et dont il demeurait propriétaire (Cass. 3e civ. 6-12-1972 : Bull. III n° 665).

2° Obligation des juges de justifier la propriété du locataire

Les juges ne peuvent pas refuser la majoration du loyer principal au motif que l'objet du sous-bail est différent de celui du bail principal sans rechercher si les améliorations apportées par le locataire principal aux locaux étaient antérieures au bail renouvelé, ces améliorations étant devenues, par la clause d'accession, la propriété du bailleur à la fin du premier bail (Cass. 3e civ. 2-12-1992 : Loyers 1993 n° 189).

3° Sous-location dépendant de l'autorisation du bailleur

La majoration du loyer principal a été écartée au motif que ce loyer avait été fixé en considération de l'activité de meublés pour les maisons à usage d'habitation comprises dans le bail commercial et qu'il ne s'agissait pas d'une sous-location qui pouvait ou non être autorisée par le bailleur du fonds loué en application d'une clause prévue au bail, mais d'actes de commerce exécutés dans le cadre de l'exploitation du fonds, impliqués par le commerce du preneur (Cass. 3e civ. 22-10-2003 n° 1062 : RJDA 1/04 n° 23).

Chapitre VI
CONDITIONS ET FORMES DU RENOUVELLEMENT

Art. 123 [anc. art. 91 mod.] **Le droit au renouvellement du bail à durée déterminée ou indéterminée est acquis au preneur qui justifie avoir exploité, conformément aux stipulations du bail, l'activité prévue à celui-ci, pendant une durée minimale de deux ans.**

Aucune stipulation du contrat ne peut faire échec au droit au renouvellement.

En cas de renouvellement exprès ou tacite, le bail est conclu pour une durée minimale de trois ans.

En cas de renouvellement pour une durée indéterminée les parties doivent prévoir la durée du préavis de congé qui ne peut être inférieure à six mois.

Jurisprudence OHADA

I. Caractère d'ordre public

L'article 123 de l'AUDCG est prescrit dans le cadre du droit au renouvellement du bail et dans l'intérêt exclusif du preneur. Lorsqu'il résulte des pièces du dossier que les parties ont, conformément à l'article 104 de l'AUDCG, librement fixé la durée du bail à deux ans ; qu'elles ont stipulé que « les conditions d'une éventuelle poursuite de leur collaboration » à l'issue de la durée ainsi fixée seront décidées « d'un commun accord », le preneur est supposé occuper les lieux sans titre au terme de la durée du bail, faute d'un « commun accord » sur la reconduction. En concédant au bailleur le renouvellement tacite du bail pour une période de trois ans, sur le fondement de l'article 123 qui prévoit explicitement que ce droit « est acquis au preneur [...] » alors que le preneur, titulaire de ce droit au renouvellement, n'a formulé à l'expiration du bail aucune demande en ce sens malgré l'invitation à elle adressée par le bailleur, la cour d'appel a manifestement violé les dispositions de ce texte et exposé sa décision à la cassation(CCJA, 2e ch., n° 025/2020, 30-1-2020 : Orange Niger SA c/ Ecogar).

Obs. : sur le caractère d'ordre public de l'art. 134 de l'AUDCG et le renouvellement du bail de l'entreprenant, voir l'art. 134.

Sur l'inopposabilité à l'acquéreur de la demande de renouvellement adressée par le preneur à l'ancien propriétaire, voir sous l'art. 110.

En droit, le juge tranche le litige conformément aux règles de droit qui lui sont applicables ; il doit donner ou restituer aux faits leur exacte qualification. En l'espèce, le rapport conflictuel né entre les parties trouvait son origine dans le refus par le bailleur de renouveler le bail à durée indéterminée qui le lie au preneur, les juges du fond, après avoir relevé que

« les dispositions du COCC invoquées par l'appelante ne se rapportent guère au présent litige, qui doit être tranché seulement au regard des principes régissant le droit au renouvellement du bail prévus par les articles 91 et suivants anciens devenus 123 et suivants de l'AUDCG, puisqu'en l'espèce, les parties avaient été liées par un bail commercial à durée indéterminée qui a cessé par l'effet d'un congé servi par le bailleur », ont pu, sans dénaturer les faits, conclure que « contrairement aux prétentions de l'appelante, il n'y a matière ni à obligation de donner ni à obligation de faire ni même à responsabilité délictuelle, mais seulement à apprécier le respect ou non des droits reconnus au preneur qui bénéficie d'un droit au renouvellement » (CCJA, 3e ch., no 195/2023, 26-10-2023).

II. Effets de la novation

La cour d'appel qui, à la suite du premier juge, a considéré qu'en application de l'article 123 de l'AUDCG, un second contrat signé le 17 décembre 2015, prenant effet le 1er janvier 2016, constituait un renouvellement, pour une durée de 3 ans, du contrat initial conclu le 12 mars 2013 avec le précédent propriétaire de l'immeuble, ce qui a conduit les juges du fond à retenir que le bail renouvelé arrivait à échéance le 31 décembre 2018, que le locataire devait formuler sa demande de renouvellement avant le 30 septembre 2018, et que ne l'ayant pas fait, il était déchu de ce droit et devait libérer les lieux sans indemnité, alors qu'il ressort du dossier que le contrat signé le 13 mars 2013, pour une durée de 3 ans, et celui signé le 17 décembre 2015 pour une durée d'un an, avec effet au 1er janvier 2016, étaient distincts et ne procédaient pas l'un de l'autre, n'a pas donné de base légale à son arrêt, qui doit être cassé. Il en est ainsi car, plutôt, le second contrat avait un effet novatoire sur le premier, en ce que, d'une part, il intervenait alors que le premier n'était pas arrivé à son terme prévu le 13 mars 2016, et d'autre part, le second contrat avait été renouvelé pour une durée d'un an, soit du 1er janvier au 31 décembre 2017. Sur l'évocation, il a été jugé, pour casser l'arrêt attaqué, que le bail conclu le 17 décembre 2015 est incompatible avec les effets de celui du 12 mars 2013, pour lequel le locataire n'avait pas consolidé son droit au renouvellement, en formulant dans le délai légal une demande à cet effet ; il n'a pu acquérir non plus un tel droit au titre du second bail, prenant effet le 1er janvier 2016 et qui, du fait du renouvellement pour la période d'un an, prenait fin à son échéance normale, le 31 décembre 2017 ; le congé et le préavis donnés par le bailleur, lesquels n'étaient plus, en l'espèce, obligatoires, n'ont eu aucune incidence sur cette cause d'extinction de droit du second bail. Il convient dès lors, moyennant substitution de motifs, de confirmer la décision dont appel, en ce qu'elle a ordonné l'expulsion du locataire des lieux, sans indemnité d'éviction (CCJA, 1e ch., no 113/2023, 25-5-2023).

III. Appréciation de la naissance ou non du droit au renouvellement

C'est à tort qu'il est reproché à un arrêt d'avoir violé l'article 123 de l'AUDCG, en considérant qu'un preneur avait droit au renouvellement du bail à durée déterminée liant les parties, alors, selon le moyen, que les juges ont retenu que les parties étaient liées par ledit contrat à compter du 12 novembre 2017 et que son renouvellement n'était pas encore acquis en l'espèce. Il en est ainsi car le droit au renouvellement du bail s'apprécie, non au moment où le preneur formule son droit au renouvellement (le 31 juillet 2019 en l'espèce), mais à l'expiration arrêtée d'accord commun (au 12 novembre 2019 en l'espèce). L'article 3 du « bail à usage commercial », renseignent nettement qu'il « est conclu pour une période de deux (2) ans et prend effet à compter du 12 novembre 2017 pour arriver à terme le 12 novembre 2019 », il s'en déduit que c'est à bon droit que le juge d'appel a confirmé le jugement initial (CCJA, 2e ch., no 137/2023, 15-6-2023).

Jurisprudence comparée

I. États-Unis

Renouvellement/extension du terme

Les parties à un contrat de bail commercial peuvent prévoir qu'à l'arrivée du terme le contrat pourra être renouvelé ou que le terme fera l'objet d'une extension. Dans ce dernier cas, seule la clause relative au terme du contrat est modifiée (Norwesco Inc. v. Community Petroleum Products, Inc., 38 Conn.Supp. 585 (1982)).

Le renouvellement du bail se distingue d'une extension du terme par le fait que le premier requiert la conclusion d'un nouveau bail alors que lors d'une extension du terme le contrat initial, à l'exception du la durée du terme, continue à s'appliquer (Carrano v. Shoor, 118 Conn. 86 (1934)).

Obs. : c'est la mise en œuvre de la distinction française de la prorogation et du renouvellement.

Pour déterminer si le contrat de bail prévoit un renouvellement du bail ou une extension du terme, les juges doivent rechercher l'intention des parties en examinant l'ensemble des termes contractuels et ne pas se limiter au terme « renouvellement » stipulé dans le contrat (Carrano v. Shoor, 118 Conn. 86 (1934)).

Pour être valable, la clause prévoyant la possibilité d'une extension du terme doit préciser les éléments essentiels du contrat, en particulier le montant du loyer et la durée de l'extension (LaQuerre v. Singh 35 Conn. L. Rptr 218 (2003)).
Malgré une clause prévoyant le renouvellement du bail, ce dernier n'a pas été renouvelé lorsque les parties ne se sont pas mises d'accord sur le montant du nouveau loyer (Sponzo v. Gooden 13 Conn. L. Rptr 469 (1995)). Il s'agit alors d'un nouvel engagement.

II. France

A. Exploitation d'un fonds

1° Obligation d'exploitation même en l'absence de clause

Le bail commercial destine les locaux à l'usage d'un commerce et l'obligation d'exploiter un commerce est sous-entendue même si celle-ci ne figure pas au bail (CA Orléans 31-5-2007 : RJDA 4/08 n° 382 som.).

2° Exploitation effective

Il faut une exploitation réelle, régulière et conforme aux stipulations du bail mais pas nécessairement continue ; le droit au renouvellement est reconnu :
– dans le cas d'un bail continu avec exploitation saisonnière (Cass. com. 17-10-1962 : JCP G 1963.II.13075 note B.B. ; Cass. civ. 16-4-1973 : Bull. civ. III p. 208) ;
– en cas d'interruption temporaire d'activité (Cass. civ. 16-2-1982 : JCP G 1982.II.19888 note Boccara), à moins que celle-ci ne soit due à un comportement fautif du preneur (Cass. civ. 11-3-1980 : Rev. loyers 1980.257) ; seul l'abandon définitif ou irréversible d'exploitation entraîne la perte du droit au renouvellement (cf. Cass. civ. 16-2-1982, précité) ;
– en cas de continuation du bail au-delà du terme, l'exploitation doit s'être poursuivie jusqu'à la date pour laquelle le congé a été donné (Cass. civ. 23-7-1986 : Loyers 1986 n° 387).

3° Exploitation d'un même fonds

La durée d'exploitation doit concerner le même fonds, sauf accord du bailleur sur le changement de commerce donné à l'occasion de la cession du fonds (Cass. civ. 27-6-1990 : GP 1991.83 note Barbier) ou donné dans le bail par l'introduction de la clause « tous commerces », laquelle permet un changement à tout moment en cours de bail (CA Paris 4-6-1996 : GP 1996.485 note Brault).
En cas de cession du seul bail au cours de la dernière période triennale, le cessionnaire ne peut ajouter à son temps d'exploitation celui du cédant ayant exercé la même activité que lui (Cass. civ. 19-7-1995 : Bull. civ. III p. 132), même si le bail initial permet l'exercice de tous commerces (Cass. civ. 4-5-1994 : RJDA 8-9/94 n° 914).
Le changement d'activité en cours de bail avec l'accord du bailleur ne prive pas le preneur du droit au renouvellement (Cass. civ. 17-5-1977 : JCP G 1978.II.18851 note Boccara).

4° Motifs légitimes d'interruption de l'exploitation

Ont été considérés comme tels :
– une non-exploitation qui n'avait pas fait disparaître le fonds (Cass. civ. 6-10-1982 : Bull. civ. III p. 142) ;
– l'inexécution par le bailleur des travaux et réparations lui incombant (Cass. civ. 25-10-1976 : GP 1977.1.pan.16 ; Cass. civ. 5-12-1979 : GP 1980.pan.123) ;
– l'allongement des délais des travaux de modernisation entrepris par le locataire en raison des exigences injustifiées du propriétaire (Cass. civ. 6-7-1977 : GP 1977.2.pan.364). Mais n'a pas été considéré comme un motif légitime la mise en liquidation judiciaire du locataire (CA Paris 7-11-1997 : RJDA 2/98 n° 146).

B. Absence d'exploitation d'un fonds

La simple domiciliation d'une entreprise commerciale dans les locaux loués ne constitue pas l'exploitation d'un fonds (CA Paris 17-10-1967 : AJPI 1968.407).

III. Irak

Renouvellement du bail professionnel

Lorsque les locaux sont soumis à Loi sur l'exploitation industrielle n° 20-1998, le contrat de bail est renouvelé dès lors que le locataire continue à exercer une activité industrielle ou professionnelle. Ainsi, le bail portant sur un immeuble aménagé en atelier de fabrication des portes et fenêtres doit être maintenu dès lors que le preneur justifie d'une exploitation effective et continue. Le loyer sera révisé une fois tous les cinq ans (Cass. féd. 19-4-2009, pourvoi 966, http://qanoun.iraqja.iq/view.1172/).

Art. 124 [anc. art. 92] **Dans le cas du bail à durée déterminée, le preneur qui a droit au renouvellement de son bail en vertu de l'article 123 ci-dessus peut demander le renouvellement de celui-ci, par signification d'huissier de justice ou notification par tout moyen permettant d'établir la réception effective par le destinataire, au plus tard trois mois avant la date d'expiration du bail.**

Le preneur qui n'a pas formé sa demande de renouvellement dans ce délai est déchu du droit au renouvellement du bail.

Le bailleur qui n'a pas fait connaître sa réponse à la demande de renouvellement au plus tard un mois avant l'expiration du bail est réputé avoir accepté le principe du renouvellement de ce bail.

Jurisprudence OHADA

I. Droit du locataire au renouvellement d'ordre public

Nullité des clauses faisant obstacle au droit au renouvellement. Les dispositions de l'article 92 [devenu 124] de l'AUDCG étant d'ordre public (conformément à l'art. 102 [devenu 134] du même Acte uniforme), les parties ne peuvent y déroger par une convention privée. C'est donc à bon droit qu'une cour d'appel a jugé que la clause de résiliation insérée dans un bail ne saurait prévaloir sur lesdites dispositions d'ordre public (CCJA, 2e ch., no 5, 30-3-2006 : Sté Ponty SARL c/ Sté Ponty Immobilière SA, Juris-Ohada no 3/2006, p. 16 ; Ohadata J-07-12 ; CCJA, no 13, 29-11-2011 : Total Fina ELF SA devenue Total Burkina SA c/ K, Juris-Ohada, 2011, no 4, oct.-déc. 2011, p. 13, Ohadata J-13-07, J-13-148).

De même, la clause d'un contrat de bail prévoyant la possibilité de résiliation du contrat à la double condition que ce soit à la fin d'une période triennale et après un avis notifié à l'autre partie au moins six mois avant la fin de la période considérée est inapplicable, car les dispositions de l'AUDCG prévoient que le preneur qui a droit au renouvellement du bail peut demander le renouvellement de celui-ci par acte extrajudiciaire au plus tard trois mois avant expiration du bail (TRHC Niamey, ord. Réf. no 183, 19-8-2003 : J. A. M. c/ A. H., Ohadata J-04-71).

II. Obligations du locataire

A. Obligation de formuler une demande de renouvellement même en cas de prolongation tacite du bail

Le locataire doit formuler une demande de renouvellement trois mois avant l'expiration du bail même s'il s'est maintenu dans les lieux après l'échéance du bail et que le bailleur a implicitement accepté la poursuite des relations contractuelles avec lui (CA Centre (Cameroun), no 237/CIV, 17-6-2009 : Sté La Plaza SARL c/ S. de B. et son épouse, Ohadata J-10-132 ; TR Niamey, no 084, 3-3-2004 : P.K.F. c/ A.B. Ohadata J-09-114).

Il importe peu que le bail ait duré vingt ans (TPI Bafoussam, jug. civ. no 101, 22-9-2006 : Mission catholique du Sacré Cœur de Bafoussam c/ TEXACO Cameroun, Ohadata J-07-68 ; expulsion du preneur à la demande du bailleur) ou que le locataire satisfasse par ailleurs à la durée d'activité requise de deux ans, en vertu de l'art. 91 [devenu 123] de l'AUDCG (TPI Cotonou (Bénin), ord. Réf. no 014 REF-COM, 31-7-2002, R.G. : 001/2002 : Sté CCC SARL c/ A. N. et FBF, Ohadata J-04-290).

C'est par une saine appréciation des faits soumis à son appréciation qu'une cour d'appel a souverainement considéré un bail implicitement reconduit jusqu'au 5 novembre 2002 et a déduit du non-paiement des loyers à la nouvelle propriétaire et de l'absence de demande de renouvellement du bail trois mois avant son expiration, une perte de qualité des locataires qui fait des demandeurs en cassation des occupants sans droit ni titre. Des preneurs qui ne contestent pas avoir reçu notification du changement de propriétaire du local donné à bail ne peuvent opposer au nouveau propriétaire la tradition qui serait établie entre eux et l'ancien propriétaire pour refuser d'exécuter les obligations de preneur d'un bail résultant de la loi et de leur clause contractuelle. Il s'ensuit que la tradition de tacite reconduction ne peut leur profiter dès lors qu'ils n'ont pas formé une demande de renouvellement du bail dans le délai légal de l'alinéa 2 de l'article 92 [devenu 124] de l'AUDCG. Ainsi, c'est à juste titre que la cour d'appel a constaté la déchéance du droit au renouvellement du bail et en a tiré la conséquence qui s'impose en application de l'article 92 [devenu 124] de l'AUDCG (CCJA, 1e ch., no 070, 14-11-2013 : Ange Bilong c/ Seynabou Cisse, Ohadata J-15-70).

Il résulte de l'article 124 de l'AUDCG que l'inobservation de la procédure d'obtention de droit au renouvellement entraîne la déchéance du droit. En l'espèce, le preneur qui a bénéficié auprès du bailleur d'un contrat de bail d'une durée de trois ans dont l'expiration était prévue au 31 juillet 2010 et s'est abstenu de solliciter le renouvellement du bail par acte extrajudiciaire ou notification par tout moyen laissant trace de ce que le bailleur a reçu ladite demande, ne peut prétendre à un renouvellement par tacite reconduction du contrat sous le prétexte qu'il a continué à occuper les lieux durant une année après expiration du contrat et a toujours payé les loyers acceptés par le bailleur ; il est dès lors déchu de son droit au renouvellement et la cour d'appel qui a statué dans ce sens a fait une bonne application de la loi (CCJA, 3e ch., no 029, 9-4-2015 :

Rayane Chams c/ Abba Zorkhot Mohamed, Ohadata J-16-29).

Le preneur d'un bail à durée déterminée qui n'a pas sollicité son renouvellement 3 mois avant son terme, comme le prescrit l'article 124 de l'AUDCG, ne peut prétendre à un renouvellement par tacite reconduction du contrat au motif qu'il a continué à occuper les lieux loués ; il est déchu de droit au renouvellement et la cour d'appel qui l'a débouté de son appel contre le jugement de condamnation n'a en rien violé l'article précité (CCJA, 2e ch., no 076/2023, 6-4-2023).

S'agissant du bail à durée déterminée, l'article 124 de l'AUDCG, qui est la disposition applicable, exige, pour son renouvellement, une demande expresse, à peine de déchéance, du preneur, même devant une clause de renouvellement par tacite reconduction, les dispositions des articles 123 et 124 de l'AUDCG étant d'ordre public au sens de l'article 134 du même Acte uniforme. En l'espèce, au moment où la cour d'appel statuait le 10 avril 2019, le bail à durée déterminée qui liait les parties était effectivement arrivé à expiration depuis le 31 mars 2019, et n'avait pas fait l'objet d'une demande de renouvellement de la part du preneur ; ainsi, en reprochant au juge d'appel d'avoir violé l'article 123 de l'AUDCG visée au moyen, alors qu'en cette matière le texte applicable est l'article 124 de l'AUDCG, le requérant a articulé son moyen sur le fondement d'une disposition inadéquate et il échet de déclarer ce moyen irrecevable (CCJA, 3e ch., no 090/2023, 27-4-2023).

Il résulte de l'article 124 de l'AUDCG que l'inobservation de la procédure d'obtention du droit au renouvellement du bail entraîne la déchéance du droit. En l'espèce, le preneur a bénéficié auprès de l'administrateur judiciaire de la succession de feu [Y.] d'un bail d'une durée de 5 ans dont l'expiration était prévue au 30 juin 2016 ; 3 mois avant l'arrivée du terme dudit contrat, le preneur n'a en rien sollicité, comme le prescrit l'article 124 précité, le renouvellement du bail. Cette formalité étant d'ordre public, le preneur ne peut l'écarter en prétextant profiter de la tacite reconduction stipulée dans le contrat et est dès lors déchu de son droit au renouvellement ; la cour d'appel, qui n'a pas statué dans ce sens, a violé les dispositions visées au moyen, exposant son arrêt à la cassation (CCJA, 2e ch., no 207/2023, 30-11-2023).

B. Existence préalable d'un bail

La demande s'impose à l'occupant dès lors qu'il est titulaire d'un bail ; tel est le cas d'une société dont il est établi qu'elle bénéficie d'un contrat de bail, car : 1) son cachet était apposé devant le nom du signataire, qui avait, suivant la déclaration aux fins d'immatriculation au registre du commerce versé au dossier, le pouvoir de gérer, d'administrer et de signer pour ladite société ; 2) une correspondance produite aux débats établit que la même société qui payait les loyers par chèque déclarait avoir pris en bail le magasin en cause (CA Dakar, ch. civ. et com., 2-1-2003 : Solotech c/ P. M., Ohadata J-03-145).

Mais tel n'est pas le cas lorsqu'aucun bail à usage professionnel n'ayant existé entre les parties, la seule invocation d'une demande adressée à la direction générale de la demanderesse par l'exploitante du restaurant et contenant les annotations « DFC pour recenser les boutiques libres et informer la DG » suivie d'une remise de clés pour la visite des lieux n'établissant pas la preuve d'un bail professionnel au regard des articles 103 de l'AUDCG et 1101 du Code civil. Nul ne pouvant se prévaloir de sa propre turpitude, l'action de la défenderesse revêt effectivement un caractère vexatoire et malicieux ; cependant la demande reconventionnelle de dommages-intérêts pour procédure vexatoire et malicieuse étant justifiée en la forme, est exagérée quant à son quantum, qu'il convient de fixer à la somme de 1 000 000 FCFA (CCJA, 2e ch., no 101/2022, 9-6-2022).

C. Demande du locataire non avenue pour défaut de notification

Notification au bailleur domicilié à l'étranger en mairie. L'exploit de renouvellement d'un bail commercial établi et signifié par le preneur à la mairie d'Abidjan au lieu de l'être au parquet, alors qu'il est au courant de la résidence à l'étranger du bailleur viole l'article 254 du Code ivoirien de procédure civile, commerciale et administrative (CCJA, 1e ch., no 14, 29-6-2006 : Sté Equipagro-CI SARL c/ B.K., Juris-Ohada, no 4/2006, p. 19, Ohadata J-07-28).

III. Sanctions du défaut de demande de renouvellement émanant du locataire trois mois avant l'expiration du bail

A. Déchéance du droit au renouvellement

1o Application de la déchéance

L'article 92 [devenu 124] de l'AUDCG fait peser sur le preneur l'obligation de demander le renouvellement de son bail par acte extrajudiciaire au plus tard trois mois avant la date d'expiration. C'est donc justement que le preneur ayant manqué à cette obligation est déchu de son droit au renouvellement par une cour d'appel (CCJA, 2e ch., no 5, 30-3-2006 : Sté Ponty SARL c/ Sté Ponty Immobilière, Juris-Ohada no 3/2006, p. 16 ; Ohadata J-07-12) et l'arrêt, qui a retenu que la déchéance du droit d'un preneur au renouvellement de son bail demandé par courrier recommandé avec accusé de réception n'était pas acquise, encourt la cassation (CCJA, ass. plén., nº 135, 11-11-2014 : Sté de Distribution Gabonaise (Sodigab-Mbolo) c/ Rosso Frédérique, Sté La Comète, Ohadata J-15-225).

Obs. : arrêts rendus sur le fondement de l'ancien l'art. 92 qui prévoyait une demande de renouvellement du bail exclusivement par acte extra-judiciaire (voie d'huissier) ; désormais, la demande par courrier recommandé avec avis de réception est admise.

Le preneur qui n'a pas engagé en temps opportun la procédure du droit au renouvellement du bail se trouve déchu du droit de réclamer une indemnité d'éviction et c'est après avoir souverainement apprécié les éléments du dossier que les juges d'appel ont ordonné son expulsion des locaux loués (CCJA, 2e ch., nº 32, 3-7-2008 : Métalux SARL c/ B., Juris-Ohada nº 4/2008, p. 15, Ohadata J-09-71 ; CCJA, nº 032, 3-6-2008 : Sté Métalux SARL c/ C. B., Actualités juridiques nº 60-61, p. 426, note anonyme, Ohadata J-09-314) ; dans le même sens, au sujet de la perte du droit à indemnité d'éviction (CCJA, ass. plén., nº 139, 11-11-2014 : Hassan Salman c/ Antchoue Zaouil Fouad, Ohadata J-15-229 ; CCJA, 1e ch., nº 035, 29-2-2016 : Alubat-Cam SARL c/ Dega Josué, Ohadata J-16-237), et précisant que le juge d'appel qui s'est arrêté à la condition requise pour le renouvellement du bail sans rechercher les motifs de la défaillance du preneur n'a en rien violé l'article 124 de l'AUDCG ; il en est de même de l'expulsion subséquente et le moyen doit être rejeté (CCJA, 2e ch., nº 044, 23-3-2017 : Omva Zue Joseph c/ La Succession Houndy Polycarpe, Ohadata J-17-191 ; CCJA, 2e ch., nº 097, 27-4-2017 : Hounkpatin Armand c/ Ozouaki Francis Léonce Aimé, c'est à juste titre que des juges qui ont constaté qu'à la date butoir aucune demande de renouvellement du contrat à durée déterminée n'était formulée par le preneur ont prononcé sa déchéance, avec les conséquences de droit dont notamment le non-paiement d'une indemnité d'éviction).

Étant déchu de son droit au renouvellement, ce preneur est devenu un occupant sans droit ni titre et doit être expulsé (CA Littoral (Cameroun), nº 032/REF, 10-2-2010 : E. née B. R. c/ La croix du sud SARL, Ohadata J-10-139).

Pour d'autres applications de la déchéance du droit de demander le renouvellement :

– pour défaut de demande dans le délai imparti (CA Daloa, nº 72, 27-2-2002 : Compagnie de distribution de Côte d'Ivoire c/ A. T., Ohadata J-04-174. Juris-Ohada, nº 1/2004, janv.-mars 2004, p. 63 ; CA Niamey, Ch. Civ., nº 51, 3-4-2002 : A. H. T. c/ M ; E. H., Ohadata J-03-250 ; CA Dakar, nº 144, 3-10-2002 : A. G. c/ J. R., Ohadata J-05-59 ; TPI Cotonou (Bénin), Ord. Réf. nº 014 REF-COM, 31-7-2002, R.G. : 001/2002 : Sté CCC SARL c/ A. N. et FBF, Ohadata J-04-290) ;

– demande de renouvellement formée dix jours avant l'expiration du bail (TGI Ouagadougou, nº 28/2004, 4-2-2004 : Sté Total Fina Elf Burkina c/ E. K., Ohadata J-09-20 ; confirmé par CA Ouagadougou, nº 07, 20-1-2006 : Sté Total Fina Elf c/ K. E., Ohadata J-09-21) ;

– en cas de demande de renouvellement formée plus de quatre ans après l'expiration du bail et la notification du congé, le preneur pouvant remettre en cause la déchéance de son droit d'agir. Ainsi devenu occupant sans droit ni titre, il ne peut prétendre à aucun droit sur le local loué et doit être débouté de ses demandes (CCJA, 3e ch., nº 230/2019, 10-10-2019 : Société Cemico SARL c/ Richard Ngokseu).

– N'ont en rien violé les textes visés aux moyens, ni dénaturé les faits de la cause les juge qui, ayant constaté qu'aucune demande de renouvellement d'un bail qui arrivait à expiration n'était formulée par le preneur à la date butoir, ont prononcé sa déchéance, avec les conséquences de droit dont notamment le non-paiement d'une indemnité d'éviction, (CCJA, 2e ch., nº 005/2022, 20-1-2022 : Penda Ponke Isidore Pascal c/ Société civile Immobilière Jally).

2º Absence de reconduction tacite

Les dispositions de l'article 124 de l'AUDCG étant, aux termes de l'article 134 du même Acte uniforme, d'ordre public, la clause de tacite reconduction insérée dans un contrat est sans effet dès lors que l'acceptation du bailleur de réaliser des paiements au titre de loyer pour le mois de janvier après le terme du bail est inopérante relativement au renouvellement du bail. En effet, le preneur était tenu de demander, trois mois avant l'expiration du bail, son renouvellement et sa demande tardive adressée conformément aux dispositions de l'article 124 précité était irrecevable. C'est donc en violation de ce texte qu'une cour d'appel a statué en sens contraire, exposant ainsi son arrêt à la cassation. Sur l'évocation et pour les mêmes motifs que ceux retenus pour la cassation, il y a lieu de confirmer le jugement qui a déclaré le preneur déchu de son droit au renouvellement du bail arrivé à terme et ordonné, en conséquence, son expulsion, en lui accordant un délai de trois mois pour libérer effectivement les lieux (CCJA, 1e ch., nº 275/2019, 28-11-2019 : Keita Harouna c/ Société 911 sécurité SA).

La preneuse qui n'a pas sollicité le renouvellement du bail dans les formes prévues à l'article 124 de l'AUDCG ne peut prétendre à un renouvellement par tacite reconduction sous le prétexte qu'elle a payé plusieurs mois de loyers d'avance ; elle est dès lors déchue de son droit au renouvellement. La Cour d'appel qui a infirmé le jugement qui constatait cette déchéance a violé l'article 124 précité, exposant son arrêt à la cassation (CCJA, 1e ch., nº 087/2020, 9-4-2020 : SCI B.I.G-CI c/ New Primo Company).

N'a en rien violé les articles 123 et 126 de l'AUDCG la cour d'appel qui, pour constater la déchéance d'un preneur qui n'a pas demandé le renouvellement de son congé dans les délais, a retenu que « [...] le renouvellement du bail commercial, désormais appelé bail professionnel, n'est pas automatique [...] le bail à durée déterminée expire à l'arrivée du terme sans qu'il soit nécessaire de donner congé » et a affirmé la primauté des dispositions d'ordre public des articles 123 et suivants de l'AUDCG relatifs au renouvellement d'un bail à usage professionnel, sur la stipulation contractuelle invoquée par la requérante (CCJA, 1e ch., n° 307/2019, 12-12-2019 : Euroword SARL c/ Société Amsa Immobilier Sénégal).

3° Compétence du juge des référés pour prononcer la déchéance

Le juge des référés est compétent pour **constater** la déchéance du droit au renouvellement du bail d'un preneur qui s'est abstenu d'en demander le renouvellement par acte extrajudiciaire au plus tard trois mois avant la date d'expiration comme le requiert l'article 92 [devenu 124] de l'AUDCG (CCJA, 2e ch., n° 5, 30-3-2006 : Sté PONTY SARL c/ Sté PONTY IMMOBILIÈRE SA, Juris-Ohada n° 3/2006, p. 16 ; Ohadata J-07-12 ; CA Dakar, n° 144, 3-10-2002 : A. G. c/ J. R., Ohadata J-05-59).

B. Condamnation du preneur à des dommages-intérêts

L'occupation des lieux contre le gré du bailleur lui a causé un préjudice qu'il convient de réparer en condamnant le preneur à des dommages-intérêt dont le montant qui, en l'espèces est de 40.000.000, doit toutefois être ramené à de proportions plus justes, soit 5 000 000 FCFA (CCJA, 3e ch., n° 230/2019, 10-10-2019 : Société CEMICO SARL c/ Richard NGOKSEU).

IV. Obligation du bailleur

A. Réponse à la demande du locataire un mois avant l'expiration du bail : absence d'obligation de réponse à défaut de demande.

L'obligation qui incombe au bailleur, de faire connaître sa réponse à la demande de renouvellement du bail au plus tard un mois avant l'expiration dudit bail, faute de quoi il serait réputé avoir accepté le principe du renouvellement de ce bail, ne peut produire cet effet que si le preneur a formulé cette demande de renouvellement par acte extrajudiciaire, au plus tard trois mois avant la date d'expiration du bail. Lorsque le locataire n'a pas demandé, trois mois avant son expiration, le renouvellement du dernier bail écrit le liant au bailleur, il ne peut être reproché à ce dernier de n'avoir pas répondu à une demande qui ne lui a pas été adressée. La cour d'appel qui a statué en sens contraire a violé par mauvaise application, les dispositions d'ordre public de l'article 92 [devenu 124] de l'AUDCG et son arrêt encourt la cassation (CCJA, n° 030/2007, 22-11-2007 : S.C.I. GOLFE DE GUINEE c/ MARINA ATLANTIC SARL, Rec. jur. CCJA n° 10, juill.-déc. 2007, p. 44, Ohadata J-08-247).

Obs. : sur l'inefficacité du congé tendant à faire obstacle à la demande de renouvellement du locataire, voir sous l'art. 125, T. com. Brazzaville (Congo), 24-4-2009 : Sté E.T c/ S.F, Revue congolaise de droit et des affaires, n° 3, p. 62, obs. Inès Féviliyé, Ohadata J-10-247.

B. Absence d'obligation de préavis incombant au bailleur

Si l'article 92 [devenu 124] de l'AUDCG impose au preneur qui veut renouveler son bail de faire connaître son intention de renouveler trois mois avant la fin du bail, aucune autre disposition dudit acte, encore moins l'article précité, n'exigent du bailleur d'en faire autant. Il s'ensuit que le preneur ne peut se prévaloir du défaut de préavis du bailleur pour refuser de libérer les lieux (CA Niamey, ch. civ., n° 51, 3-4-2002 : A. H. T. c/ M. E. H., Ohadata J-03-250).

C. Compensation

Les loyers et autres sommes que le bailleur a refusé de percevoir et qui ont été consignées à la caisse des dépôts et consignations doivent être déduits du montant de la condamnation du preneur (CCJA, 3e ch., n° 230/2019, 10-10-2019 : Société Cemico SARL c/ Richard Ngokseu).

V. Conditions de renouvellement cumulatives

Les conditions prévues par l'article 92 [devenu 124] de l'AUDCG pour le droit au renouvellement du bail (demande par le preneur trois mois avant l'expiration et réponse par le bailleur un mois avant l'expiration du bail) sont cumulatives. C'est donc à tort qu'un juge a rejeté la demande d'expulsion du preneur formulée par le bailleur sans avoir recherché si ce dernier avait ou non manifesté sa volonté dans les conditions de l'article précité et sa décision doit être infirmée. Statuant à nouveau, il convient de condamner le preneur au paiement des arriérés de loyers échus depuis l'expiration du contrat et d'ordonner son expulsion (CA Abidjan, ch. civ. et com., n° 311, 2-7-2011 : SCI Eva c/ Sté Petroci-HOLDING, Juris-Ohada, 2011, n° 4, oct.-déc., p. 36, Ohadata J-13-14).

Obs. : en l'espèce, le premier juge a été sanctionné pour avoir manqué de tenir compte de la volonté clairement manifestée par le bailleur de ne plus renouveler le contrat. Une erreur matérielle s'est sans doute introduite dans le texte de l'arrêt ; il faudrait lire, dans le texte intégral, « et que le bailleur » n'ait pas fait connaître sa réponse […] » au lieu du « preneur », car l'alinéa 2 de l'art. 92 devenu 124 mentionne le bailleur.

VI. Expulsion consécutive à un refus du renouvellement par le bailleur à distinguer de la résiliation du bail prévue à l'article 133 de l'AUDCG

L'expulsion consécutive à un bail arrivé à terme et pour le renouvellement duquel le bailleur s'est formellement opposé par écrit, régie par les dispositions des articles 91 et 92 de l'AUDCG du 1er octobre 1997 [respectivement devenus 123 et 124], est différente d'une résiliation du bail pour non-respect par l'une des parties contractantes des clauses et conditions du bail prévu par l'article 101 [devenu 133] du même acte uniforme. C'est donc à tort qu'un preneur invoque sa condamnation au paiement des loyers échus depuis la date de résiliation du bail comme motif de son expulsion ; qu'il s'ensuit que le moyen tiré de la violation des dispositions des articles 101 et 102 [devenus 133 et 134] de l'Acte uniforme susvisé est inopérant et sera rejeté (CCJA, 2e ch., no 201/2019, 27-6-2019 : Société nationale des opérations pétrolières c/ SCI Eva).

Obs. : il semble se déduire de cet arrêt, qui distingue entre l'expulsion consécutive à un refus de renouvellement par un bailleur et la résiliation fondée sur l'art. 133 de l'AUDCG, que le juge des référés qui, selon la CCJA, est compétent pour constater la déchéance (CCJA, 2e ch., no 005/2006, 30-3-2006), peut aussi ordonner l'expulsion consécutive à la déchéance, sans qu'il soit nécessaire de prononcer une résiliation préalable.

Jurisprudence comparée

I. Canada

Tacite reconduction

Quant au renouvellement, même si la preuve est contradictoire, elle révèle que M. Néron a continué à demeurer dans les lieux même après l'extinction du bail. Il y a eu renouvellement tacite. À ce sujet, les articles suivants du Code civil du Québec énoncent :

– 1877. Le bail à durée fixe cesse de plein droit à l'arrivée du terme. Le bail à durée indéterminée cesse lorsqu'il est résilié par l'une ou l'autre des parties.

– 1878. Le bail à durée fixe peut être reconduit. Cette reconduction doit être expresse, à moins qu'il ne s'agisse du bail d'un immeuble, auquel cas elle peut être tacite.

– 1879. Le bail est reconduit tacitement lorsque le locataire continue, sans opposition de la part du locateur, d'occuper les lieux plus de dix jours après l'expiration du bail. Dans ce cas, le bail est reconduit pour un an ou pour la durée du bail initial, si celle-ci était inférieure à un an, aux mêmes conditions. Le bail reconduit est lui-même sujet à reconduction. »

Conformément à la loi, le bail s'est renouvelé pour une autre année expirant le 31 mars 2004 (« Néron c. Entreprises Sompro Inc. », 2005-03-17, no 200-32-035540-045, Cour du Québec, « Chambre civile », « Division des petites créances », Canada, Province du Québec, District de Québec, Localité de Québec.)

II. France

Délai pour demander le renouvellement

Le preneur peut demander le renouvellement en présence d'un congé délivré antérieurement à l'échéance contractuelle du bail, mais pour une date postérieure (Cass. civ. 21-12-1988 : JCP G 1990.II.21449 note Dumortier ; Cass. civ. 27-11-1990 : GP 1991.471 note Barbier).

III. Irak

Tacite reconduction

Si à l'expiration du bail, le preneur continue à jouir de la chose louée à la connaissance et sans opposition du bailleur, le bail est censé reconduit aux mêmes conditions, mais pour une durée indéterminée (C. civ. art. 780). Ainsi, la poursuite de jouissance des locaux par le locataire et la perception du loyer par le bailleur pour trois mois successifs après l'expiration du bail ont pour effet d'entraîner la reconduction du contrat. L'action en expulsion introduite par le bailleur devient alors irrecevable (Cass. féd. 26-9-2013, pourvoi 72 : Revue Législation et jurisprudence, no 2, 2014, p. 251-252).

IV. Luxembourg

Tacite reconduction

La tacite reconduction prévue à l'article 1738 du Code civil requiert que le locataire, après l'expiration du bail, est resté en possession des lieux et ce sans opposition de la part du bailleur (Tr. Arr. Luxbg 4-1-1996, L//J, 54811).

Art. 125 [anc. art. 93] Dans le cas d'un bail à durée indéterminée, toute partie qui entend le résilier doit donner congé par signification d'huissier de justice ou notification par tout moyen permettant d'établir la réception effective par le destinataire au moins six mois à l'avance.

Le preneur, bénéficiaire du droit au renouvellement en vertu de l'article 123 ci-dessus peut s'opposer à ce congé, au plus tard à la date d'effet de celui-ci, en notifiant au bailleur par signification d'huissier de justice ou notification par tout moyen permettant d'établir la réception effective par le destinataire sa contestation de congé.

Faute de contestation dans ce délai, le bail à durée indéterminée cesse à la date fixée par le congé.

Jurisprudence OHADA

I. Validité du congé

A. Absence de formalisme

Le congé est un acte unilatéral qui met fin au bail sans qu'il soit dans le besoin de le valider ; il n'est soumis en principe à aucune formalité dès lors qu'il exprime la volonté de la part de celui qui le donne de mettre fin au bail (CA Niamey, n° 57 réf., 4-6-2003 : S. B. c/ E. H. M., Juris-Ohada n° 4/2004, oct.-déc. 2004, p. 64, note BROU Kouakou Mathurin, Ohadata J-05-181).

B. Délai à observer

Validité du délai contractuel. Il a été jugé que, bien qu'étant inférieur au délai légal de six mois, le congé d'un mois volontairement et mutuellement accepté par les parties est valable, dès lors qu'il n'a pas été dénoncé depuis l'établissement du contrat (CA Niamey, n° 57 réf., 4-6-2003, précité, Ohadata J-05-181).

Les dispositions de l'article 125 de l'AUDCG régissent la durée du congé dans le cas d'un bail à durée indéterminée et n'ont pas vocation à s'appliquer à un bail à durée déterminée (CCJA, 3e ch., n° 118, 11-5-2017 : Eshun Cleopas Natchia c/ SCI Business Center).

Obs. : il convient cependant d'être conscients de ce que la CCJA semble avoir une conception restrictive du caractère d'ordre public des dispositions du présent Acte uniforme qui sont nommément indiquées à l'article 134 par le législateur de l'OHADA, la tendance étant de les considérer comme d'ordre public de direction, rendant donc toute dérogation impossible. Voir pour des exemples sous l'art. 134.

Les articles 91 et 92 [devenus 123 et 124] de l'AUDCG traitent respectivement des conditions d'acquisition par le preneur du droit au renouvellement du bail et de la procédure à suivre pour demander ledit renouvellement dans le cadre d'un bail à durée déterminée. En l'espèce, à la suite des renouvellements successifs, par tacite reconduction, des baux les liant à la Direction générale du Patrimoine Bâti, les demandeurs au pourvoi et la Direction se sont retrouvés désormais liés par des contrats à durée indéterminée. Par conséquent, en décidant que les appelants sont déchus de leur droit au renouvellement des baux, la cour d'appel n'a pu violer les dispositions des articles précités, lesquels n'avaient pas vocation à s'appliquer en l'espèce et le moyen qui n'est pas fondé doit être rejeté (CCJA, 1re ch., n° 40, 10-6-2010 : K. c/ 1 – Agence judiciaire de l'État de Guinée ; 2 – N ; 3 – K., Juris-Ohada, n° 4/2010, oct.-déc., p. 28, Ohadata J-11-84, J-12-37).

Obs. : en l'espèce, les art. 91 et 92 (devenus 123 et 124) n'avaient pas à s'appliquer dès lors que selon la CCJA, il y a eu novation du bail qui est devenu un bail à durée indéterminée, alors que ces dispositions ne concernent que le bail à durée déterminée.

Sur l'assimilation d'un bail à durée déterminée tacitement reconduit à un bail à durée indéterminée entraînant l'application du congé de six mois, voir aussi (CCJA, 3e ch., n° 175, 1-12-2016 : Groupe Ivoire Académie c/ ESATIC (ex-ISAPT), Konaté Adama, Ohadata J-17-115, précisant que c'est par méconnaissance de la loi qu'un juge a déclaré le demandeur déchu de son droit au renouvellement du bail pour ne l'avoir pas demandé dans le délai légal et que « le contrat a pris fin le 30 septembre 2012 ». Le jugement doit être infirmé en toutes ses dispositions et, statuant à nouveau, il y n'y a pas lieu à l'expulsion du locataire).

C. Inefficacité d'une annulation verbale du congé

L'annulation verbale du congé invoquée par le preneur ne peut prospérer dans la mesure où il est prévu à cet effet un acte extrajudiciaire ; et le preneur ne peut invoquer les dispositions favorables de la loi sur le droit au renouvellement du contrat de bail commercial (TGI Ouagadougou (Burkina Faso), n° 128, 13-2-2002 : L. G. c/ S. P. B., Ohadata J-04-09).

D. Changement de propriétaire du local loué

Aucune disposition n'impose à l'acquéreur d'un immeuble loué de notifier son titre de propriété au preneur pour que le congé délivré par l'acquéreur soit valide. En l'espèce, il s'ensuit que le congé ne peut être annulé pour l'absence de notification au preneur du titre de propriété du nouveau propriétaire, d'autant plus que ce dernier a signifié au preneur sa qualité de nouveau propriétaire par voie d'huissier (CA Dakar, n° 400, 16-8-2002 : I. G. c/ SCI Amine, Ohadata J-05-61).

II. Contestation du congé

A. Recevabilité de la contestation antérieure à la prise d'effet du congé

Le preneur peut s'opposer au congé jusqu'à la date de prise d'effet de celui-ci. Dans l'espèce, le demandeur ne peut valablement soutenir n'avoir pas pris connaissance de l'exploit de congé, dès lors d'une part, qu'il ne conteste pas avoir engagé des négociations avec les enfants du bailleur pour une prorogation du délai, et d'autre part, qu'il a lui-même initié la procédure de contestation du congé. Ainsi, en considérant tardive la contestation élevée le 11 août 2005 pour un congé donné le 5 novembre 2004 et devant expirer le 6 août 2005, en tenant compte de la prorogation de trois (3) mois à lui accordée, la cour d'appel a fait une exacte application du texte visé au moyen (CCJA, n° 041/2009, 30-6-2009 : M. K. A. c/ Mme A. B. née T. E. A., Rec. jur. CCJA n° 13, janv.-juin 2009, p. 109, Ohadata J-10-79).

Il ressort de l'analyse combinée des articles 93 et 94 [respectivement devenus 124 et 125] de l'AUDCG que le preneur qui s'oppose, comme en l'espèce, au congé à lui servi par le bailleur, doit intenter une action en contestation et formuler, sur la base d'éléments objectifs déterminés par l'article 94, al. 2 [devenu 125, al. 2] de l'AUDCG, une demande chiffrée aux fins de l'obtention d'une indemnité d'éviction. C'est donc à juste titre qu'une cour d'appel a débouté un preneur qui s'est contenté de demander l'annulation du congé qui lui a été servi sans s'opposer audit congé. Il en est ainsi car l'annulation demandée n'est prévue par aucune des dispositions sus-énoncées (CCJA, 1e ch., n° 074, 14-11-2013 : Thaoul dit Said Chaoul c/ Moussa Kazem Sharara, Ohadata J-15-74).

B. Distinction entre contestation et action en annulation du congé

C'est à tort qu'il est reproché à un arrêt de manquer de base légale en retenant que le preneur « a suivant acte extrajudiciaire servi le 24 septembre 2009, formellement contesté le congé à lui servi par son bailleur et que cette contestation de congé est différente de l'action en nullité de congé introduite suivant assignation du 26 novembre 2009 », dès lors que la cour d'appel a fondé sa motivation sur les dispositions de l'article 93 [devenu 125] de l'AUDCG et qu'il ressort des pièces du dossier que le preneur a contesté, par voie d'huissier et dans les délais, le congé qui lui a été servi. Cette opposition répond aux exigences de l'article 93 précité sur le fondement duquel la décision a été rendue et est différente, comme l'a indiqué le premier juge, de l'action en nullité de congé introduite suivant assignation du 26 novembre 2009 ; le grief n'étant pas fondé, il y a lieu de rejeter le moyen (CCJA, 3e ch., n° 145, 19-11-2015 : Papa Thioune c/ Stéphane Cheikh Nicolas dit Luc Nicolai, Ohadata J-16-138).

C. Non-effet du congé donné pour faire échec à la demande du locataire en renouvellement du bail

Le congé de 6 mois donné par un bailleur à un preneur pour un bail à durée déterminée d'un an et renouvelable par tacite reconduction est irrégulier, dès lors qu'il n'est admis, selon l'article 93 [devenu 125] de l'AUDCG précité qu'en cas de bail à durée indéterminée. Lorsque le bailleur s'est empressé de servir de façon irrégulière une lettre de congé au preneur, avant que ne commence à courir la période de 3 mois impartie à ce dernier pour demander le renouvellement du bail, il ne peut être reproché au preneur d'avoir d'avoir formé tardivement sa demande de renouvellement. Aucune condition de la résiliation judiciaire du bail n'étant remplie, le preneur qui en a formulé la demande doit être maintenu dans les locaux (T. com. Brazzaville (Congo) 24-4-2009 : Sté E.T c/ S.F : Revue congolaise de droit et des affaires, n° 3, p. 62, obs. Inès Féviliyé, Ohadata J-10-247).

D. Non-effet du congé après la poursuite du bail acceptée par les parties

C'est à tort qu'il est reproché à un arrêt attaqué d'avoir violé l'article 125 de l'AUDCG, en retenant que le preneur n'a formé aucune action en validation du congé après la contestation de celui-ci par le bailleur, puisque c'est au terme d'une ample motivation contenue dans son arrêt, à laquelle la cour renvoie utilement les parties, que les juges d'appel ont adopté une position différente de celle du tribunal de commerce ayant éludé la poursuite des relations contractuelles par les parties au bail caractérisée, après la contestation du congé, par le paiement des loyers, dont la révision à la hausse, par le bailleur, a même été exécutée sur la période allant jusqu'au 31 décembre 2021 ; il suit de là que la cour d'appel était dans l'exercice de son pouvoir souverain d'appréciation des circonstances de la cause, de sorte que la critique formulée par le moyen ne peut être déférée à la CCJA par voie de cassation ; ce moyen sera donc déclaré irrecevable (CCJA, 2e ch., n° 114/2022, 30-6-2022).

III. Effet du congé

A. Fin du bail

Le bail cesse d'exister à la date d'expiration du congé donné par le bailleur au preneur, lorsque ce dernier n'a pas notifié au bailleur une sa contestation du congé (TGI Bobo-Dioulasso (Burkina Faso), Ord. Réf. n° 64 bis, 30-5-2003 : BRCB, SOTTRA c/ Y. P., Ohadata J-04-54).

De même, lorsque le preneur a donné un préavis au bailleur en lui signifiant son intention de quitter les lieux loués et que le bailleur ne s'est pas opposé à la démarche de son preneur qu'il considère d'ailleurs comme locataire indélicat ne payant pas régulièrement ses loyers et ne respectant pas les clauses et conditions du bail, il convient d'accéder à la demande de résiliation du bail commercial (TPI Lomé (Togo), ch. civ. et com., n° 1206, 21-5-2010 : S. K. D. c/ E. K., Ohadata J-11-92).

L'article 93 [devenu 125] de l'AUDCG enferme le preneur soucieux d'obtenir la reconnaissance et le respect de son droit au renouvellement dans un délai franc et incompressible dont le non-respect lui fait perdre tout droit au renouvellement. Les preneurs auxquels congé a été donné et qui se sont contentés de rester dans les locaux sans réagir jusqu'au commencement des travaux avant d'en demander la cessation ont eux-mêmes, par cette attitude, fait cesser le bail et ne peuvent plus se prévaloir de leur propre turpitude (CA Lomé (Togo), n° 135/06, 5-9-2006 : Ecobank-Togo c/ Quick Service System, Ohadata J-10-167).

B. Expulsion du preneur

A l'expiration du congé qui lui a été notifié, le preneur qui n'a pas contesté ledit congé est devenu un occupant sans droit ni titre et son expulsion doit être ordonnée (TRHC Dakar, Ord. Réf. n° 1575, 6-10-2003 : J. L. D. F. c/ L. B., Ohadata J-04-270) ; il en est ainsi car l'article 93 [devenu 125] de l'AUDCG est d'ordre public (Section de tribunal de Dimbokro (Côte d'Ivoire), n° 54, 14-4-2005 : A. Epse B. A. c/ D. A., Ohadata J-09-181). Dans le même sens, TPI Daloa (Côte d'Ivoire), jug. civ. de défaut n° 135, 20-10-2006 : M. D. c/ G. H. M., Ohadata J-09-184).

C. Maintien illicite dans les lieux

Le maintien des preneurs dans les lieux loués après l'expiration du délai de congé prévu à l'article 93 [devenu 125] de l'AUDCG et qui a été respecté par le bailleur constitue une voie de fait justifiant l'intervention du juge des référés : le fait que le contrat litigieux ait fait l'objet d'un avenant qui en a modifié les termes ne constitue pas une contestation sérieuse de nature à justifier l'incompétence du juge des référés (CA du Centre, n° 346/Civ., 16-8-2002 : N. M. et N. A. E. c/ T. H., T. J., Ohadata J-04-469).

Le jugement qui a condamné un locataire à payer des arriérés de loyers après avoir constaté que le congé lui a été régulièrement signifié par le bailleur qui entendait occuper lui-même les lieux et que le locataire n'a pas libéré le local mais l'a plutôt sous-loué à un tiers qui lui versait un loyer mensuel supérieur n'a en rien violé l'article 125 de l'AUDCG (CCJA, 1e ch., n° 089/2020, 9-4-2020 : Awa Sarr c/ Astou Faye).

IV. Juge des référés

A. Compétence

Le juge des référés est compétent pour connaître de l'expulsion :

– dès lors que le locataire n'a élevé aucune contestation à la suite du congé qui lui a été notifié par le bailleur (CA Abidjan, ch. civ. et com., 5e Ch. B, n° 449, 24-4-2001 : D. M. c/ Ets Barnoin, Ohadata J-02-120, retenant que la contestation, au sens de l'article 93 [devenu 125] de l'AUDCG, se fait forcément par acte extrajudiciaire notifié au bailleur. Lorsqu'il n'est pas établi qu'une telle contestation ait été notifiée au bailleur, c'est à tort que le juge des référés saisi s'est déclaré incompétent ; voir aussi Ohadata J-04-305 et Juris-Ohada, n° 2/2004, juin-août 2004, p. 65) ;

– s'il est désigné par les parties (CA du Centre, n° 124/De, 19-3-2004 : Le groupe SOCOPAC/FOMUP c/ La SCI des Frères Réunis, Ohadata J-04-207 ; CA du Centre, n° 346/Civ., 16-8-2002 : N. M. et N. A. E. c/ T. H., T. J., Ohadata J-04-469, retenant que le fait, pour les preneurs, de continuer à se maintenir sur les lieux loués à l'expiration du congé à eux donné en application de l'article 93 [devenu 125] de l'AUDCG s'analyse en une voie de fait justifiant l'intervention du juge des référés).

> **Obs. :** il convient, par prudence, de prendre en considération la position actuelle de la CCJA relativement à l'incompétence du juge des référés sous l'art. 133.

B. Incompétence

Le juge des référés est incompétent dès lors que le litige en expulsion soulève une contestation sérieuse ; il en est ainsi :

– lorsqu'il a été mis fin au bail par un congé car les dispositions de l'article 93 [devenu 125] de l'AUDCG subordonnent la cessation du bail par l'effet de l'expiration du congé à des conditions de fond dont l'appréciation relève des juges du fond (TRHC Dakar, ord. Réf. n° 1657, 16-12-2002 : R. D. c/ A. G., Ohadata J-03-189) ;

– lorsqu'une contestation de congé est pendante au fond en cause d'appel, le juge des référés ne pouvant alors statuer à son sujet sans préjudicier au principal (TRHC Dakar, ord. Réf., 23-12-2002 : M. D. c/ S. S., Ohadata J-03-187).

V. Renonciation au congé

Le bailleur qui a initié une procédure de révision du loyer contre le preneur, alors qu'il avait déjà notifié un congé à ce dernier, a implicitement renoncé au bénéfice du congé ; il ne peut plus s'en prévaloir pour demander l'expulsion du preneur (TRHC Dakar, ord. n° 1183, 15-10-2001 : Sté Nadolny et Touré c/ Sté Dakar Immobilier, Ohadata J-05-56).

VI. Absence de congé

Les parties ayant conclu un bail verbal sans en préciser la durée, le bail est réputé conclu pour une durée indéterminée. La rupture unilatérale d'un tel contrat par le bailleur sans avoir satisfait à la condition du congé conformément à l'article 93, al. 1 [devenu 125, al. 1] de l'AUDCG est abusive et le préjudice causé au preneur de ce fait doit être réparé, conformément à l'article 1382 du Code civil (CA Bobo-Dioulasso (Burkina Faso), ch. com., n° 13/09, 10-6-2009 : S. I. c/ C. M. M., Ohadata J-09-398, J-12-117).

Il ressort de l'article 124 de l'AUDCG que, dans le cas d'un bail à durée déterminée, le preneur qui a droit au renouvellement du bail peut demander ce renouvellement, par signification d'huissier de justice ou notification par tout moyen permettant d'établir la réception effective par le destinataire, au plus tard 3 mois avant la date d'expiration du bail, sous peine d'être déchu du droit au renouvellement. En l'espèce, la convention liant les parties ne stipulant aucune durée du bail, la commune intention des parties de limiter la durée du bail à 3 ans ne peut résulter de la disposition contractuelle mentionnant que « dès le début, le loyer était à 50 000 Frs, ensuite 70 000 francs et passe désormais à 100 000 francs. Le loyer ne sera plus révisable pendant 3 ans » ; s'agissant dès lors d'un bail à durée indéterminée, le bailleur devait se conformer aux dispositions de l'article 125 de l'AUDCG en donnant un congé de six mois à sa cocontractante ; ne l'ayant pas fait, il y a lieu d'infirmer le jugement entrepris qui, à tort, s'est fondé sur l'article 133 pour prononcer la résiliation alors que les conditions d'application de cet article ne sont pas réunies. La demande de résiliation et d'expulsion du preneur doit être rejetée. Le bail devant continuer, eu égard au rejet de la demande principale, la demande reconventionnelle visant le remboursement des impenses du preneur devient sans objet (CCJA, 2e ch., n° 331/2024, 28-11-2024).

Jurisprudence comparée

I. Canada

A. Application du délai de préavis contractuel

Le Tribunal retient, d'une part, que la partie intimée a consenti à donner un préavis de trois (3) mois à la partie requérante en cas de résiliation du bail commercial, et retient le témoignage offert par madame Mélanie Jeannotte voulant qu'elle ait verbalement avisé la partie requérante au cours de la dernière semaine du mois de février qu'elle quitterait les lieux loués le 30 avril 2002.

Le Tribunal retient, d'autre part, que la partie intimée n'a pas donné les trois (3) mois d'avis impartis à l'article 4.2 du bail, mais n'a donné qu'un avis de deux (2) mois, et qu'elle doit donc supporter un mois supplémentaire équivalant au loyer mensuel de 375 $; (Cour du Québec, « Division des petites créances », Canada, Province du Québec, « Chambre civile », 9079-7374, Québec Inc. c. Institut Meloderme, 2003-04-08, n° : 505-32-014807-029).

B. Résiliation fautive par le locataire : application des clauses du bail mettant à sa charge tous les frais inhérents à la nécessité de relouer le local à usage de restaurant

Une des clauses du contrat de bail commercial en cause, d'un local où le locataire exploitait un restaurant, stipulait que « si (tout bail étant destiné à expirer, les obligations qui suivent ne se comprennent que comme une sanction du locataire) le bailleur doit relouer ou si le bail devait prendre fin avant le terme convenu, le locataire devra rembourser au bailleur : les dépenses en relation avec la relocation, la cessation du contrat, la collecte des sommes dues ou à payer par le locataire, et ce notamment par la réalisation des actifs saisis ; tous les frais légaux comme de courtage ; l'entretien du local, les réparations et les frais engagés aux fins de relocation ; et... ».

Le 1er août 1997, sans en aviser le bailleur, le locataire, M. Reardson, a quitté le local loué. Au préalable, des discussions autour des termes du contrat avaient eu lieu, alertant quelque peu le bailleur qui avait, à titre préventif, envoyé un professionnel photographier l'état du local, et plus particulièrement les biens meubles que le bailleur avait mis à disposition du locataire afin qu'il puisse exercer son activité commerciale. Or, à son départ le 1er août, le locataire avait tout emporté, laissant le restaurant vide (tout équipement tel que le frigidaire, les fours, les portes des placards coulissants, les tables et les chaises ayant été subtilisés). Le bailleur chercha alors un nouveau locataire et signa avec Aldo's Pizza un nouveau contrat de bail, pour lequel il emprunta 42 232,68 dollars afin de procéder au réaménagement dudit local.

Cependant, cherchant à se faire rembourser de tous ses frais, le bailleur se retourna contre le premier locataire, M. Reardson, fautif à ses yeux d'être parti sans préavis. Le locataire estimait ne pas devoir rembourser les meubles ; le tribunal au contraire lui a rappelé que, selon les termes du contrat, celui qui rompt les relations contractuelles avant le terme convenu s'exposait à voir considérer tous les biens meubles comme étant de la propriété du bailleur. Ainsi, non seulement le locataire a-t-il été condamné à rembourser les frais engagés afin de relouer le local mais encore ceux engagés afin de rééquiper entièrement le restaurant (« Desugh Estates Ltd. v. Robin's Foods Inc. », 2000-09-05, n° : C976614, Registry : Vancouver, The Supreme Court of Columbia, British Columbia).

II. France

A. Validité du congé

1° Délai à observer

Le congé délivré moins de six mois avant le terme du bail, produit effet à la première date utile (Cass. civ. 7-7-1975 : Bull. civ. III p. 181 ; Cass. civ. 12-10-1988 : JCP G 1988.IV.383) ; celui délivré à une date prématurée n'est pas nul, ses effets étant reportés à la date d'expiration du bail (Cass. civ. 9-10-1996 : RJDA 12/96 n° 1446) ; celui délivré pour une date postérieure à la date d'expiration du bail, mais dans le délai légal de six mois, produit effet s'il correspond à un terme d'usage (Cass. 3e civ. 13-2-2002 : RJDA 5/02 n° 481).

Le délai de six mois n'est pas d'ordre public et les parties peuvent y déroger en donnant effet à un congé tardif au jour de l'expiration normale du bail (CA Paris 21-12-1982 : Loyers 1983 n° 64).

2° Motivation non requise

Le congé délivré par le bailleur à l'arrivée du terme du bail commercial n'a pas à être motivé ; par suite, est valable le congé assorti d'un motif erroné donné par le bailleur aux fins de reconstruire dès lors qu'il a été délivré à la date d'expiration du bail avec une offre d'indemnité d'éviction (Cass. 3e civ. 8-2-2006 : D. 2006 p. 653).

B. Fin du bail

Le congé est un acte juridique unilatéral qui, régulièrement délivré, met fin au bail et à l'obligation de payer le loyer par la seule manifestation de volonté de celui qui l'a délivré (Cass. civ. 12-6-1996 : RJDA 10/96 n° 1164).

Il présente un caractère irrévocable et son auteur ne peut le rétracter sans le consentement de l'autre partie (Cass. civ. 27-6-1984 : Bull. civ. III p. 98 ; Cass. civ. 18-1-1989 : JCP G 1989.II.21335).

III. Irak

Fin du bail à durée indéterminée

Le bail à durée indéterminée prend fin lorsque le bailleur a donné congé au locataire conformément à l'article 741 du Code civil. Ainsi, lorsque le bailleur a respecté le délai de préavis de trois mois, le locataire qui a continué à occuper les lieux (clinique de radiologie) pendant dix-huit mois contre la volonté du bailleur, sera considéré, à compter de l'expiration du bail, comme un occupant sans droit ni titre et devra verser une indemnité d'occupation au bailleur avec dommages-intérêts, si il y a lieu (Cass. féd. 28-2-2007, pourvoi 2495, http://qanoun.iraqja.iq/view.250/).

IV. Suisse

A. Validité du congé délivré de bonne foi

La demanderesse affirmait qu'aucun renouvellement tacite, implicite ou automatique n'était intervenu, puisqu'elle avait fait savoir dès le premier terme du bail qu'elle n'entendait pas proroger le contrat.

La résiliation d'un bail à durée indéterminée concernant un local commercial peut faire l'objet d'une demande d'annulation. Or, le bail « congéable », conclu initialement pour une certaine durée, mais reconductible si aucune partie ne donne son congé, doit être qualifié de contrat à durée indéterminée, au sens de l'article 255, al. 3 du CO, et dès lors le congé est annulable lorsqu'il contrevient aux règles de la bonne foi (article 271, al. 1 du CO). « Le congé doit être considéré comme abusif s'il ne répond à aucun intérêt objectif, sérieux et digne de protection ». « Est abusif le congé purement chicanier dont le motif n'est manifestement qu'un prétexte ». En revanche, le congé donné par le bailleur en vue d'obtenir d'un nouveau locataire un loyer plus élevé, mais non abusif, ne saurait, en règle générale, constituer un abus de droit. De même, le congé donné pour l'échéance en vue de vendre un domaine dans de meilleures conditions ne contrevient pas aux règles de la bonne foi au sens de l'article 271, al. 1 du CO.

La jurisprudence confirme le principe, intangible, voulant qu'il appartienne au destinataire du congé de démontrer que celui-ci contrevient aux règles de la bonne foi. Cependant si le bailleur a la volonté de majorer le loyer, la jurisprudence commande encore au bailleur de contribuer loyalement à la manifestation de la vérité en fournissant tous les éléments en sa possession. (Tribunal fédéral suisse, 1e cour civile, 27-05-2005, 4C.61/2005.)

B. Résiliation anticipée d'un bail commercial

Contribution du bailleur à la diminution de son dommage sauf si le locataire est à l'origine de

la fin anticipée du bail. La partie demanderesse visait à faire constater la validité de la résiliation en cause et contestait la valeur litigieuse des loyers dont elle serait encore redevable au cas où elle n'aurait pas résilié valablement son bail.
Selon la jurisprudence du Tribunal fédéral, le bailleur n'est pas juridiquement tenu, lorsque la chose louée lui est restituée de manière anticipée, d'entreprendre lui-même des démarches pour trouver un locataire de remplacement. Cependant il lui incombe de réduire son dommage et, pour ce faire, de prêter son concours au locataire sortant pour la recherche d'un nouveau locataire ou, en cas de défaillance du premier, d'essayer lui-même de trouver un locataire de remplacement. « Il ne faut cependant pas inverser les rôles : s'agissant d'une restitution anticipée de la chose louée, partant d'une atteinte au principe « pacta sunt servanda », c'est à celui qui entend se libérer prématurément de ses obligations contractuelles, donc au locataire, qu'il appartient au premier chef de faire en sorte que son cocontractant, soit le bailleur, en subisse le moins possible les conséquences. L'adverbe « intentionnellement », utilisé à dessein par le législateur fédéral, indique du reste clairement que seul un comportement incompatible avec les règles de la bonne foi peut être imputé au bailleur » (Tribunal fédéral suisse, 1e cour civile, 31-08-2005, 4C.171/2005).

Art. 126 [anc. art. 94 mod.] **Le bailleur peut s'opposer au droit au renouvellement du bail à durée déterminée ou indéterminée en réglant au locataire une indemnité d'éviction.**

A défaut d'accord sur le montant de cette indemnité, celle-ci est fixée par la juridiction compétente en tenant compte notamment du montant du chiffre d'affaires, des investissements réalisés par le preneur, de la situation géographique du local et des frais de déménagement imposés par le défaut de renouvellement.

Jurisprudence OHADA

I. Caractère d'ordre public

Sur le caractère d'ordre public de l'art. 126, voir sous l'art. 134.

II. Sanction du refus de renouvellement : paiement d'une indemnité d'éviction

A. Délivrance d'un congé

1° Droit à l'indemnité d'éviction

La notification d'un congé à un preneur qui a droit au renouvellement du contrat équivaut à un refus au renouvellement du bail concerné de la part du bailleur, qui est tenu au paiement d'une indemnité d'éviction dont la juridiction saisie peut fixer le montant. Le bailleur qui a pris l'initiative de rompre le contrat et qui s'est opposé au paiement de l'indemnité d'éviction à laquelle ont droit les preneurs ne saurait souffrir d'un quelconque préjudice de sorte que sa demande incidente en paiement de dommages-intérêts n'est pas fondée (CA Abidjan, n° 1205, 29-11-2002 : K. K. c/ T. Y., Ohadata J-03-307).

Sauf dans les cas prévus aux articles 95 et 96 [devenus respectivement 127 et 128] de l'AUDCG.

En cas d'opposition d'un bailleur au renouvellement d'un bail sollicité par le preneur qui depuis neuf ans exploite dans les lieux l'activité prévue dans le contrat, il y a lieu de faire droit à l'indemnité d'éviction formulée par le preneur et de lui allouer à ce titre une indemnité d'éviction fixée, en l'espèce, à 10 000 000 FCFA (CCJA, 1e ch., n° 216/2019, 18-7-2019 : Sylvie Regent c/ Ngann Yonn Jean-Simon).
C'est à tort qu'il est reproché à un arrêt de manquer de base légale, en ce que, sans résilier le bail en cause, il a retenu que le preneur a droit au paiement de l'indemnité d'éviction, alors que, selon le moyen, la nullité du congé a pour conséquence le non-avenu du congé, ce qui met les parties dans l'état antérieur pour poursuivre la relation contractuelle, et ce, sans éviction, aux termes de l'article 126 de l'AUDCG. Il en est ainsi dès lors qu'il est établi que le preneur avait formulé une demande de renouvellement du bail suivant exploit daté du 31 juillet 2019, auquel le bailleur a répondu par exploit du 18 septembre 2019 en lui signifiant une lettre de non-renouvellement du bail ; aucune poursuite dudit bail ne pouvant être alléguée, la cour d'appel a fait une correcte application de l'Acte uniforme en confirmant le jugement initial (CCJA, 2e ch., n° 137/2023, 15-6-2023).

2° Exclusion de l'annulation du congé et de la résiliation judiciaire du bail

Le refus, bar le bailleur, du renouvellement du bail n'est pas sanctionné par l'annulation du congé sauf en cas d'irrégularité affectant le congé, mais par le paiement d'une indemnité d'éviction qui doit être demandée par le preneur (TRHC Dakar, n° 96, 9-1-2002 : S. A. c/ M. D., Ohadata J-05-101).
L'obligation, imposée par l'article 101 [devenu 133] de l'AUDCG au bailleur qui entend poursuivre la rési-

liation du bail dans lequel est exploité un fonds de commerce, de notifier sa demande aux autres créanciers inscrits, ne s'applique pas au refus du renouvellement du bail (en cas de déchéance du preneur) car ce refus du bailleur n'équivaut pas à une résiliation judiciaire (CA Niamey, ch. civ., n° 51, 3-4-2002 : A. H. T. c/ E. H., Ohadata J-03-250).

B. Décisions ayant accordé l'indemnité d'éviction

Locataire remplissant les conditions. Il résulte des dispositions des articles 91, 94 et 95 [devenus respectivement 123, 126 et 127] de l'AUDCG que quelle que soit la nature du bail écrit ou non écrit, à durée déterminée ou indéterminée, le preneur qui a exploité les lieux loués pendant au moins deux ans, conformément aux stipulations du bail, acquiert un droit au renouvellement de son bail. Toute opposition du bailleur au renouvellement d'un tel bail, expose celui-ci au paiement d'une indemnité d'éviction, sauf à justifier d'un motif grave et légitime à l'encontre du preneur, motif consistant soit dans l'inexécution par le locataire, d'une obligation substantielle du bail, soit encore, dans la cessation de l'exploitation du fonds de commerce, ou encore, à prouver que l'immeuble comprenant les lieux loués est destiné à la démolition et à la reconstruction, tout en justifiant la nature et la description des travaux projetés. Dans l'espèce, c'est depuis janvier 1988 que le preneur loue l'immeuble objet du bail litigieux ; il a toujours exploité lesdits lieux, conformément aux stipulations du bail et a ainsi acquis droit au renouvellement de son bail. Dans ces circonstances, toute opposition du bailleur au renouvellement dudit bail, doit s'accompagner du versement d'une indemnité d'éviction. Le bailleur ne contestant pas les changements fréquents des gérants de l'immeuble loué, c'est à juste titre que, ne sachant pas à qui payer les loyers, le preneur s'est abstenu de payer pendant un moment, pour ne pas faire un mauvais paiement et avoir à payer deux fois. A la date d'assignation, le preneur était à jour de ses loyers et la société bailleresse ne conteste pas avoir conservé les mêmes statuts et objet social, lesquels ne la prédisposent pas à mener des activités industrielles. Il suit que la bailleresse ne justifie d'aucun motif grave et légitime à l'encontre du preneur, qui n'a pas cessé l'exploitation de son fonds de commerce dans les lieux loués, à la date de la requête introductive d'instance. La demande d'indemnité d'éviction formulée par le preneur, comme condition à son éviction, est fondée (CCJA, n° 030/2007, 22-11-2007 : S.C.I. Golfe de Guinée c/ Marina Atlantic SARL, Rec. jur. CCJA n° 10, juill.-déc. 2007, p. 44, Ohadata J-08-247).

Seuls les cas énumérés aux articles 95 et 96 [respectivement devenus 127 et 128] de l'AUDCG peuvent justifier l'opposition du bailleur au droit au renouvellement du bail sans avoir à régler l'indemnité d'éviction. C'est donc à bon droit que le premier juge a déclaré la rupture d'un bail du fait des ayants droit d'un bailleur abusif, après avoir constaté que ces derniers avaient méconnu les dispositions impératives de l'AUDCG relatives aux conditions et formes du renouvellement du bail commercial consenti au preneur. Par conséquent, ils ne peuvent échapper à l'application des dispositions de l'article 94 al. 1 [devenu 126 al.1] de l'Acte uniforme précité. Par équité, le montant de l'indemnité d'éviction accordée par le premier juge peut être réformé pour correspondre à l'hypothèse du rapport d'expertise relative à la durée effective du préavis, qui en l'espèce était de trois mois (CA Ouagadougou (Burkina Faso), ch. com., n° 002, 18-1-2008 : Ayants droit de feu T. S. c/ Sodipal, Ohadata J-12-125).

C'est à tort qu'il est reproché à un arrêt d'avoir violé l'article 126 de l'AUDCG, en déclarant nul le congé servi sans ordonner l'expulsion du preneur ou mettre fin au bail à son expiration pour une éviction effective ; que de ce fait, il ne peut justifier la condamnation du bailleur au règlement d'une indemnité d'éviction. Il en est ainsi dès lors que le droit au renouvellement au bail ayant été justement apprécié dans le temps, la cour d'appel n'a pas méconnu le sens et la portée des dispositions de l'article 126 de l'AUDCG en condamnant le bailleur à payer au preneur une indemnité d'éviction (CCJA, 2e ch., n° 137/2023, 15-6-2023).

C. Refus de l'indemnité d'éviction

1° Occupation insuffisante des locaux

Le preneur qui n'a occupé les locaux que pendant un an n'a pas droit à l'indemnité d'éviction. Cependant, en cas de rupture abusive du bail par le bailleur avant le terme convenu, ce dernier doit être condamné à réparer le préjudice causé au preneur. Le montant de la réparation est fixé en tenant compte de la situation géographique de l'immeuble (CA Ouagadougou (Burkina Faso), ch. com., n° 059, 21-11-2008 : C. née G. H. Y. c/ S. née G. T. R., Ohadata J-10-195).

2° Déchéance

Si l'article 126 de l'AUDCG protège le preneur de tout refus abusif de renouvellement de son bail, c'est à la condition que la demande en ait été faite dans les délais légaux et que le preneur ne soit pas déchu de son droit. En l'espèce, le locataire ayant été déclaré déchu de son droit au renouvellement du bail, c'est à bon droit que le premier juge a rejeté sa demande de paiement d'une indemnité d'éviction (CCJA, 1e ch., n° 275/2019, 28-11-2019 : Keita Harouna c/ Société 911 Sécurité SA ; CCJA, 2e ch., n° 207/2023, 30-11-2023).

Sur la déchéance du preneur qui n'a pas engagé en temps opportun la procédure du droit au renouvellement, voir sous l'art. 124.

3° Irrecevabilité de la demande dirigée contre l'ancien propriétaire après la vente des locaux

Le bail ne se termine pas par la vente des locaux donnés à bail, ce qui implique sa continuation de plein droit entre le nouvel acquéreur et le locataire. Il en résulte que la demande d'indemnité d'éviction formulée par le preneur et dirigée contre l'ancien propriétaire des locaux est sans fondement et doit être rejetée (TGI Bobo-Dioulasso (Burkina Faso), n° 191, 6-6-2001 : Sogeco c/ Ets Coulibaly Moussa et fils et T. B., Ohadata J-09-55).

Obs. : voir sous l'art. 110.

4° Irrecevabilité de la demande présentée la première fois en appel

La demande d'indemnité d'éviction présentée la première fois en appel doit être rejetée, d'autant plus que l'objet du litige relève de la compétence du juge des référés (CA Littoral (Cameroun), n° 194/réf, 17-11-2008 : Sté Utras Cameroun SARL c/ C. N., Ohadata J-10-255).

De même, la cour d'appel qui a considéré, au vu des éléments du dossier, que le fondement de l'indemnité d'éviction réclamée en appel par le locataire est différent de celui formulé devant le premier juge, pour en déduire qu'il s'agit de demandes nouvelles, en application de l'article 207 du Code de procédure civile et commerciale du Cameroun, applicable en l'espèce, a suffisamment motivé sa décision (CCJA, 2e ch., n° 060/2024, 29-2-2024).

5° Maintien injustifié du locataire dans les lieux

Le preneur qui, au lieu de saisir la juridiction compétence pour la fixation du nouveau loyer, s'est contenté de refuser de payer le loyer en choisissant de se maintenir par la force depuis plusieurs années ne peut bénéficier d'une indemnité d'éviction (CA Centre (Cameroun), n° 310/Civ, 14-4-2010 : F. G. c/ F. J., Ohadata J-12-75).

III. Fixation de l'indemnité d'éviction par le juge

A. Eléments à prendre en compte

1° Activité exercée tant dans le local principal que secondaire

L'article 94 [devenu 126] de l'AUDCG ne restreint pas le champ d'investigation dans la détermination du montant de l'indemnité d'éviction. Pour fixer ce montant, l'on ne saurait dissocier les activités qui concourent au développement d'exploitation commerciale du bailleur en distinguant le magasin qui est le siège de l'activité principale du local secondaire utilisé comme dépôt pour le stockage des marchandises (TRHC Dakar, n° 806, 25-4-2000 : M. F. c/ R. A., Ohadata J-05-139).

2° Application des critères légaux d'évaluation

En cas de désaccord entre le preneur et le bailleur sur le montant de l'indemnité d'éviction, la juridiction compétente le détermine en tenant compte, notamment :

– du montant du chiffre d'affaires, des investissements réalisés par le preneur et de la situation géographique du local (TGI Ouagadougou (Burkina Faso), n° 20/2007, 14-2-2007 : S. P. B. c/ D. A., Ohadata J-09-375) ;

– des états financiers (bilan et compte de résultat) du preneur et la situation géographique (CCJA, n° 030/2007, 22-11-2007 : SCI. Golfe de Guinée c/ Marina Atlantic SARL, Rec. jur. CCJA n° 10, juill.-déc. 2007, p. 44, Ohadata J-08-247) ;

– de la durée d'occupation des locaux professionnels soit 15 ans pour [X.] et 20 ans pour [Y.], et de l'emplacement géographique des lieux sis au Plateau d'Abidjan (CCJA, 3e ch., n° 035, 9-3-2017 : Me Hounkanrin K. Cyprien, Me Kone Catherine c/ Ezan née Kouame Ayac Ohadata J-17-169, allouant à chacun d'eux, une indemnité d'éviction de 5 000 000 FCFA afin de couvrir les frais de déménagement et autres frais induits du fait du changement d'adresse professionnelle) ;

– des pièces comptables (états financiers de 2009, 2010, 2011), des déclarations douanières, de la situation géographique des locaux et d'un récapitulatif de dépenses effectués pour leur réinstallation (CCJA, 1e ch., n° 125, 18-5-2017 : Ets Kokou Services et 5 autres c/ Genan Ismail Salih. En l'espèce, la Cour a fixé souverainement le montant de l'indemnité d'éviction aux montants ci-après pour : le 2e la somme de 10 000 000 FCFA ; le 3e la somme de 8 000 000 FCFA ; le 4e la somme de 20 000 000 FCFA ; le 5e la somme de 15 000 000 FCFA. Le dernier n'ayant produit aucune pièce susceptible de soutenir ses prétentions, la Cour ne dispose d'aucun élément d'appréciation pour faire droit à sa demande dont il sera débouté. Il échet de débouter les requérants du surplus de leurs demandes).

Il a été jugé qu'il y a lieu de faire droit à l'indemnité d'éviction due à une partie et estimée par celle-ci à la somme de 535 916 340 FCFA, tenant compte de son chiffre d'affaires, des investissements réalisés, de la situation du local, de la perte d'exploitation de son activité et des difficultés de se reloger depuis son expulsion, dès lors que la partie adverse n'a fait aucune observation sur le montant de l'indemnité réclamée (CCJA, 3e ch., n° 120/2022, 30-6-2022).

3° Préjudice subi par le locataire

L'objectif de la réparation est « de replacer la victime dans la situation où elle se serait trouvée si l'acte dommageable ne s'était pas produit ». Outre les indications données à l'article 94, al. 2 [devenu 126, al. 2] de l'AUDCG pour la fixation par le juge du montant de l'indemnité d'éviction, il convient d'ajouter des éléments tels que les frais de déménagement et de réinstallation, une indemnité pour perte sur le stock et une indemnité pour trouble commercial pour évaluer le préjudice subi du fait de la brusque rupture. Pour évaluer le préjudice réel subi par l'intimé il y a lieu de se référer aux résultats d'exploitation en retenant le chiffre d'affaires des deux dernières années ayant précédé la rupture du bail tout en lui appliquant des correctifs propres au cas d'espèce. L'indemnité de déménagement correspond aux frais de déménagement et de réinstallation engagés par le locataire, en l'espèce pour transférer l'ancien fonds et rendre les locaux conforme à leur destination. L'indemnité de perte sur stocks est allouée lorsque la réalisation du stock à l'occasion de la rupture du contrat de bail a entraîné un préjudice complémentaire. Ce préjudice n'existe pas en l'espèce lorsque le preneur a obtenu du juge des référés un délai de congé de six mois à compter de la date de rupture du bail pour organiser son déménagement, délai au cours duquel il a continué son exploitation. L'indemnisation du trouble commercial est destinée à compenser la perte que le locataire va subir pendant la période où il cherche un nouveau fonds ou à se réinstaller. En l'espèce, au regard des préjudices avérés et prenant en compte son chiffre d'affaires annuel, il y a lieu de faire partiellement droit à sa demande de réparation en lui allouant 75 % dudit chiffre d'affaires au titre du préjudice matériel subi. En outre il est incontestable que les circonstances de son expulsion, manu militari, changement immédiat des serrures des locaux loués, ont terni son image au sein de la communauté des commerçants au sein du marché, toutes choses qui méritent réparation ; que la somme de 10 000 000 FCFA constitue un juste montant à ce titre (CA Ouagadougou (Burkina Faso) ch. com., n° 43, 19-6-2009 : CCIA/B c/ D. H., Ohadata J-12-169).

Lorsqu'il est établi que les locataires ont subi des préjudices spécifiques résultant de comportements fautifs de la bailleresse, il y a lieu d'allouer à chacun des locataires la somme de 3 000 000 FCFA à titre de dommages et intérêts et de condamner la bailleresse à leur payer cette somme. Tel est le cas lorsque les locataires ont subi des troubles de jouissance répétés et continus de la part de la bailleresse qui venait pourtant de renouveler leur bail ; que cette dernière n'a pas hésité à recourir à des voies de fait pour obtenir le départ forcé de tous ; que pour rapporter la preuve de ces allégations, les preneurs produisent aux débats, des procès-verbaux de constat de fermeture et d'ouverture de porte dont il ressort que les lieux loués ont été par moment fermés et interdits d'accès aux locataires avant le départ de ces derniers des lieux (CCJA, 3e ch., n° 035, 9-3-2017 : H. K. Cyprien, Kone Catherine c/ Ezan née K. Ayac Ohadata J-17-169).

La cour d'appel qui, pour allouer des dommages et intérêts à une société expulsée d'un local avant le terme du bail à durée déterminée convenu, a relevé « que c'est pour le motif de démolir et reconstruire le local que la société [X.] a résilié le contrat de bail avant terme ; que son acte a causé des préjudices énormes à l'égard de la société [Y.] [...] », n'a en rien violé l'article 126 de l'AUDCG (CCJA, 2e ch., n° 004/2023, 19-1-2023).

B. Souveraineté du juge dans la fixation de l'indemnité

C'est à tort qu'il est reproché à une cour d'appel d'avoir violé les articles 94, al. 2, et 102 [respectivement devenus 126, al. 2 et 134] de l'AUDCG, dès lors qu'après avoir énoncé de manière précise les termes dudit texte, la cour en a analysé chacun des éléments, en se référant à d'autres, pour parvenir à une fixation souveraine de l'indemnité d'éviction. En statuant ainsi, la cour d'appel n'a en rien violé les dispositions susmentionnées (CCJA, ass. plén., n° 066, 29-4-2015 : Maison du Meuble SA c/ Jaffar Daoud, Ohadata J-16-69).

Il s'ensuit que l'indemnité peut être fixée forfaitairement lorsque le locataire n'a produit aucune pièce ou document comptable pouvant permettre de, raisonnablement, déterminer le montant à lui allouer à ce titre (CCJA, 3e ch., n° 131, 7-7-2016 : Tonin Salma Hamout c/ Cabinet Sorim, Dr Abdou Amadou B., Ohadata J-17-72).

C. Expertise

1° Possibilité d'y recourir

Lorsque le droit à une indemnité est reconnu, la juridiction saisie peut ordonner une expertise pour fixer le montant de cette indemnité (CA Port-Gentil, 9-12-1999 : Sté Kossi c/ Paroisse Saint-Paul des Bois, Penant, n° 837, sept.-déc. 2001, p. 345, Ohadata J-02-45).

2° Inutilité de la nomination d'un expert

La désignation d'un expert est inutile, lorsqu'il sera dépourvu d'instruments de travail objectifs. Il en est ainsi lorsque le preneur reconnaît qu'il ne s'est pas conformé aux obligations comptables qui s'imposaient à lui, notamment la tenue de livres et autres documents (TRHC Dakar, n° 234, 31-1-2001 : Héritiers de feu A. S. c/ El Hadj N. T., Ohadata J-05-62) et en tenant compte, le cas échéant, des frais que le bailleur devra engager pour la remise en état de son local (CA Ouagadougou (Burkina Faso), ch. com., n° 056, 4-12-2009 : S. P. B. c/ D. A., Ohadata J-12-174).

3° Caractère non obligatoire

Le fait de ne pas désigner un expert ne peut être considéré comme un excès de pouvoir et la cour d'appel qui a statué sur une demande d'indemnité d'éviction sans recourir à une expertise (non sollicitée en l'espèce) n'a donc pas dépassé ses attributions juridictionnelles (CCJA, 1e ch., n° 014/2023, 16-2-2023).

4° Homologation partielle

La cour d'appel qui, pour homologuer partiellement un rapport d'expertise, après avoir rejeté les conclusions de l'expert en ce qu'elles ont abouti à la somme de 33 000 000 FCFA sur la base de simples projections avec les charges d'exploitation, relève toutefois, en faveur de ladite homologation, que ledit rapport comportait d'autres éléments pertinents pour évaluer les éléments factuels relatifs au chiffre d'affaires, aux investissements réalisés par le locataire et aux frais de déménagement du locataire, ne s'est pas contredite dans ses motifs et a donné une base légale à sa décision (CCJA, 1e ch., n° 014/2023, 16-2-2023).

IV. Libération des lieux non exigée préalablement à l'octroi de l'indemnité

La libération des lieux par le locataire n'est pas une condition d'octroi de l'indemnité d'éviction et aucun locataire pouvant prétendre à une indemnité d'éviction ne peut être obligé de quitter les lieux avant d'en avoir reçu paiement. Jusqu'au paiement de cette indemnité, le locataire a droit au maintien dans les lieux aux conditions et clauses du contrat de bail pour lequel congé a été servi (CCJA, 2e ch., n° 031, 8-2-2018 : Guenan Ismaïl Salih c/ Établissements Kokou Services SARL).

V. Autres conséquences possibles du refus de renouvellement et ses suites

A. Condamnation du preneur aux loyers impayés depuis le refus de renouvellement

Le preneur qui, depuis le refus du bailleur de renouveler le bail, avait cessé de payer les loyers mais qui était resté dans les lieux et avait accumulé soixante-dix mois de loyers impayés doit être condamné au paiement de ce montant (CCJA, 1e ch., n° 216/2019, 18-7-2019 : Sylvie Regent c/ Ngann Yonn Jean-Simon).

B. Remboursement au preneur des travaux d'aménagement effectués avec l'accord du bailleur

Les travaux d'aménagement des lieux effectués par le preneur avec l'accord du bailleur devront lui être remboursés (CCJA, 1e ch., n° 216/2019, 18-7-2019 : Sylvie Regent c/ Ngann Yonn Jean-Simon).

C. Irrecevabilité des demandes d'indemnisation non présentées en appel

Les demandes d'indemnisation présentées par le preneur au titre de préjudice financier lié à l'arrêt de son activité sont irrecevables comme nouvelles car elles n'ont pas été soumises à l'examen du premier juge (CCJA, 1e ch., n° 216/2019, 18-7-2019 : Sylvie Regent c/ Ngann Yonn Jean-Simon).

D. Condamnation du preneur à des dommages-intérêts pour occupation sans droit ni titre à la fin du bail

En l'espèce, la demande tendant à la condamnation du preneur à des dommages-intérêts pour occupation des lieux sans droit ni titre à la fin du bail est justifiée et il y a lieu d'y faire droit, en le condamnant à ce titre à payer la somme de 2 000 000 FCFA au bailleur qui sera débouté du surplus de sa demande (CCJA, 1e ch., n° 216/2019, 18-7-2019 : Sylvie Regent c/ Ngann Yonn Jean-Simon).

E. Compensation

Les parties se retrouvant réciproquement débitrices, il y a lieu d'ordonner la compensation des sommes dues. Ainsi, toutes causes confondues, le bailleur sera condamné à payer, finalement, au preneur, la somme de 12 750 120 FCFA (CCJA, 1e ch., n° 216/2019, 18-7-2019, Sylvie Regent c/ Ngann Yonn Jean-Simon).

JURISPRUDENCE COMPARÉE

I. Belgique

Droit à l'indemnité

L'indemnité d'éviction vise à indemniser le locataire pour la perte du fonds de commerce qui est la conséquence de l'éviction et le locataire conserve son droit à indemnité bien qu'il ait aliéné le fonds de commerce lorsque cette aliénation est la conséquence du congé ; y a droit le locataire n'ayant pu céder qu'un fonds de commerce dévalorisé en l'absence de droit au bail comme élément constitutif (Cass. Belgique 14-03-2013, C.12.0243.F, Juricaf).

Pour prétendre à une indemnité d'éviction pour refus de renouvellement du bail, le locataire doit être propriétaire d'un fonds de commerce exploité dans les lieux loués ; l'indemnité d'éviction ne vise pas à indemniser la perte de valeur d'un fonds de commerce exploité ailleurs que dans le bien loué (Cass. Belgique, 06-05-2010, C.08.0588.N, Juricaf).

II. France

A. Nécessité d'un préjudice

Le refus de renouvellement doit entraîner un préjudice pour le locataire évincé ; à défaut, celui-ci n'a pas droit à une indemnité d'éviction (Cass. civ. 10-2-1999 : RJDA 4/99 n° 386). Lorsque le préjudice existe, il doit être réparé intégralement (Cass. civ. 13-6-1969 : Bull. civ. III n° 477).

B. Compensation légale entre indemnités d'éviction et d'occupation

Il y a compensation légale entre les indemnités d'éviction et d'occupation dès lors que celles-ci étaient certaines et déterminées dans leur montant puisqu'elles avaient été judiciairement et définitivement fixées même si le jugement ayant fixé le montant des deux indemnités avait précisé qu'au montant de l'indemnité d'éviction devraient s'ajouter les frais de licenciement du personnel, cette précision ne permettant pas de déduire que l'indemnité d'éviction n'était pas liquide (CA Paris 27-2-2009 n° 09/669 : BRDA 9/09 inf. 19).

Art. 127 [anc. art. 95 mod.] Le bailleur peut s'opposer au droit au renouvellement du bail à durée déterminée ou indéterminée, sans avoir à régler d'indemnité d'éviction, dans les cas suivants :

1°) s'il justifie d'un motif grave et légitime à l'encontre du preneur sortant.

Ce motif doit consister soit dans l'inexécution par le locataire d'une obligation substantielle du bail, soit encore dans la cessation de l'exploitation de l'activité ;

Ce motif ne peut être invoqué que si les faits se sont poursuivis ou renouvelés plus de deux mois après une mise en demeure du bailleur, par signification d'huissier de justice ou notification par tout moyen permettant d'établir la réception effective par le destinataire, d'avoir à les faire cesser.

2°) s'il envisage de démolir l'immeuble comprenant les lieux loués, et de le reconstruire. Le bailleur doit dans ce cas justifier de la nature et de la description des travaux projetés.

Le preneur a le droit de rester dans les lieux jusqu'au commencement des travaux de démolition, et il bénéficie d'un droit de priorité pour se voir attribuer un nouveau bail dans l'immeuble reconstruit.

Si les locaux reconstruits ont une destination différente de celle des locaux objet du bail, ou s'il n'est pas offert au preneur un bail dans les nouveaux locaux, le bailleur doit verser au preneur l'indemnité d'éviction prévue à l'article 126 ci-dessus.

JURISPRUDENCE OHADA

I. Motifs graves et légitimes de refus de renouvellement

Il résulte des articles 94 [devenu 126] et 95 [devenu 127] de l'AUDCG que toute opposition du bailleur au renouvellement du bail expose celui-ci au paiement d'une indemnité d'éviction sauf à justifier d'un motif grave et légitime à l'encontre du preneur, motif consistant soit dans l'inexécution par le locataire d'une obligation substantielle du bail, soit encore dans la cessation de l'exploitation du fonds de commerce ou encore à prouver que l'immeuble comprenant les lieux loués est destiné à la démolition et à la reconstruction tout en justifiant la nature et la description des travaux projetés (CCJA, 3e ch., n° 131, 7-7-2016 : Tonin Salma Hamout c/ Cabinet SORIM, Dr Abdou Amadou B., Ohadata J-17-72).

A. Existence

1° Non-paiement de loyers

S'il est vrai que le locataire qui justifie avoir exploité, avec l'accord du propriétaire, l'activité prévue au bail pendant une durée d'au moins deux ans a droit au renouvellement du bail, il n'en demeure pas moins qu'il résulte de l'article 95 [devenu 127] de l'AUDCG que ce droit peut lui être refusé lorsqu'il manque à une obligation essentielle du contrat comme le paiement de loyers (CA Littoral (Cameroun), n° 077/CC, 5-5-2008 : MINN SOCIETY SARL c/ N. P., Ohadata J-09-130) ; dans le même sens, CA Littoral (Cameroun), n° 129/CC, 3-11-2008 : M. c/ D. née C. P. M., Ohadata J-09-135).

Le non-paiement de dix mois de loyers est un motif légitime permettant au bailleur de s'opposer au renouvellement du bail. L'argument du preneur selon lequel le non-paiement des loyers échus serait justifié par des troubles de jouissance est inopérant, d'autant plus que non seulement la loi ne permet pas à un locataire d'effectuer des travaux d'aménagement – fussent-il pour des besoins de commerce – sans l'autorisation préalable du propriétaire des lieux, autorisation qui en l'espèce fait défaut, et que c'est le Ministère de la Construction et de l'Urbanisme qui a fait arrêter les travaux qualifiés d'anarchiques entrepris par le preneur (CA Abidjan (Côte d'Ivoire), 2e ch. civ. et com. B, 6-5-2005 : Sté d'assurances ATLAS c/ N. R., Ohadata J-09-152).

Il revient au locataire qui estime payer un loyer trop élevé de s'adresser au bailleur pour en obtenir la réduction. Le non-paiement du loyer pendant plus de 13 ans ne peut se justifier par l'occupation par le nouveau propriétaire d'une partie des locaux loués et la non-détermination d'un nouveau loyer résultant de cette occupation, dès lors que le preneur n'a jamais demandé au bailleur la réduction du loyer (CA Lomé (Togo), nº 0132/06, 5-9-2006 : SINITECTOA SARL c/ Eglise Nouvelle Vie, Ohadata J-10-166).

Obs. : sur le droit de l'acquéreur de locaux donnés à bail [qui devient de ce fait le bailleur] de solliciter l'expulsion du locataire de l'immeuble loué, en raison de l'expiration du congé à lui donné aux fins de reprise des lieux et pour non-paiement de plusieurs mois de loyer, voir sous l'art. 110.

2º Mise en demeure préalable

Obligation du juge de vérifier le motif allégué. Se conforme à cette obligation la cour d'appel qui, après avoir relevé que le défaut de souscription d'assurance reproché au preneur ne figurait pas dans la mise en demeure signifiée à ce dernier, a retenu que « le premier juge n'a pas donné de base légale à sa décision, car il lui appartenait, dans une instance de congé et en validation du même congé, d'apprécier le bien-fondé du motif du congé et sa conformité à la loi de sorte que pour ce motif le jugement entrepris mérite infirmation », n'a pas violé l'article 95 [devenu 127] de l'AUDCG. L'arrêt attaqué étant par conséquent rendu conformément à l'article précité, le moyen doit être rejeté (CCJA, 2e ch., nº 006, 5-2-2009 : S c/ Z, Juris-Ohada, nº 2/2009, CHAMBRE, avr.-juin, p. 14, Ohadata J-09-279). Dans le même sens, CCJA, nº 006/2009, 26-2-2009 : SA c/ Z. N., Rec. jur. CCJA nº 13, janv.-juin 2009, p. 45, Ohadata J-10-61.

B. Absence d'un motif grave et légitime

1º Négligence du bailleur à poursuivre le paiement des loyers

Le fait que le preneur ait eu à accumuler plusieurs mois de loyers arriérés postérieurement au commandement ne dispense pas le bailleur du paiement de l'indemnité d'éviction, compte tenu d'une part, qu'il ne prouve pas avoir effectué des diligences pour quérir le loyer, et d'autre part, qu'il n'a pas servi un commandement mettant en demeure le preneur de devoir cesser le manquement aux obligations substantielles que le bail lui impose (CA Dakar, nº 400, 16-8-2002 : I. G. c/ SCI AMINE, Ohadata J-05-61).

Obs. : voir sous l'art. 125.

2º Refus de renouvellement déguisé

Le juge peut refuser la résiliation en tenant compte du fait que le preneur a fait, à la suite de la mise en demeure, une offre réelle de payer les loyers dus, offre rejetée par le bailleur qui a répondu qu'il « ne veut pas recevoir de l'argent car le véritable problème était que le preneur libère sa maison » ; les conditions de résiliation prévues par l'article 101 [devenu 133] ne sont donc pas remplies ; si le bailleur décide tout de même de résilier, il doit, dans ce cas, se conformer à l'article [94 devenu 126] de l'AUDCG, c'est-à-dire offrir au preneur une indemnité d'éviction (CA de l'Ouest, nº 11/civ., 9-10-2002 : K. A. c/ F. C., Ohadata J-04-227).

Obs. : l'indemnité d'éviction était due dans le cas d'espèces car, le véritable but du bailleur était la libération des locaux et non le paiement des arriérés de loyers. Il s'agissait donc désormais d'un refus de renouvellement du bail qui était acquis au preneur. La Cour ayant constaté que le preneur a contesté le congé implicite du bailleur dans les délais, condamne ce dernier à payer une indemnité d'éviction au preneur.

3º Changement de destination de l'immeuble à construire

La cour d'appel qui, pour condamner un bailleur à régler la somme de soixante-quinze millions (75 000 000) FCFA à titre d'indemnité d'éviction, a souverainement constaté qu'il ne ressort nullement de l'analyse de l'état descriptif de l'immeuble à construire que les constructions envisagées, notamment un immeuble R+1 avec sous-sol et mezzanine à usage de bureaux et commerces à Marcory Zone 4 C, ont la même destination que celles occupées par l'appelante, qui sont destinées à l'enseignement supérieur, n'a en rien violé l'article 127 de l'AUDCG (CCJA, 1e ch., nº 014/2023, 16-2-2023).

4º Sanction de l'absence d'un motif grave et légitime

En l'absence des motifs graves et légitimes allégués, le bailleur qui met terme au contrat de bail commercial doit payer une indemnité d'éviction au preneur (CA du Centre, nº 108/ Civ, 12-12-2003 : F. G. I. c/ La SIERKA, Ohadata J-04-204).

En présence d'une clause contractuelle prévoyant la résiliation de plein droit du bail, c'est à tort qu'il est reproché à un juge des référés d'avoir retenu sa compétence alors que le contrat ne contient aucune clause attributive de compétence au juge des référés (CA du Centre, nº 108/ Civ, 12-12-2003 : F. G. I. c/ La SIERKA, Ohadata J-04-204).

Obs. : sa compétence est justifiée si le juge des référés devait constater le jeu de la clause, mais injustifiée s'il devait examiner le fond.

Annulation du congé. C'est à tort qu'un bailleur reproche à un arrêt d'avoir violé l'article 93 [devenu 125] de l'AUDCG en ce qu'il s'est fondé sur les dispositions de l'article 95 [devenu 127AUDCG] du même Acte uniforme pour retenir que le motif du congé n'a pas été précisé, entraînant ainsi la nullité du congé alors que son action était fondée sur l'article 93 et non l'article 95 précité. Il en est ainsi dès lors que le demandeur au pourvoi ne conteste pas que le preneur au bail a engagé une assignation en annulation du congé et la cour d'appel, répondant à ce moyen, s'est fondée sur les dispositions de l'article 95 [devenu 127] de l'AUDCG en relevant que le bailleur n'a pas indiqué le motif du congé servi comme le prescrit l'article ci-dessus et que sa violation entraine la nullité du congé. En statuant comme elle l'a fait, répondant à ce chef de demande, la cour d'appel n'a pas commis le grief visé au moyen (CCJA, 3e ch., nº 145, 19-11-2015 : Papa Thioune c/ Stéphane Cheikh Nicolas dit Luc Nicolai, Ohadata J-16-138).

....

II. Congé pour démolition et reconstruction

A. Exclusion d'une autre cause de refus de renouvellement

Un motif de déguerpissement non prévu par l'article 95 [devenu 127] de l'AUDCG [en l'occurrence congé pour reprendre à son compte personnel] ne peut être considéré comme légitime en matière de bail commercial (CA Douala, nº 39/Réf, 8-1-2003 : J. née N. T. c/ E. N. R. et autres, F. Aho et al. ; OHADA : Jurisprudences nationales. Ed. Bénin Consulting Group, Cotonou (Bénin) : 2004, p. 44, 2CM23).

Dans le même sens, retenant que le fait, pour le bailleur, de prétexter une reprise des locaux par lui-même pour résilier le bail (et relouer le local à un concurrent) constitue une rupture abusive de la loi des cocontractants, distincte du refus de renouvellement prévu aux articles 127 et suivants de l'AUDCG. Le législateur de l'OHADA n'ayant sanctionné pareille inexécution d'une obligation contractuelle, il convient de se référer au droit interne (en l'espèce, les articles 1147 et suivants du Code civil camerounais) pour condamner le bailleur à réparer le préjudice causé au preneur évincé (TGI du Wouri (Cameroun), nº 0002/CIV, 15-1-2013 : Toy's Center SARL c/ T. E., Ohadata J-14-07).

B. Justification des travaux projetés

1º Obligation de justifier

Il résulte de l'article 127 de l'AUDCG que le bailleur a l'obligation de justifier les travaux pour permettre d'apprécier si les locaux reconstruits offrent au preneur les mêmes conditions d'exploitation que celles qu'elles avaient dans le premier local. En décidant que le bailleur produit des plans des constructions projetées dont il affirme qu'elles permettront de reloger le preneur et que sur la base de ces affirmations, en l'état, il n'y a pas lieu à indemnité d'éviction sans justifier, comme le prescrit l'article 127, la possibilité de relocation du preneur aux mêmes conditions d'exploitation, la cour d'appel a violé l'article 127 précité, exposant ainsi son arrêt à la cassation. Sur l'évocation, l'indemnité d'éviction préalable à l'expulsion est due dès lors qu'il est établi que les locaux construits ont une destination différente et ne permettent pas de reloger le locataire sans modifier son mode d'exploitation (CCJA, 1e ch., nº 030, 2-3-2017 : Sté Trans-Roulements CI c/ Sté Codipac, Ohadata J-17-164). Voir aussi (CCJA, 3e ch., nº 035, 9-3-2017 : Me Hounkanrin K. Cyprien, Me Kone Catherine c/ Ezan née Kouame Ayac Ohadata J-17-169).

Dans le même sens :

– précisant qu'en présence d'un exploit de congé qui mentionne que le bailleur entend « procéder sur ladite superficie à la construction d'un immeuble en lieu et place des constructions actuelles » sans donner aucune précision sur les travaux à entreprendre ni même fournir un quelconque plan qui pourrait rassurer les locataires de bénéficier d'un droit de priorité dans l'attribution de nouvel espace dans l'immeuble reconstruit leur permettant ainsi de retrouver leur environnement commercial dont la clientèle qui fait partie de leur fonds de commerce, c'est en violation de l'article 127 qu'une cour d'appel a fondé sa décision sur la nullité du congé pour débouter les requérants de leur demande en paiement d'indemnité d'éviction, dès lors qu'au sens de l'article susvisé, la non-justification de la nature et de la description des travaux projetés expose le bailleur qui entend démolir et reconstruire son immeuble à l'octroi de l'indemnité d'éviction. La décision encourt la cassation sans qu'il soit besoin d'examiner le second moyen. Sur l'évocation et pour les mêmes motifs que ceux ayant entraîné la cassation, il convient de dire que l'indemnité d'éviction est due aux requérants et d'infirmer le jugement entrepris, dès lors que le congé servi le 24 décembre 2012 et contesté le 1er mars 2013 n'a nulle part indiqué la nature ni la description des travaux et encore moins ne les a nullement justifiés (CCJA, 1e ch., nº 125,

18-5-2017 : Ets Kokou Services c/ Genan Ismail Salih) ;
– jugeant que c'est donc en violation de cette disposition qu'une cour d'appel a décidé que « les dispositions de l'article 127 de l'AUDCG ne déterminent pas le moment de la remise de ces documents » et que de « simples analyses des différents plans ne peuvent présager une incompatibilité [entre les locaux à construire et l'activité commerciale du preneur] », exposant ainsi son arrêt à la cassation. Sur l'évocation, et pour les mêmes motifs que ceux ayant entraîné la cassation, il y a lieu d'infirmer le jugement initial et de statuer à nouveau sur les demandes des parties (CCJA, 3e ch., no 120/2022, 30-6-2022).

2o Forme de la justification

Au sens des articles 125 et 127-2 combinés de l'AUDCG, tout bailleur est en droit de refuser le renouvellement du bail à usage professionnel pour construire ou reconstruire l'immeuble loué, à charge pour lui de payer au preneur évincé une indemnité d'éviction. Cependant, le bailleur peut se soustraire au paiement de cette indemnité s'il justifie de la nature et de la description des travaux projetés. En l'espèce, n'a pas violé les articles 14 du Traité OHADA et 127-2 de l'AUDCG la cour d'appel qui, pour confirmer l'expulsion ordonnée par le premier juge, a principalement retenu que « le congé servi par acte d'huissier et reçu par le Responsable des Ressources Humaines de l'entreprise "Les Ambassades" et pour une durée de six mois a respecté les exigences légales de l'article 125 susvisé ; qu'il s'y ajoute que ledit texte régissant la forme du congé ne prescrit pas d'obligation pour le bailleur de produire ni un plan architectural ni une autorisation de construire, à peine de validité d'un tel préavis ; qu'en effet, il ne lui est exigé par l'article 127 dudit Acte uniforme que la justification de la nature et de la description des travaux projetés, et s'il envisage de démolir l'immeuble abritant les locaux loués pour le reconstruire, et ce afin de ne pas avoir à payer au preneur une indemnité d'éviction, ce qui suppose que le congé a produit ses effets, à savoir entrainer la rupture du contrat à son terme… » (CCJA, 2e ch., no 222/2021, 23-12-2021 : Jamal Omais c/ Les héritières de feue Ndeye Katy Diop).

3o Possibilité de donner congé pour démolition à tout moment

C'est à tort qu'il est reproché à un jugement la violation de l'article 127, al. 2 et 3 de l'AUDCG, au motif qu'un terme ne peut être mis à un bail à durée déterminée régulièrement renouvelé sans paiement d'une indemnité d'éviction, dès lors qu'en l'espèce, il est constant qu'aux fins de reconstruction et de réhabilitation du local objet du bail, le bailleur a servi à son locataire, en application de l'article 127 précité, un exploit de congé contenant le descriptif et la nature des travaux envisagés ; que les locaux reconstruits ont la même destination que ceux démolis et qu'à l'issue des travaux, suivant procès-verbal de remise de lettre dressé par huissier de justice, versé au dossier, le bailleur a fait une offre de réintégration dans un magasin d'une superficie identique à celle initialement occupée ; que le tribunal de commerce, tirant conséquence, non seulement, de ce que l'expulsion du preneur a été ordonnée par la juridiction des référés par ordonnance non remise en cause, mais aussi, de l'absence de preuve que les locaux reconstruits n'auront pas la même destination, a justement conclu que « le bailleur peut à tout moment dudit contrat et non pas uniquement lors de sa date de renouvellement, donner congé au preneur en se prévalant de justes motifs, et dans ce cas, il ne s'expose pas au paiement d'une indemnité d'éviction au profit du preneur. », faisant ainsi une saine application de l'article 127 en déboutant le requérant de sa demande d'indemnisation (CCJA, 3e ch., no 118, 11-5-2017 : Eshun Cleopas Natchia c/ SCI Business Center).

C. Congé pour démolition et reconstruction avec offre d'un nouveau bail sur l'immeuble reconstruit

C'est à tort qu'il est reproché à un arrêt d'avoir violé les articles 123, 126 et 127, alinéa 2 de l'AUDCG en déboutant le recourant de sa demande de paiement d'indemnité d'éviction comme mal fondée alors que, selon le moyen, en sa qualité de locataire, le droit au renouvellement du bail lui était acquis et, en changeant la destination initiale des locaux, le bailleur l'a privé d'un nouveau bail justifiant sa condamnation à payer une indemnité d'éviction. Il en est ainsi dès lors qu'en retenant qu'aux fins de travaux de reconstruction, le bailleur a informé tous ses locataires en leur impartissant un délai de six (6) mois pour libérer les lieux et en leur offrant de prendre un nouveau bail sur l'immeuble reconstruit, pour en déduire que le bailleur a respecté les dispositions de l'article 95, alinéa 2 (127, al. 2, nouveau) de l'AUDCG, la cour d'appel, qui a également débouté l'un des locataires des demandes d'indemnité d'éviction, n'a en rien violé les textes visés au moyen (CCJA, 2e ch., no 060/2024, 29-2-2024).

D. Démolition et reconstruction des locaux avec changement d'affectation

1o Démolition admise : indemnité d'éviction due

Lorsque les locaux, objet du bail, abritaient un fonds de commerce constitué d'un restaurant exploité par le preneur, et qu'il ressort des plans et devis descrip-

tifs des travaux de reconstruction projetés par le bailleur, que ce dernier entendait donner au nouvel immeuble à édifier une destination d'habitation, notamment par la construction de plusieurs appartements et aires de stationnement pour véhicules, c'est à juste titre que la cour d'appel a jugé que le locataire est non seulement fondé à obtenir une indemnité d'éviction préalable à son expulsion mais à demeurer dans les locaux jusqu'au début des travaux ; et il ne peut lui être reproché d'avoir violé l'article 95 [devenu 127] de l'AUDCG (CCJA, n° 33, 26-5-2005 : K. B. c/ F. O. A., Rec. jur. CCJA, n° 5, janv.-juin 2005, volume II, p. 9 ; Juris-Ohada, n° 4/2005, juill.-sept. 2005, p. 2 ; Ohadata J-06-13).
Il résulte de l'article 127 de l'AUDGC qu'en cas refus de renouvellement du bail par le bailleur, l'indemnité d'éviction est due lorsque les locaux reconstruits ont une destination différente de celle des locaux objet du bail. En cas de changement de destination des locaux comme en l'espèce, les anciens locaux à usage commercial ayant été reconstruits en locaux à usage d'habitation, c'est en violation de l'article 127 précité qu'une cour d'appel a jugé que l'indemnité d'éviction n'est pas due par le bailleur qui envisage de reconstruire l'immeuble loué en changeant sa destination. Sur l'évocation, il y a lieu d'infirmer partiellement le jugement initial en ce qu'il a débouté le preneur de sa demande de paiement de l'indemnité d'éviction, et de déclarer celle-ci due (CCJA, 2e ch., n° 213/2020, 25-6-2020 : Hien Jean Baptiste c/ Kouakou N'Goran Venceslas).
Lorsque le 10 avril 2013, un congé pour démolition a été donné à un preneur pour « une modification et surélévation à un bâtiment R+1 à usage de garage et d'entrepôt », tel qu'il ressort du permis de construire délivré par la mairie le 26 novembre 2013, mais que les justificatifs sur la nature et la description de ces travaux ont été produits après coup, lors de l'instance en paiement d'indemnité d'éviction ; que nulle part, la relocation du preneur, qui exerce une activité de contrôle technique des véhicules, n'a été offerte, celui-ci est fondé à obtenir une indemnité d'éviction, préalable à son expulsion qui a été effective depuis le 26 novembre 2020, tel qu'il ressort du procès-verbal d'expulsion dressé par huissier (CCJA, 3e ch., n° 120/2022, 30-6-2022).

2° Démolition non admise : invalidation du congé et refus de l'expulsion

Lorsque le bailleur a lui-même spécifié qu'il s'agit d'une démolition, le régime prévu à l'article 74 [devenu 106] de l'AUDCG doit être exclu. Il s'ensuit que la nature et la description des travaux envisagés à la suite de la démolition de l'immeuble n'étant pas justifiées en l'espèce, conformément à l'article 95 [devenu 127] de l'AUDCG, c'est à tort que la cour d'appel a approuvé la validité du congé et l'expulsion corrélative du locataire, exposant ainsi son arrêt à la cassation. Sur l'évocation, les travaux de réfection réalisés sur l'immeuble étant des travaux de réfection qui ne peuvent s'analyser en la démolition prescrite par la loi, le jugement initial doit être infirmé pour les mêmes moyens et statuant à nouveau, le congé délivré au preneur doit être invalidé et la demande de son expulsion rejetée (CCJA, 2e ch. n° 111, 22-10-2015 : Diallo Sékou c/ FAll Ibnou, Fall Sidi, Fall Cheick Tidiane, Fall Sérigne M'baye, Papa Yérim, Ohadata J-16-104).

E. Validité d'une démolition partielle

En visant la démolition et la reconstruction comme moyen pour le bailleur de s'opposer au renouvellement du bail sans avoir à régler d'indemnité d'éviction, l'article 127, 2) de l'AUDCG n'a pas spécifié le caractère de cette démolition qui peut être totale ou partielle ; une démolition partielle d'un immeuble locatif établie par un rapport d'expertise rentre bien dans le champ d'application de l'article 127, 2) et l'arrêt qui affirme le contraire encourt cassation, et il convient d'écarter la violation alléguée à tort de l'article 106 de l'AUDCG, inapplicable en l'espèce s'agissant d'une démolition d'immeuble (CCJA, 2e ch., 201, 25-10-2018 : Brou Aka Gustave c/ Sté Meroueh Fils et Cie dite « Mefco »).
De même, c'est à tort qu'il est reproché à un arrêt attaqué « la perte de fondement juridique », au motif que l'article 127, 2° de l'AUDCG dispose que l'opposition au renouvellement du bail commercial sans indemnités d'éviction n'est justifiée qu'en cas de démolition et de reconstruction de l'immeuble en location ; alors qu'en l'espèce, il s'agit d'élévation du bâtiment en R + 2 et que les travaux projetés ne s'inscrivent donc pas dans le cadre d'une destruction du bâtiment à fins de reconstruction. Il en est ainsi dès lors qu'il résulte des pièces versées au dossier, notamment le rapport de l'état des lieux, le procès-verbal de constat de démarrage d'exécution des travaux et des photos de constat que les travaux projetés ont bien nécessité la démolition des pans de mur et une saignée importante de la dalle du premier étage ayant entraîné des fissures importantes aux poteaux soutenant la dalle ; ainsi, la cour d'appel tenant compte de la démolition partielle ainsi projetée pour confirmer le jugement entrepris ordonnant l'expulsion des locataires, a fait une bonne application de l'article 127 de l'AUDCG et sa décision n'encourt pas le grief allégué (CCJA, 3e ch., n° 086, 28-4-2016 : Kouassi Koffi Nazaire c/ Sidibe Sidiki, Ohadata J-17-34).

F. Validité du congé délivré en raison de la dangerosité des travaux prévus

C'est à tort qu'il est reproché à l'arrêt attaqué d'avoir violé les dispositions de l'article 127, 2°) de l'AUDCG, selon lesquelles, le locataire commercial a le droit de demeurer dans son local jusqu'au commencement des travaux, au motif que le simple projet de travaux, fût-il justifié par un devis et un état des lieux, ne peut priver le locataire de son droit reconnu par la loi ; que l'incompatibilité des travaux avec la présence des locataires dans les locaux ne peut suffire à légitimer l'atteinte au droit du preneur et que les travaux étant au stade de projet, le juge d'appel en confirmant la décision du premier juge a violé la loi et sa décision encourt cassation. Il en est ainsi, dès lors qu'il résulte des pièces versées au dossier qu'un congé de six mois a été servi aux requérants et que l'expiration de la fin de ce congé coïncidait avec celle du démarrage des travaux, lesquels ont effectivement démarré. Ainsi, la cour d'appel qui, prenant en compte la dangerosité des travaux entrepris pour décider que « la présence sur les lieux des appelants n'est pas compatible avec les travaux envisagés », pour confirmer la décision d'expulsion soumise à sa censure, n'a en rien violé lesdites dispositions et le pourvoi doit être rejeté (CCJA, 3e ch., n° 086, 28-4-2016 : Kouassi Koffi Nazaire c/ Sidibe Sidiki, précité).

Le tribunal qui, pour valider le congé donné et ordonner l'expulsion, a indiqué « qu'à l'analyse des différentes pièces produites au dossier, notamment le rapport d'expertise, il ressort que les travaux de remise en état conditionnent la survie de l'immeuble décrit comme étant vétuste et menaçant de ruine » ; qu'il ressort du rapport d'expertise établi par l'expert [...] que lesdits travaux impliquent une démolition partielle dudit immeuble, notamment le 1er étage, et des divers travaux de réparation et de réfection à opérer sur les autres parties de l'immeuble, qui ne sauraient se faire « aisément si les locaux sont occupés » à cause de la mise en place des étais devant soutenir les planchers en cas d'affaissement et des installations électriques et sanitaires à remplacer ; qu'il s'ensuit que la présence des occupants sur le chantier à réaliser présente des risques de sécurité et de commodité avérés, a fait une bonne appréciation des faits et une bonne application de la loi et son jugement doit être confirmé (CCJA, 2e ch., 201, 25-10-2018 : Brou Aka Gustave c/ Sté Merouehh Fils et Cie dite « Mefco »).

G. Inefficacité d'un jugement d'expulsion assorti de l'exécution provisoire et frappé d'appel

Sur la base de l'effet dévolutif de l'appel en vertu duquel la chose jugée est remise en question devant la juridiction d'appel pour qu'il soit à nouveau statué en fait et en droit, la cour d'appel n'était nullement tenue par l'expulsion prononcée par le jugement querellé, même si cette expulsion avait été rendue effective à la suite de la mise en œuvre de la mesure d'exécution provisoire dont ce jugement était assorti. Par conséquent, il ne peut lui être reproché d'avoir ordonné, en application de l'article 95 [devenu 127] de l'AUDCG, le maintien du locataire dans les locaux jusqu'au début des travaux (CCJA, n° 33, 26-5-2005 : K. B. c/ F. O. A., Rec. jur. CCJA, n° 5, janv.-juin 2005, volume II, p. 9 ; Juris-Ohada, n° 4/2005, juill.-sept. 2005, p. 2 ; Ohadata J-06-13).

H. Proposition tardive et inadéquate de relogement : absence de d'offre

Des juges d'appel qui ont utilisé les termes « sécurité » et « commodité », non pas comme une imposition de l'article 95 de l'AUDCG du 17 avril 1997, mais pour conduire à son terme leur motivation consistant à prouver qu'une proposition inadéquate de relogement, intervenue longtemps après la fin des travaux de reconstruction, équivaut à une absence totale d'offre, de même que la situation du local au 2e niveau entraîne une différence dans la destination, du fait de l'impossibilité de procéder à certaines installations, n'ont en rien violé le texte visé au premier moyen. C'est donc à tort qu'il leur est reproché d'avoir ajouté à la seule obligation légale du bailleur de proposer un local de même destination, c'est-à-dire à usage commercial, une obligation subjective de proposer des locaux jugés commodes et sûrs par le preneur et d'avoir jugé que l'offre tardive de relogement équivalait à une absence d'offre, alors que, selon le moyen, l'exigence légale se rapporte à la destination des locaux et non à leur nature et que l'article 95 visé au moyen n'enferme l'offre de relogement dans aucun délai (CCJA, 2e ch., n° 117, 23-6-2016 : Xeewell SA c/ United Shipchandler Thoumas, Ohadata J-17-58).

III. Nature des travaux incompatibles avec le maintien du preneur dans les locaux jusqu'au début de la construction

Si les dispositions de l'article 127 de l'AUDCG permettent au locataire de demeurer dans les lieux loués jusqu'au commencement des travaux envisagés, il apparaît également que la démolition totale de l'immeuble loué, telle qu'envisagée par le défendeur au pourvoi, et la reconstruction d'un nouvel immeuble à des standards différents apparaissent incompatibles avec le maintien de l'occupant sur les lieux, au regard des incommodités et de la dangerosité que vont causer les travaux à entreprendre. C'est donc à tort qu'il est reproché à un arrêt d'avoir, à la suite du premier juge, violé l'article 127 précité en validant le congé donné et ordonnant l'expulsion assortie de l'exécution provisoire du preneur. De plus, lorsque les travaux de démolition envisagés sont contrariés tant par les multiples procédures engagées par le demandeur au pourvoi, tendant tant à contester les différentes cessions de l'immeuble litigieux que par la remise en cause de son expulsion des lieux occupés et sa réintégration sur les mêmes lieux, la cour d'appel qui a décidé, dans ces circonstances, que c'est à bon droit que le premier juge a rejeté la demande de l'appelant comme mal fondée, pour confirmer la décision d'expulsion assortie de l'exécution provisoire soumise à sa censure, n'a en rien fait perdre de fondement juridique à sa décision (CCJA, 1e ch., nº 021/2023, 16-2-2023).

IV. Perte du droit à l'indemnité d'éviction

A. Droit au renouvellement inexistant ou perdu

Pour prétendre à l'indemnité d'éviction, il faut être titulaire du droit au renouvellement du bail, c'est-à-dire avoir acquis et conservé son droit au renouvellement du bail. Par conséquent, la partie qui a perdu ce droit au renouvellement, faute de l'avoir demandé dans les délais n'a plus droit à l'indemnité d'éviction (TGI Ouagadougou, nº 28/2004, 4-2-2004 : Sté Total Fina Elf Burkina c/ E. K., Ohadata J-09-20).

Ayant constaté qu'aucune demande de renouvellement du contrat, qui expirait le 6 décembre 2018, n'était formulée par le preneur à la date butoir, c'est à bon droit que les juges ont prononcé sa déchéance, avec les conséquences de droit dont notamment le non-paiement d'une indemnité d'éviction. Ce faisant, ils n'ont en rien violé les textes visés aux moyens, ni dénaturé les faits de la cause (CCJA, 2e ch., nº 005/2022, 20-1-2022).

Contestation préalable. Par l'article 95, le législateur de l'AUDCG ouvre au bailleur la possibilité de reprendre les lieux en s'opposant au renouvellement du bail, mais l'enferme en même temps dans des conditions à remplir pour éviter la condamnation au paiement d'une indemnité d'éviction. Mais seule la contestation de congé par le preneur dans les conditions de l'article 93 [devenu 127] de l'AUDCG permettra aux juridictions de constater la défaillance du bailleur et d'accéder à la demande d'indemnité d'éviction (CA Lomé (Togo), nº 135/06, 5-9-2006 : Ecobank-Togo c/ Quick Service System, Ohadata J-10-167).

La décision qui a déclaré qu'une contestation de congé est tardive n'a plus à se prononcer sur la demande d'indemnité d'éviction ; en décidant ainsi, le juge d'appel n'a ni violé les articles 94 et 95 [respectivement devenus 126 et 127] de l'AUDCG, ni statué ultra petita et a donné une base légale à sa décision (CCJA, nº 041, 30-6-2009 : M. K. A. c/ Mme A. B. née T. E. A., Rec. jur. CCJA nº 13, janv.-juin 2009, p. 109, Ohadata J-10-79).

Ne s'est pas contredite, la cour d'appel qui, après avoir relevé que l'action tendait à obtenir la nullité du congé et le paiement d'une indemnité d'éviction, a retenu que le règlement de cette indemnité est subordonné à l'acquisition par le preneur du droit au renouvellement de son bail, dès lors que l'obtention de ce droit au renouvellement est elle-même soumise à une procédure non observée par le preneur en l'espèce (CCJA, 3e ch., 205, 22-11-2018 : SARL Hotel La Détente c/ Bara Tall).

B. Invitation des preneurs par le bailleur à exercer leur droit de priorité

Aucune indemnité d'éviction n'est due lorsqu'il est établi que ce sont « des travaux de rénovation, de réaménagement, de réhabilitation et de mise en conformité » qui ont été réalisés et qu'après leur achèvement, le bailleur a fait délivrer à tous les anciens locataires un courrier, les invitant à exercer leur droit de priorité (CCJA, 3e ch., nº 204/2019, 27-6-2019 : Nestor Kouassi Kouadio c/ SCI Résidence du Stade).

> **Obs. :** il faut cependant garder à l'esprit que conformément à la jurisprudence de la CCJA (CCJA, 2e ch., nº 117, 23-6-2016), toute invitation tardive du bailleur s'assimile à une absence d'offre de bail dans le local reconstruit.

C. Irrecevabilité, sur le fondement du droit interne, de l'indemnité demandée pour la première fois en appel

Conformément à la disposition interne selon laquelle il ne peut être formé en cause d'appel aucune demande nouvelle à moins qu'il ne s'agisse de compensation ou que la demande nouvelle ne soit une défense à l'action principale, la demande d'indemnité d'éviction qui n'a pas été soulevée devant le premier juge et qui est présentée pour la première fois en appel est irrecevable (CCJA, 2e ch., 201, 25-10-2018 : Brou Aka Gustave c/ Sté Meroueh Fils et Cie dite « Mefco »).

Jurisprudence comparée

France

A. Motifs graves et légitimes

1º Office du juge : appréciation souveraine des juges du fond

Les juges du fond apprécient souverainement l'existence et la gravité des motifs de refus de renouvellement (Cass. 3e civ. 2-6-2010 nº 09-14.194 : RJDA 10/10 nº 924).

2º Constatation nécessaire de la mise en demeure

Les juges ne peuvent pas refuser le renouvellement pour motif grave sans rechercher si le bailleur a procédé à la mise en demeure du locataire (Cass. civ. 25-3-1992 : RJDA 7/92 n° 693) ou le droit au paiement d'une indemnité d'éviction s'ils ont constaté l'absence de mise en demeure (Cass. 3e civ. 19-12-2012 n° 11-24.251).

3° Motifs liés à l'inexécution des obligations du bail

a. Existence

Ont été retenus comme justifiant un refus de renouvellement sans indemnité :

– une cession irrégulière (Cass. com. 19-12-1963 : Bull. civ. III n° 110 ; CA Paris 3-7-2008 n° 07/4005 : RJDA 12/08 n° 1226 ; CA Paris 21-11-1995 : DA 1996.69) ;

– le défaut de paiement du loyer et des charges, aux échéances fixées (Cass. civ. 28-3-1995 : GP 1996.126 note Barbier) ;

– les manquements aux obligations d'entretien et de réparation incombant au locataire (Cass. civ. 6-12-1983 : Loyers 1984 n° 123) ;

– une sous-location interdite (Cass. civ. 9-12-1980 : Rev. loyers 1981.155) ou irrégulière (Cass. com. 17-5-1988 : Bull. civ. IV p. 114) ;

– un changement irrégulier d'activité (Cass. civ. 19-6-1979 : GP 1979.pan.481 ; CA Montpellier 1-4-1998 : Bull. inf. C. cass. 1999 n° 1137) ou le défaut d'exploitation d'un fonds dans les lieux loués (Cass. com. 24-11-1965 : Bull. civ. III p. 538 ; Cass. civ. 5-10-1980 : Loyers 1980 n° 195), sauf s'il existe un motif légitime justifiant l'interruption temporaire de l'exploitation du fonds et à condition qu'il y ait eu une mise en demeure restée infructueuse (Cass. civ. 16-2-1982 : JCP G 1982.II.19888 note Boccara) ;

– la violation par le locataire des modalités de cession prévues au bail en raison du non-respect, par le notaire rédacteur de cet acte, de la clause imposant d'appeler le bailleur à concourir à celui-ci, bien que la cession soit intervenue après l'expiration du bail, dès lors que le maintien dans les lieux après cette date s'opère aux conditions et clauses du contrat de bail expiré (CA Paris 3-7-2008 n° 07/4005 : BRDA 19/08 inf. 14) ; le changement d'activité effectué avec l'accord du bailleur ne prive pas le locataire de son droit au renouvellement (Cass. civ. 10-2-1988 : Bull. civ. III p. 17).

– l'exécution de travaux affectant le gros œuvre et la structure de l'immeuble sans l'autorisation du bailleur (Cass. civ. 2-10-1996 : RJDA 12/96 n° 1443), même si les travaux ont été prescrits par de nouvelles dispositions administratives (Cass. com. 7-1-1963 : Bull. civ. III p. 14 ; dans le même sens, Cass. civ. 15-1-1971 : Loyers 1971 p. 231), à moins que le bailleur ne les ait tacitement acceptés (Cass. civ. 5-1-1993 : Loyers 1993 p. 201).

– le défaut d'immatriculation au registre du commerce et des sociétés du preneur : tel est le cas lorsque le bail a été conclu avec deux colocataires dont l'un est immatriculé au registre du commerce, en qualité d'exploitant et l'autre, non immatriculé, est seulement inscrit en tant que copropriétaire du fonds de commerce non exploitant par une mention portée sur l'extrait du Kbis délivré à l'exploitant (Cass. 3e civ. 14-11-2007 : RJDA 4/08 n° 377).

b. Absence

Ne constitue pas un motif de non-renouvellement la sous-location, sans le consentement du bailleur requis par le bail portant sur des locaux commerciaux et un appartement, consentie par la société locataire à l'un de ses dirigeants, car la faculté donnée à une société d'occuper à usage d'habitation un appartement impliquait l'autorisation d'en accorder la jouissance à l'un de ses représentants personnes physiques (Cass. civ. 23-5-2002 : RJDA 8-9/02 n° 866).

B. Congé pour démolition et reconstruction

1° Intention de démolir

L'intention de démolir l'immeuble doit exister au jour de la délivrance du congé, celle postérieurement manifestée par l'acquéreur ne pouvant faire obstacle à l'annulation du congé (Cass. civ. 27-10-1993 : RJDA 12/93 n° 1005).

2° Bonne foi présumée du bailleur qui invoque la reconstruction

Le bailleur est présumé de bonne foi lorsqu'il invoque la reconstruction pour délivrer congé au locataire (Cass. com. 1-7-1958 : Bull. civ. III n° 289). Il n'est donc pas obligé de produire certains documents, tel le permis de construire (Cass. com. 6-4-1960 n° 56-2.070 : Bull. civ. III n° 142) ni d'établir qu'il procédera lui-même à la démolition-construction (Cass. 3e civ. 14-9-2010 n° 09-15.338 : RJDA 1/11 n° 18).

Art. 128 [anc. art. 96] Le bailleur peut, sans versement d'indemnité d'éviction, refuser le renouvellement du bail portant sur les locaux d'habitation accessoires des locaux principaux, pour les habiter lui-même ou les faire habiter par son conjoint ou ses ascendants, ses descendants ou ceux de son conjoint.

Cette reprise ne peut être exercée lorsque le preneur établit que la privation de jouissance des locaux d'habitation accessoires apporte un trouble grave à la

jouissance du bail dans les locaux principaux, ou lorsque les locaux principaux et les locaux d'habitation forment un tout indivisible.

Jurisprudence OHADA

Application aux seuls locaux d'habitation

La reprise des locaux sur le fondement de l'article 96 [devenu 128] de l'AUDCG ne concerne que les locaux à usage d'habitation ; en conséquence, s'agissant d'un bail commercial, l'indemnité d'éviction est due au preneur (TRHC Dakar, n° 234, 31-1-2001 : Héritiers de Feu A. S. c/ El Hadj N. T., Ohadata J-05-62).

Obs. : il faut déduire de cette décision qu'il y a bail commercial même si le bail est mixte.

Jurisprudence comparée

France

Reprise de la totalité des locaux

Le bailleur ne peut pas reprendre seulement une partie des locaux, cette hypothèse n'étant pas prévue par le statut et les locaux en cause étant indivisibles (CA Versailles 23-2-1995 : RJDA 11/95 n° 1211).

Art. 129 [anc. art. 97 mod.] **Le nouveau bail prend effet à compter de l'expiration du bail précédent si celui-ci est à durée déterminée, ou à compter de la date pour laquelle le congé a été donné si le bail précédent est à durée indéterminée.**

Jurisprudence comparée

I. France

A. Effet du renouvellement

Nouveau bail aux conditions anciennes. Le bail renouvelé est un nouveau bail, même s'il est expressément conclu aux clauses et conditions de l'ancien contrat (Cass. civ. 24-11-1999 : RJDA 1/00 n° 14) ; ces clauses et conditions sont applicables même si le rappel n'en est pas fait dans le nouveau bail (Cass. civ. 3-2-1988 : Bull. civ. III p. 13).

B. Exception à la reprise des conditions anciennes

1° Caution

La caution du bail initial n'est pas tenue de garantir le bail renouvelé dès lors qu'elle n'a pas été partie à l'acte de renouvellement (Cass. civ. 4-11-1980 : Bull. civ. III p. 125) ; elle s'est engagée par une mention à l'acte précisant l'extension de l'engagement dans une telle éventualité (Cass. civ. 4-10-2000 : RJDA 2/01 n° 228, rendu à propos du cautionnement d'un bail d'habitation mais transposable).

2° Pacte de préférence

Le pacte de préférence couché dans le bail initial n'est pas reporté dans le bail renouvelé, ce pacte étant devenu caduc à l'expiration du premier bail car il constituait une convention distincte de celui-ci (Cass. civ. 21-12-1988 : JCP G 1989.II.21324 note Dagot).

II. Irak

A. Durée du bail tacitement reconduit

Si à l'expiration du bail, le preneur continue à jouir de la chose louée à la connaissance et sans opposition du bailleur, le bail est censé reconduit aux mêmes conditions, mais pour une durée indéterminée. Le bail à durée indéterminée est censé conclu pour une période équivalente au terme fixé pour le paiement des loyers. Il prend fin à l'expiration de ladite période à la demande de l'une des parties, à charge pour elle de donner congé à l'autre dans les délais prévus à l'article 741 du Code civil. Ainsi, la location d'un restaurant pour trois ans sera reconduite pour un an dès lors que le contrat prévoit un loyer payé annuellement. Le bailleur, souhaitant libérer les locaux, devait donner congé au locataire au moins deux mois avant l'expiration de ladite période (CA de Kirkuk en formation de cassation, 26-2-2008, pourvoi 67/civ/2008).

B. Renouvellement tacite

Continuité d'occupation valant acceptation de l'offre de renouvellement. Le locataire avisé, avant l'expiration du bail, d'une augmentation du loyer mais qui ne s'y oppose pas et qui continue à occuper les locaux est réputé avoir accepté le renouvellement du bail au nouveau prix à compter de l'expiration du contrat initial (C. civ art. 781 et 81 u). Il s'agit, en l'espèce, d'un bail portant sur des locaux de commerce. Le bailleur avait notifié au locataire, avant la fin du bail, sa volonté d'augmenter le prix du loyer, lui demandant d'accepter la hausse. Or, le locataire a gardé le silence en maintenant son exploitation des locaux. Son silence valant, d'après la Cour, acceptation du nouveau loyer à compter de la période suivant l'expiration du bail initial (Cour de cassation 11-1-1979, majomat'al-ahkam al-adlyiah, n° 1, 1979, p. 26).

Art. 130 [anc. art. 98 mod.] **Le sous-locataire peut demander le renouvellement de son bail au locataire principal dans la mesure des droits que celui-ci tient de la personne investie par la loi ou une convention du droit de donner en location. Ce droit est soumis aux dispositions des articles 118 à 122 du présent Acte uniforme.**

L'acte de renouvellement de la sous-location doit être porté à la connaissance du bailleur dans les mêmes conditions que la sous-location initialement autorisée.

JURISPRUDENCE COMPARÉE

I. Belgique

Droit au renouvellement par le sous locataire

En cas de sous-location ensemble avec la location du fonds de commerce le sous-locataire a droit au renouvellement de son bail, si, et dans la mesure où le locataire principal obtient lui-même le renouvellement du bail principal, sauf le droit de reprise du locataire principal et le droit du sous-locataire, en cas de non-renouvellement, à l'indemnité d'éviction ; l'abstention du locataire principal à demander le renouvellement ou le rejet de la demande pour des motifs qui lui sont personnels, ne porte pas préjudice au droit du sous-locataire au renouvellement à condition que la demande de celui-ci, régulièrement adressée au locataire principal, ait été dénoncée au bailleur le même jour et dans les mêmes formes (Cour de cassation Belgique 29-03-2012, C.11.0207.N, Juricaf).

Art. 131 [anc. art. 99 mod.] **Le preneur sans droit au renouvellement, quel qu'en soit le motif, peut être remboursé des constructions et aménagements qu'il a réalisés dans les locaux avec l'autorisation du bailleur.**

A défaut d'accord entre les parties, le preneur peut saisir la juridiction compétente dès l'expiration du bail à durée déterminée non renouvelé, ou encore dès la notification du congé du bail à durée indéterminée.

JURISPRUDENCE OHADA

I. Caractère d'ordre public

Sur le caractère d'ordre public de l'article 131 de l'AUDCG, voir sous l'art. 134.

II. Refus de l'indemnité à défaut d'autorisation du bailleur

Les conventions librement formées étant la loi des parties et devant être exécutées de bonne foi (art. 1134 et 1135 du Code civil gabonais ancien), le preneur n'a droit à aucune indemnité pour les constructions qu'il a réalisées sans l'autorisation préalable du bailleur. Il en est ainsi en présence d'une clause contractuelle stipulant que « tous travaux, embellissements quelconques qui seraient faits par le preneur, même avec l'autorisation du bailleur, resteront à la fin du bail la propriété de celui-ci, sans le versement de la moindre indemnité », le preneur ne pouvant ignorer que ces constructions deviendraient la propriété du bailleur à l'expiration du bail qu'elle qu'en soit la cause (CA Port-Gentil, 9-12-1999 : Sté Kossi c/ Paroisse Saint-Paul des Bois, Penant n° 837, sept.-déc. 2001, p. 345 ; Ohadata J-02-45).

Au sens de l'article 131 de l'AUDCG, le remboursement des constructions érigées par le preneur est subordonné à l'autorisation préalable du bailleur d'effectuer les travaux et, à la fin du bail, par l'arrivée du terme ou par l'effet d'un congé. En l'espèce, lorsqu'il ressort du dossier que le preneur n'a pas rapporté la preuve formelle de l'obtention de l'autorisation préalable du bailleur, la cour d'appel de commerce qui a retenu que « l'autorisation du bailleur reprise par l'article 131 de l'[AUDCG] ne saurait s'induire de l'attitude du bailleur qui n'a pas exprimé son refus pendant la réalisation des impenses ; que cette autorisation doit être écrite ou sans équivoque et préalable à la réalisation des travaux », n'a en rien violé l'article 131 précité (CCJA, 1e ch., no 258/2024, 24-10-2024).

III. Autorisation du bailleur

A. Objet de l'autorisation préalable

Ce sont les travaux réalisés qui sont soumis à l'autorisation préalable du bailleur, et non le remboursement desdits travaux ; et la décision d'une cour d'appel qui a subordonné le remboursement des frais des travaux à l'autorisation du bailleur doit être cassée. Lorsque les travaux ont été réalisés sans aucune réserve de la part du bailleur, c'est vainement que le nouveau propriétaire, qui est tenu dans les mêmes termes du contrat de location que l'ancien bailleur envers le locataire, se réfugie derrière le fait qu'il n'a pas autorisé les travaux. Les travaux doivent être homologués (C. Sup. Côte d'Ivoire, ch. jud., formation civile, no 447, 8-7-2004 : K. A. L. c/ E. B. M., Actualités Juridiques, no 49, 2005, p. 223, Ohadata J-05-354).

Obs. : à propos de la captation de la compétence de la CCJA dans le cadre de cette décision, voir les art. 289 [devenu 307] de l'AUDCG et 9 du traité OHADA ; sur sa conséquence, voir l'art. 18 du traité OHADA.

B. Modalité de l'autorisation : écrit non exigé

Si l'article 131, alinéa 1 de l'AUDCG exige, pour le remboursement des travaux réalisés par le preneur, l'autorisation du bailleur pour la réalisation desdits travaux, elle n'impose pas que cette autorisation soit donnée par écrit. L'arrêt attaqué ayant retenu, en l'espèce, que « l'immeuble loué par [le preneur] était un bas-fond, impropre à l'usage d'une alimentation ; pour que ce lieu soit conforme à l'usage pour lequel on l'a destiné, des travaux devaient y être entrepris […] ; que si le premier bailleur n'avait pas donné son accord auxdits travaux, cela reviendrait à dire qu'il n'a pas loué son immeuble pour l'usage d'une alimentation […] », il en ressort que la cour d'appel a déduit l'autorisation donnée au [preneur] de la destination du terrain loué, en l'occurrence l'exercice d'une activité d'alimentation, laquelle connue et acceptée par le bailleur lorsqu'il donnait à bail son immeuble, ne pouvait s'opérer sur le terrain dans l'état où il se trouvait au moment de la conclusion du bail verbal. Par ces énonciations et constatations souveraines, la cour d'appel a fait une bonne application de la disposition visée au moyen, infondé (CCJA, 3e ch., no 089/2024, 28-3-2024).

C. Liberté de la preuve de l'autorisation

C'est à tort qu'il est reproché à un arrêt d'avoir violé l'article 154 (5) du Code de procédure civile tchadien, en ce que les juges d'appel n'ont fondé l'existence de l'autorisation du bailleur sur aucune règle juridique, comme exigé par la disposition susvisée qui prévoit que tout jugement comporte obligatoirement entre autres la référence à la règle juridique dont il est fait application. Il en est ainsi, dès lors que la cour d'appel, pour admettre que le bailleur a donné son autorisation, a fait référence à la règle juridique selon laquelle la preuve est libre en matière commerciale (CCJA, 3e ch., no 089/2024, 28-3-2024).

IV. Remboursement des impenses

A. À hauteur des dépenses autorisées par le bailleur

Le remboursement doit être autorisé dans la limite des dépenses et aménagements autorisés par le bailleur, le preneur étant débouté de sa demande tendant au paiement du montant des autres aménagements (CA Bobo-Dioulasso (Burkina Faso), ch. com., no 13/09, 10-6-2009 : S. I. c/ C. M. M., Ohadata J-09-398).

B. À l'expiration du bail ou au terme du congé

Au sens de l'article 99 [devenu 131] de l'AUDCG, le remboursement des constructions érigées par le preneur est subordonné à l'autorisation préalable du bailleur d'effectuer les travaux et à la fin du bail par l'arrivée de son terme ou par l'effet d'un congé. En l'espèce, les bailleurs ayant abandonné le congé servi au preneur, le laissant ainsi continuer la jouissance des lieux, ce qu'il ne conteste pas, le remboursement des constructions effectuées ne pouvait intervenir que si son droit au renouvellement était remis en cause. En retenant que le bail entre les parties se poursuit, après avoir constaté que le tribunal a donné acte, le 11 octobre 2005, aux bailleurs de leur renonciation au congé servi et décidé que le principe du remboursement n'est pas acquis, la cour d'appel n'a en rien violé l'article visé au moyen (CCJA, ass. plén., no 077, 29-4-2015 : GIE Préférence Rotin Prix Bas c/ Serge Loye, Ohadata J-16-78).

JURISPRUDENCE COMPARÉE

I. Irak

Sort des installations faites par le preneur

Le preneur qui réalise des constructions et aménagements dans les locaux loués avec l'accord du bailleur est en droit de réclamer son prix évalué à la fin du bail. Il s'agit d'une affaire dans laquelle un preneur avait réalisé des installations (réseaux d'eau et d'électricité) dans les locaux loués. Ayant constaté l'absence de convention sur le sort de ces ouvrages, la cour d'appel avait ordonné au bailleur de rembourser sa valeur (le prix des matériaux et de la main-d'œuvre) au moment de la construction. La Cour de cassation casse cet arrêt en estimant que le locataire est en droit d'en réclamer la valeur estimée à la fin du bail et ainsi de tenir compte de la plus-value que ces ouvrages ont procuré au fonds. Une expertise doit être diligentée pour procéder à cette nouvelle évaluation (Cour de cassation 22-1-1998, al-mawsoaa al-adlyiah, n° 49, p. 8).

II. Pologne

A. Indemnisation du preneur pour amélioration de la chose louée

Si le preneur a apporté des améliorations au bien loué, le bailleur peut, conformément à l'article 676 du Code civil, soit garder les améliorations en contrepartie du payement d'une somme d'argent équivalente à la valeur des améliorations estimée le jour de la fin du contrat de bail, soit exiger du preneur la remise en état antérieur aux améliorations ; mais le texte cité ne permet pas au preneur d'imputer sur le loyer les investissements liés aux améliorations du bien loué (cour d'appel de Lublin, 3-7-1997, I ACa 137/97 Apel.-Lub. 1998/2/8)

B. Non-remboursement des améliorations sur le fondement de l'enrichissement sans cause

Les demandes du preneur, visant à obtenir le remboursement des améliorations apportées au bien loué, adressées au bailleur, ne sont pas régies par les dispositions relatives à l'enrichissement sans cause (Cour de cassation, 4-11-1980 r., II CR 394/80, OSNC 1981, nr 7, poz. 134 et du 17-1-2003 r., III CKN 793/00, « Chambre civile » 2003, nr 12, poz. 39, avis de la Cour de cassation du 28-10-2003 r., I CKN 216/02, nie publ., également les arrêts de la Cour de cassation du 21-1-2004 r., IV CK 362/02, nie publ., et du 7-4-2005 r., II CK 431/04, nie publ.). Sygn. akt IV CSK 601/11 ; 27-6-2012 (50/05).

Art. 132 [anc. art. 100 mod.] **Sauf convention contraire des parties, les contestations découlant de l'application des dispositions du Titre I du présent Livre sont portées à la requête de la partie la plus diligente, sauf dispositions contraires du présent Livre, devant la juridiction compétente, statuant à bref délai, dans le ressort de laquelle sont situés les locaux donnés à bail.**

JURISPRUDENCE OHADA

I. Convention des parties relatives à un règlement amiable

Absence de règlement amiable. La disposition contractuelle d'un bail commercial selon laquelle « à défaut de règlement amiable, tout litige sera porté devant les juridictions compétentes », s'analyse comme une faculté et non une obligation préalable ; [les parties] n'ayant pas organisé la procédure de règlement amiable, il apparaît que la saisine du tribunal constitue la preuve même de l'échec de la conciliation. Le moyen d'irrecevabilité pour violation de la disposition contractuelle mentionnée ci-dessus doit être écarté (CA Bobo-Dioulasso (Burkina Faso), ch. com., n° 08/09, 22-4-2009 : D. H. c/ Sonar – IARD, Ohadata J-09-400).

Il ressort de l'article 132 de l'AUDCG que les contestations découlant de l'application du titre I du livre consacré aux baux professionnels sont de la compétence de la juridiction territorialement compétente statuant à bref délai et qu'il convient de distinguer cette juridiction du juge de l'urgence qui, en principe, rend des décisions provisoires. En l'espèce, si l'article 248 du Code de procédure civile du Sénégal autorise le juge des référés à prescrire des mesures conservatoires même en présence de contestations sérieuses, c'est à la condition qu'en le faisant, il ne préjudicie pas au fond du litige. La cour d'appel, en constatant l'existence au dossier d'un protocole d'accord mettant fin au bail et dont la validité est contestée par l'une des parties, a pu retenir que le juge des référés ne pouvait ordonner l'expulsion en faisant fi de ce protocole d'accord dont l'appréciation de la validité échappe à sa compétence ; ceci est d'autant plus vrai que l'objet du litige est un bail professionnel régi par l'AUDCG (CCJA, 3e ch., nº 158/2020, 30-4-2020 : Société African Oil Gas Corporation c/ Société Atlantik Sea Food).

II. Juridiction compétente

A. Juge des référés

1º Compétence du juge des référés en matière d'expulsion

Le juge des référés est compétent pour ordonner l'expulsion dès lors :

– qu'un terrain doit être libéré pour y édifier un édifice religieux (CA Niamey, ch. civ., nº 54, 4-6-2003 : S. B. c/ El Hadji H. M., Ohadata J-03-264 ; CA Niamey, nº 57 réf., 4-6-2003 : S. B. c/ E. H. M., Juris-Ohada nº 4/2004, oct.-déc. 2004, p. 64, note BROU Kouakou Mathurin, Ohadata J-05-181) ;

– que le preneur, déchu de son droit au renouvellement, est sans droit ni titre (CA Niamey, ch. civ., nº 51, 3-4-2002 : A. H. T. c/ M. E. H., Ohadata J-03-250) ;

– qu'une partie ne prouve, ni n'offre de prouver, le contrat de bail la liant au propriétaire de l'immeuble, alors que les dispositions de l'article 101 [devenu 133] de l'AUDCG ne peuvent lui être applicables que s'il existe un contrat de bail entre elle et le propriétaire de l'immeuble ; c'est à bon droit que le juge des référés a fait droit à la demande tendant à son expulsion pour occupation illégale ; c'est aussi à bon droit que l'exception d'incompétence du juge des référés au motif d'exercice d'une activité commerciale dans le local incriminé a été rejetée par le juge (CA Dakar, réf., nº 162/01, 15-3-2001 : CICAR c/ A. K. LO, F. Aho et al. ; OHADA : Jurisprudences nationales. Ed. Bénin Consulting Group, Cotonou (Bénin) : 2004, p. 20, 2SN9) ;

– qu'il n'est pas soulevé de contestation sérieuse (CA du Centre, nº 333/Civ., 2-8-2002 : Kingue Paul Eric c/ Hajal Massad, Ohadata J-04-470).

2º Incompétence du juge des référés en matière d'expulsion

Le juge des référés est incompétent :

– lorsque les parties sont en désaccord sur la durée du bail, cette question devant être tranchée avant toute décision sur la demande d'expulsion et échappant donc par sa nature à la compétence du juge des référés (CA Dakar, réf., nº 162/01, 15-3-2001 : CIBA c/ I. B., F. Aho et al. ; OHADA : Jurisprudences nationales. Ed. Bénin Consulting Group, Cotonou (Bénin) : 2004, p. 22, 2SN10) ;

– lorsqu'il a statué sur l'indemnité d'éviction et sur le paiement du pas-de-porte, car il a préjudicié au fond du litige et sa décision doit être infirmée (CA Abidjan (Côte d'Ivoire), 5e ch. civ. et com., C, nº 688, 28-6-2005 : A. O. L. c/ Sté Mondial Cycles Nouvelle, obs. J. Issa-Sayegh, Ohadata J-11-29).

B. Compétence du tribunal de commerce

Les opérations relatives au fonds de commerce (notamment la vente ou la location du fonds) étant considérées comme des actes de commerce selon les dispositions de l'article 3 de l'AUDCG, il convient de retenir que toutes les contestations portant sur le bail commercial sont de la compétence du tribunal de commerce (T. com. Brazzaville (Congo), 24-4-2009 : Sté E.T c/ S.F, Revue congolaise de droit et des affaires, nº 3, p. 62, obs. Inès Féviliyé, Ohadata J-10-247).

JURISPRUDENCE COMPAREE

Haïti

L'exécution provisoire de la décision d'expulsion peut être ordonnée (Cass. civ. d'Haïti 18-10-1999 nº 33/99 : Juricaf).

• Chapitre VII •

RÉSILIATION DU BAIL

Art. 133 [anc. art. 101 mod.] Le preneur et le bailleur sont tenus chacun en ce qui le concerne au respect de chacune des clauses et conditions du bail sous peine de résiliation.

La demande en justice aux fins de résiliation du bail doit être précédée d'une mise en demeure d'avoir à respecter la ou les clauses ou conditions violées. La mise en demeure est faite par acte d'huissier ou notifiée par tout moyen permettant d'établir sa réception effective par le destinataire.

A peine de nullité, la mise en demeure doit indiquer la ou les clauses et conditions du bail non respectées et informer le destinataire qu'à défaut de s'exécuter dans un

délai d'un mois à compter de sa réception, la juridiction compétente statuant à bref délai est saisie aux fins de résiliation du bail et d'expulsion, le cas échéant, du preneur et de tout occupant de son chef.

Le contrat de bail peut prévoir une clause résolutoire de plein droit. La juridiction compétente statuant à bref délai constate la résiliation du bail et prononce, le cas échéant, l'expulsion du preneur et de tout occupant de son chef, en cas d'inexécution d'une clause ou d'une condition du bail après la mise en demeure visée aux alinéas précédents.

La partie qui entend poursuivre la résiliation du bail doit notifier aux créanciers inscrits une copie de l'acte introductif d'instance. La décision prononçant ou constatant la résiliation du bail ne peut intervenir qu'après l'expiration d'un délai d'un mois suivant la notification de la demande aux créanciers inscrits.

JURISPRUDENCE OHADA

I. Caractère d'ordre public

Sur le caractère d'ordre public de l'article 133 de l'AUDCG, auquel les parties ne peuvent déroger par une clause contractuelle, voir sous l'art. 134.

II. Champ d'application de l'article 133

A. Existence d'un bail commercial ou professionnel

L'article 101 [devenu 133] de l'AUDCG n'a pas à s'appliquer tant que le caractère de bail commercial n'est pas établi (CA Douala, n° 39/REF, 8-1-2003 : J. Née N. T. c/ E. N. R., F. Aho et al. ; OHADA : Jurisprudences nationales. Ed. Bénin Consulting Group, Cotonou (Bénin) : 2004, p. 44, 2CM23). Dans le même sens, CA Littoral, n° 39/Ref, 8-1-2003 : J. née N. T. c/ E. N. R., Ohadata J-07-51).

Obs. : cette décision rendue en application de l'article 101 devenu 133 de l'AUDCG est transposable. Il convient cependant d'y rajouter les baux professionnels, désormais couverts par le nouveau statut du « bail à usage professionnel » conformément aux articles 101 et suivants de l'AUDCG (version révisée de Lomé actuellement en vigueur).

Il ne s'applique donc pas :

– à un bail portant sur un terrain nu sans construction (CCJA, 3e ch., n° 017/2021, 28-1-2021 : Sassi Aya c/ Sté SCB SA) ;

– à un bail d'habitation ; partant, la mise en demeure préalable prévue par ce texte n'est requise que pour les baux commerciaux (CA Abidjan (Côte d'Ivoire), 2e ch. civ. et com., n° 75, 9-2-2007 : N., T., Y. et L c/ A., Ohadata J-10-13, Ohadata J-09-287, Ohadata J-09-153 ; Juris-Ohada, n° 2/2009, avr.-juin, p. 37).

Mais les articles 101 et 102 [devenus 133 et 134] de l'AUDCG général ne sauraient s'appliquer en l'espèce, lorsque le directeur général du Patrimoine Bâti a mis fin aux relations contractuelles non pas parce qu'il estimait que les preneurs ne payaient pas le loyer ou ne respectaient pas les clauses et conditions du bail mais plutôt parce que l'État guinéen a souscrit un bail à construction en faveur d'un opérateur économique, lequel bail porte sur le site donné à bail aux demandeurs au pourvoi (CCJA, 1e ch., n° 40, 10-6-2010 : K c/ 1 – Agence judiciaire de l'État de Guinée ; 2 – N ; 3 – K., Juris-Ohada, n° 4/2010, oct.-déc. p. 28, Ohadata J-11-84, J-12-37).

Obs. : en 1988, la Direction nationale du service de gestion du patrimoine public a donné à bail commercial des locaux appartenant au patrimoine public. En 1993, 1995 et en 2002, les baux ont été renouvelés par conventions écrites pour une durée de trois ans renouvelables chacun. Il convient de souligner que les baux commerciaux avaient été signés avant l'entrée en vigueur de l'AUDCG et prévoyaient en leur article 8 la résiliation de plein droit par voie de lettre recommandée avec accusé de réception ou par voie de lettre de mise en main propre et décharge datée et signée par le destinataire. S'il n'y avait pas eu cette clause spécifique au contrat, les dispositions de l'AUDCG précitées exigeant une mise en demeure auraient sans doute été applicables. En l'espèce, ce sont les baux consentis par la Direction nationale du service de gestion du patrimoine qui ont été résiliés plus tard.

Occupant régulier. Les dispositions des articles 101 et 102 [respectivement devenus 133 et 134] de l'AUDCG ne sont applicables qu'à l'occupant régulier. Le demandeur qui n'était ni preneur ni sous-locataire régulier ne peut s'en prévaloir (CCJA, ass. plén., n° 126, 11-11-2014 : FOKUI MEUDJE Jean c/ SIKAM Clément, Ohadata J-15-216).

B. Violation des clauses et conditions du bail

L'article 101 [devenu 133] de l'AUDCG ne peut s'appliquer que si l'une des parties contractantes ne respecte pas les clauses et conditions du bail. Lorsque ce n'est pas le cas, le moyen tiré de la violation de l'article précité est inopérant et la cour d'appel, en ordonnant l'expulsion du preneur des locaux loués, n'a pas violé la loi (CCJA, 2e ch., no 32, 3-7-2008 : Métalux SARL c/ B., Juris-Ohada no 4/2008, p. 15, Ohadata J-09-71 ; CCJA, no 032, 3-6-2008 : Sté Métalux SARL c/ C. B., Actualités juridiques no 60-61, p. 426, note anonyme, Ohadata J-09-314).

Obs. : dans le cas d'espèce, le requérant au pourvoi soutenait que par la mise en demeure adressée au preneur, « le bailleur manifestait simplement son intention de ne pas renouveler le bail ».

Dans le même sens, ne recevant la résiliation judiciaire que pour le cas de violation des clauses et conditions du bail (TPI Bangangté, no 10/CIV, 17-4-2003 : T. D. c/ Sté G.D.B., Ohadata J-05-166).

C. Caractère alternatif des causes de résiliation prévues

Sur un arrêt de la CCJA ayant retenu le caractère alternatif des causes de résiliation prévues par l'art. 101 [devenu 133], voir sous « Mise en demeure », « Mises en demeure régulières », « Mise en demeure comportant la mention requise », « b. Mention suffisante d'une des clauses ou conditions violées ».

D. Inapplication de l'article 133 à une cession du droit au bail

Voir sous l'art. 118 (CCJA, 1e ch., no 197/2024, 27-6-2024).

III. Titulaires de l'action en résiliation du bail

Il a été jugé, en application de la version antérieure de l'AUDCG, que seul le bailleur a la qualité pour demander la résiliation judiciaire du bail ; la demande formée par toute autre personne ne peut aboutir (TGI Bobo-Dioulasso (Burkina Faso), no 219, 21-6-2006 : AD S. S. S. c/ O. L., Ohadata J-09-89).

Obs. : 1)- en ce qui concerne le titulaire de l'action en résiliation et en expulsion du preneur qui ne respecte pas les conditions du bail, la décision rappelle que seul le bailleur peut l'exercer. Il faut préciser toutefois qu'en cas de décès du bailleur (comme ce fut le cas en l'espèce), ses ayants droit sont habilités à exercer cette action. En dehors de ces personnes, les tiers n'ont pas qualité pour exercer l'action. 2)- L'action en résiliation est désormais clairement ouverte à chacune des parties au bail qui déplore le non-respect par l'autre partie des clauses et conditions du bail. Bien qu'elle ne fût pas clairement mentionnée dans l'article 101 de l'ancienne version de l'AUDCG, la possibilité d'agir contre le bailleur en cas de violation de clauses du bail existait déjà au profit du preneur. La nouvelle formulation de l'article 133, al. 1 apporte une clarification pour lever toute équivoque.

Voir, dans le même sens et retenant la qualité de bailleur du concessionnaire du local appartenant à une commune conformément à l'article 103 de l'AUDCG (CCJA, 1e ch., no 084, 28-3-2019 : Youssouf Soumaoro c/ Abdoulaye Bathily).

Sur le droit de l'acquéreur d'un local donné à bail de solliciter l'expulsion du locataire de l'immeuble loué, en raison de l'expiration du congé donné preneur aux fins de reprise des lieux et pour non-paiement de loyers échus, voir sous l'art. 110 (Ohadata J-10-36 et J-09-271).

Action en résiliation introduite après l'entrée en vigueur de l'AUDCG initial. La résiliation judiciaire d'un bail signé le 26 février 1985 et l'expulsion subséquente sont régies par l'AUDCG, dès lors que la procédure de résiliation a été engagée après l'entrée en vigueur de l'AUDCG (CA Lomé (Togo), ch. civ., no 016/10, 28-1-2010 : Sieur K. K. M. c/ A. E. A., Ohadata J-11-99).

IV. Caractère judiciaire de la résiliation

En application de l'article de l'article 101 [devenu 133] de l'AUDCG, même en cas de non-paiement du loyer, la résiliation du bail commercial et l'expulsion corrélative du preneur ne peuvent être prononcées que suivant une procédure judiciaire. Il s'ensuit :

– qu'aucune juridiction n'ayant été saisie en l'espèce, aux fins de résiliation du bail et d'expulsion du preneur ou de tout occupant de son chef, l'ordonnance gracieuse sur requête excipée par le bailleur n'ayant fait qu'ordonner l'ouverture de l'entrepôt afin de procéder à l'inventaire des effets s'y trouvant, c'est en violation de l'article 133 précité qu'une cour d'appel déboute les parties de leurs demandes alors que le bailleur a profité de l'ouverture pour enlever les biens du local ; cassation de l'arrêt. Sur l'évocation et pour les mêmes motifs que ceux ayant entraîné la cassation, il y a lieu d'infirmer l'ordonnance du juge des référés et statuant à nouveau, d'ordonner la cessation du trouble sous astreinte de 50 000 FCFA/jour de retard (CCJA, 2e ch., no 046, 23-3-2017 : Mangadji Rachidatou épse B. c/ Angoue Hassan, Tomo Ernest, Ohadata J-17-193) ;

– qu'un nouveau bailleur ayant entrepris, dès le 4 décembre 2007 et sans attendre la fin du congé donné au locataire le 6 septembre 2007, de démanteler le fonds de commerce du preneur, mettant ainsi unilatéralement fin de facto au bail, c'est à bon droit que l'indemnité d'éviction a été accordée au locataire et le pourvoi de l'acquéreur de l'immeuble doit être rejeté (CCJA, 2e ch., no 049, 23-3-2017 : Corea Thierno c/ N'diaye Patrick B. D., Ohadata J-17-196).

Obs. : l'art. 133 de l'AUDCG prévoit deux modes de résiliation d'un bail : une résiliation prononcée par la juridiction compétente (al. 2) et une résiliation constatée par la juridiction statuant à bref délai en présence d'une clause résolutoire de plein droit (al. 4). Les décisions ci-dessus nous rappellent que dans les deux cas, la résiliation doit être judiciaire. La détermination de la juridiction compétente est présentée ci-après.

V. Mise en demeure

A. Condition requise

L'exigence d'une mise en demeure préalable à l'action en résiliation du bail est strictement imposée par les juridictions, sous peine d'irrecevabilité de la demande (TGI Bobo-Dioulasso (Burkina Faso), n° 219, 21-6-2006 : AD S. S. Siméon c/ O. L., Ohadata J-09-89 ; TPI Abidjan (Côte d'Ivoire), Sec. de Grand-Bassam, n° 163, 28-6-2006 : Socico c/ K. F., Ohadata J-08-48).

Dans le même sens, précisant que le formalisme prévu à l'article 101 [devenu 133] de l'AUDCG est d'ordre public et qu'il ne peut y être dérogé, avant de débouter le bailleur qui n'a pas fait une mise en demeure préalable (T. com. Pointe-Noire (Congo), n° 054, 19-7-2011 : Mme I. A. c/ S. F. et S. S., Ohadata J-13-80).

La résiliation d'un bail commercial est régie par les dispositions impératives de l'article 101 [devenues 133] de l'AUDCG, auxquelles ne peut déroger le contrat liant les parties. En application de ces dispositions, l'expulsion judiciaire du preneur d'un bail commercial est obligatoirement précédée d'une mise en demeure par voie d'huissier de justice, reprenant sous peine de nullité les mentions dudit article. Encourt la cassation l'arrêt qui a validé une procédure menée en violation de la disposition précitée (CCJA, ass. plén., n° 067, 25-4-2014 : SOU SIE Sylvain c/ Sté de Construction et de Gestion Immobilière du Burkina (Socogib), Ohadata J-15-158).

La cour d'appel qui, après avoir relevé que le défendeur bénéficiait d'un bail à usage professionnel, a jugé que le demandeur ne pouvait se prévaloir de la qualité de bailleur dans le cadre dudit contrat et qu'aucune mise en demeure préalable n'avait été faite au preneur, a fait un usage approprié de l'article 133 de l'AUDCG invoqué au moyen, en rejetant la demande d'expulsion (CCJA, 1e ch., n° 064, 14-3-2019 : Tombou Traoré c/ Ladji Drame).

L'article 133, al. 3 de l'AUDCG, qualifié d'ordre public par l'article 134 du même texte, prévoit, à peine de nullité, les mentions que doit comporter la mise en demeure. En l'espèce, l'arrêt querellé, pour approuver la régularité de la déclaration de l'acte d'huissier prononcée par le premier juge, s'est principalement fondé sur le délaissement de la mise en demeure effectué par l'huissier conformément aux règles de procédures civiles ivoiriennes applicables et non sur l'absence de la preuve d'un grief qui, dans l'arrêt attaqué, est un élément de motivation superfétatoire ; en statuant comme elle l'a fait, la cour d'appel a donné une base légale à sa décision ; que le moyen tiré du défaut de base légale est infondé (CCJA, 2e ch., n° 186/2020, 28-5-2020 : Lepréon Flora Colombe c/ Ette Emien Théodore Venant).

B. Mise en demeure non exigée d'un bailleur auquel la cession non autorisée du bail est inopposable

En cas de cession de bail, les articles 118 et 119 de l'AUDCG prescrivent la notification de cette cession au bailleur ou au nouveau propriétaire. Lorsque cette formalité n'est pas respectée, la cession leur est inopposable puisqu'inconnue d'eux et elle ne saurait produire un quelconque effet à leur égard. En conséquence, la mise en demeure préalable à toute expulsion ne s'impose pas au bailleur ou au nouveau propriétaire auquel la cession du bail n'a pas été notifiée. C'est donc à tort qu'il leur est reproché la violation de l'article 133 de l'AUDCG en ce qu'ils n'ont adressé aucune mise en demeure préalable avant l'expulsion de l'occupant (CCJA, 2e ch., n° 084/2021, 27-5-2021 : Romoun Abi Astride Sorelle c/ Santa Lucia Cameroun SARL, SCI-Holding).

C. Mise en demeure exigée même en cas de perte par le preneur de son droit au renouvellement

Il ressort des dispositions d'ordre public de l'article 133 de l'AUDCG que la demande de résiliation pour non-respect des clauses ou conditions du bail doit être précédée d'une mise en demeure indiquant les clauses et conditions non respectées et informant le destinataire qu'à défaut de s'exécuter dans un délai d'un mois de la réception de la mise en demeure, la juridiction compétente sera saisie aux fins de résiliation et d'expulsion. En l'espèce, le bailleur ayant assigné le preneur en résiliation de bail et en expulsion au motif que celui-ci avait perdu son droit au renouvellement du bail pour n'avoir pas formé de demande de renouvellement dans le délai légal imparti, c'est en violation de l'article 133 précité qu'une cour d'appel a confirmé le jugement qui a prononcé la résiliation du bail sur le seul fondement des articles 133 et 121 de l'AUDCG, sans vérifier que les conditions d'application du premier de ces articles étaient réunies, exposant l'arrêt attaqué à la cassation (CCJA, 2e ch., n° 331/2024, 28-11-2024).

D. Contenu : absence d'obligation d'indiquer la juridiction compétente

Il ne résulte pas de l'article 133 de l'AUDCG, contrairement à ce que soutient la requérante, que la mise en demeure aux fins de résiliation d'un bail doit indiquer nommément la juridiction compétente appelée à statuer sur la demande au cas où le destinataire ne s'exécuterait pas dans le délai imparti ou qu'une mise en demeure qui ne désigne pas nommément la juridiction compétente est nulle. En fait ainsi une juste application, la cour d'appel qui, statuant en l'espèce, a retenu que la mention de l'exploit de mise en demeure « qui informe le preneur qu'à défaut de s'exécuter dans un délai d'un mois à compter de la réception du présent exploit, la juridiction compétente statuant à bref délai sera saisie, aux fins de résiliation du bail et d'expulsion, le cas échéant, du preneur et de tout occupant de son chef, est conforme aux prescriptions de l'article 133 susvisé et rend par conséquent la mise en demeure régulière » (CCJA, 1e ch., no 043/2024, 22-2-2024).

E. Caractère préalable de la mise en demeure : obligation de la notifier dans un acte séparé avant l'assignation

Il résulte de l'article 133, alinéas 1 à 3 de l'AUDCG que la mise en demeure est un préalable à l'assignation en résiliation du bail et en expulsion, et de ce fait doit être notifiée à l'occupant dans un acte séparé de l'assignation qui, elle, est l'acte introductif d'instance résultant de l'inaction du locataire après sommation à lui faite de respecter les clauses ou conditions du bail dans le délai d'un mois. La formalité de mise en demeure avant la saisine de la juridiction compétente est d'ordre public conformément à l'article 134 de l'AUDCG. C'est donc en violation des dispositions précitées qu'une cour d'appel a confirmé la décision du premier juge dans toutes ses dispositions, en l'absence d'une mise en demeure préalable à sa saisine et en confondant celle-ci à l'assignation en résiliation du bail et en expulsion, exposant l'arrêt attaqué à la cassation. Sur l'évocation, il y a lieu de relever d'office que c'est méconnaissance du caractère d'ordre public de l'article 133 de l'AUDCG qui subordonne la recevabilité de l'action en résiliation du bail professionnel et en expulsion, à la formalité d'une mise en demeure préalable, que le premier juge, statuant sur l'exception d'irrecevabilité de la demande, a retenu que « s'agissant du moyen tenant à l'absence de commandement, il suffit de faire remarquer que cette formalité dont la violation n'est nullement sanctionnée par la loi, est ici strictement respectée dès lors que l'exploit introductif intitulé mise en demeure-assignation fait injonction au défendeur d'avoir à se conformer au contrat de bail en payant les loyers dus ce, dans un délai d'un mois à compter de la réception de l'acte ; qu'il y a lieu de rejeter en conséquence la fin de non-recevoir comme non fondée [...] ». Pour les mêmes motifs que ceux ayant justifié la cassation, il échet d'infirmer sa décision et de déclarer irrecevable la demande (CCJA, 1e ch., no 111/2024, 28-3-2024).

F. Notification de la mise en demeure

Validité de la notification par tout moyen suffisant. L'obligation de recourir à un acte extrajudiciaire pour formaliser la mise en demeure, requis sous l'empire de l'ancien article 101 de l'AUDCG et imposé par les tribunaux (TGI Bobo-Dioulasso (Burkina Faso), no 32, 2-2-2005 : S. M. c/ GRAPHI-SERVICE, Ohadata J-09-63), est désormais caduque, l'article 133, al. 2 actuel de l'AUDCG validant la mise en demeure faite par « tout moyen permettant d'établir sa réception par le destinataire ».

G. Mises en demeure régulières

1o Commandement de payer suivi d'une assignation

Le commandement de payer suivi d'une assignation réitérée par un avenir est valable dès lors que le délai de mise en demeure préalable d'un mois exigé par l'article 101 [devenu 133] pour la saisine du tribunal a été respecté (TRHC Dakar, 2-12-2003 : O. K. – Sté A.T.E.C c/ A. D, M. A. G., A. B. Ly, Ohadata J-03-204).

Sur l'assimilation, par la CCJA, d'un commandement de payer remplissant les conditions prévues à une mise en demeure valable au sens de l'article 101 [devenu 133], voir aussi (CCJA, 1e ch., no 065, 15-3-2018 : Sté Dakar Résidences c/ Caisse de Sécurité Sociale).

2o Mise en demeure comportant la mention requise

a. Indication des clauses ou conditions violées

La mise en demeure qui comporte la reproduction intégrale de l'article 101 [devenu 133] et la mention selon laquelle le preneur « dispose du délai d'un mois à compter de la signification des présentes, pour honorer les termes du contrat de bail et du présent acte, faute de quoi, il sera procédé judiciairement » est valable. Le moyen selon lequel si les termes dudit article sont reproduits dans la mise en demeure, nulle part n'y figure l'information au preneur qu'à défaut de paiement ou de respect des clauses et conditions du bail dans un délai d'un mois, la résiliation sera poursuivie alors que cette mention est prescrite à peine de nullité doit être rejetée (CCJA, 3e ch., no 60/2012, 7-6-2012 : Sté Camerounaise de Divertissements et de Commerce (SOCADIC) c/ Kadji Defosso Joseph).

Obs. : cet arrêt a été rendu en application de l'article 101 de l'AUDCG, qui n'exigeait pas l'indication dans la mise en demeure, des clauses et conditions spécifiques qu'il est demandé à la partie mise en demeure de respecter. Il était reproché à la mise en demeure de ne pas comporter, en plus de la reproduction intégrale de l'art. 101 qui y figurait déjà, l'information du preneur selon laquelle à défaut de paiement ou de respect des clauses et conditions du bail dans un délai d'un mois, la résiliation sera poursuivie, alors que cette mention est prescrite à peine de nullité. La CCJA a considéré, à juste titre, que la mention selon laquelle « [le preneur] dispose du délai d'un mois à compter de la signification des présentes, pour honorer les termes du contrat de bail et du présent acte, faute de quoi, il sera procédé judiciairement », supplée largement la formule exigée, formule qui d'ailleurs est incluse dans l'article 101 qui figure dans l'exploit. Cependant, depuis l'entrée en vigueur de la version révisée de l'AUDCG, l'article 133, al. 2 exige désormais qu'« à peine de nullité, la mise en demeure doit indiquer la ou les clauses et conditions du bail non respectées et informer le destinataire qu'à défaut de s'exécuter dans un délai d'un mois à compter de sa réception, la juridiction compétente statuant à bref délai est saisie aux fins de résiliation du bail et d'expulsion, le cas échéant, du preneur et de tout occupant de son chef ». La solution de la CCJA présentée dans l'arrêt ci-dessus est désormais caduque sur ce point.

b. Mention suffisante d'une des clauses ou conditions violée

Le non-paiement des loyers étant suffisant pour l'application de l'article 101 [devenu 133] de l'AUDCG, l'insertion d'une mention relative à la violation de toutes autres clauses et conditions du bail dans la mise en demeure est superfétatoire, la conjonction « ou » utilisée dans cette disposition étant alternative (CCJA, 3e ch., n° 60/2012, 7-6-2012 : Sté Camerounaise de Divertissements et de Commerce (SOCADIC) c/ Kadji Defoso Joseph).

L'arrêt qui, pour confirmer l'ordonnance du premier juge, a retenu « qu'en l'espèce, il est indéniable que la mise en demeure [...] a mentionné le défaut de paiement de loyer à terme échu ; qu'il convient de noter que l'article 6 du contrat de bail fait de la résiliation, la sanction du défaut de paiement de loyer à terme échu ; que le premier juge a fait une bonne et saine application de la loi », n'a en rien violé l'article 133, alinéa 3 de l'AUDCG (CCJA, 1e ch., n° 264/2024, 24-10-2024).

Obs. : décision rendue en application de l'ancien art. 101 de l'AUDCG, mais transposable, car le nouvel article 133 prévoit aussi des conditions alternatives, tant pour la résiliation demandée en justice que pour celle résultant de l'acquisition d'une clause résolutoire.

H. Mises en demeure irrégulières ou inexistantes

1° Actes ne valant pas la mise en demeure requise

N'ont pas été jugés valant la mise en demeure requise par l'article 101 [devenu 133] les actes suivants :

– la mise en demeure adressée à un preneur un dimanche sans autorisation de la juridiction compétente comme l'exige la législation [nationale] relative aux exploits d'huissiers ; cette mise en demeure est nulle, si bien que la demande de résiliation du bail et d'expulsion du locataire par le bailleur doit être déclarée irrecevable (TPI Bafoussam, n° 63, 2-9-2005 : Me G. c/ D. A., Ohadata J-07-64) ;

– l'« exploit de congé » servi au preneur, car il n'est pas une mise en demeure valable ; la procédure d'expulsion subséquente est entachée d'une nullité formelle et le jugement entrepris doit être infirmé en ce qu'il a, sur la base de l'article 1728 du Code civil, prononcé la résiliation du bail et ordonné l'expulsion du preneur ; la réintégration du preneur doit être ordonnée (CA Abidjan (Côte d'Ivoire), 4e ch. civ. et com., n° 670, 2-6-2006 : M. M. B. A. c/ Ayants-droit de Feu El Hadji V. D., obs. J. Issa-Sayegh, Ohadata J-11-28) ;

Obs. : le congé met un terme au bail mais ne comporte pas une demande d'exécution des obligations prévues au bail.

– la mise en demeure qui n'est pas conforme à l'article 101 [devenu 133] de l'AUDCG en ce qu'elle ne reproduit pas intégralement le contenu de cette disposition comme le prescrit cette dernière n'est pas valable et l'arrêt qui a validé une mise en demeure reproduisant partiellement les dispositions de l'article 101 précité en omettant son avant-dernier et son dernier alinéa encourt la cassation (CCJA, 3e ch., n° 200, 29-12-2016 : Pascal Kipret c/ Héritiers feu Moussa Badoulaye Traore, Ohadata J-17-140).

Obs. : cette décision est fondée sur l'article 101 de l'AUDCG du 17-4-1997 qui exigeait la reproduction intégrale de l'article 101 dans toute mise en demeure, sous peine de nullité. En tant que telle, cette décision est pertinente pour les résiliations régies par l'AUDCG du 17-4-1997 mais non pour l'art. 133 de l'AUDCG actuellement en vigueur, qui n'exige plus la reproduction intégrale de l'article 133 dans une mise en demeure.

– l'assignation en justice, qui ne peut tenir lieu de mise en demeure extrajudiciaire en la matière. L'article 101 [devenu 133] de l'AUDCG exige, avant toute action en résiliation d'un bail commercial, une mise en demeure par acte extrajudiciaire. Lorsque l'assignation mentionne les mois de juin et mai 2011, alors que le seul exploit de mise en demeure produit au dossier concerne les loyers de mars et avril 2011 déjà réglés, c'est en violation des prescriptions d'ordre public de l'article 101 [devenu 133] précité qu'une cour d'appel qui, tout en reconnaissant le paiement des loyers de mars et avril 2011, a retenu que les loyers réclamés concernent de mai et juin 2011 que la locataire n'aurait pas payés. Sur l'évocation et pour les mêmes motifs que ceux qui ont entraîné la cassation, il y a lieu d'infirmer le jugement entrepris et de déclarer la demande du bailleur irrecevable en l'état ; en conséquence, le preneur a droit à la réintégration dans les lieux (CCJA, 1e ch., n° 121/2019, 25-4-2019 : Ouattara Nan c/ SCI Azuretti).

Actes incertains : sommation de payer. Il a été jugé :

– d'une part, que la sommation de payer et de libérer les lieux loués adressée par le bailleur au preneur ne saurait être assimilée à la mise en demeure que l'article 101 [devenu 133] de l'AUDCG impose au bailleur de respecter avant toute résiliation d'un bail commercial à durée indéterminée (CA de l'Ouest, n° 11/civ., 9-10-2002 : K. A. c/ F. C., Ohadata J-04-227) ;

– d'autre part, implicitement, qu'une « sommation de payer et de libérer [les lieux] » signifiée par voie d'huissier en présence d'un contrat comportant une clause de résiliation de plein droit prévoyant qu'« à défaut de paiement d'un seul terme de loyer à son échéance, ou d'inexécution d'une quelconque des clauses du bail, le présent contrat sera résilié de plein droit sans formalité judiciaire, huit jours après une simple mise en demeure par lettre recommandée de payer ou de remplir les clauses du bail » est valable (TPI Douala-Bonanjo (Cameroun), n° 4, 16-2-2010 : N. P. T., administrateur de la succession P. J. demeurant à Douala c/ T. F. Gabriel, Ohadata J-12-231).

Obs. : à notre avis, l'article 133 n'imposant aucune forme particulière à la mise en demeure qu'il prescrit, toute interpellation qui somme son destinataire d'avoir à exécuter les obligations convenues au bail dans le délai prévu vaut mise en demeure.

2° Conséquences d'une mise en demeure irrégulière ou inexistante

a. Assimilation à une absence de mise en demeure

La mise en demeure qui ne respecte pas les exigences de l'article 101 [devenu 133] de l'AUDCG n'est pas valable ; dans ce cas le tribunal constate l'absence de mise en demeure et déboute le bailleur de son action en résiliation judiciaire du bail (TPI Yaoundé (Cameroun), Centre Administratif, Ord. n° 477/C, 1-9-2008 : Sté AGF Cameroun Assurances c/ Techni-Cameroun, Journal Le Jour, Faty and Sister Compagny, Ohadata J-09-225).

Obs. : la demande devrait être déclarée irrecevable, puisqu'elle est une condition de l'action en justice. Or en déboutant le bailleur, le tribunal donne l'impression d'avoir considéré la demande du bailleur comme recevable en la forme mais non justifiée au fond.

b. Effet de l'absence de mise en demeure

Irrecevabilité de la résiliation. À défaut de mise en demeure valable, la demande de résiliation (ou de constatation du jeu de la clause résolutoire de plein droit), est irrecevable et la résiliation du bail ne peut pas être prononcée (CA Bobo-Dioulasso (Burkina Faso), ch. civ. et com., n° 12, 6-3-2006 : G. A. c/ T. A., Ohadata J-09-399 ; CA Littoral (Cameroun), n° 132/CC, 3-11-2008 : N. P. R. c/ N. née C. E., Ohadata J-10-256 ; TPI Gagnoa (Côte d'Ivoire), n° 255, 28-12-2005 : D. T. Née G. B. c/ K. E., Ohadata J-09-194).

c. Conséquences d'une résiliation non fondée

1. Annulation de la procédure

Si la résiliation a été prononcée à tort et l'expulsion du locataire du locataire ordonnée, la procédure de résiliation et l'ordonnance d'expulsion qui en ont résulté doivent être frappées de nullité (CA Abidjan, n° 985, 31-10-2000, Ohadata J-03-198 ; Juris-Ohada, n° 2/2003, avr.-juin 2003, p. 45, note anonyme ; CA Douala, n° 222/CIV, 14-3-2003 : N. N. B. c/ N. G., F. Aho et al. ; OHADA : Jurisprudences nationales. Ed. BENIN CONSULTING GROUP, Cotonou (Bénin) : 2004, p. 47, 2CM24, précisant que les parties doivent alors être remises au même et semblable état où elles étaient avant l'ordonnance d'expulsion ; TGI de la Menoua à Dschang, n° 28/CIV, 10-3-2003 : Amicale des Anciens Combattants, Anciens militaires et victimes de Guerre de la Menoua c/ Z. P., Ohadata J-05-111).

2. Maintien du locataire

Le locataire qui n'a pas été régulièrement expulsé doit être maintenu dans les lieux dès lors :

– qu'il a été expulsé de fait, aucune décision de justice n'ayant ordonné son expulsion dudit local (CA Abidjan, n° 361, 27-3-2001 : N c/ A, Juris-Ohada, n° 1/2003, janv.-mars 2003, p. 54, Ohadata J-03-118) ;

– que l'expulsion a été poursuivie sans congé préalable comme l'exige l'article 101 [devenu 133] de l'AUDCG, le juge des référés étant compétent pour ordonner le maintien (CA Abidjan, ch. civ. et com., n° 774, 9-7-2004 : Sté SOTRANSYA c/ Sté IBN TRANSPORTS, Ohadata J-05-326).

Obs. : l'expression « congé » utilisée dans cette décision est inappropriée et doit s'entendre plutôt d'une mise en demeure.

3. Réintégration du preneur dans les lieux

S'agissant d'un restaurant, le bailleur qui n'a pas respecté les termes du contrat faisant obligation à la partie voulant se dégager, pour des raisons justifiées, d'en informer l'autre un mois avant la rupture effective, et qui ne s'est pas non plus conformé aux prescriptions d'ordre public de l'article 101 [devenu 133] de l'AUDCG, a commis une voie de fait qu'il convient de faire cesser en ordonnant la réouverture du restaurant et la réintégration du preneur dans les lieux (CA Daloa, n° 295, 20-11-2002 : K.K. c/ S.G, Juris-Ohada, n° 4/2005, juill.-sept. 2005, p. 32, Ohadata J-06-19).

4. Le non-respect de la forme de résiliation n'entraîne pas la réintégration du preneur dans les locaux qui ne respecte pas les conditions du bail

Si le non-respect des règles de formes relatives à la résiliation d'un bail commercial justifie l'irrégularité de la rupture dudit bail et l'expulsion du preneur, il ne saurait fonder la réintégration d'un preneur qui ne paie pas ses loyers et méconnaît la destination des lieux loués telle qu'elle résulte du bail. Statuant à nouveau, le preneur commercial protégé par la procédure de résiliation prévue par l'article 133 de l'AUDCG est celui qui est en règle vis-à-vis de ses engagements contractuels ; pour les mêmes motifs que ceux justifiant la révision, il y a lieu pour la CCJA de rejeter le pourvoi en ce qu'il tend à la réintégration du preneur dans les lieux loués (CCJA, 1e ch., nº 185/2021, 11-11-2021 : SCI La Dune d'Esterias c/ Roger Lauture).

d. Nécessité d'une nouvelle mise en demeure

Une nouvelle mise en demeure est nécessaire :

– après réintégration du locataire, car la décision de justice prononçant la réintégration du preneur d'un bail commercial dans le local a replacé les parties dans les conditions initiales du bail, si bien qu'une nouvelle action en expulsion ne peut être valable qu'après l'accomplissement de cette formalité, conformément à l'article 101 [devenu 133] de l'AUDCG (TGI du Littoral, nº 263, 16-3-2000 : Magzi c/ Sté Diana Sicac SA, Ohadata J-05-20) ;

– après taxation des frais de procédure : le chèque en tant qu'instrument de paiement étant libératoire dès sa remise, sauf défaut ou insuffisance de provision, le paiement fait par chèque couvrant le principal est parfaitement valable ; toute autre somme dont le paiement est réclamé doit faire l'objet d'un commandement préalable comme l'exige l'article 101 [devenu 133] de l'AUDCG (TRHC Dakar, 5-5-2003 : SAI – Libération c/ J. C. R., Ohadata J-03-210) ;

Obs. : l'expression « commandement préalable » utilisée dans cette décision doit s'entendre plutôt d'une mise en demeure.

– en cas de non-respect de l'échéancier résultant d'un procès-verbal de conciliation homologué entre un bailleur et son preneur (CA Dakar, nº 236, 13-4-2001 : T. M. c/ Sté Communication 7 SA, F. Aho et al. ; OHADA : Jurisprudences nationales. Ed. Bénin Consulting Group, Cotonou (Bénin) : 2004, p. 19, 2SN8).

I. Validité, en appel, de la mise en demeure ayant précédé la décision rendue en première instance

C'est à tort qu'il est reproché à un arrêt d'avoir violé par mauvaise application l'article 101 de l'AUDCG, en retenant qu'un commandement de payer n'est pas nécessaire pour réclamer le surplus d'une créance de loyers, dès lors que le bailleur a respecté les dispositions de l'article 101 alinéa 2 de l'AUDCG en adressant un commandement de payer une somme d'argent. En l'espèce, la cour d'appel n'a pas violé le texte précité en fondant sa décision sur l'article 273 alinéa 2 du nouveau code de procédure civile du Sénégal qui permet de faire des demandes en cause d'appel sur des arrérages, loyers et autres accessoires échus depuis la décision de première instance dès lors que des loyers se sont accumulés depuis le rendu du jugement de première instance (CCJA, 1e ch., nº 065, 15-3-2018 : Sté Dakar Résidences c/ Caisse de Sécurité Sociale).

VI. Résiliation par le juge

A. Motifs de résiliation

1º Défaut de paiement du loyer

a. Manquement à une obligation d'ordre public

Les dispositions de l'article 133 de l'AUDCG étant d'ordre public et s'imposant aux parties et aux juridictions, la circonstance de la mise en vente d'un immeuble loué ne dispensait pas le locataire de son devoir de paiement des loyers. C'est donc à juste titre que, constatant le refus du locataire de se soumettre à cette obligation substantielle, a prononcé la résiliation du bail. L'expulsion subséquente du locataire et des personnes de son chef était justifiée et il convient de rejeter le moyen (CCJA, 3e ch., nº 049/2018, 1-3-2018 : Toure Deury c/ Ali Ahmat Abacar et Mahamat Adoum Abacar).

b. Preuve par les quittances produites par le bailleur

Le défaut de paiement des loyers est avéré lorsque des quittances, émises et produites par le bailleur, établissent que le preneur est redevable des loyers réclamés (TRHC Dakar, 2-12-2003 : O. K. – Sté A.T.E.C c/ A. D, M. A. G., A. B. L., Ohadata J-03-204 ; TRHC Dakar, 3-1-2001, nº 55, M. N. c/ Commune d'arrondissement de Dieuppel Derklé, Ohadata J-05-6 ; TRHC Dakar, nº 2004, 3-12-2003 : M. M. c/ L. F. et P. K., Ohadata J-04-267).

c. Reconnaissance du défaut de paiement par le preneur

Le défaut de paiement des loyers est établi lorsque le preneur ne conteste pas la demande de paiement de ces loyers (TPI Gagnoa (Côte d'Ivoire), nº 37/36, 15-2-2005 : D. G. c/ La Coopérative COODIF de Ouragahio, Ohadata J-08-38 ; CA Abidjan, ch. civ. et com., 1-4-2005 : B. S. c/ T. S., Ohadata J-09-157, retenant que c'est à juste titre que les premiers juges ont alors ordonné la résiliation d'un bail commercial et l'expulsion du preneur).

d. Défaut de preuve par le preneur du paiement

Le preneur qui :

– prétend avoir régulièrement payé les loyers sans produire le moindre justificatif des versements démontre à suffisance la violation de ses obligations contractuelles et c'est à bon droit que le premier juge a prononcé la résiliation du bail et ordonné son expulsion des lieux ; confirmation de la décision (CA Lomé (Togo), ch. civ. et com., n° 057/2010, 29-4-2010 : L. B. c/ O.-K. M. A. et K. D., Ohadata J-11-102 ; CCJA, 3e ch., n° 023, 25-2-2016 : SCI Borija c/ Aib SARL., Ohadata J-16-225 ; CCJA, 1e ch., n° 048, 18-3-2016 : Anon Seka c/ Gecos Formation SARL, Ohadata J-16-250, jugeant qu'en l'absence de la preuve de l'accord qu'elle prétend avoir conclu avec l'ex-époux, loi des parties qui aurait pu s'imposer à l'administrateur séquestre des biens immobiliers dépendant la communauté des ex-époux, qui n'en serait que tiers exécutant, c'est à bon droit que le tribunal a condamné la preneuse d'un bail à payer la somme de 18 240 000 Francs, prononcé la résiliation de son bail, et ordonné son expulsion et celle des occupants de son chef des lieux loués ; son jugement mérite d'être confirmé en toutes ses dispositions ; et sans preuve de mauvaise foi de la preneuse, les prétentions de l'administrateur séquestre relatives aux dommages-intérêts ne peuvent prospérer ; CCJA, 2e ch., n° 073, 21-4-2016 : La SCI Choucair et Frères c/ SGBCI SA, Ohadata J-17-22, jugeant que c'est en violation des textes nationaux applicables qu'une cour d'appel a rejeté l'action en paiement d'un bailleur impayé au motif que le preneur aurait acquis les locaux loués, dès lors que la vente du bien immobilier n'a été matérialisée par aucun acte notarié, exposant ainsi son arrêt à la cassation. Sur l'évocation et pour les mêmes motifs que ceux ayant entraîné la cassation, le seul lien qui demeure entre les parties est le bail conclu en 1980, la défenderesse ne produisant en l'espèce aucun acte de vente, nonobstant la présentation par elle des courriers de ses notaires sur un projet de vente, alors que la forme notariée de la vente immobilière est prescrite à peine de nullité) ;

– conteste le montant des arriérés réclamé par le bailleur sans verser aux débats la moindre pièce rapportant la preuve contraire et qui n'a pas conclu sur le montant réajusté réclamé doit être condamné, dès lors qu'il reconnaît avoir fait une rétention des loyers pour obtenir du bailleur une réponse à sa demande de révision du contrat, a réglé partiellement les loyers en cours d'instance et reste redevable de loyers échus (CCJA, 2e ch., n° 5, 2-2-2012 : SCI Lumière c/ IPM, Juris-Ohada, 2012, n° 4, oct.-déc. 2012, p. 19, Ohadata J-13-59).

Il n'appartient pas au bailleur de prouver que le loyer ne lui a pas été payé. Il incombe au preneur de faire la preuve de ce paiement qui correspond à l'exécution de son principal engagement contractuel ; il doit justifier d'un paiement régulier du loyer, en ce qu'il doit avoir été fait à bonne date et entre les mains du bailleur (CCJA, 1e ch., n° 185/2021, 11-11-2021 : SCI La Dune d'Esterias c/ Roger Lauture).

e. Constitution de sûretés sur d'autres immeubles

Les sûretés consenties sur d'autres immeubles ne font pas obstacle à la réclamation des loyers d'un immeuble spécifique (CCJA, 2e ch., n° 073, 21-4-2016 : SCI Choucair et Frères c/ SGBCI SA, précité).

2° Inexécution d'une clause du bail

La résiliation doit être prononcée en cas de :

a. *Changement de la destination des locaux*. Il en est ainsi :

– lorsque le locataire d'un immeuble initialement destiné à l'habitation y exploite un restaurant sans que le bailleur s'y oppose (CA Abidjan, n° 689, 5-6-2001 : E. B. M. c/ K. A. L., Ohadata J-04-100, retenant que le bail acquiert la nature commerciale et que sa résiliation doit se faire conformément à l'article 101 [devenu 133] de l'AUDCG) ;

– lorsque, le bail commercial initial a été transformé par le preneur en bail à usage d'habitation (TGI Ouagadougou (Burkina Faso), n° 192, 23-4-2003 : Ayants droit de Feu Y. T. c/ Réseau-Multimedia Burkina, Ohadata J-04-244, tenant aussi compte de l'accumulation de plusieurs mois d'impayés de loyer et du caractère infructueux de la mise en demeure adressée au preneur pour ordonner son expulsion et celle de tous occupants de son chef. Dans le même sens, TGI Menoua, n° 02/CIV/TGI, 10-10-2005 : K. M. c/ Amicale La Renaissance représentée par D. E., Ohadata J-07-43).

b. *Inexploitation du fonds de commerce prévue au bail* : il en est ainsi lorsque le preneur n'a jamais pu exploiter le casino pour lequel il a conclu le bail, faute d'autorisations administratives (TPI 1e classe, Lomé (Togo), ch. civ. et com., n° 533/2009, 6-3-2009 : L. R. c/ Gemac SARL, Ohadata J-11-115, exonérant le preneur du paiement des intérêts au taux légal, car les motifs expliquant la non-exploitation du casino sont compréhensibles et caractérisent la bonne foi du preneur).

c. *Sous-location, même partielle, non autorisée* : le bailleur qui a adressé une mise en demeure au preneur est fondé à réclamer la résiliation judiciaire d'un bail verbal, l'expulsion du preneur ainsi que le paiement de sa créance assorti de dommages-intérêts lorsque le preneur s'est abstenu de payer les loyers, a sous-loué une partie de l'immeuble à l'insu du bailleur et sans son consentement (TGI Ouagadougou (Burkina Faso), n° 046/08, 16-1-2008 : Héritiers de feu El Hadj O. S. O. c/ P. S., Ohadata J-09-380).

d. *Modification des caractéristiques des locaux non autorisée ni justifiée* : le fait pour le preneur d'ouvrir une troisième porte sans l'autorisation expresse du bailleur et sans prouver la nécessité impérieuse de sécurité pouvant justifier l'ouverture de ladite porte (en l'espèce l'injonction municipale) constitue une violation du bail pouvant justifier sa résiliation et l'expulsion du preneur (CA Abidjan (Côte d'Ivoire), 2e ch. civ. et com. B, n° 857, 29-7-2005 : Sté Les Virus Service c/ S. T., Ohadata J-08-32). Dans le même sens, au sujet de la transformation non autorisée résultant de la construction de boutiques sur les locaux loués (CA Bobo-Dioulasso (Burkina Faso), ch. com., n° 08/09, 22-4-2009 : D. H. c/ Sonar-IARD, Ohadata J-12-114).

e. *Délabrement notoire des locaux, constaté par les services d'hygiène dans un procès-verbal de constat d'infraction* sur les lois et règlements sur la protection de la santé publique et l'environnement urbain, qui ont adressé des menaces de sanctions administratives et pénales à l'encontre du locataire et du propriétaire de l'immeuble ; auquel s'ajoute le défaut d'assurance contre l'incendie pourtant prévu au contrat et un impayé de six mois de loyers (TPI Douala-Bonanjo (Cameroun), n° 35/CIV, 16-2-2011 : A. N., épse D. c/ N. H., Ohadata J-12-232).

f. *Défaut de paiement du loyer*

Sur une décision ayant précisé que le défaut de paiement du loyer constitue aussi l'inexécution d'une clause du bail, voir (CA du Centre (Cameroun), n° 619/CIV, 18-11-2011 : A. P. C. c/ T. J. B., Ohadata J-13-208).

B. Prononcé de la résiliation et de ses suites

Doivent être prononcées la résiliation du bail, l'expulsion du locataire et la condamnation au paiement des loyers échus lorsque le preneur :

– refuse de payer ses loyers après avoir reçu une mise en demeure conforme à l'article 101 [devenu 133] de l'AUDCG (TRHC, Dakar n° 2003, 3-12-2003 : M. F. c/ M. L., Ohadata J-04-266 ; TRHC Dakar, Ord. Réf. n° 1615, 6-10-2003 : Alamadies Immobilier SARL représentant D. N. c/ Sté Moustiques, Ohadata J-04-271 ; TRHC Dakar, n° 2004, 3-12-2003 : M. M. c/ L. F. et P. K., Ohadata J-04-267 ; TPI Bafoussam, n° 45/civ., 18-6-2004 : N. J. L. c/ M. N. E. J., Ohadata J-05-13) ; TPI 1e classe, Lomé (Togo), ch. civ. et com., n° 6633/2009, 13-3-2009 : Sieur F. T. R. c/ la Librairie Centrale du Togo, Ohadata J-11-37 ; CA du Littoral (Cameroun), n° 054/CC, 7-2-2011 : N. née M. c/ Y. N. H., Ohadata J-14-13).

– ne justifie pas du paiement des loyers dus dans le mois suivant la date de signification du commandement ; mais la demande d'exécution provisoire sur minute et avant enregistrement doit être rejetée si aucune nécessité des circonstances de l'espèce ne l'exige (TRHC Dakar, ord. n° 1613 du 13-10-2003 : F. B. c/ DA.GE.C, Ohadata J-04-26 ; TRHC Dakar, n° 2328, 17-12-2003 : M. D. c/ N. N., Ohadata J-04-281 ; dans le même sens et sur la violation du délai, CA Centre (Cameroun), n° 44/CIV, 26-1-2011 : K. J. c/ M. E., Ohadata J-12-01 ; (TRHC Dakar, n° 2322, 17-12-2003 : R. J. c/ Sté Senital, Ohadata J-04-282, les loyers réclamés ayant été payés en dehors du délai imparti par le commandement de payer) ;

– n'a pas payé dans le délai de trente jours imparti par la mise en demeure ; il ne peut être reproché au bailleur d'avoir violé l'article 101 [devenu 133] en délivrant le jour même le commandement de payer et l'assignation en résiliation (CCJA, n° 062/2008, 30-12-2008 : M. N. R. c/ Atlas Assurances SA, Rec. jur. CCJA n° 12, juill.-déc. 2008, p. 99, Ohadata J-10-36, Ohadata J-09-271, Juris-Ohada n° 1/2009, janv.-mars, p. 45 ; voir aussi CCJA, 2e ch., n° 073, 21-4-2016 : SCI Choucair et Frères c/ SGBCI SA, Ohadata J-17-22, pour un défaut de paiement des loyers depuis 1982 et un refus de s'exécuter malgré la mise en demeure qui lui a été adressée depuis 2009) ;

– qui reconnaît devoir trente-trois mois de loyers impayés, a sous-loué les locaux et perçoit régulièrement des loyers des sous-locataires sans rien reverser au propriétaire ; l'exécution provisoire devant être aussi ordonnée (Trib. com. Bamako, n° 116, 29-3-2000 : Archevêché de Bamako c/ I. S., Ohadata J-02-42) ;

– ne prouve pas qu'il était convenu avec le bailleur de suspendre le paiement des loyers mensuels durant la période au cours de laquelle ils discuteraient d'une éventuelle révision des loyers ; le défaut de paiement des loyers échus constitue une violation d'une des clauses essentielles du bail par le preneur ; en application de l'article 101 [devenu 133] de l'AUDCG, la résiliation du bail doit être prononcée et l'expulsion du preneur et de tous les occupants de son chef ordonnée (TGI Bobo-Dioulasso (Burkina Faso), n° 200, 25-7-2007 : D. Y. c/ B. I., Ohadata J-09-100) ;

– invoque le défaut de paiement de l'impôt sur les revenus fonciers par le bailleur, cette carence ne lui causant aucun préjudice susceptible de justifier son refus de payer les loyers (TGI Ouagadougou (Burkina Faso), n° 001/2008, 16-1-2008 : Z. H. c/ T. A., Ohadata J-09-378) ;

– s'est délibérément soustrait de ses obligations en n'honorant pas ses loyers dont il conditionne le règlement à la « révision [du] contrat de bail », laquelle demande de révision est présentée non par acte extrajudiciaire comme l'exige l'article 92 [devenu 124] de l'AUDCG mais par courrier. La cour d'appel qui, après avoir reconnu ce qui précède, a motivé sa décision de refus de la résiliation en indiquant « qu'en l'espèce, [le preneur] a fait une rétention des loyers depuis le premier trimestre de l'année 2004 pour demander au bailleur la révision du contrat de bail telle que prévue par les clauses particulières du contrat de bail », alors que le commandement de payer prescrit par l'article 101 [devenu 133] de l'AUDCG a été signifié au preneur a méconnu les exigences de d'article susvisé. Cassation de l'arrêt et évocation sur le fond sans qu'il soit besoin d'examiner les autres moyens. Sur l'évocation, le défaut de réponse du bailleur sur une « demande de révision de contrat de bail » n'exonère pas le preneur du paiement des loyers. En refusant délibérément d'honorer ses engagements en pratiquant unilatéralement une rétention sur les loyers sous le prétexte que le bailleur n'a pas donné une réponse à sa demande « de révision de contrat de bail », le preneur a violé les dispositions de l'article 101 [devenu 133] de l'AUDCG. Les formalités aux fins de résiliation d'un bail prescrites par l'article précité ayant été observées à savoir la mise en demeure préalable à la saisine de toute juridiction, la demande de résiliation du bail commercial avec expulsion est fondée et il y a lieu d'y faire droit (CCJA, 2e ch., n° 5, 2-2-2012 : SCI Lumière c/ IPM, Juris-Ohada, 2012, n° 4, oct.-déc. 2012, p. 19, Ohadata J-13-59) ;

– reconnaît « qu'il n'a pas intégralement payé les arriérés de loyers échus encore dus à la bailleresse dans le délai de trente jours, à la suite de la mise en demeure qui lui a été régulièrement servie » (CCJA, 2e ch., n° 006/2022, 20-1-2022 : Augustin Germain Zevounou c/ Colette Koffi Amlan épouse Kouassi) ;

– avait accumulé des retards de paiement des loyers, était sans réaction aux mises en demeure adressées par le bailleur et que les chèques présentés par lui comme venant en paiement des loyers réclamés sont intervenus longtemps après les mises en demeure de payer et la saisine du juge aux fins de résiliation du bail (CCJA, 3e ch., n° 156/2019, 9-5-2019 : Société Lybia Oil Cameroun c/ SCI Ventadour).

Pour d'autres décisions d'expulsion, voir : CA Daloa, n° 72, 27-2-2002 : Compagnie de distribution de Côte d'Ivoire c/ A. T., Juris-Ohada, n° 1/2004, janv.-mars 2004, p. 63 ; Ohadata J-04-174 ; CA Niamey, n° 57 réf., 4-6-2003 : S. B. c/ E. H. M., Juris-Ohada n° 4/2004, oct.-déc. 2004, p. 64, note BROU Kouakou Mathurin, Ohadata J-05-181 ; TGI Bobo-Dioulasso (Burkina Faso), n° 191, 6-6-2001 : Sogeco c/ Ets Coulibaly Moussa et fils et T. B., Ohadata J-09-55) ; CCJA, 1e ch., n° 071, 14-11-2013 : Adnan Attieh c/ Sté Financo SA, Rec. jur. CCJA n° 20, vol. 1, janv.-déc. 2013, p. 19-23, Ohadata J-15-71, jugeant que la défenderesse ayant été condamnée à restituer au demandeur le montant de 220 000 000 FCFA en remboursement des sommes versées, son occupation de l'immeuble dont il ne détient aucun titre est illégale et il convient de faire droit à la demande d'expulsion ; CCJA, 2e ch., n° 127/2024, 25-4-2024 ; CCJA, 3e ch., n° 297/2024, 31-10-2024.

C'est en violation de l'article 101 [devenu 133] de l'AUDCG qu'une cour d'appel, faisant état d'un pouvoir souverain du juge, a estimé bien fondé le maintien d'un preneur dans les lieux loués, motif pris de ce que l'article 101 n'aurait pas prévu une résiliation automatique du bail en cas de non-paiement des loyers ; cassation de l'arrêt. Sur l'évocation, il y a lieu de confirmer le jugement initial, dès lors que les prescriptions légales ont été respectées (CCJA, 2e ch., n° 086, 8-7-2015 : Les Ayants-Droit de feu Coffie Benjamin Barthelemy c/ Koffi N'Dri Beatrice Epse Mian Koffi, Ohadata J-16-85).

L'arrêt qui, pour confirmer le jugement prononçant la résiliation d'un bail, a retenu « qu' […] il est acquis aux débats ainsi que des pièces versées au dossier que [le preneur] n'a pas respecté les clauses du bail, notamment ses obligations de verser les loyers à terme convenu comme l'exigent les dispositions de l'article 119, alinéa 1er ; que de plus à un moment donné elle a versé les loyers à une mineure qui non seulement n'a pas la capacité mais n'est pas une personne mandatée par le bailleur », n'a en rien violé les articles 119, alinéa 1er et 133, alinéa 1er de l'AUDCG (CCJA, 1e ch., n° 264/2024, 24-10-2024).

Caractère inopérant d'un paiement tardif des arriérés de loyers sur la demande d'expulsion introduite. En l'absence de preuve que le locataire s'est exécuté de son obligation de payer les arriérés de loyers dus par lui dans le délai d'un mois imparti dans la mise en demeure, le paiement tardif de tout ou partie desdits arriérés par le locataire ne saurait produire un effet sur la demande d'expulsion introduite par la propriétaire. C'est donc par une erreur dans l'application ou dans l'interprétation de l'article 133 de l'AUDCG qu'une cour d'appel a infirmé l'ordonnance de référé expulsion au motif que le locataire et deux autres appelants se sont acquittés des loyers réclamés avant le prononcé de l'ordonnance d'expulsion et que c'est à tort qu'ils ont été expulsés, exposant ainsi son arrêt à la cassation. Sur l'évocation et pour les mêmes motifs que ceux développés lors de l'examen du moyen unique de cassation, il y a lieu de constater que conformément à l'article 133 précité, les conditions de résiliation du bail ainsi que celles de l'expulsion du locataire sont réunies dans la mesure où jusqu'à l'expiration du délai requis, cette dernière n'avait pas payé ; en l'absence de preuve du paiement des arriérés locatifs réclamés dans le délai légal, il y a lieu de confirmer l'ordonnance entreprise en toutes ses dispositions (CCJA, 3e ch., n° 128, 7-7-2016 : SCI Borija c/ Jeden-CI SARL, Ohadata J-17-69).

C. Rejet de la résiliation

Le juge peut refuser la résiliation en tenant compte de ce que le preneur :
– s'est intégralement acquitté des loyers échus avant l'introduction de l'instance en expulsion (CA du Centre, n° 124/De, 19-3-2004 : Le groupe Socopac/Fomup c/ La SCI des Frères Réunis, Ohadata J-04-207) ; CA Ouagadougou, n° 105, 19-11-1999 : IMPEX-AFRIQUE c/ A. C., F. Aho et al. ; OHADA : Jurisprudences nationales. Ed. Bénin Consulting Group, Cotonou (Bénin) : 2004, p. 39, 2BF21) ;
– s'est déjà acquitté de tous les loyers dus, y compris ceux qui avaient motivé le premier juge à ordonner son expulsion ; la demande actuelle de résiliation du bail fondée sur le défaut de paiement de loyers étant devenue sans objet, il n'y a lieu ni à résiliation du contrat ni à expulsion de l'appelant (CA Abidjan, n° 330, 10-3-2000 : M. E. c/ Sté TOTAL CI, F. Aho et al. ; OHADA : Jurisprudences nationales. Ed. Bénin Consulting Group, Cotonou (Bénin) : 2004, p. 24, 2CI11).

Obs. : sur le refus de la résiliation par un juge qui a constaté un refus de renouvellement déguisé, voir sous l'art. 127.

....

VII. Résiliation de plein droit

A. Constatation par le juge du jeu de la clause résolutoire de plein droit

Décisions rendues sous l'empire du texte antérieur (art. 101) n'ouvrant aux parties que le droit de demander au juge la résiliation du bail à défaut de disposition visant l'effet d'une clause résolutoire de plein droit.

1° Décisions caduques

Sont caduques les décisions qui ont refusé effet à la clause résolutoire et ont prononcé la résiliation judiciaire sans se fonder sur la clause (voir en ce sens, CA du Centre, n° 124/De, 19-3-2004 : Le groupe Socopac/Fomup c/ La SCI des Frères Réunis, Ohadata J-04-207).

2° Décisions transposables

La résiliation du bail a été prononcée pour méconnaissance de la clause résolutoire prévue au bail :
– lorsque le preneur a accumulé plusieurs mois de loyers impayés, que le contrat de bail qui le liait au bailleur stipulait que le non-paiement d'un terme de loyer aboutirait à la résiliation de plein droit du bail et que la sommation valant mise en demeure a été faite suivant les conditions prescrites par l'article 101 [devenu 133] de l'AUDCG (TPI Douala Bonanjo, Ord. de contentieux d'exécution n° 756, 8-7-2003, T. J. c/ A. O., Ohadata J-04-451, « constatant » la résiliation) ;
– lorsqu'une clause prévoyait qu'« à défaut de paiement d'un seul terme de loyer à son échéance, ou d'inexécution d'une quelconque des clauses du bail, le présent contrat sera résilié de plein droit sans formalité judiciaire, huit jours après une simple mise en demeure par lettre recommandée de payer ou de remplir les clauses du bail » (TPI Douala-Bonanjo (Cameroun), n° 4, 16-2-2010 : N. P. T., administrateur de la succession P. J. demeurant à Douala c/ T. F. G., Ohadata J-12-231 ; TPI Douala-Bonanjo (Cameroun), n° 35/CIV, 16-2-2011 : A. N., épse D. c/ N. H., Ohadata J-12-232) ;
– lorsque le contrat comportait une clause de résiliation de plein droit et que le preneur s'est abstenu pendant plusieurs mois de payer le loyer, a abandonné les locaux loués, alors que le bailleur l'a vainement sommé de respecter les clauses du bail (CA Centre (Cameroun), n° 363/civ/bis, 17-10-2008 : M. M. S. J. G. c/ T. K. H., Ohadata J-10-250) ;
– lorsque le preneur, après la mise en demeure qui lui a été adressée, ne rapporte pas la preuve qu'il s'est conformé aux clauses et conditions du bail (TPI Douala-Bonanjo (Cameroun), Ord. n° 52, 27-1-2011 : La « MIGEC » c/ Les Ets. K. S., Les Ets N., Ohadata J-12-233).

B. Interprétation de la clause résolutoire

L'obligation de payer les loyers qui pèse sur le preneur après sa mise en demeure s'analyse en une obligation de payer la totalité des arriérés de loyers. Ainsi, le preneur mis en demeure ne peut prétendre que la clause résolutoire insérée dans le contrat de bail lors de sa signature ne peut être mise en application au motif qu'il a payé une partie des loyers après sa mise en demeure. Même si une ordonnance de référé a suspendu les effets de la clause résolutoire insérée dans le contrat, cette clause produit tous ses effets à l'expiration du délai qui lui est accordé dans l'ordonnance de sorte que le bailleur impayé recouvre son droit de demander la résiliation du bail. Plus d'un mois s'étant écoulé entre la date de la mise en demeure (21 novembre 2007) et celle de l'assignation en résiliation du bail (12 février 2008), il convient de faire produire à la clause résolutoire ses effets en déboutant le preneur et en résiliant le bail à construction passé le 12 août 1997 entre les parties et en expulsant le preneur et tous occupants de son chef des lieux sous astreinte de cinquante mille (50 000) FCFA par jour de résistance (TPI Lomé (Togo), ch. civ. et com., 9-7-2010 : H. M. c/ Établissement scolaire Le Cadre, Ohadata J-11-97).

....

VIII. Procédure en résiliation

Que la résiliation soit « prononcée » ou « constatée » à la demande d'une partie au bail, la juridiction compétente, la procédure et les effets de la résiliation sont identiques et seront présentés ensemble ci-après.

A. Conciliation préalable

Lorsque les parties sont convenues d'une conciliation préalable à la saisine du juge, celui-ci doit déclarer l'action irrecevable en raison de la méconnaissance de la clause de conciliation préalable ; statuant à nouveau, la Cour infirme l'ordonnance entreprise et se déclare incompétente (CA Centre (Cameroun), n° 77/CIV, 4-2-2011 : E. M. V. c/ F. J. M., Ohadata J-12-02).

B. Prononcé nécessaire de la résiliation pour expulser le locataire

Le juge qui a ordonné l'expulsion sans avoir au préalable constaté la résiliation du bail n'a pas suffisamment motivé sa décision qui doit être annulée (CA Centre (Cameroun), n° 44/CIV, 26-1-2011 : K. J. c/ M. E., Ohadata J-12-01).

La résiliation d'un bail commercial doit être judiciaire, c'est-à-dire qu'elle doit émaner d'une décision de justice [...]. Elle doit être précédée de la mise en demeure préalable [...]. La juridiction compétente doit d'abord prononcer la résiliation du bail ensuite l'expulsion du locataire défaillant (CA Littoral (Cameroun), n° 69/REF, 9-4-2008 : Sté CORELIS SARL c/ NGANNE Jacques, Ohadata J-09-132).

La résiliation d'un bail commercial pour inexécution de son obligation par l'une des parties ne se réalise pas de plein droit mais doit être prononcée par le juge saisi. C'est donc à tort qu'un juge qui a constaté que le preneur ne payait pas les loyers a jugé que « l'inexécution de cette obligation par le locataire a provoqué la résiliation du contrat de bail liant les parties ». Annulation de la décision entreprise et sur évocation, prononcé de la résiliation du bail aux torts du preneur dont l'expulsion a été ordonnée (CA Littoral (Cameroun), n° 022/C, 4-2-2008 : T. N. A. c/ Succession M. M. A., Ohadata J-10-261, Ohadata J-09-127).

Obs. : dans l'espèce, le premier juge a indiqué dans son jugement « qu'il appert de l'examen du dossier que le défendeur qui est lié à la demanderesse par un contrat de bail, s'est soustrait unilatéralement au paiement de ses loyers, accumulant au jour de l'introduction de la présente action en justice au titre de loyers échus et impayés la somme de FCFA 3 119 000 (trois millions cent dix-neuf mille) ; que l'inexécution de cette obligation par le locataire a provoqué la résiliation du contrat de bail liant les parties » – nous avons souligné. La cour d'appel reproche au juge d'avoir simplement « constaté » la résiliation du bail, au lieu de la « prononcer ». Elle annule donc la première décision et, sur évocation, « prononce » la résiliation judiciaire du bail et ordonne l'expulsion du preneur indélicat. Avec l'entrée en vigueur de la version révisée de l'AUDCG, il n'est plus nécessaire de prononcer la résiliation lorsque les trois conditions mentionnées ci-dessus sont remplies. Il suffira pour le juge de constater la résiliation, même si en pratique, la résiliation constatée et celle prononcée auront les mêmes effets. Voir ci-dessus.

C. Juridiction compétente pour statuer sur la résiliation

1° Détermination par la loi nationale

L'article 101 [devenu 133] de l'AUDCG ne précisant pas la juridiction compétente pour connaître d'une demande d'expulsion d'un preneur à bail en cas de défaut de paiement de loyers, il convient de se référer au droit national de chaque État partie pour déterminer cette juridiction compétente (CA Abidjan, n° 1129/00, 18-2-2000 : M. H. G. B. c/ A. N., F. Aho et al. ; OHADA : Jurisprudences nationales. Ed. BENIN CONSULTING GROUP, Cotonou (Bénin) : 2004, p. 28, 2CI13).

Obs. : décision rendue en application de l'article 101 de l'AUDCG, mais transposable au nouvel article 133, qui prévoit une « juridiction compétente statuant à bref délai ». En l'absence de précision dans l'AUDCG, il convient de se référer au droit national, comme le recommande cette décision. Cette solution doit être approuvée, car la CCJA l'a retenue dans un domaine différent mais transposable : en l'absence de précision dans l'AUPSRVE, il a été jugé notamment qu'il ressort des art. 248 et 298 de cet Acte uniforme que l'identification de la juridiction compétente pour connaître du contentieux des incidents de la saisie immobilière relève de l'organisation judiciaire de chaque État partie au Traité (CCJA, 2e ch., n° 35, 3-7-2008 : Standard Chartered Bank CAMEROUN SA c/ 1) SITABAC SA, 2) AZUR FINANCES SA, Juris-Ohada, n° 4/2008, p. 24, Ohadata J-09-74).

Sauf si les actes uniformes ont eux-mêmes désigné les juridictions compétentes pour statuer sur les différends nés de leur application, la détermination de la « juridiction compétente » relève du droit interne de chaque État partie (CCJA, 2e ch. n° 129, 12-11-2015 : Sté Ciments UNIBECO SA c/ Ibrahim Ahmad Younes, Ohadata J-16-122 ; CCJA, 2e ch., n° 071/2023, 6-4-2023 ; CCJA, 2e ch., n° 071/2023, 6-4-2023 ; CCJA, 2e ch., n° 086/2024, 28-3-2024).

2° Incompétence du juge des référés

Obs. : depuis son entrée en vigueur, l'art. 133 de la version actuelle de l'AUDCG a été constamment interprétée par la CCJA comme ne permettant pas au juge des référés de connaître de l'action en résiliation d'un bail à usage professionnel et de ses suites (telles que l'expulsion), en précisant souvent que la mention « statuant à bref délai » dans l'article ne désigne pas ipso facto le juge des référés, mais fait obligation aux juridictions compétentes de se prononcer sur ces types de litiges plus rapidement que d'habitude. En conséquence, nous ne présentons dans cette édition que la position actuelle de la jurisprudence, qui consacre l'incompétence de la juridiction des référés. Pour les décisions qui avaient retenu le contraire, ainsi que celles, émanant majoritairement des juridictions nationales, qui avaient déjà retenu l'incompétence du juge des référés, le lecteur est encouragé à se reporter aux éditions précédentes de cet ouvrage.

Le juge des référés est incompétent pour :

– prononcer la résiliation d'un bail commercial, car il statue alors au fond, devant apprécier les manquements des parties (en ce sens ; CA Centre (Cameroun), n° 77/CIV, 4-2-2011 : E. M. V. c/ F. J. M., Ohadata J-12-02, dès lors que le preneur ne jouissait pas de l'entièreté des locaux loués (absence d'eau, de parking et fermeture de deux salles des locaux loués par la bailleresse), qu'il y avait compte à faire entre les parties au sujet des loyers impayés). Dans le même sens, CCJA, n° 011, 26-2-2004 : R c/ T, Juris-Ohada, n° 2/2004, juin-août 2004, p. 17, note Brou Kouakou Mathurin, Rec. de jur. de la CCJA, n° 3, janv.-juin 2004, p. 64, Ohadata J-04-296, retenant que le juge des référés est incompétent pour prononcer la résiliation du bail, dès lors qu'en dehors des contestations relatives à la fixation du loyer du bail révisé ou renouvelé qui sont de sa compétence, toutes les autres contestations (dont la résiliation) sont de la compétence du tribunal ou de la section de tribunal du lieu de la situation de l'immeuble ; par conséquent, en déclarant la juridiction présidentielle incompétente en application de l'article 101 [devenu 133] de l'AUDCG, la cour d'appel n'a pas violé ledit article) ;

– ordonner l'expulsion du preneur (CA Abidjan (Côte d'Ivoire), 1e ch. civ. et com., 18-2-2005 : B. M., Mme Y. et K. c/ H. A. M., Ohadata J-09-166 ; CA Lomé (Togo), n° 127/2007, 22-11-2007 : M. S. c/ D. S., Ohadata J-10-162 ; CA Lomé (Togo), n° 016/10, 28-1-2010, Ohadata J-11-99, supra).

Il résulte de l'article 101 de l'AUDCG du 17 avril 1997, qui prévoyait un « jugement » en cas de résiliation judiciaire d'un bail commercial, que seul un tribunal et, le cas échéant, une cour d'appel statuant comme juridiction du fond étaient compétents pour le contentieux de la résiliation judiciaire d'un bail commercial et l'arrêt qui a retenu la compétence du juge des référés encourt la cassation. Sur l'évocation et pour les mêmes motifs que ceux ayant entraîné la cassation, c'est à juste titre que le premier juge s'est déclaré incompétent ; l'arrêt infirmatif de la Cour d'appel doit être rétracté et l'ordonnance initiale produira ses pleins et entiers effets (CCJA, 3e ch., n° 235, 14-12-2017 : Class-Tossou Tinos c/ Savi de Tove Mathilde et 4 autres).

La périphrase « à bref délai » contenue dans l'article 133 de l'AUDCG, en son alinéa 3, ne renvoie pas ipso facto à la notion de référé. La juridiction présidentielle peut statuer « en la forme des référés » ou « comme en matière de référé » sans être pour autant juge des référés mais bien en tant que juge du fond, en abrégeant les délais habituels de citation. En interprétant l'article 133 comme elle l'a fait, compte tenu de la complexité du litige, la cour d'appel qui a annulé l'ordonnance par laquelle le président du tribunal de commerce de Pointe-Noire a constaté la résiliation d'un bail, puis statuant à nouveau, s'est déclarée incompétente et a renvoyé les parties à mieux se pourvoir, n'a en rien violé l'article 133 précité (CCJA, 2e ch. n° 129, 12-11-2015 : Sté Ciments Unibeco SA c/ Ibrahim Ahmad Younes, Ohadata J-16-122).

En application des articles 123, 126, 131 et 133 de l'AUDCG, dispositions impératives, la procédure de résiliation judiciaire d'un bail commercial doit se faire suivant une procédure rigoureusement déterminée par l'article 133 dudit Acte uniforme selon lequel l'expulsion ne peut être prononcée qu'après une résiliation prononcée par la juridiction de fond compétente, obligatoirement précédée d'une mise en demeure par voie d'huissier de justice et reprenant sous peine de nullité les mentions dudit article. Ainsi, l'expulsion par voie judiciaire d'un bail professionnel, comme c'est le cas en l'espèce, ne peut être ordonnée, au sens dudit article, que par la juridiction compétente statuant à bref délai, qui est ici un juge du fond et non le juge de référé, incompétent en l'espèce, ce d'autant plus que le bail litigieux pose le problème de sa tacite reconduction et du remboursement éventuel des investissements réalisés par le preneur avec l'accord du bailleur. Rien de tel n'ayant été scrupuleusement respecté dans la présente procédure, il échet dès lors d'infirmer l'ordonnance querellée, de déclarer le juge des référés incompétent pour statuer sur la résiliation d'un bail commercial et conséquemment sur l'expulsion du preneur (CCJA, 2e ch., n° 251, 13-12-2018 : SCI H2 c/ SCI Zanouba).

C'est à tort qu'il est reproché à un arrêt la violation de l'alinéa 3 de l'article 133 de l'AUDCG, en ce que le tribunal ayant statué en matière civile et commerciale sur une demande de résiliation et d'expulsion relative à un bail à usage professionnel relevant de la compétence de la juridiction statuant à bref délai, la cour devait infirmer le jugement entrepris ; qu'en ne le faisant pas, elle a exposé sa décision à la cassation, dès lors que par la formule « statuant à bref délai » invoquée par le moyen, le législateur n'établit pas fondamentalement la compétence juridictionnelle en matière de résiliation et d'expulsion se rapportant à un bail à usage professionnel, mais prescrit plutôt à la juridiction compétente la procédure à suivre pour régler un tel différend, par exception aux procédures classiques appliquées par les juges du fond et particularisées par une absence de célérité inhérente à leur nature spécifique ; que dès lors, le moyen manque en droit et sera par conséquent rejeté (CCJA, 1e ch., no 009, 24-1-2019 : Sté Haban Café SARL c/ SCI Le Pélican Doré).

Si l'article 133 de l'AUDCG renvoie à l'organisation judiciaire de chaque État partie relativement à la détermination de la juridiction compétente, il s'agit incontestablement de la juridiction pouvant examiner le fond du différend qui oppose les parties à un bail à usage professionnel et statuer définitivement sur leurs demandes respectives. La compétence du juge des référés n'est donc pas acquise en la matière, dès lors que, par essence, ce juge ne peut prescrire que des mesures conservatoires ou provisoires ne soulevant aucune contestation sérieuse et ne préjudiciant pas au fond, caractères qui font précisément défaut à la résiliation d'un bail à usage professionnel et à l'expulsion de celui qui s'en prévaut et des personnes de son chef. Au regard de ce qui précède, c'est à bon droit que les premiers juges ont rejeté l'exception d'incompétence soulevée au profit du juge des référés, les articles 6 et 7 du contrat des parties ne pouvant primer sur les dispositions de l'article 133 précité qui, conformément à l'article 134 du même Acte uniforme, sont d'ordre public ; qu'il y a donc lieu de rejeter le moyen comme mal fondé (CCJA, 1e ch., no 009, 24-1-2019 : Sté Habana Café SARL c/ SCI Le Pélican Doré).

S'agissant de la résiliation judiciaire d'un bail à usage professionnel et de l'expulsion du preneur de celui-ci et des occupants de son chef, la juridiction compétente visée par l'article 133 de l'AUDCG est la juridiction de fond statuant à bref délai, ce qui exclut la juridiction des référés dans la résiliation d'un tel bail et l'expulsion du preneur de celui-ci, peu important que les parties l'aient prévu au bail par une clause. C'est donc à tort que le preneur a été assigné devant le juge des référés et celui-ci, en retenant sa compétence, a violé l'article 133 précité, auquel les parties ne peuvent déroger par des conventions particulières, en raison du caractère d'ordre public de ses dispositions. Dès lors, en infirmant la décision déférée, la cour d'appel n'a commis aucun des griefs énoncés dans les deux moyens de cassation ; qu'il échet, en conséquence, de rejeter le pourvoi comme mal fondé (CCJA, 1e ch., no 92, 28-3-2019 : SCI Souare c/ Dany Jacqueline Cormier).

La demande reconventionnelle de loyers et de dommages-intérêts relève de la compétence du tribunal de commerce de Ouagadougou en tant que juridiction de fond (T. com. Ouagadougou, no 014, 13-9-2017 : PNBF SARL c/ Sanga Mady).

S'agissant de la résiliation judiciaire du bail à usage professionnel et, le cas échéant, de l'expulsion du preneur et de tout occupant de son chef, la juridiction compétente visée par l'article 133 de l'AUDCG s'entend, compte tenu de la complexité d'un tel litige, de la juridiction de fond statuant à bref délai. Cette juridiction de fond peut statuer « en la forme des référés » ou « comme en matière de référé » sans être pour autant juge des référés mais bien en tant que juge du fond, en abrégeant les délais habituels de citation. Le juge des référés ne peut prescrire que des mesures conservatoires ou provisoires ne soulevant aucune contestation sérieuse et ne préjudiciant pas au fond. Ces caractères faisant défaut en l'espèce, c'est en violation de l'article 133 précité qu'un juge des référés d'appel s'est estimé compétent et a ordonné l'expulsion d'un preneur, en dépit de la sérieuse contestation révélée par les échanges entre les parties, car il a préjugé l'issue du litige, allant au-delà de la simple évidence et son arrêt encourt la cassation. Sur l'évocation et pour les mêmes motifs que ceux ayant entraîné la cassation, il y a lieu d'annuler l'ordonnance du juge des référés du tribunal de première instance ; évoquant et statuant à nouveau, il échet de constater l'existence d'une sérieuse contestation, de déclarer par conséquent incompétente la juridiction des référés et de renvoyer la demanderesse à se pourvoir devant le juge du fond, seul compétent pour ordonner la résiliation du bail à usage professionnel et l'expulsion subséquente du preneur (CCJA, 3e ch., no 210/2019, 27-6-2019 : Metis SARL et Adèle Hélène Etouman c/ Anne Marie Minlend Nyobe).

Encourt la cassation pour violation de l'article 133 de l'AUDCG l'arrêt qui a déclaré recevable l'appel interjeté contre une ordonnance de référés ayant prononcé la résiliation d'un bail à usage professionnel et expulsé le preneur, alors que les dispositions du texte précité, d'ordre public, font relever de telles mesures de la compétence de la juridiction statuant à bref délai, ce que n'est pas une juridiction des référés (CCJA, 1e ch., no 164/2020, 14-5-2020 : Coffie Thierry François Adjéi c/ Mroue Ali).

3o Attribution de compétence

Renonciation de la puissance publique à son immunité de juridiction. L'insertion de clauses prévoyant les modalités de résiliation et la juridiction compétente dans un contrat de bail dûment signé par les parties équivaut à une renonciation expresse à l'immunité de juridiction (CA Ouagadougou, no 30/2001, 10-5-2001 : Sonatur c/ Fepaci, F. Aho et al. ; OHADA : Jurisprudences nationales. Ed. Bénin Consulting Group, Cotonou (Bénin) : 2004, p. 34, 2BF19).

D. Effets de la résiliation

1° Expulsion du preneur

Le locataire qui, malgré toutes les démarches entreprises par le bailleur pour l'amener à s'acquitter des loyers échus ainsi que des charges locatives n'a pas cru devoir s'exécuter devient un occupant sans droit ni titre. Le bail doit être résilié, le locataire condamné au paiement des arriérés et expulsé des locaux (TPI Bafoussam, n° 48, 25-6-2004 : Paroisse de la Cathédrale de Bafoussam c/ C. C., Ohadata J-07-67 ; TGI Bobo-Dioulasso (Burkina Faso), n° 237, 7-12-2005 : Ets Sanga c/ S. M., Ohadata J-09-64 ; CA Bobo-Dioulasso (Burkina Faso), ch. com., n° 08/09, 22-4-2009 : D. H. c/ Sonar – IARD, Ohadata J-09-400).

Le jugement ayant prononcé l'expulsion du preneur doit être confirmé dès lors qu'aucune contestation n'est portée sur le non-paiement des loyers (CCJA, 2e ch., n° 025/2013, 18-4-2013 : SCI de Gandillac dite SCI de Gandillac c/ Clinique Gynécologique Obstétricale dite Goci, Rec. jur. CCJA n° 20, vol. 2, janv.-déc. 2013, p. 30-32, Ohadata J-15-25).

2° Réparation du préjudice causé au bailleur

Après la résiliation du bail et son expulsion comme indiqué ci-dessus, le locataire peut être condamné à réparer le préjudice causé au bailleur (CA Abidjan (Côte d'Ivoire), 2e ch. civ. et com. B, 6-5-2005 : Sté d'assurances Atlas c/ N. R., Ohadata J-09-152, prenant en compte les frais que le bailleur a été contraint de débourser ; TPI Dschang (Cameroun), n° 32/CIV TPI, 3-12-2009 : L. B. c/ N. Née N. B., Ohadata J-10-137) ou simplement à des dommages et intérêts pour résistance abusive (TRHC DAKAR, n° 1969 du 2-12-2003 : Cabinet Foncier et Immobilier dit CFI c/ M. A., Ohadata J-04-272). Voir aussi (TGI Wouri (Cameroun), n° 978, 5-11-2011 : Sté Générale Service Auto 237 SA (GSA) c/ Chanas Assurances SA, Ohadata J-14-12).

Sur un arrêt qui, après confirmation d'une décision ayant déclaré partiellement fondée l'action du concessionnaire, a prononcé la résiliation du bail liant les parties et ordonné l'expulsion du locataire, a pris en compte l'aggravation du préjudice du concessionnaire [bailleur en l'espèce] au titre des loyers échus et impayés de mars 2001 à novembre 2011, date du pourvoi en cassation, et réformé le jugement sur ce point en portant cette somme à 19 350 000FCFA : CCJA, 3e ch., n° 025, 9-4-2015 : Sté Ivoirienne de Concept et de Gestion dite SICG c/ Kouadio Yah Madeleine, Ohadata J-16-25.

> **Obs. :** en l'espèce, le concessionnaire s'est vu reconnaître la qualité de bailleur d'un local commercial (voir sous l'art. 103) ; cet arrêt est donc transposable.

Le preneur s'étant maintenu dans les lieux loués durant deux ans, nonobstant le prononcé de la résiliation du bail, il y a lieu de faire droit à la demande de paiement de l'indemnité d'occupation et des dommages-intérêts présentée par le bailleur, en application de l'article 115 de l'AUDCG. En l'espèce, il échet de reformer ledit jugement sur ces points et, statuant à nouveau, de condamner le preneur à restituer, sous astreinte de 100 000 FCFA par jour de retard, les quittances des précomptes et à payer la somme de 17 553 600 FCFA au titre d'indemnité d'occupation et 10 000 000 FCFA de dommages-intérêts (CCJA, 3e ch., n° 156/2019, 9-5-2019 : Société Lybia Oil Cameroun c/ SCI Ventadour).

2° Réparation du préjudice causé au preneur

Le bailleur qui résilie le bail sans respecter la procédure prévue par l'article 101 [devenu 133] de l'AUDCG et pour des motifs inexacts cause un préjudice au preneur qu'il doit être condamné à réparer (TGI Ouagadougou (Burkina Faso), n° 069/2007, 23-5-2007 : R. A. c/ Z. J., Ohadata J-09-387 ; CA Littoral, n° 037/CC, 5-5-2003 : T. J. c/ Mme K. Née N. R., Ohadata J-07-49), notamment alors que le preneur a apuré ses dettes de loyer (CA Lomé (Togo), n° 017/2009, 3-2-2009 : A. A. K. c/ A. A. épse D. et A. A., Ohadata J-10-174).

> **Obs. :** mais le fait pour un bailleur ayant obtenu la résiliation judiciaire assorti de l'expulsion du preneur, de devoir demander l'ouverture forcée des portes du local par requête parce que le preneur avait fermé les portes à clefs ne constitue pas une voie de fait (CA Lomé (Togo), ch. civ. et com., n° 251/10, 30-11-2010 : TABA Sarl c/ Sté d'Exploitation du Casino Palm Beach, Ohadata J-11-111).

3° Exclusion de l'exception tirée des manquements du bailleur postérieurs à la décision d'expulsion

C'est à tort qu'un preneur régulièrement expulsé pour défaut de paiement de loyers invoque un trouble de jouissance et une voie de fait [notamment le changement de serrure de la porte par le bailleur en l'absence et sans le consentement du preneur et sans autorisation judiciaire] sur la base de procès-verbaux de constat intervenus postérieurement à l'expulsion ; il doit être débouté de son action et condamné aux dépens (TRHC Dakar, 5-5-2003 : Sté Ifratelli Italia SARL c/ Y. M. K., Ohadata J-03-211).

4° Refus du remboursement des charges

Le preneur qui prétend ne pas avoir bénéficié des services de gardiennage dont les frais fixés à 160 000 francs sont inclus dans les loyers qu'il acquittés depuis la prise d'effet du contrat de bail doit être débouté de sa demande de remboursement desdites charges, dès lors que le contrat comportait une clause « taxes et charges » qui stipulait qu'« il sera en outre payé par le preneur le cas échéant, au titre de charges, en même temps que le loyer, la quote-part des taxes locatives et frais de gardiennage, entretien, électricité et eau des parties communes ; elles sont payables d'avance. Le montant est fixé à 160 000 F.CFA/mois. » ; que le montant de 160 000 francs représente les taxes locatives comportant outre les frais de gardiennage, d'autres commodités dont a bénéficié le preneur et qu'au surplus le gardiennage assuré par société tierce s'étend sur tous les locaux de l'immeuble (CCJA, 2e ch., no 5, 2-2-2012 : SCI Lumière c/ IPM, Juris-Ohada, 2012, no 4, oct.-déc. 2012, p. 19, Ohadata J-13-59).

5o Refus de la clause pénale en absence de préjudice spécifique au bailleur qui conserve le droit de relouer le local

Doit être cassé, pour violation de la loi au sens de l'article 28 bis, 1er tiret, du Règlement de procédure de la CCJA, le jugement qui condamne le preneur d'un bail à usage professionnel à payer une somme en vertu d'une clause pénale stipulant qu'en cas de résiliation anticipée, l'auteur payera à l'autre partie une somme correspondant non pas à un forfait, mais aux loyers de la période restant à courir, alors d'une part que le bailleur ne justifie d'aucun préjudice et conserve le droit de remettre son local en location et de percevoir des loyers de tout nouveau locataire pendant la même période et que, d'autre part, il en résulte un déficit d'encadrement de nature à élever la clause en source d'enrichissement sans cause. En effet, une telle clause pénale ne saurait opérer qu'à charge pour le bailleur de justifier d'une indisponibilité effective du local ayant pour effet de le priver de la jouissance des loyers pour la période restant à courir sur le contrat à durée déterminée résilié avant terme. En l'absence d'une telle preuve, la demande de paiement doit être rejetée (CCJA, 1e ch., no 170/2020, 28-5-2020 : Sodipharm SA c/ Harouna Abdoulaye).

6o Droit du bailleur de réclamer la preuve du paiement effectif des impôts fonciers retenus sur les loyers

Les impôts fonciers payés par le preneur étant des retenues sur les loyers dus au bailleur, celui-ci est fondé à réclamer la preuve de leur versement effectif au Trésor Public (CCJA, 3e ch., no 156/2019, 9-5-2019 : Société Lybia Oil Cameroun c/ SCI Ventadour).

7o Rétention du dépôt de garantie par le bailleur

En retenant que le preneur ne pouvait valablement solliciter la restitution de la caution dès lors qu'il n'avait pas, conformément au bail, prouvé la fin du contrat, la remise des clés et l'état des lieux, la cour d'appel a suffisamment motivé sa décision (CCJA, 2e ch., no 273/2024, 31-10-2024).

IX. Notification de la demande de résiliation aux créanciers inscrits

A. Notion de « créanciers inscrits »

Bien que l'art. 101 [devenu 133] ne le précise pas, par « créanciers inscrits », il y a lieu d'entendre créanciers jouissant d'un nantissement du fonds de commerce (en ce sens, TRHC Dakar, no 78, 16-1-2001 : Damag c/ J. A. F., Ohadata J-05-64).

B. Obligation des créanciers inscrits de notifier leur inscription au bailleur

Les obligations commerciales qui pèsent sur le commerçant et ses partenaires doivent faire l'objet d'une interprétation systémique tenant compte de l'ensemble des règles en cause ; si le fonds de commerce est protégé par la protection commerciale à l'égard du bailleur, ce dernier, par son droit de propriété sur ses locaux et ses privilèges, et les créanciers inscrits sur le fonds de commerce, par les privilèges et les formalités prévues par les règles sur les sûretés, l'on ne saurait exiger l'exécution des obligations de chacun que dans le cadre de l'équilibre dégagé par le système de protection mis en place. Ainsi, la notification de sa demande de résiliation aux créanciers inscrits, prévue par l'article 101 [devenu 133] de l'AUDCG va de pair avec l'obligation faite aux créanciers inscrits, de notifier au bailleur de l'immeuble, le bordereau d'inscription. C'est donc à bon droit que le bailleur plaide que la dénonciation du commandement tendant à l'expulsion du locataire aux créanciers ne se conçoit que s'il est établi que les créanciers ont signifié leur privilège au bailleur, et cela d'autant plus que l'article 81 [devenu 172] de l'AUS prévoit qu'à défaut de cette signification, le créancier nanti ne peut se prévaloir des dispositions de l'article 87 [devenu 176] du même Acte uniforme. Par conséquent, il y a lieu, d'infirmer le jugement entrepris, et statuant à nouveau, de prononcer la résiliation du bail pour inexécution par le preneur, de son obligation de paiement des loyers (CA Dakar, no 38, 18-1-2002 : Indivision P., M. et R. L., représentés par Agence Immobilière J. C. H. c/ I. D., Ohadata J-05-72 ; J-05-67.

C. Notification inutile en l'absence de créanciers inscrits

La production d'un certificat du greffe attestant l'inexistence de créanciers inscrits en vertu d'un nantissement sur le fonds de commerce exploité dans les lieux loués auxquels le bailleur doit notifier sa demande de résiliation, ainsi que les quittances de loyers impayés, suffisent pour faire droit à la demande de résiliation et d'expulsion (TRHC

Dakar, n° 78, 16-1-2001 : Damag c/ J. A. F., Ohadata J-05-64). Il en est de même du certificat négatif de nantissement produit en appel, qui prouve qu'il n'existe aucun créancier inscrit et ne modifie nullement la demande initiale (CCJA, 1e ch., n° 065, 15-3-2018 : Sté Dakar Résidences c/ Caisse de Sécurité Sociale).

Dans le même sens, retenant que la notification prévue est sans objet lorsque la preuve de l'existence de créanciers inscrits sur le fonds de commerce n'est pas rapportée (CCJA, 3e ch., n° 60, 7-6-2012 : Sté Camerounaise de Divertissements et de Commerce (Socadic) c/ K.).

Bien qu'ayant, manifestement de manière surabondante, invoqué les dispositions de l'article 81 de l'AUS, la cour d'appel qui a retenu que « le premier juge avait retenu que la société HABANA CAFE n'a produit aux débats aucun élément permettant d'apprécier l'existence ou non de créanciers inscrits notamment par la production d'une attestation établie sur la base des inscriptions au registre du commerce et du crédit mobilier de nature à établir l'irrespect par la SCI Pélican des dispositions de l'article 133 in fine […] ; qu'aux termes de l'article 133 in fine de l'AUDCG « la partie qui entend poursuivre la résiliation du bail doit notifier aux créanciers inscrits une copie de l'acte introductif d'instance. La décision prononçant ou constatant la résiliation du bail ne peut intervenir qu'après l'expiration d'un délai d'un mois suivant la notification de la demande aux créanciers » […] ; que les exemplaires de certificat négatif visés par l'appelant dans ses écritures n'ont pas été versés au dossier […] ; qu'il s'infère de ce qui précède que la connaissance de l'existence de créanciers ne se présume pas ; que s'il résulte des dispositions de l'article 133 in fine l'obligation de notification de l'exploit d'expulsion aux créanciers inscrits, il est tout aussi nécessaire pour le demandeur à l'expulsion d'être informé préalablement de l'existence desdits créanciers ; que dans ces conditions, la violation de l'article précité et l'irrecevabilité de l'action de la SCI Pélican soulevées par l'appelant ne sauraient prospérer », n'a pas violé l'article 133 de l'AUDCG par fausse application en invoquant l'article 81 de l'AUS en rien commis le grief allégué au moyen en se déterminant ainsi ; que celui-ci sera donc rejeté comme étant mal fondé (CCJA, 1e ch., n° 009, 24-1-2019 : Sté Habana Café SARL c/ SCI Le Pélican Doré).

D. Computation du délai suivant la notification

La cour d'appel qui a relevé « qu'il apparaît de l'économie de [l'article 101, al. 4 de l'AUDCG] que la juridiction n'est tenue de surseoir à statuer que durant le mois qui suit la notification », c'est-à-dire dans un délai d'un mois après la notification aux créanciers inscrits, n'a pas retranché à la loi et c'est à tort qu'il lui est reproché d'avoir violé l'article 101 précité par retranchement en retenant que la seule condition posée par l'article visé au moyen est l'attente du délai d'un mois pour que la procédure soit recevable (CCJA, 1e ch., n° 065, 15-3-2018 : Sté Dakar Résidences c/ Caisse de Sécurité Sociale).

Jurisprudence comparée

I. Canada

Résiliation en cas de faillite du titulaire cessionnaire du bail

Cédant restant tenu à l'égard du bailleur. En présence de baux commerciaux valablement cédés par le locataire à un cessionnaire devenu insolvable, la résiliation de ces baux après information du loueur en vertu de l'article 65.2 de la loi sur la faillite et l'insolvabilité du Canada interprété restrictivement vise à libérer la personne devenue insolvable des obligations nées du bail commercial devenues trop onéreuses et à permettre à celle-ci de reprendre éventuellement des activités viables et à indemniser le bailleur subissant la cessation prématurée du bail. La résiliation du bail ne profite qu'à la personne insolvable et ne protège pas les tiers, notamment en cas de cession du bail, elle ne protège pas le locataire initial qui a cédé le bail, des conséquences de cette résiliation par le cessionnaire en état d'insolvabilité. En conséquence, lorsque le locataire initial, qui tient son bail des locateurs, a cédé celui-ci, il reste tenu d'exécuter le bail. En dépit de sa cession, le bail est en l'espèce exécutoire. La simple possibilité pour le locataire initial d'opposer au cessionnaire insolvable un droit à indemnisation et de présenter une réclamation dans le cadre des procédures collectives en qualité de créancier non garanti ne modifie pas les obligations et les relations contractuelles de ce locataire initial dès lors non libéré de ses engagements, notamment de payer les loyers impayés (Cour suprême du Canada, Cour civile, n° 29196, 29-1-2004, Juricaf).

II. États-Unis

A. Résiliation du contrat par le bailleur

1° Faute du locataire : non-paiement du loyer

Si le locataire ne respecte pas ses obligations contractuelles, le bailleur doit le mettre en demeure de les respecter. Si le locataire ne remédie pas à son inexécution dans le délai imparti, le bailleur peut obtenir son éviction ((Waldbaum, Inc. v. Fifth Ave.

Of Long Island Realty Asscos., 85 N.Y.2d 600, N.E.2d 1299 (1995)). La menace d'éviction peut inciter, et en pratique incite souvent, le locataire à respecter ses obligations (Saska v. The Metropolitan Museum of Art 42 Misc.3d 548 N.Y.S.2d 605, (2013)).

2° Demande de mise en conformité du local par le locataire

Le bailleur peut résilier le contrat parce que le locataire lui demande de mettre le local loué en conformité avec le Code de la construction car ce dernier ne s'applique qu'aux logements d'habitation (Espenschied v. Mallick 633 A.2d 388 (1993)).

3° Interdiction au bailleur de résilier le bail

Le bailleur ne peut pas résilier un contrat de bail commercial parce que le locataire :

– refuse de témoigner (et de mentir) en faveur du bailleur lors d'un procès (Parking, Inc. v. Superior Court of California, 138 Cal. App. 3d 90, 187 Cal. Rptr. 674 (1982)) ;

– témoigne en défaveur des intérêts pécuniaires du bailleur devant une commission (Windward Partners v. Delos Santos, 59 Haw. 104, 577 P.2d 326 (1978)).

B. Résiliation du bail par le locataire

Lorsque le contrat de bail est à durée déterminée, le locataire peut néanmoins demander la résiliation à tout moment. Cependant, pour être effective, cette demande devra être acceptée par le bailleur (Onal v. BP Amoco Copr., 275 F.Supp.2d 650 (2005)).

Si la demande de résiliation d'un bail (à durée déterminée) est acceptée par le bailleur, le locataire n'est plus tenu de payer les loyers à compter de la date de la résiliation (Stonehedge Square Ltd. P'ship v. movie Merchants, Inc. 454 Pa. Super 468, 685 A.2d 1019 (1996)).

L'acceptation par le bailleur de la demande de résiliation peut être expresse (orale ou écrite) ou implicite (In re Hoffman's Estate, 1969 WL 7687, 47 Pa. D. et C.2d 32 (1969)).

La charge de la preuve de l'acceptation de la résiliation pèse sur le locataire (Auer v. Penn, 99 Pa. 370 (1882)).

C. Résiliation pour faute

1° Non-paiement du loyer après la résiliation

En principe, en cas d'inexécution contractuelle, le contractant victime doit recevoir en dédommagement ce qu'il aurait normalement reçu si le contrat avait été correctement et entièrement exécuté (Doering Equip. Co. v. John Deere CO. 61 Mass.App.Ct. 850 ; N.E.2d 234 (2004)).

Cette règle ne s'applique toutefois pas en matière de bail commercial : une fois le contrat de bail résilié, le locataire n'est plus tenu de payer le loyer, sauf clause contraire du bail (275 Washington Street Corp. v. Hudson River International, LLC 987 N.E.2d 194 (2013)).

Lorsque le bailleur résilie le contrat en raison d'une faute du locataire, ce dernier est seulement redevable du loyer dû jusqu'à la date de la résiliation et non du loyer dû jusqu'au terme initialement prévu, sauf clause contraire du bail (Krasne v. Tedeschi & Grasso, 436 Mass.103 ; 762 N.E.2d 841 (2002)).

La résiliation anticipée du contrat de bail met fin pour l'avenir à l'obligation du locataire de payer le loyer (Locke v. Fahey, 288 Mass. 341 ; 193 N.E.2d 26 (1934)).

Une fois que le bailleur a résilié le contrat de bail, toute responsabilité du locataire pour le futur disparait, sauf clause contraire (Benderson v. Poss, 142 A.D.2d 937, 530 N.Y.S.2d 362 (1988)).

Lorsqu'un contrat de bail ne contient pas de clause d'accélération des loyers, le bailleur ne peut demander le paiement des loyers que lorsque ces derniers deviennent dus et que la résiliation du contrat n'est pas effective (Greenwood Land Company v. Omnicare Inc., WL 2160698 (2014)).

2° Sauf clauses contraires

a. Principe

Une clause de paiement, en cas de résiliation du bail en raison d'un manquement du locataire à ses obligations, de tous les loyers dus jusqu'au terme fixé dans le contrat est valable (clause d'accélération) (Cumming Props. LLC v. National Communications Corp., 449 Mass. 490, 869 N.E.2d617 (2007)).

Un bailleur ne peut recouvrer tous les loyers qui auraient été dus si le bail n'avait pas été résilié (pour inexécution contractuelle du locataire) que si le bail contient une clause spécifique en ce sens (clause d'accélération). Dans le cas contraire, le bailleur n'a le droit qu'aux loyers dus jusqu'à la date de la résiliation (Pierce v. Hoffstot, 211 Pa.Super, 380, 236 A.2d 828 (1967)).

b. Conditions

Selon le droit de l'État de Pennsylvanie, la clause d'accélération du loyer ne s'appliquera que si le locataire peut retourner dans le local (Pierce v. Hoffstot, 211 Pa.Super, 380, 236 A.2d 828 (1967)).

Le locataire, qui n'a pas respecté ses obligations, doit avoir accès au local loué, pour que le bailleur puisse demander les loyers dus (Onal v. BP Amoco Copr., 275 F.Supp.2d 650 (2005)).

Selon le droit de l'État de Pennsylvanie, lorsque le locataire ne respecte pas ses obligations, le bailleur peut soit demander à récupérer le local et obtenir des dommages-intérêts pour les préjudices subis jusqu'à la date de reprise soit demander l'application de la clause d'accélération (Finkle v. Gulf & Western Mfg. Co. 744 F.2d 1015 (1984)).

Le bailleur d'un bail commercial ne peut pas demander à la fois la résiliation du contrat et l'application de la clause d'accélération du contrat (Chalmers-Ludington v. Mead 140 Pa.Super.490, 14 A.2d 152 (1940)).

Cette règle a pour objectif d'éviter que le bailleur obtienne une double réparation : en reprenant le local et en le relouant, et en recevant du locataire initial les loyers dus jusqu'au terme initial du contrat (Finkle v. Gulf & Western Mfg. Co. 744 F.2d 1015 (1984)).

Lorsque le locataire abandonne les lieux, le bailleur peut reprendre le local et demander l'application de la clause d'accélération des loyers. Le bailleur devra toutefois rendre compte au locataire des loyers qu'il aurait reçus d'un nouveau locataire (Ferrick v. W. Bianchini 69 A.3d 642 (2013)).

D. Effets de la résiliation du bail

1º Droit à la résiliation

Cessation du contrat

Extinction de la dette de loyers

Une fois le contrat de bail résilié, le locataire n'est plus tenu de payer le loyer, sauf clause contraire du bail (275 Washington Street Corp. v. Hudson River International, LLC 987 N.E.2d 194 (2013)).

Lorsque le bailleur résilie le contrat en raison d'une faute du locataire, ce dernier est seulement redevable du loyer dû jusqu'à la date de la résiliation et non du loyer dû jusqu'au terme initialement prévu, sauf clause contraire du bail (Krasne v. Tedeschi & Grasso, 436 Mass.103 ; 762 N.E.2d 841 (2002)).

La résiliation anticipée du contrat de bail met fin pour l'avenir à l'obligation du locataire de payer le loyer (Locke v. Fahey, 288 Mass. 341 ; 193 N.E.2d 26 (1934)).

Une fois que le bailleur a résilié le contrat de bail, toute responsabilité du locataire pour le futur disparait, sauf clause contraire (Benderson v. Poss, 142 A.D.2d 937, 530 N.Y.S.2d 362 (1988)).

Lorsqu'un contrat de bail ne contient pas de clause d'accélération des loyers, le bailleur ne peut demander le paiement des loyers que lorsque ces derniers deviennent dus et que la résiliation du contrat n'est pas effective (Greenwood Land Company v. Omnicare Inc., WL 2160698 (2014)).

2º Droit à réparation

a. Existence du droit

En principe, en cas d'inexécution contractuelle, le contractant victime doit recevoir en dédommagement ce qu'il aurait normalement reçu si le contrat avait été correctement et entièrement exécuté (Doering Equip. Co. v. John Deere CO. 61 Mass.App.Ct. 850 ; N.E.2d 234 (2004)).

Le contrat de bail peut prévoir les dommages que devra réparer le locataire, si ce dernier ne respecte pas ses obligations (275 Washington Street Corp. v. Hudson River International, LLC 987 N.E.2d 194 (2013)).

Une clause du bail peut valablement stipuler que, si le bailleur résilie le contrat avant son terme et en raison d'une faute du locataire, ce dernier devra payer la totalité des pertes et des dommages subis par le bailleur en cas d'absence de relocation du local ou en cas de relocation pour un loyer inférieur à celui prévu au contrat (Woodbury v. Sparrel Print, 187 Mass. 426 ; 73 N.E 547 (1905)).

b. Option entre clause pénale et clause d'indemnisation

Remarque préliminaire : la clause pénale (liquidated damages) permet aux États-Unis de prévoir lors de la formation du contrat le montant des dommages-intérêts qui sera versé au cocontractant en cas d'inexécution contractuelle spécifique, par exemple en cas de retard de paiement.

Lorsque le contrat contient une clause pénale (liquidated damages) et une clause d'indemnisation en cas de manquement du locataire à ses obligations (indemnification), le bailleur ne peut pas obtenir les deux lors de la résiliation du contrat (Cotting v. Hooper, Lewis & Co., 220 Mass. 273 ; N.E. 931 (1915)).

c. Date d'ouverture du droit à réparation

Si le contrat ne précise pas à quelle date l'indemnité sera due, le droit pose le principe que cette dernière n'est pas due avant l'arrivée du terme initialement prévu dans le contrat de bail, c'est-à-dire lorsque les différents dommages peuvent être définitivement évalués (Gardiner v. Parsons, 224 Mass. 347, 112 N.E. 958 (1916)).

Obs. : le juge saisi doit alors ajourner sa décision à l'arrivée du terme du contrat.

Lorsque le contrat de bail commercial contient une clause d'indemnisation en cas de non respect de ses obligations par le locataire, le bailleur ne peut obtenir l'indemnisation avant l'arrivée du terme prévu au contrat, sauf si le locataire a abandonné le local ou s'il ne paye pas ses loyers (275 Washington Street Corp. v. Hudson River International, LLC, 987 N.E.2d 194 (2013)).

Lorsque le contrat contient une clause selon laquelle, en cas de manquement du locataire à ses obligations le bailleur sera dédommagé, le montant de l'indemnité ne peut pas être calculé avant l'arrivée du terme prévu dans le contrat initial, et ce même si le contrat a été résilié (Zevitas v. Adams, 276 Mass. 307 ; 177 N.E. 114 (1931)).

Cette règle connait toutefois une exception lorsque le bailleur a retrouvé un locataire pour la période restant à courir (275 Washington Street Corp. v. Hudson River International 963 N.E.2d 758 (2012)).

Si le bailleur résilie le contrat de bail en raison des manquements du locataire à ses obligations, l'indemnité prévue par la clause contractuelle s'arrête le jour de la vente du local (Krasne v. Tedeschi & Grasso, 436 Mass.103 ; 762 N.E.2d 841 (2002)).

E. Clauses de réparation

1° Clause fixant les dommages

Le contrat de bail peut prévoir les dommages que devra réparer le locataire, si ce dernier ne respecte pas ses obligations (275 Washington Street Corp. v. Hudson River International, LLC 987 N.E.2d 194 (2013)).

Une clause du bail peut valablement stipuler que, si le bailleur résilie le contrat avant son terme et en raison d'une faute du locataire, ce dernier devra payer la totalité des pertes et des dommages subis par le bailleur en cas d'absence de relocation du local ou en cas de relocation pour un loyer inférieur à celui prévu au contrat (Woodbury v. Sparrel Print, 187 Mass. 426 ; 73 N.E 547 (1905)).

2° Clause d'accélération

Selon le droit de l'État de Pennsylvanie, la clause d'accélération du loyer ne s'appliquera que si le locataire peut retourner dans le local (Pierce v. Hoffstot, 211 Pa.Super, 380, 236 A.2d 828 (1967)).

Le locataire, qui n'a pas respecté ses obligations, doit avoir accès au local loué, pour que le bailleur puisse demander les loyers dus (Onal v. BP Amoco Copr., 275 F.Supp.2d 650 (2005)).

Selon le droit de l'État de Pennsylvanie, lorsque le locataire ne respecte pas ses obligations, le bailleur peut soit demander à récupérer le local et obtenir des dommages-intérêts pour les préjudices subis jusqu'à la date de reprise soit demander l'application de la clause d'accélération (Finkle v. Gulf & Western Mfg. Co. 744 F.2d 1015 (1984)).

Le bailleur d'un bail commercial ne peut pas demander à la fois la résiliation du contrat et l'application de la clause d'accélération du contrat (Chalmers-Ludington v. Mead 140 Pa.Super.490, 14 A.2d 152 (1940)).

Cette règle a pour objectif d'éviter que le bailleur obtienne une double réparation : en reprenant le local et en le relouant, et en recevant du locataire initial les loyers dus jusqu'au terme initial du contrat (Finkle v. Gulf et Western Mfg. Co. 744 F.2d 1015 (1984)).

III. France

A. Incompétence du juge des référés pour la résiliation d'un bail

Il n'entre pas dans les pouvoirs du juge des référés de prononcer la résiliation d'un bail (Cass. 3e civ. 20-12-2018 no 17-16.783 : RJDA 3/19 no 171).

B. Notification aux créanciers inscrits

1° Conditions de la notification.

La notification doit être faite par le bailleur qui poursuit la résiliation du bail tant en cas de résiliation judiciaire ou amiable qu'en cas de résiliation de plein droit en exécution d'une clause du bail (Cass. civ. 27-6-1990 : Bull. civ. III p. 89).

La notification n'est soumise à aucun formalisme ; seule importe l'information claire et non équivoque fournie aux créanciers inscrits (Cass. com. 16-1-2001 : RJDA 4/01 no 429).

La notification requise est celle de la demande en justice en vue d'obtenir l'expulsion ou celle de l'accord des parties pour l'évacuation amiable des lieux et non celle du commandement ou de la mise en demeure (Cass. civ. 13-11-1969 : Rev. loyers 1970.142 ; Cass. civ. 21-7-1975 : JCP G 1977.II.18545 note Boccara ; TGI Paris 27-5-1992 : GP.1992.som.509) ou celle de l'assignation en référé afin de faire constater le jeu de la clause résolutoire (Cass. civ. 4-3-1998 : RJDA 5/98 no 571, 2e esp.) ou encore celle de l'ordonnance de référé ayant constaté la résiliation du bail (Cass. com. 4-3-1998 : RJDA 5/98 no 591, 1e esp.).

La notification doit être faite aux créanciers « antérieurement inscrits » au domicile élu par eux dans leur inscription (Cass. com. 3-3-1992 : RJDA 7/92 no 690), à la date de la demande en justice, même lorsque le bailleur veut faire constater l'acquisition de la clause résolutoire du bail (Cass. 3e civ. 22-3-2006 no 385 : RJDA 6/06 no 628).

Tous les créanciers inscrits doivent être avertis, peu important que, en cas de cessions successives, le bailleur n'ait pas reçu signification des dernières cessions (Cass. civ. 8-12-1993 : RJDA 3/94 no 271) ; mais seuls les créanciers inscrits peuvent invoquer le défaut de notification (Cass. com. 16-10-2007 no 05-19.756 : RJDA 1/08 no 10).

N'est pas créancier inscrit le titulaire d'une inscription provisoire qui n'a pas renouvelé celle-ci dans le délai imparti (Cass. civ. 6-12-1995 : RJDA 2/96 no 191) ni celui qui ne s'est pas fait inscrire dans la quinzaine de l'acte constitutif (Cass. 3e civ. 15-2-2012 no 11-10.911 : RJDA 7/12 no 649, JCP E 2012.1425 note Brault).

La notification tardive de l'assignation n'ouvre pas au créancier inscrit droit à des dommages-intérêts dès lors que le préjudice né de la perte de sa sûreté résulte de son inertie (Cass. 3e civ. 9-11-2011 no 10-20.021 : BRDA 23/11 inf. 19).

2° Effets de la notification

Les créanciers inscrits qui ont reçu notification peuvent exécuter eux-mêmes, dans le délai d'un mois, l'obligation dont la violation constitue la cause de la demande de résiliation (Cass. com. 27-5-1972 : Bull. civ. IV. p. 154), mais il ne s'agit là que d'une faculté on (notamment la caution du locataire) ne saurait reprocher au créancier de ne pas avoir exercée (Cass. com. 30-10-2000 : RJDA 2/01 no 230).

Une fois la résiliation acquise, les créanciers inscrits ne peuvent pas en éviter les effets ; ainsi, ils ne peuvent plus : demander l'annulation de la résiliation amiable après l'expiration du délai d'un mois suivant sa notification (CA Paris 1-10-1991 : D. 1991.IR.242) ; demander en leur nom la suspension de la clause résolutoire acquise (n° 5226 s. ; Cass. com. 22-10-1963 : Bull. civ. III p. 365) ; prétendre écarter la résolution en exécutant après le jeu de la clause l'obligation du locataire, le bailleur pouvant alors poursuivre expulsion de celui-ci (Cass. 3e civ. 21-1-2009 n° 07-19.916 : RJDA 4/09 n° 316) ; faire valoir leur droit de suite ou de préférence sur l'indemnité de résiliation du bail, le nantissement du fonds n'autorisant pas le créancier gagiste à se faire attribuer le fonds en paiement à concurrence de sa créance (Cass. 3e civ. 6-4-2005, BRDA 11/05 inf. 19).

Pas davantage, le locataire ne peut écarter l'effet acquis de la clause résolutoire en exécutant l'obligation à l'origine de la résolution dans le délai d'un mois offert aux créanciers inscrits pour procéder à cette exécution, car cette possibilité, édictée dans le seul intérêt des créanciers inscrits, demeure étrangère aux rapports existant entre le bailleur et le preneur (Cass. civ. 20-5-1992 : RJDA 7/92 n° 689).

C. Défaut de notification.

La résiliation est, de plein droit, inopposable aux créanciers inscrits (Cass. 3e civ. 12-7-2006 n° 854 : RJDA 11/06 n° 1119, censurant le rejet de la demande d'inopposabilité au motif que le créancier inscrit avait pu faire valoir son point de vue en temps utile).

Les créanciers peuvent poursuivre la vente forcée du fonds, y compris le droit au bail (CA Paris 23-3-1937 : D.H. 1937.274) ou demander des dommages-intérêts (Cass. com. 13-11-1969 : Bull. civ. IV p. 311, condamnant le bailleur à rembourser au créancier nanti le montant impayé de la créance). Ils peuvent aussi obtenir rétractation de la décision judiciaire de résiliation par tierce opposition (Cass. civ. 22-3-1989 : Bull. civ. III p. 38) ; les juges qui prononcent la rétractation ne peuvent pas, à cette occasion, se livrer à un nouvel examen en droit et en fait de la situation, car cela revient à suppléer ultérieurement au défaut de notification au créancier inscrit (Cass. civ. 6-12-1995 : RJDA 2/96 n° 191).

IV. Suisse

A. Résiliation pour non-paiement du loyer

Résiliation à défaut de paiement dans le délai imparti. Selon l'article 257d, al. 1 Code suisse des obligations, lorsque, après la réception de la chose, le locataire a du retard pour s'acquitter d'un terme ou de frais accessoires échus, le bailleur peut lui fixer par écrit un délai de paiement et lui signifier qu'à défaut de règlement dans ce délai, il résiliera le bail. Le délai doit être d'au moins trente jours pour les baux d'habitations ou de locaux commerciaux.

L'article 257d, al. 2 du CO spécifie que, faute de paiement dans le délai fixé, les baux d'habitations et de locaux commerciaux peuvent être résiliés moyennant un délai de congé minimum de trente jours pour la fin d'un mois (Tribunal fédéral suisse, 1e Cour civile, 5-8-2005, 4C.131/2005.)

B. Droit de résilier le bail pour risque de défaut de paiement des loyers : exercice sous condition de bonne foi du droit de résilier

Les parties liées par un contrat de bail de locaux commerciaux de durée indéterminée sont autorisées à résilier ce contrat conformément à l'article 266a alinéa 1er du Code suisse des obligations. Aux termes de ce texte, la résiliation d'un bail d'habitation ou de locaux commerciaux est annulable lorsqu'elle contrevient aux règles de la bonne foi. Cette disposition protège le locataire, notamment, contre le congé purement chicanier qui ne répond à aucun intérêt objectif, sérieux et digne de protection, et dont le motif n'est qu'un prétexte. En règle générale, le congé donné pour un motif d'ordre économique est conciliable avec les règles de la bonne foi, et le locataire n'est pas autorisé à réclamer l'annulation du congé que lui signifie le bailleur en vue d'obtenir, d'un nouveau locataire qui lui succédera dans les locaux, un loyer plus élevé mais néanmoins compatible avec l'article 269 du Code des obligations réprimant les loyers abusifs.

Une société anonyme ayant pour objet la fabrication et à la commercialisation des produits de boulangerie et de pâtisserie et exploitant plusieurs magasins d'alimentation a loué des locaux à usage de laboratoire et de magasin dans un bâtiment moyennant un loyer mensuel déterminé et ensuite augmenté par le bailleur usufruitier de l'immeuble dont le revenu locatif constituait l'essentiel de ses ressources. Informée des graves difficultés financières de la société locataire ayant cessé toute production dans le laboratoire loué, le bailleur a alors conclu un bail portant sur les mêmes locaux avec une société concurrente. Le Tribunal fédéral a reconnu la validité du congé de résiliation du bail donné de bonne foi par le bailleur confronté au risque de non-paiement des loyers en vertu de l'article 266a, al. 1 du Code des obligations (Tribunal fédéral suisse, 1e cour civile, arrêt n° 4A_568/2008 du 18-2-2009, JURICAF).

Chapitre VIII
DISPOSITIONS D'ORDRE PUBLIC

Art. 134 [anc. art. 102 mod.] **Sont d'ordre public les dispositions des articles 101, 102, 103, 107, 110, 111, 117, 123, 124, 125, 126, 127, 130 et 133 du présent Acte uniforme.**

Sauf convention contraire entre le bailleur et l'entreprenant, ce preneur ne bénéficie ni d'un droit au renouvellement du bail, ni d'un droit à la fixation judiciaire du loyer du bail renouvelé.

JURISPRUDENCE OHADA

I. Caractère impératif de l'article 134

Les dispositions listées à l'article 102 [devenu 134] sont des règles impératives dont l'application ne peut être valablement écartée par une obstruction ou substitution (CCJA, n° 13, 29-11-2011 : TOTAL FINA ELF SA devenue TOTAL BURKINA SA c/ K, Juris-Ohada, 2011, n° 4, oct.-déc. 2011, p. 13, Ohadata J-13-07, J-13-148 ; CCJA, ass. plén., n° 135, 11-11-2014 : Sté de Distribution Gabonaise (SODIGAB-MBOLO) c/ ROSSO Frédérique, Sté LA COMETE, Ohadata J-15-225).

Dans le même sens et jugeant que les dispositions de l'article 133 de l'AUDCG étant d'ordre public :

– elles s'imposent aux parties, qui ne peuvent y déroger (CCJA, 1e ch., n° 92, 28-3-2019 : SCI SOUARE c/ Dany Jacqueline CORMIER), et aux juridictions (CCJA, 3e ch., n° 049, 1-3-2018 : Toure Deury c/ Ali Ahmat Abacar et Mahamat Adoum Abacar).

La cour d'appel qui a retenu « qu'en l'espèce, la société [X.] a procédé à l'expulsion de la société [Y.] avant le terme de 5 ans, violant ainsi frontalement les dispositions de leur propre convention ; [...] ; considérant que l'article 133 du Code OHADA précité est d'ordre public (article 134) ; que la convention de quelque nature qu'elle soit ne saurait l'y déroger ; qu'ainsi, l'article 10 du contrat qui a accordé la possibilité de rompre le contrat à tout moment et sans motif est inopérant au regard de l'article 133 qui relève du droit communautaire », pour confirmer partiellement le jugement qui a condamné la société [X.] à verser des dommages et intérêts à la société [Y.], a fait une exacte application du texte visé au moyen (CCJA, 2e ch., n° 004/2023, 19-1-2023).

Obs. : il peut être déduit de cette décision qu'en principe et par analogie, les dispositions d'ordre public prévues par les textes de l'OHADA s'imposent à tous, sauf circonstances exceptionnelles à apprécier au cas par cas.

– c'est à bon droit que les premiers juges ont rejeté l'exception d'incompétence du juge du fond soulevée au profit du juge des référés, les articles 6 et 7 du contrat des parties ne pouvant primer sur les dispositions de l'article 133 précité (CCJA, 1e ch., n° 009, 24-1-2019 : Sté Habana Café SARL c/ SCI Le Pélican Doré).

Sur le caractère d'ordre public des articles 123, 126, 131 et 133 de l'AUDCG (CCJA, 2e ch., n° 251, 13-12-2018 : SCI H2 c/ SCI Zanouba).

Il est de principe que la loi spéciale déroge à la loi générale. Selon l'article 10 du Traité instituant l'OHADA, les Actes uniformes sont directement applicables et obligatoires dans les États parties nonobstant toutes dispositions contraires de droit interne, antérieures ou postérieures ; l'article 101 de l'AUDCG prévoit que les dispositions de son livre VI intitulé « Bail à usage professionnel et fonds de commerce » sont « applicables à tous les baux portant sur les [...] les locaux ou immeubles à usage commercial, industriel, artisanal ou à tout autre usage professionnel [...] ». Les parties étant liées par un bail à usage commercial à durée indéterminée régi par l'AUDCG, les dispositions des articles 123, 124, 125, 126 et 127, 130 et 133 dudit Acte uniforme étant déclarées d'ordre public par son article 134, la cour d'appel n'a en rien violé les textes nationaux visés au moyen en écartant l'application des dispositions générales du COCC au profit de celles spéciales de l'AUDCG (CCJA, 3e ch., n° 195/2023, 26-10-2023).

II. Simple erreur non constitutive d'une violation de l'article 134

Le moyen tendant à faire juger que la cour d'appel a violé l'article 102 [devenu 134], qui fait de l'article 94 [devenu 126] une disposition d'ordre public, en ce qu'il a confondu chiffre d'affaires et bénéfice et a soumis la prise en compte des investissements à l'autorisation du bailleur, alors que ces dispositions de l'article 94 sont d'ordre public, et donc d'interprétation stricte, n'est pas fondé et doit être rejeté (CCJA, ass. plén., n° 066, 29-4-2015 : Maison du Meuble SA c/ Jaffar Daoud, Ohadata J-16-69).

• Titre II •

FONDS DE COMMERCE

• Chapitre I •

DÉFINITION DU FONDS DE COMMERCE

Art. 135 [anc. art. 103 mod.] Le fonds de commerce est constitué par un ensemble de moyens qui permettent au commerçant d'attirer et de conserver une clientèle.

JURISPRUDENCE OHADA

Inclusion du droit au bail

Une station-service de produits pétroliers constitue un fonds de commerce, et répond à la définition et aux éléments constitutifs d'un fonds de commerce contenus aux articles 103 [devenu 135] et suivants de l'AUDCG. Conformément à l'article 105 [devenu 137] de l'AUDCG, le fonds de commerce peut comprendre en outre, le droit au bail. En conséquence, la vente forcée aux enchères publiques pratiquée à la suite de la saisie-vente sur les matériels et outillages de ladite station constitue bien une cession de fonds de commerce, laquelle octroie un droit au bail (TGI Banfora, n° 17, 4-4-2003 : K. née O. A. c/ Sté S.K.I, Ohadata J-04-60).

JURISPRUDENCE COMPARÉE

France
Exclusion des immeubles

Le fonds de commerce ne comprend pas les immeubles (CA Limoges 26-11-1990 : D. 1992.452 note Prévault ; cf. Cass. civ. 21-7-1937 : S. 1938. 1.337 note Lagarde).

Art. 136 [anc. art. 104 mod.] Le fonds de commerce comprend nécessairement la clientèle et l'enseigne ou la clientèle et le nom commercial, sans préjudice du cumul de la clientèle avec l'enseigne et le nom commercial.

JURISPRUDENCE COMPARÉE

France

A. Clientèle

1° Elément déterminant de l'existence du fonds

Sans la clientèle, le fonds de commerce n'existe pas (Cass. ass. plén. 24-4-1970 : D. 1970.381 note R.L. ; Cass. civ. 11-12-2001 : D. 2002.488). Une société coopérative qui exploite un restaurant réservé à ses adhérents n'a pas de clientèle et donc pas de fonds de commerce (Cass. civ. 7-5-1985 : JCP G 1985.IV.249).

2° Composition de la clientèle

La clientèle existe, même si elle est composée uniquement d'un petit nombre de clients : seize clients suffisent à constituer une clientèle (Cass. com. 5-6-1970 : D. 1970.673), voire un seul fournisseur (Cass. com. 7-12-1965 : Bull. civ. III p. 565). L'achalandage est distinct de la clientèle en ce qu'il constitue une aptitude à retenir celle-ci qui dépend d'un critère objectif ; la situation du fonds (TGI Paris 24-11-1992 : GP 1994.203).

3° Conditions à remplir par la clientèle

a. Clientèle personnelle au commerçant

La clientèle doit être personnellement attachée au commerçant qui prétend être le propriétaire d'un fonds donné pour être prise en considération comme élément de ce fonds (Cass. civ. 22-10-1974 : Bull. civ. III p. 279 ; Cass. com. 16-1-1990 : JCP G 1991.II.21662).

1. Existence

A une clientèle propre :

– le commerçant qui exploite son commerce dans une construction permanente et couverte située à

l'extérieur d'un supermarché, celle-ci étant attirée par son emplacement et les spécialités qu'il vendait (Cass. civ. 1-12-1976 : Bull. civ. III p. 331) ;
– la clinique dans laquelle des médecins opèrent (Cass. civ. 25-4-1972 : Bull. civ. III p. 179) ;
– le franchisé, même s'il n'est pas propriétaire de la marque et de l'enseigne mise à sa disposition pendant l'exécution du contrat de franchise, car la clientèle est créée par son activité, avec des moyens que, contractant à titre personnel avec ses fournisseurs ou prêteurs de deniers, il met en œuvre à ses risques et périls (Cass. 3e civ. 27-3-2002 : RJDA 6/02 n° 603, reconnaissant au franchisé le droit au renouvellement de son bail ; dans le même sens, CA Aix 10-12-2002 : Bull. d'Aix 2002-2. 225. S. 14 obs. Tranchant) ;
– l'exploitant d'une station-service « Total » dès lors qu'il disposait d'un droit au bail, d'installations appropriées, d'une clientèle locale et d'un achalandage important et qu'il bénéficiait d'un emplacement favorable dans une agglomération et à proximité d'une route nationale et d'un concessionnaire automobile (Cass. civ. 13-2-1980 : Bull. civ. III p. 26) ;
– le franchisé exploitant une agence matrimoniale car il détenait un « fichier qui pouvait être assimilé à une clientèle » (CA Limoges 10-6-1980 : D. 1981.573 note Jauffret) ;
– l'exploitant d'un fonds de commerce de librairie-papeterie situé dans le hall de la tour Montparnasse à Paris pour les raisons suivantes :
– la tour Montparnasse caractérise un vaste ensemble accessible au public qui y bénéficie d'un libre accès ;
– si la clientèle du fonds de commerce se recrutait essentiellement parmi le personnel des sociétés locataires de cet ensemble ou les visiteurs, elle incluait également les riverains et les autres personnes de passage ;
– le fait que des contrôles de sécurité aient lieu à l'entrée de la tour depuis septembre 2001 (présentation du contenu des sacs pour les personnes n'y travaillant pas) était sans incidence sur l'existence d'une clientèle propre, ces contraintes n'étant d'ailleurs pas dissuasives dans le contexte actuel de multiplication de ce genre de surveillance ;
– le fonds ne se situait pas dans le périmètre d'un autre fonds de commerce dans une situation de dépendance totale de clientèle (CA Paris 17-12-2008 n° 08/2668 : BRDA 8/09 inf. 16).

2. Absence

L'absence de clientèle propre a été déduite des circonstances suivantes :
– contrat conclu entre l'exploitant d'une buvette et la société propriétaire d'un champ de course selon lequel l'activité du commerçant devait être limitée à l'enceinte du champ de course et réduite aux seules journées de réunion hippique (Cass. ass. plén. 24-4-1970 : D. 1970.381 note R.L.) ;
– obligation pour la société titulaire d'un emplacement dans un supermarché de se conformer à la discipline générale en vigueur dans l'établissement, les heures d'ouverture et de fermeture étant discrétionnairement déterminées par le supermarché (Cass. civ. 9-7-1979 : D. 1980.64 ; cf. Cass. civ. 2-7-1986 : Loyers 1986 n° 375) ;
– attachement de la clientèle d'un concessionnaire automobile à la marque et non aux qualités personnelles du concessionnaire (cf. Cass. com. 3-6-1982 : JCP G 1983.II.20104 obs. J.H.) ;
– exploitation de la clientèle appartenant à l'État ou à une autre collectivité publique qui ne peut pas faire naître une clientèle privée au profit du concessionnaire : par exemple, exploitant d'un débit de tabac (Cass. req. 13-3-1905 : S. 1906.1.101), d'un service public, serait-il un établissement public industriel ou commercial (Cass. com. 29-1-1952, 2 arrêts : D. 1952.737), d'un bar-restaurant installé dans les bâtiments aménagés par l'intéressé sur le terrain d'un aérodrome (CE 28-4-1965 : AJDA 1965.II.655 note L. Lamarque), d'un fonds de commerce installé sur le domaine public communal (CA Nancy 18-11-1991 : RJDA 6/92 n° 575) ;
– l'exploitation du fonds à titre de mandataire (CA Paris 17-11-2010 n° 09/07336 : GP 2011.som.1150).

b. Clientèle résultant d'une activité commerciale

La clientèle doit résulter de l'exercice d'une activité commerciale ; tel n'est pas le cas de celle réunie par une société anonyme qui exerce une activité civile (Cass. com. 3-3-1964 : GP 1964.1.353 et Cass. civ. 26-10-1982 : Loyers 1983 n° 61 : activité de location immobilière ; Cass. civ. 5-3-1971 : Bull. civ. III p. 122 : activité d'ingénierie).

B. Enseigne

1° Conditions

L'enseigne peut correspondre ou non à une marque (CA Rouen 27-1-1994, inédit) ; elle suppose, pour exister, une utilisation continue, sérieuse et non sporadique (CA Paris 21-1-1998 : RDPI 1998 n° 88 p. 41 : rejet d'un signe utilisé quelques jours par an).

2° Propriété de son créateur

L'enseigne, créée par le gérant libre dès son entrée en fonctions et utilisée pendant sa gérance, est sa propriété de sorte, d'une part, qu'il peut l'apposer, au terme de son contrat, sur le magasin qu'il exploite personnellement et, d'autre part, qu'il peut en interdire l'usage au propriétaire de l'ancien commerce qu'il a géré (T. com. Lyon 19-12-1949 : D. 1950.275 note G. Ripert).

3° Aire géographique de protection de l'enseigne

Hormis le cas de notoriété nationale, l'enseigne ne bénéficie que d'une protection locale ; en conséquence, l'usurpation de l'enseigne « Prop » d'un groupement d'intérêt économique dont l'adresse est 116 boulevard Diderot à Paris (12e) n'est pas réalisée par l'emploi de l'expression « C'PROP » dont l'adresse est à 95523 Osny et rue de l'Eclipse, 95000 Cergy, dès lors qu'il n'est pas soutenu qu'il existe d'autres établissements du groupement titulaires de l'enseigne à Osny ou à Cergy (CA Paris 3-11-1993 : GP 1993.som.533).

C. Nom commercial

1° Nom commercial sur internet

Sur le réseau Internet, l'identification est faite par le choix et l'attribution d'un « nom de domaine », qui a aussi une valeur distinctive (cf. CA Paris 18-10-2000 : RJDA 4/01 n° 521).

2° Utilisation d'un nom patronymique

Le commerçant peut librement choisir son propre nom patronymique, même si celui-ci est déjà utilisé pour désigner un autre fonds ou une marque (Cass. com. 17-5-1988 : BRDA 14/88 p. 22).

Le propriétaire du fonds ne peut pas choisir le nom patronymique d'un tiers si cet usage est de nature à nuire au titulaire du nom (cf. Cass. civ. 13-2-1967 : GP 1967.1.259 note Beaumaine ; Cass. civ. 26-5-1970 : D. 1970.520 ; TGI Paris 3-1-1986 : D. 1987.115 note Burst). Mais il faut que l'usage porte sur le nom patronymique lui-même et non sur un vocable différent de ce nom (Cass. com. 9-4-1991 : RJDA 7/91 n° 669).

3° Appropriation du nom commercial

a. Caractère distinctif du nom commercial

Ne peut être approprié qu'u nom commercial distinctif :

Peuvent être protégés les noms suivants :

– « La Chausséria » pour un magasin vendant des chaussures (Cass. com. 12-7-1976 : Bull. civ. IV p. 203) ;

– « Développement » pour désigner l'activité de recherche et de sélection de personnel (CA Paris 12-6-1984 : Ann. prop. ind. 1984.252) ;

– « Taxis-Marchandises » pour une entreprise de transport de marchandises (CA Paris 6-1-1977 : JCP G 1978.IV.316) ;

– « Société Générale Européenne Incendie » pour une entreprise de fabrication et de vente de matériel d'incendie, car l'adjectif « Européenne » présente un certain caractère arbitraire et contribue à donner à la combinaison où il s'intègre une part d'originalité (CA Paris 30-5-1968 : Ann. prop. ind. 1968.170) ;

– « SOS-futures mères » pour une association aidant les futures mères, la structure même de l'appellation constituant une originalité (CA Paris 23-3-1987 : D. 1987.IR.105).

Ne peuvent pas être protégés les noms suivants :

– « société » ou « compagnie » pour désigner une entreprise individuelle (CA Aix 26-10-1950 : JCP G 1950.II.5921) ;

– « Pizza » pour une enseigne de restaurant (CA Paris 24-10-1964 : D. 1965.248) ;

– « Biosthéticien » pour un laboratoire de biologie esthétique (Cass. com. 2-11-1964 : Bull. civ. III p. 417) ;

– « Compagnie Industrielle de Travaux » car les mots « compagnie » et « travaux » désignent de façon adéquate l'activité exercée par la société (CA Paris 19-3-1965 : Ann. prop. ind. 1966.60) ;

– « Omnisol » pour des revêtements de sol (Cass. com. 2-11-1969 : Bull. civ. IV p. 335) ;

– « Le modèle réduit » pour un commerce d'objets miniatures (CA Paris 21-12-1970 : Ann. prop. ind. 1980.133) ;

– « Association française des propriétaires » pour désigner une agence immobilière (TGI Paris 17-5-1976 : JCP G 1979.II.19151 obs. Andréi et Divier) ;

– « Agence générale pour les économies d'énergie » qui peut être confondue avec l'Agence pour les économies d'énergie, organisme d'État (T. cor. Lyon 10-9-1982 : Consommateurs Actualité n° 356 p. 15) ;

– désignation présentant comme une institution officielle destinée au reclassement des travailleurs handicapés une entreprise en réalité commerciale (CA Toulouse 12-2-1987 : GP 1988.som.94).

b. Acquisition du nom

1. Premier usage

Le nom commercial s'acquiert par le premier usage personnel et public ; cet usage résulte d'emplois effectifs du nom, tels que la conclusion sous le nom en cause de contrats et la connaissance dudit nom par les administrations et d'autres entreprises ; l'inscription par un tiers du même nom au registre du commerce, avant que l'utilisateur ne l'ait lui-même inscrit, ne prive pas ce dernier de son droit sur ce nom (Cass. com. 18-6-1996 : RJDA 12/96 n° 1477 ; voir aussi Cass. com. 29-6-1999 : RJDA 12/99 n° 1400).

2. Usage continu

Une société qui n'avait pas fait usage du nom commercial qu'elle avait acquis en même temps qu'un fonds de commerce ne peut reprocher à une autre de s'en servir à des fins commerciales (Cass. com. 30-11-1983 : Bull. civ. IV p. 287).

3. Délimitation territoriale

Seul l'usage en France confère au nom commercial protection (CA Paris 29-9-1980 : Ann. prop. ind. 1981.73 ; CA Versailles 22-2-1989 : GP 1989.som.312).

En conséquence, l'étranger qui n'a pas fait usage en France de son nom commercial ne peut pas s'opposer à ce qu'une société concurrente dépose une marque reproduisant ce nom (Cass. com. 17-7-1984 : Bull. civ. IV p. 197).

c. Transmission du nom

La propriété du nom s'acquiert aussi avec le fonds de commerce, à défaut de clause contraire (Cass. com. 26-1-1993 : RJDA 8-9/93 n° 697). Si le nom n'a pas été cédé, son titulaire le conserve lorsqu'il quitte les lieux où son fonds est installé et il peut l'utiliser ailleurs (CA Paris 3-7-1996 : DA 1996.1187, refusant au propriétaire de l'immeuble où le commerce était exercé le droit de conserver le nom de l'ancien locataire, à défaut de location par celui-ci de l'immeuble et du fonds).

d. Preuve de l'usage

Ne sont pas des documents pertinents établissant l'usage d'un nom commercial par une société les statuts de celle-ci et les comptes rendus d'assemblée générale, datant de l'époque de sa création, car ils attestent de l'usage de la dénomination litigieuse Navane à titre de dénomination sociale mais non pour désigner l'entreprise auprès de la clientèle (CA Paris, 4e ch. A, 11-9-1996 : GP 1997.som.249).

4° Protection du nom commercial

a. Concurrence déloyale

1. Droit d'agir

L'action en concurrence déloyale peut être introduite par le titulaire d'un nom commercial – serait-il une société en liquidation, Cass. com. 20-5-1974 : Bull. civ. IV p. 129) ou de domaine, tant pour protéger le nom de domaine lui-même contre une appropriation (cf. CA Paris 18-10-2000 : RJDA 4/01 n° 521) que pour protéger l'appropriation d'un nom commercial sous la forme d'un nom de domaine (TGI d'Hazebrouck 16-12-1999 : D. 2000 AJ.54 obs. Manara).

2. Faits fautifs

Sont sanctionnés :

– la reproduction pure et simple du nom (Cass. com. 5-11-1985 : D. 1987.22 note Burst ; Cass. com. 5-7-1994 : RJDA 12/94 n° 1402 ; cf. CA Paris 19-4-1974 : D. 1974.495 note Lindon).

– la création d'une confusion : il y a risque de confusion entre « France Service Net » et « France Prestige Service » (CA Paris 12-11-1980 : Ann. prop. ind. 1981.140), « Express Secrétariat Service » et « Express Secrétariat » (CA Paris 18-2-1971 : Ann. prop. ind. 1971.198), « Prop » et « C'Prop » (CA Paris 3-11-1993 : GP 1993.533), « Angel » et « Ancel » (CA Paris 17-5-1966 : Ann. prop. ind. 1967.157), « Publimatch » et « Paris-Match » (CA Paris 27-3-1968 : Ann. propr. ind. 1968.141), « Unipa » et « Uniprix » (CA Paris 30-5-1969 : Ann. prop. ind. 1970.118), mais non entre « Décor Home » et « Expo Décor » (CA Paris 7-2-1972 : Ann. prop. ind. 1972.190), entre « Société Générale Européenne Incendie » et « Société Générale de Protection Incendie » (CA Paris 30-5-1968 : Ann. prop. ind. 1968.170) ou entre l'association du mot « expansion » au sigle « phone » et celle du mot « intervention » au même sigle (TGI Vesoul 4-12-1987 : GP 1989.som.299) ;

– les sigles ayant la même consonance (SAQUAB et SACAB : Cass. com. 28-1-1980 : Bull. civ. IV p. 30 ; CIPE et SIPE : CA Paris 28-10-1977 : Ann. prop. ind. 1979.49 ; CEEPRA et SAPRA : Cass. com. 16-7-1991 : RJDA 11/91 n° 922 ; SOMAC et SMAC : CA Paris 22-11-1963 : Ann. prop. ind. 1964.179 ; BUSV ou BVS et BUS : CA Paris 14-5-1964 : D. 1965.241 note Ponsard ; BNF et BNF Diffusion : CA Paris 18-9-1998 : DA 1998.2021).

3. Activités concurrentes

Le nom reproduit ou imité doit servir à désigner une activité identique ou similaire à celle du titulaire du nom (Cass. com. 16-2-1977 : Bull. civ. IV p. 45 ; Cass. com. 3-4-1979 : Bull. civ. IV p. 96) ; sont similaires :

– l'activité d'un agent de publicité et celle d'un périodique faisant de la réclame (CA Paris 27-3-1968 : Ann. prop. ind. 1968.141) ;

– le commerce de vêtements en gros et en détail (CA Paris 8-3-1976 : Ann. prop. ind. 1977.29).

4. Aire d'exercice des activités protégées par le nom

La protection du droit d'un commerçant sur son nom commercial est assurée seulement dans la zone géographique où il exerce son activité (Cass. com. 19-2-1969 : Bull. civ. IV p. 68). Il y a identité de zone d'exercice d'activité entre deux entreprises ayant leur siège dans la région parisienne dont les aires d'activité se recouvraient pour l'essentiel (CA Paris 12-11-1980 : Ann. prop. ind. 1981.140), mais non entre deux établissements portant le même nom et établis dans la même ville qui ne se font pas concurrence, dès lors que l'un est situé au centre et l'autre à la périphérie (Cass. com. 22-3-1988 : Bull. civ. IV p. 85).

b. Abus de droit

Il y a abus lorsqu'un commerçant choisit comme nom commercial un nom patronymique rare ou célèbre pour bénéficier du prestige qui y est attaché en amenant le public à croire que c'est le titulaire du patronyme qui exploite en réalité le fonds ; un entrepreneur ne peut pas utiliser les noms suivants à des fins commerciales :

– Noailles (CA Paris 21-3-1973 : Ann. prop. ind. 1974.154) ;

– Toulouse-Lautrec (TGI Bordeaux 10-6-1963 : JCP G 1963.II.13421 note Vivez) ;

– Luynes (CA Paris 24-1-1962 : D. 1962.639) ;

– Paul Cézanne (CA Paris 6-6-1961 : D. 1961.569).

c. Mesures de protection

La protection du nom commercial contre tout risque de confusion implique :

– soit l'interdiction de toute utilisation quel que soit le support utilisé (CA Paris 7-4-1995 : RJDA 11/95 n° 1312) ; l'utilisation d'un nom imité ne peut être interdite par le juge des référés qu'autant que l'imitation a un caractère manifeste et a provoqué l'erreur de la clientèle ainsi que l'imminence d'un danger (Cass. com. 24-6-1986 : Bull. civ. IV p. 120) ;

– soit l'adjonction au patronyme du prénom du nouvel entrepreneur (Cass. com. 5-11-1985 : D. 1987.22 note Burst) ou du lieu où il exerce son activité (TGI Paris 4-7-1984 : D. 1985.293 note S.M.-P.) ou de l'objet de son activité en termes apparents (CA Paris 13-10-1962 : Ann. prop. ind. 1963.228).

Art. 137 [anc. art. 105 mod.] **Le fonds de commerce peut comprendre différents éléments mobiliers, corporels et incorporels, notamment les éléments suivants :**

– les installations ;
– les aménagements et agencements ;
– le matériel ;
– le mobilier ;
– les marchandises en stock ;
– le droit au bail ;
– les licences d'exploitation ;
– les brevets d'inventions, marques de fabrique et de commerce, dessins et modèles, et tout autre droit de propriété intellectuelle nécessaires à l'exploitation.

JURISPRUDENCE OHADA

Non-renouvellement de la location d'un fonds de commerce appartenant au propriétaire de l'immeuble abritant le fonds : expulsion du locataire

Si selon l'article 137 de l'AUDCG le « le fonds de commerce peut comprendre différends éléments mobiliers, corporels, incorporels, notamment les éléments suivants : les installations, les aménagements et agencements, le matériel, le mobilier, les marchandises en stock, le droit au bail, les licences d'exploitation, les brevets d'inventions marques de fabrique et de commerce, dessins et modèles, et tout autre droit de propriété intellectuelle nécessaire à l'exploitation », il reste que si l'immeuble dans lequel un fonds de commerce est exploité appartient au propriétaire de cet immeuble, par ailleurs bailleur, le gérant du fonds devient en même temps locataire de l'immeuble qu'il doit quitter en fin du contrat, sous réserve de l'indemnité due à la plus-value apportée au fonds ou à l'immeuble avec l'autorisation du propriétaire (CCJA, 1e ch., n° 251/2020, 25-6-2020 : Tchangani Simbossouani c/ Bodjona Pédié née Agoda).

JURISPRUDENCE COMPARÉE

France

Autres éléments du fonds

Font partie du fonds les fichiers de clients réels ou potentiels constitués par les salariés (CA Grenoble 15-2-1995 : GP 1996.som.7 note Guitard).

Chapitre II

MODES D'EXPLOITATION DU FONDS DE COMMERCE

Art. 138 [anc. art. 106] **Le fonds de commerce peut être exploité directement ou en exécution d'un contrat de location-gérance.**

L'exploitation directe peut être le fait d'un commerçant, même s'il est entreprenant, ou d'une société commerciale.

La location-gérance est une convention par laquelle le propriétaire du fonds de commerce, personne physique ou morale, en concède la location, en qualité de bailleur, à une personne physique ou morale, locataire-gérant, qui l'exploite à ses risques et périls. L'entreprenant ne peut être partie à un contrat de location-gérance.

Le locataire-gérant doit payer au bailleur du fonds un loyer correspondant à la redevance due pour la jouissance des locaux, et un loyer pour la jouissance des éléments corporels et incorporels du fonds de commerce tels que décrits dans le contrat de location-gérance. Ces deux éléments de loyer sont obligatoirement déterminés de façon séparée dans le contrat de location-gérance, même si leurs échéances sont fixées aux mêmes dates. En accord avec le bailleur des locaux, le locataire-gérant peut être dispensé de lui assurer directement, à chaque échéance, le paiement du loyer dû à la rémunération de la jouissance des locaux.

Jurisprudence OHADA

I. Absence de location-gérance

A. Location des lieux

La location-gérance d'un fonds de commerce n'est pas à confondre avec la location des locaux abritant ledit fonds de commerce et dans laquelle le propriétaire du fonds de commerce s'est engagé à l'égard de la propriétaire desdits locaux ; la décision ayant ordonné l'expulsion du locataire-gérant pour non-paiement de redevances dues doit être confirmée (CA Abidjan, 3e ch. civ. et com., no 263, 25-2-2005 : B.K. c/ K.K.B, Juris-Ohada, no 4/2006, p. 34, Ohadata J-07-32).

Il s'ensuit que locataire-gérant d'un fonds de commerce ne peut pas prétendre à un bail commercial, du fait du contrat de location-gérance qu'il a signé avec le propriétaire du fonds, même lorsque celui-ci est aussi propriétaire du local dans lequel le fonds de commerce est exploité (TR Thiès, civ. et com., 21-3-2002 : Total ELF Fina Sénégal c/ B. S., Ohadata J-03-36, obs. J. Issa-Sayegh, 1e esp.).

Obs. : voir sous l'art. 103.

De même, les articles 101, 123, 124 et 134 de l'AUDCG règlementent le bail à usage professionnel ; s'agissant en l'espèce d'un contrat de location-gérance d'un fonds de commerce dont la définition et les modes d'exploitation sont fixés aux articles 137 et 138 dudit Acte uniforme, la cour d'appel n'a pas violé les textes précités en jugeant que c'est à tort que les premiers juges ont soumis un contrat de location gérance aux dispositions applicables au bail commercial. C'est à tort qu'il est reproché à un arrêt de manquer de base légale en ce que le juge du fond n'a procédé que par des rappels de définitions, des reproches au premier juge et des dénégations de droit sans application d'aucun des textes du livre VI de l'AUDCG. Il en est ainsi car en se fondant sur les articles 137 de l'AUDCG qui énumère les éléments constituant le fonds de commerce entre autres, le droit au bail qui est l'objet du contrat, et l'article 138 qui détermine les modes d'exploitation d'un fonds de commerce et après s'être rassuré que le contrat intervenu entre les parties est un contrat de location-gérance qui ne peut être confondu à un bail à usage professionnel, qui seul donne droit au renouvellement du contrat, la cour d'appel a constaté la fin du contrat de location-gérance et son renouvellement par le propriétaire, donnant ainsi une base légale à sa décision ; rejet du moyen (CCJA, 1e ch., no 21, 14-12-2017 : M. D. DIOP c/ Michel CORFEC).

B. Fonds créé par le preneur des locaux d'exploitation de l'activité

C'est à tort qu'un bailleur invoque l'article 106 [devenu 138] de l'AUDCG pour soutenir que le contrat conclu avec l'appelante est un contrat de location d'un fonds de commerce dès lors qu'il résulte des pièces produites que le fonds de commerce n'existait pas au moment de la signature du contrat qui était intitulé « contrat de bail » et que c'est au contraire le preneur qui a constitué ce fonds de commerce dont le bailleur se réclame aujourd'hui propriétaire. En décidant de rompre le contrat unilatéralement en procédant à la fermeture des portes du local, le bailleur engage sa responsabilité (CA Ouagadougou (Burkina Faso), ch. com., no 034, 19-3-2010 : M. Z. A. c/ T. L. J., Ohadata J-12-185).

II. Existence d'une location-gérance

Selon l'article 138 de l'AUDCG, le fonds de commerce est exploité directement ou en exécution d'un contrat de location-gérance. C'est violation de la loi qu'une cour d'appel a considéré que la livraison de produits dans une station-service qui n'est pas exploitée par le propriétaire pouvait être faite en dehors de tout contrat de location-gérance et dans le cadre d'une commande ponctuelle régie par le texte national, exposant ainsi son arrêt à la cassation. Sur l'évocation, le premier juge, qui, en présence d'un contrat de location gérance conclu pour une période de trois ans, allant du 2 janvier 2015 au 1er janvier 2018 et excluant tout renouvellement par tacite reconduction, a reconnu que l'exploitation de fonds de commerce est faite en exécution d'un contrat de location-gérance, après avoir constaté qu'il y a eu reconduction implicite puisqu'après le 1er janvier 2018, les parties ayant continué leurs relations exactement dans les mêmes conditions et sur le fondement du contrat signé en janvier 2015 dont les conditions générales ont prévu une clause attributive de juridiction, a sainement apprécié les faits et fait une juste application des dispositions de la loi (CCJA, 3e ch., no 034/2021, 25-2-2021 : Total Sénégal SA c/ Monsieur Libasse Diene).

III. Transfert du fonds

Il y a eu transfert de la gestion du fonds de commerce d'un père à son fils lorsque ce dernier, en se comportant comme le véritable propriétaire pendant 7 ans, a fait croire légitimement qu'il agissait en son nom et pour son propre compte, dans la mesure où il possédait tous les cachets, qu'il signait lui-même les bons de commandes et les reconnaissances de dettes (CCJA, 1e ch., no 16, 25-3-2010 : Sté INDUSTRAP c/ N., Juris-Ohada, no 3/2010, juill.-sept., p. 1, Ohadata J-11-60, J-12-27).

IV. Responsabilité du locataire-gérant

A. Dommages causés aux tiers par les préposés du locataire-gérant

Le locataire-gérant d'un fonds de commerce, qui exploite ledit fonds à ses risques et périls, est responsable des dommages causés aux tiers par ses préposés dans l'exercice de leurs fonctions. Le propriétaire du fonds de commerce doit être mis hors de cause (CA Abidjan, ch. civ. et com., no 512, 23-4-2004 : Sté TEXACO-CI c/ K. Y. S., Ohadata J-05-318).

B. Validité d'une clause spéciale destinée à garantir le remboursement des sommes avancées par le propriétaire du fonds

Une cour d'appel a retenu que l'article 106 [devenu 138] al. 3 de l'AUDCG n'interdit pas aux parties de convenir de clauses spécifiques en vue de faciliter la réalisation de leur contrat. La cour n'a en rien violé les dispositions légales visées au moyen et a, à bon droit, donné effet à la volonté exprimée par les parties lorsque qu'elle relève que le contrat des parties prévoit que celui-ci « serait également résilié de la même manière, et sans préjudice de tous les dommages et intérêts, en cas d'[…] utilisation des fonds prêtés par le bailleur à des fins étrangères à l'exploitation de la station, sans l'accord préalable écrit du bailleur […] [»] et qu'elle juge que loin de limiter la libre gestion du locataire-gérant, cette clause convenue pour garantir le remboursement des sommes avancées par Total, justifiait, en les sécurisant, la domiciliation des recettes du locataire dans les livres de la défenderesse (CCJA, 1e ch., no 133/2019, 25-4-2019 : Tinhin Gboblei Bernard c/ Total Côte d'Ivoire SA).

Jurisprudence comparée

I. France

A. Conséquence de la qualification de location

Le contrat de location-gérance constituant une location, il suppose que le preneur verse un loyer déterminé appelé « redevance » (Cass. com. 11-5-1971 : Bull. civ. IV p. 125) ; par suite, la concession d'un restaurant ne prévoyant pas le paiement d'une redevance ne peut constituer une location-gérance en raison du seul fait que le propriétaire du restaurant « retirait du contrat des avantages suffisamment importants pour être assimilés à un profit » (Cass. com. 11-5-1971, précité).

B. Location d'un fonds de commerce

Si les éléments qui composent le fonds ne sont pas réunis, notamment, s'il n'existe pas de clientèle, il ne peut y avoir de location-gérance (Cass. com. 27-4-1976 : GP 1976.1.som.167) : il a été déduit qu'il n'y avait pas location-gérance, mais bail de locaux commerciaux, des circonstances suivantes : absence d'exploitation du fonds pendant deux ans, locaux non aménagés, matériel insuffisant et stock de marchandises dérisoire (Cass. civ. 17-6-1975 : Bull. civ. III p. 157).

Il y a eu location-gérance et non bail commercial dans un cas où le locataire n'était propriétaire ni d'un fonds ni d'un matériel commercial et où avait été mis à sa disposition un local de boucherie déjà équipé et exploité pratiquement sans interruption (Cass. civ. 14-3-1968 : Bull. civ. III p. 90 ; dans le même sens, Cass. com. 14-12-1993 : RJDA 5/94 no 517).

C. Exploitation pour son compte par le locataire

Le locataire doit exploiter le fonds à ses risques et périls et non pas comme mandataire (Cass. civ. 10-5-1989 : BRDA 17/89 p. 13).

D. Dol du propriétaire d'un fonds de commerce donné en location-gérance

Commet un dol la société propriétaire d'un fonds de commerce d'alimentation en n'informant pas le locataire gérant qu'elle ouvrait simultanément un point de vente concurrent à 50 mètres du magasin alors que l'absence de commerce concurrent à proximité était une qualité substantielle du fonds donné en location-gérance ; le locataire doit être indemnisé de la différence entre le bénéfice prévisionnel que celui-ci pouvait escompter de l'exploitation du fonds sur la base des prévisions contractuelles initiales des parties et le bénéfice réalisé car la définition même d'une convention de location-gérance est de permettre au locataire-gérant, moyennant le versement d'une redevance, d'exploiter en son nom, pour son compte et à ses risques le fonds qui lui est donné en location et qu'il est de son essence de permettre la réalisation de bénéfices. L'exploitation sans titre ni versement d'une redevance est constitutive d'un enrichissement sans cause (CA Paris 5-11-2008 nº 07/17215 : BRDA 1/09 inf. 13).

II. Suisse

Exploitation sans titre ni versement d'une redevance constitutive d'un enrichissement sans cause au détriment du propriétaire du fonds

L'exploitant d'un fonds de commerce qui a résilié le contrat de location-gérance que le propriétaire du fonds lui avait consenti et a continué l'exploitation du fonds après sa résiliation sans payer aucune redevance pendant cette période au propriétaire s'est enrichi sans cause ; en effet, d'une part, l'enrichissement existe nonobstant une éventuelle perte d'exploitation, laquelle aurait été simplement encore plus élevée si l'exploitant avait payé le loyer-gérance, le non-accroissement du passif ainsi obtenu constituant un enrichissement, et, d'autre part, le propriétaire du fonds n'ayant perçu aucune redevance a bien été appauvri (Tribunal fédéral suisse, 1e Cour civile, arrêt nº 4A 353/ 2008 du 10-11-2008, JURICAF).

Art. 139 [anc. art. 107 mod.] Le locataire-gérant a la qualité de commerçant, et est soumis à toutes les obligations qui en découlent.

Il doit se conformer aux dispositions réglementant l'immatriculation au Registre du Commerce et du Crédit Mobilier.

Tout contrat de location-gérance doit en outre être publié, par la partie la plus diligente et aux frais du locataire-gérant, dans la quinzaine de sa date, sous forme d'extrait dans un journal habilité à publier les annonces légales et paraissant dans le lieu où le fonds de commerce est inscrit au Registre du Commerce et du Crédit Mobilier.

Le propriétaire du fonds, s'il est commerçant, est tenu de faire modifier à ses frais son inscription au Registre du Commerce et du Crédit Mobilier par la mention de la mise en location-gérance de son fonds.

L'expiration au terme prévu ou anticipé du contrat de location-gérance donne lieu aux mêmes mesures de publicité aux frais du locataire-gérant.

JURISPRUDENCE COMPARÉE

France

A. Publication du contrat : renouvellement

La publication doit être renouvelée si le contrat de location-gérance venu à expiration est reconduit expressément car il y a alors plusieurs contrats successifs indépendants les uns des autres (Cass. com. 13-12-1971 : D. 1972.421).

B. Défaut de publicité

L'absence de publicité n'est pas sanctionnée par la nullité de la location-gérance (Cass. com. 5-3-1969 : Bull. civ. IV p. 86 ; CA Rouen 20-10-1994 : JCP G 1995.IV.1384).

Art. 140 [anc. art. 108 mod.] Le locataire-gérant est tenu d'indiquer en tête de ses bons de commande, factures et autres documents à caractère financier ou commercial, avec son numéro d'immatriculation au Registre du Commerce et du Crédit Mobilier, sa qualité de locataire-gérant du fonds.

Toute infraction à cette disposition est punie par la loi pénale nationale.

Art. 141 [anc. art. 109 mod.] La personne physique ou morale qui concède une location-gérance doit avoir exploité, pendant deux ans au moins en qualité de commerçant, le fonds mis en gérance.

Toutefois, ne peuvent consentir une location-gérance les personnes interdites ou déchues de l'exercice d'une profession commerciale.

Jurisprudence comparée

France

A. Application des conditions requises à tout loueur

Le locataire-gérant, qui donne à son tour le fonds qu'il exploite en location-gérance, doit remplir en sa personne la condition d'exploitation pendant deux ans (Cass. com. 18-10-1994 : RJDA 2/95 n° 138).

Les associations ne pouvant exercer une activité commerciale, elles ne peuvent pas concéder une location-gérance sur un fonds (CA Chambéry 15-5-1996 : Bull. inf. C. cass. 1996 n° 894).

1° Preuve des conditions requises

Il incombe au loueur de prouver qu'il a exploité le fonds pendant deux ans (Cass. com. 18-4-2000 : RJDA 7-8/00 n° 763). A cet effet, le loueur peut prendre en compte une période d'exploitation ne précédant pas immédiatement la mise en location-gérance (Cass. com. 7-2-1995 : RJDA 6/95 n° 712) ainsi que la permanence de l'exploitation du même fonds lorsque celui-ci, après avoir été donné en location-gérance depuis quatre ans et exploité dans un local, a été transféré dans de nouveaux locaux, dès lors qu'en raison de leur proximité avec l'ancien lieu d'exploitation ce transfert n'a pas eu pour effet de créer une nouvelle clientèle et un nouveau fonds (Cass. civ. 15-6-1994 : RJDA 10/94 n° 1008).

2° Défaut d'exploitation personnelle par le loueur

L'acquéreur du fonds de commerce déjà mis par le précédent propriétaire en location-gérance ne peut pas prétendre au maintien de cette location dès lors qu'il a fait l'acquisition du fonds en vue de le donner lui-même en gérance libre (Cass. com. 25-6-1974 : Bull. civ. IV p. 165).

B. Nullité du contrat de location-gérance en cas de violation des conditions requises

1° Droit d'invoquer la nullité

La nullité, instituée pour des motifs d'ordre public économique (éviter l'achat des fonds de commerce dans un but spéculatif), peut être invoquée par tout intéressé, même par celui qui l'a provoquée par son mensonge ou sa réticence (Cass. com. 4-2-1975 : Bull. civ. IV p. 28 ; rappr. CA Paris 9-11-2001 : RJDA 3/02 n° 251).

2° Renonciation à la nullité

La nullité, visant tout autant, voire davantage, à la protection d'intérêts particuliers qu'à la protection générale d'intérêts communs d'ordre économique, toute personne pouvant s'en prévaloir peut renoncer à ce droit (CA Paris 30-5-2001 : D. 2001.2746 obs. Chevrier).

3° Pouvoir du juge des référés

La nullité peut être constatée par le juge des référés qui peut aussi en tirer les conséquences (CA Rouen 23-2-1989, inédit, ordonnant la restitution du dépôt de garantie).

4° Inefficacité de la dispense

Lorsqu'une dispense a été accordée au propriétaire pour que le fonds soit conservé en famille, la location-gérance assortie d'une promesse de vente et d'un dédit est nulle car elle constitue une opération toute différente de celle qui était prévue et présente un caractère spéculatif (Cass. com. 11-4-1970 : D. 1970.627).

Si la dispense a été accordée après la conclusion du contrat, celui-ci est nul néanmoins (Cass. com. 4-2-1997 : RJDA 7/97 n° 901).

5° Effet de la nullité

La nullité de la location-gérance entraîne la déchéance du droit au renouvellement du bail portant sur les locaux dans lesquels le fonds est exploité (Cass. com. 30-6-1992 : RJDA 10/92 n° 906, refusant même la réitération de l'acte après disparition de la cause de nullité). Lorsque le fonds a été exploité, le propriétaire a droit à une indemnité d'occupation (CA Aix 10-9-1991 : RJDA 12/91 n° 1018).

Art. 142 [anc. art. 110 mod.] Le délai prévu à l'article précédent peut être réduit, sans pouvoir être inférieur à un an, par la juridiction compétente, notamment lorsque la personne physique ou morale justifie qu'elle a été dans l'impossibilité d'exploiter son fonds personnellement ou par l'intermédiaire de ses préposés.

JURISPRUDENCE COMPARÉE

France

A. Octroi de la dispense

Justifient une dispense les motifs suivants :
– réorganisation d'une entreprise en une série de gérances libres se fournissant exclusivement auprès de l'entreprise, sans création de commerce mais avec extension de l'activité (CA Rennes 5-7-1977 : D. 1978.IR.466 obs. Derruppé) ;
– situation personnelle des propriétaires, respectivement âgés de cinquante-cinq et cinquante-quatre ans, qui avaient acquis dix ans auparavant un fonds en vue de l'exploiter personnellement – ce qui avait été rendu impossible du fait d'un tiers qui avait refusé de quitter les lieux – et qui souhaitaient réserver le fonds à leur enfant (CA Colmar 20-6-1961 : D. 1962.158) ;
– état de santé interdisant au propriétaire de poursuivre l'exploitation du fonds et chiffre d'affaires insuffisant pour avoir recours à un préposé (CA Grenoble 17-3-1965 : JCP G 1965.II.14199 note Givord) ;
– achat d'un fonds déjà loué, cet achat étant lié à l'activité professionnelle de l'acheteur (CA Limoges 13-5-1985 : JCP E 1985.II.193 obs. Raffray) ;
– création en France de restaurants disséminés et dont le coût représentait un investissement de l'ordre de douze millions de francs, l'exploitation de chaque restaurant étant confiée à un locataire-gérant pour une durée de vingt ans (CA Versailles 18-1-1988 : BRDA 9/88 p. 12 ; dans le même sens, CA Paris 1-12-1994, 2e esp. : RJDA 3/95 no 279) ;
– nécessité de réduire les coûts inhérents à l'exploitation du fonds par des salariés (CA Paris 3-11-1994, 1e esp. : RJDA 3/95 no 279).

B. Refus de la dispense

La réduction des délais a été refusée :
– dans un cas où le demandeur qui invoquait son âge et son état de santé avait acquis son fonds à une date récente et ne justifiait d'aucun changement survenu depuis lors dans son activité physique et où il n'établissait pas qu'il était dans l'impossibilité d'exploiter son fonds par l'intermédiaire d'un salarié (CA Paris 14-10-1961 : JCP G 1962.IV.12) ;
– à une société propriétaire d'une chaîne de restaurants ayant choisi de faire de chaque fonds de commerce une unité et de le donner en location-gérance à des filiales faisant valoir qu'elle ne pouvait pas exploiter le fonds personnellement par l'intermédiaire de ses salariés compte tenu du nombre et de la dispersion géographique de ses fonds de commerce, dès lors que :
– son choix étant motivé par une plus grande facilité de gestion des fonds dispersés par rapport à l'administration de multiples salariés en divers endroits, elle ne démontrait pas qu'un autre mode d'exploitation était impossible ;
– cette organisation portait atteinte aux droits des créanciers : d'une part, le loueur du fonds n'était solidairement responsable avec le locataire-gérant des dettes de celui-ci que pendant six mois à compter de la publication du contrat de location-gérance ; d'autre part, les créanciers ne bénéficiaient pas des mêmes garanties que dans le cas d'une exploitation personnelle des fonds ;
– la société n'avait pas indiqué les mesures qu'elle avait prises pour assurer le respect du droit de représentation des salariés dont la location-gérance pouvait les priver pendant deux ans (CA Versailles 26-3-2009 no 08/7723 : BRDA 13/09 inf. 10).

C. Nullité de la location-gérance pour défaut de dispense

1o Dispense postérieure à la conclusion du contrat

Si la dispense a été accordée après la conclusion du contrat, celui-ci est nul néanmoins (Cass. com. 4-2-1997 : RJDA 7/97 no 901).

2o Dispense détournée en cas de location-gérance assortie d'une promesse de vente

Lorsqu'une dispense a été accordée au propriétaire pour que le fonds soit conservé en famille, la location-gérance assortie d'une promesse de vente et d'un dédit est nulle car elle constitue une opération toute différente de celle qui était prévue et présente un caractère spéculatif (Cass. com. 11-4-1970 : D. 1970.627).

Art. 143 [anc. art. 111 mod.] Les conditions fixées par l'article 141 ci-dessus ne sont pas applicables :
– à l'État ;
– aux collectivités locales ;
– aux établissements publics ;

– aux incapables, en ce qui concerne le fonds dont ils étaient propriétaires avant la survenance de leur incapacité ;

– aux héritiers ou légataires d'un commerçant décédé, en ce qui concerne le fonds exploité par ce dernier ;

– aux mandataires de justice chargés, à quelque titre que ce soit, de l'administration d'un fonds de commerce, à condition qu'ils y aient été autorisés par la juridiction compétente et qu'ils aient satisfait aux mesures de publicité prévues.

Art. 144 [anc. art. 112 mod.] Les dettes du bailleur nées de l'exploitation du fonds peuvent être déclarées immédiatement exigibles par la juridiction compétente si elle estime que la location-gérance met en péril leur recouvrement.

L'action est introduite par tout intéressé, à peine de forclusion, dans le délai de trois mois de la date de publication du contrat de location-gérance, tel que prévu à l'article 139 du présent Acte uniforme.

JURISPRUDENCE COMPARÉE

France

A. Obligation du loueur aux dettes contractées avant la location-gérance

Le loueur reste tenu des dettes qu'il a contractées avant la location-gérance dès lors qu'aucun élément de la cause ne permet d'établir la volonté du fournisseur de libérer de ses obligations le bailleur qui était son cocontractant originaire. (Cass. com. 26-11-1979 : Bull. civ. IV p. 239).

B. Non-obligation du locataire-gérant au paiement des dettes personnelles du loueur

Sauf clause expresse de l'acte de location-gérance, le locataire-gérant, qui n'est pas l'ayant cause à titre universel du propriétaire du fonds, n'est pas tenu des obligations personnelles de ce dernier ; en conséquence la dette d'indemnisation complémentaire pour maladie professionnelle en raison de la faute inexcusable de l'employeur due aux héritiers du salarié décédé de la société exploitant un site industriel n'est pas transmise à la société qui a pris ce site en location-gérance (Cass. com. 9-12-2008 n° 06-14.414 : RJDA 3/09 n° 211).

Art. 145 [anc. art. 113 mod.] Jusqu'à la publication du contrat de location-gérance, le propriétaire du fonds est solidairement responsable des dettes du locataire-gérant nées de l'exploitation du fonds donné en location-gérance.

JURISPRUDENCE OHADA

Responsabilité du propriétaire d'un fonds de commerce

Le défaut d'accomplissement des mesures de publicité prévues par l'article 107 [devenu 139] de l'AUDCG n'entraîne pas la nullité du protocole d'accord instituant la location-gérance, mais l'obligation du loueur au paiement des dettes générées par le locataire-gérant (CA Abidjan, 3e ch. civ. et com., n° 263, 25-2-2005 : B.K. c/ K.K.B, Juris-Ohada, n° 4/2006, p. 34, Ohadata J-07-32).

En conséquence, c'est à juste titre que le créancier d'un locataire-gérant a fait pratiquer une saisie sur les biens mobiliers constituant le fonds de commerce, dès lors que le propriétaire du fonds doit être solidairement tenu aux dettes en l'absence de preuve de la publication de la location-gérance (CA Abidjan (Côte d'Ivoire), n° 1153, 27-12-2005 : K. D. c/ B. L. B., Ohadata J-09-202).

JURISPRUDENCE COMPARÉE

France

A. Dettes visées

1° Date de naissance des dettes

a. Obligation du loueur

Le loueur répond :
– des dettes contractées même par le tiers qui s'est substitué au locataire avec lequel il a conclu à son vu et su (Cass. com. 21-11-1989 : Bull. civ. IV p. 197) ;
– des dettes contractées entre la date de conclusion du contrat de location-gérance et sa publication, sans égard aux dates d'échéances successives : le loueur peut être condamné à verser à une société de crédit-bail l'indemnité de résiliation prévue au contrat à la suite du non-paiement par le locataire de loyers exigibles deux ans environ après la mise en location-gérance du fonds (CA Paris 11-2-1981 : BRDA 23/81 p. 9) ou encore à payer le montant de factures relatives à des prestations publicitaires commandées par le locataire (avant la publication) et dont la fourniture devait s'échelonner sur trois ans (Cass. com. 19-11-1975 : Cass. com. 19-11-1975 : JCP G 1976.II.18300 obs. A.S.) ;
– s'agissant de la TVA, des droits dont le fait générateur est intervenu (entre la date de conclusion du contrat de location-gérance et sa publication), alors même que la déclaration que le locataire-gérant aurait dû souscrire devait intervenir à une date à laquelle le loueur n'était plus tenu par son obligation solidaire (CA Nantes, 1e ch., 26-5-2004 n° 00/1349 : RJDA 1/05 n° 29).

b. Non-obligation du loueur

Le loueur n'est pas tenu des dettes contractées par le locataire-gérant avant que celui-ci acquière la qualité de locataire-gérant (Cass. com. 26-5-1992 : RJDA 8-9/92 n° 819).

2° Dettes liées à l'exploitation du fonds

Il suffit que les dettes soient en rapport avec l'exploitation, il n'est pas nécessaire que le loueur ait exploité le fonds avec le locataire-gérant ni qu'il lui ait donné mandat (Cass. com. 12-1-1988 : Bull. civ. IV p. 13).

3° Obligation du loueur

L'obligation du loueur s'est trouvée engagée en raison des dettes suivantes :
– fourniture de matières premières (Cass. com. 19-2-1979 : Bull. civ. IV p. 52 : viande pour une boucherie) ;
– coût d'une annonce publicitaire (Cass. com. 19-11-1975 : Bull. civ. IV p. 229) ;
– achat du stock du précédent exploitant (CA Paris 18-12-1980 : D. 1981.IR.486).
– cotisations sociales de retraite liées à l'exploitation du fonds (Cass. com. 4-5-1999, RJDA 7/99 n° 780).

4° Non-obligation du loueur

Ne sont pas nécessaires à l'exploitation du fonds :
– les travaux destinés à l'achèvement et à l'aménagement d'un bâtiment en construction, alors que la location-gérance ne portait que sur le fonds de café-restaurant et que les dépenses étaient d'amélioration, d'agrandissement et de réfection (Cass. com. 16-1-1985 : Bull. civ. IV p. 23) ;
– le prêt consenti au gérant pour lui permettre d'obtenir la gérance (Cass. com. 19-1-1969 : Bull. civ. IV p. 69) ou pour payer le dépôt de garantie exigé par le propriétaire du fonds (Cass. com. 6-6-1972 : D. 1972.580, 1e esp. ; CA Paris 15-10-2009 n° 07/11161 : RJDA 5/10 n° 500) ;
– une partie des fournitures de marchandises, dès lors que le locataire-gérant, en organisant des tournées de livraison avec un véhicule alors qu'auparavant le fonds était sédentaire, avait réalisé une extension du fonds qui n'était pas nécessaire à l'exploitation de celui-ci (Cass. com. 24-6-1986 : Bull. civ. IV p. 116 : en l'espèce, le loueur a été condamné à payer seulement la moitié des marchandises) ;
– les cotisations de retraite vieillesse du locataire-gérant (Cass. com. 6-6-1972 : D. 1972.580, 2e esp.) ;
– un matériel d'équipement d'un prix « relativement élevé » (Cass. com. 8-1-1980 : JCP G 1980.II.19358 obs. A.S.).

B. Renouvellement du contrat de location-gérance

1° Par tacite reconduction

N'étant pas nécessaire de procéder à une nouvelle publication, la responsabilité du loueur ne peut pas être à nouveau engagée du fait du renouvellement (CA Aix 8-1-1964 : GP 1964.1.329 ; CA Paris 29-4-1976 : D. 1977.IR.92).

2° Par conclusion d'un nouveau contrat

Dans un cas où des parties déjà liées par un précédent contrat de location-gérance avaient conclu un nouveau contrat qui précisait que l'on se trouvait en présence de deux contrats successifs, indépendants l'un de l'autre, en l'absence de publication de ce dernier contrat, le propriétaire du fonds se trouvait tenu des dettes nées de l'exploitation du fonds conformément à ce contrat (CA Versailles 16-4-1986 : BRDA 22/86 p. 22).

C. Créanciers pouvant mettre en cause le loueur

1° Recevabilité des créanciers ayant connaissance de la location-gérance

Le seul fait d'avoir connu l'existence de la location-gérance ne prive pas le tiers du droit d'invoquer la solidarité du loueur dès lors que le contrat n'a pas été publié (Cass. com. 4-5-1999 : RJDA 7/99 n° 780).

Inopposabilité de la clause obligeant le locataire-gérant même publiée. Les créanciers peuvent mettre en jeu l'obligation solidaire du locataire-gérant même en présence de la clause du contrat de location-gérance mettant à la charge du gérant l'obligation de payer comptant toutes ses commandes malgré et l'insertion de cette clause dans la publication légale (CA Paris 4-5-1990 : JCP N 1992.II.132 ; contra CA Paris 28-6-2002 : RJDA 12/02 n° 1266).

2° Irrecevabilité :

a. des créanciers de mauvaise foi

Est irrecevable à agir contre le loueur, en raison de sa mauvaise foi, le fournisseur d'un locataire-gérant qui avait continué à lui fournir à crédit des livraisons particulièrement importantes, bien que ce dernier eût cessé de régler ses dettes, et qui avait attendu une date proche du terme des six mois fixé par l'article L 144-7 du Code de commerce pour exiger le paiement comptant de fournitures qui furent à compter de ce moment d'une bien moindre importance (Cass. com. 6-6-1972 : Bull. civ. IV p. 173).

b. du locataire-gérant

Le locataire-gérant est irrecevable à se prévaloir de la solidarité du loueur, celle-ci n'étant pas destinée à le protéger (Cass. com. 16-1-1996 : RJDA 5/96 n° 630).

Il en est de même du représentant des créanciers du locataire-gérant sous procédure collective, qui ne peut agir que dans l'intérêt de tous les créanciers et donc pas seulement pour ceux qui disposent d'une créance née de l'exploitation du fonds (Cass. com. 9-11-2004 n° 1605 : RJDA 3/05 n° 285).

c. des tiers impliqués dans la gestion du fonds

Les tiers qui se sont immiscés dans la gestion du fonds ne sont pas fondés à se prévaloir de l'obligation solidaire du loueur (Cass. com. 11-10-1977 : Bull. civ. IV p. 191 : tiers qui avait choisi le locataire-gérant).

D. Mise en jeu de la responsabilité solidaire du loueur

La responsabilité solidaire du loueur est mise en jeu dans les conditions suivantes :

– le loueur ne peut pas invoquer la nullité de la location-gérance pour se soustraire à sa responsabilité (Cass. com. 24-4-1985 : GP 1985.pan.359 ; CA Paris 31-3-1994 : D. 1994.IR.122) ;

– même s'il n'est pas commerçant, le loueur du fonds poursuivi en raison de son obligation solidaire doit être attrait devant le tribunal de commerce (Cass. com. 22-1-1991 : RJDA 5/91 n° 396) ;

– le loueur qui a omis la publicité est, même si le locataire-gérant est soumis à une procédure collective, solidairement responsable des factures impayées (CA Paris 31-3-1994 : D. 1994.IR.122).

E. Droit du loueur au remboursement

Le loueur a droit de récupérer les sommes qu'il a payées même s'il ne remplissait pas les conditions requises pour louer son fonds, dès lors la dette avait été contractée dans l'intérêt exclusif du gérant, qui avait accepté personnellement trois traites (Cass. com. 17-7-1978 : Bull. civ. IV p. 170).

F. Responsabilité de droit commun du loueur après la publication de la location-gérance

Après la publication du contrat de location-gérance, la responsabilité du loueur peut être engagée dans les conditions du droit commun, s'il a créé une confusion entre sa propre affaire et le fonds loué (Cass. com. 22-12-1980 : BRDA 7/81 p. 15) ou s'il a commis une faute (Cass. com. 21-4-1977 : D. 1977.IR.358 : en l'espèce, le propriétaire après avoir résilié le contrat de location-gérance avait immédiatement pris possession de toutes les valeurs d'actif qui constituaient le gage des créanciers, mettant ceux-ci dans l'impossibilité de récupérer leur créance sur le locataire-gérant ; pour un exemple d'absence de faute, Cass. com. 17-10-1995 : RJDA 1/96 n° 54).

Art. 146 [anc. art. 114] L'expiration du contrat de location-gérance à son terme normal ou anticipé rend immédiatement exigible les dettes contractées par le locataire-gérant du fonds pendant la gérance.

JURISPRUDENCE OHADA

L'expiration de la location-gérance se fait suivant les stipulations contractuelles qui peuvent prévoir une résiliation à tout moment moyennant un préavis de trois mois (TR Thiès, civ. et com., 21-3-2002 : Total Fina Elf Sénégal c/ B. S., Ohadata J-03-36, obs. J. Issa-Sayegh, 1e esp. ; et TRHC Dakar, 24-9-2002 : Sté Total Fina Elf Sénégal c/ A. D., Ohadata J-03-36, obs. J. Issa-Sayegh, 2e esp.).

JURISPRUDENCE COMPARÉE

France

A. Causes d'extinction

1° Arrivée du terme

Le contrat prend fin au terme convenu sans que le locataire-gérant puisse prétendre à un droit au renouvellement du contrat (Cass. req. 22-7-1931 : D.H. 1931.507 ; Cass. com. 11-1-1960 : D. 1960.383).

2° Contrat à durée indéterminée

Le contrat renouvelé tacitement peut être résilié à tout moment par chacune des parties, mais la rupture ne doit pas être abusive (Cass. com. 7-3-1989 : BRDA 7/89 p. 13).

3° Inexécution

L'inexécution d'une des obligations de la location-gérance peut entraîner la résolution (ou résiliation) judiciaire du contrat (Cass. com. 27-2-2001 : RJDA 6/01 n° 680).

Ne constitue pas l'insuffisance d'exploitation du fonds l'ouverture d'une boucherie trois fois par semaine dans une commune de 160 habitants (Cass. com. 8-2-1966 : Bull. civ. III p. 70).

4° Autres événements

Le contrat de location-gérance prend fin en cas de fermeture ordonnée par décision administrative (Cass. com. 20-1-1960 : JCP G 1960.II.11774 obs. Legeais) ou en cas de décès du locataire-gérant, le contrat étant conclu intuitu personae (cf. Cass. com. 1-12-1969 : Bull. civ. IV, p. 331).

Le contrat n'a pas été jugé éteint dans un cas où l'immeuble n'avait pas été entièrement détruit et où l'activité pouvait être reprise après un délai de 8 mois nécessaire à l'accomplissement des travaux de remise en état des lieux (Cass. com. 24-3-1998 : RJDA 8-9/98 n° 980).

B. Absence d'extinction

Le contrat de location-gérance n'est pas éteint :

– du seul fait de l'ouverture d'un redressement ou de la liquidation judiciaire du locataire ni de la décision de l'administrateur ou du liquidateur de mettre fin à l'exécution du contrat en cours ; ces mesures n'ont pas pour effet d'entraîner le retour au loueur du fonds donné en location (Cass. com. 7-2-1989 : Bull. civ. IV p. 31 ; CA Paris 2-12-1994 : RJDA 4/95 n° 436) ;

– du fait du refus de renouvellement du bail des locaux tant que le locataire-gérant a droit au maintien dans les lieux (Cass. com. 24-3-1998 : RJDA 8-9/98 n° 981).

C. Restitutions

1° Obligation de restitution

Le locataire-gérant doit rendre le fonds au loueur, sous peine d'être expulsé (Cass. com. 7-3-1989 : BRDA 7/89 p. 13) et condamné au paiement d'une indemnité (cf. Cass. com. 17-5-1966 : Bull. civ. III p. 227).

Lorsque des copreneurs se sont engagés à exécuter solidairement le contrat, l'un d'eux ne peut pas échapper au paiement de l'indemnité due au loueur en faisant valoir que le matériel non restitué a été emporté par un autre copreneur (Cass. com. 2-7-1996 : RJDA 12/96 n° 1469).

2° Eléments à restituer

La restitution doit porter sur tous les éléments qui composaient le fonds au moment de la conclusion de la location-gérance.

Lorsque le contrat de location les énumère avec précision, le locataire est responsable du défaut de restitution sans pouvoir se libérer au motif qu'il n'en résulte pas un préjudice pour le loueur (CA Paris 4-7-2012 n° 10/20561 : RJDA 11/12 n° 952).

Lorsque le contrat de location n'énumère pas ceux-ci avec précision, il appartient au loueur qui demande la restitution de l'un d'eux de prouver qu'il était compris dans la location (Cass. com. 11-6-1979 : Bull. civ. IV p. 157). À défaut, il ne peut pas se prévaloir de la présomption de l'article 1731 du Code civil selon laquelle le locataire est réputé avoir reçu le bien loué en bon état s'il n'en a pas été fait de description (Cass. com. 4-11-1982 : GP1983.pan.94). Sauf stipulation contractuelle contraire, le loueur n'est pas tenu de reprendre le stock existant (Cass. com. 23-3-1999 : RJDA 5/99 n° 549).

3° Moins-values

Les moins-values subies par les éléments du fonds sont à la charge du locataire-gérant dès lors qu'il s'est engagé dans le contrat à les restituer en bon état (Cass. com. 4-11-1982 : GP 1983.pan.94), si la dépréciation est due à un arrêt injustifié de l'exploitation du fonds par le locataire (Cass. com. 6-5-2002 : RJDA 10/02 n° 1016) ou si le loueur apporte la preuve qu'il a commis une faute qui est à l'origine de la dépréciation du bien, ce qui n'est pas le cas si la dépréciation est due à la modification des circonstances économiques (Cass. com. 19-5-1998 : RJDA 10/98 n° 1103).

4° Plus-values

Les extensions du fonds réalisées postérieurement à la mise en gérance ou les éléments nouveaux apportés au fonds appartiennent personnellement au locataire (Cass. civ. 3-7-1968 : Bull. civ. III p. 243 ; CA Lyon 29-1-1951 : D. 1951.191).

L'enseigne, signe de ralliement de la clientèle, devient un élément du fonds et le gérant ne peut plus l'enlever (CA Lyon 29-1-1951, précité).

D. Rétablissement du gérant

Le locataire est tenu par la clause de non-concurrence prévue par le contrat de location-gérance (Cass. com. 28-4-1987 : BRDA 10/87 p. 21). À défaut de clause de non-concurrence, le locataire-gérant peut se rétablir à condition d'éviter de provoquer dans l'esprit de la clientèle une confusion entre son nouvel établissement et le fonds précédemment géré susceptible de le rendre coupable de concurrence déloyale (Cass. com. 15-4-1982 : GP 1982.pan.258).

Chapitre III
CESSION DU FONDS DE COMMERCE

Art. 147 [anc. art. 115 mod.] **La cession du fonds de commerce obéit aux règles générales de la vente, sous réserve des dispositions ci-dessous et des textes spécifiques à l'exercice de certaines activités commerciales.**

JURISPRUDENCE OHADA

I. Renvoi au droit national supplétif

Il convient de se reporter aux dispositions nationales (articles 1582 et suivants du Code civil burkinabé, en l'espèce), dès lors que la vente d'un fonds de commerce est réglementée par les articles 115 [devenu 147] et suivants de l'AUDCG qui renvoient aux règles générales de la vente (TGI Ouagadougou, n° 984, 12-12-2001 : OK-RAIDS c/ LATIL, Ohadata J-04-03).

Obs. : sur un arrêt de la CCJA confirmant ce principe, voir sous l'art. 237.

En application de l'article 147 de l'AUDCG, la cession du fonds de commerce doit obéir aux règles du droit commun de la vente, aux dispositions de l'AUDCG et aux textes spécifiques à l'exercice de certaines activités commerciales. L'absence de mentions substantielles requises par le droit commun (en l'espèce les articles 525, 566, 567 du Code de procédure civile du Sénégal) invalide le procès-verbal d'offre réelle et de consignation vanté par la société. C'est donc en violation des textes précités qu'une cour d'appel a relevé ces manquements sans en tirer les conséquences légales, exposant ainsi son arrêt à la cassation (CCJA, 3e ch., n° 306/2020, 22-10-2020 : Sofrikaf SA c/ Frigo Zig Pêche, Congélation Vente SA).

II. Cession de la clientèle déterminante

La clientèle étant l'élément clé d'un fonds de commerce, une cession n'est valable que lorsque celle-ci est cédée ; sa cession n'est possible que lorsque le cédant s'abstient de poser des actes tentant à la détourner (TGI Ouagadougou, n° 984, 12-12-2001 : Ok-Raids c/ Latil, Ohadata J-04-03).

III. Transfert du fonds

Sur le transfert d'un fonds exploité par une autre personne pendant plus de 7 ans, voir sous l'art. 138.

JURISPRUDENCE COMPARÉE

I. France

Promesse de vente

Mentions obligatoires de la vente du fonds. Lorsqu'elle est synallagmatique, la promesse doit contenir les énonciations prescrites pour la vente (Cass. com. 24-4-1981 : D. 1981.556 ; CA Paris 8-10-1991 : RJDA 12/91 n° 1012). Ces mentions doivent aussi figurer dans les promesses unilatérales de vente qui comportent un dédit à la charge de l'acquéreur pour le cas où il ne lèverait pas l'option, lorsque le montant de ce dédit contraint en fait l'acheteur à passer le contrat définitif (Cass. com. 20-11-1962 : D. 1963.3 ; Cass. com. 24-10-1984 : Bull. civ. IV p. 228).

II. Suisse

La vente d'un fonds de commerce n'est pas la vente d'une chose ; la vente du fonds emportant cession du droit au bail ne vaut pas vente des murs loués

Lorsque la remise de commerce conclue entre deux sociétés porte sur diverses prestations (mobilier, agencement, matériel, installation, droit au bail, clientèle, enseigne), il s'agit d'un contrat « sui generis » qui ne saurait être soumis aux règles de la vente mobilière. Puisque la vente porte sur le transfert définitif et complet d'un bien, la présence d'amiante dans les plafonds de l'établissement uniquement loué par l'acquéreur du fonds en usant donc temporairement ne constituait pas pour celui-ci un défaut de la chose vendue au sens de l'article 197 du Code des obligations suisse relatif à la garantie des défauts du bien vendu dès lors que l'usage des locaux résultait d'une cession de bail et non d'une vente et que l'exploitation du commerce n'en a pas souffert (Tribunal fédéral suisse, 1e Cour civile, arrêt n° 4C. 197/2002 du 10-10-2002, JURICAF).

Art. 148 [anc. art. 116 mod.] **La cession du fonds de commerce porte nécessairement sur les éléments énumérés à l'article 136 du présent Acte uniforme.**

En l'absence de cession simultanée des éléments précités, la cession d'autres éléments, tels ceux énumérés à l'article 137 ci-dessus, demeure possible mais n'emporte pas cession du fonds de commerce, quelles que soient les dispositions convenues dans l'acte constatant la cession.

Jurisprudence comparée

France

A. Fonds de commerce, objet de la vente

1° Absence de fonds

La vente d'un fonds qui n'a pas été exploité depuis quelque temps et auquel ne sont attachés ni clientèle, ni enseigne, ni marchandise, ni matériel ne peut pas être qualifiée de vente du fonds de commerce (Cass. civ. 22-6-1976 : Quot. jur. 7-4-1977). Il en est de même si sont exclus de la cession le matériel, les marchandises et le nom commercial (CA Paris 9-6-1987 : D. 1987.IR.163) ou si la clientèle n'est pas principalement le fruit de la réunion des éléments constitutifs de l'exploitation d'un fonds mais résulte d'un monopole de fait (Cass. com. 3-2-1970 : D. 1970.586).

2° Existence d'un fonds

Il y a vente d'un fonds :
– dès lors que le cessionnaire a bénéficié de la clientèle du cédant, a exercé son activité sous la même enseigne et dans les locaux précédemment utilisés par le cédant et qu'il a vendu ses produits sous la même marque (Cass. com. 26-1-1976 : Bull. civ. IV p. 28) ;
– en cas de cession par un boulanger de son « point de vente composé d'un magasin d'exposition et de vente avec installation intérieure et accessoires divers » assortie d'une cession d'un droit au bail et d'une cession de clientèle aux acquéreurs eux-mêmes boulangers (Cass. com. 2-4-1974 : Bull. civ. IV p. 95) ;
– si la clientèle attachée aux éléments cédés disparaît à la suite de la cession en raison du changement d'activité (Cass. com. 10-3-1970 : D. 1970.586 ; Cass. civ. 18-10-1989 : GP 1990.413 note Barbier) ou si, en raison de la situation du local, la clientèle existe, peu important alors que le matériel et les marchandises n'aient pas été cédés (Cass. com. 1-2-1984 : D. 1984.IR.299).

B. Cession partielle

Le fonds de commerce étant une universalité est insusceptible de cession partielle (Cass. com. 26-10-1993 : RJDA 2/94 n° 152).
La vente peut porter sur une partie du fonds seulement si cette partie comporte une clientèle et les éléments indispensables à son exploitation (cf. Cass. com. 10-6-1986 : Bull. civ. IV p. 102 : cession par une entreprise de gardiennage d'un de ses clients, accompagnée de la mise à disposition du cessionnaire du personnel nécessaire à l'exécution de la tâche de surveillance ainsi que des moyens matériels pour l'exercer).

C. Eléments exclus de la vente

Sont exclus de la vente du fonds, sauf convention contraire :
– les créances (Cass. com. 25-1-2000 : RJDA 6/00 n° 644) et les dettes (Cass. 3e civ. 7-12-2005 : RJDA 7/06 n° 766) ; si la convention prévoit la transmission des créances, les formalités de la cession de créances doivent être respectées (Cass. com. 11-6-1981 : Bull. civ. IV p. 210), lesquelles peuvent être aussi accomplies dans une assignation ou dans des conclusions (CA Paris 12-5-1995 : BTL 1995.748) ; à défaut, le transfert des créances est inopposable au créancier, sauf si celui-ci a connu la cession du fonds et a poursuivi ses relations d'affaires avec l'acquéreur (CA Paris 29-6-1989 : D. 1991.som.34 obs. Vasseur) ; si la convention prévoit la cession des dettes, le vendeur du fonds reste néanmoins tenu (Cass. com. 27-1-1998 : RJDA 6/98 n° 718 : à propos de l'apport d'un fonds mais transposable) ;
– les contrats, qui ne sont transmis, en raison du principe de l'effet relatif des contrats, que si l'acquéreur du fonds et le tiers cocontractant en acceptent le transfert (Cass. com. 3-6-1998 : RJDA 11/98 n° 1178), ce qui peut être alors le cas même des contrats conclus intuitu personae (cf. Cass. com. 7-1-1992 : RJDA 3/92 n° 225) ; les contrats liant le vendeur aux distributeurs de ses produits ne sont pas

transmis de plein droit, car les distributeurs ne sont pas des clients du fonds mais les cocontractants du vendeur (CA Paris 30-6-1994 : RJDA 2/95 nº 130) ;
– le transfert du contrat de location d'un matériel laissé installé par le vendeur après son départ ne peut résulter de la seule mention de son existence figurant dans l'inventaire des biens cédés (Cass. com. 24-6-1997 : RJDA 11/97 nº 1334) ;
– les actions en justice du cédant relatives à la clientèle transmise (Cass. com. 3-6-2008 nº 06-21.862 : RJDA 12/08 nº 1250 : non-transmission de l'action en concurrence déloyale).

Art. 149 [anc. art. 117] La vente d'un fonds de commerce peut être réalisée soit par acte sous seing privé, soit par acte authentique.

Les dispositions du présent Chapitre s'appliquent à tout acte constatant une cession de fonds de commerce, consentie même sous condition, y compris en cas d'apport d'un fonds de commerce à une société.

Jurisprudence OHADA

Preuve de la cession du fonds de commerce

Rejet de la sommation interpellative. La sommation interpellative n'étant pas une forme de cession, le créancier poursuivant ne présente aucun acte de cession conformément à l'article 117 ci-dessus. Dès lors, doit être déclarée nulle la saisie pratiquée sur les biens (CA Abidjan, nº 206, 25-2-2003 : M. J. Q. c/ Le Montparnasse, Ohadata J-03-296 ; Juris-Ohada nº 4/2004, p. 38, note J. Issa-Sayegh, Ohadata J-05-175).

Jurisprudence comparée

France

La vente du fonds de commerce peut, comme toute vente, être valablement conclue sans écrit (pour un exemple d'accord verbal, voir Cass. com. 7-7-1983 : D. 1983.IR.490) ; comme elle constitue un acte de commerce, l'acte fait foi de sa date par lui-même, sauf à apporter par tout moyen la preuve contraire (Cass. com. 17-3-1992 : RJDA 7/92 nº 787).

Art. 150 [anc. art. 118] Tout acte constatant la cession d'un fonds de commerce doit énoncer :

1º) pour les personnes physiques, l'état civil complet du vendeur et de l'acheteur, et, pour les personnes morales, leur nom, leur dénomination sociale, leur forme juridique, l'adresse de leur siège ;

2º) les activités du vendeur et de l'acheteur ;

3º) leurs numéros d'immatriculation au Registre du Commerce et du Crédit Mobilier ;

4º) s'il y a lieu, l'origine du fonds au regard du titulaire qui a précédé le vendeur ;

5º) l'état des privilèges, nantissements et inscriptions grevant le fonds ;

6º) le chiffre d'affaires réalisé au cours de chacune des trois dernières années d'exploitation, ou depuis son acquisition si le fonds n'a pas été exploité depuis plus de trois ans ;

7º) les résultats commerciaux réalisés pendant la même période ;

8º) le bail annexé à l'acte avec l'indication, dans l'acte, de sa date, de sa durée, du nom et de l'adresse du bailleur et du cédant s'il y a lieu ;

9º) le prix convenu ;

10º) la situation et les éléments du fonds vendu ;

11º) le nom et l'adresse du notaire ou de l'établissement bancaire désigné en qualité de séquestre si la vente a lieu par acte sous seing privé.

JURISPRUDENCE OHADA

Vente du fonds de commerce

A. Nullité de la cession pour défaut de preuve de la qualité de propriétaire du fonds cédé

Il ne peut y avoir cession d'un fonds de commerce lorsque les conditions requises par les articles 118 et 120 [devenues 150 et 152] de l'AUDCG ne sont pas remplies et que le vendeur ne prouve pas qu'il était le propriétaire légitime du fonds de commerce querellé (TGI Bobo-Dioulasso (Burkina Faso), n° 153/03, 30-4-2003 : Ecodis c/ Sanamkoom International (SKI), Ohadata J-09-93).

B. Inopposabilité de la cession non inscrite au RCCM

Les cessions qui n'ont pas été inscrites au RCCM sont inopposables aux tiers. C'est donc à juste titre qu'un juge des référés du premier degré, qui a constaté ce manquement et a tenu compte des dispositions protectrices de la loi en cessions de 50 % des parts sociales de la « Boulangerie Moins cher » devenue ensuite « Boulangerie Skin » conclues entre différents partenaires successifs n'ayant pas fait l'objet de publicité, ne pouvaient pas être opposable à la Société SAR et qu'ainsi il n'y avait pas lieu à mainlevée de la saisie conservatoire pratiquée. Confirmation de la décision du premier juge en toutes ses dispositions (CA Brazzaville (Congo), ord. réf. n° 040, 3-3-2005 : O. B. M. A. c/ Sté S.A.R., Ohadata J-13-129).

JURISPRUDENCE COMPARÉE

France

A. Obligation d'ordre public

Le vendeur est tenu, par une obligation d'ordre public d'énoncer dans l'acte de vente les mentions limitativement énumérées (Cass. com. 4-11-1970 : D. 1971.231), même s'il vend le fonds donné en location-gérance (Cass. com. 7-12-1993 : RJDA 5/94 n° 507).

B. Mentions obligatoires

1° Chiffre d'affaires et bénéfices

a. Calcul de la période de trois ans

La période doit être calculée de quantième en quantième en remontant dans le passé à partir du jour de la conclusion de la vente, le vendeur ne pouvant pas refuser de fournir les chiffres de l'exercice en cours au prétexte que les comptes ne sont pas arrêtés et devant, si nécessaire, procéder par approximation (Cass. com. 29-4-1997 : RJDA 8-9/97 n° 1030).

b. Chiffre d'affaires à déclarer

Le chiffre d'affaires et les bénéfices à mentionner s'entendent du chiffre d'affaires et des bénéfices réels et non des sommes ayant servi de base au calcul de l'impôt, même lorsque le vendeur est soumis au forfait et établit sa comptabilité en conséquence (cf. Cass. com. 3-11-1983 : Bull. civ. IV p. 250).

2° Bénéfices à déclarer

Le bénéfice s'entend du bénéfice net et non du bénéfice brut (Cass. com. 12-12-1979 : D. 1980.IR.176).

Art. 151 [anc. art. 119] L'omission ou l'inexactitude des mentions requises ci-dessus peut entraîner la nullité de la vente, si l'acquéreur le demande, et s'il prouve que cette omission ou cette inexactitude a substantiellement affecté la consistance du fonds cédé et qu'il en subit un préjudice.

Cette demande doit être formée dans le délai d'un an à compter de la date de l'acte.

JURISPRUDENCE OHADA

Titulaire de l'action en nullité de la vente

S'il est vrai qu'aux termes de l'article 118 [devenu 150] de l'AUDCG, la cession de fonds de commerce doit, dans l'acte la constatant, contenir certaines mentions obligatoires, il n'en demeure pas moins qu'en application des dispositions de l'article 119 [devenu 151] dudit acte, seul l'acquéreur peut invoquer la nullité de l'acte pour défaut des dites mentions ; ce dernier ayant expressément déclaré devant le premier juge ne pas vouloir se prévaloir de cette nullité, c'est à juste titre que le juge a tranché comme il l'a fait (CA Abidjan (Côte d'Ivoire), n° 820, 22-7-2005 : W. D. R. c/ S. A., Ohadata J-09-209).

JURISPRUDENCE COMPARÉE

France

A. Omission des mentions obligatoires

1° Nullité relative

Seul l'acheteur peut demander la nullité et peut renoncer à se prévaloir de l'irrégularité de l'acte une fois la vente conclue, par exemple en exécutant la convention (Cass. com. 4-6-1971 : Bull. civ. IV p. 147), mais non par une clause de l'acte (Cass. com. 4-11-1970 : D. 1971.231 ; CA Rouen 6-5-1993, inédit).

2° Conditions de la nullité

La nullité n'est prononcée que si l'omission a vicié le consentement de l'acquéreur et lui a causé un préjudice (Cass. com. 1-12-1992 : RJDA 3/93 n° 211) ; il appartient à l'acheteur de prouver ces deux conditions (Cass. com. 11-10-1982 : Bull. civ. IV p. 258).

a. Vice du consentement

1. Preuve du vice

L'acheteur peut prouver l'existence du vice de son consentement au moment de la vente en se servant d'éléments postérieurs à la vente (Cass. com. 10-12-1991 : Bull. civ. IV p. 262).

2. Existence du vice

Le vice existe, alors même que l'acquéreur connaissait la mauvaise situation financière du fonds, si rien ne permet d'affirmer qu'il pouvait deviner à l'avance l'ampleur des pertes et qu'il aurait contracté dans ces conditions s'il l'avait connue (CA Paris 2-12-1987 : D.1988.IR.29).

3. Absence de vice

L'absence de vice du consentement peut résulter de ce que l'acquéreur avait en fait obtenu avant la vente des informations détaillées sur le fonds acheté (Cass. com. 9-1-1978 : Bull. civ. IV p. 12 ; CA Paris 8-10-1991 : RJDA 12/91 n° 1012) : ainsi lorsqu'il a eu communication de tous les livres comptables (Cass. com. 23-6-1980 : D. 1980.542 ; CA Caen 31-3-2005 : JCP G 2005.IV.2874), lorsqu'il a été salarié du vendeur pendant le mois précédant la vente (Cass. com. 4-11-1970 : D.1971.231), lorsqu'il savait que son acquisition avait un caractère aléatoire, le fonds n'étant ouvert que depuis quelques mois (CA Versailles 24-3-1988 : D 1988.IR.124), lorsqu'il n'a pas pensé à demander au cédant de lui montrer le registre du personnel (CA Riom 18-4-1988 : JCP G 1989.IV.6), lorsque le compte de résultat de l'exercice avait été annexé à l'acte de cession (Cass. com. 1-12-1992 : RJDA 3/93 n° 211), lorsque les mentions n'ont pas figuré dans l'acte sous seing privé, qui subordonnait le transfert de propriété du fonds à la passation d'un acte authentique et que les parties avaient maintenu leur commune volonté lors de la signature de l'acte authentique qui n'était affecté d'aucune cause de nullité (Cass. com. 27-6-2000 : RJDA 11/00 n° 967) ou lorsque la dissimulation reprochée n'a pas affecté l'activité du fonds acheté (Cass. com. 30-5-2012 n° 11-19.594 : RJDA 10/12 n° 839 som.).

Ne constitue pas un dol l'indication d'un forfait fiscal à la place du bénéfice réel de l'exploitation du fonds (CA Paris 22-11-1976 : D. 1977.IR.332).

b. Préjudice

Absence. L'acquéreur ne subit pas de préjudice :

– en cas de prix de vente « des plus raisonnables » (Cass. com. 23-6-1980 : D. 1980.542) ;

– dès lors que le défaut de déclaration du bénéfice d'exploitation du fonds pour les cinq derniers mois n'a causé aucun préjudice à l'acquéreur car la faiblesse du bénéfice omis résultait du mauvais état de santé du vendeur et des frais occasionnés par le licenciement d'un salarié et ne constituait pas une dépréciation significative du fonds (Cass. com. 20-10-1998 : RJDA 12/98 n° 1347 som.) ;

3° Action en nullité

a. Délai pour agir

L'acquéreur doit demander l'annulation dans l'année qui suit la signature de l'acte, même si le contrat est conclu sous une condition suspensive dès lors que le bénéficiaire y a renoncé (Cass. com. 6-2-1996 : RJDA 4/96 n° 480). Ce délai est préfixe tant pour agir que pour soulever l'exception de nullité (Cass. com. 31-3-2004 : RJDA 8-9/04 n° 966). La demande a été formée dans l'année dès lors que l'assignation est lancée dans l'année, peu important que copie n'en ait pas été remise au greffe du tribunal de commerce (Cass. com. 15-10-1996 : RJDA 1/97 n° 34).

b. Recevabilité de l'action en nullité

Fonds ne pouvant être restitué autrement que par équivalent. L'acquéreur d'un fonds de commerce a, malgré la revente du bien, intérêt à solliciter l'annulation de l'acte par lequel il l'a acquis, lorsque le prix de revente est inférieur au prix d'achat, la restitution pouvant être réalisée au besoin par équivalent (Cass. com. 18-11-1997 : RJDA 3/98 n° 260).

4° Prononcé de la nullité

La nullité est facultative pour le juge qui doit rechercher si l'omission a vicié le consentement de l'acquéreur et lui a causé un préjudice (Cass. com. 1-12-1992 : RJDA 3/93 n° 211).

B. Inexactitude des mentions obligatoires

1° Assimilation au vice caché

Le vendeur ne peut pas prétendre que le fonds n'est pas affecté d'un vice caché, car l'inexactitude est assimilée à un vice caché (Cass. civ. 3-7-1996 : RJDA 1/97 n° 35).

2° Existence d'une inexactitude

Il y a inexactitude :

– lorsque sont indiqués des résultats approximatifs, tels que les bénéfices forfaitaires fiscaux à la place des bénéfices réels (Cass. com. 29-4-1997 : RJDA 8-9/97 n° 1030) ;

– en cas de vente partielle du fonds, lorsque les mentions sont relatives à plusieurs fonds et ne se rapportent pas exclusivement au fonds vendu (Cass. com. 31-3-1992 : RJDA 7/92 n° 696) ;

– en cas d'énonciation, dans l'acte de vente, de bénéfices qui ne se rapportent pas exclusivement à l'activité cédée, même si l'acquéreur en est informé comme en l'espèce où l'acte précisait que, la comptabilité du vendeur n'étant pas analytique, les chiffres indiqués étaient globaux et incluaient toutes les activités exercées par le vendeur, y compris celles qu'il avait conservées, les chiffres spécifiques au fonds vendu étant difficiles à évaluer (Cass. com. 3-12-2002 : RJDA 6/03 n° 583).

3° Absence d'inexactitudes

Ne peut être retenue comme une inexactitude :

– l'inexactitude qui n'a pas causé un préjudice à l'acquéreur, ce qui est le cas lorsque les bénéfices réels sont supérieurs au bénéfice fiscal seul indiqué (Cass. com. 21-3-1966 : D. 1966.435) ;

– l'omission par le vendeur du fonds de commerce d'informer l'acquéreur de la disparition d'une partie de sa clientèle car elle ne vicie pas les énonciations portées à l'acte de cession qui ne peuvent être considérées comme inexactes, attendu que la perte d'une clientèle ne figure pas au nombre des énonciations obligatoires (Cass. com., 13-1-1998 : RJDA 5/98 n° 577 : en l'espèce, l'acquéreur réclamait du vendeur le paiement d'une somme de 152 400 F (24 000 € environ), représentant le préjudice qu'il avait subi du fait de la perte de la clientèle d'une maison de retraite voisine, qui avait fermé ses portes à la fin d'avril 1990, alors que l'acte de vente du fonds avait été passé le 14 janvier 1991).

C. Action en garantie

1° Recevabilité de l'action

La clause par laquelle l'acquéreur s'oblige à prendre le fonds dans l'état où il se trouve sans pouvoir exiger aucune indemnité ou diminution de prix pour quelque cause que ce soit ne l'empêche pas d'agir en garantie contre le vendeur (Cass. com. 26-6-1973 : Bull. civ. IV p. 201).

2° Eléments à prouver

Preuve rapportée. Dès lors que l'acquéreur établit le caractère incertain des pièces comptables à partir desquelles a été calculé le montant des mentions relatives au chiffre d'affaires portées dans l'acte de vente, il apporte la preuve qui lui incombe, de l'inexactitude de ces énonciations (Cass. com. 29-3-1994 : Bull. IV n° 129).

Art. 152 [anc. art. 120] **Tout acte constatant une cession de fonds de commerce doit être déposé en une copie certifiée conforme par le vendeur ou l'acquéreur au Registre du Commerce et du Crédit Mobilier.**

Il appartient au vendeur et à l'acquéreur, chacun en ce qui le concerne, de faire procéder à la mention modificative correspondante.

Observations

voir sous les art. 166 et s. de l'AUS.

Jurisprudence OHADA

Violation des articles 152 et suivants alléguée à tort

C'est à tort qu'il est reproché à un arrêt attaqué d'avoir, contrairement aux constatations des juges d'instance, refusé d'admettre la nullité de la vente d'un fonds de commerce, pour défaut de la formalité de publicité prescrite par les articles 152, 153 et 158 de l'AUDCG, violant ainsi ces textes, dès lors : i) que les textes visés au moyen sont plutôt relatifs à la vente d'un fonds de commerce ; ii) qu'en l'espèce, l'arrêt constate qu'il y a eu une vente de matériel professionnel et la demanderesse ne rapporte pas la preuve de la vente d'un fonds de commerce ; iii) qu'il est constant que le défendeur travaillait en association avec le preneur du bail et avait son propre matériel de travail (CCJA, 1e ch., n° 168/2019, 23-5-2019 : Siduc c/ Moukouri Daniel).

Art. 153 [anc. 121 mod.] Dans un délai de quinze jours francs à compter de sa date, l'acte constatant la cession du fonds de commerce doit être publié à la diligence de l'acquéreur, sous forme d'avis, dans un journal habilité à publier des annonces légales et paraissant dans le lieu où le vendeur est inscrit au Registre du Commerce et du Crédit Mobilier.

Art. 154 [anc. art. 122] Le vendeur du fonds de commerce est tenu de mettre le fonds cédé à la disposition de l'acheteur à la date prévue dans l'acte de cession.

Toutefois, si le paiement du prix a été prévu au comptant, le vendeur n'est tenu, sauf convention contraire entre les parties, de mettre l'acheteur en possession qu'à la date du complet paiement.

JURISPRUDENCE OHADA

Non-respect de l'obligation de délivrance

La clientèle est un élément abstrait, et sa cession n'est possible que lorsque le cédant s'abstient de poser des actes tendant à la détourner ; en continuant de se comporter en propriétaire du fonds vendu par des actes tels que le refus de fermer le compte bancaire ouvert au nom de la société cédée, l'enregistrement d'un véhicule au poste de police de Thiou sous le nom de ladite société, l'aménagement d'un camion 4 x 4 équipé de citerne et d'un camion frigorifique du même modèle que celui cédé, la continuation des sorties touristiques avec des clients de ladite société, l'usurpation du titre de directeur général, l'exigence de conditions plus difficiles d'hébergement des clients de ladite société etc., le cédant ne saurait prétendre qu'il a effectivement cédé la clientèle ; l'obligation de délivrance n'a pas été donc respectée par lui (TGI Ouagadougou, n° 984, 12-12-2001 : OK-RAIDS c/ LATIL, Ohadata J-04-03).

JURISPRUDENCE COMPARÉE

France

A. Objet de l'obligation de délivrance

Le vendeur doit délivrer tous les biens compris dans la vente (CA Paris 25-10-2000 : RJDA 2/01 n° 141). L'engagement de « présenter la clientèle » n'implique pas la garantie que les clients du fonds cédé demeureront ceux du fournisseur (Cass. com. 12-2-1991 : BRDA 8/91 p. 9).

B. Exécution de l'obligation de délivrance

Le vendeur d'un fonds de commerce n'a pas failli à son obligation de délivrance dès lors qu'il a été relevé que l'absence de droit au bail était sans incidence sur la valeur du fonds, la vente ayant pour objet de réunir entre les mêmes mains la propriété des murs et celle du fonds qui y était exploité, et qu'il a été retenu que, même s'il disposait de la clientèle de l'hôtel tout proche, le fonds disposait d'une clientèle propre, ainsi qu'en attestent les multiples factures, la comptabilité et les encarts publicitaires (Cass. com. 8-7-1997 : DA 1997.1069).

C. Défaut de délivrance

Le fonds vendu n'a pas été délivré à l'acquéreur :

– si le vendeur, en l'espèce d'une boulangerie, n'a pas transféré tout ou partie de la clientèle (Cass. com. 24-11-1992 : RJDA 2/93 n° 101, le vendeur ayant au même moment vendu une seconde boulangerie et abandonné des tournées représentant 20 % du chiffre d'affaires du fonds initialement vendu) ;

– si le vendeur a remis un fichier inexploitable, l'acquéreur ayant dû prendre connaissance sur place des principaux éléments nécessaires à la constitution d'un fichier exploitable (Cass. com. 20-10-1992 : Bull. IV n° 319) ;

– si le vendeur d'une pharmacie a livré l'officine avec un salarié qualifié « préparateur » qui n'avait pas la qualité annoncée de titulaire d'un brevet professionnel de préparateur habilité à délivrer des médicaments à la clientèle alors que l'acquéreur était fondé à juger cet élément nécessaire en raison du chiffre d'affaires annoncé, l'organisation de l'officine étant conçue en fonction de la présence d'un préparateur (CA Dijon 10-1995 : GP 1998.som.401) ;

– si le vendeur a consenti la vente à un prix correspondant à 80 % du chiffre d'affaires annuel, lequel était au moment de la conclusion de la promesse de vente et de la vente, respectivement les 2 février et 10 avril 1996, de 4 700 000 F parfaitement régulier depuis 1992, et qu'il a livré le fonds, le 1er juin 1996, alors que le chiffre d'affaires avait chuté de 50 % de façon constante pendant la gestion du vendeur,

pour rester stabilisé à ce niveau par la suite ; en conséquence, la chose livrée ne correspondait pas à la chose acquise et la résolution de la vente a été prononcée (T. com. Paris 8-1-1998 : GP 1998.som.191) ;
– lorsque le vendeur ne l'a pas conservé pendant le délai convenu pour sa délivrance et l'a ainsi laissé disparaître (Cass. com. 12-5-2004 n° 756 : RJDA 11/04 n° 1206) ;
– lorsque le vendeur, en l'espèce d'un fonds artisanal de chauffage (mais la solution est transposable par analogie au fonds de commerce), avait continué à exploiter l'ensemble de sa clientèle, avait refusé de remettre deux véhicules à l'acquéreur et de transférer sa ligne téléphonique et les contrats de leasing et, un an après la vente, était encore référencé dans les pages jaunes comme distributeur exclusif de la marque qu'il avait pourtant concédée à l'acquéreur (Cass. com. 10-9-2013 n° 12-13.931 : RJDA 1/14 n° 22).

D. Réduction du prix

L'acquéreur a droit à une réduction du prix en cas de délivrance partielle (Cass. com. 15-12-1992 : RJDA 4/93 n° 304) ou en cas de transfert de la clientèle dans de mauvaises conditions (Cass. com. 20-10-1992 : JCP G 1992.IV.3089).

E. Droit de rétention du vendeur

Le vendeur ne peut pas valablement invoquer son droit de rétention pour défaut de paiement du prix alors que le délai accordé aux créanciers pour faire opposition n'est pas encore expiré ; en effet, tout paiement effectué pendant ce délai est inopposable aux créanciers du vendeur (Cass. com. 15-5-1973 : Bull. civ. IV p. 153).

Art. 155 [anc. art. 123] Le vendeur du fonds de commerce doit s'abstenir de tout comportement qui serait de nature à gêner l'acquéreur dans l'exploitation du fonds vendu.

Les clauses de non-rétablissement ne sont valables que si elles sont limitées soit dans le temps, soit dans l'espace ; une seule de ces limitations suffit pour rendre la clause valable.

Le vendeur doit assurer à l'acquéreur la possession paisible de la chose vendue, et en particulier le garantir contre les droits que d'autres personnes prétendraient faire valoir sur le fonds vendu.

Jurisprudence OHADA

Notion de concurrence déloyale

À défaut de définition universelle de la concurrence déloyale, celle-ci devrait s'entendre de tout acte susceptible de semer le trouble dans la mentalité du client ; en la matière, le dommage se résume à une baisse de la clientèle qui est l'élément autour duquel tous les actes d'un fonds de commerce se réunissent (TGI Ouagadougou, n° 984, 12-12-2001 : OK-RAIDS c/ LATI, Ohadata J-04-03).

Jurisprudence comparée

France

A. Obligation légale de non-concurrence

1° Interdiction de détournement de la clientèle

a. Portée de l'interdiction

L'interdiction pèse sur le vendeur même après l'expiration de l'obligation contractuelle de non-concurrence (Cass. com. 16-1-2001 : RJDA 4/01 n° 437). Lorsqu'il est une personne morale, elle pèse tant sur elle que sur son dirigeant ou sur les personnes qu'il pourrait interposer pour échapper à ses obligations (Cass. com. 24-5-2005 : RJDA 8-9/05 n° 962).

b. Existence d'un détournement

En l'absence d'une clause expresse lui interdisant d'exercer un commerce similaire, le vendeur peut se rétablir mais il doit « s'abstenir de tout acte de nature à diminuer l'achalandage et à détourner la clientèle du fonds cédé » ; le vendeur d'un fonds de fabrication « de balais et clôtures de brande » manque à son obligation de non-concurrence en exerçant après la vente une activité similaire en raison de la « nature très spéciale » du fonds et de la clientèle s'intéressant à ce genre d'activité (Cass. com. 24-5-1976 : Bull. civ. IV p. 149).

c. Absence de détournement

Le vendeur d'un hôtel peut louer des appartements meublés dès lors que les deux activités s'adressent à une clientèle différente (Cass. req. 10-8-1869 : DP 1870.1.115).

d. Exonération du vendeur

Le vendeur n'est pas tenu si l'acheteur s'est engagé dans une opération risquée sans précaution (Cass. com. 9-10-2001 : RJDA 3/02 n° 240).

B. Clauses de non-concurrence

1° Interprétation de la clause

Dénature les termes clairs et précis de la convention de cession d'un fonds de commerce par laquelle le vendeur s'était interdit, à compter du jour de l'entrée en jouissance, « la faculté de créer, acquérir, exploiter, prendre à bail ou faire valoir, directement ou indirectement, à quelque titre que ce soit, aucun fonds similaire en tout ou partie à celui présentement cédé, de s'intéresser directement ou indirectement ou par personne interposée, et même en tant qu'associé ou actionnaire de droit ou de fait [...] à une activité concurrente ou similaire en tout ou en partie à celle exercée par lui dans le fonds [...] cédé », le juge qui refuse la demande d'ordonner au vendeur du fonds de céder les parts détenues dans la société concurrente en précisant que constitutive d'un obstacle au principe fondamental de liberté du commerce et de l'industrie, cette clause ne peut recevoir qu'une interprétation restrictive et en déduit que seule une clause expresse pouvait prohiber la conservation par le vendeur des intérêts détenus antérieurement à la cession dans une société dont le siège social se situait à proximité et exerçant des activités concurrentes de celles du fonds cédé (Cass. com. 7-12-2010 n° 09-71.611 : Légifrance).

2° Interdiction d'une activité similaire

Activités jugées similaires :
– un café cercle et un restaurant (Cass. req. 7-11-1853 : DP 1854.1.396) ;
– la vente en grosses quantités de fournitures de papeterie à des entreprises achetant pour leur consommation personnelle et la papeterie de détail (CA Paris 6-2-1965 : GP 1965.2.156) ;
– un solarium et un salon de soins de beauté (CA Rouen 11-2-1988, inédit).

Activités jugées non similaires :
N'exerce pas une activité similaire :
– le vendeur d'un fonds de commerce de fruits et légumes qui vend les produits de son potager car il n'exécute pas des actes de commerce (CA Bordeaux 21-2-1983 : GP 1983.som.198) ;
– le vendeur d'une boulangerie qui fabrique industriellement du pain et le vend à des boulangers et à des dépositaires alors que l'activité du fonds consistait en la fabrication artisanale de pain vendu à la pièce (Cass. com. 2-5-1984 : Bull. civ. IV p. 121) ;
– le vendeur d'un débit de boissons proposant également des sandwiches et des galettes-saucisses, qui ouvre un établissement voisin de petite restauration, car il y a lieu de rechercher si, dans ce dernier cas, les clients ne recherchent pas une cuisine rapide plutôt que des boissons et inversement lorsqu'ils pénètrent dans un débit de boissons (Cass. com. 26-10-1993 : RJDA 3/94 n° 258).

3° Limitation territoriale

L'interdiction peut s'étendre à une ville (Cass. com. 12-1-1988 : JCP G 1988.IV.104, qui autorise le vendeur à se rétablir dans une commune limitrophe dès lors que la clause ne visait que la ville où le fonds était exploité).

Lorsque la clause vise un « rayon », la limitation de l'interdiction est mesurée à vol d'oiseau (CA Nîmes 7-6-1905 : DP 1905.2.447 ; CA Dijon 28-7-1926 : DH 1926.522).

Lorsqu'il est fait référence à une « distance », la zone interdite est calculée en suivant la ligne la plus courte par les voies usuelles de communication (rues ou routes) (CA Nancy 13-11-1912 : GP 1913.1.35).

4° Violation de la clause

a. Appréciation de la violation de la clause en fonction de l'activité effectivement exercée

Dès lors que les vendeurs d'un fonds de commerce ont promis à la société acquéreur de ne pas se rétablir dans un commerce identique, en l'espèce un commerce d'ambulance, les juges ne peuvent pas décider que les vendeurs ont violé leur engagement de non-concurrence en créant dans le périmètre interdit un fonds de commerce de taxi, pour la raison que les statuts de la société prévoyaient aussi l'activité de taxi, sans rechercher, ainsi qu'il leur avait été demandé, si ladite société exerçait réellement une activité de taxi au moment de la cession du fonds de commerce et si l'exercice de cette activité lui permettait d'invoquer dans ce domaine le contenu de la clause de non-concurrence (Cass. com. 10-3-1998 : RJDA 7/98 n° 834).

b. Existence de la violation

Ont violé leur engagement de non-concurrence :
– le vendeur qui exploitait un même fonds par personne interposée, en se faisant le complice de l'ouverture d'un tel fonds par son beau-fils (Cass. com. 19-1-1965 : Bull. civ. III p. 45 ; voir aussi Cass. com. 6-4-1993 : RJDA 11/93 n° 871 ; Cass. com. 30-11-1999 : RJDA 2/00 n° 129) ;
– les vendeurs qui s'étaient engagés à n'exploiter, diriger directement ou indirectement, aucun fonds de commerce similaire au fonds vendu de coiffure mixte pendant un temps et dans un rayon donné et qui avaient obtenu, par dérogation à ce principe, le droit de continuer à exploiter deux autres salons de coiffure dans des villes situées à l'intérieur du rayon fixé mais qui ont, dans une de ces villes, créé un nouveau fonds de coiffure en transférant le fonds

qu'ils y avaient conservé, le transfert du fonds de commerce litigieux ne pouvant s'accompagner de circonstances, telles que la substantielle augmentation de la superficie du salon de coiffure et son extension à la clientèle féminine, bouleversant les données d'une concurrence étroitement circonscrite (Cass. com. 27-5-1997 : RJDA 10/97 n° 1162) ;
– le propriétaire des lieux dans lequel le fonds vendu était exploité, étant intervenu en tant que propriétaire aussi de certains éléments incorporels du fonds à l'acte de vente de ce fonds appartenant à une entreprise en redressement judiciaire, à qui la clause de non-concurrence incluse dans l'acte interdisait de créer, faire valoir ou être intéressé à un fonds de commerce similaire à celui vendu, qui a loué des locaux dans le secteur géographique visé par l'interdiction à une entreprise exploitant une activité similaire à celle du fonds vendu ; en percevant les loyers, ce propriétaire était directement intéressé à l'exploitation du fonds de son preneur, les circonstances que le loueur ne soit pas associé dans le fonds de son preneur, que le prix du loyer ne soit pas fixé en fonction de l'activité exercée dans les locaux loués ou qu'aucun détournement de clientèle ne soit intervenu étant indifférentes quant à la violation de la clause (CA Nancy 11-9-2002 : JCP G 2004.IV.2029) ;
– le vendeur qui, même si par la suite il s'est substitué une tierce personne, s'était porté candidat à l'achat du droit au bail d'une société en procédure collective et s'était intéressé directement au fonctionnement du fonds d'une nature identique à celui qu'il venait de céder (CA Dijon 15-4-2004 : JCP G 2004.IV.2273).

c. Non-violation de la clause

Le vendeur d'un fonds de commerce n'a pas violé la clause lui interdisant de s'intéresser directement ou indirectement à un fonds de même nature :
– en se réinstallant au-delà des limites fixées par le contrat et en acceptant de satisfaire les demandes de clients habitant la zone interdite (Cass. com. 3-4-1979 n° 78-10.008 : Bull. civ. IV n° 125) ;
– en se bornant à financer l'achat d'un fonds exploité par un membre de sa famille n'est pas à lui seul une violation de la clause (Cass. com. 18-6-1979 : JCP G 1979.IV.288) ;
– en exerçant une activité salariée (Cass. com. 8-12-1992 : RJDA 4/93 n° 294), de représentant de commerce (Cass. com. 24-1-1995 : RJDA 7/95 n° 812), en participant à l'exploitation du fonds appartenant à sa concubine (Cass. com. 4-5-1993 : RJDA 11/93 n° 870) ou en intervenant en collaborateur subordonné, même bénévole, car seule une participation à la direction d'un établissement concurrent constitue une violation de cette interdiction (Cass. com. 5-12-2000 : RJDA 4/01 n° 414).

5° Bénéficiaires de l'obligation de non-concurrence

Sous-acquéreurs. L'obligation de non-concurrence profite à l'acheteur et aux sous-acquéreurs du fonds seulement si l'acte de revente stipule la clause au profit de ces derniers (Cass. com. 1-4-1997 : RJDA 8-9/97 n° 1005).

6° Débiteurs de l'obligation de non-concurrence

a. Héritiers du vendeur

L'obligation de non-concurrence est transmise aux héritiers du vendeur (Cass. com. 17-5-1971 : Bull. civ. IV p. 129), sauf si cette transmission peut être considérée comme exclue par la clause de non-concurrence (CA Poitiers 17-6-1981 : JCP G 1984.II.20184).

b. Conjoint du vendeur

L'engagement pris personnellement par un mari à propos d'un fonds commun n'engage pas sa femme, même si celle-ci a collaboré à l'exploitation car cette collaboration peut être jugée insuffisante pour exprimer sa volonté de prendre à son compte l'engagement de son mari (Cass. com. 19-3-1968 : GP 1968.2.5).

c. Personne impliquée dans la vente

Le fils d'un vendeur est engagé dès lors qu'il exploitait le fonds, avait pris une part active aux pourparlers de vente, s'était comporté comme le véritable propriétaire du fonds, avait demandé une modification de la clause de non-rétablissement et était intervenu à l'acte de vente qu'il avait signé (Cass. com. 10-3-1982 : D. 1982.IR.282).

7° Sanction de la violation de l'obligation de non-concurrence

a. Existence d'un préjudice

Il n'est pas nécessaire que la violation de la clause ait pour effet de créer une confusion dans l'esprit de la clientèle pour qu'il en résulte un préjudice pour le bénéficiaire (Cass. com. 19-1-1981 : Bull. civ. IV p. 24).

À défaut de prouver un préjudice économique, l'acquéreur ne peut prétendre qu'à la réparation de son préjudice moral (Cass. com. 22-1-1991 : BRDA 8/91 p. 22).

b. Réparation d'un trouble de jouissance non constitutif d'une violation formelle de la clause

Même si le vendeur n'avait pas violé la clause de non-concurrence en se réinstallant à 5 km du lieu du fonds vendu situé dans le 16ᵉ arrondissement de Paris, l'acquéreur a obtenu de lui réparation du trouble de jouissance qui résultait de son installation dans le 8ᵉ arrondissement où il était connu depuis plus de vingt ans et où il s'était initialement attaché la clientèle (CA Paris 17-12-1999 JCP. E 2000.pan.295).

Art. 156 [anc. art. 124] Si l'acquéreur est évincé partiellement, ou s'il découvre des charges qui n'étaient pas déclarées dans l'acte de vente, ou encore si le fonds de commerce est affecté de vices cachés ou défauts de conformité, il peut demander la résolution de la vente, mais seulement si la diminution de jouissance qu'il subit est d'une importance telle qu'il n'aurait pas acheté le fonds s'il en avait eu connaissance.

Art. 157 [anc. art. 125] L'acheteur doit payer le prix, aux jour et lieu fixés dans l'acte de vente, entre les mains du notaire ou de tout établissement bancaire désigné d'un commun accord entre les parties à l'acte.

Le notaire ou l'établissement bancaire ainsi désigné doit conserver les fonds en qualité de séquestre pendant un délai de trente jours, ce délai commençant à courir au jour de la parution dans un journal habilité à publier la vente au titre des annonces légales.

Si au terme de ce délai, aucune opposition n'a été notifiée au séquestre, celui-ci doit tenir le prix de vente à la disposition du vendeur.

Si une ou plusieurs oppositions sont notifiées pendant ce délai, le prix de vente n'est disponible pour le vendeur que sur justification de la mainlevée de toutes les oppositions.

JURISPRUDENCE COMPARÉE

France

A. Clause d'exigibilité immédiate

Le prix peut être stipulé immédiatement exigible en cas de revente du fonds ou d'apport en société (CA Aix 28-1-1925 : Journ. sociétés 1928.20) ou de substitution d'un nouveau commerce à l'ancien (T. com. Seine 4-6-1926 : S. 1926.2.124).

La clause prévoyant cette exigibilité n'est pas applicable s'il y a mise en location-gérance (CA Paris 24-4-1928 : GP 1928.2.398).

B. Versement du prix dans les mains d'un séquestre

L'acquéreur assume les risques de la perte du prix à l'égard du vendeur, sauf si celui-ci lui avait donné dans l'acte quittance du prix (Cass. req. 28-5-1946 : GP 1946.2.51).

C. Délai pour faire opposition

Le paiement fait au vendeur pendant ce délai par l'acquéreur ne le libère pas à l'égard des tiers (Cass. com. 24-5-2005 : RJDA 8-9/05 n° 784).

Art. 158 [anc. art. 126] Est nulle et de nul effet toute contre-lettre ou convention ayant pour objet ou pour effet de dissimuler tout ou partie du prix de cession du fonds de commerce.

JURISPRUDENCE OHADA

Nullité relative

S'il est vrai que la convention relative au prix de cession d'un fonds de commerce est nulle pour dissimulation, aucune nullité n'est encourue lorsque l'acheteur a bel et bien payé une somme au vendeur devant le conseil de ce dernier et que cela vaut quittance ; le prix ayant été intégralement payé, l'acheteur demeure acquéreur des fonds de commerce litigieux et ne peut en aucun cas en être expulsé comme occupant sans titre ni droit (CA Abidjan (Côte d'Ivoire), n° 820, 22-7-2005 : W. D. R. c/ S. A., Ohadata J-09-209).

JURISPRUDENCE COMPARÉE

France

A. Dissimulation du prix

1° Existence

La dissimulation du prix est établie quoique l'acte secret, qui n'a pas besoin d'avoir une existence réelle, et l'acte apparent portent des dates différentes, dès lors qu'il y a eu simultanéité intellectuelle (CA Toulouse 8-11-1994 : Bull. inf. C. cass. 1995 n° 924).

2° Absence

Le prix n'a pas été dissimulé :

– du seul fait qu'existe un acte intitulé « factures » portant la mention « stock déclaré aux impôts » et évaluant ce stock, au motif que ce stock doit être considéré comme appartenant au fonds cédé, car, à défaut, il suffirait aux parties pour s'affranchir des dispositions interdisant la dissimulation du prix de séparer en autant d'actes distincts la vente des éléments constitutifs d'un fonds de commerce, de tels motifs d'ordre général étant impropres à établir que la cession du stock litigieux était l'accessoire de celle du fonds (Cass. com. 12-11-1992 : Bull. IV nº 350, censurant l'arrêt qui avait fixé le prix du stock du fonds, objet de la vente, à la valeur portée sur le document « factures ») ;

– par la contre-lettre qui tend à l'augmenter de manière non fondée et aux fins de voir augmenter l'assiette de l'exonération fiscale pour plus-value (CA Paris 15-6-1994 : GP 1995.som.78).

B. Nullité de la contre-lettre

1º Droit de l'acheteur

L'acheteur peut se prévaloir de la nullité de la contre-lettre même s'il en est le responsable (Cass. civ. 25-6-1985 : D. 1986.212 note Agostini).

2º Objet de la nullité

Seule la convention secrète est annulée, l'acte ostensible restant valable, même si les deux conventions sont indivisibles (Cass. ch. mixte 12-6-1981 : D. 1981.413 concl. Cabannes ; Cass. com. 11-5-1984 : GP 1984 pan. p. 297).

Est nul le billet à ordre signé par l'acheteur du fonds de commerce dès lors que les juges constatent qu'en contrepartie d'une diminution du prix fixé par une convention secrète, vendeur et acheteur en avaient avancé l'exigibilité et qu'ainsi l'établissement du billet constituait un élément de l'ensemble contractuel par lequel les parties entendaient dissimuler une partie du prix de cession (Cass. com. 15-10-1979 : Bull. IV nº 256).

3º Restitution du montant de la contre-lettre

Si la somme dissimulée a déjà été versée par l'acquéreur au vendeur, celui-ci doit la lui restituer (Cass. 1e civ. 16-10-1967 : D. 1967 p. 725 note Breton, à propos d'une cession d'immeuble mais transposable).

Dès lors qu'un arrêt constate qu'une reconnaissance de dette avait pour objet de dissimuler une partie du prix de cession de la clientèle d'un vétérinaire, cette reconnaissance de dette était nulle et l'arrêt ne pouvait pas retenir pour condamner au paiement de cette dette que l'obligation du cessionnaire était bien causée et qu'il convenait de restaurer l'usage du principe de bonne foi entre les parties (Cass. com. 18-1-1994 : D. 1996.235 note L. Orsini).

Les paiements effectués en vertu de la convention secrète peuvent venir en compensation du prix déclaré ; en effet, si cette convention est nulle, en revanche la convention ostensible demeure sans qu'il y ait lieu de rechercher s'il y a ou non indivisibilité entre les deux conventions (CA Toulouse 1-2-1984 : Bull. inf. C. cass. 1985 nº 209).

4º Droit de l'acheteur de refuser de payer le montant de la contre-lettre

Si cette somme n'a pas encore été payée, l'acquéreur peut refuser de la verser, même si la prétendue créance a fait l'objet d'une délégation (Cass. 1e civ. 2-4-1968 : Bull. civ. I nº 115).

Art. 159 [anc. art. 127 mod.] Tout créancier du vendeur qui forme opposition doit notifier celle-ci par acte d'huissier ou par tout moyen permettant d'en établir la réception effective :

1º) au notaire ou à l'établissement bancaire désigné en qualité de séquestre ;

2º) à l'acquéreur pris à son adresse telle que figurant dans l'acte ;

3º) au greffe de la juridiction ou à l'organe compétent dans l'État partie qui tient le Registre du Commerce et du Crédit Mobilier auquel est inscrit le vendeur, à charge pour le greffe ou l'organe compétent dans l'État partie de procéder à l'inscription de cette opposition sur le Registre du Commerce et du Crédit Mobilier.

L'acte d'opposition doit énoncer, outre les mentions d'identification du créancier opposant, le montant et les causes de la créance, et contenir élection de domicile dans le ressort de la juridiction où est tenu le Registre du Commerce et du Crédit Mobilier.

Les formalités ainsi mises à la charge du créancier opposant par le présent article sont édictées à peine de nullité de son opposition.

JURISPRUDENCE COMPARÉE

France

A. Créanciers pouvant former opposition

1° Créanciers postérieurs à la vente mais antérieurs à la publication de celle-ci

La créance invoquée peut être postérieure à la vente, du moment qu'elle existe au jour de la publicité (CA Paris 17-4-1945 : GP 1945.2.157).

2° Créanciers dispensés de l'opposition

La caution garantissant le prix de vente du fonds ne peut pas reprocher aux créanciers du vendeur ayant un nantissement inscrit de ne pas avoir fait opposition car ces créanciers, protégés par le droit de suite, n'ont pas à faire cette opposition (Cass. com. 20-10-1980 : Bull. civ. IV p. 274).

Les créanciers dont la créance est incertaine ne peuvent pas faire opposition (Cass. com. 21-1-1974 : Bull. civ. IV p. 19).

3° Porteur de billets de fonds

Le porteur de billets de fonds peut faire opposition au paiement du prix par un sous-acquéreur du fonds car il peut être considéré comme ayant un privilège inscrit dès lors que la souscription des billets est prévue dans l'acte de vente (cf. Cass. civ. 19-2-1946 : D. 1946.184).

B. Créanciers ne pouvant pas former opposition

Ne peuvent pas former opposition les créanciers :

– dont la créance est incertaine (Cass. com. 21-1-1974 : Bull. civ. IV p. 19) ;

– qui ont donné leur accord au paiement fait par l'acheteur entre les mains du vendeur (Cass. com. 8-4-1976 : Bull. civ. IV p. 93) ;

– l'acquéreur du fonds lorsqu'il a consigné le prix d'achat entre les mains d'un tiers dans l'attente de l'expiration du délai d'opposition et qu'il a formé pendant ce délai une action en annulation ou en résolution de la vente (CA Grenoble 17-6-1963 : D. 1964.334 ; CA Amiens 26-10-1977 : D. 1978.IR.79 ; dans le même sens, CA Paris 16-5-1990 : D. 1990.IR.160 ; CA Aix 6-3-1991 : Bull. Cour d'Aix 1991/2 n° 52).

C. Forme de l'opposition

À défaut des mentions requises, l'opposition est nulle, même si les omissions n'ont pas eu d'effets préjudiciables (CA Paris 23-10-1987 : D. 1987.IR.258).

L'opposition est privée de tout effet :

– si elle n'a pas été faite par acte extrajudiciaire ; il est alors inutile d'en demander la mainlevée (Cass. civ. 12-5-1986 : Bull. civ. II p. 52) ;

– si elle ne comporte pas les mentions requises, même si les omissions n'ont pas eu d'effets préjudiciables (CA Paris 23-10-1987 : D. 1987.IR.258).

Art. 160 [anc. art. 128] L'opposition produit un effet conservatoire.

Il appartient au créancier opposant de saisir la juridiction compétente pour faire constater sa créance, et recevoir le paiement de celle-ci.

JURISPRUDENCE COMPARÉE

France

A. Effets des oppositions

1° Indisponibilité du prix

Tout paiement effectué par l'acheteur au mépris des oppositions est inopposable aux créanciers opposants (Cass. com. 19-5-1998 : DA 1998.1120), à la condition que l'opposition soit régulière (Cass. civ. 22-5-2001 : Defrénois 2002.1095 : opposition par lettre recommandée).

Le vendeur ne peut plus disposer de sa créance sur l'acheteur, notamment la céder ou la compenser avec une créance que l'acheteur détiendrait sur lui (cf. CA Colmar 6-11-2002 n° 00/1938 : Bull. inf. C. cass. 2004 n° 620).

L'opposition, simple mesure conservatoire, ne fait pas obstacle à l'exercice d'une saisie-attribution (Cass. civ. 6-7-2000 : Bull. civ. II n° 119) ; elle empêche seulement le paiement du créancier saisissant tant que la créance a été rendue indisponible par l'opposition (Cass. civ. 16-3-2000 : RJDA 5/00 n° 591).

2° Non-transfert du prix ni privilège

L'opposition n'engendre au profit des créanciers ni un transfert du prix, ni un privilège (Cass. com. 5-4-1965 : Bull. civ. III p. 231).

3° Fixation de la créance du vendeur

Le vendeur ne peut plus dès lors qu'il y a opposition convenir avec l'acheteur d'une réduction du prix de vente ; celle-ci serait inopposable aux créanciers opposants pour lesquels seul compte le prix figurant dans les publications (CA Grenoble 28-1-1910 : DP 1910.2.317).

4° Répartition du prix entre les opposants

Paiement prioritaire des créanciers privilégiés. Le créancier opposant peut valablement accepter la distribution amiable du prix par le séquestre dans le respect des causes de préférence légalement établies (Cass. com. 21-9-2004 : RJDA 2/05 n° 118).

B. Conséquences de l'absence d'opposition

1° Survivance de la créance du créancier abstentionniste

L'absence d'opposition d'un créancier ne vaut pas pour autant extinction de sa créance ; en cas de liquidation amiable d'une société, ne peut être exonéré de sa responsabilité le liquidateur qui a refusé de prendre en considération cette créance (Cass. com. 7-12-1993 : Bull. civ. IV n° 464).

2° Action paulienne

Même s'ils n'ont pas fait opposition ou si leur opposition est irrégulière, les créanciers peuvent, par la voie de l'action paulienne, faire déclarer la vente inopposable à leur égard (Cass. com. 12-1-1988 : Bull. civ. IV p. 14).

Art. 161 [anc. art. 129 mod.] Le vendeur ne peut obtenir de la juridiction compétente statuant à bref délai la mainlevée de l'opposition et le versement des fonds entre ses mains qu'en contrepartie d'un cautionnement, ou d'une garantie équivalente au montant de la créance objet de l'opposition.

Le vendeur peut également obtenir du créancier opposant la mainlevée amiable de l'opposition ; dans ce cas, la mainlevée doit être notifiée par le créancier opposant dans les formes prévues à l'article 159 ci-dessus.

Art. 162 [anc. art. 130 mod.] L'opposition qui, dans le mois de sa notification, n'est pas levée amiablement ou ne donne pas lieu à saisine du juge en application de l'article 160 ci-dessus est nulle de plein droit et de nul effet. A la requête de tout intéressé, la juridiction compétente statuant à bref délai constate au besoin cette nullité et ordonne la mainlevée de l'opposition, sans préjudice de l'action en dommages-intérêts pour opposition abusive.

JURISPRUDENCE COMPARÉE

France

Mainlevée d'une opposition irrégulière

Le vendeur peut demander en référé (Cass. civ. 28-2-1933 : S.1935.1.57 note Hébraud) la mainlevée d'une opposition dès lors que l'opposition a été faite sans titre et sans cause, par exemple, sur la base d'une créance incertaine (Cass. com. 21-1-1974 : Bull. civ. IV p. 19) et dès lors que le juge constate que le créancier ne justifie pas d'une cause de nature à lui permettre d'immobiliser le prix de vente du fonds (Cass. com. 8-6-1982 n° 84-10.174 : Bull. civ. IV n° 77)

La mainlevée peut être accordée même si l'acquéreur n'a pas été mis en cause (CA Versailles 30-9-1988 : GP 1989.som.125).

Art. 163 [anc. art. 131 mod.] Tout créancier ayant inscrit un privilège ou un nantissement, ou ayant régulièrement fait opposition peut, dans le mois de la publication de la vente dans un journal habilité à publier les annonces légales, former une surenchère du sixième du prix du fonds de commerce figurant à l'acte de vente.

Lorsque le fonds a fait l'objet d'une vente forcée, les créanciers nantis et opposants bénéficient du même droit de surenchère qui doit s'exercer dans le même délai à compter de l'adjudication.

Le surenchérisseur doit consigner, dans le même délai, au greffe de la juridiction compétente ou auprès de l'organe compétent dans l'État partie, le montant du prix augmenté du sixième.

Art. 164 [anc. art. 132 mod.] Le cahier des charges, établi antérieurement à la vente en justice à la diligence du surenchérisseur, reproduit intégralement l'acte de cession ayant donné lieu à surenchère et mentionne les nantissements antérieurement inscrits ainsi que les oppositions régulièrement notifiées à la suite de la publication de la vente volontaire du fonds, ou au cours de la procédure de vente forcée.

Dans les quinze (15) jours francs de la surenchère, le surenchérisseur publie, à ses frais avancés, dans un journal habilité à publier des annonces légales et paraissant dans le lieu où le vendeur est inscrit au Registre du Commerce et du Crédit Mobilier, un avis comportant l'indication du lieu et de la date de la vente en justice ainsi que des modalités de consultation du cahier des charges. Passé ce délai, la surenchère est nulle de plein droit et les frais en sont définitivement supportés par le seul surenchérisseur sans préjudice des dommages-intérêts éventuellement dus pour surenchère abusive.

Aucune nouvelle opposition ne peut être formée pendant la procédure de surenchère.

Art. 165 [anc. art. 133 mod.] La vente se fait à la barre de la juridiction compétente, dans les formes des criées.

Art. 166 [anc. art. 134] Lorsque le prix n'est pas payé comptant, le vendeur dispose d'un privilège sur le fonds de commerce vendu.

Il doit à cet effet procéder à l'inscription de son privilège de vendeur dans les formes requises au présent Acte uniforme.

OBSERVATIONS

Sur la publicité du privilège, voir les art. 166 et s. de l'AUS.

Art. 167 [anc. art. 135] Si le vendeur n'est pas payé aux échéances convenues, il peut demander la résolution de la vente, conformément au droit commun.

JURISPRUDENCE COMPARÉE

France

A. Défaut de paiement

1° Défaut même non fautif

L'action résolutoire ne peut être exercée que si le prix n'a pas été payé par l'acheteur, peu important que le non-paiement du prix ne présente pas un caractère fautif (Cass. com. 1-2-1978 : Bull. civ. IV p. 39).

2° Défaut de paiement de billets de fonds

Lorsque des billets à ordre (ou des lettres de change) – dits « billets de fonds » – représentent la partie du prix payable à terme, la vente du fonds est résolue pour non-paiement des ces billets par l'acquéreur ; le vendeur doit restituer les sommes déjà reçues et les intérêts de celles-ci, l'acquéreur devant restituer le fonds ; les éléments matériels sont estimés d'après leur valeur au jour de la reprise, alors que les éléments incorporels doivent être restitués dans l'état où l'acquéreur les a acquis ; celui-ci est donc responsable de leur perte de valeur alors surtout que le fonds a périclité par sa faute (CA Reims 15-7-1976 : JCP G 1977.IV.44).

B. Prix à payer

Le prix s'entend du prix définitif, c'est-à-dire celui éventuellement diminué par suite de l'aboutissement d'une action pour dol (Cass. com. 14-3-1972 : D. 1972.653) ou du fait de l'annulation d'une contre-lettre dissimulant une partie du prix (Cass. com. 6-11-1979 : D. 1980.283 note Ghestin).

C. Effets de la résolution entre les parties

1° Clause pénale

Il est possible d'insérer dans le contrat de vente une clause prévoyant que le vendeur pourra conserver, à titre d'indemnité, les acomptes versés (CA Orléans 13-5-1925 : DP 1931.2.65 note Montier).

2º Réparation du préjudice subi par le vendeur

L'acquéreur doit, le cas échéant, indemniser le vendeur de la perte du fonds (Cass. com. 30-6-1998 : RJDA 11/98 nº 1207 ; CA Paris 1-4-1941 : GP 1941.1.489).

D. Effets de la résolution à l'égard des tiers

Le contrat de location-gérance conclu par l'acheteur doit être résilié (T. com. Marseille 3-7-1957 : JCP G 1958.II.10847 obs. Cohen).

Art. 168 [anc. art. 136 mod.] Le vendeur qui exerce l'action résolutoire notifie celle-ci par acte extrajudiciaire ou par tout moyen prouvant par écrit la notification aux créanciers inscrits sur le fonds, et ce, au domicile élu par eux dans leurs inscriptions.

Il procède également à la prénotation de son action résolutoire conformément aux dispositions prévues à cet effet par l'Acte uniforme portant organisation des sûretés.

La résolution ne peut être prononcée que par la juridiction compétente du lieu d'immatriculation du vendeur du fonds.

Toute convention de résolution amiable d'une vente de fonds de commerce est inopposable aux créanciers de l'acquéreur du fonds qui ont pris une inscription sur le fonds.

Observations

Sur la publicité de l'action résolutoire de la vente dont peut se prévaloir le vendeur, voir aussi sous les art. 166 et s. de l'AUS.

Jurisprudence comparée

France

Action en résolution

Lorsqu'il y a plusieurs vendeurs ou plusieurs héritiers en cas de décès du vendeur, l'action doit être exercée par tous car elle est indivisible (Cass. civ. 24-5-1966 : JCP G 1966.II.14825 obs. Patarin).

Livre VII

INTERMÉDIAIRES DE COMMERCE

Titre I

DISPOSITIONS COMMUNES

Chapitre I

DÉFINITION ET CHAMP D'APPLICATION

Art. 169 [anc. art. 137 mod.] L'intermédiaire de commerce est une personne physique ou morale qui a le pouvoir d'agir, ou entend agir, habituellement et professionnellement pour le compte d'une autre personne, commerçante ou non, afin de conclure avec un tiers un acte juridique à caractère commercial.

JURISPRUDENCE OHADA

Condamnation solidaire d'un intermédiaire et du représenté

Une agence de voyages qui vend, habituellement et professionnellement, au nom et pour le compte d'une compagnie aérienne, des billets d'avion exerce bien l'activité d'intermédiaire de commerce (CCJA, 1e ch., n° 013/2020, 23-1-2020 : Soumah Sandra c/ Société Meriane Voyages & Compagnie Air France).

Art. 170 [anc. art. 138 mod.] L'intermédiaire de commerce est un commerçant ; il est soumis aux conditions prévues par les articles 6 à 12 du présent Acte uniforme.

Les conditions d'accès aux professions d'intermédiaires de commerce peuvent en outre être complétées par des conditions particulières à chacune des catégories d'intermédiaires visées au présent Livre.

Art. 171 [anc. art. 139 mod.] Les dispositions du présent Livre régissent non seulement la conclusion des contrats par l'intermédiaire de commerce, mais aussi tout acte accompli par lui en vue de la conclusion ou pour l'exécution de ces contrats.

Elles s'appliquent aux relations entre toutes les personnes pour lesquelles agit l'intermédiaire, et entre ces personnes et l'intermédiaire lui-même.

Elles s'appliquent que l'intermédiaire agisse en son nom propre, tel le commissionnaire ou le courtier, ou au nom du représenté, tel l'agent commercial.

JURISPRUDENCE COMPARÉE

France

Concessionnaire

L'intermédiaire peut être un concessionnaire, c'est-à-dire un commerçant qui achète ferme des marchandises, en son nom et pour son compte, en vue de les revendre avec une marge appelée commission (MDC n°s 21900 s.).

Art. 172 [anc. art. 140] Les dispositions du présent Livre s'appliquent même si le représenté, ou le tiers visé à l'article 169 ci-dessus, ont leurs établissements dans des États différents de ceux signataires du présent Acte uniforme, dès lors :

a) que l'intermédiaire est inscrit au Registre du Commerce et du Crédit Mobilier de l'un des États parties ;

b) ou que l'intermédiaire agit sur le territoire de l'un des États parties ;

c) ou que les règles du droit international privé conduisent à l'application du présent Acte uniforme.

Art. 173 [anc. art. 141] Les dispositions du présent Livre ne s'appliquent pas :

a) à la représentation résultant d'une habilitation légale ou judiciaire à agir pour des personnes qui n'en ont pas la capacité juridique ;

b) à la représentation par toute personne effectuant une vente aux enchères, ou par autorité administrative ou de justice ;

c) à la représentation légale dans le droit de la famille, des régimes matrimoniaux et des successions.

Art. 174 [anc. art. 142 mod.] Les dispositions du présent Livre ne s'appliquent pas aux dirigeants des sociétés, associations ou autres groupements dotés de la personnalité juridique qui en sont les représentants légaux.

Chapitre II
CONSTITUTION ET ÉTENDUE DU POUVOIR DE L'INTERMÉDIAIRE

Art. 175 [anc. art. 143 mod.] Les règles du mandat s'appliquent aux relations entre l'intermédiaire et la personne pour le compte de laquelle celui-ci agit, même de façon occulte. Les relations entre l'intermédiaire, le représenté et le tiers visé à l'article 169 ci-dessus sont régies par les articles 180, 181, 183, 184 et 185 du présent Acte uniforme.

Jurisprudence comparée

France

A. Existence du mandat

Le seul fait pour un mandataire de recevoir des fonds pour le compte du mandant ne suffit pas à transformer le mandat en contrat de dépôt (CA Limoges 4-5-2006 : JCP G 2007.IV.1618).

B. Absence de mandat

Ne constitue pas un mandat l'accomplissement de démarches qui ne donnent pas lieu à des actes juridiques engageant le donneur d'ordre ; tel est le cas du contrat de correspondant conclu par une banque en vue d'assurer la diffusion de ses produits auprès de concessionnaires et de particuliers, qui conférait au correspondant une mission générale de promotion et de diffusion des produits de financement de la banque auprès des concessionnaires et particuliers de son territoire et qui prévoyait qu'à titre accessoire de sa mission principale, le correspondant pourrait également transmettre aux concessionnaires et garagistes agréés le règlement des dossiers de financement accordés par la banque (Cass. com. 2-3-2010 nº 08-14.250 : RJDA 6/10 nº 616 som.).

Obs. : sur l'intervention d'un courtier, voir l'art. 208.

Art. 176 [anc. art. 144] Le mandat de l'intermédiaire peut être écrit ou verbal.

Il n'est soumis à aucune condition de forme.

En l'absence d'un écrit, il peut être prouvé par tous moyens, y compris par témoin.

Jurisprudence OHADA

Appréciation souveraine des preuves par le juge

La cour d'appel qui, après avoir examiné les documents produits par les parties, ne leur a pas accordé la valeur probante que la requérante au pourvoi souhaitait qu'on leur apporte n'a pas violé l'article 144 [devenu 176] de l'AUDCG. Il en est ainsi dès lors que les termes d'« agent », de « correspondant », de « commissionnaire » et d'« intermédiaire » successivement employés dans ses productions par la demanderesse au pourvoi pour qualifier les relations entre les parties, correspondent chacun à un mandat spécifique assujetti, dans l'AUDCG, à des régimes juridiques différents et dont l'appréciation de l'existence de la preuve appartient aux juges du fond (CCJA, n° 10/2002, 21-3-2002 : Sté Négoce Ivoire c/ Sté GNAB, Ohadata J-02-72, note Marc E. Beira).

Il résulte de l'article 176 de l'AUPSRVE que l'écrit et le témoignage constituent des moyens d'établir la preuve du mandat de l'intermédiaire. La force probante des preuves du mandat de l'intermédiaire visé à l'article 176 précité relève de l'appréciation souveraine du juge du fond. En l'espèce, la cour d'appel ayant, en présence des pièces produites, fortement contestées, notamment les courriels et la pièce légalisée intitulée « attestation de reconnaissance d'intermédiation de vente de l'usine [X.] », par arrêt avant dire droit, ordonnée une mise en état aux fins d'entendre tous sachants, notamment maître [Y.], notaire à Abidjan et poser tous actes utiles à la manifestation de la vérité, c'est par une appréciation souveraine, tant du témoignage reçu que des pièces vantées, que la cour d'appel a conclu que les pièces produites par l'intimée, ne sont pas probantes en ce sens qu'elles ne démontrent pas qu'antérieurement à la vente, les parties ont verbalement conclu un contrat d'intermédiation. Ainsi, les moyens ci-dessus exposés, qui sous le couvert de la violation de la loi, l'insuffisance et de la contrariété des motifs, tendent en réalité à remettre en discussion devant la CCJA, l'appréciation souveraine ainsi que les constatations faites par les juges du fond, sont irrecevables (CCJA, 3e ch., n° 223/2020, 25-6-2020 : Société Sokoi Bagnae N'Dris's International c/ Société Osmon Africa).

Jurisprudence comparée

France

A. Preuve du mandat tacite

L'acceptation tacite du mandat ne peut résulter, à défaut d'écrit ou de commencement de preuve par écrit, que de son exécution (Cass. civ. 24-11-1976 : Bull. civ. I n° 368).

B. Absence de preuve du mandat

Ne fait pas la preuve d'un mandat l'existence d'un contrat de louage d'ouvrage conclu par un architecte car ce contrat ne confère pas de plein droit au maître d'œuvre mandat de représenter le maître d'ouvrage ; celui-ci ne peut être engagé que s'il est constaté qu'il a donné un mandat spécial à son architecte à l'effet de passer commande des travaux litigieux (Cass. 3e civ. 17-2-1999 : D. 1999.IR.68).

Art. 177 [anc. art. 145 mod.] Le représenté et l'intermédiaire d'une part, l'intermédiaire et le tiers visé à l'article 169 ci-dessus d'autre part, sont liés par les usages dont ils avaient ou devaient avoir connaissance, et qui, dans le commerce, sont largement connus et régulièrement observés par les parties à des rapports de représentation de même type, dans la branche commerciale considérée.

Ils sont également liés par les pratiques qu'ils ont établies entre eux.

Art. 178 [anc. art. 146 mod.] Sauf stipulation expresse du contrat, l'étendue du mandat de l'intermédiaire est déterminée par la nature de l'affaire à laquelle il se rapporte.

Le mandat comprend le pouvoir d'accomplir les actes juridiques nécessités par son exécution.

Toutefois, l'intermédiaire ne peut, sans un pouvoir spécial, engager une procédure judiciaire, transiger, compromettre, souscrire des engagements de change, aliéner ou grever des immeubles, ni consentir de donation.

Jurisprudence comparée

I. Bulgarie

Exécution infidèle du mandat

La procuration est une transaction unilatérale qui peut exister sans la conclusion d'un contrat de mandat et qui oblige le mandataire à agir de bonne foi en accomplissant les actes mentionnés dans la procuration (art. 44 et 63 de la loi bulgare sur les obligations et les contrats) ; en l'espèce, le mandataire a négocié un contrat de vente d'immeubles avec soi-même en qualité d'acheteur puisque le mandant a donné son accord exprès dans la procuration établie ; les agissements du mandataire ont causé un préjudice au vendeur dont les immeubles ont été vendus à un prix nettement inférieur à la valeur marchande ; dès lors, la conclusion d'un contrat au détriment des intérêts du mandant ayant accordé sa confiance au mandataire caractérise la mauvaise foi de manière grave et intolérable et doit être sanctionnée en vertu de la loi par la nullité du mandat à l'égard du mandant (Cour suprême de Bulgarie, collège civil, 2e ch. civ., n° 100/2004, 18-3-2004, Juricaf).

II. France

A. Mandat d'aliéner

1° Absence de mandat de vendre

Ne comporte pas un mandat de vendre :

– un immeuble, donné à un agent immobilier, une correspondance qui ne comportait pas expressément un tel mandat (Cass. 1e civ. 21-12-1976 : Bull. civ. I n° 421) ;

– la décision de mandater un notaire pour élaborer le projet définitif et établir les formalités d'une vente (Cass. 3e civ. 17-7-1991 : Bull. civ. III n° 216 ; JCP N 1992. II. 181 note Venandet).

2° Existence d'un mandat de vendre

Constitue un mandat exprès d'aliéner la procuration qui, outre le mandat général de gérer et administrer les biens, charge le mandataire de vendre expressément tout ou partie des biens meubles et immeubles et de consentir ces ventes aux prix, charges et conditions que le mandataire aviserait (Cass. 1e civ. 6-7-2000 : Bull. civ. I n° 209).

B. Mandat de transiger

Absence de mandat de transiger. Le mandat de gérer et d'administrer ne comprend pas, en cas de difficultés, le pouvoir de traiter, transiger et compromettre (Cass. civ. 17-1-1973 : Bull. civ. I p. 23).

C. Mandat exprès ou spécial

1° Existence

Dès lors que l'opération à conclure est formulée en termes exprès, il n'est pas nécessaire de spécifier dans le mandat le ou les actes que le mandataire est habilité à conclure (Cass. 1e civ. 21-11-1995 : Bull. civ. I p. 291 : caractère spécial du mandat donnant pouvoir d'emprunter sans préciser les emprunts à effectuer ; Cass. civ. 6-7-2000 : RJDA 1/01 n° 23 : caractère spécial du mandat donnant pouvoir de vendre tout ou partie des biens mobiliers et immobiliers du mandant aux prix, charges et conditions que le mandataire aviserait ; CA Nancy 5-5-1947 : D. 1947.som.31 : un mandat spécial d'administration d'un immeuble, quoique conçu en termes généraux, donne pouvoir de passer des baux à tels prix, clauses et conditions jugés convenables par le mandataire).

2° Absence

Le mandat n'est pas exprès :

– s'il n'indique aucune opération déterminée et particulière (Cass. civ. 15-2-1853 : DP 1853.1.75) ;

– dès lors que le mandataire agissant pour le compte d'un vendeur a inclus dans la télécopie qu'il a adressée au représentant de l'acquéreur la formule, « j'ai réussi à joindre [le propriétaire] », car celle-ci impliquait nécessairement l'absence de pouvoir écrit ; les fax échangés entre les deux représentants s'analysaient seulement comme des pourparlers en vue de la signature d'une promesse de vente et non comme une promesse de vente, ainsi que le prétendait l'acquéreur (CA Versailles 11-2-2005 : RJDA 6/05 n° 688).

III. Suisse

Appréciation des obligations en fonction de l'objet du mandat

Conseil en placements : contenu de l'obligation de conseil et charge de la preuve incombant respectivement au mandant et au mandataire. Dans le contrat de conseil en placements, le conseiller en placements conseille le client dans la gestion de sa fortune, mais ce dernier décide lui-même des opérations à effectuer ; c'est essentiellement ce pouvoir décisionnel du client, à qui il appartient de prendre la décision définitive, qui distingue le contrat de conseil en placements du contrat de gestion de fortune, dans lequel le gérant de fortune – qui s'oblige à gérer, dans les termes de la convention, tout ou partie de la fortune du mandant – détermine lui-même les opérations boursières à effectuer, dans les limites fixées par le client ; le contrat de conseil en placements, en tout cas en ce qui concerne les devoirs et la responsabilité du conseiller en placements, relève du mandat au sens des articles 394 et s. du Code suisse des obligations ; le mandataire doit exécuter avec soin la mission qui lui est confiée et sauvegarder fidèlement les intérêts légitimes de son cocontractant ; il est responsable envers son client de la bonne et fidèle exécution du mandat ; lorsqu'il s'est engagé contractuellement à conseiller régulièrement son client en suivant l'évolution de son portefeuille, il a l'obligation de rechercher des informations lui permettant d'évaluer les investissements envisagés ou en cours, ce qui implique notamment qu'il suive la presse spécialisée ; ce devoir de s'informer se limite aux données importantes ; le conseiller en placements assume un devoir étendu d'informer son client, en particulier sur les chances et les risques liés aux placements envisagés ; l'information doit être exacte, compréhensible et complète ; le conseiller en placements ne saurait omettre de communiquer un élément objectivement important, mais qu'il estimerait lui-même sans importance ; en principe, la diligence requise s'apprécie au moyen de critères objectifs ; on cherchera à déterminer comment un mandataire consciencieux, placé dans la même situation, aurait agi en gérant l'affaire en cause ; les exigences seront plus sévères à l'égard du gérant qui exerce son mandat à titre professionnel, moyennant rémunération ; il se peut également que les parties conviennent du degré de diligence que le mandataire doit mettre en œuvre pour atteindre le résultat ; si le mandant ne peut obtenir l'exécution de l'obligation ou ne peut l'obtenir qu'imparfaitement, le mandataire est tenu de réparer le dommage en résultant, à moins qu'il ne prouve qu'aucune faute ne lui est imputable ; il incombe au client d'apporter la preuve de la conclusion d'un contrat et de sa mauvaise exécution par le mandataire ; il lui incombe de même de prouver la relation de causalité entre la mauvaise exécution du contrat et le préjudice subi ; lorsque l'inexécution contractuelle consiste dans une omission de renseigner, le client doit démontrer que si son conseiller l'avait renseigné, il aurait selon toute vraisemblance pris une décision qui lui aurait permis d'éviter le dommage (T. fédéral 11-6-2008 n° 4A-168/2008, jugeant l'absence de faute du mandataire compte tenu des faits de l'espèce).

Art. 179 [anc. art. 147] **L'intermédiaire qui a reçu des instructions précises ne peut s'en écarter, sauf à établir que les circonstances ne lui ont pas permis de rechercher l'autorisation du représenté, lorsqu'il y a lieu d'admettre que celui-ci l'aurait autorisé s'il avait été informé de la situation.**

Chapitre III

EFFETS JURIDIQUES DES ACTES ACCOMPLIS PAR L'INTERMÉDIAIRE

Art. 180 [anc. art. 148] **Lorsque l'intermédiaire agit pour le compte du représenté dans les limites de son pouvoir, et que les tiers connaissaient ou devaient connaître sa qualité d'intermédiaire, ses actes lient directement le représenté au tiers visé à l'article 169 ci-dessus, à moins qu'il ne résulte des circonstances de l'espèce, notamment par la référence à un contrat de commission ou de courtage, que l'intermédiaire n'a entendu engager que lui-même.**

Jurisprudence comparée

I. France

A. Engagement du mandant

Le mandant est tenu de toutes les conséquences des actes conclus par le mandataire avant la prise d'effet de la révocation du mandat (Cass. com. 12-2-1980 : D. 1981. 278 note Aubertin, refusant au mandant de demander la résolution pour défaut de conformité du contrat de vente en raison de l'acceptation sans réserve de la livraison par le mandataire ; Cass. civ. 8-11-1994 : JCP G 1995.IV.79, tenant le mandant pour obligé de respecter le règlement échelonné des honoraires d'un avocat, même pour les diligences postérieures de l'avocat à la date de révocation du mandat) et même des fautes commises par le mandataire envers les tiers avec lesquels il a traité dans l'exercice de sa mission (CA Aix 24-1-1944 : GP 1944.1.160).

Le mandant est responsable du dol commis par le mandataire dans l'exécution de son mandat, dès lors qu'il n'y a pas eu dépassement des pouvoirs de représentation conférés (Cass. 3e civ. 29-4-1998 : Bull. civ. III n° 87 ; RTD civ. 1998. 930 obs. Gautier ; ibid. 1999. 89, obs. Mestre).

B. Absence d'engagement du mandant

Le mandant n'est pas engagé :

– en cas de concert frauduleux entre les tiers et le mandataire (Cass. civ. 9-6-1958 : GP 1958.2.112 ; CA Aix 10-1-1984 : GP 1985.222 note Girard) ;

– en cas de vices du consentement qui ont entaché celui donné par son mandataire dans la limite de ses pouvoirs (Cass. com. 2-3-1976 : Bull. civ. IV n° 78).

II. Irak

Engagement du mandant

Lorsque le mandataire agit pour le compte de son mandant, le contrat conclu dans les limites de ses pouvoirs produit ses effets directement au profit du mandant ou contre lui. Ainsi doit être rejetée pour défaut de qualité l'action en restitution du prix intentée contre le mandataire. L'acheteur doit poursuivre le mandant lui-même qui a manqué à son obligation de livrer le bien vendu (Cass. féd. 29-6-2008, pourvoi 1250, http://qanoun.iraqja.iq/view.825/).

Art. 181 [anc. art. 149 mod.] Lorsque l'intermédiaire agit pour le compte d'un représenté dans les limites de son pouvoir, ses actes ne le lient au tiers visé à l'article 169 ci-dessus que :

si celui-ci ne connaissait pas ou n'était pas censé connaître sa qualité d'intermédiaire ;

ou si les circonstances de l'espèce, notamment par référence à un contrat de commission, démontrent que l'intermédiaire a entendu n'engager que lui-même.

JURISPRUDENCE COMPARÉE

France

Inopposabilité par le mandataire de son mandat aux tiers

Le mandataire est engagé par les actes juridiques qu'il a accomplis sans révéler le nom de son mandant, sauf son recours contre le mandant (Cass. civ. 17-11-1993 : RJDA 1/94 n° 27 ; CA Paris 31-3-1993 : BTL 1993.758).

Art. 182 [anc. art. 150] La responsabilité de l'intermédiaire est soumise d'une manière générale aux règles du mandat.

L'intermédiaire est ainsi responsable envers le représenté de la bonne et fidèle exécution du mandat.

Il est tenu de l'exécuter personnellement, à moins qu'il ne soit autorisé à le transférer à un tiers, qu'il y soit contraint par les circonstances ou que l'usage permette une substitution de pouvoirs.

Art. 183 [anc. art. 151 mod.] Lorsque l'intermédiaire agit sans pouvoir, ou au-delà de son pouvoir, ses actes ne lient ni le représenté ni le tiers visé à l'article 169 ci-dessus.

Toutefois, lorsque le comportement du représenté conduit ce tiers à croire, raisonnablement et de bonne foi, que l'intermédiaire a le pouvoir d'agir pour le compte du représenté, ce dernier ne peut se prévaloir à l'égard dudit tiers du défaut de pouvoir de l'intermédiaire.

JURISPRUDENCE OHADA

Condamnation solidaire d'un intermédiaire et du représenté

Une agence de voyages qui, habituellement et professionnellement vend, au nom et pour le compte d'une compagnie aérienne, des billets d'avion, exerce bien l'activité d'intermédiaire de commerce. En l'espèce, elle est acquise au dossier que c'est cette activité qui était exercée pour le compte de la compagnie aérienne. Les relations entre l'agence de voyages et la compagnie aérienne étaient gouvernées par les règles du mandat, sans qu'il soit alors nécessaire d'établir la preuve de ce mandat ou d'un acte d'accréditation. Certes, en faisant à ses clients une offre promotionnelle de la compagnie aérienne, l'agence de voyages a pu outrepasser son mandat au sens de l'article 183 de l'AUDCG précité, selon lequel, « Lorsque l'intermédiaire agit sans pouvoir, ou au-delà de son pouvoir, ses actes ne lient ni le représenté ni le tiers visé à l'article 169 ci-dessus ». Cependant, ce principe souffre d'une exception énoncée par l'alinéa 2 du même texte, lequel dispose que « Toutefois, lorsque le comportement du représenté conduit ce tiers à croire, raisonnablement et de bonne foi, que l'intermédiaire a le pouvoir d'agir pour le compte du représenté, ce dernier ne peut se prévaloir à l'égard dudit tiers du défaut de pouvoir de l'intermédiaire ». En mettant la compagnie aérienne hors de cause au motif que la demanderesse ne rapporte pas la preuve du mandat donné par la compagnie aérienne à l'agence de voyages, sans vérifier que les conditions d'application des articles 169 et 183 de l'Acte uniforme précité étaient réunies dans un contexte où la compagnie aérienne avait déjà agréé certains billets issus de la même opération, les premiers juges ont violé la loi et exposé leur jugement à la cassation. Sur l'évocation, et pour les mêmes motifs que ceux ayant entraîné la cassation, il échet de rejeter la demande de mise hors de cause de l'agence aérienne, dès lors que celle-ci a accepté l'utilisation de certains billets litigieux et avait l'habitude de collaborer avec l'agence de voyages. Dans ce contexte, la demanderesse a valablement pu croire que cette agence agissait bien au nom de la compagnie aérienne avant l'émission par celle-ci de son alerte à la fraude. Attendu que la demanderesse sollicite le paiement par l'agence de voyages et la compagnie aérienne 14 750 000 FCFA versés pour réserver des billets d'avions. Divers éléments établissent le bien-fondé de cette demande, notamment un courrier émis par l'agence de voyages dans lequel celle-ci se reconnaît débitrice de la demanderesse de la somme sus-indiquée et s'engage à la payer dans un délai de huit semaines. Ce document rend illusoire le moyen de l'agence de voyages visant à faire les comptes entre les parties, le montant de la dette étant connu. De plus, celle-ci ne prouve pas, comme le lui exige l'article 1315 du Code civil, qu'elle s'est acquittée de sa dette. Il y a donc lieu de condamner solidairement l'agence de voyages et la compagnie aérienne à payer la somme de réclamée (CCJA, 1e ch., nº 013/2020, 23-1-2020 : Soumah Sandra c/ Société Meriane Voyages & Compagnie Air France).

Jurisprudence comparée

France

A. Dépassement du mandat

1° Existence d'un dépassement

Le mandat a été dépassé :

– lorsqu'il comportait une limitation des pouvoirs du mandataire aux actes de gestions strictement indispensables à la conservation d'un domaine et que le mandataire a donné à bail le domaine (Cass. 1e civ. 18-11-1964 : Bull. I nº 510) ;

– lorsqu'il conférait à un notaire le pouvoir de recevoir « tous paiements et arrérages de la rente viagère » et que celui-ci a renoncé au jeu déjà acquis d'une clause résolutoire pour défaut de paiement d'arrérages échus (Cass. 3e civ. 29-11-1972 : Bull. III nº 646).

2° Absence de dépassement

Le mandataire chargé d'acquérir les parts sociales d'une société qu'un associé avait nanties en contre-garantie du cautionnement accordé par une banque à cette société avait conclu la vente sous condition résolutoire que le cédant soit déchargé de l'engagement qu'il avait consenti à la banque, à charge pour l'acquéreur de supporter le paiement d'une clause pénale en cas de non-réalisation de cette condition ; la banque ayant refusé de décharger le cédant, ce dernier avait assigné l'acquéreur qui avait alors soutenu que son mandataire avait dépassé les pouvoirs que lui conférait le mandat ; il a été jugé, étant observé que le mandat avait un caractère général qui ne comportait aucune restriction et ne se référait pas à un projet d'acte, que le mandataire était resté dans les limites de son mandat en contractant la clause de décharge du cédant et la clause pénale qui étaient en relation directe et étroite avec la cession des parts sociales : en conséquence, l'acquéreur a été condamné sous astreinte à décharger le cédant de la garantie donnée à la banque et à payer une certaine somme au titre de la clause pénale (Cass. com. 16-6-2004 : RJDA 10/04 nº 1110).

3° Non-engagement du mandant

a. Cantonnement au dépassement

Le mandant reste obligé dans la limite pour ce qui entre dans le mandat (Cass. civ. 26-1-1999 : RJDA 3/99 nº 283).

b. Annulation de l'acte ou refus d'exécution

Lorsque le mandataire dépasse les limites du mandat, il devient un tiers par rapport au mandant (Cass. civ. 9-5-1922 : DP 1925.1.168).

Le mandant peut donc faire annuler l'acte conclu par le mandataire sans pouvoir (cf. Cass. civ. 16-6-1954 : Bull. civ. I p. 170) ; la nullité, qui est relative, ne peut être demandée que par la partie représentée (Cass. 1e civ. 2-11-2005 : Bull. civ. I nº 395 ; RTD civ. 2006. 138, obs. Gautier.

Il peut refuser d'exécuter les engagements pris dans de telles conditions sans avoir à en faire prononcer la nullité (Cass. civ. 2-12-1992 : BRDA 2/93 p. 19).

Ainsi, le propriétaire d'une maison peut valablement refuser d'exécuter l'engagement de vendre pris par son mandataire envers un acquéreur qui avait remis un chèque à valoir sur le prix de vente, dès lors que ce mandataire n'avait été chargé que de la tâche de trouver un acquéreur afin de le mettre en rapport avec le vendeur et que l'annonce de la vente publiée par lui dans la presse ne pouvait valoir offre de vente (Cass. civ. 12-4-1976 : JCP G 1976.II.18440).

B. Faute du tiers

Le mandant n'est pas engagé à l'égard du tiers qui aurait dû lui demander de produire sa procuration dès lors que ce tiers était averti par un autre moyen de l'existence d'un mandat (Cass. civ. 16-6-1954 : Bull. civ. I p. 170 : négligence fautive du locataire qui ne se donne pas la peine de se faire présenter la procuration mentionnée au bail).

C. Croyance du tiers ou mandat apparent

1° Principe

Une personne est considérée comme en représentant une autre à l'égard des tiers, en vertu d'un mandat apparent, lorsque les tiers ont légitimement pu croire qu'elle agissait au nom et pour le compte de cette dernière (Cass. ass. plén. 13-12-1962 : D. 1963.277 note Calais-Auloy).

2° Engagement de la personne représentée

Seule la personne représentée est tenue d'exécuter les engagements pris envers les tiers par le mandataire apparent, celui-ci n'y étant pas obligé (Cass. com. 21-3-1995 : RJDA 8-9/95 n° 974).

3° Condition pour invoquer la croyance légitime

Pour se prévaloir de sa croyance légitime, le tiers doit établir qu'existaient au moment de l'acte des circonstances – distinctes des déclarations faites par le prétendu mandataire – l'autorisant à ne pas vérifier les pouvoirs de ce dernier (Cass. com. 23-3-1993 : RJDA 6/93 n° 501).

Les juges ne peuvent pas admettre l'existence de cette croyance sans constater ces circonstances (Cass. com. 5-10-1993 : RJDA 2/94 n° 154) ni la rejeter sans les rechercher (Cass. com. 1-7-2003 n°s 1070 et 1071 : RJDA 6/04 n° 706).

4° Existence d'une croyance légitime

Jugé :

– que la correspondance adressée sur papier à en-tête d'une société avec références bancaires pouvait légitimement induire en erreur le destinataire sur la qualité de mandataire (Cass. com. 2-10-1979 : GP 1980.pan.44), spécialement si, en cas de commande d'un bien, celle-ci a été pour partie exécutée (Cass. civ. 3-6-1998 : RJDA 10/98 n° 1104) ; mais l'utilisation du papier à en-tête n'est pas probante si elle est contredite par la nature de l'engagement (Cass. civ. 10-5-1978 : Bull. civ. I p. 150 : engagement de caution anormal de la part d'une banque) ou si elle est opposée à une personne qui est tout à fait étrangère à l'engagement litigieux (Cass. civ. 3-6-1998, précité) ;

– que la confusion du patrimoine d'une société avec celui d'un dirigeant conduisait les tiers à voir en celui-ci un mandataire apparent (Cass. civ. 26-10-1982 : GP 1983.pan.46) ;

– que le prêteur avait pu légitimement croire en la qualité de mandataire du gérant d'une société civile qui avait consenti une hypothèque sur les immeubles de la société devant deux notaires (Cass. civ. 6-6-1982 : BRDA 20/82 p. 22) ;

– que le débitant de boissons auquel le directeur d'une société d'éditions musicales avait remis des disques à distribuer gratuitement à l'issue des exécutions de l'orchestre était fondé à voir en ce directeur un mandataire tenu de régler les consommations des musiciens (Cass. com. 14-10-1975 : GP 1975.2.som.286) ;

– que l'existence de commandes d'automobiles, passées antérieurement par la même personne pour une société et facturées sans protestation, justifiait que le vendeur ne vérifiât pas l'étendue des pouvoirs de cette personne à l'occasion d'une nouvelle commande (Cass. com. 15-3-1984 : JCP E 1984.II.13427) ;

– qu'un faisceau de circonstances relatives aux modalités d'exploitation d'une propriété rurale et notamment l'affirmation expresse dans l'acte des pouvoirs qu'il avait reçus de signer justifiait la qualité de mandataire apparent d'un père pour consentir un bail à métayage (Cass. civ. 4-5-1982 : JCP G 1982.IV.247) ;

– que l'imprudence du mandant qui avait permis à une personne d'accéder à ses magasins et de s'y comporter comme son employé justifiait l'erreur légitime des tiers (CA Paris 29-4-1953 : D. 1954.315), comme l'attitude du mandant qui laisse paraître qu'il tient pour mandataire celui qui se présente comme tel au cocontractant (CA Paris 13-3-2002 n° 00/20343 : Petites Affiches 2002 n° 209 p. 12 note Bondil) ;

– que le tireur d'une traite peut croire que le directeur d'une caisse régionale du Crédit agricole qui donne aval au nom de celle-ci a le pouvoir de le faire (Cass. com. 27-11-1956 : GP 1957.1.212) ;

– qu'il n'est pas d'usage en raison de l'autorité et de l'honorabilité qui s'attachent aux fonctions de notaire de vérifier les pouvoirs d'un tel officier ministériel qui vend un immeuble dépendant d'une succession qu'il a la charge de liquider (Cass. civ. 2-10-1974 : JCP G 1976.II.18247) ou qu'il est naturel de se fier à l'agent immobilier qui présente un acquéreur car on peut s'attendre, lorsque ce dernier prétend agir comme administrateur d'une société, que l'agent ait consulté les statuts pour vérifier les pouvoirs de l'intéressé (CA Rouen 27-2-1997 : RJDA 6/97 n° 771) ;

– que la procuration évoquée dans un acte notarié suffit à établir la croyance légitime des pouvoirs du mandataire qui y est visé (Cass. civ. 11-3-1986 : JCP G 1986.IV.145) ;

– que l'inobservation des instructions reçues par le mandataire n'empêche pas en soi les tiers de croire

à l'existence d'un mandat (Cass. civ. 2-6-1981 : GP 1982.pan.7) ;
– que le fait d'accepter le prix du contrat conclu par un tiers oblige celui qui a reçu ce prix (Cass. com. 5-12-1989 : Bull. civ. IV p. 208) ;
– qu'un acheteur a pu légitimement croire que le représentant du vendeur avait reçu mandat pour encaisser le prix de la marchandise qu'il était chargé de vendre, lorsqu'il a toujours traité ses achats auprès du vendeur avec cette même personne (Cass. com. 19-10-1993 : RJDA 12/93 n° 1022).

5° Absence de mandat apparent

Ne peut invoquer sa croyance légitime :
– le client d'une banque dans les pouvoirs du directeur d'une des agences de la banque lorsque l'opération conclue était irrégulière (Cass. com. 19-7-1983 : Bull. civ. IV p. 194) ;
– un acheteur dans les pouvoirs d'un notaire de réaliser une vente alors que le compromis précisait qu'aucun mandataire n'avait été désigné par le vendeur qui, de surcroît, était intervenu directement dans la négociation du prix (Cass. civ. 15-10-1991 : RJDA 11/91 n° 915) ;
– un acheteur qui a traité avec un courtier car il n'est pas usuel qu'un courtier soit mandataire (Cass. com. 16-12-1997 : RJDA 4/98 n° 420).
– une banque pour prétendre que le père de la propriétaire de valeurs mobilières lui a remis celles-ci en gage en vertu d'un mandat apparent, car, en sa qualité de professionnel en la matière, elle ne pouvait ignorer qu'un mandat exprès est exigé pour aliéner ou constituer une sûreté (CA Versailles 24-6-1988 : D. 1988.IR.241 : condamnation à restituer les valeurs remises par le père) ;
– le tiers qui aurait pu avoir connaissance de la véritable situation en prenant des précautions, par exemple : par un assureur qui verse une indemnité à un cabinet de contentieux qu'il ne connaissait pas (CA Paris 24-4-1969 : GP 1969.2.48) ; par un homme averti qui se devait de ne pas traiter à la légère (Cass. civ. 2-11-1955 : Bull. civ. I p. 301 ; Cass. civ. 29-4-1969, 1e et 2e esp. : D. 1970. 23 note Calais-Auloy) ; par un fournisseur qui aurait dû être alerté par la présentation au nom d'une société cliente d'un bon de commande dans des conditions inhabituelles par rapport à celles pratiquées par cette société au cours des trois dernières années de relations commerciales avec ledit fournisseur (CA Paris 15-10-2003 n° 02/14346 : RJDA 4/04 n° 418) ;
– le souscripteur d'un contrat d'assurance qui a soutenu qu'il avait pu croire que l'agent commercial d'une société de courtage d'assurances n'avait pas dépassé les limites de son mandat en encaissant des primes réglées en espèces par le souscripteur d'un contrat d'assurance-vie, au motif que l'agent avait utilisé le papier à en-tête de la société où figurait la mention pré-imprimée « reçu en espèces », dès lors que tant les clauses générales que les clauses particulières du contrat d'assurance-vie interdisaient expressément le versement sous forme d'espèces à la souscription et lors des versements périodiques (CA Versailles 22-9-2006 : RJDA 3/07 n° 258).

Art. 184 [anc. art. 152] **Un acte accompli par un intermédiaire qui agit sans pouvoir, ou au-delà de son pouvoir, peut être ratifié par le représenté.**

Cet acte produit, s'il est ratifié, les mêmes effets que s'il avait été accompli en vertu d'un pouvoir.

JURISPRUDENCE COMPARÉE

France

A. Faculté de ratifier

Le fait que le mandataire qui dépasse son mandat déclare agir en son nom personnel ne s'oppose pas à ce que le mandant ratifie ses actes (Cass. 1e civ. 28-4-1980 : Bull. civ. I n° 129).

B. Effet de la ratification

La ratification donnée par le mandant valide rétroactivement tous les actes du mandataire accomplis au-delà de ses pouvoirs (Cass. civ. 8-7-1987 : JCP G 1987.IV.321), mais à condition que le mandant les ait connus (Cass. civ. 30-12-1935 : DH 1936.81).

C. Existence d'une ratification

La ratification des actes du mandataire en dépassement de ses pouvoirs peut être expresse ou tacite (Cass. ch. mixte19-11-2010 n° 10-30.215 : RJDA 1/11 n° 56 : reconnaissance par une société du licenciement décidé par un de ses salariés qui n'en avait pas le pouvoir dès lors que la société avait repris oralement ses conclusions aux termes desquelles elle soutenait la validité du licenciement et réclamait le rejet des prétentions du salarié licencié). Elle peut être constituée :

par l'acceptation des sommes reçues sur un compte par le mandataire (Cass. req. 9-6-1931 : S. 1931.1.312 : perception de loyers).

– lorsque, ayant donné à une agence le mandat de vendre un bien immobilier avant une certaine date, le mandant a traité avec l'acquéreur auquel l'agence avait fait signer une promesse de vente et a accordé un délai d'option dépassant la date considérée, sans contester la validité de l'acte en question ni refuser de l'entériner ; en conséquence, le mandant doit à l'agence le règlement de la commission convenue (CA Reims 13-5-1987 : Bull. inf. C. cass. 1987 nº 595) ;

– par la reconnaissance par une société de la validité du licenciement décidé par un de ses salariés qui n'en avait pas le pouvoir dès lors que la société avait repris oralement ses conclusions aux termes desquelles elle soutenait la validité du licenciement et réclamait le rejet des prétentions du salarié licencié (Cass. ch. mixte 19-11-2010, précité).

D. Absence de ratification

Il n'y a pas ratification si les mandants ont adressé des courriers au mandataire révélant leurs doutes, voire leur opposition (Cass. civ. 6-2-1996 : RJDA 8-9/96 nº 1041).

Art. 185 [anc. art. 153 mod.] Un intermédiaire qui agit sans pouvoir, ou au-delà de son pouvoir, est tenu, en l'absence de ratification, d'indemniser le tiers visé à l'article 169 ci-dessus afin de rétablir celui-ci dans la situation qui aurait été la sienne si l'intermédiaire avait agi en vertu d'un pouvoir et dans les limites de ce pouvoir.

L'intermédiaire n'encourt pas de responsabilité si le tiers visé à l'article 169 ci-dessus savait ou devait savoir que l'intermédiaire n'avait pas de pouvoir ou agissait au-delà de son pouvoir.

Art. 186 [anc. art. 154] Le représenté doit rembourser à l'intermédiaire, en principal et intérêts, les avances et frais que celui-ci a engagés pour l'exécution régulière du mandat, et le libérer des obligations contractées.

Jurisprudence comparée

France

A. Droit au remboursement

Le mandataire a droit au remboursement dès lors qu'il a tenu son engagement, c'est-à-dire qu'il a agi pour le mieux (Cass. civ. 23-3-1982 : Bull. civ. I p. 103).

Le mandataire peut l'exiger immédiatement, notamment en opposant l'exception d'inexécution et en refusant d'exécuter sa mission si le mandant refuse de lui régler les avances qu'il a faites (Cass. com. 16-6-1981 : JCP G 1981.IV.318).

Le mandataire a droit aux intérêts des avances à compter du jour où celles-ci ont été faites, alors même que le juge aurait procédé à la liquidation des frais et débours (Cass. civ. 13-5-1981 : Bull. civ. I p. 133).

B. Droit de rétention

Le mandataire a un droit de rétention des objets qui lui ont été confiés pour l'exécution de son mandat, jusqu'à paiement de ce qui lui est dû à raison du mandat (Cass. civ. 17-1-1866 : DP 1866. 1. 76).

C. Réparation des dommages

Le mandant qui a manqué, dans l'exécution du mandat, à ses obligations de loyauté et de bonne foi est tenu d'indemniser le mandataire du préjudice qui en est résulté pour lui (CA Versailles 7-7-1999 : RJDA 11/99 nº 1203).

Art. 187 [anc. art. 155 mod.] L'intermédiaire est tenu, à la demande du représenté, de lui rendre en tout temps compte de sa gestion.

Il est redevable des intérêts produits par les sommes pour le versement desquelles il est en retard et de l'indemnisation du dommage causé par l'inexécution ou la mauvaise exécution du mandat, sauf s'il prouve que ce dommage est survenu sans sa faute.

Jurisprudence comparée

France

A. Obligation de restitution

Le mandataire est tenu de rendre compte à son mandant de tout ce qu'il a reçu en sa qualité et dans l'accomplissement de sa mission de représentation, même ce à quoi le mandant n'avait pas droit (Cass. civ. 8-7-1975 : D. 1976.315 note Gaury), sauf à en être dispensé par convention spéciale (Cass. civ. 22-12-1851 : DP 1852.1.37).

Le mandataire doit ainsi restituer le supplément perçu par rapport au prix de vente stipulé (Cass. crim. 15-2-1939 : DH 1939.294).

B. Etablissement des comptes

La reddition de comptes peut s'opérer par voie d'inventaire, comportant la liste des recettes et des dépenses du mandataire, avec pièces justificatives à l'appui (cf. Cass. req. 26-12-1923 : GP. 1924.515). Sur un arrêté de compte faisant ressortir un solde débiteur jugé insuffisant, Cass. com. 19-10-1993 : RJDA 3/94 n° 286.

C. Contestation des comptes du mandataire

Il appartient au mandant de rapporter par tous moyens la preuve que le mandataire a perçu d'autres sommes, non portées à l'inventaire, ou qu'il n'a pas perçu par sa faute des sommes dues au mandant (Cass. civ. 25-11-1873 : S. 1874.1.105).

D. Restitution des sommes

1° Sommes en monnaie étrangères

Quand la somme est libellée en monnaie étrangère, le mandataire doit remettre les devises perçues ou la contre-valeur en euros évalués d'après le cours du change au jour de la remise et non pas à celui de l'encaissement (Cass. req. 9-3-1925 : DH 1925.237).

2° Intérêt des sommes

Outre les sommes perçues en vertu de l'exécution de la mission, le mandataire doit l'intérêt de celles qu'il a employées à son usage, à compter de la date de cet emploi (Cass. req. 3-5-1865 : DP 1865.1.379).

3° Abus de confiance

Constitue un abus de confiance le fait, pour un mandataire, de retenir de mauvaise foi et contre la volonté du mandant, des effets qui ne sont détenus qu'au titre de mandat et qui ne sont restitués que sous la contrainte de poursuites judiciaires (Cass. crim. 17-11-1970 : D. 1971. 97 ; JCP 1971. II. 16692, note de Lestang ; Cass. crim. 11-3-1991 : RJDA 5/91 n° 399).

Chapitre IV

CESSATION DU MANDAT DE L'INTERMÉDIAIRE

Art. 188 [anc. art. 156] Le mandat de l'intermédiaire cesse :

– par l'accord entre le représenté et l'intermédiaire ;

– par l'exécution complète de l'opération ou des opérations pour lesquelles le pouvoir a été conféré ;

– par la révocation à l'initiative du représenté ;

– par la renonciation de l'intermédiaire.

Le représenté qui révoque de manière abusive le mandat confié à l'intermédiaire doit l'indemniser des dommages causés.

L'intermédiaire qui renonce de manière abusive à l'exécution de son mandat doit indemniser le représenté des dommages causés.

Jurisprudence comparée

I. Belgique

Révocation tacite

La prohibition pour les mandataires de se rendre adjudicataires, ni par eux-mêmes, ni par personnes interposées, sous peine de nullité, des biens qu'ils sont chargés de vendre subsiste aussi longtemps qu'il n'a pas été mis fin au mandat ; elle est levée lorsque les mandants ont signé eux-même le compromis de vente dès lors que l'accomplissement de l'acte qui est l'objet du mandat par le mandant lui-même vaut révocation tacite de ce mandat (Cour de cassation de Belgique 13-09-2012, C.11.0730.F : Juricaf).

II. France

A. Durée perpétuelle

Le mandat à durée perpétuelle est nul (Cass. civ. 5-3-1968 : D. 1968.624).

B. Révocation du mandat

1° Révocation d'un mandat de droit commun

a. Droit du mandant de révoquer le mandat

Sauf stipulation d'irrévocabilité, la révocation partielle est, comme la révocation totale, laissée à la discrétion du mandant, le mandataire pouvant renoncer au mandat ainsi modifié (Cass. 1e civ. 25-2-2010 n° 08-22.066 : RJDA 5/10 n° 501).

La révocation peut être expresse ou tacite et résulter soit de la désignation d'un autre mandataire pour la même affaire (Cass. req. 2-3-1891 : S. 1895.1.493), soit de l'exécution par le mandant lui-même de l'acte envisagé (Cass. civ. 16-6-1970 : D. 1971.261 note Aubert).

Le mandant peut renoncer à son droit de révoquer librement le mandat ou en soumettre l'exercice à des conditions déterminées (Cass. req. 9-7-1885 : DP 1886.1.310). Mais l'irrévocabilité stipulée ne le prive pas du droit de renoncer à l'opération dont il avait chargé le mandataire, sous réserve de sa responsabilité envers ce dernier (Cass. civ. 5-2-2002 : RJDA 7/02 n° 760).

b. Indemnisation du mandataire

Le mandant ne doit aucune indemnité au mandataire (CA Paris 1-2-1984 : BRDA 9/84 p. 3), sauf s'il a révoqué ce dernier abusivement (cf. TGI Créteil 10-9-1987 : Bull. inf. C. cass. 1988 n° 301), ou s'il a été stipulé que la révocation donnera lieu à indemnisation, celle-ci n'étant pas due cependant en cas de faute du mandataire (Cass. civ. 23-5-1979 : D. 1979.IR.408) et ne constituant pas une clause pénale (Cass. civ. 6-3-2001 : RJDA 7/01 n° 751).

Cessation non abusive du mandat. N'est pas abusif :

– le refus de renouvellement d'un contrat de mandat dès lors qu'il est intervenu conformément aux stipulations contractuelles et que l'attitude du mandant a été exclusive de toute déloyauté dans la mesure où, avant de notifier le refus de renouvellement, l'intéressé a informé le mandataire de l'éventualité de ce refus de renouvellement consécutif à la baisse du chiffre d'affaires dont la cause est restée indéterminée ; en outre, le mandataire ne pouvait pas faire supporter au mandant le risque qu'il avait pris, six ans plus tôt, de fermer son restaurant et d'installer dans ses locaux un point de courses (Paris, 5e ch. B, 18-10-2001, RJDA 5/02 n° 495) ;

– la révocation du mandat lorsqu'il est constaté que l'exécution de ce dernier est devenue impossible à la date de la révocation, les éléments postérieurs à cette date n'ayant pas à être pris en compte, et que la révocation n'a pas été exercée de manière brutale ni vexatoire mais avait été notifiée plus de cinq semaines avant sa date d'effet (Cass. 1e civ. 28-1-2003 : RJDA 5/03 n° 487).

c. Prise d'effet de la révocation

La révocation prend effet du jour de sa signification au mandataire et non du jour où le mandant a exprimé sa volonté de révoquer (Cass. civ. 28-2-1984 : Bull. civ. III p. 39) ; le mandant reste tenu des actes passés par le mandataire révoqué (Cass. civ. 13-6-1978 : D. 1979.IR.11) s'il ne prouve pas que le tiers qui a traité avec son mandataire était informé de la révocation du mandat (Cass. com. 17-6-1997 : RJDA 11/97 n° 1341).

2° Révocation du mandat d'intérêt commun

a. Causes de révocation

Lorsque le mandat a été conclu dans l'intérêt commun du mandant et du mandataire, il ne peut être révoqué que par le consentement mutuel des parties ou pour une cause reconnue en justice ou encore suivant les clauses et conditions spécifiées au contrat (Cass. com. 6-7-1993 : RJDA 10/93 n° 789).

b. Définition du mandat d'intérêt commun

Le mandat est d'intérêt commun lorsque les deux parties contribuent, par leurs activités réciproques et leur collaboration suivie, à l'obtention et à l'accroissement d'un résultat qui leur est un bien commun (Cass. com. 2-7-1979 : Bull. civ. IV p. 180 ; CA Saint-Denis de la Réunion 19-4-1985 : Rev. jur. com. 1985.333) ; n'est pas caractéristique de ce bien commun la participation du mandataire aux risques financiers de l'entreprise commune (diffusion d'un journal) (Cass. com. 29-2-2000 : RJDA 4/00 n° 412) ni la rémunération perçue par le mandataire (Cass. civ. 13-6-1966 : Bull. civ. I p. 276 ; Cass. com. 2-7-1979, précité).

La qualification de mandat d'intérêt commun n'est pas subordonnée à la stipulation d'une exclusivité entre les parties ni à l'absence de prévision d'une clause de résiliation du contrat (Cass. com. 26-5-2009 n° 08-13.839 : RJDA 1/10 n° 26).

1. Existence d'un mandat d'intérêt commun

Ainsi a été considéré comme un mandat d'intérêt commun :

– le mandat qui ne fait courir au mandataire, propriétaire d'un fonds de commerce, aucun risque dans l'exécution dès lors que le mandataire a un intérêt à l'exécution du contrat qui profite à son fonds (Cass. com. 2-3-1993 : RJDA 7/93 n° 614) ;

– le contrat consistant à démarcher des annonceurs pour le compte d'une revue et à prendre les commandes de publicité moyennant une commission pour le démarcheur de 25 à 30 % sur chaque commande, ce qui contribuait à l'essor de l'entre-

prise bénéficiaire des commandes (CA Orléans 19-2-2004 n° 03/584 : RJDA 7/04 n° 809) ;
– le mandat dont est chargé un attaché de presse en vue de présenter une collection de bijoux d'une société (CA Paris 17-3-1994 : RJDA 10/94 n° 1019) ;
– le mandat par lequel l'éditeur d'un journal confie à une société la mission, dans un secteur déterminé, d'organiser la répartition et la vente des journaux, le contrat précisant que le dépositaire « concourt » à la bonne diffusion des journaux (CA Rouen 20-11-1997 : RJDA 4/98 n° 421 som.).

2. Absence de mandat d'intérêt commun

N'a pas été considéré comme un mandat d'intérêt commun :
– le contrat qui n'a pas d'objectifs spécifiques de développement de l'activité commerciale et d'essor de la clientèle (CA Rennes 17-3-1998 : JCP.1999.IV.2742) ; il en est ainsi, notamment du mandat de promotion de produits pharmaceutiques (Cass. com. 3-10-2000 : RJDA 1/01 n° 20) ;
– le contrat en vertu duquel une société perçoit une commission sur le chiffre d'affaires dès lors qu'elle n'établit pas avoir consenti des efforts pour fidéliser et développer la clientèle (CA Paris 12-5-2000 : RJDA 11/00 n° 972) ;
– le contrat de gérance-mandat qui réservait à la société mandante un pouvoir de contrôle sur l'activité des gérants (CA Paris 14-12-2001 : RJDA 4/02 n° 380) ;
– le contrat conclu par le même mandataire, séparément, avec deux sociétés différentes qui donnait lieu, chacun, à des interventions se faisant exclusivement au nom des deux mandants, car il en résultait que le mandataire ne pouvait développer une clientèle commune aux sociétés mandantes et à lui-même (CA Paris 3-2-2006 : JCP G 2006 IV 1638).

c. Indemnisation du mandataire révoqué

Le mandataire révoqué a droit à une indemnisation intégrale de son préjudice, peu important que le mandant ait agi sans intention malicieuse (Cass. com. 8-10-1969 : D. 1970.143) ou que le contrat ne prévoit pas une telle indemnisation car on ne peut déduire de ce silence la renonciation du mandataire à son droit à indemnité (cf. Cass. com. 3-6-1997 : RJDA 11/97 n° 1342).

Le juge évalue son préjudice en tenant spécialement compte du rôle technique et déterminant qu'il jouait dans l'exécution du contrat (Cass. com. 20-1-1971 : Bull. civ. IV p. 19).

Le mandant est dispensé de verser une indemnité au mandataire, lorsque celui-ci a commis une faute (Cass. com. 16-2-1970 : D. 1971.som.106 ; Cass. civ. 23-5-1979 : Bull. civ. I p. 123 ; Cass. com. 29-1-1991 : RJDA 3/91 n° 207) ou lorsqu'il justifie d'une cause légitime de révocation (Cass. civ. 7-6-1989 : Bull. civ. I p. 153 : cause de révocation prévue au contrat ; CA Rennes 1-4-1998 ; RJDA 11/98 n° 1216 : mandataire devenu véritable concurrent du mandant).

3° Résiliation unilatérale non abusive d'un contrat de distribution ne constituant pas un contrat d'intérêt commun

Ne faisait pas l'objet d'une rupture abusive justifiant des dommages-intérêts, le contrat de distribution par lequel un fabricant avait confié, pour trois ans, à un distributeur établi en Guadeloupe la distribution exclusive de ses produits sur les Antilles et la Guyane françaises, reconduit tacitement à son terme et rompu trois ans plus tard par le fabricant invoquant une restructuration de son réseau de distribution pour les raisons suivantes :
– nonobstant des tentatives de négociations, aucun nouveau contrat à durée déterminée n'avait été signé entre les parties, et le contrat initial s'était poursuivi par tacite reconduction pour une durée indéterminée ; par ailleurs, même s'il avait contribué au développement de la clientèle du fabricant sur le marché antillais, ce contrat n'était pas un mandat d'intérêt commun car il précisait que « le distributeur achète et revend pour son compte et à ses risques et périls » ; en conséquence, le fabricant pouvait résilier à tout moment le contrat, sans justifier d'un motif, sous réserve de respecter un préavis écrit tenant compte de la durée de la relation commerciale et des usages du commerce ; le fabricant avait accordé un préavis de six mois à son cocontractant afin de lui permettre sa reconversion et celui-ci ne prétendait pas que ce délai n'était pas raisonnable ;
– le distributeur ne pouvait pas utilement soutenir, pour caractériser la déloyauté du fabricant, que son représentant ne l'avait pas averti, lors de sa visite annuelle survenue quinze jours avant la notification de la résiliation du contrat, ni de celle-ci ni de la réorganisation du réseau ; en effet, la résiliation d'un contrat de concession n'est pas constitutive d'un abus lorsqu'elle s'inscrit dans le cadre d'une réorganisation du réseau du concédant ; il ne pouvait pas être reproché au fabricant, qui avait choisi de réduire le nombre de ses interlocuteurs, d'avoir retenu pour la zone des DOM un distributeur situé à La Réunion et non à la Guadeloupe ; cette restructuration étant réelle, elle ne constituait pas un prétexte fallacieux de résiliation du contrat ; le fabricant n'avait aucune obligation d'annoncer sa volonté de résilier le contrat avant les six mois de préavis ; si une décision de restructuration est réfléchie au sein du groupe, les distributeurs ne sont pas nécessairement associés à ces réflexions ;
– le distributeur ne pouvait pas non plus prétendre être dans une situation de dépendance économique vis-à-vis du fabricant dès lors qu'il n'était tenu à aucune exclusivité à l'égard de celui-ci et qu'il disposait de fournisseurs concurrents ; il ne démontrait pas que le fabricant lui avait demandé des investisse-

ments particuliers ; il avait bénéficié d'un délai de six mois, dont il ne critiquait pas la durée, pour se réorganiser ; enfin, le fabricant avait organisé une réunion avec lui pour discuter des modalités de la fin de leurs relations commerciales et lui avait proposé, nonobstant une clause contraire du contrat, de lui racheter ses stocks et de l'indemniser pour ses éventuels investissements, proposition à laquelle le distributeur n'avait pas donné suite (CA Versailles 7-10-2010 n° 09/5115 : BRDA 1/11 inf. 13).

Art. 189 [anc. art. 157] **Le mandat de l'intermédiaire cesse également en cas de décès, d'incapacité ou dans les cas prévus par l'Acte uniforme portant organisation des procédures collectives d'apurement du passif, que ces événements concernent le représenté ou l'intermédiaire.**

JURISPRUDENCE COMPARÉE

France

Décès des parties

Le mandat prend fin par le décès du mandant ou du mandataire même s'il est d'intérêt commun (Cass. com. 20-4-1967 : JCP G 1968.II.15389) et en toutes circonstances (Cass. soc. 28-6-1978 : Bull. civ. V p. 396).

Les parties peuvent convenir que le mandat continuera avec les héritiers du prédécédé, même tacitement dès lors qu'il ressort de l'objet du mandat et du but dans lequel il avait été donné que le mandant avait souhaité qu'il soit mené jusqu'à achèvement de la mission (CA Paris 12-12-1967 : D. 1968.269 ; dans le même sens, Cass. crim. 12-10-1995 : RJDA 1/96 n° 57).

Art. 190 [anc. art. 158] **La cessation du mandat donné par le représenté à l'intermédiaire est sans effet à l'égard du tiers visé à l'article 169 ci-dessus, sauf s'il connaissait ou devait connaître cette cessation.**

Art. 191 [anc. art. 159] **Nonobstant la cessation du mandat, l'intermédiaire demeure habilité à accomplir pour le compte du représenté ou de ses ayants droit les actes nécessaires et urgents de nature à éviter tous dommages.**

JURISPRUDENCE COMPARÉE

France

Obligation de non-concurrence après extinction du contrat

En raison du caractère exclusivement libéral de l'activité de mandataire de l'intéressé, la validité de la clause litigieuse n'était pas subordonnée à l'octroi d'une contrepartie financière, qui n'est exigée qu'au profit du salarié lié par une clause de non-concurrence (Cass. 1e civ. 2-10-2013 n° 12-22.846 : RJDA 1/14 n° 30).

Titre II

COMMISSIONNAIRE

Art. 192 [anc. art. 160 mod.] Le commissionnaire est un professionnel qui, moyennant le versement d'une commission, se charge de conclure tout acte juridique en son propre nom mais pour le compte du commettant qui lui en donne mandat.

Jurisprudence comparée

France

Qualification du commissionnaire

1° Existence d'un commissionnaire

Est un commissionnaire :

– un intermédiaire qui a agi en son propre nom (Cass. com. 3-1-1995 : RJDA 4/95 n° 425), même si l'acheteur a eu connaissance de l'identité du commettant (Cass. com. 7-5-1962 : Bull. civ. III p. 197) ;

– une agence de voyages qui avait fait des réservations auprès d'un hôtel à l'aide de ses bons de commande portant la mention qu'elle était elle-même responsable du paiement (Cass. com. 20-11-1967 : D. 1968.362) ;

– un intermédiaire qui avait, en son nom, vendu des marchandises qui ne lui appartenaient pas, établi la facture et reçu en paiement un chèque émis à son ordre (Cass. com. 15-7-1963 : Bull. civ. III p. 319) ;

– une agence de publicité qui réalisait des publicités à partir de prestations commandées à des « supports », que ceux-ci lui facturaient sous son nom, qu'elle leur réglait elle-même et dont elle demandait ensuite le remboursement aux annonceurs, par de nouvelles factures qu'elle émettait et leur adressait (Cass. com. 10-6-1969 : Bull. civ. IV p. 209) ;

– un intermédiaire de transport qui a révélé au transporteur maritime le nom de son donneur d'ordre en indiquant celui-ci comme chargeur sur le connaissement dès lors qu'il n'était pas relevé qu'il avait agi au nom de ce dernier (Cass. com. 9-12-1997 : RJDA 4/98 n° 433, Rev. jur. com. 1998.194 rapport Rémery note Viallard).

2° Absence de qualité de commissionnaire

N'est pas un commissionnaire :

a. une centrale d'achats qui se bornait à faire connaître les fournisseurs à ses adhérents et à négocier les meilleures conditions des transactions à intervenir entre eux, voire qui se chargeait de payer les factures des adhérents (Cass. com. 28-5-1991 : RJDA 8-9/91 n° 702, 2e esp. ; dans le même sens, Cass. com. 10-6-1997 : RJDA 11/97 n° 1335) ;

b. un intermédiaire :

– qui a expressément réservé des chambres d'hôtels au nom d'agences de voyages dénommées (Cass. com. 3-5-1965 : Bull. civ. III p. 253) ;

– qui, à la demande d'un fabricant de conserves fournissant les semences aux cultivateurs, répartissait celles-ci entre lesdits intéressés conformément aux directives que l'usinier lui donnait pour la récolte et le battage, les paiements aux cultivateurs étant calculés à l'usine et les fiches de battage étant établies sur des bordereaux à en-tête de l'usine (Cass. com. 6-7-1960 : Bull. civ. III p. 257) ;

– qui n'a jamais eu la maîtrise des négociations menées pour fixer les conditions d'un contrat d'affrètement (CA Paris 10-12-1985 : DMF 1986.som.375).

Art. 193 [anc. art. 161 mod.] Le commissionnaire est tenu d'exécuter, conformément aux directives du commettant, les opérations faisant l'objet du contrat de commission.

Si le contrat de commission contient des instructions, le commissionnaire doit s'y conformer, sauf à prendre l'initiative de la résiliation si la nature du mandat ou les usages s'opposent à ces instructions.

S'il s'agit d'indications, le commissionnaire doit agir comme si ses propres intérêts étaient en jeu, et en se rapprochant le plus possible des conseils reçus.

Le commissionnaire doit agir de la façon qui sert le mieux les intérêts du commettant et le respect des usages.

JURISPRUDENCE COMPARÉE

Haïti

Obligation des commissionnaires d'exécuter la commande

La commande de marchandise faite, par l'entremise de commissionnaires à une maison de manufacture établie à l'étranger, n'a pu être légalement annulée par la seule volonté des commissionnaires et sur leur simple allégation que les acheteurs, après avoir contracté, refusaient de soumettre aux risques de transport maritime du lieu où les vendeurs avaient fait débarquer en transit les marchandises commandées, au port haïtien où devait s'en faire la livraison aux acheteurs, alors surtout qu'il est établi dans la cause que la même maison pour laquelle les commissionnaires reçurent la commande avait, à la même époque, fait transporter sans dommage, du port où les marchandises avaient été débarquées en transit, des produits similaires à Port-au-Prince où la livraison devrait se faire en même temps que la remise des documents accompagnant une traite payable à vue sur les acheteurs et qui ne leur a pas été présentée (Cour de cassation du 27-3-1994).

Art. 194 [anc. art. 162] **Le commissionnaire doit agir loyalement pour le compte du commettant. Il ne peut en particulier acheter pour son propre compte les marchandises qu'il est chargé de vendre, ou vendre ses propres marchandises à son commettant.**

JURISPRUDENCE COMPARÉE

France

Sanctions de la contrepartie

1° Nullité du contrat

Le fait pour un commissionnaire de se porter contrepartie sans l'accord du commettant peut entraîner la nullité de l'accord pour vice de consentement (Cass. req. 28-3-1905 : D. 1905.1.65 ; Cass. civ. 10-12-1912 : D. 1914.1.97 note Lacour).

2° Délit d'escroquerie

Le commissionnaire encourt les sanctions pénales de l'escroquerie car il s'est fait remettre des fonds ou des marchandises à l'aide de la fausse qualité d'intermédiaire (Cass. crim. 1-12-1911 et Cass. crim. 23-1-1913 : DP 1915.1.57 note Lacour).

Art. 195 [anc. art. 163 mod.] **Le commissionnaire doit donner au commettant toutes les informations utiles sur l'opération, objet de la commission, et lui rendre compte de ses actes jusqu'à l'achèvement de l'opération.**

Art. 196 [anc. art. 164 mod.] **Le commettant est tenu de verser au commissionnaire une rémunération ou commission qui est due dès lors que le mandat est exécuté, et ce, que l'opération soit ou non bénéficiaire, sous réserve des règles de la responsabilité contractuelle.**

JURISPRUDENCE COMPARÉE

France

À défaut de convention des parties, la commission est due dès la conclusion du contrat de vente, même si celui-ci n'est pas exécuté en vertu d'un événement y ayant fait obstacle (Cass. req. 21-12-1892 : DP 1893.1.118).

En revanche, la commission n'est pas due si l'inexécution est le résultat d'une faute du commissionnaire (CA Colmar 6-7-1937 : DH 1937.559).

Art. 197 [anc. art. 165 mod.] **Le commettant doit rembourser au commissionnaire les frais et débours normaux exposés par ce dernier, à condition qu'ils aient été utiles à l'opération, et qu'ils soient accompagnés de pièces justificatives.**

JURISPRUDENCE COMPARÉE

France

A. Pertes d'exploitation non remboursables

Un commissionnaire n'a pas eu droit au remboursement de la perte d'exploitation qu'il invoquait en raison du refus du commettant de baisser le prix de vente pour faire face à la concurrence, dès lors que sa rémunération était fixée de manière forfaitaire « tant pour ses peines et soins que pour ses frais sans aucune exception ni réserve » (CA Paris 16-6-1992 : RJDA 10/92 n° 902).

B. Indemnisation pour obstacle du commettant à l'opération confiée au commissionnaire

Lorsque le commettant a empêché la vente par sa faute, il peut être condamné à verser des dommages-intérêts au commissionnaire (Cass. req. 17-3-1926 : S. 1926.1.285).

Art. 198 [anc. art. 166] Tout commissionnaire a, pour toutes ses créances contre le commettant, un droit de rétention sur les marchandises qu'il détient.

Art. 199 [anc. art. 167] Lorsque les marchandises expédiées en commission pour être vendues se trouvent dans un état manifestement défectueux, le commissionnaire doit sauvegarder les droits de recours contre le transporteur, faire constater les avaries, pourvoir de son mieux à la conservation de la chose et avertir sans retard le commettant.

A défaut, il répond du préjudice causé par sa négligence.

Lorsqu'il y a lieu de craindre que les marchandises expédiées en commission pour être vendues ne se détériorent promptement, et si l'intérêt du commettant l'exige, le commissionnaire a l'obligation de les faire vendre.

JURISPRUDENCE COMPARÉE

France

A. Diligences dues au commettant par le commissionnaire

Même en l'absence de clause, le commissionnaire doit tenir le commettant informé de l'exécution de l'accord et, notamment, lui faire part des difficultés qu'il rencontre (CA Paris 17-6-1932 : GP 1932.2.562).
Il n'est pas tenu de lui révéler l'identité des clients avec lesquels il traite (Cass. req. 30-3-1859 : DP 1859.1.175 ; Cass. req. 15-11-1898 : DP 1900.1.317).

B. Obligations du commissionnaire envers ses acheteurs ou vendeurs

Dans ses relations avec les acheteurs ou les vendeurs, le commissionnaire est personnellement tenu des obligations résultant des contrats de vente de marchandises (ou d'achat) qu'il conclut en cette qualité (Cass. com. 18-1-1955 : Bull. civ. III p. 22). En particulier, il est garant des vices cachés des produits qu'il vend ou achète (CA Paris 13-6-1892 : D. 1893.2.470, rendu en matière de commission à l'achat ; CA Lyon 26-6-2002 : JCP G 2003.IV.1200, appliquant au commissionnaire la garantie due par un vendeur professionnel prévue par l'article 1645 du Code civil).
Le cocontractant peut se retourner contre lui alors même qu'il aurait, en premier lieu, poursuivi le commettant (CA Lyon 6-12-1985 : Cah. dr. entr. 1985/25 p. 12).
Il en est de même pour tout autre commissionnaire (Cass. com. 20-11-1967 : D. 1968.362, agence de voyages).

C. Actions directes entre le commettant et le cocontractant

Sauf disposition légale contraire, le cocontractant du commissionnaire n'a pas d'action directe contre le commettant de celui-ci, seul le mandat donnant naissance à l'action directe entre le mandant et les substitués du mandataire (Cass. com. 9-12-1997 : RJDA 4/98 n° 433 ; Cass. com. 28-5-2002 : RJDA 11/02 n° 1145).

Art. 200 [anc. art. 168] Le commissionnaire qui a vendu en dessous du prix minimum fixé par le commettant est tenu envers lui de la différence, sauf s'il prouve qu'en vendant, il a préservé le commettant d'un dommage, et que les circonstances ne lui ont pas permis de prendre ses ordres.

S'il est en faute, il doit réparer tout le dommage causé par l'inobservation du contrat.

Le commissionnaire qui achète à plus bas prix, ou qui vend plus cher que ne le portaient les ordres du commettant, ne peut bénéficier de la différence.

Art. 201 [anc. art. 169 mod.] Le commissionnaire agit à ses risques et périls si, sans le consentement du commettant, il consent un crédit ou une avance à un tiers.

Toutefois, le commettant est tenu d'indemniser le commissionnaire de ses pertes si ce dernier démontre avoir agi dans l'intérêt du commettant.

Art. 202 [anc. art. 170] Le commissionnaire ne répond du paiement, ou de l'exécution des autres obligations incombant à ceux avec lesquels il a traité, que s'il s'en est porté garant ou si tel est l'usage du commerce dans le lieu où il est établi.

Le commissionnaire qui se porte garant de celui avec lequel il traite a droit à une commission supplémentaire, dite de ducroire.

Jurisprudence comparée

France

A. Existence de la promesse de garantie

La preuve de la promesse de garantie par le commissionnaire peut résulter des usages (CA Paris 17-11-1972 : JCP G 1973.II.17414 note Boitard ; CA Rennes 9-7-1974 : JCP G 1975.II.17990 note Plaisant ; CA Paris 25-6-1992 : RJDA 12/92 nº 1180) ou de l'existence d'une rémunération spéciale (CA Aix 23-11-1937 : DH 1937.105 ; TGI Reims 25-10-1984 : GP 1985.som.106).

Mais elle ne se présume pas : ainsi, une centrale d'achat qui négocie avec les fournisseurs les contrats que ses adhérents concluent directement avec ces derniers n'est tenue de garantir les défaillances desdits adhérents que si elle s'y est engagée envers les fournisseurs (CA Versailles 16-12-1987 : D. 1988.IR.50, qui ne constate pas en l'espèce cet engagement).

B. Objet de la garantie donnée

Un commissionnaire ducroire est, sauf clause contraire, garant non seulement du paiement du prix, mais aussi de tous les frais résultant de l'inexécution des engagements de l'acheteur (Cass. com. 6-1-1981 : Bull. civ. IV p. 4, obligation du commissionnaire aux intérêts de découvert en banque supportés par le commettant et aux frais de poursuite contre l'acheteur).

C. Causes de défaillance garanties

Défaut de paiement des sommes revenant au commettant. À défaut de stipulation, fût-elle implicite, le ducroire garantit le défaut de paiement à l'échéance par un tiers et non la solvabilité de celui-ci ; le ducroire est donc obligé sans qu'il y ait à rechercher si les impayés sont ou non imputables à un insolvable (Cass. com. 22-10-1996 : RJDA 2/97 nº 255).

D. Exonération du ducroire

1º Exonération admise

Le commettant ne peut agir contre le commissionnaire ducroire lorsque, pour refuser de payer le prix, l'acheteur invoque la défectuosité de la marchandise (T. com. Le Havre 5-7-1927 : GP TQ 1926-1930 Vº Commissionnaire en marchandises nº 22) ou la compensation de sa dette avec une créance qu'il a sur le commettant (T. com. Marseille 24-3-1904 : DP 1905.5.12).

2º Exonération refusée

Un commissionnaire demeure obligé par le ducroire :
– bien que son commettant ait continué à livrer l'acheteur en connaissance de son insolvabilité et malgré l'avis du commissionnaire qui lui avait signifié qu'il livrait à ses risques et périls (CA Douai 9-6-1932 : S. 1933.2.40) ;
– même si le commettant a poursuivi directement les acheteurs et leur a accordé termes et délais sans l'avoir consulté (Cass. req. 14-4-1934 : GP TQ 1930-1935 Vº Commissionnaire en marchandises nº 27).

E. Modalités d'exécution de la garantie

À défaut de précision contraire, le ducroire doit répondre à l'appel du créancier, car le garant du fait d'autrui doit honorer sa garantie, quitte à exercer ensuite un recours contre le débiteur garanti (Cass. req. 10-12-1902 : DP 1904.1.537).

Le commissionnaire ducroire d'une société de financement qui, en cette qualité, avait conclu un contrat de crédit-bail a été reconnu avoir qualité pour agir en résiliation du contrat pour non-paiement des loyers et avoir intérêt à poursuivre le débiteur pour obtenir réparation de son préjudice, puisque, en qualité de ducroire, il doit régler l'intégralité des loyers dus à la société de financement (CA Paris 15-5-1990 : D. 1990.IR.158).

Art. 203 [anc. art. 171 mod.] Le commissionnaire perd tout droit à commission s'il s'est rendu coupable d'actes de mauvaise foi envers le commettant, notamment s'il a indiqué au commettant un prix supérieur à celui de l'achat ou inférieur à celui de la vente.

Dans ces cas, le commettant est en droit d'obliger le commissionnaire en qualité d'acheteur ou de vendeur.

Art. 204 [anc. art. 172 mod.] Le commissionnaire expéditeur ou agent de transport qui, moyennant rémunération et en son nom propre, se charge d'expédier ou de réexpédier des marchandises pour le compte de son commettant, est assimilé au commissionnaire. Il reste soumis, en ce qui concerne le transport des marchandises, aux dispositions qui régissent le contrat de transport.

Jurisprudence comparée

France

A. Conditions de l'application de la qualification de commissionnaire expéditeur ou de transport

1° Existence d'un ordre de transport

L'intermédiaire est un commissionnaire dés lors qu'il a reçu l'ordre de faire transporter de bout en bout (CA Caen 16-3-1993 : BTL 1993.604), peu important qu'une partie accessoire dudit déplacement soit accomplie par l'intermédiaire lui-même (CA Paris 14-5-1984 : BT 1985.207). Ne devient pas commissionnaire celui qui met la marchandise à bord d'un aéronef qu'il a affrété (CA Paris 2-10-1981 : BT 1981.536) ou d'un camion qu'il a loué (CA Paris 5-4-1995 : BTL 1995.811). Il n'y a pas non plus contrat de commission lorsque l'accord des parties ne prévoit pas le déplacement d'une marchandise d'un point à un autre mais seulement un engagement de l'une de fournir à l'autre régulièrement une quantité à expédier, accord appelé contrat de tonnage, les contrats d'application de cet accord étant, eux, des contrats de commission (CA Aix 24-4-1996 : BTL 1996.440).

2° Choix des voies et moyens pour faire exécuter l'ordre reçu

Pour être commissionnaire, l'intermédiaire doit être libre de choisir les voies et moyens du transport pour lequel il a reçu un ordre (Cass. com. 6-10-1992 : RJDA 12/92 n° 1126), ce qui reste le cas lorsque cet ordre lui prescrit d'expédier « par le premier bateau » (CA Aix 9-1-1985 : BT 1986.106, car il choisit lui-même le navire) ou lui suggère un autre itinéraire que celui retenu (Cass. com. 6-5-1997 : RJDA 8-9/97 n° 1045), mais non d'expédier « en gare de… » (CA Aix 19-6-1980 : BT 1981.103, car l'emploi du chemin de fer lui est imposé) ou par voie ferrée (Cass. com. 19-1-1999 : RJDA 3/99 n° 288).
À défaut de libre choix des moyens, l'intermédiaire est un mandataire, professionnellement appelé transitaire (Cass. com. 11-12-1990 : DMF 1991.634 ; CA Paris 11-7-1989 : BT 1990.203 ; CA Versailles 9-12-1993 : BTL 1994.102).
La preuve de la liberté de choix est souvent déduite d'une facturation à forfait des prestations de l'intermédiaire (CA Aix 20-3-1986 : Scapel 1986.39 ; CA Rouen 7-7-1993 : BTL 1993.818).

B. Substitution de transporteur

La qualité de commissionnaire de transport ou de transporteur ne peut être déduite de la simple substitution d'un transporteur à celui initialemet choisi sans accord de son donneur d'ordre (Cass. com. 13-7-2010 n° 09-15.472 : RJDA 12/10 n° 1153) ; elle doit être recherchée dans la volonté des parties, laquelle est manifestée par le fait que le cocontractant du donneur d'ordre a organisé le transport de bout en bout à la demande de l'expéditeur, que d'après la lettre de voiture il a contracté en son nom propre et qu'il en résulte qu'il s'est engagé à accomplir les actes juridiques nécessaires au déplacement de la marchandise, même s'il apparaît sur la lettre de voiture, internationale en l'espèce, en qualité de transporteur (Cass. com. 27-11-2012 n° 11-26.830 : BTL 2012.727).

Art. 205 [anc. art. 173] Le commissionnaire expéditeur ou agent de transport répond notamment de l'arrivée de la marchandise dans les délais fixés, des avaries et des pertes, sauf fait d'un tiers ou cas de force majeure.

Jurisprudence OHADA

Responsabilité de l'agent de transport

Lorsqu'une société A s'est engagée contractuellement à transporter pour une société B 15 colis de la France vers le Tchad ; la société C qui, à la demande de la société A, a transporté les marchandises de Douala (Cameroun) jusqu'à N'djamena et les a entreposés dans ses magasins, a l'obligation d'apporter tous les soins pour les garder. Et lorsqu'à la livraison, la société B n'a réceptionné que 14 colis au lieu de 15, et que la société C n'a pu établir que la société A n'a envoyé que 14 colis, la responsabilité de la société C doit être retenue (en vertu de l'article 1927 du Code civil et indépendamment des articles 172 et 173 [devenus 204 et 205] de l'AUDCG) et elle doit être condamnée au remboursement du colis manquant, la disparition étant due à son manque de soins (CA N'djamena, civ. et com., 25-10-1999 : Stat c/ Tendron Quincaillerie, Ohadata J-06-66).

Jurisprudence comparée

France

Obligation de résultat

Le commissionnaire doit être condamné si des pertes ou avaries sont constatées ; il ne peut s'en exonérer en opposant au commettant son absence de faute (Cass. com. 6-5-1997 : RJDA 8-9/97 n° 1044 et 1045).

1° Faits retenus à l'encontre du commissionnaire

Le commissionnaire est responsable :
– du non-respect des instructions de l'expéditeur quant au choix du mode de transport qui a entraîné une facturation supérieure du prix du transport (CA Paris 27-2-1975 : BT 1975.131) ou la perte de la marchandise (CA Paris 21-9-2001 : BTL 2001.698) ainsi que la perte due à une mauvaise rédaction des instructions sur la lettre de voiture (Cass. com. 23-11-2004 : BTL 2004.822) ;
– du non-respect du délai normal de livraison (CA Rouen 7-7-1993 : BTL 1993.818) ;
– de l'erreur dans l'exécution du crédit documentaire (Cass. com. 9-6-1998 : BTL 1998.664) ;
– de l'erreur dans la destination (CA Paris 7-5-1979 : RFDA 1979.334) ;
– de la conclusion d'un contrat de transport inapproprié (Cass. com. 14-3-1995 : RJDA 8-9/95 n° 981 ; Cass. com. 5-2-2002 : RJDA 6/02 n° 634) ;
– de diligences insuffisantes (Cass. com. 22-10-1996 : RJDA 2/97 n° 205 ; CA Aix 15-11-1995 : BTL 1996.133 ; CA Rouen 27-5-1999 : BTL 1999.478).

2° Exonération du commissionnaire

Le commissionnaire est exonéré de responsabilité :
– en cas de force majeure (CA Lyon 30-4-1974 : BT 1974.308 ; CA Versailles 6-4-1995 : RJDA 7/95 n° 818 ; pour des refus, Cass. com. 3-10-1989 : JCP G 1990.II.21423 concl. Jéol ; CA Paris 21-9-2001, précité), pour vice propre de la marchandise (CA Paris 26-10-1973 : BT 1973.527) ;
– en cas de faute de l'expéditeur (Cass. com. 25-11-1997 : BTL 1998.62) ;
– en cas de dommages dont il n'est pas prouvé qu'ils sont survenus pendant la seule partie des opérations concernées par le contrat de commission (Cass. com. 16-11-1993 : RJDA 4/94 n° 399) ;
– en cas de faute du transporteur qui n'a pas maintenu la température dirigée convenue (Cass. com. 22-11-2011 n° 10-20.599 : BTL 2011.719).

B. Clauses limitatives de responsabilité

Le commissionnaire peut valablement limiter sa responsabilité (par exemple à la seule réparation du dommage matériel justifié, CA Paris 21-3-1985 : Scapel 1985.25), sauf en cas de dol ou de faute lourde de sa part (pour des cas de faute lourde, CA Paris 25-4-1984 : BT 1985.61, CA Paris 21-9-2001, précité ; CA Paris 11-9-2002 : BTL 2003. 338).

> **Obs. :** le commissionnaire n'est désormais responsable que s'il a commis une faute inexcusable (C. com. art. L 133-8).

Une clause limitative de responsabilité ne peut être opposée par le commissionnaire que si le client l'a acceptée (CA Paris 28-10-1977 : BT 1977.549), ce qu'il revient au commissionnaire de prouver (CA Paris 15-2-1982 : BT 1982.209). Il en est ainsi de la clause reproduite sur une douzaine de factures antérieures, avec l'indication au recto qu'elle était inscrite au verso (CA Paris 7-10-1998 : BTL 1998.820).

Art. 206 [anc. art. 174] Le commissionnaire agréé en douane est tenu d'acquitter, pour le compte de son client, le montant des droits, taxes ou amendes, liquidés par le service des Douanes.

Le commissionnaire agréé en douane qui a acquitté pour autrui des droits, taxes ou amendes dont la douane assure le recouvrement, est subrogé dans les droits des Douanes.

Art. 207 [anc. art. 175] Le commissionnaire agréé en douane est responsable envers son commettant de toute erreur dans la déclaration ou l'application des tarifs de douane, ainsi que de tout préjudice pouvant résulter du retard dans le paiement des droits, taxes ou amendes.

Il est responsable vis-à-vis des administrations des douanes et du Trésor des opérations en douane effectuées par ses soins.

Jurisprudence comparée

France

Le commissionnaire agréé en douane est responsable de la marchandise prise en charge en vue de cette opération (Cass. com. 28-2-1989 : BT 1989.254) et de l'erreur de taux commise par la douane (CA Versailles 18-1-1990 : BTL 1991.118) ou par lui-même dès lors qu'il n'a pas recherché des indications auprès de son client pour l'éviter (CA Rouen 14-4-1994 : DMF 1995.322 obs. Y. T. ; CA Rouen 6-1-2010 : BTL 2010.356), sauf le cas où il appartenait à son donneur d'ordre de l'avertir de la particularité de la marchandise (CA Versailles 15-12-2005 : BTL 2006.13 ; CA Rouen 10-5-2007 : BTL 2007.400). Il est aussi tenu de ce qu'il paye en contravention aux instructions reçues de son donneur d'ordre (CA Rouen 15-12-1994 : RJDA 5/95 nº 571).

En cas de notification de redressement par la douane, s'il paye la somme réclamée sans prendre l'accord du donneur d'ordre, il est privé du droit de lui demander le remboursement, dès lors qu'il n'est pas dans l'obligation légale de le faire en vertu d'une décision de justice ou de l'émission d'une contrainte par la douane (CA Basse-Terre 29-1-1996 : BTL 1998.251 ; contra Montpellier 6-1-1998 : BTL 1998.251, tenant l'obligation de payer pour incluse dans le mandat et accordant le droit au remboursement quoique l'accord du donneur d'ordre n'ait pas été demandé avant paiement, dès lors qu'il n'a commis aucune faute).

• Titre III •

COURTIER

Art. 208 [anc. art. 176] Le courtier est un professionnel qui met en rapport des personnes en vue de faciliter ou faire aboutir la conclusion de conventions entre ces personnes.

Jurisprudence OHADA

Qualité de courtier : nécessité d'un exercice répété

Une opération ponctuelle d'entremetteur ne suffit pas à conférer la qualité de courtier à la personne qui en est l'auteur ; il faut qu'il s'agisse d'une personne dont la profession habituelle est de servir d'intermédiaire. En considérant, en l'espèce, que « [X] n'a pas pour profession de mettre en rapport des personnes en vue de contracter ; que le fait pour [X] d'accompagner les représentants de [Y] dans leurs démarches en vue de la création de [Z], ne saurait être considéré comme un courtage tel que défini par l'article 176 [devenu 208] de l'[AUDCG] ; qu'en effet, le courtier au sens de cet article, est celui qui fait habituellement profession de mettre en rapport des personnes, en vue de faciliter ou faire aboutir la conclusion de conventions, opérations ou transactions entre ces personnes », la cour d'appel a sainement apprécié les différents documents produits et n'a en rien violé les dispositions de l'article 176 [devenu 208] de l'Acte uniforme précité. Le premier moyen n'est pas fondé et doit être rejeté (CCJA, nº 012, 29-3-2007 : M. El Ab Rafic c/ Edgo Trading Tchad SARL, Rec. jur. CCJA nº 9, janv.-juin 2007, p. 32, Ohadata J-08-219).

L'usage du vocable professionnel, qui s'entend comme étant l'exercice d'une activité dans le cadre d'une profession habituelle, nécessite un exercice répété. En l'espèce, il ne résulte pas des pièces versées au dossier que le défendeur, qui est urbaniste-environnementaliste de profession, exerce habituellement les fonctions d'entremetteur entre personnes en vue de la signature d'un contrat de marché public. Dès lors, le rôle ponctuel d'entremetteur qu'il a pu jouer entre la demanderesse et la Marine Nationale ne peut suffire à lui conférer la qualité de courtier. Il y a donc lieu de casser le jugement entrepris lui ayant attribué à tort la qualité de courtier en l'absence de toute preuve du caractère habituel et répétitif de la profession d'intermédiaire et sans qu'il soit nécessaire d'évoquer, l'action en paiement de la commission fondée sur la qualité de courtier du défendeur ne pouvant plus prospérer (CCJA, 3e ch., nº 117, 11-5-2017 : Safe Zorkot c/ Douhohou Anicet).

Obs. : au premier abord, cet arrêt peut paraître surprenant en ce qu'il semble avoir admis la cassation contre un jugement qui aurait dû faire l'objet d'un appel. Mais comme il ne s'agit pas d'une matière spécifique dans laquelle un Acte uniforme ou texte de l'OHADA a prévu la voie de l'appel, comme c'est le cas pour les décisions rendues sur opposition à une ordonnance d'injonction de payer (AUPSRVE art. 15), on entre dans un domaine dans lequel chaque pays a le droit de prévoir les modalités de l'appel. Dans le cas d'espèce, le taux de compétence prévu par la législation nationale de Côte d'Ivoire est valide si bien que le jugement attaqué de ce fait, rentre dans la catégorie des « décisions non susceptibles d'appel rendues par toute juridiction des États parties dans les [affaires soulevant des questions relatives à l'application des Actes uniformes et des règlements prévus au présent traité] » au sens de l'article 14 du traité OHADA et constitue donc une décision susceptible de pourvoi en cassation devant la CCJA.

Jurisprudence comparée

I. Belgique

Notaire

Le courtage, malgré sa nature commerciale, n'est pas interdit aux notaires lorsqu'il est l'accessoire de leur mission principale de conférer l'authenticité aux actes et contrats ; les activités de courtage immobilier, tendant à prospecter des acquéreurs, ne sont donc pas interdites au notaire qui est appelé à passer l'acte authentique (Cour de cassation de Belgique 11-06-2010, C.09.0525.F : Juricaf).

II. France

A. Qualité de courtier

Agit en qualité de courtier :

– un intermédiaire entre une entreprise et ses « supports » de publicité, dès lors que l'intermédiaire, titulaire de la carte accréditive de commission prévue par le code des usagers de la publicité, n'a signé aucun des contrats intervenus, que le coût de la publicité était facturé directement par les supports à l'entreprise qui effectuait elle-même les paiements et que les commissions de l'intermédiaire étaient payées par les supports, l'agent en ristournant une partie à l'entreprise « suivant une pratique courante en cette matière » (Com. 3-1-1967 : Bull. civ. III n° 4) ;

– malgré la présence du terme « mandat » dans la correspondance échangée entre les parties, la compagnie Air France et la société à qui elle avait donné mission de lui trouver des acquéreurs pour certains avions, car cette société n'avait pas eu le pouvoir d'agir au nom et pour le compte de la compagnie Air France (T. com. Paris 18-2-1997 : GP 1998.som.198).

B. Rapport avec le mandat

Le courtier n'est pas un mandataire (Cass. 1e civ. 18-10-2005 n° 1378 : RJDA 2/06 n° 130), sauf si l'une des parties l'a chargé de conclure la vente en son nom et pour son compte (CA Reims 12-6-1985 : GP 1985.764 ; pour un exemple de preuve non rapportée de ventes ainsi conclues, Cass. com. 6-3-2001 : RJDA 6/01 n° 710).

C. Conclusion de la convention de courtage

La convention de courtage peut être verbale et régie par les usages ; même s'il n'existe entre celui qui a favorisé la conclusion d'un contrat et celui qui en a bénéficié aucune convention écrite et alors même que ce dernier a refusé de signer ladite convention, ce refus ne suffit pas à démontrer l'absence de rôle de la première partie dans la conclusion du contrat ; en conséquence, cet intermédiaire a droit, en se référant aux usages, à 1 % du montant du marché (CA Versailles 9-12-1993 : RJDA 3/94 n° 249).

D. Intervention d'un agent d'assurance en qualité de courtier

A agi en qualité de courtier un agent, qui s'était entremis dans la conclusion du contrat entre des époux et une société suisse spécialisée dans les placements financiers en organisant un rendez-vous dans son cabinet avec un représentant de la société, même si son activité habituelle n'était pas celle d'un courtier en placements financiers, que le contrat a été conclu directement entre les époux et la société et que les interventions ultérieures de cet agent, auprès des gestionnaires successifs du fonds de placement afin d'obtenir le remboursement des sommes placées ont été effectuées à titre purement amical (Cass. com. 21-6-2011 n° 09-72.788 : Légifrance).

Art. 209 [anc. art. 177 mod.] Le courtier doit demeurer indépendant des parties. Il doit limiter ses activités à la mise en relation des personnes qui désirent contracter, et à l'organisation des démarches propres à faciliter l'accord entre elles.

Il ne peut intervenir personnellement dans une convention sans l'accord des parties.

Jurisprudence comparée

France

Absence de garantie de la part du courtier

Sauf engagement précis de sa part, le courtier ne garantit pas la bonne exécution du contrat ; celui qui prétend que le courtier a garanti cette exécution doit le prouver (CA Reims 12-6-1985 : GP 1985.764).

Art. 210 [anc. art. 178 mod.] Le courtier doit :

– donner aux parties toutes les informations utiles à leur consentement libre et éclairé ;

– faire tout ce qui est de nature à faciliter la conclusion du contrat.

Le courtier est responsable du préjudice résultant de ses fausses déclarations si, en vue d'amener une partie à contracter, il lui présente sciemment l'autre partie comme ayant des capacités et des qualités qu'elle n'a pas.

Jurisprudence OHADA

Obligation de faciliter la conclusion du contrat

Signature d'une police d'assurance. Le courtier devant faire tout ce qui est utile pour permettre la conclusion du contrat, il revenait alors à l'intimé de faire signer la police d'assurance par le souscripteur. Le jugement qui a décidé du contraire doit être infirmé (CA Ouagadougou (Burkina Faso), ch. com., n° 160, 21-12-2007 : Union des Assurances du Burkina (UAB) c/ B. G., Ohadata J-09-50).

Jurisprudence comparée

France

Manquements du courtier à ses obligations de bonne fin de l'opération

Le courtier peut être tenu responsable d'avoir présenté un acquéreur insolvable au vendeur qui lui a donné un ordre de vente (cf. Cass. com. 8-1-2008 n° 05-16.757 : DMF 2008.335 obs. Delebecque) ou d'avoir manqué à son devoir de conseil et d'exacte information sur tous les faits de nature à compromettre le service promis (CA Nancy 31-5-2012 : JCP G 2013 n° 50-1352 note Henry).

Art. 211 [anc. art. 179 mod.] Le courtier ne peut réaliser des opérations de commerce, ni pour son propre compte, soit directement ou indirectement, ni sous le nom d'autrui ou par personne interposée.

Art. 212 [anc. art. 180 mod.] La rémunération du courtier est constituée par un pourcentage du montant de l'opération.

Dans le cas d'un courtage portant sur une vente, si le vendeur est seul donneur d'ordre, la commission ne peut être supportée, même partiellement, par l'acheteur et elle est, au besoin, prélevée sur le montant du prix convenu entre les parties et payée par l'acheteur.

Si l'acheteur est seul donneur d'ordre, la commission est supportée par lui, en sus du prix payé au vendeur.

Si les deux parties sont donneuses d'ordre, le pourcentage correspondant à la commission due au courtier est fixé et réparti entre elles par accord commun avec lui.

Art. 213 [anc. art. 181] Le courtier a droit à sa rémunération dès que l'indication qu'il a donnée ou la négociation qu'il a conduite aboutit à la conclusion du contrat.

Lorsque le contrat a été conclu sous condition suspensive, la rémunération du courtier n'est due qu'après l'accomplissement de la condition.

S'il a été convenu que les dépenses du courtier lui seraient remboursées, elles lui sont dues lors même que le contrat n'a pas été conclu.

Art. 214 [anc. art. 182 mod.] La rémunération qui n'est pas déterminée par les parties s'acquitte sur la base du tarif en usage, s'il en existe ; à défaut de tarif, la rémunération est fixée conformément à l'usage.

En l'absence d'usage, le courtier a droit à une rémunération qui tient compte de tous les éléments qui ont trait à l'opération.

Art. 215 [anc. art. 183] Le courtier perd son droit à rémunération et à remboursement de ses dépenses s'il a agi dans l'intérêt du tiers contractant au mépris de ses obligations à l'égard de son donneur d'ordre, ou s'il s'est fait remettre, à l'insu de ce dernier, une rémunération par le tiers contractant.

Titre IV
AGENTS COMMERCIAUX

Art. 216 [anc. art. 184 mod.] L'agent commercial est un mandataire professionnel chargé de façon permanente de négocier et, éventuellement, de conclure des contrats de vente, d'achat, de location ou de prestation de services, au nom et pour le compte de producteurs, d'industriels, de commerçants, ou d'autres agents commerciaux, sans être lié envers eux par un contrat de travail.

Jurisprudence OHADA

I. Ecrit non exigé

Le législateur communautaire n'a pas expressément exigé que le contrat d'agence commerciale soit exclusivement passé par écrit. Lorsque, comme en l'espèce, il ressort des pièces produites que le demandeur a été démarcheur indépendant pour le compte de la société défenderesse, que suivant accord conclu entre les parties, il devait percevoir des commissions de 10 % sur les commandes d'imprimerie et de 6 % sur celles de papeterie ; qu'il était en outre convenu que pour les commandes de moins de 100 000 FCFA le paiement des commissions intervenait de suite et que pour les plus importantes, le paiement se ferait au cas par cas, l'existence d'un contrat d'agent commercial au sens de l'article 184 [devenu 216] de l'AUDCG est établie. Il en est ainsi d'autant plus que l'objectif d'un tel contrat est de négocier auprès de la clientèle des contrats pour le compte de la société défenderesse, de prospecter et provoquer des commandes et que le droit à commission ne vaut que pour les contrats conclus grâce à l'activité déployée par l'agent pour acquérir les commandes (CA du Centre (Cameroun), n° 04/CIV, 6-1-2010 : N. A. T. c/ Sté Montparnasse, Ohadata J-12-240).

II. Appréciation souveraine des juges du fond

C'est à tort qu'il est reproché à un arrêt, d'une part, de faire fi de l'existence au dossier de l'attestation de représentation faisant du requérant un agent commercial au service de la défenderesse, alors qu'au vu de cette pièce la cour ne pouvait fonder sa décision sur le courrier du 10 février 2015 qui porte par ailleurs la mention « monsieur [X.] représentant la défenderesse à Yamoussoukro et San Pédro », et d'autre part, d'avoir rejeté les demandes du requérant en considérant qu'il n'avait pas la qualité d'agent commercial pour n'avoir jamais rendu compte de ses activités à la défenderesse en tant que mandataire, qu'il n'était qu'un simple client à qui des factures et bons de commande ont été délivrés pour le règlement desquels il s'est engagé à payer cash par chèque, toute chose qui montre qu'il n'est qu'un simple commerçant, alors que la preuve de sa qualité d'agent commercial figurait au dossier ; qu'en statuant de la sorte, la cour d'appel a dénaturé les faits de la cause et les pièces de la procédure et violé, par fausse application, l'article 216 de l'AUDCG. Il en est ainsi car même si les en-têtes des documents établis et produits par Pierre Kouadio présentent celui-ci comme « représentant » d'Eurolait, il reste que c'est par une appréciation souveraine des éléments du litige, échappant au contrôle de la CCJA, que la cour d'appel a considéré, d'une part, que Pierre Kouadio n'avait jamais rendu compte de ses activités à Eurolait en tant que mandataire et, d'autre part, qu'il s'approvisionnait en qualité de client auprès de ladite société en produits laitiers qu'il revendait ; qu'il échet de déclarer le moyen irrecevable (CCJA, 1e ch., n° 286, 27-12-2018 : Pierre Kouadio c/ Sté Eurolait).

Jurisprudence comparée

I. France

A. Qualification

La qualification d'agent commercial ne dépend ni de la volonté exprimée par les parties dans le contrat ni de la dénomination qu'elles ont donnée à leur convention, mais des conditions dans lesquelles l'activité est effectivement exercée (Cass. com. 10-12-2003 : D.2004.210 obs. Chevrier, l'engagement ayant été pris « en tant qu'agent commercial indépendant »).

B. Requalification d'un contrat d'affiliation en contrat d'agence commercial

Bien que la clause d'un contrat, conclu entre une centrale d'achat et une société, dénommé « contrat d'affiliation », selon laquelle la société affiliée était propriétaire d'un fonds de commerce immatriculé au registre du commerce, soit incompatible avec le statut d'ordre public d'agent commercial, le contrat doit être requalifié en contrat d'agence commerciale dans les circonstances suivantes démontrant que la clause de pure forme visait à faire échec à l'application du statut :

– la plupart des éléments composant le fonds de commerce appartenaient à la centrale d'achat ou étaient étroitement contrôlés par elle, spécialement l'enseigne, le matériel et le stock ; notamment, le contrat prévoyait que l'exclusivité consentie à l'affiliée ne pourrait s'exercer que dans un magasin à l'enseigne de la centrale d'achat « à l'exclusion de toute autre enseigne », que les marchandises et accessoires confiés à l'affiliée resteraient la propriété de la centrale d'achat qui fixait aussi les tarifs et que l'affiliée percevrait une commission de 40 % du prix de vente ;

– la clause du contrat précisant que « les ventes sont faites au nom de l'affiliée et pour le compte de la centrale d'achat » était en contradiction avec d'autres dispositions essentielles prévoyant que « l'affiliée encaissera le produit de l'ensemble des ventes au détail faites à la clientèle en versant le montant sur un compte bancaire ouvert au nom de la centrale d'achat » et que l'affiliée percevra ultérieurement sa commission ;

– les courriers adressés à l'affiliée la désignaient sous la dénomination de la centrale ; de même, les tickets de caisse, établis par un logiciel que l'affiliée avait l'obligation d'utiliser, et le numéro de téléphone du magasin ne faisaient apparaître que la dénomination de la centrale ;

– en admettant que l'affiliée ait fidélisé une clientèle, l'attachement ainsi manifesté par les clients était détachable de la marque de la centrale comme en attestait l'ouverture d'une nouvelle boutique à son enseigne peu de temps après la rupture du contrat d'affiliation (CA Paris 9-4-2009 n° 08/7996 : BRDA 15-16/09 inf. 9).

II. Irak

Intérêts moratoires

Lorsque l'objet de l'obligation consiste en une somme d'argent dont le montant est fixé au moment de la demande en justice, le débiteur sera tenu, en cas de retard de paiement, de verser au créancier, en guise de réparation du dommage subi par le retard, des intérêts au taux de 4 % en matière civile et de 5 % en matière commerciale. Ces intérêts courent à compter de la demande en justice, à moins d'une convention contraire (C. civ. art. 171). Ainsi, lorsque la demande porte sur le paiement d'un chèque, le demandeur est en droit de réclamer les intérêts moratoires au taux de 5 % à compter de la demande en justice. Encourt la cassation, le jugement des juges de fond qui a omis de statuer sur ce point (Cass. féd. 25-2-2009, pourvoi 126, http://qanoun.iraqja.iq/view.1007/).

III. Suisse

Qualification d'un distributeur non-mandataire en concessionnaire et droit à une indemnité de clientèle

Dans un cas où une clause d'un accord de distribution exclusive excluait que les activités déployées de part et d'autre dans ce cadre-là puissent déboucher sur la création de relations d'agence entre les deux partenaires, chacun d'eux agissant comme entrepreneur indépendant, la qualification de contrat de concession a été appliquée à cet accord.

Doit être en effet qualifié de contrat de représentation exclusive ou contrat de concession de vente exclusive, contrat sui generis, l'accord par lequel une personne promet à une autre de lui livrer des biens déterminés à un certain prix et de lui en assurer l'exclusivité dans un rayon donné, contre l'engagement d'en payer le prix et d'en promouvoir la vente dans ce rayon ;

Tel est le cas de l'accord de distribution à durée déterminée et reconductible ensuite d'année en année, sauf résiliation écrite signifiée 90 jours avant l'échéance conférant au concessionnaire le droit exclusif de vendre des parfums de marque sur le territoire de la Tchécoslovaquie, avec certaines exceptions, prévoyant que toute commande de marchandises ne serait acceptée qu'à réception d'une confirmation écrite de la concédante et que les factures seraient établies après la livraison des produits ; la concédante se réservait le droit, moyennant préavis, de modifier les prix des produits ainsi que les conditions de livraison et de crédit. De son côté, le distributeur s'engageait notamment à effectuer des achats minimaux de marchandise par année, à payer le prix de vente de la marchandise livrée par la concédante, à déployer tous ses efforts afin de promouvoir la vente des produits de celle-ci dans son rayon d'exclusivité et, pour ce faire, à dépenser une somme au moins égale à 10 % des ventes nettes des produits, à présenter tous les mois un rapport sur les ventes et les stocks, ainsi qu'une liste indiquant les contrats de vente par client, à fournir des renseignements sur l'activité des concurrents, à permettre la consultation de ses livres et registres, de même que des inspections et des audits, par tout représentant de la concédante. A l'extinction des rapports contractuels, la distributrice devait cesser toute activité de vente des produits de la concédante et cette dernière reprendre les marchandises stockées en état d'être vendues qu'elle lui avait livrées moins de douze mois avant la fin du contrat (Tribunal fédéral suisse, 1e Cour civile, n° 4A 61/2008, 22-5-2008, Juricaf).

Art. 217 [anc. art. 185 mod.] Le contrat entre l'agent commercial et son mandant est conclu dans l'intérêt commun des parties.

L'agent commercial et son mandant sont tenus, l'un envers l'autre, d'une obligation de loyauté et d'un devoir d'information.

L'agent commercial doit exécuter son mandat en bon professionnel ; le mandant doit mettre l'agent commercial en mesure d'exécuter son mandat.

JURISPRUDENCE OHADA

I. Absence de rupture abusive

Lorsqu'il résulte de l'analyse des pièces du dossier que, d'une part, la rupture initiée par la mandante l'a été sur le fondement d'une clause contractuelle intitulée « Résiliation unilatérale anticipée du contrat » ; qu'il apparaît que la mandante, qui a servi un préavis de 90 jours à l'agent par lettre de mise en demeure aux termes de laquelle elle a visé, comme motif de rupture, « le redéploiement de sa politique commerciale », s'est conformée aux dispositions de cette clause ; que, d'autre part, au-delà d'un taux de commissionnement inadéquat tel que déduit par les experts, les difficultés accusées par l'agent relevaient d'un faisceau de causes, non toutes imputables à la mandante, à l'instar du contentieux avec l'État sénégalais, et à une gestion inappropriée par l'agent de sa propre structure et ses stocks. En mettant fin dans ce contexte, par un préavis, à un contrat conclu dans le cadre d'un nouveau produit, dont les experts ont conclu qu'il était source de « perte de valeurs » et non de profit, l'un des experts ayant précisé que les efforts consentis se sont avérés insuffisants et n'ont pas permis de rétablir l'équilibre du contrat, la mandante n'a pas commis un abus de droit, lequel se définit comme toute faute qui consiste à exercer son droit sans intérêt pour soi-même et dans le seul dessein de nuire à autrui. Il y a lieu également de conclure que le grief allégué n'est pas fondé, et de rejeter la demande de l'agent y relative (CCJA, 1e ch., nº 313/2020, 22-10-2020 : Interface Mobile SARL c/ Sentel GSM SA).

II. Rejet d'une demande de manque à gagner au titre de la non-application d'un taux de commissionnement adéquat

Lorsqu'il ressort des pièces du dossier, et notamment des rapports d'expertises, qu'une inadéquation du taux de commissionnement alloué à cette société et qu'un taux moyen d'équilibre, permettant à l'agent de générer quelques profits au regard de son fonctionnement, aurait été de 6 %, en fixant le taux tel qu'elle l'a fait, la mandante, même en justifiant de difficultés certaines, n'a pas mis son agent dans sa pleine capacité d'exécuter son mandat. En conséquence, il y a lieu, au regard de ce manquement contractuel, de conclure à la violation de l'article 185 [devenu 217] in fine de l'AUDCG, et de considérer comme dues, telles que calculées par l'expert, les commissions dues pendant la durée du contrat et de condamner la mandante au paiement du non-perçu par l'agent pendant cette période(CCJA, 1e ch., nº 313/2020, 22-10-2020 : Interface Mobile SARL c/ Sentel GSM SA).

III. Rejet d'une demande au titre du manque à gagner sur réinvestissement

Est injustifiée la demande formée au titre du manque à gagner et qui n'est liée à aucun document prouvant que les profits que l'agent était censé faire en raison de l'exécution du contrat étaient destinés à être réinvestis intégralement dans son activité, le contrat précisant par ailleurs les conditions de réinvestissement, à savoir le profit réalisé par l'agent et l'accord des parties sur un projet à réaliser (CCJA, 1e ch., nº 313/2020, 22-10-2020 : Interface Mobile SARL c/ Sentel GSM SA).

JURISPRUDENCE COMPARÉE

France

A. Loyauté due par l'agent

Absence de concurrence déloyale. Si l'agent commercial a commis une faute en omettant d'informer son mandant qu'il exerçait une activité au profit d'un concurrent, manquement à son obligation de loyauté qui justifie la rupture des relations commerciales sans indemnité, il ne peut pas lui être reproché un comportement constitutif de concurrence déloyale ; en effet, l'activité qu'il avait développée au profit du concurrent n'avait pas été accompagnée de manœuvres destinées à détourner irrégulièrement la clientèle de son mandant, à entraîner une confusion dans l'esprit de cette clientèle ou à désorganiser l'entreprise de ce dernier (Cass. com. 7-1-2014 n° 12-29.934 : RJDA 4/14 n° 324).

B. Aide de l'agent pour obtenir paiement des clients

1° Non-obligation de principe

Il a été jugé par des arbitres que, sous réserve de stipulation expresse dans le contrat, l'agent n'est pas tenu de contribuer au recouvrement des créances du mandant sur les clients qu'il lui a procurés (sentence CCI n° 8147 en 1996, Bull. Cour CCI 2001 n° 1 p. 76).

2° Non-changement de mandant du seul fait de la modification de la dénomination sociale de la société mandante

La cession par une société de droit anglais de la totalité des parts d'une société française exploitant un réseau de franchise à une société américaine qui avait changé la dénomination sociale de la nouvelle filiale n'est pas une violation par le franchiseur de l'interdiction de cession du contrat conclu intuitu personae contenue dans le contrat de franchise car un changement de dénomination sociale n'entraîne pas de changement de personnalité morale de sorte que le franchiseur était resté formellement le même (CA Paris 25-3-2009 n° 07/2560, 5e ch. A : BRDA 11/09 inf. 14).

Art. 218 [anc. art. 186 mod.] L'agent commercial peut accepter sans autorisation, et sauf stipulation contraire, de représenter d'autres mandants.

Il ne peut accepter la représentation d'une entreprise concurrente de celle de l'un de ses mandants sans l'accord écrit de ce dernier.

JURISPRUDENCE COMPARÉE

France

Délimitation de la loyauté due par l'agent

Lorsque le contrat impose à l'agent commercial une obligation générale de loyauté lui interdisant de représenter un concurrent sans l'autorisation du mandant, il ne peut représenter un concurrent sis en dehors du territoire de prospection assigné à l'agent, dès lors que le contrat rappelle cette interdiction sans la restreindre au seul territoire dans lequel l'agent bénéficiait d'une exclusivité (Cass. com. 8-10-2013 n° 12-24.064 F-D : BRDA 20/13 inf. 14). L'agent ne commet pas une faute grave en représentant des concurrents dès lors que le contrat l'y autorise, la clause du contrat interdisant, pendant la durée de celui-ci, à l'agent d'intervenir pour le compte d'autres entreprises commercialisant le même produit ayant été rayé (CA Paris 17-10-2013 n° 12/10930, ch. 5-5., SA Bordeaux Loire et Champagne Diffusion (BLD France) c/ SARL MPF Diffusion : RJDA 4/14 n° 325).

Art. 219 [anc. art. 187] L'agent commercial ne peut, même après la fin du contrat, utiliser ou révéler les informations qui lui ont été communiquées par le mandant à titre confidentiel, ou dont il a eu connaissance à ce titre en raison du contrat.

Lorsqu'une interdiction de concurrence a été convenue entre l'agent commercial et son mandant, l'agent a droit à l'expiration du contrat à une indemnité spéciale.

Art. 220 [anc. art. 188] Tout élément de la rémunération variant avec le nombre ou la valeur des affaires constitue une commission.

Dans le silence du contrat, l'agent commercial a droit à une commission conforme aux usages pratiqués dans le secteur d'activités couvert par son mandat.

En l'absence d'usage, l'agent commercial a droit à une rémunération qui tient compte de tous les éléments qui ont trait à l'opération.

JURISPRUDENCE COMPARÉE

Irak

Défaut d'inscription de l'agent

L'exercice d'une activité d'agent commercial est subordonné à l'obtention du permis prévu par la loi n° 51-2000. L'agent, non-titulaire du permis mentionné, n'a pas droit à la commission convenue entre les parties (Cour de cassation fédérale, ch. élargie 15-5-2007, Pourvoi n° 68).

Art. 221 [anc. art. 189 mod.] L'agent à qui a été attribuée l'exclusivité dans un secteur géographique, ou sur un groupe de clients déterminés, a droit à une commission pour toute opération conclue pendant la durée du contrat d'agence.

JURISPRUDENCE COMPARÉE

I. France

Droit à rémunération

1° Droit sur toute opération conclue dans le secteur

L'agent a droit à la rémunération même si l'opération est conclue sans son intervention mais sur l'intervention directe ou indirecte du mandant (CJCE 17-1-2008 aff. 19/07 : RJDA 6/08 n° 637 ; cf. Cass. com. 1-7-2008 n° 03-12.724 : RJDA 12/08 n° 1252 ; rejet de la demande ayant eu lieu sur intervention du mandant) ou même s'il ne bénéficie pas d'une exclusivité territoriale (Cass. com. 23-1-2007 n° 05-10.264 : RJDA 3/08 n° 260).

2° Droit de l'agent commercial personne morale

Si le client appartenant au secteur géographie ouvrant droit à la commission de l'agent commercial est une personne morale, il importe de rechercher le lieu de ses activités commerciales effectives pour déterminer si elle appartient ou non au secteur dévolu à l'agent ; par suite dans le cas où une société, centrale d'achats d'un groupe de sociétés, avait comme seules activités commerciales celles de sa plate-forme logistique située dans le secteur géographique de l'agent, toutes les opérations conclues avec cette plate-forme devaient entrer dans le calcul de la commission de l'agent, peu importait que les produits qui avaient été vendus et livrés à la société aient ensuite été acheminés dans différents points de vente du groupe dont certains n'étaient pas situés dans le secteur de l'agent (Cass. com. 3-3-2009 n° 07-21.586 : BRDA 7/09 inf. 14).

II. Suisse

Violation de l'exclusivité par le mandant

Refus de la commission pour faute du mandataire. Viole l'exclusivité le vendeur d'un bien ayant confié le « mandat exclusif » de vendre sa maison qui confie ensuite la même mission à un autre intermédiaire lequel réalise la vente. Le mandant, agissant directement ou par l'entremise d'un autre courtier, a ainsi privé le mandataire de la possibilité de négocier directement le contrat et lui doit en principe une commission. Toutefois, le montant de la commission doit être réduit dès lors que ce mandataire a enfreint gravement ses obligations de diligence et de fidélité en demeurant pendant 14 mois sans donner de nouvelles au mandant, soit jusqu'à la date de la lettre par laquelle celui-ci l'a informé de la vente. La sanction de cette carence, qui constitue une inexécution du contrat, ne peut être que le refus d'allouer un salaire au mandataire (Trib. féd. suisse, 1e Cour civile, n° 4C.257/1999, 17-1-2000, Juricaf).

Art. 222 [anc. art. 190] Pour toute opération commerciale conclue après la cessation du contrat d'agence, l'agent commercial a droit à une commission lorsque l'opération est principalement due à son activité au cours du contrat d'agence, et a été conclue dans un délai raisonnable à compter de la cessation du contrat.

Art. 223 [anc. art. 191 mod.] A moins que les circonstances ne rendent équitable le partage de la commission entre deux ou plusieurs agents commerciaux, l'agent commercial n'a pas droit à une commission si celle-ci est déjà due :

– à l'agent qui l'a précédé pour une opération commerciale conclue avant le début d'application de son contrat d'agence ;

– à l'agent qui lui succède pour une opération commerciale conclue après la cessation de son contrat d'agence.

Art. 224 [anc. art. 192 mod.] La commission est acquise dès que le mandant a exécuté l'opération, ou devrait l'avoir exécutée en vertu de l'accord conclu avec le tiers visé à l'article 169 ci-dessus, ou bien encore dès que ledit tiers a exécuté l'opération.

La commission est payée au plus tard le dernier jour du mois qui suit le trimestre au cours duquel elle a été acquise, sauf convention contraire des parties.

Art. 225 [anc. art. 193 mod.] Le droit à la commission ne peut s'éteindre que s'il est établi que le contrat entre le tiers visé à l'article 169 ci-dessus et le mandant n'est pas exécuté en raison de circonstances imputables à l'agent commercial ou en raison de circonstances indépendantes du comportement du mandant.

Art. 226 [anc. art. 194] Sauf convention ou usage contraire, l'agent commercial n'a pas droit au remboursement des frais et débours résultant de l'exercice normal de son activité, mais seulement de ceux qu'il a assumés en vertu d'instructions spéciales du mandant.

Le remboursement des frais et débours est dû dans ce cas, même si l'opération n'a pas été conclue.

JURISPRUDENCE OHADA

Rejet de diverses sommes sollicitées par l'agent à titre de réparation

L'agent doit être débouté de sa demande tendant au versement de diverses sommes au titre de réparation des préjudices liés au manque à gagner et au réinvestissement représentant les commissions sur le chiffre d'affaires réalisé par d'autres grossistes et par la force de vente directe de la mandante, aux dysfonctionnements du réseau et du refus d'investir de la mandante, à la libération de la dette bancaire contractée pour faire face aux instructions spéciales, à la perte d'exploitation, d'opportunités et la baisse des ventes, à la perte d'opportunité d'affaires résultant de la privation abusive de l'accès aux autres opérateurs et du traitement inégalitaire avec les autres distributeurs, aux pertes et autres dettes en application des articles 186 [devenu 218], 188 [devenu 220] et 232 de l'AUDCG et à la valeur vénale des éléments incorporels de son fonds de commerce. Il en est ainsi car au-delà de la clause de non exclusivité pour la charge de la mandante, il ressort des éléments du dossier que, d'une part, bon nombre de grossistes sur le terrain étaient déjà présents au moment de la signature du contrat d'agence et étaient soumis à un régime différent, qui ne permettait pas une résiliation immédiate de leurs contrats, toutes choses qu'en tant que professionnel, l'agent ne pouvait ignorer et que, d'autre part, il est constant, comme ressortant de divers constats d'huissiers produits au dossier, que le mandant a fait intervenir sa force de vente directe pendant la période de préavis notifiée par acte du 30 décembre 2014, à la suite de ruptures drastiques de stocks constatées dans les zones attribuées à l'agent qui, en plus des autres aménagements convenus entre les parties, pouvait, à compter du 1er avril 2014, traiter avec d'autres opérateurs de téléphonie, notamment Orange et Expresso. Dans un tel cadre, les instructions spéciales n'ayant pas été prouvées, les annexes au contrat prévoyant des exigences générales d'installation minimale, les dettes contractées et les pertes correspondantes telles que relevées dans le rapport d'expertise ne sauraient être imputées au mandant, l'indemnité compensatrice accordée à l'agent prenant par ailleurs en compte non seulement les éléments patrimoniaux du contrat, mais compensant aussi bien la perte du marché que la valeur perdue du contrat. S'agissant de la demande au titre d'action abusive, le mandant n'a fait qu'exercer un droit, après avoir rompu un contrat déficitaire. Il n'y a donc pas lieu d'ordonner une autre expertise supplémentaire pour déterminer la valeur des autres points de demandes de l'agent, la cour disposant d'éléments pertinents et suffisants pour vider la cause (CCJA, 1re ch., no 313/2020, 22-10-2020 : Interface Mobile SARL c/ Sentel GSM SA).

Art. 227 [anc. art. 195 mod.] Le contrat d'agence conclu pour une durée déterminée prend fin à l'expiration du terme prévu, sans qu'il soit nécessaire d'y mettre un terme par une quelconque formalité.

Le contrat d'agence conclu pour une durée déterminée, qui continue à être exécuté par les deux parties après son terme, est réputé transformé en contrat à durée indéterminée.

JURISPRUDENCE OHADA

Pas de reconversion en contrat à durée indéterminée en l'absence de continuité dans l'exécution

La reconversion en contrat à durée indéterminée prévue par l'article 195 [devenu 227] de l'AUDCG n'a vocation à s'appliquer que si les parties ont continué à exécuter le contrat à l'expiration du terme, en l'absence de toute clause de tacite reconduction. En présence d'une clause contractuelle stipulant clairement que « ce contrat est signé pour une durée de douze (12) mois, à compter de la date de la première commande. Il est renouvelable, sauf dénonciation de l'une des parties, par voie écrite, avec accusé de réception, 60 (soixante) jours calendaires avant la date de son échéance », le dernier terme du contrat exécuté était, de ce fait, fixé au 30 avril 2015, les négociations entre les parties et avec la banque aux fins de pallier les difficultés de l'agent commercial, matérialisées par des comptes rendus versés au dossier de procédure, n'ayant pas abouti aux concours bancaires escomptés ; ces divers documents ne laissant nullement ressortir, contrairement aux affirmations de l'agent, la volonté de la mandante de continuer le contrat jusqu'en 2021, la demande tendant à requalifier le contrat doit être rejetée (CCJA, 1e ch., n° 313/2020, 22-10-2020 : Interface Mobile SARL c/ Sentel GSM SA).

JURISPRUDENCE COMPARÉE

Belgique

Contrats à durée indéterminée résultant de contrats à durée déterminée successifs

La prolongation (résultant de la disposition légale selon laquelle un contrat à durée déterminée qui continue à être exécuté après l'échéance de son terme est censé être, dès sa conclusion, un contrat à durée indéterminée) peut aussi être déduite par le juge, de la conclusion de plusieurs contrats successifs à durée déterminée (Cour de cassation Belgique 3-11-2011, C.10.0613.N, Juricaf).

Art. 228 [anc. art. 196] Lorsque le contrat est à durée indéterminée, chacune des parties peut y mettre fin moyennant un préavis.

La durée du préavis est d'un mois pour la première année du contrat, de deux mois pour la deuxième année commencée, de trois mois pour la troisième année commencée et les années suivantes.

En l'absence de convention contraire, la fin du délai de préavis coïncide avec la fin d'un mois civil.

Dans le cas d'un contrat à durée déterminée, transformé en contrat à durée indéterminée, la durée du préavis se calcule à compter du début des relations contractuelles entre les parties.

Les parties ne peuvent convenir de délais de préavis plus courts.

Si elles conviennent de délais plus longs, les délais de préavis doivent être identiques pour le mandant et pour l'agent.

Ces dispositions ne s'appliquent pas lorsque le contrat prend fin en raison d'une faute grave de l'une des parties, ou de la survenance d'un cas de force majeure.

JURISPRUDENCE COMPARÉE

France

A. Résiliation d'un contrat à durée déterminée

Possibilité de prévoir une résiliation anticipée moyennant un délai de préavis plus court que le délai légal. Les règles fixant la durée du préavis ne s'appliquent pas au contrat à durée déterminée dont la résiliation intervient avant l'expiration de cette durée (CA Rouen 11-5-2000 : RJDA 12/00 n° 1084).

B. Contrat à durée déterminée tacitement reconduit

Demeure un contrat à durée déterminée le contrat conclu pour une durée déterminée renouvelable par tacite reconduction par périodes d'un an, sauf préavis de trois mois, bien que le nombre de périodes possibles de renouvellement ne soit pas limité (Cass. com. 13-11-2003 n° 1532 : RJDA 3/04 n° 300).

Art. 229 [anc. art. 197 mod.] En cas de cessation de ses relations avec le mandant, l'agent commercial a droit à une indemnité compensatrice, sans préjudice d'éventuels dommages-intérêts.

L'agent commercial perd le droit à réparation s'il n'a pas signifié par acte d'huissier au mandant ou notifié à ce dernier par tout moyen permettant d'établir la réception effective par le mandant, dans un délai d'un an à compter de la cessation du contrat, qu'il entend faire valoir ses droits.

Les ayants droit de l'agent commercial bénéficient également du droit à l'indemnité compensatrice lorsque la cessation du contrat est due au décès de l'agent.

JURISPRUDENCE OHADA

I. Indemnité compensatrice due quelles que soient les circonstances de la rupture

L'indemnité compensatrice prévue à l'article 197 [devenu 229] de l'AUDCG est due en cas de cessation des relations entre le mandant et l'agent commercial, que ledit contrat ait été à durée déterminée ou non et indépendamment d'autres circonstances de sa rupture. C'est donc à tort que le premier juge a débouté l'agent commercial de la demande relative à ladite indemnité alors que mandant n'a pas prouvé que l'agent commercial est tombé dans les hypothèses d'exclusion de l'indemnité. En l'espèce et au vu des éléments d'appréciation en sa disposition, il y a lieu pour la cour d'allouer à l'agent commercial le montant de deux millions de francs CFA au titre de son indemnité compensatrice. C'est à tort qu'un agent commercial sollicite la condamnation de son mandant à lui payer dix millions FCFA au titre des dommages-intérêts pour rupture abusive de leur contrat, qui serait devenu à durée indéterminée, dès lors que les parties ont stipulé un renouvellement express de leur contrat à durée déterminée et que le demandeur ne prouve pas qu'un tel renouvellement est intervenu (CCJA, 2e ch., n° 20, 23-2-2017 : Konan Kouakou René c/ Star Auto SA., Ohadata J-17-180).

II. Recevabilité de l'action exercée dans le délai imparti

L'agent qui a assigné sa mandante par exploit du 4 juin 2015, alors que la rupture était effective au 3 avril 2015, s'est bien conformé aux dispositions imposant la recevabilité de l'action dans les délais (CCJA, 1e ch., n° 313/2020, 22-10-2020 : Interface Mobile SARL c/ Sentel GSM SA).

Art. 230 [anc. art. 198 mod.] L'indemnité compensatrice prévue à l'article précédent n'est pas due :

1°) en cas de cessation du contrat provoquée par la faute grave de l'agent commercial ;

2°) en cas de cessation du contrat résultant de l'initiative de l'agent, à moins que cette cessation ne soit justifiée par des circonstances imputables au mandant ou ne soit due à l'âge, l'infirmité ou la maladie de l'agent commercial, et plus généralement, par toutes circonstances indépendantes de la volonté de l'agent par suite desquelles la poursuite de son activité ne peut plus être raisonnablement exigée ;

3°) lorsqu'en accord avec le mandant, l'agent commercial cède à un tiers les droits et obligations qu'il détient en vertu du contrat d'agence.

JURISPRUDENCE OHADA

Absence de faute

« La contribution à l'augmentation des pertes et le ternissement de l'image de la société » qui ont justifié la rupture des relations contractuelles ne sauraient être considérés comme des fautes graves au sens de l'article 198 [devenu 230] de l'AUDCG, mais s'analysent en réalité en une insuffisance de résultat due à un manque de professionnalisme. La demande en paiement d'une indemnité compensatrice de ce chef est fondée et il convient d'y faire droit conformément à l'article 199 [devenu 231] de l'AUDCG (CA du Centre (Cameroun), n° 04/CIV, 6-1-2010 : N. A. T. c/ Sté Montparnasse, Ohadata J-12-240).

Jurisprudence comparée

France

A. Faute grave de l'agent

1° Spécificité de la faute grave

La faute grave de l'agent entraînant la perte de l'indemnité de résiliation est celle qui porte atteinte à la finalité commune du mandat d'intérêt commun et rend impossible le maintien du lien contractuel (CA Versailles 27-10-2005 n° 05/508 : Bull. inf. C. cass. 2006 n° 425).

Cette faute est une faute spécifique ; l'agent peut avoir commis une faute qui justifie la rupture mais qui ne le prive pas pour autant de l'indemnité (Cass. com. 21-6-2011 n° 10-19.902 : RJDA 12/11 n° 1020 : il était reproché à l'agent commercial de n'avoir pas visité certains clients selon la périodicité convenue, de n'avoir ni répondu à leurs demandes de renseignements ni informé le mandant de modifications les concernant, de n'avoir pas rendu compte de sa mission et d'avoir refusé de participer aux réunions commerciales).

2° Nullité de la clause définissant la faute grave

Voir sous l'art. 232.

3° Existence d'une faute grave

A commis une faute grave l'agent qui n'a pas réalisé les objectifs financiers contractuellement fixés dès lors que le contrat spécifiait que la réalisation de ces objectifs était une condition déterminante ayant conduit à sa signature (CA Versailles 18-6-1999 : RJDA 11/99 n° 1199).

4° Absence de faute grave

N'a pas commis de faute grave :

– le mandataire auquel il est reproché une stagnation de la progression du chiffre d'affaires imputée à l'utilisation, par lui, de cartes multiples alors que le contrat conclu entre les parties prévoyait que le mandataire conservait la liberté de représenter d'autres maisons, ce dont il résultait que l'utilisation de cartes multiples n'était pas imputable à la faute du mandataire (Cass. com. 19-12-1995 : RJDA 4/96 n° 491) ;

– l'agent commercial du seul fait qu'il n'a pas réalisé ses objectifs commerciaux (CA Versailles 15-9-2000 : RJDA 1/01 n° 21) ;

– l'agent commercial qui, après la rupture de son contrat par le mandant, ne se présentait plus dans les locaux de la société, ne participait plus aux réunions, adoptait une attitude de règlement de comptes au sens strict du terme – vérifiant les commissions, sollicitant des informations et formulant des réclamations –, et était entré en contact avec un concurrent dès lors que ces faits ont été commis alors que la rupture du contrat était déjà consommée (Cass. com. 23-9-2008 n° 07-13.338 : BRDA 19/08 inf. 12) ;

– l'agent commercial qui a représenté un produit concurrent dès lors qu'il y a été autorisé par le contrat (voir sous l'art. 218).

B. Résiliation par l'agent

1° Refus abusif de la réduction de la durée du contrat en cours

L'agent a rompu le contrat lorsqu'il a refusé le renouvellement que lui proposait le mandant en réduisant de sept à trois ans la durée du contrat renouvelé, car cette proposition n'était pas abusive ; en effet, elle n'était pas contraire à ses intérêts puisque le contrat était renouvelable à sa demande et qu'en cas de refus de renouvellement le mandant s'exposait à devoir l'indemnité de rupture (CA Rennes 9-4-2013 n° 12/00752, 3e ch. com., Sté K. Aktiengesellschaft c/ Sté de commercialisation des produits de l'environnement : BRDA 10/13 inf. 12).

2° Causes justificatrices

Les circonstances d'âge, d'infirmité ou de maladie doivent exister le jour où l'agent prend l'initiative de rompre le mandat ou, au plus tard, à la date d'effet de cette rupture ; si elles n'existent qu'à cette date, elles doivent avoir été prévisibles à la date où la cessation a été notifiée (CA Paris 12-2-2004 : RJDA 8-9/04 n° 972) ; sur une résiliation non justifiée par l'âge, CA Rouen 9-3-2000 : RJDA 12/00 n° 1085).

Lorsqu'il notifie la rupture, l'agent n'est pas tenu de mentionner l'existence de problèmes de santé (Cass. com. 8-2-2011 n° 10-12.876 : RJDA 6/11 n° 521).

3° Non-résiliation par l'agent

Le fait que l'agent ait demandé en justice l'application de la clause résolutoire figurant au contrat et la résiliation de ce dernier n'emporte pas, à lui seul, rupture du contrat de sa part (Cass. com. 24-11-1998 : RJDA 1/99 n° 31 : impossibilité de refuser la résiliation sans rechercher si le mandant a permis à l'agent de pratiquer des prix concurrentiels).

4° Indemnité de préavis

Le mandant n'a pas droit à une indemnité de préavis lorsque la rupture a été décidée par l'agent, dès lors que cette rupture lui est imputable (Cass. com. 4-2-2014 n° 12-14.466 : BRDA 5/14 inf. 11).

C. Obligation de non-concurrence

Même en l'absence d'interdiction contractuelle expresse, il doit s'abstenir de concurrencer son mandant, cette obligation n'étant que la traduction de loyauté et de bonne foi inhérente au mandat (CA Versailles 26-6-1997 : DA 1997.1151 ; dans le même sens, Cass. com. 14-3-1995 : RJDA 8-9/95 n° 966, transposable).

D. Nullité d'une clause de non-concurrence prévue dans un contrat d'agent commercial

A été annulée la clause contenue dans un contrat conclu entre une société commercialisant des produits amaigrissants et un agent commercial chargé de démarcher une clientèle de particuliers interdisant à ce dernier pendant deux ans suivant la rupture du contrat et sur l'ensemble du territoire national « d'entreprendre toute activité relative à la commercialisation ou la fabrication de produits susceptibles de concurrencer ceux distribués par la société [...], de visiter la clientèle qu'il prospectait en application du présent contrat, pour des produits similaires [...] et de s'intéresser en quelque qualité que ce soit à une entreprise quelconque susceptible de concurrencer les activités de la société » pour les raisons suivantes : elle n'était pas limitée à la clientèle de particuliers seule contractuellement confiée à l'agent mais empêchait toute activité liée à la distribution de produits diététiques et à leur fabrication ; elle interdisait à l'agent toute activité professionnelle, salariée ou non, pendant deux ans dans le domaine de la fabrication et de la commercialisation de produits diététiques sur la France entière alors que, âgé de près de 50 ans, il avait une formation et une expérience professionnelle de délégué médical (CA Rennes 15-2-2011 n° 09/8191, 2e ch. com. : BRDA 10/11 inf. 13).

Art. 231 [anc. art. 199 mod.] L'indemnité compensatrice est égale au minimum à :

– un mois de commission à compter de la première année entièrement exécutée du contrat ;

– deux mois de commission à compter de la deuxième année entièrement exécutée du contrat ;

– trois mois de commission à compter de la troisième année entièrement exécutée du contrat.

L'indemnité compensatrice est librement fixée entre l'agent commercial et son mandant au-delà de la troisième année entièrement exécutée du contrat.

A défaut d'accord, elle ne peut être inférieure à trois mois de commission.

La mensualité à prendre en compte pour le calcul de l'indemnité est celle de la moyenne des douze derniers mois d'exécution du mandat.

Ces dispositions ne s'appliquent pas lorsque le contrat prend fin en raison d'une faute grave de l'agent ou de la survenance d'un cas de force majeure.

JURISPRUDENCE OHADA

Fixation de l'indemnité compensatrice

L'article 199 [devenu 231] de l'AUDCG fixe les modalités de l'indemnité compensatrice prévue à l'article 229, al. 1 de l'AUDCG, qui résulte du fait que le contrat d'agence commercial est un mandat d'intérêt commun, et de la nécessité de protéger la personne morale considérée comme plus faible économiquement, en dehors d'une faute grave établie ; cette indemnité a donc pour objet de remédier à la perte de la valeur vénale du contrat, notamment les éléments immatériels et matériels, pour l'agent commercial. En l'espèce, au regard des aménagements postérieurs convenus par les parties pour l'exécution de leur contrat, des rapports d'experts, des circonstances de la cause et de la nécessité de la sécurité des situations juridiques des parties, la CCJA dispose d'éléments d'appréciation suffisants pour fixer à 450 000 000 FCFA l'indemnité compensatrice due à l'agent ; la mandante sera donc condamnée au paiement de cette somme à son agent (CCJA, 1e ch., n° 313/2020, 22-10-2020 : Interface Mobile SARL c/ Sentel GSM SA).

JURISPRUDENCE COMPARÉE

France

A. Obligation de déclaration à la procédure collective

Date d'acquisition de la créance de commissions. L'agent commercial a l'obligation de déclarer ses créances de commissions, nées avant le jour du jugement d'ouverture, même non exigibles au jour de ce jugement, car le fait générateur de la commission se situe au moment où le cocontractant se trouve lié au mandant, peu important qu'à la date d'ouverture de la procédure collective de la société mandante l'opération n'ait pas été exécutée ou que le client n'ait pas payé (Cass. com. 15-11-2005 : D. 2005.3086 obs. A. Lienhard).

B. Dédommagement de l'agent

1° Non-réduction pour faute de l'agent

L'agent a droit à l'indemnité :
– s'il a commis des fautes sans gravité (Cass. com. 23-9-2008 n° 07-13.338 : RJDA 2/09 n° 91, excluant une indemnisation partielle en raison de ces fautes) ;
– si la responsabilité de la rupture est partagée avec le mandant (Cass. com. 26-6-2012 n° 11-19.446 : RJDA 12/12 n° 1067 som.) ;
– s'il a commis des fautes graves mais qui ont été tolérées par le mandant (cf. Cass. com. 8-12-2009 n° 08-17.749 : RJDA 3/10 n° 235 ; CA Montpellier 12-9-2012 n° 11/00930 : BRDA 21/12 inf. 12), ou qui ont été commises après la notification de la résiliation pendant la période de préavis (CJUE 28-10-2010 aff. 203/09 : RJDA 2/11 n° 136).

2° Interdiction de cumul avec une indemnité au titre de la perte de clientèle

L'agent ne peut cumuler l'indemnité compensatrice avec une indemnité au titre de la perte de clientèle (Cass. com. 25-6-2002 : RJDA 12/02 n° 1260). Mais il a droit aussi à une indemnité en réparation du préjudice résultant de la perte pour l'avenir des revenus tirés de l'exploitation de la clientèle commune, et ce, même si le contrat était à durée déterminée (Cass. com. 23-4-2003 n° 643 : RJDA 10/03 n° 940).

Art. 232 [anc. art. 200] Est réputée non écrite toute clause ou convention dérogeant, au détriment de l'agent commercial, aux dispositions des articles 186 à 189 ci-dessus.

....

JURISPRUDENCE COMPARÉE

France

Nullité d'une clause définissant la faute grave

Les dispositions relatives à l'indemnisation de l'agent étant d'ordre public, les parties ne peuvent pas convenir d'une définition de la faute grave, seul le juge, en l'absence de définition légale, pouvant qualifier cette faute (Cass. com. 28-5-2002 : RJDA 11/02 n° 1131).

Art. 233 [anc. art. 201] Chaque partie est tenue de restituer à la fin du contrat tout ce qui lui a été remis pour la durée de ce contrat, soit par l'autre partie, soit par des tiers pour le compte de l'autre partie, et ce, sans préjudice pour l'une ou l'autre des parties de son droit de rétention.

Livre VIII

VENTE COMMERCIALE

Titre I

CHAMP D'APPLICATION ET DISPOSITIONS GÉNÉRALES

Chapitre I

CHAMP D'APPLICATION

Art. 234 [anc. art. 202 mod.] Les dispositions du présent Livre s'appliquent aux contrats de vente de marchandises entre commerçants, personnes physiques ou personnes morales, y compris les contrats de fourniture de marchandises destinées à des activités de fabrication ou de production.

Sauf stipulations conventionnelles contraires, le contrat de vente commerciale est soumis aux dispositions du présent Livre dès lors que les contractants ont le siège de leur activité dans un des États parties ou lorsque les règles du droit international privé mènent à l'application de la loi d'un État partie.

Jurisprudence OHADA

I. Définition de la vente et illustrations

En droit, la vente se définit comme une convention par laquelle une partie s'oblige à livrer une chose et l'autre à la payer. L'objet des commandes passées par la société défenderesse étant en l'espèce, l'achat de carnet de note à spirale, de plaquette de présentation, de sacs cabas grand format et de sacs cabas petit format moyennant des prix convenus, l'opération juridique conclue entre les parties s'analyse en un contrat de vente régi par les dispositions des articles 234 à 302 de l'AUDCG (CCJA, 1e ch., n° 173/2019, 23-5-2019 : Société Imprimerie du Plateau c/ BBG-CI).

En application des dispositions de l'article 234 de l'AUDCG, le contrat de vente ou de fourniture de carburant conclu entre deux personnes morales commerçantes ayant entre autres activités, la production des minerais, remplit les critères d'une vente commerciale qui, en l'absence de toute stipulation contraire, est soumise aux dispositions dudit Acte uniforme. Il s'ensuit que le litige y afférent relève de la compétence de la CCJA (CCJA, 3e ch., n° 161/2020, 30-4-2020 : Somina SA c/ Station Bagazam).

Le contrat de fourniture de carburants conclu par des sociétés commerciales, dans le cadre de l'activité professionnelle de chacune d'elle, et portant sur une série de livraison de carburants et de fournitures de services diverses moyennant le paiement d'un prix déterminé à l'avance, remplit tous les critères pour être qualifié de vente commerciale au sens de l'article 234 de l'AUDCG. A suffisamment motivé sa décision la cour d'appel qui, pour conclure que ce contrat est une vente commerciale dans laquelle les prestations accessoires, notamment la réalisation de certaines prestations annexées à l'obligation principale qui est la fourniture de carburants, ne sauraient constituer la part prépondérante, a, d'une part, considéré que le contrat a pour objet « la fourniture de carburants » entre deux sociétés et d'autre part, relevé que la demanderesse, marquant la prééminence de l'obligation de fourniture de carburants, pour pallier la défaillance de son cocontractant, s'est tournée vers d'autres fournisseurs pour s'approvisionner en carburants (CCJA, 2e ch., n° 277/2020, 30-7-2020 : Sitarail c/ SIB).

Une cour d'appel n'a pu violer les articles 234 et 259 de l'AUDCG dès lors que, pour retenir la forclusion pour prescription, elle a constaté que le béton commandé est de type standard et que l'adjuvant retardateur n'y a été introduit que pour en faciliter le transport, faisant ressortir que le contrat, qui portait sur des choses déterminées et non sur un travail spécifique destiné à répondre aux besoins particuliers par le donneur d'ordre, caractérisait une vente et non un contrat d'entreprise (CCJA, 2e ch., n° 189/2020, 28-5-2020 : ECMTD SARL c/ Triade CI).

II. Contrat international justifiant l'application de règles du droit international privé

Est un contrat international nécessitant la vérification préalable de la compétence des juridictions du Burkina Faso saisies le contrat de vente conclu par correspondance via Internet, entre une société étrangère installée en Belgique et des sociétés de droit burkinabé et dont l'exécution a été prévue au Burkina Faso.

S'agissant d'un contrat de vente international de marchandises dont la livraison a été prévue au Burkina Faso, où résident les défendeurs, les juridictions du Burkina Faso sont internationalement compétentes en application des articles 998 du Code des personnes et de la famille et 43 et 45 du Code de procédure civile.

Il résulte de l'article 1004 du Code des personnes et de la famille que le juge doit appliquer d'office les règles de conflits de lois énoncées aux articles 1002 et suivant du Code précité et le droit étranger qui sera désigné. Mais en matière contractuelle, ces dispositions, qui font la part belle à la loi d'autonomie, n'ont pas désigné le droit applicable. En l'absence également d'une désignation expresse, par les parties, de la loi qu'ils entendent voir appliquer à leur rapport juridique, il convient de localiser le contrat, c'est-à-dire de rechercher la loi avec laquelle le contrat est susceptible d'avoir les éléments les plus objectifs et les plus pertinents de rattachement. C'est d'ailleurs ce que commande l'article 4, paragraphe 1 de la convention de Rome sur la loi applicable au contrat auquel le Burkina Faso est partie. En matière de vente internationale de marchandise, la livraison est réputée faite à la prise de possession de la marchandise. Le matériel ayant été vendu et livré à Ouagadougou au Burkina Faso en l'espèce, la prise de possession devait se faire à Ouagadougou où les sociétés présumées débitrices devaient les utiliser ou les employer dans le cadre de leurs activités respectives. Il s'ensuit que les transferts de propriété sur les marchandises s'opéraient à la prise de possession au Burkina Faso. Les paiements devaient également être faits au Burkina Faso auprès de banques et établissement financiers de la place. Il résulte donc de l'ensemble de ces circonstances que l'économie essentielle du contrat se réalise à Ouagadougou au Burkina Faso et ces éléments objectifs autorisent à retenir que les contrats présentent les liens très étroits avec le Burkina Faso ; par suite, la loi burkinabé apparaît appropriée pour régir la présente cause (CA Ouagadougou, ch. com., n° 21, 20-1-2017 : Transport Confort Voyageurs SA et 3 autres c/ Technical Mechanical Services SA, http://tribunal-commerce.justice.gov.bf/download/arret-n21du-20-01-2017-les-societes-tcv-et-tca-contre-sodifa-et-bmsi/).

Jurisprudence comparée

I. États-Unis

A. Définition du contrat commercial

Un contrat est soumis au Code de commerce Uniforme lorsque les marchandises sont vendues par un marchand à un autre marchand du même domaine (Lloyd F. Smith Co. v. Den-Tal-Ez, Inc., 491 N.W.2d 11, 14 (1992).

B. Libre qualification des contrats par les parties

Les parties peuvent convenir que le contrat par lequel l'une s'engage à acheter une quantité minimum d'essence à l'autre et à garantir un certain niveau de qualité dans sa station essence est soumis au code de commerce uniforme. Ce dernier oblige les parties à agir de bonne foi dans la manière dont elles exécutent leur obligation. En l'espèce, le vendeur était tenu de fixer le prix de l'essence de bonne foi (United Food Mark, Inc. v. Motiva Entreprises, LLC, 457F. Supp.2d 1329 (2005)).

C. Application du Code de commerce uniforme

Lorsque la vente porte sur des marchandises, le Code de commerce uniforme s'applique (Glenn Thurman, Inc. v. Moore Constr., Inc., 942 S.W.2d 768 (1997)).

L'acier est une marchandise au sens de l'article 2 du Code de commerce uniforme. Par conséquent, un contrat portant sur la vente d'acier est une vente commerciale soumise au Code de commerce uniforme (Fields and company, Inc. v. United States Steel Internatinal, Inc., 426 Fed.Appx.271, 2011 WL 1935476)

Coordination UCC/common law. En présence d'une vente commerciale, les dispositions du Code de commerce uniforme se substituent aux règles de common law, notamment en matière d'inexécution contractuelle (Pacific Prods., Inc. v. Great W. Plywood, Ltd, 528 S.W.2d 286 (1975)).

À défaut de dispositions spécifiques dans le Code de commerce uniforme, les principes de common law et d'équité s'appliquent aux ventes commerciales (Crest Ridge Const. Group, Inc. v. Newcourt Inc., 78 F.3d 146 (1996)).

II. France

N'est pas un contrat de vente mais un contrat d'entreprise le contrat, malgré la qualification de vente figurant dans le contrat, le contrat par lequel une entreprise s'était engagée à livrer deux compresseurs, des pièces accessoires nécessaires au démarrage et au fonctionnement normal de l'équipement ainsi que le bâti nécessaire aux compresseurs et qui avait installé ces éléments suivant un cahier des charges définissant une liste de spécifications auxquelles devait répondre le matériel (CA Toulouse 3-9-2013 n° 11/05488, ch. 2-2., SA Linde France c/ Sté Praxair INC : RJDA 11/13 n° 890).

III. Ghana

Application de la loi sur les ventes de marchandises

Un contrat par lequel une partie construit une scierie en échange de livraison de bois est soumis à la loi sur les ventes de marchandises (Andreas Bschor Gmbh & co. kg v. Birim Wood Complex ltd & Birim Timbers ltd, Superior Court of Judicature, Supreme Court of Justice, civil appeal : n° J4/9/2015, 22/03/2016).

Art. 235 [anc. art. 203 mod.] Les dispositions du présent Livre ne régissent pas :

a) les ventes de marchandises achetées pour un usage personnel, familial ou domestique, à moins que le vendeur, à un moment quelconque avant la conclusion ou lors de la conclusion du contrat, n'ait pas su et n'ait pas été censé savoir que ces marchandises étaient achetées pour un tel usage ;

b) les contrats de fourniture de marchandises dans lesquels la part prépondérante de l'obligation de la partie qui fournit les marchandises consiste dans une fourniture de main-d'œuvre ou d'autres services.

Jurisprudence OHADA

I. Appréciation souveraine par le juge du fond de la formation du contrat de fourniture exclusive

C'est par une appréciation souveraine des faits qu'une cour d'appel a retenu la motivation suivante pour juger qu'il n'y a pas eu formation, par courriel, de contrat de fourniture exclusive entre les parties : « qu'en l'espèce, le courriel [du] représentant de la société Sonal, présenté par la Société Fish & Meat comme la matérialisation du contrat dont elle se prévaut, contient des termes tels que « comme convenu, je vais te virer 240 000 Euros contre ta facture pro-forma » ; « tu me feras le prix de la marchandise », « 6 mois à compter de ton accord » ; Qu'il est difficile d'interpréter comme des clauses d'un contrat de fourniture exclusive ou même une acceptation ferme d'une offre de contracter alors surtout que ledit courriel est la réponse à un mail indiquant simplement « sans problème, d'accord pour continuer la discussion sur ce mail » ; que par ailleurs, il résulte de la facture la matérialisant, que la livraison du 6 avril 2010 que la société Fish & Meat présente comme début d'exécution de la convention invoquée, n'a pas été faite aux conditions de facture pro-forma et quantité inscrites dans le mail en cause ; que dès lors, il convient de dire que la société Fish & Meat ne rapporte pas la preuve de l'existence du contrat par elle invoquée au soutien de ses prétentions ». Souverainement appréciés par les juges du fond, ces faits échappent au contrôle de la CCJA. Les articles 205, 208, 209, 210, 212 et 217 de l'AUDCG sont relatifs au commissionnaire, au courtier et à l'agent commercial et donc impropres à soutenir les prétentions de la requérante relatives à la formation d'un contrat de fourniture exclusive (CCJA, 3e ch., n° 079, 28-4-2016 : Fish & Meat SA c/ Sonal SARL, Ohadata J-17-27).

II. Ventes exclues

A. Ventes de marchandises achetées pour un usage personnel

Lorsque la vente porte sur des marchandises, le Code de commerce uniforme s'applique. En application de l'article 235 de l'AUDCG, les dispositions sur la vente commerciale ne régissent pas « les ventes de marchandises achetées pour un usage personnel, familial ou domestique, à moins que le vendeur, à un moment quelconque avant la conclusion ou lors de la conclusion du contrat, n'ait pas su et n'ait pas été censé savoir que ces marchandises étaient achetées pour un tel usage ». La cour d'appel qui a qualifié la vente intervenue entre une personne et une société de vente commerciale, pour lui appliquer la prescription biennale, sans caractériser l'usage pour lequel le véhicule était acheté n'a pas donné de base légale à sa décision, qui encourt de ce fait cassation. Sur l'évocation, le jugement initial doit être confirmé, dès lors que l'acquéreur n'a pu avoir connaissance du défaut dans la fabrication du véhicule qu'à partir de la « campagne de rappel sur accumulateur d'azote » lancée par le vendeur en août 2009, son action en responsabilité intentée courant 2011 n'ayant pu être couverte par la prescription invoquée. Cependant, la réparation accordée au titre de « préjudice de la voiture » et de « préjudice matériel » ne trouve aucun fondement. Il convient de réformer sur ce point le jugement et, statuant à nouveau, de condamner la société qui a vendu le véhicule seulement au remboursement de la valeur d'acquisition du véhicule (CCJA, 2e ch., no 204, 29-12-2016 : Ndendja Michel c/ Sté Tactafric Motors Cameroun SA, Ohadata J-17-144).

B. Fourniture de marchandises avec une part prépondérante de services : vente de billets d'avion

C'est à tort qu'il est reproché à un jugement d'avoir violé les articles 234 et 235 de l'AUDCG, en déniant le caractère de vente commerciale aux transactions à l'origine du litige pour rejeter le moyen tiré de la prescription de l'action, alors que l'activité principale et prépondérante de la société défenderesse consiste à proposer à la vente les billets d'avion des compagnies aériennes. Il en est ainsi dès lors qu'aux termes de l'article 235 susvisé, la réglementation relative à la vente commerciale ne régit pas « …les contrats de fourniture de marchandises dans lesquels la part prépondérante de l'obligation de la partie qui fournit les marchandises consiste dans une fourniture de main-d'œuvre ou d'autres services ». En l'espèce, le tribunal, analysant les termes du protocole d'accord, en a, à bon droit, déduit qu'au regard de la nature des obligations souscrites par la société défenderesse, les parties n'étaient pas liées par une vente commerciale et que, conséquemment, la prescription biennale des articles 301 et 302 de l'AUDCG du 15 décembre 2010, invoquée par la demanderesse n'était pas applicable en l'espèce ; que la première branche du second moyen sera donc rejetée (CCJA, 2e ch., no 101, 27-4-2017 : AXA Assurances Côte d'Ivoire SA c/ 1) Sté Trans Tour Voyages, 2) Ketekou épse Able Yéblé Doris Josiane).

Jurisprudence comparée

I. France

Contrats conclus à titre professionnel

L'activité professionnelle est entendue, en principe, comme une activité lucrative (CA Paris 4-1-1994 : GP 1994.709 note Brault, excluant par principe celle d'une association) et en rapport direct avec celle exercée par le contractant intéressé (Cass. civ. 30-1-1996 : RJDA 11/96 no 1406, 2e espèce) ; jugé par exemple :

– qu'une société commerciale qui a conclu un contrat d'installation et d'entretien d'appareils d'interphonie agit dans le cadre et pour les besoins de son activité commerciale (CA Aix 19-1-1983 : Bull. Cour d'Aix 1983/1 p. 63 ; dans le même sens, Cass. crim. 27-6-1989 : BRDA 18/89 p. 10, pour l'achat par un bijoutier d'un extincteur destiné à assurer la sécurité de la clientèle et du personnel) ;

– qu'un commerçant qui conclut un contrat de prêt pour financer les ventes qu'il consent à crédit à sa clientèle agit comme un professionnel (CA Paris 15-6-1987 : BRDA 24/87 p. 8 ; dans le même sens, Cass. com. 10-5-1989 : GP 1989.820 note Bey) ;

– qu'un commerçant qui fait un achat à crédit pour son commerce, fût-ce en vue d'en étendre les formes d'activité, accomplit un acte de professionnel (Cass. civ. 23-6-1987 : Bull. civ. I p. 154 ; dans le même sens, Cass. civ. 2-2-1994 : RJDA 5/94 no 594) ;

– qu'un contrat concernant l'expertise d'un sinistre qui avait eu lieu dans une exploitation agricole échappant à la compétence professionnelle de l'agriculteur, propriétaire de l'exploitation, n'entrait pas dans l'activité professionnelle de cet agriculteur (Cass. civ. 15-4-1982 : Bull. civ. I p. 118) ; de même, qu'un contrat conclu par une société anonyme ayant une activité d'agent immobilier en vue de l'installation d'un système d'alarme échappait à la compétence professionnelle de cette dernière (Cass. civ. 28-4-1987 : JCP G 1987.II.20893 note Paisant ; dans le même sens, Cass. civ. 25-5-1992 : RJDA 7/92 no 727) ;

– que les prêts consentis par une banque à une personne physique à charge pour celle-ci de réinvestir les fonds dans une société relèvent de l'activité professionnelle de l'emprunteur (Cass. com. 20-11-1990 : Bull. civ. IV p. 197) ;

– que le prêt contracté par une avocate était destiné à financer son activité professionnelle dès lors qu'il avait servi à l'acquisition d'un matériel informatique qui, compte tenu de son coût et de sa nature, était plutôt destiné à un usage professionnel que privé, que les documents relatifs à ce prêt portaient l'adresse du cabinet d'avocat, et que les mises en demeure la concernant avaient été envoyées à son bureau alors que celles adressées à son mari en sa qualité de caution l'avaient été au domicile personnel des époux (CA Versailles 19-6-1998 : DA 1998.1390 ; rappr. Cass. com. 14-3-2000 : RJDA 5/00 no 608 : achat d'un logiciel par un expert-comptable pour son activité professionnelle).

II. Irak

Vente civile

Les dispositions sur la vente commerciale ne sont applicables qu'aux ventes conclues entre commerçants dans le cadre de leurs activités de commerce. Dès lors, lorsque l'acheteur est non-commerçant et a acheté le bien pour son usage personnel, la vente n'entre pas dans le champ d'application du Code de commerce et elle est soumise aux dispositions du Code civil (Cour de cassation 20-4-1974 : Recueil Mashahdi droit commercial, p. 14).

Art. 236 [anc. art. 203 mod.] Les dispositions du présent Livre ne régissent pas davantage les ventes soumises à un régime particulier, notamment :

a) les ventes aux enchères ;

b) les ventes sur saisie ou de quelque autre manière par autorité de justice ;

c) les ventes de valeurs mobilières, d'effets de commerce ou de monnaies ;

d) les mobilisations et autres opérations sur créances ou instruments financiers ;

e) les ventes de navires, bateaux, aéroglisseurs et aéronefs ;

f) les ventes d'électricité.

Chapitre II
DISPOSITIONS GÉNÉRALES

Art. 237 [anc. art. 205 mod.] La vente commerciale est soumise aux règles du droit commun des contrats et de la vente qui ne sont pas contraires aux dispositions du présent Livre.

Les parties sont tenues de se conformer aux exigences de la bonne foi. Elles ne peuvent exclure cette obligation, ni en limiter la portée.

JURISPRUDENCE OHADA

Application de règles nationales non contraires à l'AUDCG

Preuve en matière de vente commerciale. Les dispositions du Livre V [devenu Livre VIII] de l'AUDCG relatif à la vente commerciale incluent expressément les dispositions du droit interne de tout État partie, en cas de silence de l'Acte uniforme sur des questions traitées ; tel est le cas en ce qui concerne les preuves en matière de vente commerciale, lesquelles sont régies notamment en Côte d'Ivoire, État partie, par les articles 1315 et 1332 du Code civil (CCJA, n° 024/2007, 31-5-2007 : W. B. c/ Socimat-CI, Rec. jur. CCJA n° 9, janv.-juin 2007, p. 53, Ohadata J-08-225).

Obs. : à la lettre et au fond, le « droit commun » ne peut vouloir dire systématiquement le droit national ; la solution demeure valable si la loi nationale appliquée peut être qualifiée de droit commun. C'est aussi conforme au sens de « civil » qui vise les rapports des citoyens entre eux, ce qui est relatif aux citoyens, donc ce qui est commun. Dans le contexte de cet arrêt, le « droit commun » doit s'entendre des dispositions supplétives nationales. À notre avis, cet arrêt est désormais caduc en ce qu'il renvoie au droit national (ivoirien) qui n'admet pas la preuve par tous moyens contre un non commerçant. Il reste que l'AUDCG, dans sa nouvelle version (article 5), demande de prendre en compte la preuve par tous moyens contre un non-commerçant lorsqu'il y a un commencement de preuve par écrit. Cette disposition entraîne un renvoi au droit national pour la détermination du « commencement de preuve par écrit ».
Cependant, la solution du renvoi aux dispositions nationales sur les questions traitées demeure valide ; pour une illustration du renvoi aux dispositions nationales supplétives au sujet d'une cession de fonds de commerce, voir sous l'art. 147.

JURISPRUDENCE COMPARÉE

Irak

Contrat : consensualisme appliqué aux adjudications amiables

Par un arrêt du 4 juin 2009, l'Assemblée plénière de la Cour de cassation a statué sur une demande en nullité d'une adjudication pour non-respect des formalités. En l'espèce, le Rectorat de l'Université de Diyala avait organisé une adjudication pour la confection des copies d'examen. Ayant failli à son obligation d'exécuter le marché, le cocontractant choisi s'est vu assigné en paiement des dommages-intérêts. Pour se défendre il a invoqué la nullité du contrat pour inobservation des exigences légales notamment la forme écrite de l'acte. La cour d'appel a cru pouvoir accueillir l'action en nullité sous visa de l'article 91-2 du Code civil prévoyant que « lorsque la loi subordonne la conclusion du contrat à l'observation d'une certaine forme, celle-ci s'applique également à la convention renfermant la promesse de contracter ». La Cour de cassation censure ce raisonnement. Elle rappelle le principe de droit commun selon lequel le contrat est consensuel sauf lorsque la loi impose une certaine formalité nécessaire à sa conclusion et qu'en l'espèce bien qu'il existe certains arrêtés ministériels relatifs aux adjudications, ceux-ci ne se hissent pas au rang des lois. Dès lors, les adjudications restent soumises au droit commun et au principe de consensualisme. En conséquence, dans les contrats conclus par adjudication et qui ne sont pas soumis à des formalités spécifiques, la proposition faite par un candidat étant considérée comme offre, le contrat est réputé conclu dès le moment où celle-ci a rencontré l'acceptation de l'administration, sans exigence supplémentaire (Cour de cassation fédérale, ass. plén. 7-10-2007, pourvoi n° 80).

Art. 238 [anc. art. 206 mod.] **Lorsqu'une clause est ambiguë, la volonté d'une partie doit être interprétée selon le sens qu'une personne raisonnable, de même qualité que l'autre partie, placée dans la même situation, aurait déduit de son comportement.**

Pour déterminer la volonté d'une partie, il doit être tenu compte des circonstances de fait, et notamment des négociations qui ont pu avoir lieu entre les parties, des pratiques qui se sont établies entre elles, voire des usages en vigueur dans la profession concernée.

JURISPRUDENCE OHADA

I. Détermination de l'intention commune des parties

Toutes les clauses d'un contrat s'interprètent les unes par les autres en donnant à chacune le sens qui résulte de l'acte entier. Lorsque le bon de commande adressé en réponse à l'offre d'un fournisseur indique clairement que ce dernier doit joindre à la demande de paiement l'original du bon de commande, la facture et le bon de livraison, c'est à tort qu'un juge a écarté cette indication qui constitue une contre-offre de l'acheteur au sens de l'article 214 [devenu 235] de l'AUDCG et sa décision doit être infirmée (CA Ouagadougou, n° 15, 20-1-2006 : Sté Télécel Faso c/ Sté Hortel Project, Ohadata J-09-22).

II. Dénonciation claire de l'intention commune par l'une des parties

Le juge ne peut se livrer à l'interprétation des usages et des habitudes en application de l'article 207 [devenu 239] de l'AUDCG que si l'intention des parties n'est pas ou est mal exprimée. Cependant, lorsqu'une des parties a manifesté à plusieurs reprises à l'autre partie ne plus vouloir être liée par leurs usages, il ne peut être reproché à la cour d'appel d'en avoir tenu compte et le moyen basé sur la violation de l'article 207, al. 1 [devenu 239] doit être rejeté (CCJA, n° 064/2005, 22-12-2005 : Sany Quincaillerie c/ Subsahara Services NC, Rec. jur. CCJA, n° 6, juin-déc. 2005, p. 54, Ohadata J-06-39).

JURISPRUDENCE COMPARÉE

I. États-Unis

A. Preuve du contrat

Inadmissibilité des témoignages lorsque les termes d'un contrat sont clairs et précis. A moins qu'ils ne soient ambigus, les termes d'un contrat reflètent l'intention des parties. Les juges ne peuvent donc pas recourir à des témoignages pour modifier le contenu d'un contrat dont les termes sont clairs et précis (Kimbell Foods, Inc. v. Republic Nat. Bank of Dallas, 557 F2d 491 (Court of appeal 5th Circuit 1977)).

B. Interprétation des volontés

1° Préférence donnée au plaignant

Les juges doivent interpréter les allégations d'une demande dans le sens le plus favorable au plaignant (Kolegas v. Heftel Broadcasting Corporation, 154 Ill. 2d 1, 9, 607, N.E2D 201 (1992)).

2° Recherche de la commune intention des parties et interprétation utile et raisonnable

Selon le droit du Delaware, lorsque les juges sont amenés à interpréter un contrat, ils doivent rechercher la commune intention des parties. Selon la théorie objective de l'interprétation des contrats, pour trouver cette commune intention les juges doivent regarder les termes du contrat en cause et les interpréter dans leur sens courant c'est-à-dire selon le sens que leur donnerait une personne raisonnable. De plus, un contrat ne doit pas être interprété de manière littérale si cela conduit à des résultats absurdes, c'est-à-dire si cela conduit à un accord que des parties rationnelles poursuivant un but rationnel auraient eu très peu de chance de vouloir conclure. En l'espèce, les juges ont décidé qu'il n'était pas possible de considérer que les gains obtenus le 17 janvier 2003 étaient des gains obtenus « à la fin du trimestre se terminant le 31 décembre 2002 » (In Koch Business Holding, LLC v. Amoco Pipeline Holding Company, Court of Appeal 11th Circuit, 07-13273 (2009)).

3º Ambiguïté du contrat

Un contrat ne devient pas ambigu du seul fait que les parties ne s'accordent pas sur son sens (Fultz v. Shaffer, 111 Md. App. 278 (1996)).

II. Pologne

Ambiguïté du contrat

Le risque résultant de l'ambiguïté des termes du contrat, doit être supporté par la partie l'ayant rédigé (Cour suprême, 17-6-2009, IV CSK 90/09).

L'interprétation des clauses ambiguës du contrat doit être faite à l'aune des clauses similaires contenues dans des contrats antérieurs (Cour suprême, 17-12-2008, I CSK 250/08).

Art. 239 [anc. art. 207 mod.] Les parties sont liées par les usages auxquels elles ont consenti et par les pratiques qui se sont établies dans leurs relations commerciales.

Sauf convention contraire des parties, celles-ci sont réputées avoir adhéré aux usages professionnels dont elles avaient connaissance ou auraient dû avoir connaissance et qui, dans le commerce, sont largement connus et régulièrement observés par les parties à des contrats de même nature dans la branche d'activité concernée.

Jurisprudence OHADA

Caractère impératif des usages et pratiques établis

A. Preuve des usages

Il ressort de l'article 239 de l'AUDCG que les usages professionnels s'imposent aux parties dès lors qu'il est établi qu'ils ont déjà été observés par celles-ci dans une autre relation contractuelle similaire ; en l'espèce, la reconnaissance par le demandeur au pourvoi d'un autre contrat de financement le liant à la défenderesse au pourvoi, dont une stipulation admet les usages professionnels de la réfaction, constitue la preuve de l'admission par les parties de cet usage professionnel de la réfaction. Il s'ensuit que la cour d'appel qui a retenu que « [le] contrat des parties stipule que le bénéficiaire du prêt exigera à chaque livraison qu'il lui soit délivré par le représentant de la société [défenderesse] un bordereau attestant que le produit a bel et bien été livré et qu'il est conforme aux normes de qualité et de quantité » a fait une application correcte de la règle de droit et le moyen reprochant à l'arrêt attaqué le défaut de base légale résultant de l'absence, de l'insuffisance et de l'obscurité des motifs doit être rejeté (CCJA, 3e ch., nº 101, 2-6-2016 : Tounkara Kaido c/ Outspan-Ivoire SA, Ohadata J-17-41).

B. Impossibilité d'y déroger unilatéralement

La demanderesse qui reconnaît avoir été adjudicataire de plus de 170 commandes de la défenderesse, attribuées à la suite des appels d'offres lancés sous forme de « réquisitions » qui ont abouti à son choix comme meilleur compétiteur, ne peut déroger par quelques « réquisitions » aux habitudes et usages formés entre les parties sur la pratique des réquisitions qu'elle connaissait bien et qui consistait à l'envoi aux fournisseurs des « réquisitions » afin de susciter des offres de prix sur les marchandises listées sur celles-ci et de sélectionner le meilleur fournisseur pour passer les commandes. Il convient de conclure que les usages et habitudes étaient fondés sur la pratique des appels d'offres (CCJA, 2e ch., nº 2, 2-2-2012 : Sté SSI c/ Sany, Juris-Ohada, 2012, nº 4, oct.-déc. p. 7, Ohadata J-13-56).

Obs. : voir sous les art. 238 et 241.

Il ressort de l'article 239 de l'AUDCG que les usages professionnels s'imposent aux parties dès lors qu'il est établi qu'ils ont déjà été observés par celles-ci dans une autre relation contractuelle similaire ; en l'espèce, la reconnaissance par le demandeur au pourvoi d'un autre contrat de financement le liant à la défenderesse au pourvoi, dont une stipulation admet les usages professionnels de la réfaction, constitue la preuve de l'admission par les parties de cet usage professionnel de la réfaction. Il s'ensuit que la cour d'appel qui a retenu que « [le] contrat des parties, stipule que le bénéficiaire du prêt exigera à chaque livraison qu'il lui soit délivré par le représentant de la société [défenderesse], un bordereau attestant que le produit a bel et bien été livré et qu'il est conforme aux normes de qualité et de quantité » a fait une application correcte de la règle de droit et le moyen reprochant à l'arrêt attaqué le défaut de base légale résultant de l'absence, de l'insuffisance et de l'obscurité des motifs doit être rejeté (CCJA, 3e ch., nº 101, 2-6-2016 : Tounkara Kaido c/ Outspan-Ivoire SA, Ohadata J-17-41).

Art. 240 [anc. art. 208 mod.] Le contrat de vente commerciale peut être écrit ou verbal ; il n'est soumis à aucune condition de forme. Il est prouvé par tous moyens.

JURISPRUDENCE OHADA

I. Liberté de forme d'un contrat international

Aucune règle du commerce international n'impose à des parties de suivre des étapes spécifiques (demande de prix matérialisée par la délivrance par le vendeur d'une facture proforma, puis par une commande ferme de l'acheteur matérialisée par un bon de commande) pour parvenir à un contrat de vente, sauf à en apporter la preuve certaine, ce qui n'a pu être fait en l'espèce, les sociétés demanderesses n'ayant pu spécifier de quelle règle du commerce international il s'agit. Les parties sont libres de procéder comme elles l'entendent pour conclure leur contrat, exception faite des cas dans lesquels la loi impose un formalisme particulier ; tel n'étant pas le cas en l'espèce, les parties restent libres de le faire même par simple échange téléphonique. Les étapes décrites ci-dessus ne sont que des instruments d'une bonne gestion des stocks dans une entreprise et demeurent dans la réalité, des stades théoriques que les parties ne sont pas juridiquement tenues de suivre, bien qu'ils soient recommandés et enseignés dans les écoles professionnelles comme un meilleur management de l'entreprise. L'essentiel est d'établir par tous les moyens appropriés et légalement admissibles, au nom de la liberté de la preuve en matière commerciale rappelée à l'article 5 de l'AUDCG, la preuve alléguée par l'une des parties. Dans ces circonstances, tous les éléments à même de prouver l'existence du contrat passé entre elles (comme les lettres, courriels, fax, factures proforma, propositions de prix, etc.) sont recevables. C'est donc légitimement que le premier juge a pu retenir « des mails échangés entre [les parties] [...] » que « des commandes et leurs confirmations, des pièces détachées, ont été effectivement faites à la société TMX ». Il en est ainsi dès lors que les courriels échangés attestent effectivement que des commandes ont été faites, envoyées par DHL avec les mêmes références contenues dans les courriels, ont été reçues et que la société appelante n'a jamais contesté ni en première instance ni en appel que la personne qui a agi en son nom n'est pas son agent ou n'a jamais été mandaté à cet effet (CA Ouagadougou, ch. com., n° 21, 20-1-2017 : Transport Confort Voyageurs SA c/ Technical Mechanical Services SA, http://tribunal-commerce.justice.gov.bf/download/arret-n2120-01-2017-les-societes-tcv-et-tca-contre-sodifa-et-bmsi/).

II. Preuve par tous moyens

Une vente commerciale, fût-elle écrite ou verbale, doit être prouvée par tous moyens tel que le prescrit l'article 240 de l'AUDCG. Les premiers juges qui, dans leur appréciation souveraine des faits au vu des éléments produits au dossier, ont retenu que la demanderesse ne rapporte aucune preuve de la conclusion d'une vente commerciale avec la défenderesse, n'ont en rien violé les articles 262 et 276 de l'AUDCG visé au moyen qui n'est pas fondé et doit être rejeté (CCJA, 3e ch., n° 084, 28-4-2016 : Sté Siemens c/ Saritel, Ohadata J-17-32).

III. Appréciation souveraine des juges du fond

C'est à bon droit que l'appelant qui affirme dans ses conclusions avoir livré 104 sacs de marchandises à l'intimé a été condamné, dès lors que le premier juge a souverainement constaté qu'à la phase de tentative de conciliation, l'appelant a reconnu avoir reçu une somme représentant la valeur de 160 sacs (CA Bobo-Dioulasso (Burkina Faso), ch. com., n° 09/09, 10-6-2009 : O. S. c/ N. E., Ohadata J-12-115).

JURISPRUDENCE COMPARÉE

I. États-Unis

Liberté de la preuve d'un contrat entre professionnels

En principe un contrat de vente de marchandises dont le montant est supérieur à 500 dollars n'est pas exécutoire à moins qu'il n'ait été conclu par écrit. Toutefois, conformément au code de commerce uniforme, cette règle ne s'applique pas lorsque les deux parties sont des professionnels soumis au Code de commerce Uniforme (Smith v. General Mills, Inc. 968 P.2d 723 (1998)).

II. France

Ecrit sous forme des conditions générales de vente

Rejet de la qualification d'œuvre de l'esprit relevant de la protection du droit d'auteur. Les conditions générales de vente, bien qu'étant le produit d'un travail intellectuel qui dénote une compétence technique et un savoir-faire, ne constituent pas en l'espèce une œuvre de l'esprit originale protégée de la contrefaçon par les droits d'auteur en raison, d'une part, de l'absence de singularité dans la forme et la composition susceptibles de les distinguer d'emblée des autres textes juridiques ou notices techniques rencontrés sur le marché des produits de consommation courants et d'autre part, sur le fond, du suivi par les rubriques d'un ordre imposé par la chronologie de l'opération commerciale dont leur teneur était certes exposée en des termes simples et précis mais par nécessité de satisfaire à leur fonction qui est de renseigner utilement et loyalement la clientèle sur les obligations respectives des parties (CA Paris 24-9-2008 n° 07/3336 : BRDA 23/08 inf. 19).

• Titre II •

FORMATION DU CONTRAT

Art. 241 [anc. art. 210 mod.] Le contrat se conclut soit par l'acceptation d'une offre, soit par un comportement des parties qui indique suffisamment leur accord.

Une offre est suffisamment précise lorsqu'elle désigne les marchandises et, expressément ou implicitement, fixe la quantité et le prix ou donne les indications permettant de les déterminer.

Une proposition de conclure un contrat, adressée à une ou plusieurs personnes déterminées, constitue une offre si elle est suffisamment précise et si elle indique la volonté de son auteur d'être lié en cas d'acceptation.

Une proposition adressée à des personnes indéterminées est considérée seulement comme une invitation à l'offre, à moins que la personne qui a fait la proposition n'ait clairement indiqué le contraire.

Jurisprudence OHADA

Lettre d'appel d'offres avec réserves

Lorsque la lettre d'appel d'offres d'une partie est suffisamment précise du fait d'avoir désigné les marchandises, fixé la quantité et donné les indications permettant de déterminer le prix, mais n'indique pas, en revanche, la volonté de son auteur d'être lié en cas d'acceptation, d'autant qu'il « se réserve le droit de ne pas donner suite ou de ne donner suite que partiellement à cet appel d'offres », c'est à juste titre qu'une cour d'appel a estimé que lesdites offres n'indiquent pas la volonté de leur auteur d'être lié en cas d'acceptation et le moyen tendant à la violation de l'article 210 de l'AUDCG doit être rejeté (CCJA, n° 064/2005, 22-12-2005 : Sany Quincaillerie c/ Subsahara Services NC, Rec. jur. CCJA, n° 6, juin-déc. 2005, p. 54, Ohadata J-06-39). Au sens de l'article 210 [devenu 241] de l'AUDCG, une proposition de conclure ne devient offre que si, faite à personne déterminée, elle est suffisamment précise et indique la volonté de son auteur d'être lié en cas d'acceptation. Ainsi, des « réquisitions » qui sont de simples listes indiquant des marchandises, la quantité à fournir sans aucune indication de prix à pratiquer et ne font nulle part mention de la volonté de l'auteur d'être lié, en cas d'acceptation ; qui présentent des tableaux de comparaison sur lesquels figurent les noms de plusieurs fournisseurs intéressés par lesdites « réquisitions » et les prix différemment pratiqués, constituent une proposition de contracter avec celui qui pratiquerait les meilleurs prix, démontrant que l'offre est ainsi subordonnée à la sélection du fournisseur compétitif à qui la demanderesse au pourvoi émet un bon de commande. En retenant que « les réquisitions émanant de [la demanderesse] peuvent être considérées comme offre conformément à l'article 210 [devenu 241] de l'AUDCG aux motifs qu'elles sont assorties d'un délai bien déterminé, désignent les marchandises, fixent leur quantité et donne des indications permettant de déterminer les prix et qu'après présentation des factures proforma dans le délai imparti [la demanderesse au pourvoi] ne les a pas révoqué[es] à temps, ce qui vaut acceptation », la cour d'appel, qui a manqué de relever deux des caractéristiques de l'offre, lesquelles portent sur la volonté de l'auteur de celle-ci d'être lié en cas d'acceptation et le défaut de l'indication du prix sur les « réquisitions », a violé les dispositions précitées et exposé son arrêt à la cassation sans qu'il soit besoin d'examiner les autres moyens (CCJA, 2e ch., n° 2, 2-2-2012 : Sté SSI c/ SANY, Juris-Ohada, 2012, n° 4, oct.-déc. p. 7, Ohadata J-13-56).

Jurisprudence comparée

I. Bulgarie

Indétermination de l'offre

À défaut d'individualisation de l'ouvrage faisant l'objet du contrat de bail financier et en l'absence d'un commun d'accord des parties pour confier à un tiers ou par un avenant au contrat la définition de certains points, la relation juridique dans le cadre du contrat de vente conclu entre le bailleur et le tiers fournisseur est nulle. L'absence d'une telle individualisation signifie le défaut d'un accord valable sur un élément essentiel du contrat. En l'espèce, il s'agissait d'une offre du tiers fournisseur comprenant la mise en place d'une chaîne de production de pâtisserie acceptée avec un avis du bailleur et du preneur manifestement antérieure à la conclusion du bail financier qui ne précisait pas l'aspect et l'état de la machine au moment de la signature du contrat. En outre, le fait que le vendeur ait sollicité un délai de deux mois pour essayer la machine sans rapporter la preuve de l'essai effectif et la demande de paiement du prix de la machine ne sauraient être interprétés par les juges du fond comme la volonté du tiers fournisseur de remplir son obligation (Cour suprême de Bulgarie, collège commercial, n° 190 du 23-4-2007, JURICAF).

II. États-Unis

A. Définition de l'offre

La formation d'un contrat suppose l'existence d'une offre ; le Code de commerce uniforme n'a pas défini cette notion (Crest Ridge Const. Group, Inc. v. Newcourt Inc., 78 F.3d 146 (1996)).

Une offre est un acte qui conduit le receveur à croire légitimement que son acceptation formera le contrat (Axelson, Inc. v. McEvoy-Willis, 7 F.3d 1230 (1993)).

B. Le prix et l'offre

De manière générale, le prix figurant dans une brochure ou dans une publicité n'est pas considéré comme une offre mais comme une invitation à faire une offre (E.C. Styberg Eng'g Co. v. Eaton Corp., 492 F.3d 912 (2007)).

Toutefois, le prix figurant dans une brochure ou dans une publicité peut constituer une offre s'il est suffisamment détaillé et précis (Crest Ridge Const. Group, Inc. v. Newcourt Inc., 78 F.3d 146 (1996)).

Lorsque les documents remis précisent que le prix indiqué devra être approuvé par le siège social, il ne s'agit pas d'une offre engageant le promettant (Architectural Metal Systems, Inc. v. Consolidated Systems, Inc., 58 F.3d 1227 (1995)).

C. Eléments essentiels du contrat

Conformément au Code de commerce uniforme de l'État du Texas (il existe un UCC spécifique), la quantité est un élément essentiel du contrat (OKC Corp. v. UPG, Inc., 798 S.W.2d 300 (1990)).

III. France

A. Offre suffisamment précise

Dès lors que l'offre d'un service est personnelle, précisément chiffrée, détaillée et formulée pour une année précise, elle lie son auteur dès l'instant où le destinataire de l'offre a demandé l'exécution du service (CA Versailles 16-6-2000 : D. 2000.IR.249).

B. Offre erronée

En cas d'erreur matérielle manifeste dans l'énoncé de l'offre, le contrat peut être annulé à l'égard de celui qui s'est saisi de cette offre de mauvaise foi (CA Rouen 12-6-1991, inédit).

C. Absence d'offre

Ne constitue pas une offre :

– une proposition faite au visa de conditions générales de vente qui spécifient les modalités d'acceptation des commandes, soit par livraison des marchandises aux conditions de la facture, soit par émission dans les huit jours ouvrés d'un accusé de réception de commande indiquant les termes et conditions de son acceptation (CA Versailles 8-2-2001 GP 2001.som.28/30 octobre, considérant une telle proposition comme une invitation à des pourparlers autorisant le vendeur à modifier ses prix et le pourcentage de remise) ;

– une proposition d'achat ne comportant pas de prix déterminé car on ne peut en déduire qu'elle est valable à n'importe quel prix (CA Paris 25-10-2006 : RJDA 3/07 n° 241).

Art. 242 [anc. art. 211 mod.] **L'offre prend effet lorsqu'elle parvient à son destinataire.**

L'offre peut être révoquée si la révocation parvient au destinataire avant que celui-ci n'ait exprimé son acceptation.

Cependant, l'offre ne peut être révoquée si elle indique, en fixant un délai déterminé pour l'acceptation, qu'elle est irrévocable ou si le destinataire était raisonnablement fondé à croire que l'offre était irrévocable et a agi en conséquence.

L'offre prend fin lorsque son rejet parvient à son auteur.

JURISPRUDENCE COMPARÉE

France

Maintien de l'offre pendant un délai raisonnable

Dans le cas d'une offre adressée par un département à un particulier de rétrocession d'une partie d'un terrain que celui-ci lui avait vendu en se réservant un droit de préférence et du refus, six ans après, du département, se prévalant de la caducité de son offre, de signer l'acte authentique de vente, il convenait de rechercher si l'acceptation était intervenue dans le délai raisonnable nécessairement contenu dans toute offre de vente non assortie d'un délai précis (Cass. 3e civ. 20-5-2009 n° 08-13.230 : RJDA 11/09 n° 938).

Art. 243 [anc. art. 212 mod.] L'offre doit être acceptée dans le délai stipulé par l'auteur de l'offre ou, à défaut d'une telle stipulation, dans un délai raisonnable, compte tenu des circonstances, notamment de la rapidité des moyens de communication utilisés par l'auteur de l'offre. Une offre verbale doit être acceptée immédiatement, à moins que les circonstances n'indiquent le contraire.

Constitue une acceptation, toute déclaration ou autre comportement du destinataire indiquant qu'il acquiesce à l'offre. Le silence ou l'inaction ne peut à lui seul valoir acceptation.

Jurisprudence comparée

I. Belgique

Silence

Le silence de l'une des parties sur les propositions de l'autre ne l'oblige qu'autant qu'existent entre elles des relations d'affaires (CA Liège 8-3-1985 : Revue générale des assurances et des responsabilités (Belgique) 1987 p. 11210).

II. France

A. Non-acceptation de l'offre

L'offre n'a pas été acceptée :

– du seul fait qu'a été conservé un chèque adressé avec une offre d'achat à titre « d'indemnité d'immobilisation » (Cass. 3e civ. 3-2-1993 : RJDA 5/93 no 376) ;

– du seul fait que le client d'un réparateur de bateaux n'a ni contesté la lettre afférente à des travaux inclus dans un devis ni répondu à celle-ci (Cass. 1e civ. 16-4-1996 : JCP 1996.IV.1366, refusant au réparateur de bateaux le paiement de ces travaux) ;

– lorsque son acceptation n'a été envoyée par la poste que le jour suivant la réception de la rétractation, les cachets de la poste faisant foi ; la date mentionnée sur la lettre d'acceptation est inopérante, car les manœuvres consistant à adresser des courriers antidatés pour tenter d'établir l'existence d'un accord antérieur à la rétractation sont d'autant moins crédibles que les parties disposaient de moyens modernes de communication tels que le fax permettant de transmettre immédiatement tout message utile avec mention de la date et de l'heure (CA Nancy 14-6-2000 : JCP 2002 IV 1193 : a aussi refusé de condamner l'auteur de l'offre, un vendeur, pour rétractation abusive de son offre, valable pour une durée indéterminée, dès lors qu'il l'a maintenue pendant un délai raisonnable de six semaines ; la rétractation n'a pas été brutale, puisque l'acheteur savait que le vendeur souhaitait conclure rapidement, volonté régulièrement manifestée par le vendeur, notamment dans un courrier précédent la rétractation et pressant l'acheteur d'accepter l'offre ; du reste, le vendeur n'avait pas l'obligation de mettre en demeure l'acquéreur ou de lui fixer un délai pour l'acceptation avant de retirer son offre).

B. Acceptation de l'offre par le silence

1° En cas de relations d'affaires entre les parties

Le silence de l'une des parties sur les propositions de l'autre ne l'oblige qu'autant qu'existent entre elles des relations d'affaires (CA Paris 5-2-1980 : JCP G 1981.IV.364 ; CA Paris 10-11-1981 : BRDA 4/82 p. 20) ; il ne doit pas dépasser un délai raisonnable lorsque l'offrant a indiqué sa volonté de conclure à bref délai (Cass. civ. 20-5-1992 : RJDA 11/92 no 998) ou même à défaut d'une telle précision si le délai de réponse a été trop long (26 mois) (CA Riom 29-2-1996 : JCP G 1997.IV.441) ; les juges apprécient souverainement le caractère raisonnable du délai (Cass. 3e civ. 25-5-2005 no 631 : RJDA 12/05 no 1335).

2° En raison des circonstances

Si, en principe, le silence gardé par le destinataire d'une offre n'en vaut pas acceptation, il n'en va pas de même lorsque les circonstances permettent de donner à ce silence la signification d'une acceptation ; il en est ainsi de l'engagement pris par un médecin dirigeant et associé d'une société exploitant une clinique dans l'intérêt exclusif de celle-ci qui n'avait donc pas à l'accepter explicitement, après la mise en redressement judiciaire de la clinique, à apporter des fonds en compte courant pour permettre à la clinique de présenter un plan crédible à l'homologation du tribunal, cette circonstance donnant à son silence la signification d'une acceptation (Cass. com. 18-1-2011 no 09-69.831 : Légifrance).

C. Preuve du consentement d'une partie à un contrat

Est établie la réalité de l'engagement contractuel d'un locataire de matériel informatique dès lors que la croix figurant sur le contrat à l'emplacement de la signature n'est pas sa signature habituelle figurant sur les pièces de comparaison mais un paraphe, forme de signature rapide admise dans les usages commerciaux ; en outre le contrat porte à ce même emplacement le tampon de l'entreprise du locataire et celui-ci ne prétend ni qu'il s'agit d'un faux tampon ni que son propre tampon lui aurait été subtilisé (Cass. com. 18-1-2011 n° 10-12.045 : Légifrance).

III. Irak

Silence circonstancié vaut acceptation

Le silence vaut acceptation notamment lorsqu'il existe des relations d'affaires précédentes entre les parties ou lorsque l'offre est purement dans l'intérêt de son destinataire (C. civ art. 81). En conséquence, la réception, sans réserve, des marchandises par l'acheteur dans un contrat de fourniture vaut acceptation de la clause de limitation de responsabilité stipulée dans de nombreuses factures antérieures (Cass. ch. civ. 30-10-1972 : Bull. judiciaire, 4, 1974, p. 53).

Art. 244 [anc. art. 213 mod.] L'acceptation d'une offre prend effet au moment où l'expression de l'acquiescement parvient à l'auteur de l'offre.

Cependant, si en vertu des dispositions de l'offre, des pratiques établies entre les parties ou des usages, le destinataire peut, sans notification à l'auteur de l'offre, exprimer qu'il acquiesce en accomplissant un acte, l'acceptation prend effet au moment où cet acte est accompli.

Art. 245 [anc. art. 214 mod.] La réponse à une offre qui se veut acceptation de cette offre, mais qui contient des additions, des limitations ou d'autres modifications, vaut rejet de l'offre et constitue une contre-proposition.

Toutefois, la réponse qui se veut acceptation mais qui contient des éléments complémentaires ou différents n'altérant pas substantiellement les termes de l'offre, constitue une acceptation, à moins que l'auteur de l'offre, sans retard indu, n'exprime son désaccord sur ces éléments. S'il ne le fait pas, les termes du contrat sont ceux de l'offre avec les modifications énoncées dans l'acceptation.

Jurisprudence OHADA

I. Erreur

Lorsqu'un fournisseur croyait que le prix de la marchandise est à payer en totalité dès la commande et avant livraison et que l'acheteur pensait que sa contre-offre proposant le paiement au vu du bon de livraison a été acceptée par son fournisseur, il y a une erreur sur les éléments substantiels de la convention notamment la livraison et le paiement du prix de la marchandise. Cette erreur constitue un vice de consentement justifiant la nullité du contrat (CA Ouagadougou, n° 15, 20-1-2006 : Sté TELECEL FASO c/ Sté HORTEL PROJECT, Ohadata J-09-22).

II. Contre-offre

L'offre de vente suivie d'une acceptation avec paiement partiel du prix et rédaction d'un projet de contrat intervenue entre une société A. en cours de liquidation représentée par son liquidateur et une autre société B. constitue une proposition précise de conclure adressée à une personne déterminée avec fixation du prix des actifs à céder suivie d'une acceptation. L'engagement de payer « ultérieurement » l'intégralité du prix, sans qu'une proposition d'échéancier n'ait été faite pour le paiement du reliquat qui demeurait ainsi immédiatement exigible, ne peut être considéré comme une limitation de l'offre pouvant constituer une contre-offre au sens de l'article 214, al. 2 [devenu 245, al. 2] de l'AUDCG, parce que ne pouvant s'analyser comme une proposition de vente à crédit. En se fondant sur l'existence préalable d'une offre valable suivie d'une acceptation entre la société A. et la société B. pour annuler le contrat de vente qui a été conclu par la suite avec Monsieur X. et la société A., la cour d'appel a fait une juste application des articles 210, 211 et 214 [respectivement devenus 241, 241 et 245] dont la violation est alléguée par le requérant (CCJA, 3e ch., n° 28, 6-12-2011 : H.K c/ 1) Niger Lait SA, 2) SNPA, 3) BIA-Niger, 4) B K L, Juris-Ohada, 2012, n° 1, janv.-mars, p. 44, Ohadata J-13-22, J-13-152).

Jurisprudence comparée

I. États-Unis

Acceptation d'une offre

De nombreux contrats modernes ne remplissant pas les conditions de validité d'un contrat, le code de commerce uniforme a assoupli les règles s'appliquant aux contrats commerciaux. En particulier, le comportement des parties impliquant la reconnaissance d'un contrat de vente suffit à démontrer son existence même en l'absence d'écrit suffisant. De même, une confirmation écrite, envoyée dans un temps raisonnable après avoir reçu l'offre, vaut acceptation et ce même si elle contient des éléments complémentaires ou différents à ceux contenus dans l'offre initiale, sauf si cette dernière précisait expressément que l'acceptation devait nécessairement comprendre l'acceptation de tous les termes (Jom, Inc. v. Adell Plastics, Inc., 151 F3d 15 (1st Cir. 1998)).

II. France

Acceptation de la contre-proposition

La contre-proposition formulée par le réceptionnaire de l'offre est réputée acceptée si l'offrant lui a donné suite (CA Paris 11-3-1999 : RJDA 7/99 n° 754).

III. Serbie

Acceptation d'une offre

Un acte entrepris après réception d'une offre en la réalisation du contrat représente une acceptation d'offre et il doit être considéré que le contrat a été conclu nonobstant le fait que le destinataire de l'offre a refusé de le signer (extrait du jugement du T. com. 2e instance de Belgrade Pz. 6567/01, 14-5-2002).

Art. 246 [anc. art. 215 mod.] Le délai d'acceptation fixé par l'auteur de l'offre commence à courir au moment où l'offre est exprimée. La date indiquée dans l'offre est présumée être celle de son expédition, à moins que les circonstances n'indiquent le contraire.

Art. 247 [anc. art. 216 mod.] L'acceptation peut être révoquée pourvu que la révocation parvienne à l'auteur de l'offre au plus tard au moment où l'acceptation aurait pris effet.

Art. 248 [anc. art. 217 mod.] Le contrat peut être valablement conclu même si les parties renvoient la détermination d'une clause à un accord ultérieur ou à la décision d'un tiers.

L'existence du contrat n'est pas compromise par le défaut d'accord des parties sur cette clause ou l'absence de décision du tiers dès lors qu'en raison des circonstances et de l'intention des parties, cette clause est déterminable.

Jurisprudence comparée

I. Bulgarie

Objet de la vente

Nullité pour défaut d'objet. La nullité d'un contrat doit être prononcée dès lors qu'est établie l'absence d'accord des parties sur un objet certain. En l'espèce, dont les enseignements sont transposables à la vente, les éléments du contrat de bail financier portant sur un ouvrage concernaient à la fois l'individualisation de l'ouvrage, objet du contrat devant revêtir la forme écrite selon la volonté des parties, et les droits et obligations de celles-ci. Or, l'ouvrage qui faisait l'objet d'un contrat de bail financier n'avait pas été individualisé et les parties ne s'étaient pas mises d'accord pour confier à un tiers la détermination de certaines caractéristiques. Par suite, les juges ont valablement prononcé la nullité du contrat de vente conclu entre le bailleur et le tiers-fournisseur (art. 342 de la loi du commerce et art. 26 al. 2 de la loi des obligations et des contrats – Cour suprême de cassation de Bulgarie, ass. plén. du collège commercial, n° 190 du 23-4-2007, Juricaf).

II. Serbie

Désaccord portant sur la vente d'un bien immobilier

Quand les parties ont établi par un contrat de vente écrit et signé, plusieurs éléments permettant d'en identifier l'objet, et que celui-ci n'existe pas en nature, le contrat n'est pas né, car entre les parties il y a un malentendu portant sur son objet (T. com., 2e instance de Belgrade Pz 7765/05 du 24-1-2006).

Obs. : extraits de la décision : Selon les faits établis, les parties ont signé et légalisé un contrat dont l'objet est l'achat d'un local, mais d'après les éléments qui permettent de l'individualiser et sont énoncés à l'article 1 du contrat, il résulte qu'un tel local n'existe pas. En effet, il existe un local tel que nommé dans le contrat, mais n'ayant pas la superficie qui y est indiquée. Cela a pour conséquence qu'il y a un malentendu entre les parties portant sur son objet, qu'elles ne sont pas parvenues à un accord et qu'il n'y a pas de contrat. Et quand le contrat n'est pas né, le défendeur n'est pas tenu de payer le restant du prix de vente en accord avec un contrat qui n'existe pas, car il ne donne naissance ni à des droits, ni à des obligations à la partie qui a cru à l'existence d'un accord portant sur son objet, alors qu'il n'y en avait pas, celui-ci représentant un élément essentiel du contrat de vente (T. com. précité).

Art. 249 [anc. art. 218 mod.] **Les parties sont libres de négocier et ne peuvent être tenues pour responsables si elles ne parviennent pas à un accord.**

Toutefois, la partie qui conduit ou rompt une négociation de mauvaise foi est responsable du préjudice qu'elle cause à l'autre partie.

Est, notamment, de mauvaise foi la partie qui entame ou poursuit des négociations sans intention de parvenir à un accord.

JURISPRUDENCE COMPARÉE

France

A. Rupture fautive

La rupture est fautive :

– si son auteur a suscité chez son partenaire la confiance dans la conclusion du contrat envisagé (Cass. civ. 7-6-1967 : Bull. civ. II p. 146 ; Cass. com. 22-2-1994 : RJDA 7/94 no 765), notamment avec lui-même pris en considération de sa personne, sans que ce dernier n'ait jamais envisagé de se substituer une société (CA Versailles 21-12-2001 : RJDA 5/02 no 466) ;

– si elle est survenue alors que les pourparlers étaient très avancés et avaient reçu un commencement d'exécution (CA Riom 10-6-1992 : RJDA 10/92 no 893) ou alors que l'auteur de la rupture savait que son partenaire avait engagé de gros frais, qu'il a retenu le devis définitif transmis par lui et qu'il l'a volontairement maintenu dans une incertitude prolongée (Cass. com. 20-3-1972 : JCP G 1973.II.17543 note Schmidt) ou alors qu'il l'a maintenu dans l'illusion d'un très prochain dénouement (CA Versailles 18-3-2004 no 02/36 : RJDA 12/04 no 1332) ;

– si une partie a rompu des pourparlers en prétextant un défaut de réponse à l'une de ses propositions alors qu'elle avait transmis celle-ci sans fixer aucun délai, avait employé la formule sauf « meilleurs délais » et que la réponse lui était parvenue dans un délai de dix jours qui devait être considéré comme raisonnable (Cass. com. 22-4-1997 : RJDA 8-9/97 no 996) ou, inversement, a mis, en dépit de plusieurs courriers recommandés de relance, près de quatre-vingt-dix jours pour refuser une offre claire et complète résultant de six mois de négociations approfondies, tout en maintenant abusivement, par des artifices et des atermoiements, l'autre partie dans la quasi-certitude qu'un accord définitif allait intervenir (CA Versailles 3-3-2005 no 03/08008 : RJDA 12/05 no 1356).

B. Rupture non fautive

La rupture n'est pas fautive dès lors qu'elle a été décidée :

– sans intention de nuire au partenaire (Cass. civ. 12-4-1976 : Bull. civ. I p. 98) ;

– sans surprise, son auteur ayant toujours fait connaître à l'autre partie la condition à laquelle il subordonnait son accord (Cass. civ. 19-12-1977 : GP 1978.1.pan.89 ; CA Versailles 21-9-1995 : RJDA 2/96 no 177) ;

– à propos de négociations qui n'étaient engagées que depuis un peu plus de six mois et qui étaient très loin d'aboutir (Cass. com. 12-1-1999 : RJDA 4/99 no 371), devant l'impossibilité d'obtenir les assurances techniques demandées (CA Paris 13-9-2007 : RTD civ. 2008.101 obs. Fages) ;

– en présence de désaccords subsistants dont les deux parties étaient conscientes (Cass. com. 19-10-2010 no 09-65.382 : RJDA 2/11 no 100) ;

– par une société qui n'avait pas entretenu son partenaire dans la croyance d'une issue certaine des négociations en précisant qu'elle ne se déterminerait définitivement qu'après avoir pu apprécier la situation exacte de chacun des fonds de commerce, ce qu'elle avait encore expressément indiqué dans un courrier rappelant les difficultés rencontrées lors d'achats antérieurs avec ce même partenaire (Cass. com. 3-4-2012 no 11-14.959 F-D : RJDA 11/12 no 1027) ;

– par le vendeur qui adresse à l'acheteur un projet d'acte, sur lequel ce dernier appose des annotations sans le signer et demande un certain nombre d'éléments complémentaires et déterminants (Cass. 3e civ. 29-1-2013 no 12-12.155 : Légifrance).

C. Indemnisation de la rupture fautive

Réparation du préjudice main non de la dans la perte de la chance de conclure le contrat et du profit escompté. L'indemnisation de la rupture ne peut pas consister dans la perte de la chance de conclure le contrat et de réaliser les gains que cette conclusion permettait d'espérer (Cass. com. 18-9-2012 no 11-19.629 : RJDA 1/13 no 2 ; Cass. 3e civ. 19-9-2012 no 11-10.532 : RJDA 1/13 no 14).

• Titre III •

OBLIGATIONS DES PARTIES

• Chapitre I •

OBLIGATIONS DU VENDEUR

Art. 250 [anc. art. 219 mod.] **Le vendeur s'oblige, dans les conditions prévues au contrat et au présent livre, à livrer les marchandises et à remettre, s'il y a lieu, les documents et accessoires nécessaires à leur utilisation, à la preuve de l'achat et à la prise de livraison.**

Il est tenu, en outre, de s'assurer de la conformité des marchandises à la commande et d'accorder sa garantie.

JURISPRUDENCE OHADA

I. Nécessité d'une livraison effective

Lorsqu'il est établi qu'une vendeuse n'a jamais été en mesure de rapporter la preuve de la livraison effective des marchandises convenues, et pour lesquelles elle réclame le paiement contesté, c'est en violation de l'article 250 de l'AUDCG qu'une cour d'appel a retenu que « la facture est un justificatif qui prouve qu'une opération commerciale a été réalisée ; encore et surtout lorsque comme en l'espèce, elle a été reçue sans aucune réserve », pour entrer en condamnation au paiement de la somme réclamée, alors que l'émission de factures quand bien même elles auraient été réceptionnées et déchargées sans réserve par l'acheteur, ne saurait établir l'effectivité de la livraison des marchandises commandées. Sur l'évocation, et pour les mêmes motifs que ceux ayant entraîné la cassation, il échet d'infirmer le jugement initial et, statuant à nouveau, de dire n'y avoir lieu ni au paiement de la somme de 577 740 000 FCFA correspondant au montant de factures impayées, ni à une quelconque somme d'argent à titre de dommages et intérêts. L'appel incident devient mal fondé, dès lors qu'il a été fait droit à l'appel principal (CCJA, 2e ch., no 112/2023, 27-4-2023).

II. Nécessité de dénoncer la non-conformité

Voir sous l'art. 255.

III. Novation

C'est à tort qu'il est reproché à une cour d'appel d'avoir condamné une société [A.] à payer la somme de 516 000 000 FCFA à une société [C.], aux motifs que cette obligation n'était nullement subordonnée à la mutation des cartes grises des 19 camions en son nom, alors que, selon le moyen, en application de l'article 250 de l'AUDCG, le vendeur s'oblige à livrer la marchandise et à remettre, s'il y'a lieu, les documents et accessoires nécessaires à leur utilisation, et que les camions étant restés la propriété de la société [B.], la société [C.] ne pouvait ni les céder, encore moins lui délivrer les cartes grises à son nom ou des autorisations de mutation ; et que ce faisant, la cession est nulle, et ne saurait emporter pour elle, aucune obligation de paiement de la somme convenue dans le protocole d'accord. Il en est ainsi dès lors qu'il ressort des termes du protocole d'accord liant les parties que la société [A.] s'est engagée à exécuter l'obligation de la société [B.] en lieu et place de celle-ci ; que la société [C.] a accepté de renoncer à son droit de gage en contrepartie de cet engagement ; que par là-même, il apparaît clairement que les parties ont entendu conclure un contrat de novation ; que ce contrat emporte l'extinction de l'obligation initiale, celle de la société [B.], et la création d'une nouvelle, débarrassée des accessoires de la précédente, notamment le droit de gage que détenait la société [C.], dont l'exécution pèse désormais sur la tête de la société [D.]. Dans ce contexte, en condamnant cette dernière au paiement, la cour d'appel a fait une appréciation du protocole d'accord, dont elle n'a fait que tirer les effets de droit ; que par conséquent, le moyen mérite rejet (CCJA, 1e ch., no 187/2022, 1-12-2022).

JURISPRUDENCE COMPARÉE

I. France

Livraison de produits complexes

L'obligation de délivrance de produits complexes n'est pleinement exécutée qu'une fois réalisée la mise au point effective du bien vendu ; n'a pas livré le site internet vendu le vendeur qui n'avait pas réagi aux réclamations de son client, peu important la réception sans réserve par l'acheteur du site internet (Cass com. 26-11-2013 no 12-25.191 : BRDA 1/14 inf. 10).

II. Ghana

Preuve du défaut de conformité des marchandises livrées

Si le droit sur les ventes de marchandises oblige le vendeur à délivrer les marchandises prévues au contrat, il appartient à l'acheteur qui a accepté les marchandises de prouver que ces dernières ne sont pas conformes (Andreas Bschor Gmbh & co. kg v. Birim Wood Complex ltd & Birim Timbers ltd, Superior Court of Judicature, Supreme Court of Justice, civil appeal : nº J4/9/2015, 22/03/2016).

Section I • OBLIGATION DE LIVRAISON

Art. 251 [anc. art. 220 mod.] Lorsque le vendeur n'est pas tenu de livrer la marchandise en un lieu particulier, il doit la tenir à la disposition de l'acheteur soit au lieu où elle a été fabriquée ou stockée, soit au siège de son activité de vendeur.

JURISPRUDENCE OHADA

Lieu de livraison

Domicile du vendeur à défaut de convention. Lorsqu'il n'a pas été prévu par les parties dans leur contrat, le lieu de livraison dans une vente commerciale est le lieu de fabrication ou de stockage des marchandises ou encore le lieu où le vendeur a son principal établissement (TGI Mfoundi, nº 246, 4-3-2002 : M. M. M. c/ Laborex Cameroun SA, Ohadata J-04-216).

Art. 252 [anc. art. 221 mod.] Lorsque le contrat de vente prévoit la remise des marchandises à un transporteur, le vendeur satisfait à son obligation de livraison envers l'acheteur du seul fait de cette remise.

Toutefois, le vendeur est tenu de conclure les contrats nécessaires pour que le transport soit effectué par les moyens appropriés et selon les conditions d'usage jusqu'au lieu fixé avec l'acheteur.

Le vendeur n'est pas tenu de souscrire lui-même une assurance de transport, mais il doit, à la demande de l'acheteur, lui fournir tous les renseignements nécessaires à l'élaboration d'un tel contrat d'assurance.

JURISPRUDENCE COMPARÉE

France

Obligation incombant au vendeur chargé de l'acheminement

1º Obligation d'emballage

Si le vendeur a la charge d'un acheminement, il a en conséquence l'obligation d'emballer ; il doit y veiller, sous peine de dommages et intérêts, même si la chose voyage aux risques de l'acquéreur (Cass. com. 11-5-1981 : JCP G 1981.IV.270), et même dans le cas où il réexpédie la chose après réparation (Cass. com. 14-3-1978 : Bull. civ. IV p. 74).

2º Absence de devoir de conseil du vendeur sur les modalités du transport

Le vendeur n'est pas tenu d'un devoir de conseil en ce qui concerne le transport (CA Aix 16-11-1980 : BT 1981.49) ; c'est à l'acquéreur que revient le choix de l'emballage et du transport approprié (cf. Cass. com. 24-11-1980 : D. 1981.IR.545).

3º Réexpédition de la marchandise au vendeur

Lorsque la marchandise est réexpédiée par l'acquéreur au vendeur, ce dernier voyage est fait aux risques et périls du vendeur. Il lui appartient donc de donner toutes instructions à l'acquéreur pour sa réexpédition et son transport (Cass. com. 24-11-1980 : D. 1981.IR.545).

Art. 253 [anc. art. 222 mod.] Le vendeur doit livrer les marchandises à la date fixée par le contrat ou déterminée selon ses stipulations.

Si la livraison est prévue au cours d'une certaine période, il peut livrer à un moment quelconque de celle-ci.

En l'absence de stipulation, la livraison doit être effectuée par le vendeur dans un délai raisonnable après la conclusion du contrat.

Jurisprudence OHADA

Délai raisonnable

Sur une décision ayant retenu un délai de trois mois, voir CA Ouagadougou (Burkina Faso), ch. com., nº 084, 3-12-2010 : K. J. c/ SEAI SARL, Ohadata J-12-178.

Jurisprudence comparée

I. France

A. Délais contractuels de livraison

1º Obligation de respecter le délai prévu

Le vendeur doit prouver qu'il a respecté le délai prévu (Cass. civ. 19-3-1996 : RJDA 7/96 nº 907). La mention en caractères gras d'une date de livraison ferme fait naître une obligation de résultat à la charge du vendeur, qui est responsable du seul fait de son inexécution (CA Paris 15-9-1995 : GP 1996.som.329). À défaut d'une telle indication, les juges apprécient souverainement la valeur contraignante du délai en tenant compte des usages de la profession (CA Paris 26-12-1918 : DP 1920.2.40 ; CA Aix 6-3-1980 : Bull. Cour d'Aix 1980/1 p. 67) ou des objectifs du contrat (cf. Cass. com. 16-1-1973 : JCP G 1973.II.17563 ; CA Paris 22-9-1992 : D. 1992.IR.282).

2º Computation du délai

Le délai convenu, lorsque la vente est subordonnée à la réalisation d'une condition, court du jour de cette réalisation (Cass. com. 27-11-1961 : Bull. civ. III p. 380 : à propos d'une licence d'importation).

3º Non-respect du délai

Engage sa responsabilité l'acheteur qui, sans avoir adressé la mise en demeure prévue par le contrat, « annule » sa commande parce que le vendeur n'avait pas livré à l'échéance (Cass. com. 27-5-1974 : Bull. civ. IV p. 135).

4º Prorogation du délai par l'acheteur

Le délai peut être prorogé par l'acheteur (Cass. com. 3-12-1952 : Bull. civ. III p. 271). Dans un cas où, en l'absence de livraison au jour fixé par le contrat de vente conclu avec le fournisseur, l'acheteur, par un accord particulier avec le façonnier, a accordé à celui-ci un nouveau délai, cet accord n'impliquait pas nécessairement que l'acheteur avait renoncé à se prévaloir du délai plus court et des indemnités de retard convenus avec le fournisseur (Cass. com. 30-11-1971 : Bull. civ. IV nº 289).

B. Délai raisonnable à défaut de délais contractuels

A été tenu pour excessif un délai de 18 mois (CA Orléans 18-9-1996 : Petites Affiches 1998 nº 89 p. 20 obs. Mozao).

C. Livraison en cas de transport

1º Transport terrestre

En cas de recours à un transporteur, sans autre précision, la délivrance s'effectue au lieu et au moment où le vendeur a remis la marchandise au transporteur qui l'a acceptée sans réserve ; la mauvaise exécution ultérieure de l'obligation de livraison n'est pas alors imputable au vendeur qui a été aussi chargeur car, sauf en cas de faute de sa part ou de convention contraire, elle l'est au transporteur à qui incombe l'obligation de livraison (Cass. com. 8-10-1996 nº 1410 : RJDA 1/97 nº 28 ; Cass. com. 14-12-2010 nº 09-71.947 : BTL 2011.11).

En cas de vente franco dépôt, frais à la charge du client à partir de ce dépôt, l'acquéreur est tenu des opérations et des frais d'acheminement ; si le vendeur se charge de ces opérations, c'est en qualité de transporteur (TGI Strasbourg 12-10-1977 : BT 1977.562) ; s'il ne s'en charge pas et fait appel à un transporteur, il conclut le contrat de transport en tant que mandataire du destinataire (CA Metz 27-2-2001 : BTL 2001.627).

2º Transport maritime

Les parties ont recours, dans la très grande majorité des cas, à l'emploi de termes commerciaux, dits couramment « incoterms », mais cette terminologie ne peut plus désormais être employée à titre générique car elle a été déposée comme marque par la Chambre de commerce international (CCI) et elle doit être citée « Incoterms « », la dernière édition des définitions de la CCI datant de 2010 ; sans se référer à ces définitions, les termes suivants peuvent être utilisés avec le sens ci-après que leur ont donné les tribunaux :

a. Ventes CAF et C. et F. (désormais CFR) : le vendeur est tenu des opérations d'emballage (Cass. com. 1-12-1992 : RJDA 2/93 n° 105) et des frais d'acheminement jusqu'à la mise à bord (CA Rouen 12-7-1977 : DMF 1978.som.180 ; CA Paris 18-11-1983 : Scapel 1984.31 ; le lieu de livraison n'est pas au port d'embarquement mais dans la ville où le connaissement, accompagné des documents de crédit assortissant la vente, doit être remis à l'acquéreur (Cass. com. 1-3-1994 : RJDA 7/94 n° 889).

b. Vente FOB : le vendeur est tenu des opérations et des frais d'acheminement jusqu'à la mise à bord (Cass. com. 27-1-1958 : DMF 1958.264 ; CA Paris 6-11-1976 : DET 1980.399) ; il est aussi tenu de livrer la marchandise conditionnée de telle manière qu'elle puisse voyager sans avoir à souffrir des incidents de mer (CA Paris 6-11-1976, précité).

L'acquéreur est responsable envers le vendeur de l'inexécution de l'obligation de délivrance due au fait du capitaine du navire qui a refusé la cargaison au prétexte qu'elle présentait un risque pour la sécurité du navire alors que la marchandise livrée au port d'embarquement par le vendeur était conforme aux prévisions du contrat de vente et qu'il n'était pas établi que son transport mettait en danger le navire (Cass. com. 2-4-1996 : RJDA 8-9/96 n° 1034).

II. Suisse

Résiliation de la vente par l'acheteur pour retard de livraisons selon la convention de Vienne du 11 avril 1980 sur la vente internationale de marchandises

L'acheteur a valablement résilié le contrat sans avoir à impartir un nouveau délai au vendeur dès lors que celui-ci avait été informé par un courrier de l'acquéreur de l'importance de la livraison effective des biens dans les délais impartis (Tribunal Fédéral Suisse, 1e Cour civ., n° 4C.105/2000, 15-9-2000, Juricaf).

III. Tchécoslovaquie

Non-allongement du délai pour approbation des échantillons

En présence de délais de livraison fermes prévus au contrat, la clause stipulant que la livraison dépendrait de l'approbation des échantillons par l'acheteur n'avait pas pour effet de reculer le point de départ des délais au jour de cette approbation (Cour d'arbitrage Chambre de commerce de Tchécoslovaquie 30-4-1973 : Clunet 1975.394).

Art. 254 [anc. art. 223 mod.] **Si le vendeur est tenu de remettre des documents et accessoires de la marchandise, il doit s'acquitter de cette obligation au moment, au lieu, et dans la forme prévus au contrat ou par les usages de la branche d'activité concernée.**

JURISPRUDENCE COMPARÉE

France

A. Détermination des accessoires

Le vendeur a l'obligation de délivrer :

– le matériel de sonorisation d'un manège forain (Cass. com. 6-10-1970 : Bull. civ. IV p. 227) ;

– la carte grise d'une voiture (Cass. civ. 22-1-1991 : RJDA 3/91 n° 202) ;

– l'estampille officielle garantissant l'origine et la qualité d'une marchandise, lorsqu'elle a été spécialement indiquée au marché (CA Rouen 17-5-1854 : DP 1854.2.214) À défaut de remise des accessoires de la chose, la résolution de la vente doit être prononcée pour manquement du vendeur à son obligation de délivrance (Cass. civ. 5-10-1994 : D. 1996.som.13 obs. Paisant ; CA Riom 14-10-1999 : JCP 2000.IV.1711).

B. Défaut de remise des accessoires

Le vendeur n'a pas satisfait à son obligation de remettre les accessoires :

– s'il a remis des documents faux relatifs à un véhicule vendu équivaut à une absence de délivrance de la chose vendue (Cass. civ. 29-5-1996 : RJDA 12/96 n° 1453) ;

– s'il invoque pour s'en justifier des considérations économiques et financières qui l'auraient conduit à abandonner la fabrication de cet accessoire (CA Versailles 29-2-1996 : JCP E 1996.pan.622).

L'acheteur peut demander au juge des référés d'ordonner la délivrance des accessoires administratifs (Cass. com. 19-12-2000 : RJDA 6/01 n° 670).

C. Libération du vendeur de son obligation

Le vendeur est libéré de son obligation si le défaut de délivrance de l'accessoire (certificat d'immatriculation) est imputable à l'acheteur qui a refusé de soumettre à un contrôle administratif le véhicule dont il avait pris livraison par anticipation (CA Rouen 30-4-1997, inédit).

Section II • OBLIGATION DE CONFORMITÉ

Art. 255 [anc. art. 224] Le vendeur doit livrer les marchandises en quantité, qualité, spécifications et conditionnement conformes aux stipulations du contrat.

Dans le silence du contrat, le vendeur doit livrer des marchandises propres aux usages auxquels elles servent habituellement ou dotées des mêmes qualités que les échantillons ou modèles présentés. Il doit aussi les livrer dans des emballages ou conditionnement habituellement utilisés pour ce type de marchandises ou, à défaut de mode habituel, dans des conditions propres à les conserver et protéger.

JURISPRUDENCE OHADA

I. Obligation de conformité

Le vendeur a l'obligation de livrer la marchandise selon les spécifications contractuelles (CA Ouagadougou (Burkina Faso), ch. com., n° 040, 16-4-2010 : S. N. M. c/ Scimi et Sobfi, Ohadata J-12-183).

II. Nécessité de dénoncer la non-conformité

C'est à tort qu'il est reproché à un tribunal d'avoir violé les articles 250 et 255 de l'AUDCG, en ce que le tribunal a condamné le demandeur au pourvoi au motif qu'il « ressort de l'analyse des pièces du dossier que pour tout solde [le demandeur au pourvoi] reste devoir le montant de 94.346 USD », alors que la créance revendiquée est relative à des marchandises qui n'avaient pas été livrées conformément aux spécifications de la commande, dès lors qu'indépendamment de l'antériorité de la livraison litigieuse à l'entrée en vigueur des dispositions des articles 250 et 255 de l'AUDCG du 15 décembre 2010 visé au moyen, le requérant qui invoque la non-conformité ne justifie d'aucune diligence tendant à dénoncer ce fait au vendeur dans le mois suivant, comme l'exige l'article 258 dudit Acte uniforme, ou dans un délai raisonnable, comme prévu par l'AUDCG en vigueur avant 2010. Ainsi, en se déterminant comme il l'a fait, le Tribunal de commerce de Niamey n'a pas non plus commis le grief articulé par la seconde branche du moyen unique de cassation qui sera rejeté (CCJA, 1e ch., n° 014, 24-1-2019 : Yaye Issaka c/ Sté El Nasser).

JURISPRUDENCE COMPARÉE

I. Allemagne

Mise du défaut de conformité à la charge du vendeur

Le vendeur est considéré comme n'ayant pu ignorer le défaut de conformité que s'il a commis une grossière négligence (Cour fédérale de justice allemande 30-6-2004 : D. 2005. pan. 2288 obs. C. Witz, à propos de la convention de Vienne du 11-4-1980).

II. États-Unis

Défaut de conformité et inexécution fondamentale

Le fait que les climatisations livrées produisent moins de froid et dépensent plus d'énergie, que ce qui était spécifié dans le contrat de vente, est une inexécution contractuelle fondamentale pour laquelle l'acheteur peut demander la nullité du contrat ou la délivrance de marchandises de substitution. Une inexécution contractuelle est considérée comme fondamentale lorsqu'une partie ne reçoit qu'une partie infime de ce qu'elle était légitimement en droit d'attendre du contrat (Delchi Carrier SpA v. Rotorex Corp., 71 F.3d 1024 (2d Cir. 1995)).

III. France

A. Livraison conforme à la commande

L'acquéreur qui a accepté sans réserve la chose qui lui est remise est tenu pour l'avoir considérée conforme à sa commande quant aux défauts apparents (Cass. com. 3-5-2006 n° 535 : RJDA 10/06 n° 1009).

B. Défaut de conformité du matériel

1° Critères du défaut de conformité

Le défaut de conformité tient à tout défaut de concordance entre la chose livrée et la commande (Cass. 3e civ. 25-4-2007 n° 06-11.482 : RJDA 10/07 n° 949) ou les promesses publicitaires du vendeur (Cass. com. 17-6-1997 : RJDA 11/97 n° 1312), ou l'étiquetage du produit (CA Lyon 7-7-2000 : JCP G 2001.IV.1089) ou encore les conditions générales de vente du vendeur (Cass. com. 14-10-2008 n° 07-17.977 : RJDA 2/09 n° 86).

En dehors de ces références conventionnelles et sauf stipulation contraire, le défaut de conformité s'apprécie en fonction de la destination de la chose (Cass. 1e civ. 2-4-2009 n° 08-10.698 : RJDA 11/09 n° 939) ou au regard des données techniques connues ou prévisibles au jour de la vente et non au regard des normes ultérieurement mises au point et résultant de l'évolution de la technique (Cass. 1e civ. 7-5-2008 no 06-20.408 : RJDA 12/08 no 1243). Le silence du contrat sur les tolérances n'exclut pas celles qui sont conformes aux normes usuelles (Cass. com. 7-2-2012 no 10-27.716 : RJDA 8-9/12 no 758).

Il importe peu que le produit soit conforme à la norme NF (CA Paris 21-10-2004 no 02/12001 : RJDA 2/05 no 96).

2o Existence du défaut de conformité

Constitue un défaut de conformité :

– en cas de vente sur échantillons, la chose qui n'est pas strictement conforme à l'échantillon (Cass. req. 4-12-1933 : DH 1934.101) ;

– l'eau distribuée par une collectivité territoriale qui ne correspond pas à la composition attendue, portant ainsi atteinte aux tuyaux dans lesquels elle circule (Cass. civ. 26-5-1994 : Bull. civ. I no 190) ;

– la livraison d'un matériel qui n'atteint pas la capacité promise (Cass. civ. 18-7-1995 : RJDA 1/96 no 30 ; Cass. com. 7-7-1998 : DA 1998.1529) ou qui n'est pas conforme aux normes de sécurité (CA Nancy 27-9-1995 : JCP G 1996.IV.2193) ou qui est inadapté à la destination convenue avec le client (Cass. 1e civ. 30-9-2010 no 09-11.552 : RJDA 5/11 no 402) ;

– l'indication, s'agissant d'un véhicule, d'un kilométrage erroné ainsi que la falsification d'un numéro de série contrairement aux spécifications convenues (Cass. 1e civ. 15-3-2005 no 556 : RJDA 11/05 no 1202) ;

– la moindre dégradation subie par la chose dès lors que la commande porte sur une chose neuve, laquelle s'entend d'une chose n'ayant subi aucune dégradation (Cass. 1e civ. 3-5-2006 no 727 : RJDA 11/06 no 1123).

3o Preuve la non-conformité

a. Mise à la charge de l'acheteur

La preuve du défaut de conformité incombe à l'acquéreur (Cass. com. 29-12-1956 : Bull. civ. III p. 317).

b. Défaut de preuve de la non-conformité par l'acheteur

L'acheteur ne rapporte pas la preuve du défaut de conformité lorsque :

– il n'a pas imposé dans le bon de commande d'impression de cartons des couleurs déterminées par des normes précises ou des références professionnelles (Cass. com. 29-3-1977 : JCP G 1977.IV.147) ou n'a pas mentionné le poids dans le bon de commande de toiles de coton (Cass. com. 15-1-1979 : JCP G 1979.IV.102) ;

– il a transvasé la marchandise, des essences naturelles, dans ses bidons sans attendre les résultats d'analyse ou, au moins, procéder à des prélèvements dans les contenants initiaux (TGI Digne 23-1-1980 : GP 1981.som.44).

– il a fait effectuer des essais, hors la présence du vendeur, et aucune expertise n'étant possible sur un matériel que l'acheteur prétend avoir restitué (CA Paris 1-1-1990 : D. 1990.IR.56) ;

– il a invoqué des éléments techniques divergents et parcellaires (Cass. com. 24-9-2003 : D. 2003.som.2502).

c. Défaut de preuve de la conformité par le vendeur

Le vendeur n'établit pas que la chose livrée est conforme à la commande en invoquant le seul fait qu'elle est conforme à une norme NF ; ainsi, le fabricant d'un carrelage, dont la gélivité a été reconnue par un expert, ne peut pas s'exonérer de sa responsabilité en soutenant que le carrelage est conforme aux normes, dès lors que la qualité substantielle d'un carrelage vendu par le fabricant comme étant ingélif n'est pas qu'il respecte la norme NF qui permet de le réputer ingélif mais bien qu'il le soit concrètement, la non-conformité du produit devant être appréciée sur le résultat obtenu par rapport à la caractéristique promise (CA Paris 21-10-2004 : RJDA 2/05 no 96).

IV. Ghana

Conformité du bien vendu

Le vendeur de la scierie étant un professionnel, l'acheteur est en droit d'attendre que cette dernière soit apte au sciage, et ce même s'il s'agit d'un bien reconditionné (Andreas Bschor Gmbh & co. kg v. Birim Wood Complex ltd & Birim Timbers ltd, Superior Court of Judicature, Supreme Court of Justice, civil appeal : no J4/9/2015, 22/03/2016).

V. Irak

Défaut de conformité

L'acheteur a le droit de demander la résiliation de la vente et la restitution du prix en raison du défaut de conformité constaté lors de la livraison du bien. Le vendeur dans la vente aux enchères est tenu de délivrer à l'acheteur le bien vendu dans l'état où il se trouvait au moment de la vente (C. civ art. 536). Ainsi, lorsqu'il ressort du rapport d'expertise l'existence au moment de la livraison de nombreux défauts affectant le bien vendu, le vendeur a manqué à son obligation de livrer le bien vendu et ses accessoires dans l'état où il se trouvait lors du contrat. Le vendeur ne peut prétendre que l'acheteur n'a pas pris possession de la chose en dépit de sa mise en demeure car cette obligation n'est constituée qu'en cas de livraison conforme (Cass. féd. 6-7-2008, pourvoi 616).

VI. Suisse

Charge de la preuve du défaut de conformité à l'acheteur

La charge de la preuve a été imputée à l'acheteur qui a réceptionné la marchandise sans dénonciation ni réserve ou s'il l'a acceptée (T. fédéral suisse 13-1 et 7-7-2004 : D. 2005.2286 obs. C. Witz, à propos de la convention de Vienne du 11 avril 1980).

Art. 256 [anc. art. 225 mod.] La conformité de la chose vendue s'apprécie au jour de la prise de livraison, même si le défaut n'apparaît qu'ultérieurement.

Jurisprudence OHADA

Défaut de conformité signalé à la livraison et confirmé par une expertise ultérieure

En présence d'un défaut de conformité établi par expertise et ne souffrant d'aucune contestation, c'est par une saine appréciation des faits de la cause et une bonne application du droit que le premier juge a déclaré le vendeur responsable de l'inexécution de son obligation et en a tiré toutes les conséquences de droit sur sa responsabilité contractuelle (CA Ouagadougou (Burkina Faso), ch. com., n° 040, 16-4-2010 : S. N. M. c/ Scimi et Sobfi, Ohadata J-12-183).

Jurisprudences comparées

I. Allemagne

Charge du risque de non-conformité incombant au seul vendeur quoique non fabricant

Le vendeur seul est tenu de répondre envers l'acquéreur de l'obligation de livrer une chose conforme à la commande ; il ne peut notamment invoquer l'article 79 de la convention de Vienne du 11 avril 1980 sur la vente internationale de marchandises sur les clauses exonératoires de responsabilité pour se faire considérer comme exempté de cette obligation, cette exemption n'affectant nullement la répartition du risque contractuel, lequel incombe, sauf clause contraire, au vendeur pour ce qui est de la livraison conforme, que le vendeur ait ou non fabriqué la chose lui-même (Bundesgerichtshof 24-3-1999, Bulletin européen et international F. Lefebvre 1/00 n° 63, à propos de la convention de Vienne du 11 avril 1980).

II. États-Unis

Détermination des qualités requises

Conformément au Code de commerce uniforme de l'État de Virginie-Occidentale, le vendeur doit livrer des marchandises conformes aux spécificités expressément prévues dans le contrat (Reed v. Sears, Roebuck & Co., 188 W.Va. 747, 426 S.E.2d 539 (1992)).

III. France

En matière de vente de denrées périssables, c'est au moment de la livraison que l'acquéreur doit vérifier l'état et la qualité de la marchandise (Cass. com. 10-2-1981 : Bull. civ. IV p. 61). Il doit supporter un partage de responsabilité si, professionnel disposant des moyens de vérification, il a décelé les caries présentées par le blé remis seulement à la troisième livraison (CA Nancy 16-1-1996 : JCP G 1996.IV.2192).

Art. 257 [anc. art. 226 mod.] En cas de livraison anticipée, le vendeur peut, jusqu'à la date prévue pour la livraison, soit imposer la livraison de nouvelles marchandises conformes, soit effectuer la réparation du défaut de conformité des marchandises livrées dès lors que l'exercice de ce droit ne cause à l'acheteur ni dommage, ni frais.

Art. 258 [anc. art. 227 mod.] Sous peine de déchéance pour l'acheteur du droit de s'en prévaloir, un défaut de conformité apparent le jour de la prise de livraison doit être dénoncé par l'acheteur au vendeur dans le mois qui suit la livraison.

Jurisprudence OHADA

Caractère perceptible du défaut de conformité

A légalement justifié sa décision la cour d'appel qui, par motifs propres et adoptés, a souverainement estimé que le défaut de conformité apparent est perceptible à première vue, après avoir constaté qu'il résulte du procès-verbal de constat de livraison de matériel, de l'exploit de dénonciation de conformité et du bordereau de décharge mentionnant que les dernières livraisons ont été effectuées le 13 décembre 2017 en a déduit « qu'à compter de cette date, la [demanderesse] disposait d'un mois, c'est-à-dire jusqu'au 15 janvier 2017[...] pour dénoncer ce défaut de conformité apparent, conformément aux dispositions de l'article 258 de [l'AUDCG] » et « que ne l'ayant pas fait dans ce délai, son action est frappée de forclusion » (CCJA, 2e ch., no 246/2019, 31-10-2019 : Société Areel Groupe c/ Jaafar Mohamad).

C'est à tort qu'il est reproché à un arrêt d'avoir retenu le défaut de conformité apparent prévu à l'article 258 de l'AUDCG pour déclarer la forclusion, alors qu'il s'agissait de défaut de conformité caché prévus à l'article 259 al. 1 du même Acte uniforme, dès lors qu'il résulte des productions de la demanderesse, notamment le procès-verbal de constat de livraison de matériel établi à sa demande, que la défectuosité d'une bonne partie du matériel était connue par son équipe technique. Il s'ensuit qu'en retenant le défaut de conformité apparent, la cour d'appel a fait une saine application de la loi et n'a pas violé les dispositions du texte visé au moyen (CCJA, 2e ch., no 246/2019, 31-10-2019 : Société Areel Groupe c/ Jaafar Mohamad).

Obs. : sur le délai pour examiner la chose à défaut de vice apparent, voir sous l'art. 270 ; pour un délai supplémentaire, voir sous l'art. 283.

Jurisprudence comparée

Convention de Vienne du 11 avril 1980

1. Existence d'un délai raisonnable

Le défaut de conformité a été dénoncé dans un délai raisonnable :

– lorsque la dénonciation est intervenue en moyenne dans le mois car il faut tenir compte des traditions nationales divergentes et de la nécessité de rapprocher les points de vue opposés dans ce domaine (T. supérieur du Canton de Lucerne 8-1-1997 : D. 1998.som.315 obs. C. Witz ; dans le même sens, T. régional supérieur de Cologne 21-8-1997 : D. 1998.som.111 obs. Cl. Witz, retenant un délai d'un mois mais global couvrant à la fois le bref délai pour examen et le délai raisonnable de dénonciation) ; sur le caractère raisonnable d'un délai d'un mois, en règle générale (Cour fédérale de justice allemande 3-11-1999, précité ; Sentences CCI nos 8962 et 9083 en 1997 et en 1999 : Bull. Cour CCI no 2 p. 77 et 79) ;

– dès lors que l'acheteur a donné au vendeur une information claire et précise des contestations qu'appelle la délivrance de la chose vendue, car la convention ne subordonne pas l'obligation de dénonciation des défauts de conformité dans un délai raisonnable à l'introduction d'une action en justice par l'acquéreur ; ainsi, l'acquéreur de machines outils qui à plusieurs reprises, dès la réception provisoire des installations, et au gré des tentatives de mise au point par le constructeur, signale la non-conformité du matériel au regard du cahier des charges du contrat d'acquisition, satisfait à l'obligation de dénonciation précitée et ne peut se voir opposer aucune déchéance (CA Versailles 29-1-1998 : JCP (éd. E) 1999.pan.1081) ;

– lorsque la dénonciation est intervenue dix-huit jours après la réception pour la partie de la marchandise qu'elle concernait ; mais est tardive l'extension de la dénonciation à l'ensemble de la marchandise six semaines après la livraison, car il aurait été possible à l'acheteur d'examiner dès le début l'intégralité des biens livrés (T. fédéral suisse 28-10-1998 : D. 2000.som.443 obs. W.-Th. Schneider) ;

– lorsque le client de l'acheteur français d'une grande quantité de colle vendue par une entreprise allemande ayant constaté l'apparition de défauts sur les emballages confectionnés avec cette colle, en avril 1990, la dénonciation des défauts a été faite à l'assureur du vendeur de la colle le 8 juin 1990 (CA Colmar 24-10-2000 : D. 2002.som.393 obs. C. Witz).

2. Absence de délai raisonnable

N'est pas un délai raisonnable :

– le délai d'une durée de plus d'un mois entre l'échéance du délai d'examen et la dénonciation des défauts (T. régional supérieur d'Oldenbourg 5-12-2000 : D. 2002.som.314 obs. W.-Th. Schneider) ;

– le délai de 4 mois écoulé entre la livraison d'une marchandise non périssable et la dénonciation de ses défauts (T. Vigevano 12-7-2000 : D. 2002.som.395 obs. N. Spiegel) ;

– le délai de deux mois après la constatation du défaut (Cour fédérale de justice allemande 30-6-2004 : D. 2005. pan. 2287 obs. C Witz) ;

– le délai d'un à deux mois après l'assignation en paiement par le vendeur, la dénonciation antérieure du défaut de la marchandise au transporteur ne pouvant être opposable au vendeur en raison de l'indépendance du contrat de transport et du contrat de vente (CA Orléans 21-7-2005 : RJDA 1/06 no 19) ;

– le délai supérieur à un mois alors que les parties étaient convenues d'un délai raisonnable de dix jours à compter de la réception de la marchandise (CA Riom 29-3-2006 : JCP G 2006 IV 3035 ; JCP E 2006.pan.2552) ;

– l'absence de dénonciation du défaut par l'acquéreur avant l'assignation délivrée, à la requête du vendeur, 8 mois et 10 jours après la livraison (CA Aix-en-Provence 22-5-2006 : Bull. d'Aix 2006 p. 185) ;

– un délai de dénonciation de plus de deux mois (BGH 11-1-2006 : D 2007.pan. 539 III A no 3 b obs. C. Witz).

Art. 259 [anc. art. 229 mod.] L'action de l'acheteur, fondée sur un défaut de conformité caché le jour de la prise de livraison, est prescrite dans le délai d'un an à compter du jour où ce défaut a été constaté ou aurait dû l'être.

Ce dernier délai ne peut avoir pour effet de réduire la durée de la garantie contractuelle éventuellement consentie.

Observations

Sur la possibilité pour les parties de convenir d'un délai supplémentaire pour le remplacement de marchandises défectueuses, voir sous l'art. 283.

Jurisprudence comparée

France

Ventes successives : cumul d'actions en résolution pour défaut de conformité

L'action résolutoire résultant d'un même défaut de conformité se transmet avec la chose livrée, de sorte que lorsqu'elle est exercée, d'une part, par le sous-acquéreur à la fois contre le vendeur intermédiaire et contre le vendeur originaire, à l'égard duquel le sous-acquéreur dispose d'une action directe contractuelle, d'autre part, par le vendeur intermédiaire contre le vendeur originaire, seule peut être accueillie l'action du sous-acquéreur ; le vendeur intermédiaire pouvant seulement agir en ce cas contre le vendeur originaire en garantie des condamnations prononcées contre lui en faveur du sous-acquéreur et en réparation du préjudice qu'il a éventuellement subi (Cass. 1e civ. 20-5-2010 n° 09-10.086 : Légifrance).

Section III • OBLIGATION DE GARANTIE

Art. 260 [anc. art. 230 mod.] Le vendeur doit livrer les marchandises libres de tout droit ou prétention d'un tiers, à moins que l'acheteur n'accepte de les prendre dans ces conditions.

Le vendeur doit garantir l'acheteur de toute éviction par son fait personnel.

Jurisprudence OHADA

Annulation de la vente pour dol

La vente litigieuse est doit être annulée lorsque le bien vendu n'était pas libre de toute prétention d'un tiers et que le vendeur a fait croire que la vente initiale avait été annulée, usant ainsi de dol. Dans l'espèce, les parties doivent être remises en l'état et le préjudice causé par l'indisponibilité du véhicule depuis son immobilisation doit être réparé (CA Abidjan (Côte d'Ivoire), 2e ch. civ. et com., n° 497, 6-5-2005 : B. c/ Coopérative Agricole Kavokiva, Juris-Ohada n° 1/2007, p. 33, Ohadata J-08-70, Ohadata J-09-163).

Jurisprudence comparée

I. Belgique

La garantie d'éviction qui est un effet de la vente n'est pas exclue lorsque le transfert de propriété de la chose vendue est différé à la rédaction d'un acte authentique dans le cas d'un immeuble vendu deux fois par le propriétaire (Cour de cassation de Belgique 11-10-2012, C.10.0260 F : Juricaf).

II. États-Unis

A. Doctrine de la perte économique

Irrecevabilité de l'action non fondée sur le contrat contre le vendeur ou un tiers. Selon la doctrine de la perte économique, les juges considèrent qu'un acheteur de marchandises ne peut pas rechercher la responsabilité du vendeur ou d'un tiers en démontrant sa négligence (tort action) pour des pertes purement économiques (la fermeture du magasin ou encore les frais de réparation) résultant des marchandises achetées, c'est-à-dire qu'un acheteur de marchandises qui demande réparation pour des pertes purement économiques doit être lié contractuellement avec le défendeur (Richards v. Midland Brick Sales Co. 551 N.W.2d 649, 651 (1996)).

Obs. : en principe une personne qui subit un dommage peut en demander réparation en se fondant indifféremment sur la responsabilité délictuelle (tort action) ou sur la responsabilité contractuelle. La théorie de la perte économique (economic loss), reprise par le droit de certains États (par exemple, Minnesota), n'autorise les marchands, en général d'un même secteur économique, à demander réparation pour les pertes purement économiques, comme la fermeture du magasin, que sur le fondement d'une responsabilité contractuelle. En conséquence, si le plaignant ne prouve pas que ses pertes purement économiques découlent du contrat, il ne sera pas dédommagé.

B. Neutralisation de la clause de limitation de responsabilité du vendeur

Selon l'article 604.10 a) de la loi du Minnesota, les pertes purement économiques qui apparaissent suite à une vente entre des commerçants du même domaine ne sont pas recouvrables par une action fondée sur la négligence du vendeur (tort action). Les juges ont considéré qu'un éleveur de porcs et un fabriquant de porcherie ne sont pas des professionnels relevant du même domaine d'activité. En conséquence, l'acheteur d'une porcherie peut assigner le vendeur sans se fonder sur le contrat les liant ; en l'espèce une clause limitative de responsabilité empêchait l'acheteur de demander réparation au vendeur (Holden Farms. Inc v. Hog Slat Inc., 347 F 3d 1055 (2003)).

III. France

Garantie contre l'éviction de l'acheteur

Le vendeur doit garantir l'acheteur contre :

– son éviction résultant d'une action en contrefaçon des marchandises vendues (Cass. com. 16-5-1995 : RJDA 11/95 n° 1220), mais pas si l'acheteur de marchandises contrefaites est un professionnel (Cass. com. 4-2-2004 n° 252 : D. 2005.pan.1717 obs. Galloux) ;

– l'action en garantie d'éviction exercée par l'acheteur d'une automobile volée (CA Paris 16-5-1990 : D. 1990.IR.150) ;

– tous agissements ayant pour effet de l'empêcher de poursuivre l'activité économique de la société et de réaliser l'objet social (Cass. com. 15-12-2009 n° 08-20.522, Légifrance).

Art. 261 [anc. art. 232 mod.] Toute clause limitative de la garantie due par le vendeur s'interprète restrictivement.

Le vendeur qui invoque une telle clause doit démontrer que l'acheteur a connu et accepté cette clause lors de la conclusion de la vente.

JURISPRUDENCE COMPARÉE

I. États-Unis

Validité des clauses limitatives de responsabilité

Une clause d'un contrat de vente commerciale peut limiter la responsabilité du vendeur (Kraft v. Stalen Island Boat Sales Inc., 715 F.Supp.2d 464 (2010)).

Le Code de commerce Uniforme autorise les parties à limiter la responsabilité du vendeur. La clause de garantie doit néanmoins respecter son objet essentiel, à savoir la réparation des défauts des biens vendus (Demorato v. Carver Boat Corp. 304 Fed.Appx. 100 (2008)).

Le fait que le vendeur ait tenté, de bonne foi, de réparer les défauts des biens vendus à chaque fois que l'acheteur le lui demandait, ne suffit pas à caractériser la bonne exécution de la clause de garantie. Seule la réparation effective, telle que prévue dans la clause de garantie, correspond à une bonne exécution (Givan v. Mack Truck, Inc., 569 S.W.2d 243 (1978)).

II. France

Opposabilité au sous-acquéreur de la clause limitant la garantie du fabricant

Le fabricant d'un alternateur défectueux est en droit d'opposer au sous-acquéreur qui exerce une action de nature contractuelle, tous les moyens de défense qu'il peut invoquer à l'encontre de son propre cocontractant et notamment les conditions générales de vente qui le liaient à son distributeur et limitaient sa garantie (Cass. com. 26-5-2010 n° 07-11.744 : Légifrance).

• Chapitre II •

OBLIGATIONS DE L'ACHETEUR

Art. 262 [anc. art. 233 mod.] L'acheteur s'oblige à payer le prix et à prendre livraison des marchandises.

I. Paiement du prix : obligation essentielle de l'acheteur

Si la réalité des commandes de marchandises, leur livraison et leur réception effective par les clients ne fait plus l'ombre d'aucun doute, ceux-ci se doivent d'en payer le prix, obligation essentielle de l'acheteur. En l'espèce, les contestations des appelants relèvent de la pure mauvaise foi et il convient de confirmer le jugement de condamnation au paiement. Le juge qui, après avoir reconnu qu'une créance est fondée en son principe, a refusé la modification du quantum en se bornant à dire que les documents produits ne sont pas « convaincants », sans démontrer en quoi lesdits documents ne le sont pas, a exposé sa décision à la censure de la cour d'appel pour absence ou insuffisance de motifs. Son jugement doit être infirmé sur ce point et statuant à nouveau, il y a lieu de prendre en compte les modifications justifiées en l'espèce et de prononcer une condamnation au montant approprié (CA Ouagadougou, ch. com., n° 21, 20-1-2017 : Transport Confort Voyageurs SA c/ Technical Mechanical Services SA).

II. Appréciation souveraine du paiement par les juges du fond

C'est par une appréciation souveraine des faits, échappant au contrôle de la CCJA, dans un contentieux relatif à une vente commerciale, que par rapport au paiement du prix prévu aux articles 262 et suivants de l'AUDCG, un tribunal a retenu que, suivant un reçu délivré par la demanderesse elle-même en date du 7 février 2013, elle restait devoir trois millions six cent mille (3 600 000) FCFA ; et que comme suite à divers versements un reliquat a été mis à la charge de l'acheteur. C'est donc à tort qu'il est reproché au jugement attaqué d'avoir violé l'article 1315 du Code civil (CCJA, 2e ch., n° 182, 27-7-2017 : Sté SAM-E. Citadelle Voyages c/ Ouattara Amadou).

Section I • PAIEMENT DU PRIX

Art. 263 [anc. art. 235 mod.] L'acheteur est tenu de payer le prix convenu. Le prix exprimé dans le contrat est présumé convenu hors taxes.

S'il y a lieu à détermination du prix, les parties peuvent se référer à la valeur habituellement attribuée au moment de la conclusion du contrat à des marchandises vendues dans des circonstances comparables au sein de la même branche d'activité.

JURISPRUDENCE OHADA

I. Paiement du prix : obligation principale de l'acheteur

Au sens de l'article 263 de l'AUDCG, l'obligation principale de l'acheteur est de payer le prix. C'est donc à juste titre qu'un tribunal a condamné un acheteur au paiement du reliquat du prix de vente qu'il n'a jamais contesté, les marchandises ayant été livrées (CA Ouagadougou (Burkina Faso), ch. com., n° 019, 2-2-2018 : Nana Lamoussa Paul c/ Agencies, SARL).

II. Détermination du prix de vente à payer

En matière commerciale, les pièces qui établissent la valeur d'une marchandise sont la facture et les documents d'importation. En présence de plusieurs factures différentes émanant du vendeur et concernant la même marchandise, il y a lieu de considérer le montant constaté dans la pièce qui a servi aux formalités de dédouanement comme le prix conventionnel de la marchandise, dès lors que le demandeur ne prouve pas que la minoration du prix en fraude à la douane fait suite à une demande des acheteurs et du reste, parce qu'il ne peut se prévaloir de sa propre turpitude. Conformément aux dispositions combinées des articles 263 de l'AUDCG (en vigueur à la date des transactions et selon lequel l'acheteur est tenu de payer le prix convenu dans le contrat) et 1134 du Code civil (selon lequel les conventions légalement formées tiennent lieu de loi à ceux qui les ont faites et doivent être exécutées de bonne foi), il convient de réformer la décision attaquée et de prononcer une condamnation à payer la somme totale de 3 792 286 FCFA (662 218 + 3 130 068) au titre du prix reliquataire de la marchandise (CA Ouagadougou (Burkina Faso), ch. com., n° 018, 19-1-2018 : Kanon Souleymane c/ 1) Tonde Moussa, 2) Malcoubri Mahama et Frères SARL).

Art. 264 [anc. art. 234 mod.] L'acheteur est tenu de prendre toutes mesures nécessaires à l'accomplissement des formalités préalables au paiement effectif du prix.

JURISPRUDENCE COMPARÉE

I. France

Obligation au regard des formalités administratives

L'acheteur est fautif s'il n'accomplit pas les diligences voulues pour obtenir la réalisation de la condition à laquelle la conclusion du contrat est subordonnée, notamment pour l'obtention d'une autorisation administrative (cf. Cass. civ. 25-4-1968 : Bull. civ. I p. 96 ; Cass. com. 7-3-1972 : Bull. civ. IV p. 80).

II. États-Unis

Défaut de paiement et absence d'intention frauduleuse

Le transfert de biens est frauduleux lorsqu'il est effectué avec l'intention d'empêcher ou de retarder le paiement d'un débiteur. Toutefois, le fait qu'une société, qui a des difficultés financières, honore ses dépenses courantes plutôt que la dette du défendant ne démontre pas l'intention de frauder ses droits mais plutôt celle de continuer l'activité de la société (Verdantus Advisors, LLC, v. Parker Infrastructure, in the Court of Chancery of the State of Delaware, C.A. N°. 2020-0194-KSJM, 10/08/2020).

III. Haïti

A. Echéance

Il y a prorogation d'échéance quand un effet reste impayé après les termes convenus, sans poursuite immédiate de la part du créancier (Cass. 19-11-1989).

B. Lieu du paiement

Le paiement d'une obligation doit avoir lieu à l'endroit désigné par la convention (Cass. 30-1-1969).

C. Intérêts

Quand il y a conventions, les intérêts ne peuvent se prélever que d'après le taux et le mode convenus dans la loi des parties (Cass. 19-11-1987).

Art. 265 [anc. art. 236 mod.] Lorsque le prix est fixé d'après le poids des marchandises, ce prix est déterminé, en cas de doute, à partir de leur poids net.

Art. 266 [anc. art. 237 mod.] Le paiement du prix au vendeur est fait soit au siège de son activité, soit au lieu de la livraison si le prix est payable comptant ou si la livraison est effectuée contre remise de documents.

Art. 267 [anc. art. 238 mod.] Lorsque le contrat de vente prévoit la remise des marchandises à un transporteur, le vendeur peut subordonner leur expédition ou la remise à l'acheteur du document qui les représente au paiement préalable du prix.

Les parties peuvent aussi prévoir que l'acheteur n'est tenu de payer le prix qu'après avoir été mis en mesure d'examiner les marchandises.

JURISPRUDENCE COMPARÉE

France

Paiement au moment de la délivrance

1° Fixation de la délivrance

La délivrance intervient à compter du mesurage s'il a lieu (Cass. req. 23-6-1941 : DC 1943.23 ; Cass. com. 25-10-1961 : D. 1962.290 note Bigot).

2° Défaut de délivrance

La délivrance doit être complète ; ce n'est pas le cas si n'a pas été livré l'un des éléments faisant partie de l'ensemble vendu dont il était indissociable, puisqu'il était nécessaire pour assurer l'une des fonctions principales du système informatique vendu (Cass. civ. 19-11-1996 : RJDA 2/97 n° 193 ; dans le même sens, CA Versailles 11-3-1999 : RJDA 7/99 n° 771).

3° Absence de présomption de paiement du prix attachée à la délivrance

La délivrance ne vaut pas présomption légale que le prix a été payé (Cass. req. 15-7-1942 : DC 1943.104).

Art. 268 [anc. art. 239 mod.] L'acheteur doit payer le prix à la date convenue et ne peut subordonner son paiement à une démarche du vendeur.

Section II • PRISE DE LIVRAISON

Art. 269 [anc. art. 240 mod.] L'acheteur doit prendre livraison en accomplissant les actes permettant au vendeur d'effectuer la livraison, puis il doit retirer les marchandises.

Jurisprudence comparée

I. France

A. Prise de la détention de la chose

L'acquéreur n'a pas retiré la chose vendue tant qu'il n'en a pas pris la détention (Cass. com. 9-3-1949 : JCP G 1949.II.5075 obs. Becqué ; Cass. com. 8-7-1965 : Bull. civ. III p. 396).

B. Application de la convention des parties

Les parties peuvent convenir du retirement dans le magasin du vendeur bien que la marchandise doive être expédiée par navire et que le prix soit payable à compter de la mise à quai (Cass. com. 17-11-1966 : Bull. civ. III p. 388).

II. Irak

Refus de prise de livraison par l'acheteur

Une partie au contrat ne saurait modifier unilatéralement les stipulations contractuelles pour refuser la prise de livraison des biens vendus. Ainsi, lorsque le vendeur s'engage à fournir un produit (huile de tournesol), l'acheteur ne peut pas prétendre que le fournisseur n'a pas respecté la nouvelle date d'expiration pour refuser de recevoir la quantité convenue car le contrat doit être exécuté conforment à son contenu, d'une manière répondant aux exigences de la bonne foi (C. civ. art. 150). De plus, faisant la loi des parties, le contrat ne peut être modifié que de leur consentement mutuel, ou pour les causes prévues par la loi. (C. civ. art. 146). Le rapport d'expertise a par ailleurs établi que les marchandises fournies sont conformes et propres à la consommation humaine. Dès lors, le refus de prise de livraison par l'acheteur constitue un manquement à ses obligations contractuelles permettant à l'autre partie de demander la résolution du contrat avec dommages-intérêts, le cas échéant (Cass. féd. 24-6-2013, pourvoi 851-852, Revue Législation et jurisprudence, n° 2, 2014, p. 158-161).

Art. 270 [anc. art. 227 mod.] L'acheteur doit examiner les marchandises ou les faire examiner dans un délai aussi bref que possible. Lorsque le contrat de vente prévoit la remise des marchandises à un transporteur, l'examen peut être différé jusqu'à l'arrivée de ces marchandises à leur destination.

Si les marchandises sont déroutées ou réexpédiées par l'acheteur sans que celui-ci ait eu raisonnablement la possibilité de les examiner, et si au moment de la conclusion du contrat le vendeur connaissait ou aurait dû connaître la possibilité de ce déroutage ou de cette réexpédition, l'examen peut être différé jusqu'à l'arrivée des marchandises à leur nouvelle destination.

Jurisprudence OHADA

Obligation d'examiner la marchandise

L'article 227 [devenu 258 al. 1 et 270 al. 1] de l'AUDCG met à la charge de l'acheteur une obligation explicite d'examiner la marchandise. Il doit s'assurer que le bien qui lui est remis correspond à celui qui est prévu au contrat (CA Ouagadougou (Burkina Faso), ch. com., n° 040, 16-4-2010 : S. N. M. c/ SCIMI et Sobfi, Ohadata J-12-183).

Obs. : si le vice est apparent, l'acheteur n'a qu'un mois pour réagir ; et il a un bref délai seulement dans le cas où le vice n'est pas apparent. Voir sous l'art. 258.

JURISPRUDENCE COMPAREE

Examen des marchandises dans un bref délai

Obs. : exemples tirés de la convention de Vienne du 11 avril 1980 sur la vente internationale de marchandises, comportant des sentences et des décisions indiquant les pays d'origine.

A. Respect du bref délai

L'acheteur a été tenu pour avoir agi à bref délai :
– même s'il n'a pas réagi rapidement dès lors que le défaut de conformité porte sur des faits que le vendeur connaissait ou ne pouvait ignorer et qu'il n'a pas révélés à l'acheteur (Sentence CCI n° 5713 1989, chr. J.-P. Beraudo, DPCI 1994 p. 96) ;
– lorsqu'il y a procédé dans un délai de dix jours eu égard à la grande quantité des marchandises, à leur empaquetage dans des cartons et à la nature durable des biens concernés (T. supérieur du Canton de Lucerne 6-1-1997 : D. 1998.som.315 obs. Cl. Witz).
– s'il a agi dans un délai de trois à quatre jours pour des denrées non périssables (T. régional supérieur de Karlsruhe 25-6-1997, D. 1998.som.310 obs. Cl. Witz) ;
– si, étant un acheteur-fournisseur, il a, après avoir reçu des réclamations d'un client, examiner immédiatement les marchandises et, en tout cas, transmis les réclamations au vendeur (Hoge Raad 20-2-1998 : D. 1998.som.313 obs. M.-Fr. Papandréou-Deterville).

B. Validité d'un délai conventionnel d'examen de la conformité

Il a été jugé qu'il était valable de prévoir que l'acheteur devait dénoncer les défauts de conformité de la marchandise dans le délai d'un mois à compter de la livraison dès lors que le défaut de conformité pouvait être facilement établi (Sentence rendue en 1994 n° 7331, Clunet 1995.1001).

Un délai conventionnel de dénonciation de deux semaines a été admis en Allemagne (T. régional supérieur de Munich 11-3-1998 : D. 1999.som.356 obs. Cl. Witz).

Art. 271 [anc. art. 241 mod.] Lorsque le paiement est prévu au jour de la livraison et que l'acheteur tarde à prendre livraison des marchandises ou n'en paie pas le prix, le vendeur, s'il a les marchandises en sa possession ou sous son contrôle, est fondé à les retenir jusqu'à leur complet paiement.

Le vendeur doit cependant prendre les mesures raisonnables, eu égard aux circonstances, pour assurer la conservation des marchandises et l'acheteur doit lui en rembourser les frais.

JURISPRUDENCE OHADA

Droit de rétention du vendeur ne lui conférant pas un droit direct de reprise des marchandises

Il ressort de l'article 271 de l'AUDCG qu'en cas de non-paiement du prix lorsque celui-ci est prévu au jour de la livraison, le vendeur, ayant encore en sa possession ou sous son contrôle les marchandises, est fondé à les retenir jusqu'à leur complet paiement. Ce droit de rétention n'offre pas au vendeur, comme le prétend la demanderesse, un droit direct de reprise des marchandises (CCJA, 1e ch., n° 272/2019, 28-11-2019 : Société Inno-Wangsa Oils et Fats SDN BHD c/ Abasse Nassirou).

JURISPRUDENCE COMPARÉE

France

Droit de rétention du vendeur jusqu'au paiement du prix

Livraisons successives : existence. En cas de livraisons successives, le défaut de paiement d'une livraison autorise le vendeur à refuser les livraisons suivantes (CA Limoges 24-6-1922 : DP 1924.2.8), a fortiori lorsqu'il a été stipulé que le paiement dès réception de la facture serait une condition déterminante des livraisons ultérieures (CA Grenoble 23-1-1961 : D. 1961.300).

Art. 272 [anc. art. 242] Si l'acheteur a reçu les marchandises et entend les refuser, il doit prendre les mesures raisonnables, eu égard aux circonstances, pour en assurer la conservation. Il est fondé à les retenir jusqu'à ce qu'il ait obtenu du vendeur le remboursement des frais de conservation qu'il a engagés.

Art. 273 [anc. art. 243 mod.] La partie tenue de prendre des mesures pour assurer la conservation des marchandises peut les déposer dans les magasins d'un tiers aux frais de l'autre partie mais est tenue de supporter les frais excessifs qui pourraient résulter de ce dépôt.

Art. 274 [anc. art. 244 mod.] La partie qui doit assurer la conservation des marchandises peut les vendre par tous moyens appropriés si l'autre partie tarde à en prendre possession, à en payer le prix, ou à rembourser les frais de leur conservation. Elle doit préalablement notifier à l'autre partie son intention de vendre ces marchandises.

La partie qui vend les marchandises peut retenir sur le produit de la vente un montant égal à ses frais de conservation, et elle doit le surplus à l'autre partie.

JURISPRUDENCE OHADA

Revente non contestée devant le juge

C'est à tort qu'il est fait grief à un arrêt d'avoir violé l'article 274 de l'AUDCG, en jugeant, sur le fondement de l'article 262 du même Acte uniforme, que la défenderesse n'avait commis aucune faute en revendant les marchandises de la demanderesse, faute pour elle d'en avoir pris livraison alors que, selon la branche du moyen, la disposition susvisée n'autorise la revente des marchandises par la partie qui en assure la conservation, en cas de non-enlèvement, qu'après notification préalable à l'autre partie de son intention de les revendre. Il en est ainsi dès lors qu'il ressort des énonciations de l'arrêt que la demanderesse n'a pas contesté devant le juge d'appel la revente par la défenderesse de ses marchandises ; et qu'au contraire, elle a jugé judicieuse la décision du premier juge ayant procédé au partage, entre les parties, des pertes enregistrées après cette revente au prix de 13 910 455 FCFA ; par ailleurs, elle a sollicité en appel la condamnation de la défenderesse à l'entier paiement et non à la moitié desdites pertes (CCJA, 1e ch., no 240/2024, 25-7-2024).

• Titre IV •

EFFETS DU CONTRAT

• Chapitre I •

TRANSFERT DE PROPRIETE

Art. 275 [anc. art. 283 mod.] La prise de livraison opère transfert à l'acheteur de la propriété des marchandises vendues.

JURISPRUDENCE OHADA

Inopposabilité de la clause de réserve de propriété non publiée

En retenant que « la clause de réserve de propriété n'ayant pas été publiée conformément à la loi, notamment par son inscription au Registre du commerce et du crédit mobilier de Lomé, lieu de livraison des marchandises, elle n'est point opposable au […] tiers acquéreur des marchandises en cause », une cour d'appel a statué, par cette énonciation, sur l'effet translatif de la propriété des marchandises vendues conformément au droit commun de la vente. C'est donc à tort qu'il lui est reproché d'avoir violé les articles 275 et 269 de l'AUDCG (CCJA, 1e ch., n° 272/2019, 28-11-2019 : Société Inno-Wangsa Oils et Fats SDN BHD c/ Abasse Nassirou).

JURISPRUDENCE COMPARÉE

États-Unis

Transfert de propriété et transfert des risques de marchandises stockées en entrepôt : clause subordonnant la vente au changement de nom du propriétaire sur les livres de l'entrepôt

Lors d'une vente de marchandises stockées dans un entrepôt indépendant et devant être réalisée par le simple changement du nom du propriétaire des marchandises sur les livres de l'entrepôt, les juges ont considéré que le transfert de propriété était intervenu lors du changement effectif du nom de la personne propriétaire des marchandises alors que le transfert des risques n'était intervenu que lorsque l'acheteur avait eu connaissance de ce transfert, soit plusieurs jours plus tard (Jason's foods, INC. V. Peter Eckrich & sons, INC., 774 F2d 214 (7th cir.1985)).

Art. 276 [anc. 284 mod.] Les parties peuvent, toutefois, convenir de différer le transfert de propriété en application d'une clause de réserve de propriété régie par les articles 72 à 78 de l'Acte uniforme portant organisation des sûretés.

JURISPRUDENCE OHADA

I. Application de la clause subordonnant la formation de la vente à la livraison des marchandises

Lorsqu'il résulte de la convention liant les parties, que « le contrat de vente n'est réputé formé entre les parties qu'à la livraison de la marchandise par la [venderesse] dans les locaux de l'acheteur », que l'acheteur ne conteste pas avoir reçu les marchandises, signé des reconnaissances de dette et proposé un échéancier de remboursement qu'il n'a pas respecté et dont il n'a payé que 245 000 FCFA, ces éléments prouvent suffisamment que les marchandises ont été livrées, que le contrat de vente est régulièrement formé, et que par conséquent, la clause de réserve de propriété ne pouvait plus empêcher que lesdites reconnaissances de dette, appuyées par un début de paiement, produisent leur plein et entier effet. En considérant « qu'il est aisé de dire, sans violer la clause de réserve de propriété, qui ne sert en réalité qu'à protéger les droits du créancier qui s'est dessaisi des marchandises, que le contrat de vente a été formé à la livraison des marchandises, conformément à la volonté des parties, et ce, en application de l'article 283 [devenu 275] de l'[AUDCG] », la cour d'appel ne viole en rien les dispositions sus-énoncées et le moyen unique de cassation qui n'est pas fondé doit être rejeté (CCJA, 1e ch., n° 018, 24-4-2008 : Docteur A. c/ DPCI-SA, Juris-Ohada n° 2, avr.-juin 2008, p. 21, Le Rec. jur. CCJA, n° 11, janv.-juin 2008, p. 51, Ohadata J-09-32, Ohadata J-09-315, Actualités juridiques, n° 60-61, p. 427, note anonyme. Décision confirmée : CA Daloa, 2e ch. civ. et com., n° 53, 23-2-2005 : A c/ La sté DPCI, Juris-Ohada, n° 1/2006, p. 33, Ohadata J-07-01).

Obs. : sur une décision rendue en application de la version ancienne de l'AUDCG, transposable sous le nouveau texte qui ne modifie pas les conditions d'efficacité de la clause de réserve de propriété, qui a retenu que cette clause stipulée dans un contrat ne peut en aucun cas opérer faute de publicité dans les conditions des articles 59, 60 et 63 [de l'AUDCG abrogé, remplacés par les art. 71 et 72 de l'AUS], voir (TRHC Dakar, n° 117, 15-1-2002 : A. M. c/ Sté Ulman, J. S., Me N. T. F. L. et Me M. G., Ohadata J-04-159, obs. Ndiaw Diouf).

II. Vente sous condition suspensive

La clause de réserve de propriété caractérise une vente sous condition suspensive. L'absence de toute vente commerciale exclut même l'existence de cette clause et toute obligation de paiement de prix de vente. C'est donc à tort qu'il est reproché à un arrêt attaqué d'avoir violé l'article 72 de l'AUS au motif que la cour d'appel a retenu que « la [demanderesse] qui reste propriétaire des produits ne peut faire obligation à la [défenderesse] d'en payer le prix » alors que, par l'effet d'une clause de réserve de propriété, la propriété d'un bien mobilier peut être retenue en garantie jusqu'au complet paiement. Il en est ainsi dès lors que, les juges du fond ont souverainement conclu qu'il n'y a pas eu vente commerciale entre les parties (CCJA, 3e ch., n° 084, 28-4-2016 : Sté Siemens c/ Saritel, Ohadata J-17-32).

Jurisprudence comparée

I. Belgique

Concours du vendeur avec réserve de propriété avec les créanciers de l'acheteur

Il n'existe pas de principe général du droit de l'opposabilité de la clause de réserve de propriété en cas de concours des créanciers et la clause par laquelle les parties conviennent de retarder le transfert de propriété d'un effet mobilier n'est pas opposable aux créanciers de l'acheteur en cas de concours avec le vendeur lorsque l'acheteur a été mis en possession de la chose vendue (Cass. Belgique 7-5-2010, C.09.0317.F : Juricaf).

II. Irak

A. Vente avec réserve de propriété : droit de revendication au profit du vendeur non payé

La stipulation selon laquelle l'acheteur ne devient propriétaire qu'après paiement de tous les acomptes, doit être analysée comme un transfert de propriété sous condition suspensive du paiement intégral du prix. En conséquence, le vendeur, resté propriétaire des machines vendues sous réserve de propriété, est fondé à exercer l'action en revendication en cas de non-paiement par l'acheteur (Cass. civ. 23-5-1970 : Revue Al-Qada, 1970, 3, p. 234).

B. Clause de réserve de propriété : opposabilité aux tiers

Le vendeur qui s'est réservé la propriété de la machine est en droit de la suivre, en cas de revente, dans n'importe quelle main (Cass. civ. 10-10-1975, majmoat'al-ahkam al-adlyiah', 1975, 4, p. 12.)

Il a le droit de demander la saisie de la chose vendue, même détenue par un tiers, car sa réserve de propriété interdit à l'acheteur de disposer de la chose sans l'autorisation du vendeur (Cass. 29-10-1969 : Recueil de la Cour de cassation, 1969, vol. 6, p. 248).

C. Exclusion de la clause de réserve de propriété dans une vente au comptant

Dans la vente au comptant, le vendeur ne peut se prévaloir de la clause de réserve de propriété du bien vendu jusqu'à son paiement intégral. Il s'agit d'une vente de voiture dont le prix a été payé par quatre chèques à l'ordre du vendeur. L'un des chèques s'étant révélé sans provision le vendeur a intenté une action en revendication contre l'acheteur pour restituer la voiture. Cette vente n'est pas une vente à crédit, estime la Cour de cassation. Il s'ensuit que le vendeur ne peut stipuler que le transfert de propriété est soumis au paiement intégral du prix (C. civ. art. 534 ; Cass. 25-1-1971 : Revue Al-Qada, n° 2, 1971, p. 252-254).

• Chapitre II •
TRANSFERT DES RISQUES

Art. 277 [anc. art. 285 mod.] Le transfert de propriété entraîne le transfert des risques à l'acheteur.

La perte ou la détérioration des marchandises survenue après le transfert des risques ne libère l'acheteur de son obligation de payer le prix que si ces événements sont le fait du vendeur.

JURISPRUDENCE OHADA

I. Obligation de paiement de l'acheteur après remise de la chose au transporteur

Il résulte des articles 285 et 286 [devenus 277 et 278] de l'AUDCG que le transfert des risques à l'acheteur se fait à partir de la remise de la marchandise au premier transporteur. L'acheteur ne peut être libéré de son obligation de payer le prix de la marchandise ; c'est donc à juste titre qu'un tribunal a restitué à l'ordonnance d'injonction de payer son plein et entier effet, motif pris de ce que la société venderesse ayant exécuté son obligation de livraison, est en droit de solliciter paiement (CA Abidjan, n° 677, 1-6-2001 : Lotus Import c/ Sté Skalli Fortant de France, Ecodroit, n° 13-14, juill.-août 2002, p. 55, Ohadata-J-02-174).

Obs. : voir sous l'art. 278.

II. Transfert des risques de la chose transportée

Dans une vente commerciale, les risques étant transférés à l'acheteur à partir de la remise de la marchandise au transporteur, l'acheteur ne peut reprocher aucune inexécution au vendeur dès lors que la détérioration de la marchandise n'est pas due à un vice propre, mais à une chute survenue durant le transport (TPI Abidjan, n° 327 CIV7, 25-4-2001 : Sitbai c/ CFCD-CI, Ohadata J-02-111, obs. J. Issa-Sayegh).

Obs. : décision rendue sur le fondement de l'art. 268 [devenu 295] ; mais l'article compétent est le 277, car les risques ne se confondent pas avec l'inexécution des obligations des parties au contrat de vente. À cet égard, c'est bien jugé dès lors que s'agissant d'une chute en cours de transport le vendeur n'y est pour rien à la condition, s'il a lui-même remis la marchandise au transport, qu'il ait pris toutes les précautions voulues au chargement. Ainsi, en jurisprudence française par comparaison (MDC n° 27100), dans les ventes suivies d'un transport, le vendeur doit pourvoir à l'emballage approprié de la marchandise (Cass. com. 11-5-1981 n° 79-15.724 : Bull. civ. IV n° 220), et ce, alors même que la réexpédition est faite aux risques du destinataire (Cass. com. 14-3-1978 n° 76-15.281 : Bull. civ. IV n° 91 : à propos de la réexpédition par un réparateur mais transposable au vendeur) ; la même obligation incombe à l'acquéreur s'il réexpédie la marchandise au vendeur qui a accepté de la reprendre et en est ainsi redevenu propriétaire, mais l'acquéreur n'encourt pas de responsabilité dès lors qu'il l'a remise à un transporteur apte à en assurer le transport (Cass. com. 24-11-1980 : Bull. civ. IV n° 391).

Art. 278 [anc. art. 286 mod.] Lorsque le contrat de vente prévoit la remise des marchandises à un transporteur, les risques sont transférés à l'acheteur par la remise des marchandises au premier transporteur.

L'autorisation donnée au vendeur de conserver les documents représentatifs des marchandises n'affecte pas le transfert des risques.

JURISPRUDENCE OHADA

I. Obligation de paiement de l'acheteur après remise de la chose au transporteur

À partir de la remise de la marchandise au premier transporteur, les risques sont transférés à l'acheteur qui ne peut être libéré de son obligation de payer le prix en cas de perte ou de détérioration de la marchandise (CA Abidjan, n° 677, 14-6-2001 : Sté Lotus Import c/ Sté Skalli Fortant de France, Ohadata J-03-323 ; Ohadata J-04-102).

C'est donc en vain qu'un acheteur invoque la non-livraison des marchandises pour ne pas en payer le prix, dès lors que la livraison au transporteur a été effective et est corroborée par les pièces produites (CA Abidjan, n° 1155, 15-12-2000 : Sté LMC c/ Sté J.B, Bulletin Juris-Ohada, n° 1/2002, janv.-mars 2002, p. 57, Ohadata J-02-137, note anonyme).

II. Transfert des risques en cas de vente suivie d'un transport maritime sous un terme commercial

Convention des Nations unies du 31 mars 1978 sur le transport de marchandises par mer

S'agissant d'un transport de marchandises à l'international, le recours à un Incoterm définit les droits et obligations réciproques du vendeur et de l'acheteur en ce qui concerne la livraison de la marchandise vendue. L'incoterm « CFR » (Coût et Fret) convenue entre les parties désigne une vente au départ dans laquelle, le vendeur choisit le transporteur, conclut et supporte les frais en payant le fret jusqu'au port de destination convenu, déchargement non compris, assume les risques d'avaries et de perte de la marchandise jusqu'au passage du bastingage du navire, avise l'acheteur de l'expédition de la marchandise et lui donne les informations utiles pour la réception de cette dernière ; quant à l'acheteur il prend livraison de la marchandise et en paye le prix, assume tous les risques (avaries, pertes...) pouvant survenir après le passage du bastingage de la marchandise.

Au sens de l'article 14, al. 7 de la Convention des Nations unies du 31 mars 1978 sur le transport de marchandises par mer, le connaissement est un document faisant preuve d'un contrat de transport par mer et constatant la prise en charge ou la mise à bord des marchandises contre remise de ce document. Par le connaissement, l'armateur reconnaît avoir reçu la marchandise pour être transportée telle qu'elle est décrite. Lorsque la description des marchandises dans leur nature et leur qualité dans le document de transport correspond au volume des commandes figurant dans la lettre de confirmation de vente acceptée par le destinataire des marchandises, il ne peut être reproché au vendeur d'avoir failli à son obligation de livrer la quantité de marchandises égales à celle figurant dans la commande et sa responsabilité contractuelle ne peut être engagée.

Cette responsabilité ne saurait non plus être retenue s'agissant des marchandises manquantes au port de débarquement, la responsabilité du chargeur, dans la vente CFR, prenant fin avec la remise de la marchandise par-dessus le bastingage du navire, l'acheteur faisant son affaire de tous les risques (avaries, pertes) après le bastingage et tout le long du transport jusqu'au port de destination (CA Ouagadougou (Burkina Faso), ch. com., n° 025, 15-5-2009 : SITACI SA c/ Misetal SA, Ohadata J-10-211).

Obs. : sur les termes commerciaux, voir sous l'art. 253.

Art. 279 [anc. art. 287 mod.] Les risques des marchandises vendues en cours de transport sont transférés à l'acheteur dès la conclusion du contrat de vente.

Néanmoins si le vendeur avait alors connaissance ou aurait dû avoir connaissance de la perte ou de la détérioration de ces marchandises, il supporte seul la charge de ces risques s'il n'en a pas informé l'acheteur.

Art. 280 [anc. art. 288 mod.] Si les marchandises vendues ne sont pas individualisées, le transfert des risques s'effectue au moment de leur identification qui emporte mise à disposition de l'acheteur.

• Titre V •
INEXECUTION ET RESPONSABILITE

• Chapitre I •
DISPOSITIONS GENERALES

Art. 281 [anc. art. 245 et 249 mod.] Toute partie à un contrat de vente commerciale est fondée à en demander au juge compétent la rupture pour inexécution totale ou partielle des obligations de l'autre partie.

Toutefois, la gravité du comportement d'une partie au contrat de vente commerciale peut justifier que l'autre partie y mette fin de façon unilatérale à ses risques et périls. La gravité du motif de rupture est appréciée par le juge compétent à la demande de la partie la plus diligente.

Quelle que soit la gravité du comportement, la partie qui l'invoque peut être tenue de respecter un préavis avant de notifier à l'autre partie sa décision unilatérale. Faute de préavis suffisant, l'auteur de la rupture engage sa responsabilité même si la juridiction admet le bien-fondé de la rupture.

La partie qui impose ou obtient la rupture du contrat peut obtenir en outre des dommages-intérêts en réparation de la perte subie et du gain manqué qui découlent immédiatement et directement de l'inexécution.

Jurisprudence OHADA

I. Exception d'inexécution

A. Limite de l'opposabilité de l'exception au paiement d'effets de commerce

L'exception d'inexécution prévue par l'article 245 [devenu 281] de l'AUDCG ne peut être opposée au paiement d'effets de commerce qu'en considération des conditions strictes prévues par la législation sur les instruments de paiement, lesquelles ne peuvent être appréciées par le juge des référés. Et il n'appartient pas à celui-ci de prononcer la mesure tendant à l'allocation de dommages-intérêts. Dans le cas d'espèce, les effets de commerce suspendus, ayant été émis par une société A, en règlement de commandes de marchandises passées et à elle livrées par une société B, ce qui rendait en tout état de cause, obligatoire leur paiement à cette dernière, paiement qui avait d'ailleurs été requis par « une sommation interpellative de payer » en date du 18 octobre 2002, demeurée infructueuse, la juridiction des référés, en ordonnant la suspension du paiement des traites, et en ordonnant une expertise comptable pour établir le préjudice subi par la société acheteuse, a excédé les limites de sa compétence et exposé son arrêt à la cassation (CCJA, n° 002, 1-2-2007 : Unilever Côte d'Ivoire SA c/ Sodispam SA, en présence de Bank of Africa, Rec. jur. CCJA n° 9, janv.-juin 2007, p. 58, Ohadata J-08-226).

B. Inexécution de mauvaise foi

La cour d'appel qui, après s'être référée au premier jugement qui a visé l'article 281 de l'AUDCG, a prononcé une condamnation unilatérale en omettant de remettre le vendeur dans ses droits à restitution ou de lui imposer le remplacement des marchandises non conformes, a statué sans base légale, exposant son arrêt à la cassation. Si, conformément à l'article 281 de l'AUDCG, la résolution d'une vente peut être demandée par une partie en cas d'inexécution par l'autre de ses engagements, la partie qui s'est opposée à la restitution des marchandises expédiées par erreur et les a retenues malgré la levée de la saisie, tout en continuant d'exiger l'exécution conforme du contrat, a failli à son devoir d'exécution de bonne foi dudit contrat. Ces circonstances excluent toute faute à la charge du vendeur ; en conséquence, il n'y a pas lieu à la résolution du contrat de vente et le jugement entrepris mérite l'infirmation de ce chef. Même si les prétentions de l'acheteur ne sont pas fondées, aucun élément du dossier n'établit son intention manifeste de nuire et le vendeur sera débouté de sa demande reconventionnelle (CCJA, 3e ch., n° 083, 29-3-2018 : Mate Alu SARL c/ Smart Electronics SARL).

Les dispositions de l'article 237 de l'AUDCG imposent aux parties à une vente commerciale de se conformer aux exigences de la bonne foi, sans qu'elles ne puissent exclure cette obligation, ni en limiter la portée. En l'espèce, il est relevé que bien que la demanderesse ait procédé à une seconde tentative de correction des malfaçons signalées sur les produits avant de vouloir les livrer le 19 mai 2016, la défenderesse, qui n'a même plus vérifié la conformité de la marchandise, n'a pas cru devoir les accepter comme il ressort du constat d'huissier versé au dossier. En outre, en décidant, les 6 et 7 avril 2016, d'annuler la commande sans préavis, la défenderesse a enfreint les dispositions de l'article 281 de l'AUDCG. De ce fait, la demande de dommages-intérêts de la demanderesse est justifiée, et il y a lieu pour la cour d'y faire droit en lui allouant la somme de 2 000 000 FCFA (CCJA, 1e ch., n° 173/2019, 23-5-2019 : Société Imprimerie du Plateau c/ BBG-CI).

II. Résolution du contrat demandée par l'acheteur contre le vendeur [ancien art. 254 de l'AUDCG]

Il a été jugé, en application de l'article 254 ancien de l'AUDCG, qui est transposable, que :

– le vendeur qui n'a pas livré la chose convenue après avoir reçu une avance a manqué gravement à l'exécution de son obligation de délivrance ; l'acheteur est de ce fait fondé à demander la résolution du contrat et la restitution de l'avance en application de l'article 270 [devenue 297] de l'AUDCG (TGI Ouagadougou (Burkina Faso), n° 067/2007, 23-5-2007 : BACB c/ G. S., Ohadata J-09-385) ;

– pour une éventuelle résolution du contrat, le juge doit tenir compte de l'écart entre le prix payé et le degré d'exécution du contrat. Et lorsque le contrat a été exécuté à 75 %, on ne peut pas considérer qu'il y a un manquement significatif pouvant justifier la résolution du contrat (TGI Ouagadougou (Burkina Faso), n° 083/2007, 13-6-2007 : Sopafer c/ G. I. & O. R. S., Ohadata J-09-390).

Jurisprudence comparée

I. États-Unis

A. Possibilité de mettre un terme à un engagement

Une pratique saine du droit des affaires suppose le respect de la liberté de contracter et donc la faculté de se délier d'un engagement (CA Chicago, Investment Interway and Feldman v. Alle ghery Int'l, Inc.850.F.2d.1217 7th cir. 1987) (cf. « Les lettres de parrainage ont-elles toujours de bonnes intentions ? », A. Schollen, RDAI.1994.801).

B. Conditions d'une inexécution

Selon le droit de l'État du Texas, pour qu'il y ait inexécution contractuelle il faut :

– un contrat valide,

– la volonté d'exécuter ou l'exécution par le demandeur de ses obligations,

– l'inexécution de ses obligations par le défendeur,

– un préjudice subi par le demandeur en raison de l'inexécution du défendeur (Aguiar v. Segal, 167 S.W.3d 443 (2005)).

Afin de prouver une inexécution contractuelle, le contractant doit démontrer que son cocontractant n'a pas respecté une clause du contrat en cause (Acad. Of Skills et knowledge, Inc. v. Charter Schs., USA, Inc. 260 S.W.3d 529 (2008)).

C. Clause attributive de compétence territoriale

Une clause attributive de compétence territoriale insérée dans le prêt conclu entre une société et un de ses actionnaires et donnant compétence aux tribunaux de l'État du Texas doit s'appliquer. En conséquence, les juges de l'État du Delaware doivent se déclarer incompétent même si le contrat de prêt stipule que la loi applicable sera celle de cet État (John J. Mack, v. Rev Worldwide, INC, in the Court of Chancery of the State of Delaware, C.A. n° 2019-0123-MTZ12/10/2020).

Afin que la juridiction précisée dans une clause attributive de compétence territoriale soit la seule compétente, il est nécessaire que la clause stipule que le choix exclut toutes les autres juridictions devant lesquelles les parties auraient pu intenter l'action (In Troy Corp. v. Schoon, (Del. Ch., March 26, 2007), 2007 WL 949441).

Une clause attributive de compétence territoriale est valide, sauf à démontrer que son exécution serait déraisonnable et injuste ou que la clause est illicite notamment en raison d'une fraude (Ingres Corp. v. CA, Inc., Del, 8 A.3d 1143 (Del. 2010)).

Les juges doivent appliquer une clause attributive de compétence territoriale insérée dans un contrat international lorsque cette dernière a été librement négociée par des parties informées (The Bremen v. Zapata Off-Shore Co., 407 U.S. 1, 92 S. Ct. 1907 (1972)).

II. France

A. Causes de la résiliation

Résiliation en cas de fusion ou absorption : exclusion en cas d'apport partiel d'actif. Lorsque le contrat prévoit qu'il sera résilié de plein droit et sans préavis en cas de fusion ou d'absorption du concessionnaire, si le concédant n'agrée pas la société absorbante ou celle issue de la fusion, il n'est pas résilié en cas d'apports partiels des éléments d'actif du concessionnaire à une autre société, une telle opération ne pouvant pas être assimilée à une fusion de sociétés ou à l'absorption d'une société par une autre (Cass. 1e civ. 27-5-1997 : RJDA 10/97 no 1163).

B. Mise en œuvre irrégulière ou abusive de la clause de résiliation

1o Mise en œuvre irrégulière

La clause a été invoquée à tort lorsqu'elle a été mise en œuvre avant l'ouverture du délai prévu à cet effet (Cass. com. 15-11-2011 no 10-27.838 F-D : RJDA 2/12 no 124 ; RDC 2012.787 obs. T. Genicon).

2o Mise en œuvre abusive

A été considérée comme injustifiée, la suspension du contrat de maintenance du logiciel – contrat supposant un devoir de collaboration entre les parties – assurant la gestion du tarif des huissiers de justice car ce logiciel est indispensable aux huissiers qui en sont équipés, lesquels doivent nécessairement trouver une autre solution informatique ; en effet, cette résiliation unilatérale n'est pas justifiée par la force majeure dès lors que la modification du tarif, même si elle est importante, n'est pas imprévisible, de telles modifications intervenant régulièrement et leur éventualité étant connue des professionnels de l'informatique et la possibilité de rupture unilatérale anticipée, inhabituelle dans un contrat à durée déterminée, ne peut être admise qu'en l'absence d'abus ; or, en l'espèce, la société informatique a manifestement abusé de la faculté de résiliation unilatérale stipulée au contrat dès lors qu'elle avait de toute évidence l'intention d'abandonner l'exploitation de son logiciel qui n'était plus utilisé que par quelques études pour tenter d'orienter ses clients vers la nouvelle version du logiciel (CA Versailles, 3e ch., 26-2-1999, Sté d'informatique et de systèmes c/ De Matteis : RJDA 8-9/99 no 923).

C. Motifs légitimes de résiliation

1o Résiliation unilatérale justifiée

La résiliation unilatérale du contrat a été justifiée :
– de la part du fournisseur d'un distributeur qui pouvait invoquer les incidents de paiement ayant entraîné une détérioration de l'équilibre financier du contrat (Cass. com. 14-10-1997, no 2088 D, Sté Locametz Equipement c/ SNC Dynapac : BRDA 22/97 p. 10) ;
– par l'impossibilité d'une exécution conforme aux clauses du contrat résultant de l'éloignement du bénéficiaire de prestations de services d'équipement téléphonique à la suite du transfert de son siège de la région parisienne, où est installé le prestataire de services, dans l'Hérault (CA Paris, 5e ch. B, 12-11-1998, SA Micro-énergie Equipement Bureautique c/ SA TR Services : RJDA 5/99 no 513) ;
– de la part de l'auteur d'un logiciel qui en avait concédé l'exploitation, car le contrat ne pouvait se poursuivre, comme le prétendait l'exploitant, pendant toute la durée légale de protection du logiciel, cette dernière bénéficiant exclusivement à son auteur ; de plus, celui-ci avait observé un délai raisonnable et, bien que cet élément n'ait pas été indispensable à la constatation de l'absence d'abus, depuis plusieurs années, les résultats commerciaux de l'exploitant étaient très faibles (CA Paris, 5e ch. A, 14-11-2001, SARL Mysoft c/ SA Légisoft : RJDA 3/02 no 242) ;
– de la part d'EDF-GDF, par le refus persistant d'un abonné de régler ses factures de gaz et d'électricité dès lors que le changement de facturation invoqué par l'abonné constituait un prétexte spécieux ne pouvant fonder ses dérobades répétées et que les services d'EDF-GDF avaient été particulièrement attentifs aux réclamations de l'abonné (Cass. 1e civ. 9-7-2002, no 1102, Back c/ EDF-GDF : RJDA 1/03 no 7) ;
– de la part du client d'un logisticien qui, en dépit du soutien, non prévu au contrat et convenu dans l'urgence, qu'il a reçu du client, n'a pas pu faire face à ses obligations contractuelles comme l'attestent les nombreuses réclamations adressées à ce client par sa propre clientèle qui ne recevait pas les livraisons des commandes passées dans des conditions acceptables (CA Paris, 5e ch. A, 5-2-2003, SA Boulangerie Neuhquser c/ Sté Heb Barre Transports : BTL 2003.178) ;
– de la part d'une compagnie pétrolière qui avait conclu avec un établissement de crédit un contrat à durée déterminée portant sur la mise en place d'une carte privative pour la distribution de ses carburants, dès lors qu'il a été déduit des constatations suivantes que la gravité des manquements de l'établissement de crédit et l'urgence d'y mettre fin rendaient impossibles la poursuite du contrat et autorisaient la compagnie pétrolière à le résilier sans préavis : l'établissement de crédit avait commis des fautes (erreurs de relevés de compte, retards dans les débits et dysfonctionnements dans le traitement des données) qui revêtaient une gravité certaine et il n'avait jamais contesté les défectuosités du système ; l'impossibilité pour la compagnie pétrolière d'obtenir un fonctionnement correct du système l'avait obligée à retirer les cartes de crédit pour mettre fin aux effets particulièrement négatifs sur la clientèle des dysfonctionnements constatés et pour faire cesser une situation néfaste à son image de marque ; il importait peu alors que l'auteur de la résiliation unilatérale ait préalablement mis son cocontractant en demeure en invoquant la clause résolutoire et se soit ainsi engagée sur la voie de la résolution conventionnelle (Cass. 1e civ. 4-2-2004 : RJDA 8-9/04 no 945 ; RTD civ. 2004.731 no 7 obs. Mestre et Fages) ;
– de la part d'un acheteur qui n'a pas reçu la livraison du matériel qu'il avait commandé, ce qui constitue un manquement du vendeur à une obligation essentielle mise à sa charge par le contrat de vente

(CA Aix-en-Provence, 8e ch. B, 25-10-2004 nº 533 : Bull. d'Aix 2005-1.84 obs. C.-A. Maetz) ;
– de la part de l'acheteur d'un flacon de parfum diffusé à un prix qui exigeait un produit sans défaut, dès lors que les défauts affectant l'habillage en plastique du flacon étaient visibles (Cass. com. 30-6-2009 nº 08-14.944 : RJDA 12/09 nº 1038 ; JCP G 2009 nº 39 p. 44 obs. P. Grosser) ;
– de la part du cabinet d'avocat qui avait passé commande à un éditeur, devant publier un ouvrage, d'une page publicitaire, dès lors que, six mois après sa conclusion, l'ouvrage n'avait toujours pas été publié, ce qui ne fut fait qu'un an après (CA Paris 3-7-2009 nº 07/18857, ch. 11, Sté Espace Juridique Avocats c/ Sté Mondial Media : BRDA 23/09 inf. 15, reconnaissant à l'annonceur le droit de demander le remboursement de la souscription versé à l'éditeur).

2º Résiliation unilatérale injustifiée

Correspond à une résiliation unilatérale injustifiée :
– le refus d'achever l'exécution du contrat pour en tirer un profit, en l'espèce le refus d'assurer la dernière livraison d'un matériel vendu pour ne pas payer à l'intermédiaire les commissions lui revenant sur ce matériel, cette rupture volontaire du contrat étant qualifié de « faute lucrative » (Cass. com. 27-11-1967, cité par D. Fasquelle, L'existence de fautes lucratives en droit français : PA 2002 nº 232 p. 27 § 10) ;
– la résiliation avant terme annuel d'un contrat de prestations de services, résiliable chaque année en cas de manquements à certains objectifs de qualité et moyennant un préavis de deux mois avant la fin de l'année en cours, dès lors que les contrôles de qualité ne sont pas défavorables au prestataire de service et ce, même si cette résiliation a été précédée de courriers d'avertissement et a été notifiée en respectant le délai de prévenance de deux mois (CA Douai, 2e ch. sect.1, 29-9-2005 nº 03/06131 : Bull. inf. C. cass. 2006 nº 223) ;
– la rupture d'un contrat de franchise dès lors, d'une part, que le franchisé n'avait pas manqué à ses obligations contractuelles, le contrat lui imposant certaines obligations en matière de gestion des stocks mais pas de procéder, comme il lui était reproché, à des commandes à échéance déterminée ni d'assister à la présentation des nouvelles collections et, d'autre part, que la résiliation à effet immédiat et injustifiée était nécessairement brutale, peu important que les parties eussent tenté antérieurement, en vain, de s'entendre sur une résiliation amiable (Cass. com. 20-3-2012 nº 11-12.520 F-D : RJDA 7/12 nº 665).

3º Mise en œuvre du droit à résiliation unilatérale

Non-application des modalités prévues par la clause de résiliation contractuelle. La résiliation unilatérale peut être mise en œuvre « peu important les modalités formelles de la résiliation contractuelle », qui en l'espèce prévoyait qu'une résiliation anticipée ne pouvait intervenir qu'après trois lettres recommandées motivées (Cass. com. 10-2-2009 nº 08-12.415 : RTD civ. 2009. 318 nº 4 obs. B. Fages, cassant l'arrêt d'appel qui avait écarté la résiliation pour non-respect de ces modalités de rupture).

La solution est différente si la résiliation mise en œuvre n'est pas justifiée par la gravité du comportement du cocontractant ; en ce cas, la clause prévoyant la faculté de résiliation avec préavis doit être respectée, même si elle ne stipule pas de sanction, dès lors qu'il ne ressort d'aucune constatation qu'une faute quelconque ait été imputée à la partie à laquelle le manquement aux obligations contractuelles est reproché (Cass. 1e civ. 18-9-2008 nº 07-11.021 : RJDA 12/08 nº 1221).

D. Liquidation du contrat

1º Indemnisation de la victime de la résiliation unilatérale

Absence de droit. N'a pas droit à indemnisation, la partie qui a invoqué la clause prévoyant son droit de résilier le contrat sans indemnité en cas de non-respect des délais contractuels et le droit du cocontractant à obtenir paiement des « dépenses engagées » (Cass. com. 21-5-1996 : RJDA 10/96 nº 1159).

2º Application de la clause fixant l'indemnisation

La clause d'un contrat de commande de publicité, prévoyant qu'en cas de résiliation anticipée au cours de la période contractuelle, non justifiée par un manquement grave de l'agence à l'une de ses obligations essentielles, l'annonceur sera tenu de régler une indemnité équivalente à la rémunération qui aurait dû être payée si le contrat avait été à son terme, a été appliquée dès lors que la faute de l'agence n'était pas démontrée (CA Versailles, 12e ch. 2e sect., 7-11-2002, Euro RSCG c/ GIE Elis : LP. 2003.I.112).

E. Appréciation du préjudice

N'a pas lieu d'être prise en compte, la perte de marge, pour la période allant du jour de la prise d'effet de la résiliation au jour du terme prévu au contrat, en raison de la fin du contrat à la date de la résiliation et donc du terme mis aux obligations des contractants à cette date, dès lors que le contrat était résiliable à tout moment (CA Montpellier 17-6-2003, Sté ABX Logistics c/ SA Messageries Nouvelles : BTL 2003. 546).

III. Belgique

La résiliation unilatérale pour faute grave est admise (CA Mons 21-6-1983 : Rev. crit. jur. belge 1991.8).

IV. IRAK

Impossibilité de rupture unilatérale

Il faut introduire l'action en résolution avant de réclamer des dommages-intérêts en raison de la dénonciation du contrat de la part de l'autre contractant. Ainsi, lorsque le demandeur réclame réparation pour le dommage subi et le gain manqué à cause de la rupture unilatérale du contrat de fourniture de biens par le défendeur, le tribunal ne saurait admettre la résiliation unilatérale sous prétexte que le cocontractant a trouvé des équipements moins chers. Le maintien du contrat rend irrecevable l'action en réparation intentée par le demandeur. Celui-ci devra d'abord intenter l'action en résolution du contrat puis demander des dommages-intérêts, le cas échéant (Cass. féd. 29-5-1999, pourvoi 140/99 : Revue Al-Qada, vol. 53, 1999, p. 179-178).

V. Autres droits étrangers et règles internationales

Plusieurs législations admettent le principe de la résiliation unilatérale :

– le Code civil allemand (BGB art. 349) ;

– le Code civil québécois à condition que l'inexécution ne soit pas de « peu d'importance » ;

– le nouveau Code civil néerlandais, « à moins que le manquement, vu sa nature particulière ou son importance mineure, ne justifie pas cette résiliation avec ses effets » (art. 265-1 du livre 6, traduction par P.P.C. Haanapel et E. Mackaay du nouveau Code civil néerlandais, Le droit patrimonial, Kluwer, 1990) ;

– la convention de Vienne sur la vente internationale de marchandises (art. 49) ;

– les principes Unidroit relatifs aux contrats du commerce international (art. 7.3.1) ;

– les principes du droit européen du contrat (art. 4.303).

Selon une étude (F. Bortolotti, Le contrat international d'agent commercial dans l'arbitrage de la CCI, Bull. Cour CCI 2001 n° 1 p. 52, spécialement p. 63), il est admis, par la plupart des ordres juridiques, que les contrats à durée indéterminée peuvent être résiliés sans préavis, si la cessation anticipée est fondée sur des motifs sérieux. Lorsqu'elle n'est pas justifiée, aucune des sentences analysées dans l'étude précitée ne la déclare nulle (ce que prévoirait le droit allemand), chacune ne la prenant en compte qu'au titre de la demande de dommages-intérêts.

Chapitre II

INEXECUTION DES OBLIGATIONS DU VENDEUR

Art. 282 [anc. art. 245 mod.] Si le vendeur ne paraît pas en mesure d'exécuter dans les délais convenus l'intégralité de son obligation de livraison des marchandises, en raison d'une insuffisance de ses capacités de fabrication ou d'une inadaptation de ses moyens de production, l'acheteur peut obtenir de la juridiction compétente, statuant à bref délai, l'autorisation de différer l'exécution de son obligation de payer. Cette autorisation peut être assortie de l'obligation de consigner tout ou partie du prix.

JURISPRUDENCE OHADA

Différé de paiement pour défaut de livraison

Sur l'incompétence du juge des référés pour suspendre le paiement, par effet de commerce, de marchandises remises au transporteur, voir sous l'art. 281.

Art. 283 [anc. art. 250 mod.] Si l'acheteur invoque dans les délais fixés aux articles 258 et 259 du présent Acte uniforme un défaut de conformité des marchandises livrées, le vendeur a la faculté d'imposer, à ses frais exclusifs et sans délai, à l'acheteur le remplacement des marchandises défectueuses par des marchandises conformes.

En outre, l'acheteur peut convenir avec le vendeur d'un délai supplémentaire pour le remplacement, aux frais exclusifs du vendeur, des marchandises défectueuses par des marchandises conformes.

L'acheteur ne peut, avant le terme de ce nouveau délai, invoquer l'inexécution des obligations du vendeur et si le vendeur exécute ses obligations dans ce délai, l'acheteur ne peut prétendre à des dommages-intérêts.

Jurisprudence comparee

France

A. Caractère d'ordre public de l'obligation de réparation du défaut de conformité par le vendeur professionnel

Le vendeur professionnel ne peut invoquer ses conditions générales de vente pour opposer à l'acquéreur une garantie limitée au remplacement du produit, car il ne peut se dégager de sa garantie lorsqu'il ne fournit pas un produit conforme (Cass. com. 20-3-2001 : RJDA 10/01 n° 956).

B. Réduction du prix pour défaut d'exécution de l'obligation de délivrance

La réduction du prix de vente en raison de la défaillance du vendeur dans l'exécution de son obligation de délivrance d'un bien mobilier peut se cumuler avec des dommages-intérêts dès lors que la réfaction du prix a un objet distinct de celui des dommages-intérêts qui réparent les conséquences dommageables de la non-conformité de la chose vendue (Cass. com. 22-1-2008 : RJDA 4/08 n° 392).

Art. 284 [anc. art. 251] Passé le délai prévu aux alinéas 2 et 3 de l'article 283 ci-dessus le vendeur peut encore réparer à ses frais exclusifs tout manquement à ses obligations mais l'acheteur, qui conserve alors le droit de demander des dommages-intérêts, peut s'y opposer.

France

Recours du vendeur condamné pour retard

Le vendeur condamné pour retard peut agir contre le transporteur qui a accepté les délais qu'il lui a indiqués, sans que l'existence d'un lien contractuel entre le transporteur et le vendeur soit nécessaire (CA Rouen 13-6-1985 : DMF 1987.som.246).

Il n'a pas de recours s'il n'a pas pris soin de faire accepter les délais par ceux qu'il met en cause (Cass. com. 9-12-1986 : BRDA 3/87 p. 14 ; CA Versailles 16-12-1983 : GP 1985.som.122).

• Chapitre III •

INEXECUTION DES OBLIGATIONS DE L'ACHETEUR

Art. 285 [anc. art. 256 mod.] Si l'acheteur ne paraît pas en mesure de payer l'intégralité du prix, en raison de son insolvabilité ou de la cessation de ses paiements ou encore de ses retards dans les échéances convenues, le vendeur peut obtenir de la juridiction compétente, statuant à bref délai, l'autorisation de différer l'exécution de ses obligations de livraison. Cette autorisation peut être assortie de l'obligation de consigner les marchandises à ses frais avancés.

Art. 286 [anc. art. 257 mod.] Si le vendeur accorde un délai supplémentaire pour le paiement du prix, il ne peut, avant le terme de ce nouveau délai, invoquer l'inexécution des obligations de l'acheteur. Si l'acheteur exécute ses obligations dans ce délai, le vendeur ne peut prétendre à des dommages-intérêts.

Jurisprudence OHADA

Appréciation souveraine des juges du fond

C'est à tort qu'il est reproché à un arrêt la violation de l'article 286 de l'AUDCG au motif que l'engagement de l'acheteur accepté par le vendeur fait courir un délai supplémentaire et que dès lors il n'y a aucune faute contractuelle pouvant entraîner, comme dans cette décision, intérêts de retard et dommages-intérêts, dès lors que c'est par une appréciation souveraine des faits soumis à sa censure, qui échappe au contrôle du juge de cassation, que la cour d'appel a retenu que le terme fixé au 5 janvier 2015 n'a pas été respecté (CCJA, 2e ch., 199, 25-10-2018 : Foullah Edifice SA c/ Quincaillerie Barh El-Gazal Sud).

Art. 287 [anc. art. 258 mod.] Passé le délai prévu à l'article 289 ci-dessus, l'acheteur peut encore exécuter ses obligations mais le vendeur, qui conserve alors le droit de demander des dommages-intérêts, peut s'y opposer.

Art. 288 [anc. art. 260 mod.] En cas de défaut de conformité des marchandises, que le prix ait été ou non déjà payé, l'acheteur peut réduire le prix du montant de la différence entre la valeur que des marchandises conformes auraient eu au moment de la livraison et la valeur que les marchandises effectivement livrées avaient à ce moment.

Art. 289 [anc. art. 261 mod.] Si le vendeur ne livre qu'une partie des marchandises ou si une partie seulement des marchandises livrées est conforme, l'acheteur qui a accepté d'en prendre livraison ne peut invoquer la rupture du contrat et ne peut prétendre qu'à des dommages-intérêts se rapportant à la partie manquante ou non conforme.

Jurisprudence comparée

Irak

Sanction de la non-conformité de marchandise livrée

L'acheteur est en droit de refuser de prendre livraison et de demander la résolution du contrat de vente et la restitution du prix lorsque la marchandise livrée comporte, d'après le rapport d'expertise, beaucoup de défauts la rendant non-conforme aux conditions contractuelles. Ainsi, c'est à bon droit que les juges du fond ont décidé la résolution du contrat de vente d'un groupe électrogène dès lors que ce dernier comportait, selon l'arrêt attaqué, plusieurs pièces manquantes (Cass. fédérale, ch. civ., 6-7-2008, pourvoi n° 616).

Art. 290 [anc. art. 262 mod.] Si le vendeur livre les marchandises avant la date fixée, l'acheteur a la faculté d'accepter ou de refuser d'en prendre livraison.

Si le vendeur livre une quantité supérieure à celle prévue au contrat, l'acheteur a la faculté d'accepter ou de refuser de prendre livraison de la quantité excédentaire.

Si l'acheteur accepte tout ou partie de l'excédent, il doit le payer au tarif du contrat.

• Chapitre IV •

INTERETS ET DOMMAGES-INTERETS

Art. 291 [anc. art. 263 mod.] Tout retard dans le paiement du prix oblige au paiement des intérêts calculés au taux de l'intérêt légal et ce, sans préjudice des dommages-intérêts éventuellement dus pour autre cause.

Les intérêts courent à compter de l'envoi de la mise en demeure adressée par le vendeur à l'acheteur par lettre recommandée avec avis de réception ou tout autre moyen équivalent.

Jurisprudence OHADA

I. Recevabilité de l'action en paiement consécutive à une saisie conservatoire contestée

Lorsqu'il est demandé, dans un exploit d'ajournement, la condamnation au paiement de la créance principale, de pénalités conventionnelles, de frais et honoraires conventionnels et de dommages-intérêts en application des articles 263 et 264 [devenu 291] de l'AUDCG, l'objet de la procédure porte sur une action en paiement de certaines sommes et ne doit pas être confondu avec une action en validité d'une saisie conservatoire dont aucune preuve n'est rapportée, même si la présente action a été initiée à la suite de la saisie-conservatoire en cause. Il s'ensuit que la procédure de contestation de saisie conservatoire ne saurait constituer une question préjudicielle pouvant contraindre le tribunal de céans à surseoir à statuer (TPI Cotonou, jug. ADD. n° 01/1e Ch. Com., R.G. n° 069/1999, 7-8-2000 : Sté Distribution Bul Bec INC c/ Idohoudco Commercial Agency SARL et L. I., Ohadata J-04-399 ; Ohadata J-04-286).

II. Dommages-intérêts

Appréciation souveraine des juges du fond. Il ressort de l'article 263 al. 1 [devenu 291] de l'AUDCG que chacune des parties au contrat a droit à un intérêt et éventuellement à des dommages-intérêts sur toute somme qui lui est due de manière certaine au titre de l'exécution d'un contrat. Mais c'est par une appréciation souveraine des faits, qui échappe à la CCJA, qu'une cour d'appel a retenu « qu'il est constant que le second contrat de vente de riz portant sur 45 conteneurs n'a pas été exécuté ; que cette inexécution n'est pas imputable aux intimés dans la mesure où jusqu'alors ils n'ont pas encore obtenu le remboursement de l'acompte qu'ils avaient versé à l'appelant pour l'aider à payer les frais du port, alors qu'il a été intégralement payé par (…) la banque des intimés ; que d'ailleurs le vendeur a sorti sa marchandise du port qu'il a revendue à des tiers ; que cette demande n'est pas fondée », pour rejeter la demande de condamnation à dommages-intérêts formulée par le demandeur en cassation du pourvoi (CCJA, 2e ch., n° 107, 30-12-2013 : Ets FC Co Limited c/ Etablissements Ebenezer plus Togo, Rec. jur. CCJA n° 20, vol. 1, janv.-déc. 2013, p. 54-58, Ohadata J-15-80).

III. Intérêts

A. Intérêts distincts des intérêts moratoires

Les dommages-intérêts prévus par l'article 263 [devenu 291] de l'AUDCG ne se confondent pas avec les dommages-intérêts moratoires représentés par l'intérêt légal et qui sont automatiquement dus en cas de retard de paiement par le débiteur d'une somme d'argent. Le demandeur d'une réparation autre que celle constituée par le forfait légal doit prouver que le défaut de paiement à l'échéance par l'autre partie lui a causé un préjudice indépendant de celui qui résulte du retard. Cette preuve n'ayant pas été rapportée, c'est à bon droit que les premiers juges l'ont débouté de ce chef de demande (CA Ouagadougou (Burkina Faso), ch. com., n° 45, 20-6-2008 : Sitaci c/ Tradesca, Ohadata J-10-199).

B. Intérêts issus d'un protocole d'accord

C'est à tort qu'il est reproché à un jugement attaqué d'avoir violé l'article 291 de l'AUDCG, en déclarant irrecevable une demande tendant à la condamnation des défendeurs au paiement d'intérêts échus de 2015 à 2020, au motif que « les modalités de paiement déclinées dans l'accord ne font pas état de la charge des frais de transferts bancaires, ni du cours des intérêts éventuels en cas de retard d'exécution », dès lors que pour aboutir à l'irrecevabilité de la demande tendant à la condamnation des défendeurs au paiement des intérêts réclamés, le jugement critiqué n'a fait que tirer les conséquences du jugement rendu à l'occasion de l'audience éventuelle, lequel avait statué sur la créance réclamée pour en déterminer son montant, jugement dont le dispositif a été consolidé plus tard par le protocole d'accord signé par les parties au litige (CCJA, 2e ch., n° 162/2024, 30-5-2024).

C. Point de départ des intérêts

La condamnation aux intérêts de droit court à compter de la date d'envoi de la réclamation adressée par lettre au débiteur (CA Ouagadougou (Burkina Faso), ch. com., n° 57, 4-12-2009 : SN-Citec c/ K. H., Ohadata J-12-175).

Obs. : mais elle peut courir à compter de la date du jugement (CA Ouagadougou (Burkina Faso), ch. com., n° 064, 19-12-2008 : D. K. c/ H. A., Ohadata J-10-192).

Jurisprudence comparée

Irak

Dette commerciale taux d'intérêt légal en matière commerciale

Lorsque l'objet de l'obligation consiste en un paiement d'une somme d'argent déterminée au moment de la naissance de l'obligation, le débiteur est tenu de payer, outre cette somme, les intérêts moratoires au titre de réparation du retard dans l'exécution de l'obligation. Etant donné que la dette est née d'une transaction commerciale (prix de fourniture de matériel informatique) les intérêts de retard encourus sont de 5 % et non pas de 4 % comme décidé, à tort, par les juges du fond, car ce dernier taux ne devant s'appliquer qu'en matière civile.

Ces intérêts courent depuis la date où ils sont demandés en justice, à moins que la convention ou l'usage commercial ne fixent une autre date (C. civ. art. 171, Cass. fédérale, 8-3-2009, pourvoi 166/app.mob/2009 : Bull. jud. n° 15, 2010, p. 21).

Art. 292 [anc. art. 265 mod.] Lorsque le contrat est rompu et que l'acheteur a procédé à un achat de remplacement, il peut obtenir des dommages-intérêts correspondant à la différence entre le prix de l'achat de remplacement et le prix convenu au contrat, ainsi que tous autres dommages-intérêts dus pour autre cause.

Lorsque le contrat est rompu et que le vendeur a procédé à une revente des marchandises, il peut obtenir des dommages-intérêts correspondant à la différence entre le prix convenu au contrat et le prix de revente, ainsi que tous autres dommages-intérêts dus pour autre cause.

Jurisprudence comparée

Ghana

Réparation du dommage économique

Lorsque l'acheteur, qui n'a pas payé le prix demandé, est de mauvaise foi, le vendeur peut obtenir la réparation de son préjudice économique (*substantial damages*) (African Automobile Limited v. Tema Oil Refinery, Superior Court of judicature, Supreme Court of Justice, civil appeal : n° J4/5/2011, 29/062011).

Art. 293 [anc. art. 266 mod.] La partie qui invoque une inexécution des obligations du contrat doit prendre toutes mesures raisonnables, eu égard aux circonstances, pour limiter sa perte, ou préserver son gain.

Si elle néglige de le faire, la partie en défaut peut demander une réduction des dommages-intérêts égale au montant de la perte qui aurait pu être évitée et du gain qui aurait pu être réalisé.

• Chapitre V •

EXONERATION DE RESPONSABILITE

Art. 294 [anc. art. 267 mod.] Une partie n'est pas responsable de l'inexécution de l'une quelconque de ses obligations si elle prouve que cette inexécution est due à un empêchement indépendant de sa volonté, tel que notamment le fait d'un tiers ou un cas de force majeure. Constitue un cas de force majeure tout empêchement indépendant de la volonté et que l'on ne peut raisonnablement prévoir dans sa survenance ou dans ses conséquences.

Jurisprudence comparée

I. France

A. Existence de la force majeure

Constitue un cas de force majeure :

– l'agression, par surprise, contre le conducteur d'un véhicule de transport routier, lequel n'a pu empêcher le vol ou la détérioration des marchandises transportées (CA Bordeaux 6-6-1997 : JCP 1979.II.19047 obs. Rodière ; voir aussi Cass. com. 27-1-1981 : D. 1982.110 note Sériaux) ;

– la menace de poursuites (Cass. com. 11-1-1984 : GP 1984.pan.165 note Dupichot, jugeant justifiée la violation par un franchiseur de la clause de fourniture exclusive à son franchisé) ;

– la cessation du travail sans préavis par des salariés du port autonome mis à la disposition d'entreprises de manutention surprenant l'employeur qui ne pouvait, dans ces conditions, être tenu pour responsable du préjudice subi par les entreprises de manutention (Cass. 1e civ. 11-6-1996 : RJDA 3/97 n° 324) ;

– les difficultés d'acheminement des produits relevant d'une aide humanitaire, débarqués au port de Lomé, provoquées par la République du Mali ; l'adjudicataire du marché d'acheminement de cette aide a été admis à se prévaloir de cet état de fait pour être exonéré des frais d'entreposage des produits demeurés en souffrance dans un entrepôt du port de Lomé (CA Paris 7-1-2000 : BTL 2000.310).

B. Absence de force majeure

Ne constituait pas un cas de force majeure :

– la sécheresse exceptionnelle de l'été, dès lors que l'acheteur a pu se faire livrer la même quantité de luzerne par le fournisseur du vendeur, la résistance du vendeur ayant procédé d'un esprit de spéculation motivé par la hausse des cours (Cass. com. 4-1-1980 : Bull. civ. IV p. 4) ;

– la pluie qui a souillé 28 000 sacs de sucre, aucune précaution nécessaire n'ayant été prise pour assurer la protection (Cass. civ. 25-1-1983 : JCP G 1983.IV.113) ;

– la cessation d'activité du fournisseur d'un distributeur de produits chimiques, ce distributeur étant tenu de s'enquérir de la disponibilité de ses fournisseurs et de pourvoir à leur défaillance dans les délais convenus (cf. CA Aix 6-3-1980 : Bull. Cour d'Aix 1980/1 p. 68 ; CA Aix 8-2-1983 : Bull. Cour d'Aix 1983/1 p. 49) ;

– la grève de comédiens, qui ont refusé de procéder à un tournage, invoquée par une chaîne de télévision pour justifier l'inexécution de son obligation d'enregistrer l'émission, dès lors que cette chaîne ne justifie pas s'être trouvée dans l'impossibilité d'y procéder ultérieurement (CA Paris 14-5-1990 : D. 1990.som.358 obs. Th. Hassler).

II. Royaume-Uni

A. Existence de la force majeure

Constitue un cas de force majeure le défaut de livraison des marchandises en raison d'une prohibition gouvernementale d'exportation, cette intervention gouvernementale étant hors du contrôle de la société contractante (Court of Appeal 18-3-1977 : Lloyd's Law Reports 1977.2.201 ; voir aussi Queen's Bench Division (Commercial Court) 21-6-1976 : Lloyd's Law Reports 1977.1.166 ; Court of Appeal 26-1-1976 : Lloyd's Law Report 1976.2.250 ; Queen's Bench Division 12-4-1978 : Lloyd's Law Reports 1978.2.560 ; House of Lords 6-7-1978 : Lloyd's Law Reports, 1978.2.305 ; House of Lords 18-5-1978 : The Weekly Law Reports 1978.3.274).

B. Absence de force majeure

Ne constitue pas un cas de force majeure l'embargo partiel des exportations de soja par le gouvernement américain, car il aurait fallu que le vendeur prouve que les marchandises concernées étaient réellement touchées par l'embargo (Court of Appeal 15-11-1978 : Lloyd's Law Reports 1979.2.221).

III. Suisse

Absence de force majeure

N'a pas constitué un cas de force majeure l'impossibilité de livrer à l'étranger, pour une entreprise spécialisée dans le domaine de la technologie nucléaire, deux installations en raison d'une interdiction d'exporter décrétée par le gouvernement suisse, car, au moment de promettre sa prestation, cette société savait ou devait savoir que, suivant les circonstances, il lui serait peut-être impossible de l'exécuter (1e Cour civile de Suisse 3-9-1985 : RTD civ. 1986.840).

Art. 295 [anc. art. 268] **Lorsque l'inexécution par l'une des parties résulte du fait d'un tiers chargé par elle d'exécuter tout ou partie du contrat, elle n'est pas exonérée de sa responsabilité.**

JURISPRUDENCE OHADA

Détérioration imputable à un tiers

Sur une décision ayant retenu, en raison du transfert des risques à l'acheteur à partir de la remise de la marchandise au transporteur, que l'acheteur ne peut reprocher aucune inexécution au vendeur dès lors que la détérioration de la marchandise n'est pas due à un vice propre, mais à une chute survenue durant le transport, voir sous l'art. 277.

• Chapitre VI •

RUPTURE DU CONTRAT

Art. 296 [anc. art. 269 mod.] **La rupture du contrat libère les parties de leurs obligations mais ne les exonère pas des dommages-intérêts éventuels.**

Elle n'a pas d'effet sur les stipulations du contrat relatives au règlement des différends ou aux droits et obligations des parties en cas de rupture.

JURISPRUDENCE OHADA

Caractère inopérant de la réception sollicitée après l'annulation réitérée d'une commande

Il ressort de l'article 296 al. 1 de l'AUDCG qu'en cas de rupture du contrat, le vendeur est dispensé de la livraison des marchandises et l'acheteur de la réception et du paiement du prix. Lorsque la défenderesse a, par courriel du 6 avril 2016, notifié à la demanderesse sa décision d'annuler les commandes ; qu'elle a réitéré cette volonté par un autre courriel le lendemain en indiquant « nous vous prions de bien vouloir noter que nous annulons les commandes concernées », avant de se raviser de demander à la demanderesse, par un courrier du 12 août 2016 intitulé « Objet : réparation commande », de prendre les dispositions pour effectuer toutes les corrections de malfaçons signalées sous quinzaine, les parties se trouvent libérées de leurs obligations respectives en raison de la rupture ainsi intervenue à l'initiative de la défenderesse. Il s'ensuit que la demanderesse est mal fondée à solliciter la réception de la livraison et le paiement du prix y afférent par la défenderesse (CCJA, 1e ch., n° 173/2019, 23-5-2019 : Société Imprimerie du Plateau c/ BBG-CI).

Art. 297 [anc. art. 270] La partie qui a exécuté totalement ou partiellement ses obligations peut obtenir la restitution par l'autre partie de ce qu'elle a fourni ou payé en exécution du contrat.

Art. 298 [anc. art. 271 mod.] L'acheteur ne peut obtenir la rupture du contrat ou exiger la livraison de marchandises de remplacement s'il lui est impossible de restituer les marchandises dans l'état où il les a reçues, et si cette impossibilité est due à un acte ou une omission de sa part.

Art. 299 [anc. art. 272 mod.] L'acheteur qui a perdu le droit de déclarer le contrat rompu ou d'exiger du vendeur la livraison de marchandises de remplacement en vertu de l'article précédent, conserve le droit de se prévaloir de tous les autres droits qu'il tient du contrat.

Art. 300 [anc. art. 273 mod.] Si le vendeur est tenu de restituer le prix, il doit payer des intérêts sur son montant à compter du jour où il a reçu le paiement.

Si l'acheteur doit restituer tout ou partie des marchandises, il doit payer au vendeur tout ou partie du montant du profit qu'il en a retiré.

Chapitre VII
PRESCRIPTION

Art. 301 [anc. art. 274 mod.] La prescription des actions en matière de vente commerciale est soumise aux dispositions énoncées au chapitre IV du Livre I du présent Acte uniforme, sous réserve des dispositions suivantes.

Le délai de prescription en matière de vente commerciale est de deux ans sauf dispositions contraires du présent Livre.

JURISPRUDENCE OHADA

I. Champ d'application de la prescription biennale

A. Application ratione materiae

L'article 274 [devenu 301] de l'AUDCG ne traite que de la prescription en matière de vente commerciale. Lorsque, à la demande d'une société A, une société B a financé au profit de la société A une commande de marchandises achetées auprès d'une société C, qui a été entièrement désintéressée par la société B, la vente commerciale n'a pas eu lieu entre la société A et la société B, mais entre les sociétés B et C. Il en résulte que A ne peut invoquer la prescription biennale de l'article 274 [devenu 301] de l'AUDCG contre B (CA Bobo-Dioulasso (Burkina Faso) ch. civ. et com., n° 30, 18-4-2005 : SN-SOSUCO c/ Sté MADOUA-SARL, Ohadata J-10-112).

Obs. : cette décision constitue une illustration intéressante du recours aux différentes prescriptions prévues par l'AUDCG. Cet acte uniforme prévoit une prescription quinquennale entre commerçants (article 18 devenu 16 de l'AUDCG) et une prescription biennale en matière de vente commerciale (article 274 devenu 301 de l'AUDCG). Dans le cas d'espèces, la société B qui a acheté et payé des marchandises pour le compte de la société A se heurte à un refus de payer et obtient une ordonnance d'injonction de payer contre A. Cette dernière fait opposition et invoque la prescription biennale, la demande ayant été initiée plus de deux ans après les faits. A juste titre, la cour d'appel écarte cette prescription, aucune vente commerciale n'ayant eu lieu entre les parties. Sans le dire, la cour d'appel applique le délai quinquennal.

Pour rejeter les demandes relatives à la rupture de contrat, en considérant que le recourant disposait, au regard de l'article 301 de l'AUDCG, d'un délai de deux ans pour agir, à compter de la rupture de 2005, la cour d'appel a retenu qu'« aux termes des articles 2.1 et 5 du contrat de location-gérance produit au dossier, l'activité du fonds comprend, à titre principal, la revente de produits pétroliers et assimilés et [que] le gérant a obligation d'acheter lesdits produits en exclusivité au bailleur ; il s'ensuit que les parties ont noué un contrat de vente commerciale... ». C'est donc à juste titre que ses réclamations formulées en 2009 n'ont pas été admises. Il en est ainsi car contrairement aux allégations du recourant, l'arrêt critiqué n'a pas méconnu les relations de location-gérance des parties, car il énonce qu'« il est constant ainsi qu'il résulte des pièces du dossier, notamment [du] contrat de location-gérance du 1er juillet 2006, que la société TOTAL-CI et [le défendeur] sont liés par une clause d'exclusivité » ; la qualification de « vente commerciale » appliquée aux rapports des parties concerne l'opération d'achat et de revente de produits pétroliers et assimilés, activité principale au sein du contrat de location-gérance. Dans ce contexte, le délai de prescription des actions en réclamations lié à cette activité principale est bien de deux ans, comme le prévoit l'article 301 précité (CCJA, 1e ch., n° 219/2019, 18-7-2019 : Sotra c/ Soro Navigue c/ Total Côte d'Ivoire SA).

La cour d'appel qui a qualifié un contrat de fourniture de marchandises, dans lequel la part prépondérante de l'obligation de la partie qui fournit les marchandises ne consiste pas dans une fourniture de main-d'œuvre ou d'autres services liant les parties, de vente commerciale et lui a appliqué le régime dérogatoire de la prescription biennale de l'article 301 de l'AUDCG, n'a en rien violé les articles 235 b, 301, 16 et d'AUDCG et 1156 du Code civil ivoirien visés au moyen, qui sera rejeté (CCJA, 2e ch., n° 277/2020, 30-7-2020 : Sitarail c/ Sib).

C'est à tort qu'il est reproché à un arrêt d'avoir violé l'article 16 de l'AUDCG, en considérant la reconnaissance de dette comme un acte accessoire de la vente, alors qu'il s'agirait d'un acte juridique distinct, soumis à un délai de prescription de cinq ans, dès lors qu'il ressort des constatations de l'arrêt que la créance provient d'une vente commerciale, soumise à la prescription biennale prévue à l'article 301, alinéa 2 de l'AUDCG, et que la reconnaissance de dette du 20 octobre 2016, intervenant dans le délai de deux ans, a interrompu cette prescription, la prorogeant ainsi jusqu'au 20 octobre 2018 ; en jugeant que l'action en recouvrement, introduite le 19 février 2021, était prescrite pour avoir dépassé ce délai, la cour d'appel a fait une juste application de l'article 301 précité, et n'a pas violé l'article 16 invoqué (CCJA, 2e ch., n° 283/2024, 31-10-2024).

B. Application dans le temps

La prescription biennale de l'article 274 [devenu 301] de l'AUDCG est inapplicable à une relation commerciale antérieure à son entrée en vigueur (CA Bobo-Dioulasso (Burkina Faso), ch. com., n° 52, 19-12-2005 : O. S. G. c/ La caisse générale de péréquation, Ohadata J-10-109 ; CA Lomé (Togo), n° 023/06, 23-2-2006 : Sté TOGO et Shell c/ Sté Bitumar Afrique, Ohadata J-10-163, au sujet d'un litige né de relations commerciales antérieures à l'entrée en vigueur de l'AUDCG ; CA Pointe-Noire, n° 28, 8-12-2009 : A. A. c/ Sté Walmer LTD, Ohadata J-13-91).

C. Inapplication à une personne non liée par l'obligation en cause

La cour d'appel qui, en se fondant sur les éléments de la procédure, d'une part, pour constater que les obligations contractuelles liant une société A à une société B découlent d'une convention d'ouverture de crédit distincte du contrat de vente conclu par la société B avec la société C, à laquelle la société A n'est pas partie, et, d'autre part, que l'article 13 de la convention ne rend pas la société C débitrice du prêt en tant qu'acheteur, n'a en rien violé l'article 301 de l'AUDCG et 1134 du Code civil ivoirien visés en l'espèce (CCJA, 1e ch., n° 163/2023, 13-7-2023).

II. Point de départ de la prescription biennale

A. Obligations successives

Lorsque, comme en l'espèce, les parties avaient pris l'habitude de convenir de modalités de règlement avantageuses pour tous, notamment en permettant au débiteur de différer les paiements des marchandises qui lui étaient livrées quand il avait des tensions de trésorerie, et que ce mode opératoire a duré jusqu'en 2002, date à laquelle la relation a été interrompue et l'action en justice engagée, la prescription biennale n'est pas acquise (CA Ouagadougou (Burkina Faso), ch. com., n° 7, 18-1-2008 : N. M. c/ Ets. T. S. et Frères, Ohadata J-12-126).

Obs. : il faut observer que cette décision évoque l'article 279 de l'AUDCG (ancienne version), au lieu de l'article 274 [devenu 301] qui est applicable à la prescription biennale en matière de vente commerciale. S'agissant d'obligations successives en raison de la pratique instaurée entre les parties, la Cour fait courir le délai de prescription à partir de la fin de la relation contractuelle, si bien que l'action initiée durant l'année 2004 l'a été dans le délai imparti.

La cour d'appel qui a retenu que la première assignation date du 5 août 2005 et que la prescription de deux ans est acquise pour avoir couru depuis le 3 janvier 2002, date des dernières transactions commerciales entre les parties, n'a pas violé l'article 274 [devenu] 301 de l'AUDCG. Le grief fait à la cour d'appel d'avoir violé l'article 274 précité en ce qu'il a constaté que sa créance est couverte par la prescription alors que celle-ci ne relève pas d'une vente commerciale et ne peut donc se voir appliquer la prescription de deux ans fixée à l'article susindiqué n'est pas fondé, dès lors que le compte 47 du grand livre général et la balance générale font ressortir un compte créditeur au profit du demandeur et qu'en l'absence de preuve d'un apport fait au GIE, le montant inscrit a été considéré comme une créance sur le restaurant résultant de la vente des appareils électroménagers (CCJA, ass. plén., n° 071, 29-4-2015 : Youcef Aouadene c/ Abdel Aziz Mouzaia, Ohadata J-16-72).

B. Vente au comptant

Pour une vente commerciale au comptant, c'est à partir de la date du manquement à l'obligation de l'acheteur, c'est-à-dire celle de payer le prix total de la vente que le vendeur pouvait exercer son action. En l'espèce, la vente ayant été conclue le 16 janvier 2001, une reconnaissance de dette de la même date attestant que l'acheteur reste redevable de la somme de 8 673 025 FCFA, la date du manquement à son obligation par ce dernier était le 16 janvier 2001. C'est donc à partir de cette date que le vendeur impayé pouvait exercer son action, le délai de prescription devant intervenir le 16 janvier 2003 (CA Ouagadougou (Burkina Faso), ch. com., n° 017, 15-2-2008 : S. H. c/ Ayants droit de feu G. S., Ohadata J-12-130).

C. Lettre de change

Pour une facture en date du 5 décembre 2006, dont la prescription est sollicitée, en paiement de laquelle la demanderesse a remis à la défenderesse une lettre de change domiciliée dont l'échéance était le 22 février 2007 et au sujet de laquelle une sommation de payer a été servie le 20 janvier 2007, la cour d'appel saisie n'a en rien violé l'article 274 [devenu 301] de l'AUDCG en considérant l'échéance de la lettre de change comme point de départ du délai de prescription (CCJA, ass. plén., n° 081, 25-4-2014 : Sté de Négoce international (Sonei SARL) c/ Sté de Meunière Tunisienne SA, Ohadata J-15-172).

. . . .

III. Interruption de la prescription

L'émission de chèques par un commerçant débiteur constitue un élément de reconnaissance du droit du créancier et est suffisant pour interrompre la prescription (CA Bobo-Dioulasso (Burkina Faso), ch. civ. et com., n° 31, 15-5-2006 : C. M. c/ Ets G. I., Ohadata J-10-114).

Obs. : sur une décision ayant admis l'interruption de la prescription par des paiements partiels réalisés à la suite d'interpellation du débiteur par le créancier et d'autres exemples, voir sous l'art. 23.

La cour d'appel qui a considéré la sommation de payer comme interruptive de la prescription n'a en rien violé les dispositions des articles 277 de l'AUDCG et 2244 du Code civil du Niger car la sommation comme le commandement sont des actes d'huissier de justice qui poursuivent les mêmes effets, à savoir enjoindre au débiteur d'une dette de payer sous peine d'être saisi (CCJA, ass. plén., n° 081, 25-4-2014 : Sté de Négoce International (SONEI SARL) c/ Sté de Meunière Tunisienne SA, Ohadata J-15-172).

Obs. : décision rendue sur le fondement de l'ancien art. 277 de l'AUDCG, mais transposable.

L'article 277 [ancien] de l'AUDCG, selon lequel « le délai de prescription cesse de courir lorsque le créancier de l'obligation accomplit tout acte qui, d'après la loi de la juridiction saisie, est considéré comme interruptif de prescription », s'applique lorsque le créancier a accompli un acte et que celui-ci produit un effet interruptif de prescription. Aucun acte interruptif de prescription n'ayant été invoqué par le créancier en l'espèce, c'est en violation de ce texte qu'une cour d'appel a retenu que la prescription n'est pas acquise, exposant ainsi son arrêt à la cassation sans qu'il soit nécessaire d'examiner les autres moyens. Il en est ainsi dès lors que l'ordonnance en date du 28 septembre 2011 porte non pas sur l'interruption de la prescription, mais plutôt sur sa suspension (CCJA, 1e ch., n° 172/2019, 23-5-2019 : Société des Mines de Tongon-SA c/ Loukou Athanase et Lotus CI).

IV. Suspension de la prescription

Il résulte de la combinaison des articles 301, alinéa 2 et 21, alinéa 2 de l'AUDCG que la suspension de la prescription pour cause de règlement amiable n'est effective que si, à la survenance d'un litige, les parties conviennent par écrit de recourir à la médiation ou à la conciliation ou, à défaut d'écrit, à compter du jour de l'accomplissement d'un acte allant dans le sens de la matérialisation de cette procédure de règlement amiable, telle que la première réunion de médiation ou de conciliation. En l'espèce, la dernière transaction commerciale entre les parties ayant eu lieu le 3 janvier 2013 et l'action en recouvrement de créances initiée par la défenderesse au pourvoi, sanctionnée par l'ordonnance d'injonction de payer rendue le 24 février 2021 étant intervenue 8 ans après, a méconnu la prescription biennale prévue par l'article 301 précité, et n'a pas donné de base légale à sa décision, qui encourt la cassation de ce fait, la cour d'appel qui a considéré que le délai de prescription était suspendu pour cause de tentative de règlement à l'amiable prévue au contrat, sans indiquer un acte accompli par les deux parties justifiant l'application de la suspension de la prescription prévue à l'article 21, alinéa 2 précité. Sur l'évocation, et pour les mêmes motifs que ceux ayant entraîné la cassation, il y a lieu de confirmer le jugement déféré en toutes ses dispositions, en ce qu'il a retenu la prescription contre l'action de l'appelante qui a été introduite plus de deux ans après, à compter du jour où l'appelante a connu ou aurait dû connaître les faits lui permettant d'exercer son action (CCJA, 1e ch., nº 259/2024, 24-10-2024).

V. Illustrations de l'application de la prescription

A. Actions recevables

Conformément à l'article 301, al. 2 de l'AUDCG, la créance matérialisée par des bordereaux de livraison des commandes et des factures consécutives impayées dont la dernière, non contestée, comporte les mentions « Date : 26/05/2010 » « Date échéance : 25/06/2010 » n'est pas prescrite pour une requête aux fins d'injonction de payer enregistrée au greffe du tribunal le 2 avril 2012, et l'exception d'irrecevabilité comme étant non fondée (CCJA, 2e ch., nº 001, 11-1-2018 : Sté Cleo Patra c/ Compagnie Ivoirienne de Promotion pour l'Exportation et l'Importation dite Cipexi).

B. Irrecevabilité de l'action exercée hors délai

La prescription commerciale étant de deux ans :

– l'ordonnance d'injonction de payer rendue contre la caution du paiement de marchandises commandées par une société doit être rétractée lorsque l'action en paiement a été initiée plus de deux ans après la défaillance de la société débitrice (CA Ouagadougou (Burkina Faso), ch. com., nº 048, 20-6-2008 : S. B. c/ Sté Sucrière de la Comoé et CICS, Ohadata J-10-197) ;

– lorsque le dernier paiement effectué par la débitrice en faveur de la créancière date du 17 mars 2003, que depuis cette date, aucun paiement n'est intervenu, il en est résulté en application des dispositions des articles 274 [devenu 301] et 275 anciens de l'AUDCG, que la créancière avait jusqu'au 17 mars 2005 pour exercer son action en recouvrement du reliquat de sa créance. Rejet du pourvoi du créancier (CCJA, 1e ch., nº 42, 10-6-2010 : Bernabé Côte d'Ivoire SA c/ Cicodis SARL, Juris-Ohada, nº 42/2010, oct.-déc., p. 38, Ohadata J-11-86, J-12-39, au sujet d'une injonction de payer) ;

– l'action exercée plus de deux ans après la date d'exigibilité de la créance alléguée est irrecevable (CA Littoral, nº 010/C, 18-1-2008 : N. W. J. c/ Sté Mobil Oil Cameroun, Ohadata J-09-126).

JURISPRUDENCE COMPARÉE

Serbie

Prescription triennale

Les créances entre personnes morales nées des contrats de commerce se rapportant aux marchandises et aux services, ainsi qu'aux indemnisations qui sont en rapport avec l'exécution de ces contrats, se prescrivent par trois ans. Cette prescription n'est pas applicable dès lors que le contrat a été conclu avec une personne physique ; il y a lieu alors d'appliquer l'article 371 de la Loi sur les obligations qui prévoit le délai de prescription général de dix ans qui n'est pas écoulé (Décision du Tribunal suprême de Serbie Rev.3975/97 du 24.09.1997).

Art. 302 [anc. art. 276 mod.] Si le vendeur a donné une garantie contractuelle, le délai de prescription de l'action visée à l'article 259 ci-dessus commence à courir à partir de la date d'expiration de la garantie contractuelle.

Jurisprudence OHADA

I. Applications de la prescription à une garantie contractuelle

Le délai de prescription de deux ans de l'action en matière de vente commerciale courant à partir de l'expiration de la garantie contractuelle, doit être déclaré irrecevable :

– une action introduite plus de deux ans après l'expiration de la garantie biennale (TPI Abidjan, nº 246, 13-12-2001 : Sté du Transport Sans Frontière c/ CFAO et Cica Auto, Ecodroit, nº 11, mai 2002, p. 64, Ohadata J-02-187 ; J-02-116) ;

– s'agissant d'une vente ayant fait l'objet de factures successives, de la date d'envoi de la dernière facture ; la demande de paiement formulée plus de deux ans après cette dernière facture, doit être rejetée, dès lors qu'il ne résulte pas des pièces du dossier que le créancier ait d'une quelconque autre façon réclamé le paiement de sa marchandise avant l'extinction du délai (TGI Bobo-Dioulasso (Burkina Faso), nº 55, 29-1-2003 : Provence Régime c/ Liquidation Tropex, Ohadata J-09-61).

II. Facture pro forma insusceptible de fonder une garantie contractuelle sans formation du contrat

C'est avec raison qu'une cour d'appel a retenu qu'une facture pro forma n'est qu'un document informatif ne pouvant constituer le fondement d'une garantie contractuelle, conformément aux dispositions de l'article 302 de l'AUDCG, puisqu'il s'agit par un tel moyen d'informer le client sur toutes les caractéristiques de la marchandise, ainsi que sur les conditions de la vente. C'est à la formation proprement dite du contrat que les parties confirment l'application de tout ou partie des conditions générales de vente, puis détaillent, le cas échéant, les conditions particulières qui s'appliquent à celle-ci. De la sorte, la facture pro forma, quoiqu'utile dans la pratique commerciale, n'est pas en soi un document contractuel comme le bon de commande ou la facture définitive, ou le contrat de vente écrit, document par excellence. Il s'ensuit que le grief d'insuffisance de motifs allégué n'est pas caractérisé et sera rejeté (CCJA, 1e ch., nº 132/2021, 24-6-2021 : APC SARL c/ Comafrique Technologies SA).

• Livre IX •

DISPOSITIONS TRANSITOIRES ET FINALES

Art. 303 La mise en place des moyens de traitement et de transmission électronique du Fichier Régional est effective dans un délai de deux ans à compter de la date d'entrée en vigueur du présent Acte uniforme.

La mise en place des moyens de traitement et de transmission électronique du Fichier National dans chaque État partie est effective dans un délai de deux ans à compter de la date d'entrée en vigueur du présent Acte uniforme.

La mise en place des moyens de traitement et de transmission électronique du ou des Registre(s) du Commerce et du Crédit Mobilier dans chaque État partie est réalisée dans un délai de deux ans à compter de la date d'entrée en vigueur du présent Acte uniforme.

Art. 304 Les États parties veillent à ce que, dans un délai de deux ans à compter de la date d'entrée en vigueur du présent Acte uniforme, les sociétés et autres personnes et organismes amenés à procéder ou à participer à des inscriptions puissent déposer par voie électronique tous les actes et informations soumis à publicité. En outre, les États parties peuvent obliger toutes les sociétés, ou certaines catégories d'entre elles, à déposer tout ou partie des actes et informations en cause par voie électronique.

Art. 305 Dans un délai de deux ans à compter de la date d'entrée en vigueur du présent Acte uniforme, tous les actes et informations prévus par le présent Acte uniforme et toute autre disposition légale, déposés sur support papier ou par voie électronique, sont remis selon le cas au Registre du Commerce et du Crédit Mobilier puis retranscrits au Fichier National et au Fichier Régional, sous forme électronique. A cette fin, les États parties veillent à ce que tous les actes et informations qui sont déposés sur support papier à cette date soient convertis par le Registre du Commerce et du Crédit Mobilier en format électronique.

Art. 306 Le présent Acte uniforme abroge l'Acte uniforme du 17 avril 1997 portant sur le droit commercial général.

Jurisprudence OHADA

Application dans le temps

Pour une procédure d'injonction de payer initiée le 13 octobre 2010, la nature commerciale des créances en cause et leur prescription doivent s'apprécier en application de l'AUDCG du 17 avril 1997 (CCJA, 3e ch., no 115, 11-4-2017 : G. c/ G. épse K).

Sur l'application de l'AUDCG à un bail conclu avant son entrée en vigueur, en raison d'un avenant intervenu entre les parties après l'entrée en vigueur de l'Acte uniforme, voir aussi sous l'art. 10 du traité (CCJA, 3e ch., no 074, 30-3-2017 : Agence Indépendance Immobilière, M. c/ K.).

Art. 307 Le présent Acte uniforme sera publié au Journal officiel de l'OHADA dans un délai de soixante jours à compter de la date de son adoption. Il sera également publié dans les États parties, au Journal officiel ou par tout moyen approprié. Il sera applicable quatre-vingt-dix jours à compter de la date de sa publication au Journal officiel de l'OHADA conformément à l'article 9 du Traité OHADA relatif à l'harmonisation du droit des affaires en Afrique, signé à Port Louis le 17 octobre 1993, tel que révisé à Québec le 17 octobre 2008.

JURISPRUDENCE OHADA

Inapplication de l'AUDCG révisé à un bail antérieur à son entrée en vigueur

Le bail à usage professionnel liant les parties ayant été conclu sous l'empire de l'AUDCG du 17 avril 1997, le moyen visant l'article 133 modifié de l'AUDCG 2010, disposition inapplicable en l'espèce conformément à l'article 307 de l'AUDCG de 2010, doit être rejeté (CCJA, 2e ch., no 143/2021, 24-6-2021 : D. c/ Nj.).

AUPCAP

Acte uniforme portant organisation des procédures collectives d'apurement du passif

Avertissement

Le Secrétariat permanent de l'OHADA a signalé certaines erreurs qui se sont glissées dans la version de l'AUPCAP révisé. La liste de ces erreurs matérielles est présentée en annexe à la fin du texte. Elle a été prise en compte dans le texte reproduit ci-après, en attendant une publication au Journal Officiel de l'OHADA.

La jurisprudence antérieure à la réforme de l'AUPCAP du 10 septembre 2015 est maintenue ci-après lorsqu'elle est transposable.

Le Conseil des ministres de l'Organisation pour l'harmonisation en Afrique du droit des affaires (OHADA),

Vu le Traité relatif à l'harmonisation du droit des affaires en Afrique, signé à Port-Louis le 17 octobre 1993, tel que révisé à Québec le 17 octobre 2008, notamment en ses articles 2, 5 à 10 et 12 ;

Vu le rapport du Secrétariat Permanent et les observations des États parties ;

Vu l'Avis n° 001 en date du 17 juin 2015 de la Cour commune de justice et d'arbitrage ;

Après en avoir délibéré, adopte à l'unanimité des États parties présents et votants, l'Acte uniforme dont la teneur suit :

Titre préliminaire
DISPOSITIONS GÉNÉRALES

Art. 1 [mod.] Le présent Acte uniforme a pour objet :

– d'organiser les procédures préventives de conciliation et de règlement préventif ainsi que les procédures curatives de redressement judiciaire et de liquidation des biens afin de préserver les activités économiques et les niveaux d'emplois des entreprises débitrices, de redresser rapidement les entreprises viables et de liquider les entreprises non viables dans des conditions propres à maximiser la valeur des actifs des débiteurs pour augmenter les montants recouvrés par les créanciers et d'établir un ordre précis de paiement des créances garanties ou non garanties ;

– de définir le statut et la réglementation applicable aux mandataires judiciaires ;

– de définir les sanctions patrimoniales et professionnelles ainsi que les incriminations pénales relatives à la défaillance du débiteur, applicables aux dirigeants de toute entreprise débitrice et aux personnes intervenant dans la gestion de la procédure ouverte.

JURISPRUDENCE COMPARÉE

I. Belgique

Nature juridique de l'action en faillite. La faillite n'est pas une procédure de recouvrement mais une procédure collective de liquidation organisée au profit de la masse des créanciers représentée par un curateur et comportant la suspension des poursuites individuelles des créanciers. L'ensemble de ses règles visent à assurer sur un pied d'égalité le désintéressement de tous ceux qui étaient créanciers chirographaires du commerçant failli au jour de la déclaration de faillite. L'action en déclaration de faillite pouvant être exercée par les créanciers tend à préparer et à réaliser l'exécution collective des droits des créanciers sur les biens du débiteur. La qualité de créancier exigée pour l'exercice de l'action en faillite n'a pas pour effet de transformer la procédure en une procédure de recouvrement. Seul l'État belge titulaire d'une créance de TVA, représenté par le receveur de ladite taxe et non par l'inspecteur régional de l'inspection spéciale des impôts, est fondé en qualité de créancier à engager une action en déclaration de faillite du commerçant débiteur aux termes de l'article 6 de la loi du 8 août 1997 sur les faillites (Cour de cassation, 1e ch. civ. et com., n° C 00. 0727.F, 1-2-2002, Juricaf).

II. États-Unis

A. Application d'une modification législative

Lorsque les modifications législatives d'une disposition du Code des procédures collectives sont ambigües, les juges ne doivent pas l'interpréter de telle manière que la modification change une pratique antérieure sauf si ce changement a été clairement envisagé par le Congrès (Hamilton v. Lanning, U.S, 130 S.Ct. 2464 ; 177 L.ed.2d 23 (2010)).

B. Traitement différent des débiteurs

Traiter différemment des débiteurs contre lesquels est ouverte une procédure collective et les débiteurs contre lesquels une telle procédure n'est pas ouverte n'est pas contraire à la Constitution (Westby, 473 B.R. 392 (2012)).

Un traitement différent entre les débiteurs contre lesquels est ouverte une procédure collective et les débiteurs contre lesquels une telle procédure n'est pas ouverte s'explique par le fait que les premiers sont dans une situation beaucoup plus difficile que le débiteur qui n'est saisi que par un seul créancier (Schafer, 689 F.3d 611 (2012)).

C. Bonne foi des contractants

Conformément au droit de l'État du Nevada, quel que soit le contrat en cause, les parties ont un devoir de bonne foi et un devoir de loyauté quant à l'exécution de leurs obligations (A.C. Shaw Constr., Inc. v. Washoe Cnty, 784 P.2d 9 (1989)).

Art. 1-1 [nouv.] Le présent Acte uniforme est applicable à toute personne physique exerçant une activité professionnelle indépendante, civile, commerciale, artisanale ou agricole, à toute personne morale de droit privé ainsi qu'à toute entreprise publique ayant la forme d'une personne morale de droit privé.

Les procédures de conciliation, de règlement préventif, de redressement judiciaire et de liquidation des biens sont applicables aux personnes morales de droit privé qui exercent une activité soumise à un régime particulier lorsqu'il n'en est pas disposé autrement dans la réglementation spécifique régissant ladite activité. Les activités soumises à un régime particulier au sens du présent Acte uniforme et des textes les régissant sont, notamment, celles des établissements de crédit au sens de la loi bancaire, des établissements de micro finance et des acteurs des marchés financiers ainsi que celles des sociétés d'assurance et de réassurance des États parties au Traité de l'OHADA.

Observations

Cette nouvelle disposition prend en compte l'alinéa 2 de l'ancien art. 2. Au sujet de l'applicabilité de l'AUPCAP révisé aux procédures concernant des sociétés exerçant une activité soumise à un régime particulier, voir sous l'art. 28.

Art. 1-2 [nouv.] Sans préjudice de l'application des procédures visées à l'article 1er ci-dessus, toute entreprise a la faculté de demander, avant la cessation de ses paiements, l'ouverture d'une procédure de médiation selon les dispositions légales de l'État partie concerné.

Par ailleurs, les petites entreprises, telles que définies à l'article 1-3 ci-dessous, peuvent demander à bénéficier d'une procédure simplifiée de règlement préventif, de redressement judiciaire ou de liquidation des biens.

Art. 1-3 [nouv.] Aux fins du présent Acte uniforme, les expressions suivantes s'entendent comme suit :

– « cessation des paiements » : l'état où le débiteur se trouve dans l'impossibilité de faire face à son passif exigible avec son actif disponible, à l'exclusion des situations où les réserves de crédit ou les délais de paiement dont le débiteur bénéficie de la part de ses créanciers lui permettent de faire face à son passif exigible ;

– « différend » : toute difficulté, conflit, contestation, contentieux, litige, réclamation ou demande de nature commerciale ou civile, notamment en matière contractuelle, survenant entre les parties à l'égard de leur relation juridique ;

– « entreprise » : toute personne physique ou morale soumise aux dispositions du présent Acte uniforme conformément à l'article 1-1 ci-dessus ;

– « établissement » : tout lieu d'exploitation ou d'opérations où le débiteur exerce de façon non transitoire une activité économique de production, de transformation, de commercialisation ou de fourniture de biens ou de services avec des moyens humains et matériels ;

– « État étranger » : tout État non partie au Traité de l'OHADA ;

– « État partie » : tout État partie au Traité de l'OHADA ;

– « journal d'annonces légales » : d'une part, le journal officiel, les journaux habilités à cet effet par les autorités compétentes, le Bulletin national des registres du commerce et du crédit mobilier, et, d'autre part, les quotidiens nationaux d'information générale justifiant d'une vente effective par abonnement, dépositaires ou vendeurs, sous les conditions supplémentaires de paraître depuis plus de six (6) mois et de justifier d'une diffusion à l'échelle nationale ;

– « juridiction étrangère » : autorité, judiciaire ou autre, compétente pour contrôler, surveiller ou connaitre d'une procédure collective ouverte dans un État étranger ;

– « mandataire judiciaire » : l'expert au règlement préventif et le syndic de redressement judiciaire ou de liquidation des biens ;

– « petite entreprise » : toute entreprise individuelle, société ou autre personne morale de droit privé dont le nombre de travailleurs est inférieur ou égal à vingt (20), et dont le chiffre d'affaires n'excède pas cinquante millions (50.000.000) de francs CFA, hors taxes, au cours des douze (12) mois précédant la saisine de la juridiction compétente conformément au présent Acte uniforme ;

– « procédure collective étrangère » : une procédure collective judiciaire, administrative ou autre, y compris une procédure provisoire, régie par la loi relative à l'insolvabilité ou aux procédures collectives d'un État étranger, dans le cadre de laquelle les biens et les affaires du débiteur sont soumis au contrôle ou à la surveillance d'une juridiction étrangère aux fins de redressement du débiteur ou de la liquidation de ses biens ;

– « procédure collective étrangère non principale » : une procédure collective étrangère, autre qu'une procédure collective étrangère principale, ouverte dans un État étranger où le débiteur dispose d'un établissement, tel que défini ci-dessus, et qui n'est pas le centre de ses intérêts principaux ;

– « procédure collective étrangère principale » : une procédure collective étrangère ouverte dans un État étranger où le débiteur a le centre de ses intérêts principaux, y compris son siège, son centre d'exploitation, son principal établissement ou, le cas échéant, sa résidence habituelle ;

– « procédure collective principale » : une procédure collective ouverte conformément au présent Acte uniforme sur le territoire d'un État partie où le débiteur a son principal établissement ou, la personne morale, son siège ;

– « procédure collective secondaire » : une procédure collective ouverte en application du présent Acte uniforme sur le territoire d'un État partie où le débiteur n'a pas son principal établissement ou la personne morale son siège, après l'ouverture d'une procédure collective principale sur le territoire d'un État partie ;

– « procédure collective territoriale » : une procédure collective ouverte, conformément au présent Acte uniforme, sur le territoire d'un État partie où le débiteur n'a pas son principal établissement ou la personne morale son siège tant que la procédure collective principale n'est pas ouverte sur le territoire d'un État partie ;

– « représentant étranger » : une personne ou un organe, désigné même à titre provisoire, autorisé dans une procédure collective étrangère à administrer le redressement ou la liquidation des biens ou des affaires du débiteur, ou à agir en tant que représentant de la procédure collective étrangère ;

– « salaires super privilégiés » : les rémunérations de toute nature, quelle que soit leur appellation, qui, dans la limite de la fraction insaisissable définie par les lois et règlements de chaque État partie, sont dues aux travailleurs et apprentis au titre des douze (12) mois de travail précédant la décision d'ouverture d'une procédure collective de redressement judiciaire ou de liquidation des biens.

Art. 2 [mod.] La conciliation est une procédure préventive, consensuelle et confidentielle, destinée à éviter la cessation des paiements de l'entreprise débitrice afin d'effectuer, en tout ou partie, sa restructuration financière ou opérationnelle pour la sauvegarder. Cette restructuration s'effectue par le biais de négociations privées et de la conclusion d'un accord de conciliation négocié entre le débiteur et ses créanciers ou, au moins ses principaux créanciers, grâce à l'appui d'un tiers neutre, impartial et indépendant dit conciliateur.

Le règlement préventif est une procédure collective préventive destinée à éviter la cessation des paiements de l'entreprise débitrice et à permettre l'apurement de son passif au moyen d'un concordat préventif.

Le redressement judiciaire est une procédure collective destinée au sauvetage de l'entreprise débitrice en cessation des paiements mais dont la situation n'est pas irrémédiablement compromise, et à l'apurement de son passif au moyen d'un concordat de redressement.

La liquidation des biens est une procédure collective destinée à la réalisation de l'actif de l'entreprise débitrice en cessation des paiements dont la situation est irrémédiablement compromise pour apurer son passif.

Observations

Suppression de la numérotation des alinéas et, à l'ancien al. 1, de la mention « ou la cessation d'activité ».

Jurisprudence OHADA

I. Définition

Le règlement préventif tend à éviter la cessation de paiements ou d'activité de l'entreprise par la formalisation d'un concordat qui ne peut être homologué qu'à la suite du rapport d'un expert. Il ressort des conclusions du rapport de l'expert sur la situation économique et financière d'une société qu'elle dispose d'un niveau suffisant d'actifs disponibles et réalisables à court terme pour couvrir ses dettes exigibles à court terme ; que le niveau et la qualité de ses actifs lui permettent de maintenir la continuité de l'exploitation dans de bonnes conditions en dépit de quelques difficultés liées à la crise financière ayant entraîné la chute des cours de matière première dont l'acier et que le concordat proposé est viable (CCJA, ass. plén., n° 064, 25-4-2014 : Sté F.J. Elnser Trading GMBH, Sté Steel Ressources c/ Sté industrielle de tubes d'acier dite Sitaci, Sté Steel Link, Sté Tradesca, conseil de l'Ordre des avocats du Burkina Faso, Ohadata J-15-155).

II. Entreprises concernées

A. Débiteurs n'étant pas en cessation de paiements

Il résulte des articles 2-1 et 25 [devenus 2-2 et 25, al. 3] de l'AUPCAP que la procédure de règlement préventif, dont la suspension des poursuites n'est que le prélude, ne peut être accordée qu'aux entreprises connaissant des difficultés économiques et financières conjoncturelles et passagères, sans être en cessation des paiements. C'est en violation des articles 2-1, 25 [devenus 2-2 et 25 al. 3] et 28 qu'une cour d'appel a confirmé le jugement ayant ordonné la suspension des poursuites, nonobstant l'évidence de la cessation des paiements résultant de l'expertise et des différents courriers des créanciers, exposant son arrêt à la cassation (CCJA, ass. plén., n° 050, 27-4-2015 : BEI c/ Fitina SA, Ohadata J-16-50).

B. Établissements publics à caractère industriel et commercial

Pour une décision ayant appliqué des dispositions de l'AUPCAP à un établissement industriel à caractère industriel et commercial (Epic) et prononcé sa liquidation judiciaire voir : TR Niamey, n° 16, 5-1-2003 : Ofedes, revue nigérienne de droit, p. 75, note anonyme, Ohadata J-03-158).

La procédure de règlement préventif est une procédure destinée à éviter la cessation de paiements ou la cessation d'activité de l'entreprise. Elle est applicable à toute personne morale ou de droit privé qui, quelle que soit la nature de sa dette, connaît une situation économique et financière difficile non irrémédiablement compromise (TGI Ouagadougou, n° 741, 24-7-2002 : Ifex, Ohadata J-04-44).

C. Sociétés d'État et d'économie mixte

Au Burkina Faso, les sociétés d'État et les sociétés d'économie mixte (sociétés dans lesquelles l'État détient une partie du capital social) sont régies par les législations applicables aux sociétés commerciales. Il en résulte qu'elles peuvent faire l'objet d'une procédure de redressement judiciaire et de la liquidation des biens (TGI Bobo-Dioulasso (Burkina Faso), n° 308, 22-11-2006 : Boa & Fib c/ Soprofa & Sodegrain, Ohadata J-09-85).

Obs. : cette décision se fonde sur des dispositions de la loi n° 25-99 AN du 16 novembre 1999 (Burkina Faso) portant la réglementation générale des sociétés par actions dans lesquelles l'État et/ou ses démembrements détiennent directement ou indirectement des actions, lesquelles sont soumises (suivant les dispositions de ladite loi relatives aux sociétés à capitaux publics – i.e., les entreprises industrielles et/ou commerciales) à la législation applicable aux sociétés commerciales, qui est en l'occurrence l'AUSCGIE, complété par l'AUPCAP en cas de procédures collectives comme en l'espèce.

D. Sociétés commerciales

Conformément à l'article 2, al. 4 de l'AUPCAP, une entreprise publique constituée sous forme de société commerciale et inscrite au registre de commerce qui est en cessation de paiements peut faire l'objet des procédures de redressement judiciaire et de liquidation des biens (TGI Ouagadougou, n° 423, 25-4-2001 : Liquidation des biens de la sté Faso Fani, Ohadata J-02-60 ; voir aussi : Ohadata J-03-94, obs. J. Issa-Sayegh, J-04-183 et J-04-186).

La société « Air Afrique » étant une personne morale de droit privé qui a cessé ses paiements et déposé son bilan, les dispositions de l'article 2, al. 4 de l'AUPCAP lui sont applicables. Aucune disposition du traité de Yaoundé [création de la Sté Air Afrique] ou clause des statuts d'Air Afrique n'est de nature à exclure celle-ci du champ d'application de l'AUPCAP, l'article 4 dudit Traité disposant expressément que la Sté Air Afrique sera constituée sous la forme d'une société anonyme de droit privé (CCJA, n° 04/2004, 8-1-2004 : Attiba Denis c/ Cie Multinationale Air Afrique, Juris-Ohada, n° 1/2004, janv.-mars 2004, p. 23, note Brou Kouakou Mathurin ; Rec. jur. CCJA, n° 3, janv.-juin 2004, p. 44, Ohadata J-04-88, J-05-49).

E. Sociétés de droit privé

Primauté de l'AUPCAP sur les dispositions statutaires conventionnelles. Le fait que dans les statuts d'une société anonyme, les actionnaires aient prévu une procédure amiable de dissolution ou de liquidation en cas de dissolution anticipée ou d'expiration de la durée, n'empêche pas, au cas où cette société est en état de cessation de paiement, d'ouvrir à son encontre une procédure collective d'apurement du passif (CA Abidjan, n° 723, 7-6-2002 : M. Attiba Denis c/ Cie Multinationale Air Afrique, Ohadata J-03-29 ; voir la confirmation par la CCJA ci-après).

III. Champ d'application et compétence

Application de la loi de la juridiction saisie. La non-appartenance d'un État membre d'Air Afrique à l'OHADA, (la Mauritanie), est sans effet sur le droit applicable en l'espèce dès lors que la procédure est engagée en Côte d'Ivoire, lieu du principal établissement de la société. C'est donc à bon droit que la cour d'appel d'Abidjan a :

– retenu la compétence du Tribunal d'Abidjan dans le ressort duquel se trouve l'un des sièges sociaux de la Multinationale Air Afrique pour connaître de la procédure de cessation de paiement à elle présentée et ce conformément à l'AUPCAP ;

– jugé qu'« aucune disposition tant du statut juridique que des statuts de la compagnie ne confère à celle-ci un caractère dérogatoire au droit commun des sociétés commerciales, le droit commun en la matière étant en Côte d'Ivoire, lieu du siège social, lieu du principal établissement, le [droit] de l'OHADA [...] » ;

– prononcé la liquidation de ses biens, ayant constaté que ladite société n'était plus en mesure de faire face à son passif exigible avec son actif disponible ;

(CCJA, n° 04/2004, 8-1-2004 : A. D. c/ Cie Multinationale Air Afrique, Juris-Ohada, n° 1/2004, janv.-mars 2004, p. 23, note Brou Kouakou Mathurin ; Rec. jur. CCJA, n° 3, janv.-juin 2004, p. 44, Ohadata J-04-88, J-05-49).

IV. Absence de violation de l'article 2 par un arrêt n'ayant statué que sur la recevabilité de l'appel

C'est à tort qu'il est reproché à un arrêt d'avoir violé l'article 2 de l'AUPCAP, dès lors que les requérants, dans leurs moyens imprécis et mélangés de faits et de droit, critiquent plutôt le jugement du tribunal de commerce d'Abidjan, rendu sur opposition de l'ordonnance du juge-commissaire et non l'arrêt de la cour d'appel d'Abidjan qui ne s'est prononcée que sur la recevabilité de l'appel ; ces moyens invoqués pour la première fois devant la CCJA qui critiquent une décision non déférée en lieu et place de l'arrêt attaqué sont irrecevables (CCJA, 2e ch., n° 156/2021, 28-10-2021 : Akoube Mathias c/ Koffi Konan).

V. Inapplication de l'article 2, alinéa 4 en l'absence de cessation de paiements

Il résulte des dispositions des articles 2, alinéa 4, et 25 de l'AUPCAP que la procédure de liquidation des biens n'est ouverte que pour le débiteur en état de cessation de paiement. En l'espèce, il convient de rétracter l'arrêt en cause et de procéder à un réexamen du pourvoi enregistré au greffe sous le n° 087/2021/PC du 18 mars 2021, dès lors qu'il est acquis au dossier de la procédure que la société demanderesse à la procédure de révision a été mise en liquidation des biens à la demande d'un créancier unique, alors même qu'elle était et demeure in bonis, et ce, en violation des textes susvisés (CCJA, ass. plén., n° 077/2023, 27-4-2023).

Jurisprudence comparée

France

A. Commerçant personne physique

1° Existence

La qualité de commerçant doit être établie à la date du jugement d'ouverture (Cass. com. 10-7-2001 : RJDA 10/01 n° 988).

A la qualité de commerçant :

– l'usufruitier d'un manoir qui loue essentiellement des salons ainsi que des salles de conférences à des entreprises, cette fourniture de services constituant une activité commerciale et la location des trois appartements dépendant du manoir n'étant que l'accessoire de la location des salons (Cass. com. 22-6-1999 : RJDA 10/99 n° 1096) ;

– le commerçant même non inscrit au registre du commerce, car il ne saurait se soustraire au risque commercial en omettant de se soumettre à l'obligation d'inscription au registre du commerce et des sociétés (CA Caen 31-3-2005 : JCP (éd. E) 2005.pan.1280).

2° Absence

N'a pas la qualité de commerçant :

– celui qui a accompli un acte de commerce isolé, la simple intention d'exploitation n'étant pas suffisante pour lui conférer la qualité de commerçant alors même qu'aucun autre élément tel que notamment l'inscription au registre du commerce n'établit la volonté réelle d'exploiter les lieux ; en l'espèce, les acquéreurs d'un droit au bail commercial n'ont effectué aucun acte de commerce après l'acquisition du droit au bail et notamment, n'ont effectué aucun acte de commerce après l'acquisition du local sans pour autant que soit démontrée l'existence d'aucune cause indépendante de leur volonté, les empêchant de les effectuer (CA Aix-en-Provence, 8e ch. A, 12-11-1998 : JCP (éd. E) 1999.pan.1223) ;

– le conjoint du commerçant objet de la procédure collective, car il n'est pas immatriculé en qualité de commerçant (Cass. com. 11-2-2004 n° 304 : RJDA 4/04 n° 731 ; D. 2004.565 obs. A. Lienhard) ; mais le conjoint peut être admis à la procédure collective s'il est en mesure d'établir par tous moyens l'existence « d'une exploitation apparente connue des tiers dans un intérêt commun » (CA Angers, ch. com., 11-3-2003 n° 02/00337 : Rev. dr. banc. 2004.25 obs. F.-X. Lucas) ;

– un proche d'un commerçant, s'il n'est pas constaté qu'il a personnellement cette qualité (cf. Cass. com. 24-11-1982 : D. 1983.IR.382 obs. Derrida, censurant l'extension au fils d'une commerçante de la procédure ouverte contre la mère, sous couvert du mandat donné par celle-ci).

B. Entreprises publiques sous forme de sociétés commerciales

Les procédures collectives peuvent être appliquées à toute personne morale de droit privé, même si celle-ci est investie d'une mission de service public qui lui confère divers caractères de droit public (cf. Cass. soc. 29-2-2000 : RJS 4/00 n° 413).

Art. 3 [mod.] **La conciliation, le règlement préventif, le redressement judiciaire et la liquidation des biens relèvent de la juridiction compétente en matière de procédures collectives.**

Cette juridiction est également compétente pour connaître de toutes les contestations nées de la procédure collective, de celles sur lesquelles la procédure collective exerce une influence juridique ainsi que de celles concernant la faillite personnelle et les autres sanctions, à l'exception de celles qui sont exclusivement de la compétence des juridictions administratives, pénales et sociales.

Il appartient à chaque État partie, le cas échéant, de désigner la ou les juridictions qui ont seules compétence pour connaitre des procédures régies par le présent Acte uniforme.

Jurisprudence OHADA

I. Incompétence du juge des référés

Une société commerciale ne peut être mise en liquidation que par jugement (d'une juridiction du fond pouvant apprécier le caractère fondé des motifs invoqués à l'appui de la demande) et non par une ordonnance de référé. La mesure d'exécution forcée réalisée à l'encontre de la société avant que ses dirigeants ne sollicitent la liquidation est valable car, en pareil cas, la procédure collective est sollicitée en fraude des droits des créanciers (CA Abidjan, n° 86, 16-1-2001 : Agence Caractère c/ Sté Bazafrique, Éco-droit, n° 11, mai 2002, p. 61, Ohadata J-02-189, obs. J. Issa-Sayegh ; voir aussi Ohadata J-02-117, et note sous l'art. 200 de l'AUSCGIE).

II. Primauté de la juridiction compétente sur celle des référés en cas de saisine concomitante des deux

Au sens des dispositions de l'article 3, a. 2 de l'AUPCAP, la juridiction compétente en matière de procédures collectives est seule compétente pour connaître des contestations sur lesquelles la procédure collective exerce une influence juridique. Ainsi, la saisine concomitante du juge des référés, en nomination d'un administrateur provisoire, et de la juridiction compétente en matière de procédures collectives en vue de l'ouverture d'une procédure de liquidation des biens d'une même société oblige le premier à décliner sa compétence au profit de cette dernière. En l'espèce, la saisine effective du tribunal de grande instance du Wouri d'une procédure de liquidation des biens d'une société ayant été portée à la connaissance du juge des référés du tribunal de grande instance de Douala-Bonanjo, c'est en violation de l'article 3 précité que celui-ci a retenu sa compétence et procédé à la désignation d'un administrateur provisoire de cette société. A exposé son arrêt à la cassation la cour d'appel qui, pour confirmer l'ordonnance entreprise, a retenu que s'il est constant qu'une action en liquidation des biens de la société était pendante devant le tribunal de grande instance du Wouri, force est de constater que cette action avait été engagée après que le juge des référés du tribunal de première instance de Douala-Bonanjo a été saisi aux fins de nomination d'un administrateur provisoire de la société et que dès lors, il ne pouvait pas être fait grief au premier juge d'avoir violé l'article 3. Sur l'évocation et pour les mêmes motifs que ceux ayant entraîné la cassation, il y a lieu d'annuler l'ordonnance rendue par le juge des référés du tribunal de grande instance de Douala-Bonanjo et de déclarer incompétent ce juge qui a désigné un administrateur provisoire de la société faisant l'objet d'une procédure de liquidation des biens devant le tribunal de grande instance du Wouri (CCJA, 2e ch., n° 022/2020, 30-1-2020 : Société nationale d'investissement c/ Brethes Jean Yves).

II. Compétence du tribunal

Inopposabilité d'une clause compromissoire. S'il est constant que, dans les conventions, la volonté des parties est essentielle et crée la loi, il n'en demeure pas moins que les effets de ce consensualisme ne sont pas opposables aux tiers, l'objet de cette procédure étant d'organiser de façon collective toutes les procédures de règlement en vue de l'apurement du passif de l'entreprise ; c'est pourquoi tous les créanciers sont constitués en une masse, représentée par le syndic. En outre, la procédure revêt un caractère d'ordre public, d'où l'intervention de plus en plus croissante du ministère public et aussi la possibilité offerte à la juridiction compétente de se saisir d'office ; dès lors, la clause compromissoire qui lie uniquement les parties à la convention ne saurait prospérer (CA Ouagadougou, ch. civ. et com., n° 52, 16-4-2004 : Sosaco c/ K. H. (BTM) & Batec-SARL & Entreprise Dar-es-Salam, Ohadata J-04-375 ; J-04-374).

Jurisprudence comparée

France

A. Compétence du tribunal qui a ouvert la procédure collective

Ce tribunal est compétent pour statuer sur :
– une nullité de la période suspecte (Cass. ch. mixte 6-12-1985 : D. 1986.185 note Derrida) ;
– la nullité de la cession d'une marque (Cass. com. 3-5-1976 : GP 1976.1.pan.214) ;
– une demande d'attribution d'un gage (Cass. com. 28-10-1986 : Bull. civ. IV p. 170) ;
– l'action paulienne (Cass. com. 26-1-1988 : Bull. civ. IV p. 38) ;
– la mainlevée de saisies conservatoires fondée sur la règle de l'arrêt des poursuites individuelles (Cass. com. 1-2-2000 : RJDA 5/00 n° 554) ;
– la connexité des créances, même en matière fiscale (T. confl. 22-1-2001 : RJF 5/01 n° 664) ;
– la vente du fonds de commerce du débiteur (CA Paris 5-3-1991 : D. 1991.376 ; CA Rouen 13-11-1991 : RJDA 12/91 n° 1083) ;

– l'action du liquidateur, non-partie au contrat comportant une clause compromissoire, en responsabilité dans l'intérêt des créanciers contre un franchiseur pour soutien abusif d'un franchisé (Cass. com. 14-1-2004 n° 84 : RJDA 6/04 n° 736) ;
– l'action en paiement exercée par le liquidateur à l'encontre du cessionnaire d'une unité de production (Cass. com. 4-10-2005 n° 1169 : GP 2006.doctr.196 obs. I. Rohart-Messager) ;
– l'action en paiement du débiteur contre un acheteur qui invoque une compensation qui serait intervenue en période suspecte dès lors qu'il y a lieu d'apprécier si cette compensation ne revêt pas un caractère anormal (CA Amiens 23-5-2006 : JCP (éd. G) 2007 IV 1055).

B. Incompétence du tribunal qui a ouvert la procédure collective

Ce tribunal n'est pas compétent pour statuer sur :
– les actions fondées sur des faits antérieurs au jugement d'ouverture et sur lesquels la procédure collective n'exerce pas d'influence juridique (CA Orléans 14-12-2000 : RJDA 4/01 n° 465 : action en versement de la totalité du prix de vente d'un bien commun alors que le jugement de divorce avait pris effet avant le prononcé de la procédure collective) ;
– le point de savoir si la clause résolutoire est acquise au crédit-bailleur pour défaut de règlement des loyers échus postérieurement au prononcé du redressement judiciaire du preneur et sur la demande en paiement de ces loyers (Cass. com. 6-6-1995 : RJDA 12/95 n° 1440) ;
– la date de naissance des cotisations de sécurité sociale (Cass. com. 9-7-1991 : RJDA 8-9/91 n° 739) ;
– la faute d'une société financière qui serait à l'origine de l'ouverture de la procédure collective (Cass. com. 12-10-1999 : RJDA 12/99 n° 1349) ;
– l'action intentée par le liquidateur en responsabilité civile contre le commissaire aux comptes de la société en liquidation judiciaire (CA Toulouse 22-2-2001 : Rev. proc. coll. 2003 p. 104 n° 1 obs. S. Gorrias) ;
– l'action du bailleur tendant à la restitution des locaux loués par le débiteur, suite à la résiliation du bail commercial, constatée par le juge-commissaire, postérieurement au jugement d'ouverture (Cass. com. 6-3-2001 : RJDA 7/01 n° 781, précisant aussi que le juge des référés est compétent pour faire cesser le trouble manifestement illicite tenant à l'attitude du liquidateur qui se maintient dans les locaux sans droit ni titre) ;
– l'appel du jugement qui a condamné le créancier saisissant à rapporter à la liquidation judiciaire, au titre de la saisie-attribution pratiquée antérieurement sur des créances à exécution successive, car ce jugement est sans effet sur cette saisie (Cass. com. 5-11-2003 n° 1484 : D. 2003.som. 2964, rejetant le pourvoi contre l'arrêt qui avait refusé le remboursement des sommes perçues après le jugement) ;
– l'action en fixation de la créance résultant de la contrefaçon d'un brevet d'invention, qui est de la compétence exclusive de la juridiction statuant sur l'action en contrefaçon (CA Paris, 4e ch. A, 14-1-2004 : RDPI 2004 n° 156 p. 13).

Art. 3-1 [nouv.] La juridiction territorialement compétente pour connaître de toutes les procédures visées par le présent Acte uniforme est celle dans le ressort de laquelle :

– le débiteur personne physique a son principal établissement sur le territoire national ;

– ou le débiteur personne morale a son siège social sur le territoire national.

Si le principal établissement ou le siège social est à l'étranger, la procédure se déroule devant la juridiction dans le ressort de laquelle se trouve le principal centre d'exploitation du débiteur personne physique ou personne morale situé sur le territoire national.

La juridiction du siège ou du principal établissement de la personne morale est également compétente pour prononcer le règlement préventif, le redressement judiciaire ou la liquidation des biens des personnes solidairement responsables du passif de celle-ci.

Observations

Ancien art. 4 modifié et complété.

Art. 3-2 [nouv.] Toute contestation sur la compétence de la juridiction saisie doit être tranchée par celle-ci dans les quinze (15) jours de sa saisine et, en cas d'appel, dans le délai de trente (30) jours par la juridiction d'appel.

La juridiction, si elle se déclare compétente, doit statuer aussi sur le fond dans la même décision, qui ne peut être attaquée sur la compétence et sur le fond que par la voie de l'appel.

Observations

Ancien art. 4, al. 3 et 4 modifié et complété.

Jurisprudence OHADA

Juridiction compétente

Banque. Juridiction du ressort de l'agence en difficulté. La juridiction dans le ressort de laquelle est située l'agence d'une banque peut retenir sa compétence territoriale lorsque cette seule agence connaît des difficultés (cessation des paiements), la compétence territoriale revêtant une plus grande importance lorsque les procédures collectives sont initiées par le débiteur lui-même ; l'élément déterminant en l'espèce étant d'éviter aux clients de l'agence en difficulté d'engager des dépenses supplémentaires pour initier leur action à Douala, siège de ladite banque (CHO Consular v. Caisse d'épargne et de crédit (Capcol) and the General Manager of Capcol, High Court of Mezam Holden in Bamenda, Suit n° HCB/P/M/09 of 11 June 2011, Ohadata J-13-221).

Obs. : cette décision est l'illustration d'une mesure prise pour la bonne administration de la justice.

Jurisprudence comparée

France

A. Tribunal du siège de l'entreprise

Détermination du siège. Pour un débiteur personne physique, le siège de son entreprise est au lieu de son domicile professionnel, qui peut être distinct du lieu de son habitation (Cass. com. 17-2-1998 : RJDA 6/98 n° 751).

Ce lieu est celui du lieu d'activité figurant sur l'inscription du répertoire des métiers lorsque le débiteur est un artisan, le créancier n'ayant pas à faire procéder à une enquête pour vérifier le lieu d'exercice de l'activité (CA Dijon, ch. civ. 27-7-2004 : Rev. proc. coll. 2005.128 n° 7 obs. S. Gorrias, transposable à la personne immatriculée au répertoire des métiers).

B. Domiciliation frauduleuse

La domiciliation en France d'un débiteur allemand, exploitant d'un cabinet dentaire, a été rejetée comme décidée en vue de bénéficier d'une procédure plus avantageuse que la procédure de droit allemand en fraude à ce droit, étant notamment relevé que le centre des intérêts principaux de ce débiteur se trouvait en Allemagne où il avait ses revenus, ses actifs et ses dettes et où sa famille résidait (CA Colmar, 1e ch. A, 31-1-2006 : JCP (éd. E) 2006. pan.1772).

• Titre I •

MANDATAIRES JUDICIAIRES

• Chapitre I •

DISPOSITIONS GÉNÉRALES

Art. 4 [mod.] Chaque État partie adopte, en tant que de besoin, les règles d'application des dispositions du présent Titre. Il prévoit, selon des modalités appropriées, la régulation et la supervision des mandataires judiciaires agissant sur son territoire, au besoin en mettant en place à cet effet une autorité nationale dont il fixe l'organisation, la composition et le fonctionnement.

• Chapitre II •

ACCÈS AUX FONCTIONS DE MANDATAIRE JUDICIAIRE

Art. 4-1 [nouv.] Nul ne peut être désigné en qualité d'expert au règlement préventif ou de syndic dans une procédure de règlement préventif, de redressement judiciaire ou de liquidation des biens s'il n'est inscrit sur la liste nationale des mandataires judiciaires.

Art. 4-2 [nouv.] Pour être inscrit sur la liste nationale des mandataires judiciaires d'un État partie, toute personne physique doit remplir les conditions ci-dessous :

1°) avoir le plein exercice de ses droits civils et civiques ;

2°) n'avoir subi aucune sanction disciplinaire autre que l'avertissement ou une condamnation définitive à une peine privative de liberté pour un crime de droit commun, ou à une peine d'au moins trois (3) mois d'emprisonnement, non assortie de sursis, pour un délit contre les biens ou une infraction en matière économique ou financière qui est incompatible avec l'exercice de la fonction de mandataire judiciaire ;

3°) être expert-comptable ou être habilitée par la législation nationale ;

4°) justifier d'un domicile fiscal dans l'État partie dans lequel elle sollicite son inscription et être à jour de ses obligations fiscales ;

5°) présenter des garanties de moralité jugées suffisantes par l'autorité ou la juridiction compétente de l'État partie.

Chaque État partie peut ajouter à la liste ci-dessus des conditions supplémentaires.

Art. 4-3 [nouv.] La liste nationale des mandataires judiciaires est publiée au journal officiel de chaque État partie et au journal officiel de l'OHADA. Elle est communiquée sans délai aux juridictions de l'État partie concerné.

Les décisions d'admission ou de refus d'admission doivent préciser le ou les motifs qui les justifient et peuvent faire l'objet d'un recours formé devant la juridiction compétente dudit État.

• Chapitre III •

CONDITIONS D'EXERCICE DES FONCTIONS DE MANDATAIRE JUDICIAIRE

Art. 4-4 [nouv.] Les mandataires judiciaires désignés doivent présenter toutes les garanties d'indépendance, de neutralité et d'impartialité dans toute procédure collective. Ils ne doivent pas avoir ou tirer un intérêt personnel, moral ou financier dans le mandat qui leur est confié, en dehors des dispositions expressément prévues par le présent Acte uniforme.

En dehors de sa mission telle que réglementée par le présent Acte uniforme, aucun mandataire judiciaire ne peut représenter, ni conseiller l'une des parties, y compris le débiteur et ses créanciers, dans une procédure collective dans laquelle il est désigné.

Ne peuvent notamment être désignées expert au règlement préventif ou syndic dans une procédure collective les personnes physiques suivantes :

1°) les parents ou alliés du débiteur ou des créanciers jusqu'au quatrième degré inclusivement, ainsi que des dirigeants de la personne morale en procédure collective ;

2°) l'expert-comptable, l'avocat, le comptable agréé ou le commissaire aux comptes du débiteur ou d'un de ses créanciers ;

3°) les personnes physiques qui ont eu précédemment ou qui ont actuellement un différend avec le débiteur ou un de ses créanciers ;

4°) les personnes physiques qui, au cours des trois (3) années précédant leur nomination, ont perçu, à quelque titre que ce soit, directement ou indirectement, une rémunération de la part du débiteur ou d'un de ses créanciers ;

5°) les personnes physiques qui se trouvent en situation de subordination ou ayant des liens économiques avec le débiteur ou un de ses créanciers.

Lorsqu'une personne est pressentie en vue de sa nomination éventuelle en qualité de mandataire judiciaire dans une procédure collective, elle signale au président de la juridiction compétente, sans délai, toute circonstance de nature à soulever des doutes légitimes sur son indépendance, sa neutralité et son impartialité en vertu des incompatibilités énoncées au présent article ainsi que celles visées à l'article 4-5 ci-dessous.

A cet égard, tout mandataire judiciaire doit signer une déclaration d'indépendance, de neutralité et d'impartialité avant d'entrer en fonction dans une procédure collective, et s'engager à l'assumer en toute responsabilité.

Avant d'entrer en fonction, le mandataire judiciaire prête, devant le président de la juridiction désignée à cet effet, le serment suivant :

« Je jure d'accomplir ma mission avec honneur, conscience, loyauté et probité, d'observer le respect dû aux magistrats et aux autorités publiques, de me conformer en toute occasion au droit applicable et de tout mettre en œuvre pour l'atteinte des objectifs de ma mission ».

Observations

L'interdiction pour les parents ou alliés du débiteur, jusqu'au quatrième degré inclusivement, d'exercer les fonctions de syndic qui figurait à l'article 41 de la version antérieure à la réforme a été déplacée sous le présent article.

Art. 4-5 [nouv.] L'exercice de la mission d'expert au règlement préventif ou de syndic est incompatible avec toute autre activité de nature à porter atteinte à son indépendance, sa neutralité et son impartialité.

Chapitre IV
CONTRÔLE ET DISCIPLINE DES MANDATAIRES JUDICIAIRES

Art. 4-6 [nouv.] Chaque État partie fait procéder au contrôle des mandataires judiciaires dans l'exercice de leurs fonctions. Ce contrôle implique un pouvoir général d'investigation et de vérification permettant notamment de procéder au contrôle de la comptabilité et de tout document détenu par un mandataire judiciaire, sans que ce dernier ne puisse opposer le secret professionnel.

Le mandataire sous contrôle peut se faire assister par toute personne de son choix.

Art. 4-7 [nouv.] Toute violation des lois et règles professionnelles ou tout fait contraire à la probité, à l'honneur ou à la délicatesse commis par un mandataire judiciaire, dans l'exercice de ses fonctions, expose celui-ci à des poursuites disciplinaires.

L'action disciplinaire se prescrit par trois (3) ans à compter de la découverte des faits.

Art. 4-8 [nouv.] Le débiteur et les créanciers, dans toute procédure collective, peuvent communiquer à l'autorité ou à la juridiction compétente ou au ministère public de l'État partie concerné tout document ou information susceptible de conduire à l'ouverture de poursuites disciplinaires à l'encontre d'un mandataire judiciaire.

Art. 4-9 [nouv.] Outre l'interdiction provisoire qui peut être prononcée à l'encontre du mandataire judiciaire, les mesures disciplinaires suivantes peuvent être prises :

1°) avertissement ;

2°) blâme avec inscription au dossier ;

3°) suspension d'exercer pour une durée qui ne peut excéder trois (3) années ;

4°) radiation de la liste nationale des mandataires judiciaires emportant interdiction définitive d'exercer.

Ces sanctions sont notifiées au mandataire judiciaire concerné ainsi qu'à son instance représentative, à l'ordre national des experts comptables et, le cas échéant, à l'ordre auquel il est inscrit, ainsi qu'à toute autre organisation professionnelle dont le mandataire judiciaire fait partie et au ministère public de l'État partie concerné.

Art. 4-10 [nouv.] Il est pourvu au remplacement du mandataire suspendu ou radié dans les formes suivies pour sa désignation.

Art. 4-11 [nouv.] Sont nuls et de nul effet tous actes ou conventions tendant à permettre directement ou indirectement l'exercice des fonctions du mandataire judiciaire pendant la durée de sa suspension ou après sa radiation.

• Chapitre V •
RESPONSABILITÉ ET ASSURANCE PROFESSIONNELLES DES MANDATAIRES JUDICIAIRES

Art. 4-12 [nouv.] Le mandataire judiciaire engage sa responsabilité civile à l'égard du débiteur, des créanciers et des tiers, sans préjudice de sa responsabilité pénale.

Lorsque le mandataire judiciaire sollicite, dans l'exercice de ses attributions, l'intervention d'un tiers, il demeure solidairement responsable des fautes et négligences commises par ce dernier.

Art. 4-13 [nouv.] L'action en responsabilité civile engagée à l'encontre du mandataire judiciaire relève de la compétence de la juridiction de l'État partie en charge des procédures collectives du lieu où ce mandataire est établi. Cette action est exercée au cours de la procédure ou dans un délai de trois (3) ans à compter de la clôture de la procédure ou de la fin de l'exécution du concordat.

Art. 4-14 [nouv.] Toute personne inscrite sur la liste nationale des mandataires judiciaires est tenue de contracter, auprès d'une compagnie d'assurance régulièrement établie dans l'État partie concerné, une assurance destinée à garantir la réparation des préjudices causés dans l'exercice de ses fonctions conformément au présent Acte uniforme.

Elle doit pouvoir justifier à tout moment de la validité et de l'effectivité de cette assurance.

Art. 4-15 [nouv.] Tout mandataire judiciaire tient une comptabilité distincte de sa comptabilité personnelle pour chacune des procédures collectives dans laquelle il est désigné.

Il est tenu à tout moment de présenter, à la personne chargée de son contrôle, tant sa comptabilité personnelle que cette comptabilité distincte.

• Chapitre VI •
RÉMUNÉRATION DES MANDATAIRES JUDICIAIRES

Art. 4-16 [nouv.] Les mandataires judiciaires sont rémunérés sur le patrimoine du débiteur pour les diligences effectuées dans le cadre des procédures collectives dans lesquelles ils sont désignés.

La rémunération des mandataires judiciaires est exclusive de toute autre rémunération et remboursement de frais pour les mêmes diligences.

Art. 4-17 [nouv.] La rémunération de l'expert au règlement préventif est déterminée par la juridiction compétente dans la décision homologuant ou rejetant le concordat préventif ou, le cas échéant, mettant fin au règlement préventif en l'absence de concordat, selon le barème fixé par la réglementation de chaque État partie.

Ce barème tient compte notamment :

– du temps passé et des difficultés éventuellement rencontrées ;

– du nombre de créanciers concernés par le règlement préventif.

Chaque État partie peut ajouter à cette liste des critères supplémentaires.

Pour le règlement préventif simplifié, l'État partie peut fixer un montant forfaitaire pour la rémunération de l'expert au règlement préventif.

Art. 4-18 [nouv.] La juridiction compétente peut accorder à l'expert au règlement préventif, dans la décision le désignant ou dans une décision ultérieure, une provision sur sa rémunération qui ne saurait excéder quarante pour cent (40 %) du montant prévisionnel de celle-ci. En tout état de cause, une partie de cette rémunération au moins égale à soixante pour cent (60 %) ne peut être versée qu'à compter de la remise du compte-rendu prévu à l'article 19 ci-dessous.

Art. 4-19 [nouv.] La rémunération du syndic, soit en qualité de contrôleur de l'exécution du concordat préventif, soit en tant que syndic de redressement judiciaire, soit en tant que syndic de liquidation des biens, est fixée par la juridiction compétente dans sa décision de clôture de la procédure collective, ou homologuant le concordat, selon le barème fixé par la réglementation de chaque État partie.

Ce barème tient compte notamment :

– du chiffre d'affaires réalisé par le débiteur au cours de l'exercice précédant l'ouverture de la procédure collective ;

– du nombre de travailleurs employés par le débiteur au cours de cette même période ;

– du ratio de recouvrement des créances ;

– du temps passé et des difficultés éventuellement rencontrées ;

– de la célérité des diligences accomplies.

Chaque État partie peut ajouter à cette liste des critères supplémentaires.

En cas de liquidation des biens, sauf lorsque la rémunération a été fixée forfaitairement en application du dernier alinéa du présent article, le montant total de la rémunération du syndic ne peut excéder vingt pour cent (20 %) du montant total résultant de la réalisation de l'actif du débiteur. Sont incluses dans le calcul de ce plafond de vingt pour cent (20 %) les rémunérations versées par le syndic à des experts comptables, financiers ou à tout autre intervenant qui aurait été missionné par le syndic, sauf si la juridiction compétente en a disposé autrement lors de la désignation de cet intervenant.

Pour le redressement judiciaire simplifié et la liquidation des biens simplifiée, l'État partie peut fixer un montant forfaitaire pour la rémunération du syndic.

Art. 4-20 [nouv.] La juridiction compétente peut accorder au syndic, dans la décision le désignant ou dans une décision ultérieure, une provision sur sa rémunération qui ne saurait excéder quarante pour cent (40 %) du montant prévisionnel de celle-ci. En tout état de cause, une partie de cette rémunération au moins égale à soixante pour cent (60 %) ne peut être versée qu'à compter de l'homologation du concordat de redressement judiciaire ou, le cas échéant, de la clôture de la procédure de liquidation des biens.

Art. 4-21 [nouv.] Les décisions rendues par la juridiction compétente au titre des articles 4-17 à 4-20 sont susceptibles d'appel devant la juridiction compétente de l'État partie dans les quinze (15) jours de leur prononcé à la requête du débiteur, du mandataire judiciaire ou du ministère public.

• Chapitre VII •

OUVERTURE ET PRODUITS DU COMPTE SPÉCIAL

Art. 4-22 [nouv.] Chaque État partie peut prévoir que l'autorité ou la juridiction compétente désigne la ou les banques auprès desquelles les syndics ont l'obligation d'ouvrir un compte spécial aux fins d'y domicilier les opérations afférentes aux procédures de redressement judiciaire et de liquidation des biens. Sauf autorisation du juge-commissaire en cas de complexité de la procédure collective, il est ouvert un (1) seul compte spécial pour chaque procédure collective distincte.

Art. 4-23 [nouv.] Les produits financiers générés par le ou les comptes de chaque débiteur sont utilisés, selon le cas, au sauvetage de l'entreprise ou au paiement des créanciers, sous le contrôle du juge-commissaire.

Titre II

PROCÉDURES PRÉVENTIVES

Chapitre I

CONCILIATION

Art. 5 [mod.] Le présent titre réglemente les procédures préventives que sont la conciliation et le règlement préventif, destinées à sauvegarder les entreprises en difficulté et à apurer leur passif avant la cessation des paiements, conformément aux dispositions du présent Acte uniforme.

Observations

Le contenu de l'ancien art. 5 a été modifié et déplacé ; voir sous l'art. 6.

Section I • OUVERTURE DE LA CONCILIATION

Art. 5-1 [nouv.] La conciliation est ouverte aux personnes visées par l'article 1-1 ci-dessus, qui connaissent des difficultés avérées ou prévisibles mais qui ne sont pas encore en état de cessation des paiements.

Elle a pour objectif de trouver un accord amiable avec les principaux créanciers et cocontractants du débiteur, en vue de mettre fin à ses difficultés.

Toute personne qui a connaissance de la conciliation est tenue à la confidentialité.

Art. 5-2 [nouv.] Le président de la juridiction compétente est saisi par une requête du débiteur ou par une requête conjointe de ce dernier avec un ou plusieurs de ses créanciers. Cette demande expose ses difficultés ainsi que les moyens d'y faire face.

La requête est accompagnée des documents suivants, datant de moins de trente (30) jours :

1°) une attestation d'immatriculation, d'inscription ou de déclaration d'activité à un registre ou à un ordre professionnel ou, à défaut, tout autre document de nature à prouver la réalité de l'activité exercée par le débiteur ;

2°) le cas échéant, les états financiers de synthèse comprenant le bilan, le compte de résultat, un tableau financier des ressources et des emplois, l'état annexé et, en tout état de cause, le montant du chiffre d'affaires et des bénéfices ou des pertes des trois derniers exercices ;

3°) un état de la trésorerie et un état chiffré des créances et des dettes avec indication des dates d'échéance ;

4°) un document indiquant le nombre de travailleurs déclarés et immatriculés, à la date de la demande ;

5°) une attestation émanant du débiteur par laquelle il déclare sur l'honneur ne pas être en état de cessation des paiements et précise, en outre, qu'il n'est pas soumis à une procédure de règlement préventif, de redressement judiciaire ou de liquidation des biens qui ne serait pas clôturée ;

6°) si le débiteur propose un conciliateur, un document indiquant les nom, prénoms, qualités et domicile de la personne proposée et une attestation de cette dernière indiquant ses compétences professionnelles ;

7°) le cas échéant, un document indiquant les noms, prénoms et domiciles des créanciers qui se joignent à la demande du débiteur et le montant de leurs créances et des éventuelles sûretés dont elles sont assorties.

Ces documents sont datés, signés et certifiés conformes et sincères par le requérant. Dans le cas où l'un des documents visés ci-dessus ne peut être fourni, ou ne peut l'être qu'incomplètement, la requête doit contenir l'indication des motifs de cet empêchement.

Art. 5-3 [nouv.] La procédure de conciliation est ouverte par le président de la juridiction compétente, statuant à huis clos, pour une durée n'excédant pas trois (3) mois mais qu'il peut, par une décision spécialement motivée, proroger d'un mois au plus à la demande du débiteur, après avis écrit du conciliateur. A l'expiration de ces délais, la conciliation prend fin de plein droit et il ne peut être ouvert une nouvelle procédure de conciliation avant expiration d'un délai de trois (3) mois.

La décision ouvrant la conciliation ou rejetant la demande d'ouverture ne fait l'objet d'aucune publicité.

Art. 5-4 [nouv.] Dans la décision d'ouverture, le président de la juridiction compétente désigne un conciliateur.

Le conciliateur doit avoir le plein exercice de ses droits civils, justifier de sa compétence professionnelle et demeurer indépendant et impartial vis-à-vis des parties concernées par la conciliation. En particulier, il ne doit pas avoir perçu, à quelque titre que ce soit, directement ou indirectement, une rémunération ou un paiement de la part du débiteur intéressé, de tout créancier du débiteur ou d'une personne qui en détient le contrôle ou est contrôlée par lui, au cours des vingt-quatre (24) mois précédant la décision d'ouverture. Aucun parent ou allié du débiteur, jusqu'au quatrième degré inclusivement, ne peut être désigné en qualité de conciliateur. Il en va de même pour tout magistrat en fonction ou ayant quitté ses fonctions depuis moins de cinq (5) ans.

Dès qu'il est informé de sa désignation, le conciliateur atteste qu'il remplit, à sa connaissance, les conditions énoncées ci-dessus. A tout moment, durant le déroulement de la conciliation, s'il lui apparaît qu'il ne remplit plus ces conditions, il en informe sans délai le président de la juridiction compétente qui, s'il y a lieu, peut mettre fin à sa mission et nommer un remplaçant.

Les modalités de rémunération du conciliateur sont déterminées par le président de la juridiction avec l'accord du débiteur au jour de l'ouverture de la conciliation. Les critères sur la base desquels elle est arrêtée, son montant maximal chiffré et le montant des provisions sont précisés dans un document signé par le débiteur et le conciliateur et annexé à la décision d'ouverture. Si au cours de sa mission, le conciliateur estime que le montant initialement déterminé est insuffisant, il doit en informer sans délai le président de la juridiction qui fixe les nouvelles conditions avec l'accord du débiteur. A défaut d'accord, il est mis fin à la mission du conciliateur. La rémunération du conciliateur est à la charge du débiteur et fait l'objet d'une ordonnance de taxe.

Section II • DÉROULEMENT ET ISSUE DE LA CONCILIATION

Art. 5-5 [nouv.] Le conciliateur a pour mission de favoriser la conclusion, entre le débiteur et ses principaux créanciers ainsi que, le cas échéant, ses cocontractants habituels, d'un accord amiable destiné à mettre fin aux difficultés de l'entreprise.

Le conciliateur peut, à cette fin, obtenir du débiteur tous renseignements utiles.

Art. 5-6 [nouv.] Le conciliateur rend compte régulièrement, au président de la juridiction compétente, de l'état d'avancement de sa mission et formule toutes observations utiles. S'il a connaissance de la survenance de la cessation des paiements, il en informe sans délai le président de la juridiction compétente.

En cas de survenance de la cessation des paiements, le débiteur en informe sans délai le président de la juridiction compétente.

A tout moment, s'il est informé de la survenance de l'état de cessation des paiements dans les conditions prévues par les deux alinéas précédents ou par tout autre moyen, le président de la juridiction compétente met fin sans délai à la conciliation et à la mission du conciliateur, après avoir entendu le débiteur et le conciliateur.

Art. 5-7 [nouv.] Si le débiteur est mis en demeure ou poursuivi par un créancier appelé à la conciliation pendant la période de recherche de l'accord, telle que définie à l'article 5-3 ci-dessus, le président du tribunal peut, à la demande du débiteur, et après avis du conciliateur, reporter le paiement des sommes dues et ordonner la suspension des poursuites engagées par ce créancier. Ces mesures prennent fin de plein droit lorsque la conciliation prend fin et, en tout état de cause, à l'expiration du délai prévu à l'article 5-3, al. 1, ci-dessus. L'ordonnance du président du tribunal prononçant ces mesures est déposée au greffe et ne fait l'objet d'aucune publicité. Elle est communiquée au créancier concerné, sans délai, et elle rappelle l'obligation de confidentialité à laquelle celui-ci est tenu.

Art. 5-8 [nouv.] En cas d'impossibilité de parvenir à un accord, le conciliateur présente sans délai un rapport écrit au président. Celui-ci met fin à sa mission et à la conciliation, après avoir entendu le débiteur.

A tout moment, en l'absence de cessation des paiements, le débiteur peut demander à ce qu'il soit mis fin à la mission du conciliateur et à la conciliation, auquel cas le président de la juridiction compétente y met fin sans délai.

Art. 5-9 [nouv.] La décision mettant fin à la conciliation et à la mission du conciliateur en l'absence d'accord est notifiée au débiteur, au conciliateur ainsi qu'aux créanciers et cocontractants appelés à la conciliation, sans délai. Elle ne fait l'objet d'aucune publicité.

Art. 5-10 [nouv.] A la requête de la partie la plus diligente, l'accord signé peut être :

– déposé au rang des minutes d'un notaire ;

– ou homologué ou exequaturé par la juridiction ou l'autorité compétente statuant à huis clos ; sans préjudice de l'application de l'article 5-11, l'homologation ou l'exequatur est de droit et ne peut être refusé que si l'accord est contraire à l'ordre public ; le greffier appose la formule exécutoire ; des copies valant titre exécutoire peuvent être délivrées aux parties à l'accord ; la décision d'homologation ou d'exequatur ne fait l'objet d'aucune publicité et ne reprend pas le contenu de l'accord qui reste confidentiel.

La décision homologuant ou exequaturant l'accord n'est pas susceptible de recours. Elle met fin à la conciliation. Le cas échéant, la conciliation prend fin par la signature de l'accord et, en tout état de cause, à l'expiration des délais prévus par l'alinéa 1er de l'article 5-3 ci-dessus.

Art. 5-11 [nouv.] En cas d'ouverture d'une procédure de liquidation des biens postérieurement à la conclusion d'un accord de conciliation homologué ou exéquaturé par la juridiction ou l'autorité compétente, les personnes qui avaient consenti dans l'accord un nouvel apport en trésorerie au débiteur en vue d'assurer la poursuite de l'activité de l'entreprise débitrice et sa pérennité sont payées au titre du privilège selon les rangs prévus par les articles 166 et 167 ci-dessous.

Les personnes qui fournissent un nouveau bien ou service en vue d'assurer la poursuite de l'activité de l'entreprise débitrice et sa pérennité bénéficient du même privilège pour le prix de ce bien ou de ce service.

Cette disposition ne s'applique pas aux apports consentis dans le cadre d'une augmentation du capital social du débiteur.

Les créanciers du débiteur ne peuvent en aucun cas bénéficier de ce privilège pour des créances nées antérieurement à l'ouverture de la conciliation.

Sans préjudice de l'application de l'article 5-10, la juridiction ou l'autorité compétente appelée à statuer sur l'homologation ou l'exequatur vérifie dans ce cas que les conditions ci-dessus sont remplies et que l'octroi de ce privilège ne porte pas atteinte aux intérêts des créanciers non parties à l'accord. La décision d'homologation ou d'exequatur de l'accord ne reprend pas le contenu de l'accord, mais elle mentionne ledit privilège et les montants garantis. Elle doit être notifiée par le greffe au ministère public ainsi qu'aux créanciers et cocontractants signataires de l'accord. Elle est publiée dans les conditions prévues par les articles 36 et 37 ci-dessous. La vérification de la publicité est faite par le conciliateur, conformément à l'article 38 ci-dessous.

Par dérogation à l'article 5-10 ci-dessus, la décision d'homologation ou d'exequatur, prise en application du présent article, est susceptible d'opposition par tout intéressé dans les 15 jours de sa publication devant la juridiction compétente. Le cas échéant, un appel peut être formé contre la décision de celle-ci dans les 15 jours de son prononcé.

Art. 5-12 [nouv.] Pendant la durée de son exécution, l'accord interrompt ou interdit toute action en justice et arrête ou interdit toute poursuite individuelle, tant sur les meubles que les immeubles du débiteur, dans le but d'obtenir le paiement des créances qui en font l'objet. L'accord interrompt, pour la même durée, les délais impartis aux créanciers parties à l'accord à peine de déchéance ou de résolution des droits afférents aux créances mentionnées par l'accord.

Les personnes ayant consenti une sûreté personnelle ou ayant affecté ou cédé un bien en garantie et les coobligés peuvent se prévaloir des dispositions de l'accord.

Art. 5-13 [nouv.] La juridiction ou l'autorité compétente ayant connu de la conciliation est seule compétente pour connaître de toute inexécution de l'accord et pour en prononcer la résolution. Elle est saisie par l'une des parties à l'accord.

Si la résolution est prononcée, les créanciers recouvrent l'intégralité de leurs créances, déduction faite des sommes perçues.

Art. 5-14 [nouv.] L'ouverture d'une procédure de règlement préventif, de redressement judiciaire ou de liquidation des biens met fin de plein droit à la conciliation et, le cas échéant, à l'accord.

Dans ce cas, les créanciers recouvrent l'intégralité de leurs créances, déduction faite des sommes perçues.

• Chapitre II •
RÈGLEMENT PRÉVENTIF

Section I • OUVERTURE DU RÈGLEMENT PRÉVENTIF

Art. 6 [mod.] Le règlement préventif est ouvert au débiteur qui, sans être en état de cessation des paiements, justifie de difficultés financières ou économiques sérieuses.

La juridiction compétente est saisie par une requête du débiteur ou par une requête conjointe de ce dernier avec un ou plusieurs de ses créanciers, déposée au greffe contre récépissé.

Dans cette requête, le débiteur expose ses difficultés financières ou économiques ainsi que les perspectives de redressement de l'entreprise et d'apurement de son passif.

Aucune requête en ouverture d'un règlement préventif ne peut être présentée par le débiteur :

– si un concordat préventif ou de redressement est encore en cours d'exécution ;

– avant l'expiration d'un délai de trois (3) ans à compter de l'homologation d'un précédent concordat préventif ;

– avant l'expiration d'un délai de dix-huit (18) mois à compter de la fin d'un règlement préventif n'ayant pas abouti à un concordat préventif.

Observations

L'ancien art. 5 a été déplacé ici et modifié.

Art. 6-1 [nouv.] La requête du débiteur est accompagnée des documents suivants, datant de moins de trente (30) jours :

1°) une attestation d'immatriculation, d'inscription ou de déclaration d'activité à un registre ou à un ordre professionnel ou, à défaut, tout autre document de nature à prouver la régularité de l'activité exercée par le débiteur ;

2°) les états financiers de synthèse comprenant le bilan, le compte de résultat, un tableau financier des ressources et des emplois, l'état annexé et, en tout état de cause, le montant du chiffre d'affaires et des bénéfices ou pertes des trois (3) derniers exercices ou, à défaut, tout autre document de nature à établir la situation financière et économique du débiteur si la requête est introduite par un débiteur répondant à la définition de la petite entreprise conformément à l'article 1-3 ci-dessus ;

3°) un état de la trésorerie et un état chiffré des créances et des dettes avec indication des noms, qualités et adresses des créanciers et des dates d'échéance ou, à défaut, tout autre document de nature à établir la capacité du débiteur de faire face à son passif exigible avec son actif disponible si la requête est introduite par un débiteur répondant à la définition de la petite entreprise conformément à l'article 1-3 ci-dessus ;

4°) un document indiquant le nombre de travailleurs et le montant des salaires et des charges salariales à la date de la demande ou, à défaut, tout autre document de nature à permettre d'identifier et de dénombrer les travailleurs du débiteur et d'estimer le montant des salaires et des charges salariales si la requête est introduite par un débiteur répondant à la définition de la petite entreprise conformément à l'article 1-3 ci-dessus ;

5°) une attestation émanant du débiteur par laquelle il déclare sur l'honneur ne pas être en état de cessation des paiements ;

6°) l'état détaillé, actif et passif, des sûretés personnelles et réelles données ou reçues par l'entreprise et ses dirigeants ;

7°) une attestation du débiteur indiquant qu'il ne bénéficie pas d'un accord de conciliation en cours d'exécution et, en tout état de cause, qu'il n'est pas soumis à une procédure de règlement préventif, de redressement judiciaire ou de liquidation des biens, qui ne serait pas clôturée et qu'il remplit les conditions du dernier alinéa de l'article 6 ci-dessus ;

8°) l'inventaire des biens du débiteur avec indication des biens mobiliers soumis à revendication par leurs propriétaires et de ceux affectés d'une clause de réserve de propriété ou, à défaut, un inventaire provisoire si la requête est introduite par un débiteur répondant à la définition de la petite entreprise conformément à l'article 1-3 ci-dessus ;

9°) un document indiquant les noms, prénoms et adresses des représentants du personnel ;

10°) s'il s'agit d'une personne morale, la liste des membres solidairement responsables des dettes de celle-ci, avec indication de leurs noms, prénoms et domiciles, ainsi que des noms et adresses de ses dirigeants ;

11°) si le débiteur propose une personne à la désignation en qualité d'expert au règlement préventif conformément au premier alinéa de l'article 8 ci-dessous, un document indiquant les nom, prénoms, qualités et domicile de cette personne et une attestation de cette dernière précisant qu'elle remplit les conditions prévues aux articles 4-1 et 4-2 ci-dessus ;

12°) le cas échéant, un document indiquant les nom, prénoms, qualités et domiciles des personnes qui envisagent de consentir un nouvel apport en trésorerie ou de fournir un nouveau bien ou service dans les conditions de l'article 11-1 ci-dessous, avec l'indication du montant de l'apport ou de la valeur du bien ou du service ;

13°) un projet de concordat préventif ;

14°) le cas échéant, un document indiquant les noms, prénoms et domiciles des créanciers qui se joignent à la demande du débiteur, et le montant de leurs créances et des éventuelles sûretés dont elles sont assorties.

Tous ces documents doivent être datés, signés et certifiés conformes et sincères par le requérant.

Les documents visés aux numéros 1° à 5° ainsi qu'aux numéros 7°, 8°, 10° et 13° doivent être fournis à peine d'irrecevabilité de plein droit de la requête.

Dans le cas où l'un des documents visés aux numéros 6°, 9° et 11° ne peut être fourni, ou ne peut l'être qu'incomplètement, la requête doit contenir l'indication des motifs de cet empêchement.

Art. 7 [mod.] Le projet de concordat préventif précise les mesures envisagées pour le redressement de l'entreprise, notamment :

– les modalités de continuation de l'entreprise, telles que la demande de délais et de remises, la cession partielle d'actif avec indication précise des biens à céder ; la cession ou la location-gérance d'une branche d'activité formant un fonds de commerce ; la cession ou la location-gérance de la totalité ou d'une partie de l'entreprise, sans que ces modalités soient limitatives et exclusives les unes des autres ;

– les noms, prénoms, qualités et adresses des personnes tenues d'exécuter le concordat préventif et l'ensemble des engagements souscrits par elles et nécessaires au redressement de l'entreprise ;

– les modalités du maintien et du financement de l'entreprise, du règlement du passif né antérieurement à la décision d'ouverture du règlement préventif, ainsi que, s'il y a lieu, les garanties fournies pour en assurer l'exécution ; ces engagements et garanties peuvent consister, notamment, en la souscription d'une augmentation du capital social par les anciens associés ou par de nouveaux, une conversion de créances en capital, l'ouverture de crédits par des établissements bancaires ou financiers ou par toute autre personne, y compris tout nouvel apport en trésorerie ou sous forme de nouveau bien ou service dans les conditions de l'article 11-1 ci-dessous ainsi que le montant de l'apport ou la valeur du bien ou du service ; la poursuite de l'exécution de contrats conclus antérieurement à la requête, la fourniture de cautions ;

– le niveau et les perspectives d'emploi ainsi que les licenciements pour motif économique qui doivent intervenir dans les conditions prévues par les dispositions du droit du travail ;

– le remplacement de dirigeants.

Jurisprudence OHADA

I. Rejet du concordat

A. Proposition non sérieuse

La proposition de concordat doit être sérieuse pour permettre l'ouverture d'une procédure de redressement judiciaire ; à défaut, il y a lieu de prononcer la liquidation des biens au lieu du redressement judiciaire demandé par le débiteur. Et pour être sérieuse et gagner la conviction du tribunal, la proposition de concordat ne doit pas consister en des perspectives bien évaluées mais plutôt en des mesures concrètes et des propositions réelles tout aussi bien quant au personnel qu'aux ressources et à des remises des créanciers et délais obtenus en vue de redémarrer l'activité et apurer collectivement le passif. Tel n'est pas le cas d'un projet de concordat consistant en des propositions simplement théoriques (TGI Ouagadougou, n° 100 bis, 24-1-2001 : Requête des établissements Korgo et frères aux fins de redressement judiciaire, Ohadata J-04-182 ; TGI Ouagadougou, n° 100 bis, 24-1-2001 : Liquidation des biens des établissements Korgo Issaka et frères, Ohadata J-02-59, obs. J. Issa-Sayegh).

Obs. : voir sous l'art. 33 les développements relatifs au caractère sérieux du concordat, et sous les art. 9 et 15 les développements relatifs aux créanciers tenus d'exécuter le concordat.

L'offre de concordat proposé n'offre pas de sérieuses possibilités de redressement, lorsque le montant maximal que peut rembourser le débiteur est en deçà du montant minimal que peut accepter le créancier. Il s'ensuit que le jugement qui a prononcé la liquidation des biens doit être confirmé en toutes ses dispositions (CA du Littoral (Cameroun), n° 040/C, 16-3-2012 : Ets But c/ Moulins d'Afrique, Ohadata J-14-14).

B. Proposition impossible

Une proposition de concordat impossible à réaliser ne saurait être retenue pour envisager un redressement judiciaire (TGI Ouagadougou, n° 224, 20-3-2002 : Requête aux fins de liquidation judiciaire de la Sotrao, Ohadata J-04-187).

C. Concordat rejeté par l'ensemble des créanciers

Lorsque le concordat préventif ne remplit pas les conditions de validité et a été rejeté par l'ensemble des créanciers, l'ordonnance de suspension des poursuites individuelles doit être annulée (TGI, Ouagadougou, n° 286, 3-11-2004 : Requête de la Sté Boulangerie 2000 aux fins de règlement préventif, Ohadata J-05-233).

II. Ouverture d'une procédure collective en l'absence de concordat

Une société qui ne présente aucune offre de concordat peut être mise en liquidation des biens, peu important que la création de cette société résultât d'un traité, tel celui de Yaoundé portant création de la compagnie aérienne multinationale Air Afrique (CA Abidjan, n° 723, 7-6-2002 : A. D. c/ Cie Multinationale Air Afrique, Ohadata J-03-29). Dans le même sens, TGI Ouagadougou, n° 423, 25-4-2001 : Liquidation des biens de la sté Faso Fani, Ohadata J-02-60 ; TGI Ouagadougou, n° 423, 25-4-2001, Ohadata J-03-94, obs. J. Issa-Sayegh ; Ohadata J-04-183 et J-04-186).

Obs. : voir cependant la position de la CCJA sur pourvoi contre cet arrêt, sous l'art. 2, al. 4. Sur l'absence de concordat ou de concordat sérieux, voir sous l'art. 33.

Art. 8 [mod.] Si le projet de concordat préventif lui paraît sérieux, le président de la juridiction compétente ouvre la procédure et désigne un expert au règlement préventif, qui satisfait aux conditions et critères de l'article 4-2 ci-dessus, pour lui faire rapport sur la situation financière et économique de l'entreprise débitrice et les perspectives de redressement, compte tenu des délais et remises consentis ou susceptibles de l'être par les créanciers et toutes autres mesures contenues dans le projet de concordat préventif.

L'expert désigné est soumis aux dispositions et exigences du titre I du présent Acte uniforme.

Il est informé sans délai de sa mission par le président de la juridiction compétente par lettre au porteur contre récépissé ou par lettre recommandée avec demande d'avis de réception ou par tout moyen laissant trace écrite.

Le président de la juridiction compétente peut lui accorder dans sa décision de désignation, une provision sur sa rémunération conformément à l'article 4-18 ci-dessus.

JURISPRUDENCE OHADA

Remarque préliminaire : Les décisions ci-dessous ont été rendues sur le fondement des textes antérieurs à la réforme de 2015. Elles sont néanmoins transposables sous le régime actuel.

I. Suspension des poursuites

A. Nécessité d'une décision de suspension des poursuites actuelles

Il résulte en substance des articles 8, 9 et 23 de l'AUPCAP que la suspension des poursuites individuelles suppose l'existence d'une décision de la juridiction compétente ayant cet effet et revêtue d'un caractère actuel. En l'espèce, si la société débitrice a bénéficié d'un règlement préventif suivi du jugement homologuant le concordat préventif proposé par elle sur une durée de trois ans, il ne demeure pas moins que le tribunal de commerce de Ouagadougou a, par jugement, constaté la disparition de la masse des créanciers justifiant la mesure de suspension des poursuites individuelles et procédé à la clôture de la procédure collective ouverte au profit de la société débitrice par ordonnance du 5 juillet 2013. La créancière s'étant en outre désisté de l'appel relevé contre ce jugement exécutoire par provision, il s'ensuit qu'à la date du 11 avril 2019, la société débitrice ne bénéficiait plus d'une suspension des poursuites individuelles. En fondant sa décision sur cette mesure, alors que celle-ci se rattache aux seules décisions d'ouverture actuelles, le président de la cour d'appel a, par mauvaise application, violé les dispositions des textes précités, exposant sa décision à la cassation. (CCJA, 1e ch., n° 038/2020, 13-2-2020 : SGBF c/ Rexi SARL).

B. Suspension accordée à un débiteur qui s'est engagé à déposer un concordat dans les trente jours

La suspension des poursuites a été accordée à une société connaissant des difficultés sérieuses mais passagères, qui détient un portefeuille de marchés très important susceptible d'assurer son fonctionnement normal et de générer dans un futur de trois années, des bénéfices conséquents et qui s'est engagée à déposer un concordat préventif au plus tard dans les trente jours du dépôt de sa requête (T. com. Bamako (Mali), ord. n° 135/08, 6-3-2008 : Sipa-Suarl, Ohadata J-08-49).

C. Durée de la suspension des poursuites

1° Suspension préliminaire de trois mois

Aucune disposition de l'AUPCAP n'autorise le Président de la juridiction compétente à ordonner, sur requête, la suspension des poursuites individuelles pour une période de trois ans. L'ordonnance envisagée par le législateur de l'article 8 de l'AUPCAP permet seulement au président de la juridiction compétente de suspendre les voies d'exécution pour une durée maximale de trois mois, période pendant laquelle l'expert désigné évalue la situation du débiteur et contacte les créanciers aux fins de conclusion d'un concordat préventif. C'est la raison d'être de l'article 6-4 [devenu 6-1, 3e] de l'AUPCAP qui prévoit « l'état chiffré des créances et des dettes avec indication du nom et du domicile des créanciers et des débiteurs ». Ce n'est qu'après que l'expert désigné a trouvé un accord avec les créanciers et soumis son rapport à la juridiction compétente que les poursuites d'exécution peuvent être suspendues par cette dernière (First Trust Savings and Loans Ltd v. Vestus Communication Ltd., Suit n° HCMB/11S/2013 of 2nd April 2013).

2° Suspension directement accordée

Pour une décision ayant admis une société au règlement préventif, prononcé une suspension de deux ans, désigné un expert chargé d'établir un rapport sur la situation économique et financière de la débitrice et ses perspectives de redressement, et désigné un mandataire ad' hoc pour contrôler l'exécution du concordat, voir : T. com. Pointe-Noire (Congo), ord. réf. n° 432, 12-10-2010 : P. M., Ohadata J-13-98.

Obs. : décision rendue sur le fondement des art. 5, 6 et 5 de l'AUPCAP, mais transposable.

D. Juridiction compétente pour ordonner la suspension des poursuites

1° Compétence exclusive du président du tribunal

Selon l'article 8, al. 1 de l'AUPCAP, seul le président du tribunal régional est compétent pour ordonner la suspension des poursuites individuelles ; il s'agit d'une règle de compétence ratione materie, par conséquent d'ordre public. Il s'ensuit, en l'espèce, que le tribunal régional statuant au fond ne peut connaître que de la demande relative à l'ouverture d'une procédure de redressement judiciaire, mais non de celle relative à la suspension des poursuites (TRHC Dakar, n° 1373, 11-7-2000 : Sté GPL Dakar frais SARL, Ohadata J-04-340).

La décision de suspension des poursuites individuelles, qui est avant tout une phase préparatoire au règlement préventif, requiert en principe célérité, toute chose qui ne peut s'accommoder du formalisme préalable à un jugement. Si le législateur OHADA avait effectivement voulu que ce soit la juridiction compétente qui statue par voie de jugement et non son président par voie d'ordonnance, l'article 8 de l'AUPCAP aurait été autrement libellé (TGI Ouagadougou, n° 286, 3-11-2004 : Requête de la Sté Boulangerie 2000 aux fins de règlement préventif, Ohadata J-05-233).

Une société admise au bénéfice du règlement préventif bénéfice également de la suspension des poursuites individuelle et est protégée même contre les mesures provisoires. Lorsqu'un créancier ayant fait inscrire son hypothèque après la mise en règlement préventif, il y a manifestement urgence pour le débiteur de faire cesser une situation privilégiant un créancier au détriment des autres. Le juge des référés est compétent pour une telle décision, car il n'a nullement besoin d'examiner la convention des parties, n'étant saisi que pour constater que l'inscription a été faite malgré l'interdiction des poursuites individuelles (CA Abidjan, 5e ch. civ. et com. B, n° 255, 26-5-2011 : SGBCI c/ CI rue des pêcheurs, Juris-Ohada, 2011, n° 4, oct.-déc. 2011, p. 50, Ohadata J-13-18).

2° Compétence d'une juridiction voisine en cas de fermeture de la juridiction normalement compétente

La cour d'appel de Bouaké, normalement compétente, étant fermée à cause de la guerre, celle d'Abidjan doit retenir sa compétence (CA Abidjan, ch. civ. et com., n° 383, 1-4-2005 : Sté D.L.H. Nordisk c/ Sté H.B.E., Juris-Ohada, n° 4/2006 p. 40, Ohadata J-07-35).

II. Appel de la suspension des poursuites

Qualité pour agir des organes dirigeants de la personne morale. Il résulte des dispositions de l'article 8 de l'AUPCAP que la décision d'admettre une personne morale en état de règlement préventif ne rend pas inaptes à ester en justice, les organes normaux de direction de celle-ci, qui restent viables et conservent leur capacité d'ester en l'absence de désignation d'un syndic (CA Abidjan, 5e ch. A, n° 540, 24-5-2005 : Sté SMMG et SA Clinique du Belvédère, Juris-Ohada, n° 3/2006, p. 45 ; Ohadata J-07-22).

III. Non-incidence de la capacité d'un expert sur l'admission au bénéfice du règlement préventif

A violé la loi et exposé sa décision à la cassation la cour d'appel qui, pour déclarer irrecevable la demande en règlement préventif présentée par une société, a pris argument de ce que l'expert désigné par le président du tribunal aux fins d'un rapport de situation de cette société ne remplissait pas les conditions requises car il n'avait pas prouvé son inscription au tableau de l'ordre des experts-comptables. En effet, les conditions d'ouverture d'une telle procédure collective d'apurement du passif, résultant de l'article 8 de l'AUPCAP, n'intègrent nullement les capacités des experts susceptibles d'être requis dans le cadre de sa mise en œuvre. Sur l'évocation et pour les mêmes motifs que ceux retenus pour la cassation de l'arrêt attaqué, il y a lieu de confirmer le jugement entrepris en ce qu'il a entériné le principe de l'admission de la société demanderesse au bénéfice du règlement préventif ; mais il convient de l'infirmer en ce qu'il a homologué le rapport de l'expert (ne remplissant pas les conditions prévues par la législation nationale) et de dire qu'il sera procédé à la désignation d'un nouvel expert aux fins du rapport d'expertise (CCJA, 1e ch., n° 266/2019, 28-11-2019 : Experience In Technology (Xit SARL) c/ Ecobank RDC SA).

Art. 8-1 [nouv.] Dès qu'il est informé de sa désignation, l'expert au règlement préventif atteste qu'il remplit les conditions énoncées par les articles 4-4 et 4-5 ci-dessus. A tout moment, durant le déroulement du règlement préventif, s'il lui apparaît qu'il ne remplit plus ces conditions, il en informe sans délai le président de la juridiction compétente, qui met fin à sa mission et nomme un remplaçant.

Le débiteur ou tout créancier peut demander, à tout moment, au président de la juridiction compétente le remplacement de l'expert qui tombe sous le coup de l'une des incompatibilités énoncées aux articles 4-4 et 4-5 ci-dessus, ou qui n'agit pas avec diligence dans l'exercice de sa mission. Dans ce cas, le président de la juridiction compétente, saisi sur opposition, entend, en audience non publique, les explications du ou des demandeurs et de l'expert. Sa décision, prononcée en audience publique, est assortie de l'exécution provisoire de droit. Elle est susceptible d'appel dans les quinze (15) jours de son prononcé. Le greffe de la juridiction compétente communique, le cas échéant, cette décision à l'autorité nationale prévue à l'article 4 ci-dessus, qui peut agir en matière disciplinaire conformément au présent Acte uniforme.

L'expert qui cesse ses fonctions rend compte sans délai à son successeur et lui remet tous documents dont il serait en possession en présence du débiteur et du président de la juridiction compétente.

Art. 9 [mod.] La décision d'ouverture du règlement préventif suspend ou interdit toutes les poursuites individuelles tendant à obtenir le paiement des créances nées antérieurement à ladite décision pour une durée maximale de trois (3) mois, qui peut être prorogée d'un (1) mois dans les conditions prévues à l'article 13, al. 2, sans préjudice de l'application de l'article 14, al. 3 ci-dessous.

La suspension des poursuites individuelles concerne aussi bien les voies d'exécution que les mesures conservatoires, y compris toute mesure d'exécution extrajudiciaire.

Elle s'applique à toutes les créances chirographaires et à celles garanties par un privilège général, un privilège mobilier spécial, un gage, un nantissement ou une hypothèque, à l'exception des créances de salaires et d'aliments.

Elle ne s'applique pas aux actions tendant à la reconnaissance des droits ou des créances contestées, ni aux actions cambiaires dirigées contre les signataires d'effets de commerce autres que le bénéficiaire de la suspension des poursuites individuelles.

Les personnes physiques coobligées ou ayant consenti une sûreté personnelle ou ayant affecté ou cédé un bien en garantie peuvent se prévaloir des dispositions du présent article.

Les délais impartis aux créanciers à peine de déchéance, prescription ou résolution de leurs droits sont suspendus pendant toute la durée de la procédure en cours.

Lorsqu'il est mis fin au règlement préventif dans les conditions de l'article 9-1 ci-dessous et, en tout état de cause, à l'expiration des délais visés au premier alinéa du présent article, la suspension des poursuites individuelles prend fin de droit, sans préjudice de l'application de l'article 14 ci-dessous.

JURISPRUDENCE OHADA

I. Caractère provisoire de l'ordonnance de suspension des poursuites individuelles

L'ordonnance de suspension des poursuites individuelles n'est qu'une mesure provisoire et transitoire à l'effet de recueillir les données sur la situation économique réelle de l'entreprise avant l'ouverture d'une procédure collective (CCJA, ass. plén., n° 050, 27-4-2015 : Banque européenne d'investissement (BEI) c/ Sté Fils et tissus Naturels d'Afrique (Fitina SA), Ohadata J-16-50).

Obs. : sur les conséquences à tirer du caractère provisoire de la suspension des poursuites individuelles, notamment sur le droit d'agir des créanciers disposant d'une créance certaine, liquide et exigible, voir sous l'art. 28.

A. Caducité de l'ordonnance de suspension des poursuites

Une ordonnance portant suspension de poursuites individuelles ne peut plus produire ses effets dès lors que sa caducité a été prononcée par une autre ordonnance, exécutoire sur minute avant enregistrement, nonobstant l'appel formé contre cette dernière. En l'espèce, l'action en paiement du créancier est fondée et la cour d'appel n'a pas violé les articles 8, 9 et 22 de l'AUPCAP visés au moyen, l'ordonnance prononçant la caducité, non soumise à la censure de la CCJA, étant intervenue à la suite d'une action intentée devant le juge des référés portant sur le non-accomplissement dans les délais des missions prescrites à l'expert (CCJA, 3e ch., no 097/2016, 2-6-2016 : Sté Euro-africaine pour le commerce, l'industrie et le développement c/ Sté Cimbenin, Ohadata J-17-37. CCJA, 3e ch., no 098/2016, 2-6-2016 : Sté Euro-africaine pour le commerce, l'industrie et le développement c/ Sté Cimbenin, Ohadata J-17-38 ; décisions rendues sur le fondement des articles anciens de l'AUPCAP mais transposables à la version actuellement en vigueur).

B. Cessation de plein droit de la suspension au terme du règlement préventif

Il résulte de la combinaison :

– des articles 9, al. 7 et 9-1, al. 5 de l'AUPCAP que lorsque le président de la juridiction compétente met fin au règlement préventif et, en tout état de cause, à l'expiration du délai de trois mois, qui peut être prorogé pour une durée maximale d'un mois, la suspension des poursuites individuelles prend fin de plein droit. Cette fin de plein droit de la suspension des poursuites individuelles est une sanction qui opère automatiquement sans qu'on ait besoin d'un juge pour la prononcer ; en jugeant donc que la suspension des poursuites individuelles prend fin de plein droit à l'expiration de la période légale et qu'il n'y avait nul besoin de faire constater au préalable par le président du tribunal la caducité de l'ordonnance de suspension des poursuites individuelles, l'arrêt attaqué a fait une juste application des textes susvisés (CCJA, 3e ch., no 047/2022, 24-2-2022 : Afrikland Hotel SA-U c/ Société nouvelles technologies de peintures et de décoration).Dans le même sens et précisant que c'est par une juste application des dispositions précitées qu'un juge a retenu qu'il n'y avait nul besoin de faire constater au préalable par le président du tribunal la caducité de l'ordonnance de suspension des poursuites individuelles (CCJA, 3e ch., no 047/2022, 24-2-2022) ;

– de l'article 3, alinéa 3 de l'AUPCAP et de l'article 9 de la loi ivoirienne 2016-1110 du 18 décembre 2016 portant création, organisation et fonctionnement des juridictions de commerce que la suspension des poursuites individuelles prend fin de plein droit à l'expiration du délai de trois mois qui peut être prorogé pour une durée supplémentaire d'un mois. En l'espèce, le délai de trois mois accordé à l'expert désigné ayant expiré le 28 mars 2019, il ne pouvait être prorogé par l'ordonnance rendue le 18 décembre 2019 et en confirmant la décision du premier juge, la cour d'appel de commerce n'a en rien violé la loi ; rejet (CCJA, 2e ch., no 078/2024, 28-3-2024).

II. Créances visées

A. Exclusion des créances de salaires

La suspension des poursuites individuelles ordonnée dans le cadre d'une procédure de règlement préventif ne s'applique pas aux créances de salaires (CA Abidjan, no 272, 26-2-2002 : ASH International Disposal c/ Mlle D. S. S., Ohadata J-02-156 ; CA Abidjan, civ. et com., no 89, 16-1-2001 : Sté WORLD CITY c/ G. D. J., Ohadata J-02-80), en raison de leur caractère alimentaire (TPI Nkongsamba (Cameroun), ord. no 10/CE, 31-10-2007 : Sté Lachanas frères transports SA c/ MM. M. J., note Yvette Kalieu Elongo, Ohadata J-09-245).

C'est en violation de l'article 9, al. 3 de l'AUPCAP qu'un juge refuse la mainlevée d'une saisie attribution réalisée par un employé créancier de dommages-intérêts sur les comptes bancaires de son employeur, une société placée sous administration provisoire (CA Ouagadougou, ord. réf. no 62, 21-12-2000 : Faso Fani c/ G. B. J. C., Ohadata J-02-56).

Obs. : en sens contraire, l'exception ne concerne que les créances purement salariales. Tel n'est pas le cas d'une décision sociale portant certes sur des créances des salaires mais en quasi-totalité sur des condamnations au paiement de dommages-intérêts en réparation de préjudices subis découlant d'agissements fautifs. Lesdites réclamations de dommages-intérêts impriment manifestement une nature complexe au bloc de créance poursuivie, de sorte que celui-ci ne saurait être exclu du champ de suspension ou d'interdiction des poursuites individuelles prévue à l'art. 9 de l'AUPCAP. En conséquence, la mainlevée des saisies réalisées sur cette base doit être ordonnée sous astreinte de 250 000 FCFA par jour de retard à compter du prononcé de la décision, notamment lorsque la société débitrice qui ne conteste guère la créance revendiquée, entend organiser sa solvabilité par la reprise certaine et imminente de ces activités grâce à l'implication directe des pouvoirs publiques et des opérateurs économique privés de la filière coton (TPI Bouaké (Côte d'Ivoire), section de Dimbokro, no 138, 18-5-2005 : Sté Utexi c/ K. K., Ohadata J-09-207).

B. Créances antérieures au jugement d'ouverture

L'ordonnance de règlement préventif n'entraîne pas systématiquement la suspension de l'exécution de toutes les créances ; seules celles qui sont antérieures à la décision de suspension des poursuites sont concernées, à condition d'avoir été visées dans la requête du débiteur (CA Abidjan, no 1030,

22-7-2003 : K.B c/ Sté EQUIP-AGRO CI, Juris-Ohada n° 1/2005, janv.-mars 2005, p. 35, Ohadata J-05-193).

L'interdiction des poursuites individuelles, qui concerne également les mesures conservatoires, est opposable au créancier qui a fait inscrire sa garantie postérieurement au règlement préventif (CA Abidjan, 5e ch. civ. & com. B, n° 255, 26-5-2011 : SGBCI c/ SCI rue des pêcheurs, Juris-Ohada, 2011, n° 4, oct.-déc. 2011, p. 50, Ohadata J-13-18).

La suspension des poursuites individuelles ne s'applique qu'aux poursuites tendant à obtenir le paiement des créances désignées par le débiteur dans le concordat proposé et nées antérieurement à ladite décision. Il en résulte que la société débitrice ne peut se prévaloir de l'ordonnance de règlement préventif pour contester la saisie vente réalisée par les créanciers dont la créance n'a pas été incluse dans le concordat (CA Abidjan (Côte d'Ivoire), 5e ch. civ. et com., n° 842, 11-7-2006 : Sté TBT c/ 1) Mlle T, 2) M. K., 3) M. D., Juris-Ohada n° 3/2007, p. 42, Ohadata J-08-84).

Dans le même sens, retenant que la décision qui suspend les poursuites individuelles doit indiquer nommément les créanciers visés par la suspension des poursuites. La mention « tous créanciers » (« all creditors ») dans la décision ne la rend pas opposable ipso facto à tout créancier du seul fait de sa notification audit créancier et la suspension est inopposable à tout créancier qui n'a pas été cité à comparaître (High Court of Mezam Holden in Bamenda (Cameroun), Suit n° HCMB/11S/2013 of 2nd April 2013 : First Trust Savings and Loans Ltd v. Vestus Communication Ltd.).

Aux termes de l'article 9 de l'AUPCAP, la décision de suspension des poursuites individuelles ne suspend ou n'interdit que des actions tendant à obtenir le paiement des créances désignées par le débiteur et antérieures à cette décision. La suspension des poursuites n'est que le prélude à l'ouverture de la procédure de règlement préventif devant intervenir à la suite de l'homologation du concordat préventif. Aux termes de l'article 18 de l'Acte uniforme précité, seule l'homologation dudit concordat rend celui-ci obligatoire pour tous les créanciers antérieurs à la décision de règlement préventif. La suspension des poursuites ne peut influer sur l'inscription de l'hypothèque convenue entre la demanderesse et la défenderesse, dès lors que la créance de la demanderesse n'est pas désignée dans la requête introduite par la défenderesse aux fins d'ouverture du règlement préventif. C'est donc en violation des dispositions de l'article 9 précité qu'une cour d'appel a approuvé la radiation de l'inscription hypothécaire sur le fondement de la suspension des poursuites, exposant ainsi sa décision à la cassation. Sur l'évocation, l'ordonnance initiale doit être infirmée en toutes ses dispositions et statuant à nouveau, il y a lieu de constater que la créance de la demanderesse n'est pas désignée dans la requête aux fins d'ouverture de la procédure de règlement préventif initiée par la défenderesse ; en conséquence, il n'y a pas lieu à radiation de l'inscription de l'hypothèque conventionnelle sur le titre foncier en cause (CCJA, 2e ch., n° 014, 2-4-2015 : Sté générale de banques en Côte d'Ivoire (SGBCI) c/ SCI Rue des Pêcheurs, Ohadata J-16-14).

....

III. Actions non visées

L'ordonnance interdisant toute poursuite individuelle tendant à obtenir le paiement de créances désignées dans le cadre d'une procédure de règlement préventif ne s'applique pas :

– à une action en reconnaissance de créance (CA Abidjan, ch. civ. et com., n° 633, 11-6-2004 : Sté Dafne c/ SGBCI CI, Ohadata J-05-261). Dans le même sens, précisant que l'action tendant à la reconnaissance d'une créance d'un créancier sur son débiteur n'est pas une mesure d'exécution forcée ou une saisie conservatoire. C'est donc à tort que la débitrice prétend bénéficier de la suspension des poursuites individuelles pour dénier à sa créancière le droit d'introduire une requête d'injonction de payer (CCJA, 2e ch., n° 153/2023, 29-6-2023) ;

– à une action cambiaire dirigée contre les signataires d'effets de commerce autre que le bénéficiaire de la suspension des poursuites individuelles (High Court of Mezam Holden in Bamenda (Cameroun), Suit n° HCB/22M/11, 12-12-2012 : Tourism Promoters Savings and Loans Cooperative Finance Plc (Tropoc) v. All Creditors of Tropoc (Micro Business), Ohadata J-13-217). Dans le même sens, retenant que c'est l'AUPCAP, et non les dispositions du règlement n° 15/2002/CM/UEMOA relatif aux systèmes de paiement, qui traite de la suspension des poursuites individuelles ; aux termes de l'article 9, al. 4 de cet Acte uniforme, « la suspension des poursuites individuelles ne s'applique ni aux actions tendant à la reconnaissance des droits ou des créances contestées ni aux actions cambiaires dirigées contre les signataires d'effets de commerce autres que le bénéficiaire de la suspension des poursuites individuelles ». C'est donc en violation de ces dispositions qu'un arrêt d'appel a confirmé l'ordonnance entreprise et étendu la suspension des poursuites individuelles aux sociétés-clientes de la défenderesse au motif que « le premier juge en estimant que [la défenderesse] est bien fondée à obtenir la cessation de toutes poursuites en recouvrement forcé à l'encontre de ses clients qui ont accepté les traites escomptées par elle n'a pas violé les dispositions du règlement n° 15/2002/CM/UEMOA relatif au système de paiement [...] ». Cet arrêt encourt la cassation sans qu'il soit nécessaire d'examiner les autres moyens. Sur évocation, il y a lieu de dire que les sociétés tirés-accepteurs ne bénéficient pas de la

suspension des poursuites individuelles accordée à la société défenderesse (CCJA, 2e ch., n° 061, 25-7-2013 : SGBCI c/ Catrans, Ohadata J-15-62) ;
– à une action en expulsion du local faisant l'objet d'un bail commercial. Il en est ainsi car la suspension individuelle des poursuites n'empêche pas une action tendant à la reconnaissance d'un droit, mais s'applique aux voies d'exécutions et aux mesures conservatoires, lesquelles constituent « toutes procédures légales qui permettent à un créancier impayé, soit de saisir les biens de son débiteur pour les vendre et se faire payer, soit de se faire délivrer ou restituer un bien mobilier corporel ». Il en résulte que l'action en expulsion ne peut être considérée ou assimilée à une voie d'exécution forcée ou à une mesure conservatoire, comme l'a décidé la cour d'appel ; le règlement préventif dont a bénéficié la débitrice ne peut avoir aucune conséquence sur la demande en expulsion formulée par sa créancière à son encontre. C'est donc par une mauvaise interprétation de l'article 9 de l'AUPCAP qu'une cour d'appel a assimilé cette demande en expulsion à une voie d'exécution forcée ou à une mesure conservatoire pour ensuite la rejeter et son arrêt encourt la cassation (CCJA, 2e ch., n° 025/2013, 18-4-2013 : SCI De Gandillac dite SCI De Gandillac c/ Goci, Rec. jur. CCJA, n° 20, vol. 2, janv.-déc. 2013, p. 30-32, Ohadata J-15-25).

Obs. : cet arrêt doit être approuvé, car il faut distinguer l'action en expulsion de la mise en œuvre de l'expulsion elle-même, qui constitue une voie d'exécution.

IV. Parties liées par le concordat

En raison de sa nature contractuelle, qui demeure même après son homologation par le tribunal, le concordat préventif n'est opposable qu'aux créanciers qui y ont consenti (CA Abidjan, n° 1129, 8-11-2002 : J. M. c/ GOMP – CI, Ohadata J-03-291).

L'article 9 de l'AUPCAP rend le concordat préventif homologué obligatoire pour tous les créanciers antérieurs à la décision de règlement préventif, que leurs créances soient chirographaires ou garanties par une sûreté. Le jugement qui a homologué un concordat préventif, fixé sa durée 3 ans à compter du 30 octobre 2000 et constaté les délais consentis par les créanciers n'ayant fait l'objet d'aucune voie de recours, la décision de règlement préventif a donc acquis force de chose jugée et doit être exécutée conformément aux prescriptions de l'article 9 précité. Dès lors, l'obligation édictée par ledit article s'imposait à toutes les parties litigantes, mais surtout aux requérantes, et ce, pendant une durée de trois ans à compter du 30 octobre 2000, délai que ces dernières ont elles-mêmes librement consenti, selon les termes du jugement d'homologation sus-énoncé. Il s'ensuit que les requérantes ne pouvaient remettre en cause ledit concordat en initiant une saisie conservatoire sur les aéronefs de la société débitrice, la décision de suspension des poursuites individuelles interdisant, aux termes de l'alinéa 2 de l'article 9 précité, « aussi bien les voies d'exécution que les mesures conservatoires ». Ces dernières n'auraient été possibles que si les requérantes avaient obtenu l'annulation ou la résolution dudit concordat, conformément aux articles 139 à 143 de l'AUPCAP, ce qui n'est pas le cas en l'espèce. Par conséquent, en décidant que « la saisie conservatoire du 19 avril 2001 viole les dispositions de l'article 9 [de l'AUPCAP] et qu'il échet par conséquent, d'infirmer l'ordonnance déférée et, statuant à nouveau, ordonner la mainlevée de la saisie conservatoire d'aéronef du 19 avril 2001 et débouter les sociétés [créancières] de leurs demandes », l'arrêt attaqué n'encourt pas les reproches visés au moyen qui n'est pas fondé et doit être rejeté (CCJA, n° 023/2006, 16-11-2006 : Safca et Safbail c/ Sté Air Continental, Rec. jur. CCJA, n° 8/2006, p. 27, Juris-Ohada, n° 1/2007, p. 19, Ohadata J-08-96).

V. Point de départ de la suspension des poursuites

La suspension des poursuites prend effet à compter de la signification de la décision l'ayant ordonnée (High Court of Mezam Holden in Bamenda (Cameroun), Suit n° HCB/22M/11, 12-12-2012 : Tourism Promoters Savings and Loans Cooperative Finance Plc (Tropoc) v. All Creditors of Tropoc (Micro Business), Ohadata J-13-217).

VI. Nullité des actes accomplis en violation de la suspension des poursuites

Le jugement d'adjudication prononcé postérieurement à une ordonnance de règlement préventif rendue au bénéfice du débiteur poursuivi après l'audience éventuelle doit être infirmé (CA Abidjan, n° 254, 7-3-2002 : Sté Comptoir Ivoirien c/ SGBCI, Ohadata J-03-294).

La suspension prévue par l'article 9 de l'AUPCAP s'applique aussi bien aux demandes en paiement qu'à l'exercice de voies d'exécution intéressant les créanciers munis de sûretés réelles spéciales ou possédant un titre exécutoire. Il en résulte que la procédure de saisie immobilière réalisée après la suspension des poursuites individuelles doit être annulée (TGI Bobo-Dioulasso (Burkina Faso), n° 138, 26-4-2006 : BCB c/ Cisplus SARL, Ohadata J-09-87).

C'est en violation de l'article 9, al. 1 de l'AUPCAP du 10 avril 1998, aux termes duquel la décision de suspension des poursuites individuelles « suspend ou interdit toutes les poursuites individuelles tendant à obtenir le paiement des créances désignées par le débiteur et nées antérieurement à ladite décision […] », qu'une cour d'appel a fait droit à une ordonnance d'injonction de payer nonobstant la suspension des poursuites individuelles contre le débiteur, exposant ainsi son arrêt à la cassation. Sur l'évocation et pour les mêmes motifs que ceux ayant entraîné la cassation, il échet d'infirmer le jugement entrepris, et de déclarer la requête tendant à l'injonction de payer irrecevable (CCJA, 2e ch., no 128, 18-5-2017 : Ets Ketchadji Daniel c/ CIFC).

Art. 9-1 [nouv.] L'expert au règlement préventif rend compte régulièrement, au président de la juridiction compétente, de l'état d'avancement de sa mission et formule toutes observations utiles. S'il a connaissance de la survenance de la cessation des paiements, il en informe sans délai le président de la juridiction compétente.

En cas de survenance de la cessation des paiements, le débiteur en informe sans délai le président de la juridiction compétente.

Tout intéressé qui aurait connaissance de la cessation des paiements du débiteur peut en informer le président de la juridiction compétente.

A tout moment, s'il est informé de la survenance de l'état de cessation des paiements dans les conditions prévues par les trois alinéas ci-dessus ou par tout autre moyen, le président de la juridiction compétente met fin sans délai au règlement préventif et à la mission de l'expert, après avoir entendu ou dûment appelé ce dernier ainsi que le débiteur et toute personne qu'il juge utile d'entendre.

S'il lui apparaît que l'adoption d'un concordat préventif est impossible, l'expert au règlement préventif en informe le président de la juridiction compétente. Après l'avoir entendu ainsi que le débiteur et, s'il le juge utile, les créanciers ou certains d'entre eux, le président de la juridiction compétente décide de poursuivre la procédure ou d'y mettre fin.

Art. 10 Sauf remise par les créanciers, les intérêts légaux ou conventionnels ainsi que les intérêts moratoires et les majorations continuent à courir mais ne sont pas exigibles.

Art. 11 [mod.] Sauf autorisation motivée du président de la juridiction compétente, la décision d'ouverture du règlement préventif interdit au débiteur, à peine de nullité de droit :

– de payer, en tout ou en partie, les créances nées antérieurement à la décision d'ouverture ;

– de faire un acte de disposition étranger à l'exploitation normale de l'entreprise ou de consentir une sûreté.

Il est également interdit au débiteur de désintéresser les coobligés et les personnes ayant consenti une sûreté personnelle ou ayant affecté ou cédé un bien en garantie lorsqu'elles ont acquitté des créances nées antérieurement à la décision d'ouverture.

Jurisprudence OHADA

Non-validité de la signification d'une ordonnance faite au domicile du gérant d'une société en liquidation

Un créancier qui a omis de mettre en cause le liquidateur de son débiteur (une société en liquidation), à qui il a pourtant produit sa créance, a ignoré son débiteur et sa caution solidaire (le directeur général de son débiteur) pour ne signifier l'ordonnance d'injonction de payer qu'au seul agent de sécurité privé au domicile de la caution, lequel n'a aucune compétence à recevoir notification d'un acte destiné à son employeur, ne saurait opposer valablement au liquidateur de la débitrice, seul qualifié à ester en justice, une déchéance à former opposition à une ordonnance d'injonction de payer prise et notifiée dans ces circonstances irrégulières. C'est donc par une mauvaise application de l'article 11 de l'AUPCAP que la cour d'appel a confirmé le jugement attaqué et déclaré la débitrice en liquidation déchue de son droit à former opposition, exposant ainsi son arrêt à la cassation sans qu'il y ait lieu d'examiner la seconde branche du moyen unique. Sur l'évocation et pour les mêmes motifs que ceux ayant entraîné la cassation de l'arrêt attaqué, il y a lieu d'infirmer le jugement attaqué, de déclarer irrecevable la requête aux fins d'injonction de payer initiée par le créancier et d'annuler l'ordonnance subséquente (CCJA, 1e ch., n° 068, 29-3-2018 : Sipa, sté en liquidation c/ SIB).

Art. 11-1 [nouv.] En cas d'ouverture d'une procédure de liquidation des biens postérieurement à l'homologation du concordat préventif par la juridiction compétente dans les conditions prévues à l'article 15 ci-dessous, les personnes qui avaient consenti dans ce concordat un nouvel apport en trésorerie au débiteur en vue d'assurer la poursuite de l'activité de l'entreprise débitrice et sa pérennité sont payées au titre du privilège selon les rangs prévus par les articles 166 et 167 ci-dessous.

Les personnes qui fournissent, dans les mêmes conditions, un nouveau bien ou service en vue d'assurer la poursuite de l'activité de l'entreprise débitrice et sa pérennité bénéficient du même privilège pour le prix de ce bien ou de ce service.

Cette disposition ne s'applique pas aux apports consentis dans le cadre d'une augmentation du capital social du débiteur.

Les créanciers du débiteur ne peuvent en aucun cas bénéficier de ce privilège pour des créances nées antérieurement à l'ouverture du règlement préventif.

Art. 12 [mod.] L'expert au règlement préventif apprécie la situation du débiteur. A cet effet, il peut, nonobstant toute disposition législative ou réglementaire contraire, obtenir communication par les commissaires aux comptes, les comptables, les représentants du personnel, les administrations publiques, les organismes de sécurité et de prévoyance sociales, les établissements bancaires ou financiers ainsi que les services chargés de centraliser les risques bancaires et les incidents de paiement, des renseignements de nature à lui donner une exacte information sur la situation financière et économique du débiteur.

L'expert signale à la juridiction compétente les manquements à l'article 11 ci-dessus.

Il entend le débiteur et les créanciers et leur prête ses bons offices afin de faciliter les négociations entre eux pour parvenir à la conclusion d'un accord, en se fondant sur le projet de concordat préventif proposé par le débiteur lors de la demande d'ouverture.

Dans le rapport prévu à l'article 13 ci-dessous, l'expert doit indiquer, pour chaque créancier :

– s'il a été effectivement contacté et à quelle date ;

– s'il a consenti une remise ou un délai de paiement et, le cas échéant, de quel montant ou de quelle durée ;

– s'il a refusé tout délai et toute remise, la raison qu'il invoque pour ce faire.

Art. 13 [mod.] L'expert établit un rapport contenant l'accord conclu entre le débiteur et ses créanciers ainsi que le projet de concordat préventif.

Ce rapport doit être établi dans les trois (3) mois de la décision d'ouverture du règlement préventif, ce délai pouvant être prorogé, à titre exceptionnel, une seule fois pour une durée d'un (1) mois, sur décision spécialement motivée du président de la juridiction compétente à la demande de l'expert ou du débiteur.

L'expert est tenu de respecter les délais prévus à l'alinéa précédent, sous peine d'engager sa responsabilité auprès du débiteur ou des créanciers.

Dans le délai précité, l'expert remet un exemplaire de son rapport au débiteur et en dépose deux au greffe de la juridiction compétente. Un des deux exemplaires déposés est transmis au ministère public par le greffe.

Jurisprudence OHADA

I. Annulation de la suspension des poursuites pour manque de diligences du débiteur

L'ordonnance de suspension des poursuites individuelles doit être infirmée et la demande de règlement préventif rejetée, lorsque depuis l'obtention de ladite suspension des poursuites individuelles, le débiteur n'a déposé aucune demande de concordat préventif ni accompli aucune des formalités requises. Et c'est en violation de l'article 13 de l'AUPSRVE qu'un délai supplémentaire de 2 mois a été accordé à l'expert alors que le délai maximum prévu par la loi était expiré depuis cinq mois (CA Abidjan, ch. civ. et com., n° 383, 1-4-2005 : Sté D.L.H. Nordisk c/ Sté H.B.E., Juris-Ohada, n° 4/2006 p. 40, Ohadata J-07-35).

II. Conséquence du non-respect du délai imparti pour rendre le rapport : responsabilité de l'expert

Il ressort de l'article 13 de l'AUPCAP que l'inobservation du délai prescrit à l'expert pour rendre son rapport engage sa responsabilité auprès du débiteur ou des créanciers. L'inertie des experts dans le traitement de l'affaire ne peut mettre en cause l'ordonnance de suspension des poursuites individuelles qui demeure et produit ses effets. C'est donc à tort qu'un juge des référés a retenu la caducité de ladite ordonnance alors que la demande de règlement préventif est toujours pendante devant le tribunal, seule juridiction compétente à connaître de tout litige y relatif et que la responsabilité de l'expert n'a jamais été engagée ni par le débiteur ni par le créancier ; l'ordonnance doit donc être infirmée (CCJA, 1e ch., n° 055, 30-3-2017 : Safca c/ Doumbia Mohamed, Ohadata J-17-202).

Pour une décision ayant prorogé à quatre mois le délai de deux mois imparti à un expert pour déposer son rapport, voir : TRHC Dakar (Sénégal), 27-3-2005 : Penant n° 870, p. 113, note Bakary Diallo, Ohadata J-10-106.

Art. 14 [mod.] Dès le dépôt du rapport de l'expert, le président de la juridiction compétente saisie convoque sans délai le débiteur à comparaître à une audience non publique pour y être entendu. Il convoque également à cette audience l'expert ainsi que tout créancier qu'il juge utile d'entendre. Le débiteur peut saisir lui-même la juridiction compétente.

Le débiteur et le ou les créanciers sont convoqués, par lettre au porteur contre récépissé ou par lettre recommandée avec demande d'avis de réception ou par tout moyen laissant trace écrite, trois (3) jours au moins avant la tenue de l'audience.

La juridiction saisie doit se prononcer immédiatement ou au plus tard dans un délai de trente (30) jours à compter de sa saisine. Le règlement préventif continue de produire ses effets, en particulier concernant la suspension des poursuites individuelles des créanciers, jusqu'à ce que la juridiction statue. Si celle-ci n'est pas saisie dans les conditions de l'alinéa 1er ou si elle ne se prononce pas dans les trente (30) jours à compter de sa saisine, le règlement préventif prend fin de plein droit, les créanciers recouvrant l'exercice de tous leurs droits et le débiteur recouvrant la pleine administration de ses biens.

Jurisprudence OHADA

Convocation irrégulière du débiteur

C'est en violation de l'article 14 de l'AUPCAP que le débiteur a été convoqué avant le dépôt du rapport de l'expert désigné et que le juge des référés a été saisi à la place du tribunal qui seul était compétent. L'ordonnance entreprise et l'étape de la procédure de règlement préventif concernant l'audience non publique doivent être annulées (CA Lomé (Togo), n° 176/08, 2-9-2008 : Bia-Togo c/ Udecto SA, Ohadata J-10-160).

Art. 15 [mod.] La juridiction compétente statue en audience non publique.

1. Si elle constate la cessation des paiements, elle statue, d'office, sur le redressement judiciaire ou la liquidation des biens sans préjudice des dispositions des articles 29 et 33 ci-dessous.

2. Lorsque la situation du débiteur le justifie, elle homologue le concordat préventif, en constatant les délais et remises consentis par les créanciers et en donnant acte au débiteur des mesures proposées pour le redressement de l'entreprise. Les délais et remises consentis par les créanciers peuvent être différents.

La juridiction compétente homologue le concordat préventif si :

– les conditions de validité du concordat préventif sont réunies ;

– aucun motif tiré de l'intérêt collectif ou de l'ordre public ne paraît de nature à empêcher le concordat ;

– les délais consentis n'excèdent pas trois (3) ans pour l'ensemble des créanciers et un (1) an pour les créanciers de salaires.

Si des personnes bénéficient du privilège de l'article 11-1 ci-dessus, la juridiction qui homologue le concordat préventif vérifie qu'il répond aux conditions prévues audit article et que l'octroi de ce privilège ne porte pas atteinte aux intérêts des créanciers. Elle mentionne dans sa décision ledit privilège et les montants garantis.

Au cas où des créanciers auraient refusé de consentir des délais ou remises au débiteur, le président de la juridiction compétente fait ses bons offices entre ces créanciers et le débiteur. Il entend ces derniers sur les motifs de leur refus et provoque une négociation entre les parties en vue de leur permettre de parvenir à un accord.

Si malgré les bons offices du président, les parties ne parviennent pas à trouver un accord et dans le cas où le concordat préventif comporte seulement une demande de délai n'excédant pas deux (2) ans, la juridiction compétente peut rendre ce délai opposable aux créanciers qui ont refusé tout délai et toute remise sauf si ce délai met en péril l'entreprise de ces créanciers.

Les créanciers de salaires et ceux d'aliments ne peuvent consentir aucune remise, ni se voir imposer un délai qu'ils n'ont pas consenti eux-mêmes.

3. Si la juridiction compétente estime que la situation du débiteur ne relève d'aucune procédure collective ou si elle rejette le concordat préventif proposé par le débiteur, le règlement préventif prend fin sans délai. Cette décision remet les parties en l'état antérieur.

JURISPRUDENCE OHADA

I. Prononcé de la liquidation des biens en dépit d'un rapport favorable au concordat préventif

Si le rapport d'expertise fourni n'a pas conclu à la liquidation des biens de la Société, mais alors qu'il est apparu au cours de la procédure des éléments négatifs mettant en cause le règlement préventif précédemment accordé, notamment :

– que les principaux créanciers qui n'avaient pas approuvé la proposition de concordat ont engagé des procédures de recouvrement de créance par le biais de la mise en œuvre des cautions personnelles dont les dirigeants s'étaient portés garants ;

– que la reprise totale par le Groupe X. de la société requérante a été abandonnée alors que cette solution envisagée constituait le pilier du concordat proposé ; le retrait de ce groupe ayant contribué à rendre irréalisable le concordat proposé, ainsi que le plan d'action et les modalités de continuation de l'entreprise établis par l'expert ;

– qu'entendu en chambre du conseil, le représentant de la Société débitrice a affirmé ne plus être en mesure de faire de nouvelles propositions pour sauver son entreprise ;

– et qu'il fait le constat de la cessation de paiement, la société débitrice n'est pas en mesure de faire face à son passif, doit faire une déclaration de cessation des paiements pour bénéficier de la procédure de liquidation des biens (TGI Ouagadougou 25-5-2004, Revue burkinabé de droit, n° 45, note Filiga Michel Sawadogo ; Ohadata J-05-249).

II. Homologation du concordat

A. Concordat sérieux

Le caractère sérieux du concordat peut résulter de la restructuration envisagée des activités de la société et d'un plan de remboursement des créanciers n'excédant pas trois (3) ans, lorsqu'une analyse des restructurations envisagées permet de déceler des chances réelles et sérieuses de sauvetage de l'entreprise par le décollage de ses activités et que cette restructuration est de nature à engendrer des résultats satisfaisants permettant l'apurement du passif de l'entreprise dans un délai raisonnable (TGI Bobo-Dioulasso (Burkina Faso), n° 244, 9-8-2006 : Requête aux fins de règlement préventif c/ Entreprise Sofaci, Ohadata J-09-92).

Obs. : sur le caractère sérieux du concordat, voir sous l'article 33.

B. En cours de procédure de liquidation des biens

Le concordat proposé par un débiteur assigné en liquidation des biens mais qui présente des chances de redressement peut être homologué s'il est conforme aux dispositions de l'article 15 de l'AUPCAP et le débiteur peut être admis au règlement préventif (TRHC Dakar, n° 6, 9-1-2004 : Ipres c/ Eurafricaine d'industries, ohada.com, Ohadata J-04-259).

III. Caractère non impératif des délais prévus

Compte tenu du caractère conventionnel du concordat, les créanciers dans leur ensemble, peuvent proroger le délai de la saisine de la juridiction au-delà du délai légal, les délais prévus par l'article 15 de l'AUPCAP devant être considérés comme des délais indicatifs, non sanctionnés de nullité, auxquels les parties peuvent déroger expressément ou implicitement (TRHC Dakar (Sénégal), 27-3-2005 : Penant n° 870, p. 113, note Bakary Diallo, Ohadata J-10-106).

Obs. : cette décision a prorogé tant le délai de saisine de la juridiction compétente que celui accordé pour le règlement des dettes, avec échelonnement sur 12 ans pour certaines créances. Il est vrai que l'article 15, al. 6 de l'AUPCAP prévoit que « les délais consentis n'excèdent pas trois ans pour l'ensemble des créanciers et un an pour les créanciers de salaires ». Dans le cas d'espèce, il semble que l'ensemble des créanciers avait accepté ces délais. Mais on peut se poser la question de savoir si un délai plus long que le délai légal de trois ans maximum peut être imposé à un créancier. À l'évidence, la réponse est non.

Le créancier doit expressément consentir à toute suspension des poursuites au-delà de deux ans (High Court of Mezam Holden in Bamenda (Cameroun), Suit n° HCMB/11S/2013 of 2nd April 2013 : First Trust Savings and Loans Ltd v. Vestus Communication Ltd.).

Sur l'inopposabilité de la suspension des poursuites au créancier qui n'a pas été cité à comparaître, voir sous l'article 9.

IV. Condition de l'opposabilité d'un concordat aux créanciers

Il résulte de l'article 15.2 de l'AUPCAP que la juridiction compétente ne peut homologuer le concordat préventif que sous certaines conditions, et que, lorsque le délai du concordat préventif ne dépasse pas deux ans, la juridiction compétente peut rendre ce délai opposable aux créanciers qui ont refusé tout délai et toute remise. La cour d'appel qui a retenu que, selon l'article 15 précité, le refus du créancier de consentir à la remise proposée au concordat ne peut constituer un obstacle à l'homologation dudit concordat que si le délai proposé excède 2 ans ou s'il met en péril l'entreprise du créancier a enfreint les dispositions de l'article 15.2 et exposé son arrêt à la cassation. Sur l'évocation, à l'exception du délai de deux ans qui lui est opposable, un créancier n'est pas tenu d'accepter la remise proposée dans le concordat, celui-ci ne lui étant pas opposable ; il convient donc d'infirmer partiellement le jugement entrepris en ce qu'il a rendu la remise opposable audit créancier qui n'a pas accepté la remise proposée par le débiteur et dire que seule la durée de deux ans du concordat lui est opposable (CCJA, 3e ch., n° 026, 9-4-2015 : Banque internationale pour le commerce et l'industrie de la Côte d'Ivoire dite Bicici c/ Sté Delbau, Ohadata J-16-26). Voir aussi : CA Ouagadougou (Burkina Faso), ch. com. 17-3-2017 n° 40, CBAO Groupe Attijariwafa Bank Burkina SA c/ Heavymat Burkina SARL.

Art. 16 [mod.] La décision de la juridiction compétente homologuant le concordat préventif met fin à la mission de l'expert et à la procédure de règlement préventif, sous réserve des formalités prévues à l'article 17 ci-dessous. Toutefois, la juridiction compétente peut désigner, d'office ou à la demande du débiteur ou d'un créancier, un syndic et/ou un ou des contrôleurs chargés de surveiller l'exécution du concordat préventif homologué dans les mêmes conditions que celles prévues pour le concordat de redressement judiciaire homologué. La juridiction compétente peut désigner l'expert au règlement préventif en qualité de syndic.

Elle désigne également un juge-commissaire. Celui-ci contrôle les activités du syndic ou des contrôleurs chargés de surveiller l'exécution du concordat préventif homologué, s'il en a été nommé, et rédige un rapport à l'intention de la juridiction compétente tous les trois (3) mois et à tout moment à la demande de cette dernière.

Art. 17 [mod.] La décision d'ouverture du règlement préventif, celle y mettant fin dans les conditions de l'article 9-1, et celle rendue en application de l'article 15 ci-dessus sont notifiées par le greffe au ministère public et aux créanciers concernés.

Les trois (3) décisions sont publiées dans les conditions prévues par les articles 36 et 37 ci-dessous.

La vérification de la publicité est faite conformément à l'article 38 ci-dessous par l'expert au règlement préventif.

Section II • EFFETS DU CONCORDAT PRÉVENTIF

Art. 18 [mod.] L'homologation du concordat préventif rend celui-ci obligatoire pour tous les créanciers antérieurs à la décision d'ouverture du règlement préventif, que leurs créances soient chirographaires ou garanties par une sûreté dans les conditions de délais et de remises qu'ils ont consenties au débiteur sans préjudice des dispositions de l'article 15 ci-dessus. L'homologation du concordat rend celui-ci également obligatoire pour les personnes coobligées ou qui ont consenti une sûreté personnelle ou affecté ou cédé un bien en garantie lorsqu'elles ont acquitté des dettes du débiteur nées antérieurement à cette décision.

Les créanciers munis d'un privilège général, d'un privilège mobilier spécial, d'un gage, d'un nantissement ou d'une hypothèque ne perdent pas leurs garanties. Toutefois, ils ne peuvent les réaliser qu'en cas d'annulation ou de résolution du concordat préventif auquel ils ont consenti ou qui leur a été imposé.

A l'exception des personnes physiques, les coobligés ou les personnes ayant consenti une sûreté personnelle ou affecté ou cédé un bien en garantie ne peuvent se prévaloir des délais et remises du concordat préventif.

La prescription demeure suspendue à l'égard de tous les créanciers qui, par l'effet du concordat préventif, ne peuvent exercer leurs droits ou actions, y compris toute mesure d'exécution extrajudiciaire.

Le concordat préventif suspend également, pour la même durée, les délais impartis aux créanciers parties audit concordat à peine de déchéance ou de résolution des droits afférents aux créances mentionnées par ledit concordat.

Dès que la décision homologuant le concordat préventif est passée en force de chose jugée, le débiteur recouvre la liberté d'administration et de disposition de ses biens.

JURISPRUDENCE OHADA

I. Caractère obligatoire du concordat homologué

En application des articles 15.2, al. 2 et 3 et 18 de l'AUPCAP, tous les créanciers sont tenus d'accepter le concordat préventif homologué par les premiers juges qui ont fait une bonne application de la loi. Confirmation du jugement initial (CCJA, ass. plén., n° 064, 25-4-2014 : Sté F.J Elnser Trading GMBH, Sté Steel Ressources c/ Sté industrielle de tubes d'acier dite Sitaci, Sté Steel Link, Sté Tradesca, conseil de l'Ordre des avocats du Burkina Faso, Ohadata J-15-155).

II. Inopposabilité au créancier antérieur non consentant

L'homologation du concordat préventif ne rend celui-ci obligatoire pour tous les créanciers antérieurs à la décision de règlement préventif, qu'en cas de délais ou de remises qu'ils ont consenties au débiteur. Les dispositions du concordat n'ont aucune force obligatoire pour le créancier antérieur à la décision et qui n'a consenti aucun délai ou remise ; ce dernier est libre de procéder comme il avisera, dans l'exécution de son titre. C'est donc à tort que le jugement entrepris a réservé ses droits et actions (CA Abidjan, n° 1054, 1-12-2000 : M. c/ Gompci, Juris-Ohada, n° 1/2003, janv.-mars 2003, p. 36, Ohadata J-03-76, note anonyme).

III. Inopposabilité aux créanciers antérieurs dont les créances n'ont pas été visées par la requête du débiteur

L'ordonnance de règlement préventif n'entraîne pas systématiquement la suspension de l'exécution de toutes les créances ; seules celles qui sont antérieures à la décision de suspension des poursuites sont concernées, à condition d'avoir été visées dans la requête du débiteur (CA Abidjan, n° 1030, 22-7-2003 : K.B c/ Sté Equip-Agro CI, Juris-Ohada n° 1/2005, janv.-mars 2005, p. 35, Ohadata J-05-193).

Obs. : voir sous l'article 9.

IV. Inopposabilité au gérant en sa qualité de caution solidaire de la société

Le règlement préventif est une procédure judiciaire constatant la défaillance du débiteur principal, rendant immédiatement exigible la créance vis-à-vis des cautions. Si la suspension des poursuites résultant d'un règlement préventif s'applique à une personne en sa qualité de gérant ou d'associé d'une société, elle ne peut lui profiter en sa qualité de caution, dès lors que le fait pour elle de s'être personnellement porté caution de ladite société ne constitue pas un simple acte de gestion de celle-ci (TPI Douala-Bonanjo, ord. n° 251, 29-6-2006 : O. K. c/ S.D.V. Cameroun SA, note Jean Gatsi et Willy James NGOUE ; Ohadata J-07-81).

Art. 19 [mod.] L'expert désigné en application de l'article 8 ci-dessus rend compte par écrit de sa mission au président de la juridiction compétente dans le délai d'un (1) mois à compter de la décision statuant sur l'homologation du concordat préventif ou de la décision mettant fin au règlement préventif par application de l'article 9-1, ci-dessus.

Le président de la juridiction compétente vise le compte rendu.

A défaut de retrait, par le débiteur, des papiers et effets remis par lui à l'expert, celui-ci en est dépositaire pendant deux (2) ans à compter de son compte rendu.

Art. 20 [mod.] Le syndic ou le ou les contrôleurs désignés en application de l'article 16 ci-dessus contrôlent l'exécution du concordat préventif. Ils signalent sans délai tout manquement au juge-commissaire.

Ils rendent compte par écrit, tous les trois (3) mois, au juge-commissaire du déroulement des opérations et en informent le débiteur. Ce dernier dispose d'un délai de quinze (15) jours pour formuler, s'il y a lieu, ses observations et contestations.

Le syndic ou le ou les contrôleurs qui cessent leurs fonctions déposent leurs comptes au greffe dans un délai de trente (30) jours suivant ladite cessation.

La rémunération du syndic en qualité de contrôleur est fixée par la juridiction qui l'a nommé selon le barème établi conformément à l'article 4-19 ci-dessus.

Art. 21 A la demande du débiteur et sur rapport du syndic chargé du contrôle de l'exécution du concordat préventif, s'il en a été désigné un, la juridiction compétente peut décider toute modification de nature à abréger ou à favoriser cette exécution.

Les dispositions des articles 139 à 143 ci-dessous sont applicables à la résolution et à l'annulation du concordat préventif.

JURISPRUDENCE OHADA

I. Prorogation judiciaire du concordat

Formes à respecter : demande du débiteur et rapport du syndic. L'ordonnance de prorogation du concordat qui a été rendue sans que le juge ait pris connaissance du rapport du syndic doit être rétractée (CA Abidjan, n° 367, 27-3-2001 : Air

Continental c/ B.O.A., Ecodroit, n° 10, avril 2002, p. 60, Ohadata J-02-94, obs. anonymes).

II. Prorogation contractuelle du concordat

Validité. Le délai maximum de 3 ans pour l'exécution du concordat préventif prévu par l'article 15 de l'AUPCAP n'est pas d'ordre public, les créanciers pouvant, par consensus, concéder au débiteur un délai plus long, et le concordat qui remplit les conditions prévues par l'article 15 susvisé peut être homologué (TRHC Dakar, n° 1466, 30-7-2001 : règlement préventif de la SNCDS, Ohadata J-04-339).

Section III • VOIES DE RECOURS

Art. 22 [mod.] Les décisions de la juridiction compétente relatives au règlement préventif sont exécutoires par provision.

Les dispositions de l'article 218 ci-dessous relatives à la computation des délais sont applicables.

Art. 23 [mod.] Les décisions rejetant la demande d'ouverture du règlement préventif ou mettant fin au règlement préventif par application de l'article 9-1 ci-dessus, ou rejetant l'homologation du concordat préventif sont susceptibles d'appel formé par le débiteur devant la cour d'appel, dans un délai de quinze (15) jours à compter de leur prononcé.

La décision d'ouverture du règlement préventif est susceptible d'appel de la part des créanciers et du ministère public, formé devant la cour d'appel, dans un délai de quinze (15) jours à compter de la première publicité prévue à l'article 37 ci-dessous s'ils estiment que l'entreprise est en cessation des paiements.

La décision homologuant le concordat préventif est susceptible d'appel de la part du ministère public et des créanciers, formé devant la cour d'appel, dans un délai de quinze (15) jours à compter de son prononcé pour le premier et à compter de la première publicité prévue à l'article 37 ci-dessous pour les suivants.

La juridiction d'appel statue dans un délai de trente (30) jours à compter de sa saisine.

Si la juridiction d'appel constate la cessation des paiements, elle fixe provisoirement la date de celle-ci et prononce le redressement judiciaire ou la liquidation des biens et renvoie impérativement la procédure devant la juridiction compétente pour être statué, notamment, sur la désignation du juge-commissaire.

Dans les trois (03) jours de la décision de la juridiction d'appel, le greffe de cette juridiction en adresse un extrait au greffe de la juridiction du premier degré qui procède à la publicité prescrite par l'article 17 ci-dessus.

Jurisprudence OHADA

I. Annulation d'un concordat irrégulier

Le jugement qui s'est contenté d'homologuer le concordat alors que les conditions n'étaient pas remplies doit être infirmé en toutes ses dispositions. En statuant à nouveau, la cour d'appel a prononcé le redressement de la société débitrice (CA Lomé (Togo), n° 066/09, 20-4-2009 : Bia-Togo, Sté Sicome SARL, SAS-Togo, Sté Midnight Sun SA, Sté Batimex-Togo c/ Udecto, Ohadata J-10-156).

II. Voie de recours autorisée

Aux termes de l'article 23 de l'AUPCAP (ancien), seule la voie de l'appel est autorisée dans les quinze jours du prononcé de la décision relative au règlement préventif. L'Acte uniforme n'a prévu aucune autre disposition pour recourir à l'appel contre une décision de règlement préventif et, en se fondant sur l'article 23 du règlement intérieur du conseil de l'ordre des avocats du Burkina Faso pour déclarer irrecevable l'appel régulièrement formé contre le jugement en cause, la cour d'appel a violé le texte susvisé et exposé son arrêt à la cassation (CCJA, ass. plén., n° 064, 25-4-2014 : Sté F.J Elnser Trading GMBH, Sté Steel Ressources c/ Sté industrielle de tubes d'acier dite Sitaci, Sté Steel Link, Sté Tradesca, conseil de l'Ordre des avocats du Burkina Faso, Ohadata J-15-155).

III. Délai d'appel

Selon l'article 23 de l'AUPCAP, le délai pour former appel contre les jugements de règlement préventif est de quinze jours à compter de leur prononcé et l'appel relevé dans le délai est recevable (CA Ouagadougou (Burkina Faso), ch. com. 17-3-2017, n° 40, Groupe Attijariwafa Bank Burkina SA c/ Heavymat Burkina, SARL. http://tribunal-commerce.justice.gov.bf/download/arret-n40-du-17-03-2017-cbao-groupe-attijariwafa-bank-heavymat-burkina-sococim-burkina-contre-societe-faso-contractor.

IV. Non-respect du délai pour statuer en appel : pas de sanction sans préjudice

En prescrivant que « la juridiction d'appel statue dans un délai de trente jours à compter de sa saisine », l'article 23, alinéa 4 de l'AUPCAP a vocation à protéger les intérêts des parties dans la mise en œuvre et le règlement des procédures collectives, en imprimant à celles-ci une certaine célérité contre la lenteur judiciaire et non à mettre à mal ladite procédure ; l'exigence de statuer dans le délai de trente jours n'étant assortie d'aucune sanction par le texte susvisé, le moyen qui se contente d'invoquer le non-respect dudit délai sans spécifier le préjudice subi est mal fondé et il doit, par conséquent, être rejeté (CCJA, 1e ch., n° 108/2024, 28-3-2024).

Art. 23-1 [nouv.] Les décisions du président de la juridiction compétente visées à l'article 11 ci-dessus ne peuvent faire l'objet que d'une opposition devant ladite juridiction dans le délai de huit (8) jours à compter de leur prononcé.

Ces décisions sont déposées au greffe dès le jour de leur prononcé. Elles sont notifiées sans délai au débiteur par lettre au porteur contre récépissé ou par lettre recommandée avec demande d'avis de réception ou par tout moyen laissant trace écrite.

La juridiction compétente doit statuer dans le délai de huit (8) jours à compter du jour où l'opposition est formée. L'opposition est faite par déclaration au greffe. Le greffe convoque l'opposant, par lettre au porteur contre récépissé ou par lettre recommandée avec demande d'avis de réception ou par tout moyen laissant trace écrite, à la plus proche audience pour qu'il soit entendu en chambre du conseil.

Les décisions de la juridiction statuant sur l'opposition ne sont susceptibles d'aucune voie de recours autre que le pourvoi en cassation.

Section IV • RÈGLEMENT PRÉVENTIF SIMPLIFIÉ

Art. 24 [mod.] La procédure de règlement préventif simplifié est soumise aux règles applicables au règlement préventif, sous réserve des dispositions de la présente section.

Art. 24-1 [nouv.] Tout débiteur répondant à la définition de la petite entreprise, visée à l'article 1-3 ci-dessus, peut demander l'application de la procédure de règlement préventif simplifié de la présente section.

Art. 24-2 [nouv.] Le débiteur souhaitant bénéficier du règlement préventif simplifié doit soumettre une requête dans les conditions fixées par l'article 6 ci-dessus, en tenant compte notamment des dérogations accordées aux petites entreprises.

Nonobstant la disposition précédente, la procédure peut être ouverte même si aucun projet de concordat préventif n'a été fourni.

Conjointement à la requête prévue à l'article 6 ci-dessus, le débiteur qui remplit les conditions d'application du règlement préventif simplifié produit une déclaration sur l'honneur l'attestant.

Art. 24-3 [nouv.] La décision de la juridiction compétente de faire application du règlement préventif simplifié n'est susceptible d'aucun recours.

Art. 24-4 [nouv.] Les délais de trois (3) mois et d'un (1) mois, fixés par les articles 9, al. 1 et 13, al. 2, ci-dessus, sont respectivement réduits à deux (2) mois et à quinze (15) jours.

Art. 24-5 [nouv.] Si le projet de concordat préventif prévu à l'article 13 n'a pas été déposé par le débiteur au moment de la demande d'ouverture, il est établi par ce dernier avec le concours de l'expert au règlement préventif.

Ce projet précise les mesures et conditions envisagées pour le redressement de l'entreprise débitrice, notamment les modalités d'apurement du passif et, en particulier, la demande de délais et de remises, les personnes tenues d'exécuter le concordat préventif ainsi que, s'il y a lieu, les garanties fournies pour en assurer l'exécution.

En tout état de cause, ce projet précise les éléments permettant d'établir la viabilité financière et économique du débiteur.

• Titre III •

REDRESSEMENT JUDICIAIRE ET LIQUIDATION DES BIENS

• Chapitre I •

OUVERTURE DU REDRESSEMENT JUDICIAIRE ET DE LA LIQUIDATION DES BIENS

Art. 25 [mod.] La procédure de redressement judiciaire ou de liquidation des biens est ouverte à tout débiteur en état de cessation des paiements.

La cessation des paiements est l'état où le débiteur se trouve dans l'impossibilité de faire face à son passif exigible avec son actif disponible, à l'exclusion des situations où les réserves de crédit ou les délais de paiement dont le débiteur bénéficie de la part de ses créanciers lui permettent de faire face à son passif exigible.

Le débiteur qui est en cessation des paiements doit faire une déclaration aux fins d'obtenir l'ouverture d'une procédure de redressement judiciaire ou de liquidation des biens quelle que soit la nature de ses dettes.

La déclaration de cessation des paiements doit être faite par le débiteur au plus tard dans les trente (30) jours qui suivent la cessation des paiements et déposée au greffe de la juridiction compétente contre récépissé.

Sans préjudice des dispositions de l'article 33 ci-dessous, le débiteur précise dans sa déclaration s'il demande l'ouverture d'une procédure de redressement judiciaire ou de liquidation des biens.

JURISPRUDENCE OHADA

I. Débiteur

Aux termes des articles 25 et suivants de l'AUPCAP, le bénéfice du redressement judiciaire est accordé à tout débiteur qui est dans l'impossibilité de faire face à son passif exigible avec son actif disponible, et qui fait la déclaration de cessation des paiements. Le terme « débiteur » s'applique à toute personne physique ou morale commerçante, à toute personne morale de droit privé non commerçante, à toute entreprise publique ayant la forme d'une personne morale de droit privé qui est dans l'impossibilité de faire face à son passif exigible avec son actif disponible, et qui fait la déclaration de cessation des paiements (TGI Banfora, n° 02, 31-1-2003 : Les Grands Moulins du Burkina (G.M.B), Ohadata J-04-51 ; J-04-61).

Sur la déclaration de cessation des paiements aux fins d'obtenir une procédure de redressement judiciaire ou de liquidation des biens, quelle que soit la nature des dettes, voir TGI Ouagadougou, n° 234, 29-3-2000 : Requête de la SO.BU.CI aux fins de redressement judiciaire, Ohadata J-04-180.

II. Cessation de paiement

A. Définition

1° Impossibilité de faire face au passif exigible par l'actif disponible

La cessation de paiement se définit comme l'impossibilité de faire face au passif exigible par l'actif disponible et nécessite, pour son appréciation, l'examen des documents comptables du débiteur (TRHC Dakar, 27-8-2001 (ou 7-8-2002 ?) : Ministère public et Sté Toutelectric c/ P. A. G., Ohadata J-03-101 ; voir sous l'AUSCGIE, art. 891 et 901 ; TGI Bobo-Dioulasso (Burkina Faso), n° 018, 4-6-2008 : Sté Tara SARL, Ohadata J-09-101).

Jugé dans le même sens au Cameroun anglophone par référence à une décision rendue au Sénégal (High Court of Mezam Holden in Bamenda (Cameroun), Suit n° HCB/P/M/09 of 11 June 2011 : CHO Consular v. Caisse d'epargne et de crédit (Capcol) and the General Manager of Capcol, Ohadata J-13-221).

Le passif exigible est celui devant donner lieu à un paiement immédiat (salaire, charges, factures à échéance, etc.) et l'actif disponible est tout ce qui est susceptible d'être immédiatement transformé en liquidités (créances clients, traites, valeurs mobilières, etc.). Cette situation se traduit matériellement par l'installation d'une situation financière désespérée de l'entreprise, caractérisée par l'impossibilité de payer une ou plusieurs créances certaines, liquides et exigibles (TGI Bobo-Dioulasso (Burkina Faso), n° 308, 22-11-2006 : Boa & Fib c/ Soprofa & Sodegrain, Ohadata J-09-85).

2° Non-prise en compte de l'actif immobilier

L'état de cessation des paiements, qui est distinct de l'insolvabilité, est établi lorsque le débiteur est hors d'état de faire face au passif exigible avec l'actif disponible, sans qu'il y ait lieu de prendre en considération les éléments d'actif constitués d'immobilisations (TGI Ouagadougou, n° 45, 18-2-2004 : K. H. (BTM), Batec-SARL & Entreprise Dar-es-Salam c/ Sosaco, Ohadata J-04-374, visant la jurisprudence française (Cass. com. 20-11-1973 : Bull civ-73-IV-298) ; voir aussi Ohadata J-04-375).

3° Manque de disponibilités

La cessation de paiement d'une société anonyme peut être déduite de la déclaration de cessation faite au greffe par son directeur général, de la suspension du contrat des travailleurs notifiée par le président du conseil d'administration, du gel des activités, des dettes très élevées alors que l'actif se trouve être immobilisé dans des projets non encore productifs (TGI Ouagadougou, n° 389, 17-9-2003 : Requête de la Sté Sahel Cie (Sosaco) aux fins de liquidation des biens, Ohadata J-05-218 ; J-04-140, J-04-145 et J-04-146).

B. Fixation de la date de cessation des paiements

C'est à tort qu'il est reproché à l'arrêt attaqué d'avoir violé l'article 25 de l'AUPCAP en ce qu'il a confirmé la fixation de la date de cessation de paiement au 7 octobre 2014, alors que la société a déclaré elle-même son incapacité à payer ses dettes le 6 août 2014 et qu'en conséquence, la cessation de paiement aurait dû être fixée au 6 août 2014 au lieu du 7 octobre 2014, dès lors que la date de la cessation de paiement fixée par le tribunal est celle de sa saisine ; cette fixation étant conforme à l'esprit de l'article 33 du même Acte uniforme, il y a lieu de rejeter le moyen comme non fondé (CCJA, 1e ch., n° 169, 27-7-2017 : BCM SARL c/ SM SA en liquidation et 4 autres).

III. Preuve de la cessation des paiements

Défaut. La situation de cessation des paiements se traduit matériellement par l'installation d'une situation financière désespérée de l'entreprise, caractérisée par le non-paiement d'une ou de plusieurs créances certaines, liquides et exigibles. Lorsque les éléments sur lesquels se basent des créanciers pour déclarer qu'une société est en état de cessation des paiements ont déjà été discutés dans un arrêt qui avait retenu que la preuve de la cessation de paiement n'était pas établie, et qu'aucun élément nouveau n'a été rapporté par eux pour prouver une situation de cessation des paiements ouverte, ou une cessation des paiements déguisée, aucune preuve de l'état de cessation des paiements de la société n'a été rapportée pour permettre à la juridiction compétente de la constater. C'est donc à tort que le premier juge a prononcé la liquidation des biens de la société sur ce fondement (CA Ouagadougou, ch. civ. et com., n° 52, 16-4-2004 : Sosaco c/ K. H. (BTM) & Batec-SARL & Entreprise Dar-es-Salam, Ohadata J-04-375 ; J-04-374).

IV. Absence de déclaration : régularisation de la procédure à une étape ultérieure

Pour une décision ayant ordonné la régularisation de la procédure par la déclaration de cessation des paiements à une étape ultérieure, avant de prononcer une procédure de redressement ou de liquidation des biens, voir sous l'art. 32 (Ohadata J-13-97).

V. Irrecevabilité du moyen nouveau visant la violation de l'article 25 en cassation

Voir sous l'article 28 bis du Règlement de procédure de la CCJA, l'arrêt de cette cour : CCJA, 2e ch., n° 236/2019, 31-10-2019 : Société Made In Gabon c/ Davin Antchandie Ivette Simone.

JURISPRUDENCE COMPARÉE

I. États-Unis

Ouverture d'une procédure et intérêts de la dette

Un contrat peut stipuler que le fait de demander volontairement l'ouverture d'une procédure collective constitue un défaut de paiement. Dans ce cas, les dettes deviennent immédiatement exigibles. Le débiteur ne devra toutefois verser la totalité des intérêts, qui auraient été dus si la dette avait été payée à son terme, que si le contrat en cause le prévoit (HSBC Bank USA, N.A. v. Calpine Corp. (In re Calpine Corp.), 2010 WL 3835200, (2010)).

Si un contrat prévoit que l'ouverture d'une procédure collective à l'encontre du débiteur entrainera l'exigibilité immédiate de la dette mais qu'il ne stipule pas que, dans ce cas, le débiteur devra verser la totalité des intérêts qui auraient été dus si la dette avait été payée à son terme, alors seuls les intérêts utilisés sont dus (In re Solutia, Inc., 379 B.R. 473, 485 n.7 (2007)).

Si une clause d'un contrat stipule l'exigibilité immédiate de la dette en cas de défaut de paiement sans précision sur les causes de ce défaut de paiement, elle n'est applicable, pour éviter les abus, que sur demande du prêteur (Tymon v. Wolitzer, 240 N.Y.S.2d 888 (1963)).

(En revanche), si la clause stipule que la dette sera immédiatement exigible en cas d'ouverture d'une procédure collective à l'encontre de l'emprunteur, elle est applicable automatiquement (sans que le prêteur ait besoin de le demander) (AMR Corporation v. American Airlines, Inc. 485 B.R. 279 (2013)).

Les parties peuvent stipuler que la cause prévoyant l'exigibilité immédiate de la dette en cas de défaut de paiement s'applique automatiquement (Premier Entm't Biloxi LLC v U.S. Bank Nat'l Assoc. 445 B.R.582 (2010)).

II. France

A. Déclaration par le débiteur

Impossibilité. La personne assujettie à l'immatriculation au registre du commerce qui n'y a pas procédé dans les conditions requises ne peut être, sur sa demande, soumise au redressement judiciaire, aurait-elle géré en société créée de fait un fonds de commerce (Cass. com. 25-3-1997 : RJDA 7/97 n° 950).

B. Cessation des paiements

1° Eléments retenus pour caractériser l'état de cessation des paiements

Pour se prononcer sur l'existence de l'état de cessation des paiements, il n'y a pas à rechercher si le passif exigible a été effectivement exigé dès lors que le débiteur n'a pas allégué qu'il disposait d'une réserve de crédit ou d'un moratoire de la part de ses créanciers lui permettant de faire face à son passif exigible et un fonds de commerce, non encore vendu, ne constitue pas un actif disponible (Cass. com. 15-2-2011 n° 10-13.625 : RJDA 5/11 n° 436).

2° Actif disponible

a. Notion d'actif disponible

Une avance en compte courant consentie à une société par l'un de ses associés constitue un actif disponible si elle n'est pas bloquée ou si son remboursement n'a pas été demandé (Cass. com. 12-5-2009 n° 08-13.741 : RJDA 10/09 n° 867).

b. Existence d'un actif disponible

Dispose d'un actif disponible le débiteur qui peut régler ses dettes s'il trouve encore à emprunter, ce que, sauf recours à des moyens frauduleux, on ne saurait lui reprocher (Cass. com. 23-5-1995 : RJDA 11/95 n° 1272 ; Cass. com. 24-3-2004 n° 579 : RJDA 8-9/04 n° 1009).

De même, la dégradation constante de la trésorerie du débiteur et son manque de capitaux propres ne sont pas suffisants à eux seuls pour caractériser la cessation des paiements (Cass. com. 20-5-1997 : RJDA 10/97 n° 1257).

c. Absence d'actif disponible

Ne dispose pas d'actif disponible le débiteur qui invoque l'existence d'une garantie à première demande au profit du créancier poursuivant (Cass. com. 26-6-1990 : Rev. jur. com. 1990.393 note Calendini), détient des biens grevés d'hypothèques ou de nantissements (Cass. com. 7-2-1989 : BRDA 6/89 p. 20), ou recourt à des effets de complaisance (Cass. civ. 5-1-1937 : DH 1937.118 ; Cass. req. 3-11-1937 : DH 1938.20 ; CA Nancy 14-3-1952 : D. 1953.som.2). Mais l'absence d'actif disponible ne résulte pas du seul fait du manque de capitaux propres et de la dégradation constante de la trésorerie (Cass. com. 20-5-1997 : RJDA 10/97 n° 1257).

3° Impossibilité de paiement

L'existence d'une impossibilité de paiement n'est pas appréciée en fonction des seuls postes du bilan ; elle doit être déterminée en intégrant les éléments dynamiques de la VIe de l'entreprise, dont aucune trace ne figure éventuellement au bilan, tels que des crédits temporaires de campagne, des découverts passagers (CA Aix 5-6-1987 : D. 1988.som.41 obs. Derrida).

Cette situation s'apprécie au jour où le tribunal ou, sur appel, la cour d'appel statue (Cass. com. 7-11-1989 : Bull. civ. IV n° 273 ; Cass. com. 6-10-1992 : RJDA 12/92 n° 1169 : impossibilité de fonder la cessation des paiements sur le dernier bilan arrêté alors que le débiteur n'est pas, au jour du jugement, « en arrêt de service de caisse » ; Cass. com. 15-11-2005 n° 1421 : GP 2006.som.10-2 obs. Lebel).

Le débiteur qui a déposé son bilan ne peut pas reprocher aux juges de ne pas avoir établi son impossibilité de payer (Cass. com. 29-3-1989 : BRDA 8/89 p. 22).

III. Irak

Déclaration de faillite : aveu de faillite

Un commerçant peut être déclaré en faillite suite à sa demande ou à la demande de l'un de ces créanciers. Un commerçant ayant acheté à crédit une grosse quantité de dattes dont il espérait payer le prix après la vente, s'est retrouvé dans l'impossibilité de faire face à ses engagements à cause de la chute des cours du marché. Il avait demandé au tribunal de première instance sa mise en faillite mais il a été débouté de sa demande au motif qu'aucune assignation ne lui avait été adressée par ces créanciers. La Cour de cassation casse le premier jugement en rappelant l'article 568 du Code de commerce de 1970 autorise le commerçant à demander lui-même sa mise en faillite. Le tribunal aurait dû accepter la demande puis procéder aux vérifications nécessaires notamment la réunion des conditions de la déclaration de faillite prévues à l'article 569 du Code de commerce (Cour de cassation 15-10-1996, al-mawsoaa al-adlyiah, n° 49, 1998, p. 1).

Obs. : le livre V du Code de commerce n° 194-1970 relatif à la faillite demeure en vigueur en vertu de l'art. 231 du Code de commerce actuel n° 30-1984.

Art. 26 [mod.] A la déclaration prévue par l'article 25 ci-dessus doivent être joints les documents suivants datant de moins de trente (30) jours :

1°) une attestation d'immatriculation, d'inscription ou de déclaration d'activité à un registre ou à un ordre professionnel ou, à défaut, tout autre document de nature à prouver la régularité de l'activité exercée par le débiteur ;

2°) les états financiers de synthèse comprenant, le bilan, le compte de résultat, un tableau financier des ressources et des emplois, l'état annexé et, en tout état de cause, le montant du chiffre d'affaires et des bénéfices ou des pertes des trois (3) derniers exercices ou, à défaut, tout autre document de nature à établir la situation financière et économique du débiteur si la déclaration est faite par un débiteur répondant à la définition de la petite entreprise conformément à l'article 1-3 ci-dessus ;

3°) un état de la trésorerie et un état chiffré des créances et des dettes avec indication des noms, qualités et adresses des créanciers et des dates d'échéance ;

4°) l'état détaillé, actif et passif, des sûretés personnelles et réelles données ou reçues par l'entreprise et ses dirigeants ;

5°) l'inventaire des biens du débiteur avec indication des biens mobiliers soumis à revendication par leurs propriétaires et de ceux affectés d'une clause de réserve de propriété ou, à défaut, un inventaire provisoire des biens du débiteur si la demande est introduite par un débiteur répondant à la définition de la petite entreprise conformément à l'article 1-3 ci-dessus ;

6°) la liste des travailleurs avec l'indication du montant des salaires et des charges salariales impayés à la date de la demande ou, à défaut, tout autre document de nature à permettre d'identifier et de dénombrer les travailleurs du débiteur et d'estimer le montant des salaires et des charges salariales impayés si la déclaration est faite par un débiteur répondant à la définition de la petite entreprise conformément à l'article 1-3 ci-dessus ;

7°) un document indiquant les noms, prénoms et l'adresse des représentants du personnel ;

8°) une attestation du débiteur indiquant qu'il ne bénéficie pas d'un accord de conciliation en cours d'exécution ou d'un concordat préventif en cours d'exécution et, en tout état de cause, qu'il n'est pas soumis à une procédure de règlement préventif, de redressement judiciaire ou de liquidation des biens qui ne serait pas encore clôturée ; le cas échéant, si le débiteur a bénéficié d'un accord de conciliation ou d'un concordat préventif, le montant des créances restant dues aux créanciers bénéficiant du privilège de l'article 5-11 et de l'article 11-1 ci-dessus ainsi que leurs noms et domiciles ;

9°) s'il s'agit d'une personne morale, la liste des membres solidairement responsables des dettes de celle-ci, avec indication de leurs noms et domiciles, ainsi que les noms, prénoms et adresses de ses dirigeants ;

10°) le cas échéant, un document indiquant les noms, qualités et domiciles des personnes qui envisagent de consentir un nouvel apport en trésorerie ou de fournir un nouveau bien ou service dans les conditions de l'article 33-1 ci-dessous avec l'indication du montant de l'apport ou la valeur du bien ou du service ;

11°) le cas échéant, un projet de concordat de redressement judiciaire, sans préjudice de l'application de l'article 27 ci-dessous.

Tous ces documents doivent être datés, signés et certifiés conformes et sincères par le déclarant.

Dans le cas où l'un de ces documents ne peut être fourni, ou ne peut l'être qu'incomplètement, la déclaration doit contenir l'indication des motifs de cet empêchement.

....

Jurisprudence comparée

États-Unis

A. La jurisprudence impose au débiteur de déclarer à la procédure ouverte tous ses droits, sans exception

La personne mise en redressement judiciaire doit faire un état chiffré le plus juste possible de toutes ses dettes et créances. Les juges considèrent que pour protéger l'intégrité des procédures collectives, un débiteur ne peut pas ne pas déclarer certains droits puis par la suite tenter de les récupérer dans une procédure distincte (Hamilton v. State Farm Dire & Casualty Company, 270 F.3d 778 (2001)).

B. Recouvrement des frais d'avocat

Lorsqu'il est stipulé dans un contrat que les frais d'avocat seront à la charge du débiteur, cette stipulation doit s'appliquer, peu importe que ces frais existent uniquement parce qu'une procédure collective a été ouverte à l'encontre du débiteur (en l'espèce des frais d'avocat liés à l'ouverture d'une procédure collective). En effet, selon les juges de la Cour Suprême, le Code de procédure collective (bankruptcy Code) n'interdit pas le recouvrement des frais d'avocat liés à l'ouverture d'une procédure collective (Travelers Casualty v. Pacific Gas and Electric Company, Supreme Court of United States, n° 05-1429 (2007)).

C. Actifs exclus

Un crédit d'impôt versé aux personnes physiques qui ont des faibles revenus ne doit pas être pris en compte dans l'actif (Hamm v. James (In re James) 406 F.3d 1340 (2005)).

Art. 27 [mod.] En même temps que la déclaration prévue par l'article 25 ci-dessus ou, au plus tard, dans les soixante (60) jours qui suivent la décision d'ouverture du redressement judiciaire, le débiteur doit déposer un projet de concordat.

Ledit projet doit démontrer les perspectives de redressement de l'entreprise débitrice en fonction des possibilités et des modalités d'activités, de l'état du marché et des moyens de financement disponibles et doit également préciser les mesures et conditions envisagées pour son redressement, notamment :

– les éléments permettant d'établir la viabilité financière et économique de l'entreprise débitrice ;

– les modalités de continuation de l'entreprise, telles que la demande ou l'octroi de délais et de remises ; la cession partielle d'actif avec indication précise des biens à céder ; la cession ou la location-gérance d'une branche d'activité formant un fonds de commerce ; la cession ou la location-gérance de la totalité ou d'une partie de l'entreprise, sans que ces modalités soient limitatives et exclusives les unes des autres ;

– les noms, prénoms, qualités et adresses des personnes tenues d'exécuter le concordat et l'ensemble des engagements souscrits par elles et nécessaires au redressement de l'entreprise ;

– les modalités du maintien et du financement de l'entreprise, du règlement du passif né antérieurement à la décision d'ouverture ainsi que, s'il y a lieu, les garanties fournies pour en assurer l'exécution ; ces engagements et garanties peuvent consister, notamment, en la souscription d'une augmentation du capital social par les anciens associés ou par de nouveaux, une conversion de créances en capital, l'ouverture de crédits par des établissements bancaires ou financiers ou par toute autre personne, y compris tout nouvel apport en trésorerie ou sous forme de nouveau bien ou service dans les conditions de l'article 33-1 ci-dessous ainsi que le montant de l'apport ou la valeur du bien ou du service ; la poursuite de l'exécution de contrats conclus antérieurement à la décision d'ouverture, la fourniture de cautions ;

– le niveau et les perspectives d'emploi, ainsi que les licenciements pour motif économique qui doivent intervenir dans les conditions prévues par les articles 110 et 111 ci-dessous ;

– le remplacement de dirigeants.

Le projet de concordat de redressement judiciaire peut établir un traitement différencié entre les créanciers si les différences de situation le justifient.

Jurisprudence OHADA

Obs. : l'art. 27 modifié a rallongé le délai imparti au débiteur pour déposer une offre de concordat (de 15 à 60 jours).

I. Nécessité de déposer une offre de concordat

Sur la nécessité de déposer une offre de concordat précisant les mesures et conditions envisagées pour le redressement, voir : TGI Ouagadougou, n° 192, 24-2-1999 : Requête de la B.C.T.I aux fins de redressement judiciaire, Ohadata J-04-178.

II. Délai accordé au débiteur après saisine d'office par la juridiction compétente

Si le débiteur n'a pas déposé une offre de concordat en même temps que la déclaration de cessation de paiement au greffe de la juridiction compétente, et que la juridiction compétente se saisit d'office de la procédure, le président accorde un délai de 30 jours au débiteur pour faire la déclaration et la proposition de concordat de redressement. Le tribunal ne l'ayant pas fait, sa décision doit être infirmée pour violation des articles 27 et 29 de l'AUPCAP (CA Bobo-Dioulasso (Burkina Faso), ch. com., n° 014/08, 12-11-2008 : K. J. B., S. F., et K. A. c/ H. D. et Sté Belcot, Sté Générale Burkina, Ohadata J-10-120).

III. Appréciation souveraine du caractère sérieux du concordat par les juges du fond

C'est à tort qu'il est reproché à un arrêt d'avoir violé l'article 27 de l'AUPCAP en retenant qu'il y a eu un concordat déposé par la société en redressement judiciaire, alors que, selon le moyen, il n'apparaît nulle part que cette société, qui était déjà en cessation des paiements, a déposé un concordat de redressement judiciaire ni que le projet de concordat a été soumis au vote des créanciers avant son homologation par le tribunal. Il en est ainsi dès lors que, par une appréciation souveraine échappant au contrôle de la CCJA, la cour d'appel a constaté que, contrairement aux prétentions des appelants, il y avait bien eu un projet de concordat sérieux pour confirmer le jugement entrepris ; cette appréciation souveraine des faits est confortée par l'ordonnance aux fins d'ouverture de règlement préventif, versée au dossier et qui indique que le demandeur a régulièrement déposé son offre de concordat conformément à l'article 7 de [l'AUPCAP] (CCJA, 2e ch., n° 241/2019, 31-10-2019 : Collectif des délégués des commerçants du grand marché de Niamey c/ Socogem SA).

Jurisprudence comparée

I. États-Unis

Valeur de rachat des biens saisis

Remarque préliminaire : Un débiteur peut demander à racheter le bien qu'un créancier a saisi afin d'éviter notamment que ce bien ne soit vendu aux enchères ; il peut également payer à son créancier la valeur du marché du bien mis en garantie afin de conserver la propriété de ce dernier.

La charge de la preuve de la valeur du bien saisi pèse sur le débiteur qui veut racheter ce bien (In Re Herrera, 454 B.R. 559 (2011)).

Pour déterminer la valeur du bien saisi, dans le cas d'une demande de rachat par le débiteur, les juges peuvent d'abord se fonder sur le prix de vente au détail de ce bien (In Re Danyalle v. Capital One Auto Finance & National Bankruptcy Services.com LLC, 524 B.R.915 (2015) ; dans le même sens, In Re Nance 477 B.R. 638 (2012)).

Mais ils doivent, pour estimer le bien en cause, prendre en compte son état réel ainsi que les éventuels coûts des réparations nécessaires (In Re Zambuto, 437 B.R. 175 (2010)).

II. France

Cession forcée d'un bail

Les contrats dont le jugement qui arrête le plan emporte la cession doivent être exécutés aux conditions en vigueur au jour de l'ouverture de la procédure collective, nonobstant toute clause contraire ;

par suite, le preneur d'un bail commercial qui a fait l'objet d'une cession forcée est tenu de verser le dépôt de garantie prévu dès lors que le bail commercial comportait une clause prévoyant un dépôt de garantie à la charge du locataire (Cass. com. 16-9-2008 n° 06-17.809 : RJDA 2/09 n° 126).

Art. 28 [mod.] **La procédure de redressement judiciaire ou de liquidation des biens peut être ouverte à la demande d'un créancier, quelle que soit la nature de sa créance, à condition qu'elle soit certaine, liquide et exigible.**

A cet effet, la demande du créancier doit préciser la nature et le montant de sa créance et viser le titre sur lequel elle se fonde.

JURISPRUDENCE OHADA

I. Non-incidence d'une suspension des poursuites sur le droit d'agir des créanciers

L'ordonnance de suspension des poursuites individuelles, qui n'est qu'une mesure provisoire et transitoire à l'effet de recueillir les données sur la situation économique réelle de l'entreprise avant l'ouverture d'une procédure collective, ne peut faire obstacle à un créancier dont la créance est certaine, liquide et exigible, d'user de la faculté à lui conférée par l'article 28 de l'AUPCAP. Lorsqu'aucun concordat sérieux n'a été proposé par le débiteur qui, à la date de la saisine du tribunal, devait près de six (6) milliards de FCFA exigibles, il y a lieu d'infirmer, en toutes ses dispositions, le premier jugement (pour les mêmes motifs ayant entraîné la cassation) et statuant à nouveau, de constater l'état de cessation des paiements de la défenderesse et l'absence de concordat, de dire qu'il y a lieu à ouverture d'une procédure de liquidation des biens (CCJA, ass. plén., n° 050, 27-4-2015 : Banque européenne d'investissement (BEI) c/ Sté Fils et tissus naturels d'Afrique (Fitina SA), Ohadata J-16-50).

II. Qualités des créances

Certitude, liquidité et exigibilité. Une créance certaine est une créance qui existe et qui ne souffre pas de contestation sérieuse ; une créance liquide est une créance déterminée quant à son montant ; une créance exigible est une créance à terme ou échue. En présence d'une clause compromissoire dans la convention qui liant les deux parties et indiquant que tout litige, né à l'occasion de l'exécution du contrat, doit être soumis à un règlement amiable et à défaut par la procédure d'arbitrage, la créance ne devient exigible qu'après le règlement amiable ou une sentence arbitrale conformément à la volonté commune des parties exprimée à travers la clause compromissoire (CA Ouagadougou, ch. civ. et com., n° 52, 16-4-2004 : Sosaco c/ K. H. (BTM) & Batec-SARL & Entreprise Dar-es-Salam, Ohadata J-04-375 ; J-04-374).

En application de l'article 28 de l'AUPCAP, le tribunal, saisi à la demande d'un créancier pour ouvrir une procédure de redressement judiciaire, doit procéder à la vérification du caractère certain, liquide et exigible de la créance poursuivie ainsi que du titre qui la fonde. Lorsqu'il est avéré que les salariés n'ont versé au dossier pour appréciation des juges ni les pièces justificatives du montant de la créance réclamée ni un quelconque document établissant cette créance, la cour d'appel a suffisamment motivé sa décision, qui ne manque pas de base légale, en énonçant que la créance des salariés ne remplit pas les conditions d'exigibilité et de liquidité prévues par la loi. La cour d'appel qui a statué que « si la créance des salariés paraît fondée en son principe, cette créance ne remplit cependant pas les conditions d'exigibilité et de liquidité prévues par la loi », n'a en rien violé ou méconnu les dispositions de l'article 28 de l'AUPCAP ou l'article 29 du même Acte uniforme, qui est applicable seulement en cas de saisine d'office de la juridiction compétente (CCJA, 2e ch., n° 091, 31-7-2014 : Ndoye Loury Athanase c/ Sté équatoriale de construction (Soeco S.A), ING Consulting SARL, Félix Bongo, Ohadata J-15-182).

III. Preuve des créances

Le créancier qui entend recourir à l'ouverture d'une procédure collective doit tout d'abord établir de manière certaine sa créance et ensuite le défaut de paiement en présentant le titre qui consacre la créance. Le titulaire de ces créances doit établir leur défaut de paiement par la présentation du titre qui les consacre CA Ouagadougou, ch. civ. et com., n° 52, 16-4-2004 : Sosaco c/ K. H. (BTM) & Batec-SARL & Entreprise Dar-es-Salam, Ohadata J-04-375 ; J-04-374).

Les pièces justifiant la certitude, la liquidité et l'exigibilité de la créance doivent être versées au dossier (TGI Bobo-Dioulasso, n° 298, 29-12-2004 : Sté Senefura Sahel, Sté ACS-CI, Sté ALM international et SNTB c/ Sté Sopragri-SA, Ohadata J-05-235).

Mais lorsqu'il est stipulé dans la convention de prêt liant les parties que la créance est exigible dès la clôture du compte, qu'à l'échéance du prêt le compte était débiteur de 304.470.076 F CFA, que le débiteur sommé de régulariser la situation n'a pas réagi et que le compte a été clôturé, la créance est bien devenue certaine, liquide et exigible. Bien que disposant d'une garantie, la créancière n'était plus obligée de réaliser cette garantie avant de demander la liquidation des biens de sa débitrice ; c'est donc à bon droit que la créancière a demandé au tribunal de constater la cessation de paiements de sa débitrice et de prononcer la liquidation de ses biens. Confirmation du jugement (CA Lomé (Togo), n° 166/09, 3-11-2009 : Sté T.I.M. SA. c/ BTCI, Ohadata J-10-157).

IV. Droit d'invoquer une créance

A. Personne morale

Une société de fait non immatriculée au registre du commerce et du crédit mobilier est dépourvue de la personnalité morale et n'a pas, de ce fait, qualité pour agir en justice. Il s'ensuit que la demande d'ouverture d'une procédure collective formée par ladite société à l'encontre de son débiteur est irrecevable (TGI Moungo à Nkongsamba, n° 49/Civ, 19-8-2004 : A. C. T., CTA entreprises, Ets Che Tamasang c/ Sté camerounaise des palmeraies SA, M. P. C., J. M. C., Ohadata J-05-119).

B. Poursuites vaines

En application de l'article 28 de l'AUPCAP, le créancier qui n'a pu obtenir le paiement de sa créance malgré toutes ses diligences contre le débiteur dont le domicile est inconnu peut demander et obtenir l'ouverture d'une procédure collective contre ce débiteur (TGI Mfoundi, n° 158, 23-1-2002 : Sté SHO Cameroun S.A. c/ Sté Udec, Ohadata J-04-455 ; J-04-422).

V. Appréciation souveraine des juges du fond

C'est par une appréciation souveraine que des juges, tirant les conséquences de divers faits, circonstances, « artifices » et manquements d'une société, en ont déduit son état de cessation de paiements et ont décidé de la mise en œuvre de la procédure appropriée (CCJA, 1e ch., n° 001, 14-1-2015 : Commissions import export dite Commisimpex c/ Caisse nationale de sécurité sociale dite CNSS, Ohadata J-16-01).

VI. Procédures collectives non régies par l'AUPSRVE

Liquidation d'une société d'assurance. La procédure de liquidation des sociétés d'assurances est régie par les articles 325 et suivants du Code CIMA, une norme internationale particulière et non par les dispositions de l'article 28 de l'AUPSRVE qui est aussi une norme internationale, mais applicable aux sociétés commerciales en général. En cas de conflit entre une norme particulière et une norme générale, c'est la norme particulière qui reçoit application. La débitrice étant une société d'assurance, c'est à bon droit que le tribunal a, par application de l'article 325 du Code CIMA, déclaré irrecevable la demande du créancier tendant à obtenir la liquidation de la débitrice, l'initiative de cette procédure échappant à tout créancier. Confirmation du jugement (CA Lomé (Togo), n° 150/2009, 20-10-2009 : J. S. K. de S. c/ Cie GTA-C2A IARDT, Ohadata J-10-222).

Obs. : il convient désormais de se reporter à l'article 1 nouveau qui prévoit que les procédures prévues par l'AUPCAP dans sa version révisée sont applicables aux activités soumises à un régime particulier (tel que les assurances en l'espèce) s'il n'en est pas disposé autrement dans la réglementation spécifique de l'activité concernée. Voir sous l'article 1-1.

VII. Saisine de la juridiction compétente

Voir sous l'article 31.

Art. 29 [mod.] La juridiction compétente peut se saisir d'office, notamment sur la base des informations fournies par le représentant du ministère public, les commissaires aux comptes des personnes morales de droit privé, les membres de ces personnes morales ou les institutions représentatives du personnel qui lui indiquent les faits de nature à motiver cette saisine.

La juridiction compétente peut également être saisie par le Ministère public. Dans ce cas, il fournit les éléments motivant sa demande.

Le président de la juridiction compétente fait convoquer le débiteur, par les soins du greffe, par signification d'huissier de justice ou notification par tout moyen permettant d'établir la réception effective par le destinataire, à comparaître devant la juridiction compétente siégeant en audience non publique. La convocation doit contenir la reproduction intégrale du présent article, à peine de nullité.

Si le débiteur comparaît, le président l'informe des faits de nature à motiver la saisine et recueille ses observations. Si le débiteur reconnaît être en cessation des paiements ou si le président acquiert l'intime conviction qu'il est dans un tel état, le président lui fixe un délai qui ne peut excéder trente (30) jours pour produire les documents visés à l'article 26 ci-dessus. Le même délai est accordé aux membres d'une personne morale indéfiniment et solidairement responsables du passif de celle-ci. Passé ce délai, la juridiction compétente statue en audience publique.

Si le débiteur ne comparaît pas, la juridiction compétente statue à la première audience publique utile, par une décision réputée contradictoire à l'égard du débiteur.

JURISPRUDENCE OHADA

I. Champ d'application de l'article 29

L'article 29 de l'AUPCAP est applicable seulement en cas de saisine d'office de la juridiction compétente (CCJA, 2e ch., nº 091, 31-7-2014 : Ndoye Loury Athanase c/ Soeco SA, Ohadata J-15-182).

II. Information de la juridiction compétente

L'information visée par l'article 29 de l'AUPCAP peut être fournie par des créanciers de la société débitrice (CA Ouagadougou, ch. civ. et com., nº 37, 18-5-2001 : Requête de la Sonapharm à fin de liquidation des biens, Ohadata J-09-07), ou le conseil de cette dernière (High Court of Mezam Holden in Bamenda (Cameroun), Suit nº HCB/P/M/09 of 11 June 2011 : CHO Consular v. Caisse d'épargne et de crédit (Capcol) and the General Manager of Capcol, Ohadata J-13-221, précisant qu'il incombe aux tribunaux de veiller au respect, par la commission bancaire de l'Afrique centrale (Cobac), de la législation applicable aux procédures collectives concernant les banques).

Lorsque le tribunal s'est saisi d'office en raison d'informations fournies par le collectif des travailleurs d'une société débitrice pour prononcer la liquidation de ladite société, il n'y a pas lieu de rechercher si les membres du collectif indiqué avaient ou non la qualité pour ester en justice et le moyen fondé sur le défaut de qualité de ces personnes doit être rejeté (CCJA, 3e ch., nº 32, 8-12-2011 : Socalib c/ Collectif des travailleurs de la Socalib, Juris-Ohada, 2012, nº 2, 2012, avr.-juin, p. 29, Ohadata J-13-34, J-13-153).

III. Saisine d'office

En présence d'une rumeur publique propagée par la presse et d'une décision ayant prononçé la liquidation des biens du débiteur, le tribunal peut se saisir d'office à la demande du procureur de la République (TRHC Dakar, nº 1503, 27-4-2002 : Procureur de la République c/ Cie multinationale aérienne Air Afrique, Ohadata J-05-49 ; J-04-88). Dans le même sens, sur la saisine d'office par la juridiction compétente et statuant en l'absence du débiteur dûment convoqué à plusieurs reprises : TRHC Dakar (Sénégal), nº 099, 23-7-2004 : Sté Sotiba Simpafric, Ohadata J-09-342.

Enquête préalable non requise. Aucune disposition de l'article 29 de l'AUPCAP n'oblige la juridiction saisie à procéder à une enquête préalable avant de statuer (CCJA, 3e ch., nº 32, 8-12-2011 : Socalib c/ Collectif des travailleurs de la Socalib, Juris-Ohada, 2012, nº 2, 2012, avr.-juin, p. 29, Ohadata J-13-34).

IV. Prise en compte de la procédure ouverte par la juridiction d'un État étranger

Voir sous l'article 34.

V. Exécution provisoire de droit des mesures ordonnées

Dans l'esprit de l'AUPCAP, les mesures ordonnées en application de l'article 29 de cet Acte uniforme (en l'espèce convocation du débiteur par acte extrajudiciaire) sont exécutoires de droit à titre provisoire (High Court of Mezam Holden in Bamenda (Cameroun), Suit nº HCB/P/M/09 of 11 June 2011 : CHO Consular v./ Caisse d'épargne et de crédit (Capcol) and the General Manager of Capcol, Ohadata J-13-221).

Art. 30 [mod.] Lorsque le débiteur est décédé en état de cessation des paiements, la juridiction compétente est saisie aux fins d'ouverture d'une procédure de redressement judiciaire ou de liquidation des biens dans le délai d'un (1) an à compter de la date du décès, soit sur déclaration d'un héritier, soit sur l'assignation d'un créancier, soit à la requête du ministère public.

La juridiction compétente peut se saisir d'office dans le même délai, les héritiers connus du débiteur étant entendus ou dûment appelés. Dans ce cas, ou en cas de saisine par le ministère public, la procédure de l'article 29 ci-dessus est applicable.

En cas de saisine de la juridiction compétente par les héritiers, ceux-ci doivent souscrire une déclaration de cessation des paiements dans les conditions fixées par les articles 25, 26 et 27 ci-dessus.

En cas de saisine de la juridiction compétente sur assignation d'un créancier, les dispositions de l'article 28 ci-dessus sont applicables.

JURISPRUDENCE COMPARÉE

France

A. Héritiers

Les héritiers ne peuvent être mis personnellement en redressement judiciaire que s'ils ont poursuivi l'activité du défunt (CA Paris 3-7-1964 : JCP (éd. G) 1964.IV.120 ; CA Paris 21-3-1977 : D. 1978.IR.95 obs. Derrida).

B. Décès en cours de procédure

La demande d'ouverture d'une procédure collective formée à l'égard d'un débiteur décédé en cours de procédure demeure valable dès lors que ce débiteur est décédé en état de cessation des paiements (Cass. com. 13-11-2001 : RJDA 3/02 nº 273).

Art. 31 [mod.] L'ouverture d'une procédure de redressement judiciaire ou de liquidation des biens peut être demandée dans le délai d'un (1) an à compter de la radiation du débiteur du registre du commerce et du crédit mobilier, ou de sa cessation d'activité. La cessation des paiements doit, soit être antérieure à cette radiation ou à cette cessation d'activité, soit résulter en tout ou partie de l'activité antérieurement exercée.

L'ouverture de la procédure peut également être demandée contre un associé d'une personne morale de droit privé indéfiniment et solidairement responsable du passif de celle-ci dans le délai d'un (1) an à compter de la mention de son retrait au Registre du commerce et du crédit mobilier lorsque la cessation des paiements de la personne morale est antérieure à cette mention ou qu'elle résulte en tout ou partie de l'activité antérieurement exercée.

Dans les deux (2) cas, la juridiction compétente est saisie sur assignation d'un créancier, sur requête du ministère public ou se saisit d'office dans les conditions prévues aux articles 28 et 29 ci-dessus.

JURISPRUDENCE OHADA

Saisine de la juridiction compétente

Lorsqu'une disposition dont la violation est alléguée n'a prévu aucune nullité, il n'y a pas lieu à cassation. Ainsi, le fait de saisir un tribunal par voie de requête, alors qu'aux termes de l'article 28, al. 1 [devenu 31, al. 3] de l'AUPCAP, il aurait dû être saisi par voie d'assignation, n'entraîne pas la cassation de l'arrêt qui a admis la recevabilité de cette saisine, conformément à l'article 28 bis du Règlement de procédure de la CCJA (CCJA, 1e ch., nº 001, 14-1-2015 : Commisimpex c/ CNSS, Ohadata J-16-01).

JURISPRUDENCE COMPARÉE

I. Belgique

Assignation abusive de la part du créancier

Un créancier peut demander la faillite de son débiteur si les conditions légales sont réunies. Même si le créancier n'a pas à démontrer que la demande en faillite lui rapporte un plus grand avantage qu'un autre mode de recouvrement de sa créance, l'introduction de cette demande ne doit toutefois pas constituer un abus de droit. Tel est le cas s'il existe une disproportion manifeste entre l'intérêt à introduire une demande en faillite et les intérêts qui sont lésés par l'ouverture de la procédure, et la réunion des conditions de la faillite ne suffit pas à justifier l'absence d'abus de droit (Cour de cassation de Belgique 28-11-2013 C.13.0033.N : Juricaf).

II. France

A. Conséquences de la radiation

La demande d'ouverture de la procédure collective ne peut être invoquée :

– par le commerçant radié (Cass. com. 10-10-1995 : RJDA 3/96 nº 410) ;

– à l'encontre d'une personne qui n'a jamais été inscrite au registre ; les créanciers qui la prétendent commerçante doivent prouver cette qualité conformément aux règles de droit commun (CA Limoges 11-2-1991 : Bull. inf. C. cass. 1991.1102).

B. Défaut de radiation

A défaut de radiation, le commerçant ne pourrait échapper à sa mise en redressement judiciaire que s'il parvenait à prouver qu'il n'a accompli aucun acte de commerce depuis son immatriculation (Cass. com. 6-1-1987 : Bull. civ. IV p. 1). Cette possibilité, quoique très éventuelle, ne permet donc pas de tenir le défaut de radiation comme entraînant une « présomption irréfragable de commercialité » de l'intéressé non radié (pour cette présomption, CA Paris 2-2-1988 : D. 1988.som.340 obs. Honorat ; CA Paris 22-1-1993 : RJDA 5/93 n° 438).

Art. 32 [mod.] La juridiction compétente statue à la première audience utile sur l'ouverture de la procédure de redressement judiciaire ou de liquidation des biens, après avoir entendu ou dûment appelé le débiteur, les délégués ou représentants du personnel au sens de la loi de l'État partie concerné, le ministère public et, le cas échéant, le créancier demandeur.

La juridiction compétente peut entendre toute autre personne dont l'audition lui paraît utile.

Avant de prononcer sa décision, elle peut désigner un juge du siège ou toute autre personne qu'elle estime qualifiée afin de lui remettre un rapport sur la situation économique et sociale du débiteur dans un délai qu'elle détermine, et qui ne peut être supérieur à un (1) mois.

Lorsque le débiteur exerce une profession libérale soumise à un statut réglementé, la juridiction compétente statue après avoir entendu ou dûment appelé le représentant de l'ordre professionnel ou de l'autorité compétente dont relève ce débiteur.

La juridiction compétente saisie ne peut renvoyer l'affaire au rôle général.

JURISPRUDENCE OHADA

I. Enquête préliminaire

Simple faculté. Le président de la juridiction compétente peut ordonner une enquête préliminaire [à la demande d'un créancier qui constate que ses intérêts sont menacés dans une procédure] afin de recueillir tous renseignements sur la situation financière du débiteur et la proposition de concordat faite par lui (TGI Ouagadougou (Burkina Faso), n° 202, 16-6-2004 : Emof c/ SGBB & Boa, Ohadata J-05-219).

L'enquête peut être ordonnée avant dire droit, lorsque la juridiction saisie ne possède pas des éléments d'appréciation suffisants pour se prononcer sur l'ouverture d'une procédure collective d'apurement du passif. La juridiction peut également ordonner la régularisation de la procédure à ce stade lorsqu'il apparaît que la déclaration de cessation des paiements prévue par l'article 25 n'a pas été faite (T. com. Pointe-Noire (Congo), jug. avant dire droit n° 171, 12-4-2002 : Cie Aérien Inter Transport c/ Divers créanciers, Ohadata J-13-97).

Obs. : voir l'article 25.

La désignation d'un juge ou toute personne qualifiée pour faire l'enquête préliminaire est une simple faculté et non une obligation faite à la juridiction. Le fait de ne pas y procéder n'est pas une cause d'irrecevabilité de l'action en liquidation des biens intentée par des créanciers (TGI Ouagadougou, n° 45, 18-2-2004 : K. H. (BTM), Batec-SARL & Entreprise Dar-es-Salam c/ Sosaco, Ohadata J-04-374 ; J-04-375).

Nulle part les dispositions des articles 26, 27 et 32 de l'AUPCAP ne font obligation à la juridiction saisie de requérir l'avis préalable d'un expert qualifié sur la situation financière de la société avant de statuer, l'article 32 énonçant seulement qu'« avant la décision d'ouverture d'une procédure collective, le président de la juridiction compétente peut désigner un juge du siège ou toute autre personne qu'il estime qualifiée, à charge de dresser et lui remettre un rapport dans un délai qu'il détermine, pour recueillir tous renseignements sur la situation et les agissements du débiteur et la proposition du concordat faite par lui » (CCJA, 3e ch., n° 32, 8-12-2011 : Socalib c/ Collectif des travailleurs de la Socalib, Juris-Ohada, 2012, n° 2, 2012, avr.-juin, p. 29, Ohadata J-13-34).

Obs. : sur la confirmation du caractère non obligatoire de l'enquête, voir sous l'article 29 (Ohadata J-13-34).

Pour connaître la situation économique et financière réelle d'une société débitrice, il peut s'avérer nécessaire de nommer un expert afin d'établir un rapport sur son état. La suspension des poursuites individuelles peut être ordonnée à cet effet (TGI Bobo-Dioulasso (Burkina Faso), n° 068, 1-3-2006 : B.O.A et Financière du Burkina c/ Soprofa et Sodegrain, Ohadata J-09-84). Dans le même sens : – (TRHC Dakar (Sénégal), n° 112, 12-11-2004 : A. N. c/ la Sté Holding Guy Gui SA., Ohadata J-09-327 – désignant un expert afin de recueillir tous renseignements sur la situation et les agissements du débiteur et de déterminer la procédure collective appropriée ; – TRHC Dakar (Sénégal), n° 2227, 8-1-2004 : Sté Cene-Export c/ Genequipt, Ohadata J-09-335 ; TRHC Dakar, (Sénégal), n° 63, 26-6-2003 : Sté Toulor Sénégal SARL R/DG c/ Sté Eagle, Ohadata J-09-341, jugeant que le caractère infructueux des saisies opérées ne traduit pas nécessairement l'absence d'actif disponible suffisant appartenant au débiteur.

En dépit du dépôt de bilan d'une société et de sa demande d'ouverture d'une liquidation judiciaire, un tribunal a estimé nécessaire de suspendre les poursuites contre la société et de commettre un expert aux fins d'analyser la situation de ladite société (TGI Bobo-Dioulasso (Burkina Faso), n° 016, 4-6-2008 : Entreprise Sanga SARL, Ohadata J-09-102).

II. Contre-expertise

Lorsque les résultats de l'expertise sont contestés, une contre-expertise peut être ordonnée par la juridiction saisie dans les conditions du droit national (CA Bobo-Dioulasso (Burkina Faso), ch. com., n° 04/08, 13-2-2008 : K. J. B., S. F. et K. A. c/ H. D. et Belcot Sté Générale Burkina, Ohadata J-10-110).

III. Délai de trente jours

Nullité de la décision prise avant l'expiration dudit délai. Tout en imposant une certaine diligence au juge, les dispositions de l'article 32 de l'AUPCAP fixent également des balises afin de sauvegarder les intérêts du débiteur dans la présentation d'un concordat sérieux et fiable. Ces balises consistent en la fixation d'un délai impératif de trente jours que la juridiction compétente doit observer avant de rendre sa décision et toute décision prise avant l'expiration dudit délai doit être annulée (CA Ouagadougou, civ. et com., n° 84, 21-11-2003 : Sosaco c/ Syndics liquidateurs de la Sosaco, Ohadata J-04-369).

Art. 33 [mod.] La juridiction compétente qui constate la cessation des paiements prononce soit l'ouverture de la procédure de redressement judiciaire, soit l'ouverture de la liquidation des biens.

Elle prononce l'ouverture du redressement judiciaire :

– s'il lui apparaît que le débiteur a proposé un concordat sérieux, au sens de l'article 27 ci-dessus ou qu'un tel concordat a des chances sérieuses d'être obtenu ;

– ou, si une cession globale est envisageable.

Dans le cas contraire, elle prononce l'ouverture de la liquidation des biens. Dans la décision prononçant la liquidation des biens, la juridiction compétente fixe le délai au terme duquel la clôture de la procédure est examinée, sans que ce délai puisse être supérieur à dix-huit (18) mois après l'ouverture de la procédure. Si la clôture de la procédure ne peut être prononcée au terme de ce délai, la juridiction compétente peut proroger le terme de six (6) mois, une seule fois, après avoir entendu les justifications du syndic, par une décision spécialement motivée. A l'expiration de ce délai, la juridiction compétente prononce la clôture de la liquidation des biens, d'office ou à la demande de tout intéressé.

La décision d'ouverture d'un redressement judiciaire ou d'une liquidation des biens d'une personne morale produit ses effets à l'égard de tous les membres indéfiniment et solidairement responsables du passif de celle-ci et prononce, contre chacun d'entre eux, soit le redressement judiciaire, soit la liquidation des biens, en fonction de leur situation.

A toute époque de la procédure de redressement judiciaire, la juridiction compétente peut convertir celle-ci en liquidation des biens si les conditions de l'alinéa 2 ci-dessus ne sont plus remplies. Il est fait application des articles 36 à 38 ci-dessous.

En tout état de cause, à l'expiration d'un délai de six (6) mois à compter de la décision d'ouverture du redressement judiciaire, qui peut être prorogé une seule fois par la juridiction compétente, d'office ou à la demande du débiteur ou du syndic pour une durée de trois (3) mois, ladite juridiction convertit le redressement judiciaire en liquidation des biens, d'office ou à la demande de tout intéressé.

La décision de la juridiction compétente est susceptible d'appel. La juridiction d'appel qui annule ou infirme la décision de première instance peut prononcer d'office le redressement judiciaire ou la liquidation des biens et renvoyer à la juridiction de première instance pour la suite de la procédure, notamment pour la désignation du juge-commissaire.

Jurisprudence OHADA

I. Redressement judiciaire

A. Concordat sérieux

Le concordat sérieux est celui qui, tout en préservant et en favorisant l'assainissement de l'entreprise, assure le paiement des créanciers dans les conditions acceptables. Il doit donc comporter, d'une part, des mesures de redressement de l'entreprise et un plan de paiement des créanciers théoriquement satisfaisants et, d'autre part, des garanties d'exécution des engagements que contient la proposition de concordat (TGI Bobo-Dioulasso, nº 298, 29-12-2004 : Sté Sénéfura Sahel, Sté ACS-CI, Sté ALM international et SNTB c/ Sté Sopagri-SA, Ohadata J-05-235).

Obs. : sur d'autres arrêts relatifs au concordat sérieux, voir sous l'article 7.

Dans le même sens, et précisant que le critère de choix entre le redressement judiciaire et la liquidation des biens est le fait de proposer ou de ne pas proposer un concordat sérieux (TGI Bobo-Dioulasso (Burkina Faso), nº 308, 22-11-2006 : Boa & Fib c/ Soprofa & Sodégrain, Ohadata J-09-85).

B. Appréciation souveraine du concordat par les juges du fond

C'est en vertu de son pouvoir souverain d'appréciation, qu'une cour d'appel a examiné les pièces et éléments produits par une société débitrice à l'appui de sa proposition de concordat pour estimer que l'offre de concordat faite n'est pas sérieuse et que la liquidation de biens de ladite société se trouve être la solution sublime dans l'intérêt des créanciers (CCJA, 3e ch., nº 32, 8-12-2011 : Socalib c/ Collectif des travailleurs de la Socalib, Juris-Ohada, 2012, nº 2, 2012, avr.-juin, p. 29, Ohadata J-13-34).

C. Ouverture d'un redressement judiciaire

A été déclarée en redressement judiciaire :

– la société dont l'état de cessation des paiements est caractérisé et qui présente un concordat sérieux susceptible de préserver l'entreprise et d'assurer le paiement des créanciers, dans des conditions acceptables (TRHC Dakar, 14-8-2001 : Sté GPL Dakar Frais, Ohadata J-04-341) ;

– la société qui a présenté une requête accompagnée de la déclaration de cessation de paiement, de l'offre concordataire et de l'inventaire de ses biens, qui a pu négocier une location gérance et qui s'est attelée à trouver de nouvelles orientations (TRHC Dakar, nº 381, 5-3-2002 : Jugement commercial sur requête aux fins de déclaration de redressement judiciaire de la société Dasha International formulée par Me M. S., Ohadata J-05-45 ; TGI Ouagadougou, nº 234, 29-3-2000 : Requête de la SO.BU.CI aux fins de redressement judiciaire, Ohadata J-04-180 ;

– une société en cessation de paiement, dont la situation n'est pas irrémédiablement compromise et pour laquelle il existe des perspectives d'amélioration (TRHC Dakar (Sénégal), nº 099, 23-7-2004 : Sté SOTIBA SIMPAFRIC, Ohadata J-09-342 ; TGI Ouagadougou (Burkina Faso), nº 27, 14-3-2007 : Redressement judiciaire de la société ZST – Transport, Ohadata J-09-388 ; TGI Moungo (Cameroun), nº 32/CIV, 17-4-2008 : Mme F. S. c/ Sté F.S.I.C, note Yvette Kalieu Elongo, Ohadata J-09-247).

D. Prorogation du délai du redressement : homologation préalable du concordat non obligatoire

La cour d'appel qui a, à tort, considéré que l'homologation du concordat de redressement est un préalable obligatoire à la prorogation du délai de redressement, et a sanctionné de nullité le jugement, sanction qui n'est pas prévue par les textes énoncés, a violé la loi par une mauvaise application et en y ajoutant, exposant son arrêt à la cassation. Tel est le cas de l'arrêt qui a énoncé que « de la qualité du concordat dépend l'ouverture de la procédure de redressement […] ; qu'en d'autres termes, le tribunal pour n'avoir pas converti le redressement judiciaire en liquidation doit justifier de la prolongation du redressement judiciaire par un jugement homologuant le concordat […] ; les jugements du 6 septembre 2019 et du 21 février 2020 ont été rendus sans que les conditions de prorogation du jugement de redressement judiciaire du 21 février 2018 ne soient réunies faute de concordat homologué par le tribunal ; Attendu en conséquence que le jugement rendu par le tribunal de première instance de Port-Gentil en date du 21 février 2020 devra être frappé de nullité au regard des dispositions de l'Acte uniforme OHADA susvisées, dont l'application est d'ordre public […] ». Sur l'évocation, et en application de l'article 216, alinéa 1 de l'AUPCAP, l'appel du syndic désigné par le tribunal compétent par le jugement du 3 juin 2019 doit être déclaré irrecevable ; mais l'appel du ministère public relatif à la prorogation illégale du délai de redressement judiciaire pour une « durée exceptionnelle de quatorze mois » est recevable, en ce qu'il est conforme à l'article 33, paragraphe 7 de l'AUPCAP aux termes duquel « la juridiction compétente qui constate la cessation des paiements prononce soit l'ouverture de la procédure de redressement judiciaire, soit l'ouverture de la liquidation des biens […]. La décision de la juridiction compétente est susceptible d'appel » (CCJA, 1e ch., n° 112/2024, 25-4-2024).

II. Conversion d'un redressement en liquidation des biens

A. Justification de la conversion par l'absence d'homologation

Le jugement qui a justifié la conversion du redressement judiciaire en liquidation des biens par la non-homologation du concordat de redressement judiciaire doit être confirmé en application de l'article 33 de l'AUPCAP (CCJA, 1e ch., n° 149/2022, 3-11-2022).

B. Caractère d'ordre public du délai de conversion

L'article 33, alinéa 6 de l'AUPCAP prévoit qu'à l'expiration d'un délai de six mois à compter de la décision d'ouverture de redressement judiciaire, qui peut être prorogé **une seule fois** par la juridiction compétente, d'office ou à la demande du débiteur ou du syndic, **pour une durée de trois mois**, ladite juridiction convertit le redressement judiciaire en liquidation des biens, d'office ou à la demande de tout intéressé. En l'espèce, la durée du redressement judiciaire ayant déjà été prorogée de six mois, au lieu des trois mois prévus par la loi, par jugement du 6 septembre 2019, le tribunal a manqué à l'article 33, alinéa 6 de l'AUPCAP en concédant une seconde prorogation qualifiée d'« exceptionnelle » de quatorze mois, exposant son jugement à l'infirmation. De même, le jugement du 6 septembre 2019 sera annulé d'office pour avoir concédé, en violation du même article, une première prorogation de 6 mois au lieu de 3 mois (CCJA, 1e ch., n° 112/2024, 25-4-2024).

Obs. : la CCJA a surligné en gras, dans le corps de cet arrêt, les passages faisant ressortir le caractère d'ordre public du délai prévu dans cette disposition, ce qui, à notre connaissance, est inédit.

C. Appel possible contre le jugement de conversion du redressement

En application de l'article 33 in fine de l'AUPCAP, le jugement de conversion du redressement judiciaire en liquidation des biens peut faire l'objet d'un appel ; en revanche, l'article 216 du même texte proscrit, en son alinéa 1er, l'appel contre les jugements de nomination ou de remplacement de syndic. En présence d'un jugement comportant à la fois la conversion d'une procédure de redressement judiciaire en liquidation des biens et la désignation d'un syndic en remplacement d'un autre précédemment nommé lors de l'admission du débiteur sous le régime du redressement judiciaire, c'est en violation des articles 33 et 216 de l'AUPCAP qu'une cour d'appel a déclaré irrecevable l'appel interjeté, sans distinguer selon les deux parties du dispositif, un appel contre un tel jugement exposant son arrêt à la cassation. Sur l'évocation, et pour les mêmes motifs que ceux ayant entraîné la cassation, il convient de déclarer l'appel recevable en ce qui concerne la conversion du redressement judiciaire en liquidation des biens mais irrecevable pour la partie du jugement désignant un nouveau syndic (CCJA, 1e ch., n° 149/2022, 3-11-2022).

D. Unicité de la procédure collective ouverte même en cas de conversion d'un redressement en liquidation

Le fait pour le juge de reconsidérer sa décision de placer une société sous redressement judiciaire et de convertir la procédure en liquidation des biens, faute d'un concordat viable ou de perspectives heureuses pour l'entreprise, n'implique nullement l'existence d'un nouveau jugement d'ouverture, le jugement de conversion ne constituant qu'une suite de la procédure collective d'apurement du passif, déjà ouverte par le jugement ayant prononcé le redressement judiciaire (CCJA, 1e ch., n° 149/2022, 3-11-2022).

III. Liquidation des biens

A. Ouverture d'une liquidation des biens

Doit être déclaré(e) en liquidation des biens :

– le débiteur qui, en présence d'un arrêt définitif de cour d'appel le condamnant à payer à ses créanciers des sommes importantes, ne réagit pas à des commandements de payer qui lui sont adressés, ne serait-ce que par des paiements partiels ; car il est en état de cessation des paiements (TRHC Dakar, [date et n° non indiqués] : Egecom, Ecopres, Ets. Catim c/ Sté Sogeres, Ohadata J-05-53) ;

– la société qui éprouve d'énormes difficultés financières et est en cessation des paiements (TGI Ouagadougou, n° 432, 2-6-1999 : Requête de la Sofivar aux fins de liquidation des biens, Ohadata J-04-179 ; TRHC Dakar (Sénégal), n° 077, 12-3-2004 : Sté Industrielle de Confection Sénégalaise dite SICS, Ohadata J-09-336).

– la société qui, à la suite d'une ordonnance de suspension des poursuites individuelles, se trouve en état de cessation des paiements et ne présente pas de propositions concordataires (TRHC Dakar, n° 1538, 8-8-2000 : Liquidation des biens des Nouvelles Brasseries Africaines, Ohadata J-04-342) ;

– l'entreprise publique constituée sous forme de société commerciale dont l'actif disponible est inférieur à son passif exigible et qui ne peut, de ce fait,

apurer son passif (TGI Ouagadougou, nº 423, 25-4-2001, Ohadata J-03-94, obs. J. Issa-Sayegh ; Ohadata J-04-183 et J-04-186) ;
– la société dont aucune solution de redressement n'est possible (TGI Ouagadougou, nº 583, 13-6-2001 : Requête aux fins de liquidation des biens de la Sté Intelcom-Burkina SARL, Ohadata J-04-184) ; dans le même sens et prononçant directement la liquidation judiciaire à la demande du gérant d'une SARL dont le bilan des trois dernières années a été négatif : TR Niamey, nº 301, 2-10-2002 : Liquidation des biens CACI, Ohadata J-09-116 ; voir aussi : TGI du Noun (Cameroun), nº 21/CIV, 2006-2007 : SDV Cameroun contre S.E.F.N., note Yvette Kalieu, Ohadata J-09-242 ;
– la société dont le passif circulant est supérieur à son actif, s'il n'y a pas de possibilité de redressement judiciaire (TGI Ouagadougou, nº 790, 26-9-2001 : Requête aux fins de liquidation des biens de la Société de Pétrole TAGUI, Ohadata J-04-185) ;
– la société débitrice qui, après avoir reconnu sa dette et pris l'engagement de la payer suivant procès-verbal homologué par le tribunal, n'a ni respecté ses engagements, ni fait de propositions concordataires dans le délai légal, et dont la situation est irrémédiablement compromise (TRHC Dakar, com., nº 422 SDV, 6-3-2002 : Sénégal c/ Sté Sosetra, Ohadata J-05-47) ;
– la société dont de nombreux créanciers refusent d'accepter le plan de concordat proposé, en l'absence d'engagement des partenaires importants (TGI Ouagadougou, nº 224, 20-3-2002 : Requête aux fins de liquidation judiciaire de la Sotrao, Ohadata J-04-187) ;
– la société réunissant les conditions d'une cessation de paiement, des scellés devant être apposés sur ses biens (TGI Ouagadougou, nº 455, 24-4-2002 : Liquidation des biens de la Sté Briqueteries du Faso (SBF), Ohadata J-04-16) ;
– la société qui a constamment des bilans déficitaires depuis plusieurs années, a cessé toute activité et pour laquelle aucun concordat n'a été proposé (TGI Bobo-Dioulasso (Burkina Faso), nº 248, 9-8-2006 : BSGB – SARL, Ohadata J-09-94 ; TRHC Dakar (Sénégal), nº 081, 9-4-2004 : TRANSCAM, Ohadata J-09-325 ; TRHC Dakar (Sénégal), nº 133, 11-3-2005 : Sté SENELAC S.A., Ohadata J-09-332). Dans le même sens et à propos de la cessation d'activité : TGI Bobo-Dioulasso (Burkina Faso), nº 018, 4-6-2008 : Sté TARA Sarl, Ohadata J-09-101 ;
– la société qui a cessé toute activité depuis plus d'une dizaine d'années sans payer ses dettes et sans avoir été dissoute (TRHC Dakar (Sénégal), nº 124, 14-1-2005 : Sté Nationale de Recouvrement dite S.N.R c/ Entreprise Sénégalaise de Rotin dite E.S.R, Ohadata J-09-331). Dans le même sens et à propos de l'absence d'activité : TRHC Dakar (Sénégal), nº 145, 10-6-2005 : S.G.B.S c/ Sté MT Galerie SARL, Ohadata J-09-334) ; (TGI Ouagadougou (Burkina Faso), nº 038/07, 25-4-2007 : BACB & Direction du Contentieux de l'État c/ Sté FLEX FASO, Ohadata J-09-374 ;
– la société débitrice d'un montant de 16.004.750 F CFA depuis plus de quatre ans, qui a « disparu physiquement » et dont aucun représentant légal ne se trouvait plus au siège, si bien que « les différents actes d'exécution sont restés vains » (TRHC Dakar (Sénégal), nº 055, 12-12-2003 : S.A.S.I.F. c/ E.E.X.I.M.C.O.R., Ohadata J-09-328 ; Obs. Joseph Issa-Sayegh) ;
– la société qui est dans l'impossibilité de présenter un concordat sérieux et pour laquelle aucune possibilité n'est envisagée pour un redressement éventuel (TGI Ouagadougou, nº 20, 29-1-2003 : Requête de I.F.E.X. aux fins d'être admise au bénéfice du règlement préventif, Ohadata J-04-188 ; J-04-44, note anonyme) ;
– la société dont les chiffres relevés au titre de la situation de l'endettement restent très élevés et constants (en raison d'états financiers de synthèse déficitaires pour les trois dernières années) tandis que les perspectives envisagées sont quasi inexistantes (TGI Ouagadougou, nº 341, 16-7-2003 : Requête aux fins de liquidation des biens de la CNEA, Ohadata J-04-255) ;
– la société qui, en cessation de paiement, ne peut faire face à son fonctionnement propre sans appui extérieur et dont le fonctionnement est bloqué, notamment par le gel des activités et la suspension du contrat des travailleurs (TGI Ouagadougou, nº 389, 17-9-2003 : Requête de la Sté Sahel Cie (Sosaco) aux fins de liquidation des biens, Ohadata J-05-218 ; J-04-140, J-04-145 et J-04-146).

Obs : sur la dissolution anticipée d'une SARL prononcée par un tribunal à la demande d'un des associés, pour divergences profondes entre associés, volonté commune de mettre fin à la société et cessation de paiement, voir note sous l'AUSCGIE, article 371 (TRHC Dakar, nº 089, 14-5-2004 : J. G. Y. L. c/ SARL S.S.B et S.S.B.M, Ohadata J-05-282).

C'est par une saine application des articles 25 et 33 de l'AUPCAP qu'une cour d'appel a confirmé un jugement d'instance qui a prononcé la liquidation des biens en se fondant sur les conclusions de l'expert désigné qui a constaté que la demanderesse, en état de cessation des paiements, avait un passif exigible supérieur à son actif réalisable et disponible de plus de 26 milliards de francs CFA, de sorte qu'elle est dans l'impossibilité de faire face à son passif exigible et qu'en plus, le plan de restructuration présenté ne peut être réalisé faute de ressources financières. Les moyens ne sont pas fondés et doivent être rejetés (CCJA, 3e ch., nº 22, 6-12-2011 : La Cie Cotonnière Ivoirienne c/ T. et G., Juris-Ohada 2012, nº 2, avr.-juin, p. 32, Ohadata J-13-35, J-13-150).

Il ne peut être reproché à une cour d'appel d'avoir statué ultra petita en prononçant la liquidation d'une société alors que les demandeurs n'ont saisi le tribunal que pour le paiement, sous huitaine, de leurs droits, arriérés de salaires et autres droits conventionnels, dès lors qu'aussi bien le tribunal que la cour d'appel ne se sont pas prononcés sur les demandes initiales du collectif des travailleurs, mais se sont plutôt saisis d'office en raison des informations fournies par ce dernier pour statuer comme ils l'ont fait (CCJA, 3e ch., nº 32, 8-12-2011 : Socalib c/ Collectif des travailleurs de la Socalib, Juris-Ohada, 2012, nº 2, 2012, avr.-juin, p. 29, Ohadata J-13-34).

Aucun concordat de redressement n'ayant été présenté par les divers syndics, plus de cinq ans après le jugement ouvrant la procédure de redressement desdites sociétés, soit bien au-delà de la période légale prévue pour une telle procédure collective, il convient, en application de l'article 33, alinéa 7 de l'AUPCAP, de prononcer d'office l'ouverture de la procédure de liquidation des biens des sociétés concernées, pour une période de dix-huit mois, et de renvoyer le dossier au tribunal compétent pour la suite de la procédure, notamment pour la désignation des organes de ladite liquidation (CCJA, 1e ch., nº 112/2024, 25-4-2024).

B. Refus d'ouvrir une liquidation des biens

Le juge qui a ordonné la liquidation des biens d'une société en méconnaissance des prescriptions des articles 25, 26 et 32 de l'AUPCAP a violé gravement la loi et sa décision doit être annulée (CA Ouagadougou, civ. et com., nº 84, 21-11-2003 : Sosaco c/ Syndics liquidateurs de la Sosaco, Ohadata J-04-369).

C. Liquidation des biens par conversion d'un redressement judiciaire

Si le débiteur n'exécute pas ses engagements dans les délais fixés par le plan, le tribunal peut, d'office ou à la demande d'un créancier, du commissaire à l'exécution du plan ou du procureur du Faso prononcer la résolution du plan et l'ouverture d'une procédure de liquidation des biens, sans avoir à constater la cessation des paiements, pour peu que le débiteur ne soit pas ou ne soit plus dans la possibilité de proposer un concordat sérieux (TGI Ouagadougou, nº 90 bis, 24-1-2001 : Conversion du redressement judiciaire de Flex-Faso en liquidation des biens, Ohadata J-04-181).

D. Effets de l'omission de fixer un délai pour la clôture de la liquidation : recevabilité de la requête en restitution soumise au juge-commissaire

Lorsque le jugement d'ouverture d'une procédure de liquidation d'une société, désormais passé en force de chose jugée irrévocable, n'a fixé aucun délai pour l'examen de la clôture de cette liquidation et qu'aucune clôture de celle-ci n'a été prononcée, ni d'office ni à la demande de tout intéressé, y compris la créancière, la requête en restitution, soumise par le syndic au juge-commissaire, compétent pour statuer sur les demandes, contestations et revendications relevant de sa compétence aux termes de l'article 40 de l'AUPCAP, et qui ne constitue pas une action en déclaration d'inopposabilité, n'encourt aucune irrecevabilité. De plus, l'ordonnance initiale du juge-commissaire de la liquidation de la société en cause ayant été annulée (par arrêt de la CCJA n'ayant ni examiné ni statué sur la requête du syndic ou sur l'une quelconque des demandes qu'elle contient) pour avoir été prise sur autosaisine de ce juge, et sur aucune requête de l'une quelconque des parties, sans préjudicier sur le fond, le juge-commissaire qui a statué sur ces demandes contenues dans la nouvelle requête du syndic n'a commis aucun grief, l'autorité de la chose jugée s'attachant exclusivement à ce qui a été jugé. Il s'ensuit que l'irrecevabilité soulevée n'est pas fondée et mérite d'être rejetée (CCJA, 2e ch., nº 193/2023, 26-10-2023).

E. Effets de l'ouverture d'une procédure de liquidation : impossibilité de conclure une fusion

Une société en liquidation de biens ne saurait conclure, sans fraude, une opération de fusion-absorption, non prévue par l'AUPCAP (CCJA, 1e ch., nº 204/2022, 29-12-2022).

Art. 33-1 [nouv.] En cas de conversion d'une procédure de redressement judiciaire en liquidation des biens, les personnes qui avaient consenti dans le concordat de redressement judiciaire un nouvel apport en trésorerie au débiteur en vue d'assurer la poursuite de l'activité de l'entreprise débitrice et sa pérennité sont payées au titre du privilège selon les rangs prévus par les articles 166 et 167 ci-dessous.

Les personnes qui fournissent un nouveau bien ou service en vue d'assurer la poursuite de l'activité de l'entreprise débitrice et sa pérennité bénéficient du même privilège pour le prix de ce bien ou de ce service.

Cette disposition ne s'applique pas aux apports consentis dans le cadre d'une augmentation du capital social du débiteur.

Les créanciers du débiteur ne peuvent en aucun cas bénéficier de ce privilège pour des créances nées antérieurement à l'ouverture du redressement judiciaire.

Art. 34 [mod.] La juridiction compétente doit fixer provisoirement la date de cessation des paiements, faute de quoi celle-ci est réputée avoir lieu à la date de la décision qui la constate.

La date de cessation des paiements ne peut être antérieure de plus de dix-huit (18) mois au prononcé de la décision d'ouverture. Sauf cas de fraude, elle ne peut être reportée à une date antérieure à la décision définitive ayant homologué le concordat préventif.

La juridiction compétente qui modifie, dans les limites fixées à l'alinéa précédent, la date de cessation des paiements par une décision postérieure à la décision d'ouverture statue par une décision spécialement motivée.

Toute demande tendant à faire fixer la date de cessation des paiements à une autre date que celle fixée par la décision d'ouverture ou une décision postérieure n'est pas recevable après la convocation de l'assemblée concordataire prévue à l'article 122 ci-dessous ou après expiration d'un délai d'un an à compter de la décision prononçant la liquidation des biens.

Jurisprudence OHADA

I. Fixation de la date de cessation des paiements

A. Respect du délai de 18 mois

La date de cessation des paiements a été provisoirement fixée au 17 octobre 1999 pour une société qui était en cessation des paiements de façon constante depuis 1998, selon le rapport d'administration provisoire (TGI Ouagadougou, n° 423, 25-4-2001, Ohadata J-03-94, obs. J. Issa-Sayegh ; Ohadata J-04-183 et J-04-186).

Pour une société mise en redressement judiciaire par décision du 29 avril 2008, la cour d'appel qui a fixé la date de la cessation des paiements au 29 avril 2009, à la suite du jugement d'ouverture de redressement judiciaire intervenu le 29 octobre 2008 au vu du rapport de l'expert, soit dans les délais de 18 mois, n'a pas violé l'article 34 de l'AUPCAP qui prescrit que la date de cessation des paiements ne peut être antérieure de plus de dix-huit mois au prononcé de la décision d'ouverture (CCJA, 3e ch., n° 152, 27-10-2016 : Biao-Ci devenue NSIA Banque CI c/ Cie africaine de transit dite Catrans, Ohadata J-17-92).

B. Prise en compte de la procédure ouverte par la juridiction d'un État étranger

Lorsqu'il est de notoriété publique, tel que cela résulte de la presse écrite, que le débiteur est en cessation des paiements prononcée par le tribunal d'un autre État membre de l'OHADA qui a prononcé sa liquidation, il y a lieu de constater la cessation de paiements de ce débiteur à la même date que celle fixée par la décision étrangère (TRHC Dakar, 27-8-2002 : le Procureur de la République c/ Sté Air Afrique, Ohadata J-03-43).

II. Modification de la date de cessation des paiements

Rejet de la demande formulée hors délai. La saisine du tribunal aux fins de modification de la date de la cessation des paiements par une décision postérieure à la décision d'ouverture ne peut se faire en méconnaissance des règles (nationales) d'organisation judiciaire régissant l'appel et ses effets, qui sont des principes d'ordre public pour lesquels l'OHADA n'a pas compétence législative pour en modifier les règles (TR Niamey, n° 141, 7-5-2003 : El Hadji M. Z. c/ C. et Y. B., syndic de liquidation, Ohadata J-09-118).

Obs. : contrairement à ce qui est indiqué à la fin de cette décision, les règles de procédure édictées par le législateur de l'OHADA ont la primauté sur les règles de procédure nationales régissant les matières couvertes par le droit de l'OHADA. Il faudrait simplement comprendre par cette décision que les règles de l'AUPSRVE se conjuguent avec les dispositions nationales de procédure en cas d'imprécision des Actes uniformes ou pour les aspects de la procédure qu'elle n'aborde pas, ce qui n'était pas le cas dans l'espèce. En dehors de la querelle des parties sur l'effet dévolutif de l'appel, les juges du fond auraient simplement pu constater l'irrecevabilité de l'appel en rappelant que le délai de 15 jours prévu par l'article 88, al. 1 de l'AUPCAP n'a pas été respecté. En effet, selon l'alinéa 2 de l'article 88 du même Acte uniforme, l'opposition est ouverte également au « débiteur ou toute personne intéressée, dans les mêmes conditions ».

JURISPRUDENCE COMPARÉE

France

A. Date de cessation des paiements pouvant être retenue

La date de cessation des paiements a été reportée à la clôture de l'exercice qui dégageait une perte de cinq millions pour un chiffre d'affaires de huit millions, compte tenu de ce que l'exercice précédent faisait déjà apparaître une perte largement supérieure au montant du capital social, que des dettes exigibles avaient été laissées en souffrance dès le début de l'exploitation et que le passif exigible n'était pas totalement apuré malgré des apports en compte courant et une augmentation de capital (CA Paris 22-3-1996, 3e ch. B : D. 1996.IR.111).

Pour décider du report de la date de cessation des paiements, les juges ont pu se fonder sur le rapport d'un cabinet d'expertise comptable qui avait été chargé par le tribunal d'analyser les causes des difficultés des sociétés d'un groupe et qui n'avait pas outrepassé son mandat en procédant à la constatation des faits permettant au juge de déterminer un état de cessation des paiements antérieur à celui initialement fixé ; ne constituant pas une mesure d'expertise au sens de l'article 265 du nouveau Code de procédure civile, il n'y avait pas donc lieu d'écarter des débats ce rapport établi à titre de simple renseignement dès lors qu'il avait été régulièrement communiqué et discuté par les parties (Cass. com. 8-6-1999 : RJDA 8-9/99 n° 958).

En cas de règlement amiable ouvert au profit du débiteur, le tribunal saisi d'une procédure collective peut fixer la cessation des paiements à une date à laquelle le débiteur bénéficiait de reports d'échéances résultant d'un accord de règlement amiable (CA Rennes, 2e ch., 23-9-1998 : JCP (éd. E) 2000.1078 obs. F.-X. Lucas).

B. Date de cessation des paiements ne pouvant pas être retenue

La date de cessation des paiements ne peut pas être reportée :

– au jour du premier dépôt de bilan dès lors qu'un jugement antérieur ayant force de chose jugée a refusé d'ouvrir la procédure au motif que le débiteur n'était pas en état de cessation des paiements (Cass. com. 20-6-1995 : RJDA 12/95 n° 1442) ;

– en cas de règlement amiable ouvert au profit du débiteur, sans tenir compte des reports d'exigibilité des créances constatées par le protocole homologué prévoyant l'apurement du passif du débiteur objet du règlement amiable, ni rechercher si ce débiteur avait bénéficié d'un report d'échéance des « créanciers non appelés » qui aurait contribué à différer la survenance de son état de cessation des paiements ; Sous réserve de vérification du passif exigé, la date de cessation des paiements peut être reportée, même en cas de règlement amiable, car ni l'ordonnance ouvrant ce règlement, ni l'ordonnance suspendant les poursuites, ni l'ordonnance homologuant l'accord n'ont autorité de chose jugée quant à la date de cessation des paiements (Cass. com. 14-5-2002 : RJDA 10/02 n° 1046, cassant CA Rennes 23-9-1998 : JCP (éd. E) 2000.1078 obs. F.-X. Lucas).

Art. 35 [mod.] Dans la décision d'ouverture de la procédure de redressement judiciaire ou de liquidation des biens, la juridiction compétente désigne le juge-commissaire parmi les juges du siège de la juridiction saisie, à l'exclusion de son président, sauf si celui-ci est juge unique. Elle peut également, si elle l'estime nécessaire, désigner un juge-commissaire suppléant.

La juridiction compétente désigne également le ou les syndics sans que leur nombre puisse excéder trois (3). L'expert désigné pour le règlement préventif d'un débiteur ne peut être désigné comme syndic.

Le greffe de la juridiction adresse sans délai une copie de la décision au ministère public.

JURISPRUDENCE OHADA

I. Juridiction compétente

Il ressort de l'article 35 de l'AUPCAP (ancien) que le législateur OHADA n'a pas entendu faire du juge-commissaire le juge de l'urgence de l'article 49 de l'AUPSRVE, celui-ci n'intervenant que lorsqu'a été engagée une procédure relative à une mesure d'exécution forcée ou une saisie conservatoire au sens des articles 1 et 49 de l'AUPCAP. La demande de compensation formulée par le pourvoyant n'étant pas comprise dans le domaine d'application de cet article 49, il s'ensuit que les deux moyens doivent être rejetés comme non fondés (CCJA, ass. plén., n° 057, 23-4-2014 : Maître Galolo Soedjede c/ OTP, Ohadata J-15-148).

II. Nomination d'un troisième syndic

Le règlement des droits des travailleurs initié par les syndics constitue une étape essentielle pour la suite du bon déroulement des travaux dans le règlement d'une procédure collective, et le rôle des syndics apparaît comme étant une nécessité à ce stade. Néanmoins, eu égard aux difficultés relationnelles entre syndics et collège des délégués, un troisième syndic peut être nommé conformément aux articles 35 et 41 de l'AUPCAP (TGI Ouagadougou, n° 939, 28-11-2001 : Syndics liquidateurs de Faso Fani c/ Travailleurs de Faso Fani, Ohadata J-04-186 ; J-04-183).

III. Impossibilité d'être désigné comme syndic pour une société dont on a été l'expert désigné

Il résulte de l'article 35, al. 2 de l'AUPCAP que c'est exclusivement la désignation comme expert du règlement préventif d'un débiteur qui empêche d'être ensuite désigné comme syndic du redressement judiciaire du même débiteur. En l'espèce, pour recevoir l'action initiée au nom d'une société en liquidation par une personne déjà désignée expert, la cour d'appel énonce qu'il est démontré qu'il n'a jamais pu exercer la mission d'expert de cette société puisqu'il en avait été empêché sans raison valable par les dirigeants sociaux de l'époque et avait dû par conséquent renoncer à cette mission en adressant son désistement au tribunal qui avait pris acte. D'une part, en se déterminant ainsi alors que l'intéressé n'avait pas renoncé à sa mission d'expert dès la notification de la décision le nommant mais après avoir pris ses fonctions et rencontré quelques difficultés, de sorte que sa désignation comme expert était un fait constant duquel la cour d'appel devait tirer les justes conséquences quant à la capacité de ce dernier à être par la suite désigné syndic ; d'autre part, en distinguant selon que la désignation en qualité d'expert est ou non suivie de l'exercice de cette mission, la cour d'appel introduit une discrimination non prévue par la loi qui établit l'incompatibilité entre la désignation comme expert et la nomination comme syndic d'une même structure ; la violation de l'article 35 précité étant caractérisée, la cassation est encourue. Sur l'évocation, et pour les mêmes motifs que ceux ayant entrainé a cassation, il y a lieu de constater que l'intéressé n'était plus qualifié pour être désigné syndic de la société après avoir été désigné expert pour le règlement préventif de la même entreprise en difficulté ; les dispositions de l'article 35 précité étant d'ordre public, leur vigueur ne saurait être évincée par l'autorité de chose jugée d'une décision du juge du fond qui les aurait de toute évidence méconnues. Il y a donc lieu d'infirmer le jugement entrepris, de statuer à nouveau en déclarant l'action irrecevable sans qu'il soit nécessaire d'examiner les autres moyens tendant aux mêmes fins (CCJA, 1e ch., n° 116/2021, 3-6-2021 : Orabank Gabon c/ La société STSI Boccard SARL en liquidation ; voir aussi CCJA, 1e ch., n° 130/2021, 24-6-2021 : Union Gabonaise de banque c/ Ndoye Loury Athanase et la liquidation STSI Boccard Gabon SA ; CCJA, 1e ch., n° 131/2021, 24-6-2021 : SARL BBM Gabon c/ Ndoye Loury Athanase et la liquidation STSI Boccard Gabon SA).

Art. 36 [mod.] Le greffe de la juridiction compétente porte mention, sans délai, de la décision d'ouverture d'une procédure collective au Registre du commerce et du crédit mobilier.

Si le débiteur est une personne morale de droit privé non commerçante, la mention est portée au registre chronologique ; en outre, une fiche est établie au nom du débiteur au fichier alphabétique avec mention de la décision la concernant ; il est indiqué les noms, prénoms et adresses du ou des dirigeants sociaux ainsi que le siège de la personne morale.

Si le débiteur est une personne physique ou morale exerçant une profession ou une activité libérale soumise à un statut réglementé, la décision est également, à la diligence du greffe, notifiée au représentant légal de son ordre professionnel ou de son autorité compétente.

Art. 37 [mod.] La décision d'ouverture de la procédure de redressement judiciaire ou de liquidation des biens est publiée à la diligence du greffe de la juridiction compétente, dans un journal d'annonces légales diffusé à partir du lieu du siège de la juridiction compétente. Sans préjudice de cette publication, une publicité supplémentaire peut également être faite dans tous autres média.

Cette publicité est, en outre, effectuée dans un journal d'annonces légales du lieu de chacun des établissements secondaires du débiteur si le journal habilité à recevoir des annonces légales du siège n'y est pas diffusé.

Elle contient les indications suivantes : le nom du débiteur ; son domicile ou son siège social ; son numéro d'immatriculation au Registre du commerce et du crédit mobilier ou son numéro de déclaration d'activité ; la date de la décision d'ouverture et le type de procédure collective. Elle doit également indiquer le nom et l'adresse du syndic auprès duquel les créanciers doivent produire leurs créances, le délai de production de ces créances et reproduire intégralement l'article 78 ci-dessus.

Une deuxième publicité doit être faite, dans les mêmes termes, à la diligence du greffe de la juridiction compétente, au plus tôt dans les quinze (15) jours et au plus tard dans les trente (30) jours à compter de la date de la première publicité.

Art. 38 [mod.] Le syndic vérifie que les mentions et publicités prévues aux articles 36 et 37 ci-dessus ont été accomplies.

Si tel n'est pas le cas, il fait procéder, sous sa responsabilité, à l'accomplissement de ces formalités dans les meilleurs délais.

Il est en outre tenu, si le débiteur est propriétaire de biens immobiliers, de publier la décision d'ouverture du redressement judiciaire ou de la liquidation des biens, conformément aux dispositions organisant la publicité foncière.

Chapitre II
ORGANES DU REDRESSEMENT JUDICIAIRE ET DE LA LIQUIDATION DES BIENS

Section I • JUGE-COMMISSAIRE

Art. 39 [mod.] Le juge-commissaire veille, sous l'autorité de la juridiction compétente, au déroulement régulier et rapide de la procédure de redressement judiciaire ou de liquidation des biens, à la protection des intérêts en présence et à l'atteinte des objectifs poursuivis.

La fonction de juge-commissaire est exclusive de l'exercice de toute autre attribution juridictionnelle relative à la procédure collective pour laquelle il a été désigné en cette qualité.

Le juge-commissaire recueille tous les éléments d'information qu'il juge utiles. Il peut, notamment, entendre le débiteur ou les dirigeants sociaux de la personne morale, leurs préposés, les créanciers ou toute autre personne, y compris le conjoint ou les héritiers connus du débiteur décédé en état de cessation des paiements.

Nonobstant toute disposition législative ou réglementaire contraire, le juge-commissaire peut obtenir communication, par les commissaires aux comptes, les comptables, les représentants du personnel, les administrations et organismes publics, les organismes de prévoyance et de sécurité sociales, les établissements bancaires et financiers ainsi que les services chargés de centraliser les risques bancaires et les incidents de paiement, des renseignements de nature à lui donner une information exacte sur la situation économique, financière et sociale de l'entreprise.

Il contrôle également les activités des syndics et rédige un rapport à l'attention de la juridiction compétente tous les trois (3) mois et à tout moment à la demande de cette dernière.

Le juge-commissaire fait rapport à la juridiction compétente de toutes contestations ou différends nés de la procédure collective.

La juridiction compétente peut, à tout moment, procéder au remplacement du juge-commissaire et du syndic.

JURISPRUDENCE OHADA

Remplacement du juge-commissaire

En cas de changement de fonctions du juge-commissaire désigné, il convient de le remplacer par la désignation d'un autre juge (TGI Moungo (Cameroun), n° 17/CIV, 5-4-2007 : La liquidation des Etablissements Gortzounian ayant pour cosyndics Me Y. & Monsieur A. E. c/ qui de droit, Ohadata J-09-249, note Yvette Kalieu Elongo).

Obs. : dans le cas d'espèce, le juge-commissaire initialement désigné a été nommé au parquet de la juridiction d'une autre ville et son remplacement s'imposait.

Dans le même sens, et sur une requête introduite par le président de la juridiction compétente (TRHC Dakar (Sénégal), n° 138, 25-3-2005 : Saisine sur requête du Président du tribunal aux fins de changement des juges-commissaires, Ohadata J-09-333).

Il en est de même lorsque le juge-commissaire initialement désigné n'exerce plus dans la juridiction compétente (TRHC Dakar (Sénégal), n° 123, 24-12-2004 : Sté BAMTARI BATIMET SARL, Ohadata J-09-343).

JURISPRUDENCE COMPARÉE

France

Remplacement du juge-commissaire

Reprise des débats. Il appartient aux juges devant lesquels l'affaire a été débattue d'en délibérer et, en cas de changement dans la composition de la juridiction, il y a lieu de reprendre les débats ; par suite, en cas de décès du juge-commissaire devant qui avait été débattue par les parties en audience de l'admission d'une créance, le nouveau juge-commissaire l'ayant remplacé ne pouvait pas statuer sans reprendre les débats (Cass. 2e civ. 24-9-1997 : DA 1997.1221).

Art. 40 [mod.] Le juge-commissaire statue sur les demandes, contestations et revendications relevant de sa compétence dans le délai de huit (8) jours à compter de sa saisine. S'il n'a pas statué dans ce délai, il est réputé avoir rendu une décision de rejet.

Les décisions du juge-commissaire sont immédiatement déposées au greffe qui les communique sans délai au président de la juridiction compétente et les notifie, par lettre au porteur contre récépissé ou par lettre recommandée avec demande d'avis de réception ou par tout moyen laissant trace écrite, à toutes personnes à qui elles sont susceptibles de faire grief.

Ces décisions peuvent être frappées d'opposition formée par simple déclaration au greffe de la juridiction compétente dans les huit (8) jours de leur dépôt ou de leur notification ou suivant le délai prévu à l'alinéa premier du présent article. Pendant ce même délai, la juridiction compétente peut se saisir d'office et réformer ou annuler les décisions du juge-commissaire.

La juridiction compétente statue à la première audience utile.

JURISPRUDENCE OHADA

I. Compétence exclusive, mais limitée dans le temps, du juge-commissaire

A. Exclusivité de la compétence du juge-commissaire

À compter de l'ouverture d'une procédure collective, toutes les poursuites contre la société en redressement sont suspendues et seul le juge-commissaire a compétence pour trancher toute difficulté, dès lors que la loi n'a pas attribué compétence à un autre organe. Lorsque la revendication concerne un prélèvement par un prétendu créancier, en dehors du cadre de redressement établi par l'AUPCAP, le litige porte ainsi sur une somme à reverser dans le compte de la société en redressement et à mettre plus tard à la disposition de la masse des créanciers, et relève bien des cas visés par l'article 40 de l'AUPCAP (CCJA, 2e ch., nº 010/2013, 7-3-2013 : BGFIBANK c/ Sté de la haute Mondah dite SHM, représentée par Monsieur E. R. D., syndic, Rec. jur. CCJA, nº 20, vol. 2, janv.-déc. 2013, p. 26-28 ; Ohadata J-15-10).

B. Dessaisissement du juge-commissaire qui n'a pas statué dans le délai imparti

Il résulte de l'article 40, al. 1 de l'AUPCAP que le juge-commissaire est dessaisi de toute requête entrant dans son champ de compétence qu'il n'a pas traitée dans un délai de huit jours. En l'espèce, le juge-commissaire a été saisi de la requête en restitution d'une société en liquidation le vendredi 21 août 2020 ; le délai de sa décision étant franc, il avait jusqu'au 29 août 2020 qui était plutôt un samedi, de sorte que ce délai était de droit prorogé jusqu'au lundi 31 août 2020, premier jour ouvrable suivant. À partir du mardi 1er septembre 2020, le juge-commissaire n'était plus saisi de la requête de la société qui, par l'effet de la loi, était rejetée, à charge par la société d'exercer ses recours. En conséquence, l'ordonnance du 14 septembre 2020, querellée, n'a jamais été rendue sur la base d'une requête de la liquidation puisqu'il n'est pas démontré que celle-ci en avait présenté une autre ; cette décision procède plutôt d'une auto-saisine du juge-commissaire, que l'article 40 précité ne lui reconnait aucunement. Le juge-commissaire s'étant d'office saisi pour rendre sa décision, le tribunal appelé à statuer sur l'opposition à cette décision ne pouvait pas valablement examiner la demande de restitution rattachée à la décision fondant sa saisine dont il a pourtant admis la nullité ; en le faisant, alors qu'il lui incombe de contrôler la légalité des actes du juge-commissaire, il a violé la loi, exposant son jugement attaqué à la cassation. Sur l'évocation et pour les mêmes motifs que ceux ayant entraîné la cassation, il y a lieu d'annuler l'ordonnance rendue par le juge-commissaire (CCJA, 1e ch., nº 102/2021, 27-5-2021 : BGFIBANK-Gabon SA c/ Société Air Services Gabon en liquidation).

II. Délai de recours contre la décision du juge-commissaire

Le juge-commissaire saisi d'une demande de contestation ou de revendication est tenu de statuer dans un délai de huit jours et, à défaut, on considère qu'il a rendu une décision de rejet. De même lorsqu'il rend une décision explicite, celle-ci est susceptible d'opposition dans un délai de huit jours. Mais lorsque la décision est implicite, le demandeur dispose de huit jours supplémentaires, à partir du jour où le juge-commissaire est réputé avoir rendu une décision de rejet, pour former opposition. Le silence du juge-commissaire valant rejet implicite de sa demande, le fait pour une partie de n'avoir pas réagi jusqu'à l'expiration du délai de huit jours, alors qu'elle en avait la possibilité, emporte son acquiescement de la décision de rejet (CA Ouagadougou, ch. civ. et com., nº 10, 16-1-2004 : Sté des ciments d'Abidjan (S.C.A) c/ Sté des ciments et matériaux du Burkina (Cimat), Ohadata J-09-13).

L'opposition est la voie de recours par excellence de toutes décisions relevant de la compétence du juge-commissaire et au cas où un texte spécial ne régit l'opposition pour une étape spécifique de la liquidation. Il en résulte que le délai d'opposition contre l'ordonnance de répartition des deniers était bien de 8 jours, au-delà duquel l'opposition est irrecevable (TRHC Dakar (Sénégal), nº 38, 11-7-2003 : S.D.E., Sté Fermon Labo, Sté Eagle Sécurité, C.S.S. et E. G. c/ I. N., Ohadata J-09-329).

Point de départ du délai d'opposition. Le délai d'opposition court dans tous les cas à compter de la notification par les soins du greffier par lettre recommandée ou tout autre moyen laissant trace écrite. En l'absence de cette formalité le délai ne peut pas courir et l'opposition formée dans ces conditions est recevable (TGI Bobo-Dioulasso (Burkina Faso), nº 106, 30-5-2002 : P. S. c/ Sopagri-SA et Sofidec, Ohadata J-09-58).

III. Opposition

A. Recevabilité de l'opposition

1º Opposition formée par voie d'huissier en l'absence de préjudice

L'opposition formée par exploit d'huissier au lieu d'une simple déclaration au greffe comme le prévoit l'article 40, al. 3 de l'AUPCAP ne peut être sanctionnée par la nullité sans la preuve d'un préjudice, le législateur de l'AUPCAP n'ayant pas prévu cette sanction (TGI Bobo-Dioulasso (Burkina Faso), nº 106, 30-5-2002 : P. S. c/ Sopagri-SA et Sofidec, Ohadata J-09-58).

Obs. : cette décision est d'autant plus justifiée que l'article 40 prévoit désormais aussi la notification par tout moyen laissant trace écrite, qui inclut nécessairement les exploits d'huissiers.

2º Opposition formée dans le délai imparti

L'opposition formée dans le délai imparti à la suite de la signification de l'ordonnance du juge-commissaire est recevable (CCJA, 2e ch., nº 193/2023, 26-10-2023).

B. Effets de l'opposition

Tant qu'elle est pendante, la procédure sur opposition paralyse les effets de l'ordonnance du juge-commissaire. Il en résulte, en l'espèce, que l'opposition entraîne la suspension de l'enlèvement du matériel ordonnée par le juge-commissaire et l'ordonnance ayant autorisé le contraire doit être rétractée (CA Abidjan (Côte d'Ivoire) 5e ch. civ. et com. B, n° 829, 26-7-2005 : Imprintans-Ci SARL c/ Sippi, Ohadata J-08-35).

Obs. : sur la distinction avec les autres recours en matière de redressement judiciaire, voir sous l'article 217.

IV. Impossibilité de saisir directement la CCJA

L'ordonnance faisant l'objet du présent pourvoi ayant été rendue par le président du TGI du Wouri à Douala, en sa qualité de juge-commissaire chargé de la liquidation judiciaire de la société défenderesse, conformément aux dispositions de l'article 40, al. 3 de l'AUPCAP, ladite ordonnance pouvait être frappée d'opposition dans un délai de huit jours, ou alors la juridiction compétente, à savoir le TGI du Wouri à Douala pouvait, dans le même délai, s'en saisir d'office et la réformer ou l'annuler. L'ordonnance attaquée n'étant donc ni une décision rendue sur opposition, ni une décision rendue sur saisine d'office par la juridiction compétente, lesquelles décisions ne sont susceptibles que de pourvoi en cassation, conformément à l'article 216 précité de l'AUPCAP, elle ne saurait prématurément faire l'objet de pourvoi en cassation devant la CCJA. Il s'ensuit que le pourvoi formé contre l'ordonnance attaquée est irrecevable (CCJA, 1e ch., n° 007, 28-2-2008 : SFIC S.A c/ Liquidation banque méridien Biao Cameroun, Juris-Ohada n° 3, juill.-sept. 2008, p. 12, Rec. jur. CCJA, n° 11, janv.-juill. 2008, p. 5, Ohadata J-09-39 et J-09-319, Actualités juridiques n° 62, p. 64).

Jurisprudence comparée

France

A. Notification de l'ordonnance du juge-commissaire

1° Non-obligation de notifier à ceux qui n'ont pas de titre pour s'opposer à l'ordonnance

L'ordonnance du juge-commissaire n'a pas à être notifiée dans le cas où elle autorise une vente de gré à gré d'un immeuble, à la personne qui n'a pas fait d'offre antérieurement à l'ordonnance, celle-ci ne concernant pas directement les droits et obligations de cette personne ; en conséquence, le délai du recours contre l'ordonnance court, à l'égard de cette personne, à compter du dépôt de l'ordonnance au greffe (CA Versailles, 13e ch., 17-1-2002, n° 02/79 : Bull. C. cass. 2002 n° 908).

2° Obligation de notifier à celui qui a intérêt à recourir contre l'ordonnance

Le juge-commissaire qui omet d'ordonner la notification de son ordonnance à un crédit-bailleur de matériel informatique le prive de l'exercice d'un recours contre une décision rendue à son insu et concernant directement ses droits et obligations ; de ce fait, lui est inopposable l'ordonnance du juge-commissaire de la liquidation judiciaire du crédit-preneur autorisant, à propos d'un contrat de crédit-bail continué, la vente aux enchères publiques du matériel informatique loué en crédit-bail (Cass. com. 11-3-1997 : RJDA 7/97 n° 964, rendu sur le fondement de l'article 6, al. 1 de la Convention européenne des droits de l'Homme).

B. Délai pour faire opposition

1° Application des prolongations de droit commun

Aucune disposition de la loi n° 85-98 ni du décret n° 85-1388 n'exclut l'application des règles générales de l'article 643 du nouveau Code de procédure civile, qui prévoient l'augmentation des délais de recours pour les personnes demeurant dans un département ou territoire d'outre-mer ou à l'étranger (Cass. com. 26-2-1997 : RJDA 8-9/97 n° 1129 som.).

2° Point de départ du délai de recours : notification par le greffier

a. Défaut de notification

Le recours contre une ordonnance du juge-commissaire concernant directement les droits et obligations d'une personne à laquelle notification de l'ordonnance devait être faite par le greffier, et qui a été rendue à l'insu de cette personne, ne commence pas à courir à compter du jour du dépôt au greffe de l'ordonnance, car l'intéressé ne peut se voir privé de la faculté d'exercer un recours, en l'absence de notification par le greffier, contre une telle ordonnance (Cass. com. 16-3-1999 : RJDA 5/99 n° 583).

b. Point de départ au jour de la présentation de la notification et non au jour de sa remise effective

Le délai de huit jours pour faire opposition court, en cas de notification par La Poste, du jour de la présentation de l'ordonnance et non du jour de la remise effective de l'ordonnance au destinataire aux motifs que si la date de remise effective était retenue, cela permettrait au destinataire de la notification, en refusant la remise, de proroger la durée du délai jusqu'à la fin de la détention par La Poste, soit pendant quinze jours, et qu'une telle prorogation volontaire, si elle peut être acceptable dans le cas d'un délai de plusieurs semaines, ou de plusieurs mois, serait manifestement en contradiction, dans le cas d'un délai de huit jours, avec la volonté explicite de grande célérité manifestée par les pouvoirs publics qui, en fixant un délai extrêmement bref de huit jours ont eu la volonté de permettre la mise en œuvre rapide de l'ordonnance (T. com. Paris, 5e ch., 11-9-1998 : GP 1999.som.616).

c. Mentions à porter sur l'acte de notification

L'acte de notification qui n'indique pas la voie de recours ouverte, son délai ou ses modalités ne fait pas courir le délai de recours ; tel est le cas de l'acte de notification d'une ordonnance du juge-commissaire, bien qu'il mentionnât que le recours devait être porté devant la cour d'appel et que la partie disposait d'un délai de dix jours à compter de la réception de la notification, dès lors qu'il ne mentionnait pas devant quelle juridiction devait être formalisé l'acte d'appel (Cass. 2e civ. 3-5-2001 : D. 2001.1797 obs. A. Lienhard ; contra Cass. 2e civ. 17-12-1984 : Bull. II no 201 : GP 1985 1 pan 83 obs. Guinchard).

Ne fait pas non plus courir le délai du recours la mention erronée, dans l'acte de notification, de la voie de recours ouverte, de son délai ou de ses modalités ; une telle notification est nulle sans qu'il y ait lieu de constater que l'irrégularité a causé grief à son destinataire (Cass. com. 29-5-2001 : RJDA 11/01 no 1134).

Section II • SYNDIC

Art. 41 [mod.] **Dès qu'il est informé de sa désignation, le syndic atteste qu'il remplit les conditions énoncées aux articles 4-4 et 4-5 ci-dessus. A tout moment, durant le déroulement de la procédure de redressement ou de liquidation des biens, s'il lui apparaît qu'il ne remplit plus ces conditions, il en informe sans délai le président de la juridiction compétente, qui met fin à sa mission et nomme un remplaçant.**

Le débiteur ou tout créancier peut demander à tout moment au président de la juridiction compétente le remplacement du syndic qui tombe sous le coup de l'une des incompatibilités énoncées aux articles 4-4 et 4-5 ci-dessus, ou qui n'agit pas avec diligence dans l'exercice de sa mission.

JURISPRUDENCE OHADA

Remarque préliminaire : L'interdiction pour les parents ou alliés du débiteur, jusqu'au quatrième degré inclusivement, d'exercer les fonctions de syndic qui figurait à l'article 41 de la version antérieure à la réforme a été déplacée sous l'article 4-4, al. 3.

I. Défaut de qualité du syndic

L'intervention d'un syndic doit être rejetée en la forme pour défaut de qualité et d'intérêt lorsque l'action n'est dirigée ni contre la liquidation ni contre le syndic lui-même (CA Dakar, civ. et com., no 230, 24-4-2003 : Agent judiciaire de l'État c/ Liquidateur Air Afrique et A. D., Ohadata J-03-173).

Obs. : sur un autre exemple de défaut de qualité du syndic, voir sous l'article 35.

II. Remplacement du syndic

Lorsque le syndic est réticent à travailler avec le tribunal, à qui il a précisé n'avoir jamais piloté une procédure de liquidation de biens ou de règlement judiciaire et que l'une des parties doute de son indépendance et de ses capacités professionnelles, son remplacement est justifié (TRHC Dakar, 24-9-2002 : Agent judiciaire de l'État c/ M. W., Ohadata J-03-41).

Le syndic initialement désigné peut être remplacé lorsqu'il a été nommé à des fonctions incompatibles avec celles de syndic (TRHC Dakar, no 084, 9-4-2004 : Ets Filfili, Ohadata, J-09-324).

Obs. : en l'espèce, le syndic avait été nommé ministre et son remplacement s'imposait. Cette décision ne vise pas expressément l'article 41, qui prévoit cependant le remplacement du syndic.

C'est à tort qu'il est reproché à un arrêt d'avoir violé l'article 41, al. 2 de l'AUPCAP en soutenant qu'en application dudit article, le remplacement du syndic ne peut être poursuivi devant la juridiction d'appel, dès lors que le motif de l'arrêt sur ce point indique que « le remplacement du syndic, [...] ne peut être poursuivi devant la juridiction de céans ; qu'il est loisible à la société [...] dès lors qu'elle a des griefs contre cette nomination du syndic, de se référer au juge-commissaire conformément à l'article 41, al. 2 susvisé ; qu'il y a lieu de rejeter la demande tendant au remplacement du syndic ». En statuant ainsi, la cour d'appel de Ouagadougou a fait une saine application de la loi et le moyen doit être rejeté (CCJA, 1e ch., no 169, 27-7-2017 : BCM SARL c/ SM SA en liquidation).

Jurisprudence comparée

France

A. Remplacement de l'administrateur judiciaire ou syndic

Juridiction compétente. Seul le tribunal est compétent pour décider le remplacement de l'administrateur (Cass. com. 24-11-1998, n° 1845 : RTD com. 1999.206, écartant la compétence du juge-commissaire).

N'a pas toutefois excédé ses pouvoirs la cour d'appel qui a, sur appel du ministère public, entériné le choix par celui-ci d'un nouveau mandataire de justice (Cass. com. 15-2-2005 : RJDA 10/05 n° 1136).

B. Pouvoir du juge

Le remplacement d'un mandataire de justice relève du pouvoir discrétionnaire du juge (Cass. com. 15-2-2005 n° 217 : RJDA 10/05 n° 1136 ; RTD com. 2005.422 n° 10 obs. J.-L. Vallens ; Cass. com. 2-11-2005 n° 1350 : D. 2005.som.2874 obs. A. Lienhard).

C. Emoluments dus à l'administrateur remplacé

Les émoluments revenant à l'administrateur remplacé peuvent être fixés avant la clôture de la procédure collective lors de la reddition des comptes à l'occasion du remplacement (Cass. com. 4-10-2005 : JCP (éd. G) 2005. IV. 3362 ; D. 2005.2742 obs. A. Lienhard ; GP 2006.doctr.197 obs. C. Bidan).

Art. 42 [mod.] Le juge-commissaire reçoit les réclamations du débiteur ou des créanciers qui tendent à la révocation du syndic et son remplacement. Le juge-commissaire doit statuer dans le délai de huit (8) jours de sa saisine. Son ordonnance est assortie de l'exécution provisoire de droit. Elle est susceptible d'opposition dans le délai de huit (8) jours à compter de son prononcé.

S'il n'a pas statué dans les huit (8) jours de sa saisine, le juge-commissaire est réputé avoir rejeté la demande. La réclamation peut alors être portée devant la juridiction compétente par voie d'opposition dans les conditions prévues par l'article 40 ci-dessus.

La juridiction compétente, saisie sur opposition, entend, en audience non publique, les explications du ou des demandeurs et du syndic. Sa décision, prononcée en audience publique, est assortie de l'exécution provisoire de droit. Elle est susceptible d'appel dans les quinze (15) jours de son prononcé.

Le greffe de la juridiction compétente communique, le cas échéant, cette décision à l'autorité nationale de l'État partie concerné qui peut agir en matière disciplinaire conformément au présent Acte uniforme.

Jurisprudence OHADA

Révocation du syndic

Le liquidateur qui refuse d'accomplir les tâches qui lui sont dévolues doit être révoqué et remplacé, en application de l'article 42 de l'AUPCAP (TR Niamey, n° 297, 2-10-2002 : SEEE c/ M. M. S., Ohadata J-04-81). La perte de la confiance du tribunal et du juge-commissaire par le syndic peut déteindre sur la procédure et compromettre les résultats escomptés pour son traitement efficace et rapide. Il constitue, dès lors, un motif légitime de révocation dès lors que le syndic a manqué à ses obligations professionnelles et déontologiques (TR Thiès 8-8-2002 : M. M., Ohadata J-03-37).

Jurisprudence comparée

France

Pluralité de mandataires judiciaires (transposable aux syndics)

Lorsque le tribunal a nommé deux représentants des créanciers (désormais mandataires judiciaires) en précisant plus particulièrement la mission confiée à chacun d'eux, une telle désignation est sans incidence sur la fonction dont est légalement investi cet organe de la procédure (Cass. com. 30-5-2006 n° 704 : JCP (éd. G) 2006.1683.som. obs. A. Lienhard ; RJDA 10/06 n° 1054).

Art. 43 [mod.] La mission du syndic dans le déroulement d'une procédure de redressement judiciaire ou de liquidation des biens s'exerce sous le contrôle du juge-commissaire.

Les syndics sont responsables des dommages causés par leurs fautes conformément aux dispositions des articles 4-12 à 4-15 ci-dessus.

S'il a été nommé plusieurs syndics, ils agissent collectivement. Toutefois, le juge-commissaire peut, selon les circonstances, donner à un ou plusieurs d'entre eux, le pouvoir d'agir individuellement ; dans ce cas, seuls les syndics ayant reçu ce pouvoir sont responsables en cas de faute de leur part.

Si une réclamation est formée contre l'une des opérations des syndics, le juge-commissaire est saisi et statue dans les conditions prévues par l'article 40 ci-dessus.

Le syndic a l'obligation de remettre un rapport écrit sur sa mission et sur le déroulement de la procédure de redressement ou de liquidation des biens au juge-commissaire au moins une (1) fois tous les deux (2) mois et, dans tous les cas, chaque fois que le juge-commissaire le lui demande. Il indique, en outre, dans son rapport, le montant des deniers déposés au compte de la procédure collective ouvert dans les conditions prévues par l'article 4-22 ci-dessus.

La rémunération des syndics est régie par les articles 4-19 et 4-20 ci-dessus.

Jurisprudence OHADA

Défaut de reddition des comptes

Révocation du syndic. Selon l'article 43, al. 4 de l'AUPCAP, le syndic a l'obligation de rendre compte de sa mission et du déroulement de la procédure collective au juge-commissaire. En s'abstenant de se conformer à une telle obligation, il entrave la mission du juge-commissaire de veiller au déroulement rapide de la procédure et aux intérêts en présence, et le juge-commissaire peut demander et obtenir de la juridiction compétente, sa révocation (TRHC Dakar, n° 398, 15-3-2001 : Juge-commissaire C. T. L. c/ Syndic M. L. N., Ohadata J-05-46).

Jurisprudence comparée

France

A. Responsabilité du mandataire de justice (transposable au syndic)

Recevabilité de l'action en responsabilité. L'action échappe au délai de forclusion applicable à la déclaration des créances (Cass. com. 24-11-1981 : Bull. civ. IV p. 324).

Cette action n'a pas de caractère subsidiaire par rapport à l'action en paiement formée contre le débiteur et sa recevabilité n'est pas subordonnée à l'obtention d'un titre exécutoire à son encontre ni à sa défaillance dans l'exécution de cette condamnation (Cass. com. 6-6-1995 : RJDA 12/95 n° 1450).

B. Fautes engageant la responsabilité

1° Manquement à l'obligation générale de prudence et de diligence

La responsabilité du mandataire de justice peut être retenue dès lors qu'il a manqué à son obligation générale de prudence et de diligence ainsi qu'à l'obligation d'assistance du débiteur, dans tous ses actes de gestion, et que, lors de la passation de chaque commande qui entrait dans les actes de gestion courante, la situation de l'entreprise était irrémédiablement compromise ou dès lors que l'administrateur avait induit en erreur les fournisseurs par des assurances imprudemment données (Cass. com. 8-12-1998 : RJDA 3/99 n° 306) ; il n'est pas exigé de faute lourde (Cass. com. 5-7-1988 : Bull. civ. IV p. 159 ; CA Versailles 5-1-1988 : GP 1988.som.299 ; contra CA Reims 1-6-1987 : Rev. jur. com. 1988.35 note Lévy).

2° Fautes commises dans la poursuite de l'exploitation par l'administrateur ou le liquidateur à l'égard des fournisseurs du débiteur qui n'ont pas été payés

A été tenu pour responsable l'administrateur qui a donné son accord à des commandes sans vérifier qu'elles pouvaient être payées (Cass. com. 2-2-1993 : RJDA 3/93 n° 256) ou qui a ordonné la reprise de travaux qui ont dû être interrompus moins de trois semaines après avoir réclamé un versement immédiat – qui avait été fait – à un maître d'ouvrage (Cass. com. 5-7-1988 : Bull. civ. IV p. 159).

Ne commet pas de faute l'administrateur qui a passé commande à un moment où la situation du débiteur n'était pas irrémédiablement compromise (Cass. com. 20-10-1992 : Bull. civ. IV p. 225 ; Cass. com. 2-2-1993 : RJDA 3/93 n° 256, 2e esp.).

3° Autres fautes envers les créanciers

Toute autre faute portant préjudice aux créanciers est aussi sanctionnée, notamment : l'insuffisance de surveillance sur la gestion de l'entreprise par le débiteur (Cass. com. 11-5-1982 : Bull. civ. IV p. 151), la négligence à laisser le débiteur poursuivre, pendant une longue période, son activité sans renouvellement de l'autorisation qui lui avait été donnée pour un temps déterminé (CA Versailles 14-3-1988 : D. 1988.507 note Agostini), la résiliation d'un contrat d'assurance qui a fait perdre à un client du débiteur la possibilité d'être indemnisé (Cass. 1e civ. 9-12-1986 : Bull. civ. I p. 279), l'initiative de faire acquérir par le débiteur en redressement judiciaire plusieurs fonds de commerce sans s'assurer que la trésorerie de l'entreprise permettrait de payer le prix de ces acquisitions (CA Versailles 6-6-1991 : RJDA 12/91 n° 1069, 2e esp.), le paiement préférentiel de certains créanciers (Cass. com. 20-2-1996 : RJDA 5/96 n° 687).

4° Fautes envers le débiteur ou les tiers

Le mandataire de justice répond aussi de ses fautes qui causent un préjudice au débiteur (cf. CA Versailles 5-1-1988 : GP 1988.som.299) ou à toute autre personne (Cass. 1e civ. 25-4-1989 : Bull. civ. I p. 111 : à l'acquéreur d'un établissement secondaire du débiteur avant le redressement judiciaire de celui-ci du fait des insertions annonçant le jugement d'ouverture, le syndic ayant omis de faire procéder à la radiation de cet établissement au registre du commerce après sa vente).

Il ne s'exonère pas en invoquant, pour justifier ses agissements, la pression et l'accord du tribunal (Cass. com. 20-2-1996, précité).

Art. 44 [mod.] Le syndic qui cesse ses fonctions doit rendre ses comptes à son successeur, sans délai, en présence du juge-commissaire, du débiteur et des contrôleurs convoqués par le greffe de la juridiction compétente.

Art. 45 [mod.] Sans préjudice des droits des créanciers revendiquants, les deniers éventuellement recueillis par le syndic, quelle qu'en soit la provenance, sont versés immédiatement sous sa responsabilité au compte ouvert conformément à l'article 43 ci-dessus. Le syndic est redevable, à titre personnel, d'un intérêt au taux légal majoré de huit (8) points sur les sommes non versées au compte, sans préjudice des sanctions disciplinaires.

Si des fonds dus au débiteur ont été déposés à un compte distinct par des tiers, il en est fait transfert au compte ouvert par le syndic au nom de la procédure collective, à charge pour lui d'obtenir mainlevée des oppositions éventuelles.

Aucune opposition sur les deniers versés au compte spécial de la procédure de redressement judiciaire ou de liquidation des biens n'est recevable. Les fonds ainsi versés ne peuvent être retirés qu'en vertu d'une décision du juge-commissaire.

En tout état de cause, le syndic doit respecter les exigences en matière comptable établies à l'article 4-15 ci-dessus.

Art. 46 [mod.] Le syndic est responsable des livres, documents et effets remis par le débiteur ou appartenant à celui-ci ainsi que par les créanciers ou par tout déposant pendant cinq (5) ans à partir du jour de la reddition des comptes.

Section III • MINISTÈRE PUBLIC

Art. 47 [mod.] Le ministère public est informé du déroulement de la procédure de redressement judiciaire et de liquidation des biens par le juge-commissaire. Il peut, à toute époque, requérir communication de tous actes, livres ou documents relatifs à ladite procédure.

Le défaut de communication d'information ou de document ne peut être invoqué que par le ministère public.

Le ministère public communique au juge-commissaire, sur sa demande ou d'office, tous renseignements utiles à l'administration de la procédure, y compris toute information provenant d'une procédure pénale concernant le débiteur, nonobstant le secret de l'instruction.

JURISPRUDENCE OHADA

Pour une décision ayant ordonné que le ministère public soit régulièrement informé par le juge-commissaire du déroulement de la procédure de redressement ordonnée, sans préciser les modalités de cette information, voir (TGI Moungo (Cameroun), n° 32/CIV, 17-4-2008 : F. S. c/ Sté F.S.I.C, note Yvette Kalieu Elongo, Ohadata J-09-247).

Section IV • CONTRÔLEURS

Art. 48 [mod.] A toute époque de la procédure de redressement judiciaire ou de liquidation des biens, un (1) à cinq (5) contrôleurs peuvent être désignés par le juge-commissaire parmi les créanciers non-salariés. Dans le délai d'un (1) mois à compter de la décision d'ouverture et à la demande des créanciers représentant au moins un tiers du total des créances même non vérifiées, la nomination de créanciers contrôleurs est obligatoire. A l'expiration de ce délai, tout créancier peut demander à être désigné contrôleur, sans que le nombre total des contrôleurs puisse dépasser cinq (5). En cas de pluralité de demandes, le juge-commissaire veille à ce qu'au moins un créancier contrôleur soit choisi parmi les créanciers munis de sûretés et un autre parmi les créanciers chirographaires.

Lorsque le nombre de salariés est supérieur à dix (10) au cours des six (6) mois précédant la saisine de la juridiction compétente, le syndic invite le comité d'entreprise ou, à défaut, les délégués du personnel, à désigner un salarié en qualité de contrôleur, dans un délai de vingt (20) jours à compter de la décision d'ouverture. Dans le même délai, en l'absence de comité d'entreprise et de délégués du personnel, le syndic invite les salariés à élire parmi eux un salarié. La personne ainsi désignée ou élue est nommée par le juge-commissaire en qualité de contrôleur représentant du personnel. Pour les entreprises qui n'atteignent pas le seuil précité, le juge-commissaire désigne un salarié en qualité de contrôleur représentant du personnel.

Aucun parent ou allié du débiteur ou des dirigeants de la personne morale, jusqu'au quatrième degré inclusivement, ni aucune personne détenant directement ou indirectement tout ou partie du capital social ou des droits de vote de cette même personne ne peut être nommé contrôleur ou représentant d'une personne morale désignée comme contrôleur.

Les contrôleurs nommés par le juge-commissaire peuvent être révoqués par la juridiction compétente sur demande de celui-ci ou du ministère public. Après révocation, leurs remplaçants sont désignés selon les modalités prévues aux alinéas 1 à 3 du présent article.

Lorsque le débiteur exerce une profession libérale soumise à un statut réglementé, l'ordre professionnel ou l'autorité compétente est de droit contrôleur, sans préjudice de la désignation de cinq (5) créanciers contrôleurs et d'un contrôleur représentant du personnel.

JURISPRUDENCE OHADA

Obs. : la désignation de contrôleurs devient obligatoire à la demande de créanciers représentant au moins un tiers des créances, et le nombre maximum de contrôleurs pouvant être désignés passe de trois à cinq. La décision ci-après devient donc caduque sous les nouvelles conditions de l'article 48.

La demande faite par un créancier et tendant à sa désignation en qualité de contrôleur dans la procédure de liquidation de son débiteur a été refusée, le juge-commissaire ayant estimé que la transparence et la célérité entourant ladite liquidation suffisaient à préserver les intérêts de tous les créanciers et que la nomination d'un contrôleur était superflue, pourrait alourdir et entraver la célérité des opérations de liquidation en cours (TGI oun (Cameroun), ord. 19-1-2009 : C.N.P.S c/ Liquidation SEFN, Note : Yvette Kalieu Elongo, Ohadata J-10-142).

JURISPRUDENCE COMPARÉE

France

A. Nomination des contrôleurs

1° Choix des contrôleurs

a. Pouvoir d'appréciation discrétionnaire du juge-commissaire

Le juge-commissaire dispose d'un pouvoir d'appréciation discrétionnaire sur le choix à exercer (T. com. Nanterre, 8e ch., 11-5-1999 : GP.1999.som.776).

Les juges se reconnaissent un large pouvoir d'appréciation et tendent à assurer une représentation de toutes les catégories de créanciers ; ainsi :

– ont été choisis, dans un cas, quatre créanciers chirographaires et un créancier titulaire de sûretés (T. com. Paris 26-3-1996 : GP 1996.som.542) tandis que, dans d'autres, ont été rejetés deux demandes au motif que le cinquième contrôleur devait être choisi parmi les créanciers titulaires de sûretés (T. com. Senlis 5-4 – et 7-6-1995, cité par G. Teboul : GP 1999.doctr.695 note 10) ;

– a été refusée la nomination d'un contrôleur qui, dans sa requête de nomination, avait reproché au représentant des créanciers de ne pas lui avoir transmis des éléments concernant la procédure collective, alors qu'il lui en avait fait la demande, le juge-commissaire considérant que cette attitude qui manquait d'aménité envers le représentant des créanciers, était incompatible avec la collaboration courtoise qui devait s'instaurer entre ce dernier et les contrôleurs (T. com. Senlis 12-2-1998, cité par G. Teboul, op. cit., note 22) ;

– a été refusée la nomination automatique des cinq premiers créanciers requérants (T. com. Senlis 23-11-1995, cité par G. Teboul, op. cit., note 23).

b. Irrecevabilité de l'appel-nullité pour choix inopportun

L'opportunité de la nomination d'un contrôleur ne peut être discutée sous couvert d'un appel-nullité dans la mesure où une désignation « inopportune » ne saurait être assimilée à un vice grave ou à une violation d'une disposition d'ordre public (CA Paris, 3e ch. C, 19-9-1997 : D. 1997.IR.237).

2° Créanciers recevables

Tout créancier peut être nommé contrôleur ; peu importe :

– qu'il soit salarié du débiteur puisqu'il a la qualité de créancier du fait de la créance salariale qu'il détient sur le débiteur qui l'emploie, même si cette créance présente un caractère particulier en raison du super privilège qui s'y attache (T. com. Paris, 5e ch., 7-6-1996 : JCP (éd. E) 1996.pan.1081) ;

– qu'il soit un créancier principal et privilégié, banquier actuel du débiteur, et qu'il soit partie aux instances introduites devant diverses juridictions et tendant à appréhender les fonds provenant de la vente du fonds de commerce, aux motifs que la mission d'assistance du représentant des créanciers et du juge-commissaire qui est conféré par la loi au contrôleur ne saurait lui interdire ni la poursuite de ses relations contractuelles avec le débiteur, sauf à mettre en échec le principe de continuation des contrats, ni l'exercice des actions judiciaires lui permettant de sauvegarder ses intérêts personnels (CA Reims, 1re ch. civ., 12-2-1997 : JCP (éd. E) 1998.pan.636) ;

– qu'il détienne une créance importante et un intérêt à la solution de la procédure (T. mixte com. Pointe-à-Pitre, 21-3-1997 : Rev. jur. com. 1998.80) ;

– que sa créance ne soit pas reconnue par un titre exécutoire ni admise à l'issue de la procédure de vérification des créances ; il suffit que celui qui sollicite sa désignation fasse valoir une créance paraissant fondée en son principe telle celle qui lui permettrait de recourir à des mesures conservatoires (TGI Metz, ch. com., 26-3-1997 : GP.1998.som.571) ;

– qu'il ait déposé une plainte à l'encontre du débiteur car, outre que rien ne prouve que cette plainte soit fondée, elle ne constitue pas un obstacle sérieux à la nomination du créancier en tant que contrôleur (T. com. Versailles, 5e ch., 27-3-1997 : Petites Affiches 1997 no 80 p. 27 note J. Gaudin) ;

– que sa créance soit contestée (T. com. Senlis 12-2-1998, cité par G. Teboul : GP 1999.doctr.695 note 18).

3° Créanciers exclus

La nomination en qualité de contrôleur a été refusée :

– à un créancier parce qu'elle paraissait contraire aux intérêts de l'entreprise soumise à la procédure (T. com. Paris, 17e ch., 26-3-1996 : Rev. proc. coll. 1996 p. 330) ;

– à un créancier la sollicitant, qui avait été condamné en référé provision à payer une somme de 1 500 000 F au débiteur en redressement judiciaire ; il y avait là le signe évident d'une situation conflictuelle et d'un contentieux important qui devaient être appréciés au fond ; compte tenu de l'importance des pouvoirs conférés par la loi aux contrôleurs et des sources d'information privilégiées auxquelles leurs fonctions leurs permettent d'accéder, il était justifié, afin de préserver les droits et intérêts du débiteur dans le conflit l'opposant audit créancier de ne pas accéder à la demande de ce dernier (T. com. Nanterre, 8e ch., 11-5-1999 : GP.1999 som. p. 776).

B. Révocation des contrôleurs

La révocation d'un contrôleur a été prononcée parce qu'il s'était montré de mauvaise foi en cachant dans sa requête qu'il était en cours de procédure contre le débiteur qu'il avait poursuivi en résolution de la vente d'un fonds de commerce qu'il lui avait acheté (T. com. Paris 7-10-1994 : Rev. proc. coll. 1995.292 obs. B. Dureuil).

Art. 49 [mod.] Les contrôleurs assistent le ou les syndics dans leurs fonctions et le juge-commissaire dans sa mission de surveillance du déroulement de la procédure de redressement judiciaire et de liquidation des biens et veillent aux intérêts des créanciers.

Ils ont toujours le droit de vérifier la comptabilité et l'état de situation présentés par le débiteur, de demander compte de l'état de la procédure, des actes accomplis par le syndic ainsi que des recettes faites et des versements effectués.

Les contrôleurs sont obligatoirement consultés pour la continuation de l'activité de l'entreprise au cours de la procédure de vérification des créances et à l'occasion de la réalisation des biens du débiteur.

Sans préjudice des prérogatives dont ils jouissent conformément à l'article 72 ci-dessous, les contrôleurs peuvent saisir de toutes contestations le juge-commissaire qui statue conformément aux dispositions de l'article 40 ci-dessus.

Les fonctions de contrôleurs sont gratuites et doivent être exercées personnellement.

Les contrôleurs ne répondent que de leurs fautes lourdes.

Section V • DISPOSITIONS GÉNÉRALES

Art. 50 [mod.] Lorsque les deniers du débiteur ne peuvent suffire immédiatement aux frais de la décision de redressement judiciaire ou de liquidation des biens, de signification, d'affiche et d'insertions de cette décision dans un journal d'annonces légales, d'apposition, de garde et de levée des scellés ou d'exercice des actions en déclaration d'inopposabilité, de comblement du passif, d'extension des procédures collectives et de faillite personnelle des dirigeants des personnes morales, ces frais sont avancés, sur décision du juge-commissaire, par le Trésor public qui en est remboursé, par privilège, sur les premiers recouvrements, nonobstant les dispositions des articles 166 et 167 ci-dessous.

Cette disposition est applicable à la procédure d'appel de la décision prononçant le redressement judiciaire ou la liquidation des biens.

Art. 51 [mod.] Il est interdit au syndic et à tous ceux qui ont participé à l'administration de la procédure collective, d'acquérir personnellement, soit directement, soit indirectement, à l'amiable ou par vente de justice, tout ou partie de l'actif mobilier ou immobilier du débiteur en état de règlement préventif, de redressement judiciaire ou de liquidation des biens.

Jurisprudence comparée

France

Existence d'un achat

A acheté les biens du débiteur l'administrateur au redressement judiciaire d'une société qui a acheté par l'intermédiaire d'un prête-nom 10 % des actions de cette société car constituent des biens du débiteur tous les éléments actifs et passifs du patrimoine et ne peuvent en être exclues les créances sur le débiteur et les actions ou parts sociales de la société en redressement judiciaire qui ouvrent droit à une quote-part de l'actif en cas de liquidation (Cass. crim. 19-6-1997 : RJDA 12/97 n° 1550 som.).

• Chapitre III •

EFFETS DE LA DÉCISION D'OUVERTURE À L'ÉGARD DU DÉBITEUR

Section I • ASSISTANCE OU DESSAISISSEMENT DU DÉBITEUR

Art. 52 [mod.] La décision qui prononce le redressement judiciaire emporte, de plein droit, à partir de sa date, et jusqu'à l'homologation du concordat de redressement judiciaire ou la conversion du redressement judiciaire en liquidation des biens, assistance obligatoire du débiteur pour tous les actes concernant l'administration et la disposition de ses biens, sous peine d'inopposabilité de ces actes.

Toutefois, le débiteur peut accomplir valablement, seul, les actes conservatoires et ceux de gestion courante entrant dans l'activité habituelle de l'entreprise, conformément aux usages de la profession, à charge d'en rendre compte au syndic.

Si le débiteur ou les dirigeants de la personne morale refusent de faire un acte nécessaire à la sauvegarde du patrimoine, le syndic y procède sans délai. Il en est ainsi, notamment, lorsqu'il s'agit de prendre des mesures conservatoires ou de procéder au recouvrement des effets et des créances exigibles.

Le syndic doit également procéder sans délai à la vente des objets dispendieux à conserver ou soumis à dépérissement prochain ou à dépréciation imminente, après avoir obtenu une autorisation du juge-commissaire. L'autorisation du juge-commissaire lui est également nécessaire pour mettre en œuvre, tant en demande qu'en défense, toute action mobilière ou immobilière.

Si le syndic refuse son assistance pour accomplir des actes d'administration ou de disposition au débiteur ou aux dirigeants de la personne morale, ceux-ci ou les contrôleurs peuvent l'y contraindre par décision du juge-commissaire obtenue dans les conditions prévues par les articles 40 et 42, al. 2 et 3 ci-dessus.

JURISPRUDENCE OHADA

I. Acte irrecevable accompli sans l'assistance du syndic

Le mémoire rédigé par un avocat auquel le représentant d'une société faisant l'objet d'un redressement judiciaire a donné seul, sans l'assistance du syndic, mandat spécial à agir devant la CCJA est irrecevable, dès lors qu'aux termes de l'article 52 de l'AUPCAP, la décision qui prononce le redressement judiciaire emporte de plein droit à partir de sa date, assistance obligatoire par le syndic pour tous les actes d'administration et de disposition (CCJA, 3e ch., no 152, 27-10-2016 : Biao-Ci devenue NSIA Banque CI c/ Cie Africaine de transit dite Catrans, Ohadata J-17-92).

Obs. : voir sous l'article 53.

II. Acte valide accompli sans l'assistance du syndic

Le juge, qui, pour rejeter le moyen de nullité de la saisie-attribution pratiquée par une société en redressement judiciaire, tiré du défaut de capacité et de qualité du saisissant, a énoncé « qu'aux termes de l'alinéa 2 de l'article 52 de l'AUPCAP, toutefois, le débiteur peut accomplir valablement, seul, les actes conservatoires et ceux de gestion courante entrant dans l'activité habituelle de l'entreprise, conformément aux usages de la profession, à charge d'en rendre compte au syndic », alors que le syndic judiciaire de la procédure de redressement judiciaire ouverte au profit de la société saisissante, partie prenante au procès, n'a jamais désavoué l'acte du dirigeant social auquel il s'est substitué, a sainement appliqué la loi, en s'inscrivant résolument dans le registre de la protection due à la masse et son ordonnance doit être confirmée sur ce point (CCJA, 1re ch., no 070/2022, 21-4-2022).

JURISPRUDENCE COMPARÉE

I. États-Unis

A. Primauté de la continuation de l'activité sur la protection des créanciers

Une société importante avait demandé l'ouverture d'une procédure collective. Au cours de cette dernière les juges l'avaient autorisée à utiliser ses fonds pour continuer son activité. Un créancier ayant une sûreté sur ces fonds conteste cette utilisation. Il serait totalement inéquitable de faire droit à la demande du créancier parce que l'autorisation d'utiliser les fonds a permis au débiteur de conserver son activité et de payer notamment ses employés et ses obligations retraites. Si cette autorisation n'avait pas été accordée, le débiteur aurait dû licencier des milliers de personnes et 100 000 retraités auraient été privés de leurs droits médicaux (LTV Steel Company, Inc. 274 B.R. 278 (2001)).

B. Pouvoirs du débiteur

Le droit fédéral des procédures collectives impose que le débiteur obtienne l'autorisation du juge pour utiliser, louer ou vendre des biens si ces opérations ne correspondent pas à des contrats ordinaires. Les juges doivent alors approuver ces opérations si elles sont justifiées économiquement (Comm. Of Equity Sec. Holders v. Lionel Corp. 722 F.2d 1063 (1983)).

II. France

A. Actes relevant des pouvoirs de l'administrateur

Relève du pouvoir de l'administrateur qui a été désigné avec une mission générale d'assistance la notification d'un redressement fiscal (CA Douai, 2e ch. sect. 1, 17-1-2002 no 99/08026 : Rev. proc. coll. 2004 p. 45 no 4 obs. C. Lebel).

1o Limite des pouvoirs de l'administrateur

Absence de pouvoir coercitif à l'encontre du débiteur. Il n'entre pas dans la mission de l'administrateur d'effectuer des investigations ou d'utiliser des méthodes coercitives à l'encontre du débiteur pour rechercher la destination de marchandises qu'un fournisseur revendique et qui n'ont pas pu être inventoriées ; par suite, un fournisseur qui n'a pu obtenir ni la restitution ni le paiement des marchandises qu'il a vendues avec réserve de propriété à une entreprise mise ultérieurement en redressement judiciaire, ne peut pas mettre en cause la responsabilité de l'administrateur qui a bien pris les mesures justifiées par la réclamation du créancier en faisant part de celle-ci au commissaire-priseur chargé d'effectuer l'inventaire (CA Versailles, 1e ch., 20-3-1997 : RJDA 11/97 no 1394).

2o Portée des pouvoirs d'assistance de l'administrateur

N'entrent pas dans la mission d'assistance de l'administrateur l'initiative d'une demande de prorogation d'un permis de construire atteint de péremption, que les acquéreurs de lots d'un immeuble demeuré inachevé reprochaient à l'administrateur de ne pas avoir prise, et la mise en œuvre de la garantie d'achèvement au profit de ces acquéreurs (Cass. com. 13-11-2002, no 1850 : RJDA 4/03 no 404).

3o Modification des pouvoirs de l'administrateur

a. Recevabilité de l'appel du débiteur

Le débiteur dispose d'un droit propre de former un recours contre le jugement en ce qu'il a modifié la mission de l'administrateur, bien que le débiteur ne dispose d'aucun recours contre le jugement en ce qu'il a statué sur la période d'observation (Cass. com. 17-7-2001 : RJDA 8-9/02 no 918).

b. Méconnaissance des pouvoirs de l'administrateur par le débiteur

Régularisation. L'appel formalisé par un débiteur en redressement judiciaire, sans l'assistance de l'administrateur désigné avec une mission d'assistance pour les actes de gestion, ne peut être régularisé par l'intervention de cet administrateur qu'avant l'expiration du délai prescrit pour exercer le recours ; celui-ci qui doit simplement être partie à l'instance, n'est pas tenu de conclure dans un quelconque délai (CA Montpellier, 1e ch., sect. AO2, 24-6-2003 no 03/00019 : Bull. inf. C. cass. 2003 no 1110).

B. Actes que le débiteur peut accomplir seul

Le dessaisissement du débiteur en liquidation judiciaire ne concernant que l'administration et la disposition de ses biens, celui-ci a qualité pour se défendre seul à une action attachée à sa personne, de sorte qu'il peut valablement interjeter appel de l'ordonnance de référé ayant ordonné son expulsion d'une maison d'habitation (Cass. com. 12-5-2009 no 08-12.053 : RJDA 10/09 no 875 ; BRDA 12/09 inf. 7).

C. Actes de gestion courante

1o Existence

Ont été tenus pour des actes de gestion courante :
– des actes ne portant pas sur des valeurs importantes (cf. T. com. Lyon 25-8-1972 : Rev. jur. com. 1973.123, jugeant que l'achat par un modeste coiffeur, sur une courte période de temps, d'un lot important de perruques ne peut pas être considéré comme un acte courant d'exploitation) ;
– des actes conformes aux usages du commerce dont les modalités de paiement sont conformes aux

usages ordinaires de la profession (Cass. com. 23-6-1981 : Bull. IV n° 291, jugeant qu'un entrepreneur de construction avait valablement passé commande de matériaux et que son fournisseur avait droit d'en obtenir paiement en assignant à cette fin le syndic ; Cass. com. 8-3-1983 : Bull. IV n° 97, jugeant que le débiteur, constructeur de navire, avait pu continuer à exécuter la convention de construction d'un navire moyennant un prix forfaitaire payable en plusieurs échéances à date fixe et que l'armateur qui avait passé commande avait pu revendiquer la propriété du navire en construction « à hauteur des règlements effectués » en se fondant sur les dispositions de la convention) ;
– la passation des encarts publicitaires, indispensables au maintien de l'activité, la majeure partie de la clientèle étant apportée par les publicités figurant dans les annuaires (Paris, 3e ch. C, 10-3-2000 : Rev. proc. coll. 2002.90 n° 2 obs. C. Lebel) ;
– la vente d'un véhicule d'occasion par une entreprise de garage et de réparation automobile (Cass. com. 28-5-2002 n° 1029 : Rev. proc. coll. 2003.15 n° 16 et 2004.43 n° 5 obs. Chr. Lebel) ;
– la conclusion d'un contrat de travail afin de faire face à un surcroît de l'activité habituelle (Cass. com. 21-9-2005 n° 1946 : D. 2005.som.2446 obs. A. Lienhard ; RJDA 2/06 n° 168) ;
– au regard de la nature de l'activité exercée par l'entreprise (laquelle employait plus de cent salariés), et du montant des marchés de travaux (certains de plus de 8 millions d'euros), l'émission d'une lettre de change par une entreprise générale de travaux sur l'un des maîtres d'ouvrage qui l'avait acceptée (CA Toulouse 29-6-2010 n° 09/5130 : BRDA 13/10 inf. 8).

2° Absence

Ne constituent pas des actes de gestion courante :
– la réception de la signification d'une contrainte délivrée par l'Urssaf, cette signification devant être faite à l'administrateur (Cass. com. 30-3-1993, n° 560 : RJDA 8-9/93 n° 736) ;
– la conclusion d'un protocole d'accord au terme duquel le débiteur s'engage à imprimer un volume de 3 000 000 de cartes postales et à en fournir 700 000 entre le 1er et le 15 avril puis autant entre le 15 et le 30 avril et enfin le solde 3 à 4 semaines après, sous astreinte après saisine en référé du tribunal de commerce de 5 000 francs par jour de retard, car le protocole met à la charge de l'entreprise des engagements particulièrement contraignants et importants eu égard notamment à la taille de l'entreprise et aux difficultés qu'elle rencontrait ; il doit être annulé à défaut d'avoir été signé par l'administrateur judiciaire (CA Rouen, 2e ch. civ., 27-5-1993, Me Brunet-Beaumel ès qual. c/ SARL Artaud et Cie et a., inédit) ;
– la nomination d'un salarié à un poste de responsabilité dans une entreprise de taille modeste (Cass. com. 3-4-1990 : BRDA 11/90 p. 13) ;
– l'exercice d'une action en justice, même engagée pour recouvrer une créance (CA Paris 4-10-1996 : DA 1996.1395) ;
– la signature par le débiteur seul et sans l'autorisation de l'administrateur d'une convention de sous-traitance relative à l'exécution d'un chantier (Cass. crim. 12-6-1996 : RJDA 4/97 n° 556) ;
– le mandat donné par le dirigeant de la société débitrice à un avocat de représenter la société dans des procédures opposant celle-ci à des créanciers, dès lors que les frais et honoraires réclamés par l'avocat sont d'une « particulière importance » (Cass. 1e civ. 13-11-1997 : RJDA 4/98 n° 456) ;
– la vente d'une maison d'habitation appartenant à la société débitrice dans le seul but d'obtenir une nouvelle source de financement de l'activité poursuivie pendant la période d'observation (T. com. Melun, ord. Juge-commissaire, 27-3-2001 : Rev. proc. coll. 2002.90 n° 1 obs. C. Lebel) ;
– la conclusion d'un contrat de travail à durée déterminée de douze mois, sans constituer pour autant un acte de disposition soumis à l'autorisation du juge-commissaire (Cass. soc. 17-10-2006 n° 2161 : RJDA 2/07 n° 176 ; CA Toulouse, ch. soc. 4 sect. 1, 16-3-2006 : Rev. proc. coll. 2007.276 n° 2 obs. G. Blanc) ;
– et dépassent de loin ce que le débiteur en redressement judiciaire peut faire seul au titre des actes de gestion courante, par leur importance et leur nature, les diligences accomplies par une société d'avocats (missions liées à la procédure et engagement des actions en justice) pendant la période d'observation à la demande du débiteur mis en redressement et non à la demande ou avec l'autorisation de l'administrateur chargé de l'assister ; au vu du détail et du coût de ces diligences, peut être fixé à une certaine somme le montant des sommes engagées au titre des actes de gestion dont le gérant de la société débitrice pouvait demander l'engagement sans se faire assister de l'administrateur et devant être payées à ce titre par priorité sur les autres créances (Cass. com. 30-3-2010 n° 09-10.729 : RJDA 10/10 n° 982).

Art. 53 [mod.] **La décision qui prononce la liquidation des biens d'une personne morale emporte, de plein droit, dissolution de celle-ci.**

Elle emporte, de plein droit, à partir de sa date, et jusqu'à la clôture de la procédure, dessaisissement pour le débiteur de l'administration et de la disposition de ses

biens présents et de ceux qu'il peut acquérir à quelque titre que ce soit, sous peine d'inopposabilité de tels actes, sauf s'il s'agit d'actes conservatoires.

Les actes, droits et actions du débiteur concernant son patrimoine sont accomplis ou exercés, pendant toute la durée de la liquidation des biens, par le syndic agissant seul en représentation du débiteur.

Si le syndic refuse d'accomplir un acte ou d'exercer un droit ou une action concernant le patrimoine du débiteur, celui-ci ou les dirigeants de la personne morale ou les contrôleurs s'il en a été nommé, peuvent l'y contraindre par décision du juge-commissaire obtenue dans les conditions prévues par les articles 40 et 42, al. 2 et 3 ci-dessus.

JURISPRUDENCE OHADA

I. Dessaisissement du débiteur

Le dessaisissement du débiteur implique qu'il doit être représenté par le syndic, qui a qualité pour agir en justice au nom et pour le compte du débiteur tout au long de la procédure (CA Bobo-Dioulasso, civ. et com., n° 03, 19-1-2004 : GMB c/ S. B. H., Ohadata J-04-196). Il s'ensuit que l'action en justice exercée par le président directeur général d'une société en liquidation est irrecevable, dès lors qu'en application de l'article 53, al. 1 de l'AUPCAP, applicable en l'espèce, le mandat des dirigeants sociaux de ladite société avait pris fin par l'effet des décisions judiciaires prononçant la liquidation de la société (CCJA, 1e ch., n° 039, 29-2-2016 : Sté COMMISIMPEX c/ CNSS, Ohadata J-16-241, rendue au sujet d'un recours en révision mais transposable à toute action exercée au nom d'une société en liquidation).

En application des dispositions combinées des articles 200, 224 de l'AUSCGIE et 53 de l'AUPCAP, est irrecevable, pour défaut de qualité à agir, le recours en révision introduit pour une société dont la liquidation avait été prononcée par jugement du 23 décembre 2015, soit antérieurement au recours en révision, la fusion opérée le 13 juin 2016 par le dirigeant social dont le mandat avait pris fin depuis le 23 décembre 2015 ne pouvant pas avoir pour effet de régulariser ledit recours (CCJA, 3e ch., n° 116/2017, 11-5-2017 : WAIC SA c/ BHM SA devenue BMS SA).

Dans le même sens, le mandat des dirigeants sociaux d'une société ayant pris fin par l'effet de la décision prononçant la liquidation de cette dernière, ces dirigeants n'ont plus le pouvoir de procéder en son nom, à des actes juridiques, cette prérogative étant désormais dévolue au syndic agissant seul en représentation de cette société pendant toute la durée de la liquidation de ses biens. C'est donc en violation de l'article 53 de l'AUPCAP qu'une cour d'appel a jugé recevable l'appel formé par un avocat porteur d'une procuration spéciale à lui délivrée par un « directeur général par délégation », agissant pour le compte d'une société mise en liquidation des biens, exposant sa décision à la cassation. Sur l'évocation, et pour les mêmes motifs que ceux ayant entraîné la cassation, l'appel est irrecevable (CCJA, 2e ch., n° 007/2022, 20-1-2022 : Société Groupe Five DRC c/ Société d'exploitation de Kipoi et Lles délégués syndicaux de la société d'exploitation de Kipoi).

Recevabilité de l'intervention volontaire du syndic. C'est en violation de l'article 53 de l'AUPCAP qu'une cour d'appel n'a pas tenu compte de l'intervention volontaire, des syndics désignés par jugement, à une procédure de vente immobilière concernant la société en liquidation et encore pendante ; cassation de l'arrêt. Sur l'évocation, c'est à bon droit que le tribunal a statué sur la demande d'annulation du jugement d'adjudication présenté par la demanderesse, dès lors que le jugement de prorogation du délai de suspension des poursuites individuelles, dont se prévaut l'appelante, date du 6 mars 2014, soit 4 mois avant l'audience éventuelle ; que par ailleurs, le jugement n° 298 du 24 juin 2011 est connu de la société demanderesse 4 ans avant l'audience éventuelle du 23 juin 2014 ; que lesdits jugements ne constituent donc pas des causes concomitantes ou postérieures prévues par le texte précité ; et qu'en outre, l'admission postérieure de la société demanderesse au bénéfice de la liquidation des biens et la désignation des syndics ne sauraient avoir pour conséquence de la relever de la forclusion encourue. Il s'ensuit que le jugement entrepris doit être confirmé en toutes ses dispositions (CCJA, 1e ch., n° 226, 29-11-2018 : Fitina SA c/ BEI).

En application de l'article 53 de l'AUPCAP, la décision judiciaire prononçant la liquidation des biens entraîne la dissolution de la société et l'expiration des mandats des dirigeants sociaux, en l'occurrence le directeur général. Par conséquent, ce dernier n'a plus le pouvoir de procéder au nom de la société à des actes juridiques ; ainsi, le mandat des dirigeants sociaux de la société en cause ayant pris fin par l'effet de la décision 2020 prononçant sa liquidation, lesdits dirigeants n'ont plus le pouvoir de procéder en son nom à des actes juridiques, cette prérogative étant désormais dévolue au syndic agissant seul en représentation de cette société pendant toute la durée de la liquidation de ses biens. Il en résulte que c'est en violation de l'article 53 précité qu'une cour d'appel a jugé recevable l'appel formé par un avocat porteur d'une procuration spéciale à lui délivrée par un « directeur général par délégation », agissant pour le compte d'une société mise en liquidation des biens, exposant son arrêt à la cassation. Sur l'évocation, et pour les mêmes motifs que ceux ayant entraîné la cassation, l'appel interjeté par la société en cause est irrecevable (CCJA, 2e ch., nº 007/2022, 20-1-2022).

II. Effet à l'égard du débiteur seul et non des créanciers

Il résulte des dispositions des articles 52 et 53 de l'AUPCAP que le dessaisissement s'opère à l'encontre du débiteur essentiellement et non à l'encontre des créanciers qui peuvent toujours agir aux côtés du syndic. En outre, ce dessaisissement n'est pas total car le débiteur conserve des possibilités d'actions individuelles dans certains cas. Par ailleurs, conformément aux dispositions de l'article 205 de l'AUSCGIE, le président du conseil d'administration, en sa double qualité d'administrateur représentant la société et d'associé, a pleinement qualité et intérêt pour agir dans le sens de la sauvegarde des intérêts de ladite société (CA Ouagadougou, ch. civ. et com., nº 52, 16-4-2004 : Socaco c/ K. H. (BTM) & Batec-SARL & Entreprise Dar-es-Salam, Ohadata J-04-375 ; J-04-374).

III. Limites du dessaisissement

Le principe du dessaisissement du débiteur déclaré en liquidation judiciaire connaît une exception s'agissant d'actes conservatoires. Le fait d'interjeter appel d'une décision défavorable à la masse des créanciers ayant été considéré comme un acte conservatoire (comm 13/1/1968 D 1968-1396), le débiteur déclaré en liquidation peut exercer cette action. Il en résulte que les correspondances adressées par le syndic-liquidateur à la juridiction d'appel après la mise en délibéré et tendant à denier à l'avocat du débiteur le défaut de mandat doivent être écartées des débats. Il appartient au syndic de se joindre aux poursuites si la procédure engagée nuit aux intérêts de la société en liquidation qu'il représente. Par conséquent la nullité de l'acte d'appel invoquée par le syndic doit être rejetée (CA Ouagadougou, ch. civ. et com., nº 97, 7-12-2001 : Tagui c/ O. S. D., Ohadata J-09-05).

Dans une société anonyme avec conseil d'administration, c'est le directeur général qui est le représentant légal de la société et qui a le pouvoir d'agir en justice en son nom et qui peut parfaitement, conformément à l'article 53, alinéa 2, in fine, de l'AUPCAP, poser des « actes conservatoires » ; ainsi, le directeur général par délégation, muni d'un pouvoir spécial reçu du directeur général le 20 mars 2020, qui lui délègue expressément le pouvoir d'ester en justice tant en demandant qu'en défendant, est habilité à donner une procuration à l'avocat pour interjeter appel contre le jugement du 27 octobre 2020 qui avait prononcé la liquidation des biens de ladite société, désigné des juge-commissaire et syndics. C'est donc à tort qu'il est fait grief à l'arrêt attaqué d'avoir violé l'article 53 de l'AUPCAP, d'autant plus que la demanderesse n'explique pas en quoi l'article susvisé serait applicable à monsieur [X.], qui n'a pas la qualité de directeur général adjoint (CCJA, ass. plén., nº 077/2023, 27-4-2023).

IV. Appréciation de la régularité de la signification d'arrêts selon le droit national de chaque État partie

La régularité des significations des arrêts doit être appréciée, non pas en application de l'article 53 de l'AUPCAP, qui est relatif aux conséquences de la liquidation des biens et au dessaisissement du débiteur de la gestion et de l'accomplissement de certains actes sur son patrimoine, mais plutôt en considération des dispositions pertinentes du droit national de chaque État membre. Cette matière étant ainsi régie par les articles 821 et suivants du Code de procédure civile au Sénégal, l'arrêt qui a retenu que la requête civile a été introduite hors délai après avoir constaté que la signification a été régulière, n'a en rien encouru le grief formulé ; rejet des moyens (CCJA, 3e ch., nº 148, 7-6-2018 : État du Sénégal c/ 1) État du Sénégal c/ 2) Eeximcor AFRIQUE SA. ; CCJA, 3e ch., nº 149, 7-6-2018 : État du Sénégal Eeximcor AFRIQUE SA.).

JURISPRUDENCE COMPARÉE

I. Canada

A. Actes exclus du dessaisissement

Ne sont pas soumis au dessaisissement les actes relatifs aux droits patrimoniaux et aux droits exclusivement attachés à la personne, tant en droit civil qu'en common law :

– les créanciers ne peuvent jamais exercer à leur bénéfice les droits à caractère extrapatrimonial appartenant à leur débiteur ; ainsi en est-il de l'action en contestation de paternité, en nullité de mariage, ou encore des recours en divorce ou en séparation de corps ou, plus simplement, du droit de passer outre à l'opposition d'un parent au mariage d'un enfant mineur ; tous ces droits, même s'ils peuvent, dans certains cas, avoir une incidence économique certaine et donc servir à augmenter la valeur économique du patrimoine du failli, sont, en effet, trop intimement liés à la personne ou au statut personnel de l'individu pour que la loi en dépouille le débiteur failli ;

– la jurisprudence a progressivement soustrait aux créanciers et à la saisine du syndic les réclamations en dommages-intérêts pour atteinte à la personne (réclamation pour blessures corporelles) ; la réclamation pour perte de salaire rendant le débiteur incapable de gagner sa vie ; la réclamation pour dommages moraux résultant d'une atteinte à l'honneur, à la réputation ou à la dignité ; la réclamation pour prestation compensatoire ou partage du patrimoine familial ; la demande visant à révoquer une donation pour cause d'ingratitude ; celle (plus ancienne et maintenant probablement surannée) pour séduction d'un membre de la famille ou d'un employé ; la réclamation d'un crédit d'impôt pour enfant handicapé ; et, enfin, celle touchant les dommages résultant d'une atteinte au droit de libre jouissance du droit de propriété (Tribunal du Québec 12-3-2004, Gélinas c/ Normand et Dubé, source Juricaf).

B. Conclusion d'un contrat de garantie générale entre un pêcheur et une banque – Cession subséquente de ses biens par le pêcheur

Un permis de pêche constitue un « bien » au sens de la législation sur la faillite et l'insolvabilité et de la législation sur les sûretés mobilières, selon la Cour suprême du Canada.

Un pêcheur détenant quatre permis de pêche a, pour financer son activité, signé un contrat de garantie générale (« CGG ») avec une banque et s'est porté caution des dettes de sa société. Aux termes des CGG, la banque bénéficiait d'une sûreté grevant « tous… les biens personnels, actuels et acquis par la suite, y compris… les biens immatériels… et tous les produits et renouvellements y afférents ». L'entreprise de pêche étant en défaut, le pêcheur a cédé ses biens et le syndic et le séquestre ont conclu une entente portant sur la vente des quatre permis de pêche et d'autres éléments d'actif à un tiers que le pêcheur a refusé de signer en soutenant que les permis de pêche ne constituaient pas des « biens ».

La cour suprême confirmant les décisions des juridictions inférieures rendues en common law a écarté son refus aux motifs suivants. Le terme « bien » visé par la loi sur la faillite et l'insolvabilité, notion élastique tirant son sens du contexte, doit recevoir une acception *téléologique* tenant compte de son contexte global compatible avec le sens ordinaire et grammatical et conforme à l'esprit, l'objet de la loi et l'intention du législateur tendant à englober un large éventail d'actifs du failli. Cette loi à finalité commerciale doit être interprétée non de manière abstraite mais dans un sens favorisant la réalisation des objectifs commerciaux respectifs. Or, un permis de pêche constitue incontestablement un élément d'actif commercial important doté une valeur marchande élevée dont la délivrance discrétionnaire par le ministre de la pêche confère à son titulaire davantage qu'une simple permission de faire en lui permettant de participer à des activités de pêche exclusive dans les conditions fixées par le permis et un droit de propriété sur les poissons et les revenus issus de leur vente. Ce permis procure donc un profit au sens de la common law constituant indiscutablement un droit de propriété. La qualification de « bien » attribuée à un permis de pêche ne limite pas pour autant le pouvoir discrétionnaire du ministre de la pêche d'accorder, de renouveler ou de révoquer celui-ci. Le secteur de la pêche commercial laisse présumer que ce permis peut être transféré avec le consentement de son détenteur actuel et renouvelé annuellement sans qu'une modification de la politique commerciale n'affecte les droits des titulaires de permis antérieurement délivrés. Par ailleurs, la Personal Property Security Act (PPSA) a pour objectif de faciliter la création de sûretés permettant aux détenteurs de biens personnels de les affecter en garantie et aux prêteurs de connaître précisément le rang de leur réclamation sur les biens concernés. Par suite, la banque bénéficiaire de la sûreté peut valablement mettre en œuvre la garantie octroyée par le pêcheur failli sur l'ensemble de ses biens personnels englobant les permis de pêche (Cour suprême du Canada, arrêt n° 31622 du 24-10-2008, site Juricaf).

II. France

A. Dissolution de la société en liquidation des biens

La dissolution est irrévocable ; elle subsiste même si la liquidation judiciaire (transposable à la liquidation des biens) est clôturée pour extinction du passif (Cass. com. 26-10-1999 : RJDA 12/99 n° 1366).

B. Dessaisissement du débiteur

1° Actes relevant du liquidateur

Sont du ressort du liquidateur les actes suivants :

– la gestion des biens communs (CA Paris 6-11-1992 : RJDA 5/93 n° 450) et des biens du débiteur en indivision (Cass. 3e civ. 23-3-1994 : Bull. civ. III p. 39, précisant que les coïndivisaires ne peuvent agir sur ce bien qu'avec le consentement du débiteur et de son syndic ou, à défaut, qu'avec autorisation de justice) ;

– l'exercice des voies de recours (Cass. com. 14-3-1995 : RJDA 8-9/95 n° 1043) et des actions en justice

en défense (Cass. com. 8-3-1994 : RJDA 7/94 n° 854) comme en demande (Cass. com. 11-5-1993 : RJDA 1/94 n° 99) ;
– l'immatriculation au registre du commerce (Cass. com. 3-5-1994 : Bull. civ. IV p. 129) ;
– l'émission de chèques postérieurs au jugement même si la seconde présentation des chèques a été faite après rétractation de celui-ci (Cass. com. 2-4-1996 : RJDA 7/96 n° 975) ;
– les versements faits sur son compte bancaire par le débiteur après sa mise en liquidation (Cass. com. 2-4-1996 : RJDA 7/96 n° 974, permettant au liquidateur de se faire reverser par la banque les fonds déposés) ;
– la contestation d'une saisie-attribution (Cass. com. 19-1-1999 : RJDA 7/99 n° 839) ; les opérations portées au débit d'un compte courant (Cass. com. 19-5-2004 n° 813 : RJDA 11/04 n° 1248) ;
– les émissions de chèques ainsi que les virements effectués à partir d'un compte bancaire personnel ou joint tels les virements effectués par le débiteur au profit de sa compagne à partir de son compte bancaire personnel et d'un compte commun avec celle-ci (Cass. com. 3-11-2010 n° 09-15.546 : RJDA 3/11 n° 262).

2° Effets du dessaisissement

a. Inopposabilité des actes faits par le débiteur à la procédure

Les actes que le débiteur accomplit seul au mépris du dessaisissement sont inopposables à la procédure (Cass. com. 26-4-2000 : RJDA 7-8/00 n° 783), les actes relatifs à l'instance judiciaire étant nuls quant à eux (Cass. com. 28-6-1994 : Bull. civ. IV p. 187 : à propos de la signification d'un jugement).

b. Opposabilité aux tiers par le liquidateur des actes faits par le débiteur

Le liquidateur peut se prévaloir des actes accomplis par le débiteur (Cass. com. 19-5-2004 n° 809 : RJDA 11/04 n° 1249, jugeant que le patrimoine du débiteur comprend les biens acquis au mépris du dessaisissement, le prêt souscrit par le débiteur et l'inscription du privilège de prêteur de deniers étant inopposables à la procédure).

c. Opposabilité par le liquidateur du dessaisissement aux tiers

Les tiers ne peuvent pas invoquer leur bonne foi (ignorance du prononcé de la liquidation) pour échapper à l'inopposabilité (Cass. com. 22-10-1996 : RJDA 2/97 n° 276).

Ils ne peuvent pas se prévaloir de l'acte accompli par le débiteur pour fonder un droit, car le dessaisissement étant édicté dans l'intérêt des créanciers, le liquidateur a seul qualité pour s'en prévaloir (Cass. com. 9-1-2001 : RJDA 5/01 n° 615 ; Cass. com. 22-1-2002 : RJDA 5/02 n° 532). Un créancier ne peut pas exercer l'action oblique au nom du débiteur (Cass. com. 3-4-2001 : RJDA 8-9/01 n° 886).

d. Opposabilité à la procédure par les tiers des actes faits par le débiteur seul et ratifiés par le liquidateur

Les tiers peuvent invoquer la ratification par le liquidateur des actes accomplis par le débiteur seul et qui sont conformes à l'intérêt des créanciers qu'il représente (cf. Cass. com. 20-2-2001 : RJDA 8-9/01 n° 883).

e. Obligations du liquidateur

Les droits et actions du débiteur concernant son patrimoine sont exercés pendant toute la durée de la liquidation judiciaire par le liquidateur qui est corrélativement tenu des obligations du débiteur (Cass. com. 12-7-1994 n° 1659 : Bull. civ. IV p. 207 : obligation de remettre des déclarations relatives aux salariés du débiteur).

3° Actes permis au débiteur

Droits propres au débiteur. Le débiteur peut accomplir les actes et exercer les droits et actions qui ne sont pas compris dans la mission du liquidateur ou de l'administrateur lorsqu'il en a été désigné ; il peut se constituer partie civile dans le but d'établir la culpabilité de l'auteur d'un crime ou d'un délit dont il serait victime (C. com. art. L 641-9, I-al. 2 et 3 ; sur la recevabilité de la partie civile, Cass. crim. 21-3-2000 : RJDA 1/01 n° 54). Il peut aussi défendre à l'action publique (CA Douai 8-6-1994 : GP 1994.som.719).

4° Caducité du dessaisissement

Le dessaisissement cesse dès la décision infirmant le jugement qui a prononcé la liquidation (Cass. com. 6-2-1996 : RJDA 5/96 n° 702).

Art. 54 [mod.] Dès son entrée en fonction, le syndic est tenu *d'accomplir* tous actes nécessaires *à* la conservation des droits du débiteur contre les débiteurs de celui-ci.

Il est tenu, notamment, de requérir au nom de la masse, les inscriptions des sûretés mobilières et immobilières soumises à publicité qui n'ont pas été requises par le débiteur lui-même. Le syndic joint à sa requête un certificat constatant sa nomination.

Art. 55 [mod.] Dans les trois (3) jours de la décision d'ouverture du redressement judiciaire ou de la liquidation des biens, le débiteur doit se présenter au syndic avec ses livres comptables en vue de leur examen et de leur clôture.

Tout tiers détenteur de ces livres est tenu de les remettre au syndic sur sa demande.

Le débiteur ou le tiers détenteur peut se faire représenter s'il justifie de causes d'empêchement reconnues légitimes.

Dans le cas où le bilan ne lui a pas été remis par le débiteur, le syndic dresse, à l'aide des livres, documents comptables et renseignements qu'il se procure, un état de situation.

Art. 56 [mod.] La juridiction compétente, dans la décision prononçant la liquidation des biens, ou le juge-commissaire ultérieurement, peut ordonner que durant toute cette procédure le courrier adressé au débiteur soit remis au syndic. Le débiteur peut assister à la remise du courrier s'il en fait la demande. Tout courrier ayant un caractère personnel lui est immédiatement remis ou restitué.

Dans les mêmes conditions, le syndic peut être autorisé à accéder au courrier électronique du débiteur n'ayant pas un caractère personnel.

Lorsque le débiteur exerce une activité pour laquelle il est soumis au secret professionnel, les dispositions du présent article ne sont pas applicables.

JURISPRUDENCE COMPARÉE

France

Frais de réexpédition du courrier au débiteur

Les frais de réexpédition du courrier au débiteur incombent au liquidateur, et non à La Poste (Cass. com. 28-9-2004 nº 1327 : RJDA 2/05 nº 176 ; D. 2004.2714 obs. A. Lienhard).

Art. 57 [mod.] A partir de la décision d'ouverture d'une procédure de redressement judiciaire ou de liquidation des biens contre une personne morale, les dirigeants de droit ou de fait, rémunérés ou non, à peine de nullité, ne peuvent céder les parts sociales, titres de capital ou valeurs mobilières donnant accès au capital de la personne morale qui fait l'objet de la procédure qu'avec l'autorisation du juge-commissaire et dans les conditions fixées par lui.

La juridiction compétente prononce l'incessibilité des droits sociaux de toute personne qui s'est immiscée dans la gestion de la personne morale à quelque moment que cette immixtion ait été constatée.

Les titres constatant les droits sociaux sont déposés entre les mains du syndic. A défaut de remise volontaire, le syndic met en demeure les dirigeants de procéder au dépôt entre ses mains. La non-remise de ces titres est constitutive de l'infraction prévue à l'article 233, 6° ci-dessous.

Le syndic fait, le cas échéant, mentionner sur les registres de la personne morale et au Registre du commerce et du crédit mobilier l'incessibilité des droits sociaux des dirigeants.

Le syndic dresse un état des droits sociaux et délivre aux dirigeants un certificat de dépôt ou d'inscription d'incessibilité pour leur permettre de participer aux assemblées de la personne morale.

Jurisprudence comparée

France

Incessibilité des droits sociaux

Cette mesure ne contrevient pas aux textes qui garantissent le respect du droit de propriété car elle est justifiée par l'intérêt général (Cass. com. 12-7-2005 n° 1238 : RJDA 2/06 n° 169).

Pour une application, voir Cass. com. 12-7-1994 : D. 1995 som. p. 2 obs. F. Derrida. Au cas d'espèce la cession forcée a porté sur 99,96 % du capital.

Art. 58 [mod.] Le syndic assure, sous sa responsabilité, la garde des titres qui lui sont remis par les dirigeants dans les conditions prévues à l'article 57 ci-dessus.

Il ne peut les restituer qu'après homologation du concordat de redressement judiciaire ou après clôture des opérations de liquidation des biens, sauf à les remettre, à tout moment, à qui la justice l'ordonne.

Art. 59 [mod.] Dans la décision d'ouverture du redressement judiciaire ou de la liquidation des biens, ou par une décision ultérieure, la juridiction compétente peut prescrire l'apposition des scellés sur les caisses, coffres, portefeuilles, livres, documents, meubles, effets, magasins et comptoirs du débiteur et, s'il s'agit d'une personne morale comportant des membres indéfiniment responsables, sur les biens de chacun de ces membres. L'apposition des scellés peut également être prescrite sur les biens des dirigeants des personnes morales.

Le greffier adresse, sans délai, avis de la décision au juge-commissaire.

Avant même cette décision, mais uniquement dans le cas de disparition du débiteur ou de détournement de tout ou partie de son actif, le président de la juridiction compétente peut désigner, parmi les membres de celle-ci, soit d'office, soit sur réquisition d'un ou plusieurs créanciers, un juge qui fait apposer les scellés.

Le juge-commissaire ou le juge désigné donne, sans délai, avis de l'apposition des scellés au président de la juridiction qui l'a ordonnée.

Jurisprudence OHADA

Apposition de scellés

Sur une décision ayant ordonné l'apposition de scellés sur les biens restants d'une société déclarée en liquidation, voir (TGI Ouagadougou, n° 455, 24-4-2002 : Liquidation des biens de la Sté Briqueteries du Faso (SBF), Ohadata J-04-16).

Art. 60 [mod.] Si la juridiction compétente a ordonné l'apposition des scellés, le juge-commissaire peut, sur proposition du syndic, le dispenser de faire placer sous scellés ou l'autoriser à en faire extraire :

1°) les objets mobiliers et effets indispensables au débiteur et à sa famille sur l'état qui lui est soumis ;

2°) les objets soumis à dépérissement prochain ou à dépréciation imminente ;

3°) les objets nécessaires à l'activité professionnelle du débiteur ou à son entreprise quand la continuation de l'exploitation est autorisée.

Ces objets sont inventoriés sans délai avec prisée par le syndic, en présence du juge-commissaire qui signe le procès-verbal.

Art. 61 [mod.] Les livres et documents comptables sont extraits des scellés et remis au syndic par le juge-commissaire après que celui-ci les a arrêtés et qu'il a constaté sommairement, dans son procès-verbal, l'état dans lequel il les a trouvés.

Les effets en portefeuille à courte échéance ou susceptibles d'acceptation ou pour lesquels il faut procéder à des actes conservatoires sont extraits des scellés par le juge-commissaire, décrits et remis au syndic pour en faire le recouvrement.

Art. 62 [mod.] Dans les trois *(3)* jours de leur apposition, le syndic requiert la levée des scellés en vue des opérations d'inventaire.

Art. 63 [mod.] Dès l'ouverture du redressement judiciaire ou de la liquidation des biens, il est procédé par le syndic à l'inventaire des biens du débiteur ainsi que des sûretés qui les grèvent, lui présent ou dûment appelé par lettre au porteur contre récépissé ou par lettre recommandée avec demande d'avis de réception ou par tout moyen laissant trace écrite.

Lorsque le débiteur exerce une profession libérale soumise à un statut réglementé, l'inventaire est dressé en présence d'un représentant de l'ordre professionnel ou l'autorité compétente dont il relève. En aucun cas, l'inventaire ne peut porter atteinte au secret professionnel si le débiteur y est soumis.

Le débiteur remet au syndic la liste de ses créanciers indiquant le montant de leurs créances, leurs noms et adresses, et la liste des contrats en cours. Il l'informe des procédures judiciaires en cours auxquelles il est partie.

En même temps qu'il est procédé à l'inventaire, il est fait récolement des objets mobiliers échappant à l'apposition des scellés ou extraits de ceux-ci.

En redressement judiciaire, lorsque la cession d'un bien est envisagée, il en est fait prisée avant de procéder à la cession. En liquidation des biens, tous les biens font l'objet d'une prisée en même temps que l'inventaire.

Le syndic peut, sur autorisation du juge-commissaire, se faire assister par toute personne qu'il juge utile pour établir l'inventaire et réaliser la prisée des biens.

Les marchandises placées sous sujétion douanière font l'objet, si le syndic en a connaissance, d'une mention spéciale.

Lorsque la procédure de redressement judiciaire ou de liquidation des biens est ouverte à l'encontre d'un débiteur après son décès et qu'il n'a pas été fait inventaire, celui-ci est dressé ou poursuivi en présence des héritiers connus ou dûment appelés par lettre au porteur contre récépissé ou par lettre recommandée avec demande d'avis de réception ou par tout moyen laissant trace écrite.

Le ministère public peut assister à l'inventaire.

L'inventaire est dressé en double exemplaire : l'un est immédiatement déposé au greffe de la juridiction compétente, l'autre reste entre les mains du syndic.

En cas de liquidation des biens, une fois l'inventaire terminé, les marchandises, les espèces, les valeurs, les effets de commerce et les titres de créances, les livres et documents, meubles et effets du débiteur sont remis au syndic qui en prend charge au bas de l'inventaire.

L'absence d'inventaire ne fait pas obstacle à l'exercice des actions en revendication ou en restitution.

Jurisprudence comparée

États-Unis

Biens appréhendés par la procédure collective

Tous les biens dont le débiteur est propriétaire doivent être pris en considération lors de la procédure de liquidation y compris ceux dont il n'a pas la possession (United States v. Whiting Pools, Inc. 462 U.S.198 (1983)).

Art. 64 Le débiteur peut obtenir sur l'actif, pour lui et pour sa famille, des secours fixés par le juge-commissaire. Celui-ci prend sa décision après avoir entendu le syndic.

JURISPRUDENCE COMPARÉE

France

Subsides au débiteur

Consistance. Au titre des subsides, un débiteur en liquidation judiciaire a été autorisé à conserver l'usage de son véhicule de tourisme BMW d'une très faible valeur, utilisé par lui-même et son épouse pour leurs déplacements privés mais aussi professionnels (TGI Béthune 27-2-2004 : D. 2004.som.700).

Art. 65 [mod.] En cas de redressement judiciaire, le syndic doit immédiatement requérir le débiteur de souscrire toutes les déclarations lui incombant en matière fiscale, douanière et de sécurité sociale. Il surveille la production de ces déclarations.

En cas de liquidation des biens, le syndic doit immédiatement requérir le débiteur de lui fournir tous les éléments d'information ne résultant pas des livres de commerce, nécessaires à la détermination de tous impôts, droits et cotisations de sécurité sociales dus. Le syndic transmet aux administrations fiscales, douanières et de sécurité sociale les éléments d'information fournis par le débiteur et ceux qu'il a à sa disposition.

Dans l'un et l'autre des cas visés ci-dessus, si le débiteur n'a pas déféré, dans les vingt (20) jours, à la réquisition du syndic, celui-ci constate cette défaillance et en avise le juge-commissaire ; il en informe, dans les dix (10) jours, les administrations fiscales, douanières et de sécurité sociale en leur fournissant les éléments d'information dont il dispose sur les affaires réalisées et sur les salaires payés par le débiteur.

Art. 66 [mod.] Sans préjudice de l'élaboration du bilan économique et social prévu à l'article 119-1 ci-dessous, le syndic, dans un délai de trente (30) jours à compter de son entrée en fonction, remet au juge-commissaire un rapport sommaire sur la situation apparente du débiteur. Le juge-commissaire transmet sans délai le rapport avec ses observations au ministère public.

Si ce rapport ne lui a pas été remis dans le délai prescrit, le juge-commissaire en avise le ministère public en expliquant les causes de ce retard.

Dans le cas où la procédure de redressement ou de liquidation des biens est ouverte à l'encontre d'une personne exerçant une profession libérale soumise à un statut réglementé, le rapport est également remis à l'ordre professionnel ou à l'autorité compétente dont le débiteur relève.

Section II • ACTES INOPPOSABLES À LA MASSE DES CRÉANCIERS

Art. 67 [mod.] La période suspecte commence à compter de la date de la cessation des paiements et prend fin à la date de la décision d'ouverture du redressement judiciaire ou de la liquidation des biens.

JURISPRUDENCE COMPARÉE

I. États-Unis

La période suspecte ne concerne que les biens appartenant au débiteur

Conformément au Code des procédures collectives (bankrupcy Code) un paiement peut être annulé s'il est réalisé moins de 90 jours avant l'ouverture d'une procédure collective et si le créancier reçoit plus que ce qu'il aurait reçu sous cette procédure collective. Selon la jurisprudence, lorsque le paiement se fait à l'aide des biens appartenants à un tiers, le Code des procédures collectives ne doit pas s'appliquer, les biens appartenant à des tiers étant les biens sur lesquels le débiteur n'a jamais eu de contrôle. Répondent à cette définition les fonds déposés par un tiers sur le compte du débiteur dans l'unique but de payer le créancier de ce dernier (Coral Petroleum, Inc., Plaintiff-appellant, v. Banque Paribas-london, et al., Defendants-appellees United States Court of Appeals, Fifth Circuit 797 F.2d 1351 (1986).

....

II. France

A. Actes hors période suspecte

N'encourent pas les causes de nullité de la période suspecte :

– la convention de séquestre régulièrement publiée au Bodacc qui n'est intervenue ni après le jugement d'ouverture de la procédure collective du vendeur ni au cours de la période suspecte ; en application de l'article 1956 du Code civil, le liquidateur n'est donc pas fondé à soutenir que la régularité des versements perçus par le séquestre s'apprécie à la date à laquelle ils sont intervenus, c'est à dire en période suspecte, et non au jour de l'établissement du séquestre (CA Paris, 3e ch. A, 25-11-1997 : JCP 1998.IV.1567) ;

– la convention de divorce conclue par le débiteur soumis à la procédure collective et son ex-conjoint après le jugement d'ouverture de cette procédure ; en conséquence, les juges ont pu rejeter l'action en nullité de cette convention formée par le représentant des créanciers (Cass. com. 19-1-1999 : RJDA 3/99 nº 316) ;

– l'acte conclu avant la période suspecte, peu important que son exécution soit postérieure à cette date (Cass. com. 4-10-2005 nº 1286 : BRDA 22/05 inf. 9).

B. Exercice individuel de l'action paulienne

Un créancier peut exercer individuellement l'action paulienne, le droit d'agir reconnu au mandataire judiciaire n'y faisant pas obstacle ; l'action ne profite pas à tous les créanciers mais seulement à celui ou à ceux qui l'ont exercée, car elle n'entraîne que l'inopposabilité de l'acte frauduleux dans les rapports des seules parties en cause (Cass. com. 2-11-2005 nº 1358 : D. 2005.2872 obs. Lienhard).

C. Délai pour sanctionner un acte suspect

Prescription de l'action en nullité d'un acte accompli pendant la période suspecte. L'action en nullité, qui tend à la reconstitution de l'actif du débiteur dans l'intérêt des créanciers peut être exercée par ses titulaires aussi longtemps que ces derniers restent en fonction ; par suite, est recevable l'action en annulation d'une donation introduite par un liquidateur judiciaire alors qu'il était en fonction plus de quinze ans après la date de la donation (Cass. com. 21-9-2010 nº 08-21.030 : RJDA 2/11 nº 190, transposable à l'action en inopposabilité).

D. Loi applicable aux nullités de la période suspecte

Le régime de ces nullités relève de la loi du lieu d'ouverture de la procédure (Cass. civ. 25-2-1986 : JCP.1987.II.20776 note Rémery : à propos de la validité d'une inscription d'hypothèque judiciaire conservatoire prise sur un immeuble du débiteur situé en France ; Cass. civ. 6-6-1990 : D. 1991.137 note Rémery : à propos de la validité d'une compensation concernant un débiteur mis en faillite en Italie).

Art. 68 [mod.] Sont inopposables de droit à la masse des créanciers s'ils sont faits pendant la période suspecte :

1º) tous les actes à titre gratuit translatifs de propriété mobilière ou immobilière ;

2º) tout contrat commutatif dans lequel les obligations du débiteur excédent notablement celles de l'autre partie ;

3º) tout paiement, quel qu'en soit le mode, de dettes non échues, sauf s'il s'agit du paiement d'un effet de commerce ;

4º) tout paiement de dettes échues, fait autrement qu'en espèces, effet de commerce, virement, prélèvement, carte de paiement ou de crédit ou compensation légale, judiciaire ou conventionnelle de dettes ayant un lien de connexité entre elles ou tout autre mode normal de paiement ou communément admis dans les relations d'affaires du secteur d'activité du débiteur ;

5º) toute sûreté réelle conventionnelle constituée à titre de garantie d'une dette antérieurement contractée, à moins qu'elle ne remplace une sûreté antérieure d'une nature et d'une étendue au moins équivalente ou qu'elle soit consentie en exécution d'une convention antérieure à la cessation des paiements ;

6º) toute inscription provisoire d'hypothèque judiciaire conservatoire ou de nantissement judiciaire conservatoire.

JURISPRUDENCE OHADA

Inopposabilité d'une cession de créance

La cession de créance conclue durant la période suspecte est inopposable à la masse des créanciers. Afin de rétablir l'égalité entre ces derniers, le bénéficiaire de la cession doit être condamné à rapporter les sommes perçues entre les mains du syndic (TGI Bobo-Dioulasso (Burkina Faso), n° 141, 15-5-2002 : SNTB c/ Sopagri-SA, Ohadata J-09-59).

JURISPRUDENCE COMPARÉE

France

A. Actes à titre gratuit translatifs de propriété mobilière ou immobilière

1° Actes nuls

Sont susceptibles d'être déclarés nuls s'ils sont consentis sans contrepartie : les donations proprement dites, même si le bénéficiaire est de bonne foi (Cass. com. 12-2-1985 : Bull. civ. IV p. 49), une constitution de sûreté réelle (Cass. com. 13-5-1981 : Bull. civ. IV p. 179), un cautionnement (Cass. com. 12-6-1963 : Bull. civ. III p. 248), la cession du droit d'exploiter un brevet (Cass. com. 14-2-1973 : Bull. civ. IV p. 66), un partage de communauté dissimulant une donation au profit de l'époux qui n'est pas soumis à la procédure (cf. Cass. com. 20-10-1992 : RJDA 2/93 n° 162) ou une renonciation à succession (CA Lyon 17-2-2000 : GP 2002.1023 note Goaziou-Huret).

2° Actes valables

Est valable la remise de dettes, qui a un caractère gratuit ou onéreux, consentie lors d'une transaction ; n'est pas nul l'accord intervenu pendant la période suspecte qui constitue une remise de dettes en contrepartie de laquelle la société objet de la procédure collective a fait l'économie d'une procédure judiciaire, dont l'issue était aléatoire (Cass. com. 2-10-2001 : RJDA 2/02 n° 179).

B. Contrat commutatif dans lequel les obligations du débiteur excèdent notablement celles de l'autre partie

1° Existence d'un contrat commutatif

A été considéré comme un contrat commutatif la cession de créances professionnelles (Cass. com. 4-4-2006 n° 05-14037 : Rev. proc. coll. 2006.277 n° 4).

2° Contrats préjudiciables au débiteur

Ont été considérés comme déséquilibrés :

– l'apport de différents biens en contrepartie de titres dont la détérioration très rapide n'a pas été due à un aléa accepté par les parties (Cass. com. 1-12-1975 : Bull. civ. IV n° 284) ;

– la vente d'un lot de chevaux de course pour 3,5 millions de francs alors qu'un expert a évalué ce lot à 4,5 millions (Cass. com. 16-2-1981 : Bull. IV n° 82) ;

– la substitution d'un bail commercial « tous commerces » avec un loyer annuel de 10 000 F, à un précédent bail commercial dont la destination était l'activité d' « agent immobilier », avec un loyer annuel de 30 000 F ; le fait que le bailleur ait bénéficié d'une indemnité de cession de droit au bail de 50 000 F ne répare pas la perte du loyer qu'il a subie que pour une période de deux années et demie alors que le nouveau bail a été accordé pour neuf ans (T. com. Paris 3-2-1997 : GP 1998.som.217) ;

– le contrat de travail consenti par la société en liquidation judiciaire à un directeur administratif et commercial pour une rémunération mensuelle de près de 40 000 F, dès lors que la société s'était obligée à maintenir le contrat pendant une durée minimale de dix-huit mois de salaire, que le contrat de travail, rédigé en termes généraux, n'était accompagné d'aucun document propre à définir les objectifs de la mission de « restructuration » en vue de laquelle le directeur avait été recruté et que le contrat stipulait à la charge de l'employeur, dont la situation financière était déjà exsangue, des obligations excédant notablement celles du salarié (CA Paris, 3e ch. C, 12-2-1999 : RJDA 8-9/99 n° 971) ;

– le contrat de travail liant une société à un représentant de commerce dès lors que :

- le contrat avait été signé après la date de cessation des paiements de la société, peu important l'existence de pourparlers antérieurs à cette date,
- outre un salaire fixe, le contrat prévoyait le paiement de commissions calculées, non pas sur le chiffre des affaires apportées par le salarié, mais sur le chiffre d'affaires global de la société,
- l'absence de bons de commande et de documents ne permettait pas de constater l'exercice d'une activité effective par le salarié, dont la rémunération n'était pas en proportion avec le travail accompli (Cass. soc. 21-11-2000 : RJDA 7/01 n° 790, 1e esp.) ;

– le contrat par lequel l'exploitant d'une brasserie a cédé sa licence de débit de boissons (licence IV) pour 3 800 € la veille de sa mise en liquidation judiciaire, dès lors que, selon le rapport d'expertise, une licence IV se négociait à cette époque et dans le quartier concerné dans une fourchette de 6 000 à 7000 € et que le fait que l'activité de débit de boissons ait cessé deux mois avant l'ouverture de la procédure

collective n'avait pas eu d'incidence sur la valeur de la licence, cette valeur n'étant pas attachée à la stabilité de la clientèle (CA Orléans, ch. com. éco. fin., 28-4-2005 n° 04/1677 : RJDA 10/05 n° 1132, 1e esp.) ;
– le contrat par lequel une société a acheté un fonds de commerce dont les éléments incorporels étaient sans valeur et les éléments corporels quasi inexistants, le contrat ayant eu pour but de transférer à la société par la suite mise en redressement judiciaire les charges liées aux licenciements des salariés attachés au fond (Cass. com. 27-6-2006 n° 828 : BRDA 17/06 inf. 7).

3° Contrats non préjudiciables au débiteur

N'imposent pas au débiteur des obligations disproportionnées par rapport à celles du cocontractant :
– l'accord par lequel le débiteur a versé à un salarié démissionnaire une somme égale à trois mois de salaire, l'entreprise évitant ainsi un licenciement qui se serait révélé beaucoup plus onéreux (Cass. com. 3-1-1989 : Rev. proc. coll. 1989.539) ;
– le contrat de coopération qui a apporté à l'entreprise un regain d'activité et une amélioration de trésorerie, le dépôt de bilan survenu par la suite étant dû à un manque de fonds propres et à une dégradation imprévisible du marché (Cass. com. 17-11-1992 : Rev. proc. coll. 1993.109) ;
– l'opération de cession-bail (lease-back) par laquelle une entreprise en état de cessation des paiements a vendu pour 10 000 000 de francs un immeuble à une société de crédit-bail et l'a pris en crédit-bail pour un montant total de 22 760 292 francs, dès lors que l'écart de valeur (12 760 292 francs) représentait pour la société de crédit-bail un bénéfice annuel de 10,63 % par an pendant douze ans, car ces contrats permettaient à l'entreprise de conserver l'usage de ses bâtiments d'exploitation (Cass. com. 11-3-1997 : RJDA 7/97 n° 961).

4° Appréciation du déséquilibre

Le déséquilibre est apprécié, au jour de la conclusion du contrat, uniquement au regard des clauses du contrat litigieux et non par rapport à d'autres contrats existant entre les parties (Cass. com. 10-12-2002 n° 2069 : RJDA 5/03 n° 521).

C. Paiement, quel qu'en soit le mode, de dettes non échues, sauf s'il s'agit du paiement d'un effet de commerce

1° Absence de paiement

Ne constitue pas un paiement :
– la substitution d'une dette à une autre dette préexistante pendant la période suspecte (CA Besançon, 2e ch. com., 26-4-2000 : Rev. jur. com. 2001.116 note L. Haennig) ;
– une cession de créance par bordereau Dailly opérée à titre de garantie et non de paiement (Cass. com. 22-1-2002, deux arrêts : Rev. proc. coll. 2002.276 n° 6 ; CA Paris 27-11-2001 : Rev. proc. coll. 2004.385 n° 7). Mais constitue un paiement la cession par bordereau Dailly d'une créance à une banque qui avait consenti au débiteur une ouverture de crédit en compte courant, en vertu d'une convention-cadre, dès lors qu'elle est intervenue avant la clôture de ce compte et tend ainsi à l'extinction d'une créance non échue (Cass. com. 2-11-2005 n° 1348 : GP 2006. doctr. 209 obs. P. Roussel Galle).
– l'abandon de la quote-part d'un bien immobilier dans un état liquidatif de communauté conjugale, au titre de l'accomplissement d'un devoir de secours, en l'espèce celui dû entre époux (Cass. com. 7-11-2006 n° 1211 : RJDA 8-9/07 n° 872 ; D. 2006.som.2911 ; JCP (éd. E) 2006.pan.2837 ; GP 2007.som.19/20 janv. obs. P. Roussel Galle ; JCP (éd. G) 2007 II 10017).

2° Paiement d'une dette non échue

Constitue le paiement d'une dette non échue la novation résultant de l'imputation d'un prêt nouvellement consenti sur des dettes antérieures de l'emprunteur (Cass. com. 25-6-2002 n° 1261 : RJDA 12/02 n° 1300).

D. Paiement anormal de dettes échues

1° Nécessité d'un paiement

Ne constitue pas un paiement soumis à la nullité :
– la remise de quittances subrogatives (Cass. com. 17-6-1980 : Bull. civ. IV p. 210) ;
– la convention valablement conclue en vertu de laquelle le paiement anormal est intervenu (CA Versailles 19-10-1995 : RJDA 3/96 n° 422) ;
– un protocole d'accord qui se borne à fixer un échéancier de règlement de la dette d'une société (Cass. com. 10-12-2002 n° 2090 : RJDA 5/03 n° 522).

2° Paiement autrement qu'en espèces

Constitue un paiement nul :
– la renonciation au droit au bail car elle entraîne un abandon partiel d'actif au profit du bailleur (qui peut se trouver ainsi payé d'arriérés de loyers), réduisant d'autant les garanties devant bénéficier à l'ensemble des créanciers (T. com. Paris, 5e ch., 30-6-1995 : GP 1996.541) ;
– la cession de créances intervenue postérieurement à la date de cessation des paiements, opérée en exécution d'une convention de cession de créances professionnelles conclue antérieurement (CA Paris, 3e ch. A, 24-2-1998 : D. 1998.IR.89).

3° Modes de paiement communément admis

a. Critère d'appréciation

Le mode de paiement communément admis s'apprécie dans les circonstances propres aux relations d'affaires du secteur professionnel dans lequel le mode de paiement en cause a été utilisé (Cass. com. 26-10-1999 : RJDA 1/00 n° 63), peu important qu'il n'ait pas été prévu dès l'origine entre les parties (Cass. com. 22-2-1994, 2e espèce : RJDA 6/94 no 716).

b. Paiements non communément admis

Ont été annulées :

– la compensation opérée par un créancier avec la dette du prix du fonds de commerce du débiteur dont il s'est porté acquéreur pour se ménager sciemment cette compensation (CA Limoges 11-3-1991 : D. 1992.som.183 obs. Honorat ; voir aussi Cass. com. 19-1-1999 : RJDA 4/99 no 446) ;

– la cession de créance faite à l'Urssaf en paiement de cotisations, les relations entre l'Urssaf et les assujettis n'étant pas des relations d'affaires (Cass. com. 14-12-1993 : RJDA 5/94 no 587) ;

– la restitution par un acheteur à son fournisseur des marchandises qu'il lui avait achetées en contrepartie de l'établissement d'un avoir (Cass. com. 12-7-1994 : RJDA 2/95 no 211) ;

– la dation en paiement effectuée entre la créance d'un fabricant d'engrais qui fournissait une société et la propriété d'un autre lot d'engrais de cette société débitrice car il n'existait aucune réciprocité entre ces achats et ventes ni de connexité entre les créances (Cass. com. 20-2-1996 : BRDA 10/96 p. 10) ;

– la compensation provoquée entre la dette d'un prêt et une partie du prix de la vente d'un immeuble au prêteur (Cass. com. 19-11-2000 : RJDA 3/01 no 345) ;

– la délégation, par le vendeur d'un fonds de commerce dans le paiement de sa dette, de l'acheteur de son fonds débiteur du prix de vente (Cass. com. 28-5-2002 no 1051 : RJDA 11/02 no 1172) ;

– la délégation de créance dans le secteur professionnel du commerce de véhicules automobiles (CA Paris, 3e ch. A, 27-1-2004 no 2003/00252 : Rev. dr. banc. 2004.191 no 136 obs. F.-X. Lucas).

c. Paiements communément admis

Constituent un mode de paiement normal :

– le versement au vendeur de marchandises avec clause de réserve de propriété de l'indemnité d'assurance pour perte de ces dernières car cette indemnité, subrogée aux biens dont le vendeur est resté propriétaire, n'est pas entrée dans le patrimoine de l'acheteur (Cass. com. 6-7-1993 : RJDA 10/93 no 840) ;

– la clause de compensation conventionnelle dès lors qu'elle a été conclue avant la période suspecte (Cass. com. 9-12-1997 : RJDA 4/98 no 471, 1e esp.) ;

– la délégation de paiement dans le secteur du bâtiment (CA Paris, 17-9-2003 no 2002/00087 : Rev. dr. banc. 2004.191 obs. F.-X. Lucas) ;

– le paiement par prélèvement bancaire prévu par une clause d'un contrat de prêt (CA Angers, ch. com. 24-5-2005 : RD bancaire 2006.24 no 24 obs. F.-X. Lucas) ;

– le prêt de restructuration d'une dette (Cass. com. 26-9-2006 no 1054 : RJDA 1/07 no 74).

E. Hypothèque conventionnelle ou nantissement conventionnel, toute constitution de gage, consentie sur les biens du débiteur pour dettes antérieurement contractées

1o Qualification de la sûreté hypothèque ou d'un nantissement

a. Absence de nantissement dans la cession de créance par bordereau Dailly bien qu'elle ait pour objet de servir de garantie

Ne constitue pas un nantissement la cession d'une créance professionnelle, même en vue de garantir le solde d'un compte courant, car cette cession transfère au cessionnaire la propriété de la créance cédée et ne comporte pas la stipulation d'un prix (Cass. com. 28-5-1996 : RJDA 11/96 no 1399).

b. Non-constitution d'une hypothèque

Transfert d'hypothèque d'un immeuble sur un autre. Ne correspond pas à la constitution d'hypothèque devant être annulée, le transfert de l'hypothèque pendant la période suspecte, de l'immeuble sur lequel elle a été initialement constituée avant la cessation des paiements sur un autre immeuble acquis par le débiteur, et cela en garantie de la même dette antérieurement contractée ; de plus, cette substitution au privilège du prêteur et à l'hypothèque inscrite sur l'immeuble vendu d'une hypothèque sur l'immeuble acquis n'a pas accru la valeur de la garantie du créancier et n'a causé aucun préjudice aux créanciers chirographaires puisque l'hypothèque s'exerce actuellement sur un immeuble de moindre valeur (Cass. com. 20-1-1998 : RJDA 5/98 no 625).

c. Existence d'une hypothèque

Convention interdisant une autre sûreté sur l'immeuble hypothéqué. Doit être considérée comme une hypothèque régulièrement constituée avant la date de cessation des paiements, et non comme une simple promesse d'hypothèque, la convention conclue avant la date de cessation des paiements qui oblige le débiteur à ne pas consentir une autre sûreté sur l'immeuble et qui permet au créancier de faire inscrire l'hypothèque sans nouvelle manifestation de volonté du débiteur ; la nullité de l'article L 621-107 du Code de commerce n'est donc pas encourue quand bien même l'hypothèque aurait été réitérée devant notaire, puis publiée pendant la période suspecte (CA Chambéry, ch. com., 28-5-2002 no 2000/02142 : Bull. inf. C. cass. 2004 no 975).

2o Date de constitution de l'hypothèque ou du nantissement

a. Détermination de la date de naissance de l'hypothèque ou du nantissement

Hypothèque. L'hypothèque, acte unilatéral, est constituée dès que l'acte notarié a été signé par le constituant, peu important que le créancier bénéficiaire ait été appelé à signer l'acte, postérieurement à cette date, son acceptation pouvant même être tacite (CA Versailles, 13e ch., 6-6-1996 : GP 1996.som.540).

b. Privilège du vendeur d'immeuble

Le privilège du vendeur de l'immeuble sur l'immeuble vendu, pour le paiement du prix, est attaché par la loi à la créance en raison de sa nature et prend naissance avec elle, ce privilège s'étendant aux accessoires du prix à la condition que ceux-ci soient expressément mentionnés dans l'acte de vente ; dès lors que les parties sont convenues que l'immeuble vendu demeurait affecté, par privilège expressément réservé au profit du vendeur, à la garantie du paiement du solde du prix en principal, intérêts, frais et accessoires, avec réserve expresse de l'action résolutoire, le privilège du vendeur est né à la date de l'acte de vente ; la publication intervenue plus de deux mois après l'acte constitutif du privilège du vendeur n'a pas fait perdre à ce dernier, conformément à l'article 2386, al. 2 du Code civil, sa nature de sûreté, mais l'a seulement converti de plein droit en hypothèque conventionnelle prenant rang à la date de son inscription (CA Paris, 2e ch. B, 8-4-1999 : D. 1999.som.302 obs. S. Piédelièvre).

c. Gage

Le gage sur un meuble incorporel n'est constitué qu'après la signification exigée par l'article 2075 du Code civil, qui n'est pas une simple mesure de publicité mais l'une des conditions substantielles de la naissance du droit réel au profit du créancier gagiste ; pareille constitution est donc non avenue, alors qu'au jour de la date de cessation des paiements la régularisation n'était pas faite et ne pouvait plus l'être (CA Paris, 5e ch. B, 15-11-2001 : D. 2002.som.88).

d. Sûreté concomitante ou postérieure aux dettes garanties

N'est pas nulle l'hypothèque, quelle que soit sa nature, ainsi que tout droit de nantissement, constituée en période suspecte pour des dettes concomitantes ou postérieures à la date de constitution de la sûreté (CA Rennes, 2e ch., 18-5-1994 : JCP 1996.IV.210).

3o Nullité des paiements consécutifs à une sûreté nulle

La nullité de plein droit doit être étendue aux paiements qui n'ont été effectués qu'en raison de sûretés irrégulièrement constituées (CA Rouen, 2e ch. civ., 4-2-1993 : GP 1993.som.325).

F. Inscription provisoire d'hypothèque judiciaire conservatoire ou de nantissement judiciaire conservatoire

1o Inscriptions visées

a. Inscription postérieure à la date de cessation des paiements

L'inscription n'est nulle que si elle est postérieure à cette date et pas seulement si elle est antérieure au jugement d'ouverture, l'inscription définitive pouvant quant à elle être postérieure à ce jugement (Cass. com. 17-11-1992 : RJDA 3/93 no 259).

b. Inscriptions faites par le débiteur et celles faites par le créancier

Est nulle l'inscription d'un nantissement judiciaire faite par un créancier (CA Paris 11-6-1999 : RJDA 12/99 no 1361).

2o Domaine de la nullité

La nullité ne s'applique pas à l'émission d'un avis à tiers détenteur qui, emportant attribution de la créance, est une mesure d'exécution forcée et non une mesure conservatoire (Cass. com. 16-6-1998 : RJDA 11/98 no 1267), ni à une saisie-attribution (CA Versailles 27-5-1999 : D. 1999.IR.186).

3o Effet de la nullité

Si l'inscription est annulée, la conversion de la saisie est aussi nulle par voie de conséquence (Cass. com. 12-10-1999 : RJDA 1/00 no 64).
Lorsque la sûreté est annulée, la créance est admise à titre chirographaire seulement (Cass. com. 21-1-2003 no 158 : Rev. dr. banc. 2003 p. 173 § 124 obs. J.-M. Delleci).

Art. 69 [mod.] Peuvent être déclarés inopposables à la masse des créanciers, s'ils lui ont causé un préjudice :

1o) les actes à titre gratuit translatifs de propriété mobilière ou immobilière faits dans les six (6) mois précédant la période suspecte ;

2o) les actes à titre onéreux si ceux qui ont traité avec le débiteur ont eu connaissance de la cessation des paiements du débiteur au moment de leur conclusion ;

3o) les paiements volontaires de dettes échues si ceux qui les ont perçus ont eu connaissance de la cessation des paiements du débiteur au moment des paiements.

Par dérogation au 3o du paragraphe 1 du présent article, le paiement fait au porteur diligent d'une lettre de change, d'un billet à ordre ou d'un chèque est opposable à la masse, sauf dans les cas suivants où une action en rapport est possible contre :

1°) le tireur ou le donneur d'ordre en cas de tirage pour compte qui a eu connaissance de la cessation des paiements du tiré soit au moment du tirage, soit au moment du paiement de la lettre de change à lui fait par le tiré ;

2°) le bénéficiaire du billet à ordre qui a eu connaissance de la cessation des paiements du souscripteur, soit au moment de l'endossement de l'effet par lui, soit au moment du paiement à lui fait par le souscripteur ;

3°) le tireur d'un chèque qui a eu connaissance de la cessation des paiements du tiré au moment de l'émission du chèque ;

4°) le bénéficiaire d'un chèque qui a eu connaissance de la cessation des paiements du tireur au moment de l'émission du chèque ;

5°) le bénéficiaire d'un chèque qui a eu connaissance de la cessation des paiements du tiré soit au moment de l'émission, soit au moment du paiement du chèque.

JURISPRUDENCE OHADA

Paiements nuls

C'est à juste titre, après avoir constaté que des paiements ont été réalisés durant la période suspecte et l'existence d'une collusion frauduleuse entre la société débitrice et l'un de ses administrateurs, qu'un juge a décidé que les sommes indûment perçues doivent être rapportées à la masse des créanciers, en application de l'article 69, al. 3 et 4 de l'AUPCAP ; confirmation de la décision (CA Abidjan, 1e civ. et com., arrêt de référé n° 452, 27-4-2001 : Axa-lard c/ A. G. et J.-L. H. R., Ohadata J-02-79 ; obs. J. Issa-Sayegh).

JURISPRUDENCE COMPARÉE

I. États-Unis

A. Allongement de la période suspecte au regard des paiements faits en connaissance de la situation obérée du débiteur, paiements dits « au profit d'un initié »

Nullité du paiement fait par une société en liquidation en remboursement d'un prêt bancaire garanti sur des biens personnels du dirigeant, considéré comme « initié ». Selon la section 547(b) du chapitre 11 de l'US Code, le liquidateur peut annuler tous les paiements qui sont intervenus dans les 90 jours qui ont précédé la demande d'ouverture d'une procédure collective. Ce délai est d'un an lorsque les paiements ont profité à des initiés de la société contre laquelle est ouverte une procédure collective. Une société avait contracté de nombreux prêts avec une banque qui avait notamment pris des garanties sur les biens personnels du dirigeant de la société. La société avait remboursé une grande partie de ces prêts moins d'un an, mais plus de 90 jours, avant la demande d'ouverture de la procédure collective. Les juges considèrent que la banque ne peut pas être considérée comme un initié. Ils estiment toutefois que les remboursements ont profité au dirigeant qui lui est un initié. Par conséquent, le liquidateur peut annuler tous les remboursements effectués par la société à la banque et réalisés moins d'un an avant l'ouverture de la procédure collective (Wesley Industrie Inc. v. First Alabama Bank, Court of Appeal 11th Circuit, 30 F.3d 1438 (1994)).

B. Paiement pendant la période suspecte d'une dette échue et lettre de crédit

La société Compton Corporation devait à la société Blue Quail Energy Inc. la somme de 585 443,85 $. Cette somme devait être payée le 20 avril 1982. La société Compton ne paya pas à la date prévue. Le 6 mai 1982, la société Compton demanda à sa banque une lettre de crédit en faveur de la société Blue Quail Energy Inc. pour une somme pouvant aller jusqu'à 585 443,85 $. Le lendemain, soit le 7 mai 1982, une procédure de liquidation judiciaire fut ouverte à l'encontre de la société Compton. Puisque la lettre de crédit avait été prise suite à la défaillance de la société Compton, il s'agissait d'un paiement pouvant être annulé parce qu'il était intervenu pendant la période suspecte (dans les 90 jours qui ont précédé la demande d'ouverture d'une procédure collective) (Compton Corporation v. Blue Quail Energy Inc., Cour of appeal 5th Circuit, 831 F.2d 586 (1988)).

II. France

A. Inopposabilité des actes

1° Préjudice et mauvaise foi non requis

Il importe peu que le débiteur ou ses créanciers aient ou non subi un préjudice et la mauvaise foi de ceux qui ont traité avec le débiteur n'est pas requise (Cass. com. 29-5-2001 : RJDA 10/01 n° 1002).

2° Actes annulés

Ont été notamment annulés les actes suivants :
– une remise en compte courant (Cass. com. 28-2-1983 : Bull. civ. IV p. 75) ;
– une remise de marchandises en stock contre une avance (Cass. com. 26-5-1982 : Bull. civ. IV p. 179) ;
– des promesses de payer (Cass. com. 16-7-1991 : Rev. proc. coll. 1992.67 obs. Guyon) ;
– un apport en société (CA Paris 6-3-1933 : DP 1934.2.48) ;
– une cession de créances par bordereau Dailly (CA Paris 26-5-1994 : D.1994.IR.207) ;
– une reconnaissance de dettes (Cass. com. 1-10-2002 n° 1524 : RJDA 1/03 n° 47).

3° Actes valables

N'ont pas été annulées :
– la résiliation, sans indemnité, par une société de famille du bail qui lui avait été consenti par ses dirigeants, car, compte tenu de la modicité du loyer acceptée pour des motifs purement familiaux, ce bail n'avait pas à être maintenu au profit de tiers, par le biais de la conservation du droit au bail dans le patrimoine de la société (Cass. com. 7-11-1989 : BRDA 6/90 p. 21) ;
– des cessions de créances dont il était convenu que l'effet des droits en résultant devait être reporté sur le solde débiteur du compte courant tel qu'il apparaîtrait à la clôture dudit compte, ces cessions n'étant effectivement consenties qu'en vue de garantir le paiement du solde dudit compte (Cass. com. 28-5-1996 : RJDA 11/96 n° 1399) ;
– une cession de créance Dailly se rattachant à une convention de cession conclue avant la date de cessation des paiements (Cass. com. 28-9-2004 n° 1293 : RJDA 2/05 n° 220).

4° Preuve de la connaissance de la cessation des paiements

La preuve que le tiers avait connaissance de la cessation des paiements peut être établie par tous moyens et résulter, par exemple, des liens de parenté ou des relations d'affaires suivies existant entre le débiteur et le tiers (Cass. com. 25-4-1967 : D. 1967.som.98 ; Cass. com. 11-7-1988 : BRDA 19/88 p. 14) ou de l'octroi par le créancier de délais de paiement anormaux (Cass. com. 5-7-1971 : D. 1971.som.227). L'assignation en redressement judiciaire par le créancier peut aussi impliquer cette connaissance (CA Paris 13-9-1994 : RJDA 12/94 n° 1370 ; CA Versailles 29-2-1996 : GP 1996.som.363) ou non (CA Paris 16-10-1991 : GP 1992.som.538).

5° Nullité d'une saisie pratiquée en période suspecte

Une saisie-attribution peut être annulée si elle a été pratiquée par un créancier après la date de cessation des paiements du débiteur et en connaissance de celle-ci (C. com. art. L 632-2, al. 2). Ne rapporte pas la preuve que le créancier ayant pratiqué une saisie attribution après la date de cessation des paiements savait à la date de cette saisie que la société était en état de cessation des paiements dans les circonstances suivantes :
– ni le défaut de paiement d'une facture à échéance du 15 novembre 2006 et des factures suivantes ni une demande de délais de paiement présentée par la société en janvier 2007 ne suffisaient à laisser croire au créancier que la société était en état de cessation des paiements fixée au 12 juillet 2006 ;
– les difficultés de trésorerie passagères de la société, dues au défaut de paiement d'un client, pouvaient être résolues sans aboutir systématiquement à l'ouverture d'une procédure collective ;
– le créancier avait produit une analyse financière de la Coface, datant du 22 décembre 2006, qui ne faisait apparaître aucune insolvabilité de la société ;
– il n'était pas établi qu'il ait été informé d'un défaut de paiement par la société de ses cotisations sociales ou de ses impôts (CA Paris 18-9-2008 n° 08/630 : BRDA 1/09 inf. 10).

Obs. : bien que l'article 69 de l'AUPCAP ne prévoie pas expressément la nullité d'une saisie, il reste possible, dès lors que celle-ci a été opérée en connaissance de la cessation des paiements du débiteur, de demander l'annulation des paiements consécutifs à cette saisie dont la nullité est prévue au 4e de l'article 69.

B. Action en rapport

Paiement par chèque. Doit être rejetée la demande exercée par le liquidateur judiciaire en annulation du paiement d'un chèque intervenu au profit de l'un des administrateurs d'une société anonyme pour le remboursement partiel du solde de son compte courant d'associé, une telle demande doit être fondée sur l'action en rapport du montant du chèque contre le bénéficiaire ayant connaissance de l'état de cessation des paiements (CA Orléans 20-12-2007 : RJDA 4/08 n° 441).

Art. 70 [mod.] L'action en déclaration d'inopposabilité n'est exercée que par le syndic, sans préjudice de l'application de l'article 72, al. 2, ci-dessous. Elle relève de la compétence de la juridiction ayant ouvert la procédure de redressement ou de liquidation des biens.

A peine d'irrecevabilité, cette action ne peut être exercée après l'homologation du concordat de redressement judiciaire ni après la clôture de la liquidation des biens.

Jurisprudence comparée

France

Recevabilité de l'action en nullité contre des créances admises

L'action en nullité peut être exercée, même si les créances visées ont été admises, car la décision du juge-commissaire, comme tout jugement, n'ayant autorité que sur ce qu'elle tranche dans son dispositif, ne s'est pas prononcée sur la validité des actes effectués par le débiteur pendant la période suspecte (Cass. com. 7-12-1999 : RJDA 2/00 n° 197 : paiements par compensation ; Cass. com. 18-2-2003 n° 309 : RJDA 10/03 n° 983 : remises en compte courant) ; il en est de même pour une décision de rejet de la créance (Cass. com. 8-6-1999 : RJDA 10/99 n° 1109 : cession par bordereau Dailly). L'action en nullité est irrecevable lorsque la cause de nullité de la période suspecte a été purgée par la décision d'admission, comme c'est le cas de la décision qui a admis une créance à titre privilégié bien que le nantissement l'assortissant ait été accepté pendant la période suspecte, à la suite du report de la date de cessation des paiements (Cass. com. 12-11-1991 : RJDA 2/92 n° 199).

Art. 71 [mod.] L'inopposabilité profite à la masse.

1°) La masse est colloquée à la place du créancier dont la sûreté a été déclarée inopposable.

2°) L'acte à titre gratuit déclaré inopposable est privé d'effet s'il n'a pas été exécuté. Dans le cas contraire, le bénéficiaire de la libéralité doit rapporter le bien dont la propriété a été transférée gratuitement.

En cas de sous-aliénation à titre gratuit, le sous-acquéreur, même de bonne foi, est soumis à l'inopposabilité et au rapport du bien ou au paiement de sa valeur, à moins que le bien ait disparu de son patrimoine par suite d'un cas de force majeure.

En cas de sous-aliénation à titre onéreux, le sous-acquéreur n'est soumis au rapport ou au paiement de sa valeur que si, au moment de l'acquisition du bien par lui, il avait connaissance de la cessation des paiements du débiteur.

En tout état de cause, le bénéficiaire principal de l'acte à titre gratuit reste tenu du paiement de la valeur du bien si le sous-acquéreur ne peut ou ne doit pas rapporter le bien.

3°) Le paiement déclaré inopposable doit être rapporté par le créancier qui doit produire au passif du débiteur.

4°) Si le contrat commutatif déséquilibré déclaré inopposable n'a pas été exécuté, il ne peut plus l'être.

S'il a été exécuté, le créancier peut seulement produire au passif du débiteur pour la juste valeur de la prestation qu'il a fournie.

5°) Les actes à titre onéreux déclarés inopposables sont privés d'effets s'ils n'ont pas été exécutés.

S'il s'agit d'une aliénation exécutée, l'acquéreur doit rapporter le bien et produire sa créance au passif du débiteur ; s'il y a eu sous-aliénation à titre gratuit, le sous-acquéreur est tenu de restituer le bien sans recours contre la masse ; s'il y a eu sous-aliénation à titre onéreux, le sous-acquéreur est tenu de rapporter le bien et de produire sa créance au passif du débiteur si, au moment de l'acquisition du bien par lui, il avait connaissance du caractère inopposable de l'acte de son auteur.

Si le débiteur a reçu tout ou partie de la prestation du cocontractant qui ne peut être restituée en nature, le créancier doit produire sa créance pour la valeur de la prestation fournie.

• Chapitre IV •

EFFETS DE LA DÉCISION D'OUVERTURE À L'ÉGARD DES CRÉANCIERS

Section I • CONSTITUTION DE LA MASSE ET EFFETS SUSPENSIFS

Art. 72 [mod.] La décision d'ouverture de la procédure de redressement judiciaire ou de liquidation des biens constitue les créanciers en une masse représentée par le syndic qui, seul, agit en son nom et dans l'intérêt collectif et peut l'engager.

Toutefois, en cas de carence du syndic, tout créancier contrôleur peut agir dans l'intérêt collectif, après une mise en demeure du syndic restée infructueuse pendant une période de vingt et un (21) jours. Le contrôleur supporte les frais de l'action, mais si celle-ci aboutit à l'enrichissement de la masse, il est remboursé de ses frais sur les sommes obtenues. L'action en responsabilité contre un dirigeant ne peut être intentée que par deux (2) créanciers contrôleurs au moins.

La masse est constituée par tous les créanciers dont la créance est antérieure à la décision d'ouverture, même si l'exigibilité de cette créance était fixée à une date postérieure à cette décision à condition que cette créance ne soit pas inopposable en vertu des articles 68 et 69 ci-dessus.

JURISPRUDENCE OHADA

I. Caractère impératif de la décision ayant consolidé la masse des créanciers

Les opérations de débit portant sur les sommes d'argent dont la restitution a été ordonnée par l'ordonnance déférée n'ayant pas été faites par la banque créancière sur le compte bancaire ouvert dans ses livres au nom de la société en liquidation avant l'admission de celle-ci à ladite liquidation, mais postérieurement à l'ouverture de la procédure, l'appelante [la banque créancière] était astreinte à se soumettre à la discipline collective à laquelle tous les créanciers de la masse sont tenus, quelle que soit l'origine ou la destination prétendue de ces fonds. C'est donc à bon droit que l'ordonnance déférée a ordonné la restitution au crédit du compte nº 4100068011 de la société en liquidation de la somme totale de 6 255 532 730 FCFA ; Il échet dès lors de déclarer mal fondée l'opposition ainsi formée (CCJA, 2e ch., nº 193/2023, 26-10-2023).

II. Recevabilité du recours contre la décision ayant consolidé la masse des créanciers

Le recours initié par un créancier dans l'optique de remettre en cause l'arrêt qui a permis de consolider la masse des créanciers, dont le requérant, qui estime ses droits lésés, ne fait pas partie, est recevable, dès lors qu'il vise effectivement à obtenir réformation de la décision attaquée (CCJA, 3e ch., nº 152, 27-10-2016 : Biao-Ci devenue NSIA Banque CI c/ Catrans, Ohadata J-17-92).

Art. 73 [mod.] La décision d'ouverture du redressement judiciaire et de la liquidation des biens, arrête le cours des inscriptions de toute sûreté mobilière ou immobilière.

JURISPRUDENCE COMPARÉE

I. États-Unis

A. Arrêt des poursuites

L'objectif principal de l'arrêt des poursuites individuelles en cas d'ouverture d'une procédure collective est de protéger le patrimoine du débiteur et ce dans l'intérêt de la masse des créanciers (Official Comm. Of Unsecured Creditors v. PSS Steamship Co., Inc. (928 F.2d 565 (1991)).

B. Sommes dues

Lorsqu'une clause d'un contrat stipule l'exigibilité immédiate de la dette en cas d'ouverture d'une procédure collective à l'encontre du débiteur, le créancier ne peut pas remettre en cause cette exigibilité immédiate et donc demander des intérêts jusqu'au paiement effectif de la dette. En effet, cette possibilité serait contraire au droit des procédures collectives puisque le créancier essaie ainsi d'obtenir une somme supérieure à celle qui lui est effectivement dûe (In Re Solutia, 379 B.R. 473).

II. France

A. Inopposabilité de l'hypothèque inscrite irrégulièrement

L'hypothèque inscrite après la décision d'ouverture est inopposable à la procédure collective, son inscription irrégulière n'affectant pas la validité de l'adjudication qui a fait sortir l'immeuble du patrimoine du débiteur et n'ayant d'effet que sur la répartition du prix de vente relevant désormais de la compétence du liquidateur (Cass. com. 22-1-2002 : RJDA 5/02 n° 525).

B. Inscriptions opposables

1° Inscription du renouvellement de l'hypothèque

La loi interdisant la prise d'une sûreté, le renouvellement d'une sûreté déjà inscrite et acquise avant le jugement d'ouverture reste donc possible, même après le dépôt de l'état des créances (Cass. com. 24-4-1974 : GP 1974.2.677 : à propos du règlement judiciaire, mais transposable par analogie au régime actuel des procédures collectives).

2° Inscription définitive d'une inscription provisoire

Peut être prise une inscription définitive qui se substitue à l'inscription provisoire inscrite avant le jugement (Cass. com. 17-11-1992 : D. 1993.96 note Derrida). Mais une inscription provisoire, radiée sur le fondement d'une ordonnance de référé ayant rétracté l'autorisation de l'inscription, ne peut pas être rétablie même si cette ordonnance a été infirmée, dès lors que la nouvelle inscription est postérieure au jugement d'ouverture car elle est une nouvelle inscription (Cass. com. 9-5-1995 : RJDA 11/95 n° 1283).

Art. 74 [mod.] La décision d'ouverture emporte, au profit de la masse, hypothèque que le greffier est tenu de faire inscrire sans délai sur les biens immeubles du débiteur et sur ceux qu'il acquerra par la suite au fur et à mesure des acquisitions.

Cette hypothèque est inscrite conformément aux dispositions relatives à la publicité foncière. Elle prend rang du jour où elle a été inscrite sur chacun des immeubles du débiteur.

Le syndic veille au respect de cette formalité et, au besoin, l'accomplit lui-même.

Art. 75 [mod.] La décision d'ouverture du redressement judiciaire ou de la liquidation des biens interrompt ou interdit toute action en justice de la part de tous les créanciers composant la masse, qui tend :

1° à la condamnation du débiteur au paiement d'une somme d'argent ;

2° à la résolution d'un contrat pour défaut de paiement d'une somme d'argent.

La décision d'ouverture arrête ou interdit également toute procédure d'exécution de la part de ces créanciers tant sur les meubles que sur les immeubles ainsi que toute procédure de distribution n'ayant pas produit un effet attributif avant la décision d'ouverture.

Les délais impartis aux créanciers à peine de déchéance, prescription ou résolution de leurs droits sont, en conséquence, suspendus pendant toute la durée de la suspension des poursuites elles-mêmes.

Les instances en cours sont interrompues jusqu'à ce que le créancier poursuivant ait produit sa créance. Elles sont alors reprises de plein droit, le syndic dûment appelé, mais tendent uniquement à la constatation des créances et à la fixation de leur montant.

Les actions en justice et les procédures d'exécution autres que celles visées ci-dessus ne peuvent plus être exercées ou poursuivies au cours de la procédure de redressement judiciaire ou de liquidation des biens qu'à l'encontre du débiteur, assisté du syndic en cas de redressement judiciaire ou représenté par le syndic en cas de liquidation des biens.

JURISPRUDENCE OHADA

I. Suspension des poursuites

A. Caractère impératif de la suspension

Dès l'ouverture d'une procédure de redressement judiciaire, intervenue au profit de la demanderesse le 21 février 2018, les poursuites judiciaires individuelles étaient suspendues contre elle. Loin de mettre fin au redressement judiciaire, le jugement d'homologation du concordat de redressement du 21 septembre 2021 rend celui-ci obligatoire à l'égard de tous les créanciers antérieurs à la décision d'ouverture. C'est donc en violation de l'article 75 de l'AUPCAP qu'une cour d'appel a considéré, à tort, que « c'est le 3 novembre 2021, plus d'un mois et demi après la période de la fin du redressement judiciaire de la société [débitrice], qu'intervenait la décision querellée », pour condamner ladite société au paiement de la somme réclamée par la créancière, exposant sa décision à la cassation. Sur l'évocation, et pour les mêmes motifs que ceux ayant entraîné la cassation, il y a lieu d'infirmer l'ordonnance de référé rendue le 3 février 2021 et, statuant à nouveau, de débouter le défendeur de sa demande de provision (CCJA, 2e ch., n° 067/2024, 29-2-2024).

B. Illustrations

1° Suspension de l'action en conversion d'une saisie conservatoire en saisie-vente

La suspension des poursuites prévues par l'article 75 de l'AUPCAP s'applique à un créancier qui a introduit, avant le jugement d'ouverture d'une procédure collective contre sa débitrice, une action aux fins de déclarer valable une saisie conservatoire pratiquée contre la société débitrice et la conversion de ladite saisie en saisie-vente (TRHC Dakar, n° 852, 8-5-2001 : CSS c/ NBA et SDV, Ohadata J-02-169). Dans le même sens :

– déclarant irrecevable l'action personnelle initiée par un créancier en dehors de la procédure en cours : TRHC Dakar (Sénégal), n° 42, 11-7-2003 : Sté Froid Climatic c/ Cie Air Afrique, Ohadata J-09-339 ;

– infirmant l'ordonnance de taxe rendue après la décision ayant prononcé la liquidation judiciaire : CA Ouagadougou (Burkina Faso), ch. civ., n° 094, 4-5-2007 : Sté Ifex c/ SCPA Tou & Some, Ohadata J-10-219 ; J-09-54 ; CA Ouagadougou (Burkina Faso), ch. civ., n° 096, 4-5-2007 : Syndics liquidateurs du CNEA c/ SCPA TOU & Some, Ohadata J-09-53.

2° Suspension de l'exécution d'une décision de justice

Sur la suspension de l'exécution d'une décision de justice contre une société faisant l'objet d'une procédure collective, conformément aux dispositions de l'article 75 de l'AUPCAP, voir : TRHC Dakar, ord. réf., 4-3-2003 : M. K. c/ P. S. K., Ohadata J-03-50.

3° Suspension des actions des créanciers privilégiés

Sur l'application de la suspension des poursuites individuelles aux créanciers dont les créances sont garanties par un privilège général ou une sûreté réelle spéciale tel qu'un nantissement, voir : TGI Bobo-Dioulasso, ord. réf. n° 68, 6-6-2003 : Clinique Centrale du Houet c/ BICIA-B, Ohadata J-04-58, retenant qu'aucune mesure d'exécution ne peut être entreprise contre une société en liquidation.

4° Suspension d'une saisie immobilière

En vertu du principe général de droit selon lequel « le spécial déroge au particulier », en cas de confrontation entre des dispositions générales relatives aux voies d'exécution (en l'occurrence l'art. 32 de l'AUPSRVE) et celles spécifiques à la matière de procédures collectives régies par l'AUPCAP, l'application de ces dernières doit être privilégiée. Il en résulte que l'huissier qui a été admis dans la masse des créanciers suivant le jugement en date du 5 juillet 2006 ne peut plus exercer aucune poursuite individuelle (pour le recouvrement d'honoraires antérieurs à la procédure collective), y compris par voie de saisie-vente, qui reste et demeure suspendue depuis le jugement d'ouverture du 15 janvier 2003, « dès lors que celle-ci n'a pas abouti à sa finalisation, c'est-à-dire à l'adjudication » conformément à l'article 75 de l'AUPCAP, soutenues par la doctrine (Pr Filiga M. Sawadogo, de conférence de formation des magistrats des cours d'appel de mars-avr. 2007 à l'ERSUMA) et une jurisprudence constante (Cass. 2e civ., 19-5-1998 : D.1998 p. 406). Il en résulte que le jugement entrepris doit être infirmé et la saisie immobilière réalisée sur l'immeuble de la société en cours de liquidation doit être annulée (CA Zinder (Niger), n° 40 bis, 26-7-2007 : Liquidation Ofedes c/ Me D. O., Me H. Z. Substitué par E. M., avocat à la cour, Ohadata J-09-171).

II. Actes et actions non suspendus

A. Opérations de liquidation d'une société

Les effets suspensifs de la décision d'ouverture à l'égard des créanciers, prévus par l'article 75 de l'AUPCAP, ne s'appliquent pas aux liquidations amiables de sociétés (CA Abidjan, n° 872, 9-7-2002 : Wehbe Fady et Sté Sotem Plus c/ B. A., Ohadata J-03-30).

B. Actions contre une société non soumise à une procédure collective

La société débitrice qui n'a entamé aucune procédure devant les tribunaux tendant à opérer sa liquidation ou son redressement ne saurait se prévaloir de l'article 75 de l'AUPCAP pour se soustraire à sa responsabilité contractuelle. Il en est ainsi parce que l'article 75 de l'AUPCAP ne prend en compte que les sociétés en redressement ou en liquidation (TGI Ouagadougou, n° 271, 4-6-2003 : Cie d'assurance Foncias-S.A. c/ Sotramat SARL, Ohadata J-04-327).

C. Action en vue de l'obtention d'un titre exécutoire

L'action tendant exclusivement, pour la victime d'un accident de la circulation, à se faire délivrer un titre exécutoire pour un sinistre survenu antérieurement à la décision de retrait de l'agrément d'une mutuelle d'assurance en liquidation, ne fait pas partie des actions individuelles dont la poursuite est suspendue par les dispositions de l'article 75 de l'AUPCAP (TRHC Dakar, 15-1-2003 : M. T. B. c/ M. D., Ohadata J-03-55).

Obs. : Voir cependant obs. de J. Issa-Sayegh.

III. Effets de la suspension des poursuites individuelles

Réintégration de sommes saisie-attribuées dans la masse. L'arrêt des poursuites individuelles, suite à la liquidation d'une société débitrice, présente comme corollaire que les créanciers doivent produire leurs titres de créance entre les mains du liquidateur. En l'espèce les fonds objet de la saisie-attribution devenant une créance pour la masse des créanciers, il convient d'infirmer l'ordonnance et en conséquence d'ordonner la restitution des sommes consignées au liquidateur (CA Dakar, nº 222, 12-4-2001 : A. D. ès qual. de liquidateur de Nationale d'Assurance c/ CBAO S.A, M. N., Ohadata J-06-59).

IV. Sanction de l'action abusive d'un créancier

Le créancier qui a initié deux procédures d'injonction de payer à l'encontre de son débiteur en redressement judiciaire doit être condamné à supporter les dépens et payer à ce dernier des dommages-intérêts, même s'il s'est désisté de son action lors de l'audience d'opposition (TGI Ouagadougou, nº 415/2005, 29-9-2005 : K. I. c/ Banque Internationale du Burkina (BIB), Ohadata J-07-112).

V. Violation de l'article 75 soulevé par le juge sans débats

A violé l'article 75 de l'AUPCAP le juge qui a déclaré irrecevable, sur le fondement de cet article, l'action en paiement d'un créancier alors qu'il n'y avait pas eu de débats et qu'aucune des parties au procès n'avait invoqué les faits sur le fondement desquels le juge s'est prononcé (CCJA, 2e ch., nº 287/2019, 28-11-2019 : SGTP c/ Alina Sidi Mohamed).

JURISPRUDENCE COMPARÉE

France

A. Actions en justice suspendues

1º Actions devant un tribunal arbitral

Les procédures d'arbitrage sont soumises aux mêmes règles de suspension que les actions en justice (CA Paris 3-3-1998 : RJDA 6/98 nº 760 ; CA Paris 15-3-2001 : Rev. arb. 2003.215. som. obs. Fouchard), même celles relatives à un arbitrage international rendu en France et non soumis à la loi française (Cass. 1e civ. 5-2-1991 : RJDA 4/91 nº 352) ou rendu à l'étranger (TGI Paris réf. 2-2-1996 : Rev. arb. 1998.577, refusant l'exequatur de la sentence qui avait méconnu la suspension des poursuites).

La suspension des poursuites interdit aussi, après l'ouverture de la procédure collective, la saisine du tribunal arbitral par un créancier dont la créance a son origine antérieurement au jugement d'ouverture, sans qu'il se soit soumis au préalable à la procédure de vérification des créances (Cass. com. 2-6-2004 nº 873 : RJDA 11/04 nº 1240).

2º Actions en paiement

a. Actions suspendues

Toute demande en condamnation du débiteur au paiement d'une somme d'argent est suspendue ; tel est le cas :

– de la demande d'exécution d'une obligation de faire dès lors qu'elle renferme aussi une obligation de dépenser ou de payer une somme d'argent : il en est ainsi de l'action tendant à la remise en état de matériels précédemment vendus par le débiteur (Cass. com. 19-7-1988 : Bull. civ. I p. 173), à faire exécuter l'engagement de souscrire un cautionnement (Cass. com. 6-6-1995 : RJDA 12/95 nº 1441) ou des travaux immobiliers (Cass. com. 17-6-1997 : RJDA 11/97 nº 1400 ; Cass. com. 17-9-2002 nº 1453 : Rev. proc. coll. 2003.312 nº 3 obs. Staes ; rappr. Cass. com. 9-7-1996 : RJDA 12/96 nº 1535) ;

– de l'action en paiement dirigée contre la caution, elle-même mise en liquidation judiciaire (Cass. com. 19-1-1993 : RJDA 6/93 nº 558) ;

– d'une demande de versement d'une provision formée après le jugement d'ouverture même pour une créance non sérieusement contestable (Cass. com. 14-5-1996 : RJDA 10/96 nº 1256) ou formée avant le jugement tendant à voir simplement constater le caractère non sérieusement contestable de la créance en cause, le juge des référés ne pouvant statuer sur ce point que dans la mesure où il est compétent pour accorder ou refuser la provision (CA Paris 14-10-1987 : GP 1988.91 ; CA Paris 27-9-1989 : GP 1990.187 ; cf. CA Versailles 7-6-1991 : RJDA 10/91 nº 842) ;

– de la demande en réparation du préjudice causé par des désordres affectant des travaux achevés avant l'ouverture de la procédure (Cass. com. 26-10-1999 : RJDA 12/99 nº 1351).

b. **Actions en paiement non suspendues**

Ne sont pas des actions en paiement d'une somme d'argent suspendues :

– l'action visant au prononcé de sanctions fiscales qui sont à la fois des réparations civiles et des peines (Cass. crim. 28-4-1997 : Bull. crim. nº 149) ;

– l'action en attribution du gage car elle ne vise qu'à rendre le créancier nanti propriétaire du bien gagé

(CA Angers 26-3-1985 : GP 1985.som.239 ; CA Chambéry 26-9-1994 : GP 1995.som.195) ;
– l'action en déclaration de validité du congé du locataire d'un bail commercial avec refus de renouvellement pour retards dans les paiements (Cass. 3e civ. 3-6-1992 : RJDA 8-9/92 n° 865) ;
– l'action en garantie des vices cachés tendant au remplacement des pièces défectueuses du matériel acquis avant l'ouverture de la procédure (Cass. com. 28-3-1995 : RJDA 10/95 n° 1153) ;
– l'action en nullité de la vente d'un fonds de commerce pour vice du consentement de l'acheteur, car si cette action peut entraîner une restitution du prix de la part du vendeur en liquidation judiciaire, elle n'est pas l'action en paiement interdite, la restitution du prix n'étant que la conséquence de l'annulation de la vente (CA Toulouse 5-11-2002 : JCP (éd. G) 2003.IV.2652) ;
– la constitution de partie civile contre le débiteur mais uniquement pour mettre en mouvement l'action publique et sans pouvoir obtenir le versement d'une somme d'argent (Cass. crim. 20-3-2001 : Bull. crim. n° 71).

B. Voies d'exécution

1° Voies d'exécution suspendues

Les créanciers ne peuvent pratiquer une quelconque voie d'exécution tant sur les meubles que sur les immeubles du débiteur ; il s'ensuit :
– que l'avis à tiers détenteur est sans effet s'il est devenu définitif après le jugement, le Trésor public devant restituer les sommes qu'il a éventuellement reçues (Cass. com. 15-5-1984 : Banque 1984.1201) ;
– que la saisie-exécution antérieure au jugement est interrompue dès lors que le jugement d'ouverture survient avant la vente des biens saisis, car la procédure de saisie-vente ne s'achève que par la vente des biens saisis qui fait sortir ces biens du patrimoine du débiteur (Cass. com. 2-2-1999 : RJDA 3/99 n° 333) ;
– qu'une saisie conservatoire non encore convertie en saisie-attribution est arrêtée par le jugement d'ouverture (Cass. com. 1-2-2000 : RJDA 5/00 n° 554) ; il y a donc lieu, les fonds ne pouvant demeurer indéfiniment bloqués puisqu'il n'existe aucune possibilité de les affecter au saisissant, de donner mainlevée de la saisie (CA Paris 16-6-1998 : DA 1998.1450) ;
– qu'une saisie immobilière est en cours au jour du jugement d'ouverture lorsque l'adjudication prononcée a été annulée (Cass. com. 4-1-2000 : RJDA 3/00 n° 308).

2° Voies d'exécution non suspendues

Ne sont pas des voies d'exécution interdites :
– la délivrance d'un commandement de payer qui reste valable quoique la saisie-vente ne puisse pas être poursuivie après le jugement, car il n'est qu'un acte préparatoire de cette saisie (Cass. com. 14-3-1995 : RJDA 8-9/95 n° 1034 : à propos d'une saisie-exécution mais transposable) ;
– l'expulsion d'un locataire dès lors que la résiliation du bail a pris effet avant l'ouverture de la procédure (Cass. 3e civ. 21-2-1990 : Bull. civ. III p. 28) ;
– la demande de soumission à la saisie-attribution, pratiquée avant le jugement d'ouverture sur une créance à exécution successive, des sommes devenues exigibles après ce jugement (Cass. ch. mixte 22-11-2002 n° 216 : RJDA 3/03 n° 312 : à propos d'une créance de loyers qui est née en une seule fois au moment de la formation du contrat de bail dans le patrimoine du débiteur) ;
– l'attribution de la créance opérée par une saisie-attribution antérieure au jugement d'ouverture, qui est définitive et produit ses effets sans que le saisissant ait à mettre en cause l'administrateur ou le représentant des créanciers ou, à défaut, que l'instance soit reprise à leur initiative (Cass. com. 16-2-1999 : RJDA 5/99 n° 600) ; mais, en cas de redressement ou liquidation judiciaire du tiers saisi – et non du débiteur comme ci-dessus –, le créancier saisissant étant devenu, par l'effet attributif immédiat, créancier du tiers saisi, il est soumis à la suspension des poursuites individuelles et doit déclarer sa créance (Cass. com. 11-6-2002 : RJDA 11/02 n° 1169, transposable à la mise sous sauvegarde) ;
– la conversion d'une saisie conservatoire en saisie-attribution effectuée avant le jugement d'ouverture en raison de l'attribution immédiate au saisissant (Cass. com. 29-4-2003 n° 684 : RJDA 10/03 n° 986).

C. Actions interrompues et reprises par les créanciers

1° Déclaration de la créance.

La déclaration de créance ne produit effet que si elle a été faite dans le délai légal ou si le créancier retardataire a obtenu d'être relevé de la forclusion encourue (CA Paris 28-1-1988 : D. 1988.som.385 obs. Honorat). Le créancier peut bénéficier d'un délai pour justifier de ces conditions (CA Paris 16-3-1995 : D. 1995.IR.103).
Le créancier qui a introduit une demande reconventionnelle doit déclarer la créance qu'il réclame par cette demande, peu important que la reprise de la demande principale soit régulière (Cass. com. 28-4-1998 : RJDA 8-9/98 n° 1006).

2° Objet de l'action reprise.

L'instance ne pouvant être reprise qu'en vue de la constatation de la créance et de la fixation de son montant, elle ne peut pas aboutir à la condamnation du débiteur (Cass. com. 11-5-1993 : RJDA 11/93 n° 942) ou de ses ayants cause (Cass. com. 4-1-2000 : RJDA 2/00 n° 193), même si, au cours de l'instance reprise, un plan de continuation a été arrêté (Cass. com. 15-10-2002 n° 1593 : Rev. proc. coll. 2003.314 n° 10 obs. Staes). Il n'en résulte pas

pour autant que le créancier dont l'action initiale tendait à la condamnation du débiteur au paiement doive modifier l'objet de sa demande en vue d'une simple constatation de sa créance (Cass. com. 4-4-2006 n° 469 : RJDA 8-9/06 n° 925).
De même, lorsqu'une instance arbitrale est pendante, le tribunal arbitral peut constater la créance mais non prononcer une condamnation (Cass. civ. 8-3-1988 : Rev. arb. 1989.473 ; sentence CCI n° 7205 en 1993 : Clunet 1995.1031 note Arnaldez).
Mais le tribunal peut statuer sur le caractère privilégié ou chirographaire de la créance car il s'agit là d'un élément indissociable de la créance (CA Lyon 7-5-1992 : Bull. inf. C. cass. 1993 n° 79).

Art. 75-1 [nouv.] La décision d'ouverture du redressement judiciaire suspend toute action contre les personnes physiques coobligées ou ayant consenti une sûreté personnelle ou ayant affecté ou cédé un bien en garantie à compter dudit jugement et durant l'exécution du concordat de redressement judiciaire.

Toutefois, les créanciers bénéficiant de ces garanties peuvent prendre des mesures conservatoires.

Art. 76 [mod.] La décision d'ouverture ne rend exigibles les dettes non échues qu'en cas de liquidation des biens et à l'égard du débiteur seulement.

JURISPRUDENCE COMPARÉE

France

A. Interdiction des clauses prévoyant la déchéance du terme en cas d'ouverture d'un redressement judiciaire

N'est pas interdite la clause prévoyant l'exigibilité de la créance à défaut de paiement d'une somme quelconque à son échéance, car celle-ci n'est pas subordonnée à l'ouverture de la procédure collective (Cass. com. 9-11-2004 n° 1565 : RJDA 3/05 n° 327).

B. Maintien du terme au profit de la caution des dettes du débiteur

La caution bénéficie de la non-déchéance du terme (Cass. com. 2-3-1993 : RJDA 11/93 n° 950). Elle ne peut pas y renoncer conventionnellement (Cass. 1e civ. 24-1-1995 : RJDA 4/95 n° 487 ; Cass. com. 20-6-1995 : RJDA 12/95 n° 1447). Mais la caution ne profite pas de la déchéance du terme dès lors que celle-ci lui est intervenue, non pas en raison de la procédure collective du débiteur principal, mais par application des stipulations du contrat de prêt et qu'elle résulte du défaut de paiement de dettes exigibles après l'ouverture du redressement judiciaire (Cass. com. 12-6-2001 : RJDA 1/02 n° 69).

C. Maintien en cas de renonciation de l'administrateur (transposable au syndic) à exécuter le contrat

La renonciation de l'administrateur à exécuter le contrat de prêt n'entraîne pas la déchéance du terme tant à l'égard du débiteur principal que celui de la caution (Cass. com. 3-3-1998 : RJDA 7/98 n° 893).

Art. 76-1 [nouv.] Lorsque les dettes sont exprimées en monnaies étrangères, elles sont converties en monnaie du lieu où la décision d'ouverture de la procédure de redressement judiciaire ou de liquidation des biens a été prononcée, selon le cours du change à la date de cette décision.

Art. 77 [mod.] La décision d'ouverture du redressement judiciaire ou de la liquidation des biens arrête, à l'égard de la masse seulement, le cours des intérêts légaux et conventionnels, de tous intérêts et majorations de retard de toutes les créances, qu'elles soient ou non garanties par une sûreté. Toutefois, s'agissant d'intérêts résultant de contrats de prêt conclus pour une durée égale ou supérieure à un (1) an ou de contrats assortis d'un paiement différé d'un (1) an ou plus, le cours des intérêts se poursuit durant la procédure de redressement judiciaire.

Cette règle bénéficie également aux personnes physiques coobligées ou ayant consenti une sûreté personnelle ou ayant affecté ou cédé un bien en garantie.

JURISPRUDENCE COMPARÉE

France

A. Créances visées

1° Créances ne résultant pas d'un prêt

Tel est le cas :

– de l'ouverture de crédit conclue à durée indéterminée, même si elle a duré en fait plus d'un an (Cass. com. 6-5-1997 : RJDA 8-9/97 n° 1061), mais non de celle consentie pour au moins un an est assimilable à un prêt (Cass. com. 9-1-2001 : RJDA 4/01 n° 492) ;

– de toutes créances dont les intérêts ont une origine antérieure au jugement d'ouverture, ce qui n'est pas le cas de la créance du vendeur titulaire d'une clause de réserve de propriété, sur des marchandises qui existaient en nature à la date du jugement d'ouverture, en restitution du prix de vente de la marchandise revendue (Cass. com. 11-7-1995 : RJDA 3/96 n° 426), ni de la créance en restitution d'un acompte (Cass. com. 20-6-2000 : RJDA 11/00 n° 1008).

2° Arrêt définitif du cours des intérêts

Le cours des intérêts est définitivement arrêté par le jugement d'ouverture et il ne peut reprendre à compter de la date du jugement adoptant le plan de continuation de l'entreprise (Cass. soc. 10-12-1996 : Bull. civ. V p. 313) ou du jugement prononçant la liquidation judiciaire (Cass. com. 7-2-1989 : Bull. civ. IV p. 32).

B. Prêts d'un an ou plus

1° Exclusion du crédit-bail

L'exception à l'arrêt du cours des intérêts ne s'applique pas au contrat de crédit-bail (Cass. com. 29-5-2001 : RJDA 11/01 n° 1151).

2° Intérêts concernés

Le cours des intérêts continue :

– au regard de tous les intérêts, y compris les intérêts de retard prévus par ces conventions sans qu'il y ait lieu de distinguer, en cas de résiliation du contrat, en fonction du moment où celle-ci est intervenue par rapport à la date d'ouverture de la procédure collective (Cass. com. 16-11-1993 : RJDA 1/94 n° 94) ;

– même après le prononcé de la liquidation judiciaire (Cass. com. 9-5-1995 : Bull. civ. IV p. 118) et pendant le cours du plan de continuation, même si les modalités d'ajustement du prêt contenues dans le plan ne stipulent pas d'intérêts (Cass. com. 25-4-2001 : RJDA 8-9/01 n° 890), jusqu'à la dernière échéance du plan (Cass. com. 14-10-1997 : RJDA 1/98 n° 74).

3° Capitalisation des intérêts

Une décision a refusé au créancier la capitalisation des intérêts conventionnels, à l'égard du débiteur comme des cautions (CA Versailles 20-9-1990 : GP 1991.som.226) alors qu'une autre la lui a accordée (CA Paris 27-2-1998 : DA. 1998.583).

Section II • PRODUCTION ET VÉRIFICATION DES CRÉANCES

Art. 78 [mod.] A partir de la décision d'ouverture du redressement judiciaire ou de la liquidation des biens et jusqu'à l'expiration d'un délai de soixante (60) jours suivant la deuxième insertion dans un Journal d'annonces légales de la décision d'ouverture de l'État partie concerné, tous les créanciers composant la masse, à l'exception des créanciers d'aliments, doivent, sous peine de forclusion, produire leurs créances auprès du syndic.

Les créanciers domiciliés hors du territoire national où la procédure a été ouverte bénéficient d'un délai de quatre-vingt-dix (90) jours pour produire leurs créances.

La même obligation est faite au créancier qui a introduit, avant la décision d'ouverture, une procédure en condamnation en vertu d'un titre ou, à défaut de titre, pour faire reconnaître son droit.

La production interrompt la prescription extinctive de la créance.

JURISPRUDENCE OHADA

Obs. : le délai initial de 30 jours prévu à l'alinéa 1 a été porté à 60 jours et celui de 60 jours prévu à l'alinéa 2 pour les créanciers domiciliés hors du territoire national où la procédure a été ouverte a été porté à 90 jours.

I. Déclaration des titulaires d'un droit de revendication

En présence de l'extrait d'un journal d'annonces légales portant deuxième insertion en date du 25 juillet 2002 et d'un courrier adressé au syndic liquidateur le 20 septembre 2002 par un créancier domicilié en dehors du territoire national où la procédure collective a été ouverte, la saisie-revendication réalisée est régulière et fondée, dès lors que les biens revendiqués ne se trouvent plus entre les mains de la liquidation et que les dispositions de l'article 232, al. 2 de l'AUPSRVE ont été respectées (CA Bobo-Dioulasso, civ. et com., n° 48, 17-3-2003 : Dagris (ex-CFDT) c/ Syndic liquidateur de l'EGCC, Ohadata J-04-194).

Obs. : voir sous l'art. 103.

II. Conséquence du défaut de déclaration

Créances résultant d'un contrat de travail. L'obligation de produire les créances antérieures à la décision d'ouverture de la procédure collective a pour objet de porter à la connaissance du syndic l'existence d'une créance et d'en être saisi, qu'elle soit chirographaire, privilégiée ou munie de superprivilège. Elle est, de ce fait, applicable aux créanciers munis d'un titre de créance résultant d'un contrat de travail antérieur à la décision d'ouverture et le défaut de production de ces créances dans le délai imparti, qui ne saurait être imputable au syndic, doit entraîner leur rejet (CA, ch. civ. et com., n° 73, 17-6-2005 : K. N. c/ Syndic liquidateur du PPPCR, Ohadata J-09-15).

JURISPRUDENCE COMPARÉE

France

A. Déclaration (transposable à la production) des créances

1° Créances soumises à déclaration

Doivent être déclarées :

– les créances des collectivités publiques (Avis CE 20-1-1992 : RJDA 5/92 n° 505) ;

– les créances garanties par un cautionnement, qui peuvent être déclarées à la fois par le créancier et par la caution (Cass. com. 29-10-1991 : RJDA 1/92 n° 87) ; la déclaration faite par la caution, avant de payer, ne bénéficie pas au créancier et elle permet seulement de préserver le recours personnel de la caution contre le débiteur (Cass. com. 12-7-1994 : RJDA 2/95 n° 188) ; la caution peut déclarer avant d'avoir payé, même si la durée de son engagement est expirée car elle peut être poursuivie, après cette expiration, pour des dettes nées avant, sauf clause limitant dans le temps le droit de poursuite du créancier (Cass. com. 17-12-1996 : RJDA 3/97 n° 413) ; lorsque la caution a intégralement payé le créancier, si la créance a été déclarée par le créancier avant le paiement par la caution, celle-ci, subrogée dans les droits du créancier, n'a pas à déclarer la créance pour s'en prévaloir (Cass. com. 28-1-2004 n° 202 : RJDA 8-9/04 n° 1041) ; mais lorsque le créancier n'a pas déclaré sa créance avant de recevoir paiement, elle est seule, étant subrogée, à pouvoir déclarer la créance, le créancier n'ayant plus de créance à faire valoir (Cass. com. 12-10-1999 : RJDA 1/00 n° 95 : créance déclarée avant l'expiration du délai) ; lorsque la caution est elle-même soumise à une procédure collective, le bénéficiaire du cautionnement doit déclarer sa créance à cette procédure si sa créance est née antérieurement au jugement d'ouverture alors même qu'elle a été admise au passif de la procédure collective du débiteur principal (Cass. 1e civ. 22-1-2002 : RJDA 5/02 n° 521) ; la même obligation incombe au bénéficiaire d'un cautionnement réel (Cass. com. 27-10-1998 : RJDA 3/99 n° 311, la caution pouvant être considérée comme ayant souscrit un engagement personnel doublé d'une hypothèque) :

– les créances que le créancier veut compenser avec une dette du débiteur envers lui (Cass. com. 9-10-2001 : RJDA 2/02 n° 174) ; cette déclaration n'implique pas, même si sa créance est admise, renonciation du créancier à soulever la compensation comme moyen de défense au cours de l'action ultérieurement engagée contre lui par l'administrateur pour le recouvrement d'une créance du débiteur (Cass. com. 7-7-1992 : RJDA 8-9/92 n° 867) ;

– les créances sous condition, telle que celle en indemnité d'éviction ayant son origine dans le congé délivré par le bailleur avant la procédure le concernant (Cass. com. 28-6-2000 : RJDA 9-10/00 n° 887) ;

– les créances appartenant à des créanciers dont il n'est pas établi qu'ils ont renoncé à déclarer leurs créances : ainsi l'abandon de leur compte courant dans la société en redressement judiciaire par des associés n'engage que ceux qui l'ont fait, à défaut de mandat des autres associés, seraient-ils membres de la même famille (CA Versailles 3-11-1994 : D. 1995.IR.29) ;

– la créance en remboursement d'un prêt, qui naît au jour de la conclusion du prêt (Cass. com. 30-6-2004 n° 1110 : RJDA 1/05 n° 58) ;

– la créance de restitution des sommes déposées chez un séquestre mis en redressement judiciaire (Cass. com. 4-3-1997 : RJDA 8-9/97 n° 1112) ;

– les créances même constatées par un jugement passé en force de chose jugée (Cass. com. 6-2-1996 : RJDA 5/96 n° 692).

2° Créances non soumises à déclaration

N'ont pas à être déclarées :

– les créances qui n'existent pas au jour du jugement d'ouverture : tel est le cas de la créance non encore née, comme par exemple celle de soulte due à des copartageants dès lors que le partage judiciaire n'était pas intervenu à la date du jugement (Cass. 1e civ. 10-10-1995 : Bull. civ. I p. 244) et de celle qui résulte d'une décision, postérieure au jugement d'ouverture, condamnant à une amende au profit du Trésor public (Cass. com. 4-3-1997 : RJDA 6/97 n° 839) ;

– la créance, même antérieure au jugement d'ouverture, que le repreneur s'est personnellement et spécialement engagé à payer (Cass. com. 3-1-1995 : RJDA 5/95 n° 649) ;

– la créance déjà éteinte par l'exécution d'une décision statuant sur le fond et exécutoire par provision (Cass. com. 14-6-1994 : RJDA 12/94 n° 1365) ou par le paiement effectué par la caution avant l'ouverture de la procédure collective (Cass. com. 28-5-1996 : D. 1996.IR.161) ;

– la créance du créancier hypothécaire exerçant son droit de suite et de préférence pour être colloqué (Cass. com. 10-3-2004 n° 491 : RJDA 8-9/04 n° 1023).

– la créance en restitution du prix d'une vente immobilière annulée pour conclusion pendant la période suspecte ; une telle créance a son origine antérieurement au jugement ouvrant la procédure collective du vendeur même si l'annulation a été prononcée après ce jugement (Cass. com. 20-1-2009 n° 08-11.098 : BRDA 5/09 inf. 7).

3° Créances dont la déclaration est interdite

Il est interdit de déclarer une créance illicite, telle celle d'un banquier qui a escompté des effets de complaisance (Cass. req. 27-7-1897 : D. 1897.1.607 ; CA Lyon 25-7-1927 : D. 1928.2.163).

Date de naissance de la créance de commission d'un mandataire. La créance d'honoraires de résultat ne naît pas à la date du paiement – la date d'exigibilité de la commission ne se confondant pas avec la date du fait générateur de la créance – mais à celle de l'exécution de la prestation caractéristique ; en conséquence est antérieure à la liquidation judiciaire de sa cliente, la créance d'honoraires de résultat d'une société de conseil mandatée pour rechercher les possibilités de subventions ou avantages fiscaux et sociaux et effectuer les démarches nécessaires jusqu'à leur obtention qui avait mis en place plusieurs crédits d'impôts au titre des années 2004, 2005 et 2006, sa cliente ayant été mise en redressement puis en liquidation judiciaire en 2007 (Cass. com. 27-9-2011 n° 10-21.277 : D. 2012.1576 concl. P. Crocq).

B. Délai de déclaration

1° Non-ouverture du délai

Le délai ne commence pas à courir en cas de publication au Bodacc comportant des erreurs affectant des éléments essentiels d'identification (Cass. com. 14-2-1995 : RJDA 6/95 n° 767) ou de défaut de publication (Cass. com. 9-1-2001 : RJDA 4/01 n° 468, la publication du jugement de liquidation judiciaire postérieure à celle du jugement de redressement judiciaire étant sans influence sur le délai de déclaration).

2° Déclaration rectificative

Le délai imparti pour la déclaration s'applique à la déclaration rectificative, sauf s'il s'agit de rectifier une erreur matérielle (Cass. com. 28-9-2004 n° 1342 : RJDA 2/05 n° 165).

3° Déclaration par voie postale

En cas de déclaration de créance effectuée par voie postale, la date de notification de la déclaration est, à l'égard du créancier qui y procède, celle de l'expédition ; la notification faite par lettre recommandée avec demande d'avis de réception a pour date celle qui est apposée par La Poste lors de la remise de la lettre à son destinataire, aucun texte n'imposant que cette date soit apposée à l'aide d'un cachet du bureau de poste distributeur (Cass. com. 28-4-1998 : RJDA 8-9/98 n° 1007) ; en cas de déclaration par courrier simple, le cachet du bureau de poste d'émission fait foi jusqu'à preuve contraire par le destinataire (T. com. Paris 19-2-1988 : GP 1989.som.25). La date de réception par le représentant des créanciers n'entre pas en ligne de compte (Cass. com. 28-1-1997 : RJDA 5/97 n° 699).

4° Point de départ du délai en cas de refus de continuation d'un contrat en cours

Le délai court, en cas de refus exprès de l'administrateur de poursuivre le contrat, à compter de la réponse de l'administrateur (Cass. com. 18-3-2003 n° 518 : RJDA 8-9/03 n° 850).

5° Annulation du jugement d'ouverture

L'annulation du jugement d'ouverture de la procédure ouvre de nouveaux délais de déclaration et de forclusion aux créanciers n'ayant pas déclaré leurs créances (Cass. com. 1-7-1997 : RJDA 12/97 n° 1541) ; quant aux créanciers qui ont déclaré leurs créances à la procédure annulée, pour incompétence du tribunal, ils n'ont pas à les déclarer à nouveau (Cass. com. 10-5-2005 n° 703 : RJDA 10/05 n° 1128).

Art. 79 [mod.] Le délai de production des créances ne commence à courir à l'égard des créanciers bénéficiant d'une sûreté ayant fait l'objet d'une publicité ou liés au débiteur par un contrat publié qu'à compter de la notification de l'avertissement qui doit leur être personnellement donné par le syndic d'avoir à produire leur créance par lettre au porteur contre récépissé ou par lettre recommandée avec demande d'avis de réception ou par tout moyen laissant trace écrite, adressé, s'il y a lieu, à domicile élu.

Les créanciers connus, notamment ceux inscrits au bilan ou figurant sur la liste prévue à l'article 63 ci-dessus, doivent être avertis sans délai par le syndic, s'ils n'ont pas produit leurs créances dans les quinze (15) jours de la première insertion de la décision d'ouverture dans un journal d'annonces légales de l'État partie concerné. Cet avertissement prend la forme d'une lettre au porteur contre récépissé ou d'une lettre recommandée avec demande d'avis de réception ou de tout moyen laissant trace écrite.

Le même avertissement est adressé, dans les plus brefs délais, et dans tous les cas, au contrôleur représentant du personnel, s'il en a été nommé un.

Jurisprudence comparée

France

A. Créanciers à avertir

Doivent être avertis :

– le créancier même s'il a eu connaissance de la procédure et a déjà manifesté son intention de déclarer sa créance (cf. T. com. Roubaix 2-10-1986 : GP 1987.27 note Carpentier) ;

– les créanciers qui bénéficient d'une sûreté ayant fait l'objet d'une publication, sans distinction entre les sûretés (Cass. com. 9-1-2001 : RJDA 4/01 n° 466).

B. Responsabilité du représentant des créanciers (transposable au syndic) pour défaut d'avertissement

Le défaut d'avertissement personnel du créancier titulaire d'une sûreté publiée ne peut, en soi, constituer une faute engageant la responsabilité du mandataire judiciaire, le créancier qui recherche cette responsabilité devant dès lors démontrer la réalité d'une faute consistant en l'absence d'avertissement d'un créancier connu ; en effet :

– il ne ressort pas de la disposition imposant l'avertissement qu'une obligation de résultat est mise à la charge du représentant des créanciers ou du mandataire liquidateur ;

– il ne résulte d'aucune disposition de la loi ou de son décret d'application que le mandataire judiciaire aurait l'obligation de pallier la carence du débiteur dans l'établissement de la liste des créanciers en recherchant lui-même ceux des créanciers qui bénéficient d'une sûreté ayant fait l'objet d'une publication ;

– il ne résulte non plus d'aucune disposition de la loi ou de son décret d'application que le mandataire judiciaire aurait l'obligation, dans le but de découvrir ou afin de rechercher d'éventuels créanciers titulaires de sûretés réelles, de vérifier la consistance passive et active du patrimoine du débiteur ;

– en conséquence, un créancier ne saurait donc rechercher la responsabilité du liquidateur, dès lors qu'il ne verse aucune pièce et ne fait état d'aucune circonstance d'où il résulterait que le mandataire judiciaire aurait connu son existence, en qualité de créancier titulaire d'une sûreté publiée, à une époque où l'avertissement d'avoir à déclarer lui aurait permis de déclarer cette créance dans le délai réglementaire (CA Paris, 3e ch. B, 28-11-1997 : D. 1998.IR.22).

Art. 80 [mod.] Les créanciers remettent au syndic, par lettre au porteur contre récépissé ou par lettre recommandée avec demande d'avis de réception ou par tout moyen laissant trace écrite, une déclaration indiquant le montant de la créance due au jour de la décision d'ouverture, les sommes à échoir et les dates de leurs échéances.

Elle précise la nature de la sûreté dont la créance est éventuellement assortie. Le créancier doit, en outre, fournir tous les éléments de nature à prouver l'existence et le montant de la créance si elle ne résulte pas d'un titre, évaluer la créance si elle n'est pas liquide, mentionner la juridiction saisie si la créance fait l'objet d'un litige.

A cette déclaration sont joints, sous bordereau, les documents justificatifs qui peuvent être produits en copie. Cette production peut être faite par le créancier ou par tout préposé ou mandataire de son choix.

Le syndic donne aux créanciers récépissé de leur dossier.

....

Jurisprudence comparée

France

A. Auteur de la déclaration

Irrégularité de la déclaration faite par la secrétaire d'un avocat. La déclaration de créance équivaut à une demande en justice et la personne qui déclare la créance d'un tiers doit, si elle n'est pas avocat, être munie d'un pouvoir spécial donné par écrit qui doit être produit soit lors de la déclaration de créance, soit dans le délai légal de cette déclaration ; en conséquence, ne peut être admise la déclaration de créance signée pour ordre par la secrétaire de l'avocat qui n'était pas elle-même munie d'un pouvoir spécial et écrit émanant du créancier (Cass. com. 17-2-2009 n° 08-13.728 : RJDA 8-9/09 n° 764).

B. Moment de la production du mandat spécial de déclarer les créances

La déclaration des créances équivaut à une demande en justice et la personne qui déclare la créance d'un tiers doit, si elle n'est pas avocat, être munie d'un pouvoir spécial, donné par écrit, avant l'expiration du délai de déclaration des créances ; en cas de contestation, il peut en être justifié jusqu'au jour où le juge statue ; était donc régulière la déclaration faite par la banque chef de file d'un pool bancaire au nom des autres banques qui avait justifié, pour chacune des sociétés dont elle avait déclaré la créance, d'un pouvoir spécial écrit délivré dans le délai imparti pour effectuer la déclaration (Cass. ass. plén. 4-2-2011 n° 09-14.619 : RJDA 6/11 n° 557).

C. Déclaration exprimant la volonté non équivoque du créancier de réclamer sa créance

La loi ne prévoit pas la forme précise que doit revêtir l'écrit par lequel le créancier fait sa déclaration de créance et le juge apprécie souverainement si l'écrit envoyé au mandataire judiciaire exprime de façon non équivoque la volonté du créancier de réclamer dans la procédure collective le paiement de sa créance ; tel est le cas du créancier d'un débiteur en redressement judiciaire qui avait envoyé au mandataire judiciaire trois certificats de non-paiement correspondant à trois chèques émis par le débiteur ainsi que la copie de ces trois chèques impayés ; ces documents permettaient l'identification du créancier et la détermination du montant de la créance (Cass. com. 15-2-2011 n° 10-12.149 : RJDA 7/11 n° 643).

D. Déclaration irrégulière

La déclaration est irrégulière :

– lorsqu'elle n'indique pas le montant de la créance (CA Versailles 21-3-1996 : RJDA 10/96 n° 1258) ;

– lorsque le créancier se borne à faire valoir un préjudice du fait de la résiliation du marché conclu avec le débiteur car elle ne comporte pas la volonté de faire valoir une créance et d'en justifier dans son principe et son quantum (CA Limoges, ch. 2e civ. sect., 3-6-1999 : RJDA 5/00 n° 560 ; Bull. inf. C. cass. 2000 n° 122) ;

– la déclaration d'une créance « sous réserve et à parfaire » car elle ne contient pas d'évaluation de la créance (CA Paris, 3e ch. B, 31-3-2006 : RD banc. 2007 n° 1 § 20 obs. F.-X. Lucas) ;

– lorsqu'au lieu de contenir l'évaluation de la créance, elle indique que la créance est « arrêtée provisoirement à la somme de 1 000 000 F », cette déclaration pouvant être tenue pour une déclaration faite « à titre provisionnel » (Cass. com. 15-2-2000 : RJDA 5/00 n° 563), ou, même si une copie du jugement rendue en première instance a été annexée (CA Colmar 4-9-2003 : Bull. inf. C. cass. 2004 n° 1465) ;

– lorsqu'elle n'a pas été signée car elle ne permet pas d'identifier le déclarant et, partant, son pouvoir de déclarer (Cass. com. 17-7-2001 : Rev. dr. banc. 2001.353 n° 230 obs. F.-X. Lucas) ; il en est de même si est apposée sur la déclaration une signature par un procédé mécanographique qui ne permet pas de s'assurer que le déclarant est bien le bénéficiaire de la délégation de pouvoir (CA Aix-en-Provence, 8e ch. A, 6-6-2001 : Rev. dr. banc. 2001.354 n° 232 obs. F.-X. Lucas) ; la signature apposée au moyen d'un procédé informatique n'est recevable qu'à la condition qu'il soit établi que le titulaire de la signature avait seul la maîtrise de son apposition et qu'il en est personnellement l'auteur (CA Aix-en-Provence, 8e ch. A, 1-10-2003, n° 00/10616 : D. 2003.2768.som, preuve non rapportée ; contra CA Metz, 1e ch. civ. 3-1-2006 : RD bancaire 2006 n° 206 obs. F.-X. Lucas, considérant qu'il ressort de l'article 1316-4 [devenu 1367] du Code civil que la fiabilité du procédé informatique est présumée dès lors que la personne du signataire est identifiable et en l'absence d'éléments démentant la fiabilité de l'identification de la signature et son lien la rattachant à l'acte) : toutefois, le défaut de signature est une irrégularité de forme qui

peut être réparée après l'expiration du délai de déclaration des créances mais avant que le juge-commissaire statue (Cass. com. 17-7-2001 : Rev. dr. banc. 2001.353 obs. F.-X. Lucas).
– lorsque l'acte invoqué par le créancier est l'assignation qu'il a délivrée au liquidateur, afin de mettre en cause celui-ci dans l'instance qu'il avait engagé contre le débiteur avant l'ouverture de la procédure collective pour obtenir le paiement de sa créance ; en effet, cette assignation est distincte d'une déclaration de créance car elle a pour finalité de mettre en cause le liquidateur dans l'instance afin que soit fixé le montant de la créance et vise donc seulement à régulariser la procédure en paiement engagé contre le débiteur (CA Versailles, 13e ch., 5-5-2003 no 02/642 : RJDA 10/03 no 980).

Art. 81 [mod.] Les productions des créances du Trésor, de l'Administration des Douanes et des Organismes de sécurité et de prévoyance sociales sont toujours faites sous réserve des créances non encore établies et des redressements ou rappels individuels.

Ces créances sont admises par provision si elles résultent d'une taxation d'office ou d'un redressement, même contestés par le débiteur, dans les conditions de l'article 85 ci-*dessous*.

JURISPRUDENCE OHADA

Créance provisoirement admise pouvant être complétée par la suite

Une créance admise provisoirement pour un montant de 32.417.957 francs peut être ultérieurement revue à la hausse pour un montant total de 72.481.198 francs lorsque les pièces produites par le créancier le justifient. C'est donc à tort que le syndic désigné a rejeté cette créance en la considérant comme une créance nouvelle (TGI Bobo-Dioulasso (Burkina Faso), no 63, 20-2-2002 : CNSS c/ Liquidation SAVANA, Ohadata J-09-56).

Obs. : dans le cas d'espèce, la décision fait état d'une « contrainte servie par la CNSS ». Il s'agissait donc, de toute évidence, d'une créance de la Caisse Nationale de Sécurité Sociale (CNSS) contre la société faisant l'objet de la procédure collective. L'article 81 de l'AUPCAP trouvait donc à s'appliquer, en complément de l'article 80 de l'AUPCAP uniquement visé dans la décision. Le TGI fait une juste application du principe de l'article 81 selon lequel « Les productions des créances du Trésor, de l'administration des douanes et des organismes de sécurité et de prévoyance sociales sont toujours faites sous réserve des créances non encore établies […] ». Il était donc approprié d'admettre dans le cas d'espèce, la créance finale de la CNSS que les juges ont souverainement constatée à travers les pièces du dossier.

Art. 82 [mod.] Après l'assemblée concordataire en cas de redressement judiciaire ou après la clôture des opérations en cas de liquidation des biens, le syndic, sur demande des créanciers, restitue les pièces qui lui ont été confiées.

S'agissant de titres cambiaires, cette restitution peut être faite dès la vérification terminée si le créancier entend exercer les recours cambiaires contre les signataires autres que le débiteur.

Art. 83 [mod.] Les créanciers qui n'ont pas produit dans les délais et aux conditions prévus aux articles 78 à 80 ci-dessus et qui n'ont pas été relevés de forclusion ne sont pas admis dans les répartitions et les dividendes. Leurs créances sont inopposables à la masse et au débiteur pendant la procédure de redressement judiciaire ou de liquidation des biens, y compris durant la période d'exécution du concordat de redressement judiciaire.

Les créanciers défaillants ne peuvent être relevés de forclusion que par décision motivée du juge-commissaire, tant que l'état des créances n'a pas été arrêté et déposé dans les conditions prévues à l'article 86 ci-dessous et uniquement s'ils démontrent que leur défaillance n'est pas de leur fait.

La demande en relevé de forclusion doit être formée par voie de requête adressée au juge-commissaire.

Si le juge-commissaire relève de la forclusion les créanciers défaillants, mention en est portée par le greffier sur l'état des créances. Les frais de l'instance en relevé de forclusion sont supportés intégralement par eux.

Les créanciers défaillants relevés de la forclusion ne peuvent concourir que pour les répartitions et les dividendes postérieurs à la décision de relevé de forclusion.

JURISPRUDENCE OHADA

Relevé de forclusion

Absence de faute du créancier. L'omission de l'inscription de la créance litigieuse ne saurait être imputée au requérant qui n'a pas été mis en mesure de la produire dans les délais requis, notamment en raison de l'enclavement de la localité où il est domicilié. Lorsque les opérations de liquidation se poursuivent au jour où il est statué sur la demande de forclusion, le créancier doit être relevé de sa forclusion, dès lors que les cosyndics de la liquidation ne contestent pas l'existence de cette créance et que le conseil de la société en cours de liquidation avait reçu notification de l'arrêt allégué (TGI Noun (Cameroun), ord., 20-2-2009 : N. D. c/ SEFN, note Yvette Kalieu Ohadata J-09-241).

JURISPRUDENCE COMPARÉE

France

A. Faits non exonératoires de la forclusion

Ne peuvent être pris en considération pour relever le créancier retardataire de la forclusion :

– que les faits imputables au créancier, à l'exclusion de tout autre, tel que celui tenant à ce que la créance résulte d'un acte authentique (Cass. com. 22-10-1996 : RJDA 1/97 n° 122) ou d'un délit (CA Paris 21-9-1999 : RJDA 12/99 n° 1354 som.) ;

– le défaut d'avertissement d'un créancier (Cass. com. 30-6-2004 n° 1107 : RJDA 1/05 n° 60), mais ces éléments peuvent être pris en compte en fonction des circonstances (CA Rouen 14-1-1988 : GP 1989.som.198 : fonctionnaires non fautifs de ne pas lire le Bodacc ; CA Rouen 30-1-1992 : RJDA 5/92 n° 509 : banque non fautive de ne pas lire au jour le jour le Bodacc pour suivre la situation de ses nombreux contractants).

B. Relevé de forclusion du créancier devant être averti

Relevé de forclusion en cas de défaut d'avertissement du créancier. Le défaut d'envoi de l'avertissement d'avoir à déclarer sa créance au créancier lui-même ou, s'il est en liquidation judiciaire, à son liquidateur n'a pas pour effet de dispenser le créancier retardataire ou son liquidateur, ès qualités, d'établir qu'avant l'expiration du délai de déclaration des créances, sa défaillance n'était pas due à son fait (Cass. com. 8-6-2010 n° 09-15.769 : RJDA 12/10 n° 1171).

C. Faits justifiant le relevé de forclusion

Omission de la liste des créanciers. Il n'appartient pas au juge-commissaire de vérifier – avant de statuer sur une demande de relevé de forclusion fondée sur la défaillance due à une omission volontaire du débiteur, lors de l'établissement de la liste de ses créanciers, du montant de ses dettes et des principaux contrats en cours – l'existence de la créance si elle est contestée par le débiteur. En conséquence, un créancier devait être relevé de la forclusion sans qu'il soit besoin de constater la réalité de sa créance dès lors que l'omission volontaire du débiteur mis en liquidation judiciaire d'établir la liste de ses créanciers résultait de son affirmation de n'être débiteur d'aucune somme à l'égard de quiconque et qu'il n'avait donc pas à établir la liste de ses créanciers (Cass. com. 12-1-2010 n° 09-12.133 : RJDA 6/10 n° 702).

D. Compétence exclusive du juge-commissaire

L'action est de la compétence exclusive du juge-commissaire (CA Paris 28-1-1988 : BRDA 8/88 p. 21).

E. Imputation des frais de procédure au créancier défaillant

Les frais de l'instance en relevé de forclusion sont à la charge du créancier défaillant, peu important le comportement du débiteur (Cass. com. 14-5-2002 n° 958 : Rev. proc. coll. 2003 p. 141 n° 9 obs. Legrand).

F. Validité de la déclaration faite avant le relevé de forclusion

S'il avait déjà procédé à une déclaration avant d'être relevé de forclusion, le créancier n'est pas tenu de faire une seconde déclaration (Cass. com. 24-9-2003 n° 1289 : RJDA 2/04 n° 192 ; CA Douai 6-10-2005 n° 04/794 : RJDA 3/06 n° 305).

Art. 84 [mod.] La vérification des créances est obligatoire quelle que soit l'importance de l'actif et du passif du débiteur, sous réserve des dispositions des articles 146-1 et 173 ci-dessous.

Elle a lieu dans les quatre (4) mois suivant la deuxième insertion de la décision d'ouverture de la procédure dans un journal d'annonces légales de l'État partie concerné.

La vérification est faite par le syndic au fur et à mesure des productions, en présence du débiteur et des contrôleurs, s'il en a été nommé, ou en leur absence, s'ils ont été dûment appelés par lettre au porteur contre récépissé ou par lettre recommandée avec demande d'avis de réception ou par tout moyen laissant trace écrite.

Jurisprudence OHADA

C'est à tort qu'il est reproché à un arrêt, sur le fondement de l'article 84 de l'AUPCAP, de n'avoir pas vérifié si le syndic avait bien accompli sa mission, alors que la cour a été saisie d'un appel contre le jugement ayant statué sur les contestations de l'ordonnance du juge commissaire ayant arrêté l'état des créances. Tel est le cas des branches de moyen soutenant, d'une part, que la demanderesse n'a aucune qualité à se plaindre de la non-convocation de la débitrice et, d'autre part, que l'article 84 de l'AUPCAP n'énumère pas les titulaires de l'action en discussion ou en contestation de créance produites et que la demanderesse ne peut avec pertinence dénier ce droit au syndic habilité à proposer le rejet ou l'admission d'une créance au juge-commissaire, seul compétent pour prendre une décision d'admission sur l'état des créances (CCJA, 1e ch., nº 086/2023, 27-4-2023).

Jurisprudence comparée

France

Admission d'une créance dont le montant n'est pas fixé lors de la déclaration

Le juge qui statue sur l'admission d'une créance au passif d'une entreprise doit se prononcer dans les limites du montant indiqué dans la déclaration de cette créance, y compris lorsque, non encore définitivement fixé, il l'a été sur la base d'une évaluation ; celle-ci ne peut pas être augmentée après l'expiration du délai légal de déclaration. En conséquence, un juge ne peut pas fixer à une somme globale la créance de dommages-intérêts d'une société à l'égard d'une société en redressement judiciaire pour inexécution d'une obligation contractuelle, au motif que la créance originairement déclarée était susceptible d'évolution en fonction de la décision définitive, sans préciser le montant porté dans la déclaration faite dans le délai légal (Cass. com. 3-11-2010 nº 09-72.029 : RJDA 1/11 nº 63).

Art. 85 [mod.] Si la créance ou la sûreté est discutée ou contestée, en tout ou en partie, le syndic en avise, d'une part, le juge-commissaire et, d'autre part, le créancier concerné par lettre au porteur contre récépissé ou par lettre recommandée avec demande d'avis de réception ou par tout moyen laissant trace écrite. Cet avis doit préciser l'objet et le motif de la discussion ou de la contestation, le montant de la créance dont l'admission est proposée et contenir la reproduction intégrale du présent article.

Le créancier dispose d'un délai de trente (30) jours à compter de la réception de cet avis pour fournir ses explications écrites ou verbales au juge-commissaire. Passé ce délai, il ne peut plus contester la proposition du syndic. Ce délai est porté à soixante (60) jours pour les créanciers domiciliés hors du territoire national où la procédure collective a été ouverte.

Toutefois, les créances fiscales, douanières et sociales ne peuvent être contestées que dans les conditions résultant des textes qui leur sont respectivement applicables.

Jurisprudence OHADA

Régularité de la comparution du créancier intervenue avant l'expiration du délai si le contradictoire a été respecté.

C'est à tort qu'il est fait grief à un arrêt d'avoir violé l'article 85 de l'AUPCAP en déclarant que les délais prescrits par ce texte « sont des délais maximum ; que le créancier dans le cadre d'une procédure de liquidation des biens appelé à une procédure de contestation de créances peut régulièrement comparaître devant le juge commissaire avant l'échéance du délai prescrit, qu'une telle comparution ne saurait affecter la régularité de la procédure et entacher de nullité l'ordonnance du juge commissaire qui en découle, dès lors qu'il ne démontre pas qu'il n'a pu organiser sa défense du fait du juge commissaire qui s'est opposé à lui concéder un délai suffisant malgré sa demande […] », puisqu'il résulte des propres constatations du premier juge « qu'il ressort des pièces du dossier, notamment du procès-verbal de contestation du 09 janvier 2019 que [la demanderesse] a comparu aux différentes audiences de contestation des créances par le biais de ses conseils qui ont fait valoir des arguments ; […] qu'il n'apparaît nullement des énonciations dudit procès-verbal paraphé par ses conseils qu'aucune demande de délai supplémentaire pour production de logiciel n'a été formulée au cours de ses audiences par ces derniers […] » rejet (CCJA, 1e ch., no 086/2023, 27-4-2023).

Jurisprudence comparée

France

A. Contestation des créances déclarées par le débiteur

1o Réponses aux contestations

Le débiteur doit soulever devant le mandataire judiciaire (transposable au syndic) ses contestations des créances déclarées ; à défaut, son recours contre la décision d'admission du juge-commissaire, en dépit de la forclusion du créancier pour déclarer sa créance, peut être déclaré irrecevable (Cass. com. 14-1-1997 : RJDA 5/97 no 702 : irrecevabilité de l'appel-nullité ; Cass. com. 3-10-2001 : RJDA 1/01 no 51).

2o Réponses aux contestations par un préposé de la société

Habilitation spéciale non nécessaire. Une personne morale créancière peut répondre à la lettre du liquidateur judiciaire, l'informant d'une discussion sur tout ou partie de la créance déclarée, par l'intermédiaire de tout préposé de son choix, sans que ce préposé soit tenu de justifier que les organes habilités par la loi à représenter la personne morale lui ont donné une délégation de pouvoir à cette fin (Cass. com. 16-9-2008 no 07-17.273 : BRDA 19/08 inf. 10).

B. Défaut de réponse dans le délai imparti du créancier avisé d'une contestation de sa créance

1o Absence de réponse

Est considéré comme défaillant le créancier qui a répondu sans fournir aucune explication (CA Grenoble 9-6-1988 : Rev. jur. com. 1989.229 note Gallet – mais non le créancier qui a répondu en précisant qu'il présenterait ses arguments à l'audience : Cass. com. 11-12-2001 no 2074 : Rev. proc. coll. 2002.185 no 5) et le créancier qui, après avoir répondu à une première demande, a laissé sans réponse une seconde demande relative à la même créance (Cass. com. 22-10-1996 : RJDA 2/97 no 268).

2o Recevabilité du recours du créancier défaillant contre la décision de rejet de sa créance

Le créancier qui n'a pas répondu dans le délai susvisé peut néanmoins faire appel de l'ordonnance de rejet du juge-commissaire dès lors que la lettre du mandataire judiciaire ne mentionnait pas l'objet de la contestation (Cass. com. 14-5-1996 : JCP (éd. G) 1996.II.22657 rapport Rémery ; RJDA 10/96 no 1262) ni l'indication qu'à défaut de réponse dans le délai toute contestation ultérieure serait impossible (Cass. com. 5-12-1995 : RJDA 3/96 no 417) ou dès lors qu'il a été convoqué dans le délai de trente jours par le juge-commissaire et qu'il a comparu devant lui (Cass. com. 7-12-2004 no 1783 : RJDA 4/05 no 429). Il le peut aussi lorsque le mandataire judiciaire (transposable au syndic) n'a pas contesté tout ou partie de la créance mais a mis en cause la régularité de la déclaration pour défaut de pouvoir (Cass. com. 7-7-1998 : RJDA 11/98 no 1260 ; rappr. CA Reims 3-7-2001 : (JCP éd. G) 2002.IV.2123).

Art. 86 [mod.] A l'expiration du délai prévu à l'article 78 ci-dessus en l'absence de discussion ou de contestation, ou de celui prévu à l'article 85, al. 2, s'il y a eu discussion ou contestation, le syndic dresse, sans délai, un état des créances contenant ses propositions d'admission définitive ou provisoire ou de rejet, avec indication de leur nature chirographaire ou garantie par une sûreté en précisant laquelle.

Le créancier dont seule la sûreté est contestée est admis, provisoirement, à titre chirographaire.

L'état des créances est déposé au greffe après vérification et signature par le juge-commissaire qui mentionne, face à chaque créance : le montant et le caractère définitif ou provisoire de l'admission ; sa nature chirographaire ou garantie par une sûreté en précisant laquelle ; si une instance est en cours ou si la contestation ne relève pas de sa compétence.

Le juge-commissaire ne peut rejeter en tout ou partie une créance ou se déclarer incompétent qu'après avoir entendu ou dûment appelé le créancier, le débiteur et le syndic par lettre au porteur contre récépissé ou par lettre recommandée avec demande d'avis de réception ou par tout moyen laissant trace écrite.

JURISPRUDENCE OHADA

I. Attributions du juge-commissaire

Il ressort des articles 86 à 89 de l'AUPCAP que le juge-commissaire est compétent pour dresser l'état des créances, ce qui implique un pouvoir de trancher des difficultés relatives notamment à l'admissibilité définitive ou provisoire d'une créance à moins qu'un texte particulier lui en dénie la compétence au profit d'un autre organe de la procédure ; c'est une fois qu'il a exercé sa mission de vérification et de signature de l'état des créances, déposé ensuite au greffe, que la juridiction compétente est saisie, par renvoi du greffier, des créances contestées ou admises provisoirement. L'arrêt qui a jugé que « le juge-commissaire bénéficie, en premier ressort, du pouvoir de trancher toute difficulté dès lors que la loi n'a pas attribué compétence à une autre juridiction » n'a en rien violé les articles 89 et 90 de l'AUPCAP (CCJA, 1e ch., nº 086/2023, 27-4-2023).

II. Irrecevabilité de la contestation de créances soulevée par un juge-commissaire

La créance résultant de deux jugements revêtus de l'autorité de la chose jugée ne peut être contestée par le juge-commissaire, alors qu'il a lui-même arrêté l'état de ladite créance et l'a déposé au greffe (TGI Bobo-Dioulasso (Burkina-Fasso), nº 88, 6-3-2002 : BRCB c/ Juge-commissaire à la liquidation de la Savana, Ohadata J-09-57).

Obs. : la question implicite à laquelle répond cette décision est de savoir si le juge-commissaire peut se retourner lui-même contre ses propres décisions. Dans sa réponse, le tribunal applique, à juste titre, la règle selon laquelle nul ne peut se prévaloir de sa propre turpitude, avant de rappeler que « la seule voie de recours, offerte aux parties, [est] celle prévue par les articles 88 et 89 [de l'AUPCAP] ». À notre avis, les voies de recours prévues par ces dispositions ne doivent être admises que pour des contestations soulevées par toutes personnes autres que le juge-commissaire lui-même, afin de favoriser une bonne administration de la justice.

JURISPRUDENCE COMPARÉE

I. États-Unis

A. Compétence de la juridiction spécialisée pour fixer le montant d'une créance publique

Détermination du montant des créances publique par une juridiction spécialisée. Une société de droit privé avait obtenu un contrat pour réparer des avions de l'armée américaine. L'État étant intervenu pour modifier sa manière de travailler, la société n'a pas pu respecter les délais prévus au contrat. L'État mis alors fin à ce dernier et la société lui réclama des dommages-intérêts. Une clause du contrat prévoyait qu'en cas de conflit, une juridiction spéciale de l'armée serait saisie. Avant la saisine de cette juridiction, une procédure de redressement judiciaire est ouverte à l'encontre de la société privée. La question qui se pose est alors de savoir si la cour qui statue sur la procédure collective peut déterminer la réalité et le montant d'un dommage causé par l'État. Les juges de la cour d'appel du 5e Circuit répondent par la négative. Ils considèrent qu'en raison de la spécificité des contrats impliquant l'État, la juridiction statuant sur une procédure collective ne peut pas statuer sur une demande concernant un contrat avec l'État mais qu'elle doit saisir la juridiction spécialement créée pour régler le problème en cause (Gary Aircraft Corporation v. United States, 698 F.2d 775 (5th Cir.1983)).

B. Compensation des dettes

La compensation est un droit pour les créanciers afin de compenser en partie ou en entier des dettes mutuelles afin d'éviter l'absurdité d'obliger A à payer B alors que B doit de l'argent à A (Patterson, 967 F.2d 505 (1992)).

II. France

A. Possibilité d'établir un état complémentaire

Dès lors que le représentant des créanciers (transposable au syndic) avait omis d'inscrire une créance déclarée à titre privilégié sur la liste des créances soumises au juge-commissaire, celui-ci, qui n'avait pas statué complètement sur la demande en justice que constituait la déclaration de créance, pouvait, sur la demande du représentant des créanciers, compléter sa première ordonnance (Cass. com. 13-2-2007 n° 303 : RJDA 7/07 n° 755 ; RD banc. 2007 n° 2 § 73 obs. F.-X. Lucas).

B. Pouvoirs du juge-commissaire

1° Incompétence

Le juge-commissaire n'est pas compétent pour statuer sur l'existence d'une créance qui relève de la compétence d'une autre juridiction, notamment de la juridiction administrative alors même que la collectivité publique n'aurait pas déclaré sa créance éventuelle ou n'aurait pas demandé à être relevée de la forclusion (CE 5-12-2007 n° 304334 : RJDA 12/08 n° 1294 ; rappr. T. confl. 23-5-2005 n° 3447 : RJDA 3/06 n° 300 ; Cass. 1e civ. 1-3-2005 n° 341 : RJDA 1/06 n° 78) ou même d'un tribunal arbitral lorsque l'instance arbitrale n'étant pas en cours au jour du jugement d'ouverture, il est saisi d'une contestation et qu'est invoquée devant lui une clause compromissoire, à moins que la convention d'arbitrage ne soit manifestement nulle ou inapplicable (Cass. com. 2-6-2004 n° 874 : RJDA 11/04 n° 1240) ; il peut seulement, une fois la créance fixée, statuer sur son admission (CE 5-12-2007 : précité).

2° Pouvoirs

Le juge-commissaire ne peut pas se prononcer tant qu'il n'a pas été irrévocablement statué sur le relevé de forclusion d'une créance ni refuser de surseoir à sa décision dans cette attente (Cass. com. 14-1-1997 : RJDA 4/97 n° 569 ; Cass. com. 1-10-1997 : DA 1997.1394).

Il n'est pas tenu de suivre les propositions du mandataire judiciaire (Cass. com. 1-4-2003 n° 605 : RJDA 10/03 n° 984).

Il peut statuer sans attendre la décision du juge du cautionnement, saisi d'une action en paiement contre la caution, cette décision ne s'imposant que dans les rapports entre le créancier et la caution, fût-elle solidaire (Cass. com. 11-2-2004 n° 306 : RJDA 4/04 n° 732).

C. Admission des créances

1° Créances admissibles

Il y a lieu d'admettre :

– une créance même omise dans l'avis publié au Bodacc dès lors qu'elle a été régulièrement déclarée au mandataire judiciaire, cet avis ne constituant qu'une mesure de publicité et cette omission pouvant être réparée par une déclaration du représentant des créanciers au juge-commissaire et par le dépôt d'un état complémentaire (CA Rouen 9-9-1993 : JCP (éd. G) 1994.IV.380) ;

– la créance à hauteur des factures produites et non au montant que le débiteur s'est engagé à rembourser (Cass. com. 14-6-1994 : RJDA 12/94 n° 1369).

2° Créances non admissibles

Ne peut pas être admise une créance que le débiteur reconnaît sans que le créancier, s'agirait-il d'une société ayant des liens étroits avec le débiteur ou en étant la filiale, en fasse la preuve par le rapprochement de ses propres comptes avec ceux du débiteur (CA Paris 29-3-1994 : D. 1995.som.385 obs. Vasseur).

3° Autorité de la chose jugée de la décision d'admission

Lorsque la décision d'admission est définitive, elle a autorité de la chose jugée (Cass. com. 9-1-2001 : RJDA 5/01 n° 611) ; ainsi :

– la créance admise comme privilégiée le demeure même si, par suite du report de la date de cessation des paiements, la sûreté s'avère avoir été prise pendant la période suspecte en garantie d'une dette contractée antérieurement (Cass. com. 12-11-1991 : RJDA 2/92 n° 199) ;

– l'instance pénale postérieurement engagée par le débiteur pour critiquer l'admission ne peut avoir aucun effet (Cass. civ. 3-5-1989 : JCP (éd. G) 1989.IV.246) ;

– la caution ne peut plus contester l'existence de la créance en son principe ni en faire modifier le montant, ni faire prononcer la nullité de la convention principale (Cass. com. 11-6-1996 : RJDA 11/96 n° 1378), ni s'opposer à la substitution de la prescription trentenaire à la prescription antérieure applicable à la créance (Cass. com. 13-4-1999 : RJDA 6/99 n° 700) ; mais elle peut opposer au créancier les raisons de ne pas payer qui lui sont purement personnelles (Cass. com. 22-4-1997 : RJDA 8-9/97 n° 1079 ; Cass. com. 8-6-1999 : RJDA 10/99 n° 1132) ;

– l'admission de la créance de la caution s'impose aux sous-cautions (Cass. com. 29-5-2001 : RJDA 11/01 n° 1129 : condamnation des sous-cautions à l'exécution de leurs engagements) ;

– la décision d'admission est opposable au codébiteur solidaire (Cass. com. 20-9-2005 n° 1126 : RJDA 12/05 n° 1368) ;

– si la créance a été déclarée et qu'elle est contestée par un tiers, par exemple une caution, il incombe au créancier qui réclame à ce dernier l'exécution de son engagement de prouver son existence s'il ne peut établir son admission (Cass. com. 11-10-1994 : RJDA 2/95 n° 205).

Etendue de l'autorité de la chose jugée de l'admission des créances. L'autorité de chose jugée de la décision d'admission au passif d'une créance prononcée au bénéfice du créancier déclarant s'étend à la reconnaissance à ce créancier de la qualité de titulaire de la créance admise et de ses accessoires. Par suite, dans le cas d'une société ayant vendu avec réserve de propriété du matériel à une autre société mise en liquidation judiciaire sans avoir payé la totalité du prix, une troisième société qui avait déclaré la créance relative au solde du prix du matériel vendu admise au passif de la société acheteuse pouvait obtenir la restitution du matériel (Cass. com. 28-6-2011 n° 10-21.379 : Légifrance).

D. Rejet des créances

1° Créances à rejeter

Doit être rejetée, notamment, la créance non déclarée même si elle a été reconnue par une décision de justice passée en force de chose jugée dès lors que le liquidateur avait conclu à la constatation de ladite créance et à la fixation de son montant sous réserve de sa déclaration (Cass. com. 14-3-1995 : RJDA 8-9/95 n° 1035), ainsi que la créance dont il est constaté par les juges qu'elle n'appartient pas au déclarant mais à des tiers (Cass. com. 14-5-1996 : D. 1996.IR.174).

2° Motivation de la décision

La décision de rejet doit être motivée (Cass. com. 25-2-1997 : RJDA 6/97 n° 841).

Art. 87 [mod.] Le greffier avertit sans délai les créanciers du dépôt de l'état des créances par une insertion dans un ou plusieurs journaux d'annonces légales de l'État partie concerné.

En outre, il adresse aux créanciers un extrait de l'état des créances.

Il adresse également aux créanciers un avis les informant du rejet, en tout ou partie, de leur créance, par lettre au porteur contre récépissé ou par lettre recommandée avec demande d'avis de réception ou par tout moyen laissant trace écrite. Cet avis doit leur parvenir quinze (15) jours au moins avant l'expiration du délai prévu par l'article 88 ci-dessous pour former une réclamation. Il doit contenir la reproduction intégrale de l'article 88 ci-dessous.

Art. 88 [mod.] Tout créancier porté au bilan ou dont la sûreté est régulièrement publiée ou dont la créance a été produite est recevable, pendant quinze (15) jours à dater de l'insertion dans un journal d'annonces légales de l'État partie concerné ou de la réception de l'avis prévu par l'article 87 ci-dessus, à formuler des réclamations. La réclamation intervient par voie d'opposition, formée directement auprès du greffe ou par signification d'huissier de justice ou notification par tout moyen permettant d'établir la réception effective par le destinataire, adressée au greffe, contre la décision du juge-commissaire. Cette réclamation est toutefois irrecevable si elle émane d'un créancier dont la créance ou la sûreté a été discutée ou contestée et qui n'a pas fourni d'explications au juge-commissaire dans le délai de l'article 85, al. 2, ci-dessus.

Le débiteur ou toute personne intéressée a le même droit, dans les mêmes conditions.

La décision du juge-commissaire est irrévocable à l'égard des personnes qui n'ont pas formé opposition.

Jurisprudence comparée

France

A. Recevabilité du recours

Le recours contre la décision du juge-commissaire est admis :

– même lorsque celui-ci s'est déclaré incompétent (Cass. com. 10-10-1995 : Bull. civ. IV p. 211) ;

– lorsqu'il a, par la même décision, relevé le créancier de la forclusion pour déclaration tardive et a admis sa créance, le débiteur en liquidation pouvant alors contester l'admission en invoquant le défaut de déclaration dans le délai (Cass. com. 26-5-1998 : RJDA 10/98 n° 1142).

B. Droit d'agir des personnes intéressées

Sont des tiers intéressés la caution (Cass. com. 3-5-1994 : RJDA 10/94 n° 1072), le cessionnaire de tout ou partie de l'actif (Cass. com. 30-3-1993 : RJDA 8-9/93 n° 742) ou le tiers constituant d'une sûreté réelle (Cass. com. 7-3-2006 n° 332 : RJDA 7/06 n° 836).

Art. 89 [mod.] Les créances contestées ou admises provisoirement sont renvoyées à la juridiction compétente en matière de procédures collectives, par les soins du greffier, à la première audience utile, pour être jugées sur rapport du juge-commissaire, si la matière est de la compétence de cette juridiction.

Le greffier donne avis de ce renvoi aux parties par lettre au porteur contre récépissé ou par lettre recommandée avec demande d'avis de réception ou par tout moyen laissant trace écrite, huit (8) jours au moins avant l'audience.

Si la juridiction compétente ne peut statuer, au fond, sur les réclamations avant l'homologation du concordat de redressement judiciaire ou la clôture de la liquidation des biens, le créancier est admis à titre provisoire.

Dans les trois (3) jours à compter de la décision de la juridiction compétente, le greffier avise les intéressés, par lettre au porteur contre récépissé ou par lettre recommandée avec demande d'avis de réception ou par tout moyen laissant trace écrite. En outre, il mentionne la décision sur l'état des créances.

La décision de la juridiction compétente en matière de contestation de créances peut faire l'objet d'un appel à la requête du créancier ou du débiteur dans les quinze (15) jours de son prononcé.

Jurisprudence OHADA

Caractère inopérant d'une clause attributive de compétence.

Une clause attributive de compétence devient sans objet dès lors qu'une procédure collective de liquidation des biens est ouverte contre sa signataire. Il ne s'agit donc pas de statuer sur la validité, l'interprétation, l'exécution ou la résiliation de la convention mais plutôt de réaliser l'actif de la société en vue d'apurer son passif, toute chose qui relève de la juridiction compétente en matière de procédure collective, notamment, en l'espèce, le tribunal de Sassandra, juridiction du siège social de la société en liquidation conformément aux articles 3 et 3-1 de l'AUPCAP. C'est donc à tort qu'il est reproché à un arrêt d'avoir violé les articles 89 et 90 de l'AUPCAP en affirmant que « le juge commissaire bénéficie en premier ressort, du pouvoir de trancher toute difficulté dès lors que la loi n'a pas attribué compétence à une autre juridiction » (CCJA, 1e ch., n° 086/2023, 27-4-2023).

Art. 90 [mod.] Si la juridiction compétente en matière de procédures collectives constate que la réclamation du créancier relève de la compétence d'une autre juridiction, elle se déclare incompétente et admet provisoirement la créance.

Le greffier avise les intéressés de cette décision dans les conditions prévues par l'avant-dernier alinéa de l'article 89 ci-dessus.

Faute d'avoir saisi la juridiction compétente dans le délai d'un (1) mois à compter de la réception de l'avis du greffe prévu par l'avant-dernier alinéa de l'article 89 ci-dessus, le créancier est forclos et la décision du juge-commissaire devient irrévocable à son égard.

Nonobstant toute disposition contraire, les litiges individuels relevant de la compétence des juridictions sociales ne sont pas soumis aux tentatives de conciliation prévues par la loi de chaque État partie.

Section III • CAUTIONS ET COOBLIGES

Art. 91 [mod.] Le créancier porteur d'engagements souscrits, endossés ou garantis solidairement par deux (2) ou plusieurs coobligés qui ont cessé leurs paiements peut produire dans toutes les masses pour le montant intégral de sa créance et participer aux distributions jusqu'à parfait paiement s'il n'a reçu aucun paiement partiel avant la décision d'ouverture de la procédure collective de son ou de ses coobligés.

Jurisprudence OHADA

Possibilité de produire les créances de la caution

Les juges d'appel qui ont retenu qu'à l'analyse de l'article 91 de l'AUPCAP le créancier, dont la créance est garantie par une ou plusieurs cautions, peut produire le montant total de sa créance dans le redressement judiciaire et demander paiement intégral à la caution et que l'article 91 sus indiqué exclut le principe de la suspension des poursuites prévues à l'article 75 de l'Acte uniforme précité ; qu'au titre des stipulations contractuelles, le point I du contrat de cautionnement dispose que « la caution solidaire est tenue de payer à la banque ce que doit et devra le cautionné au cas où ce dernier ne ferait pas face à ce paiement pour un motif quelconque » ; que le point VI relatif à la mise en jeu de la caution spécifie que « en cas de défaillance du cautionné pour quelque cause que ce soit, la caution sera tenue de payer à la banque ce que lui doit le cautionné y compris les sommes devenues exigibles par anticipation. », n'ont pas fait une mauvaise interprétation de la loi dès lors que les stipulations contractuelles qui font la loi des parties n'ont rien de contraire aux dispositions de l'AUPCAP et que la banque peut poursuivre la caution quelle que soit la procédure collective ouverte. Rejet du moyen (CCJA, ass. plén., n° 065, 25-4-2014 : Kone née Ouedraogo Azéta c/ Bicia-B, Ohadata J-15-156).

Art. 92 [mod.] Si le créancier porteur d'engagements solidairement souscrits par le débiteur en état de redressement judiciaire ou de liquidation des biens et d'autres coobligés a reçu un acompte sur sa créance avant la décision d'ouverture, il n'est compris dans la masse que sous déduction de cet acompte et conserve, sur ce qui lui reste dû, ses droits contre le coobligé ou la caution.

Le coobligé ou la caution qui a fait le paiement partiel est compris dans la même masse pour tout ce qu'il a payé et qui était à la charge du débiteur.

Art. 93 [mod.] Nonobstant le concordat, les créanciers conservent leur action pour la totalité de leur créance contre les coobligés de leur débiteur, sauf ceux qui bénéficient de la suspension.

Art. 94 [mod.] Si le créancier a reçu paiement d'un dividende dans la masse de l'un ou plusieurs coobligés en état de redressement judiciaire ou de liquidation des biens, ces derniers n'ont aucun recours entre eux, sauf si la réunion des dividendes donnés par ces procédures excède le montant total de la créance en principal et accessoires ; en ce cas, cet excédent est dévolu, suivant l'ordre des engagements, à ceux des coobligés qui auraient les autres pour garants et, à défaut d'ordre, au marc le franc entre eux.

Section IV • SUPER PRIVILÈGE DES SALARIÉS

Art. 95 [mod.] Les créances résultant du contrat de travail ou du contrat d'apprentissage sont garanties, en cas de redressement judiciaire ou de liquidation des biens, par le super privilège des salaires.

Art. 96 [mod.] Au plus tard, dans les dix (10) jours qui suivent la décision d'ouverture et sur simple décision du juge-commissaire, le syndic paie toutes les créances super privilégiées des travailleurs sous déduction des acomptes déjà perçus.

Au cas où il n'aurait pas les fonds nécessaires, ces créances doivent être acquittées sur les premières rentrées de fonds avant toute autre créance, nonobstant les dispositions des articles 166 et 167 ci-dessous.

Le syndic ou toute autre personne ou un organisme prenant en charge tout ou partie des salaires en cas de redressement judiciaire ou de liquidation des biens, si un tel organisme existe dans l'État partie concerné, qui a fait une avance permettant de payer les créances résultant du contrat de travail ou du contrat d'apprentissage, est subrogé dans les droits des travailleurs et doit être remboursé dès la rentrée des fonds nécessaires sans qu'aucune autre créance puisse y faire obstacle.

Section V • DROIT DE RESILIATION ET PRIVILÈGE DU BAILLEUR D'IMMEUBLE

Art. 97 [mod.] Nonobstant toute disposition légale ou toute clause contractuelle, aucune indivisibilité, résiliation ou résolution du bail des immeubles affectés à l'activité professionnelle du débiteur, y compris les locaux qui, dépendant de ces immeubles, servent à l'habitation du débiteur ou de sa famille, ne peut résulter du seul fait de l'ouverture du redressement judiciaire ou de la liquidation des biens.

Les articles 108, al. 2 et 109 ci-dessous ne sont pas applicables au bail des immeubles affectés à l'activité professionnelle du débiteur, y compris les locaux qui, dépendant de ces immeubles, servent à l'habitation du débiteur ou de sa famille.

Le syndic, en cas de liquidation des biens, ou le débiteur assisté du syndic, en cas de redressement judiciaire, peut continuer le bail ou le céder aux conditions éventuellement prévues au contrat conclu avec le bailleur et avec tous les droits et obligations qui s'y rattachent.

Si le syndic, en cas de liquidation des biens, ou le débiteur assisté du syndic, en cas de redressement judiciaire, décide de ne pas poursuivre le bail, celui-ci est résilié sur simple congé formulé par signification d'huissier de justice ou notification par tout moyen permettant d'établir la réception effective par le destinataire. La résiliation prend effet à l'expiration du délai de préavis notifié dans cet acte, qui ne saurait être inférieur à trente (30) jours.

Le bailleur qui entend demander ou faire constater la résiliation pour des causes antérieures à la décision d'ouverture doit, s'il ne l'a déjà fait, introduire sa demande dans un délai de trente (30) jours suivant la deuxième insertion au journal d'annonces légales de l'État partie concerné.

Le bailleur qui entend former une demande en résiliation du bail pour des causes nées postérieurement à la décision d'ouverture doit l'introduire dans un délai de quinze (15) jours à compter de la connaissance par lui de la cause de résiliation. Celle-ci est prononcée lorsque les garanties offertes sont jugées insuffisantes par la juridiction compétente pour garantir le privilège du bailleur.

JURISPRUDENCE COMPARÉE

France

Cession du bail

Application des clauses du bail. Est inopposable au bailleur la cession conclue par le liquidateur (transposable au syndic) sans respecter la condition d'agrément prévue au bail (CA Paris 26-2-1999 : RJDA 12/99 nº 1365).

Art. 98 [mod.] Le bailleur a privilège pour les douze (12) derniers mois de loyers échus avant la décision d'ouverture de la procédure collective ainsi que pour les douze (12) mois échus ou à échoir postérieurement à cette décision.

Si le bail est résilié, le bailleur bénéficie également de ce privilège pour les dommages-intérêts et l'indemnité d'occupation, qui peuvent lui être alloués ; il peut en demander le paiement dès le prononcé de la résiliation. Il est, en outre, créancier de la masse pour tous les loyers échus et les dommages-intérêts ou indemnités alloués postérieurement à la décision d'ouverture.

Si le bail n'est pas résilié, le bailleur ne peut pas exiger le paiement des loyers à échoir. Il n'est créancier de la masse pour les loyers échus après l'ouverture de la procédure qu'au fur et à mesure de leurs échéances, si les sûretés dont il bénéficiait avant la décision d'ouverture sont maintenues et conservent la même assiette ou si celles qui lui ont été accordées depuis la décision d'ouverture sont jugées suffisantes.

Le juge-commissaire peut, en outre, autoriser le syndic à vendre des meubles garnissant les lieux loués s'ils sont soumis à dépérissement prochain ou à dépréciation imminente ou s'ils sont dispendieux à conserver. Il en va de même pour les meubles dont la réalisation ne met en cause ni l'existence du fonds ni le maintien de garanties suffisantes pour le bailleur.

A défaut d'une telle autorisation, si le bail n'est pas résilié et qu'il y a vente ou enlèvement des meubles garnissant les lieux loués, le privilège du bailleur d'immeuble garantit les mêmes créances et s'exerce de la même façon qu'en cas de résiliation ; le bailleur peut, en outre, demander la résiliation du bail qui est de droit.

En cas de conflit entre le privilège du bailleur d'immeuble et celui du vendeur de fonds de commerce sur certains éléments mobiliers, le privilège de ce dernier l'emporte.

JURISPRUDENCE COMPARÉE

I. Canada

Faillite – Bail commercial – Résiliation

En présence de baux commerciaux valablement cédés par le locataire à un cessionnaire devenu insolvable, la résiliation de ces baux après information du loueur en vertu de l'article 65.2 de la loi sur la faillite et l'insolvabilité du Canada interprété restrictivement vise à libérer la personne devenue insolvable des obligations nées du bail commercial devenues trop onéreuses et à permettre à celle-ci de reprendre éventuellement des activités viables et à indemniser le bailleur subissant la cessation prématurée du bail. La résiliation du bail ne profite qu'à la personne insolvable et ne protège pas les tiers, notamment en cas de cession du bail, elle ne protège pas le locataire initial qui a cédé le bail, des conséquences de cette résiliation par le cessionnaire en état d'insolvabilité. En conséquence, lorsque le locataire initial, qui tient son bail des locateurs, a cédé celui-ci, il reste tenu d'exécuter le bail.

En dépit de sa cession, le bail est en l'espèce exécutoire. La simple possibilité pour le locataire initial d'opposer au cessionnaire insolvable un droit à indemnisation et de présenter une réclamation dans le cadre des procédures collectives en qualité de créancier non garanti ne modifie pas les obligations et les relations contractuelles de ce locataire initial dès lors non libéré de ses engagements, notamment de payer les loyers impayés (Cour suprême du Canada, Cour civile, arrêt nº 29196 du 29-1-2004, Juricaf).

II. France

A. Sommes non privilégiées

Le pas-de-porte n'est pas garanti par le privilège reconnu au bailleur pour les loyers (CA Paris 19-7-1983 : BRDA 20/83 p. 23).

B. Imputation des versements effectués

Lorsque des versements ont été faits avant le jugement d'ouverture, l'imputation se fait sur la dette la plus ancienne, le reste de la créance étant admis à titre privilégié (CA Rouen 29-3-1990 : GP 1991.som.224).

C. Poursuite de la caution garantissant les loyers

Le bailleur peut exiger de la caution solidaire du locataire le paiement des loyers échus pendant la durée de continuation du bail (Cass. com. 6-6-1989 : Bull. civ. IV p. 118).

Section VI • DROITS DU CONJOINT

Art. 99 [mod.] La consistance des biens personnels du conjoint du débiteur déclaré en redressement judiciaire ou en liquidation des biens est établie par lui, conformément aux règles de son régime matrimonial.

La masse peut, en prouvant par tous moyens que les biens acquis par le conjoint du débiteur l'ont été, en tout ou partie, avec des valeurs fournies par celui-ci, demander que les acquisitions ainsi faites soient réunies à l'actif, à proportion de la contribution du débiteur, le cas échéant, en valeur.

Les reprises faites en application de ces règles ne sont exercées par le conjoint intéressé qu'à charge des dettes et sûretés dont les biens sont grevés.

Jurisprudence comparée

France

Réunion à l'actif des biens acquis par le conjoint même non entièrement payés

La réunion à l'actif des acquisitions dont il est établi qu'elles ont été faites par le conjoint avec les fonds du débiteur n'est pas subordonnée à la condition de paiement intégral de leur prix (Cass. com. 23-1-1996 : RJDA 5/96 n° 703 : application à des acquisitions payées pour partie au comptant et pour partie à crédit).

Art. 100 [mod.] Le conjoint du débiteur qui à l'époque de la célébration du mariage, dans l'année de cette célébration ou dans l'année suivante, exerçait une activité professionnelle indépendante, civile, commerciale, artisanale ou agricole, ne peut exercer, dans la procédure collective, aucune action à raison des avantages faits par l'un des époux à l'autre dans le contrat de mariage ou pendant le mariage. Les créanciers ne peuvent, de leur côté, se prévaloir des avantages faits par l'un des époux à l'autre.

Art. 100-1 [nouv.] Le conjoint du débiteur en redressement judiciaire ou en liquidation des biens est entendu ou dûment convoqué par lettre au porteur contre récépissé ou par lettre recommandée avec demande d'avis de réception ou par tout moyen laissant trace écrite, avant toute décision autorisant la vente des biens de la communauté.

Section VII • DROITS DU VENDEUR DE MEUBLES ET REVENDICATIONS

Art. 101 [mod.] Nonobstant les dispositions du présent Acte uniforme, la revendication des meubles ne peut être exercée que dans le délai de quatre-vingt-dix (90) jours suivant la deuxième insertion de la décision d'ouverture de la procédure de redressement judiciaire ou de liquidation des biens dans un journal d'annonces légales de l'État partie concerné.

Jurisprudence comparée

I. Belgique

Un preneur de leasing ayant, avant la faillite, conclu avec le failli un contrat en vertu duquel ce dernier est tenu à la restitution des biens mis à sa disposition, a qualité et intérêt pour réclamer en vertu de ce contrat la restitution des biens faisant l'objet du leasing (Cour de cassation de Belgique 07-06-2013, C.12.0480.N : Juricaf).

II. France

A. Effet du défaut d'inventaire des biens de l'entreprise en cas de revendication

En l'absence de réalisation de la formalité obligatoire de l'inventaire, la charge de prouver qu'un bien revendiqué, resté en la possession du débiteur, n'existe plus en nature au jour du prononcé de la liquidation judiciaire incombe au liquidateur représentant l'entreprise en liquidation ; dès lors il n'appartient pas au créancier revendiquant de démontrer que les biens revendiqués existaient en nature dans le patrimoine du débiteur lorsque l'huissier de justice chargé par le tribunal de réaliser l'inventaire n'avait pas rempli sa mission en dépit des relances du liquidateur (Cass. com. 1-12-2009 n° 08-13.187 : RJDA 5/10 n° 541).

B. Revendication de biens à défaut d'inventaire

Le liquidateur avait apporté la preuve qu'en l'absence d'inventaire – l'huissier de justice désigné par le tribunal pour faire l'inventaire n'avait établi qu'un simple procès-verbal dix-sept mois après le prononcé de la liquidation – les biens revendiqués par une société qui louait du matériel à une entreprise mise en liquidation judiciaire n'existaient plus en nature au jour du prononcé de la liquidation selon les éléments suivants :

– S'agissant d'un fait juridique, le liquidateur pouvait en apporter la preuve par tous moyens et si le procès-verbal tardif de l'huissier ne valait pas inventaire, il n'en était pas pour autant dénué de toute force probante. L'huissier avait rencontré un nouvel occupant des locaux qui avaient été le siège social et le lieu d'exploitation de l'entreprise en liquidation judiciaire. Celui-ci avait précisé avoir emménagé plus d'un an avant la mise en liquidation judiciaire, dans des locaux quasiment vides, ce que le jugement d'ouverture confirmait.

– Aucun élément du dossier ne révélait que l'entreprise disposait d'entrepôts dans lesquels elle aurait pu stocker le matériel revendiqué ou qu'elle avait transféré son siège social à une autre adresse avant l'ouverture de la procédure collective.

– Il résultait du jugement d'ouverture de la procédure de liquidation que, six mois avant celui-ci, le tribunal de commerce avait modifié le plan de continuation et autorisé la vente du fonds de commerce exploité à l'adresse concernée en vue de l'apurement du passif, de sorte que l'entreprise avait cessé son activité commerciale avant le prononcé de la liquidation judiciaire (CA Toulouse 8-11-2011 n° 10/00102).

Art. 101-1 [nouv.] La demande en revendication d'un bien visé à la présente section est adressée au syndic dans le délai prévu à l'article 101 ci-dessus par lettre au porteur contre récépissé ou par lettre recommandée avec demande d'avis de réception ou par tout moyen laissant trace écrite.

Le syndic peut acquiescer à la demande en revendication.

A défaut de réponse du syndic dans un délai de trente (30) jours à compter de la réception de la demande ou en cas de refus, le juge-commissaire peut être saisi à la diligence du revendiquant dans un délai de trente (30) jours à compter de l'expiration du premier délai ou de ce refus afin qu'il soit statué, au vu des observations du revendiquant, du débiteur et du syndic, sur les droits de ce revendiquant et sur le sort du contrat.

Le juge-commissaire statue alors par voie d'ordonnance dans un délai de huit (8) jours à compter de sa saisine et son ordonnance est déposée sans délai au greffe qui la communique au syndic et la notifie aux parties. Sur sa demande, la décision est communiquée sans délai au ministère public.

Art. 101-2 [nouv.] Dans les huit (8) jours de sa notification ou de sa communication, l'ordonnance rendue par le juge-commissaire en application de l'article 101-1 ci-dessus peut faire l'objet d'un recours devant la juridiction compétente dans les conditions prévues par l'article 40 ci-dessus.

Le ministère public peut également saisir la juridiction compétente, par une requête motivée, dans les huit (8) jours de la communication qui lui est faite de l'ordonnance.

Si le juge-commissaire n'a pas statué à l'expiration du délai visé au 4e alinéa de l'article 101-1 ci-dessus, la juridiction compétente peut être saisie dans les mêmes conditions, à la demande d'une partie ou du ministère public.

L'examen du recours ou de la demande est fixé à la première audience utile de la juridiction, les intéressés et le syndic étant avisés.

Art. 101-3 [nouv.] Le propriétaire d'un bien est dispensé de faire reconnaître son droit de propriété lorsque le contrat portant sur ce bien a fait l'objet d'une publicité.

Il peut réclamer la restitution de son bien par lettre au porteur contre récépissé ou par lettre recommandée avec demande d'avis de réception ou par tout moyen laissant trace écrite adressé au syndic qui peut acquiescer à cette demande.

A défaut d'accord dans le délai de trente (30) jours à compter de la réception de la demande ou en cas de contestation, le juge-commissaire peut être saisi à la diligence du propriétaire afin qu'il soit statué sur ses droits. Même en l'absence de demande préalable en restitution, le juge-commissaire peut également être saisi à cette même fin par le syndic.

Art. 102 [mod.] Peuvent être revendiqués, s'ils se trouvent encore dans le portefeuille du débiteur, les effets de commerce *remis à l'encaissement* ou autres titres non payés remis par leur propriétaire pour être spécialement affectés à des paiements déterminés.

JURISPRUDENCE COMPARÉE

France

Effets non inclus dans le portefeuille du débiteur

A été rejetée la revendication par un vendeur avec clause de réserve de propriété impayé de l'effet accepté par un sous-acquéreur auquel il avait livré directement la marchandise sur indication du débiteur, son acheteur, dès lors qu'il n'était pas propriétaire de l'effet qui était resté dans les mains de son acheteur, l'acceptation par le sous-acquéreur que l'effet soit payé au vendeur revendiquant ne pouvant conférer à celui-ci la propriété de l'effet (CA Versailles 8-6-1989 : D. 1989.IR.226).

Art. 103 [mod.] Peuvent être revendiqués, à condition qu'ils se retrouvent en nature, les marchandises consignées et les objets mobiliers remis au débiteur, soit pour être vendus pour le compte du propriétaire, soit à titre de dépôt, de prêt, de mandat ou de location ou de tout autre contrat à charge de restitution, notamment tout bien objet d'un contrat de crédit-bail.

En cas d'aliénation de ces marchandises et objets mobiliers, peut être revendiqué contre le sous-acquéreur, le prix ou la partie du prix dû si celui-ci n'a été ni payé en valeur, ni compensé entre le débiteur et le sous-acquéreur au jour de la décision d'ouverture.

Peuvent être également revendiqués les marchandises et les objets mobiliers faisant l'objet d'une réserve de propriété selon les conditions et avec les effets prévus par l'Acte uniforme portant organisation des sûretés.

Toutefois, s'agissant de marchandises et d'objets mobiliers consignés au débiteur pour être vendus ou vendus avec clause de réserve de propriété, il n'y a pas lieu à revendication si, avant la restitution des marchandises et objets mobiliers, le prix est payé intégralement et immédiatement par le syndic après autorisation du juge-commissaire.

JURISPRUDENCE OHADA

Biens exclus de la revendication

A. Biens sortis du patrimoine du débiteur

Lorsque les biens revendiqués ne se trouvent plus entre les mains du débiteur représenté par son syndic liquidateur, la saisie-revendication opérée entre les mains d'un tiers détenteur du matériel et dénoncée le même jour [au tiers] conformément aux dispositions de l'article 232, al. 2 de l'AUPSRVE doit être déclarée régulière et fondée (CA Bobo-Dioulasso, civ. et com., nº 48, 17-3-2003 : Dagris (ex-CFDT) c/ Syndic liquidateur de l'EGCC, Ohadata J-04-194).

Obs. : voir sous l'article 78.

B. Immeubles par destination

Aux termes des articles 524 et 525 du Code civil burkinabè, sont immeubles par destination tous effets mobiliers que le propriétaire a attachés au fonds à perpétuelle demeure. Dès lors, des biens scellés à perpétuelle demeure à une usine et formant avec le reste du matériel un tout indivisible sont devenus immobiliers. Ils ne peuvent faire l'objet de revendication conformément à l'article 103 de l'AUPCAP (TGI Ouagadougou, nº 701, 26-6-2002 : SCA c/ Syndics liquidateurs de la Cimat, Ohadata J-04-42. Décision confirmée par la cour d'appel de Ouagadougou : CA Ouagadougou, ch. civ. et com., nº 10, 16-1-2004 : Sté des ciments d'Abidjan (SCA) c/ Sté des ciments et matériaux du Burkina (Cimat), Ohadata J-09-13).

JURISPRUDENCE COMPARÉE

I. États-Unis

Inopposabilité de la clause de réserve de propriété invoquée par le vendeur en vertu d'un usage

La société Oconto avait une ligne de crédit auprès de la société Farm Credit. Cette dernière avait pris une garantie sur tous les stocks présents et à venir de la société Oconto. Maryott vendait du bétail à la société Oconto et lui accordait souvent des délais de paiement. En 1996, la société Farm Credit met fin à la ligne de crédit de la société Oconto. Cette dernière devant de l'argent à Maryott, celui-ci réclama le bétail non encore payé. La société Farm Credit s'y opposa déclarant que sa sûreté prévalait. Maryott fit valoir qu'il était d'usage dans le commerce de bétail de considérer que le vendeur restait propriétaire du bétail vendu jusqu'au paiement complet du prix. Les juges estimèrent que, conformément aux dispositions du Code de commerce uniforme, la clause de réserve de propriété ne conférait à Maryott qu'une sûreté sur le bétail. Ce dernier devant remplir les formalités prescrites par le Code de commerce Uniforme pour la rendre parfaite, notamment informer le créancier antérieur de son droit sur le bétail. Maryott n'ayant pas rempli les formalités, la sûreté de la société Fram Crédit prévalait la sienne (Ned Maryott v. Oconto Cattle Co, 259 Neb. 41 (2000)).

II. France

A. Revendication des marchandises consignées

1º Preuve de la propriété des marchandises par le revendiquant

Le revendiquant doit établir qu'il est propriétaire des marchandises en cause, cette preuve pouvant se faire par tous moyens (cf. Cass. com. 14-2-1973 : Bull. civ. IV p. 67 ; Cass. com. 25-2-1981 : Bull. civ. IV p. 82).

2º Applications

La revendication a été admise pour des biens ou marchandises détenus en vertu :

– d'une location d'objets mobiliers (Cass. com. 7-2-1977 : Bull. civ. IV p. 35 ; CA Douai 7-2-1975 et CA Nîmes 5-3-1975 : GP 1975.1.383) ;

– d'un contrat d'entreprise (Cass. com. 3-2-1975 : Bull. civ. IV p. 27).

B. Revendications des marchandises vendues avec réserve de propriété

1º Opposabilité de la clause de réserve de propriété

a. Nécessité d'un écrit

L'écrit doit être établi, au plus tard, au moment de la livraison, c'est-à-dire de la remise matérielle des marchandises (T. com. Saint-Etienne 19-5-1981 : GP 1981.580).

L'ordonnance du juge-commissaire qui autorise, en l'assortissant d'une clause de réserve de propriété, la vente de marchandises dépendant des actifs du débiteur en liquidation judiciaire, ne dispense pas le liquidateur de concrétiser dans un écrit les modalités de la cession des marchandises telles que les a admises le juge-commissaire dans son ordonnance (Cass. com. 16-10-1990 : RJDA 1/91 n° 63).

La clause de réserve de propriété peut valablement être insérée dans une facture si celle-ci a été remise à l'acheteur au plus tard au moment de la livraison (Cass. com. 23-6-1992 : RJDA 10/92 n° 957 ; Cass. com. 11-7-1995 : RJDA 3/96 n° 426).

b. Non-acceptation de la clause

La clause n'a pas été acceptée par l'acheteur :

– lorsque le vendeur a livré la marchandise commandée sans tenir compte du refus de la clause manifesté expressément à deux reprises par l'acheteur lors de la commande et sans s'assurer avant la livraison de l'accord de celui-ci sur ses conditions de vente, contrairement à ce qu'il avait fait pour les autres commandes passées par l'acheteur en vue d'autres chantiers (Cass. com. 10-12-1991 : RJDA 3/92 n° 290) ;

– lorsqu'elle figurait sur les accusés de réception des commandes, en bas de page, en petits caractères difficilement lisibles de sorte qu'elle n'était pas apparente (CA Paris 12-9-1999 : D. 2000. som. 65 obs. Pérochon et Mainguy).

c. Inopposabilité de la clause au crédit-bailleur

La clause est inopposable au crédit-bailleur car il n'appréhende pas les biens qu'il acquiert, lesquels sont aussitôt loués et livrés chez le locataire (CA Versailles 8-7-1993 : RJDA 12/93 n° 1089).

2° Biens susceptibles de revendication

a. Biens incorporels

La revendication peut s'exercer sur les biens mobiliers incorporels (Cass. com. 29-2-2000 : RJDA 5/00 n° 572).

b. Sommes d'argent

Une demande de restitution de fonds ne peut être formée par voie de revendication, la seule voie ouverte au créancier d'une somme d'argent étant de déclarer sa créance à la procédure collective de son débiteur (Cass. com. 4-2-2003 n° 239 : D. 2003.1230 obs. Lienhard : à propos d'une demande en restitution d'un dépôt de fonds auprès d'une société commissionnaire agréée auprès de la Bourse de commerce de Paris).

c. Biens interchangeables

La revendication de produits pharmaceutiques interchangeables a été admise bien que le vendeur n'ait pas été le seul fournisseur du débiteur, dès lors que l'autre fournisseur avait été réglé et qu'il ne revendiquait pas la marchandise qu'il avait livrée (CA Rouen 4-4-1996 : RJDA 12/96 n° 1543). Mais n'étaient pas interchangeables des produits pharmaceutiques conditionnés sous emballage portant une ou plusieurs indications – date de fabrication, numéro de lot, date limite de vente – permettant de les individualiser (CA Paris 12-5-2000 : RJDA 4/01 n° 482).

d. Biens objet de ventes successives

En cas de ventes successives, les biens en possession de l'acheteur ne peuvent être revendiqués que s'ils sont ceux dont le prix n'a pas été réglé (Cass. com. 5-10-1993 : RJDA 2/94 n° 214), les parties ne pouvant déroger à cette règle d'ordre public (Cass. com. 9-1-1990 n° 31 : Bull. civ. IV p. 6, annulant une clause qui prévoyait que les biens encore en possession de l'acheteur seraient présumés à tout moment être ceux encore impayés).

3° Preuve de l'existence des biens chez le débiteur

La preuve en incombe au créancier qui invoque la réserve de propriété (Cass. com. 15-12-1992 : Bull. civ. IV p. 291) ; elle peut être rapportée par tous moyens (CA Paris 18-3-1994 : RJDA 7/94 n° 863 : preuve par la production d'un état des stocks établi postérieurement au jugement d'ouverture).

C. Revendication du prix des biens revendus par le débiteur

1° Revente des marchandises dans leur état initial

Les marchandises et biens doivent avoir été délivrés au sous-acquéreur dans leur état initial, peu important alors que leur revente soit intervenue avant le prononcé du jugement d'ouverture (Cass. com. 27-10-1998 : RJDA 11/98 n° 6). Des marchandises ont été revendues dans leur état initial dès lors qu'il n'est pas établi que la chose achetée a été transformée (Cass. com. 5-10-1993 : RJDA 2/94 n° 218).

2° Non-paiement du prix

a. Non-paiement par compensation

Le prix n'a pas été payé par compensation en compte courant, quoi qu'il y ait été inscrit, si les sommes nécessaires ne figurent pas au crédit du compte (CA Montpellier 4-11-1937 : D. 1939.2.57 ; cf. Cass. com. 7-1-1980 : Bull. civ. IV p. 7) ou s'il a été réglé par une compensation autre que par compte courant (Cass. com. 15-2-2005 n° 239 : RJDA 6/05 n° 735).

b. Non-paiement en valeur

Le prix n'a pas été payé en valeur lorsque le sous-acquéreur n'a pas accepté les lettres de change tirées sur lui, peu important que celles-ci aient été prises à l'escompte (Cass. com. 6-5-1997 : RJDA 8-9/97 n° 1126).

c. Prix payé

Le prix a été payé lorsque le sous-acquéreur :

– a accepté les lettres de change tirées sur lui avant l'ouverture de la procédure (Cass. com. 2-11-1993 : RJDA 4/94 n° 452) ;

– en a réglé le montant dans les mains de la société d'affacturage au jour de l'exercice de l'action en revendication (Cass. com. 10-7-2001 : RJDA 1/02 n° 73) ; mais le transfert de la créance – du débiteur-acheteur sur le sous-acquéreur – à une société d'affacturage n'empêche pas la revendication du prix (CA Limoges 5-9-1988 : BRDA 23/88 p. 10).

La preuve de ce paiement incombe au sous-acquéreur qui se prétend libéré (Cass. com. 17-3-1998 : RJDA 7/98 n° 898).

Art. 104 Peuvent être retenus par le vendeur les marchandises et objets mobiliers qui ne sont pas délivrés ou expédiés au débiteur ou à un tiers agissant pour son compte.

Cette exception est recevable même si le prix est stipulé payable à crédit et le transfert de propriété opéré avant la délivrance ou l'expédition.

Art. 105 [mod.] Peuvent être revendiqués les marchandises et objets mobiliers expédiés au débiteur tant que la tradition n'a pas été effectuée dans ses magasins ou dans ceux du commissionnaire chargé de les vendre pour son compte ou d'un mandataire chargé de les recevoir.

Néanmoins, la revendication n'est pas recevable si, avant leur arrivée, les marchandises et objets mobiliers ont été revendus, sans fraude, sur factures ou titres de transport réguliers.

Jurisprudence comparée

France

A. Revendication possible

La revendication demeure possible malgré la livraison des marchandises en gare de départ ou en gare d'arrivée à la condition, dans ce second cas, que le débiteur n'en ait pas pris possession de manière effective (CA Paris 7-1-1987 : BRDA 4/87 p. 22) ou malgré leur chargement sur un bateau (CA Dijon 26-1-1899 : DP 1899.2.102).

B. Revendication impossible

La revendication est impossible :

– lorsque les marchandises sont entreposées dans les locaux d'un transitaire en douane au nom et pour le compte de l'acheteur, ces marchandises devant alors être réputées entrées dans les magasins de l'intéressé (Cass. com. 13-5-1986 : Bull. civ. IV p. 77) ou lorsqu'elles sont en cours de réexpédition par l'acheteur qui les a revendues (Cass. com. 24-1-1989 : Bull. civ. IV p. 23) ;

– même si les conditions requises sont remplies, lorsque, en application des dispositions relatives à la poursuite des contrats en cours, l'administrateur (transposable au syndic) exige la livraison des marchandises moyennant paiement du prix convenu (Cass. com. 26-6-1972 : D. 1972.639).

Art. 106 [mod.] Peuvent être revendiqués, s'ils existent en nature en tout ou en partie, les marchandises et objets mobiliers dont la vente a été résolue antérieurement à la décision ouvrant la procédure, soit par décision de justice, soit par le jeu d'une clause ou d'une condition résolutoire acquise.

La revendication doit pareillement être admise, bien que la résolution de la vente ait été prononcée ou constatée postérieurement à la décision ouvrant la procédure lorsque l'action en résolution a été intentée antérieurement à la décision d'ouverture par le vendeur non payé.

Toutefois, il n'y a pas lieu à revendication si, avant la restitution des marchandises et objets mobiliers, outre les frais et les dommages-intérêts prononcés, le prix est payé intégralement et immédiatement par le syndic après autorisation du juge-commissaire.

JURISPRUDENCE COMPARÉE

I. États-Unis

Les règles sur les procédures collectives priment la revendication d'un vendeur

Le 16 janvier 1958, des professionnels achètent des biens à crédit. Le 20 janvier 1958, ils sont mis en liquidation judiciaire. Le vendeur revendique les biens vendus à crédit. Les juges de Pennsylvanie le déboutent aux motifs qu'il convient de privilégier le droit des procédures collectives sur le droit de revendication du vendeur (Kravitz v. Wilcox-Gay Corporation, Cour of appeal 3rd Circuit, 278 F.2d 820 (1960)).

II. France

A. Revendication en vertu d'une clause résolutoire

Pour que cette revendication ait lieu, il suffit que le vendeur, sauf clause contraire de la convention liant les parties exigeant la constatation judiciaire de la résolution, ait manifesté de façon formelle et non équivoque sa volonté irrémédiable de se prévaloir de la clause (Cass. com. 3-6-1997 : RJDA 11/97 n° 1314).

B. Validité de la résolution demandée pendant la période suspecte

La connaissance par le vendeur de l'état de cessation des paiements de son débiteur ne fait pas obstacle à l'exercice de l'action en revendication avant le jugement d'ouverture, les dispositions relatives aux nullités de la période suspecte n'étant pas susceptibles de s'appliquer en cette matière (Cass. com. 19-6-1978 : Bull. civ. IV p. 143).

Section VIII • CONTRATS EN COURS ET LICENCIEMENTS

Art. 107 [mod.] Nonobstant toute disposition légale ou toute clause contractuelle ou indivisibilité, aucune résiliation ou résolution d'un contrat en cours ne peut résulter du seul fait de l'ouverture du redressement judiciaire ou de la liquidation des biens.

Les articles 107 à 109 ne s'appliquent pas aux contrats de travail.

JURISPRUDENCE COMPARÉE

France

A. Clauses résolutoires

1° Nullité

Sont inopposables les clauses résolutoires généralement prévues en cas de redressement ou de liquidation judiciaire ou de cessation des paiements de l'une des parties (Cass. com. 2-3-1993 : RJDA 7/93 n° 654), même si elles concernent des contrats administratifs (CE 20-7-1988 : Lebon 300).

2° Validité

La clause résolutoire produit son effet lorsqu'elle est fondée sur un motif autre que le défaut de paiement d'une somme d'argent, peu important qu'elle ait commencé à produire effet avant le jugement d'ouverture (Cass. com. 3-4-1990 : D. 1991.som.1 obs. Derrida). En revanche, elle est sans effet lorsqu'elle sanctionne le défaut de paiement d'une somme d'argent dans le délai imparti par le commandement de payer et que le jugement d'ouverture survient avant l'expiration dudit délai (Cass. com. 17-6-1986 : Bull. civ. IV p. 107).

B. Interdiction de toute condition à la continuation

Le cocontractant ne peut pas prétendre subordonner la continuation à des conditions (Cass. com. 28-5-2002 : RJDA 10/02 n° 1052).

C. Impossibilité d'imposer la continuation en cas d'inexécution d'une obligation de faire

La continuation du contrat décidée par l'administrateur ne peut pas faire échec à la résiliation du contrat demandée pour inexécution d'une obligation de faire (Cass. com. 26-10-1999 : RJDA 12/99 n° 1350).

D. Obligation pour le cocontractant d'une entreprise en procédure collective d'exécuter le contrat

Le cocontractant du débiteur faisant l'objet d'une procédure collective doit remplir ses obligations malgré le défaut d'exécution par celui-ci d'engagements antérieurs au jugement d'ouverture ; par conséquent, un fournisseur ne peut invoquer l'exception d'inexécution au motif du non-paiement des livraisons précédentes pour refuser de livrer, pendant la période d'observation, les commandes d'une société distributrice de vêtements passées pour la saison automne-hiver avant d'être mise en redressement judiciaire (Cass. com. 28-6-2011 n° 10-19.463 : RJDA 11/11 n° 242).

Art. 108 [mod.] Le syndic a seul la faculté d'exiger l'exécution des contrats en cours.

Il peut être mis en demeure, par le cocontractant par lettre au porteur contre récépissé ou par lettre recommandée avec demande d'avis de réception ou par tout moyen laissant trace écrite, de prendre parti sur la poursuite des contrats en cours. Cette mise en demeure fait courir un délai de trente (30) jours à compter de la réception par le syndic.

Lorsque le syndic exige la poursuite d'un contrat en cours, il doit fournir la prestation promise au cocontractant et ce dernier doit remplir ses obligations malgré le défaut d'exécution par le débiteur d'engagements antérieurs à la décision d'ouverture de la procédure collective. Sous cette réserve, le contrat est exécuté aux conditions en vigueur au jour de l'ouverture de la procédure collective nonobstant toute clause contraire.

Jurisprudence comparée

France

A. Pouvoir de décider la continuation

L'administrateur (transposable au syndic), et lui seul (Cass. com. 19-12-1995 : RJDA 6/96 n° 829), à l'exclusion du débiteur (CA Versailles 28-11-1996 : RJDA 4/97 n° 555) et du juge-commissaire (CA Versailles 28-9-2000 : RJDA 1/01 n° 46), peut exiger l'exécution des contrats en cours. Si le débiteur lui propose de continuer le contrat, le cocontractant doit exiger qu'il produise la décision de l'administrateur ; à défaut, sa responsabilité pourrait être engagée pour avoir continué le contrat illégalement (cf. Cass. com. 4-3-1975 : Bull. civ. IV p. 58).

B. Contrats en cours

1° Définition

Par « contrat en cours », il faut entendre tout contrat en vigueur au jour du jugement d'ouverture, qu'il soit ou non à exécution successive (Cass. com. 16-2-1988 : Bull. civ. IV p. 50).

2° Contrats en vigueur

Le contrat est en vigueur :

– dès sa conclusion lorsqu'il comporte tous les éléments nécessaires à sa validité, même s'il doit recevoir sa formulation définitive par l'adjonction des clauses usuelles (Cass. com. 6-2-1996 : RJDA 4/96 n° 547) ;

– s'il s'agit d'une vente, jusqu'à la date du transfert de propriété ; lorsqu'il comporte une condition suspensive et, par ailleurs, prévoit sa réitération dans un acte authentique, il est en cours si le transfert de propriété a été fixé après la survenance de la condition, à la date de la réitération et du paiement du prix (Cass. com. 22-10-1996 : RJDA 2/97 n° 264) ; mais il n'est plus en cours si le transfert de propriété a été fixé à la date de la survenance de la condition, même s'il devait être réitéré par acte authentique et que le prix n'était pas encore payé (Cass. com. 18-11-1980 : D. 1981.131) ; lorsqu'il comporte une clause de réserve de propriété sur un immeuble, il est en cours si une partie du prix reste à payer lors de l'ouverture de la procédure collective de l'acheteur (Cass. com. 1-2-2000 : RJDA 4/00 n° 445) ; mais il ne l'est pas en cas de vente de biens mobiliers (Cass. com. 5-5-2004 : RJDA 11/04 n° 1238).

3° Contrats expirés

Le contrat est expiré :

– s'il a été exécuté ; c'est le cas du contrat de prêt lorsque les fonds ont été remis à l'emprunteur avant le jugement d'ouverture (Cass. com. 14-12-1993 : RJDA 3/94 n° 335) ;

– si sa résiliation était acquise avant le jugement d'ouverture (CA Paris 8-2-1989 : BRDA 19/89 p. 14 ; CA Paris 12-10-1990 : GP 1991.som.429 ; cf. CA Versailles 13-10-1988 : GP 1989.som.125).

C. Décision sur la continuation

L'administrateur peut manifester comme il l'entend sa décision de continuer le contrat ; sa décision peut être déduite, par exemple :

– de l'échange de correspondances entre l'administrateur et le cocontractant (Cass. com. 3-5-1979 : Bull. civ. IV p. 109 ; CA Aix 21-4-1980 : Bull. Cour d'Aix 1980/2 p. 53) ;

– de la poursuite de l'exécution (Cass. com. 21-5-1979 : Bull. civ. IV p. 133 ; Cass. com. 22-6-1982 : Bull. civ. IV p. 211 ; Cass. com. 3-12-1996 : RJDA 3/97 n° 411).

Mais l'administrateur n'est pas tenu d'intervenir car la poursuite du contrat a lieu de plein droit après l'ouverture de la procédure (CA Versailles 28-11-1996 : RJDA 4/97 n° 555).

Art. 109 [mod.] Le juge-commissaire constate la résiliation de plein droit du contrat, à la demande du cocontractant :

– si le syndic ne répond pas à la mise en demeure prévue à l'article 108 ci-dessus dans le délai imparti, étant précisé que la fourniture de la prestation promise au cocontractant avant expiration de ce délai vaut décision de poursuivre le contrat ;

– si le syndic, après avoir exigé la poursuite du contrat, ne fournit pas la prestation promise au cocontractant ou en cas de défaut de paiement d'une échéance s'il s'agit d'un contrat à exécution ou paiement échelonnés dans le temps.

Le juge-commissaire peut prononcer la résiliation du contrat à la demande du syndic :

– à la condition qu'elle ne porte pas une atteinte excessive aux intérêts du cocontractant, lorsque le syndic prend la décision de ne pas poursuivre le contrat, en l'absence de toute mise en demeure ou lorsque, après avoir exigé l'exécution d'un contrat en cours, il lui apparaît que ce contrat n'est pas ou plus utile à la poursuite de l'activité ou à la sauvegarde de l'entreprise débitrice ;

– si, après avoir exigé l'exécution d'un contrat en cours dans lequel la prestation du débiteur porte sur le paiement d'une somme d'argent, il apparaît au syndic qu'il ne pourra pas fournir la prestation promise ou, s'il s'agit d'un contrat à exécution successive ou paiement échelonnés dans le temps, il lui apparaît qu'il ne disposera pas des fonds nécessaires pour remplir les obligations du terme suivant.

La résiliation peut donner lieu à des dommages-intérêts dont le montant est produit au passif de la procédure de redressement judiciaire ou de liquidation des biens. Le cocontractant dispose d'un délai de trente (30) jours à compter de la résiliation pour procéder à leur production. Ces dommages-intérêts peuvent se compenser avec les créances résultant de l'inexécution du contrat, antérieures à la décision d'ouverture de la procédure collective.

Art. 110 [mod.] Lorsque des licenciements pour motif économique présentent un caractère urgent et indispensable, le syndic peut être autorisé à y procéder par le juge-commissaire selon la procédure prévue par le présent article et le suivant, nonobstant toute disposition contraire mais sans préjudice du droit au préavis et aux indemnités liées à la résiliation du contrat de travail.

Avant la saisine du juge-commissaire, le syndic établit l'ordre des licenciements conformément aux dispositions du droit du travail applicable.

Sont proposés, en premier lieu, les licenciements des travailleurs présentant les moindres aptitudes professionnelles pour les emplois maintenus et, en cas d'égalité d'aptitudes professionnelles, les travailleurs les moins anciens dans l'entreprise débitrice, l'ancienneté étant calculée selon les dispositions du droit du travail applicable.

En vue de recueillir leur avis et leurs suggestions, le syndic informe, par écrit, les délégués du personnel et le contrôleur représentant du personnel des mesures qu'il a l'intention de prendre en leur fournissant la liste des travailleurs dont il envisage le licenciement et en précisant les critères qu'il a retenus. Les délégués du personnel et le contrôleur représentant du personnel doivent répondre par écrit, dans un délai de huit (8) jours à compter de la réception de cette demande.

Le syndic doit communiquer à l'inspection du travail ses lettres de consultation des délégués du personnel et du contrôleur représentant du personnel, ainsi que leur réponse écrite, ou préciser que ceux-ci n'ont pas répondu dans le délai de huit (8) jours prévu à l'alinéa précédent.

Jurisprudence OHADA

Autorisation des licenciements

Limitation de la compétence du juge-commissaire au licenciement économique. Le licenciement pour faute lourde, régi par la législation nationale du travail, est distinct du licenciement pour motif économique, uniquement régi par les articles 110 et 111 de l'AUPCAP. C'est donc à tort qu'un juge-commissaire a autorisé un licenciement « pour faute lourde et abus de confiance » tout en s'appuyant sur les pouvoirs du juge-commissaire prévus aux articles 110 et 111 de [l'AUPCAP]. L'ordonnance rendue doit être rétractée (TGI Bobo-Dioulasso (Burkina Faso), n° 106, 30-5-2002 : P. S. c/ Sopragri-SA et Sofidec, Ohadata J-09-58).

Art. 111 [mod.] L'ordre des licenciements établi par le syndic, l'avis des délégués du personnel et celui du contrôleur représentant du personnel, s'ils ont été donnés, et la lettre de communication à l'inspection du travail sont remis au juge-commissaire.

Le juge-commissaire autorise les licenciements envisagés ou certains d'entre eux s'ils s'avèrent nécessaires au redressement de l'entreprise débitrice par décision signifiée aux travailleurs dont le licenciement est autorisé et au contrôleur représentant du personnel s'il en est nommé.

La décision autorisant ou refusant les licenciements est susceptible d'opposition dans les quinze (15) jours de son prononcé devant la juridiction ayant ouvert la procédure, laquelle doit rendre sa décision sous quinzaine.

Section IX • CONTINUATION DE L'ACTIVITÉ

Art. 112 [mod.] En redressement judiciaire, l'activité est continuée avec l'assistance du syndic.

Dans le rapport prévu à l'article 43, al. 5 ci-dessus, le syndic communique en outre les résultats de l'exploitation au juge-commissaire ; le syndic remet une copie de ce rapport au ministère public.

La juridiction compétente, saisie par le syndic, un créancier contrôleur, ou par le ministère public, peut, à tout moment et après rapport du juge-commissaire, faire application de l'article 33, al. 5 ci-dessus. Elle peut au besoin entendre les créanciers et les contrôleurs qui en feraient la demande par une déclaration motivée déposée au greffe. Si celle-ci l'estime nécessaire, elle fait convoquer, par les soins du greffier, ces créanciers et contrôleurs, au plus tard dans les huit (8) jours par lettre au porteur contre récépissé ou par lettre recommandée avec demande d'avis de réception ou par tout moyen laissant trace écrite. Elle procède à leur audition et il est dressé procès-verbal de leurs déclarations.

La juridiction compétente doit statuer, au plus tard, dans les huit (8) jours de l'audition du syndic, des créanciers et des contrôleurs.

Art. 113 [mod.] La liquidation des biens met fin à l'activité de l'entreprise débitrice.

A titre exceptionnel, si l'intérêt public ou celui des créanciers l'exige, la juridiction compétente peut autoriser, dans la décision prononçant la liquidation des biens, une poursuite provisoire de l'activité pour une durée maximale de soixante (60) jours. Elle peut renouveler une (1) fois cette période, pour la même durée, à la demande du syndic et après avis du ministère public.

En cas de poursuite provisoire de l'activité, il est fait application de l'article 112, al. 2, ci-dessus mais le syndic doit alors remettre son rapport chaque mois au juge-commissaire et au ministère public.

Jurisprudence OHADA

Continuation de l'activité

La continuation de certaines activités nécessaires au bon déroulement de la liquidation peut être ordonnée lorsqu'elle ne met en péril ni l'intérêt public ni celui des créanciers. Il en est ainsi de la poursuite des activités suivantes, lorsque la société en liquidation est une compagnie aérienne : l'assistance en escale des avions sur la plate-forme de l'aéroport ; vente des billets d'avions (pour des vols sur une autre compagnie aérienne) et continuation des prestations d'un centre de maintenance des avions et d'un centre de formation aux professions aéronautiques (Cefopad) (TRHC Dakar, 10-1-2003 : Syndic A. D. D. sur procédure Cie Air Afrique, Ohadata J-03-44).

Art. 114 [mod.] En redressement judiciaire, le débiteur ou les dirigeants de la personne morale participent à la continuation de l'exploitation, sauf décision contraire de la juridiction compétente qui statue à la requête du syndic, par une décision spécialement motivée et après avis du ministère public. S'ils participent à la continuation de l'exploitation, le juge-commissaire fixe les conditions dans lesquelles ils sont rémunérés.

En cas de liquidation des biens, le débiteur ou les dirigeants de la personne morale ne peuvent être employés pour faciliter la gestion qu'avec l'autorisation de la juridiction compétente et dans les conditions prévues par celle-ci.

Art. 115 [mod.] En redressement judiciaire, la juridiction compétente, à la demande du ministère public, du syndic ou d'un contrôleur s'il en a été nommé, peut autoriser la conclusion d'un contrat de location-gérance lorsque la disparition ou la cessation d'activité, même provisoire, de l'entreprise est de nature à compromettre son redressement ou à causer un trouble grave à l'économie nationale, régionale ou locale dans la production et la distribution de biens et de services.

La conclusion d'un contrat de location-gérance est possible même en présence d'une clause contraire dans le bail de l'immeuble.

La juridiction compétente refuse son autorisation si elle n'estime pas suffisantes les garanties offertes par le locataire-gérant ou si celui-ci ne présente pas une indépendance suffisante à l'égard du débiteur.

Les conditions de durée d'exploitation du fonds de commerce par le débiteur pour conclure une location-gérance ne sont pas applicables.

La durée du contrat de location-gérance ne peut excéder deux (2) ans ; elle est renouvelable une (1) seule fois pour la même durée au maximum.

La décision statuant sur l'autorisation de la location-gérance fait l'objet des mêmes communications et publicités que celles prévues aux articles 36 et 37 ci-dessus.

Art. 116 [mod.] Le syndic veille au respect des engagements du locataire-gérant. Il peut se faire communiquer, par ce dernier, tous les documents et informations utiles à sa mission. Il doit rendre compte au juge-commissaire de l'exécution de ses obligations par le locataire-gérant, au moins tous les trois (3) mois, en précisant le montant des sommes reçues et déposées au compte de la procédure de redressement judiciaire, les atteintes aux éléments pris en location-gérance et les mesures de nature à résoudre toute difficulté d'exécution.

A toute époque, la résiliation du contrat de location-gérance peut être décidée par la juridiction compétente, soit d'office, soit à la demande du syndic ou du ministère public, soit à la demande d'un contrôleur, et sur rapport du juge-commissaire lorsque, par son fait, le preneur diminue les garanties qu'il avait données ou compromet la valeur du fonds ou ne respecte pas ses engagements.

Art. 117 [mod.] Toutes les dettes nées régulièrement, après la décision d'ouverture, de la continuation de l'activité et de toute activité régulière du débiteur ou du syndic sont des créances de la masse, sauf celles nées de l'exploitation du locataire-gérant qui restent exclusivement à sa charge sans solidarité avec le propriétaire du fonds.

Section X • RESPONSABILITE DES TIERS

Art. 118 Les tiers, créanciers ou non, qui, par leurs agissements fautifs, ont contribué à retarder la cessation des paiements ou à diminuer l'actif ou à aggraver le passif du débiteur peuvent être condamnés à réparer le préjudice subi par la masse sur action du syndic agissant dans l'intérêt collectif des créanciers.

La juridiction compétente choisit, pour la réparation du préjudice, la solution la plus appropriée, soit le paiement de dommages-intérêts, soit la déchéance de leurs sûretés pour les créanciers titulaires de telles garanties.

JURISPRUDENCE COMPARÉE

États-Unis

Sanction des créanciers pour soutien abusif

Déclassement des créanciers fautifs. Herby's, Summit, Snyder et Dunnam sont quatre sociétés ayant des dirigeants communs. Les sociétés Summit et Dunnam ont prêté de l'argent à la société Herby's contre diverses garanties. La société Summit n'effectua les formalités nécessaires pour parfaire les garanties que 13 mois après la conclusion de l'accord et la société Dunnam que 20 mois après l'accord. La société Snyder prêta de l'argent à la société Herby's mais sans prendre de garantie. Lorsque la société Herby's est mise en liquidation judiciaire, elle doit plus de 3 millions de dollars à la société Summit, plus de 4 millions à la société Dunnam et presque que 600000 dollars à la société Snyder. La société Herby's a par ailleurs d'autres créanciers. Le droit des procédures collectives autorise les juges a déclasser un créancier, s'il est démontré qu'il a agi de manière inappropriée et que sa conduite a lésé les autres créanciers ou lui a conféré un avantage injuste et enfin que son déclassement ne soit pas contraire aux règles définies par le Code sur les procédures collectives. En l'espèce, les sociétés Summit Snyder et Dunnam ont prêté de l'argent à la société Herby's alors qu'elles savaient que cette dernière n'était pas en mesure de les rembourser. De plus, les différents prêts n'ont été inscrits que très tard dans la comptabilité de la société Herby's ce qui lui a permis d'obtenir des prêts auprès d'autres créanciers. Les juges précisent que si les sociétés Summit, Snyder et Dunnam étaient considérées comme des créanciers chirographaires, elles obtiendraient 75 % des biens de la société Herby's. C'est pourquoi ils ont considéré que ces sociétés devaient avoir un rang inférieur à celui des créanciers chirographaires (Herby's Foods Inc v. Summit Coffee Company et al. Cour of appeal 5th Circuit, 2 F3D 128 (1993)).

Chapitre V
SOLUTIONS DU REDRESSEMENT JUDICIAIRE ET DE LA LIQUIDATION DES BIENS

Section I • SOLUTION DU REDRESSEMENT JUDICIAIRE

Sous-section I • FORMATION DU CONCORDAT DE REDRESSEMENT JUDICIAIRE

Art. 119 [mod.] Le débiteur propose un projet de concordat de redressement judiciaire dans les conditions prévues par les articles 26, 11°) et 27 ci-dessus.

Dès le dépôt du projet de concordat de redressement judiciaire par le débiteur, le greffier le communique au syndic qui recueille l'avis des contrôleurs s'il en a été nommé. Le greffier avise les créanciers de ce projet par insertion dans un journal d'annonces légales de l'État Partie concerné, en même temps que du dépôt de l'état des créances dans les conditions prévues par l'article 87 ci-dessus.

En outre, le greffier avertit immédiatement les créanciers munis d'une sûreté réelle spéciale d'avoir à faire connaître, au plus tard à l'expiration du délai prévu par l'article 88 ci-dessus, s'ils acceptent ces propositions concordataires ou entendent accorder des délais et des remises différents de ceux proposés et lesquels.

Ces créanciers doivent être avertis personnellement par lettre recommandée avec accusé de réception ou par tout moyen laissant trace écrite contenant un exemplaire des propositions concordataires. Le délai prévu par l'article 88 ci-dessus court de la réception de cet avertissement.

Le syndic met à profit les délais de production et de vérification des créances pour rapprocher les positions du débiteur et des créanciers sur l'élaboration du projet de concordat et pour établir le bilan économique et social visé à l'article 119-1 ci-dessous. Dans ce cadre, il transmet au juge-commissaire, avant la convocation de l'assemblée concordataire, un rapport indiquant, pour chaque créancier s'il a été effectivement contacté et à quelle date ; s'il apprécie positivement le projet de concordat et est favorable à son adoption ; s'il y est défavorable, la raison qu'il invoque.

JURISPRUDENCE OHADA

I. Prononcé de la liquidation des biens

En l'absence d'un concordat, la liquidation doit être prononcée (TRHC Dakar, 27-8-2002 : le Procureur de la République contre la Cie Air Afrique, Ohadata J-03-43).

II. Conversion du redressement en liquidation

Lorsque les avis du juge-commissaire, du ministère public et des autres personnes intervenant dans la procédure ainsi que les éléments du dossier concordent sur l'impossibilité de la société admise en redressement judiciaire de proposer un concordat dans les conditions prévues par les articles 27, 28 et 29 de l'AUPCAP, le redressement judiciaire doit être converti en liquidation des biens (TRHC Dakar, n° 217, 4-2-2003 : Sté GPL Dakar Frais, Ohadata J-03-181).

Art. 119-1 [nouv.] Avec le concours du débiteur, le syndic établit un bilan économique et social qui précise l'origine, l'importance, et la nature des difficultés de l'entreprise débitrice. A cette fin, il reçoit du juge-commissaire tous renseignements et documents utiles et peut entendre toute personne susceptible de lui apporter toutes informations utiles.

Lorsque le débiteur exerce une profession libérale soumise à un statut réglementé, le syndic consulte l'ordre professionnel ou l'autorité compétente dont, le cas échéant, relève le débiteur.

Art. 119-2 [nouv.] Lorsque le projet de concordat de redressement judiciaire prévoit une modification de capital social, le syndic demande au conseil d'administration de la personne morale débitrice, au président de la société par actions simplifiées ou aux gérants, selon le cas, de convoquer l'assemblée générale extraordinaire ou l'assemblée des associés. Si cette convocation n'est pas intervenue dans le délai de quinze (15) jours suivant la demande du syndic, celui-ci y procède lui-même.

Les engagements pris par les actionnaires ou associés ou par de nouveaux souscripteurs sont subordonnés dans leur exécution à l'homologation du concordat de redressement judiciaire par la juridiction compétente.

Les actionnaires ou associés apporteurs dans le cadre de l'augmentation du capital social prévue par le projet de concordat de redressement judiciaire peuvent bénéficier de la compensation à concurrence du montant de leurs créances admises et dans la limite de la réduction dont elles sont l'objet dans ledit projet.

Les clauses d'agrément sont réputées non écrites.

Art. 119-3 [nouv.] Le projet de concordat de redressement judiciaire peut comporter des propositions de conversions de créances en titres donnant ou pouvant donner accès au capital social de l'entreprise débitrice. Ces conversions ne peuvent en aucun cas être imposées aux créanciers. Le syndic recueille par écrit l'accord individuel de chaque créancier dont la créance est admise et qui accepte une telle conversion.

Art. 120 [mod.] Les créanciers munis de sûretés réelles spéciales ainsi que ceux munis de privilèges généraux, même si leur sûreté, quelle qu'elle soit, est contestée, déposent au greffe ou adressent au greffe, par lettre au porteur contre récépissé ou par lettre recommandée avec demande d'avis de réception ou par tout moyen laissant trace écrite, leurs réponses à l'avertissement prévu à l'article 119 ci-dessus.

Le greffier transmet en copie certifiée conforme, au fur et à mesure de leur réception, les déclarations des créanciers au juge-commissaire et au syndic.

Art. 121 [mod.] Les créanciers dont la créance est garantie par une sûreté réelle spéciale ou un privilège général conservent le bénéfice de leur sûreté, qu'ils aient ou non souscrit à la déclaration prévue à l'article 120 ci-dessus et quelle que soit la teneur de cette déclaration, sauf disposition contraire du présent Acte uniforme ou renonciation expresse de leur part à leur sûreté.

Les créanciers munis de privilèges généraux prennent part au vote dans les mêmes conditions que les créanciers chirographaires mais sans perdre le bénéfice de leurs privilèges.

Art. 122 [mod.] Dans les quinze (15) jours qui suivent l'expiration du délai prévu à l'article 88 ci-dessus, le juge-commissaire saisit le président de la juridiction compétente qui fait convoquer, par avis insérés dans les journaux d'annonces légales de l'État Partie concerné et par lettre au porteur contre récépissé ou par lettre recommandée avec demande d'avis de réception ou par tout moyen laissant trace écrite adressés individuellement par le greffier, les créanciers dont les créances ont été admises à titre chirographaire, définitivement ou par provision.

A cette convocation individuelle, comportant reproduction intégrale de l'article 125 ci-dessous, il est joint :

– un état établi par le syndic et déposé au greffe dressant la situation active et passive du débiteur avec ventilation de l'actif mobilier et immobilier, du passif privilégié ou garanti par une sûreté réelle et du passif chirographaire ;

– le texte définitif des propositions concordataires avec indication des garanties offertes et des mesures de redressement, telles que prévues, notamment, par l'article 27 ci-dessus ;

– l'avis des contrôleurs, s'il en a été nommé ;

– l'indication que chaque créancier muni d'une sûreté réelle a souscrit ou non la déclaration prévue aux articles 119 et 120 ci-dessus et, dans l'affirmative, la précision des délais et remises consentis.

Art. 123 [mod.] Aux lieu, jour et heure fixés par la juridiction compétente, l'assemblée concordataire se réunit, le juge-commissaire et le ministère public étant présents et entendus.

Les créanciers admis s'y présentent en personne ou s'y font représenter par un mandataire muni d'une procuration spéciale régulière.

Le créancier dont seulement la sûreté réelle, quelle qu'elle soit, est contestée, est admis dans les délibérations à titre chirographaire.

Le débiteur ou les dirigeants des personnes morales appelés à cette assemblée par lettre au porteur contre récépissé ou par lettre recommandée avec demande d'avis de réception ou par tout moyen laissant trace écrite adressé par le greffier, doivent s'y présenter en personne ; ils ne peuvent s'y faire représenter que pour des motifs reconnus légitimes par la juridiction compétente.

Art. 124 [mod.] Le syndic fait à l'assemblée un rapport sur le projet de concordat de redressement judiciaire et le bilan économique et social, les formalités qui ont été remplies, les opérations qui ont eu lieu ainsi que sur les résultats obtenus depuis la décision d'ouverture.

A l'appui de ce rapport est présenté un état de situation établi et arrêté au dernier jour du mois écoulé. Cet état mentionne l'actif disponible ou réalisable, le passif chirographaire et celui garanti par une sûreté réelle spéciale ou un privilège général.

Le rapport du syndic est remis signé à la juridiction compétente qui le reçoit après avoir entendu le juge-commissaire en ses observations sur les caractères du redressement judiciaire et sur l'admissibilité du concordat.

Le ministère public est entendu en ses conclusions orales ou écrites.

Art. 125 [mod.] Après remise du rapport du syndic, la juridiction compétente fait procéder au vote.

Le vote par correspondance et le vote par procuration sont admis.

Les créanciers titulaires d'une sûreté réelle spéciale qui n'ont pas fait la déclaration prévue à l'article 120 ci-dessus peuvent prendre part au vote sans renoncer à leur sûreté et consentir des délais et remises différents de ceux proposés par le débiteur.

Les créanciers chirographaires et ceux munis de sûreté réelle n'ayant pas fait la déclaration prévue à l'article 120 ci-dessus sont présumés accepter le concordat si, dûment appelés, ils ne participent pas au vote de l'assemblée concordataire.

Le projet de concordat de redressement judiciaire définitif est voté par la majorité en nombre des créanciers admis définitivement ou provisoirement représentant la moitié, au moins, du montant total des créances.

Si une (1) seule de ces deux (2) conditions est acquise, la délibération est continuée à huitaine pour tout délai et sans autre formalité. Dans ce cas, les créanciers présents ou régulièrement représentés ayant signé le procès-verbal de la première assemblée, ne sont pas tenus d'assister à la seconde ; les résolutions par eux prises et les adhésions données restent définitivement acquises.

Art. 126 [mod.] La juridiction compétente dresse le procès-verbal de ce qui a été dit et décidé au cours de l'assemblée concordataire ; la signature, par le créancier ou son représentant, des bulletins de vote joints au procès-verbal, vaut signature dudit procès-verbal.

La décision de la juridiction compétente constatant la réunion des conditions prévues aux articles 125 ci-dessus et 127 ci-dessous vaut homologation du concordat de redressement judiciaire.

Dans le cas contraire, la décision constate le rejet du concordat et convertit le redressement judiciaire en liquidation des biens, sans préjudice de l'application des articles 33 et 119 ci-dessus.

Jurisprudence OHADA

Le tribunal qui constate le rejet du concordat par l'assemblée concordataire doit convertir le redressement judiciaire en liquidation des biens (TRHC Dakar (Sénégal), n° 135, 11-3-2005 : Sté Promel SA., Ohadata J-09-338).

Art. 127 [mod.] La juridiction compétente n'accorde l'homologation du concordat de redressement judiciaire que si :

1°) les conditions de validité du concordat sont réunies ;

2°) aucun motif, tiré de l'intérêt collectif ou de l'ordre public, ne paraît de nature à empêcher le concordat ;

3°) en cas de redressement judiciaire d'une personne morale, la direction de celle-ci n'est plus assurée par les dirigeants dont le remplacement a été proposé dans les offres concordataires ou par le syndic ou contre lesquels a été prononcée la faillite personnelle ;

4°) le concordat offre des possibilités sérieuses de redressement de l'entreprise débitrice, de règlement de son passif et des garanties suffisantes d'exécution ;

5°) les conditions prévues par l'article 33-1 ci-dessus sont remplies, si des personnes bénéficient du privilège prévu par ce texte, et que les montants garantis sont expressément mentionnés.

Sauf disposition contraire, l'homologation du concordat de redressement judiciaire ne peut valider les avantages particuliers tels que définis et réprimés par les articles 244 et 245 ci-dessous. Ne sont pas considérés comme avantages particuliers les délais et remises particuliers consentis par les créanciers titulaires de sûretés réelles spéciales ou de privilèges généraux dans les conditions prévues aux articles 120 et 125 ci-dessus.

La nullité de la stipulation d'avantages particuliers n'entraîne pas l'annulation du concordat, sous réserve des dispositions de l'article 140 ci-dessous.

Jurisprudence OHADA

Concordat sans remise ni délai excédant deux ans

Pour une application de l'alinéa 4 de l'article 127, voir TGI Banfora, n° 25, 22-8-2003 : Les Grands Moulins du Burkina, Ohadata J-04-61 ; Ohadata J-04-51.

Jurisprudence comparée

États-Unis

A. Pouvoir souverain du juge pour approuver les accords

Le juge statuant en matière de procédures collectives est souverain pour approuver ou désapprouver l'accord passé entre les créanciers et le débiteur (Re Anderson v. Anderson 377 B.R. 865 (2007)).

La Cour supérieure ne peut pas infirmer la décision du juge inférieur concernant l'accord passé entre les créanciers et le débiteur à moins que cette dernière conduise à un résultat injuste résultant d'un abus du juge (Machinery Terminals, Inc. v. Woodward, 313 F.2d 47 (1963)).

Une décision judiciaire approuvant un accord conclu entre le débiteur et ses créanciers ne peut être infirmée que si elle est manifestement erronée et qu'elle découle clairement d'un abus du pouvoir discrétionnaire du juge (Re Frost Bros., Inc., 1992 WL 373488).

Il y a abus du juge statuant en matière de procédures collectives lorsque sa décision est fondée sur des faits clairement erronés ou sur une mauvaise application de la loi (Fleischut v. Nixon Detroit Diesel, Inc, 859 F.2d 26 (1988)).

B. Conditions de l'accord

1° Un accord juste et équitable

Conformément aux dispositions du Code des procédures collectives, le juge approuve l'accord passé entre les créanciers et le débiteur si ce dernier est juste et équitable (Protective Comm. For Indep. Stockholder of TMT Trailer Ferry Inc. v. Anderson, 390 U.S. 414, 88 S. Ct. 1157, 20 L.Ed.2d 1 (1968)).

2° Rôle du juge

Le juge des procédures collectives est le mieux placé pour déterminer si l'accord passé entre le débiteur et les créanciers est juste et équitable (Re Emerald Oil Co., 807 F.2d).

Afin d'approuver ou de refuser l'homologation de l'accord passé entre les créanciers et le débiteur, le juge doit regarder les intérêts de toutes les parties en présence, il doit également considérer le sérieux de l'accord notamment quant à ses chances de succès (Bauer v. Commerce Union Bank, 859 F.2d 438, (1988)).

Afin d'approuver l'accord passé entre les créanciers et le débiteur, les juges n'ont pas besoin de mener une enquête : ils peuvent se fonder sur l'avis de l'administrateur (Re Int'l Distribution Centers, Inc., 103 B.R. 420 (1989)).

Afin d'approuver l'accord passé entre les créanciers et le débiteur, les juges doivent discuter des enjeux et regarder si l'accord est raisonnable (Newman v. Stein, 464 F.2d 689).

Le juge doit rendre un jugement indépendant et réfléchi sur la question de savoir si l'accord passé entre les créanciers et le débiteur est juste et équitable en se fondant sur les informations fournies par les parties et l'administrateur, ainsi que sur sa connaissance de la procédure en matière de procédures collectives (Protective Comm. For Indep. Stockholder of TMT Trailer Ferry Inc. v. Anderson, 390 U.S. 414, 88 S. Ct. 1157, 20 L.Ed.2d 1 (1968)).

3° Autres conditions de l'accord

Selon les juges du 8e Circuit, afin d'approuver un accord passé entre les créanciers et le débiteur, il faut considérer :

– les chances de succès de l'accord ;
– les difficultés d'application de l'accord ;
– les dépenses et les délais résultant de l'accord ;
– l'intérêt des créanciers

(Drexel v. Loomis, 35F.2d 800, (1929)).

4° Intérêt des créanciers

Le fait qu'un groupe de créanciers soit en partie lésé par le plan de réorganisation ne rend pas nécessairement ce dernier injuste et inéquitable (Coltex Loop Cent. Three Partners v. BT/SAP Pool C Assocs, 138 F.3d 39 (1998)).

5° Priorité donnée aux créanciers plutôt qu'aux actionnaires

Tout plan de réorganisation qui favorise les actionnaires au détriment des créanciers est invalide (Re Amstrong World Indus., Inc., 320 B.R. 523).

6° Approbation obligatoire par un juge

Un accord conclu entre un débiteur et ses créanciers ne peut prendre effet qu'après avoir été approuvé par un juge (Re Iridium Operation LLC, v. Official Committee of Unsecured Creditor 478 F.3d 452 (2007)).

7° Interdiction de vendre un bien seul

Conformément au Code des procédures collectives, lorsqu'un plan de réorganisation est négocié, l'administrateur ne peut plus vendre ou louer un bien appartenant au débiteur (Motorola, Inc. v. Official Comm. of Unsecured Creditors, 478 F.3d 452 (2007)).

La vente ou la location d'un bien appartenant au débiteur peut toutefois être autorisée, si l'administrateur prouve que la vente ou la location est bonne pour les affaires (Comm. of Equity Sec. Holders v. Lionel Corp. (In re Lionel Corp.), 722 F.2d 1063, 1071 (2d Cir. 1983)).

Art. 127-1 [nouv.] Lorsque la survie de l'entreprise débitrice le requiert, la juridiction compétente, sur la demande du syndic ou d'office, peut subordonner l'adoption du concordat de redressement judiciaire au remplacement d'un ou plusieurs dirigeants au regard du numéro 3°) de l'alinéa 1 de l'article 127 ci-dessus.

A cette fin, la juridiction compétente peut, sur la demande du syndic, prononcer l'incessibilité des parts sociales, titres de capital ou valeurs mobilières donnant accès au capital, détenus par un (01) ou plusieurs dirigeants, de droit ou de fait, rémunérés ou non, et décider que le droit de vote y attaché sera exercé par le syndic ou par un mandataire ad hoc désigné par la juridiction compétente pour une durée qu'elle fixe. Il peut encore ordonner la cession de ces parts sociales, titres de capital ou valeurs mobilières donnant accès au capital, le prix de cession étant fixé à dire d'expert.

Pour l'application du présent article, les dirigeants et les représentants du comité d'entreprise ou, à défaut, les représentants du personnel ainsi que les créanciers contrôleurs et le contrôleur représentant du personnel sont entendus ou dûment appelés.

Les dispositions du présent article ne sont pas applicables lorsque le débiteur exerce une activité professionnelle libérale soumise à un statut réglementé.

Art. 128 [mod.] La juridiction compétente peut désigner ou maintenir en fonction les contrôleurs pour surveiller l'exécution du concordat de redressement judiciaire ou, à défaut de contrôleurs, le syndic. Les fonctions de contrôleurs sont gratuites, sauf si elles sont assurées par le syndic.

La rémunération du syndic commis à l'effet de surveiller l'exécution du concordat de redressement judiciaire est régie par les articles 4-19 et 4-20 ci-dessus.

Art. 129 [mod.] La décision d'homologation du concordat de redressement judiciaire fait l'objet des communications et publicités prévues aux articles 36 et 37 ci-dessus. L'extrait inséré dans un journal d'annonces légales de l'État Partie concerné mentionne le nom et l'adresse des contrôleurs du concordat ou du syndic désigné comme tel. Elle ne peut faire l'objet que d'un appel formé par le syndic, un représentant mandaté par la majorité du personnel, un créancier contrôleur ou par le ministère public dans les quinze (15) jours à compter de sa publication.

La décision de rejet du concordat de redressement judiciaire fait l'objet des communications et publicités prévues par les articles 36 et 37 ci-dessus. Elle ne peut faire l'objet que d'un appel formé dans les quinze (15) jours de son prononcé, par le débiteur ou le ministère public.

La décision de la juridiction d'appel fait l'objet des communications et publicités prévues au présent article.

Art. 130 Lorsqu'une personne morale comportant des membres tenus indéfiniment et solidairement au passif social est admise au redressement judiciaire, les créanciers peuvent ne consentir le concordat qu'en faveur d'un ou plusieurs membres.

Lorsque la liquidation des biens de la personne morale est prononcée, l'actif social demeure sous le régime de l'union. Les biens personnels de ceux auxquels le concordat a été consenti en sont exclus et le concordat ne peut contenir l'engagement de payer un dividende que sur des valeurs étrangères à l'actif social. Le membre qui a obtenu un concordat particulier est déchargé de toute obligation au passif social dès lors qu'il a réglé les dividendes promis.

Sous-section II • CONCORDAT COMPORTANT UNE CESSION TOTALE OU PARTIELLE D'ACTIF

Art. 131 [mod.] Lorsque le concordat de redressement judiciaire comporte des offres de cession totale ou partielle d'actif, le délai prévu à l'article 122, al. 1 ci-dessus pour la convocation de l'assemblée concordataire est porté à un (01) mois.

La cession totale ou partielle d'actif peut concerner tout ou partie des biens corporels ou incorporels, meubles ou immeubles.

La cession d'entreprise ou d'établissement est toute cession de biens susceptibles d'exploitation autonome permettant d'assurer le maintien d'une activité économique, des emplois qui y sont attachés et d'apurer le passif.

Lorsque la cession totale ou partielle d'actif ou d'entreprise ou d'établissement est envisagée dans le concordat de redressement judiciaire, le syndic doit établir un état descriptif des biens meubles et immeubles dont la cession est envisagée, la liste des emplois qui y sont attachés, les sûretés réelles dont ils sont affectés et la quote-part de chaque bien dans le prix de cession. Cet état est joint à la convocation individuelle prévue par l'article 122 ci-dessus.

Le syndic est chargé de faire connaître ces offres de cession par tous moyens, notamment par la voie d'annonces légales, dès le moment où elles sont définitivement arrêtées par lui et le débiteur et approuvées par une décision du juge-commissaire.

Art. 132 [mod.] Les offres d'acquisition sont reçues par le débiteur, assisté du syndic, et portées à la connaissance de l'assemblée concordataire qui décide, aux conditions de majorité prévues par l'article 125 ci-dessus, de retenir l'offre la plus avantageuse.

La juridiction compétente ne peut homologuer la cession totale ou partielle d'actif que :

– si le prix est suffisant pour désintéresser les créanciers munis de sûretés réelles spéciales sur les biens cédés, sauf renonciation par eux à cette condition et acceptation des dispositions de l'article 168 ci-dessous ;

– si le prix est payable au comptant ou si, dans le cas où des délais de paiement sont accordés à l'acquéreur, ceux-ci n'excèdent pas deux (2) ans et sont garantis par le cautionnement solidaire d'un établissement bancaire.

Le débiteur, assisté du syndic, accomplit toutes les formalités de la cession.

Au cas où aucune offre d'acquisition n'est exprimée avant l'assemblée concordataire ou reconnue satisfaisante par celle-ci, le débiteur peut retirer son offre de cession. S'il la maintient, la cession est réalisée ultérieurement dans les conditions prévues aux articles 160 et suivants ci-dessous.

Art. 133 [mod.] Le prix de la cession totale ou partielle d'actif est versé dans l'actif du débiteur.

Lorsque l'ensemble cédé comporte des biens grevés d'une sûreté réelle spéciale, la cession n'emporte purge de cette sûreté que si le prix est intégralement payé et le créancier garanti par cette sûreté désintéressé.

L'acquéreur ne peut céder, à peine de nullité, les éléments d'actif qu'il a acquis, sauf en ce qui concerne les marchandises, tant que le prix n'est pas intégralement payé. L'inaliénabilité de ces éléments doit être publiée au Registre du commerce et du crédit mobilier dans les mêmes conditions que celles prévues pour le privilège du vendeur de fonds de commerce et au livre foncier conformément aux dispositions organisant la publicité foncière pour les éléments immobiliers.

Le droit de préférence des créanciers munis de sûretés réelles spéciales sur le prix des biens cédés s'exerce dans l'ordre prévu aux articles 166 et 167 ci-dessous.

En cas de non-paiement intégral du prix, le débiteur peut demander au juge-commissaire de prononcer la résolution de la cession ou la mise en œuvre de la garantie prévue à l'article 132, al. 2, ci-dessus.

Sous-section III • EFFETS ET EXÉCUTION DU CONCORDAT

Art. 134 [mod.] L'homologation du concordat de redressement judiciaire rend celui-ci obligatoire à l'égard de tous les créanciers antérieurs à la décision d'ouverture, quelle que soit la nature de leurs créances, sauf disposition législative particulière interdisant à l'administration de consentir des remises ou des délais.

Toutefois, les créanciers bénéficiant de sûretés réelles spéciales ne sont obligés que par les délais et remises particuliers consentis par eux ; si le concordat comporte des délais n'excédant pas deux (2) ans, ceux-ci peuvent leur être opposés si les délais par eux consentis sont inférieurs.

Les travailleurs ne peuvent se voir imposer aucune remise ni délais excédant deux (2) ans sans préjudice des dispositions de l'article 96 ci-dessus.

Les créanciers munis de sûretés réelles ne perdent pas leurs garanties mais ne peuvent les réaliser qu'en cas d'annulation ou de résolution du concordat de redressement auquel ils ont consenti ou qui leur a été imposé, sans préjudice de leur droit d'agir contre un tiers afin de préserver leurs droits.

Le concordat de redressement judiciaire accordé au débiteur principal ou à un coobligé ne profite pas aux autres coobligés ou aux personnes ayant consenti un cautionnement ou affecté ou cédé un bien en garantie.

Art. 135 [mod.] A moins qu'il en ait été décidé autrement par le concordat de redressement judiciaire, l'homologation conserve à chacun des créanciers, sur les immeubles du débiteur, l'hypothèque inscrite en vertu de l'article 74 ci-dessus. Dans ce cas, le syndic est tenu de requérir, en vertu de la décision d'homologation, une nouvelle inscription sur les mêmes immeubles spécifiant les sommes garanties, conformément aux règles de la publicité foncière.

Art. 136 Dès que la décision d'homologation est passée en force de chose jugée, le débiteur recouvre la libre administration et disposition de ses biens à l'exception de ceux qui ont fait l'objet d'une cession conformément aux articles 131 à 133 ci-dessus.

Art. 137 [mod.] Le syndic rend compte de sa mission d'assistance au juge-commissaire. A cet effet, il établit un rapport écrit sur l'accomplissement de sa mission qu'il remet au juge-commissaire.

Le juge-commissaire vise le rapport ; ses fonctions et celles du syndic cessent à ce moment, sauf en cas de maintien de la cession d'actif prévue à l'article 132, dernier al., ci-dessus.

En cas de contestation, la juridiction compétente se prononce dans un délai maximum de trente (30) jours à compter de sa saisine.

Art. 138 [mod.] Lorsqu'il a été désigné un ou plusieurs contrôleurs de l'exécution du concordat de redressement judiciaire, conformément à l'article 128 ci-dessus, ceux-ci doivent, sans délai, faire rapport de tout retard ou autre manquement à l'exécution du concordat au président de la juridiction compétente qui peut ordonner enquête par le syndic qui est chargé de lui rendre compte.

Lorsque leur mission comporte le paiement des dividendes aux créanciers, les contrôleurs de l'exécution du concordat doivent faire ouvrir, dans une banque, désignée en application de l'article 4-22 ci-dessus, à leur nom et en leur qualité de contrôleur de l'exécution du concordat, un compte de dépôt spécial pour le concordat ou pour chaque concordat s'ils sont nommés pour plusieurs procédures collectives.

Les contrôleurs communiquent au président de la juridiction compétente, à la fin de chaque semestre civil, la situation des soldes créditeurs qu'ils détiennent au titre des concordats qu'ils contrôlent.

Les contrôleurs doivent, en cette qualité, être titulaires d'une police d'assurance couvrant leur responsabilité civile ; ils doivent en justifier auprès du président de la juridiction compétente.

Art. 138-1 [nouv.] A tout moment de l'exécution du concordat de redressement judiciaire, le débiteur, le juge-commissaire sur rapport du syndic ou les créanciers représentant plus de la moitié de la valeur des créances totales peuvent demander au président de la juridiction compétente la modification du concordat en vue d'en favoriser l'exécution.

Le président entend le syndic qui présente son rapport, le débiteur et les créanciers avant de rendre sa décision. Celle-ci ne peut faire l'objet que d'un appel formé devant la juridiction compétente de l'État partie concerné dans le délai de quinze (15) jours suivant le prononcé.

La décision de modification du concordat de redressement judiciaire vaut homologation. Elle fait l'objet des publications prévues aux articles 36 et 37 ci-dessus.

Sous-section IV • RÉSOLUTION ET ANNULATION DU CONCORDAT PRÉVENTIF OU DE REDRESSEMENT JUDICIAIRE

Art. 139 [mod.] La résolution du concordat peut être prononcée

1°) en cas d'inexécution, par le débiteur, de ses engagements concordataires ou des remises et délais consentis ; toutefois, la juridiction compétente apprécie, après avis du ministère public et des contrôleurs, si ces manquements sont suffisamment graves pour compromettre définitivement l'exécution du concordat et, dans le cas contraire, elle peut accorder des délais de paiement qui ne sauraient excéder de plus de six (6) mois ceux déjà consentis par les créanciers ;

2°) lorsque le débiteur est frappé, pour quelque cause que ce soit, de l'interdiction d'exercer une activité professionnelle indépendante, civile, commerciale, artisanale ou agricole sauf si la durée et la nature de cette interdiction sont compatibles avec la poursuite de l'activité de l'entreprise par location-gérance, aux fins, éventuellement, d'une cession d'entreprise dans des conditions satisfaisantes pour l'intérêt collectif ;

3°) lorsque, s'agissant d'une personne morale à qui le concordat a été accordé, les dirigeants contre lesquels a été prononcée la faillite personnelle assument de nouveau, en fait ou en droit, la direction de cette personne morale ; si l'interdiction frappe les dirigeants en cours d'exécution du concordat, celui-ci est résolu à moins que ces dirigeants ne cessent, en fait, d'exercer les fonctions qu'il leur est interdit de remplir ; toutefois, la juridiction compétente peut accorder un délai raisonnable, qui ne saurait excéder trois (3) mois, pour procéder au remplacement de ces dirigeants.

La juridiction compétente peut être saisie à la requête d'un créancier ou des contrôleurs du concordat ; elle peut également se saisir d'office, le débiteur entendu ou dûment appelé.

La résolution du concordat ne libère pas les cautions qui sont intervenues pour en garantir l'exécution totale ou partielle.

Jurisprudence OHADA

Défaut de preuve des manquements au concordat du débiteur

Doit être rejetée, pour défaut de preuve, la [double] demande de résolution du concordat préventif dont a bénéficié une débitrice d'une part, et la liquidation des biens de celle-ci d'autre part, motif pris de ce que la société créancière n'a pu recouvrer les montants nécessaires pour couvrir ses dettes échues (TRHC Dakar, n° 074, 27-2-2004 : Sté Carnaud Metal Box c/ S.N.C.D.S, Ohadata J-05-280).

Jurisprudence comparée

France

Nécessité d'une décision du tribunal de la procédure collective

La résolution du plan de continuation (transposable à la résolution du concordat), dans le cas où le débiteur n'exécute pas ses engagements financiers dans les délais fixés par le plan ne peut être prononcée que par une décision du tribunal de la procédure collective. Par suite, l'incendie des locaux professionnels de la société n'est pas de nature à provoquer automatiquement la résolution du plan de continuation (Cass. com. 14-10-2008 n° 07-15.975 : RJDA 4/09 n° 380, 4e espèce).

Art. 140 [mod.] Le concordat est annulé en cas de dol résultant d'une dissimulation d'actif ou d'une exagération du passif si le dol a été découvert après l'homologation du concordat préventif ou du concordat de redressement judiciaire.

Cette annulation libère de plein droit du concordat les personnes ayant consenti un cautionnement ou affecté ou cédé un bien en garantie, sauf si celles-ci avaient connaissance du dol lors de leurs engagements.

L'action en nullité n'appartient qu'au ministère public et aux contrôleurs qui apprécient l'opportunité de l'exercer ou non. Elle ne peut être exercée que dans le délai d'un (01) an suivant la découverte du dol.

La juridiction compétente apprécie souverainement l'opportunité de prononcer ou non l'annulation du concordat en fonction de l'intérêt collectif des créanciers et des travailleurs.

La décision d'annulation du concordat est susceptible d'appel du débiteur, du ministère public ou des contrôleurs dans un délai de quinze (15) jours à compter de son prononcé.

Jurisprudence comparée

États-Unis

Validité du plan de redressement

Avant de valider le plan de redressement les juges doivent entendre les objections des créanciers et vérifier le respect du droit en vigueur (re Williams 850 F.2d 250 (1988)).

Le plan de redressement doit être juste et équitable, ce qui implique en principe notamment que les anciens créanciers soient payés totalement avant que de nouveaux investisseurs soient eux-mêmes payés (Lively 717 F.3d 406 (2013)).

Conformément au droit des procédures collectives, un plan de redressement peut modifier les droits d'un créancier, si ces modifications sont justes et équitables (In re Maharaj, 681 F.3d 558, 561 (2012)).

Quels que soient les pouvoirs des juges pour juger en équité, ces derniers doivent appliquer ces pouvoirs dans le cadre permis par les dispositions du droit fédéral des procédures collectives (Norwest Bank Worthington v. Ahlers, 485 U.S. 197, 206 1988).

Art. 141 [mod.] En cas de résolution ou d'annulation du concordat préventif, la juridiction compétente prononce le redressement judiciaire ou la liquidation des biens si elle constate la cessation des paiements du débiteur.

En cas de résolution ou d'annulation du concordat de redressement judiciaire, la juridiction compétente convertit le redressement judiciaire en liquidation des biens et nomme un syndic. Il est constitué une seule masse de créanciers antérieurs et postérieurs au concordat.

Le syndic procède, sans délai, sur la base de l'ancien inventaire et avec l'assistance du juge-commissaire, si des scellés ont été apposés conformément à l'article 59 ci-dessus, au récolement des valeurs, actions et documents ; s'il y a lieu, il procède à inventaire et dresse un bilan supplémentaire.

Il fait immédiatement publier par le greffier un extrait de la décision rendue dans un journal d'annonces légales et une invitation aux créanciers nouveaux, s'il en existe, de produire leurs titres de créance à la vérification dans les conditions prévues aux articles 78 et suivants ci-dessus.

Il est procédé, sans délai, à la vérification des nouveaux titres de créance produits.

Les créances antérieurement admises sont reportées d'office au nouvel état des créances, sous déduction des sommes qui auraient été perçues par les créanciers au titre des dividendes.

JURISPRUDENCE OHADA

Lorsque la résolution du concordat a été prononcée pour inexécution par le débiteur de ses engagements, la cessation des paiements doit être constatée et la liquidation des biens prononcée (TRHC Dakar (Sénégal), n° 37, 11-7-2003 : Sté Trans Industries SA, Ohadata J-09-340).

JURISPRUDENCE COMPARÉE

France

Inopposabilité à la procédure suivant la résolution de la déclaration faite à la procédure ouverte avant l'arrêt d'un plan

En l'absence d'identité des parties, l'admission ou le rejet de la créance dans une première procédure collective n'a pas autorité de la chose jugée dans une seconde procédure ouverte à l'encontre du même débiteur (Cass. ass. plén. 10-4-2009 n° 08-10.154 : RJDA 10/09 n° 869, 1e espèce).

Art. 142 Si avant la résolution ou l'annulation du concordat, le débiteur n'a payé aucun dividende, les remises concordataires sont anéanties et les créanciers antérieurs au concordat recouvrent l'intégralité de leurs droits.

Si le débiteur a déjà payé une partie du dividende, les créanciers antérieurs au concordat ne peuvent réclamer, à l'encontre des nouveaux créanciers, que la part de leurs créances primitives correspondant à la portion du dividende promis qu'ils n'ont pu toucher.

Les titulaires de créances contre la première masse conservent leur droit de préférence par rapport aux créanciers composant cette masse.

Art. 143 Les actes faits par le débiteur entre l'homologation du concordat et sa résolution ou son annulation ne peuvent être déclarés inopposables qu'en cas de fraude aux droits des créanciers et conformément aux dispositions relatives à l'action paulienne.

Sous-section V • SURVENANCE D'UNE SECONDE PROCÉDURE COLLECTIVE

Art. 144 [mod.] Les dispositions des articles 141, 142 et 143 ci-dessus sont applicables au second redressement judiciaire ou liquidation des biens prononcé après annulation ou résolution du concordat.

Art. 144-1 [nouv.] Sans préjudice des articles 139, 2°) et 141 ci-dessus, la juridiction compétente convertit le redressement judiciaire en liquidation des biens si une personne physique se trouve dans l'incapacité de continuer son activité en raison des déchéances dont elle est frappée.

La décision convertissant le redressement judiciaire en liquidation des biens en application de l'article 141 ci-dessus, est soumise aux règles de publicité prévues par les articles 36 à 38 ci-dessus.

Observations

la conversion du redressement judiciaire en liquidation des biens initialement prévue par l'article 145 a été déplacée à l'article 144-1 [nouv.].

Jurisprudence OHADA

Conversion du redressement en liquidation

La mesure de redressement judiciaire vise à assurer le sauvetage d'une entreprise en état de cessation des paiements et de ce fait, sujette à de nombreuses poursuites. Lorsque le concordat sérieux qui devait matérialiser les velléités du débiteur d'assurer réellement le redressement de l'entreprise n'est jamais intervenu, et que ce sont plutôt des actes graves pour une entreprise en difficulté qui ont été effectués, faisant penser à une planification inavouée de la ruine de l'entreprise, ce qui est en contradiction flagrante avec l'esprit du redressement judiciaire, il échet, en conséquence, de convertir le redressement judiciaire en liquidation des biens (TGI Bobo-Dioulasso, n° 298, 29-12-2004 : Sté Senefura Sahel, Sté ACS-CI, Sté ALM international et SNTB c/ Sté Sopagri-SA, Ohadata J-05-235).

Art. 145 [mod.] La procédure de redressement judiciaire simplifié est soumise aux règles applicables au redressement judiciaire, sous réserve des dispositions de la présente sous-section.

Art. 145-1 [nouv.] Tout débiteur répondant à la définition de la petite entreprise visée à l'article 1-3 ci-dessus, peut demander l'application de la procédure de redressement judiciaire simplifié régie par la présente sous-section.

Art. 145-2 [nouv.] Le débiteur souhaitant bénéficier du redressement judiciaire simplifié doit soumettre la déclaration prévue aux articles 25 et 26 ci-dessus, en tenant compte notamment des dérogations accordées aux petites entreprises.

Il produit en même temps une déclaration sur l'honneur attestant qu'il remplit les conditions du redressement judiciaire simplifié.

Art. 145-3 [nouv.] En même temps que la déclaration visée par les articles 25 à 26 ci-dessus ou, au plus tard, dans les quarante-cinq (45) jours qui suivent celle-ci, le débiteur, avec le concours du syndic, doit déposer un projet de concordat de redressement judiciaire.

Art. 145-4 [nouv.] Le projet de concordat de redressement judiciaire peut se limiter à des délais de paiement, des remises de dettes ainsi qu'aux garanties éventuelles que le chef d'entreprise doit souscrire pour en assurer l'exécution.

Il n'est pas dressé de bilan économique et social dans le redressement judiciaire simplifié.

Art. 145-5 [nouv.] La juridiction compétente fait application du redressement judiciaire simplifié dès la décision d'ouverture. Toutefois, elle peut être saisie ultérieurement par le débiteur dans un délai de trente (30) jours à compter de la décision d'ouverture s'il établit que les conditions d'application de cette procédure sont remplies. Elle statue alors après avoir entendu le syndic.

Art. 145-6 [nouv.] La décision de la juridiction compétente de faire application du redressement judiciaire simplifié n'est susceptible d'aucun recours.

Art. 145-7 [nouv.] A tout moment et jusqu'à la décision homologuant le concordat de redressement judiciaire, la juridiction compétente peut décider de ne plus faire application de la procédure simplifiée par une décision spécialement motivée, à la demande du débiteur, du syndic, du ministère public ou d'office. Elle statue après avoir entendu le débiteur, le syndic et les contrôleurs.

Art. 145-8 [nouv.] Au moins quinze (15) jours avant que la juridiction compétente statue sur l'homologation du projet de concordat, le syndic communique ledit projet aux créanciers, par lettre au porteur contre récépissé ou par lettre recommandée avec demande d'avis de réception ou par tout moyen laissant trace écrite.

Si le projet de concordat prévoit des remises de dettes, l'accord de chaque créancier concerné est nécessaire. Il en va de même s'il prévoit des délais de paiement d'une durée supérieure à deux (2) ans.

Le défaut de réponse dans le délai de quinze (15) jours à compter de la réception de la lettre du syndic vaut refus.

Art. 145-9 [nouv.] Au vu des réponses des créanciers, le syndic finalise avec le concours du débiteur, le projet de concordat définitif qui comporte notamment :

- les remises de dettes acceptées par les créanciers ;
- les délais de paiement acceptés par les créanciers ;
- des délais de paiement qui ne peuvent excéder deux (2) ans pour les créanciers qui ont refusé d'accorder tout délai de paiement.

La juridiction compétente peut ensuite se prononcer sur l'homologation du concordat définitif, conformément aux dispositions des articles 126 et 127 ci-dessus sans que les créanciers soient appelés à voter.

Section II • SOLUTION DE LA LIQUIDATION DES BIENS

Art. 146 [mod.] Dès la liquidation des biens prononcée, les créanciers sont constitués en état d'union.

Sauf s'il l'a déjà fait dans le cadre de l'article 124 ci-dessus, le syndic, dans un délai de trente (30) jours à compter de son entrée en fonction, remet au juge-commissaire un état établi d'après les éléments en sa possession et mentionnant, à titre évaluatif, l'actif disponible ou réalisable et le passif chirographaire et garanti par une sûreté réelle spéciale grevant un bien du débiteur ou un privilège avec, s'il s'agit d'une personne morale, tous renseignements sur une éventuelle responsabilité pécuniaire du ou des dirigeants de celle-ci.

Lorsque la liquidation des biens est prononcée sur conversion d'une procédure de redressement judiciaire, le syndic procède aux opérations de liquidation en même temps qu'il achève, le cas échéant, la vérification des créances et qu'il établit l'ordre des créanciers. Il poursuit les actions introduites avant la décision d'ouverture de la procédure de liquidation des biens.

....

JURISPRUDENCE COMPARÉE

États-Unis

Composition de l'actif

Conformément au droit des procédures collectives, l'actif comprend tous les biens que possédait la personne contre laquelle est ouverte une procédure collective peu importe l'endroit où ces biens se trouvent ou la personne qui les détient effectivement. Cette disposition doit être entendue largement par les juges, et un bien futur doit donc être inclut dans l'actif (Parks v. FIA Card Servs., N.A. (In re Marshall), 550 F.3d 1251 (2008)). Tous les biens contrôlés par la personne contre laquelle est ouverte une procédure collective sont présumés lui appartenir et doivent donc être inclus dans l'actif ; il en est ainsi d'un compte en banque ouvert à son nom (Amdura Corp., 75 F.3d at 1451 (1996)).

Art. 146-1 [nouv.] Il n'est pas procédé à la vérification des créances chirographaires s'il apparait que le produit de la réalisation de l'actif sera entièrement absorbé par les créances privilégiées au sens des articles 5-11, 11-1 ou 33-1 ci-dessus, ainsi que par les frais de justice et les créances super privilégiées, à moins que, s'agissant d'une personne morale, il y ait lieu de mettre à la charge des dirigeants sociaux de droit ou de fait tout ou partie du passif dans les conditions des articles 183 et suivants ci-dessous.

Sous-section I • RÉALISATION DE L'ACTIF

Art. 147 [mod.] Le syndic poursuit seul la vente des marchandises et meubles du débiteur, le recouvrement des créances et le règlement des dettes de celui-ci.

Les créances à long terme du débiteur peuvent faire l'objet de cessions, afin de ne pas retarder les opérations de liquidation, dans les conditions prévues par l'article 148 ci-dessous pour les compromis et transactions.

Les deniers provenant des ventes et des recouvrements sont, sous la déduction des sommes arbitrées par le juge-commissaire pour le montant des dépenses et des frais, versés sans délai au compte spécialement ouvert dans les conditions prévues à l'article 45 ci-dessus. Le syndic justifie au juge-commissaire desdits versements.

Art. 148 [mod.] Le syndic peut, avec l'autorisation du juge-commissaire, compromettre et transiger sur toutes les contestations qui intéressent la masse, même sur celles qui sont relatives à des droits et actions immobiliers.

Si l'objet du compromis ou de la transaction est d'une valeur indéterminée ou excède la compétence de la juridiction compétente en dernier ressort, le compromis ou la transaction doit, en outre, être homologué par décision de la juridiction compétente.

Dans tous les cas, le greffier, trois (3) jours avant la décision du juge-commissaire, convoque le débiteur par lettre au porteur contre récépissé ou par lettre recommandée avec demande d'avis de réception ou par tout moyen laissant trace écrite précisant l'étendue du compromis ou de la transaction envisagée, ainsi que les conditions et les motifs juridiques et économiques d'un tel acte.

Jurisprudence comparée

France

A. Nullité pour défaut d'homologation

A défaut d'homologation, la transaction et le compromis sont frappés de nullité absolue (Cass. com. 6-12-1994 : RJDA 4/95 n° 507).

B. Inopposabilité de la transaction aux tiers

La transaction conclue par le liquidateur avec un créancier du débiteur est inopposable aux tiers à la procédure collective ; ainsi, il y a lieu de confirmer l'ordonnance par laquelle le juge de la mise en état déclare le tribunal de grande instance compétent pour statuer sur le litige opposant des particuliers à une banque nonobstant la transaction conclue entre cette même banque et le liquidateur d'une société liée aux deux parties en litige (CA Paris, 1e ch. D, 20-11-2002 : GP 2003.1560 note J.-P. Sortais).

C. Impossibilité de transiger

Ne peuvent pas faire l'objet d'une transaction les condamnations au paiement des dettes sociales prononcées au titre de l'obligation des dirigeants de société au comblement du passif social (Cass. com. 5-11-2003 n° 1493 : RJDA 2/04 n° 207).

Art. 149 [mod.] Le syndic, autorisé par le juge-commissaire, peut, en remboursant la dette, retirer au profit de la masse, le gage, le nantissement ou le droit de rétention conventionnel constitué sur un bien du débiteur.

Si, dans le délai de trois (3) mois suivant la décision prononçant liquidation des biens, le syndic n'a pas retiré le gage ou le nantissement ou entrepris la procédure de réalisation du gage ou du nantissement, le créancier gagiste ou nanti peut exercer ou reprendre son droit de poursuite individuelle à charge d'en rendre compte au syndic.

Le Trésor public, l'Administration des douanes et les organismes de sécurité et de prévoyance sociales disposent du même droit pour le recouvrement de leurs créances privilégiées, qu'ils exercent dans les mêmes conditions que les créanciers gagistes et nantis.

Jurisprudence comparée

France

A. Retrait du gage

1° Opposabilité du droit de rétention

A défaut de paiement, le rétenteur peut opposer son droit de rétention au liquidateur (Cass. com. 20-5-1997 : RJDA 10/97 n° 1263).

Ce droit de rétention ne s'applique pas aux immeubles (Cass. 3e civ. 23-10-2002 n° 1552 : RJDA 2/03 n° 129).

2° Pouvoir du liquidateur de contester la sûreté

Le liquidateur, qui succède au représentant des créanciers en vue de la défense de leurs intérêts collectifs, est un tiers par rapport à l'acte constitutif de gage consenti par le débiteur ; il est en conséquence habilité à contester l'opposabilité de cette sûreté et sa validité, peu important qu'en sa qualité de représentant du débiteur il ait eu personnellement connaissance de l'existence du gage (Cass. com. 23-1-2001 : RJDA 4/01 n° 484).

3° Inapplication du droit de retrait en cas de nantissement sans droit de rétention

Dans un cas où le juge-commissaire avait autorisé le liquidateur à retirer l'actif mobilier de l'entreprise débitrice grevé d'un nantissement sur l'outillage et le matériel d'équipement contre paiement de la somme offerte par le créancier nanti, sous réserve des frais de justice primant le créancier gagiste, encourt la cassation l'arrêt qui, pour déclarer irrecevable l'appel de l'AGS contre la décision du juge-commissaire, retient que l'existence d'un droit de rétention réel ou fictif entraîne l'attribution du prix au créancier gagiste en cas de vente par le liquidateur et que le juge-commissaire, dont la décision n'a pas eu pour effet de modifier l'ordre des créanciers, a statué dans la limite de ses attributions, alors que le juge-commissaire ne statue pas dans la limite de ses attributions lorsque, au mépris de l'ordre des créanciers, il autorise le liquidateur à retirer le bien nanti, en payant la dette du créancier titulaire d'un nantissement sur l'outillage et le matériel qui ne confère pas de droit de rétention (Cass. com.

4-1-2005 n° 28 : D. 2005.970 note A. Aynès ; RJDA 5/05 n° 603).

B. Vente du bien gagé par le liquidateur

Responsabilité du liquidateur pour retard dans la vente. Le liquidateur peut être tenu pour responsable :

– du retard mis par le commissaire-priseur à procéder à la vente du bien qu'il a décidé de faire vendre ; en l'espèce, le liquidateur ne s'était préoccupé de ce retard que dix-huit mois après la désignation de l'officier ministériel, ce qui s'était traduit par des frais de gardiennage dont l'importance avait compromis l'intérêt de la réalisation (Cass. com. 11-5-1993 : Bull. IV n° 186, p. 132) ;

– pour avoir laissé passer un délai de neuf mois avant de tenter de régulariser la situation d'un autocar affecté d'un gage vendu aux enchères et en obtenant la radiation du gage seulement quinze mois après la vente, en désintéressant le créancier gagiste (CA Paris, 1e ch. A, 29-4-2003 n° 02/2613 : RJDA 3/04 n° 349, condamnant le liquidateur au versement de 15 000 € au profit du créancier) ;

– pour n'avoir accompli aucune diligence pour faire vendre un bien sur lequel un créancier exerçait son droit de rétention (Cass. com. 13-2-2007 n° 05-18585 : GP 2007.som.1332 note S. Gorrias).

Paragraphe I • DISPOSITIONS COMMUNES À LA RÉALISATION DES IMMEUBLES

Art. 150 [mod.] Les ventes d'immeubles ont lieu suivant les formes prescrites en matière de saisie immobilière, sauf dans le cas où ladite saisie est soumise à une clause d'exécution extrajudiciaire conformément à l'Acte uniforme portant organisation des sûretés. Toutefois, le juge-commissaire fixe, après avoir recueilli les observations des contrôleurs, s'il en a été nommé, le débiteur et le syndic entendus ou dûment appelés, la mise à prix et les conditions essentielles de la vente et détermine les modalités de la publicité.

Dans les mêmes conditions, le juge-commissaire peut, si la consistance des biens, leur situation ou les offres reçues sont de nature à permettre une cession amiable, autoriser la vente, soit par adjudication amiable sur la mise à prix qu'il fixe, soit de gré à gré aux prix et conditions qu'il détermine.

Si, dans le délai de trois (3) mois suivant la décision de liquidation des biens, le syndic n'a pas entrepris la procédure de réalisation des immeubles, le créancier hypothécaire peut exercer ou reprendre son droit de poursuite individuelle à charge d'en rendre compte au syndic.

Le Trésor public, l'Administration des douanes et les organismes de sécurité et de prévoyance sociales disposent du même droit pour le recouvrement de leurs créances privilégiées qu'ils exercent dans les mêmes conditions que les créanciers hypothécaires.

Les adjudications réalisées en application des alinéas précédents emportent purge des hypothèques.

Le syndic répartit le produit des ventes et règle l'ordre entre les créanciers, sous réserve des contestations portées devant la juridiction compétente.

JURISPRUDENCE COMPARÉE

France

A. Autorisation du juge-commissaire à la vente amiable

Dispense d'autorisation du juge-commissaire : **action en rescision de la vente de l'immeuble acheté par le débiteur.** L'autorisation préalable du juge-commissaire n'est pas requise pour l'exercice de l'action en rescision de la vente pour lésion, puisqu'il s'agit non d'une vente mais de la mise à néant d'une vente antérieurement réalisée (Cass. com. 8-11-2006 n° 1144 : D. 2006.som.2912 obs. A. Lienhard ; RJDA 3/07 n° 276).

B. Purge

1° Application exclusive aux hypothèques

La purge ne se produit pas, la loi ne prévoyant que celle des hypothèques, en cas de vente par adjudication de films grevés d'un nantissement (T. com. Paris, 15e ch., 1-12-1995, D. 1997.som.89 obs. Th. Hassler et V. Lapp).

2° Responsabilité du notaire

Le notaire qui a remis une partie du prix provenant de la vente de l'immeuble au syndic à qui avait été confiée la mission de « séquestre-répartiteur », sans avoir au préalable procédé à la purge des hypothèques, a été jugé responsable du préjudice subi par les tiers détenteurs de l'immeuble et condamné, à titre de dommages-intérêts, à leur verser la somme restant due au créancier hypothécaire qui avait procédé à une saisie immobilière entre leurs mains (Cass. com. 14-2-1984, JCP (éd. N) 1985.II.245, mettant hors de cause le syndic).

Art. 151 [mod.] A la requête du syndic ou du créancier poursuivant, le juge-commissaire qui autorise la vente des immeubles, en application de l'article 150 ci-dessus, détermine dans la décision :

1°) la mise à prix de chacun des biens à vendre et les conditions de la vente ; lorsque la vente est poursuivie par un créancier, la mise à prix est déterminée en accord avec le créancier poursuivant, le syndic dûment entendu ;

2°) le ou les numéros des titres fonciers et la situation des immeubles faisant l'objet de la vente ou, s'il s'agit d'immeubles non encore immatriculés, leur désignation précise ainsi que la copie de la décision ou de l'acte autorisant le poursuivant à requérir l'immatriculation ;

3°) les modalités de la publicité compte tenu de la valeur, de la nature et de la situation des biens ;

4°) s'il y a lieu, le notaire commis.

Le juge-commissaire peut préciser que, à défaut d'enchères atteignant la mise à prix, la vente peut se faire sur une mise à prix inférieure qu'il fixe. Il peut, si la valeur et la consistance des biens le justifient, faire procéder à leur estimation totale ou partielle.

Art. 152 [mod.] La décision du juge-commissaire se substitue au commandement tendant à saisie réelle.

Elle est notifiée par signification d'huissier de justice ou notification par tout moyen permettant d'établir la réception effective par le destinataire, à la diligence du greffier, au conservateur de la propriété foncière, au débiteur, au syndic et aux créanciers inscrits à domicile élu dont les noms sont indiqués dans la décision.

Elle est publiée par le conservateur de la propriété foncière dans les conditions prévues pour le commandement tendant à saisie réelle.

Le conservateur de la propriété foncière procède à la formalité de publicité de la décision même si des commandements ont été antérieurement publiés, lesquels cessent de produire effet à compter de la publication de cette décision.

Il délivre un état des droits réels inscrits sur les titres fonciers concernés au syndic, au créancier poursuivant ou au notaire, s'il y a lieu.

Art. 153 Le poursuivant ou le notaire commis établit un cahier des charges qui indique la décision autorisant la vente, désigne les biens à vendre, mentionne la mise à prix, les conditions de la vente et les modalités de paiement du prix.

Paragraphe II • DISPOSITIONS PARTICULIÈRES À LA VENTE SUR SAISIE IMMOBILIÈRE

Art. 154 [mod.] Sauf disposition contraire du présent Acte uniforme, la vente sur saisie immobilière est soumise aux dispositions relatives à la matière.

La décision qui autorise la vente par voie de saisie immobilière comporte, outre les indications mentionnées à l'article 151 ci-dessus :

– l'indication de la juridiction compétente devant laquelle l'expropriation sera poursuivie ;

– la constitution de l'avocat chez lequel le domicile du créancier poursuivant est élu de droit et en l'étude duquel peuvent être notifiés les actes d'opposition au commandement et offres réelles et toutes significations relatives à la vente.

Le juge-commissaire peut autoriser le syndic ou le créancier à poursuivre simultanément la vente de plusieurs ou de tous les immeubles, même s'ils sont situés dans des ressorts de juridictions différentes.

Il décide si la vente des immeubles est poursuivie devant les juridictions dans le ressort desquelles ils se trouvent ou devant celle dans le ressort de laquelle est situé le domicile du débiteur ou le siège de l'entreprise.

Art. 154-1 [nouv.] Lorsqu'une procédure de saisie immobilière ou une exécution extrajudiciaire engagée avant l'ouverture de la procédure de redressement judiciaire ou de liquidation des biens a été suspendue par l'effet de cette dernière, le syndic peut être subrogé dans les droits du créancier saisissant pour les actes que celui-ci a effectués.

Ces actes sont réputés accomplis pour le compte du syndic qui procède à la vente des immeubles. La saisie immobilière ou l'exécution extrajudiciaire peut alors reprendre son cours au stade où la décision d'ouverture de la procédure collective l'avait suspendue.

Paragraphe III • DISPOSITIONS PARTICULIÈRES À LA VENTE D'IMMEUBLES PAR VOIE D'ADJUDICATION AMIABLE

Art. 155 [mod.] Sauf disposition contraire du présent Acte uniforme, la vente d'immeuble par voie d'adjudication amiable est soumise aux dispositions relatives à la matière.

La décision qui autorise la vente par voie d'adjudication amiable désigne le notaire chargé de procéder à l'adjudication.

Le notaire informe, par lettre au porteur contre récépissé ou par lettre recommandée avec demande d'avis de réception ou par tout moyen laissant trace écrite, les créanciers inscrits portés sur l'état des droits réels délivré après publication de la décision, d'avoir à prendre communication du cahier des charges déposé en son étude deux (2) mois au moins avant la date fixée pour l'adjudication et d'y faire inscrire leurs dires et observations un (1) mois, au moins, avant cette date. Par la même lettre ou par le même moyen laissant trace écrite, le notaire convoque les créanciers à la vente.

Le syndic et le débiteur sont convoqués à la vente par le notaire un (1) mois, au moins, à l'avance.

Art. 156 [mod.] Les enchères peuvent être faites sans ministère d'avocat.

Si aucune enchère n'atteint le montant de la mise à prix, le notaire constate l'offre la plus élevée et peut adjuger le bien à titre provisoire pour le montant de cette offre. Le juge-commissaire qui a fixé la mise à prix, saisi à la requête du notaire ou de tout intéressé, peut soit déclarer l'adjudication définitive et la vente réalisée, soit ordonner qu'une nouvelle vente aura lieu selon l'une des formes prévues à l'article 150 ci-dessus. Si la nouvelle vente est une vente aux enchères, il fixe le délai de la nouvelle vente sans que ce délai puisse être inférieur à quinze (15) jours, la mise à prix ainsi que les modalités de publicité.

Art. 157 [mod.] Dans les dix (10) jours qui suivent l'adjudication, toute personne peut faire surenchère du dixième par déclaration au greffe de la juridiction dans le ressort de laquelle réside le notaire qui a procédé à la vente. Le greffier saisit sans délai le juge-commissaire de la déclaration.

Le surenchérisseur dénonce cette déclaration par signification d'huissier de justice ou notification par tout moyen permettant d'établir la réception effective par le destinataire à la personne ou au domicile de l'adjudicataire dans les dix (10) jours et informe le notaire de cette déclaration.

Le juge-commissaire, par décision validant la surenchère, renvoie la nouvelle adjudication devant le même notaire qui procède selon le cahier des charges précédemment dressé.

Lorsqu'une seconde adjudication a lieu après surenchère, aucune autre surenchère ne peut avoir lieu sur les mêmes biens.

Jurisprudence comparée

France

Point de départ du délai de surenchère du dixième en cas de recours contre l'ordonnance du juge-commissaire qui entérine l'adjudication provisoire

Le point de départ du délai de la surenchère est fixé au jour où l'adjudication provisoire est déclarée définitive par le juge-commissaire ; mais la surenchère doit être exercée dans les formes et les délais qui lui sont propres, quel que soit par ailleurs le recours possible contre l'ordonnance du juge-commissaire validant la première adjudication, car elle est une procédure autonome qui tend à provoquer une nouvelle vente aux enchères, et ce sans considération de la validité ou de la nullité du jugement ou de l'ordonnance dont le caractère gracieux et administratif est toujours admis ; le point de départ du délai de surenchère ne peut donc être reporté à l'expiration du délai de recours ouvert contre l'ordonnance du juge-commissaire et la surenchère tardive ne peut être ainsi validée (CA Grenoble, 1e ch. civ., 30-6-1992 : D. 1992.som.374 obs. A. Honorat).

Art. 158 S'il y a eu folle enchère, la procédure est poursuivie devant la juridiction compétente dans le ressort de laquelle réside le notaire qui a procédé à la vente. Le certificat constatant que l'adjudicataire n'a pas exécuté les clauses et conditions de l'adjudication est délivré par le syndic.

Le procès-verbal de l'adjudication est déposé au greffe de la juridiction compétente.

Paragraphe IV • DISPOSITIONS PARTICULIÈRES À LA VENTE D'IMMEUBLES DE GRÉ À GRÉ

Art. 159 [mod.] L'autorisation de vente de gré à gré d'un ou plusieurs immeubles détermine le prix de chaque immeuble et les conditions essentielles de la vente.

Elle est notifiée, à la diligence du greffier, par signification d'huissier de justice ou notification par tout moyen permettant d'établir la réception effective par le destinataire au débiteur et aux créanciers inscrits, à domicile élu, dont les noms sont indiqués dans la décision.

Les créanciers inscrits, si le prix est insuffisant à les désintéresser tous, ont un délai de trente (30) jours à compter de la notification de la décision pour faire surenchère du dixième sur le prix, par lettre au porteur contre récépissé ou par lettre recommandée avec demande d'avis de réception ou par tout moyen laissant trace écrite adressé au syndic.

Passé ce délai, le syndic passe les actes nécessaires à la réalisation de la vente, soit avec l'acquéreur de son choix en l'absence de surenchère, soit avec le surenchérisseur le plus disant en cas de surenchère.

Jurisprudence OHADA

Autorisation de vendre formant la vente

Liquidateur non lié par la promesse d'achat reçue et non suivie. Il résulte de l'article 159 de l'AU que l'autorisation de vente de gré à gré est une décision déterminant le prix de l'immeuble et les conditions essentielles de la vente, que le syndic se contente d'exécuter. La vente de gré à gré n'obéit pas aux mêmes règles que la vente aux enchères et la promesse unilatérale d'achat versée aux débats ne saurait lier le liquidateur. Par conséquent, aucune violation d'une condition de forme ou de fond ne saurait être invoquée pour motiver l'annulation de la vente, et en l'absence de faute retenue contre le syndic, aucun fait générateur de responsabilité pouvant entraîner sa condamnation ne peut être retenu (TRHC Thiès, n° 243, 7-8-2003 : M. M. c/ D. W., C. D., Ohadata J-05-138).

Jurisprudence comparée

France

A. Portée de l'autorisation du juge-commissaire de vendre à une personne dénommée

L'ordonnance du juge-commissaire qui autorise la vente d'un immeuble à une personne nominativement désignée ou à toute autre, ne fait pas obligation de réaliser la vente au profit de la personne dénommée, de sorte qu'elle n'a pas pour effet de rendre parfaite la vente au profit de cette dernière, laquelle peut être valablement réalisée au profit d'une autre personne (Cass. com. 22-1-2002 : RJDA 5/02 n° 534).

En revanche, la vente est parfaite dès lors que le juge-commissaire a ordonné la vente au profit de l'auteur d'une proposition d'achat (Cass. 3e civ. 26-4-2006 n° 508 : RJDA 11/06 n° 1155). Une nouvelle autorisation du juge-commissaire est alors requise pour réaliser la vente au profit d'une autre personne (Cass. com. 3-5-2006 ; RJDA 10/06 n° 1059 ; D. 2006.som.1453 obs. A. Lienhard).

B. Date de conclusion de la vente

La vente de gré à gré est parfaite dès la décision rendue par le juge-commissaire, sous la condition suspensive que celle-ci acquiert force de chose jugée ; l'acquéreur ne peut dans ces conditions refuser de régulariser la vente ; à défaut de régularisation, l'arrêt qui constate cette carence de l'acquéreur vaut acte authentique de vente (CA Riom, 1e ch. civ., 22-5-2003 : Rev. dr. banc. 2004.106 obs. F.- X. Lucas).

Il importe peu que par la suite soit constatée la caducité de la procédure pour extinction du passif, dès lors que l'ordonnance était devenue définitive avant cette constatation (Cass. com. 4-10-2005 n° 1202 : D. 2005.1833 note M.-A. Rakotovahindy ; RJDA 6/06 n° 680).

C. Exclusion de la rescision pour lésion de la vente

La vente de gré à gré échappe à la rescision pour lésion (Cass. com. 16-6-2004 n° 982 : RJDA 12/04 n° 1359), mais elle peut être annulée pour vil prix (Cass. com. 28-9-2004 n° 1417 : RJDA 4/05 n° 436).

Paragraphe V • CESSION GLOBALE D'ACTIF

Art. 160 [mod.] Tout ou partie de l'actif mobilier ou immobilier comprenant, éventuellement, des unités d'exploitation, peut faire l'objet d'une cession globale.

A cet effet, le syndic suscite des offres d'acquisition et fixe le délai pendant lequel elles sont reçues. Toute personne intéressée peut soumettre une offre d'acquisition au syndic, à l'exclusion des dirigeants de la personne morale en liquidation, des parents ou alliés de ces dirigeants ou du débiteur personne physique jusqu'au quatrième degré inclusivement.

Toute offre d'acquisition doit être écrite et préciser, notamment :

1°) le prix et ses modalités de paiement ; au cas où des délais de paiement sont sollicités, ceux-ci ne peuvent excéder douze (12) mois et doivent être garantis par le cautionnement solidaire d'un établissement bancaire ;

2°) la date de réalisation de la cession.

L'offre est déposée au greffe de la juridiction compétente où tout intéressé peut en prendre connaissance et communiquée au syndic, au juge-commissaire et au ministère public.

Art. 161 [mod.] Le syndic consulte le débiteur et, s'il en a été nommé, les contrôleurs, pour recueillir leur avis sur les offres d'acquisition faites.

Les offres peuvent contenir ou ne pas contenir un engagement de maintenir tout ou partie des emplois. Il en est tenu compte dans le choix de l'offre qui paraît être la plus sérieuse.

Le syndic analyse la ou les offre(s) reçues et les soumet, ainsi que les avis du débiteur et des contrôleurs, au juge-commissaire.

JURISPRUDENCE OHADA

Cession justifiée

La cession globale ce l'actif de la société liquidée doit être ordonnée au profit du repreneur qui a fait une offre concrète (en proposant un paiement comptant) s'est engagé par écrit à maintenir l'outil de production, à le développer et à préserver les emplois ; et qui n'a aucun lien de parenté ou d'alliance avec la société débitrice ou ses dirigeants (TRHC Dakar, ord. de cession globale d'actifs n° 482/2001 du juge-commissaire de la liquidation des biens, 12-4-2004 : Sté NBA, Ohadata J-05-54).

Art. 162 Le juge-commissaire ordonne la cession en affectant une quote-part du prix de cession à chacun des biens cédés pour la répartition du prix et l'exercice des droits de préférence.

Le syndic passe les actes nécessaires à la réalisation de la cession.

JURISPRUDENCE COMPARÉE

France

Vente de gré à gré ordonnée par le juge-commissaire dans le cadre d'une liquidation judiciaire

Il n'y a pas de motif légitime pour justifier la rétractation par l'acquéreur de l'offre d'acquisition d'un fonds de commerce exploité dans des locaux loués dans les circonstances suivantes :

– le juge-commissaire s'était opposé avec succès à la résiliation judiciaire du bail et n'avait dû accepter le congé sans offre de renouvellement qu'en raison de l'impossibilité de faire face au paiement du loyer ;
– l'acquéreur occupait les lieux et exploitait le fonds ;
– avant la fin du bail, les locaux avaient été vendus à une société civile immobilière dont l'acquéreur était le gérant et l'associé majoritaire (Cass. com. 3-11-2010 n° 09-70.372 : RJDA 1/11 n° 69).

Paragraphe VI • EFFETS DE LA RÉALISATION DE L'ACTIF

Art. 163 Les effets de la cession globale sont ceux définis par l'article 133 ci-dessus.

Le syndic est chargé de procéder aux formalités de radiation des inscriptions des sûretés.

Sous-section II • **APUREMENT DU PASSIF**

Art. 164 [mod.] Le juge-commissaire ordonne, s'il y a lieu, une répartition des deniers entre les créanciers, en fixe la quotité et veille à ce que tous les créanciers en soient avertis.

Dès la répartition ordonnée, le syndic adresse à chaque créancier admis, en règlement de son dividende, un chèque à son ordre tiré sur le compte ouvert dans *les conditions de l'article 45 ci-dessus*.

JURISPRUDENCE OHADA

I. Rétractation de l'ordonnance de répartition des deniers

Répartition réalisée par le syndic au lieu du juge-commissaire. L'ordonnance de répartition des deniers entre les créanciers doit être rétractée lorsque : la répartition a été réalisée par le syndic au lieu du juge-commissaire, les créanciers n'ont pas été avertis, et que le syndic s'est octroyé des honoraires excessifs et injustifiés, allant même jusqu'à appliquer un taux de

TVA supérieur au taux légal (TRHC Dakar (Sénégal), n° 136, 11-3-2005 : Sté Nationale de Recouvrement dite SNR c/ SONADIS, Ohadata J-09-326).

II. Répartition réalisée sans distinguer les biens meubles et immeubles

Le juge-commissaire doit répartir les deniers en tenant compte de la provenance de chaque denier conformément aux articles 166 et 167 de l'AUPCAP qui prévoient un mode de répartition spécifique selon que les deniers proviennent de la réalisation de biens meubles ou immeubles. À défaut, la répartition doit être annulée et une nouvelle répartition doit être ordonnée (TRHC Dakar (Sénégal), n° 38, 11-7-2003 : Sté Sénégalaise des eaux (SDE), Sté Fermon Labo, Sté Eagle Sécurité, Cie sucrière sénégalaise (CSS) et E. G. c/ I. N., Ohadata J-09-329).

Jurisprudence comparée

États-Unis

A. Détournement de fonds

Les règles du droit fédéral des procédures collectives ne s'appliquent pas aux dettes des personnes physiques relevant d'un détournement de fonds. En conséquence, le créancier peut poursuivre personnellement le débiteur (Bullock v. Bankchampaingn 133 S.Ct. 1754 (2013)).

B. Remboursement des parts sociales

En cas d'ouverture d'une procédure collective, les associés ne peuvent obtenir le remboursement de leurs parts sociales avant que tous les créanciers de la société aient été payés (Chi., Rock Island & Pac. R.R. v. Howard, 74 U.S. 392 (1868)).

Art. 165 [mod.] Le montant de l'actif, distraction faite des frais et dépens de la liquidation des biens, ainsi que des secours qui auraient été accordés au débiteur ou à sa famille, est réparti entre tous les créanciers dont la créance est admise.

La part correspondant aux créances sur l'admission desquelles il n'aurait pas encore été statué définitivement et, notamment, les rémunérations des dirigeants des personnes morales tant qu'il n'aura pas été statué sur leur cas, est mise en réserve.

Les frais et dépens de la liquidation des biens, dont les honoraires du syndic, sont prélevés sur l'actif en proportion de la valeur de chaque élément d'actif par rapport à l'ensemble.

Observations

suppression du terme « vérifiée » à l'alinéa 1.

Jurisprudence OHADA

Réduction des honoraires du syndic par le juge

La liquidation est une procédure spéciale et l'appel aux organes de liquidation est de sauvegarder les intérêts des créanciers. Compte tenu de cette situation spéciale, le juge doit tenir compte de la capacité financière de la société en liquidation pour déterminer le montant des honoraires des syndics liquidateurs. En l'absence d'une référence de base légale en la matière, comme l'a relevé le juge-commissaire en l'espèce, et au regard des difficultés soulevées, il convient de fixer à 38 535 457 FCFA le montant du reliquat des honoraires des syndics liquidateurs au lieu de 238 290 925 FCFA réclamé, dès, lors que l'état des salaires du personnel minimum de maintenance et charges à payer au 30 avril 2008 a été évalué à la somme de 152 219 826 FCFA selon les rapports de clôture (TGI Ouagadougou (Burkina Faso), n° 156/2008, 3-9-2008 : Liquidation judiciaire de l'administrateur provisoire de la Soremib, Ohadata J-09-391).

Obs. : cette décision n'a pas expressément visé l'article 165 de l'AUPCAP, mais il convient d'approuver le juge dans sa démarche de réduction des honoraires manifestement exagérés.

Art. 166 [mod.] Les deniers provenant de la réalisation des immeubles sont distribués dans l'ordre suivant :

1°) aux créanciers bénéficiant du privilège prévu par les articles 5-11, 11-1 et 33-1 ci-dessus ;

2°) aux créanciers des frais de justice engagés pour parvenir à la réalisation du bien vendu et à la distribution du prix ;

3°) aux créanciers de salaires super privilégiés en proportion de la valeur de l'immeuble par rapport à l'ensemble de l'actif ;

4°) aux créanciers titulaires d'une hypothèque conventionnelle ou forcée et aux créanciers séparatistes inscrits dans le délai légal, chacun selon le rang de son inscription au livre foncier ;

5°) aux créanciers de la masse tels que définis par l'article 117 ci-dessus ;

6°) aux créanciers munis d'un privilège général selon l'ordre établi par l'Acte uniforme portant organisation des sûretés, à savoir, aux créanciers munis d'un privilège général soumis à publicité, chacun selon le rang de son inscription au Registre du commerce et du crédit mobilier, et aux créanciers munis d'un privilège général non soumis à publicité selon l'ordre établi par l'article 180 de cet Acte uniforme ;

7°) aux créanciers chirographaires munis d'un titre exécutoire ;

8°) aux créanciers chirographaires non munis d'un titre exécutoire.

En cas d'insuffisance des deniers pour désintéresser totalement les créanciers de l'une des catégories désignées aux 1°, 2°, 3°, 5°, 6°, 7° et 8° du présent article venant à rang égal, ceux-ci concourent aux répartitions dans la proportion de leurs créances totales, au marc le franc.

JURISPRUDENCE OHADA

I. Ordre des distributions

Pour une décision ayant colloqué, après déduction des frais de justice et des frais engagés pour la conservation, les créances salariales super privilégiées et les créanciers nantis de premier rang, voir : TRHC Dakar, ord. de distribution du juge-commissaire, n° 1447/2001, 15/11/2001, C. T. L., Ohadata J-05-105.

II. Remise de dettes facilitant la distribution

Pour une ordonnance d'un juge-commissaire validant l'abandon partiel de créance sollicité auprès de créanciers hypothécaires de 1er rang et obtenu au profit de gérants et d'anciens bailleurs retraités, voir : TRHC Dakar, ord. du juge-commissaire n° 549/2003, 9-5-2003 : Sonadis, Ohadata J-05-137.

Art. 167 [mod.] Sans préjudice de l'exercice d'un éventuel droit de rétention ou d'un droit exclusif au paiement, les deniers provenant de la réalisation des meubles sont distribués dans l'ordre suivant :

1°) aux créanciers bénéficiant du privilège prévu par les articles 5-11, 11-1 et 33-1 ci-dessus ;

2°) aux créanciers des frais de justice engagés pour parvenir à la réalisation du bien vendu et à la distribution elle-même du prix ;

3°) aux créanciers de frais engagés pour la conservation du bien du débiteur dans l'intérêt du créancier dont les titres sont antérieurs en date ;

4°) aux créanciers de salaires super privilégiés en proportion de la valeur du meuble par rapport à l'ensemble de l'actif ;

5°) aux créanciers garantis par un privilège général soumis à publicité, un gage, ou un nantissement, chacun à la date de son opposabilité aux tiers ;

6°) aux créanciers munis d'un privilège mobilier spécial, chacun sur le meuble supportant le privilège ;

7°) aux créanciers de la masse tels que définis par l'article 117 ci-dessus ;

8°) aux créanciers munis d'un privilège général selon l'ordre établi par l'Acte uniforme portant organisation des sûretés ;

9°) aux créanciers chirographaires munis d'un titre exécutoire ;

10°) aux créanciers chirographaires non munis d'un titre exécutoire.

En cas d'insuffisance des deniers pour désintéresser totalement les créanciers de l'une des catégories désignées aux 1°, 2°, 3°, 4°, 7°, 8° et 9° du présent article venant à rang égal, ceux-ci concourent aux répartitions dans la proportion de leurs créances totales, au marc le franc.

JURISPRUDENCE OHADA

Créances de salaires

Une créance assimilable au salaire doit bénéficier du privilège de l'article 167, al. 3 [devenu 4°] de l'AUPCAP (TGI Noun (Cameroun), ord., 20-2-2009 : N. D. c/ SEFN, note Yvette Kalieu Ohadata J-09-241).

Art. 168 Si le prix de vente d'un bien spécialement affecté à une sûreté est insuffisant à payer la créance en principal et intérêts, le créancier titulaire de cette sûreté est traité, pour le reliquat non payé de sa créance, comme un créancier chirographaire.

Art. 169 [mod.] Sans préjudice des dispositions de l'article 43, al. 5 ci-dessus, le syndic dresse, chaque trimestre, un rapport sur l'état de la liquidation des biens. Ce rapport est déposé au greffe de la juridiction compétente et, sauf dispense du juge-commissaire, notifié en copie au débiteur, à tous les créanciers et aux contrôleurs, s'il en a été nommé.

Le syndic informe le débiteur et les créanciers contrôleurs des opérations de liquidation au fur et à mesure de leur réalisation.

Sous-section III • CLÔTURE DE L'UNION

Art. 170 [mod.] Lorsque les opérations de liquidation des biens sont terminées, et en tout cas à l'expiration du délai de l'article 33, al. 3, ci-dessus, même si les actifs n'ont pas été entièrement réalisés, le syndic, le débiteur présent ou dûment appelé par le greffier par lettre au porteur contre récépissé ou par lettre recommandée avec demande d'avis de réception ou par tout moyen laissant trace écrite, rend ses comptes au juge-commissaire qui, par procès-verbal, constate la fin des opérations de liquidation.

Le procès-verbal est communiqué à la juridiction compétente qui prononce la clôture de la liquidation des biens et tranche, par la même occasion, les contestations des comptes du syndic par le débiteur ou les créanciers.

L'union est dissoute de plein droit et les créanciers recouvrent l'exercice de leurs droits, uniquement sur les actifs qui n'ont pas pu être réalisés durant la liquidation des biens.

JURISPRUDENCE OHADA

Confirmation en appel d'un jugement de clôture

Le jugement ayant clôturé une procédure de liquidation judiciaire et été frappé d'appel doit être confirmé en toutes ses dispositions lorsque l'appelant n'a comparu ni conclu (CA Conakry, n° 267, 10-12-2002 : Sté Bablexim c/ Sté Cogip S.A, Ohadata J-03-106, obs. J. Issa-Sayegh).

Art. 171 [mod.] Si leurs créances ont été vérifiées et admises, le président de la juridiction compétente prononçant la décision de clôture, sans préjudice de l'application de l'article 174 ci-dessous, vise l'admission définitive des créanciers, la dissolution de l'union, le montant de la créance admise et celui du reliquat dû.

La décision est revêtue de la formule exécutoire aux conditions de l'article 174 ci-dessous par le greffier.

La décision n'est susceptible d'aucune voie de recours.

JURISPRUDENCE OHADA

Inapplication des articles 171 et 175 de l'AUPCAP en l'absence de liquidation.

En l'absence de procédure de liquidation, l'on ne saurait appliquer des dispositions prévues en matière de clôture de la liquidation. C'est donc à tort que l'irrecevabilité d'une action fondée sur les articles 171 et 175 de l'AUPCAP est soulevée par une partie, au motif qu'elle ne pouvait imaginer qu'une procédure d'appel serait encore en cours, nonobstant les prescriptions de l'article 221 du même Acte uniforme qui impartit le délai d'un mois à la cour d'appel pour statuer, et que l'article 523 du Code de procédure civile dont il a été fait application pour infirmer le jugement ayant ordonné la liquidation de cette société, et par conséquent aussi sur celui qui l'a clôturé, était inapte à régir la situation, dès lors que des dispositions spéciales, notamment les articles 171 et 175 précitées, étaient applicables. Il en est ainsi dès lors que l'arrêt 14 du 12 novembre 2008 de la cour d'appel est venu anéantir le jugement n° 248 du 9 août 2006 qui a prononcé la liquidation de la société en cause, de sorte que tous les actes juridiques et judiciaires qui tirent leur fondement de cette décision, notamment la vente d'une partie des actifs de cette société, ainsi que le jugement de clôture de la liquidation, se trouvent privés de base juridique ; le jugement mérite donc confirmation sur ce point (CCJA, 1e ch., n° 059/2022, 3-3-2022).

Art. 172 [mod.] Le greffier adresse immédiatement un extrait de la décision de clôture au ministère public.

La décision de clôture est notifiée, publiée et vérifiée dans les conditions prévues aux articles 36 à 38 ci-dessus.

Section III • CLÔTURE POUR INSUFFISANCE D'ACTIF

Art. 173 Si les fonds manquent pour entreprendre ou terminer les opérations de la liquidation des biens, la juridiction compétente, sur le rapport du Juge-commissaire peut, à quelque époque que ce soit, prononcer, à la demande de tout intéressé ou même d'office, la clôture des opérations pour insuffisance d'actif.

La décision est publiée dans les conditions prévues aux articles 36 et 37 ci-dessus.

JURISPRUDENCE OHADA

Existence d'une insuffisance d'actif

La clôture des opérations de liquidation pour insuffisance d'actif doit être ordonnée lorsque le liquidateur ne dispose plus d'actif dont la réalisation pourrait générer des fonds à même de satisfaire les différents créanciers (CA de l'Ouest, n° 31/civ., 11-12-2002 : Sté U.P.S. c/ S.T.P.C., [04/05/2000, jugement civil n° 372], liquidation Foraco Cameroun, Ohadata J-05-26, obs. Yvette R. Kalieu Elongo).

Pour une décision ayant déclaré la clôture de la liquidation d'une société pour insuffisance d'actif, voir : TGI Ouagadougou (Burkina Faso), n° 156/2008, 3-9-2008 : Liquidation judiciaire de l'administrateur provisoire de la Soremib, Ohadata J-09-391.

JURISPRUDENCE COMPARÉE

France

A. Sort des créances

1° Non-extinction de la créance en dépit de la clôture pour insuffisance d'actif et possibilité de la faire valoir par voie d'exception

La clôture pour insuffisance d'actif n'a pas pour effet d'éteindre les créances, contrairement au défaut de leur production au passif, mais se limite à en paralyser le recouvrement forcé ; en conséquence, une caisse de sécurité sociale peut opposer à un assuré restant personnellement redevable de cotisations pour une période antérieure à une clôture de liquidation judiciaire pour insuffisance d'actif et qui reprend une activité non salariée, l'application de l'article L. 615-8 du Code de la sécurité sociale aux termes duquel l'assuré doit, pour bénéficier du règlement des prestations, être à jour de ses cotisations (TASS Lot-et-Garonne 6-6-1994 : Bull. inf. C. cass. 1994 n° 800).

Dans le même sens, reconnaissant au receveur des impôts le droit de poursuivre le dirigeant de la société dont la procédure a été clôturée pour insuffisance d'actif, sur le fondement de l'article 267 du Livre des procédures fiscales, en vue de sa condamnation solidaire au paiement des pénalités et impositions déclarées à la procédure collective de la société débitrice : Cass. com. 28-11-2001 : RJDA 2/01 n° 204.

2° Possibilité pour un créancier d'invoquer une créance déclarée régulièrement mais non vérifiée

Le créancier peut invoquer une créance qu'il a déclarée mais qui n'a pas été vérifiée, ce qui l'a empêché de faire la réclamation prévue pour contester la décision relative à sa créance ; en conséquence, la juridiction saisie de la détermination de la créance peut elle-même se prononcer sur la validité de la déclaration ainsi que sur l'éventuelle extinction de celle-ci, aucun recours ne pouvant par ailleurs être exercé à l'encontre de la décision du juge-commissaire de ne pas vérifier le passif ; mais dès lors que le créancier, personne morale, ne fait pas la preuve que la déclaration a été faite par un de ses préposés ayant reçu délégation, sa déclaration est entachée d'une irrégularité de fond affectant sa validité ; cette déclaration doit donc être annulée ; en conséquence, la créance est éteinte et cette exception inhérente à la dette est opposable par la caution au créancier en application de l'article 2036 [devenu 2313] du Code civil (CA Amiens, ch. sol., 18-1-1999 : JCP.1999.IV.2566).

B. Recouvrement par le débiteur de son droit de poursuite de ses débiteurs antérieurs

La clôture de la liquidation judiciaire pour insuffisance d'actif, qui met fin au dessaisissement du débiteur, lui permet d'engager une action en paiement d'une créance née antérieurement à l'ouverture de la procédure collective et non recouvrée par le liquidateur (Cass. com. 17-10-2000 : RJDA 1/01 n° 56).

C. Extinction des pouvoirs du liquidateur

Impossibilité de recevoir une notification. La clôture des opérations de liquidation pour insuffisance d'actif prive le liquidateur du droit de représenter la personne morale qui avait été soumise à la liquidation et notamment de recevoir notification d'un commandement qui lui était destinée, même si le créancier poursuivant était dans l'impossibilité de délivrer le commandement à toute autre personne qu'au liquidateur dessaisi en sa qualité de dernier représentant de la société débitrice principale (Cass. 2e civ., 17-10-2002, n° 1024 : RJDA 2/03 n° 171 ; D. 2002.som.3143).

D. Appel d'une décision à laquelle le liquidateur était partie

Après la clôture de la procédure pour insuffisance d'actif, et en présence d'un jugement auquel le liquidateur était partie, il est possible de faire appel de ce jugement, dès lors que l'appel est dirigé contre une partie au jugement, en faisant désigner un mandataire ad hoc pour représenter le liquidateur qui n'était plus en fonction (Cass. com. 5-11-2003 n° 1486 : RJDA 3/04 n° 352).

Art. 174 [mod.] Sous réserve de l'application du dernier alinéa de l'article 170, ci-dessus, la décision de clôture pour insuffisance d'actif ne fait pas recouvrer aux créanciers l'exercice individuel de leurs actions contre le débiteur, sauf si la créance résulte d'une condamnation pénale du débiteur ou de droits attachés à la personne du créancier. Le garant de la dette d'autrui ou le coobligé qui a payé au lieu et place du débiteur recouvre l'exercice de ses droits de poursuite contre ce dernier.

Par exception, tous les créanciers admis ou non, recouvrent leurs droits de poursuite individuelle :

– en cas de prononcé de la faillite personnelle du débiteur ;
– en cas de condamnation du débiteur en banqueroute ;
– si la juridiction compétente constate une fraude du débiteur à l'égard d'un ou plusieurs créanciers ;
– si le débiteur ou la personne morale dont il a été le dirigeant a été soumis à une procédure de liquidation des biens clôturée pour insuffisance d'actif moins de cinq (5) ans avant l'ouverture de celle à laquelle il est soumis ;
– si la procédure est une liquidation des biens prononcée à l'encontre du dirigeant condamné en comblement de passif ;
– si la procédure collective a été ouverte par application de l'article 189 ci-dessous.

En cas de reprise des poursuites individuelles, il est fait application de l'article 171 pour les créanciers admis à la procédure collective. Pour les créanciers non admis ou n'ayant pas produit leurs créances, il est fait application du droit commun.

JURISPRUDENCE COMPARÉE

États-Unis

A. Recouvrement des créances après le prononcé de la liquidation

Le Code des procédures collectives empêche certains créanciers de recouvrer leurs créances une fois la liquidation prononcée. Le paragraphe 523 du même Code précise les créances qui, pour des raisons d'ordre public, peuvent être recouvrées par les créanciers après le prononcé de la liquidation, tel sera par exemple le cas en cas de fraude du débiteur (Grogan v. Garner, 498 U.S., 279 (1991)).

Conformément au paragraphe 523 du Code des procédures collectives, les ex-conjoints peuvent recouvrer leurs créances alimentaires après le prononcé de la liquidation du débiteur (Re Hill, 184 B.R. 750 (1995)).

B. Le principe : le non-recouvrement

Une fois la liquidation prononcée, les créances ne peuvent plus être recouvrées sauf celles expressément visées par le Code de procédures collectives (Brown v. Felsen, 442 U.S. (1979)).

C. Le non-recouvrement : un privilège, pas un droit

Le fait d'empêcher certains créanciers de recouvrer leurs créances une fois la liquidation prononcée est un privilège pour le débiteur et non un droit (Re Barrows, 182 B.R. 640 (1994)).

D. Justification du non-recouvrement de certaines créances

Le principe selon lequel certaines créances ne peuvent pas être recouvrées après le prononcé de la liquidation du débiteur s'explique par le fait de vouloir donner un réel nouveau départ à ce dernier (Re Gallagher, 72 B.R. 830 (1987)).

E. Preuve d'une créance recouvrable

C'est au créancier de prouver que sa créance est une créance recouvrable après le prononcé de la liquidation du débiteur (Re Butler v. Butler, 186 B.R. 371 (1995)).

Art. 175 La décision peut être rapportée à la demande du débiteur ou de tout autre intéressé sur justification que les fonds nécessaires aux frais des opérations ont été consignés entre les mains du syndic.

JURISPRUDENCE OHADA

I. Inapplication de l'article 175 de l'AUPCAP en l'absence de liquidation

Voir sous l'art. 171 (CCJA, 1e ch., n° 059/2022, 3-3-2022).

II. Intervention forcée de la société en cours de liquidation

A. Recevabilité de l'intervention forcée de la société en cours de liquidation

En application de l'article 115 du Code de procédure civile burkinabé, selon lequel « Un tiers peut être mis en cause aux fins de condamnation par toute partie qui est en droit d'agir contre lui à titre principal. Il peut également être mis en cause par la partie qui y a intérêt afin de lui rendre commun le jugement. Le tiers doit être appelé en temps utile pour faire valoir sa défense. L'intervention forcée est formée par voie d'assignation », l'annulation de la vente doit être poursuivie contre l'acquéreur des biens de la société en liquidation et contre celle-ci, en sa qualité de vendeuse. En conséquence, il convient de déclarer recevable l'appel à la cause forcée de la société en cause et, statuant à nouveau, de déclarer ladite intervention recevable (CCJA, 1e ch., n° 059/2022, 3-3-2022).

B. Appel en la cause de la société à travers ses liquidateurs

Le jugement qui a manqué de statuer sur l'appel forcé à la cause de la société en cours de liquidation doit être infirmé, dès lors que : (i) par acte en date du 10 février 2009, les intimés ont appelé à la cause les liquidateurs de la société ; (ii) la cour d'appel a approuvé la décision du premier juge, qui n'a pas statué sur cette demande, en relevant que ces derniers n'ayant ni comparu ni produit d'écritures, le premier juge n'avait pas l'obligation de statuer à leur égard ; (iii) les mis en cause l'ont été en leur qualité de syndics liquidateurs de la société et c'est donc en réalité cette dernière, qui est partie à la vente querellée, qui a été appelée à la cause. Il est ainsi car, conformément à l'article 21 du Code de procédure civile, le juge devait statuer à l'égard de celle-ci, qu'elle ait comparu ou pas, qu'elle ait fait valoir des moyens de défense ou pas ; également, conformément à l'article 384 du Code de procédure civile, la société en cause devait figurer comme partie à la cause et le jugement rendu lui est commun aux autres parties (CCJA, 1e ch., n° 059/2022, 3-3-2022).

III. Action des associés de la société liquidée

A. Qualité pour agir des associés d'une société liquidée

C'est à tort que l'irrecevabilité de l'action en annulation de la vente des actifs d'une société liquidée, initiée par deux associés de celle-ci, a été soulevée pour défaut de droit d'agir et de qualité sur le fondement de l'article 145 du Code de procédure civile, aux motifs que ces derniers n'ayant pas déclaré agir au nom de ladite société, encore moins en vertu d'un mandat dûment donné par un représentant légal de cette dernière, ne peuvent exercer en leurs noms personnels une action en annulation de la vente des actifs intervenue après sa liquidation, dès lors que ces associés n'agissent pas au nom de la société, qui a d'ailleurs été appelée en cause, mais en leurs noms personnels. En l'espèce, ayant chacun un intérêt personnel à agir contre la vente d'une partie des actifs de la société, qui compromet l'existence même de la société dans laquelle ils ont investi financièrement, ils sont donc en droit de contester une telle démarche qui nuit à leurs intérêts personnels. Ils ont également intérêt à l'annulation de la vente, consécutive à une procédure de liquidation qui n'existe plus, afin d'assurer le retour des actifs de la société dans son patrimoine. Cet intérêt suffit à leur donner qualité pour agir et ils sont recevables à agir en leurs seules qualités d'associés (CCJA, 1e ch., n° 059/2022, 3-3-2022).

B. Intérêt pour agir des associés d'une société liquidée

Pour justifier la recevabilité de l'action des associés d'une SARL liquidée, le premier juge a convoqué l'article 163 de l'AUSCGIE, alors qu'il ne résulte nullement des pièces de la procédure que les observations des parties aient été appelées sur ce point conformément aux dispositions de l'article 7 du Code de procédure civile applicable en l'espèce et qui prescrivent que le juge « ne peut fonder sa décision sur les moyens de droit qu'il a relevés d'office ou sur les explications complémentaires qu'il a demandées, sans avoir au préalable invité les parties à présenter leurs observations ». Il convient alors, à ce niveau, de réformer le jugement attaqué, en substituant, sur le fondement légal de la recevabilité de l'action des associés concernés, l'article 12 du Code de procédure civile qui dispose que « l'action est ouverte à tous ceux qui ont un intérêt légitime au succès ou au rejet d'une prétention, sous réserve des cas dans lesquels la loi attribue le droit d'agir aux seules personnes qu'elle qualifie pour élever ou combattre une prétention, ou pour défendre un intérêt déterminé », à l'article 163 de l'AUSCGIE qui a été appliqué (CCJA, 1e ch., n° 059/2022, 3-3-2022).

De même, l'article 420 du Code de procédure civile burkinabé, qui dispose que « Les jugements qui ordonnent une mainlevée ou une radiation de sûretés, un paiement, une mention, une transcription, publication ou quelque chose à faire par un tiers ou à sa charge, ne sont exécutoires par les tiers ou contre eux que sur présentation du certificat du greffe attestant qu'il n'existe ni opposition ni appel, et constatant la date de la signification », tend à éviter qu'un tiers qui, par hypothèse, n'est pas partie à une procédure, et donc est en ignorance de la nature de la décision dont il est débiteur d'exécution, puisse le faire alors que cette décision n'est pas exécutoire. En l'espèce, le jugement attaqué ne peut être annulé sur la base des dispositions sus-invoquées, dès lors que, d'une part, l'arrêt 14 du 12 novembre 2008 de la cour d'appel de Bobo-Dioulasso était définitif, raison pour laquelle il a pu servir de fondement à la demande d'annulation de la vente querellée ; et, d'autre part, qu'il n'est pas demandé à la demanderesse d'exécuter une quelconque mesure ou un quelconque dispositif de cette décision, hypothèse de la disposition invoquée, qui est donc inapplicable dans le cas d'espèce (CCJA, 1e ch., n° 059/2022, 3-3-2022).

IV. Décision réputée contradictoire envers la société

La société [X.] ayant été assignée à personne à travers les personnes de ses syndics, sans daigner comparaître ni déposer d'écritures, il convient de statuer, par réputé contradictoire à son égard, conformément à l'article 377 du Code de procédure civile qui dispose que « Le juge statue par jugement réputé contradictoire, si le défendeur, cité à personne, ne comparaît pas [...] » (CCJA, 1e ch., n° 059/2022, 3-3-2022).

Art. 176 [mod.] **Dans tous les cas où il a à exercer des actions en responsabilité, le syndic est autorisé à demander le bénéfice de l'assistance judiciaire par décision du juge-commissaire rendue sur requête exposant le but recherché et les moyens à l'appui et avant la décision de clôture de la liquidation des biens.**

Art. 177 [mod.] Le syndic dépose ses comptes au greffe dans les trois (3) mois de la clôture pour insuffisance d'actif.

Le greffier avertit immédiatement le débiteur, contre décharge, qu'il dispose d'un délai de huit (8) jours pour formuler, s'il y a lieu, des contestations.

En cas de contestation, la juridiction compétente se prononce.

Section IV • CLÔTURE POUR EXTINCTION DU PASSIF

Art. 178 [mod.] Après l'arrêté des créances et tant que la procédure de redressement judiciaire n'est pas close par une décision d'homologation du concordat de redressement judiciaire ou l'union par une décision intervenue dans les conditions prévues à l'article 170 ci-dessus, la juridiction compétente prononce, à toute époque, à la demande du débiteur, d'un créancier contrôleur ou du syndic, ou même d'office, la clôture de la procédure collective lorsqu'il n'existe plus de passif exigible ou lorsque le syndic dispose de deniers suffisants ou lorsque sont consignées les sommes dues en capital, intérêts et frais.

En cas de disparition, d'absence ou de refus de recevoir d'un ou de plusieurs créanciers, la somme due est déposée au compte ouvert dans les conditions de l'article 45 ci-dessus ; la justification du dépôt vaut quittance.

Les créanciers qui ont le droit de le faire ne peuvent exiger plus de trois (3) années d'intérêts au taux légal échus à compter de la décision d'ouverture de la procédure collective.

Cette clôture est prononcée sur le rapport du juge-commissaire constatant l'existence des conditions prévues aux alinéas 1 et 2 du présent article.

La décision est notifiée, publiée et vérifiée dans les conditions prévues aux articles 36 à 38 ci-dessus.

JURISPRUDENCE OHADA

I. Effet de l'extinction du passif

L'extinction du passif de la société débitrice entraîne la clôture des opérations de liquidation judiciaire (TRHC Dakar (Sénégal), n° 129, 21-1-2003 : Société Sénégalaise – Saoudienne de Voyages et Oumarah SA (SSVO-SA), Ohadata J-09-337).

II. Effets du jugement de clôture pour extinction du passif

Le jugement de clôture pour extinction du passif exigible a pour effet : (i) de neutraliser le jugement de liquidation des biens, qui n'a plus de conséquence sur la personne morale qui subsiste ; (ii) la fin du dessaisissement du débiteur ; (iii) ainsi que celle des fonctions du syndic qui, dès lors, ne peut plus prétendre représenter la demanderesse. Ainsi, les moyens d'irrecevabilité tirés du défaut de qualité du dirigeant de la société et du défaut d'indication de la mention « société en liquidation » doivent être rejetés (CCJA, 1e ch., n° 206/2022, 29-12-2022).

JURISPRUDENCE COMPARÉE

France

A. Impossibilité d'invoquer la créance non déclarée après la clôture

La saisie immobilière formée par le créancier hypothécaire après la clôture de la liquidation judiciaire pour extinction du passif est nulle dès lors que le créancier n'avait ni déclaré son hypothèque dans les délais ni formé une demande en relevé de forclusion (Cass. com. 11-10-1994 : RJDA 2/95 n° 206).

B. Reconnaissance d'une créance non éteinte

L'autorité de la chose jugée attachée au jugement ayant prononcé la clôture de la procédure pour extinction du passif ne fait pas obstacle à la reconnaissance de l'existence d'une créance non éteinte, le créancier ayant accordé au débiteur un échelonnement des paiements, lesquels avaient cessé au bout de trois ans, car la clôture pour extinction du passif suppose qu'il n'existe plus de passif exigible

(Cass. com. 4-10-2005 : D. 2005.som.2806 obs. A. Lienhard ; RJDA 2/06 n° 171).

C. Exception d'extinction du passif bénéficiant à un cofidéjusseur

La clôture pour extinction du passif, qui ne constitue qu'une exception purement personnelle à la caution qui en bénéficie, est sans effet sur l'obligation de l'autre caution au paiement de toute la dette ; la caution poursuivie ne peut donc être déchargée de tout paiement, au motif que le créancier a été réglé de sa créance dans le cadre de la procédure collective clôturée pour extinction du passif (Cass. com. 13-12-2005 n° 1628 : RJDA 5/06 n° 586).

Art. 178-1 [nouv.] Après règlement de l'intégralité du passif exigible, le syndic rend ses comptes dans les conditions prévues à l'article 177 ci-dessus.

Art. 179 [mod.] La procédure de liquidation des biens simplifiée est soumise aux règles de la liquidation des biens du présent Acte uniforme, sous réserve des dispositions de la présente section.

Art. 179-1 [nouv.] Tout débiteur répondant à la définition de la petite entreprise visée à l'article 1-3 ci-dessus, à la condition de ne pas être propriétaire d'un actif immobilier, peut demander l'application de la procédure de liquidation des biens simplifiée régie par la présente section.

Art. 179-2 [nouv.] Le débiteur souhaitant bénéficier de la liquidation des biens simplifiée doit soumettre la déclaration prévue à l'article 25 ci-dessus dans les conditions fixées par l'article 26 ci-dessus, en tenant compte notamment des dérogations accordées aux petites entreprises.

Conjointement à la déclaration prévue aux articles 25 à 26 ci-dessus, le débiteur qui remplit les conditions d'application de la liquidation des biens simplifiée produit une déclaration sur l'honneur l'attestant.

Art. 179-3 [nouv.] Après l'ouverture d'une liquidation des biens, le syndic peut, dans les trente (30) jours de sa désignation, rédiger et déposer un rapport auprès de la juridiction compétente.

La juridiction compétente peut, d'office, sur la base du rapport, faire application de la procédure de liquidation des biens simplifiée après avoir entendu ou dûment appelé le débiteur.

Art. 179-4 [nouv.] La juridiction compétente qui envisage de prononcer une liquidation des biens simplifiée doit constater dans sa décision :

– la qualité de « petite entreprise » du débiteur conformément à la définition de l'article 1-3 ci-dessus ;

– et l'absence d'actif immobilier.

La juridiction compétente conserve toutefois la faculté de ne pas appliquer la procédure de liquidation des biens simplifiée, même si les conditions d'application sont réunies.

Art. 179-5 [nouv.] La décision de la juridiction compétente de faire application de la liquidation des biens simplifiée n'est pas susceptible de recours.

Art. 179-6 [nouv.] Par dérogation aux dispositions de l'article 147 ci-dessus dans la décision faisant application de la liquidation des biens simplifiée, la juridiction compétente détermine les biens du débiteur pouvant faire l'objet d'une vente de gré à gré. Le syndic y procède dans les quatre-vingt [dix] (90) jours suivant la publication de cette décision. A l'issue de cette période, il est procédé à la vente aux enchères des biens subsistants.

Les biens non déterminés comme pouvant faire l'objet d'une vente de gré à gré dans la décision d'application de la liquidation des biens simplifiée sont vendus aux enchères sans délai.

Observations

Une erreur semble s'être glissée dans la rédaction de l'article 179-6 ci-dessus, qui mentionne, pour le délai de publication prévu par le législateur, quatre-vingts en lettres mais « quatre-vingt-dix » en chiffres.

Selon la jurisprudence constante, c'est la lettre qui prime sur le chiffre. Ainsi, en matière de chèque par exemple, le nombre indiqué en toutes lettres prévaut sur celui qui est exprimé en chiffres. Mais cette jurisprudence concerne l'écriture des parties. Or, il s'agit ici de l'écriture du législateur. Le problème est donc nouveau.

En attendant que le législateur ou la CCJA ne se prononcent, il nous semble que le respect de la volonté du législateur conduit à faire primer le chiffre et donc à retenir « quatre-vingt-dix » (90) jours. En effet, en matière d'application des lois, c'est la finalité qui importe. Or, il ressort de l'ensemble de la formulation que l'option légale est 90 jours. Cette solution nous semble également cohérente avec l'Acte uniforme qui comporte plusieurs délais de 90 jours. En outre, en général, l'esprit du législateur à travers l'AUPCAP est de protéger un débiteur de bonne foi (sans toutefois léser les créanciers), et tout ce qui peut limiter la liquidation de son patrimoine ou la retarder est bienvenu. Le fait de rallonger le délai d'une dizaine de jours ne devrait en principe avoir aucune conséquence dramatique pour les créanciers de ce débiteur de bonne foi dès lors qu'ils sont censés être, dans le moment, en meilleure posture que le débiteur.

Art. 179-7 [nouv.] Par dérogation aux dispositions de l'article 146 ci-dessus, il est procédé à la vérification des seules créances susceptibles de venir en rang utile dans les répartitions et des créances salariales.

Art. 179-8 [nouv.] A l'issue de la procédure de vérification et d'admission des créances et de la réalisation de l'actif, le syndic établit un projet de répartition qu'il dépose au greffe de la juridiction compétente. Le dépôt de ce projet fait l'objet d'une mesure de publicité dans les conditions prévues aux deux premiers alinéas de l'article 37 ci-dessus, réalisée par le greffe.

Tout intéressé peut prendre connaissance du projet de répartition et, à l'exclusion du syndic, le contester devant le juge-commissaire, dans un délai de dix (10) jours à compter de la publicité prévue dans l'alinéa précédent.

Le juge-commissaire statue sur les contestations par une décision qui fait l'objet d'une notification par tout moyen permettant d'établir la réception effective par le destinataire aux créanciers intéressés. Sa décision est insusceptible de recours.

Le syndic procède à la répartition conformément au projet ou, si ce dernier a été contesté, à la décision rendue.

Art. 179-9 [nouv.] Au plus tard cent vingt (120) jours après l'ouverture ou la décision prononçant la liquidation des biens simplifiée, la juridiction compétente prononce la clôture de la liquidation des biens, le débiteur entendu ou dûment appelé.

La juridiction compétente peut, par décision spécialement motivée, proroger la durée de la procédure de liquidation des biens simplifiée pour une période qui ne peut excéder soixante (60) jours.

Art. 179-10 [nouv.] A toute époque du déroulement de la liquidation de biens simplifiée, la juridiction compétente peut décider, par décision spécialement motivée, de ne plus faire application des dérogations prévues à la présente section.

Chapitre VI
DISPOSITIONS PARTICULIÈRES AUX DIRIGEANTS DES PERSONNES MORALES

Art. 180 [mod.] Les dispositions du présent Chapitre sont applicables, en cas de cessation des paiements d'une personne morale, à ses dirigeants de droit ou de fait, rémunérés ou non, et aux personnes physiques représentants permanents des personnes morales dirigeantes.

JURISPRUDENCE COMPARÉE

France

A. Dirigeants de fait

Définition. La qualification de dirigeant de fait se caractérise par l'exercice en toute liberté et indépendance, seul ou en groupe, de façon continue et régulière, d'activités positives de gestion et de direction engageant la société (Cass. com. 25-1-1994 n° 200 : RJDA 4/94 n° 402 som. ; Cass. com. 4-1-2005 n° 27 : RJDA 4/05 n° 385 ; Cass. com. 12-7-2005 n° 1238 : RJDA 2/06 n° 169). Cette qualité ne peut être appréciée de manière abstraite mais doit être examinée en fonction de la spécificité des relations contractuelles liant les parties (CA Toulouse 30-6-1997 : RJDA 11/97 n° 1420 et, sur pourvoi, Cass. com. 26-10-1999 n° 1721 : RJDA 11/99 n° 1213).

L'incapacité du dirigeant de fait n'empêche pas de prononcer des sanctions pécuniaires à son encontre : pour une application à un majeur sous tutelle, Cass. 1e civ. 9-11-1983 : D. 1984 p. 139 note F. Derrida.

B. Applications

1° Admission de la qualité de dirigeant de fait

Avaient la qualité de dirigeant de fait :

– l'associé qui bénéficiait de procurations démontrant qu'il gérait la société par l'intermédiaire de sa secrétaire qui lui servait de prête-nom (Cass. com. 4-6-1973 : Bull. civ. IV n° 196) ;

– trois associés qui, détenant la quasi-totalité du capital, s'immisçaient dans la direction administrative et commerciale de la société en prenant directement contact avec la clientèle et en recueillant toutes informations utiles auprès du personnel, même en l'absence du gérant (Cass. com. 25-10-1977 : Rev. sociétés 1978 p. 294 note D. Randoux) ;

– un établissement financier qui s'était immiscé dans la gestion d'une autre société auprès de laquelle il avait délégué de façon quasi permanente un gestionnaire qui avait fait preuve d'une telle autorité qu'il paraissait avoir souvent pris seul des décisions importantes qu'il n'avait eu aucun mal à imposer aux dirigeants sociaux (CA Paris 3-3-1978 : Gaz. Pal. 1978 som. p. 394) ;

– un franchiseur qui, au lieu de se borner à vérifier chez la société distributrice la bonne exécution des obligations mises à la charge de cette dernière, s'était immiscé dans la gestion de cette société et agissait à l'égard du personnel et des tiers en déclarant être le « patron » de l'affaire (CA Rouen 23-5-1978 : JCP 1979 II n° 19235 note Notté) ;

– une société étrangère qui exerçait un contrôle rigoureux sur les activités d'un groupe de sociétés françaises, donnait des directives concernant la gestion des stocks et la tenue de la comptabilité de ces sociétés et avait la maîtrise de leurs fonds en banque (CA Aix 15-12-1978 : Bull. Cour d'Aix 1978/4 p. 89) ;

– l'ancien président-directeur général d'une société qui, au lieu de procéder au dépôt de bilan imposé par les graves difficultés de son affaire, avait cédé ses actions en présentant aux acquéreurs une situation financière inexacte et avait ensuite, en qualité de conseiller technique, participé activement à l'administration de la société que les nouveaux dirigeants étaient incapables d'assumer (Cass. com. 3-10-1979 : Gaz. Pal. 1980 som. p. 38) ;

– une société qui avait conclu avec une autre société exploitant un hôtel un contrat d'assistance technique relatif à la conception, l'équipement, l'architecture et la décoration de l'hôtel et qui s'était réservé le domaine de l'embauche et des licenciements, la mise en place de l'organisation administrative et financière de l'hôtel, la définition de la politique des prix, la négociation des contrats et la politique commerciale, s'assurant ainsi sans partage la direction de l'établissement (Cass. com. 19-12-1995 : RJDA 3/96 n° 431) ;

– le directeur d'une société qui disposait d'une grande autonomie de gestion assurant sur place la totale direction de l'entreprise, était responsable du changement du personnel d'encadrement et avait fait personnellement le choix de reconduire les prix de vente antérieurement pratiqués alors qu'ils étaient inférieurs au prix de revient (Cass. com. 16-4-1996 : D. 1996 IR p. 138) ;

– la société holding d'un groupe qui avait eu une influence prédominante sur les décisions de la société, membre de ce groupe, mise en liquidation judiciaire (Cass. com. 23-11-1999 n° 1860 : RJDA 3/00 n° 270) ;

– la personne qui, dans une société de construction, se présente comme un simple conducteur de travaux, mais qui a participé aux réunions des associés, défini la stratégie de la société, bénéficié de la signature bancaire de celle-ci et signé certains documents sociaux (Cass. com. 22-1-2002 n° 212 : RJDA 5/02 n° 502) ;

– le frère du gérant de droit d'une SARL qui négociait avec les clients les devis et des modalités de règlement précises, procédait aux relances en cas de retard de paiement, signait les chèques destinés à payer les fournisseurs et passait aux yeux des tiers pour le gérant de la société (Cass. com. 17-9-2002 n° 1427 : RJDA 12/02 n° 1307) ;

– une SA, administrateur d'une société mère contrôlant quatre filiales, qui s'est immiscée dans la gestion de ces dernières par l'intermédiaire de la société mère (Cass. com. 2-11-2005 n° 1351 : RJDA 5/06 n° 535) ;

– le directeur de publication d'une société de conseil en publicité, édition et régie publicitaire, dont il était salarié et associé, en raison des éléments suivants (CA Rouen 3-3-2011 n° 10/1471 : RJDA 8-9/11 n° 726) :

• pendant une dizaine de mois, il avait accompli des actes de gestion et de direction engageant la société, tels que l'embauche de commerciaux et l'exercice d'un pouvoir hiérarchique et disciplinaire à leur égard, le suivi des relations avec les organismes sociaux et l'agence pour l'emploi, ainsi que la rupture d'un contrat de travail ;

• il avait signé l'ensemble de ces actes seul et en dehors de tout lien de subordination, alors que le gérant de droit se trouvait rarement au siège de la société ;

• le fait que le gérant de droit ait également accompli des actes de direction et de gestion n'excluait pas la participation effective d'un gérant de fait à la direction de la société ;

– la personne qui avait exercé à titre individuel, dans les locaux où elle a installé une société, une activité identique à l'occasion de laquelle elle a été mise en liquidation judiciaire, bien que n'ayant pas été payé pendant plusieurs mois, avait géré seule la société un an avant que celle-ci ne soit mise en liquidation judiciaire, terminant les chantiers en cours et payant sur ses fonds personnels des factures de fournisseurs alors que le dirigeant de droit de la société n'avait en charge que le suivi comptable et administratif ; le conseil de prud'hommes lui avait dénié la qualité de salarié au motif qu'il avait le contrôle de l'entreprise (Cass. com. 28-10-2008 n° 07-16.779 : RJDA 2/09 n° 102).

2° Rejet de la qualité de dirigeant de fait

N'a pas la qualité de dirigeant de fait :

– l'associé, même majoritaire, qui se borne à exercer le droit de contrôle qu'il tient de la loi et des statuts ou à exécuter ses obligations de salarié de la société (CA Paris 7-5-1975 : D. 1975. som. p. 121) ;

– une banque qui subordonne le maintien de son soutien financier à certaines mesures de réorganisation d'une société et participe directement ou indirectement aux efforts de redressement de celle-ci (CA Paris 6-1-1977 : D. 1977 p. 144 note M. Vasseur) ;

– l'associé d'une société qui, s'étant porté caution hypothécaire de celle-ci auprès d'une banque, a exigé, en contrepartie, de contresigner toutes les opérations de débit et de crédit faites par la société avec cette banque, dès lors qu'il n'a pas été établi qu'il ait eu par ailleurs une activité positive de gestion ou de direction dans cette société (CA Lyon 5-7-1979 : Bull. Joly 1980 p. 690 ; voir aussi CA Paris 15-12-1995 : RJDA 3/96 n° 432) ;

– une banque qui, dans le cadre d'une importante ouverture de crédit consentie à une société pour une opération de construction, avait exigé le visa d'un conseiller financier, mandataire commun de la banque et de la société, sur tous les justificatifs de paiement et l'agrément par celui-ci des entrepreneurs ou sous-traitants, une telle exigence constituant non un acte positif de direction, mais une mesure de contrôle et de surveillance de l'emploi des fonds mis à la disposition de la société (CA Paris 21-5-1981 : BRDA 13/81 p. 11) ;

– une personne qui, bien qu'elle ait disposé d'une procuration sur un compte bancaire d'une SARL, n'a pas engagé celle-ci sur le plan commercial et financier et dont l'intervention dans un contrat d'affacturage a eu pour seul objet de se porter caution solidaire de la société (CA Paris 11-6-1987 : Bull. Joly 1987 p. 719) ;

– l'actionnaire d'une société anonyme qui est le conjoint de l'un des dirigeants de droit et membre de la famille des autres dirigeants, cette circonstance ne pouvant pas suffire à lui conférer cette qualité (CA Paris 12-4-1983 : BRDA 13/83 p. 12) ;

– le constructeur de véhicules automobiles qui a donné des ordres à un concessionnaire en matière d'achat de véhicules, fixé des directives au comptable ou encore assuré une présence quasi hebdomadaire dans la concession, dès lors que ces agissements s'inscrivent exactement dans le cadre des relations

prévues entre le concédant et le concessionnaire par le contrat de concession (Cass. com. 26-10-1999 nº 1721 : RJDA 11/99 nº 1213) ;
– une personne qui détenait la signature bancaire depuis la création de la société et qui était considérée par la gérante de droit et de nombreux témoins comme gérant la société, dès lors qu'aucun fait précis ne permettait de caractériser cette immixtion dans la gestion (Cass. com. 9-7-2002 nº 1351 : RJDA 12/02 nº 1274) ;
– le franchiseur qui, dans le cadre du règlement de factures impayées, avait imposé à son franchisé l'abandon pendant quatre mois de 70 % de ses recettes à son bénéfice et les avait gérées à son seul profit, dès lors que ces éléments ne caractérisent pas en quoi le franchiseur aurait exercé en toute indépendance une activité positive de direction du franchisé (Cass. com. 27-5-2003 nº 859 : RJDA 10/03 nº 960, 3e espèce et, sur renvoi, CA Toulouse 4-5-2005 nº 03/2479 : RJDA 6/06 nº 650, 1e esp.) ;
– les membres du conseil de surveillance d'une SA qui disposaient du pouvoir de révoquer le président du directoire et qui, en l'exerçant, pouvaient ainsi ruiner la confiance des créanciers, dès lors que ces éléments ne caractérisent pas en quoi ils avaient, en dehors de leur mission, en fait, exercé, séparément ou ensemble, et en toute indépendance, une activité positive de direction dans la société (Cass. com. 12-7-2005 nº 1238 : RJDA 2/06 nº 169).

Art. 181 [mod.] Les membres indéfiniment et solidairement responsables du passif social, s'ils ne sont pas dirigeants, sont soumis aux procédures de redressement judiciaire ou de liquidation des biens conformément au Titre III ci-dessus.

Art. 182 Les dispositions relatives aux scellés et aux secours du débiteur sont étendues aux dirigeants des personnes morales soumises aux dispositions du présent chapitre.

Section I • COMBLEMENT DU PASSIF

Art. 183 [mod.] Lorsque le redressement judiciaire ou la liquidation des biens d'une personne morale fait apparaître une insuffisance d'actif, la juridiction compétente peut, en cas de faute de gestion ayant contribué à cette insuffisance d'actif, décider, à la requête du syndic, du ministère public ou de deux contrôleurs dans les conditions de l'article 72, al. 2 ci-dessus, ou même d'office, que les dettes de la personne morale sont supportées en tout ou en partie, avec ou sans solidarité, par tous les dirigeants ou certains d'entre eux.

Cette disposition est également applicable dans le cas où un dirigeant retiré a continué d'intervenir dans la gestion sociale comme dirigeant de fait, même si le retrait a fait l'objet de publicité, ou encore lorsque la situation ayant abouti à l'insuffisance d'actif a été créée alors que le dirigeant retiré se trouvait encore en fonction.

L'assignation du syndic ou celle des contrôleurs, ou la requête du ministère public, doit être signifiée à chaque dirigeant mis en cause huit (8) jours au moins avant l'audience. Lorsque la juridiction compétente se saisit d'office, le président les fait convoquer, par signification d'huissier de justice ou notification par tout moyen permettant d'établir la réception effective par le destinataire, à la diligence du greffier, dans les mêmes délais.

La juridiction compétente statue dans de brefs délais, après avoir entendu le juge-commissaire en son rapport et les dirigeants en audience non publique.

JURISPRUDENCE OHADA

Non-incidence d'une action pénale sur la liquidation des biens

C'est à tort qu'il est reproché à un arrêt d'avoir violé le principe général de droit selon lequel « le criminel tient le civil en l'état », en retenant que la plainte contre la société en cause et ses dirigeants au pénal est sans incidence sur la procédure de liquidation des biens, dès lors que l'arrêt retient à bon droit que les suites d'une action publique « peuvent toujours être prises en compte dans la liquidation conformément aux articles 183 et suivants de l'[AUPCAP] relativement au comblement du passif et à l'extension de la procédure collective aux dirigeants, s'il y a lieu » ; rejet du moyen (CCJA, 1e ch., nº 169, 27-7-2017 : BCM SARL c/ SM SA en liquidation et 4 autres).

Jurisprudence comparée

I. Belgique

La mission générale du curateur est de réaliser l'actif du failli et de distribuer les deniers qui proviendraient de la réalisation de cet actif ; lorsque le curateur agit en justice au nom de la masse, il exerce les droits communs à l'ensemble des créanciers résultant de dommages causés par la faute de toute personne qui a eu pour effet d'aggraver le passif de la faillite ou d'en diminuer l'actif ; en raison du dommage qui est ainsi causé à la masse des biens et droits constituant le gage commun des créanciers, cette faute est la cause d'un préjudice collectif pour ces créanciers et porte atteinte aux droits que ceux-ci, eu égard à leur nature, ont en commun ; par suite, pour causer un dommage à la masse des biens et droits qui constituent le gage commun des créanciers, la faute ne doit pas nécessairement entrainer une aggravation du passif de la masse (Cour de cassation de Belgique 28-03-2014, C.13.0163.F : Juricaf).

II. France

A. Insuffisance d'actif

L'insuffisance d'actif et son montant sont appréciés au jour où le tribunal statue sur la sanction (Cass. com. 30-1-1990 : Bull. civ. IV nº 30 ; Cass. com. 18-2-1992 : RJDA 5/92 nº 521 ; Cass. com. 16-3-1999 : RJDA 5/99 nº 585).

Pour un cas où aucune condamnation n'a été prononcée contre le dirigeant au motif que l'insuffisance d'actif n'était pas certaine, voir Cass. com. 3-12-2003 nº 1744 : RJDA 4/04 nº 458.

Lorsque l'action en comblement est engagée à la suite de la liquidation judiciaire de la société, les dettes nées après le jugement d'ouverture de la procédure collective n'entrent pas dans le passif pris en compte pour calculer le montant de l'insuffisance d'actif qui peut être mis à la charge des dirigeants (Cass. com. 28-4-1998 : RJDA 8-9/98 nº 1000).

B. Fautes de gestion

1º Imputation des fautes

Il faut établir que les fautes de gestion invoquées ont été commises par le dirigeant poursuivi (Cass. com. 16-4-1996 : RJDA 7/96 nº 977). Ne peuvent être imputées aux dirigeants les fautes de gestion dues à la mésentente entre les associés (CA Paris 1-2-2002 nº 99/24938 : RJDA 6/02 nº 673) ou aux administrateurs, les fautes tenant aux manœuvres du président du conseil d'administration et du directeur général les ayant mis dans l'impossibilité d'exercer leurs fonctions (Cass. com. 14-5-2002 nº 938 : RJDA 8-9/02 nº 920) ni à un administrateur, la tenue de la comptabilité incomplète dès lors que la tenue de la comptabilité ne lui incombe pas et qu'il n'est pas démontré qu'il s'y soit immiscé (CA Paris 29-3-2002 nº 01/9596 : RJDA 2/03 nº 172, 2e esp.).

2º Fautes retenues

a. Fautes antérieures

Ne sont susceptibles d'être retenues à l'encontre des dirigeants que les fautes antérieures au jugement d'ouverture de la procédure (Cass. com. 28-2-1995 : RJDA 5/95 nº 651 ; Cass. com. 14-3-2000 : RJDA 7-8/00 nº 788).

b. Applications

Ont été retenus comme fautes de gestion ayant contribué à l'insuffisance d'actif :

– le fait pour des gérants d'avoir fait preuve d'une totale incompétence en aboutissant, après trois ans d'activité, à une insuffisance d'actif de treize millions de francs et d'avoir poursuivi abusivement une exploitation déficitaire en ne procédant au dépôt de bilan qu'après avoir été assignés en redressement judiciaire (Cass. com. 14-5-1991 : Bull. civ. IV nº 164) ;

– le fait d'avoir laissé s'accumuler les pertes alors que la société était manifestement en état de cessation des paiements (Cass. com. 28-5-1991 : Bull. civ. IV nº 187 ; Cass. com. 26-10-1999 : RJDA 12/99 nº 1368) ;

– le fait pour un gérant de n'avoir pas déclaré la cessation des paiements de sa société dans le délai légal même s'il n'a différé sa déclaration que sur les conseils d'un tiers, fût-ce le président du tribunal de commerce (Cass. com. 30-11-1993 : RJDA 4/94 nº 460) ;

– le fait pour une personne, devenue administrateur pour rendre service au président, de ne s'être aucunement préoccupée de la bonne marche de la société alors qu'en acceptant ses fonctions, tout administrateur est tenu à une surveillance et à un contrôle sérieux de la gestion de la société, même s'il n'a qu'un intérêt limité dans celle-ci (Cass. com. 31-1-1995 : RJDA 7/95 nº 902) ;

– le fait d'avoir mis en place, lors de la création de l'entreprise, un plan d'investissements inadaptés ou excessifs compte tenu des conditions prévisibles de financement de ces investissements (Cass. com. 19-3-1996 : RJDA 7/96 nº 976) ;

– le fait d'effectuer un paiement préférentiel au profit de certains créanciers en période suspecte, sans qu'il soit nécessaire de faire constater préalable-

ment, par une action en justice, la nullité de ce paiement (Cass. com. 11-6-1996 : RJDA 11/96 n° 1403) ;
– le fait pour un administrateur de s'être abstenu d'exiger du président qu'il effectue la déclaration de cessation des paiements qui s'imposait en vue d'obtenir le bénéfice de la procédure collective (Cass. com. 25-3-1997 : RJDA 7/97 n° 966) ;
– le fait pour un dirigeant, en présence de la détérioration rapide de la situation financière de la société, de n'avoir pas pris en temps utile des mesures concrètes de restructuration et, dans le même temps, de s'être fait consentir des avantages financiers (Cass. com. 13-10-1998 : RJDA 1/99 n° 81) ;
– le fait pour le gérant d'une société, afin d'éviter l'installation d'un concurrent à proximité de ses établissements, d'avoir repris l'exploitation d'un fonds de commerce déficitaire dont l'activité était identique à celle d'une autre société du groupe, ce qui avait encore plus appauvri sa société déjà exsangue (Cass. com. 30-3-1999 : RJDA 6/99 n° 704) ;
– le fait d'avoir créé une société sans apporter de fonds propres suffisants pour assurer son fonctionnement dans des conditions normales et d'avoir poursuivi l'activité de la société sans prendre aucune mesure pour remédier à cette insuffisance de fonds propres (Cass. com. 23-11-1999 : RJDA 4/00 n° 457) ;
– le fait pour le gérant d'une SARL d'avoir alimenté son compte courant pour pallier l'insuffisance du capital social, si bien que son retrait a eu des conséquences désastreuses pour la société qui n'a pu lui restituer qu'une partie des sommes mises sur le compte et d'avoir, au lieu de déposer le bilan, cédé ses parts et laissé la gérance à l'un de ses employés inexpérimentés sans l'avertir de la situation (Cass. com. 17-9-2002 n° 1435 : RJDA 12/02 n° 1305, 3e esp.).
– le fait pour un gérant de ne pas avoir consulté les associés afin qu'ils se prononcent sur la poursuite éventuelle de l'activité alors que le bilan d'une SARL, mise ultérieurement en liquidation judiciaire, faisait apparaître des pertes supérieures à la moitié du capital social, justifiant sa condamnation à supporter le tiers du passif social (CA Paris 17-2-2009 n° 08/977 : RJDA 6/09 n° 564)
– le fait pour un gérant de priver la société de la quasi-totalité de sa trésorerie en n'encaissant pas la créance d'un débiteur lors de l'acquisition de trois fonds de commerce dont le prix a été payé par compensation avec la créance détenue par la société sur le vendeur – deux d'entre eux avaient été revendus à perte quelques mois plus tard et le troisième était en vente à un prix inférieur à son prix d'achat lors du dépôt de bilan de la société, les acquisitions n'avaient pas permis d'améliorer le chiffre d'affaires de la société tandis que la revente des fonds avait généré des frais de licenciement (Cass. com. 30-6-2009 n° 08-13.464 : RJDA 11/09 n° 994).

3° Absence de fautes

La responsabilité des dirigeants a été écartée lorsque :
– la défaillance de l'entreprise a eu pour origine la conjoncture économique, notamment le dépôt de bilan de plusieurs clients (Cass. com. 31-3-1998 : RJDA 6/98 n° 777, 1e esp.) ;
– le (faible) retard dans la déclaration de cessation des paiements résultait notamment de pressions des pouvoirs publics (Cass. com. 18-1-2000 : RJDA 6/00 n° 704 ; CA Aix 11-9-2001 n° 97/8446 : RJDA 6/02 n° 672) ;
– les administrateurs d'une société anonyme disposaient d'une marge de manœuvre limitée compte tenu des liens familiaux les unissant au président, décideur unique, qui ont averti celui-ci de la nécessité de déclarer la cessation des paiements dès qu'ils ont eu connaissance de la situation de la société, qui n'ont commis aucun manquement dans le contrôle des comptes, les informations ne leur ayant pas été communiquées, et qui n'ont tiré aucun profit personnel de la situation (CA Paris 30-3-2004 n° 03/13812 : RJDA 12/04 n° 1362).

C. Passif mis à la charge des dirigeants

1° Décision du tribunal

Le tribunal peut écarter toute condamnation (Cass. com. 19-2-2002 n° 434 : RJDA 8-9/02 n° 919 ; Cass. com. 25-6-2002 n° 1241 : RJDA 12/02 n° 1306 ; CA Paris 8-11-2005 n° 03/22198 : RJDA 3/06 n° 312).
Peuvent constituer des circonstances « atténuantes » pour le dirigeant :
– les malversations du président qui, en raison de leur rapidité et de leur caractère occulte, auraient pu échapper à l'attention d'administrateurs même très diligents (CA Paris 29-9-1977 : BRDA 24/77 p. 17) ;
– la « crainte révérencielle » que le dirigeant nourrissait à l'égard des propriétaires de l'affaire qu'il considérait plutôt comme ses employeurs (CA Aix 31-10-1978 : Bull. Cour d'Aix 1978/4 p. 90).
Mais le dirigeant ne peut pas prétendre :
– qu'une décision qui s'est révélée fatale pour l'équilibre financier de la société lui a été imposée par la majorité des membres du conseil d'administration (Cass. com. 8-1-2002 n° 52 : RJDA 5/02 n° 536) ;
– avoir abandonné l'exercice effectif de ses fonctions à un autre dirigeant de droit ou de fait (Cass. com. 3-3-1998 : RJDA 7/98 n° 902, 2e esp. ; CA Paris 18-10-2005 n° 04/9543 : RJDA 3/06 n° 311).

2° Etendue de la contribution aux dettes sociales

a. Limitation au montant de l'insuffisance d'actif

Le montant total des condamnations mises à la charge des dirigeants au titre du comblement de passif ne peut pas excéder le montant de l'insuffisance d'actif (Cass. com. 17-11-1992 n° 1740 : RJDA

5/93 n° 452 ; Cass. com. 17-7-2001 n° 1522 : RJDA 12/01 n° 1239 ; Cass. com. 21-6-2005 n° 916 : RJDA 11/05 n° 1266).

b. Critères de condamnation d'un dirigeant

Pour déterminer s'il y a lieu de prononcer une condamnation, le tribunal peut prendre en considération non seulement la gravité des fautes de gestion et le montant de l'insuffisance d'actif mais également la situation personnelle du dirigeant et ses facultés contributives (CA Versailles 27-9-2001 n° 01/1834 : RJDA 2/02 n° 184).

c. Condamnation d'un dirigeant à la totalité de l'insuffisance d'actif

Le dirigeant peut être condamné à supporter la totalité des dettes sociales même si la faute de gestion qu'il a commise n'est que l'une des causes de l'insuffisance d'actif et si elle n'était à l'origine que d'une partie des dettes sociales (Cass. com. 17-2-1998 : RJDA 6/98 n° 776 ; Cass. com. 21-6-2005 précité ; Cass. com. 30-11-1993 : RJDA 4/94 n° 460).

En cas de liquidation judiciaire commune à plusieurs sociétés en raison de la confusion de leurs patrimoines, le dirigeant de l'une d'entre elles ne peut pas se voir condamné à supporter tout ou partie de l'insuffisance d'actif des sociétés dont il n'était pas dirigeant (Cass. com. 8-7-2003 n° 1221 : RJDA 1/04 n° 77 ; CA Paris 18-10-2005 n° 04/9543 : RJDA 3/06 n° 311).

3° Répartition de la contribution entre plusieurs dirigeants

a. Liberté du tribunal

Pour la répartition de la contribution au passif, il n'est pas tenu compte :

– de l'existence ou de l'absence de rémunération des dirigeants et il peut être décidé que les dettes sociales seront supportées par le gérant non rémunéré dans la même proportion que le gérant rémunéré (Cass. com. 9-10-1972 : Rev. sociétés 1973 p. 493) ;

– des conventions qui auraient pu être passées entre les dirigeants en vue de la répartition entre eux du passif mis à leur charge (CA Nîmes 23-10-1974 : D. 1975 som. p. 105).

Pour un exemple de répartition de la contribution au paiement des dettes sociales entre une gérante de droit (environ 12 200 F) et deux gérants de fait (environ 45 700 F chacun) dès lors que ces derniers, qui avaient une grande pratique des affaires, avaient profité du jeune âge et de l'inexpérience de la gérante de droit, voir CA Versailles 21-12-2000 : RJDA 4/01 n° 487.

b. Répartition par part virile

Lorsque le juge s'est abstenu de fixer la part de chacun des administrateurs dans la contribution au paiement des dettes sociales, celle-ci doit, en principe, être répartie par parts égales en application de l'article 1213 [devenu 1317] du Code civil (cf. CA Paris 4-2-1992 : Bull. Joly 1992 p. 278 note A. Couret).

4° Conséquences d'une condamnation

a. Au regard des créanciers

Entre les créanciers, le montant de la condamnation est réparti de façon égalitaire, sans qu'il y ait lieu de tenir compte de la nature, privilégiée ou non, de leurs créances (Cass. com. 20-5-1997 : RJDA 10/97 n° 1278).

b. A l'égard du dirigeant condamné

Lorsque le dirigeant condamné au paiement d'une partie du passif social est, par ailleurs, créancier de la société, il ne peut pas compenser le montant de la condamnation avec celui de sa créance (Cass. com. 25-10-1977 : Rev. sociétés 1978 p. 294 note D. Randoux). De même, la condamnation ne peut pas faire l'objet d'une transaction (Cass. com. 5-11-2003 n° 1493 : RJDA 2/04 n° 207).

5° Recours du dirigeant condamné

Le dirigeant condamné peut se retourner contre le ou les tiers qui sont à l'origine des fautes ayant entraîné sa condamnation (CA Aix 5-6-1981 : D. 1982 IR p. 67).

En revanche, le dirigeant ne peut pas exercer une action en garantie contre les autres dirigeants sociaux (Cass. com. 6-6-1995 : RJDA 7/95 n° 903 ; Cass. com. 1-4-2003 n° 604 : RJDA 7/03 n° 752).

Art. 184 La juridiction compétente est celle qui a prononcé le redressement judiciaire ou la liquidation des biens de la personne morale.

JURISPRUDENCE COMPARÉE

France

Compétence du tribunal

Le tribunal est compétent à l'égard d'un dirigeant de nationalité étrangère et dont le domicile est à l'étranger, l'action en paiement des dettes sociales étant indissociable de la procédure collective de la société (Cass. com. 5-5-2004 n° 726 : RJDA 10/04 n° 1149).

Art. 185 [mod.] La juridiction compétente peut enjoindre aux dirigeants à la charge desquels a été mis tout ou partie du passif de la personne morale de céder leurs parts sociales, titres de capital ou valeurs mobilières donnant accès au capital de celle-ci ou ordonner leur cession forcée par les soins du syndic, au besoin après expertise. Le produit de la vente est affecté au paiement de la part des dettes de la personne morale mise à la charge de ces dirigeants.

Art. 186 [mod.] L'action en comblement du passif se prescrit par trois (3) ans à compter de l'arrêté définitif de l'état des créances. En cas de résolution ou d'annulation du concordat de la personne morale, la prescription, suspendue pendant le temps qu'a duré le concordat, recommence à courir. Toutefois, le syndic dispose à nouveau, pour exercer l'action, d'un délai qui ne peut, en aucun cas, être inférieur à un (1) an.

Jurisprudence comparée

France

A. Non-prorogation du délai pour jour férié

Le délai qui expirerait normalement un samedi, un dimanche ou un jour férié ou chômé n'est pas prorogé jusqu'au premier jour ouvrable suivant, ce délai étant un délai de prescription et non de procédure (Cass. com. 10-1-2006 nº 37 : RJDA 5/06 nº 567).

B. Non-interruption de la prescription envers un administrateur du fait de l'assignation d'un autre

A été déclarée prescrite l'action formée contre le dirigeant de fait d'une société plus de trois ans après le jugement qui avait prononcé la liquidation judiciaire de la société, peu important qu'entre-temps le gérant de droit de la société ait été lui-même condamné au paiement d'une partie de l'insuffisance d'actif (Cass. com. 26-10-1999 : RJDA 1/00 nº 73).

Art. 187 [mod.] Lorsqu'un dirigeant d'une personne morale est déjà soumis à une procédure de redressement judiciaire ou de liquidation des biens, le montant du passif mis à la charge de ce dirigeant est déterminé par la juridiction compétente qui a prononcé le redressement judiciaire ou la liquidation des biens de la personne morale.

Dans ce cas, le syndic de la procédure collective de la personne morale produit au redressement judiciaire ou à la liquidation des biens du dirigeant.

Art. 188 [mod.] La décision intervenue en application de l'article 183 ci-dessus est soumise aux dispositions des articles 36 et 37 ci-dessus.

La publication de la décision est effectuée à la diligence et sous la responsabilité du syndic.

La publication est faite au Registre du commerce et du crédit mobilier en ce qui concerne les membres responsables du passif social ou les dirigeants d'une personne morale commerçante, et, s'ils sont commerçants, sous le numéro personnel des dirigeants.

Le syndic procède également, dans un délai de trente (30) jours à compter de la décision, à sa publication dans un journal d'annonces légales de l'État Partie concerné.

Section II • EXTENSION DES PROCÉDURES COLLECTIVES AUX DIRIGEANTS DES PERSONNES MORALES

Art. 189 [mod.] En cas de redressement judiciaire ou de liquidation des biens d'une personne morale, peut être déclaré personnellement en redressement judiciaire ou en liquidation des biens tout dirigeant qui a, sans être en cessation des paiements lui-même :

– exercé une activité professionnelle indépendante, civile, commerciale, artisanale ou agricole soit par personne interposée, soit sous le couvert de la personne morale masquant ses agissements ;

– disposé du crédit ou des biens de la personne morale comme des siens propres ;

– poursuivi abusivement, dans son intérêt personnel, une exploitation déficitaire qui ne pouvait conduire qu'à la cessation des paiements de la personne morale.

La juridiction compétente peut également prononcer le redressement judiciaire ou la liquidation des biens des dirigeants à la charge desquels a été mis tout ou partie du passif d'une personne morale et qui n'acquittent pas cette dette.

Jurisprudence OHADA

Conditions non réunies pour l'extension des poursuites aux dirigeants

C'est à tort qu'il est reproché à un arrêt attaqué d'avoir violé les articles 33, 183, 189 et 190 de l'AUPCAP, en ne donnant pas, dans son dispositif, de réponse aux demandes d'extension des poursuites aux dirigeants sociaux de la société en cause, alors que dans ses motifs, la demande de la requérante concernant la mise en cause des dirigeants a été déclarée recevable. Il en est ainsi dès lors que l'arrêt querellé indique, entre autres, que : « Les conditions pour une extension de la liquidation des biens de la société [...] à ses dirigeants ne sont pas réunies [...] qu'il en résulte que l'extension de la procédure de liquidation de la société [...] aux personnes mises en cause ne peut intervenir à cette étape de la procédure [...] Qu'il y a lieu de rejeter la demande [...], comme étant mal fondée » ; tel qu'énoncé, ce motif de l'arrêt répond bien aux demandes de la requérante ; que dès lors, le moyen doit être rejeté (CCJA, 1e ch., nº 169, 27-7-2017 : BCM SARL c/ SM SA en liquidation et 4 autres).

Jurisprudence comparée

France

A. Dissimulation des actes de commerce accomplis par le dirigeant dans son intérêt personnel sous le couvert de la société

L'accomplissement de ces actes n'a pas été jugé caractérisé dans un cas où les actes avaient été faits ostensiblement au nom de leur destinataire (Cass. com. 28-3-1995 nº 687 : RJDA 10/95 nº 1170).

B. Usage des biens de la société à des fins personnelles

Ont agi à des fins personnelles :

– le dirigeant d'une société en liquidation judiciaire qui avait, d'une part, racheté à cette société un véhicule automobile pour un prix manifestement sous-évalué et, d'autre part, reconnu avoir effectué, sans motif légitime, un retrait sur le compte bancaire de la société d'un montant non contesté de 4 000 € pendant la période suspecte (Cass. com. 4-4-2006 nº 471 : RJDA 6/06 nº 685) ;

– les dirigeants de droit et de fait d'une société en liquidation judiciaire en raison de l'importance de l'écart constaté entre la valeur réelle du matériel, notamment informatique (vendu 1 760 €), et son estimation au bilan de la société (48 400 €), lequel suffit à démontrer le détournement par les dirigeants d'une partie de l'actif social ; ceux-ci ont aussi mis à la charge de la société des dépenses faites pour leurs besoins personnels (frais personnels à hauteur de 5 000 €, frais de péage d'autoroute et notes de carburant pour des déplacements pendant le week-end), disposant ainsi des biens sociaux comme de leurs propres (CA Paris 9-9-2008 nº 07/11396 : RJDA 12/08 nº 1298).

C. Poursuite abusive, dans un intérêt personnel, d'une exploitation déficitaire

1º Conditions d'application

Seul un fait positif de poursuite abusive d'une exploitation déficitaire peut être retenu à l'encontre du dirigeant social pour justifier la sanction prononcée contre lui ; ne présente pas ce caractère le fait pour un administrateur de ne pas manifester son opposition à la poursuite abusive de l'activité sociale qu'il sait déficitaire (Cass. com. 25-6-1996 : RJDA 12/96 nº 1546).

2º Application

Il résulte des éléments suivants que le dirigeant a poursuivi une exploitation déficitaire ne pouvant conduire qu'à la cessation des paiements : pendant la période d'exécution du plan de continuation de la société, le dirigeant avait certes effectué de nouveaux apports en compte courant mais ceux-ci étaient très insuffisants pour faire face à l'important loyer commercial (un quart du chiffre d'affaires) dont le non-paiement avait rapidement entraîné la résiliation ; pendant cette même période, le dirigeant qui ne parvenait pas à ce que la société règle elle-même son loyer commercial avait pourtant régulièrement imputé au débit de son compte courant d'associé, diminuant d'autant l'impact des apports de trésorerie qu'il avait faits à la société, le montant de loyers qu'il devait personnellement à Paris (5 000 €) et prélevait tous les mois une rémunération d'environ 1 500 € ; en outre, ces faits établissent que le dirigeant avait un intérêt personnel à cette poursuite de l'activité dès lors que, s'il avait déclaré la cessation des paiements, il n'aurait pas pu continuer à percevoir le salaire, même modéré, qu'il s'était attribué, il aurait perdu sa mise et n'aurait plus pu ponctionner, par ses imputations, la trésorerie de la société pour régler ses dettes personnelles, alors que l'assèchement de la trésorerie de la société a lui-même contribué à la cessation des paiements (CA Orléans 23-3-2006 nº 05/620 : RJDA 7/06 nº 812).

Art. 190 La juridiction compétente est celle qui a prononcé le redressement judiciaire ou la liquidation des biens de la personne morale.

Art. 191 Les créanciers admis dans la procédure collective ouverte contre la personne morale sont admis, de plein droit, dans le redressement judiciaire ou la liquidation des biens du dirigeant. Le passif comprend, outre le passif personnel du dirigeant, celui de la personne morale.

Art. 192 La date de la cessation des paiements du dirigeant ne peut être postérieure à celle fixée par la décision prononçant le redressement judiciaire ou la liquidation des biens de la personne morale.

Art. 193 Les dispositions de l'article 188 ci-dessus sont applicables à la décision prononçant l'extension des procédures collectives aux dirigeants des personnes morales.

• Titre IV •

FAILLITE PERSONNELLE ET RÉHABILITATION

Art. 194 [mod.] Les dispositions du présent titre s'appliquent :

1°) aux personnes physiques exerçant une activité professionnelle indépendante, civile, commerciale, artisanale ou agricole ;

2°) aux personnes physiques dirigeantes de personnes morales soumises à une procédure de redressement judiciaire ou de liquidation des biens ;

3°) aux personnes physiques représentants permanents de personnes morales dirigeantes des personnes morales visées au 2° du présent article.

Les dirigeants des personnes morales visés au présent article sont les dirigeants de droit ou de fait, rémunérés ou non.

Art. 195 [mod.] Le ministère public surveille l'application des dispositions du présent titre et en poursuit l'exécution.

• Chapitre I •

FAILLITE PERSONNELLE

Section I • CAS DE FAILLITE PERSONNELLE

Art. 196 [mod.] En cas de redressement ou de liquidation des biens, la juridiction compétente peut prononcer la faillite personnelle des personnes qui ont :

1°) soustrait la comptabilité de leur entreprise, détourné ou dissimulé une partie de son actif ou reconnu frauduleusement des dettes qui n'existaient pas ;

2°) exercé une activité professionnelle indépendante, civile, commerciale, artisanale ou agricole dans leur intérêt personnel, soit par personne interposée, soit sous couvert d'une personne morale masquant leurs agissements ;

3°) usé du crédit ou des biens d'une personne morale comme des leurs propres ;

4°) par leur dol, obtenu pour eux-mêmes ou pour leur entreprise, un concordat annulé par la suite ;

5°) commis des actes de mauvaise foi ou des imprudences inexcusables ou qui ont enfreint gravement les règles et usages du commerce tels que définis par l'article 197 ci-après.

Peuvent également être déclarés en faillite personnelle les dirigeants d'une personne morale condamnés pour banqueroute simple ou frauduleuse.

JURISPRUDENCE COMPARÉE

France

A. Défaut de remise de la comptabilité au liquidateur judiciaire excusable

Le dirigeant d'une société en liquidation judiciaire n'encourt pas la sanction personnelle pour absence de tenue de comptabilité conforme en ne remettant pas au mandataire liquidateur la comptabilité, compte tenu des éléments suivants (CA Paris 25-11-2008 n° 07/16214 : RJDA 3/09 n° 257) :

– les difficultés de la société qui exploitait un hôtel dans des locaux pris en location n'étaient pas étrangères au fait qu'elle était en procès depuis plusieurs années avec son bailleur en raison de la mise en jeu par ce dernier de la clause résolutoire du bail et de la demande par la société du paiement d'une indemnité d'éviction ;

– pour les besoins de sa défense à ce contentieux, le dirigeant avait dû conserver de nombreuses pièces juridiques et comptables qu'il s'était donc abstenu de présenter au liquidateur judiciaire, comportement qui ne pouvait pas lui être reproché puisque la défense des intérêts de la société était prioritaire.

B. Proportionnalité des sanctions encourues par les commerçants et les dirigeants

En vertu du principe de proportionnalité, si la sanction infligée à l'encontre d'un commerçant ou un dirigeant relève de l'appréciation souveraine des juges du fond, il importe, lorsque plusieurs faits sont retenus, que chacun d'entre eux soit légalement justifié ; en conséquence :

– l'omission de faire dans le délai légal la déclaration de la cessation des paiements et l'absence de tenue d'une comptabilité régulière retenues pour prononcer à l'encontre d'un débiteur une faillite personnelle d'une durée de dix ans supposent de s'expliquer sur la qualité de commerçant du débiteur que ce dernier contestait et qui était la condition nécessaire pour retenir à son encontre le défaut de comptabilité (Cass. com. 1-12-2009 n° 08-17.187 : RJDA 3/10 n° 275 et chron. D. Gibirila p. 211) ;

– l'omission de faire dans le délai légal la déclaration de la cessation des paiements retenue comme faute de gestion ayant contribué à l'insuffisance d'actif pour condamner un dirigeant à supporter les dettes sociales suppose de caractériser, en l'absence de précisions sur l'actif disponible, l'état de cessation des paiements, lequel constituait la condition nécessaire pour retenir à l'encontre du dirigeant la déclaration tardive de l'état de cessation des paiements (Cass. com. 15-12-2009 n° 08-21.906 : RJDA 3/10 n° 275, 1e esp.).

Art. 197 [mod.] **Sont présumés actes de mauvaise foi, imprudences inexcusables ou infractions graves aux règles et usages du commerce :**

1°) l'exercice d'une activité professionnelle indépendante, civile, commerciale, artisanale ou agricole ou d'une fonction de gérant, administrateur, président, directeur général ou liquidateur, en violation d'une interdiction prévue par les Actes uniformes ou par la loi de chaque État partie ;

2°) l'absence d'une comptabilité conforme aux règles comptables et aux usages reconnus de la profession, eu égard à l'importance de l'entreprise débitrice ;

3°) les achats pour revendre au-dessous du cours dans l'intention de retarder la constatation de la cessation des paiements ou l'emploi, dans la même intention, de moyens ruineux pour se procurer des fonds ;

4°) la souscription, pour le compte d'autrui, sans contrepartie, d'engagements jugés trop importants au moment de leur conclusion, eu égard à la situation du débiteur ou de son entreprise ;

5°) la poursuite abusive d'une exploitation déficitaire qui ne pouvait conduire l'entreprise débitrice qu'à la cessation des paiements.

Jurisprudence comparée

France

A. Exercice interdit d'une activité commerciale ou artisanale

Absence d'interdiction. Ne constituent pas l'exercice illégal d'une activité, au sens de l'article L. 189-1 :

– la réinscription d'un artisan au registre des métiers, suivie d'un exercice temporaire de son activité de maçon-couvreur avant la clôture de la liquidation judiciaire (CA Dijon, 1e ch., 4-1-1994 : JCP 1994.IV.1708) ;

– la création par un commerçant d'une activité personnelle au cours de la procédure de liquidation judiciaire à laquelle il était soumis (Cass. com. 17-3-1998 n° 709 : DA 1998.915).

B. Défaut de comptabilité

L'insuffisance de tenue de comptabilité doit être appréciée sans qu'il y ait lieu de distinguer selon que la comptabilité est inexistante ou incomplète (CA Douai, 2e ch., 4-11-1999, n° 97/09752 : Rev. proc. coll. 2001.276 n° 9).

Le caractère incomplet de la comptabilité la rend non conforme aux dispositions légales ; tel est le cas dès lors qu'il a été relevé que certaines factures n'étaient pas enregistrées, qu'aucune totalisation n'était effectuée, que les journaux comptables n'étaient pas tenus correctement ou n'existaient pas et que beaucoup de pièces comptables manquaient (Cass. com. 12-4-2005 n° 618 : RJDA 7/05 n° 865 ; D. 2005 AJ 1351 obs. A. Lienhard).

Mais ne constituent pas des faits passibles de la faillite personnelle le défaut de remise de la comptabilité ou de la liste des créanciers et des dettes sociales (Cass. com. 27-2-2007 n° 393 : D. 2007.som.1021 obs. A. Lienhard ; JCP (éd. G) 2007 IV 1729).

C. Emploi de moyens ruineux

A usé de moyens ruineux le débiteur qui, d'une part, s'était adressé à un nombre inhabituel d'établissements de crédit pour se procurer des fonds en diversifiant ses sources de financement pour éviter d'attirer l'attention, qui, d'autre part, par sa recherche effrénée de crédits avait cherché à retarder l'échéance de la déclaration de cessation des paiements alors que le recours à des établissements financiers ou à des prêteurs privés a été sans commune mesure avec les résultats de son activité ; en raison de l'unité du patrimoine du débiteur soumis à la procédure collective, aucune distinction n'était à faire entre les divers prêts consentis à l'intéressé (Cass. com. 28-1-2004 n° 245 : RJDA 7/04 n° 873).

Art. 198 [mod.] **La juridiction compétente peut prononcer la faillite personnelle des dirigeants qui :**

1°) ont commis des fautes graves autres que celles visées à l'article 197 ci-dessus ou ont fait preuve d'une incompétence manifeste ;

2°) n'ont pas déclaré, dans les trente *(30)* jours, la cessation des paiements de la personne morale ;

3°) n'ont pas acquitté la partie du passif social mise à leur charge.

Jurisprudence OHADA

Faillite personnelle

Des dirigeants d'une société déclarée en liquidation judiciaire ont été condamnés à trois ans de faillite personnelle, au motif qu'en leur qualité, ils ne pouvaient ignorer la situation de la société d'autant plus que différents actes d'exécution leur ont été servis et sont restés vains, la société ayant « disparu physiquement » (TRHC Dakar (Sénégal), n° 055, 12-12-2003 : Sté Africaine de Sondages, Injection Forages (Sasif) c/ Entreprise d'export import de commerce et de représentation (Eeximcor), Ohadata J-09-328 ; obs. Joseph Issa-Sayegh).

Jurisprudence comparée

I. Belgique

Infraction pénale

Les anciens gérants ainsi que toute autre personne peuvent être déclarées personnellement obligés, avec ou sans solidarité, de tout ou partie des dettes sociales à concurrence de l'insuffisance d'actif s'il est établi qu'une faute grave et caractérisée dans leur chef a contribué à la faillite ; cette insuffisance d'actif peut aussi constituer en tout ou en partie un dommage qui résulte d'une infraction déclarée établie par le juge pénal et dont l'indemnisation peut être réclamée par le curateur de la faillite (le syndic) au nom de la masse des créanciers devant le juge pénal (Cour de cassation de Belgique 18-06-20103 P.12.1412.N : Juricaf).

II. France

A. Dépôt tardif du bilan : conditions relatives à la cessation des paiements

1° Existence de la cessation des paiements

L'état de cessation des paiements ne se déduit ni de l'existence d'un excédent du passif sur l'actif lors des opérations de liquidation ni de l'inscription de sûretés par l'Urssaf, mais du fait que le débiteur se trouve dans l'impossibilité de faire face au passif exigible avec son actif disponible (Cass. com. 6-1-1998 : RJDA 3/98 n° 321).

La sanction du dépôt tardif du bilan supposant l'existence de la cessation des paiements, elle ne peut être appliquée dans le cas où l'ouverture d'une nouvelle procédure collective résulte de la résolution du plan de continuation de l'entreprise pour inexécution de ses engagements financiers (Cass. com. 29-5-2001 : RJDA 11/01 n° 1136, transposable à la résolution du concordat).

2° Liberté du juge pour fixer la date de la cessation des paiements

Le juge n'est pas lié par la décision antérieure du tribunal qui a retenu, par une appréciation de la situation au jour où il statuait, que le débiteur poursuivi n'était pas en cessation des paiements à la date que ledit juge a lui-même retenue par la suite pour faire application de la faillite personnelle (Cass. com. 19-11-1996 : RJDA 3/97 n° 428).

3° Contestation par le débiteur de la date de cessation des paiements retenue par le juge

Le débiteur est en droit de contester, pour les besoins de sa défense, le bien fondé de la date de cessation des paiements retenue par la décision qui a prononcé sa liquidation judiciaire et dont il n'a pas relevé appel (Cass. com. 4-7-2000 : Rev. proc. coll. 2001.107 n° 1).

B. Obligation du débiteur

La responsabilité de l'absence de déclaration de cessation des paiements dans le délai incombe au débiteur même dans le cas où il n'a différé sa déclaration que sur les conseils d'un tiers (Cass. com. 30-11-1993 : RJDA 4/94 n° 460), comme dans le cas où il a été assigné pendant le délai en déclaration d'ouverture d'une procédure collective par le créancier (Cass. com. 19-1-1999 : RJDA 4/99 n° 453).

La société débitrice est tenue à déclaration même si un mandataire ad hoc a été chargé de sa gestion (Cass. com. 10-5-2005 n° 720 : RJDA 8-9/05 n° 1025).

C. Non-prise en compte des mobiles de l'auteur du dépôt tardif

La sanction du dépôt tardif doit être appliquée sans qu'il y ait lieu de considérer les motifs qui ont conduit le dirigeant à différer la déclaration de la cessation des paiements ou l'absence de volonté de celui-ci de se soustraire à ses obligations (Cass. com. 13-4-1999 : RJDA 8-9/99 n° 979, 1e esp.).

Il n'y a pas lieu de prendre en compte :

– la réalité de l'accord permettant d'envisager le redressement de l'entreprise par adoption d'un plan de continuation (CA Paris, 3e ch. A, 5-1-2000 : Rev. proc. coll. 2001.277 n° 12) ;

– le fait que le passif généré entre la date de cessation des paiements et le dépôt du bilan était modeste et que le dirigeant poursuivi a consenti des efforts financiers importants dans l'intérêt de la société (CA Paris, 3e ch. C, 15-12-1999 : Rev. proc. coll. 2001.278 n° 12) ;

– le fait qu'une femme a accepté de devenir gérante d'une société sur la demande pressante de son mari (CA Douai, 2e ch., 9-9-1999 : Rev. proc. coll. 2001.278 n° 12) ;

– l'existence éventuelle d'autres fautes dès lors que le retard du dépôt de bilan est établi (CA Douai, 2e ch., 9-12-1999 : Rev. proc. coll. 2001.278 n° 12).

D. Date de naissance de l'obligation de déclarer

L'obligation déclarative naît aussitôt que l'actif disponible ne permet plus de faire face au passif exigible (CA Paris, 3e ch. B, 16-4-1999, 2e espèce : RJDA 8-9/99 n° 979 som.).

Art. 199 [mod.] La faillite personnelle des dirigeants des personnes morales prive ceux-ci du droit de vote dans les assemblées de ces personnes morales contre lesquelles est ouverte une procédure collective.

Ce droit est exercé par un mandataire désigné par le juge-commissaire d'office ou à la requête du syndic ou de tout membre de la personne morale.

Section II • PROCÉDURE

Art. 200 [mod.] Lorsqu'il a connaissance de faits susceptibles de justifier la faillite personnelle, le syndic en informe immédiatement le ministère public et le juge-commissaire à qui il fait rapport dans les dix (10) jours.

Le juge-commissaire adresse ce rapport au président de la juridiction compétente. A défaut d'un tel rapport du syndic, le juge-commissaire peut faire lui-même rapport au président de la juridiction compétente.

Dès qu'il est saisi du rapport du syndic ou du juge-commissaire, le président de la juridiction compétente fait citer à comparaître à jour fixe, huit (8) jours au moins à l'avance, par signification d'huissier de justice ou notification par tout moyen permettant d'établir la réception effective par le destinataire, à la diligence du greffier, le débiteur ou les dirigeants de la personne morale pour être entendus par la juridiction compétente siégeant en audience non publique en présence du syndic ou lui dûment appelé par le greffier, par lettre au porteur contre récépissé ou par lettre recommandée avec demande d'avis de réception ou par tout moyen laissant trace écrite. Une copie du rapport est jointe à la convocation à peine de nullité.

Jurisprudence OHADA

Irrecevabilité du pourvoi en cassation formé contre une décision rendue en vertu de l'article 200

Le jugement rendu en application de l'article 200 de l'AUPCAP est susceptible d'appel ; la saisine directe de la CCJA après un tel jugement est irrecevable (CCJA, 1e ch., no 009/2022, 27-1-2022 : Commercial Bank Cameroun SA c/ République de Guinée équatoriale ; CCJA, 1e ch., no 009/2022, 27-1-2022).

Art. 201 [mod.] Le débiteur ou les dirigeants de la personne morale mis en cause doivent comparaître en personne ; en cas d'empêchement dûment justifié, ils peuvent se faire représenter par une personne munie d'un pouvoir spécial et habilitée à représenter les parties devant la juridiction saisie.

Si le débiteur ou les dirigeants de la personne morale ne se présentent pas ou ne sont pas représentés, la juridiction compétente les cite à nouveau à comparaître, dans les mêmes formes et délais que ceux prévus à l'article 200 ci-dessus.

En cas d'itératif défaut, la juridiction compétente statue par une décision réputée contradictoire à leur égard.

Art. 202 [mod.] Indépendamment des mentions prévues au casier judiciaire, les décisions prononçant la faillite personnelle sont mentionnées au registre du commerce et du crédit mobilier.

En ce qui concerne les dirigeants des personnes morales non commerçantes, ces décisions sont mentionnées sur ledit registre ainsi qu'en marge de l'inscription du redressement judiciaire ou de la liquidation des biens.

Ces décisions sont, en outre, à la diligence du greffier, publiées par extraits dans un journal d'annonces légales dans le ressort de la juridiction ayant statué, dans les conditions prévues par l'article 37 ci-dessus.

Section III • EFFETS DE LA FAILLITE PERSONNELLE

Art. 203 [mod.] La décision qui prononce la faillite personnelle emporte de plein droit :

– l'interdiction générale de faire le commerce et, notamment, de diriger, gérer, administrer ou contrôler une entreprise commerciale à forme individuelle ou toute personne morale ;

– l'interdiction d'exercer une fonction publique élective et d'être électeur pour ladite fonction publique ;

– l'interdiction d'exercer toute fonction administrative, judiciaire ou de représentation professionnelle.

Lorsque la juridiction compétente prononce la faillite personnelle, elle en fixe la durée qui ne peut être inférieure à six (6) mois ni supérieure à dix (10) ans.

Les déchéances, incapacités et interdictions résultant de la faillite personnelle cessent, de plein droit, au terme fixé.

• Chapitre II •
REHABILITATION

Section I • CAS DE REHABILITATION

Art. 204 [mod.] La décision de clôture pour extinction du passif entraîne la réhabilitation du débiteur si le passif est éteint dans les conditions prévues par l'article 178 ci-dessus.

Pour être réhabilité de plein droit, le membre solidairement responsable des dettes d'une personne morale déclarée en cessation des paiements doit justifier qu'il a acquitté, dans les conditions prévues par l'article 178 ci-dessus, toutes les dettes de la personne morale, alors même qu'un concordat particulier lui aurait été consenti.

Art. 205 [mod.] Peut être réhabilitée si sa probité est reconnue :

– toute personne qui a obtenu des créanciers un concordat particulier et qui a intégralement payé les dividendes promis ;

– toute personne qui justifie de la remise entière de sa dette par ses créanciers ou de leur consentement unanime à sa réhabilitation.

Peuvent également être réhabilités les dirigeants de personnes morales :

– contre qui a été prononcé le redressement judiciaire ou la liquidation des biens et qui se trouvent personnellement dans le cas prévu à l'article 204, al. 1 ci-dessus ;

– contre qui a été prononcée seulement la faillite personnelle si la personne morale à l'égard de qui a été prononcé le redressement judiciaire ou la liquidation des biens se trouve dans le cas prévu à l'article 204, al. 1 ci-dessus.

Art. 206 [mod.] La personne déclarée en état de faillite personnelle peut être réhabilitée après son décès si, de son vivant, elle remplissait les conditions prévues par les articles 204 ou 205 ci-dessus.

Art. 207 [mod.] Ne sont pas admises à la réhabilitation les personnes condamnées pour crime ou délit, tant que la condamnation a pour conséquence de leur interdire l'exercice d'une activité professionnelle indépendante, civile, commerciale, artisanale ou agricole.

Section II • PROCÉDURE

Art. 208 [mod.] Toute demande en réhabilitation est adressée, avec les pièces justificatives, au président de la juridiction qui a prononcé la faillite personnelle.

Celui-ci communique la demande et toutes les pièces au ministère public du domicile du requérant.

Le président de la juridiction compétente et le ministère public recueillent tous les renseignements possibles et utiles sur la véracité des faits exposés.

Le syndic reçoit les mêmes pièces et la même mission de ce magistrat avec obligation de déposer un rapport dans un délai de trente (30) jours à compter de sa saisine.

Art. 209 [mod.] Avis de la demande est donné par lettre au porteur contre récépissé ou par lettre recommandée avec demande d'avis de réception ou par tout moyen laissant trace écrite, par les soins du greffier de la juridiction compétente, à chacun des créanciers admis ou reconnus, même par décision judiciaire postérieure.

Art. 210 [mod.] Tout créancier non intégralement payé dans les conditions des articles 178 et 204 ci-dessus peut, pendant le délai d'un (01) mois à partir de cet avis, faire opposition à la réhabilitation par simple déclaration au greffe appuyée des pièces justificatives.

Le créancier opposant peut également intervenir dans la procédure de réhabilitation par requête présentée au président de la juridiction compétente et signifiée au débiteur.

Art. 211 [mod.] Après expiration des délais prévus aux articles 208 et 210 ci-dessus, le résultat des enquêtes et rapports prescrits ci-dessus et les oppositions formées par les créanciers sont communiqués au représentant du ministère public saisi de la demande qui les transmet à la juridiction compétente avec ses réquisitions écrites.

Art. 212 La juridiction compétente appelle, s'il y a lieu, le demandeur et les opposants et les entend contradictoirement en audience non publique.

Art. 213 [mod.] Si la demande en réhabilitation est rejetée, elle ne peut être renouvelée qu'après une (01) année à compter de la décision de rejet.

Si elle est admise, la décision est transcrite au Registre du commerce et du crédit mobilier.

Le débiteur peut, s'il y a lieu, notifier la décision de réhabilitation au représentant légal de son ordre professionnel et la faire publier dans un journal d'annonces légales de l'État Partie concerné.

Art. 214 [mod.] La procédure de réhabilitation est dispensée de timbre et d'enregistrement ainsi que de tout autre impôt ou taxe.

Section III • EFFETS DE LA RÉHABILITATION

Art. 215 Le débiteur réhabilité est rétabli dans tous les droits dont il avait été privé par la décision prononçant sa faillite personnelle.

• Titre V •

VOIES DE RECOURS EN MATIÈRE DE REDRESSEMENT JUDICIAIRE ET DE LIQUIDATION DES BIENS

Art. 216 [mod.] Ne sont susceptibles ni d'opposition ni d'appel :

1°) les décisions relatives à la nomination ou au remplacement du juge-commissaire, à la nomination ou à la révocation des syndics ou à la nomination ou à la révocation des contrôleurs ;

2°) les décisions par lesquelles la juridiction compétente statue sur le recours formé contre les décisions rendues par le juge-commissaire dans les limites de ses attributions, à l'exception de celles statuant sur les revendications et sur les décisions prévues aux articles 162 et 164 ci-dessus ;

3°) la décision rendue par la juridiction compétente en application de l'article 111, dernier al., ci-dessus ;

4°) les décisions autorisant la continuation de l'exploitation, sauf dans le cas prévu par l'article 113, al. 2, ci-dessus.

Jurisprudence OHADA

I. Décisions non susceptibles d'appel ou d'opposition

A. Nomination d'un nouveau syndic

La demande de nomination d'un syndic (en remplacement du premier syndic qui a renoncé à sa désignation) qui a été rejetée en première instance, entre bien dans le champ d'application des dispositions de l'article 216 de l'AUPCAP qui interdit l'opposition et l'appel des décisions relatives à la nomination ou à la révocation des syndics ; irrecevabilité de l'appel (CA Dakar, ch. civ. et com., n° 230, 24-4-2003 : Agent judiciaire de l'État c/ Liquidateur Air Afrique et A. D., Ohadata J-03-173).

La requête d'un créancier, fût-il l'État, tendant à la désignation d'un cosyndic dans une procédure de liquidation, alors qu'aucun grief n'a été formulé contre le syndic déjà désigné et que le juge-commissaire a formulé un avis contraire, doit être rejetée dès lors que la nécessité ou l'opportunité de la désignation sollicitée n'ont pas été démontrées. Conformément à l'article 216 de l'AUPCAP, la décision de rejet est rendue en premier et dernier ressort (TRHC Dakar, n° 8, 14-2-2003 : Liquidation des biens Air Afrique, Ohadata J-05-31).

L'adjonction à monsieur [X.], déjà désigné comme syndic de la société en cause, de deux autres syndics, à savoir messieurs [Y.] et [Z.], pour pallier les difficultés empêchant le premier syndic désigné d'avancer, entre bien dans le champ d'application de l'article 216 de l'AUPCAP qui interdit l'opposition et l'appel des décisions relatives à la nomination ou à la révocation des syndics. Ce moyen d'ordre public ayant été contradictoirement soulevé par les appelants en cause d'appel sans être discuté par l'intimée, il échet en conséquence de déclarer l'appel irrecevable (CCJA, 2e ch., n° 037/2022, 24-2-2022).

B. Décision statuant sur le recours contre une décision du juge-commissaire

La décision statuant sur le recours formé contre la décision d'un juge-commissaire de refuser l'admission d'une créance ne concerne ni la cession des biens (art. 162 de l'AUPCAP), ni la répartition des deniers entre les créanciers (art. 164 de l'AUPCAP). Elle ne peut par conséquent faire l'objet de voies de recours ordinaires et la cour d'appel ne peut ni ordonner la défense à l'exécution provisoire d'une telle décision ni suspendre son exécution déjà entamée, conformément à l'article 32 de l'AUPSRVE (CA Niamey (Niger), n° 101, 1-10-2006 : Ofedes Liquidation, (office des eaux du sous-sol) c/ Me D. O., Ohadata J-10-236). Dans le même sens, (CA Ouagadougou (Burkina Faso), ch. com., n° 017, 17-4-2009 : 134 ex-travailleurs du CNEA c/ Syndics liquidateurs du CNEA, Ohadata J-10-209).

Il résulte des articles 40 et 216 de l'AUPCAP que le juge-commissaire statue sur les demandes et contestations relevant de sa compétence et que ses décisions peuvent être frappées d'opposition formée par simple déclaration au greffe. Les décisions par lesquelles la juridiction compétente statue sur le recours formé contre les décisions rendues par le juge-commissaire dans les limites de ses attributions ne sont susceptibles ni d'opposition ni d'appel (CCJA, 2e ch., n° 010/2013, 7-3-2013 : BGFIBANK c/ SHM, représentée par Edo Rufin Dubernard, syndic, Rec. jur. CCJA, n° 20, vol. 2, janv.-déc. 2013, p. 26-28, Ohadata J-15-10).

C. Autorité de la chose jugée

C'est à tort qu'il est reproché à une cour d'appel d'avoir violé l'article 216, 2° de l'AUPCAP en déclarant un appel irrecevable, dès lors qu'elle n'a pas jugé l'appel irrecevable en application de cet article mais s'est fondée sur un arrêt qu'elle avait précédemment rendu dans la même cause et entre les mêmes parties ainsi que, la cour d'appel, qui a opposé aux appelants l'autorité de la chose jugée (CCJA, 2e ch., n° 156/2021, 28-10-2021 : Akoube Mathias c/ Koffi Konan).

II. Décisions susceptibles d'appel ou d'opposition

A. Décision statuant sur la revendication d'un créancier

Décision statuant sur la revendication d'un créancier. Est irrecevable en l'état le recours formé contre la décision d'un tribunal de première instance qui a rejeté l'« action en opposition à la décision implicite de rejet » par un juge-commissaire de la contestation dont il a été saisi et qui a essentiellement statué sur la revendication d'un créancier, dès lors que ladite décision, qui n'entre pas dans le cadre de l'article 216-2° de l'AUPCAP, n'a pu être rendue qu'à charge d'appel (CCJA, 2e ch., n° 019, 2-4-2015 : Sté ivoirienne de produits et négoce dite IPN c/ État de Côte d'Ivoire, Ohadata J-16-19). De même, l'opposition formée contre la décision implicite de rejet d'un juge-commissaire n'est rien d'autre qu'une action en revendication dans le cadre d'une procédure collective d'apurement du passif. La décision implicite de rejet du juge-commissaire étant susceptible d'opposition et la décision rendue sur opposition par le tribunal de commerce étant susceptible d'appel, conformément aux dispositions de l'article 216 de l'AUPCAP, c'est en méconnaissance de ces dispositions que le demandeur a saisi la CCJA d'un recours en cassation dirigé contre ledit jugement susceptible d'appel, exposant ainsi son pourvoi à l'irrecevabilité (CCJA, 2e ch., n° 004, 11-1-2018 : Coris Bank International c/ Zorom Adama, Richard Import-Export (Rexi)).

Irrecevabilité de la tierce opposition. L'article 216 de l'AUPCAP, qui réglemente les voies de recours ouvertes contre les décisions du juge-commissaire et celles du tribunal compétent ayant statué sur le recours formé contre les décisions rendues par le juge-commissaire dans les limites de ses attributions, seule disposition applicable, exclut par principe l'opposition et l'appel, et ne prévoit pas la tierce opposition ; elle n'admet l'opposition et l'appel que dans des cas limités, notamment contre les décisions statuant sur les revendications et celles prévues aux articles 162 et 164. En l'espèce, le jugement querellé, qui a statué sur la cession d'un immeuble, n'est susceptible que d'opposition et d'appel, nonobstant les dispositions internes (du Code de procédure civile) invoquées qui sont inapplicables. C'est donc par une saine application de la loi que le jugement querellé a déclaré la tierce opposition irrecevable et le pourvoi est à rejeter (CCJA, 3e ch., n° 159, 13-7-2017 : Niangado Oumar Aboubacar c/ Sté Afram Liquidation).

B. Actions initiées par le syndic

1° Action en paiement

L'action initiée par le syndic de la liquidation d'une société visant à obtenir le paiement de taxes sur le prix des villas vendues par cette société, suite au retrait de l'exonération fiscale par le ministre de l'économie et des finances, est une action en revendication engagée dans le cadre des procédures collectives d'apurement du passif et portée devant le juge-commissaire. L'ordonnance du juge-commissaire intervenue dans une telle procédure est susceptible d'opposition et la décision de la juridiction compétente saisie, quant à elle, est susceptible d'appel conformément à l'article 216 de l'AUPCAP. Il s'ensuit qu'en saisissant la CCJA d'un recours en cassation dirigé contre un tel jugement rendu dans par un tribunal de première instance, alors que celui-ci était rendu à charge d'appel, le requérant a méconnu les dispositions des articles 14, al. 4 du Traité relatif à l'OHADA et 216 de l'Acte uniforme portant organisation des procédures collectives d'apurement du passif, rendant ainsi son recours irrecevable (CCJA, 2e ch., n° 035, 23-4-2015 : N'Guessan Patrick Olivier c/ SCI Iprobat, Ohadata J-16-35).

2° Action en restitution d'un bien

Il est constant, selon la jurisprudence de la CCJA, que l'action d'un syndic de liquidation visant à obtenir la restitution d'un bien ou d'un droit détenu par un tiers, et engagée dans le cadre d'une procédure collective d'apurement du passif, est une action relevant de l'article 216-2° de l'AUPCAP. L'ordonnance du juge-commissaire statuant en la matière est susceptible d'opposition et la décision de la juridiction compétente saisie sur opposition est susceptible d'appel conformément aux dispositions sus énoncées. C'est donc à tort qu'il a été considéré que les jugements attaqués ont été rendus en « dernier ressort » et les affaires doivent être renvoyées aux fins de saisine de la cour d'appel (CCJA, 2e ch., n° 085, 8-7-2015 : Gnango Emmanuel Patrice Loba, Kouablan Anoh, Akoube Mathias, Don Ake Thomas, Toti Boga, Awo Alie Ferdinand, Kouadio Awua Mathieu, Yao Adjoua Jacqueline, Soro Kadiatou c/ SCI Iprobat, Ohadata J-16-84).

L'action des cosyndics d'une société en liquidation, bien que visant à obtenir la restitution de titres fonciers de la société en liquidation encore détenus par un créancier, a été engagée comme action en revendication dans le cadre des procédures collectives d'apurement du passif et comme telle portée devant le juge-commissaire. L'ordonnance du juge-commissaire intervenue dans une telle procédure était susceptible d'opposition, et la décision de la juridiction compétente saisie sur opposition était susceptible d'appel conformément aux dispositions de l'article 216 de l'AUPCAP. Il suit qu'en saisissant la CCJA d'un recours en cassation dirigé contre ce jugement, alors que celui-ci pouvait encore faire l'objet d'appel, le créancier a méconnu les dispositions sus énoncées et exposé son pourvoi à l'irrecevabilité (CCJA, n° 00l009, 5-2-2009 : Afriland First Bank c/ Cosyndics de la liquidation Sitagri SA, M. K. B., N. Y., Y. B., Rec. jur. CCJA, n° 13, janv.-juin 2009, p. 5, Ohadata J-10-48, Ohadata J-09-274).

III. Pourvoi possible contre l'arrêt ayant statué sur une décision non susceptible d'appel

Le fait qu'une décision de justice soit insusceptible d'appel ne rend pas irrecevable le pourvoi en cassation introduit contre l'arrêt d'une cour d'appel qui a statué sur l'appel formé contre ladite décision ; le pourvoi formé est donc recevable (CCJA, 1e ch., n° 086/2023, 27-4-2023).

Jurisprudence comparée

Belgique

La prorogation du délai de sursis accordé par le tribunal pour la continuité de l'activité susceptible ni d'opposition ni d'appel peut faire l'objet d'un pourvoi en cassation (Cour de cassation de Belgique 05-09-20103 C.13.0047.N : Juricaf).

Art. 217 [mod.] **Les décisions rendues en matière de redressement judiciaire ou de liquidation des biens sont exécutoires par provision, nonobstant opposition ou appel, à l'exception de la décision homologuant le concordat de redressement judiciaire ainsi que des décisions prononçant la faillite personnelle.**

Par exception, et en cas d'appel, l'exécution provisoire de la décision prononçant la liquidation des biens peut être suspendue par le président de la juridiction d'appel à la demande du ministère public ou du débiteur et seulement en cas de violation manifeste de la loi applicable.

Jurisprudence OHADA

I. Champ d'application de l'article 217

Les décisions visées à l'article 217 de l'AUPCAP sont celles du tribunal intervenant dans le cadre de la procédure de redressement judiciaire et de liquidation de biens et non celles du juge-commissaire qui, elles, peuvent être frappées d'opposition par simple déclaration au greffe en vertu de l'article 40 du même Acte uniforme (CA Abidjan (Côte d'Ivoire) 5e ch. civ. et com. B, n° 829, 26-7-2005 : Impritrans-Ci SARL c/ SIPPI, Ohadata J-08-35).

II. Nullité des mesures faisant obstacle à l'exécution provisoire

Un juge ne peut, sans outrepasser ses pouvoirs, ordonner des défenses à l'exécution provisoire des décisions dont l'article 217 de l'AUPCAP a rendu l'exécution provisoire de droit. Arrêt rendu en dernier ressort (CA Dakar, 3e ch. civ. et com., n° 496, 21-11-2002 : SARL l'Orangerie c/ M. T. et S. C. H., Ohadata J-03-88).

Caractère d'ordre public des dispositions de l'article 217. Les dispositions de l'article 217 de l'AUPCAP sont péremptoires à l'égard de toutes les décisions rendues en matière des procédures de redressement judiciaire ou de liquidation des biens, sauf celles homologuant le concordat ou prononçant la faillite personnelle. En l'espèce, la décision rendue sur des paiements faits pendant la période suspecte entre dans la procédure collective de liquidation ; le président de la cour d'appel ne pouvait donc, sans méconnaître la primauté accordée à l'Acte uniforme, faire application de dispositions nationales (article 181 du Code de procédure civile ivoirien) pour suspendre son exécution. Il échet donc d'annuler l'ordonnance entreprise et dire qu'il n'y a pas lieu d'évoquer, rien ne restant à juger (CCJA, 2e ch., n° 053, 23-3-2017 : Tiemoko Koffi, Alain Guillemain c/ Sté Yara Côte d'Ivoire, Ohadata J-17-200). Voir aussi, CCJA, 2e ch., n° 21, 8-2-2018 : Tiémoko Koffi, Alain Guillemain c/ LDC-CI SA.

Il résulte de la combinaison des articles 217, 220 et 221 de l'AUPCAP que les décisions rendues en matière de liquidation des biens sont exécutoires par provision, leur exécution provisoire ne pouvant être suspendue qu'en cas de violation manifeste de la loi (CCJA, 1e ch., n° 206/2022, 29-12-2022).

Art. 218 [mod.] Dans les délais prévus en matière de règlement préventif, de redressement judiciaire, de liquidation des biens ou de faillite personnelle, le jour de l'acte, de l'événement ou de la décision qui les font courir, d'une part, et le dernier jour, d'autre part, ne sont pas comptés.

Tout délai qui expire normalement un samedi, un dimanche ou un jour férié ou chômé, est prorogé jusqu'au premier jour ouvrable suivant. Il en est de même pour les significations en mairie ou à parquet lorsque les services sont fermés au public le dernier jour du délai.

Art. 219 [mod.] L'opposition, lorsqu'elle est recevable, est formée contre les décisions rendues en matière de redressement judiciaire ou de liquidation des biens par déclaration au greffe, dans le délai de quinze (15) jours à compter de la signification desdites décisions.

Pour les décisions soumises aux formalités d'insertion dans les journaux d'annonces légales, ce délai ne court que du jour où la formalité requise en dernier lieu a été effectuée.

Il est statué sur l'opposition dans un délai de trente (30) jours.

JURISPRUDENCE OHADA

Modalités de l'opposition

L'opposition, en tant que voie de recours ordinaire, est ouverte à tout plaideur contre lequel un jugement défaut a été rendu, sauf si un texte l'exclut expressément. L'article 4 de l'AUPCAP, qui prévoit l'hypothèse d'un débat contradictoire, n'exclut que les voies de recours extraordinaires. L'opposition faite par voie d'assignation plus de deux mois après le prononcé du jugement qui en fait l'objet est tout à fait recevable, lorsque d'une part, le greffier en chef du tribunal a refusé de recevoir l'opposition formée par les syndics au motif qu'ils ne sont pas parties au procès, ce qui rend le formalisme de l'article 219 impossible, et d'autre part, la décision faisant l'objet de l'opposition n'a pas été publiée (TRHC Dakar (Sénégal), nº 95, 11-6-2004 : Cie AIR Afrique c/ 1) procureur de la République près le TRHC de Dakar ; 2) greffier en chef du TRHC de Dakar, Ohadata J-09-330).

Art. 220 [mod.] L'opposition, lorsqu'elle est recevable, est formée contre les décisions rendues en matière de faillite personnelle par déclaration au greffe dans un délai de quinze (15) jours à compter de la publication de la décision.

Le débiteur ou les dirigeants des personnes morales sont cités à comparaître dans les formes, délais et conditions prévus par les articles 200 et 201 ci-dessus.

Il est statué sur l'opposition dans un délai de trente (30) jours.

JURISPRUDENCE COMPARÉE

Belgique

La demande en déclaration de faillite d'une société en nom collectif et des associés constitue un litige indivisible et l'opposition formée contre la déclaration de faillite de la société doit, dès lors, être dirigée contre le curateur, contre la société et contre les associés et pas uniquement contre ceux dont la déclaration de faillite ou la non-déclaration de faillite est contestée (Cour de cassation de Belgique 15-04-2011, C.10.0544.N).

Art. 221 [mod.] Lorsque la voie de l'appel est ouverte en matière de redressement judiciaire ou de liquidation des biens ou de faillite personnelle, le recours est formé dans le délai de quinze (15) jours à compter du prononcé de la décision, sauf dispositions contraires du présent Acte uniforme.

L'appel est jugé, sur pièces, par la juridiction d'appel, dans un délai de trente (30) jours à compter de la déclaration au greffe. Toutefois, les parties intéressées peuvent demander à être entendues en appel ; cette demande doit être présentée dans la déclaration d'appel et ne peut avoir pour effet de retarder la décision au-delà du délai prévu.

La décision d'appel est exécutoire sur minute.

Jurisprudence OHADA

I. Qualité pour interjeter appel

L'AUPCAP reste muet sur la désignation des personnes ayant qualité pour faire appel ; mais il est de jurisprudence constante que tout créancier poursuivant peut interjeter appel d'une décision de redressement ou de liquidation judiciaire (CA Ouagadougou, Ch. civ. et com., n° 39, 5-4-2002, Sonabhy c/ Liquidation judiciaire Tagui, Ohadata J-04-14).

II. Délai d'appel

La requête aux fins d'appel doit être remise au greffe de la cour dans un délai de 15 jours à compter du prononcé la décision (CA Ouagadougou, Ch. civ. et com., n° 39, 5-4-2002, SONABHY c/ Liquidation judiciaire TAGUI, Ohadata J-04-14 ; J-04-145., et J-04-147) et l'appel interjeté plus de 15 jours après le rendu de la décision doit être rejeté pour forclusion du délai (CA Ouagadougou (Burkina Faso), ch. com., n° 061, 19-12-2008 : Sté Flex Faso c/ BACB, État burkinabé et T. B., Ohadata J-10-193 ; CA Lomé (Togo), n° 067/09, 21-4-2009 : Sté des produits de pansements (S2P) c/ BTCI, A. K. et A. B., Ohadata J-10-159). Dans le même sens et jugeant que l'appel interjeté plus d'un an après le prononcé du jugement doit être déclaré irrecevable pour tardivité (CCJA, 1e ch., n° 032, 29-2-2016 : Tiemoko Koffi, Guillemain Alain c/ Kagnassy Sidi Mohamed, Kagnassy Cheickna, Callat Pascal, Ohadata J-16-234, au sujet de l'appel interjeté contre le jugement qui a condamné des dirigeants d'une société en liquidation à supporter en tout ou en partie, avec ou sans solidarité, les dettes de la société conformément aux dispositions de l'art. 183 de l'AUPCAP).

III. Forme de l'appel

En disposant, aux termes de son article 221, alinéa 2, que « l'appel est jugé, sur pièces, par la juridiction d'appel, dans un délai de trente (30) jours à compter de la déclaration au greffe […] », l'AUPCAP, qui ne précise pas si la déclaration d'appel doit se faire au greffe de la cour d'appel ou du tribunal, ne subit aucune dérogation lorsque les appelants procèdent par le dépôt de l'acte d'appel au greffe de la cour d'appel et la notification de ce dépôt à l'autre partie litigante dans le délai requis. Il s'ensuit que c'est en violation de cette disposition qu'une cour d'appel a déclaré l'appel irrecevable pour inobservation de la forme prescrite « notamment la déclaration au greffe et la dénonciation avec assignation à l'intimée », exposant son arrêt à la cassation (CCJA, 2e ch., n° 037/2022, 24-2-2022).

IV. Jugement rendu sur appel : caractère d'ordre public du délai imparti pour statuer

Il résulte de la combinaison des articles 217, 220 et 221 de l'AUPCAP que les décisions rendues en matière de liquidation des biens sont exécutoires par provision, leur exécution provisoire ne pouvant être suspendue qu'en cas de violation manifeste de la loi. En appel, le recours est jugé sur pièces, dans un délai de trente jours et, dans tous les cas, aucune demande ne peut avoir pour effet de retarder la décision au-delà de ce délai. L'obligation de respect des délais et la célérité requise par les procédures collectives commandent que le ton impératif de l'alinéa 2 de l'article 221 susvisé soit entendu comme une interdiction faite au juge d'appel de se prononcer au-delà du délai de 30 jours qui lui est imparti et qui est d'ordre public. Les recours auxquels aucune suite n'a été donnée au-delà du délai impératif imparti doivent être considérés comme non avenus dès lors que cette situation est, comme en l'espèce, de nature à porter un grief important, non seulement à l'image d'une partie exerçant une activité commerciale, mais également à l'ensemble des intervenants dans cette activité. En l'espèce, l'opposition actée au greffe de la cour d'appel le 30 mai 2022 et l'appel acté au greffe de la même cour le 7 avril 2022 n'ayant connu aucune décision à ce jour, soit plusieurs mois après sa saisine et l'expiration manifeste du délai contraint susvisé, rien ne s'oppose à la clôture de la liquidation pour extinction du passif exigible, étant précisé, de surcroît, que la créancière, qui a définitivement reçu paiement de sa créance, ne peut juridiquement justifier d'un quelconque intérêt à s'opposer à ladite clôture, d'autant qu'il résulte des pièces du dossier que cette demanderesse n'était pas en cessation de paiement au moment du jugement ayant prononcé sa liquidation (CCJA, 1e ch., n° 206/2022, 29-12-2022).

Jurisprudence comparée

I. Belgique

Appel contre un jugement de mise en liquidation

Mise en cause personnelle du liquidateur non nécessaire. Le recours d'une société commerciale contre un jugement ordonnant sa mise en liquidation en désignant deux liquidateurs n'a pas à être dirigé aussi contre les liquidateurs au motif que l'exécution du jugement désignant les liquidateurs serait incompatible avec l'exécution d'un arrêt rapportant ces désignations, et de ce fait le litige serait indivisible, dès lors que le liquidateur d'une société commerciale, organe de cette société, a le pouvoir de représenter celle-ci en justice et aucune disposition légale n'impose de l'appeler spécialement à la cause (Cour de cassation de Belgique 2-09-2011 C.10.0185.F : Juricaf).

II. États-Unis

Rejet du recours d'un créancier

Conformément au Chapitre 11 du Code de commerce Uniforme, un plan de redressement peut être imposé à un créancier qui possédait une garantie et qui conteste le plan en justice. Le plan doit prévoir des versements à ce créancier équivalents aux droits qu'il détenait, avant l'ouverture d'une procédure collective à l'encontre du débiteur, augmentés d'un taux d'intérêt en raison du paiement échelonné et donc du risque de non-paiement qui en résulte (In re T-H New Orleans Ltd. P'ship, 116 F.3d 790 (1997)).

Les juges sont souverains pour calculer le taux d'intérêt qui doit être ajouté aux paiements versés à un créancier qui possédait une garantie (Texas Grand Prairie Hotel Realty LLC 710 F.3d 324 (2013)).

Art. 222 [mod.] En matière de faillite personnelle, le greffier avise, dans les trois (3) jours, le ministère public de la décision rendue.

Le ministère public peut, dans le délai de quinze (15) jours à compter de cet avis, interjeter appel de la décision rendue.

L'appel du ministère public est formé par déclaration au greffe de la juridiction qui a rendu la décision. Notification en est faite par le greffier au débiteur et au syndic contre décharge.

Art. 223 [mod.] En cas de faillite personnelle ou d'autres sanctions, l'appel du débiteur ou des dirigeants est formé par requête adressée au président de la juridiction d'appel.

Le syndic est appelé en cause, par lettre au porteur contre récépissé ou par lettre recommandée avec demande d'avis de réception ou par tout moyen laissant trace écrite, adressé par le greffier de la juridiction d'appel.

Art. 224 L'appel, en cas de mise de tout ou partie du passif d'une personne morale à la charge d'un ou des dirigeants de celle-ci, est formé comme prévu à l'article 221 ci-dessus.

Art. 225 Dans tous les cas, le greffier de la juridiction d'appel adresse expédition de la décision d'appel au greffe de la juridiction compétente pour mention en marge de la décision et pour accomplissement, le cas échéant, des mesures de publicité prescrites à l'article 202 ci-dessus.

• Titre VI •

BANQUEROUTE ET AUTRES INFRACTIONS

• Chapitre I •

BANQUEROUTE ET INFRACTIONS ASSIMILÉES

Art. 226 [mod.] Les personnes déclarées coupables de banqueroute et de délits assimilés à la banqueroute sont passibles des peines prévues pour ces infractions par les dispositions prises par chaque État partie conformément à l'article 5 du Traité OHADA.

Section I • BANQUEROUTE SIMPLE ET BANQUEROUTE FRAUDULEUSE

Art. 227 [mod.] Les dispositions de la présente section sont applicables :
– aux personnes physiques visées par l'article 1-1 ci-dessus ;
– aux associés des sociétés commerciales qui ont la qualité de commerçants.

Art. 228 [mod.] Est coupable de banqueroute simple toute personne physique en état de cessation des paiements qui se trouve dans l'un des cas suivants :

1°) si elle a contracté, sans recevoir des valeurs en échange, des engagements jugés trop importants eu égard à sa situation lorsqu'elle les a contractés ;

2°) si, dans l'intention de retarder la constatation de la cessation de ses paiements, elle a fait des achats en vue d'une revente au-dessous du cours ou si, dans la même intention, elle a employé des moyens ruineux pour se procurer des fonds ;

3°) si, sans excuse légitime, elle ne fait pas au greffe de la juridiction compétente la déclaration de son état de cessation des paiements dans le délai de trente (30) jours ;

4°) si sa comptabilité est incomplète ou irrégulièrement tenue ou si elle n'a tenu aucune comptabilité conforme aux règles comptables et aux usages reconnus de la profession eu égard à l'importance de l'entreprise débitrice ;

5°) si, ayant été déclarée trois (3) fois en état de cessation des paiements dans un délai de cinq (5) ans, ces procédures ont été clôturées pour insuffisance d'actif.

JURISPRUDENCE OHADA

Défaut de preuve de la cessation des paiements

La banqueroute suppose la poursuite par un commerçant ou le dirigeant d'une personne morale commerçante de l'exploitation devenue frauduleuse de ses activités alors que l'intéressé ou la société est en état de cessation de paiement. La cessation de paiement qui se définit comme l'impossibilité de faire face au passif exigible par l'actif disponible nécessite, pour son appréciation, l'examen des documents comptables du débiteur. Il en est de même de l'appréciation relative à la dissolution des sociétés commerciales qui suppose que le dirigeant continue sciemment à exploiter la société alors que les capitaux propres de celle-ci sont devenus inférieurs à la moitié du capital social du fait des pertes constatées dans les états financiers de synthèse. Aussi, en l'absence de la preuve, d'une part, de la cessation de paiement et, d'autre part, du fait que la société a perdu plus de trois quarts du capital social malgré l'allégation d'un défaut de paiement qui ne résulte d'aucun titre exécutoire, le prévenu doit être relaxé car l'infraction de banqueroute n'est pas caractérisée (TRHC Dakar 27-8-2001 (ou 7-8-2002 ?) : Ministère public et Sté Toutelectric c/ P. A. G., Ohadata J-03-101).

JURISPRUDENCE COMPARÉE

France

A. Emploi de moyens ruineux

1° Existence

Constituent l'emploi de moyens ruineux :

– l'escompte de traites de complaisance dont le coût ne pouvait qu'aggraver la situation de l'entreprise (Cass. crim. 6-12-1993, RJDA 2/94 n° 226) ;

– l'endossement de traites de complaisance pour couvrir une dette de la société alors que le dirigeant qui a endossé ces traites connaissait l'insuffisance des fonds propres de celle-ci (Cass. crim. 19-9-1994 : Bull. Joly 1994.1309) ;

– la souscription d'emprunts à des taux d'intérêts tels qu'ils généraient pour la société des frais financiers ruineux eu égard à l'absence de tout bénéfice d'exploitation (Cass. crim. 21-9-1994 : JCP (éd. E) 1995.II.690 note A. Dekeuwer) ;

– le recours à des concours bancaires de « cavalerie » ; ainsi, lorsque des débiteurs (CA Paris, 9e ch. B, 26-5-1993 : GP. 1994.69) :

• afin de maintenir artificiellement une situation de plus en plus précaire avant de devenir désespérée, ont, progressivement, fait appel à des concours bancaires qui, à l'origine, s'inscrivaient dans le cadre habituel ;

• se refusant à admettre la nécessité de déposer leur bilan et comptant sur une hypothétique amélioration de la conjoncture économique et donc de la situation de leur entreprise, ce qui n'aurait pu de toute façon être rendu possible dans un tel contexte de délabrement, ils ont préféré s'orienter dans une voie hasardeuse consistant à accumuler les prêts dans la perspective, de plus en plus illusoire, eu égard précisément à la situation de la société, d'une participation d'un partenaire extérieur, français ou étranger ;

• se sont alors engagés dans un mécanisme dit de « cavalerie », et ce au mépris des règles les plus élémentaires de gestion et d'honnêteté commerciale à l'égard de leurs créanciers en ayant été animés de la seule volonté de retarder, par tous les moyens, fussent-ils délibérément illicites, le dépôt de bilan ;

– le recours à un taux d'endettement excessif générant des frais trop importants pour l'entreprise ; ainsi lorsque les découverts bancaires atteignaient presque 3 millions et demi, alors que le chiffre d'affaires était en chute verticale, au moment même où la société en cause, déjà en état de cessation des paiements, avait souscrit deux prêts bancaires de 100 000 F et de 700 000 F et la cession d'un prêt de 3 000 000 F consenti à une autre société ayant le même dirigeant (Cass. crim., 12-3-1998, n° 1720 : DA 1998.962).

2° Absence

Les juges doivent établir en quoi le moyen est ruineux (Cass. crim. 12-3-1974, Bull. crim. n° 102 p. 263). Ce caractère n'est pas démontré :

– lorsque le gérant d'une société de construction a continué à conclure avec ses clients des contrats de construction à un prix inférieur au prix du marché après avoir licencié le salarié à l'origine de cette pratique car (CA Rennes, 2e ch., 11-5-1994 : JCP 1996.IV.2111) :

• d'une part, le fait que le passif ait augmenté au cours de l'exercice suivant le licenciement du salarié n'est pas suffisant à lui seul à établir l'existence de contrats sous-estimés au cours de l'exercice ;

• d'autre part, le gérant a déposé le bilan dans les quinze jours de la cessation des paiements ce qui montre qu'il n'a pas voulu éviter ou retarder la procédure collective ;

– du seul fait que le débiteur a emprunté des fonds sans intérêt (Cass. crim. 21-3-2001 : JCP 2002 I 107 n° 8), car cet emprunt n'établit pas de lui-même qu'il a contribué à retarder la cessation des paiements ;

– du seul fait qu'a été souscrit un emprunt bancaire au profit d'une société bien que celle-ci, en état de cessation des paiements depuis près de trois ans, n'était manifestement pas en mesure de le rembourser, dès lors que ne sont pas précisées les conditions du prêt susceptibles de caractériser l'emploi de moyens ruineux (Cass. crim. 26-9-1996 : RJDA 1/97 n° 135).

B. Dépôt tardif du bilan

Voir sous l'art. 197.

C. Comptabilité irrégulière

1° Comptabilité fictive

a. Existence

La comptabilité est fictive en l'absence d'enregistrement chronologique des mouvements affectant le patrimoine de l'entreprise et d'établissement de l'inventaire périodique des éléments actifs et passifs de ce patrimoine contrairement aux dispositions de l'article 8 du Code de commerce (Cass. crim. 6-12-1993 : RJDA 2/94 n° 226).

b. Absence

La comptabilité n'est pas fictive lorsque la tenue de la comptabilité est seulement irrégulière ce qui ne peut être assimilé à l'absence de toute comptabilité ou à une comptabilité fictive (Cass. com. 28-3-1995 n° 687 P : RJDA 10/95 n° 1170).

2° Disparition de la comptabilité

Caractérise le délit de banqueroute par disparition des documents comptables la cour d'appel qui relève que le gérant d'une société en liquidation judiciaire s'est abstenu de communiquer au liquidateur cette comptabilité jusqu'au moment où il a eu connaissance de sa citation devant le tribunal correctionnel, cette attitude démontrant l'intention du gérant de retarder le plus longtemps possible la remise au liquidateur des documents indispensables pour apprécier la situation de l'entreprise au moment des opérations de liquidation (Cass. crim. 19-1-2000 : RJDA 6/00 nº 708).

3º Comptabilité manifestement irrégulière ou incomplète

Se rend coupable du délit de banqueroute le dirigeant d'une société à l'encontre duquel il a été relevé que la plupart des frais de déplacement d'un montant de 257 000 F (environ 39 200 €) dont il a obtenu le remboursement n'ont fait l'objet d'aucun justificatif, que les clients bénéficiaires de cadeaux d'entreprise n'ont pas pu être identifiés, que les soldes de caisse et des chèques postaux sont incohérents, qu'aucun cahier de contrôle n'a pu être présenté et que des retraits effectués par le dirigeant étaient dépourvus d'affectation (Cass. crim. 12-9-2001 : RJDA 2/02 nº 185).

Art. 229 [mod.] Est coupable de banqueroute frauduleuse toute personne physique visée à l'article 227 ci-dessus, en cas de cessation des paiements, qui :

1º) a soustrait sa comptabilité ;

2º) a détourné ou dissipé tout ou partie de son actif ;

3º) soit dans ses écritures, soit par des actes publics ou des engagements sous seing privé, soit dans son bilan, s'est frauduleusement reconnue débitrice de sommes qu'elle ne devait pas ;

4º) a exercé une activité professionnelle indépendante, civile, commerciale, artisanale ou agricole en violation d'une interdiction prévue par un Acte uniforme ou par toute disposition légale ou réglementaire d'un État partie ;

5º) après la cessation des paiements, a payé un créancier au préjudice de la masse ;

6º) a consenti à un créancier des avantages particuliers à raison de son vote dans les délibérations de la masse ou a conclu avec un créancier un accord particulier duquel il résulte pour ce dernier un avantage à la charge de l'actif du débiteur à partir du jour de la décision d'ouverture.

Est également coupable de banqueroute frauduleuse toute personne physique visée à l'article 227 ci-dessus, qui, à l'occasion d'une procédure collective de règlement préventif, de redressement judiciaire ou de liquidation des biens, a :

1º) de mauvaise foi, présenté ou fait présenter un compte de résultats ou un bilan ou un état des créances et des dettes ou un état actif et passif des privilèges et sûretés, inexact ou incomplet ;

2º) sans autorisation du président de la juridiction compétente, accompli un des actes interdits par l'article 11 ci-dessus.

Jurisprudence OHADA

I. Condition relative à la cessation des paiements

Un dirigeant de société ou un commerçant qui poursuit ses activités ne peut être condamné pour banqueroute frauduleuse, s'il n'est pas constaté qu'il est en état de cessation des paiements (TRHC Dakar, nº 4025, 27-8-2002 : MP et Toutelectric c/ P. A. G., Ohadata J-05-272).

II. Autonomie de la condamnation pénale pour banqueroute

Le dirigeant d'une personne morale, déjà condamné par un juge civil, peut être poursuivi devant le juge correctionnel pour banqueroute frauduleuse (TRHC Dakar, nº 4025, 27-8-2002 : MP et Toutelectric c/ P. A. G., Ohadata J-05-272).

A. Banqueroute simple

Constitue le délit de banqueroute simple :

– l'omission de la déclaration de cessation des paiements (TRHC Dakar, corr., nº 5992/2001, 4-12-2001 : Le Ministère public et héritiers de Feu Y. F. c/ C. T. D., Ohadata J-05-269) ;

– le fait de se trouver devant l'impossibilité de faire face à son passif exigible avec son actif disponible et de ne pas avoir fait sa déclaration de cessation des paiements dans les trente jours, sans excuse légitime (TRHC Dakar, corr., 4-12-2001 : Ministère public et héritiers Y. F. c/ C. T. D., M. D. et A. F., Ohadata J-03-100) ;

– la poursuite par un commerçant ou le dirigeant d'une personne morale commerçante de l'exploitation devenue frauduleuse de ses activités alors que l'intéressé ou la société est en état de cessation des paiements (TRHC Dakar, 27-8-2001 (ou 7-8-2002 ?) : Ministère public et Sté Toutelectric c/ P. A. G., Ohadata-J-03-101.

Obs. : sur les sanctions pénales encourues en cas d'infraction au droit des sociétés, voir l'AUSCGIE, article 891 et 901.

B. Banqueroute frauduleuse

Constitue le délit de banqueroute frauduleuse le paiement de dettes fictives ne correspondant à aucun élément du patrimoine ou de l'activité du commerçant (TRHC Dakar, corr., n° 5992/2001, 4-12-2001 : Ministère public et héritiers de Feu Y. F. c/ C. T. D., Ohadata J-05-269).

Jurisprudence comparée

France

A. Détournement ou dissimulation d'actif

1° Existence

Constitue un détournement ou une dissimulation d'actif :

– le fait pour le débiteur de vendre et détourner la valeur d'un appartement dont il était propriétaire, diminuant ainsi de façon préjudiciable pour les créanciers le montant de ses actifs (Cass. crim. 13-3-1995 : RJDA 7/95 n° 908) ;

– le paiement en connaissance de cause d'une créance éteinte faute d'avoir été produite et vérifiée selon les formes de droit (Cass. crim. 20-3-1995 : RJDA 7/95 n° 907) ;

– l'absence de réclamation volontaire de l'indemnité d'éviction correspondant à la perte d'un droit au bail à laquelle une société pouvait prétendre en cessant ses activités car il s'agit d'une dissipation d'un élément du patrimoine de la société (Cass. crim. 26-10-1995 : RJDA 2/96 n° 279) ;

– les cessions d'actifs réalisées par le gérant d'une société en cessation des paiements, à défaut pour ce dernier de démontrer l'existence d'une contrepartie (Cass. crim. 3-10-1996 : DA 1997.55) ;

– la non-remise par le gérant d'une société de services informatiques placée en liquidation judiciaire, ni au liquidateur ni au repreneur devenu cessionnaire des actifs de la société, des codes sources permettant d'adapter, de modifier, et de faire évoluer en fonction des besoins de la clientèle les trois logiciels qui figuraient pour une somme de 1 917 125 F à l'actif du bilan de la société, établi lors de l'ouverture de la procédure, lesdits codes sources n'ayant pas été retrouvés (Cass. crim. 26-11-1998 : Bull. crim. n° 319) ;

– la dissimulation aux créanciers du produit de la vente par le débiteur d'un élément d'actif, fût-il cédé à sa juste valeur (Cass. crim. 29-3-2000 : RJDA 11/00 n° 1024) ;

– les avances consenties par deux sociétés à une troisième sur instructions de leur président commun, ce dernier ne pouvant invoquer pour se disculper l'intérêt du groupe formé par ces trois sociétés (Cass. crim. 27-4-2000 : RJDA 11/00 n° 1025).

2° Absence

Ne constitue pas un détournement ou une dissimulation d'actif :

– une dation en paiement réalisée pendant la période suspecte, qui s'analyse en un paiement préférentiel non punissable pénalement depuis l'entrée en vigueur de la loi du 25 janvier 1985 (Cass. crim. 21-6-1993 : RJDA 11/93 n° 967) ;

– le détournement de clientèle d'un fonds de commerce pris en location-gérance dès lors que la clientèle n'est pas la propriété du locataire-gérant mis en redressement judiciaire (Cass. crim. 22-8-1995 : DA 1995.115) ;

– la dissimulation du projet de cession du fonds de commerce au commissaire à l'exécution du plan qui, de ce fait, n'a pu donner son appréciation sur le prix de vente, dès lors que les juges n'ont pas répondu aux conclusions de la prévenue qui soutenait que, le prix de la vente étant consigné pour désintéresser les créanciers, l'élément intentionnel de l'infraction n'était pas caractérisé (Cass. crim. 13-6-1996 : DA 1996.1227).

3° Montant du préjudice

Le montant que le mandataire liquidateur peut demander au nom de tous les créanciers en cas de détournement d'un bien figurant à l'actif doit être calculé non sur l'insuffisance d'actif qui peut en résulter pour la procédure collective mais sur la valeur de ce bien au jour du détournement (Cass. crim. 13-3-1995 : RJDA 7/95 n° 908).

B. Augmentation frauduleuse du passif

A augmenté frauduleusement le passif d'une société le gérant de celle-ci qui, méconnaissant une décision de justice ayant autorisé la poursuite de l'activité de la société pour la liquidation du stock, a acheté des marchandises qui sont demeurées impayées bien qu'elles aient été revendues (Cass. crim. 16-6-1999 : RJDA 8-9/99 n° 980).

Section II • INFRACTIONS ASSIMILÉES AUX BANQUEROUTES

Art. 230 [mod.] Les dispositions de la présente section sont applicables :

1°) aux personnes physiques dirigeantes de personnes morales visées par l'article 1-1, ci-dessus ;

2°) aux personnes physiques représentantes permanentes de personnes morales dirigeantes, des personnes morales visées au 1° ci-dessus.

Les dirigeants visés au présent article s'entendent de tous les dirigeants de droit ou de fait et, d'une manière générale, de toute personne ayant directement ou par personne interposée, administré, géré ou liquidé la personne morale sous le couvert ou au lieu et place de ses représentants légaux.

Jurisprudence comparée

France

Dirigeant de fait d'une entreprise individuelle

Encourt la banqueroute le dirigeant de fait d'une entreprise artisanale, industrielle ou commerciale exploitée en la forme individuelle (Cass. crim. 19-11-2008 n° 08-81.194 : RJDA 5/09 n° 462).

Art. 231 [mod.] Sont punis des peines de la banqueroute simple les dirigeants visés à l'article 230 ci-dessus qui ont, en cette qualité et de mauvaise foi :

1°) utilisé ou consommé des sommes appartenant à la personne morale en faisant des opérations de pur hasard ou des opérations fictives ;

2°) dans l'intention de retarder la constatation de la cessation des paiements de la personne morale, fait des achats en vue d'une revente au-dessous du cours ou, dans la même intention, employé des moyens ruineux pour se procurer des fonds ;

3°) après cessation des paiements de la personne morale, payé ou fait payer un créancier au préjudice de la masse ;

4°) fait contracter par la personne morale, pour le compte d'autrui, sans qu'elle reçoive de valeurs en échange, des engagements jugés trop importants eu égard à sa situation lorsque ceux-ci ont été contractés ;

5°) tenu ou fait tenir ou laissé tenir irrégulièrement ou incomplètement la comptabilité de la personne morale dans les conditions prévues à l'article 228, 4° ci-dessus ;

6°) omis de faire au greffe de la juridiction compétente, dans le délai de trente (30) jours, la déclaration de l'état de cessation des paiements de la personne morale.

Art. 232 [mod.] Dans les personnes morales comportant des membres indéfiniment et solidairement responsables des dettes de celles-ci, les représentants légaux ou de fait sont coupables de banqueroute simple si, sans excuse légitime, ils ne font pas au greffe de la juridiction compétente, dans le délai de trente (30) jours, la déclaration de leur état de cessation des paiements ou si cette déclaration ne comporte pas la liste des membres solidaires avec l'indication de leurs noms, prénoms et domiciles.

Art. 233 [mod.] Sont punis des peines de la banqueroute frauduleuse, les dirigeants visés à l'article 230 ci-dessus qui ont frauduleusement :

1°) soustrait les livres de la personne morale ;

2°) détourné ou dissimulé une partie de son actif ;

3°) reconnu la personne morale débitrice de sommes qu'elle ne devait pas, soit dans les écritures, soit par des actes publics ou des engagements sous seing privé, soit dans le bilan ;

4°) exercé la profession de dirigeant en violation d'une interdiction prévue par un Acte uniforme ou par toute disposition légale ou réglementaire d'un État partie ;

5°) stipulé avec un créancier, au nom de la personne morale, des avantages particuliers à raison de son vote dans les délibérations de la masse ou a fait avec un créancier une convention particulière de laquelle il résulterait pour ce dernier un avantage à la charge de l'actif de la personne morale, à partir de la date de la cessation des paiements, sauf disposition contraire du présent Acte uniforme ;

6°) détourné ou dissimulé, tenté de détourner ou de dissimuler, une partie de leurs biens ou qui se sont frauduleusement reconnus débiteurs de sommes qu'ils ne devaient pas, en vue de soustraire tout ou partie de leur patrimoine aux poursuites de la personne morale en état de cessation des paiements ou à celles des associés ou des membres ou des créanciers de la personne morale.

Sont également punis des peines de la banqueroute frauduleuse, les dirigeants visés à l'article 230 qui, à l'occasion d'une procédure collective de règlement préventif, ont :

1°) de mauvaise foi, présenté ou fait présenter un compte de résultats ou un bilan ou un état des créances et des dettes ou un état actif et passif des privilèges et sûretés, inexact ou incomplet ;

2°) sans autorisation du président de la juridiction compétente, accompli un des actes interdits par l'article 11 ci-dessus.

Section III • POURSUITE DES INFRACTIONS DE BANQUEROUTE ET DES INFRACTIONS ASSIMILÉES

Art. 234 [mod.] La juridiction pénale peut être saisie par le ministère public ou par le syndic.

Elle peut également être saisie par deux contrôleurs dans les conditions de l'article 72, al. 2 ci-dessus.

JURISPRUDENCE OHADA

Qualité de créancier

En l'absence d'une identité de cause, d'objets et de parties, la règle « *electa una via* » n'est pas établie ; l'invocation par le prévenu de ladite règle et du défaut de qualité du poursuivant fondé sur l'article 234 de l'AUPCAP pour faire obstacle à la poursuite ne peut prospérer et les exceptions soulevées doivent être rejetées. Il en est ainsi lorsque le prévenu a été condamné à payer une somme au profit du demandeur qui est devenu, de ce fait, créancier du prévenu, ce qui lui confère la qualité pour agir (TRHC Dakar 3-7-2001 : ministère public et SGBS c/ S. B., Ohadata J-03-99).

Obs. : cette décision demeure valable si la condition prévue à l'article 72, al. 2 nouv. (saisie du ministère public par tout créancier contrôleur en cas de carence du syndic) est remplie ; se reporter à cet article.

Art. 235 [mod.] Le syndic est tenu de remettre au ministère public les pièces, titres, papiers et renseignements qui lui sont demandés.

Les pièces, titres et papiers délivrés par le syndic sont, pendant le cours de l'instance, tenus en état de communication par la voie du greffe.

Cette communication a lieu sur la réquisition du syndic qui peut y prendre des extraits privés ou en requérir d'authentiques, qui lui sont expédiés par le greffier.

Les pièces, titres et papiers dont le dépôt judiciaire n'aurait pas été ordonné sont, après la décision, remis au syndic qui en donne décharge.

Art. 236 Une condamnation pour banqueroute simple ou frauduleuse ou pour délit assimilé à la banqueroute simple ou frauduleuse peut être prononcée même si la cessation des paiements n'a pas été constatée dans les conditions prévues par le présent Acte uniforme.

Art. 237 [mod.] Les frais de la poursuite intentée par le ministère public ne peuvent être mis à la charge de la masse.

S'il y a condamnation, le Trésor public ne peut exercer son recours en recouvrement des frais contre le débiteur qu'après l'exécution du concordat en cas de redressement judiciaire ou après la clôture de l'union en cas de liquidation des biens.

Art. 238 [mod.] Les frais de la poursuite intentée par le syndic au nom des créanciers sont supportés par la masse s'il y a relaxe et, s'il y a condamnation, par le Trésor public, sauf recours de celui-ci contre le débiteur dans les conditions de l'article 237, al. 2, ci-dessus.

Art. 239 [mod.] Les frais de la poursuite intentée par un créancier sont supportés par lui s'il y a relaxe et, s'il y a condamnation, par le Trésor public sauf recours de celui-ci contre le débiteur dans les conditions de l'article 237, al. 2 ci-dessus.

Chapitre II

AUTRES INFRACTIONS

Art. 240 [mod.] Sont punies des peines de la banqueroute frauduleuse :

1°) les personnes convaincues d'avoir, dans l'intérêt du débiteur, soustrait, recélé ou dissimulé tout ou partie de ses biens meubles ou immeubles, le tout sans préjudice des dispositions pénales relatives à la complicité ;

2°) les personnes convaincues d'avoir frauduleusement produit dans la procédure collective, soit en leur nom, soit par interposition de personne ou sous un faux nom ;

3°) les personnes qui, exerçant une activité professionnelle indépendante, civile, commerciale, artisanale ou agricole sous le nom d'autrui ou sous un faux nom ont, de mauvaise foi, détourné ou dissimulé, tenté de détourner ou de dissimuler une partie de leurs biens.

Art. 241 [mod.] Le conjoint, les descendants, les ascendants ou les collatéraux du débiteur ou ses alliés, jusqu'au quatrième degré inclusivement, qui, à l'insu du débiteur, ont détourné, diverti ou recelé des effets dépendant de l'actif du débiteur en état de cessation des paiements, encourent les peines prévues par la loi de chaque État partie pour la répression de l'infraction ci-dessus.

Art. 242 Alors même qu'il y aurait relaxe dans les cas prévus aux articles 240 et 241 ci-dessus, la juridiction saisie statue sur les dommages-intérêts et sur la réintégration, dans le patrimoine du débiteur, des biens, droits ou actions soustraits.

Art. 243 [mod.] Est puni des peines prévues par le droit pénal en vigueur dans chaque État partie pour la commission de l'infraction ci-dessous tout mandataire judiciaire d'une procédure collective qui :

– exerce une activité personnelle sous le couvert de l'entreprise du débiteur masquant ses agissements ;

– dispose du crédit ou des biens du débiteur comme des siens propres ;

– dissipe les biens du débiteur ;

– poursuit abusivement et de mauvaise foi, dans son intérêt personnel, soit directement, soit indirectement, une exploitation déficitaire de l'entreprise du débiteur ;

– en violation des dispositions de l'article 51 ci-dessus, se rend acquéreur pour son compte, directement ou indirectement, des biens du débiteur.

Art. 244 [mod.] Est puni des peines prévues par le droit pénal en vigueur dans chaque État partie pour les infractions commises ci-dessous, le créancier qui, sauf disposition contraire du présent Acte uniforme, a :

– conclu, avec le débiteur ou avec toutes personnes, des avantages particuliers à raison de son vote dans les délibérations de la masse ;

– conclu une convention particulière de laquelle il résulterait en sa faveur un avantage à la charge de l'actif du débiteur à partir du jour de la décision d'ouverture de la procédure collective.

Art. 245 [mod.] Les conventions prévues à l'article précédent sont, en outre, déclarées nulles par la juridiction pénale de l'État partie concerné.

Dans le cas où l'annulation de ces conventions est poursuivie par la voie civile, l'action est portée devant la juridiction compétente pour l'ouverture de la procédure collective.

Le créancier est tenu de rapporter, à qui de droit, les sommes ou valeurs qu'il a reçues en vertu des conventions annulées.

L'annulation d'un avantage particulier n'entraîne pas l'annulation de l'accord de conciliation, du concordat préventif ou du concordat de redressement judiciaire régulièrement conclu conformément au présent Acte uniforme, sous réserve des dispositions de l'article 140 ci-dessus.

Art. 246 [mod.] Sans préjudice des dispositions pénales applicables dans chaque État partie, toute décision de condamnation rendue en vertu des dispositions du présent Titre est, aux frais des condamnés, affichée et publiée dans un journal d'annonces légales de l'État Partie concerné.

Titre VII

PROCÉDURES COLLECTIVES INTERNATIONALES

Chapitre I

RECONNAISSANCE ET EFFETS DES PROCÉDURES COLLECTIVES OUVERTES DANS LES ÉTATS PARTIES

Art. 247 [mod.] Lorsqu'elles sont exécutoires, les décisions d'ouverture et de clôture des procédures collectives ainsi que celles qui règlent les contestations ou les différends nés de ces procédures et celles sur lesquelles les procédures collectives exercent une influence juridique, prononcées dans le territoire d'un État partie conformément au présent Acte uniforme ont autorité de la chose jugée sur le territoire des autres États parties.

Les dispositions du premier alinéa du présent article s'appliquent également à toute décision reconnue par la juridiction compétente d'un État partie en application du Chapitre II du présent Titre.

Nonobstant toute disposition du présent article, les mesures d'exécution forcée requièrent l'exequatur.

Art. 248 [mod.] Le syndic est tenu de publier, dans les formes prévues aux articles 36 et 37 ci-dessus, dans tout État partie où cette publication pourrait être utile à la sécurité juridique et aux intérêts des créanciers, le contenu essentiel des décisions relatives à une procédure collective et, le cas échéant, la décision qui le nomme.

La même publicité peut être décidée d'office par la juridiction compétente ayant ouvert la procédure collective.

Le syndic peut également publier, si besoin est, les décisions relatives à la procédure collective au livre foncier, au Registre du commerce et du crédit mobilier ou à tout autre registre public tenu dans les États parties.

Le non-respect des obligations prévues par le présent article peut être sanctionné par la mise en œuvre de la responsabilité civile du syndic.

Art. 249 Le syndic désigné par une juridiction compétente peut exercer, sur le territoire d'un autre État partie tous les pouvoirs qui lui sont reconnus par le présent Acte uniforme aussi longtemps qu'aucune autre procédure collective n'est ouverte dans cet État.

La nomination du syndic est établie par la présentation d'une copie, certifiée conforme à l'original de la décision qui le nomme ou par tout autre certificat établi par la juridiction compétente. Il peut être exigé une traduction de ce document dans la langue officielle de l'État partie sur le territoire duquel le syndic veut agir.

Art. 250 [mod.] Le créancier qui, après l'ouverture d'une procédure collective de redressement judiciaire ou de liquidation des biens par la juridiction compétente d'un État partie, obtient, par tout moyen, règlement total ou partiel de sa créance sur les biens du débiteur situés sur le territoire d'un autre État partie, doit restituer au syndic ce qu'il a obtenu, sans préjudice des clauses de réserve de propriété et des actions en revendication.

Celui qui, sur le territoire d'un État partie, exécute un engagement au profit du débiteur soumis à une procédure collective ouverte dans un autre État partie alors qu'il aurait dû le faire au profit du syndic de cette procédure collective, est libéré s'il a exécuté cet engagement avant les mesures de publicité prévues à l'article 248 ci-dessus, sauf s'il est prouvé qu'il a eu connaissance de la procédure collective.

Art. 251 [mod.] La reconnaissance des effets d'une procédure collective ouverte par la juridiction compétente d'un État partie conformément au présent Acte uniforme ne fait pas obstacle à l'ouverture d'une autre procédure collective, y compris une procédure collective secondaire, par la juridiction compétente d'un autre État partie, pourvu que la requête en ouverture remplisse les conditions exigées par le présent Acte uniforme.

Les effets d'une procédure collective principale, telle que définie à l'article 1-3 ci-dessus, s'appliquent à tous les biens du débiteur situés sur le territoire des États parties.

Les effets d'une procédure collective secondaire au sens de l'article 1-3 ci-dessus sont limités aux biens du débiteur situés sur le territoire de l'État partie dans lequel ladite procédure a été ouverte.

Les effets d'une procédure collective territoriale, telle que définie à l'article 1-3, sont également limités aux biens du débiteur situés sur le territoire de l'État partie dans lequel ladite procédure a été ouverte.

Jurisprudence OHADA

I. Pluralité de procédures collectives principales

En vertu de l'article 3 des statuts de la Compagnie multinationale Air Afrique, cette société a un établissement ayant les attributs d'un siège social dans la capitale de chaque État partie du traité. Il en résulte que le tribunal de Dakar est compétent territorialement et qu'en dépit de la décision ivoirienne et en vertu de l'article 251 AUPCAP, il peut également ouvrir une procédure collective principale (TRHC Dakar (Sénégal), n° 95, 11-6-2004 : Cie AIR AFRIQUE c/ 1) le Procureur de la République près le TRHC de Dakar ; 2) le Greffier en Chef du TRHC de Dakar, Ohadata J-09-330 ; voir aussi Ohadata J-05-49 et J-04-88).

La procédure ouverte contre une multinationale dont l'article 3 des statuts dispose qu'elle a un établissement ayant les attributs d'un siège social dans la capitale de chacun des États parties au Traité est une procédure collective principale au sens de l'article 251 de l'AUPCAP (TRHC Dakar 27-8-2002 : le procureur de la République contre la Cie Air Afrique, Ohadata J-03-43).

La reconnaissance des effets d'une procédure collective ouverte par la juridiction compétente d'un État partie ne fait pas obstacle à l'ouverture d'une autre procédure collective par la juridiction compétente d'un autre État partie (même décision – Ohadata J-03-43).

II. Intervention du syndic

Le syndic de la procédure collective principale ivoirienne peut intervenir à la condition de respecter les dispositions de l'article 195 du Code sénégalais de procédure civile qui exige que cette intervention se fasse par assignation et non par voie de conclusions lorsque, comme c'est le cas en l'espèce, pour le débiteur, l'une des parties n'a pas constitué avocat. Cette intervention est donc irrecevable (TRHC Dakar, n° 1503, 27-4-2002 : Procureur de la république c/ Cie multinationale aérienne Air Afrique, Ohadata J-05-49 ; J-04-88).

Le syndic de la liquidation des biens d'Air Afrique, étant intervenu volontairement sans constituer avocat, a violé les règles de l'article 195 du Code sénégalais de procédure civile et son intervention doit être déclarée irrecevable (TRHC Dakar 27-8-2002 : Procureur de la République c/ Cie Air Afrique, Ohadata J-03-43).

Art. 252 [mod.] Les syndics de la procédure collective principale et des procédures collectives secondaires sont tenus à un devoir d'information réciproque. Ils doivent communiquer, sans délai, tout renseignement qui peut être utile à une autre procédure collective, notamment l'état de la production et de la vérification des créances et les mesures visant à mettre fin à la procédure collective pour laquelle ils sont nommés

Le syndic d'une procédure collective secondaire doit, en temps utile, permettre au syndic de la procédure collective principale de présenter des propositions relatives à l'issue de la procédure collective secondaire ou à toute utilisation des actifs de la procédure collective secondaire.

Le non-respect de ces obligations engage la responsabilité civile des syndics.

Art. 252-1 [nouv.] En cas d'ouverture de procédures collectives dans plusieurs États parties à l'encontre d'un même débiteur, les juridictions compétentes coopèrent dans la mesure du possible soit directement, soit par l'intermédiaire d'un syndic.

Art. 253 [mod.] Tout créancier peut produire sa créance à la procédure collective principale et à toute procédure collective secondaire ou territoriale.

Les syndics de la procédure collective principale et d'une procédure collective secondaire sont également habilités à produire dans une autre procédure collective les créances déjà produites dans celle pour laquelle ils ont été désignés, sous réserve du droit des créanciers de s'y opposer ou de retirer leur production.

Les dispositions du présent article sont applicables sous réserve de celles de l'article 255 ci-dessous.

Art. 254 [mod.] Il ne peut être mis fin à une procédure collective secondaire par concordat préventif ou par concordat de redressement judiciaire ou par liquidation des biens qu'après accord donné par le syndic de la procédure collective principale. Cet accord doit être donné dans le délai de trente (30) jours à compter de la réception de la demande d'avis formulée par le syndic de la procédure collective secondaire par lettre au porteur contre récépissé ou par lettre recommandée avec demande d'avis de réception ou par tout moyen laissant trace écrite.

Le silence gardé par le syndic de la procédure collective principale pendant le délai de trente (30) jours vaut accord.

Le syndic de la procédure collective principale ne peut refuser son accord que s'il établit que la solution proposée affecte les intérêts financiers des créanciers de la procédure pour laquelle il est désigné.

En cas de contestation, la juridiction compétente pour la clôture de la procédure collective secondaire statue comme en matière de concordat préventif ou de concordat de redressement judiciaire ou de liquidation des biens.

Art. 255 [mod.] Le créancier qui a obtenu, dans une procédure collective, un dividende sur sa créance ne participe aux répartitions ouvertes dans une autre procédure collective que lorsque les créanciers de même rang ont obtenu, dans cette dernière procédure, un dividende équivalent.

Art. 255-1 [nouv.] Si la liquidation des actifs d'une procédure collective permet de payer toutes les créances admises dans cette procédure, le syndic désigné dans celle-ci transfère, sans délai, le surplus d'actif au syndic de l'autre procédure collective. En cas de pluralité de procédures collectives restantes, le surplus d'actif est réparti au prorata du montant des passifs admis dans chacune de ces procédures.

• Chapitre II •
RECONNAISSANCE ET EFFETS DES PROCÉDURES COLLECTIVES OUVERTES HORS DE L'ESPACE OHADA

Section I • OBJET, CHAMP D'APPLICATION ET DISPOSITIONS GÉNÉRALES

Art. 256 [mod.] Le présent chapitre a pour objet d'offrir des moyens efficaces pour traiter des procédures collectives étrangères au sens de l'article 1-3 ci-dessus afin de promouvoir les objectifs suivants :

– assurer la coopération entre les juridictions et les autres autorités compétentes des États parties et celles des États étrangers, tels que définis à l'article 1-3 ci-dessus, intervenant dans les procédures collectives étrangères ;

– garantir une plus grande sécurité juridique dans le commerce et les investissements ;

– administrer équitablement et efficacement les procédures collectives, de manière à protéger les intérêts de tous les créanciers et des autres parties intéressées, notamment le débiteur ;

– protéger tous les biens du débiteur et en optimiser la valeur ;

– faciliter le redressement des entreprises en difficulté de manière à protéger leurs investissements et préserver les emplois.

Art. 256-1 [nouv.] Les dispositions du présent chapitre s'appliquent lorsque :

1°) une assistance est demandée dans un État partie par une juridiction étrangère ou un représentant étranger, tels que définis à l'article 1-3 ci-dessus, en ce qui concerne une procédure collective étrangère ;

2°) une assistance est demandée dans un État étranger en ce qui concerne une procédure collective ouverte en application du présent Acte uniforme ;

3°) une procédure collective étrangère et une procédure collective ouverte en application du présent Acte uniforme concernant le même débiteur ont lieu concurremment ;

4°) il est de l'intérêt des créanciers ou des autres parties intéressées d'un État étranger de demander l'ouverture d'une procédure collective, ou de participer à ladite procédure, en application du présent Acte uniforme.

Les dispositions du chapitre II du titre VII du présent Acte uniforme ne s'appliquent pas à une procédure collective concernant les débiteurs exerçant une activité visée à l'alinéa 2 de l'article 1-1 ci-dessus.

Art. 256-2 [nouv.] En cas de conflit entre les dispositions du présent chapitre et une obligation d'un État partie découlant d'un traité international ou de toute autre forme d'accord international auquel ledit État est partie avec un ou plusieurs autres États étrangers, les dispositions du présent chapitre prévalent, conformément au Traité relatif à l'harmonisation du droit des affaires en Afrique.

Art. 256-3 [nouv.] Les dispositions visées dans le présent chapitre relatives à la reconnaissance et aux effets des procédures collectives étrangères ainsi qu'à la coopération avec les juridictions étrangères sont de la compétence de la juridiction compétente au sens des articles 3, 3-1 et 3-2 ci-dessus.

Art. 256-4 [nouv.] Tout syndic est autorisé à agir dans un État étranger au titre d'une procédure collective ouverte en application du présent Acte uniforme dans la mesure où la loi étrangère applicable le permet.

Art. 256-5 [nouv.] Aucune disposition du présent chapitre n'interdit à la juridiction compétente de refuser de prendre une mesure régie par ce chapitre lorsque ladite mesure est manifestement contraire à l'ordre public de l'État partie concerné.

Art. 256-6 [nouv.] Aucune disposition du présent chapitre ne limite le pouvoir d'une juridiction compétente, ou d'un syndic, de fournir une assistance additionnelle à un représentant étranger dans le cadre d'une procédure collective étrangère.

Art. 256-7 [nouv.] Pour l'interprétation des dispositions du présent chapitre, il est tenu compte de son origine internationale et de la nécessité de promouvoir l'uniformité de son application et le respect de la bonne foi dans les États parties.

Section II • ACCES DES REPRESENTANTS ETRANGERS ET DES CREANCIERS ETRANGERS AUX JURIDICTIONS COMPETENTES DES ÉTATS PARTIES

Art. 256-8 [nouv.] Un représentant étranger est habilité à s'adresser directement à une juridiction des États parties.

Art. 256-9 [nouv.] Le seul fait qu'une demande soit présentée par un représentant étranger en application du présent chapitre devant une juridiction d'un des États parties ne soumet pas ledit représentant, ni les biens ou affaires du débiteur se trouvant hors de l'espace OHADA, à la compétence des juridictions des États parties pour d'autres fins que celles indiquées dans ladite demande.

Art. 256-10 [nouv.] Un représentant étranger est habilité à demander l'ouverture d'une procédure collective en application du présent Acte uniforme si les conditions d'ouverture d'une telle procédure sont réunies.

Art. 256-11 [nouv.] Dès la reconnaissance d'une procédure collective étrangère, le représentant étranger est habilité à participer à toute procédure collective concernant le débiteur, ouverte en application du présent Acte uniforme.

Art. 256-12 [nouv.] Sous réserve des dispositions de l'alinéa 2 du présent article, les créanciers domiciliés dans un État étranger, en ce qui concerne l'ouverture d'une procédure collective et leur participation à cette procédure en application du présent Acte uniforme, ont les mêmes droits que les créanciers résidant dans tout État partie.

L'alinéa 1er du présent article ne porte pas atteinte au rang de priorité des créances visées aux articles 166 et 167 ci-dessus dans une procédure collective ouverte en application du présent Acte uniforme, ni à l'exclusion d'une telle procédure des créances fiscales et sociales étrangères.

Art. 256-13 [nouv.] Toute notification qui, en vertu du présent Acte uniforme, doit être donnée aux créanciers résidant dans un État partie dans le cadre d'une procédure collective ouverte conformément au présent Acte uniforme, doit être donnée également aux créanciers connus et domiciliés dans un État étranger. La juridiction compétente ayant ouvert la procédure collective conformément au présent Acte uniforme peut ordonner que des mesures appropriées soient prises pour aviser tout créancier dont l'adresse n'est pas encore connue.

Nonobstant toute disposition du présent Acte uniforme, la notification visée à l'alinéa précédent est adressée individuellement aux créanciers domiciliés dans un État étranger, à moins que la juridiction ayant ouvert la procédure collective selon le présent Acte uniforme juge, en fonction des circonstances, qu'une autre forme de notification est plus appropriée. Aucune commission rogatoire ou autre formalité similaire n'est requise.

Lorsque la notification d'une procédure collective doit être adressée à des créanciers domiciliés dans un État étranger, la notification doit :

– indiquer le délai prévu à l'article 78 ci-dessus pour la production des créances et spécifier le lieu où elles doivent être produites ;

– indiquer que les créanciers dont la créance est assortie d'une sûreté doivent produire ladite créance ;

– contenir toute autre information requise pour la notification aux créanciers conformément au présent Acte uniforme et aux décisions de la juridiction compétente.

Section III • RECONNAISSANCE DE LA PROCEDURE COLLECTIVE ETRANGERE ET MESURES DISPONIBLES

Art. 256-14 [nouv.] Un représentant étranger peut demander à la juridiction compétente au sens des articles 3, 3-1 et 3-2 ci-dessus de reconnaitre la procédure collective étrangère dans le cadre de laquelle il a été désigné représentant.

Une demande de reconnaissance doit être accompagnée des documents suivants :

1°) une copie certifiée conforme de la décision d'ouverture de la procédure collective étrangère et de désignation du représentant étranger ;

2°) un certificat de la juridiction étrangère attestant de l'ouverture de la procédure collective étrangère et la désignation du représentant étranger ;

3°) en l'absence des pièces visées aux numéros 1°) et 2°) du présent article, toute autre preuve de l'ouverture de la procédure collective étrangère et de la désignation du représentant étranger susceptible d'être acceptée par la juridiction compétente au sens des articles 3, 3-1 et 3-2 ci-dessus.

La demande de reconnaissance est également accompagnée d'une déclaration identifiant toutes les procédures collectives étrangères concernant le débiteur qui sont connues par le représentant étranger.

Tous les documents fournis à l'appui de la demande de reconnaissance du présent article doivent être rédigés ou traduits dans la ou dans une langue officielle de l'État partie concerné.

Art. 256-15 [nouv.] Nonobstant toute disposition du présent chapitre, la juridiction compétente saisie d'une demande de reconnaissance d'une procédure collective étrangère peut prendre en compte les présomptions énoncées au présent article.

En particulier, si la copie certifiée conforme de la décision ou le certificat visés à l'article 256-14 indiquent que la procédure étrangère est une procédure collective étrangère, telle que définie à l'article 1-3 ci-dessus, et que le représentant de ladite procédure est un représentant étranger, tel que défini à l'article 1-3, la juridiction compétente peut présumer qu'il en est ainsi.

La juridiction compétente est également habilitée à présumer que les documents soumis à l'appui de la demande de reconnaissance de la procédure collective étrangère sont authentiques, qu'ils aient ou non été certifiés.

Sauf preuve contraire, dans le cas d'une personne morale, le siège statutaire, ou, dans le cas d'un particulier, la résidence habituelle, du débiteur est présumé être le centre de ses intérêts principaux.

Art. 256-16 [nouv.] Sous réserve des dispositions de l'article 256-5 ci-dessous, une procédure collective étrangère est reconnue si :

– elle est une procédure collective étrangère, telle que définie à l'article 1-3 ;

– le représentant demandant la reconnaissance est un représentant étranger, tel que défini à l'article 1-3 ;

– la demande satisfait aux exigences de l'alinéa 2 de l'article 256-14 ;

– la demande a été soumise à la juridiction compétente visée à l'article 256-3.

La procédure collective étrangère est reconnue :

– en tant que procédure collective étrangère principale si elle a lieu dans l'État étranger où le débiteur a le centre de ses intérêts principaux ;

– en tant que procédure collective étrangère non principale si le débiteur a un établissement, tel que défini à l'article 1-3 ci-dessus, dans l'État étranger.

La décision relative à une demande de reconnaissance d'une procédure collective étrangère est rendue dans un bref délai.

Les dispositions des articles 256-13 à 256-17 n'empêchent pas la modification ou la cessation de la reconnaissance de la procédure collective étrangère s'il apparaît que les motifs de la reconnaissance étaient totalement ou partiellement absents ou qu'ils ont cessé d'exister.

Art. 256-17 [nouv.] A compter de la date de la présentation de la demande de reconnaissance de la procédure collective étrangère, le représentant étranger informe, sans délai, la juridiction compétente :

– de toute modification substantielle du statut de la procédure collective étrangère reconnue ou du statut de la nomination du représentant étranger ;

– de toute autre procédure collective étrangère concernant le débiteur qui a été portée à sa connaissance.

Art. 256-18 [nouv.] Entre la date de la présentation d'une demande de reconnaissance de la procédure collective étrangère devant la juridiction compétente et celle du prononcé de la décision de reconnaissance, lorsqu'il est urgent de prendre des mesures pour protéger les biens du débiteur ou les intérêts des créanciers, la juridiction compétente peut, à la demande du représentant étranger, prendre les mesures provisoires suivantes :

– interdire ou suspendre les mesures d'exécution à l'encontre des biens du débiteur, y compris toute mesure d'exécution extrajudiciaire ;

– confier l'administration ou la réalisation de tout ou partie des biens du débiteur situés sur le territoire de la juridiction compétente au représentant étranger ou à un syndic désigné par celle-ci, afin de protéger et préserver la valeur de ces biens lorsque, de par leur nature ou en raison d'autres circonstances, ils sont périssables, susceptibles de se dévaluer ou autrement menacés ;

– accorder toutes mesures visées aux numéros 3°, 4° et 7° du premier alinéa de l'article 256-20 ci-dessous.

A moins qu'elles ne soient prorogées en application du numéro 6° du premier alinéa de l'article 256-20 ci-dessous, les mesures accordées conformément au présent article cessent dès qu'il est statué sur la demande de reconnaissance de la procédure collective étrangère.

La juridiction compétente peut refuser d'accorder les mesures visées au présent article si elles risquent d'entraver l'administration de la procédure collective étrangère principale.

Art. 256-19 [nouv.] Dès la date de la décision de reconnaissance d'une procédure collective étrangère principale :

1°) l'ouverture des actions, des procédures ou des voies d'exécution individuelles judiciaires et extrajudiciaires visant les biens, les droits ou les obligations du débiteur est interdite et la poursuite desdites actions, procédures et voies d'exécution est suspendue ;

2°) les mesures d'exécution judiciaires et extrajudiciaires contre les biens du débiteur sont interdites ou suspendues ;

3°) le droit de transférer les biens du débiteur, de constituer des sûretés sur ces biens ou d'en disposer autrement est suspendu.

La portée et la modification ou la cessation des mesures d'interdiction et de suspension visées à l'alinéa premier du présent article sont subordonnées à toute autre disposition prévue par le présent Acte uniforme.

Les dispositions du numéro 1°) du premier alinéa du présent article n'affectent pas le droit d'engager des actions, des procédures ou des voies d'exécution individuelles judiciaires et extrajudiciaires dans la mesure où cela est nécessaire pour préserver une créance contre le débiteur.

Le premier alinéa du présent article n'affecte pas le droit de demander l'ouverture d'une procédure collective en application du présent Acte uniforme ou le droit de produire des créances dans une telle procédure.

Art. 256-20 [nouv.] Lorsqu'il est nécessaire de protéger les biens du débiteur ou les intérêts des créanciers, la juridiction compétente peut, dès la date de la décision de reconnaissance d'une procédure collective étrangère, principale ou non principale, accorder, à la demande du représentant étranger, toute mesure appropriée, notamment :

1°) interdire les actions, les procédures, les voies d'exécution et les poursuites individuelles judiciaires et extrajudiciaires concernant les biens, les droits ou les obligations du débiteur ou suspendre lesdites actions, procédures, voies d'exécution et poursuites dans la mesure où cette interdiction ou suspension n'est pas intervenue en application du numéro 1°) du premier alinéa de l'article 256-19 ci-dessus ;

2°) interdire ou suspendre les mesures d'exécution judiciaires et extrajudiciaires contre les biens du débiteur, si cette interdiction ou suspension n'est pas intervenue en application du numéro 2°) du premier alinéa de l'article 256-19 ci-dessus ;

3°) suspendre le droit de transférer les biens du débiteur, de constituer des sûretés sur ces biens ou d'en disposer autrement dans la mesure où ce droit n'a pas été suspendu en application du numéro 3°) du premier alinéa de l'article 256-19 ci-dessus ;

4°) faire interroger des témoins, recueillir des preuves ou fournir des renseignements concernant les biens, les affaires, les droits ou les obligations du débiteur ;

5°) confier l'administration ou la réalisation de tout ou partie des biens du débiteur, situés sur le territoire de la juridiction compétente, au représentant étranger ou à toute autre personne nommée par ladite juridiction ;

6°) proroger les mesures accordées en application du premier alinéa de l'article 256-18 ci-dessus ;

7°) accorder toute autre mesure que pourrait prendre le syndic en application du présent Acte uniforme.

Dès la date de la décision de reconnaissance d'une procédure collective étrangère, principale ou non principale, la juridiction compétente peut, à la demande du représentant étranger, confier la distribution de tout ou partie des biens du débiteur situés sur le territoire de la juridiction compétente au représentant étranger, ou à un syndic nommé par elle, si elle estime que les intérêts des créanciers résidant sur son territoire sont suffisamment protégés.

Lorsqu'elle accorde une mesure en application du présent article au représentant étranger d'une procédure collective étrangère non principale, la juridiction compétente doit s'assurer que la mesure accordée se rapporte à des biens qui, en application du présent Acte uniforme, devraient être administrés dans la procédure collective étrangère non principale, ou que la mesure a trait à des renseignements requis dans cette procédure.

Art. 256-21 [nouv.] Lorsqu'elle accorde ou refuse toute mesure conformément à l'article 256-18 ou à l'article 256-20 ci-dessus, ou lorsqu'elle modifie ou fait cesser les mesures accordées en application de l'alinéa 3 du présent article, la juridiction compétente doit s'assurer que les intérêts des créanciers et des autres personnes intéressées, y compris le débiteur, sont suffisamment protégés.

La juridiction compétente peut subordonner aux conditions qu'elle juge appropriées toute mesure accordée conformément aux articles 256-18 ou 256-20 ci-dessus.

La juridiction compétente, statuant à la demande du représentant étranger ou de toute personne physique ou morale lésée par toute mesure accordée en application des articles 256-18 ou 256-20, ou statuant d'office, peut modifier ou faire cesser ladite mesure.

Art. 256-22 [nouv.] Dès la date de la décision de reconnaissance d'une procédure collective étrangère, le représentant étranger a capacité pour engager toutes les actions en inopposabilités prévues par les articles 67 et suivants ci-dessus.

Lorsque la procédure collective étrangère est une procédure collective étrangère non principale, la juridiction compétente doit s'assurer que l'action se rapporte à des biens qui, en application du présent Acte uniforme, devraient être administrés dans cette procédure.

Art. 256-23 [nouv.] Dès la date de la décision de reconnaissance d'une procédure collective étrangère, le représentant étranger peut, si les conditions prévues par le présent Acte uniforme sont réunies, intervenir dans toute procédure collective à laquelle le débiteur est partie.

Section IV • COOPERATION AVEC LES TRIBUNAUX ETRANGERS ET LES REPRESENTANTS ETRANGERS

Art. 256-24 [nouv.] La juridiction compétente coopère dans la mesure du possible avec les juridictions étrangères ou les représentants étrangers, soit directement, soit par l'intermédiaire d'un syndic.

La juridiction compétente est habilitée à communiquer directement avec les juridictions étrangères ou les représentants étrangers, ou à leur demander directement des informations ou une assistance.

Art. 256-25 [nouv.] Dans l'exercice de ses fonctions et sous réserve du contrôle de la juridiction compétente, le syndic coopère dans la mesure du possible avec les juridictions étrangères ou les représentants étrangers.

Il est également habilité à communiquer directement avec les juridictions étrangères ou les représentants étrangers.

Art. 256-26 [nouv.] La coopération visée aux articles 256-24 et 256-25 ci-dessus peut être assurée par tout moyen approprié, notamment :

– la nomination d'une personne ou d'un organe chargé d'agir suivant les instructions de la juridiction compétente ;

– la communication d'informations par tout moyen jugé approprié par la juridiction compétente ;

– la coordination de l'administration et de la surveillance des biens et des affaires du débiteur ;

– l'approbation ou l'application par tout tribunal des accords concernant la coordination des procédures collectives ;

– la coordination des procédures collectives concurrentes concernant le même débiteur.

Section V • PROCEDURES COLLECTIVES CONCURRENTES

Art. 256-27 [nouv.] Après la reconnaissance d'une procédure collective étrangère principale, une procédure collective ne peut être ouverte en application du présent Acte uniforme dans l'État partie où la procédure collective étrangère a été reconnue que si le débiteur dispose de biens dans ledit État partie.

Les effets de la procédure collective ouverte en application du présent Acte uniforme sont limités aux biens du débiteur qui sont situés dans cet État et, dans la mesure nécessaire, pour donner effet aux mesures de coopération et de coordination visées aux articles 256-24 à 256-26 ci-dessus, aux autres biens du débiteur qui, en application du présent Acte uniforme, devraient être administrés dans le cadre de cette procédure.

Art. 256-28 [nouv.] Lorsqu'une procédure collective étrangère et une procédure collective ouverte en application du présent Acte uniforme ont lieu concurremment à l'encontre du même débiteur, la juridiction compétente s'efforce d'assurer la coopération et la coordination, visées aux articles 256-24 à 256-26 ci-dessus, conformément aux conditions suivantes :

1°) Lorsque la procédure collective ouverte dans un État partie est en cours au moment où est introduite la demande de reconnaissance de la procédure collective étrangère :

a) toute mesure prise en application des articles 256-18 ou 256-20 ci-dessus doit être conforme à la procédure collective ouverte dans l'État partie en application du présent Acte uniforme ;

b) si la procédure collective étrangère est reconnue par la juridiction compétente en tant que procédure collective étrangère principale, l'article 256-19 ci-dessus ne s'applique pas ;

2°) Lorsque la procédure collective est ouverte dans un État partie après la reconnaissance de la procédure collective étrangère ou après l'introduction de la demande de reconnaissance de ladite procédure :

a) toute mesure prise en application des articles 256-18 ou 256-20 ci-dessus est réexaminée par la juridiction compétente et modifiée ou levée si elle n'est pas conforme à la procédure collective ouverte par ladite juridiction en application du présent Acte uniforme ;

b) si la procédure collective étrangère est une procédure collective étrangère principale, les mesures d'interdiction et de suspension visées au premier alinéa de l'article 256-19 ci-dessus sont modifiées ou levées conformément à l'alinéa 2 de l'article 256-19 si elles ne sont pas conformes à la procédure collective ouverte par la juridiction compétente ;

3°) Lorsqu'elle octroie, proroge ou modifie une mesure accordée au représentant étranger d'une procédure collective étrangère non principale, la juridiction compétente doit s'assurer que la mesure porte sur des biens qui, en application du présent Acte uniforme, devraient être administrés dans la procédure collective étrangère non principale, ou que la mesure a trait à des renseignements requis dans le cadre de cette procédure.

Art. 256-29 [nouv.] Lorsque plusieurs procédures collectives étrangères ont été ouvertes à l'encontre du même débiteur, la juridiction compétente s'efforce d'assurer la coopération et la coordination visées aux articles 256-24 à 256-26 ci-dessus, conformément aux conditions suivantes :

1°) toute mesure accordée en application des articles 256-18 ou 256-20 ci-dessus au représentant étranger d'une procédure collective étrangère non principale après la reconnaissance d'une procédure collective étrangère principale doit être conforme à la procédure collective étrangère principale ;

2°) si une procédure collective étrangère principale est reconnue après la reconnaissance d'une procédure collective étrangère non principale ou après l'introduction d'une demande de reconnaissance d'une telle procédure collective, toute mesure prise en application des articles 256-18 ou 256-20 ci-dessus est réexaminée par la juridiction compétente et modifiée ou levée, si elle n'est pas conforme à la procédure collective étrangère principale ;

3°) si, après la reconnaissance d'une procédure collective étrangère non principale, une autre procédure collective étrangère non principale est reconnue, la juridiction compétente accorde, modifie ou fait cesser les mesures accordées, dans le but de faciliter la coordination des procédures collectives concurrentes.

Art. 256-30 [nouv.] Sauf preuve contraire, la reconnaissance d'une procédure collective étrangère principale atteste, aux fins de l'ouverture d'une procédure collective de redressement judiciaire ou de liquidation des biens, en application du présent Acte uniforme, que le débiteur est en état de cessation des paiements.

Art. 256-31 [nouv.] Sans préjudice des droits des titulaires de créances assorties de sûretés ou des droits réels, un créancier ayant obtenu satisfaction partielle en ce qui concerne sa créance, dans une procédure collective ouverte conformément à une loi relative à l'insolvabilité ou des procédures collectives dans un État étranger, ne peut être payé pour la même créance dans une procédure collective concernant le même débiteur ouverte en application du présent Acte uniforme tant que le paiement accordé aux autres créanciers de même rang est proportionnellement inférieur au paiement que ledit créancier a déjà obtenu par une juridiction étrangère.

• Titre VIII •

DISPOSITIONS TRANSITOIRES ET FINALES

Art. 257 [mod.] Le présent Acte uniforme, qui abroge l'Acte uniforme portant organisation des procédures collectives d'apurement du passif du 10 avril 1998, n'est applicable qu'aux procédures collectives ouvertes après son entrée en vigueur.

Jurisprudence OHADA

Inapplication de l'AUPCAP à une procédure ouverte antérieurement à son entrée en vigueur

Les dispositions de l'AUPCAP sont inapplicables à une procédure collective ouverte longtemps avant son entrée en vigueur (TR Niamey, n° 199, 18-6-2003 : Liquidation S.E.E.E. Niger, Ohadata J-04-77).

L'AUPCAP est inapplicable à une procédure collective ouverte [avant son entrée en vigueur] ; ce sont les dispositions des textes de droit interne existant avant l'entrée en vigueur de cet Acte uniforme qui lui sont applicables. En se prononçant sur la demande de surenchère du dixième sur le prix de cession globale des immeubles et matériels industriels appartenant à la société liquidée, sur le fondement des articles 159 et suivants de l'AUPCAP, la cour d'appel a violé les dispositions des articles 257 et 258 dudit Acte uniforme et son arrêt encourt la cassation (CCJA, n° 027, 19-7-2007 : SCI Dakar Invest et SCI Dakar Centenaire c/ 1ᵉ / Sté Bernabé Sénégal, 2ᵉ / I. N. ès qualités de Syndic de la liquidation de la Sté Sénématel, 3ᵉ / État du Sénégal, 4ᵉ / C. T. N., Rec. de jur. n° 10, juill.-déc. 2007, p. 40, Ohadata J-08-246).

Obs. : il en résulte que la décision suivante qui a converti une procédure de redressement judiciaire ouverte sous une loi nationale antérieure, en liquidation des biens par application des dispositions de l'AUPCAP, doit être tenue pour caduque (TGI Ouagadougou, n° 90 bis, 24-1-2001 : Conversion du redressement judiciaire de Flex-Faso en liquidation des biens, Ohadata J-02-58 ; obs. J. Issa-Sayegh).

Dans le même sens :

– infirmant la décision rendue sur le fondement de l'AUPCAP et renvoyant les parties à mieux se pourvoir : CCJA, 2ᵉ ch., n° 39, 8-12-2011 (pourvoi n° 108/2007/PC du 10-12-2007) : El Hadj S. S., ès qualité de syndic liquidateur de Sodega, SA en liquidation c/ M. K., Juris-Ohada, 2012, n° 3, juill.-sept., p. 20, Ohadata J-13-46 et J-13-169 ; Rec. jur. CCJA, n° 17 juill.-déc. 2011, p. 20 et 144 ;

– jugeant que c'est en violation de l'article 257 de l'AUPCAP qu'une cour d'appel a appliqué les dispositions de cet Acte uniforme à une procédure collective entamée avant son entrée en vigueur, exposant ainsi son arrêt à la cassation. Sur l'évocation, le juge-commissaire a, en la cause, fondé à tort ses attributions sur les dispositions de l'Acte uniforme précité et, pour les mêmes motifs que ceux ayant entraîné la cassation du jugement attaqué, il y a lieu d'annuler l'ordonnance entreprise et de renvoyer les parties à se pourvoir ainsi qu'elles aviseront (CCJA, 3ᵉ ch., n° 207, 22-11-2018 : SCI Kent c/ Liquidation BMBC) ;

– au sujet d'un redressement judiciaire prononcé par jugement du 1ᵉʳ décembre 2005 (sous l'empire de l'AUPCAP du 10-04-1998) et dont la conversion en liquidation des biens est demandée le 3 août 2015 par le syndic (CCJA, 3ᵉ ch., n° 271, 27-12-2018 : Anon Seka c/ Société ivoirienne de produits et de négoce dite IPN).

Art. 258 [mod.] Le présent Acte uniforme sera publié au Journal Officiel de l'OHADA et des États parties dans un délai de soixante (60) jours à compter de la date de son adoption. Il entrera en vigueur quatre-vingt-dix jours (90) à compter de la date de sa publication au Journal Officiel de l'OHADA conformément à l'article 9 du Traité relatif à l'harmonisation du droit des affaires en Afrique.

Fait à Grand-Bassam, le 10 septembre 2015.

ANNEXE A L'AUPCAP : LISTE DES ERREURS MATERIELLES SIGNALEES ET MENTIONS RECTIFICATIVES CORRESPONDANTES

Art. 4-2, 3°, manque le tiret à expert-comptable.

Art. 5-2, 5°, après « être en cessation », remplacer « de » par « des » et au 6° supprimer le S à « noms » et au 7° ajouter un S à « domicile ».

Art. 5-7, première phrase in fine « engagées par un créancier », remplacer « un » par « ce ».

Art. 6-1, 11°, supprimer le S à « noms » et le « et » avant 4-1 et 4-2.

Art. 6-1, dernier alinéa, ajouter un S à « visé ».

Art. 7, avant dernier tiret, supprimer la virgule avant « ainsi que ».

Art. 11-1, al. 2, après « qui fournissent » ajouter une virgule.

Art. 17 al. 1er, après « 9-1 » supprimer « ci-dessus, » puis après « 15 », remplacer « ci-dessous ». par ci-dessus ».

Article 23, al. 3, après « appel de la part » supprimer « des » et à l'avant-dernier alinéa in fine, ajouter « du » après « désignation ».

Art. 24-4, ajouter des virgules après « 9 », « 13 », et « alinéa 2 ».

Art. 24-5, al. 2, supprimer la virgule après « concordat préventif ».

Art. 26, 2°) in fine, il y a un espace de trop avant le point-virgule et au 5°) in fine, il manque un espace avant le point-virgule.

Art. 45 in fine, il manque un point.

Art. 52, in fine, ajouter une virgule après 2 et 3.

Art. 63, al. 1er, après « du débiteur » supprimer la virgule.

Art. 70, al. 1er, après alinéa 2, ajouter une virgule.

Art. 78, al. 1 : Le texte vise « la deuxième insertion dans un Journal d'annonces légales de l'État partie concerné tel que défini à l'article 1-3 ci-dessus » alors qu'il aurait dû viser « la deuxième insertion dans un journal d'annonces légales de la décision d'ouverture de l'État partie concerné ». Il aurait donc fallu insérer « de la décision d'ouverture » et supprimer « tel que défini à l'article1-3 ci-dessus ».

Art. 78, al. 2, il manque le trait d'union à quatre-vingt-dix.

Art. 81, in fine, il manque un S à « ci-desous ».

Art. 98, al. 2, après « le bailleur bénéficie également » remplacer « d'un » par « de ce ».

Art. 99, al. 1er, dans « ou de liquidation des biens », remplacer « de » par « en ».

Art. 109, dernier al., 2e phrase «.... à compter de la réalisation ... », remplacer « réalisation » par « résiliation ».

Il y a un espace de trop entre les art. 119-3 et 120.

Art. 128 dernier al., supprimer la virgule après « 4-19 ».

Art. 179-6, al. 1, insérer [dix] entre « vingt » et « (90) ».

AUPSRVE

Acte Uniforme portant organisation des Procédures Simplifiées de Recouvrement et des Voies d'Exécution

Le Conseil des ministres de l'[OHADA],

– Vu le Traité relatif à l'harmonisation du droit des affaires en Afrique, signé à Port-Louis le 17 octobre 1993, tel que modifié à Québec le 17 octobre 2008, notamment en ses articles 2, 5 à 10 et 12 ;

– Vu le rapport du Secrétariat permanent et les observations des États parties ;

– Vu l'avis n° 002/2023 en date du 30 mai 2013 de la Cour commune de justice et d'arbitrage ;

Après en avoir délibéré, adopte à l'unanimité des États parties présents et votants, l'Acte uniforme dont la teneur suit :

• *CHAPITRE PRÉLIMINAIRE* •
LES DISPOSITIONS COMMUNES

Section 1 • LE CHAMP D'APPLICATION ET LES DÉFINITIONS

Art. 1 [nouv.] Le présent acte uniforme s'applique aux procédures d'injonction de payer et d'injonction de délivrer ou de restituer, aux saisies conservatoires et aux voies d'exécution.

Le créancier qui entend poursuivre le recouvrement forcé de sa créance ou la conservation de ses droits ne peut mettre en œuvre à l'encontre de son débiteur que les mesures et procédures prévues par le présent acte uniforme.

Toutefois, le présent acte uniforme ne régit pas :

– les saisies visées par des conventions internationales, notamment celles relatives aux saisies de navires ou d'aéronefs ;

– les saisies et procédures particulières prévues par la loi de chaque État partie pour le recouvrement de créances publiques ;

– les mesures conservatoires prévues par d'autres actes uniformes

Art. 1-1 [nouv.] Pour l'application du présent acte uniforme, les termes et expressions ci-après signifient :

– **autorité chargée de la vente** : tout officier ministériel, tout autre auxiliaire de justice ou tout agent chargé, dans l'État partie, de la vente aux enchères publiques des biens meubles ayant fait l'objet d'une saisie ;

– **bétail** : ensemble d'animaux élevés dans une ferme ou dans le cadre d'une exploitation ou en transhumance et, de manière générale, des animaux ayant une valeur marchande, à l'exception des animaux de compagnie ;

– **cahier des charges** : document rédigé et signé par l'avocat du créancier poursuivant ou par l'huissier de justice ou l'autorité chargée de l'exécution qui précise les conditions et modalités de la vente d'un bien saisi ;

– **command (déclaration de)** : déclaration par laquelle un adjudicataire, en matière de saisie immobilière, fait connaitre à l'autorité chargée de la vente que ce n'est pas pour son compte qu'il s'est porté acquéreur, mais pour celui d'une autre personne dont il indique l'identité ;

– **croît** : augmentation du bétail par la reproduction ;

– **droits d'associés** : droits conférés à une personne dénommée associé en contrepartie d'un apport en numéraire ou en nature effectué soit lors de la constitution de la société, soit à l'occasion d'une augmentation de capital ;

– **enchères** : offres successives et de plus en plus élevées présentées par des personnes qui désirent acquérir un bien saisi mis en vente ;

– **enchérisseur** : personne qui porte une enchère ;
– **folle enchère** : procédure qui a pour objet de mettre à néant l'adjudication en raison du manquement de l'adjudicataire à ses obligations et à provoquer une nouvelle vente aux enchères ;
– **formalité substantielle** : mention ou diligence tenant à la raison d'être d'un acte et qui lui est indispensable pour remplir son objet ;
– **huissier de justice ou autorité chargée de l'exécution** : tout officier ministériel, tout autre auxiliaire de justice ou tout agent de l'administration chargé, dans l'État partie, de l'exécution forcée des titres exécutoires et des mesures conservatoires ainsi que de l'établissement et de la signification des actes requis pour cette exécution ;
– **jour ouvrable** : jour de la semaine autre que les jours de repos hebdomadaire et les jours déclarés fériés en application de la loi nationale de chaque État partie ;
– **monnaie électronique** : valeur monétaire représentant une créance sur l'établissement émetteur, stockée ou incorporée sous forme électronique, émise contre remise de fonds, qui peut être utilisée ou qui est acceptée pour effectuer des paiements à des personnes autres que l'émetteur, sans faire intervenir des comptes bancaires dans la transaction ;
– **notification** : opération consistant à porter à la connaissance d'une personne un acte ou un fait ;
– **signification** : notification réalisée par acte **d'un huissier de justice ou d'une** autorité chargée de l'exécution ;
– **signification à domicile** : signification consistant en la remise d'une copie d'un acte à toute personne présente au domicile ou à la résidence du destinataire, dans les cas où l'huissier de justice ou l'autorité chargée de l'exécution ne trouve pas celui-ci sur place ;
– **signification à personne** : signification consistant en la remise d'une copie d'un acte au destinataire lui-même, s'il s'agit d'une personne physique, à son représentant légal, à un fondé de pouvoir de ce dernier ou à tout préposé ou agent habilité à cet effet, s'il s'agit d'une personne morale ;
– **surenchère** : procédure par laquelle une personne se propose, après l'adjudication, d'acquérir le bien vendu au prix de vente majoré du dixième au moins ;
– **surenchérisseur** : personne qui porte une surenchère ;
– **tiers saisi** :
• **en matière de saisie sur une créance** : personne tenue, au jour de la saisie, d'une obligation portant sur une créance de somme d'argent née d'un rapport de droit qui implique un pouvoir propre et indépendant à l'égard du débiteur ;
• **en matière de saisie sur un bien autre qu'une créance** : personne détenant au jour de la saisie, pour le compte du débiteur, un bien sur lequel porte la saisie ;
– **titre exécutoire par provision** : décision dont l'exécution provisoire est prévue par la loi ou ordonnée par le juge ;
– **valeur mobilière** : titre négociable qui confère des droits identiques par catégorie donnant accès, directement ou indirectement, à une quotité du capital de la personne morale les ayant émis ou à un droit de créance sur son patrimoine.

Section 2 • LES AUTORITÉS CHARGÉES DE L'ACCOMPLISSEMENT DES ACTES

Art. 1-2 [nouv.] Seules les autorités chargées de l'exécution ou de la vente dans l'État partie sont habilitées à accomplir les mesures conservatoires ou actes d'exécution prévus par le présent acte uniforme.

Les autorités visées à l'alinéa précédent du présent article sont tenues de prêter leur concours conformément aux règles régissant leur profession. Elles sont déliées de l'obligation lorsque la mesure requise présente un caractère manifestement illicite ; le refus d'exécution opposé en violation de cette règle engage leur responsabilité civile.

Art. 1-3 [nouv.] Le président de la juridiction compétente, saisi par requête, ou le juge délégué par lui peut autoriser tout huissier de justice ou toute autorité chargée de l'exécution, muni d'un titre exécutoire, à demander aux administrations de l'État, aux autres personnes morales de droit public et aux bureaux d'information sur le crédit, de lui communiquer les renseignements utiles, sans que puisse lui être opposé le secret professionnel.

Les renseignements visés à l'alinéa premier du présent article concernent la composition du patrimoine du débiteur, son adresse, s'il y a lieu, l'identité et l'adresse de son employeur, à l'exclusion de tout autre renseignement.

La personne désignée pour communiquer les informations peut saisir le juge d'une demande en rétractation.

La décision de rejet de la requête ainsi que celle par laquelle le juge se prononce sur la demande de rétractation sont insusceptibles de recours.

Art. 1-4 [nouv.] Les renseignements obtenus, en application de l'article 1-3 du présent acte uniforme, ne peuvent être utilisés que dans la seule mesure nécessaire à l'exécution du ou des titres pour lesquels ils sont demandés. Ils ne peuvent, sauf obligation légale, être communiqués à des tiers ni faire l'objet d'un fichier d'informations nominatives.

Section 3 • LA FORME, LES DÉLAIS D'ACCOMPLISSEMENT DES ACTES ET LES NULLITÉS POUR VICE DE FORME

Paragraphe 1 • LA FORME DES ACTES

Art. 1-5 [nouv.] Les actes dressés en vue de la conservation ou du recouvrement des créances peuvent être établis sur support papier ou sur support électronique.

Les actes sous forme électronique sont équivalents aux actes sur support papier lorsqu'ils sont établis et maintenus selon un procédé technique fiable qui garantit, à tout moment, leur accessibilité, leur origine et leur intégrité au cours des traitements et transmissions électroniques.

Art. 1-6 [nouv.] Sans préjudice des dispositions propres à chaque type de mesure ou procédure, tout acte établi par un huissier de justice ou une autorité chargée de l'exécution comporte, à peine de nullité :

a) la date ;

b) les éléments d'identification ci-après :

– pour la personne physique : les nom, prénoms et domicile ;

– pour la personne morale : la dénomination, la forme, le siège social et le représentant légal ;

c) les nom, prénoms, adresse professionnelle et signature de l'huissier de justice ou l'autorité chargée de l'exécution ;

d) l'heure à laquelle l'acte est établi ;

e) si l'acte doit être signifié, les nom, prénoms et domicile du destinataire ou, s'il s'agit d'une personne morale, sa dénomination et son siège social.

Art. 1-7 [nouv.] Sauf dispositions contraires du présent acte uniforme, les actes sont portés à la connaissance des intéressés par la signification qui leur en est faite.

Art. 1-8 La signification est faite sur support papier ou par voie électronique.

La signification par voie électronique est considérée comme effectuée lorsqu'elle est réalisée par tout moyen électronique permettant :

– d'attester la date de l'acte ;

– de garantir l'identité de l'expéditeur et du destinataire ;

– de garantir la réception effective de l'acte.

La transmission d'un acte par lettre recommandée est considérée comme effectuée lorsqu'il est acheminé, par voie électronique, selon un procédé permettant d'identifier celui-ci, de désigner l'expéditeur, de garantir l'identité du destinataire et d'établir la réception effective de cet acte par le destinataire.

Art. 1-9 [nouv.] La signification doit être faite à personne.

Qu'il s'agisse d'une personne physique ou morale, la signification est réputée faite à personne lorsque le destinataire de l'acte ou la personne habilitée à le recevoir, après en avoir pris connaissance, refuse de prendre copie.

Dans le cas visé à l'alinéa précédent du présent article, une copie est transmise à la personne intéressée par lettre recommandée ou par tout moyen laissant trace écrite et permettant d'établir la réception effective par celle-ci.

Art. 1-10 [nouv.] Si la signification à personne est impossible, la copie de l'acte peut être remise :

– à la personne trouvée par l'huissier de justice ou l'autorité chargée de l'exécution au domicile ou à la résidence, à charge pour lui d'indiquer la qualité déclarée par la personne ;

– si personne ne se trouve au domicile, selon le cas, au chef de village ou au chef de quartier ou, lorsqu'il s'agit d'un immeuble collectif, au concierge ou au gérant dont l'huissier de justice ou l'autorité chargée de l'exécution indique le nom et l'adresse.

Lorsque la signification est faite selon les modalités prévues à l'alinéa 1er du présent article, l'huissier de justice ou l'autorité chargée de l'exécution indique le numéro, les dates de délivrance et d'expiration ainsi que l'autorité signataire de la pièce d'identité de la personne qui reçoit l'acte.

Art. 1-11 [nouv.] L'huissier de justice ou l'autorité chargée de l'exécution remet sans délai la copie de l'acte à l'autorité municipale, à son adjoint, à tout agent préposé à cet effet ou, à défaut, à l'autorité administrative locale :

– si la personne trouvée au domicile ou les personnes ou autorités visées à l'article 1-10 du présent acte uniforme refusent de recevoir l'acte ou ne peuvent présenter de pièce d'identité ;

– si le domicile ou la résidence du destinataire de l'acte est inconnu.

En cas de remise à l'autorité municipale ou à l'autorité administrative, l'huissier de justice ou l'autorité chargée de l'exécution est tenu, à peine de nullité, au plus tard dans les deux jours suivant la remise, d'aviser le destinataire, par lettre recommandée ou par tout moyen laissant trace écrite et permettant d'établir la réception effective par celui-ci ; mention en est faite sur l'original.

Art. 1-12 [nouv.] Dans tous les cas où la signification n'est pas faite à personne, la copie de l'acte est délivrée sous enveloppe fermée portant indication, au recto, des nom, prénoms et adresse de la partie et, au verso, le cachet de l'huissier de justice ou de l'autorité chargée de l'exécution apposé sur la fermeture du pli.

L'huissier de justice ou l'autorité chargée de l'exécution relate dans l'acte les diligences qu'il a accomplies pour effectuer la signification à personne ainsi que les circonstances rendant impossible cette signification.

Paragraphe 2 • LES DÉLAIS

Art. 1-13 [nouv.] Lorsqu'un acte ou une formalité doit être accompli avant l'expiration d'un délai, celui-ci court du jour de l'acte, de la décision, de la notification, de la signification ou de l'évènement qui en constitue le point de départ.

Art. 1-14 [nouv.] Lorsqu'un délai est exprimé en jours, le jour qui en constitue le point de départ et celui de l'échéance ne sont pas pris en compte dans la computation.

Lorsqu'un délai est exprimé en mois ou en années, il expire le jour du dernier mois ou de la dernière année qui porte le même quantième que le jour de l'acte, de l'évènement, de la décision ou de la notification qui le fait courir ; à défaut de quantième identique, il expire le dernier jour du mois.

Lorsqu'un délai est exprimé en mois et en jours, les mois sont d'abord décomptés, puis les jours.

JURISPRUDENCE OHADA

Obs. : la formulation du premier alinéa de l'article 1-14 suggère qu'il s'agit en réalité du délai franc qui figurait à l'article 335 de l'AUPSRVE du 10 avril 1998. Dans cet esprit, la jurisprudence antérieure rendue en application de ce texte demeure transposable et il nous a semblé judicieux de la reproduire ci-après. Le lecteur veillera toutefois à prendre compte les autres modalités relatives aux délais qui sont prévues aux dispositions des articles 1-13 à 1-15 de l'AUPSRVE issu de la réforme du 17 octobre 2023 et reproduits ci-après.

I. Définition du délai franc

Le délai franc est celui dans le décompte duquel sont exclus le dies a quo et le dies ad quem. En l'espèce, le jugement querellé ayant été rendu le 19 juillet 2017, le dies a quo et le dies ad quem étaient respectivement le 19 juillet 2017 et le 17 août 2017 et les parties avaient jusqu'au 18 août 2017 pour interjeter appel contre cette décision. Le 18 août 2017 étant un vendredi, donc jour ouvrable, ce délai ne pouvait être reporté au premier jour ouvrable suivant. Il s'ensuit que l'appel interjeté le 21 août 2017 n'est pas fait dans le délai légal imparti par la loi et la cour d'appel qui l'a déclaré irrecevable a fait une saine appréciation des faits et une exacte application des articles 15 et 335 de l'AUPSRVE (CCJA, 3e ch., nº 235/2019, 10-10-2019 : T. c/ Sté - Total Côte d'Ivoire).

II. Calcul du délai franc

A. Date d'expiration

En application de l'article 335 de l'AUPSRVE qui dispose que tous les délais prévus dans cet Acte uniforme sont francs, le délai de quinze jours prévu par l'article 10 de l'AUPSRVE expire le seizième jour ouvrable suivant celui de la notification de l'ordonnance. En l'espèce, l'ordonnance d'injonction de payer ayant été signifiée le 9 décembre, l'opposition formée le lundi 27 décembre 1999, premier jour ouvrable après le 24 décembre 1999 (date d'expiration du délai de 15 jours), est recevable (CA Abidjan, nº 438, 24-4-2001 : A. A. c/ A. K. V., Ecodroit, nº 10, avr. 2002, p. 49, obs. anonymes ; Ohadata J-02-91, obs. J. Issa-Sayegh). Dans le même sens, CA Niamey, ch. civ., nº 121, 16-10-2002 : Ets Oudou Karimoun c/ H. A. M. K., Ohadata J-03-255).

B. Mode de computation d'un délai franc

L'article 335 de l'AUPSRVE prévoit des délais francs dont la computation suppose que le premier jour, jour de l'acte appelé « dies a quo », et le dernier jour ou « dies ad quem » ne se comptent pas. En l'espèce, pour un jugement rendu le 24 avril 2002, le délai d'appel qui était de 15 jours courait du 25 avril 2002, et au lieu de s'écouler normalement le 24 mai 2002, le « dies ad quem » étant exclu, le dernier jour utile était fixé au 25 mai 2002. Ce dernier jour utile étant un samedi, jour non ouvrable, le dernier jour utile était d'office prorogé au jour ouvrable suivant, c'est-à-dire le lundi 27 mai 2002. Dès lors, l'acte d'appel signifié le 27 mai 2002 reste dans le délai de 15 jours imparti pour relever appel du jugement querellé ; la cour d'appel qui a déclaré irrecevable l'appel interjeté dans ces conditions a fait une mauvaise application des dispositions combinées des articles 15 et 335 de l'AUPSRVE et son arrêt encourt la cassation (CCJA, n° 036/2009, 30-6-2009 : D. M. c/ Safca, Rec. jur. CCJA, n° 13, janv.-juin 2009, p. 149, Ohadata J-10-87).

Il résulte de l'article 335 de l'AUPSRVE que le premier jour de l'acte accompli et le dernier jour calendaire de sa notification ne sont pas pris en compte (CCJA, 1e ch., n° 122, 18-5-2017 : Cimaco Shipping SARL c/ Port Autonome d'Abidjan).

Saisie-attribution. La saisie-attribution pratiquée le 14 mars 2003 et dénoncée le 21 du même mois est régulière, comme ayant été dénoncée à une date située dans le délai de 8 jours prévu à l'article 160 de l'AUPSRVE, lequel avait couru à compter du 15 mars et expiré le 24 mars 2003 ; le moyen n'est pas fondé (CCJA, n° 023/2008, 30-4-2008 : Sté Loteny Telecom, SA c/ Sté Ibas SARL, Rec. jur. CCJA, n° 11, janv.-juin 2008, p. 57, Ohadata J-09-273).

Obs. : voir sous l'article 160. En indiquant dans son exploit de dénonciation de saisie-attribution servi le 21 décembre 2006 que le délai d'un mois franc pour élever contestation expirait le 22 janvier 2007 au lieu du 23 janvier 2007, l'huissier instrumentaire, agissant à la requête du créancier, a fait une erreur dans l'interprétation et l'application des articles de l'AUPSRVE visés au moyen et en considérant que l'huissier instrumentaire a fait une juste computation en indiquant la date du 22 janvier 2007 sur l'exploit de dénonciation comme date d'expiration du délai de contestation, la cour d'appel a violé les textes visés au moyen et exposé son arrêt à la cassation (CCJA, 1e ch., n° 30, 29-4-2010 : Thales Security Systems SAS c/ Me O. K., Juris-Ohada, n° 3/2010, juill.-sept., p. 47, Ohadata J-11-74, J-12-50 ; CCJA, 2e ch., n° 025, 8-4-2010 : S.A.T.A. c/ Receveur des impôts de Zinder, Juris-Ohada, n° 3, juill.-sept., p. 25, Ohadata J-11-69, J-12-47).

L'appel formé le 12 janvier 2011 contre une décision rendue le 27 décembre 2010 a été formé dans le délai de quinze jours qui doit être décompté à partir du 28 décembre 2010. C'est donc en violation qu'une cour d'appel l'a déclaré irrecevable, exposant son arrêt à la cassation (CCJA, 2e ch., n° 203, 29-12-2016 : SGBCI c/ C., Ohadata J-17-143).

C. Non-incidence d'un couvre-feu

Un couvre-feu n'est pas l'équivalent d'un jour férié et ne doit pas être considéré dans la computation des délais (CA Abidjan, n° 125, 25-1-2002 : Sté CTOP c/ Sté Lavegarde, Ohadata J-02-159).

Art. 1-15 [nouv.] Tout délai expire le dernier jour à minuit.

Lorsque le délai expire en dehors des jours ouvrables, l'acte ou la formalité peut être accompli le premier jour ouvrable suivant.

Paragraphe 3 • LES NULLITÉS POUR VICE DE FORME

Art. 1-16 [nouv.] Aucun acte de procédure prévu par le présent acte uniforme ne peut être déclaré nul pour vice de forme si la nullité ne résulte d'une disposition expresse dudit acte uniforme.

La nullité ne peut être prononcée qu'à charge pour celui qui l'invoque de prouver qu'il a subi un grief du fait de l'inobservation de la formalité ou du défaut d'une mention sur un acte.

Nonobstant les dispositions des alinéas 1er et 2 du présent article, la nullité est prononcée en cas d'inobservation d'une formalité substantielle ou d'une règle d'ordre public.

Livre I

LES PROCÉDURES SIMPLIFIÉES DE RECOUVREMENT

Titre I

L'INJONCTION DE PAYER

Chapitre I

LES CONDITIONS

Art. 2 [mod.] **Le recouvrement d'une créance certaine, liquide et exigible peut être demandé suivant la procédure d'injonction de payer.**

La procédure d'injonction de payer peut être introduite lorsque :

1) la créance a une cause contractuelle ;

2) l'engagement résulte de l'émission, l'endossement, l'aval ou l'acceptation de tout effet de commerce, ou d'un chèque dont la provision s'est révélée inexistante ou insuffisante.

JURISPRUDENCE OHADA

I. Application exclusive de l'article 1 [devenu 2, al. 1] à l'injonction de payer

S'il ne peut être contesté que les conflits sociaux relèvent de la compétence de la juridiction du travail, il reste que lorsque la requête portée devant un tribunal de commerce dont le jugement a fait l'objet d'appel et donné lieu à l'arrêt attaqué, n'est pas une assignation en paiement des dommages-intérêts pour rupture abusive ou irrégulière du contrat de travail, mais une procédure de recouvrement d'une créance contre une société commerciale, l'article 1 [devenu 2, al. 1] de l'AUPSRVE est applicable. Il en est ainsi dès lors qu'il n'était pas demandé au tribunal de commerce de trancher une contestation en matière sociale, mais plutôt d'ordonner le paiement d'une créance qui représente le montant des retenues illicites opérées par la demanderesse au pourvoi sur les droits légaux et conventionnels des défendeurs, droits calculés par la Direction Régionale du Travail et que la demanderesse a accepté de payer (CCJA, n° 037/2009, 30-6-2009 : ABB LUMUS GLOBAL SPA c/ cB. J. R., Rec. jur. CCJA n° 13, janv.-juin 2009, p. 97, Ohadata J-10-76). C'est l'AUPSRVE lui-même qui, en son sein, comporte les limites relatives à l'injonction de payer, de délivrer ou de restituer, par la faculté ouverte en ses articles 1 [devenu 2, al. 1] et 19. C'est donc à tort que la violation, notamment d'une disposition du Code national de procédure civile, est invoquée pour critiquer l'arrêt rendu en matière d'injonction (CCJA, ass. plén., n° 052, 23-4-2014 : Banque Sahélo-Saharienne pour l'Investissement et le Commerce (BSIC) c/ 1) Sté Robert PINCHOU SA, 2) Sté HAWA SARL, Ohadata J-15-143).

II. Obligation de remplir les conditions d'introduction d'une requête d'injonction de payer

Les articles 1 et 2 [devenus 2] de l'AUPSRVE fixent les conditions limitatives et impératives dans lesquelles, à l'initiative du créancier, doit s'exercer la procédure simplifiée de recouvrement de l'injonction de payer ; il en résulte que seule l'existence de celles-ci détermine l'opportunité et la recevabilité de ladite procédure (CCJA, n° 048/2005, 21-7-2005 : 1) Sté SCP B.M ; 2) D. I. c/ Sté TELECEL, Rec. jur. CCJA, n° 6, juin-déc. 2005, p. 32, Juris-Ohada, n° 1/2006, p. 21 ; Ohadata J-06-34).

Combinaison des conditions des articles 1 et 2 [devenus 2]. Il résulte des dispositions combinées des articles 1 et 2 [devenus 2] de l'AUPSRVE que pour qu'une procédure d'injonction de payer puisse être initiée par un créancier, il faut que la créance, d'une part, présente préalablement les trois conditions de certitude, de liquidité et d'exigibilité (art.1), et, d'autre part, ait soit une cause contractuelle, soit procède d'un engagement résultant de l'émission ou de l'acceptation de tout effet de commerce ou d'un chèque dont la provision s'est révélée inexistante ou insuffisante (art. 2) (CA Pointe-Noire (Congo), n° 065, 7-4-2006 : SCAB-CONGO SARL c/ D. J.-G., Ohadata J-13-103).

Obs. : l'ancien article 1, qui imposait les qualités de la créance (certitude, liquidité et exigibilité), a été combiné avec l'ancien article 2, qui dit d'où cette créance doit provenir (contrat ou effet de commerce), dans le nouvel article 2. Les trois conditions de l'article 1 [devenu 2, al. 1] doivent toujours être réunies et combinées avec l'une des deux conditions de l'article 2 [devenu 2, al. 2-4] qui sont alternatives. Voir sous l'article 2 pour ce caractère alternatif.

Aux termes des dispositions combinées des articles 1 et 2 [devenus 2] de l'AUPSRVE, pour être soumise à la procédure d'injonction de payer, la créance poursuivie doit être d'origine soit contractuelle, soit cambiaire et présenter le triple caractère de certitude, de liquidité et d'exigibilité (CCJA, ass. plén., n° 060, 27-4-2015 : Entreprise Le Gite c/ Necso Cubiertas SA, Ohadata J-16-60 ; CCJA, 1e ch., n° 121/2020, 9-4-2020 : Banque islamique de Guinée c/ Nana Kourouma Transport SA ; CCJA, 1e ch., n° 031/2022, 17-2-2022 ; CCJA, 1e ch., n° 154/2022, 3-11-2022 ; CCJA, 1e ch., n° 195/2022, 1-12-2022).

Il incombe aux juridictions du fond d'apprécier et de caractériser, conformément aux dispositions des articles 1er et 2 [devenus 2] de l'AUPSRVE, lorsqu'ils sont contestés, d'une part, les critères de certitude, de liquidité et d'exigibilité de la créance poursuivie selon la procédure d'injonction de payer et, d'autre part, l'origine contractuelle de ladite créance. Les juges d'appel qui, appréciant les éléments en leur possession, ont opposé à la requérante la théorie de l'apparence pour admettre l'existence d'une relation contractuelle entre elle et le créancier et, par la suite, décider que la créance poursuivie réunissait les conditions requises d'une injonction de payer n'ont en rien violé la loi. En réalité, sous couvert de la violation de la loi, les moyens, qui remettent en cause l'appréciation souverainement faite par la cour d'appel des pièces du dossier, sont irrecevables (CCJA, 1e ch., n° 004/2020, 23-1-2020 : Église de Jésus Christ des Saints des Derniers Jours c/ B.).

Capacité d'agir en justice. La capacité d'ester, qui est l'aptitude à faire valoir ses droits en justice, est reconnue aussi bien aux personnes physiques qu'aux personnes morales et, suivant l'article 1 [devenu 2, al. 1] de l'AUPSRVE, la procédure d'injonction de payer est ouverte à tout créancier qui justifie d'une créance certaine, liquide et exigible, sans considération de la spécificité de sa personnalité juridique (CCJA, 2e ch., n° 086, 23-7-2014 : Sté Ivoirienne de Manutention et de Transit (SIMAT) c/ Sté Ets DJIEOULAI Michel, Ohadata J-15-177).

. . . .

III. Certitude d'une créance

A. Existence d'une créance certaine

Une créance certaine est celle dont l'existence ne souffre d'aucune contestation (TGI Ouagadougou (Burkina Faso), n° 155, 5-5-2004 : SODEGRAIN-SA c/ STCK-SA, Ohadata J-05-246 ; CA Abidjan (Côte d'Ivoire), 3e ch. civ. et com., n° 234, 20-9-2006 : M. S. O. E. B. c/ SOCABO SARL, Ohadata J-08-89) dont l'existence est incontestable et actuelle (CA Ouagadougou (Burkina Faso), ch. com., n° 041/99, 19-6-2009 : K. B. G. c/ SOPAFER-B, Ohadata J-10-217 ; TPI 1e classe, Lomé (Togo), ch. civ. et com., n° 771/2009, 20-3-2009 : CFAO MOTORS c/ OCLOO Daniel, Ohadata J-11-116) ou encore qui est indubitable (CA Centre, n° 339/Civ., 16-5-2003 : La CITIMA c/ F. P., Ohadata J-04-203).

Le caractère certain d'une créance résulte :

– de la production, par le créancier, de factures signées par le débiteur (CA Bouaké, n° 13, 24-1-2001 : B c/ STATION MOBIL, Juris-Ohada, n° 3/2003, juill.-sept. 2003, p. 63, Ohadata J-04-117) ;

– d'une reconnaissance de dette notariée, de l'exécution et de la réception des travaux de construction convenus entre les parties (CA Abidjan, n° 927, 19-7-2002 : AFRIDRAG c/ SCI C.C.T., Ohadata J-03-25, obs. de J. Issa-Sayegh) ;

– dans le cadre d'une relation contractuelle, d'une obligation de somme d'argent dont le cocontractant est tenu dans le cadre normal de l'exécution du contrat envers le cocontractant qui en poursuit le recouvrement (CA Abidjan, n° 224, 6-1-2004 : Sté Icoco c/ K. J., Ohadata J-04-484) ;

– de son constat dans plusieurs documents échangés entre les parties et dans une décision de justice (CA Abidjan, n° 49, 16-1-2004 : Sté de construction et d'entretien de Côte d'Ivoire c/ SAD et Direction générale des douanes de Côte d'Ivoire, Ohadata J-04-496) ;

– de la production de chèques tirés au profit du créancier et non encore encaissés par ce dernier (TGI de la Mifi, n° 17/CIV, 20-1-2004 : T. A. c/ N. P., Ohadata J-05-140) ;

Obs. : voir sous l'article 12.

– du solde du compte courant débiteur à l'égard du demandeur qui ne l'a pas contesté et l'a même expressément reconnu en offrant un remboursement sur 48 mois au lieu des 24 mois proposés par la banque (CCJA, 3e ch., n° 052/2022, 24-2-2022 : T. c/ Biao CI) ;

– pour un bail commercial, du fait que le preneur a emménagé dans ledit immeuble sans avoir accompli toutes les formalités administratives du bail, a occupé les locaux pour les abandonner par la suite, l'argument de la non-occupation entière de l'immeuble étant inopérant, dès lors que l'immeuble était toujours occupé par des biens mobiliers et matériels du preneur au moment de la saisine de la juridiction (CA Ouagadougou (Burkina Faso), ch. com., n° 041/99, 19-6-2009, op. cit., Ohadata J-10-217) ;

– d'un protocole d'accord librement signé par les parties (CCJA, ass. plén., n° 060, 27-4-2015 : Entreprise LE GITE c/ NECSO CUBIERTAS SA, Ohadata J-16-60) ;

– de l'extrait unilatéral d'un compte venu s'ajouter à d'autres pièces qui établissaient déjà l'origine contractuelle de la créance de la défenderesse, ainsi que ses caractères certain, liquide et exigible. L'arrêt qui, pour confirmer le jugement entrepris, énonce que la société demanderesse a obtenu un prêt de 60 000 000 FCFA auprès de la défenderesse, garanti « par la délivrance d'un billet à ordre du même montant revenu cependant impayé » ; qu'elle a ouvert un compte courant dans les livres de la [défenderesse] qui « a fonctionné et les mouvements qui en résultent sont traduits par les relevés de compte délivrés par la [banque défenderesse à la société demanderesse] dont le solde est débiteur de [...] 57 417 205 francs », n'a en rien violé l'article 1 de l'AUPSRVE ; rejet du moyen (CCJA, 2e ch., no 041, 23-3-2017 : REGIA SARL et Anongba Guillaume c/ Banque Nationale d'Investissement (BNI), Ohadata J-17-188) ;

– de ce que la débitrice a bien réceptionné les factures dont le payement lui est réclamé et a réglé une partie du montant de celles-ci, sans justifier pourquoi elle a procédé à ce payement, si les travaux y relatifs n'avaient pas été réalisés (CCJA, 2e ch., no 220/2021, 23-12-2021 : FTCI SARL c/ Société GCCI-CI) ;

– de ce qu'après avoir reçu les différentes factures représentant les soins payés pour le compte de ses agents assurés par la [défenderesse], la débitrice a versé sans réserve, un acompte sur le montant global ; c'est donc à tort qu'elle prétend que la créance n'est pas certaine parce que les noms des bénéficiaires, la nature des soins ainsi que la date des soins ne sont pas précisés pour conclure à la certitude d'une créance (CCJA, 1e ch., no 185/2019, 20-6-2019 : Société Vigassistance c/ Société Ixera).

Il a été jugé que le moyen qui, tel qu'énoncé, convie à une appréciation du fond de l'affaire relativement à la certitude de la créance poursuivie, procède d'un mélange de faits et du droit et doit être déclaré irrecevable (CCJA, 1e ch., no 170/2019, 23-5-2019 : Catrc SA c/ Soquicam SARL).

B. Preuve du caractère certain de la créance

1o Par une reconnaissance de dettes

L'opposition formée contre une injonction de payer au motif que la créance n'est pas certaine est non fondée lorsque le créancier produit, pour prouver sa créance, une reconnaissance de dette, une sommation de payer avec interpellation et une proposition du débiteur de se libérer de ses obligations de façon échelonnée (TPI Yaoundé, no 300/C, 20-1-2000 : N. H. c/ T. J.-C., Ohadata J-04-441).

Mais la reconnaissance de dette n'est valable que si, et seulement si, le débiteur mentionne lui-même par écrit le montant qu'il s'engage à rembourser et qu'il signe. Lorsque les reconnaissances de dettes produites ont été établies par la requérante et signées par une personne autre que la débitrice, que, par ailleurs, font défaut la mention en lettre de la somme due, l'échéance, la signature du débiteur sur l'une des reconnaissances, le cachet de la quincaillerie qui s'engage, la cour d'appel a suffisamment motivé sa décision en retenant que « les preuves de la créance produites [...] ne comportent pas l'échéance convenue permettant d'apprécier le caractère exigible de celle-ci ni sa réalité à l'égard du prétendu débiteur ; dans ces conditions, les dispositions des articles 1 et 2-1e [devenus 2, al. 1 et 2-1o] [de l'AUPSRVE] ne peuvent trouver application » (CCJA, 1e ch., no 16, 25-3-2010 : Sté INDUSTRAP c/ N., Juris-Ohada, no 3/2010, juill.-sept., p. 1, Ohadata J-11-60, J-12-27).

2o Par l'absence de preuve du paiement

Une créance dont le recouvrement est poursuivi doit être considérée comme certaine, dès lors que le débiteur qui n'apporte aucune preuve de ce qu'il s'est libéré de sa dette, en conteste seulement le mode de calcul et d'établissement des factures, sans s'expliquer sur les règlements partiels déjà effectués (CCJA, no 21, 17-6-2004 : SDV-COTE D'IVOIRE c/ Sté RIAL TRADING, Juris-Ohada, no 3/2004, juill.-oct. 2004, p. 11, note BROU Kouakou Mathurin ; Rec. jur. CCJA, no 3, janv.-juin 2004, p. 130 ; Ohadata J-04-382. Dans le même sens, CA du Littoral (Cameroun), no 181/C, 19-10-2012 : CEC-PROM c/ M. E. E. épse M., Ohadata J-14-19).

3o Production d'un bordereau de livraison non obligatoire

N'a pas donné de base légale à son arrêt, qui doit être cassé, la cour d'appel qui a estimé qu'une créance n'est pas certaine parce que la créancière ne rapporte pas la preuve de l'exécution de la réparation par la production du bordereau de livraison à la débitrice. Aucune disposition de l'AUPSRVE n'exige, pour établir la certitude d'une créance, la production d'un bordereau de livraison, et la débitrice n'a jamais contesté les travaux réalisés. Sur évocation, est certaine la créance fondée sur la production d'un bon de commande, d'une facture et de la commande signée du débiteur qui ne conteste ni la relation contractuelle les liant, ni même la réalisation des réparations objet de ladite facture (CCJA, 1e ch., no 031, 2-5-2013 : Sté COMPAGNIE FRANÇAISE DE L'AFRIQUE DE L'OUEST dite CFAO-C c/ Sté SCIERIE DU BANDAMA, Rec. jur. CCJA, no 20, vol. 1, janv.-déc. 2013, p. 178-181, Ohadata J-15-31).

C. Absence de créance certaine

N'est pas certaine :

– la créance fondée sur un contrat de location de porte-chars dès lors que celui qui s'en prévaut ne prouve pas l'existence dudit contrat (CA Abidjan, nº 234, 10-2-2004 : ETCBETF c/ A. S., Ohadata J-04-501). Dans le même sens, précisant que la cour d'appel qui a énoncé que « le caractère certain exigé par l'article 1er de l'AUPSRVE manque à la créance dont se prévaut la [demanderesse] [...] », après avoir relevé que la créance litigieuse n'avait pas une origine contractuelle, n'a en rien violé les dispositions précitées (CCJA, 1e ch., nº 031/2022, 17-2-2022) ;

– la créance résultant d'une lettre de commande qui ne comporte pas la signature du débiteur alors qu'en cas d'approbation, celui-ci devait mentionner sur le bon « bon pour accord », ainsi que la date et sa signature (CA Abidjan, nº 101, 31-1-2003 : M. A. A. c/ Cabinet ROUGEOT Conseil en Management Ingénierie Financière, Ohadata J-03-283) ;

– la créance invoquée sur le fondement d'un contrat de sous-traitance, aux termes duquel la réception des travaux devait se faire conjointement par les parties et donner lieu à l'établissement d'un procès-verbal, dès lors que ce document fait défaut, cette créance ne pouvant donc être recouvrée au moyen de la procédure simplifiée de recouvrement des créances [l'injonction de payer en l'occurrence] (CA Abidjan, nº 824, 2-7-2002 : COVEC c/ BMS-CI, Ohadata J-03-20) ;

– la créance dont le recouvrement est poursuivi par une requête d'une injonction de payer doit être déclarée irrecevable, dès lors que le créancier ne justifie pas que cette créance tire son origine d'un contrat ou résulte de l'émission ou de l'acceptation d'un effet de commerce ou d'un chèque dont la provision s'est révélée inexistante ou insuffisante (CA Daloa, nº 154, 8-5-2002 : K. c/ K. dit N., Juris-Ohada nº 1/2005, janv.-mars 2005, p. 39, Ohadata J-05-195) ;

– la créance fondée sur une prestation de service d'obtention de visa pour les États-Unis, dès lors qu'elle n'a pas une existence incontestable en ce que ladite prestation de service peut être mise en doute ; par conséquent l'injonction de payer basée sur cette créance doit être annulée (TGI Ouagadougou, nº 073/06, 8-2-2006 : D. c/ Y. R. & CONGO Dramane, Ohadata J-07-101 ; TGI Ouagadougou, nº 074/06, 8-2-2006 : D. B. c/ C. A., Ohadata J-07-102) ;

– la somme correspondant au reliquat d'une créance partiellement soldée : en effet, si une créance initiale matérialisée par quatre traites et un chèque revenus impayés à échéance, était certaine, liquide et exigible, il n'en est pas de même du reliquat de cette somme lorsque le débiteur a effectué un remboursement partiel. Par conséquent, si la créancière ne précise, ni dans la requête aux fins d'injonction de payer, ni dans les différentes écritures versées aux débats, les modalités de paiement de la différence entre la créance initiale et le reliquat dont elle réclame le paiement, et ne produit pas les justificatifs dudit reliquat, sa créance n'est pas certaine pour le montant du reliquat. C'est donc en violation des articles 1 [devenu 2, al. 1] et 13 de l'AUPSRVE que la cour d'appel a confirmé l'injonction de payer pour le reliquat et son arrêt encourt la cassation (CCJA, nº 062/2005, 22-12-2005 : Sté COM-CI c/ SCI-LES ROSIERS, Rec. jur. CCJA, nº 6, juin-déc. 2005, p. 95, Juris-Ohada, nº 2/2006, p. 40, Ohadata J-06-47) ;

– la créance au sujet de laquelle la débitrice soutient qu'il y a compte à faire entre elle et la créancière ; il en est ainsi lorsque la créancière réclame le paiement d'une créance de 2003 alors que celle reconnue par la débitrice couvre les années 2002 à 2004 et diffère de celle réclamée dans son quantum, et que les factures alléguées ne sont pas produites (CA Daloa (Côte d'Ivoire), nº 130, 24-5-2006 : Sté AFIMEX AND CO c/ Sté C.M.N.N. SARL, Ohadata J-09-188) ;

– la créance conditionnée par une mutation de carte grise au profit de l'acquéreur d'un véhicule, mutation dont la preuve n'as pas été rapportée (TGI Mfoundi, nº 694, 18-9-2003 : J. E. A. A. c/ CAMI-TOYOTA, Me K. J., Ohadata J-04-462) ;

– la créance assortie d'une **condition suspensive** qui n'a pas été réalisée. Il en est ainsi lorsque ladite condition, qui est l'obtention effective d'un prêt, n'a pas été réalisée pour donner effet à la convention conclue entre les parties, le titre de propriété remis par le créancier à la débitrice pour servir de garantie bancaire n'ayant pas permis à la débitrice d'obtenir le prêt bancaire sollicité. La créance litigieuse n'est qu'une créance conditionnelle, voire éventuelle, et l'ordonnance d'injonction de payer rendue doit être rétractée (TPI Lomé (Togo), ch. civ. et com., nº 2778/09, 22-9-2009 : F. K. S. c/ A. S. D., Ohadata) ;

– la créance au sujet de laquelle le demandeur de l'injonction de payer s'est contenté d'indiquer qu'elle était constituée d'un montant dû au titre d'un relevé de compte dont le solde était débiteur, sans préciser à quel titre ces sommes étaient dues, les preuves versées n'étant pas suffisamment probantes ; le jugement qui a confirmé l'ordonnance d'injonction de payer rendue doit être infirmé (CA Libreville (Gabon), nº 09-10, 8-7-2010 : Sté TROPICAL DES BOIS SARL c/ TRACTAFRIC SHO GABON, Ohadata J-10-238) ;

> **Obs. :** cette décision a été rendue sur le visa de l'article 13 de l'AUPSRVE, mais son dispositif (absence de certitude, de liquidité et d'exigibilité) autorise son rattachement à l'article 1 [devenu 2, al. 1] de l'AUPSRVE qui traite de ces conditions.

– la créance fondée sur une facture qui ne remplit pas les conditions requises par la législation nationale sur la facturation des biens et services, et ne peut être considérée comme une preuve de cette créance ; l'ordonnance rendue sur la base de cette facture doit être rétractée (CA Ouagadougou

(Burkina Faso), ch. com., n° 016, 16-5-2008 : H. B. J. c/ B. M., Ohadata J-11-42) ;

– la créance fondée sur une facture pro-forma non validée par la signature du débiteur et l'ordonnance d'injonction de payer rendue sur le fondement d'une telle facture doit être rétractée (CA Littoral (Douala), n° 086/CC, 7-3-2011 : SOFINA SA c/ Me T. V., Ohadata J-13-01, obs. J. Kamga ; CCJA, ass. plén., n° 098, 22-11-2013 : ESSO EXPLORATION AND PRODUCTION CHAD INC. dite ESSO TCHAD SA c/ INGENIERIE ELECTRONIQUE SERVICE dite IES SARL, Rec. jur. CCJA n° 20, vol. 1, janv.-déc. 2013, p. 205-208, Ohadata J-15-46) ;

– le reliquat d'une créance au sujet de laquelle le créancier ne précise pas, dans sa requête d'injonction de payer et dans les pièces produites, les modalités du remboursement partiel réalisé et dont il ne produit pas les justificatifs. La décision qui a confirmé l'injonction de payer pour le reliquat dans ces conditions encourt la cassation pour violation des articles 1 [devenu 2, al. 1] et 13 de l'AUPSRVE (CCJA, n° 062/2005, 22-12-2005 : Sté COM-CI c/ SCI-LES ROSIERS, Rec. jur. CCJA, n° 6, juin-déc. 2005, p. 95, Juris-Ohada, n° 2/2006, p. 40, Ohadata J-06-47, J-08-22) ;

– la créance fondée sur un état unilatéralement dressé par le prétendu créancier et qui, bien que comportant des numéros et des dates, ne porte aucune mention de reconnaissance par la supposée débitrice, laquelle a souhaité un rapprochement des chiffres auquel la prétendue créancière n'a jamais procédé. L'arrêt qui a retenu le contraire encourt la cassation (CCJA, 3e ch., n° 27, 6-12-2011 : Sté Les lauriers c/ Sté DIMELCO, Juris-Ohada, 2012, n° 4, janv.-mars 2012, p. 45, Rec. jur. CCJA n° 17, juill.-déc. 2011, p. 130, Ohadata J-13-23, J-13-166). Il en est de même de la créance fondée uniquement sur des factures unilatéralement établies et qui sont contestées, l'ordonnance d'injonction de payer rendue sur un tel fondement devant être annulée (CCJA, 1e ch., n° 004/2013, 7-3-2013 : Sté Nouvelle Scierie d'Agnibilékro (NSDA SARL) c/ FLUTEC BOIS EN LIQUIDATION SARL, Rec. jur. CCJA n° 20, vol. 1, janv.-déc. 2013, pp. 152-154, Ohadata J-15-04. Voir aussi : CCJA, 2e ch., n° 10, 27-2-2014 : Sté Générale de Banques au Sénégal dite SGBS c/ Massamba GUEYE, Ohadata J-15-101, précisant que la motivation relative au retard est purement superfétatoire du fait que l'absence de pièces certaines suffit largement pour annuler l'ordonnance d'injonction de payer (CCJA, 2e ch., n° 10, 27-2-2014 : Sté Générale de Banques au Sénégal dite SGBS c/ Massamba GUEYE, Ohadata J-15-101). De même, la cour d'appel qui a retenu « qu'en l'espèce, il s'agit d'une créance contractuelle et le créancier a effectué lui-même les calculs en réclamant une somme différente de celle qui figure sur le contrat, mais qui résulte d'un récapitulatif établi par le créancier en majorant certaines créances établies de commun accord avec le débiteur ; qu'il s'ensuit que la créance réclamée ne remplit pas les conditions de certitude, de liquidité et de l'exigibilité prévues par l'article 1 [devenu 2, al. 1] de l'AUPSRVE » pour écarter la procédure d'injonction de payer, n'a pas violé les articles 1 et 6 de l'AUPSRVE (CCJA, ass. plén., n° 133, 11-11-2014 : Cabinet Avocat-Plus Seina c/ Groupe SOTEL-TCHAD SA, Ohadata J-15-223) ;

– la créance constatée dans un jugement frappé d'appel et en vertu du principe non bis in idem (une personne déjà jugée pour un fait ne peut être poursuivie à nouveau pour le même fait), le créancier ne pouvait s'adresser au président du tribunal de commerce pour une injonction de payer alors que, par effet dévolutif de l'appel de la débitrice, les juges d'appel étaient saisis du litige (CA Brazzaville (Congo) 9-10-2006 : M. D. c/ ARCHITECTURE DE MARBRE SARL, Ohadata J-13-104) ;

– la créance portant sur la garantie des vices cachés dont la responsabilité incombe en principe à un vendeur, car l'étendue de la réparation qui dépend de la connaissance que l'acquéreur a pu avoir du vice caché doit être appréciée par le juge, ce qui rend la créance non recouvrable par la procédure d'injonction de payer. C'est à tort que le premier juge a condamné la direction générale des douanes à payer le prix d'achat de marchandises avariées et les dommages-intérêts à l'intimée par la procédure d'injonction de payer alors qu'il n'avait pas les possibilités de procéder à des telles investigations ; infirmation du jugement (CA du Littoral (Cameroun), n° 057/C, 15-3-2013 : Direction Générale des Douanes c/ M. N. J.-C., Ohadata J-14-21) ;

– la créance constituée par le solde d'un compte courant qui n'a pas été clôturé contradictoirement, dès lors qu'il résulte de la convention des parties que tous les comptes ouverts « constituent un compte courant unique produisant tous les effets légaux et usuels de compte courant transformant toutes opérations en simples articles de crédit et de débit, générateurs, lors de la clôture, d'un solde qui fera seul apparaître une créance ou une dette exigible… ». C'est donc à juste titre que la cour d'appel saisie a décidé que la créance dont le recouvrement est poursuivi n'est pas certaine et liquide (CCJA, 2e ch., 009/2013, 7-3-2013 : BIAO-CI c/ 1) Sté Travaux Publics ZAROUR et CHOUR dite TPZC, 2) ZAROUR GASSANE et ZAROUR NAIF, Rec. jur. CCJA n° 20, vol. 1, janv.-déc. 2013, p. 166-167, Ohadata J-15-09). La cour d'appel qui a validé une telle créance a exposé son arrêt à la cassation. Sur l'évocation, l'ordonnance rendue sur la base d'un relevé de compte unilatéral d'une banque, ôtant ainsi à cette créance son caractère de certitude et de liquidité, doit être rétractée, la requête étant mal fondée. Il s'ensuit que le jugement rendu sur opposition doit être infirmé (CCJA, 3e ch., no 189, 23-12-2015 : Sté EBURNEA c/ Banque Atlantique de COTE D'IVOIRE dite BACI, Ohadata J-16-182 ; TGI Mfoundi, no 696, 18-9-2003 : SIDI c/ Commercial Bank of Cameroon, Greffier en chef TGI, Ohadata J-04-430), confirmée par la CCJA (CCJA, no 022, 16-4-2009 : BIAO-CI SA c/ Sté IGG SARL, Rec. jur. CCJA no 13, janv.-juin 2009, p. 74, Ohadata J-10-69). De même, le compte courant étant un contrat par lequel deux personnes, qui sont périodiquement créancière et débitrice réciproques, font figurer leurs créances et dettes en articles de compte indivisible, seule la clôture contradictoire dudit compte peut faire apparaître au profit de l'une ou l'autre de ces personnes, un solde créditeur correspondant à une créance certaine, liquide et exigible. Tel n'est pas le cas en lorsqu'une banque, se fondant sur des lettres de mise en demeure adressées à sa cliente en lieu et place d'une sommation à se présenter en ses locaux pour un arrêté contradictoire des comptes avant la clôture dudit compte, a procédé unilatéralement à la clôture de ce compte courant avec lignes de facilités. Ainsi, la créance de la banque résultant d'un compte courant non clôturé contradictoirement ne saurait donner lieu à une procédure d'injonction de payer, ladite créance ne remplissant pas les caractères de certitude, de liquidité et d'exigibilité fixés par l'article 1 de l'AUSPRVE. L'arrêt qui, par une mauvaise application de l'article 1 [devenu 2, al. 1] de l'AUPSRVE, a statué en sens contraire encourt la cassation. Sur l'évocation et pour les mêmes motifs que ceux ayant entraîné la cassation, il convient de dire et juger que la créance ne remplit pas les caractères de certitude, de liquidité et d'exigibilité et que la procédure d'injonction de payer ne peut donc être engagée pour son recouvrement. En conséquence, il y a lieu d'infirmer le jugement rendu sur opposition et d'annuler l'ordonnance d'injonction de payer. La demanderesse, qui ne peut ni reprocher à la banque son droit d'ester en justice ni prouver un préjudice commercial susceptible d'être réparé par l'allocation d'une somme de 1 000 000 000 FCFA, doit être déboutée de toutes ses demandes de condamnation, dès lors qu'enjoindre à la banque de lui octroyer un concours financier de 500 000 000 FCFA reviendrait à imposer à celle-ci un nouveau contrat, lequel par nature, est la concrétisation d'une volonté librement exprimée par les parties (CCJA, 1e ch., no 073, 29-3-2018 : Agroboss International SA c/ BSIC).

S'il est constant que les parties sont liées par un contrat de compte courant, sur lequel des retraits ont été révélés comme n'étant pas du chef du titulaire dudit compte, il reste que, s'agissant d'un compte courant, il ne peut générer de créance certaine, liquide et exigible qu'après avoir été clôturé contradictoirement. C'est donc en violation de l'article 1 [devenu 2, al. 1] de l'AUPSRVE qu'une cour d'appel a confirmé la condamnation au paiement poursuivi par la voie de l'injonction de payer, sans aucune référence à la date de clôture dudit compte, exposant ainsi son arrêt à la cassation. Sur l'évocation et pour les mêmes motifs que ceux ayant entraîné la cassation, il y a lieu de considérer que la créance alléguée est sérieusement contestée dans son principe et ne peut en l'état justifier la mise en œuvre d'une procédure d'injonction de payer ; le jugement querellé sera donc infirmé et le demandeur débouté (CCJA, 1e ch., no 095, 28-3-2019 : Commercial Bank Centrafrique c/ F.) ;

– la créance hypothétique, en ce que la facture qui la matérialise n'est sous-tendue par aucune demande de prestation du prétendu débiteur et que le bulletin de versement produit reprend les mêmes éléments que ceux contenus dans la facture. C'est donc à tort que la cour a accueilli, même partiellement, cette requête et il y a lieu de casser l'arrêt et d'évoquer, sans qu'il soit besoin d'examiner les autres moyens (CCJA, 2e ch., no 012/2013, 7-3-2013 : M. c/ Sté Envol Transit Côte d'Ivoire, Rec. jur. CCJA, no 20, vol. 1, janv.-déc. 2013, p. 160-162, Ohadata J-15-12) ;

– la créance résultant d'un contrat synallagmatique et pour laquelle la prestation concernée n'a pas été réalisée entièrement. Tel est le cas lorsqu'il résulte des termes de l'offre de service des parties que les engagements contractuels de la prétendue créancière ne se limitaient pas à l'élaboration et au dépôt d'un dossier de remboursement, mais consistaient surtout dans son suivi diligent jusqu'au règlement effectif du montant demandé en remboursement et que la prétendue créancière ne produit aux débats aucune preuve de l'exécution de ses engagements contractuels, ni que le paiement obtenu est le résultat de diligences qu'elle aurait effectuées, les seules correspondances versées aux débats ayant été échangées directement entre la supposée débitrice et l'Administration des impôts ; l'arrêt encourt la cassation. Sur l'évocation et pour les mêmes motifs que ceux ayant entraîné la cassation, il échet de confirmer le jugement qui a rétracté l'ordonnance (CCJA, 2e ch., no 024, 8-2-2018 : Yaouré Mining SA c/ G.C.E.F. SARL) ;

– la somme représentant les 3 % de retenue fiscale sur le montant des loyers du 15 décembre 2014 au 14 septembre 2017, unilatéralement déterminée par le bailleur, les parties ne s'accordant pas sur les termes du bail, et la cour d'appel qui a retenu le contraire expose son arrêt à la cassation ; confirmation du jugement rendu sur opposition et qui a rétracté l'ordonnance d'injonction rendue (CCJA, 3e ch., no 108/2020, 9-4-2020 : ONG International Tearfund c/ Bassam Nazem El Ali) ;

– la créance qui a été systématiquement contestée, tant devant les juridictions pénales que les juridictions commerciales ou la commission de supervision, n'est pas certaine (CCJA, 2e ch., no 154/2021, 24-6-2021 : Minoterie de Matadi S.A. c/ Office Congolais de Contrôle) ;

– la créance, souverainement appréciée par la cour d'appel, qui est contestée par le débiteur qui a soutenu, en s'appuyant sur le témoignage d'intermédiaires du remboursement, que la créance était éteinte, le demandeur ne pouvant se prévaloir du chèque comme preuve de la créance sans justifier avoir présenté celui-ci en l'encaissement et de son défaut de paiement dûment constaté par protêt (CCJA, 1e ch., no 118/2021, 24-6-2021 : TEKAM Georges Jean c/ K. T.) ;

– la créance issue de la simple soustraction entre le montant du marché et les factures payées, sans rechercher les quantités réelles des prestations réalisées conformément au bordereau des prix dudit contrat, s'agissant d'un marché à prix unitaire car le montant global d'un « marché à prix unitaire » où le prestataire est payé au regard des quantités exactes qu'il réalise n'est qu'indicatif et ne peut être considéré comme automatiquement acquis au prestataire (CCJA, 3e ch., no 212/2019, 27-6-2019 : Sté Arab Contractors Côte d'Ivoire c/ SCIA-CI) ;

– la créance fondée sur des factures « reçues et déchargées sans aucune réserve ni contestation par [X.], l'agent de [la défenderesse] », comme indiqué dans sa requête aux fins d'injonction de payer, [alors que X.] et la défenderesse sont deux entités différentes, et qu'au visa des contestations de la deuxième, la preuve de certitude de la créance n'est pas rapportée (CCJA, 3e ch., no 026/2020, 30-1-2020 : M. c/ PPSM SARL) ;

– la créance fondée sur un bail à usage professionnel, dont le défaut de production, en cas de contestation de son existence par le débiteur, et en l'absence de tout autre élément corroborant son existence, empêche l'application des articles 1 et 2 [devenus 2] de l'AUPSRVE. C'est donc en violation de ces textes qu'une cour d'appel a retenu le contraire, exposant son arrêt à la cassation. Sur l'évocation, et pour les mêmes motifs que ceux ayant entraîné la cassation, il échet d'infirmer en toutes ses dispositions le jugement initial et, statuant à nouveau, de rejeter comme étant mal fondée la demande d'injonction de payer (CCJA, 1e ch., no 154/2022, 3-11-2022).

La cour d'appel qui, pour mettre la somme réclamée à la charge de la demanderesse, a retenu que « cette attitude de [la demanderesse] (l'interruption des virements et des paiements par chèque) constitue une violation délibérée de son engagement de n'apporter aucune modification à l'obligation contractée de domicilier l'intégralité des produits et recettes provenant de l'exécution d'un bon de commande a violé l'article 1 [devenu 2, al. 1] de l'AUPSRVE et exposé son arrêt à la cassation. L'inexécution qui compromet ou retarde le remboursement de la dette de [l'une des défenderesses] crée incontestablement un préjudice à [la seconde défenderesse] créancière. ». Cette motivation ne se réfère à aucune créance certaine et ne prouve nulle relation contractuelle entre la demanderesse et la première défenderesse quant à l'existence de la créance. Elle établit plutôt un comportement fautif de la demanderesse et une créance à la charge de la seconde défenderesse. Sur l'évocation, il ressort des pièces du dossier que la demanderesse n'a pas été partie au contrat accordant le concours financier à la seconde défenderesse et dont résulte la créance dont le recouvrement est poursuivi. L'engagement de domiciliation signé par la demanderesse en tant que débitrice de la seconde défenderesse ne donne pas droit à la première défenderesse de la poursuivre par la procédure d'injonction de payer. En infirmant le jugement entrepris, il y a lieu d'ordonner la rétractation de l'ordonnance en date du 25 novembre 2004 et de renvoyer la seconde défenderesse à mieux se pourvoir (CCJA, ass. plén., no 041, 23-4-2014 : Sté des Mines de l'AIR dite SOMAIR SA c/ 1) ECOBANK-NIGER SA, 2) PROCHIMI, Ohadata J-15-132).

Selon l'article 1 [devenu 2, al. 1] de l'AUPSRVE, seul celui qui, au jour de sa requête, justifie d'une créance certaine, liquide et exigible peut en poursuivre le recouvrement selon la procédure d'injonction de payer, le caractère certain de la créance se concevant du fait qu'elle ne doit pas être sérieusement contestée dans son principe. C'est donc à tort qu'une cour d'appel a déclaré l'appel « mal fondé en ce que la créance [...] qui n'est pas sérieusement contestée est bien certaine, liquide et exigible », alors précisément que ladite créance est sérieusement contestée dans son principe, exposant ainsi son arrêt à la cassation. Sur l'évocation, le jugement entrepris doit être infirmé en toutes ses dispositions, pour les mêmes motifs que ceux ayant entraîné la cassation (CCJA, 1e ch., no 047, 18-3-2016 : Aïssetou Ketoure Mardin c/ Gebahi Reda, Ohadata J-16-249).

Obs. : pour rendre son arrêt, la CCJA a retenu ce qui suit : il résulte d'un courrier du 11 février 2008 de la demanderesse, notaire au défendeur, ainsi libellé : « Je vous prie de bien vouloir me couvrir de la somme de dix millions de FCFA (10 000 000 FCFA), à titre d'avance sur les frais et honoraires de l'acte susmentionné. Je vous précise, à toutes fins utiles, que ladite somme sera déduite du montant total de mes frais et honoraires... », que la réclamation relative aux honoraires était parfaitement connue du défendeur et, en l'état du dossier, aucun élément ne permet à la Cour de dire que ce dernier en a formellement contesté le principe antérieurement au retrait par la SCI CARVILLE de son offre de vente. C'est donc dans le prolongement de sa lettre précitée que la demanderesse a cru devoir prélever les 14 millions litigieux au titre de ses honoraires, s'estimant fondée à user du droit de rétention. Il est constant que le défendeur n'a jamais remis les 450 millions de francs à la demanderesse à charge pour celle-ci de les lui restituer, mais uniquement en vue d'acquérir l'immeuble proposé à la vente, moyennant un prix impliquant, en l'absence de toute preuve contraire, la rémunération de cet officier ministériel. Ainsi, il ne pouvait valablement considérer, au jour du dépôt de sa requête à fin d'injonction de payer, la rétention opérée par la demanderesse comme établissant à son profit une créance de nature à justifier une telle procédure, alors que les circonstances dans lesquelles il exige le remboursement des fonds versés, non imputables audit notaire, mettent clairement en évidence l'existence d'un différend portant sur la question de savoir si celui-ci a droit ou non aux honoraires revendiqués, ce qui affecte autant la certitude de la créance brandie.

....

IV. Liquidité d'une créance

A. Existence de la liquidité d'une créance

Une créance est liquide :

– lorsque son montant est déterminable en argent (TGI Ouagadougou (Burkina Faso), nº 155, 5-5-2004 : SODEGRAIN-SA c/ STCK-SA, Ohadata J-05-246) ;

– dès lors que le quantum est déterminé dans sa quantité, chiffré (CCJA, nº 21, 17-6-2004 : SDV-COTE D'IVOIRE c/ Sté RIAL TRADING, Juris-Ohada, nº 3/2004, juill.-oct. 2004, p. 11, note BROU Kouakou Mathurin ; Rec. jur. CCJA, nº 3, janv.-juin 2004, p. 130 ; Ohadata J-04-382 ; CCJA, 1e ch., nº 055, 14-3-2019 : Abdou ARDALI c/ BOA-Niger) ;

– lorsque le montant est mentionné avec précision (CA Ouagadougou (Burkina Faso), ch. com., nº 041/99, 19-6-2009 : KABRE B. G. c/ SOPAFER-B, Ohadata J-10-217, au sujet d'une créance de dix mois de loyers impayés) ; CCJA, ass. plén., nº 060, 27-4-2015 : Entreprise LE GITE c/ NECSO CUBIERTAS SA, Ohadata J-16-60 ;

– lorsque le créancier a ajouté les intérêts de droit en sus de la somme due au principal, cet ajout n'ayant pas pour effet de remettre en cause son caractère liquide (CA Ouagadougou (Burkina Faso), ch. com., nº 011, 1-2-2008 : O. T. c/ S.L.M., Ohadata J-12-128) ;

– lorsque le créancier établit la facture totale de sa créance à la somme de 24 917 617 FCFA dont un premier versement de 8 151 468 FCFA effectué par le débiteur, le reliquat de 16 766 149 FCFA servant de fondement à son action en recouvrement (CCJA, 1e ch., nº 127, 18-5-2017 : Sté RMO c/ Sté Afriland First Bank).

Compensation alléguée : impossibilité de contester la liquidité. En matière d'injonction de payer, une débitrice qui a opposé la compensation de dettes à sa créancière ne peut valablement contester le caractère liquide de la créance qui lui est réclamée par cette dernière (CCJA, 3e ch., nº 100, 2-6-2016 : UNIPESCA IVORY SARL c/ SOGEF SA, Ohadata J-17-40) ;

– en présence de quatre (4) notes de débits impayées portant respectivement les sommes de 6 714 300 FCFA, 9 774 500 FCFA, 7 565 400 FCFA et 8 767 000 FCFA, soit au total la somme de 32 821 000 FCFA, ladite créance, qui est ainsi certaine et dont l'exigibilité n'est pas contestée, remplit les conditions de l'article 1 [devenu 2, al. 1] de l'AUPSRVE et peut être recouvrée par l'injonction de payer (CCJA, 2e ch., nº 224/2021, 23-12-2021 : C. c/ Société Canal Plus Côte d'Ivoire).

B. Absence de liquidité d'une créance

N'est pas liquide :

– une créance dont le montant définitif reste à déterminer, en raison de paiements effectués par le débiteur (CA Abidjan, nº 778, 13-6-2003 : Sté EL NASR IMPORT EXPORT c/ État de Côte d'Ivoire, Ohadata J-03-239) ;

– la créance à propos de laquelle une procédure de reddition de compte est pendante entre les parties en raison de la contestation sur le montant (CA Abidjan (Côte d'Ivoire), 4e ch. civ. et com., nº 88, 9-2-2007 : A. Z. M. c/ SIMAT SA, Ohadata J-08-23) ;

– la créance dont le débiteur ne reconnaît devoir que la somme de 400 000 FCFA sur les 745 479 FCFA pour lesquels il a été condamné, dès lors qu'il y a compte à faire entre les parties (CA Daloa (Côte d'Ivoire), 2e ch. civ. et com., nº 190, 19-7-2006 : M. A. M. c/ La CIE, Ohadata J-09-176) ;

– la créance qui fait l'objet d'une contestation sérieuse (CA Daloa (Côte d'Ivoire), 2e ch. civ. et com., nº 111, 26-4-2006 : F. J. c/ D. F., Obs. Joseph Issa-Sayegh, Ohadata J-08-46) ;

– une créance dont le montant réclamé ne résulte que de l'évaluation faite unilatéralement par le créancier, laquelle n'est confortée par aucun document produit au dossier ; la déclaration du représentant d'une société débitrice qui, interpelé par un huissier, a déclaré « Je reconnais la créance. [Le créancier] a ses instruments déposés à notre niveau et nous avons des arriérés encore ici, je propose un règlement à l'amiable », pouvant s'interpréter tout au plus comme la reconnaissance d'un principe de créance au bénéfice du créancier. L'arrêt attaqué qui a annulé le jugement entrepris, déclaré l'opposition irrecevable doit être cassé. Sur l'évocation et pour les mêmes motifs que ceux ayant conduit à la cassation, il échet de déclarer l'appel du créancier mal fondé et de confirmer en toutes ses dispositions le jugement rendu sur l'opposition qui a rétracté l'ordonnance (CCJA, 3e ch., no 069, 30-3-2017 : LAICO-Mali SA c/ Wissan NADER).

C. Preuve de la liquidité de la créance

1o Non-contestation du montant bancaire

Le montant de la créance invoquée est celui produit par les comptes du banquier dès lors que :
– le débiteur ne conteste pas que son créancier (une banque) a établi le solde définitif conformément aux stipulations de la convention de compte courant qu'ils ont conclue, et ne produit aucune pièce contredisant le montant arrêté par le créancier. Le solde débiteur arrêté par la banque doit donc être retenu comme montant de la créance en principal (CCJA, no 25, 15-7-2004 : Dame M. c/SCB-CL, Ohadata J-05-168, Juris-Ohada, no 4/2004, oct.-déc. 2004, p. 2, note BROU Kouakou Mathurin ; Rec. jur. CCJA, no 4, juill.-déc. 2004, p. 16). Voir *infra*, art. 247 ;
– d'une part, le débiteur allègue, sans le prouver, que son compte bancaire est un compte courant, et que, d'autre part, en ce qui concerne la liquidité, il ne produit aucune pièce susceptible de contredire les relevés de compte établis par le créancier, alors qu'il a été informé par courrier de la détermination et de l'évaluation dudit montant (CCJA, no 08/2005, 27-1-2005 : SGBCI c/ GETRAC, Ohadata J-05-190, Juris-Ohada, no 1/2005, janv.-mars 2005, p. 21).

2o Établissement d'un paiement partiel

a. Preuve établie

Selon l'article 1315 du Code civil [burkinabé], qui prévoit que « celui qui réclame l'exécution d'une obligation doit la prouver », il convient de recalculer le montant de la créance en tenant compte des remboursements déjà effectués pas le débiteur dans la condamnation à intervenir (CA Ouagadougou, civ. et com., no 95, 5-12-2003 : ERCB/GKS c/ BOA, Ohadata J-04-368).

b. Preuve non établie

La cour d'appel qui a décidé que les créances poursuivies ne sont pas certaines, liquides et exigibles, alors que, d'une part, les rémunérations perçues trouvent leur fondement dans la convention de tierce détention et de prestations de services liant les parties et, d'autre part, qu'en exécution de ses obligations, le débiteur a procédé à des règlements partiels de la créance, n'a pas mis la CCJA en mesure d'exercer son pourvoir de contrôle et son arrêt encourt la cassation (CCJA, no 21, 17-6-2004 : SDV-COTE D'IVOIRE c/ Sté RIAL TRADING, Juris-Ohada, no 3/2004, juill.-oct. 2004, p. 11, note BROU Kouakou Mathurin ; Rec. jur. CCJA, no 3, janv.-juin 2004, p. 130 ; Ohadata J-04-382).

V. Exigibilité d'une créance

A. Créances exigibles

Est exigible une créance :
– arrivée à échéance (TGI Ouagadougou (Burkina Faso), no 155, 5-5-2004 : SODEGRAIN-SA c/ STCK-SA, Ohadata J-05-246 ; CCJA, ass. plén., no 060, 27-4-2015 : Entreprise LE GITE c/ NECSO CUBIERTAS SA, Ohadata J-16-60, au sujet d'une créance qui devait être entièrement payée à une certaine date) ;
– matérialisée par des billets à ordre impayés (TGI Ouagadougou, no 16/2005, 26-1-2005 : EBDR c/ ECOBANK-BURKINA, Ohadata J-07-119) ;
– lorsque le débiteur ne peut se prévaloir d'aucun délai ou condition susceptible d'en retarder ou d'en empêcher l'exécution ; la créance litigieuse est exigible dès lors que le débiteur ne se prévaut ni d'un terme conventionnel ni d'un moratoire, la convention ayant prévu qu'en cas de retard de paiement, la totalité des comptes devient immédiatement exigible (CCJA, no 21, 17-6-2004 : SDV-COTE D'IVOIRE c/ Sté RIAL TRADING, précité, Ohadata J-04-382). Dans le même sens, (CCJA, no 018/2006, 26-10-2006 : SAFCA c/ 1) Sté CTS SARL, 2) M. M. R. A., 3) P. M. L. N. D., Rec. jur. CCJA no 18/2006, p. 16, Juris-Ohada no 1/2007, p. 11, Ohadata J-08-93) ;
– lorsque le débiteur n'indique pas le terme suspensif qui affecterait la créance, et ne prouve ni l'existence, ni l'acceptation par la créancière de la lettre de change alléguée (TPI Douala-Bonanjo (Cameroun), no 89/COM, 12-12-2008 : NBC HOLDING SA c/ ECOBANK CAMEROUN SA, Ohadata J-12-229) ;
– lorsque le titulaire peut en exiger immédiatement le paiement ; une mise en demeure de payer les impayés de loyers adressée à un preneur et restée sans réponse emporte l'exigibilité de la créance du bailleur (CA Ouagadougou (Burkina Faso), ch. com., no 041/99, 19-6-2009 : K. B. G. c/ SOPAFER-B, Ohadata J-10-217 ; CA Littoral (Cameroun), no 107/CC, 1-9-2008 : N. E. c/ Sté des entreprises de provenderie et d'élevage du Cameroun, Ohadata J-09-134). Il en est de même de la créance résultant d'un contrat ayant pris fin en mai 2010 et pour laquelle il a fallu une sommation de payer le 11 août 2010 pour que la débitrice n'entame le paiement, cette créance étant échue (CCJA, 1e ch., no 127, 18-5-2017 : Sté RMO c/ Sté Afriland First Bank) ;
– lorsque, même très ancienne, elle résulte d'un prêt consenti sans intérêt et sans échéance de paiement car cela ne signifie pas que la date d'échéance est indéterminée ; à partir du moment où une sommation de payer a été délivrée aux débiteurs qui ont reconnu la créance en proposant des modalités de paiement, sans s'exécuter, la créance devient exigible (CA Ouagadougou (Burkina Faso), ch. com.,

nº 063, 18-12-2009 : D. B. c/ B./O. T. et trois autres, Ohadata J-12-177) ;
– lorsqu'elle représente les recettes d'une vente par un mandataire sur lequel pesait une obligation de vendre les marchandises et d'en restituer le prix au mandant, dès lors que les comptes ont été arrêtés entre les parties à une date précise (CA Bobo-Dioulasso (Burkina Faso), ch. com., nº 15, 27-10-2010 : O. H. c/ S. D., Ohadata J-12-123) ;
– au sujet de laquelle une cour d'appel a constaté qu'à la date de la procédure d'injonction de payer, le requérant n'a produit aucune preuve d'un paiement effectué conformément au protocole d'accord des parties. Ainsi, la cour d'appel n'a pas omis de statuer sur la violation de l'article 1 [devenu 2, al. 1] de l'AUPSRVE et sur l'existence d'une condition résolutoire affectant la créance alors que, selon le moyen, ces deux demandes ont été faites devant les juges du fond et que le protocole d'accord signé par les parties le 21 mars 2012 aménageait de nouvelles conditions de paiement que les juges du fond n'ont pas pris en compte (CCJA, 3e ch., nº 188, 29-12-2016 : Sté INTERPACK c/ Sté SNECTOR CHIMIE, Ohadata J-17-128).
La cour d'appel qui a tiré l'exigibilité d'une créance d'engagements pris par le débiteur d'apurer sa dette en janvier 2001 et de payer un montant de 200 000 $ US dans les PV des séances de travail du 12 février 2002 a suffisamment motivé sa décision sur ce point au regard de l'article 1 [devenu 2 al. 1] de l'AUPSRVE (CCJA, 1e ch., nº 039/2023, 09-3-2023).

B. Créances non exigibles

N'est pas exigible la créance :
– mobilisée dans une traite présentée au paiement avant sa date d'échéance et qui ne bénéficiait pas de la déchéance du terme prévue par la clause contractuelle stipulant que le non-paiement d'une seule échéance entraînerait la déchéance du terme et l'exigibilité immédiate de toutes les sommes restant dues (CCJA, nº 018/2006, 26-10-2006 : SAFCA c/ 1) Sté CTS SARL, 2) M. M. R. A., 3) P. M. L. N. D., Rec. jur. CCJA nº 18/2006, p. 16, Juris-Ohada nº 1/2007, p. 11, Ohadata J-08-93) ;
– résultant d'un prêt consenti pour une durée déterminée avant l'échéance du terme et la créancière doit attendre l'échéance pour en demander le remboursement (CA Ouagadougou (Burkina Faso), ch. com., nº 03, 6-2-2009, O. T. T. c/ SOBCA, Ohadata J-12-167) ;
– au sujet de laquelle une cour d'appel a considéré qu'il s'évince des éléments du dossier, que la cession des parts [au créancier] a fait l'objet d'un engagement écrit assorti de conditions de paiement [et que] la non-exécution de ce contrat par l'appelante entraîne l'exigibilité des sommes convenues, sans démontrer en quoi le débiteur ne pouvait plus se prévaloir d'un autre délai de paiement, alors même qu'un protocole d'accord devait intervenir dans ce sens. Cette cour d'appel a violé l'article 1 [devenu 2, al. 1] de l'AUPSRVE et exposé son arrêt à la cassation. Sur évocation, annulation de l'ordonnance d'injonction de payer (CCJA, nº 017/2009, 16-4-2009 : Mme A. Y. c/ A. A. P., Rec. jur. CCJA, nº 13, janv.-juin 2009, p. 135, Ohadata J-10-84) ;

Obs. : dans l'espèce, l'acte sous seing privé produit au dossier et par lequel la débitrice reconnaît « devoir légitimement la somme de quarante-trois millions de FCFA (43 000 000 FCFA) à titre de droits relatifs à la cession de parts dans la société civile dénommée [X. au créancier] » a prévu des modalités de paiement de ladite somme. Il énonce notamment l'engagement de la débitrice « à payer ladite somme de la manière suivante, sous réserve de la stabilisation de la vie socioéconomique [...] quant au solde restant à payer, un échéancier sera fixé d'accord parties après réception du deuxième acompte ». Dans un autre document écrit signé par les deux parties le 13 août 2003, la débitrice s'engageait, après un versement à la même date de la somme d'un million (1 000 000) FCFA, « à régler le solde selon des modalités arrêtées dans un protocole d'accord que les deux parties s'engagent à signer en octobre 2003 ». Ledit protocole d'accord qui devrait contenir le terme du délai de paiement par la débitrice, du solde de la créance n'est pas produit au dossier et le créancier n'a pas proposé devant les juges du fond, d'en rapporter la preuve.

– résultant d'un protocole d'accord conclu pour vingt ans minimum et qui indique que : 1) la rupture avant terme ne peut intervenir que pour violation d'une des clauses prévues au contrat et après que la partie qui a pris l'initiative de la rupture ait avisé l'autre partie par lettre recommandée avec avis de réception 2) que la rupture définitive n'interviendra qu'après règlement amiable infructueux. C'est donc après la rupture définitive qu'une action peut être engagée et en l'absence de rupture définitive, la créance, bien que certaine et liquide, n'est pas exigible ; rétractation de l'ordonnance (CA Ouagadougou (Burkina Faso), ch. com., nº 035, 18-4-2008 : SRC c/ EDIFICE, Ohadata J-11-41) ;
– dans son intégralité, en l'absence d'une clause le stipulant, lorsqu'elle fait l'objet d'un remboursement échelonné et que certaines mensualités n'ont pas été payées ; seules les mensualités échues sont exigibles et peuvent faire l'objet d'une injonction de payer (TPI d'Abengourou (Côte d'Ivoire), 4-11-2004 : Mme K. M. c/ Sté DPCI, Ohadata J-09-154) ;
– assortie d'une condition suspensive qui n'a pas été réalisée. Il en est ainsi d'une créance relative à un marché de travaux publics qui n'ont pas été réalisés (TGI du Wouri (Cameroun), nº 015/COM, 12-2-2013 : BERAMI SARL c/ Sieur N. J., Ohadata J-14-08).

....

VI. Réunion des trois conditions

A. Nécessité

Les trois conditions de certitude, de liquidité et d'exigibilité sont cumulatives (CCJA, 2e ch., no 06, 25-8-2011 : BURKINA & SHELL SA c/ Les Syndics-Liquidateurs de TAGUI SA, Juris-Ohada no 3/2011, juill.-sept. 2011, p. 2, Ohadata J-12-150, J-13-159) et seules les créances les réunissant peuvent être recouvrées selon la procédure d'injonction de payer ; le défaut de l'un quelconque desdits caractères dans une créance suffit à interdire le recours à ladite procédure d'injonction de payer, pour en obtenir le paiement (CCJA, no 018/2006, 26-10-2006 : précité, Ohadata J-08-93 ; CCJA, 2e ch., 009/2013, 7-3-2013 : BIAO-CI c/ 1) La société Travaux Publics ZAROUR et CHOUR dite TPZC, 2) ZAROUR GASSANE et ZAROUR NAIF, Rec. jur. CCJA no 20, vol. 1, janv.-déc. 2013, p. 166-167, Ohadata J-15-09).

L'arrêt dont la motivation ne fait apparaître nulle part l'existence d'une créance certaine liquide et exigible doit être cassé, dès lors que ces conditions sont substantielles dans la procédure d'injonction de payer. Il en est ainsi de l'arrêt qui, pour infirmer le jugement initial et faire droit à l'injonction de payer, a pris comme motif « que si [le supposé débiteur] nie tout lien contractuel avec [le prétendu créancier] et que sa responsabilité ne peut être engagée dans cette relation d'affaire qu'elle considère comme étant l'affaire de [X.] et [du prétendu créancier], l'examen du dossier à travers les pièces qui y sont versées prouve à suffisance que [le supposé débiteur] a bel et bien établi des relations contractuelles avec [le prétendu créancier] à travers ses représentants ; que les docteurs [Y.] et [Z.] sont bien employés [du supposé débiteur] ; de plus, [le supposé débiteur] reconnaît expressément dans ses écritures que [X.] a l'obligation de lui soumettre toutes les commandes qui, avant leur acceptation, doivent être approuvées par elle par l'entremise de ses services représentés par [Z.] ; que, dès l'instant où [Z.] approuve une commande, cela engage ipso facto la responsabilité de [du supposé débiteur] ; qu'en mettant hors de cause [le supposé débiteur] comme il l'a fait, le premier juge n'a pas assis sa décision sur des bases légales ; qu'il convient de retenir la responsabilité [du supposé débiteur] et de le condamner pour la présente cause » (CCJA, ass. plén., no 098, 22-11-2013 : ESSO EXPLORATION AND PRODUCTION CHAD INC. dite ESSO TCHAD SA c/ INGENIERIE ELECTRONIQUE SERVICE dite IES SARL, Rec. jur. CCJA no 20, vol. 1, janv.-déc. 2013, p. 205-208, Ohadata J-15-46).

B. Existence

Les conditions de certitude, liquidité et d'exigibilité sont remplies dès lors que :

– le montant de la créance est connu, qu'il a été accepté par le débiteur, et qu'il est exigible, le débiteur ne pouvant pas se prévaloir d'un quelconque délai légal ou conventionnel pour en différer le paiement comme en l'espèce (CCJA, no 037/2009, 30-6-2009 : ABB LUMUS GLOBAL SPA c/ B. J. R., Rec. jur. CCJA no 13, janv.-juin 2009, p. 97, Ohadata J-10-76) ;

– la créance, d'origine contractuelle, résulte d'un prêt à rembourser à des mensualités toutes échues (CCJA, 2e ch., no 013/2013, 7-3-2013 : Sté Africaine de Crédit Automobile dite SAFCA c/ 1) Sté DISTRIVOIRE SA, 2) Gaoussou TOURE, Rec. jur. CCJA no 20, vol. 1, janv.-déc. 2013, p. 168-170, Ohadata J-15-13) ;

– le caractère certain résulte de différentes factures, le caractère liquide de l'évaluation du montant et l'exigibilité du fait que l'échéance est arrivée à son terme et qu'une sommation de payer a même été servie au débiteur (TPI Douala Ndokoti, no 003/Com, 28-10-2004 : Sté EFH c/ Charity Community Health Center, Ohadata J-05-143) ;

– le débiteur a payé une partie du reliquat d'une créance, cette créance pouvant être recouvrée par la voie de l'injonction de payer (CA Abidjan, no 1013, 26-7-2002 : Cabinet Ivoirien de Surveillance c/ Sté PALMINDUSTRIE, Ohadata J-03-287. Voir aussi TGI Ouagadougou, no 461, 16-11-2005 : Z. S. M. M. c/ la Financière du Burkina, Ohadata J-07-111 ; CA Abidjan, ch. civ. et com., no 523, 27-4-2004 : M. K. S. C. c/ CIAM, Ohadata J-05-329) ;

– une créance n'est contestée ni en son principe, ni en son montant ; que le débiteur reconnaît qu'après le paiement de l'acompte, aucune autre somme n'a été versée au créancier et qu'il reste devoir au créancier une somme déterminée ; il y a donc lieu de contraindre le débiteur, en replaçant les parties dans leurs droits et obligations respectifs, au paiement de ladite somme (CA Ouagadougou, ch. civ. et com., no 87, 16-7-2004, Sté SOBCA c/ Z. K. H., Ohadata J-05-229). Il en est de même de la créance pour laquelle une cour d'appel a constaté l'existence des caractères de certitude, de liquidité et d'exigibilité, conditions qui n'ont pas été contestées (CCJA, 3e ch., no 187, 23-12-2015 : Agence d'Etudes et de Promotion de l'Emploi (AGEPE) c/ Kouadio Suzanne Rovia Adjoua, Ohadata J-16-180) ;

– le débiteur a reconnu sa dette dans la mise en demeure et a fait des propositions de règlement (CCJA, no 22, 17-6-2004 : A. née D. N. C. c/ GVC de LELEDOU 2, Juris-Ohada, no 3/220, juill.-oct. 2004, p. 21, Rec. jur. CCJA, no 3, janv.-juin 2004, p. 75, Ohadata J-04-383 ; TPI Douala-Bonanjo (Cameroun), no 165/COM, 21-12-2011 : S.A.J.E. SARL c/ A. S., Ohadata J-12-225) ;

– la convention d'ouverture de crédit consentie ayant mis à la charge du client les frais de mise en place du crédit et des garanties, le client a consommé le crédit

à concurrence du montant desdits frais et a même proposé de se libérer de sa dette selon un échéancier établi (TRHC Dakar, n° 873, 8-5-2001 : C. A. T. D. et M. K. épse K. c/ CBAO, Ohadata J-03-60) ;
– un chèque impayé est produit, l'opposition au paiement de cette créance devant être considérée comme non fondée (TGI de la MIFI, n° 32/civ., 2-4-2002 : C. N. N. c/ S. H. B., Ohadata J-04-230) ;

Obs. : voir sous l'art. 2.

– le montant de la créance a été fixé dans un procès-verbal de règlement amiable conclu entre le créancier et son débiteur (CA Abidjan, ch. civ. et com., n° 525, 27-4-2004 : CI-TELECOM c/ M. T. B. F. G., Ohadata J-05-328). Dans le même sens :

– Rejetant le vice de consentement invoqué par le débiteur qui a apposé sa signature sur l'échéancier de paiement et ne rapporte aucune preuve de la violence alléguée : TPI d'Abengourou (Côte d'Ivoire), 4-11-2004 : K. M. c/ Sté DPCI, Ohadata J-09-154 ;

– au sujet de la trésorière d'une association qui a reconnu un détournement de fonds dans un procès-verbal de pointage contradictoire et dont l'époux a commencé le remboursement ; elle doit par conséquent être déboutée de son opposition (TPI Douala-Bonanjo (Cameroun), n° 115/COM, 24-8-2011 : P. E. G. c/ L'Association « Amicale Entre Nous de BONAPRISO », Ohadata J-12-226) ;

– la créance n'a fait l'objet que de remboursements partiels, car elle ne perd pas ses caractères de certitude, de liquidité et d'exigibilité pour le reliquat restant à payer (CA Abidjan, ch. civ. et com., n° 523, 27-4-2004 : M. K. S. C. c/ CIAM, Ohadata J-05-329). S'il est constant qu'un reliquat de 5 000 000 FCFA reste impayé sur la somme totale due et qu'il ressort des pièces de la procédure que c'est sur la base de documents non contradictoirement établis, que la créancière évalue le montant de sa créance à la somme de 19 100 556 FCFA, principal et intérêts de retard confondus, les conditions cumulatives de certitude, de liquidité et d'exigibilité n'existent qu'à l'égard du reliquat de 5 000 000 FCFA et il y a lieu en conséquence, de condamner la débitrice à payer cette somme à la créancière et de renvoyer celle-ci à mieux se pourvoir quant au surplus. Il y a aussi lieu de faire masse des dépens (CCJA, 2e ch., 193, 25-10-2018 : BICICI c/ FIB-CI SARL, FAKRY Issam) ;
– la créance résulte de l'achat d'un véhicule par le débiteur décédé et qu'il n'est pas contesté que ce dernier avait effectué un règlement partiel de la dette, les ayant-droits du débiteur décédé n'étant pas recevables à invoquer la non-existence de la créance (TPI d'Abengourou (Côte d'Ivoire), n° 05, 26-1-2006 : Ayants droit de Feu Y. c/ O. S., Ohadata J-09-175) ;
– la créance est matérialisée par deux marchés de construction conclus entre les parties, que la créancière a produit la mise en demeure du 1er février 2002 et la facture du 16 janvier 2002 prouvant sa créance correspondant au montant de la retenue de garantie du marché n° 003/98, d'un montant de 14 250 000 FCFA, du reliquat du marché n° 004/99 et d'un avenant d'un montant de 20 186 988 FCFA. Cette créance est certaine, la créancière poursuivant son recouvrement qui porte sur la somme de 34 811 988 FCFA liquide, car étant déterminée dans sa quantité et donc chiffrée et exigible, la requérante ne pouvait se prévaloir d'aucun délai ou condition susceptible d'en retarder ou d'en empêcher le paiement. En infirmant le jugement du TPI et en restituant par voie de conséquence à l'ordonnance d'injonction de payer son plein et entier effet, la cour d'appel n'a en rien violé la loi et le pourvoi du débiteur doit être rejeté (CCJA, n° 001/2007, 1-2-2007 : ATCI c/ SCI « Elite Construction », Rec. jur. CCJA n° 9, janv.-juin 2007, p. 24, Ohadata J-08-217). Dans le même sens, et à propos d'une créance résultant de la réalisation de marché de construction sainement appréciée par une cour d'appel (CCJA, n° 019/2006, 26-10-2006 : ENATELCOM c/ P. A. E., Rec. jur. CCJA n° 8/2006, p. 20, Juris-Ohada, n° 2/2007, p. 2, Ohadata J-08-94) ;
– la créance résulte d'une reconnaissance manuscrite de dette, établie par une personne en sa qualité de Directeur Général de la société débitrice et représentant le coût d'études architecturales arrêté à la somme négociée par les parties (CCJA, 2e ch., n° 010, 27-3-2008 : SCI-CEB c/ G., Juris-Ohada n° 2, avr.-juin 2008, p. 16, Rec. jur. CCJA, n° 11, janv.-juin 2008, p. 39, Ohadata J-09-30) ;
– lorsque le débiteur reconnaît, à travers une lettre d'engagement du 10 juillet 2007, avoir à rembourser au créancier la somme de 3 000 000 FCFA et s'est engagé à le faire au plus tard le 10 septembre 2007. Cet engagement librement souscrit et non dénoncé par le débiteur ne saurait être remis en cause (TPI 1e classe Lomé (Togo), ch. civ. et com., n° 1096/2009, 21-4-2009 : A. S. c/ English Language Center, Ohadata J-11-119) ;
– en cas de production d'un relevé du compte de la débitrice ouvert dans les écritures du créancier, présentant un solde débiteur d'un montant précis à une date précise, et d'un document intitulé « propositions d'apurement des factures de [créancier] » portant le cachet de la direction administrative et financière de la débitrice, ainsi que deux chèques d'un montant de 5 000 000 FCFA chacun, émis en sa faveur par cette dernière, qui ne sont pas contestés par la créancière, car ces documents établissent suffisamment la créance dont se prévaut le créancier, aussi bien dans son principe que dans son montant. La débitrice sera donc condamnée au paiement demandé (CCJA, 2e ch., n° 205, 23-11-2017 : SOTRA c/ EGM) ;

– lorsqu'au soutien de sa demande en paiement, le créancier produit aux débats : divers chèques et avis de débit de son compte bancaire en faveur du débiteur, ainsi qu'un acte intitulé « Contrat de prêt-Reconnaissance de dette » en date du 25 mars 1996 ; divers chèques émis en paiement par le débiteur, et soutient qu'ils se sont avérés sans provision ; qu'il reconnait néanmoins avoir reçu remboursement d'un montant total de 683 996 dollars US ; que le débiteur n'établit aucun autre paiement. Pour les mêmes motifs que ceux ayant conduit à la cassation, il échet de condamner le débiteur au paiement de la somme de (2 337 103,5 – 683 996) = 1 653 107,5 dollars soit, au taux de 460 FCFA retenu par le créancier lui-même, la somme de 760 429 450 FCFA (CCJA, 3e ch., no 158, 13-7-2017 : JABEILI Ibrahim c/ BOUSSALAH Mohamed Boubakeur, précisant qu'un « Contrat de prêt-reconnaissance de dette » ne peut être utilement argué de nullité, au seul motif qu'il est libellé en monnaie étrangère, dès lors que d'une part la dette qu'il constate est née, selon les mentions de l'acte lui-même, de la remise par la demanderesse d'un chèque American Express d'un montant de 200 000 dollars US et de l'émission au profit du débiteur d'une garantie bancaire auprès de la FRANSABANK SA sise à Paris du même montant, et, d'autre part, que le contrat ne contient aucune stipulation imposant un remboursement en monnaie étrangère) ;

– lorsque la cour d'appel qui a constaté que la somme réclamée résulte de loyers allant du premier trimestre 2007 au quatrième trimestre 2013 et que la débitrice, dans un courrier « daté du 13 novembre 2012 a déclaré consentir à régler les loyers [...] ». Le loyer mensuel résultant du bail étant de 750 000 FCFA, la créance est donc certaine, liquide et exigible, le congé n'ayant aucunement suspendu le bail ; rejet du moyen (CCJA, 2e ch., no 147, 29-6-2017 : LAUVERGNE Sabine c/ SCI Indivision Lecoeur) ;

– lorsque le montant, déterminé par une expertise, n'a pas été payé aux échéances convenues d'accord parties malgré plusieurs mises en demeure (CCJA, 1e ch., no 193/2021, 11-11-2021 : Société UNICS Plc c/ Société GSS) ;

– lorsque la créance ayant une cause contractuelle est matérialisée par plusieurs documents comptables dont le rapprochement donne le solde poursuivi, et confortée par la reconnaissance de dette du débiteur dont la signature a été certifiée conforme par un notaire. Le jugement qui a refusé d'en tirer les conséquences en condamnant le débiteur doit être réformé et statuant à nouveau, le débiteur doit être condamné au paiement de la somme due (CCJA, 2e ch., no 239/2019, 31-10-2019 : E. c/ I.).

Dans le même sens, au sujet d'une **reconnaissance de dette** :

– non contestée (CA Abidjan (Côte d'Ivoire), 2e ch. civ. et com., no 143, 23-4-2010 : K. née D. M. c/ Dame A. née A. J., Ohadata J-11-20), matérialisée par une convention fixant un échéancier et ayant connu un commencement d'exécution (CCJA, 1e ch., no 162, 17-12-2015 : Sté Électricité Froid Climatisation c/ Sté Clim Ivoire Froid, Ohadata J-16-155) ;

– comportant l'engagement du débiteur de rembourser intégralement la dette à une date antérieure à celle de l'introduction de la procédure d'injonction de payer. Le fait que la débitrice dispose d'une créance envers le créancier susceptible de compensation avec celle de ce dernier, n'enlève en rien les caractères de certitude, de liquidité et d'exigibilité de la créance du poursuivant, car pour qu'une compensation puisse être opérée entre deux dettes, il faut que toutes deux soient liquides et exigibles. C'est donc à juste titre que la cour d'appel a confirmé le jugement ayant condamné la débitrice au paiement (CCJA, 2e ch., no 38, 8-12-2011 : S. épse A. c/ M. A., Juris-Ohada 2012, no 3, juill.-sept., p. 18, Ohadata J-13-45) ;

– consacrée dans une décharge manuscrite par une personne qui, en réponse à la sommation de payer qui lui a été délivrée, a écrit : « Je reconnais cette dette et m'engage à la payer à partir de la date du 25 octobre 2012 » et qui a remis au créancier les papiers d'une parcelle aux fins de garantir le remboursement (CCJA, 1e ch., no 109, 9-6-2016 : Tsiba Vincent c/ Tsika André, Ohadata J-17-50) ;

– le fait de prétendre avoir fait des remboursements n'enlevant en rien ses caractères de certitude, de liquidité et d'exigibilité à une créance d'un montant déterminé, résultant d'une reconnaissance de dette avec engagement de payer par échelonnement et dont le paiement aurait dû se terminer au plus tard en 2009. La cour d'appel qui a retenu que la créance ne pouvait pas être poursuivie par la voie de l'injonction de payer pour cause de contestation sérieuse des paiements effectués par acompte, sans démontrer que ces paiements ont eu pour effet d'éteindre totalement la dette a violé par mauvaise application l'article 1 [devenu 2, alinéa 1] de l'AUPSRVE, exposant ainsi son arrêt à la cassation. Il ressort de l'engagement de remboursement de dette signé par toutes les parties et par lequel les défendeurs se sont engagés à rembourser aux demandeurs, dans des délais précis, un montant précis, que la créance est certaine, liquide et exigible, dès lors qu'à la date de l'introduction de la requête aux fins d'injonction de payer, les débiteurs ne s'étaient pas libérés de leur dette à la date convenue (CCJA, 3e ch., no 165, 1-12-2016 : Samir Firzli, Soad Firzli c/ Dagher Roland Habib, Dagher Roland Bechara, Ohadata J-17-105) ;

– lorsque le débiteur se contente de soutenir, sans en rapporter la preuve, que lui et ses collaborateurs ne sont que des employés du débiteurs opérant dans un dépôt-vente, alors que le créancier a produit plusieurs bons de livraison de marchandises et des

factures impayées (CA Ouagadougou (Burkina Faso), ch. com., n° 015, 15-2-2008 : K. N. F. c/ K. W. H., Ohadata J-12-129) ;
– lorsque la créance résulte d'un contrat prévoyant que la défenderesse remettra à la requérante, à la fin de chaque exercice comptable, la copie de documents contractuels et que la défenderesse s'engage à verser à la requérante 30 % du chiffre d'affaires à une date déterminée et reconnue par la défenderesse. En conséquence, c'est à bon droit que le créancier demande son recouvrement suivant la procédure d'injonction de payer. En décidant le contraire, la cour d'appel a fait une mauvaise application de l'article 1 [devenu 2, alinéa 1] de l'AUPSRVE et sa décision encourt la cassation (CCJA, n° 007/2003, 24-4-2003 : Côte d'Ivoire TELECOM c/ PUBLISTAR, Juris-Ohada, n° 2/2003, avr.-juin 2003, p. 21, note anonyme, Ohadata J-03-193) ;
– lorsque la créancière produit des bons de commandes, factures ainsi que des lettres de change émis par la débitrice et des bons de livraison qui justifient qu'elle a livré les marchandises commandées ; que le décompte des traites émises et des documents produits au dossier établit que la débitrice lui est redevable de la somme de 273 165 028 Francs ; que la débitrice qui allègue de l'incertitude de la créance ne rapporte pas la preuve des paiements qu'elle aurait effectués (CA Abidjan, 1e ch. civ. et com., n° 268, 8-7-2011 : SOTRA c/ SIPA, Juris-Ohada, 2012, n° 1, janv.-mars, p. 57, Ohadata J-13-28) ;

> **Obs. :** cette décision retient à juste titre que les trois conditions de certitude, de liquidité et d'exigibilité d'une créance sont remplies. Sur les conséquences à tirer de l'opposition infondée du débiteur, voir sous les art. 14 et 15.

– lorsque par une juste appréciation des faits de la cause et au vu des pièces produites au dossier, notamment une convention d'ouverture de crédit, une cour d'appel a relevé que la somme réclamée constitue exclusivement des honoraires dus à un notaire instrumentaire pour la rédaction d'actes effectivement établis et que l'engagement par une partie de payer en lieu et place de l'autre partie à la convention rédigée par le notaire ne peut être considéré comme opérant une novation libératoire de celle-ci surtout qu'elle-même avait déjà versé un acompte audit notaire, ce qui laisse clairement apparaître qu'elle se considérait comme débitrice desdits honoraires (CCJA, 3e ch., n° 028/2012, 15-3-2012 : BACI c/ Me Linda Djoman DIPLO) ;
– lorsque la créance, relative au paiement de constructions édifiées sur la base d'un protocole d'accord conclu entre les parties, a fait l'objet de facture approuvée par la direction du patrimoine du demandeur. A donc bien jugé, la cour d'appel qui, suivant la procédure d'injonction de payer, condamne, sur la base des travaux exécutés et de facture approuvée, au paiement du montant desdits travaux (CCJA, 3e ch., n° 170, 1-12-2016 : SOTRA c/ GLS-CI) SARL, Ohadata J-17-110) ;
– lorsque la cour d'appel s'est fondée sur l'existence d'un mandat apparent pour confirmer le jugement de condamnation, retenant notamment, pour déduire que l'Église était tenue au paiement, qu' « il ressort des pièces versées aux débats que les commandes ont été passées avec des papiers à en-tête de l'Église [...] et en porte le cachet ; que le matériel a été livré à l'Église et réceptionné par Monsieur [X.], employé de l'Église au moment des faits ; qu'à aucun moment, il n'a été établi une quelconque collusion frauduleuse entre l'intimé et cet employé pour extorquer des fonds à l'appelante ; qu'il n'y a, au demeurant, aucune plainte correctionnelle à l'encontre de l'intimée pour cet état de fait ; qu'il s'ensuit que le premier juge a fait une saine appréciation des faits de la cause en déclarant que l'intimée a cru de bonne foi qu'elle a contracté avec l'appelante et soutenu que la créance est bien certaine, liquide et exigible ». Le montant de la commande n'étant pas discuté, c'est à bon droit, et sans contradiction, que la cour d'appel a retenu l'existence d'une créance d'origine contractuelle, certaine et liquide au bénéfice de la société défenderesse. Par les motifs sus énoncés, il a implicitement rejeté la demande de sursis à statuer prétendument éludée. Les moyens apparaissant ainsi mal fondés, le pourvoi doit être rejeté (CCJA, 3e ch., n° 033, 9-3-2017 : Église de Jésus-Christ des Saints des Derniers Jours de Côte d'Ivoire c/ Sté O'Claire Internationale, Ohadata J-17-167).

Non-incidence d'une contestation des intérêts sur l'existence des trois conditions. La contestation sur les intérêts n'ayant aucun effet sur les conditions de certitude, de liquidité et d'exigibilité de la créance édictées par l'article 1 [devenu 2, alinéa 1] de l'AUPSRVE, l'exception d'incompétence tirée de ce que le juge du principal est saisi et qu'il existe une contestation sur les intérêts sera rejetée. Les créances dont le recouvrement est poursuivi par la voie de l'injonction de payer ayant ainsi été déclarées prescrites, il y a lieu de dire qu'elles ne peuvent produire aucun intérêt et de rejeter la demande du recourant sur ce point (CCJA, 3e ch., n° 115, 11-5-2017 : Guetat Ehouman Noël c/ Guetat Eugénie épse K et 16 autres).

Absence de mise en état : c'est à tort qu'il est reproché à un arrêt d'avoir violé l'article 1 [devenu 2, alinéa 1] de l'AUPSRVE en ordonnant une enquête aux fins de s'assurer de la certitude de la créance alors qu'au regard de ce texte, le défaut de certitude de la créance exclut l'usage de la procédure d'injonction de payer et que l'arrêt a été rendu sans tenir compte du résultat de l'arrêt avant dire droit, car bien qu'il n'appartienne pas à la juridiction saisie de procéder à une mise en état pour liquider la créance, il est constant, en l'espèce, que la créance, qui trouvait son origine dans un contrat de bail qui a fixé les loyers et leurs termes, était déterminée de manière certaine et l'enquête invoquée par le recourant a été ordonnée de manière superfétatoire (CCJA, 1e ch., n° 140, 29-6-2017 : S. c/ Les Consorts N.).

Obs. : la première lecture, on pourrait s'étonner de ce que la CCJA n'ait pas annulé l'arrêt qui a ordonné une enquête avant de déterminer la certitude d'une créance, conformément à sa jurisprudence déjà établie sur ce point (CCJA, 1e ch., n° 189, 9-11-2017 précité). Cependant, il faut noter que seul l'arrêt final et non l'arrêt avant dire droit qui a ordonné l'enquête faisait l'objet du pourvoi en cassation et même si la Cour n'a pas estimé casser d'office, elle a quand même rappelé la règle selon laquelle il n'appartient pas à la juridiction saisie de procéder à une mise en état pour liquider la créance en matière d'injonction de payer.

De même, la cour d'appel qui a constaté le règlement partiel effectué par un débiteur et l'a condamné au paiement du solde restant dû de 52 719 749 FCFA sur une créance dont le montant était préalablement déterminé et reconnu n'a procédé à aucune mise en état mais exercé son pouvoir souverain d'appréciation des éléments en sa possession, ce qui lui a permis de dire que la créance poursuivie remplissait la condition de liquidité requise par l'article 1 [devenu 2, alinéa 1] de l'AUPSRVE. Ce faisant, elle n'a en rien violé les dispositions de ce texte (CCJA, 1e ch., n° 055, 14-3-2019 : Abdou ARDALI c/ BOA-Niger).

L'arrêt qui a retenu « que l'appelante ne conteste pas le principe de cette créance, élevant seulement la contestation sur les caractères liquide et exigible de celle-ci au motif qu'après sa clôture, le compte a connu des mouvements de crédit et de débit ; [...] que la [débitrice] procède par simples affirmations et ne produit aucune pièce à l'appui de ses allégations ; que l'examen des relevés bancaires versés au dossier, ne laisse apparaître aucune écriture postérieure à la date de clôture du compte ; que donc, outre son caractère certain non contesté, la créance est également liquide et exigible » a justement appliqué le droit de la preuve, sans violer l'article 1 de l'AUPSRVE (CCJA, 1e ch., n° 271/2020, 30-7-2020 : GEMO Distribution SARL c/ Banque Atlantique du Sénégal SA).

C'est en violation de l'article 1 [devenu 2, alinéa 1] de l'AUPSRVE qu'une cour d'appel a retenu que le protocole d'accord fondant le recouvrement d'une créance était l'objet de procédures en cours devant la Cour suprême pour juger que la créance ne remplissait pas les conditions de l'article 1 précité. Il en est ainsi dès lors que le pourvoi en cassation, qui n'est pas suspensif, ne constitue nullement un obstacle aux poursuites en paiement (CCJA, 2e ch., n° 143/2019, 9-5-2019 : Afriland First Bank Côte d'Ivoire SA c/ Sté GTA-C2/IARDT SA).

Lorsqu'il résulte des pièces du dossier : que devant les juges du fond, la débitrice qui n'a nullement remis en cause ses propres bons de commandes et encore moins, les bordereaux de livraisons et les factures produites par la créancière pour justifier sa créance dont un début de paiement a consisté en la lettre de change à elle remise par la débitrice mais revenue impayée ; que devant le juge ayant statué sur son opposition à l'injonction de payer et dont le jugement rendu a donné lieu à l'arrêt confirmatif attaqué, elle a plutôt contesté le montant des intérêts alors que la contestation sur les intérêts n'a pas d'incidence sur les conditions de certitude, de liquidité et d'exigibilité de la créance édictées par l'article 1 [devenu 2, alinéa 1] de l'AUPSRVE, et qu'il résulte de la requête aux fins d'injonction de payer que la créance se décompose en trois factures portant les numéros avec leurs montants respectifs, le moyen visant la violation de l'article 1 de l'AUPSRVE doit être rejeté (CCJA, 3e ch., n° 066/2020, 27-2-2020 : Sotra c/ SMT CI).

La créance dont le recouvrement est poursuivi ayant une origine contractuelle, dont le montant connu et déterminé de 33 817 371 FCFA résulte de bons de commande émis par la débitrice, des bons de livraison de la créancière dûment réceptionnés par la débitrice, et des chèques rentrés impayés émis par ce dernier, elle remplit effectivement les critères imposés par les articles 1 et 2 [devenus 2] de l'AUPSRVE. C'est donc en violation des articles précités qu'une cour d'appel a infirmé le jugement initial et déclaré la créance inéligible à l'injonction de payer, exposant son arrêt à la cassation. Sur l'évocation, et pour les mêmes motifs que ceux ayant entraîné la cassation, il y a lieu de dire fondée la demande d'injonction de payer introduite par la société créancière et, en conséquence, de confirmer le jugement initial (CCJA, 1e ch., n° 114/2023, 25-5-2023).

C'est à tort qu'il est reproché à un arrêt d'avoir violé les articles 1 [devenu 2, alinéa 1] et 3 de l'AUPSRVE, notamment en ce qu'il ne ressort nulle part des textes visés que le caractère certain et liquide d'une créance peut se justifier par un arrêt d'irrecevabilité d'un appel. Il en est ainsi dès lors que la cour d'appel, pour déclarer l'opposition à injonction de payer non fondée, a simplement rappelé que la certitude et la liquidité de la créance avaient été irrévocablement constatées par un précédent arrêt dont il s'est approprié les termes qui assoient la certitude de la créance ; puis a relevé ensuite que la créance était liquide en ce que son montant est déterminé, soit 5 710 685,22 $ US tel que repris dans le titre exécutoire ; qu'il a en outre conclu à l'exigibilité de la créance « en ce que dans le titre y afférent, l'appelante s'était engagée à apurer cette dette sur une période de trois mois allant de novembre 2000 à janvier 2001 avant de promettre dans le procès-verbal de séance de travail du 12 février 2002 de payer 200 000,00 $ US par mois, promesse dont la cédante avait pris bonne note » ; qu'il a enfin relevé l'existence d'une cause contractuelle en ce que, par lettre du 23 janvier 2020, le cessionnaire avait signifié à l'appelante, débiteur cédé, la cession de créance à lui consentie par le cédant. Ainsi, la cour d'appel a scrupuleusement vérifié les conditions posées par les textes visés au moyen pour la mise en œuvre de la procédure d'injonction de payer et a conclu à leur réunion dans la cause (CCJA, 1e ch., nº 039/2023, 9-3-2023).

C. Absence

Les conditions de certitude, liquidité et d'exigibilité ne sont pas remplies dès lors que :

– la créance porte sur des marchandises détruites dans l'incendie du véhicule du transporteur auquel elles ont été confiées et que le montant des dégâts n'est pas clairement déterminé (TGI Ouagadougou, nº 908, 21-11-2001 : B.O., G.A. c/ Y. N. G., Ohadata J-04-07) ;

– le propre de tout compte courant, étant d'être tantôt créditeur, tantôt débiteur et vice versa, le passif d'un montant de 4 349 906 F, constaté unilatéralement par la créancière (une banque) en dehors d'un arrêté de compte contradictoire, ne saurait suffire à rendre à la créance contestée les caractères certain, liquide et exigible (CA Daloa (Côte d'Ivoire), 2-2-2005 : Z. S. c/ SGBCI, Ohadata J-09-155 ; voir aussi (CA Littoral (Cameroun), nº 105/CC, 1-9-2008 : Standard Chartered Bank Cameroon SA c/ Sté SOCADIS SARL, Ohadata J-09-129 ; CCJA, 2e ch., nº 016, 27-2-2014 : Banque Internationale pour le Commerce et l'Industrie de la Côte d'ivoire dite BICICI c/ Sté EBURNEA, Ohadata J-15-107 ; dans le même sens, au sujet de comptes de dépôts non clôturés. Il en est ainsi car seule la clôture desdits comptes est susceptible de faire apparaître au profit de l'une ou l'autre de ces personnes un solde créditeur ayant les caractères de certitude, de liquidité et d'exigibilité exigée par l'article 1 [devenu 2, alinéa 1] de l'AUPSRVE (CCJA, 3e ch., nº 153, 27-10-2016 : Réseau des Caisses d'Epargne et de Crédit du Mali (Nyèsigiso) c/ Pharmacie Espace-santé (Ibrastou), Moustapha Sidibe, Ohadata J-17-93) ;

– bien que sa liquidité soit établie en ce sens qu'elle est chiffrée, une créance n'est pas certaine et exigible. Il en est ainsi lorsque, par suite d'un échange de correspondances entre les deux sociétés aux propositions faites par la débitrice à la créancière de « revoir à la baisse [ses] demandes sur le sujet » en offrant de lui payer « pour solde de tout compte des surestaries » la somme de 10 000 dollars US et de lui ajouter 02 dollars US sur chaque tonne de ferraille à transporter en sus de l'avance de 8 000 dollars US qu'elle avait déjà perçue, la créancière a répondu que « nous marquons notre accord pour les propositions faites… » et qu'aucune des parties n'invoque plus ni ne se réfère plus au montant total de la créance réclamée, soit 140 000 dollars US. Le jugement entrepris doit être infirmé, l'intimée déboutée de sa réclamation de créance et les parties renvoyées au respect des engagements et accords qu'elles ont librement souscrits, nonobstant l'existence des factures susmentionnées (CCJA, 2e ch., nº 047, 16-7-2010 : SNG SA c/ SAFRICOM SA, Juris-Ohada nº 1/2011, janv.-mars 2011, p. 20, Ohadata J-12-95) ;

– la nécessité de faire une mise en état s'impose pour établir la créance ; c'est donc en violation de l'article 1 [devenu 2, alinéa 1] qu'un juge d'appel a reçu une demande et ordonné une reddition des comptes avant-dire-droit et son arrêt encourt la cassation (CCJA, 2e ch., nº 060, 25-7-2013 : Sté NETCOM c/ La Compagnie Minière d'Akouta dite COMINAK, Ohadata J-15-61), car il n'appartient pas à la juridiction saisie en matière d'injonction de payer, de procéder à une mise en état pour liquider la créance (CCJA, 1e ch., nº 189, 9-11-2017 : Piameu Nanpidia Ferdinand c/ Kenne Pascal) ;

– il y a une contradiction manifeste entre les factures supposées être contresignées par le capitaine du navire et le document de livraison visé par l'administration des douanes, jetant de ce fait un doute sérieux sur la nature des produits livrés et leur valeur. La cour d'appel qui a statué en sens contraire a exposé son arrêt à la cassation. Sur l'évocation, le jugement rendu sur opposition à ordonnance d'injonction de payer doit être infirmé et les parties renvoyées à mieux se pourvoir (CCJA, 2e ch., nº 086, 23-7-2014 : Sté Ivoirienne de Manutention et de Transit (SIMAT) c/ Sté Ets DJIEOULAI Michel, Ohadata J-15-177) ;

– une cour d'appel s'est fondée seulement sur un rapport contre lequel aucune réserve n'a été formulée pour confirmer une ordonnance d'injonction de payer. Son arrêt est insuffisamment motivé et encourt la cassation, sans qu'il ne soit besoin d'examiner les autres moyens. Sur l'évocation et pour les mêmes motifs que ceux ayant entraîné la cassation, il échet de dire que la seule créance d'origine contractuelle est celle relative à la recherche d'un maître d'œuvre ; cette créance ayant été fixée par écrit du 7 août 2008 à 4 793 850 FCFA toutes taxes comprises, il y a lieu de faire droit partiellement à la requête, conformément à l'article 5, alinéa 1 [devenu, alinéa 2] de l'AUPSRVE et les dépens seront mis à la charge des parties par moitié (CCJA, 2e ch., nº 205, 29-12-2016 : C.A.A. du Cameroun c/ NKONO Jean, Ohadata J-17-145) ;

– il est établi que le protocole d'accord des parties, qui n'a pas été homologué par le tribunal comme le prévoit la législation nationale applicable, n'a pas acquis l'autorité de chose jugée et que des procédures de contestation de créance ainsi qu'un recours à l'expertise des comptes ont été engagés par la défenderesse (CCJA, 3e ch., no 154, 27-10-2016 : ORYX BENIN SA c/ Sté ADN GAS SARL, Ohadata J-17-94) ;

– qu'une cour d'appel a retenu, par une exacte application de la loi exempte de violation de la loi, de dénaturation des pièces et du défaut, de la contrariété ou de l'insuffisance des motifs, que la procédure d'injonction de payer ne pouvait être suivie « dès lors [...] que les caractères de certitude, de liquidité et d'exigibilité de la créance à recouvrer sont sujets à caution », après avoir constaté que les deux parties ne se sont pas accordées sur la poursuite de l'exécution de leur convention, après une première étape jugée insatisfaite, et que la demanderesse a néanmoins facturé les trois autres étapes non effectués pour en exiger le paiement, facturation contestée par la défenderesse (CCJA, 2e ch., no 166/2021, 28-10-2021 : SISAROMA S.A.S. c/ Orange Cameroun SA).

– lorsqu'il a été constaté que la créance réclamée est relative à « des primes d'assurance stipulées par le fond d'entretien routier dit FER à son profit ; que s'il est vrai que le FER avait demandé la liquidation des droits de [la demanderesse] relativement à cette convention d'assurance, force est de constater que le même FER a par correspondance en date du 4 novembre 2006 adressée à la LOYALE VIE déclaré que ces sommes d'argent ont été indûment versées pour le compte de [la demanderesse]; que mieux par un autre courrier en date du 17 mars 2007 il a été demandé à la LOYALE VIE le remboursement de ces primes indûment versées ; que dès lors, il existe une contestation sérieuse sur la propriété de ces fonds ; que la créance alléguée n'est pas certaine » (CCJA, 1e ch., no 130/2019, 25-4-2019 : C. épouse T. c/ La Loyale Vie).

– lorsqu'il ressort sans équivoque de la requête d'injonction de payer que la créance de 3 343 062,92 augmentée des intérêts moratoires de 8 % l'an à titre subsidiaire, résulte de l'exécution d'un arrêté ministériel portant mécanismes de rémunération des charges d'exploitation ainsi que des frais et services des sociétés pétrolières reprises dans la structure des prix des produits pétroliers, qui charge la société défenderesse en sa qualité de société de logistique pétrolière, de facturer, au moment de la sortie des produits pétroliers de ses installations pour mise en consommation, les frais dus à la société demanderesse tels que repris dans la structure des prix des produits pétroliers ; et qu'en sus, l'article 3 de l'arrêté susvisé prévoit la tenue d'une réunion de conciliation des volumes livrés et facturés, des fonds collectés et reversés entre les sociétés de logistique pétrolière et la demanderesse, avec l'assistance du ministère des Hydrocarbures et de la direction générale des douanes et accises, qui n'a jamais eu lieu, la créance objet du litige ne remplit pas les critères de certitude et de liquidité, prescrits par l'article 1 [devenu 2, alinéa 1] de l'AUPSRVE (CCJA, 1e ch., no 195/2022, 1-12-2022).

A violé la loi sur les conditions cumulatives de validité de ladite procédure d'injonction de payer le juge qui a retenu que « le tribunal ne doit pas se borner à l'origine d'une créance », alors que l'article 2 [devenu 2, alinéa 2] de l'AUPSRVE exige que la créance dont le recouvrement est demandé par la procédure d'injonction de payer ait soit une origine contractuelle, soit qu'elle résulte de l'émission ou de l'acceptation d'un chèque ou d'un effet de commerce, et qu'en l'espèce la créance est fondée sur un document intitulé « compte final », lequel ne peut valoir comme contrat support de la créance réclamée. Le jugement doit être infirmé, et, statuant à nouveau, la demande d'injonction de payer sera rejetée pour défaut de cause contractuelle de la créance et rejeter la demande de Monsieur (CCJA, 2e ch., no 008/2024, 25-1-2024).

D. Mise hors de cause d'une personne non débitrice

La personne à l'encontre de laquelle aucune créance n'a été établie doit être mise hors de cause (CCJA, 3e ch., no 158, 13-7-2017 : JABEILI Ibrahim c/ BOUSSALAH Mohamed Boubakeur).

E. Applications à diverses créances

1o Avances

La certitude ne fait l'objet d'aucun doute lorsque le débiteur reconnaît dans la sommation qu'il a lui-même servie à l'appelante avoir reçu une avance de somme d'argent de la part du créancier. S'agissant de la liquidité, la photocopie d'un chèque encaissé par le débiteur de la restitution donne à la créance dont le recouvrement est poursuivi le caractère de liquidité requis par la loi. S'agissant enfin de l'exigibilité, elle découle de cette même sommation de payer dans laquelle le débiteur de la restitution se fixe lui-même la date butoir pour restituer la somme perçue (CA Centre, no 339/Civ., 16-5-2003 : CITIMA c/ F. P., Ohadata J-04-203).

2o Charges de copropriété

Les charges de copropriété sont dues dès lors que l'on est propriétaire d'un immeuble, que l'on habite ou non cet immeuble. Elles peuvent donc être recouvrées par l'injonction de payer dès lors qu'elles sont quantifiées et ont été réclamées, les trois conditions [de certitude, de liquidité et d'exigibilité d'une créance] étant ainsi remplies (CA Abidjan no 712, 8-6-2001 : M. E. M. C. M. c/ Syndicat des copropriétaires de la Résidence Indénie, Ohadata J-03-322 et J-02-176, obs. J. Issa-Sayegh ; Ohadata J-02-82).

3° Compte courant d'associé

Le compte courant d'associé a un régime juridique différent de celui du compte bancaire. S'agissant, en l'espèce, d'un prêt consenti à une société comportant un taux d'intérêt conventionnel et assorti d'un terme, le recouvrement de la créance qu'il matérialise peut être fait par l'injonction de payer en cas de non-paiement au terme prévu, même en l'absence d'arrêté contradictoire de compte (C.A. Abidjan, n° 401, 13-4-2001 : World City c/ S. S., Ecodroit, n° 11, mai 2002, p. 57, Ohadata J-02-190, obs. J. Issa-Sayegh).

4° Intérêts

La demande tendant à faire dire que les prétentions relatives aux intérêts de retard prévus dans la convention des parties n'est pas fondée et doit être rejetée. Mais, en l'absence d'indication précise et du décompte du montant des intérêts encourus depuis la date de la requête d'injonction de payer, les intérêts, la demande de condamnation au paiement des intérêts ne peut prospérer (CCJA, n° 21, 17-6-2004 : SDV-COTE D'IVOIRE c/ Sté RIAL TRADING, Juris-Ohada, n° 3/2004, juill.-oct. 2004, p. 11, note BROU Kouakou Mathurin ; Rec. jur. CCJA, n° 3, janv.-juin 2004, p. 130, Ohadata J-04-382).

5° Relevés de compte

Les relevés et arrêtés de comptes échangés contradictoirement entre les parties peuvent être souverainement retenus par les juridictions du fond pour établir les caractères certain, liquide et exigible d'une créance justifiant une procédure d'injonction de payer (CCJA, n° 29, 15-7-2004 : F. c/ BOA-CI, Juris-Ohada, n° 3/2004, juill.-oct. 2004, p. 35, note Brou Kouakou Mathurin, Ohadata J-04-387).

6° Compensation de créances

Selon l'article 1 [devenu 2, alinéa 1] de l'AUPSRVE, la procédure d'injonction de payer ne peut être engagée que si la créance revêt des caractères de certitude, de liquidité et d'exigibilité. En l'espèce, la société qui, sans contester être débitrice de la somme de 18 013 430 FCFA vis-à-vis d'une autre société, se prévaut plutôt d'une compensation intervenue entre cette dette et celle que lui resterait devoir l'autre société à la suite de la perte de cartons de poissons qu'elle aurait subie dans les entrepôts de cette dernière ne peut prétendre à la compensation de créances dont les conditions prévues par l'article 1291, al. 1 du Code civil ivoirien selon lequel « la compensation n'a lieu qu'entre deux dettes qui ont également pour objet une somme d'argent ou une certaine quantité de choses fongibles de la même espèce et qui sont également liquides et exigibles » ne sont pas réunies. Il en est ainsi dès lors que l'autre société ne reconnaît pas l'existence de cette créance réclamée par la demanderesse et que la demanderesse n'a pu établir en l'état, ni la matérialité ni l'exactitude de ces cartons de poissons manquants pour justifier la compensation qu'elle allègue (CCJA, 3e ch., n° 100, 2-6-2016 : UNIPESCA IVORY SARL c/ SOGEF SA, Ohadata J-17-40).

VII. Contentieux des conditions requises de la créance

A. Irrecevabilité d'un moyen nouveau

Le moyen tiré de l'absence de liquidité et d'exigibilité d'une créance, qui n'a été soutenu ni en première instance ni en appel, est un moyen de droit nouveau et doit être rejeté en tant que tel (CCJA, n° 032, 4-11-2004 : Sté EBURNEA, SA c/ Compagnie d'Assurances les Tisserins SATCA, SA, Ohadata J-05-173, Juris-Ohada, n° 4/2004, oct.-déc. 2004, p. 32.- Rec. jur. CCJA, n° 4, juill.-déc. 2004, p. 11).

B. Autorité de l'appréciation des juges du fond

Une cour d'appel qui a retenu, sur la base des preuves présentées (en l'espèce, documents établissant la quantité de café livrée par le créancier et le prix de l'unité de compte), qu'une créance était certaine, liquide et exigible n'a en rien violé les articles 1 et 2 [devenus 2] de l'AUPSRVE (CCJA, n° 017/2002, 27-6-2002 : Sté El Nasr Import-Export c/ A. D., Juris-Ohada, n° 4/2002, oct.-déc. 2002, p. 47, note anonyme, Ohadata J-02-166).

C. Mise en l'état aux fins de liquidation n'incombant pas au juge

Pour qu'une procédure d'injonction de payer puisse être initiée par un créancier, il faut que la créance présente préalablement les trois caractères de certitude, de liquidité et d'exigibilité. Et il n'appartient pas à la juridiction saisie à cet effet d'ordonner une mise en état aux fins de liquider la créance ou de procéder à un rapprochement afin de faire les comptes entre les parties (CCJA, n° 007/2004, 8-1-2004 : Ets SPL SARL c/ Sté de transport BC SARL, Juris-Ohada, n° 1/2004, janv.-mars 2004, p. 39, note anonyme ; Rec. jur. CCJA n° 3, janv.-juin 2004, p. 60 ; Ohadata J-04-91 ; CCJA, 1e ch., n° 189, 9-11-2017 : Piameu Nanpidia Ferdinand c/ Kenne Pascal).

VIII. Preuve de l'extinction de la dette

A. Charge de la preuve incombant au débiteur

Il incombe au débiteur qui ne conteste pas l'existence de sa dette mais soutient s'être entièrement libéré d'en justifier le paiement ou de démontrer le fait qui avait produit l'extinction de son obligation. En l'absence de cette preuve par le débiteur, c'est à juste titre que le tribunal de première instance a restitué à l'ordonnance querellée son plein et entier effet ; la cour d'appel qui a décidé autrement n'a pas donné de base légale à sa décision qui encourt la cassation (CCJA, nº 26, 15-7-2004 : Sté DJAMAN et Cie c/ Sté ENATELCOM, Juris-Ohada, nº 4/2004, oct.-déc. 2004, p. 10, Rec. jur. CCJA, nº 4, juill.-déc. 2004, p. 23, Ohadata J-05-169).

C'est à tort qu'il est reproché à l'arrêt attaqué d'avoir violé l'article 1 [devenu 2, alinéa 1] de l'AUPSRVE en faisant abstraction des pièces déterminantes versées au dossier pour affirmer ensuite l'existence de la créance de 69 000 000 FCFA, et d'avoir statué sans donner une base légale à sa décision, laquelle se trouve dépourvue de motivation, dès lors qu'il résulte de l'arrêt attaqué devant faire foi jusqu'à inscription en faux, en sa 24e page, que l'appelant n'a produit au dossier aucune pièce justifiant le paiement de la somme de 15 000 000 FCFA alléguée, en exécution du protocole d'accord de remboursement du 13 septembre 2011. Ainsi, en confirmant le jugement entrepris qui avait retenu que la créance de 69 000 000 FCFA revêtait un caractère certain, liquide et exigible au sens de l'article 1 [devenu 2, alinéa 1] de l'Acte uniforme susvisé, la cour d'appel a motivé sa décision et l'a légalement justifiée (CCJA, 1e ch., nº 189, 9-11-2017 : Piameu Nanpidia Ferdinand c/ Kenne Pascal).

B. Défaut d'établissement de la preuve par le débiteur

Il en est ainsi :

– lorsqu'un débiteur ne justifie pas le paiement ou le fait qui a produit l'extinction de son obligation ; c'est vainement qu'il affirme avoir intégralement réglé le prêt, dès lors que le compte bancaire affecté au règlement dudit prêt n'enregistrait plus de versement et présentait un solde débiteur (CCJA, nº 08/2005, 27-1-2005 : SGBCI c/ GETRAC, Ohadata J-05-190, Juris-Ohada, nº 1/2005, janv.-mars 2005, p. 21) ;

– lorsqu'il forme opposition à l'ordonnance d'injonction de payer et ne prouve pas s'être libéré de sa dette, les pièces unilatéralement produites par le débiteur étant insuffisantes pour prouver le contraire (TRHC Dakar, nº 1384, 24-7-2001 : Sté Sahel Shipping c/ Dakar Marine, Ohadata J-05-76) ;

– lorsqu'une lettre de change tirée par le débiteur est revenue impayée pour défaut de provision, le tireur étant mal fondé à invoquer la déchéance du créancier bénéficiaire qui n'a pas fait dresser protêt faute de paiement. Il en est ainsi en l'espèce, car la loi ivoirienne 97-518 du 4 septembre 1997 relative aux instruments de paiement prévoit à l'article 157 que « la déchéance n'a lieu à l'égard du tireur que s'il justifie qu'il a fait provision à l'échéance ». Par conséquent l'ordonnance d'injonction de payer doit sortir son plein et entier effet (CA Abidjan, nº 292, 9-3-2001 : Hermès Afrique c/ Sté Star Color, Juris-Ohada, nº 1/2004, janv.-mars 2004, p. 48, Ohadata J-04-169) ;

– lorsque le débiteur, d'une part, conteste la validité de la reconnaissance de dette qu'il a lui-même délivrée au créancier sans prouver le vice qui affecterait ce document, et, d'autre part, ne prouve pas qu'il s'est effectivement acquitté de sa dette, se contentant d'affirmer que la comptabilité des opérations était tenue par son créancier, ou que sur une dette de 156 000 FCFA, il aurait déjà payé la somme de 20 000 FCFA (TPI d'Abengourou (Côte d'Ivoire), nº 14, 20-4-2006 : G. S. c/ Y. W., Ohadata J-09-190).

....

IX. Pouvoir souverain des juges du fond dans l'appréciation des trois conditions

La détermination des caractères de certitude, de liquidité et d'exigibilité que doit revêtir toute créance à recouvrer par la procédure d'injonction de payer relève de l'appréciation souveraine des juges du fond (CCJA, nº 032/2009, 30-6-2009 : E. N. G. c/ E. D., Rec. jur. CCJA nº 13, janv.-juin 2009, p. 91, Ohadata J-10-74 ; CCJA, 1e ch., nº 002, 12-2-2015 : Sté Habitat Bellecour Côte d'Ivoire dite HBCI SARL c/ KOUOTO SOUASSOU Bruno, Ohadata J-16-02), sur la base des pièces produites par le demandeur à l'injonction de payer. Les juges du fond ont cependant l'**obligation de motiver** leur décision pour permettre à la juridiction de cassation d'exercer son contrôle (CCJA, 1e ch., nº 031, 2-5-2013 : Sté COMPAGNIE FRANCAISE DE L'AFRIQUE DE L'OUEST dite CFAO-C c/ Sté SCIERIE DU BANDAMA, Rec. jur. CCJA nº 20, vol. 1, janv.-déc. 2013, p. 178-181, Ohadata J-15-31) et le moyen qui tend à remettre en discussion ladite appréciation est irrecevable (CCJA, 1e ch., nº 019, 11-3-2014 : ATCI c/ Sté Ivoirienne de Promotion dite SIPROM, Ohadata J-15-110 ; CCJA, 1e ch., nº 044/2020, 27-2-2020 : Shelter Afrique c/ Société Immobilière Serge Kasanda SARL ; CCJA, 1e ch., nº 255/2020, 16-7-2020 : SGBC c/ GIDP ; CCJA, 1e ch., nº 276/2019, 28-11-2019 : Société Bolloré Africa Logistics CI devenue Bolloré Transport et Logistics-CI c/ Société Union Commerciale Afrique France Côte d'Ivoire dite UCAF-CI SARL ; CCJA, 3e ch., nº 066/2020, 27-2-2020 : Sotra c/ SMT CI, précisant que le moyen qui tend à remettre en discussion ladite appréciation devant la CCJA doit être déclaré irrecevable).

Ainsi :

1. la preuve de l'existence de la créance revendiquée par une société qui a pris à bail un local vient de ce que les bailleurs, d'une part, avouent avoir reçu du preneur des avances de loyer, alors qu'ils n'avaient pas fourni leurs prestations, les locaux loués étant toujours en travaux plus de dix mois après la signature du bail ; et, d'autre part, ont reconnu leur dette à l'égard du preneur en émettant des chèques à son profit. **C'est donc par une appréciation souveraine qu'une cour d'appel a constaté que les contestations élevées par les bailleurs débiteurs ne sont pas sérieuses et que la créance du preneur est certaine, liquide et exigible.** Par conséquent aucune violation des articles 1 et 2 [devenu 2, alinéa 1] de l'AUPSRVE ne peut être reprochée à la cour d'appel (CCJA, n° 048/2005, 21-7-2005 : 1) Sté SCP B.M ; 2) D. I. c/ Sté TELECEL, Rec. jur. CCJA, n° 6, juin-déc. 2005, p. 32. – Juris-Ohada, n° 1/2006, p. 21 ; Ohadata J-06-34) ;

2. c'est dans l'exercice de son pouvoir souverain qu'une cour d'appel :

– par une décision motivée, a retenu qu' « en l'espèce, la complexité des vérifications qui s'imposent pour retracer la chaîne de toutes les opérations de transfert est indiscutable, puisque les parties ont de leur propre chef, décidé de recourir à la science d'un expert, dont le rapport n'a été accepté que par l'une d'elles » pour retenir qu'une créance n'est pas certaine. En statuant comme elle l'a fait, ladite cour d'appel n'a en rien violé l'article 1 de l'AUPSRVE visé au moyen, lequel doit être rejeté comme non fondé (CCJA, n° 043/2009, 30-6-2009 : HANNA INVESTMENT & CO SA c/ BOA-CI, Rec. jur. CCJA n° 13, janv.-juin 2009, p. 157, Ohadata J-10-89) ;

– a estimé que « l'intimé, qui prétend avoir désintéressé ladite société, ne produit aucune pièce... aucun reçu de paiement ni de virement bancaire effectué pour en attester ; qu'il n'apporte pas davantage de preuves relatives à la compensation qui aurait été réalisée entre leurs dettes et créances respectives... », et conféré à la créance réclamée les caractères de certitude, de liquidité et d'exigibilité prescrits par l'article 1 [devenu 2, alinéa 1] de l'AUPSRVE (CCJA, n° 030/2009, 30-4-2009 : Dr. A. C. c/ Sté DPCI, Rec. jur. CCJA n° 13, janv.-juin 2009, p. 88, Ohadata J-10-73) ;

– après avoir analysé et appliqué les dispositions du décret 99-211 du 10 mars 1999 et constaté que la débitrice ne conteste [avoir] ni reçu les 1 715,52 kilogrammes de café livrés par Andréa Sylvie HYKPO, ni fait usiner « la part de production censée avoir fait l'objet de la réfaction, dans sa société d'usinage sise à Vridi », a écarté les prétentions de la débitrice, justifiant ainsi sa décision, laquelle, par conséquent, n'encourt pas les griefs allégués. Rejet du pourvoi (CCJA, n° 015/2007, 26-4-2007 : Sté DAFCI SA c/ A. S. H., Rec. jur. CCJA n° 9, janv.-juin 2007, p. 42, Ohadata J-08-222) ;

– après avoir relevé que l'ordonnance d'injonction de payer porte sur une créance d'un montant de 6 161 857 résultant de la gestion de la station-service et au soutien de laquelle la créancière a produit de nombreuses pièces (bons de commande, bordereau de livraison, factures acquittées) qui n'ont pas été contestées par le débiteur, en a déduit par une juste appréciation des faits de la cause que la créance, dont le montant est évalué à partir des pièces produites par la créancière et non contestées, revêt les caractères de liquidité, de certitude et d'exigibilité exigés à l'article 1 [devenu 2, alinéa 1] de l'AUPSRVE ; sa décision se trouve ainsi légalement justifiée (CCJA, 3e ch., n° 019/2012, 15-3-2012 : Gogbe Soumahoro c/ Sté TEXACO Côte d'Ivoire) ;

– a retenu « qu'il résulte de l'examen du dossier que la créance de [A] envers [B] résulte de six traites d'un montant total de 45 000 000 FCFA, dont les échéances de paiement s'étalent sur une période allant du mois de septembre 2012 à février 2013 ; que [B] reconnaît, comme elle l'affirme elle-même dans sa requête en opposition à injonction de payer du 9 juillet 2013, avoir déjà payé la somme de 25 219 917 francs en règlement de ladite créance ; qu'ainsi, elle reste redevable vis-à-vis de [A] de la somme de 19 782 183 francs aujourd'hui réclamée par cette dernière » pour déclarer une créance certaine, liquide et exigible (CCJA, 2e ch., n° 008/2018, 11-1-2018 : Sté Camerounaise de Fer, dite SOFERCO SARL c/ Sté TRACTAFRIC MOTORS CAMEROON SA) ;

– a retenu qu'« il est constant, ainsi que cela ressort des mentions du jugement frappé d'appel que [A] a déjà versé un acompte de 10 000 000 F, que reconnaît [B], produit au dossier ; par conséquent, le Tribunal qui a rappelé ce fait constant dans l'exposé des faits et prétentions des parties ne pouvait plus condamner [A] au paiement de la somme de 25 000 000 F dès lors qu'il avait admis que celui-ci ne restait plus devoir que le reliquat de 15 000 000 F » et a ajouté qu'« enfin, il ne conteste pas que selon une autre décharge produite au dossier, il a reçu des mains de [C], la somme de 15 000 000 F représentant le reliquat de sa créance contre restitution du chèque [...] d'un montant de 25 000 000 F qui lui avait été remis en garantie de l'exécution de bonne foi de la convention de commission passée entre lui et [B] ». Cette appréciation des faits et des pièces débattus devant elle, échappe au contrôle du juge de cassation et le moyen doit être rejeté (CCJA, 2e ch., n° 009, 11-1-2018 : N'DA Konan Sylvestre Yao Auguste c/ Koffi Konan Emmanuel) ;

– a retenu que le faux allégué n'était pas opposable [au défendeur], concluant de bonne foi, ignorant que les documents relatifs à la transaction, notamment les papiers à en-tête et les cachets ne provenaient pas de la requérante, qui plus est tout le matériel commandé a été livré de jour dans les bureaux de [la requérante] et le véhicule convoyant le matériel déchargé par les agents mêmes de [la requérante] ; qu'il a lieu d'affirmer qu'il a bel et bien existé un mandat apparent entre [la requérante] et son employé et que partant, la créance [du défendeur] a une origine contractuelle et est certaine. C'est donc à tort qu'il est reproché à la cour d'appel d'avoir violé l'article 1 [devenu 2, alinéa 1] de l'AUPSRVE en retenant que la créance était certaine et incontestable alors qu'elle a statué sur des documents argués de faux et l'article 2 de l'AUPSRVE du même Acte uniforme en ce qu'elle a ignoré que la créance poursuivie n'avait pas un fondement contractuel mais plutôt délictuel. En conséquence, la cour d'appel n'a nullement violé les dispositions précitées et les moyens, qui sont mal fondés, doivent être rejetés (CCJA, 3e ch., no 010, 25-1-2018 : Église de Jésus-Christ des Saints des derniers jours c/ Djouka Amon Hilaire) ;

– a refusé d'ordonner une enquête civile aux fins de production par le créancier des originaux de présumés reçus de paiement et de l'acte d'engagement vérification de leur authenticité, sans avoir à y répondre par un motif spécial, dès lors qu'il n'appartient pas à la juridiction saisie en matière d'injonction de payer, de procéder à une mise en état pour liquider la créance (CCJA, 1e ch., no 189, 9-11-2017 : Piameu Nanpidia Ferdinand c/ Kenne Pascal) ;

– a décidé que les conditions d'une injonction de payer n'étaient pas réunies, après avoir relevé une incertitude sur la clôture du compte, avéré toujours actif, et donc une incertitude sur l'existence même d'un solde définitif pouvant caractériser une créance certaine, liquide et exigible, en retenant notamment que : « Les intimés s'étaient engagés à faire verser au crédit des comptes de l'appelante toutes sommes qui pourront lui être dues à un titre quelconque ; qu'il ressort des débats et des pièces versées au dossier que les intimés ont respecté à la lettre cette obligation en faisant verser régulièrement sur les comptes de l'appelant les loyers d'un montant de 3 600 000 FCFA par trimestre jusqu'alors comme le prouvent les relevés de compte ; … malgré la clôture des comptes intervenue le 28 mars 2013, l'appelante a continué à recevoir les encaissements convenus de commun accord ; que cet accord équivaut à l'acceptation des modalités de paiements surtout que la clôture n'a pas été contradictoire et les intimés ne l'ont pas contesté » (CCJA, 1e ch., 231, 29-11-2018 : Banque Atlantique Togo SA c/ Ets Pneus Acquis et un autre) ;

– lorsque la contestation de la certitude de la liquidité et de l'exigibilité d'une créance devant la CCJA est soutenue par des éléments de fait dont l'appréciation relève du pouvoir souverain du juge du fond, le moyen doit être rejeté (CCJA, 2e ch., no 207/2020, 25-6-2020 : Sotelma-SA c/ SPE SARL).

C'est à tort qu'il est reproché à une cour d'appel d'avoir violé l'article 1 [devenu 2, alinéa 1] de l'AUPSRVE, l'article 3 du Code de procédure civile ivoirien, les articles 1984 et suivants du Code civil ivoirien et l'article 5 du contrat des parties, en ce que le créancier ne justifie pas de la certitude, de la liquidité et de l'exigibilité de la créance et au motif que plusieurs parties étant titulaires de la créance issue de leurs différentes prestations d'un montant total réclamé par la défenderesse seule, celle-ci ne justifierait pas d'un mandat délivré par les autres créanciers pour agir en justice en leur lieu et place. Aux termes des dispositions des textes susvisés, d'une part, la créance réclamée doit être certaine, liquide et exigible pour autoriser le recours à la procédure d'injonction de payer et, d'autre part, le créancier doit justifier d'un mandat délivré par les autres intervenants lui conférant la qualité pour agir en leurs noms. Il en est ainsi, dès lors qu'il résulte des pièces du dossier que la société défenderesse a agi en son nom personnel, mais aussi de l'article 5, al. 2 de la convention la liant à la demanderesse qui fait de la défenderesse le gestionnaire du contrat lui donnant la qualité d'agir seule pour le compte de l'ensemble des autres cocontractants ; la cour d'appel d'Abidjan, en statuant comme elle l'a fait, n'a en rien violé les dispositions tant de l'Acte uniforme susvisé que du droit national ivoirien invoqué (CCJA, 1e ch., no 058, 13-6-2013 : Sté IVOIRIENNE DE MANUTENTION ET D'ACCONAGE dite SOCIMAC c/ SOCIETE ODYSSEY WEST AFRICA, Ohadata J-15-58).

Pour une autre illustration du pouvoir souverain reconnu aux juges du fond, voir aussi CCJA, 2e ch., no 069, 21-4-2016 : Église de Jésus-Christ des Saints des Derniers Jours c/ Guede Justin, Ohadata J-17-18, jugeant que les articles 92 du Code de procédure civile ivoirien (« Celui qui veut prouver la fausseté […] d'une pièce produite au cours d'une procédure peut, par voie de demande incidente, solliciter l'autorisation de prouver le faux […] ») et 94 Code de procédure civile ivoirien du même Code (« la demande […] est rejetée si le juge l'estime sans intérêt pour la solution de l'affaire […] ») consacrent l'appréciation souveraine du juge saisi du fond ; qu'en l'occurrence le sursis n'a pas été retenu du fait que « la responsabilité pénale de l'émetteur de bon de commande exécuté par [le défendeur] n'a nullement pour conséquence de dégager la responsabilité civile de la demanderesse […] ».

Il incombe aux juridictions du fond d'apprécier et de caractériser, lorsqu'ils sont contestés, les critères de certitude, de liquidité et d'exigibilité de la créance dont le recouvrement est recherché au moyen d'une injonction de payer. En l'espèce, c'est par son appréciation souveraine du caractère sérieux des contestations relatives aux critères d'une créance qu'une cour d'appel a énoncé, pour confirmer le jugement entrepris, « que l'émission desdites lettres de change aux échéances susvisées, dont la preuve n'a pas été rapportée par la [débitrice] qu'elles ont été émises pour une autre cause et les mails ci-dessus indiqués attestent bien du caractère certain et exigible de la créance réclamée […] » (CCJA, 1e ch., no 318/2019, 12-12-2019 : Sotra SA c/ Société Africa Financial Services).

X. Conditions de l'article 2 [devenu 2 al. 2] non cumulatives

A. Principe

Les deux conditions prévues par l'article 2 [devenu 2, alinéa 1] de l'AUPSRVE ne sont pas cumulatives mais alternatives et il suffit que l'une d'entre elles soit satisfaite pour que la procédure d'injonction de payer puisse être introduite par le détenteur d'une créance remplissant les conditions fixées à l'article 1 [devenu 2, alinéa 1] du même Acte uniforme (CCJA, n° 001/2003, 30-1-2003 : Sté NEGOCE IVOIRE c/ BICICI, Juris-Ohada, 1/2003, janv.-mars 2003, p. 19 ; Ohadata J-03-109) ; CA Ouagadougou (Burkina Faso), ch. com., n° 035, 19-3-2010 : Coris Bank International c/ Sté des Boulangeries 2000, Ohadata J-12-184 ; CCJA, 3e ch., n° 14, 29-11-2011 : I c/ A., Juris-Ohada n° 2/2012, p. 28, Ohadata J-12-203).

Aux termes des dispositions combinées des articles 1 et 2 [devenu 2, alinéa 1] de l'AUPSRVE, pour être soumise à la procédure d'injonction de payer, la créance poursuivie doit être d'origine soit contractuelle, soit cambiaire et présenter le triple caractère de certitude, de liquidité et d'exigibilité (CCJA, ass. plén., n° 060, 27-4-2015 : Entreprise LE GITE c/ NECSO CUBIERTAS SA, Ohadata J-16-60 ; CCJA, 1e ch., n° 037, 22-2-2018 : ACEP Cameroun SA c/ EKOBE Ghislain et 2 autres).

Dans le même sens :

– le recours à l'injonction de payer est amplement justifié, sans qu'il y ait à rechercher l'existence d'une quelconque relation contractuelle entre les parties, lorsque l'engagement du débiteur résulte de deux traites tirées et acceptées par ce dernier mais dont la provision s'est révélée inexistante à cause de l'opposition au paiement faite par le débiteur lui-même (CCJA, n° 001/2003, 30-1-2003 : Sté NEGOCE IVOIRE c/ BICICI, précité, Ohadata J-03-109) ;

– le requérant à la procédure d'injonction de payer doit, pour faire prospérer sa requête, soit faire la preuve de l'existence d'une créance en démontrant que la créance en cause résulte d'un contrat, soit démontrer que l'engagement de la partie contre laquelle la procédure est initiée résulte de l'émission ou de l'acceptation de tout effet de commerce, ou d'un chèque dont la provision s'est révélée inexistante ou insuffisante. Dans l'espèce, le créancier ayant introduit sa requête pour voir la débitrice condamnée à lui payer la somme de 120 600 720 FCFA pour ne lui avoir pas livré les 280 tonnes de sucre pour lesquelles elle s'était pourtant engagée au terme de leur contrat de vente, c'est à l'appui de sa requête et pour prouver l'existence de la créance que les copies des quatre lettres de change ont été produites. Dès lors que la débitrice ne prouve pas que les 280 tonnes ont été livrées dans le cadre de l'exécution de ce contrat précis, la preuve de l'existence de la créance est faite et il n'y a pas besoin d'examiner les effets de commerce produits comme éléments de preuve de l'existence du contrat. Il en résulte que les premiers juges ont fait une bonne appréciation des faits et une bonne application de la loi ; par conséquent la décision doit être confirmée sur ce point (CA Bobo-Dioulasso (Burkina Faso), ch. civ. et com., n° 14, 6-3-2006 : SN – SOSUCO c/ K./O. A., Ohadata J-09-396) ;

– la cour d'appel qui, pour justifier sa décision de condamnation au paiement, s'est contentée d'affirmer, d'une part, que la preuve de la créance résulte de ce que le requérant a usé du dol et de la simulation en se dérobant à une enquête organisée par le tribunal et que son comportement fonde la certitude de la créance dont le paiement lui est réclamé, alors que le défaut de comparaître à une enquête ne peut suffire à prouver l'existence d'une créance, et qui, d'autre part, a affirmé que la créance de A est matérialisée par l'ordonnance de taxation d'honoraires, ce qui n'est pas pertinent, dans la mesure où cette ordonnance est libellée au profit de Maître X. et non au profit de ni de A., a violé les textes visés au moyen et exposé son arrêt à la cassation. Sur évocation, confirmation du jugement entrepris qui a rétracté l'ordonnance d'injonction de payer rendue, les conditions exigées n'étant pas remplies (CCJA, 3e ch., n° 14, 29-11-2011 : I. c/ A., Juris-Ohada, 2002, 2, avr.-juin, p. 24, Ohadata J-13-32, J-13-161).

B. Recevabilité de l'injonction fondée exclusivement sur une créance contractuelle

C'est à juste titre qu'une ordonnance d'injonction de payer a été rendue lorsqu'il a été constaté que la créance en cause était certaine, liquide, exigible et de nature contractuelle (TGI du Moungo à Nkongsamba, n° 15/Civ., 19-12-2002 : Ets Taguetiom fils SARL c/ Sté Limbe part company LTD, Me M. R., Ohadata J-05-160). L'opposition à une telle ordonnance d'injonction de payer est dépourvue de fondement légal et doit être rejetée (TGI Ouagadougou, n° 145, 26-3-2003 : BPI c/ BCB, Ohadata J-04-238).

Obs. : voir sous l'article 12.

C. Nullité de l'injonction fondée ni sur l'une ni sur l'autre des deux conditions requises par l'article 2 [devenu 2, alinéa 1]

Les ordonnances d'injonction de payer rendues alors qu'il n'existe aucun lien contractuel entre les parties et que l'engagement invoqué ne trouve sa cause ni dans l'émission ni dans l'acceptation d'un effet de commerce ou d'un chèque doivent être annulées (TPI Daloa, n° 02, 9-1-2004 : D. c/ E., Juris-Ohada, n° 3/2004, juill.-oct. 2004, p. 49, note Brou K. Mathurin, Ohadata J-04-390).

S'il est vrai que l'engagement ferme et irrévocable de virement de salaire pris par l'employeur d'un débiteur au profit d'une banque créancière peut être considéré comme une sûreté au sens de l'article 2 [devenu 4] de l'AUS, c'est à juste titre que le premier juge, après avoir constaté que l'engagement contesté par l'employeur était entaché d'irrégularités, a annulé l'ordonnance d'injonction de payer rendue pour violation de l'article 2 de l'AUPSRVE, la créance litigieuse n'étant pas fondée sur relation contractuelle valide (CA Ouagadougou (Burkina Faso), ch. com., n° 059, 4-12-2009 : B.C.B. c/ DIACFA, Ohadata J-12-176).

....

XI. Créances recouvrables par l'injonction de payer

A. Créances contractuelles admises

1° Créance résultant d'une offre écrite acceptée par écrit

Le caractère contractuel de la créance résultant d'une offre écrite acceptée par écrit par toutes les parties ne fait aucun doute (CCJA, 1e ch., n° 127, 18-5-2017 : Sté RMO c/ Sté Afriland First Bank).

2° Charges de copropriété

Les charges de copropriété étant dues dès lors que l'on est propriétaire, peu importe que l'on habite ou non les lieux, elles ne sont pas des charges locatives et peuvent faire l'objet de la procédure d'injonction de payer (CA Abidjan, n° 71, 8-6-2001 : E. M. C. M. c/ Syndicat des Copropriétaires de la Résidence Indénié, Ecodroit, n° 13-14, juill.-août, p. 46, Ohadata J-02-176, obs. J. ISSA-SAYEGH ; voir Ohadata J-02-82 et J-03-322).

3° Créance résultant d'un accord notarié

La créance reconnue et acceptée dans un acte notarié signé par les parties est de nature contractuelle et non une créance relevant du droit du travail (TPI Cotonou, n° 028/00-2e C. com, 13-6-2002 : M. A. V. c/ Sté B.P.S. BENIN, n° 028/00-2e Ohadata J-04-402 ; Ohadata J-04-289).

Il en est de même pour une créance relative à la réalisation de travaux de construction lorsque le coût global des travaux estimé à 73 629 115 FCFA est mentionné dans le devis estimatif présenté par le créancier au débiteur et dans la grosse notariée du contrat. L'argument du débiteur, opposant à l'ordonnance d'injonction de payer, selon lequel il n'avait pas besoin du plan du requis pour procéder à la réalisation de ses propres travaux, donc n'avait pas besoin de signer un contrat ne saurait prospérer, dès lors que le débiteur a utilisé intégralement le plan réalisé par le créancier pour réaliser ses travaux. C'est donc à bon droit que le créancier réclame le paiement de ses honoraires ; l'ordonnance d'injonction de payer rendue doit être confirmée et le débiteur condamné à payer (TPI Lomé (Togo), ch. civ. et com., n° 2592/09, 4-9-2009 : R. c/ CETAU, Ohadata J-11-09).

4° Créance résultant de la résolution d'un contrat

Une créance relative à la restitution du prix de vente d'un immeuble à la suite de la résolution de la vente est une créance contractuelle et peut être recouvrée par une injonction de payer dès lors qu'il a été constaté qu'elle est certaine, liquide et exigible (CA Centre, n° 339/Civ., 16-5-2003 : CITIMA c/ F. P., Ohadata J-04-203).

5° Déclaration d'intention comportant des engagements fermes de chaque partie

La déclaration d'intention signée entre deux parties et comportant l'engagement pour une partie, de payer une somme déterminée en échange de la prestation de service de l'autre partie est un contrat au sens de l'article 1101 du Code civil burkinabé. La procédure d'injonction peut de ce fait être utilisée pour le recouvrement de la somme lorsque la prestation convenue a été réalisée (TGI Ouagadougou, n° 62, 8-1-2003 : TELECEL FASO c/ S. S. A., Ohadata J-04-57, obs. Pierre Meyer).

6° Créance fondée sur la réservation d'un immeuble ou le reliquat du prix de vente d'un immeuble

Il résulte de l'article 2 [devenu 2, alinéa 1] de l'AUPSRVE que la procédure d'injonction de payer peut être utilisée lorsque la créance a une origine contractuelle. Tel est le cas lorsque la créance dont le paiement est poursuivi résulte d'un contrat de réservation d'un immeuble à construire conclu entre les parties. La cour d'appel qui s'est fondée sur les articles 1 et 2 [devenu 2, alinéa 1] de l'AUPSRVE pour juger qu'en l'espèce « c'est en vertu d'un contrat de réservation d'une villa à bâtir par la société demanderesse que la créance est née (de sorte qu'elle est certaine, liquide et exigible), sommation a été délaissée à la société [demanderesse] le 22 mars 2004 d'avoir à restituer l'argent qu'elle a reçu depuis 1999, puisqu'elle est dans l'impossibilité de réaliser ce pourquoi elle a reçu l'argent et que c'est à tort que pour refuser cette restitution, le jugement entrepris a invoqué une prétendue inexécution de la part des parties (contractantes) de leurs obligations contractuelles puisque aussi bien aucune inexécution n'a été relevée à la charge du défendeur, ce qui n'est pas le cas de la demanderesse », a justifié sa décision, nonobstant la dénomination erronée de l'Acte uniforme applicable (« Traité OHADA portant procédure simplifiée de recouvrement de créance et voie d'exécution »). Rejet du moyen (CCJA, 1e ch., n° 002, 12-2-2015 :

Sté Habitat Bellecour Côte d'Ivoire dite HBCI SARL c/ KOUOTO SOUASSOU Bruno, Ohadata J-16-02).

L'opposition formée contre l'ordonnance d'injonction de payer le reliquat du prix de vente d'un immeuble est fondée lorsque la vente, qui portait sur un immeuble concédé, a été conclue par le concessionnaire sans l'autorisation de l'autorité administrative concédante. Mais si la nullité de la vente est imputable à l'acheteur (opposant à l'injonction) qui n'a pas effectué les formalités auxquelles il s'était engagé, ce dernier doit être condamné à payer au vendeur une indemnité correspondant à la période d'occupation effective de l'immeuble en réparation du préjudice causé à ce dernier et des dommages-intérêts pour la nullité de la vente. Enfin, les impenses réalisées par l'acheteur et dûment justifiées doivent lui être remboursées (TPI Lomé, ch. civ. et com., n° 1749, 15-12-2000 : Sté BIOCHEM c/ SAS, Ohadata J-02-38, obs. J. Issa-Sayegh).

7° Loyers

a. Crédit-bail

Les loyers impayés d'un contrat de crédit-bail comportant une clause de résolution de plein droit peuvent être recouvrés par la procédure d'injonction de payer sans résolution judiciaire préalable du crédit-bail (CA Abidjan, n° 132, 7-1-2003 : SAEC c/ Sté AFRIBAIL-CI, Ohadata J-03-227). Voir aussi : CA Ouagadougou (Burkina Faso), ch. com., n° 005/09, 6-2-2009 : Sté MEHDY-ALVIN c/ Burkina Bail SA, Ohadata J-10-201.

b. Bail commercial

La créance de loyers résulte d'un contrat de bail implicitement prorogé d'un commun accord par les cocontractants a bien une cause contractuelle, et peut faire l'objet d'une injonction de payer dès lors que les loyers sont échus et que le montant est chiffré outre les intérêts de droit et frais, elle remplit les conditions de certitude, de liquidité et d'exigibilité prévues par l'article 1 [devenu 2, alinéa 1] de l'AUPSRVE. En rétractant l'ordonnance rendue, une cour d'appel a violé l'article 1 [devenu 2, alinéa 1] de l'Acte uniforme visé au moyen et exposé son arrêt à la cassation (CCJA, n° 063/2008, 30-12-2008 : SICPRO c/ Sté GITMA devenue GETMA Côte d'Ivoire, Rec. jur. CCJA n° 12, juill.-déc. 2008, p. 145, Ohadata J-10-43, Ohadata J-09-272).

En présence d'un bail stipulant que « le jour de l'expiration du bail, le preneur doit remettre les clés des locaux au bailleur. À l'expiration du bail, le preneur qui, pour une cause autre que celle prévue à l'article ci-après, se maintient dans les lieux contre la volonté du bailleur, doit verser une indemnité d'occupation égale au montant du loyer fixé pendant la durée du bail, sans préjudice d'éventuels dommages et intérêts », la créance dont se prévaut le bailleur est contractuelle dès lors que le bail étant expiré le 31 décembre, les clés des lieux loués ont été transmises le 31 janvier par un huissier, les locaux restant ainsi sous la jouissance du locataire, qui était redevable du loyer du mois de janvier à titre d'indemnité d'occupation conformément à l'article 13 du bail. La détention des clés jusqu'au 31 janvier, date de leur remise au propriétaire des lieux, rend exigible le paiement des loyers du mois de janvier fixés à 15 000 000 FCFA et confère le caractère de certitude et de liquidité à la créance. Les conditions de déclenchement de la procédure d'injonction de payer étaient réunies et c'est à bon droit que le juge d'appel a confirmé le premier jugement (CCJA, 1e ch., n° 032, 22-2-2018 : Sté des Brasseries du Gabon c/ SCI Claire de Lune).

8° Mandat

Il s'est formé entre un huissier mandaté pour recouvrer une créance et son mandant une relation de nature contractuelle. Lorsque l'huissier a directement prélevé sur la somme recouvrée, au titre de ses honoraires, une somme supérieure au barème légal applicable, le trop-perçu, le jugement doit être réformé et les honoraires réduits conformément au barème applicable (CA Daloa, n° 227, 30-7-2003 : F. Y. c/ O., Juris-Ohada, n° 4/2004, oct.-déc. 2004, p. 44, note Brou K. Mathurin, Ohadata J-05-176).

C'est à tort qu'il est reproché à la cour d'appel de n'avoir pas donné de base légale à sa décision en jugeant que la créance en cause était certaine, liquide et exigible, dès lors que la cour d'appel a retenu que « d'une part, les faux allégués n'ont pas été prouvés et que, la commande portant livraison de matériel de bureau a été passée sur papier à en-tête de l'Église en cause avec un sceau portant son nom par une personne travaillant dans ladite église et qui s'est prévalu de la qualité de directeur de celle-ci ; que le matériel commandé a été livré dans l'église audit directeur sans que cela n'interpelle l'Église, toutes choses qui ont légitimement fait croire que [le directeur présumé] était investi du pouvoir de contracter au nom et pour le compte de l'église ; que la créance a donc une cause contractuelle ; [...] qu'en exécution du contrat passé, [le défendeur] a livré la marchandise convenue ; que l'Église [...] n'a cependant pas acquitté la somme de 2 044 500 FCFA, montant de cette commande ; que la créance est certaine, liquide et exigible, et autorise le recours à la procédure d'injonction de payer » (CCJA, 2e ch., n° 069, 21-4-2016 : Église de Jésus-Christ des Saints des Derniers Jours c/ Guede Justin, Ohadata J-17-18).

9° Engagement de payer pris par le débiteur en règlement amiable d'un différend

La somme au paiement de laquelle une personne s'est engagée, en règlement d'un différend, peut être recouvrée par la procédure d'injonction de payer (TPI Cotonou, 1e ch. civ. moderne, n° 54/03, 4-6-2003 : C. L. c/ B. T. et Greffier du TPI de Cotonou, Ohadata J-05-311).

De même :

– le document intitulé « procès-verbal de conciliation » signé par le représentant d'une association ayant organisé une foire industrielle et commerciale, même s'il n'a pu être formalisé pour valoir procès-verbal de conciliation, titre exécutoire, conformément à la loi, peut valablement fonder une injonction de payer dès lors qu'il contient l'engagement du représentant du débiteur en ces termes : « les membres du comité d'organisation du FICK-2006 consentent reverser à C. T. T. qui a accepté, la somme de 21 119 140 FCFA réclamée par lui pour solde de tout compte au titre de FICK-2006 ». Le débiteur, qui a reconnu l'existence de cet accord qu'il dit être intervenu dans le but de « couper court à toute polémique qui entamerait les relations amicales qui existent entre les parties », ne saurait se rétracter à présent sous prétexte qu'il s'agissait d'une tolérance que le créancier prend pour un droit. Les exigences des articles 1 [devenu 2, alinéa 1] de l'AUPSRVE sont parfaitement remplies, et l'ordonnance d'injonction de payer rendue sur cette base doit être confirmée et le débiteur payé à payer la somme réclamée (TPI 1e classe Lomé (Togo), ch. civ. et com., n° 491/2009, 27-2-2009 : FICK-2006 c/ CLASS-TOSSOU, Ohadata J-11-113) ;

– la cause contractuelle pouvant justifier une procédure d'injonction de payer résulte clairement de la décharge librement rédigée et signée par une personne en ces termes « je soussigné [X], reconnaît avoir dû la somme de 18 000 000 FCFA à rembourser avec un intérêt de 30 %, soit 23 000 000 FCFA ; cette somme sera remboursée le 10 août 2012 ; pour ce faire, je mets à la disposition de ce dernier, les papiers de ma parcelle de NGOYO PEAGE, section BM, bloc 10, parcelle N° 6 à titre de garantie » (CCJA, 1e ch., n° 109, 9-6-2016 : Tsiba Vincent c/ Tsika André, Ohadata J-17-50).

10° Créance intervenue entre deux commerçants et faisant référence à l'activité commerciale du demandeur

L'origine contractuelle a été souverainement reconnue par des juges du fond pour une créance intervenue entre deux commerçants et constatée dans un procès-verbal faisant référence à l'activité commerciale du demandeur comme « grossiste », aucune preuve contraire n'ayant été rapportée (TGIHC, Niamey (Niger), n° 46, 8-2-2006 : B. A. c/ ETS N-B SARL et le Greffier en chef du TGI Hors Classe de Niamey, Ohadata J-09-111).

11° Crédit octroyé par une banque ou un établissement financier

La créance dont le paiement est poursuivi a une origine contractuelle et peut faire l'objet de la procédure d'injonction de payer, s'agissant de crédit octroyé par une banque lequel emporte obligation du débiteur de rembourser suivant les modalités convenues (CA Niamey (Niger), n° 98, 17-4-2006 : Y. M. c/ Banque Commerciale du Niger, Ohadata J-10-229).

Est liquide la créance résultant d'une convention de prêt d'argent signée le 21 avril 2006 entre une société créancière et un débiteur avec ses cautions, portant sur une somme d'argent non remboursée sur le prêt qui leur a été consenti, dès lors que le montant restant dû, expressément mentionné, a été reconnu par les débiteurs qui ont sollicité un délai de grâce pour l'éponger. Elle est exigible en raison du fait qu'elle devait être entièrement payée le 15 mai 2007. C'est donc en violation de l'article 1 [devenu 2, alinéa 1] de l'AUPSRVE que la cour d'appel a déclaré inappropriée la procédure d'injonction de payer, exposant son arrêt à la cassation. Sur l'évocation et pour les mêmes motifs que ceux ayant entraîné la cassation de l'arrêt attaqué, il y a lieu de constater que la créance a une origine contractuelle et revêt les caractères de certitude, de liquidité et d'exigibilité. Il convient donc de confirmer le jugement initial (CCJA, 1e ch., n° 037, 22-2-2018 : ACEP Cameroun SA c/ EKOBE Ghislain et 2 autres).

12° Créance résultant d'un compte courant clôturé

La convention de compte courant est un contrat par lequel deux personnes, en relation d'affaires, conviennent de régler l'ensemble des diverses opérations à intervenir entre elles par la voie de l'inscription en tant que remise à un compte unique, des créances et des dettes résultant de ces opérations. Le solde résultant de la clôture juridique d'un tel compte, arrêté et non contesté par le débiteur est donc certain, exigible et liquide et c'est à bon droit que le premier juge a rendu l'ordonnance d'injonction de payer qui doit être confirmée (CA Ouagadougou (Burkina Faso), ch. com., n° 029, 15-5-2009 : K. J. c/ BICIA-B, Ohadata J-10-212).

Dans le même sens, retenant que :

– les trois conditions de l'article 1 [devenu 2, alinéa 1] sont réunies et confirmant la décision de condamnation solidaire du débiteur et de la caution (CA du Littoral (Cameroun), n° 047/C, 16-3-2012 : Top Micro Technologies SARL et N. P. c/ Commercial Bank of Cameroun, Ohadata J-14-16) ;

– le tribunal qui a rejeté l'opposition à l'injonction de payer n'a en rien violé la loi dès lors qu'il ressort clairement des pièces du dossier de la procédure qu'une convention de compte courant a été passée entre les parties, à l'issue de laquelle le demandeur doit à la défenderesse, une banque, la somme de 1 814 405 030 Francs guinéens (CCJA, 2e ch. n° 110, 22-10-2015 : Sékou Lamine TOUNKARA c/ Sté Générale de Banques en Guinée (SGBG), Ohadata J-16-103).

Constitue également une créance contractuelle distincte et remplissant les conditions de l'injonction de payer le reliquat d'un découvert qui a été transformé en prêt à court terme, et non pas une avance d'une créance de somme d'argent qui n'était pas encore acquise pour la débitrice (CCJA, 1e ch., nº 120/2021, 24-6-2021 : Coris Bank International Togo SA c/ KOEHLER DO-KINA Rosine).

13° Créance résultant d'un compte courant d'associés d'une société

La société résultant d'un contrat, il est manifeste que la créance relative à un compte courant d'associé débiteur a une cause contractuelle et peut être recouvrée par une injonction de payer (CA Abidjan, nº 826, 20-6-2003 : A. J. M. c/ Sté INTERBAT, Ohadata J-03-240).

14° Créance résultant d'une prime d'assurance impayée

La créance résultant d'impayés de la prime d'un contrat d'assurance multirisque tacitement reconductible et qui n'a jamais été dénoncé est d'origine contractuelle et peut faire l'objet d'une injonction de payer (TPI Douala-Bonanjo (Cameroun), nº 94/COM, 20-7-2011 : Cameroun Papier SARL c/ Chanas Assurances SA, Ohadata J-12-224).

15° Créance matérialisée dans un crédit documentaire ou d'autres garanties

La créance matérialisée dans un crédit documentaire dont la réalisation est subordonnée à la production de documents afférents à l'opération de vente a une cause contractuelle. C'est donc à tort qu'en dépit de la remise desdits documents approuvés expressément par l'acheteur par lettre, que la Banque s'est abstenue de payer au motif que certains de ces documents n'étaient pas conformes aux « Règles et Usances Uniformes 500 » de la Chambre de commerce internationale sans démontrer en quoi cette non-conformité mettait en doute le caractère de certitude, de liquidité et d'exigibilité de la créance (CCJA, 3e ch., nº 31, 6-12-2011 : Sté TRIGON ENERGY LTD c/ BU SAHEL (BCS SA), Juris-Ohada, 2011, nº 4, oct.-déc., nº 4, p. 28, Ohadata J-13-12).
Le recours à la procédure d'injonction de payer est amplement justifié, dès lors que la créance réclamée résulte de garanties librement souscrites, qui ont une origine contractuelle ; il s'ensuit que l'arrêt qui a retenu le contraire encourt cassation. Sur l'évocation et pour les mêmes motifs que ceux ayant conduit à la cassation, il échet de déclarer l'appel mal fondé et de confirmer le jugement entrepris en toutes ses dispositions (CCJA, 3e ch., nº 072, 30-3-2017 : Bouygues Bâtiment Guinée Equatoriale SA c/ BICEC).

16° Créance résultant d'un protocole d'accord librement consenti

La cour d'appel qui, pour approuver le recouvrement d'une créance par la voie de l'injonction de payer, a retenu « qu'il ressort de l'instruction de la procédure que la créance poursuivie a pour fondement le protocole d'accord signé librement entre [les parties] et produit au dossier de la cause ; que [cette créance] a donc une origine contractuelle », n'a en rien violé l'article 2 de l'AUPSRVE. Il en est ainsi dès lors que, devant elle, aucun élément de preuve relative à l'extorsion du consentement du débiteur par la violence n'a été produit (CCJA, 3e ch., nº 166/2019, 9-5-2019 : B. c/ Société ITC).

17° Créance résultant de la dénonciation d'un protocole d'accord et dont la certitude, la liquidité et l'exigibilité sont reconnues par le débiteur

La créance résultant de la dénonciation du protocole d'accord des parties, prévue au contrat, et dont la liquidité, la certitude et l'exigibilité sont expressément reconnues par le débiteur, peut être recouvrée par la procédure d'injonction de payer (CCJA, 2e ch. nº 115, 22-10-2015 : Sté Equatour Voyages et ZAHER Ayman c/ Sté Générale de Banques en Côte d'Ivoire (SGBCI), Ohadata J-16-108).

18° Créance résultant d'une relation d'affaire établie et matérialisée par la signature du débiteur

L'existence d'une relation d'affaires entre les parties résulte irréfutablement de la facture émise par le créancier et sur laquelle la débitrice a apposé sa signature et son cachet ainsi que des chèques tirés par la débitrice au profit du créancier. C'est donc à juste titre que l'ordonnance d'injonction de payer a été rendue et il convient de la condamner solidairement (avec l'établissement qu'elle exploite) au paiement de la somme de 30 millions de FCFA en principal, outre frais et intérêts de droit (CCJA, 2e ch., nº 18, 23-2-2017 : Kone Nautalie c/ Diakite Mamadou A., Ohadata J-17-178).

19° Créance non prescrite

Conformément à l'article 301, al. 2 de l'AUDCG, la créance matérialisée par des bordereaux de livraison des commandes et des factures consécutives impayées dont la dernière, non contestée, comporte les mentions « Date : 26/05/2010 » « Date échéance : 25/06/2010 » n'est pas prescrite pour une requête aux fins d'injonction de payer enregistrée au greffe du tribunal le 2 avril 2012, et l'exception d'irrecevabilité doit être rejetée comme étant non fondée. Cette créance résultant d'un contrat de vente dont l'existence n'a jamais été contestée par l'appelante ; les marchandises ayant été livrées suivant divers bons de commande et de livraison régulièrement produits au dossier, non sérieusement contestés, et ayant donné lieu à des factures d'un montant total de 18 973 721 francs, devant être réglées au plus tard le 5 juin 2010, les conditions de certitude, liquidité et d'exigibilité sont réunies ; l'opposition dit être rejetée et la débitrice condamnée au paiement demandé (CCJA, 2e ch., no 001, 11-1-2018 : Sté CLEO PATRA c/ CIPEXI).

20o Créance résultant de la sous-traitance d'un marché

Le caractère certain, liquide et exigible de la créance de l'ONATEL ne peut souffrir de contestations sérieuses, le débiteur ne contestant pas sa relation d'affaires avec l'ONATEL et ne déniant pas que celle-ci a réalisé les travaux retenus dans leur contrat de sous-traitance dont la facture chiffrée à 115 640 395 FCFA lui a été adressée, l'argument basé sur l'absence d'accord préalable sur le montant de ladite facture ne pouvant enlever à la créance ses caractères cumulatifs de certitude, de liquidité et d'exigibilité que cette facture fonde ; en retenant l'exigence d'un accord préalable sur le montant de la créance comme condition de liquidité de la créance de l'ONATEL à l'égard de Fadoul Technibois, l'arrêt déféré a ajouté aux dispositions susvisées une condition que la loi ne prévoit pas, s'exposant ainsi à la cassation sans qu'il soit besoin d'examiner les autres moyens. En outre, contrairement au montant de la facture sus-indiquée, le débiteur a obtenu à la faveur de l'avenant réévalué au contrat du marché initial le paiement par l'État Burkinabè de la somme de 130 499 637 FCFA au titre des travaux prévus à la rubrique 909 du contrat de marché et effectués par l'ONATEL ; qu'en ne reversant pas à l'ONATEL le montant de sa facture, le débiteur a bénéficié d'un enrichissement indu. En annulant l'ordonnance d'injonction de payer, le tribunal de commerce a procédé à une mauvaise interprétation des articles 1 et 2 [devenus 2] de l'AUPSRVE et il y a lieu d'infirmer le jugement entrepris et de condamner le débiteur au paiement de la cause de demande de l'ONATEL (CCJA, 1e ch., no 121, 31-5-2018 : ONATEL SA c/ FADOUL TECHNIBOIS SA).

21o Créance matérialisée dans une reconnaissance de dette

La cour d'appel qui a retenu qu'une reconnaissance de dette dûment signée et comportant un montant précis, par laquelle le débiteur s'engage auprès du créancier au paiement sur-le-champ d'un acompte et du reliquat suivant un échéancier, établit entre les parties une relation contractuelle et une créance certaine, n'a en rien violé les articles 1 et 2 de l'AUPSRVE, dès lors qu'aucun élément de preuve sur l'extorsion du consentement du débiteur par la violence n'a été apporté devant la cour (CCJA, 2e ch., no 005/2021, 28-1-2021 : A. c/ A.).

La cour d'appel qui a retenu, sur la base d'une attestation de reconnaissance de dette indiquant clairement le montant du paiement partiel effectué par le débiteur, le montant du solde qu'il s'est engagé à payer, l'échéance de paiement dudit montant et la signature de ce dernier, que la créance est certaine, liquide et exigible, n'a en rien violé les articles 1 et 2 [devenus 2] de l'AUPSRVE. Ensuite, le recourant ne s'étant nullement prévalu, devant les juges du fond, de l'existence d'une société créée de fait entre lui et la société créancière, c'est en vain qu'il tente de requalifier ses relations juridiques avec cette dernière devant la CCJA (CCJA, 3e ch., no 196/2020, 28-5-2020 : M. c/ Société Alitsia SARL).

B. Créances contractuelles ou autres non admises

Ne peut faire l'objet d'une injonction de payer :

– la **créance dont le montant est contesté** et qui n'est pas une créance contractuelle ou une créance liée à un effet de commerce, mais fiscale (TGI Bamboutos Mbouda, no 02/Civ., 2-12-2004 : PMUC c/ RCMT, Ohadata J-05-118) ;

– la créance **relative à des dommages-intérêts** réclamés à titre d'indemnité réparatrice de la rupture d'un lien contractuel (CA Abidjan, ch. civ. et com., no 644, 11-6-2004 : A. A. G. c/ Sté KPMG, Ohadata J-05-338) ;

> **Obs. :** dans le cas d'espèce, il s'agissait d'une demande de dommages-intérêts à la suite de la rétractation d'une offre de location d'un bail commercial préalablement acceptée par courrier, ce qui équivaut, selon la cour, à une rupture du lien contractuel donnant droit à l'indemnité réparatrice. En l'absence d'acceptation de cette demande et de liquidation des dommages-intérêts par un tribunal, il n'y avait pas de créance susceptible de faire l'objet d'une injonction de payer, les conditions requises par l'article 1 [devenu 2, alinéa 1] de l'AUPSRVE n'étant pas remplies.

– la **créance résultant d'un contrat illicite.** Les visas étant délivrés par les autorités diplomatiques, après présentation de pièces, le contrat par lequel une personne accepte d'obtenir le visa pour une autre moyennant rétribution est un contrat illicite. Le visa n'ayant pu être obtenu, la somme perçue par le promettant ne peut être recouvrée par l'injonction de payer, dès lors qu'il s'agit en l'espèce d'une obligation sans cause selon l'article 1131 du Code civil (TGI Ouagadougou (Burkina Faso), no 90, 28-4-2004, O. A. R. c/ C. R., Ohadata J-05-243).

Lorsque les parties ont clairement indiqué dans un protocole le montant total en principal ainsi que les intérêts, et précisé les modalités de remboursement, et que suite à son inexécution le débiteur se retrouve condamné à payer une somme présentant un écart significatif avec la somme qu'il a reconnu devoir et s'est engagé à payer, c'est à bon droit que la cour d'appel en tenant compte de la contestation a rétracté l'ordonnance d'injonction de payer litigieuse (CCJA, n° 059/2005, 22-12-2005 : BIAO-CI c / Sté IPN, Rec. jur. CCJA, n° 6, juin-déc. 2005, p. 38, Ohadata J-06-36).

Dans le même sens, à propos de factures basées sur des décomptes unilatéralement établis par un maître d'œuvre, alors que les deux parties étaient liées par une convention selon laquelle les travaux effectués devraient être contradictoirement constatés par les deux parties donnant lieu à des factures correspondant à des décomptes approuvés par elles (CA Ouagadougou (Burkina Faso), ch. com., n° 058, 21-11-2008 : Sté TELECEL FASO c/ Sté PYRAMIDE, Ohadata J-10-196).

1° Reliquat du prix de vente d'un immeuble

L'opposition formée contre l'ordonnance d'injonction de payer le reliquat du prix de vente d'un immeuble est fondée, lorsque la vente, qui portait sur un immeuble concédé, a été conclue par le concessionnaire sans l'autorisation de l'autorité administrative concédante. Mais si la nullité de la vente est imputable à l'acheteur (opposant à l'injonction) qui n'a pas effectué les formalités auxquelles il s'était engagé, ce dernier doit être condamné à payer au vendeur une indemnité correspondant à la période d'occupation effective de l'immeuble en réparation du préjudice causé à ce dernier et des dommages-intérêts pour la nullité de la vente. Enfin, les impenses réalisées par l'acheteur et dûment justifiées doivent lui être remboursées (TPI Lomé, ch. civ. et com., n° 1749, 15-12-2000 : Sté BIOCHEM c/ SAS, Ohadata J-02-38, obs. J. Issa-Sayegh).

2° Créances d'origine délictuelle ou quasi délictuelle

Ne peut être l'objet d'un recouvrement par voie d'injonction de payer une créance d'origine délictuelle qui ne fait pas partie de celles ouvertes à la procédure d'injonction de payer conformément à l'article 2 ; en conséquence, l'ordonnance d'injonction de payer rendue sur la base de cette créance doit être rétractée (TGI Mfoundi, n° 231, 21-2-2002 : Assureurs Conseils Camerounais c/ M. née E. E., Ohadata J-04-427, Ohadata J-04-460) ou annulée (CA Centre, n° 371/Civ., 25-9-2002 : N. K. M. T. c/ F. J., Ohadata J-04-471, Ohadata J-04-430) et l'opposition à l'encontre de l'ordonnance qui a accordé l'injonction de payer à une pareille créance est par là même irrecevable (CCJA, 1e ch., n° 15, 29-6-2006 : C.D c/ SIDAM, Juris-Ohada, n° 4/2006, p. 22 ; Ohadata J-07-29). Dans le même sens et par substitution de motifs, au sujet de créances tirant leur origine d'un fait délictuel et matérialisées dans des décisions annulées (CCJA, ass. plén., n° 025, 02-3-2017 : SFH et Cie SA et autres c/ État du Cameroun, Ohadata J-17-185).

Une créance quasi délictuelle ne peut être recouvrée par une injonction de payer, telle que prescrit par l'article 2 [devenu 2, alinéa 2 de l'AUPSRVE] susmentionné. Tel est le cas lorsqu'une banque a payé le solde du compte d'un de cujus au frère de ce dernier en dépit de l'opposition formelle de la veuve du défunt, épouse légitime de ce dernier et administratrice légale des biens de ses enfants héritiers. En décidant du contraire, la cour d'appel a violé la loi et exposé sa décision à la cassation. Sur l'évocation et pour les mêmes motifs que ceux ayant entraîné la cassation, il y a lieu de confirmer en toutes ses dispositions le jugement qui a rejeté la demande d'injonction de payer (CCJA, 2e ch., n° 053/2020, 27-2-2020 : Orabank Tchad c/ Veuve A. née H.).

3° Créances résultant d'un contrat de travail

L'AUPSRVE n'est pas applicable au paiement de sommes d'argent trouvant leur origine dans l'exécution d'un contrat de travail, lequel [relève de] la compétence du tribunal du travail (CA Abidjan, n° 126, 23-2-2001 : SDA c/ K. T. M., Ohadata J-02-160 ; CA Abidjan, n° 236, 23-2-2001 : SDA c/ K. T. M., Actualités Juridiques n° 35-2003, Ohadata J-03-79).

Tel est le cas lorsque le demandeur sollicitait le paiement d'indus suite aux prélèvements faits sur ses cotisations, en tant que travailleur, au titre de la prise en charge de l'assurance maladie, les conditions prévues aux articles 1 et 2 [devenus 2] de l'AUPSRVE pour le déclenchement de la procédure d'injonction de payer n'étant pas réunies et la cour d'appel qui a confirmé le jugement restituant à l'ordonnance son plein et entier effet a exposé son arrêt à la cassation. Sur l'évocation, le paiement d'une créance fondée sur des réclamations de cotisations d'assurance maladie ne peut être accordé dans le cadre d'une procédure d'injonction de payer ; pour les mêmes motifs que ceux ayant conduit à la cassation de l'arrêt, il convient d'infirmer le jugement entrepris et d'annuler en conséquence l'ordonnance d'injonction de payer rendue (CCJA, 1e ch., n° 075, 29-3-2018 : BPMG c/ Me Laye Sano).

4° Créances résultant d'un procès-verbal d'enquête

Un procès-verbal d'enquête préliminaire ne peut constituer un titre ouvrant droit à la procédure d'injonction de payer et l'ordonnance d'injonction de payer rendue sur ce fondement doit être rétracté en application de l'article 2, al. 1 [devenu 2, alinéa 2.1] de l'AUPSRVE (CA Centre, n° 270/Civ., 14-6-2002 : N. G. c/ N. C., Ohadata J-04-467 ; Ohadata J-04-430).

Dans le même sens, retenant que la cour d'appel qui, pour condamner l'opposant à une ordonnance d'injonction de payer au paiement de la somme réclamée par le demandeur, s'est contentée d'affirmer que la preuve de la créance résulte de ce que le requérant a usé du dol et de la simulation en se dérobant à une enquête organisée par le Tribunal et que son comportement fonde la certitude de la créance dont le paiement lui est réclamé, alors que le défaut de comparaître à une enquête ne peut suffire à prouver l'existence d'une créance a violé les textes visés au moyen et son arrêt doit être cassé (CCJA, 3e ch., nº 14, 29-11-2011, précité, Ohadata J-12-203).

5º Créances résultant d'une reconnaissance de dette sans engagement de payer

La requête aux fins d'injonction de payer qui fondée sur une reconnaissance de dette qui ne comporte aucun engagement de payer de la part du débiteur doit être rejetée ; le jugement qui a fait droit à une telle requête doit être infirmé en toutes ses dispositions (CA Abidjan, nº 303, 14-3-2003 : M. L. I. c/ Sté WOSSAN GRAPHIC, Ohadata J-03-295).

Mais une reconnaissance de dette dûment légalisée et enregistrée constitue un contrat par lequel une personne s'engage auprès d'une autre personne à lui payer à une date précise une certaine somme. Cette reconnaissance librement signée devant un sous-préfet constate une créance qui était certaine, parce que résultant de la destruction par le défendeur des cultures du demandeur, liquide parce que comportant un montant précis et enfin exigible parce que payable fin mars 2000. Confirmation de l'ordonnance d'injonction de payer (CA Ouest (Cameroun), nº 51/CIV., 13-5-2009 : T. E. c/ N. M., Ohadata J-10-143).

6º Créances résultant d'un accident de la route

La procédure d'injonction de payer ne peut être utilisée pour le recouvrement de la provision d'une indemnité réparatrice du préjudice résultant d'un accident de la circulation, dès lors qu'il s'agit d'une matière régie par le Code CIMA. Par conséquent, l'ordonnance d'injonction de payer rendue doit être rétractée (CA Abidjan, nº 221, 20-2-2001 : SAFA, Juris-Ohada, nº 4/2003, oct.-déc. 2003, p. 42, note Brou Kouakou Mathurin, Ohadata J-04-125).

7º Créances relatives à une demande de livraison de marchandises

La procédure d'injonction de payer est inapplicable :
– à une demande de livraison de 25 palettes de pieds d'ananas, car elle n'est ouverte qu'à l'égard du débiteur d'une somme d'argent. Le créancier d'une obligation non pécuniaire, telle que celle de livrer un bien meuble corporel doit suivre la procédure d'injonction de délivrer prévue par les articles 19 et suivants de l'AUPSRVE (CA Abidjan, nº 438, 24-4-2001 : A. A. c/ A. K. V., Ecodroit, nº 10, avr. 2002, p. 49, obs. anonymes ; Ohadata J-02-91, obs. J. ISSA-SAYEGH) ;
– à la demande de remboursement effectuée par une personne ayant commandé des tuiles qui ne lui ont pas été livrées, la créance ne paraissant pas certaine et le litige relevant du juge du fond (CA Libreville (Gabon), nº 30/09-10, 13-1-2010 : N.-A. C. c/ S. M, Ohadata J-10-237) ;
– contre une société qui n'a joué qu'un rôle d'intermédiaire pour un contrat de transport, la perte de la marchandise ne pouvant donner lieu à aucune créance certaine liquide et exigible à l'encontre de l'intermédiaire. C'est donc à tort que la juridiction présidentielle a cru délivrer une ordonnance d'injonction de payer (CA Lomé (Togo), nº 134, /09 27-8-2009 : O.T.R.A.F. c/ Sté BPS-TOGO, Ohadata J-10-175, jugeant que l'inobservation ou l'inexistence d'une obligation ne donne pas lieu à une créance mais à des dommages-intérêts).

mais la personne contre laquelle l'ordonnance a été rendue est débitrice du créancier du seul fait d'avoir reçu livraison de la chose dont elle s'est engagée à payer le prix, en l'espèce 99 sacs de maïs. C'est donc par une juste appréciation des faits que les juges l'ont déboutée de son opposition (CA Bobo-Dioulasso (Burkina Faso), ch. civ. et com., nº 05, 6-2-2006 : SOPROFA c/ S. S., Ohadata J-10-107).

8º Perte de chance

La requête d'injonction de payer introduite sur le fondement de la perte d'une chance de réaliser un bénéfice sur un marché de commandes (fournitures de marchandises) est irrecevable et l'ordonnance d'injonction de payer rendue doit être rétractée (TR Niamey, nº 075, 5-3-2003 : Sté Sahélienne de Communication c/ Sté Global Media SARL, Ohadata J-04-72).

9º Créances résultant d'une pension alimentaire

L'ordonnance d'injonction de payer rendue sur la base d'une créance de pension alimentaire doit être annulée pour violation de l'article 2 [devenu 2, alinéa 2] de l'AUPSRVE, ce type de créance ayant pour origine une obligation légale (TPI Daloa, 16-1-2004 : A c/ B, Juris-Ohada, nº 2/2005, p. 42, Ohadata J-05-368 ; obs. J. Issa-Sayegh).

Obs. : la doctrine considère que ce sont les trois critères prévus par l'article 1 [devenu 2, alinéa 1] de l'AUPSRVE (certitude, liquidité et exigibilité) qui sont applicables à une telle créance, si bien que l'injonction de payer aurait pu être valable si, au préalable, le créancier et le débiteur alimentaires s'étaient entendus sur les sommes dues au titre de la pension alimentaire (voir obs. J. Issa-Sayegh sous la décision). Cependant, on peut considérer que s'accorder sur le montant ne rend pas en soi la créance contractuelle alors que celle-ci est due en vertu de la loi. Par conséquent, la créance d'aliments n'est contractuelle que si elle n'est pas due en vertu de la loi mais est convenue de toutes pièces par un accord, là où la loi ne l'impose pas.

10° Répétition de la TVA payée pour le compte du débiteur

La TVA payée par une société A aux autorités fiscales pour le compte d'une société B ne peut pas être recouvrée par l'injonction de payer dès lors que s'agissant d'une action en répétition seul l'article 1235 du Code civil du Burkina Faso était applicable, le recouvrement devant être poursuivi par la voie de l'assignation (CA Ouagadougou (Burkina Faso), ch. com., n° 043, 20-6-2008 : Sté de Transport Kilimanjaro c/ SEA-B, Ohadata J-10-200).

Il résulte de l'analyse des articles 1 et 2 [devenus 2] de l'AUPSRVE, que le recours à la procédure d'injonction de payer en vue du recouvrement d'une créance, n'est régulier que lorsque ladite créance, d'une part, revêt les trois caractères de certitude, de liquidité et d'exigibilité et, d'autre part, a une cause contractuelle, ou lorsque l'engagement résulte de l'émission ou de l'acceptation de tout effet de commerce ou d'un chèque dont la provision s'est révélée inexistante ou insuffisante. En l'espèce, la créance dont le recouvrement est poursuivi, selon la procédure d'injonction de payer, étant constituée de produit de TVA prélevée et reversée par la débitrice à l'administration fiscale, d'intérêts de retard, de frais de justice et de frais d'agios, c'est en violation des articles 1 et 2 [devenus 2] de l'AUPSRVE qu'une cour d'appel a condamné le débiteur à payer, sans s'assurer si les conditions de mise en œuvre de la procédure d'injonction de payer étaient réunies, alors même que la créance réclamée ne remplit pas les conditions requises de certitude, de liquidité et d'exigibilité, tout comme elle manque de cause contractuelle ; son arrêt encourt la cassation (CCJA, n° 020/2007, 31-5-2007 : SODECI c/ SEAE-LV, Rec. jur. CCJA n° 9, janv.-juin 2007, p. 87, Ohadata J-08-233).

11° Créance résultant d'engagements pris pour une société en formation dans un pacte d'actionnaires

Un pacte d'actionnaires d'une société de téléphonie nouvellement constituée indiquant que « pour l'obtention de la licence, les actionnaires ont procédé à des engagements financiers préalables dont le règlement définitif incombe à la société [constituée] », ne peut être assimilé à l'état des actes et engagements requis par l'article 106, al. 2 de l'AUSCGIE. Par conséquent, il ne peut valablement caractériser la créance relative à l'apport en industrie de l'un des actionnaires de ladite société et ne peut être recouvrée par une injonction de payer (CA Ouagadougou (Burkina Faso) ch. com., n° 060, 19-12-2008 : TELECEL FASO c/ S. S. A., Ohadata J-10-194).

12° Créance comportant une demande de dommages-intérêts

Lorsque certaines des demandes mentionnées dans le décompte de la créance concernent des dommages et intérêts, qui n'ont pas un caractère contractuel, la décision d'injonction de payer a été rendue en violation de l'article 2 de l'AUPSRVE ; le jugement entrepris doit être infirmé l'ordonnance d'injonction de payer annulée (CCJA, n° 026/2007, 19-7-2007 : Blue Road Shipping LTD c/ 1) Transways Entreprises SA ; 2) Scilly Isles Navigation SA, Rec. jur. CCJA n° 10, juill.-déc. 2007, p. 32, Ohadata J-08-245).

13° Absence de contrat

Les trois conditions [de certitude, de liquidité et d'exigibilité d'une créance] ne sont pas réunies lorsque le prétendu créancier ne prouve pas qu'il y a eu un contrat entre les parties et que les factures produites par lui ne sont pas signées par le supposé débiteur (CA Ouagadougou (Burkina Faso), ch. com., n° 34, 18-4-2008 : K. T. M. c/ S. A., Ohadata J-12-134).

14° Location-gérance expirée et fondée sur des factures unilatérales et contestées

La créance résultant d'une location-gérance arrivée à expiration n'est ni certaine ni liquide et ne peut faire l'objet d'une injonction de payer, dès lors qu'elle est fondée sur des factures unilatéralement établies par une partie sans inventaire contradictoire et qu'une reddition des comptes était absolument nécessaire, lesdites factures ayant été contestées (CCJA, 2e ch., n° 053, 12-6-2013 : ASSALE Aney Lucas c/ Sté SHELL Côte d'Ivoire, Rec. jur. CCJA n° 20, vol. 1, janv.-déc. 2013, p. 191-194, Ohadata J-15-53).

15° Créance résultant d'un audit réalisé sur ordre de mission d'un État et prévoyant un contrat déclaratif ultérieur qui n'est jamais intervenu

N'a pas une origine contractuelle la somme résultant d'audits réalisés par une société sur ordres de mission par l'État de Côte d'Ivoire prévoyant que la mission fera l'objet d'un contrat déclaratif ultérieur et que la rémunération sera fixée à 30 % des économies réalisées et effectivement encaissées, car elle a été fixée unilatéralement par la société et accordée par le Président de la République sous une réserve jamais réalisée. L'arrêt qui a reconnu le caractère contractuel à cette créance a violé l'article 2 [devenu 2, alinéa 2] de l'AUPSRVE et exposé son arrêt à la cassation. Sur l'évocation, la somme dont le recouvrement est poursuivi n'a pas été prévue dans le cadre contractuel, mais est une sollicitation de la société défenderesse suite à la rupture des missions à lui confiées par le Président de la République. Cette demande acceptée par celui-ci n'ayant jamais fait l'objet d'une communication du Conseil des ministres, la créance ne remplit pas les conditions de l'article 2 et ne peut être poursuivie par la voie de l'injonction de payer. Le jugement entrepris doit être infirmé et le demandeur initial renvoyé à mieux se pourvoir (CCJA, 2e ch. no 113, 22-10-2015 : État de Côte d'Ivoire c/ Sté BETA Consulting International, Ohadata J-16-106).

16o Créance relative à la dette d'une société mère : filiale non tenue au paiement

Le contrat en cause ayant été conclu entre la société défenderesse et la société B dont les signatures figurent sur ledit contrat, la société A, filiale de la société B, ne peut répondre des dettes contractées par sa société mère pour la simple raison qu'elle a, auparavant, volontairement payé les dettes de cette dernière, dès lors qu'aucune des clauses du contrat ne lie la société A et qu'en sa qualité de filiale de la société B, elle est dotée d'une personnalité juridique propre. Selon l'article 2 [devenu 2, alinéa 2] de l'AUPSRVE, la procédure d'injonction de payer ne peut être déclenchée que lorsque la créance a une cause contractuelle ou cambiaire. En l'espèce, le contrat de location de bacs, fondement de la procédure initiée par la société défenderesse, n'a pas été signé avec la société A. Cette dernière n'ayant aucune relation contractuelle avec la société défenderesse, la créance ne réunit pas les caractères de certitude, de liquidité et d'exigibilité exigés par les articles 1 et 2 [devenu 2, alinéa 2] de l'AUPSRVE précités. Il s'ensuit que l'ordonnance enjoignant à la société A de payer une somme d'argent à la société défenderesse n'est pas fondée et en ordonnant sa rétractation pure et simple par le jugement entrepris, le premier juge a fait une bonne application de la loi et sa décision doit être confirmée (CCJA, 3e ch., no 102, 2-6-2016 : OLAM TOGO SARL c/ VATEL SA, Ohadata J-17-44).

17o Créance d'origine statutaire et relative à la retraite de prêtres

La créance relevant l'opus securitatis (fonds social régi par des statuts adoptés le 26 juin 2007 par une conférence épiscopale et relatif à la retraite de prêtres) n'a pas une origine contractuelle et ne peut faire l'objet d'une injonction de payer, l'AUPSRVE en son article 2 ne se référant pas à une créance ayant une cause statutaire. Il s'ensuit que pour servir de base à une injonction de payer, des statuts doivent revêtir un caractère contractuel, ce qui n'est pas le cas en l'espèce des statuts impersonnels et unilatéraux ; c'est donc à tort que l'arrêt querellé a ouvert la voie à cette procédure, encourant ainsi la cassation. Sur l'évocation et pour les mêmes motifs que ceux ayant entraîné la cassation, la créance ne peut être recouvrée par la voie de l'injonction de payer ; il y a lieu d'infirmer le jugement rendu sur opposition sauf du chef de la compétence (CCJA, 2e ch., no 146, 29-6-2017 : Conférence Episcopale Centrafricaine c/ Consorts MANA Yves et Autres).

18o Créance résultant d'une lettre de change pour laquelle l'opération garantie n'a pas été exécutée

Il est constant que le tiré d'une lettre de change peut opposer au tireur les exceptions tirées de leurs relations contractuelles. En l'espèce, les lettres de change litigieuses ayant été émises pour garantir l'exécution d'un contrat de transport (liant, d'une part, une société A et, d'autre part, une société B et Monsieur X.) qui n'a pas été exécuté, la société A est fondée à opposer au tireur-bénéficiaire l'exception d'inexécution dudit contrat de transport. En conséquence, il y a lieu de rétracter l'ordonnance d'injonction de payer rendue sans qu'il soit nécessaire de statuer sur les autres exceptions et moyens (CCJA, 2e ch., no 20, 08-2-2018 : ALBAROUT SARL c/ Asan Holding SA).

19o Créance résultant de redevances dues à établissement public au titre de la publicité

Lorsque les sommes dont le recouvrement est poursuivi représentent des redevances qui seraient dues à l'Office guinéen de publicité, régisseur unique de la publicité en République de Guinée auquel la diffusion sur le territoire guinéen de quelque message publicitaire que ce soit oblige l'annonceur à verser une redevance dont le montant est fixé par voie réglementaire (pour l'exploitation de stations, citernes à graphie publicitaires, boutiques, produits pétroliers, etc.), il apparaît ainsi que la créance réclamée n'a pas une cause contractuelle, et ne résulte pas de l'émission ou de l'acceptation d'un effet de commerce au sens des dispositions précitées. C'est donc en violation des articles 1 et 2 [devenu 2, alinéa 2] de l'AUPSRVE que l'arrêt attaqué a déclaré une telle créance éligible à la procédure d'injonction de payer, s'exposant ainsi à la cassation sans besoin d'examiner les autres moyens. Sur l'évocation et pour les mêmes motifs que ceux ayant conduit à la cassation, il échet d'infirmer le jugement rendu sur opposition, de déclarer la débitrice bien fondée en son opposition et de débouter la créancière de sa demande en paiement (CCJA, 2e ch., no 129, 7-6-2018 : Total Guinée SA c/ Office Guinéen de Publicité et 3 autres).

20o Créance résultant de redevances sur la vente d'hydrocarbures

N'a pas une cause contractuelle et n'entre donc pas dans la nomenclature des créances susceptibles de recouvrement par voie de la procédure d'injonction de payer, la créance résultant des redevances sur la vente des hydrocarbures à la pompe par les marqueteurs, instaurées par un décret pris en application d'une loi nationale portant réorganisation du sous-secteur pétrolier. C'est donc en violation de la loi qu'une cour d'appel a retenu le contraire, exposant son arrêt à la cassation. Sur l'évocation et pour les mêmes motifs que ceux ayant entraîné la cassation, le jugement ayant fait droit à l'opposition doit être confirmé (CCJA, 2e ch., no 086/2021, 27-5-2021 : Total Centrafrique c/ Agence de Stabilisation du Prix des Produits Pétroliers).

21o Créance inexistante contre la personne qui a signé un contrat en qualité de cogérante de la débitrice

C'est en violation des articles 1 et 2-2 [devenus 2] de l'AUPSRVE qu'une cour d'appel a retenu l'existence d'une créance contre une personne au bénéfice d'une autre, alors que le contrat à l'origine de la créance réclamée a été conclu entre une entreprise KM ETS et le Groupe LODISAM-N-CI, et que c'est en sa seule qualité de cogérant de ce groupe et non en son nom personnel que la personne condamnée a signé le protocole d'accord du 5 janvier 1998, exposant ainsi son arrêt à la cassation. Sur l'évocation et pour les mêmes motifs que ceux ayant conduit à la cassation, il échet d'infirmer le jugement et, faisant droit à l'opposition et de débouter le créancier de sa demande de paiement (CCJA, 2e ch., no 132, 7-6-2018 : DAO Losséni c/ KONE Mariam, Sté Groupe Lodisam-N-CI).

22o Créance résultant d'un quasi-contrat

Lorsque la créance poursuivie par la banque résultant en partie d'un dysfonctionnement de ses services ayant entraîné l'inscription par mégarde sur le compte de la défenderesse d'un crédit dont le montant est réclamé par cette procédure, c'est par une décision suffisamment motivée et faisant une exacte application des articles 1 et 2 [devenus 2, alinéa 2] de l'AUPSRVE qu'une cour d'appel a jugé qu'une telle créance, qui résulte d'un quasi-contrat, ne peut être recouvrée par la voie d'injonction de payer (CCJA, 2e ch., no 216/2020, 25-6-2020 : Banque Atlantique Côte d'Ivoire c/ Société JHB MAN Consulting).

23o Créance résultant d'une stipulation pour autrui non validée par le bénéficiaire

Lorsque, pour faire face à une obligation légale, la défenderesse a souscrit une police d'assurance couvrant le transit des marchandises importées par la demanderesse, ce qui serait constitutif d'une stipulation pour autrui, et que cette initiative n'a jamais été préalablement approuvée par la requérante censée en être la bénéficiaire, c'est en violation de l'article 2 de l'AUPSRVE qu'une cour d'appel a retenu que la créance remplissait les conditions d'une injonction de payer et condamné au paiement, exposant son arrêt à la cassation. Il en est ainsi car la procédure d'injonction de payer poursuit le recouvrement des créances ayant pour fondement une manifestation de volonté. Sur l'évocation et pour les mêmes motifs que ceux ayant entraîné la cassation, il y a lieu de réformer le jugement entrepris, uniquement en ce que le tribunal a déclaré la requête aux fins d'injonction de payer irrecevable, après avoir énoncé « que la société [poursuivie] conteste devoir à la société [poursuivante] la somme de 22 455 771 francs réclamée au titre de ses prestations ; [...] qu'il résulte de l'analyse des différentes factures produites au dossier que la société [poursuivante] y a introduit des montants au titre des frais d'assurance et de débours totalement méconnus de la société [poursuivie] et qui n'ont pas fait l'objet d'accord préalable ; qu'il s'ensuit que la créance ainsi réclamée n'est pas certaine, liquide et exigible... » ; statuant de nouveau sur la base de ces mêmes motivations, il convient plutôt de débouter [la société poursuivante] de sa demande en recouvrement selon la procédure d'injonction de payer (CCJA, 1e ch., no 281/2019, 28-11-2019 : Simpo c/ Sté Packing Service International).

24o Créance résultant d'une simple mise à disposition de produits agricoles

Même en présence d'un contrat, la seule mise à disposition de produits agricoles pour la vente ne suffit à justifier le caractère certain, liquide et exigible d'une créance du poursuivant sur le poursuivi, qui a toujours contesté l'existence même de cette créance en produisant un constat d'huissier établissant que tous les produits à lui confiés ne sont pas écoulés et, pour certains qui sont vendus, que les prix ne sont pas payés par les acheteurs qui sont identifiés. Le tribunal qui a fondé sa décision de condamnation sur la responsabilité du stock et l'obligation de recouvrement à la charge du vendeur n'a pas légalement justifié sa décision et l'expose à la cassation. Sur l'évocation, la contradiction manifeste résultant des débats et des pièces et portant sur la quantité des produits en stock et la valeur de ceux qui sont demeurés impayés n'établit pas le caractère certain, liquide et exigible de la créance, qui ne peut être recouvrée par l'injonction de payer (CCJA, 2e ch., no 142/2020, 30-4-2020 : A. c/ ONG Afrika Iran).

XII. Créances résultant d'un effet de commerce ou d'un chèque

A. Créance résultant d'un chèque

La créance résultant d'un chèque tiré à l'occasion d'un prêt remplit les conditions requises par l'art. 2 [devenu 2, alinéa 2] de l'AUPSRVE et peut faire l'objet d'une d'injonction de payer conformément à cette disposition (TPI Bafoussam, n° 84/Civ., 16-6-2006 : S. B. C. c/ First Trust Savings and Loan, Ohadata J-07-61).

Dans le même sens et à propos d'un chèque dont la provision s'est révélée insuffisante (CA Ouagadougou (Burkina Faso), ch. com., n° 032, 5-6-2009 : B. A. c/ K. I., Ohadata J-10-215), voire inexistante (CA Abidjan (Côte d'Ivoire), n° 550, 27-5-2005 : NOVAPLAST CI c/ BIAO-CI, Ohadata J-09-196) ; (CA Ouest (Cameroun), n° 81/Civ., 26-10-2011 : J. T. et Ets T. T. c/ PASTA SA, Ohadata J-12-65, retenant que la signature de ce chèque a rendu la créance certaine et liquide (par le montant qui y est porté) et exigible, le chèque étant payable à vue).

1° Nécessité de retour d'un chèque sans provision présenté à l'encaissement

Il ressort de l'article 2 [devenu 2, alinéa 2] de l'AUPSRVE que l'injonction de payer n'est possible que si le chèque présenté à l'encaissement revient impayé faute de provision ou pour provision insuffisante. Un chèque n'ayant jamais été présenté à l'encaissement, il n'y a même pas de créance à réclamer ; et, s'il y avait une créance à réclamer sur la base dudit chèque, la procédure d'injonction de payer ne peut être utilisée, le prétendu créancier ne pouvant rapporter la preuve du défaut ou de l'insuffisance de la provision du compte du débiteur, le chèque sur la base duquel le recouvrement est poursuivi n'ayant jamais été présenté à l'encaissement. C'est donc à tort que le premier juge a rejeté l'opposition de l'appelant, qui était fondée car les conditions de l'article 2, al. 2 précité n'étant guère réunies en l'espèce (CA du Littoral (Cameroun), n° 018/CC, 7-1-2013 : T. J. P. c/ P. G., Ohadata J-14-11).

La créance résultant d'effets de commerce acceptés par le demandeur (qui exerce sous la dénomination commerciale de ARTIS), tirés sur la banque défenderesse et qui sont revenus impayés, faute de provision lors de leur présentation au paiement à l'échéance, remplit bien les conditions pour être recouvrée par la voie de l'injonction de payer. Il échet donc de rejeter l'opposition soulevée comme étant mal fondée et de condamner le débiteur au paiement (CCJA, 2e ch. n° 116, 22-10-2015 : KALOT AHMED c/ La Banque Atlantique Côte d'Ivoire (BACI), Ohadata J-16-109).

2° Preuve du défaut de provision d'un chèque

En considérant la condition relative à l'engagement résultant de l'émission ou de l'acceptation d'un effet de commerce ou d'un chèque, le législateur OHADA a entendu surtout mettre l'accent sur la preuve de l'inexistence ou de l'insuffisance de la provision ; il n'a pas visé un moyen de preuve particulier, de sorte qu'un protêt ou tout autre document émanant du titre peut valablement attester du défaut de paiement. Le recours au protêt, sans être prohibé, n'est pas le moyen de preuve exclusif pour attester de l'insuffisance d'une provision. L'exigence d'un protêt n'est prévue que par l'article 186 du règlement communautaire UEMOA relatif aux systèmes de paiement et par l'article 147 de la loi uniforme sur les instruments de paiement. En dehors d'une disposition de l'AUPSRVE renvoyant à ces règles, celles-ci ne peuvent recevoir application. L'insuffisance de provision ayant été attestée par un document dressé par le tiré, il convient de rejeter le moyen relatif au défaut de protêt et en conséquence d'infirmer le jugement attaqué et statuant à nouveau condamner MADOUA SARL à payer à la SOSUCO la somme de cinquante millions (CA Bobo-Dioulasso (Burkina Faso), ch. civ. et com., n° 29, 18-4-2005, SN-SOSUCO c/ MADOUA-SARL, Ohadata J-10-111).

Obs. : le règlement communautaire UEMOA invoqué n'étant manifestement pas en contradiction avec les dispositions de l'AUPSRVE, la cour d'appel aurait pu les appliquer dans la consolidation de la preuve du défaut de paiement. Dans le passé, la CCJA avait approuvé une cour d'appel qui s'était fondée sur des dispositions nationales relatives au protêt pour infirmer un jugement pour protêt dressé hors délai (CCJA, n° 008/2007, 15-3-2007 : FISDES c/ Sté CORECA, Rec. jur. CCJA n° 9, janv.-juin 2007, p. 28, obs. Joseph Issa-Sayegh, Ohadata J-08-218 ; mais elle a changé sa position relativement au protêt, retenant désormais que le législateur de l'OHADA n'impose pas le protêt. Voir immédiatement ci-après ses arrêts récents sur la question.

Les dispositions des articles 1 et 2 [devenus 2] de l'AUPSRVE ouvrent la voie de la procédure d'injonction de payer à tout créancier justifiant d'une créance certaine, liquide, exigible, dès lors qu'il résulte d'un engagement contractuel ou d'émission ou de l'acceptation d'un effet de commerce ou de chèque revenu impayé. S'agissant en l'espèce d'une créance résultant d'un contrat suivi d'une émission et acceptation d'un effet de commerce, non contestée ni dans son principe, ni dans sa liquidité ou son exigibilité, toutes les conditions requises sont remplies, le législateur OHADA n'imposant pas l'obligation de dresser protêt sur une lettre de change revenue impayée. C'est donc par une mauvaise application que le premier juge a débouté le créancier de sa demande en paiement au motif qu'il n'a pas dressé protêt ; il y a lieu d'infirmer le jugement entrepris, de statuer de nouveau et condamner le débiteur à payer au créancier la somme de 4 762 244 FCFA (CCJA, 3e ch., n° 207, 23-11-2017 : KODJO Bilé Jean-Claude c/ P.A.A.).

De même, la non-production de protêts constatant le non-paiement de chèques émis en règlement d'une créance, ne peut à elle seule avoir pour effet de rendre celle-ci incertaine (CCJA, 3e ch., no 158, 13-7-2017 : JABEILI Ibrahim c/ BOUSSALAH Mohamed Boubakeur).

B. Créance résultant d'une traite

1o L'injonction de payer a été admise :

– et est justifiée, d'autant plus qu'il s'agit d'un litige relatif à un effet de commerce, lorsque le débiteur, une banque, a encaissé une traite que son client a refusé de signer et d'endosser en raison de difficultés survenues au cours d'une opération commerciale alors qu'elle n'en était pas bénéficiaire, ladite traite étant établie au profit d'une société tierce et arrivée à échéance, car le client dispose bien d'une créance certaine liquide et exigible à l'encontre de la banque (CA Ouagadougou, ch. civ. et com., no 85/05, 19-7-2005 : ECOBANK-BURKINA c/ J. W. K. A., Ohadata J-09-14) ;

– lorsque la créance est relative à la vente de véhicules automobiles et est matérialisée par des traites échues auxquelles s'ajoutent les intérêts de retard et autres frais tels que prévus à l'article 8 du contrat de crédit des parties. C'est à bon droit que les premiers juges ont condamné le débiteur au paiement ; confirmation du jugement (CA Ouagadougou (Burkina Faso), ch. com., no 03, 6-2-2009 : O. T. T. c/ SOBCA, Ohadata J-12-166).

Lettre de change n'ayant pas fait l'objet d'une procédure de faux. La cour d'appel qui, pour infirmer un jugement, a estimé que « cette créance douteuse » ne peut faire l'objet d'une procédure d'injonction de payer, sans démontrer en quoi les différentes lettres de change acceptées par le tiré, qui sont le support de ladite créance, sont privées de validité, a insuffisamment motivé sa décision et ne permet donc pas à la Cour de céans d'exercer son contrôle ; son arrêt doit être cassé. La lettre de change est un titre formaliste qui se caractérise par l'inopposabilité des exceptions tirées des rapports de base et la solidarité des signataires. Aucune procédure de faux n'étant entreprise relativement aux traites escomptées par la demanderesse, le tribunal de première instance a fait une bonne application de l'article 2 [devenu 2, alinéa 2] de l'AUPSRVE en déclarant la débitrice mal fondée en son opposition et en confirmant l'ordonnance d'injonction de payer ; confirmation du jugement (CCJA, 2e ch., no 009, 21-1-2016 : Sté Générale de Banque en Côte d'Ivoire (SGBCI) c/ Sté d'Industrie et de Commerce (SICOM), Sté HYSSAND TRANSIT SARL, Ohadata J-16-218).

2o L'injonction de payer n'a pas été admise :

– pour le recouvrement de la lettre de change cédée par le créancier à un tiers, lorsque la cession ne remplit pas les conditions requises par les dispositions du Code de procédure civile et n'est donc pas valide. L'opposition formée par le débiteur est donc recevable (TPI Bouaflé (Côte d'Ivoire), no 14, 27-1-2005 : Z. A. c/ A. M. K., Ohadata J-09-205) ;

> **Obs. :** dans sa décision, le tribunal se fonde sur les articles 1689 et 1690 du Code civil de Côte d'Ivoire pour constater que la cession de créance n'était pas valide et en tirer les conséquences.

– pour le recouvrement d'une créance matérialisée et portée par une lettre de change, au sujet de laquelle une cour d'appel a pu conclure, en déduisant de l'interprétation exclusive de dispositions légales internes régissant les effets de commerce, des éléments et des circonstances affectant la validité et la régularité d'une lettre de change litigieuse et sans violer les articles 1 et 2 de [devenus 2] l'AUPSRVE, que ladite créance n'était pas certaine, liquide et exigible. Rejet du pourvoi (CCJA, no 008/2007, 15-3-2007 : FISDES c/ Sté CORECA, Rec. jur. CCJA no 9, janv.-juin 2007, p. 28, obs. Joseph Issa-Sayegh, Ohadata J-08-218).

> **Obs. :** il était fait référence à l'article 147, al. 4 de la loi ivoirienne 97-518 du 4 septembre 1997, selon lequel le protêt, faute de paiement d'une traite, doit être dressé l'un des deux jours ouvrables qui suivent l'échéance.

C. Validité d'un billet à ordre nul comme reconnaissance de dette

Le billet à ordre souscrit par un débiteur vaut reconnaissance de dette, quand bien même il est nul. Il en est ainsi d'autant plus que selon une doctrine constante (cf. F. Pérochon et R. Bonhomme, Entreprises en difficulté – Instruments de crédit et de paiement, no 628 et s., 4e éd.), la gravité de la sanction d'un effet de commerce se révèle à travers l'impossibilité qui en découle, pour le porteur de l'effet irrégulier, de se prévaloir d'engagement de nature cambiaire à la charge des divers signataires du titre et il n'en résulte pas au demeurant que l'acte n'ait aucune valeur juridique car ce n'est pas une lettre de change ou un billet à ordre, mais peut-être est-ce une reconnaissance de dette, un commencement de preuve par écrit ou encore l'engagement d'un délégué au profit d'un délégataire (CA Ouagadougou (Burkina Faso), ch. com., no 023, 7-3-2008 : B.I.B. c/ O. A., Ohadata J-12-131).

....

XIII. Preuve de la créance réclamée

A. Preuve par tous moyens entre commerçants

La preuve de la créance dont le recouvrement est poursuivi par l'injonction de payer peut se faire par tous moyens si toutes les parties sont commerçantes (CA Abidjan, no 222, 28-2-2003 : F. A. c/ Z. C., Ohadata J-03-243).

B. Preuve établie

L'existence de relations contractuelles peut résulter d'une lettre d'accréditation par laquelle une partie confie à l'autre une campagne sportive de communication et de sponsoring. Lorsque le créancier intimé justifie avoir rempli son obligation, sans contestation du débiteur, c'est à juste titre que la condamnation de ce dernier a été confirmée par le premier juge (CA Abidjan, nº 9, 4-1-2002 : Fédération Nationale de Golf c/ Sté Initiatives, Actualités Juridiques nº 35-2003, Ohadata J-03-77, Ohadata J-02-158).

C. Défaut de preuve

La preuve de la créance réclamée par la procédure d'injonction de payer n'est pas rapportée :

– si le demandeur est dans l'impossibilité de prouver le contrat qu'il invoque (CA Abidjan, nº 234, 10-2-2004 : ETCBETF c/ A. S., Ohadata J-04-501) ;

Voir sous l'art. 1.

– lorsque les documents produits par le créancier poursuivant ne prouvent pas la volonté du débiteur d'acheter à crédit des billets d'avion (CA Abidjan, nº 1096, 8-12-2000 : Sté G.I.D.C. c/ W.T.A, Bulletin Juris-Ohada, nº 3/2002, juill.-sept. 2002, p. 56, Ohadata J-02-147, note anonyme) ;

– dès lors que la créance dont le recouvrement est poursuivi apparaît sans cause, ni certaine, ni liquide, ni exigible, de sorte que l'AUPSRVE est inapplicable ; l'ordonnance rendue doit être rétractée (CA Abidjan, nº 877, 21-7-2000 : M.G.G.P. c/ B.J, Bulletin Juris-Ohada, nº 3/2002, juill.-sept. 2002, p. 47, Ohadata J-02-144, note anonyme) ;

– lorsqu'est invoqué le simple et unique fait que le créancier détenait toujours des chèques émis par le débiteur pour justifier que celui-ci n'a pas entièrement libéré sa dette, car il est constant que le chèque est un titre de paiement, et non un instrument de crédit ou autre pouvant servir à garantir le paiement d'une quelconque créance ; et que le défaut de paiement ouvre des voies de recours au porteur. C'est donc à tort que le premier juge s'est basé sur la production de ces chèques (CA Ouagadougou, civ. et com., nº 33, 20-2-2004 : B. D. c/ B. D. R., Ohadata J-04-361 ; J-04-360) ;

– lorsque le débiteur conteste sa qualité de débiteur, ôtant de ce fait à la créance dont le recouvrement est poursuivi son caractère certain, et que le créancier ne justifie pas que sa créance tire son origine d'un contrat ou résulte de l'émission ou de l'acceptation d'un effet de commerce ou d'un chèque dont la provision s'est révélée inexistante ou insuffisante. L'injonction de payer rendue est inadéquate et doit être infirmée (CA Daloa, 1e ch., nº 154, 8-5-2002 : K.K. c/ KY dit N., Juris-Ohada, nº 4/2005, juill.-sept. 2005, p. 29, Ohadata J-06-18).

C'est à tort qu'il est reproché à un arrêt d'avoir violé l'article 2 [devenu 2, alinéa 2] de l'AUPSRVE en déclarant une Église responsable des agissements fautifs de son ex-employé au motif que le fait d'avoir apparemment donné mandat à celui-ci engageait sa responsabilité contractuelle alors que, selon cette disposition, la procédure d'injonction de payer ne peut être utilisée lorsque la personne en cause n'est pas contractuellement tenue envers le demandeur. En effet, la démarche des juges d'appel a consisté à prouver que le mandat apparent avait permis de parvenir à la réalisation d'un contrat consistant en une commande suivie d'une livraison, dans les locaux de l'Église et, qu'à ce moment de l'échange, aucune infraction n'était reprochée à l'employé (CCJA, 2e ch., nº 173, 17-12-2015 : Église De Jésus-Christ Des Saints Des Derniers Jours c/ Sté LAGICOM-CI, SARL, Ohadata J-16-166 ; CCJA, 3e ch., nº 010, 25-1-2018 : Église De Jésus-Christ des Saints des derniers jours c/ Djouka Amon Hilaire).

XIV. Compatibilité de la conciliation préalable prévue par les parties avec la procédure

Sur la compatibilité de la conciliation préalable prévue par les parties avec les textes régissant l'injonction de payer et le caractère non obligatoire la tentative de conciliation préalable devant le juge qui rend l'ordonnance d'injonction de payer, voir sous l'art. 12.

Jurisprudence comparée

France

A. Créances contractuelles

1º Qualification

A une cause contractuelle :

– la créance née des stipulations d'un contrat de bail, y compris, le cas échéant, la clause pénale (CA Versailles, 1e ch. B, 22-5-1998 : GP 1998.som.674) ;

– la créance de la caution subrogée dans les droits du débiteur qu'elle a garanti et désintéressé (Cass. 2e civ. 4-3-2004 nº 322 : RJDA 7/04 nº 903).

2º Preuve de l'origine contractuelle

Le créancier doit prouver l'origine contractuelle de sa créance (Cass. com. 26-5-1983 : GP 1983.pan.290).

B. Autres créances

1º Admission

Peut bénéficier de l'injonction de payer la créance résultant d'un aval d'une lettre de change, même par acte séparé (Cass. com. 8-5-1967 : Bull. civ. III p. 179).

2° Rejet

La créance en paiement d'un chèque est exclue de l'injonction de payer (CA Orléans 26-10-1976 : JCP G 1978.II.18896) ainsi que celle en paiement d'une lettre de change nulle (Cass. com. 6-7-1965 : D. 1966.24 ; CA Paris 5-12-1979 : D. 1980.IR.435).

Chapitre II
LA PROCÉDURE

Section I • LA REQUÊTE

Art. 3 La demande est formée par requête auprès de la juridiction compétente du domicile ou du lieu où demeure effectivement le débiteur ou l'un d'entre eux en cas de pluralité de débiteurs.

Les parties peuvent déroger à ces règles de compétence au moyen d'une élection de domicile prévue au contrat.

L'incompétence territoriale ne peut être soulevée que par la juridiction saisie de la requête ou par le débiteur lors de l'instance introduite par son opposition.

JURISPRUDENCE OHADA

I. Juridiction compétente

A. Compétence matérielle

Incompétence du juge des requêtes. Les articles 1 et 2 de l'AUPSRVE ne donnent nullement compétence au juge saisi de la procédure simplifiée de recouvrement de prononcer la résolution du contrat liant les parties. En l'espèce, le juge des requêtes saisi est incompétent dès lors que la mesure sollicitée constitue une remise en l'état du fait de l'inexécution par l'une des parties de son obligation contractuelle (CA Abidjan, n° 443, 4-4-2000 : LIMBA c/ M. O. B., Revue Ecodroit AIDD, août-sept. 2001, p. 51, note anonyme ; Ohadata J-02-20).

Obs. : cette décision vise les art. 1 et 2 de l'AUPSRVE, mais c'est l'art. 3 qui régit la compétence.

B. Compétence territoriale

1° Domicile du débiteur mentionné dans le contrat

Il ressort de l'article 3, al. 3 de l'AUPSRVE que l'incompétence territoriale ne peut être soulevée que par la juridiction saisie de la requête par le débiteur lors de l'instance introduite par son opposition. Lorsqu'il n'apparaît nulle part dans le contrat que les parties ont entendu déroger aux règles de compétence territoriale du Tribunal au sens de l'article 3, al. 2 de l'AUPSRVE, la juridiction compétente pour recevoir la requête est le tribunal du domicile tel que mentionné dans le contrat. Le débiteur étant domicilié à Abidjan Zone 4 c, c'est le tribunal de 1e instance d'Abidjan qui est compétent. Il en résulte l'incompétence de la juridiction présidentielle du tribunal de 1e instance de Gagnoa (TPI Gagnoa, n° 11, 9-2-2001 : BCM c/ SNAIB, Bulletin Juris-Ohada n° 1/2002, janv.-mars 2002, p. 45, Ohadata J-02-134, note anonyme, confirmée par (CCJA, n° 001/2001, 11-10-2001, Ohadata J-02-05).

C'est en violation de l'article 3 de l'AUPSRVE qu'un tribunal autre que celui du siège social de la société débitrice a été saisi. Les règles de compétence étant d'ordre public et l'appelante ayant en outre fait valoir cette exception, le jugement entrepris doit être annulé ; statuant à nouveau après évocation, le tribunal saisi doit être déclaré incompétent (CA Littoral (Cameroun), n° 098/C, 18-7-2008 : Sté WOODWARDS SARL c/ Liquidation Crédit Agricole du Cameroun SA, Ohadata J-09-121).

2° Domicile effectif du débiteur

En matière d'injonction de payer, l'article 3, al. 1 de l'AUPSRVE dispose que la demande est formée par requête auprès de la juridiction compétente du domicile du lieu où demeure effectivement le débiteur ou l'un d'entre eux en cas de pluralité de débiteurs. Le requérant qui ne respecte pas cette règle doit être renvoyé à se pourvoir devant le tribunal territorialement compétent (TGI Ouagadougou, n° 265, 28-5-2003 : Z. K. c/ N. M., Ohadata J-04-328).

3° Rétractation d'une ordonnance rendue par une juridiction incompétente

Une ordonnance d'injonction de payer rendue par une juridiction incompétente pour ne pas être celle du domicile du débiteur a été rétractée (TPI Bafoussam, n° 44, 15-4-2005 : N. M. W. F. c/ T. A., Ohadata J-07-62). Dans le même sens, retenant que lorsque le prétendu débiteur est domicilié et réside effectivement à Cotonou en République du Bénin, que l'engagement ayant servi de fondement juridique à l'ordonnance critiquée a été également signé à Cotonou, et que le créancier poursuivant a lui-même clairement indiqué dans sa requête aux fins d'injonction de payer que le débiteur supposé demeure et est domicilié à Cotonou, la juridiction togolaise ayant été saisie à tort en lieu et place de la juridiction béninoise à laquelle la loi donne compétence (TPI 1e classe Lomé (Togo), ch. civ. et com., 2-7-2010 : A. M. c/ A. A. et M. le Greffier en Chef du TPI de Lomé, Ohadata J-11-95).

4° Pluralité de débiteurs

Le TPI d'Abidjan est compétent pour connaître d'une demande d'injonction de payer en cas de pluralité de débiteurs dont l'un, la caution solidaire en l'espèce, est domicilié dans le ressort de ce tribunal (CCJA, 1e ch., n° 21, 31-3-2005 : B. G. D. c/ BIAO-CI, Juris-Ohada, n° 3/2005, p. p. 15, note B. K. Mathurin, Rec. jur. CCJA, n° 5, janv.-juin 2005, vol. 2, p. 43, Ohadata J-05-373).

5° Débiteur résidant à l'étranger

Lorsqu'il ressort des pièces versées au dossier de la procédure, que suivant conclusions additionnelles, produites « en complément de l'acte d'opposition à ordonnance d'injonction de payer », la demanderesse a soulevé l'exception d'incompétence territoriale du tribunal de première instance d'Abidjan-Plateau sur le fondement de l'article 3 de l'AUPSRVE, c'est en violation de l'article 3 de l'AUPSRVE que la cour d'appel, tout en relevant dans sa motivation que « l'ordonnance d'injonction de payer [...], a été signifiée à parquet [...] alors que la société [demanderesse] a son siège à Bamako au Mali et que la preuve de sa représentation en côte d'Ivoire n'est pas rapportée », n'a pas tiré les conséquences de cette incompétence territoriale ; son arrêt doit être cassé. Sur l'évocation et pour les mêmes motifs que ceux ayant entraîné la cassation, il y a lieu de déclarer le juge délégué dans les fonctions de président du tribunal de première instance d'Abidjan territorialement incompétent pour délivrer l'ordonnance d'injonction de payer critiquée et, par conséquent, d'annuler le jugement civil contradictoire rendu sur l'opposition par le tribunal de première instance d'Abidjan-Plateau, ainsi que l'ordonnance d'injonction de payer rendue dans l'affaire (CCJA, 3e ch., n° 099, 2-6-2016 : Sté Grands Moulins du Mali SA c/ Magassa Kaka, Ohadata J-17-39).

De même, en présence d'un contrat de distribution signé le 17 juillet 2013, dans lequel chacune des parties a élu domicile en son siège social, la société [A.] au Quartier [X.], à Pointe-Noire, et la société [B.] au [Y.], Sugar Land, Texas 77478, et d'une requête d'injonction de payer introduite par la société [A.] contre « la société [B.], société de droit américain, domiciliée à [...], Texas 77478 », c'est en violation des dispositions péremptoires de l'article 3 de l'AUPSRVE qu'une cour d'appel a retenu la compétence des « seules juridictions de Pointe-Noire, lieu de l'exécution du Contrat [...] » pour connaître de cette procédure d'injonction de payer alors que le débiteur, résidant hors du ressort territorial de ces juridictions, n'y a pas élu domicile, exposant l'arrêt attaqué à la cassation. Sur l'évocation, la procédure d'injonction de payer est régie par les dispositions de l'AUPSRVE, selon l'article 3 duquel la requête doit être introduite auprès de la juridiction compétente du domicile ou du lieu de résidence effectif du débiteur ; ainsi, par ce motif de pur droit, le même que celui développé lors de l'examen du moyen de cassation, substitué à ceux, erronés, du jugement attaqué, il y a lieu de déclarer les juridictions de Pointe-Noire incompétentes pour connaître de la procédure d'injonction de payer dirigée contre [B.], société de droit américain, domiciliée au Texas (CCJA, 3e ch., n° 138/2022, 27-10-2022).

6° Domicile du créancier

Il a été jugé que la cour d'appel, régulièrement saisie par le biais d'une loi de procédure, en l'occurrence l'AUPSRVE, en vigueur et applicable devant elle, qui, pour déclarer le président du tribunal de commerce de Lubumbashi compétent et admettre de manière plus générale la compétence des juridictions congolaises, a retenu, d'une part, que l'article 10 du protocole d'accord ne constitue ni une clause compromissoire, les parties n'ayant pas voulu soumettre leur litige à un arbitre, ni une clause attributive de compétence, les parties ayant seulement entendu soumettre leur litige né au droit substantiel de l'Afrique du Sud, et, d'autre part, qu'en application de l'article 3 de l'AUPSRVE, la juridiction compétente pour l'injonction de payer en cause est celle de Lubumbashi où est effectivement domicilié le créancier poursuivant, est restée dans le cadre de ses attributions juridictionnelles et n'a aucunement méconnu l'étendue de son pouvoir de juger (CCJA, 1e ch., n° 039/2023, 9-3-2023).

C. Inapplicabilité de la théorie de la gare principale à défaut de succursale

Lorsque la société débitrice poursuivie en paiement à son siège social à Douala (Cameroun), la théorie de la gare principale et de la simulation invoquées par la créancière pour retenir la compétence du juge tchadien ne sont applicables que si la société tchadienne est la succursale ou l'agence de la société immatriculée au Cameroun ; en l'absence de ce lien juridique, la juridiction territorialement compétente est celle de Douala (Cameroun) (CA N'Djaména, n° 281/2000, 5-5-2000 : SDV Cameroun et SDV Tchad c/ STAR NATIONALE, Rev. Juridique Tchadienne, n° 1, mai-juill. 2001, p. 21 ; Ohadata J-06-58).

En sens contraire, il est de jurisprudence constante que la juridiction du lieu des gares principales est compétente pour connaître des litiges nés à l'occasion des activités desdites gares. Dans l'espèce, c'est à bon droit que le tribunal de Sassandra s'est déclarée compétent, car la société débitrice gère à San-Pédro une agence dont les relations d'affaires, avec l'intimée, ont généré la créance, objet du litige et le jugement entrepris mérite confirmation sur ce point (CA Daloa (Côte d'Ivoire), n° 130, 24-5-2006 : Sté AFIMEX AND CO c/ Sté C.M.N.N. SARL, Ohadata J-09-188).

D. Litige international

Le juge doit trancher le litige conformément aux règles de droit qui lui sont applicables et il incombe à chaque partie de prouver conformément à la loi les faits nécessaires au succès de sa prétention. La charge de la preuve repose donc sur l'auteur de la prétention et lorsque la loi étrangère a été invoquée par le défendeur à l'appui d'un moyen d'irrecevabilité ou d'incompétence, c'est à lui à prouver cette loi, faute de quoi le moyen de défense ne peut prospérer (cf. Rev. Crit. DIP 1985, p. 9, note P. Lagarde). Le règlement (CE) n° 44/2001 du 1er mars 2002 invoqué par l'opposant pour la 1e fois en appel est écarté au profit de l'article 17 de la Convention de Bruxelles produite devant le premier juge et qui dispose en son article 4 Convention Bruxelles, al. 1 que « si le défendeur n'est pas domicilié sur le territoire d'un État contractant, la compétence est dans chaque État contractant, réglée par la loi de cet État sous réserve de l'application des dispositions de l'article 16 (compétences exclusives) ». S'agissant d'une injonction de payer, le débiteur opposant étant domicilié au Burkina Faso et le créancier en France (État signataire de la convention de Bruxelles), l'article 1406 du Code de procédure civile français, qui est d'ordre public, retient la compétence du débiteur. Il en résulte que le créancier, après avoir renoncé au bénéfice de la clause d'attribution de compétence était fondé à saisir le tribunal de Ouagadougou, dans le ressort duquel se trouve le domicile du défendeur. En application des dispositions internes du Burkina Faso, c'est à bon droit que le TGI de Ouagadougou a retenu sa compétence en application de l'article 3, al. 1 de l'AUPSRVE et le jugement doit être confirmé sur ce point (CA Ouagadougou (Burkina Faso), ch. com., n° 025, 15-5-2009 : SITACI SA c/ MISETAL SA, Ohadata J-10-211). Dans le même sens : CA Ouagadougou (Burkina Faso), ch. com., n° 045, 20-6-2008 : SITACI c/ TRADESCA, Ohadata J-10-199.

Obs. : voir ci-dessus pour l'hypothèse dans laquelle le débiteur est domicilié et réside dans un autre État partie à l'OHADA.

E. Exception d'incompétence

Lorsqu'il ressort des productions, que ni les appelantes ni la juridiction saisie n'ont soulevé l'incompétence des juridictions guinéennes lors de l'instance introduite sur opposition, conformément aux dispositions de l'article 3, al. 2 de l'AUPSRVE, l'exception d'incompétence des juridictions guinéennes soulevée devant la CCJA doit être rejetée (CCJA, n° 026/2007, 19-7-2007 : Blue Road Shipping LTD c/ 1) Transways Entreprises SA ; 2) Scilly Isles Navigation SA, Rec. jur. CCJA n° 10, juill.-déc. 2007, p. 32, Ohadata J-08-245).

....

II. Election de domicile

A. Disparition du tribunal élu : attribution de compétence au nouveau tribunal

Selon l'article 3, al. 2 de l'AUPSRVE, les parties peuvent déroger aux règles de compétence territoriale au moyen d'une élection de domicile prévue au contrat. Et lorsque la juridiction dans le ressort de laquelle les parties ont élu domicile n'existe plus, la loi portant organisation judiciaire (au Burkina Faso) a érigé ledit tribunal en Tribunal de grande instance de sorte qu'au sens de l'article 1156 du Code civil les parties ont entendu attribuer compétence au nouveau pour connaître des litiges pouvant s'élever à l'occasion de leur contrat (TGI Ouagadougou (Burkina Faso), n° 155, 5-5-2004 : SODEGRAIN-SA c/ STCK-SA, Ohadata J-05-246).

B. Application de l'élection de domicile convenue

Une « convention de tierce détention et de prestations de services » (qui est la loi des parties et doit à ce titre s'appliquer), ayant prévu une élection de domicile par laquelle les parties ont entendu déroger aux règles de compétence territoriale relatives à la demande d'injonction de payer, (article 3, al. 1, de l'Acte uniforme précité), c'est à tort que le premier juge s'est déclaré incompétent au profit du président du tribunal de commerce de Paris. Cassation du jugement querellé sur ce point et confirmation de la compétence du Tribunal de première instance d'Abidjan (CCJA, n° 21, 17-6-2004 : SDV-COTE D'IVOIRE c/ RIAL TRADING, Juris-Ohada, n° 3/2004, juill.-oct. 2004, p. 11, note BROU Kouakou Mathurin ; Rec. jur. CCJA, n° 3, janv.-juin 2004, p. 130 ; Ohadata J-04-382).

C'est à tort qu'il est reproché à un juge d'appel de s'être, comme le juge d'instance, fondé sur la clause attributive de juridiction prévue par les parties et sur les dispositions de l'article 3, al. 2 de l'AUPSRVE pour rejeter l'exception d'incompétence qu'elle a opposée, dès lors qu'il résulte de la disposition visée au moyen qu'elle permet aux parties à un contrat d'écarter les règles de compétence qu'elle édicte par une clause insérée à leur convention, la référence faite par ce texte à l'élection de domicile ne pouvant avoir pour effet de limiter à cette seule technique juridique le mode d'expression de la commune

volonté des parties (CCJA, 3e ch., no 119, 11-5-2017 : Rougier Pharma Afrique SA c/ BOAD).
La clause d'attribution de compétence par laquelle des parties ont stipulé « que le tribunal d'Abidjan-Plateau sera seul compétent pour régler toutes les contestations qui pourront surgir à l'occasion des présentes », exprimée alors que le tribunal ainsi élu avait la compétence de principe en matière d'injonction de payer, doit produire ses effets, comme résultant d'une convention légalement formée, la modification de la carte judiciaire d'Abidjan, survenue postérieurement avec la création d'un Tribunal de commerce, n'entamant pas la validité de cette clause attribuant la compétence au Tribunal d'Abidjan-Plateau. C'est donc à tort que le tribunal de commerce a retenu sa compétence et que son président a délivré l'injonction de payer querellée. Le jugement entrepris sera infirmé et la demande de recouvrement de la banque sera rejetée (CCJA, 1e ch., no 089, 28-3-2019 : S.I.B. c/ Sté IMPAC et KHACHAB Hussein Ali).

III. Non-communication de la procédure au ministère public

C'est à tort qu'il est reproché à un juge de ne pas avoir communiqué la procédure de recouvrement au ministère public, cette communication n'étant pas prévue par l'AUPSRVE (CA Abidjan, no 927, 19-7-2002 : AFRIDRAG c/ SCI C.C.T., Ohadata J-03-25, obs. de J. Issa-Sayegh sous Ohadata J-02-23 ; J-02-25 ; J-02-84 ; J-02-98 et J-02-108).

Jurisprudence comparée

France

Lieu où demeure la personne morale

Le juge territorialement compétent est celui où demeure le ou l'un des débiteurs poursuivis (CA Poitiers 9-4-1986 : D. 1986.IR.319). Si le débiteur est une personne morale, la juridiction est celle dans le ressort de laquelle se trouve le siège social ou une succursale ayant à sa tête un subordonné avec pouvoir de décision (CA Chambéry 5-12-1977 : GP 1978.1.252).

Art. 4 [mod.] La requête doit être déposée ou adressée par le demandeur, ou par son mandataire autorisé par la loi de chaque État partie à le représenter en justice, au greffe de la juridiction compétente.

Elle contient, à peine d'irrecevabilité :

1) les nom, prénoms et domicile des parties ou, pour les personnes morales, leurs dénomination, forme et siège social ;

2) l'indication précise du montant de la somme réclamée avec le décompte des différents éléments de la créance ainsi que le fondement de celle-ci.

Elle est accompagnée des documents justificatifs en originaux ou en copies certifiées conformes.

Lorsque la requête émane d'une personne non domiciliée dans l'État de la juridiction compétente saisie, elle doit contenir sous la même sanction, élection de domicile dans le ressort de cette juridiction.

Jurisprudence OHADA

I. Champs d'application de l'article 3

Les dispositions de l'article 4.1 de l'AUPSRVE régissent la requête en injonction de payer et non l'acte d'opposition à l'ordonnance d'injonction (CCJA, 1e ch., no 186/2024, 27-6-2024).

II. Irrecevabilité de la requête ne remplissant pas les conditions de l'article 4

L'application de l'AUPSRVE doit être exclusive ; son article 4, al. 2 ne prévoyant aucune réserve à l'irrecevabilité en cas de défaut des mentions prescrites, la requête à fin d'injonction de payer qui ne comporte ni la forme de la société ni le décompte des différents éléments de la créance est irrecevable et l'arrêt qui l'a reçue, notamment en se fondant sur une disposition nationale, encourt la cassation. Sur l'évocation, la requête qui ne remplit pas les conditions posées par l'article 4 précité est irrecevable (CCJA, 2e ch., no 002, 30-2014 : Sté TV + Gabon c/ Sté DHL International Gabon, Ohadata J-15-93).
En présence d'une requête aux fins d'injonction de payer qui se contente de mentionner que le montant global réclamé par la créancière est de

30 944 262 FCFA, soit, 25 444 262 FCFA en principal augmentée de celle de 5 500 000 FCFA, sans autre précision tant sur le fait générateur de ce dernier montant, que sur son fondement, c'est en violation de l'article 4, alinéa 1 de l'AUPSRVE qu'une cour d'appel a retenu que ladite requête ne comportait pas d'irrégularités, pour débouter la débitrice de son opposition, dès lors que la requête n'indique pas, de manière précise et complète, le décompte des différents éléments qui composent la créance ainsi que le fondement de celle-ci et, de ce fait, ne satisfait pas aux prescriptions du texte susvisé (CCJA, 3e ch., no 285/2020, 27-8-2020 : Cotrac SARL c/ BICEC).

Mais c'est à tort qu'il est reproché à un arrêt la violation de l'article 4 de l'AUPSRVE, dès lors qu'il ne résulte pas des mentions de l'arrêt attaqué que la cour d'appel a été saisie du moyen tiré de la violation des dispositions de l'article 4 de l'AUPSRVE, relatif à la requête aux fins d'injonction de payer, le différend ayant plutôt porté sur les actes relatifs à la signification de la décision portant injonction de payer. Il s'ensuit que le grief porté par cette branche du moyen est extérieur à l'arrêt entrepris, et donc inopérant (CCJA, 1e ch., no 242/2020, 25-6-2020 : La Coapadel c/ N.).

Il s'induit de l'article 4 de l'AUPSRVE que seule la recevabilité d'une requête aux fins d'injonction de payer s'apprécie au regard des mentions qu'elle contient conformément aux prescriptions dudit texte. Ne peut donc être accueilli, le moyen faisant grief à un arrêt d'avoir refusé d'annuler la signification d'une ordonnance d'injonction de payer pour omission de la forme de la société, alors qu'en l'espèce, la forme était bien mentionnée (CCJA, 1e ch., no 271/2020, 30-7-2020 : Gemo Distribution SARL c/ Banque Atlantique du Sénégal SA).

III. Recevabilité de la requête fondée exclusivement sur ces mentions dans la requête

C'est à tort qu'un juge s'est basé sur d'autres pièces en dehors de la requête en injonction de payer, éléments non prévus par l'article 4 de l'AUPSRVE, pour déclarer irrecevable une requête en injonction de payer, alors que la recevabilité de ladite requête ne doit s'apprécier qu'au regard des seules mentions qu'elle contient (CA Abidjan, no 1057, 24-7-2001 : Sté RHODIA Ouest Afrique c/ D. E., Ecodroit, no 13-14, juill.-août 2002, p. 51, Ohadata J-02-175).

Obs. : en l'espèce le premier juge a retenu qu'il résulte des pièces produites que la dénomination de la société diffère d'une pièce à une autre de sorte qu'il y a violation des dispositions de l'article 4, al. 2 de l'AUPSRVE.

IV. Auteur de la requête

A. Nullité de la requête non introduite par le demandeur ou par un mandataire légal

1o Irrecevabilité de la requête introduite par un « expert conseil agréé » non autorisé par la loi nationale

Pour être valable, la requête aux fins d'injonction de payer doit être introduite par le demandeur lui-même ou par un mandataire autorisé par la loi de l'État membre. L'ordonnance rendue à la suite d'une requête introduite par un « expert conseil agréé » doit être annulée dès lors qu'il résulte de la loi nationale applicable en l'espèce que l'avocat a le monopole de la représentation des parties devant toutes les juridictions (TGI Mfoundi, no 138, 10-1-2002 : A. A. c/ B. née Z. A. E. J., Greffier en chef du TGI, Ohadata J-04-425).

2o Irrecevabilité de la requête introduite par une société agissant par l'entremise d'une personne autre que son représentant légal et non habilitée par celui-ci

Il ressort des dispositions de l'article 4 de l'AUPSRVE sus-énoncées, qui prescrivent que la requête doit être déposée ou adressée par le demandeur, ou par son mandataire autorisé par la loi de chaque État partie à le représenter en justice et qu'elle contient, à peine d'irrecevabilité, pour les personnes morales, leur forme, le législateur de l'OHADA fait de la précision de la forme juridique de la personne morale dans une requête aux fins d'injonction de payer une mention essentielle pour apprécier, d'une part, la capacité de ceux qui agissent en son nom et pour son compte et, d'autre part, la régularité du mandat donné par ceux-ci aux personnes autorisées par la loi de chaque état partie à les représenter en justice. En l'espèce, la requête aux fins d'injonction de payer a été adressée au président du tribunal de première instance par « La société [X.] SA [...], agissant poursuite et diligence de son chef d'agence de Yaoundé », dont il n'est pas établi qu'il a reçu mandat pour agir en son nom, alors qu'il résulte des dispositions combinées des articles 465, alinéa 2, 487, alinéa 1, et 494 de l'AUSCGIE que seul le président-directeur général ou le directeur général de la société anonyme avec conseil d'administration ou l'administrateur général de la société anonyme avec administrateur général a la qualité de représentant légal de la société et peut donc à cet effet agir en justice. Il s'en infère que l'absence de preuve dûment rapportée que le chef d'agence de la société [X.] de Yaoundé a reçu pouvoir du représentant légal de celle-ci, défini suivant le mode d'administration choisi, ne permet pas, d'une part, d'apprécier s'il peut ester en justice en son nom et, d'autre part, s'il peut valablement donner mandat à un avocat d'introduire une requête au nom de ladite société, suivant les exigences de l'article 4.1 de l'AUPSRVE. En conséquence, il y a lieu de déclarer irrecevable la requête aux fins d'injonction de payer et d'annuler par voie de conséquence l'ordonnance d'injonction de payer rendue ; la requête aux fins d'injonction de payer étant irrecevable et l'ordonnance d'injonction de payer annulée de ce fait, les demandes relatives à la nullité de l'exploit de signification et de l'ordonnance d'injonction de payer et au caractère infondé de la créance deviennent sans objet (CCJA, 1e ch., n° 186/2024, 27-6-2024).

B. Validité de la requête formée sans avocat

La requête d'injonction de payer déposée sans avocat est valable dès lors que l'article 4 de l'AUPSRVE précise que la requête en injonction de payer doit être déposée par le demandeur ou son mandataire autorisé à le représenter en justice (CA Ouest (Cameroun), n° 81/CIV, 26-10-2011 : J. T. et Ets T. T. c/ La PASTA SA, Ohadata J-12-65).

....

V. Nom des parties

L'article 4 de l'AUPSRVE n'a pas été violé lorsque la requête comporte le nom du propriétaire, dont la personnalité se confond avec celle de l'entreprise individuelle créancière. Ladite la requête est recevable (CA Bouaké, n° 13, 24-1-2001 : B c/ Station Mobil, Juris-Ohada, n° 3/2003, juill.-sept. 2003, p. 63, Ohadata J-04-117).

....

VI. Mention de la profession des parties

A. Mention acceptable

S'il est constant que la profession est le métier que l'on a appris à faire et pour lequel l'on est qualifié alors que la fonction relève des activités que l'on mène en fonction des circonstances de la vie, le dictionnaire le ROBERT-MICRO les définit sous le même vocable de « métier » c'est-à-dire un genre de travail déterminé, reconnu ou toléré par la société et dont on peut tirer ses moyens de subsistance. Les demandeurs ayant passé en 2005 des contrats de prêt et de cautionnement en se présentant comme exerçant les professions de Directeur et Directrice de société, les premiers juges ont sainement apprécié les faits en retenant que les métiers et conséquemment les professions qu'ils exerçaient lors de la conclusion des contrats litigieux étaient celles mentionnées sur lesdites pièces d'identité, dès lors que les demandeurs ne justifient pas que cette mention est le résultat d'une erreur commise par l'État de Côte d'Ivoire lors de la délivrance de leurs cartes nationales d'identité. Par conséquent l'indication de cette mention dans la requête satisfait aux exigences de l'article 4 de l'AUPSRVE (CA Abidjan (Côte d'Ivoire), 1e ch. civ. et com., n° 364, 24-12-2010 : 1. D. épse K., 2. M. D. c/ BICICI, Juris-Ohada, n° 3/2011, juill.-sept. 2011, p. 34, Ohadata J-12-160).

Validité de la requête indiquant la fonction ou la profession. C'est à tort qu'une partie conclut à l'irrecevabilité d'une requête à fin d'injonction de payer aux motifs qu'elle ne contient pas sa profession, dès lors qu'en passant les différents contrats, les appelants étaient détenteurs de pièces d'identité indiquant qu'ils exerçaient la profession de directeur de société. La requête contenant cette mention est recevable, la distinction entre fonction et profession étant vaine (CCJA, 2e ch., n° 020, 2-4-2015 : Banque Internationale pour le Commerce et l'Industrie de la Côte d'Ivoire (BICICI) c/ 1) Donwahi Alain Richard Ahipaud, 2) Donwahi épse Koffi Illa Ginette, Ohadata J-16-20).

Obs. : cette décision ne vise pas expressément l'article 4 de l'AUPSRVE mais elle est applicable et transposable à toutes requêtes nécessitant l'indication de la profession.

De même, c'est à tort qu'il est reproché à une cour d'appel d'avoir violé l'article 4 de l'AUPSRVE en déclarant recevable la requête d'injonction de payer, alors que ne figurent nulle part sur la requête les professions et domicile du requérant, et la forme des parties, comme l'exige le texte précité quand il s'agit de personnes morales, dès lors que contrairement aux énonciations du moyen, la requête apporte toutes les précisions tant sur l'entreprise « VORGIM », que sur l'Église dont la forme découle même de l'acronyme (CCJA, 3e ch., n° 010, 25-1-2018 : Église de Jésus-Christ des Saints des derniers jours c/ Djouka Amon Hilaire).

B. Recevabilité de la requête sans mention de la profession si la personne destinataire peut être identifiée

La requête n'est pas irrecevable lorsque le défaut d'indication de la profession du requérant n'empêche pas son identification et que le débiteur appelant ne prouve pas que le créancier intimé exerce une profession (CA Abidjan, n° 399, 13-4-2001 : Smart Travel et Tours c/ N. G. R. E., Ecodroit, n° 10, avr. 2002, p. 53, obs. anonymes, Ohadata J-02-92, voir obs. anonymes).

Sur une décision ayant rétracté une ordonnance d'injonction de payer ne comportant pas les mentions requises (noms, prénoms, domicile et profession des parties), TPI Bafoussam, n° 44, 15-4-2005 : N. M. W. F. c/ T. A., Ohadata J-07-62). Dans le même sens, rétractant l'ordonnance rendue pour défaut d'indication de la profession du requérant dans la requête : TPI Lomé (Togo), ch. civ. et com., n° 1211, 25-5-2010 : Agence LUXAIR ATLANTIC VOYAGES c/ O. Y., Ohadata J-11-108.

VII. Mentions relatives à la personne morale

A. Mention de la forme de la personne morale

1° Irrecevabilité de la requête à défaut de la forme de la personne morale créancière ou débitrice

La requête aux fins d'injonction de payer qui ne précise la forme juridique, ni de la société créancière, ni celle de la société débitrice viole les dispositions de l'article 4 de l'AUPSRVE et doit être déclarée irrecevable. L'ordonnance rendue sur la base de cette requête doit être déclarée nulle et non avenue (CCJA, n° 041/2005, 7-7-2005 : Sté BENIS c/ Ets K. N., Rec. jur. CCJA, n° 6, juin-déc. 2005, p. 65, Juris-Ohada, n° 1/2006, p. 2, Ohadata J-06-40), ou rétractée (TPI Nkongsamba (Cameroun), ord. n° 10/CE, 31-10-2007 : Sté Lachanas Frères Transports SA c/ M. J., note Yvette Kalieu Elongo, Ohadata J-09-246).

Dans le même sens :

– CCJA, n° 16, 29-4-2004 : S.D.A et M. W. N. R. c/ H. S., Juris-Ohada, n° 2/2004, juin-août 2004, p. 47, note BROU Kouakou Mathurin ; Rec. jur. CCJA, n° 3, janv.-juin 2004, p. 116 ; Ohadata J-04-301 ;

– CCJA, 27-1-2005, n° 007, Sté Optique Instrumentale c/ ITRAG-Transit, Ohadata J-05-189, Juris-Ohada n° 1/2005, janv.-mars 2005, p. 18 ;

– CA Abidjan, n° 167, 2-2-2001 : Sté SODIRAB c/ K., Juris-Ohada, n° 4/2003, oct.-déc. 2003, p. 47, note Brou Kouakou Mathurin, Ohadata J-04-127 ;

– CA Bouaké, n° 27, 7-2-2001 : ASCB c/ Pharmacie N'GATTAKRO, Juris-Ohada, CNDJ, n° 2/2002, avr.-mai-juin 2002, p. 50, note anonyme, Ohadata J-02-106, note anonyme ;

– TR Niamey, n° 94, 26-3-2003 : SONITEL c/ SAPI, Ohadata J-04-76 ;

– CA Littoral, n° 150/CC, 27-8-2004 : Sté SIX International LTD SARL c/ Sté ABUL SA, Ohadata J-07-52 ;

– CA Niamey (Niger), n° 106, 5-11-2007 : Sté CGNI c/ BINCI SA, Ohadata J-10-230 ;

– CA Littoral (Cameroun), n° 105/CC, 1-9-2008 : Standard Chartered Bank Cameroon SA c/ Sté SOCADIS SARL, Ohadata J-09-129 ;

– TPI Lomé (Togo), ch. civ. et com., n° 2423/09, 14-8-2009 : Sté DREAM'S Hôtel c/ Hôtel IBIS Lomé Centre, Ohadata J-11-10 ;

– CCJA, 2e ch., n° 060, 25-7-2013 : Sté NETCOM c/ Compagnie Minière d'Akouta dite COMINAK, Ohadata J-15-61 ;

– CCJA, 2e ch., n° 195, 23-11-2017 : AI SARL, BSA SARL c/ Mustapha Mohamed Kassir, précisant que l'indication de la *forme juridique* des personnes morales en cause est imposée, à peine d'irrecevabilité d'une requête d'injonction de payer, par l'article 4, al. 1 de l'AUPSRVE. L'absence de cette information dans les baux signés par les parties ne saurait en dispenser le créancier, qui pouvait procéder lui-même aux recherches nécessaires. C'est donc à tort que la cour d'appel saisie a rejeté le moyen tiré de ce que la requête d'injonction de payer n'indiquait pas la forme juridique de la société de l'une des sociétés débitrices, exposant ainsi son arrêt à la cassation. Sur l'évocation et pour les mêmes motifs que ceux ayant entraîné la cassation, le jugement rendu sur opposition doit être infirmé et la requête aux fins d'injonction de payer déclarée irrecevable.

Il résulte de l'article 4 de l'AUPSRVE que la rédaction péremptoire sur la sanction de l'omission d'une des mentions prescrites ne laisse place à aucun doute sur le caractère formaliste de la requête aux fins d'injonction de payer. C'est donc par une exacte application de la loi qu'une cour d'appel a sanctionné l'omission de la mention relative à la forme de la débitrice poursuivie par l'irrecevabilité de la requête, et partant l'annulation de l'ordonnance d'injonction de payer (CCJA, 3e ch., n° 160/2019, 9-5-2019 : Société Bolloré Africa Logistiques Sénégal c/ Compagnie Sahélienne d'Industries dite Matforce S.A.).

2° Irrecevabilité spécifique à l'omission de la forme de la créancière

L'absence de la mention de la forme sociale de la société créancière (dans une requête d'injonction de payer) ne permet pas, d'une part, d'apprécier si ladite société jouit d'une personnalité juridique lui permettant d'ester en justice et, d'autre part, d'apprécier si M. peut la représenter ès qualités de gérante au regard de sa forme juridique. Par conséquent, la requête doit être déclarée irrecevable en violation de l'article 4 de l'AUPSRVE et l'ordonnance d'injonction de payer rendue sur cette base doit être annulée (CCJA, 1e ch., n° 19, 31-3-2005 : B.I.G. c/ C.C.M, Juris-Ohada, n° 3/2005, p. 8, Rec. jur. CCJA, n° 5, janv.-juin 2005, vol. 2, p. 38 ; Ohadata J-05-371).

Saisissant le juge en contestation de l'ordonnance litigieuse, les opposants ont nécessairement justifié eux-mêmes leur existence et leur capacité à ester en justice. Ils ne peuvent donc plus faire valoir leur incapacité sans se contredire et il convient de rejeter l'irrecevabilité excipée comme non fondée (TPI Douala-Bonanjo (Cameroun), n° 42/COM, 6-4-2011 : INSTITUT TONJI, W. P. c/ T. née M. E., greffier en chef du TPI de Douala-Bonajo, Ohadata J-12-222).

3° Irrecevabilité spécifique à l'omission de la forme de la débitrice

Est irrecevable la requête d'injonction de payer qui ne précise nulle part la forme du débiteur poursuivi, qui est une personne morale. La cour d'appel qui a déclaré une telle requête recevable a violé l'article 4 de l'AUPSRVE et sa décision encourt cassation. Sur l'évocation, la décision rendue sur l'opposition doit être infirmée et la requête déclarée irrecevable (CCJA, 2e ch., no 018, 18-2-2016 : Église de Jésus-Christ des Saints des Derniers Jours c/ Cisse Mamadou Souleymane, Ohadata J-16-220). Dans le même sens, retenant que l'omission de la forme juridique de la débitrice, une personne morale, ne permet pas d'apprécier si le signataire du contrat litigieux au nom de celle-ci, avait mandat pour la représenter ès qualité de gérant au regard de sa forme juridique, après avoir précisé qu'il est de principe que les fins de non-recevoir peuvent être soulevées en tout état de cause (CCJA, 3e ch., no 162, 1-12-2016 : Église de Jésus-Christ des Saints des Derniers Jours c/ IDC SARL, Ohadata J-17-102).

Il résulte de l'article 4 de l'AUPSRVE que par la formule « leur forme », le législateur de l'OHADA a voulu que la mention soit précise pour chaque société ; la précision de la forme juridique de la personne morale est essentielle pour apprécier la qualité et la capacité de ceux qui agissent en son nom et pour son compte. Dès lors, c'est en violation de l'article 4 de l'AUPSRVE précité qu'une cour d'appel a estimé qu'une méprise dans la requête sur la forme sociale de la débitrice, par la mention de société anonyme en lieu et place de société à responsabilité limitée, est une confusion « vénielle », sans gravité, exposant ainsi sa décision à la cassation. Sur l'évocation et pour les mêmes motifs que ceux ayant entraîné la cassation, tirés de la méconnaissance de l'article 4 de l'AUPSRVE, il y a lieu de déclarer la requête irrecevable et de confirmer le jugement rendu sur opposition qui a rétracté ladite ordonnance (CCJA, 2e ch., no 105, 27-4-2017 : Africa Sourcing Cameroun Limited SARL c/ Ets Louis et Fils).

B. Mention du représentant légal

Les dispositions nationales (non contraires, tel le Code de procédure civile) et les Actes uniformes ne sont pas exclusifs les uns des autres, mais sont plutôt complémentaires. Si les Actes uniformes posent des règles générales, il faut souvent se référer au Code de procédure civile pour la mise en œuvre pratique de certaines de ces règles. Bien qu'étant des sujets de droit, les personnes morales ne peuvent juridiquement exercer leurs activités que par personnes physiques interposées. Et il est de l'intérêt des personnes morales elles-mêmes et des tiers de connaître l'organe compétent pour agir aux lieu et place de la personne morale en cause (TGI Ouagadougou (Burkina Faso), no 120, 7-4-2004 : B. B. c/ BOA, Ohadata J-05-247).

L'article 4 de l'AUPSRVE n'impose pas l'indication des nom et prénoms du représentant légal de la personne morale sur la requête en injonction de payer et c'est à tort qu'il est reproché à un juge d'avoir violé l'article 4 en validant une requête ne comportant pas ces mentions (CCJA, 2e ch., no 138, 7-6-2018 : COULIBALY Abdoulaye c/ Sté Moulins Modernes de Côte d'Ivoire).

Obs. : cet arrêt, qui nous rappelle simplement qu'il ne faut pas faire dire à la loi ce qu'elle ne dit pas, ne remet pas en question le principe posé par le TGI de Ouagadougou ci-dessus relativement à la nécessité, souvent prévue par le droit interne, d'indiquer l'identité (nom et prénoms) du représentant légal d'une société dans les procédures concernant la société.

C. Identification d'une entreprise individuelle dans la requête

Les éléments d'identification prévus par l'article 4 de l'AUPSRVE (noms, prénoms, professions et domiciles des parties, siège social) ne peuvent être, en ce qui concerne une entreprise individuelle, que ceux empruntés à l'exploitant personnel du fonds (CCJA, 1e ch., no 26, 7-4-2005 : B. C. M. c/ La STATION MOBIL de Yamoussoukro, Juris-Ohada, no 3/2005, p. 27, Rec. jur. CCJA, no 5, janv.-juin 2005, vol. 2, p. 47, Ohadata J-05-378).

Un établissement en droit agit toujours par l'intermédiaire de son gérant. Lorsque le débiteur, lui-même un établissement représenté par son gérant et appelant en l'espèce, ne rapporte pas la preuve que l'intimé (le créancier) n'a pas la capacité pour ester en justice ou qu'il ne rapporte pas la preuve que le créancier n'existe pas physiquement, le moyen tiré de l'irrecevabilité de la requête est non fondé et doit être rejeté (CA Lomé (Togo), no 055, 11-5-2010 : E. E. c/ N. N. A., Ohadata J-11-103).

Il a été jugé que l'indication de la ville, de la boîte postale et des numéros de téléphone du débiteur personne physique commerçante dans la requête satisfait aux exigences de l'article 4 de l'AUPSRVE (CA Ouagadougou (Burkina Faso), ch. com., no 016, 16-5-2008 : H. B. J. c/ B. M., Ohadata J-11-42).

D. Désignation insuffisante du siège social

La seule mention de « Marcory », dans les requêtes formulées par un créancier poursuivant comme désignant le siège social de la société créancière, est manifestement insuffisante, en l'absence de précisions relatives à la ville, à la rue, à la boîte postale et même au quartier, puisqu'il n'est même pas spécifié que « Marcory » est situé dans le District d'Abidjan, dont il constitue l'une des communes, elle-même subdivisée en nombreux sous-quartiers. La cour d'appel qui, pour confirmer le jugement querellé, a considéré « qu'en indiquant dans le cas d'espèce, Marcory comme étant son siège social, la société [X], qui ne pouvait faire autrement eu égard à l'adressage insuffisant en Côte d'Ivoire, a parfaitement satisfait aux exigences de l'article 4 al. 2 de [l'AUPSRVE] ; qu'en effet, l'indication Marcory permet de situer géographiquement la société [X] et de déterminer la juridiction compétente, qui est le Tribunal de Première Instance d'Abidjan... », alors que l'article 4 de l'AUPSRVE ayant prescrit que la requête d'injonction de payer « contient, à peine d'irrecevabilité... pour les personnes morales, leur forme, dénomination et siège social », a violé les articles 2 et 3 de l'AUPSRVE, et 23 à 27 de l'AUSCGIE. Faute d'avoir indiqué ces éléments qui étaient de nature à permettre de localiser le siège social de la société créancière par une adresse ou une indication suffisamment précise, l'arrêt attaqué encourt la cassation (CCJA, n° 006/2007, 1-2-2007 : M. D. S. c/ SCI « 7M », Rec. Jur. CCJA n° 9, janv.-juin 2007, p. 67, Ohadata J-08-228).

E. Non-exigence de l'adresse du requérant

L'article 4 de l'AUPSRVE qui précise que la requête aux fins d'injonction de payer contient, en ce qui concerne les personnes morales, leurs « forme, dénomination et siège social » ne mentionne pas l'exigence de l'adresse du requérant. Dans l'espèce, la société créancière « prise en la personne de son représentant légal, Y., Président Directeur général de ladite société, demeurant au Cameroun à Douala », ayant indiqué qu'elle agissait « dans les présentes aux poursuites et diligences de sa succursale à Abidjan, immeuble « la Pyramide », 01 BP 1938 Abidjan 01 représentée par W., son Directeur, demeurant à Abidjan au siège de ladite société », il s'agit d'une indication suffisante pour un siège de succursale. En conséquence, la cour d'appel n'a en rien violé le texte visé au moyen et le moyen de nullité doit être rejeté (CCJA, 1e ch., n° 017, 24-4-2008 : BACK HOME INTERNATIONAL SARL c/ CAMEROON AIRLINES SA, Juris-Ohada n° 3, juill.-sept. 2008, p. 32, Rec. jur. CCJA, n° 11, janv.-juin 2008, p. 47, Ohadata J-09-45).

F. Irrecevabilité de la requête n'indiquant que le domicile élu du demandeur et le nom de la ville du défendeur

La requête qui s'est contentée d'un domicile élu pour le demandeur résident et seulement du nom de la ville pour le défendeur, omettant de déterminer le quartier et éventuellement la rue en vue des procédures subséquentes, est irrecevable et l'arrêt ayant retenu le contraire doit être cassé (CCJA, 2e ch. n° 132, 12-11-2015 : Tatsinkou Jérémie c/ Ets Talezang, Ohadata J-16-125).

G. Validité de la requête reproduisant une adresse erronée résultant des pièces communiquées par la débitrice elle-même

C'est à tort qu'il est reproché à un arrêt déféré d'avoir violé l'article 4, al. 1 de l'AUPSRVE en ce que la requête aux fins d'injonction de payer contient une fausse adresse de la Société débitrice alors que l'adresse indiquée dans la requête est celle qui résulte des statuts que la Société débitrice elle-même a produits au dossier (CCJA, 2e ch., n° 004, 26-1-2017 : FANO SARL c/ Air France SA, Ohadata J-17-150).

VIII. Adresse incomplète du défendeur

La requête en injonction de payer dans laquelle le domicile du défendeur est indiqué par la mention « dame [X.], épouse [Y.] propriétaire d'un local situé au rez-de-chaussée de la résidence Front Lagunaire sis à Abidjan-Plateau, côté rue du commerce, [et l'indication de la boîte postale] » n'est pas conforme à l'article 4 de l'AUPSRVE aux termes duquel le domicile s'entend du lieu où vit effectivement la partie et qui relativement à la défenderesse détermine la juridiction compétente conformément à l'article 3 du même Acte uniforme. L'arrêt qui a validé une telle violation de l'article 4 de l'AUPSRVE précité encourt la cassation. Sur l'évocation, il y a lieu d'infirmer le jugement querellé pour le même motif que celui ayant entraîné la cassation (CCJA, 2e ch., n° 179, 27-7-2017 : Jacquet Simone épse KAKOU KASSI c/ SCI DANKRO syndic remplacé par GEPICA CI).

IX. Décompte de la créance

A. Dispense en cas de créance pour chèques sans provision

Le décompte prévu par l'article 4 de l'AUPSRVE n'est requis que si la créance en elle-même peut être fractionnée en divers éléments ; et il n'y a pas lieu d'invoquer l'absence de décompte lorsque la créance résulte de chèques bancaires sans provision (TGI Ouagadougou, n° 62/2005, 16-2-2005 : SADERTOM SARL c/ SN SOSUCO, Ohadata J-07-120).

B. Mention des éléments constitutifs de la créance

L'article 4, 2e al. 2 de l'AUPSRVE prescrit que la requête aux fins d'injonction de payer doit, non seulement contenir la mention du montant précis de la créance réclamée, mais aussi, en indiquer les différents éléments constitutifs et le fondement de ladite créance. C'est par violation de l'article 4, al. 2-2 de l'AUPSRVE qu'une cour d'appel a déclaré recevable une requête d'injonction de payer qui s'est bornée à mentionner le montant cumulé des deux factures formant la créance sans indiquer les différents éléments constitutifs de celle-ci et sans préciser le fondement de ladite créance ; sa décision encourt la cassation. Sur évocation, infirmation de l'ordonnance d'injonction de payer rendue (CCJA, 1e ch., no 11, 24-2-2005 : CI-Telecom c/ Sté Pub Impirm, Juris-Ohada, no 2/2005, p. 5. Voir note J. Issa-Sayegh, Rec. jur. CCJA, no 5, janv.-juin 2005, vol. 2, p. 23 ; Ohadata J-05-356 ; CCJA, 2e ch., no 143/2020, 30-4-2020 : Maître Akere Tabeng Muna c/ T.).

Dans le même sens :

– déclarant irrecevable une requête indiquant seulement que le débiteur reste devoir 3 500 000 francs au créancier : TPI d'Abengourou (Côte d'Ivoire), no 29, 6-7-2006 : Coopérative Agricole D'Adamankro dite COOPADAM c/ 1. M. S. K. R. ; 2. Me G. G. J., Ohadata J-09-178 ;

– annulant une requête dans laquelle la créancière se contente d'indiquer qu'elle réclame la somme de quatre-vingt-treize millions sept cent vingt-six mille (93 726 000) FCFA en principal, outre les intérêts de droit et les frais de procédure sans évaluer les intérêts de droit : CA Ouagadougou (Burkina Faso), ch. com., no 043, 20-6-2008 : Sté de Transport Kilimanjaro c/ SEA-B, Ohadata J-10-200.

– cassant l'arrêt ayant confirmé la décision sur opposition contre une ordonnance rendue alors que la requête à fins d'injonction de payer ne contenait pas le décompte des différents éléments relevés, à savoir, entre autres : les droits et taxes de douanes, les débours et autres taxes et les honoraires du transitaire (CCJA, 2e ch., no 012/2013, 7-3-2013 : FANNY Mory c/ Sté ENVOL TRANSIT Côte d'Ivoire, Rec. jur. CCJA no 20, vol. 1, janv.-déc. 2013, p. 160-162, Ohadata J-15-12).

Le créancier est tenu d'indiquer distinctement, dans sa requête d'injonction de payer, les différents éléments constitutifs de la créance dont il réclame le paiement, en l'occurrence le montant de la créance principale et celui des intérêts, fussent-ils conventionnels. La cour d'appel qui a validé la fusion faite par le créancier du principal et des intérêts dans la somme réclamée alors même qu'il s'agit de deux éléments distincts de la créance, a violé les dispositions de l'article 4, al. 2 de l'AUPSRVE et sa décision encourt la cassation (CCJA, 1e ch., no 21, 31-3-2005 : B. G. D. c/ BIAO-CI, Juris-Ohada, no 3/2005, p. 15, note Brou Kouakou Mathurin. – Rec. jur. CCJA, no 5, janv.-juin 2005, volume II, p. 43, Ohadata J-05-373).

Est irrecevable la requête en injonction de payer qui ne comporte pas le décompte des différents éléments de la créance, mentionnant globalement un principal de 59 742 585 francs (CCJA, ass. plén., no 074, 25-4-2014 : ETICAP NIGER c/ BATIMAT, Ohadata J-15-165).

La créance réclamée étant la somme de plusieurs factures impayées de livraisons de produits effectuées au bénéfice de la débitrice, la créancière avait l'obligation de reprendre dans le détail les différentes factures, chacune avec son numéro, son montant et sa date. La livraison des produits ayant été échelonnée sur plusieurs périodes, le détail des décomptes est nécessaire à la détermination des factures éventuellement prescrites. En confirmant le jugement et validant donc la requête d'injonction de payer qui s'est bornée à mentionner le montant cumulé de toutes les factures présentées au paiement par la créancière, sans indiquer les différents éléments constitutifs de celles-ci, l'arrêt attaqué a violé l'article 4, al. 2, 2 de l'AUPSRVE, s'exposant ainsi à la cassation et l'évocation du fond sans qu'il soit besoin d'examiner le second moyen du pourvoi. Sur l'évocation et pour les mêmes motifs que ceux ayant entraîné la cassation, il y a lieu d'infirmer le jugement attaqué, de déclarer irrecevable la requête en injonction de payer et d'annuler en conséquence l'ordonnance d'injonction de payer (CCJA, 1e ch., no 191, 9-11-2017 : SOTRA c/ Sté LUBAFRIQUE).

De même, n'a pas donné de base légale à sa décision, qui encourt la cassation, la cour d'appel qui a condamné au paiement d'une somme de 1 551 977 411 FCFA, comprenant des intérêts conventionnels calculés au taux de 15 % sur la totalité du principal de la créance alléguée, alors que la stipulation d'un tel intérêt entre les parties ne résulte que d'un « Contrat de prêt-Reconnaissance de dette » du 25 mars 1996, et ne concerne en conséquence que le prêt de 400 000 Dollars US constaté par cet acte (CCJA, 3e ch., no 158, 13-7-2017 : JABEILI Ibrahim c/ BOUSSALAH Mohamed Boubakeur).

Mais c'est à tort qu'il est reproché à un arrêt d'avoir violé l'article 4, al. 2 de l'AUPSRVE en ce que la requête ne fait pas le décompte des différents éléments de la créance, notamment ne détermine pas exactement les factures visées, alors que la requête a, à juste titre, précisé « la somme de 180 269 485 FCFA, représentant le montant de diverses factures impayées afférentes au coût du transport de divers colis […] » et « il convient d'ajouter celle de 18 026 950 FCFA au titre des frais de procédure, ce qui donne 198 296 435 FCFA » (CCJA, 2e ch., no 004, 26-1-2017 : FANO SARL c/ Air France SA, Ohadata J-17-150).

C. Caractère non automatique de la mention des intérêts et accessoires

L'obligation d'indication précise du montant de la somme réclamée avec le décompte des différents éléments de celle-ci n'a lieu d'être que lorsque la créance réclamée comporte, en plus de la somme due en principal, d'autres sommes au titre des intérêts, commissions et autres frais accessoires engendrés par les relations ayant donné lieu au litige. Il en résulte que lorsque la requête aux fins d'injonction vise le recouvrement du reliquat, après remboursement partiel de la créance initiale, il ne saurait être demandé à la créancière de décompter de cette somme due en principal d'autres sommes qui n'existent pas (CCJA, 1e ch., no 20, 31-3-2005 : N.S.I. SARL c/ SOGEFIBAIL, Juris-Ohada, no 3/2005, p. 13, Rec. jur. CCJA, no 5, janv.-juin 2005, volume 1, p. 75 ; Ohadata J-05-372).

Obs. : dans cette décision, il s'agit de déterminer le montant du reliquat ; celui-ci se déduit de la différence entre la créance et les remboursements partiels ; l'arrêt précise que l'on ne peut exiger un autre décompte, notamment pas celui précisant intérêts, commissions et autres frais accessoires qui ne peuvent ici être requis lorsqu'ils n'existent pas.

Dans le même sens, le décompte des différents éléments de la créance ne s'impose au créancier que lorsqu'il y a plusieurs composantes ou éléments de la créance dont il réclame le paiement. Si le créancier ne fait pas allusion à une multitude de composantes dans sa créance, on ne saurait le forcer à réclamer ce dont il n'a pas demandé le remboursement ; il en résulte qu'on ne peut lui reprocher de ne pas avoir indiqué le décompte des intérêts (CA Libreville (Gabon), no 9/10, 8-7-2010 : Sté GABCEL c/ S. S., Ohadata J-10-242, obs. J. Issa-Sayegh ; Ohadata J-10-243) lorsqu'il ne réclame que le paiement du principal (CA Abidjan, 1e ch. civ. et com., no 268, 8-7-2011 : SOTRA c/ SIPA, Juris-Ohada, 2012, no 1, janv.-mars, p. 57, Ohadata J-13-28 ; CCJA, 1e ch., no 218/2019, 18-7-2019 : Sotra c/ Société « Général Construction »).

Le moyen faisant grief à un arrêt d'avoir déclaré recevable une requête aux fins d'injonction de payer en affirmant « …qu'il est constant qu'aux termes de l'article 4 al. 2 de l'[AUPSRVE], l'obligation d'indication précise dans la requête aux fins d'injonction de payer du montant de la somme réclamée avec le décompte des différents éléments de celle-ci n'a lieu d'être que lorsque la créance réclamée comporte en plus de la somme due en principal, d'autres sommes au titre des intérêts, agio ou autres frais accessoires engendrés par les relations ayant donné lieu au litige… », alors que le décompte dont il s'agit est relatif aux autres éléments de la créance, est erroné et surabondant. Il en est ainsi car ce décompte n'a exercé aucune influence sur la décision attaquée, dès lors qu'il ressort de la requête aux fins d'injonction que la créance n'était composée que d'impayés au titre de fournitures et qu'il n'y avait pas lieu à un décompte d'autres éléments. Il échet donc, en substituant ce moyen de pur droit au motif erroné, de rejeter ce moyen (CCJA, 2e ch., no 034, 23-4-2015 : Sté des Transports Abidjanais dite SOTRA c/ Sté d'Importation de Pièces Automobiles dite SIPA, Ohadata J-16-34).

Créance ne comportant pas plusieurs éléments. L'obligation d'indiquer le décompte des différents éléments du montant de la somme réclamée n'a lieu d'être que lorsque la créance en cause comporte plusieurs éléments engendrés par les relations ayant donné lieu au litige ; tel n'est pas le cas lorsque, d'une part, un montant global de 54 316 587 FCFA est arrêté par les deux parties et reconnu comme somme due par la demanderesse, au titre du compte courant et, d'autre part, il ressort des pièces du dossier que la créancière a fourni la preuve de sa créance par la production du protocole d'accord dans lequel la débitrice a bien admis devoir la somme réclamée par son créancier. En confirmant sur ces points le jugement déféré, la cour d'appel d'Abidjan a fait une saine application des articles visés (CCJA, 2e ch. no 115, 22-10-2015 : Sté Equatour Voyages et ZAHER Ayman c/ Sté Générale de Banques en Côte d'Ivoire (SGBCI), Ohadata J-16-108).

Il est constant que l'obligation d'indication du montant de la somme réclamée avec le décompte des différents éléments de celle-ci n'a lieu d'être que lorsque la créance réclamée comporte, en plus de la somme due en principal, d'autres sommes au titre des intérêts, agios, commissions. Le montant de la créance réclamée et fixée à 6 463 822 francs représentant le principal sans autres frais, sa décomposition n'est pas opportune. La requête étant conforme aux prescriptions de l'article 4 de l'AUPSRVE, le moyen n'est pas fondé (CCJA, 3e ch., no 029, 25-2-2016 : LABO-BOIS SARL c/ GETMA Côte d'Ivoire SA, Ohadata J-16-231 ; CCJA, 2e ch., no 001, 11-1-2018 : Sté CLEO PATRA c/ CIPEXI ; CCJA, 3e ch., no 082, 29-3-2018 : Sté SOMEF-CI c/ Sté NESTLE Côte d'Ivoire).

Dans le même sens :

– le décompte n'est requis que si la créance réclamée peut être fractionnée en divers éléments. Si la requête, à laquelle l'ordonnance d'injonction de payer a donné suite, s'est bornée à réclamer le paiement de la somme en principal, correspondant au montant reconnu par la débitrice, ce montant ne peut être fractionné. La cour d'appel qui a retenu qu'il n'y a pas lieu d'exiger de la créancière, qui ne réclamait que le montant reconnu par la débitrice, le décompte des différents éléments de la créance, pour confirmer le jugement entrepris, a suffisamment motivé sa décision. C'est donc à tort qu'il lui est reproché d'avoir fondé sa décision sur la seule reconnaissance de dette du débiteur (CCJA, 3e ch., no 209, 23-11-2017 : SOTRA SA c/ Sté RMO Sous-Traitance ; CCJA, 2e ch., no 205, 23-11-2017 : SOTRA c/ EGM) ;

– le remboursement des frais de greffe payés par le créancier n'étant pas réclamé par ce dernier, qui

n'est pas obligé de les réclamer, le défaut d'indication de leur montant ne peut entraîner la nullité de l'exploit (CCJA, 2e ch., no 204, 23-11-2017 : Église de Jésus-Christ des Saints des Derniers Jours de Côte d'Ivoire c/ Abie Yao Zéphirin) ;
– CCJA, 2e ch., no 196, 23-11-2017 : SOTRA c/ ASCOMA-CI.

Le jugement qui a déclaré la requête aux fins d'injonction de payer irrecevable alors que le créancier a sollicité le paiement des sommes de « 25 000 000 FCFA au principal, plus 2 500 000 FCFA de frais provisoires, sous réserve des intérêts de droit à échoir qui seront déterminés ultérieurement… » n'a pas justifié sa décision et doit être infirmé (CCJA, 2e ch., no 20, 08-2-2018 : ALBAROUT SARL c/ Asan Holding SA).

La cour d'appel qui a soutenu qu'« en ce qui concerne le détail des sommes réclamées, sa composition et les éventuels intérêts de droit, la fin de non-recevoir tirée de leur absence dans la requête […] ne peut être favorablement accueillie dans la mesure où l'unique somme réclamée ne peut être fractionnée en divers éléments, d'une part, et qu'elle ne comporte pas d'intérêts, d'autre part » a fait une exacte application des dispositions de l'article 4 de l'AUPSRVE qui n'a été aucunement violé (CCJA, 3e ch., no 166/2019, 9-5-2019 : B. c/ Société ITC).

En assortissant sa décision des intérêts de droit, lesquels s'imposent légalement à compter du prononcé de celle-ci, même en l'absence d'une quelconque demande, la cour d'appel n'a pas statué ultra petita (CCJA, 3e ch., no 196/2020, 28-5-2020 : M. c/ Société Alitsia SARL).

D. Créance partiellement réglée

Lorsqu'il ressort des pièces du dossier que le débiteur s'est acquitté du principal de la créance que lui réclame l'intimée avant même le dépôt de la requête à fin d'injonction de payer, le montant de la créance tel que résultant de l'ordonnance d'injonction de payer est fictif et ne reflète en rien la réalité factuelle. Par conséquent l'ordonnance rendue ainsi que le jugement rendu sur opposition doivent être annulés pour défaut de base légale, et les parties renvoyées à mieux se pourvoir (CA Lomé (Togo), no 119/09, 18-8-2009 : Sté OANDO-TOGO c/ CAP-TOGO, Ohadata J-10-172).

E. Refus de validation d'une requête fondée sur un montant fluctuant : absence de dénaturation

La cour d'appel qui a sanctionné l'imprécision du montant de la créance réclamée par l'irrecevabilité de la requête d'injonction de payer a fait une bonne application de la loi et n'a en rien dénaturé les faits ou les pièces de la cause. Il en est ainsi dès lors que la requête aux fins d'injonction de payer présentée faisait apparaître, de manière peu cohérente, plusieurs évolutions du montant de la créance poursuivie, alors qu'en application de l'article 4-2) de l'AUPSRVE, celle-ci doit contenir, à peine d'irrecevabilité, « l'indication précise du montant de la somme réclamée avec le décompte des différents éléments de la créance ainsi que le fondement de celle-ci » (CCJA, 2e ch., no 165/2021, 28-10-2021 : Standard Chartered Bank Cameroun SA c/ Sté JDDS SARL).

X. Mentions non requises dans la requête

A. Qualité du représentant de la personne morale

L'indication de la qualité du représentant d'une personne morale introduisant une requête d'injonction de payer ne fait pas partie des conditions prescrites par l'art. 4 de l'AUPSRVE pour la recevabilité de ladite requête et l'exception tirée du défaut de cette mention doit être rejetée (TPI Bafoussam, no 52/ADD, 24-2-2006 : Cabinet Batik c/ ECAMIC SARL, Ohadata J-07-58).

B. Intérêts et frais de greffe

Il ressort des articles 4, al. 2.2 et 8, al. 1 de l'AUPSRVE que c'est au stade et dans l'acte de signification de la décision portant injonction de payer, qu'il est fait obligation de mentionner, à peine de nullité de ladite signification, les intérêts et frais de greffe dont le montant est précisé, et non au moment de l'introduction et dans la requête aux fins d'injonction de payer, où il est seulement fait obligation, à peine d'irrecevabilité de la requête, d'indiquer avec précision, le montant de la somme réclamée, avec le décompte de ses différents éléments, ainsi que son fondement. Contrairement à ce que soutiennent les demandeurs au pourvoi, d'une part, il ne peut être fait un rapprochement entre les articles 4 et 8 de l'AUPSRVE, l'un sanctionnant d'irrecevabilité et l'autre sanctionnant de nullité et, d'autre part, il ne peut être fait mention au stade de la requête aux fins d'injonction de payer, des intérêts et frais, lesquels ne peuvent être calculés qu'à la suite de la décision de condamnation découlant de la requête introduite. En retenant que « la mention du montant des intérêts est plutôt exigée dans l'acte de signification et non dans la requête aux fins d'injonction de payer », pour décider que la requête présentée par l'appelante est recevable, l'arrêt attaqué n'a en rien violé les dispositions sus énoncées (CCJA, no 013/2007, 29-3-2007 : 1) Sté EBURNEA, 2) M. G. M. c/ BIAO-COTE D'IVOIRE, Rec. jur. CCJA no 9, janv.-juin 2007, p. 35, Ohadata J-08-220).

C. Fondement légal des frais de recouvrement mis à la charge du débiteur

C'est à tort qu'il est reproché à une cour d'appel d'avoir violé l'article 4 de l'AUPSRVE en validant la requête d'injonction de payer qui n'a pas indiqué le fondement légal des frais de recouvrement mis à sa charge au mépris des dispositions nationales, dès lors qu'il résulte de la requête et des pièces du dossier que le débiteur n'a été condamné qu'au paiement du montant réclamé au principal (CCJA, 3e ch., n° 196/2020, 28-5-2020 : M. c/ Société Alitsia SARL).

XI. Pièces justificatives probantes à l'appui de la requête

L'injonction de payer doit être confirmée et le pourvo du débiteur rejeté, lorsqu'il résulte des pièces versées aux débats, notamment des lettres de change et des chèques sans provision, qu'il est redevable de ladite somme au créancier (CCJA, 1e ch., n° 28, 7-4-2005 : Sté de Transport FANDASSO c/ SIDAM, Juris-Ohada, n° 3/3005, p. 37, Rec. jur. CCJA, n° 5, janv.-juin 2005, volume II, p. 3., Ohadata J-05-380).

Obs. : pour une décision qui, par application des articles 13 et 15 de l'AUDCG (ancienne version) s'est basée sur les livres de commerce (journal et le livre d'inventaire) d'un commerçant pour retenir que la preuve de la créance était faite, voir : CA Ouagadougou (Burkina Faso), ch. com., n° 007, 6-3-2009 : SOKOCOM c/ SITAB SA, Ohadata J-10-202, qui a confirmé TGI Ouagadougou (Burkina Faso), n° 76/08, 9-4-2008 : Sté Korgo et Cie (SOKOCOM) c/ SITAB, Ohadata J-09-376, jugeant qu'en matière commerciale, les livres de commerce notamment le journal et le livre d'inventaire régulièrement tenus par le commerçant peuvent servir de preuve entre commerçants, sans qu'il soit nécessaire que le document justifiant la créance soit bilatéral. Il en est ainsi d'autant plus que selon l'article 15 de l'AUDCG (ancienne version), « les livres de commerce visés à l'article 13 ci-dessus et régulièrement tenus peuvent être admis par le juge pour constituer une preuve entre commerçants ». Par conséquent, aucune violation de l'article 4 de l'AUPSRVE ne peut être retenue.

JURISPRUDENCE COMPARÉE

France

A. Irrégularité de la requête

Exclusion de la nullité de la requête pour irrégularité de forme. L'erreur commise sur le représentant légal et l'absence de mention de la forme de la société dans la requête d'injonction de payer sont des irrégularités de forme qui n'entraînent pas la nullité de la requête dès lors qu'il n'est pas démontré que ces erreurs ont causé un grief (CA Lyon, 6e ch., 12-7-1995 : JCP 1997.IV.174) ou dès lors qu'il n'est pas contesté que la société requérante est le cocontractant du défendeur (CA Metz, 4e ch., 2-3-2006 : JCP G 2006 IV 3076 ; JCP E 2006.pan.2540).

B. Présentation de la requête par mandataire

1° Dispense de mandat spécial pour l'huissier chargé de présenter la requête

À défaut d'introduction de l'instance, le dépôt d'une requête en injonction de payer n'exige pas la preuve d'un mandat de représentation en justice (CA Metz, 4e ch., 2-3-2006 : JCP G 2006IV.3076 : JCP E 2006.pan.2540).

2° Présentation de la requête par mandataire de droit commun

La requête en injonction de payer pouvant être formée par mandataire et en l'absence de référence explicite ou même implicite à l'exigence d'un pouvoir spécial de représentation en justice, cette exigence ne saurait être transposée au mandataire qui dépose une requête en injonction de payer ; il s'ensuit que celui qui a formé une requête en injonction de payer, expressément en qualité de mandataire du demandeur, a reçu mandat de le représenter ; de plus, lorsque le représentant justifie devant les juges d'une convention de mandat en vertu de laquelle le mandant lui avait donné mission d'assurer le recouvrement de créances compromises, notamment, en exerçant toutes poursuites, contraintes et diligences en vue d'obtenir tous jugements et arrêts, il doit être retenu que cette mission caractérise un pouvoir spécial donné au mandataire (CA Versailles, 1e ch., 19-1-2001 : GP 2002.som.1175).

Section II • L'ORDONNANCE D'INJONCTION DE PAYER

Art. 5 [mod.] *Le président de la juridiction compétente ou le juge délégué par lui rend l'ordonnance dans les trois jours de sa saisine.*

Si, au vu des documents produits, la demande lui paraît fondée en tout ou partie, *il* rend une *ordonnance* portant injonction de payer pour la somme qu'il fixe.

En cas de rejet en tout ou en partie *de* la requête, *son ordonnance*, *qui doit être motivée,* est sans recours pour le créancier, sauf *pour* celui-ci à procéder selon les voies de droit commun.

Jurisprudence OHADA

I. Créance non contestée

Lorsqu'il ressort des pièces produites que la créance est constituée par le solde du compte client du débiteur dans les livres comptables du créancier, matérialisée par des chèques bancaires sans provision, que le débiteur ne l'a pas contestée et en a même commencé le remboursement, la demande d'injonction de payer est valable et l'opposition doit être rejetée (TGI Ouagadougou, nº 62/2005, 16-2-2005 : SADERTOM SARL c/ SN SOSUCO, Ohadata J-07-120).

II. Notion de décision d'injonction de payer

L'ordonnance qui s'est bornée à autoriser le requérant à faire signifier une ordonnance d'injonction de payer mais qui ne comporte aucune condamnation n'est pas une décision d'injonction de payer. Par conséquent, l'arrêt qui a confirmé le jugement sur opposition, alors que la décision attaquée n'est pas une injonction de payer et que la voie de recours utilisée n'est pas celle prévue en pareilles circonstances, encourt la cassation (Cass. com. (Burkina Faso), nº 20, 14-12-2006 : Sté TELECEL FASO c/ S. S. A., Ohadata J-09-03).

III. Frais de greffe souverainement retenus dans le montant de la condamnation

L'article 5 de l'AUPSRVE donne la faculté au président de la juridiction compétente de rejeter en tout ou en partie la requête. Cependant, l'insertion des frais de greffe dans ladite requête ne viole aucune règle légale et ne peut être cause de rejet de la requête. Il s'en suit qu'à partir du moment où la créance réclamée en principal et en intérêt est certaine et exigible comme c'est le cas en l'espèce, la requête ne peut plus être déclarée irrecevable (CA Ouagadougou (Burkina Faso), ch. com., nº 014, 20-3-2009 : D. D. c/ Bank Of Africa, Ohadata J-10-205).

IV. Créance partiellement fondée

La cour d'appel qui a, par décision motivée, retenu que : « Considérant, en l'espèce, qu'il appert des témoignages […] recueillis au cours de la mise en état ordonné par le premier juge que sur le montant de la créance réclamée attestée par une reconnaissance de dette, figure la dette de 1 123 000 F du fils de [X.] envers l'intimé, ce qui confirme la thèse de l'appelant ; considérant qu'aux termes de l'article 5 al. 1 de l'Acte uniforme OHADA précité, « si, au vu des documents produits, la demande lui paraît fondée en tout ou partie, le président de la juridiction compétente rend une décision portant injonction de payer pour la somme qu'il fixe » ; considérant que même si le problème des 9 bœufs que l'appelant soutient avoir remis à l'intimé en compensation partielle de sa dette n'a pas été élucidé au cours de la mise en état ordonnée, il résulte de l'examen du dossier que seule la somme de 730 000 FCFA que l'appelant reconnaît devoir répond aux caractères cumulatifs de créance certaine, liquide et exigible au sens de l'article 1er de l'Acte uniforme OHADA précité », n'a en rien violé l'article 1 de l'AUPSRVE (CCJA, 2e ch., nº 035/2012, 22-3-2012 : Karambe Ladji c/ Cheick Ould Haiba).

V. Recouvrement de la créance par les voies de droit commun

Ordonnance rétractée. La rétractation d'une ordonnance d'injonction de payer a pour conséquence d'ouvrir la procédure de recouvrement de cette créance suivant le droit commun, et notamment par voie d'assignation en paiement, la juridiction saisie devant alors statuer sur le fondement de la créance (CA du Littoral (Cameroun), nº 027/CC, 7-1-2013 : Sté CALICO c/ F. G., directeur de TOUT ELECTRIC SA, Ohadata J-14-23).

> **Obs. :** décision rendue sur le fondement de l'art. 1 mais transposable à l'article 5 car la solution retenue rejoint celle de l'art. 5. Au sujet de la rétractation, voir sous l'art. 12.

Les dispositions de l'article 5, al. 2 de l'AUPSRVE selon lesquelles « si le président de la juridiction compétente rejette en tout ou en partie la requête, sa décision est sans recours pour le créancier sauf à celui-ci à procéder selon les voies de droit commun » n'empêchent pas la réitération ultérieure de la requête aux fins d'injonction de payer si les conditions d'exercice d'une telle procédure sont réunies. C'est donc à tort qu'il est reproché à une cour d'appel d'avoir statué comme elle l'a fait, au motif, entre autres, qu'après la rétractation d'une première ordonnance d'injonction de payer, la créancière ne pouvait plus saisir à nouveau le tribunal d'une autre requête en injonction de payer et obtenir une nouvelle ordonnance, sauf à saisir la juridiction de droit commun, conformément à l'article 5 précité (CCJA, 2e ch., nº 026, 8-2-2018 : Sté CKG HOLDING, GOORE BI ZIH Charles Kader c/ B.A.C.I.).

VI. Identité du magistrat ayant rendu l'ordonnance

L'article 5 de l'AUPSRVE est relatif à une désignation ès qualités et non à une détermination nominative. Il ne peut donc être reproché à la cour d'appel de ne pas avoir annulé l'ordonnance d'injonction de payer au motif que celle-ci n'avait pas indiqué les nom et prénom du magistrat qui l'avait rendue. En tout état de cause, il ressort des pièces du dossier de l'espèce que le nom du magistrat a été porté à la deuxième signification (CCJA, 2e ch., nº 087, 23-7-2014 : DOPA c/ URECOS-CI, Ohadata J-15-178).

JURISPRUDENCE COMPARÉE

France

Ordonnance portant injonction de payer

S'il estime la demande fondée, le juge rend une ordonnance portant injonction de payer pour la somme qu'il retient, sans être tenu de motiver sa décision (Cass. 2e civ. 16-5-1990 : Bull. civ. II p. 53).

L'ordonnance signifiée en mairie est exécutoire à titre provisoire et peut donc être exécutée aux risques du créancier jusqu'à l'expiration du délai d'opposition ou, en cas d'opposition, jusqu'à jugement par le tribunal (CA Caen 14-12-1993 : Bull. inf. C. cass. 1994 no 306).

Art. 6 [mod.] **La requête et *l'ordonnance* portant injonction de payer sont conservées à titre de minute entre les mains du greffier qui en délivre une expédition au demandeur. Les documents originaux produits à l'appui de la requête sont restitués au demandeur et leurs copies certifiées conformes sont conservées au greffe.**

En cas de rejet de la requête, celle-ci et les documents produits sont restitués au requérant.

JURISPRUDENCE OHADA

Recevabilité de pièces produites en appel

La demande de rejet de certaines pièces produites en appel doit être écartée, dès lors qu'il ne ressort nulle part des dispositions des articles 4 et 6 de l'AUPSRVE précité qu'aucune pièce nouvelle ne peut être produite même en appel et qu'au contraire, l'article 544 du Code burkinabé de procédure civile stipule que « pour justifier en appel les prétentions qu'elles avaient soumises au premier juge, les parties peuvent invoquer des moyens nouveaux, produire de nouvelles pièces ou proposer de nouvelles preuves » (CCJA, 1e ch., no 121, 31-5-2018 : Onatel SA c/ Fadoul Technibois SA).

Art. 7 [mod.] **Une copie certifiée conforme de l'expédition de la requête et de *l'ordonnance* d'injonction de payer, délivrée conformément aux dispositions de l'article *6 du présent acte uniforme,* est signifiée à l'initiative du créancier à chacun des débiteurs par acte extrajudiciaire.**

L'ordonnance **portant injonction de payer est non avenue si elle n'a pas été signifiée dans les trois mois de sa date.**

JURISPRUDENCE OHADA

I. Signification valable

A. Nullité de la signification

Est valable, la signification d'une ordonnance d'injonction de payer à un attaché juridique de la société condamnée, dès lors que l'attaché a reçu la copie de la société et celle destinée à son représentant légal, a signé les originaux de l'exploit en y apposant le cachet de ladite société ; et que le même jour, ladite signification a été portée à la connaissance de ce dernier par lettre recommandée. Il ne peut valablement être soutenu que la signification n'a pas été faite à personne et la cour d'appel n'a en rien violé l'article 10 de l'AUPSRVE en déclarant l'opposition tardive (CCJA, 3e ch., no 025, 25-2-2016 : Sté SIGES & Boa T. A. Leon c/ BACI SA ex-COBACI, Ohadata J-16-227).

Obs. : cette décision n'a pas expressément visé l'article 7 de l'AUPSRVE.

B. Validité de la multiplicité de significations effectuées dans le délai imparti

Le cour d'appel qui a retenu qu'« il résulte de [l'article 7 de l'AUPSRVE] que le créancier a trois mois pour signifier régulièrement l'ordonnance d'injonction de payer ; Dès lors, dans ce délai de trois (3) mois celui-ci peut faire servir autant d'exploits de signification que possible ; En l'espèce, les créanciers ayant constaté l'irrégularité de la première signification, ont fait valablement procéder à une nouvelle signification intervenue avant l'expiration du délai de trois (3) mois prescrit par les dispositions susvisées », pour infirmer le jugement ayant refusé de prendre en compte une signification du 16 décembre 2008, n'a en rien violé les articles 4 et 8 de l'AUPSRVE visés au moyen (CCJA, 1e ch., no 242/2020, 25-6-2020 : La Coapadel c/ N.).

C. Signification à mairie conformément à la législation nationale

Si l'article 7 de l'AUPSRVE visé à la branche du moyen prévoit que la décision portant injonction de payer est non avenue si elle n'a pas été signifiée dans les trois mois de sa date, ce texte doit être combiné avec la législation nationale qui organise les modalités de signification, en l'occurrence l'article 251 du Code de procédure civile et commerciale de la république de Côte d'Ivoire qui permet à l'huissier instrumentaire, n'ayant pas trouvé la personne concernée par son exploit, de signifier ledit exploit notamment à la mairie et l'article 10 de l'AUPSRVE qui admet implicitement la validité des significations non faites à personne dont la conséquence pour le débiteur est que le délai de quinze (15) jours ouvert pour former opposition ne commencera à courir qu'à compter du premier acte signifié à personne ou, à défaut, à compter de la première mesure d'exécution ayant pour effet de rendre indisponible en tout ou partie les biens de ce débiteur. En l'espèce, il résulte des propres constatations des premiers juges que l'huissier instrumentaire, n'ayant trouvé personne au domicile indiqué du sieur [X.], a remis l'exploit de signification de l'ordonnance d'injonction de payer au district d'Abidjan le 14 avril 2013, et donc bien avant l'expiration du délai prévu à l'article 7, alinéa 2 de l'AUPSRVE. En rejetant l'exception de nullité de la signification de l'ordonnance d'injonction de payer au motif que ladite signification a été valablement faite, la cour d'appel n'a en rien violé l'article 7 précité (CCJA, 2e ch., n° 224/2021, 23-12-2021 : C. c/ Société Canal Plus Côte d'Ivoire).

II. Signification non valable

Nullité de la signification à parquet effectuée en violation d'une clause d'élection de domicile stipulée par les parties.

L'ordonnance d'injonction de payer signifiée au parquet en violation de la stipulation des parties qui ont élu domicile en leur siège social est nulle et non avenue. C'est à tort que le tribunal a, pour rejeter cette prétention, énoncé que l'élection de domicile faite par les parties dans leurs conventions « reste somme toute dans le domaine contractuel, et ne peut former obstacle à l'application des dispositions légales en matière de signification des actes de procédure, et encore moins prévaloir sur elles, au point d'entacher d'irrégularité l'acte signifié conformément aux dispositions légales en la matière. Il y a lieu dès lors de rejeter ce moyen ». En se déterminant par ces motifs, alors qu'il n'est pas discuté que dans leurs conventions les parties ont régulièrement élu domicile au lieu de leur siège social respectif, que l'exploit argué de nullité a été servi « à parquet » au tribunal de commerce d'Abidjan, et qu'il ne résulte des mentions de l'exploit aucune diligence de l'huissier instrumentaire dont il serait résulté que celui-ci ait vainement tenté la signification de l'ordonnance au domicile élu du débiteur ou à la personne de l'un de ses représentants, le tribunal a méconnu la force obligatoire desdites conventions ; il échet d'infirmer le jugement et de déclarer l'exploit nul et de nul effet (CCJA, 2e ch., n° 143/2019, 9-5-2019 : Afriland First Bank Côte d'Ivoire SA c/ Sté GTA-C2/IARDT SA).

Voir aussi sous l'article 10.

III. Lieu de la signification de la décision portant injonction de payer

Validité de la signification faite auprès d'une succursale du débiteur

La signification d'une ordonnance d'injonction de payer à la succursale d'une société débitrice est valable (CA du Centre, n° 184/Civ., 5-3-2003 : Alhadji M. P. Sté COGECIC c/ K. M. M., Ohadata J-04-201).

Signification au nouveau siège social à défaut de prouver le maintien du siège réel au lieu du précédent siège. Même si au moment de la constitution d'une société, son siège social était situé à Abidjan, lieu de son immatriculation au RCCM, la cour d'appel qui a affirmé que le siège social de ladite société se trouve désormais à Bouaké à la suite d'un transfert, comme indiqué dans l'acte de cession rédigé par la requérante elle-même qui est notaire, n'a violé aucune disposition de l'article 27 [devenu 46] de l'AUDCG qui prévoit que les sociétés et autres personnes morales doivent requérir leur immatriculation, dans le mois de leur constitution, auprès du RCCM de la juridiction dans le ressort de laquelle est situé le siège social. Il en est ainsi dès lors que selon l'article 27 de l'AUSCGIE, le siège social peut être modifié, pour chaque forme de société, dans les conditions prévues par ledit Acte uniforme pour la modification des statuts (CCJA, n° 009/2002, 21-3-2002 : Me B. G. J. c/ Sté IVOIRE COTON, Juris-Ohada n° 4/2002, oct.-déc. 2002, p. 29, note anonyme, Ohadata J-02-164).

IV. Délai pour signifier

A. Signification non avenue au-delà du délai de trois mois

Signification non avenue au-delà du délai de trois mois. Une ordonnance d'injonction de payer signifiée au-delà d'un délai de trois mois de sa date est caduque et doit par conséquent être déclarée non avenue (TGI Mfoundi, n° 423, 20-3-2003 : Entreprise Bois Industriel du Cameroun c/ Sté FOKOU SA, Ohadata J-04-461 ; TGI Moungo (Cameroun), n° 04/Civ., 18-1-2007 : T. F. c/ Me N. B., Ohadata J-09-250).

B. Caducité de l'ordonnance

Sur un arrêt ayant relevé d'office la caducité de la décision portant injonction de payer en date du 23 octobre 2012, conformément aux dispositions de l'article 7 de l'AUPSRVE et de renvoyer par conséquent OPRAG à mieux se pourvoir (CCJA, 1e ch., no 006, 24-1-2019 : Joseph ONDO MENIE c/ Office des Ports et Rades du Gabon).

C. Erreur matérielle rectifiée n'invalidant pas la signification dans les délais

C'est à tort qu'il est reproché à une cour d'appel d'avoir violé l'article 7 de l'AUPSRVE en ce qu'elle a retenu qu'une ordonnance d'injonction de payer avait été signifiée dans le délai, alors que la caducité de cette ordonnance, rendue le 21 mars 2007 et signifiée le 7 avril 2008, devait être constatée, dès lors que la date du 21 mars 2007 relevée comme étant celle de la signature de l'ordonnance n'était qu'une erreur matérielle, par ailleurs corrigée par le président du tribunal qui ne pouvait rendre une ordonnance une année avant l'introduction de la requête (CCJA, 1e ch., no 058, 13-6-2013 : Sté IVOIRIENNE DE MANUTENTION ET D'ACCONAGE dite SOCIMAC c/ Sté ODYSSEY WEST AFRICA, Ohadata J-15-58).

....

V. Non-assimilation du défaut de signification à l'inobservation du délai

Il ressort de l'article 7, al. 2 de l'AUPSRVE que la décision portant injonction de payer ne peut être déclarée non avenue ou caduque que si elle a été signifiée hors le délai fixé. Ce n'est donc pas le défaut de signification de la décision à un débiteur mais plutôt le défaut d'observation du délai de signification qui est sanctionné de caducité par la disposition précitée. Il s'ensuit qu'en considérant que « l'ordonnance critiquée est caduque pour non-respect de l'article [7] susvisé » au motif que celle-ci « n'a pas été signifiée aux époux R » alors, d'une part, que figure pourtant au dossier de la procédure un exploit d'huissier faisant apparaître que ladite ordonnance a été signifiée aux susnommés en leur domicile, et que d'autre part, qu'elle ne précise pas en quoi la caducité qu'elle a prononcée était en l'occurrence caractérisée quant au respect du délai de signification fixé à l'alinéa 2 de l'article 7, la cour d'appel n'a pas légalement justifié sa décision qui doit être cassée. Il en est ainsi d'autant plus que la cour d'appel n'a pas précisé davantage en quoi ladite ordonnance devait être signifiée aux époux R lesquels, quoique codébiteurs et cautions solidaires de la société, débitrice principale, n'étaient ni appelants ni parties jointes à l'instance d'appel initiée uniquement par cette dernière (CCJA, no 08/2005, 27-1-2005 : SGBCI c/ GETRAC, Ohadata J-05-190, Juris-Ohada, no 1/2005, janv.-mars 2005, p. 21).

....

VI. Caractère non impératif de la copie certifiée conforme

L'exigence d'une copie certifiée conforme de l'expédition de l'ordonnance d'injonction de payer, destinée à authentifier l'origine de la décision, n'est ni d'ordre public, ni expressément prescrite à peine de nullité. En l'absence de préjudice pour le demandeur de ce fait, le moyen par lequel ce dernier sollicite l'annulation de l'exploit de signification de l'ordonnance au motif que c'est la minute de ladite ordonnance qui lui a été, à tort, signifiée, doit être rejeté (TPI Daloa (Côte d'Ivoire), no 48, 19-5-2006 : Y. F. c/ Sté Karité, Ohadata J-08-39).

L'article 7 de l'AUPSRVE qui prescrit la signification « d'une copie certifiée conforme de l'expédition de la requête et de la décision d'injonction de payer ... » n'a, en cas de vice, prévu aucune sanction et il ne saurait avoir de nullité sans texte. Cependant, une nullité est prescrite à l'article 8 de l'AUPSRVE pour non-respect de ses prescriptions. C'est à tort qu'il est reproché à un huissier d'avoir fixé un montant de son propre chef, dès lors que la signification faite par l'huissier à la personne du débiteur porte les mentions prescrites dont l'omission est prétendue et que la somme signifiée correspond bien à celle fixée dans l'ordonnance originale déposée en minute au greffe. Il s'ensuit qu'aucune nullité n'entache l'exploit de signification de l'ordonnance d'injonction de payer et que le délai d'opposition devait courir régulièrement, conformément à l'article 10 de l'AUPSRVE (CCJA, 2e ch., no 017/2013, 7-3-2013 : ABDOU ADAMOU c/ SOUMAILA GARBA, Rec. jur. CCJA no 20, vol. 1, janv.-déc. 2013, p. 157-159, Ohadata J-15-17).

L'arrêt qui a estimé que « le défaut de production des pièces en copies certifiées conformes n'entraîne pas la nullité de l'exploit de signification », n'a pas violé les dispositions de l'article 7 de l'AUPSRVE, dès lors qu'aux termes de l'article 28 bis du Règlement de procédure de la CCJA, la violation des formes prévues par la loi ne constitue un cas d'ouverture à cassation que lorsqu'elles sont prescrites à peine de nullité, ce qui n'est pas le cas en l'espèce, rendant donc le moyen irrecevable (CCJA, 2e ch., no 147, 29-6-2017 : LAUVERGNE Sabine c/ SCI Indivision Lecœur).

L'article 7, al. 1er de l'AUPSRVE qui prescrit la signification d'une copie certifiée conforme de l'expédition de la requête et de la décision d'injonction de payer n'a, en cas de vice, prévu aucune sanction et il ne saurait avoir de nullité sans texte. D'autre part, la société et son représentant légal étant condamnés solidairement, ce dernier a eu nécessairement connaissance de l'ordonnance d'injonction de payer signifiée à la société en sa qualité de représentant légal. En tout état de cause, le but poursuivi par le législateur communautaire en prévoyant une signification à chaque débiteur a été atteint en l'espèce puisqu'il résulte de l'acte d'opposition que la société et son représentant légal ont pu exercer leur recours dans le délai imparti par l'article 10 de l'Acte uniforme précité ; le moyen sera donc rejeté (CCJA, 1e ch., no 140, 29-6-2017 : Jean-Paul Soppo Priso et 1 autre c/ Consorts Ngo Dika).

VII. Erreur sur la date de naissance de la créancière dans l'exploit de signification : aucune incidence sur la validité de la signification

L'erreur sur la date de naissance de la créancière n'a aucune incidence sur l'exploit de signification de l'ordonnance d'injonction de payer (CCJA, 2e ch., no 007, 26-1-2017 : Leyla Hajjar c/ May Feghaly, Ohadata J-17-153).

Art. 8 [mod.] À peine de nullité, la signification de *l'ordonnance* portant injonction de payer contient sommation d'avoir, *dans un délai de dix jours* :

– soit à payer au créancier le montant de la somme fixée par *l'ordonnance* ainsi que les intérêts et frais dont le montant est précisé ;

– soit, si le débiteur entend faire valoir des moyens de défense, à former opposition.

Sous la même sanction, la signification :

– indique le délai dans lequel l'opposition doit être formée, la juridiction devant laquelle elle doit être portée et les formes selon lesquelles elle doit être faite ;

– avertit le débiteur qu'il peut prendre connaissance, au greffe de la juridiction compétente dont le président *ou le juge délégué* a rendu *l'ordonnance* d'injonction de payer, des documents produits par le créancier et, qu'à défaut d'opposition dans le délai indiqué, il ne pourra plus exercer *de* recours et pourra être contraint par toutes voies de droit à payer les sommes réclamées.

Jurisprudence OHADA

I. Objet de l'article 8 de l'AUPSRVE

C'est à tort qu'il est reproché à un arrêt attaqué la réduction arbitraire du montant de la demande qui était de 489 114 781 FCFA à la somme de 118 215 329 FCFA à titre principal et celle de 17 732 299 FCFA au titres des intérêts moratoires, alors, selon le moyen, qu'il ressort de l'alinéa 2 de l'article 8 de l'AUPSRVE que « dès lors que le principal est justifié dans son principe et dans son quantum, les intérêts moratoires ainsi que les frais de greffe qui sont compris dans les frais de poursuite sont d'office acquis pour le créancier ». Il en est ainsi dès lors que l'article 8 précité n'a pour objet que d'énumérer les informations que la signification d'une décision d'injonction de payer doit porter à la connaissance du débiteur, relativement à la créance dont le recouvrement est poursuivi et aux facultés dont celui-ci dispose pour admettre ou contester ladite décision, à l'exclusion de l'octroi d'un quelconque droit acquis au créancier. De ce fait, en retenant qu'aux termes de l'article 9 du Code de procédure civile, « il incombe à chaque partie de prouver conformément à la loi les faits nécessaires au succès de sa prétention », ce qui est conforme aux dispositions de l'article 13 de l'Acte uniforme susvisé, et « qu'en l'espèce la SPE SARL ne justifie pas le fondement de certaines de ses demandes d'une part et d'autre part que d'autres dépassent largement ce qui lui reste dû ; qu'en conséquence il y a lieu d'infirmer le jugement querellé relativement aux sommes allouées à la SPE SARL », la cour n'encourt aucun des griefs articulés par la seconde branche du moyen unique, qui sera rejetée (CCJA, 1e ch., no 057, 14-3-2019 : SPE-SARL c/ SOTELMA-SA).

C'est en violation de l'article 8 de l'AUPSRVE qu'une cour d'appel s'est fondée sur l'article 92 du même Acte uniforme (qui prévoit les mentions que doit contenir le commandement préalable à une saisie-vente), pour infirmer le jugement qui a rétracté une ordonnance d'injonction de payer, exposant son arrêt à la cassation (CCJA, 2e ch., no 043/2022, 24-2-2022 : Société KPMG RDC c/ Eve Kim Lutondo Mahieu).

II. Portée de la nullité de la signification de l'ordonnance indépendamment de l'existence d'un grief

Il résulte de la jurisprudence de la CCJA que l'AUPSRVE se suffit à lui-même et spécifie là où il faut chercher un grief ou pas. L'article 8 de l'AUPSRVE n'ayant pas prévu de grief, l'omission de l'une des formalités prévues par ce texte entraîne la nullité de l'acte. En l'espèce, l'acte de signification irrégulier doit être annulé et l'ordonnance devient caduque (TRHC Dakar, n° 472, 18-3-2003 : CHIMI-TECHNIC SENEGAL c/ SONATEL, Ohadata J-05-130, obs. Ndiaw Diouf).

Obs. : comparer avec l'article 297.

Limitation de la nullité à la contestation de la signification de l'injonction : non-extension à la validité de la saisie-attribution fondée sur la nullité de cette signification. La cour d'appel qui, saisie d'un recours dirigé contre un jugement ayant statué sur une action en contestation d'une saisie attribution, a rejeté le moyen tiré de la nullité de la signification d'une ordonnance d'injonction de payer sur laquelle la saisie attribution était fondée n'a en rien violé l'article 8 de l'AUPSRVE, dès lors que les deux procédures sont distinctes (CCJA, n° 15/2002, 18-4-2002 : SAFA c/ S. A., Ohadata J-02-68, obs. Joseph ISSA-SAYEGH).

III. Mentions de la sommation

L'article 8 susvisé ne sanctionne de nullité absolue que les exploits de signification qui ne contiennent pas « la sommation faite au débiteur de payer le montant de la somme fixée par la décision ainsi que les intérêts et frais de greffe dont le montant est précisé ». En l'espèce, l'exploit de signification querellé contenant toutes ces mentions prescrites à peine de nullité, c'est à bon droit que la cour d'appel a retenu que ce texte légal dont se prévaut la recourante n'a pas été violé (CCJA, 3e ch., n° 298/2019, 28-11-2019 : Église de Jésus-Christ des Saints des Derniers Jours de Côte d'Ivoire c/ S. épouse G.).

Absence d'obligation de reprendre intégralement les dispositions de l'article 8 dans l'acte de signification. S'il ressort de l'article 8 de l'AUPSRVE que la signification d'une décision portant injonction de payer doit contenir, à peine de nullité, un certain nombre de mentions limitativement énumérées, il n'en résulte pas la prescription d'une obligation pour le créancier poursuivant de reproduire intégralement le contenu dudit article dans l'exploit de signification de l'ordonnance d'injonction de payer. De même, rien n'impose, dans lesdites dispositions, la reproduction intégrale des articles 10 et 11 du même Acte uniforme dans l'exploit de signification de l'ordonnance d'injonction de payer pour satisfaire aux prescriptions de l'article 8 susvisé (CCJA, 1e ch., n° 314/2020, 22-10-2020 : Cassidy Gold Guinée SA c/ West Africa Mining Logistic SARL).

L'article 8 de l'AUPSRVE, seul applicable au contenu de l'exploit de signification de la décision portant injonction de payer, ne prévoit pas, à peine de nullité, l'indication du représentant légal (CCJA, 3e ch., n° 176/2021, 28-10-2021 : Société Kamaad Industrie c/ Bureau Véritas Côte d'Ivoire et Société Piemme Construction Côte d'Ivoire).

A. Exigence des mentions

Selon l'article 8 de l'AUPSRVE, la signification de la décision portant injonction de payer doit contenir, à peine de nullité, un certain nombre de mentions dont la sommation pour le débiteur d'avoir à payer au créancier le montant de la somme fixée par la décision ainsi que les intérêts et frais de greffe dont le montant est précisé (TGI Ouagadougou, n° 364, 20-8-2003 : SICETSC c/ Sté AFRICABE, SARL, Ohadata J-04-253 ; J-04-256).

Toutefois :

– il ne résulte pas des dispositions de l'article 8 de l'AUPSRVE que la mention du terme « sommation » dans l'exploit de signification est, expressément, prescrite à peine de nullité ou est d'ordre public. Par conséquent, lorsque l'exploit de signification comporte la mention « commandement » au lieu de « sommation », le demandeur qui ne justifie pas avoir subi un quelconque préjudice du fait de la substitution de terme ne peut valablement invoquer l'annulation de l'exploit, dès lors qu'en application de l'article 123 du Code ivoirien de procédure civile, commerciale administrative, ces termes expriment, indistinctement, l'avertissement ou la mise en demeure faite au débiteur d'avoir, soit à payer le montant de la condamnation, soit à exercer la voie de recours prévue (TPI Daloa (Côte d'Ivoire), n° 48, 19-5-2006 : Y. F. c/ Sté Karité, Ohadata J-08-39) ;

– la formule par laquelle l'huissier instrumentaire, tout en rappelant l'autorisation de faire signifier l'ordonnance, précise que celle-ci enjoint d'avoir à payer la somme réclamée doit s'analyser comme étant une sommation (CA Bobo-Dioulasso (Burkina Faso) ch. civ. et com., n° 30, 18-4-2005 : SN-SOSUCO c/ Sté MADOUA-SARL, Ohadata J-10-112) ;

– la notification de l'ordonnance d'injonction de payer porte sommation en elle-même en ce sens que l'ordonnance objet de la notification porte l'injonction de payer ; il n'y a donc pas violation de l'article 8, al. 1 de l'AUPSRVE pour absence de sommation (CA Ouagadougou (Burkina Faso), ch. com., n° 55, 4-12-2009 : S. B. c/ B.O.A., G. I., P. M., Ohadata J-12-173).

La mention « fait sommation à la société [X.], de, DANS QUINZE JOURS et pour tout délai, à payer au requérant… Lui déclarant qu'elle a le droit de former opposition si elle le désire dans le délai de QUINZE JOURS à compter de la signification du présent exploit… » contenue dans un exploit de notification d'une ordonnance aux fins d'injonction de payer est conforme aux prescriptions de l'article 8 de l'AUPSRVE et l'exception d'irrecevabilité pour violation de l'article 8 doit être rejetée (CCJA, 2e ch., n° 001, 11-1-2018 : Sté CLEO PATRA c/ CIPEXI).

B. Montant de la somme fixée par l'ordonnance

1° Absence de mention sur l'ordonnance : nullité de l'ordonnance

L'ordonnance d'injonction de payer qui ne comporte pas la mention de la somme à payer doit être purement et simplement annulée (TGI Ouagadougou, n° 208, 23-4-2003 : K. M. c/ Z. G. I., Ohadata J-04-330 ; TPI d'Abengourou (Côte d'Ivoire) 26-1-2006 : B. V. c/ A. A., Ohadata J-09-156 – annulation de l'exploit de signification et caducité de l'ordonnance d'injonction de payer).

L'article 8 de l'AUPSRVE sanctionne seulement le défaut d'indication dans l'acte de saisie du montant de la somme fixée par la décision ainsi que le montant précis des intérêts et frais de greffe. En l'espèce, la signification de la décision portant injonction de payer contenant toutes les mentions prescrites à peine de nullité par ce texte et précisant que l'intérêt légal de 4,5 % est de 708 750 F, une quelconque contestation sur le taux appliqué ne saurait remettre en cause la validité de l'exploit (CCJA, 3e ch., n° 196/2020, 28-5-2020 : M. c/ Société Alitsia SARL).

L'exploit de signification de l'ordonnance d'injonction de payer qui comporte les mentions ci-après : « – causes de l'ordonnance 32 195 302 FCFA – Droit de recette 1 625 765 FCFA – TVA/DR 304 018 FCFA – Coût de l'acte 20 255 FCFA, Total 34 145 340 FCFA » n'est pas conforme aux prescriptions de l'article 8 de l'AUPSRVE et doit être annulé ; l'arrêt confirmatif attaqué qui a été rendu à la suite de cette signification encourt par voie de conséquence, la cassation. Il en est ainsi car lesdites mentions ne font apparaître dans l'exploit de signification contesté, ni les intérêts, ni les frais de greffe, mais plutôt celles relatives respectivement au droit de recette de l'huissier instrumentaire, à la taxe sur la valeur ajoutée et au coût de l'acte. Ces différentes rubriques, spécialement prévues par le droit interne camerounais, qui leur a d'ailleurs conféré un contenu et un mode de calcul et de perception spécifiques, ne sauraient ni exclure ni se substituer à celles édictées, à peine de nullité, par l'article 8 précité. Sur l'évocation, la nullité de l'exploit de signification affecte subséquemment tous les actes de la procédure postérieure à ladite ordonnance d'injonction de payer, laquelle seule reste et demeure régulière à l'égard des parties litigantes. Pour faire droit, il convient de remettre la cause et les parties au même et semblable état où elles se trouvaient avant la signification de l'ordonnance précitée, pour [que la procédure soit], le cas échéant, régulièrement reprise ou poursuivie (CCJA, n° 036/2007, 22-11-2007 : Sté MOBIL OIL Cameroun SA c/ N. J. G., Rec. jur. CCJA n° 10, juill.-déc. 2007, p. 50, Ohadata J-08-248).

C'est à tort qu'il est reproché à un huissier d'avoir fixé un montant de son propre chef, dès lors que la signification faite par l'huissier à la personne du débiteur porte les mentions prescrites dont l'omission est prétendue et que la somme signifiée correspond bien à celle fixée dans l'ordonnance originale déposée en minute au greffe. Il s'ensuit qu'aucune nullité n'entache l'exploit de signification de l'ordonnance d'injonction de payer et que le délai d'opposition devait courir régulièrement, conformément à l'article 10 de l'AUPSRVE (CCJA, 2e ch., n° 017/2013, 7-3-2013 : ABDOU ADAMOU c/ SOUMAILA GARBA, Rec. jur. CCJA n° 20, vol. 1, janv.-déc. 2013, p. 157-159, Ohadata J-15-17).

2° Disparité entre le montant de la somme à payer mentionné dans l'ordonnance et celui mentionné dans la signification : nullité de la signification

La signification doit être annulée pour violation de l'article 8 de l'AUPSRVE lorsque le montant fixé par l'ordonnance ne correspond pas à celui qui figure dans la signification (TGI Ouagadougou (Burkina Faso), n° 120, 7-4-2004 : BANGRE Boubacar c/ BOA, Ohadata J-05-247).

Toutefois, si le tribunal estime que les conditions de l'injonction de payer sont réunies et que c'est tout simplement le montant qui est inexact, il peut ramener celui-ci à de justes proportions en le réduisant (TGI Ouagadougou (Burkina Faso), n° 085/2007, 27-6-2007 : EBTPE et P. D. V. c/ Sté Générale des Banques du Burkina, Ohadata J-09-389).

C. Intérêts et frais

1° Défaut de mention dans la signification de l'ordonnance

Intérêts. L'exploit de signification d'une ordonnance d'injonction de payer qui n'indique pas le montant des intérêts doit être annulé (CA Abidjan, n° 221, 20-2-2001 : SAFA c/., Juris-Ohada, n° 4/2003, oct.-déc. 2003, p. 42, note BROU Kouakou Mathurin, Ohadata J-04-125 ; TGI Ouagadougou, n° 329, 2-7-2003 : Fédération Wend Yaam/ONG c/ Générale de commerce et service, Ohadata J-04-312 ; TGI Ouagadougou, n° 242, 14-7-2004 : Entreprise ETFF c/ Z. S. J.-B., Ohadata J-05-240 ; TGI Ouagadougou, n° 20 1/06, 24-5-2006 : O. D. c/ K. T., Ohadata J-07-100). Dans le même sens et à propos des intérêts et frais de greffe, l'absence de ces éléments ne permettant pas à la société débitrice de connaître l'étendue de ses obligations : CA Ouagadougou (Burkina Faso), ch. com., n° 043, 20-6-2008 : Sté de Transport Kilimanjaro c/ SEA-B, Ohadata J-10-200.

Frais de greffe. L'indication des frais de greffe dans la requête à fin d'injonction de payer ne saurait être une violation de l'article 8 de l'AUPSRVE (CA Ouagadougou (Burkina Faso), ch. com., n° 016, 16-5-2008 : H. B. J. c/ B. M., Ohadata J-11-42).

L'acte de signification de l'ordonnance d'injonction de payer doit préciser non seulement le montant des intérêts dus entre la date de la condamnation et celle de la signification, mais aussi le montant des frais de greffe. Une ordonnance d'injonction de payer a condamné le débiteur « à payer [au créancier] la somme de 196 000 000 FCFA en principal, outre les frais et intérêts de droit à compter de la présente ordonnance ». Le créancier devant payer des frais au greffe de la juridiction qui a rendu la décision au moment de la levée d'une expédition ou de l'enregistrement à taux fixe, il lui incombe de préciser le montant des frais ainsi payés, dans l'acte de signification de la décision ; s'agissant des intérêts, lesquels sont dus entre la date de la condamnation et celle de la signification de l'ordonnance, il incombait au créancier d'en calculer le montant au taux de base légal, et d'en faire mention dans l'acte de signification. En dispensant le créancier de l'obligation de préciser le montant des frais de greffe et des intérêts dus dans l'acte de signification de l'ordonnance d'injonction de payer entreprise, l'arrêt attaqué viole les dispositions de l'article 8 al. 1 et encourt cassation, sans qu'il soit besoin d'examiner les autres moyens (CCJA, n° 023/2007, 31-5-2007 : A. O. C. c/ A. A. J.-B., Rec. jur. CCJA n° 9 – janv.-juin 2007, p. 91, Ohadata J-08-234).

Les frais de greffe qui sont connus dès après la signature de l'ordonnance ne sauraient se confondre avec les frais de l'huissier, survenant plus tard. C'est donc à tort qu'il est reproché une violation de l'article 8 de l'AUPSRVE au motif que l'acte de signification de l'ordonnance d'injonction de payer, outre les sommes de 180 269 485 FCFA représentant les factures échues et impayées, et 18 026 950 FCFA au titre des frais de procédure fixés par l'ordonnance, comporte aussi la somme de 250 000 FCFA au titre de frais de greffe qui fait double emploi avec les frais de procédure déjà fixés par la décision d'injonction de payer. Et c'est à tort qu'il est reproché une violation de l'article 8 de l'AUPSRVE au motif que l'exploit n'a pas indiqué distinctement le montant du principal de la créance et celui des frais de procédure tels que fixés dans l'ordonnance, dès lors que le décompte exigé pour la requête [art. 4 de l'AUPSRVE] n'a pas été retenu comme mention dans l'exploit de signification [art. 8 de l'AUPSRVE] (CCJA, 2e ch., n° 004, 26-1-2017 : FANO SARL c/ Air France SA, Ohadata J-17-150).

Le moyen de nullité fondé sur le défaut d'indication du coût de l'acte de notification doit être rejeté, lorsque l'appelant a quand même payé le montant correspondant et n'a développé aucun argument contre l'ordonnance d'injonction de payer durant l'instance en opposition (CA Ouagadougou (Burkina Faso), ch. com., n° 048, 20-6-2008 : S. B. c/ Sté Sucrière de la Comoé et CICS, Ohadata J-10-197).

Frais d'huissier. Il ne résulte d'aucune mention de l'article 8 de l'AUPSRVE que les frais d'huissier indiqués dans l'exploit de signification de l'ordonnance de payer doivent préalablement avoir été l'objet d'une ordonnance de taxe (CCJA, 2e ch., n° 204, 23-11-2017 : Église de Jésus-Christ des Saints des Derniers Jours de Côte d'Ivoire c/ Abie Yao Zéphirin).

2° Intérêts non réclamés dans la requête initiale

Le créancier est en droit de ne demander que le paiement du principal dans sa requête d'injonction de payer, et le défaut d'indication des intérêts dans l'exploit de signification n'entache pas sa validité. Les intérêts n'ayant pas été demandés par le créancier dans sa requête d'injonction de payer initiale, et n'étant pas précisés en conséquence dans l'ordonnance d'injonction de payer, il ne peut lui être reproché de ne les avoir pas mentionnés dans l'acte de signification. Dès lors, en refusant d'annuler l'acte de signification pour ce motif comme elle l'a fait, la cour d'appel n'a en rien violé les dispositions de l'article 8 de l'AUPSRVE (CCJA, n° 044/2005, 7-7-2005 : Sté de Transport Aérien Middle East Airlines Air Liban dite MEA c/ K. M., Rec. jur. CCJA, n° 6, juin-déc. 2005, p. 29., Juris-Ohada n° 1/2006, p. 11 ; Ohadata J-06-33.

Obs. : la décision ci-dessus reconnaît que c'est à bon droit qu'une cour d'appel ne s'est pas prononcée sur le défaut d'indication des frais de greffe, d'autant que le requérant lui-même n'avait pas invoqué ce moyen dans son acte d'appel valant premières conclusions. En ce qui concerne les intérêts, la haute juridiction admet la possibilité, pour le créancier, de ne pas demander leur paiement. La nullité pour absence des intérêts n'est encourue que si les intérêts sont réclamés dans la signification de l'ordonnance alors que le montant des intérêts n'est pas mentionné dans la requête et l'ordonnance d'injonction de payer.

L'utilisation de la locution adverbiale « ainsi que » traduit la possibilité (et non l'obligation) d'indiquer les intérêts et frais de greffe, s'ils existent ; la seule sanction qui puisse être attachée à l'absence de la mention des intérêts et frais de greffe, est que le créancier ne peut réclamer plus tard leur paiement. Son omission ne peut à elle seule, justifier l'annulation de l'exploit de signification (TGIHC, Niamey (Niger), n° 46, 8-2-2006 : B. A. c/ ETS N-B SARL et greffier en chef du TGI Hors Classe de Niamey, Ohadata J-09-111).

Le défaut d'indication des intérêts dans un exploit de signification ne saurait remettre en cause la validité de celui-ci dès lors que le créancier poursuivant ne les réclame pas ; en l'espèce, l'exception de nullité de l'exploit de signification qui n'est pas fondée, doit être rejetée (CCJA, 2e ch., no 20, 08-2-2018 : ALBAROUT SARL c/ Asan Holding SA).

3o Décompte des intérêts

La demande d'annulation de l'acte de signification de l'ordonnance au motif que le créancier réclame des intérêts de droit sur 3 ans et que les intérêts réclamés ont été mal évalués doit être rejetée dès lors que le débiteur ne précise pas le montant des intérêts qui devaient être effectivement réclamés et que le premier juge a fait courir les intérêts de droit pour compter de la décision (CA Ouagadougou (Burkina Faso), ch. com., no 34, 18-4-2008 : K. T. M. c/ S. A., Ohadata J-12-134).

C'est à tort qu'il est reproché à un arrêt attaqué d'avoir violé l'article 8 de l'AUPSRVE en ce qu'il a déclaré valable l'acte de signification d'une ordonnance portant injonction de payer alors que les frais d'huissier et les frais bancaires réclamés par la poursuivante et portés dans l'exploit de signification ne figurent pas dans l'ordonnance d'injonction de payer. Il en est ainsi, dès lors que l'ordonnance a bien prévu le paiement des intérêts et des frais de procédure à venir et que l'exploit de signification quant à lui en a précisé les montants, la première condition prescrite à l'article 8 à peine de nullité ayant ainsi été remplie (CCJA, 2e ch., no 173, 17-12-2015 : Église De Jésus-Christ Des Saints Des Derniers Jours c/ Sté LAGICOM-CI, SARL, Ohadata J-16-166 ; CCJA, 2e ch., no 178, 17-12-2015 : Église De Jésus-Christ Des Saints Des Derniers Jours c/ Sté STMCI, Ohadata J-16-171, voir aussi J-16-166, indication des frais d'huissier au bas de l'acte) ou que la requête ne comporte pas de réclamation autre que le principal et qu'il résulte de l'exploit de signification la mention du principal, du droit de recette, des intérêts de retard, frais de greffe et coût de l'exploit. La nullité n'étant encourue que relativement au contenu de l'exploit, c'est à bon droit que la cour a retenu que l'article 8 visé n'a pas été violé (CCJA, 2e ch., no 174, 17-12-2015 : Église De Jésus-Christ Des Saints Des Derniers Jours c/ Sékou Madeye Eugénie Epse GUEU, Ohadata J-16-167, voir aussi J-16-166).

L'ordonnance d'injonction de payer qui n'a pas évalué les frais et intérêts mais en a prévu le paiement ne peut être annulée, dès lors que l'exploit de signification comportait la mention précise des frais de greffe et des frais d'huissier indiqués au bas de l'acte. C'est à bon droit que la cour d'appel a retenu que l'article 8 de l'AUPSRVE visé n'a pas été violé (CCJA, 2e ch., no 069, 21-4-2016 : Église de Jésus-Christ des Saints des Derniers Jours c/ Guede Justin, Ohadata J-17-18).

Obs. : il était reproché à la cour d'appel d'avoir violé l'article 8 de l'AUPSRVE en n'annulant pas l'exploit de signification, au motif que le montant des frais d'huissier réclamés par le poursuivant n'avait pas été précisé par l'ordonnance d'injonction de payer querellée. Cependant, l'article 8 invoqué n'exige pas que les intérêts réclamés soient indiqués dans l'ordonnance, mais plutôt dans l'exploit de signification. L'ordonnance doit contenir le montant de la condamnation puis indiquer si le débiteur doit payer des intérêts et frais. Le décompte de ces intérêts et frais, qui n'est en général pas connu au moment de la reddition de l'ordonnance, doit en revanche être précisé dans l'exploit de signification par l'huissier instrumentaire, sous peine de nullité. C'est ce que rappelle la CCJA en l'espèce, après avoir constaté que l'exploit de signification comportait la mention précise des frais de greffe et des frais d'huissier indiqués au bas de l'acte. À notre avis, c'est la raison pour laquelle la CCJA a retenu, comme reproduit sous l'art. 4, que le jugement qui a déclaré une requête aux fins d'injonction de payer irrecevable alors que le créancier a sollicité le paiement des sommes de « 25 000 000 FCFA au principal, plus 2 500 000 FCFA de frais provisoires, **sous réserve des intérêts de droit à échoir qui seront déterminés ultérieurement**… » n'a pas justifié sa décision et doit être infirmé (CCJA, 2e ch., no 20, 08-2-2018 : ALBAROUT SARL c/ Asan Holding SA). Il suffirait alors que les intérêts soient précisés dans l'exploit de signification.

Erreur matérielle n'entraînant pas l'annulation de l'acte. L'article 8 de l'AUPSRVE sanctionne seulement le défaut d'indication précise des frais et intérêts dans l'acte de saisie et non leur inexactitude. Une quelconque erreur matérielle de calcul des frais et intérêts ne saurait remettre en cause la validité de l'exploit. Lorsqu'un arrêt a condamné une société débitrice à payer à son créancier la somme globale de 22 819 863 FCFA et que, par exploit d'huissier, il a été procédé à la conversion de la saisie conservatoire en saisie-attribution de créance suivie de commandement, à la banque tiers saisie, d'avoir à libérer entre les mains de l'huissier pour le compte du créancier saisissant les sommes déclarées disponibles de 16 130 867 FCFA dont 15 846 905 F en principal et frais, 233 962 F d'intérêts de droit et 50 000 F en coût de l'acte d'exploit, le principal, les frais et intérêts ainsi précisés permettent à la débitrice de connaître l'étendue de ses obligations. C'est donc par une mauvaise interprétation des dispositions susvisées que la cour d'appel a annulé l'acte de conversion de la saisie conservatoire en saisie-attribution. Son arrêt encourt la cassation, sans qu'il soit besoin d'examiner le premier moyen. Sur évocation, l'ordonnance initiale doit être confirmée (CCJA, 1e ch., no 069, 14-11-2013 : DIABY ABOULAYE c/ Cie Française de l'Afrique Occidentale en Côte d' voire Dite CFAO-CI, Rec. jur. CCJA n° 20, vol. 2, janv.-déc. 2013, p. 39-43, Ohadata J-15-69).

De même, s'il est vrai que l'article 8 de l'AUPSRVE dispose que la signification contient, à peine de nullité, sommation d'avoir « … à payer au créancier le montant de la somme fixée par la décision ainsi que les intérêts et frais de greffe dont le montant est précisé », il reste qu'en l'espèce, le fait pour l'exploit de signification d'une ordonnance d'injonction de payer de faire état d'une ordonnance condamnant la société [A] à payer à une société [B] la somme de 5 072 FCFA, alors que c'est bien à la requête de la société [A] que ladite signification a été faite, constitue une simple erreur matérielle qui ne saurait être sanctionnée de nullité au sens du texte précité (CCJA, 3e ch., n° 045/2018, 1-3-2018 : M.A.S SARL c/ O.M.S.E SARL).

D. Mentions non expressément requises par l'article 8

1° Taxe de prestation de services : validité de la signification

Si l'article 8 de l'AUPSRVE ne prévoit pas la TPS (taxe de prestation de service) dans la liste des frais dont le montant doit être indiqué dans l'acte de signification, il n'interdit pas non plus la mention d'autres frais. Par conséquent, l'acte de signification d'une ordonnance d'injonction de payer qui contient la mention de la TPS n'est pas nul (TPI Abidjan, n° 35, 22-2-2001 : E. c/ SIB, Revue Ecodroit n° 1, juill. 2001, p. 37, Ohadata J-02-11, obs. J. ISSA-SAYEGH).

2° Frais de greffe dans la requête

Date erronée : nullité pour violation des prescriptions du Code de procédure civile. L'article 8, al. 1 de l'AUPSRVE prescrit à peine de nullité de la signification l'indication sur cet acte du montant de la somme à payer au créancier et fixé par la décision ainsi que les intérêts et frais de greffe dont le montant est précisé. Toute autre indication viole les prescriptions des dispositions précitées. Une date erronée ou illisible équivaut à une absence de date et constitue un vice de forme sanctionnée par la nullité de l'acte. La nouvelle signification de l'ordonnance d'injonction de payer n'a pas pour effet de régulariser ce vice mais constitue comme telle une seconde signification ; annulation de l'exploit de signification (TGI Ouagadougou (Burkina Faso), n° 241, 14-7-2004 : EBCB/OS c/ SGBB, Ohadata J-05-242).

3° Validité d'autres frais prévus par les dispositions nationales non contraires à l'AUPSRVE

S'il est exact que l'exploit de signification de l'ordonnance portant injonction de payer comporte l'énonciation des montants relatifs à des chefs non expressément prévus par les dispositions de l'article 8 de l'AUPSRVE, il ne demeure pas moins que ceux-ci sont prévus par les articles 81 et 86 du décret portant tarification des émoluments et frais de justice en matière civile, commerciale, administrative et sociale, non contraires aux dispositions de l'AUPSRVE. En conséquence, la nullité n'est pas encourue et le moyen soulevé doit être rejeté (CCJA, 3e ch., n° 207, 23-11-2017 : KODJO Bilé Jean Claude c/ P.A.A.).

Si l'article 8 de l'AUPSRVE énumère les mentions devant figurer à peine de nullité dans l'exploit de signification de l'ordonnance d'injonction de payer, il n'interdit nullement la mention d'autres frais. C'est donc à tort qu'il est reproché à un juge d'appel d'avoir rejeté l'exception de la nullité de l'exploit de signification d'une ordonnance d'injonction de payer qu'il a opposée, alors que l'article 8 de l'AUPSRVE énumère limitativement les mentions devant figurer sur un tel exploit, qu'en l'espèce l'acte mentionne, en sus du montant du principal de la créance, des intérêts et des frais de greffe visés par ce texte, d'autres sommes correspondant aux droits de recettes, au coût d'une sommation de payer et de l'exploit de signification lui-même (CCJA, 3e ch., n° 119, 11-5-2017 : Rougier Pharma Afrique SA c/ BOAD).

E. Délais pour faire opposition

L'article 8 a entendu sanctionner le défaut d'indication du délai d'opposition dans l'acte de notification et non une quelconque erreur dans l'appréciation de ce délai (délai normal, délai franc ou point de départ du délai) (CA Ouagadougou (Burkina Faso), ch. com., n° 048/89, 17-7-2009 : B. E. c/ BICIA-B, Ohadata J-10-218).

F. Appréciation souveraine des juges du fond

La cour d'appel qui, après avoir rappelé les mentions prescrites à peine de nullité par l'article 8 de l'AUPSRVE, a souverainement examiné les faits soumis à sa censure et conclu « qu'il résulte de l'examen de l'exploit critiqué que toutes les mentions prescrites par l'article 8 figurent à la page 2 dudit exploit de signification », a suffisamment motivé sa décision. Cette appréciation souveraine des faits échappe au contrôle du juge de la cassation. Au surplus, l'exploit critiqué énonce bien l'option alléguée en requérant le paiement ou à défaut l'opposition dans le délai légal et la juridiction compétente qu'il indique ; le moyen doit donc être rejeté (CCJA, 3e ch., n° 170, 1-12-2016 : SOTRA c/ GLS-CI SARL, Ohadata J-17-110).

IV. Information du débiteur

A. Caractère d'ordre public

Les dispositions de l'article 8, al. 4 de l'AUPSRVE, qui visent à protéger le débiteur en l'avisant du recours dont il dispose, de la disponibilité des pièces pour lui permettre de préparer sa défense et des conséquences pour lui de l'absence d'opposition, ont un caractère d'ordre public. L'exploit de signification qui ne comporte par cet avertissement viole l'article 8 et doit être annulé (TPI Nkongsamba, n° 27/Civ., 2-5-2001 : T. S. L. c/ K. E. S., Ohadata J-04-450).

B. Non-assimilation des « moyens de défense » à l'opposition

Le terme « faire valoir des moyens de défense », consacré par l'article 8, al. 2 n'est pas synonyme forcément « de s'opposer, contester » ; il s'agit en réalité de faire valoir le soutien nécessaire de la demande ou de la défense et qui constituent le fondement de la cause, les éléments de la demande. Il s'ensuit que tout débiteur contre lequel a été rendue une ordonnance d'injonction de payer peut former opposition afin de faire valoir les éléments nécessaires à sa défense, pouvant s'analyser en une simple demande reconventionnelle car en dehors de ce cadre légal qu'est l'opposition, il ne sera plus en mesure d'agir qu'au niveau de la phase de l'exécution forcée (CA Ouagadougou (Burkina Faso), ch. civ. et com., n° 109, du 19-11-2004 : B. S. c/ Sté SOZARO, Ohadata J-05-231).

C. Mention de la juridiction compétente

1° Défaut d'indication

L'exploit de signification d'une ordonnance d'injonction de payer qui n'indique pas la juridiction devant laquelle l'opposition doit être formée, encore moins la forme de l'opposition, doit être annulé (TPI Dschang, n° 29/Civ., 26-8-2004 : Succession T. M. c/ G.I.E/UTRI-MENOUA, Ohadata J-07-57). Dans le même sens, et déclarant caduque l'ordonnance d'injonction de payer (TPI Bouaflé (Côte d'Ivoire), n° v109, 21-7-2005 : ECABO c/ 1. T. B. Y. 2. D. B. G. A. 3. Me G. D., Ohadata J-09-201).

2° Désignation valable

L'exploit de signification d'une ordonnance d'injonction de payer qui indique que « cette ordonnance a été rendue le 2 mai 2002 par le vice-président du tribunal de première instance d'Abidjan, et que le recours ordinaire contre cette décision est l'opposition, laquelle est portée devant la juridiction compétente, dont le Président a rendu la décision d'injonction de payer » est valable (CA Abidjan, n° 928, 19-7-2002 : BIAO c/ B. G. D., Ohadata J-03-22).

Lorsqu'il ressort de l'exploit de signification d'une ordonnance d'injonction de payer que celle-ci a été « rendue le 17 décembre 2001 par le Vice-Président du Tribunal de Première Instance d'Abidjan » et que « l'opposition doit être portée devant la juridiction compétente dont le Président a rendu la décision d'injonction de payer », ces deux mentions renvoient au TPI d'Abidjan, juridiction devant laquelle la débitrice a effectivement formé opposition. Ainsi, l'exploit de signification a respecté l'esprit des dispositions de l'article 8, al. 2 de l'AUPSRVE et le moyen de nullité selon lequel la juridiction devant laquelle l'opposition devait être faite n'aurait pas été indiquée doit être rejeté comme non fondé (CCJA, 1e ch., n° 017, 24-4-2008 : BACK HOME INTERNATIONAL SARL c/ CAMEROON AIRLINES SA, Juris-Ohada n° 3, juill.-sept. 2008, p. 32 ; Rec. jur. CCJA, n° 11, janv.-juin 2008, p. 47, Ohadata J-09-45).

L'information relative à la juridiction compétente pour connaître de l'opposition participe de la protection des droits de la défense du débiteur. En l'espèce, l'acte de signification qui mentionne : « En outre si la société [X.] entend faire valoir les moyens de défense, elle peut former opposition par acte extrajudiciaire dans les quinze (15) jours à compter de la présente signification par-devant le Tribunal de première instance d'Abidjan Plateau, juridiction compétente », satisfait pleinement à l'exigence prescrite. En énonçant que [la créancière] a « omis d'ajouter comme le recommande l'article 9 précité que celle-ci doit être portée devant la juridiction dont le Président a rendu la décision d'injonction de payer », alors que l'information donnée à [la débitrice] est non équivoque et qu'aucune disposition n'impose, pour la précision considérée, la reprise in extenso de la formule « devant la juridiction dont le président a rendu la décision d'injonction de payer », la cour d'appel a manqué de donner une base légale à son arrêt, qui encourt la cassation de ce chef. Sur l'évocation, le moyen d'appel relatif à la nullité de l'acte doit être rejeté pour les mêmes motifs que ceux ayant entraîné la cassation (CCJA, 1e ch., n° 130/2019, 25-4-2019 : C. épouse T. c/ La Loyale Vie).

3° Désignation d'une juridiction incompétente : suspension du délai pour faire opposition

La signification de l'ordonnance qui indique une juridiction autre que celle compétente pour connaître de l'opposition, est nulle. Toutefois, la conséquence de la nullité n'est pas la caducité de l'ordonnance, mais le fait que le délai d'opposition n'a pu courir. C'est donc à juste titre que le premier juge a refusé de déclarer caduque l'ordonnance entreprise et a déclaré recevable l'opposition formée (CA Bouaké, n° 13, 24-1-2001 : B c/ STATION MOBIL, Juris-Ohada, n° 3/2003, juill.-sept. 2003, p. 63, Ohadata J-04-117).

4° Erreur dans l'indication de la juridiction compétente ne faisant pas grief

Lorsque l'exploit de signification de l'ordonnance d'injonction de payer contenait la reproduction intégrale de l'article 9, al. 2, de l'AUPSRVE, et que le débiteur avait lui-même saisi la juridiction compétente, l'erreur dans la désignation de la juridiction compétente reprochée à l'exploit de signification de l'ordonnance d'injonction de payer par le débiteur a été réparée par les indications contenues dans l'article 9 sus-énoncé de l'AUPSRVE, intégralement reproduit dans ledit exploit, lequel est par conséquent conforme aux prescriptions de l'article 8, al. 2 susvisé et est régulier. Par conséquent, l'arrêt attaqué ayant frappé de nullité l'exploit de signification de l'ordonnance d'injonction de payer doit, quelles que soient les conséquences qu'il a tirées de cette sanction, être cassé (CCJA, 1e ch., nº 26, 7-4-2005 : B. C. M. c/ La STATION MOBIL de Yamoussoukro, Juris-Ohada, nº 3/2005, p. 27, Rec. jur. CCJA, nº 5, janv.-juin 2005, vol. 2, p. 47, Ohadata J-05-378).

En application de l'article 8 de l'AUPSRVE, l'erreur dans la désignation de la juridiction compétente n'affecte l'exploit de signification que si elle porte sur une juridiction autre que celle dont le président a rendu la décision signifiée ; en l'espèce, l'ordonnance a été rendue par le président du Tribunal de première instance d'Abidjan et l'opposition ayant été portée devant la même juridiction dans le respect des dispositions de l'article 9 de l'AUPSRVE de l'Acte uniforme précité, la demande de nullité de l'exploit n'est pas fondée et sera rejetée (CCJA, 1e ch., nº 083, 28-3-2019 : THEHOUA AKA Jean c/ Indian Institute of Hardware Technology).

5º Erreur dans l'indication de la juridiction compétente ne permettant pas d'identifier celle-ci

L'exploit de signification, qui a énoncé que le débiteur signifié pouvait former opposition « devant la juridiction de monsieur le président de la signification du présent exploit », a failli à son devoir d'une juste information du débiteur qui participe de l'organisation et de la protection des droits de la défense, la juridiction compétente en matière d'opposition n'étant pas « monsieur le président de la signification du présent exploit ». En ne sanctionnant pas de nullité un tel exploit alors que celui-ci a manifestement dérouté le débiteur par son inexactitude, la cour d'appel a violé l'article 8 de l'AUPSRVE, exposant ainsi son arrêt à la cassation. Sur l'évocation et pour les mêmes motifs que ceux ayant entraîné la cassation, la nullité de l'exploit de signification est encourue ; il s'ensuit que le jugement entrepris doit être infirmé en toutes ses dispositions. Evoquant et statuant à nouveau, il convient de relever d'office la caducité de la décision portant injonction de payer en date du 23 octobre 2012, conformément aux dispositions de l'article 7 de l'AUPSRVE et de renvoyer par conséquent OPRAG à mieux se pourvoir (CCJA, 1e ch., nº 006, 24-1-2019 : Joseph ONDO MENIE c/ Office des Ports et Rades du Gabon).

V. Validité de l'exploit de signification comportant toutes les mentions requises

Le moyen d'annulation de l'exploit de signification d'une ordonnance d'injonction de payer doit être rejeté lorsqu'il résulte du dossier que l'acte de signification contesté comporte les mentions prescrites par l'article 8 de l'AUPSRVE (CCJA, 2e ch., nº 153/2023, 29-6-2023).

VI. Effet de l'opposition : saisine du juge de l'entier litige

Lorsque la créance poursuivie est contestée dans sa liquidité, mais aussi que les parties ont des liens dont l'économie met en évidence des créances réciproques susceptibles de compensation, il y a lieu de considérer, en application des dispositions de l'article 8 de l'AUPSRVE, selon lequel l'opposition a « pour objet de saisir la juridiction de la demande initiale du créancier et de l'ensemble du litige », que le contexte ne permet pas la mise en œuvre d'une procédure d'injonction de payer ; en conséquence, le jugement sera infirmé et le demandeur débouté de sa demande en recouvrement selon la procédure d'injonction de payer (CCJA, 1e ch., nº 070/2020, 12-3-2020 : Société Atlantique Télécom Centrafrique c/ Société Système Application Electroniques).

L'article 8 de l'AUPSRVE indique, à son alinéa 1er, 2e tiret, que si le débiteur entend faire valoir des moyens de défense, il est appelé « à former opposition, celle-ci ayant pour objet de saisir la juridiction de la demande initiale du créancier et de l'ensemble du litige [...] ». La cour d'appel qui a examiné les caractères et l'origine d'une créance pour conclure à son inéligibilité à la procédure d'injonction de payer, procédure qui repose sur l'évidence, a fait une exacte application de l'article 8 précité, visé au moyen, qui en court le rejet, d'autant que la demanderesse ne spécifie pas les éléments de « l'ensemble du litige » au sens de l'article 8 précité, sur lesquels ladite cour n'aurait pas statué (CCJA, 1e ch., nº 031/2022, 17-2-2022).

VII. Effet de l'ordonnance signifiée dans le délai

Voir le nº III sous l'article 7.

VIII. Admissibilité de moyens nouveau du créancier en cas d'opposition par le débiteur

Voir sous l'art. 13.

Art. 8-1 [Nouv.] Lorsque la juridiction compétente annule l'acte de signification en application des dispositions de l'article 8 du présent acte uniforme, il ne peut statuer sur le fond.

Le créancier peut signifier à nouveau l'ordonnance d'injonction de payer, sous réserve des dispositions de l'article 7, alinéa 2 du présent acte uniforme.

Section III • L'OPPOSITION

Art. 9 [mod.] Le recours ordinaire contre *l'ordonnance* d'injonction de payer est l'opposition. Celle-ci est portée devant la juridiction compétente dont le président *ou le juge délégué par lui* a rendu la décision d'injonction de payer.

L'opposition est formée par acte extra-judiciaire.

JURISPRUDENCE OHADA

I. Obligation de recourir à l'opposition depuis l'entrée en vigueur de l'AUPSRVE

Il résulte de l'article 9 de l'AUPSRVE que depuis l'entrée en vigueur de cet Acte uniforme, l'opposition est désormais la seule et unique voie de recours contre une ordonnance d'injonction de payer (CA Ouagadougou (Burkina Faso), ch. civ. et com., n° 109, du 19-11-2004 : B. S. c/ Sté SOZARO, Ohadata J-05-231 ; CA Bobo-Dioulasso (Burkina Faso) ch. civ. et com., n° 30, 18-4-2005 : SN-SOSUCO c/ Sté MADOUA-SARL, Ohadata J-10-112). Dans le même sens, (TGI Ouagadougou, n° 236, 17-3-1999 : S. S. M. c/ H. Y. L., Ohadata J-02-46 ; obs J. ISSA-SAYEGH ; TPI Bafoussam, n° 01/Civ., 6-10-2000 : F. P. c/ Ets CITEC-Toile d'avion, Ohadata J-05-21 ; TPI de Nkongsamba, n° 05/CC, 8-3-2000 : E. H. F. c/ Liquidateur des Assurances Mutuelles Agricoles du Cameroun, Ohadata J-05-153 ; TR Niamey, n° 075, 5-3-2003 : Sté Sahélienne de Communication c/ Global Média SARL, Ohadata J-04-72, jugeant que l'opposition qui est conforme aux prescriptions des articles 9 et 11 de l'AUPSRVE doit être déclarée recevable, aucune déchéance n'étant encourue. (CCJA, n° 21, 17-6-2004 : SDV-COTE D'IVOIRE c/ Sté RIAL TRADING, Juris-Ohada, n° 3/2004, juill.-oct. 2004, p. 11, note Brou Kouakou Mathurin ; Rec. jur. CCJA, n° 3, janv.-juin 2004, p. 130 ; Ohadata J-04-382).

Lorsque le litige soumis à l'appréciation d'une cour d'appel à la suite de l'appel contre une ordonnance d'injonction de payer concerne la régularité de la saisie-attribution de créances pratiquée sur la base de l'injonction de payer et non la régularité de l'injonction de payer, aucune violation de l'article 9 de l'AUPSRVE ne peut être reprochée à la cour d'appel, l'opposition n'étant pas requise dans ce cas (CCJA, 1e ch., n° 005, 28-2-2008 : E. K. B. K. c/ Fédération Nationale des Coopératives des Planteurs de Palmiers à Huile de Côte d'Ivoire dite FENACOPAH-CI ; Juris-Ohada n° 2 avr.-juin 2008, p. 9 ; Rec. jur. CCJA, n° 1, janv.-juin 2008, p. 29, Ohadata J-09-28).

II. Exclusion des autres voies de recours

A. Contredit

A compter de l'entrée en vigueur de l'AUPSRVE, le contredit formé par un débiteur contre une ordonnance d'injonction de payer ne peut valablement saisir le tribunal et est irrecevable (TGI Ouagadougou, n° 236, 17-3-1999 : S. S. M. c/ H. Y. L., Ohadata J-02-46 ; obs J. ISSA-SAYEGH ; TPI Bafoussam, n° 01/Civ., 6-10-2000 : F. P. c/ Ets CITEC-Toile d'avion, Ohadata J-05-21 ; TPI de Nkongsamba, n° 05/CC, 8-3-2000 : E. H. F. c/ Liquidateur des Assurances Mutuelles Agricoles du Cameroun, Ohadata J-05-153).

B. Exclusion de la tierce opposition

La tierce opposition formée contre une ordonnance d'injonction de payer est irrecevable, dès lors qu'étant une voie de recours extraordinaire de rétractation ou de réformation ouverte aux personnes qui n'ont été ni parties ni représentées dans une instance et leur permettant d'attaquer une décision qui leur fait grief, la tierce opposition suppose une instance où les demandeurs ont la possibilité d'être parties ou de se faire représenter ; ce qui exclut l'injonction de payer, qui est une voie gracieuse aboutissant à une ordonnance qui ne peut être exécutée que 15 jours après sa signification à celui contre qui l'exécution est requise (TRHC Dakar, n° 1893, 22-11-2000 : A. M. c/ K. S., Ohadata J-05-73, obs. Joseph ISSA-SAYEGH).

III. Portée de l'opposition

A. Recevabilité de tous moyens de forme et de fond

L'opposition est la seule voie de droit ouverte, quels que soient les moyens, de forme ou de fond que les parties entendent faire valoir. Elle permet à la juridiction saisie de transformer la procédure d'injonction de payer en une procédure contentieuse ordinaire. C'est donc à tort que le premier juge a débouté les défendeurs sur la seule base que leur créance n'était ni liquide, ni exigible et sa décision doit être infirmée (CA Ouagadougou, civ. et com., n° 93, 5-12-2003 : O. I., et huit autres c/ Y. N. G., Ohadata J-04-371 ; J-04-07).

B. Irrecevabilité postérieure de tous moyens non soulevés à l'occasion de l'opposition

Il est de doctrine et de jurisprudence constantes que toutes formes de contestations et d'irrégularités relatives à une ordonnance d'injonction de payer, de délivrer ou de restituer doivent être soulevées dans le cadre de l'opposition. À défaut d'opposition dans le délai imparti, la décision est définitivement revêtue de l'autorité de la chose jugée et toute demande tendant à la remise en cause de la décision d'injonction de délivrer ou de restituer est irrecevable. Le jugement qui a été rendu en sens contraire doit être annulé pour violation du principe du principe de l'autorité de la chose jugée (CA Ouagadougou, civ. et com., n° 22, 21-3-2003, P. S. c/ Sté M.G.R. International, Ohadata J-04-362).

Obs. : pour un arrêt de la CCJA retenant que le fait de ne pas former opposition contre une ordonnance d'injonction de payer ou de former opposition hors délai justifie l'apposition de la formule exécutoire sur ladite ordonnance qui vaut dès lors titre exécutoire, en raison du principe de l'autorité de la chose jugée, voir n° 2 sous l'art. 14.

IV. Juridiction compétente

A. Juridiction dont le président a rendu l'ordonnance

L'opposition contre une ordonnance d'injonction de payer doit être formée non devant le président du tribunal qui a rendu l'ordonnance mais devant le tribunal dont le président a rendu l'ordonnance d'injonction de payer (TGI Menoua – Dschang, n° 46/Civ., 12-7-2004 : D. E. c/ A. B., P.-D.G. de la Sté E.P.A., Ohadata J-05-106), statuant dans une formation collégiale (CA Pointe-Noire (Congo), n° 052, 22-2-2008 : C.E.B.T. SARL c/ Sté NORTHERN TROPICAL WOOD, Ohadata J-13-99).

Le juge des référés est compétent pour dire si les exploits comportent les mentions requises par la loi sous peine de nullité et si la formule exécutoire apposée sur une ordonnance l'a été dans les conditions légales mais pas pour apprécier le bien-fondé de ladite ordonnance (TPI Cotonou (Bénin), 1e civ., ord. réf. n° 176/02, 18-7-2002 : B. A. née M. c/ V. A., Ohadata J-10-09).

Il résulte de l'article 9 de l'AUPSRVE que l'opposition est formée devant la juridiction dont le président a rendu la décision d'injonction de payer. Conformément à l'article 9 précité, le jugement rendu sur opposition par le tribunal de première instance de première classe de Lomé statuant à juge unique par l'organe de son président, est valable et l'incompétence dudit tribunal soulevée par la défenderesse ne peut prospérer. Il en est ainsi dès lors que l'organisation judiciaire des États relevant du droit interne, le tribunal saisi en l'espèce statue en matière civile et commerciale ; en outre, la matière soumise au tribunal relevant du domaine commercial, c'est à bon droit que le tribunal a statué en matière commerciale. C'est donc à tort que la défenderesse conclut à l'incompétence du tribunal de première instance de Lomé aux motifs que le tribunal a statué uniquement en matière commerciale alors qu'il a été saisi en tant que juge statuant en matière civile et commerciale et que c'est le président du tribunal et non le tribunal qui a rendu la décision sur opposition d'injonction de payer (CCJA, 3e ch., n° 102, 2-6-2016 : OLAM TOGO SARL c/ VATEL SA, Ohadata J-17-44).

Obs. : il convient de noter également que selon l'organisation judiciaire interne de chaque État partie à l'OHADA, une juridiction du fond peut valablement statuer à juge unique.

B. Nécessité de désigner le juge statuant sur l'opposition avec précision

L'article 9 susvisé indique, sans aucune ambiguïté, que l'opposition est formée par acte extra-judiciaire et portée devant la juridiction compétente dont le président a rendu la décision d'injonction de payer. L'article 12 précise que le juge de l'opposition procède à une tentative de conciliation préalable et il statue immédiatement sur la demande en payement qu'après avoir constaté l'échec de la tentative de conciliation. Il en découle que l'acte d'opposition doit indiquer, de manière non équivoque, la juridiction compétente chargée de gérer le contentieux. En l'espèce, l'acte d'opposition avec assignation qui indique « donné assignation à la [créancière] D'avoir à se trouver et comparaître par-devant la présidente du Tribunal de première instance de Conakry 2 aux fins de conciliation préalable […] le 30 octobre 2015 à 9 heures ; et à défaut de conciliation, devant le tribunal de Première Instance de Conakry 2 à la date de renvoi qui sera fixée par le juge conciliateur », portant ainsi l'opposition à la fois devant le président du Tribunal de première instance de Kaloum et devant le même Tribunal, n'est pas conforme aux prescriptions de l'article 9 de l'AUPSRVE. Il doit donc être déclaré irrecevable et, par suite, condamner le débiteur à payer à la créancière les sommes de 1 310 280,96 $ US, à titre principal, 800 674,11 $

US représentant les intérêts, commissions et frais de tenue de compte, et 10 000 000 GNF à titre de frais d'évaluation de deux titres fonciers (CCJA, 2e ch., n° 082/2021, 29-4-2021 : B. c/ SGBG SA).

C. Compétence matérielle : distinction de la recherche d'un titre exécutoire du règlement d'une contestation sociale

La juridiction qui a relevé que l'action de [X.] vise à voir ordonner le paiement d'une créance et non pas à trancher une contestation sociale, et que la prescription soulevée par la défenderesse sur le fondement de l'article 317 du Code du travail de la République démocratique du Congo ne vise que l'action sociale aux fins de reconnaissance du droit, et non pas l'action en recouvrement au moyen de l'injonction de payer qui est la matière du présent litige, a fait une saine application de la loi ; il y a donc lieu de rejeter l'exception d'incompétence et la défense au fond tirée de la prescription (CCJA, 2e ch., n° 008/2024, 25-1-2024).

D. Juridiction compétente pour tenter une conciliation

Voir aussi sous l'article 12.

V. Forme et contenu de l'opposition

A. Forme

Pour être conforme, l'opposition doit être formée par assignation et celle formée par requête est irrecevable (TPI de Nkongsamba, n° 05/CC, 8-3-2000 : E. H. F. c/ Le Liquidateur des Assurances Mutuelles Agricoles du Cameroun, Ohadata J-05-153 ; TRHC Kaolack, 8-5-2001 : M. N. c/ M. N., Ohadata J-03-218).

Aux termes des articles 9, al. 2 et 10 de l'AUPSRVE, l'opposition doit être formée par acte extrajudiciaire et dans les quinze jours qui suivent la signification de la décision portant injonction de payer. En considérant, non pas le récépissé d'opposition délivré par le Greffier du tribunal de commerce le 26 septembre 2008 au débiteur qui n'est nullement, au sens de l'article 9, al. 2 de l'AUPSRVE, un acte extrajudiciaire par lequel doit être formée l'opposition dans le délai légal, mais plutôt l'acte d'huissier du 10 octobre 2008 comme acte extrajudiciaire par lequel l'opposition formée à cette date contre une ordonnance signifiée le 16 septembre 2008 est irrecevable pour forclusion, la cour d'appel n'a en rien violé les dispositions sus-mentionnées (CCJA, 2e ch., n° 038/2012, 3-5-2012 : NDONG SIMA Raymond c/ Sté Alios Finance Gabon).

B. Contenu de l'opposition

Les articles 9 à 15 de l'AUPSRVE qui organisent l'opposition contre l'injonction de payer ne font pas obligation au demandeur à l'opposition de décliner dans son acte, les moyens au fondement desquels il conteste l'ordonnance (TGIHC, Niamey (Niger), n° 46, 8-2-2006 : B. A. c/ ETS N-B SARL et le Greffier en chef du TGI Hors Classe de Niamey, Ohadata J-09-111).

La demande du débiteur qui a formé opposition à une ordonnance d'injonction de payer et donné assignation au créancier pour s'entendre « Recevoir le requérant en son opposition [...] Constater que la décision d'injonction de payer querellée porte sur une créance dont le montant a été délibérément exagéré ; – Constater et prononcer la nullité de la signification du 24 août 2007 pour violation de l'article 8 susvisé ; – Mais si par extraordinaire, cette nullité ne serait pas retenue, procéder à la tentative de conciliation [...] ; – Déterminer le montant réel de la créance, et compte tenu de la situation du débiteur, reporter ou échelonner son paiement dans la limite d'une année par application de l'article 39 de l'Acte uniforme susvisé ; – Condamner la défenderesse aux entiers dépens », est irrecevable en l'absence de l'original de l'assignation servie au créancier (TPI Nkongsamba (Cameroun), n° 33/civ., 16-4-2008 : T. E. G. A. c/ B. R., Ohadata J-09-243).

Rien, à l'examen des pièces du dossier, ne permettant d'affirmer que l'huissier instrumentaire ne réside pas à l'adresse indiquée sur l'exploit d'opposition, il convient de confirmer sur ce point la décision du premier juge ayant rejeté l'exception d'irrecevabilité faute de preuve à l'appui de ladite exception (CCJA, 3e ch., n° 115, 11-5-2017 : GUETAT Ehouman Noël c/ GUETAT Eugénie épse KOUADIO et 16 autres).

C. Unicité de l'opposition

La cour d'appel qui a considéré, au vu des articles 9 et 10 de l'AUPSRVE, que l'opposition est introduite par un acte unique dans un délai de quinze jours suivant la notification, et constaté, en l'espèce, qu'un second exploit du 15 décembre 2017 intitulé « Exploit d'opposition supplémentaire à ordonnance d'injonction de payer » est intervenu hors délai n'a en rien violé les textes précités. Doit donc être rejeté le moyen selon lequel le second exploit ne constituait pas une seconde opposition, mais un simple acte visant à étayer les moyens contenus dans le premier exploit qui constituait l'acte d'opposition, lequel est intervenu dans le délai légal (CCJA, 2e ch., n° 077/2024, 28-3-2024).

D. Communication au Ministère public non requise

Les conditions de validité du jugement rendu sur une opposition à une ordonnance d'injonction de payer sont fixées par les articles 9 et suivants de l'AUPSRVE dont les dispositions n'ont pas prévu la communication du dossier de l'opposition au Ministère public.

Il s'ensuit que le tribunal qui n'a pas observé cette formalité ne commet aucune faute de nature à exposer son jugement à l'annulation (CCJA, 3e ch., no 082, 29-3-2018 : Sté SOMEF-CI c/ Sté NESTLE Côte d'Ivoire).

....

VI. Auteur de l'opposition

A. Mention de la dénomination sociale

Irrecevabilité de l'opposition pour confusion entre la société opposante et la société condamnée par l'ordonnance. Lorsque l'ordonnance d'injonction de payer a été prise contre la société A, mais que l'action en opposition de même que l'appel ont été formés par une société B, que l'appelante ne rapporte pas la preuve que la société A et la société B désignent la seule et même société, et qu'elle ne produit aucune pièce (statuts, registre de commerce, etc.) justifiant que les deux sociétés – dont les dénominations se ressemblent – constituent la même société, c'est à juste titre que le premier juge a déclaré irrecevable l'opposition de la société B pour défaut de qualité à agir et le jugement doit être confirmé (CA Abidjan, 4e ch. A, no 464, 22-4-2005 : Sté 3 H TARON c/ Sté TECRAM-TRANSIT, Juris-Ohada, no 3/2006, p. 42, Ohadata J-07-21).

B. Fin de non-recevoir basée sur le défaut de personnalité morale du débiteur opposant

Lorsque l'opposition est formée par la débitrice sous la même identité que celle contre laquelle le créancier a obtenu l'ordonnance d'injonction de payer, le représentant de la débitrice, qui est une association ayant organisé une foire industrielle et commerciale, ne saurait opposer son défaut de personnalité morale au créancier alors qu'il a pu initier l'instance en opposition à l'injonction de payer. La fin de non-recevoir fondée sur le défaut de personnalité morale qui exposerait la demanderesse à l'irrecevabilité de son action doit être rejetée (TPI 1e classe Lomé (Togo), ch. civ. et com., no 491/2009, 27-2-2009 : FICK-2006 c/ CLASS-TOSSOU, Ohadata J-11-113).

C. Nécessité d'un intérêt, de la qualité et de la capacité d'agir en justice

Celui qui intente une action en justice doit satisfaire à certaines conditions telles que l'intérêt, la qualité et la capacité à ester en justice. En l'espèce, l'opposition formée par des personnes qui ne justifient nullement leur qualité à ester en justice ne peut prospérer, dès lors que les prétendus ayants droit n'ont versé au dossier aucun acte justifiant leur qualité d'ayants droit ; il y a lieu de déclarer l'opposition irrecevable (CCJA, 1e ch., no 038, 22-2-2018 : ACEP Cameroun SA c/ Ayants droit de feu TAMEKEN Jean Elvain).

D. Mention du représentant légal de la société débitrice

Obs. : l'attention du lecteur est attirée sur les nuances dans la jurisprudence relatives à l'appréciation de la validité formelle de l'acte d'opposition à une ordonnance d'injonction de payer par une société, qui doit se faire en conjonction avec les dispositions supplétives nationales, souvent d'ordre public procédurales, dont la CCJA n'hésite pas à tirer les conséquences de la violation, comme ci-après.

1o Mention ayant rendu l'opposition recevable

La cour d'appel qui, pour déclarer l'opposition à une injonction de payer irrecevable, a retenu « que dans le cas d'espèce, il ne résulte pas que la société [débitrice] a agi par l'entremise de son gérant ; que l'expression "représentants légaux" insérée dans l'acte de saisine ne renvoie à aucune désignation précise, ce qui laisse présumer la qualité de gérant alors que ladite qualité ne se présume pas… », alors que le représentant légal d'une société est bien l'organe par lequel celle-ci agit, et dont la dénomination varie simplement selon la forme de ladite société, et qu'une telle exigence ne résulte pas des dispositions de l'AUPSRVE, notamment celles des articles 9 à 15 qui régissent l'opposition à injonction de payer, n'a pas donné une base légale à sa décision, qui doit être cassée. Sur l'évocation, et pour les mêmes motifs ayant entraîné la cassation, il y a lieu de juger que les conditions d'une ordonnance d'injonction de payer ne sont pas réunies ; en conséquence, le jugement rendu sur opposition doit être infirmé et, statuant à nouveau, l'opposition sera déclarée recevable et le créancier débouté de sa demande (CCJA, 2e ch., no 093/2020, 9-4-2020 : Quifeurou Cameroun SARL c/ Établissements Nyemb & Compagnie).

2o Non-exigence de la mention du nom du représentant légal de la société débitrice qui fait opposition

C'est en violation de l'article 4 de l'AUPSRVE qu'une cour d'appel a confirmé le jugement ayant déclaré irrecevable l'opposition d'une société à une injonction de payer, au motif que son acte d'opposition ne fait pas ressortir, dès son en-tête, le nom de la personne physique qui la représente, au mépris des dispositions susvisées, alors qu'une telle exigence ne résulte ni desdites dispositions, qui se rapportent exclusivement à la requête aux fins d'injonction de payer, ni de celles des articles 9 à 15 du même Acte uniforme qui régissent l'opposition à injonction de payer, exposant son arrêt à la cassation. Sur l'évocation, il ne ressort ni des dispositions de l'article 4.1 de l'AUPSRVE invoquées, lesquelles régissent la requête en injonction de payer et non l'acte d'opposition à l'ordonnance d'injonction, ni d'aucune autre disposition dudit acte uniforme que le défaut de mention du représentant légal de la personne morale demanderesse en opposition sur ledit acte est sanctionné par l'irrecevabilité de ce recours ; pour les mêmes motifs que ceux ayant entraîné la cassation, il y a lieu d'infirmer le jugement initial, en ce qu'il a déclaré irrecevable l'opposition formée contre l'ordonnance d'injonction de payer rendue ; statuant à nouveau, il échet de déclarer recevable ladite opposition, en application des dispositions de l'article 9 du même acte uniforme (CCJA, 1e ch., nº 186/2024, 27-6-2024).

3° Obligation d'indiquer, suivant une disposition nationale supplétive, que la société débitrice est « prise en la personne de son représentant légal »

Il s'induit des articles 122 et 123 du Code de procédure civile, commerciale et administrative de Côte d'Ivoire que la sanction des vices de formes d'un acte de procédure est la nullité, laquelle peut, selon les cas, être relative ou absolue, chacune pouvant être prononcée que dans le respect des conditions prescrites auxdits articles. En l'espèce, il est constant que le défaut pour la société [A.] d'indiquer dans l'acte d'opposition que la société [B.] est prise en la personne de son représentant légal constitue un vice de forme, une violation des dispositions de l'article 329 de l'AUSCGIE, au sens duquel le gérant assume la gestion de la société et en est le représentant légal dans ses rapports avec les tiers ; cette disposition ainsi que les articles subséquents étant d'ordre public, conformément aux articles 122 et 123, alinéa 2 susvisés, leur violation entraîne la nullité absolue dudit acte et rend l'action de la société [A.] irrecevable, sans que la société [B.] n'ait à rapporter la preuve d'un quelconque préjudice. Ainsi, en relevant que « dès lors qu'il n'est pas précisé que ladite société [B.] est prise en la personne de son représentant légal, en violation des dispositions communautaires susmentionnées [...], c'est à bon droit que le premier juge a déclaré irrecevable l'opposition formée par la [société A.] », la cour d'appel ne commet pas le grief allégué ; que le moyen n'est pas fondé et doit être rejeté (CCJA, 1e ch., nº 309/2024, 28-11-2024).

VII. Refus d'assimiler l'opposition à un abus de droit

Le fait de faire opposition à une injonction de payer ne constitue pas en lui-même un abus de droit donnant lieu à réparation et la demande de dommage-intérêts (du créancier défendeur à l'instance d'opposition) doit être rejetée (TPI Cotonou, 1e ch. civ. moderne, 2-7-2003 : G. B. c/ D. D. H., Ohadata J-05-303).

VIII. Irrégularité de la rétractation de l'ordonnance en l'absence d'opposition

La renonciation s'entend d'un acte volontaire et unilatéral d'une partie qui, bénéficiaire d'une décision de justice, déclare ne pas vouloir la mettre à exécution et de ne pas se prévaloir des effets de signification. Le désistement à l'exécution d'une décision de justice, bien que portant atteinte à un droit substantif, n'édulcore en rien l'existence et la validité de la décision elle-même. Le désistement ne peut être confondu avec la transaction qui est « un contrat par lequel les parties terminent ou préviennent une contestation en consentant des concessions réciproques », dès lors que dans le premier, aucun accord des volontés n'est intervenu, et on ne peut pas opposer un tel acte au renonçant étant donné qu'il reste libre de se rétracter à tout moment. Seule la transaction, lorsqu'elle aboutit entre les parties, acquiert l'autorité de la chose jugée et s'impose à elles. La volonté d'une ou des deux parties, si puissante soit-elle, si elle peut priver une décision de justice de sa force exécutoire (en rendant son exécution inutile), est inapte à l'anéantir dans son essence en dehors des causes de nullité prévues par la loi et les principes généraux du droit. C'est donc à tort que les premiers juges ont rétracté une ordonnance d'injonction de payer en s'appuyant essentiellement sur l'acte de renonciation signé par la société créancière à travers son représentant et en dehors de toute procédure d'opposition prévue par la loi (CA Littoral (Cameroun), nº 026/C, 19-2-2010 : Ets GUY-NES et LES GALERIES c/ TOTAL CAMEROUN SA, Ohadata J-10-141).

Obs. : dans le cas d'espèce, la « renonciation » avait manifestement été obtenue sous la contrainte, alors même que la société débitrice n'avait pas formé opposition contre l'ordonnance d'injonction de payer. En l'absence d'opposition, le créancier aurait dû être en mesure de demander l'apposition de la formule exécutoire sur l'ordonnance à l'expiration du délai de 15 jours.

IX. Inapplicabilité de l'opposition à une demande de délai de grâce

L'opposition, qui vise à contester la créance arrêtée dans une ordonnance portant injonction de payer, ne saurait être la voie appropriée pour demander des termes et délai de paiement dès lors que l'octroi de termes et délais suppose que la créance est préalablement reconnue. Par conséquent, le débiteur qui a invoqué la violation de l'article 4 de l'AUPSRVE et a demandé le bénéfice de termes et délai en cas de condamnation doit être débouté (CA Ouagadougou (Burkina Faso), ch. com., nº 050, 7-5-2010 : S. I. c/ ECOBANK Burkina, Ohadata J-12-181).

X. Irrecevabilité de l'opposition formée contre un jugement réputé contradictoire selon le droit interne

C'est en violation des dispositions de l'article 146 du Code de procédure civile du Togo selon lesquelles lorsqu'une citation a été faite à personne, le jugement rendu est réputé contradictoire, qu'une cour d'appel a retenu que « la lecture de ce jugement n° 0555/06 montre qu'il est rendu par défaut (voir les qualités) ; par défaut réputé contradictoire (voir les motifs) et enfin contradictoirement (voir le dispositif) » ; que la coexistence de ces trois éléments ne permettent pas à un justiciable même avisé de savoir à quelle forme de jugement il a affaire pour pouvoir exercer le recours approprié ; que devant cette confusion qui ne lui est pas imputable le sieur [X.] qui n'a pas pu présenter ses moyens de défense dans cette procédure n'a commis aucune faute en formant opposition à ce jugement ; que c'est à bon droit que le jugement attaqué a déclaré son opposition recevable ». Il en est ainsi dès lors que l'erreur matérielle faite par la juridiction ayant rendu la décision attaquée n'a pu avoir pour effet d'atténuer la rigueur de la loi en modifiant le caractère du jugement ; l'arrêt doit être cassé. Sur l'évocation et pour les mêmes motifs que ceux ayant entraîné la cassation, il y a lieu d'annuler le jugement critiqué pour violation de la loi, et, statuant à nouveau, déclarer l'opposition formée contre un jugement réputé contradictoire, irrecevable en application de l'article 146 du Code de procédure civile (CCJA, 3e ch., n° 104, 2-6-2016 : Sodji Ahlin c/ Adamah Folly Foligan Bruno, Ohadata J-17-45).

JURISPRUDENCE COMPARÉE

France

Recours contre l'ordonnance portant injonction de payer

1° Recours du débiteur

Seul le débiteur peut s'opposer à l'ordonnance portant injonction de payer (Cass. 2e civ. 4-3-2004 n° 325 : Bull. civ. II n° 90).

Cette opposition n'a pas à être motivée (Cass. civ. 14-1-1987 : Bull. civ. II p. 6).

Au cours de l'instance, le demandeur doit prouver la réalité et l'étendue de sa créance (Cass. civ. 23-10-1991 : RJDA 1/92 n° 72).

2° Exclusion de toute autre voie de recours

L'opposition est la seule voie de recours contre l'ordonnance (Cass. com. 10-1-1983 : GP 1983.pan.237).

Art. 10 [mod.] **L'opposition doit être formée dans les *dix* jours qui suivent la signification de *l'ordonnance* portant injonction de payer. Le délai est augmenté, éventuellement, des délais de distance.**

Toutefois, si le débiteur n'a pas reçu personnellement la signification de *l'ordonnance* portant injonction de payer, l'opposition est recevable jusqu'à l'expiration du délai de *dix* jours suivant le premier acte signifié à personne ou, à défaut, suivant la première mesure d'exécution ayant pour effet de rendre indisponibles, en tout ou en partie, les biens du débiteur.

JURISPRUDENCE OHADA

I. Non-application à l'opposition du délai de l'appel

L'opposition et l'appel n'ont pas le même objet, la première étant la seule voie de droit ouverte au débiteur contre l'ordonnance d'injonction de payer prononcée à son encontre et qui lui permet de faire juger contradictoirement, dans le cadre d'une procédure au fond, les prétentions du créancier qu'il conteste, le second visant à reformer le jugement d'opposition. Le délai de l'opposition ne doit nullement être confondu avec celui de l'appel (CCJA, n° 21, 17-6-2004 : SDV-COTE D'IVOIRE c/ Sté RIAL TRADING, Juris-Ohada, n° 3/2004, juill.-oct. 2004, p. 11, note Brou Kouakou Mathurin ; Rec. jur. CCJA, n° 3, janv.-juin 2004, p. 130 ; Ohadata J-04-382).

II. Délai d'opposition

Obs. : il convient de retenir que la jurisprudence antérieure relative au délai de 15 jours demeure transposable, en prenant désormais en compte le délai de dix jours pour les procédures qui seront régies par l'article 10 révisé.

A. Délai d'ordre public ne pouvant être modifié par une ordonnance abréviative de délai

L'ordonnance d'injonction de payer ayant été signifiée le 8 juin 2018, l'opposition du 2 juillet 2018 a été formée hors délai, l'ordonnance abréviative de délai du 22 juin 2018 rendue par le président du tribunal de commerce ne produisant alors aucun effet suspensif du délai de quinze jours imparti, d'ordre public ; c'est donc à bon droit que le tribunal a déclaré irrecevable, pour forclusion, l'opposition formée et le jugement doit être confirmé sur ce point (CCJA, 1e ch., n° 062/2021, 8-4-2021 : N. c/ W.).

B. Caractère franc du délai

Il ressort de l'analyse combinée des dispositions des articles 10 et 335 de l'AUPSRVE que le délai de quinze jours imparti pour faire opposition à une ordonnance d'injonction de payer est un délai franc. Ni le premier jour (dies ad quo) ni le dernier jour (dies ad quem) ne doivent être pris en compte dans la computation des délais. Et si le dernier jour est un jour férié, le terme du délai est reporté au lendemain à minuit. C'est donc en violation desdits articles qu'une cour d'appel déclare irrecevable l'opposition formée le 17 avril 2001 contre une ordonnance d'injonction de payer rendue le 29 mars 2001 et signifiée à personne le 30 mars 2001, au motif qu'elle est intervenue hors délais légaux, alors que le lundi 16 avril 2001 était un jour férié (CCJA, n° 041/2005, 7-7-2005 : Sté BENIS c/ Ets K. N., Rec. jur. CCJA, n° 6, juin-déc. 2005, p. 65 ; Juris-Ohada, n° 1/2006, p. 2, Ohadata J-06-40).

Conformément à l'article 335 de l'AUPSRVE, selon lequel tous les délais prévus dans cet Acte uniforme sont francs, l'opposition formée le lundi 27 décembre 1999, premier jour ouvrable après le 24 décembre 1999, est recevable lorsque l'ordonnance d'injonction de payer signifiée à personne le 9 décembre 1999 ; le délai de quinze jours prévu par l'article 10 de l'AUPSRVE expire ainsi le seizième jour ouvrable à compter de la notification de l'ordonnance (CA Abidjan, n° 438, 24-4-2001 : A. A. c/ A. K. V., Ecodroit, n° 10, avr. 2002, p. 49, obs. anonymes ; Ohadata J-02-91, obs. J. ISSA-SAYEGH).

Le délai est dit franc lorsque la formalité peut n'être accomplie que le lendemain du jour de l'expiration du délai. Les délais étant francs dans l'espèce, l'opposition formée le lendemain du jour de l'expiration, soit le 1er septembre 2005, contre l'ordonnance d'injonction de payer rendue le 22 juillet 2005 et signifiée le 16 août 2005 est recevable (CA Ouagadougou (Burkina Faso), ch. com., n° 161, 21-12-2007 : FAIRFAX TELECOM BURKINA SARL c/ Banque Internationale du Burkina, Ohadata J-10-221).

Pour une ordonnance d'injonction de payer rendue le 12 septembre 2012 et signifiée le 10 octobre 2012, le délai d'opposition a commencé à courir à compter du 11 octobre 2012 pour expirer le vendredi 26 octobre 2012, jour de la Tabaski, déclaré férié ; la règle du délai franc comprise à l'article 335 de l'AUPSRVE reporte la date d'expiration du délai d'opposition au premier jour ouvrable suivant, c'est-à-dire le lundi 29 octobre 2012 à zéro heure. En ne prenant pas en compte les prescriptions des dispositions des articles 10 et 335 invoquées, l'arrêt attaqué encourt la cassation. Sur l'évocation et pour les mêmes motifs que ceux qui ont conduit à la cassation, il y a lieu d'infirmer le jugement rendu sur opposition et de déclarer l'opposition recevable en la forme (CCJA, 2e ch., n° 126, 7-6-2018 : KROU Ettien Jean-Paul c/ SIB SA). Voir aussi (CCJA, 1e ch., 172, 25-10-2018 : Sté MTN c/ Sté Master Computer System dite MCS).

L'opposition doit se faire dans les quinze jours à compter de la signification de l'ordonnance, les délais étant francs en la matière. Le débiteur qui a formé opposition en dehors du délai imparti est frappé de forclusion et l'apposition de la formule exécutoire doit être ordonnée sur l'ordonnance d'injonction de payer (TPI Douala Ndokoti, n° 83, 8-5-2002 : Dr J.-M. N. Ets PESCADO c/ Sté SOTTRANS, Me G. E., huissier de justice, et Le greffier en chef du TPI de Douala, Ohadata J-04-435).

C. Point de départ

Pour une présentation de la jurisprudence nationale divergente sur le point de départ du délai pour former opposition à une ordonnance d'injonction de payer, certaines juridictions ayant retenu l'irrecevabilité de l'opposition formée avant la signification de l'ordonnance et d'autres l'ayant admise, voir dans les éditions précédentes du présent ouvrage.

La seule date à prendre en considération comme point de départ du délai d'opposition est celle à laquelle l'ordonnance d'injonction de payer a été portée à la connaissance des requérantes, qui en l'espèce étaient domiciliées à l'étranger (CCJA, n° 026/2007, 19-7-2007 : Blue Road Shipping LTD c/ 1e) Transways Entreprises SA ; 2e) Scilly Isles Navigation SA, Rec. jur. CCJA n° 10, juill.-déc. 2007, p. 32, Ohadata J-08-245).

Ainsi, l'opposition à une ordonnance d'injonction de payer :

– est recevable lorsque l'ordonnance n'a pas été signifiée à la personne du débiteur et qu'aucune des deux conditions requises par l'article 10, al. 2 de l'AUPSRVE n'est survenue (CCJA, 2e ch., n° 053, 12-6-2013 : ASSALE Aney Lucas c/ Sté SHELL Côte d'Ivoire, Rec. jur. CCJA n° 20, vol. 1, janv.-déc. 2013, p. 191-194, Ohadata J-15-53) ;

– reste ouverte jusqu'à l'expiration du délai de 15 jours suivant la réalisation de l'une des deux éventualités que comporte l'article 10, al. 2 de l'AUPSRVE (CCJA, 3e ch., n° 206, 23-11-2017 : Pascaline Mferri Bongo Ondimba c/ Mistral Voyages SA) ;

– est recevable en la forme, aucun acte signifié à personne ou mesure d'exécution au sens de l'article 10, al. 2 de l'AUPSRVE n'ayant été prouvés, car le délai d'opposition n'a pas couru (CCJA, 2e ch., no 204, 23-11-2017 : Église de Jésus-Christ des Saints des Derniers Jours de Côte d'Ivoire c/ Abie Yao Zéphirin) ;

– est recevable en la forme, dès lors qu'aux termes de l'article 10 de l'AUPSRVE, le délai d'opposition contre une ordonnance d'injonction de payer court à compter, soit de la signification de l'ordonnance à la personne du débiteur, soit, à défaut, du premier acte signifié à personne ou de la première mesure d'exécution ayant pour effet de rendre indisponible en tout ou en partie les biens du débiteur. À défaut de preuve de la signification à personne ou d'un quelconque acte d'exécution de l'ordonnance d'injonction de payer, il y a lieu de juger que le délai de l'article 10 n'a pas couru ; c'est donc en violation de l'article 10 précité qu'un juge d'appel a fait courir le délai à compter de la date de l'ordonnance, exposant ainsi son arrêt à la cassation. Sur l'évocation et pour les mêmes motifs que ceux ayant conduit à la cassation, il y a lieu d'infirmer le jugement en toutes ses dispositions (CCJA, 2e ch., no 205, 23-11-2017 : SOTRA c/ EGM).

L'opposition formée par le débiteur dans le délai requis est recevable lorsque le créancier ne rapporte aucune preuve du défaut de qualité, de capacité et d'intérêt du débiteur (TPI Cotonou, 1e ch. com., no 020, 15-7-2002 : G. B. c/ ECOBANK BENIN SA, Ohadata J-04-284).

L'absence d'indication de son domicile par le créancier poursuivant dans la signification de l'ordonnance d'injonction de payer revêtue de la formule exécutoire cause au débiteur un grief dans la mesure où ce dernier ne dispose pas de l'information du lieu où il doit signifier son opposition. L'acte de signification doit donc être annulé, avec la conséquence que le délai d'opposition n'a pas pu courir valablement contre le débiteur (TPI Cotonou (Bénin), 1e civ., ord. réf. no 176/02, 18-7-2002 : B. A. née M. c/ V. A., Ohadata J-10-09).

Obs. : en ce qui concerne l'absence d'indication du domicile du créancier saisissant, l'article 4 de l'AUPSRVE aurait dû être visé dans l'ordonnance. La sanction prévue par cette disposition est l'irrecevabilité de la requête d'injonction de payer. Il n'est pas précisé dans la décision si l'exploit comportait l'indication de la juridiction compétente devant laquelle l'opposition doit être formée. Si tel n'était pas le cas, la nullité était encourue d'office (voir les commentaires sous l'article 8 de l'AUPSRVE).

D. Erreur de la juridiction dans l'indication de la date de l'opposition

Il n'est pas logiquement concevable qu'une opposition soit faite à une date antérieure à celle de l'ordonnance. Lorsqu'il résulte des pièces versées au dossier que des ordonnances ont été signées le même jour, à savoir le 20 juillet 2010 ; qu'elles ont fait l'objet d'opposition ; que lesdites oppositions ont été déclarées recevables et que le premier juge a annulé lesdites ordonnances par les jugements querellés no 53 et no 54 du 19 janvier 2011, cela laisse entendre que la date du 6 juillet ne pouvait être qu'une erreur manifeste et que lesdites oppositions ont été manifestement faites à la même date, car il n'est pas logiquement concevable qu'une opposition soit faite le 6 juillet 2010 contre une ordonnance rendue le 20 juillet 2010. Il y a donc lieu de considérer que les deux oppositions ont été faites le 6 août et les déclarer recevables (CCJA, 3e ch., no 153, 27-10-2016 : Réseau des Caisses d'Epargne et de Crédit du Mali (Nyèsigiso) c/ Pharmacie Espace-santé (Ibrastou), Moustapha Sidibe, Ohadata J-17-93).

E. Invalidité de l'apposition prématurée de la formule exécutoire avant expiration du délai d'opposition

En vertu des articles 10 et 335 de l'AUPSRVE visés au moyen qui impartissent au débiteur un délai de 15 jours francs pour faire opposition, l'ordonnance d'injonction de payer du 3 avril 2007 et signifiée le 4 avril 2007 est susceptible de recours jusqu'au 23 avril 2007, le 21 avril 2007 étant non ouvrable. La formule exécutoire apposée sur ladite ordonnance avant l'expiration du délai normal, est en porte-à-faux avec ces articles et ne peut lui conférer la qualité de titre exécutoire. Doit donc être cassé l'arrêt qui a retenu le contraire. Sur l'évocation et pour les mêmes motifs que ceux ayant entraîné la cassation, il y a lieu d'infirmer l'ordonnance querellée et dire que l'exécution forcée entamée alors que l'opposition était recevable l'a été sans titre exécutoire ; en conséquence, le commandement de payer subséquent est de nul effet (CCJA, 2e ch., no 038, 23-3-2017 : SOLANI SA c/ BINCI SA, Ohadata J-17-172).

III. Opposition tardive

A. Irrecevabilité de l'opposition

Le non-respect du délai de 15 jours à compter de la signification de l'ordonnance d'injonction de payer entraîne l'irrecevabilité de l'opposition (TPI Gagnoa, no 3, 14-1-2000 : SIF c/ M., CNDJ, Juris-Ohada, CNDJ, no 2/2002, avr.-juin 2002, p. 40, obs. anonymes, Ohadata J-02-101. Dans le même sens :

– TPI Lomé, ch. civ. et com., no 995, 28-7-2000 : CME c/AFD, Ohadata J-02-40 ; obs. J. Issa-Sayegh ;

– TGI Ouagadougou, no 345, 16-7-2003 : S. D. c/ BICIA-B, Ohadata J-04-239 ;

– TPI Bafoussam, no 52/CIV, 20-8-2004 : Hôpital provincial de Bafoussam c/ Ets Ecran Plus, Greffier en Chef du TPI Bafoussam, Ohadata J-07-60 ;

– TPI Bafoussam, n° 04, 24-10-2003 : T. A. c/ Cameroon Motors Industries, Ohadata J-05-11 ;
– CA Bouaké, n° 97, 27-6-2001 : J.D.A c/ L.K, Bulletin Juris-Ohada, n° 3/2002, juill.-sept. 2002, p. 32, Ohadata J-02-138, note anonyme ;
– CA Ouagadougou, civ. et com., n° 91, 21-11-2003 : B. A. c/ K. L., Ohadata J-04-363 ;
– TGI Ouagadougou, n° 492/2005, 7-12-2005 : N. A. D. c/ K. Y., Ohadata J-07-113 ;
– CA Abidjan (Côte d'Ivoire), 5e ch. civ. et com. B, n° 097, 13-2-2007 : M. B. S. c/ T. M., Ohadata J-08-33 ;
– CA Abidjan (Côte d'Ivoire), ch. civ. et com., n° 128/Civ. 4/A, 27-10-2006 : Sté AFRIPA-TELECOM devenue ALINK-TELECOM c/ Sté Colina SA, Ohadata J-08-26 ;
– CA Abidjan (Côte d'Ivoire), 3e ch. civ. et com. B, n° 82, 9-2-2007 : Sté CAEMACI c/ GPA-CI, Ohadata J-08-24 ;
– CA Abidjan (Côte d'Ivoire), civ. et com., n° 163, 7-5-2010 : Commune de Yopougon c/ M. 1 – S 2 – M. K., Juris-Ohada, n° 4/2010, oct.-déc., p. 45, Ohadata J-11-89 ;
– CA Abidjan (Côte d'Ivoire), 3e ch. civ. et com., n° 122, 12-2-2010 : État de Côte d'Ivoire c/ M. H. F., Ohadata J-11-21 ;
– CA Bouaké, n° 97, 16-5-2001 : Jean-Denys A. c/ Ladji K. dit Sindou, Ohadata J-06-57 ;
– CCJA, 1e ch., n° 134/2019, 25-4-2019 : CBSA c/ Société SIFCA.

Obs. : sur les conséquences de l'irrecevabilité de l'opposition tardive, également assimilée à l'irrecevabilité de l'opposition, en ce que les parties sont renvoyées à l'exécution de l'ordonnance qui peut se voir apposer la formule exécutoire, voir sous l'art. 14.

– T. com. Brazzaville (Congo), n° 005, 2-2-2011 : Congolaise Générale Industrielle (CGI) c/ Congolaise de Banque, Ohadata J-13-102 ;
– CA du Littoral (Cameroun), n° 058/C, 15-4-2011 : État du Cameroun c/ Sté Forestière Hazim et Compagnie et 8 autres, Ohadata J-14-09.

Nécessité de caractériser le caractère tardif. N'a pas suffisamment motivé sa décision, qui encourt la cassation, la cour d'appel qui a confirmé le rejet d'une opposition en énonçant qu'« entre la notification le 25 avril 2003 par la [prétendue créancière] du solde de tout compte [au prétendu débiteur] et la mise en demeure du 29 décembre 2003, sept mois seront écoulés sans que le [prétendu débiteur] n'émette aucune contestation… que le montant résultant de la compensation entre le compte crédit et le fond de garantie n'est que trop tardivement contesté … », sans préciser dans quel délai cette contestation devait se faire ou sur quelle base elle était tardive (CCJA, 2e ch., n° 053, 12-6-2013 : ASSALE Aney Lucas c/ Sté SHELL Côte d'Ivoire, Rec. jur. CCJA n° 20, vol. 1, janv.-déc. 2013, p. 191-194, Ohadata J-15-53).

B. Faits non justificatifs du dépassement du délai

1° Faits postérieurs

Des faits postérieurs à l'opposition ne peuvent la justifier. Il en est ainsi, par exemple, de la demande de sursis à statuer formée plus de six mois après l'opposition au motif de l'existence d'une procédure de liquidation en cours (CA Ouagadougou, civ. et com., n° 9, 15-2-2002 : SONAPHARM c/ MEDIFA, Ohadata J-04-10 ; CA Ouagadougou, civ. et com., n° 10, 15-2-2002 : SONAPHARM c/ MISSION PHARMA, Ohadata J-04-11).

2° Couvre-feu

L'opposition formée après l'expiration du délai prévu est irrecevable, peu important que le jour où expirait le délai ait été déclaré sous couvre-feu, un couvre-feu n'étant pas l'équivalent d'un jour férié (CA Appel d'Abidjan, n° 125, 25-1-2002 : Sté CTOP c/ Sté Lavegarde, Ohadata J-02-159). Voir sous l'art. 335.

Obs. : voir cependant la décision de la CCJA suspendant les délais de sa saisine en raison de la situation politique en Côte d'Ivoire en 2011 (CCJA, décision n° 009/2011/CCJA) sous l'art. 28-1 du Règlement de procédure de la CCJA et qui nous semble transposable pour des situations similaires dès lors qu'un couvre-feu est une manifestation et/ou une conséquence de troubles politiques.

3° Radiation du rôle

La radiation du rôle sans jugement ne suspend pas les délais. Il s'ensuit que la nouvelle opposition formée hors délai par le débiteur après avoir fait radier l'instance en opposition est irrecevable (TGI Mfoundi, n° 85, 14-11-2001 : T. P. c/ La Tontinière Nationale, Ohadata J-04-217).

La radiation sans jugement de l'opposition formée le 27 juin 2003, sollicitée par lettre et accordée par le juge conciliateur le 24 juillet 2003, n'a pas fait l'objet d'une demande de reprise de l'instance initiale. L'interruption de la prescription de l'opposition du 27 juin 2003 dont se prévaut la demanderesse au pourvoi en application de l'article 2246 du Code civil [camerounais] ne peut s'appliquer en l'espèce au motif que le non-respect du délai de quinze jours exigé par l'article 10 de l'AUPSRVE pour former opposition à compter de la signification de l'ordonnance fait perdre un droit à l'opposant, le délai ayant expiré, l'exposant ainsi à la forclusion non susceptible d'interruption. La cour d'appel qui a retenu que l'opposition faite le 14 juillet 2003 contre une ordonnance signifiée le 13 juin 2003, après obtention de la radiation, le 24 juillet 2003, de la première opposition du 27 juin 2003 formée contre la même ordonnance, est irrecevable comme tardive, n'a point violé les articles visés aux moyens en statuant comme elle l'a fait (CCJA, 2e ch., no 34, 8-12-2011 : AES SONEL SA c/ Entreprise Denver, Juris-Ohada, 2012, no 3, juill.-sept., p. 41, Ohadata J-13-41, J-13-155).

C. Faits justificatifs du dépassement du délai : pandémie de Covid-19

A été jugée recevable, car confortée par des pièces du dossier, l'opposition tardive justifiée par l'invocation de l'ordonnance 20/14 du 24 mars 2020 portant proclamation de l'état d'urgence sanitaire par le chef de l'État pour faire face à la pandémie de Covid-19 en RDC, suivie d'un communiqué du 8 avril 2020 du premier président de la Cour de cassation demandant aux chefs de juridiction de l'ordre judiciaire de fixer les affaires nouvellement enrôlées au-delà de la période de l'état d'urgence et d'une décision du gouverneur de la ville de Kinshasa confinant la commune de la Gombe et n'autorisant qu'aux seuls détenteurs de macaron spécifique d'y accéder. Ce moyen de défense, qui est, ne manque pas de pertinence et doit être accueilli ; qu'il échet de rejeter l'exception d'irrecevabilité soulevée (CCJA, 2e ch., no 043/2022, 24-2-2022 : Société KPMG RDC c/ Eve Kim Lutondo Mahieu).

D. Effets de l'opposition

La cour d'appel qui a déclaré irrecevable l'appel contre un jugement rendu sur opposition à une injonction de payer n'a pu violer l'article 4 de l'AUPSRVE puisqu'elle n'avait pas à examiner l'existence de la créance poursuivie et la recevabilité de la requête aux fins d'injonction de payer (CCJA, 1re ch., no 243/2020, 25-6-2020 : Jeanine NTUMBA ILUNGA c/ MBILIA MOSUNGU).

IV. Signification à personne

A. Signification au chef de bureau du débiteur qui se trouve être une commune d'arrondissement

La signification d'une ordonnance d'injonction qui a été reçue par le chef de bureau du débiteur qui est une commune d'arrondissement a été faite à la personne de l'appelante et est valable, car le bureau du courrier est l'organe indiqué pour recevoir les actes et les correspondances qui lui sont destinés. Par conséquent, l'opposition formée par le débiteur en dehors du délai légal est irrecevable (CA du Centre, no 403/CIV, 27-6-2003 : La Commune Urbaine d'Arrondissement de Yaoundé 1er c/ B. J., Ohadata J-04-199).

B. Signification par lettre recommandée

L'expression « premier acte signifié à personne » doit être comprise dans une acception très large et peut donc concerner tout acte par lequel le débiteur a une connaissance effective, par sa personne, de la décision rendue contre lui. Il en est ainsi d'une notification par lettre recommandée lorsque des dispositions nationales le prévoient. En conséquence, le délai d'opposition court effectivement à compter de la date de réception de la lettre recommandée envoyée par l'huissier (CCJA, 2e ch., no 011/2013, 7-3-2013 : Sté Tropical Rubber CI dit TRCI c/ Cabinet d'Etude et de Recouvrement en Côte d'Ivoire dite CERCI, Rec. jur. CCJA no 20, vol. 1, janv.-déc. 2013, p. 155-156, Ohadata J-15-11).

C. Inapplication d'un délai de distance pour une personne domiciliée au siège de la juridiction compétente

L'article 10 de l'AUPSRVE qui traite de l'opposition n'offre aucun délai de distance lorsque la signification est faite à personne et au siège de la juridiction compétente (CCJA, ass. plén., no 083, 20-11-2013 : OGANDAGA Cyriaque c/ KINGBO Sophie, Rec. jur. CCJA no 20, vol. 2, janv.-déc. 2013, p. 116-118, Ohadata J-15-22).

Obs. : il ne faudrait évidemment pas confondre la solution étudiée ci-dessus avec celle prévue par l'article 25-5 du Règlement de procédure de la CCJA relativement aux délais de distance pour les parties à une procédure devant la CCJA et qui n'ont pas leur résidence habituelle en Côte d'Ivoire ou dans tout autre pays si le siège de la CCJA venait à y être transféré.

V. Validité de la signification de l'ordonnance non faite à la personne du débiteur

A. Signification valable en raison de la connaissance de l'ordonnance par le débiteur

1° Secrétaire du débiteur

a. Significations valides

L'alinéa 2 de l'article 10 de l'AUPSRVE n'est applicable qu'au cas où le débiteur n'a pas pris connaissance ou était dans l'impossibilité d'être touché par la signification ; tel n'est pas le cas, lorsque le débiteur, qui a bel et bien été informé de l'ordonnance querellée par la signification reçue par sa secrétaire, a formé opposition plus de quinze jours après la signification de l'ordonnance d'injonction de délivrer (TPI Bafoussam, no 51/civ., 2-5-2003 : O. A. c/ K. J., Ohadata J-04-234).

Dans le même sens :

– « la signification qui a été faite à la secrétaire de direction de l'appelante contre accusé de réception, personne habilitée à recevoir pareils actes destinés à l'appelante, [est valable en application de l'article 86 du Code de procédure civile (du Burkina Faso), d'autant plus qu']il est de pratique courante que les correspondances et autres courriers destinés à une personne morale de droit privé ou à tout autre service ou établissement public sont reçus au secrétariat de ladite personne morale par le secrétaire. L'appelante se contente simplement de contester la validité de la signification sans préciser les personnes habilitées à recevoir son courrier à défaut du représentant légal ou du fondé de pouvoir. Du reste, il y a lieu de convenir avec Jean Vincent et Serge Guinchard in Précis de procédure civile qu'en ce qui concerne les personnes morales de droit privé ou les établissements publics à caractère industriel ou commercial la notification est valable dès l'instant où elle est délivrée au lieu d'établissement de ces personnes et à défaut d'un tel lieu la notification est faite à la personne de l'un des membres de la personne morale. Il s'en suit que la signification faite le 4 mars 2004 demeure régulière. En conséquence, l'opposition formulée par l'appelante est irrecevable. La décision du premier juge mérite donc confirmation » (CA Bobo-Dioulasso (Burkina Faso), ch. civ., nº 50, 21-7-2008 : Sté Total Burkina c/ P. Z. J. C., Ohadata J-09-394) ;

– s'agissant d'une société, personne morale, doit être considérée comme signification à sa personne celle qui est faite à son représentant légal, à un fondé de pouvoir ou à toute personne habilitée à cet effet. Lorsque, comme en l'espèce, il ressort de l'exploit de signification que c'est la réceptionniste de la société défenderesse, une certaine « Annette » qui, a reçu copie de l'exploit de signification ainsi que l'expédition certifiée conforme de l'ordonnance et copie certifiée conforme de la requête, a signé sur l'exploit de signification et apposé le cachet de la société défenderesse et qu'il ressort de diverses pièces versées au dossier, que la nommée Annette reçoit régulièrement les actes délivrés à la société défenderesse, cette personne est donc habilitée à recevoir lesdits actes au nom de son employeur, la société défenderesse. Il en résulte que la signification de l'ordonnance d'injonction de payer reçue par cette personne le 12 juin 2006 a été faite personnellement à la société défenderesse et que le point de départ du délai de quinze jours pour former opposition doit courir à compter de ladite date du 12 juin 2006. En déclarant recevable l'opposition formée par la société défenderesse le 6 septembre 2006, la cour d'appel du Littoral à Douala a violé, par mauvaise application, les dispositions de l'article 10, al. 2 de l'AUPSRVE et exposé sa décision à la cassation sans qu'il soit besoin d'examiner les autres moyens de cassation (CCJA, 2e ch., nº 036/2012, 22-3-2012 : Cabinet BENIE c/ CFAO TECHNOLOGIES).

Il résulte de l'article 10 de l'AUPSRVE que le point de départ du délai d'opposition de 15 jours court à compter de la signification de la décision portant injonction de payer lorsque celle-ci a été faite à la personne du débiteur ou à compter du premier acte signifié à la personne de celui-ci ou encore de la première mesure d'exécution poursuivie contre lui. En ce qui concerne la personne morale de droit privé, est considérée comme faite à sa personne la signification délaissée à son représentant légal, à un fondé de pouvoir ou à toute personne habilitée à cet effet ; il en est ainsi lorsqu'elle a été faite au siège de la personne morale, à une secrétaire habilitée à recevoir pareils actes destinés à ladite personne morale. En l'espèce, la cour d'appel qui a constaté que « la signification par acte d'huissier […] était délaissée au siège social du Groupe Addax Petroleum SA qui est le siège unique des deux entités que sont Addax Petroleum SA et Addax Petroleum NZE, le personnel, les dirigeants, le représentant légal étant les mêmes pour les deux entités », et en a déduit que « l'acte de notification étant servi au siège unique des deux entités Addax, la signification était ainsi faite à personne », la cour d'appel n'a en rien violé les articles 10 de l'AUPSRVE, 46 et 49 de l'AUSCGIE visés au moyen. Il en est ainsi d'autant plus que le jugement confirmé dont l'arrêt est censé avoir adopté les motifs a constaté « qu'à l'examen des pièces du dossier, il apparaît que les deux entités suscitées ont le même gérant, l'adresse postale est identique ainsi que la localisation géographique […] » (CCJA, 1e ch., nº 217/2019, 18-7-2019 : Addax Petroleum Maghena INC c/ Bati Services Entreprises).

b. Signification non valide à une secrétaire insuffisamment identifiée

Il est de jurisprudence bien établie que la signification à une personne morale est faite à personne lorsque l'acte est délivré à son représentant légal, à un fondé de pouvoir de ce dernier ou à toute autre personne habilitée à cet effet. En l'espèce, il résulte des mentions de l'exploit de signification de l'ordonnance d'injonction de payer querellée qu'il a été remis à « la secrétaire de la société » sans aucune autre précision sur son identité, « trouvée au siège de la société [défenderesse], laquelle a déclaré à l'huissier instrumentaire, qui l'a mentionné dans l'exploit, être habilitée à recevoir pour transmission, mais qui a refusé de viser sur l'original et de donner son nom ». Une telle signification ne saurait être considérée comme étant faite à personne, de sorte que le délai d'opposition n'a pu commencer à courir avant le 29 janvier 2015, date à laquelle la défenderesse a reçu de son banquier des photocopies d'un procès-verbal de saisie-attribution de son compte ouvert dans ses livres. C'est donc à bon droit que le premier juge a déclaré l'opposition recevable (CCJA, 3e ch., nº 026/2020, 30-1-2020 : M. c/ PPSM SARL).

2º Conjoint du débiteur

La notification de l'ordonnance d'injonction de payer qui a été servie à l'épouse du débiteur au domicile de ce dernier est régulière et valable dès lors que le débiteur a eu connaissance de l'ordonnance et a pu exercer son recours dans les délais. Il en est ainsi car ladite signification n'a pour seul but que de porter à la connaissance du débiteur l'ordonnance obtenue et de faire courir les délais de recours (TGI du Wouri (Cameroun), n° 015/COM, 12-2-2013 : BERAMI SARL c/ N. J., Ohadata J-14-08).

3° Commerçant entreprise individuelle à travers son nom commercial

La signification faite à un commerçant personne physique, à travers le nom commercial sous lequel ce dernier exerce son activité commerciale est valable, dès lors qu'il en a eu personnellement connaissance (T. com. Brazzaville (Congo), n° 005, 2-2-2011 : Congolaise Générale Industrielle (CGI) c/ Congolaise de Banque, Ohadata J-13-102).

4° Débitrice ayant malgré tout réussi à former opposition

Bien que l'acte de signification ne soit pas versé au dossier, c'est à tort que la débitrice opposante à une injonction de payer prétend que la signification ne lui a pas été faite à personne, dès lors qu'elle a formé opposition dans le délai de quinze jours imparti par l'article 10 de l'AUPSRVE (CCJA, 1e ch., n° 055, 13-6-2013 : Sté EURO-MARBRE-CI SARL c/ Sté SDV-CI SA, Rec. jur. CCJA n° 20, vol. 1, janv.-déc. 2013, p. 195-197, Ohadata J-15-55).

B. Opposition possible dans le délai de quinze jours suivant la première mesure d'exécution

Dès lors que l'ordonnance d'injonction de payer n'a pas été signifiée au débiteur en personne, celui-ci peut, conformément à l'article 10 de l'AUPSRVE faire opposition dans le délai de quinze jours suivant la première mesure d'exécution exercée sur ses biens (TPI Moungo à Nkongsamba, n° 01/CC, 19-10-2004 : Z. E. c/ N. A., Ohadata J-05-120). Voir aussi (CA Ouagadougou (Burkina Faso), ch. com., n° 012, 20-3-2009 : O. E. c/ F. K. M., Ohadata J-10-204).

Le domicile du débiteur n'étant pas connu et l'ordonnance d'injonction de payer ayant été signifiée à mairie, la première mesure d'exécution ayant eu pour effet de rendre indisponible en tout ou en partie les biens du débiteur est l'acte de saisie-vente qui lui a été signifié le 8 novembre 2002. En application des articles 10 et 335 de l'AUPSRVE, le débiteur disposait d'un délai franc de quinze jours s'achevant le 24 novembre 2002, pour former son opposition à ordonnance d'injonction de payer. L'opposition formée le 7 février 2003 est irrecevable et c'est à juste titre que la cour d'appel a confirmé le jugement ayant prononcé l'irrecevabilité de l'opposition et condamné le débiteur au paiement de la somme retenue dans l'ordonnance d'injonction de payer outre les intérêts et frais. Rejet du pourvoi (CCJA, n° 049/2008, 20-11-2008 : B. B. Z. c/ D. D., Rec. jur. CCJA n° 12, juill.-déc. 2008, p. 76, Ohadata J-10-31 et J-09-258).

Dans le même sens :

– lorsque le débiteur mentionné dans la signification de l'ordonnance d'injonction de payer du 9 octobre 2005 était décédé à cette date, et que dans le procès-verbal de saisie conservatoire du 8 novembre 2005 la signification a été expressément faite aux ayants droit du débiteur (pris en la personne de sa fille), le délai pour former opposition commençait à courir à partir de cette dernière signification, et l'opposition formée le 8 novembre 2005 par les ayants droit du débiteur est recevable (TPI d'Abengourou (Côte d'Ivoire), n° 05, 26-1-2006 : Ayants droit de Feu Y. c/ O. S., Ohadata J-09-175) ;

– lorsqu'une ordonnance d'injonction de payer a été signifiée à une personne inconnue de la société débitrice, le délai de 15 jours pour former opposition court à compter de la première mesure d'exécution contre le débiteur. Par conséquent, doit être infirmé le jugement qui a déclaré irrecevable l'opposition formée dans ce délai (CA Littoral (Cameroun), n° 004/C, 18-1-2008 : Sté JUTRANS SARL c/ Sté Gérard POULALION, Ohadata J-09-144).

Il n'en est pas ainsi lorsqu'il s'écoule plus de quinze jours entre la date de la saisie, première mesure d'exécution et l'opposition, qui est irrecevable de ce fait (CA Abidjan, n° 260, 25-2-2000 : T. c/ G., Juris-Ohada, CNDJ, n° 2/2002, avr.-juin, p. 37, Ohadata J-02-100 ; obs. anonymes ; TPI Gagnoa (Côte d'Ivoire), n° 141, 10-8-2005 : N.S.S. c/ F. F., Ohadata J-09-203 ; CA Zinder (Niger), n° 27, 27-4-2006 : Sté SOSACO c/ Elhadji A.A., Ohadata J-10-290).

L'ordonnance d'injonction de payer querellée n'ayant jamais été signifiée à la personne du débiteur, la computation du délai d'opposition ne peut être admise à compter de la date de la saisie-attribution, première mesure d'exécution, dès lors que, en violation de l'article 160 de l'AUPSRVE, cette saisie n'a pas été dénoncée au débiteur. Dans ces circonstances, l'opposition formée plus de 15 jours après la saisie-attribution est recevable (CA Abidjan (Côte d'Ivoire), 1e ch. civ. et com., n° 527, 20-5-2005 : Sté IDF SARL c/ SNC FATIMA SARL, Juris-Ohada n° 3/2007, p. 38, Ohadata J-08-83).

C. Signification à parquet

La nullité de la signification demandée par le créancier sur le fondement de ce que le débiteur a signifié l'opposition au parquet alors que le créancier a un domicile connu à Ouagadougou où vit sa famille et où doivent lui être signifié tout acte de procédure doit être rejetée dès lors que malgré l'irrégularité, le créancier a régulièrement comparu et disposé d'un temps suffisant pour faire valoir ses droits et qu'il ne rapporte la preuve d'aucun préjudice (CA Ouagadougou (Burkina Faso), ch. com., nº 012, 20-3-2009 : O. E. c/ F. K. M., Ohadata J-10-204).

VI. Refus de la validité de la signification de l'ordonnance non faite à la personne du débiteur

L'appréciation, par la CCJA, de la régularité de la signification d'un acte doit être faite en application des dispositions pertinentes du droit national de chaque État partie. Ainsi, aux termes de l'article 247 du Code de procédure civile ivoirien, « l'huissier de justice doit, en toute occasion, s'efforcer de délivrer l'exploit à la personne même qu'il concerne » ; l'article 250 dudit code précise le cas où la signification à personne s'avère impossible : « la copie de l'exploit est remise à la personne présente au domicile. (…) Dans ces hypothèses, l'huissier avise sans délai de cette remise la partie que l'exploit concerne, par lettre recommandée, avec demande d'avis de réception ». En l'espèce, l'ordonnance n'ayant pas été signifiée à la personne même du destinataire, mais délaissée au sieur [X.], employé de l'entreprise individuelle « [Y.] », et l'huissier n'ayant accompli aucune des autres formalités prévues dans ce cas de figure conformément à l'article 250 précité, l'opposition faite le 17 septembre 2020 contre l'ordonnance délaissée le 31 août 2020 était recevable, en application de l'alinéa 2 de l'article 10 de l'AUPSRVE, et en retenant le contraire, la cour d'appel a méconnu les dispositions de l'article 10 susmentionné, exposant son arrêt à la cassation. Sur l'évocation, et pour les mêmes motifs que ceux ayant entraîné la cassation, le premier jugement doit être confirmé pour avoir déclaré l'opposition recevable (CCJA, 3e ch., nº 122/2022, 30-6-2022).

A. Signification à la direction de la marine marchande et au capitaine d'un navire

Les significations de l'ordonnance d'injonction de payer et délaissées à la Direction Nationale de la Marine Marchande de la République de Guinée, ainsi que la transmission de ces actes de signification au capitaine du navire saisi ne sont pas opposables aux requérantes. En effet, ni la Direction Nationale de la Marine Marchande, ni le capitaine du navire saisi n'ont qualité pour recevoir des actes de procédure délivrés aux requérantes, lesquelles, d'une part, sont domiciliées hors du territoire de la République de Guinée et, d'autre part, ne sont ni propriétaires, ni affréteurs du navire. Ainsi, la seule date à prendre en considération comme point de départ du délai d'opposition est celle du 30 avril 2003, date à laquelle l'ordonnance d'injonction de payer a été portée à la connaissance des requérantes à Chypre. Les requérantes disposaient donc d'un délai de quinze jours francs à compter du 30 avril 2003, pour former opposition, délai auquel il fallait ajouter celui de distance ; en conséquence, l'opposition faite le 15 mai 2003 est recevable. En retenant que « la signification de l'ordonnance a été faite non seulement au gardien constitué du navire, mais aussi au capitaine représentant et l'armateur, et le ou les propriétaires [et qu'il en résulte] que la signification a été faite de façon régulière, et que c'est donc [à] bon droit [que] le juge d'instance a constaté la forclusion des opposants », la cour d'appel a méconnu les dispositions de l'article 10 de l'AUPSRVE et son arrêt encourt la cassation (CCJA, nº 026/2007, 19-7-2007 : Blue Road Shipping LTD c/ 1) Transways Entreprises SA ; 2) Scilly Isles Navigation SA, Rec. jur. CCJA nº 10, juill.-déc. 2007, p. 32, Ohadata J-08-245).

B. Signification à une personne étrangère au service et non habilitée

Selon une jurisprudence établie de la CCJA, une signification servie à une personne étrangère au service et non à un responsable habilité à la recevoir ne peut faire courir le délai d'opposition spécifié à l'alinéa 2 de l'article 10 de l'AUPSRVE. La cour d'appel, en déclarant tardive l'opposition formée le 7 septembre 2001 alors que la société n'a régulièrement pris connaissance de l'existence de l'ordonnance d'injonction de payer que le 6 septembre 2001, a violé les dispositions de l'article 10 susvisé et exposé son arrêt à la cassation. Sur l'évocation, il ressort des pièces du dossier de la procédure que la signification de l'ordonnance d'injonction de payer a été faite à un agent de sécurité au service d'une société de gardiennage et posté à la guérite de la société débitrice. Cet agent, qui n'est lié à la débitrice par aucun contrat de travail, ne saurait être considéré comme un responsable ou un fondé de pouvoir habilité à recevoir une signification. En conséquence, il y a lieu de confirmer le jugement entrepris en ce qu'il a déclaré l'opposition de la débitrice recevable (CCJA, 1e ch., nº 018, 11-3-2014 : Sté Camerounaise des Dépôts Pétroliers (SCDP) c/ Ets Constructions Modernes, Ohadata J-15-109).

L'opposition des débiteurs était parfaitement recevable « jusqu'à l'expiration du délai de quinze jours suivant le premier acte signifié à personne ou, à défaut, suivant la première mesure d'exécution ayant pour effet de rendre indisponible en tout ou en partie les biens du débiteur », dès lors que la signification de la décision portant injonction de payer n'a pas été faite [au débiteur] ou à une personne habilitée à recevoir de tels actes pour le compte des sociétés débitrices, mais à une autre personne dont la relation avec les personnes poursuivies n'est pas spécifiée. En occultant ce fait, l'arrêt attaqué a violé les articles 7 et 10 de l'AUPSRVE et encourt la cassation sans qu'il soit besoin d'examiner les autres moyens. Sur l'évocation et pour les mêmes motifs que ceux ayant justifié la cassation de l'arrêt attaqué, il convient de déclarer recevable l'opposition de la société forestière HAZIM et Cie et Autres contre la décision d'injonction de payer du 18 mai 2005 (CCJA, ass. plén., n° 025, 02-3-2017 : SFH et Cie SA et Autres c/ État du Cameroun, Ohadata J-17-185).

La signification à une personne morale est faite à personne lorsque l'acte est délivré à son représentant légal, à un fondé de pouvoir de ce dernier ou à toute autre personne habilitée à cet effet. En l'espèce, l'exploit portant signification de l'ordonnance d'injonction de payer ayant été remis à une certaine madame X. trouvée au cabinet de l'avocat de la personne morale débitrice, laquelle a déclaré à l'huissier instrumentaire, qui l'a mentionné dans l'exploit, ne pas avoir qualité pour le recevoir au nom dudit avocat, c'est à tort que le premier juge a retenu qu'une telle signification a été faite à personne, et fait courir le délai d'opposition pour compter de sa date, exposant ainsi son arrêt à la cassation (CCJA, 2e ch., n° 204, 23-11-2017 : Église de Jésus-Christ des Saints des Derniers Jours de Côte d'Ivoire c/ Abie Yao Zéphirin).

Lorsqu'il ressort des propres affirmations de la requérante que c'est un dénommé [X.], dont la qualité n'est pas clairement précisée par rapport à la société codébitrice, qui prétend avoir transmis l'exploit de signification de la décision portant injonction de payer au secrétaire de [Y.], codébiteur, la signification résultant de l'acte du 24 janvier 2006 ne peut être considérée comme ayant été faite à ladite société à personne et n'a pu faire courir le délai d'opposition contre elle, l'acte n'ayant pas été délaissé personnellement à une personne ayant qualité pour représenter la société. En outre, l'arrêt qui, pour recevoir l'opposition de [Y.], codébiteur, a énoncé « que le commandement aux fins de saisie immobilière servi [...] au [...] comptable de [Y.] a été annulé pour fraude ayant entaché la signification par jugement n° 035/Civ du 7/01/2008 rendu par le [TGI] du Wouri [...] ; qu'il est de principe acquis que la fraude corrompt tout et qu'ainsi, tel commandement [...] ne saurait constituer un acte d'exécution au sens de l'article 10 alinéa 2 », tirant ainsi souverainement les conséquences de ses propres constatations, n'a en rien violé l'article 10 de l'AUPSRVE (CCJA, 1e ch., n° 255/2020, 16-7-2020 : SGBC c/ GIDP).

C. Signification au Conseil du débiteur

La lettre signifiée au conseil d'un débiteur contre lequel une ordonnance d'injonction de payer a été rendue ne constitue pas un acte signifié à personne au sens de l'article 10, al. 2 de l'AUPSRVE ; à ce titre, elle n'a pu faire courir le délai imparti au débiteur pour former son opposition. En l'espèce, ce délai a plutôt couru à compter du 12 juillet 2011, date du commandement de payer, et l'opposition du 15 juillet 2011 est recevable. L'arrêt attaqué qui a confirmé la décision d'irrecevabilité de l'opposition ainsi formée encourt la cassation sans besoin d'examiner les autres moyens. Sur l'évocation et pour les mêmes raisons ayant entraîné la cassation de l'arrêt attaqué, il y a lieu de déclarer l'opposition recevable (CCJA, 2e ch., n° 18, 23-2-2017 : Kone Nautalie c/ Diakite Mamadou A., Ohadata J-17-178 ; CCJA, 2e ch., n° 169/2021, 28-10-2021 : S. c/ Sté NSIA Banque Côte d'Ivoire, Edis Prestations Sarl).

D. Signification à mairie selon la législation interne

C'est à juste titre que la cour d'appel d'Abidjan s'est fondée sur les dispositions de l'article 251 du Code de procédure civile de Côte d'Ivoire (selon lequel lorsque la signification d'un acte est faite à mairie, à défaut d'avoir pu être faite à domicile, l'huissier instrumentaire doit aviser sans délai de cette remise la partie que l'exploit concerne par lettre recommandée avec demande d'avis de réception) pour retenir que l'opposante n'avait pas signifié son opposition à toutes les parties et qu'à défaut de signification, cette opposition ne saurait être opposable au créancier, bénéficiaire de l'injonction de payer (CCJA, 1e ch., n° 023/2021, 18-2-2021 : Société African Petroleum c/ Société Afriland first bank Côte d'Ivoire).

E. Signification à une autre personne

Il résulte de l'article 10 de l'AUPSRVE qu'à défaut de preuve de la signification à personne de la décision portant injonction de payer ou de tout autre acte ou mesure de saisie en rapport avec ladite décision, le délai pour former opposition est réputé n'avoir jamais couru. En l'espèce, la décision d'injonction de payer ayant été signifiée à un certain [X.], policier de son état, et non à la personne de la défenderesse, la cour d'appel n'a en rien violé l'article 10 précité en énonçant que « la signification n'ayant pas été faite à personne, c'est à bon droit que le premier juge avait reçu l'opposition formée par l'intimée... » (CCJA, 1e ch., n° 045/2020, 27-2-2020 : K. c/ N.).

VII. Mesure d'exécution

Exclusion du commandement aux fins de saisie-vente. Le rôle du commandement aux fins de saisie-vente étant de permettre une saisie sans pour autant avoir pour effet de rendre indisponible en tout ou en partie les biens du débiteur, il n'est pas une mesure d'exécution forcée. Dès lors, ce commandement n'ayant pas été reçu personnellement par le débiteur et ne constituant pas une première mesure d'exécution forcée n'a pu faire courir le délai spécifié à l'alinéa 2 de l'article 10 de l'Acte uniforme susvisé. C'est donc en violation de cet article qu'une cour d'appel déclare que « l'acte de commandement en vue de la vente du 20 mars 2000 étant une mesure d'exécution tendant à rendre totalement ou partiellement indisponible le patrimoine de l'opposant, son opposition formée plus de 15 jours après cet exploit est manifestement tardive… », et son arrêt doit être cassé et l'ordonnance d'injonction de payer rendue annulée (CCJA, 27/01/2005, n° 007/2005, Sté Optique Instrumentale c/ ITRAG-Transit, Ohadata J-05-189, Juris-Ohada n° 1/2005, janv.-mars 2005, p. 18).

Obs. : voir cependant sous l'art. 92, une décision rendue en 2012 par la CCJA et qui reconnaît implicitement le commandement comme une mesure d'exécution.

VIII. Validité de l'opposition en l'absence de mesure d'exécution ou de signification

Voir ci-dessus sous le point de départ du délai pour former opposition (CCJA, 2e ch., n° 205, 23-11-2017 : SOTRA c/ EGM ; CCJA, 2e ch., n° 204, 23-11-2017 : Église de Jésus-Christ des Saints des Derniers Jours de Côte d'Ivoire c/ Abie Yao Zéphirin).

IX. Caractère personnel de la déchéance

Les deux oppositions formées par un débiteur et sa caution contre lesquelles une ordonnance d'injonction de payer a été solidairement rendue ne sont nullement liées. C'est donc à bon droit que le tribunal, en appréciant les deux situations séparément, a déclaré le débiteur déchu de son droit d'opposition pour violation de l'article 11 de l'AUPSRVE et déclaré recevable la caution en son opposition (CA Ouagadougou (Burkina Faso), ch. com., n° 053, 4-12-2009 : BICIA-B c/ G. S. et S. W. A., Ohadata J-12-172).

Art. 11 [mod.] L'opposant est tenu, à peine de déchéance, et dans le même acte que celui de l'opposition :

– de signifier son recours à toutes les parties, *à l'huissier ou à l'autorité chargée de l'exécution* et au greffe de la juridiction ayant rendu *l'ordonnance* d'injonction de payer ;

– de servir assignation à comparaître devant la juridiction compétente à une date fixe qui ne saurait excéder le délai de trente jours à compter de l'opposition.

Jurisprudence OHADA

I. Caractère d'ordre public de l'opposition

Selon la jurisprudence de la CCJA, l'obligation de signifier l'opposition à toutes les parties est d'ordre public et n'est nullement subordonnée à l'existence d'un préjudice ; il en résulte que la branche d'un moyen faisant grief à un arrêt d'avoir commis une erreur dans l'application ou l'interprétation de l'article 123 du Code de procédure civile ivoirien en ce que la créancière « ne démontre pas le préjudice qu'elle a subi en dehors du fait qu'elle n'a pas été informée de l'opposition » formée contre l'ordonnance d'injonction de payer qu'elle a obtenue, doit être rejetée comme infondée (CCJA, 1e ch., n° 023/2021, 18-2-2021 : Société African Petroleum c/ Société Afriland first Bank Côte d'Ivoire).

II. Qualité pour agir

C'est par une juste appréciation de la cause que l'opposition formée par le demandeur au pourvoi a été déclarée *irrecevable pour défaut de qualité et d'intérêt*, dès lors que la procédure d'injonction de payer diligentée par le défendeur au pourvoi ne vise pas le demandeur. Il en est ainsi même si la personne visée par l'injonction de payer n'existe pas comme le précise le demandeur au pourvoi (CCJA, 3e ch., n° 023/2012, 15-3-2012 : ASSEKE Fiacre c/ FOFANA Siriki).

Obs. : dans le cas d'espèce, le demandeur au pourvoi exploitait une activité sous un nom différent du sien propre. Une ordonnance d'injonction de payer ayant été rendue contre le nom de l'exploitation, l'exploitant a formé opposition en utilisant son nom propre. La CCJA confirme l'arrêt de la cour d'appel qui a retenu l'irrecevabilité de l'opposition pour défaut de qualité.

Acte unique d'opposition et de signification aux parties. Conformément à l'article 11 de l'AUPSRVE, l'opposant est tenu, à peine de déchéance, de servir son assignation dans le même acte que celui de l'opposition dans un délai qui ne saurait excéder 30 jours à compter de l'opposition (CA Ouagadougou, civ. et com., n° 18, 1-3-2002 : Sté TRANSIT R. GAUTHIER c/ CIMEX, Ohadata J-04-08 ; J-04-02 ; CA Ouagadougou, civ. et com., n° 98, 5-12-2003 : O. R. M. M. c/ S. I., Ohadata J-04-372).

III. Signification aux parties

A. Qualité de partie

1° Gérant d'une société dont la personnalité juridique n'est pas établie

Il ne peut être valablement reproché à la signification d'avoir désigné la personne du gérant de la société qui la représente comme destinataire de l'acte, alors même que celui-ci n'apporte pas la preuve de la personnalité juridique de la société différente de celle de sa propre personne, mais se contente seulement de déclarer qu'il ne peut répondre de la dette de la société. Il y a donc lieu de le dire mal fondé et de le condamner en conséquence au paiement de la somme (TGI Ouagadougou (Burkina Faso), n° 240, 14-7-2004 : O. D. c/ SGBB, Ohadata J-04-151 ; voir Ohadata J-04-379).

2° Codébiteur solidaire

Il appartient à un débiteur X. dont la condamnation solidaire avec Y. a été demandée par un créancier dans sa requête d'injonction de payer, de citer Y. dans l'instance d'opposition initiée par X., conformément à l'article 11 de l'AUPSRVE, afin que le litige soit discuté dans sa globalité devant le tribunal compétent. En s'abstenant de le faire, X. qui a été condamné au paiement de l'intégralité de la créance est désormais mal placé pour dire que le premier juge a statué ultra petita (CA Ouagadougou (Burkina Faso), ch. civ. et com., n° 63, 7-5-2004, Telecel Faso SA c/ S. S. A., Ohadata J-05-227 ; voir Ohadata J-04-37).

3° Caution du débiteur

Lorsqu'une ordonnance d'injonction de payer a été rendue contre un débiteur et la caution du débiteur, ce dernier doit signifier son opposition à toutes les parties, y compris à la caution. C'est donc à juste titre qu'une cour d'appel a confirmé la décision ayant sanctionné le défaut de signification de l'opposition à la caution par la déchéance (CCJA, n° 019/2009, 16-4-2009 : BIBE c/ État du Bénin, Rec. jur. CCJA n° 13, janv.-juin 2009, p. 67, Ohadata J-10-67).

4° Libre choix du codébiteur solidaire

En présence de codébiteurs solidaires, le créancier peut réclamer le paiement de sa créance au codébiteur de son choix, sans que ce dernier puisse invoquer le bénéfice de [division], conformément aux articles 1203 et 1204 du Code civil du Burkina Faso. Le débiteur qui invoque une créance contre le créancier ne peut obtenir une compensation sans prouver ladite créance (TGI Ouagadougou, n° 112, 12-3-2003 : K. M. c/ S. née D. A., Ohadata J-04-246).

5° Huissier instrumentaire : dispense de signification

L'opposition à une ordonnance d'injonction de payer n'a pas à être signifiée à l'huissier instrumentaire, l'article 11 de l'AUPSRVE ne l'ayant pas requis (CA de l'Ouest, n° 87/CIV, 28-5-2003 : F. J. c/ N. F., Ohadata J-05-15).

L'opposition qui n'a pas été notifiée au créancier mais à son huissier est irrecevable, même si le créancier a pu assister à l'audience d'opposition, dès lors que ce dernier qui ne connaissait pas les motifs de l'opposition, n'a pas été en mesure d'assurer sa défense (CA Libreville (Gabon), n°./09-10, 8-7-2010 : Sté CELTEL-ZAIN GABON c/ Sté EXPERT-IMMO, Ohadata J-10-240).

Obs. : on peut se demander comment le créancier a pu être informé de l'instance en opposition, s'y faisant même représenter par son avocat (ceci ressort de la décision) s'il n'a pu, d'une façon ou d'une autre être informé par son huissier auquel le débiteur opposant avait signifié l'opposition. Dans son argumentation en appel, le débiteur précisait qu'il n'avait pas élu domicile auprès de l'huissier et que le créancier, qui ne pouvait affirmer méconnaître son domicile (celui du débiteur) aurait dû faire une signification à mairie. Sous réserve du contenu de la loi nationale, il semble donc qu'il s'agissait de dispositions relatives à la signification et dont la violation a permis au débiteur de soutenir que le principe du contradictoire n'a pas été respecté. L'opposition ayant été déclarée irrecevable, le premier jugement a été confirmé par la cour d'appel.

6° Syndic d'une société

Au regard des articles 39 à 49 de l'AUPCAP, le syndic est un des organes de la liquidation des biens, lequel organe est chargé de représenter les créanciers sous réserve des dispositions des articles 52 et 53 du même Acte uniforme. Ce syndic peut être constitué d'une ou plusieurs personnes sans que le nombre n'excède trois et en cas de nomination collégiale, ces personnes agissent collectivement à moins que le juge-commissaire, selon les circonstances, donne à une ou plusieurs d'entre elles, le pouvoir d'agir individuellement. Le syndic, qu'il soit constitué d'une ou plusieurs personnes, constitue une seule partie au regard de l'article 11 de l'AUPSRVE en cas de litige survenu au cours de la liquidation. En signifiant son opposition à une Ordonnance d'injonction de payer et en laissant assignation à comparaître devant le TGI aux « syndics liquidateurs [T.], société anonyme en liquidation, pris en la personne de Maître [X.], Avocat à la Cour… » et « le greffier en chef du [TGI] de Ouagadougou », la société débitrice a respecté les dispositions de l'article 11 de l'AUPSRVE. La cour d'appel qui a confirmé, par adoption de motifs, le jugement du TGI selon lequel « […] l'acte d'opposition […] signifié à un seul des syndics liquidateurs […] viole [les] dispositions de la loi suscitée ; que la sanction prévue par cette omission est la déchéance […] », a fait une mauvaise application de l'article 11 et exposé son arrêt à la cassation (CCJA, 2e ch., n° 06, 25-8-2011 : BURKINA & SHELL SA c/ Syndics-Liquidateurs de TAGUI SA, Juris-Ohada n° 3/2011, juill.-sept. 2011, p. 2, Ohadata J-12-150, J-13-159).

7° Conseil d'une partie : validité de la signification au domicile élu

L'opposition signifiée au conseil (avocat) du créancier est valable lorsque le créancier a élu domicile au sein du cabinet de cet avocat et que ce dernier a apposé son cachet et sa signature sur l'exploit de signification (CA Ouagadougou, civ. et com., n° 98, 5-12-2003 : O. R. M. M. c/ S. I., Ohadata J-04-372). Dans le même sens, jugeant que l'article 11 de l'AUPSRVE n'interdisant pas la signification au domicile élu, il y a lieu d'infirmer la décision qui a déclaré une personne déchue de son opposition pour avoir notifié ladite opposition au domicile élu de l'autre partie et, statuant à nouveau, déclarer ladite opposition recevable pour avoir été faite dans le délai prescrit par l'article 10 de l'Acte uniforme susvisé (CCJA, 2e ch., n° 001, 11-1-2018 : Sté CLEO PATRA c/ CIPEXI).

B. Défaut de signification à partie

1° Signification à un employé

S'il est vrai qu'un agent de liaison est au service de son employeur, il n'en demeure pas moins qu'il n'a aucune compétence, de par ses attributions, à recevoir notification d'un acte destiné à l'employeur, qui est un avocat. Le débiteur qui a délaissé entre les mains du garçon de course son acte d'opposition ne peut valablement soutenir que la signification a été faite à son contradicteur ; il doit être déclaré déchu de son droit pour violation de l'article 11 de l'AUPSRVE (TGI Ouagadougou, n° 130, 19-3-2003 : P. M. P. c/ C. T. A., Ohadata J-04-247).

2° Signification au greffe non parvenue au débiteur

Lorsque l'huissier auprès duquel la débitrice voulait déposer l'exploit d'opposition pour être transmis au créancier poursuivant, après avoir pris connaissance de l'acte, a refusé de le recevoir en déclarant que le créancier n'a pas élu domicile dans son Etude, l'opposition a été faite en violation de l'article 11 de l'AUPSRVE lorsque le débiteur a placé son exploit en l'état au greffe pour être enrôlé à l'audience à l'insu du défendeur, sans justifier ce qu'elle a fait pour porter à la connaissance du créancier, partie au procès, son opposition à ladite décision. Le jugement qui a validé ladite opposition doit être infirmé et la débitrice déchue de son droit à faire opposition (CCJA, 1e ch., n° 005, 4-2-2010 : BICEC c/ M. Y., Juris-Ohada, n° 2/2010, avr.-juin 2010, p. 12, Ohadata J-11-49, J-12-41).

C. Défaut de signification à toutes les parties

L'opposant qui n'a pas signifié dans le même acte son recours à toutes les parties et au greffe de la juridiction ayant rendu la décision d'injonction de payer doit être déchu (TGI Ouagadougou, n° 524, 28-12-2005 : K. S. P. c/ K. D., Ohadata J-07-115 ; CCJA, 2e ch., n° 34, 8-12-2011 : AES SONEL SA c/ Entreprise Denver, Juris-Ohada, 2012, n° 3, juill.-sept., p. 41, Ohadata J-13-41, J-13-155 ; CA Pointe-Noire (Congo), n° 09, 12-5-2009 : Chemin de Fer Congo OCEAN c/ COGENCO SARL, Ohadata J-13-105, pour défaut de signification de l'opposition à la créancière et défaut d'assignation de cette dernière à comparaître) ; voir aussi : High Court of Mezam Holden in Bamenda (Cameroun), Suit n° HCB/PD/LA.98M/09 of 11 December 2012, Ohadata J-13-214.

La sanction de l'omission de signification de l'opposition à toutes les parties dans le même acte est bien la déchéance de l'opposant quant à son droit de s'opposer à l'apposition de la formule exécutoire sur l'ordonnance d'injonction de payer et non la nullité de l'opposition ou son irrecevabilité (CA Ouagadougou, ch. civ. et com., n° 157/06, 20-10-2006 : F. E. S. (SOBUCO) c/ SITRAPAL SA, Ohadata J-09-18). Dans le même sens, confirmant le jugement qui a considéré que l'irrecevabilité est la conséquence de déchéance encourue du fait du défaut de signification de l'opposition au greffe : CA Niamey (Niger), n° 98, 29-4-2002 : Z.M. c/ ELHADJI Z.I., Ohadata J-10-281 De même, l'arrêt qui a retenu que « [le demandeur] n'ayant pas dans le même acte signifié son opposition [au défendeur], au greffier et à l'huissier doit être déchu de son opposition » n'a en rien violé l'article 11 de l'AUPSRVE et le moyen doit être rejeté, ainsi que le pourvoi (CCJA, ch. n° 114, 22-10-2015 : Louis VALLEGRA c/ TOURE Mory, Ohadata J-16-107).

1° Signification au seul greffe du tribunal

Le débiteur qui n'a signifié son opposition qu'au greffe de la juridiction ayant rendu l'ordonnance d'injonction de payer et non à toutes les parties, notamment au créancier, comme le prescrit l'article 11 de l'AUPSRVE, est déchu de son droit d'opposition et doit être condamné au paiement (CA Ouagadougou, civ. et com., n° 15, 16-1-2004 : Sté LAFCHAL c/ C. K. S., Ohadata J-04-376 ; CA Ouagadougou, civ. et com., n° 91, 21-11-2003 : B. A. c/ K. L., Ohadata J-04-363 ; TGI Ouagadougou, n° 030/06, 8-1-2006 : T. S. c/ l'OCADES, Ohadata J-07-103).

2° Opposition verbale

L'opposition signifiée au greffe du tribunal de manière verbale, mais notifiée à l'autre partie 12 jours plus tard encourt la déchéance pour ne pas avoir été signifiée à toutes les parties et au greffe dans le même acte. C'est donc à bon droit que le premier juge a déclaré l'opposant déchu de son opposition, et que la cour d'appel a confirmé cette décision (CCJA, n° 042/2009, 30-6-2009 : SAFCA c/ A. F., Rec. jur. CCJA n° 13, janv.-juin 2009, p. 113, Ohadata J-10-80, à propos de l'opposition à une injonction de délivrer, mais transposable aux injonctions de payer).

3° Conséquence de la déchéance

Le débiteur étant déchu de son opposition, les premiers juges n'avaient plus à se prononcer sur la demande en paiement, et il suffisait dès lors de dire que l'ordonnance d'injonction de payer produira son plein et entier effet. Le jugement qui a statué en sens contraire doit être infirmé sur ce point ; statuant à nouveau, il y a lieu de dire que l'ordonnance d'injonction de payer rendue produira ses pleins et entiers effets (CA Pointe-Noire (Congo), n° 09, 12-5-2009 : Chemin de Fer Congo OCEAN c/ CO.GEN.CO SARL, Ohadata J-13-105).

La juridiction qui confirme la déchéance d'un débiteur à l'opposition n'a plus à examiner le fond du litige et à répondre aux moyens de fond soulevés par l'opposant, les griefs à l'arrêt attaqué étant relatifs à des questions de fait et de droit que le juge ne doit trancher que lors de l'examen au fond du litige (CCJA, n° 019/2009, 16-4-2009 : BIBE c/ État du Bénin, Rec. jur. CCJA n° 13, janv.-juin 2009, p. 67, Ohadata J-10-67).

Obs. : le présent arrêt de la CCJA rend caduc l'arrêt n° 22 du 14-12-2006 par la Cour de cassation du Burkina et présenté ci-dessus. Il est clairement affirmé par la CCJA que la déchéance n'a d'effets qu'à l'égard de la partie qu'elle frappe.

D. Nullité de l'exploit de signification : non-effet sur l'ordonnance

La nullité de l'exploit de signification d'une ordonnance d'injonction de payer a seulement pour effet de ne pas faire courir les délais des recours ; mais elle n'a pas d'effet sur l'existence de l'acte lui-même. L'opposition et l'appel qui ont été formés ont suspendu l'exécution de ladite ordonnance, qui ne peut de ce fait être rétractée pour caducité (C.A. Abidjan, n° 282, 9-3-2001 : B. A. c/ METAL Ivoire et METAL Tuiles, Ecodroit, n° 10, avr. 2002, p. 57, obs. anonymes, Ohadata J-02-93).

E. Caractère inopérant du défaut de production de certaines pièces sur la recevabilité de l'opposition

Il résulte de l'article 11 de l'AUPSRVE que la seule exigence faite à l'opposant, est de signifier son recours aux personnes sus-indiquées et de servir son assignation dans le même acte. En l'espèce, le jugement querellé qui a déclaré les appelants irrecevables en leur opposition à injonction de payer aux motifs que les pièces de la procédure ne comportent ni la requête aux fins d'injonction de payer, ni l'ordonnance attaquée, ni l'exploit signifiant ladite ordonnance, doit être infirmé en toutes ses dispositions et l'opposition formée déclarée recevable en la forme, car si le défaut de production des pièces énumérées pouvait être sanctionné par la radiation de l'affaire du rôle, il ne saurait entraîner l'irrecevabilité de l'opposition dont les conditions sont édictées à l'article 11 susvisé et sont satisfaites en l'espèce (CCJA, 2e ch., 193, 25-10-2018 : BICICI c/ FIB-CI SARL, FAKRY Issam).

....

IV. Assignation à comparaître

A. Irrecevabilité de l'opposition formée devant une juridiction différente de celle retenue pour l'assignation

C'est à juste titre qu'un juge a déclaré déchu de son opposition, le débiteur qui, dans son opposition, a assigné le créancier à comparaître devant une juridiction incompétente (assignation devant le TPI de Yopougon, alors que l'ordonnance a été rendue par un juge du TPI d'Abidjan). Il en est ainsi car le non-respect d'une obligation prévue à peine de déchéance par un texte ne saurait être considéré comme une erreur matérielle, ni être couvert par la comparution volontaire des parties (CA Abidjan 9-5-2000 : Sté PALMAFRIQUE c/ GEANT SARL, Ohadata J-02-76 ; voir cependant les obs. J. Issa-Sayegh).

B. Délais d'assignation

Distinction. Le délai de prescription – acquisitive d'un bien ou extinctive d'une action – visé à l'article 2246 du Code civil ivoirien et qui peut être interrompu par une citation en justice, même devant un tribunal incompétent, doit être distingué du délai préfix prescrit pour l'accomplissement d'une formalité comme l'assignation devant la juridiction compétente sous peine de déchéance du droit de faire examiner un acte ou un recours au-delà du terme fixé par la loi comme, en l'espèce, celui prévu à l'article 11 de l'AUPSRVE dont la violation est invoquée par le demandeur au pourvoi (CCJA, 2e ch., n° 30, 3-7-2008 : ATCI CI c/ Sté ECA SARL, Juris-Ohada n° 4/2008, p. 7, Ohadata J-09-69).

1° Respect du délai

a. Assignation comprise dans le délai

Est faite dans les délais prescrits par les articles 10 et 11 de l'AUPSRVE :

– l'opposition formée le 29 décembre 1999 contre une ordonnance d'injonction de payer rendue le 6 décembre 1999 et signifiée le 15 décembre 1999, soit 14 jours après la signification et dont avenir a été servi le 11 janvier pour fixer la date de comparution au 24 janvier 2000, soit 26 jours après l'opposition. La seule obligation à la charge de l'opposant étant de signifier son recours et de servir assignation dans le même acte, l'article 11 de l'Acte uniforme susvisé n'impose pas que les notifications faites aux parties figurent obligatoirement sur la copie de l'exploit délaissé au greffe de la juridiction ayant rendu la décision d'injonction de payer (CCJA, n° 11/2002, 28-3-2002 : Sté M. c/ DDCI, Juris-Ohada, n° 4/2002, oct.-déc. 2002, p. 38, note anonyme, Ohadata J-03-68) ;

– l'opposition faite le 12 novembre 2001 comportant un ajournement au 28 novembre, est valable même si elle n'a pas été enrôlée. Il en est ainsi car

l'article 11 de l'AUPSRVE ne sanctionne pas le non-enrôlement de l'opposition. Il s'ensuit que l'exploit de reprise d'audience du 3 janvier 2002 ne peut être censuré et c'est à tort que le premier juge a retenu la déchéance (CA Abidjan, n° 987, 26-7-2002 : WALTED HAGEMAN c/ A. B., Ohadata J-03-21) ;
– l'assignation effectuée le 26 août 2006 pour une opposition formée le 10 juillet 2006, en tenant compte du calendrier des audiences de vacation (CA Bobo-Dioulasso (Burkina Faso), ch. com., n° 12, 20-8-2008 : S. B. c/ B.I.B, Ohadata J-12-111).

De même, c'est à tort qu'il est reproché à un arrêt d'avoir confirmé la décision qui a déclaré l'opposition recevable alors que l'arrêt a été signifié le 29 août 2013 et que le recours a été formé le 11 septembre 2013 pour une comparution le 17 septembre 2013, avant de se raviser le 12 septembre 2013 en servant avenir pour comparaître le 22 octobre 2013, soit un ajournement de 40 jours, faisant ainsi manquer de base légale à sa décision par une mauvaise interprétation de l'article 11 de l'AUPSRVE fixant le délai de comparution à l'audience à 30 jours à compter de l'opposition, dès lors que la cour énonce que le débiteur opposant a respecté les délais du recours et de comparution en servant assignation pour le 17 septembre 2013, mais l'audience n'a pu se tenir à cette date pour cause de vacations. Il s'infère de ce qui précède que l'audience du 22 octobre 2013 imposée par les services du Tribunal ne saurait avoir pour effet de vicier ce recours et en statuant donc comme elle l'a fait, la cour a sainement appliqué le texte visé au moyen et sa décision ne manque pas de base légale (CCJA, 1e ch., 231, 29-11-2018 : Banque Atlantique Togo SA c/ Ets Pneus Acquis et 1 autre).

b. Validité de l'assignation non enrôlée dans le délai

L'opposant doit ajourner son affaire dans un délai maximum de 30 jours à compter de la date à laquelle il a engagé son recours. En l'espèce, aucune déchéance n'est encourue lorsque la débitrice a formé son opposition le 8 février 2002, avec ajournement au 20 février 2002. Il en est ainsi dès lors que l'article 11 de l'AUPSRVE ne prévoit que l'ajournement, qui ne doit pas être confondu avec l'enrôlement (CA Abidjan, n° 204, 25-2-2003 : K. M. c/ G. Epse B. G., Ohadata J-03-246, obs. J. Issa-Sayegh).

C'est à tort que la caducité d'une opposition non enrôlée est invoquée dès lors que l'article 11 de l'AUPSRVE ne sanctionne nullement le non-enrôlement de l'acte d'opposition (TPI Abidjan-Plateau (Côte d'Ivoire), n° 166, 16-1-2008 : M. S. c/ W. épse G., Juris-Ohada, n° 2/2012, p. 43, Ohadata J-12-208).

L'article 11 de l'AUPSRVE ne sanctionne nullement le non enrôlement de l'acte d'opposition. C'est donc à tort que la caducité d'une opposition non enrôlée est invoquée car elle est recevable (TPI Abidjan-Plateau, n° 66, 16-1-2008 : S. c/ W. ép. G., Juris-Ohada, 2012, n° 2, avr.-juin, p. 38, Ohadata J-13-37).

Obs. : le non-enrôlement n'est pas sanctionné à condition cependant que l'assignation s'inscrive dans le délai de 30 jours à compter de l'opposition, sous peine de déchéance ; voir la JP de la CCJA ci-après. Cette observation est valable pour les trois décisions ci-dessus.

c. Ajournement

Une nouvelle assignation ne peut être recevable que si le recours auquel elle se rattache, à savoir l'opposition initiale, était lui-même recevable. Toute nouvelle assignation doit nécessairement s'inscrire et respecter le délai de 30 jours à compter de l'opposition fixé par l'article 11 de l'AUPSRVE. La juridiction qui a autorisé un débiteur à servir à son créancier, un avenir d'audience avec ajournement d'un délai de 37 jours entre l'opposition et la date d'ajournement a violé l'article 11 précité et son arrêt encourt la cassation. Dès lors il convient de prononcer la déchéance de l'opposition et de restituer à l'ordonnance d'injonction de payer son plein et entier effet (CCJA, n° 049/2005, 21-7-2005 : N. M. P. c/ L. D. P., Rec. jur. CCJA, n° 6, juin-déc. 2005, p. 69. – Juris-Ohada, n° 1/2006, p. 24, Ohadata J-06-41 ; CA Abidjan (Côte d'Ivoire), n° 543, 18-3-2005 : A.T.C.I c/ Sté ECA, Ohadata J-09-180).

L'opposition à une ordonnance d'injonction de payer formée avec assignation à comparaître à une date qui n'était pas un jour d'audience de vacation du tribunal compétent et qui a été suivie d'un avenir d'audience à plus de trente jours est recevable. Il en est ainsi dès lors que l'enrôlement à une date ultérieure ne s'est imposé à l'opposante qu'en raison de la mise en œuvre, par la juridiction compétente, de l'organisation judiciaire qui établit des audiences de vacations à des dates préalablement fixées, non imputables à l'opposante. Cet avenir d'audience n'avait pas pour finalité de fixer un délai d'ajournement, mais de déterminer, en fonction du calendrier des audiences de vacation du tribunal compétent, une nouvelle date d'enrôlement. Il s'ensuit que l'opposante ne pouvait être déchue de son droit à opposition et que cette branche du moyen doit être rejetée comme non fondée (CCJA, 1e ch., n° 006/2013, 7-3-2013 : Sté COMPUTER SYTEMS (MCS SARL) c/ Sté MTN-COTE D'IVOIRE (MTN-CI), Rec. jur. CCJA, n° 20, vol. 1, janv.-déc. 2013, pp. 162-165, Ohadata J-15-06). De même, lorsque le 24 avril 2008, un débiteur a formé opposition contre une ordonnance d'injonction de payer et a assigné la banque créancière à comparaître devant le tribunal le 14 mai 2008, qu'à cette date l'audience n'a pu se tenir pour dysfonctionnement du tribunal et que, en vue de faire enrôler le dossier, il a servi avenir d'audience au 28 mai, c'est en violation de l'article 11 de l'AUPSRVE qu'une cour d'appel a confirmé le jugement ayant déclaré l'opposition irrecevable, car l'avenir d'audience servi le 20 mai n'avait pour finalité que de déterminer, en fonction du calendrier des audiences du tribunal, une nouvelle date d'enrôlement et, en conséquence, ne saurait entraîner la déchéance de l'opposition. L'arrêt doit être cassé. Sur l'évocation, le jugement initial doit être infirmé et l'opposition déclarée recevable (CCJA, 2e ch., nº 116, 22-10-2015 : KALOT AHMED c/ Banque Atlantique Côte d'Ivoire (BACI), Ohadata J-16-109).

d. Obligation de signifier à chaque destinataire en cas de pluralité

L'opposant est obligé, à peine de déchéance, de faire sur un même acte à la fois l'opposition à l'ordonnance d'injonction de payer, la signification de cette opposition aux parties et au greffe de la juridiction ayant rendu la décision d'injonction de payer et l'assignation à comparaître devant la juridiction compétente à une date qui ne saurait excéder le délai de trente jours à compter de l'opposition et, d'autre part, de former l'opposition dans un délai de quinze jours à compter de la signification de l'ordonnance d'injonction de payer, délai auquel il faut ajouter celui de quinze jours ou de deux mois selon le cas lorsque le destinataire de l'opposition se trouve dans un autre ressort que celui de l'opposant (CCJA, nº 16, 29-4-2004 : S.D.A et M. W. N. R. c/ H. S., Juris-Ohada, nº 2/2004, juin-août 2004, p. 47, note Brou Kouakou Mathurin ; Rec. jur. CCJA, nº 3, janv.-juin 2004, p. 116, Ohadata J-04-301).

Obs. : la notification de l'opposition faite au greffe doit figurer sur le même acte, la seule exception tenant au fait que le greffe de la juridiction ayant rendu l'ordonnance est situé dans une ville différente de celle du domicile des parties, ce qui autorise que la notification se fasse par « des actes distincts mais comportant les mêmes mentions », selon les termes de la CCJA. Le présent arrêt de la CCJA rend caduc l'arrêt antérieur d'une cour d'appel qui avait considéré si l'article 11 de l'AUPSRVE impose à l'opposant, à peine de déchéance, la signification de son recours à toutes les parties mais aussi au greffe qui n'est pas partie au procès, c'est en raison du délai dans lequel est enfermée l'opposition, afin d'éviter que le greffier en chef ne décerne un certificat de non-opposition à l'autre partie qui peut, en effet, s'en prévaloir pour l'apposition de la formule exécutoire conformément à l'article 16 de l'AUPSRVE. Ainsi, en rejetant l'exception de déchéance le premier juge a sainement apprécié les faits de la cause et fait une exacte application de la loi (CA Niamey (Niger), nº 268, 26-10-2001 : A.H. c/ M.S., Ohadata J-10-277).

Il est de jurisprudence constante de la CCJA (depuis ses arrêts nº 011/2002 du 28-3-2002 et nº 016/2004 du 29-4-2004 sur la question de la notification d'une opposition aux parties par actes séparés) que les seules obligations à la charge de l'opposant, au sens de l'article 11 de l'AUPSRVE, sont de signifier son recours et de servir assignation dans le même acte, les deux obligations étant cumulatives. L'opposante, domiciliée à Agnibilékro, ayant formé opposition et assigné les parties dans un même acte dont elle a servi une copie le 11-7-2007 à la créancière alléguée, domiciliée à Abidjan, et une autre copie le 12-7-2007 au greffier en chef, domicilié à Abengourou au siège du tribunal qui a rendu la décision d'injonction de payer, c'est par une erreur d'application de l'article 11, al. 1 de l'AUPSRVE que la cour d'appel a confirmé la décision qui a déclaré irrecevable pour cause de déchéance l'opposition de la demanderesse, au motif que l'opposition a été faite par actes séparés. En effet, il ne s'agissait pas, dans ces circonstances, d'actes séparés, dès lors que toutes les parties, qui étaient domiciliées dans des ressorts différents, ne pouvaient pas recevoir les actes à la même date (CCJA, 1e ch., nº 004/2013, 7-3-2013 : Sté Nouvelle Scierie d'Agnibilékro (NSDA SARL) c/ FLUTEC BOIS EN LIQUIDATION SARL, Rec. jur. CCJA nº 20, vol. 1, janv.-déc. 2013, pp. 152-154, Ohadata J-15-04).

2º Violation du délai

Il résulte des dispositions de l'article 11 de l'AUPSRVE, notamment des termes « ne saurait excéder », que le délai qu'elles instituent est spécifique et strictement circonscrit dans une durée qui ne peut aller au-delà du trentième jour. Il s'ensuit que la cour d'appel qui a déclaré recevable l'opposition formée alors même que la date de comparution du 8 mai figurant dans l'assignation se situait au-delà du délai de trente (30) jours ayant expiré le 7 mai, a violé ledit article et exposé son arrêt à la cassation. Sur évocation, l'opposition est irrecevable et le premier jugement rendu par le TPI d'Abidjan doit être confirmé en toutes ses dispositions (CCJA, nº 19/2003, 6-11-2003 : SOGEFIBAIL c/ D, Juris-Ohada, nº 4/2003, oct.-déc. 2003, p. 3, note Brou Kouakou Mathurin. – Rec. jur. Ohada, nº 2, juill.-déc. Ohada, p. 37, Ohadata J-04-118, et J-04-128. Dans le même sens, TPI Dschang, nº 14/Civ., 19-2-2004 : F. M. c/ Sté CEGAMI, Ohadata J-07-55 ; CA Daloa (Côte d'Ivoire), ch. civ. et com., nº 122 bis/04, 2-6-2004 : T. S. F. c/ Côte d'Ivoire TELECOM, Ohadata J-11-33).

Le débiteur qui ne prouve pas avoir valablement saisi la juridiction de son opposition dans le délai fixé par l'article 11 de l'AUPSRVE est irrecevable et son pourvoi doit être rejeté (CCJA, 3e ch. nº 119, 22-10-2015 : Entreprise ARTIS c/ BANQUE ATLANTIQUE COTE D'IVOIRE, Ohadata J-16-112).

C'est à tort qu'il est reproché à un arrêt d'avoir violé l'article 11 en ce qu'il a jugé que les opposants ont respecté le délai d'un mois alors, d'une part, que les opposants n'ont apporté aucune preuve du « réaménagement du calendrier du tribunal de Ziguinchor » et que, d'autre part, l'avenir servi par eux pour l'audience du 25 septembre 2005 ne l'a été qu'au seul greffier en chef et non point au créancier. Il en est ainsi, car le constat fait relativement au calendrier relève de l'appréciation du juge du fond et, contrairement aux énonciations du moyen, dans les écritures en cause d'appel, c'est plutôt l'assignation du greffier qui aurait été omise ; par cette reformulation le moyen devient nouveau et en conséquence irrecevable (CCJA, ass. plén., n° 044, 27-4-2015 : Me Sandembou DIOP c/ ATEPA TECHNOLOGIES et trois autres, Ohadata J-16-44).

Caractère inopérant d'une assignation rectificative. L'« assignation rectificative » de l'assignation initiale ne saurait avoir pour effet de faire courir un nouveau délai de comparution qui excéderait le délai de trente jours à compter de l'opposition prescrit à l'article 11 de l'AUPSRVE. En confirmant le jugement qui a déclaré la débitrice déchue de son opposition pour non-respect du délai d'assignation prévue par la loi, la cour d'appel a fait une juste application de l'article 11 de précité et le moyen doit être rejeté (CCJA, 2e ch., n° 30, 3-7-2008 : ATCI CI c/ Sté ECA SARL, précité, Ohadata J-09-69).

Saisine effective de la juridiction après enrôlement de l'assignation. La signification de l'opposition et de l'assignation à comparaître ne saisit pas automatiquement la juridiction compétente. Celle-ci est effectivement saisie quand le débiteur opposant enrôle l'assignation. Il en est ainsi car la signification de l'opposition au greffe a pour seul effet d'empêcher l'apposition de la formule exécutoire sur l'ordonnance d'injonction de payer, le greffe n'étant pas une « partie » au sens de l'article 11 de l'AUPSRVE. Il incombe donc au débiteur de payer les frais et taxes éventuellement prévus par la législation nationale pour que la saisine de la juridiction soit effective. À défaut, il est déchu de son droit (High Court of Mezam Holden in Bamenda, Suit n° HCB/PD/LA.98M/09 of 11 December 2012, Ohadata J-13-214).

3° Refus de la prorogation du délai pour un motif non prévu

La débitrice ne peut, pour échapper à la déchéance dont il résulte de ses propres assertions qu'elle était encourue à la date du 17 juin 2002, se contenter d'alléguer, sans le prouver, que ce terme du délai légal « ne correspond pas à une date utile des audiences civiles » alors même qu'elle ne peut pas justifier être dans les seuls cas de prorogation de délai prévus en matière contentieuse par l'article 25.4 du Règlement de procédure de la CCJA qui dispose que « [...] le délai qui expirerait normalement un samedi, un dimanche ou un jour férié est prorogé jusqu'au premier jour ouvrable suivant [...] » (CCJA, 2e ch., n° 30, 3-7-2008 : ATCI CI c/ Sté ECA SARL, précité, Ohadata J-09-69).

4° Assignation n'indiquant pas la date de l'audience

Lorsque la copie de l'opposition à ordonnance d'injonction de payer avec assignation servie à la créancière ne mentionne pas la date de l'audience où cette dernière doit se présenter à l'audience pour justifier du bien-fondé de sa créance le débiteur est déchu de son opposition (TPI Douala-Bonanjo (Cameroun), n° 37/COM, 16-3-2011 : N. I. c/ FIRST TRUST SA, Greffier en chef du TPI de Douala-Bonanjo, Me N. D., Ohadata J-12-228).

V. Procédure sur opposition

A. Exception de non-communication de pièces

Il résulte de l'article 166 du Code ivoirien de procédure civile, commerciale et administrative que l'appelante était seulement tenue de transmettre ses pièces et conclusions au greffe de la cour d'appel et non à l'intimée ; qu'en l'espèce celle-ci n'ayant pas prouvé que ladite transmission n'a pas été faite, il y a lieu de dire que l'exception de non-communication de pièces par elle présentée n'est pas fondée et doit être rejetée (CCJA, n° 21, 17-6-2004 : SDV-COTE D'IVOIRE c/ Sté RIAL TRADING, Juris-Ohada, n° 3/2004, juill.-oct. 2004, p. 11, note BROU Kouakou Mathurin ; Rec. jur. CCJA, n° 3, janv.-juin 2004, p. 130 ; Ohadata J-04-382).

B. Non-communication au ministère public

Il résulte de l'analyse combinée des dispositions des articles 1 à 27, 336 et 337 de l'AUPSRVE que cet Acte uniforme contient des règles de fond et de procédure qui ont seules vocation à s'appliquer aux procédures d'injonction de payer engagées après son entrée en vigueur ; l'article 106 du Code Ivoirien de procédure civile, commerciale et administrative, disposition de droit interne au demeurant contraire à la lettre et à l'esprit des dispositions de l'Acte uniforme, n'est pas applicable au litige dès lors que celui-ci n'a pas prévu, pour sa mise en œuvre, de procédure de communication de la cause au Ministère public. En conséquence la demande de nullité dudit jugement sur ce point doit être rejetée (CCJA, n° 16, 29-4-2004 : S.D.A et W. N. R. c/ H. S., Juris-Ohada, n° 2/2004, juin-août 2004, p. 47, note BROU Kouakou Mathurin ; Rec. jur. CCJA, n° 3, janv.-juin 2004, p. 116 ; Ohadata J-04-301). Voir dans le même sens, sur le refus de communication d'une procédure au ministère public : CCJA, ch., n° 006, 26-2-2015 : Sté Ivoire Coton SA c/ Sté ECOBANK SA, Ohadata J-16-06 ; CCJA, ch. n° 105, 22-10-

2015 : Poste de Côte d'Ivoire c/ SAID Nehme Hassan Hussein, Ohadata J-16-98.

VI. Ordre de signification de l'opposition aux parties : caractère inopérant

L'article 11 n'ayant pas prévu d'ordre dans lequel la signification de l'opposition à l'injonction de payer doit être faite aux différentes parties, la créancière ne peut invoquer le fait que l'acte d'opposition ait été signifié au greffe avant elle pour soulever un quelconque manquement dans la mesure où l'acte d'opposition porte la signature du greffe, que le dossier d'opposition a été enrôlé à la date fixée et que la créancière, en plus de s'être présentée à l'instance, a produit ses conclusions. Il n'y a donc pas eu violation de l'article 11 et le jugement qui a décidé du contraire doit être infirmé (CA Ouagadougou (Burkina Faso), ch. com., n° 064, 19-12-2008 : D. K. c/ H. A., Ohadata J-10-192).

VII. Déchéance du débiteur

La déchéance du droit d'opposition résulte, non pas de l'article 10 de l'AUPSRVE dont la violation est invoquée à tort, mais de l'article 11 du même Acte uniforme. L'avenir d'audience servi par exploit du 28 avril 2006 avec ajournement au 10 mai 2006 après l'opposition formée le 29 mars 2006 n'est pas conforme aux prescriptions de l'article 11 précité qui fixe à trente jours le délai de saisine de la juridiction compétente à compter de l'opposition. C'est donc à juste titre que la cour d'appel a confirmé la décision des premiers juges déclarant l'opposante déchue de son opposition (CCJA, 1e ch., n° 055, 13-6-2013 : Sté EURO-MARBRE-CI SARL c/ Sté SDV-CI SA, Rec. jur. CCJA n° 20, vol. 1, janv.-déc. 2013, p. 195-197, Ohadata J-15-55).

C'est à tort qu'il est reproché à un jugement d'avoir violé l'article 11 de l'AUPSRVE en déclarant la requérante déchue de son opposition, alors, selon le moyen, que ce recours a été formé dans les délais requis, en tenant compte des incidences de la rentrée judiciaire. Il en est ainsi dès lors qu'en l'espèce, pour prononcer la déchéance critiquée, le tribunal énonce que la requérante « a formé opposition à l'ordonnance d'injonction de payer rendue [...] le 28 mai 2015, qui a été signifiée le 5 juillet 2015 ; de ces mêmes pièces, il s'établit que ladite société a servi un avenir d'audience fixant la date de comparution au 14 octobre 2015. Le tribunal constate donc qu'entre le 19 juin 2015, date de l'opposition et le 14 octobre 2015, date d'ajournement, il s'est écoulé plus de trente jours ». En statuant ainsi, le tribunal a fait une juste application du texte visé au moyen, surtout qu'il n'est pas prouvé que le non-respect du délai légal procédait d'un dysfonctionnement de ses services ; le pourvoi n'est donc pas fondé et sera rejeté (CCJA, 1e ch., n° 085, 28-3-2019 : Sté DEKEL Oil Côte d'Ivoire c/ AHOULOU Amou Hyacinthe).

A. Déchéance abusive

C'est en violation de l'article 11 de l'AUPSRVE qu'un tribunal a déclaré le débiteur déchu de son droit et ordonné l'apposition de la formule exécutoire sur l'ordonnance d'injonction de payer contestée, alors que le débiteur a respecté toutes les exigences de l'article 11. La cour d'appel qui a confirmé ladite décision a exposé son arrêt à la cassation (CCJA, 2e ch., n° 024, 30-4-2008 : BICEC c/ Succession S, Juris-Ohada n° 2, avr.-juin 2008, p. 28, Rec. jur. CCJA, n° 11, janv.-juin 2008, p. 102, Ohadata J-09-35).

De même, le non-paiement des frais de greffe n'est pas un motif de déchéance au sens de l'article 11 de l'AUPSRVE et, en recevant l'opposition formée dans ces conditions, l'arrêt déféré n'a pas violé l'article 11 susvisé (CCJA, ass. plén., n° 133, 11-11-2014 : Cabinet Avocat-Plus Seina c/ Groupe SOTEL-TCHAD SA, Ohadata J-15-223).

B. Conséquence de la déchéance sur les autres demandes de l'opposant

Il n'y a plus lieu d'examiner le second moyen, ayant trait au fond de l'affaire, qui a été invoqué par l'opposant à une ordonnance d'injonction de payer dès lors qu'il a été déchu de son opposition (CCJA, 1e ch., n° 055, 13-6-2013 : Sté EURO-MARBRE-CI SARL c/ Sté SDV-CI SA, Rec. jur. CCJA n° 20, vol. 1, janv.-déc. 2013, p. 195-197, Ohadata J-15-55).

Art. 12 [mod.] La juridiction saisie sur opposition *désigne un juge pour procéder* à une tentative de conciliation.

Le juge désigné procède, en chambre du conseil, à la tentative de conciliation, dans un délai de quinze jours à compter de sa désignation.

En cas de conciliation, le *juge* dresse un procès-verbal de conciliation *qu'il signe avec* les parties *et le greffier*. Une expédition *du procès-verbal* est revêtue de la formule exécutoire.

Le procès-verbal se substitue à l'ordonnance portant injonction de payer, même revêtue de la formule exécutoire en application de l'article 16 du présent acte uniforme.

En cas d'échec de la tentative de conciliation, *le juge en fait le constat et renvoie l'affaire à la plus prochaine audience publique. La juridiction* statue sur la demande en recouvrement, *dans un délai de deux mois à compter de la date de la première audience, par un jugement qui aura les effets d'une décision contradictoire,* même en l'absence du débiteur ayant formé opposition.

La juridiction se prononce sur l'entier litige y compris les demandes incidentes et défenses au fond.

JURISPRUDENCE OHADA

I. Conciliation

A. Condition préalable

La tentative de conciliation prévue à l'article 12 de l'AUPSRVE est une phase obligatoire dans la procédure d'opposition à injonction de payer (TGI Ouagadougou, nº 74, 19-2-2003 : K. H. c/ L'Entreprise A.P.G., Ohadata J-04-248 ; TGI Ouagadougou, nº 193, 23-4-2003 : S. S. c/ Caisse Populaire de Dapoya, Ohadata J-04-316 ; TGI Ouagadougou, nº 196, 23-4-2003 : ETE/OA c/ N. K. P., Ohadata J-04-317).

Mais la tentative de conciliation préalable n'est pas prescrite à peine de nullité du jugement (CA Abidjan, nº 865, 5-7-2002 : SIDAM c/ C. D., Ohadata J-03-23, obs. J. Issa-Sayegh) ; dans le même sens, retenant que l'article 12 de l'AUPSRVE, tout en rendant obligatoire la tentative de conciliation, n'a cependant prévu aucune sanction quant à son omission. Encourt donc la cassation, l'arrêt qui a annulé un jugement rendu sur opposition et renvoyé les parties devant le tribunal pour y être procédé à la tentative de conciliation. Il en est ainsi dès lors que le jugement lui-même mentionne que la tentative a eu lieu et a échoué et qu'en tout état de cause, le tribunal, qui était déjà dessaisi par le jugement sur le fond en premier ressort, ne pouvait plus statuer une seconde fois (CCJA, 2e ch., nº 013/2013, 7-3-2013 : Sté Africaine de Crédit Automobile dite SAFCA c/ 1) Sté DISTRIVOIRE SA, 2) Gaoussou TOURE, Rec. jur. CCJA nº 20, vol. 1, janv.-déc. 2013, p. 168-170, Ohadata J-15-13) ;

Elle n'est pas une obligation préalable à la saisine du juge qui a rendu l'ordonnance portant injonction de payer (TGI Ouagadougou, nº 207, 17-4-2003 : Fédération Wend-Yam de Kulkinka c/ T. M., Ohadata J-04-334), la mise en œuvre de la procédure d'injonction de payer, qui prévoit l'étape de la tentative de conciliation, n'étant pas incompatible avec les termes d'un protocole d'accord prévoyant, en cas de contestation ou de difficultés, l'obligation pour les parties de tenter un règlement amiable. C'est donc à tort qu'il est soutenu que le créancier aurait d'abord dû dénoncer le protocole d'accord conformément à l'article 3 de celui-ci, avant d'initier une quelconque poursuite judiciaire, puis qu'aux termes des articles 1 de l'AUPSRVE et 2 de l'AUPSRVE, la procédure d'injonction de payer peut être demandée par le titulaire d'une créance d'origine contractuelle revêtant les caractères de certitude, de liquidité et d'exigibilité ; qu'en l'espèce, le protocole d'accord du 29 novembre 2004 énonce en son article 1, al. 2 que « le remboursement de [la] dette [...] se fera en six mensualités de date à date à compter du 29 novembre 2004... » ; que le délai de six moins ainsi imparti à la débitrice était largement dépassé lorsque l'ordonnance d'injonction de payer a été rendue. Il s'ensuit que la fin de non-recevoir n'est pas fondée et que le jugement entrepris mérite d'être également confirmé sur ce chef (CCJA, 3e ch., nº 082, 29-3-2018 : Sté SOMEF-CI c/ Sté NESTLE Côte d'Ivoire).

Obs. : il convient de rappeler que la tentative de conciliation préalable prévue par le législateur de l'OHADA ne concerne que l'instance de l'opposition, le juge qui rend une ordonnance d'injonction de payer n'a aucune obligation de procéder à une conciliation, d'autant plus qu'étant saisi par requête du créancier, la procédure devant lui, qui n'est pas contradictoire, ne peut permettre une conciliation qui nécessite la présence de toutes les parties. En conséquence, l'arrêt ci-dessus devrait plutôt se lire comme suit : « La mise en œuvre de la procédure [sur opposition à] la procédure d'injonction de payer qui prévoit l'étape de la tentative de conciliation. »

Sur des décisions ayant dressé un procès-verbal de conciliation et en ayant donné acte aux parties, voir : TPI Dschang (Cameroun), nº 51/CIV/TPI, 13-11-2008 : T. A. c/ Sté UCCA, Ohadata J-10-138 ; TPI Mbouda (Cameroun), nº 01/Civ., 16-1-2008 : D. E. c/ CAPLABAM, Ohadata J-12-238, mettant les dépens à la charge du demandeur.

L'article 12 de l'AUPSRVE traite seulement de la tentative de conciliation en cas d'opposition et ne fait aucune référence à un jugement sur le fond (CCJA, 2e ch., nº 104, 30-12-2013 : ABAKAR GAZAMBLE c/ ABAKAR IBI OUMAR, Rec. jur. CCJA nº 20, vol. 1, janv.-déc. 2013, p. 5-6, Ohadata J-15-51), même rendu par une cour d'appel, à laquelle l'article 15 de l'AUPSRVE qui règlemente la saisine en matière d'injonction de payer n'impose, en instance d'appel, aucune obligation procédurale de concilier les parties (CCJA, 1e ch., n° 140, 29-6-2017 : Jean-Paul Soppo Priso et 1 autre c/ Les Consorts Ngo Dika).

B. Compétence de la juridiction dont le président a rendu l'ordonnance

La tentative de conciliation prévue par l'article 12 de l'AUPSRVE relève de la compétence du tribunal dont le président a rendu l'ordonnance d'injonction de payer et non uniquement de celle de son du président (TGI Menoua, n° 46/Civ./TGI, 12-7-2004 : D. E. c/ A. B., PDG de la Sté E.P.A, Ohadata J-07-44).

C. Mise en œuvre de l'exception de conciliation in limine litis

Le débiteur qui voulait une tentative de conciliation préalable aurait dû en faire la demande dès l'enrôlement de l'affaire, la demande formulée six mois après l'ouverture de l'instance étant dilatoire et irrecevable (TGI de la MIFI, n° 32/civ., 2-4-2002 : C. N. N. c/ S. H. B., Ohadata J-04-230).

> **Obs. :** il convient de relever cependant qu'aux termes de l'article 12, al. 1 de l'AUPSRVE, il appartient à la juridiction saisie de l'opposition de procéder d'office à la tentative de conciliation ; rien ne semble interdire à l'une des parties de demander la conciliation préalable au début de l'instance si la juridiction saisie ne le fait pas d'elle-même.

D. Effets de la conciliation réussie

Donné acte du tribunal. Lorsqu'un règlement amiable intervient entre les parties qui en informent le tribunal par une déclaration conjointe, le tribunal en prend acte et ordonne la radiation de l'affaire du dossier du rôle (TGI Ouagadougou, n° 398, 22-10-2003 : ALPHA DIFFUSION, SARL c/ NOVAVISION, SARL, Ohadata J-04-250 ; TGI Ouagadougou, n° 405/2005, 31-8-2005 : Sté Trans-Cordec c/ Manufacturers and Trader Trust Compagny Bank, Ohadata J-07-108).

Le protocole d'accord de remboursement conclu entre les parties, dûment signé de la main de leurs représentants légaux, puis par le vice-président du tribunal et du greffier a bien été établi devant le juge. Cet accord, dans lequel les parties sont convenues du montant de la créance principale, des intérêts et autres frais accessoires, ainsi que des modalités de paiement de ladite somme, exprime l'intention et la volonté manifeste des parties à concilier, même s'il est non daté et il convient de l'entériner, de dire qu'il met régulièrement fin au contentieux, conformément aux dispositions de l'article 12, al 1. de l'AUPSRVE et d'ordonner la main levée de la saisie conservatoire de créances pratiquée sur les comptes bancaires du débiteur (TPI 1e classe, Lomé (Togo), ch. civ. et com., n° 912/2009, 3-4-2009 : SAINT MICHEL et CO, SARL c/ SIAB SA, Ohadata J-11-118).

Dans le même sens et précisant que la conciliation met fin à la procédure d'injonction de payer nonobstant le fait qu'elle soit intervenue au cours de l'instance en appel : CA Libreville (Gabon), n° ...9/10, 25-2-2010 : Sté SNBG c/ Sté TTCO, Ohadata J-10-241.

II. Echec de la conciliation

A. Défense des parties

1° Recouvrement par les parties des moyens de défense

Le juge ou la juridiction ne retrouve sa fonction de dire le droit qu'une fois que l'échec de la conciliation est consommé, et dès cet instant les plaideurs retrouvent tous leurs moyens de défense, aussi bien de forme et de procédure que de fond, en vue du succès de leurs prétentions. Il en résulte que la phase de conciliation préalable ne peut avoir pour effet de priver le plaideur de tout ou partie de ses moyens de défense à la reprise des débats après échec de la conciliation (TGI Ouagadougou, n° 345, 28-3-2001 : Transit R. Gauthier c/ Sté CIMEX, Ohadata J-04-02).

En cas d'échec de la tentative de conciliation, il y a lieu de se prononcer sur les mérites de l'opposition (TPI Lomé (Togo), ch. civ. et com., n° 2915/09, 6-10-2009 : KUADJOVI Alexandre c/ AMAIZO-FUMEY Virginie, Obs. J. Issa-Sayegh, Ohadata J-11-07).

2° Recevabilité d'une demande reconventionnelle de la part du débiteur

La juridiction saisie d'une opposition à une ordonnance d'injonction de payer statue en matière ordinaire sur la demande en recouvrement, et est ainsi habilitée à se prononcer sur une demande reconventionnelle en dommages-intérêts pour procédure abusive (CA Abidjan, n° 844, 5-7-2002 : Y. M. c/ K. N. M., Ohadata J-03-24).

3° Irrecevabilité d'un moyen de fond mettant en cause la créance dont le débiteur ne conteste pas le montant

S'agissant d'opposition contre l'ordonnance d'injonction de payer une créance fondée dans son principe, l'argument fondé sur la violation d'une disposition contractuelle est inopérant pour résister au paiement et le débiteur qui ne conteste pas devoir à son créancier le montant de la créance indiquée sur l'ordonnance d'injonction de payer est tenu au paiement (TGI Ouagadougou, n° 332, 2-7-2003 : GESCO c/ COGEBA, Ohadata J-04-311).

L'opposition n'est pas fondée et le débiteur doit être condamné au paiement de la somme réclamée, dès lors que le créancier produit une reconnaissance de dettes par laquelle le débiteur reconnaît devoir ladite somme (CA Abidjan (Côte d'Ivoire), 3e ch. civ. et

com. B, n° 05, 19-1-2007 : D. D. c/ O. G., Ohadata J-08-25). Dans le même sens, au sujet d'un acte de reconnaissance de dette non contesté par le débiteur (TPI Lomé (Togo), ch. civ. et com., n° 292/09, 10-2-2009 : Z. A. c/ Coopérative d'Epargne et de Crédit de l'Administration Publique du Togo – CECAP, Ohadata J-11-15).
Le fait pour la débitrice de solliciter un délai de grâce démontre qu'elle acquiesce plutôt l'existence de la créance, dont la nature contractuelle endossée dans une convention de prêt suffit à rendre compte de la conformité à l'AUPSRVE. En absence de preuve de règlement, l'opposition est mal fondée et la demande de délai de grâce doit être rejetée (TPI Douala-Bonanjo (Cameroun), n° 141/CIV, 9-11-2011 : Sté Systems Organim c/ Sté C.E.C. Cameroun, Ohadata J-12-245).

4° Irrecevabilité d'un moyen soulevé de mauvaise foi

Conformément à l'article 1134 du Code civil selon lequel les conventions légalement formées tiennent lieu de la loi à ceux qui les ont faites et doivent être exécutées de bonne foi, le débiteur qui s'était personnellement engagé par écrit à verser au créancier le prix de vente de véhicules à la société dont le débiteur était représentant doit être condamné au paiement de ladite somme, dès lors que les véhicules vendus ont été livrés (TGI Ouagadougou, n° 443, 19-11-2003 : COBERA c/ Sté BEXPO, Ohadata J-04-324 ; J-04-336).

5° Marché public, découvert bancaire : défaut de paiement du maître d'ouvrage

Le fait pour un débiteur de consentir la domiciliation irrévocable d'un marché à sa banque en échange d'un découvert n'a pas pour effet de le décharger du paiement de sa dette, cette domiciliation n'étant qu'une garantie de recouvrement du créancier. Dès lors le débiteur est mal fondé pour s'opposer à son obligation de remboursement en prétextant le défaut de paiement par le maître d'ouvrage (TGI Ouagadougou, n° 96/2005, 2-8-2005 : D. S. c/ BOA, Ohadata J-07-118).

6° Rejet du défaut d'exécution de son obligation par le fournisseur du débiteur

Dans un contrat commutatif, les obligations du créancier et du débiteur se servent mutuellement de cause. L'obligation du créancier trouve sa cause dans celle du débiteur et non dans celle du tiers fournisseur (du débiteur). Le créancier qui a exécuté son obligation peut légitimement s'attendre à ce que le débiteur exécute la sienne, et ce dernier ne peut tirer argument de l'inexécution par le tiers fournisseur de son obligation pour refuser le remboursement de l'argent qui lui a été avancé. Dès lors, en vertu de l'article 1184, al. 2 du Code civil (Burkinabé), le créancier peut demander l'exécution forcée de l'obligation du débiteur dont l'opposition est mal fondée et doit être rejetée (TGI Ouagadougou, n° 56/2005, 16-2-2005 : SYNATFITEX c/ SOBFI, Ohadata J-07-117).

7° Opposant caution personnelle négligente qui invoque l'organisation par le débiteur de son insolvabilité

Lorsqu'une mise en demeure a été adressée en vain au débiteur principal, l'opposant, qui se savait caution personnelle du débiteur, et qui a vu ce dernier organiser son insolvabilité aurait pu lui-même prendre des précautions, est malvenu pour soutenir qu'il aurait passivement assisté à l'organisation de l'insolvabilité du débiteur principal et son opposition doit être rejetée (TGI Ouagadougou, n° 470/2005, 23-11-2005 : S. M. c/ La PRODIA, Ohadata J-07-109).

B. Défaillance d'une ou des parties

1° Défaillance du débiteur-opposant

a. Existence du défaut

L'opposant est censé avoir renoncé à l'instance lorsque, bien qu'ayant été régulièrement appelé à cette tentative de conciliation, il n'a pas comparu, ni personne pour lui. Il doit donc être condamné au paiement (TGI Ouagadougou, n° 74, 19-2-2003 : K. T. H. c/ L'Entreprise A.P.G., Ohadata J-04-248).

b. Jugement immédiat réputé contradictoire

Lorsque l'opposant ne comparaît pas devant le tribunal statuant sur opposition, le jugement à intervenir est réputé contradictoire contre lui (T. com. Bamako, n° 54, 2-2-2000 : I. K. c/ Sté Marck-SA, Ohadata J-02-43).

c. Obligation de statuer sur la demande de recouvrement

Le tribunal qui a déclaré non avenue l'opposition de l'État tchadien, qui n'a pas comparu à la date d'assignation fixée, sans statuer sur la demande de recouvrement, a violé l'article 12 de l'AUPSRVE. En l'espèce, l'opposition est recevable (CCJA, 3e ch., n° 047/2021, 8-4-2021 : Établissement DEBIBE ARRANGA c/ État tchadien).

2° Défaillance du créancier poursuivant

L'absence du créancier poursuivant à la procédure d'opposition s'analyse en échec de la tentative de conciliation. Lorsque l'absence du créancier est imputable au débiteur pour avoir signifié l'opposition à mairie et non au siège social du créancier, c'est à juste titre qu'il a été statué sur la demande en recouvrement, et le moyen tiré du non-respect de l'article 12 de l'AUPSRVE doit être rejeté (CA Abidjan, n° 323, 16-3-2001 : ESIE c/ SODERCI, Juris-Ohada, n° 1/2004, janv.-mars 2004, p. 44, note Brou Kouakou Mathurin, Ohadata J-04-168).

Le poursuivant n'ayant ni comparu ni été représenté, et n'ayant produit aux débats aucun élément de preuve de la créance dont il poursuit le paiement, le jugement entrepris doit être confirmé en ce qu'il a invalidé l'ordonnance d'injonction de payer rendue (CCJA, 1e ch., nº 018, 11-3-2014 : Sté Camerounaise des Dépôts Pétroliers (SCDP) c/ Ets Constructions Modernes, Ohadata J-15-109).

3º Défaillance des parties

Retrait de l'affaire. Le défaut de diligence des parties qui, renvoyées en audience de conciliation, ne se sont plus jamais présentées ni devant le juge conciliateur ni devant le tribunal où leur cause a régulièrement été citée, doit être considéré comme un désintéressement de leur part justifiant la radiation du dossier du rôle, en application de l'article 318 du Code de procédure civile burkinabé (TGI Ouagadougou, nº 396, 22-10-2003 : K. H. L. c/ S. A., Ohadata J-04-251).

C. Obligation au paiement du débiteur qui ne conteste pas la créance

En cas d'échec de la conciliation, le débiteur qui ne conteste pas la créance doit être condamné à la payer (TGI Ouagadougou, nº 333, 2-7-2003 : PERFECTUM Afrique c/ BOA, Ohadata J-04-252).

D. Condamnation du créancier à payer des dommages-intérêts pour procédure abusive

L'article 75 de l'AUPCAP, ordonne la suspension des poursuites individuelles contre un débiteur déclaré en redressement judiciaire. Le créancier qui a initié deux procédures d'injonction de payer à l'encontre de son débiteur en redressement judiciaire doit être condamné à supporter les dépens et payer à ce dernier des dommages-intérêts, même s'il s'est désisté de son action lors de l'audience d'opposition (TGI Ouagadougou, nº 415/2005, 29-9-2005 : K. I. c/ Banque Internationale du Burkina (BIB), Ohadata J-07-112).

III. Procédure sur l'opposition

A. Examen de la recevabilité de la requête en injonction de payer

L'opposition, qui remet les parties dans l'état antérieur, permet de réexaminer le litige à nouveau et d'apprécier au besoin, la régularité de la procédure. L'article 12 de l'AUPSRVE n'empêche pas le tribunal saisi de l'opposition d'apprécier la régularité formelle de la demande de recouvrement. Lorsque les irrégularités alléguées ne nuisent pas aux intérêts du débiteur, l'exception d'irrecevabilité de la requête initiale soulevée pour violation de l'article 4 de l'AUPSRVE doit être rejetée (TRHC Dakar, nº 855, 26-4-2000 : Sté SOCECORM c/ R. A. et le Greffier en chef, Ohadata J-05-74).

Obs. : voir aussi CA Dakar, civ. et com., 19-12-2002 : A. K. D. c/ B. T., Ohadata J-03-92, et sous l'art. 4.

B. Objet de l'opposition

L'opposition à une injonction de payer a pour objet de saisir la juridiction de la demande initiale en recouvrement et de l'ensemble du litige (TPI Cotonou, 1e ch. civ. et com. moderne, nº 62/03, 18-6-2003 : Sté Groupe G c/ A. C., Ohadata J-05-305). Dans le même sens, voir sous l'art. 14, « Mission du juge saisi sur opposition » (Ohadata J-13-12).

Au sens de l'article 12 de l'AUPSRVE, le juge saisi de l'opposition examine l'ensemble du litige dans les limites de l'action en recouvrement telle qu'initiée par le créancier. En déclarant irrecevables des demandes outrepassant celles contenues dans la requête aux fins d'injonction de payer, le tribunal n'a nullement violé ledit texte (CCJA, 2e ch., nº 220/2021, 23-12-2021 : FTCI SARL c/ Société GCCI-CI).

Il résulte des articles 8 et 12 de l'AUPSRVE que l'opposition saisit la juridiction compétente non seulement de la demande initiale du créancier mais également de l'ensemble du litige d'une part, et d'autre part que ladite juridiction doit rendre sa propre décision sur la demande en recouvrement du créancier. Au regard des éléments du dossier de l'espèce, la créance réclamée d'un montant de 762 995 $ US qui est d'origine contractuelle est certaine, liquide et exigible ; qu'elle remplit ainsi les conditions posées par les articles 1 et 2 de de l'AUPSRVE ; en conséquence, il y a lieu de condamner le débiteur à la payer au créancier (CCJA, 1e ch., nº 062/2021, 8-4-2021 : N. c/ W.).

Dans le même sens, CCJA, 2e ch., nº 153/2023, 29-6-2023.

C. Issue de la procédure

1º Rejet de l'opposition

L'opposition est rejetée :

– lorsque la créance est liquide, certaine et exigible et n'a pas été contestée (TR Niamey, nº 168, 21-5-2003 : Dame M. H. c/ Agence de Voyages SATGURU, Ohadata J-04-82 ; TGI Ouagadougou, nº 145, 26-3-2003 : BPI c/ BCB, Ohadata J-04-238 ; TGI Ouagadougou, nº 289, 11-6-2003 : N. A. c/ O. M., Ohadata J-04-326) ;

– lorsqu'il n'est pas établi soit l'incompétence du tribunal, soit l'inexactitude du montant de la créance, soit l'inexistence de celle-ci (TGI Ouagadougou, nº 182, 16-4-2003 : BANK OF AFRICA c/ O. A., Ohadata J-04-197 ; TGI Ouagadougou, nº 207, 17-4-2003 : Fédération Wend-Yam de Kulkinka c/ T. M., Ohadata J-04-334 ; TGI Ouagadougou, nº 301, 18-6-2003 : N. J. B. c/ Administrateur provisoire du Faso Fani, Ohadata J-04-308 ; TPI Douala Ndokoti, nº 003/Com, 28-10-2004 : Sté EFH c/ CHARITY COMMUNITY HEALTH CENTER, Ohadata J-05-143) ;

– lorsqu'elle est abusive car formée uniquement pour demander un délai et que la créance est reconnue ou incontestable ; la demande de délai n'est pas justifiée (TRHC Dakar, n° 2533, 24-11-2004 : SAGOR DIOP c/LA SDV, Ohadata J-05-129 ; obs. Ndiaw Diouf) ;

Mais il n'y a pas d'abus de la part d'un débiteur qui use des voies de droit en formant opposition à une ordonnance d'injonction de payer. Une simple carence du débiteur dans le paiement de sa dette n'est pas constitutive en elle-même de résistance (TRHC Dakar, 15-12-2004 : T. T. c/ SGBS, Ohadata J-05-132).

– lorsque l'opposant a souscrit l'engagement de rembourser sa dette, mais ne rapporte pas la preuve qu'il s'est déjà libéré de cette obligation ; dans ce cas il doit être condamné au paiement de la somme réclamée (TPI Cotonou, 1e ch. civ. moderne, 2-7-2003 : G. B. c/ D. D. H., Ohadata J-05-303). Dans le même sens, à propos d'un débiteur qui a pris l'engagement de payer dans un délai de deux mois à compter du 7 octobre 2004, alors que la dette était toujours impayée des années plus tard (TPI 1e classe, Lomé (Togo), ch. civ. et com., n° 1747/2009, 19-6-2009 : D. K. T. c/ D. K. P., Ohadata J-11-12) ;

Obs. : bien qu'elle ne l'indique pas, cette décision rendue sur opposition, sanctionne l'opposition dilatoire du débiteur qui n'avait toujours pas honoré son engagement de payer sa dette près de quatre années après avoir pris cet engagement.

– lorsqu'un gérant a reconnu que la société dont il est le représentant légal est débitrice, au même titre que lui-même, d'une somme déterminée envers le créancier poursuivant. Dans ce cas, les dettes sont communes, et le gérant ainsi que la société doivent être solidairement condamnés à les payer (TPI Cotonou, 1e ch. civ. et com. moderne, n° 62/03, 18-6-2003 : Sté GROUPE G c/ A. C., Ohadata J-05-305) ;

– lorsque d'une part, le débiteur opposant ne prouve pas l'illicéité alléguée de ladite créance, et que d'autre part, le créancier prouve sa créance par une reconnaissance de dette enregistrée et une mise en demeure de payer (TPI Dschang, n° 38/Civ/TPI, 10-8-2006 : T. S. c/ Z. J.C, Ohadata J-07-56) ;

– lorsque le débiteur de loyers prétend être devenu propriétaire du local loué par suite d'une vente qui lui aurait été consentie par une personne qui n'était pas le véritable propriétaire du local. En effet, il est de principe constant que l'incertitude et le doute subsistant à la suite de la production d'une preuve doivent nécessairement être retenus au détriment de celui qui avait la charge de cette preuve. Il en résulte que la quittance d'achat d'un immeuble au sujet de laquelle subsiste un doute ne peut servir de preuve irréfutable et doit être écartée des débats. Nul ne pouvant céder plus de droit qu'il n'en possède, la soi-disant vente consentie au débiteur opposant, et qui porte sur l'immeuble n'appartenant pas au prétendu créancier est nulle comme portant sur la chose d'autrui et inopposable à la défenderesse qui en est la véritable propriétaire légitime. À ce titre, elle est fondée à réclamer les loyers au débiteur, demandeur à l'instance en opposition, qui doit être débouté de toutes ses demandes comme mal fondées et condamné à payer à la défenderesse, la somme spécifiée dans l'ordonnance entreprise (TPI Lomé (Togo), civ. et com., n° 5787, 25-11-2010 : M. B. C. c/ H. D. F., Ohadata J-11-93) ;

– lorsque la contestation n'est pas sérieuse. Il en est ainsi lorsque la débitrice ne conteste pas devoir à la créancière des arriérés sur la redevance mensuelle que la débitrice devait payer à la créancière ; le fait d'avoir des problèmes de trésorerie ou d'avoir été victime d'un vol qui engage la responsabilité de sa cocontractante ne peut soustraire la débitrice au paiement de ses redevances contractuelles. Rejet de l'opposition au fond et condamnation de la débitrice au paiement du principal et des intérêts (TPI Abidjan-Plateau, 3e ch. civ. et com. n° 50, 9-1-2010 : L'entreprise le N'zi c/ Sté Basic Security, Juris-Ohada, 2012, n° 3, juill.-sept., p. 31, Ohadata J-13-50).

Le tiers à un engagement doit être mis hors de cause lorsque les sommes dont le paiement lui est réclamé sont dues par une autre personne qu'il a mise en relation avec le créancier. C'est donc à tort que l'ordonnance d'injonction de payer rendue lui a enjoint de payer conjointement avec la véritable débitrice qui a disparue sans régler ses dettes (TPI 1e classe, Lomé (Togo), ch. civ. et com., n° 1222/2009 du 8 mai 2009 : F. A. c/ B. A. F., Ohadata J-11-120).

2° Jugement rendu après échec de la conciliation

Pour une décision ayant réformé le jugement rendu sur opposition, statué à nouveau et condamné le débiteur qui a indûment reçu les fonds réclamés par le créancier, voir : CA Abidjan (Côte d'Ivoire), ch. civ. et com., n° 112, 9-4-2010 : Me Y. K. c/ 1. M. K., 2. C.R.C., Juris-Ohada, n° 2/2011, avr.-juin 2011, p. 27, Ohadata J-12-144.

Doit être infirmé, pour violation de l'article 12 de l'AUPSRVE, le jugement rendu sur opposition qui s'est contenté d'annuler l'ordonnance rendue sur la base des allégations du débiteur et sans prendre en compte les pièces produites par le créancier. Statuant à nouveau, condamnation du débiteur au paiement de la somme initialement retenue dans l'ordonnance (CA Ouagadougou (Burkina Faso), ch. com., n° 77, 5-11-2010 : BICIA-B c/ I. A., Ohadata J-12-180).

3° Discrétion du juge dans la condamnation aux frais exposés non compris dans les dépens

L'allocation de frais exposés non compris dans les dépens n'est qu'une faculté qui relève de l'appréciation discrétionnaire du juge, telle que le stipule expressément l'article 6 nouveau de la loi 28/2004/AN du 8 septembre 2004 portant organisation judiciaire au Burkina Faso selon lequel : « dans toutes les circonstances, le juge, sur demande expresse et motivée, condamne la partie perdante à payer à l'autre partie une somme qu'il détermine au titre des frais exposés et non compris dans les dépens. Il tient compte de l'équité et de la situation économique de la partie condamnée ; Il peut, pour des raisons tirées des mêmes circonstances, dire qu'il n'y a pas lieu à cette condamnation... ». Il s'ensuit que l'allocation desdits frais ne constituant pas une obligation légale pour le juge, il y a lieu de ne pas faire droit à une telle demande (CCJA, 1e ch., n° 121, 31-5-2018 : Onatel SA c/ Fadoul Technibois SA).

Art. 13 [mod.] Celui qui a demandé *l'ordonnance* d'injonction de payer supporte la charge de la preuve de sa créance.

Jurisprudence OHADA

I. Preuve de la créance réclamée

A. Appréciation souveraine de la valeur probante par les juges du fond

L'évaluation de la force probante des éléments de preuve fournis par les parties relève de l'appréciation souveraine du juge du fond (CCJA, 2e ch., n° 207/2020, 25-6-2020 : SOTELMA-SA c/ SPE SARL).

B. Preuve par le créancier demandeur à l'injonction

Il résulte de l'article 13 de l'AUPSRVE que la charge de la preuve de la créance incombe au demandeur à l'injonction de payer (CCJA, 1e ch., n° 031, 2-5-2013 : Cie Française de l'Afrique de l'ouest dite CFAO-C c/ Sté Scierie du Bandama, Rec. jur. CCJA n° 20, vol. 1, janv.-déc. 2013, p. 178-181, Ohadata J-15-31). Elle lui incombe exclusivement et il ne peut être fait grief à une cour d'appel de n'avoir pas porté une appréciation sur la contestation du défendeur (CCJA, 2e ch., n° 10, 27-2-2014 : Sté Générale de Banques au Sénégal dite SGBS c/ Massamba Gueye, Ohadata J-15-101).

Modalités de la preuve. Aux termes de l'article 13 de l'AUPSRVE, la preuve de la créance incombe à la partie en demande de la décision d'injonction de payer. La loi n'indique aucune modalité par laquelle doit être rapportée cette preuve. La créance résultant d'un engagement contractuel, comme l'application de l'article 1134 du Code civil pour justifier la condamnation du débiteur qui n'a pas honoré ses engagements vis-à-vis de la banque en ne se libérant pas des sommes qui lui ont été consenties à titre de prêts, ne fait aucunement obstacle à la procédure d'injonction de payer. Il en est ainsi car cet article consacre le principe de l'opposabilité des conventions en disposant que les conventions légalement formées tiennent lieu de loi à ceux qui les ont faites. Le caractère liquide, certain et exigible de la créance, à l'encontre du débiteur qui n'a pas respecté ses engagements, est avéré pour permettre le déclenchement de la procédure d'injonction de payer. Au surplus, le délai de deux mois donné aux parties au bas du jugement pour faire appel est présenté sous la forme d'un avis et n'a en rien entamé la recevabilité de l'appel, le demandeur n'ayant pas été empêché d'exercer son droit dans les délais légaux (CCJA, ass. plén., n° 072, 25-4-2014 : Diatourou Boureïma c/ Sonibank SA, Ohadata J-15-163).

Rapporte cette preuve la partie qui produit :

– trois reçus relatifs à la livraison des produits [...] et aux frais de transport reconnus et contresignés par l'intimée ; l'exploit de mise en demeure servi à l'intimée indiquant aussi bien le tonnage des produits, que la nature des produits et le montant de la créance (CCJA, n° 22, 17-6-2004 : A. née D. N. C. c/ GVC de LELEDOU 2, Juris-Ohada, n° 3/220, juill.-oct. 2004, p. 21, note. – Rec. jur. CCJA, n° 3, janv.-juin 2004, p. 75, Ohadata J-04-383) ;

– des chèques tirés au profit du défendeur et non encore payés par le requérant ; doit, dès lors, être rejetée l'opposition formée contre l'ordonnance d'injonction de payer prononcée contre le débiteur (TGI de la Mifi, n° 17/CIV, 20-1-2004 : T. A. c/ N. P., Ohadata J-05-140), ou un chèque émis en paiement de la créance, présenté à l'encaissement et revenu impayé pour défaut de provision (CCJA, 2e ch., n° 007, 26-1-2017 : Leyla Hajjar c/ May Feghaly, Ohadata J-17-153, précisant que c'est en méconnaissance des articles 2 de l'AUPSRVE et 13 de l'AUPSRVE qu'une cour d'appel a estimé que « l'appelante n'a pas établi [...] le défaut de paiement pour provision insuffisante ou inexistante du chèque... ». Sur l'évocation et pour les mêmes motifs que ceux ayant entraîné la cassation, tiré de la méconnaissance de l'article 13 de l'AUPSRVE, il y a lieu d'infirmer le jugement initial en toutes ses dispositions et, statuant à nouveau, de rejeter l'opposition soulevée comme étant mal fondée pour rejeter la demande en recouvrement) ;

– un chèque remis par l'opposant à titre de garantie du prêt contracté auprès de son créancier (TGI Ouagadougou, n° 374 bis, 18-6-2003 : O. F. c/ T. I. Ohadata J-04-254) ;

– une reconnaissance de dette se présentant comme un acte sous seing privé ne contenant aucune mention de la présence ou de l'intervention d'un huissier, mais dont le contenu n'est pas équivoque. Par conséquent, le défendeur ne peut valablement arguer de l'inexistence de la créance et l'opposition doit être rejetée (TPI Dschang, n° 24/Civ., 24-6-2004 : T. J. c/ A. T., Ohadata J-07-53) ;

– le relevé du compte ouvert dans ses écritures au nom du débiteur, présentant un solde débiteur de 41 439 900 FCFA, ainsi que le chèque d'un montant de 34 32 400 000 F émis par ce dernier en règlement partiel de cette dette ; l'appel est donc mal fondé et le jugement entrepris sera confirmé (CCJA, 2e ch., n° 138, 7-6-2018 : COULIBALY Abdoulaye c/ Sté Moulins Modernes de Côte d'Ivoire).

S'agissant d'une injonction de payer, la cour d'appel qui s'est fondée sur l'article 13 de l'AUPSRVE pour retenir qu'il ressort de « la facture récapitulative M/LOC/2007 : location de la 966 » que le montant à payer est de 18 200 000 FCFA après déduction de la somme de 9 800 000 FCFA, s'est fondée sur la preuve de la créance rapportée par la créancière et n'a en rien violé la loi (CCJA, 3e ch., n° 095, 1-8-2014 : Sté Sciages et Moulures de Côte d'Ivoire dite SMCI c/ Sté VIPR, Ohadata J-15-186).

Il résulte de la convention des parties que le maître d'œuvre, notifiera par écrit au titulaire du marché, ses observations sur les rapports qui lui seraient présentées, ainsi que son approbation dans le délai d'un mois, et que passé ce délai sans remarque, le rapport sera considéré comme accepté, la dénonciation de ladite convention par le maître d'œuvre n'affectant ni sa validité ni les obligations qui en découlent pour les parties, le maître d'œuvre qui n'a pas exercé ses droits dans le délai prévu par la convention des parties est réputé avoir admis le rapport du titulaire du marché et est donc mal venu à soutenir l'absence du certificat des travaux qu'il avait qualité pour délivrer au regard des rapports à lui soumis. Il s'ensuit qu'en confirmant le jugement rendu sur opposition qui a débouté le créancier de sa demande, alors que le créancier poursuivant avait fait la preuve de sa créance comme l'exige l'article 13 de l'AUPSRVE, et ce, conformément au contrat des parties, la cour d'appel a violé l'article 13 précité, exposant son arrêt à la cassation. Sur l'évocation et pour les mêmes motifs que ceux justifiant la cassation, il convient d'infirmer le jugement entrepris et, statuant à nouveau, de dire le débiteur mal fondé en son opposition et de le condamner à payer le montant de la créance (CCJA, 1e ch., n° 006/2020, 23-1-2020 : M. c/ Port Autonome d'Abidjan dit « PAA »).

C. Preuve indirecte par le débiteur qui n'établit pas l'absence de la créance

Selon l'article 1315 du Code civil, celui qui réclame l'exécution d'une obligation doit la prouver, et réciproquement, celui qui se prétend libéré doit justifier le paiement ou le fait qui a produit l'extinction de son obligation. En outre, et conformément à une règle traditionnelle selon laquelle la charge de la preuve incombe au demandeur, le débiteur qui conteste l'existence de la créance sans prouver ses prétentions doit être condamné au paiement (TGI Ouagadougou, n° 120, 12-3-2003 : G. L. c/ LNBTP, Ohadata J-04-320. Dans le même sens :

– TGI Ouagadougou, n° 442, 11-11-2003 : EXPRESS-SERVICE c/ SOTRADIS, Ohadata J-07-105. TGI Ouagadougou, n° 067, 19-2-2003 : SOGEPER c/ Hage Matériaux, Ohadata J-04-245 ;

– TGI Ouagadougou, n° 52, 19-2-2003 : SOFRAF c/ L'U.A.B. SA, Ohadata J-04-249 ;

– TGI Ouagadougou, n° 248, 21-5-2003 : LES EDITIONS SIDWAYA c/ Sté LEADERS SARL, Ohadata J-04-241 ;

– TGI Ouagadougou, n° 336, 2-7-2003 : Sté GESCO c/ EGCBAT, Ohadata J-04-257 ;

– TGI Ouagadougou, n° 338, 2-7-2003 : Z. X. c/ C. M., Ohadata J-04-258 ;

– TGI Ouagadougou, n° 376, 3-9-2003 : T. R. c/ Ayants droit de feu B. L. N., Ohadata J-04-240).

Selon l'article 25 du Code de procédure civile burkinabé, il incombe à chaque partie de prouver conformément à la loi les faits nécessaires au succès de sa prétention. Il s'ensuit que le débiteur doit être débouté de sa demande de compensation et condamné au paiement lorsqu'il n'établit pas la preuve de sa créance contre le créancier, alors que ce dernier a produit une reconnaissance de dette signée par le débiteur qui a reconnu devoir la somme indiquée (TGI Ouagadougou, n° 508, 31-12-2003 : M. S. c/ G. M. A., Ohadata J-04-323).

En l'absence de la preuve du paiement partiel qu'il allègue, le débiteur doit être condamné au paiement de la somme qu'il a lui-même reconnue dans la sommation de payer qui lui a été servie (TGI Ouagadougou, n° 204, 23-4-2003 : K. A. c/ K. P., Ohadata J-04-352).

L'intimée qui a reconnu sa dette et a fait des propositions de règlement dans la mise en demeure mais qui ne rapporte pas la preuve de son règlement, ne peut valablement contester l'injonction de payer qui lui a été faite (CCJA, n° 22, 17-6-2004 : A. née D. N. C. c/ GVC de LELEDOU 2, Juris-Ohada, n° 3/220, juill.-oct. 2004, p. 21, note. – Rec. jur. CCJA, n° 3, janv.-juin 2004, p. 75, Ohadata J-04-383).

Le débiteur qui prétend s'être libéré de sa dette, sans production des pièces justificatives doit être condamné au paiement lorsque le créancier produit une reconnaissance de dette signée par le débiteur, non contestée par ce dernier et de laquelle il résulte qu'il reste devoir un montant déterminé à son vendeur ; la restitution alléguée par le débiteur, d'une partie du matériel vendu et défectueux est inopérante (TR Thiès 17-1-2001 : L'Oasis de SALY c/ Ets BATISTA, Ohadata J-03-32).

Le débiteur qui conteste la créance en alléguant une fraude sans la démontrer doit être condamnée au paiement lorsque le créancier a produit des bons de commande et de livraison non contestés par le débiteur (TGI Douala, n° 399, 2-4-2003 : ASCENA c/ Sté ATD SARL, Revue Camerounaise de l'Arbitrage n° 24, janv.-mars 2004, p. 17., note Gaston Kenfack-Douajni, Ohadata J-08-163).

Le débiteur qui soutient, sans en rapporter la preuve, que le montant de sa dette est inférieur au montant réclamé par le créancier doit être condamné au paiement de la somme réclamée (CA Bobo-Dioulasso (Burkina Faso), ch. com., n° 07/10, 10-3-2010 : O. M. c/ BICIA-B, Ohadata J-12-119).

C'est à tort que la débitrice, une église, invoquant le faux et l'usurpation de fonction par son ex-employé, conteste être liée par les agissements de ce dernier et devoir une quelconque somme au créancier, dès lors qu'il résulte des productions que les commandes qui sont objet des factures dont le paiement est poursuivi ont été passées par un employé de l'Église, sur papier à en-tête de cette dernière, portant son cachet ; que les matériels commandés ont, en outre, été livrés et réceptionnés dans les locaux de l'Église. Il en est ainsi car le créancier a pu légitimement penser qu'il traitait avec un mandataire agissant dans les limites de ses pouvoirs normaux. L'Église doit en conséquence être déclarée tenue au paiement réclamé, en raison de l'existence d'un mandat apparent. Il échet de la condamner au paiement outre les intérêts de droit (CCJA, 2e ch., n° 204, 23-11-2017 : Église de Jésus-Christ des Saints des Derniers Jours de Côte d'Ivoire c/ Abie Yao Zéphirin).

Il y a lieu d'infirmer partiellement le jugement entrepris en toutes ses dispositions autres que celles relatives à la recevabilité de l'opposition et, statuant au fond, dire que la créance réclamée est certaine, liquide et exigible, dès lors que la débitrice ne rapporte aucune preuve de ses allégations selon lesquelles certains billets d'avion dont le paiement lui est demandé seraient imputables à l'État du Gabon et qui n'apporte non plus aucune preuve d'un paiement fait par l'État ou par elle-même relativement à la somme réclamée. En conséquence, il y a lieu de la condamner à payer à la société créancière la somme de 455 911 029 FCFA (CCJA, 3e ch., n° 206, 23-11-2017 : Pascaline Mferri Bongo Ondimba c/ Mistral Voyages SA).

Il revenait au débiteur, qui a reconnu devoir 441 338 500 FCFA dans un protocole d'accord, de prouver les règlements partiels qu'il invoque au soutien du solde d'un montant de 213 000 000 de FCFA qu'il allègue. N'ayant pas rapporté une telle preuve, c'est à bon droit que le tribunal, prenant en compte les deux règlements effectués par traites, a fixé le montant de la condamnation à 333 828 500 FCFA et le jugement doit être confirmé sur ce point. L'appel incident dont l'auteur n'a formulé aucune demande précise doit être déclaré sans objet (CCJA, 3e ch., n° 082, 29-3-2018 : Sté SOMEF-CI c/ Sté NESTLE Côte d'Ivoire).

Même si la créancière n'a pas fait le point sur les paiements effectués, cela n'empêche pas de connaître le montant de la créance encore due, surtout que le débiteur a produit tous les documents de paiement par lui effectués, qui ne font l'objet d'aucune contestation et dont on retient : neuf millions quatre cents mille (9 400 000) FCFA au titre des loyers consentis et reversés mensuellement pendant un an et sept mois ; trois millions cinq cent mille (3 500 000) FCFA, soit la somme totale de 12 900 000 francs. Des paiements effectués, il reste la somme de 40 000 000 – 12 900 000, soit 27 100 000 FCFA. Cette somme due à la créancière étant certaine, liquide et exigible peut bien être recouvrée par la procédure d'injonction de payer. Il y a donc lieu de rejeter les prétentions du débiteur et de le condamner au paiement de la somme de 27 000 000 FCFA (CCJA, 2e ch., n° 126, 7-6-2018 : KROU Ettien Jean-Paul c/ SIB SA).

D. Admissibilité de moyens nouveaux de preuve du créancier en cas d'opposition du débiteur

En vertu des articles 8 de l'AUPSRVE et 13 de l'AUPSRVE, lorsque le débiteur forme opposition à la décision d'injonction de payer, le créancier peut produire des moyens nouveaux au soutien de sa demande de paiement, tant devant le tribunal saisi que, le cas échéant, devant la cour d'appel. C'est conformément à ces dispositions que la créancière a produit le billet à ordre, à l'effet de conforter la preuve de sa créance dont l'origine contractuelle et les caractères de certitude, de liquidité et d'exigibilité étaient déjà établis. La prescription de ce billet à ordre est alors sans importance et cette seconde branche du moyen unique ne peut prospérer (CCJA, 2e ch., n° 041, 23-3-2017 : REGIA SARL et Anongba Guillaume c/ BNI, Ohadata J-17-188).

II. Défaut de preuve de sa créance par le créancier

A. Principe

Il résulte des articles 13 et 14 de l'AUPSRVE qu'en cas d'opposition régulièrement formée contre une ordonnance d'injonction de payer, celui qui a demandé la décision d'injonction supporte les charges de la preuve de sa créance et que la décision de la juridiction saisie sur opposition se substitue à la décision portant injonction de payer. Par conséquent, le prétendu créancier qui n'a fait valoir aucun moyen de défense, ni produit une pièce à l'appui de la créance dont il se prévaut à l'égard du débiteur, doit être débouté de sa demande de paiement (TRHC Dakar, 12-6-2001 : P. O. S. c/ TINA COMPANY, Ohadata J-04-479, obs. Ndiaw DIOUF).

Obs. : dans cette décision, il est indiqué – sans doute par erreur typographique – que le débiteur « ne conteste pas le principe de la créance en l'espèce ». Si c'est bien le cas, le créancier n'aurait pas dû être débouté de sa demande de paiement pour défaut de preuve puisque la créance n'avait plus à être prouvée.

Dans le même sens, à l'exception de la réserve indiquée dans l'observation ci-dessus :
– TGI du Moungo à Nkongsamba, n° 09/CIV, 6-11-2003 : Succession T. E. c/ W. née D. T., Ohadata J-05-121 ;
– TGI Ouagadougou, n° 119, 12-3-2003 : T. S. S. c/ J. F. R., Ohadata J-04-315 ;
– TRHC Dakar, n° 2753, 15-12-2004 : SETRANS SA c/LA SENEGALAISE DE L'AUTOMOBILE, Ohadata J-05-135 ; obs. Ndiaw Diouf ;
– TPI Abidjan-Plateau (Côte d'Ivoire), n° 166, 16-1-2008 : S. c/ W. épse G., Juris-Ohada, n° 2/2012, p. 43, Ohadata J-12-208, ordonnant la rétractation de l'ordonnance ;
– TPI Douala-Bonanjo (Cameroun), n° 93/COM, 6-7-2011 : Boulangerie Sainte Anne c/ Ets TIBER, Ohadata J-12-223.

Lorsque le créancier ne prouve pas l'intégralité de sa créance, la condamnation du débiteur doit être réduite à hauteur du montant corroboré par les pièces produites par le créancier (TPI Moungo à Nkongsamba, n° 01/CC, 19-10-2004 : Z. E. c/ N. A., Ohadata J-05-120).

Obs. : pour un arrêt ayant retenu que le fait pour la demanderesse de produire une reconnaissance d'une dette d'un montant de 750 673 FCFA ne saurait constituer la preuve irréfragable du fondement de la créance de 64 546 673 FCFA alléguée et ayant débouté le demandeur : CA Littoral (Cameroun), n° 066/C, 16-5-2008 : Sté Cameroun Publi-Expansion SA c/ GDB ; Ohadata J-09-123.

Il appartient au demandeur à la procédure d'injonction de payer de prouver les caractères certain, liquide et exigible de la créance qu'il allègue. En l'espèce, le demandeur produit un contrat du consultant et des factures, ainsi qu'une reconnaissance de dette ; si certains de ces documents sont de nature à établir une relation d'affaires entre les parties susceptible de générer des créances, il reste que leurs énonciations ne permettent pas d'engager la société défenderesse qui ne reconnaît pas les avoir tous établis. En effet, alors que le contrat de consultant est signé du directeur de ladite société et qu'on retrouve le cachet de celle-ci sur certaines factures, la reconnaissance de dette qui porte pourtant le montant précis de la somme réclamée est signée, non pas par le directeur de la société, mais par un directeur administratif non identifié pour permettre le contrôle de sa capacité à engager l'entreprise ; en l'état de ces constatations, il y a lieu pour la cour de juger que le recouvrement ne peut être recherché selon la procédure d'injonction de payer. Il échet d'infirmer le jugement entrepris et de renvoyer le poursuivant à mieux se pourvoir (CCJA, 1e ch., n° 083, 28-3-2019 : THEHOUA AKA Jean c/ Indian Institute of Hardware Technology).

B. Preuves rejetées

1° Facture

Une facture unilatéralement signée de son seul émetteur ne peut suffire à établir une quelconque obligation à l'égard d'un tiers qui ne l'a pas acceptée, même implicitement. Il en est de même d'un croquis de travaux à réaliser qui ne constitue pas en lui-même la preuve que lesdits travaux ont été réalisés. Il s'ensuit que qu'en l'absence de preuve de la créance, la demande de paiement doit être rejetée (TGI Ouagadougou, n° 94, 30-1-2002 : E.C.G.T.A c/ Nagalo Léon, Ohadata J-04-353, voir Ohadata J-04-354).

2° Actes sous seing privé non signés

Des actes sous seing privé qui ne sont pas signés par toutes les parties concernées et qui n'ont pas été établis en autant d'exemplaires que de parties ne peuvent valablement prouver une créance. Il s'ensuit que l'ordonnance d'injonction de payer rendue sur le fondement de ces pièces doit être annulée (TGI Ouagadougou, n° 53, 18-2-2004 : N. M. c/ N. K. J. B., Ohadata J-05-245).

3° Comptes bancaires non arrêtés

De simples relevés de compte bancaires ne peuvent établir, en l'absence de tout arrêté de compte établi contradictoirement entre les parties, la preuve d'une créance bancaire pouvant fonder une injonction de payer (CA Abidjan, ch. civ. et com., n° 885, 30-7-2004 : Bicici c/ Sté Eburnea, Ohadata J-05-331).

Lorsqu'une banque indique simplement dans sa requête aux fins d'injonction de payer, être créancière d'une personne pour 11 966 380 FCFA résultant de « divers concours financiers », sans document véritablement probant, en dehors d'une lettre de réclamation et d'une sommation interpellative en réponse à laquelle l'autre partie aurait reconnu être débiteur de la somme réclamée, et que la banque a précisé dans sa requête qu'après avoir constaté que le débiteur faisait des versements suivant son bon vouloir, elle a procédé à la clôture juridique de son compte le 29 septembre 2009, « rendant ainsi sa créance exigible », c'est à tort que la cour d'appel a confirmé décision qui a validé l'ordonnance d'injonction malgré la forte contestation du prétendu débiteur, exposant son arrêt à la cassation (CCJA, 3e ch., n° 208/2019, 27-6-2019 : K. c/ United Bank for Africa).

III. Preuve de l'inexistence de la créance réclamée

A. Extinction de la créance réclamée

L'ordonnance d'injonction de payer rendue doit être rétractée lorsque la créance ayant entraîné la procédure a déjà été réglée (TPI Mbouda, nº 4/Civ., 15-12-2004 : D. B., Mᵉ T. B. c/ CAPLABAM de Mbouda, le Greffier en chef de Mbouda, Ohadata J-05-114).

B. Nullité de la créance réclamée pour absence ou illicéité de cause

Il est de jurisprudence constante, que la cause de l'obligation de l'emprunteur réside dans la mise à sa disposition des fonds nécessaires à l'acquisition pour laquelle il a contracté l'emprunt. Lorsque le créancier est incapable de prouver la mise à disposition de fonds, ladite obligation est sans cause. Conformément à l'article 1131 du Code civil burkinabé, selon lequel « l'obligation sans cause, ou sur une fausse cause, ou sur une cause illicite, ne peut avoir aucun effet », le jugement attaqué doit être infirmé (CA Ouagadougou, civ. et com., nº 26, 21-3-2003, Ohadata J-04-367).

Le débiteur qui a formé opposition peut développer ses exceptions ou arguer de la nullité de l'injonction de payer pour vice de forme, ou soutenir des moyens de fond. Ainsi, lorsque le débiteur a soutenu des moyens de fond tenant à l'illicéité et l'immoralité de son engagement fondé sur la corruption consistant à exiger de lui le paiement d'une commission avant de lui donner un marché, l'annulation de l'ordonnance d'injonction de payer par le premier juge pour illicéité de la cause doit être confirmée (CA Niamey (Niger), nº 268, 26-10-2001 : A.H. c/ M.S., Ohadata J-10-277).

Obs. : comparer avec la répétition de l'indû pour paiement excédentaire : conformément aux articles 1376 et 1377 du Code civil, le débiteur qui a acquitté sa dette au-delà du montant convenu a le droit de répétition contre le créancier (CA Ouagadougou (Burkina Faso), ch. civ. et com., nº 98, 5-11-2004, Sté SOBFI c/ Sté STPW, Ohadata J-05-230).

IV. Charge de la preuve

Celui qui allègue un fait doit en apporter la preuve. Le destinataire d'une livraison de marchandises et qui allègue n'avoir reçu seulement que deux colis sur les trois envoyés doit être condamné au paiement, dès lors que le créancier expéditeur produit des pièces attestant les différentes livraisons (CA Bobo-Dioulasso, civ. et com., nº 57, 7-4-2003 : Sté BOOBY Market c/ Compagnie Marignane Assistance (Agence de Ouagadougou), Ohadata J-04-189).

Si le créancier ne rapporte pas la preuve de sa créance l'ordonnance d'injonction de payer rendue doit être rétractée lors de l'instance d'opposition (TPI Bafoussam, nº 20/Civ., 28-1-2005 : K. M. c/ Liquidation de l'ex Crédit Agricole, Ohadata J-07-59).

Art. 14 [mod.] *Lorsqu'il y a examen au fond,* la décision de la juridiction *rendue* sur *l'*opposition se substitue à *l'ordonnance* portant injonction de payer.

JURISPRUDENCE OHADA

Obs. : la jurisprudence ci-après concerne principalement l'AUPSRVE du 10 avril 1998 et demeure applicable aux procédures initiées avant l'entrée en vigueur de l'AUPSRVE révisé. Sur les conséquences de l'opposition, en l'absence d'examen au fond, voir sous les art. 16, 16-1 et 17-1 de l'AUPSRVE du 17 octobre 2023 ci-après.

I. Disparition de l'ordonnance d'injonction de payer frappée d'opposition

Il ressort de l'article 14 de l'AUPSRVE que **l'ordonnance d'injonction de payer s'efface définitivement dès lors qu'est rendu un jugement sur opposition.** C'est donc en violation, par leur méconnaissance, des termes et de l'esprit de l'article 14 qu'une cour d'appel a rétracté l'ordonnance portant injonction de payer en cause, alors qu'elle n'avait plus aucune existence juridique du fait de sa substitution par le jugement rendu sur opposition, exposant ainsi son arrêt à la cassation (CCJA, 1ᵉ ch., nº 089, 28-3-2019 : S.I.B c/ Sté IMPAC et KHACHAB Hussein Ali).

Sur le fait que le jugement rendu sur opposition à une ordonnance d'injonction de payer se substitue à l'ordonnance, voir aussi T com. Lubumbashi, nº RAC 1500, 10-5-2017 : Akilimali Selemani c/ FBN Bank DRC SA.

II. Mission du juge saisi sur opposition

Il résulte clairement des articles 12 et 14 de l'AUPSRVE que la procédure d'injonction de payer s'arrête avec l'échec de la tentative de conciliation. L'office du juge saisi de l'opposition, que celle-ci soit fondée ou non, est un jugement contentieux qui se substitue à l'ordonnance. À la manière d'un juge saisi d'une contestation ordinaire, le tribunal statue directement sur le fond. Ainsi, le juge n'avait ni à confirmer l'ordonnance portant injonction de payer, ni à la rétracter. Si la créance était fondée, le juge recevait le créancier en sa demande et rentrait en voie de condamnation contre le débiteur ou bien si la créance n'était pas fondée, il déboutait le demandeur de sa demande en paiement. C'est justement la raison pour laquelle le législateur communautaire a indiqué clairement à l'article 14 précité que la décision de la juridiction saisie sur opposition se substituait à la décision portant injonction de payer. Le juge qui s'est contenté de rétracter simplement en l'ordonnance entreprise n'a pas donné de base légale à sa décision qui doit être infirmée. Statuant à nouveau, la Cour reçoit le créancier en sa demande et condamne le débiteur au paiement (CA Bangui (Centrafrique), ch. civ. et com., n° 178, 10-6-2011 : N. H. c/ M. S., Ohadata J-12-197).

A. Statuer comme juge du fond, contradictoirement et à nouveau

La contestation du montant ne peut être tranchée que par le juge saisi sur l'opposition qui statue comme juge du fond en examinant l'entièreté des pièces du dossier. C'est donc à tort que les juges du fond ont jugé qu'il y a une contestation sérieuse sur le montant de la créance et que celle-ci ne peut être recouvrée par la procédure d'injonction de payer. Pour les mêmes motifs que ceux ayant prévalu à la cassation de l'arrêt, il convient de dire que l'action en réclamation de paiement introduite suivant la procédure d'injonction de payer est fondée, la créance étant certaine, liquide et exigible ; infirmation du jugement entrepris. Les débiteurs doivent être condamnés au paiement de la somme pour laquelle ils se sont engagés mais la demande relative au paiement des intérêts et frais, formulée pour la première fois devant la CCJA, doit être rejetée (CCJA, 3e ch., n° 165, 1-12-2016 : Samir Firzli, Soad Firzli c/ Dagher Roland Habib, Dagher Roland Bechara, Ohadata J-17-105).

La cour d'appel, même en statuant sur l'entier litige, est tenue de se cantonner, dans le cadre de l'injonction de payer, aux conditions d'exercice limitativement énumérées aux articles 1 de l'AUPSRVE et 2 de l'AUPSRVE. En l'espèce, en rejetant la mise en œuvre de la procédure au constat des pièces unilatéralement produites par la créancière et en concluant au défaut de certitude de la créance, la cour d'appel n'a en rien violé l'article 14 de l'AUPSRVE visé au moyen (CCJA, 2e ch., n° 129, 18-5-2017 : « PT COMUNICAÇÕES » SA c/ Côte d'Ivoire TELECOM SA).

Obs. : il était reproché à la cour d'avoir violé l'article 14 en retenant que « les mesures nécessaires pour déterminer de façon éclairée le montant de la créance ne sont pas du ressort du juge de l'opposition » et qu'il y avait lieu dès lors de déclarer que la demande de recouvrement n'était pas éligible à la procédure simplifiée de recouvrement de créance, alors qu'il résulte des dispositions de l'article 14 de l'AUPSRVE, toujours selon le moyen, que le juge de l'opposition est saisi de l'entier litige et a, dès lors, compétence pour ordonner, même dans le cadre de la procédure simplifiée de recouvrement de créance instituée par l'Acte uniforme susvisé, toutes les mesures nécessaires pour déterminer le montant de la créance ; qu'en statuant comme l'a fait, la cour d'appel fait encourir la cassation à sa décision. En rejetant ce moyen, la CCJA maintient implicitement sa jurisprudence selon laquelle il n'appartient pas au juge de l'opposition d'organiser ou d'ordonner une mise en état pour déterminer si la créance est certaine, liquide et exigible (voir sous l'art. 1 à ce sujet).

Le juge saisi de l'opposition à injonction de payer connaît de l'entièreté du litige et rend, en cas d'échec de la tentative de conciliation des parties, une décision qui se substitue à l'ordonnance d'injonction de payer en examinant tous les aspects du litige et, sans méconnaître les caractères de certitude, de liquidité et d'exigibilité de la créance, peut en arrêter le montant au regard des pièces et des textes applicables. En conséquence, l'arrêt qui a fondé sa décision de réformation sur une différence du montant de la créance retenu dans l'ordonnance d'injonction de payer et dans le jugement d'instance a violé les articles 12 et 14 de l'AUPSRVE. Il y a lieu de le casser et d'évoquer sans qu'il y ait besoin d'examiner le premier moyen du pourvoi (CCJA, 3e ch., n° 31, 6-12-2011 : Sté TRIGON ENERGY LTD c/ BU SAHEL (BCS SA), Juris-Ohada, 2011, n° 4, oct.-déc., n° 4, p. 28, Ohadata J-13-12).

Dès l'instant que la décision d'injonction a été attaquée par voie d'opposition, elle perd son caractère de titre exécutoire. Seul le jugement rendu suite à l'acte d'opposition ou l'arrêt rendu, lorsque ledit jugement a été frappé d'appel est exécutoire (CA Niamey (Niger), n° 12, 1-6-2005 : O. K. G., M. A. R. et S. L. c/ ONG ADRI, obs. J. Issa-Sayegh, Ohadata J-09-320).

Il appartient au tribunal saisi de l'opposition de vérifier et au besoin de fixer le montant de la créance au regard des éléments de contestations apportés par le débiteur opposant. C'est donc à tort que le premier juge a ordonné l'apposition de la formule exécutoire sur l'ordonnance d'injonction de payer querellées et sa décision doit être informée (CA Littoral (Cameroun), n° 107/CC, 1-9-2008 : N. E. c/ Sté des entreprises de provenderie et d'élevage du Cameroun, Ohadata J-09-134).

Comme son nom l'indique, la procédure d'injonction de payer n'est pas une procédure contradictoire, mais une simple ordonnance sur requête ayant pour objet d'autoriser le créancier à délivrer une injonction de payer à son débiteur. La décision du juge n'est donc pas un jugement sur le fond et est dépourvue de l'autorité de la chose jugée. Afin de permettre aux parties de contredire l'ordonnance d'injonction de payer, le législateur a prévu le recours à l'opposition qui fait perdre à la procédure d'injonction de payer son caractère unilatéral et devient non seulement une procédure contradictoire mais aboutit aussi à un jugement sur le fond qui se substitue à l'ordonnance d'injonction de payer et qui peut être attaqué par toute voie de recours. C'est donc au juge de l'opposition de trancher le litige en calculant le montant réellement dû et ce sur présentation de pièces justificatives. Le jugement rendu sur opposition qui s'est contenté d'annuler l'ordonnance d'injonction de payer doit donc être infirmé (CA Ouagadougou (Burkina Faso), ch. com., n° 032, 5-6-2009 : B. A. c/ K. I., Ohadata J-10-215 ; CA Bobo-Dioulasso (Burkina Faso), ch. civ. et com., n° 14, 6-3-2006 : SN – SOSUCO c/ K. O. A., Ohadata J-09-396).

Dans le même sens et retenant que l'appel ayant été dirigé contre le jugement rendu sur opposition et non contre l'ordonnance, le juge d'appel ne peut annuler l'ordonnance d'injonction de payer (CA Ouagadougou (Burkina Faso), ch. com., n° 029, 15-5-2009 : K. J. c/ BICIA-B, Ohadata J-10-212).

Obs. : s'il est vrai que la procédure d'appel est dirigée contre le jugement rendu sur opposition à l'ordonnance d'injonction de payer, il n'est pas exact, comme l'indiqua la cour dans la seconde partie de sa décision, que le juge d'appel ne peut annuler l'ordonnance. Dans l'espèce, le jugement a été confirmé dans toutes ses dispositions par la cour d'appel après un réexamen de l'affaire au fond. Si les conditions de l'injonction de payer n'avaient pas été réunies, la cour d'appel n'aurait pas eu d'autre choix que d'infirmer l'ordonnance rendue. Il est donc plus exact de dire qu'une cour d'appel peut annuler une ordonnance d'injonction de payer si l'examen au fond d'une affaire révèle que le juge ayant rendu l'ordonnance et celui qui aura été saisi de l'opposition ont tous erré.

En vertu des dispositions combinées des articles 12, al. 2 et 14 de l'AUPSRVE, l'opposition doit conduire le tribunal à restatuer sur la demande en recouvrement du créancier mais cette fois contradictoirement en présence du débiteur dans le cadre d'une procédure contentieuse ordinaire. En conséquence le juge statuant sur opposition n'a pas à confirmer, annuler ou rétracter l'ordonnance d'injonction de payer mais doit débouter le créancier ou condamner le débiteur. C'est en ce sens que l'article 14 ci-dessus visé prévoit que le jugement rendu sur opposition se substitue à la décision portant injonction de payer, laquelle est donc définitivement anéantie. Le premier juge, en se contentant d'annuler l'ordonnance d'injonction de payer pour violation de l'article 1 de l'AUPSRVE alors qu'il lui était demandé de se prononcer sur les droits des parties par une décision contentieuse a méconnu les textes ci-dessus visés ; il convient dès lors d'infirmer le jugement attaqué et de statuer à nouveau (CA Ouagadougou (Burkina Faso), ch. com., n° 03, 6-2-2009, O. T. T. c/ SOBCA, Ohadata J-12-167).

C'est en violation de l'article 14 de l'AUPSRVE qu'une cour d'appel a rétracté l'ordonnance d'injonction de payer à laquelle s'était déjà substitué le jugement [rendu sur opposition] qui lui était déféré. Mais lorsque la cour d'appel a, par la même occasion, infirmé le jugement rendu sur opposition par des motifs pertinents en retenant que la créance n'était pas certaine et ne pouvait être recouvrée par l'injonction de payer, l'arrêt attaqué doit être cassé, par voie de retranchement, mais seulement en ce qu'il a rétracté l'ordonnance d'injonction de payer querellée (CCJA, n° 043/2009, 30-6-2009 : HANNA INVESTMENT et CO SA c/ BOA-CI, Rec. jur. CCJA n° 13, janv.-juin 2009, p. 157, Ohadata J-10-89).

Impossibilité pour le juge statuant sur l'opposition de restituer ses pleins et entiers effets à l'ordonnance frappée d'opposition ou de la confirmer.

La cour d'appel qui a infirmé un jugement rendu sur opposition et dit que « l'ordonnance d'injonction de payer [...] 2002 produira son entier effet », alors que le jugement qui lui était déféré s'était déjà substitué à ladite ordonnance, a violé l'article 14 de l'AUPSRVE (CCJA, 1e ch., n° 005, 4-2-2010 : BICEC c/ M. Y., Juris-Ohada, n° 2/2010, avr.-juin 2010, p. 12, Ohadata J-11-49, J-12-41).

Selon l'article 9 de l'AUPSRVE, l'opposition à une ordonnance d'injonction de payer est exercée par le débiteur poursuivi dans les conditions prévues aux articles 10 et 11 du même Acte uniforme. Doit être infirmé le jugement d'un juge qui, saisi sur opposition à une injonction de payer, a restitué ses pleins effets à une seconde ordonnance envers laquelle il n'a pas justifié sa saisine (CCJA, 1e ch., n° 121/2020, 9-4-2020 : Banque islamique de Guinée c/ Nana Kourouma Transport SA).

Il y a lieu de relever d'office que la cour d'appel qui, statuant sur appel d'un jugement rendu sur opposition, a annulé l'ordonnance portant injonction de payer, alors qu'il résulte de l'article 14 de l'AUPSRVE que l'ordonnance portant injonction de payer s'efface en présence d'un jugement sur opposition, a violé l'article 14 précité, exposant son arrêt à la cassation. Il en est ainsi car la cour d'appel ne pouvait plus annuler une décision portant injonction qui n'existait plus sur le plan juridique (CCJA, 1e ch., n° 062/2021, 8-4-2021 : N. c/ W.). Dans le même sens, au sujet d'un jugement similaire (CCJA, 2e ch., no 008/2024, 25-1-2024).

C'est en violation de l'article 14 de l'AUPSRVE, relevé d'office par la CCJA, qu'une cour d'appel a, par substitution de motifs, confirmé une ordonnance d'injonction de payer qui n'existait plus sur le plan juridique, exposant son arrêt à la cassation. Il en est ainsi car le jugement dont appel a confirmé l'ordonnance entreprise en toutes ses dispositions, alors qu'il résulte de l'article 14 précité que l'ordonnance portant injonction de payer s'efface en présence d'un jugement sur opposition. Sur l'évocation, et pour les mêmes motifs que ceux ayant entraîné la cassation, il y a lieu d'infirmer le jugement initial et de statuer à nouveau (CCJA, 2e ch., no 153/2023, 29-6-2023).

Il ne peut être reproché à une cour d'appel de manquer de base légale et d'avoir fait une mauvaise application de l'article 8 de l'AUPSRVE dès lors que l'appel était dirigé contre la décision ayant statué sur opposition à une ordonnance d'injonction de payer, décision qui en application de l'article 14 de l'AUDCG s'était substitué à ladite ordonnance et que le premier juge avait retenu que les irrégularités reprochées à l'ordonnance et à sa signification n'étaient pas justifiées (CCJA, 2e ch., no 33, 3-6-2010 : Sté Unitex c/ CFCI Textiles, SA, Juris-Ohada, no 4/2010, oct.-déc., p. 4, Ohadata J-11-77, J-12-32).

La décision de la juridiction saisie sur opposition se substituant à la décision portant injonction de payer, il en résulte :

– que la demande d'apposition de la formule exécutoire ne peut, en cas d'opposition, prospérer (TRHC Dakar, no 2734, 15-12-2004 : West African Airlines c/ Sté Aviation Handling Services, Ohadata J-05-133) ;

– que ce n'est pas l'ordonnance d'injonction de payer qui a été frappée d'opposition et confirmée, mais plutôt la décision rendue sur opposition. Il s'ensuit que le commandement de payer servi sur la base de l'ordonnance d'injonction de payer qui a été contestée et confirmée est nul et de nul effet conformément aux articles 12 et 14, car c'est en violation des articles 12 et 14 de l'AUPSRVE que l'apposition de la formule exécutoire a été sollicitée sur l'ordonnance contestée (TPI Yaoundé, ord. no 485/C, 8-4-2004 : T. B. c/ Épargne Fess Cameroun, Me B. T., Ohadata J-04-415) ;

– que, dès qu'une opposition est formée contre une ordonnance d'injonction de payer, la juridiction saisie n'a plus à s'occuper de l'ordonnance mais plutôt de l'essence même de la demande ; elle doit se pencher sur la nature de la créance à recouvrer et constater ses caractères de certitude, de liquidité et d'exigibilité ; elle vérifie en somme le bien-fondé de la créance et rend un jugement en conséquence qui sera distinct de l'ordonnance d'injonction de payer. Il s'en suit qu'en validant, en l'espèce, l'ordonnance d'injonction de payer, le premier juge a fait une mauvaise application de la loi et sa décision doit être infirmée sur ce point (CA Ouagadougou (Burkina Faso), ch. civ. et com., no 122, 17-12-2004 : M. Z. c/ B.O.A, Ohadata J-05-232) ;

– même si les motifs du jugement sur opposition sont pertinents au regard du caractère certain, liquide et exigible de la créance, la formulation retenue dans ce jugement, consistant à vouloir faire sortir à l'ordonnance d'injonction de payer « son plein et entier effet », est inadéquate au regard des dispositions combinées des articles 12 et 14 de l'AUPSRVE qui prévoient que « **la juridiction saisie sur opposition… statue… par une décision qui aura les effets d'une décision contradictoire [et qui]… se substitue à la décision portant injonction de payer** ». Il convient donc de réformer le jugement entrepris sur ce point et statuant à nouveau, condamner la banque à payer la somme en cause au vendeur (CCJA, 3e ch., no 31, 6-12-2011 : Sté TRIGON ENERGY LTD c/ BU SAHEL (BCS SA), Juris-Ohada, 2011, no 4, oct.-déc., no 4, p. 28, Ohadata J-13-12) ;

– qu'en cas de condamnation du débiteur au paiement, il n'y a pas lieu d'apposer la formule exécutoire sur l'ordonnance d'injonction de payer (TRHC Dakar 17-12-2002 : Sté Alliance c/ Sud Communication, Ohadata J-03-134) ;

– que, lorsque la créance est fondée, il convient de condamner le débiteur à payer à la créancière la somme représentant les causes de l'ordonnance litigieuse et de dire qu'il n'y a pas lieu à apposition de la formule exécutoire sur ladite ordonnance (TPI Douala-Bonanjo (Cameroun), no 37/COM, 16-3-2011 : N. I. c/ FIRST TRUST SA, Greffier en chef du TPI de Douala-Bonanjo, Me N. D., Ohadata J-12-228) ;

– que, lorsque le tribunal statuant sur l'opposition a débouté le débiteur opposant de sa demande au fond, il doit le condamner au paiement de la dette principale ainsi que les intérêts (TPI Abidjan-Plateau, 3e ch. civ. et com. no 50, 9-1-2010 : L'entreprise le N'zi c/ Sté Basic Security, Juris-Ohada, 2012, no 3, juill.-sept., p. 31, Ohadata J-13-50) ;

– que, lorsque le tribunal statuant sur opposition a débouté le débiteur opposant sans condamner ce dernier à payer le montant de la créance telle que précisé dans l'ordonnance d'injonction de payer, il y a lieu [pour la juridiction d'appel] de condamner le débiteur à payer au créancier cette somme outre les intérêts de droit, frais et accessoires (CA Ouagadougou (Burkina Faso), ch. com., no 01, 6-2-2009 : BOA-BF c/ Sté Eau de Roche, Ohadata J-12-165).

Obs. : sur un arrêt ayant infirmé le jugement rendu sur opposition qui avait rétracté l'ordonnance et statuant à nouveau, a condamné le débiteur au paiement de la créance qui remplissait les conditions, voir : CA Ouagadougou (Burkina Faso), ch. com., nº 44, 19-6-2009 : B.O.A. c/ K. H., Ohadata J-12-170.

– que la cour d'appel ayant retenu que « [...] les relevés de comptes bancaires sur lesquels se fonde la [demanderesse] ne sauraient, en l'absence de tout arrêt de compte établi contradictoirement entre les parties, suffire à justifier la réalité ou la certitude de la créance de 581 384 473 FCFA qu'elle réclame à la [défenderesse] ... » pour rendre l'arrêt confirmatif déféré, a exposé son arrêt à la cassation. Cette motivation allant dans le sens du non-fondement de la créance est en nette contrariété avec la décision d'irrecevabilité violant du coup les articles 12 et 14 de l'AUPSRVE. Sur l'évocation, suivant une jurisprudence constante de la CCJA, le passif constaté unilatéralement par une banque, en dehors d'un arrêté de compte contradictoire, ne saurait suffire à donner à la créance contestée les caractères de certitude, de liquidité et d'exigibilité. C'est donc à tort que la procédure d'injonction de payer a été mise en œuvre ; en infirmant le jugement querellé, il échet de rétracter l'ordonnance d'injonction de payer et de renvoyer la demanderesse à mieux se pourvoir (CCJA, 2e ch., nº 016, 27-2-2014 : Banque Internationale pour le Commerce et l'Industrie de la Côte d'ivoire dite BICICI c/ Sté EBURNEA, Ohadata J-15-107) ;

Obs. : il faudrait se rappeler, par rapport à cette décision isolée, que le juge statuant sur l'opposition n'a pas à rétracter l'ordonnance d'injonction de payer qui disparaît dès qu'elle est frappée d'opposition, sauf en cas d'irrecevabilité.

– que c'est en violation de l'article 14 de l'AUPSRVE et de la jurisprudence de la CCJA, qu'une cour d'appel a infirmé un jugement rendu sur opposition à une ordonnance d'injonction de payer et « dit que [l'arrêt d'appel] est substitué à l'ordonnance d'injonction de payer [...] », exposant ainsi son arrêt à la cassation. Sur l'évocation, le débiteur ne contestant pas la nature contractuelle de la créance et n'opposant aux mentions des décharges aucune contestation sérieuse, il y a lieu de conclure à l'existence d'une créance certaine, liquide et exigible au bénéfice de la créancière, d'infirmer le jugement entrepris en toutes ses dispositions et de condamner le débiteur au paiement de la somme de 51 750 000 FCFA réclamée (CCJA, 1e ch., nº 098, 23-7-2015 : Alassane Mamadou DOUCOURE c/ Sté URGAYA SARL, Ohadata J-16-195).

B. Statuer uniquement sur ce qui a été demandé

La cour d'appel qui a statué sur une chose non demandée expose sa décision à la cassation. Tel est le cas lorsque la cour s'est fondée sur un montant inexact pour émettre « un doute sur la certitude de la créance », en retenant notamment « qu'il ressort de la requête aux fins d'injonction de payer et des pièces y jointes figurant au dossier, qu'alors que la [créancière] réclame une créance initiale d'un montant de 24 917 817 FCFA au titre de ses prestations pour des heures supplémentaires, elle produit à titre de justificatif un décompte dont le montant cumulé donne une créance d'un montant de 35 539 804 FCFA, ce qui constitue une incohérence qui est de nature à mettre un doute sur la certitude de la créance ». Sur l'évocation et pour les mêmes motifs que ceux ayant entraîné la cassation, il y a lieu de confirmer le jugement rendu sur opposition qui a condamné le débiteur à payer à la créancière la somme de 16 766 149 FCFA représentant le montant de la créance principale (24 917 617 FCFA) réduite à 16 766 149 FCFA après déduction de la somme de 8 151 468 FCFA payée suite à la sommation (CCJA, 1e ch., nº 127, 18-5-2017 : Sté RMO c/ Sté Afriland First Bank).

C. Motivation insuffisante du juge qui indique ne pas avoir assez de temps

Les juges qui, pour rétracter des ordonnances dont opposition, ont retenu, dans les jugements rendus à la même date, en des termes identiques, que « le sieur [X] a produit à la procédure une pile de pièces pour justifier le règlement de la créance ; que le tribunal ne dispose ni du temps, ni de l'expertise nécessaire pour procéder à une étude détaillée des différentes pièces versées par l'opposant et en conséquence les montants payés ; que seule une expertise comptable ne pouvant être ordonnée dans une procédure d'injonction de payer peut donner les renseignements nécessaires ; que la certitude de la créance est donc en cause » ont exposé leurs jugements à l'infirmation car une telle motivation est légère et insuffisante (CCJA, 3e ch., nº 153, 27-10-2016 : Réseau des Caisses d'Epargne et de Crédit du Mali (Nyèsigiso) c/ Pharmacie Espace-santé (Ibrastou), Moustapha Sidibe, Ohadata J-17-93).

II. Absence d'opposition ou opposition hors délai : autorité de la chose jugée

L'apposition de la formule exécutoire sur une ordonnance d'injonction de payer confère à celle-ci une présomption légale de vérité et de validité (**res judicata pro veritate habetur**) qui demeure, aussi longtemps qu'elle restera apposée sur ce titre, réputé passé en force de chose jugée, fermant ainsi la voie à l'opposition formée par les intimés. Le jugement qui a reçu à tort ladite opposition formée hors délai doit être annulé et, la cour d'appel statuant à nouveau après évocation, doit déclarer l'opposition irrecevable (CA du Littoral (Cameroun), nº 058/C, 15-4-2011 : État du Cameroun c/ Sté Forestière Hazim et Cie et 8 autres, Ohadata J-14-09).

L'application de l'article 14 de l'AUPSRVE suppose que la juridiction compétente ait été mise en situation de statuer sur le fond du litige. L'absence d'opposition à l'injonction de payer comme le fait pour les juges saisis de n'avoir pas statué sur le fond de la contestation pour cause de forclusion des opposants, alors même qu'aucune faute ne peut être reprochée au créancier poursuivant, justifie l'apposition de la formule exécutoire sur l'ordonnance d'injonction de payer ou sur le jugement qui vaut dès lors titre exécutoire, en raison du principe de l'autorité de la chose jugée. La cour d'appel qui s'est fondée sur l'article 14 de l'AUPSRVE pour en déduire que la saisie réalisée a été pratiquée sans titre exécutoire au sens de l'article 33 de l'AUPSRVE a fait une mauvaise interprétation de la loi et son arrêt doit être cassé (CCJA, 3e ch., n° 065/2012, 7-6-2012 : DIAKITE Moussa c/ DIOULO serges, DIOULO Nathalie Constance ; DIOULO Alain Henri et DIOULO Danielle Marie Eugénie, tous ayants droit de Feu DIOULO Emmanuel).

Il ressort de la combinaison des articles 14 et 27 de l'AUPSRVE qu'en l'absence d'opposition ou en cas d'opposition tardive, l'ordonnance d'injonction peut, à la demande du créancier, être revêtue de la formule exécutoire et que, partant, la cour d'appel qui a déclaré l'opposition irrecevable n'a plus à examiner le fond du litige et à répondre aux moyens de fond soulevés. C'est donc en violation des textes précités qu'une cour d'appel a statué sur le fond en prononçant des condamnations au paiement de sommes d'argent contre le créancier après avoir déclaré irrecevable l'opposition, exposant ainsi son arrêt à la cassation (CCJA, 3e ch., n° 052/2021, 8-4-2021 : L. c/ STPM Congo SA).

En cas d'opposition tardive, le débiteur est déchu de son recours et les parties doivent être renvoyées à l'exécution de l'ordonnance d'injonction de restituer (CCJA, 3e ch., n° 052/2021, 8-4-2021 : L. c/ STPM Congo SA).

Art. 15 [mod.] *Sauf dispositions contraires de la loi de chaque État partie,* **la décision rendue sur opposition est susceptible d'appel.**

Le délai d'appel est de *quinze* jours à compter *du prononcé* de *la* décision, *si celle-ci est contradictoire.*

Le délai visé à l'alinéa 2 du présent article court à compter de la signification de la décision, lorsqu'elle est rendue par défaut.

L'appel comme le délai d'appel sont suspensifs. Toutefois le tribunal peut assortir sa décision de l'exécution provisoire.

L'appel est formé par acte extrajudiciaire, signifié à l'autre partie et au greffe de la juridiction qui a rendu la décision.

Le greffier de la juridiction qui a rendu la décision transmet le dossier de la procédure accompagné de l'ensemble des pièces à la juridiction d'appel compétente dans un délai de dix jours à compter de la signification qui lui a été faite de l'acte d'appel.

La juridiction d'appel statue dans un délai de deux mois à compter de la première audience qui ne peut se tenir plus d'un mois à compter de la réception du dossier.

JURISPRUDENCE OHADA

Obs. : en prévoyant, à l'alinéa 1 de l'article 15 révisé de l'AUPSRVE, la possibilité pour les États parties de supprimer par une loi nationale le droit d'interjeter appel contre le jugement rendu sur opposition, le législateur de l'OHADA ne semble avoir précisé nulle part si la mise en œuvre d'une telle suppression ouvrirait droit à un recours direct en cassation contre un tel jugement ou s'il s'agirait d'une suppression absolue de tout recours, y compris la cassation. Dans un cas comme dans l'autre, la mise en œuvre de la suppression du droit d'appel nous semble poser un problème.

En effet, si elle implique un recours direct en cassation, elle introduirait une inégalité des justiciables dans l'espace communautaire, certains ayant un double degré de juridiction dont d'autres seraient privés. Dans une telle hypothèse, le risque le plus regrettable serait d'engorger inutilement la CCJA de certains recours qui n'auraient sans doute pas été formés dès lors que tous les litiges tranchés en appel ne font pas systématiquement l'objet d'un pourvoi en cassation. Le législateur de l'OHADA gagnerait, à notre avis, à limiter les matières dans lesquelles les recours sont directement portés en cassation devant la CCJA, comme c'est déjà le cas en arbitrage (cf. AUA, art. 8, al. 2 et 27, al. 2).

D'autre part, si elle implique une suppression totale de tout recours, le principe du double degré de juridiction serait battu en brèche, ce qui introduirait également une inégalité plus grande entre les justiciables dans l'espace communautaire, certains ayant un double degré de juridiction dont d'autres seraient privés, sans oublier le risque que de graves erreurs de jugement échappent à toute censure des juridictions supérieures.

Il reviendra sans doute à la CCJA de préciser, lorsque l'occasion se présentera à elle, laquelle des deux hypothèses évoquées ci-dessus devrait prévaloir dans l'interprétation de l'article 15, alinéa 1 de l'AUPSRVE. À notre avis, si le droit à l'appel était supprimé dans un État partie comme le permet désormais expressément l'article 15, alinéa 1, il faudrait maintenir la possibilité d'un pourvoi en cassation, conformément à la formule déjà utilisée par la CCJA dans un cas où le tribunal de commerce d'Abidjan avait appliqué la loi organique 2014-424 du 14 juillet 2014 portant création, organisation et fonctionnement des juridictions de commerce de la Côte d'Ivoire lui permettant, dans des conditions qu'elle édicte, de statuer en premier et dernier ressort, indiquant que « dans ce pays membre de l'OHADA, la décision par laquelle une juridiction du premier degré statue en premier et dernier ressort ne remplit pas les conditions pour être contestée par voie d'appel. À ce titre, elle est non susceptible d'appel au sens de l'article 14 du Traité OHADA. L'article 15 de l'AUPSRVE, en évoquant les conditions d'appel telles que définies par la loi nationale de chaque État partie, **ne pose pas un principe d'exclusion systématique d'un pourvoi direct devant CCJA** ; il suffit que les conditions pour relever appel contre la décision concernée, telles que prévues par le droit national de référence, ne soient pas réunies ; tel étant le cas en l'espèce, il échet pour la cour de céans de rejeter l'exception soulevée et de déclarer le recours recevable » (CCJA, 1e ch., nº 085, 28-3-2019 : Sté DEKEL Oil Côte d'Ivoire c/ AHOULOU Amou Hyacinthe). Ainsi, le pourvoi en cassation devrait au moins être maintenu pour les affaires provenant de pays qui auront supprimé le droit à l'appel contre les décisions ayant statué sur l'opposition à une injonction de payer.

Mais, en tout état de cause, il nous semble préférable que la voie de cette possibilité ne fût pas ouverte par le législateur de l'OHADA.

I. Principe de l'appel

La disposition claire et précise de l'article 15 de l'AUPSRVE relativement au délai d'appel ne requiert aucun complément pour s'appliquer adéquatement (CCJA, 2e ch., nº 059/2020, 27-2-2020 : Association du Diocèse de Kindu c/ K.).

A. Impossibilité, pour les législations nationales, de remettre en cause le principe du droit à l'appel consacré par la législation supranationale de l'OHADA

Obs. : à la lumière des observations présentées en début de l'article 15 ci-dessus, il convient de considérer comme caduques, **uniquement dans les pays qui auront supprimé le droit à l'appel contre les décisions rendues sur opposition à une injonction de payer**, les décisions de jurisprudence sous le présent intertitre.

Il résulte de l'article 15 de l'AUPSRVE qu'un jugement rendu sur opposition à une ordonnance d'injonction de payer et confirmant cette ordonnance ne peut faire l'objet d'un pourvoi en cassation (CCJA, nº 2/2002, 10-1-2002 : PMU-MALI c/ M. K., Penant nº 843, avr.-juin 2003, p. 230, Ohadata J-02-24 ; voir commentaire de A. Wahab Berthé dans Ohadata D-02-21).

Dans la procédure d'injonction de payer, toute décision rendue sur opposition est, en application de l'article 15 de l'AUPSRVE, « susceptible d'appel [...] » et ne peut être déférée devant la CCJA qu'à travers la décision de la cour d'appel. C'est donc à tort que le jugement attaqué a été qualifié de dernier ressort et le pourvoi doit être déclaré irrecevable (CCJA, 2e ch., nº 001, 26-1-2017 : ATTILA KOULA SARL c/ STRUBOIS SARL, Ohadata J-17-147) en l'état (CCJA, 3e ch., nº 211, 23-11-2017 : SOTRA SA c/ Sté Resto Plus).

Il y a lieu de soulever d'office, pour violation de l'article 15 de l'AUPSRVE, l'irrecevabilité du pourvoi contre un jugement rendu sur opposition à une ordonnance d'injonction de payer car l'appel est la seule voie de recours prévue par l'article 15 précité contre ce type de jugement nonobstant certaines règles fixées par le droit national, le droit OHADA ayant primauté sur celui-ci (CCJA, 1e ch., nº 193, 9-11-2017 : SAWADOGO Issaka c/ SIDAM).

Dans le même sens et précisant que même si la mention « dans les conditions du droit national de chaque État partie » figurant à l'article 15 de l'AUPSRVE, fait référence à l'organisation judiciaire des États parties, elle n'écarte pas le principe d'appel ainsi consacré. C'est donc en violation de cet article qu'une cour d'appel a déclaré un appel irrecevable au motif que le jugement déféré a été rendu en premier et dernier ressort, exposant ainsi son arrêt à la cassation. Sur l'évocation et pour les mêmes motifs que ceux ayant entraîné la cassation, il y a lieu de déclarer l'appel recevable (CCJA, 3e ch., nº 045, 1-3-2018 : M.A.S SARL c/ O.M.S.E SARL). Voir aussi CCJA, 1e ch., nº 072, 29-3-2018 : Maïmouna Abdoulaye c/ ANPO SARL ; CCJA, 3e ch., nº 207, 23-11-2017 : KODJO Bilé Jean-Claude c/ P.A.A ; CCJA, 2e ch., nº 091, 27-4-2017 : Sté Rockstone Gold c/ Sté Nexon Consulting ;

CCJA, 2e ch., no 127, 7-6-2018 : SOTRA SA c/ Polyclinique Internationale Hôtel Dieu ; CCJA, 2e ch., no 254, 13-12-2018 : SOTRA SA c/ CACOMIAF, SA ; CCJA, 2e ch., no 253, 13-12-2018 : SOTRA SA c/ CACOMIAF, SA.

Il résulte de l'article 15 de l'AUPSRVE que toute décision rendue sur opposition est susceptible d'appel, les « conditions du droit national » ne se rapportant qu'aux modalités qui, en aucune manière, ne peuvent remettre en cause le principe de cette voie de recours. C'est donc à tort qu'un jugement du tribunal de commerce d'Abidjan est déféré à la censure de la cour de céans et le pourvoi est irrecevable (CCJA, 3e ch., no 263, 27-12-2018 : Sté Internationale d'Import-Export c/ Sté Ivoirienne de Matériels et Pièces d'Occasions).

C'est à tort qu'un tribunal a appliqué les dispositions d'une loi organique interne qui permettent au tribunal saisi de statuer en premier et dernier ressort pour tout litige dont la valeur ne dépasse pas un milliard (1 000 000 000) de FCFA, alors qu'aux termes des dispositions de l'article 15 de l'AUPSRVE, la décision rendue sur opposition est toujours susceptible d'appel. Cet appel, même s'il est fait « dans les conditions du droit national de chaque État partie », n'en demeure pas moins une voie de recours ouverte aux justiciables quelle que soit la valeur du litige, les « conditions du droit national de chaque État » se rapportant exclusivement aux spécificités éventuelles prévues dans le droit national concerné comme la forme de l'appel ou les délais de distance qui pourraient s'ajouter au délai légal de trente jours. Ainsi, en statuant en premier et dernier ressort sur opposition en raison d'un taux de compétence, le jugement attaqué a violé l'article 15 de l'AUPSRVE précité, l'article 10 du Traité relatif à l'harmonisation du droit des affaires en Afrique prônant la supranationalité des Actes uniformes et l'article 336 de l'AUPSRVE abrogeant toutes les dispositions relatives aux matières qu'il concerne dans les États parties. Il s'ensuit que l'arrêt déféré doit être cassé, sans qu'il soit besoin de statuer sur le second moyen (CCJA, 1e ch., no 087, 27-4-2017 : Sté Quartz Régie c/ Tagliante Saracino Janine).

B. Courant jurisprudentiel favorable à une limitation de l'appel par la législation de droit interne

Il a récemment été jugé qu'en droit processuel, les décisions non susceptibles d'appel sont notamment celles rendues par les juridictions du premier degré, statuant en premier et dernier ressort, conformément aux lois fixant l'organisation judiciaire du pays concerné, la qualification de la décision entreprise ainsi que le taux du ressort mis en œuvre par lesdites juridictions, étant alors déterminants dans l'orientation des voies de recours ouvertes aux parties. En l'espèce, le tribunal de commerce d'Abidjan a appliqué la loi organique 2014-424 du 14 juillet 2014 portant création, organisation et fonctionnement des juridictions de commerce de la Côte d'Ivoire lui permettant, dans des conditions qu'elle édicte, de statuer en premier et dernier ressort ; dans ce pays membre de l'OHADA, la décision par laquelle une juridiction du premier degré statue en premier et dernier ressort ne remplit pas les conditions pour être contestée par voie d'appel. À ce titre, elle est non susceptible d'appel au sens de l'article 14 du Traité OHADA. L'article 15 de l'AUPSRVE, en évoquant les conditions d'appel telles que définies par la loi nationale de chaque État partie, ne pose pas un principe d'exclusion systématique d'un pourvoi direct devant CCJA ; il suffit que les conditions pour relever appel contre la décision concernée, telles que prévues par le droit national de référence, ne soient pas réunies ; tel étant le cas en l'espèce, il échet pour la cour de céans de rejeter l'exception soulevée et de déclarer le recours recevable (CCJA, 1e ch., no 085, 28-3-2019 : Sté DEKEL Oil Côte d'Ivoire c/ AHOULOU Amou Hyacinthe).

Obs. : voir nos observations additionnelles dans les versions antérieures du présent ouvrage.

C. Opposition sur opposition ne vaut

Le recours contre un jugement rendu sur opposition est l'appel prévu à l'article 15 de l'AUPSRVE et non une seconde opposition. Il s'ensuit qu'en déclarant irrecevable, comme hors délai requis par l'article 10 du même Acte uniforme, une opposition formée le 30 décembre 2008 contre une ordonnance d'injonction de payer signifiée le 15 octobre 2008, la cour d'appel n'a nullement violé les textes visés au moyen (CCJA, 3e ch., no 033/2021, 25-2-2021 : Pro assur SA c/ Établissement MegaOptic).

II. Délai d'appel

A. Primauté de l'AUPSRVE sur les dispositions nationales

Les dispositions de l'article 15 de l'AUPSRVE sont seules applicables pour apprécier la recevabilité de l'appel quant au délai d'appel sans qu'il soit besoin d'appliquer les dispositions des articles 162 et 176 du Code ivoirien de procédure civile, commerciale et administrative qui régissent également cette matière, ou celles de l'article II dudit Acte uniforme qui obligent, entre autres, l'opposant, à peine de déchéance, de servir assignation au créancier à comparaître devant la juridiction compétente à une date fixe qui ne saurait excéder le délai de trente jours à compter de l'opposition afin qu'il soit statué sur celle-ci (CCJA, no 21, 17-6-2004 : SDV-COTE D'IVOIRE c/ Sté RIAL TRADING, Juris-Ohada, no 3/2004, juill.-oct. 2004, p. 11, note Brou Kouakou Mathurin ; Rec. jur. CCJA, no 3, janv.-juin 2004, p. 130 ; Ohadata J-04-382). La cour d'appel qui, pour examiner la recevabilité de l'appel, a visé les dispositions nationales (Code de procédure civile) qui impartissent un délai de dix (10 jours) pour relever appel des jugements de première instance et déclaré irrecevable l'appel intervenu au 22e jour du prononcé de la décision du tribunal, a violé l'article 15 de l'AUPSRVE et exposé son arrêt à la cassation (CCJA, 2e ch. no 110, 22-10-2015 : Sékou Lamine TOUNKARA c/ Sté Générale de Banques en Guinée (SGBG), Ohadata J-16-103). Voir aussi CCJA, 3e ch., no 080, 28-4-2016 : Wayne Summerhayes c/ Sté NABORS DRILLING INTERNATIONAL, Ohadata J-17-28.

Le délai d'appel des jugements rendus sur opposition à une injonction de payer est exclusivement soumis à l'article 15 de l'AUPSRVE (CCJA, 1e ch., no 122/2021, 24-6-2021 : Société Lagune Exploration Afrique SA c/ ORABANK TOGO SA).

Relevé de forclusion non prévu. C'est à tort qu'une cour d'appel a « considér[é] qu'il convient de rappeler que, quant à la fin de non-recevoir soulevée par [le demandeur] et tirée de l'irrecevabilité de l'appel de la [défenderesse], par ordonnance de référé du premier président de la cour d'appel de Conakry, la [défenderesse] a été relevée de forclusion », pour déclarer recevable un appel interjeté hors délai, exposant ainsi son arrêt à la cassation. Il en est ainsi dès lors que ce délai n'est pas concerné par le renvoi au droit national des États parties opéré par le texte, lequel ne prévoit pas le relevé de forclusion (CCJA, 1e ch., no 100, 23-7-2015 : Siaka Majolika DELAMOU c/ TOTAL-GUINEE SA, Ohadata J-16-197).

Même si l'appel prévu à l'article 15 de l'AUPSRVE est fait « dans les conditions du droit national de chaque État », il n'en demeure pas moins une voie de recours ouverte aux plaideurs quelle que soit la valeur du litige, lesdites conditions se rapportant exclusivement aux spécificités éventuelles prévues dans le droit national concerné comme la forme de l'appel ou les délais de distance qui pourraient s'ajouter au délai légal de trente jours. Il en est ainsi dès lors qu'à partir de l'entrée en vigueur de l'AUPSRVE, toutes les dispositions de droit interne relatives aux procédures simplifiées de recouvrement et aux voies d'exécution sont remplacées par celles de cet Acte uniforme et ne peuvent plus s'appliquer. C'est donc en violation des art. 15 et 336 de l'AUPSRVE qu'une cour d'appel a déclaré irrecevable l'appel interjeté contre le jugement sur opposition en raison d'un taux de compétence en dernier ressort du tribunal saisi prévu par les dispositions nationales de procédure civile ; CCJA, 3e ch., no 023/2012, 15-3-2012 : ASSEKE Fiacre c/ FOFANA Siriki ; voir aussi, sur les taux de compétence : CCJA, 3e ch., no 006, 26-2-2015 : Sté Ivoire Coton SA c/ Sté ECOBANK SA, Ohadata J-16-06, jugeant que l'AUPSRVE n'ayant fixé aucun montant plancher pour les affaires devant nécessairement être examinées par le chef de juridiction, les dispositions nationales prévoyant le contraire, en l'espèce les articles 32 et 106 du Code de procédure civile de Côte d'Ivoire, sont contraires à l'Acte uniforme et donc inapplicables en l'espèce).

Obs. : voir sous l'article 336.

Délai d'ordre public. Il résulte de l'article 15 de l'AUPSRV que le délai d'appel d'un jugement rendu à la suite d'une opposition à une ordonnance d'injonction de payer est d'ordre public. En conséquence :

– tout appel effectué au-delà du délai de trente [devenu 15] jours après le prononcé du jugement rendu sur opposition à une ordonnance d'injonction de payer est tardif et donc irrecevable, les conditions de la violation de l'article 15 précité n'ayant aucun effet sur la sanction encourue qui doit être prononcée d'office par la juridiction d'appel. L'arrêt d'appel qui a admis un appel interjeté plus de huit mois après le prononcé de la décision statuant sur l'opposition encourt la cassation sans qu'il soit besoin d'examiner la seconde branche du moyen de cassation. Sur évocation, irrecevabilité de l'appel tardif (CCJA, 1e ch., no 034, 2-5-2013 : KONE IBRAHIM c/ TRAORE ABOU, Rec. jur. CCJA no 20, vol. 1, janv.-déc. 2013, p. 142-145, Ohadata J-15-34) ;

– la cour d'appel qui a déclaré irrecevable comme intervenu hors délai n'a en rien violé l'article 15 de l'AUPSRVE et il s'ensuit que le moyen n'est pas fondé (CCJA, 1e ch., no 075, 14-11-2013 : Sté COCOPACK SARL c/ SEGBA Adama, Ohadata J-15-75) ;

– la cour d'appel saisie se doit de relever d'office l'irrecevabilité d'un appel interjeté hors délai ; à défaut, l'arrêt doit être cassé et sur l'évocation, l'appel déclaré irrecevable (CCJA, 2e ch., no 067, 21-4-2016 : SATP SARL c/ Sté Doumbia Moussa Transport, Ohadata J-17-15).

B. Point de départ

La cour d'appel qui s'est fondée sur une disposition de droit interne pour déclarer recevable l'appel contre une décision rendue sur opposition à une injonction de payer, qui est exclusivement soumis aux dispositions de l'article 15 de l'AUPSRVE en République Démocratique du Congo, a violé les article 10 du Traité OHADA et 15 de l'AUPSRVE, exposant ainsi son arrêt à la cassation. Sur l'évocation et conformément à l'article 15 de l'AUPSRVE précité, l'appel du jugement rendu sur opposition doit être interjeté dans un délai de 30 jours à compter du prononcé de ladite décision ; en l'espèce, l'appel interjeté 58 jours après le prononcé du jugement querellé rendu contradictoirement selon ses propres énonciations faisant foi jusqu'à inscription de faux, est irrecevable pour forclusion (CCJA, 1e ch., 234, 29-11-2018 : Piet Kony Kalondji c/ Services des Entreprises Pétrolières Congolaises (SEP-Congo)).

Il résulte des articles 10 du Traité OHADA et 15 de l'AUPSRVE que dans un État partie à l'OHADA, le délai d'appel contre le jugement sur opposition est de trente jours à compter du prononcé de ladite décision et non, comme le prétend la cour, à compter de sa signification ; le jugement contesté ayant été rendu le 28 mai 2014, l'appel interjeté le 1er août 2014 l'a été hors délai et l'arrêt qui l'a déclaré recevable a donc violé les textes visés au moyen et encourt la cassation. Sur l'évocation et pour les mêmes motifs que ceux ayant entraîné la cassation, il y a lieu de déclarer l'appel irrecevable (CCJA, 1e ch., no 103, 28-3-2019 : Soumaïla GALEDOU c/ G.G.D.S.T SARL).

C. Irrecevabilité de l'appel pour dépassement du délai de trente jours

Obs. : la jurisprudence présentée ci-après demeure applicable par transposition, tout en prenant en compte le nouveau délai de 15 jours pour les affaires qui seront régies par l'AUPSRVE du 17 octobre 2023.

L'appel interjeté plus de 30 jours après le prononcé du jugement rendu sur opposition est irrecevable, conformément à l'article 15 de l'AUPSRVE (CA Centre, no 176/Civ., 4-2-2000 : W. B. A. c/ N. J., Ohadata J-04-205). Dans le même sens :

– CA Bouaké, no 75, 16-5-2001 : Nouvelle SACAR c/ P.A., Juris-Ohada, no 4/2002, oct.-déc. 2002, p. 68, Ohadata J-03-73, Ohadata J-04-115 ;

– CA Bouaké, no 93, 20-6-2001 : Sté L.T c/ A., Juris-Ohada, CNDJ, no 2/2002, avr.-juin 2002, p. 45, note anonyme, Ohadata J-02-103 ;

– CA Centre, no 300/Civ., 19-5-2000 : CEGECAM c/ Sté AGES, Ohadata J-04-206 ; obs. Joseph Issa-Sayegh ;

– CA du Centre, no 469/CIV, 20-8-2003 : CNPS c/ S.C.P. Stanley Mortgage Guarantee (Stanley Howard Junior), Ohadata J-04-198 ;

– CA Abidjan, no 88, 31-5-2000 : CS c/ CNCI, Bulletin Juris-Ohada, no 1/2002, janv.-mars 2002, p. 45, Ohadata J-02-133, note anonyme ;

– CA Bobo-Dioulasso, civ. et com., no 29, 3-3-2002 : G. M. c/ Sté MIDCO – TRADE INTERNATIONAL, Ohadata J-04-192 ;

– CA Centre, no 300/Civ., 19-5-2000 : CEGECAM c/ Sté AGES, Ohadata J-04-206 ; obs. Joseph Issa-Sayegh. Pour une décision de la cour d'appel de Ouagadougou ayant adopté la solution de la cour d'appel d'Abidjan en la matière, voir CA Ouagadougou, civ. et com., no 06, 16-1-2004 : B. O. c/ BRCB et Ayants droit de Feu O. H., Ohadata J-04-356 ; J-04-355 ;

– CA Abidjan, no 411, 5-3-2004 : SAFRECI c/ STCA, Ohadata J-04-491 ; CA Abidjan, no 407, 24-3-2000 : A.K.G. c/ SONARECI, Bulletin Juris-Ohada no 1/2002, janv.-mars 2002, p. 55, Ohadata J-02-136, note anonyme ;

– CA Bobo-Dioulasso (Burkina Faso), ch. civ. et com., no 40, 3-7-2006 : SAPHYTO c/ Services Universels, Ohadata J-10-115 ;

– CA Daloa (Côte d'Ivoire), no 77, 30-3-2005 : CICIV c/ M. F., Ohadata J-09-200 ;

– CA Abidjan (Côte d'Ivoire), 5e ch. civ. et com., no 612, 25-11-2010 : M. D. c/ Sté SDV-CI, Juris-Ohada, no 3/2011, juill.-sept. 2011, p. 23, Ohadata J-12-157) ;

– au sujet de l'appel formé six ou sept mois après le prononcé du jugement (CA Bouaké, no 5, 10-1-2001 : MKC c/ Sté T.N.T, Bulletin Juris-Ohada no 3/2002, juill.-sept. 2002, p. 36, Ohadata J-02-140, note anonyme ; CA Abidjan, no 375, 2-2-2004 : A. K. c/ B. A., Ohadata J-04-499) ;

– au sujet de l'appel formé le 1er septembre 2000 contre un jugement rendu le 31 juillet 2000 sur opposition à une ordonnance d'injonction de payer (CCJA, no 19/2002, 31-10-2002, SOGEFIBAIL c/ H. D., Ohadata J-02-154 ; voir obs. Joseph Issa-Sayegh sur la décision de la C.A. (Ohadata J-02-115) rendue dans la même affaire) ;

– à propos d'un appel interjeté plus de plus de 18 mois après la date de la décision attaquée et cassant l'arrêt ayant admis le contraire (CCJA, no 021/2009, 16-4-2009 : Groupe SAD c/ SIDAM SA, Rec. jur. CCJA no 13, janv.-juin 2009, p. 139, Ohadata J-10-85) ;

– indiquant que c'est à juste titre qu'une cour d'appel a déclaré irrecevable l'appel d'un débiteur à une décision rendue sur opposition à une ordonnance d'injonction de payer, dès lors que le débiteur ne rapporte pas la preuve de la grève des greffiers qui aurait suspendu le délai d'appel à son avantage, en application d'une la loi nationale relative aux grèves perturbant le fonctionnement du service de la justice (CCJA, 1e ch., no 015, 25-3-2010 : Dr A. c/ Ch. des Métiers d'Abobo, Juris-Ohada, no 2/2010, avr.-juin, p. 40, Ohadata J-11-59, J-12-26) ;

– précisant que les **dispositions de l'article 15 de l'AUPSRVE sont d'ordre public** et que les conditions de la violation de l'article 15 précité n'ont aucun effet sur la sanction encourue qui doit être prononcée d'office par la juridiction d'appel. En conséquence, l'arrêt d'appel qui a admis un appel interjeté plus de huit mois après le prononcé de la décision statuant sur l'opposition encourt la cassation sans qu'il soit besoin d'examiner la seconde branche du moyen de cassation. Sur évocation, irrecevabilité de l'appel tardif (CCJA, 1e ch., no 034, 2-5-2013 : KONE IBRAHIM c/ TRAORE ABOU, Rec. jur. CCJA no 20, vol. 1, janv.-déc. 2013, p. 142-145, Ohadata J-15-34) ;

– c'est à juste titre qu'a été déclaré irrecevable l'appel interjeté le 18 décembre 2013 contre un jugement prononcé le 13 novembre 2013, le requérant ne rapportant pas la preuve du prononcé de cette décision à la date du 20 novembre alléguée (CCJA, 2e ch., no 179, 17-12-2015 : État de Côte d'Ivoire c/ N'GUESSAN Kouakou, Ets N'GUESSAN, Ohadata J-16-172).

Absence de déchéance pour défaut d'enrôlement non imputable à l'appelant. La juridiction de jugement n'ayant pas enrôlé l'affaire à la date appropriée pour un motif non imputable à l'appelante, il s'ensuit que l'appelante ne peut être déchue de son appel (CCJA, 1e ch., no 069, 14-11-2013 : DIABY ABOULAYE c/ Cie Française de l'Afrique Occidentale en Côte d'Ivoire dite CFAO-CI, Rec. jur. CCJA no 20, vol. 2, janv.-déc. 2013, p. 39-43, Ohadata J-15-69).

Jugement argué de faux. L'arrêt qui a retenu « qu'il ressort des débats et des pièces du dossier, notamment du procès-verbal de constat d'huissier en date du 30 novembre 2006 que la décision entreprise n'a pas été rendue le 30 septembre 2006, comme le soutient l'intimée ; que le plumitif d'audience de cette date ne porte pas trace du dossier de la procédure ayant donné lieu à cette décision ; qu'il en infère aisément que le jugement dont appel n'a été rendu ni en audience publique, ni à une date indiquée par le juge et connue par les parties au procès... », pour en conclure que « le jugement n'a pas de date » et que « ce jugement sans date certaine n'a pas valablement déclenché le départ du délai d'appel, et la partie lésée peut à tout moment saisir la cour d'appel pour obtenir son annulation », pour déclarer recevable l'appel formé hors délai contre un jugement statuant sur l'opposition, encourt la cassation pour violation de l'article 15 de l'AUPSRVE, violation pouvant être relevée d'office par le juge. Il en est ainsi car les mentions d'un jugement, relatives notamment aux conditions dans lesquelles il a été rendu, font foi jusqu'à inscription de faux et, qu'en l'absence de la mise en œuvre d'une telle procédure conformément à la législation togolaise, les énonciations d'un exploit d'huissier ou du plumitif d'audience ne sauraient leur être utilement opposées. Sur l'évocation, l'appel est irrecevable (CCJA, 1e ch., no 020, 11-3-2014 : Sté AFRIC INDUSTRY SA c/ Sté SITRAPAL SA, Ohadata J-15-111).

C'est par une appréciation souveraine échappant à l'appréciation de la CCJA qu'une cour d'appel, après avoir ordonné une enquête civile sur les circonstances du dépôt d'une déclaration d'appel, a constaté qu'« il résulte de l'ensemble de toutes ces constatations matérielles que la requête d'appel [...] est une mention d'enregistrement antidatée et erronée », avant d'en déduire que l'appel est tardif (CCJA, 1e ch., no 221/2019, 18-7-2019 : Camerounaise des Eaux c/ Fodjo Luc et Établissements Ouest Decor).

Les mentions d'un jugement rendu sur opposition à une injonction de payer relatives notamment aux conditions dans lesquelles il a été rendu, faisant foi jusqu'à inscription de faux, en l'absence de la mise en œuvre d'une telle procédure conformément à la législation nationale applicable, les énonciations d'un procès-verbal de compulsoire dressé par un huissier de justice ne sauraient leur être utilement opposées, d'autant plus que les demandeurs ont, par exploit en date du 23 juin 2017, mentionné qu'ils interjetaient appel contre le jugement RG no 082 du 13 avril 2017. Les dispositions de l'article 15 de l'AUPSRVE relatives au délai d'appel contre un jugement rendu sur opposition à une ordonnance d'injonction de payer étant d'ordre public, la cour d'appel qui a déclaré irrecevable, comme intervenu hors délai, l'appel formé le 23 juin 2017 contre le jugement sur opposition rendu le 13 avril 2017 n'a en rien violé les dispositions visées au moyen qui doit être rejeté (CCJA, 3e ch., no 283/2020, 30-7-2020 : L. et Sté Trading Tim-Ci SARL c/ Baci SA).

D. Conséquence de l'irrecevabilité de l'appel

1° Non-nécessité de statuer sur la demande au fond

La cour d'appel qui a constaté, conformément à l'article 15 de l'AUPSRVE, l'irrecevabilité d'un appel tardif contre un jugement rendu sur opposition n'a pas violé les articles 1 et 2 [devenus 2] du même Acte uniforme fixant les critères de la créance dont le recouvrement peut être poursuivi par cette voie dès lors qu'elle n'avait pas à statuer sur la demande d'injonction de payer (CCJA, 1e ch., no 060, 14-3-2019 : Aboubacar SAVANE c/ Cheick Oumar SACKO).

2° Irrecevabilité de l'appel incident

L'appel incident étant accessoire à un appel principal formé par une partie à laquelle l'intimée elle-même dénie la qualité d'appelant pour n'avoir pas été partie au procès devant le premier juge, il est irrecevable (CCJA, 3e ch., no 126/2023, 25-5-2023).

E. Computation du délai

Obs. : pour une illustration concrète de la computation du délai, voir sous l'article 335. La jurisprudence présentée ci-après demeure applicable par transposition, tout en prenant en compte le nouveau délai de 15 jours pour les affaires qui seront régies par l'AUPSRVE du 17 octobre 2023.

C'est en violation de l'article 15 de l'AUPSRVE qu'une cour d'appel a retenu que « ... l'appel relevé contre ledit jugement le 18/08/2016, soit plus de trente jours à compter de la date de cette décision est irrecevable comme tardif », pour déclarer l'appel irrecevable, dès lors qu'il résulte aussi bien des qualités de l'arrêt lui-même, que des mentions de l'exploit d'huissier du 22 juillet 2016 régulièrement produit, que l'appel a été formé le 22 juillet 2016, soit dans le délai de 30 jours imparti (CCJA, 2e ch., no 138, 7-6-2018 : COULIBALY Abdoulaye c/ Sté Moulins Modernes de Côte d'Ivoire).

Délai non exprimé en mois. Le jugement sur opposition datant du 10 août 2015, la demanderesse disposait, pour exercer son droit d'appel, d'un délai franc de trente jours couvrant, inclusivement, la période allant du mardi 11 août au mercredi 9 septembre 2015. Contrairement aux affirmations de la requérante, le délai d'appel contre un jugement sur opposition à injonction de payer n'est pas exprimé en mois et sa computation ne se fait pas sur la base des dates anniversaires ; dès lors, bien que l'arrêt attaqué énonce que l'appel devait intervenir au plus tard le jeudi 10 septembre 2015, soit le 31e jour après le prononcé du jugement rendu sur opposition, cette erreur n'est pas de nature à justifier sa cassation (CCJA, 1e ch., no 066, 14-3-2019 : Banque Populaire Maroco Centrafricaine c/ Sté Centrafricaine des Télécommunications).

. . . .

III. Autres modalités de l'appel dans les conditions du droit national

A. Appel formalisé par lettre d'avocat adressé au greffe de la juridiction

Hormis le délai d'appel qui reste soumis à la loi communautaire, les autres conditions de l'appel contre une décision rendue sur opposition à injonction de payer sont régies par la législation nationale de chaque État partie. À cet égard, les articles 72 du Code de procédure civile et 73 du Code de procédure civile congolais de procédure civile, commerciale, administrative et financière, d'une part, posent comme principe la déclaration de l'appel au greffe et, d'autre part, permettent l'appel par lettre mais à condition de l'acheminer par La Poste étant donné que l'article 73 impose de se référer au cachet de la poste figurant sur l'enveloppe pour en déterminer la date d'envoi en cas de contestation. En l'espèce, l'appel formalisé dans une lettre d'avocat datée du 4 janvier 2012 et qui a été reçue au greffe du tribunal de commerce de Pointe-Noire le 1er février 2012 est réputé fait à la date de sa réception au greffe, même si ladite lettre est datée du 4 janvier 2012, dès lors que la lettre ne comporte aucun cachet de La Poste. Il s'ensuit que la cour d'appel de Pointe-Noire, en déclarant recevable l'appel de la société défenderesse alors que celui-ci avait été formé le 1er février 2012, soit plusieurs jours après l'expiration du délai prévu par l'article 15 de l'AUPSRVE, lequel avait couru depuis le 21 décembre 2011 et expiré le 21 janvier 2012, a violé ledit texte. En conséquence, l'arrêt attaqué encourt cassation sans qu'il soit nécessaire d'examiner la seconde branche du moyen unique (CCJA, 3e ch., no 080, 28-4-2016 : Wayne Summerhayes c/ Sté NABORS DRILLING INTERNATIONAL, Ohadata J-17-28).

B. Motivation de l'acte d'appel

L'article 15 de l'AUPSRVE exige que le juge d'appel apprécie les conditions de l'appel suivant la loi nationale de chaque État partie. En se reportant aux dispositions du droit interne ivoirien, notamment l'article 164 du Code de procédure civile qui exige que l'acte d'appel soit motivé, pour prononcer l'irrecevabilité de l'appel pour défaut de motifs de l'acte d'appel, la cour d'appel n'a en rien violé l'article 15 de l'AUPSRVE et le moyen doit être rejeté (CCJA, 3e ch., no 102, 2-6-2016 : Sté UNIPESCA IVORY c/ GTCI SARL, Ohadata J-17-43).

C. Notification à l'intimé

En renvoyant aux dispositions du droit interne des États parties au Traité OHADA, l'article 15 de l'AUPSRVE rend applicable en l'espèce les dispositions de la loi ivoirienne réglementant les conditions de l'appel contre les jugements rendus par le juge de l'opposition en matière d'injonction de payer. La loi ivoirienne applicable en l'espèce découle des articles 164 et 166 du Code de procédure civile de Côte d'Ivoire et l'acte d'appel, qui ne contient aucune notification faite à l'intimé, n'est pas conforme aux prescriptions de l'article 15 suscité, le rendant impropre à assurer toutes ses fonctions définies par la loi. En conséquence, l'appel est irrecevable (CCJA, 3e ch., no 187, 29-12-2016 : Sté ivoirienne de gardiennage sécurité Assistance dite LAVEGARDE c/ Sté CLEAN BOR-CI, Ohadata J-17-127).

D. Enrôlement de l'appel

Lorsque l'appel a été formé dans le délai légal et que ses auteurs n'ont pu le faire enrôler à une audience de la cour d'appel pour non-paiement du montant de la provision initialement fixé par la juridiction compétente, c'est par une exacte application de la loi que le président de la cour d'appel a, dans ce contexte, œuvré à l'accès par les appelants à la justice en révisant à la baisse le montant de la provision requise en droit interne camerounais, auquel renvoie l'article 15 de l'AUPSRVE (CCJA, 1e ch., no 255/2020, 16-7-2020 : SGBC c/ GIDP).

E. Irrecevabilité de l'appel non assorti de la production de la décision attaquée comme le prescrit le droit national

L'intimée qui a soulevé *in limine litis* l'irrecevabilité d'un appel dans ses conclusions n'a pas renoncé à cette exception en concluant au fond dans lesdites conclusions, mais anticipé sur son éventuel rejet par la cour qui avait le devoir de s'y prononcer. En prétextant que le fait pour l'intimée de conclure sur le fond emporte sa renonciation à ladite exception, laquelle invoquait de surcroît la violation de l'article 190 du Code de procédure civile et commerciale imposant qu'une expédition du jugement, objet d'appel, soit jointe à la requête relative à ce recours, les juges d'appel ont insuffisamment motivé leur décision et violé la loi, exposant l'arrêt à la cassation de ce seul chef. Sur l'évocation, l'article 15 de l'AUPSRVE dispose que : « La décision rendue sur opposition est susceptible d'appel dans les conditions du droit national de chaqueÉtat partie ». En droit camerounais, l'article 190 alinéa 2 du Code de procédure civile et commerciale dispose qu'« une expédition du jugement frappé d'appel doit être annexée à la requête d'appel » ; les appelants n'ayant pas satisfait à cette condition de recevabilité de l'appel posée par le droit national de référence, leur appel est irrecevable (CCJA, 1e ch., n° 309/2019, 12-12-2019 : Société coopérative d'épargne et crédit Coop-CA c/ SOKASI SARL & S.).

La cour d'appel qui a soulevé d'office l'exception d'irrecevabilité de l'appel tirée de la non-production de l'expédition pour appel, en violation de l'article 66 du Code de procédure civile (de la RDC) qui dispose qu'aucun acte ne sera déclaré recevable si l'appelant ne produit l'expédition régulière de la décision attaquée, le dispositif des conclusions des parties et, le cas échéant, les autres actes de procédure nécessaire pour déterminer l'objet et les motifs de la demande, est restée dans les limites de sa saisine et a fait une juste application des dispositions des différents textes visés au moyen unique (CCJA, 1e ch., n° 163/2020, 14-5-2020 Zimco Metals DRC SARL c/ Exodus Group SARL).

F. Obligation pour la cour d'appel de vérifier la date de prononcé de la décision rendue sur l'opposition

Aux termes de l'article 1er, point B. a. de l'ordonnance 15/015 du 21 mars 2015 fixant les attributions des ministres de la République démocratique du Congo, le ministre de la justice a pour attributions spécifiques entre autres « la défense des intérêts de l'État devant les juridictions nationales, étrangères et internationales ». Il s'ensuit que par cette ordonnance, le ministre de la justice, garde des Sceaux tient du Président de la République le pouvoir de représenter l'État devant les juridictions et n'a donc plus besoin de produire un mandat spécial à cet effet. La procuration spéciale signée par le vice-ministre de la justice, avec la mention « pour le Ministre d'État Ministre de la Justice », conformément à la législation nationale permettant au ministre de la justice de se faire ainsi représenter est valable et le recours formé dans ces conditions est recevable. Le ministre de la justice était dans son rôle de donner mandat aux avocats pour représenter la DGDA, « un service public doté de l'autonomie administrative et financière créé au sein du Ministère ayant les finances dans ses attributions », ainsi que cela ressort des dispositions des articles 1 et 2 du décret 09/43 du 3 décembre 2004 portant création de la Direction générale des douanes et accises ; il y a donc lieu de rejeter les exceptions de nullité et fins de non-recevoir soulevées par la société ESTAGRI SARL et de recevoir conséquemment les mémoires de la DGDA. Les dispositions de l'article 15 de l'AUPSRVE qui fixent le point de départ de l'appel contre la décision rendue sur opposition à l'ordonnance d'injonction de payer sont à rapprocher de celles de l'article 12 du même texte qui prévoient in fine que « si la tentative de conciliation échoue, la juridiction (saisie de l'opposition) statue immédiatement sur la demande même en l'absence du débiteur ayant formé opposition, par une décision qui a les effets d'une décision contradictoire ». Il s'infère de cet article que lorsque le débiteur a assigné le créancier devant la juridiction compétente conformément à l'article 11 du même Acte uniforme, celle-ci procède à une tentative de conciliation et, en cas d'échec, statue immédiatement sur la demande en recouvrement, les parties présentes ou à tout le moins informées de la date de la décision qui aura dès lors les effets d'un jugement contradictoire contre lequel l'article 15 suscité prévoit que le délai d'appel de 30 jours court à compter de cette date portée à la connaissance des parties. Il s'ensuit que dans cette hypothèse, il n'est point besoin d'une signification pour faire courir le délai d'appel. A contrario, si le tribunal ne statue pas immédiatement à la date de l'assignation et après l'échec de tentative de conciliation, il se doit de porter à la connaissance des parties la date retenue pour le prononcé de la décision, faute de quoi celle-ci doit être portée à leur connaissance au moyen d'une signification qui seule fera courir le délai d'appel prévu à l'article 15 de l'Acte uniforme précité. En l'espèce, la cour d'appel qui a retenu, pour déclarer l'appel irrecevable pour tardiveté, que « l'article 15 du droit communautaire sus vanté appuyé d'abondantes jurisprudences en la matière, déroge à l'obligation de signification lorsqu'il dispose *in fine* que "toutefois, le délai d'appel est de trente jours à compter de la date de cette décision" et, d'autre part, "note au regard de la jurisprudence évoquée par l'intimée que le délai court à partir de la date du prononcé soit le 14 juin 2016 et que depuis lors il s'est écoulé plus de trente jours" », sans chercher à savoir si la décision a été rendue à la date prévue dans l'assignation ou à une autre date portée à la connaissance des parties, a violé l'article 15 de l'AUPSRVE, exposant ainsi son arrêt à la cassation (CCJA, 1e ch., n° 011/2020, 23-1-2020 : République démocratique du Congo (RDC) c/ ESTAGRI SARL et deux autres).

Lorsqu'un tribunal saisi de l'opposition avait informé les parties de la date du 30 avril 2016 pour le prononcé du jugement, mais que la demanderesse audit recours avait reçu, le 3 juin 2016, la signification d'un jugement ayant prononcé sa déchéance, c'est en méconnaissance des dispositions protectrices des droits de la défense (tirées des articles 15 de l'AUPSRVE et 43 de la loi 13/011-B du 11 avril 2013, portant organisation, fonctionnement et compétence des juridictions de l'ordre judiciaire en RDC) qu'une cour d'appel a déclaré les appels irrecevables pour forclusion, dans la mesure où le droit national auquel renvoie l'article 15 de l'AUPSRVE implique en l'espèce l'obligation pour la juridiction ayant mis le dossier en délibéré d'indiquer aux parties la date du prononcé de son jugement, lequel intervient au plus tard dans les 30 jours, toute décision contraire devant faire l'objet d'une ordonnance motivée et signifiée aux parties. Ainsi, le délai pour faire appel ne pouvait courir à compter du prononcé du jugement, mais d'un acte ayant pour effet d'informer régulièrement les parties afin de leur permettre d'exercer leur droit de recours ; le jugement ayant été signifié le 3 juin 2016, l'appel du 29 juin 2016 devait être déclaré recevable, de sorte qu'en statuant autrement, la cour a fait encourir la cassation à sa décision. Sur l'évocation, et pour les mêmes motifs que ceux ayant entraîné la cassation, l'appel est recevable (CCJA, 1e ch., n° 129/2020, 30-4-2020 : SNEL SA c/ Estagri SARL).

G. Caractère inopérant de l'erreur matérielle relative à la date de prononcé de la décision rendue sur opposition

La simple erreur matérielle dans l'acte d'appel, sur la date du prononcé de la décision entreprise, par ailleurs constatée et corrigée par un acte d'huissier versé au dossier, ne peut être considérée « comme décisive » et remettant en cause « l'existence d'un appel contre une décision ». En l'espèce, l'appel ayant été interjeté conformément aux dispositions nationales et dans le délai de trente jours prescrit à l'article 15 de l'AUPSRVE est recevable (CCJA, 2e ch., n° 145/2020, 30-4-2020 : Abou Hassanein Import Export c/ Société Générale Tchad).

IV. Rejet de l'appel

A. Inopposabilité du changement de statut

C'est à tort qu'une entité invoque un décret qui modifie sa forme juridique pour se soustraire à ses engagements. En réceptionnant les travaux près d'un mois après le changement de son statut juridique, la nouvelle entité s'est substituée dans les droits et devoirs de l'ancienne structure ; il s'ensuit qu'elle est tenue au paiement du montant réclamé (CA Ouagadougou (Burkina Faso), ch. civ. et com., n° 48, 2-4-2004 : Editions SIDWAYA c/ C.T.S.V, Ohadata J-04-379).

B. Dette épurée en cours de procédure

Le débiteur appelant ayant, en cours de procédure, opéré des règlements partiels jusqu'à épuration de la dette constatée par le jugement querellé, l'appel devient sans objet surtout qu'il avait été interjeté dans le seul but d'obtenir des termes et délais (CA Ouagadougou, ch. civ. et com., n° 64, 7-5-2004, Sté B.P.I & SAWADOGO R. Daniel c/ B.C.B, Ohadata J-04-359 ; voir aussi Ohadata J-04-238).

C. Sanction de la juridiction d'appel qui a appliqué les mauvais textes

Lorsqu'il ressort de l'arrêt attaqué que le litige opposant les parties, tant devant le tribunal que devant la cour d'appel de la même ville, porte sur une procédure d'injonction de payer régie par les dispositions des articles 1er à 18 de l'AUPSRVE, mais que ledit arrêt conclut à la confirmation du jugement querellé sur le fondement des articles 153 et 164 dudit Acte uniforme, régissant la saisie-attribution des créances, en méconnaissance totale des dispositions préappelées, que la cour d'appel n'a ni invoqué ni appliqué en la cause, il y a lieu de relever d'office qu'en statuant comme elle l'a fait, la cour d'appel a violé, par refus d'application, lesdits textes et exposé sa décision à la cassation. Sur l'évocation, l'appelante n'ayant invoqué aucune violation, par le jugement rendu sur opposition à une ordonnance d'injonction de payer, d'une quelconque disposition en rapport avec la procédure d'injonction de payer, il y a lieu de déclarer recevable mais non fondé l'appel interjeté et, en conséquence, de confirmer ledit jugement en toutes ses dispositions (CCJA, 2e ch., n° 038/2022, 24-2-2022 : SUNU Assurances IARD Centrafrique SA c/ BSIC SA).

V. Inapplicabilité de l'article 301 de l'AUPSRVE à l'appel

C'est à tort qu'il est reproché à un arrêt d'avoir reçu l'appel contre un jugement alors que ledit appel ne lui a pas été notifié et que l'acte d'appel ne contenait pas l'exposé des moyens de l'appelant exigé à peine de nullité par l'article 301 de l'AUPSRVE, dès lors que par l'effet de l'article 15 de l'AUPSRVE, l'appel contre un jugement sur opposition est soumis aux conditions du droit national de chaque État partie et n'obéit donc pas aux dispositions de l'article 301 de l'AUPSRVE du même Acte uniforme, plutôt applicables aux décisions judiciaires rendues en matière de saisie immobilière ; il s'ensuit que le moyen est inopérant en sa première branche et celle-ci doit être rejetée (CCJA, 1e ch., n° 057, 14-3-2019 : SPE-SARL c/ SOTELMA SA).

VI. Exécution du jugement en l'absence d'appel

C'est à juste titre qu'un commandement de payer a été signifié à un débiteur qui n'a pas relevé appel du jugement rendu sur opposition à l'ordonnance de payer et qui l'a condamné (TPI Douala Ndokoti, ord. de contentieux d'exécution n° 380, 25-2-2003 : Carros CAM SARL c/ SOFERCO, Ohadata J-04-431).

Obs. : cette décision semble indiquer que le jugement rendu sur opposition a confirmé l'ordonnance d'injonction de payer initiale. Sur la nécessité pour la juridiction statuant sur l'opposition d'évoquer et de statuer à nouveau, voir sous l'art. 14 ci-dessus. Abstraction faite de cette réserve, l'exécution doit effectivement être poursuivie en absence de recours dans le délai prévu.

VII. Autorité de la chose jugée de la décision rendue sur opposition en cas d'irrecevabilité de l'appel ou de non-appel

La décision rendue sur opposition à une injonction de payer étant susceptible d'appel dans un délai de trente jours à compter de sa date, est irrecevable l'appel formé plus de quatre jours après le délai légal prescrit. La cour d'appel qui a déclaré recevable un tel appel a violé l'art. 15 de l'AUPSRVE et son arrêt doit être cassé ; mais l'évocation est dépourvue d'intérêt, le jugement entrepris ayant acquis force de chose jugée (CCJA, 2e ch., n° 3 [date manquante] : K. née D.A.B c/ D.B.E, Juris-Ohada n° 3/2006, p. 8 ; Ohadata J-07-10. NDLR : la date de cette décision est manquante. Voir les références du Juris-Ohada ci-dessus).

Le jugement attaqué ayant été rendu sur l'opposition formée contre une ordonnance d'injonction de payer, il était susceptible d'appel dans un délai de 15 jours à compter de son prononcé, en application de l'article 15 de l'AUPSRVE. La défenderesse ayant produit au dossier un certificat de non-appel délivré par le greffe du tribunal de commerce et non contesté par la partie adverse, il y a lieu de dire que le jugement entrepris est devenu définitif et de faire droit à l'exception d'irrecevabilité pour force de chose jugée (CCJA, 3e ch., n° 163, 13-7-2017 : SOTRA c/ PAA).

VIII. Confirmation de la décision rendue sur opposition en l'absence d'éléments nouveaux

Lorsque les parties ne font que reprendre devant la cour d'appel leurs prétentions et moyens développés en première instance et en l'absence de moyens et de nouveaux éléments de preuves soumis à son appréciation, la Cour estime que le premier juge, par des motifs pertinents a fait une exacte appréciation des faits de la cause et du droit des parties. La décision déférée doit donc être confirmée en toutes ses dispositions (CA Ouagadougou (Burkina Faso), ch. com., n° 23, 15-5-2009 : P. D. V. et EBTPE c/ SGBB, Ohadata J-10-210).

Dans le même sens et confirmant la décision en toutes ses dispositions après avoir retenu le caractère dilatoire de l'appel en l'absence de toute diligence du débiteur qui ne s'est même pas présenté à l'audience : CA Lomé (Togo), n° 034/2006, 23-3-2006 : A. A. Y. c/ H. P., Ohadata J-10-171.

IX. Mission de la juridiction d'appel

A. Vérification de la recevabilité de l'opposition

A omis de statuer sur une demande, exposant son arrêt à la cassation, la cour d'appel qui, statuant à nouveau, après infirmation de la décision qui a déclaré irrecevable l'opposition à une injonction de payer déférée devant elle, a ordonné la rétractation de l'ordonnance d'injonction de payer sans se prononcer sur la recevabilité de l'opposition (CCJA, 2e ch., 193, 25-10-2018 : BICICI c/ FIB-CI SARL, FAKRY Issam).

B. Tentative de conciliation non requise en appel

C'est à tort qu'il est reproché à une cour d'appel d'avoir violé l'article 12 de l'AUPSRVE en ce que, s'étant, par l'effet dévolutif, trouvée saisie de l'intégralité de l'opposition formée contre l'injonction de payer après annulation par arrêt avant dire droit du jugement d'instance, et étant tenue de statuer sur cette opposition de la même manière que si elle était juge du premier degré, elle n'a pas procédé à une tentative de conciliation, alors, selon le moyen, que l'article 12d e l'AUPSRVE de l'Acte uniforme susvisé impose à la juridiction saisie sur opposition, l'usage de cette procédure préalable. Il en est ainsi car si l'article 12 de l'AUPSRVE précité oblige la juridiction saisie sur opposition de procéder à une tentative de conciliation, l'article 15 de l'AUPSRVE qui règlemente la saisine de la juridiction d'appel en matière d'injonction de payer n'impose, en instance d'appel, aucune obligation procédurale de concilier les parties (CCJA, 1e ch., n° 140, 29-6-2017 : Jean-Paul Soppo Priso c/ Les Consorts Ngo Dika).

C. Vérification des conditions de la créance et condamnation, le cas échéant, en statuant à nouveau

La cour d'appel saisie d'une procédure d'injonction de payer n'avait qu'à s'assurer pour entrer en voie de condamnation du débiteur, d'une part, que la créance remplit les conditions de certitude, de liquidité et d'exigibilité prévues à l'article 1 de l'AUPSRVE, et d'autre part, que la créance a une cause contractuelle ou si l'engagement résulte de l'émission ou de l'acceptation de tout effet de commerce, ou d'un chèque dont la provision s'est révélée inexistante ou insuffisante. Contrairement à ce que soutient le débiteur, la cour d'appel n'avait à se prononcer ni sur le mandat de gestion confié au créancier ni sur les conséquences dommageables résultant d'une « mauvaise politique de réapprovisionnement » par le créancier, lesquels relèvent de la compétence du juge du fond et non de celle du juge de la procédure d'injonction de payer. En retenant qu' « il résulte des pièces du dossier que la somme de 18 897 502 FCFA au paiement de laquelle le débiteur a été condamné, a été reconnue par lui dans le document libellé "reconnaissance de dette et plan de remboursement" daté du 11 janvier 2001 et signé par lui, il est mal venu alors à se prévaloir d'une mauvaise exécution du [mandat] reçu par le créancier pour remettre en cause cet engagement ; c'est donc à bon droit que le premier juge l'a condamné au paiement de cette somme au profit de la société LABOREX », la cour d'appel a suffisamment motivé sa décision et n'a en rien violé les textes visés aux moyens, lesquels doivent être rejetés comme non fondés (CCJA, n° 045/2009, 12-11-2009 : D. D. I. c/ Laborex Côte d'Ivoire SA, Rec. jur. CCJA, n° 14, juill.-déc. 2009, p. 13, Ohadata J-10-181).

La cour d'appel qui, après avoir énoncé que « l'appelante [...] n'a jamais reconnu l'existence d'une créance de 140 000 dollars US au profit de la [créancière] et qu'ainsi, les réclamations de cette dernière doivent être examinées par une procédure différente de celle d'injonction de payer », a renvoyé « l'intimée [...] à mieux se pourvoir », s'est méprise sur sa propre compétence, dès lors que statuant sur l'appel interjeté d'un jugement d'opposition, cette opposition liant le contentieux l'obligeait à examiner le fond de la demande de paiement et, par suite, de prononcer une décision de condamnation ou de débouter en fonction des preuves rapportées par le créancier poursuivant ou de celles à décharge offertes par le débiteur poursuivi. Il y a lieu de relever d'office que la cour d'appel a violé le moyen d'ordre public tiré de la violation des règles et principes de compétence régissant la voie de recours de l'appel, singulièrement ceux relatifs à l'effet dévolutif et à l'évocation induits par ladite voie de recours ; en conséquence, il convient de casser l'arrêt attaqué et d'évoquer qu'il soit nécessaire d'examiner le moyen unique (CCJA, 2e ch., n° 047, 16-7-2010 : SNG SA c/ SAFRICOM SA, Juris-Ohada n° 1/2011, janv.-mars 2011, p. 20, Ohadata J-12-95).

Lorsque la créance remplit les conditions prévus par les articles 1 et 2 [devenus 2] de l'AUPSRVE et que le jugement rendu sur opposition a été infirmé, il convient, en **statuant à nouveau,** de condamner le débiteur (CA Ouagadougou (Burkina Faso), ch. com., n° 035, 19-3-2010 : Coris Bank International c/ Sté des Boulangeries 2000, Ohadata J-12-184).

D. Validité de l'arrêt rendu par itératif défaut en cas de défaillance du débiteur opposant

Lorsque l'opposant à une ordonnance d'injonction de payer, bien qu'ayant formé opposition contre le jugement ayant statué sur opposition, n'a ni conclu ni comparu à l'audience, la cour d'appel qui, tirant les conséquences de son absence à l'audience, a justement statué par itératif défaut à son encontre n'a en rien commis les griefs allégués (CCJA, 2e ch., n° 057/2020, 27-2-2020 : O. c/ Ayants droit S.).

....

X. Confirmation de la décision

Le jugement ayant condamné le débiteur doit être confirmé dès lors que ce dernier ne produit aucun élément de nature à détruire les preuves produites par le créancier et desquelles ressortent sans équivoque la signature du débiteur sur les bordereaux de livraison de matériaux de construction par lui commandés auprès de la créancière, et dont les factures n'ont jamais été réglées (CA Centre (Cameroun), n° 216/Civ., 7-5-2010 : E. Gabriel c/ ZAPA SARL, Ohadata J-12-70).

Le jugement querellé relève d'une bonne appréciation des faits et d'une saine application de la loi et doit être confirmé, lorsque la somme réclamée par le créancier est le reliquat d'une somme arrêtée conventionnellement et que la débitrice n'apporte la preuve d'aucun élément permettant une quelconque déduction (CCJA, 2e ch., n° 091, 27-4-2017 : Sté Rockstone Gold c/ Sté Nexon Consulting).

La cour d'appel qui a estimé que le tribunal « a fait, non seulement une lecture parfaite des pièces versées aux débats, mais a donné une saine base juridique à sa décision qui mérite confirmation » a ainsi statué par adoption de motifs et légalement justifié sa décision dès lors que pour rejeter l'opposition et condamner en paiement, le jugement s'est fondé sur un courrier adressé au directeur général de la société créancière, par laquelle la débitrice s'était engagée à régulariser sa situation dans les livres de cette société en établissant un échéancier de paiement, ainsi que sur la correspondance en date du 20 juin 2013, adressée à l'agent d'affaires chargé du recouvrement des primes d'assurances impayées, par laquelle le Directeur général de la débitrice a reconnu la créance réclamée (CCJA, 2e ch., n° 196, 23-11-2017 : SOTRA c/ ASCOMA-CI).

XI. Réparation du préjudice causé au créancier par la résistance du débiteur

La créance étant certaine, liquide et exigible, la résistance opposée par la débitrice pour son règlement intégral revêt un caractère abusif et vexatoire qui a incontestablement causé un préjudice à la créancière en rendant nécessaire les actions en justice. Il convient dès lors de faire droit à la demande, en ramenant toutefois son quantum à la somme plus juste de 50 000 000 GNF (CCJA, 3e ch., nº 140, 7-6-2018 : Ecobank Guinée SA c/ Sté Thiallou).

Obs. : cette condamnation a été accordée dans le cadre d'une assignation au fond en paiement, mais nous semble transposable à une injonction de payer dès lors que le texte ne l'interdit pas.

Section IV • LES SUITES DE L'ORDONNANCE PORTANT INJONCTION DE PAYER

Art. 16 [mod.] En l'absence d'opposition dans les *dix* jours de la signification de *l'ordonnance* portant injonction de payer ou, en cas de désistement du débiteur qui a formé opposition, le créancier peut demander l'apposition de la formule exécutoire sur cette *ordonnance*.

Celle-ci produit tous les effets d'une décision contradictoire et n'est pas susceptible d'appel.

Toutefois, lorsque la formule exécutoire est apposée en application du présent article, alors que l'opposition peut encore être formée conformément à l'article 10 du présent acte uniforme, le débiteur qui forme opposition peut demander la discontinuation des poursuites à la juridiction saisie de l'opposition. Cette juridiction rend sa décision dans un délai de quinze jours à compter du jour de la première audience.

L'huissier ou l'autorité chargée de l'exécution qui diligente l'exécution est mis en cause dans la procédure.

La décision rendue sur la demande de discontinuation des poursuites n'est pas susceptible de recours.

JURISPRUDENCE OHADA

I. Assimilation de l'opposition tardive à l'absence d'opposition

Le recours tardif du débiteur qui n'a pas fait opposition dans les délais équivaut à une absence d'opposition ; dans ce cas, la formule exécutoire doit être apposée sur la décision d'injonction de payer conformément aux dispositions de l'article 16 de l'AUPSRVE (TPI Yaoundé, nº 350/C, 6-3-2003 : Z. N. c/ A. A. A., Me N. R. L., Ohadata J-04-405). Dans le même sens, (High Court of Mezam Holden in Bamenda (Cameroun), Suit nº HCB/PD/LA.98M/09 of 11 December 2012, Ohadata J-13-214).

Obs. : il en est de même en cas de déchéance du débiteur ; voir à l'article 11 sous « conséquences de la déchéance ».

II. Validité d'une opposition non enrôlée

Le désistement procède d'un acte du débiteur ou d'une décision de justice constatant une telle renonciation. Il en résulte qu'une opposition non enrôlée demeure valable si bien que l'apposition de la formule exécutoire sur l'ordonnance d'injonction de payer contestée doit être déclarée nulle (CA Abidjan, ch. civ. et com., nº 725, 29-6-2004 : Sté ETIPACK – CI c/ Sté REGIA, Ohadata J-05-317).

III. Délivrance d'un certificat de non-opposition inopérante en l'absence de signification à personne

En fait de signification, l'article 16 de l'AUPSRVE ayant indiqué qu'« en l'absence d'opposition dans les quinze jours de la signification de la décision portant injonction de payer […], le créancier peut demander l'apposition de la formule exécutoire sur cette décision », sans en préciser le mode, à savoir celle faite à personne ou non, la délivrance d'un certificat de non-opposition ne saurait constituer un obstacle à l'opposition introduite sur le fondement de l'article 10, al. 2 visé au moyen. En l'espèce, l'exploit de signification de l'ordonnance d'injonction de payer servi le 3 mars 2014 au domicile de la débitrice et reçu par un agent non identifié de la sécurité présidentielle n'est pas une signification à personne au sens de l'article 10 de l'AUPSRVE et il s'ensuit que le point de départ du délai de quinze jours prévu à l'article 10 de l'AUPSRVE précité, est le 10 juin 2014, date de la saisie-attribution de créances comme première mesure d'exécution forcée. La débitrice ayant introduit son opposition à la date du 13 juin 2014, il y a lieu, en conséquence, de casser l'arrêt entrepris sans qu'il soit besoin d'examiner le deuxième moyen de cassation. Sur l'évocation et pour les mêmes motifs que ceux ayant conduit à la cassation, il y a lieu de confirmer le jugement entrepris en ce qu'il a déclaré l'opposition recevable (CCJA, 3e ch., n° 206, 23-11-2017 : Pascaline Mferri Bongo Ondimba c/ Mistral Voyages SA).

IV. Relevé de forclusion n'ayant fait l'objet d'aucun recours

L'arrêt de la cour d'appel qui a statué après qu'une décision du président de la cour d'appel ait relevé une partie de sa forclusion, rétractant ainsi l'ordonnance d'injonction de payer revêtue de la formule exécutoire, n'a en rien violé les articles 10 et 16 de l'AUPSRVE et 10 du Traité OHADA, dès lors que la décision du président ayant relevé de la forclusion n'a jamais été querellée (CCJA, 2e ch., n° 192/2020, 28-5-2020 : B. c/ Société BARRY Thierno Issiaga).

JURISPRUDENCE COMPARÉE

France

Recevabilité de la tierce opposition

En cas de fraude du débiteur, la tierce opposition est recevable (Cass. civ. 10-12-1991 : Bull. civ. I p. 227).

Article 16-1 [nouv.] La formule exécutoire est apposée sur l'ordonnance portant injonction de payer lorsque, par une décision non susceptible de recours suspensif :

- l'opposition est déclarée irrecevable ;
- l'acte d'opposition est déclaré nul ;
- la juridiction saisie sur opposition s'est déclarée ou a été déclarée incompétente.

Art. 17 [mod.] La demande tendant à l'apposition de la formule exécutoire est formée au greffe par simple déclaration écrite ou verbale.

L'ordonnance portant injonction de payer est non avenue si la demande du créancier n'a pas été présentée dans les deux mois suivant l'expiration du délai d'opposition ou le désistement du débiteur.

Lorsque le greffier, saisi d'une demande tendant à l'apposition de la formule exécutoire dans les conditions prévues par le présent article, oppose un refus, le demandeur peut saisir, par requête, le président de la juridiction compétente aux fins d'injonction d'apposition de la formule exécutoire. Son ordonnance n'est susceptible d'aucun recours.

Les copies certifiées conformes des documents produits par le créancier et conservés provisoirement au greffe lui sont restituées sur sa demande dès l'opposition ou au moment où *l'ordonnance portant injonction de payer* est revêtue de la formule exécutoire.

JURISPRUDENCE OHADA

Sanction de l'omission de demander l'apposition de la formule exécutoire

Il résulte de l'article 17 de l'AUPSRVE que, faute pour le créancier bénéficiaire d'une ordonnance d'injonction de payer d'avoir demandé l'apposition de la formule exécutoire sur celle-ci dans les deux mois suivant l'expiration du délai d'opposition ou le désistement du débiteur, ladite ordonnance est non avenue. Une cour d'appel qui, statuant sur un moyen tendant à la nullité d'une saisie pour avoir été pratiquée en vertu d'un titre exécutoire devenu caduc, a énoncé « … que le délai de 2 mois imparti par l'article 17 [de l'AUPSRVE], pour demander l'apposition de la formule exécutoire, a couru du 17 décembre 2003 pour prendre fin le 18 février 2004 ; qu'il s'ensuit qu'à la date du 6 avril 2004, date du certificat de non-opposition, pièce indispensable et préalable à l'introduction de la demande d'apposition de la formule exécutoire, l'ordonnance d'injonction de payer était déjà non avenue ; que dès lors, c'est à tort que le premier juge a déclaré l'ordonnance discutée exécutoire », n'a en rien violé l'article 17 précité (CCJA, 1e ch., no 166, 17-12-2015 : Banque Internationale pour l'Afrique de l'Ouest de Côte d'Ivoire, en abrégé BIAO-CI c/ KOUADIO TIACOH épouse AMICHIA, Ohadata J-16-159).

JURISPRUDENCE COMPARÉE

France

Demande anticipée

Le créancier peut à l'avance solliciter du greffier qu'il appose, en l'absence d'opposition dans le délai, la formule exécutoire sur l'ordonnance (Cass. civ. 23-1-1991 : Bull. civ. II p. 13).

Art. 18 [mod.] Il est tenu au greffe de chaque juridiction un registre, coté et paraphé par le président de celle-ci *ou par le juge délégué par lui* et sur lequel sont inscrits les noms, prénoms et domiciles des créanciers et débiteurs, la date de l'injonction de payer ou celle du refus de l'accorder, le montant et la cause de la dette, *les* dates de la délivrance de l'expédition, *de la comparution des parties,* de l'opposition si elle *a été* formée, *du procès-verbal de la tentative de conciliation* et, *le cas échéant,* de la décision rendue sur opposition.

Le registre prévu par l'alinéa 1er du présent article, qui peut également être électronique, comporte les mêmes mentions que sur support papier ; il est tenu selon un procédé technique fiable qui garantit, à tout moment, son accessibilité, son origine et son intégrité.

JURISPRUDENCE OHADA

Absence d'enrôlement imputable au greffe

C'est à tort que la formule exécutoire a été apposée sur une ordonnance d'injonction de payer lorsque le débiteur a formé opposition dans les formes et délai requis et que l'absence d'enrôlement de cette opposition est due à un dysfonctionnement du greffe, qui n'avait pas créé le registre prévu par l'article 18 de l'AUPSRVE. Par conséquent la formule exécutoire doit être rétractée (TPI Cotonou (Bénin), 1e civ., ord. réf. no 176/02, 18-7-2002 : B. A. née M. c/ V. A., Ohadata J-10-09).

• Titre II •

LA PROCÉDURE SIMPLIFIÉE TENDANT À LA DÉLIVRANCE OU À LA RESTITUTION D'UN BIEN MEUBLE DÉTERMINÉ

Art. 19 [mod.] Celui qui se prétend créancier d'une obligation *contractuelle certaine et exigible* de délivrance ou de restitution d'un bien meuble corporel déterminé, peut demander au président de la juridiction compétente d'ordonner cette délivrance ou restitution.

JURISPRUDENCE OHADA

I. Simple faculté pour le créancier

En application des articles 19 et 21 de l'AUPSRVE, la procédure simplifiée tendant à la délivrance ou à la restitution d'un bien meuble déterminé est une faculté offerte au créancier d'une obligation de délivrance ou de restitution d'un bien meuble corporel déterminé, pour demander au Président de la juridiction compétente d'ordonner cette délivrance ou restitution. Le créancier peut donc s'en passer et suivre les voies de droit commun. Le juge de référés puis la cour d'appel, n'ont fait qu'appliquer les dispositions de l'article 10 des conditions générales du contrat de crédit-bail, pour se déclarer compétent et ordonner la restitution du véhicule automobile, objet du contrat de crédit-bail ; il n'ont donc en rien violé ou commis une erreur dans l'application ou l'interprétation des articles 19 et suivants de l'AUPSRVE et le moyen doit être rejeté (CCJA, 1e ch., nº 002, 28-2-2008 : V. c/ BICI-BAIL SA, Juris-Ohada nº 3, juill.-sept. 2008, p. 2, Rec. jur. CCJA, nº 11, janv.-juin 2008, p. 24, Ohadata J-09-37).

Il se déduit de l'article 19 de l'AUPSRVE que le créancier d'une obligation de délivrance ou de restitution d'un bien meuble corporel déterminé, peut valablement choisir de suivre les voies de droit commun. En l'espèce, il est établi que le premier juge et le juge d'appel ont retenu leur compétence en matière de référé sur le fondement des articles 247, 249 et 250 du Code de procédure civile du Sénégal selon lesquels, dans tous les cas où l'existence de l'obligation n'est pas sérieusement contestable, le juge des référés peut ordonner son exécution et, s'il y a lieu, assortir sa décision d'une astreinte, la cour d'appel qui a retenu « qu'au demeurant, les contestations soulevées par la [demanderesse] n'ont aucun caractère sérieux dès lors qu'il est constant que l'acheteur a payé intégralement le prix de la marchandise et que les conditions du droit de rétention dont elle semble, par ailleurs, se prévaloir, ne sont pas réunies, pour absence de la certitude de la créance alléguée », n'a en rien violé les articles 10 du Traité 19 et 22 de l'AUPSRVE visés au moyen. Par là-même, la cour ayant suffisamment caractérisé sa compétence et fait ressortir l'absence de contestation sérieuse dans la cause, il ne saurait lui être fait le grief d'un manque de base légale ou d'un défaut de motif (CCJA, 3e ch., nº 157/2019, 9-5-2019 : Someta S.A. c/ AD Trading SARL).

II. Champ d'application de l'injonction de délivrer

Les termes de l'article 19 de l'AUPSRVE étant de portée générale, c'est à tort qu'il est affirmé que la procédure d'injonction de délivrer ou de restituer n'est ouverte qu'à l'acheteur qui n'a pas été livré ou au déposant qui n'obtient guère restitution de la chose déposée, cette allégation ne reposant sur aucun fondement. C'est donc à juste titre, en l'espèce, que l'appelante a été déboutée de son opposition à injonction de délivrer à l'intimée le véhicule automobile, objet d'un contrat de vente avec nantissement (CA du Littoral (Cameroun), nº 141/CC, 6-6-2011 : Boulangerie-Pâtisserie du Lycée SARL c/ SOCCA SA, Ohadata J-14-01).

III. Irrecevabilité de la demande de restitution

A. Demande ne portant pas sur un meuble corporel

Il résulte des articles 19 et 25 de l'AUPSRVE que la procédure simplifiée tendant à la restitution ou la délivrance d'un bien s'applique seulement lorsqu'il s'agit d'un meuble corporel déterminé. C'est donc à tort que cette procédure simplifiée a été mise en œuvre pour :

– une somme d'argent, qui n'est pas un meuble corporel au sens de l'article 533 du Code civil (CA Daloa, nº 112, 7-5-2003 : FLEG c/ CO PAVA – BIAO Daloa, Juris-Ohada, nº 2/2005, p. 29, Ohadata J-05-363) ;

– des immeubles hypothéqués, cette procédure étant non avenue (CCJA, 2e ch., nº 008/2013, 7-3-2013 : SGBC SA c/ WABO René, Rec. jur. CCJA nº 20, vol. 2, janv-déc. 2013, pp. 5-9, Ohadata J-15-08).

B. Absence de preuve de la créance d'obligation

La demande de restitution d'un véhicule est inappropriée lorsque le demandeur ne prouve pas être créancier d'une obligation de restitution et que l'appelante n'est pas tenue d'une obligation de restitution, au sens de l'article 19 de l'AUPSRVE, le véhicule ayant été acquis par achat (CA Daloa (Côte d'Ivoire), 1e ch. civ. et com., n° 149, 14-6-2006 : Sté ZAMACOM SA c/ K., Juris-Ohada n° 3/2007, p. 44, Ohadata J-08-85).

En présence d'un contrat de vente et non d'un prêt à usage qui appelle la restitution de la chose prêtée, c'est à bon droit que le tribunal saisi sur opposition a prononcé la rétractation de l'ordonnance d'injonction de restituer et sa décision doit être confirmée (CA Bobo-Dioulasso (Burkina Faso), ch. civ. et com., n° 54, 21-5-2007 : F. B. c/ T. F., Ohadata J-09-397).

IV. Exclusivité de la procédure en restitution

Depuis l'entrée en vigueur de l'AUPSRVE, la procédure d'injonction de délivrer instituée par les articles 19 à 27, ainsi qu'en ses articles 9 à 15, auxquels renvoie l'article 26 est exclusive (CCJA, n° 058/2005, 22-12-2005 : UPS SA c/ STPC SARL, Rec. jur. CCJA, n° 6, juin-déc. 2005, p. 87. Juris-Ohada, n° 2/2006, p. 23, Ohadata J-06-45. Voir sous art. 336).

V. Compétence du juge des référés

Le juge des référés est compétent, en vertu de l'article 19 de l'AUPSRVE pour ordonner la restitution de colis perdus durant un transport aérien (CA du Centre, n° 278/Civ., 21-6-2002 : Sté KENYA Airways SA c/ V. D. L., Ohadata J-04-468, Ohadata J-04-430).

• Chapitre I •
LA REQUÊTE

Art. 20 La demande de délivrance ou de restitution est formée par requête déposée ou adressée au greffe de la juridiction compétente du domicile ou du lieu où demeure effectivement le débiteur de l'obligation de délivrance ou de restitution. Les parties peuvent déroger à cette règle de compétence au moyen d'une élection de domicile prévue au contrat.

L'incompétence ne peut être soulevée que par la juridiction saisie de la requête ou par le débiteur lors de l'instance introduite par son opposition.

Jurisprudence OHADA

Exception d'incompétence dilatoire

L'exception d'incompétence doit être rejetée lorsque la juridiction saisie est bien celle où réside le débiteur de l'obligation de restituer (CA Ouagadougou (Burkina Faso), ch. com, n° 008, 18-1-2008 : Colombe du Faso c/ Equip Bail Bénin, Ohadata J-12-127).

Art. 21 [mod.] À peine d'irrecevabilité, la requête contient :

– Les noms, prénoms et domiciles des parties et, pour les personnes morales, leur dénomination, forme et siège social ;

– la désignation précise du bien dont la remise est demandée.

Elle est accompagnée de l'original ou de la copie certifiée conforme de tout document justifiant cette demande.

Jurisprudence OHADA

I. Preuve de la propriété du bien litigieux

Selon l'article 1315, al. 1 du Code civil du Burkina, qui dispose que « celui qui réclame l'exécution d'une obligation doit la prouver », la doctrine qui considère qu'il appartient au créancier ou demandeur de rapporter la preuve de l'existence de l'obligation dont il entend obtenir l'exécution et la jurisprudence qui retient que « l'incertitude et le doute subsistant à la suite de la production d'une preuve doivent nécessairement être retenus au détriment de celui qui avait la charge de la preuve » (Cass. 1e civ. 25-2-1997 : Gaz. Pal. 1997.1.274 ; Cass. soc. 31-1-1962 : Bull. civ. IV n° 105 p. 85 ; Cass. soc. 15-10-1964 :

Bull. civ. IV n° 678 p. 556), les appelants qui allèguent, sans le prouver, que les biens en cause leur appartiennent, doivent être condamnés à les restituer. Confirmation du premier jugement (CA Ouagadougou, civ. et com., n° 03, 16-1-2004 : B. M. et B. F. c/ O. T. F., Ohadata J-04-377).

II. Désignation vague de l'objet de la demande

Lorsque le bien faisant l'objet d'une demande d'injonction de délivrer est un véhicule, sa désignation n'est pas précise lorsqu'elle ne contient pas les caractéristiques techniques dudit véhicule, ni les références de sa plaque d'immatriculation, et se contente d'indiquer le véhicule Mercedes Benz, ce qui confond l'objet avec tout autre véhicule camion Mercedes Benz que posséderait le débiteur. Dès lors, l'opposition à une telle demande est fondée et l'ordonnance rendue doit être annulée pour violation de l'article 21 de l'AUPSRVE (TGI Ouagadougou, n° 219/2005, 27-4-2005 : N. A. c/ T. A., Ohadata J-07-110).

III. Omission de mentions requises

L'exploit de signification est nul et l'ordonnance rendue doit être rétractée lorsque ni la requête ni l'exploit de signification ne comportent pas l'ensemble des mentions requises par les articles 21 (forme et siège social de la société tenue à la délivrance) et 25 de l'AUPSRVE (TPI Douala-Bonanjo (Cameroun), n° 72/COM, 22-10-2008 : BICEC c/ M. N. E., Ohadata J-12-230).

IV. Identification précise du débiteur de la restitution

La requête à fin d'injonction de restituer libellée « [M. C.] de nationalité congolaise, marié représentant légal de la société [X.] en sigle SFK BP 64 Tel 669-73-38 Pointe-Noire à l'honneur de vous exposer » ; « Qu'il est créancier d'une obligation de restitution d'un bien meuble [...] à l'encontre de [A. S.] représentant légal de la société [Y.] située dans l'enceinte du bâtiment [...] » ne vise pas les deux sociétés mentionnées, mais concerne bel et bien les personnes physiques prises en leur qualité de commerçant, à savoir M. C. représentant de la société X. et A. S. représentant de la société Y. Il s'ensuit que l'argument qui tend à faire déclarer l'action irrecevable car dirigée contre une entité dépourvue de la personnalité morale est inopérant, dès lors que l'action était initiée contre le représentant légal, personne physique et non contre la société elle-même (CA Pointe-Noire (Congo), n° 5, 14-4-2009 : A. S. c/ M. C., Ohadata J-13-100).

Obs. : cet arrêt ne vise pas spécifiquement l'art. 21, mais il est applicable. Voir également sous l'art. 121 de l'AUSCGIE.

V. Omission de pièces justificatives requises

C'est à juste titre qu'après avoir constaté que l'acte de « signification [d'une] requête et [d'une] ordonnance d'injonction de restituer » ne portait aucune trace des documents produits par le créancier à l'appui de sa requête, une cour d'appel, qui n'avait pas à effectuer des recherches au greffe du tribunal, a tiré les conséquences de ce constat, a estimé que la requête relative à l'injonction de délivrer n'a pas été accompagnée, en violation de l'article 21 de l'AUPSRVE, de l'original ou de la copie certifiée conforme de tout document justificatif et a décidé de l'irrecevabilité de la demande et, par conséquent, de l'annulation de l'ordonnance (CCJA, 2e ch., n° 184, 8-12-2016 : AND MINING SARL c/ IMPALA TERMINALS DRC SARL, Ohadata J-17-124).

Art. 22 [mod.] Si la juridiction saisie rejette la requête, sa décision est sans recours pour le créancier, sauf à celui-ci à procéder selon les voies de droit commun.

Chapitre II

LA DÉCISION PORTANT INJONCTION DE DÉLIVRER OU DE RESTITUER

Art. 23 [mod.] *Le président de la juridiction compétente ou le juge délégué par lui rend l'ordonnance dans les trois jours de sa saisine.*

Si la demande paraît fondée, le président de la juridiction compétente rend une *ordonnance* au pied de la requête portant injonction de délivrer ou de restituer le bien litigieux.

La requête et la décision d'injonction sont conservées à titre de minute entre les mains du greffier qui en délivre une expédition au demandeur.

Les documents originaux produits à l'appui de la requête sont restitués au demandeur et *leurs* copies certifiées conformes sont conservées au greffe.

JURISPRUDENCE OHADA

Obligation de l'acheteur qui n'a pas payé à restituer après résolution de la vente

Lorsque les parties ont signé une clause de réserve de propriété garantissant le paiement intégral du prix mais ne mettant pas à la charge de l'acheteur une obligation de restituer ou de délivrer sauf au cas où la vente serait résolue, le vendeur doit être débouté de sa demande de restitution en l'absence de résolution de ladite vente (TRHC Thiès 18-12-2002 : EGBER c/ ND INTERNATIONAL, Ohadata J-03-202, obs. J. Issa-Sayegh).

Art. 24 En cas de rejet de la requête, celle-ci et les documents produits sont restitués au requérant.

Art. 25 [mod.] *Une copie certifiée conforme de l'expédition de la requête et de l'ordonnance d'*injonction de délivrer ou de restituer, est signifiée, *à l'initiative du créancier,* par acte extrajudiciaire à celui qui est tenu de la remise.

La signification contient, à peine de nullité, sommation d'avoir, dans un délai de *dix* jours :

– soit à transporter, à ses frais, le bien désigné en un lieu et dans *les conditions indiquées* ;

– soit, si le détenteur du bien a des moyens de défense à faire valoir, à former opposition *par acte extrajudiciaire, faute de quoi la décision rendue sera rendue exécutoire.*

Sous la même sanction, la signification :

– indique le délai dans lequel l'opposition doit être formée, la juridiction devant laquelle elle doit être portée et les formes selon lesquelles elle doit être faite ;

avertit le débiteur qu'il peut prendre connaissance, au greffe de la juridiction compétente dont le président ou le juge délégué par lui a rendu l'ordonnance d'injonction de délivrer ou de restituer, des documents produits par le créancier et, qu'à défaut d'opposition dans le délai indiqué, il ne pourra plus exercer de recours et pourra être contraint par toutes voies de droit à délivrer ou restituer les biens réclamés.

L'ordonnance portant injonction de délivrer ou de restituer est non avenue si elle n'a pas été signifiée dans les trois mois de sa date.

JURISPRUDENCE OHADA

I. Validité de la signification ne mentionnant pas l'obligation de transport en un lieu défini, mention considérée comme non substantielle

La nullité d'un acte de procédure ne peut être prononcée que si une formalité substantielle a été omise ; ce caractère substantiel est attaché dans un acte de procédure à ce qui tient de sa raison d'être et lui est indispensable pour remplir son objet. En application des articles 139, al. 2 et 140, al. 1 du Code de procédure civile, le moyen visant à obtenir l'annulation de l'acte de signification pour violation de la stipulation contractuelle selon laquelle l'acte de signification d'une ordonnance d'injonction de restituer doit contenir expressément sommation au débiteur d'avoir dans les 15 jours, à transporter à ses frais, l'objet de la restitution en un lieu et dans les conditions qu'il indique, doit être rejeté. Par ailleurs, les conventions légalement formées tenant lieu de loi aux parties et devant être exécutées de bonne foi, en présence d'une clause qui le prévoit, la convention des parties doit être annulée et la restitution de l'objet en cause ordonnée, lorsque l'une des parties n'a pas respecté tous ses engagements (TGI Ouagadougou, n° 239, 14-7-2004 : K. S. c/ T. L. B., Ohadata J-05-241).

Obs. : les dispositions du Code de procédure civile du Burkina Faso évoquées (art. 139, al. 2 et 140, al. 1) prévoient respectivement que « constituent des formalités substantielles la signature de l'huissier, la désignation du requérant et du destinataire, la date à laquelle l'acte a été signé, les énonciations relatives à la personne à laquelle l'acte a été remis ou signifié », et que « la nullité ne peut être prononcée qu'à charge par celui qui l'invoque de prouver le préjudice que lui cause l'irrégularité, même lorsqu'il s'agit d'une formalité substantielle ou d'ordre public ».

II. Conséquences du défaut de signification

L'ordonnance de restitution qui n'a pas été régulièrement signifiée est non avenue. Elle n'a pas existé, n'a pu donner lieu à aucune exécution et n'a pu faire courir aucun délai contre les appelants, qui sont recevables à contester la saisie opérée sur le bien litigieux (CA Abidjan (Côte d'Ivoire), 4e ch. civ. et com., n° 519, 13-5-2005 : O. et Mission du Cèdre de Côte d'Ivoire c/ K, Juris-Ohada 1/2007, p. 36, Ohadata J-08-71).

Chapitre III

LES EFFETS DE LA DÉCISION PORTANT INJONCTION DE DÉLIVRER OU DE RESTITUER

Art. 26 [mod.] L'opposition contre *l'ordonnance* d'injonction de délivrer ou de restituer est soumise aux dispositions des articles 9 à 15 du présent Acte uniforme.

Art. 27 [mod.] En l'absence d'opposition dans le délai prescrit à l'article 16 *du présent acte uniforme ou en cas de désistement du débiteur*, le requérant peut demander au *greffe* de la juridiction compétente l'apposition de la formule exécutoire sur la décision.

Les *dispositions des articles 16 à 18 du présent acte uniforme* sont *applicables à la procédure d'injonction de délivrer ou de restituer*.

• Livre II •

LES VOIES D'EXÉCUTION

• Titre I •

LES DISPOSITIONS GÉNÉRALES

Art. 28 [mod.] À défaut d'exécution volontaire, tout créancier peut, quelle que soit la nature de sa créance, dans les conditions prévues par le présent Acte uniforme, *pratiquer une saisie pour* contraindre son débiteur défaillant à exécuter ses obligations à son égard ou pratiquer une mesure conservatoire pour assurer la sauvegarde de ses droits.

Le créancier a le choix des mesures propres à assurer le recouvrement de sa créance ou la conservation de ses droits.

L'exécution de ces mesures ne peut cependant excéder ce qui est nécessaire pour obtenir le paiement ou conserver les droits. La juridiction compétente peut, à la demande du saisi, ordonner la mainlevée de toute mesure inutile ou abusive et condamner le créancier à des dommages-intérêts en cas d'exercice d'une telle mesure dans des conditions telles que cet exercice se révèle préjudiciable au saisi.

Lorsque la saisie porte sur un immeuble appartenant au débiteur, celui-ci peut, sauf s'il s'agit *d'assurer le recouvrement* d'une créance hypothécaire ou privilégiée, *demander à la juridiction compétente dans l'État partie qu'il soit sursis à* l'exécution *et que celle-ci soit* poursuivie en premier lieu sur les biens meubles*; il en indique alors la consistance et la localisation. Lorsque le sursis est ordonné, la continuation des poursuites ne pourra avoir lieu qu'*en cas d'insuffisance du produit de la saisie et sur l'autorisation du juge.

Lorsque la saisie porte sur un fonds de commerce, le débiteur peut, sauf s'il s'agit d'une créance nantie ou privilégiée, demander qu'il soit sursis à l'exécution et que celle-ci soit poursuivie en premier lieu sur les autres meubles ; il est procédé comme il est dit à l'alinéa 4 du présent article.

JURISPRUDENCE OHADA

I. Définition des voies d'exécution

Les voies d'exécution, au sens de l'AUPSRVE, sont des procédures légales permettant à un créancier impayé, soit de saisir les biens de son débiteur pour les vendre, le cas échéant, et se faire payer, soit de procéder à une saisie de créance en vue de se faire attribuer, soit enfin, de se faire délivrer ou restituer un bien mobilier corporel (CCJA, n° 022/2006, 26-10-2006 : SCI GOLFE DE GUINEE c/ PROMOMER SARL, Rec. jur. CCJA n° 8/2006, p. 9, Juris-Ohada, n° 1/2007, p. 17, Ohadata J-08-91 ; J-08-63).

Les dispositions de l'AUPSRVE, notamment les articles 28 et suivants relatifs aux voies d'exécution, concernent exclusivement les procédures qui permettent à un créancier de saisir et, au besoin, de faire vendre les biens et droits de son débiteur, afin de se faire payer et celles qui ont pour but la délivrance ou la restitution d'un bien mobilier corporel (CCJA, 1e ch., n° 29, 3-7-2008 : SICOGI CI c/ SCI IRIS, Juris-Ohada n° 4/2008, p. 5, Ohadata J-09-68).

Obs. : voir sous l'art. 49 du présent Acte uniforme et sous l'art. 14 du Traité OHADA. Ainsi, le refus d'exécuter une décision ordonnant la réintégration d'un immeuble dans une succession ne constitue pas une difficulté d'exécution au sens de l'article 49 de l'AUPSRVE mais une voie de fait relevant de la compétence du juge des référés (CA Ouest (Cameroun), n° 01/Civ., 1-1-2010 : SA c/ Succession K., Ohadata J-12-76).

A. Existence de voies d'exécution

L'action par laquelle le créancier saisissant tend à obtenir un titre exécutoire contre le tiers saisi qui refuse de payer les sommes saisies entre ses mains est une **difficulté d'exécution** régie par l'article 49 de l'AUPSRVE (CCJA, 1e ch., no 176, 27-7-2017 : Marcel Lukusa Ditaba c/ Save the Children International).

1o Décision ayant classé la saisie conservatoire parmi les voies d'exécution

L'article 28 de l'AUPSRVE, en posant un principe général d'exécution forcée sur les biens du débiteur défaillant, énumère les mesures conservatoires, dont les saisies conservatoires parmi les voies d'exécution (CCJA, 2e ch., no 005, 26-1-2017 : BSIC – CI SA c/ Entreprise de Services des Produits Pétroliers SA, Ohadata J-17-151).

2o Décisions n'ayant pas classé la saisie conservatoire parmi les voies d'exécution

C'est à tort qu'une cour d'appel à laquelle il était demandé, sur le fondement de l'article 49 de l'AUPSRVE « de constater que l'appel suspend l'exécution de l'ordonnance [...] » qui avait suspendu l'ordonnance ayant accordé l'exequatur à une décision étrangère suspendant une précédente ordonnance interdisant à un gérant de société de poser des actes de gestion et autorisé le cogérant à faire seul des actes de gestion dans l'intérêt de la société en attendant la prochaine assemblée générale, s'est déclarée incompétente, dès lors que la mesure sollicitée n'était relative ni à une mesure d'exécution forcée au sens des dispositions susvisées, ni à une mesure conservatoire, exposant ainsi sa décision à la cassation. Sur l'évocation, le contentieux ne portant pas sur une exécution forcée ou une saisie conservatoire, l'article 32 de l'AUPSRVE susvisé n'est pas applicable dans la présente cause (CCJA, 3e ch., no 137, 8-6-2017 : Alieu Badara Mohamed CONTEH c/ CWN SARL).

L'article 38 de l'AUPSRVE conditionne la mise en œuvre de l'engagement de la responsabilité du tiers saisi à l'existence d'une mesure d'exécution ou de conservation de créances. La saisie contre laquelle la responsabilité du tiers saisi avait été retenue pour obstacle à l'exécution, entraînant ainsi sa condamnation au paiement de dommages-intérêts et des causes de la saisie n'existant plus en raison de la mainlevée intervenue depuis le 30 juillet 2013, c'est à tort que la cour d'appel s'est fondée sur un arrêt rendu à tort par la juridiction suprême nationale (pour avoir statué en matière de saisie-attribution de créances, domaine dans lequel seule la CCJA était compétente en cassation), pour faire droit à la demande de condamnation du tiers saisi au paiement de dommages-intérêts et des causes de la saisie, en privilégiant ainsi l'arrêt de la Cour suprême à celui de la cour d'appel devenu définitif pour absence de pourvoi devant la CCJA, exposant son arrêt à la cassation sans qu'il soit nécessaire d'examiner les autres moyens. Sur l'évocation et pour les mêmes motifs que ceux ayant entraîné la cassation, l'ordonnance entreprise doit être infirmée et la demande en paiement de dommages-intérêts et causes de la saisie pour obstacle à mesure d'exécution doit être rejetée (CCJA, 1e ch., no 174, 27-7-2017 : RMO sous-traitance c/ COFIPA-CI et 19 autres).

Obs. : par l'énumération qu'elles font des « mesures d'exécution » et des saisies conservatoires, les deux décisions ci-dessus semblent faire une distinction entre les voies d'exécution proprement dites et les saisies conservatoires. Il convient de considérer les saisies conservatoires comme faisant partie des « voies d'exécution » en raison de leurs effets et de l'intention du législateur qui résulte de ce qu'elles sont présentées dans le livre II consacré aux voies d'exécution.

B. Absence de voies d'exécution

Ne constitue pas une voie d'exécution :

– l'action en expulsion du preneur d'un bail commercial et l'arrêt qui l'a assimilée à une voie d'exécution forcée ou à une mesure conservatoire encourt la cassation (CCJA, 2e ch., no 025/2013, 18-4-2013 : Sté civile Immobilière DE GANDILLAC dite SCI DE GANDILLAC c/ GOCI, Rec. jur. CCJA no 20, vol. 2, janv.-déc. 2013, p. 30-32, Ohadata J-15-25). Voir sous l'art. 9 de l'AUPCAP ;

– la demande de réparation du dommage qu'aurait subi un **débiteur** dont les comptes ont fait l'objet d'une saisie-attribution, **contre** la banque en sa qualité de **tiers saisi** ; il s'agit plutôt d'une action en responsabilité civile découlant d'une faute qu'aurait commise la banque par manque de vigilance et par défaut d'information du client. En tant que telle, cette requête, qui est une demande en réparation de dommage, n'entre pas dans le champ de compétence matérielle du juge de l'urgence, juge de l'exécution de l'article 49 de l'AUPSRVE. C'est donc à tort que le juge de l'exécution saisi a retenu sa compétence. Sur l'évocation, il y a lieu de juger que la demande ne peut prospérer, la juridiction saisie étant incompétente (CCJA, 1e ch., no 220, 14-12-2017 : Sucrière d'Afrique-Gabon SA c/ BGFIBANK Gabon SA) ;

– la **liquidation d'une astreinte,** qui n'est pas une mesure d'exécution forcée (CCJA, 1e ch., 177, 25-10-2018 : ENEO SA c/ Bongwong Ignatus Bangayum).

Obs. : cet arrêt est désormais caduc dès lors que l'article 49, alinéa 3 donne expressément au juge de l'exécution la possibilité d'ordonner une astreinte, même d'office, puis de la liquider.

Il avait été jugé que la demande en réparation de la faute commise par le tiers saisi n'étant pas une mesure d'exécution forcée au sens de l'article 49 de l'AUPSRVE, il y a lieu de déclarer irrecevable la demande de condamnation de ce tiers formulée par le débiteur saisi, en application de l'article 156 de l'AUPSRVE qui ressort plutôt de la compétence du juge du fond (CCJA, 1e ch., nº 033, 2-5-2013 : Sté Générale de Banques en Côte d'Ivoire dite SGBCI c/ C., Rec. jur. CCJA nº 20, vol. 1, janv.-déc. 2013, p. 89-94, Ohadata J-15-33) ;

– la procédure engagée par le nouveau propriétaire d'un immeuble à l'effet d'expulser son occupant, en l'occurrence l'ancien propriétaire de ces lieux, car au sens de l'article 28 de l'AUPSRVE, les voies d'exécution sont des procédures légales permettant à un créancier impayé soit de saisir les biens de son débiteur pour les vendre, le cas échéant, et se faire payer, soit de procéder à une saisie de créance en vue de se faire attribuer, soit enfin de se faire délivrer ou restituer un bien mobilier corporel (CCJA, 1e ch., nº 105/2021, 27-5-2021 : CBAO Groupe Attijariwafa Bank SA c/ D.) ;

– le litige portant sur la mainlevée d'un nantissement prévu par l'article 125 de l'AUS, et ne rentre donc pas dans les attributions du juge institué par l'article 49 de l'AUPSRVE (CCJA, 3e ch., nº 202/2020, 28-5-2020 : BNI c/ La Loyale Assurances SA) ;

Obs. : cependant, plusieurs arrêts récents de la CCJA ont retenu le contraire ; voir à ce propos sous l'art. 49.

– l'action tendant à la reconnaissance d'une créance d'un créancier sur son débiteur, par le biais d'une injonction de payer, qui n'est pas non plus une saisie conservatoire. À ce titre, elle ne peut donner lieu à la suspension des poursuites individuelles contre le débiteur, prévue aux articles 9, alinéas 1, 2 et 4 de l'AUPCAP (CCJA, 2e ch., nº 153/2023, 29-6-2023).

C. Exécution volontaire d'un débiteur

Il s'induit de l'analyse de l'article 28 de l'AUPSRVE que le législateur communautaire a entendu mettre en avant l'exécution volontaire du débiteur défaillant (TPI Douala Ndokoti, ord. nº 306, 30-9-2003 : N. R. (Ets NGASSA et Fils) c/ Sté Négoce Cameroun Trading, Ohadata J-04-449).

Le débiteur qui s'est totalement acquitté de sa dette ne doit plus être poursuivi et c'est à juste titre qu'un juge l'ayant constaté, a débouté le créancier qui doit être condamné aux dépens (CA Abidjan, nº 82, 20-1-2004 : Sté WACKENHUT c/ ECOBANK, Ohadata J-04-492).

II. Généralité du principe

L'article 28 de l'AUPSRVE pose un principe général d'exécution forcée sur les biens du débiteur défaillant, sans préjudice de l'application des dispositions spécifiques à la saisie-attribution ; aux termes de l'article 153 dudit Acte uniforme, la saisie-attribution ne peut être pratiquée qu'en vertu d'un titre exécutoire, en l'occurrence une décision juridictionnelle revêtue de la formule exécutoire et constatant une créance liquide et exigible. C'est donc à tort qu'il est reproché à une cour d'appel d'avoir déclaré illégale la saisie-attribution fondée sur un arrêt ne consacrant aucune somme, s'étant limité à annuler et à renvoyer devant le juge civil, au motif que l'article 33 de l'AUPSRVE n'exige pas, pour retenir la qualification de titre exécutoire, que la décision juridictionnelle contienne formellement une condamnation à effectuer un paiement, mais seulement qu'il en résulte sans ambiguïté une obligation de payer une somme liquide et exigible (CCJA, 2e ch., nº 072, 21-4-2016 : ONG World Vision Niger c/ L., Ohadata J-17-21).

III. Inapplicabilité de l'AUPSRVE à la vente d'un navire

Les dispositions de l'AUPSRVE sont inapplicables en matière de vente d'un navire, qui est régie uniquement par les dispositions nationales, notamment le Code de la marine marchande (TRHC Dakar, 8-5-2001 : S. S. c/ CBAO, Ohadata J-03-329).

IV. Poursuite préalable des meubles du débiteur

A. Obligation de poursuivre le recouvrement d'abord sur les biens meubles ou spécialement affectés en garantie

1º Obligation de poursuivre le recouvrement sur les biens meubles

Il résulte de l'article 28, al. 2 [devenu al. 4] de l'AUPSRVE que, sauf s'il s'agit d'une créance hypothécaire ou privilégiée, l'exécution est poursuivie en premier lieu sur les biens meubles et, en cas d'insuffisance de ceux-ci, sur les immeubles. L'article 28 limite le droit à l'exécution du créancier chirographaire qui doit établir l'insuffisance des biens meubles du débiteur avant d'engager sa saisie immobilière. À défaut de prouver qu'il a lui-même procédé à une poursuite sur les biens meubles du débiteur et de démontrer l'insuffisance desdits meubles pour solder la dette à payer, les poursuites exercées sur les immeubles du débiteur sont irrecevables (TRHC Dakar, nº 2318, 2-11-2002, SGBS c/ S. T., Ohadata J-05-51, obs. Joseph Issa-Sayegh).

2º Obligation de poursuivre le recouvrement sur un bien spécialement affecté en garantie

S'il est acquis au dossier que la créancière n'a jamais saisi la juridiction compétente en initiant la saisie, et n'a donc pas violé l'article 18 de la convention des parties, il reste que sa créance étant assortie d'une hypothèque, la créancière ne prouve pas qu'elle a d'abord réalisé cette sureté sans être totalement désintéressée, alors qu'aux termes des articles 28 et 54 de l'AUPSRVE, autant un créancier chirographaire doit poursuivre sa créance d'abord sur les biens meubles corporels et incorporels de son débiteur, avant de saisir ses immeubles, autant le créancier nanti, comme c'est le cas, est tenu de poursuivre sa créance d'abord sur le bien spécialement affecté à la garantie de son recouvrement, avant de saisir les biens meubles corporels ou incorporels du débiteur en établissant, dans ce dernier cas, l'insuffisance de la garantie offerte et la circonstance de nature à menacer le recouvrement de sa créance. Ces motifs de pur droit, substitués à ceux du premier juge, justifiant pleinement la mainlevée de la saisie litigieuse, il échet de confirmer la décision attaquée (CCJA, 1e ch., 169, 25-10-2018 : BGFI Bank Cameroun c/ Sté CAMTRANSIT).

Au sens de l'article 28 de l'AUPSRVE, le créancier nanti est tenu de poursuivre sa créance d'abord sur le bien spécialement affecté à la garantie de son recouvrement, avant de saisir les biens meubles corporels ou incorporels du débiteur en établissant l'insuffisance de la garantie offerte. En l'espèce, il est acquis au dossier de la procédure que la créancière qui est bénéficiaire d'hypothèques inscrites en premier et second rang n'avait jamais, au jour de la saisie, poursuivi le recouvrement de sa créance sur l'immeuble spécialement affecté audit recouvrement et qui a été évalué à dire d'experts à une somme nettement supérieure à la créance dont elle se prévalait. L'immeuble objet de l'hypothèque n'ayant été saisi par la créancière que cinq mois après la saisie pratiquée sur les biens meubles de la débitrice, c'est à tort que la créancière invoque l'article 222 de l'AUS qui ne peut trouver application en l'espèce. Il s'ensuit que sa saisie qui a porté en premier lieu sur les meubles est irrégulière et doit être levée, sans qu'il soit besoin de donner suite aux moyens plus amples contraires, dont l'examen s'avère superfétatoire (CCJA, 3e ch., n° 063/2020, 27-2-2020 : Société Générale Burkina Faso c/ Société Copiafax Burkina).

3° Nécessité d'établir l'insuffisance des biens meubles du débiteur

Le droit commun des mesures d'exécution forcée est régi par l'AUPSRVE ; toute mesure d'exécution forcée doit s'articuler dans l'ordre de priorité prescrit par son article 28 qui dispose qu'« à défaut d'exécution volontaire, tout créancier peut, quelle que soit la nature de sa créance, dans les conditions prévues par le présent Acte uniforme, contraindre son débiteur défaillant à exécuter ses obligations à son égard ou pratiquer une mesure conservatoire pour assurer la sauvegarde de ses droits. Sauf s'il s'agit d'une créance hypothécaire ou privilégiée, l'exécution est poursuivie en premier lieu sur les biens meubles et, en cas d'insuffisance de ceux-ci, sur les immeubles ». L'alinéa 2 de cette disposition exige donc du créancier chirographaire d'établir l'insuffisance des biens meubles du débiteur avant d'engager sa saisie immobilière. En l'espèce, le cautionnement consenti par la société débitrice à la banque n'étant assorti d'aucune garantie réelle, la créance de celle-ci est purement chirographaire ; ainsi, cette dernière se devait, tout d'abord, de poursuivre le recouvrement de sa créance sur les biens meubles de la société débitrice et, ensuite, rapporter la preuve de leur insuffisance, avant de recourir à une hypothèque sur ses biens immeubles. En l'absence de la preuve d'une recherche préalable des biens mobiliers de la société débitrice et de leur insuffisance, c'est à tort que la créancière a obtenu l'ordonnance querellée qui a débouté la débitrice de sa demande de mainlevée de l'inscription provisoire d'hypothèque ; il s'ensuit qu'en infirmant cette ordonnance, la cour d'appel n'a pas fait une fausse application de l'article 28 visé au moyen, qui sera rejeté (CCJA, 2e ch., n° 146/2023, 29-6-2023).

B. Saisie immobilière

1° Nullité de la saisie immobilière

Même s'il a d'abord été procédé à la saisie-vente de biens meubles du débiteur poursuivi, la procédure de saisie immobilière doit être annulée lorsque d'une part, la créancière ne justifie pas d'une créance hypothécaire ou privilégiée créancière et que d'autre part elle ne prouve pas que les meubles qu'elle a saisis sont insuffisants pour couvrir sa créance (TRHC Dakar, n° 800, 4-5-1999 : Laborex Sénégal c/ A. C., Ohadata J-03-165, obs. Ndiaw Diouf).

2° Validité de la saisie immobilière

C'est à juste titre qu'un créancier dont l'action mobilière a été paralysée par des manœuvres dilatoires a initié une saisie immobilière pour poursuivre le recouvrement de sa créance (TRHC Dakar, n° 798, 4-5-1999 : T. R. dit K. c/ O. C., Ohadata J-03-166).

V. Poursuite injustifiée

La mainlevée des saisies pratiquées doit être ordonnée sans qu'il soit nécessaire d'examiner leur validité, dès lors que le créancier a reçu paiement du tiers saisi (TPI Yaoundé, ord. réf. n° 281/C, 15-1-2003 : MINAGRI café c/ N. T. M. J., Le Crédit Lyonnais Cameroun SA, Ohadata J-04-407).

Obs. : cette décision ne vise pas expressément l'art. 28 de l'AUPSRVE, mais elle s'y rapporte car après le paiement par le tiers saisi, il n'y avait plus lieu de poursuivre le débiteur, au sens de l'art. 28.

VI. Bien meubles

A. Distinction entre choses consomptibles et denrées périssables

Pouvoir souverain des juges d'appel. C'est par son appréciation souveraine qu'une cour d'appel, en opérant une distinction entre biens consomptibles et denrées périssables, a pu conclure que l'état de stocks de sucre saisis ne présentait pas le risque de détérioration ayant motivé l'autorisation donnée par le premier juge de vendre lesdits biens. Par conséquent, elle n'a en rien violé les dispositions des articles 232 du Code ivoirien de procédure civile, commerciale et administrative et 28 de l'AUPSRVE, sur lesquels elle ne s'est pas basée pour asseoir sa décision, et le pourvoi doit être rejeté (CCJA, n° 063/2005, 22-12-2005 : SDV-CI SA c/ Sté RIAL TRADING, Rec. jur. CCJA, n° 6, juin-déc. 2005, p. 51. – Juris-Ohada, n° 2/2006, p. 44, Ohadata J-06-38 ; voir Ohadata J-06-137).

B. Caractère non abusif de saisies simultanées ou successives

Le législateur qui, dans l'article 28 de l'AUPSRVE, pose le principe général du droit de saisir de tout créancier, n'interdit nullement les saisies mobilières simultanées ou successives permettant au créancier de se faire désintéresser par le débiteur saisi, de sorte que le fait de pratiquer deux saisies simultanément ou successivement ne rend pas automatiquement nulle l'une ou l'autre des saisies. Il appartient au débiteur saisi qui estime subir un préjudice du fait d'une pluralité de saisies de la part du même créancier de démontrer que la valeur de l'ensemble des biens mis sous main de justice par son créancier est largement supérieure au montant de la créance poursuivie et de demander le cantonnement ou la mainlevée de la saisie qu'il estime surabondante ou inutile. La débitrice qui demande la mainlevée d'une saisie-attribution en se contentant d'affirmer que son créancier l'a pratiquée sans tenir compte d'une seconde saisie qu'il a également pratiquée à son préjudice, notamment une saisie-vente de biens meubles, sans démontrer le caractère surabondant de la valeur de l'ensemble des biens saisis, ce qui donnerait à la Cour les moyens d'apprécier l'opportunité de maintenir ou de donner mainlevée de la saisie critiquée, doit être déboutée. Il en est ainsi dès lors que le moyen tiré de la seule existence de deux saisies pour en déduire le caractère surabondant des biens saisis ne peut prospérer (CA Abidjan (Côte d'Ivoire), ch. civ. et com., n° 354, 20-11-2010 : Sté FINAMARK c/ Mme A. et Autres., Juris-Ohada n° 3/2011, juill.-sept. 2011, p. 12, Ohadata J-12-153).

VII. Existence d'une transaction

Il a été jugé que l'article 28 de l'AUPSRVE ne subordonne pas la saisie-attribution à l'accomplissement de formalités préalables éventuellement convenues par les parties et il ne peut être reproché au premier juge qui s'est borné à vérifier la conformité de ladite saisie aux règles définies par le législateur OHADA d'avoir violé une quelconque transaction (CCJA, 1e ch., n° 082, 28-3-2019 : Sté MAERSK c/ AKPA TCHOTCH Marcelin et 2 autres).

Obs. : cette jurisprudence pourrait sembler en contradiction avec la nouvelle vision du législateur de l'OHADA qui, dans la réforme récente de l'arbitrage, a prévu de faire suspendre toute procédure arbitrale si les parties avaient prévu une étape préalable (conciliation ou médiation) avant d'initier la procédure arbitrale. Pour une raison de cohérence, la transaction, loi des parties, non contraire avec l'AUPSRVE, devrait être prise en compte, si le juge constate son existence et sa validité ; il faut espérer un revirement de cette jurisprudence spécifique de la CCJA.

JURISPRUDENCE COMPARÉE

France

A. Liberté du créancier de choisir la mesure d'exécution qui lui convient

Aucun ordre ni aucune priorité ne sont imposés légalement quant au choix des voies d'exécution si ce n'est la limitation pour le saisissant de ne pas abuser de ses prérogatives ; corrélativement, le débiteur ne peut pas lui imposer le choix d'une saisie déterminée (Cass. civ. 29-4-1912 : DP 1914.1.268).

1° Comportement abusif du créancier

Le créancier agit abusivement :

– lorsqu'il pratique plusieurs saisies alors qu'une seule aurait suffi à garantir la créance (Cass. civ. 2-2-1956 : Bull. civ. II p. 65 : saisies des comptes dans quatre banques alors que le compte du débiteur dans chacune de ces banques était plusieurs fois supérieur à la créance) ;

– lorsqu'il fait une saisie hors de proportion avec le résultat à obtenir, telle la saisie-gagerie des biens mobiliers du locataire pratiquée par son bailleur en paiement de provisions pour charges (Cass. soc. 23-5-1950 : GP 1950.2.133 ; dans le même sens, CA Paris 7-12-1995 : D. 1996.203 note Prévault) ;

– lorsqu'il fait délivrer deux commandements erronés dans leur décompte, faisant abstraction d'une compensation ordonnée, avant toute demande amiable explicitée, malgré la requête légitime du débiteur (TGI Paris 16-6-1994 : Bull. inf. C. cass. 1994 n° 985) ;

– lorsqu'il ne donne pas mainlevée de la saisie-attribution reposant sur un titre exécutoire annulé, le saisi ayant droit à dommages-intérêts à compter de la signification de la décision portant annulation dudit titre exécutoire (Cass. 2e civ. 28-6-2001 : D 2001 IR 2182 ; Bull. civ. II n° 125).

2° Comportement non abusif du créancier

Ne constitue pas un abus :

– le refus par une banque auteur d'une saisie, porteur de bonne foi d'une traite acceptée et impayée à l'échéance, d'un cautionnement amiable et sa réclamation d'une somme excessive (Cass. civ. 10-2-1993 : Bull. civ. II p. 33) ;

– la saisie-attribution pratiquée par le créancier qui, par ailleurs, a inscrit des hypothèques, rien ne lui interdisant de recourir à la procédure plus simple et plus efficace de la saisie-attribution (TGI Bobigny, juge exéc., 13-5-1997 : GP 1998.132) ;

– malgré un accord sur l'immeuble du débiteur à saisir, l'inscription par le créancier d'une hypothèque judiciaire conservatoire sur un autre immeuble (CA Aix 22-1-2003 n° 99/11343 : PA 2004 n° 181 p. 10 note de Lajarte) ;

– l'abandon de la saisie-attribution de comptes bancaires en raison de son inefficacité pour procéder à l'appréhension des redevances de location-gérance, cette attitude ne caractérisant pas un recours disproportionné et abusif aux voies d'exécution (CA Limoges, ch. civ. sect. 1, 22-11-2006 : JCP G 2007 IV 1619).

B. Impossibilité de recouvrer une créance éteinte

Le créancier ne peut pas exercer des mesures d'exécution relativement à une créance éteinte : l'anéantissement du titre entraîne de plein droit celui des mesures d'exécution, y compris les décisions judiciaires intervenues à leur sujet (Cass. civ. 27-4-1988 : Bull. civ. II p. 50).

Art. 28-1 [nouv.] Les mesures conservatoires et les voies d'exécution ne peuvent être prises ou exercées par ou contre une personne dépourvue de la capacité d'exercice que suivant les règles applicables à la représentation ou à l'assistance de l'incapable.

Art. 28-2 [nouv.] Nul ne peut prendre une mesure conservatoire ou exercer une voie d'exécution pour le compte d'autrui s'il ne dispose d'un pouvoir délivré à cet effet.

La remise du titre exécutoire à l'huissier de justice ou à l'autorité chargée de l'exécution vaut pouvoir pour toute mesure conservatoire ou exécution forcée, sauf s'il est exigé un pouvoir spécial.

Art. 28-3 [nouv.] Sont notamment sanctionnés par la nullité pour vice de fond :

– les mesures conservatoires prises ou les voies d'exécution exercées par ou contre une personne dépourvue de la capacité d'exercice ;

– les mesures conservatoires prises ou les voies d'exécution exercées par une personne agissant pour le compte d'autrui alors qu'elle ne justifie pas des pouvoirs nécessaires ;

– les actes pris par un huissier de justice ou une autorité chargée de l'exécution en dehors de son ressort de compétence ;

– les actes pris par toute personne non habilitée en qualité d'huissier de justice ou d'autorité chargée de l'exécution ;

– les mesures d'exécution pratiquées sans titre exécutoire.

Art. 28-4 [nouv.] La nullité pour vice de fond est prononcée alors même que celui qui l'invoque ne justifie d'aucun grief.

Elle peut être soulevée d'office par le juge lorsqu'elle est fondée sur la violation d'une règle d'ordre public. Dans ce cas, le juge invite les parties à produire leurs observations.

Art. 29 L'État est tenu de prêter son concours à l'exécution des décisions et des autres titres exécutoires.

La formule exécutoire vaut réquisition directe de la force publique.

La carence ou le refus de l'État de prêter son concours engage sa responsabilité.

Jurisprudence OHADA

I. Réquisition de plein droit de la force publique par la formule exécutoire

L'article 29 de l'AUPSRVE interdit la pratique des réquisitions d'assistance au Procureur de la République, la formule exécutoire seule, valant réquisition directe de la force publique (CA Abidjan, nº 1124, 8-4-2003 : Sté Ash International c/ H. B. T., Ohadata J-03-334).

II. Responsabilité de l'État

L'État est tenu de prêter son concours à l'exécution des jugements et autres titres exécutoires, le refus ou la carence entraîne sa responsabilité qui ouvre droit à réparation. Cependant la responsabilité de l'État résultant de l'article 29 de l'AUPSRVE ne constitue pas une responsabilité de substitution mais plutôt une responsabilité résultant de sa propre faute dans l'exercice de sa mission de service public. Par conséquent, si malgré le refus de l'État de prêter main-forte, le créancier ne se trouve pas dans une situation de péril totale pour recouvrer sa créance, car pouvant toujours la mettre en exécution, la réparation de son dommage doit être réduite à un montant raisonnable (TRHC Dakar, 14-7-2004 : TRANSAIR c/ Sté EEXIMCOR AFRIQUE, Revue internationale de droit africain EDJA, nº 65 juill.-sept. 2005, p. 79 ; Ohadata J-06-02).

III. Absence de caractère dérogatoire de l'article 29 au Traité de l'OHADA

Il ne ressort nulle part des prescriptions de l'AUPSRVE, qui contient aussi bien des règles de procédure que des règles de fond relatives aux matières qu'il régit, que pour la mise en œuvre de son article 29, il faille déroger aux conditions normales de saisine et de compétence de la CCJA définies, en matière contentieuse, aux articles 13 et 14, al. 3 du Traité de l'OHADA. Le recours directement introduit devant la CCJA et qui n'est dirigé contre aucune décision judiciaire contentieuse lui faisant grief et ayant appliqué ou interprété l'article 29 précité, ne satisfait pas aux conditions préalables de saisine et de compétence de la CCJA qui doit se déclarer incompétente et renvoyer la requérante à mieux se pouvoir (CCJA, nº 027/2008, 30-4-2008 : Sté APC c/ État du Cameroun, Rec. jur. CCJA, nº 11, janv.-juin 2008, p. 19, Ohadata J-09-105).

Art. 30 [mod.] *Sauf renonciation expresse, il n'y a pas d'*exécution forcée *ni de* mesures conservatoires *contre les* personnes *morales de droit public, notamment l'État, les collectivités territoriales et les établissements publics.*

Toutefois, les dettes certaines, liquides et exigibles des personnes morales de droit public donnent lieu à compensation avec les dettes également certaines, liquides et exigibles dont quiconque sera tenu envers elles, sous réserve de réciprocité.

Les dettes des personnes visées à l'alinéa précédent ne peuvent être considérées comme certaines au sens des dispositions du présent article que si elles résultent d'une reconnaissance par elles de ces dettes ou d'un titre ayant un caractère exécutoire sur le territoire de l'État où se situent lesdites personnes.

Jurisprudence OHADA

I. Mesures conservatoires concernées

Une simple condamnation en paiement des causes d'une saisie et de dommages et intérêts ne relève pas des mesures conservatoires ou d'exécution forcées visées à l'article 30 de l'AUPSRVE. La cour d'appel qui a confirmé l'ordonnance ayant prononcé cette condamnation n'a pu violer l'article 30 précité (CCJA, ass. plén., nº 123, 11-11-2014 : Hôpital Général de Référence Nationale, en abrégé HGRN c/ Sté Total Elf Finio SA, Ohadata J-15-213).

II. Compétence de la CCJA dans la détermination des bénéficiaires de l'immunité d'exécution

L'AUPSRVE n'ayant nullement renvoyé au droit national la question de la détermination des personnes bénéficiaires de l'immunité d'exécution, comme il l'a fait pour les biens insaisissables, celle-ci entre dans la compétence de la CCJA (CCJA, 3e ch., nº 103, 26-4-2018 : M. M. c/ Sté des Grands Hôtels du Congo SA et 10 autres).

III. Sociétés et entités jouissant de l'immunité

A. Établissement public

Un établissement public investi d'une mission de service public jouit de l'immunité d'exécution prévue par l'article 30 de l'AUPSRVE (TPI Douala, ord. réf. n° 339, 13-11-1998 : ONPC c/ SFIC, Revue camerounaise de l'arbitrage, n° 18, juill.-sept. 2002, p. 14, Ohadata J-02-179). Tel est le cas :

– de l'université de Dschang, au Cameroun (TPI Dschang, ord. réf. n° 12/ORD, 11-9-2000 : Université de Dschang c/ T. D., revue camerounaise de l'arbitrage, n° 18, juill.-août-sept. 2002, p. 13, Ohadata J-02-178) ;

– des établissements publics à caractère administratifs (EPA), même dotés de la personnalité morale et de l'autonomie financière ; aucune exécution forcée ne pouvant être pratiquée à leur encontre, les saisies conservatoires pratiquées sur elles étant irrégulières. (TR Niamey, ord. réf. n° 164, 7-8-2001 : CMB c/ I. B. A., Ohadata. J-02-37) ; (CCJA, 1e ch., n° 043, 18-3-2016 : Le Bureau du Vérificateur Général c/ Mohamed Fadel Dicko, Ohadata J-16-245, jugeant qu'il est de jurisprudence constante de la CCJA que les établissements publics à caractère administratif dotés de la personnalité morale et de l'autonomie financière ne peuvent faire l'objet d'aucune exécution forcée, les saisies pratiquées sur eux étant irrégulières. En l'espèce, le Bureau du Vérificateur Général du Mali ne peut par conséquent faire l'objet d'exécution forcée d'autant plus que les fonds qui lui sont alloués proviennent essentiellement du Trésor Public et sont donc des deniers publics, insaisissables. C'est donc en violation de l'article 30 de l'AUPSRVE que la cour d'appel de Bamako a infirmé l'ordonnance qui a ordonné la mainlevée de la saisie-attribution pratiquée sur les fonds du Vérificateur Général, exposant ainsi sa décision à la cassation. Sur l'évocation, l'ordonnance qui a ordonné la mainlevée d'une telle saisie-attribution doit être confirmée) ;

– d'un établissement public dont l'État détient 94 % du capital social (TPI Bafoussam, ord. réf. n° 37, 28-1-2004 : SNEC SA c/ D. J., SGBC SA Bafoussam, BICEC SA Bafoussam, Ohadata J-05-01).

B. Banque d'État en cours de restructuration ordonnée par une ordonnance réglementaire

En application de l'article 30 de l'AUPSRVE, c'est à bon droit qu'un juge a ordonné le sursis au paiement de la créance de l'appelant jusqu'à la date de publication de la décision constatant la fin des opérations de restructuration d'une banque d'État en cours de privatisation (CA Pointe Noire (Congo), n° 042, 24-10-2003 : O. M. L., R. N. c/ Banque C.A.I.C, Ohadata J-13-136).

Obs. : il s'agissait en l'espèce du Crédit pour l'Agriculture l'Industrie et le Commerce (CAIC) qui est devenue la Congolaise des Banques après sa privatisation.

C. Société d'État

Même si la législation nationale lui accordant l'immunité n'est pas versée au dossier, la société dont les statuts stipulent qu'elle « prend la forme de Société d'État » échappe à l'exécution forcée et aux mesures conservatoires, peu importe sa forme et sa mission, conformément à l'article 30 de l'AUPSRVE. L'arrêt qui a ordonné le maintien de la saisie sur une telle société encourt la cassation. Sur l'évocation, infirmation de l'ordonnance querellée (CCJA, 2e ch., n° 009, 27-2-2014 : Sté des Télécommunications du Tchad dite SOTEL-TCHAD c/ Sté SAS ALCATEL SPACE, Ohadata J-15-100).

L'article 30, al. 2 de l'AUPSRVE pose le principe général de l'immunité d'exécution au profit des personnes morales de droit public et des entreprises publiques. En l'espèce, il résulte des articles 1 et 4 de la loi 97-519 du 4 septembre 1997, que les Sociétés d'État sont créées dans le but de promouvoir certaines activités industrielles et commerciales d'intérêt général permettant de soutenir et d'accélérer le développement économique de la nation, et qu'elles constituent des personnes morales de droit privé commerciales par leur forme. Tel est le cas du FER (fond d'entretien routier) qui est une société d'État créée par décret 200-593 du 19 septembre 2001 dont les statuts précisent en leurs articles 3 et 6 qu'elle a pour objet d'assurer le financement des prestations relatives : aux études et aux travaux d'entretien courant et périodique du réseau routier, à la maîtrise d'œuvre des études des travaux d'entretien routier, et que son capital est entièrement détenu par l'État et pourrait être ouvert à des personnes de droit public ivoirien. Aussi, l'ordonnance 2001-591 du 19 septembre 2001 portant institution du FER dispose en son article 1er que ses ressources sont constituées par les redevances prélevées sur la vente des produits pétroliers, les droits de péage sur le réseau routier, et des allocations budgétaires éventuelles de l'État. Il en résulte que le FER réunit les attributs d'une entreprise publique lui permettant de se prévaloir de l'immunité d'exécution prévue par l'article 30, al. 1 de l'AUPSRVE, et que ce faisant, la loi 97-519 du 4 septembre 1997 portant définition et organisation des sociétés d'État qui le soumet aux règles de droit privé est inopérante à cet égard en vertu de l'article 10 du Traité de l'OHADA. Ainsi, en confirmant l'ordonnance ayant ordonné la mainlevée de la saisie-attribution pratiquée sur ses avoirs, la cour d'appel d'Abidjan n'a en rien violé l'article 30 précité et le moyen doit être rejeté. L'article 30 de l'AUPSRVE n'ayant pas défini la notion d'entreprise publique, la cour d'appel qui, après avoir analysé le décret 2001-593 du 19 septembre 2001 portant création et organisation de la Société d'État dénommée Fonds d'Entretien Routier, en a déduit que celle-ci est en réalité une entreprise publique, a justifié ainsi sa décision, laquelle, par conséquent, ne manque pas de base légale (CCJA, 1e ch., nº 044, 18-3-2016 : Gnankou Goth Philippe c/ 1. Fonds d'Entretien Routier, 2. Sté ECOBANK Côte d'Ivoire, Ohadata J-16-246).

Il a été jugé en sens contraire que ni l'article 30 de l'AUPSRVE, ni aucune autre disposition des Actes uniformes ne permettant de déterminer les critères d'éligibilité des personnes morales à la catégorie des « entreprises publiques » au sens de l'article 30 de l'AUPSRVE, il n'y a donc ni identité ni contradiction, mais bien complémentarité entre les dispositions de l'AUPSRVE et celles de la loi nationale appliquée par le juge du fond. C'est en violation des dispositions nationales invoquées qu'une cour d'appel a appliqué des dispositions de la directive 1/2002/CM/UEMOA du 23 mai 2002 « relative à la transparence des relations financières d'une part, entre les États membres et les entreprises publiques et d'autre part entre les États membres et les organisations internationales ou étrangères » pour ladite détermination, alors qu'aucun document établissant la transposition de ce texte dans le droit interne malien n'est produit aux débats, exposant son arrêt à la cassation. Il résulte de l'article 30, al. 2 de l'AUPSRVE que les entreprises publiques, qu'elles qu'en soient la forme et la mission, échappent à l'exécution forcée et aux mesures conservatoires. En l'espèce, ni l'AUPSRVE ni aucun autre texte de l'OHADA ne définissant la notion d'entreprise publique, il convient de se rapporter au droit national malien qui n'est en rien contraire aux Actes uniformes invoqués par la requérante. Conformément à l'article 2 de la loi 2016-061 du 30 décembre 2016 relative au partenariat public-privé au Mali, et eu égard à l'actionnariat de la société en cause, détenu à 99, 49 % par l'État du Mali, la société concernée est une entreprise publique au sens du droit malien, et donc bénéficiaire de l'immunité d'exécution qui lui est contestée. C'est donc à tort que le juge de l'exécution a rejeté ses contestations. Il convient d'infirmer l'ordonnance entreprise, d'ordonner la mainlevée de la saisie et la restitution par le saisissant des sommes qui lui ont été versées par les tiers saisis (CCJA, 2e ch., 259, et 260 du 13-12-2018 : IAD SARL c/ CMDT SAEM).

D. Port autonome

Si des dispositions nationales soumettent les entreprises publiques aux règles de droit privé, lesdites entreprises publiques, dont le Port Autonome de Lomé, bénéficient, aux termes de l'article 30, al. 1 de l'AUPSRVE, de l'immunité d'exécution et, en ordonnant le sursis à l'exécution du jugement entrepris, le juge des référés d'appel de Lomé n'a en rien violé l'article 30, al. 1 précité (CCJA, 3e ch., nº 024, 13-3-2014 : KOUTOUATI A. AKAKPO Danwodina et 18 autres c/ Sté TOGO-PORT dite Port Autonome de Lomé, Ohadata J-15-115).

E. BCEAO, avec extension aux comptes ouverts dans ses livres

Il résulte de l'article 30 de l'AUPSRVE et des textes régissant la Banque Centrale des États de l'Afrique de l'Ouest (notamment l'article 5.2 du protocole annexé à ses statuts qui précise que « L'exécution des actes de procédure, y compris la saisie de biens privés, ne pourra avoir lieu dans les locaux de la Banque Centrale que dans les conditions approuvées par le Gouverneur ou son représentant »), que l'immunité conférée à cette dernière s'applique, non seulement à ses biens et avoirs propres, mais également aux sommes inscrites au crédit des comptes ouverts dans ses écritures par les banques primaires. C'est donc en violation de ces textes qu'une cour d'appel a ordonné sous astreinte à la BCEAO de reverser à une personne les sommes saisies entre ses mains, exposant ainsi son arrêt à la cassation. Sur l'évocation, c'est à bon droit que le juge des référés s'est fondé sur les dispositions de l'article 4 des statuts de la BCEAO, 17 du Traité instituant l'Union Monétaire Ouest-Africaines et 8 du Protocole relatif aux privilèges et immunités de la Banque Centrale des États de l'Afrique de l'Ouest, qui confèrent à cette banque l'immunité de juridiction et d'exécution, pour se déclarer incompétent ; l'appel est mal fondé (CCJA, 1e ch., nº 149, 26-11-2015 : BCEAO, Direction nationale du Niger c/ El Hadj RABIOU DJITAOU représentant les ayants droit de Mamane DJITAOU, Ohadata J-16-142).

F. La Wallonie-Bruxelles International

La Wallonie-Bruxelles Internationale, dont la Délégation Wallonie-Bruxelles est une « antenne décentralisée », est un organisme d'intérêt public, doté de la personnalité juridique. À ce titre, elle bénéficie de l'immunité d'exécution énoncée à l'article 30 de l'AUPSRVE et c'est à tort que la cour d'appel a annulé la décision du premier juge qui avait ordonné la mainlevée, exposant son arrêt à la cassation (CCJA, 3e ch., nº 301/2019, 28-11-2019 : Délégation Wallonie-Bruxelles c/ B.).

IV. Sociétés ne jouissant pas de l'immunité

A. Sociétés commerciales de droit privé, peu important la structuration de leur capital

Le seul fait pour une société privée de bénéficier des subventions de l'État, ne lui confère pas le bénéfice de l'immunité. Aucune société ne peut être à la fois anonyme et une personne morale de droit public. Le fait qu'une société soit investie d'une mission de service public et que l'État ait une participation dans son capital ne change en rien sa nature de société anonyme, donc de société de droit privé soumise, comme telle aux conditions d'exécution des sociétés de droit privé. C'est donc à tort que, estimant que ladite société bénéficie d'une immunité d'exécution, le premier juge a ordonné la mainlevée de la saisie-attribution pratiquée. L'ordonnance entreprise doit être infirmée en toutes ses dispositions ; statuant à nouveau, l'action visant à obtenir la mainlevée de la saisie réalisée doit être rejetée (CA Abidjan, n° 762, 10-6-2003 : Sté AFFE – CI SECURITE c/ CNRA, Ohadata J-03-238).

Toute entité, y compris celle appartenant à l'État, qui opère sous la forme d'une personne morale de droit privé au sens de l'article 1er de l'AUSCGIE reste régie par les règles de droit privé et, à ce titre, est susceptible d'exécution forcée (CCJA, 1e ch., n° 053/2022, 3-3-2022).

En droit, les personnes morales de droit public s'opposent notamment aux personnes morales de droit privé et aux entreprises privées. Les articles 1er et 3 de l'AUSCGIE prévoient que toute société commerciale, y compris celle dans laquelle un État ou une personne morale de droit public est associé, dont le siège est situé sur le territoire de l'un des États parties au Traité de l'OHADA est soumise aux dispositions dudit Acte uniforme et que toute personne désirant exercer une activité commerciale en société doit choisir l'une des formes de société qui convient à l'activité envisagée parmi celles prévues par l'Acte uniforme (CCJA, 1e ch., n° 176/2023, 26-10-2023).

Les « entreprises publiques » se distinguent des personnes morales de droit privé et des entreprises privées. L'argument tiré de l'État pris comme unique actionnaire ne peut conférer à une société de droit privé l'immunité d'exécution prévue à l'article 30 de l'AUPSRVE dès lors qu'en l'espèce les statuts de ladite société ont prévu des ressources constituées non seulement de fonds publics, mais aussi des produits de son activité ; le fait qu'une autre disposition du même texte dispose que « les sociétés d'État sont soumises au contrôle de la Chambre des comptes conformément aux dispositions législatives et réglementaires en vigueur » ne change ni leur nature et la finalité de l'objet social, qui est l'impulsion du développement économique et social, ni le régime qui leur est applicable, à savoir celui d'une société de droit privé. En l'espèce, la loi ivoirienne en cause (loi ivoirienne 97-519 du 4 septembre 1997 portant définition et organisation des sociétés d'État) et les statuts de la société défenderesse énonçant clairement que la société d'État est une personne morale de droit privé, une telle société relève de l'AUSCGIE, lequel n'a vocation à régir ni les personnes morales de droit public, ni les entreprises publiques. En énonçant donc « qu'il s'ensuit que bien qu'ayant la forme de société anonyme et soumise aux obligations des sociétés commerciales comme l'immatriculation au registre de commerce et du crédit mobilier, la [société défenderesse] demeure une entreprise publique, et comme telle, bénéficie de l'immunité d'exécution prévue à l'article 30 de l'[AUPSRVE] », pour conclure que le premier juge a fait une bonne application des dispositions légales en la matière, et confirmer l'ordonnance présidentielle entreprise, la cour d'appel de commerce n'a pas tiré les conséquences de ses propres énonciations relatives notamment au régime de droit commun applicable aux sociétés d'État, lesquelles sont, de ce fait, saisissables, en vertu d'un titre exécutoire obtenu dans le cadre d'un litige né à l'occasion de leur activité sociale. Sur l'évocation, et pour les mêmes motifs que ceux ayant entraîné la cassation de l'arrêt attaqué, il y a lieu de dire, d'une part, que les biens de la société en cause sont saisissables, leur insaisissabilité n'ayant pas été établie au sens de l'article 51 de l'AUPSRVE, et, d'autre part, qu'elle ne bénéficie pas de l'immunité d'exécution, n'entrant pas dans le champ d'application des dispositions de l'article 30 du même Acte uniforme y relatif (CCJA, 1e ch., n° 028/2022, 17-2-2022).

Dans le même sens :

– au sujet d'une société dont les statuts stipulent qu'elle « est une société d'État (...) régie par la loi (...) portant définition et organisation des sociétés d'État et par les dispositions de l'[AUSCGIE] », et **qui exerce sous forme de société commerciale**, n'a pas le statut de personne morale de droit public ou d'entreprise publique ; par conséquent, cette société reste soumise aux dispositions de l'AUSCGIE, la structure de son capital social n'affectant en rien sa qualité de société commerciale et ne constituant pas un obstacle à sa justiciabilité, même si l'État en est l'actionnaire unique. Tel est le sens des articles 1 et 5 de l'AUSCGIE (CCJA, 1e ch., n° 054/2023, 30-3-2023) ;

– au sujet de **la Sotra SA**, dont les statuts stipulent, à l'article 1, que celle-ci est une société anonyme régie par l'AUSCGIE, lequel ne réglemente pas les entreprises publiques, mais s'applique aux entités privées, et, à l'article 3, qu'elle a pour objet « toutes opérations et entreprises quelconques pouvant concerner les transports de toute nature, de voyageurs, marchandises, courriers, messageries, ou objet quelconque, la création, l'acquisition, l'exploitation de tous services de transports et camionnages, achat, vente, louage, garage, entretien de tous véhicules et accessoires et généralement, toutes opérations commerciales, industrielles, immobilières, mobilières, et financières se trouvant directement ou indirectement rattachés à l'objet ci-dessus spécifié » ; elle est, par sa forme et par son objet, soumise au droit commun des sociétés commerciales et aux voies d'exécution forcée sur ses biens propres, les arguments tirés de l'objet social et de la portion du capital détenu par l'État, qui lui confère le contrôle de la société, étant inopérants. C'est donc en violation de ces textes qu'une cour d'appel a retenu le contraire, exposant l'arrêt attaqué à la cassation. Sur l'évocation, et pour les mêmes motifs que ceux ayant entraîné la cassation, il y a lieu de dire que c'est à tort que le premier juge a décidé que la Sotra SA était bénéficiaire de l'immunité d'exécution ; dès lors, d'infirmer l'ordonnance attaquée en toutes ses dispositions et, statuant à nouveau, de rejeter la demande de mainlevée de celle-ci (CCJA, 1e ch., n° 176/2023, 26-10-2023 ; précédemment jugé dans le même sens, CCJA, 2e ch., n° 190/2020, 28-5-2020 : Sotra c/ Sonarest) ;

– il résulte de l'article 10 du Traité que les Actes uniformes sont directement applicables et obligatoires dans les États parties, nonobstant toute disposition contraire de droit interne, antérieure ou postérieure. L'article 1er de l'AUSCGIE disposant que ses dispositions s'appliquent à toute société commerciale dont le siège social est situé sur le territoire de l'un des États parties au Traité OHADA, y compris celle dans laquelle un État ou une personne morale de droit public est associé, c'est en violation des textes précités et en méconnaissance de sa compétence, par refus d'application des normes de l'OHADA contenues dans le Traité et l'AUSCGIE, qu'un tribunal administratif de Douala a qualifié d'acte réglementaire la résolution du conseil d'administration sur la base de la loi nationale, du fait, selon lui, de la portée générale et impersonnelle de ladite résolution pour se déclarer compétent à connaître du litige, exposant l'arrêt attaqué à la cassation. Il en est ainsi en l'espèce, dès lors que **la société Port Autonome de Douala**, ayant pour actionnaire unique l'État du Cameroun, est constituée sous la forme d'une société anonyme et est régie par l'AUSCGIE ; et qu'il est également établi que le litige porte sur la validité de la résolution du conseil d'administration du Port de Douala. Un tel litige est soumis aux dispositions de l'AUSCGIE, alors que la résolution litigieuse, adoptée par le conseil d'administration de la société dans le cadre des orientations de l'activité de celle-ci, est soumise, quant à son régime juridique, à l'AUSCGIE et non au droit interne camerounais. La cour n'ayant plus rien à juger en l'état, il n'y a pas lieu d'évoquer et les parties doivent être renvoyées à mieux se pourvoir (CCJA, Ass. plén., n° 198/2023, 30-11-2023) ;

– il se déduit de l'article 1er, alinéa 2 du décret 98-377 du 30 juin 1998 portant création de **la Poste de Côte d'Ivoire**, qui dispose nettement qu'elle est régie par « les dispositions législatives et réglementaires applicables aux sociétés anonymes, notamment par l'[AUSCGIE] du 17 avril 1997 », que la Poste de Côte d'Ivoire est une personne morale de droit privé et non une entreprise publique ; le fait que le capital appartienne exclusivement à l'État de Côte d'Ivoire ne remettant nullement en cause ce statut, l'Acte uniforme idoine réglementant, non les « entreprises publiques », mais plutôt des entités privées (CCJA, 2e ch., n° 201/2023, 30-11-2023).

– la **Lonase**, créée en 1987 comme une société par actions de droit privé, donc une personne morale de droit privé dont l'objet social se rattache, non à une activité de souveraineté ou à une exploitation d'un service public, mais bien plus à une activité économique ou commerciale, et notamment l'exploitation de jeux de hasard. Lorsque, deux ans après l'entrée en vigueur de l'AUSCGIE, une telle société n'a pas satisfait à l'obligation de mettre ses statuts en harmonie, en application des articles 907, 908 et 915 de ce texte, ni choisi l'une des formes de société qu'il prévoit : SARL, SNC, SCS, SAS ou SA, il résulte de ce défaut de mise en harmonie que toutes clauses statutaires contraires aux dispositions susvisées sont réputées non écrites, et les dispositions nouvelles de l'AUSCGIE doivent impérativement s'appliquer. En conséquence, la Lonase est une personne morale de droit privé et le fait que le capital appartienne exclusivement à l'État du Sénégal ne remet nullement en cause ce statut, l'AUSCGIE réglementant, non les « entreprises publiques », mais plutôt des entités privées. C'est donc en violation des textes précités qu'une cour d'appel a confirmé l'ordonnance qui a, à tort, reconnu l'immunité d'exécution à la Lonase qui est une personne morale de droit privé et non une entreprise publique, exposant l'arrêt attaqué à la cassation. Sur l'évocation, et pour les mêmes motifs que ceux ayant entraîné la cassation, tiré de la violation des dispositions de l'article 30 de l'AUPSRVE, il y a lieu d'infirmer en toutes ses dispositions l'ordonnance appelée et, statuant à nouveau, de déclarer bonne et valable la saisie régulièrement diligentée et non affectée d'irrégularité, avant de rejeter la demande de mainlevée (CCJA, 2e ch., n° 013/2024, 25-1-2024).

Autres exemples :

1° Société Grands Hôtels du Congo

Il résulte de l'article 30 de l'AUPSRVE que les bénéficiaires de l'immunité d'exécution énoncée par son alinéa 1er sont les « personnes morales de droit public » et les « entreprises publiques ». En droit, les personnes morales de droit public et les entreprises publiques s'opposent notamment aux personnes morales de droit privé et aux entreprises privées. En l'espèce, la société dont les statuts indiquent qu'elle est « une société anonyme qui sera régie par [l'AUSCGIE] » est une personne morale de droit privé et non une entreprise publique. Le fait que l'État y soit actionnaire ne remet nullement en cause ce statut, car conforme à l'alinéa 1er de l'article 1 de l'AUSCGIE, qui dispose que « toute société commerciale, y compris celle dans laquelle un État ou une personne morale de droit public est associé, dont le siège social est situé sur le territoire de l'un des États parties au Traité relatif à [l'OHADA] (ci-après désignés "les États parties") est soumise aux dispositions du présent Acte uniforme ». Cet Acte uniforme ne réglementant pas les « entreprises publiques » mais des entités privées, le fait qu'un État partie soit associé d'une société créée conformément à ses dispositions ne confère pas à celle-ci le statut de personne morale de droit public ni celui d'entreprise publique. Dès lors, la cour d'appel qui a confirmé l'ordonnance ayant reconnu l'immunité d'exécution à une telle société a violé les articles 30 et 51 de l'AUPSRVE, entre autres, et exposé sa décision à la cassation. Sur l'évocation et pour les mêmes motifs que ceux justifiant la cassation, c'est à tort que le premier juge a décidé que la société en cause était bénéficiaire de l'immunité d'exécution. Contrairement aux affirmations de la défenderesse, l'article 30 de l'AUPSRVE ne laisse pas aux États parties le soin de déterminer les bénéficiaires de l'immunité d'exécution, puisqu'en vertu du texte précité, il ne peut s'agir que d'une personne morale de droit public ou d'une entreprise publique ; à cet égard, il sied de distinguer l'immunité d'exécution qui met l'ensemble du patrimoine de la personne protégée à l'abri de l'exécution forcée, de l'insaisissabilité qui ne couvre qu'une partie des biens d'une personne limitativement énumérés par le législateur national conformément aux dispositions de l'article 51 du même Acte uniforme ; par conséquent, il échet d'infirmer l'ordonnance attaquée en toutes ses dispositions. Statuant à nouveau, la demande de mainlevée de la saisie doit être rejetée dès lors qu'à l'analyse des actes y relatifs, la saisie a été régulièrement diligentée, n'est affectée d'aucune irrégularité et que, du reste, la société débitrice n'a essentiellement invoqué que le bénéfice de l'immunité d'exécution (CCJA, 1e ch., no 267/2019, 28-11-2019 : B. c/ Société des Grands Hôtels du CONGO).

2o Société Petroci SA

Il ressort de l'article 30, alinéas 1 et 2 de l'AUPSRVE que les bénéficiaires de l'immunité d'exécution sont les personnes morales de droit public et les entreprises publiques par opposition aux personnes morales de droit privé et aux entreprises privées. En l'espèce, par décret « portant extension de l'objet social de la société d'État dénommée Petroci Holding et transformation en société anonyme à participation financière publique, par cession d'une partie de son capital », la susdite société a été transformée en société anonyme dont le capital est détenu à concurrence de 95 % par l'État de Côte d'Ivoire et de 5 % par des particuliers. Il en ressort que la société Petroci Holding, société anonyme, est une personne morale de droit privé et non une entreprise publique, le fait que l'État ivoirien y soit actionnaire ne remettant pas en cause ce statut qui est conforme à l'alinéa 1er de l'article 1 de l'AUSCGIE aux termes duquel « toute société commerciale, y compris celle dans laquelle un État ou une personne morale de droit public est associé, dont le siège social est situé sur le territoire de l'un des États parties du Traité relatif à l'harmonisation du droit des Affaires en Afrique (ci-après désignés "États parties" est soumise aux dispositions du présent Acte uniforme ». Cet Acte uniforme ne régissant que des entités privées, le fait qu'un État partie soit associé d'une société créée conformément à ses dispositions ne confère pas à celle-ci le statut de personne morale de droit public ni celui d'entreprise publique ; dès lors, en confirmant le jugement qui a reconnu l'immunité d'exécution à la société Petroci Holding, la cour d'appel a violé le texte visé au moyen et exposé sa décision à la cassation. Sur l'évocation et pour les mêmes motifs que ceux ayant entraîné la cassation, il y a lieu de dire que c'est à tort que le premier juge a décidé que la société Petroci Holding SA bénéficie de l'immunité d'exécution ; en conséquence, l'ordonnance attaquée doit être infirmée sur ce point et la contestation soulevée rejetée (CCJA, 3e ch., no 139/2021, 24-6-2021 : K. c/ Petroci SA et la BICICI).

3o Société Hôtel Sarakawa

En application de l'article 30 de l'AUPSRVE, une entité ayant le statut de société de fait ne saurait bénéficier de l'immunité d'exécution. L'alinéa 2 de l'article 30 précité évoque les personnes morales de droit public et les entreprises publiques « quelles qu'en soient la forme et la mission » pour affirmer le caractère absolu de l'immunité d'exécution ainsi instituée, de sorte que les juridictions du fond ne sauraient en relativiser la portée en se fondant soit sur les formes que revêtent classiquement les personnes morales protégées, soit sur l'objet de leur mission. Les personnes morales de droit public et les entreprises publiques ont traditionnellement une forme nationale ou locale, concentrée ou déconcentrée, centralisée ou décentralisée, et l'objet de leur mission peut avoir un caractère commercial, industriel, administratif, artisanal ou touristique. Il s'ensuit que les dispositions de l'alinéa 2 de l'article 30 précité ne sauraient, sans porter atteinte à la cohérence du système dont elles sont issues, renvoyer aux formes sociétaires prévues par l'AUSCGIE qui concernent les personnes morales de droit privé, y compris celles qui accueillent un État ou une personne morale de droit public en qualité d'actionnaire ou d'associé. Viole, par mauvaise application, l'article 30 de l'AUPSRVE et encourt la cassation l'arrêt qui reconnaît à une entreprise le bénéfice de l'immunité d'exécution au motif qu'un État y serait actionnaire. En évoquant les personnes morales de droit public et les entreprises publiques, « quelles qu'en soient la forme ou l'objet », l'article 30 précité interdit au juge de ne pas limiter cette immunité en tenant compte de la forme nationale ou locale, concentrée ou déconcentrée, centralisée ou décentralisée de la personne protégée, ou encore en considération du caractère commercial, industriel, administratif, artisanal et/ou touristique de son objet (CCJA, 1e ch., n° 168/2020, 14-5-2020 : American Eagle Guard Security c/ Hôtel Sarakawa).

4[o] Société Enerca

Il résulte de l'article 30 AUPSRVE que seules bénéficient de l'immunité d'exécution les personnes morales de droit public et les entreprises publiques. En l'espèce, la société Enerca, du fait de sa forme en tant que société anonyme, constituée sous l'une des formes régies par l'AUSCGIE, est une entreprise de droit privé exploitée sous la forme de personne morale de droit privé. Elle n'est donc ni une personne morale de droit public ni une entreprise publique au sens de l'article 30 précité. C'est donc en violation de l'article 30 précité qu'une cour d'appel a jugé qu'une telle société bénéficie de l'immunité d'exécution du seul fait, d'une part, qu'elle est une « société d'État », régie par la loi 08-011 du 13 février 2008 portant organisation du cadre institutionnel et juridique applicable aux entreprises et offices publics et dont le capital est détenu par l'État centrafricain et, d'autre part, que sa mission de production de l'électricité pour les usagers est une mission de service public, exposant ainsi son arrêt à la cassation (CCJA, 2e ch., n° 076/2021, 29-4-2021 : Les membres du collectif ex-personnel de la société Enerca SA représentés par monsieur Z. c/ Enerca SA).

B. Sociétés d'économie mixte

Une société d'économie mixte dont l'État est actionnaire ne bénéficie pas de l'immunité d'exécution, dès lors qu'aucun texte ne stipule qu'elle est une entreprise publique (CA Abidjan, n° 283, 1-3-2002 : Sté GESTOCI, SA c/ D. A., Ohadata J-03-314 ; voir Ohadata J-04-93).

L'article 30, al. 1 de l'AUPSRVE pose le principe général de l'immunité d'exécution des personnes morales de droit public et en atténue les conséquences à l'alinéa 2, à travers le procédé de la compensation des dettes qui s'applique aux personnes morales de droit public et aux entreprises publiques. En l'espèce, c'est à tort que la cour d'appel saisie a accordé l'immunité prévue à l'article 31 de l'AUPSRVE à une société anonyme dont le capital social est détenu à parts égales par des personnes privées et par l'État du Congo et ses démembrements, dès lors qu'une telle société, qui est d'économie mixte, demeure une entité de droit privé soumise comme telle aux voies d'exécution sur ses biens propres (CCJA, 3e ch., n° 103, 26-4-2018 : M. M. c/ Sté des Grands Hôtels du Congo SA et 10 autres).

Obs. : il nous semble primordial, pour sécuriser les investissements et maintenir un climat de confiance, de confirmer cette jurisprudence de la Cour, idéalement en plénière, car l'immunité d'exécution des sociétés commerciales dont les parts appartiennent en totalité ou en partie à l'État ou à des collectivités publiques ne nous semble pas logique et cohérente avec le but du législateur de l'AUDCG, de l'AUSCGIE et de l'AUPSRVE qui doivent être lus conjointement pour en extraire la substance. La raison essentielle pour laquelle toute personne crée ou devient associée d'une société de capitaux en droit OHADA (SARL, SA et SAS) est la séparabilité du patrimoine personnel de l'associé ou de l'actionnaire avec celui de la société dont il détient des parts ou actions. Ce principe est consacré par la formule selon laquelle « les associés ne sont responsables des dettes sociales qu'à concurrence de leur apports » que l'on retrouve dans les critères fondamentaux de définition de chacune de sociétés de capitaux prévues par l'AUSCGIE à l'art. 309 pour les SARL, à l'art. 385 pour les SA et à l'art. 851-1 pour les SAS. De cette séparabilité du patrimoine, qui protège les associés et leur patrimoine des actions des créanciers en cas de difficultés, découle la dissociation de la personnalité juridique de la société avec celle de ses actionnaires ou associés, largement reconnue et consacrée dans la jurisprudence. L'on s'engage dans ce type de sociétés avec l'assurance qu'en cas de difficultés, sauf les cas, souvent rares, où la responsabilité des actionnaires et ou dirigeants pourrait être reconnue dans le cas d'une éventuelle action en comblement du passif, le patrimoine de l'associé sera protégé contre les actions des créanciers qui, en ce qui les concernent, peuvent recouvrer leurs créances sur les actifs de la société, laquelle, il convient de le rappeler, dispose de son patrimoine propre. Ainsi, saisir les biens d'une société ne revient pas du tout à saisir les biens du titulaire des parts ou actions de ladite société. Dans ces conditions et en tenant compte de la façon dont l'AUDCG et l'AUSCGIE ont été rédigés et de l'interprétation qu'en a fait la jurisprudence dans plusieurs cas, il nous semble impossible d'accorder ou de maintenir l'immunité d'exécution d'une société commerciale pour la simple raison que ses parts ou actions sont détenues en totalité ou en partie par une personne morale de droit public ou encore au motif que ladite société aurait des activités d'utilité publique. D'autant plus que, comme l'a si bien retenu la cour d'appel d'Abidjan, « **nulle société ne peut être à la fois anonyme et une personne morale de droit public** » (CA Abidjan, n° 762, 10-6-2003 : Sté AFFE – CI SECURITE c/ CNRA, Ohadata J-03-238. La cour indique aussi que le fait qu'une société soit investie d'une mission de service public et que l'État ait une participation dans son capital ne change en rien sa nature de société anonyme, donc de société de droit privé soumise, comme telle aux conditions d'exécution des sociétés de droit privé. C'est donc à tort que, estimant que ladite société bénéficie d'une immunité d'exécution, le premier juge a ordonné la mainlevée de la saisie-attribution pratiquée. L'ordonnance entreprise doit être infirmée en toutes ses dispositions ; statuant à nouveau, l'action visant à obtenir la mainlevée de la saisie réalisée doit être rejetée). Rien ne justifie à notre avis qu'il soit permis aux États et collectivités publiques de choisir de créer des sociétés commerciales, qui sont censées être régies par les règles civiles et commerciales applicables à tout commerçant et de rompre cette égalité lorsqu'il s'agit de recouvrer une créance contre une telle société qui n'est juridiquement pas la même personne que l'État ou la collectivité publique qui en détiendrait l'intégralité ou une partie des parts. À défaut, ce serait vider de leur substance la séparabilité du patrimoine et la distinction de la personnalité juridique d'une société de celle de ses associés, prônées par le législateur. Nous sommes également d'avis qu'une lecture attentive de l'AUDCG, de l'AUSCGIE et de l'AUPSRVE dans cet ordre permet de s'en convaincre. Pour aller plus loin, voir Mahutodji Jimmy Vital KODO, « Sur le revirement de la jurisprudence de la Cour commune de justice et d'arbitrage de l'OHADA en matière d'immunité d'exécution », Recueil Penant n° 906, janv.-mars 2019, p. 102-135.

V. Immunité de juridiction et immunité d'exécution : nécessité d'un consentement exprès et distinct pour l'exécution forcée

Il résulte des articles 30 de l'AUPSRVE et 5 de l'accord d'établissement passé le 9 juin 2004 entre l'Asecna et la République centrafricaine, qui dispose notamment que « 1 – L'Agence, ses biens et avoirs jouissent de l'immunité de juridiction sauf dans la mesure où l'Agence y aurait renoncé expressément ; 2 – Les biens et avoirs de l'Agence sont exempts de perquisition, confiscation, réquisition et d'expropriation et de toute forme de contrainte [...] », qu'une double immunité est conférée par ces textes à l'Asecna : une immunité de juridiction lui permettant de se soustraire à la compétence d'un tribunal centrafricain, et une immunité d'exécution qui empêche toute mesure d'exécution forcée sur ses biens. C'est donc à tort que la cour d'appel a déclaré les dispositions de ce texte inopérantes aux motifs que l'Asecna a plaidé sa cause devant les juridictions centrafricaines et qu'elle ne serait plus fondée à se prévaloir de son immunité qu'elle n'invoque que dans la phase d'exécution. Il en est ainsi dès lors qu'aucune renonciation expresse à son immunité de juridiction n'est invoquée contre l'Asecna et que le consentement à l'exercice de la juridiction par les tribunaux centrafricains n'implique pas le consentement à l'exécution forcée, qui nécessite un consentement exprès distinct. En statuant comme elle l'a fait, la cour d'appel a méconnu le texte visé au moyen et exposé son arrêt à la cassation. Sur évocation, mainlevée de la saisie doit être ordonnée (CCJA, ass. plén., n° 136, 11-11-2014 : Agence pour la sécurité de la navigation aérienne en Afrique et à Madagascar, dite Asecna, art. 2 c/ Collectif des ex-employés de l'Asecna, art. 2, Ohadata J-15-226). L'article 30 de l'AUPSRVE pose seulement le principe de l'interdiction des voies d'exécution et des mesures conservatoires contre les personnes bénéficiant de cette immunité et ne confère nullement une immunité de juridiction. C'est donc en violation, par fausse application de l'article 30 précité, qu'une cour d'appel a décidé que l'État tchadien bénéficie d'une immunité d'exécution de nature à le soustraire de la procédure d'injonction de payer par application de l'article 30 susvisé, exposant son arrêt à la cassation (CCJA, 3e ch., n° 047/2021, 8-4-2021 : Établissement DebibeArranga c/ État tchadien).

VI. Immunité d'ordre public, pouvant être invoquée d'office

A. Pouvant être soulevée d'office

L'immunité dont bénéficie une société d'État en vertu de l'article 30 de l'AUPSRVE est d'ordre public et le juge peut l'évoquer d'office même pour la première fois en appel. Par conséquent c'est à tort qu'un juge des référés a ordonné la saisie-attribution sur les comptes de ladite société. La saisie-attribution doit être annulée et sa mainlevée doit être ordonnée (CA Littoral, n° 120/Ref, 18-9-2000 : CDC c/ Sté Fresh Food Cameroon, Ohadata J-07-72).
En application de l'article 30, al. 1 de l'AUPSRVE, il y a lieu d'ordonner la mainlevée d'une saisie pratiquée

contre une société bénéficiant de l'immunité d'exécution prévue par cet article, conformément à la jurisprudence de la CCJA (CCJA, ass. plén., nº 105, 4-11-2014 : AES Sonel SA c/ Henri Ngalle Monono, Georges Eyombo Angandzie Baleng Maah Célestin, Ohadata J-15-196).

B. Renoncement à l'immunité d'exécution

Le renoncement d'un organisme de l'État à son immunité d'exécution ne peut être présumé et c'est en violation de l'article 30 de l'AUPSRVE qu'une cour d'appel l'a déduit d'un acte notarié renvoyant simplement aux suites d'un jugement ou d'un acte notarié grossoyé (CCJA, 1e ch., nº 182/2020, 28-5-2020 : PRESAN-KL c/ BSIC-Mali-SA).

Obs. : en jugeant que le renoncement d'un organisme public à son immunité d'exécution ne se présume pas, la CCJA semble désormais admettre, implicitement, et fort heureusement, la possibilité de renoncer à l'immunité d'exécution, ce qui devrait envoyer un message rassurant pour les investisseurs et opérateurs économiques. On peut donc considérer que par ce revirement implicite de jurisprudence, la Cour a sonné le glas de la jurisprudence Togo Télécom (CCJA, nº 043/2005, 7-7-2005 : A. Y. c/ Sté Togo Telecom, obs. Filiga Michel Sawadogo in Ohadata D-07-16 ; Ohadata J-06-32) et que désormais la renonciation peut être prise en compte, pour autant qu'elle aura été expressément stipulée dans une convention signée par un organisme de droit public. À notre avis, toute législation interne d'un État partie à l'OHADA qui serait de nature à retirer le bénéfice de l'immunité d'exécution à certaines entités publiques engagées dans des activités économiques et commerciales ou des transactions régies par le droit privé ne devrait plus pouvoir être écartée d'office pour contrariété avec l'article 10 du Traité relatif à l'OHADA, dans la mesure où aucune disposition du Traité OHADA ou de l'AUPSRVE n'interdit à un État partie ou à un organisme public d'un État partie à l'OHADA de renoncer l'immunité d'exécution (que ce soit une renonciation ad hoc dans un contrat, ou générale résultant d'une législation interne adoptée à cet effet), dès lors qu'il est établi que l'on ne saurait exiger ce que la loi (le Traité OHADA et l'AUPSRVE en l'espèce) elle-même n'exige pas (CCJA, 1e ch., nº 030/2010, 29-4-2010 : Thalès Security Systems SAS c/ Maître O. K. ; CCJA, 2e ch., nº 151/2020, 30-4-2020 : Ecobank-Niger c/ H. ; CCJA, 3e ch., nº 140/2021, 24-6-2021 : Société Olheol Industries Côte d'Ivoire c/ Baci).

VII. Atténuation de l'immunité d'exécution par la compensation

L'article 30 de l'AUPSRVE pose, en son alinéa 1, le principe général de l'immunité d'exécution des personnes morales de droit public, et en atténue les conséquences en son alinéa 2, à travers le procédé de la compensation des dettes. Ladite compensation, qui s'applique aux personnes morales de droit public et aux entreprises publiques, ne peut s'analyser que comme un tempérament au principe de l'immunité d'exécution qui leur bénéficie en vertu de l'alinéa 1 dudit texte. C'est donc à juste titre qu'une cour d'appel a jugé que « l'article 30 al. 1 de l'AUPSRVE pose le principe d'immunité d'exécution, et que les entreprises publiques, catégorie dans laquelle est classée la société défenderesse au pourvoi, figurent dans l'énumération des sociétés contre lesquelles s'applique la compensation [...] », et le moyen basé sur la violation de dispositions nationales contraires doit être rejeté (CCJA, nº 043/2005, 7-7-2005 : A. Y. c/ Sté TOGO TELECOM, Rec. jur. CCJA, nº 6, juin-déc. 2005, p. 25. – Juris-Ohada nº 1/2006, p. 8. Voir obs. Filiga Michel SAWADOGO in Ohadata D-07-16 ; Ohadata J-06-32).

Obs. : cette jurisprudence Togo Telecom doit être considérée comme désormais caduque en ce qu'elle n'admettait aucun aménagement de l'immunité d'exécution, la CCJA ayant opéré un revirement implicite en admettant désormais la possibilité de renoncer à l'immunité d'exécution, comme présenté ci-dessus (voir CCJA, 1e ch., nº 182/2020, 28-5-2020).

VIII. Inapplication de l'article 30 au sursis à l'exécution

A. Sursis à l'exécution

L'article 30 de l'AUPSRVE est inapplicable, l'assignation qui a abouti à l'ordonnance querellée n'ayant pas eu pour objet de statuer sur une exécution forcée entreprise contre une société d'État mais d'empêcher qu'une telle exécution puisse être entreprise sur la base d'une décision assortie de l'exécution provisoire et frappée d'appel (CCJA, ass. plén., nº 042, 23-4-2014 : Sté Armement Sardinier Thonier Ivoirien SARL c/ Sté Togo-Port (Port Autonome de Lomé), Ohadata J-15-133).

B. Application de l'article 30 uniquement aux entités bénéficiant de l'immunité d'exécution

Les dispositions de l'article 30, alinéa 1er de l'AUPSRVE ne sont applicables qu'aux personnes qui bénéficient de l'immunité d'exécution. En l'espèce, le Fer poursuit non pas la Minusca qui jouit d'une immunité d'exécution, mais la société anonyme, personne morale de droit privé, laquelle reconnaît n'avoir de lien contractuel qu'avec une autre société commerciale. Le fait pour elle de retenir les redevances à reverser à l'État via le défendeur pour le compte des mois de janvier à juin 2007 ne procède ni d'un droit de rétention ni de l'exécution forcée en vue de récupérer les redevances préalablement payées au défendeur. Il s'agit donc d'un abus ; en réalité, le Fer poursuit, à raison du caractère mixte de la comptabilité de cet organisme d'État prévue par l'article 53 de ses statuts, le recouvrement devant les juridictions de commerce d'une créance due et par ailleurs non contestée par une société commerciale (CCJA, 1e ch., no 047/2020, 27-2-2020 : Tradex Centrafrique SA c/ Fonds d'Entretien Routier).

Si l'article 30 de l'AUPSRVE pose le principe général de l'immunité d'exécution des personnes morales de droit public et des entreprises publiques, il ne demeure pas moins que lorsque la procédure concerne non pas la débitrice poursuivie, mais exclusivement le tiers saisi, dans le cadre d'une action en paiement des causes de la saisie et des dommages-intérêts, c'est en violation de l'article 30 précité qu'une cour d'appel a rejeté la demande de condamnation du tiers saisi au paiement des causes de la saisie, exposant son arrêt à la cassation (CCJA, 1e ch., no 080/2020, 9-4-2020 : G. c/ Services des Entreprises Pétrolières Congolaises S.A.).

Art. 30-1 [nouv.] Toute créance constatée par un titre exécutoire ou découlant d'une reconnaissance de dette par une personne morale de droit public, notamment l'État, une collectivité territoriale ou un établissement public peut, après mise en demeure adressée à l'organe dirigeant ou à l'autorité compétente dans chaque État partie et restée infructueuse pendant un délai de trois mois à compter de la notification, faire l'objet d'une inscription d'office dans les comptes de l'exercice et dans le budget de ladite personne morale, au titre des dépenses obligatoires.

La demande d'inscription, adressée au ministre chargé des Finances, est accompagnée des pièces justificatives de la créance et de la mise en demeure.

Les créances inscrites à la suite d'une demande d'inscription d'office portent de plein droit intérêt au taux légal en vigueur à compter de la mise en demeure.

Art. 30-2 [nouv.] Lorsque l'exécution forcée et les mesures conservatoires sont entreprises à l'égard de personnes morales autres que celles visées à l'article 30 du présent acte uniforme et sont de nature à porter gravement atteinte à la continuité du service public, le juge peut, à la demande de la personne morale intéressée ou du ministère public, prendre toutes mesures urgentes appropriées, en subordonnant de telles mesures à l'accomplissement, par le débiteur, d'actes propres à faciliter ou à garantir le paiement de la dette.

Art. 30-3 [nouv.] Sauf renonciation expresse, il n'y a pas d'exécution forcée ni de mesures conservatoires contre les personnes morales de droit public étrangères et les organisations internationales qui bénéficient de l'immunité d'exécution en vertu de conventions sur les relations diplomatiques ou consulaires ou d'accords d'établissement ou de siège.

Art. 31 L'exécution forcée n'est ouverte qu'au créancier justifiant d'une créance certaine, liquide et exigible sous réserve des dispositions relatives à l'appréhension et à la revendication des meubles.

Jurisprudence OHADA

I. Créance remplissant les conditions

A. Créance résultant de conventions de compte courant clôturés

C'est à tort qu'il est reproché à un arrêt d'avoir violé les dispositions des articles 31 et 247 de l'AUPSRVE, en déclarant irrecevable le moyen tiré de l'absence de créance certaine et liquide, alors que la banque n'a pas pris en compte les versements effectués en atténuation de leur dette ; que ces versements, auxquels s'est ajoutée la contre-garantie de 50 % fournie par le fonds de promotion économique, font que la créance n'est ni certaine, ni exigible, dès lors que, contrairement aux allégations du moyen, la créance résulte des conventions de comptes courants clôturés, d'où sa certitude et sa liquidité ;

que la cour d'appel, en constatant le titre exécutoire et en déclarant que les paiements ultérieurs ne remettaient pas en cause le principe de cette créance, n'a en rien violé les articles visés au moyen (CCJA, 3e ch., no 142, 7-6-2018 : Coumba GAWLO SECK c/ B.I.S).

B. Reliquat d'une créance certaine, liquide et exigible

C'est à tort qu'il est reproché aux juges d'avoir violé l'article 31 de l'AUPSRVE dès lors que le requérant ne conteste pas la réalité de sa dette initiale dont il allègue avoir payé un acompte, car le reliquat, outre les intérêts et agios éventuels de droit, constitue une créance certaine, liquide et exigible (CCJA, 1e ch., no 226, 14-12-2017 : Ouafo c/ AFRILAND FIRST BANK).

Le paiement fait par le tiers saisi n'éteint la dette du débiteur saisi vis-à-vis du créancier saisissant que dans la limite des sommes versées. C'est donc à tort qu'il est reproché à une cour d'appel d'avoir violé les articles 31 et 82 de l'AUPSRVE en retenant l'existence d'un reliquat de la créance née de l'arrêt du 7 juillet 2011 et justifiant la seconde saisie du 17 mars 2014, alors que dans l'acte de conversion de la première saisie, le créancier réclamait le paiement de la somme de 150 033 741 FCFA en principal, intérêts et frais, qu'elle a largement obtenu cette somme en se faisant payer celle de 192 333 741 FCFA par la banque tiers saisi, et qu'ainsi, elle n'avait plus aucune créance à l'encontre de la débitrice au titre de l'arrêt du 7 juillet 2011. Il en est ainsi dès lors qu'à la suite de l'arrêt, par lequel la cour d'appel a confirmé l'ordonnance du juge de l'exécution rejetant les contestations de la première saisie, le créancier a fait servir commandement à [la débitrice] et à la banque, tiers saisi, pour obtenir paiement de la somme de 197 564 507 FCFA, représentant le montant de la condamnation majoré des intérêts et frais ; qu'ayant relevé qu'« après le paiement fait par la [le tiers saisi] de la somme de 192 333 907 FCFA, il y a eu un reliquat ; que la [débitrice] est tenue de payer ce reliquat ; que faute de le faire le reliquat a produit des intérêts », et évalué la créance reliquataire à la somme de 31 056 076 FCFA, c'est sans violer les textes visés au moyen que la cour d'appel a condamné la débitrice au paiement contesté (CCJA, 3e ch., no 161, 13-7-2017 : CIE c/ Sté Tropical Bois et la SIB).

II. Créance ne remplissant pas les conditions

A. Créance non exigible en raison d'un sursis à exécution

Lorsque l'arrêt ayant servi de base à la saisie-attribution a fait l'objet d'un sursis à exécution par une ordonnance du 2 novembre 2001 du président de la Cour suprême du Togo, et qu'aucun acte d'exécution dudit arrêt n'était intervenu avant l'ordonnance ayant ordonné le sursis à l'exécution, l'exploit de signification en date du 5 octobre 2001 de l'arrêt incriminé ne pouvait être considéré comme un acte d'exécution en matière de saisie-attribution. Il s'ensuit que ledit arrêt n'était plus exécutoire, et la créance n'était plus exigible. C'est donc en violation de l'article 31 de l'AUPSRVE que les créanciers ont pratiqué la saisie-attribution du 9 avril 2003. Il convient d'en ordonner la mainlevée, après avoir annulé l'ordonnance entreprise (CCJA, no 011/2007, 29-3-2007 : O. Y. c/ B.I.A-TOGO SA, Rec. jur. CCJA, no 9, janv.-juin 2007, p. 79, Ohadata J-08-231).

B. Créance contestée et sujette à expertise

Lorsque la créancière saisissante reconnaît dans ses écritures avoir sans succès initié plusieurs procédures de vente forcée des immeubles de la requérante, sans toutefois prouver qu'elle disposait à l'occasion d'un titre exécutoire constatant une créance liquide et exigible contre cette dernière ; et qu'il est plutôt acquis au dossier que ses actions ont été introduites alors que la créance invoquée fait l'objet d'une contestation devant les juridictions et qu'une mesure expertale a même été ordonnée, c'est en violation de la loi que la cour d'appel s'est fondée uniquement sur la régularité des actes de publicité et d'affichage de placards, sans préalablement s'assurer, comme les invitait la spécificité de la demande de la requérante, de leur conformité aux prescriptions fondamentales des articles 31 et 247 de l'AUPSRVE, exposant leur arrêt à la cassation (CCJA, 1e ch., no 016/2022, 27-1-2022 : T. c/ Boa Mali SA).

III. Inexistence d'un titre exécutoire au moment d'une saisie

La survenance d'une ordonnance du président de la Cour suprême antérieurement à l'ordonnance de référé et à l'arrêt querellé devant avoir pour effet de suspendre toute exécution jusqu'à décision de la Cour suprême, c'est à tort que l'ordonnance de référé a été confirmée et l'arrêt qui l'a confirmée doit être cassé. Sur l'évocation, l'ordonnance querellée doit être infirmée et la mainlevée de la saisie doit être ordonnée, dès lors ladite ordonnance n'a pas tiré toutes les conséquences de la survenance de l'ordonnance du Président de la Cour suprême suspendant l'exécution. Il en est ainsi car l'antériorité de cette décision devait être appréciée par rapport à la date de saisine du juge des référés et non à la date de la saisie (CCJA, 2e ch., no 180, 8-12-2016 : Sté PALM CI c/ Sté CICOMAG, Ohadata J-17-120).

Il ressort des articles 31 et 153 de l'AUPSRVE que le titre exécutoire, condition nécessaire de la saisie-attribution de créances, doit consacrer, en faveur d'un créancier au moins, l'existence d'une créance liquide et exigible contre un ou plusieurs débiteurs nommément désignés. En l'espèce, pour procéder à la saisie-attribution, la créancière se prévaut des grosses d'arrêts qui, bien qu'ayant le caractère de titre exécutoire au sens de l'article 33 de l'AUPSRVE, ne consacrent guère en faveur de la société créancière une créance liquide et exigible à l'encontre de la société poursuivie ; que cela est d'autant plus vrai que l'un des arrêts énonce « qu'une autre action étant encore pendante devant le juge de l'opposition relativement à la créance dont la conservation du paiement est poursuivie, la Cour de céans ne peut, sans préjuger de la suite de cette action, conclure à la mainlevée de la saisie attaquée parce qu'elle serait sans objet en raison de l'autorité de la chose jugée ». Dès lors, ces arrêts ne pouvant servir de fondement à la saisie-attribution de créances querellée, c'est en violation des articles visés au moyen qu'une cour d'appel a confirmé l'ordonnance initiale en ses dispositions, exposant ainsi son arrêt à la cassation. Sur l'évocation, il y a lieu d'infirmer la décision dont appel et d'ordonner en tant que de besoin la mainlevée de la saisie-attribution querellée, dès lors que la CCJA avait déjà cassé l'arrêt d'appel, évoquant, infirmé la décision objet d'appel, déclaré la saisie pratiquée caduque et ordonné sa mainlevée ; par l'effet de l'autorité de la chose jugée rattachée à cet arrêt de la CCJA, la saisie pratiquée est désormais dépourvue de fondement juridique (CCJA, 1e ch., 173, 25-10-2018 : Sté Côte d'Ivoire TELECOM c/ Groupe DARATS).

IV. Effet de l'irrecevabilité d'une contestation sur l'office du juge

Après avoir confirmé l'ordonnance par laquelle le premier juge a déclaré la contestation d'une saisie irrecevable pour forclusion, les juges d'appel n'avaient plus à vérifier la validité du titre et les critères de la créance justifiant la saisie entreprise (CCJA, 1e ch., nº 248/2019, 7-11-2019 : Gabon Telecom SA c/ Maître Gilbert ERANGAH).

Art. 32 [mod.] A l'exception de l'adjudication des immeubles, l'exécution forcée peut être poursuivie jusqu'à son terme en vertu d'un titre exécutoire par provision.

La disposition de l'alinéa 1er du présent article ne s'oppose pas à ce que le juge compétent prenne des décisions ayant pour objet les défenses à exécution provisoire ou le sursis à exécution.

L'exécution *d'un titre exécutoire par provision* est poursuivie aux risques du créancier, à charge pour celui-ci, si le titre est ultérieurement modifié, de réparer intégralement le préjudice causé par cette exécution sans qu'il y ait lieu de relever de faute de sa part.

Jurisprudence OHADA

I. Définition et effets du sursis à exécution

Le sursis à exécution est la suspension de l'applicabilité d'un acte dans l'attente de l'arrêt à rendre sur sa légalité et la neutralisation de l'acte est absolue pendant le procès dont il fait l'objet. La force exécutoire de l'arrêt est seulement mise en veilleuse jusqu'à l'issue du pourvoi, mais elle n'est pas anéantie (CA Littoral (Cameroun), nº 65/REF, 24-3-2008 : Sté Texaco Cameroun c/ M. M. R., Ohadata J-09-148).

Obs. : décision rendue sur la base de l'art. 170 de l'AUPSRVE mais transposable à l'art. 32 en ce qui concerne les effets du sursis à exécution. Dans le cas d'espèce, l'exécution de la saisie-attribution a manifestement commencé avant que le sursis soit ordonné par la Cour suprême. Voir *infra*, art. 170 à propos de l'existence d'un titre exécutoire.

Par définition, le sursis à exécution est un mécanisme dont le but est d'éviter que l'exécution ait lieu, de sorte que sa mise en œuvre est exclue lorsque l'évènement redouté s'est produit ; l'exécution étant, il ne peut s'agir que de l'interrompre ou de l'annuler, avec pour conséquence le remboursement ou la restitution, ce qui n'entre pas dans le champ de compétence de la juridiction du sursis à l'exécution (CCJA, 1e ch., nº 332/2020, 22-10-2020 : Y. c/ Union Gabonaise de Banque (UGB)).

II. Exécution provisoire

A. Définition

Au sens de l'article 32 de l'AUPSRVE, l'exécution provisoire s'entend du droit accordé par la loi ou le juge à la partie bénéficiaire d'un jugement d'en poursuivre l'exécution, malgré l'effet suspensif des voies de recours, du délai ou des recours exercés ; sa seule existence habilite le bénéficiaire du titre considéré à mener son exécution à son terme à ses risques et périls. En l'espèce, la cour d'appel qui a retenu que « la poursuite de l'exécution qui doit aller jusqu'à son terme et qui ôte au juge le pouvoir d'y mettre fin est celle ordonnée en conformité avec la loi […] ; il convient d'examiner si les conditions de l'octroi de l'exécution provisoire sont réunies en l'espèce […] ; qu'en définitive, l'exécution provisoire dont il s'agit n'a pas été légalement ordonnée ; que de ce qui précède, il convient de faire défense au jugement […] », pour écarter l'application de l'article 32 précité, alors, d'une part, qu'elle n'avait pas encore vidé sa saisine sur le fond de l'appel et que, d'autre part, le jugement assorti de l'exécution provisoire valait bien titre au sens de l'article 33 de l'AUPSRVE et avait déjà donné lieu à une exécution forcée en forme de saisies conservatoires converties en saisies-attributions de créances, certains tiers saisis s'étant déjà libérés, a violé l'article 32 précité, exposant son arrêt à la cassation. Sur l'évocation, et pour les mêmes motifs que ceux ayant entraîné la cassation de l'arrêt attaqué, il y a lieu de rejeter la défense sollicitée, et d'ordonner, s'il y a lieu, la poursuite des mesures d'exécution forcée pratiquées (CCJA, 1e ch., no 247/2020, 25-6-2020 : Erto SARL c/ Bolloré Transport & Logistics SA).

B. Conséquence du défaut de titre exécutoire

L'exécution forcée prévue par l'article 32 de l'AUPSRVE est facultative, et aux risques du créancier, si elle est poursuivie. Mais elle ne peut être fondée sur un jugement frappé d'appel, qui ne constitue pas un titre exécutoire (CA Abidjan, ch. civ. et com., no 574, 5-4-2004 : A D Feu K. K. B. c/ Sté SIDAM et Carpa, Ohadata J-05-334).

Dans le même sens, lorsque le juge compétent qui avait sur requête autorisé des saisies conservatoires en a par la suite ordonné la mainlevée, les procédures qui ont abouti aux ordonnances attaquées n'entraient plus dans le cadre du contentieux de l'exécution forcée d'un titre exécutoire régi par l'article 32 de l'AUPSRVE. Ces procédures, dont la cour d'appel a été saisie, ont donc consisté en l'examen de la régularité d'une décision de justice, question à laquelle l'article 32 invoqué n'a aucune vocation à s'appliquer puisqu'aucune exécution forcée ne pouvait plus être engagée faute d'existence du titre exécutoire dont les effets avaient été anéantis par la décision frappée d'appel (CCJA, 3e ch., no 064/2012, 7-6-2012 : Sté AXA-CI c/ Sté ARTIS).

C. Loi applicable à l'exécution provisoire

La procédure d'exécution provisoire, non légiférée par le droit OHADA, reste régie par la législation interne de chaque État partie. En l'espèce, la cour d'appel de Conakry qui a confirmé un jugement rendu par le TPI de Conakry en application de l'article 574 du Code de procédure civile, économique et administrative de la République de Guinée lequel a, entre autres, ordonné l'exécution provisoire, n'a en rien violé les dispositions sus-énoncées de l'article 574 susvisé et le moyen doit être rejeté (CCJA, 1e ch., no 37, 10-6-2010 : A. A. Mining Compagny of Guinea SARL c/ 1) M. C. ; 2) X-TRON Incorporated Limited, Juris-Ohada no 4/2010, oct.-déc., p. 14, Ohadata J-11-81, J-12-35).

……………………………………………………

III. Effets de l'exécution provisoire : poursuite de l'exécution provisoire d'une procédure non immobilière

Obs. : la formule « ne s'oppose pas à ce que le juge compétent prenne des décisions », insérée au nouvel alinéa 2 de l'article 32 ne comportant aucune précision quant à la nature « des décisions » à prendre, ni ne formulant aucune restriction relative au pouvoir du juge quant à la nature ou à l'objet des décisions qu'il a le pouvoir de prendre, le juge compétent semble pouvoir désormais ordonner des mesures de suspension à toute étape de l'exécution forcée (sauf, à notre avis, pour une exécution terminée), peu important les circonstances dans lesquelles il est saisi. Il en est ainsi dès lors que l'on ne saurait exiger ce que la loi elle-même n'exige pas (CCJA, 1e ch., no 030/2010, 29-4-2010 ; CCJA, 2e ch., no 151/2020, 30-4-2020 ; CCJA, 2e ch., no 013/2024, 25-1-2024), ni distinguer là où elle ne distingue pas (CCJA, 1e ch., no 144/2017, 29-6-2017), comme c'est le cas avec cette formulation retenue par le législateur. Il s'ensuit qu'en principe cette nouvelle disposition rend caduque la jurisprudence antérieure relative à « l'exécution déjà entamée », que nous ne reproduisons pas dans la présente édition et qu'il est loisible au lecteur de consulter dans les éditions précédentes.

A. Notion de début de l'exécution forcée

La signification d'un commandement de payer (CCJA, 1e ch., no 312/2019, 12-12-2019 : SAS Groupe A40 Architectes c/ Union gabonaise de banque, Groupe Attijariwafa Bank SA) ou d'une décision de justice avec commandement de payer au préalable à une saisie-attribution (CCJA, 2e ch., no 214/2020, 25-6-2020 ; CCJA, 3e ch., no 022/2022, 27-1-2022) caractérise un début d'exécution forcée, même si aucun commandement préalable n'est requis préalablement à une saisie-attribution de créance (CCJA, 1e ch., no 028/2022, 17-2-2022).

Le début de l'exécution se caractérise aussi par :

– une saisie conservatoire (CCJA, 2e ch., no 088/2021, 27-5-2021 : Bello Mousibaou c/ Bat RCI) ;

– une saisie-vente, laquelle constitue incontestablement une mesure d'exécution (CCJA, 1e ch., no 191/2021, 11-11-2021 : Obou Djekou Jeannot Abel c/ SIpef-CI).

B. Refus de la suspension de l'exécution terminée

La suspension a été refusée parce que l'exécution était terminée dans les cas suivants :

– lorsque l'**exécution forcée** entamée a été **entièrement exécutée.** Dans l'espèce, lorsqu'une ordonnance de référé, ayant ordonné sous astreinte à une société A de restituer à une société B les engins saisis, a été signifiée le 27 mai 2005 et que le même jour, l'exécution forcée a été entamée et poursuivie jusqu'à son terme, puisque les engins ont été remis aux requérants, une telle exécution forcée ne pouvait plus être suspendue. Et l'ordonnance du premier président de la cour d'appel qui a décidé de la suspension de l'exécution forcée déjà entamée, voire terminée, doit être annulée sans qu'il y ait lieu d'évoquer l'affaire (CCJA, n° 004/2009, 5-2-2009 : 1) SENBT, 2) cONTRAC, 3) M. G. N. Y. c/ SOGACA, Rec. jur. CCJA n° 13, janv.-juin 2009, p. 162, Ohadata J-10-90, Ohadata J-09-277) ;

– l'ordonnance de suspension d'une saisie rendue par le président de la juridiction suprême nationale **postérieurement à la mesure de saisie** ne peut avoir d'effet sur la saisie déjà pratiquée et c'est par une bonne application de la loi que le premier juge a débouté l'appelant de ce chef de demande (CA Abidjan (Côte d'Ivoire), 3e ch. civ. et com., n° 599, 30-7-2010 : Sté SAGA CI devenue SDV-SAGA Côte d'Ivoire puis BOLLORE AFRICA LOGISTICS COTE D'IVOIRE c/ PTI SARL, obs. J. Issa-Sayegh, Ohadata J-11-18).

La cour d'appel qui, **saisie d'une tierce opposition,** a ordonné le sursis à exécution, qui ôte à l'arrêt son caractère de titre exécutoire ayant permis les **voies d'exécution forcée déjà mises en œuvre** alors, d'une part, qu'il résulte de l'article 32 de l'AUPSRVE que le titulaire d'un titre exécutoire a fortiori définitif, peut en poursuivre l'exécution jusqu'à son terme à ses risques et périls et que, d'autre part, l'arrêt ayant été effectivement exécuté au moment où la demande de sursis était formulée, il n'y avait plus lieu d'ordonner une telle mesure qui par définition se conçoit pour l'avenir, a violé la loi et exposé son arrêt à la cassation ; plus rien n'étant à juger en la cause, il n'y a pas lieu à évocation (CCJA, 1e ch., n° 090, 28-3-2019 : S.I.B c/ TUNDE MOTORS SA et 2 autres c/ Sté Générale Bénin et Autres).

C'est à tort qu'il est reproché à un arrêt d'avoir violé l'article 32 de l'AUPSRVE, dès lors qu'il résulte de l'arrêt déféré que la cour a statué sur le sursis à statuer demandé et l'a rejeté en se fondant, entre autres motifs, sur l'exécution forcée intervenue du jugement objet de l'appel dans le cadre duquel ledit sursis a été sollicité ; qu'à aucun moment la cour n'a mis en œuvre les dispositions de l'article 32, qui est alors inopportunément invoqué ; et qu'en tout état de cause, ne viole aucune disposition légale, le juge d'appel qui décide n'y avoir lieu à surseoir à statuer sur l'affaire dont il est saisi. Le moyen manque de pertinence, et le pourvoi sera rejeté comme mal fondé (CCJA, 1e ch., n° 088, 28-3-2019 : SESI CONGO SA c/ Ets Esthétique SARL).

. . . .

IV. Suspension de l'exécution d'une procédure non immobilière

S'il est exact que conformément à l'article 32 de l'AUPSRVE, l'exécution forcée d'un titre exécutoire par provision peut se poursuivre jusqu'à son terme, c'est à la condition que le caractère exécutoire demeure. Il en va donc autrement lorsque le titre a été privé de son caractère exécutoire par provision, en attendant qu'il soit statué sur le fond. Par conséquent la conversion opérée sur la base de ce jugement alors qu'il n'avait plus son caractère exécutoire par provision, en raison de l'ordonnance du président de la cour d'appel, est injustifiée (CA Daloa (Côte d'Ivoire), n° 63, 14-1-2005 : CFAO c/ DA et la SGBCI, Revue Penant n° 861, oct.-déc. 2007, p. 541. Note Bakary DIALLO, Ohadata J-08-254. Voir aussi : CA du Centre (Cameroun), n° 276/ADD/CIV, 6-7-2012 : UCB SA c/ Z. N. L., Ohadata J-14-22).

Mais le créancier muni d'un titre exécutoire par provision peut légalement, sauf en matière d'adjudication, engager une procédure de saisie et la conduire jusqu'à son terme. De même, si le caractère exécutoire du titre dont l'exécution est poursuivie était supprimé en cours d'exécution, cet incident ne peut produire ses effets que pour l'avenir et empêcher le créancier de continuer l'exécution, mais n'a aucune incidence sur la validité des actes d'exécution déjà accomplis d'autant qu'ils ont été légalement effectués. S'agissant, en l'espèce d'une saisie-attribution, et non une procédure d'adjudication d'immeuble, pratiquée en vertu d'un arrêt de la cour d'appel d'Abidjan qui est un titre exécutoire par provision, les mesures de sursis émanant de la Cour Suprême contre l'arrêt dont l'exécution est poursuivie plus d'un mois après que la saisie critiquée a été pratiquée ne peuvent produire leur effet que pour l'avenir et ne peuvent avoir aucune incidence sur les actes de saisie qui ont été légalement accomplis au moment où l'arrêt était encore revêtu de son caractère exécutoire et constituait donc un titre exécutoire par provision comme le prévoit l'article 32. Ainsi, l'appelante ne peut se prévaloir du seul fait qu'il y a eu des décisions de sursis à exécution prononcées par la Cour Suprême contre l'arrêt pour demander la mainlevée de la saisie querellée alors que cette saisie a été pratiquée avant la survenance de ces mesures de sursis à exécution (CA Abidjan (Côte d'Ivoire), ch. civ. et com., n° 354, 20-11-2010 :

Sté FINAMARK c/ Mme A. et Autres., Juris-Ohada n° 3/2011, juill.-sept. 2011, p. 12, Ohadata J-12-153).

Obs. : pour une illustration de la violation injustifiée de l'article 32 par des tiers saisis qui ont attendu six heures après la signification du commandement de payer pour y opposer un refus, voir sous l'art. 164 de l'AUPSRVE : CA Abidjan, 5e ch. civ. et com., n° 435, 28-7-2011 : K c/ 1) B.F.A. 2) ECOBANK 3) B.A.C.I. 4) B.N.I., Juris-Ohada, 2011, n° 4, oct.-déc., p. 32, Ohadata J-13-13.

C'est à tort qu'il est reproché à une cour d'appel d'avoir violé les articles 10 du Traité relatif à l'OHADA et les articles 32, 336 et 337 de l'AUPSRVE, en entérinant l'ordonnance du président d'une cour d'appel suspendant l'exécution déjà entamée du jugement ayant condamné dès lors qu'en vertu de son pouvoir d'évocation la cour d'appel avait l'obligation de vider en entier le contentieux. La remise en cause de la condamnation met de toute évidence fin à la question de la continuation des poursuites et c'est à bon droit qu'après infirmation du jugement entrepris sur ce point, la cour a ordonné la discontinuation des poursuites (CCJA, 3e ch., n° 076, 29-3-2018 : Aimable Mpore c/ MTN-CI SA).

Mais il ressort de l'article 32 de l'AUPSRVE que le bénéficiaire d'une décision exécutoire par provision peut en poursuivre l'exécution jusqu'à son terme dès lors que celle-ci ne porte pas sur un immeuble. Il s'ensuit que si le caractère exécutoire du titre dont l'exécution est poursuivie est supprimé en cours d'exécution, cette suppression, qui ne produit ses effets que pour l'avenir, n'a aucune incidence sur la validité des actes d'exécution déjà accomplis légalement. En l'espèce, le demandeur ayant fait pratiquer, le 21 mai 2015, une saisie conservatoire de créances, convertie le même jour en saisie-attribution de créances, en exécution d'un arrêt n° 40 rendu le 20 avril 2015 par la cour d'appel du Littoral à Douala, l'ordonnance rendue plus tard par le premier président de la Cour suprême et portant suspension de l'exécution du même arrêt n° 40, ne peut dès lors avoir pour effet d'affecter la saisie déjà pratiquée. C'est donc en violation de l'article 32 que la cour d'appel a infirmé l'ordonnance entreprise et ordonné la mainlevée de la saisie, exposant ainsi son arrêt à la cassation (CCJA, 1e ch., n° 278, 27-12-2018 : TAKAM Pascal c/ Sté Camerounaise de Raffinage MAYA et Compagnie).

V. Non-application de l'article 32 à défaut d'exécution commencée

A. Sursis ordonné avant le début de l'exécution

C'est en violation de l'article 32 de l'AUPSRVE, qui autorise le bénéficiaire d'un titre exécutoire par provision à en poursuivre l'exécution forcée jusqu'à son terme à ses risques et périls, à l'exception de l'adjudication des immeubles, qu'une cour d'appel a validé une saisie-attribution réalisée sur le fondement d'un jugement dont l'exécution avait été préalablement suspendue par le président de la cour suprême nationale, exposant ainsi son arrêt à la cassation. Sur l'évocation et pour les mêmes motifs que ceux ayant entraîné la cassation, il y a lieu d'infirmer le jugement entrepris, de donner mainlevée de la saisie litigieuse (CCJA, 3e ch., n° 047, 1-3-2018 : Sté Ciments de l'Afrique c/ Banque Sahélo-Saharienne pour l'Investissement et le Commerce).

B. Action en condamnation initiée en dehors de toute mesure d'exécution

L'article 32 de l'AUPSRVE n'énonce que le principe selon lequel, d'une part, le créancier saisissant peut conduire une procédure d'exécution jusqu'à son terme, sauf en matière immobilière, sur la base d'un titre exécutoire par provision ; d'autre part, cette exécution se fera à ses risques et périls et, si le titre est ultérieurement modifié, il sera tenu de réparer intégralement le préjudice causé par l'exécution même s'il ne commet aucune faute dans ladite exécution. C'est ce qui justifie la place dudit article 32 de l'AUPSRVE au Titre I « DISPOSITIONS GENERALES » du livre II intitulé « VOIES D'EXECUTION » dédié aux exécutions forcées des décisions de justice. Cet article ne peut servir de fondement à une action en condamnation de paiement de trop-perçu obtenu en dehors de toute procédure d'exécution. Dès lors, ne viole pas la loi et ne commet pas une insuffisance de motivation la cour d'appel qui refuse d'accueillir une telle action exercée faussement sur le fondement dudit article 32 (CCJA, ass. plén., n° 052, 27-4-2015 : Sté Nationale de Recouvrement SNR c/ 1) Compagnie Bancaire de l'Afrique Occidentale (CBAO), 2) Aliou DIOUF et 150 autres, 3) Sté SEDIS, 4) Sté DAMETAL, 5) La Caoutchouc et Plastiques, Ohadata J-16-52).

VI. Saisie immobilière : recevabilité du sursis à exécution

L'adjudication des immeubles par la vente forcée peut être suspendue conformément à l'article 32 de l'AUPSRVE dès lors que :

– le débiteur poursuivi a introduit une requête aux fins de sursis à l'exécution du jugement ayant ordonné l'adjudication (TGI du Haut Nkam à Bafang, n° 19/ADD/CIV/TGI/02-03, 16-7-2003 : BICEC c/ T. E., Ohadata J-05-149) ;

– en vertu du principe général de droit selon lequel « le spécial déroge au particulier », en cas de confrontation entre des dispositions générales relatives aux voies d'exécution (en l'occurrence l'article 32 de l'AUPSRVE) et celles spécifiques à la matière de procédures collectives régies par l'AUPCAP, l'application de ces dernières doit être privilégiée. Il en résulte que l'huissier qui a été admis dans la masse des créanciers suivant jugement en date du 5/7/2006 ne peut plus exercer aucune poursuite individuelle (pour le recouvrement d'honoraires antérieurs à la procédure collective), y compris par voie de saisie-vente, qui reste et demeure suspendue depuis le jugement d'ouverture du 15 janvier 2003, « dès lors que celle-ci n'a pas abouti à sa finalisation, c'est-à-dire à l'adjudication » conformément à l'article 75 de l'AUPCAP, soutenues par la doctrine (Pr Filiga M. SAWADOGO, conférence de formation des magistrats des cours d'appel de mars-avr. 2007 à l'ERSUMA) et la jurisprudence constante (Cass. 2e civ. 19-5-1998 : D.1998, p. 406). Il en résulte que le jugement entrepris doit être infirmé et la saisie immobilière réalisée sur l'immeuble de la société en cours de liquidation doit être annulée (CA Zinder (Niger), no 40/bis, 26-7-2007 : Liquidation OFEDES c/ Me D. O., Me H. Z. substitué par E. M. Avocat à la cour, Ohadata J-09-171).

....

VII. Juridiction compétente

A. Suspension d'une décision assortie de l'exécution provisoire

L'article 32 de l'AUPSRVE n'autorise par le juge des référés à empêcher l'exécution d'une décision assortie de l'exécution provisoire (CA Abidjan, ch. civ. et com., no 935/bis, 2-9-2004 : T. A. G. c/ Sté Industrielle THANRY, Ohadata J-05-342).

B. Nomination d'un séquestre

Le juge des référés est compétent pour ordonner la nomination d'un séquestre et une mesure provisoire telle que le cantonnement des causes d'une condamnation (CA Abidjan, ch. civ. et com., no 574, 5-4-2004 : A D Feu K. O. K. B. c/ Sté SIDAM et Carpa, Ohadata J-05-334).

....

VIII. Réparation du préjudice causé au débiteur

A. Application de l'article 32 de l'AUPSRVE uniquement aux titres exécutoires par provision

L'article 32 de l'AUPSRVE, qui permet au bénéficiaire d'une décision exécutoire par provision de procéder à l'exécution forcée de celle-ci aux risques de répondre des préjudices pouvant résulter d'une modification postérieure de cette décision, n'a pas vocation à régir les conséquences de l'annulation d'un arrêt d'une cour d'appel déjà exécuté, une telle exécution n'étant pas relative à un titre exécutoire par provision. C'est donc à tort qu'un tribunal a, sur le fondement de l'article 32, condamné une personne à payer à une autre la somme représentant le montant qu'elle a perçu dans le cadre de la mesure d'exécution forcée entreprise par ses soins en vertu de la grosse d'un arrêt, au motif que cette décision a été cassée et annulée, exposant ainsi son jugement à la cassation. Sur l'évocation, la cassation a pour effet d'anéantir l'autorité de la chose jugée attachée à l'arrêt attaqué et entraîne l'annulation de toute décision qui en est la suite, l'application ou l'exécution ; à ce titre, elle fait naître l'obligation de restitution des sommes versées en exécution de la décision annulée. Par ces motifs de pur droit, substitués à ceux erronés du premier juge, il y a lieu de déclarer la demande fondée et y faire droit, surtout que l'arrêt de cassation rendu par la Cour suprême ne fait l'objet d'aucune contestation devant la CCJA saisie conformément à l'article 18 du Traité OHADA. Une demande de dommages-intérêts vise par nature la sanction d'une partie de mauvaise foi. Un tel grief ne peut en l'état être retenu contre la partie qui a mis en œuvre l'arrêt d'une cour d'appel en forme exécutoire, l'annulation postérieure de cet arrêt n'établissant pas en soi une faute de sa part de nature à fonder sa condamnation au paiement des dommages-intérêts (CCJA, 1e ch., 236, 29-11-2018 : NSIA BANQUE Ex-BIAO-CI c/ DEHAYNI Ghassan).

B. Responsabilité de l'huissier

L'exécution étant poursuivie à ses risques, le créancier qui s'est fait remettre la somme de 3 268 489 FCFA, en vertu d'un arrêt d'appel ultérieurement cassé par la Cour Suprême, est tenu de réparer intégralement le préjudice subi par le créancier. La responsabilité de l'huissier instrumentaire doit être retenue, dès lors que, n'ignorant pas la modification affectant le montant de la créance, il a poursuivi l'exécution sans cantonner la saisie au montant pour lequel le recouvrement a été autorisé. Enfin, la responsabilité de la banque doit également être retenue dès lors qu'elle a procédé au paiement d'une somme supérieure à celle autorisée par l'arrêt de cassation dont elle avait connaissance. Par conséquent, le créancier saisissant, l'huissier instrumentaire et la banque saisie doivent être condamnés solidairement à payer au débiteur une somme souverainement fixée par le tribunal en réparation des préjudicies subis par le débiteur (Section de tribunal d'Adzopé (Côte d'Ivoire), no 25, 2-3-2005 : Sté tropical bois c/ A. B. C., Ohadata J-09-183).

C. Réparation du préjudice causé par des saisies immobilières réitérées sans une créance certaine, liquide et exigible

Lorsque la demanderesse a saisi le tribunal de commerce pour faire constater qu'elle est victime d'un harcèlement judiciaire constitutif d'un abus de droit et caractérisé par la multiplication des procédures de saisie immobilière se rapportant toutes à une même créance que poursuit la défenderesse sans jamais justifier d'un titre constatant les caractères certains, liquides et exigibles de celle-ci, comme l'impose la loi ; que ces faits sont établis dans la mesure où toutes ces procédures ont été annulées par des décisions judiciaires, entre autres, parce que la créance n'est pas liquide et exigible, ce qui n'a pas empêché la défenderesse d'introduire de nouvelles procédures de saisie immobilière en l'absence de tout élément nouveau et au mépris de l'autorité de la chose jugée rattachée aux décisions évoquées ci-avant, le tribunal de commerce a fait une mauvaise appréciation des faits en ne déduisant pas de ce comportement de la défenderesse abusif de son droit de recourir à la saisie immobilière, et son jugement doit être infirmé. Sur l'évocation, il ressort de l'article 32 de l'AUPSRVE que l'exécution forcée est toujours faite aux risques et périls du créancier poursuivant, lequel répond alors des conséquences dommageables de ses initiatives, sans qu'il soit besoin pour le juge saisi en réparation de rechercher de faute de sa part. En l'espèce, les multiples procédures de saisie immobilière initiées contre la demanderesse lui ont incontestablement causé un préjudice tant moral que financier imputable à la saisissante. Au vu des éléments du dossier et des circonstances de la cause, la cour estime juste et équitable de lui allouer la somme de cent millions de FCFA pour le préjudice moral et celle de deux cent cinquante millions de FCFA pour le préjudice financier, soit la somme totale de trois cent cinquante millions de FCFA à titre de dommages-intérêts (CCJA, 1e ch., nº 016/2022, 27-1-2022 : T. c/ Boa Mali SA).

D. Sanction de la partie ayant fait réitérer le sursis annulé par la CCJA

La parfaite connaissance de l'État du droit et du contentieux, ainsi que les circonstances de la cause, suffit à établir le caractère manifestement vexatoire de la démarche de la partie qui est retournée devant la juridiction nationale de cassation pour la faire réitérer par cette juridiction un sursis ordonné par elle et annulé par la CCJA. Il y a donc lieu de faire droit à la demande de condamnation de la défenderesse pour recours manifestement abusif, malicieux, téméraire et vexatoire, en ramenant toutefois les montants de la condamnation à la juste proportion de 10 000 000 FCFA, contrairement aux 650 000 000 FCFA sollicités ; puis d'assortir la décision d'une astreinte comminatoire conformément à la disposition nationale applicable, sur renvoi de l'article 46 du Règlement de procédure de la CCJA (CCJA, 1e ch., nº 332/2020, 22-10-2020 : D. c/ Union Gabonaise de Banque (UGB)).

E. Compétence du juge de l'exécution prévue à l'article 49 de l'AUPSRVE

L'action en réparation prévue à l'article 32, al. 2 de l'AUPSRVE relève bien de la compétence de la juridiction établie par l'article 49 de l'AUPSRVE. En droit burkinabè, le juge des référés est la juridiction des urgences par excellence ; lorsqu'il intervient dans le cadre de l'article 49 précité, il a une compétence élargie qui lui permet de connaître, comme c'est le cas en l'espèce, les demandes en restitutions de sommes injustement libérées, fondées sur l'alinéa 2 de l'article 32 précité. Pour ces motifs de pur droit substitués à ceux du président de la cour d'appel, il y a lieu de rejeter le pourvoi comme mal fondé, les moyens proposés étant relatifs à une incompétence de la juridiction des référés non établie (CCJA, 1e ch., nº 274/2020, 30-7-2020 : Microfi SA c/ Union des Assurances du Burkina-IARDT).

JURISPRUDENCE COMPARÉE

France

A. Titre exécutoire par provision

L'ordonnance de référé est un titre exécutoire par provision ; elle peut servir de titre exécutoire pour procéder à une saisie-vente (Cass. civ. 5-4-1994 : D. 1994.IR.109 : à propos d'une saisie-exécution, mais transposable) ou à une saisie-attribution (Cass. civ. 24-6-1998 : D.1999.148 note Hoonakker).

B. Obligation de réparer les conséquences de l'exécution provisoire injustifiée

Le créancier qui a poursuivi l'exécution à ses risques et périls doit réparer le préjudice qui en résulte, sans qu'il soit nécessaire de relever une faute de sa part (Cass. 2e civ. 22-1-2004 nº 80 : RJDA 5/04 nº 651, Cass. 2e civ. 9-9-2010 nº 09-68.120 : D. 2011.145 note Dupont), ce à quoi il est tenu dès lors qu'il a signifié l'ordonnance, peu important que le poursuivi l'ait alors exécutée spontanément (Cass. ass. plén. 24-2-2006 nº 533 : D. 2006. 1085 note Perrot).

Art. 32-1 [nouv.] **L'exécution d'une décision de justice dans le délai d'exercice d'un recours non suspensif ou en cas d'exercice d'un tel recours ne peut, en aucun cas, constituer une faute, même s'il y a remise en cause de la décision. L'exécution ne peut donner lieu qu'à restitution.**

Art. 33 [mod.] Constituent des titres exécutoires :

1) les décisions juridictionnelles revêtues de la formule exécutoire et celles qui sont exécutoires sur minute ;

2) les actes et décisions juridictionnelles étrangers ainsi que les sentences arbitrales déclarés exécutoires par une décision juridictionnelle, non susceptibles de recours suspensif d'exécution, de l'État dans lequel ce titre est invoqué ;

3) les procès-verbaux de conciliation signés par le juge, *le greffier* et les parties ;

4) les actes notariés revêtus de la formule exécutoire ;

5) *les accords de médiation revêtus de la formule exécutoire en application de l'Acte uniforme relatif à la médiation ;*

6) les décisions auxquelles la loi nationale de chaque État partie attache les effets d'une décision judiciaire.

Jurisprudence OHADA

I. Existence d'un titre exécutoire

A. Décisions de justice

1° Copie de la grosse d'un jugement

La copie de la grosse d'un jugement revêtue de la formule exécutoire est un titre exécutoire (TPI Nkongsamba, ord. n° 1/REF, 13-3-2002 : La Compagnie Nationale d'Assurance c/ les ayants droit de Feu T. H. K. et de Feu T. V. représenté par T. K., les ayants droit de F. C. Z. représentés par C. S. P., T. A. K., Ohadata J-05-158 ; TPI Nkongsamba, ord. n° 02/CE, 17-11-2004 : D. H. c/ E. D., M. G., Ohadata J-05-156).

La cour d'appel de Niamey, qui a remis en cause le caractère exécutoire de son propre arrêt confirmatif, a méconnu et violé les dispositions des articles 32, 33, 154 et 164 de l'AUPSRVE et exposé son arrêt à la cassation, sans qu'il soit besoin de statuer sur le second moyen. Sur l'évocation, il ressort, tant de l'esprit de l'article 154 de l'AUPSRVE, que de la jurisprudence de la CCJA, que l'argument selon lequel les défenses à exécution ordonnées par une cour d'appel après la saisie-attribution rendent cette saisie dépourvue de titre exécutoire ne peut prospérer, car l'arrêt grossoyé constitue bien un titre exécutoire (CCJA, 1e ch., n° 072, 14-11-2013 : Sté Nigérienne d'Electricité dite NIGELEC SA c/ Sté d'Exploitation des Eaux du Niger dite SEEN SA, Sté Nigérienne de Banque dite SONIBANK SA, ECOBANK Niger, Rec. jur. CCJA, n° 20, vol. 1, janv.-déc. 2013, p. 24-28, Ohadata J-15-72).

La saisie fondée exclusivement sur la condamnation d'un débiteur par jugement du TGI et non sur la créance faisant l'objet d'une contrainte de la Caisse Nationale de Prévoyance Sociale, constitue bien un titre exécutoire au sens de l'article 33 de l'AUPSRVE et aucune immunité d'exécution ne peut être utilement invoquée (CCJA, 1e ch., n° 022, 11-3-2014 : STANDARD Chartered Bank Cameroon dite SCBC c/ Caisse Nationale de Prévoyance Sociale dite CNPS, Institut des Relations Internationales du Cameroun dit IRIC (Université de Yaoundé II), Ohadata J-15-113).

Doit être cassé, pour violation de l'article 33 de l'AUPSRVE, l'arrêt qui n'a pas reconnu à la grosse en forme exécutoire d'un acte notarié authentique et le certificat d'inscription hypothécaire délivré par un notaire la qualité de titre exécutoire (CCJA, ass. plén., n° 115, 4-11-2014 : Caisse Populaire Coopérative du Littoral (CAPCOL) c/ N'GOWI Emmanuel, Ohadata J-15-206).

Constitue un titre exécutoire au sens de l'article 33 de l'AUPSRVE, susceptible de servir valablement de fondement à une mesure d'exécution forcée, la grosse rendue exécutoire d'un arrêt régulièrement signifiée, dès lors que, bien que ne contenant pas une condamnation formelle, les mentions de cette décision permettent d'identifier le créancier et le débiteur et de déterminer une créance certaine, liquide et exigible du premier sur le second (CCJA, 1e ch., n° 165, 17-12-2015 : Sté Omnium de Gestion Immobilière, dite O.G.I SARL c/ KPOKOU KOMLAN Maurice, Ohadata J-16-158).

Le jugement sur lequel était apposée la formule exécutoire constituait à la date de la saisie un titre exécutoire au sens de l'article 33 de l'AUPSRVE ; la procédure de rétractation initiée pour violation de l'article 106 du Code de procédure civile ivoirien ne saurait constituer un obstacle à ladite saisie et le moyen doit être rejeté (CCJA, 2e ch., n° 170, 17-12-2015 : Sté Ivoirienne de Promotion Immobilière (SIPIM) c/ KOUASSI Affoué Marcelle, Ohadata J-16-163). Ainsi, l'ordonnance de mainlevée d'une saisie-attribution pratiquée en vertu de la grosse de l'ordonnance d'injonction de payer dont la régularité n'a été utilement contestée ni quant à la délivrance du certificat de non-opposition ni quant à l'apposition de la formule exécutoire doit être infirmée (CCJA, 2e ch., n° 171, 17-12-2015 : Sté Atlas Assurances c/ Sté RIMCO, Sté Ivoirienne de Banque dite SIB, Ohadata J-16-164).

Dans le même sens, et jugeant qu'aux termes de l'article 153 de l'AUPSRVE, la saisie-attribution ne peut être pratiquée, qu'en vertu d'un titre exécutoire, en l'occurrence une décision juridictionnelle revêtue de la formule exécutoire et constatant une créance liquide et exigible ; et que la cour d'appel qui a déclaré illégale une saisie-attribution de créances fondée sur un arrêt dépourvu de la formule exécutoire n'a en rien violé les articles 33 et 153 de l'AUPSRVE (CCJA, 2e ch., no 072, 21-4-2016 : ONG World Vision Niger c/ Younoussa LILLA, Ohadata J-17-21).

C'est à tort qu'il est reproché à un arrêt d'avoir violé l'article 324 du Code ivoirien de procédure civile en reconnaissant le caractère exécutoire à la grosse d'un jugement qui n'a pas fait l'objet d'une signification ni d'un commandement de payer et ne pouvait produire quelque effet que ce soit, dès lors que le certificat de non-appel ayant conféré le caractère définitif au jugement, la grosse subséquemment levée constitue bien un titre exécutoire qui, comme les autres titres exécutoires énumérés à l'article 33 de l'AUPSRVE, sert valablement de fondement à la mesure d'exécution forcée opérée. C'est aussi à tort qu'il est reproché à l'arrêt le défaut de base légale résultant de l'obscurité, de l'interprétation, de l'insuffisance ou de la contrariété des motifs en ce que pour ordonner la continuation des poursuites, il a retenu que la saisie-attribution de créances est fondée sur un titre exécutoire régulier en considérant la date de la signification d'une expédition comme celle de la grosse du jugement, dès lors que la saisie-attribution de créances a été pratiquée sur la base de la grosse d'un jugement devenu définitif, faute de recours dans les délais légaux. En ordonnant la continuation des poursuites sur le fondement d'un titre exécutoire régulier, la cour d'appel a bien donné une base légale à son arrêt et le moyen doit être rejeté (CCJA, 1e ch., no 063, 30-3-2017 : BAMBA Kanvaly et une autre c/ Mamadi KAMISSOKO).

La cour d'appel qui, dans le cadre d'une saisie immobilière, a retenu « que le jugement [ayant servi de fondement aux poursuites] engagées, […] décision revêtue de la formule exécutoire, constitue un titre exécutoire […] » n'a en rien violé l'article 247 visé au moyen, qui doit être rejeté (CCJA, 3e ch., no 112/2019, 11-4-2019 : El Hadj Djibel Toure c/ Bassirou Cisse).

Dans le même sens, au sujet :

– de la saisie-attribution pratiquée sur la base d'un jugement rendu sur opposition à une décision d'injonction de payer revêtu de la formule exécutoire, qui constitue comme tel un titre exécutoire au sens de l'article 33-1o de l'AUPSRVE, ne l'a pas été sans titre exécutoire, en violation des articles 153 et 157 de l'AUPSRVE (CCJA, 1e ch., no 070/2022, 21-4-2022) ;

– d'un jugement et de son arrêt confirmatif qui n'ont fait l'objet d'aucune voie de recours ; la créance résultant de ces décisions est certaine, liquide et exigible. C'est donc en violation de l'article 33 précité qu'une cour d'appel a retenu le contraire pour infirmer la décision du premier juge, alors que ces décisions judiciaires ont été versées aux débats, exposant l'arrêt attaqué à la cassation (CCJA, 2e ch., no 041/2022, 24-2-2022).

2o Jugement réputé contradictoire

Un jugement réputé contradictoire et assorti de l'exécution provisoire sur minute et avant enregistrement est un titre exécutoire au sens de l'article 33 (CCJA, 1e ch., no 006, 4-2-2010 : Clinique Pédiatrique « Fondation Jean-François ONDO » c/ ACG-ASCOMA, Juris-Ohada, no 2/2010, avr.-juin 2010, p. 15, Ohadata J-11-50, J-12-42).

3o Ordonnances

a. Ordonnance d'injonction de payer revêtue de la formule exécutoire

Une ordonnance d'injonction de payer revêtue de la formule exécutoire est un titre exécutoire conformément à l'article 33 de l'AUPSRVE que le juge des référés ne peut remettre en cause, au risque d'outrepasser ses compétences (TRHC Dakar, no 139, 27-1-2003 : Sté SCI c/ M. W., Ohadata J-05-85 et J-03-176 ; TRHC Dakar, ord. réf., 27-1-2003 : Sté SCI SA c/ M. W., Ohadata J-04-162, obs. Ndiaw Diouf).

Obs. : pour un arrêt de la CCJA retenant que le fait de ne pas former opposition contre une ordonnance d'injonction de payer ou de former opposition hors délai justifie l'apposition de la formule exécutoire sur ladite ordonnance qui vaut dès lors titre exécutoire, en raison du principe de l'autorité de la chose jugée, voir no 2 sous l'art. 14.

b. Ordonnance de référé déclarée exécutoire sur minute

Les ordonnances de référé sont assorties de plein droit de l'exécution provisoire par le législateur. Ainsi, lorsqu'une ordonnance de référé a été déclarée exécutoire sur minute, le fait que cette minute n'ait pas été revêtue de la formule exécutoire ne permet pas à la partie perdante en l'espèce de demander l'annulation de la saisie. L'ordonnance du juge des référés assortie de l'exécution provisoire vaut condamnation de payer et constitue un titre constatant une créance liquide et exigible permettant l'exercice d'une mesure d'exécution forcée. C'est donc à tort que l'appelante en l'espèce demande l'infirmation de l'ordonnance attaquée (CA Lomé (Togo), no 39/09, 10-3-2009 : Sté Togo et Shell c/ A. K., A. F., K. K., A. Y., Ohadata J-10-227).

Une ordonnance exécutoire sur minute est un titre exécutoire en vertu de l'article 33 de l'AUPSRVE

(T. com. Kinshasa/Gombe, n° RCE 7288, 14-2-2022 : Equity Banque Commerciale du Congo SA c/ La Rawbank SA ; CCJA, 3e ch., n° 048/2021, 8-4-2021 : Kiambi Diangenda Chicco, Liquidateur de la succession feu K. c/ Ecobank RDC SA).

L'exécution sur minute, ordonnée par le juge en cas de nécessité, permet au créancier de procéder à une exécution forcée au seul vu de la minute ; en pareil, le créancier n'est pas tenu de procéder au formalisme de l'enregistrement préalable. Ce formalisme exigé par le Code général des impôts de la République Centrafricaine, pour les actes judiciaires, ne s'impose au créancier poursuivant que lorsqu'il s'agit d'une décision définitive, revêtue de la formule exécutoire. En jugeant donc qu'une décision assortie de l'exécution provisoire sur minute a vocation à être exécutée immédiatement sur la simple présentation de la minute, le premier juge a fait une juste application de la loi et l'ordonnance doit être confirmée sur ce point (CCJA, 2e ch., n° 076/2021, 29-4-2021 : Les membres du collectif ex-personnel de la société Enerca SA représentés par monsieur Z. c/ Enerca SA).

Il résulte des dispositions de l'article 33-1 de l'AUPSRVE que les décisions juridictionnelles qui sont exécutoires sur minute constituent des titres exécutoires pouvant justifier une saisie-attribution. Viole l'article précité la cour d'appel qui, pour infirmer un jugement, annuler une saisie-attribution et en ordonner la mainlevée :

– a retenu que le moyen d'appel lié au caractère non exécutoire de l'ordonnance ayant servi de fondement à une saisie-attribution, du fait de l'appel interjeté contre l'ordonnance était fondé ;

– puis a énoncé que « dans le cas sous examen, la cour relève [que le] 30 septembre 2020, la société [défenderesse] a relevé appel de l'ordonnance [exécutoire sur minute] rendue par la juridiction présidentielle du [TGI] de Kinshasa/Gombe [le] 23 septembre 2020, […]. Ce qui a entraîné la suspension de son exécution et partant l'irrégularité de la saisie-attribution pratiquée en date du 29 septembre 2020 par l'intimée ».

Sur l'évocation, et pour les mêmes motifs que ceux ayant entraîné la cassation, il y a lieu de dire que l'ordonnance (exécutoire sur minute) rendue en septembre 2020 par la juridiction présidentielle du TGI de Kinshasa/Gombe constitue un titre exécutoire au sens de l'article 33 de l'AUPSRVE et les saisies-attributions pratiquées sur son fondement sont bonnes et valables ; la décision du premier juge sera donc confirmée pour avoir statué dans ce sens (CCJA, 1e ch., n° 014/2022, 27-1-2022 : Optimum Multimodal Solutions SARL c/ Orange RDC SA et CitigroupCongo SA).

c. Ordonnance de taxe revêtue de la formule exécutoire

L'ordonnance de taxe revêtue de la formule exécutoire est un titre exécutoire (CA Lomé (Togo), n° 138/09, 1-9-2009 : BIA-TOGO c/ Me K. T. B., Ohadata J-10-226).

Mais le bâtonnier de l'ordre des avocats du Togo n'étant pas une juridiction, c'est à tort que des ordonnances de taxe rendues par lui ont été revêtues de la formule exécutoire. Les saisies-attributions de créances réalisées sur la base de ces ordonnances l'ont été sans titre exécutoire et c'est à juste titre qu'elles ont été annulées par le juge de l'urgence qui était compétent en l'espèce (CA Lomé (Togo), n° 088/09, 26-5-2009 : Me J. S. K. de S. c/ La Brasserie BB Lomé, Ohadata J-10-176).

Obs. : la cour d'appel s'est basée sur l'art. 1 de l'ordonnance 78-35 du 7 septembre 1978 portant organisation judiciaire au Togo pour dire que le bâtonnier de l'ordre des avocats n'est pas une juridiction. Toute disposition similaire relative au bâtonnier dans les autres États membres de l'OHADA (ce qui est très probable) rend applicable cette jurisprudence par transposition.

4° Décisions non susceptibles de recours

Les arrêts sont par nature exécutoires et celui qui est revêtu de la formule exécutoire constitue un titre exécutoire, au sens de l'article 33 de l'AUPSRVE formule exécutoire qui a servi à pratiquer la saisie attribution (CA Abidjan, n° 162, 2-2-2001 : Ivoire Ingénierie c/ T. et A., Juris-Ohada, n° 4/2003, oct.-déc. 2003, p. 55, note, Ohadata J-04-129).

Les décisions de justice non susceptibles de recours constituent des titres exécutoires. Il en est ainsi :

– de l'arrêt de la Cour suprême de Côte d'Ivoire ayant servi de fondement à une saisie-attribution (CA Abidjan, n° 1235, 21-11-2003 : Ayants droit de Feu T. M. c/ Sté CFCI et un autre, Ohadata J-03-339) ;

– du jugement qui n'a fait l'objet d'aucune voie de recours suspensive, et qui constitue un titre exécutoire valable au sens de l'article 153 de l'AUPSRVE (CA Abidjan, n° 444, 4-4-2000 : D.D. c/ Sté Edipresse et BICICI, Juris-Ohada, n° 4/2002, oct.-déc. 2002, p. 60, Ohadata J-03-70, note anonyme) ; CCJA, 3e ch., n° 022, 9-4-2015 : Edmond ZEGBEHI BOUAZO c/ LOBA AYE Evrard, Sté Générale de Banques en Côte d'Ivoire (SGBCI), Banque Atlantique de Côte d'Ivoire (BACI), Ohadata J-16-22, précisant qu'il ne peut valablement être allégué qu'une saisie-attribution de créances a été pratiquée sans titre exécutoire, en violation de l'article 157.2 de l'AUPSRVE, dès lors que le jugement ayant servi de fondement de la saisie, qui n'a pas fait l'objet d'appel dans les délais, constitue un titre exécutoire définitif mentionné dans l'acte de saisie tel que prescrit par l'article précité. En conséquence, la mainlevée de la saisie ne peut être ordonnée ;

– de l'arrêt rendu en dernier ressort par une cour d'appel et qui a été régulièrement enregistré et revêtu de la formule exécutoire (TPI Port-Gentil

(Gabon), ord. du JEX, 10-12-2010 : Sté Nationale Prestation de Services c/ N. W., Ohadata J-11-90, obs. J. Issa-Sayegh) ;

– de l'arrêt d'une cour d'appel revêtu de la formule exécutoire après rejet du pourvoi par la juridiction suprême nationale, l'arrêt étant devenu définitif (CA Abidjan (Côte d'Ivoire), 1e ch. civ. et com., nº 107, 9-4-2010 : A.G.E.F. c/ D. P. et B. M. F., Ohadata J-11-17, J-12-143).

De même, lorsqu'il est établi qu'une juridiction suprême nationale a rejeté la requête de sursis à l'exécution d'un arrêt d'appel conformément à la législation interne applicable, l'autorité de la chose jugée attachée à cet arrêt de la juridiction suprême a conféré à celui de la cour d'appel le caractère de titre exécutoire au sens des dispositions de l'article 247 de l'AUPSRVE. C'est donc en violation de ce texte qu'une cour d'appel a invalidé la procédure en infirmant le jugement initial, exposant ainsi son arrêt à la cassation (CCJA, 1e ch., nº 181, 25-10-2018 : Ecobank Guinée SA c/ Abdoul Rahim Barry).

Lorsqu'une société, représentée par son gérant, a interjeté appel contre le jugement qui l'a condamné solidairement par défaut avec ledit gérant à payer une somme, et que le gérant n'a exercé aucune voie de recours contre l'arrêt d'appel ayant confirmé le jugement initial en toutes ses dispositions alors que ledit arrêt lui a été régulièrement signifié, cet arrêt revêtu de la formule exécutoire constitue un titre exécutoire au sens de l'article 33 de l'AUPSRVE, opposable au gérant (CCJA, 3e ch., nº 109/2020, 9-4-2020 : A. c/ Stamvie).

Un arrêt rendu en dernier ressort et revêtu de la formule exécutoire constitue bien un titre exécutoire pouvant justifier des saisies-attributions, et c'est à tort qu'une cour d'appel a jugé qu'un créancier ne disposait pas de titre exécutoire contre une personne condamnée dans cet arrêt et qui n'a pas été mise hors de cause, exposant son arrêt à la cassation (CCJA, 3e ch., nº 208/2021, 25-11-2021 : Société SIAC SA c/ Cotontchad SN, SA).

5º Décision comportant une inversion des noms et prénoms des créanciers

Voir sous l'art. 153 (CCJA, 3e ch., nº 082, 28-4-2016 : Sté GRANDEUR GENERAL TRADING COTE D'IVOIRE dite GGT-CI c/ Eid Charles Gilbert, Hadad Wadih Adrian Mark, Ohadata J-17-30, jugeant que la simple inversion des noms et prénoms de créanciers dans une décision ne remet pas en cause son caractère de titre exécutoire).

6º Décisions rendues avant l'entrée en vigueur de l'OHADA dans le pays concerné

Il ne peut être utilement soutenu que les décisions de justice rendues dans un État partie à l'OHADA antérieurement à l'entrée en vigueur des Actes uniformes dans ce pays, et statuant sur des procédures qui ne sont pas organisées par lesdits Actes uniformes, sont « inopérantes voire nulles ». C'est donc à tort qu'il est reproché à la cour d'appel de Kinshasa/Gombé d'avoir violé l'article 10 du Traité relatif à l'OHADA et les articles 336 et 337 de l'AUPSRVE, en se fondant, pour annuler une saisie-attribution, sur un arrêt de la même cour d'appel rendu antérieurement à l'entrée en vigueur du droit de l'OHADA en RDC, relatif de surcroît à une procédure de saisie-exécution, non prévue ni organisée par l'AUPSRVE, toujours selon le moyen parce que depuis l'adhésion de la République Démocratique du Congo à l'OHADA toute dérogation aux dispositions du droit communautaire est exclue, et que l'arrêt précité est donc inopérant, voire nul. En conséquence, le moyen sera rejeté (CCJA, 3e ch., nº 113, 11-5-2017 : Roger TSHIABA MBANGAMA, Augustin MBAGAMA KABUNDI c/ La BCDC et la BCC).

Obs. : cet arrêt de la CCJA nous enseigne qu'une décision rendue préalablement à l'entrée en vigueur de l'OHADA peut valablement servir de titre exécutoire au sens de l'art. 33 de l'AUPSRVE dès lors qu'il a été rendu conformément à la législation alors en vigueur dans le pays concerné.

7º Décision revêtue de la formule exécutoire mais dont les frais d'enregistrements ne sont pas encore réglés

L'Office Togolais des Recettes ayant, par correspondance du 30 mars 2016, formellement confirmé que l'enregistrement de l'arrêt sur le fondement duquel étaient pratiquées les saisies était régulier, même si le paiement des droits est assorti d'une échéance, c'est à tort que le premier juge a cru devoir apprécier la formalité de cet enregistrement, alors qu'il lui suffisait de considérer l'apparence régulière de la formule exécutoire apposée par le greffier en chef de la cour d'appel. Il y a donc lieu de réformer partiellement l'ordonnance du premier juge et, statuant à nouveau, de dire et juger que l'arrêt de la cour d'appel de Lomé constitue un titre exécutoire qui fonde valablement les saisies-attributions querellées, lesquelles sont déclarées bonnes et valides (CCJA, 3e ch., nº 159, 18-10-2018 : Getma Togo SA et Manuport Togo SA c/ Cosmas Akoueté Kpokpoya).

8º Jugement partiellement infirmé

C'est à tort qu'il est reproché à une cour d'appel la non-annulation de la saisie fondée sur le jugement civil infirmé par elle, dès lors qu'il est acquis au dossier que le jugement fondant la saisie-attribution de créances pratiquée, quoique partiellement infirmé en appel, valait bien titre exécutoire au sens des articles 33 et 153 de l'AUPSRVE. C'est donc à bon droit que les juges du fond, qui n'avaient pas à statuer sur la substance dudit titre dans le cadre de leur saisine, ont admis la régularité de ladite saisie

(CCJA, 1e ch., 232, 29-11-2018 : AES SONEL SA c/ Me TCHIONA Maurice Blaise).

9o Décision d'une juridiction répressive devenue définitive

Il n'y a aucune violation des dispositions du Code de procédure pénale dans le fait pour le bénéficiaire d'une décision rendue par les juridictions répressives passée en force de chose jugée de recourir aux mécanismes institués au profit des créanciers par l'AUPSRVE ; le moyen est donc mal fondé et ne peut justifier l'infirmation de la décision attaquée (CCJA, 1e ch., no 082, 28-3-2019 : Sté MAERSK c/ AKPA TCHOTCH Marcelin et 2 autres).

Obs. : cet arrêt n'a pas spécialement visé l'art. 33 de l'AUPSRVE mais lui est transposable, étant le socle de toutes voies d'exécutions prévues par l'AUPSRVE.

10o Absence de distinction entre les titres exécutoires par provision et les titres définitifs

Il ressort des dispositions combinées des article 32 et 247 de l'AUPSRVE que si la vente forcée d'un immeuble peut être poursuivie en vertu d'un titre exécutoire par provision, l'adjudication ne peut être effectuée que sur un titre définitivement exécutoire. Par ailleurs, l'article 33 du même Acte uniforme qui énumère les décisions juridictionnelles revêtues de la formule exécutoire au nombre des titres exécutoires ne fait pas la distinction entre les titres exécutoires par provision et ceux définitivement exécutoires (CCJA, 3e ch., no 220/2020, 25-6-2020 : Société CENTRAL PARK c/ Maître Vincent BOURGOING-DUMONTEIL).

11o Décision confirmée par une juridiction supérieure après exercice d'une voie de recours

En l'absence d'une disposition légale expresse, la décision du premier juge n'est pas, de droit, substituée par celle de la cour d'appel, cette substitution se concevant uniquement en cas d'infirmation. Lorsqu'il y a confirmation, l'autorité de chose jugée et la force exécutoire de la décision attaquée sont consolidées et c'est cette dernière décision qui, lorsqu'elle comporte des dispositions exécutoires, constitue le titre exécutoire, la signification et/ou le visa de l'arrêt confirmatif dans le commandement de payer ayant seulement pour objet d'acter de plus belle cette réalité juridique (CCJA, 1e ch., no 172/2020, 28-5-2020 : Bicig SA c/ MISTRAL Voyages SA).

12o Décision dont certaines pages sont manquantes

Le juge de l'exécution qui, pour rejeter la demande de mainlevée d'une saisie-attribution, a relevé, d'une part, que la saisie a été pratiquée en vertu d'un titre exécutoire et, d'autre part, que bien que « le jugement entamé n'a pas été produit lors de la signification dans son entièreté, en raison de l'absence de ses pages 4 et 5, cette défaillance n'affecte nullement la signification, d'autant que le dispositif dudit jugement, qui contient la solution du litige des parties et auquel est attaché l'autorité de la chose jugée a été entièrement produit, justifiant l'existence de la créance dont l'exécution forcée est poursuivie », a fait une juste application des dispositions de loi et sa décision mérite d'être confirmée en toutes ses dispositions (CCJA, 2e ch., no 101/2020, 9-4-2020 : B. c/ N.).

B. Procès-verbaux de conciliation

Le procès-verbal de conciliation intervenu entre les parties au cours de l'instance en opposition à une injonction de payer est un titre exécutoire et comme tel vaut titre constitutif de nantissement judiciaire (CA Lomé (Togo), no 85/06, 22-6-2006 : Liquidation Cie Air Afrique c/ Sté Aéroport Lomé Tokoin, Ohadata J-10-164).

Obs. : cette décision doit être approuvée car la conciliation intervenue entre les parties à l'instance de l'opposition à une injonction de payer est nécessairement validée par le président de la juridiction statuant sur l'opposition, une expédition du procès-verbal signé par les parties étant revêtue de la formule exécutoire (art. 12 de l'AUPSRVE). C'est donc à juste titre que ce document a été considéré comme valant titre exécutoire.

Un procès-verbal de conciliation, soumis aux dispositions des articles 7 et 30 du Code de procédure civile sénégalais, a valeur de titre exécutoire opposable à toutes les parties. Comme tel et aussi longtemps qu'il n'aura pas été valablement remis en cause, il a non seulement vocation à mettre terme au différend opposant les parties relativement aux points qui en constituent l'objet, mais également à se substituer au jugement du 9 novembre 2008. En effet, bien qu'étant un contrat judiciaire, du fait précisément de son homologation par la cour d'appel de Dakar, il constitue un titre exécutoire échappant au régime des contrats prévu par le Code des obligations civiles et commerciales du Sénégal, notamment quant à la résolution, sa contestation n'étant envisageable que dans le cadre des voies extraordinaires de recours ouvertes par la loi ; les intimés qui n'ont jamais usé desdites voies sont en l'état mal venus à dénier audit titre ses effets, dont principalement celui substitutif du jugement du 9 novembre 2008 qu'ils invoquent alors à tort comme titre à l'appui de la saisie. En conséquence, l'ordonnance entreprise doit être confirmée en toutes ses dispositions. L'appel interjeté par [E. L.] et autres, bien que mal fondé, ne paraît pas manifestement abusif et il n'y a pas lieu de les condamner aux dommages-intérêts sollicités par la défenderesse (CCJA, 1e ch., no 113, 9-6-2016 : Sté Nationale La Poste c/ Elimane Leye et Autres, Ohadata J-17-54).

Procès-verbal établi à l'étranger : *exequatur* requis. S'il est exact que l'article 33 de l'AUPSRVE énumère les procès-verbaux de conciliation parmi les titres exécutoires, ces procès-verbaux doivent être soumis à l'*exequatur* pour être exécutés sur le territoire ivoirien, s'ils ont été établis à l'étranger. En conséquence, un procès-verbal de vérification suivi d'un enlèvement d'objets saisis établi en vertu d'un procès-verbal de conciliation non revêtu de l'*exequatur*, sous astreinte, doit être annulé et justifie la décision du premier juge d'ordonner la restitution des objets saisis (CA Abidjan, ch. civ. et com., no 182, 6-2-2001 : L. L. c/ F. B., Ohadata J-02-110, obs. J. Issa-Sayegh ; Ohadata J-04-126).

C. Actes notariés

1o Grosse exécutoire d'une ouverture de compte

La grosse en forme exécutoire d'une convention de compte courant liant une banque à son client est un titre exécutoire au sens de l'article 33 de l'AUPSRVE. La créance constatée par ledit titre exécutoire est liquide, c'est-à-dire d'un montant déterminé s'agissant d'un solde de compte courant, et exigible conformément à la convention dudit compte ; ainsi, la procédure de saisie immobilière engagée est, en tous points, conforme aux dispositions des textes précités, et il n'y a donc pas lieu à en suspendre la poursuite ; il échet en conséquence de rejeter la demande comme non fondée et d'ordonner la continuation des poursuites (CCJA, no 13, 18-3-2004 : F. F. T. c/ SGBC, Juris-Ohada, no 2/2004, juin-août 2004, p. 27, note Brou Kouakou Mathurin, Rec. jur. CCJA, no 3, janv.-juin 2004, p. 101, Ohadata J-04-298, Ohadata J-08-68 ; TRHC Dakar, 7-3-2000 : S. M. dit G. et N. M. W. c/ Crédit Sénégalais, Ohadata J-03-325 ; CCJA, 1e ch., no 43, 1-7-2010 : 1) Ets Unimarché, 2) M. P. c/ UBC PLC, Juris-Ohada no 1/2011, janv.-mars 2011, p. 2, Ohadata J-12-91). Voir sous l'art. 247.

Il en est de même lorsque la convention de compte courant a donné lieu à création à des lettres de change (TRHC Dakar, no 505, 7-3-2000 : S. M. c/ Crédit lyonnais, Ohadata J-05-82 ; J-03-327).

Dans le même sens, pour le recouvrement du solde débiteur du compte concerné dégagé après une clôture contradictoire, le jugement ayant, par des motifs suffisants, relevé que la saisie immobilière a été entreprise pour le recouvrement du solde débiteur du compte courant non contesté par la débitrice qui a été vainement invitée pour la clôture (CCJA, 2e ch., no 354/2024, 12-12-2024).

2o Acte d'ouverture de crédit revêtu de la formule exécutoire

Sur la validité d'un acte d'ouverture de crédit revêtu de la formule exécutoire pour fonder une saisie immobilière, voir (CA Dakar, civ. et com., no 147, 20-3-2003 : M. D. c/ BHS et le Greffier du TRHC de Dakar, Ohadata J-03-170, obs. J. Issa-Sayegh).

La cour d'appel qui, pour ordonner la mainlevée de saisies, a retenu que « la grosse de la convention notariée n'indique pas le montant de la créance dont le recouvrement est poursuivi alors que l'article 153 précité n'ouvre droit à la saisie-attribution de créance que lorsque le créancier est muni d'un titre exécutoire qui constate une créance liquide… » alors que la convention des parties a expressément prévu, conformément à l'article 33 de l'AUPSRVE, que la grosse notariée de la convention de crédit constitue un titre exécutoire direct contre le bénéficiaire pour les sommes que celui-ci restera devoir a violé les articles 33 et 153 de l'AUPSRVE, exposant son arrêt à la cassation. Il en est ainsi dès lors qu'en l'occurrence le montant initial du prêt était connu de même que les différents versements et la dernière échéance, si bien que la liquidité et l'exigibilité étaient caractérisées. Sur l'évocation, la mise en exécution de la grosse de la convention des parties par la demanderesse est prématurée et les saisies opérées doivent être annulées, dès lors que les ordonnances querellées ont à juste titre relevé que la convention des parties prescrit, pour le règlement de tout différend, l'obligation d'une préalable tentative de conciliation avant, le cas échéant, recours à l'arbitrage de la CCJA. Enfin, l'autorité de la chose jugée invoquée est inopérante du fait que les objets sont différents. Les ordonnances en cause doivent être confirmées (CCJA, 2e ch., no 075, 21-4-2016 : Sté Générale de Banques en Côte d'Ivoire dite SGBCI c/ Kobenan Tah Thomas, Sté Ivoirienne de Banque dite SIB, Ohadata J-17-24).

C'est à tort qu'un arrêt a soutenu que la convention notariée n'existerait plus du fait que les prêts consentis sur la base de ladite convention et de ses avenants auraient été entièrement payés après avoir constaté que le compte-courant en cause présentait un solde débiteur de cent soixante millions neuf cent seize mille sept cent soixante-seize (160 916 776) FCFA. En se prévalant du paiement des trois premiers prêts et du non-versement du troisième avenant pour lui méconnaître la qualité de titre exécutoire, la cour d'appel a violé l'article 33 de l'AUPSRVE dont les termes péremptoires sont relatifs aussi bien au principal d'une créance qu'aux intérêts et aux agios, exposant ainsi son arrêt à la cassation. Sur l'évocation, les contestations des intimés ne reposant sur aucun élément probant, il convient d'infirmer le jugement querellé et dire que la convention et ses avenants constituent un titre exécutoire et en conséquence ordonner la continuation des poursuites (CCJA, 2e ch., no 098, 27-4-2017 : AFRILAND FIRST BANK SA c/ Sté CASTOR BATISSEUR et un autre).

Voir aussi (CCJA, 3e ch., no 063/2020, 27-2-2020 : Société Générale Burkina Faso c/ Société Copiafax-Burkina).

voir sous l'art. 254.

*3o Exclusion des actes notariés établis en dehors de l'espace OHADA et non revêtus de l'*exequatur

En disposant que constituent des titres exécutoires les actes notariés revêtus de la formule exécutoire l'article 33-4 de l'AUPSRVE vise exclusivement les actes dressés par les notaires des États parties au Traité de l'OHADA, et non ceux établis dans leurs pays par des notaires étrangers, lesquels ne peuvent justifier une exécution forcée qu'après leur *exequatur* obtenu devant les juridictions nationales compétentes des États parties. En l'espèce, l'attestation dressée aux Pays-Bas par un notaire hollandais et sur laquelle figure la formule exécutoire destinée à faire du contrat de prêt signé à Dakar un titre exécutoire n'a jamais été revêtue de l'*exequatur* comme l'exige en l'occurrence l'article 793 du Code de procédure civile sénégalais, alors que sa confirmation, comme annexe du contrat précité, par un notaire sénégalais qui n'en est pas l'auteur, ne saurait la substituer. En décidant dans ces conditions, d'une part, que ce contrat n'est pas un titre exécutoire pouvant fonder la conversion, par simple acte d'huissier, de la saisie pratiquée sur autorisation judiciaire, en saisie attribution de créances et, d'autre part, que la banque tierce saisie ne saurait être condamnée, non seulement aux causes d'une saisie frappée de caducité faute par la saisissante d'avoir observé les termes de l'article 61 de l'AUPSRVE, qui lui imposaient d'accomplir les formalités nécessaires à l'obtention d'un titre dans le mois suivant la saisie conservatoire de créances, mais également à des dommages-intérêts, la cour d'appel de Dakar a fait une excellente application des dispositions légales applicables à la cause et le moyen doit être rejeté (CCJA, 1e ch., no 111, 9-6-2016 : Sté OIKOCREDIT c/ ORABANK Côte d'Ivoire, anciennement dénommée BRS Côte d'Ivoire, venant aux droits et obligations de la BRS-Sénégal, Ohadata J-17-52).

D. Titres exécutoires nationaux

1o Contraintes de l'administration fiscale

Les contraintes de l'administration fiscale constituent des titres exécutoires au sens de l'art. 33 de l'AUPSRVE dès lors que la loi leur attache les effets d'une décision judiciaire. Il s'ensuit qu'un débiteur dont les biens ont été saisis par l'administration fiscale peut saisir le juge compétent prévu par l'art. 49 de l'AUPSRVE pour les difficultés d'exécution survenues (TPI Dschang, ord. réf. no 2/ADD, 6-10-2003 : T. V. c/ Le Receveur provincial des impôts de l'ouest à Bafoussam et sieur Y. E., Ohadata J-05-113).

2o Protêt faute de paiement

L'acte dressé en cas de défaut de paiement par l'huissier qui a respecté le délai de la loi et sur la base duquel le greffier a délivré un titre vaut titre exécutoire, condition de la saisie (CA Dakar, no 206, 11-5-2000 : M. M. c/ A. N. et le greffier en chef du TRHC de Dakar, Ohadata J-03-164 ; voir obs. Ndiaw DIOUF).

Le protêt revêtu de la formule exécutoire conformément à la loi [sénégalaise] 96-13 du 23 août 1996 sur les instruments de paiement constitue un titre exécutoire au sens de l'article 33 de l'AUPSRVE (TRHC Dakar, 29-1-2003 : Cabinet d'Expertise MONTEIL et Cie c/ la SCI 2000, C. D., SGBS, Crédit Lyonnais, Ohadata J-03-137).

3o État exécutoire établi conformément à une disposition nationale

L'action de la demanderesse devant les juges du fond ayant réclamé des créances sur la défenderesse postulant, à cette fin, une reddition de comptes entre les parties, c'est en méconnaissance de la lettre et l'esprit de l'article 33 de l'AUPSRVE que la cour d'appel a fondé sa décision sur la production d'un état exécutoire établi par la défenderesse, sans statuer, comme cela lui était demandé, sur la régularité de la gestion du compte ouvert dans les livres de cette banque pour l'exécution du contrat dûment signé par les parties huit années plus tôt et donc, vérifier la loyauté contractuelle de la défenderesse au regard des engagements par elle pris, ni démontrer en quoi l'état exécutoire produit répondait à ces préoccupations et avait un caractère totalement extinctif des droits revendiqués par la demanderesse sur le fondement de la convention précitée, exposant ainsi sa décision à la cassation. Sur l'évocation, la faculté reconnue par une loi nationale à une banque de l'habitat, d'établir des titres exécutoires pour constater ses créances n'est pas contraire aux dispositions de l'article 33-5 de l'AUPSRVE, selon lesquelles constituent des titres exécutoires « les décisions auxquelles la loi nationale de chaque État partie attache les effets d'une décision judiciaire ». Cependant, s'agissant de la contestation des états de créances de la défenderesse, il y a lieu de relever qu'aux termes de l'article 3 de la loi nationale susvisée, lesdits états sont contestés « comme en matière d'impôts directs, contributions, taxes et produits assimilés ». Dès lors, la CCJA ne peut, en l'état, connaître des contestations élevées par la demanderesse relativement à l'état exécutoire produit au dossier, mais se doit, en revanche, de donner acte à la défenderesse de l'existence de ce document

(CCJA, 1e ch., no 068, 14-3-2019 : SICG-Mali c/ BMS).

....

II. Absence de titre exécutoire

A. Contrainte d'une caisse de prévoyance sociale

La contrainte adressée à un débiteur par caisse nationale de prévoyance sociale n'est pas un titre exécutoire ; la saisie à laquelle elle a servi est nulle et sa mainlevée doit être ordonnée (TGI de la MIFI, no 35/civ., 2-4-2002 : U.C.C.A.O. c/ C.N.P.S, Ohadata J-04-229). Il en est de même pour une contrainte faisant l'objet d'une opposition (CA Abidjan, no 874, 9-7-2002 : CNPS c/ D. L. et ECOBANK, Ohadata J-03-18, obs. J. Issa-Sayegh).

B. Protocole d'accord

Un protocole d'accord est un acte sous seing privé. Il ne peut constituer un titre exécutoire au sens de l'art. 33 de l'AUPSRVE s'il n'a pas été consigné dans un procès-verbal de conciliation signé par le juge et les parties. Il s'ensuit que la formule exécutoire qui y a été apposée et le commandement qui y a fait suite sont nuls (TGI Wouri, no 283, 7-2-2003 : Unimarché SA c/ Sté Globe Travel, Ohadata J-04-221).

C. Décisions de justice

1o Jugement exécutoire par provision

Le jugement qui n'est pas devenu exécutoire, en raison de l'absence de grosse et de son non-enregistrement comme requis par la législation nationale, ne peut constituer un titre exécutoire (TPI Port-Gentil, ord. réf. no 40/98-99, 10-2-1999 : Sté Gras-Savoye et Sté Foraid c/ I. A., Ohadata J-02-150, obs. J. Issa-Sayegh).

2o Décisions non signifiées

Le seul prononcé d'une décision judiciaire ne suffit pas à la rendre exécutoire, la signification étant une condition sine qua non de l'exécution. Dès lors, il y a lieu de déclarer :

– nulle la saisie-attribution de créances et de donner mainlevée de ladite saisie en l'absence de toute signification (TPI Douala Ndokoti, ord. no 306, 30-9-2003 : N. R. (Ets N. et Fils) c/ Sté Négoce Cameroun Trading, Ohadata J-04-449, se référant à la jurisprudence française : Cass. 2e civ. 29-2-1998 : D. Affaire, 1998 P. 535) ;

– qu'il n'existe pas de titre exécutoire lorsque le jugement par défaut en cause n'a pas été signifié à personne ou à domicile, come requis par la législation nationale (CA Abidjan, no 441, 4-4-2000 : K. et P. c/ STI et SIB, Bulletin Juris-Ohada, no 3/2002, juill.-sept. 2002, p. 38, Ohadata J-02-141, note anonyme) ;

– que, même revêtue de la formule exécutoire et en raison de l'effet suspensif lié à l'appel interjeté, l'ordonnance de taxe qui n'a pas été signifié n'est pas un titre exécutoire au sens des articles 33 et 153 de l'AUPSRVE et 414 du Code de procédure civile (CA Ouagadougou, ord. réf. no 28, 15-5-2003 : Sté COLINA Assurances c/ CAFEC-KA SARL, Ohadata J-04-56) ;

– que la saisie conservatoire qui n'a pas été signifiée au débiteur ne peut pas être convertie en saisie-attribution doit être déclarée nulle (TGI MFOUNDI, no 483, 24-5-2000 : SCB-CL c/ K. M., BEAC, Me K., Ohadata J-04-215). Voir sous l'art. 247 ;

– que l'ordonnance rendue par le président d'une juridiction suprême nationale pour prononcer la suspension provisoire de l'exécution d'un arrêt et qui n'a pas été signifiée aux intimés au moment des saisies-attributions de créances réalisées n'a pu être exécutée à leur égard. C'est donc à bon droit que le premier juge a estimé que les saisies sont régulières et a débouté l'appelante de sa demande de dommages-intérêts ; confirmation de l'ordonnance (CA Abidjan (Côte d'Ivoire), 1e ch. civ. et com., no 107, 9-4-2010 : A.G.E.F. c/ D. P. et M. B. M. F., Ohadata J-11-17).

3o Décisions faisant l'objet de voies de recours

a. Appel

La saisie réalisée sur le fondement d'une décision non assortie de l'exécution provisoire et frappée d'appel doit être annulée car une telle saisie est faite sans titre exécutoire, dès lors que l'appel avait dans ce cas un effet suspensif (CA Abidjan, no 1213, 14-11-2003 : N. K. C. c/ Sté OUTSPAN IVOIRE, Ohadata J-03-319 ; Ohadata J-04-98).

De même, un jugement rendu en matière pénale, non assorti de l'exécution provisoire et frappé d'appel n'est pas encore passé en force de chose jugée et ne peut constituer un titre exécutoire. La saisie-vente réalisée sur son fondement est nulle (CA Abidjan, no 384, 10-4-2001 : Sté UNIMAT c/ SODIREP, Juris-Ohada no 2/2004, juin-août 2004, p. 57, note Brou Kouakou Mathurin, Ohadata J-04-304, note M. Brou Kouakou).

b. Opposition

N'est pas un titre exécutoire :

– la copie d'un jugement par défaut qui a été frappé d'opposition ; la saisie-vente à laquelle elle a servi est illégale et sa mainlevée doit être ordonnée (CA Niamey, ord. réf. no 2096/2000, 12-12-2000, H. G. c/ M. K. et M. I., Ohadata J-02-118, obs. J. Issa-Sayegh).

La cour d'appel qui a approuvé un tribunal qui a constaté qu'un jugement rendu par défaut et frappé d'opposition pour en déduire que le titre en vertu duquel les poursuites sont engagées ne constate pas une créance liquide et exigible, une telle décision étant susceptible d'être réformée, n'a en rien violé les articles 33 et 247 de l'AUPSRVE (CCJA, 1e ch., n° 035/2020, 13-2-2020 : A. c/ P.) ;

– l'ordonnance d'injonction de payer frappée d'opposition, bien que revêtue de la formule exécutoire n'est pas un titre exécutoire (CA Abidjan, n° 2, 6-1-2004 : SODIREP c/ Cie Africaine de loisirs et H. B., Ohadata J-04-503). Voir sous l'art. 55 ;

Obs. : il n'est pas indiqué dans cette décision comment l'opposition formée le 18 août 2003 contre une ordonnance d'injonction de payer rendue le 5 décembre 2002 a pu donner lieu à une décision de mainlevée de la saisie déjà entamée en exécution de ladite ordonnance d'injonction de payer.

– l'ordonnance de taxe frappée d'opposition (TPI d'Abengourou (Côte d'Ivoire), ord. réf., 21-9-2005 : F.G.C.C.C. c/ Me G. G. J., Ohadata J-09-160 ; CA Abidjan, ch. civ. et com., B, n° 423, 28-7-2011 : GROUPESSOR SARL c/ Eglise de Jésus-Christ des Saints des derniers jours, Juris-Ohada, 2011, n° 4, oct.-déc., p. 43, Ohadata J-13-16).

Obs. : voir sous l'art. 91.

N'a pas violé les articles 33 et 247 de l'AUPSRVE la cour d'appel qui constate qu'un jugement avait été rendu par défaut et frappé d'opposition et qui en déduit que le titre en vertu duquel les poursuites avaient été engagées ne constatait pas une créance liquide et exigible, une telle décision étant susceptible d'être réformée (CCJA, 1e ch., n° 035/2020, 13-2-2020 : Azangue Bernard c/ Priso Jacques).

c. Certificat de non-opposition non définitif

La production d'un certificat de non-opposition délivré postérieurement à l'opposition formée contre une décision rendue par défaut ne transforme pas ladite décision en un titre exécutoire (CA Abidjan, ch. civ. et com., n° 192, 3-2-2004 : M. M. A. c/ M. Z. A., Ohadata J-05-337).

Obs. : cette décision indique que le certificat de non-opposition délivré après une opposition contre la décision prononcée par défaut de présentation du débiteur à l'instance ne rend pas la décision définitive, le jugement sur opposition à intervenir étant lui-même éventuellement susceptible d'appel. Dès lors, ledit jugement qui n'est pas à l'abri de voies de recours ne peut constituer un titre exécutoire. Le défaut d'opposition à l'injonction de payer n'est pas l'opposition au défaut de comparaître.

Dans le même sens, un jugement ne peut être exécutoire que s'il a acquis l'autorité de la chose jugée, c'est-à-dire s'il n'est plus susceptible de voies de recours. Un jugement frappé d'appel n'est pas un titre exécutoire même s'il a été revêtu de la formule exécutoire. Par conséquent, la saisie conservatoire qui a été basée sur ce jugement est nulle (TPI d'Abengourou (Côte d'Ivoire), ord. réf. n° 37, 24-10-2006 : Holz Ivoire c/ 1. Tropical Bois 2. B. M. 3. G. G. J., Ohadata J-09-185).

Obs. : on peut se demander comment un jugement frappé d'appel peut être revêtu de la formule exécutoire. Le délai d'appel était d'un mois. Le jugement ayant été signifié à la requérante le 29 août 2006, cette dernière avait jusqu'au 28 septembre 2006 pour faire appel. L'appel a été relevé le 13 septembre 2006, donc dans le délai imparti. Mais sans attendre l'expiration du délai d'appel, le défendeur pratiqua une saisie conservatoire qui fut convertie en saisie-vente le 1 septembre 2006. Comme le relève le tribunal, la décision ne pouvait être revêtue de la formule exécutoire sans la production d'un certificat de non-appel qui aurait dû être produit à l'expiration du délai d'appel, soit le 28 septembre 2006. Implicitement, le tribunal invalide la formule exécutoire apposée à tort sur le jugement et en tire les conséquences.

4° *Décision soumise à* exequatur

Une ordonnance d'injonction de payer rendue au Cameroun, devenue définitive et revêtue de la formule exécutoire, doit recevoir l'*exequatur* d'une juridiction gabonaise pour être exécutée au Gabon. La juridiction compétente est celle dans le ressort de laquelle sont situés les biens à saisir, conformément à l'article 30 de la Convention de Tananarive sur la coopération judiciaire entre les États membres de l'OCAM (CA Libreville, ch. civ. et com., arrêt de référé n° 7/2001/2002, 6-2-2002, K. E. c/ T. K., Ohadata J-02-125, obs. J. Issa-Sayegh. Voir pour la décision objet de l'appel, TPI Port-Gentil, ord. réf. n° 15/2001/2002, 28-12-2001 : T. K. c/ K. E., même référence).

5° *Décision d'une cour d'appel non revêtue de la formule exécutoire*

L'arrêt d'une cour d'appel non revêtu de la formule exécutoire n'est pas un titre exécutoire (TPI d'Abengourou (Côte d'Ivoire), ord. réf. 21-9-2005 : F.G.C.C.C c/ Me G. G. J., Ohadata J-09-160).

L'arrêt qui n'était pas revêtu de la formule exécutoire à la date de saisies querellées ne constituait pas un titre exécutoire aux termes des articles 33 et 157 de l'AUPSRVE et ne pouvait constituer la base d'une saisie-attribution des créances. C'est donc à bon droit que le premier juge, ayant constaté l'absence d'un titre exécutoire, a donné mainlevée des saisies litigieuses ; il convient, dès lors, de déclarer l'appel mal fondé et de confirmer la décision attaquée (CCJA, 2e ch., n° 107, 27-4-2017 : Sté GNCAC c/ STIO SARL).

6° *Ordonnance ou décision rétractée*

Ne constitue pas un titre exécutoire l'ordonnance d'injonction de payer rétractée par la CCJA (TPI d'Abengourou (Côte d'Ivoire), ord. réf., 7-9-2005 : Nouvelle Scierie d'Agnibilekro (SNDA) c/ H. S. et SGBCI-Abengourou, Ohadata J-09-162). Il en est de même d'une décision rétractée, sur le fondement de laquelle aucune exécution ne peut être entreprise (CCJA, 2e ch., n° 109, 30-12-2013 : Abel KOMENGUE-MALENZAPA c/ ECOBANK CENTRAFRIQUE, Banque des États de l'Afrique centrale (BEAC), Rec. jur. CCJA, n° 20, vol. 1, janv.-déc. 2013, p. 132-136, Ohadata J-15-82).

L'ordonnance sur requête rétractée, même partiellement, ne constitue plus un titre exécutoire au sens de l'article 33 de l'AUPSRVE et ne peut plus servir de fondement à une saisie-attribution (CCJA, ass. plén., n° 049, 23-4-2014 : Me Galolo SOEDJEDE c/ AKOUETE Koffi Antoine, Banque Internationale pour l'Afrique au TOGO (BIA-TOGO) SA, Trésor public du Togo, Ohadata J-15-140).

7° Ordonnance de conversion d'une saisie conservatoire

L'« ordonnance de conversion d'une saisie conservatoire en saisie-vente » ne constitue pas un titre exécutoire au sens de l'article 33 de l'AUPSRVE et ne peut valablement fonder une saisie-vente, dès lors que l'AUPSRVE ne l'a pas prévue, et que de surcroît ladite ordonnance ne comporte pas le nom du juge qui l'a rendue (CA Daloa (Côte d'Ivoire), n° 157, 21-6-2006 : K. K. S. c/ O. G. S., K. T. C., N. W. R., Ohadata J-08-47).

8° Décisions rendues en premier ressort et non assorties de l'exécution provisoire

Le jugement rendu en premier ressort et qui n'a pas été assorti de l'exécution provisoire n'est pas un titre exécutoire. Il en est de même d'un jugement avant-dire-droit rendu en premier ressort. En conséquence, l'ordonnance ayant ordonné une restitution sur le fondement d'un tel jugement doit être rétractée (CCJA, 2e ch., n° 008/2013, 7-3-2013 : Sté Générale de Banques au Cameroun dite SGBC SA c/ WABO René, Rec. jur. CCJA, n° 20, vol. 2, janv.-déc. 2013, pp. 5-9, Ohadata J-15-08).

9° Jugement avant dire droit

Un jugement avant dire droit (ADD) n'a pas autorité de la chose jugée au principal et ne constitue pas un titre exécutoire. C'est donc en violation des articles 33 et 153 de l'AUPSRVE qu'une cour d'appel a retenu, relativement à un tel jugement, l'existence d'un titre exécutoire constatant la créance réclamée dont les effets avaient déjà été anéantis par une décision définitive sur le fond, s'exposant ainsi à la cassation. Sur l'évocation et pour les mêmes motifs que ceux ayant motivé la cassation, il y a lieu de dire et de juger que la saisie-attribution de créances en cause a été pratiquée en l'absence d'un titre exécutoire constatant une créance liquide et exigible ; et, en conséquence, de confirmer l'ordonnance du juge de l'exécution qui a fait droit à l'action en contestation de ladite saisie en toutes ses dispositions (CCJA, 3e ch., n° 109/2019, 11-4-2019 : K. c/ K., en présence de la SGBCI ; CCJA, 3e ch., n° 110/2019, 11-4-2019 : K. c/ K., en présence de la Scaso).

10° Jugement non assorti de l'exécution provisoire et faisant l'objet d'appel

Un jugement non assorti de l'exécution provisoire et frappé d'appel ne constitue pas un titre exécutoire (CCJA, 1e ch., n° 081/2020, 9-4-2020 : Soki Bingi Charline c/ la société des Grands Hôtels du Congo SA).

11° Jugement ayant fait l'objet d'une transaction par laquelle les parties ont renoncé à exercer des voies de recours

C'est à bon droit qu'une cour d'appel qui a constaté qu'une saisie-attribution de créances a été pratiquée sur la base d'un jugement qui avait fait l'objet d'une transaction par laquelle les parties avaient renoncé « à toutes les actions judiciaires précitées » en a conclu qu'un tel jugement ne peut constituer un titre exécutoire (CCJA, 2e ch., n° 204/2021, 25-11-2021 : T. c/ M.).

12° Décision déclarée caduque

Il s'induit des articles 153 et 157 de l'AUPSRVE qu'aucune saisie ne peut être pratiquée sans titre exécutoire. C'est en violation de ces textes qu'une cour d'appel a validé la saisie-attribution pratiquée sur le fondement d'un titre exécutoire qui n'existe plus, en ce que l'ordonnance en vertu de laquelle ladite saisie a été pratiquée a été déclarée caduque par des ordonnances ultérieures du juge de l'exécution ; et que tirant les conséquences de cette caducité, le même juge de l'exécution a ordonné, par une nouvelle ordonnance plus récente, la mainlevée d'une nouvelle saisie-attribution pratiquée en vertu du même titre. Sur l'évocation, la décision constatant la caducité de l'ordonnance qui a servi de fondement à la saisie en cause ayant été rendue par le juge du contentieux d'exécution compétent en la matière et n'ayant n'a fait l'objet d'aucun recours, c'est à juste titre que le juge de l'exécution a constaté « qu'aucune saisie-attribution de créances ne peut être pratiquée sans titre exécutoire » avant « d'en ordonner la mainlevée subséquente ». Il s'ensuit que les demandes ne sont pas fondées et qu'il convient de confirmer en toutes ses dispositions l'ordonnance querellée (CCJA, 2e ch., n° 197/2019, 27-6-2019 : Oribat SARL c/ Y.).

D. Plumitif

Une attestation du plumitif n'est pas un titre exécutoire (TPI d'Abengourou (Côte d'Ivoire), ord. réf. n° 20, 14-6-2006 : A. O. A. c/ A. B. J., Ohadata J-09-177).

Obs. : le plumitif, aujourd'hui désigné dans certains pays par « registre d'audience » (voir par exemple, le Code de procédure civile en France, art. 728), est un registre tenu par le greffier et destiné à recevoir, pour chaque audience, certaines indications telles que la date de l'audience, le nom des juges et du secrétaire, la nature des affaires, le nom des parties et de leurs représentants éventuels, le caractère public ou non de l'audience, etc. Le plumitif ne doit pas être confondu avec la minute du jugement qui désigne l'original d'un acte authentique dont l'autorité dépositaire (officier public, secrétariat d'une juridiction, etc.) ne peut se dessaisir, sauf à en remettre des copies (grosses ou expéditions) ou des extraits. Voir Gérard Cornu, Vocabulaire Juridique, Presses Universitaires de France, éd. 2002). Voir sous l'art. 91.

E. « Titre exécutable »

L'arrêt qui a, sans explication, qualifié un procès-verbal litigieux de « titre exécutable », notion non prévue par l'article 33 de l'AUPSRVE, n'a pas permis à la CCJA d'exercer son contrôle sur le fondement juridique de sa décision, qui encourt de ce fait la cassation. Sur évocation, il n'est pas avéré en l'état que le procès-verbal susmentionné entre dans les prescriptions de l'article 33-5 de l'AUPSRVE et il n'est donc pas un titre exécutoire (CCJA, 2e ch., n° 051, 26-11-2009 : Sté SODICAM SA (anciennement SCORE SA) c/ M., Juris-Ohada n° 1/2010, janv.-mars page 32, Ohadata J-10-305).

F. Décisions du Conseil des Télécommunications

Les décisions rendues par le Conseil des Télécommunications de Côte d'Ivoire, dit CTCI, ne constituent pas des titres exécutoires au sens de l'article 33 de l'AUPSRVE, dès lors que le CTCI a une mission préalable de conciliation et de règlement des litiges et que ses décisions CTCI ne mettent pas fin au contentieux, les parties demeurant libres de saisir une juridiction étatique ou arbitrale. C'est donc en violation de l'article 33 que la cour d'appel a infirmé l'ordonnance de référé rendue par le président du TPI d'Abidjan et a ordonné la continuation des poursuites et son arrêt encourt la cassation (CCJA, 2e ch., n° 009, 27-3-2008 : Sté COTE D'IVOIRE TELECOM c/ Sté LOTENY TELECOM, Juris-Ohada n° 3, juill.-sept. 2008, p. 19, Rec. jur. CCJA, n° 11, janv.-juin 2008, p. 92, Ohadata J-09-41, Ohadata J-09-316, Actualités Juridiques, n° 60-61, p. 430, note anonyme).

Obs. : pour les titres exécutoires admis pour une saisie-attribution, voir sous l'art. 153.

G. Ordonnance de taxe non revêtue de l'exécution provisoire

Les ordonnances de taxe rendues par le président du tribunal étant susceptibles d'appel selon la législation interne, la cour d'appel qui a jugé que l'ordonnance de taxe querellée n'est pas un titre exécutoire et ne peut justifier les saisies pratiquées, après avoir relevé que ladite ordonnance de taxe non exécutoire par provision était objet d'appel, n'a en rien violé les articles 32 et 33 de l'AUPSRVE. Il en est ainsi notamment lorsque la cour d'appel a énoncé que « l'ordonnance de taxe, contrairement aux ordonnances de référé qui sont provisoires et ne préjudicient pas au fond, sont des décisions par essence de fond emportant des condamnations ; que dès lors le juge qui la rend doit ordonner son exécution provisoire, s'il estime que les conditions de cette exécution provisoire sont réunies ; (...) que le législateur togolais étant resté muet sur le caractère provisoire de l'ordonnance de taxe, son régime doit suivre les dispositions légales communes prévues par l'article 140 du même Code de procédure qui précise les cas dans lesquels le Juge pourra l'ordonner, (...) le fait de dénommer ces différents types de décisions ordonnances ne saurait d'emblée leur conférer le même régime juridique ; que si le législateur avait voulu que cette ordonnance soit exécutoire par provision ou sur minute, il l'aurait précisé comme il l'a fait s'agissant des ordonnances de requête et de référé (...) que l'ordonnance de taxe n° 0797/13 du 14 novembre 2013 n'étant pas assortie de l'exécution provisoire, elle ne saurait avoir la valeur d'un titre exécutoire par provision aux termes des articles 32 et 33 de l'AURVE et permettre par conséquent des saisies (...) » (CCJA, 1e ch., n° 122/2019, 25-4-2019 : Maître Ali Badjouma c/ Banque Atlantique du Togo).

H. Acte notarié fixant simplement le plafond à garantir et ne consacrant en rien une créance

L'article 33 de l'AUPSRVE qui énumère les titres exécutoires doit, en matière de saisie immobilière, être combiné avec l'article 247, al. 1, du même Acte uniforme qui dispose que « la vente forcée d'immeuble ne peut être poursuivie qu'en vertu d'un titre exécutoire constatant une créance certaine, liquide et exigible ». Il résulte de la lecture combinée de ces textes que l'acte notarié revêtu de la formule exécutoire est certes un titre exécutoire, mais il ne saurait fonder une saisie immobilière que s'il constate une créance certaine, liquide et exigible. En l'espèce, il résulte des propres constatations de la juridiction d'appel que les deux grosses ayant servi à déclencher la procédure de saisie fixent seulement le plafond à garantir et ne consacrent pas une créance certaine, liquide et exigible ; il s'y ajoute que pour faciliter l'exécution par les parties de leurs diverses obligations, celles-ci avaient conclu une convention de compte courant ; au demeurant, seule une clôture contradictoire dudit compte permet de déterminer le solde à la charge du débiteur. Malgré la reconnaissance de dette contenue dans le protocole d'accord du 10 avril 2017 qui matérialise une créance mais seulement au moment où elle est signée et qui ne préjuge donc en rien du solde du compte courant, en l'absence de la clôture contradictoire de celui-ci, il ne peut être déterminé le montant exact dû par le débiteur. En statuant comme elle l'a fait, la cour d'appel de Niamey a fait une juste application de la loi ; qu'il échet de déclarer ces deux branches du moyen non fondées et de les rejeter (CCJA, 2e ch., nº 151/2020, 30-4-2020 : Ecobank-Niger c/ H.).

Si en vertu de l'article 33 de l'AUPSRVE l'acte notarié revêtu de la formule exécutoire constitue un titre exécutoire, il n'en demeure pas moins que ce titre exécutoire doit, pour justifier une saisie-attribution de créances, constater l'existence d'une créance certaine, liquide et exigible comme visé à l'article 153 du même Acte uniforme. En l'espèce, bien qu'étant notarié et revêtu de la formule exécutoire, le contrat de partenariat signé entre les parties, qui ne consacre en rien la créance supposée du défendeur mais se limite à fixer les termes et les conditions des engagements des contractants, ne peut fonder une saisie-attribution de créances et c'est en violation de l'article 33 visé au moyen que la cour d'appel a jugé le contraire, exposant son arrêt à la cassation. Sur l'évocation et pour les mêmes motifs que ceux ayant entraîné la cassation, il y a lieu d'infirmer le jugement querellé et, statuant à nouveau, d'ordonner la mainlevée de la saisie en cause. En outre, chacune des parties litigantes ayant que son adversaire soit condamné à lui payer une somme d'argent au titre des frais exposés et non compris dans les dépens, la Cour condamne la partie perdante à payer à l'autre partie la somme de cinq cent mille (500 000) FCFA et le déboute de son surplus en demande (CCJA, 2e ch., nº 199/2021, 25-11-2021 : S. c/ Y.).

Jurisprudence comparée

France

A. Décisions de justice

1º Existence

Vaut titre exécutoire :

– le jugement qui fixe l'indemnité d'occupation due par le locataire ainsi que le montant du loyer provisionnel dû pendant la durée de l'instance, puisqu'il impose une obligation déterminée au locataire et contient des éléments qui permettent de déterminer la créance du bailleur (CA Paris, 8e ch. B, 9-9-1999 : GP.2000.som.1195) ;

– l'arrêt qui infirme – ou casse ou annule – une décision de justice précédemment exécutée à la condition qu'il ait expressément ordonné la restitution des prestations effectuées, car « cet arrêt ne constitue pas par lui-même un titre exécutoire permettant (à la partie gagnante) d'obtenir le remboursement des sommes perçues dès lors que son dispositif ne porte aucune condamnation de ce dernier à leur restituer lesdites sommes » (CA Orléans, ch. com., fin. éco, 16-11-2000, JCP 2001 II 10448 note J.-P.Rémery ; dans le même sens, Cass. 2e civ. 11-9-2003 nº 1175 : RJDA 2/04 nº 220) ;

– le jugement assorti de l'exécution provisoire ; en conséquence, le juge de l'exécution ne peut soustraire à la saisie-attribution des créances qui bénéficient de l'exécution provisoire (Cass. 2e civ., 18-10-2001 : Rev. dr. banc. 2002.24 nº 23 obs. J.-M.D.) ;

– la sentence arbitrale assortie de l'exécution provisoire (TGI Paris, juge de l'exé., 11-12-2002 : Rev. arb. 2003.som.245) ;

– le jugement, dont le caractère exécutoire n'est pas contesté, peu important que l'irrégularité tenant à l'omission de la mention de la formule exécutoire sur la copie signifiée aux débiteurs saisis dont l'expulsion est sollicitée, cette omission ne constituant qu'une irrégularité de forme qui ne peut entraîner la nullité de la signification qu'au cas où elle a causé à ses destinataires un grief (Cass. 2e civ. 11-2-2010 nº 09-65.404, F-PB) ;

– des jugements correctionnels condamnant des débiteurs solidaires, peu important que l'un d'eux ait, en désintéressant intégralement le créancier, en l'espèce les Douanes, obtenu la remise complète des pénalités, ce fait n'étant pas de nature à retirer à ces jugements leur caractère exécutoire et n'interdisant pas à celui qui les a exécutés à se prévaloir de la subrogation contre un codébiteur solidaire (Cass. 2e civ. 2-12-2010 nº 09-17.194 F-P + B : RTD civ. 2011.127 obs. B. Fages) ;

– la décision qui ne contient pas dans son dispositif le mot « condamne », dès lors qu'il en résulte sans ambiguïté une obligation de payer une somme liquide et exigible (CA Versailles 27-1-2011 : JCP G 2011 nº 13-330 p. 572) ;

– un jugement de condamnation civile rendu en première instance ; l'appelant étant décédé au cours de l'instance d'appel, ce jugement a constitué un titre opposable à la succession du défunt, ici représentée par un curateur l'héritier y ayant renoncé (Cass. 2e civ. 6-1-2012 nº 10-26.644 F-P + B : Légifrance).

2º Absence

Ne constituent pas des titres exécutoires :

– l'injonction de payer qui n'a pas été portée à la connaissance du débiteur de façon valable et pour

laquelle le délai d'opposition n'a pas pu courir (CA Douai, 8e ch., 7-9-1995 : Bull. inf. C. cass. 1996 no 348) ;
– l'état des créances, même visé par le juge-commissaire (Cass. com. 2-5-2001 : RJDA 8-9/01 no 906) ;
– une sentence arbitrale homologuée précisant dans son dispositif le montant de la retenue de garantie qu'un maître d'ouvrage peut retenir pendant un an, car elle n'emporte pas condamnation au paiement de cette somme, le maître d'ouvrage pouvant invoquer l'absence de levée des réserves qu'il a formulées pour refuser de payer (CA Aix-en-Provence, 15e ch., 8-2-2001 : GP 2002.761) ;
– une ordonnance qui rejette la demande en rétractation d'une précédente ordonnance (Cass. 2e civ. 29-1-2004 no 158 : RJDA 5/04 no 617) ;
– un jugement ne permettant pas de constater à l'égard du saisi une créance évaluée en argent ni même de procéder à son évaluation, faute pour celui-ci de contenir les éléments nécessaires à une évaluation (CA Versailles 28-10-2004, Le Nezet c/ Belet : GP 2005. som.1421) ;
– un jugement étranger qui n'a pas reçu exequatur (CA Caen, 1e ch., sect. civ. 29-6-2004 no 02/02099, Sté Crreighton Ltd c/ Sté Gulf Electricity Material Co : GP 2005.som.598) ;
– un jugement invoqué par une société poursuivante d'une saisie-vente qui se dit aux droits de la société ayant obtenu ce jugement, dès lors qu'il ne mentionne pas, dans son dispositif, que la société poursuivante venait aux droits de la société bénéficiaire du titre exécutoire (Cass. 2e civ. 18-10-2007, Lucchi c/ Sté Franfinance no 06-20258 : RD bancaire 2007 no 229 obs. S. Piedelièvre) ;
– le procès-verbal de règlement amiable d'un créancier parti prenante à la distribution du prix d'adjudication de l'immeuble saisi, car il constitue une décision juridictionnelle se bornant à ordonner la mainlevée des inscriptions d'hypothèques et la délivrance aux créanciers colloqués des bordereaux de collocation exécutoires contre le dépositaire des fonds, et ne constate aucune obligation du débiteur saisi, ni ne prononce à son encontre de condamnation de payer le reliquat qui n'avait pu être colloqué (Cass. 2e civ. 27-9-2012 no 11-20.649 : Bull. civ. II no 159) ;
– le jugement invoqué par un coïndivisaire comme titre lui reconnaissant une créance qui ne se prononce que sur les sommes dues par et aux indivisions postcommunautaires et successorales ; cette décision, qui ne vaut partage, ne constitue nullement un titre exécutoire constatant une créance liquide et exigible au bénéfice de l'indivisaire poursuivant (Cass. 2e civ 15-11-2012 no 11-22.273 : Légifrance).

B. Actes notariés

1o Mention indispensable de la formule exécutoire

Les actes notariés doivent être revêtus de la formule exécutoire, cette formule étant indispensable (Cass. 2e civ. 28-6-2006 no 989 : Bull. civ. II no 178).

2o Actes notariés valant titre exécutoire

Constitue un titre exécutoire :
– l'acte notarié de cession d'une créance conforme à l'article 1690 du Code civil (Cass. 2e civ. 3-11-2005 no 1707 : D. 2005 IR 2826 ; RJDA 2/06 no 190) ;
– l'acte notarié exécutoire modifié par des avenants prévoyant qu'ils n'opéraient pas novation (Cass. 2e civ. 6-5-2010 no 09-67.058 : RJDA 10/10 no 1000) ;
– l'acte authentique signé par procurations qui ne lui ont pas été annexées ou qui n'ont pas été déposées au rang des minutes du notaire instrumentaire, ces omissions n'étant pas sanctionnées par la nullité de l'acte en tant que titre exécutoire (Cass. 1e civ. 22-3-2012 no 11-11.925, F-P + B + I : RJDA 7/12 no 714, RDC 2012.1209 obs. R. Libchaber ; *contra* Cass. 2e civ. 7-6-2012 no 11-15.439 11-18.085, 11-16.107, 11-15.112, 11-15.440, 11-17.759 : D. 2012.som.1557 obs. V. Avena-Robardet ; D. 2012.1789 note M. Mekki ; RD bancaire 2012 no 5 § 163 obs. S. Piedelièvre ; RDC 2012.1209 obs. R. Libchaber ; JCP N 2012.1311 note P. Théry).

3o Actes notariés ne valant pas titre exécutoire

Ne constitue pas un titre exécutoire :
– le bail notarié qui, ne faisant état d'aucune créance liquide et exigible, ne peut servir de fondement à une saisie-attribution faite en recouvrement d'un compte définitif de location (TI Amiens 7-9-1995 : Bull. inf. C. cass. 1996 no 69) ;
– une simple photocopie d'un acte de prêt notarié (CA Versailles, 1e ch. 2e sect., 13-9-1996 : Bull. inf. C. cass 1997 no 448 p. 34) ;
– une convention de compte courant ne contenant l'indication d'aucune somme ni des éléments permettant de déterminer la somme due éventuellement ; cette convention ne contenait que les règles générales qui sont relatives au fonctionnement du compte courant, notamment que les opérations qui y seraient inscrites perdraient leur individualité pour devenir simples articles du crédit et du débit, générateurs d'un solde qui ferait apparaître une créance exigible pour l'une des parties, ne prévoyait pas que le client encourrait des pénalités, ne précisait pas le taux d'intérêt pratiqué et aucune pièce versée aux débats ne permettait de le connaître (CA Paris, 8e ch. B, 27-2-2003 : D. 2003.IR.1268) ;
– un acte authentique entaché de faux (Cass. 2e civ. 13-3-2008 no 06-21.105 : RD bancaire 2008 no 80

obs. S. Piedelièvre, à propos d'une poursuite en saisie immobilière mais transposable à toute poursuite fondés sur un titre exécutoire authentique). Il en est de même d'un titre authentique nul (Cass. 2e civ. 21-11-2002 : Bull. civ. II n° 270 ; D. 2003. IR 42 ; Gaz. Pal. 2003.3268, obs. Brenner) ;

– un acte notarié de vente qui ne porte pas une mention constatant l'existence d'annexes, en l'espèce un contrat de prêt et de cautionnement relatif au financement de l'acquisition ; en conséquence, le prêteur n'a pu s'appuyer sur le contrat de prêt annexé pour pratiquer une saisie-attribution à l'encontre de l'emprunteur et de la caution (CA Aix-en-Provence, 15e ch. sect. A, 11-1-2008, Mammone c/ Crédit Foncier de France : RD bancaire 2008 n° 83 obs. S. Piedelièvre).

Art. 34 Lorsqu'une décision juridictionnelle est invoquée à l'égard d'un tiers, il doit être produit un certificat de non-appel et de non-opposition, mentionnant la date de la signification de la décision à la partie condamnée, émanant du greffier de la juridiction qui a rendu la décision dont il s'agit.

JURISPRUDENCE OHADA

I. Signification obligatoire

Un jugement peut être considéré comme un titre exécutoire, s'il a été signifié à la partie condamnée et si un certificat de non-appel et de non-opposition est produit. En matière d'exécution, la signification préalable de la décision est obligatoire ; si un jugement rendu par défaut contre une personne résidant à l'étranger peut être signifié à parquet, encore faut-il prouver que cette signification a été faite suivant la procédure prévue à cet effet (signification devant être renvoyée au parquet signifiant qui doit informer les parties), et que le destinataire a eu connaissance de cette signification. En l'absence de cette preuve, la signification est irrégulière. La décision concernée, qui ne constitue pas un titre exécutoire, ne peut valablement fonder une mesure d'exécution et la mainlevée de la saisie-attribution subséquente doit être ordonnée sans qu'il y ait besoin de discuter les autres arguments des parties (CA Niamey (Niger), n° 82, 27-6-2007 : D. S. c/ R. B., Ohadata J-11-121).

Obs. : voir sous l'art. 33.

La signification d'un jugement au domicile de la partie condamnée et remise à son fils est valable et le certificat de non-appel délivré après l'expiration du délai d'appel est conforme à l'article 34 de l'AUPSRVE (CCJA, 3e ch., n° 022, 9-4-2015 : Edmond ZEGBEHI BOUAZO c/ LOBA AYE Evrard, Sté Générale de Banques en Côte d'Ivoire (SGBCI), Banque Atlantique de Côte d'Ivoire (BACI), Ohadata J-16-22).

II. Exécution par provision

La violation alléguée de l'article 34 de l'AUPSRVE n'est pas fondée et le pourvoi doit être rejeté, dès lors qu'aux termes des dispositions de l'alinéa 2 de l'article 32 dudit Acte uniforme, sauf en matière immobilière, l'exécution en vertu d'un titre exécutoire par provision est possible et est « poursuivie aux risques du créancier, à charge pour celui-ci, si le titre est ultérieurement modifié, de réparer intégralement le préjudice causé par cette exécution sans qu'il y ait lieu de relever de faute de sa part » (CCJA, 1e ch., n° 078, 14-11-2013 : DOFFOU Pascal c/ BADO Alexis, Rec. jur. CCJA, n° 20, vol. 1, janv.-déc. 2013, p. 118-121, Ohadata J-15-78).

Art. 35 Toute personne qui, à l'occasion d'une mesure propre à assurer l'exécution ou la conservation d'une créance, se prévaut d'un document, est tenue de le communiquer ou d'en donner copie si ce n'est dans le cas où il aurait été notifié antérieurement, à moins que le présent Acte uniforme n'en dispose autrement.

Art. 36 [mod.] Si la saisie porte sur des biens corporels, le débiteur saisi ou le tiers détenteur entre les mains de qui la saisie a été effectuée est réputé gardien des objets saisis sous les sanctions prévues par les dispositions pénales.

L'acte de saisie rend indisponibles les biens qui en sont l'objet.

Le débiteur ou le tiers détenteur ne peut déplacer les biens que s'il justifie d'une cause légitime et à la condition d'informer préalablement le créancier en lui indiquant le lieu où le bien sera placé.

Le débiteur dont les biens ont déjà été saisis est tenu, sous peine de dommages-intérêts, de faire connaître, dans les cinq jours de la connaissance qu'il a de la saisie, à tout nouveau créancier qui saisit les mêmes biens, l'existence d'une précédente saisie et l'identité de celui qui y a procédé. Il doit, en outre, produire l'acte de saisie.

La même obligation s'impose au tiers qui détient les biens pour le compte du débiteur.

Le créancier, ainsi informé, doit porter à la connaissance des autres créanciers, parties à la procédure, tous actes et informations que *les articles 74 à 76 du* présent Acte uniforme *font* obligation de communiquer.

JURISPRUDENCE COMPARÉE

France

A. Délit de détournement des objets saisis

1° Auteur du délit

Le délit de détournement d'objets saisis ne peut frapper que le saisi et ne saurait être imputé, par exemple, au préposé d'une société qui n'a reçu copie du procès-verbal de saisie qu'en qualité de représentant de ladite société dont il n'était ni le gérant ni l'administrateur (Cass. crim. 10-10-1974 : GP 1975.1.som.97).

2° Existence du délit

Commet le délit :

– le saisi qui a autorisé le commerçant qui lui avait vendu le mobilier, objet de la saisie, à le reprendre en s'abstenant volontairement de lui faire connaître l'existence d'une saisie (Cass. crim. 10-10-1973 : GP 1974.1.8) ;

– ainsi que ceux qui déplacent les biens saisis en vertu d'un acte ayant présenté tous les caractères d'un acte régulier tant qu'une décision n'a pas prononcé la nullité ou la mainlevée de la saisie (Cass. crim. 6-5-1998 : Bull. crim. n° 156) ;

– celui qui détourne le bien saisi après un acte opéré dans les formes prévues par la loi, l'indisponibilité des biens saisis se poursuivant tant qu'une décision n'a pas prononcé la nullité ou la mainlevée de la saisie (Cass. crim. 1-9-2004 n° 4716 : Bull. crim. n° 191 ; D. 2004 IR 2549) ;

– celui qui, régulièrement constitué gardien des meubles et objets par l'effet de la saisie et parfaitement informé des obligations en découlant, notamment de l'indisponibilité de ces biens, a procédé à leur vente amiable au préjudice d'un créancier, peu important que le Trésor public, ayant fait antérieurement pratiquer une saisie conservatoire sur les mêmes biens, ait autorisé cette vente en déduction de la dette fiscale du prévenu (CA Paris, 12e ch. B, 4-11-2004 n° 04/02439 : Bull. inf. C. cass. 2005 n° 84).

B. Indisponibilité des biens saisis

1° Risques de perte à la charge du débiteur

Le débiteur saisi conserve les risques de perte de la chose saisie (CA Poitiers 25-10-1965 : JCP G 1966.II.14507).

2° Absence de privilège du créancier sur les biens indisponibles

L'indisponibilité du bien saisi n'emporte pas privilège au profit du créancier saisissant (Cass. crim. 10-7-1984 : D. 1985.IR.102).

Art. 37 La notification au débiteur de l'acte de saisie, même s'il s'agit d'une saisie conservatoire, interrompt la prescription.

Art. 38 [mod.] Les tiers ne peuvent faire obstacle aux procédures en vue de l'exécution ou de la conservation des créances. Ils doivent y apporter leur concours lorsqu'ils en sont légalement requis. Tout manquement par eux à ces obligations peut entraîner leur condamnation à verser des dommages-intérêts. *Pour fixer le montant des dommages-intérêts, le juge prend en compte la gravité du préjudice causé au créancier poursuivant, sans toutefois dépasser le montant global des causes de la saisie.*

Le tiers entre les mains duquel est pratiquée une saisie peut également, et sous les mêmes conditions, être condamné au paiement des causes de la saisie, sauf son recours contre le débiteur. *S'il y a plusieurs tiers saisis, le montant cumulé des condamnations ne peut être supérieur aux causes de la saisie.*

Jurisprudence OHADA

I. Qualité de tiers saisi

Voir sous l'art. 156.

II. Obligations applicables à toutes les saisies

L'article 38 de l'AUPSRVE met à la charge du tiers, y compris le tiers saisi, deux obligations générales à savoir, d'une part, une obligation de ne pas faire obstacle aux procédures en vue de l'exécution ou de la conservation des créances et, d'autre part, une obligation d'apporter son concours auxdites procédures lorsqu'il en est légalement requis. Tout manquement à ces obligations exposent ledit tiers saisi au paiement de dommages-intérêts, voire au paiement des causes de la saisie. Ce texte, situé dans les dispositions générales, s'applique à toutes les saisies, sauf dispositions particulières propres à chaque type de saisie (CCJA, 2e ch., n° 002/2021, 28-1-2021 : I. c/ SPC SARL).

L'article 38 de l'AUPSRVE instaure un régime général de collaboration des tiers, détenteurs potentiels des biens d'un débiteur poursuivi, aux procédures d'exécution forcée. Ce régime ne peut se confondre avec le mécanisme particulier, prévu à l'article 168 dudit Acte uniforme, pour vaincre la résistance du tiers saisi qui, dans le cadre d'une procédure de saisie-attribution de créances, refuse de payer les sommes qu'il a reconnu devoir au débiteur poursuivi ou dont il a été jugé débiteur. En l'espèce, il n'est pas contesté que le tiers saisi a régulièrement collaboré lors de la saisie-attribution et a cantonné les sommes qu'il a déclaré détenir pour le compte du débiteur saisi. L'action du créancier poursuivant tendant à faire condamner au paiement des causes de la saisie, sur le fondement de l'article 38 de l'AUPSRVE, c'est en méconnaissance de la portée des dispositions précitées que la juridiction présidentielle du tribunal de commerce a fait droit, même partiellement, à cette demande de condamnation au paiement des causes de la saisie ; l'ordonnance entreprise doit être infirmée en toutes ses dispositions et, statuant à nouveau, la demande doit être rejetée comme mal fondée (CCJA, 3e ch., n° 032/2020, 30-1-2020 : BNI c/ Medical Computers Communication).

III. Condamnation du tiers saisi

A. Spécificité des sanctions prévues à l'article 38

Il résulte de l'article 38 de l'AUPSRVE que les sanctions du manquement du tiers saisi sont toutes des sanctions principales, en ce sens que, selon les circonstances de la cause, souverainement appréciées par les juridictions du fond, le tiers saisi peut être condamné à payer soit les causes de la saisie et les dommages-intérêts, soit les causes de la saisie seulement soit enfin, comme c'est le cas en l'espèce, les dommages-intérêts seulement (CCJA, 1e ch., n° 107, 28-3-2019 : ASSALA GABON SA c/ LGTB SARL).

C'est en violation de l'article 38 de l'AUPSRVE qu'un tiers saisi s'est libéré des sommes saisies entre les mains du débiteur saisi, alors que la contestation de saisie, à laquelle il était partie, était pendante devant la juridiction ayant autorisé la saisie conservatoire, s'exposant à une condamnation au paiement de dommages-intérêts en application de l'article 63 de l'AUPSRVE ; il convient d'infirmer l'ordonnance attaquée et, statuant à nouveau, de condamner le tiers saisi au paiement de la somme de 100 000 (cent mille) USD à titre de dommages-intérêts, pour le préjudice causé au créancier saisissant ; pour les mêmes motifs que ceux ayant entraîné la cassation de l'arrêt objet du pourvoi, il convient de dire n'y avoir lieu à sa condamnation au paiement des causes de la saisie (CCJA, 3e ch., n° 292/2024, 31-10-2024).

B. Condamnation aux causes de la saisie

Le tiers saisi a l'obligation de prêter main-forte au saisissant en lui fournissant des informations exactes et précises sur les comptes du saisi. Lorsque la saisie n'a pas été contestée, le fait pour le tiers saisi de refuser remettre les fonds au saisissant en préférant saisir le tribunal pour la désignation d'un séquestre constitue une faute. En agissant ainsi, le tiers-saisi s'est volontairement substitué au débiteur et a entravé le recouvrement de sa créance. Sa faute étant manifeste, c'est par une saine application de l'article 38 de l'AUPSRVE que le premier juge l'a condamné au paiement des causes de la saisie (CA Lomé (Togo), n° 43/09, 17-3-2009 : BIA-TOGO c/ Sté NOSOCO-TOGO SARL, Ohadata J-10-169).

Le tiers saisi :

– doit être condamné à payer les causes de la saisie, s'il se dessaisit des biens saisis avant l'intervention de la décision de mainlevée (CA Abidjan, n° 394, 4-4-2003 : SDV-CI c/ GITMA, Ohadata J-03-297) ;

> Mais les articles 164 et 168 de l'AUPSRVE ne prévoient pas que le tiers saisi soit automatiquement condamné à payer les causes de la saisie, même quand il détient une somme inférieure pour le compte du débiteur (CA Niamey (Niger), n° 65, 14-6-2006 : B.O.A.-Niger c/ A. A. et H. A., Ohadata J-10-232).

– est à juste titre condamné au paiement des causes de la saisie lorsqu'il a résisté à recevoir l'acte de saisie jusqu'à ce qu'une ordonnance de référé lui enjoignant de recevoir l'acte de saisie-attribution sous astreinte fut rendue (CA Abidjan, n° 1049, 25-7-2003 : INDUSCHIMIE c/ M. R. P., Ohadata J-03-343) ;

– n'a pas à apprécier la régularité et la validité des saisies pratiquées entre [s]es mains et ne peut se dessaisir des sommes saisies arrêtées […] sans ordre contraire du juge (CA Abidjan, 5-9-2003 : État de Côte d'Ivoire c/ B. A., B. I., B. A., A. P., Ohadata J-03-350 ; obs. Joseph Issa-Sayegh) ;

– ne saurait invoquer des événements survenus les 4, 5 et 16 novembre 2004 et à la suite desquels ses locaux ont été pillés et plusieurs machines endommagées, pour justifier sa défaillance et sa demande d'un délai de grâce, lorsqu'il a opposé une résistance au paiement des causes de la saisie-attribution de créance (CA Abidjan (Côte d'Ivoire), 3e ch. civ. et com., 4-3-2005 : M. R. P. c/ Sté INDUSCHIMIE, Ohadata J-09-167) ;

Obs. : à propos du délai de grâce demandé, voir sous l'art. 39.

– doit aussi être condamné au paiement des causes de la saisie lorsqu'il fait obstacle en soulevant un moyen de défense appartenant exclusivement au débiteur, notamment l'absence de dénonciation de la saisie conservatoire (CA Abidjan, ch. civ. et com., n° 251, 1-7-2011 : Département de Béoumi c/ Sté Orange Côte d'ivoire, Juris-Ohada, 2011, n° 4, oct.-déc., p. 47, Ohadata J-13-17).

Obs. : voir sous l'art. 79.

C. Condamnation aux dommages-intérêts

1° Principe

L'article 38 de l'AUPSRVE institue une sanction spécifique encourue par le tiers entre les mains duquel est pratiquée une saisie lorsque ce tiers fait obstacle, ou lorsqu'il s'abstient d'apporter son concours aux procédures d'exécution. Le comportement d'une banque, tiers saisi, qui a consisté à faire une première déclaration lors de la saisie et à la remettre en cause une semaine après, a de toute évidence fait obstacle à l'exécution d'une procédure d'exécution et a causé un préjudice certain à la créancière qu'elle a empêchée de poursuivre la saisie conservatoire entamée. C'est donc à juste titre qu'après avoir souverainement apprécié les faits, auxquels elle a sainement appliqué l'article 38 de l'AUPSRVE, une cour d'appel a confirmé l'ordonnance ayant condamné le tiers saisi au paiement de dommages-intérêts (CCJA, 1e ch., n° 077, 14-11-2013 : Sté ACCESS BANK anciennement Banque OMNIFINANCE c/ KAKOU Lydie Patricia, Sté WARID TELECOM Côte d'Ivoire, Rec. jur. CCJA, n° 20, vol. 2, janv.-déc. 2013, p. 44-47, Ohadata J-15-77).

En raison du caractère principal des sanctions prévues par l'article 38 de l'AUPSRVE, la cour d'appel qui a confirmé partiellement l'ordonnance qui a condamné le tiers saisi à la somme de deux milliards cent cinquante millions six cent quatre-vingt-treize mille six cent vingt-six (2 150 693 626) FCFA à titre de dommages-intérêts, sous astreinte comminatoire d'un million (1 000 000) FCFA par heure de retard à compter du prononcé de l'arrêt et ordonné l'exécution provisoire, n'a en rien manqué de réponse aux conclusions, ni violé le principe général de droit selon lequel l'accessoire suit le principal (CCJA, 1e ch., n° 107, 28-3-2019 : Assala Gabon SA c/ LGTB SARL).

Les exigences de l'article 38 de l'AUPSRVE peuvent fonder une condamnation du tiers au paiement de dommages-intérêts (CCJA, 1e ch., n° 133/2020, 30-4-2020 : UBA c/ NSIA-Gabon).

2° Caractérisation des manquements du tiers saisi justifiant sa condamnation

C'est à tort qu'il est reproché à l'arrêt attaqué d'avoir :

– violé les articles 38 et 164 de l'AUPSRVE en condamnant la banque, tiers saisi, au paiement de dommages-intérêts sans déterminer clairement les manquements qui ont été les siens dès lors qu'en motivant qu'« au regard de ce qui précède, aucun obstacle ne pouvait empêcher la [banque] de payer, surtout qu'elle ne dit pas en quoi consistait la mise en place de procédures internes de décaissement qu'elle invoque alors même qu'elle avait cantonné la somme saisie […] que c'est seulement suite au prononcé de la décision lui faisant injonction de payer, sous astreinte comminatoire que la Bicici s'est exécutée », les juges ont bien relevé les manquements observés par la banque dans l'exécution de la saisie ; il s'ensuit que le moyen n'est pas fondé et doit être rejeté (CCJA, 1e ch., n° 190, 9-11-2017 : Bicici c/ Labi Benie Affia Angèle) ;

– violé les articles 1153 du Code civil et 154 de l'AUPSRVE, pour condamner une banque, tiers saisi, au paiement de dommages-intérêts, dès lors qu'en cas d'inexécution de ses obligations prévues aux articles 38 et 156 de l'AUPSRVE, la seule sanction retenue par l'Acte uniforme contre le tiers saisi est la condamnation de ce dernier au paiement de dommages-intérêts et non le paiement des intérêts du droit comme il résulte de l'article 1153 du Code civil mentionné au grief ; il s'ensuit que le moyen n'est pas fondé et doit être rejeté (CCJA, 1e ch., n° 190, 9-11-2017 : Bicici c/ Labi Benie Affia Angèle) ;

– fixé le montant des dommages-intérêts sans préalablement caractériser la responsabilité du tiers saisi conformément à l'article 1382 du Code civil ancien (du Gabon) auquel renvoie l'article 38 de l'AUPSRVE visé au moyen, ni dégager les preuves du préjudice allégué ainsi que les éléments de son évaluation ; qu'ainsi, toujours selon le moyen, la cour a violé l'article 38 précité et exposé sa décision à la cassation. Il en est ainsi dès que l'article 38 de l'AUPSRVE se suffit à lui-même comme fondement de la responsabilité du tiers requis dans le cadre de l'exécution forcée, la juridiction compétente devant seulement caractériser le manquement qui ouvre droit à l'allocation des dommages-intérêts, ce qu'elle a suffisamment fait en l'espèce ; qu'il échet de rejeter le moyen comme mal fondé (CCJA, 1e ch., no 107, 28-3-2019 : Assala Gabon SA c/ LGTB Sarl) ;

– méconnu le régime de l'obligation du tiers saisi qui découle des dispositions de l'article 164 de l'AUPSRVE, en ce que ladite société ne s'étant jamais opposée au paiement, pour avoir seulement accusé un retard dans l'exécution de son obligation, c'est plutôt l'article 1153 du Code civil ancien que la cour d'appel aurait dû appliquer pour fixer le montant des dommages-intérêts ; que selon la requérante, la cour d'appel, en statuant comme elle l'a fait, a violé les dispositions de l'article 38 visé au moyen et exposé sa décision à la cassation. Il en est ainsi dès lors qu'il appert de l'arrêt attaqué que c'est au terme d'une longue analyse, en pages 6, 7 et 8 de sa décision, des contours de l'affaire et des pièces du dossier, que la cour d'appel, au visa de l'article 38 précité, a décidé du montant des dommages-intérêts querellés. En intégrant le retard de la requérante dans l'exécution de ses obligations, la cour d'appel, loin d'avoir violé le texte visé au moyen, en a fait une exacte application dans l'exercice de son pouvoir souverain du contrôle de la matérialité des faits et de la fixation des montants des réparations des préjudices identifiés par elle. Elle n'avait donc pas à appliquer les dispositions de l'article 1153 du Code civil comme le prétend le moyen, qui manque ainsi de pertinence et mérite le rejet (CCJA, 1e ch., no 107, 28-3-2019 : Assala Gabon SA c/ LGTB Sarl).

D. Condamnation aux causes de la saisie et à des dommages-intérêts

Le tiers saisi qui est sorti de son rôle passif de tiers saisi pour introduire une procédure a effectivement dressé un obstacle, entraînant l'application de l'article 38 de l'AUPSRVE par sa condamnation aux causes de la saisie et à des dommages-intérêts (CCJA, 3e ch., no 061/2012, 7-6-2012 : Banque Internationale pour l'Afrique au Togo (BIA) c/ Nouvelle Sté Commerciale du Togo dite NOSOCO, J-14-173).

Obs. : voir sous l'art. 164.

Il ressort de l'article 38 de l'AUPSRVE que le refus de collaboration du tiers saisi est constitutif de faute à la charge de celui-ci, pouvant justifier sa condamnation à des dommages-intérêts et au paiement des causes de la saisie (CCJA, 3e ch., no 048/2021, 8-4-2021 : K., Liquidateur de la succession feu K. c/ Ecobank RDC SA).

Contrariété apparente entre les motifs et le dispositif de l'exploit d'assignation. Il est de principe qu'en cas de contrariété entre le dispositif et les motifs, ce sont ces derniers qui priment. Dès lors, la cour d'appel qui a condamné le tiers saisi au paiement de la somme correspondant aux causes de la saisie plus les frais, et d'une somme supplémentaire à titre de dommages-intérêts, n'a pas accordé plus que ce qu'ont demandé les créanciers et n'a pas jugé ultra petita. Le dispositif de l'exploit d'assignation en paiement, loin de contredire les motifs, dit plutôt la même chose, l'huissier instrumentaire ayant seulement omis de préciser le montant des frais dan s le dispositif. Par conséquent, il ne peut lui être reproché d'avoir violé l'article 38 de l'AUPSRVE (CCJA, 2e ch., no 6, 9-3-2006 : Sté INDUS-CHIMIE c/ M.R.P., Juris-Ohada, no 3/2006, p. 20, Ohadata J-07-13).

Obs. : cette décision donne l'occasion à la CCJA de se prononcer sur l'existence d'une contradiction entre les motifs et le dispositif d'un arrêt d'appel. Ce genre de contradiction se caractérise par le fait pour une cour d'appel de prendre une certaine position dans les motifs de son arrêt pour la résolution d'un litige, et de trancher en sens contraire dans le dispositif de l'arrêt. Deux hypothèses se dégagent de la jurisprudence de la Cour de cassation française : 1) – lorsque la contradiction ne permet pas de déterminer la décision que la cour d'appel a voulu prendre en définitive, l'arrêt de la cour d'appel est sanctionné (voir par exemple Cass. 3e civ. 3-5-1989 : SCI, 72-76 Boulevard de la Villette à Paris, arrêt no 733 non publié ; cité par Marie-Noëlle Jobard-Bachellier et Xavier Bachellier, La technique de cassation, 6e éd. Dalloz, 2004, p. 173 ; sanction d'une cour d'appel pour avoir ordonné dans le dispositif de son arrêt une expertise aux fins de choisir le mode de démolition d'un immeuble, alors qu'elle avait déjà choisi un autre mode de démolition dans les motifs). 2)- Mais le cas le plus fréquent est celui d'une simple erreur matérielle (Cass. 1e civ. 16-5-1977 : Bull. civ. I. no 228 ; indication de 166 996,16 francs dans le dispositif après avoir mentionné 188 996,16 francs dans les motifs. Dans le même sens, Cass. com. 28-10-1980 : Bull. civ. IV no 354 ; indication d'une condamnation à 1 franc dans les motifs mais condamnation effective à payer 100 francs dans les dispositifs). La Cour de cassation française analyse souvent la seconde hypothèse comme une simple erreur matérielle dont la correction doit être recherchée par la procédure prévue à l'article 462 du Code de procédure civile. La Cour de cassation française semble accorder plus d'importance au dispositif en cas de contrariété entre les motifs et le dispositif d'une décision. L'autorité de la chose jugée ne s'attache qu'à ce qui a été tranché dans le dispositif du jugement (Cass. 2e civ. 10-7-2003, Vatan

Choquet c/ Van Hamme : Bull. civ. II n° 238 ; JCP G 2003. IV. 2575, cassant un arrêt qui avait déterminé la chose jugée en s'appuyant sur les motifs de la décision en cause en considérant que l'autorité de la chose jugée s'étend à ce qui est implicitement compris dans le dispositif), les motifs, fussent-ils le soutien nécessaire du dispositif n'ayant pas l'autorité de la chose jugée (Cass. 2e civ. 12-2-2004, Morice c/ Robert : JCP G 2004. IV. 1685 ; Bull. civ. I n° 55 ; Cass. 1e civ. 22-11-2005 n° 02-20122, S. c/ DG : JCP G 2005.IV.3726). Il faut donc noter la différence de régime avec la CCJA. Dans l'espèce tranchée par la CCJA ci-dessus, l'huissier instrumentaire avait omis d'indiquer les frais dans le montant total réclamé, simple erreur matérielle rectifiée par une simple comparaison des montants indiqués dans les motifs (25 259 383 FCFA) et le dispositif (27 514 313 FCFA) ; et la CCJA affiche sa préférence pour les motifs en cas de différence entre les motifs et le dispositif d'une décision, ce qu'on doit approuver d'autant plus que c'est dans les motifs qu'un juge justifie la décision qu'il s'apprête à prendre à la fin.

IV. Refus de la condamnation du tiers saisi en raison d'une mainlevée de la saisie

A. Mainlevée de la saisie

Voir sous l'article 156 : CCJA, 3e ch., n° 144, 19-11-2015 : Financial Bank Gabon devenue Orabank c/ Sté Pamiko Maritime Company, Panourgias Narkelis, Ohadata J-16-137.

L'article 38 de l'AUPSRVE conditionne la mise en œuvre de l'engagement de la responsabilité du tiers saisi à l'existence d'une mesure d'exécution ou de conservation de créances. La saisie contre laquelle la responsabilité du tiers saisi avait été retenue pour obstacle à l'exécution, entraînant ainsi sa condamnation au paiement de dommages-intérêts et des causes de la saisie n'existant plus en raison de la mainlevée intervenue depuis le 30 juillet 2013, c'est à tort que la cour d'appel s'est fondée sur un arrêt rendu à tort par la juridiction suprême nationale (pour avoir statué en matière de saisie-attribution de créances, domaine dans lequel seule la CCJA était compétente en cassation), pour faire droit à la demande de condamnation du tiers saisi au paiement de dommages-intérêts et des causes de la saisie, en privilégiant ainsi l'arrêt de la Cour suprême à celui de la cour d'appel devenu définitif pour absence de pourvoi devant la CCJA, exposant son arrêt à la cassation sans qu'il soit nécessaire d'examiner les autres moyens. Sur l'évocation et pour les mêmes motifs que ceux ayant entraîné la cassation, l'ordonnance entreprise doit être infirmée et la demande en paiement de dommages-intérêts et causes de la saisie pour obstacle à mesure d'exécution doit être rejetée (CCJA, 1e ch., n° 174, 27-7-2017 : RMO sous-traitance c/ Cofipa-CI et 19 autres).

Selon l'article 38 de l'AUPSRVE, tout manquement par un tiers saisi à l'obligation de ne pas faire obstacle aux procédures en vue de l'exécution des créances peut entraîner sa condamnation au paiement de dommages-intérêts ; il en est ainsi, au sens de l'article 164 du même Acte, du refus par le tiers saisi de payer au créancier la somme qu'il a reconnu devoir au débiteur principal après présentation d'une décision exécutoire de la juridiction rejetant la contestation. Cette sanction prévue pour garantir les saisies régulières ne peut cependant s'appliquer contre le tiers saisi, si la saisie a cessé d'exister du fait de la mainlevée donnée par le créancier, et si celui-ci ne justifie pas d'un préjudice subi. C'est donc en violation, par mauvaise interprétation, des articles 38 et 164 de l'AUPSRVE qu'une cour d'appel a condamné un tiers saisi au paiement de dommages-intérêts pour avoir refusé de payer la somme dont celui-ci s'est reconnu débiteur à l'égard du débiteur, dès lors que la mainlevée de la saisie avait été donnée à l'amiable près de deux ans avant l'introduction de l'instance en responsabilité dudit tiers saisi et qu'il ne ressort pas de l'arrêt attaqué que le créancier saisissant ait prouvé un quelconque préjudice ouvrant droit à réparation. Sur l'évocation et pour les mêmes motifs que ceux ayant entraîné la cassation, la demande de dommages-intérêts doit être rejetée (CCJA, 3e ch., n° 302/2020, 22-10-2020 : Bicig SA c/ Dragin SARL).

B. Tiers saisi ayant séquestré les fonds en présence de plusieurs actes de procédure contradictoires

Il n'y a pas lieu de condamner le tiers saisi au paiement des causes de la saisie dès lors que, d'une part, il ne ressort pas des pièces du dossier que le tiers saisi ait fait obstacle à l'exécution ou à la conservation des créances, le fait pour lui, face à deux actes de procédure contradictoires, aux effets contradictoires, de solliciter et obtenir la mise sous séquestre des sommes litigieuses relevant de son devoir de vigilance ; et que, d'autre part, les sommes mises sous séquestre ont été libérées à la suite d'une ordonnance du premier président de la cour d'appel. Le jugement querellé sera donc infirmé sur ce point. Sur l'évocation et pour les mêmes motifs que ceux ayant commandé la cassation, il y a lieu de réformer sa décision sur ce point et de dire n'y avoir lieu ni à des dommages et intérêts ni à une astreinte, aucune résistance fautive n'ayant été caractérisée contre le tiers saisi (CCJA, 1e ch., n° 191/2019, 20-6-2019 : UGB SA c/ Étude Erangah Gilbert).

V. Rejet des demandes reconventionnelles et l'action du tiers saisi

L'action d'un créancier tendant à sanctionner la résistance du tiers saisi qui a refusé de payer la somme qu'il a reconnu devoir au débiteur saisi malgré la présentation d'une décision exécutoire de la juridiction ayant rejeté la contestation de celui-ci est infondée, une telle résistance ne présentant aucun caractère abusif ou vexatoire. En l'espèce, il y a donc lieu de rejeter les demandes reconventionnelles du tiers saisi qui, de surcroit, n'apporte la preuve d'aucun préjudice (CCJA, 3e ch., no 302/2020, 22-10-2020 : Bicig SA c/ Dragin SARL).

VI. Action récursoire du tiers condamné au paiement contre le débiteur

A. Principe

Le tiers saisi qui a été obligé de payer les causes de la saisie pour le compte du débiteur du créancier, à la suite de sa condamnation a bien un droit de recours contre le débiteur principal. Ce dernier ne peut invoquer la faute professionnelle commise par le tiers saisi en faisant une déclaration tardive pour éviter sa propre condamnation à rembourser le tiers saisi (CA Zinder (Niger), no 30, 25-5-2006 : Syntramin section, Somaïr Arlit, c/ SONIBANK, Ohadata J-10-291).

Dans le même sens, indiquant que le tiers saisi qui a payé est donc fondé à demander le remboursement au débiteur saisi (T. com. Ouagadougou, no 014, 18-1-2018 : Fonds Spécial Routier du Burkina c/ Copiafax-Burkina SARL, http://tribunalcommerce.justice.gov.bf/download/jugement-n014-du-18-01-2018-frs-b-contre-copiafax-burkina-sarl/).

En vertu de l'article 38 de l'AUPSRVE, le tiers saisi ayant payé les causes d'une saisie au créancier poursuivant dispose contre le débiteur saisi d'une action récursoire lui permettant d'obtenir remboursement des sommes réglées en ses lieu et place ; la mise en œuvre de l'action ainsi consacrée suppose de la part de son auteur la preuve de la qualité de tiers saisi et du paiement effectif des sommes poursuivies. C'est donc en violation de l'article 38 qu'une cour d'appel a retenu « qu'il résulte des pièces du dossier, notamment le courrier daté du 9 novembre 2009 de la BIAO adressée au gérant de la société [débitrice] que le compte de cette dernière [...] avait été clôturé [...] avant la saisie-attribution [...] que dans ces conditions, la BIAO-CI, n'ayant pas la qualité de tiers saisi à l'époque est mal venue à exercer une action récursoire contre la société [débitrice] », pour débouter le tiers saisi de son action récursoire contre le débiteur, exposant ainsi son arrêt à la cassation. Il en est ainsi en l'espèce car la qualité de tiers saisi de la demanderesse en cassation découle de l'autorité de la chose jugée rattachée aux décisions de justice qu'elle a exécutées en paiement des causes de la saisie. Sur l'évocation et pour les mêmes motifs que ceux ayant entraîné la cassation, le jugement initial ayant condamné le débiteur au remboursement des sommes payées au tiers saisi sera confirmé (CCJA, 1e ch., 238, 29-11-2018 : NSIA Banque Côte d'Ivoire c/ Sté ARTIS).

B. Modalités

L'action récursoire intentée par un tiers saisi contre le débiteur en remboursement des causes d'une saisie-attribution payée au profit du créancier poursuivant relève de la compétence des juridictions de droit commun et non du Président de la juridiction statuant en matière d'urgence visée à l'article 49 de l'AUPSRVE. L'action récursoire prévue à l'article 38 du même Acte uniforme se situe en dehors de la procédure de saisie-attribution et met en rapport le tiers qui a payé et qui devient demandeur et le débiteur à la saisie qui devient défendeur à l'instance. Cette action récursoire ne nécessite pas, pour aboutir, la preuve d'une quelconque faute de la part du tiers ou du débiteur. Il suffit que le tiers saisi ait payé les causes de la saisie au créancier poursuivant pour le compte du débiteur. La cour d'appel qui a statué dans ce sens n'a en rien violé les articles 38 et 49 de l'AUPSRVE et le moyen doit être rejeté (CCJA, 1e ch., no 019, 24-4-2008 : Me B. J. c/ BICICI, Juris-Ohada no 2, avr.-juin 2008, p. 23, Rec. jur. CCJA, no 11, janv.-juin 2008, p. 54, Ohadata J-09-33).

Art. 39 Le débiteur ne peut forcer le créancier à recevoir en partie le paiement d'une dette, même divisible.

Toutefois, compte tenu de la situation du débiteur et en considération des besoins du créancier, la juridiction compétente peut, sauf pour les dettes d'aliments et les dettes cambiaires, reporter ou échelonner le paiement des sommes dues dans la limite d'une année. Elle peut également décider que les paiements s'imputeront d'abord sur le capital.

Elle peut en outre subordonner ces mesures à l'accomplissement, par le débiteur, d'actes propres à faciliter ou à garantir le paiement de la dette.

JURISPRUDENCE OHADA

I. Généralités

A. Définition du délai de grâce

Le délai de grâce est une faveur que peut accorder le juge au débiteur qui a établi la preuve de sa situation économique et ou financière difficile mais non désespérée (CA Bobo-Dioulasso (Burkina Faso), ch. com., n° 013, 14-3-2010 : D. S. c/ BAC-B, Ohadata J-12-121) ; ou encore une disposition bienveillante que le juge a le loisir d'accorder lorsque le débiteur est malheureux mais de bonne foi (TPI Cotonou, réf. Com., 31-7-2002 : Sté SESSIG BEDE et Cie c/ Bank of Africa, Ohadata J-05-299, obs. Ndiaw DIOUF).

Non-assimilation des délais de procédure aux délais de grâce. Les délais de procédure en raison desquels une décision frappée d'appel n'a pas encore été exécutée ne sauraient être « calculés » par le créancier comme un délai de grâce (TPI Cotonou, réf. Com., 31-7-2002 : Sté SESSIG BEDE et Cie c/ Bank of Africa, Ohadata J-05-299, obs. Ndiaw Diouf).

Obs. : en termes plus juridiques, les délais sont computés.

B. Dettes exclues du délai de grâce

L'article 39 de l'AUPSRVE exclut :

– que le juge puisse accorder des délais en matière de créance cambiaire (Abidjan, n° 36, 10-1-2003 : SIGS c/ CFAO-CI, Ohadata J-03-277 ; TRHC Dakar, n° 2533, 24-11-2004 : S. D. c/ LA SDV, Ohadata J-05-129 ; obs. Ndiaw Diouf ; CA Niamey (Niger), n° 09, 7-2-2006 : B. M. A. c/ H. Y., Ohadata J-10-228) ;

– la créance qui a un caractère alimentaire ; tel est le cas de la provision qu'une société d'assurance a été condamnée à payer à la victime d'un accident de la circulation, dès lors qu'elle est destinée à assurer la satisfaction de ses besoins vitaux, notamment les soins de santé spécialisés qui doivent lui être urgemment administrés en Europe (TPI Bangangté, ord. n° 10/ORD, 6-5-2004 : SAAR c/ T. P., Ohadata J-05-164) ;

– la créance essentiellement constituée de salaires impayés. C'est donc à tort qu'un délai de grâce à l'intimé et la décision doit être infirmée (CA Abidjan (Côte d'Ivoire), 3e ch. civ. et com., 4-3-2005 : M. R. P. c/ Sté INDUSCHIMIE, Ohadata J-09-167) ; dans le même sens, (TPI Nkongsamba (Cameroun), ord. n° 10/CE, 31-10-2007 : Sté Lachanas frères transports SA c/ MM. M. J., note Yvette kalieu Elongo, Ohadata J-09-245).

Un tribunal a cependant accordé un délai de grâce de six mois à une société connaissant des difficultés, pour le paiement de créances de nature salariale (TPI Yaoundé, Centre Administratif (Cameroun), ord. n° 469/C, 28-8-2008 : Sté EQUIBAT RANY BOIS c/ Y. C., Me E. R., Ohadata J-09-217).

II. Conditions

A. Situation du débiteur

1° Difficultés économiques

a. Décisions en admettant l'existence

A obtenu un délai de grâce :

– de dix mois, le débiteur qui ne conteste pas la créance mais se trouve simplement dans l'impossibilité de la payer dans le délai de 48 heures qui lui est imparti, compte tenu des difficultés financières qu'il éprouve (TPI Dschang, ord. réf. n° 08/ORD, 13-11-2003 : T. G. c/ Compagnie Financière de l'Estuaire, Sté Coopérative d'Epargne et de Crédit représentée par son agence de Dschang, Ohadata J-05-108) ;

– le débiteur qui a prouvé ses difficultés économiques (TGI Ouagadougou, n° 027, 29-1-2003 : B. A. c/ BUMIGEB, Ohadata J-04-335) ;

– le débiteur dont les difficultés financières se justifiaient par le ralentissement général de l'activité économique du pays ; délai de six mois accordé (TPI Daloa, n° 26, 7-9-2005 : La Coopérative COPAVA c/ Sté ZAMACOM ; Juris-Ohada n° 4/2006, p. 33, Ohadata J-07-31). Dans le même sens, une cour d'appel accorda un délai de dix mois après avoir retenu que la situation de crise que vit la Côte d'Ivoire depuis plus de deux ans a un impact négatif évident sur l'économie des entreprises et justifie suffisamment un délai de grâce de 10 mois (CA Abidjan, ch. civ. et com., n° 721, 29-6-2004 : SGBCI c/ SCI DOUNIA, Ohadata J-05-315, obs. J. Issa-Sayegh) ;

– le débiteur dont les difficultés économiques évoquées ainsi que l'impossibilité de payer ses dettes sont réelles et sont dues à la liquidation judiciaire de son entreprise prononcée par jugement (TPI Lomé (Togo), ch. civ. et com., n° 2915/09, 6-10-2009 : K. A. c/ A.-F. V., Obs. J. Issa-Sayegh, Ohadata J-11-07, accordant un délai de grâce de 8 mois pour régler la dette et les frais de recouvrement).

b. Décisions en refusant l'existence

La demande d'un délai de grâce formulée par un débiteur pour s'acquitter de sa dette doit être rejetée lorsque :

– la demande n'est fondée sur aucune justification ni assortie d'aucune offre (CCJA, n° 25, 15-7-2004 : M. c/ SCB-CL, Ohadata J-05-168, Juris-Ohada, n° 4/2004, oct.-déc. 2004, p. 2, note BROU Kouakou Mathurin, Rec. jur. CCJA, n° 4, juill.-déc. 2004, p. 16) ;

– le débiteur ne rapporte pas la preuve de ses difficultés financières (TPI Bafoussam, n° 84/Civ., 16-6-2006 : S. B. C. c/ First Trust Savings and Loan,

Ohadata J-07-61). Voir également (CA Ouagadougou (Burkina Faso), ch. com., n° 139, 19-10-2007 : Fadoul Technibois c/ SONABHY, Ohadata J-10-220 ; TPI Bafoussam, n° 35, 23-4-2004 : W. F. J. J. c/ Sté SOFAMAC, Greffier en chef du TPI de Bafoussam, Ohadata J-05-07) ;

– le tribunal ne trouve au dossier de la procédure aucun élément tangible lui permettant d'apprécier la réalité des prétendues difficultés financières alléguées par les requérants à l'appui de leur demande (TPI Lomé (Togo), ch. civ. et com., 4-6-2010 : G. Y. P. et A. K. F. c/ A. A., Ohadata J-11-110 ; TPI Douala-Bonanjo (Cameroun), n° 135/COM, 19-10-2011 : OPOC PETROLEUM SA c/ K. R. Emmanuel, Ohadata J-12-227) ;

– le débiteur n'apporte aucune preuve de la « morosité du climat des affaires » qu'il allègue au soutien de sa demande (TGI de la Mifi (Cameroun), n° 17/civ., 18-5-2010 : BICEC c/ Ets T. J. P., Ohadata J-12-10). Voir aussi (TGI Bobo-Dioulasso, ord. réf. n° 62, 16-5-2003 : S. H. c/ D. S. M., Ohadata J-04-153 ; TPI Cotonou, n° 028/00-2e C-COM, 13-6-2002 : A. V. c/ Sté B.P.S. BENIN, n° 028/00-2e Ohadata J-04-402 ; Ohadata J-04-289).

L'article 39 de l'AUPSRVE n'exige pas que la situation du débiteur soit irrémédiablement comprise pour qu'il puisse bénéficier d'un délai de grâce ; c'est donc à tort que la créancière soutient que le débiteur ne fait pas l'objet d'une procédure collective (CA Ouagadougou, ord. n° 23, 30-1-2014 : Sté ITALCRAFTS SPA c/ Hamidou Ouédraogo, in Mathias Niamba, Rec. jur. CCJA des cours et tribunaux du Burkina Faso : Les Actes uniformes à l'épreuve de la pratique burkinabé, 2006, pages 117-132).

2° *Bonne foi du débiteur*

a. Admission

La société débitrice ne pouvant, de bonne foi, faire face à ses obligations à l'égard de son créancier, eu égard à sa situation difficile de trésorerie, il y a lieu de lui accorder un délai de grâce, conformément à l'article 39 de l'AUPSRVE (CA Abidjan, n° 683, 30-5-2000 : Abidjanaise d'Assurances c/ Sté Afrique Energies Industries, Juris-Ohada, n° 3/2002, juill.-sept., p. 41, Ohadata J-02-142, note anonyme) ; voir aussi (CA Abidjan, n° 88, 20-1-2004 : C. Y. J., c/ A. B. B. Y., Ohadata J-04-485). Voir aussi : TPI Cotonou, réf. Com., 31-7-2002 : Sté SESSIG BEDE et Cie c/ Bank of Africa, Ohadata J-05-299, obs. Ndiaw Diouf ; TPI Cotonou, 1e ch. civ., ord. réf., 20-2-2003 : SAPA SARL c/ CDDA SARL, Ohadata J-05-302.

La bonne foi a été admise :

– pour un débiteur qui a effectué en trois mois, des versements d'un montant total de 6 700 000 FCFA avec un solde de 9 616 484 FCFA à payer et le remboursement de sa dette a été échelonné sur une période de 12 mois, le créancier n'ayant pas prouvé que cet échelonnement compromettrait ses activités (TPI Cotonou (Bénin), 1e civ., ord. réf. n° 66/03, 17-7-2003 : Sté E.C.A c/ ECOBANK BENIN – SA, Ohadata J-10-11) ; dans le même sens, le débiteur ayant payé plus de la moitié de la somme restant due (CA Abidjan (Côte d'Ivoire), n° 127, 16-2-2007 : SOGEPIE c/ K. K. G., Ohadata J-09-187).

– pour un débiteur qui a proposé un règlement partiel de 700 000 FCFA de sa dette s'élevant à 2 600 000 FCFA face au refus constant du créancier de lui accorder un moratoire amiable sans démontrer qu'un délai de grâce accordé au débiteur lui serait préjudiciable. En l'espèce, un délai de six mois a été accordé au débiteur après consignation du règlement partiel auprès du greffe et la mainlevée de la saisie conservatoire pratiquée sur les véhicules vendus a été ordonnée, afin de permettre au débiteur de les vendre pour pouvoir apurer sa dette (TPI Cotonou (Bénin), 1e civ., ord. réf. n° 115/O2-ICCIV, RG n° 55/O2, 6-6-2002 : A. A. c/ A. K., Ohadata J-10-10) ;

– pour un débiteur lorsque c'est la lenteur du transitaire – qui lui a été imposé par le créancier – dans l'accomplissement des formalités douanières qui l'empêche d'écouler sa marchandise afin de pouvoir rembourser sa dette. Délai de six mois accordé (TPI Cotonou (Bénin), 1e civ., ord. réf. n° 13/O3 – ICB, 23-1-2003 : Sté WALE ORGANISATION c/ La B.I.B.E., Ohadata J-10-04). Pour une autre décision accordant un délai de six mois à un débiteur de bonne foi (TPI Cotonou (Bénin), 2e ch. Com., n° 032/002, 2e C-COM, 27-6-2002 : Sté OVERSEAS SA c/ A. T., Sté SORA SARL, Ohadata J-10-03) ; (TPI 1e classe Lomé (Togo), ch. civ., n° 1828/2010, 6-7-2010 : CACIEJ-TOGO c/ D. T., Obs. J. Issa-Sayegh, Ohadata J-11-96, accordant le délai de grâce sous peine de déchéance en cas de défaut de paiement d'une seule mensualité) ;

– pour une société débitrice dont tous les employés ont démissionné et dont le gérant a pris l'engagement d'apurer les dettes. Délai de six mois accordé (TPI Cotonou (Bénin), 1e civ., ord. réf. n° 99/02-1CCIV, 23-5-2002 : D. V. c/ O. A. S., Ohadata J-10-02) ;

– pour une société débitrice de dommages-intérêts pour licenciements abusifs, en considération du fait qu'elle ne contestait pas sa dette et que le paiement non échelonné de la dette l'exposerait à une cessation de paiement (TPI Cotonou, ord. réf., n° 214, 7-11-2002 : Sté FAGHOHOUN et Fils c/ A. N. et 3 autres, Ohadata J-05-307).

b. Refus

Le délai de grâce a été refusé pour défaut de bonne foi lorsque :

– la débitrice qui, en dépit de ses promesses, n'a procédé à aucun paiement, étant rappelé que le juge doit tenir compte des situations respectives des parties pour accorder des délais de grâce (CA Niamey, ch. civ., n° 36, 30-4-2003 : I. Y. c/ Z. M., Ohadata J-03-262) ;

– la dette est très ancienne (plus de 16 ans) et que le débiteur n'a même pas effectué un règlement partiel, l'action en discontinuation de poursuites devant être rejetée car il n'y a aucune perspective sérieuse pour le paiement de la créance due dans le délai (TGI de la Mifi (Cameroun), n° 34/civ., 17-1-2006 : M. J. c/ S. A., Ohadata J-12-09) ;
– le débiteur dont la dette date de 15 ans n'a jamais tenu les engagements pris pour apurer sa dette dans les délais librement fixés par lui (CA Niamey (Niger), n° 98, 17-4-2006 : Y. M. c/ Banque Commerciale du Niger, Ohadata J-10-229) ; ou encore pour une dette de 17 ans (TGI de la Mifi (Cameroun), n° 20/civ., 1-6-2010 : K. D. c/ T. S., Y. M. G., Ohadata J-12-11) ;
– d'une part, le débiteur ne rapporte pas la preuve de ses difficultés, et que d'autre part, depuis l'enrôlement de la procédure à la cour d'appel jusqu'au jour de la décision, il ne prouve pas les mesures prises afin de payer, ne serait-ce partiellement sa dette et n'a fourni aucune garantie au créancier (CA Cotonou (Bénin), n° 2006-002/CM/CA-AB, 15-12-2006 : P. T. c/ A. Y., Ohadata J-10-245) ;
– le débiteur a minoré le montant de sa dette devant le tribunal, en indiquant 520 000 FCFA au lieu de 660 000 FCFA (TPI 1e classe, Lomé (Togo), ch. civ. et com., n° 1958/09, 3-7-2009 : R. W. c/ N. A. A., Ohadata J-11-16) ;
– par tromperie et manœuvres frauduleuses, les débiteurs se sont fait remettre par la créancière la somme principale de 7 400 000 FCFA en proposant à cette dernière la vente d'un immeuble qu'ils savent pertinemment appartenir à autrui (TPI Lomé (Togo), ch. civ. et com., 4-6-2010 : G. Y. P. et A. K. F. c/ A. A., Ohadata J-11-110) ;
– nonobstant ses difficultés financières alléguées, les gérants de la société débitrice ont préféré l'abandonner pour créer une nouvelle société et que depuis la signature de la convention en juillet 2004 jusqu'à la date de la mise en demeure aucun paiement n'avait été effectué (CA Ouagadougou (Burkina Faso), ch. com., n° 01, 6-2-2009 : BOA-BF c/ Sté Eau de Roche, Ohadata J-12-165).

L'article 39, al. 1 et 2 de l'AUPSRVE donne le pouvoir au juge d'accorder au débiteur un délai de grâce compte tenu de la situation de ce dernier et en considération des besoins du créancier ; si le juge peut accorder un délai de grâce au débiteur, celui-ci est soumis à certaines conditions dont la preuve de la situation difficile de la trésorerie du débiteur et sa bonne foi. En retenant la mauvaise foi du débiteur qui n'a proposé aucune offre pour une créance qui remonte à une dizaine d'années, pour le débouter de sa demande de délai de grâce, la cour d'appel n'a en rien violé l'article visé au moyen ; qu'il s'ensuit que le moyen n'est pas fondé (CCJA, 1e ch., n° 117, 31-5-2018 : Bamba Sékou c/ BOA – CI).

Obs. : le demandeur reprochait notamment à la cour d'appel d'avoir violé l'art. 39, al. 1 et 2 de l'AUPSRVE en refusant de lui accorder un délai de grâce suite à sa situation financière précaire, alors, selon le moyen, que son état d'impécuniosité face à la créancière qui est connue comme faisant des bénéfices largement excédentaires, commandait que le délai de grâce lui soit accordé. En approuvant la cour d'appel, la CCJA rappelle que le délai de grâce n'est pas de droit, mais une simple faculté dont le juge du fond peut souverainement apprécier l'opportunité en tenant compte, entre autres, de la bonne foi ou non du débiteur.

3° Garanties fiables au regard d'un sursis en matière de saisie immobilière

C'est à juste titre qu'un juge qui a constaté que le débiteur poursuivi n'a pu proposer des garanties complémentaires demandées, en dehors d'un terrain de moindre valeur, a estimé qu'il y avait un sérieux risque à octroyer le délai de grâce sollicité et rejeté la demande, compte tenu de l'ancienneté de la créance poursuivie, de l'existence d'autres créanciers inscrits et de l'arrêt de fonctionnement de l'exploitation du débiteur (CA Centre, n° 211/Civ., 15-5-2002 : T. O., T. A., W. M., M. G. c/ La CCEI Bank, Ohadata, J-04-465 et J-04-430).

B. Besoins du créancier

La cour d'appel qui, pour accorder un délai de grâce à un débiteur, n'a fait état ni tenu aucun compte des besoins de la créancière, se bornant à indiquer que c'est pour permettre à celle-ci de percevoir régulièrement sa créance qu'elle réduit la somme mensuelle à payer par le débiteur a violé l'article 39 de l'AUPSRVE et exposé son arrêt à la cassation. Il en est ainsi d'autant plus qu'en ramenant à 1 000 000 FCA la somme à payer mensuellement par le débiteur, alors que le montant total de la créance était de 28 910 515 FCA, la cour d'appel a décidé d'échelonner le paiement des sommes dues au-delà de « la limite d'une année » fixée par l'article 39 de l'AUPSRVE (CCJA, n° 35, 2-6-2005 : K. M. c/ 1/ Sté HYJAZI SAMIH et HASSAN dite INDUSCHIMIE ; 2/ SGBCI, Rec. jur. CCJA, n° 5, janv.-juin 2005, vol. 2, p. 52 ; Juris-Ohada, n° 4/2005, juill.-sept. 2005, p. 8 ; Ohadata J-06-14).

Obs. : dans un cas où les moyens du créancier étaient limités, une décision ordonna seulement l'échelonnement de la dette du débiteur (dont la situation n'est pas reluisante) lorsque les moyens du créancier sont limités, voir (TPI Cotonou, 1e ch. civ. moderne, ord. réf., 7-11-2002 : Sté FAGBOHOUN et FILS c/ A. S., Ohadata J-05-312).

Dans le même sens, retenant que l'octroi d'un délai de grâce doit à la fois tenir compte de la situation du débiteur et prendre en considération les besoins du

créancier. C'est donc à tort qu'un juge a accordé un délai de grâce en ne prenant en compte que les arguments du débiteur relatifs à l'état de santé de son épouse et sa situation de retraité, sans faire référence aux besoins du créancier qui dispose pourtant d'un titre exécutoire et la décision doit être infirmée (CA Abidjan (Côte d'Ivoire), n° 920, 28-10-2005 : Sté HESNAULT France SA c/ D. S., Ohadata J-09-195).
Un délai de grâce de 6 mois a été accordé, sur aval exprès du créancier signifiant par là, selon le tribunal, que les besoins de ce créancier ne sont pas urgents et énormes (TPI Mbouda, ord. réf. n° 07, 7-9-2004 : Sté CAPLABAM c/ T. M., Me D. R. L., Ohadata J-07-54).

C. Rejet de conditions non prévues par les textes

La demande du créancier ayant pour objet de conditionner l'octroi d'un délai de grâce au paiement d'une caution par le débiteur doit être rejetée dès lors que l'article 39 de l'AUPSRVE n'a pas prévu cette condition. Le délai de grâce doit être accordé lorsque le débiteur est de bonne foi et traverse une situation économique obérée (TPI Cotonou, 1e ch. civ., ord. réf. n° 76/02, 18-4-2002 : Sté BETRACO INTERNATIONAL SA c/ C.N.C.B., Ohadata J-05-310).

Obs. : la jurisprudence refusant des mesures ou des formalités non prévues par les Actes uniformes est désormais abondante. Voir sous l'art. 336 de l'AUPSRVE.

III. Durée du délai de grâce

A. Limitation à une année

Le report ou l'échelonnement du paiement de sa dette accordé à un débiteur est limité à une année et le débiteur qui a déjà bénéficié d'un délai de grâce de 12 mois ne saurait valablement prétendre à un autre délai (CA Bouaké, n° 85, 24-5-2000 : K. c/ Sté P., Juris-Ohada, n° 4/2002, oct.-déc. 2002, p. 58, Ohadata J-03-69, note anonyme).
De même, le fait pour une cour d'appel d'échelonner le remboursement de la dette de façon à ce que le règlement de la dette dépasse la limite d'une année imposée par l'article 39 de l'AUPSRVE constitue une violation dudit article et sa décision encourt la cassation (CCJA, n° 35, 2-6-2005 : K. M. c/ 1e / Sté HYJAZI SAMIH et HASSAN dite INDUSCHIMIE ; 2e / SGBCI, Rec. jur. CCJA, n° 5, janv.-juin 2005, vol. 2, p. 52 ; Juris-Ohada, n° 4/2005, juill.-sept. 2005, p. 8 ; Ohadata J-06-14).

B. Réduction de la durée

Le délai de grâce accordé à un débiteur peut être réduit, même en référé, lorsque le débiteur est de mauvaise foi. Il en est ainsi, par exemple, lorsque le débiteur s'abstient de commencer le remboursement du prêt qui lui a été octroyé alors que son activité a bien démarré (CA Abidjan, n° 88, 20-1-2004 : C. Y. J. c/ A. B. B. Y., Ohadata J-04-485). Voir aussi (CA Bouaké, n° 117, 18-7-2001 : B. c/ B. et J., Juris-Ohada, n° 2/2003, avr.-juin 2003, p. 48, note anonyme, Ohadata J-03-200).
Pour une décision ayant accordé un délai de cinq mois à compter du prononcé du jugement pour payer la somme due par tranches mensuelles égales, assorties de déchéance du terme en cas de non paiement d'une seule mensualité, voir : TPI Lomé (Togo), ch. civ. et com., n° 1183, 21-5-2010 : L. D. K. P. c/ Succession A., Ohadata J-11-91).
Et sur la déchéance encourue en cas de non paiement d'une seule mensualité, voir également : TPI 1e classe Lomé (Togo), ch. civ., n° 1828/2010, 6-7-2010, Ohadata J-11-96 ci-dessus et TPI 1e classe Lomé (Togo), ch. civ. et com., n° 1213, 25-5-2011 : K. K. c/ B. S., Ohadata J-11-109.

IV. Juridiction compétente

Obs. : la juridiction compétente peut varier selon les pays.

A. Juge prévu par l'article 49 de l'AUPSRVE

La matière des demandes de délai de grâce s'inscrit dans celles énumérées à l'article 49 de l'AUPSRVE (CA Bouaké, n° 89, 13-6-2001 : M.K.C. c/ CFAO-CI., Bulletin Juris-Ohada, n° 3/2002 juill.-sept. 2002, p. 32, Ohadata J-02-139, note anonyme ; CA Bouaké, n° 69, 2-5-2001 : C. c/ I., Juris-Ohada, CNDJ, n° 2/2002, avr.-juin 2002, p. 46, Ohadata J-02-104, note anonyme).
La saisine du premier président de la cour d'appel de Bouaké, d'une demande de délai de grâce, n'empêche pas la saisine de la juridiction compétente de la même demande de délai de grâce, au sens des articles 39 et 49 de l'AUPSRVE, dans la mesure où le litige porte sur une mesure d'exécution forcée. Dans ces conditions, c'est le président du tribunal saisi qui est compétent en la matière et l'ordonnance querellée doit être confirmée sur ce point (CA Bouaké, n° 117, 18-7-2001 : B. c/ B. et J., Juris-Ohada, n° 2/2003, avr.-juin 2003, p. 48, note anonyme, Ohadata J-03-200).

Obs. : il a été antérieurement jugé au Bénin que le juge des référés, qu'il soit civil ou commercial, est compétent pour régler les difficultés d'exécution de jugements ou d'arrêts. Il peut donc statuer sur une demande de délai de grâce dans un litige opposant deux commerçants (TPI Cotonou, réf. Com., 31-7-2002 : Sté SESSIG BEDE et Cie c/ Bank of Africa, Ohadata J-05-299, obs. Ndiaw Diouf) et pour une créance dont le montant n'est pas contesté par le débiteur (TPI Cotonou, 1e ch. civ., ord. réf. n° 76/02, 18-4-2002 : BETRACO INTERNATIONAL SA c/ C.N.C.B., Ohadata J-05-310). Depuis l'institution d'un juge de l'exécution au

Bénin (qui correspond à la juridiction prévue à l'art. 49 de l'AUPSRVE), ces deux décisions béninoises sont devenues caduques. La solution retenue par la cour d'appel de Bouaké (Côte d'Ivoire) et présentée ci-dessus (Ohadata J-02-139, J-02-104 et J-03-200) doit être retenue parce que la matière des demandes de délai de grâce s'inscrit dans celles énumérées à l'art. 49 de l'AUPSRVE (voir jurisprudence citée). Cependant, dans les pays n'ayant institué un JEX, le juge des référés statuant selon le régime de l'art. 49 reste compétent.

B. Saisine de la juridiction compétente

Sur le refus de l'opposition comme mode de saisine de la juridiction compétente pour la demande d'un délai de grâce, voir sous l'article 9 : CA Ouagadougou (Burkina Faso), ch. com., n° 050, 7-5-2010 : S. I. c/ Ecobank Burkina, Ohadata J-12-181.

V. Pouvoir de la juridiction compétente

A. Appréciation souveraine

Le juge du fond apprécie souverainement la situation du débiteur en tenant compte de divers éléments dont la bonne foi du débiteur, les mesures qu'il a prises afin de payer, l'exécution partielle et les garanties fournies au créancier (CA Cotonou (Bénin), n° 2006-002/CM/CA-AB, 15-12-2006 : P. T. c/ A. Y., Ohadata J-10-245).

Dans l'exercice de son pouvoir souverain, le juge peut :

– accorder un délai de grâce au débiteur en considération de sa situation et des besoins du créancier (TPI Cotonou, 1e ch. com., 15-7-2002 : SIEA Bénin c/ Cobenam, Ohadata J-05-300, accordant un délai de six mois) ;

– ou en réduire la durée lorsqu'elle lui apparaît excessive, au regard de l'ancienneté de la dette (TPI 1e classe, Lomé (Togo), ch. civ. et com., n° 780/2009, 24-3-2009 : A. A. c/ N. S., Ohadata J-11-117, accordant un délai de 6 mois contrairement aux 12 mois demandés).

Il s'induit de l'article 39 de l'AUPSRVE, par la profusion du verbe « peut », que les juges du fond sont souverains dans l'appréciation de la situation du débiteur et dans l'octroi du délai de grâce. C'est donc dans l'exercice de ce pouvoir souverain qu'une cour d'appel a rejeté la demande de grâce « en raison de l'antériorité de ladite créance » ; ainsi, les moyens, tels qu'ils sont formulés, ne tendent qu'à remettre en cause les appréciations souveraines des juges du fond et sont donc irrecevables (CCJA, 3e ch., n° 207/2019, 27-6-2019 : H. c/ BGFI Bank Cameroun S.A.).

Le rejet du délai de grâce relève de l'appréciation souveraine du juge du fond et échappe au contrôle de la CCJA (CCJA, 2e ch., n° 057/2020, 27-2-2020 : O. c/ Ayants droit S.).

Sur un arrêt ayant refusé d'accorder le délai de grâce sollicité, au regard des éléments du dossier relatifs aux circonstances de la cause, notamment l'ancienneté de la dette et des frais de poursuites déjà engagés, voir CCJA, 1e ch., n° 061/2021, 8-4-2021 : F. c/ Commercial Bank Cameroun SA, État du Cameroun.

B. Mesures d'échelonnement exclusivement

Si l'article 39 de l'AUPSRVE permet à la juridiction compétente, après l'analyse de la situation du débiteur et la prise en considération des besoins du créancier, de reporter ou d'échelonner le paiement des sommes dues par le débiteur, dans l'hypothèse où celui-ci est poursuivi en recouvrement de créance, il ne prévoit nulle part que la juridiction compétente puisse, au regard de ces éléments de fait, ordonner le maintien dans les lieux loués d'un débiteur à l'encontre duquel a été rendue une décision judiciaire d'expulsion passée en force de chose jugée. Il s'ensuit qu'en statuant comme elle l'a fait, la juridiction présidentielle de la Cour suprême du Côte d'Ivoire n'a pas tiré les conséquences de sa propre constatation et a ainsi violé, par fausse application, l'article 39 susvisé et son arrêt doit être cassé. Sur évocation, la demande de délai de grâce formulée par le défendeur au pourvoi doit être rejetée, les conditions de l'article 39 de l'AUPSRVE n'étant pas réunies (CCJA, n° 002/2003, 30-1-2003 : SDV-CI c/ CIVEXIM, Juris-Ohada, n° 1/2003, janv.-mars 2003, p. 23 et note ; Ohadata J-03-110).

C. Exécution provisoire

L'article 39 de l'AUPSRVE ne faisant nulle allusion à l'exécution provisoire des décisions de justice, la cour d'appel qui a accédé, sur le fondement du droit interne, à la demande d'exécution provisoire d'un créancier n'a en rien violé les articles 10 du Traité OHADA et 39 de l'AUPSRVE que le moyen n'est donc pas fondé (CCJA, 3e ch., n° 207/2019, 27-6-2019 : H. c/ BGFI Bank Cameroun S.A.).

D. Limites à la compétence du juge de l'exécution

Un juge de l'exécution ne peut ni modifier le dispositif d'une décision de justice servant de fondement aux poursuites, ni en suspendre l'exécution, sauf dans les cas prévus par la l'article 39 de l'AUPSRVE relativement au délai de grâce. Mais c'est à juste titre qu'un juge, confirmé par la cour d'appel, a ordonné la mainlevée d'une saisie-attribution et la discontinuation des poursuites, dès lors que la saisie était irrégulière pour violation de l'article 157 de l'AUPSRVE (CCJA, 1e ch., n° 001, 24-1-2008 : SCBC c/ CNPS ; Juris-Ohada n° 2, avr.-juin 2008, p. 2 ; Rec. jur. CCJA, n° 11, janv.-juin 2008, p. 70, Ohadata J-09-26). Voir sous l'art. 157 ci-après.

Obs. : cette décision rendue dans un litige né au Cameroun pose la question de la détermination du juge de l'exécution. Voir, à ce propos, sous l'art. 49.

VI. Difficultés procédurales

A. Rejet d'une demande nouvelle

La demande qui tend à obtenir d'une cour d'appel la discontinuation des poursuites, mais est fondée sur l'existence d'une action en distraction en cours est nouvelle et doit être rejetée comme telle, dès lors que la demande initiale devant le premier juge tendait à obtenir un délai de grâce sur le fondement de l'article 39 de l'AUPSRVE et avait été rejetée (CA Dakar, 2e civ. et com., n° 228, 12-4-2001 : Hôtel SANAVA SALY c/ A. T. et 68 autres, Ohadata J-03-271, obs. Ndiaw DIOUF). Voir sous l'art. 139.

B. Appel d'un délai de grâce accordé en référé (Code de procédure civile burkinabé, art. 469)

Lorsqu'un acte doit être porté à la connaissance d'une partie, comme c'est le cas de l'acte d'appel, il est tiré de l'original une ou plusieurs copies. La copie tenant lieu d'original pour celui qui l'a reçu, c'est la date de remise au destinataire figurant sur la copie qui prime sur celle inscrite dans l'original si bien que « l'absence de date sur la copie remise au destinataire constitue une cause de nullité » pour violation d'une formalité substantielle (cf. Procédure civile, J. Vincent et S. Guinchard, 25e éd., n° 643 et s). Il s'ensuit que l'acte d'appel dit du 29 janvier 2003 mais « visé et reçu au parquet le 31 janvier 2003 » est réputé formé à la date de signification à parquet faite le 31 janvier 2003. En considération de cette date, l'appel interjeté est manifestement hors délai, l'application des modalités de calcul prévues aux articles 75 et 77 du Code de procédure civile conduisant à la date du 29 janvier 2003 à 24 heures comme celle ultime pour la formation de son acte. L'appelant est donc forclos, conformément à l'article 469, al. 2 du Code de procédure civile du Burkina Faso (CA Ouagadougou, ord. réf. n° 31, 15-5-2003 : SOBFI SA c/ O. B. C., Ohadata J-04-46 ; voir Ohadata J-04-45).

JURISPRUDENCE COMPARÉE

France

A. Ouverture du délai de grâce

1° Existence

Le délai peut être accordé pour une obligation de faire, par exemple pour l'obligation de libérer un logement (CA Paris 28-11-1990 : D. 1991.IR.30).

2° Absence

L'octroi de délai est exclu :
– lorsque le créancier gagiste fait procéder à la vente publique des objets donnés en gage (Cass. com. 10-12-1979 : Bull. civ. IV p. 259) ;
– lorsque la juridiction pénale statue sur la réparation du dommage causé par l'infraction (Cass. crim. 17-1-1991 : Bull. crim. p. 82) ;
– lorsque la créance a été l'objet d'une saisie-attribution en raison de l'effet attributif immédiat de la saisie (Cass. 2e civ. 4-10-2001 n° 00-11.609, 2e esp. : RJDA 2/02 n° 198 ; CA Saint-Denis de la Réunion 14-3-2008 : JCP G 2008.IV.258,1).
Mais l'octroi de délai est possible en cas de saisie-vente (Cass. soc. 4-10-2001 n° 00-12.917 : RJDA 2/02 n° 198).

B. Pouvoir du juge

Il détient un pouvoir discrétionnaire et n'a pas à motiver spécialement sa décision (Cass. 1e civ. 24-10-2006 n° 1475 : JCP G 2006.IV.3230 : à propos d'un refus de délai).
Il ne saurait accorder successivement plusieurs délais inférieurs à deux ans (Cass. civ. 6-7-1959 : D. 1959.393).

C. Computation du délai de grâce

Le délai de grâce court du jour du jugement lorsque celui-ci est contradictoire et sans notification de celui-ci (Cass. 3e civ. 3-12-2003 n° 1354 : RJDA 3/04 n° 276) ; il expire le dernier jour à 24 heures, sauf prorogation au premier jour ouvrable suivant si le dernier jour est un samedi, un dimanche ou un jour férié chômé (Cass. civ. 17-7-1996 : RJDA 11/96 n° 1301).

D. Appréciation de la situation du débiteur

1° Difficultés non financières

La situation du débiteur ne se résume pas à ses seules difficultés financières ou à son impécuniosité ; la suspension des échéances d'un prêt contracté par des époux peut ainsi être ordonnée lorsque le débiteur se heurte à des difficultés liées à la liquidation-partage de la communauté après divorce (TGI Quimper, réf., 9-11-1994, Mme X. c/ CRCAM du Finistère : Bull. inf. C. cass. 1994 n° 1256).

2° Ancienneté des relations et absence d'incidents antérieurs

Un délai supplémentaire d'une année a été accordé à une société pour apurer sa dette envers une banque qui avait mis fin aux facilités de découvert et aux lignes de crédit qu'elle lui avait accordées en raison des relations déjà anciennes (six ans), des difficultés financières conjoncturelles que cette société traversait et de l'absence d'incidents antérieurs dans le fonctionnement du compte auquel la banque apportait un concours rémunéré (CA Versailles, 14e ch., 8-11-2006 no 06/1151, SARL Groupe Optimum c/ SA Fortis Banque France : RJDA 5/07 no 549).

E. Portée du délai octroyé

1° Report des échéances

Lorsque le juge a accordé au débiteur tenu au remboursement d'un prêt par mensualités un délai de deux ans pour s'acquitter de sa dette, il a entendu le dispenser de tout versement pendant deux ans et reporter à l'expiration de ce délai le règlement de la totalité des mensualités échues au cours de cette période, ce qui assure un rééchelonnement du prêt et un report de deux ans de chaque échéance (Cass. 1e civ., 6-12-1989, Banque populaire de Lorraine c/ Roullet : Bull. civ. I no 384).

2° Effet de la mise en demeure antérieure à l'octroi des délais

L'octroi d'un délai de grâce à un locataire qui n'avait pas payé ses loyers ne fait pas disparaître l'effet de la mise en demeure résultant du commandement précédemment signifié ; il s'ensuit que si au terme du délai le paiement demandé n'a pas été fait, la mise en demeure produit son effet et entraîne le jeu de la clause résolutoire prévue au contrat pour défaut de paiement (Cass. req. 3-1-1927, Masson c/ Banque de Mulhouse : D. 1927.33).

3° Octroi de délais conditionnels

Compte tenu de l'ancienneté de la créance pour laquelle le créancier avait effectué une saisie-arrêt, la demande de délai présentée par le débiteur a été subordonnée à un effort financier sérieux et immédiat de sa part ; en conséquence, la vente des biens saisis a été reportée à la condition que le débiteur verse une somme de 150 000 F en espèces, la créance atteignant au jour de l'instance avec les intérêts de retard compris la somme de 300 000 F ; en contrepartie de ce versement, le débiteur a été autorisé à se libérer du solde au moyen de 24 versements mensuels d'égal montant, l'intégralité devenant immédiatement exigible en cas de défaillance ; à défaut de versement de la somme de 150 000 F, la vente devait être normalement régularisée (TGI Saint-Dié, juge exéc., 19-2-1993 : D. 1994.35 note J. Prévault).

4° Nécessité de préciser le terme du délai

Le juge qui accorde au débiteur des délais de paiement doit fixer la durée des délais accordés ; méconnaît cette règle le juge qui statue sans fixer la ou les dates auxquelles le débiteur devrait se libérer (Cass. 2e civ., 7-1-1998, Caisse d'épargne de Basse-Normandie c/ Ladroue : DA 1998.146).

Art. 40 Le dépôt ou la consignation de sommes, effets ou valeurs, ordonné par voie de justice à titre de garantie ou à titre conservatoire, confère le droit de préférence du créancier gagiste.

JURISPRUDENCE OHADA

I. Consignation de sommes

Conditions. La consignation prévue par l'article 40 de l'AUPSRVE ne peut être ordonnée que si un délai de grâce a été accordé. Lorsque la demande de délai de grâce a été rejetée la mesure accessoire que constitue la consignation ne peut être accueillie (CA N'Djaména, réf. civ. et com., no 441/99, 7-10-1999 : SGCE/PP c/ FINANCIAL BANK TCHAD, Ohadata J-06-60).

II. Refus du délai de grâce à défaut de garantie

Le délai de grâce doit être refusé lorsque le débiteur n'a pas fourni des garanties de paiement comme l'exige l'article 40 de l'AUPSRVE (TPI Bafoussam, no 84/Civ, 16-6-2006 : S. B. C. c/ First Trust Savings and Loan, Ohadata J-07-61).

Art. 41 [mod.] Lorsque les conditions légales sont remplies, l'huissier *de justice* ou *l'autorité chargée de l'*exécution peut pénétrer dans un lieu servant ou non à l'habitation et, le cas échéant, procéder à l'ouverture des portes et des meubles.

Art. 42 [mod.] En l'absence de l'occupant du local, ou si ce dernier en refuse l'accès, l'huissier *de justice* ou *l'autorité chargée de l'*exécution peut établir un gardien aux portes pour empêcher le divertissement. Il requiert, pour assister aux opérations, l'autorité administrative compétente à cette fin ou une autorité de police ou de gendarmerie.

Dans les mêmes conditions, il peut être procédé à l'ouverture des meubles.

Art. 43 [mod.] Lorsque la saisie est effectuée en l'absence du débiteur ou de toute personne se trouvant dans les lieux, l'huissier *de justice* ou *l'autorité chargée de l'*exécution assure la fermeture de la porte ou de l'issue par laquelle il a pénétré dans les lieux.

Art. 44 [mod.] L'huissier *de justice* ou *l'autorité chargée de l'*exécution peut toujours se faire assister d'un ou *de* deux témoins majeurs, non parents ni alliés en ligne directe des parties ni à leur service. Il énonce, en ce cas, sur le procès-verbal, leurs noms, prénoms, professions et domiciles. Les témoins signent l'original et les copies du procès-verbal.

Jurisprudence OHADA

Impossibilité de prendre des collaborateurs de l'huissier

L'huissier instrumentaire ne peut prendre comme témoins, au sens de l'article 44 auquel renvoie l'article 98 de l'AUPSRVE, ses propres collaborateurs (CA de l'Ouest, n° 12/civ., 9-10-2002 : Hôpital de MBOUO c/ T. J. P., Ohadata J-04-226).

Obs. : voir sous l'art. 98 pour une application.

Art. 45 [mod.] L'huissier *de justice* ou *l'autorité chargée de l'*exécution peut photographier les objets saisis. Les photographies sont conservées par lui en vue de la vérification des biens saisis. Elles ne peuvent être communiquées qu'à l'occasion d'une contestation portée devant la juridiction compétente.

Art. 46 [mod.] Aucune mesure d'exécution ne peut être effectuée *en dehors des jours ouvrables,* si ce n'est en cas de nécessité et en vertu d'une autorisation spéciale du président de la juridiction dans le ressort de laquelle se poursuit l'exécution *ou du juge délégué par lui*.

Aucune mesure d'exécution ne peut être commencée avant huit heures ou après dix-huit heures, sauf en cas de nécessité avec l'autorisation de la juridiction compétente et seulement dans les lieux qui ne servent pas à l'habitation.

La partie saisissante ne peut, sauf nécessité constatée par la juridiction compétente, assister aux opérations de saisie.

Jurisprudence OHADA

Champ d'application de l'article 46

L'article 46 de l'AUPSRVE se rapporte aux conditions de l'exécution forcée, en précisant les jours et heures pendant lesquels ladite exécution doit être entreprise et non au préjudice qui résulterait d'une procédure de saisie-vente irrégulière telle que spécifiée par la requérante dans le moyen. En déclarant bonne et valable la vente des biens saisis, la cour d'appel n'a en rien violé le texte visé au moyen qui n'est pas fondé et doit être rejeté (CCJA, n° 012/2009, 26-2-2009 : Sté NRCCI c/ Sté ALPICI, Rec. jur. CCJA, n° 13, janv.-juin 2009, p. 52, Ohadata J-10-63, Ohadata J-09-285).

Obs. : manifestement, le requérant a mentionné par erreur l'art. 46 au soutien de sa demande de réparation du préjudice qui serait né d'une saisie-vente irrégulière.

Art. 47 [mod.] Les frais de l'exécution forcée sont à la charge du débiteur, sauf s'il est manifeste qu'ils n'étaient pas nécessaires au moment où ils ont été exposés.

Sauf s'ils concernent un acte dont l'accomplissement est prévu par la loi nationale de chaque État partie ou par le présent Acte uniforme ou autorisé par la juridiction compétente, les frais de recouvrement entrepris sans titre exécutoire restent à la charge du créancier. À la demande de ce dernier, la juridiction compétente peut, cependant, mettre tout ou partie des frais exposés, à la charge du débiteur de mauvaise foi.

Jurisprudence OHADA

I. Existence de frais distincts du titre exécutoire

Il ressort de l'article 47, al. 1 de l'AUPSRVE, qui dispose que « les frais de l'exécution forcée sont à la charge du débiteur, sauf s'il est manifeste qu'ils n'étaient pas nécessaires au moment où ils ont été exposés », qu'indépendamment du titre exécutoire, l'exécution engendre des frais qu'il est demandé au saisissant de préciser dans l'acte de saisie en les distinguant du principal des sommes réclamées, lesquelles ressortent du titre exécutoire. En indiquant les émoluments de l'huissier instrumentaire, à côté du principal et des intérêts, le saisissant s'est conformé à l'article 157, al. 2-3° de l'Acte uniforme susvisé et la cour d'appel qui a validé la saisie-attribution réalisée dans de telles conditions n'a pas erré dans l'application de l'article 157 de l'AUPSRVE et le pourvoi sera rejeté (CCJA, 2e ch., n° 022, 8-2-2018 : Touton négoce Côte d'Ivoire SA c/ OUEDRAOGO Paouindé).

Obs. : sur le rejet de la demande de nullité d'un exploit de dénonciation qui mentionne des frais en plus du montant consacré dans le titre exécutoire, voir sous les art. 157 et 160.

II. Recouvrement sans titre exécutoire : frais à la charge du créancier

Les frais d'un recouvrement entrepris sans titre exécutoire restent à la charge du créancier sauf si les actes concernés étaient rendus obligatoires par l'État concerné. La législation sénégalaise n'ayant pas rendu les actes concernés obligatoires, la demande de remboursement du créancier doit être rejetée (TRHC Dakar, n° 2115, 10-12-2003 : Crédit Lyonnais Sénégal, c/ A. D., Ohadata J-04-268).

III. Dispense des frais en faveur du débiteur de bonne foi

Seul le débiteur de mauvaise foi peut être condamné à supporter tout ou partie de ces frais et lorsque la mauvaise foi du débiteur n'est pas caractérisée la demande du créancier doit être rejetée ; il s'ensuit que si la mauvaise foi du débiteur n'est pas justifiée, il y a lieu de rejeter le remboursement des frais de recouvrement sans titre exécutoire (TRHC Dakar, n° 2398, 24-12-2003 : Crédit Lyonnais Sénégal c/ E. M. N., Ohadata J-04-278).

Mais le débiteur n'ayant pas honoré ses engagements dans le délai qui lui était imparti, seule la voie de l'exécution forcée pouvait permettre au créancier de recouvrer sa créance et les frais nés de cette exécution doivent être mis à la charge du débiteur défaillant ; c'est donc à tort que le débiteur conteste leur fondement (TPI 1e classe Lomé (Togo), ch. civ. et com., n° 1213, 25-5-2011 : K. K. c/ B. S., Ohadata J-11-109).

Art. 48 [mod.] L'huissier *de justice* ou *l'autorité chargée de l'*exécution peut toujours, lorsqu'il rencontre une difficulté dans l'exécution d'un titre exécutoire, prendre l'initiative de saisir la juridiction compétente.

L'huissier *de justice* ou *l'autorité chargée de l'*exécution délaisse, aux frais du débiteur, assignation à comparaître aux parties en les informant des jour, heure et lieu de l'audience au cours de laquelle la difficulté sera examinée. Il doit donner connaissance aux parties du fait qu'une décision pourra être rendue en leur absence.

Jurisprudence OHADA

I. Existence d'une difficulté d'exécution

Le litige opposant les parties porte bien sur les contestations ou difficultés d'exécution forcée d'un titre exécutoire régies par l'AUPSRVE dès lors que c'est l'article 48 dudit Acte uniforme qui a servi de fondement à la requête en référé. Il y a lieu dès lors d'écarter l'exception tirée de la non-application d'un Acte uniforme (CCJA, 3e ch., n° 023, 13-3-2014 : BIAT c/ Souleymane AHMAT GAMAR, Ohadata J-15-114).

II. Faculté de saisir le juge de l'exécution

L'article 48 de l'AUPSRVE n'oblige pas l'huissier à saisir le juge de l'exécution systématiquement en cas de difficulté d'exécution mais lui donne plutôt et en cas de besoin la faculté de saisir la juridiction compétente ; en l'espèce, la saisie-vente dont il s'agit n'ayant pas fait l'objet de contestation de la part de la débitrice, l'exécution par l'huissier n'a pas donné lieu à une difficulté susceptible de l'amener à saisir le juge de l'exécution. C'est donc à tort qu'il est reproché à la cour d'appel d'avoir violé l'article 48 en ne sanctionnant pas le comportement de l'huissier instrumentaire qui, « ayant été confronté à une difficulté d'exécution lorsque l'ordonnance de sursis à la vente lui a été signifiée, aurait dû saisir le juge de l'exécution » (CCJA, 1e ch., n° 023/2022, 27-1-2022 : FK Construction-Togo SARL c/ SIAB SA).

III. Possibilité offerte à toute personne ayant intérêt et qualité d'agir en son nom propre

Il a été jugé qu'il résulte de l'article 48 de l'AUPSRVE que la faculté accordée à l'huissier de justice instrumentaire n'interdit nullement aux personnes ayant intérêt et qualité d'agir en leurs noms propres pour la défense de leurs intérêts (CCJA, 3e ch., nº 016, 25-1-2018 : Sté AIRTEL Congo SA c/ Bernard DIAZOLA).

Art. 49 [mod.] *En matière mobilière, le président de la juridiction compétente dans chaque État partie ou le juge délégué par lui connaît de* tout litige ou toute demande relative à une mesure d'exécution forcée ou à une saisie conservatoire.

Il statue dans un délai de deux mois à compter de l'appel de la cause.

La décision *rendue peut faire l'objet d'un recours.*

Le délai d'appel comme l'exercice *du* recours *ainsi que le délai pour l'exercer* n'ont pas un caractère suspensif, sauf décision contraire spécialement motivée du *juge visé à l'alinéa 1er du présent article. Le recours est exercé suivant les règles prévues par le droit interne.*

Le juge visé à l'alinéa 1er du présent article peut, même d'office, ordonner une astreinte pour assurer l'exécution de sa décision. Il liquide l'astreinte en tenant compte du comportement du débiteur de l'obligation et des difficultés qu'il a rencontrées pour l'exécuter.

Jurisprudence OHADA

I. Notion de mesure d'exécution forcée

A. Existence

L'action par laquelle le créancier saisissant tend à obtenir un titre exécutoire contre le tiers saisi qui refuse de payer les sommes saisies entre ses mains est une difficulté d'exécution régie par l'article 49 de l'AUPSRVE (CCJA, 1e ch., nº 176, 27-7-2017 : Marcel Lukusa Ditaba c/ Save the Children International ; (CCJA, 1e ch., nº 167, 27-7-2017 : Marcel LUKUSA DITABA c/ Save Children International).

B. Inexistence

Les dispositions de l'article 49 de l'AUPSRVE s'appliquent aux mesures d'exécution forcée offertes à un créancier impayé en vue du recouvrement de sa créance, et non à un litige relatif à une mesure d'expulsion d'un local à usage d'habitation. Ce litige n'étant pas une matière concernée par l'AUPSRVE, seul les dispositions nationales sont applicables et c'est à tort que le juge des référés s'est déclaré compétent (CA Abidjan (Côte d'Ivoire), nº 1080, 13-12-2005 : SIPF c/ M. G. C., Ohadata J-09-206). Dans le même sens, au sujet du refus d'exécuter une décision ordonnant la réintégration d'un immeuble dans une succession qui ne constitue pas une difficulté d'exécution au sens de l'article 49 de l'AUPSRVE, mais une voie de fait relevant de la compétence du juge des référés (CA Ouest (Cameroun), nº 01/Civ., 1-1-2010 : S. A. c/ Succession K., Ohadata J-12-76).

Pour ressortir de la compétence du juge de l'article 49 de l'AUPSRVE, le litige doit se rapporter à une mesure d'exécution forcée au sens de l'article 49 de l'AUPSRVE. Tel n'est pas le cas :

– lorsque le requérant tend à obtenir par sa requête, le recréditement par la banque, tiers-saisi, de son compte de la somme payée à tort par la banque au profit du créancier saisissant ; cette demande est une action en réparation en responsabilité résultant d'une faute commise par la banque qui a libéré les sommes, objet des causes de la saisie, du compte du débiteur, sans vérifier au préalable que toutes les conditions étaient réunies pour le paiement et qu'aucune contestation n'était élevée, mais non pas une mesure d'exécution forcée rentrant dans le champ de compétence matérielle du juge de l'urgence, juge de l'exécution. En retenant la compétence du juge des référés, juge de l'exécution pour statuer en l'espèce, la cour d'appel a violé, par mauvaise application, l'article 49 de l'AUPSRVE et son arrêt doit être cassé avec évocation sans qu'il soit besoin d'examiner la deuxième branche du moyen unique (CCJA, 2e ch., nº 031/2012, 22-3-2012 : Banque Nationale d'Investissement dite BNI c/ Tape Baroan) ;

– de la demande en réparation de la faute commise par le tiers saisi qui n'est pas une mesure d'exécution forcée. Il y a lieu de déclarer irrecevable une telle demande formulée par le débiteur saisi en application de l'article 156 de l'AUPSRVE qui ressort plutôt de la compétence du juge du fond (CCJA, 1e ch., nº 033, 2-5-2013 : Sté GENERALE DE BANQUE EN COTE D'IVOIRE dite SGBCI c/ CHERIF Souleymane, Rec. jur. CCJA, nº 20, vol. 1, janv.-déc. 2013, p. 89-94, Ohadata J-15-33).

Obs. : sur la définition de « mesures d'exécution forcée » par la CCJA, voir sous l'art. 28. Plusieurs arrêts récents ont affirmé une solution contraire à celle retenue dans la nº 033 du 2 mai 2013 ci-dessus, concernant notamment les contestations relatives à la saisie-attribution ; le lecteur est prié de les lire ci-après.

. . . .

II. Juridiction compétente

A. Loi applicable à la détermination de la juridiction compétente

1º Primauté de l'AUPSRVE

Conformément aux articles 336 et 337 de l'AUPSRVE, que l'AUPSRVE contient aussi bien des lois de fond que de procédure qui, en la matière, ont seules vocation à s'appliquer dans les États parties. Et c'est l'article 49 de l'AUPSRVE qui s'applique pour déterminer la juridiction compétente pour statuer sur tout litige ou demande relative à une mesure d'exécution forcée ou à une saisie conservatoire, à savoir le président de la juridiction statuant en matière d'urgence (CCJA, nº 12/2002, 18-4-2002 : Total Fina Elf c/Sté COTRACOM, Ohadata J-02-65, obs. Joseph Issa-Sayegh).

Tout litige relatif à une mesure d'exécution forcée relève, quelle que soit l'origine du titre exécutoire en vertu duquel elle est poursuivie, de la compétence préalable du Président de la juridiction statuant en matière d'urgence et en premier ressort, ou du magistrat délégué par lui. Il s'ensuit que toute juridiction autre que celle déterminée par l'article suscité, est incompétente pour connaître en premier ressort des litiges relatifs à une mesure d'exécution. La cour d'appel qui, pour confirmer l'ordonnance attaquée, a retenu que la décision rendue par la Cour suprême avait acquis l'autorité de la chose jugée, et qu'en application des dispositions de l'article 222 du Code de procédure civile de Côte d'Ivoire, elle ne pouvait être remise en cause par les juridictions d'un degré inférieur, a violé l'article 49 de l'AUPSRVE et exposé son arrêt à la cassation, les dispositions d'ordre interne visées n'étant pas applicables en l'espèce. L'arrêt dont l'exécution est poursuivie ne s'étant prononcé à aucun moment sur le sort à réserver à l'arrêt ayant acquis l'autorité de la chose jugée, alors que la contrariété entre ces deux arrêts est évidente, seule la Cour suprême de Côte d'Ivoire est compétente pour interpréter ses propres décisions, dès lors que le litige présente à juger une question soulevant une difficulté sérieuse de nature à justifier le renvoi. En conséquence, il y a lieu de surseoir à statuer jusqu'à ce que ladite Cour se prononce (CCJA, nº 021/2002, 26-12-2002 : Sté Mobil Oil Côte d'Ivoire c/ S.M, Juris-Ohada, nº 1/2003, janv.-mars 2003, p. 9, note ; Rec. jur. CCJA, numéro spécial, janv. 2003, p. 65, Ohadata J-03-107 ; J-03-122).

Dans le même sens :

– retenant qu'en vertu de la primauté des Actes uniformes affirmée dans le Traité OHADA, l'article 49 de l'AUPSRVE seul vocation à s'appliquer dans le cas d'un litige relatif à l'exécution forcée d'un titre exécutoire à l'occasion duquel une demande de sursis à exécution a été portée devant la Cour suprême nationale et ce, après un commandement de payer délivré conformément à l'article 92 du même Acte uniforme qui, en prescrivant que « la saisie est précédée d'un commandement de payer signifié au moins huit jours avant la saisie », en fait un préalable nécessaire qui engage la procédure de saisie-vente. Cassation de l'ordonnance rendue par le Président de la Cour suprême en violation de l'article 49 (CCJA, 3e ch., nº 063/2012, 7-7-2012 : OUATTARA ISSOUF Joseph c/ TRIDENT SHIPPING SA) ;

– doit être cassé, pour violation de l'article 49 de l'AUPSRVE pouvant être relevé d'office par le juge, l'arrêt qui a ordonné la mainlevée d'une saisie-attribution de créance sur le fondement d'une ordonnance rendue par le président de la juridiction suprême nationale en vertu de dispositions de droit national alors qu'en l'espèce, il s'agit d'une contestation de saisie-attribution pratiquée sur la base d'un arrêt de la cour d'appel relevant, en application de l'article 49 de l'AUPSRVE, de la compétence exclusive du juge de l'exécution (CCJA, 1e ch., nº 035, 2-5-2013 : Banque Internationale du Burkina dite BIB c/ 1) Compagnie AXA Côte d'Ivoire dite AXA-CI, 2) Sté Citibank dite CITIBANK SA, 3) Banque Internationale pour le Commerce et l'Industrie de la Côte d'Ivoire dite BICICI, 4) Sté Générale de Banque en Côte d'Ivoire dite SGBCI, Rec. jur. CCJA, nº 20, vol. 1, janv.-déc. 2013, p. 105-111, Ohadata J-15-35) ;

– doit être cassé, pour violation des articles 336 et 337 de l'AUPSRVE, l'arrêt qui a validé une saisie-exécution pratiquée selon la loi ivoirienne, alors que l'AUPSRVE était déjà en vigueur. Sur évocation, il convient d'infirmer l'ordonnance de référé du premier juge et d'annuler la procédure de saisie-exécution entreprise selon la loi ivoirienne (CCJA, nº 018/2002, 27-6-2002 : Sté FECTI c/ Sté CFAO-CI, département Auto, dite CICA-Auto, Juris-Ohada, nº 4/2002, oct.-déc. 2002, p. 52, note anonyme, Ohadata J-02-167, obs. Joseph Issa-Sayegh) ;

– le juge des référés saisi en sa qualité de juge de l'exécution statuant suivant la procédure des référés, sur le fondement de l'article 49 de l'AUPSRVE, d'une demande en paiement des causes d'une saisie ne peut se voir appliquer les dispositions du Code de procédure civile. Et il ne peut lui être reproché de préjudicier à un principal, en l'occurrence l'action en responsabilité et en dommages et intérêts engagée devant le juge du fond dès lors qu'il a statué sur une action fondée sur l'article 107 de l'AUPSRVE. C'est donc à bon droit que le premier juge a rejeté l'exception d'incompétence et s'est déclaré compétent et le jugement doit être confirmé sur ce point (CA Abidjan (Côte d'Ivoire), 1e ch. civ. et com., nº 400, 31-12-2010 : CARENA c/ 1. D., 2. B., Juris-Ohada, nº 3/2011, juill.-sept. 2011, p. 27, Ohadata J-12-159).

2º Articulation avec le droit interne compatible avec l'AUPSRVE

S'il est exact que dans la hiérarchie des normes juridiques les Actes Uniformes institués par le Traité OHADA prévalent sur les lois et décrets existant, il n'en demeure pas moins vrai que lesdits Actes Uniformes doivent s'insérer et s'articuler dans le dispositif législatif propre à chaque État partie et avec lequel ils ne présentent aucune contrariété (CA Abidjan, nº 241, 4-3-2003 : SCB c/ B. A. A., Ohadata J-03-244).

Obs. : conformément à cette décision, les dispositions nationales supplétives et compatibles avec l'AUPSRVE doivent être prises en compte dans la détermination de la juridiction compétente de l'art. 49 de cet Acte uniforme. Il en est ainsi notamment lorsqu'un juge de l'exécution est créé dans un État membre. Voir ci-après.

B. Détermination de la juridiction de l'article 49 dans chaque État membre de l'OHADA

1º Recours à la loi nationale

Si l'article 49 de l'AUPSRVE donne compétence au Président de la juridiction statuant en matière d'urgence ou au magistrat par lui délégué pour connaître de tout litige ou toute demande relative à une mesure d'exécution forcée ou à une saisie conservatoire, ce texte n'a pas désigné dans l'ordre judiciaire cette juridiction dont la détermination relève du droit interne des États membres de l'OHADA étant seulement entendu qu'au regard, d'une part, des dispositions de l'article 10 du Traité OHADA du 17 octobre 1993 consacrant la primauté des Actes uniformes et des Règlements prévus audit traité, d'autre part, des articles 336 et 337 de l'AUPSRVE abrogeant dans les États parties toutes dispositions relatives aux matières réglementées, le Président de cette juridiction est tenu de se conformer aux règles de forme et de fond édictées à cet Acte uniforme (CCJA, 3e ch., nº 026, 15-3-2012 : Abraham Guidimti c/ Financial Bank).

Obs. : l'art. 49 de l'AUPSRVE donne compétence au juge de l'urgence (« juridiction statuant en matière d'urgence ou le magistrat délégué par lui ») sans pour autant que celui-ci soit, en toutes circonstances, le juge des référés du droit commun, certains pays de l'espace OHADA ayant créé un juge de l'urgence différent du juge des référés. Ces deux hypothèses méritent d'être présentées.

La cour d'appel qui, pour annuler une ordonnance, a retenu que « la saisie-attribution querellée n'ayant pas pour socle une décision du tribunal de première instance de Douala-Ndokoti ou d'ailleurs, le juge du contentieux de cette juridiction n'était pas compétent pour connaître des contestations soulevées », liant ainsi la compétence du juge du contentieux de l'exécution à la nature judiciaire du titre exécutoire, a violé l'article 49 de l'AUPSRVE et exposé son arrêt à la cassation. Sur l'évocation, l'article 49, tout en retenant la compétence du président du tribunal ou du magistrat par lui délégué, n'a pas déterminé le tribunal compétent, lorsqu' il y a, comme c'est le cas, deux tribunaux de même degré dans la même ville. Il y a manifestement une insuffisance, nécessitant l'application, en complément, des dispositions de la loi nationale. Aux termes de l'article 4 de la loi camerounaise 2007/001, lorsque l'exécution porte sur un titre exécutoire autre qu'une décision de justice, le juge du contentieux de l'exécution est « le président du tribunal de première instance du lieu où l'exécution a lieu ou est envisagée ». L'action étant dirigée contre une société dont le siège social dépend du ressort territorial du tribunal de première instance de Douala-Bonanjo, conformément au décret 2001/361 portant ouverture des tribunaux de première instance dans les villes de Douala et Yaoundé, c'est à tort que le tribunal de Douala-Ndokoti s'est déclaré compétent ; l'ordonnance querellée doit être annulée et les parties renvoyées à mieux se pourvoir (CCJA, 2e ch., nº 087, 8-7-2015 : Sté Crédit et Epargne pour le financement du Commerce et de l'Industrie du Cameroun (CECIC) c/ Sté AES SONEL, Sté CHELCOM CAMEROUN, Ohadata J-16-86).

Les dispositions de l'article 49 de l'AUPSRVE n'indiquent pas la juridiction matériellement et territorialement compétente, dont la détermination se fait en application du droit national. En l'espèce, le juge d'appel qui, pour procéder à cette recherche, a énoncé qu'« …il est indéniable qu'en droit positif congolais, l'exécution des décisions de justice et les contestations qui en résultent relèvent, aux termes de l'article 112 précité, de la compétence des tribunaux de grande instance ou des tribunaux de paix selon le cas… », pour en déduire qu'« …en l'espèce, la contestation élevée contre la saisie pratiquée […] le Tribunal de Grande Instance de Kinshasa/Gombe qui est en même temps la juridiction du domicile ou de la résidence du débiteur saisi […] », n'a en rien violé les textes invoqués (CCJA, 3e ch., nº 113, 11-5-2017 : Roger Tshiaba Mbangama, Augustin Mbagama Kabundi c/ la BCDC et la BCC).

Obs. : en lisant cet arrêt, on pourrait penser que la compétence de la juridiction prévue à l'art. 49 de l'AUPSRVE n'a pas été respectée ; mais, on remarque cependant que la CCJA a constaté « que sur les contestations élevées par la banque saisie, **le juge de l'exécution du tribunal de grande instance de Kinshasa/Gombe** a annulé la saisie pour inexistence d'un titre exécutoire, par ordonnance n° RC 107.570 du 21 mai 2013 ; que statuant sur l'appel formé contre cette ordonnance, la cour d'appel de Kinshasa/Gombe a rendu l'arrêt objet du pourvoi ». Donc il s'agissait manifestement bien du juge de l'exécution, conformément à l'art. 49 de l'AUPSRVE.

Il résulte de l'article 49 de l'AUPSRVE que le législateur OHADA renvoie à la juridiction compétente déterminée par chaque État partie ; il s'agit en l'occurrence du président du tribunal statuant en matière d'urgence, dont **la compétence ne saurait être remise en cause, quelle qu'en soit la raison,** dès lors que le litige ou la demande se rapporte à une mesure de saisie comme c'est le cas ; en conséquence, la décision entreprise sera confirmée sur ce point (CCJA, 1e ch., 223, 29-11-2018 : BSIC Sénégal SA c/ BOA Sénégal).

2° Pays ayant institué un juge de l'exécution (JEX)

a. Bénin

Le 16 octobre 2008, la loi n° 2008-07 portant Code de procédure civile, commerciale, sociale et administrative en République du Bénin a été adoptée. Ce texte, qui prévoit un juge de l'exécution (voir art. 579-588), a été promulgué le 28 février 2011 et est entré en vigueur le 1er mars 2012 selon l'article 1227 de ladite loi).

Ainsi, la solution antérieure selon laquelle le juge des référés est compétent pour une action en distraction d'objets saisis (TPI Cotonou (Bénin) 1e civ., ord. réf. n° 211/02 I C C I V, 12-8-2002 : O. K. c/ Sté LUSTIMA STRICKE REIGESMBH, Ohadata J-10-05) est désormais caduque à compter de l'entrée en vigueur de la nouvelle loi.

b. Cameroun

1. Avant l'institution d'un juge de l'exécution

Dans un premier temps, la compétence de l'article 49 de l'AUPSRVE a été attribuée au juge des référés au Cameroun. Ainsi, le juge compétent en matière de difficultés d'exécution, à défaut d'avoir été déterminé expressément par le législateur communautaire qui a laissé compétence aux lois nationales, est en droit camerounais et en application des dispositions internes, le juge des référés qui est le président du tribunal de première instance (TPI Bafang, ord. n° 45/Ord/TPI/03-04, 21-9-2004 : H. M. c/ T. E., Ohadata J-05-148 ; dans le même sens et à propos d'une saisie conservatoire : CA Littoral, n° 55/REF, 9-4-2003 : C.P.A c/ T., Ohadata J-07-50).

En disposant que « la juridiction compétente pour statuer sur tout litige ou toute demande relative à une mesure d'exécution forcée ou à une mesure conservatoire est le président de la juridiction statuant en matière d'urgence ou le magistrat délégué par lui », le droit harmonisé des affaires a bien voulu dire que le contentieux de l'exécution forcée relève du juge national des référés dont l'urgence constitue une des conditions de son intervention. Par conséquent, la cour d'appel qui a confirmé une ordonnance par laquelle un juge des référés, bien qu'ayant été saisi comme Juge de l'urgence, s'est déclaré incompétent parce que le demandeur s'était interrogé : « dans quel cadre devons-nous agir comme juge du provisoire ou comme du contentieux de l'exécution, fort de cet embarras, nous déclarons incompétent », a violé l'article 49 de l'AUPSRVE et exposé son arrêt à la cassation (CCJA, 2e ch., n° 22, 8-4-2010 : CREDIT LYONNAIS CAMEROUN SA c/ Sté FREFOCAM SARL, Juris-Ohada, n° 3/2010, juill.-sept., p. 15, Ohadata J-11-66, J-12-45).

Voir aussi (CCJA, 3e ch., n° 020/2012, 15-3-2012 : Chocolaterie-Confiserie Camerounaise (CHOCOCAM) c/ MALIKI ZERI alias MALIKI SALI alias ZERI NOUR WALID).

Obs. : cette décision fait application des art. 182 et s. du Code de procédure civile camerounais et ainsi que de l'ord. n° 72/4 du 26 août 1972 et ses textes modificatifs.

2. Après l'institution d'un juge de l'exécution

La solution exprimée ci-dessus, et toutes celles qui sont similaires, sont en principe caduques depuis l'entrée en vigueur au Cameroun de la loi n° 2007/001 du 19 avril 2007 instituant le juge du contentieux de l'exécution et fixant les conditions de l'exécution au Cameroun des décisions judiciaires et actes publics étrangers ainsi que les sentences arbitrales étrangères (voir art. 1-3 de ladite loi).

Ainsi, dans les articles 49, 170, 171 et 172 de l'AUPSRVE, le législateur communautaire ne parle que de la juridiction compétente sans la déterminer, laissant de ce fait à chaque État partie le soin de déterminer cette juridiction. C'est dans cette optique que le Cameroun, à travers l'article 3 de la loi n° 2007/001 du 19 avril 2007, a déterminé le juge chargé du contentieux de l'exécution des décisions de justice (CA Littoral (Cameroun), n° 200/REF, 24-11-2008 : SGBC c/ Sté Elevage Promotion Afrique, Ohadata J-09-140).

Le Président du TPI est le juge du contentieux de l'exécution au Cameroun (TPI Douala Bonanjo (Cameroun), n° 133, 10-8-2010 : AMITY BANK CAMEROON SA, V. N. N. (mandataire de la COBAC) c/ S. C., FUTE R., N. M., La Compagnie Professionnelle d'Assurance, Bante Atlantique Cameroun, le

Ministère des Finances, T. L. L., Me K. G., Ohadata J-12-08 ; TGI Douala (Cameroun), nº 421, 15-3-2011 : Ets HASSAN ZOUHAIR c/ SICMA SA, Me M. P. B., TRANICAM SARL, M. G., Ohadata J-12-217).

Lorsqu'il ressort de l'acte de saisine que l'intimée a engagé son action devant le « Président du Tribunal de Première Instance de Yaoundé-Centre Administratif, juge de l'urgence » et que nulle part il n'est fait allusion au « juge des référés », le moyen de l'appelant selon lequel le contentieux avait été porté non devant le juge de l'urgence mais devant le juge des référés, en violation de l'article 49 de l'AUPSRVE est infondé (CA Centre (Cameroun), nº 130/CIV, 4-3-2011 : M.E.C. c/ Lycée d'Elig-Essono, Ohadata J-12-03).

Obs. : désormais, la juridiction compétente de l'art. 49 est, au Cameroun, le « juge du contentieux de l'exécution » que nous désignerons par JEX. Cependant, la caducité mentionnée ci-dessus (supra, b. sous Cameroun) ne concerne que le Cameroun et les pays ayant institué un juge de l'exécution ; l'arrêt (CCJA, 2e ch., nº 22, 8-4-2010, Ohadata J-11-66) demeure valable dans les autres pays connaissant un juge des référés.

c. Gabon

En application de l'article 49 de l'AUPSRVE, le JEX est compétent dès lors que le litige résulte de l'exécution forcée d'un jugement condamnant une personne au paiement de sommes d'argent (CCJA, 1e ch., nº 29, 29-4-2010 : A. c/ B.I.C.I.G., Juris-Ohada, nº 3/2010, juill.-sept., p. 43, Ohadata J-11-73, J-12-49).

Obs. : cependant, le JEX n'est pas compétent pour ordonner la liquidation d'une astreinte, qui n'est pas une mesure d'exécution. Voir à ce propos sous l'art. 28.

3º Pays n'ayant pas institué un JEX

Dans les pays où il n'a pas été institué un juge de l'exécution, les tribunaux retiennent que la solution des difficultés d'exécution relève du juge des référés par affirmation pure et simple, que le juge de l'exécution est le juge des référés en application des lois nationales ; ainsi :

– au **Burkina Faso,** le juge de l'article 49 de l'AUPSRVE est conformément aux articles 16 de la loi 022-2009/AN du 12 mai 2009, 464 et suivants du Code de procédure civile, le président du tribunal de commerce ou le juge délégué par lui, statuant comme en matière des référés (T. com. Ouagadougou, nº 014, 13-9-2017 : PNBF SARL c/ Sanga Mady, http://tribunal-commerce.justice.gov.bf/download/jugement-nº 017 du-18-01-2017-societe-pnbf-sarl-contre-sanga-mady/).

– en **Côte d'Ivoire** (CA Bouaké, nº 117, 18-7-2001 : B. c/ B. et J., Juris-Ohada, nº 2/2003, avr.-juin 2003, p. 48, note anonyme, Ohadata J-03-200 ; CA Abidjan, civ. et com., nº 89, 16-1-2001 : Sté WORLD CITY c/ G. D. J., Ohadata J-02-80), jugeant qu'en application des articles 49 de l'AUPSRVE et 221 du Code ivoirien de procédure civile, c'est le juge des référés qui est compétent, ratione materiae, pour connaître des contestations relatives à une saisie-attribution. Par rapport au référé, l'article 49 de l'AUPSRVE a confié l'examen du contentieux de l'exécution au juge national de l'urgence qui est celui des référés. Ainsi, la cour d'appel d'Abidjan, en déclarant que le président du tribunal d'Abengourou – statuant sur la mainlevée d'une saisie – rendait une ordonnance de référé, n'a nullement violé les articles visés au moyen et cette décision de référé entre bien dans le cadre des matières d'urgence prévues à l'article 49 qui règle exclusivement leur appel. Toutefois, en faisant application des dispositions nationales prévoyant un délai d'ajournement, en contrariété avec l'AUPSRVE, la cour d'appel a violé les articles 49 et 336 dudit Acte uniforme et son arrêt doit être cassé (CCJA, 3e ch., nº 21, 6-12-2011 : HOLZ IVOIRE c/ SITRANBOIS, Y, G, E G épse K., Juris-Ohada nº 2/2012, p. 23, Ohadata J-12-200, J-13-29, J-13-165) ;

– au **Congo** : les dispositions des articles 41 et 46, al. 2 du Règlement de procédure de la CCJA (portant sur la force obligatoire et à la suspension d'exécution des arrêts de la CCJA) et celles de l'article 16 du Traité de l'OHADA (relatives au caractère non suspensif de la saisine de la CCJA en ce qui concerne les procédures d'exécution) sont inapplicables à une demande relative à une mesure d'exécution forcée, laquelle relève de la compétence préalable du président de la juridiction compétente statuant en matière d'urgence, ou le magistrat délégué par lui, conformément à l'article 49 de l'AUPSRVE. Il s'ensuit que la cour d'appel qui, statuant sur la contestation d'une saisie-attribution des créances, a retenu que le président du tribunal de grande instance de Pointe-Noire, juge des référés, est compétent, a annulé les saisies-attributions en cause et ordonné leur mainlevée n'a en rien violé les articles 41 et 46, alinéa 2 du Règlement de procédure de la et 16 du Traité relatif à l'OHADA (CCJA, 3e ch., nº 240, 14-12-2017 : Elco Construction SARL c/ Maisons Sans Frontières SARL) ;

– en **République démocratique du Congo :** l'article 49 de l'AUPSRVE n'ayant pas désigné dans l'ordre judiciaire la juridiction concernée, la détermination relève du droit interne des États parties au Traité OHADA. En l'espèce, l'article 21 de la loi 016/2002 du 16 octobre 2002 portant création, organisation et fonctionnement des tribunaux de travail en RDC énonçant que « les tribunaux de travail connaissent de l'exécution de toutes les décisions rendues en matière de travail », les décisions en cause dans la présente procédure ayant été rendues en matière sociale, leur exécution ne relève pas de la compétence du tribunal de commerce de Kinshasa/Matete mais plutôt de celle du tribunal de travail du même ressort. C'est donc le président de cette juridiction sociale ou le magistrat délégué par ce dernier qui, seuls, peuvent connaître de la demande en compensation dans le cadre de l'exécution litigieuse ; il s'ensuit que l'exception soulevée est bien fondée et doit être accueillie. Dès lors, il y a lieu d'annuler purement et simplement le jugement entrepris pour incompétence du tribunal de commerce de Kinshasa/Matete (CCJA, 2e ch., no 041/2022, 24-2-2022 : E. c/ Société Lac SARL). L'article 49 de l'AUPSRVE, qui tire sa portée abrogative, sa supériorité et sa force obligatoire des articles 336 de l'AUPSRVE et 10 du Traité OHADA, donne, en son alinéa 1er, compétence au président de la juridiction statuant en matière d'urgence ou au magistrat délégué par lui pour tout litige ou toute demande relative à une mesure d'exécution forcée ou à une saisie conservatoire. Ce texte, dans son esprit, vise incontestablement le président de la juridiction de première instance dans la mesure où l'alinéa 2 prévoit que la décision du président est susceptible d'appel ; l'absence de la désignation par cet article de la juridiction d'appel compétente doit simplement être entendue comme un renvoi à la loi nationale pour sa détermination. En l'espèce, il résulte des propres constatations de l'arrêt attaqué que l'intimée, qui excipait du déclinatoire de compétence, n'a pas été en mesure de citer la disposition légale du droit interne congolais qui déferait la compétence au premier président de la cour d'appel pour connaître, en appel, des ordonnances rendues par le président du tribunal de commerce de Lumbubashi. En jugeant donc que seule la cour d'appel, siégeant ordinairement avec trois juges, est compétente pour connaître desdits appels à l'exclusion du président, l'arrêt querellé n'a en rien violé les textes susvisés (CCJA, 2e ch., no 158/2021, 28-10-2021 : N. c/ Equity Bank Congo SA).

– au **Niger,** le juge des référés, juge de l'urgence dans l'ordre juridique et judiciaire nigérien, est la juridiction compétente de l'article 49 de l'AUPSRVE (CCJA, 2e ch., no 025, 8-4-2010 : S.A.T.A. c/ Receveur des impôts de Zinder, Juris-Ohada, no 3, juill.-sept., p. 25, Ohadata J-11-69, J-12-47) ;

– au **Sénégal** et conformément aux dispositions de l'article 49 de l'AUPSRVE, le juge des référés est seul compétent pour toutes les demandes et actions relatives à une mesure d'exécution forcée (TRHC Dakar, ord. réf. no 1487, 22-9-2003 : A. C. c/ Citibank, Ohadata J-04-33) ;

– en désignant le président du tribunal statuant comme juge de l'urgence pour connaître d'un litige ou d'une demande relative à une mesure d'exécution forcée d'une décision rendue en matière sociale conformément au droit national **tchadien,** l'arrêt dont pourvoi n'a en rien violé les articles 10 du Traité OHADA, 49, 336 et 337 de l'AUPSRVE le pourvoi doit être rejeté (CCJA, 3e ch., no 026, 15-3-2012 : Abraham Guidimti c/ Financial Bank) ;

– dans le système juridique **togolais,** le président du tribunal de première instance qui est juge des référés mais aussi juge de l'exécution suivant les cas est le juge de l'urgence par excellence (CA Lomé (Togo), no 22/07, 17-7-2007 : SOEXIMEX c/ P. S., A. W., B. M., Sté Côte d'Ivoire Fruits SA, Ohadata J-10-168). Dans le même sens, retenant la compétence du juge des urgences au Togo pour l'examen de tout litige se rapportant à une mesure d'exécution forcée ou à une saisie conservatoire : CA Lomé (Togo), no 088/09, 26-5-2009 : Me J. S. K. de S. c/ La Brasserie BB Lomé, Ohadata J-10-176.

Mais lorsque l'appréciation des pièces produites par le débiteur saisi relève de la compétence des juridictions du fond, l'ordonnance par laquelle le juge de l'urgence initialement saisi s'est déclaré incompétent doit être confirmée (CA Lomé (Togo), no 202/08, 28-10-2008 : A. T. A. c/ G. D., Ohadata J-10-173).

4o Effet de la désignation confuse de la juridiction compétente dans un acte d'appel

L'acte d'appel contre une décision est censé mentionner les références permettant d'identifier la décision concernée. Il s'agit d'une formalité substantielle qui d'après la jurisprudence confère à l'acte d'appel sa nature, ses caractères et en constitue sa raison d'être. Divers éléments concourent à l'identification d'une décision judiciaire notamment le nom des parties, la nature de la décision (ordonnance, jugement, arrêt) le numéro, la date et la juridiction. Dans la mesure où la date d'une décision est exacte et qu'à cette date, c'est la seule décision qui a été rendue entre les parties, rien ne s'oppose à l'identification de la décision même lorsque le numéro est erroné. Par contre, l'erreur sur la juridiction est une source certaine de confusion et en mentionnant que le jugement attaqué a été rendu par le président du tribunal au lieu du tribunal, l'acte d'appel peut faire croire que la décision entreprise est une ordonnance prise par le président du tribunal en matière de référé ou d'urgence (art. 49 de l'AUPSRVE). Cette confusion qui occasionne une absence d'identification claire de la décision entreprise cause grief suivant une jurisprudence concordante et abondante (Cass. 2e civ. 30-4-1970 : JCP 70. IV.157 ; Cass. 2e civ. 14-11-1979 : GP 1980.1.117). La régularisation de l'acte d'appel erroné ne saurait effacer ce grief, en raison de sa gravité mais aussi parce qu'elle n'est pas intervenue dans le délai d'appel. Par conséquent, l'acte d'appel est nul (CA Lomé

(Togo), ch. civ. et com., n° 120/10, 13-7-2010 : CHEVRON TOGO SA c/ TOGO et SHELL SA, Ohadata J-11-106).

5° Délégation des pouvoirs du juge de l'article 49

a. Validité de la délégation nonobstant un taux de compétence dans la législation nationale

Il ressort des dispositions de l'article 49 de l'AUPSRVE que tout litige relatif à une mesure d'exécution forcée relève de la compétence du président de la juridiction statuant en matière d'urgence et en premier ressort ou de la compétence du juge qui le remplace. Aux termes des dispositions de cet article, seul applicable pour la désignation du juge compétent, à l'exclusion de tout texte de droit interne, le président compétent peut se faire déléguer sans aucune restriction, nonobstant une limite de compétence matérielle prévue par la législation interne. C'est donc par une saine application de l'article 49 précité que la cour d'appel d'Abidjan a rejeté le moyen tiré de la violation de l'article 32, al. 3 du Code de procédure civile ivoirien selon lequel lorsque l'intérêt du litige excède la somme de 100 000 000 FCFA, les présidents des juridictions et les premiers présidents des cours sont tenus de présider les audiences sans pouvoir déléguer leur prérogative (CCJA, 1e ch., n° 077, 14-11-2013 : Sté ACCESS BANK anciennement Banque OMNIFINANCE c/ KAKOU Lydie Patricia, Sté WARID TELECOM Côte d'Ivoire, Rec. jur. CCJA, n° 20, vol. 2, janv.-déc. 2013, p. 44-47, Ohadata J-15-77). Sur les taux de compétence, voir aussi : CCJA, 3e ch., n° 006, 26-2-2015 : Sté Ivoire Coton SA c/ Sté ECOBANK SA, Ohadata J-16-06, jugeant que l'AUPSRVE n'ayant fixé aucun montant plancher pour les montants des affaires devant nécessairement être prises par le chef de juridiction, les dispositions nationales prévoyant le contraire, en l'espèce les articles 32 et 106 du Code de procédure civile de Côte d'Ivoire, sont contraires à l'Acte uniforme et donc inapplicables en l'espèce).

La généralité du terme utilisé par le législateur communautaire dans l'article 49 de l'AUPSRVE susvisé : « La juridiction compétente pour statuer sur tout litige ou toute demande relative à une mesure d'exécution forcée… » laisse entendre que le président de la juridiction statuant en matière d'urgence ou le juge qu'il a désigné est seul compétent pour connaître des contestations de fond et de forme relatives au contentieux de l'exécution. Dès lors, ne contrevient pas aux dispositions dudit article la cour d'appel qui, saisie, en appel sur le fondement de l'article 48 de cet Acte uniforme s'est contentée, sur la base des pièces soumises à son appréciation souveraine, de fixer la valeur des marchandises saisies et vendues irrégulièrement par la banque saisissante qui, du reste, ne discute ni le titre exécutoire ni sa responsabilité et offre de payer le montant qu'elle a obtenu de la vente aux enchères publiques. Il y a lieu dès lors d'écarter ce moyen non fondé (CCJA, 3e ch., n° 023, 13-3-2014 : Banque Internationale pour l'Afrique au Tchad dite BIAT c/ Souleymane AHMAT GAMAR, Ohadata J-15-114).

La désignation, par le président du tribunal, d'un juge pour tenir audience, correspond bien dans la pratique judiciaire à une délégation. Le juge ainsi désigné est investi de la prérogative prévue à l'article 49, al. 1 de l'AUPSRVE. C'est donc à tort qu'il est reproché à une cour d'appel d'avoir violé l'article 49 précité en ce qu'elle a approuvé le juge qui a statué sans délégation écrite du président du tribunal comme le prévoit l'article 112 du Code de l'organisation et de la compétence judiciaires de la République Démocratique du Congo (CCJA, 2e ch., n° 071, 21-4-2016 : Roger Tshiaba Mbangama, Augustin Mbangama Kabundi c/ Banque Centrale du Congo dite BCC, Banque Commerciale du Congo dite BCDC, Ohadata J-17-20).

b. Absence d'obligation d'indiquer que la décision a été rendue par le juge délégué

Aucune disposition de l'AUPSRVE n'exige, à peine d'irrecevabilité, la précision, dans l'acte d'appel, que la décision a été rendue par le magistrat délégué par le président de la juridiction compétente lorsqu'elle n'a pas été rendue par ce dernier (CCJA, 3e ch., n° 096/2024, 28-3-2024).

C. Compétence territoriale

Il résulte des dispositions de l'article 24 de l'AUSCGIE que le siège social d'une société commerciale peut être soit au lieu de son principal établissement, soit à son centre de direction administrative et financière. Lorsqu'une société [A.], quoique soutenant que son siège social est à Gamba, affirme avoir une représentation à Libreville, il y a lieu de retenir, en application des dispositions de l'article 24 ci-dessus et de la règle des gares principales, que les juridictions de Libreville sont compétentes territorialement pour connaître du présent litige (CCJA, 3e ch., n° 142/2024, 25-4-2024).

D. Contestations visées

1° Saisie-attribution de créance

a. Contestations entre le saisissant et le tiers saisi

Les contestations nées entre le saisissant et le tiers saisi sont réglées par l'article 49 de l'AUPSRVE et non par les dispositions des articles 169 à 172 dudit Acte uniforme (CA Abidjan, ch. civ. et com., n° 477, 6-4-2004 : BICICI c/ T. B., Ohadata J-05-266 ; CCJA, 3e ch., n° 093, 23-7-2015 : Banque Nationale d'Investissement dite BNI c/ Eholie Malan, Ohadata J-16-92).

La contestation d'une saisie-attribution relève de la juridiction prévue par l'article 49 de l'AUPSRVE.

Le président du TGI Bangui est bel et bien le juge national compétent à statuer par voie de référé sur les litiges et demandes concernant l'exécution forcée. En le déclarant incompétent en la matière, l'arrêt de la cour d'appel de Bangui a violé l'article 49 précité et exposé son arrêt à la cassation sans qu'il soit besoin d'examiner les autres moyens (CCJA, 2e ch., no 109, 30-12-2013 : Abel KOMENGUE-MALENZAPA c/ ECOBANK CENTRAFRIQUE, Banque des États de l'Afrique centrale (BEAC), Rec. jur. CCJA, no 20, vol. 1, janv.-déc. 2013, p. 132-136, Ohadata J-15-82).

Les actions tendant à la mise en cause du tiers saisi, qu'elles soient fondées sur l'article 156 ou sur l'article 168 de l'AUPSRVE, relèvent toutes de la procédure de l'article 49 du même Acte uniforme et à ce titre sont jugées à charge d'appel et ne constituent pas des décisions contenant des dispositions définitives au sens de l'article 351 du Code général des impôts du Cameroun visé au moyen. C'est donc de manière superfétatoire qu'une cour d'appel a fait la distinction (CCJA, 2e ch., no 147, 24-12-2014 : Henri Flavien Loe EYIKE c/ Caisse Autonome d'Amortissement (CAA), Ohadata J-15-237).

L'**action en paiement des causes d'une saisie et de dommages-intérêts pour comportement fautif du tiers** oppose le créancier saisissant au tiers saisi et relève, non d'une contestation de saisie entre le créancier saisissant et le débiteur pour laquelle les articles 169, 170 et 172 de l'AUPSRVE doivent s'appliquer, mais d'une difficulté d'exécution forcée régie par l'article 49 de l'AUPSRVE, dont il résulte que tout litige relatif à une mesure d'exécution forcée relève de la compétence du président de la juridiction statuant en matière d'urgence et que l'appel contre ses décisions doit être formé dans un délai de 15 jours à compter du prononcé de la décision. En l'espèce, l'appel relevé le 7 juin 2013 contre l'ordonnance rendue le 3 mai 2013 est intervenu au-delà du délai de 15 jours exigé par la loi et est donc irrecevable (CCJA, 3e ch., no 172, 1-12-2016 : BURIDA c/ DISTELEC AFRIQUE SARL, Ohadata J-17-112).

La difficulté d'exécution opposant un tiers saisi à un créancier saisissant, sur le fondement de l'article 156 de l'AUPSRVE, n'est pas soumise à la réglementation spéciale de l'article 172 du même Acte uniforme. C'est donc à juste titre qu'une cour d'appel, faisant application de l'article 49 de l'AUPSRVE, a déclaré le tiers saisi irrecevable en son appel (CCJA, 3e ch., no 191, 29-12-2016 : B.O.A. C.I. c/ Diakité Mamadou Lamine, Ohadata J-17-131).

L'action par laquelle le créancier saisissant tend à obtenir un titre exécutoire contre le tiers saisi qui refuse de payer les sommes saisies entre ses mains est une difficulté d'exécution régie par l'article 49 de l'AUPSRVE (CCJA, 1e ch., no 176, 27-7-2017 : Marcel Lukusa Ditaba c/ Save the Children International ; CCJA, 1e ch., no 167, 27-7-2017 : Marcel LUKUSA DITABA c/ Save Children International).

b. Inapplicabilité de l'article 49 à l'action en responsabilité du débiteur saisi contre le tiers saisi

La demande de réparation du dommage qu'aurait subi un débiteur dont les comptes ont fait l'objet d'une saisie-attribution, contre la banque en sa qualité de tiers saisi est une action en responsabilité civile découlant d'une faute qu'aurait commise la banque par manque de vigilance et par défaut d'information du client. En tant que telle, cette requête, qui est une demande en réparation de dommage, n'est pas une mesure d'exécution forcée rentrant dans le champ de compétence matérielle du juge de l'urgence, juge de l'exécution. C'est donc à tort que le juge de l'exécution saisi a retenu sa compétence. Sur l'évocation, il y a lieu de juger que la demande ne peut prospérer, la juridiction saisie étant incompétente (CCJA, 1e ch., no 220, 14-12-2017 : Sucrière d'Afrique-Gabon SA c/ BGFIBANK Gabon SA).

Obs. : la règle à retenir est celle-ci : toute action du débiteur contre le tiers saisi n'est pas une difficulté d'exécution et ne relève pas de l'art. 49. Mais toute action entre le créancier et le tiers saisi, peu importe qui agit contre l'autre est une difficulté d'exécution au sens de l'art. 49 de l'AUPSRVE et est donc régie par ce texte.

c. Loi applicable pour la recevabilité de l'appel du tiers saisi

La cour d'appel qui, en matière de saisie-attribution de créance, s'est basée sur l'article 168 de l'AUPSRVE pour déclarer recevable l'appel relevé le 16 mai 2002 contre une ordonnance rendue le 25 avril 2002 (condamnant l'intimée à payer les causes d'une saisie-attribution) s'est gravement fourvoyée par une confusion manifeste de genre. La disposition applicable pour apprécier la recevabilité de l'appel du tiers-saisi est l'article 49 de l'AUPSRVE. À défaut de renvoi spécifique à une disposition, la contestation entre le créancier saisissant et le tiers saisi est régie par l'article 49 tant en ce qui concerne les modalités de saisine du juge que l'exercice des voies de recours. En statuant autrement la cour d'appel a nécessairement violé l'article 49 précité et sa décision encourt la cassation (CCJA, no 054/2005, 15-12-2005 : SODICARO SARL c/ Standard Chartered Bank CI, Rec. jur. CCJA, no 6, juin-déc. 2005, p. 77. Juris-Ohada, no 2/2006, p. 8 ; Ohadata J-06-43).

Obs. : dans la décision ci-dessus, la CCJA fait une œuvre pédagogique en exposant clairement la différence de régime entre les contestations entre le débiteur saisi et le créancier saisissant, d'une part, et celles entre le créancier saisissant et tiers saisi, d'autre part : « Il convient de relever l'article 168 qui est logé au chapitre II intitulé « paiement par le tiers-saisi » ; et l'article 172 a son siège au chapitre III relatif aux contestations. Si le législateur avait entendu faire l'application de l'article 172 à la responsabilité du tiers saisi pour manquement, il aurait intégré l'article 168 au chapitre relatif à la contestation. Le recours contre le tiers saisi pour obtenir à son encontre un titre exécutoire ne peut épouser le régime de la contestation entre le débiteur et le créancier saisissant, en ce qu'il aurait alors fallu enfermer ce recours dans le délai d'un mois à compter de la dénonciation de la saisie, par application de l'article 170 de l'AUPSRVE. À l'évidence, le législateur n'a pas entendu assimiler les contestations entre le débiteur saisi et le créancier saisissant et celles entre le créancier saisissant et le tiers saisi, et confondre ces deux procédures viendrait à vider l'article 164 de tout sens ».

d. Contestation entre le débiteur saisi et le créancier saisissant

La société demanderesse ayant donné assignation aux défendeurs au pourvoi à comparaître devant le président du TPI statuant en qualité du juge du contentieux de l'exécution tenant l'audience des référés pour solliciter la main levée de la saisie-attribution de créance pratiquée sur ses comptes, seul le juge de l'article 49 de l'AUPSRVE, en sa qualité du juge du contentieux de l'exécution, juge de l'urgence, est compétent pour statuer sur tout litige comme c'est le cas de la demande en contestation de saisie formulée par le débiteur saisi. Cependant, la contestation d'une saisie s'élevant entre le [débiteur] saisi et le saisissant, le juge de l'article 49, juge de l'exécution n'a qu'une compétence d'attribution (CCJA, ass. plén., n° 105, 4-11-2014 : AES SONEL SA c/ Henri NGALLE MONONO, Georges EYOMBO ANGANDZIE, BALENG MAAH Célestin, Ohadata J-15-196).

Obs. : sur les modalités de l'appel de la décision tranchant la contestation entre le créancier saisissant et le tiers saisi, notamment en ce que le délai d'appel court à compter de la notification, voir sous l'art. 172.

2° Objet des contestations

De l'analyse des dispositions de l'article 49 de l'AUPSRVE, lequel contient aussi bien des dispositions de fond que de procédure qui, en la matière, ont seules vocation à s'appliquer dans les États parties au Traité OHADA, il ressort que tout litige relatif à une mesure d'exécution forcée relève, quelle que soit l'origine du titre en vertu duquel elle est poursuivie, de la compétence préalable du président de la juridiction statuant en matière d'urgence et en premier ressort ou du magistrat délégué par lui. Ainsi, les contestations d'une saisie-attribution relèvent de la compétence du président de la juridiction statuant en matière d'urgence ou du magistrat délégué par lui. C'est donc en violation de l'article 49 de l'AUPSRVE qu'une juridiction suprême nationale saisie d'un tel contentieux a suspendu par ordonnance l'exécution forcée déjà entamée. Sa décision doit être annulée et l'exécution forcée entreprise pourra être poursuivie jusqu'à son terme (CCJA, n° 40, 12-6-2005 : Sté SIPA c/ Sté SHELL-CI, Rec. jur. CCJA, n° 5, janv.-juin 2005, vol. 2, p. 61 ; Juris-Ohada, n° 4/2005, juill.-sept. 2005, p. 24, Ohadata J-06-16).

Le juge de l'exécution, au sens de l'art. 49 de l'AUPSRVE, est compétent pour connaître :

– des difficultés d'exécution de la saisie-attribution ; en application de l'article 49 de l'AUPSRVE et des articles 592 et 597 du Code gabonais de procédure civile, ce juge est saisi selon les formes procédurales du référé (CA Libreville, ch. civ. et com., arrêt de référé n° 7/2001/2002, 6-2-2002, K. E. c/ T. K., Ohadata J-02-125, obs. J. Issa-Sayegh. Voir pour la décision objet de l'appel, TPI Port-Gentil, ord. réf. n° 15/2001/2002, 28-12-2001 : T. K. c/ K. E., même référence) ;

– de la demande en nullité d'un procès-verbal de saisie-attribution des créances, à l'exclusion du juge des référés (TPI Bafoussam, ord. réf. n° 41, 20-2-2004 : AES SONEL, délégation provinciale de l'ouest c/ T. J., Ohadata J-05-02 ; TGI du Moungo à Nkongsamba, n° 15/Civ, 19-12-2002 : Ets T. fils SARL c/ Sté Limbe part company LTD, Me M. R., Ohadata J-05-160). Dans le même sens, retenant la compétence du juge du contentieux de l'exécution : CA Littoral (Cameroun), n° 028/REF, 14-1-2009 : Sté VIAMER International VI SARL c/ Sté Crédit Agricole Suisse SA, Ohadata J-10-258. Pour une application au Sénégal : TRHC Dakar, ord. réf. n° 1670, 27-10-2003 : A. D. c/ M. D., T. A. D., greffier en chef, Ohadata J-04-264 ;

– de la demande de discontinuation d'une saisie immobilière (TPI Nkongsamba, ord. n° 3/REF, 29-5-2002 : succession N. K. A. M. c/ D. J., succession de M. E., Ohadata J-05-157) ;

– de l'exécution d'une saisie-attribution des rémunérations (TPI Douala-Ndokoti, ord. n° 120, 2-5-2006 : M. N. I. c/ N. née K. P., Ohadata J-07-89) ;

– des difficultés d'exécution de deux décisions contraires (émanant de la Cour suprême de Côte d'Ivoire et d'un juge des référés). Ces difficultés relèvent de la compétence du juge des référés à qui la compétence en la matière a été dévolue par l'article 49 de l'AUPSRVE (CA Abidjan, ch. civ. et com., n° 758, 6-7-2004 : Sté TEXACO Côte d'Ivoire c/ Sté le Groupe FREGATE, Ohadata J-05-341) ;

– de la contestation d'une saisie-attribution de créance qui relève, au Cameroun, de la compétence du juge de l'urgence chargé du contentieux de l'exécution, et non du juge des référés (TPI Douala-Bonanjo, ord. réf. n° 392, 26-2-2003 : ACTIVA Assurances c/ N. J. M., note A. Ndzuenkeu, Juris Périodique, n° 57, p. 48 ; Ohadata J-06-25). Dans le même sens, et à propos d'une saisie-vente (CA Littoral (Cameroun), n° 124/REF, 9-7-2008 : M. P. c/ S. J., Ohadata J-10-268).

Obs. : il s'agit désormais du JEX au Cameroun, comme présenté ci-dessus.

– de la demande de mainlevée d'une saisie conservatoire de créance et sa décision est susceptible d'appel dans un délai de quinze jours à compter de son prononcé (CCJA, 2e ch., n° 088, 23-7-2014 : Sté des Produits Nestlé SA c/ Me MEDAFE Marie Chantal, Sté Nestlé Côte d'Ivoire SA, Ohadata J-15-179).

Par tout litige relatif à une mesure d'exécution, on entend toute contestation relative aux conditions de forme de l'exploit de saisie-attribution et de dénonciation de saisie, tout comme celles relatives à la constatation de l'extinction de la créance du saisissant. Dès lors, la cour d'appel, en déclarant le juge des référés compétent pour connaître de la cause « en cas d'urgence », ne peut lui dénier toute compétence pour connaître des exceptions de nullité portant sur les exploits de saisie-attribution et de dénonciation de saisie, exceptions constituant l'objet du litige ou de la demande en mainlevée. En d'autres termes, c'est l'objet du litige qui détermine la compétence de la juridiction et non l'inverse, l'urgence étant une circonstance et non pas l'objet du litige. L'arrêt d'appel encourt la cassation ou annulation pour obscurité et contrariété des motifs. Sur l'évocation, le Président du Tribunal de Première Instance d'Abidjan, statuant en référé d'heure à heure, était bien compétent pour statuer en matière de contestation d'une saisie-attribution de créances, sur la mainlevée de ladite saisie, conformément à l'article 49 de l'AUPSRVE. Et en se déclarant incompétent, aux motifs que « l'article 222 alinéa 2 du Code de procédure civile fait interdiction aux ordonnances de référé de faire grief à une décision rendue par une juridiction supérieure ; dès lors, ordonner la mainlevée sollicitée reviendrait à anéantir l'arrêt suscité de la Cour Suprême », alors que la Cour Suprême avait seulement ordonné dans son arrêt n° 184/97 du 23 juillet 1997, auquel il est fait référence, « la reprise automatique des poursuites entreprises contre la SIB, en vertu de l'arrêt n° 69 en date du 25 mars 1992 de la cour d'appel de Bouaké, Chambre Civile et Commerciale », sans se prononcer sur la régularité ou la validité de la saisie attribution de créances exercée dans le cadre de cette « reprise automatique des poursuites », le président du tribunal de première instance d'Abidjan a, à tort, méconnu sa compétence et l'ordonnance querellée doit être infirmée en toutes ses dispositions (CCJA, n° 17/2003, 9-10-2003 : SIB c/ CIENA, Juris-Ohada, n° 4/2003, oct.-déc. 2003, p. 16, note BROU Kouakou Mathurin, Rec. jur. Ohada, n° 2, juill.-déc. 2003, p. 19, Ohadata J-04-120).

Le litige étant relatif à une contestation de saisie-attribution de créance, seul le juge de l'article 49 de l'AUPSRVE, juge du contentieux de l'exécution, régulièrement saisi, est compétent pour statuer ; en décidant que ce dernier a été mal saisi, le président du tribunal de première instance de Bonandjo, statuant en qualité du juge du contentieux de l'exécution tenant l'audience des référés, a, à tort, méconnu sa compétence ; il échet dès lors d'infirmer l'ordonnance entreprise et de statuer sur les demandes (CCJA, ass. plén., n° 105, 4-11-2014 : AES SONEL SA c/ Henri NGALLE MONONO, Georges EYOMBO ANGANDZIE, BALENG MAAH Célestin, Ohadata J-15-196).

De même, le juge des référés est bien compétent pour connaître des contestations élevées dans le cadre de la mise en œuvre d'une saisie-attribution des créances régie par l'AUPSRVE alors que les contestations concernent la régularité de la mesure d'exécution forcée et non les modalités du recouvrement même de l'impôt, lequel induit des procédures spécifiques et différentes relevant du droit interne. C'est donc à tort que le premier juge, juge de l'urgence dans l'ordre juridique et judiciaire nigérien, a déclaré en l'espèce « n'y avoir lieu à référé » et l'ordonnance des référés dont appel doit en conséquence être infirmée sur ce point. Et l'arrêt d'appel qui, après avoir pourtant constaté et admis que « le 1er juge a été saisi d'un contentieux relatif à des saisies-attributions pratiquées en vertu d'une contrainte pour obtenir paiement de droits d'enregistrement et de pénalités y afférentes », a conclu que « les contestations relatives au recouvrement des impôts sont portées devant le juge administratif compétent », alors que la saisie-attribution des créances, mesure d'exécution du reste délibérément choisie en l'occurrence par le créancier poursuivant nonobstant sa qualité de receveur des impôts et la nature fiscale de sa créance, et les contestations y afférentes relèvent exclusivement des dispositions de l'AUPSRVE a singulièrement méconnu les dispositions des articles 10 du Traité OHADA, 28, 49, 169 et 170 de l'AUPSRVE et exposé sa décision à la cassation (CCJA, 2e ch., n° 025, 8-4-2010 : S.A.T.A. c/ Receveur des impôts de Zinder, Juris-Ohada, n° 3, juill.-sept., p. 25, Ohadata J-11-69, J-12-47). Dans le même sens, (CCJA, 2e ch., n° 22, 8-4-2010, Ohadata J-11-66, précité).

L'ordonnance de suspension d'une saisie rendue par le président de la juridiction suprême nationale postérieurement à la saisie ne peut avoir d'effet sur la saisie déjà pratiquée et c'est par une bonne application de la loi que le premier juge a débouté l'appelant de ce chef de demande (CA Abidjan (Côte d'Ivoire), 3e ch. civ. et com., n° 599, 30-7-2010 : Sté SAGA CI devenue SDV-SAGA Côte d'Ivoire puis BOLLORE AFRICA LOGISTICS COTE D'IVOIRE c/ PTI SARL, obs. J. Issa-Sayegh, Ohadata J-11-18).

Sur une juridiction présidentielle ayant statué en matière de contentieux de l'exécution pour une saisie immobilière, voir (TPI Douala-Ndokoti, ord. n° 152, 15-6-2006 : M. née E. Hélène, M. c/ M. M. A. et Me K. W. Gabriel, Ohadata J-07-78).

3° Saisies conservatoires

L'article 28 de l'AUPSRVE, en posant un principe général d'exécution forcée sur les biens du débiteur défaillant, énumère les mesures conservatoires, dont les saisies conservatoires parmi les voies d'exécution. Aux termes de l'article 49 de l'AUPSRVE, la seule juridiction compétente pour statuer sur tout litige ou toute demande relative à une mesure d'exécution forcée ou à une saisie conservatoire est le président de la juridiction statuant en matière d'urgence ou le magistrat délégué par lui. En retenant que « toutes contestations [à l'occasion des saisies conservatoires litigeuses] échappent à la compétence matérielle du Président du Tribunal de commerce d'Abidjan, en vertu de l'article 31 de la décision N° 01/PR susvisée », la cour d'appel n'a en rien encouru les griefs formulés dans cette branche (CCJA, 2e ch., n° 005, 26-1-2017 : BSIC – CI SA c/ Entreprise de Services des Produits Pétroliers SA, Ohadata J-17-151).

E. Compétence exclusive du juge du contentieux de l'exécution

L'article 49 de l'AUPSRVE aurait pu laisser penser que la juridiction compétente qu'il prévoit serait le président de la juridiction ayant connu en dernier de l'affaire. Cependant, une telle interprétation se heurte à la lettre de l'alinéa 2 du même article, qui dispose que la décision que la décision du président de la juridiction est susceptible d'appel dans les quinze jours à compter de son prononcé. Il est donc clairement indiqué que l'autorité judiciaire visée est, en l'état de l'organisation judiciaire locale, le président du tribunal de première instance qui doit de ce fait, se déclarer compétent (TPI Libreville, ord. réf. n° 67/98-99, 10-11-1998 : Sté Centr'Affaires c/ M. M. D., Ohadata J-02-152, obs. J. ISSA-SAYEGH).

Obs. : le principe contenu dans cette décision rendue au Gabon est transposable à tous les États membres de l'OHADA, dès lors que la décision rendue par le juge de l'art. 49 est également susceptible d'appel dans ces pays.

Suivant une jurisprudence constante de la CCJA, l'article 49 de l'AUPSRVE donne compétence à la juridiction statuant en matière de référé, tant au président du tribunal qu'au président de la cour d'appel, de statuer sur les difficultés survenues à l'occasion de l'exécution forcée (CCJA, ass. plén., n° 049, 23-4-2014 : Me Galolo SOEDJEDE c/ AKOUETE Koffi Antoine, Banque Internationale pour l'Afrique au TOGO (BIA- TOGO) SA, Trésor public du Togo, Ohadata J-15-140).

C'est à tort qu'il est reproché à une cour d'appel d'être sortie de ses attributions juridictionnelles en ce qu'elle s'est substituée au greffier pour décider sans requête, que l'action est sujette à une consignation au taux proportionnel de 5 %, car même si l'ordonnance fixant le taux a été prise sans requête, elle reste néanmoins de la compétence du président du tribunal (CCJA, 2e ch., n° 147, 24-12-2014 : Henri Flavien Loe EYIKE c/ Caisse Autonome d'Amortissement (CAA), Ohadata J-15-237).

En raison de la compétence exclusive du juge de l'article 49 de l'AUPSRVE, les juridictions suivantes ont été déclarées incompétentes :

1° Tribunal

L'action en nullité d'une saisie-attribution de compte bancaire doit être portée devant le juge de l'urgence et le tribunal irrégulièrement saisi doit se déclarer incompétent et renvoyer les parties à mieux se pourvoir (TGI du Mfoundi, n° 309, 27-3-2002 : Syndic liquidation ex-SODIRECO c/ M. P., Me B. M., Ohadata J-04-212). De même, en vertu de l'article 49 de l'AUPSRVE, la validation d'une saisie conservatoire en vue de sa conversion en saisie-vente n'est pas de la compétence du tribunal qui, une fois saisi, doit se déclarer incompétent et ordonner la mainlevée de la saisie conservatoire (TGI de la Menoua, n° 12/CIV/TGI, 14-11-2005 : N. B. c/ T. M., Ohadata J-07-42).

2° Tribunal de première instance

Le litige concernant une difficulté d'exécution en matière de saisie de compte bancaire relève, conformément à l'article 49 de l'AUPSRVE, de la compétence du président de la juridiction statuant en matière d'urgence ou au magistrat désigné par lui. L'incompétence ratione materiae du tribunal de première instance saisie d'une telle demande peut être soulevée en tout état de procédure (TPI Bafoussam, n° 55, 6-6-2003 : D. B. c/ BICEC, agence de Bafoussam, Ohadata J-04-232). Il ressort de l'article 49 que la juridiction compétente est le président de la juridiction et non le tribunal de première instance (CCJA, 2e ch., n° 063, 25-7-2013 : Autorité de Régulation du Coton et de L'Anacarde dite ARECA c/ CISSE Ladji Brahima, Rec. jur. CCJA, n° 20, vol. 1, janv.-déc. 2013, p. 116-117, Ohadata J-15-64).

De même, en statuant sur une **demande de dommages-intérêts contre un tiers saisi,** en méconnaissance des dispositions de l'article 49 précité, le tribunal de première instance s'est attribué à tort des pouvoirs qui ne relèvent pas de sa compétence, exposant son jugement à l'annulation.

Le tribunal doit donc être déclaré incompétent, le jugement annulé et les parties renvoyées à mieux se pourvoir (CCJA, 3e ch., no 021, 8-2-2016 : BICICI c/ SICUC, Ohadata J-16-223).

3o Tribunal de grande instance

S'agissant d'une compétence d'attribution, qui est d'ordre public, le TGI doit se déclarer incompétent à connaître du présent litige et renvoyer les demandeurs à mieux se pourvoir (TGI Douala (Cameroun), no 421, 15-3-2011 : Ets HASSAN ZOUHAIR c/ SICMA SA, Me M. P. B., TRANICAM SARL, M. G., Ohadata J-12-217).

4o Section de tribunal

Voir : TPI Abidjan, Section de Grand-Bassam (Côte d'Ivoire), no 203, 24-9-2006 : SOCABO c/ 1) LA CNPS ; 2) Sté COFRUDOR ; 3) Sté SELECTIMA, Juris-Ohada, no 2/2009, avr.-juin, p. 40, Ohadata J-09-288, J-09-151, et J-10-14.

5o Juge des référés en tant que tel

Bien que le président du TPI joue aussi bien le rôle de juge des référés que celui de juge de contentieux de l'exécution, il résulte des articles 49 et suivants de l'AUPSRVE qu'en présence de difficultés d'exécution, il est saisi ès qualités juge des difficultés de l'exécution. Le requérant qui le saisit doit alors préciser clairement en quelle qualité il le saisit. Il s'ensuit que le président du TPI qui a été saisi en sa qualité de juge statuant en matière de référé, alors qu'il y a eu commencement d'exécution avec la signification du commandement, ce qui induit la compétence du juge de l'exécution, doit se déclarer incompétent (TPI Yaoundé, ord. réf. no 36/C, 23-10-2003 : BICEC c/ M. B., Me N. G. E., Ohadata J-04-437).

Même si le référé ne couvre pas toute la réalité de l'article 49 de l'AUPSRVE, il constitue bien un cas d'urgence permettant de régler tous les incidents consécutifs à une mesure d'exécution. À ce titre, la cour d'appel qui a confirmé la compétence du juge des référés en matière de contestation de saisie-attribution ne viole en rien l'article 49 et le moyen faisant grief à la cour d'appel d'avoir indiqué que le magistrat de l'article 49 « statue en matière de référé quoique dans le cadre de l'article 49, le juge des référés ait une compétence plus étendue que dans le cadre du référé du droit commun », doit être rejeté (CCJA, 2e ch. no 105, 22-10-2015 : Poste de Côte d'Ivoire c/ SAID Nehme Hassan Hussein, Ohadata J-16-98).

6o Juge des requêtes

L'ordonnance rendue par le juge des requêtes en violation de l'article 49 suscité doit être annulée ; statuant à nouveau, il y a lieu de déclarer le juge des requêtes incompétent et renvoyer les parties à mieux se pourvoir (CA Littoral (Cameroun), no 062/CC, 5-5-2008 : B. née K. S. c/ M. J. A., Ohadata J-09-122).

7o Juge ayant rendu l'ordonnance d'injonction de payer qui a fondé une saisie-attribution

La juridiction compétente pour statuer sur les litiges et les demandes relatives à une mesure d'exécution forcée telle que la saisie-attribution, est le juge de l'exécution instauré par l'article 49 de l'AUPSRVE et non le juge ayant statué sur l'ordonnance d'injonction de payer qui a fondé la saisie (CCJA, 1e ch., no 058, 30-3-2017 : LAV-NET SARL c/ CEGEX SARL).

8o Cour d'appel, son président ou son vice-président

La cour d'appel qui, pour infirmer des ordonnances, a retenu, en faisant application de disposition du Code de procédure nationale, « qu'il est constant que nonobstant la signification de ces trois ordonnances à pied de requête à l'intimée, celle-ci a procédé à la vente des biens saisis… », entérinant lesdites ordonnances sur requête, alors que les litiges relatifs à une mesure d'exécution doivent être réglés conformément à l'article 49 de l'AUPSRVE, par le président de la juridiction ou son délégué statuant en matière d'urgence, a violé les articles 49 et 337 de l'AUPSRVE et exposé son arrêt à la cassation. Sur l'évocation, c'est à bon droit que le président du tribunal a rétracté les ordonnances sur requête, qui ont fait droit à des demandes du débiteur relativement à une suspension des poursuites, un sursis à la vente et à une interdiction d'enlèvement des biens saisis, aucune de ces procédures n'étant prévue au chapitre des incidents de la saisie-vente traités par les articles 129 à 146 de l'AUPSRVE ; confirmation des ordonnances (CCJA, ass. plén., no 051, 23-4-2014 : Sté Africaine de Banque SIAB-SA Sté F. K. Construction Togo SARL, Ohadata J-15-142). De même, c'est en violation de l'article 49 de l'AUPSRVE qu'une cour d'appel a ordonné la rétractation d'un arrêt en se fondant sur une requête civile introduite par le procureur général près la cour d'appel de Lomé alors que, en l'espèce, il s'agit d'une mesure d'exécution forcée déjà entamée dont toute contestation relève de la compétence exclusive du juge de l'exécution instauré à l'article 49 de l'AUPSRVE. Cet arrêt encourt la cassation (CCJA, ass. plén., no 061, 23-4-2014 : Sté TOGOCRUS SARL c/ 1) Atara M'DAKENA, 2) UNION DES ASSURANCES DU TOGO – UAT, 3) Sté Omnium Togolais d'Assistance Maritime OTAM SARL, 4) Sté Togolaise de Consignation Maritime STCM SA, Ohadata J-15-152).

Il ressort de l'article 49 de l'AUPSRVE que toute contestation relative à une mesure d'exécution forcée relève, quelle que soit l'origine du titre exécutoire en vertu duquel elle est poursuivie, de la compétence préalable du président de la juridiction statuant en matière d'urgence et en premier ressort ou du magistrat délégué par lui. C'est donc en violation de l'article 49 précité que le président d'une cour d'appel a statué en matière de contentieux de l'exécution au mépris des dispositions de l'article 49 susmentionné en rendant l'ordonnance attaquée, qui doit être annulée. L'ordonnance ayant ainsi été annulée pour violation des règles de compétence édictées par les dispositions de l'article 49 de l'AUPSRVE, il n'y a pas lieu à évocation (CCJA, ass. plén., n° 109, 4-11-2014 : CHANAS Assurances SA c/ A.G.F. Cameroun SA devenue Allianz Assurances SA, Atex Comodities, Ohadata J-15-200).

Dans le même sens et rappelant la primauté des Actes uniformes proclamée par l'article 10 du Traité OHADA (CCJA, 1e ch., n° 224, 14-12-2017 : SABC SA c/ Tchounkeu Collince ; CCJA, 3e ch., n° 159, 18-10-2018 : Getma Togo SA et Manuport Togo SA c/ Cosmas Akoueté Kpokpoya ; CCJA, 2e ch., n° 041/2021, 25-2-2021 : La société DTP Terrassement SA c/ La veuve A. née B. et les ayants droit de feu A.).

L'article 49 de l'AUPSRVE établit, relativement à tout litige ou toute demande relative à une exécution forcée, la compétence du président de la juridiction statuant en matière d'urgence ou du juge délégué par lui, préalablement à toute saisine des juridictions d'appel, fût-elle la juridiction présidentielle. En raison du **caractère d'ordre public des règles de compétence,** il y a lieu pour la CCJA de relever d'office la violation des dispositions de l'article 10 du Traité de l'OHADA consacrant la force obligatoire des Actes uniformes et leur caractère abrogatoire, ainsi que celles des articles 49 et 336 de l'AUPSRVE, lorsque l'ordonnance querellée a été rendue par le vice-président d'une cour d'appel statuant comme juge du contentieux de l'exécution, directement saisie d'une demande en mainlevée d'une saisie-attribution de créances, en application de la loi interne l'investissant de cette mission au mépris des dispositions du texte communautaire précité. Il échet par conséquent de casser la décision attaquée. Plus rien n'étant à juger, il n'y a pas lieu à évocation (CCJA, 1e ch., 175, 25-10-2018 : Ngasseu Tchokondet Martine c/ Ngo Nkot Anne et 2 autres).

L'article 49 de l'AUPSRVE consacre formellement la compétence matérielle et préalable du juge qu'il institue. Cette compétence est d'ordre public et le juge doit en assurer d'office le contrôle, y compris contre la partie qui le saisit. En l'espèce, en retenant sa compétence sur le fondement d'un texte de droit interne, relativement à des demandes et litiges liés à une saisie régie par l'AUPSRVE, alors que ceux-ci n'avaient pas été préalablement soumis au premier juge comme l'exige le texte précité, le président de la cour d'appel a commis le grief qui lui est fait et sa décision encourt la cassation de ce seul chef. Sur l'évocation et pour les mêmes motifs que ceux ayant entraîné la cassation, il y a lieu de déclarer la juridiction du président de la cour d'appel incompétente et de renvoyer les parties à mieux se pourvoir (CCJA, 1e ch., n° 088/2020, 9-4-2020 : Société des Plantations du Haut Penja c/ Société Camerounaise des Bananeraies de Penja ; CCJA, 1e ch., n° 123/2020, 9-4-2020 : Société des Plantations du Haut Penja c/ Société Camerounaise des Bananeraies de Penja).

Le Président d'une cour d'appel, dont la décision n'est pas *susceptible d'appel*, doit décliner sa compétence d'attribution lorsqu'il est saisi comme juge du contentieux de l'exécution sur une demande en paiement des causes d'une saisie-attribution de créances non préalablement soumise au juge de l'exécution établi par l'article 49 de l'AUPSRVE et dont les décisions sont susceptibles d'appel, conformément aux règles d'ordre public de l'article 49 de l'AUPSRVE. En s'abstenant de le faire, il a violé l'article 49 précité ; la CCJA doit relever d'office cette violation et casser la décision déférée de ce seul chef. Sur l'évocation et pour les mêmes motifs que ceux ayant entraîné la cassation, il y a lieu de déclarer la juridiction du président de la cour d'appel incompétente (CCJA, 1e ch., n° 229/2020, 25-6-2020 : Camed SA c/ K.).

Annulation de l'ordonnance d'une présidente de cour d'appel ayant statué en premier ressort. Il ressort des termes de l'article 49 de l'AUPSRVE que toute contestation relative à une mesure d'exécution forcée relève, quelle que soit l'origine du titre exécutoire en vertu duquel elle est poursuivie, de la compétence préalable du président de la juridiction statuant en matière d'urgence et en premier ressort ou du magistrat délégué par lui. C'est donc au mépris du Traité de l'OHADA et des dispositions de l'article 49 précité que la présidente d'une cour d'appel a rendu l'ordonnance statuant « en premier ressort » en matière de contentieux de l'exécution et ladite ordonnance doit être annulée pour violation des règles de compétence. Rien ne restant à juger, il n'y a pas lieu d'évoquer (CCJA, 3e ch., n° 339/2019, 19-12-2019 : Crédit du Sahel c/ Sacop SA).

La cour d'appel qui a énoncé « qu'une telle contestation est liée à l'exécution de l'ordonnance susvisée et relève par conséquent de la juridiction dont émane ladite ordonnance ; que le premier juge a eu tort de décliner sa compétence, il y a lieu d'infirmer son ordonnance et statuant à nouveau, de le dire compétent pour connaître de l'action de Corlay Cameroun », rappelant ainsi, par ces motifs, le principe de la compétence préalable de la juridiction statuant en matière d'urgence, sur toute demande ou tout litige relatif à une saisie, établi par l'alinéa 1 de l'article 49 de l'AUPSRVE, n'a en rien violé les articles 20 du Traité OHADA, 46 du Règlement de procédure de la CCJA et 49 de l'AUPSRVE (CCJA, 1e ch., n° 136/2019,

25-4-2019 : African Petroleum Consultants SARL c/ Société Générale Cameroun SA).

Obs. : il convient de préciser que la cour d'appel a également relevé en l'espèce que l'action dont était saisi le juge de l'exécution en l'espèce « ne [tenait] nullement à l'interprétation de l'arrêt de la [CCJA] ».

9° Juridiction suprême nationale ou son président

Tout litige relatif à une mesure d'exécution forcée relève, en application de l'article 49 de l'AUPSRVE, de la compétence préalable du Président de la juridiction statuant en matière d'urgence et en premier ressort, ou du Magistrat délégué par lui, à savoir en l'espèce, le président du tribunal de première instance d'Abidjan Plateau, ou le Magistrat délégué pour lui. Dès lors, en retenant sa compétence, le président de la Cour Suprême a méconnu les dispositions de l'article 49 précité, et l'ordonnance attaquée encourt l'annulation (CCJA, n° 011/2003, 19-6-2003 : M. C. C. K. et S. C. K. c/ Sté LOTENY TELECOM, Juris-Ohada n° 3/2003, juill.-sept. 2003, p. 26 ; Rec. jur. Ohada, n° 1, janv.-juin 2003, p. 32, Ohadata J-04-107). Dans le même sens :

– CA Abidjan, n° 226, 15-2-2000 : MLBYJ c/ BIAO, SGBCI et Paribas, Ohadata J-02-128, note anonyme, confirmée par CCJA, n° 002, 11-10-2001, Ohadata J-02-06 ;

– CCJA, n° 39, 2-6-2005 : DRABO BIA c/ T. M., Rec. jur. CCJA, n° 5, juin-janv. 2005, volume II, p. 58 ; Juris-Ohada, n° 4/2005, juill.-sept. 2005, p. 22, Ohadata J-06-1 5 ;

– CCJA, n° 039/2007, 22-11-2007 : K. R. c/ B. Y., Rec. jur. CCJA, n° 10, juill.-déc. 2007, p. 74, Ohadata J-08-252 ;

– CCJA, n° 035, 22-11-2007 : M. C. C. K., S. C. K. c/ Sté LOTENY TELECOM, Rec. jur. CCJA, n° 10, juill.-déc. 2007, p. 69, Ohadata J-08-251 ;

– CCJA, 3e ch., n° 027, 9-4-2015 : TAHA OMAR, KABALAN Albert, Sté de Transport et de Distribution de Carburant, dite STDC c/ La Sté SHELL Côte d'Ivoire, Ohadata J-16-27, précisant qu'à l'exception du juge instauré par l'article 49 de l'AUPSRVE, aucune juridiction ne peut se prononcer sur les demandes relatives à une mesure d'exécution forcée, et annulant les ordonnances rendues sans évocation ;

– CCJA, 2e ch., n° 028, 30-4-2008 : Sté OLAM Burkina c/ Sté TRIDENT SHIPPING, Juris-Ohada n° 3, juill.-sept. 2008, p. 42, Rec. jur. CCJA, n° 11, janv.-juin 2008, p. 119, Ohadata J-09-48 ;

– le premier président de la Cour de cassation du Burkina Faso n'était pas compétent pour se prononcer sur la demande tendant à suspendre le cours de la procédure de saisie-vente pratiquée par le requérant. Par conséquent, l'ordonnance de référé qui a ordonné le sursis à l'exécution de l'arrêt rendu par la cour d'appel de Ouagadougou doit être annulée pour violation de l'article 49 de l'AUPSRVE (CCJA, 2e ch., n° 013, 27-3-2008 : M. J. c/ ECOBANK BURKINA SA, Juris-Ohada n° 3, juill.-sept. 2008, p. 29, Rec. jur. CCJA, n° 11, janv.-juin 2008, p. 110, Ohadata J-09-44). Voir aussi CCJA, 3e ch., n° 063/2012, 7-7-2012 : OUATTARA ISSOUF Joseph c/ TRIDENT SHIPPING SA, qui a cassé une ordonnance par laquelle le président de la Cour suprême de Côte d'Ivoire a ordonné la suspension de l'exécution d'un arrêt rendu en matière de saisie-vente. Seul demeurait compétent le président de la juridiction statuant en matière d'urgence ou le magistrat délégué par lui) ;

– en ordonnant le sursis à l'exécution forcée d'un arrêt rendu par la cour d'appel de Ouagadougou le 2 avril 2004, aux motifs que « […] l'exécution [dudit arrêt] porterait [à la défenderesse au pourvoi] un préjudice irréparable en cas de cassation de la décision, compte tenu de l'incapacité pour les défendeurs au pourvoi, de répéter les sommes qu'ils auraient perçues, qui s'élèvent à 30 millions de francs », alors même, qu'à cet égard, l'alinéa 2 de l'article 32 de l'AUPSRVE précise que « l'exécution est […] poursuivie aux risques du créancier, à charge pour celui-ci, si le titre est ultérieurement modifié, de réparer intégralement le préjudice causé par cette exécution, sans qu'il y ait lieu de relever de faute de sa part », le premier président de la Cour de cassation du Burkina Faso a méconnu les dispositions de l'article 49 de l'AUPSRVE et exposé sa décision à l'annulation (CCJA, 2e ch., n° 012, 27-3-2008 : Z. et Ayants-droit de F. K. c/ SOGEPER, Juris-Ohada n° 3, juill.-sept. 2008, p. 26, Rec. jur. CCJA, n° 11, janv.-juin 2008, p. 107, Ohadata J-09-43) ;

Aux termes de l'article 49 de l'AUPSRVE, toutes les contestations relatives à une mesure d'exécution forcée ou à une saisie conservatoire, sont de la compétence préalable du Président de la juridiction statuant en matière d'urgence en premier ressort ou le juge délégué ; dès lors l'ordonnance du délégué du premier président de la cour suprême ayant statué sur telles matières encourt l'annulation. Plus rien ne restant à juger, il n'y a pas lieu à évocation (CCJA, 2e ch., n° 131, 18-5-2017 : 1) Sté Armement Safmarine Container lines NV, 2) Sté Maersk Line Agency Cameroun SA c/ Sté des Ets Monkam) ; CCJA, 1e ch., n° 277, 27-12-2018 : YATASSAYE Hamidou c/ SARTEM ; CCJA, 1e ch., n° 289, 27-12-2018 : GUY SAUVANET c/ Sté DIAMOND BANK SA).

Obs. : voir sous l'art. 32.

– il résulte des dispositions combinées des articles 2, 10, 14 du Traité OHADA que seule la CCJA est compétente pour statuer sur pourvoi en cassation, dans les matières concernées par le droit OHADA. Dès lors, toute décision rendue en cette matière par toute juridiction incompétente, fut-elle suprême, doit être considérée comme juridiquement inexistante. Les saisies effectuées sur la base de décisions rendues par la Cour Suprême dans des matières relevant de la compétence de la CCJA sont irrégulières car lesdites décisions sont juridiquement inexistantes. C'est donc à tort que le premier juge s'est déclaré incompétent pour apprécier la régularité des décisions dont l'exécution est entreprise, alors que, compétent en application des dispositions de l'article 49 de l'AUPSRVE, il pouvait, conformément à la jurisprudence constante de la CCJA, constater l'irrégularité de la décision de la Cour Suprême (CA Abidjan ch. civ. et com., n° 617, 8-6-2004, CFAO c/ O. B., Ohadata J-05-263) ;

Obs. : sur la jurisprudence de la CCJA retenant la nullité de décisions rendues en violation de sa compétence par les juridictions suprêmes nationales, voir sous l'art. 18 du Traité OHADA.

– il résulte de l'article 49 de l'AUPSRVE que la juridiction nationale statuant en cassation n'est pas compétente pour statuer en matière d'urgence et en premier ressort, sur un litige relatif à une procédure d'exécution forcée engagée par le créancier. Il s'ensuit qu'en statuant comme elle l'a fait, alors que le litige opposait les parties sur une procédure de saisie-attribution, et ne relevait pas de sa compétence, la chambre judiciaire de la juridiction suprême nationale a violé l'article 49 et son arrêt doit être annulé (CCJA, n° 055/2008, 11-12-2008 : Sté Westport Côte d'Ivoire SA c/ Le Mans Assurances Internationales SA, Rec. jur. CCJA, n° 12, juill.-déc. 2008, p. 134, Ohadata J-10-40, Ohadata J-09-264) ;

– en application de l'article 49 de l'AUPSRVE, une juridiction nationale de cassation n'est pas compétente pour ordonner le sursis à l'exécution forcée d'un arrêt qui avait déjà commencé ; l'arrêt entrepris doit être annulé (CCJA, ass. plén., n° 131, 11-11-2014 : GEC SA c/ Gabon Télécom SA, Libertis SA, Ohadata J-15-221).

La CCJA est incompétente pour statuer sur l'ordonnance prise par le président de la Cour suprême de Côte d'Ivoire et qui a ordonné sous astreinte comminatoire la réintégration de la requérante au pourvoi dans les lieux litigieux, à la suite d'une décision de sursis à exécution d'un arrêt frappé de pourvoi en application de l'article 221 du nouveau Code ivoirien de procédure civile, car ladite ordonnance n'avait pour but et pour effet que de faire respecter l'arrêt de sursis à exécution préalablement rendu au cours de l'instance en cassation pendante devant ladite Cour Suprême et n'entre pas dans le champ de l'AUPSRVE tel qu'il résulte de l'analyse de l'article 49 dont la violation est invoquée à l'appui du pourvoi. Il en est ainsi car les dispositions de l'AUPSRVE, notamment les articles 28 et suivants relatifs aux voies d'exécution, concernent exclusivement les procédures qui permettent à un créancier de saisir et, au besoin, de faire vendre les biens et droits de son débiteur, afin de se faire payer et celles qui ont pour but la délivrance ou la restitution d'un bien mobilier corporel (CCJA, 1e ch., n° 29, 3-7-2008 : SICOGI CI c/ SCI IRIS, Juris-Ohada n° 4/2008, p. 5, Ohadata J-09-68).

Obs. : voir sous l'art. 28 de l'AUPSRVE et l'art. 14 du Traité OHADA.

S'il est constant que l'article 49 de l'AUPSRVE donne compétence exclusive au juge de l'exécution pour statuer sur tout litige ou toute demande relative à une mesure d'exécution forcée, il reste cependant qu'en l'espèce, l'ordonnance de la présidente de la Cour de cassation, rendue sur requête en vertu de l'article 214 nouveau du Code de procédure civile, n'ayant pas statué définitivement sur le sursis à exécution et autorisant également l'assignation des époux demandeurs à l'effet de statuer sur la continuation des poursuites, c'est à l'occasion de cette audience que devrait être soulevée l'incompétence de la juridiction nationale de cassation à prescrire une mesure de suspension provisoire à l'entame d'une exécution forcée. Il s'ensuit que c'est de manière prématurée que les demandeurs ont saisi la CCJA et leur recours est irrecevable (CCJA, 3e ch., n° 177/2021, 28-10-2021 : B. c/ K.).

F. Répartition de la compétence matérielle du juge de l'exécution selon la matière

Obs. : l'organisation judiciaire de certains pays répartit la compétence matérielle des juridictions selon les matières. Ainsi par exemple, la juridiction statuant en matière commerciale (peu importe que ce soit le tribunal de commerce ou la formation d'un tribunal statuant en matière commerciale) sera différente de la juridiction statuant en matière sociale (droit du travail), etc., même si dans certains cas c'est le même juge, personne physique qui a toutes ces attributions dans une juridiction, il ne statue pas en la même qualité selon les matières. La jurisprudence en tire les conséquences et opère une répartition suivant cette attribution matérielle, comme il ressort de l'avis n° 001/2019 de la CCJA résumé ci-après. Ainsi, par exemple, le juge de l'exécution, dans un litige entre commerçants, sera le président du tribunal de commerce (le cas échéant) ou son président ; mais dans un litige entre deux personnes non commerçantes ou entre un commerçant et un non-commerçant, la juridiction civile de droit commun serait compétente, si le non-commerçant est le défendeur et n'a pas opté pour la juridiction commerciale (sous réserve des spécificités de chaque État partie à l'OHADA) ; dans cette dernière hypothèse, le président de la juridiction civile de droit commun aura l'attribution du juge de l'exécution. De même, pour un litige en droit du travail, le président de la juridiction statuant en matière sociale, le cas échéant, exercera les attributions du JEX. La jurisprudence présentée ci-après illustre comment il est tenu compte de cette répartition, selon l'organisation judiciaire de chaque État partie.

1° Détermination du JEX compétent entre la juridiction civile et la juridiction commerciale pour statuer sur une saisie conservatoire

Sauf si un Acte uniforme fixe lui-même des règles propres qui désignent spécialement les juridictions compétentes pour statuer sur les différends nés de leur application, la détermination de la juridiction compétente, expression consacrée et souvent employée par le législateur OHADA, relève du droit interne et en particulier de l'organisation judiciaire de chaque État partie. En conséquence, les dispositions d'ordre public des articles 49 et 54 de l'AUPSRVE se référant expressément à la juridiction compétente, il incombe au président du tribunal saisi d'une demande relative aux questions susmentionnées de se déterminer sur sa compétence au regard des règles du droit interne de son pays et de **la nature juridique du litige** qui lui est soumis (CCJA, ass. plén., avis n° 001/2019, 25-3-2019 : Demande d'avis consultatif du président du tribunal de commerce de Cotonou [République du Bénin]).

2° Compétence du juge de l'exécution statuant en matière civile pour un litige ne provenant pas de l'exécution d'une décision rendue par une juridiction commerciale

S'agissant d'une difficulté ne provenant pas de l'exécution d'une décision des juridictions de commerce mais plutôt d'une décision prise par la juridiction présidentielle du tribunal de première instance d'Abidjan-Plateau, c'est par une mauvaise application des articles 7 et 31 de la loi organique 2014-424 du 14 juillet 2014 portant création, organisation et fonctionnement des juridictions de commerce en Côte d'Ivoire, modifiée par la loi organique 2016-11 du 13 janvier 2016, que la cour d'appel d'Abidjan a déclaré que le juge de l'exécution du tribunal d'Abidjan est incompétent au profit du président du tribunal de commerce d'Abidjan ou du magistrat désigné par lui. Sur l'évocation et pour les mêmes motifs que ceux ayant entraîné la cassation, il y a lieu de déclarer le juge du contentieux de l'exécution du tribunal de première instance d'Abidjan-Plateau compétent pour connaître de la cause, en application des dispositions précitées et celles de l'article 49 de l'AUPSRVE (CCJA, 3e ch., n° 299/2019, 28-11-2019 : Sociétés Deveryware Afrique et Deveryware c/ Chambre de commerce et d'industrie de Côte d'Ivoire dite CCI-CI).

3° Compétence du président du tribunal du travail

L'article 49 de l'AUPSRVE n'ayant pas désigné dans l'ordre judiciaire la juridiction concernée, la détermination relève du droit interne des États parties au Traité OHADA. En l'espèce, l'article 21 de la loi 016/2002 du 16 octobre 2002 portant création, organisation et fonctionnement des tribunaux de travail en RDC énonçant que « les tribunaux de travail connaissent de l'exécution de toutes les décisions rendues en matière de travail », les décisions en cause dans la présente procédure ayant été rendues en matière sociale, leur exécution ne relève pas de la compétence du tribunal de commerce de Kinshasa/Matete mais plutôt de celle du tribunal de travail du même ressort. C'est donc le président de cette juridiction sociale ou le magistrat délégué par ce dernier qui, seuls, peuvent connaître de la demande en compensation dans le cadre de l'exécution litigieuse ; il s'ensuit que l'exception soulevée est bien fondée et doit être accueillie. Dès lors, il y a lieu d'annuler purement et simplement le jugement entrepris pour incompétence du tribunal de commerce de Kinshasa/Matete (CCJA, 2e ch., n° 041/2022, 24-2-2022 : E. c/ Société Lac SARL en présence d'un autre).

G. Pouvoir de la juridiction compétente

1° Vérification de la régularité formelle de l'exécution des décisions de justice

Le juge de l'exécution n'est pas un deuxième degré de juridiction. Et si sa tâche est de vérifier la régularité formelle de l'exécution d'une décision de justice, il ne lui revient pas de remettre en cause des décisions rendues par d'autres juridictions sous le prétexte de l'autorité de la chose jugée et du manque de base légale alors surtout que le demandeur a épuisé les voies de recours à lui ouvertes (TPI Douala Ndokoti, ord. n° 111/04-05, 16-12-2004 : B. E./T. J. A., Ohadata J-05-146).

Le juge de l'exécution institué par l'article 49 de l'AUPSRVE est seul compétent en matière de difficultés d'exécution en première instance (CCJA, 3e ch., n° 094/2024, 28-3-2024).

La demande de discontinuation des poursuites vise à interdire l'exécution d'un titre ; et il n'est pas du pouvoir du juge des référés classiques ou en charge du contentieux de l'exécution d'interdire ou d'empêcher l'exécution des titres sous peine d'excéder ses pouvoirs et d'empiéter sur le champ de compétence de la juridiction de jugement qui a délivré le titre dont il s'agit (TPI Yaoundé, ord. n° 710/C, 24-6-2004 : SGBC SA c/ N. Y. M., J. I. K., Ohadata J-04-412).

2° Pouvoir de juge du fond

En matière de voies d'exécutions, le juge de l'article 49 de l'AUPSRVE est un véritable juge du fond (CA Abidjan, 5-9-2003 : État de Côte d'Ivoire c/ B. A., B. I., B. A., A. P., Ohadata J-03-350, obs. Joseph Issa-Sayegh ; CA Abidjan, ch. civ. et com., n° 872, 27-7-2004 : K. H. G. Conseil c/ Sté les Grands MOULINS d'Abidjan, Ohadata J-05-322).

Le juge statuant conformément à l'article 49, al. 1 de l'AUPSRVE détient de ces dispositions le pouvoir de statuer au fond (CCJA, 1e ch., 239, 29-11-2018 : AUFS-RDC c/ 1. GECOTRANS, 2. BCDC SARL).

Dans le même sens, précisant que :

– contrairement au juge des référés de droit commun, incompétent pour connaître des contestations sérieuses, qu'il ne peut trancher sans préjudicier au principal, la juridiction établie par l'article 49, al. 1 de l'AUPSRVE a, sauf disposition contraire du même Acte uniforme, la plénitude de compétence dès l'instant que la demande se rapporte à une saisie, peu importe si les contestations élevées touchent ou non au fond du différend opposant les parties à ladite mesure. En l'espèce, la question de savoir si le jugement de condamnation de la demanderesse pouvait valablement fonder la saisie contestée entrait pleinement dans les pouvoirs du président du Tribunal Régional Hors Classe de Dakar et l'arrêt attaqué, qui a décidé du contraire, a méconnu le texte visé au moyen, s'exposant ainsi à la cassation (CCJA, 1e ch., n° 113, 9-6-2016 : Sté Nationale La Poste c/ Elimane Leye et Autres, Ohadata J-17-54) ;

– l'article 49, al. 1 de l'AUPSRVE, en stipulant que « la juridiction compétente pour statuer sur tout litige ou toute demande relative à une mesure d'exécution forcée ou à une mesure conservatoire est le président de la juridiction statuant en matière d'urgence ou le magistrat délégué par lui », confère audit président un large champ de compétence qui lui autorise des décisions touchant au fond du litige. En l'espèce, la procédure d'assignation ne peut aboutir qu'à un « jugement » dans la mesure où l'appréciation de la régularité d'une saisie revendication, son annulation ou sa caducité, relèvent à la fois de la forme de la procédure et du fond du litige, insusceptibles d'être tranchés par une ordonnance qui, par sa nature, n'édicte que des mesures provisoires. C'est donc à tort qu'il est reproché à l'arrêt attaqué d'avoir violé l'article 49 précité en ce que, pour rejeter le moyen relatif à la nature de la décision que doit prendre le président du tribunal de première instance agissant ès qualités de juge de l'exécution conformément à l'article 49, l'arrêt a retenu que le président du tribunal de première instance de Lomé statue comme juge du fond (CCJA, 1e ch., n° 089, 26-4-2018 : ANEDAK SARL c/ Sté ANGKOR KASEKAM ROONGROEUG Co Ltd).

L'article 49 de l'AUPSRVE confère à la juridiction qu'il établit une compétence particulièrement large, en ce qu'elle couvre « tout litige ou toute demande » en lien avec « une mesure conservatoire », sans qu'il soit possible au juge, pour retenir sa compétence, de distinguer les contestations de forme de celles de fond, à l'instar d'un juge des référés classiques (CCJA, 1e ch., n° 168/2020, 14-5-2020 : American Eagle Guard Security c/ Hôtel Sarakawa).

3° Distraction de biens saisis

Le juge prévu à l'article 49 de l'AUPSRVE est bien compétent pour ordonner la distraction d'un bien saisi (CA Littoral, n° 122/REF, 25-9-2000 : Sté GEMAT SARL c/ Sté MOBIL OIL CAM, Ohadata J-04-225, au sens de l'art. 141 du même Acte uniforme) ou d'un immeuble saisi (CCJA, 3e ch., n° 190, 29-12-2016 : Cisse Abdoulaye c/ Agoh A. Eugénie et cinq autres, Ohadata J-17-130).

Obs. : voir sous l'art. 141.

4° Dommages-intérêts

Outre la condamnation d'un tiers au paiement des causes de la saisie pour comportement fautif, l'article 156 de l'AUPSRVE prévoit la condamnation de ce dernier au paiement des dommages-intérêts ; le juge du 49 statuant comme juge du fond est compétent à connaître de la demande en paiement desdits dommages-intérêts (CCJA, 3e ch., n° 172, 1-12-2016 : Burida c/ Distelec Afrique SARL, Ohadata J-17-112).

Il résulte de la combinaison des articles 38 et 49 de l'AUPSRVE que le juge de l'article 49 susvisé, statuant comme juge du fond, est compétent pour connaître de la demande en paiement de dommages et intérêts résultant du manquement par le tiers saisi à ses obligations légales en matière de saisie. C'est violation de l'article 49 précité, qu'une cour d'appel a retenu que la juridiction présidentielle est incompétente pour accorder des dommages et intérêts et que sa compétence se limite à contraindre le créancier à payer la créance, pour infirmer l'ordonnance présidentielle en cause, exposant ainsi son arrêt à la cassation (CCJA, 2e ch., n° 002/2021, 28-1-2021 : I. c/ SPC SARL).

Dans le même sens, et rappelant que le juge de l'exécution institué par l'article 49 de l'AUPSRVE est seul compétent en matière de difficultés d'exécution en première instance, et précisant, en l'espèce, que la saisie ayant été déclarée valable, aucun fait dommageable ne peut être reproché au saisissant et la demande reconventionnelle de dommages-intérêts formée contre doit être rejetée (CCJA, 3e ch., n° 094/2024, 28-3-2024).

5° Discontinuation de poursuites

Le juge de l'exécution ne peut apprécier les mérites de l'opposition formée contre un arrêt rendu par défaut, au risque de violer le principe du double degré de juridiction ; mais il peut ordonner la discontinuation des poursuites engagées sur la base de cet arrêt, dès lors qu'il y a urgence (TPI Foumban, ord. 9-10-2003 : N. C. c/ N. N. M. J., Ohadata J-04-209).

6° Limitation aux litiges nés

La compétence du juge institué par l'article 49 de l'AUPSRVE est limitée aux litiges nés et non à naître. Il s'ensuit qu'il ne peut empêcher un créancier d'opérer de nouvelles saisies sur le fondement d'un arrêt, dès lors qu'il n'y a aucune urgence à se prononcer sur un litige futur, voire incertain (CA Abidjan, ch. civ. et com., n° 872, 27-7-2004 : K. H. G. Conseil c/ Sté les Grands MOULINS d'Abidjan, Ohadata J-05-322).

7° Apposition de la formule exécutoire

Le juge prévu par l'article 49 de l'AUPSRVE (juge des référés statuant en tant que juge de l'urgence, en Côte d'Ivoire) est compétent pour se prononcer sur la régularité de l'apposition de la formule exécutoire sur une ordonnance d'injonction de payer (CA Abidjan, ch. civ. et com., n° 725, 29-6-2004 : Sté ETIPACK-CI c/ Sté REGIA, Ohadata J-05-317).

8° Consignation du montant d'une condamnation

Il a été jugé que le recours en rétractation est une voie de droit dont l'exercice par une partie et à raison de faits bien déterminés doit conduire le juge, au nom d'une saine administration de la justice, à prendre les mesures nécessaires. Il n'appartient pas au juge de l'exécution d'ôter aux décisions en cause leur caractère exécutoire en conférant au recours en rétractation un effet suspensif que la loi ne lui a pas réservé, mais la seule existence de ce recours appelle nécessairement à la circonspection pour le cas où il prospérerait. Pour concilier les intérêts des parties et par respect de l'autorité desdites décisions, le juge de l'exécution peut seulement autoriser la débitrice à consigner la somme correspondant à la condamnation, et faire défense au créancier d'agir autrement dans l'attente du dénouement du recours en rétractation initié. Il en est ainsi d'autant plus que l'article 438 du Code de procédure civile (du Gabon), par ailleurs visé par la requérante, permet au juge de l'urgence de prescrire des mesures que justifie l'existence d'un différend (TPI Libreville, ord. réf. n° 67/98-99, 10-11-1998 : Sté Centr'Affaires c/ M. M. D., Ohadata J-02-152, obs. J. Issa-Sayegh).

9° Compétence exclusive pour le sursis à l'exécution après une saisie

La demande de sursis à exécution formée après que des saisies ont été pratiquées relève du juge de l'article 49 de l'AUPSRVE, dès lors qu'elle se rapporte directement à une mesure d'exécution forcée. Il s'ensuit donc que la CCJA, saisie sur renvoi d'une telle demande, doit relever d'office son incompétence (CCJA, 1e ch., n° 315/2020, 22-10-2020 : BCI c/ Duty Free Shop Alima).

S'il est exact que l'exécution forcée peut toujours être interrompue, pareille mesure est l'œuvre du juge compétent. En vertu des dispositions combinées des articles 32 et 49 de l'AUPSRVE, le juge suprême national ne peut plus, dans les affaires relatives au contentieux des Actes uniformes, comme c'est le cas, exercer la compétence qu'il tient de l'article 16 du Traité OHADA, dès lors que la décision dont le sursis à exécution est sollicité a fait l'objet d'un début d'exécution forcée ; en l'espèce, le président de la Cour de cassation ne pouvait donc plus, le 4 mai 2021, ordonner le sursis à exécution de l'arrêt ayant fait l'objet d'un commandement de payer du 21 avril 2021. À partir de cette date, les demandes, contestations et litiges relatifs à l'exécution forcée ainsi entamée relèvent de la compétence préalable du président du tribunal de commerce de Libreville, dont la décision est susceptible d'appel. En statuant autrement, la décision attaquée heurte l'ordre juridique communautaire et encourt la cassation de ce seul chef (CCJA, 1e ch., n° 198/2021, 11-11-2021 : Orabank Gabon SA c/ Gabon Special Economic Zone Ports).

10° Annulation d'un commandement aux fins de saisie immobilière et en contestation de l'apurement d'une créance

C'est à tort qu'il est reproché à un arrêt d'avoir violé l'article 49 de l'AUPSRVE en ce que le tribunal a connu d'une « assignation en annulation de commandement aux fins de saisie immobilière et en contestation de l'apurement de la créance », alors qu'une telle procédure relève de la compétence du juge de l'urgence institué par l'article 49 de précité, dès lors que les dispositions spéciales des articles 246 et 248 de l'AUPSRVE dérogent à celles de l'article 49 du même Acte uniforme instituant le juge de droit commun des procédures de saisie, sous quelques réserves limitativement prévues par le législateur OHADA lui-même. En l'espèce, le juge ayant plénitude de juridiction en matière de saisie immobilière, selon l'organisation judiciaire en RDC, est le tribunal de commerce ; en confirmant sa décision, l'arrêt attaqué n'encourt pas le grief qui lui est fait (CCJA, 1e ch., n° 025/2022, 17-2-2022 : Shire Petroleum SARL c/ L.).

11° Interprétation d'un acte notarié

Il entre dans les pouvoirs du juge de l'exécution d'interpréter un acte notarié, fondement de toutes les poursuites engagées et jointes, aux fins de pouvoir découvrir la véritable et commune intention des parties. En l'espèce, c'est à bon droit que la cour d'appel a jugé, sans dénier l'existence et la nature de la convention notariée de crédit en cause, que la demanderesse avait acquiescé à la décision de justice constatant que le défendeur n'est pas « une caution personnelle » mais bien un tiers constituant ; c'est encore à bon droit qu'elle a estimé que ladite décision avait conséquemment acquis l'autorité de la chose jugée. En se déterminant de la sorte, elle n'a nullement violé l'article visé au moyen mais a, tout au contraire, pleinement exercé les attributions qui sont les siennes (CCJA, 2e ch., no 075/2021, 29-4-2021 : Banque Populaire de Côte d'Ivoire, c/ N.).

12o Compétence limitée du JEX en matière de saisie immobilière

En matière de saisie immobilière, la juridiction établie par les dispositions de l'alinéa 1 de l'article 49 de l'AUPSRVE n'intervient que dans des cas limitativement prévus par le législateur (CCJA, 1e ch., no 123/2019, 25-4-2019 : Diamond Bank c/ Société Mahoussi & Fils SARL).

13o Contestations relatives à un nantissement

a. Décision ayant retenu l'incompétence du JEX pour la mainlevée d'un nantissement

Le juge de l'exécution a été jugé incompétent pour la mainlevée d'un nantissement, qui, prévu par l'article 125 de l'AUS, ne constitue pas une mesure d'exécution forcée et ne rentre donc pas dans les attributions du juge institué par l'article 49 de l'AUPSRVE, son champ d'intervention étant circonscrit aux litiges ou demandes se rapportant aux mesures d'exécution forcée ou aux saisies conservatoires. En l'espèce, l'ordonnance rendue en la matière par la juridiction présidentielle est une ordonnance de référé de droit commun susceptible d'appel dans les conditions du droit national (articles 168, 228 et 325 du Code de procédure civile de la Côte d'Ivoire), qui prévoit la signification pour faire courir le délai d'appel de huit (8) jours ; la preuve de la signification n'ayant pas été rapportée en l'espèce, l'appel est recevable (CCJA, 3e ch., no 202/2020, 28-5-2020 : BNI c/ La Loyale Assurances SA).

b. Décision ayant retenu la compétence du JEX

Le juge qui, pour rejeter l'exception de compétence du juge de l'exécution soulevée, a retenu « qu'il est constant que la procédure de la vente forcée du matériel en cause a été entreprise (…) sur le fondement d'une convention de nantissement ; la vente étant une mesure d'exécution forcée dans les circonstances de l'espèce, l'action en restitution introduite par les demandeurs s'analyse en une contestation de la procédure de réalisation du nantissement ; qu'il résulte de l'article 61 de la loi no 15-2019/AN du 2 mai 2019 portant organisation judiciaire au Burkina Faso que le juge de l'exécution du tribunal de grande instance a compétence exclusive pour connaître, en premier ressort, notamment des difficultés relatives aux titres exécutoires et des contestations qui s'élèvent à l'occasion de l'exécution forcée, même si elles portent sur le fond du droit, à moins qu'elles n'échappent à la compétence des juridictions de l'ordre judiciaire ; que fondement pris de cette disposition, toute contestation née à l'occasion de la réalisation d'un nantissement, comme c'est le cas en l'espèce, peut être portée devant le juge de l'exécution », a bien spécifié qu'il retenait sa compétence, non pour annuler le contrat de nantissement en cause, mais bien pour se prononcer sur les contestations liées à sa réalisation et son ordonnance doit être confirmée sur ce point (CCJA, 2e ch., no 061/2023, 30-3-2023).

14o Limites de la compétence d'attribution du juge de l'article 49

Le juge du contentieux de l'exécution est incompétent pour se prononcer sur :

– l'**annulation d'un jugement d'adjudication.** La demande en annulation d'un jugement n'est ni une mesure d'exécution forcée ni une saisie conservatoire et le juge du contentieux de l'exécution n'a pas un pouvoir d'évocation pour remettre en cause la décision rendue par un autre juge au premier degré. Dès lors il est incompétent ratione materiae pour l'annulation d'un jugement d'adjudication (TPI Douala-Ndokoti, ord. no 083, 21-3-2006 : M., F. G., T., L. née N. c/ T. P., Collectivité I. B., Ohadata J-07-87) ;

– **une saisie-contrefaçon,** qui demeure régie par le droit commun, l'OHADA n'ayant pas légiféré dans cette matière. Il en est ainsi car la compétence prévue par l'article 49 de l'AUPSRVE est une compétence d'ordre public qui ne peut souffrir d'aucune entorse. Par conséquent, seul le juge des référés de l'article 182 du Code de procédure civile [du Cameroun] demeure compétent en la matière (CA Littoral (Cameroun), no 28/REF, 28-1-2008 : Sté BIC SA c/ Sté TBC, Ohadata J-10-257, Ohadata J-09-136) ;

– le **sursis à statuer jusqu'à l'épuisement d'une procédure pénale en cours,** car le principe du « criminel tient le civil en l'état » n'est pas applicable en matière d'exécution, ni même lorsqu'il s'agit d'une mesure conservatoire. La cour d'appel qui a confirmé une ordonnance du Président d'un tribunal de commerce ordonnant « un sursis à statuer jusqu'à l'épuisement de la procédure pénale dirigée contre B » a commis une erreur dans l'application de la loi et exposé son arrêt à la cassation. Sur évocation, rejet de la demande de sursis à statuer (CCJA, 2e ch., no 1, 2-2-2012 : COFIPA SA c/ 1) M. T., 2) M. K., 3) Mme I., 4) S.C.I. I.D Investissements,

5) COFIPA Investissement Bank Congo SA, Juris-Ohada, 2012, n° 4, oct.-déc., p. 2., Ohadata J-13-55) ;
– **des demandes tendant à remettre en cause le titre exécutoire dans son principe** ou sur la validité des droits et obligations qu'il constate et il ne peut par conséquent porter atteinte audit titre. En retenant que « les titres exécutoires qui servent de fondement à la saisie n'étant affectés d'aucun vice, le juge de référé ne peut donc les annuler… », pour confirmer le jugement entrepris en ce qu'il a débouté la demanderesse de sa demande tendant à ordonner la mainlevée de la saisie-attribution pratiquée au motif, entre autres, qu'« il n'appartient pas au juge des référés d'apprécier la régularité d'un jugement », la cour d'appel d'Abidjan n'a en rien violé les dispositions de l'article 153 de l'AUPSRVE et le moyen doit être rejeté (CCJA, 2e ch., n° 4, 2-2-2012 : SONITRA SA c/ 1) E., 2) K., 3) S., 4) B., 5) N., 6) K., 7) B., 8) S., 9) K., Juris-Ohada, 2012, oct.-déc., p. 16, Ohadata J-13-58).

La cour d'appel qui a retenu que l'article 156 de l'AUPSRVE « n'empêche pas le tiers saisi de contester par voie d'exception l'existence ou la régularité du titre en vertu duquel la saisie-attribution est pratiquée », pour reconnaître, d'une part, au tiers saisi la qualité pour contester un titre exécutoire dont il n'est pas titulaire et, d'autre part, au juge de l'exécution dans la cause déférée une compétence qu'il n'a pas, a violé l'article 156 précité, exposant ainsi son arrêt à la cassation. Sur l'évocation, le juge du contentieux de l'exécution, saisi en contestation d'une saisie-attribution des créances, n'a pas à connaître, en l'espèce, la demande tendant à remettre en cause le titre exécutoire mis en exécution, dans son principe ou sur la validité des droits et obligations qu'il constate (CCJA, 2e ch., n° 275/2020, 30-7-2020 : M. c/ Ecobank RDC SA et Sté Les Entreprises Swanepoel) ;

Obs. : voir sous l'art. 153 de l'AUPSRVE.

– la **demande de rétractation d'ordonnances suspendant le conseil d'administration d'une société** et nommant un mandataire aux fins de convoquer, à brefs délais, une assemblée générale des actionnaires, car sa compétence, au regard de l'article 49 de l'AUPSRVE, est limitée aux litiges ou demandes relatives à une mesure d'exécution forcée ou à une saisie conservatoire, peu importe qu'il s'agisse du JEX, de la cour d'appel ou même de la CCJA statuant en qualité de juge de l'art. 49. Saisie en cette qualité, la CCJA doit se déclarer incompétente sur ce point et renvoyer la cause et les parties à mieux se pourvoir (CCJA, 2e ch., n° 1, 2-2-2012 : COFIPA SA c/ 1) M. T., 2) M. K., 3) Mme I., 4) S.C.I. I.D Investissements, 5) COFIPA Investissement Bank Congo SA, Juris-Ohada, 2012, n° 4, oct.-déc., p. 2., Ohadata J-13-55).

Obs. : voir sous l'art. 14 du Traité sous l'incompétence de la CCJA.

– la **liquidation d'une astreinte,** qui n'est pas une mesure d'exécution forcée, car de par sa nature, l'astreinte, qui n'est pas non plus une mesure conservatoire, constitue une condamnation pécuniaire prononcée par le juge en vue de faire pression sur un débiteur récalcitrant pour qu'il exécute son obligation. Aussi, la loi nationale camerounaise sur le fondement de laquelle l'arrêt déféré a retenu la compétence du juge du contentieux de l'exécution étant contraire à l'article 49 précité, à l'article 336 du même Acte uniforme qui exclut toute possibilité de dérogation à celui-ci, et à l'article 10 du Traité de l'Ohada qui consacre la force obligatoire des Actes uniformes et leur supériorité sur les dispositions de droit interne des États parties, ne saurait recevoir application en l'espèce ; en statuant comme elle l'a fait, la cour d'appel a violé l'ensemble des textes visés aux moyens et exposé son arrêt à la cassation. Sur l'évocation et pour les mêmes motifs que ceux ayant entraîné la cassation, il y a lieu de confirmer l'ordonnance qui a rejeté l'exception de nullité de la réassignation comme non fondée, déclaré l'incompétence et renvoyé le demandeur à mieux se pourvoir (CCJA, 1e ch., n° 177, 25-10-2018 : ENEO SA c/ Bongwong Ignatus Bangayum ; CCJA, 3e ch., n° 045/2022, 24-2-2022 : Fowang Alexis c/ Takam Pascal).

Obs. : il convient de noter que l'article 49 issu de la réforme du 17 octobre 2023 accordant expressément le pouvoir au juge de l'exécution de prononcer des astreintes, même d'office, puis de les liquider, ces deux arrêts doivent être considérés comme caducs, ne demeurant applicables qu'aux litiges antérieurs à son entrée en vigueur.

H. Saisine de la juridiction compétente

1° Mention de la saisine ès qualités

Il suffit, pour rendre le juge de l'exécution compétent, de préciser qu'il est saisi ès qualités. A observé cette exigence, le demandeur qui a fait figurer l'article 49 en en-tête de l'acte de saisine. Il s'ensuit que l'exception d'irrecevabilité fondée sur le défaut d'autorisation du JEX préalablement à sa saisine doit être rejetée (TPI Douala Ndokoti, ord. n° 005 ADD, 1-10-2002 : Sté de Fournitures Industrielles du Cameroun « SFIC » SA, Sté des Ets N. P. c/ A. A. E., Me G. E., Ohadata J-04-408).

La juridiction compétente dont il s'agit dans l'article 49 de l'AUPSRVE est le Président du tribunal ou le magistrat délégué par lui statuant en matière d'urgence. Ce magistrat statue en matière de référé quoique dans le cadre de l'article 49 le juge des référés ait une compétence plus étendue que dans le cadre du référé de droit commun. Le moyen de nullité selon lequel la juridiction saisie l'a été en tant que Président de la juridiction compétente statuant en matière d'urgence et non en matière de référé n'est pas fondé (CA Abidjan (Côte d'Ivoire), 5e ch. civ. et com. B, no 710, 5-7-2005 : Poste de Côte d'Ivoire c/ S. N. H. H., Ohadata J-08-37).

2o Saisine par assignation

L'article 49 de l'AUPSRVE n'interdit pas la saisine directe du juge prévu par le même article par la voie de l'assignation. L'argument selon lequel en matière d'exécution, le juge des référés ne peut être saisi que par voie de référé sur difficultés et non sur placet doit être rejeté (TRHC Dakar, ord. réf. no 139, 27-1-2003 : Sté SCI SA c/ M. W., Ohadata J-03-176).

Les matières relatives aux difficultés d'exécution d'une décision de justice et aux délais de grâce étant désormais régies par les articles 39 et 49 de l'AUPSRVE, la juridiction compétente doit être saisie par voie d'assignation et non plus par requête, comme le prévoit l'article 221 du Code de procédure civile de Côte d'Ivoire, désormais inapplicable en cette matière (CA Bouaké, no 117, 18-7-2001 : B. c/ B. et J., Juris-Ohada, no 2/2003, avr.-juin 2003, p. 48, note anonyme, Ohadata J-03-200).

> **Obs. :** l'AUPSRVE n'ayant pas prévu un mode spécifique de saisine du juge de l'art. 49, il convient de se reporter, selon les pays, aux dispositions nationales relatives à la saisie du JEX ou du juge des référés statuant dans le cadre de l'art. 49 comme exposé ci-dessus.

3o Irrecevabilité de la contestation tardive d'une assignation

C'est à juste titre qu'un juge des référés a rejeté l'exception d'irrecevabilité de l'exploit d'assignation en mainlevée d'une saisie conservatoire parce qu'elle a été soulevée tardivement (notamment par une note de délibéré) et n'était pas fondée (CCJA, no 6/2002, 21-3-2002 : M. N. c/ G. D. M., Juris-Ohada, no 4/2002, oct.-déc. 2002, p. 12, note anonyme, Ohadata J-02-161).

III. Appel de la décision du juge de l'article 49

A. Juridiction compétente en appel

1o Détermination

L'article 49 de l'AUPSRVE, qui tire sa portée abrogative, sa supériorité et sa force obligatoire des articles 336 de l'AUPSRVE et 10 du Traité OHADA, donne, en son alinéa 1er, compétence au président de la juridiction statuant en matière d'urgence ou au magistrat délégué par lui pour tout litige ou toute demande relative à une mesure d'exécution forcée ou à une saisie conservatoire. Ce texte, dans son esprit, vise incontestablement le président de la juridiction de première instance dans la mesure où l'alinéa 2 prévoit que la décision du président est susceptible d'appel ; l'absence de la désignation par l'article 49 de l'AUPSRVE de la juridiction d'appel compétente doit simplement être entendue comme un renvoi à la loi nationale pour sa détermination. En l'espèce, il résulte des propres constatations de l'arrêt attaqué que l'intimée, qui excipait du déclinatoire de compétence, n'a pas été en mesure de citer la disposition légale du droit interne congolais qui déferait la compétence au premier président de la cour d'appel pour connaître, en appel, des ordonnances rendues par le président du tribunal de commerce de Lubumbashi. En jugeant donc que seule la cour d'appel, siégeant ordinairement avec trois juges, est compétente pour connaître desdits appels à l'exclusion du président, l'arrêt querellé n'a en rien violé les textes susvisés (CCJA, 2e ch., no 158/2021, 28-10-2021 : N. c/ Equity Bank Congo SA).

2o Détermination de la composition de la juridiction statuant en appel selon le droit national

Par l'alinéa 1er de l'article 49 de l'AUPSRVE, renvoyant au « président de la juridiction statuant en matière d'urgence ou le juge désigné par lui », le législateur de l'OHADA n'a entendu désigner que la juridiction compétente pour statuer en première instance. Aucune disposition de l'Acte uniforme susvisé n'indiquant l'organe qui doit connaître de l'appel par ailleurs prévu par le même texte, il y a lieu de se reporter au droit national ; faute par le moyen de démontrer la non-conformité au droit national de la composition de la juridiction d'appel ayant statué en la cause, il y a lieu de rejeter également cette branche du moyen (CCJA, 1e ch., no 116/2020, 9-4-2020 : K. c/ Ecobank RDC SA).

B. Pouvoirs de la juridiction d'appel

1o Juridiction d'appel déclinant à tort sa compétence

C'est à tort qu'une cour d'appel à laquelle il était demandé, sur le fondement de l'article 49 de l'AUPSRVE, « de constater que l'appel suspend l'exécution de l'ordonnance (…) » qui avait suspendu l'ordonnance ayant accordé l'exequatur à une décision étrangère suspendant une précédente ordonnance interdisant à un gérant de société de poser des actes de gestion et autorisant le cogérant à faire seul des actes de gestion dans l'intérêt de la société en attendant la prochaine assemblée générale s'est déclarée incompétente, dès lors que la mesure sollicitée n'était relative ni à une mesure d'exécution forcée au sens des dispositions susvisées, ni à une mesure conservatoire, exposant ainsi sa décision à la cassation. Sur l'évocation, le contentieux ne portant pas sur une exécution forcée ou une saisie conservatoire, l'article 32 de l'AUPSRVE susvisé n'est pas applicable dans la présente cause (CCJA, 3e ch., no 137, 8-6-2017 : C. c/ CWN SARL).

2° Juridiction d'appel n'ayant pas outrepassé ses pouvoirs en statuant au fond en l'absence de conclusions

C'est à tort qu'il est reproché à une cour d'appel d'avoir, après avoir rejeté une exception, statué au fond sans inviter le requérant à conclure au fond dès lors qu'il résulte clairement du dispositif de l'arrêt avant dire droit que la cour d'appel, après avoir rejeté le déclinatoire de compétence, a invité les parties « à plaider au fond de la cause » ; et qu'il ressort également de l'arrêt attaqué qu'au lieu de conclure au fond conformément aux injonctions de l'arrêt avant dire droit, l'intimée s'était volontairement limitée à solliciter le sursis à statuer et une décision sollicitant un avis consultatif de la CCJA sur l'application et l'interprétation de l'article 49 de l'AUPSRVE au regard de la compétence de la juridiction d'appel. En statuant au fond après avoir estimé que les moyens développés par l'intimée sont relatifs aux débats sur sa compétence déjà tranchés par l'arrêt avant dire droit, l'arrêt attaqué n'a en rien violé les textes invoqués (CCJA, 2e ch., n° 158/2021, 28-10-2021 : N. c/ Equity Bank Congo SA).

3° Possibilité de prononcer une astreinte

Il est de principe en droit processuel que tout juge peut ordonner une astreinte pour assurer l'exécution de sa décision. En l'espèce, la cour d'appel qui s'est contentée de prononcer, en toute souveraineté, des astreintes sans les liquider n'a en rien violé l'article 49 de l'AUPSRVE (CCJA, 1e ch., n° 173/2020, 28-5-2020 : La SGP S.A. c/ La COPEG S.A.).

4° Relevé de forclusion pour garantir les droits de la défense

En disposant que le délai d'appel de quinze jours court à compter du prononcé de la décision querellée, l'article 49 de l'AUPSRVE n'a pas vocation à sacrifier les droits de la défense que les juridictions du fond sont tenues de protéger conformément aux normes en vigueur, y compris lorsqu'elles statuent dans le cadre des procédures d'urgence. Selon l'article 1er de la loi organique 13/011-B du 11 avril 2013 portant organisation, fonctionnement et compétence des juridictions de l'ordre judiciaire de la République démocratique du Congo, « la chambre qui prend une cause en délibéré en indique la date du prononcé ». En l'espèce, le premier juge a rendu sa décision à une date inconnue des parties après avoir mis l'affaire en délibéré, en violation des dispositions légales précitées ; dans ces circonstances précises, la défenderesse à l'exception doit être relevée, comme elle le requiert, de la forclusion qui lui est opposée, et son appel déclaré recevable en la forme (CCJA, 1e ch., n° 254/2019, 7-11-2019 : M. c/ Sté Rawbank SA).

C. Impossibilité de limiter la possibilité de l'appel par le droit national

Il se déduit de l'article 10 du Traité OHADA que le principe d'interjeter appel de toute décision rendue en application de l'article 49, alinéa 2 de l'AUPSRVE, selon lequel la décision judiciaire sur tout litige ou toute demande relative à une mesure d'exécution forcée ou à une saisie conservatoire « est susceptible d'appel dans un délai de quinze jours à compter de son prononcé », ne saurait être limité par un quelconque taux de ressort prévu par une législation nationale. C'est donc en violation des articles 10 et 49, alinéa 2 précité qu'une cour d'appel a retenu « que la décision attaquée en appel a été rendue en premier et dernier ressort » en raison de l'intérêt du litige qui n'excède pas les 100 000 000 FCFA fixés par la loi nationale, exposant ainsi son arrêt à la cassation. Sur l'évocation et pour les mêmes motifs que ceux ayant entraîné la cassation, il y a lieu de déclarer l'appel recevable (CCJA, 3e ch., n° 233/2019, 10-10-2019 : Enge SARL c/ Société Ny-Wol SARL).

D. Délai d'appel

1° Limitation du caractère non suspensif

En posant le principe du caractère non suspensif du délai d'appel et de l'exercice de ce recours sous réserve d'une décision contraire du juge saisi qui pourrait lui-même en suspendre l'exécution, l'article 49, al. 3 de l'AUPSRVE n'interdit en rien l'exercice d'une procédure de défense à exécution qui serait prévue par la loi nationale une fois que le président de la juridiction compétente aura épuisé sa saisine en s'abstenant de prononcer ou en se prononçant par une disposition spécialement motivée du caractère suspensif de sa décision (CCJA, 3e ch., n° 064/2012, 7-6-2012 : Sté Axa-CI c/ Sté Artis).

2° Détermination du délai applicable : computation du délai à compter du prononcé de la décision

Il ressort de l'article 49, al. 2 de l'AUPSRVE que la décision du juge du contentieux de l'exécution forcée est susceptible d'appel dans un délai de quinze jours à compter de son prononcé (CCJA, 3e ch., n° 023, 9-4-2015 : Sté Alpicam Industries SARL c/ Moguem Justine, Ohadata J-16-23 ; CCJA, 3e ch., n° 093, 23-7-2015 : banque nationale d'investissement dite BNI c/ Eholie Malan, Ohadata J-16-92).

L'article 335 de l'AUPSRVE compris dans les dispositions finales s'appliquant à tous les délais fixés par l'Acte uniforme et l'article 49 du même Acte uniforme ne comportant aucune dérogation en disposant que la décision « est susceptible d'appel dans un délai de quinze jours à compter de son prononcé », contrairement à ce qu'énonce l'arrêt attaqué, l'objet de la formule « à compter de son prononcé », contenue dans ce texte, est de déterminer le dies a quo qui, lui, entraîne automatiquement la détermination du dies ad quem, étant précisé que dans un délai franc, le dies a quo et le dies ad quem n'intègrent pas le décompte du délai franc que la loi met à la disposition du justiciable pour accomplir la formalité prescrite, à peine de forclusion. En l'espèce, le dies a quo étant le jeudi 28 janvier 2016, date de la décision, les quinze jours du délai littéral prévu à l'article 49 comprennent les 28, 29, 30, 31 janvier, 1er, 2, 3, 4, 5, 6, 7, 8, 9, 10 et le jeudi 11 février 2016 qui est le dies ad quem ; le délai franc courant à compter du lendemain du dies a quo à zéro heure et se terminant le lendemain du dies ad quem à minuit, le délai de quinze jours francs opposable à l'appelant comprenait les 29, 30, 31 janvier, 1er, 2, 3, 4, 5, 6, 7, 8, 9, 10, 11 et le vendredi 12 février 2016. Dès lors, en énonçant que « dans le cas d'espèce, l'ordonnance attaquée a été prononcée le 28 janvier 2016. L'appelant a disposé de 15 jours à compter du prononcé pour relever appel. Ce délai a commencé à courir le 28 janvier 2016, jour du prononcé, pour expirer le 11 février 2016. Par conséquent, l'appel interjeté le 12 février 2016 est tardif et donc irrecevable », les juges d'appel ont fait une mauvaise application des dispositions légales visées au moyen et exposé leur décision attaquée à la cassation. Sur l'évocation et pour les mêmes motifs que ceux ayant entraîné la cassation, il y a lieu de déclarer l'appel recevable comme formé dans le délai requis (CCJA, 1e ch., no 239, 29-11-2018 : AUFS-RDC c/ 1) Gecotrans, 2) BCDC SARL).

Dans le même sens, précisant que :

– même si l'ordonnance dont appel a été rendue par la juridiction présidentielle du tribunal de première instance de Douala Ndokoti, qui s'est déclaré à tort compétent pour connaître d'une demande de liquidation d'astreinte qui n'est réglementée par aucun Acte uniforme ou règlement pris en application du Traité de l'OHADA, l'appel formé contre cette ordonnance doit être interjeté dans le délai de 15 jours prévu par ce texte, qui court à compter du prononcé de la décision. En déclarant irrecevable l'appel formé près de trois ans à compter du prononcé de la décision, la cour d'appel a fait une juste application de la loi (CCJA, 3e ch., no 045/2022, 24-2-2022 : F. c/ T.) ;

– la cour d'appel qui s'est fondée sur des dispositions nationales en lieu et place de l'article 49 de l'AUPSRVE, pour déclarer un appel intervenu hors délai recevable, a violé par mauvaise application le texte visé au moyen et son arrêt doit être cassé (CCJA, 1e ch., no 254/2020, 25-6-2020 : O. c/ Société Assala Gabon).

a. Saisie conservatoire d'aéronef

La saisie conservatoire d'aéronefs étant régie par l'AUPSRVE et ayant été opérée en application des dispositions de cet Acte uniforme, le moyen fondé sur la violation en cette matière des dispositions de l'article 228 nouveau du Code ivoirien de procédure civile, commerciale et administrative qui prévoit un délai d'appel de huit jours doit être déclaré irrecevable, dès lors que l'article 49 prévoit un délai de 15 jours pour relever appel (CCJA, no 023/2006, 16-11-2006 : SAFCA et SAFBAIL c/ Sté Air Continental, Rec. jur. CCJA, no 8/2006, p. 27, Juris-Ohada, no 1/2007, p. 19, Ohadata J-08-96).

Obs. : dans l'espèce, les requérants ont fondé leur demande sur la violation de l'art. 228 du Code de procédure civile commerciale et administrative de Côte d'Ivoire qui prévoit un autre délai.

b. Saisie-attribution de créance

Délai applicable à la contestation d'une décision entre le saisissant et le tiers saisi. C'est le délai de 15 jours prévu par l'article 49 de l'AUPSRVE qui s'applique à la contestation d'une décision tranchant les contestations entre le saisissant et le tiers-saisi d'une saisie-attribution, et non le délai d'un mois prévu par l'article 170 de l'AUPSRVE, qui ne concerne que les contestations entre le saisissant et le débiteur principal (CA Abidjan, ch. civ. et com., no 687, 22-6-2004 : Sté ECOBANK-CI c/ Sté TAO, Ohadata J-05-31 3).

Obs. : voir sous les art. 170 et 172 de l'AUPSRVE.

L'ordonnance rendue par le JEX d'un TPI à la suite, d'une part, de sa saisine par le tiers saisi, pour ordonner la discontinuation des poursuites engagées contre ce dernier en cette qualité et l'annulation du commandement qui lui était fait de procéder au reversement des fonds qu'elle avait déclarés détenir pour le compte de la société débitrice entre les mains de l'unique séquestre judiciaire désigné et, d'autre part, de la demande reconventionnelle de la société saisissante tendant à la condamnation du tiers saisi aux causes de la saisie-attribution de créances, est intervenue en matière de difficulté d'exécution d'une saisie. Comme tel, l'appel interjeté contre celle-ci devait intervenir, conformément aux dispositions de l'article 49 de l'AUPSRVE, dans un délai franc de quinze jours à compter de son prononcé. En considérant que « l'action enclenchée devant le juge du contentieux de l'exécution relève plutôt, par adoption de motifs de l'arrêt no 131/DE du 28 février 2003 rendu en matière de défenses à exécution, d'une contestation de saisie-attribution de créances au sens de l'article 169 de l'[AUPSRVE] et non pas d'une difficulté d'exécution de l'article 49 du même texte ; que l'article 172 à la suite de l'article 169 susvisé prescrit un délai de 15 jours à compter de la notification de la décision tranchant la contestation pour faire appel et que, dans ce dernier cas, il faut tenir compte de la signification de la décision entreprise » pour déclarer recevable l'appel dont s'agit, alors même que le tiers n'est ni le saisi, ni le saisissant pour qu'il s'agisse de contestation de saisie-attribution de créance, la cour d'appel a violé l'article 49 ci-dessus et a exposé son arrêt à la cassation sans qu'il soit besoin d'examiner les autres moyens du pourvoi, ni d'évoquer, plus rien ne restant à juger (CCJA, 1e ch., no 044, 1-7-2010 : Sté A.P.C. c/ Chevron Texaco Cameroun SA, Ohadata J-12-92).

Dans le même sens et au sujet de la computation du délai d'appel pour une action en distraction d'un immeuble saisi (CCJA, 3e ch., no 190, 29-12-2016 : Cisse Abdoulaye c/ 1. Agoh A. Eugénie et cinq autres, Ohadata J-17-130, jugeant que c'est par une bonne appréciation de la loi qu'une cour d'appel a déclaré irrecevable l'appel intervenu plus de quinze jours après le prononcé de l'ordonnance entreprise).

L'article 49 de l'AUPSRVE, auquel renvoient les dispositions de l'article 300 de l'AUPSRVE pour la détermination des conditions de l'appel (en matière de saisie immobilière), fixe le délai de celui-ci à 15 jours à compter du prononcé du jugement. Le jugement attaqué en l'espèce ayant été rendu le 6 novembre 2013, c'est en violation de ce texte, seul applicable, qu'une cour d'appel s'est fondée sur des dispositions nationales (Code de procédure civile congolais art. 67 et 72) pour déclarer recevable en la forme l'appel formalisé au greffe du tribunal le 2 décembre 2013. Sur l'évocation et pour les mêmes motifs que ceux qui ont conduit à la cassation, il y a lieu de déclarer ces appels irrecevables (CCJA, 2e ch., no 002, 11-1-2018 : LCB BANK, anciennement LA CONGOLAISE DE BANQUE c/ Razaki Souhin, Sté EWEDJE EXCHANGE-Congo).

3o Irrecevabilité de l'appel tardif

En matière de contentieux de l'exécution régi par l'article 49 de l'AUPSRVE, l'appel formé au-delà de 15 jours à compter du prononcé de la décision attaquée est irrecevable (CA Littoral (Cameroun), no 53/REF, 24-3-2008 : Sté FRIMO SAM c/ SAPPC, Ohadata J-09-139 ; (CCJA, 2e ch., no 088, 23-7-2014 : Sté des Produits Nestlé SA c/ Me MEDAFE Marie-Chantal, Sté Nestlé Côte d'Ivoire SA, Ohadata J-15-179 ; CCJA, ass. plén., no 043, 27-4-2015 : Abdoulaye LO c/ La Sté Générale de Banques au Sénégal dite SGBS, Ohadata J-16-43).

Dans le même sens, au sujet de l'appel relevé contre une ordonnance statuant sur une demande de délai de grâce (CA Bouaké, no 69, 2-5-2001 : C. c/ I., Juris-Ohada, CNDJ, no 2/2002, avr.-juin 2002, p. 46, Ohadata J-02-104, note anonyme) ; voir aussi CA Bouaké, no 89, 13-6-2001 : M.K.C. c/ CFAO-CI., Bulletin Juris-Ohada, no 3/2002 juill.-sept. 2002, p. 32, Ohadata J-02-139, note anonyme.

Pour une décision rendue le 12 août 2011, l'appelant avait jusqu'au 29 août 2011 à minuit pour interjeter appel. La cour d'appel qui a reçu l'appel interjeté hors délai le 30 août 2011, en s'abstenant de relever même d'office cette fin de non-recevoir, a méconnu les dispositions légales visées au moyen et exposé sa décision à la cassation. Sur l'évocation et pour les mêmes motifs que ceux ayant justifié la cassation de l'arrêt attaqué, il y a lieu de déclarer l'appel irrecevable (CCJA, 3e ch., no 019, 25-1-2018 : Me MOHAMED SARR c/ MAMADOU CORA FALL).

C'est en violation des articles 49 et 300 de l'AUPSRVE qu'une cour d'appel a déclaré recevable un recours au motif que le jugement attaqué n'a pas été l'objet de signification, dès lors que l'article 49, auquel renvoie l'article 300 du même texte, fixe le délai d'appel à 15 jours pour compter du prononcé de la décision, exposant son arrêt à la cassation. Sur l'évocation et pour les mêmes motifs que ceux ayant entraîné la cassation, il y a lieu de déclarer irrecevable l'appel formé hors délai (CCJA, 3e ch., no 036, 9-3-2017 : Kamo Gamo Ruben c/ BICEC, Ohadata J-17-170).

Voir aussi CCJA, 1e ch., no 104/2021, 27-5-2021 : Ecobank Centrafrique SA c/ Centradem SARL ; CCJA, 2e ch., no 137/2020, 30-4-2020 : B. c/ Société Central Park.

Il s'infère de l'article 10 du Traité de l'OHADA et des articles 49, alinéas 1 et 2, et 336 de l'AUPSRVE que cet Acte uniforme a seule vocation à s'appliquer au délai d'appel relatif aux décisions rendues par la juridiction qu'il institue en son article 49. En l'espèce, les énonciations de l'ordonnance attaquée, qui font foi jusqu'à inscription de faux, rapportent qu'elle a été rendue contradictoirement à l'égard des parties. C'est donc en violation de la loi qu'une cour d'appel s'est fondée sur le délai d'appel plus court prévu par la loi nationale, au motif que la suprématie du Traité de l'OHADA n'exclut pas l'application des règles « du droit interne qui ne lui sont pas incompatibles, notamment en matière de procédure », pour déclarer recevable un appel tardif, exposant ainsi son arrêt à la cassation. Sur l'évocation, il est constant que l'action du créancier aux fins de condamnation du tiers saisi au paiement des causes de la saisie pratiquée et en dommages-intérêts relève de la juridiction instituée par l'article 49 de l'AUPSRVE. La décision de ladite juridiction étant susceptible d'appel dans un délai de quinze jours à compter de son prononcé, il y a lieu, pour les mêmes motifs que ceux qui ont justifié la cassation, de déclarer l'appel irrecevable pour cause de forclusion ; qu'en conséquence, l'examen des autres tendant aux mêmes fins se révèle superfétatoire (CCJA, 1e ch., no 125/2019, 25-4-2019 : M. c/ Société Groupe Transport Multimodal).

4o Annulation de l'arrêt ayant rejeté à tort l'appel interjeté dans le délai légal

C'est en violation des articles 49 et 335 qu'une cour d'appel a rejeté l'appel interjeté dans le délai légal, exposant ainsi son arrêt à la cassation (CCJA, 2e ch. n° 131, 12-11-2015 : Sté Alpha Shipping Agency And Trading SA, et Talom Moïse c/ Cie Financière de L'Estuaire (COFINEST) SA, Ohadata J-16-124).

Il résulte de l'article 49 de l'AUPSRVE que le délai d'appel contre les ordonnances du juge de l'exécution est de 15 jours à compter de leur prononcé. C'est donc en violation de ce texte qu'une cour d'appel a déclaré irrecevable un appel, en se fondant sur ce que, d'une part, l'exploit d'huissier par lequel il a été formé n'a pas été signifié à la personne de l'intimé, et, d'autre part, sur un certificat de non-appel qui aurait été délivré à l'intimé le 18 septembre 2009 par le greffe du tribunal de première Instance d'Abidjan. Il en est ainsi, d'une part, dès lors que la requérante produit aux débats l'exploit d'huissier en date du 26 août 2009 par lequel elle a formé son appel ; qu'il résulte des mentions portées audit exploit que celui-ci a été signifié au débiteur à mairie et été déposé le 26 août 2009 tant au greffe de la cour d'appel que du tribunal de première instance d'Abidjan, qui en ont dûment accusé réception ; et que, d'autre part, aucune disposition du Code de procédure civile, commerciale et administrative de la Côte d'Ivoire ne conditionne la recevabilité d'un appel à la signification de l'exploit à la personne même du débiteur et que le certificat de non-appel du 18 septembre 2009 n'a pas été produit aux débats devant la Cour. Sur l'évocation, l'appel est recevable en la forme (CCJA, 1e ch., n° 096, 23-7-2015 : BANQUE OMNIFINANCE, devenue ACCESS BANK c/ Mahamadou TOURE, Ohadata J-16-193).

5° Validité de l'appel interjeté dans le délai de 15 jours à compter de la prise de connaissance de la décision dont la date de prononcé n'était pas connue

Si l'article 49, alinéa 2 de l'AUPSRVE prévoit que le délai d'appel contre une décision de la juridiction compétente est de quinze jours à compter du prononcé de ladite décision, c'est à la condition que la date de son prononcé soit connue ; une décision prononcée à une date inconnue des parties ne peut faire courir le délai d'appel qu'à compter de la date à laquelle elles ont eu connaissance de l'existence de cette décision. En l'espèce, le premier juge ayant mis la cause en délibéré le 23 octobre 2020 sans fixer une quelconque date du prononcé de sa décision, le délai pour relever appel contre ladite décision ne pouvait courir qu'à compter de la date à laquelle les parties ont eu connaissance de son existence, donc au moment de sa signification, le 7 décembre 2020 ; il convient donc de déclarer recevable l'appel interjeté le 18 décembre 2020 (CCJA, 3e ch., n° 292/2024, 31-10-2024).

E. Saisine de la juridiction d'appel

L'article 49 de l'AUPSRVE *ne précisant* pas les conditions dans lesquelles l'appel doit être formalisé contre une décision du juge de l'exécution, il y a lieu, en la matière, de se référer aux dispositions du droit interne de chaque État partie. En l'espèce, l'article 71 de la loi 019-01 du 30 avril 2019 fixant la composition, l'organisation, la compétence et la procédure à suivre devant les tribunaux de commerce et les chambres commerciales spécialisées en république du Niger ayant prévu que l'appel contre une ordonnance de référé doit être « formé par déclaration au greffe du tribunal de commerce ou par voie électronique », l'acte d'appel formé par voie d'assignation, non prévue par le texte applicable, est nul et le recours irrecevable (CCJA, 3e ch., n° 171/2024, 6-6-2024).

F. Effets de l'appel

1° Absence d'effet suspensif

L'ordonnance de référé qui s'est limitée à déclarer irrecevable l'action en contestation d'une saisie-attribution initiée par une débitrice saisie pour forclusion, ne peut s'analyser en une décision tranchant la contestation [entre le créancier saisissant et le débiteur saisi] au sens de l'article 172 de l'AUPSRVE. Le juge s'est simplement heurté à une fin de non-recevoir faisant obstacle à l'examen au fond de la demande du débiteur. C'est donc à bon droit que les dispositions de l'article 49 de l'AUPSRVE ont été invoquées par les créanciers, l'appel interjeté par la débitrice contre l'ordonnance ayant déclaré sa contestation irrecevable n'étant pas suspensif. Par conséquent, les poursuites doivent être continuées (TRHC Dakar, ord. réf. n° 1621, 16-10-2003 : M. C. c/ CITIBANK, Ohadata J-04-262).

Cependant, s'il est exact que l'article 49, al. 3 pose pour principe, que le délai d'appel comme l'exercice de cette voie de recours, n'ont pas un caractère suspensif, il reste que le paiement par le tiers-saisi des sommes qu'il a reconnues devoir au débiteur saisi, doit s'effectuer dans les conditions prévues par l'article 164 de l'AUPSRVE. En l'espèce, le tiers saisi (l'État de Côte d'Ivoire) n'ayant pas produit au dossier la preuve qu'il a reçu signification des décisions exécutoires ordonnant la mainlevée des saisies pratiquées et ayant payé entre les mains du débiteur, sans même s'assurer de l'existence d'un certificat de non-appel, le juge d'appel n'a en rien violé les articles 38 et 49 de l'AUPSRVE en condamnant le tiers saisi au paiement des causes de la saisie (CCJA, n° 023/2009, 16-4-2009 : État de Côte d'Ivoire c/ Ayants droit de B. F. et A. P., Rec. jur. CCJA, n° 13, janv.-juin 2009, p. 77, Ohadata J-10-70).

Il est de jurisprudence constante de la CCJA que les « conditions de droit commun » prescrites par l'article 300 de l'AUPSRVE renvoient à l'article 49 du même Acte uniforme qui précise que ni le délai d'appel ni l'exercice de cette voie de recours ne sont suspensifs à moins que la juridiction ayant rendu la décision n'en décide autrement par une motivation spéciale. En l'espèce, c'est en violation des textes précités qu'un tribunal a retenu que l'appel interjeté contre la décision rendue à l'audience éventuelle comporte, en l'absence de l'exécution provisoire, un effet suspensif de l'audience d'adjudication jusqu'au prononcé de la décision de la cour d'appel, et ce, d'autant plus que le jugement querellé est rendu en premier ressort, pour rejeter la demande de poursuite de la procédure d'adjudication, exposant ainsi son arrêt à la cassation (CCJA, 3e ch., n° 092/2021, 27-5-2021 : Bank Of Africa Bénin SA c/ Sacogi SARL).

2° Irrecevabilité de l'appel empêchant l'examen du fond

S'il est exact que la computation du délai a été faite de façon erronée en ce que l'appel interjeté le 27 octobre contre une décision rendue le 12 octobre a été considéré à tort comme tardif, il reste cependant acquis que, pour déclarer l'appel irrecevable, l'arrêt querellé a aussi retenu que « [le demandeur] sieur PANKA Charles n'a pas pu produire l'expédition du jugement querellé, mais plutôt de simples photocopies qui ne sauraient se substituer à l'expédition exigée ; que, jusqu'à la mise de l'affaire en délibéré, il n'a pas satisfait à cette exigence ». En statuant ainsi, la cour d'appel s'est conformée à l'article 190 du Code de procédure civile du Cameroun qui exige que soit annexée à la requête d'appel « une expédition du jugement frappé d'appel ». L'appel ayant été déclaré irrecevable, il ne saurait être reproché à la cour d'appel de s'être abstenue de statuer sur ce chef de demande qui relève du fond ; qu'il y a lieu de rejeter également cette branche du moyen (CCJA, 3e ch., n° 162/2019, 9-5-2019 : P. c/ S.).

Art. 50 [mod.] **Les saisies peuvent porter sur tous les biens appartenant au débiteur alors même qu'ils seraient détenus par des tiers, sauf s'ils ont été déclarés insaisissables.**

Elles peuvent également porter sur les créances conditionnelles, à terme ou à exécution successive. Les modalités propres à ces obligations s'imposent au créancier saisissant.

Jurisprudence OHADA

I. Nécessité d'un titre exécutoire spécifique pour la saisie de deniers propres d'un tiers saisi

Conformément à l'article 50 de l'AUPSRVE, une saisie-attribution ne peut être entreprise sur les deniers propres d'un tiers saisi que s'il existe contre lui un titre différent de celui existant entre le créancier et le débiteur initiaux (CCJA, 2e ch., n° 111, 30-12-2013 : Jacques NZOGHE NDONG c/ Banque Internationale pour le Commerce et l'Industrie du Gabon dite BICIG-SA, Banque Centrale des États de l'Afrique centrale, dite BEAC, Rec. jur. CCJA, n° 20, vol. 1, janv.-déc. 2013, p. 137-140, Ohadata J-15-84).

II. Biens déclarés insaisissables

Les juges qui se sont fondés sur le Règlement n° 05/CEMAC/UMAC/CM du 22 novembre 2012 consacrant l'insaisissabilité des comptes et actifs financiers des établissements de crédit logés à la BEAC pour ordonner la mainlevée d'une saisie ont donné une base légale à leur décision. C'est donc à tort qu'il est reproché à l'arrêt attaqué de manquer de base légale en ce qu'il a ordonné la mainlevée d'une saisie-attribution de créances du 20 juillet 2012 au motif que les sommes saisies entre les mains de la BEAC au préjudice de AFRILAND FIRST BANK SA étaient insaisissables dès lors que « la procédure de saisie-attribution n'était pas définitivement réglée au moment de l'entrée en vigueur du Règlement CEMAC du 22 novembre 2012, alors que selon l'article 50 de l'[AUPSRVE], l'insaisissabilité d'un bien doit être déclarée par une loi, et que les lois sont par principe non rétroactives » (CCJA, 1e ch., n° 043, 22-2-2018 : Paul Tchuente c/ Afriland first Bank SA, En présence de la Banque des États de l'Afrique centrale).

Il ressort de l'article 50 de l'AUPSRVE que les biens qu'une loi nationale a déclarés insaisissables ne peuvent faire l'objet de saisie. En présence d'une disposition de droit interne selon laquelle « l'office d'un notaire est personnel, incessible et sous réserve des dispositions du Code général des impôts insaisissable », il faut ici entendre par office la charge du notaire, c'est-à-dire le titre, élément extrapatrimonial hors commerce, correspondant aux exigences requises pour l'exercice de la fonction, d'où son caractère personnel, à l'exception de la finance constituée par les locaux, les équipements et la clientèle et qui revêt un caractère patrimonial. En l'espèce, bien qu'appartenant à l'étude de Maître X., le véhicule saisi est un équipement et comme tel saisissable ; il y a donc lieu de dire que la saisie du véhicule ne viole pas l'article 50 de l'AUPSRVE (CCJA, 3e ch., no 049/2021, 8-4-2021 : Maître Kouoseu Jeanne c/ N.).

……………………………………………

III. Biens non déclarés insaisissables

C'est à tort qu'il est reproché à un arrêt d'avoir retenu que l'indisponibilité de l'immeuble pour cause d'utilité publique ne concerne pas le lot no 3 à distraire du TF no 191/DP, en violation de l'article 50 de l'AUPSRVE, dès lors qu'il n'est produit au dossier aucun élément de droit national indiquant que l'immeuble saisi rentre dans la catégorie des biens insaisissables, conformément à l'article 50 précité (CCJA, 3e ch., no 142, 7-6-2018 : Coumba GAWLO SECK c/ B.I.S).

……………………………………………

Jurisprudence comparée

France

A. Biens saisissables

1o Saisie des meubles corporels

La saisie-vente peut s'appliquer :

– aux matériaux provenant de la démolition d'un bâtiment mais seulement après sa démolition (Cass. civ. 10-6-1981 : JCP G 1981.IV.310) ;

– au matériel d'une mine en cas d'abandon de l'exploitation (CA Chambéry 4-6-1934 : JCP G 1935.I.412).

2o Insaisissabilité des meubles corporels devenus immeubles par destination

Sont exclus de la saisie :

– Les machines et ustensiles nécessaires à l'exploitation d'une usine et vendus avec elle ainsi que les objets mobiliers attachés à perpétuelle demeure par le propriétaire ne peuvent pas être saisis-exécutés (Cass. req. 25-11-1896 : DP 1897.1.521) ;

– le matériel et l'outillage d'un fonds de commerce dès lors qu'il est établi que le propriétaire du fonds et de l'immeuble avait l'intention de procéder à leur affectation au service du fonds (TGI Rodez 20-4-1984 : D. 1985.IR.395 note Robert) ;

– la literie et le matériel de couchage, objets absolument indispensables et affectés directement à un fonds de commerce d'hôtellerie, exclus de la composition du fonds pour devenir immeubles par destination ; ces biens ne peuvent faire l'objet d'une saisie-vente, procédure applicable uniquement aux biens meubles (TGI Lille 20-4-1993 : D. 1994.som.344, obs. P. Julien ; contra TGI Lyon 14-2-1995 : GP 1995.som.512 qui a admis la saisie des meubles corporels inclus dans un fonds de commerce nanti au motif qu'ils constituent le gage général des créanciers).

B. Créances saisissables

1o Créances de sommes d'argent

a. Créances soumises à la saisie

Peuvent être saisies :

– des créances sur les personnes privées, notamment sur les sociétés d'économie mixte (CA Versailles 2-6-1986 : D. 1987.86 note Prévault) ;

– des créances de toute nature, telles que dommages-intérêts (Cass. ass. plén. 15-4-1983 : D. 1983.461 concl. Dontenville note Derrida), sommes figurant sur un plan d'épargne logement (Cass. 2e civ. 29-5-1991 : Bull. civ. II p. 91) ou prêt définitivement accordé par une banque même si son déblocage n'est que progressif (CA Colmar 2-6-1995 : JCP G 1996.IV.2275) ou droits d'auteur qui peuvent faire l'objet d'une saisie-attribution (CA Paris, ord., 11-6-1997, Trésorier principal du 3e arrondissement de Paris c/ Sté des auteurs compositeurs dramatiques, JurisData no 022054) ;

– le montant de la TVA inclus dans les loyers dus par un locataire toutes taxes comprises, sans être subrogé dans les obligations du bailleur envers le Trésor public, soumis à la saisie des loyers pratiqués dans les mains du locataire par un créancier du bailleur (Cass. 2e civ. 4-4-2002 no 360 : RJDA 8-9/02 no 937).

b. Créances non susceptibles de saisie

Ne peuvent être saisies :

– les créances résultant d'une convention de découvert car elle n'a pas pour effet de rendre la banque débitrice des fonds qu'elle s'est engagée à fournir (CA Paris 16-11-1983 : D. 1985.IR.339 obs. Vasseur ; TGI Caen 21-6-1994 : GP 1994.som.604 ; voir toutefois : Cass. crim. 29-5-1984 : Bull. crim. no 194 ; CA Montpellier 13-2-1995 : RD bancaire 1995.105 obs. Credot et Gérard) ;

– les sommes que leur débiteur a été condamné à restituer, car cette obligation de restitution est une obligation de faire (TGI Paris, juge de l'exécution, 3-11-1998 : GP.1999.703 note D. Rocher) ;

– des créances éventuelles, telles que la créance du prix de cession d'un office ministériel de notaire car l'agrément ministériel constitue un élément légal de la convention et la créance saisie n'est pas encore née avant le prononcé de cet agrément (Cass. civ. 11-5-2000 : RJDA 9-10/00 no 910) ou la créance résultant, pour le souscripteur, d'un contrat d'assurance-vie tant que le contrat n'est pas dénoué, car le souscripteur est, jusque-là, seulement investi, sauf acceptation du bénéficiaire désigné, du droit personnel de faire racheter le contrat et de désigner ou modifier le bénéficiaire de la prestation ; en conséquence, aucun créancier du souscripteur n'est en droit de se faire attribuer immédiatement ce que ce dernier ne peut recevoir (Cass. 1e civ. 2-7-2002 no 1074 : RJDA 12/02 no 1316) ;

– les créances à terme, telle que la créance née d'un ordre de virement, bien qu'elle ne soit pas encore inscrite au compte (Cass. 2e civ. 28-5-2003 no 705 : RJDA 10/03 no 1010).

2o Créances disponibles

a. Existence

Sont disponibles :

– une somme qui a reçu une affectation spéciale, car le bénéficiaire de cette affectation, qui ne reçoit la propriété d'aucune provision, n'a aucun droit à réclamer au banquier le paiement de la somme mais peut seulement rechercher la responsabilité délictuelle de celui-ci (Cass. com. 23-6-1985 : Bull. civ. no 121) ;

– le solde du prix de vente d'un immeuble dès lors que l'immeuble vendu était grevé de deux inscriptions hypothécaires, dont celle prise par le créancier saisissant, que l'autre créancier inscrit avait obtenu le paiement de sa créance et que le créancier saisissant avait renoncé à la purge des hypothèques et accepté de donner mainlevée de son inscription, en sorte que la procédure d'ordre ou d'attribution du prix ne pouvait pas être ouverte et que le solde du prix de vente était disponible (Cass. 2e civ. 9-7-1997 : JCP 1997.IV.1960) ;

– l'indemnité allouée aux artisans âgés qui, n'ayant pas un caractère alimentaire établi, constitue une aide incessible mais non pas insaisissable (CA Aix-en-Provence 1-3-2002 : Rev. dr.banc. 2002.266 no 193 obs. J.-M. Delleci)

b. Absence

Ne sont pas disponibles :

– les deniers dus à une personne publique par un particulier car ils sont des deniers publics, sans distinction d'origine entre domaine public et domaine privé (Cass. civ. 16-11-1965 : Bull. civ. II p. 734, refusant au créancier d'une commune de saisir-arrêter les loyers dus à la commune par un locataire de celle-ci) ;

– les créances garanties par une hypothèque (Cass. 2e civ. 15-01-1992 : Bull. civ. II no 18 p. 9) ;

– la créance constituée par le prix de vente d'un fonds de commerce avant l'expiration du délai légal d'opposition sur le prix (Cass. 2e civ. 16-3-2000 : RJDA 5/00 no 591) ;

– une créance qui n'est qu'hypothétique au moment de la signification du procès-verbal de saisie-attribution, le tiers saisi ne détenant pas encore le reliquat de fonds pouvant provenir d'une saisie immobilière (CA Lyon 9-5-2001 : JCP G 2001.II.10628 note Laporte).

Art. 51 [mod.] *Sont insaisissables :*

1) *les provisions alimentaires adjugées par décision de justice ;*

2) *les biens déclarés indisponibles par la loi nationale des États parties ;*

3) *les sommes et objets disponibles, déclarés inaliénables par le testateur ou le donateur, lorsque la saisie est poursuivie par les créanciers postérieurs à l'acte de donation ou à l'ouverture du legs, sauf autorisation du juge et pour la portion qu'il détermine ;*

4) *les biens que la loi rend incessibles, à moins qu'il n'en soit disposé autrement ;*

5) *les provisions, sommes et pensions à caractère alimentaire, sauf pour le paiement des aliments déjà fournis par le saisissant à la partie saisie ;*

6) *les biens mobiliers nécessaires à la vie du débiteur et de sa famille ;*

7) *les biens mobiliers nécessaires à l'exercice de l'activité professionnelle du saisi, si ce n'est pour paiement de leur prix, sauf si ces biens se trouvent dans un lieu autre que celui où le saisi demeure ou travaille habituellement, ou s'ils constituent des éléments corporels d'un fonds de commerce ou s'il s'agit de biens de valeur ;*

8) *les objets indispensables aux personnes en situation de handicap ou destinés aux soins des personnes malades ;*

9) *les avoirs des banques ainsi que ceux des autres établissements financiers ou de crédit, de microfinance ou de paiement sous forme de dépôts dans les comptes des banques centrales ;*

10) les biens et droits *déclarés* insaisissables par *les* États parties.

Obs. : il nous semble très regrettable que les avoirs des banques dans les livres des banques centrales aient été rajoutés à la liste des biens insaisissables à l'article 51-9 de l'AUPSRVE issu de la réforme de 2023. Dans la mesure où les banques, personnes morales de droit privé, ne jouissent pas de l'immunité d'exécution, auréoler leurs avoirs entre les mains des banques centrales de l'insaisissabilité revient indiscutablement à contribuer, même si ce n'était sans doute pas l'objectif initial du législateur de l'OHADA, à leur impunité en les soustrayant à l'obligation de répondre, sur leurs avoirs, à d'éventuelles condamnations ; il suffirait alors qu'une banque loge l'essentiel de ses avoirs dans une banque centrale pour organiser son insolvabilité, dans le sens de mettre ses avoirs à l'abri entre les mains d'une banque centrale.

JURISPRUDENCE OHADA

I. Insaisissabilité de comptes bancaires d'une entreprise d'État au Gabon

En application des dispositions combinées des articles 51 et 52 de l'AUPSRVE et 77 de la Charte des Entreprises qui dispose que « les biens de l'Entreprise d'État sont insaisissables sauf dans les cas prévus par la Procédure de Liquidation de l'Entreprise », aucune mesure d'exécution saurait être applicable à l'encontre de l'Office National des Postes et Télécommunications (ONPT) du Congo, son caractère industriel et commercial ne faisant pas obstacle à l'immunité de saisie dont elle bénéficie (T. Com. Brazzaville, ord. réf., 12-12-2001 : ONPT c/ Ets Air-Mer Congolaise et STHIC, Ohadata J-02-73, obs. J. ISSA-SAYEGH).

II. Fonds d'un établissement public

Les fonds d'un établissement public à caractère administratif provenant de mandements faits par l'État dans ses comptes, et qui sont soumis à la comptabilité publique, constituent des deniers publics et sont insaisissables (CCJA, 1e ch., n° 182/2020, 28-5-2020 : Presan-KL c/ BSIC-Mali-SA).

III. Rejet de l'application d'un texte national pris sur le fondement de l'article 51 à une procédure antérieure à l'application de l'AUPSRVE

C'est à juste titre que l'application d'un décret national pris en vertu de l'article 51 de l'AUPSRVE été rejetée relativement à une procédure antérieure à son entrée en vigueur (CCJA, ass. plén., n° 085, 20-11-2013 : Sté Générale TCHAD dite SGT SA c/ El HADJ SANY OUSMANE, Rec. jur. CCJA, n° 20, vol. 1, janv.-déc. 2013, p. 125-127, Ohadata J-15-23).

IV. Incompétence de la CCJA pour la réparation du préjudice découlant de la nullité d'une saisie

Sur l'incompétence de la CCJA, sous certaines conditions, pour un litige portant sur la réparation du préjudice découlant de la nullité d'une saisie-vente, voir sous l'art. 144 de l'AUPSRVE (CCJA, 3e ch., n° 195, 29-12-2016 : MUCODEC c/ M. ANDERSON Armand, Ohadata J-17-135).

Art. 52 Les créances insaisissables dont le montant est versé sur un compte demeurent insaisissables.

JURISPRUDENCE OHADA

Non-changement de la nature insaisissable d'une créance insaisissable virée dans un compte bancaire

Les sommes déclarées insaisissables par la loi nationale et virées dans un compte bancaire conservent leur nature et leur caractère (CCJA, 1e ch., n° 311/2019, 12-12-2019 : N. c/ Rawbank SA).

Art. 53 Lorsqu'un compte même joint, alimenté par les gains et salaires d'un époux commun en biens, fait l'objet d'une mesure d'exécution forcée ou d'une saisie conservatoire pour le paiement ou la garantie d'une créance née du chef du conjoint, il est laissé immédiatement à la disposition de l'époux commun en bien une somme équivalant, à son choix, au montant des gains et salaires versés au cours du mois précédant la saisie ou au montant moyen mensuel des gains et salaires versés dans les douze mois précédant la saisie.

• Titre II •

LES SAISIES CONSERVATOIRES

• Chapitre I •

LES DISPOSITIONS GÉNÉRALES

Art. 54 **Toute personne dont la créance paraît fondée en son principe peut, par requête, solliciter de la juridiction compétente du domicile ou du lieu où demeure le débiteur, l'autorisation de pratiquer une mesure conservatoire sur tous les biens mobiliers corporels ou incorporels de son débiteur, sans commandement préalable, si elle justifie de circonstances de nature à en menacer le recouvrement.**

JURISPRUDENCE OHADA

I. Conditions

A. Généralités

1° Conditions cumulatives

L'article 54 de l'AUPSRVE subordonne l'exercice de la saisie conservatoire à l'existence de circonstances de nature à en menacer le recouvrement et à l'existence d'une créance paraissant fondée en son principe (CCJA, 3e ch., n° 096, 1-8-2014 : BAGUI Maleukeu Jeannette, DAHE Brigilie c/ Compagnie Abidjanaise de Réparations Navales et de Travaux Industriels dite CARENA SARL, Ohadata J-15-186), les deux conditions exigées étant cumulatives. Ainsi, en l'absence de preuve de circonstances de nature à menacer le recouvrement, la décision ayant ordonné la mainlevée de la saisie conservatoire réalisée dans ces conditions doit être confirmée (CA Abidjan (Côte d'Ivoire), 5e ch. civ. et com. D, n° 112, 13-2-2007 : T. A. c/ Cie euro-africaine dite CEA, Ohadata J-08-44). Dans le même sens, sur le caractère cumulatif des deux conditions (CA Pointe Noire (Congo), n° 009, 10-8-2007 : SAC c/ Sté S.D.V Congo, Ohadata J-13-134 ; CCJA, 3e ch., n° 138, 8-6-2017 : Cie Minière du Mont KLAHOYO c/ TOURE Ben Stewart).

2° Appréciation souveraine des juges du fond

Les conditions énoncées par l'article 54 de l'AUPSRVE renvoient à des éléments de pur fait, dont l'appréciation relève du pouvoir souverain du juge du fond. Il s'ensuit :

– qu'en retenant donc, « qu'il ressort des écritures des parties, que le juge du fond est saisi d'une procédure en nullité du contrat de bail liant la société [G]. à la société [S.], et dans ces conditions, les saisies pratiquées en vertu de créances encore contestées sont prématurées et inopportunes », la cour d'appel d'Abidjan a fait usage de son pouvoir souverain d'appréciation du caractère apparent de la créance et de la réalité ou non des circonstances de nature à en menacer le recouvrement. Ce faisant, elle ne viole en rien les dispositions de l'article 54 précité (CCJA, n° 014/2007, 29-3-2007 : Sicpro c/ Sté Gitma devenue Getma, Rec. jur. CCJA, n° 9, janv.-juin 2007, p. 39, Ohadata J-08-221 ; CCJA, 1e ch., n° 222/2019, 18-7-2019 : Alhadji Magra Massaou et un autre c/ NJOUPOUO Sabiatou MILORE) ;

– que la cour d'appel qui a retenu que « l'exécution ponctuelle des obligations est un postulat de la vie juridique ; qu'en l'espèce, la condamnation [du demandeur] devenue définitive date du 7 juillet 2011 par un arrêt de la Cour Suprême ; que jusqu'à la date de la première mesure d'exécution, il s'est écoulé plus d'une année, la menace évoquée par l'article 54 précité peut s'analyser ici en l'attitude [du demandeur] qui consiste à ne pas vouloir, depuis sa condamnation, s'exécuter spontanément ; qu'il a fallu que [le défendeur] la contraigne à s'exécuter par la saisie ; que la surface financière dont fait état [le demandeur] n'est pas un élément suffisant car la créance ici est menacée de recouvrement par l'attitude [du demandeur] ; que c'est à juste titre que le premier juge a estimé que l'article 54 n'a pas été violé ; que sa décision mérite confirmation sur ce point », assimilant ainsi la mauvaise foi caractérisée du demandeur à une attitude délibérée de refuser de payer sa dette, mettant ainsi en péril la créance de son créancier, a, à bon droit, qualifié son inertie de menace dans le recouvrement de la créance et, a fait un bon usage de son pouvoir souverain d'appréciation du caractère de la menace. Ce faisant, elle n'a en rien violé les dispositions de l'article 54 précité (CCJA, 3e ch., n° 169, 1-12-2016 : Cie Ivoirienne d'Electricité, dite CIE c/ Sté Tropical Bois, SGBCI, Ohadata J-17-109).

– c'est par une décision motivée qu'une cour d'appel a approuvé la décision du premier juge qui a retenu que le recouvrement était en péril et confirmé l'ordonnance du premier juge en toutes ses dispositions. Aucune violation de l'article 54 de l'AUPSRVE ne peut lui être reprochée (CCJA, 2e ch., no 37, 8-12-2011 : Sté Maersk Côte d'Ivoire c/ CERCI SARL ; SGBCI ; CITIBANK SA ; BACI SA, Juris-Ohada, 2012, no 3, juill.-sept., p. 13, Ohadata J-13-44, J-13-156 ;) ;

– que la preuve de l'existence des deux conditions cumulatives requises par l'article 54 de l'AUPSRVE est à la charge du saisissant (CCJA, ass. plén., no 087, 20-11-2013 : Sté MANI-SERVICES SARL c/ Sté RENCO SPA, Rec. jur. CCJA, no 20, vol. 2, janv.-déc. 2013, p. 48-51, Ohadata J-15-39. Le moyen soulevé est mal fondé et doit être rejeté, dès lors que le juge d'appel a énoncé qu'« … alors que la [défenderesse au pourvoi] a versé au dossier deux chèques respectivement de 45 000 000 et 22 783 440 FCFA tirés à l'ordre de [la demanderesse au pourvoi], et dont l'encaissement n'est pas contesté, prouvant ainsi qu'elle a payé la totalité des sommes dues par elle aux termes des factures relatives aux travaux de construction des périmètres du site de DJENO et NGOYO, la [demanderesse], de son côté, n'a ni allégué, encore moins prouvé, que la [la défenderesse], lui restait redevable des sommes d'argent au titre d'autres prestations fournies et facturées ») ;

– que la cour d'appel qui a retenu que la demanderesse « ne produit aucun procès-verbal de livraison desdits travaux alors que [le défendeur] soutient justement qu'elle n'a pas terminé les travaux ou qu'elle les a mal exécutés et produit un procès-verbal de constat… », a fait usage de son pouvoir souverain d'appréciation du caractère apparent de la créance et de la réalité ou non des circonstances de nature à en menacer le recouvrement et n'a violé en rien les dispositions susénoncées (CCJA, 2e ch., no 085, 22-5-2014 : Entreprise de Métallurgie Ivoirienne dite EMI c/ MONIN Jean-Paul, Ohadata J-15-175) ;

– que les juges du fond ayant souverainement déduit, des faits soumis à leur censure qui échappe au contrôle de la CCJA, que « la créance de la compagnie […] résulte d'un prétendu trop perçu de salaire dont l'action en remboursement est encore pendante devant le Tribunal », l'arrêt rendu ultérieurement dans l'action en répétition du trop-perçu ne peut servir à l'anéantir [le principe de créance] (CCJA, 3e ch., no 138, 8-6-2017 : Cie Minière du Mont KLAHOYO c/ TOURE Ben Stewart) ;

– qu'une cour d'appel a pu retenir valablement « que l'appelante a suffisamment rapporté la preuve de la confusion créée par l'intimé qui, bien que n'étant pas partie au contrat s'est comportée comme si elle l'était ; que primo, il n'est pas nié qu'elle est la filiale de la société contractante Olam International, ce que d'ailleurs elle-même reconnait ; que secundo, il n'est pas contesté, qu'elles ont les mêmes dirigeants et un seul associé unique, ainsi que cela ressort du PV de cogérance dressé pardevant notaire daté du 14 avril 2008 ; que [tercio], elle a spontanément et volontairement payé une partie de la créance de sa société mère, comme l'attestent le reçu en date du 2 août 2013 suivi de l'émission des chèques émis par elle à l'ordre de VATEL SA, en dates des 2 août et 12 août 2013 ; qu'il n'est pas non plus contesté que OLAM TOGO a activement participé à la rédaction du contrat entre sa société mère et VATEL SA » et, tirant les conséquences de leur propre appréciation, ont infirmé l'ordonnance entreprise et statuant à nouveau, jugé que la créance remplissait les conditions de l'article 54 de l'AUPSRVE (CCJA, 1e ch., no 061, 21-4-2016 : OLAM TOGO SARL c/ VATEL SA, Ohadata J-17-09).

Mais s'il est exact que les conditions de la saisie conservatoire prévues à l'article 54 de l'AUPSRVE renvoient à des éléments de pur fait dont l'appréciation relève du pouvoir souverain des juges du fond, la caractérisation des éléments d'appréciation retenus est soumise au contrôle de la CCJA (CCJA, 3e ch., no 022/2012, 15-3-2012 : Sté Nationale Ivoirienne de Travaux dite SONITRA SA c/ Sté Koffi About et Partners Architectes SARL dite K.A.P. ARCHITECTES).

C'est par une appréciation souveraine que des juges du fond ont conclu, pour débouter une partie de sa demande de mainlevée d'une saisie conservatoire, que les conditions posées aux articles 54, 55, 59, 60 et 61 de l'AUPSRVE étaient réunies pour justifier ladite saisie (CCJA, 2e ch., no 026/2021, 25-2-2021 : Gaz du Cameroun SA c/ Azur BTP SARL).

Est donc irrecevable la branche de moyen par laquelle une requérante, sous le couvert de la violation de l'article 54 AUPSRVE qui définit les conditions de la saisie conservatoire, invite la Cour à contrôler l'appréciation souveraine des faits opérée par le juge du fond (CCJA, 2e ch., no 163/2021, 28-10-2021 : Soniloga SA c/ Entreprise Morey).

3o Exclusion d'autres procédures

a. Saisie-gagerie

La saisie-gagerie engagée après l'entrée en vigueur de l'AUPSRVE qui abroge et remplace, en ses articles 54 et suivants, les dispositions nationales ayant prévu cette mesure est irrégulière. La créancière doit être déboutée de sa demande de validation de ladite saisie, dont la mainlevée doit être ordonnée (TRHC Dakar, 7-11-2000 : N. T. N. c/ N. Y. T., Ohadata J-03-270, obs. Ndiaw DIOUF).

Obs. : pour une décision ayant accepté de convertir une saisie-gagerie réalisée après l'entrée en vigueur de l'AUPSRVE en saisie-vente, voir : TGI Ouagadougou, no 266, 12-4-2000 : L. née O. T. c/ D. D., Ohadata J-02-53 ; obs. J. ISSA-SAYEGH. Pour une autre décision ayant déclaré « recevable en la forme et juste au fond » une saisie-gagerie et pourtant refusé la validation sollicitée au motif que « la validation de la saisie gagerie sollicitée n'est pas prévue par [l'AUPSRVE], lequel dispose plutôt en son article 69, qu'il appartient au créancier muni d'un titre exécutoire constatant sa créance, de signifier au débiteur, un acte de conversion en saisie-vente », voir : TRHC Dakar, n° 132, 23-1-2001 : Succession S. D. représentée par F. D. c/ Sté bâtiments travaux publics représentée par T. R., Ohadata J-05-83.

b. Saisie de rémunération

La saisie conservatoire réalisée sur un compte bancaire alimenté par les salaires du débiteur est irrégulière et sa mainlevée doit être ordonnée. Il en est ainsi dès lors que selon les articles 174 et 175 de l'AUPSRVE, la saisie des rémunérations doit être précédée d'une tentative de conciliation et ne peut être faite par une saisie conservatoire (TPI Yaoundé, ord. réf. n° 218, 16-12-1999 : T. née K. A. c/ N. J. et BICEC, Ohadata J-02-17 ; obs. J. ISSA-SAYEGH).

c. Saisie conservatoire d'un navire

La saisie conservatoire d'un navire relève du droit interne et non de l'AUPSRVE (CCJA, 2e ch., n° 029, 8-2-2018 : MOI International Singapore (PTE) LTD c/ Armateurs du navire M/V AMSEL, IMO).

B. Créances justifiant la saisie conservatoire

1° Exigence d'une créance simplement « fondée en son principe » et non fondée

S'agissant d'une saisie conservatoire, il suffit que la créance, fondée en son principe, soit menacée dans son recouvrement. La cour d'appel qui a exigé que la créance soit bien fondée et que la preuve de ladite créance soit rapportée par un type précis d'éléments a ajouté à la loi et violé les articles 54 de l'AUPSRVE et 5 de l'AUDCG, exposant son arrêt à la cassation. Sur l'évocation et pour les mêmes motifs que ceux ayant entraîné la cassation, il y a lieu de dire et juger que c'est conformément à l'article 54 de l'AUPSRVE que le premier juge a considéré comme non fondée l'action en mainlevée, la créance paraissant fondée en son principe et la saisie conservatoire ayant été régulièrement diligentée (CCJA, 1e ch., n° 035/2024, 22-2-2024).

2° Créances paraissant fondées

a. Définition

La créance qui paraît fondée dans son principe est la créance dont l'existence est vraisemblable ; l'essentiel est que celui qui recourt à la mesure provisoire puisse légitimement se prétendre créancier de sorte qu'il ne lui est pas exigé que la créance remplisse les conditions de certitude, de liquidité et d'exigibilité. Dans l'espèce, la personne qui a été victime d'un accident de la voie publique causé par un véhicule assuré par la compagnie C. et qui a supporté elle-même les frais de ses soins médicaux dispose nécessairement d'une créance paraissant fondée dans son principe contre la compagnie d'assurance, dès lors que l'article 258 du Code CIMA dispose que « les frais de toute nature peuvent être soit remboursés à la victime sur présentation des pièces justificatives, soit pris en charge directement par l'assureur du véhicule avant causé l'accident » et que la compagnie d'assurance n'en discute que le montant (CA Abidjan (Côte d'Ivoire), 5e ch. civ. et com. D, n° 112, 13-2-2007 : T. A. c/ Cie euro-africaine dite CEA, Ohadata J-08-44).

La créance fondée en son principe est la créance dont l'existence est vraisemblable, l'essentiel étant que celui qui revient à la mesure provisoire puisse légitimement se prétendre créancier de sorte qu'il ne lui est pas exigé que la créance remplisse les conditions de certitude, de liquidité et d'exigibilité. En l'espèce, est fondée en son principe, la créance qui tire son soubassement du [constat] des états financiers ayant fait allusion au bilan clôturé le 25 novembre 2016, issu d'une assemblée générale extraordinaire [à] laquelle le demandeur en contestation avait pris part sans avoir émis des réserves quant aux coûts partagés (T com. Lubumbashi, n° RU 1218, 12-7-2017 : CLIMINCO SARL c/ CMMK SARL).

Les conditions énoncées par l'article 54 de l'AUPSRVE renvoient à des éléments de pur fait dont l'appréciation relève du pouvoir souverain du juge du fond. En retenant, pour justifier que la créance dont se prévaut une personne [défenderesse] est fondée en son principe, que « la [demanderesse] a payé courant avril 2016 un acompte de 655 000 000 FCFA sur le montant total de la créance », et en constatant que le recouvrement du montant reliquataire est menacé par l'insolvabilité apparente et la mauvaise foi de la débitrice qui dit ne pouvoir « s'acquitter de sa dette envers la [défenderesse] (...) que si l'État lui-même revient à meilleure fortune », la cour d'appel a fait usage de son pouvoir souverain d'appréciation du caractère apparent de la créance et de la réalité ou non des circonstances de nature à en menacer le recouvrement. Ce faisant, elle a suffisamment motivé sa décision et n'a violé en rien l'article 54 précité (CCJA, 3e ch., n° 303/2019, 28-11-2019 : Société Asperbras Congo c/ Société Engimov Congo Construction).

b. Créance avouée par le débiteur

Lorsqu'une partie reconnaît, sous réserve des comptes à faire avec l'autre partie, devoir à cette dernière une certaine somme d'argent, cet aveu est suffisant pour dire que la partie poursuivante justifie d'une créance paraissant fondée en son principe comme l'exige la loi (CA Port-Gentil 28-4-1999, Penant 1999, p. 114, Ohadata J-02-44, obs. Joseph Issa-Sayegh).

La créance litigieuse est fondée en son principe lorsqu'un protocole d'accord lie les parties et qu'une reconnaissance de la dette et une promesse de payer du débiteur sont mentionnées dans l'ordonnance entreprise (CA Abidjan (Côte d'Ivoire), n° 943, 11-11-2005 : S. M. c/ S. B., Ohadata J-09-191).

c. Non-exigence d'un principe certain de créance ou d'une créance certaine liquide et exigible

La prise d'une mesure conservatoire requiert tout simplement la menace du recouvrement d'une créance qui paraît fondée. C'est donc à tort que la société débitrice tente d'imposer des exigences de certitude, d'exigibilité et de liquidité de la créance, conditions étrangères à celles prévues par le législateur communautaire et elle doit être déboutée sur ce chef de demande (TPI Lomé (Togo), ch. civ. et com., n° 1970/09, 3-7-2009 : IBERDIGEST SARL c/ TOGO LUXE SARL, Ohadata J-11-11).

Le juge saisi d'une demande tendant à obtenir l'autorisation de pratiquer une saisie conservatoire « doit chercher l'existence d'une créance paraissant fondée en son principe et non un principe certain de créance (Cass. civ. 12-12-1984 : Bull. civ. 84 n° 195 ; Cass. civ. 13-10-1982 : Bull. civ. 1982 n° 123) » (CA Dakar, n° 282, 23-6-2000 : Sté E.BETI c/ SETI, Ohadata J-03-163, obs. Ndiaw DIOUF).

Obs. : la jurisprudence de la Cour de cassation française a été citée dans le dispositif de cette décision.

L'article 54 de l'AUPSRVE n'exige pas, pour justifier la saisie conservatoire, une créance certaine, liquide et exigible ; seule une créance paraissant fondée en son principe est exigée. Pour ordonner la saisie conservatoire, le juge doit seulement rechercher l'existence d'une créance paraissant fondée en son principe et non un principe certain de créance (CA Cotonou (Bénin), n° 005/2006 : L. A. K. de C. c/ Port autonome de Cotonou, Jurisprudence béninoise, n° 3, 2007, p. 25., obs. Joseph Issa-Sayegh, Ohadata J-10-244).

Les dispositions de l'article 54 de l'AUPSRVE requièrent exclusivement l'apparence de la créance sans les caractères de certitude, de liquidité et d'exigibilité (TPI Yaoundé (Cameroun), Centre Administratif, ord. n° 612/C, 4-11-2008 : Sté Transnational Industries Cameroun SA, LECAR SA c/ SPC MUNA, MUNA et Associés Me M. E. P., United Bank for Africa (UBA), CITI Bank, Ohadata J-09-228 ; (TPI Yaoundé (Cameroun) Centre Administratif, ord. n° 524/C, 18-9-2008 : TELKOM Cameroun c/ Sté Alpha Net, Me T., Ohadata J-09-227).

Dans le même sens, jugeant que la cour d'appel qui, pour faire droit à la requête de mainlevée d'une saisie conservatoire, a retenu que « … la créance réclamée n'est pas certaine et les intimés mal venus à invoquer une quelconque menace de son recouvrement… » a violé l'article 54 de l'AUPSRVE et exposé son arrêt à la cassation en ajoutant la condition de certitude alors que seul le fondement de la créance en son principe, était exigé (CCJA, ass. plén., n° 108, 4-11-2014 : ONGOLO-Entrepreneur-Prestataire de services c/ Sté Africaine pour l'Industrie et le Commerce au Cameroun dite SAFRIC SA, Ohadata J-15-199).

Les conditions énoncées par l'article 54 de l'AUPSRVE renvoient à des éléments de pur fait dont l'appréciation relève du pouvoir souverain du juge du fond. C'est donc par une appréciation souveraine du caractère apparent de la créance et de la réalité ou non des circonstances de nature à en menacer le recouvrement, et sans violer l'article 54 précité, qu'une cour d'appel a retenu, pour justifier qu'une créance est fondée en son principe, que « la preuve d'un mandat donné au liquidateur pour gérer le loyer n'est pas rapportée » et que « si la [demanderesse] a effectivement payé au liquidateur, elle a mal payé » et en constatant que le recouvrement du montant réclamé est menacé « par les éléments de fait susdéveloppés et la collusion apparente entre le liquidateur de la société [défenderesse] et la [demanderesse] » (CCJA, 2e ch., n° 142/2021, 24-6-2021 : Société Commerciale des Supers Bazars c/ S., en présence de la Liquidation FOPI S.A.).

Lorsqu'il résulte des énonciations de l'arrêt déféré que la Cour a infirmé une ordonnance attaquée après avoir démontré que la créance poursuivie était fondée en son principe, qu'au terme d'une longue analyse des pièces produites au dossier par les parties et souverainement appréciées, elle a conclu qu'il était « imprudent d'ordonner la mainlevée des saisies pratiquées sur les biens de la société [demanderesse] », dans ce contexte, l'évocation, même erronée, de l'article 172 de l'AUPSRVE ne saurait entraîner la cassation de l'arrêt entrepris, surtout que celui-ci n'est pas, comme le prétend la demanderesse, fondé sur l'incompétence du premier juge (CCJA, 1e ch., n° 003/2020, 23-1-2020 : Friedlander Congo SARL c/ Entraidi Etidi SARL).

d. Défaut de preuve par le débiteur du paiement allégué

En vertu de l'article 1315 du Code civil burkinabé, le débiteur qui ne conteste ni le principe de la créance, ni son montant, mais qui soutient avoir payé l'intégralité de ladite créance et même au-delà, doit apporter les preuves du paiement de la totalité de la créance principale. À défaut, il y a lieu de le condamner au paiement pour le reliquat de la créance (CA Ouagadougou, civ. et com., n° 03, 17-1-2003 : O. S. J. c/ O. E., Ohadata J-04-370).

e. Défaut de preuve de la créance

La saisie conservatoire réalisée par un vendeur de marchandises est illégale et sa mainlevée doit être ordonnée, lorsque le vendeur ne produit pas les pièces établissant que les marchandises ont été livrées, la retenue de la TVA à la source ne justifiant pas ladite livraison (TR Niamey, ord. réf. n° 074, 1-4-2003 : ESPACE COPIEUR SARL d'ABASS HAMMOUD et BOA NIGER, Ohadata J-04-84).

Nécessité de relever des indices sérieux. La première condition exigée par l'article 54 de l'AUPSRVE pour que soit ordonnée une saisie conservatoire de créance est l'existence d'une créance paraissant fondée en son principe, ou encore une « apparence de créance ». Le semblant de créance exigé doit néanmoins résulter d'indices sérieux, sauter, en quelque sorte, à l'esprit pour que ne s'y insère aucun doute. Il ne saurait résulter que de l'existence avérée de travaux supplémentaires ou complémentaires décidés ou acceptés par les parties pour la réalisation des études de réseaux. De surcroît, l'appréhension de la réalité de cette ombre de créance ne doit avoir pour but d'amener le juge statuant en référé à trancher des questions liées au fond ou à éprouver le besoin, pour se faire une conviction, de recourir à un homme de l'art (CA Dakar, n° 44, 19-1-2001 : Sté SAGEM-SENEGAL c/ Sté ENGENEERING BETI SENEGAL, Ohadata J-06-54).

S'agissant d'une vente de denrées périssables, le principe de la créance n'est pas encore établi dès lors qu'il y a eu dégradation de certains produits réceptionnés, des destructions par les autorités nationales compétentes, qu'il faut nécessairement que le juge du fond soit saisi en vue de faire le point des affaires ayant lié les parties et qu'il a été versé au dossier une opposition à sommation de payer avec assignation aux fins de rétablissement de comptes (TPI Cotonou (Bénin), 1e civ., ord. réf. n° 217/02 – 1CCIV, 7-11-2002 : YAHIK INTER COMPANY – SARL c/ Sté VAN AERT WORLDWIDE TRADING et un autre, Ohadata J-10-06).

Un prétendu détournement de fonds au préjudice de l'appelante ne saurait satisfaire à l'exigence d'une « créance paraissant fondée en son principe » susceptible de justifier la saisie conservatoire sur les comptes de l'intimé qui se trouve relaxé purement et simplement de toutes fins de poursuites et par conséquent déchargé de toute responsabilité eu égard à la décision souveraine de non-lieu de la chambre d'accusation de la cour d'appel (CA Lomé (Togo), ch. civ., n° 020/2010, 28-1-2010 : Union Togolaise de Banque c/ A. K. K.-M., Ohadata J-11-100).

f. TVA

Une créance de TVA, qui est une taxe collectée par les personnes privées et reversée à l'État, peut faire l'objet d'une saisie conservatoire (CA Abidjan, ch. civ. et com., 5e ch. B, n° 146, 30-1-2001 : Ets GENTIL c/ IIAO, Ohadata J-02-112, obs. J. ISSA-SAYEGH).

g. Solde d'un compte courant

La créance résultant de la clôture d'un compte courant dont le solde débiteur est exigible est fondée en son principe (CA Niamey, ch. civ., n° 139, 28-11-2002 : BIA c/ SNTN, Ohadata J-03-257).

h. Créance résultant d'une injonction de payer

La créance résultant d'une ordonnance d'injonction de payer devenue définitive et exécutoire parce que n'ayant pas été frappée d'opposition est fondée en son principe, car le débiteur qui s'est abstenu de faire opposition est présumé avoir reconnu sa dette (CA Niamey, ch. civ., n° 141, 28-11-2002 : A. B. B. c/ SONIBANK, Ohadata J-03-258, obs. Joseph ISSA SAYEGH).

i. Créance constatée dans des courriels

Des courriers électroniques (e-mails) ont été admis comme preuve d'une créance dans le cadre d'une saisie conservatoire (CA Ouest (Cameroun), n° 75/CIV, 11-6-2008 : N. B. c/ T. M., Ohadata J-10-144).

j. Créance constatée dans un acte signé par les dirigeants d'une société

La créance constatée par un acte signé du directeur général adjoint et du directeur central d'une société et dont il ressort que cette dernière doit une somme de 6 282 000 F est fondée en son principe. La délocalisation du siège social sans aucune autre précision et constatée par voie d'huissier constitue un changement de nature à mettre en péril le recouvrement de la créance (CCJA, ass. plén., n° 108, 4-11-2014 : ONGOLO-Entrepreneur-Prestataire de services c/ Sté Africaine pour l'Industrie et le Commerce au Cameroun dite SAFRIC SA, Ohadata J-15-199).

3° Créances non fondées

a. Mandataire apparent non-créancier

L'acceptation d'un chèque simple à la place d'un chèque certifié ou des espèces n'est pas contraire aux usages en matière commerciale et c'est à bon droit qu'il a été jugé que le tiers qui est apparu comme un mandataire de la société acheteuse lors de la passation des commandes n'est pas fondé à se prétendre créancier de cette livraison ni à procéder à une saisie conservatoire sur les comptes du vendeur (CA Littoral (Douala), n° 45/Réf., 19-1-2004 : SFID-PFI c/ U. S., Ohadata J-06-188).

b. Contrat synallagmatique

Dans le cadre d'un contrat synallagmatique, la partie qui ne prouve pas avoir exécuté les obligations lui incombant ne peut valablement effectuer une saisie conservatoire portant sur le chèque qui lui a été remis à titre de garantie d'exécution par l'autre partie. La mainlevée d'une telle saisie conservatoire doit être ordonnée (TPI Yaoundé Centre Administratif (Cameroun), ord. n° 523/C, 18-9-2008 : D. J. C. c/ Z. E. M., Ohadata J-09-218).

c. Indemnités d'assurance dont le montant est discuté

L'expression « fondée en son principe » signifie tout aussi bien l'existence incontestée de la créance que la détermination précise de son quantum. S'agissant en l'espèce, du paiement d'indemnités dues par des sociétés d'assurances, et dont le montant, très discuté par les parties n'est pas encore définitivement fixé, le juge saisi pour homologation du rapport d'expertise n'ayant pas encore rendu sa décision, la créance alléguée n'est pas fondée en son principe. Les débitrices étant des sociétés d'assurance qui, par le jeu de la réassurance, disposent de disponibilités auxquelles elles peuvent faire appel en cas de nécessité, de simples saisies demeurées infructueuses ne peuvent à elles seules suffire à justifier l'insolvabilité des dites sociétés et le péril de sa créance invoquée par la créancière. C'est donc à bon droit que les premiers juges ont rétracté l'ordonnance entreprise et leur décision doit être confirmée (CA Abidjan (Côte d'Ivoire), ch. civ. et com., n° 111, 09-4-2010 : Sté ROTOCI c/ 1 – Sté GNA, ASSURANCE 2 – Sté MACACI, Juris-Ohada, n° 4/2010, oct.-déc., p. 40, Ohadata J-11-87).

d. Créance fondée sur une décision frappée d'appel suspensif

La créance qui n'est pas définitivement fixée parce que le jugement condamnant la société débitrice est frappé d'un appel aux effets suspensifs n'est pas fondée en son principe (CA Abidjan (CA Abidjan (Côte d'Ivoire), 5e ch. civ. et com., n° 614, 30-10-2009 : E. c/ Sté CACOMIAF, Juris-Ohada, n° 1/2010, janv.-mars, p. 60, Ohadata J-11-06).

e. Créance fondée sur une estimation par le créancier de dommages-intérêts

La créance fondée sur une demande de dommages-intérêts dont le montant a été arbitrairement fixé à 300 000 000 F par les prétendues créancières, sur la base d'une simple appréciation subjective et éventuelle, en dehors de tout titre exécutoire, de toute reconnaissance ou de tout commencement de preuve ne paraît pas fondée en son principe. La saisie conservatoire réalisée sur la base de cette créance doit être annulée et sa mainlevée ordonnée (CA Abidjan (Côte d'Ivoire), 1e ch. civ. et com., n° 400, 31-12-2010 : CARENA c/ 1. D., 2. B., Juris-Ohada, n° 3/2011, juill.-sept. 2011, p. 27, Ohadata J-12-159).

De même, la cour d'appel, qui a simplement constaté que la créance, cause d'une saisie conservatoire, reposait sur un montant fixé arbitrairement sur la base d'une simple demande en justice et non sur la base d'une créance certaine, ce qui est contraire au principe de la créance paraissant fondée prévu à l'article 54 de l'AUPSRVE, et a jugé que la saisie *conservatoire ayant une base contraire* à l'article 54 précité, l'ordonnance de condamnation de la défenderesse à payer les causes d'une saisie nulle doit être annulée, n'a pas violé l'article 107 de l'AUPSRVE (CCJA, 3e ch., n° 096, 1-8-2014 : BAGUI Maleukeu Jeannette, DAHE Brigilie c/ Cie Abidjanaise de Réparations Navales et de Travaux Industriels dite CARENA SARL, Ohadata J-15-186).

f. Créance non étayée par des pièces

Lorsqu'aucune pièce ni contrat, ni même correspondance ne sont produits pour établir l'existence de liens contractuels entre les parties, la créance alléguée ne paraît pas fondée en son principe, le créancier saisissant ne justifie pas de circonstances de nature à en menacer le recouvrement, se contentant d'affirmations. C'est donc à tort que la Juridiction Présidentielle a autorisé une telle saisie conservatoire dont la mainlevée doit être ordonnée (CA Abidjan (Côte d'Ivoire), 5e ch. civ. et com. B, n° 10, 6-1-2011 : Sté SANSARA c/ Sté GOLD COAST CONSTRUCTION, Juris-Ohada, n° 2/2012, p. 50, Ohadata J-12-210, J-13-39).

C'est à tort qu'un juge des référés a retenu que « ... la défenderesse n'a pas contesté l'argument du demandeur relativement à l'insuffisance de la valeur vénale des biens saisis, alors même que cela constituait la substance même de la demande de consignation sollicitée » et « qu'au demeurant, le droit de gage général dont dispose le créancier chirographaire sur le patrimoine de son débiteur ne le dispense pas de solliciter des garanties supplémentaires pour la protection de son droit », pour faire droit à une demande de garantie complémentaire. Il en est ainsi car la créance n'est ni certaine, ni liquide ni exigible, tant qu'aucune décision définitive portant condamnation en paiement n'a été prononcée (CCJA, 1e ch., n° 096, 23-7-2015 : BANQUE OMNIFINANCE, devenue ACCESS BANK c/ Mahamadou TOURE, Ohadata J-16-193).

g. Créance sérieusement contestée

Il résulte de l'article 54 de l'AUPSRVE que la créance doit paraître fondée en son principe et être en péril. En l'espèce, il ne se dégage pas du contexte, marqué par une contestation sérieuse, un principe de créance apparente pouvant justifier une saisie conservatoire (CCJA, 1e ch., n° 168/2020, 14-5-2020 : American Eagle Guard Security c/ Hôtel Sarakawa).

Lorsque les arriérés de loyers invoqués par le bailleur sont contestés par le preneur qui, invoquant des paiements effectués au profit de ce dernier dont notamment le versement de la caution, estime qu'au vu des paiements effectués, que c'est plutôt son bailleur qui lui reste redevable, il ne se dégage pas de ce contexte marqué par une contestation sérieuse un principe de créance apparente pouvant justifier le recours à une saisie conservatoire. Il y a donc lieu de donner mainlevée des saisies querellées (CCJA, 1e ch., n° 129/2021, 24-6-2021 : A. c/ O.).

C. Menace sur le recouvrement de la créance

1° Définition

Constitue une circonstance de nature à menacer le recouvrement de la créance, des éléments tels que des risques sérieux d'insolvabilité imminente ou de grosses difficultés financières présentant un caractère permanent. Le fait que le débiteur ne se soit pas acquitté d'une dette dont il conteste le montant ne saurait constituer une circonstance susceptible de menacer le recouvrement de la créance (CA Abidjan (Côte d'Ivoire), 5e ch. civ. et com. D, n° 112, 13-2-2007 : T. A. c/ Cie euro-africaine dite CEA, Ohadata J-08-44).

2° Existence d'un risque d'insolvabilité

Difficultés financières. C'est à bon droit qu'un juge des requêtes a rendu une ordonnance de saisie conservatoire à l'encontre de sociétés débitrices, en retenant que l'avalanche des procédures judiciaires engagées à leur encontre par leurs employés et cocontractants, le licenciement de plusieurs dirigeants sociaux, et l'absence des états financiers et bilans annuels – éléments non contestés par les débitrices – suscitent l'incertitude sur leur gestion et caractérisent la menace de recouvrement au sens de l'article 54 de l'AUPSRVE. La demande de rétractation de l'ordonnance et de discontinuation des poursuites n'est pas justifiée et doit être rejetée (TPI Yaoundé (Cameroun), Centre Administratif, ord. n° 612/C, 4-11-2008 : Transnational Industries Cameroun SA, LECAR SA c/ SPC MUNA, MUNA et Associés Me M. E. P., UBA, CITI Bank, Ohadata J-09-228 ; (TPI Yaoundé (Cameroun) Centre Administratif, ord. n° 524/C, 18-9-2008 : TELKOM Cameroun c/ Sté Alpha Net, Me T., Ohadata J-09-227).

La **menace de recouvrement est avérée** lorsque :

– le débiteur prétend bénéficier d'un échéancier de paiement et avoir constitué garantie, alors que : l'échéancier est tombé depuis que le débiteur a accusé deux mois de retard, ce qui constitue une irrégularité en vertu de la convention de prêt ; la garantie alléguée n'est qu'une promesse, aucune inscription hypothécaire n'ayant été faite ; enfin le débiteur connaît une difficile situation financière résultant de la saisie de ses comptes bancaires, a changé de domiciliation, ce qui montre sa mauvaise foi. La combinaison des éléments évoqués ci-dessus caractérise la menace dans le recouvrement de la créance (CA Niamey, ch. civ., n° 139, 28-11-2002 : BIA c/ SNTN, Ohadata J-03-257) ;

– la créance semble fondée en son principe et que la débitrice, qui réside dans un autre pays, ne présente aucune garantie de solvabilité dans le pays où la saisie est envisagée et a soulevé des contestations (CA Niamey, ch. civ., n° 121, 16-10-2002 : Ets Oudou Karimoun c/ H. A. M. K., Ohadata J-03-255) ;

– le débiteur n'a pas réagi au commandement de payer qui lui a été servi (TPI Douala-Ndokoti, ord. n° 151/05-06, 15-6-2006 : Sté INTERFACE SARL c/ F. M., Ohadata J-07-77) ;

– le débiteur a gardé le silence face aux successives sommations de payer et la lettre de mise en demeure, ce qui caractérise une absence de contestation de la créance et une résistance à payer le solde de la dette. S'agissant d'honoraires indispensables à la vie de la famille du créancier et à la bonne marche de son cabinet d'avocat, cette résistance du débiteur cause un préjudice certain au créancier, constitue pour lui un péril et une menace pour le recouvrement de sa créance. C'est donc à tort que le premier juge a rétracté l'ordonnance autorisant la saisie conservatoire (CA Cotonou (Bénin), n° 005/2006 : L. A. K. de C. c/ Port autonome de Cotonou, Jurisprudence béninoise, n° 3, 2007, p. 25, obs. Joseph Issa-Sayegh, Ohadata J-10-244) ;

– le débiteur multiplie les procédures, d'abord en faisant opposition à l'ordonnance d'injonction de payer, puis en relevant appel du jugement rendu sur opposition à l'ordonnance d'injonction de payer (CA Abidjan (Côte d'Ivoire), n° 943, 11-11-2005, précité, Ohadata J-09-191).

C'est au terme d'une appréciation souveraine des éléments en sa possession et qui échappe au contrôle de la CCJA que le président d'une cour d'appel a décidé que « la correspondance adressée le 19 juin 2012 et portant en objet : demande de compensation est édifiante, dès lors que, par un mode de compensation dont ils détiennent seuls le secret, les appelants (...) offrent (...) la somme de 1 346 215 FCFA, à savoir moins de 10 % de la somme convenue d'un commun accord (...), qu'une telle proposition ridicule et, au demeurant injurieuse, à son endroit aura constitué une circonstance nécessaire et suffisante pour l'amener à comprendre qu'une menace sérieuse pesait désormais sur le recouvrement de sa créance », les débiteurs s'étant attelés à contester la créance dès la première mise en demeure de payer (CCJA, 1e ch., n° 222/2019, 18-7-2019 : M. c/ N.).

L'appréciation de la menace de recouvrement ainsi que celle de la bonne ou mauvaise foi sont des questions de fait souverainement appréciées par le juge du fond ; n'est donc pas fondée la branche de moyen visant la violation de l'article 54 de l'AUPSRVE en ce que la cour d'appel aurait mal apprécié la menace sur le recouvrement en retenant, sans la caractériser, la mauvaise foi de la débitrice (CCJA, 2e ch., n° 163/2021, 28-10-2021 : Soniloga SA c/ Entreprise Morey).

3° Absence de menace sur le recouvrement de la créance

La spécification de la durée de l'existence de la créance comme circonstance, à elle seule, de nature à menacer le recouvrement de la créance au sens dudit article, sans que soit établie une corrélation entre cette durée et le risque d'insolvabilité ou des manœuvres entreprises de mauvaise foi par le débiteur et qui seraient de nature à priver d'efficacité toutes mesures de recouvrement ultérieures, constitue une interprétation erronée de ce texte qui expose la décision attaquée à la cassation (CCJA, 3e ch., no 022/2012, 15-3-2012 : Sté Nationale Ivoirienne de Travaux dite SONITRA SA c/ Sté Koffi About et Partners Architectes SARL dite K.A.P. ARCHITECTES).

Obs. : sur le contrôle des conditions de la saisie conservatoire par la CCJA, voir note no I A 1e sous l'art. 54 (appréciation souveraine des juges du fond).

Il **n'y a pas de menace sur le recouvrement** dans les cas suivants :

– lorsque le créancier ne produit aucun élément probant de la menace pesant sur le recouvrement ou du péril qui, selon la jurisprudence, ne peut résulter que d'un risque imminent d'insolvabilité de l'adversaire ayant pour conséquence l'impossibilité totale de recouvrement de la créance litigieuse. Il s'ensuit que la mainlevée de la saisie conservatoire réalisée dans ces conditions doit être ordonnée (CA Port-Gentil 28-4-1999, Penant 1999, p. 114, Ohadata J-02-44, obs. de Joseph ISSA SAYEGH ; CA Port-Gentil, ch. civ. et com., arrêt de réf. no 60/98-99, 28-4-1999 : Sté EFG c/ CAGRINO, Ohadata J-02-151, obs. J. Issa-Sayegh) ;

– le créancier se contente de solliciter l'autorisation de pratiquer une saisie conservatoire sur les comptes de sa débitrice, au motif que celle-ci est de mauvaise foi et que le recouvrement de sa créance est en péril, sans produire aucun élément sérieux et objectif pouvant démontrer le péril allégué. L'ordonnance qui a ordonné la mainlevée de la saisie conservatoire réalisée dans de telles conditions doit être confirmée (CA Abidjan, no 690, 30-5-2000 : MCA c/ STI et La Nationale, Juris-Ohada, CNDJ, no 2/2002, avr.-juin, p. 35, Ohadata J-02-99). Sur une décision accordant la mainlevée de la saisie dans une situation similaire, voir CA Abidjan, no 1036, 25-7-2003 : Me K. O. c/ SOPIM, SCI GYAM, K. Y. P., Direction Générale du Trésor et de la Comptabilité Publique de Côte d'Ivoire, Ohadata J-03-342 ;

– le débiteur poursuivi s'est acquitté des loyers échus entre les mains du séquestre judiciaire tenu légalement de les restituer à la personne en faveur de laquelle se prononcera, le cas échéant, la décision ordonnant la mainlevée de la mesure de séquestre. C'est en violation de l'article 54 de l'AUPSRVE qu'une cour d'appel a retenu le contraire et son arrêt doit être cassé (CCJA, no 6/2002, 21-3-2002 : M. N. c/ G. D. M., Juris-Ohada, no 4/2002, oct.-déc. 2002, p. 12, note anonyme, Ohadata J-02-161) ;

– le créancier produit des coupures de presse indiquant que le débiteur fait l'objet d'enquêtes fiscales à l'étranger, a subi à l'étranger de lourdes pertes financières, et a refusé de donner suite aux lettres de relance. Le premier juge qui s'est contenté de dire que « le silence observé par [la débitrice] malgré une mise en demeure est de nature à mettre en péril le recouvrement de la créance » n'a pas suffisamment caractérisé la menace, d'autant plus que l'envoi et la réception de la mise en demeure sont vigoureusement contestés. La mainlevée de la saisie conservatoire réalisée doit être ordonnée (CA Dakar, no 44, 19-1-2001 : Sté SAGEM-SENEGAL c/ Sté ENGENEERING BETI SENEGAL, Ohadata J-06-54) ;

– la débitrice, dont des comptes bancaires sont débiteurs, dispose à son siège social, du matériel et des investissements immobiliers attestant d'une grande activité économique. Le premier juge, en concluant à la mainlevée de la saisie conservatoire, a fait une bonne analyse des circonstances et une bonne application de la loi et sa décision doit être confirmée (CA Abidjan (Côte d'Ivoire), 5e ch. civ. et com., no 614, 30-10-2009 : E. c/ Sté CACOMIAF, Juris-Ohada, no 1/2010, janv.-mars., p. 60, Ohadata J-11-06) ;

– lorsque les données du litige ne permettent d'établir avec certitude ni l'insolvabilité, ni la cessation de paiement du débiteur et que l'on recherche vainement en l'état les circonstances de nature à rendre incertain le recouvrement de la créance commerciale dont les caractéristiques et l'étendue restent à spécifier. C'est donc à juste titre que l'ordonnance ayant autorisé la saisie conservatoire a été rétractée et il convient de ne pas entraver l'exécution de l'ordonnance qui a rétracté la première ordonnance (CA du Centre (Cameroun), ord. no 54/CED, 17-2-2012 : SACONETS SA c/ Express Union Finance SA, Ohadata J-13-207) ;

– lorsque, d'une part, le créancier saisissant n'avait pas prouvé ni même allégué l'existence des circonstances de nature à menacer le recouvrement de la somme de 33.771.000 F.CFA qu'elle réclame et que, d'autre part, il avait été autorisé par ordonnance antérieurement à la saisie contestée, à prendre une inscription de nantissement sur le fonds de commerce de la débitrice, inscription qui a été publiée au RCMM. Cette créance, dont le recouvrement est ainsi garanti par un nantissement judiciaire ne saurait en même temps servir de cause à une saisie conservatoire. Le juge qui a bien constaté que la créance était garantie dans son recouvrement par un nantissement judiciaire, aurait dû juger qu'une telle créance ne remplissait pas la condition du péril dans son recouvrement exigée à l'article 54 de l'AUPSRVE et ordonner en conséquence la mainlevée de la saisie conservatoire pratiquée. Son ordonnance qui en a décidé autrement doit être infirmée en

toutes ses dispositions (CA Pointe Noire (Congo), n° 009, 10-8-2007 : SAC c/ Sté S.D.V Congo, Ohadata J-13-134) ;
– lorsque le risque de détournement des objets saisis invoqué au soutien de la demande de désignation d'un séquestre ne résulte que d'allégations non confortées par un quelconque élément du dossier ; l'ordonnance entreprise doit être infirmée et le créancier poursuivant débouté de toutes ses demandes. Par ailleurs, il ne peut être utilement soutenu que la valeur des biens saisis est insuffisante pour opérer le paiement d'une créance non encore liquide (CCJA, 1e ch., n° 096, 23-7-2015 : BANQUE OMNIFINANCE, devenue ACCESS BANK c/ Mahamadou TOURE, Ohadata J-16-193) ;
– lorsque la créance est sérieusement contestée dans son principe. En conséquence, la mainlevée des saisies pratiquées doit être ordonnée, la contestation étant fondée (CCJA, 1e ch., n° 168/2020, 14-5-2020 : American Eagle Guard Security c/ Hôtel Sarakawa ; CCJA, 1e ch., n° 129/2021, 24-6-2021 : A. c/ O.).

Nécessité de caractériser le risque d'insolvabilité. Il résulte de l'article 54 de l'AUPSRVE que le risque d'insolvabilité du débiteur pouvant empêcher le recouvrement de la créance justifie la mesure de saisie conservatoire. C'est en violation de ce texte qu'une cour d'appel a retenu que l'inertie de la débitrice à s'acquitter de la créance, malgré les multiples mises en demeure à lui adressées, caractérise la menace, sans démontrer en quoi cette inertie constitue un risque d'insolvabilité qui exclurait tout recouvrement ultérieurement. Son arrêt encourt la cassation. Sur l'évocation, il convient d'infirmer l'ordonnance entreprise et d'ordonner en conséquence la mainlevée de la saisie conservatoire réalisée (CCJA, ass. plén., n° 107, 4-11-2014 : Sté RAZEL Cameroun c/ Sté Nationale des Eaux du Cameroun dite SNEC, Ohadata J-15-198).

S'agissant de la menace sur le recouvrement et par référence à la jurisprudence de la cour d'appel d'Abidjan, en l'absence de définition par le législateur, constitue une circonstance de nature à menacer le recouvrement de la créance, des éléments tels que des risques sérieux d'insolvabilité d'imminente ou de grosses difficultés financières présentant un caractère permanent. Le fait pour le débiteur de ne pas s'être pas acquitté d'une dette dont il conteste le montant ne saurait constituer une circonstance susceptible de menacer le recouvrement de la créance. En l'espèce, le fait que la débitrice n'ait réservé aucune suite aux « correspondances du créancier valant avis de recouvrement » ne constitue en rien une menace sur le recouvrement des créances d'autant plus qu'aucune preuve d'insolvabilité imminente n'a été rapportée. C'est donc à tort que l'article 54 de l'AUPSRVE a été appliqué et la mainlevée de la saisie sera ordonnée (T com. Lubumbashi, n° RU 1218, 12-7-2017 : CLIMINCO SARL c/ CMMK SARL).

D. Conditions relatives aux parties

1° Qualité pour agir

Validité du mandat donné par le directeur d'une SARL sous forme de procuration. La procuration donnée par le directeur d'une SARL à [X.] « à l'effet de recevoir au cas où la suite du procès qui oppose la [SARL concernée] à [une autre société] serait favorable, le montant des factures correspondant aux différentes transactions effectuées antérieurement entre elle et éventuellement réclamer les dommages et intérêts » donne pouvoir et intérêt à [X.] pour agir pour le compte de ladite SARL. Lorsque c'est en vertu de ce mandat que [X.] a agi en faisant saisir les biens de [la société demanderesse] et en faisant condamner cette dernière à des dommages et intérêts par le juge des référés, c'est à tort que la demanderesse au pourvoi conteste ce pouvoir au représentant conventionnel de la société défenderesse et sa demande sur ce point doit être rejetée (CCJA, 2e ch., n° 037/2012, 3-5-2012 : Sté ESSO Exploration and Production Chad Inc c/ Ressourcium International SARL).

> **Obs. :** cette décision ne vise pas expressément l'art. 54 de l'AUPSRVE, mais énonce un principe transposable pour toutes les actions pouvant être initiées au nom et pour le compte d'une société commerciale. Sauf disposition expresse contraire, le représentant légal d'une société commerciale doit pouvoir valablement donner un mandat à une autre personne pour agir au nom de ladite société. Voir sous les art. 121, 328 et 465 de l'AUSCGIE.

2° Irrégularité de la saisie réalisée sur une personne autre que la débitrice

La saisie conservatoire réalisée à l'encontre d'une personne différente du véritable débiteur est irrégulière. Il en est ainsi :
– pour une saisie réalisée sur les biens personnels du gérant d'une société débitrice ; sa mainlevée doit être ordonnée (TPI Cotonou (Bénin), 1e civ., ord. réf. n° 99/02-1CCIV, 23-5-2002 : D. V. c/ O. A. S., Ohadata J-10-02).
– pour une saisie réalisée sur les biens d'une personne qui n'a servi que d'intermédiaire dans la transaction entre le vendeur et l'acheteur pour obtenir l'exécution des obligations du vendeur (TPI Cotonou (Bénin), 1e civ., ord. réf. n° 86/02 – 1 CCIV, 16-5-2002 : S. G. c/ GROUPAMA-VIE-BENIN, Ohadata J-10-01).

> **Obs. :** il s'agissait d'une vente de motocyclettes par un particulier ne disposant pas de pièce d'identité à une société. Cette vente faisait suite

à un appel d'offres organisé par la société. Une personne accepta de servir d'intermédiaire entre la société et le vendeur. Lorsque des difficultés survinrent, la société réalisa une saisie conservatoire sur les biens de l'intermédiaire, qui avait simplement accepté de recevoir le paiement du prix de la vente par un chèque établi à son nom afin de rendre service au vendeur dont il était en quelque sorte le préposé. L'élément déterminant dans l'espèce était que l'acheteur était au courant de ce montage et savait que l'intégralité des sommes perçues par l'intermédiaire avait été reversée au véritable vendeur. Ainsi, le créancier connaissait son véritable débiteur et aurait dû diriger son action en recouvrement contre lui ; le tribunal le sanctionne pour ne pas l'avoir fait.

II. Juridiction compétente

A. Compétence matérielle

1° Compétence du juge des référés en présence d'une clause compromissoire

L'existence d'une clause compromissoire n'entraîne pas l'incompétence du juge des référés statuant en urgence, a fortiori sur simple requête en saisie conservatoire, puisqu'en aucun cas il n'y est préjudicié au fond (CA Dakar, n° 282, 23-6-2000 : Sté E.BETI c/ SETI, Ohadata J-03-163, obs. Ndiaw DIOUF).

Il résulte de combinaison des articles 49, 62, 54, 55, 59, 60 et 61 de l'AUPSRVE que le juge de l'urgence, saisi par le débiteur d'une demande de mainlevée de saisie conservatoire, est compétent pour constater l'irrégularité de l'autorisation judiciaire préalable de pratiquer ladite saisie et d'en ordonner la mainlevée. En conséquence, n'excède pas ses pouvoirs le juge des référés qui, après avoir relevé que la nullité du procès-verbal de saisie « ne saurait avoir d'incidence sur l'ordonnance d'autorisation », et constaté que le créancier n'a pas rapporté la preuve de l'existence de circonstances de nature à menacer le recouvrement de la créance litigieuse, comme prescrit à l'article 54 précité, a ordonné la mainlevée de la saisie conservatoire demandée par Michel NGAMAKO (CCJA, n° 6/2002, 21-3-2002 : M. N. c/ G. D. M., Juris-Ohada, n° 4/2002, oct.-déc. 2002, p. 12, note anonyme, Ohadata J-02-161).

2° Compétence exclusive du juge judiciaire pour le déblocage de comptes bancaires

En vertu du principe selon lequel la compétence du juge des référés est restreinte aux litiges dont la connaissance appartient quant au fond aux tribunaux civils et commerciaux, seul le juge judiciaire est compétent pour ordonner le déblocage d'un compte dont il a ordonné le blocage ; ni le commissaire divisionnaire ni le président de la chambre d'accusation, qui ont tous deux une compétence pénale, ne sauraient intervenir dans une telle procédure de blocage et de déblocage de comptes bancaires (TPI Cotonou, ch. civ. moderne, ord. réf. n° 18/03, 30-1-2003 : G. P. c/ H. G. N., Ohadata J-05-304).

B. Compétence territoriale

Lorsque le créancier saisissant ne prouve pas l'existence d'une succursale de la société débitrice saisie dans le ressort de la juridiction qui a ordonné la saisie conservatoire, ladite saisie a été ordonnée par une juridiction territorialement incompétente et sa mainlevée doit être ordonnée (TPI Yaoundé Centre Administratif (Cameroun), ord. n° 393/C, 17-7-2008 : WOODS INDUSTRIES SARL c/ Sté RIBADU General Trading LLC, Ohadata J-09-220).

De même, c'est à bon droit qu'un juge des urgences a constaté l'irrégularité d'une saisie conservatoire ordonnée par le tribunal de Lomé contre une société débitrice dont le siège est à l'Ile Maurice et ordonné la rétractation de ladite ordonnance ainsi que la mainlevée de cette saisie conservatoire. L'ordonnance entreprise doit être confirmée dans toutes dispositions sans qu'il soit nécessaire d'apprécier si la créance dont le recouvrement est poursuivi était ou non en péril (CA Lomé (Togo), ch. civ. et com., n° 280/10, 28-12-2010 : R. B. c/ Sté ECP AFRICA FUND III PCC, Ohadata J-11-112, Ohadata J-11-38).

C. Mission du juge saisi de la contestation d'une saisie conservatoire

Il résulte de l'article 54 de l'AUPSRVE que, saisi d'une contestation de saisie pratiquée sur le fondement de cet article, le juge d'appel se borne à rechercher si les conditions exigées par celui-ci sont ou non réunies pour décider de la mainlevée ou non requise ; dans ce cadre, il ne lui revient pas de prononcer des condamnations au paiement de la créance. C'est donc en violation de l'article 54 qu'une cour d'appel l'a fait, exposant ainsi son arrêt à la cassation (CCJA, 1e ch., n° 129/2021, 24-6-2021 : A. c/ O.).

III. Décision de la juridiction compétente

A. Effets d'une saisie conservatoire

Une saisie conservatoire est une mesure conservatoire qu'un créancier prend pour garantir ses intérêts et qui ne doit pas être suivie immédiatement d'enlèvement du bien saisi, le débiteur dans le cas d'espèce devant être constitué gardien dudit bien (TPI Bouaké, ord. réf. n° 12, 28-4-2005 : N. Y.N c/ A.H, Juris-Ohada, n° 3/2006, p. 36, Ohadata J-07-18).

B. Voies de recours contre le refus d'autorisation de la saisie

Sur la voie de recours à exercer en Côte d'Ivoire, en cas de refus de cette autorisation, voir : CA Abidjan, ord. réf. n° 29/2002, 17-1-2002 : Sté SENCHIM c/ CHEMIVOIRE, Actualités Juridiques, n° 25, mars 2002, p. 20, Ohadata J-02-180, obs. J. Issa-Sayegh.

C. Rejet de la demande reconventionnelle de dommages-intérêts infondée

Les saisies conservatoires ayant été pratiquées sur autorisation judiciaire délivrée conformément aux dispositions de l'article 54 de l'AUPSRVE, et bien qu'ayant été invalidées, elles n'avaient nullement un caractère abusif pouvant justifier les dommages-intérêts sollicités. De même, l'appel étant une voie de recours prévue par la loi, son exercice ne peut constituer en soi un abus pouvant ouvrir droit à des dommages-intérêts en l'absence de tout élément le caractérisant ; la demande reconventionnelle de dommages-intérêts sera donc rejetée (CCJA, 1e ch., n° 129/2021, 24-6-2021 : A. c/ O.).

IV. Saisie conservatoire en cas de contrefaçon

L'annexe de l'Accord de Bangui révisé dispose en son article 62-2 que « les dispositions des Codes nationaux de procédure civile et pénale qui ont trait à la perquisition et à la saisie s'appliquent mutatis mutandis aux atteintes à des droits protégés en vertu de la présente Annexe » ; et depuis l'avènement de l'OHADA, c'est l'AUPSRVE qui régit les saisies. Il résulte, aussi bien de l'article 63 de l'ordonnance 93-027 du 30-8-1993 portant droits d'auteurs, droits voisins et expression du folklore (au Niger) que de l'accord de Bangui précité que le titulaire d'un droit d'auteur ou assimilé peut procéder à la saisie conservatoire des exemplaires constituant une reproduction illicite de ses œuvres ou exemplaires contrefaits, la suspension de toute fabrication, la saisie même en dehors des heures légales, des recettes provenant de toutes reproductions, représentations ou diffusions illicites de ces œuvres ou des comptes se rapportant à ces exemplaires. Lorsque les saisies ont été réalisées dans le respect de ces dispositions il ne peut être valablement soutenu qu'elles ne sont pas conformes au mode de saisie autorisée en cas de contrefaçon. Le premier juge a fait une saine appréciation de la loi et sa décision doit être confirmée sur ce point (CA Niamey (Niger), n° 123, 17-11-2004 : EUROPRESS c/ COMPAGNIE BEAUCHEMIN INTERNATIONAL, Ohadata J-10-280).

Obs. : il s'agit notamment de l'accord portant révision de l'accord de Bangui du 2 mars 1977 instituant une organisation africaine de la propriété intellectuelle (OAPI – http://www.oapi.int/) et dont l'Annexe VII est consacrée à la propriété littéraire et artistique ; (le texte est disponible en ligne : http://www.droit-afrique.com/images/textes/Afrique/OAPI_Accord_de_Bangui_revise.pdf). La décision vise, par erreur, l'art. 63 de l'accord de Bangui, au lieu de l'art. 62. Par son interprétation conjointe du texte national applicable au droit d'auteur, de l'accord de Bangui révisé et de l'AUPSRVE, la cour d'appel indique qu'il est possible de réaliser une saisie conservatoire en matière de violation de droits d'auteur. Il est donc possible de faire une saisie contrefaçon à titre conservatoire par une application combinée de l'AUPSRVE et des autres textes applicables au droit d'auteur. À notre avis, une transposition aux brevets est possible, sous réserve de dispositions spécifiques de l'accord de Bangui.

En sens contraire, le Traité de l'OHADA n'ayant pas réglementé les saisies contrefaçons, celles-ci restent régies par les dispositions du droit commun. Il en résulte que le juge de l'exécution prévu par l'article 49 de l'AUPSRVE est incompétent pour un litige relatif à une saisie-contrefaçon. L'ordonnance rendue en la matière par un juge de l'exécution doit être annulée et l'affaire renvoyée à un juge des référés (CA Littoral (Cameroun), n° 28/REF, 28-1-2008 : Sté BIC SA c/ Sté TBC, Ohadata J-10-257).

Jurisprudence comparée

France

A. Créance paraissant fondée en son principe

1° Existence

Paraît fondée en son principe :

– une créance reconnue par une sentence arbitrale, qui a autorité de la chose jugée, même si celle-ci est l'objet d'un appel, et même si elle n'est pas exécutoire (CA Paris 13-2-2003 : GP 2003.som.1852) ;

– la créance des douanes, lorsqu'ayant commis des erreurs, omissions et infractions, le commissionnaire en douane reconnaît qu'il doit assurer l'entière responsabilité des infractions relevées et garantir le paiement des sommes réclamées par la douane belge et qu'il ajoute : « le présent engagement deviendra exécutoire de plein droit lorsque les douanes belges en demanderont le recouvrement » (CA Besançon 24-2-1995, Sté Paes c/ Pagnot, BTL 1995.323) ;

– la créance constatée par une décision de justice, même non encore dotée de la force exécutoire (CA Montpellier 17-9-2009 n° 00709, 5e ch. A, SAS Rep one c/ A : GP 12 mai 2010, p. 27, 11608).

2° Absence

Il n'y a pas de principe de créance :

– au profit du créancier d'une filiale à l'encontre de la société dès lors qu'il n'est pas établi que la société mère a directement contracté envers le créancier ou

qu'elle ait offert à celui-ci sa garantie du paiement des commandes faites par sa filiale (CA Amiens, 18-11-1997 : Bull. Joly 1998.34 note P. S.) ;
– lorsque la créance invoquée consiste, d'une part, en dommages-intérêts pour réparer le préjudice subi par la vente de titres provenant des portefeuilles du défunt par l'usufruitière sans le consentement des nus-propriétaires, et, d'autre part, en la part d'héritage revenant au descendant du défunt ; en effet, s'agissant des dommages-intérêts, il appartient au seul juge du fond de les évaluer, tenant compte des évaluations à faire, l'expert nommé en la cause n'ayant pas eu mission de les évaluer ; quant à la part d'héritage, il s'agit d'une créance de titres et non d'une créance d'argent (CA Paris, 8e ch. B, 3-2-2000 : JCP éd. E 2001. pan. 1165).

3° Circonstances n'excluant pas le principe de créance

Il importe peu :
– que la créance soit ou non liquide (CA Paris 5-5-1959 : D. 1959.304) ;
– que la preuve de l'existence de la créance ne soit pas rapportée (Cass. civ. 9-10-2001 : RJDA 2/02 no 197).

B. Créance menacée

1° Existence

Une menace existe sur la créance douanière pour laquelle l'agréé en douane ainsi que les autres parties tenues solidairement des droits n'offrent aucune garantie bancaire au demandeur (CA Besançon 24-2-1995 : BTL 1995.323).

2° Absence

Ne constitue pas une menace :
– l'insolvabilité imminente du débiteur si le créancier ne justifie ni de l'urgence ni du fait que le recouvrement de sa créance aurait été en péril et que, bien au contraire, le débiteur établit que sa situation financière est saine ; la condition légale tenant à la nécessité d'un péril fait alors défaut (CA Rouen, 2e ch., 11-2-1993 : DMF 1993.752, ordonnant la mainlevée de la saisie) ;
– le seul fait que la débitrice ait son siège social en Espagne (CA Pau 18-3-2002 : Rev. dr. banc. 2002.268 no 197 obs. J.-M. Delleci) ;
– l'absence de réponse du débiteur aux mises en demeure du créancier de régulariser un solde débiteur, en présence d'une contestation (CA Paris, 8e ch., 7-4-2005 : Rev. dr. banc. 2005 no 5 p. 31 § 187 obs. S. Piedelièvre).

Art. 55 **Une autorisation préalable de la juridiction compétente n'est pas nécessaire lorsque le créancier se prévaut d'un titre exécutoire.**

Il en est de même en cas de défaut de paiement, dûment établi, d'une lettre de change acceptée, d'un billet à ordre, d'un chèque, ou d'un loyer impayé après commandement dès lors que celui-ci est dû en vertu d'un contrat de bail d'immeuble écrit.

JURISPRUDENCE OHADA

I. Existence d'un titre exécutoire

Au sens de l'article 55 de l'AUPSRVE, il n'est pas nécessaire qu'un créancier qui détient un titre exécutoire sollicite une autorisation préalable pour pratiquer une saisie conservatoire ; cet article n'interdit pas au détenteur d'un titre exécutoire de procéder à une saisie conservatoire ; dès lors, le grief visé au moyen n'est pas fondé (CCJA, 3e ch., no 133, 7-7-2016 : Bank of Africa Sénégal c/ BSIC Sénégal SA, ATEX COMMODITIES SA, Ohadata J-17-74).

Conformément aux articles 54 et 55 de l'AUPSRVE, lorsque la demanderesse a, sans saisine préalable du juge compétent et sur la base d'un titre exécutoire constitué par la grosse du contrat liant les parties, pratiqué la saisie conservatoire de biens meubles corporels de la défenderesse et qu'il apparaît des actes y relatifs que l'huissier de justice instrumentaire a observé toutes les dispositions des articles 64 et 69 du même Acte uniforme régissant les opérations d'une telle saisie, c'est à tort que les juges du fond ont justifié la mainlevée par l'article 18 du contrat prévoyant une tentative d'arrangement amiable avant saisine des juridictions compétentes et par l'inexistence d'un titre exécutoire fondé sur une décision de justice et l'arrêt entrepris encourt donc la cassation (CCJA, 1e ch., no 169, 25-10-2018 : BGFI Bank Cameroun c/ Sté CAMTRANSIT).

Le premier juge qui, ayant constaté que la saisie querellée avait pour fondement la grosse en forme exécutoire d'un jugement, a retenu que le créancier n'a pas à justifier que le recouvrement de sa créance est en péril a bien jugé. C'est donc à tort qu'il est reproché à l'ordonnance attaquée d'avoir rejeté la demande d'annulation d'un acte de saisie conservatoire, alors que selon l'appelante, la créancière a pratiqué cette saisie sans justifier de circonstances de nature à menacer le recouvrement de sa créance au sens de l'article 54 de l'AUPSRVE, et que d'autre part, la débitrice est une société notoirement solvable (CCJA, 2e ch., no 167/2021, 28-10-2021 : Prudential Beneficial Insurance SA c/ Afrique Constructions SA).

II. Absence de titre exécutoire

A. Injonction de payer frappée d'opposition

L'ordonnance d'injonction de payer frappée d'opposition n'est pas un titre exécutoire. Il s'ensuit que la saisie conservatoire réalisée sur le fondement d'une telle ordonnance, sans autorisation préalable de la juridiction compétente est irrégulière et sa mainlevée doit être donnée (CA Abidjan, no 2, 6-1-2004 : SODIREP c/ Compagnie Africaine de loisirs et Hamed Bakayoko, Ohadata J-04-503).

B. Jugement par défaut frappé d'opposition et sans exécution provisoire

La copie de jugement par défaut, non assorti de l'exécution provisoire et frappé d'opposition, ne peut servir de titre exécutoire pour pratiquer une saisie-vente au sens de l'article [69] de l'AUPSRVE (CA Niamey, ord. réf. no 2096/2000, 12-12-2000, H. G. c/ M. K. et M. I., Ohadata J-02-118, obs. J. Issa-Sayegh).

Obs. : la décision mentionne l'art. 71 de l'AUPSRVE, mais l'art. 69 était concerné ; voir les obs. du professeur J. Issa-Sayegh sous la décision.

Il y a également absence de titre exécutoire :

– pour une ordonnance de taxe frappée d'opposition (TPI d'Abengourou (Côte d'Ivoire), ord. réf. 21-9-2005 : Fonds de Garantie des Coopératives Café Cacao (F. G. C. C. C) c/ Me G. G. J., Ohadata J-09-160) ;

– pour l'arrêt d'une cour d'appel non revêtu de la formule exécutoire avant son exécution (TPI d'Abengourou (Côte d'Ivoire), ord. réf. 21-9-2005, même décision (Ohadata J-09-160)).

Obs. : selon l'art. 55, les saisies conservatoires auraient pu être valides si, en l'absence de titres exécutoires, elles avaient été autorisées par la juridiction compétente.

III. Défaut de paiement d'effets de commerce

A. Billet à ordre

La saisie conservatoire réalisée sur la base d'un billet à ordre est régulière et peut être convertie en saisie-attribution (TGI Ouagadougou, no 348, 28-3-2001 : Bank of Africa c/ B. A. G., Ohadata J-04-06).

B. Chèque

Le chèque est un titre de paiement et non de garantie ; une fois émis, il doit être provisionné (TRHC Dakar, no 1842, 6-11-2001 : Sté RECUP 44 c/ M. M., Ohadata J-05-87).

IV. Non-assimilation d'une voie de fait à une saisie

La « saisie » réalisée sur des sommes d'argent n'appartenant pas à la débitrice, sans aucune autorisation judiciaire et sans aucun titre, est illégale et abusive. Elle doit être annulée et la restitution des sommes saisies doit être ordonnée sous astreinte (TPI Cotonou (Bénin), 1e civ., ord. réf. no 80/02 – ICCIV, 25-4-2002 : R. O. A. c/ S. L., Ohadata J-10-07).

Obs. : il s'agissait en l'espèce d'une voie de fait et non d'une saisie, le créancier s'étant emparé de force de fonds se trouvant dans le sac de sa prétendue débitrice, sans le consentement de cette dernière, au motif qu'elle se serait portée garante de la dette d'une tierce personne à son endroit. On ne peut qu'approuver cette décision car le prétendu créancier qui ne disposait ni d'une autorisation judiciaire ni d'un titre exécutoire ne pouvait pas justifier de circonstances menaçant le recouvrement de sa créance qui n'existait pas.

V. Mention du délai d'obtention du titre non imposée au juge

Il ne résulte, des articles 55 et suivants de l'AUPSRVE, aucune obligation pour le juge de mentionner le délai de saisine du juge du fond pour l'obtention d'un titre exécutoire (TRHC Dakar, ord. réf. no 1692, 23-12-2002 : ALPHA SHIPPING LD c/ THOCOMAR S AGENCY, Ohadata J-03-184).

Jurisprudence comparée

I. France

A. Saisie sur le fondement d'un principe de créance reconnu par un titre exécutoire

A été reconnue valable la saisie d'une indemnité attribuée par le jugement d'un tribunal administratif, ultérieurement réduite en appel, dès lors que cette saisie avait été autorisée sur le fondement d'un premier jugement du tribunal administratif, confirmé par un arrêt d'appel contre lequel le Conseil d'État ayant ensuite rejeté le pourvoi, qui avait reconnu l'État responsable ; en effet, cette saisie avait été autorisée sur le fondement d'un principe de créance reconnu par un jugement exécutoire ce dont il résultait que la créance litigieuse n'était pas née postérieurement à l'annulation du jugement qui avait fixé le montant de l'indemnité (Cass. com. 20-2-2007 n° 355 : RJDA 7/07 n° 783 ; D. 2007.som.865 obs. X. Delpech).

B. Saisie sur le fondement de lettres de change impayées

Saisie abusive. La saisie a été jugée abusive dans un cas où elle avait été pratiquée à l'initiative d'un vendeur de véhicules d'occasion, dont les traites n'avaient pas été honorées par son acheteur, dans les mains du sous-acquéreur qui avait réglé son achat et qui, à défaut d'établir sa mauvaise foi, était protégé en tant que possesseur (CA Rouen 11-2-2003 n° 01/03381 : Rev. dr. banc. 2004.36 obs. J.-M. Delleci, accordant une somme au sous-acquéreur en réparation du préjudice tenant à l'immobilisation des véhicules).

C. Saisie des loyers restés impayés

Dettes ne correspondant pas à des loyers. Ne constituent pas une dette de loyers :

– Les frais de recouvrement bien que ceux-ci soient mis à la charge du locataire par le contrat de location, d'autant plus qu'eux seuls restaient dus (TGI Paris 23-6-1994 : GP 1994.som.814) ;

– la dette de la caution du locataire car celle-ci ne résulte pas du bail mais du cautionnement souscrit en garantie des obligations du locataire (TGI Bobigny, 8e ch., 12-2-1996 : GP 1997.som.151, prononçant la nullité de la saisie conservatoire de la créance pratiquée par le bailleur, sans autorisation judiciaire, sur les comptes bancaires de la caution, peu importe que cette dernière ait été postérieurement condamnée au paiement des arriérés de loyer dus par les locataires).

……………………………………………………………

II. Irak

Présomption légale

Lorsque le débiteur soutient que le chèque, signé par lui, a été remis au bénéficiaire à titre de garantie, mais ne parvient pas à en rapporter la preuve, le tribunal lui donne le droit de déférer à son adversaire le serment décisoire. La prestation de serment par ce dernier fait succomber le débiteur dans ses prétentions. La prétention par le tireur que le chèque a été constitué comme un moyen de garantie est inopérante (Cour de cassation fédérale 6-5-2008, pourvoi n° 413).

Art. 56 [mod.] **La saisie conservatoire peut porter sur tous les biens mobiliers, corporels ou incorporels, appartenant au débiteur. Elle les rend indisponibles.**

……………………………………………………………

JURISPRUDENCE OHADA

I. Biens pouvant faire l'objet de la saisie conservatoire

A. Biens admis

1° Loyers

C'est à tort qu'un juge a estimé que les sommes d'argent représentant des loyers ne doivent pas être regardées comme les meubles, dont la saisie a été autorisée par ordonnance, car il est manifeste, en droit comme en fait, que les sommes d'argent sont des biens meubles. Sa décision doit être infirmée et la saisie conservatoire doit être poursuivie (CA Abidjan, civ. et com., n° 338, 20-3-2001 : SCI de Dankro c/ J. S., Sté Makan Textile, Librairie Chrétienne Foi et Vie, Agence Hémisphère Voyages, Ohadata J-02-82, obs. J. Issa-Sayegh).

2° Véhicules

Les véhicules de l'Agence nationale de l'aviation civile (du Congo) peuvent faire l'objet d'une saisie conservatoire en vertu des articles 54 et suivants de l'AUPSRVE (T. Com. Brazzaville, ord. Req. 3-4-2001 : ANAC, Bulletin OHADA, n° spécial 2001, p. 15 ; Ohadata J-02-77, obs. P. Moudoudou).

Le créancier qui prouve d'une part, disposer d'une créance fondée en son principe, et d'autre part, que le véhicule dont la saisie conservatoire est sollicitée appartient bien au débiteur peut être autorisé à réaliser la saisie (TRHC Dakar, ord. réf. n° 141, 30-1-2003 : M. J. D. S. c/ M. A. T., Ohadata J-03-175).

B. Biens exclus

1° Biens appartenant à un tiers

a. Preuve de l'appartenance des biens à un tiers

La société débitrice qui a sollicité la mainlevée des saisies pratiquées au motif que les biens saisis seraient la propriété d'un tiers sans, sans fournir la moindre preuve doit être déboutée (TPI Port-Gentil, ord. réf. n° 118/98-99, 26-8-1999 : STTP et P. J. c/ L. K. A., Ohadata J-02-153).

Lorsque la créancière ne prouve pas que les fonds de la débitrice sont logés dans le compte bancaire du tiers saisi, c'est à tort que la saisie a été pratiquée au préjudice de l'intimé ; l'ordonnance de rétractation de la saisie conservatoire doit être confirmée par adoption des motifs pertinents du premier juge (CA Centre (Cameroun), n° 130/CIV, 4-3-2011 : M.E.C. c/ Lycée d'Elig-Essono, Ohadata J-12-03).

b. Biens appartenant au représentant du débiteur

Le représentant d'une société ne peut être tenu personnellement débiteur des dettes de la société représentée. Il s'ensuit que la mainlevée de la saisie conservatoire pratiquée sur les biens de cette personne doit être ordonnée (TPI Port-Gentil, ord. réf. n° 118/98-99, 26-8-1999, précité, Ohadata J-02-153).

2° Biens nantis

Par application des dispositions des articles 56, 104 et 105 de l'AUPSRVE, le créancier qui s'est fondé sur un nantissement arrivé à échéance du fait du non-renouvellement attesté par un certificat de non-renouvellement versé au dossier pour procéder à l'enlèvement des marchandises qui n'étaient pas sa propriété, et dont il avait perdu le bénéfice découlant du statut de créancier nanti, a disposé du bien d'autrui (TPI Bamako, n° 48, 24-6-2004 : BALLY SA c/ BICIM, Ohadata J-06-04, note H. L. Touré).

3° Biens immobiliers

La mainlevée partielle de la saisie doit être ordonnée, en ce que le procès-verbal de saisie mentionne un bien immobilier, alors que la saisie conservatoire a été autorisée pour des meubles corporels et incorporels du débiteur (TRHC Kaolack, 18-7-2000 : M. N. c/ O. D., Ohadata J-03-216).

II. Maintien du débiteur en possession des biens

Les effets de la saisie conservatoire, notamment l'indisponibilité des biens saisis, protègent suffisamment les intérêts du saisissant, qui ne jouit à cette phase de la procédure, que d'une créance apparemment fondée en son principe. Il n'est pas utile, pour la sauvegarde des droits du créancier saisissant, d'adjoindre l'enlèvement à la saisie conservatoire des biens, cette garantie n'exigeant pas, pour sa mise en œuvre, sauf cas particuliers, que le saisi soit privé de la jouissance de ses biens. La restitution des biens saisis doit être ordonnée sous astreinte (TRHC Dakar, ord. réf., 6-5-2002 : P. O. S. c/ A. F. A. T., Ohadata J-04-160, obs. Ndiaw DIOUF ; TRHC Dakar, ord. n° 547, 6-5-2002 : P. O. S. c/ A. F. A. T., Ohadata J-05-97).

Art. 57 Lorsque la saisie porte sur une créance ayant pour objet une somme d'argent, l'acte de saisie la rend indisponible à concurrence du montant autorisé par la juridiction compétente ou, lorsque cette autorisation n'est pas nécessaire, à concurrence du montant pour lequel la saisie est pratiquée.

La saisie vaut de plein droit consignation des sommes devenues indisponibles et confère au saisissant un droit de gage.

Jurisprudence OHADA

I. Réduction du montant de la saisie à celui autorisé

L'article 57 ne prescrit pas l'annulation d'une saisie conservatoire réalisée pour un montant supérieur à celui qui a été autorisé ; dans ce cas, il suffit de réduire ou de cantonner la saisie au montant autorisé et d'en ordonner la mainlevée partielle (TPI Port-Gentil, ord. réf. n° 118/98-99, 26-8-1999 : STTP et P. J. c/ L. K. A., Ohadata J-02-153).

II. Poursuite du fonctionnement normal du compte saisi

En cas de saisie, ce n'est pas le fonctionnement du compte qui devient indisponible, mais c'est plutôt les sommes trouvées dans ce compte au moment de la saisie et que le tiers saisi a déclaré détenir qui deviennent indisponibles et ne peuvent plus être manipulées, sauf lorsqu'il est établi que les opérations inscrites au débit et venant en déduction de ces sommes ont été effectuées avant ladite saisie. Le tiers saisi reste donc libre d'effectuer les opérations de crédit dans le compte du débiteur saisi, postérieurement à la date de la saisie et les sommes reçues ainsi en dépôt ne rentrent pas dans la saisie et peuvent être mouvementées à la guise du débiteur saisi (CA Littoral (Cameroun), 14-1-2009 : Les Ets CHIEDJOU c/ SCDP, Ohadata J-09-147).

Art. 58 [mod.] Lorsque la saisie est pratiquée entre les mains d'un établissement bancaire ou d'un établissement financier assimilé, les dispositions de l'article 161 *du présent Acte uniforme* sont applicables.

JURISPRUDENCE OHADA

Application des articles 58 et de 161 pour un établissement bancaire

La mainlevée de la saisie conservatoire doit être ordonnée, dès lors qu'il se déduit de l'article 58 de l'AUPSRVE que, lorsqu'il s'agit d'une banque ou d'un établissement financier, les dispositions de l'article 161 dudit Acte uniforme s'appliquent en plus des autres dispositions applicables aux saisies conservatoires et à la responsabilité du tiers saisi. En conséquence, le grief fait à l'arrêt entrepris d'avoir engagé la responsabilité de la banque pour n'avoir pas déclaré une créance conditionnelle constituée avant la saisie conservatoire et réalisée dans les quinze jours de l'exécution de ladite saisie n'est pas fondé et doit être rejeté (CCJA, ass. plén., n° 055, 27-4-2015 : ECOBANK SENEGAL SA c/ Banque Sahelo Saharienne pour l'Investissement et le Commerce BSIC SENEGAL, Ohadata J-16-55).

Art. 59 **La décision autorisant la saisie conservatoire doit, à peine de nullité, préciser le montant des sommes pour la garantie desquelles la mesure conservatoire est autorisée et préciser la nature des biens sur lesquels elle porte.**

JURISPRUDENCE OHADA

I. Obligation du juge de fixer le montant de la saisie

La mainlevée de la saisie conservatoire doit être ordonnée, dès lors que l'ordonnance ayant autorisé la saisie conservatoire n'a pas indiqué le montant des sommes pour la garantie desquelles la mesure conservatoire est autorisée et que la saisie a été notifiée au débiteur en dehors du délai imparti de huit jours (TRHC Dakar, ord. réf. n° 869, 15-7-2002 : L. M. dit I. M. c/ S. B., Ohadata J-05-84 et J-04-165, obs. Ndiaw DIOUF).

Obs. : voir sous l'art. 79.

L'ordonnance de saisie conservatoire qui ne précise ni le montant des sommes pour la garantie desquelles la mesure conservatoire est autorisée ni la nature des biens sur lesquels elle porte doit être annulée (TPI Douala-Ndokoti, ord. n° 117, 27-4-2006 : Hôtel Du Boulevard c/ Gic-Apro, Ohadata J-07-73. Dans le même sens, TPI Douala-Ndokoti, ord. n° 121, 2-5-2006 : Hôtel Le Cristal c/ Gic-Apro, Ohadata J-07-74).

II. Indication de la nature des biens saisis

L'ordonnance autorisant la saisie conservatoire sur des comptes bancaires ne pouvait concerner de toute évidence et sans risque de confusion que des créances qui sont des biens incorporels ; elle ne peut donc être rétractée au motif qu'elle ne précise pas la nature des biens saisis (TPI Yaoundé (Cameroun), Centre Administratif, ord. n° 524/C, 18-9-2008 : TELKOM Cameroun contre Sté Alpha net, Me T., Ohadata J-09-226).

La nature des biens à saisir a été bel et bien précisée lorsque la requête avait pour objet la saisie conservatoire de créances et que l'ordonnance critiquée a autorisé « la société [X.] SARL à pratiquer une saisie conservatoire sur la créance qu'elle possède à l'encontre de la société [Y.] SARL » ; le motif tiré de l'absence de précision de la nature des biens à saisir est en l'espèce inopérant et encourt rejet (TPI Lomé (Togo), ch. civ. et com., n° 1970/09, 3-7-2009 : Sté IBERDIGEST SARL c/ Sté TOGO LUXE SARL, Ohadata J-11-11).

JURISPRUDENCE COMPARÉE

France

I. Obligation du juge de fixer le montant de la saisie

Le juge qui autorise la saisie par adoption des motifs de la requête qui le saisit, ne peut pas pour satisfaire à son obligation de déterminer le montant des sommes pour la garantie desquelles la saisie est autorisée, faire une simple référence à la requête ; en conséquence, la saisie est annulée, les mesures conservatoires ne pouvant survivre à l'annulation de la décision les ayant autorisées (Cass. 2e civ. 10-7-2003 n° 1059 : Bull. civ. II n° 246 ; D. 2003.IR.2054)

Art. 60 **L'autorisation de la juridiction compétente est caduque si la saisie conservatoire n'a pas été pratiquée dans un délai de trois mois à compter de la décision autorisant la saisie.**

Art. 61 Si ce n'est dans le cas où la saisie conservatoire a été pratiquée avec un titre exécutoire, le créancier doit, dans le mois qui suit ladite saisie, à peine de caducité, introduire une procédure ou accomplir les formalités nécessaires à l'obtention d'un titre exécutoire.

Si la saisie est pratiquée entre les mains d'un tiers, les copies des pièces justifiant de ces diligences doivent être adressées au tiers dans un délai de huit jours à compter de leur date.

Jurisprudence OHADA

I. Recherche d'un titre exécutoire

A. Nécessité de la recherche dans le délai imparti

La saisie conservatoire est caduque si dans le mois qui suit cette saisie, le saisissant n'introduit aucune action aux fins d'obtenir un titre exécutoire (CA Abidjan, n° 194, 3-2-2004 : SICPP c/ GITMA, Stés SABIMEX, MAERSK LOGISTICS, SDV-CI et SAGA-CI, Ohadata J-04-494).

Est caduque, la saisie réalisée le 2 avril 2002 sans titre exécutoire, lorsque l'action tendant à obtenir un titre exécutoire a été initiée le 16 mai 2002 (TGI Ouagadougou, n° 028, 29-1-2003 : BEXPO-SARL c/ COBERA-SARL, Ohadata J-04-336 ; voir Ohadata J-04-324).

Dans le même sens et confirmant la caducité retenue par le premier juge : CA Niamey (Niger), n° 145, 21-6-2004 : Sté TAMESNA PETRONI c/ ENTREPRISE BAFORT SARL, BATIMENTS-TP-FORAGE, Ohadata J-10-279 ; et ordonnant la mainlevée de la saisie (TPI Yaoundé (Cameroun), Centre administratif, ord. n° 389/C, 17-7-2008 : B. J. c/ E. N. S., BICEC, Ohadata J-09-213) ; CCJA, 2e ch., n° 1, 2-2-2012 : COFIPA SA c/ 1) M. T., 2) M. K., 3) I., 4) S.C.I. I.D Investissements, 5) COFIPA Investissement Bank Congo SA, Juris-Ohada, 2012, n° 4, oct.-déc., p. 2., Ohadata J-13-55, au sujet d'une saisie foraine sur la participation d'une sté A détenue dans le capital social d'une sté B à titre conservatoire.

Mais la saisie conservatoire pratiquée le 25 août 2003 et qui a été suivie d'une requête aux fins d'injonction de payer présentée le 5 septembre 2003, au pied de laquelle une ordonnance en date du 16 octobre 2003 a été rendue condamnant le débiteur, est conforme à l'article 61 de l'AUPSRVE, même si l'ordonnance d'injonction de payer rendue a été est frappée d'opposition le 6 novembre 2003, sur la base d'une ordonnance portant organisation des chambres du TPI d'Abidjan pour les audiences de Vacation et qui excluait pendant la période du 1er août au 30 septembre 2003 les procédures d'injonction de payer et les saisies conservatoires, lesquelles ne pouvaient être mises en œuvre. Il en est ainsi dès lors que l'ordonnance de vacation, mesure administrative prise dans le cadre du fonctionnement du TPI d'Abidjan, n'est opposable qu'aux magistrats et ne saurait, dès lors, concerner les justiciables surtout qu'elle ne renferme aucune disposition d'ordre général ayant force de loi. Ainsi, du fait, de son inopposabilité aux tiers, c'est à tort que le premier juge s'est fondé sur cette ordonnance pour déclarer nulle la saisie conservatoire pratiquée le 25 août 2003. Il s'ensuit que c'est à tort que le premier juge a déclaré nulle la saisie conservatoire pratiquée ; statuant à nouveau, sa décision doit être infirmée et la demande de mainlevée rejetée (CA Abidjan, n° 193, 3-2-2004 : Y. D. c/ S. Z., Ohadata J-04-493).

Constitue une violation de l'article 61 de l'AUPSRVE, pouvant être relevée d'office et donner lieu à cassation, le fait pour une cour d'appel de s'être abstenue de constater la caducité d'une saisie pratiquée le 17 novembre 2010, alors qu'au 20 novembre 2012, date de l'arrêt querellé, le saisissant n'avait pas encore accompli les formalités nécessaires à l'obtention d'un titre exécutoire, la seule procédure engagée ayant été l'ordonnance rendue le 13 décembre 2010 mais rétractée par un jugement du 30 mars 2012. Sur l'évocation, il y a lieu de dire que la saisie est caduque et sa mainlevée doit être ordonnée, lorsque les ordonnances d'injonction de payer l'ayant fondée ont été rétractées sans qu'aucune autre procédure ultérieure n'ait été engagée en vue de l'obtention d'un titre exécutoire pour la conversion de la saisie-conservatoire (CCJA, 2e ch., n° 006, 21-1-2016 : Côte d'Ivoire TELECOM c/ Sté Groupe Darats, Sté Ivoirienne de Banques dite SIB, Ohadata J-16-215).

Lorsque le créancier saisissant verse aux débats la requête chapeautant l'ordonnance d'injonction de payer attestant de ce qu'il a introduit une procédure pour l'obtention d'un titre exécutoire, le moyen tiré de la violation de l'article 61 de l'AUPSRVE ne peut prospérer et l'action en mainlevée de la saisie doit être rejetée (TPI Douala-Ndokoti, ord. n° 151/05-06, 15-6-2006 : Sté INTERFACE SARL c/ F. M., Ohadata J-07-77).

Est infondé le moyen qui reproche à un arrêt attaqué d'avoir violé l'article 5, al. 2 et l'article 6, al. 2 et l'article 61 de l'AUPSRVE, en ce que le président du tribunal avait restitué à la créancière les pièces accompagnant sa requête aux fins d'injonction de payer, celle-ci devenant ainsi sans objet et que, entre le 20 juin et le 27 novembre 2013, aucune action n'a été entreprise pour l'obtention du titre exécutoire, alors qu'aux termes de l'article 61 de l'AUPSRVE, le créancier se devait, dans le mois qui suit la saisie, accomplir les formalités nécessaires à l'obtention du titre exécutoire (CCJA, 1e ch., no 070, 29-3-2018 : Sté Comptoir Papetier du Sénégal SA c/ Sté Africaine de Bois et 5 autres).

C'est en violation de l'article 61 de l'AUPSRVE qu'une cour d'appel a affirmé, pour confirmer en toutes ses dispositions et par substitution de motifs l'ordonnance du juge des référés, qu'il ne résulte pas des pièces du dossier que la créancière, « qui a pratiqué les saisies sans titre exécutoire, a satisfait aux conditions de l'article 61 de l'Acte uniforme précité, notamment introduire une procédure ou accomplir les formalités nécessaires à l'obtention d'un titre exécutoire », alors que la créancière produit notamment, au soutien de son recours, des récépissés de remise de protêts faute de paiement revêtus de la formule exécutoire, un exploit de signification desdits protêts et un certificat de non opposition ; qu'il est établi que la créancière a introduit une instance en paiement devant le tribunal de commerce qui a sursis à statuer en attendant l'issue d'une action pénale introduite pour faux et usage de faux. L'arrêt encourt la cassation sans qu'il soit besoin d'examiner les autres branches du moyen (CCJA, 1e ch., no 082, 27-4-2017 : BSIC-C c/ CDCI).

1o Validité de la recherche commencée avant le point de départ du délai

La recherche d'un titre exécutoire engagée avant que ne commence à courir le délai d'un mois prévu à l'article 61 de l'AUPSRVE répond bien aux conditions posées par cette disposition. Il en est ainsi de la requête introduite par la créancière aux fins d'obtenir une condamnation définitive de ses débiteurs par injonction de payer, même si elle est antérieure à la saisie conservatoire (CCJA, 2e ch., no 015/2013, 7-3-2013 : Sté EIVMEL SARL et SIBI Moussa c/ Sté Générale de Banques en Côte d'Ivoire (SGBCI), Rec. jur. CCJA, no 20, vol. 2, janv.-déc. 2013, p. 34-35, Ohadata J-15-15).

2o Caractère inopérant de la « justification d'un titre exécutoire » mentionnée par erreur

C'est à tort qu'il est reproché à un arrêt d'avoir déclaré une saisie conservatoire caduque aux motifs que depuis la date de la saisie conservatoire, les créanciers saisissants ne justifient d'aucun titre exécutoire, sans vérifier si des procédures en vue de l'obtention du titre exécutoire avaient été dûment initiées par les saisissants. Il en est ainsi car si l'arrêt querellé mentionne à tort « la justification d'un titre exécutoire », il reste que les saisissants ne rapportent nullement la preuve qu'ils ont introduit une procédure dans le délai d'un mois prévu par l'article 61 de l'AUPSRVE ; en substituant ce motif de pur droit au motif erroné, le moyen doit être rejeté (CCJA, 3e ch., no 077, 29-3-2018 : Martial Duparc et une autre c/ Sté SCB).

3o Caractère inopérant de l'omission de répondre à la caducité en raison de l'irrecevabilité de l'action en annulation de la vente

C'est à tort qu'il est reproché à un arrêt attaqué d'avoir omis de répondre à des chefs de demande, en ce que la cour d'appel n'a pas statué sur la caducité d'une saisie conservatoire dont la requérante avait relevé la caducité, faute d'avoir été initiée dans le mois la procédure tendant à l'obtention du titre exécutoire, dès lors qu'en déclarant irrecevable, sur le fondement de l'article 144 de l'AUPSRVE, l'action en annulation de la vente, la cour d'appel a implicitement répondu sur la caducité de la saisie conservatoire qui ne pouvait plus, à l'étape de la procédure où la vente était déjà effective et le prix de celle-ci remis au créancier saisissant, être débattue, car étant devenue sans objet. Pour les mêmes motifs que ceux ayant prévalu au rejet du quatrième moyen, il convient de dire non fondé le cinquième moyen, qui reproche à l'arrêt attaqué d'avoir violé les articles 5, al. 2, 6, al. 2 et 61 de l'AUPSRVE, en ce que le président du tribunal régional hors classe de Dakar avait restitué à la SAB les pièces accompagnant sa requête aux fins d'injonction de payer, celle-ci devenant ainsi sans objet et que, entre le 20 juin et le 27 novembre 2013, aucune action n'a été entreprise pour l'obtention du titre exécutoire, alors qu'aux termes de l'article 61 de l'Acte uniforme précité, le créancier se devait, dans le mois qui suit la saisie, accomplir les formalités nécessaires à l'obtention du titre exécutoire (CCJA, 1e ch., no 070, 29-3-2018 : Sté comptoir papetier du Sénégal SA c/ Sté africaine de bois et 5 autres).

B. Recherche non nécessaire pour le créancier muni de la grosse notariée d'une convention d'ouverture de crédit

Le créancier muni de la grosse notariée d'une convention d'ouverture de crédit n'a plus besoin d'accomplir les formalités de l'article 61, bien qu'ayant obtenu une autorisation judiciaire de saisir (CCJA, 1e ch., 223, 29-11-2018 : BSIC Sénégal SA c/ BOA Sénégal).

C. Modalités de la recherche d'un titre exécutoire

1o Obligation d'initier l'action dans le mois suivant la saisie

Les dispositions de l'article 61 font seulement obligation au créancier saisissant ne disposant pas de titre exécutoire, d'agir dans le mois qui suit la saisie pour l'obtention d'un titre à peine de voir déclarer sa saisie caduque. En l'espèce, le créancier qui, après avoir opéré la saisie conservatoire le 26 janvier 2001, avait assigné afin d'obtenir un jugement et la conversion de la saisie en saisie-vente dès le 7 février 2001, a satisfait aux prescriptions de l'article 61 dont la violation, contrairement à la prétention du défendeur, n'est pas sanctionnée par une nullité mais rend tout simplement la procédure caduque. Dans ces conditions, la nullité de ce chef sera rejetée (TR Niamey, n° 435, 3-10-2001 : H. Y. c/ B. M. A., Ohadata J-02-70 ; obs. J. Issa-Sayegh).

2° Impossibilité de recourir à une instance en validité

L'instance en validité n'a plus cours, le créancier saisissant devant par application des articles 228 et 61 de l'AUPSRVE introduire une procédure ou accomplir les formalités nécessaires dans le mois qui suit la saisie, en vue de l'obtention d'un titre exécutoire (TGI Douala (Cameroun), n° 02, 4-10-2004 : Sté KOA FOUDA c/ Ets SAAD et Sté SOLET, Ohadata J-12-221).

3° Possibilité d'initier la recherche d'un titre exécutoire avant la saisie

L'article 61 de l'AUPSRVE n'exclut pas la possibilité que la procédure pour l'obtention du titre exécutoire ait été introduite avant la saisie conservatoire. La caducité ne peut concerner les procédures initiées avant la saisie conservatoire et dont ladite saisie tend à garantir le recouvrement des condamnations (TGI Ouagadougou, n° 30, 4-2-2004 : O. I. c/ O. D., Ohadata J-05-220).

4° Recours à la loi nationale pour la détermination des formalités relatives à l'obtention d'un titre exécutoire

Le législateur OHADA, qui n'a pas légiféré sur la procédure à introduire ou les formalités à accomplir pour l'obtention du titre exécutoire, laisse la latitude au créancier de se référer à la loi nationale à cet effet (CA Ouest (Cameroun), n° 75/CIV, 11-6-2008 : N. B. c/ T. M., Ohadata J-10-144).

Relativement aux modalités de la recherche d'un titre exécutoire, le législateur OHADA qui n'a pas légiféré sur la procédure à introduire ou les formalités à accomplir pour l'obtention du titre exécutoire préconisées par l'article 61 de l'AUPSRVE, laisse la latitude au créancier de se référer à la loi nationale à cet effet. En l'espèce, aux termes de l'article 334 du Code ivoirien de procédure civile, commerciale et administrative « les décisions rendues par les juridictions ivoiriennes et les actes authentiques passés en Côte d'Ivoire sont exécutoires sur tout le territoire de la République. Ils doivent à cet effet, sauf exception prévue par la loi, être revêtus de la formule exécutoire ». L'article 259 dudit Code ivoirien de procédure civile dicte la formule exécutoire à apposer lorsque le titre doit être exécuté contre des personnes de droit privé et l'article 262 du même Code ivoirien de procédure civile attribue la compétence d'apposition de la formule exécutoire en ces termes : « La formule exécutoire est dans tous les cas signée du greffier ou du notaire dépositaire de la minute, revêtue du sceau de la juridiction ou de l'étude ; il y fait mention de la date de sa délivrance et de la personne à qui le titre est remis ». La créancière ayant a entamé une procédure devant le tribunal de commerce d'Abidjan pour obtenir un titre exécutoire, et ayant concomitamment, accompli d'autres formalités qui ont abouti aux protêts, à leur signification et à leur dépôt au greffe dont il a obtenu la formule exécutoire, la lecture combinée des articles 55 et 61 de l'AUPSRVE, 259, 262 et 334 du Code ivoirien de procédure civile, commerciale et administrative, permet d'établir que la formule exécutoire délivrée par le greffier en chef du tribunal de commerce d'Abidjan sur chacun des protêts faute de paiement, actes authentiques dressés par huissier, confère à ces protêts le caractère de titre exécutoire. C'est donc bien sur le fondement d'un titre exécutoire que la créancière a procédé aux saisies conservatoires de créances et à leur conversion en saisies-attribution de créances. Il y a donc lieu d'infirmer l'ordonnance de référé querellée, de dire et juger que les protêts faute de paiement des lettres de change, revêtus de la formule exécutoire, sont des titres exécutoires, de déclarer en conséquence valables les saisies conservatoires de créances des 4 et 12 novembre 2013 et leur conversion en saisies-attribution de créances qui produiront leur plein effet juridique (CCJA, 1e ch., n° 082, 27-4-2017 : BSIC-C c/ CDCI).

5° Action aux fins de voir nommer un expert : non assimilable à la recherche d'un titre exécutoire

L'action ayant pour objet de « voir nommer un expert (…) pour faire le compte entre les membres [d'un GIE] » n'est pas une procédure de recherche d'un titre exécutoire devant valider une saisie conservatoire. C'est donc par une saine appréciation des faits et une exacte application de l'article 61 de l'AUPSRVE qu'un juge de l'exécution a retenu « qu'à ce jour, [le demandeur] n'a ni introduit une procédure ni accompli les formalités nécessaires à l'obtention d'un titre exécutoire » et « que même le procès-verbal de conciliation est intervenu (…) plus de trois mois après la saisie », pour procéder à l'annulation de ladite saisie et sa conversion en saisie-vente ; l'ordonnance querellée doit donc être confirmée (CCJA, 3e ch., n° 233/2019, 10-10-2019 : Enge SARL c/ Société Ny-Wol SARL).

6° Mission de la juridiction saisie de la recherche

La saisie conservatoire est ouverte quelle que soit la nature de la créance, son origine contractuelle ou délictuelle important peu ; d'autre part, c'est dans le cadre de l'action en recherche du titre exécutoire que la juridiction compétente contrôle le bien-fondé de la créance alléguée ainsi que la régularité formelle de la procédure de saisie initiée en vue de son recouvrement. N'a donc pas donné de base légale à son arrêt la cour d'appel qui a déclaré l'action d'un créancier en recherche d'un titre exécutoire irrecevable, sans dire en quoi elle n'entrait pas dans les prévisions des dispositions précitées, exposant ainsi son arrêt à la cassation sans qu'il soit besoin d'examiner les autres moyens. Le tribunal saisi d'une action en recherche de titre exécutoire, par un présumé créancier démuni de celui-ci, ayant une saisie conservatoire, a pour mission de vérifier la régularité de ladite saisie ; il doit vérifier l'existence de la créance invoquée (CCJA, 1e ch., no 165/2020, 14-5-2020 : Dial BTP SARL c/ Somilo).

D. Utilisation, par le tiers saisi poursuivi en paiement, de l'exigence d'un titre exécutoire

Le tiers saisi peut être admis à contester la régularité d'une saisie conservatoire, notamment lorsqu'il est poursuivi en paiement des causes de celles-ci (CCJA, 1e ch. no 126, 29-10-2015 : Sté Douala International Terminal (DIT) c/ Sté Nimbah Trading, Ohadata J-16-119).

Mais c'est à tort qu'un tiers saisi conclut au rejet de la demande de la créancière tendant à obtenir paiement des causes de la saisie, aux motifs qu'il jouit d'un droit de rétention sur les sommes se trouvant entre ses mains et que la saisie invoquée par l'intimée est devenue caduque par l'effet de l'article 61 de l'AUPSRVE, dès lors que d'une part, c'est après la conversion par la créancière de sa saisie en saisie-attribution de créances, que le tiers-saisi a pratiqué entre ses mains la saisie qu'elle invoque et qui n'est pas de nature à influencer le transfert des sommes saisies au profit de la créancière saisissante qui a droit au paiement conformément à l'article 164 de l'AUPSRVE ; et que d'autre part, munie de la grosse notariée d'une convention d'ouverture de crédit, la créancière n'avait plus besoin d'accomplir les formalités de l'article 61 précité, bien qu'ayant obtenu une autorisation judiciaire de saisir (CCJA, 1e ch., 223, 29-11-2018 : BSIC Sénégal SA c/ BOA Sénégal).

E. Délivrance d'un titre exécutoire

Le débiteur poursuivi doit être condamné au paiement lorsqu'il ne produit aucune pièce pour étayer la transaction qu'il allègue et que le créancier poursuivant a établi sa créance (T. com. Pointe-Noire (Congo), no 003, 23-1-2008 : SCAB-CONGO SA c/ Sté AFRIC, Ohadata J-13-128).

F. Refus de délivrance d'un titre exécutoire

C'est à juste titre que les premiers juges ont rejeté l'action en recherche d'un titre exécutoire initiée par l'intimée qui tendait en réalité à l'indemnisation de celle-ci pour la perte de son navire, dès lors que la responsabilité de l'appelante n'a pas été établie au regard du droit maritime applicable en l'espèce (CA Pointe-Noire (Congo), no 033, 28-3-2008 : Sté Panalpina Transports Mondiaux c/ Port Autonome de Pointe-Noire, Ohadata J-13-124).

G. Possibilité d'avoir un titre exécutoire avant la saisie

L'article 61 de l'AUPSRVE, qui sanctionne par la caducité, la saisie conservatoire en l'absence de l'obtention de titre exécutoire dans le mois de ladite saisie, n'exclut pas la possibilité d'avoir un titre exécutoire avant la saisie. En l'espèce, les saisies ayant été pratiquées les 8, 9, 10, 14, 15,16 et 17 juin 2011 sur autorisation du tribunal, la cour d'appel n'a en rien violé l'article visé au moyen en retenant que la créancière disposait déjà, avant la saisie, d'un titre exécutoire constitué de la grosse notariale d'ouverture de crédit des 6 et 8 octobre 2010 (CCJA, 3e ch., no 133, 7-7-2016 : Bank of Africa Sénégal c/ BSIC Sénégal SA, ATEX COMMODITIES SA, Ohadata J-17-74).

II. Défaut de communication des pièces au tiers saisi dans le délai imparti

Absence de caducité. Il ressort de l'article 61 de l'AUPSRVE que le législateur communautaire n'a voulu sanctionner de caducité que l'absence d'instance au fond ou de formalités nécessaires à l'obtention d'un titre exécutoire dans le mois de la saisie pratiquée sans titre exécutoire. S'il est vrai qu'obligation est faite au saisissant de communiquer au tiers saisi les copies des pièces justifiant de ces diligences dans un délai de huit jours, aucune sanction n'est cependant prévue en cas d'inobservation de ladite formalité. De même qu'il n'y a de nullité sans texte de loi, de même il ne saurait y avoir de caducité sans texte. En se bornant, par analogie, à vouloir sanctionner de caducité une formalité non sanctionnée par le législateur communautaire, la requise se trouve mal fondée en sa demande et doit en être déboutée (TPI Lomé (Togo), ch. civ. et com., no 1970/09, 3-7-2009 : Sté IBERDIGEST SARL c/ Sté TOGO LUXE SARL, Ohadata J-11-11).

JURISPRUDENCE COMPARÉE

France

A. Existence d'une procédure

Une procédure a été introduite si le créancier a, dans le délai d'un mois, assigné le débiteur :
– en référé-provision (Cass. civ. 18-2-1999 : D. 2000.813 note Hoonakker) ;
– par une plainte avec constitution de partie civile qui constitue la mise en œuvre d'une procédure destinée à l'obtention du titre exécutoire, lorsqu'elle permet au plaignant d'obtenir des dommages-intérêts (Cass. 2e civ. 30-3-2000 : Bull. civ. II no 58) ;
– devant une juridiction incompétente (Cass. 2e civ. 3-4-2003 no 377 : RJDA 8-9/03 no 885).

B. Délai

1o Action dans le délai

Les formalités en vue de l'obtention d'un titre exécutoire ont été introduites dans le délai :
– dès lors que le créancier a introduit une procédure en vue de l'obtention d'un titre exécutoire ; il n'est pas exigé qu'il ait obtenu, dans ce délai, le titre lui-même (CA Rouen, 2e ch. civ., 18-1-1996 : RJDA 8-9/96 no 1086 et sur pourvoi Cass. 2e civ., 18-2-1999 D. 2000.813 note Ph. Hoonakker) ;
– lorsque l'affaire a été portée au fond devant le tribunal qui s'est estimé incompétent et a transmis le dossier à la nouvelle juridiction désignée par lui, car il faut admettre que c'est l'instance introduite dans les délais devant le premier juge qui se poursuit et que les formalités nécessaires à l'obtention d'un titre engagées à temps sont toujours en cours et n'ont pas été interrompues (TGI Paris, juge exéc., 25-9-1997 : GP 1998.som.369) ;
– lorsque, en vue d'établir le titre de sa créance, l'administration fiscale a notifié à la société, dont les biens avaient été l'objet d'une mesure conservatoire, dans le mois d'exécution de cette mesure, l'ouverture de la procédure en vérification de sa comptabilité (Cass. 2e civ. 4-10-2001 : JCP 2002.II.10023 note H. Croze et Cl. Masson).

a. Inaction dans le délai

Les formalités en vue de l'obtention d'un titre exécutoire n'ont pas été introduites dans le délai :
– lorsque le juge des référés saisi d'une demande de provision en vue d'obtenir un titre exécutoire a déclaré n'y avoir lieu à référé, car cette « procédure » quoiqu'introduite par le créancier dans le délai, s'assimile alors à une absence de procédure au sens de l'article 285 du décret 92-755 qui impose ce délai (CA Paris, 14e ch. C, 17-2-1995 : D. 1997.464 note Ph. Hoonakker) ;
– lorsque les mesures prises par le créancier ne tendent pas à saisir un juge apte à déclarer la créance fondée ou à obtenir directement un titre exécutoire.

Ne répondent pas à ces exigences :
1. le dépôt d'une plainte pénale en ce qu'elle tend uniquement à la mise en mouvement de l'action publique pour la constatation et la répression d'une infraction (CA Versailles, 14e ch., 19-12-1997 : GP 1998.som.535, déclarant caduque l'inscription provisoire d'hypothèque qui avait été accompagnée des mesures conservatoires ; dans le même sens, Cass. com. 27-6-2000 : Rev. dr. banc. 2000.362 no 237) ;
2. la plainte avec constitution de partie civile déposée contre personne non dénommée, dès lors qu'elle n'implique pas que les dommages-intérêts susceptibles d'être obtenus par le créancier soient à la charge du débiteur (Cass. 2e civ. 21-11-2002 no 1141 : D. 2002.IR.3246 ; Bull. civ. II no 267) ;
3. le recours à la procédure d'injonction de payer, exorbitante du droit commun, à moins que l'ordonnance et sa signification interviennent elles-mêmes dans le délai imparti, car l'exigence faite d'introduire une procédure dans le délai d'un mois suppose qu'une assignation soit délivrée au débiteur saisi dans ce délai, afin de permettre à celui-ci de connaître les motifs invoqués au soutien de la mesure dont il doit pouvoir éventuellement rapidement contester la régularité (TGI Carpentras, juge de l'exécution, 20-1-1999 : Bull. inf. C. cass. 1999 no 785) ;
4. la demande d'une mesure d'instruction, même satisfaite (CA Aix-en-Provence, 15e ch., 22-5-2002 no 606 : Bull. d'Aix 2002-2.238. S. 17 obs. C. Guidotlorio).

b. Conséquences de l'inaction dans le délai

Le créancier qui n'a pas agi dans le délai prescrit ne peut pas prétendre à une deuxième saisie (TGI Nice 20-4-1994 : D. 1994.som.347 obs. Julien).

Les opérations de saisie réalisées par un huissier de justice après l'expiration du délai imparti par le juge, n'ont plus de fondement juridique, l'autorisation donnée par ce dernier étant devenue caduque (Cass. 2e civ. 14-12-2006 no 04-20673 : Bull. civ. II no 353).

2o Saisie pratiquée dans les mains d'un tiers

a. Qualité de tiers

Par tiers, il y a lieu d'entendre ici toute personne qui se trouve dans un rapport de droit avec le débiteur et à qui la mesure conservatoire pratiquée impose des obligations car une telle personne a intérêt à savoir si le créancier a effectué, dans les délais impartis, les diligences requises par la loi (Avis C. cass. 24-1-1994 : JCP G 1995.II.22392 note Dagot et Malbosc-Cantegril).

b. Signification dans les huit jours au tiers non requise en cas d'assignation au fond avant la saisie conservatoire

Si l'assignation au fond a eu lieu avant la saisie conservatoire et que le tiers saisi en a été averti, il importe peu que la dénonciation de cette assignation soit faite après l'expiration du délai de huit jours, car, cette assignation ayant été délivrée avant la saisie conservatoire et le délai de huit jours courant à compter du jour de l'assignation, il est impossible que cette dernière soit dénoncée dans les huit jours de sa date (TGI Paris 28-9-1998 : GP 1998.som.559 ; TGI Paris 14-12-1998 : GP 2000.som.872).

c. Irrecevabilité de l'exception de caducité

Le tiers saisi ne peut pas invoquer les causes de caducité tenant à la signification à laquelle il a droit, dès lors que le créancier lui a signifié un acte de conversion de la saisie conservatoire en saisie-attribution (Cass. civ. 10-12-1998 : Bull. civ. II n° 299).

Chapitre II
LES CONTESTATIONS

Art. 62 [mod.] Même lorsqu'une autorisation préalable n'est pas requise, la juridiction compétente peut, à tout moment, sur la demande du débiteur, le créancier entendu ou appelé, donner mainlevée de la mesure conservatoire si le saisissant ne rapporte pas la preuve que les conditions prescrites par les articles 54, 55, 59, 60 et 61 *du présent Acte uniforme* sont réunies.

JURISPRUDENCE OHADA

I. Qualité pour soulever des irrégularités

Absence de qualité du tiers saisi. Le tiers saisi n'a pas qualité pour soulever les contestations prévues par l'article 62 de l'AUPSRVE, cette qualité appartenant au seul débiteur (TGI Ouagadougou, n° 30, 4-2-2004 : O. I. c/ O. D., Ohadata J-05-220). Selon l'article 62 [de l'AUPSRVE], seul le débiteur peut contester la saisie pratiquée en appelant le créancier, pour prouver que les conditions de la saisie conservatoire prévues aux articles 54, 55, 59, 60 et 61 du même Acte uniforme ne sont pas remplies. Le tiers saisi ne peut pas initier cette action en contestation et n'a pas le droit de soulever les irrégularités liées à la procédure. Cependant, aucun article de l'AUPSRVE n'interdit au tiers saisi assigné devant la juridiction compétente en condamnation au paiement des causes d'une saisie conservatoire sur des biens corporels sur le fondement de l'article 107 de l'AUPSRVE d'invoquer les irrégularités du procès-verbal de saisie ou les manquements de l'huissier instrumentaire lors de l'opération de saisie afin d'échapper à une éventuelle condamnation (CCJA, 3e ch., n° 096, 1-8-2014 : BAGUI Maleukeu Jeannette, DAHE Brigilie c/ CARENA SARL, Ohadata J-15-186).

II. Mainlevée de la saisie

A. Conditions de la mainlevée

Pour valablement rétracter l'ordonnance ayant autorisé une saisie conservatoire, le juge des référés doit démontrer que les conditions prévues par l'article 54 de l'AUPSRVE n'ont pas été remplies (CA Abidjan, réf n° 444, 24-4-2001 : C. U. T. c/ Sté Ash International, Ohadata J-02-107).

Mainlevée subordonnée à une consignation. La mainlevée d'une saisie conservatoire de créance peut être ordonnée contre consignation de la somme objet de la saisie (TRHC Dakar, ord. n° 287, 13-3-2000 : CEGES c/ Sté africaine dite EG Afrique, Ohadata J-05-80).

Lorsqu'un bailleur refuse de recevoir le paiement des loyers échus, le preneur est en droit de recourir à la procédure des offres réelles régie par les dispositions du Code civil national selon lesquelles l'acceptation des offres réelles par le tribunal vaut paiement. Il en résulte que la saisie conservatoire des meubles du locataire et sans objet et sa mainlevée doit être ordonnée (TPI Cotonou (Bénin), 1e civ., ord. réf. n° 165/02 – 1 CCIV, 18-4-2002 : K. F. c/ M. F., Ohadata J-10-08).

Obs. : en l'espèce, les articles 1257 et 1258 du Code civil béninois ont été appliqués.

B. Pas de délai pour une action en mainlevée

La cour d'appel qui, en application de l'article 62 de l'AUPSRVE, a rejeté la fin de non-recevoir tirée de la forclusion de l'action en mainlevée d'un débiteur saisi, en considérant que suivant cette disposition ladite action en mainlevée n'est enfermée dans aucun délai comme en matière de saisie-attribution de créances où ce délai est d'un mois à compter de la dénonciation, n'a introduit aucune contradiction entre les motifs et le dispositif de son arrêt (CCJA, 2e ch., n° 026/2021, 25-2-2021 : Gaz du Cameroun SA c/ Azur BTP SARL).

C. Décisions accordant la mainlevée

La mainlevée de la saisie conservatoire a été accordée lorsque :

– la décision ayant accordé la mainlevée de précédentes saisies au motif que la créance n'était pas en péril a été frappée d'appel et que la procédure était encore pendante devant la cour d'appel, le créancier ne pouvant pratiquer de nouvelles saisies sans violer l'autorité de la chose jugée même si cette autorité était relative (CA Abidjan, n° 929, 11-7-2003 : Me K. O. c/ SOPIM, Ohadata J-03-315 et J-04-94) ;

– la saisie conservatoire a été réalisée sur la base d'une ordonnance nulle et a été annulée, sans qu'il soit besoin d'examiner les autres moyens invoqués (TPI Douala-Ndokoti, ord. n° 117, 27-4-2006 : Hôtel Du Boulevard c/ Gic-Apro, Ohadata J-07-73) ;

– l'arrêt ayant ordonné la conversion d'une saisie conservatoire réalisée sans titre exécutoire a été annulé (CCJA, 3e ch., n° 21, 6-12-2011 : HOLZ IVOIRE c/ SITRANBOIS, Y, G, E G épse K., Juris-Ohada n° 2/2012, p. 23, Ohadata J-12-200) ; voir sous l'article 154.

– l'ordonnance ayant autorisé une saisie conservatoire effectuée sans que la preuve de la créance ait été rapportée a été rétractée, ladite saisie ayant été déclarée abusive, frustratoire, vexatoire et constituant une voie de fait (TPI Cotonou, 1e ch. civ., ord. réf. n° 72/03, 31-7-2003 : Sté UKACHI INTERNATIONAL COMPANY SARL c/ c. S. O., Ohadata J-05-309, obs. Ndiaw DIOUF).

D. Décision refusant la mainlevée

La mainlevée de la saisie conservatoire a été refusée lorsque la créancière avait déjà saisi le juge du fond de la validité de la saisie, saisine qui rendait le juge des référés incompétent, au risque de préjudicier au fond (TPI Yaoundé, ord. réf. n° 1135, 7-9-1999 : Sté GEACAM c/ B. V. (sic) et Standard Chartered Bank, Ohadata J-02-13, obs. J. ISSA-SAYEGH). Dans le même sens et constatant que le débiteur ne prouve pas le remboursement allégué (TPI Yaoundé, ord. réf. n° 403/C, 23-3-2000 : N. G. c/ B. M. M. Ohadata J-02-15 ; voir obs. J. ISSA-SAYEGH).

Art. 63 **La demande de mainlevée est portée devant la juridiction compétente qui a autorisé la mesure. Si celle-ci a été prise sans autorisation préalable, la demande est portée devant la juridiction du domicile ou du lieu où demeure le débiteur.**

Les autres contestations, notamment celles relatives à l'exécution de la mesure, sont portées devant la juridiction compétente du lieu où sont situés les biens saisis.

JURISPRUDENCE OHADA

I. Demande de mainlevée

A. Juridiction compétente

1° Cantonnement de la saisie conservatoire

S'il est constant que l'AUPSRVE, seule applicable, ne réglemente pas expressément la réduction ou le cantonnement de la saisie conservatoire, à l'instar de l'article 403 ancien du Code de procédure civile sénégalais, elle ne l'interdit pas. Et il ne peut être soutenu que le juge des référés ne peut ordonner le cantonnement de la saisie, alors qu'il n'est pas discuté qu'il conserve le pouvoir de rétracter l'autorisation de saisie, notamment pour violation de l'article 54, et d'en ordonner la mainlevée pure et simple, le cantonnement s'analysant en une simple rétractation partielle de l'autorisation de saisie (CA Dakar, n° 44, 19-1-2001 : MOULIN SENTENAC c/ M. H., Z. F., Ohadata J-06-55).

2° Clause attributive de compétence à un juge étranger

Si, d'une manière générale, une clause attributive de compétence est admise en droit sénégalais, dès lors qu'elle a été acceptée par les parties cocontractantes, que la juridiction en cas de litige y a été clairement indiquée et qu'elle ne porte pas atteinte à l'ordre public et aux bonnes mœurs, ses stipulations, par contre, restent sans effet sur la compétence du juge local dans tous les cas où ce dernier est appelé à statuer sur des questions relevant de l'urgence comme le référé ou portant sur des mesures devant être prises et exécutées dans son ressort territorial. Dès lors, le juge du tribunal régional de Dakar, dans le ressort duquel sont situés les comptes faisant l'objet d'une saisie conservatoire, est bien compétent pour connaître de la demande de mainlevée (CA Dakar, n° 44, 19-1-2001 : Sté SAGEM-SENEGAL c/ Sté ENGENEERING BETI SENEGAL, Ohadata J-06-54).

B. Cas d'incompétence

1° Juge dont le taux de compétence est inférieur à celui de la demande

Le juge des référés doit se déclarer incompétent lorsque le montant de la dette dépasse le seuil de sa compétence, selon la loi nationale. C'est donc en violation de sa compétence qu'un juge a autorisé une saisie conservatoire pour 1 500 000 FCFA alors que selon la loi nationale, le seuil de sa compétence était limité à 1 000 000. La mainlevée de la saisie doit être ordonnée et les parties renvoyées à mieux se pourvoir (TI Brazzaville, ord. réf., 7-5-2001 : Sté Grasset Sporafric c/ K. C., Ohadata J-02-75, obs. J. Issa-Sayegh).

2° Juge ayant épuisé sa saisine en rendant une décision

Le juge des référés ne peut pas, sans préjudicier au fond, connaître d'une action en mainlevée d'une saisie conservatoire lorsque le juge du fond est déjà saisi. En se reconnaissant compétent, il a outrepassé ses pouvoirs et sa décision doit être annulée (CA Abidjan, n° 404, 24-3-2000 : dame D. c/ R., Juris-Ohada, n° 2/2003, avr.-juin 2003, p. 41, note anonyme, Ohadata J-03-196).

3° Cour d'appel

Il ressort des dispositions combinées des articles 49 et 63 de l'AUPSRVE que « la juridiction compétente pour statuer sur tout litige ou demande relative à une mesure d'exécution forcée ou à une saisie conservatoire est le président de la juridiction statuant en matière d'urgence ou le magistrat délégué par lui » et que « la demande de mainlevée est portée devant la juridiction compétente qui a autorisé la mesure ». S'agissant d'une saisie conservatoire pratiquée sur autorisation du président du tribunal de commerce de Mbuji-Mayi, d'une contestation portée devant le tribunal de commerce de Mbuji-Mayi « siégeant en matière commerciale **au premier degré** », lequel a rendu le jugement objet de l'appel, c'est en violation des articles 62, 63 et 49 de l'AUPSRVE que la cour d'appel « siégeant en matière civile et commerciale **au second degré** » dans sa formation régulière a statué sur ladite contestation, alors qu'au sens de l'article 49 précité, le juge compétent en la cause est le président de la juridiction statuant en matière d'urgence ou le magistrat délégué par lui, exposant sa décision à la cassation de ce seul chef. Sur l'évocation et pour les mêmes motifs que ceux ayant entraîné la cassation de l'arrêt déféré, il y a lieu de relever d'office que c'est à tort que le tribunal de commerce de Mbuji-Mayi a retenu sa compétence en la cause et, en conséquence, d'annuler le jugement du 22 décembre 2016 attaqué et de renvoyer les parties à se pourvoir ainsi qu'elles aviseront (CCJA, 1e ch., n° 178/2019, 23-5-2019 : N. c/ Société Moison Congo).

II. Mise en œuvre de la mainlevée incombant au saisissant

En exécution de la mainlevée d'une saisie conservatoire, il appartient au saisissant de réintégrer à leur emplacement les équipements enlevés et d'en rapporter la preuve. La cour d'appel qui, pour infirmer partiellement le jugement déféré, a retenu que « monsieur [X.] ne rapporte pas la preuve de ce que depuis la mainlevée de la saisie conservatoire, ses biens ne se trouvent plus chez Me [Y.] qui avait été désigné en qualité de gardien » a procédé à un renversement de la charge de la preuve en violation de l'article 1315 du Code civil ivoirien, selon lequel « celui qui réclame l'exécution d'une obligation doit la prouver. Réciproquement, celui qui se prétend libéré, doit justifier le payement ou le fait qui a produit l'extinction de son obligation » ; sa décision doit être cassée (CCJA, 2e ch., n° 049/2017, 23-3-2017 : Corea Thierno c/ N'Diaye Patrick Blondin Derneville, Ohadata J-17-196).

Obs. : en l'espèce, l'article 63 de l'AUPSRVE n'a pas été expressément visé mais il est transposable.

III. Autres contestations

A. Contestations relatives à l'exécution de la saisie

Les contestations portant sur l'exécution de la saisie conservatoire d'un véhicule relèvent de la compétence du tribunal du lieu où se situe le véhicule (TGIHC Niamey (Niger), ord. réf. n° 174, 27-9-2005 : N. Elhadji A. c/ Elhadji L. T., Ohadata J-09-168).

B. Compétence du juge d'appel

L'ordonnance ayant ordonné la restitution d'un objet saisi sous astreinte comminatoire est susceptible d'appel et le juge est tenu, par l'effet dévolutif de l'appel, de rejuger en fait et en droit, la décision qui lui est déférée. Par le recours exercé aux fins de « rétracter » l'ordonnance de référé fixant une astreinte de 20 000 000 FCFA par heure de retard, l'appelante sollicitait la réformation, voire l'annulation de ladite ordonnance. La suppression de l'astreinte ordonnée étant bel et bien une réformation de l'ordonnance critiquée, la cour d'appel n'a ni statué ultra petita, ni violé les articles visés aux moyens ; il s'ensuit que les moyens ne sont pas fondés et doivent être rejetés (CCJA, n° 016/2009, 16-4-2009 : M. S. M. D. c/ SOGACA, Rec. jur. CCJA n° 13, janv.-juin 2009, p. 60, Ohadata J-10-65).

IV. Impossibilité pour le tiers saisi de contester la saisie

Les articles 79, 63, al. 2 et 170, al. 2 et 3 de l'AUPSRVE sont respectivement relatifs au contenu de l'acte de dénonciation d'une saisie conservatoire au débiteur, à la juridiction compétente en cas de contestations autres que la mainlevée et à l'appel du tiers saisi aux fins de déclaration de jugement commun. Aucune de ces dispositions ne confère au tiers saisi la faculté de contester la saisie et tout moyen formulé dans ce sens est mal fondé et doit être rejeté (CCJA, 3e ch., n° 080, 29-3-2018 : ORABANK BURKINA SA c/ SAMTRAFOU SARL).

Jurisprudence comparée

France
Mainlevée de la saisie conservatoire

Prononcé. La mainlevée peut être accordée, même lorsqu'une autorisation préalable n'est pas requise, si la créance ne paraît pas fondée en son principe (TGI Lyon 23-11-1993 : D. 1994.IR.20). Mais le juge de l'exécution doit se borner à rechercher ce fondement : il ne peut prononcer condamnation au paiement de la créance à garantir (CA Versailles 4-5-1994 : D. 1994.IR.149).

Chapitre III

LA SAISIE CONSERVATOIRE DES BIENS MEUBLES CORPORELS

Section I • *LES* OPÉRATIONS DE SAISIE

Art. 64 [mod.] Après avoir rappelé au débiteur qu'il est tenu de lui indiquer les biens qui auraient fait l'objet d'une saisie antérieure et de lui en communiquer le procès-verbal, l'huissier *de justice* ou l'*autorité chargée de l'*exécution dresse un procès-verbal de saisie qui contient, à peine de nullité :

1) la mention de l'autorisation de la juridiction compétente ou du titre en vertu duquel la saisie est pratiquée ; ces documents sont annexés à l'acte en original ou en copie certifiée conforme ;

2) les noms, prénoms et domiciles du saisi et du saisissant ou, s'il s'agit de personnes morales, leurs *dénomination,* forme et siège social ;

3) élection de domicile dans le ressort territorial juridictionnel où s'effectue la saisie si le créancier n'y demeure pas ; il peut être fait, à ce domicile élu, toute signification ou offre ;

4) la désignation détaillée des biens saisis ;

5) si le débiteur est présent, sa déclaration au sujet d'une éventuelle saisie antérieure sur les mêmes biens ;

6) la mention, en caractères très apparents, que les biens saisis sont indisponibles, qu'ils sont placés sous la garde du débiteur ou d'un tiers désigné d'accord parties ou, à défaut par la juridiction *compétente* statuant *sur requête et à bref délai*, qu'ils ne peuvent être ni aliénés ni déplacés *sans les conditions prévues* par l'article *67-1 du présent Acte uniforme*, sous peine de sanctions pénales, et que le débiteur est tenu de faire connaître la présente saisie à tout créancier qui procéderait à une nouvelle saisie sur les mêmes biens ;

7) la mention, en caractères très apparents, du droit qui appartient au débiteur, si les conditions de validité de la saisie ne sont pas réunies, d'en demander la mainlevée à la juridiction compétente ;

8) la désignation de la juridiction devant laquelle seront portées les autres contestations, notamment celles relatives à l'exécution de la saisie ;

9) l'indication, le cas échéant, des noms, prénoms et qualités des personnes qui ont assisté aux opérations de saisie, lesquelles doivent apposer leur signature sur l'original et les copies ; en cas de refus, il en est fait mention dans le procès-verbal ;

10) la reproduction des dispositions pénales sanctionnant le détournement d'objets saisis ainsi que de celles des articles 62 et 63 *du présent Acte uniforme*.

Il peut être fait application des dispositions de l'article 45 *du présent Acte uniforme.*

JURISPRUDENCE OHADA

I. Nullité de la saisie pour défaut de mentions requises

L'acte de saisie conservatoire omettant des mentions requises par l'article 64 de l'AUPSRVE est nul (CA Niamey (Niger), n° 09, 7-2-2006 : B. M. A. c/ H. Y., Ohadata J-10-228).

La nullité de la saisie conservatoire est encourue lorsque :

– la personne morale qui procède à une saisie conservatoire n'indique pas dans le procès-verbal de saisie sa forme, sa dénomination, et son siège social. Le moyen selon lequel elle ne serait qu'un établissement ne constituant pas une personne morale est inopérant lorsqu'il ressort du procès-verbal de saisie que le créancier saisissant est une société d'achat de produits café-cacao et divers. S'agissant donc d'une société commerciale au sens de l'article 6, al. 1 de l'AUSCGIE, aux termes desquels le caractère commercial d'une société est déterminé par sa forme ou son objet, c'est en violation de l'article 64, al. 2 de l'AUPSRVE qu'elle a omis d'indiquer sa forme juridique dans le procès-verbal de saisie conservatoire. Par conséquent, le jugement ayant annulé le procès-verbal de saisie doit être confirmé (CA Daloa, ch. civ. et com., n° 198, 27-7-2005 : AF c/ AD., Juris-Ohada, n° 2/2006, p. 48, Ohadata J-07-05) ;

Voir sous l'AUSCGIE, art. 6 al. 1.

– le domicile et l'élection de domicile du saisissant ont été omis dans l'acte de saisie et c'est à tort qu'un juge a validé ladite saisie conservatoire qui avait au préalable été déclarée nulle par le juge des référés pour violation de l'article 64 de l'AUPSRVE pour les mêmes motifs (CA Ouagadougou, civ. et com., n° 50, 6-6-2003 : W. D. c/ C. G., Ohadata J-04-373) ;

– le créancier saisissant a élu domicile en sa propre demeure alors que la saisie s'est effectuée dans le ressort territorial d'une autre juridiction (CA Daloa, n° 3, 9-1-2002 : Z. c/ G., Juris-Ohada n° 1/2004, janv.-mars 2004, p. 66, Ohadata J-04-175 ; CA Abidjan, n° 39, 13-1-2004 : T. A. c/ A. P., Ohadata J-04-490) ;

– le procès-verbal de saisie conservatoire ne contient pas la reproduction des dispositions pénales sanctionnant le détournement d'objets saisis ainsi que celles des articles 62 et 63 de l'AUPSRVE, comme l'exige l'article 64 de l'AUPSRVE (TPI Bouaké, ord. n° 32, 22-3-2000 : J.A.B. c/ K., G.K.S et S.F., Bulletin Juris-Ohada, n° 3/2002, juill.-sept. 2002, p. 49, Ohadata J-02-145, note anonyme) ;

– les procès-verbaux de saisie conservatoire ne mentionnent pas, en caractères apparents, le droit du débiteur, si les conditions de validité de la saisie ne sont pas réunies, d'en demander la mainlevée à la juridiction compétente du lieu de son domicile ainsi que la désignation de la juridiction devant laquelle seront portées les autres contestations ; la mainlevée de la saisie réalisée doit être ordonnée (TPI Cotonou (Bénin), 1e civ., ord. réf. n° 217/02-1CCIV, 7-11-2002 : Sté YAHIK INTER COMPANY-SARL c/ Sté VAN AERT WORLDWIDE TRADING, Ohadata J-10-06) ;

– l'acte de saisie conservatoire ne contient pas les mentions requises aux numéros 5, 6, 7, 8, 9 et 19 de l'article 64 de l'AUPSRVE (CA Niamey (Niger), n° 09, 7-2-2006 : B. M. A. c/ H. Y, Ohadata J-10-228).

Il ressort de l'article 64 de l'AUPSRVE que l'indication dans le procès-verbal de saisie des noms, prénoms et qualités des personnes qui ont assisté aux opérations de saisie est requise à peine de nullité dudit procès-verbal. Ces qualités ressortent de l'article 44 du même Acte uniforme applicable à toutes les saisies. En l'espèce, le procès-verbal qui mentionne qu'une saisie conservatoire de biens meubles corporels a été pratiquée en présence de [Y.] sans aucune mention relative à son âge, à ses liens de parenté, d'alliance ou de service avec les parties encourt la nullité dès lors qu'il ne permet pas d'apprécier si le témoin est majeur ni s'il a des liens de parenté, d'alliance ou de service avec l'une des parties ; en conséquence, la mainlevée de la saisie conservatoire pratiquée doit être ordonnée (CCJA, 3e ch., n° 049/2021, 8-4-2021 : Maître Kouoseu Jeanne c/ N.).

Nécessité d'ordonner la mainlevée d'une saisie annulée. Le juge qui annule une saisie doit ipso facto en ordonner la mainlevée ; à défaut il y a contrariété de jugements. La cour d'appel doit infirmer l'ordonnance querellée en ce qu'elle a déclaré nulles les opérations de saisie et les a maintenues à contrario. Statuant à nouveau, il convient de déclarer nulles les opérations de saisie et d'en ordonner la mainlevée (CA Pointe Noire (Congo), n° 60, 24-11-2000 : Sté S.T.S. c/ R. M., Ohadata J-13-130).

II. Désignation d'une juridiction incompétente

L'acte d'assignation à comparaître devant un juge du tribunal de commerce statuant en son cabinet, suivi d'un avenir d'audience invitant le défendeur à comparaître devant le tribunal de commerce, a désigné une juridiction incompétente pour les contestations d'une saisie conservatoire (T. com. Ouagadougou, n° 014, 13-9-2017 : PNBF SARL c/ Sanga Mady, http://tribunal-commerce.justice.gov.bf/download/jugement-n017-du-18-1-2017-societe-pnbf-sarl-contre-sanga-mady/).

III. Mentions non requises

Intitulé de l'Acte uniforme visé. L'omission, dans un procès-verbal de saisie conservatoire, de l'Acte uniforme dont certains articles sont visés, n'entraîne la nullité du procès-verbal, dès lors qu'elle n'est assortie d'aucune sanction par les textes et que l'ordonnance autorisant la saisie vise déjà l'AUPSRVE (TPI Port-Gentil, ord. réf. n° 118/98-99, 26-8-1999 : STTP et P. J. c/ L. K. A., Ohadata J-02-153).

IV. Qualité pour agir

La production d'un extrait des statuts d'une SARL par son gérant satisfait les exigences de l'art. 64 al. 2 de l'AUPSRVE et il y a lieu de rejeter comme non fondée la fin de non-recevoir pour défaut de qualité ou de capacité du demandeur (TPI Douala-Ndokoti, ord. n° 117, 27-4-2006 : Hôtel Du Boulevard c/ Gic-Apro, Ohadata J-07-73).

V. Désignation irrégulière d'un tiers comme gardien des biens saisis

Le fait de confier la garde des biens saisis à un tiers (l'Huissier instrumentaire en l'espèce) dans une ordonnance sur requête qui est par essence unilatérale, alors que la saisie a été pratiquée en présence du débiteur qui aurait dû être constitué gardien prouve que le consensus préalable entre les parties requis par l'article 64, al. 6 de l'AUPSRVE n'a pas été observé, un tiers ne pouvant être désigné gardien qu'à défaut de consensus entre le créancier saisissant et le débiteur saisi. Il en résulte que la demande de suspension de l'exécution de la décision ayant ordonné l'annulation du procès-verbal de saisie conservatoire doit être rejetée (CA Centre (Cameroun), ord. 90/CED, 25-3-2011 : P. T. c/ N. K. J., Ohadata J-12-69, J-13-206).

Art. 65 [mod.] Si le débiteur est présent aux opérations de saisie, l'huissier *de justice* ou *l'autorité chargée de l'*exécution lui rappelle verbalement le contenu des mentions *des* 6) et 7) de l'article 64 *du présent Acte uniforme*.

Une copie du procès-verbal portant les mêmes signatures que l'original lui est immédiatement remise ; cette remise vaut signification.

Lorsque le débiteur n'a pas assisté aux opérations de saisie, une copie du procès-verbal lui est signifiée, en lui impartissant un délai de huit jours pour qu'il porte à la connaissance de l'huissier ou de l'agent d'exécution, toute information relative à l'existence d'une éventuelle saisie antérieure et qu'il lui en communique le procès-verbal.

JURISPRUDENCE OHADA

I. Irrégularité non sanctionnée par la nullité : non-lecture par l'huissier des 6e et 7e de l'article 64

L'omission, par l'huissier de rappeler verbalement au saisi le contenu des mentions des 6e et 7e de l'article 64 de l'AUPSRVE n'est sanctionnée par la nullité que si celui qui s'en prévaut prouve le grief qui lui a été causé (TR Niamey, n° 435, 3-10-2001 : H. Y. c/ B. M. A., Ohadata J-02-70 ; obs. J. Issa-Sayegh).

Obs. : décision devant être considérée comme caduque ; voir à ce propos Mahutodji Jimmy Vital Kodo, L'application des Actes uniformes de l'OHADA, (Louvain-La-Neuve, Belgique, Academia-Bruylant, 2010), p. 124 et s.

II. Ratification de l'irrégularité par le débiteur

Signature du procès-verbal de saisie conservatoire. Lorsque les opérations de saisie ont débuté en l'absence du débiteur saisi mais que ce dernier, arrivé plus tard sur les lieux, y a assisté et visé le procès-verbal, après avoir fait toutes les déclarations voulues par la loi, l'argument tendant à voir déclarer nul le procès-verbal en raison de l'absence de signature de la personne ayant assisté à la saisie et qui était en l'espèce l'épouse du débiteur saisi n'est pas pertinent et ne peut constituer une violation des dispositions de l'article 64-9e de l'AUPSRVE (CA Abidjan, n° 129, 26-1-2001 : N. B. c/ K. A., Ohadata J-02-108, obs. J. Issa-Sayegh).

Obs. : la cour d'appel d'Abidjan a annulé le jugement entrepris et renvoyé la cause et les parties devant le premier juge parce que la décision avait été rendue par le vice-président du TPI au lieu du président, en raison de l'importance du montant, par rapport aux dispositions nationales du Code de procédure civile de Côte d'Ivoire. On ignore si la solution présentée ci-dessus a été reprise par le juge de renvoi.

Art. 66 [mod.] Les dispositions des articles 99 et 103 *du présent Acte uniforme* sont applicables à la saisie conservatoire lorsque celle-ci est pratiquée entre les mains du débiteur.

JURISPRUDENCE OHADA

I. Signification non requise

C'est à tort qu'un juge a fait application de l'article 79 de l'AUPSRVE, dès lors que la saisie conservatoire a eu lieu en présence du débiteur qui a reçu copie de l'acte, si bien qu'il n'y avait à signification, conformément aux articles 65 et 66 de l'AUPSRVE (CA Niamey, ch. civ., n° 121, 16-10-2002 : Ets Oudou Karimoun c/ H. A. M. K., Ohadata J-03-255).

II. Inapplicabilité de l'article 67 à une saisie réalisée en présence du débiteur ou de ses salariés

Voir sous l'article 67.

Art. 67 [mod.] Si la saisie conservatoire est pratiquée entre les mains d'un tiers, il est procédé comme il est dit aux articles 107 à 110 et 112 à 114 *du présent Acte uniforme* inclusivement.

Si la saisie est effectuée sans autorisation judiciaire préalable conformément aux dispositions de l'article 55 *du présent Acte uniforme*, l'article 105 *du présent Acte uniforme* est applicable.

Le procès-verbal de saisie est signifié au débiteur dans un délai de huit jours. Il contient en outre à peine de nullité :

1) une copie de l'autorisation de la juridiction compétente ou du titre, selon le cas, en vertu duquel la saisie a été pratiquée ;

2) la mention, en caractères très apparents, du droit qui appartient au débiteur, si les conditions de validité de la saisie ne sont pas réunies, d'en demander la mainlevée à la juridiction du lieu de son propre domicile ;

3) la reproduction des articles 62 et 63 *du présent Acte uniforme*.

JURISPRUDENCE OHADA

I. Signification à un débiteur étranger

Lorsque le débiteur est une personne morale étrangère sans aucune représentation dans le pays où a lieu la saisie, la signification est réalisée selon la procédure prévue par les dispositions nationales. En l'espèce, la signification qui a été faite près le procureur de la République du tribunal régional de Niamey est valable et aucune violation de l'article 67, al. 3 de l'AUPSRVE ne peut être reprochée au créancier saisissant (CA Niamey (Niger), n° 123, 17-11-2004 : EUROPRESS c/ COMPAGNIE BEAUCHEMIN INTERNATIONAL, Ohadata J-10-280).

II. Inapplicabilité de l'article 67 à une saisie réalisée en présence du débiteur ou de ses salariés

Lorsqu'il résulte de l'examen du procès-verbal dressé, l'huissier faisant foi, que la saisie litigieuse a été pratiquée entre les mains de la société débitrice, en présence de ses salariés nommément désignés, c'est à tort que les juges d'appel ont appliqué à la cause les dispositions de l'article 67 de l'AUPSRVE, lesquelles portent sur une saisie conservatoire de biens meubles corporels pratiquée entre les mains d'un tiers, exposant ainsi leur arrêt à la cassation. Sur l'évocation, l'appel est mal fondé dès lors que la décision attaquée énonce « qu'à l'examen dudit procès-verbal, il ressort que la saisie contestée a été pratiquée en présence des sieurs [X, Y, Z, […]], tous employés de la société demanderesse ; que partant, l'opération de saisie n'a pas été pratiquée entre les mains d'un tiers, mais entre les mains de la société [débitrice] ; qu'ainsi, le moyen tiré de la violation des articles 67 et 107 de [l'AUPSRVE] ne saurait prospérer ; que surabondamment, il résulte également de l'analyse du procès-verbal de saisie contesté que toutes les mentions énumérées aux articles 100 et 101 du même Acte uniforme ont été intégralement respectées par l'huissier instrumentaire » ; car il résulte de ces énonciations faisant foi jusqu'à inscription de faux que le premier juge a suffisamment répondu aux moyens proposés par l'appelante. Confirmation de la décision déférée en toutes ses dispositions (CCJA, 1re ch., 183, 25-10-2018 : Bolloré Transport Logistics Gabon SA c/ Les Carrières de Makora SA).

Art. 67-1 [nouv.] Les biens saisis sont indisponibles. Ils sont placés sous la garde du débiteur ou d'un tiers désigné d'accord parties ou, à défaut, par la juridiction compétente statuant à bref délai et ne peuvent être ni aliénés ni déplacés, si ce n'est pour une cause légitime, sauf en cas d'urgence absolue. Dans ce cas, le débiteur ou le tiers en informe préalablement le créancier et lui indique le lieu où le bien sera placé.

Art. 68 [mod.] Les incidents relatifs à l'exécution de la saisie sont soumis en tant que de besoin, aux dispositions des articles 139 à 146 *du présent Acte uniforme.*

Section II • LA CONVERSION EN SAISIE-VENTE

Art. 69 [mod.] Muni d'un titre exécutoire constatant l'existence de sa créance, le créancier signifie au débiteur un acte de conversion qui contient à peine de nullité :

1) les noms, prénoms et domicile du saisi et du saisissant, ou, s'il s'agit de personnes morales, leurs dénomination, *forme* et siège social ;

2) la référence au procès-verbal de saisie conservatoire ;

3) une copie du titre exécutoire sauf si celui-ci a déjà été communiqué dans le procès-verbal de saisie, auquel cas il est seulement mentionné ;

4) le décompte distinct des sommes à payer, en principal, frais et intérêts échus, ainsi que l'indication du taux des intérêts ;

5) un commandement d'avoir à payer cette somme dans un délai de huit jours, faute de quoi il sera procédé à la vente des biens saisis.

La conversion peut être signifiée dans l'acte portant signification du titre exécutoire.

Si la saisie a été effectuée entre les mains d'un tiers, une copie de l'acte de conversion est dénoncée à ce dernier.

JURISPRUDENCE OHADA

I. Loi applicable

La conversion d'une saisie conservatoire doit se faire conformément aux dispositions des articles 69 et suivants de l'AUPSRVE (TR Thiès 22-8-2002 : SENEMECA c/ COMICA, Ohadata J-03-34 ; obs. J. Issa-Sayegh).

II. Conditions de la conversion

A. Nécessité de viser un commandement

Il résulte de l'article 69 de l'AUPSRVE que la conversion de la saisie conservatoire en saisie vente doit entre autres formalités être précédée d'un commandement d'avoir à payer la somme dont le recouvrement est poursuivi dans un délai de 8 jours. Les formalités requises par l'article 69 sont prescrites à peine de nullité, sans qu'il y ait besoin pour ceux qui les invoquent de démontrer l'existence d'un grief. La saisie est nulle et sa mainlevée doit être ordonnée, dès lors que le commandement n'a pas été servi (TRHC Dakar, ord. réf. n° 1382, 8-9-2003 : I. N. c/ I. G., Ohadata J-04-35).

B. Inexistence de la conversion à défaut de signification

Il résulte de l'article 69 de l'AUPSRVE que la transformation de la procédure conservatoire en procédure d'exécution nécessite la signification par le créancier au débiteur d'un acte de conversion de la saisie en saisie-vente. La saisie litigieuse n'a pas atteint le stade de l'exécution dès lors que le demandeur n'a pas produit d'exploit portant signification au défendeur d'un acte de conversion prévu par l'article 69 précité. La saisie litigieuse étant demeurée une simple mesure conservatoire, l'article 32, régissant exclusivement les mesures d'exécution pratiquées en vertu d'un titre exécutoire par provision, ne lui est pas applicable (CCJA, n° 005/2005, 27-1-2005 : D.E c/ LIMBA SA, Ohadata J-05-187, Juris-Ohada n° 1/2005, janv.-mars 2005, p. 13).

III. Forme de la conversion

L'article 69 de l'AUPSRVE ne précisant pas si l'acte de conversion sera nécessairement un exploit d'huissier, il y a lieu de dire qu'il peut être un acte extrajudiciaire (CA Niamey (Niger), n° 228, 2-10-2006 : Y. K. c/ SONIBANK SA, Ohadata J-10-231).

Obs. : en principe, l'acte devrait être un exploit d'huissier car l'article 69 prévoit une « signification », qui se fait nécessairement par voie d'huissier (cf. Vocabulaire juridique Capitant, PUF/Quadrige, 2e éd. 2002) et non une « notification », qui peut être faite par voie postale ou par huissier (même référence).

A. Irrecevabilité de la demande de conversion présentée au tribunal

L'instance en validité ayant été remplacée par un simple acte de conversion, depuis l'entrée en vigueur de l'AUPSRVE, la demande tendant à voir « ordonner la conversion d'une saisie conservatoire en saisie-exécution », n'est pas conforme à l'AUPSRVE et doit être rejetée, dès lors que la conversion est désormais par exploit d'huissier (TGI du Wouri, nº 242, 18-1-2001 : Me M. J. L. c/ K. E., Ohadata J-04-220 ; voir obs. J. Issa-Sayegh)

En vertu de l'article 69 de l'AUPSRVE, la conversion d'une saisie conservatoire de biens mobiliers corporels se fait par acte d'huissier et le juge saisi de la demande de conversion en saisie-vente doit la rejeter (TPI Nkongsamba, nº 35/CIV, 1-8-2001 : SOCINADA c/ cash et Dring, Sunsep Fish Point'Alimentation Cercle Municipal (distributrice, l'Alimentation Patrick, Alimentation Hill Town, Ohadata J-05-152).

Il résulte de la combinaison des articles 61 à 69 de l'AUPSRVE qui consacrent la disparition de l'ancienne procédure d'assignation en validité que la transformation de la saisie-conservatoire en saisie-vente s'effectue par l'huissier ou l'agent d'exécution, muni d'un titre exécutoire obtenu par le créancier, au bout d'une procédure distincte de celle ayant abouti à la saisie-conservatoire. Le juge qui a transformé en saisie-vente la saisie-conservatoire pratiquée a fait fi des textes précités et sa décision doit être annulée. Sur évocation, la cour d'appel saisie doit se déclarer incompétente pour connaître de la demande de validation de la saisie conservatoire, dès lors que la transformation de la saisie-conservatoire en saisie-vente s'effectue désormais par le créancier lui-même (par le biais d'un huissier de justice) muni d'un titre exécutoire obtenu au bout d'une procédure distincte de celle ayant abouti à la saisie-conservatoire (CA Centre, nº 10/Civ., 2-10-2002 : O. U. S. c/ La succession T., Ohadata J-04-430 ; Ohadata J-04-473).

Il n'y a pas lieu de valider une saisie conservatoire et la transformer en saisie-exécution, car il appartient désormais au créancier muni d'un titre exécutoire constatant sa créance, de signifier à son débiteur un acte de conversion de la saisie conservatoire en saisie-vente (TRHC Dakar, nº 158, 23-1-2001 : SAEC c/ Ets NOQUISA, Ohadata J-05-86). Dans le même sens :

– TRHC Dakar, nº 1401, 18-7-2000 : AXA Assurances c/ SOMARCA, Ohadata J-03-65 ;
– TRHC Kaolack, 18-7-2000 : M. N. c/ O. D., Ohadata J-03-216 ;
– TRHC Dakar, nº 1860, 21-11-2000 : C. D. c/ O. S., Ohadata J-04-163, obs. Ndiaw DIOUF ;
– TPI Nkongsamba, nº 15/Civ, 19-1-2000 : T. P. L. c/ L'usine à café NYAMEDJO Michel, Ohadata J-04-448 ;
– TRHC Dakar, 29-1-2003, A. M. G. c/ B. B., Ohadata J-03-133, obs. J. ISSA-SAYEGH ;
– TRHC Kaolack, 25-7-2000 : C. H. c/ F. N., Ohadata J-03-219 ; TRHC Dakar, 15-1-2003 : SONAM c/ A. D., Ohadata J-03-42 ;
– TRHC Dakar, nº 1435 du 18-7-2000 : I. L. c/ D. N., Ohadata J-03-67, obs. Ndiaw DIOUF ;
– TRHC Dakar, nº 179, 23-1-2001 : Banque de l'Habitat du Sénégal c/ c. N., Ohadata J-05-79 et J-04-167, obs. Ndiaw DIOUF ;
– TRHC Dakar, nº 357, 25-2-2003 : Sté SERA c/ Sté DELTA FORCE, Ohadata J-03-179 ;
– TRHC Dakar, 14-11-2000 : S. D. c/ M. D., Ohadata J-03-269, obs. Ndiaw DIOUF ;
– CA Abidjan, nº 363, 17-3-2000 : AAA c/ cOTUVA, Bulletin Juris-Ohada, 3/2002, juill.-sept. 2002, p. 44, Ohadata J-02-143, note anonyme ;
– CA Daloa, nº 81, 9-4-2003 : S. c/ c., Juris-Ohada, nº 3/2004, p. 56, Ohadata J-04-392 ;
– CA Abidjan, ch. civ. et com., 5e ch. B, nº 146, 30-1-2001 : Ets GENTIL c/ IIAO, Ohadata J-02-112 ; obs. J. ISSA-SAYEGH, au sujet d'une demande de validation d'une saisie conservatoire et sa transformation en titre exécutoire demandées pour la première fois en appel.

B. Recevabilité d'une action en validation en l'absence d'un titre exécutoire

L'AUPSRVE n'a pas expressément prohibé la procédure de validation et transformation de la saisie conservatoire en saisie-exécution, cet Acte uniforme ayant imposé, lorsque la saisie a été pratiquée sans titre exécutoire, que le créancier en poursuive l'obtention devant le juge ou en accomplisse les formalités nécessaires à cet effet (CA Abidjan, nº 448, 11-4-2003 : SEAE-LV c/ SODECI, Ohadata J-03-245, obs. J. Issa-Sayegh).

Obs. : cette décision est contraire à l'arrêt de la même cour d'appel (voir CA Abidjan, nº 363, 17-3-2000 ci-dessus). En principe, le recours n'est pas facultatif car l'article 69 indique que le créancier « signifie » et non « peut signifier » par huissier. Cela peut aussi contribuer à désengorger les tribunaux et va dans le sens de la Banque Mondiale qui souhaite la réduction des délais et des coûts pour rendre la législation efficiente et améliorer le climat des affaires.

L'esprit de l'article 69 de l'AUPSRVE, c'est d'éviter la lenteur procédurale liée à toute action judiciaire. L'on aboutirait à l'effet inverse si, comme l'a fait le premier juge saisi principalement d'une demande en paiement qu'il a estimé fondée, et accessoirement d'une demande en validité et en conversion, l'on renvoie devant un huissier pour la conversion, sachant que le créancier ne dispose pas encore d'un titre exécutoire. Il aurait fallu que le juge saisi à la fois d'une demande en paiement et d'une demande en validité et en conversion, accepte de se prononcer sur la validité de la saisie dès lors qu'il a estimé fondée la demande en paiement. En s'étant déclaré incompétent pour prononcer la conversion de la saisie qui en réalité n'est qu'un accessoire de la demande principale, la décision du premier juge mérite réformation. Aucune irrégularité n'ayant été soulevée dans la procédure, la saisie doit être déclarée valable et convertie en saisie-vente à concurrence du montant de la créance (CA Bobo-Dioulasso, civ. et com., n° 03, 20-1-2003 : T. B. c/ O. née T. J., Ohadata J-04-191).

C. Conversion avant la dissolution d'une société

La saisie conservatoire réalisée à l'encontre d'une société et qui a été convertie avant la dissolution de la société débitrice est valable (CA Abidjan, 5e civ. et com., n° 86, 16-1-2001 : Agence CARACTERE c/ Sté BAZAFRIQUE, Ohadata J-02-117 ; voir obs. J. Issa-Sayegh).

Art. 70 [mod.] A l'expiration d'un délai de huit jours à compter de la date de l'acte de conversion, l'huissier *de justice* ou *l'autorité chargée de l'*exécution procède à la vérification des biens saisis. Il est dressé procès-verbal des biens manquants ou dégradés.

Dans ce procès-verbal, il est donné connaissance au débiteur qu'il dispose d'un délai d'un mois pour vendre à l'amiable les biens saisis dans les conditions prescrites aux articles 115 à 119 du présent Acte uniforme.

Art. 71 [mod.] Si les biens ne se retrouvent plus au lieu où ils avaient été saisis, l'huissier *de justice* ou *l'autorité chargée de l'*exécution fait injonction au débiteur de l'informer, dans un délai de huit jours, du lieu où ils se trouvent et, s'ils ont fait l'objet d'une saisie-vente, de lui communiquer le nom et l'adresse, soit de l'huissier *de justice* ou de *l'autorité chargée de l'*exécution qui y a procédé, soit du créancier pour le compte de qui elle a été diligentée.

À défaut de réponse, le créancier saisit la juridiction compétente qui peut ordonner la remise de ces informations sous astreinte, sans préjudice d'une action pénale pour détournement d'objets saisis.

JURISPRUDENCE OHADA

Obligation de présentation des biens à la vente par le saisi

Il incombe au gardien constitué lors de la saisie conservatoire de représenter la totalité des biens saisis au moment de la saisie-vente, même si le gardien constitué a été en l'espèce le débiteur saisi, propriétaire des biens (CA Abidjan, civ. et com., n° 86, 20-1-2004 : SCI LES ELFES c/ U. M. S., Ohadata J-05-259 ; Ohadata J-05-366).

Art. 72 [mod.] À défaut de vente amiable dans le délai prévu, il est procédé à la vente forcée des biens saisis selon la procédure prévue *par les articles 120 à 128 du présent Acte uniforme*.

Section III • *LA* SAISIE FORAINE

Art. 73 [mod.] Lorsque le débiteur n'a pas de domicile fixe ou lorsque son domicile ou son établissement se trouve dans un pays étranger, la juridiction compétente pour autoriser et trancher les litiges relatifs à la saisie de ses biens est celle du domicile du créancier.

Le saisissant est gardien des biens, s'ils sont entre ses mains ; sinon il sera établi un gardien *désigné par l'huissier de justice ou l'autorité chargée de l'exécution.*

La procédure applicable est celle prescrite pour les saisies conservatoires.

Jurisprudence OHADA

Compétence territoriale exceptionnelle du juge du domicile du créancier

L'article 73 al. 1 attribue exceptionnellement compétence au juge du domicile du créancier lorsque le débiteur n'a pas un domicile fixe ou lorsque ce domicile se trouve à l'étranger. Lorsque le domicile de la débitrice est bien connu de la créancière, il appartient à cette dernière de se déplacer au domicile de la débitrice pour obtenir l'autorisation du juge de ce domicile avant de pouvoir saisir. L'élection de domicile ne rend pas compétent le juge du domicile élu pour donner un titre exécutoire au créancier et l'ordonnance rendue par ce juge et autorisant une saisie conservatoire de droit d'associés alors que le débiteur et le créancier ont leurs domiciles respectifs à l'étranger doit être annulée. Lomé n'étant ni le domicile de la créancière ni celui de la débitrice, c'est à tort que l'intimée en l'espèce a saisi et obtenu du président du tribunal de Lomé l'autorisation de la saisie litigieuse. L'ordonnance ayant ordonné la saisie doit être annulée et la mainlevée ordonnée (CA Lomé (Togo), n° 97/2009, 23-6-2009 : Sté PEFACO INDUSTRIES LIMITED c/ Sté J.G.R.F. International Consultants, Ohadata J-10-177).

Obs. : dans cette décision la cour d'appel semble avoir erré dans l'application de l'article 73 de l'AUPSRVE à une saisie de droits d'associés. En effet, l'article 73 de l'AUPSRVE est inséré sous la section 3 du chapitre 3 du titre 2 de l'acte uniforme consacré aux saisies conservatoires. Ce chapitre 3 s'intitule « La saisie conservatoire des biens meubles corporels ». Il en résulte logiquement que le législateur de l'OHADA a entendu réserver la saisie foraine prévue par l'article 73 uniquement aux biens meubles corporels. Dans le cas d'espèces, il s'agissait d'une saisie conservatoire de meubles incorporels (droits d'associés) entre deux sociétés ayant leurs sièges respectifs à l'étranger. L'article 73, n'aurait pas dû être appliqué en principe.

Mais les dispositions relatives aux saisies de droits d'associés (articles 85 et suivants, et 236-245 de l'AUPSRVE) ne prévoient rien en ce qui concerne la saisie foraine des biens meubles incorporels et on peut se demander si pour une bonne administration de la justice, la voie ouverte par la cour d'appel de Lomé ne devrait pas être suivie. En effet, l'article 86-5 de l'AUPSRVE invoqué par le créancier prévoit que l'acte de signification de la saisie doit contenir, à peine de nullité, élection de domicile dans le ressort territorial juridictionnel où s'effectue la saisie si le créancier n'y demeure pas, et il peut être fait, à ce domicile élu toute signification ou offre. Selon le créancier, il résulte de cette disposition que « tout créancier qui veut faire une saisie de parts sociales n'a pas besoin d'avoir un domicile réel dans le ressort territorial juridictionnel du lieu où la saisie doit être effectuée ; qu'une élection de domicile suffit ; que d'ailleurs, la cour d'appel de [Lomé] a adopté la même position dans l'affaire SODOGRAIN contre la Société STICK dans son arrêt du 6 août 2005 ; que c'est donc à juste titre qu'au vu des éléments de preuve de créance qui lui ont été présentés que le premier juge a autorisé ladite saisie ; qu'après avoir constaté la régularité de la procédure et l'existence de la créance le Tribunal a déclaré la créance certaine, liquide et exigible et a condamné en conséquence sa débitrice […] ». Cette interprétation de l'article 86 est conforme au principe dit d'interprétation utile, car cette élection de domicile ne servirait à rien si aucun effet ne devait en être tiré (sur ce principe, voir le Mémento Pratique Francis Lefebvre, Droit Commercial (MDC), éd 2016, n° 74800). De même, l'article 237 auquel renvoie l'article 85 prévoit à son n° 2 que l'acte de saisie doit comporter, à peine de nullité, « élection de domicile dans le ressort territorial juridictionnel où s'effectue la saisie si le créancier n'y demeure pas ; il peut être fait, à ce domicile élu, toute signification ou offre ». Cependant, l'article 238-3 de l'AUPSRVE auquel les articles 85 et 86 ne renvoient pas, prévoit que la saisie des droits d'associés est signifiée au débiteur par un acte qui contient, à peine de nullité, « la désignation de la juridiction compétente qui est celle du domicile du débiteur ». Deux conceptions de l'interprétation de ces textes sont possibles :

1. une conception restrictive selon laquelle l'élection de domicile prévue par les articles 86 et 237 de l'AUPSRVE ne concerne que les significations, ce qui aurait eu pour conséquence que l'élection de domicile ne pouvait pas rendre le juge de Lomé compétent pour ordonner la saisie.
2. une conception large selon laquelle l'élection de domicile rend le juge du domicile élu du créancier compétent même pour ordonner la saisie conservatoire.

La cour d'appel a choisi la première solution, tout en appliquant un texte erroné (art. 73). À notre avis, cette interprétation doit être retenue sur le fondement de l'interprétation utile, l'article 238-3 ne s'y opposant pas car, par hypothèse, il ne peut recevoir application puisque le domicile du débiteur est inconnu.

À titre de comparaison avec le droit français, la compétence en matière de saisie étant d'ordre public, l'élection de domicile ne peut y déroger. Toutefois, les effets de l'élection de domicile prévue à l'article 111 du Code civil ne s'étendent pas aux jugements ou ordonnances rendus pour l'exécution de la convention (Cass. 2e civ. 6-1-1988 : D. 1988.IR.19 : Bull. civ. II n° 5) et l'attribution de compétence au tribunal du domicile élu n'est possible qu'à une double condition : d'une part, la demande ne doit pas relever de la compétence exclusive d'une juridiction territorialement déterminée par la loi, comme en matière de saisie immobilière et de réparations locatives (Cass. req. 10-6-1907 DP 1908.1.342) où le tribunal compétent est forcément celui de l'immeuble litigieux ; d'autre part, la demande doit concerner l'exécution de l'acte ayant entraîné l'élection de domicile. C'est ainsi que les demandes en validité d'offres réelles (CA Besançon 12-4-1892 : DP 1894.2.196 ; CA Pau 23-5-1893 : DP 1893.2.372), ou les contestations nées de l'interprétation ou de la validité des clauses de la convention, sont valablement portées devant le tribunal du domicile élu (Cass. req. 6-4-1842, Jur. gén., Vo Domicile élu, n° 86). Voir aussi le Mémento Francis Lefebvre Sociétés commerciales, éd. 2016, n° 19000 et s.

Sur la caducité d'une saisie foraine sur la participation d'une société A détenue dans le capital social d'une société B à titre conservatoire sans titre exécutoire, voir sous l'article 61.

Section III BIS • *LA SAISIE CONSERVATOIRE DU BÉTAIL*

Art. 73-1 [nouv.] Après avoir rappelé au débiteur qu'il est tenu de lui indiquer le bétail qui aurait fait l'objet d'une saisie antérieure et de lui en communiquer le procès-verbal, l'huissier de justice ou l'autorité chargée de l'exécution dresse un procès-verbal de saisie qui contient, à peine de nullité :

1) la mention de l'autorisation de la juridiction compétente ou du titre en vertu duquel la saisie est pratiquée ; ces documents sont annexés à l'acte en original ou en copie certifiée conforme ;

2) les noms, prénoms et domiciles du saisi et du saisissant ou, s'il s'agit de personnes morales, leurs dénomination, forme et siège social ;

3) la désignation détaillée du bétail ;

4) si le débiteur est présent, sa déclaration au sujet d'une éventuelle saisie antérieure sur le même bétail ;

5) la mention, en caractères très apparents, que le bétail saisi est indisponible, qu'il ne peut être aliéné, ni déplacé, sauf pour le pâturage, sans information préalable de l'huissier de justice ou l'autorité chargée de l'exécution ;

6) la mention, en caractères très apparents, du droit qui appartient au débiteur, si les conditions de validité de la saisie ne sont pas réunies, d'en demander la mainlevée à la juridiction compétente ;

7) la désignation de la juridiction devant laquelle seront portées les autres contestations, notamment celles relatives à l'exécution de la saisie ;

8) l'indication, le cas échéant, des noms, prénoms et qualités des personnes qui ont assisté aux opérations de saisie, lesquelles doivent apposer leur signature sur l'original et les copies ; en cas de refus, il en est fait mention dans le procès-verbal ;

9) la reproduction des dispositions pénales sanctionnant le détournement d'objets saisis ainsi que de celles des articles 62 et 63 du présent acte uniforme.

Il peut être fait application des dispositions de l'article 45 du présent acte uniforme.

Art. 73-2 [nouv.] Si le débiteur est présent aux opérations de saisie, l'huissier de justice ou l'autorité chargée de l'exécution lui rappelle verbalement le contenu des mentions des 5) et 6) de l'article 73-1 du présent acte uniforme.

Une copie du procès-verbal portant les mêmes signatures que l'original lui est immédiatement signifiée.

Lorsque le débiteur n'a pas assisté aux opérations de saisie, une copie du procès-verbal lui est signifiée, en lui impartissant un délai de deux jours pour qu'il porte à la connaissance de l'huissier de justice ou de l'autorité chargée de l'exécution, toute information relative à l'existence d'une éventuelle saisie antérieure et qu'il lui en communique le procès-verbal.

Art. 73-3 [nouv.] Les dispositions de l'article 152-3 du présent acte uniforme sont applicables à la saisie conservatoire du bétail, lorsque celle-ci est pratiquée entre les mains du débiteur.

Art. 73-4 [nouv.] Le débiteur conserve l'usage du bétail rendu indisponible par la saisie.

Toutefois, la juridiction compétente peut ordonner sur requête, à tout moment, même avant le début des opérations de saisie, et après avoir entendu les parties ou celles-ci dûment appelées, la remise d'un ou plusieurs animaux à un séquestre qu'il désigne.

Art. 73-5 [nouv.] Si la saisie conservatoire est pratiquée entre les mains d'un tiers, il est procédé comme il est dit aux articles 108, 109, 112, 113, alinéa 1er, 114 et 152-5 du présent acte uniforme.

Si la saisie est effectuée sans autorisation judiciaire préalable conformément aux dispositions de l'article 55, l'article 105 du présent acte uniforme est applicable.

Si le tiers est présent aux opérations de saisie, l'huissier de justice ou l'autorité chargée de l'exécution lui rappelle verbalement le contenu des articles 152-5, alinéa 2 et 152-12 du présent acte uniforme. Il est fait mention de cette déclaration dans le procès-verbal. Une copie du procès-verbal de saisie portant les mêmes signatures que l'original lui est immédiatement remise ; cette remise vaut signification.

Lorsque le tiers n'a pas assisté aux opérations de saisie, la copie du procès-verbal de saisie lui est signifiée en lui impartissant un délai de huit jours pour qu'il porte à la connaissance de l'huissier de justice ou de l'autorité chargée de l'exécution l'existence d'une éventuelle saisie antérieure sur les mêmes biens et qu'il lui en communique le procès-verbal.

Art. 73-6 [nouv.] Les incidents relatifs à l'exécution de la saisie sont soumis en tant que de besoin, aux dispositions des articles 62, 63, 139 à 146 du présent acte uniforme.

Section III TER • *LA CONVERSION DE LA SAISIE CONSERVATOIRE DU BÉTAIL*

Art. 73-7 [nouv.] Muni d'un titre exécutoire constatant l'existence de sa créance, le créancier signifie au débiteur un acte de conversion qui contient à peine de nullité :

1) les noms, prénoms et domiciles du saisi et du saisissant, ou, s'il s'agit de personnes morales, leurs dénomination, forme et siège social ;

2) la référence au procès-verbal de saisie conservatoire ;

3) l'indication du titre exécutoire ;

4) le décompte distinct des sommes à payer, en principal, frais et intérêts échus ainsi que l'indication du taux des intérêts ;

5) un commandement d'avoir à payer cette somme dans un délai de huit jours, faute de quoi il sera procédé à la vente du bétail saisi.

La conversion peut être signifiée dans l'acte portant signification du titre exécutoire.

Si la saisie a été effectuée entre les mains d'un tiers, une copie de l'acte de conversion est dénoncée à ce dernier.

Art. 73-8 [nouv.] À l'expiration d'un délai de huit jours à compter de la date de l'acte de conversion, l'huissier de justice ou l'autorité chargée de l'exécution procède à la vérification du bétail saisi. Il est dressé procès-verbal du bétail manquant. Dans ce procès-verbal, il est donné connaissance au débiteur qu'il dispose d'un délai d'un mois pour vendre à l'amiable le bétail saisi dans les conditions prescrites aux articles 115 à 119 du présent acte uniforme.

Art. 73-9 [nouv.] Si le bétail ne se retrouve plus au lieu où il avait été saisi, l'huissier de justice ou l'autorité chargée de l'exécution fait injonction au débiteur ou au tiers de l'informer, dans un délai de huit jours, du lieu où il se trouve et, s'il a fait l'objet d'une saisie en vue d'une vente, de lui communiquer le nom et l'adresse, soit de l'huissier de justice ou de l'autorité chargée de l'exécution qui y a procédé, soit du créancier pour le compte de qui elle a été diligentée.

À défaut de réponse, le créancier saisit la juridiction compétente qui peut ordonner la communication de ces informations sous astreinte, sans préjudice d'une action pénale pour détournement d'objets saisis.

Art. 73-10 [nouv.] À défaut de vente amiable dans le délai prévu, il est procédé à la vente forcée du bétail saisi selon la procédure prévue par les articles 120 à 128 du présent acte uniforme.

Section IV • *LA* PLURALITÉS DE SAISIES

Art. 74 [mod.] L'huissier *de justice* ou *l'autorité chargée de l'*exécution qui procède à une saisie conservatoire sur des biens rendus indisponibles par une ou plusieurs saisies conservatoires antérieures, signifie une copie du procès-verbal de saisie à chacun des créanciers dont les diligences sont antérieures aux siennes.

Si des biens saisis à titre conservatoire font ensuite l'objet d'une saisie-vente, l'huissier *de justice* ou *l'autorité chargée de l'*exécution signifie le procès-verbal de saisie aux créanciers qui ont pratiqué antérieurement les saisies conservatoires.

De même, l'acte de conversion d'une saisie conservatoire en saisie-vente doit être signifié aux créanciers qui, avant cette conversion, ont saisi les mêmes biens à titre conservatoire.

JURISPRUDENCE COMPARÉE

France

Exclusion du concours entre saisissants sur les sommes consignées par l'effet de la saisie conservatoire

En présence d'une pluralité de saisies conservatoires de créances, la saisie conservatoire emportant de plein droit consignation des sommes indisponibles et entraînant affectation spéciale avec privilège de l'article 2075-1 du Code civil (désormais C. civ. art. 2350) au profit du créancier saisissant, le concours avec des saisies postérieures est écarté pour la portion consignée (CA Poitiers 29-3-2000 : RD bancaire et financier 2000 nº 166).

Art. 75 [mod.] Si le débiteur présente des propositions de vente amiable, le créancier saisissant qui les accepte en communique la teneur, par lettre recommandée avec avis de réception ou tout moyen laissant trace écrite *et permettant d'établir la réception effective par le destinataire*, aux créanciers qui ont saisi les mêmes biens à titre conservatoire, soit avant l'acte de saisie, soit avant l'acte de conversion, selon le cas. À peine de nullité, la lettre ou le moyen utilisé reproduit, en caractères très apparents, les trois alinéas qui suivent.

Chaque créancier doit, dans un délai de quinze jours à compter de la réception de la lettre recommandée ou du moyen utilisé, prendre parti sur les propositions de vente amiable et faire connaître au créancier saisissant la nature et le montant de sa créance.

À défaut de réponse dans le délai imparti, le créancier est réputé avoir accepté les propositions de vente.

Si, dans le même délai, il ne fournit aucune indication sur la nature et le montant de sa créance, il perd le droit de concourir à la distribution des deniers résultant de la vente amiable, sauf à faire valoir ses droits sur un solde éventuel après la répartition.

Art. 76 [mod.] Le créancier saisissant qui fait procéder à l'enlèvement des biens en vue de leur vente forcée doit en informer, par lettre recommandée avec avis de réception ou tout moyen laissant trace écrite *et permettant d'établir la réception effective par le destinataire*, les créanciers qui ont pratiqué une saisie conservatoire sur les mêmes biens avant l'acte de saisie ou l'acte de conversion, selon le cas. À peine de nullité, cette lettre ou le moyen utilisé indique le nom et l'adresse de l'auxiliaire de justice chargé de la vente et reproduit, en caractères très apparents, l'alinéa qui suit.

Chaque créancier doit, dans un délai de quinze jours à compter de la réception de la lettre recommandée ou du moyen utilisé l'informant de l'enlèvement des biens en vue de leur vente, faire connaître à l'auxiliaire de justice chargé de la vente, la nature et le montant de sa créance au jour de l'enlèvement. À défaut de réponse dans le délai imparti, il perd le droit de concourir à la distribution des deniers résultant de la vente forcée, sauf à faire valoir ses droits sur un solde éventuel après la répartition.

Chapitre IV
LA SAISIE CONSERVATOIRE DES CRÉANCES

Section I • LES OPÉRATIONS DE SAISIE

Art. 77 [mod.] Le créancier procède à la saisie au moyen d'un acte *de l'*huissier *de justice* ou *de l'autorité chargée de l'*exécution signifié au tiers en respectant les dispositions des articles 54 et 55 *du présent Acte uniforme*.

Cet acte contient à peine de nullité :

1) l'énonciation des noms, prénoms et domiciles du débiteur et du créancier saisissant ou, s'il s'agit de personnes morales, leurs dénomination, forme et siège social ;

2) l'élection de domicile dans le ressort territorial juridictionnel où doit être pratiquée la saisie si le créancier n'y demeure pas ; il peut être fait, à ce domicile élu, toute signification ou offre ;

3) l'indication de l'autorisation de la juridiction ou du titre en vertu duquel la saisie est pratiquée ;

4) le décompte des sommes pour lesquelles la saisie est pratiquée ;

5) la défense faite au tiers de disposer des sommes réclamées dans la limite de ce qu'il doit au débiteur ;

6) la reproduction des dispositions du 2 e alinéa de l'article 36 et de celles de l'article 156, *du présent Acte uniforme.*

JURISPRUDENCE OHADA

I. Décisions ayant admis la nullité de la saisie

A. Omission de mentions requises

Le procès-verbal de saisie conservatoire qui omet des mentions exigées par l'article 77 de l'AUPSRVE doit être annulé (CA Abidjan, n° 1172, 31-10-2003 : GITMA c/ D. épse S., Ohadata J-03-336), cette disposition étant d'ordre public (CCJA, ass. plén., n° 091, 20-11-2013 : United Bank for Africa dite UBA Cameroun c/ Me NDONGMO TAPET Thérèse, Rec. jur. CCJA n° 20, vol. 2, janv.-déc. 2013, p. 52-54, Ohadata J-15-45, précisant qu'il ne fait aucun doute que le délai de cinq jours prévu à l'article 156 de l'AUPSRVE est applicable à la saisie conservatoire, et qu'en vertu de la nullité prévue par l'article 77, la requête en paiement des causes de la saisie n'ayant plus de fondement, ne peut prospérer).

Il en est ainsi de l'omission :

– du siège social du débiteur, sans qu'il soit nécessaire de rechercher si cette omission a causé un préjudice à celui qui s'en prévaut, les dispositions nationales prévoyant cette recherche ayant été abrogées par l'AUPSRVE (TPI Port-Gentil, ord. réf. n° 118/98-99, 26-8-1999 : STTP et P. J. c/ L. K. A., Ohadata J-02-153) ;

– du domicile des débiteurs (CA Abidjan, n° 1172, 31-10-2003 précité, Ohadata J-03-336) ;

– du siège social et de la forme de la société créancière saisissante, conformément à l'article 77 de l'AUPSRVE et à la jurisprudence de la CCJA (CCJA, avis n° 1/99/JN, 7-7-1999, Ohadata J-02-01 ; CA Bouaké, n° 11, 2-2-2000 : NORESCO c/ D.N, Bulletin Juris-Ohada 1/2002, janv.-mars 2002, p. 50, Ohadata J-02-135) sans qu'il soit besoin de rechercher la preuve d'un quelconque préjudice (TPI Port-Gentil, ord. réf. n° 83/2000-2001, 1-8-2001 : COTRAB et CFG c/ SEB, Ohadata J-02-148).

Au sens de l'article 77-4 de l'AUPSRVE, c'est l'omission du décompte précis des sommes pour lesquelles la saisie est pratiquée qui est sanctionné de nullité et non l'erreur éventuelle contenue dans le calcul desdites sommes. En l'espèce, l'acte de saisie critiqué contient bien le décompte détaillé desdites sommes. Dès lors, la cour d'appel qui a refusé, en application de l'article 62 de l'AUPSRVE, d'ordonner la mainlevée de la saisie pratiquée sous le prétexte que les sommes détaillées ne sont pas dues, ne viole en rien les dispositions de l'article 77-4 précité (CCJA, 3e ch., n° 169, 1-12-2016 : Cie Ivoirienne d'Electricité, dite CIE c/ Sté Tropical Bois, SGBCI, Ohadata J-17-109).

B. Inexactitude de mentions requises

Décompte inexact. La saisie conservatoire de créance réalisée sur le compte d'une personne qui s'est portée caution pour la somme maximale de 400 000 000 FCFA, ne pouvait l'être que sur le principal auquel s'ajouteraient les intérêts et frais annexes. En portant sur le procès-verbal de saisie conservatoire de créance que le principal de la créance est de 685 275 433 FCFA, la créancière n'a pas fait le décompte de la somme de 285 275 433 FCFA représentant la différence entre le principal réclamé et le principal de 400 000 000 FCFA effectivement dû. L'acte de saisie querellé ayant omis ce décompte prescrit à peine de nullité l'ordonnance qui a prononcé la nullité de l'acte de saisie doit être confirmée (CA Abidjan (Côte d'Ivoire), ch. civ. et com., n° 143, 23-4-2010 : BICICI c/ D. A. R., Ohadata J-11-25, J-12-102).

II. Décisions ayant refusé la nullité de la saisie

L'acte de saisie conservatoire qui n'indique pas la forme de la société débitrice n'encourt pas la nullité lorsqu'il comporte suffisamment de coordonnées pour identifier la débitrice, notamment dénomination, siège social lieu de situation exacte, boîte postale, numéros de téléphone, le nom de son Directeur Général et le détail de la somme pour sûreté conservatoire de laquelle la saisie est pratiquée (CA Cotonou (Bénin), n° 005/2006 : L. A. K. de C. c/ Port autonome de Cotonou, Jurisprudence béninoise, n° 3, 2007, p. 25., obs. Joseph Issa-Sayegh, Ohadata J-10-244).

S'il est exact que l'article 77 dispose qu'à peine de nullité l'acte de saisie doit contenir le siège social des parties en particulier du débiteur, il demeure que cette nullité ne peut être invoquée lorsque la mention du siège social figure dans l'exploit de dénonciation de saisie servi au débiteur. Le premier juge, en concluant à la nullité alors que cette mention n'est pas prescrite dans l'intérêt du destinataire de la saisie, a fait une mauvaise application de l'acte uniforme et sa décision doit être infirmée (CA Abidjan (Côte d'Ivoire), 5e ch. civ. et com. C, no 887, 26-7-2005 : T. Y. D. c/ Sté SOAD, Ohadata J-08-34).

L'article 77, al. 4 n'a pu être violé en ce que le principal est constitué seulement des prestations effectuées par l'entreprise créancière (CCJA, ass. plén., no 108, 4-11-2014 : ONGOLO-Entrepreneur-Prestataire de services c/ Sté Africaine pour l'Industrie et le Commerce au Cameroun dite SAFRIC SA, Ohadata J-15-199).

III. Intervention volontaire

L'arrêt qui a jugé qu'un autre créancier d'un débiteur saisi a intérêt à intervenir volontairement à l'instance de contestation, dans la procédure de recouvrement faite à son insu par son ancien conseil, a répondu à la fin de non-recevoir, n'a pas manqué pas de base légale et n'a pas violé la loi (CCJA, 2e ch., no 007/2021, 28-1-2021 : Maître KONTCHOU Gabriel c/ CFAO Technologies et deux autres).

Jurisprudence comparée

France

A. Régularité de la saisie

Indication du nom du débiteur saisi. L'irrégularité de la désignation de la débitrice par les seuls nom et prénom du mari n'entraîne pas la nullité de la saisie dès lors qu'elle n'a pas gêné le tiers saisi dans l'identification des débiteurs (Cass. 1e civ. 6-3-2007 no 05-18898 : JCP G 2007 IV 1764).

B. Irrégularité de la saisie

Est irrégulière :

– une procédure qui commence par un acte intitulé saisie conservatoire et qui se continue par un acte de dénonciation de saisie-attribution car ces actes font griefs à celui qui les reçoit dans la mesure où il ne sait plus quelles sont les règles qui lui sont applicables ; en conséquence, de telles irrégularités entraînent la nullité de la procédure diligentée (TGI Riom 20-4-1993 : Bull. inf. C. cass. 1993 no 1054) ;

– la saisie conservatoire si la copie de la requête et de l'ordonnance n'est pas laissée à la personne à laquelle elle est opposée, quelle que soit la qualité de la personne du débiteur auquel cette copie est délivrée, fût-il avocat ; il importe, en effet, qu'il puisse connaître précisément les éléments qui ont déterminé le juge à donner l'autorisation pour pouvoir efficacement préparer ses arguments à l'appui d'une éventuelle contestation, la nullité d'une telle dénonciation de la saisie entraînant sa caducité (CA Paris, 8e ch. B, 2-9-1999 : D. 1999.IR.238 et, sur pourvoi, Cass. 2e civ. 6-12-2001 : Bull. civ. II no 184) ;

– la saisie entre les mains d'une banque qui n'est pas signifiée au siège de cet établissement ou auprès de la succursale qui tient les comptes du débiteur saisi ; en conséquence, n'a pas été valablement faite entre ses mains la remise d'un procès-verbal de saisie conservatoire sur les comptes d'un débiteur à un service interne dont la fonction était cantonnée à la gestion d'une catégorie précise limitée d'opérations parmi lesquelles ne figurait pas la tenue des comptes : le défaut de loyauté de la personne interpellée est sans effet sur la validité de la saisie faite à tort entre ses mains (Cass. 2e civ. 22-3-2005 no 434 : D. 2006.IR.1189).

Art. 78 [mod.] Tout intéressé peut demander, par requête, que les sommes saisies soient consignées entre les mains d'un séquestre désigné, *à défaut d'accord amiable,* par la juridiction du domicile ou du lieu où demeure le débiteur.

La remise des fonds au séquestre arrête le cours des intérêts dus par le tiers saisi.

Jurisprudence OHADA

I. Consignation non rendue nécessaire

Un pourvoi en cassation devant la juridiction suprême nationale ne peut justifier la consignation et la main-levée des sommes faisant l'objet d'une saisie conservatoire, dès lors que ces sommes sont inférieures au seuil fixé par la loi nationale pour rendre le pourvoi en cassation suspensif (CA Niamey (Niamey), no 63, 1-6-2005 : A.D.R.I. c/ O. K. G., M. A. R. et S. L., Ohadata J-09-321).

Obs. : dans cette décision, la cour d'appel retient « qu'il s'agit en l'espèce non d'un éventuel règlement d'un désaccord entre les parties mais d'une difficulté d'exécution [en l'occurrence, conversion d'une saisie conservatoire en saisie attribution] ; que de ce fait les dispositions de l'article [78 de l'AUPSRVE] ne peuvent avoir application ». On ne peut approuver cette position de la cour car, dans le cas d'espèce, l'absence d'accord amiable prévu par l'article 78 est une difficulté d'exécution devant justifier la consignation. Il faut relever également que c'est la CCJA qui aurait dû être saisie du pourvoi en cassation, s'agissant de voies d'exécution, ce qui justifie a posteriori l'application de l'article 78 de l'AUPSRVE.

II. Désignation d'un séquestre

L'ordonnance qui, après avoir rejeté une demande principale pour défaut de qualité à agir en justice du demandeur principal, a déclaré qu'il n'y a pas lieu d'examiner la demande reconventionnelle de désignation d'un séquestre formée par le défendeur doit être infirmée, dès lors que l'article 78 de l'AUPSRVE permet à toute personne de formuler une telle demande. Statuant à nouveau, il convient de désigner un séquestre (CA Pointe Noire (Congo), n° 029, 4-8-2006 : ETXE-BAT CONGO SARL c/ H. H. K., Ohadata J-13-133).

Art. 79 [mod.] Dans un délai de huit jours, à peine de caducité, la saisie conservatoire est portée à la connaissance du débiteur par acte *de* l'huissier *de justice* ou *de l'autorité chargée de l'*exécution.

Cet acte contient, à peine de nullité :

1) *la mention* de l'autorisation de la juridiction ou du titre en vertu duquel la saisie a été pratiquée ;

2) *la mention* du procès-verbal de saisie ;

3) la mention, en caractères très apparents, du droit qui appartient au débiteur, si les conditions de validité de la saisie ne sont pas réunies, d'en demander la mainlevée à la juridiction du lieu de son domicile ;

4) la désignation de la juridiction devant laquelle seront portées les autres contestations, notamment celles relatives à l'exécution de la saisie ;

5) la reproduction des dispositions des articles 62 et 63 *du présent Acte uniforme*.

Jurisprudence OHADA

I. Délai

A. Délai franc

Selon l'article 335 de l'AUPSRVE, le délai prévu à l'article 79 du même texte est un délai franc, c'est-à-dire que le premier et le dernier jour ne comptent pas. Il est également exclu, sauf permission du juge, de signifier des actes les jours de fêtes et les jours fériés. La dénonciation faite dans le respect des textes précités, après déduction de ces quatre jours, est conforme à l'article 79 précité (CA Niamey, ch. civ., n° 121, 16-10-2002 : Ets Oudou Karimoun c/ H. A. M. K., Ohadata J-03-255).

B. Mainlevée de la saisie pour dépassement du délai

La mainlevée de la saisie conservatoire des créances doit être ordonnée lorsque la saisie a été dénoncée en dehors du délai de 8 jours prévu par l'article 79 de l'AUPSRVE (TRHC Dakar, ord. réf. n° 869, 15-7-2002 : L. M. dit I. M. c/ S. B., Ohadata J-04-165, obs. Ndiaw DIOUF ; Ohadata J-05-84). Voir sous article 59 ci-dessus.

Il résulte de l'article 335 de l'AUPSRVE que le premier jour de l'acte accompli et le dernier jour calendaire de sa notification ne sont pas pris en compte. En l'espèce, la consultation du calendrier d'octobre 2013 révèle que la saisie conservatoire des créances a été pratiquée le vendredi 4 octobre 2013 ; le décompte du délai devant courir le lundi 7 octobre, excluant les samedi 5 et dimanche 6 octobre 2013, le dernier jour légal de la computation du délai de dénonciation était le lundi 14 octobre 2013. Il s'ensuit que la dénonciation ayant été faite après le 15 octobre 2013, donc au-delà du délai légal prescrit par l'article 79 de l'AUPSRVE, et, en validant la saisie conservatoire de créances du 4 octobre 2013, l'arrêt querellé a violé la disposition sus-énoncée, s'exposant à la cassation (CCJA, 1e ch., n° 122, 18-5-2017 : CIMACO SHIPPING SARL c/ Port Autonome d'Abidjan).

II. Signification au débiteur

A. Mainlevée ou caducité de la saisie pour défaut de signification

La mainlevée de la saisie doit être ordonnée sous astreinte, lorsque le créancier n'a pas porté la saisie conservatoire à la connaissance du débiteur et n'a pas comparu à l'audience, le tribunal ayant déduit de son silence un aveu du bien-fondé de la demande de mainlevée du débiteur et une absence d'argument valable à lui opposer son silence (TPI Yaoundé, ord. réf., n° 358/C, 14-2-2003 : CRTV c/ A. A., Me J. I. K., BICEC, SGBC, CFC-CL/C, Standard Chartered Bank, Amity BANK, Ohadata J-04-406).

Pour une décision similaire ayant constaté la caducité de la saisie et ordonné sa mainlevée sous astreinte, afin de vaincre toute résistance du débiteur : TPI Yaoundé Centre Administratif (Cameroun), ord. n° 482/C, 2-9-2008 : E. L. c/ N. S. J., Me B. M. F., Union Bank of Cameroun PLC, Ohadata J-09-219 ; voir aussi : TPI Bafoussam (Cameroun), ord. réf.

nº 67, 7-5-2004 : Cameroon Insurance SA c/ T. E., SGBC, Me T. P., Ohadata J-05-14.

B. Observations préalables des parties

Le juge qui a soulevé d'office le moyen tiré de la caducité de la saisie conservatoire de créance sans avoir préalablement provoqué les observations des parties sur ce point a violé une règle qui a valeur de principe général de droit en matière du droit des affaires Ohada et l'ordonnance de caducité rendue par ce juge doit être annulée (CA Abidjan, ch. civ. et com., nº 251, 1-7-2011 : Département de Béoumi c/ Sté Orange Côte d'Ivoire, Juris-Ohada, 2011, nº 4, oct.-déc., p. 47, Ohadata J-13-17).

C. Significations valables

1º Signification selon la loi nationale

La signification des actes étant faite selon la loi nationale de chaque État partie, il y a lieu de recourir à la loi ivoirienne qui exige seulement que l'huissier de justice s'efforce de délivrer l'exploit à la personne concernée. En l'espèce, la signification ayant été faite au siège de la société débitrice, une telle signification est régulière de sorte que c'est en vain que celle-ci excipe d'une violation de l'article 251 du Code de procédure civile qui, au demeurant concerne l'assignation en justice (CA Abidjan, 5e ch. civ. et com., B, nº 322, 30-6-2011 : SOTRA c/ Sté MTN-CI, Juris-Ohada, 2012, nº 3, juill.-sept., p. 38, Ohadata J-13-53).

2º Signification à mairie

C'est à juste titre que pour éviter de faire courir les délais prescrits par la loi, un huissier instrumentaire auquel il n'a pas été possible de pénétrer dans les locaux de la société débitrice a servi des exploits de dénonciation à la mairie (CA Abidjan, 5e ch. civ. et com. B, nº 322, 30-6-2011 : SOTRA c/ Sté MTN-CI, Juris-Ohada, 2012, nº 3, juill.-sept., p. 38, Ohadata J-13-53).

Obs. : en l'espèce, les vigiles de la société débitrice ont empêché l'huissier de pénétrer dans les locaux de la société débitrice en indiquant à l'huissier qu'il leur était interdit par les responsables de ladite société de laisser pénétrer les huissiers en dehors des mardis.

D. Significations non valables

Exploit ne comportant aucune référence aux pièces ayant fondé les saisies. Lorsqu'il ressort de l'examen des pièces du dossier que l'exploit de dénonciation d'une saisie conservatoire ne fait aucune référence à la communication des copies des billets à ordre sur le fondement desquels les saisies ont été pratiquées, c'est à bon droit qu'une cour d'appel, approuvant le premier juge, a déclaré caduque la saisie, pour n'avoir pas été régulièrement dénoncée dans les huit jours, conformément à l'article 79 de l'AUPSRVE (CCJA, 2e ch., nº 005, 26-1-2017 : BSIC-CI SA c/ Entreprise de Services des Produits Pétroliers SA, Ohadata J-17-151).

La violation de l'article 79 de l'AUPSRVE invoquée au motif que l'acte de dénonciation du 21 mai 2015 ne contient pas la signification du titre exécutoire exigée par ledit article à peine de nullité doit être rejeté, dès lors qu'il ressort des énonciations de l'acte servi par l'huissier instrumentaire que copie de la « grosse dument en forme exécutoire de l'arrêt nº 40/CE rendu le 20 avril 2015 par la cour d'appel du littoral a été reçue par la SCRM » (CCJA, 1e ch., nº 278, 27-12-2018 : TAKAM Pascal c/ Sté Camerounaise de Raffinage MAYA et Cie).

III. Désignation de la juridiction compétente pour les contestations relatives à l'exécution

A. Désignation non valable

Désignation incomplète. L'acte de dénonciation d'une saisie conservatoire qui indique que la juridiction compétente pour les contestations relatives à l'exécution est « le président du tribunal de première instance de première classe de Lomé » sans spécifier en quelle qualité il sera saisi doit être annulé pour défaut de base légale et que la mainlevée de la saisie pratiquée doit être ordonnée (CA Lomé (Togo), nº 118/09, 18-8-2009 : Sté OANDO-TOGO c/ CAP-TOGO, Ohadata J-10-178).

Obs. : dans le système juridique togolais, le président du tribunal de première instance qui est juge des référés mais aussi juge de l'exécution suivant les cas est le juge de l'urgence par excellence (CA Lomé (Togo), nº 22/07, 17-7-2007 : SOEXIMEX c/ P. S., A. W., BICTOGO Moumini, Sté Côte d'Ivoire Fruits SA, Ohadata J-10-168). C'est manifestement la raison pour laquelle la cour d'appel a sanctionné dans la décision ci-dessus la désignation incomplète de la juridiction compétente. Il était nécessaire, d'indiquer en quelle qualité le président du TPI de 1e classe de Lomé serait saisi.

B. Désignation valable

Erreur matérielle inopérante. S'agissant de la désignation de la juridiction devant laquelle seront portées les autres contestations, notamment celles relatives à l'exécution de la saisie, l'acte de saisie conservatoire qui a désigné « Monsieur le tribunal de première instance d'Abidjan Plateau statuant en matière d'urgence » au lieu de « Monsieur le président du tribunal de première instance d'Abidjan-Plateau statuant en matière d'urgence », comporte une erreur de frappe qui ne peut à elle seule entraîner la nullité de l'acte, alors et surtout qu'il a pris soin de préciser « statuant en matière d'urgence », ce qui dénote qu'il s'agit bien du président du tribunal. En retenant que « l'examen de cet acte montre bien qu'il satisfait aux exigences de l'article 79 de [l'AUPSRVE], une simple erreur de saisie ayant fait sauter le mot « PRÉSIDENT » ce qui ne dénature en rien la désignation de la juridiction compétente », l'arrêt attaqué ne viole en rien les dispositions de l'article 79 de l'AUPSRVE. Il s'ensuit que ce premier moyen n'est pas fondé et doit être rejeté (CCJA, 2e ch., no 37, 8-12-2011 : Sté Maersk Côte d'Ivoire c/ CERCI SARL ; SGBCI ; CITIBANK SA ; BACI SA, Juris-Ohada, 2012, no 3, juill.-sept., p. 13, Ohadata J-13-44, J-13-156).

C'est à tort qu'il est reproché à un arrêt d'avoir violé l'article 79 de l'AUPSRVE en n'annulant pas une saisie dont les exploits de dénonciation délaissés, nonobstant les prescriptions impératives de l'article 79 ainsi que celles de l'article 7 de la décision no 001/PR du 11 janvier 2012 portant création organisation et fonctionnement des tribunaux de commerce en Côte d'Ivoire, désignaient « le président du Tribunal de première instance d'Abidjan statuant en matière d'urgence ou le magistrat délégué par lui » comme juridiction compétente, au lieu de la juridiction présidentielle du tribunal de commerce qui aurait dû être mentionnée, indication erronée qui équivaut selon le moyen à un défaut d'indication d'une mention prescrite à peine de nullité par l'article 79. Il en, est ainsi dès lors que contrairement aux énonciations du moyen, la saisie conservatoire ne relève ni des actes de commerce, ni des contestations entre personnes morales commerçantes mais des voies d'exécution ; qu'à la date des saisies, l'article 31 de la décision no 001/PR du 11 janvier 2012 était encore en vigueur et excluait formellement la compétence du tribunal de commerce en matière de voie d'exécution. Les exploits de saisie conservatoire des 24 et 26 mars 2014 en indiquant « le président du Tribunal de première instance d'Abidjan statuant en matière d'urgence » sont conformes à ces prescriptions. En substituant ce motif de droit au motif erroné de l'arrêt querellé, il y a lieu de rejeter le premier moyen (CCJA, 2e ch., no 095, 27-4-2017 : Sté APMT-CI c/ STRAM, Citibank, BACI).

IV. Impossibilité pour le tiers-saisi de contester la saisie

Les articles 79, 63, al. 2 et 170, al. 2 et 3 de l'AUPSRVE portent respectivement sur le contenu de l'acte de dénonciation d'une saisie conservatoire au débiteur, la juridiction compétente en cas de contestations autres que la mainlevée et l'appel du tiers saisi aux fins de déclaration de jugement commun. Aucune de ces dispositions ne confère au tiers saisi la faculté de contester la saisie et tout moyen formulé dans ce sens est mal fondé et doit être rejeté (CCJA, 3e ch., no 080, 29-3-2018 : ORABANK BURKINA SA c/ SAMTRAFOU SARL).

JURISPRUDENCE COMPARÉE

France

Saisie sur un compte joint

En cas de saisie d'un compte joint, la saisie conservatoire doit être notifiée à tous les cotitulaires du compte, même s'ils sont étrangers à la saisie (TGI Nanterre 8-9-1994 : Bull. inf. C. cass. 1994 no 1173).

Art. 80 [mod.] Le tiers saisi est tenu de fournir à l'huissier *de justice* ou à *l'autorité chargée de l'*exécution les renseignements prévus à l'article 156 *du présent Acte uniforme* et de lui remettre copie de toutes pièces justificatives. Les renseignements sont mentionnés dans le procès-verbal.

JURISPRUDENCE COMPARÉE

France

A. Absence de l'obligation de renseignement

Il ne peut être reproché au tiers saisi un manquement à son obligation d'information dès lors que :

– la saisie conservatoire a été annulée (Cass. 2e civ., 5-7-2000, Sté Akshaya Hospital et Research Centre Pvt Ltd c/ Crédit industriel et commercial, RJDA 11/00 no 1040) ;

– la signification de la saisie n'a pas atteint le tiers saisi ; ainsi, soit parce qu'elle a été faite en mairie et que le tiers saisi n'a pas eu connaissance de la saisie (Cass. 2e civ., 13-6-2002, Sté Natexix banques populaires c/ Sté Frangimo, RJDA 11/02 no 1186) soit parce qu'elle a été, s'agissant d'une banque, remise à un service incompétent (Cass. 2e civ. 22-3-2006 no 434, précité § 1-2) ;

– le redressement judiciaire du saisi ayant été ouvert avant la conversion de la saisie conservatoire en saisie-attribution, la saisie conservatoire ne pouvait plus produire ses effets (Cass. 2e civ. 20-10-2005, Sté Mercator c/ Sté Fincorp : RJDA 5/06 no 583 : D. 2005.2804. som. obs. A. Lienhard ; GP 2006.

doctr. 208 obs. P. Roussel Galle ; RD bancaire 2006.26 n° 28 obs. S. Piedelièvre).

B. Obligation du tiers saisi

Objet de l'obligation. Le tiers saisi doit :

– lorsqu'il est une banque, inclure dans sa déclaration les sommes déposées par le saisi dans une succursale étrangère de ladite banque, chaque fois que cette succursale n'est pas elle-même constituée en société distincte, soumise à la loi étrangère (TGI Paris, juge exéc., 28-9-1998 : GP 1998.som.559 et, sur pourvoi de l'arrêt confirmatif (CA Paris 16-9-1999), Cass. 2e civ. 30-1-2002 : JCP E 2003.587 note G. cuniberti) ;

– être tenu pour responsable en cas de négligence fautive ou de déclaration inexacte ou mensongère (Cass. 2e civ. 21-12-2000 : RJDA 4/01 n° 501) ;

– répondre sur-le-champ (Cass. civ. 7-11-2002 n° 1103 : RJDA 3/03 n° 311).

C. Libération du tiers saisi

1° Constatations nécessaires

Le tiers saisi ne peut pas être déclaré libéré de sa dette sans constater la signification par le créancier saisissant d'un acte de conversion de la saisie conservatoire en saisie-attribution et le paiement par le tiers saisi entre les mains du créancier saisissant (Cass. 2e civ. 23-11-2000 : Bull. civ. I n° 153).

2° Extinction de la créance du débiteur saisi sur le tiers saisi

La créance du débiteur saisi sur le tiers saisi a pu être considérée comme éteinte par l'accord intervenu entre eux ayant mis fin à leurs relations contractuelles et éteint ladite créance, dès lors que les juges du fond ont souverainement constaté que cet accord n'avait pas été fait en fraude des droits du créancier saisissant pour faire échec à la saisie conservatoire (Cass. 2e civ. 22-11-2001 : Bull. civ. II n° 172).

Art. 81 Le tiers saisi qui, sans motif légitime, ne fournit pas les renseignements prévus, s'expose à devoir payer les sommes pour lesquelles la saisie a été pratiquée si celle-ci est convertie en saisie-attribution, sauf son recours contre le débiteur.

Il peut aussi être condamné à des dommages-intérêts en cas de négligence fautive ou de déclaration inexacte ou mensongère.

À défaut de contestation des déclarations du tiers avant l'acte de conversion, celles-ci sont réputées exactes pour les seuls besoins de la saisie.

JURISPRUDENCE OHADA

I. Absence de motif légitime du tiers saisi

A. Défaut de production d'un protêt au tiers saisi

N'est pas un motif légitime, au sens de l'article 81 de l'AUPSRVE, le fait pour le créancier de chèques revenus impayés de ne pas produire un protêt au tiers saisi, qui était en l'espèce une banque (CA Abidjan, n° 685, 30-5-2003 : Ecobank c/ Sté Dalyna Voyages Travel Agency, Ohadata J-03-237).

> **Obs. :** la présente décision ne semble pas avoir été reproduite dans son intégralité sur www.ohada.com. Le lecteur est encouragé à consulter toute source complémentaire au besoin.

Dans le même sens et par transposition, (CCJA, 3e ch., n° 158, 13-7-2017 : JABEILI Ibrahim c/ BOUSSALAH Mohamed Boubakeur, jugeant que la non-production de protêts constatant le non-paiement de chèques émis en règlement d'une créance, ne peut à elle seule avoir pour effet de rendre celle-ci incertaine).

B. Absence de dénonciation de la saisie

S'il est vrai que la dénonciation de la saisie conservatoire de créance est une formalité subséquente à la saisie, elle s'adresse au débiteur et non au tiers saisi. Cette dénonciation dans un délai de 8 jours est faite dans l'intérêt du débiteur, de telle sorte que le tiers saisi n'a aucun intérêt à invoquer l'absence de dénonciation pour refuser le paiement des causes de la saisie. Il en est ainsi d'autant plus que l'article 38 de l'AUPSRVE renchérit en indiquant que les tiers ne pouvant faire obstacle aux procédures en vue de l'exécution ou de la conservation des créances, ils doivent apporter leurs concours. En conséquence, le tiers saisi qui, par sa réticence a fait obstacle à la procédure de la saisie conservatoire de créance doit être condamné au paiement des causes de la saisie (CA Abidjan, ch. civ. et com., n° 251, 1-7-2011 : Département de Béoumi c/ Sté Orange Côte d'ivoire, Juris-Ohada, 2011, n° 4, oct.-déc., p. 47, Ohadata J-13-17).

II. Défaut de conversion de la saisie conservatoire

La cour d'appel qui, pour confirmer le jugement ayant condamné la requérante au paiement « des causes de la saisie », a considéré que « la saisie-attribution n'est exigée par le texte susvisé, que lorsqu'il s'agit de demander le paiement des sommes conservatoirement saisies… ; qu'en l'espèce, il s'agit pour l'instant, de condamner le tiers saisi aux causes de la saisie ; qu'il n'est donc pas besoin d'exiger la conversion de la saisie conservatoire [de créances] pratiquée en saisie-attribution ; qu'une telle mesure ne s'imposera qu'au moment de solliciter [du tiers saisi], le paiement effectif des sommes dues… », alors que l'article 81, al. 1 de l'AUPSRVE soumet la condamnation du tiers saisi au paiement des causes de la saisie, à la condition préalable d'une conversion de la saisie conservatoire de créances en saisie-attribution, ce qui n'a pas été fait en l'espèce, a exposé son arrêt à la cassation. Il en est ainsi dès lors qu'il ressort des articles 82, 83 et 84 du même Acte uniforme, que seule cette conversion, en permettant l'attribution immédiate de la créance au créancier saisissant, lui ouvrait droit au paiement ultérieur et éventuel des causes de la saisie conservatoire de créances (CCJA, n° 10, 15-3-2007 : Sté ECOBANK-COTE D'IVOIRE c/ Sté DALYNA VOYAGES TRAVEL AGENCY, Rec. jur. CCJA n° 9, janv.-juin 2007, p. 75, Ohadata J-08-230). Dans le même sens :

– TGI Ouagadougou (Burkina Faso), n° 067/2007, 23-5-2007 : BACB c/ G. S. et autres, Ohadata J-09-385 ;

– en infirmant la décision des premiers juges qui avaient condamné le tiers saisi au paiement des causes de la saisie, aux motifs que l'article 81, al. 1 de l'AUPSRVE subordonne le paiement des causes de la saisie à la conversion de la saisie conservatoire en saisie-attribution, la cour d'appel a fait une bonne interprétation de la loi (CCJA, 2e ch., n° 032, 22-3-2012 : Sté Générale de Banques en Côte d'Ivoire dite SGBCI c/ Ets Sylla et Frères dits ESF SA) ;

– précisant que la cour d'appel qui a confirmé une décision contraire expose son arrêt à la cassation : CCJA, 2e ch., n° 037/2012, 3-5-2012 : Sté ESSO Exploration and Production Chad Inc c/ Ressourcium International SARL ;

– (CCJA, 3e ch., n° 021, 8-2-2016 : BICICI c/ SICUC, Ohadata J-16-223, et jugeant, sur l'évocation, que la juridiction compétente au sens de l'article 49 de l'AUPSRVE pour statuer sur tout litige ou toute demande relative à une mesure d'exécution forcée ou à une saisie conservatoire est le président du tribunal ou le magistrat délégué par lui. En statuant sur la demande de dommages-intérêts contre le tiers saisi, en méconnaissance des dispositions de l'article 49 précité, le tribunal de première instance s'est attribué à tort des pouvoirs qui ne relèvent pas de sa compétence, exposant son jugement à l'annulation. Le tribunal doit donc être déclaré incompétent, le jugement annulé et les parties renvoyées à mieux se pourvoir) ;

– le créancier poursuivant, qui n'a jamais converti la saisie conservatoire en saisie-attribution, jusqu'au jour de sa mainlevée, ne saurait avoir un droit de gage à réaliser, les sommes saisies n'étant pas attribuées à sa débitrice, la saisie pratiquée étant désormais privée d'objet (CCJA, 1e ch., n° 165, 27-7-2017 : BACI c/ Me Diarrassouba Mamadou Lamine) ;

– précisant qu'il résulte de l'article 81, alinéa 1 de l'AUPSRVE que la condamnation du tiers saisi au paiement des causes de la saisie est subordonnée à la conversion de la saisie conservatoire de créances en saisie-attribution. La cour d'appel qui a condamné une banque au paiement des causes d'une saisie conservatoire, aux motifs qu'elle n'avait pas exécuté ses obligations, d'une part, et qu'elle s'est dessaisie des sommes saisies avant l'intervention d'une décision de mainlevée, sans établir que la saisie conservatoire avait préalablement été convertie en une saisie-attribution, a violé l'article 81 précité, exposant son arrêt à la cassation. Sur l'évocation, pour les mêmes motifs que ceux ayant entraîné la cassation, il convient de dire n'y avoir lieu à sa condamnation au paiement des causes de la saisie (CCJA, 3e ch., n° 292/2024, 31-10-2024).

III. Action en dommages-intérêts contre le tiers saisi

A. Conversion de la saisie conservatoire non nécessaire avant une condamnation aux dommages-intérêts

Il s'infère de l'article 81, alinéa 1 de l'AUPSRVE que le paiement aux causes de la saisie est subordonné à la conversion de la saisie conservatoire en saisie-attribution en cas de défaut de renseignements sur les comptes du débiteur par le tiers saisi. Selon l'alinéa 2, le tiers saisi peut également être condamné à des dommages-intérêts dès qu'une négligence fautive est relevée ou s'il a fait des déclarations inexactes ou mensongères sur l'étendue de ses obligations à l'égard du débiteur tel que prescrit à l'article 156 du même Acte uniforme. C'est donc en violation, par mauvaise interprétation, de l'article 81, alinéa 2 de l'AUPSRVE qu'une cour d'appel a subordonné la condamnation du tiers saisi au paiement des dommages-intérêts à une conversion préalable de la saisie conservatoire en saisie-attribution, exposant ainsi son arrêt à la cassation. Sur l'évocation, il est indispensable de rapporter la preuve de la négligence fautive du tiers saisi ou de sa déclaration inexacte ou mensongère pour obtenir une condamnation à des dommages-intérêts. Le tiers saisi a fait des déclarations dès qu'il en a été requis. En fondant sa demande en condamnation au paiement des dommages-intérêts sur des déclarations faites lors d'une précédente saisie ayant fait l'objet d'une mainlevée sans rapporter la preuve de l'inexactitude des déclarations du tiers saisi faites lors de la nouvelle saisie, la demanderesse ne prouve pas la violation des articles qu'elle allègue. Dès lors, la preuve de l'inexactitude des déclarations du tiers saisi n'est pas rapportée pour justifier sa condamnation au paiement des dommages-intérêts (CCJA, 3e ch., no 036, 24-4-2015 : BNI-SA c/ SGBCI, Ohadata J-16-36).

B. Décisions ayant condamné le tiers saisi

1o Déclaration mensongère

Engage sa responsabilité, le tiers saisi qui fait une déclaration mensongère sur l'étendue de ses obligations vis-à-vis du débiteur et s'abstient volontairement de communiquer au créancier saisissant les pièces justificatives (CA Abidjan, no 937, 11-7-2003 : A. N. c/ caisse Autonome d'Amortissement, Ohadata J-03-340).

La cour d'appel qui, constatant que le tiers saisi a, dans une première déclaration, reconnu détenir un compte ouvert dans ses livres dont le débiteur est titulaire et communiqué le solde dudit compte et que plus tard, sur sommation interpellative de la créancière saisissante, a déclaré que le débiteur possède en plus du premier, un compte « crédimatic » crédité, en a déduit qu'en ne révélant pas l'existence de tous les comptes que le débiteur possède dans ses livres, le tiers saisi a fait des déclarations mensongères l'exposant au paiement de dommages et intérêts, a fait une juste application de la loi (CCJA, 2e ch., no 032/2012, 22-3-2012 : Sté Générale de Banques en Côte d'Ivoire dite SGBCI c/ Ets Sylla et Frères dits ESF SA).

2o Condamnation du tiers saisi pour déclaration incomplète

La cour d'appel qui a retenu « … qu'en tout état de cause, elle (la BICEC) a fait une déclaration selon laquelle elle n'était pas débitrice des droits des ex-employés ; qu'aux termes de l'article 81, al. 3 de l'[AUPSRVE], à défaut de contestation des déclarations du tiers saisi avant l'acte de conversion en saisie-attribution, celles-ci sont réputées exactes pour les seuls besoins de la saisie … », pour infirmer l'ordonnance entreprise et débouter le demandeur, alors que ce dernier, suivant exploit d'huissier du 10 juillet 2006, avait effectivement contesté la déclaration de la BICEC bien avant la conversion qui est du 6 septembre 2006, a violé l'article 81, al. 3 de l'AUPSRVE, notamment en écartant cet exploit comme moyen de contestation sans préciser en quoi il ne répond pas à la prescription de l'article 81 précité. Son arrêt doit être cassé. Sur évocation, il résulte des pièces de la procédure que la saisie ne souffre d'aucune irrégularité. La banque saisie, en répondant qu'elle « n'est pas débitrice des droits des ex-employés », sans préciser si elle détenait des sommes à leurs noms et à quel titre, a manifestement fait une déclaration incomplète et a encouru la sanction prévue à l'article 81, étant donné que ladite déclaration a été contestée avant la conversion et que l'existence d'un compte personnel n'est pas prescrite comme condition pour telle saisie. Confirmation de l'ordonnance (CCJA, 2e ch., no 11, 27-2-2014 : Tang Emmanuel c/ 1) Banque Internationale du Cameroun pour l'Epargne et le Crédit dite BICEC, 2) caisse Autonome d'Amortissement, Ohadata J-15-102).

C. Décision n'ayant pas condamné le tiers saisi

Le juge d'appel qui, pour infirmer une ordonnance entreprise et condamner un tiers saisi, a retenu « (…) que l'article 81, al. 3, [de l'AUPSRVE] dont a cru devoir s'éclairer [le tiers saisi] est inopérant en l'espèce et ne peut être appliqué à son profit que si la déclaration affirmative a été faite dans les délais prévus à l'article 156. C'est-à-dire soit sur-le-champ quand l'acte de saisie est signifié à personne au tiers saisi, soit cinq jours si l'acte de saisie n'est pas signifié à personne », alors que la loi n'a nulle part prescrit une telle condition pour exonérer le tiers saisi de toute responsabilité relativement à sa déclaration, a violé l'article 81 de l'AUPSRVE visé au moyen et exposé son arrêt à la cassation. Sur l'évocation et pour les mêmes motifs que ceux ayant entraîné la cassation, il y a lieu de confirmer l'ordonnance qui a débouté le créancier de sa demande parce qu'il n'a pas contesté les déclarations du défendeur avant l'acte de conversion (CCJA, 3e ch., no 214/2019, 27-6-2019 : National Financial Credit Bank S.A. c/ S.).

JURISPRUDENCE COMPARÉE

France

Dommages-intérêts

Le tiers saisi n'est pas tenu au paiement de dommages-intérêts si la saisie est caduque (Cass. 2e civ. 6-5-2004 : JCP G 2004.II.10150 note Salati).

Le créancier saisissant ne peut pas agir en réparation contre le tiers saisi pour inexécution de son obligation d'information, dès lors que le redressement judiciaire du saisi ayant été ouvert avant la conversion de la saisie conservatoire en saisie-attribution, la saisie conservatoire ne pouvait plus produire ses effets (Cass. 2e civ. 20-10-2005 : RJDA 5/06 no 583 : D. 2005. som.2804 obs. A. Lienhard ; GP 2006.doctr.208 obs. P. Roussel Galle ; RD bancaire 2006.26 no 28 obs. S. Piedelièvre).

Section II • *LA* CONVERSION EN SAISIE-ATTRIBUTION

Art. 82 [mod.] Muni d'un titre exécutoire constatant l'existence de sa créance, le créancier signifie au tiers saisi un acte de conversion qui contient, à peine de nullité :

1) les noms, prénoms et domiciles du saisi et du saisissant ou, s'il s'agit de personnes morales, leurs forme, dénomination et siège social ;

2) la référence au procès-verbal de saisie conservatoire ;

3) *l'indication* du titre exécutoire sauf si celui-ci a déjà été communiqué lors de la signification du procès-verbal de saisie, auquel cas il est seulement mentionné ;

4) le décompte distinct des sommes dues en principal, frais et intérêts échus ainsi que l'indication du taux des intérêts ;

5) une demande de paiement des sommes précédemment indiquées à concurrence de celles dont le tiers s'est reconnu ou a été déclaré débiteur.

L'acte informe le tiers que, dans cette limite, la demande entraîne attribution immédiate de la créance saisie au profit du créancier.

JURISPRUDENCE OHADA

I. Conversion par signification au tiers saisi d'un acte extrajudiciaire

La conversion d'une saisie conservatoire de créance en saisie-attribution obéit aux dispositions de l'article 82 et suivants de l'AUPSRVE (CA Dakar, civ. et com., 20-2-2003 : K. M. c/ SENEGALAUTO SA, Ohadata J-03-150).

Elle se fait dans le sens d'une saisie-attribution et non d'une saisie-vente. Cette demande de conversion est irrecevable lorsque la procédure prévue n'a pas été respectée par le créancier (TGI Ouagadougou (Burkina Faso), n° 067/2007, 23-5-2007 : BACB c/ G. S. et autres, Ohadata J-09-385).

Il résulte de l'article 82 de l'AUPSRVE que la conversion d'une saisie conservatoire de créances en saisie-attribution doit se faire par un acte extrajudiciaire. Le tribunal saisi d'une demande de validation de cette saisie doit se déclarer incompétent (TGI Wouri, n° 524, 19-9-2002 : Sté GECEFIC c/ 1) le Directeur général des Ets GEDEPA-CADEB-EGECI, 2) le Directeur Général de CAMRAIL, Ohadata J-04-218). Sur une décision similaire renvoyant aux dispositions des articles 69 et suivants de l'AUPSRVE, voir (TRHC Dakar, n° 1599, 12-9-2000 : ENTREPRISE GENERALE AFRICAINE c/ SARL CEGES, Ohadata J-04-477, voir obs. Ndiaw DIOUF). Dans le même sens jugeant que la conversion de la saisie conservatoire relève exclusivement de la compétence de l'huissier de justice : T. com. Pointe-Noire (Congo), n° 003, 23-1-2008 : SCAB-CONGO SA c/ Sté AFRIC, Ohadata J-13-128.

La cour d'appel qui a rejeté une demande en validation d'une saisie conservatoire et pris le soin de rappeler que l'instance en validation d'une saisie conservatoire est désormais substituée par un acte de conversion n'a en rien violé l'article 82 de l'AUPSRVE (CCJA, 1e ch., n° 028, 29-4-2010 : Main d'Afrique Construction SARL c/ D., Juris-Ohada, n° 3/2010, juill.-sept., p. 39, Ohadata J-11-72).

Voir sous l'article 81.

II. Nécessité d'un titre exécutoire valide

Il résulte de l'article 82 de l'AUPSRVE que la conversion d'une saisie-conservatoire en saisie-attribution de créances ne s'opère qu'à la condition de justifier d'un titre exécutoire constatant l'existence de la créance réclamée. En l'espèce, il est produit au dossier copie de l'arrêt de la cour suprême qui a cassé et annulé l'arrêt constituant le titre exécutoire ayant servi de base à la conversion de la saisie conservatoire en saisie-attribution de créances contestée. Ainsi, le recourant ne disposant plus d'aucun titre exécutoire, le recours formé contre l'arrêt attaqué qui s'est prononcé sur la régularité de l'acte de conversion de la saisie conservatoire de créances en saisie-attribution de créances, ne peut plus prospérer et doit être rejeté (CCJA, 3e ch., n° 161, 1-12-2016 : Ouattara Dougnimata Ahmed c/ Sté Vivo Energy Côte d'Ivoire, Ohadata J-17-101).

Les dispositions de l'article 82 de l'AUPSRVE énonçant simplement que le créancier muni d'un titre exécutoire constatant l'existence de sa créance peut signifier au tiers saisi un acte de conversion, ne viole pas l'article 82, la cour d'appel qui valide un acte de conversion qui contient le décompte précis et distinct de la somme principale objet de la condamnation, majorée des frais de recouvrement et du coût de l'exploit ; par ce motif de pur droit, substitué au motif erroné et surabondant retenu par la cour d'appel et selon lequel « la loi OHADA n'a prévu aucune sanction pour la violation de cette disposition », – la décision attaquée se trouve légalement justifiée. Il en est ainsi dès lors qu'en l'espèce, le jugement, produit à l'appui de l'acte de conversion et qui a condamné avec exécution provisoire au paiement d'une somme d'argent au profit du créancier, obéit bien aux caractères du titre exécutoire au sens dudit Acte uniforme, les dispositions de l'article 574 du Code de procédure civile, économique et administrative de la République de Guinée, invoquées à tort, n'étant pas applicables en l'espèce, ladite saisie étant ordonnée à hauteur de ladite condamnation majorée des frais. La cour d'appel qui a rejeté le moyen au motif que la conversion est faite sur la base du montant de la condamnation a légalement justifiée sa décision (CCJA, 2e ch., n° 258, 13-12-2018 : Sté Orange Guinée SA c/ Office Guinéen de Publicité OGP).

III. Annulation de l'acte de conversion pour défaut de mentions requises

C'est à juste titre qu'un juge a annulé un procès-verbal de conversion d'une saisie conservatoire de créance en saisie-attribution dès lors que la somme à payer par le débiteur n'a pas été indiquée (CA Littoral (Cameroun), 14-1-2009 : Les Ets CHIEDJOU c/ SCDP, Ohadata J-09-147).

Mais c'est à tort qu'il est soutenu que l'acte de conversion ne contient ni la copie du titre exécutoire ni le décompte distinct des sommes dues en principal, frais et intérêts échus ainsi que l'indication du taux des intérêts, dès lors qu'il ressort dudit acte de conversion la mention « afin qu'elles n'en ignorent, je leur ai où étant et parlant comme dessus remis et laissé tant la copie grosse de l'arrêt susvisé que copie du présent exploit… ». Il y a là, la preuve que copie du titre exécutoire a été communiquée aux tiers saisis au moment de la conversion de la saisie conservatoire de créances en saisie-attribution de créances ; en tout état de cause, il ressort de l'article 82-3 invoqué que la communication de la copie du titre exécutoire au moment de la conversion n'est pas obligatoire dès lors qu'une telle communication a été faite au moment de la signification du procès-verbal de saisie, comme c'est le cas en l'espèce. De même et contrairement aux allégations de la demanderesse, l'acte de conversion contient en réalité le décompte distinct des sommes dues en principal, intérêts et frais avec cette précision qu'en ce qui concerne les intérêts, il est mentionné « –OF à titre d'intérêts échus au taux de 5,5 % ». Aucun grief ne pouvant être fait au créancier de renoncer aux éventuels intérêts échus, il apparaît que les griefs allégués ne sont pas fondés (CCJA, 1e ch., n° 278, 27-12-2018 : TAKAM Pascal c/ Sté Camerounaise de Raffinage MAYA et Cie).

IV. Refus d'annulation d'un acte ne présentant aucune irrégularité

Le juge qui a rejeté la demande de nullité d'une conversion en retenant que « l'exploit querellé ne recèle aucun vice » et qu'il en ressort que « l'officier ministériel a requis les banques d'avoir à payer le montant de 242 837 946 FCFA dûment détaillé » n'a en rien violé la loi dès lors que les pièces du dossier établissent sans ambiguïté qu'aucun des tiers saisis n'a cru devoir révéler le solde des comptes du débiteur ; que l'huissier, qui n'est donc en rien comptable de l'obligation de réponse sur-le-champ ou au plus tard dans les cinq jours à laquelle ils sont tenus, s'est régulièrement acquitté de la formalité requise à l'article 82 de l'AUPSRVE (CCJA, 2e ch., n° 167/2021, 28-10-2021 : Prudential Beneficial Insurance SA c/ Afrique Constructions SA).

V. Décompte des sommes, frais et intérêts

A. Montant de la créance

Le montant indiqué dans l'acte de conversion étant le même que dans la déclaration affirmative du tiers saisi et cantonné par ce dernier, le juge d'appel n'a nullement violé l'article 82 de l'AUPSRVE en considérant que l'acte de saisie et l'acte de conversion sont conformes à la déclaration du tiers saisi, dès lors que la demanderesse ne justifie pas d'un préjudice que lui aurait causé l'ordre dans lequel sont intervenus les actes (CCJA, ass. plén., n° 100, 4-11-2014 : Sté Générale de Banque au Cameroun dite SGBC c/ Sté Camerounaise de Bananeraie de Penja dite SCBP, Ohadata J-15-191).

B. Intérêts

C'est à tort qu'il est fait grief à l'arrêt attaqué d'avoir violé l'article 82, al. 4 de l'AUPSRVE au motif que l'huissier instrumentaire a appliqué des taux d'intérêts imaginaires alors que la condamnation prononcée avait indiqué que le montant à payer représentait la plus-value majorée des intérêts de droit et non la plus-value majorée, dès lors que la demanderesse au pourvoi ne rapporte pas la preuve que le taux d'intérêt pratiqué est imaginaire (CCJA, ass. plén., n° 100, 4-11-2014 : Sté Générale de Banque au Cameroun dite SGBC c/ Sté Camerounaise de Bananeraie de Penja dite SCBP, Ohadata J-15-191).

C. Réévaluation du reliquat de la créance prenant en compte les intérêts

Voir sous l'article 31.

D. Évaluation erronée n'entraînant pas la nullité de la saisie

L'arrêt qui a retenu que « l'évaluation inexacte des sommes réclamées ne constitue pas une cause de nullité de la saisie au sens de [l'article 82, al. 4 de l'AUPSRVE] … qu'il apparaît de l'analyse des exploits de saisie que les mentions exigées y figurent … », n'a en rien violé la disposition visée au moyen, dès lors que des procédures spéciales permettant de redresser les erreurs dans le calcul de l'agent d'exécution existent (CCJA, 2e ch., no 095, 27-4-2017 : Sté APMT-CI c/ STRAM, Citibank, BACI).

Art. 83 La copie de l'acte de conversion est signifiée au débiteur.

A compter de cette signification, le débiteur dispose d'un délai de quinze jours pour contester l'acte de conversion devant la juridiction de son domicile ou du lieu où il demeure.

En l'absence de contestation, le tiers effectue le paiement au créancier ou à son mandataire, sur présentation d'un certificat du greffe attestant l'absence de contestation.

Le paiement peut intervenir avant l'expiration de ce délai si le débiteur a déclaré par écrit ne pas contester l'acte de conversion.

JURISPRUDENCE OHADA

I. Droit de contestation

Irrecevabilité du tiers saisi. Le tiers saisi n'a ni qualité ni intérêt à agir en contestation de la conversion de la saisie conservatoire en saisie-attribution de créances et son action est irrecevable, dès lors que l'article 83 de l'AUPSRVE n'accorde ce droit qu'au débiteur (Section de tribunal de Toumodi, no 29, 31-7-2001 : SGBCI c/ C, Juris-Ohada, no 1/2005, janv.-mars 2005, p. 37, Ohadata J-05-194).

La cour d'appel qui a retenu qu'il résulte de l'article 83 de l'AUPSRVE que l'action en contestation de saisie n'appartient pas au tiers saisi mais au débiteur saisi qui en l'espèce n'a élevé aucune contestation ; que dans ces conditions, le refus du tiers saisi de se libérer entre les mains du créancier poursuivant, est injustifié, a bien interprété l'article 83 visé au moyen qui, par conséquent, ne peut être accueilli (CCJA, 2e ch., no 013, 18-2-2010 : PALMCI-SA c/ SIPA SARL, Juris-Ohada, no 2/2010 avr.-juin, p. 35, Ohadata J-11-57, J-12-24).

Il résulte de l'article 83, al. 1 de l'AUPSRVE que seul le débiteur saisi peut contester l'acte de conversion de la saisie conservatoire en saisie-attribution, le tiers saisi ne pouvant ni élever de contestations contre l'acte de conversion, ni exercer un recours quelconque contre la décision de rejet de celles élevées par le débiteur saisi. C'est en violation de l'article 83 qu'une cour d'appel a ordonné de payer les sommes saisies entre les mains du saisissant, sur le fondement de dispositions du droit interne relatives à la tierce opposition, exposant ainsi son arrêt à la cassation. Sur l'évocation et pour les mêmes motifs que ceux ayant fondé la cassation, il y'a lieu de déclarer irrecevable la tierce opposition (CCJA, 2e ch., 246, 29-11-2018 : Me Emmanuel PENSY c/ SCRM SA et 2 autres).

II. Délai de contestation de la conversion

Irrecevabilité de l'opposition en cas de dépassement du délai. L'opposition formée par le débiteur plus de 15 jours après la dénonciation de la saisie est irrecevable (TPI Bafoussam, ord. réf. no 3, 17-10-2003 : Galeries de l'Ouest SARL c/ N. M., BICEC, CBC, Afriland First Bank et Me G. E., Ohadata J-05-12).

III. Paiement par le tiers saisi

Lorsqu'aucune attestation de non-contestation de l'acte de conversion n'a été présentée au tiers saisi, ce dernier n'a commis aucune faute en refusant de payer et l'ordonnance ayant statué en sens contraire doit être infirmée (CA Abidjan (Côte d'Ivoire), 4e ch. civ. et com. B, no 782, 15-7-2005 : ECOBANK-CI c/ C. G., Ohadata J-08-36).

Obs. : cette décision semble suivre l'argumentation de l'une des parties selon laquelle le certificat de non-contestation doit être distingué du certificat de non-contestation de l'acte de conversion de la saisie, prévue à l'article 83.

IV. Demande d'annulation de la procédure de conversion sans objet

La demande d'annulation de la conversion d'une saisie conservatoire en saisie-attribution de créances est sans objet et doit être rejetée lorsque, d'une part, l'acte de saisie qui a été signifié dans le délai n'a fait l'objet d'aucune contestation et que, d'autre part, le paiement des causes de la saisie par le tiers saisi, a ainsi mis fin aux poursuites (TPI Yaoundé, Centre Administratif (Cameroun), ord. no 392/C, 17-7-2008 : Sté G4S Security Services Cameroun PLC dénommée Sté Wackenhut Cameroun SA c/ Sté TSEKENIS SA, Me T., BICEC, Standard Chartered Bank SA, Ohadata J-09-216).

Art. 84 [mod.] Les dispositions des articles 158, 159, 165 à 172 *du présent Acte uniforme* sont applicables.

JURISPRUDENCE **OHADA**

I. Irrecevabilité de l'appel contre la décision ayant converti une saisie conservatoire en saisie-attribution

Sur l'irrecevabilité pour non-respect du délai imparti, voir sous l'article 172.

II. Liquidation des dépens au profit de la partie qui a gagné son procès

Même si l'article 153 de l'AUPSRVE ne s'applique pas à la procédure de conversion de la saisie conservatoire de créance en saisie-attribution de créance, la règle qu'il pose est néanmoins contenue dans les articles 82 et suivants de l'AUPSRVE qui régissent cette matière. En l'espèce, en considérant, par des motifs propres et adoptés, que les dépens sont exposés par les parties et leur reviennent, et que leur liquidation ne peut s'opérer qu'au profit de la partie gagnante et pas son conseil, la cour d'appel qui aurait dû viser les articles 84 et suivants de l'AUPSRVE au lieu de l'article 153 du même Acte uniforme n'a pas violé l'article 153 précité (CCJA, 2e ch., no 007/2021, 28-1-2021 : Maître Kontchou Gabriel c/ CFAO Technologies).

Chapitre V

LA SAISIE CONSERVATOIRE DES DROITS D'ASSOCIÉS ET DES VALEURS MOBILIÈRES

Section I • LES OPÉRATIONS DE SAISIE

Art. 85 [mod.] Il est procédé à la saisie conservatoire des droits d'associés et des valeurs mobilières par la signification d'un acte aux personnes mentionnées à l'article 236 *du présent Acte uniforme*. Cet acte contient, à peine de nullité, les mentions prévues à l'article 237 *du présent Acte uniforme* sous réserve du 3) où l'indication du titre exécutoire peut être remplacée par celle de l'autorisation de la juridiction compétente de pratiquer la saisie conservatoire.

JURISPRUDENCE COMPARÉE

France

A. Nullité de la saisie des valeurs mobilières

1o Qualité pour agir

Le droit d'agir en nullité de la saisie n'étant pas réservé par la loi à des personnes qualifiées, le droit de contester la saisie pratiquée sur des valeurs mobilières ne saurait être refusé à l'usufruitier des valeurs saisies (Cass. 2e civ. 22-2-2007 no 06-11838 : Bull. civ. II no 47).

2o Non-indisponibilité des droits pécuniaires des droits sociaux saisis à l'égard du saisissant

La saisie conservatoire pratiquée par une association des droits d'associé d'un notaire dans une SCP en vue du recouvrement des sommes réglées en exécution d'un engagement de caution a eu pour effet de rendre indisponibles, sauf à l'égard de l'association, les dividendes attachés aux parts saisies peu important la saisie conservatoire des mêmes droits d'associé réalisée deux ans plus tard par un autre créancier du notaire qui n'interdisait pas la saisie-attribution par l'association (Cass. 1re civ. 21-10-2010 no 09-69.867 : Légifrance).

B. Nomination d'un séquestre

L'existence d'une saisie sur des parts sociales ne fait pas obstacle à la nomination d'un administrateur séquestre de ces parts à la requête du créancier saisissant dès lors qu'il existe un risque de disparition ou de dépréciation de valeur desdites parts, le débiteur saisi étant, par ailleurs, gérant de la société entre les mains de laquelle la saisie a été faite (Cass. civ. 22-4-1977 : Bull. Joly 1977 p. 633 ; CA Versailles 23-10-1979 : Gaz. Pal. 1980 som. p. 605).

Art. 86 [mod.] Dans un délai de huit jours à peine de caducité, la saisie conservatoire est signifiée au débiteur par un acte qui contient, à peine de nullité :

1) *la mention* de l'autorisation de la juridiction ou du titre en vertu duquel la saisie est pratiquée ;

2) *la mention* du procès-verbal de saisie ;

3) la mention, en caractères très apparents, du droit qui appartient au débiteur, si les conditions de validité de la saisie ne sont pas réunies, d'en demander la mainlevée à la juridiction du lieu de son domicile ;

4) la désignation de la juridiction devant laquelle seront portées les autres contestations, notamment celles relatives à l'exécution de la saisie ;

5) élection de domicile dans le ressort territorial juridictionnel où s'effectue la saisie si le créancier n'y demeure pas ; il peut être fait, à ce domicile élu, toute signification ou offre ;

6) la reproduction des articles 62 et 63 *du présent Acte uniforme*.

Obs. : en n'exigeant plus que la mention de l'autorisation et du PV de saisie, dont la copie était précédemment requise à peine de nullité, le législateur semble avoir affaibli la position du débiteur saisi puisqu'il n'aurait plus la possibilité de vérifier, prima facie, que la saisie pratiquée contre lui l'a été sur de fondements solides ; et il lui faudrait sans doute la contester avant d'accéder à ces pièces importantes.

JURISPRUDENCE OHADA

Pour un arrêt ayant retenu que l'élection de domicile ne rend pas compétent le juge du domicile élu pour donner un titre exécutoire au créancier et que l'ordonnance rendue par ce juge et autorisant une saisie conservatoire de droit d'associés alors que le débiteur et le créancier ont leurs domiciles respectifs à l'étranger doit être annulée : CA Lomé (Togo), n° 97/2009, 23-6-2009 : Sté PEFACO INDUSTRIES LIMITED c/ Sté J.G.R.F. International Consultants, Ohadata J-10-177 ; voir sous l'art. 73.

Art. 87 [mod.] Les dispositions de l'article 239 du présent Acte uniforme sont applicables.

JURISPRUDENCE COMPARÉE

France

A. Inclusion des dividendes dans les droits pécuniaires

Le droit aux dividendes est un droit pécuniaire (Cass. 2e civ. 21-6-2007 n° 06-13.386 : RJDA 11/07 n° 1150 ; Cass. 2e civ. 21-10-2010 n° 09-69.867 : RJDA 2/11 n° 154).

B. Indisponibilité des droits pécuniaires

Le saisissant peut obtenir le versement des dividendes revenant aux droits sociaux saisis, leur indisponibilité ne le concernant pas (Cass. com. 21-10-2010 n° 09-69.867 : Légifrance).

Section II • *LA* CONVERSION EN SAISIE-VENTE

Art. 88 [mod.] Muni d'un titre exécutoire constatant l'existence de sa créance, le créancier signifie au débiteur un acte de conversion en saisie-vente qui contient, à peine de nullité :

1) les noms, prénoms et domiciles du saisi et du saisissant ou, s'il s'agit de personnes morales, leurs dénomination, *forme* et siège social ;

2) la référence au procès-verbal de saisie conservatoire ;

3) *l'indication* du titre exécutoire sauf si celui-ci a déjà été communiqué lors de la signification du procès-verbal de saisie, auquel cas il est seulement mentionné ;

4) le décompte distinct des sommes à payer en principal, frais et intérêts échus, ainsi que l'indication du taux des intérêts ;

5) un commandement d'avoir à payer cette somme, faute de quoi il sera procédé à la vente des biens saisis ;

6) l'indication, en caractères très apparents, que le débiteur dispose d'un délai d'un mois pour procéder à la vente amiable des valeurs saisies dans les conditions prescrites par les articles 115 à 119 *du présent Acte uniforme* ;

7) la reproduction des articles 115 à 119 *du présent Acte uniforme*.

JURISPRUDENCE OHADA

Absence de titre exécutoire

L'ordonnance de conversion d'une saisie conservatoire en saisie-vente ne constitue pas un titre exécutoire au sens de l'article 33 de l'AUPSRVE et ne peut valablement fonder une saisie-vente, dès lors que l'AUPSRVE ne l'a pas prévue, et que de surcroît ladite ordonnance ne comporte pas le nom du juge qui l'a rendue (CA Daloa (Côte d'Ivoire), n° 157, 21-6-2006, précité ; supra, art. 33, Ohadata J-08-47).

Art. 89 Une copie de l'acte de conversion est signifiée au tiers saisi.

Art. 90 [mod.] La vente est effectuée conformément aux articles 240 à 244 *du présent Acte uniforme*.

Titre III

LA SAISIE-VENTE

Art. 91 Tout créancier muni d'un titre exécutoire constatant une créance liquide et exigible peut, après signification d'un commandement, faire procéder à la saisie et à la vente des biens meubles corporels appartenant à son débiteur, qu'ils soient ou non détenus par ce dernier, afin de se payer sur le prix.

Tout créancier remplissant les mêmes conditions peut se joindre aux opérations de saisie par voie d'opposition.

JURISPRUDENCE OHADA

I. Régime juridique de la saisie-vente

La saisie-vente est une mesure d'exécution et non une mesure conservatoire. La procédure de saisie-vente se divise en trois phases, dont celle préalable de commandement, suivie de celle de saisie et de celle de vente des biens saisis (T. com. Pointe-Noire (Congo), nº 001, 9-1-2008 : ENI-CONGO SA c/ Ets MIC VIDEO, Ohadata J-13-71).

Obs. : cette décision ne vise pas expressément l'article 91 mais est transposable.

II. Titre exécutoire

A. Absence de titre exécutoire

1º Jugement non assorti de l'exécution provisoire et frappé d'appel

La cour d'appel qui a déclaré régulière, bonne et valable une saisie vente pratiquée en vue du recouvrement d'une créance non encore exigible, le créancier poursuivant n'étant pas muni d'un titre exécutoire (en raison d'un délai de grâce non encore expiré) a violé les dispositions de l'article 91, al. 1 de l'AUPSRVE et son arrêt encourt la cassation (CCJA, 2e ch., nº 13, 24-2-2005 : Sté LOTENY TELECOM c/ K. S. C., Juris-Ohada, nº 2/2005, p. 12, Rec. jur. CCJA, nº 5, janv. 2005, vol. II, p. 30 ; Ohadata J-05-358).

Le jugement pénal non assorti de l'exécution provisoire et frappé d'appel n'est pas encore passé en force de chose jugée et ne peut constituer un titre exécutoire. Il s'ensuit que la saisie-vente réalisée sur le fondement de cette décision est nulle et sa mainlevée doit être ordonnée (CA Abidjan, nº 384, 10-4-2001 : Sté UNIMAT c/ SODIREP, Juris-Ohada nº 2/2004, juin-août 2004, p. 57, note BROU Kouakou Mathurin, Ohadata J-04-304, note M. Brou Kouakou).

La saisie-vente fondée sur une ordonnance d'injonction de payer annulée doit être annulée et mainlevée doit en être donnée (TPI Douala – Ndokoti, ord. nº 103, 20-4-2006 : M. B. E. c/ T. J. A., Ohadata J-07-88 ; TPI Douala-Ndokoti, Ord. nº 131/05-06, 11-5-2006 : IPD-AC c/ M. N. G. s, Ohadata J-07-75).

Voir sous les art. 33 et 100 al. 2.

2º Plumitif

Le procès-verbal de récolement des biens et la sommation d'assister à la vente dressés sur la base d'une attestation du plumitif et contenant le dispositif de l'arrêt rendu par une cour d'appel sont nuls et la mainlevée de la saisie-vente réalisée doit être ordonnée, l'attestation du plumitif, n'étant pas un titre exécutoire au sens de l'article 33 de l'AUPSRVE (TPI d'Abengourou (Côte d'Ivoire), ord. réf. nº 20, 14-6-2006 : A. O. A. c/ A. B. J., Ohadata J-09-177).

Voir sous l'article 33.

3º Ordonnance d'injonction de payer frappée d'opposition

La saisie-vente réalisée sur le fondement d'une ordonnance d'injonction de payer ayant fait l'objet d'une opposition qui en a suspendu l'exécution a été réalisée sans titre exécutoire. Elle doit être annulée et sa mainlevée ordonnée sous astreinte (CA Abidjan, ch. civ. et com., B, nº 423, 28-7-2011 : GROUPESSOR SARL c/ Église de Jésus-Christ des Saints des derniers jours, Juris-Ohada, 2011, nº 4, oct.-déc., p. 43, Ohadata J-13-16).

Voir sous l'article 33.

B. Existence d'un titre exécutoire

1º Commandement d'un comptable public délivré par huissier et non par l'agent de poursuite fiscale

Le commandement délivré par un huissier de justice à l'initiative d'un agent de la direction générale des impôts constitue est un titre exécutoire, car il a été décerné par un comptable public au sens de l'article 101 du livre des procédures fiscales. Il en aurait été autrement si ledit commandement avait été un exploit d'Huissier, c'est-à-dire un acte rédigé et signifié par l'Huissier de justice (CA Abidjan, nº 1031, 30-7-2002 : MINISTERE DE L'ECONOMIE DES FINANCES c/ Sté EL NASR EXPORT ET IMPORT, Juris-Ohada, nº 3/2004, juill.-oct. 2004, p. 43, Ohadata J-03-389).

Obs. : selon l'article 101 du livre des procédures fiscales de la Côte d'Ivoire invoqué, les commandements décernés par les comptables publics doivent être notifiés par les agents de poursuite par pli recommandé avec avis de réception ou par remise en mains propres a débiteur. L'argument du débiteur était qu'en faisant délivrer le commandement de payer par un huissier sans indiquer le texte de loi l'autorisant à déléguer son privilège de poursuite, le ministère de l'Economie et des finances aurait violé l'article 101 précité. À cet argument, la cour d'appel rappelle que l'huissier n'a pas rédigé le commandement délivré, mais s'est contenté de signifier un commandement rédigé par l'agent de l'administration.

2° Ordonnance d'injonction de payer avec formule exécutoire

La saisie-vente réalisée sur le fondement d'une ordonnance d'injonction sur laquelle la formule exécutoire a été apposée après production d'un certificat de non-opposition est valable (CA Abidjan, ch. civ. et com., n° 829, 20-7-2004 : K. P. c/ A. E. L. A., Ohadata J-05-332).

Voir sous l'article 33 al. 5.

III. Biens n'appartenant pas au débiteur

Mainlevée ou nullité de la saisie. Il ressort de l'article 91 de l'AUPSRVE que la saisie-vente ne peut porter que sur les biens du débiteur. La mainlevée de la saisie réalisée sur des biens n'appartenant pas au débiteur poursuivi doit être ordonnée lorsque le tiers justifie d'un titre de propriété (TGI Bobo-Dioulasso, ord. réf. n° 10, 24-1-2003 : N. B. D. et G. M. c/ SGBB, Ohadata J-04-49).

La saisie-vente réalisée sur des biens n'appartenant pas au débiteur poursuivi est nulle et sa mainlevée doit être ordonnée (CA Abidjan, n° 1096, 29-7-2003 : CFAO-CI c/ A. I.E., Ohadata J-03-345).

Dans le même sens, rappelant que les biens qui ne sont pas la propriété d'un débiteur poursuivi ne peuvent faire l'objet d'une saisie-vente et ordonnant la distraction au profit du véritable propriétaire des biens saisis : CA Abidjan, 5ᵉ ch. civ. et com., n° 306, 23-6-2011 : Sté ALIOS FINANCE c/ D., Juris-Ohada, 2012, n° 1, janv.-mars, p. 55, Ohadata J-13-27.

La cour d'appel qui a approuvé le premier juge qui a validé la saisie-vente des biens meubles appartenant à la société [A.] SA pour le paiement de la dette d'une société [B.] SARL à l'égard d'une société [C.] SAS, motif pris de ce que les deux sociétés agissent comme une même entité juridique, sans caractériser un quelconque engagement de la société [A.] SA envers la société [C.] SAS de répondre de la dette de la société [B.] SARL, alors qu'il ressort des constatations de l'arrêt attaqué que, d'une part, les sociétés en cause disposent chacune d'une personnalité juridique propre et, d'autre part, que les biens meubles objets de la saisie sont la propriété exclusive de la société [A.], a violé les dispositions de l'article 98 de l'AUSCGIE, exposant son arrêt à la cassation. Sur l'évocation et pour les mêmes motifs que ceux ayant entraîné la cassation, il y a lieu d'infirmer en toutes ses dispositions l'ordonnance dont appel et de statuer à nouveau. Il ressort des dispositions combinées des articles 91 et 140 de l'AUPSRVE que la saisie-vente doit porter sur les biens appartenant au débiteur à peine de nullité de la saisie. En l'espèce, il est constant comme résultant des statuts de la société [A.] SA, datés du 2 mars 2018, du rapport d'évaluation d'apports en nature du 28 août 2015, de la carte grise et de la facture du 24 mai 2016 que le mobilier de l'usine d'égrenage et les tracteurs objets de la saisie du 14 septembre 2021 sont sa propriété exclusive, et qu'il échet de déclarer nulle la saisie ainsi pratiquée et d'en ordonner la mainlevée (CCJA, n° 178/2024, 6-6-2024).

IV. Annulation de la saisie réalisée en violation des dispositions de l'AUPSRVE

La saisie-vente réalisée en violation des dispositions impératives des articles 91 et suivants de l'AUPSRVE doit être annulée (TPI d'Abengourou (Côte d'Ivoire), ord. réf. 7-9-2005 : A. O. A. c/ A. B. J. et T. B. F. E., Ohadata J-09-161) et sa mainlevée doit être ordonnée (TPI Yaoundé, ord. n° 799, 8-7-2004 : M. M. c/ O. T., Me N. G. E., Ohadata J-04-417).

Obs. : il est surprenant que ces décisions ne visent aucune des dispositions de l'AUPSRVE relatives à la saisie-vente (articles 91-146). Mais elles ont le mérite d'avoir annulé les saisies-vente réalisées au mépris des dispositions impératives précitées, dès lors qu'il ne semble pas que le prétendu créancier disposait d'un titre exécutoire (art. 91) et a signifié un commandement de payer au débiteur.

V. Poursuite de la vente pour règlement des frais et émoluments de l'huissier

Voir sous l'article 126.

JURISPRUDENCE COMPARÉE

France

A. Distraction du bien saisi : recevabilité de la demande de distraction

1° Recevabilité sans préjudice à la procédure collective ouverte à l'encontre du saisi

Le tiers qui se prétend propriétaire du bien saisi entre les mains d'un débiteur soumis à une procédure collective peut en demander la distraction, pour s'opposer au droit du créancier saisissant sans préjudicier au droit de gage général des créanciers antérieurs au jugement d'ouverture, peu important que le tiers n'ait pas exercé l'action en revendication dudit bien contre la procédure collective, car cette absence de revendication a pour seul effet de rendre le droit de propriété inopposable à la procédure collective (Cass. com. 26-11-2002, n° 1960, Sebert c/ Sté Heuvellands Vleesbedrijf : RJDA 4/03 n° 413).

2° Recevabilité de la contestation limitée exclusivement au droit de propriété des biens saisis et irrecevabilité de tout moyen relatif à la créance cause de la saisie

L'action en distraction, prévue par l'article 128 du décret du 31 juillet 1992, ne pouvant porter que sur la propriété des biens saisis, seul le débiteur saisi est recevable à invoquer le moyen tiré de la prescription de la créance cause de la saisie pour s'opposer à celle-ci et non un tiers, en l'espèce le propriétaire d'un château qui s'opposait à la saisie du mobilier portant sur des meubles garnissant le château que le fisc pratiquait à l'encontre du propriétaire de ce mobilier (Cass. 2e civ. 25-10-2007 n° 06-19.071, Trésor public c/ SCI l'Angevinière : D. 2007.som.2881 ; RD bancaire 2008.45 n° 19 obs. S. Piedelièvre, cité par erreur en date du 15-11-2007).

B. Durée de l'effet suspensif de la contestation de la saisie

Le délai d'appel et l'appel n'étant pas suspensifs du jugement qui a débouté l'appelant de sa contestation sur les biens saisis, les demandes relatives à la propriété des biens saisis ne suspendent la procédure, sauf décision prise par le premier président en application de l'article 31 du décret du 31 juillet 1992, que jusqu'à ce que le juge de l'exécution ait statué sur ces demandes (Cass. 2e civ. 27-4-2000, Sté Dennery c/ Banque Santander : Bull. civ. II n° 69).

C. Preuve par tous moyens de la propriété du tiers s'opposant à la saisie

La propriété d'un bien se prouvant par tous moyens, la revendication du tiers ne peut pas être rejetée au motif que la seule production de factures d'achat à son nom ne suffit pas à l'établir et qu'il doit être exigé la production de pièces justifiant qu'il a payé effectivement le bien revendiqué (Cass. 1e civ. 11-1-2000, Deschamps c/ Sté lyonnaise de banque : RJDA 4/00 n° 492).

Chapitre I

LE COMMANDEMENT PRÉALABLE

Art. 92 [mod.] La saisie est précédée d'un commandement de payer signifié au moins huit jours avant la saisie au débiteur, qui contient à peine de nullité :

1) mention du titre exécutoire en vertu duquel les poursuites sont exercées avec le décompte distinct des sommes réclamées en principal, frais et intérêts échus ainsi que l'indication du taux des intérêts ;

2) sommation d'avoir à payer la dette dans un délai de huit jours, faute de quoi il pourra y être contraint par la vente forcée de ses biens meubles.

JURISPRUDENCE OHADA

I. Champs d'application des articles 91 et 92

A. Non-application à une saisie-vente diligentée sans commandement préalable de payer sur la base d'une injonction de payer

Les articles 91 et 92 de l'AUPSRVE régissent entre autres, la saisie-vente et en particulier, le commandement de payer préalable à cette saisie. En l'espèce, il ressort des pièces du dossier que c'est en exécution d'une ordonnance d'injonction de payer, et condamnant une société A. à payer à la société requérante, la somme principale de 6 002 185 FCFA, outre les intérêts et frais, pour des opérations de transit non réglées, que cette dernière a diligenté contre son débiteur une procédure de saisie-vente qui, en définitive, a été indûment exécutée sur les biens meubles corporels appartenant à la défenderesse au pourvoi, laquelle était étrangère au contentieux opposant les deux sociétés. La défenderesse ayant demandé et obtenu la mainlevée sur les biens saisis et d'ailleurs vendus avant le prononcé de l'ordonnance susvisée, dans ces circonstances, le commandement de restituer du 17 juin 2003 consécutif à cette décision mentionnant, d'une part, l'obligation par la requérante de restituer lesdits biens ou à défaut, de payer leur valeur vénale et leurs accessoires, et d'autre part, n'ayant pas été établi dans le cadre d'une procédure de saisie-vente, ce qui eût pu donner lieu à l'application des textes visés au moyen, ne pouvait par suite avoir violé ceux-ci ; d'où il suit que le moyen n'est pas fondé et doit être rejeté (CCJA, 2e ch., nº 011, 27-3-2008 : Sté TECRAM TRANSIT c/ M, Juris-Ohada nº 3, juill.-sept. 2008, p. 23, Rec. jur. CCJA, nº 11, janv.-juin 2008, p. 43, Ohadata J-09-42).

B. Non-application à une saisie-attribution de créance

Le commandement préalable prévu par l'article 92 de l'AUPSRVE pour une saisie-vente n'est pas exigé pour une saisie-attribution de créances. La cour d'appel qui a considéré que la nullité d'un acte de signification commandement entraîne subséquemment la nullité de la saisie-attribution de créances pratiquée n'a pas donné de base légale à sa décision qui doit être cassée. Sur l'évocation, l'ordonnance ayant annulé le commandement de payer et jugé que cette nullité n'affectait pas les actes subséquents doit être confirmée (CCJA, 3e ch., nº 095, 23-7-2015 : KONE Lassina c/ AMON KOUASSI Richard, Ohadata J-16-94).

De même, est infondé et doit être rejeté, le moyen reprochant à un arrêt d'avoir violé l'article 92 de l'AUPSRVE en n'invalidant pas une saisie-attribution de créances, alors que l'acte de signification du commandement sur lequel s'appuient tous les exploits d'exécution subséquents ne comporte pas les mentions prescrites par le texte visé au moyen, dès lors que ce dernier est relatif à la saisie-vente, et non à la saisie-attribution de créances. S'agissant d'une saisie-attribution de créances, il ne peut recevoir application et le moyen sera rejeté comme non fondé (CCJA, 3e ch., nº 086, 29-3-2018 : EMPLOI SERVICE SA c/ Thomas RIMBALE).

Les articles 92 et suivants de l'AUPSRVE étant applicables à la saisie-vente, la saisie-attribution des créances, régie par les articles 153 à 172 du même Acte uniforme, n'étant pas nécessairement soumise à la formalité du commandement préalable, pourvu que le saisissant justifie d'un titre exécutoire constatant une créance certaine, liquide et exigible et que la saisie soit régulièrement mise en œuvre, la saisie-attribution de créance pratiquée doit être déclarée bonne et valable, les mentions relatives au commandement ou l'itératif commandement étant dès lors sans incidence. Il en est ainsi dès lors que l'analyse du procès-verbal de saisie et de l'exploit de sa dénonciation, tous dressés par un commissaire de justice, ne révèle aucune irrégularité, la saisie ayant été pratiquée sur la base de la grosse revêtue de la formule exécutoire d'un jugement dûment signifié, et ce, après délivrance d'un certificat de non-appel et de non-contestation au saisissant. La saisie doit donc être déclarée bonne et valable, les mentions relatives au commandement ou l'itératif commandement étant dès lors sans incidence. L'ordonnance initiale doit être infirmée, il est demandé à la Cour statuant de nouveau, de rejeter la demande de mainlevée et ordonner la libération des sommes saisies et détenues par le tiers saisi (CCJA, 1e ch., nº 028 /2022, 17-2-2022).

....

II. Commandement de payer

Pour un arrêt ayant approuvé une cour d'appel qui a retenu que le commandement mettant en demeure « d'avoir à communiquer immédiatement et, au plus tard dans les quarante-huit (48) heures, le bilan et les pièces comptables au requérant et de surseoir à sa gestion jusqu'à la reddition des comptes », n'est pas un commandement de payer puisque n'enjoignant pas au débiteur de payer, voir : CCJA, ass. plén., nº 071, 29-4-2015 : YOUCEF AOUADENE c/ ABDEL AZIZ MOUZAIA, Ohadata J-16-72.

Obs. : cet arrêt rendu sur le fondement de dispositions nationales est transposable en ce qu'il illustre la teneur que doit avoir un commandement de payer.

A. Omission de la signification du commandement

Le procès-verbal de saisie-vente est nul lorsque le commandement de payer préalable n'a pas été signifié ; la mainlevée de la saisie doit être ordonnée (Section de tribunal de Sassandra, nº 42, 20-2-2003 : Juris-Ohada, nº 2/2004, juin-août 2004, p. 72, Ohadata J-04-307).

B. Délivrance du commandement huit jours avant la saisie

1º Nullité de la saisie pratiquée avant l'expiration du délai de huit jours

Il résulte de l'article 92 de l'AUPSRVE que le délai de 8 jours entre le commandement et la saisie est obligatoire ; il s'ensuit que toute saisie-vente réalisée avant l'expiration de ce délai est nulle (CA Niamey, ch. civ. civile, nº 115, 2-10-2002 : Ets Hassan Barti c/ A. H., M., H. H. K., Ohadata J-03-254).

2° Conséquences de l'annulation du commandement

Lorsque le commandement de payer a été annulé pour avoir indiqué un délai de paiement inférieur à huit jours, la régularité de la saisie vente oblige qu'un autre commandement de payer soit servi au débiteur. Le créancier n'ayant pas justifié avoir procédé à une telle régularisation, c'est à bon droit que le premier juge a ordonné la mainlevée de la saisie pratiquée et l'ordonnance entreprise doit être confirmée (CA Abidjan (Côte d'Ivoire), n° 146, 8-2-2005 : Sté CLAM Ivoire c/ B. M., Ohadata J-09-179).

C. Mentions du commandement

1° Mentions relatives au titre exécutoire

a. Validité en tant que titre exécutoire de la signification de la copie de la grosse d'un jugement

La copie de la grosse d'un jugement revêtue de la formule exécutoire est un titre exécutoire au sens de l'article 92 de l'AUPSRVE (TPI Nkongsamba, ord. n° 1/REF, 13-3-2002 : Compagnie Nationale d'Assurance c/ Ayants droit de Feu T. H. K. et de Feu T. V. représentée par T. K., ayants droit de Feu C. Z. représentés par C. S. P., T. A. K., Ohadata J-05-158).

b. Validité de la signification d'une décision de justice affectée d'une erreur matérielle

Conformément aux usages et principes régissant l'enregistrement des décisions rendues par les juridictions burkinabé, une décision ne peut avoir été rendue en mai 2002 et avoir le numéro « 17/99 ». Il s'agit manifestement d'une erreur purement matérielle, portant uniquement sur l'année. Une telle erreur n'a pu avoir aucune incidence sur la validité du commandement délivré, dès lors que déjà, en fin 2001 et début 2002, les échanges de correspondances entre les parties laissaient entrevoir le recours aux juridictions dans le courant de l'année 2002 (CA Bobo-Dioulasso, civ. et com., n° 106, 2-6-2003 : O. S. c/ B. M., Ohadata J-04-190).

c. Existence de la mention relative au titre exécutoire : absence de violation de l'article 92

C'est à tort qu'il est fait grief à un arrêt d'avoir violé l'article 92 de l'AUPSRVE, dès lors qu'il résulte des pièces du dossier que la mention du titre exécutoire en vertu duquel les poursuites sont exercées figure bien dans le commandement, comme l'a relevé la cour d'appel (CCJA, 3e ch., n° 185, 23-12-2015 : Banque Internationale pour le Commerce et l'Industrie de la Côte d'Ivoire dite BICICI c/ Sté Nationale de Transports Terrestres dite SONATT, Ohadata J-16-178).

d. Titre exécutoire : décision confirmée après avoir fait l'objet d'une voie de recours

En l'absence d'une disposition légale expresse, la décision du premier juge n'est pas, de droit, substituée par celle de la cour d'appel, cette substitution se concevant uniquement en cas d'infirmation. Lorsqu'il y a confirmation, l'autorité de chose jugée et la force exécutoire de la décision attaquée sont consolidées et c'est cette dernière décision qui, lorsqu'elle comporte des dispositions exécutoires, constitue le titre exécutoire, la signification et/ou le visa de l'arrêt confirmatif dans le commandement de payer ayant seulement pour objet d'acter de plus belle cette réalité juridique. En l'espèce, le commandement de payer litigieux vise bien l'ordonnance condamnant la débitrice et, confirmée par un arrêt d'appel, satisfait sur ce point aux exigences des articles 33 et 92 de l'AUPSRVE. En outre, l'exploit devait mentionner les intérêts échus et leur taux s'ils avaient été réclamés par la créancière, l'ordonnance entreprise doit être infirmée et, statuant à nouveau, ce qui n'est pas le cas, la débitrice doit donc être déboutée de sa demande d'annulation du commandement (CCJA, 1e ch., n° 172/2020, 28-5-2020 : Bicig SA c/ Mistral Voyages SA).

2° Omission du décompte détaillé

L'exploit de signification-commandement qui ne contient pas le décompte détaillé des sommes dues, les frais et intérêts échus et le taux d'intérêt appliqué, doit être annulé. Il en est de même de la saisie-vente qui a été réalisée et dont la mainlevée doit être ordonnée (TPI Nkongsamba, ord. réf. n° 16/REF, 25-4-2001 : Sté des Ets NYAMEDJO c/ N. M., Me M. R., Ohadata J-04-440 ; TPI Bafoussam, ord. réf. n° 44, 5-3-2004 : K. P. J. c/ M. T. B., Me Y. E., Ohadata J-05-10 ; CA Abidjan, 5e ch. civ. et com., n° 39, 11-1-2005 : SEFAS c/ SI et A.K.B, Juris-Ohada, n° 3/2006, p. 32, Ohadata J-07-16).

Dispense d'indication des intérêts. Le commandement de payer ne doit contenir l'indication des intérêts échus et du taux des intérêts que lorsque ceux-ci font partie des sommes réclamées par le créancier. Tel n'est pas le cas lorsque les sommes réclamées, à savoir le principal, augmenté des droits de recette, TVA et coût de l'exploit, sont dépourvues de la réclamation de quelque intérêt que ce soit, du reste non prévu par l'arrêt d'exécution. Par conséquent la demande d'annulation du commandement pour défaut d'indication des intérêts est sans fondement (TPI Mbouda (Cameroun), ord. n° 01/REF/TPI, 16-8-2011 : Secrétariat à l'Education Catholique du Diocèse de Bafoussam c/ N. D., Ohadata J-12-236).

3° Omission du délai de huit jours pour payer

La signification-commandement qui ne contient pas la mention « commandement de payer la dette dans un délai de 8 jours, faute de quoi, il pourra y être contraint par la vente de ses meubles » est nulle et la mainlevée de la saisie-vente pratiquée doit être ordonnée (TPI Yaoundé, ord. réf. n° 590/D, 22-5-2003 : G. née M. A. I. M. c/ Me P. P., Me N. G., Ohadata J-04-436).

L'exploit de commandement de saisie-vente qui indique vaguement que, faute de paiement dans les délais, le débiteur y sera contraint par tous les voies et moyens de droit, sans mentionner clairement les mentions requises par l'article 92, al. 2 de l'AUPSRVE, doit être annulé pour violation dudit article, sans qu'il soit besoin d'examiner les autres moyens invoqués (TPI Douala-Ndokoti, ord. n° 63/05-06, 9-2-2006 : M. T. J. c/ T. née N. B., obs. J. GATSI, Ohadata J-07-80).

4° Mention inexacte de la voie d'exécution visée

L'exploit de signification-commandement qui ne reprend pas in extenso la mention exigée par le législateur, laquelle doit énoncer avec précision la voie d'exécution visée, a violé l'article 92 de l'AUPSRVE ; il doit être annulé et la discontinuation des poursuites doit être ordonnée de ce fait. Il en est ainsi lorsque l'exploit de signification-commandement fait apparaître la mention selon laquelle faute pour les débiteurs de satisfaire audit commandement dans le délai imparti, ils « y seront contraints par tous les moyens et voies de droit », alors que l'article 92 prévoit la mention selon laquelle le débiteur pourra « y être contraint par la vente forcée de ses biens meubles » (TPI Mbouda (Cameroun), ord. n° 03/REF/TPI, 4-10-2011 : M. W. épse N. C. C. c/ D. T. L. épse T., S.G.D.C. Afrique, Ohadata J-12-235).

Mais c'est à tort qu'il est reproché à une cour d'appel d'avoir, à la suite du juge de l'exécution, déclaré que l'exploit de signification-commandement qui mentionne « lui déclarant que faute par elle de satisfaire au présent commandement, dans le délai de 8 jours sus indiqué, elle sera contrainte par tous les moyens et voies de droit, notamment par la saisie de ses comptes et vente de ses biens meubles », est conforme aux prescriptions de l'article 92, 2 de l'AUPSRVE, en lieu et place, de la formule « commandement d'avoir à payer la dette dans un délai de 8 jours, faute de quoi il pourra y être contraint par la vente forcée de ses biens meubles » retenue par le texte précité. Il en est ainsi dès lors que les mentions de l'exploit prévues au 2 de l'article 92 l'AUPSRVE ont pour objet d'informer le saisi des conséquences du défaut de paiement dans le délai, à savoir la possibilité d'y être contraint par la vente forcée de ses biens meubles. Cette information résultant clairement de la mention contestée en l'espèce, c'est à bon droit que le juge d'appel a rejeté l'exception de nullité soulevée de ce chef comme mal fondée (CCJA, 2e ch., 250, 29-11-2018 : CIE c/ Christine BITTY KOUYATTE, KOUYATE Amadou).

5° Frais générés par l'exécution par voie d'huissier nonobstant la gratuité de la procédure

Une cour d'appel a estimé à juste titre que nonobstant la gratuité de la procédure en matière sociale, l'exécution du jugement par voie d'huissier génère des frais auxquels il faut nécessairement faire face. Les dispositions de l'article 92 de l'AUPSRVE ne laissant pas apparaître une cause de nullité relative à son montant, un commandement fait pour des sommes réclamées supérieures aux montants réels de la dette demeure ainsi valable jusqu'à due concurrence (CCJA, 3e ch., n° 25, 6-12-2011 : SOMAIR SA c/ M., Juris-Ohada, 2012, n° 1, janv.-mars, p. 49, Ohadata J-13-25, J-13-151).

D. Effet du commandement

Absence d'incidence sur l'indisponibilité des biens du débiteur. Le rôle du commandement aux fins de saisie-vente étant de permettre une saisie sans pour autant avoir pour effet de rendre indisponible en tout ou en partie les biens du débiteur, il n'est pas une mesure d'exécution forcée (CCJA, 27/01/2005, Arrêt n° 007/2005, Sté Optique Instrumentale c/ ITRAG-Transit, Ohadata J-05-189, Juris-Ohada n° 1/2005, janv.-mars 2005, p. 18).

Le commandement préalable précédant une saisie constitue le premier acte d'exécution dans la mesure où il mentionne expressément la voie d'exécution à laquelle s'expose le débiteur. C'est donc à bon droit que la contestation élevée contre ledit commandement est soumise à l'examen du juge du contentieux de l'exécution, et l'exception d'incompétence soulevée par la défenderesse est inopérante (TPI Yaoundé (Cameroun), Centre Administratif, ord. n° 702/C, 18-12-2008 : M. O. I. c/ SRC, Ohadata J-09-223). Dans le même sens, retenant que « non seulement le commandement préalable à la saisie-vente a nécessairement trait à l'exécution forcée concernée, mais davantage, il en est une formalité obligatoire ; en conséquence la compétence du juge du contentieux de l'exécution pour en connaître ne pouvant être remise en cause, il échet de rejeter l'exception d'incompétence soulevée […] » : TPI Mbouda (Cameroun), ord. n° 03/REF/TPI, 4-10-2011 : M. W. épse N. C. C. c/ D. T. L. épse T., S.G.D.C. Afrique, Ohadata J-12-235. Ces décisions sont rendues caduques par celle de la CCJA ci-dessus, sauf si l'arrêt de la CCJA porte sur une question autre que la compétence et qui justifierait une solution contraire. Voir ci-dessous la nouvelle position de la CCJA qui semble rétablir ces deux décisions.

En prescrivant que « la saisie est précédée d'un commandement de payer signifié au moins huit jours avant la saisie », l'article 92 de l'AUPSRVE en fait un préalable nécessaire qui engage la procédure de saisie-vente ; ainsi seul demeurait compétent pour connaître du litige le président de la juridiction statuant en matière d'urgence ou le magistrat délégué par lui dès lors que la procédure d'exécution était engagée (CCJA, 3e ch., no 063/2012, 7-7-2012 : OUATTARA ISSOUF Joseph c/ TRIDENT SHIPPING SA).

Obs. : par cet arrêt, la CCJA opère implicitement un revirement de sa précédente jurisprudence selon laquelle le commandement aux fins de saisie-vente n'est pas une mesure d'exécution forcée (supra, CCJA, 27/01/2005, arrêt no 007/2005, Sté Optique Instrumentale c/ ITRAG-Transit, Ohadata J-05-189, Juris-Ohada no 1/2005, janv.-mars 2005, p. 18). En considérant que « la procédure d'exécution était déjà engagée », du fait de la délivrance du commandement de payer, la CCJA admet cette formalité comme étant une mesure d'exécution.

Dans le même sens, retenant que la signification du commandement est l'acte qui matérialise le début d'une exécution forcée : T. com. Pointe-Noire (Congo), no 001, 9-1-2008 : ENI-CONGO SA c/ Ets MIC VIDEO, Ohadata J-13-71.

III. Mainlevée irrégulière

C'est à tort qu'un juge s'est fondé sur un commandement en date du 30 janvier 2004 pour ordonner la mainlevée d'une saisie, alors que cette dernière a été réalisée sur la base d'un commandement en date du 3 mars 2004 (CA Abidjan (Côte d'Ivoire), no 961, 18-11-2005 : F. F. c/ A. S., Ohadata J-09-192).

En application de l'article 92 de l'AUPSRVE, le commandement préalable à la saisie-vente n'encourt la nullité que lorsqu'il ne porte pas, d'une part, la mention du titre exécutoire en vertu duquel les poursuites sont exercées avec le décompte distinct des sommes réclamées en principal, frais et intérêts échus, ainsi que l'indication du taux des intérêts et, d'autres part, le commandement fait au débiteur d'avoir à payer la dette dans un délai de huit jours, faute de quoi il pourra y être contraint par la vente forcée de ses biens meubles. En l'espèce, le commandement comportant toutes les mentions exigées par ce texte, le moyen visant la violation de l'article 92 est infondé et sera rejeté (CCJA, 3e ch., no 109/2020, 9-4-2020 : A. c/ Stamvie).

Jurisprudence comparée

France

A. Intervention d'un huissier

Invalidité de l'intervention d'un clerc. La saisie-exécution effectuée par un clerc assermenté est entachée d'une irrégularité de fond (Cass. com. 17-12-2003 no 1847 : RJDA 5/04 no 616 ; DMF 2004.645 obs. J.-P. Remery, à propos de la saisie-exécution d'un navire).

B. Responsabilité de l'huissier

1o Existence

L'huissier a engagé sa responsabilité :

– lorsqu'il a poursuivi des mesures d'exécution par erreur ; si celles-ci ont été levées sans frais pour le débiteur et si le remplacement de la serrure détruite a été prise en charge par l'huissier, il n'en demeure pas moins que le débiteur a subi indûment un blocage de son compte pendant trois jours et la saisie de son mobilier avec ouverture des portes et dégradation de la serrure de son logement ; son préjudice qui est constitué des frais bancaires, des tracas, soucis, pertes de temps et de l'atteinte morale entraînés par ces saisies injustifiées, est réparé par la somme de 2 500 FCFA à titre de dommages-intérêts (TGI Lyon, juge exéc., 9-1-1997 et 4-3-1997 : GP 1998.136) ;

– lorsqu'il a saisi un ampli BEOLAB et qu'il a fait vendre un ampli BEOCENTER qui avait été acquis postérieurement à la saisie au prix de 1 750 FCFA, alors que les photographies du matériel produites aux débats font apparaître que le type de l'appareil est inscrit sur l'appareil lui-même, tant pour le BEOLAB que pour le BEOCENTER, et non sur une étiquette ou sur une plaque rapportée qui pourrait être déplacée d'un appareil à un autre au gré du propriétaire ; ces éléments précis et concordants permettent d'affirmer que l'ampli enlevé n'était pas l'ampli saisi, probablement par suite d'une simple confusion ; il est regrettable que cette erreur n'ait pas été simplement reconnue par l'huissier auquel il était loisible, en cas de doute, de vérifier le type de matériel vendu comme provenant de la saisie pratiquée auprès du commissaire-priseur ayant procédé à la vente ; quant au préjudice subi par le demandeur du fait de l'enlèvement de matériel non saisi, il peut être estimé à la valeur de ce matériel telle qu'elle résulte de la facture d'achat, à savoir la somme de 1 750 FCFA, outre les intérêts au taux légal à compter du jour de l'enlèvement ; les tracas et pertes de temps subis par le demandeur pour faire reconnaître l'évidence justifient qu'il lui soit alloué la somme de 2 000 FCFA à titre de dommages-intérêts (TGI Lyon, juge exéc., 1-4-1997 : GP 1998.137) ;

– lorsqu'il a pratiqué la saisie sur le fondement d'une condamnation au titre de l'article 700 du nouveau Code de procédure civile (condamnation du perdant aux frais exposés par le gagnant et non compris dans les dépens) qui, même prononcée en référé, n'était pas assortie de l'exécution provisoire, car elle était assimilée à une condamnation aux dépens ; la validité de la saisie devant être appréciée au moment où elle est pratiquée, il importe peu que depuis la saisie-vente, ladite condamnation soit devenue, en raison de l'évolution du litige, définitive et exécutoire (CA Paris, 8e ch. B, 18-11-1999 : Bull. inf. C. cass. 2000 no 797).

2o Absence

L'huissier n'est pas responsable d'avoir interrompu la procédure d'exécution, compte tenu de l'existence d'une opposition à l'ordonnance d'injonction de payer servant de fondement aux poursuites, même si cette opposition pouvait apparaître manifestement tardive au regard des dispositions de l'article 1416 du nouveau Code de procédure civile (exigeant qu'elle intervienne dans le délai d'un mois) car il ne pouvait se faire juge de sa recevabilité (TGI Lyon, juge exéc., 7-10-1997 : GP 1999.som.110).

C. Irrégularité du commandement délivré à la requête d'une personne morale dont le représentant légal était décédé lors de la délivrance

Le commandement ne peut produire aucun effet lorsqu'il a été délivré à la requête d'une personne morale dont le représentant était décédé à la date de cette délivrance. Il est alors affecté d'une irrégularité de fond qui ne peut pas être couverte par la nomination d'un nouveau gérant en remplacement du gérant décédé ; il s'ensuit la nullité de tous les actes subséquents (Cass. 2e civ. 21-3-2013 no 12-17.107 : RJDA 6/13 no 509).

Art. 93 **Le commandement contient élection de domicile, jusqu'à la fin de la poursuite sauf nouvelle élection de domicile signifiée au débiteur, dans le ressort territorial juridictionnel où l'exécution doit être poursuivie si le créancier n'y demeure pas. Il peut être fait, à ce domicile élu, toute signification ou offre.**

Jurisprudence OHADA

I. Annulation du commandement pour défaut d'élection de domicile

Le créancier qui n'a pas élu domicile dans le ressort de la juridiction compétente à travers le commandement querellé a violé les dispositions de l'article 93 de l'AUPSRVE ; le commandement doit être annulé et la discontinuation des poursuites ordonnée. Il en est ainsi lorsque dans l'exploit de signification-commandement, le créancier a déclaré élire domicile « uniquement dans son centre de traitement des créances à Bafoussam » ; alors qu'en sollicitant et obtenant par devant le juge du contentieux de l'exécution du TPI de Mbouda l'exequatur de la sentence arbitrale objet du commandement litigieux subséquent, il a nécessairement entendu poursuivre l'exécution dans le ressort territorial du TPI de Mbouda (TPI Mbouda (Cameroun), ord. no 03/REF/TPI, 4-10-2011 : M. W. épse N. C. C. c/ D. T. L. épse T., S.G.D.C. Afrique, Ohadata J-12-235).

Selon les articles 93, 100 et 109 de l'AUPSRVE, le créancier saisissant qui ne demeure pas dans le ressort territorial juridictionnel où la saisie-vente est poursuivie, doit y élire domicile et mention de cette élection de domicile obligatoire est faite, à peine de nullité, dans les actes de la saisie. En l'espèce, le créancier a fait pratiquer la saisie des biens de la débitrice dans une localité dans laquelle il n'était pas domicilié, alors qu'il avait l'obligation d'élire domicile dans le ressort territorial juridictionnel de la saisie et, à peine de nullité, les procès-verbaux de saisie devaient en faire mention. L'élection de domicile résultant de la constitution d'un conseil ne pouvant se substituer à celle requise dans le cadre d'une saisie-vente, c'est à tort que la cour d'appel a retenu que « [le créancier] a élu domicile au cabinet de son conseil, lequel a une compétence territoriale nationale, se conformant ainsi aux termes de l'article 100 de [l'AUPSRVE]. Dans ces conditions, c'est à tort, que tranchant de la contestation de cette saisie, la juridiction de l'exécution en a ordonné la mainlevée au motif qu'il n'avait pas élu domicile dans le ressort du tribunal de Boundiali ; au surplus, l'exigence d'élection de domicile n'est qu'une éventualité pour le créancier saisissant », exposant ainsi sa décision à la cassation. Sur l'évocation, le créancier n'ayant pas élu domicile dans le ressort territorial juridictionnel du lieu de la saisie et l'exploit de saisie-vente ne comportant pas cette mention prescrite à peine de nullité, c'est à bon droit que la juridiction présidentielle du tribunal a ordonné la mainlevée querellée ; et pour les mêmes motifs que ceux ayant justifié la cassation, la décision entreprise sera confirmée (CCJA, 3e ch., no 147, 7-6-2018 : Sté SARTEM c/ Yatassaye Hamidou).

II. Validité de la signification d'une assignation au domicile élu du débiteur

L'assignation qui a été signifiée au domicile élu du débiteur est valable et n'a pas à être annulée, car elle est conforme à l'article 93 (TPI Nkongsamba, ord. no 20/REF, 22-5-2002 : Sté Austral Amalgamated Berhad c/ Chief R. N. M., G. E., Ohadata J-05-155).

Obs. : il convient de noter que contrairement au commandement, qui doit nécessairement être signifié à personne ou à domicile (voir infra, art. 94), l'assignation peut être signifiée au domicile élu du débiteur, comme le permet la dernière phase de l'article 93. C'est qui est rappelé dans la présente décision.

Art. 94 Le commandement doit être signifié à personne ou à domicile. Il ne peut être signifié à domicile élu. Il peut être délivré dans l'acte de signification du titre exécutoire.

JURISPRUDENCE OHADA

I. Validité de la signification du commandement en mairie

L'article 94 de l'AUPSRVE n'a pas été édicté pour sanctionner l'impossibilité du créancier de signifier l'acte de procédure aux débiteurs saisis mais pour permettre à ceux-ci d'être informés de la vente de leurs biens saisis ; dès lors, les débiteurs saisis qui n'ont pas indiqué au créancier saisissant leur nouveau domicile alors même qu'ils se savaient engagés dans une procédure de saisie conservatoire convertie en saisie-vente ne peuvent pas bénéficier des dispositions dudit article édicté pour les débiteurs de bonne foi. En outre, l'AUPSRVE n'excluant pas les autres modes de signification que sont la signification à mairie ou à parquet, le commandement qui a été signifié à mairie, comme l'atteste l'exploit est régulier (CA Abidjan, ch. civ. et com., 23-3-2004, Sté Armement le Dauphin c/ Sté Nord Gascogne Armement et un autre, Ohadata J-05-258).

II. Validité de la signification-commandement

C'est à juste titre qu'une cour d'appel a retenu que la saisie-attribution ne prévoyant ni signification, ni commandement, l'annulation sollicitée au motif que le créancier saisissant, en procédant à une signification-commandement en lieu et place d'une signification et d'un commandement par des actes différents, a entendu rendre applicable à son acte les dispositions de l'article 94 de l'AUPSRVE et que l'exploit signifié au cabinet de l'avocat est nul, ne repose sur aucun texte et ne saurait donc prospérer. C'est aussi à tort qu'il est reproché à un arrêt d'avoir décidé qu'une saisie-attribution est régulière alors que cette saisie a été pratiquée à la suite d'un acte de signification-commandement qui est nul, selon l'article 34 visé au moyen, dès lors que l'acte de signification-commandement n'est pas relatif à l'arrêt du 8 novembre 2013 qui n'a fait que rejeter une contestation, mais à celui du 23 novembre 2012 délivré en forme exécutoire (CCJA, 2e ch., no 177, 8-12-2016 : Tia Togbé Olivier c/ Koffi Konan Emmanuel, Ohadata J-17-117).

JURISPRUDENCE COMPARÉE

France

Signification du commandement de payer à personne

Le commandement de payer a été signifié à personne lorsqu'il a été délivré au débiteur, en personne, trouvé chez « le Traiteur » qui est son lieu de travail ; il ne s'agit pas alors d'une signification à un domicile élu ou fictif (TGI Paris 16-3-1995 : DA 1996 no 67 p. 5). L'irrégularité de la notification du commandement constitue un vice de forme, qui, en l'espèce n'a entraîné aucun grief (Cass. 2e civ. 17-11-2005 no 04-10741 : JCP G 2005.IV.3663).

Chapitre II
LES OPÉRATIONS DE SAISIE

Section I • *LES* DISPOSITIONS COMMUNES

Art. 95 [mod.] Tous les biens mobiliers corporels saisissables appartenant au débiteur peuvent faire l'objet d'une saisie-vente, y compris ceux qui ont été saisis antérieurement à titre conservatoire. Dans ce dernier cas, il est fait application des articles 88 à 90 *du présent Acte uniforme*.

Art. 96 [mod.] Si aucun bien n'est *susceptible* de saisie ou n'a manifestement pas de valeur marchande, l'huissier *de justice* ou *l'autorité en charge de l'*exécution dresse un procès-verbal de carence sauf si le créancier requiert la continuation de l'exécution.

Art. 97 Les biens saisis sont indisponibles. Si une cause légitime rend leur déplacement nécessaire, le gardien est tenu d'en informer préalablement le créancier, sauf en cas d'urgence absolue.

En tout état de cause il indiquera au créancier le lieu où les biens seront placés.

JURISPRUDENCE OHADA

I. Rejet de la restitution des biens sous séquestre

La désignation d'un séquestre n'obéit à aucune condition particulière, sauf à entendre les parties par ordonnance ou celles-ci dûment appelées. La demande de restitution des biens saisis et mis sous séquestre doit être rejetée, dès lors que les demandeurs n'ont donné aucune indication de nature à faire admettre que la mise sous séquestre a été prise sans qu'ils soient entendus ou appelés et n'apportent aucun élément levant les craintes de dissipation du matériel qui constitue le seul gage dont dispose le créancier poursuivant pour garantir sa créance (TRHC Dakar, 16-12-2002 : Sté les Ateliers de l'Arche c/ CICES, Ohadata J-03-206).

II. Changement du lieu de garde des objets saisis sans l'accord du débiteur

Il résulte de l'article 64 de l'AUPSRVE, qui renvoie à l'article 97 du même Acte uniforme, que la garde des biens saisis est accordée par principe au débiteur ; il ne peut être dépouillé de ses biens qu'avec son accord exprès, ou à défaut, par le juge. En l'absence de pièces attestant de l'accord préalable de la débitrice au changement de garde, ou de la saisine du juge, c'est en violation des dispositions précitées que le créancier a unilatéralement modifié la garde des biens saisis en les déplaçant, la signification d'une telle modification ne pouvant être assimilée à une acceptation, d'autant plus qu'en l'espèce, la débitrice a initié une action pour contester la régularité de la modification de garde deux jours après la modification de garde. La restitution des biens saisis à la débitrice doit être ordonnée, sous astreinte, avec exécution provisoire sur minute et avant enregistrement (TRHC Dakar, ord. réf. 11-2-2003 : Sté Océan Afrique Occidentale c/ Me B. et G., Ohadata J-03-48).

Art. 98 [mod.] A l'expiration d'un délai de huit jours à compter du commandement de payer resté sans effet, l'huissier *de justice* ou *l'autorité chargée de l'*exécution peut, sur justification du titre exécutoire, pénétrer dans un lieu servant ou non à l'habitation dans les conditions prévues par les articles 41 à 46 ci-dessus.

JURISPRUDENCE OHADA

Qualité de témoin

Exclusion des collaborateurs de l'huissier. L'huissier instrumentaire ne peut prendre comme témoins, au sens de l'article 44 auquel renvoie l'article 98 de l'AUPSRVE, ses propres collaborateurs. Même si cela n'a pas été formellement spécifié, il est d'usage que les témoins dont l'assistance est requise pour rendre valables les opérations d'un huissier doivent être des personnes neutres et indépendantes. Les parties alliées ou collaborateurs ne justifient pas de la neutralité et de l'indépendance attendues des témoins dont il est cas. L'implication aux opérations de saisie-vente querellées des collaborateurs de l'huissier instrumentaire en lieu et place de témoins neutres vicie les dites opérations et les rend nulles (CA de l'Ouest, nº 12/civ., 9-10-2002 : Hôpital de MBOUO c/ T. J. P., Ohadata J-04-226).

Obs. : voir sous l'article 44.

Section II • LES OPÉRATIONS DE SAISIE ENTRE LES MAINS DU DÉBITEUR

Art. 99 [mod.] Avant toute opération de saisie, si le débiteur est présent, l'huissier *de justice* ou *l'autorité chargée de l'*exécution réitère verbalement la demande de paiement et informe le débiteur qu'il est tenu de faire connaître les biens qui auraient fait l'objet d'une saisie antérieure.

Art. 100 [mod.] L'huissier *de justice* ou *l'autorité chargée de l'*exécution dresse un inventaire des biens. L'acte de saisie contient, à peine de nullité :

1) les noms, prénoms et domiciles du saisi et du saisissant ou, s'il s'agit de personnes morales, leurs dénomination, *forme* et siège social ; l'élection éventuelle de domicile du saisissant ;

2) la référence au titre exécutoire en vertu duquel la saisie est pratiquée ;

3) la mention de la personne à qui l'exploit est laissé ;

4) la désignation détaillée des objets saisis ;

5) si le débiteur est présent, la déclaration de celui-ci au sujet d'une éventuelle saisie antérieure des mêmes biens ;

6) la mention, en caractères très apparents, que les biens saisis sont indisponibles, qu'ils sont placés sous la garde du débiteur, qu'ils ne peuvent être ni aliénés ni déplacés, si ce n'est dans le cas prévu par l'article 97 *du présent Acte uniforme*, sous peine de sanctions pénales, et que le débiteur est tenu de faire connaître la présente saisie à tout créancier qui procéderait à une nouvelle saisie des mêmes biens ;

7) l'indication, en caractères très apparents, que le débiteur dispose d'un délai d'un mois pour procéder à la vente amiable des biens saisis dans les conditions prévues par les articles 115 à 119 *du présent Acte uniforme* ;

8) la désignation de la juridiction devant laquelle seront portées les contestations relatives à la saisie-vente ;

9) l'indication, le cas échéant, des noms, prénoms et qualités des personnes qui ont assisté aux opérations de saisie, lesquelles devront apposer leur signature sur l'original et les copies ; en cas de refus, il en est fait mention dans le procès-verbal ;

10) la reproduction des dispositions pénales sanctionnant le détournement d'objets saisis ainsi que de celle des articles 115 à 119 *du présent Acte uniforme* ;

11) la reproduction des articles 143 à 146 *du présent Acte uniforme*.

JURISPRUDENCE OHADA

I. Mentions requises pour la protection du débiteur

Le tiers saisi ou un tiers ne peut invoquer la nullité de la saisie-vente pour un quelconque vice, car les mentions obligatoires de l'acte de saisie prévues par l'article 100 de l'AUPSRVE à peine de nullité le sont en faveur du débiteur saisi et non du tiers saisi (CA Abidjan, n° 39, 14-1-2003 : C. M. épse S. c/ I. O., Ohadata J-03-236).

II. Nullité de l'acte de saisie

A. Régime : nullité sans grief

Les mentions prévues par l'article 100 de l'AUPSRVE doivent être intégralement reproduites dans tout acte de saisie, à peine de nullité ; leur absence doit entraîner la nullité d'office de l'acte de saisie, sans qu'il faille rapporter la preuve d'un grief ; le juge doit, dès lors qu'il constate l'absence de l'une des mentions prescrites, prononcer la nullité de l'acte ainsi que celle de la saisie-vente qui en résulte (CCJA, n° 12, 18-3-2004 : BCN c/ H. B. D., Juris-Ohada, n° 2/2004, juin-août 2004, p. 23, note BROU Kouakou Mathurin, Rec. jur. CCJA, n° 3, janv.-juin 2004, p. 96 ; Ohadata J-04-297).

B. Applications

1° Décisions accordant la nullité

Le procès-verbal de saisie-vente a été annulé et la mainlevée de la saisie a été ordonnée pour omission :
– des noms, prénoms et domiciles du saisi et du saisissant (TGI Bobo-Dioulasso, ord. réf. n° 120, 31-10-2003 : Imprimerie Nationale du Burkina c/ O. A., C. B. E. et O. A. V., Ohadata J-04-55 ; CA Niamey (Niger), n° 86, 23-8-2006 : O. F. c/ Pharmacie BIOPHARM, Ohadata J-10-282) ;
– des domiciles précis du créancier et du débiteur. Il en est de même de l'omission dans le procès-verbal de récolement. Le créancier doit être condamné à payer des dommages-intérêts au débiteur saisi en réparation du préjudice causé à ce dernier par cette saisie irrégulière (CA Abidjan ch. civ. et com., n° 659, 11-6-2004 : O. Epse B. E. H. c/ Me A. A. B. Epse G., Ohadata J-05-264 ; TPI Douala-Ndokoti, ord. n° 196/05-06, 10-8-2006 : W. D. c/ Liquidation Ex BICIC SA, Ohadata J-07-83, obs. Jean Gatsi) ; dans

le même sens, au sujet de l'absence d'élection de domicile du créancier, l'élection de domicile résultant de la constitution d'un conseil ne pouvant substituer celle requise dans le cadre d'une saisie-vente pour un créancier (CCJA, 3e ch., no 147, 7-6-2018 : Sté SARTEM c/ Yatassaye Hamidou) ;
– de la forme, la dénomination et le siège d'une personne morale (TPI Bouaké, no 1038, 5-5-2000 : Juris-Ohada, no 2/2003, avr.-juin 2003, p. 43, note anonyme, Ohadata J-03-197 ; CA Abidjan, 5e ch. civ. et com., no 39, 11-1-2005 : SEFAS c/ SI et A.K.B, Juris-Ohada, no 3/2006, p. 32, Ohadata J-07-16) ;
– de la mention du titre exécutoire en vertu duquel la saisie-vente a été réalisée. La restitution des biens saisis doit être ordonnée (Section de tribunal de Oumé, no 8, 16-2-2005, K.N.B c/ Y.K, Juris-Ohada no 2/2006, p. 53 ; Ohadata J-07-07) ;
– de l'identité de la personne à laquelle l'exploit a été remis (TPI Yaoundé, ord. no 796/C, 8-7-2003 : A. E. P. c/ Sté COTRAD, Me B. T., Ohadata J-04-416, obs. J. ISSA-SAYEGH ; TPI Yaoundé, ord. no 799, 8-7-2004 : M. M. c/ Me O. T., Me N. G. E., Ohadata J-04-417) ;
– de la signature de la personne entre les mains de laquelle la saisie a été réalisée, car elle ne permet pas de vérifier si ladite saisie a été faite entre les mains du débiteur ou d'un tiers, si bien que la cour d'appel ne peut apprécier si les articles 100 à 109 de l'AUPSRVE ont été respectés ou non. Cette saisie est irrégulière et sa mainlevée doit être ordonnée sous astreinte (CA Zinder (Niger), no 11, 31-10-2006 : M.L.S., c/ A.B., Ohadata J-10-293) ;
– des mentions, en caractères très apparents, relatives à l'indisponibilité des biens saisis (TPI Yaoundé, ord. no 796/C, 8-7-2003 : A. E. P. c/ Sté COTRAD, Me B. T., Ohadata J-04-416, obs. J. Issa-Sayegh ; TPI Yaoundé, ord. no 799, 8-7-2004 : M. M. c/ Me O. T., Me N. G. E., Ohadata J-04-417 ; TPI Bafoussam, ord. réf. no 44, 5-3-2004 : K. P. J. c/ M. T. B., Me Y. E., Ohadata J-05-10 ; TPI Douala-Ndokoti, ord. no 132/05-06, 11-5-2006 : M. I. I. c/ Clinique le Métropolitain suarl, Me B. M. C., Ohadata J-07-76) et selon lesquelles les biens saisis sont placés sous la garde du débiteur (TPI Douala-Ndokoti, ord. no 132/05-06, 11-5-2006 : M. I. I. c/ Clinique le Métropolitain suarl, Me B. M. C., Ohadata J-07-76) ;
– des mentions, en caractères très apparents, relatives au droit de vente amiable du débiteur saisi et du délai imparti pour cette vente amiable ; précisant que cette exigence n'est pas respectée lorsque les mentions ont été faites dans des caractères identiques à tout le reste du texte (CA Abidjan, no 969, 26-7-2002 : BOPLAST c/ B. M., Ohadata J-03-19, obs. J. Issa-Sayegh. TPI Douala-Ndokoti, ord. no 132/05-06, 11-5-2006 : M. I. I. c/ Clinique le Métropolitain, Me B. M. C., Ohadata J-07-76) ; (TPI Yaoundé, ord. no 799, 8-7-2004 : M. M. c/ Me O. T., Me N. G. E., Ohadata J-04-417 pour le délai) ;
– de la juridiction compétente pour les contestations relatives à la saisie-vente. Par la formalité de l'article 100, al. 8 de l'AUPSRVE, le législateur a entendu protéger le débiteur saisi, qui doit être avisé de la possibilité du recours dont il dispose et de la juridiction devant laquelle ce recours est porté. Il s'ensuit que la désignation de la juridiction de recours doit être précise, c'est-à-dire que la juridiction doit être désignée nommément. Le procès-verbal de saisie-vente qui mentionne la « juridiction de Nkongsamba » sans autre précision, alors qu'il existe plusieurs juridictions dans cette localité, ne satisfait pas aux prescriptions de la disposition légale précitée (TPI Nkongsamba, ord. réf. no 16/REF, 25-4-2001 : Sté des Ets NYAMEDJO c/ N. M., Me M. René, Ohadata J-04-440) ;
– de la désignation, en caractères apparents, de la juridiction devant laquelle seront portées les contestations relatives à la saisie (TPI Douala Ndokoti, ord. no 111/04-05, 16-12-2004 : B. E. c/ T. J. A., Ohadata J-05-146).

Obs. : il convient de relever que l'article 100, al. 8 ne précise pas une désignation « en caractères très apparents » pour l'indication de la juridiction compétente, même si l'on peut penser que pour être lisible, la mention doit être apparente. Mais le législateur de l'OHADA a lui-même prévu pour l'article 100 de l'AUPSRVE deux hypothèses dans lesquelles les mentions doivent être apparentes, aux alinéas 6 et 7.

2o *Décisions refusant la nullité*

a. Mentions relatives aux personnes ayant assisté à la saisie

Présence effective du débiteur. La demande de nullité du défaut d'indication du prénom d'une autre personne ayant assisté à la saisie, selon l'article 100-9 de l'AUPSRVE n'est pas pertinente et doit être rejetée lorsque le débiteur a assisté en personne à la saisie de ses biens, cette mention n'étant nécessaire qu'en cas d'absence du saisi (CA Abidjan (Côte d'Ivoire), no 961, 18-11-2005 : F. F. c/ A. S., Ohadata J-09-192).
Absence d'omission. C'est à tort qu'il est reproché à une cour d'appel d'avoir violé l'article 100, al. 9 de l'AUPSRVE, dès lors qu'il ressort des pièces produites, comme l'a relevé l'arrêt attaqué, que lesdites mentions figurent bien sur les actes (CCJA, 3e ch., no 185, 23-12-2015 : BICICI c/ Sté Nationale de Transports Terrestres dite SONATT, Ohadata J-16-178).

b. Désignation d'une personne morale

L'indication du siège social de la société débitrice visant uniquement à déterminer le domicile de cette société, cette formalité est remplie, dès lors qu'est indiqué le domicile de l'un de ses établissements secondaires. En l'espèce, la société débitrice possédant à Nkongsamba, une usine à café domiciliée à la boîte postale 09, où, du reste, la saisie-vente a été pratiquée, le procès-verbal de saisie-vente qui porte la mention « Ets NYAMEDJO – B.P. 09 Nkongsamba » n'a nullement violé les dispositions de l'article 100, al. 1 de l'AUPSRVE (TPI Nkongsamba, ord. réf. n° 16/REF, 25-4-2001 : Sté des Ets NYAMEDJO c/ N. M., Me M. R., Ohadata J-04-440).

c. Mention en caractères très apparents relative à l'indisponibilité des biens saisis

Aucune nullité pour violation de l'article 100-6 de l'AUPSRVE n'est encourue, lorsqu'il a été constaté que les mentions concernées ont été inscrites en gras, ce qui les distingue à première vue des autres écritures et que lesdites mentions ont été insérées sous le titre souligné « TRÈS IMPORTANT » et en tête des autres mentions qui, même si elles sont aussi transcrites en gras ne sont pas de nature à en altérer le caractère apparent exigé par la loi dans le but d'information du débiteur (CCJA, 3e ch., n° 25, 6-12-2011 : SOMAIR SA c/ M., Juris-Ohada, 2012, n° 1, janv.-mars, p. 49, Ohadata J-13-25, J-13-151).

C. Prononcé de la nullité en référé

C'est à juste titre qu'un juge des référés a annulé une saisie-vente et ordonnée sa mainlevée sous astreinte, en retenant que cette saisie-vente, qui avait été faite en violation des articles 100, al. 9 et 10 et de l'article 103 de l'AUPSRVE, constituait une voie de fait. L'ordonnance entreprise doit être confirmée lorsque, en cause d'appel, le créancier appelant n'apporte aucun élément susceptible d'amener la cour à réformer la décision querellée (CA Centre, n° 189/civ, 18-2-2000 : Association groupe Mbombock Nguimbous et population Hikoa-Malep c/ CONAC, Ohadata J-04-208).

Jurisprudence comparée

France

Nullité de l'acte de saisie

Le procès-verbal de saisie-vente est nul :

– pour défaut de désignation détaillée des biens saisis ; tel est le cas : de l'acte de saisie-vente qui se contente de désigner la nature des biens saisis par lot – un lot pantalons, un lot robes, un lot vestes – sans en préciser la quantité ou la marque alors que ces données étaient évidentes (TGI Lyon 2-11-1993, Sam Phala Pélissier c/ SA Weill vêtements : GP 1994.som.235) ; de la mention qu'il s'agit d'un « système informatique », alors que ce système peut être désigné plus précisément car il se compose nécessairement d'appareils et d'éléments identifiables facilement par leur nature et leurs marques (TGI Bobigny, juge exéc., 10-6-1997, United Tobacco Corporation c/ United Stars Association : GP 1998.som.144 ; du procès-verbal de saisie-vente mentionnant seulement la saisie d'une « collection de livres (cinq cents unités) » (Cass. 2e civ. 30-9-1999, Bendeks c/ Sté Cetelem : D. 1999.IR.249) ;

– pour défaut d'avertissement du débiteur sur ses droits : il en est ainsi du procès-verbal portant l'intitulé « saisie-exécution » qui ne mentionne pas, comme l'exige l'article 94 du décret n° 92-755, que le débiteur dispose du délai d'un mois pour procéder à la vente amiable des biens saisis ni l'indication de la juridiction devant laquelle les contestations peuvent être portées (TGI Paris, juge exéc., 23-3-1993, SARL Agence Majeure c/ Chabertier : D. 1994.som.344 obs. P. Julien) ;

– lorsque la saisie-exécution a été effectuée par un clerc assermenté (Cass. com. 17-12-2003 n° 1847, Cimaz c/ SA Caisse rég. De Crédit Maritime Mutuel de la Méditerranée : RJDA 5/04 n° 616 ; JCP G 2004.IV.1364 ; DMF 2004.645 obs. J.-P. Remery, à propos de la saisie-exécution d'un navire).

Art. 101 [mod.] Si le débiteur est présent aux opérations de saisie, l'huissier *de justice* ou *l'autorité chargée de l'*exécution lui rappelle verbalement le contenu des mentions des 6) et 7) de l'article *100 du présent Acte uniforme*. Il lui rappelle également la faculté qui lui est ouverte de procéder à la vente amiable des biens saisis dans les conditions prescrites par les articles 115 à 119 *du présent Acte uniforme*.

Il est fait mention de ces déclarations dans le procès-verbal de saisie. Une copie de ce procès-verbal portant les mêmes signatures que l'original est immédiatement remise au débiteur ; cette remise vaut signification.

Art. 102 [mod.] Si le débiteur n'a pas assisté aux opérations de saisie, une copie du procès-verbal de saisie lui est signifiée, lui impartissant un délai de huit jours pour qu'il porte à la connaissance de l'huissier *de justice* ou de *l'autorité chargée de l'*exécution l'existence d'une éventuelle saisie antérieure et qu'il lui en communique le procès-verbal.

Art. 103 [mod.] Le débiteur conserve l'usage des biens rendus indisponibles par la saisie. *Le droit d'usage est exclu s'il s'agit* de biens consomptibles, *sauf pour le débiteur à* en respecter la contre-valeur estimée au moment de la saisie.

Toutefois, la juridiction compétente, *saisie par voie d'assignation,* peut ordonner, à tout moment, même avant le début des opérations de saisie et après avoir entendu les parties ou celles-ci dûment appelées, la remise d'un ou plusieurs objets à un séquestre qu'il désigne.

Si, parmi les biens saisis se trouve un véhicule terrestre à moteur, la juridiction compétente peut, après avoir entendu les parties ou celles-ci dûment appelées, ordonner son immobilisation jusqu'à son enlèvement en vue de la vente par tout moyen n'entraînant aucune détérioration du véhicule.

Jurisprudence OHADA

I. Interdiction d'enlèvement des biens saisis par le saisissant sans autorisation de justice

Si les dispositions de l'article 55 de l'AUPSRVE permettent au créancier muni d'un titre exécutoire de saisir les biens de son débiteur, sans autorisation préalable, il reste que l'enlèvement desdits biens ne peut être effectué que dans des conditions particulières, et avec l'autorisation de la juridiction compétente. En procédant à l'enlèvement et à l'immobilisation du camion saisi, alors même qu'au sens de l'article 103 de l'AUPSRVE, le propriétaire du bien, même s'il est débiteur saisi, conserve son usage, la créancière a commis une faute préjudiciable au demandeur. La créancière doit être condamnée à réparer ce préjudice du débiteur saisi, en tenant compte de la durée de l'immobilisation du camion et de son rendement journalier (TRHC Dakar, Jugement n° 149, 22-1-2002 : A. T. D. c/ Sté Multiloc, Générale d'Entreprise, Me F. H. D. et Me M. D., Ohadata J-05-98).

II. Dépossession du débiteur saisi

A. Remise des biens dans les mains d'un séquestre

S'il est de principe que le débiteur conserve l'usage des biens rendus indisponibles par la saisie, la juridiction compétente peut toutefois, selon l'article 103, al. 2 de l'AUPSRVE, ordonner sur requête à tout moment et après avoir entendu les parties ou celles-ci dûment appelées, la remise d'un ou plusieurs objets à un séquestre qu'il désigne. Lorsqu'une première saisie, pratiquée en mars 2002 sur les biens de la débitrice, n'a pu aboutir, celle-ci ayant tenté de dissimuler le matériel en le déplaçant tractant de nuit dans une autre ville, que l'arrêt confirmatif du jugement de condamnation n'a pas connu un début d'exécution de la part de la débitrice, l'exécution forcée entreprise se trouve confrontée à la réticence de cette dernière, dont la mauvaise foi est patente. Il convient donc de faire droit à la demande du créancier conformément à l'article 103 précité en désignant un séquestre pour les biens contenus dans la requête (TGI Bobo-Dioulasso, ord. réf. n° 002, 17-1-2003 : M. R., T. K., T. B., S. F., G. B., I./B. S., T. M. C. c/ la STCB, Ohadata J-04-48).

B. Convention de règlement à l'amiable

L'existence d'une convention de règlement à l'amiable de différends ne s'oppose pas à la saisine d'une juridiction étatique pour des mesures provisoires conservatoires lorsque les droits d'une partie au litige sont menacés et qu'il y a urgence à désigner un séquestre pour la garde sous main de justice des biens litigieux (CA du Centre (Cameroun), ord. n° 635/CIV, 25-11-2011 : Dame A. T. N. c/ Africa Leasing Company SA, Ohadata J-13-212).

En présence d'une saisie conservatoire qui n'est pas légalement justifiée, tout comme l'enlèvement des objets saisis qui n'a pas été ordonné conformément à l'article 103 de l'AUPSRVE, la détention actuelle par un tiers séquestre des biens mal saisis, constitue une voie de fait qu'il y a lieu de faire cesser en ordonnant leur restitution sous astreinte (CA Abidjan (Côte d'Ivoire), 5e ch. civ. et com., n° 614, 30-10-2009 : E. c/ Sté CACOMIAF, Juris-Ohada, n° 1/2010, janv.-mars, p. 60, Ohadata J-11-06, retenant une astreinte de 2 000 000 FCFA par jour de retard).

C. Moyen nouveau concernant la dépossession

C'est à tort qu'il est reproché à un arrêt d'avoir violé l'article 103 de l'AUPSRVE en ce que le débiteur a été dépossédé des biens saisis alors que selon le moyen, sauf désignation d'un séquestre, le débiteur conserve l'usage des biens saisis à moins que ceux-ci soient des consomptibles, dès lors que les débats n'ont porté ni sur la possession ni sur la dépossession des biens saisis mais sur le préjudice subi par la demanderesse du fait de la confiscation, par la défenderesse, des engins pour lequel la demanderesse a demandé la réparation suite au manque à gagner qu'a entraîné la privatisation de l'utilisation des deux engins ; ce moyen, invoqué pour la première fois devant la CCJA, est nouveau, mélangé de fait et de droit et donc irrecevable (CCJA, 3e ch., n° 098, 2-6-2016 : Sté Euro-Africaine pour le Commerce, l'Industrie et le Développement c/ Sté CIMBENIN, Ohadata J-17-38).

III. Désignation du gardien

En application de l'article 103 de l'AUPSRVE, le saisi est réputé gardien des biens saisis, dont il conserve même l'usage, sauf pour les choses consomptibles, pour lesquelles il doit respecter la contre-valeur. Il y a violation de l'article 103 ci-dessus lorsque les biens saisis ont été enlevés et confiés à l'agent d'exécution et la restitution des biens entre les mains du saisi doit être ordonnée sous astreinte (CA Niamey, ch. civ., n° 115, 2-10-2002 : Ets Hassan Barti c/ A. H., Dame M., H. H. K., Ohadata J-03-254).

Obs. : l'agent d'exécution auquel fait allusion la décision est sans doute l'huissier.

Mais l'article 103 de l'AUPSRVE ne prévoit que la possibilité, pour le débiteur, d'user de certains biens saisis lorsqu'il en est constitué gardien ; il ne peut donc être reproché au premier juge d'avoir violé l'article 103 en désignant une personne différente du débiteur comme gardienne des biens saisis (TR Niamey, n° 435, 3-10-2001 : H. Y. c/ B. M. A., Ohadata J-02-70 ; obs. J. Issa-Sayegh).

IV. Enlèvement des biens saisis

Manquement du juge à l'obligation d'entendre les parties. Le juge qui a autorisé une saisie conservatoire de véhicules avec leur immobilisation sans avoir entendu les parties ou les avoir dûment appelées, a violé l'article 103 de l'AUPSRVE et c'est à juste titre que son ordonnance a été rétractée (CA Abidjan, réf. n° 444, 24-4-2001 : Collins U. T c/ Sté Ash International, Ohadata J-02-107).

Art. 104 [mod.] Les sommes en espèces peuvent être saisies à concurrence du montant de la créance du saisissant. Elles sont consignées entre les mains de l'huissier *de justice* ou de *l'autorité chargée de l'*exécution ou au greffe au choix du créancier saisissant.

Il en est fait mention dans le procès-verbal de saisie, lequel doit indiquer en outre, à peine de nullité, que le débiteur dispose d'un délai de quinze jours à compter de la signification dudit procès-verbal pour former une contestation devant la juridiction du lieu de la saisie qui doit être désignée dans le procès-verbal.

En cas de contestation, à défaut d'ordonner le versement au créancier ou la restitution au débiteur, la juridiction peut en ordonner la consignation.

À défaut de contestation dans le délai imparti, les sommes sont immédiatement versées au créancier. Elles viennent en déduction des sommes réclamées.

Jurisprudence OHADA

Défaut de mention du délai de contestation

Le non-respect de l'obligation d'indiquer le délai de quinze jours pour former une contestation dans le procès-verbal de saisie entraîne la nullité de la saisie et sa mainlevée doit être ordonnée (CA Niamey, ch. civ., n° 115, 2-10-2002 : Ets Hassan Barti c/ A. H., M., H. H. K., Ohadata J-03-254).

Section III • LES OPÉRATIONS DE SAISIE ENTRE LES MAINS D'UN TIERS

Art. 105 Lorsque la saisie porte sur des biens qui sont détenus par un tiers et dans les locaux d'habitation de ce dernier, elle doit être autorisée par la juridiction du lieu où sont situés les biens.

Jurisprudence OHADA

Absence d'autorisation par la juridiction du lieu de situation des biens

La distraction des biens saisis doit être ordonnée, lorsque la saisie a été réalisée sans autorisation préalable au siège social de la société demanderesse, qui était en l'espèce un hôtel (TRHC Dakar, 15-1-2003 : Sté Sénégalaise Hôtel c/ Receveur du Centre des Grandes Entreprises, Ohadata J-03-56).

Obs. : il convient de relever que l'article 105 de l'AUPSRVE semble s'appliquer uniquement aux saisies réalisées dans des locaux d'habitation, et le siège social d'une entreprise, fût-elle une société hôtelière, n'est pas un local d'habitation. La saisie-vente effectuée sans autorisation judiciaire, en violation de l'article 105 de l'AUPSRVE est nulle et de nul effet. La demande en dommages-intérêts d'un demandeur qui n'a pas payé la consignation requise doit être déclarée irrecevable (TPI Douala-Ndokoti, ord. n° 080, 15-3-2007 : E. K. C. c/ GUINESS SA, SCHLUMBERGER SA, CAMOA SA ; SUMOCA SA ; PMUC ; BRASSERIES DU CAMEROUN SA ; PLASTICAM, Ohadata J-07-86, 2e décision).

Art. 106 [mod.] Sur présentation du commandement de payer conforme aux articles 92 à 94 *du présent Acte uniforme* signifié au débiteur, à l'expiration d'un délai de huit jours après sa date, et sur présentation éventuelle de l'autorisation de la juridiction prévue par l'article précédent, l'huissier *de justice* ou *l'autorité chargée de l'*exécution peut saisir, entre les mains d'un tiers, les biens que celui-ci détient pour le compte du débiteur.

Le créancier peut, également, en respectant la même procédure, pratiquer une saisie sur soi-même lorsqu'il détient légitimement des biens appartenant à son débiteur.

Art. 107 [mod.] L'huissier *de justice* ou *l'autorité chargée de l'*exécution invite le tiers à déclarer les biens qu'il détient pour le compte du débiteur et, parmi ces derniers, ceux qui auraient fait l'objet d'une saisie antérieure.

En cas de refus de déclaration ou de déclaration inexacte ou mensongère, le tiers peut être condamné au paiement des causes de la saisie, sauf son recours contre le débiteur. Il peut, aussi, être condamné à des dommages-intérêts.

JURISPRUDENCE **OHADA**

Possibilité pour le tiers saisi assigné d'invoquer les irrégularités de la saisie

Il ressort des articles 62 et 141 de l'AUPSRVE deux situations différentes : l'article 141 reconnaît le droit du tiers dont les biens ont été saisis, alors qu'il n'est pas débiteur du saisissant, de demander la distraction de ces biens ; selon l'article 62, seul le débiteur peut contester la saisie pratiquée en appelant le créancier, pour prouver que les conditions de la saisie conservatoire prévues aux articles 54, 55, 59, 60 et 61 du même Acte uniforme ne sont pas remplies. Le tiers saisi ne peut pas initier cette action en contestation et n'a pas le droit de soulever les irrégularités liées à la procédure. Cependant, aucun article de l'AUPSRVE n'interdit au tiers saisi assigné devant la juridiction compétente en condamnation au paiement des causes d'une saisie conservatoire sur des biens corporels sur le fondement de l'article 107 de l'AUPSRVE d'invoquer les irrégularités du procès-verbal de saisie ou les manquements de l'huissier instrumentaire lors de l'opération de saisie afin d'échapper à une éventuelle condamnation. Ainsi, en décidant comme elle l'a fait, la cour d'appel n'a en rien violé les articles 62 et 141 de l'Acte uniforme susvisé (CCJA, 3e ch., n° 096, 1-8-2014 : BAGUI Maleukeu Jeannette, DAHE Brigilie c/ Compagnie Abidjanaise de Réparations Navales et de Travaux Industriels dite CARENA SARL, Ohadata J-15-186).

Art. 108 [mod.] Si le tiers déclare ne détenir aucun bien appartenant au débiteur ou s'il refuse de répondre, il en est dressé acte. Celui-ci est remis ou signifié au tiers avec l'indication, en caractères très apparents, de la sanction visée à l'article *107 du présent Acte uniforme*.

Art. 109 [mod.] Si le tiers déclare détenir des biens pour le compte du débiteur, il est dressé un inventaire qui contient, à peine de nullité :

1) la référence du titre en vertu duquel la saisie est pratiquée ;

2) la date de la saisie, les nom, prénoms et domicile du saisissant ou, s'il s'agit d'une personne morale, ses dénomination, *forme* et siège social ; l'élection éventuelle de domicile ;

3) les nom, prénoms et domicile du débiteur ou, s'il s'agit d'une personne morale ses dénomination, *forme* et siège social ;

4) la mention des nom, prénoms et domicile du tiers ;

5) la déclaration du tiers et, en caractères très apparents, l'indication que toute déclaration inexacte ou mensongère l'expose à être condamné au paiement des causes de la saisie sans préjudice d'une condamnation à des dommages-intérêts ;

6) la désignation détaillée des biens saisis ;

7) la mention, en caractères très apparents, que les objets saisis sont indisponibles, qu'ils sont placés sous la garde du tiers, qu'ils ne peuvent être ni aliénés ni déplacés, si ce n'est dans le cas prévu par l'article 97 *du présent Acte uniforme* sous peine de sanctions pénales et que le tiers est tenu de faire connaître la présente saisie à tout créancier qui procéderait à une saisie sur les mêmes biens ;

8) la mention que le tiers peut se prévaloir des dispositions de l'article 112 *du présent Acte uniforme* qui est reproduit dans l'acte ;

9) l'indication que le tiers peut faire valoir ses droits sur les biens saisis, par déclaration ou par lettre recommandée avec avis de réception ou tout moyen laissant trace écrite *et permettant d'établir la réception effective par le destinataire,* adressée à l'huissier ou à l'agent d'exécution du créancier saisissant ;

10) la désignation de la juridiction devant laquelle seront portées les contestations relatives à la saisie-vente ;

11) l'indication, le cas échéant, des noms, prénoms et qualités des personnes qui ont assisté aux opérations de saisie, lesquelles doivent apposer leur signature sur l'original et sur les copies ; en cas de refus, il en est fait mention dans le procès-verbal ;

12) la reproduction des dispositions pénales sanctionnant le détournement d'objets saisis.

Art. 110 [mod.] Si le tiers est présent aux opérations de saisie, l'huissier *de justice* ou *l'autorité chargée de l'*exécution lui rappelle verbalement le contenu des mentions des 5), 7) et 8) de l'article 109 *du présent Acte uniforme*. Il est fait mention de cette déclaration dans le procès-verbal. Une copie du procès-verbal de saisie portant les mêmes signatures que l'original lui est immédiatement remise ; cette remise vaut signification.

Lorsque le tiers n'a pas assisté aux opérations de saisie, la copie du procès-verbal de saisie lui est signifiée en lui impartissant un délai de huit jours pour qu'il porte à la connaissance de l'huissier *de justice* ou de *l'autorité chargée de l'*exécution l'existence d'une éventuelle saisie antérieure sur les mêmes biens et qu'il lui en communique le procès-verbal.

Art. 111 Une copie du procès-verbal est signifiée au débiteur, huit jours au plus tard après la saisie.

À peine de nullité, il est indiqué que le débiteur dispose d'un délai d'un mois pour procéder à la vente amiable des biens saisis dans les conditions prescrites par les articles 115 à 119 du présent Acte, qui sont reproduits.

JURISPRUDENCE OHADA

Nullité limitée au procès-verbal de saisie-vente

Les dispositions de l'article 111 de l'AUPSRVE s'appliquent au procès-verbal de la saisie-vente et non au procès-verbal de recollement, qui vient se greffer à la procédure déjà en cours. La demande d'annulation du procès-verbal de récolement pour violation de l'article 111 doit être rejetée (CA Ouagadougou, ord. réf. n° 29/00, 18-5-2000 : K. S. c/ P. B., Ohadata J-02-54 ; obs. J. Issa-Sayegh).

Art. 112 [mod.] Le tiers peut refuser la garde des biens saisis. À tout moment, il peut demander à en être déchargé. L'huissier *de justice* ou *l'autorité chargée de l'*exécution pourvoit à la nomination d'un gardien et à l'enlèvement des biens.

Art. 113 [mod.] Sous réserve du droit d'usage dont le tiers pourrait être titulaire sur les biens saisis, la juridiction compétente peut ordonner sur requête, à tout moment, même avant le début des opérations de saisie, et après avoir entendu les parties ou celles-ci dûment appelées, la remise d'un ou de plusieurs objets à un séquestre qu'*elle* désigne.

Si, parmi les biens saisis, se trouve un véhicule terrestre à moteur, celui-ci peut, sous la même réserve, être immobilisé entre les mains du tiers jusqu'à son enlèvement en vue de la vente, les parties entendues ou dûment appelées, par tout moyen n'entraînant aucune détérioration du véhicule.

Art. 114 [mod.] Si le tiers se prévaut d'un droit de rétention sur le bien saisi, il en informe l'huissier *de justice* ou *l'autorité chargée de l'*exécution par lettre recommandée avec avis de réception ou tout moyen laissant trace écrite *et permettant d'établir la réception effective par le destinataire*, à moins qu'il n'en ait fait la déclaration au moment de la saisie.

Dans le délai d'un mois *à compter de la date de réception de la lettre recommandée ou du moyen utilisé pour l'informer ou de la date de la déclaration*, le créancier saisissant peut contester ce droit de rétention devant la juridiction compétente du domicile ou du lieu où demeure le tiers. Le bien demeure indisponible durant l'instance.

À défaut de contestation dans le délai d'un mois, la prétention du tiers est réputée fondée pour les besoins de la saisie.

JURISPRUDENCE OHADA

Inapplicabilité de l'article 114 à une saisie conservatoire de créance

Il ressort de l'article 114 de l'AUPSRVE que c'est le tiers entre les mains duquel une saisie-vente est pratiquée qui peut se prévaloir d'un droit de rétention sur le bien meuble saisi, les conditions d'exercice de ce droit étant fixées par l'article 67 de l'AUS. S'agissant en l'espèce d'une saisie conservatoire de créances convertie ensuite en saisie-attribution de créances, c'est en violation de l'article 114 précité que la cour d'appel a statué comme elle l'a fait, le tiers saisi ne pouvant se prévaloir d'un quelconque droit de rétention fondé sur les dispositions de l'article 114 (CCJA, 1e ch., 223, 29-11-2018 : BSIC Sénégal SA c/ BOA Sénégal). Voir aussi CCJA, 1e ch., 223, 29-11-2018 : BSIC Sénégal SA c/ BOA Sénégal.

Chapitre III
LA MISE EN VENTE DES BIENS SAISIS

Section I • LA VENTE AMIABLE

Art. 115 Le débiteur contre lequel est poursuivie une mesure d'exécution forcée peut vendre volontairement, dans les conditions ci-après définies, les biens saisis pour en affecter le prix au paiement des créanciers.

Jurisprudence comparée

France

Rejet de l'offre du débiteur d'apurement de son passif non sérieusement réalisable

Si l'offre du débiteur en vue de l'apurement de son passif n'apparaît pas sérieusement réalisable, la situation financière du débiteur étant telle qu'il relève d'une procédure de surendettement, et sa bonne foi n'étant attestée par aucun commencement de remboursement, il convient de rejeter la demande de suspension de la vente des meubles du débiteur (TGI Nancy, juge exéc., 29-1-1993 : Bull. inf. C. cass. 1993 n° 1053).

Art. 116 [mod.] Le débiteur dispose d'un délai d'un mois à compter de la notification du procès-verbal de saisie pour procéder lui-même à la vente des biens saisis.

Les biens saisis restent indisponibles sous la responsabilité du gardien. En aucun cas ils ne peuvent être déplacés avant la consignation du prix prévue à l'article 118 *du présent Acte uniforme,* sauf en cas d'urgence absolue.

Jurisprudence OHADA

I. Inapplication à la saisie d'une concession

La procédure de vente amiable prévue aux articles 115 à 119 de l'AUPSRVE, dont fait partie intégrante l'article 116, concerne la saisie-vente des biens meubles corporels. S'agissant, en l'espèce, d'une procédure de saisie-vente d'une concession, donc d'un bien immobilier, les dispositions de l'article 116 n'ont pas vocation à s'appliquer et en rejetant la demande tendant à l'annulation de la vente aux enchères publique de la concession concernée, la cour d'appel de Bamako n'a pu violer les dispositions de l'article 116 ci-dessus et le pourvoir doit être rejeté (CCJA, 1e ch., n° 36, 10-6-2010 : S. c/ 1) K ; 2) B., Juris-Ohada n° 4/2010, oct.-déc., p. 12, Ohadata J-11-80, J-12-34).

II. Désignation d'un séquestre différent du créancier saisissant

Absence de droit du créancier saisissant à s'opposer à la désignation d'un séquestre. La cour d'appel qui a débouté un débiteur saisi de sa demande de désignation d'un séquestre autre que le créancier saisissant au motif que ce dernier était gardien des sommes et donc titulaire sur celles-ci d'un droit de gage inaltérable a violé l'article 113 de l'AUPSRVE et exposé sa décision à la cassation. La détention par le créancier saisissant, du prix de vente des graines de coton saisies, avant la mise en œuvre des opérations de saisie conservatoire ayant créé, en raison de ce que la créance, objet du recouvrement, était contestée, une situation mettant en péril la conservation des intérêts du débiteur, c'est à juste titre que le juge des référés a ordonné au « profit des deux parties » la désignation d'un tiers, en l'espèce, la Caisse Autonome des Règlements Pécuniaires des Avocats dite Carpa en qualité de séquestre du prix de vente du coton (CCJA, 2e ch., n° 34, 3-6-2010 : Ets TICA c/ TRIDENT SHIPPING SA, Juris-Ohada, n° 4/2010, oct.-déc., p. 5, Ohadata J-11-78, J-12-51).

Art. 117 [mod.] Le débiteur informe, par écrit, l'huissier *de justice* ou *l'autorité chargée de l'*exécution des propositions qui lui ont été faites en indiquant les nom, prénoms et adresse de l'acquéreur éventuel ainsi que le délai dans lequel ce dernier s'offre à consigner le prix proposé.

L'huissier *de justice* ou *l'autorité chargée de l'*exécution communique ces indications au créancier saisissant et aux créanciers opposants par lettre recommandée avec avis de réception ou tout moyen laissant trace écrite *et permettant d'établir la réception effective par le destinataire*.

Ceux-ci disposent d'un délai de quinze *jours, à compter de la date de réception de la lettre recommandée ou du moyen utilisé,* pour prendre le parti d'accepter la vente amiable, de la refuser ou de se porter acquéreurs.

En l'absence de réponse, ils sont réputés avoir accepté.

Il ne peut être procédé à la vente forcée qu'après l'expiration du délai d'un mois prévu par l'article 116 *du présent Acte uniforme*, augmenté, s'il y a lieu, du délai de quinze jours imparti aux créanciers pour donner leur réponse.

JURISPRUDENCE COMPARÉE

France

A. Défaut de consignation dans le délai d'un mois, augmenté du délai de quinze jours

Dès lors que la « consignation immédiate » du prix, proposée par l'acquéreur éventuel du bien saisi, n'a pas été faite dans le délai requis d'un mois imposé au débiteur pour procéder à la vente amiable, augmenté du délai de quinze jours imparti aux créanciers pour prendre parti sur la vente amiable, sans attendre de notification d'une absence d'opposition des créanciers, il n'y a pas eu transfert de propriété et il peut être procédé à la vente forcée (Cass. 2e civ., 21-1-1999 : Bull. civ. II n° 17).

B. Acceptation des créanciers par défaut de réponse à la proposition de vente amiable

Les créanciers sont réputés avoir accepté la proposition du débiteur dès lors qu'ils n'ont pas répondu à son offre ; il importe peu que ce défaut de réponse tienne à ce que l'huissier de justice n'a pas communiqué, à tous les créanciers concourant sur les biens saisis, les indications du débiteur quant à une offre d'achat et qu'il n'a pas non plus respecté le délai de quinze jours à lui imparti pour faire connaître la position des créanciers (TGI Paris 9-2-1995 : Bull. inf. C. cass. 1995 n° 1201).

Art. 118 [mod.] Le prix de la vente est consigné entre les mains de l'huissier *de justice* ou de *l'autorité chargée de l'*exécution ou au greffe, au choix du créancier saisissant.

Le transfert de la propriété et la délivrance des biens sont subordonnés à la consignation du prix.

À défaut de consignation dans le délai convenu, il est procédé à la vente forcée.

JURISPRUDENCE OHADA

Désignation d'un séquestre

Il convient de faire droit à la demande de consignation du montant des causes de la saisie et à la désignation d'un séquestre judiciaire jusqu'à la fin de la saisie, lorsque le débiteur saisi a déplacé les biens saisis sans en informer le créancier poursuivant et le juge des référés devant lequel une contestation est pendante (TPI Nkongsamba, ord. n° 20/REF, 22-5-2002 : Sté Austral Amalgamated Berhad c/ CHIEF R.N. M., G. E., Ohadata J-05-155).

Art. 119 Sauf si le refus d'autoriser la vente est inspiré par l'intention de nuire au débiteur, la responsabilité du créancier ne peut pas être recherchée.

Section II • LA VENTE FORCÉE

Art. 120 [mod.] La vente est effectuée aux enchères publiques, par *l'autorité chargée de la vente*, soit au lieu où se trouvent les objets saisis, soit en une salle ou un marché public dont la situation géographique est la plus appropriée pour solliciter la concurrence à moindre frais.

En cas de désaccord entre le créancier et le débiteur sur le lieu où doit s'effectuer la vente, *le président de* la juridiction compétente *de chaque État partie ou le juge délégué par lui* tranche ce différend dans les cinq jours de sa saisine par la partie la plus diligente.

JURISPRUDENCE OHADA

I. Loi applicable aux ventes sur saisie

Les textes régissant la matière du droit des affaires sont ceux de l'OHADA. Pour les ventes sur saisie, il faut se référer aux articles 120 et suivants de l'AUPSRVE (TGI Ouagadougou, n° 700, 26-6-2002 : Syndics liquidateurs de la Sté de Pétrole TAGUI c/ SONABHY, Ohadata J-04-41).

II. Irrecevabilité de la contestation tardive du débiteur saisi

L'article 120, al. 2 indique la procédure à suivre en cas de désaccord entre le créancier et le débiteur lorsque la vente aux enchères est entamée, notamment que le débiteur peut porter sa contestation sur la saisissabilité des biens en cause devant la juridiction dans le délai d'un mois à compter de la signification de l'acte de saisie. La débitrice qui, régulièrement informée de la vente, n'a pas réagi aux saisies pratiquées sur ses biens, et a omis de se prévaloir des dispositions précitées avant la vente, est irrecevable à s'en prévaloir après la vente (TGI Ouagadougou, n° 700, 26-6-2002 : Syndics liquidateurs de la Sté de Pétrole TAGUI c/ SONABHY, Ohadata J-04-41).

Art. 121 [mod.] La publicité de la vente est effectuée par affiches indiquant les lieu, jour et heure de celle-ci et la nature des biens saisis.

Les affiches sont apposées à la mairie du domicile ou du lieu où demeure le débiteur, au marché voisin et tous autres lieux appropriés ainsi qu'au lieu de la vente si celle-ci a lieu à un autre endroit.

La vente peut également être annoncée par voie de presse écrite, *audiovisuelle* ou *en ligne*.

La publicité est effectuée à l'expiration du délai prévu par le dernier alinéa de l'article 117 ci-dessus et quinze jours au moins avant la date fixée pour la vente.

Jurisprudence OHADA

Sanction des irrégularités des formalités de vente

Méconnaissance des règles de concurrence et de publicité en matière de vente aux enchères publiques. L'AUPSRVE n'énonçant pas la sanction encourue en cas de méconnaissance des règles de la concurrence et de la publication dans le cadre d'une vente aux enchères publiques, aucune nullité ne saurait être prononcée sans texte (TGI Ouagadougou, n° 700, 26-6-2002 : Syndics liquidateurs de la Sté de Pétrole TAGUI c/ SONABHY, Ohadata J-04-41).

Voir sous l'art. 122.

Art. 122 [mod.] L'huissier *de justice* ou *l'autorité chargée de l'*exécution certifie l'accomplissement des formalités de publicité.

Jurisprudence OHADA

Formalités de publicité dument effectuées

C'est à tort qu'il est reproché à un arrêt de ne pas avoir tenu compte de la violation par l'huissier de justice des articles 121, 122 et 124 de l'AUPSRVE, qui traitent de la publicité de la vente, de la vérification des biens saisis et du procès-verbal d'accomplissement de la publicité, violations qui devraient entraîner l'annulation de la vente selon le moyen, dès lors que les juges du second degré ont retenu, à bon droit, « qu'il résulte des pièces du dossier que la vente a été publiée le 28 mai 2012, que le commissaire-priseur a préalablement dressé un procès-verbal de vérification des biens saisis le 20 avril 2012 et un procès-verbal d'accomplissement de la publicité de la vente le 29 mai 2012 » (CCJA, 3e ch., n° 033, 31-1-2019 : Zakaria DIANE c/ Mody CAMARA, Lassana CAMARA).

Art. 123 [mod.] Le débiteur est avisé par *l'autorité chargée de l'*exécution des lieu, jour et heure de la vente dix jours au moins avant sa date par lettre recommandée avec demande d'avis de réception ou par tout moyen laissant trace écrite *et permettant d'établir la réception effective par celui-ci*. Il en est fait mention dans le certificat prévu à l'article 122 *du présent Acte uniforme*.

JURISPRUDENCE OHADA

Admission de l'inscription de faux contre l'acte de signification d'une vente aux enchères publiques

Une nouvelle fois, s'agissant de l'inscription en faux de l'acte de signification de vente aux enchères publiques du 16 septembre 2019 et du procès-verbal de vente de fonds de commerce en date du 3 octobre 2019, le premier juge a retenu que ces actes ont été dressés par un huissier de justice, officier public, et font foi jusqu'à preuve du contraire, avant de rejeter cette demande. Pour les mêmes motifs que ceux développés pour la pièce précédente, la Cour dit cette interprétation erronée et infirme conséquemment l'ordonnance appelée sur ce point. Ensuite, la lecture de l'acte de signification dont il s'agit fait ressortir, encore une fois, la mauvaise foi de la banque qui vise, en gros caractères, « l'article 123 de l'ACTE UNIFORME », sans qu'il soit possible de déterminer, à première vue, de quel Acte uniforme il est question ; il est exact que l'article 123 de l'AUPSRVE prévoit des opérations de vente forcée, mais dans le cadre exclusif de la saisie-vente, laquelle, en l'espèce, n'a jamais été effectuée. Ces constatations, apparemment anodines, contribuent à mettre en exergue la mauvaise foi de la banque, qui fait établir un acte de signification visant une convention de nantissement dont elle sait pertinemment que le renouvellement de l'inscription n'a pas été fait dans le délai requis. Cet acte est donc aussi entaché de faux que le procès-verbal de vente du 3 octobre 2019 qui s'y réfère et, surtout, mentionne en sa deuxième page la continuation des « poursuites de la saisie-vente (…) pratiquée par exploit de Maître [Y.], huissier de justice », alors même que pareille saisie n'a jamais eu lieu (CCJA, 2e ch., no 061/2023, 30-3-2023).

Art. 124 [mod.] **Avant la vente, la consistance et la nature des biens saisis sont vérifiées par *l'autorité chargée* de la vente. Il en est dressé procès-verbal. Seuls sont mentionnés les objets manquants et ceux qui auraient été dégradés.**

JURISPRUDENCE OHADA

Récolement postérieur au décès du saisissant

C'est à juste titre qu'un juge a annulé le procès-verbal de récolement avec enlèvement dressé après la mort du créancier poursuivant et ordonné la restitution des biens enlevés, dès lors que le créancier défunt n'a pu donner mandat à l'huissier pour dresser le procès-verbal litigieux. Confirmation de l'annulation (CA Abidjan, ch. civ. et com., no 233, 10-2-2004 : Me A. Y. J. c/ M.K., Juris-Ohada, no 2/2005, p. 31 ; Ohadata J-05-364).

Voir sous l'art. 122.

JURISPRUDENCE COMPARÉE

France

A. Procès-verbal de vérification des biens saisis

Mentions non requises à peine de nullité. L'article 113 du décret 92-755 qui régit l'établissement du procès-verbal des biens saisis n'exige aucune mention particulière à peine de nullité et les dispositions d'autres textes ne peuvent être invoquées pour fonder la nullité éventuelle de ce procès-verbal par omission de mention qu'il n'a pas à comporter ; cet acte a pour but de faire comparer par l'officier chargé de la vente la liste des objets saisis et la présence effective de ces objets pour noter les objets manquants, qui auraient été détournés par le gardien, ou relever des détériorations récentes ; l'usage s'étant instauré de noter sur cet acte la liste des objets enlevés, quand elle ne recouvre pas la liste des objets saisis, cette mention supplémentaire ne saurait préjudicier au débiteur saisi ; le débiteur saisi n'excipant d'aucun grief direct que cet acte lui aurait causé par ses prétendues irrégularités, la demande de nullité de la saisie (en l'espèce saisie-appréhension, mais la solution est transposable à la saisie-vente) doit être rejetée (CA Paris, 8e ch. D, 27-9-2001, Cuny c/ Crédit Lyonnais : D 2001.IR.2949).

B. Introduction de force dans les lieux de l'officier ministériel chargé de la vente

L'officier ministériel chargé de la vente des objets saisis ne peut s'introduire de force dans les lieux où se trouvent ces objets en faisant application des dispositions de l'article 21 de la loi du 9 juillet 1991 qui réserve cette seule faculté à l'huissier de justice (TGI Paris 7-1-2000, Lamotte : D. 2000.751 note J.-J. Bourdillat, annulant en conséquence les procès-verbaux de récolement et d'enlèvement des objets saisis dressé par l'officier ministériel auteur du coup de force).

Art. 125 L'adjudication est faite au plus offrant après trois criées. Le prix est payable comptant, faute de quoi, l'objet est revendu à la folle enchère de l'adjudicataire.

Jurisprudence comparée

France

Folle enchère pour défaut de paiement du prix par l'adjudicataire

À défaut de paiement du prix l'objet est revendu à la folle enchère de l'adjudicataire ; toute vente à la folle enchère de l'adjudicataire entraîne, pour ce dernier, l'obligation de payer la différence entre le prix de l'adjudication du bien et celui de sa revente (Cass. 2e civ. 12-6-2003 : RJDA 12/03 no 1242).

Art. 126 [mod.] La vente est arrêtée lorsque le prix des biens vendus assure le paiement du montant des causes de la saisie et des oppositions, en principal, intérêts et frais.

L'autorité chargée de la vente restitue au débiteur les biens non compris dans la vente.

Jurisprudence OHADA

Poursuite de la vente pour règlement des frais et émoluments de l'huissier

C'est à tort qu'il est reproché à une cour d'appel d'avoir débouté le requérant de sa demande d'annulation de la vente pour « inexigibilité de la créance », au motif que les frais et émoluments de l'huissier n'avaient pas été réglés, car en décidant que les paiements évoqués ne couvrent pas les frais et émoluments de l'huissier, au sens de l'article 126 de l'AUPSRVE, la cour d'appel a fait une bonne application des dispositions de l'Acte uniforme (CCJA, 3e ch., no 033, 31-1-2019 : Zakaria DIANE c/ Mody CAMARA, Lassana CAMARA).

C'est à tort qu'il est reproché à un arrêt d'avoir infirmé l'ordonnance ayant donné mainlevée de la saisie, en ce qu'il était établi que les créanciers saisissants, après avoir pratiqué une saisie-attribution de créances, ont ensuite saisi des objets dont la valeur était supérieure au montant de leur créance ; qu'en statuant ainsi, toujours selon le moyen, la cour a violé le texte visé au moyen et exposé sa décision à la cassation. Il en est ainsi dès lors qu'en l'espèce, non seulement il ne résulte pas des mentions de l'arrêt attaqué, faisant foi jusqu'à inscription de faux, que ce texte a été invoqué devant la cour d'appel, mais encore, la requérante ne rapporte pas la preuve d'une « vente » de ses biens ayant assuré « le paiement du montant des causes de la saisie » (CCJA, 1e ch., no 063, 14-3-2019 : Polyclinique Avicennes SARL c/ 1) ZEKPA Aristide Lucien Victorien et autres).

Art. 127 Il est dressé procès-verbal de la vente. Ce procès-verbal contient la désignation des biens vendus, le montant de l'adjudication et l'énonciation déclarée des noms et prénoms des adjudicataires.

Jurisprudence OHADA

Absence de vente à défaut de procès-verbal

Il doit être considéré qu'aucune vente n'a eu lieu, lorsque les parties, invitées à plusieurs reprises à produire le procès-verbal de vente des objets saisis, se sont abstenues de le produire (CA Abidjan, ch. civ. et com., no 233, 10-2-2004 : Me A. Y. J. c/ M.K., Juris-Ohada, no 2/2005, p. 31 ; Ohadata J-05-364).

Art. 128 [mod.] *L'autorité chargée de la vente* est personnellement responsable du prix des adjudications et *elle* ne peut recevoir aucune somme au-dessus de l'enchère, sans préjudice des sanctions pénales applicables.

Chapitre IV
LES INCIDENTS DE SAISIE

Art. 129 Les contestations relatives à la saisie-vente sont portées devant la juridiction du lieu de la saisie.

JURISPRUDENCE OHADA

I. Compétence territoriale du juge du lieu de la saisie

L'article 49 de l'AUPSRVE pose les règles de la compétence d'attribution ; mais en ce qui concerne la compétente territoriale, c'est l'article 129 de l'AUPSRVE qui doit s'appliquer. Le juge qui s'est déclaré territorialement compétent sur le fondement de l'article 49 a fait une fausse application de la loi et sa décision doit être infirmée. En l'espèce, le juge de Dosso, dans le ressort duquel les saisies ont été opérées est territorialement compétent et l'exception d'incompétence soulevée doit être rejetée (CA Niamey, ch. civ. civile, n° 115, 2-10-2002 : Ets Hassan Barti c/ A. H., Dame M., H. H. K., Ohadata J-03-254).

C'est en violation de l'article 129 de l'AUPSRVE que le juge des référés d'Abidjan a été saisi d'une action en distraction des biens saisis, alors que la saisie a eu lieu à Man. L'ordonnance qui a statué en sens contraire doit être infirmée (CA Abidjan, n° 374, 28-3-2003 : C. Y. c/ Cie d'assurances COLINA, Ohadata J-03-279).

II. Nullité du procès-verbal désignant une juridiction incompétente

C'est à tort qu'un procès-verbal de saisie-vente a désigné une autre juridiction pour les contestations alors que la saisie a été effectuée au domicile du débiteur ; il doit être annulé (TPI Douala – Ndokoti, ord. n° 103, 20-4-2006 : M. B. E. c/ T. J. A., Ohadata J-07-88).

Voir sous l'art. 100 al. 8.

Section I • L'OPPOSITION DES CRÉANCIERS

Art. 130 Tout créancier réunissant les conditions prévues par l'article 91 du présent Acte uniforme peut se joindre à une saisie déjà pratiquée sur les biens du débiteur, par le moyen d'une opposition, en procédant, au besoin, à une saisie complémentaire.

Aucune opposition ne peut être reçue après la vérification des biens.

JURISPRUDENCE COMPARÉE

Caractère facultatif de l'opposition pour un créancier gagiste

Au sens de l'article 138 de l'AUPSRVE, l'opposition prévue par l'article 130 du même Acte uniforme est facultative pour un créancier gagiste. Ne viole donc pas ces dispositions la cour d'appel qui retient le bien-fondé d'une partie à faire valoir ses droits sur le prix de vente d'un bien en raison de l'antériorité de sa saisie conservatoire sur la saisie-vente pratiquée par son adversaire sur le bien en cause (CCJA, 1e ch., n° 171/2020, 28-5-2020 : NSIA Banque Côte d'Ivoire c/ BPCI).

JURISPRUDENCE COMPARÉE

France
Intervention conjointe d'autres créanciers par voie d'opposition

Modalités de l'opposition des autres créanciers : **possibilité d'y suppléer par une nouvelle saisie-vente.** La loi ouvrant aux autres créanciers le droit de faire opposition en utilisant le verbe « pouvoir », il s'agit pour eux d'une simple faculté et non d'une obligation, ce qui les autorise à opérer une nouvelle saisie-vente, qui ne pourrait être nulle de ce chef (CA Paris 10-9-1996 : DA 1996.1220).

Art. 131 À peine de nullité, l'acte d'opposition contient l'indication du titre exécutoire en vertu duquel elle est formée, le décompte distinct des sommes réclamées en capital, frais et intérêts échus ainsi que l'indication du taux d'intérêts.

L'acte d'opposition est signifié au créancier premier saisissant si ce n'est dans le cas où l'opposition est formée par lui pour ajouter une nouvelle créance ou étendre l'assiette de la saisie antérieure.

Il est également signifié au débiteur.

Le créancier premier saisissant poursuit seul la vente.

JURISPRUDENCE OHADA

Frais d'huissier non contestés

Lorsque les parties se sont entendues sur le montant dû à l'huissier au titre des droits de recette, alors que c'est sur cette fraction de la dette que portrait la contestation, c'est à bon droit que le premier juge a maintenu la saisie sur la partie non contestée de la créance et l'appel du débiteur sur ce point est mal fondé (CA Abidjan, ch. civ. et com., n° 476, 6-4-2004, SOTACI c/ D., Ohadata J-05-265).

Art. 132 [mod.] Tout créancier opposant peut étendre la saisie initiale à d'autres biens. Il est dressé un procès-verbal de saisie complémentaire dans les conditions prescrites aux articles 100 à 102 *du présent Acte uniforme*.

Ce procès-verbal est signifié au créancier premier saisissant et au débiteur.

Le droit de faire procéder à une saisie complémentaire appartient également au créancier premier saisissant.

Art. 133 [mod.] Si, à l'occasion d'une saisie, le débiteur présente au créancier le procès-verbal établi lors d'une précédente saisie, ce créancier procède par voie d'opposition comme il est dit à l'article 131 *du présent Acte uniforme*. Il peut pratiquer sur le champ une saisie complémentaire dans les conditions prescrites aux articles 100 à 102 ci-dessus.

Le procès-verbal de saisie complémentaire est signifié au créancier premier saisissant en même temps que l'acte d'opposition ; le tout est signifié au débiteur.

Art. 134 En cas d'extension de la saisie initiale, il n'est procédé à la vente forcée sur l'ensemble des biens saisis qu'à l'expiration de tous les délais impartis pour leur vente amiable.

Toutefois, il peut être procédé à la vente forcée immédiate de ceux des biens pour lesquels le délai imparti en vue de leur vente amiable est expiré, soit avec l'accord du débiteur ou l'autorisation de la juridiction compétente, soit lorsque les formalités de publicité avaient déjà été effectuées au moment de l'opposition.

Art. 135 À défaut par le créancier premier saisissant d'avoir fait procéder aux formalités de la mise en vente forcée à l'expiration des délais prévus, tout créancier opposant, après sommation infructueuse d'y procéder dans un délai de huit jours, lui est subrogé de plein droit.

Le créancier premier saisissant est déchargé de ses obligations. Il est tenu de mettre les pièces utiles à la disposition du créancier subrogé.

Art. 136 La mainlevée de la saisie-vente ne peut résulter que d'une décision de la juridiction compétente ou de l'accord du créancier saisissant et des créanciers opposants.

JURISPRUDENCE OHADA

I. Mainlevée accordée sans condition de rétractation de l'ordonnance autorisant la saisie

C'est à tort qu'un créancier soutient que l'autorisation de pratiquer une saisie conservatoire doit être rétractée avant toute mainlevée. L'autorisation de saisir est sollicitée lorsque le créancier ne dispose pas d'un titre exécutoire. Mais la saisie réalisée peut être l'objet d'une mainlevée sans qu'il soit nécessaire d'obtenir la rétractation de l'ordonnance qui l'a autorisée, lorsque les conditions exigées n'ont pas été remplies avant la saisie (CA Abidjan, n° 363, 27-3-2001 : Caisse d'assistance médicale c/ Sté AMS-CI, Juris-Ohada, n° 1/2004, janv.-mars 2004, p. 51, note anonyme, Ohadata J-04-170).

II. Mainlevée sans objet

L'action en mainlevée d'une saisie-vente devient sans objet lorsqu'une mainlevée amiable a été donnée avant la décision du premier juge. L'ordonnance de ce dernier ordonnant une mainlevée doit être infirmée car elle a été donnée à tort (CA Abidjan (Côte d'Ivoire), ch. civ. et com., n° 129, 9-4-2010 : M. P. D. G. et M. W. T. F. c/ Sté SASCC, Ohadata J-11-26).

Obs. : l'article 136 n'a pas été expressément visé dans cette décision qui concernait également une saisie-attribution ; mais il est applicable.

Art. 137 La nullité de la première saisie n'entraîne pas la caducité des oppositions si ce n'est lorsqu'elle résulte d'une irrégularité dans le déroulement des opérations de saisie.

Cette nullité est toujours dépourvue de conséquence sur la saisie complémentaire.

Art. 138 [mod.] Seuls sont admis à faire valoir leurs droits sur le prix de la vente les créanciers saisissants ou opposants qui se sont manifestés avant la vérification des biens saisis prescrite par l'article 124 *du présent Acte uniforme* et ceux qui, avant la saisie, ont procédé à une mesure conservatoire sur les mêmes biens.

Section II • LES CONTESTATIONS RELATIVES AUX BIENS SAISIS

Art. 139 Les demandes relatives à la propriété ou à la saisissabilité ne font pas obstacle à la saisie mais suspendent la procédure pour les biens saisis qui en sont l'objet.

JURISPRUDENCE OHADA

I. Suspension de la vente pour demande de distraction de biens

A. Suspension accordée

La suspension des poursuites doit être ordonnée pour les biens faisant l'objet d'une procédure de distraction jusqu'à l'issue de ladite procédure (TRHC Dakar, 28-4-2003 : Sté ICOTAF c/ Pièces matériels Import et Sté SRG ICOTAF, Ohadata J-03-213).

B. Suspension refusée

Demande nouvelle. La demande de discontinuation des poursuites qui n'a pas été présentée au premier juge, s'analyse comme une demande nouvelle présentée pour la première fois en appel. Elle est de ce fait irrecevable et l'ordonnance entreprise doit être confirmée en toutes ses dispositions (CA Dakar, 2e civ. et com., n° 228, 12-4-2001 : Hôtel SANAVA SALY c/ A. T. et 68 autres, Ohadata J-03-271, obs. Ndiaw DIOUF).

C. Incompétence du juge des référés

Le juge des référés doit se déclarer incompétent pour une demande tendant à prouver que certains biens faisant l'objet d'une saisie-vente ne sont pas la propriété du demandeur car, en ordonnant la suspension, il risque de préjudicier au fond en dépit de la contestation (TPI Cotonou, 1e ch. civ., ord. réf. n° 55/03, 26-6-2003 : G. J. c/ T. B. M., Ohadata J-05-308, obs. Ndiaw DIOUF).

II. Biens concernés par la continuation des poursuites

Voir sous l'art. 141.

Sous-section 1 • *LES* CONTESTATIONS RELATIVES À LA PROPRIÉTÉ

Art. 140 Le débiteur peut demander la nullité de la saisie portant sur un bien dont il n'est pas propriétaire.

JURISPRUDENCE OHADA

I. Action du débiteur

A. Recevabilité de l'action en nullité

Le débiteur qui prouve que les biens ayant fait l'objet d'une saisie conservatoire appartiennent à un tiers est fondé à demander la nullité de ladite saisie, qui doit être prononcée (TPI Dschang, ord. réf. n° 18, 26-2-2004 : Z. N. M. c/ Me M. V. administrateur séquestre de la succession G. G., Ohadata J-05-107 ; TPI Nkongsamba, ord. réf. n° 18/REF, 23-5-2001 : Ayants droit de Feu N. S. Y. Y. M. A. c/ Me B. J. W. M., Ohadata J-04-452).

C'est à tort que la créancière met en cause la régularité de l'action en nullité de la saisie initiée par le débiteur au motif que les marchandises sont la propriété d'un tiers, dès lors que l'article 140 de l'AUPSRVE lui reconnaît qualité pour agir (CA Abidjan (Côte d'Ivoire), n° 146, 8-2-2005 : Sté CLAM Ivoire c/ B. M., Ohadata J-09-179).

Mais la cour d'appel qui, pour annuler une saisie-vente de part sociales d'un débiteur, a considéré qu' « il résulte des pièces produites, [que le débiteur] a cédé ses parts à divers acquéreurs [et] n'était plus propriétaire desdites parts au moment de la saisie », alors que les pièces produites sont des contrats de réservation, qui stipulent que « la cession des parts d'intérêts représentative du bien immobilier sus désigné aura lieu par acte à recevoir par [un notaire] […] après paiement par le réservataire, de l'intégralité du prix de vente […] », et qu'aucun acte notarié tel que spécifié par ces dispositions statutaires n'a été produit pour faire la preuve de la vente des biens saisis et de ce que le débiteur ne serait plus propriétaire des parts saisies, a erré dans l'application de l'article 140 de l'AUPSRVE et exposé son arrêt à la cassation (CCJA, n° 048/2008, 20-11-2008 : K. A. c/ 1) Sté Civile Particulière « BRULE MOUCHEL » dite SCP BM, 2) D. I., Rec. jur. CCJA n° 12, juill.-déc. 2008, p. 125, Ohadata J-10-38, Ohadata J-09-257).

B. Irrecevabilité de l'action en distraction de biens saisis

En matière de saisie, le débiteur ne peut initier, aux termes de l'article 140 de l'AUPSRVE, que l'action en nullité de la saisie portant sur un bien dont il n'est pas propriétaire. En conséquence, est irrecevable, pour défaut de qualité, l'action en distraction d'objets saisis initiée par le débiteur (CA Bouaké, n° 77/2001, 16-5-2001 : CNDJ, Juris-Ohada, CNDJ, Z…c/ K…, n° 2/2002, avr.-juin, p. 29 ; Ohadata J-02-97, obs. anonymes).

Obs. : en l'espèce, l'action en distraction initiée par le débiteur est rejetée, non parce qu'il est propriétaire de ces biens, mais parce qu'il n'a pas utilisé le type d'action prévu, à savoir l'action en nullité. La décision rappelle que seul le tiers peut initier une action en distraction.

C. Nullité et mainlevée de la saisie portant sur des biens n'appartenant pas au débiteur

Voir sous l'art. 91 (CCJA, n° 178/2024, 6-6-2024).

II. Action d'un tiers

A. Irrecevabilité de l'action en nullité

Seul le débiteur saisi peut exercer l'action en nullité de la saisie portant sur les biens d'un tiers. La demande en nullité initiée par un tiers est irrecevable, car ce dernier ne peut exercer qu'une action en distraction de ses biens saisis à tort (CA Abidjan, n° 784, 21-6-2002 : Sté ADCI c/ Ets ETIMCO, Ohadata J-03-14 ; CA Abidjan, n° 912, 8-7-2003 : C. G. c/ SOCOPAG, NECCAF-CI, COOPAI, Ohadata J-03-316, obs. Joseph ISSA-SAYEGH).

B. Recevabilité de l'action en mainlevée

Saisie des biens d'une société au lieu et place de ceux de l'associé débiteur personnel visé dans le titre exécutoire. La société anonyme est une personne morale ayant un patrimoine distinct de ses actionnaires pris individuellement. C'est donc à tort que des biens d'une société ont été saisis en lieux et place des biens personnels d'un débiteur personne physique, actionnaire de ladite société. Il y a eu erreur sur la personne du saisi et la mainlevée de la saisie doit être ordonnée sous astreinte. Mais le juge de l'urgence n'est pas compétent pour octroyer des dommages-intérêts au tiers dont les biens ont été saisis à tort (TPI Bafoussam, ord. réf. n° 32, 23-1-2004 : Sté TAL Business c/ 1 – Me T. Y. 2 – M. I., Ohadata J-05-03).

Obs. : cette décision ne vise pas expressément l'article 140 de l'AUPSRVE, mais l'article 49 de l'AUPSRVE. Pour des décisions retenant que le tiers saisi ne peut demander la mainlevée, voir sous l'article 141.

III. Preuve de la propriété : appréciation souveraine des juges du fond

C'est par une appréciation souveraine des éléments produits au dossier et des circonstances de la saisie pratiquée qu'une cour d'appel a :
– relevé que les pièces produites par l'appelant n'étaient pas « suffisamment probantes » pour établir qu'il n'était pas propriétaire des biens faisant l'objet de la saisie-vente dont il avait demandé la nullité, et retenu que « dès lors c'est à bon droit que le premier juge l'a débouté de sa demande » (CCJA, nº 006/2004, 8-1-2004 : W. A. G. K. C. c/ K. A. M., Juris-Ohada, nº 1/2004, janv.-mars 2004, p. 35, note Brou Kouakou Mathurin ; Rec. jur. CCJA, nº 3, janv.-juin 2004, p. 056, Ohadata J-04-90) ;
– retenu que le tiers revendiquant « a produit au dossier toutes les pièces confirmant sa propriété des engins (...) saisis », pour en déduire que la preuve de la propriété d'un matériel roulant destiné à la revente ne saurait résulter exclusivement de la seule présentation d'une carte grise ; en procédant ainsi, elle n'a en rien violé l'article 141 de l'AUPSRVE (CCJA, 1e ch., nº 114/2020, 9-4-2020 : L. c/ Tractafric Equipment RDC SARL).

Art. 141 [mod.] Le tiers qui se prétend propriétaire d'un bien saisi peut demander à la juridiction compétente d'en ordonner la distraction.

À peine d'irrecevabilité, la demande doit préciser les éléments sur lesquels se fonde le droit de propriété invoqué. Elle est signifiée au créancier saisissant, au saisi et éventuellement au gardien. Le créancier saisissant met en cause les créanciers opposants par lettre recommandée avec avis de réception ou tout moyen laissant trace écrite *et permettant d'établir la réception effective par le destinataire*.

Le débiteur saisi est entendu ou appelé.

JURISPRUDENCE OHADA

I. Tiers

A. Qualité de tiers

1º Notion de tiers

Le tiers visé par l'article 141, al. 1 de l'AUSCGIE s'entend de toute personne étrangère à la saisie-vente (CCJA, 2e ch., nº 16, 24-2-2005 : 1) S. A., M. M. R., S. A., et S. A. A. c/ G. née K. TASSABEDO, Sté CGC, Juris-Ohada, nº 2/2005, p. 22 ; Rec. jur. CCJA, nº 5, janv.-juin 2005, volume II, p. 34, Ohadata J-05-361). Dans le même sens et précisant que la cour d'appel qui s'est contentée de relever « qu'en l'espèce aucun tiers n'a initié une telle action », sans rechercher si la décision ayant fondé la saisie-vente condamnait d'autres personnes au paiement de la créance, cause de la saisie, n'a pas donné de base légale à sa décision qui doit être cassée (CCJA, 1e ch., 171, 25-10-2018 : GAMBY SERVICES SARL c/ SERA-MALI SARL).

2º Qualité pour demander la distraction

L'action en distraction des biens saisis appartient au tiers qui est propriétaire des biens saisis (CA Littoral, nº 122/REF, 25-9-2000 : Sté GEMAT SARL c/ Sté MOBIL OIL CAM, Ohadata J-04-225, acceptant la « restitution » comme équivalent de la distraction ; CA Abidjan, nº 91, 20-1-2004 : O. S. L. c/ la Sté SIDIS-SANROH et O. S., Ohadata J-04-486, Ohadata J-03-274). L'action initiée par le débiteur est donc irrecevable (CA Abidjan, nº 981, 15-7-2003 : SIB c/ M. HA, Ohadata J-03-274 ; Section de tribunal de Oumé, nº 8, 16-2-2005, K.N.B c/ Y.K, Juris-Ohada nº 2/2006, p. 53, Ohadata J-07-07).

Au sens de l'article 141 de l'AUPSRVE, le tiers s'entend de toute personne étrangère à la saisie-vente, et sa contestation s'opère par voie de demande en distraction, laquelle ne peut être confondue avec une demande en mainlevée. En retenant « qu'il n'est pas contesté que les biens saisis appartiennent intégralement à SERA MALI SARL, que la demande de distraction en la matière équivaut à une mainlevée totale, que la demande de mainlevée formulée par SERA MALI SARL n'est pas en contradiction avec les dispositions de l'article 141 de l'Acte uniforme sur le recouvrement de créances » pour faire droit à la demande de mainlevée de la saisie-vente formulée par la société, la cour d'appel a violé le texte visé au moyen et exposé son arrêt à la cassation (CCJA, 1e ch., 171, 25-10-2018 : GAMBY SERVICES SARL c/ SERA-MALI SARL).

3º Appréciation de la propriété de biens saisis par un vendeur bénéficiant d'une clause de réserve de propriété au moment de la saisie

Voir sous l'art. 72 de l'AUS (CCJA, 1e ch., nº 015/2023, 16-2-2023).

B. Charge de la preuve du droit de propriété

Il incombe au tiers demandeur à la distraction de prouver qu'il est propriétaire des biens dont la distraction est demandée (TRHC Dakar, n° 37, 3-1-2001 : dames K. S. et D. D. c/ M. S., Me D. P. C. et M. K., Ohadata J-05-88 ; TRHC Dakar, ord. réf. n° 1501, 29-9-2003 : M. F. c/ H. H. Y., P. S. N. Y. N. S., Ohadata J-04-29).

La distraction des biens saisis doit être ordonnée lorsque le tiers qui en revendique la propriété rapporte la preuve que lesdits biens lui appartiennent (CCJA, 2e ch., n° 16, 24-2-2005 : 1) S. A., M. M. R., S. A., et S. A. A. c/ G. née K. TASSABEDO, Sté CGC, Juris-Ohada, n° 2/2005, p. 22 ; Rec. jur. CCJA, n° 5, janv.-juin 2005, volume II, p. 34, Ohadata J-05-361).

Mais la charge de la preuve de sa propriété ne lui incombe plus lorsqu'il est un tiers saisi détenteur d'un bien meuble par application des dispositions des articles 106 et 107 de l'AUPSRVE et 2279 du Code civil burkinabé. Il appartient au saisissant de rapporter la preuve que les biens meubles saisis étaient détenus par les saisis pour le compte de son débiteur poursuivi (articles 105 à 107 de l'AUPSRVE) (CA Ouagadougou, ord. réf. n° 11, 20-2-2003 : D. T., B. S. et B. D. c/ D. D., Ohadata J-04-53).

Obs. : dans le cas d'espèce, le possesseur était de bonne foi, même si la décision ne le précise pas.

L'appréciation des éléments qui fondent la propriété du tiers est laissée au juge (CA Dakar, civ. et com., n° 139, 13-3-2003 : SOGEI SARL, M. D., K. T. c/ Sté IMMO TROPIC SARL, J. C., Ohadata J-03-174).

C. Limitation du droit à la distraction au propriétaire du bien saisi

1° Irrecevabilité de l'action en mainlevée initiée par le tiers saisi

Le tiers qui se prétend propriétaire d'un bien saisi ne peut être admis à demander que la distraction de son bien, et non la mainlevée de ladite saisie, tout autre litige relatif à la saisissabilité d'un bien étant réservés par l'article 143 de l'AUPSRVE au débiteur ou à l'huissier ou agent d'exécution (CA Daloa, 1e ch., n° 82, 31-3-2004 : A.H c/ 1) MB ; 2) KH, Juris-Ohada, n° 4/2005, juill.-sept. 2005, p. 34, Ohadata J-06-20).

Obs. : sur une décision ayant ordonné la mainlevée des biens d'une société saisis à la place des ceux du dirigeant de cette société, qui était le débiteur, voir sous l'article 140.

En application des dispositions de l'article 141, al. 1 de l'AUPSRVE, la société tierce qui est étrangère à la saisie-vente opérée par la société créancière au siège et entre les mains de sa débitrice ne peut contester ladite saisie que par la voie d'une demande en distraction des biens saisis, seule possibilité offerte à un tiers qui se prétend propriétaire desdits biens avant leur vente ; il en résulte que sa demande en mainlevée ne peut être accueillie (CCJA, 1e ch., 171, 25-10-2018 : GAMBY SERVICES SARL c/ SERA-MALI SARL).

2° Irrecevabilité de l'action en nullité initiée par le tiers saisi

Le tiers saisi ou un tiers ne peut invoquer la nullité de la saisie pour un quelconque vice. Il en est ainsi par exemple de la demande de nullité de la saisie-vente pour violation de l'article 100 de l'AUPSRVE ou pour défaut d'indication de la juridiction compétente pour les contestations, qui est irrecevable lorsqu'elle est formulée par un tiers (CA Abidjan, n° 39, 14-1-2003 : C. M. épse S. c/ I. O., Ohadata J-03-236).

L'action en nullité d'une saisie-vente n'appartient qu'au débiteur, les tiers saisis ne disposant que de l'action en distraction. Il en résulte que l'action en nullité d'une saisie-vente initiée par le tiers saisi doit être déclarée irrecevable en vertu de l'article 141 de l'AUPSRVE (CA Abidjan, ch. civ. et com., n° 765, 6-7-2004 : F. A. c/ D. A. H. épse Z., Ohadata J-05-323 ; CA Littoral (Cameroun), n° 174/REF, 27-10-2008 : Sté YEMON OIL et DISTRIBUTION c/ N. M., Ohadata J-10-259).

Voir sous l'art. 140.

Lorsque, à l'occasion d'une saisie-vente dirigée contre une société, certains biens personnels du directeur de ladite société ont été inclus dans l'assiette de la saisie, le directeur de la société débitrice est irrecevable en sa demande de mainlevée de la saisie-vente, pour défaut de qualité, la société ayant une personnalité propre distincte de celle de son directeur. Il est ainsi notamment lorsque le demandeur ne sollicitait pas que ses biens personnels saisis soient soustraits de l'assiette de la saisie pour lui être restitués ; mais s'appuyait plutôt sur la nullité de cette saisie pour en solliciter la mainlevée (TPI Nkongsamba, ord. réf. n° 19/REF, 23-5-2001, K. J. c/ K. née D. A., Ohadata J-04-453).

II. Demande de distraction

A. Conditions

1° Conditions relatives au bien

a. Nécessité d'invoquer des biens saisis

Lorsqu'il ne ressort pas du procès-verbal de saisie que les biens dont la distraction est sollicitée ont été saisis, la distraction ne peut pas être prononcée (TRHC Dakar, n° 218, 31-1-2001 : Y. P. c/ Sté des Transports AKF, Sté Multiloc, Me N. T. F. L. et Me M. G., Ohadata J-05-91).

Le juge qui a ordonné la distraction d'objets non compris dans la saisie litigieuse et dont l'énumération, aux termes mêmes de la décision attaquée, paraît étrangère aux indications de l'acte d'assignation qui a saisi la juridiction, a statué ultra petita et sa décision doit être annulée, sans qu'il soit besoin d'examiner les autres moyens tirés de l'irrecevabilité de la demande en distraction et de l'inopposabilité de la cession (CA Bouaké, n° 61, 4-4-2001 : STIB et F c/ S. et L., Juris-Ohada, CNDJ, n° 2/2002 avr.-mai-juin 2002, p. 48, note anonyme, Ohadata J-02-105). Suivant l'article 141, al. 2 de l'AUPSRVE, la demande en distraction doit préciser les éléments sur lesquels se fonde le droit de propriété invoqué. Ne remplit pas cette condition l'assignation introduite par la société tierce, qui se contente d'affirmer que les biens saisis pour la vente lui appartiennent, sans nullement préciser les éléments sur lesquels elle fonde son droit de propriété, lequel, s'agissant des véhicules automoteurs comme biens saisis, devait résulter de la production des cartes grises d'immatriculation (CCJA, 1e ch., 171, 25-10-2018 : GAMBY SERVICES SARL c/ SERA-MALI SARL).

b. Biens pouvant être distraits

En indiquant que le demandeur doit préciser les éléments sur lesquels s'appuie le droit de propriété, le législateur communautaire a entendu réserver cette action aux seuls biens susceptibles par leur nature, d'action en revendication de propriété. L'article 142 de l'AUPSRVE consacre de manière non équivoque que les biens pouvant faire l'objet de l'action en distraction sont ceux qui peuvent être vendus, à la différence des sommes d'argent. C'est donc à tort qu'un juge a cru pouvoir distinguer dans le compte bancaire saisi, des sommes d'argent pouvant appartenir au débiteur et d'autres pouvant être la propriété d'une société tierce. Statuant à nouveau, la demanderesse doit être déboutée de son action en distraction de sommes d'argent saisies (CA Abidjan (Côte d'Ivoire), 3e ch. civ. et com. B, n° 25, 14-1-2011 : D. c/ Sté OIL EXPRESS CORPORATION, Juris-Ohada n° 2/2012, p. 47, Ohadata J-12-209).

c. Condition d'appartenance du bien saisi au débiteur

Pour que la saisie soit valable, le bien saisi doit être la propriété du débiteur saisi conformément à l'article 91 de l'AUPSRVE. À défaut, la distraction des bœufs saisis en l'espèce dans le parc du père d'un débiteur doit être ordonnée, dès lors que le créancier ne prouve pas que les animaux saisis appartenaient bien au débiteur (TGI Bobo-Dioulasso, ord. réf. n° 92, 1-8-2003 : S. A. c/ S. M., Ohadata J-04-152 ; CA Abidjan, 3e ch. civ. et com., B, n° 25, 14-1-2011 : D. c/ Sté Oil Express Corporation, Juris-Ohada, n° 2, 2004, avr.-juin, p. 42, Ohadata J-13-38).

Dans le même sens, il a été retenu que le droit de rétention n'équivaut pas à un droit de propriété, qui seul peut justifier une action en distraction de biens saisis. La requérante ne peut donc reprocher à l'arrêt querellé d'avoir omis de statuer sur l'invocation de son droit de rétention (CCJA, 1e ch., n° 002/2013, 7-3-2013 : Sté CENTRAL INDUSTRIE c/ 1) Sté RAYANE, 2) M. HASSAN KAMEL FTOUNI, 3) M. OMAIS TOUFIC et 4) Sté CAFCACI, Rec. jur. CCJA n° 20, vol. 2, janv.-déc. 2013, pp. 11-14, Ohadata J-15-02).

2° Conditions relatives à la demande

a. Mentions des fondements du droit de propriété revendiqué

Le tiers qui se prétend propriétaire d'un bien saisi peut en demander la distraction, à la condition de préciser les éléments sur lesquels il se fonde pour établir son droit de propriété invoqué. Il doit préciser le mode d'acquisition du bien dont la distraction est poursuivie. Un protocole d'accord ne peut valoir titre de propriété. L'omission des mentions prescrites par l'article 38 de l'AUDCG à toute personne physique ou morale immatriculée au registre du commerce, ne peut aucunement avoir pour effet de dénuer les factures qui ne les comportent pas, de leur force probante, en l'absence de texte qui la sanctionne. Continuation des poursuites (TRHC Dakar, n° 226, 31-1-2001 : SOGEI, M. D. et K. T. c/ Sté IMMO TROPIC et J. C., Ohadata J-05-89).

Pour prospérer la demande en distraction doit préciser les éléments du droit de propriété dont il se prévaut (CA Abidjan, n° 39, 14-1-2003 : C. M. épse S. c/ I. O., Ohadata J-03-236).

b. Formulation de la demande en distraction

Il résulte de l'article 141, al. 2 de l'AUPSRVE, une obligation pour le tiers qui se prétend propriétaire de préciser dans la demande les biens sur lesquels il entend faire valoir son droit de propriété. Le seul fait pour le tiers de dire dans la demande que son droit de propriété est fondé par l'achat des biens, ne satisfait pas à cette exigence et l'action est irrecevable (CA Abidjan, n° 981, 15-7-2003 : SIB c/ H. D. et D. N., Ohadata J-03-274).

Le fait, pour les demandeurs de la distraction, de délaisser aux créanciers saisissants des exploits emportant opposition assignation, dans lesquels ils ont précisé que leur droit de propriété est fondé sur leur qualité de locataires occupants des lieux où la saisie a été opérée suffit à remplir la condition requise par l'article 141, al. 2 de l'AUPSRVE. Il en est ainsi dès lors que cette disposition exige simplement du demandeur en distraction, de préciser, à peine d'irrecevabilité, les éléments sur lesquels se fonde le droit de propriété invoqué (TRHC Dakar, n° 16, 5-1-1999 : Pierre-Marie B. c/ S. D., Me M. S. S., I. B. et M. M., Ohadata J-05-93, obs. J. ISSA-SAYEGH).

c. Sanction du défaut de respect des significations requises

L'action en distraction est irrecevable lorsque l'acte introductif d'instance n'a pas été signifié aux personnes prévues par l'article 141 de l'AUPSRVE. La demande est irrecevable dès lors qu'elle n'a pas été signifiée au débiteur saisi (TRHC Dakar, ord. réf. n° 1334, 1-9-2003 : F. N. c/ La CBAO, Ohadata J-04-38).

En sens contraire, à l'examen des dispositions de l'alinéa 2 de l'article 141 de l'AUPSRVE, l'irrecevabilité n'est prévue que pour la demande en distraction qui ne contient pas de précisions sur les éléments sur lesquels se fonde le droit de propriété invoqué par le tiers et que les différentes significations prévues ne sont assorties d'aucune sanction. La requête ayant été signifiée au créancier saisissant et au débiteur saisi, l'huissier instrumentaire commis par le créancier saisissant et qui a été érigé en gardien du bien saisi ne subi aucun grief dès lors que le créancier a reçu signification de la demande en distraction. L'exception d'irrecevabilité doit être rejetée (TGI Bobo-Dioulasso, ord. réf. n° 64, 30-5-2003 : Sté TIME INTERNATIONAL COL-LTD c/ BICIA-B et la Clinique Centrale du Houet, Ohadata J-04-151).

Obs. : à la lettre de l'alinéa 2 de l'art. 141 de l'AUPSRVE, l'irrecevabilité n'est prévue que pour le contenu de la demande et non pas pour le défaut de signification. Mais la demande ne peut être formée que contre le saisi et le saisissant, car soulevant par nature un conflit de droits de propriété, elle doit donner lieu à débat. Elle doit donc être introduite par une assignation. Or l'assignation, qui est l'acte d'huissier par lequel le demandeur cite son adversaire, doit être signifiée. À titre de comparaison, c'est la raison pour laquelle l'art R. 221-51 du Code de l'exécution de France, qui prévoit la même cause d'irrecevabilité, n'ajoute pas que la demande doit être signifiée. Il ne peut pas en être autrement. Ainsi, la demande est nécessairement connue de ceux à qui le demandeur conteste la possibilité d'exercer un droit de propriété sur le bien saisi. Ceux-là ne peuvent être que le saisissant qui tient le saisi pour propriétaire et le saisi qui, en apparence au moins, se conduit en propriétaire. En revanche, le tiers saisi n'est que le détenteur du bien saisi que le saisi lui a remis pour une opération quelconque (gage, dépôt, location…). En principe, il n'est donc pas impliqué dans le conflit de propriété car, ne possédant pas à titre de propriétaire, il ne peut pas faire valoir un droit de propriété. Néanmoins, il pourrait être intéressé au débat. Aussi doit-il être averti. Mais s'il ne l'est pas, ce défaut ne met pas nécessairement en cause son droit. Celui-ci ne le sera que si le défaut fait grief.

La solution de Bobo-Dioulasso est donc à privilégier, car elle évite des paralysies inutiles de la justice et les intérêts susceptibles d'être lésés sont sauvegardés par la réserve du grief. Elle est d'autant plus justifiée que dans un cas similaire, la CCJA a suivi le même raisonnement au sujet de l'irrecevabilité prévue à l'article 170 de l'AUPSRVE (CCJA, n° 3/2002, 10-1-2002 : SIEM c/ Sté ATOU et BICICI, Ohadata J-02-25, obs. Joseph Issa-Sayegh) ; voir sous cet article.

B. Juridiction compétente

Le juge prévu à l'article 49 de l'AUPSRVE est bien compétent au sens de l'article 141 du même Acte uniforme pour ordonner la distraction d'un bien saisi (CA Littoral, n° 122/REF, 25-9-2000 : Sté GEMAT SARL c/ Sté MOBIL OIL CAM, Ohadata J-04-225).

La demande en distraction des biens saisis, incident de la saisie, est de la compétence du juge de l'urgence amené à apprécier le caractère sérieux ou non de la contestation portant sur la propriété des biens saisis se trouvant entre les mains du créancier, et dont la distraction est demandée par le tiers (TPI Bafoussam, ord. réf. n° 28, 14-1-2005 : M. D. c/ Ets T., T. R., T. Z., Ohadata J-05-142).

L'article 141 consacre la règle selon laquelle la question du droit de propriété ne fait pas obstacle à la compétence du juge de l'article 49, qui est dans le système juridique togolais, le président du tribunal de première instance de Lomé. C'est donc à tort que saisi, ce juge s'est déclaré incompétent (CA Lomé (Togo), n° 22/07, 17-7-2007 : SOEXIMEX c/ P. S., A. W., BICTOGO Moumini, Sté Côte d'Ivoire Fruits SA, Ohadata J-10-168).

C'est à tort qu'un juge des référés a fondé sa compétence sur l'article 141 de l'AUPSRVE et ordonné une restitution alors qu'aucune procédure de saisie n'était en cours, la revendication de propriété dont il était saisi dans la cause relevant du droit commun, domaine dans lequel le juge des référés est incompétent ; son ordonnance doit être infirmée (CA Abidjan (Côte d'Ivoire), 5e ch. civ. et com., B, n° 542, 24-5-2005 : K. A. c/ A. I., Ohadata J-11-27).

C. Demande de distraction abusive

Doit être réparé, par l'allocation de dommages et intérêts au créancier saisissant, le fait pour le demandeur de la distraction :

– de retarder sans fondement l'exécution de la décision de justice consacrant la créance, car ce comportement génère un préjudice certain au créancier saisissant (TRHC Dakar, 17-12-2002 : Sté SENECARTOURS c/ A. S., Sté VISION SENEGA et Me Bernard S., Ohadata J-03-135) ;

– de demander la distraction sur le fondement d'un acte de cession qui a été déjà été jugé non probant dans une procédure antérieure (TRHC Dakar, ord. réf. n° 1611, 13-10-2003 : A. F. c/ SFE, A. N., M. C. F., Ohadata J-04-28).

III. Applications

A. Distraction accordée

Doit être ordonnée la distraction des objets saisis lorsque :

– le tiers qui a demandé la distraction a justifié son droit de propriété (TRHC Dakar, n° 1442, 18-7-2000 : M. K. c/ Sté Transports BOURDIER, Ohadata J-03-66 ; TGI Bobo-Dioulasso, ord. réf. n° 10 bis,

24-1-2003 : S. H. c/ Z. A., Ohadata J-04-50, TPI Bafoussam, ord. réf. n° 45, 5-3-2004 : M. M. c/ SOCOTA SARL et F. née M. M., Ohadata J-05-09) ;
– le demandeur a emporté la conviction du juge par la production de pièces non sérieusement contestées et qui prouvent son droit de propriété sur le bien objet de la demande (TRHC Dakar, ord. réf. n° 1501, 29-9-2003 : M. F. c/ H. H. Y., P. S. N. Y. N. S., Ohadata J-04-29) ;
– les éléments produits révèlent de manière indiscutable le droit de propriété du demandeur. Il en est ainsi par exemple de la production d'une copie de la carte grise d'un véhicule portant le nom du demandeur de la distraction (TRHC Dakar, ord. réf. n° 1335, 1-9-2003 : D. A. D. c/ T. D., A. D., A. D., Ohadata J-04-37), ou d'une facture portant le nom du demandeur pour un téléviseur (TRHC Dakar, ord. réf. n° 1576, 6-10-2003 : L. S. c/ Comptoir Canari SARL, D. D., S. D., Ohadata J-04-261) ou encore la production de deux contrats de crédit-bail ou leasing signés entre les parties et l'ordonnance aux fins d'injonction de restituer les véhicules litigieux à l'appelante (CA Abidjan, 5e ch. civ. et com., n° 306, 23-6-2011 : Sté ALIOS FINANCE c/ D., Juris-Ohada, 2012, n° 1, janv.-mars, p. 55, Ohadata J-13-27) ;
– le demandeur a produit diverses factures comportant les références et cachets de ses fournisseurs ; et un acte de vente qui justifie à titre de commencement de preuve son droit de propriété sur la villa dans laquelle les saisies ont eu lieu, établissant ainsi une présomption de propriété des biens meublants à son profit (TRHC Dakar, ord. réf. n° 1500, 29-9-2003 : A. A. N. c/ H. H. Y., S. N., Y. N. S., Ohadata J-04-30).
– d'une part, le procès-verbal de saisie ne comporte aucune précision sur les références des objets saisis, notamment leurs marques et numéros de série, permettant au tribunal de vérifier la conformité de ces biens avec ceux dont la distraction est demandée. Il convient dans ce cas, de considérer que les factures produites sont relatives aux biens effectivement saisis ; et que d'autre part, les pièces versées au dossier établissent suffisamment la propriété de la demanderesse de la distraction sur les biens saisis, le liquidateur de la débitrice principale ayant déclaré lors de l'opération de saisie, que ces biens sont la propriété de la demanderesse (TRHC Dakar, n° 96, 17-1-2001 : La SONAM c/ Receveur des taxes indirectes, liquidateur de la SOSECODA et Me D. D., Ohadata J-05-92, obs. Joseph ISSA SAYEGH) ;
– la saisie a été réalisée au domicile de la demanderesse de la distraction, tel qu'il résulte du procès-verbal de saisie conservatoire et que les factures produites prouvent que le mobilier saisi n'appartient pas au débiteur (CA Dakar, civ. et com., n° 86, 20-2-2003 : L. Y. c/ SGBS et A. Y., Ohadata J-03-172) ;
– les opérations de saisie et de récolement ont été réalisées au siège de la société dont le débiteur poursuivi était le gérant. Il appartenait dans ce cas au créancier saisissant de prouver que ces biens appartiennent à son débiteur ; à défaut, la distraction des biens doit être ordonnée, d'autant plus que la société demanderesse de la distraction a prouvé sa propriété sur les biens dont elle demandait la distraction (CA Dakar, civ. et com., n° 139, 13-3-2003 : SOGEI SARL, M. D., K. T. c/ Sté IMMO TROPIC SARL, J. C., Ohadata J-03-174) ;
– le tiers revendiquant produit un certificat de vente du véhicule enregistré au Centre des impôts et le nouveau certificat d'immatriculation établi par le Service Régional des Transports à son profit, ces deux pièces établissant valablement que ledit véhicule ne faisait plus partie du patrimoine de la débitrice au moment de la saisie intervenue, nonobstant le fait qu'il se trouvât encore dans les locaux de la débitrice et arborait encore les signes distinctifs de cette dernière (CA Ouest (Cameroun), n° 26/CIV, 27/04/2011 : B. A. c/ S. N. I. R., Me T. Yves, Fondation Médicale Ad-Lucem, Ohadata J-12-63).

B. Distraction refusée

1° Refus de distraction à la société absorbante

La fusion opère la transmission universelle de patrimoine de la société absorbée à la société absorbante. Il en résulte la transmission de l'ensemble des éléments de l'actif et du passif à la société bénéficiaire. La société nouvelle ou existante se substitue à la société absorbée dans tous les biens, droits ou obligations de cette dernière. Il n'en est autrement qu'en cas de dérogation expresse prévu par les parties, dans le traité d'apport, de communauté ou de confusion d'intérêts, ou de fraude. Lorsque les deux sociétés sont unies par une communauté ou une confusion d'intérêts, la société bénéficiaire pourra être poursuivie en paiement des dettes transmises par la société absorbée, car elle s'est personnellement obligée en créant aux yeux des tiers, l'apparence de son engagement. Cette transmission universelle intervient de plein droit et porte même sur les biens de la société absorbée, qui, par suite d'une erreur, d'un oubli ou pour une autre cause, ne figuraient pas dans le traité de fusion. La société absorbante devient débitrice des créanciers non obligataires de la société absorbée, au lieu et place de celle-ci. Cette substitution n'emporte pas « novation » de la créance. La société absorbante vient activement et passivement au lieu et place de la société absorbée et il en résulte que les règles relatives aux cessions de créance (Code civil sénégalais art. 1690) ne sont pas applicables aux apports fusions portant sur de tels biens. Ainsi, les sociétés fusionnant, qui forment désormais une entité juridique unique, sont mal venues à demander la distraction des objets saisis (TRHC Dakar, n° 634, 10-4-2002 : TOBACCO MARKETING CONSULTANT c/ J.-M. D., BAT-BRITCO et Me J. D., Ohadata J-05-95).

Obs. : cette décision n'a pas été intégralement reproduite sur www.ohada.com ; le lecteur est encouragé à se référer à d'autres sources pour la consulter intégralement. Il y a ici chevauchement de la transmission universelle et de la communauté d'intérêts ; la première suffisait.

2° Refus de la distraction pour les biens saisis dans les locaux du débiteur, présumés sa propriété

La cour d'appel qui, sans tenir compte de toutes les pièces dont a fait état la requérante, propriétaire de l'objet d'une saisie critiquée, a affirmé de façon péremptoire que l'arrêt attaqué en opposition procède d'une bonne appréciation des faits, n'a ni motivé sa décision ni laissé transparaître l'application d'un texte de loi. Son arrêt manque de base légale, est insuffisamment motivé et encourt la cassation. Lorsqu'il ressort des pièces du dossier, notamment de factures et de bons de commande, que les effets saisis par l'appelant l'ont été dans des locaux commerciaux appartenant à l'intimée, ce qui fonde à tout le moins une présomption de propriété de celle-ci sur lesdits effets et que l'intimée se contente à cet égard de simples affirmations non étayées d'éléments probants, il y a lieu, contrairement au premier juge, de la déclarer mal fondée en sa demande et de lui dénier la qualité de tiers saisi (CCJA, n° 052/2005, 15-12-2005 : B. K. E. c/ K. K. J., Rec. jur. CCJA, n° 6, juin-déc. 2005, p. 72. – Juris-Ohada, n° 2/2006, p. 2, Ohadata J-06-42).

Obs. : en l'espèce, la saisie ayant eu lieu dans les locaux de la débitrice, la distraction est refusée au revendiquant par la CCJA au motif que ces objets se trouvant dans les mains du débiteur, sont en vertu de la règle qu'en fait de meubles corporels le possesseur de bonne foi est présumé propriétaire. À défaut de preuve que ces objets appartiennent au revendiquant, l'action en distraction doit être rejetée et la continuation des poursuites ordonnée. Dans le cas d'espèces, on trouve une application du principe de la validité des actes apparents. Cette présomption est basée sur la règle « de tous temps et de toute législation » selon laquelle « l'erreur commune fait le droit » (CE 2-7-1807, arrêt interprétatif : Duvergier, lois et décrets, tome 16, p. 153, in Barthélemy Mercadal, Mémento Pratique Francis Lefebvre, Droit Commercial, 2006, n° 74915).

3° Action en distraction devenue sans objet

L'action en distraction et de décharge de la garde des biens saisis est sans objet dès lors que les saisies portant sur les biens dont la distraction est demandée ont été déclarées nulles et que leur mainlevée a été ordonnée (CA Niamey (Niger), n° 70, 9-5-2007 : S. Z. c/ M. A., Ohadata J-10-283).

De même, l'action en distraction ou à défaut, en paiement de la valeur d'un véhicule saisi devient sans objet, dès lors que le véhicule a été restitué au tiers propriétaire par la Brigade de Recherches avant le jugement et la décision contraire des premiers juges doit être infirmée sur ce point (CA Daloa (Côte d'Ivoire), 2e ch. civ. et com., n° 167/06, 28-6-2006 : JABER HILMI c/ ANTAKO SERVICES, D. B. L., K. K. B., Ohadata J-11-34).

4° Défaut de preuve du droit de propriété du demandeur en distraction

Il y a lieu de débouter le demandeur à l'action en distraction d'objets saisis et d'ordonner la continuation des poursuites lorsque les pièces produites ne sont pas de nature à justifier ses prétentions. Tel est le cas notamment, lorsque :

– le droit de propriété du demandeur est fondé sur sa qualité de locataire des lieux où la saisie a été réalisée, mais que le demandeur produit, entre autres, une facture antidatée (TRHC Dakar, n° 1365, 11-7-2000 : A. G. c/ M. F., Ohadata J-03-160, obs. Ndiaw DIOUF ; TRHC Dakar, n° 37, 3-1-2001 : K. S. et D. D. c/ M. S., Me D. P. C. et M. K., Ohadata J-05-88) ;

– le bien saisi est un véhicule automobile dont le récépissé de déclaration de mise en circulation et le certificat d'assurance portent un nom différent de celui de la société demanderesse (TRHC Dakar, n° 1500, 25-7-2000 : SOSECHAL/CRISTAGEL c/ Directeur des Impôts et Domaines, Receveur Percepteur de Dakar, Sté SENEMER FISHING, A. S., Ohadata J-03-64, obs. Ndiaw DIOUF ;

– contrairement à ce qui est indiqué sur les actes, les biens ont été saisis au siège social d'une société différente de celle qui était débitrice, la société créancière ne démontrant pas le lien entre la société débitrice et celle ayant formé la demande de distraction (TR Thiès, civ. et com., 19-9-2002 : M. B. T. dit K. c/ la SOCAS, Ohadata J-03-57) ;

– Les demandeurs de la distraction produisent, entre autres, un acte de vente non signé et que le tribunal a constaté d'autres irrégularités dans le dossier (TRHC Dakar, 3-7-2001 : M. X. V. c/ Sté BICIS, Ohadata J-04-480) ;

– le tiers demandeur de la distraction produit au soutien de sa demande un acte notarié de cession de fonds de commerce manifestement frauduleux et qui a été authentifié postérieurement à la saisie (TPI Bafoussam, n° 102, 21-11-2001 : S. c/ D. Y., F. M., Ohadata J-04-237) ;

– le tiers n'établit pas sa propriété des locaux abritant le siège social du saisi dans lequel la saisie a été effectuée et pas plus sa propriété des objets saisis alors qu'en matière de meuble la possession de bonne foi vaut titre (TRHC Dakar, 17-12-2002 : Sté SENECARTOURS c/ A. S., Sté VISION SENEGA et Me B. S., Ohadata J-03-135) ;

– la description de certains des objets dont la distraction est sollicitée est vague, rendant impossible la vérification qu'il s'agit d'objets saisis ; que la facture produite ne comporte aucun cachet et que, comme le relève le tribunal, il n'est pas indiqué à quel titre des biens supposés appartenir à des particuliers se retrouvent dans une société (CA Abidjan, nº 1092, 29-7-2003 : K. G. B. c/ B. C., Ohadata J-03-344) ;

– la facture produite est unilatéralement établie par le demandeur, ne comporte pas de date certaine ; que le contrat versé au dossier ne spécifie pas les marchandises objet du dépôt-vente pour qu'une identité certaine avec celles saisies soit établie ; qu'enfin, la clause de réserve de propriété prétendument stipulée dans le contrat est inopérante, faute de publicité dans les conditions des articles 59, 60 et 63 de l'AUDCG. Mais la seule insuffisance de preuve de la propriété ne suffit pas à établir une collusion frauduleuse entre le revendiquant et le débiteur saisi d'autant plus que le créancier saisissant n'apporte aucun élément de preuve dans ce sens ; ce dernier doit être débouté de sa demande reconventionnelle (TRHC Dakar, nº 117, 15-1-2002 : A. M. c/ Sté ULMAN, J. S., Me N. T. F. L. et Me M. G., Ohadata J-04-159, obs. Ndiaw DIOUF) ;

– le demandeur de la distraction produit, pour établir son droit de propriété sur le bien dont la distraction est sollicitée, la facture d'un bien qui ne figure pas dans la liste des objets saisis, au regard du procès-verbal de saisie (TRHC Dakar, ord. réf. nº 1333, 1-9-2004 : C. N. c/ R.T.I. Gd-Dakar, N. T, F Lo, Ohadata J-04-39) ;

– l'acte de cession dont se prévaut le demandeur de la distraction pour prouver sa propriété a été déjà déclaré suspect dans une procédure antérieure à laquelle le demandeur de la distraction est partie, le comportement de ce dernier traduisant une témérité abusive préjudiciable au créancier saisissant qu'il convient de réparer en condamnant le demandeur de la distraction à payer au créancier des dommages et intérêts (TRHC Dakar, ord. réf. nº 1611, 13-10-2003 : A. F. c/ SFE, A. N., M. C. F., Ohadata J-04-28) ;

– le demandeur ne produit aucune pièce attestant de son droit de propriété sur les biens saisis et que sa demande en distraction n'est signifiée ni au saisi, ni au gardien qui doivent être appelés à la cause (TPI Cotonou (Bénin) 1e civ., ord. réf. nº 211/02 I C C I V, 12-8-2002 : O. K. c/ Sté LUSTIMA STRICKE REIGESMBH, Ohadata J-10-05), et que le tiers se prétend confusément propriétaire des biens saisis et réclame en même temps la qualité de débiteur saisi (CA Littoral (Cameroun), nº 77/REF, 21-4-2008 : F. C. c/ Y. Y., Ohadata J-10-272) ;

– les biens saisis sont présentés comme appartenant à l'employeur du débiteur, mais que les pièces produites au dossier font ressortir que les factures produites ont été établies pour permettre au débiteur d'organiser son insolvabilité, ni le débiteur, ni son frère trouvés maintes fois sur les lieux de la saisie, n'ayant à aucun moment indiqué que le débiteur n'était pas propriétaire des biens saisis. Le débiteur n'ayant pas prouvé sa qualité de simple gérant du magasin litigieux, c'est tort que le premier juge a déclaré nulle la saisie litigieuse et ordonné sa mainlevée. La décision querellée doit être infirmée et la demande de distraction rejetée (CA Abidjan (Côte d'Ivoire), 5e ch. civ. et com., nº 639, 27-11-2007 : R. c/ B., Juris-Ohada, nº 1/2010, janv.-mars, p. 50, Ohadata J-11-02).

Jurisprudence comparée

France

A. Irrecevabilité de l'action du tiers en nullité de la saisie

Le tiers ne peut agir en nullité de la saisie (CA Paris 4-3-1999 : GP 2000.som.883).

B. Etablissement du droit du tiers sur le bien saisi

1º Droit de propriété

Le droit de propriété dont se prévaut le tiers peut être prouvé par tous moyens (Cass. civ. 30-9-1999 : Bull. civ. II nº 148) ; ainsi, un acte de location en meublé contenant l'inventaire du mobilier donné à bail constitue une preuve suffisante du droit de propriété du bailleur (Cass. civ. 20-12-1977 : GP 1978.1.som.175) ; il importe peu que l'inventaire sous seing privé n'ait pas date certaine, car les actes sous seing privé opposables au débiteur ont la même force probante à l'égard des créanciers chirographaires agissant en tant que tels qu'à l'égard du débiteur lui-même, le cas de fraude prouvée mis à part (Cass. civ. 10-2-1988 : GP 1988.pan.142).

2º Possession revendiquée par le tiers

Le tiers qui invoque la possession du bien saisi doit prouver qu'il s'agit d'une possession de bonne foi et non équivoque (Cass. civ. 29-1-1986 : Bull. civ. II p. 2) ; ainsi, ne peut agir en distraction du bien saisi :

– la société commerciale, locataire du local où ont été saisis les biens de son bailleur, lorsqu'il est constaté une collusion avec le saisi (Cass. civ. 18-2-1976 : Bull. civ. II p. 47) ;

– l'acquéreur des biens meubles saisis, dès lors qu'il n'a pas demandé leur délivrance pendant plus de dix ans

et les a laissés à la disposition de leur ancien propriétaire (CA Paris 18-12-1981 : GP 1982.som.105) ;
– l'épouse du mari saisi, lorsque les objets saisis proviennent d'un fonds commun exploité antérieurement par ce dernier et qu'aucune liquidation de la communauté n'a eu lieu à la suite de la séparation des biens entre les époux (CA Lyon 15-4-1975 : Quot. jur. 4-12-1975).

C. Exercice abusif de l'action en distraction

Le demandeur peut être condamné à dommages-intérêts s'il a exercé fautivement la procédure en distraction, par exemple au mépris des prescriptions légales, bloquant ainsi la saisie irrégulièrement pendant un temps prolongé (TGI Paris 6-7-1976 : GP 1977.1.196).

Art. 142 L'action en distraction cesse d'être recevable après la vente des biens saisis ; seule peut, alors, être exercée l'action en revendication.

Toutefois, le tiers reconnu propriétaire d'un bien déjà vendu peut, jusqu'à la distribution des sommes produites par la vente, en distraire le prix non diminué des frais.

Jurisprudence OHADA

I. Action en distraction initiée après la vente

A. Preuve à rapporter

Il résulte de l'alinéa 2 de l'article 142 de l'AUPSRVE que, contrairement à ce que soutient le requérant, ce n'est pas la preuve de la vente des biens saisis qu'il lui fallait rapporter, mais celle de la distribution du prix de la vente ; la cour d'appel qui a constaté que cette preuve n'avait pas été établie au regard des pièces en sa possession, qu'elle a souverainement appréciées, n'a donc pas violé l'article 142 de l'AUPSRVE. Le prélèvement par le commissaire-priseur de ses frais ne fait pas la distribution du prix qui est consensuelle ou judiciaire ; en statuant comme elle l'a fait, après avoir constaté le défaut de preuve d'une telle distribution pouvant impacter la recevabilité de l'action en distraction, en application de l'article 142, la cour d'appel a légalement justifié sa décision (CCJA, 1e ch., n° 033/2020, 13-2-2020 : D. c/ Sotex-CI).

B. Irrecevabilité

L'action en distraction d'objets saisis initiée après la vente des objets est irrecevable (CA Abidjan, n° 1036, 30-7-2003 : O. I. c/ Sté COASTAL TRADING COMPAGNY dite CTC, Ohadata J-03-303 ; CA Abidjan, n° 1036, 30-7-2002 : O. I. c/ Sté COASTAL TRADING COMPAGNY, Ohadata J-03-16, au sujet d'une action initiée deux jours après la vente).

Obs. : sur la nécessité de suspendre la vente pour les biens faisant l'objet d'une contestation relative à la propriété ou la saisissabilité, voir sous l'article 139.

Dans le même sens, retenant :
– qu'en ordonnant la distraction des biens saisis alors qu'il reconnaissait l'effectivité d'une vente, dont transfert de propriété des biens à un tiers acquéreur, le premier juge s'est contredit et n'a pas donné de base légale à sa décision, qui doit être infirmée. Lorsque la vente a eu lieu sans que d'une part, aucune demande en suspension de la procédure de vente n'ait été engagée devant la juridiction compétente par le prétendu propriétaire des biens saisis conformément à l'article 139 de l'AUPSRVE, et que, d'autre part, aucune contestation n'a été élevée contre cette vente, la propriété des biens saisis et vendus a été transférée à l'adjudicataire le même jour, transfert qui a rendu l'action en distraction de ces biens irrecevable (CA Littoral (Cameroun), n° 58/REF, 24-3-2008 : B. S. H. c/ U.T.I, Ohadata J-09-138) ;
– que s'il est vrai que l'article 142 de l'AUPSRVE dispose que « l'action en distraction cesse d'être recevable après la vente des biens saisis ; seule peut alors être exercée, l'action en revendication », l'article 139 dudit Acte uniforme spécifie que « les demandes relatives à la propriété ou à la saisissabilité ne font pas obstacle à la saisie, mais suspendent la procédure pour les biens saisis qui en sont l'objet ». Dans l'espèce, la défenderesse au pourvoi ayant sollicité, dans sa requête du 9 janvier 2003, « d'ordonner la distraction et la restitution des biens enlevés » par la requérante, ce à quoi a fait droit la décision précitée à l'encontre de la société saisissante, qui n'a usé à son encontre, d'aucune voie de recours, la procédure de vente aurait dû être suspendue par la requête précitée et dont la société saisissante ne pouvait ignorer l'existence, puisque c'est précisément cette requête qui est à la base de l'ordonnance de référé du 30 janvier 2003 ayant déclaré « nul le procès-verbal de recollement suivi de vente en date du 31 décembre 2002 » et « ordonné la mainlevée » de la saisie. En conséquence, la violation prétendue de l'article 142 de l'AUPSRVE excipée par le créancier saisissant ne saurait prospérer et ce moyen doit être rejeté (CCJA, 2e ch., n° 011, 27-3-2008 : Sté TECRAM TRANSIT c/ M, Juris-Ohada n° 3, juill.-sept. 2008, p. 23, Rec. jur. CCJA, n° 11, janv.-juin 2008, p. 43, Ohadata J-09-42).

C. Recevabilité de l'action en distraction en cas de vente irrégulière

L'action en distraction est recevable lorsque toute la procédure est entachée d'irrégularités (en l'espèce pour violation des articles 123 et 126 de l'AUPSRVE) et qu'il n'est pas prouvé qu'il y a bien eu vente (CA Abidjan, n° 1119, 8-8-2003 : CIE D'ASSURANCES LES TISSERINS c/ K. M. K., Ohadata J-03-335).

II. Distraction du produit de la vente

La demande incidente de distraction du produit de la vente ne peut aboutir lorsque les documents produits par le tiers qui se prétend propriétaire des biens saisis sont insuffisants pour établir sa qualité de propriétaire (CA Littoral (Cameroun), n° 58/REF, 24-3-2008, précité, Ohadata J-09-138).

III. Réparation du préjudice causé au tiers revendiquant après la vente et la distribution du prix

La vente ayant été faite et le prix distribué, la décision qui a condamné solidairement le créancier saisissant, l'huissier et le commissaire-priseur au paiement d'une somme de 6 000 000 FCFA à titre de dommages-intérêts pour le préjudice causé au tiers revendiquant par la saisie et la vente de ses biens doit être confirmée, la saisie et la vente étant fautives (CA Abidjan (Côte d'Ivoire), 2e ch. civ. et com., n° 130, 16-4-2010 : Z. L. c/ D. M., Ohadata J-11-22).

IV. Compétence du juge des référés

Le président d'une cour d'appel, statuant en référé, n'a pas plus de pouvoir que le juge des référés. Il ne peut de ce fait connaître d'une demande reconventionnelle de dommages-intérêts, dès lors qu'il s'agit d'une question de fond (CA Abidjan, n° 1036, 30-7-2002 : O. I. c/ Sté COASTAL TRADING COMPAGNY, Ohadata J-03-16).

JURISPRUDENCE COMPARÉE

France

Absence d'incidence du défaut de revendication à la procédure collective du saisi

Le tiers qui se prétend propriétaire du bien saisi entre les mains d'un débiteur soumis à une procédure collective peut en demander la distraction, pour s'opposer au droit du créancier saisissant sans préjudicier au droit de gage général des créanciers antérieurs au jugement d'ouverture, peu important que le tiers n'ait pas exercé l'action en revendication dudit bien contre la procédure collective, car cette absence de revendication a pour seul effet de rendre le droit de propriété inopposable à la procédure collective (Cass. com. 26-11-2002, n° 1960 : RJDA 4/03 n° 413).

Sous-section 2 • *LES* CONTESTATIONS RELATIVES À LA SAISISSABILITÉ

Art. 143 [mod.] **Les contestations relatives à la saisissabilité des biens compris dans la saisie sont portées devant la juridiction compétente par le débiteur, l'huissier *de justice* ou *l'autorité chargée de l'*exécution agissant comme en matière de difficultés d'exécution.**

Lorsque l'insaisissabilité est invoquée par le débiteur, la procédure doit être introduite dans le délai d'un mois à compter de la signification de l'acte de saisie.

Le créancier est entendu ou appelé.

JURISPRUDENCE OHADA

I. Qualité pour agir

A. Titulaires de l'action

En application des articles 143 et suivants de l'AUPSRVE, les contestations relatives à la saisissabilité ne peuvent être soulevées que par le débiteur saisi, l'huissier ou l'agent d'exécution. C'est donc à juste titre qu'une cour d'appel a déclaré irrecevable l'action en nullité initiée par un tiers saisi après avoir retenu qu'il ne pouvait se prévaloir de la qualité de débiteur saisi et ne pouvait, par conséquent, pas demander la nullité de la saisie en cause (CCJA, 1e ch., n° 002/2013, 7-3-2013 : Sté CENTRAL INDUSTRIE c/ 1) Sté RAYANE, 2) M. HASSAN KAMEL FTOUNI, 3) M. OMAIS TOUFIC et 4) Sté CAFCACI, Rec. jur. CCJA n° 20, vol. 2, janv.-déc. 2013, pp. 11-14, Ohadata J-15-02).

B. Absence de qualité de débiteur du conjoint

La seule saisie opérée sur les biens se trouvant au domicile commun des époux, fût-il le domicile réel, est insusceptible d'asseoir une quelconque qualité de débiteur du conjoint, notamment lorsque la créance résulte d'un jugement correctionnel ayant condamné un seul des conjoints. Il en résulte que le délai prévu à l'article 143, al. 2 est inopposable à l'autre conjoint, dès lors qu'il n'a pas la qualité de débiteur (TRHC Dakar, n° 160, 23-1-2001 : O. G. c/ A. D., M. D., M. S., Me B. S., Me J. M., Ohadata J-05-94, obs. J. ISSA-SAYEGH).

II. Actions ouvertes

A. Exclusion de la forclusion de l'action en responsabilité de l'huissier

L'action en contestation de la validité de la saisie doit être distinguée de celle en contestation de la qualité des huissiers (qui ont agi de leur propre fait après le décès du créancier) si bien que le moyen fondé sur la forclusion doit être écarté (CA Abidjan, ch. civ. et com., n° 233, 10-2-2004 : Me A. Y. J. c/ M.K., Juris-Ohada, n° 2/2005, p. 31 ; Ohadata J-05-364).

Obs. : dans la même décision relative à l'action du débiteur contre l'agent d'exécution, il a été jugé que lorsqu'il ressort clairement des pièces produites que le créancier poursuivant est décédé et que l'huissier de Justice, en procédant au récolement et à l'enlèvement des biens saisis a agi de sa propre initiative et non sur ordre du défunt créancier poursuivant, c'est à juste titre que le débiteur saisi a initié son action directement contre l'officier ministériel et le moyen relatif au défaut de qualité du débiteur doit être rejeté.

B. Mainlevée injustifiée

La cour d'appel qui, pour confirmer la mainlevée de saisies irrégulières a énoncé que « ...la [...] créancière de l'intimé [pas partie au procès], a, lors de l'audience ayant donné lieu à l'ordonnance querellée, bien fait savoir qu'elle avait donné des instructions aux appelants, d'arrêter toute exécution contre l'intimé, mais que [...] les appelants ont passé outre lesdites instructions, pour abusivement saisir et enlever les véhicules litigieux et que dans ces conditions, c'est à bon droit que le premier Juge a rendu l'ordonnance querellée, qui mérite donc confirmation », alors qu'il ne ressort d'aucune pièce « versée aux débats » et visée par le premier juge, que la société C., qui n'était pas partie au procès, a comparu « lors de l'audience ayant donné lieu à l'ordonnance querellée » et fait les assertions qui lui sont prêtées, s'est ainsi déterminée par des motifs hypothétiques sinon improbables en référé, ce qui ne permet pas à la CCJA d'exercer son contrôle sur le fondement juridique de sa décision. Cassation de l'arrêt (CCJA, n° 003/2007, 1-2-2007 : Me B. O. T., Avocat, Me D. K. René c/ C. K., Rec. jur. CCJA n° 9, janv.-juin 2007, p. 61, Ohadata J-08-227).

III. Délai pour agir

L'action en contestation initiée en dehors du délai imparti doit être rejetée (CA Centre (Cameroun), n° 433/CIV/06-07, 6-7-2007 : Sté SIC SARL c/ MATGENIE, Ohadata J-09-239).

Jurisprudence comparée

France

A. Délai d'un mois

L'action non exercée dans le délai d'un mois est irrecevable (Cass. 2e civ. 24-6-2004 : Bull. civ. II n° 322).

B. Information du saisi sur le recours en contestation de la saisissabilité

L'irrecevabilité de la contestation de la saisissabilité n'est opposable au saisi qu'à la condition qu'il ait été informé, par l'acte de saisie, des modalités et du délai de recours (Cass. 2e civ. 16-12-2004 n° 2019 : D.2005 IR 246 ; Bull. civ. II n° 534).

Section III • LES CONTESTATIONS RELATIVES À LA VALIDITÉ DE LA SAISIE

Art. 144 La nullité de la saisie pour un vice de forme ou de fond autre que l'insaisissabilité des biens compris dans la saisie, peut être demandée par le débiteur jusqu'à la vente des biens saisis.

Le créancier saisissant met en cause les créanciers opposants.

Si la saisie est déclarée nulle avant la vente, le débiteur peut demander la restitution du bien saisi s'il se trouve détenu par un tiers, sans préjudice des actions en responsabilité exercées dans les termes du droit commun.

Si la saisie est déclarée nulle après la vente, mais avant la distribution du prix, le débiteur peut demander la restitution du produit de la vente.

JURISPRUDENCE OHADA

I. Champs d'application

L'article 144 de l'AUPSRVE n'est applicable que dans le cadre d'une opération régulière de saisie-vente. C'est donc en violation, par mauvaise application, de ce texte que le président d'une cour d'appel a déclaré irrecevable la demande de restitution du matériel professionnel formulée sur la foi de ce texte, qui n'est applicable qu'à la saisie-vente, alors que pour le recouvrement de sa créance, la banque créancière n'a accompli aucun acte de saisie-vente mais s'est évertuée à procéder à la vente forcée des biens de la débitrice et de son promoteur, motif pris de la réalisation du nantissement du fonds de commerce de la débitrice étendu aux matériels ; cassation de l'ordonnance attaquée (CCJA, 2e ch., nº 061/2023, 30-3-2023).

JURISPRUDENCE OHADA

II. Action en nullité

A. Irrecevabilité de l'action en nullité initiée par le tiers saisi

Il résulte de l'article 144 de l'AUPSRVE que le tiers saisi ne peut invoquer la nullité de la saisie pour un quelconque vice (CA Abidjan, nº 39, 14-1-2003 : C. M. épse S. c/ I. O., Ohadata J-03-236).

B. Irrecevabilité de l'action en nullité de la vente

Il résulte de l'article 144 de l'AUPSRVE que seule l'action en nullité de saisie et non l'action en nullité de vente est reconnue au débiteur. La cour d'appel qui a retenu qu'à défaut d'annulation de la saisie-vente du véhicule objet du litige, la demande en restitution du prix de vente aux enchères publiques est dépourvue de tout fondement, n'a pas violé l'article précité (CCJA, 3e ch., nº 005/2015, 26-2-2015 : PRAO KOUASSI c/ COULIBALY Lassinan, Ohadata J-16-05).

C. Vices de la saisie

1º Vices retenus

Les seules contestations relatives à la validité d'une saisie-vente réalisée dans le respect des articles 91 et 92 de l'AUPSRVE sont celles prévues par l'article 144 du même Acte uniforme. Il en résulte, par exemple, que la demande tendant à obtenir le sursis à la vente projetée des objets saisis et leur restitution immédiate sous astreinte doit être rejetée (CCJA, nº 003/2002, 30-1-2003 : Agence BAZZI Voyage c/ Sté WEDOUWEL, Juris-Ohada, nº 1/2003, janv.-mars 2003, p. 29 ; Ohadata J-03-111).

Exécution tardive. En vertu de l'article 72 du Code de procédure civile camerounais, lorsqu'il s'est écoulé quatre ans entre la date d'obtention du jugement autorisant une saisie-vente et le début d'exécution dudit jugement, il y a lieu d'annuler la saisie-vente et d'en donner mainlevée (TPI Douala-Ndokoti, ord. nº 078, 15-3-2007 : K. née M. M. c/ N. D. E. A., Ohadata J-07-86, 1e décision).

2º Vices non retenus

Défaut de titre exécutoire. La contestation d'une saisie-vente pour défaut de titre exécutoire doit être rejetée lorsque la saisie a été réalisée sur le fondement d'une ordonnance d'injonction de payer revêtue de la formule exécutoire, qui est un titre exécutoire au sens de l'article 33 de l'AUPSRVE que le juge des référés ne peut remettre en cause, au risque d'outrepasser ses compétences (TRHC Dakar, nº 139, 27-1-2003 : Sté Sénégal construction international (SCI) c/ M. W., Ohadata J-05-85).

Mais la conversion d'une saisie conservatoire et la saisie-vente saisie réalisées sur la base, d'une part, d'un arrêt relatif à la révocation du liquidateur d'une société et son remplacement sans comporter la moindre condamnation, et d'autre part, d'une ordonnance frappée d'appel et modifiée ont été réalisées sans titre exécutoire. Il en est ainsi dès lors que ladite ordonnance, tout en étant revêtue de la formule exécutoire est relative au prononcé d'une astreinte provisoire qui, pour être exécutoire, doit nécessairement être liquidée par la juridiction qui l'a prononcée. Sans examiner les autres moyens, il y a lieu d'infirmer l'ordonnance entreprise et d'annuler les procès-verbaux de saisie et, en conséquence, d'ordonner la main levée des saisies (CCJA, 3e ch., nº 21, 6-12-2011 : HOLZ IVOIRE c/ SITRANBOIS, Y, G, E G épse K., Juris-Ohada nº 2/2012, p. 23, Ohadata J-12-200, J-13-29).

D. Irrecevabilité des conclusions rédigées par un huissier

Les écritures rédigées pour un défendeur par un huissier au lieu d'un avocat doivent être écartées des débats, un huissier n'ayant pas qualité pour représenter ou conclure pour des parties (TPI Douala – Ndokoti, ord., nº 103, 20-4-2006 : B. E. c/ T. J. A., Ohadata J-07-88).

III. Restitution

A. Restitution consécutive à une annulation de la saisie avant la vente des biens

La restitution doit être ordonnée lorsque la saisie a été annulée avant la vente. L'argument du créancier selon lequel le bien saisi aurait été vendu à l'issue d'une seconde mise en vente doit être rejeté dès lors qu'à aucun moment de la procédure en cause d'appel le créancier n'a pas fait état de l'existence d'une deuxième vente qui, pour être valable, aurait dû respecter les articles 121 et 123 de l'AUPSRVE (CA Abidjan, n° 1184, 26-11-2002 : D. M. c/ Entreprise Charlie Richerd et Cie, Ohadata J-03-309).

B. Impossibilité d'ordonner la restitution d'objets vendus aux enchères et dont le prix a été distribué

Si une action en nullité a été initiée avant la vente aux enchères publiques, mais que la décision du juge des référés ordonnant la restitution du bien saisi est intervenue bien longtemps après la vente et la distribution du prix, en confirmant l'ordonnance de restitution du bien saisi, la cour d'appel laisse entendre à tort que l'article 144 de l'AUPSRVE permet la restitution du bien saisi à partir de la seule saisine de la juridiction compétente d'une action en nullité de la saisie, alors que la juridiction compétente ne peut pas ordonner ultérieurement la restitution des objets saisis, lorsque ceux-ci ont déjà été vendus aux enchères publiques et que le prix de vente a été distribué. Par conséquent, sa décision encourt la cassation pour violation de l'article 144 énoncé ci-dessus. Et sur évocation, c'est à tort que le premier juge a ordonné la mainlevée de la saisie pratiquée et la restitution sous astreinte du bien enlevé ; l'ordonnance doit donc être infirmée et le rejet de la demande de mainlevée ordonné (CCJA, n° 060/2005, 22-12-2005 : D. Yves Joël et 3 autres c/ Sté TERNOB, Rec. jur. CCJA, n° 6, juin-déc. 2005, p. 92. – Juris-Ohada, n° 2/2006, p. 33, Ohadata J-06-46).

Mais la possibilité offerte au débiteur de demander la nullité de la saisie est circonscrite dans un délai allant de ladite saisie jusqu'à la vente des biens saisis ; toute demande tendant à obtenir la nullité de la saisie après la vente des objets saisis doit être déclarée irrecevable, car hors délai (TPI Bouaflé (Côte d'Ivoire), n° 1041, 6-12-2005 : COOPERATIVE OPAMC c/ FONDS DE GARANTIE DES COOPERATIVES CAFE CACAO DIT FGCC, Ohadata J-09-210).

Obs. : il convient de préciser cependant que selon l'article 144, al. 4 de l'AUPSRVE, « si la saisie est déclarée nulle après la vente, mais avant la distribution du prix, le débiteur peut demander la restitution du produit de la vente ». En d'autres termes, il est possible d'annuler la saisie après la vente des biens saisis, avec la possibilité pour le débiteur de demander la restitution du prix de la vente avant sa, ce fût le cas dans la présente décision, qu'il n'était plus possible de demander la nullité de la saisie après la vente. Cet argument aurait pu permettre à la requérante d'obtenir gain de cause. On ne peut donc que recommander une vigilance aux conseils des parties dans l'analyse des textes appuyant leurs prétentions. Voir cependant la jurisprudence de la CCJA ci-dessous.

La demande d'annulation effectuée après la vente des biens saisis a été faite en méconnaissance de l'article 144 de l'AUPSRVE, dont les dispositions sont d'ordre public ; l'invocation des articles 49 et 100, al. 8 du même Acte uniforme est inopérante. Il en résulte qu'en infirmant en toutes ses dispositions l'ordonnance et en rejetant l'action tendant à l'annulation des saisies litigieuses, la cour d'appel n'a pas violé les textes visés au moyen (CCJA, n° 012/2009, 26-2-2009 : Sté NRCCI c/ Sté ALPICI, Rec. jur. CCJA n° 13, janv.-juin 2009, p. 52, Ohadata J-10-63, Ohadata J-09-285).

Selon l'article 144, aucune action en annulation, a fortiori en restitution, n'est prévue après la distribution du prix. La cour d'appel qui a ordonné l'annulation de la saisie et la restitution des biens saisis dans cette phase de la procédure (après la distribution des prix) a violé l'article 144 et son arrêt doit être cassé. Sur l'évocation, la requête en annulation et en restitution introduite après la vente et la distribution du prix est irrecevable (CCJA, 3e ch., n° 19, 6-12-2011 : CHEM IVOIRE c/ A., Juris-Ohada n° 2/2012 p. 25, Ohadata J-12-201, J-13-30, J-13-163).

Il résulte de l'article 144 de l'AUPSRVE qu'aucune action en annulation ne peut être sollicitée après la distribution du prix. En l'espèce, la vente ayant déjà eu lieu et le prix de la vente distribué, toute action intervenue à cette étape de la procédure de vente ne peut prospérer. C'est donc à tort qu'il est reproché à la cour d'appel d'avoir dénaturé les faits, statué ultra petita et sans base légale. La cour d'appel qui a retenu « que toutefois, en vertu de l'article 144 de l'AUPSRVE susvisé et dont le sens a été précisé par la CCJA, un débiteur qui attend que ses biens saisis soient mis à la vente pour agir et solliciter l'annulation de ladite vente doit être considéré comme ayant agi avec tardiveté, qu'autrement dit, son action doit être déclarée irrecevable, ce qui est manifestement le cas en l'espèce », n'a en rien contrarié ses motifs (CCJA, 1e ch., n° 070, 29-3-2018 : Sté Comptoir Papetier du Sénégal SA c/ Sté Africaine de Bois et 5 autres).

C'est en violation de l'article 144 de l'AUPSRVE qu'une cour d'appel a confirmé l'ordonnance qui a, d'une part, déclaré recevable l'action formée par le débiteur après la vente d'objet saisis et, d'autre part, ordonné la restitution des objets saisis après qu'ils ont été vendus, exposant ainsi son arrêt à la cassation. Sur l'évocation et pour les mêmes motifs que ceux ayant entraîné la cassation, il échet d'infirmer l'ordonnance attaquée, de déclarer l'action en contestation formée par le débiteur irrecevable et de le condamner aux entiers dépens (CCJA, 3e ch., n° 135, 8-6-2017 : Ali SABBAH c/ ADIAFFI Olivier Arnaud).

C'est en violation de l'article 144 précité qu'une cour d'appel a confirmé l'ordonnance qui a ordonné la mainlevée de la saisie-vente déclarée nulle après la vente des biens qui en faisaient l'objet, au lieu de condamner le créancier saisissant à restituer le produit de la vente, exposant ainsi son arrêt à la cassation (CCJA, 2e ch., no 242/2019, 31-10-2019 : NSIA Banque Côte d'Ivoire c/ Société Banlaw Afrique Limited).

Aux termes de l'article 144 de l'AUPSRVE, dont les dispositions sont d'ordre public :

– aucune action en annulation, a fortiori en restitution, n'est prévue après la vente et la distribution du prix. L'invocation des articles 121, 122 et 125 du même Acte uniforme est donc inopérante en l'espèce ; il suit que la cour d'appel, en infirmant le jugement d'annulation du tribunal de grande instance, n'a pas violé le texte visé au moyen, qui est mal fondé (CCJA, 3e ch., no 304/2019, 28-11-2019 : K. c/ K.) ;

– la restitution du bien saisi ne peut intervenir que si la saisie est annulée avant que la vente aux enchères ne soit intervenue. En l'espèce, s'il est vrai et incontesté que l'action en nullité du débiteur saisi initiée par-devant le juge de l'exécution le 13 juin 2013 l'a été avant la vente aux enchères publiques intervenue le 24 juin 2013, il est non moins vrai, et tout autant incontesté, que l'arrêt de la cour d'appel déclarant la saisie irrégulière n'a été rendu que le 30 juillet 2013, donc bien longtemps après la vente des actions ; dès lors, c'est à bon droit que la cour d'appel, en application de l'article 144 précité, a débouté la demanderesse de son recours en tierce opposition tendant à « la suppression des effets » de l'arrêt 234 du 4 avril 2014 (CCJA, 2e ch., no 170/2021, 28-10-2021 : G. c/ K.).

IV. Action en responsabilité

La CCJA est incompétente pour un litige portant sur la réparation du préjudice découlant de la nullité d'une saisie-vente. Une telle action est exclusivement fondée sur les dispositions du droit interne, l'article 144 de l'AUPSRVE indiquant clairement qu'une telle action en responsabilité est exercée dans les termes du droit commun, d'autant plus que les premiers juges ne se sont prononcés sur ledit litige qu'en application stricte des dispositions relevant du droit national (CCJA, 3e ch., no 092, 23-7-2015 : Sté ZAMACOM SA c/ BROU ASSAOURE, Ohadata J-16-91).

De même, l'incompétence de la CCJA doit être soulevée d'office, pour un litige portant sur la réparation du préjudice découlant de la nullité d'une saisie-vente, dès lors que, d'une part, par ordonnance non soumise à la censure de la CCJA, les juges du fond, nonobstant le fait qu'ils ont réitéré l'illégalité de ladite vente, ont principalement fondé la réparation allouée sur les dispositions du droit interne (notamment les articles 350 du Code de procédure civile, commerciale, administrative et financière du Congo dédié aux biens insaisissables) en application de l'article 51 de l'AUPSRVE qui renvoie à la loi nationale de chaque État partie pour la détermination des biens et droits insaisissables ; et que d'autre part, l'article 144 de l'AUPSRVE indique clairement qu'une telle action en responsabilité est exercée dans les termes du droit commun (CCJA, 3e ch., no 195, 29-12-2016 : MUCODEC c/ M. ANDERSON Armand, Ohadata J-17-135).

Jurisprudence comparée

France

A. Montant de la créance mentionné dans le commandement supérieur à ce qui est dû

Il est de jurisprudence constante que l'indication d'une somme supérieure à ce qui est dû n'entraîne pas la nullité de l'exploit de signification du commandement (Civ. 19-4-1933 : D.H. 1934.67 ; 21-7-1936 : D.H. 1936.442 ; Trib. civ. Seine 10-11-1939 : D.H. 1940.10).

B. Validité de l'acte de saisie

Le procès-verbal de saisie est valable et sa nullité ne peut pas être prononcée :

– lorsqu'il comporte une erreur sur la date du jugement à exécuter dès lors qu'aucun grief n'en résulte et que le débiteur l'a rectifiée de lui-même (TGI Lyon 22-11-1994 : GP 1995.som.211) ;

– lorsque ses mentions relèvent la présence du commissaire de police, et sa signature illisible, sans ses nom et prénom, mais que cette présence était superflue, le procès-verbal ne faisant pas apparaître, que le débiteur qui était présent sur les lieux, se soit opposé à ce que l'huissier accède à son habitation (CA Paris, 8e ch. B, 7-6-2001 : D. 2001.IR.2806) ;

– pour la seule raison que les mesures de publicité de la vente n'ont pas été accomplies ; la nullité ne peut être prononcée dans ce cas que s'il est recherché en quoi l'absence d'accomplissement de ces mesures, non prévu à peine de nullité, constitue l'inobservation d'une formalité substantielle ou d'ordre public (Cass. 2e civ. 30-4-2002 : D. 2002.IR.1734 ; Bull. civ. II no 86).

C. Nullité de l'acte de saisie

Le procès-verbal de saisie-vente est nul :

– pour défaut de désignation détaillée des biens saisis ; tel est le cas : de l'acte de saisie-vente qui se contente de désigner la nature des biens saisis par lot – un lot pantalons, un lot robes, un lot vestes – sans en préciser la quantité ou la marque alors que ces données étaient évidentes (TGI Lyon 2-11-1993 : GP 1994.som.235) ;

de la mention qu'il s'agit d'un « système informatique », alors que ce système peut être désigné plus précisément car il se compose nécessairement d'appareils et d'éléments identifiables facilement par leur nature et leurs marques (TGI Bobigny, juge exéc., 10-6-1997 : GP 1998.som.144 ; du procès-verbal de saisie-vente portant seulement la saisie d'une « collection de livres (cinq cents unités) » (Cass. 2e civ. 30-9-1999 : D. 1999.IR.249) ;

– pour défaut d'avertissement du débiteur sur ses droits : il en est ainsi du procès-verbal portant l'intitulé « saisie-exécution » qui ne mentionne pas, comme l'exige l'article 94 du décret nº 92-755, que le débiteur dispose du délai d'un mois pour procéder à la vente amiable des biens saisis ni l'indication de la juridiction devant laquelle les contestations peuvent être portées (TGI Paris, juge exéc., 23-3-1993 : D. 1994.som.344 obs. P. Julien).

Art. 145 La juridiction qui annule la saisie peut laisser à la charge du débiteur tout ou partie des frais qu'elle a occasionnés si le débiteur s'est abstenu de demander la nullité en temps utile.

Art. 146 La demande en nullité ne suspend pas les opérations de saisie, à moins que la juridiction n'en dispose autrement.

Chapitre V

LES DISPOSITIONS PARTICULIÈRES À LA SAISIE DES RÉCOLTES SUR PIED

Art. 147 Les récoltes et fruits proches de la maturité peuvent être saisis avant d'être séparés du sol. La saisie n'est ouverte qu'au créancier de celui qui a droit aux fruits. Elle ne pourra être faite, à peine de nullité plus de six semaines avant l'époque habituelle de maturité.

Jurisprudence OHADA

Annulation de la saisie réalisée en dehors de la période autorisée

La saisie des récoltes et fruits réalisée le 9 février 2004 et qui porte sur les récoltes de mars 2005, doit être annulée et sa mainlevée doit être ordonnée, dès lors qu'il s'est écoulé plus de six semaines, soit précisément 13 mois entre la date de signification du procès-verbal de saisie et la période de maturité des récoltes concernées (CA Daloa (Côte d'Ivoire), 1e ch. civ. et com., nº 180, 12-7-2006 : S, B, O, O c/ G.R., Juris-Ohada nº 1/2007, p. 50, Ohadata J-08-75).

Art. 148 [mod.] À peine de nullité, le procès-verbal de saisie est établi conformément aux dispositions de l'article 100 *du présent Acte uniforme*, à l'exception toutefois des dispositions du 4*)* de ce texte, lesquelles sont remplacées par la description du terrain où sont situées les récoltes, avec sa contenance, sa situation et l'indication de la nature des fruits.

Le procès-verbal est signé par le maire ou le chef de l'unité administrative où se situent les biens et copie lui en est laissée. *En cas de refus, il en est fait mention dans le procès-verbal.*

Art. 149 Les récoltes sont placées sous la responsabilité du débiteur en tant que gardien. Toutefois, sur la demande du créancier saisissant, la juridiction compétente peut désigner un gérant à l'exploitation, le débiteur entendu ou appelé.

Jurisprudence OHADA

Désignation de gérants à l'exploitation

En application de l'art. 149 de l'AUPSRVE, un créancier poursuivant est fondé à demander la désignation de deux gérants à l'exploitation d'une plantation de cacaoyers saisie (TPI Gagnoa, nº 79, 27-10-2004 : SN c/ A.K.A, Juris-Ohada nº 1/2006, p. 37, Ohadata J-07-03).

Art. 150 [mod.] La vente est annoncée par des affiches apposées à la mairie ou au lieu où s'apposent les actes de l'autorité publique et au marché le plus proche du lieu où se trouvent les récoltes.

Les affiches mentionnent les jour, heure et lieu de la vente et indiquent le terrain où sont situées les récoltes ainsi que sa contenance et la nature des fruits.

L'apposition des affiches est constatée comme en matière de saisie-vente.

Art. 151 [mod.] La vente est faite, conformément aux dispositions des articles 120 *à 128 du présent Acte uniforme*, au lieu où se trouvent les récoltes ou au marché le plus voisin.

Art. 152 Toutes les formalités prescrites pour les saisies ventes seront observées.

CHAPITRE VI

LES DISPOSITIONS PARTICULIÈRES À LA SAISIE DU BÉTAIL

Art. 152-1 [nouv.] Le créancier muni d'un titre exécutoire peut, sans commandement préalable, procéder à la saisie du bétail appartenant à son débiteur.

Art. 152-2 [nouv.] L'huissier de justice ou l'autorité chargée de l'exécution dresse un inventaire du bétail saisi. Il ne peut le compléter après avoir quitté les lieux. Il désigne un gardien conformément aux dispositions des articles 152-9 à 152-11 du présent acte uniforme. Celui-ci signe l'acte de saisie en original et en copie et, s'il ne peut ou ne veut signer, il en est fait mention ; une copie de l'exploit lui est délaissée.

Si la saisie est pratiquée entre les mains du débiteur, l'acte de saisie contient, à peine de nullité :

1) les noms, prénoms et domiciles du saisi et du saisissant ou, s'il s'agit de personnes morales, leurs dénomination, forme et siège social ; l'élection éventuelle de domicile du saisissant ;

2) la référence au titre exécutoire en vertu duquel la saisie est pratiquée ;

3) la mention de la personne à qui l'exploit est délaissé ;

4) la désignation détaillée du bétail saisi ;

5) la déclaration du débiteur au sujet d'une éventuelle saisie antérieure du bétail ;

6) le décompte distinct des sommes réclamées en principal, frais et intérêts échus ;

7) l'heure à laquelle la saisie est pratiquée ;

8) l'indication des nom, prénoms et domicile du gardien ;

9) la mention, en caractères très apparents, que le bétail saisi est indisponible, qu'il ne peut être ni aliéné ni déplacé, si ce n'est dans le cas prévu par l'article 152-12 du présent acte uniforme, sous peine de sanctions pénales ;

10) la mention que le débiteur est tenu de faire connaître la présente saisie à tout créancier qui procéderait à une nouvelle saisie du même bétail ;

11) l'indication, en caractères très apparents, que le débiteur dispose d'un délai d'un mois pour procéder à la vente amiable du bétail saisi dans les conditions prévues par les articles 115 à 119 du présent acte uniforme ;

12) la désignation de la juridiction devant laquelle seront portées les contestations relatives à la saisie du bétail ;

13) l'indication, le cas échéant, des noms, prénoms et qualités des personnes qui ont assisté aux opérations de saisie, lesquelles devront apposer leur signature sur l'original et les copies ; en cas de refus, il en est fait mention dans le procès-verbal ;

14) la reproduction des dispositions des articles 115 à 119, 335-3 et 335-8 du présent acte uniforme ;

15) la reproduction des articles 143 à 146 du présent acte uniforme.

Si la saisie est pratiquée entre les mains d'un tiers, l'acte de saisie contient, en plus des mentions prévues à l'alinéa 2 du présent article, à l'exception des 5), 10), 11) et 14) :

1) la déclaration du tiers et, en caractères très apparents, l'indication que toute déclaration inexacte ou mensongère l'expose à être condamné au paiement des causes de la saisie sans préjudice d'une condamnation à des dommages-intérêts ;

2) la mention que le tiers peut se prévaloir des dispositions des articles 112 et 152-11 du présent acte uniforme qui sont reproduites dans l'acte ;

3) l'indication que le tiers peut faire valoir ses droits sur le bétail saisi, par déclaration ou par lettre recommandée avec avis de réception ou tout moyen laissant trace écrite et permettant d'établir la réception effective par le destinataire, adressé à l'huissier de justice ou à l'autorité chargée de l'exécution ;

4) la reproduction des articles 335-3 et 335-8 du présent acte uniforme.

Art. 152-3 [nouv.] Avant toute opération de saisie, si le débiteur est présent, l'huissier de justice ou l'autorité chargée de l'exécution formule verbalement la demande de paiement et informe le débiteur qu'il est tenu de faire connaître le bétail qui aurait fait l'objet d'une saisie antérieure.

Art. 152-4 [nouv.] Lorsque la saisie du bétail est faite entre les mains d'un tiers, elle est dénoncée au débiteur, sous peine de caducité, dans le délai de huit jours suivant la saisie.

À peine de nullité, l'acte de dénonciation est accompagné des copies de l'acte de saisie et du titre exécutoire ; sous la même sanction, il contient :

1) la mention de l'acte de saisie ;

2) l'indication du titre exécutoire en vertu duquel la saisie est pratiquée ;

3) l'avertissement fait au débiteur qu'il dispose d'un délai d'un mois pour procéder à la vente amiable des biens saisis dans les conditions prescrites par les articles 115 à 119 du présent acte uniforme, qui sont reproduits.

Art. 152-5 [nouv.] L'huissier de justice ou l'autorité chargée de l'exécution invite le tiers à déclarer les animaux qu'il détient pour le compte du débiteur et, parmi ces derniers, ceux qui auraient fait l'objet d'une saisie antérieure.

En cas de refus de déclaration ou de déclaration inexacte ou mensongère, le tiers peut être condamné au paiement des causes de la saisie, sauf son recours contre le débiteur. Il peut, aussi, être condamné à des dommages-intérêts.

Art. 152-6 [nouv.] Le saisissant ne peut assister aux opérations de saisie. Toutefois, il peut se faire représenter par un mandataire.

Art. 152-7 [nouv.] L'huissier de justice ou l'autorité chargée de l'exécution peut procéder à la saisie du bétail en dehors des jours et heures légaux, sur autorisation du président de la juridiction compétente ou du juge délégué par lui ; le juge saisi statue dans les deux jours de sa saisine.

Art. 152-8 [nouv.] Au jour de la saisie, l'huissier de justice ou l'autorité chargée de l'exécution se rend au lieu où se trouve le bétail, accompagné, s'il y a lieu, du mandataire du créancier.

Il peut procéder, le même jour, à l'enlèvement du bétail en vue de sa garde dans un endroit différent du lieu de la saisie jusqu'au jour de la vente.

Peuvent également être saisis et enlevés les pailles, fourrages et grains nécessaires pour la litière et la nourriture du bétail saisi.

Art. 152-9 [nouv.] L'huissier de justice ou l'autorité chargée de l'exécution peut désigner un gardien sur proposition du débiteur saisi.

À défaut de proposition ou en cas de rejet de la proposition, l'huissier de justice ou l'autorité chargée de l'exécution désigne un gardien du bétail saisi. En cas d'empêchement, l'huissier de justice ou l'autorité chargée de l'exécution désigne un autre gardien.

Art. 152-10 [nouv.] Le créancier saisissant, son conjoint, ses parents et alliés jusqu'au degré de cousin issu de germain inclusivement et ses employés, ne peuvent être désignés gardiens.

Toutefois, avec l'accord du créancier saisissant, le saisi, son conjoint, ses parents ou employés peuvent être établis gardiens.

Lorsque le saisi, qui en est requis, refuse d'être établi gardien du bétail, il en est fait mention au procès-verbal ; il en est de même en cas de refus de son conjoint, ses parents ou employés.

Art. 152-11 [nouv.] Le gardien peut demander à être déchargé si la vente n'a pas été faite au jour indiqué par le procès-verbal.

Le saisi et le saisissant peuvent demander à l'huissier de justice ou à l'autorité chargée de l'exécution le remplacement du gardien. En cas de remplacement, l'huissier de justice ou l'autorité chargée de l'exécution en informe le débiteur et procède au récolement du bétail saisi en présence du débiteur et du créancier ou de leurs représentants.

Art. 152-12 [nouv.] Le bétail saisi est indisponible. Le débiteur, comme le gardien, ne peut l'aliéner ni le déplacer, sauf pour le pâturage, sans en avertir l'huissier de justice ou l'autorité chargée de l'exécution.

Art. 152-13 [nouv.] Le croît ou tous autres produits notamment les laitages et le fumier sont compris dans la saisie. En cas de vente, le prix est distribué en même temps que le produit de la vente du bétail. Il en est tenu compte dans la rémunération du gardien et dans l'alimentation et les soins du bétail.

En l'absence de produits du bétail, les frais sont supportés par le créancier et compris dans les frais de la saisie.

Art. 152-14 [nouv.] En cas de vente forcée, l'autorité chargée de la vente doit vérifier au moment de procéder à la vente, si tout le bétail saisi est représenté. Il dresse un procès-verbal de récolement qui contient les animaux manquants.

Au moment du récolement, le débiteur a la possibilité de saisir la juridiction compétente pour arrêter la vente lorsque les conditions de la saisie prévues par le présent acte uniforme ne sont pas réunies.

La vente du bétail saisi se fait soit au lieu où sont gardés les animaux soit au lieu du marché public le plus proche où se trouvent les animaux.

Art. 152-15 [nouv.] Les dispositions des articles 115 à 139 du présent acte uniforme sont applicables à la vente amiable, à la vente forcée et aux incidents de la procédure de saisie du bétail.

CHAPITRE VII

LA SAISIE DES BIENS PLACÉS DANS UN COFFRE-FORT APPARTENANT À UN TIERS

....

Art. 152-16 [nouv.] Tout créancier muni d'un titre exécutoire constatant une créance liquide et exigible peut, pour en obtenir le paiement, saisir les biens meubles corporels contenus dans un coffre-fort appartenant à un tiers.

Art. 152-17 [nouv.] L'acte de saisie emporte interdiction d'accès au coffre-fort sans la présence de l'huissier de justice ou de l'autorité chargée de l'exécution qui y a procédé avec la possibilité pour celui-ci d'y apposer les scellés.

Art. 152-18 [nouv.] La saisie des biens placés dans un coffre-fort appartenant à un tiers s'effectue par acte de l'huissier de justice ou de l'autorité chargée de l'exécution signifié à ce tiers.

Cet acte contient à peine de nullité :

1) l'indication des noms, prénoms et domicile du débiteur et du créancier ou, s'il s'agit de personnes morales, leurs dénomination, forme et siège social ;

2) l'énonciation du titre en vertu duquel la saisie est pratiquée ;

3) le décompte distinct des sommes réclamées en principal, frais et intérêts échus ;

4) l'avertissement que tout accès au coffre-fort est interdit, si ce n'est en présence de l'huissier de justice ou de l'autorité chargée de l'exécution ;

5) la sommation de faire connaître dans un délai de huit jours, l'existence d'éventuelles saisies antérieures et de communiquer, s'il y a lieu, les éléments d'identification des créanciers qui y ont procédé.

Art. 152-19 [nouv.] L'acte de saisie est signifié au tiers qui est tenu de fournir à l'huissier de justice ou à l'autorité chargée de l'exécution toutes informations permettant l'identification du coffre. Il en est fait mention dans l'acte.

Dans un délai de huit jours à compter de sa date, la saisie est dénoncée, à peine de caducité, au débiteur par l'huissier de justice ou l'autorité chargée de l'exécution ; l'acte de dénonciation comporte à peine de nullité :

1) le commandement d'avoir à payer la dette avant la date fixée pour l'ouverture du coffre-fort, ou d'assister en personne ou par mandataire, à son ouverture aux fins de saisie des biens qui s'y trouvent avec l'avertissement qu'en cas de refus d'ouverture, le coffre-fort est ouvert par la force et à ses frais ;

2) l'indication des lieu, jour et heure fixés pour l'ouverture du coffre-fort ;

3) le rappel au débiteur qu'il dispose d'un délai d'un mois à compter de l'ouverture du coffre-fort pour procéder à la vente amiable des biens qu'il contient, dans les conditions prévues par les articles 115 à 119 du présent Acte uniforme ;

4) si le coffre-fort contient des sommes d'argent, l'avertissement au débiteur qu'il dispose d'un délai de quinze jours pour élever une contestation et qu'il sera fait application des dispositions de l'article 152-24, alinéa 3 du présent Acte uniforme ;

5) la reproduction des articles 115 à 119 du présent Acte uniforme ;

6) la mention de la date à partir de laquelle, à défaut de vente amiable, il peut être procédé à la vente forcée des biens meubles corporels.

Art. 152-20 [nouv.] L'ouverture du coffre-fort ne peut intervenir avant l'expiration d'un délai de quinze jours à compter de la signification de l'acte de dénonciation. Toutefois, le débiteur peut demander que cette ouverture ait lieu à une date plus rapprochée.

Si le débiteur n'est pas présent, l'ouverture forcée ne peut avoir lieu qu'en présence du propriétaire du coffre-fort ou de son préposé dûment habilité.

Les frais sont avancés par le créancier saisissant.

Art. 152-21 [nouv.] Au jour fixé, il est procédé à l'inventaire des biens qui sont décrits de façon détaillée.

Si le débiteur est présent, l'inventaire se limite aux biens saisis. Ceux-ci sont immédiatement enlevés ou, s'il s'agit de sommes en espèces, elles sont consignées, le tout pour être placés sous la garde de l'huissier de justice ou l'autorité chargée de l'exécution ou d'un séquestre désigné sur requête, à défaut d'accord amiable, par le président de la juridiction compétente statuant à bref délai ou le juge délégué par lui.

Si le débiteur est absent, il est dressé inventaire de tous les biens contenus dans le coffre-fort. Les biens saisis sont enlevés immédiatement par l'huissier de justice ou l'autorité chargée de l'exécution comme il est dit à l'alinéa 2 du présent article. Les autres biens sont remis au tiers qui a la garde du coffre-fort ou à un séquestre désigné dans les conditions prévues à l'alinéa 2 du présent article, à charge de les représenter sur simple réquisition du débiteur.

Le cas échéant, l'huissier de justice ou l'autorité chargée de l'exécution peut photographier les objets retirés du coffre-fort dans les conditions prévues par l'article 45 du présent Acte uniforme.

Art. 152-22 [nouv.] Il est dressé acte des opérations.

Cet acte contient, à peine de nullité, l'indication des noms, prénoms et qualités des personnes qui ont assisté aux opérations et de celles entre les mains de qui des biens ont été remis, lesquelles apposent leur signature sur l'original et les copies ; en cas de refus, il en est fait mention dans l'acte.

Art. 152-23 [nouv.] Une copie de l'inventaire est remise ou signifiée au débiteur ainsi que, le cas échéant, aux personnes auxquelles des biens ont été remis.

À peine de nullité, il est fait mention, dans la copie remise ou signifiée au débiteur, du lieu où les biens saisis sont déposés.

Art. 152-24 [nouv.] La vente amiable a lieu comme il est dit aux articles 115 à 119 du présent Acte uniforme. Toutefois, le délai d'un mois imparti au débiteur court du jour de l'ouverture du coffre-fort.

La vente forcée a lieu comme il est dit aux articles 120 à 128 du présent Acte uniforme.

Si le coffre-fort contient des sommes d'argent, en l'absence de contestation dans le délai prévu par l'article 152-25, alinéa 2 du présent acte uniforme ou en cas de rejet de la contestation, celles-ci sont attribuées au créancier, à titre de paiement, à concurrence du montant de la créance et lui sont versées par l'huissier de justice ou l'autorité chargée de l'exécution ou le séquestre.

Art. 152-25 [nouv.] Les articles 129 à 146 du présent acte uniforme sont applicables à la saisie des biens placés dans un coffre-fort dans la mesure où ils sont compatibles avec cette procédure.

S'il s'agit de sommes en espèces, le débiteur dispose d'un délai de quinze jours, à compter de la remise de la copie de l'inventaire dans le cas où il est présent ou de la signification s'il est absent, pour former une contestation devant la juridiction du lieu de la saisie.

Art. 152-26 [nouv.] Le débiteur retrouve le libre accès au coffre-fort du jour de l'enlèvement des biens.

Titre IV

LA SAISIE-ATTRIBUTION DES CREANCES

Art. 153 [mod.] Tout créancier muni d'un titre exécutoire constatant une créance liquide et exigible, peut, pour en obtenir le paiement, *sans commandement préalable*, saisir entre les mains d'un tiers les créances de son débiteur portant sur une somme d'argent, sous réserve des dispositions particulières à la saisie des rémunérations. Ces créances peuvent consister en avoirs en monnaie électronique dont le débiteur peut disposer en effectuant un retrait, un paiement ou un transfert.

JURISPRUDENCE OHADA

I. Titre exécutoire

A. Généralités

1° Nécessité d'un titre exécutoire

Les conditions formelles de validité de la saisie fixées par les articles 157 et 160 de l'AUPSRVE ne peuvent être mises en œuvre que lorsque celles de fond déterminées par l'article 153 du même Acte uniforme sont réunies, à savoir l'existence d'un titre exécutoire constatant une créance certaine, liquide et exigible contre le débiteur saisi. Ainsi, lorsque la saisie n'est pas conforme aux conditions de fond de l'article 153, elle doit être déclarée nulle sans qu'il soit besoin de statuer sur sa régularité formelle ; le compte bancaire, objet de la saisie litigieuse, étant au nom de du syndic et non de la société en cours de liquidation, il ne pouvait faire l'objet de saisie, en violation de l'article 153 sus-énoncé. La cour d'appel qui a prononcé la nullité d'une telle saisie, n'a point violé les textes visés au moyen (CCJA, n° 020/2009, 16-4-2009 : T. B. Antoine c/ Sté MRL Liquidation et Y. K. Noël, Rec. jur. CCJA n° 13, janv.-juin 2009, p. 70, Ohadata J-10-68).

2° Nécessité de la formule exécutoire

N'est pas un titre exécutoire, le jugement qui n'était pas devenu exécutoire à cause de l'absence de grosse et de son non-enregistrement, comme requis par la législation nationale (TPI Port-Gentil, ord. réf. n° 40/98-99, 10-2-1999 : Sté Gras-Savoye et Sté Foraid c/ I. A., Ohadata J-02-150, obs. J. ISSA-SAYEGH.

La saisie-attribution de créance réalisée sur le fondement d'une ordonnance d'injonction de payer dépourvue de la formule exécutoire doit être annulée et sa mainlevée ordonnée (CA Abidjan, ch. civ. et com., n° 725, 29-6-2004 : Sté ETIPACK – CI c/ Sté REGIA, Ohadata J-05-317).

Obs. : on peut se demander si le jugement serait exécutoire dans un pays n'ayant pas un Code identique au Code gabonais. En principe, la formule exécutoire est une formalité consubstantielle au titre exécutoire et un titre qui ne la comporte pas n'est pas un titre exécutoire.

Aux termes de l'article 153 de l'AUPSRVE, la saisie-attribution ne peut être pratiquée qu'en vertu d'un titre exécutoire, en l'occurrence une décision juridictionnelle revêtue de la formule exécutoire et constatant une créance liquide et exigible. C'est donc à tort qu'il est reproché à une cour d'appel d'avoir déclaré illégale la saisie-attribution fondée sur un arrêt ne consacrant aucune somme, s'étant limité à annuler et à renvoyer devant le juge civil, au motif que l'article 33 de l'AUPSRVE n'exige pas, pour retenir la qualification de titre exécutoire, que la décision juridictionnelle contienne formellement une condamnation à effectuer un paiement, mais seulement qu'il en résulte sans ambiguïté une obligation de payer une somme liquide et exigible. La cour d'appel qui a déclaré illégale une saisie-attribution de créance fondée sur un arrêt dépourvu de la formule exécutoire n'a en rien violé les articles 33 et 153 de l'AUPSRVE (CCJA, 2e ch., n° 072, 21-4-2016 : ONG World Vision Niger c/ Younoussa LILLA, Ohadata J-17-21).

B. Existence d'un titre exécutoire

1° Jugement non suspensif

Le jugement sur le fondement duquel une saisie-attribution a été réalisée est un titre exécutoire au sens de l'article 153 de l'AUPSRVE, dès lors qu'il n'a pas fait l'objet d'une voie de recours suspensive. La saisie ne peut donc faire l'objet d'une mainlevée (CA Abidjan, n° 444, 4-4-2000 : D.D. c/ Sté Edipresse et BICICI, Juris-Ohada, n° 4/2002, oct.-déc. 2002, p. 60, Ohadata J-03-70, note anonyme).

2° Arrêt d'une cour d'appel rendu en dernier ressort

L'arrêt rendu en dernier ressort par une cour d'appel et qui a été régulièrement enregistré et revêtu de la formule exécutoire constitue un titre exécutoire au sens de l'article 33 de l'AUPSRVE pouvant valablement fonder une saisie-attribution de créance (TPI

Port-Gentil (Gabon), ord. du JEX, 10-12-2010 : Sté Nationale Prestation de Services c/ N. W., Ohadata J-11-90, obs. J. Issa-Sayegh).

C'est à tort qu'il est reproché à un arrêt d'avoir violé l'article 153 de l'AUPSRVE, en retenant que la créancière n'avait pas besoin d'un titre exécutoire consacrant les intérêts de droits et frais pour procéder à la saisie-attribution des créances, dès lors qu'il ressort des pièces du dossier (à savoir l'ordonnance d'injonction de payer, un arrêt du 24 décembre 2004) ainsi que du procès-verbal de saisie-attribution de créances établi en exécution d'un arrêt du 5 avril 2007 que les titres exécutoires ainsi que l'acte de saisie contiennent non seulement le montant de la somme principale due, mais également tous les accessoires relatifs au principal (CCJA, 1e ch., n° 088, 26-4-2018 : S.I.C.O.G.I. c/ Sté I.C.G.-CI).

Un arrêt rendu en dernier ressort et revêtu de la formule exécutoire constitue bien un titre exécutoire pouvant justifier des saisies-attributions, et c'est à tort qu'une cour d'appel a jugé qu'un créancier ne disposait pas de titre exécutoire contre une personne condamnée dans cet arrêt et qui n'a pas été mise hors de cause, exposant son arrêt à la cassation (CCJA, 3e ch., n° 208/2021, 25-11-2021 : Société Siac SA c/ Cotontchad SN, SA).

3° Décision assortie de l'exécution provisoire

Constitue un titre exécutoire constatant une créance liquide et exigible au sens de l'article 153 de l'AUPSRVE, seul applicable en l'espèce, le titre qui a condamné la débitrice à lui payer la somme réclamée en principal et qui est assorti de l'exécution provisoire. Ainsi, en confirmant l'ordonnance qui a validé l'acte de conversion, la cour d'appel n'a en rien violé les dispositions dudit article 153 et en conséquence le moyen qui n'est pas fondé, doit être rejeté (CCJA, 2e ch., n° 258, 13-12-2018 : Sté Orange Guinée SA c/ Office Guinéen de Publicité OGP).

4° Décisions rendues sur la base de textes autres que les Actes uniformes

Constituent un titre exécutoire :

– le protêt comportant la formule exécutoire et qui a été régulièrement notifié, conformément à la loi [sénégalaise] 96-13 du 23 août 1996 sur les instruments de paiement ; rejet de la demande de mainlevée (TRHC Dakar, 29-1-2003 : Cabinet d'Expertise MONTEIL et Cie c/ la SCI 2000, C. D., SGBS, Crédit Lyonnais, Ohadata J-03-137) ;

– au Cameroun, une décision arrêtant le montant des intérêts d'une créance et dont le point de départ de l'exigibilité est fixé en application de dispositions régissant les assurances (Code CIMA) ; rejet de la demande de mainlevée pour absence de titre exécutoire (CA Littoral (Cameroun), n° 167/REF, 15-9-2008 : L. A. c/ SAAR, Ohadata J-09-146).

5° Arrêt suspendu après réalisation des saisies

Le créancier poursuivant disposait d'un titre exécutoire au moment des saisies, dès lors que l'ordonnance de suspension de l'arrêt ayant fondé lesdites saisies ne lui a été signifiée que postérieurement à leur réalisation et leur dénonciation. Il n'y a donc pas eu violation de l'article 153 de l'AUPSRVE et c'est à tort que la mainlevée de la saisie-attribution a été ordonnée par le premier juge (CA Abidjan (Côte d'Ivoire), 1e ch. civ. et com., n° 393, 31-12-2010 : D. c/ 1. Sté SHELL COTE D'IVOIRE, 2. BICICI, 3. SIB, 4. BIAO-CI, 5. CITIBANK, Juris-Ohada, n° 3/2011, juill.-sept. 2011, p. 42, Ohadata J-12-162).

6° Ordonnance de non-conciliation revêtue de la formule exécutoire

C'est par une appréciation souveraine des faits qu'un juge d'appel a motivé que « l'appelant ne rapporte pas la preuve de l'erreur sur la personne alléguée en ce qu'il ne nie pas être l'époux de [X.] et comme tel, visé par la procédure en divorce introduite par cette dernière ; qu'en tout état de cause, l'omission du patronyme [Y.] dans l'ordonnance de non-conciliation concernée ne lui retire pas sa forme juridique dès lors que la formule exécutoire y est apposée ». Aucune violation 153 de l'AUPSRVE et des autres textes nationaux visés au moyen n'est caractérisée et le moyen doit être écarté (CCJA, 2e ch., n° 005, 30-1-2014 : Lambert Patrick Dominique Marcel c/ NGUELE Myrys Fleur, Ohadata J-15-96).

7° Règlement amiable envisagé mais non conclu

C'est à tort qu'il est reproché à une cour d'appel d'avoir violé, par mauvaise application, l'article 153 de l'AUPSRVE en considérant exigible une créance qui ne l'était pas suite à l'accord de règlement amiable intervenu entre les parties, alors que les échanges des parties en vue d'un règlement amiable de la créance n'a jamais abouti à la signature d'un accord et que le débiteur ne rapporte pas la preuve qu'il s'est totalement libéré vis-à-vis de son créancier. En constatant que les saisies ont été pratiquées en vertu d'un titre exécutoire, la cour d'appel n'a en rien violé l'article précité (CCJA, ass. plén., n° 081, 29-4-2015 : Armand Roland Pierre BEOUINDE c/ Sté Générale de Banques au Burkina (SGBB), Ohadata J-16-81).

8° Personnalité juridique distincte alléguée main non démontrée

C'est à tort qu'il est reproché à un arrêt d'avoir, d'une part, violé les dispositions de l'article 153 de l'AUPSRVE, en ce que le titre exécutoire sur le fondement duquel l'huissier instrumentaire a pratiqué sa saisie, condamne plutôt la société SURF, dès lors que dans leur appréciation souveraine, les juges du fond ont relevé des éléments de preuve à eux soumis que la société BOURBON Offshore SURF était partie au procès pénal dont l'exécution de la décision définitive est ici poursuivie. En outre, cette dernière n'apporte pas la preuve de ce qu'elle est différente de la société SURF dont elle a défendu, au vu des pièces produites, les intérêts. Il s'ensuit que les griefs de personnalité juridique distincte et de créance contestable ne sont pas établis et le pourvoi doit être rejeté (CCJA, 3e ch., n° 141, 19-11-2015 : Sté BOURBON Offshore SURF, S.A.S c/ TATY Jean Claude, Ohadata J-16-134).

C'est à tort qu'il est reproché à un arrêt d'avoir violé l'article 153 de l'AUPSRVE et qui lui est reproché un manque de base légale au motif que l'article 153 n'autorise la saisie de créance qu'au créancier muni d'un titre exécutoire, alors qu'en l'espèce, les décisions en vertu desquelles la saisie a été réalisée ont été rendues contre le Collège International Jean Mermoz, qui n'a aucun lien juridique avec le Lycée International Jean Mermoz dont les comptes ont été saisis. Il en est ainsi car c'est dans l'exercice de son pouvoir souverain d'appréciation des éléments de preuve soumis à son examen que la cour d'appel a retenu « qu'il ressort des pièces de la procédure et notamment du document portant [Mission Laïque Côte d'Ivoire/Historique] que le Collège Moderne Jean Mermoz a été transformé en Lycée International Jean Mermoz après les travaux de réhabilitation de 2014 et confié la gestion à l'appelante » pour en conclure « que dès lors, les titres exécutoires détenus contre le Collège s'imposent au Lycée qui en est une continuité » (CCJA, 2e ch., n° 028, 8-2-2018 : Association Mission Laïque Côte d'Ivoire c/ OUEDRAOGO Abdoulaye).

9° Acte notarié d'ouverture de crédit revêtu de la formule exécutoire

Voir sous l'art. 33 (CCJA, 2e ch., n° 075, 21-4-2016 : Sté Générale de Banques en Côte d'Ivoire dite SGBCI c/ Kobenan Tah Thomas, Sté Ivoirienne de Banque dite SIB, Ohadata J-17-24).

10° Inversion des noms et prénoms des créanciers dans une décision

La simple inversion des noms et prénoms de créanciers dans une décision ne remet pas en cause son caractère de titre exécutoire. En retenant en l'espèce que l'arrêt ayant fondé la saisie, rendu entre les mêmes parties prises en leurs noms, prénoms et qualités respectifs n'a fait l'objet d'aucun recours en suspension avant son exécution, est revêtu de la force exécutoire, légitimant ainsi la saisie pratiquée, la cour d'appel a mis en exergue le titre exécutoire qu'est l'arrêt sus-indiqué dont bénéficient les créanciers nonobstant la simple inversion de leurs noms et prénoms sur l'acte de dénonciation qui n'est pas de nature à porter un doute sur leur identité ; dès lors, le moyen visant une violation de l'article 153 de l'AUPSRVE n'est pas fondé et doit être rejeté (CCJA, 3e ch., n° 082, 28-4-2016 : Sté GRANDEUR GENERAL TRADING COTE D'IVOIRE dite GGT-CI c/ Eid Charles Gilbert, Hadad Wadih Adrian Mark, Ohadata J-17-30).

11° Procès-verbal de conciliation

Voir sous l'art. 33.

12° Saisie conservatoire convertie en saisie-attribution

C'est à tort qu'il est soutenu que la saisie conservatoire de créances pratiquée le 21 mai 2015 et convertie le même jour en saisie-attribution, viole les dispositions de l'article 153 de l'AUPSRVE, en ce que ce texte exige que le créancier soit muni d'un titre exécutoire constatant une créance liquide et exigible, pour pouvoir pratiquer une saisie-attribution de créances, alors qu'en l'espèce, l'arrêt ayant fondé la saisie n'a pas liquidé la créance de TAKAM Pascal. Il en est ainsi car, en dehors du fait que la saisie pratiquée est une saisie conservatoire de créances convertie en saisie-attribution régie par les articles 77 à 84 de l'AUPSRVE et non par l'article 153 du même Acte uniforme dont la violation est invoquée, il reste que l'arrêt en cause, en précisant dans son dispositif « condamne la Société [X.] aux causes de la saisie des rémunérations pratiquée le 28 février 2013 par le tribunal de première instance de Douala Bonanjo » constate une créance liquide résultant du procès-verbal de ladite saisie ; il suit que ce grief ne saurait être retenu (CCJA, 1e ch., n° 278, 27-12-2018 : TAKAM Pascal c/ Sté Camerounaise de Raffinage MAYA et Cie).

13° Jugement rendu sur opposition à une ordonnance d'injonction de payer et revêtu de la formule exécutoire

Voir sous l'art. 33.

C. Absence de titre exécutoire

1° Bail devant notaire

Le bail passé signé devant notaire, constatant un loyer mensuel de 400 000 FCFA et revêtu de la formule exécutoire ne suffit pas à justifier une créance réclamée dont le montant est de 3 103 230 FCFA. Pour justifier ce montant, il aurait fallu pour le bailleur de rapporter la preuve que cette somme lui est due en exécution de ce contrat de bail notarié. Par conséquent, il y a lieu d'ordonner la mainlevée de la saisie (CA Abidjan, n° 325, 16-3-2001 : Sté Datcha c/ K., Juris-Ohada, n° 1/2004, janv.-mars 2004, p. 53, Ohadata J-04-171).

Dans le même sens, précisant que les correspondances récapitulant les arriérés de loyers ne remplissent pas les caractères de liquidité et d'exigibilité et ne sauraient constituer des titres exécutoires en l'absence d'une décision de condamnation : CA Abidjan, 5e ch. A, no 540, 24-5-2005 : Sté SMMG et SA Clinique du Belvédère, Juris-Ohada, no 3/2006, p. 45 ; Ohadata J-07-22.

Obs. : cette décision qui ne précise pas si le bail est commercial, lui est néanmoins transposable, sa solution reposant sur la qualification de titre exécutoire qui se pose dans les mêmes termes quelle que soit la nature du bail, de droit commun ou commercial.

2o Titre non signifié

a. Jugement

Le jugement par défaut non signifié à personne ou à domicile comme requis par la législation nationale ne peut constituer un titre exécutoire. Par conséquent, la mainlevée de la saisie contestée doit être ordonnée (CA Abidjan, no 441, 4-4-2000 : K. et P. c/ STI et SIB, Bulletin Juris-Ohada, no 3/2002, juill.-sept. 2002, p. 38, Ohadata J-02-141, note anonyme).

Le seul prononcé d'une décision judiciaire ne suffit pas à la rendre exécutoire, la signification étant une condition sine qua non de l'exécution (Cass. 2e civ. 29-2-1998 : D. Affaires 1998 P. 535). Il en résulte qu'en l'absence de toute signification, la saisie-attribution réalisée est nulle et sa mainlevée doit être ordonnée (TPI Douala Ndokoti, ord. no 306, 30-9-2003 : N. R. (Ets NGASSA et Fils) c/ Sté Négoce Cameroun Trading, Ohadata J-04-449).

Obs. : la jurisprudence française a été citée dans le dispositif de cette décision.

b. Ordonnance de taxe

Même revêtue de la formule exécutoire, l'ordonnance de taxe, doit, avant de recevoir exécution, être notifiée à la partie débitrice ou à son conseil. À défaut, il n'y a pas de titre exécutoire au sens des articles 33 et 153 de l'AUPSRVE et 414 du Code de procédure civile (CA Ouagadougou, ord. réf. no 28, 15-5-2003 : Sté COLINA Assurances c/ Cabinet d'Audit Financier et d'Expertise Comptable KOMBOIGO & Associés (CAFEC-KA) SARL, Ohadata J-04-56).

Dans le même sens, rappelant que lorsque le droit communautaire OHADA est silencieux sur certaines questions, c'est le droit national qui s'applique (CA Lomé (Togo), ch. civ., no 040/2010, 29-4-2010 : K. M. M. K. c/Sté SOAEM TOGO (SAGA TOGO), Ohadata J-11-101. Application de l'art. 296 du Code de procédure civile du Togo qui exige la signification de toute décision avant de passer à son exécution forcée).

3o Décision d'incompétence et de discontinuation des poursuites

L'ordonnance par laquelle une juridiction s'est déclarée incompétente n'est pas un titre exécutoire au sens de l'article 153 de l'AUPSRVE et ne peut fonder valablement une procédure de saisie-attribution de créance. Il en est de même du jugement par défaut qui a été privé d'effet exécutoire par le président de la juridiction qui a ordonné la discontinuation des poursuites (TRHC Dakar, 9-12-2002 : IPRES c/ N. M., DG CBAO, DG SGBS, DG BICIS, Ohadata J-03-209).

4o Contrainte d'une Caisse de Prévoyance Sociale

La contrainte adressée par la Caisse Nationale de Prévoyance Sociale dite CNPS, au débiteur et qui a fait l'objet d'un recours devant la Commission provinciale de la protection sociale, n'est pas un titre exécutoire au sens de l'article 153 de l'AUPSRVE, dès lors que ledit recours a été déclaré recevable. Il s'ensuit que la saisie réalisée sur le fondement de cette contrainte n'est pas valable et sa mainlevée doit être ordonnée (TGI de la MIFI, no 35/civ., 2-4-2002 : U.C.C.A.O. c/ C.N.P.S, Ohadata J-04-229 ; CA Abidjan, no 874, 9-7-2002 : CNPS c/ DIAKITE Laurence et ECOBANK, Ohadata J-03-18, obs. J. Issa-Sayegh).

5o Distraction des dépens : non-désignation du bénéficiaire

Les dépens comprennent, d'une part, les taxes, les droits et avances du Trésor dus au Greffe et, d'autre part, les frais de procédure dont la distraction est faite au profit de la partie gagnante. Chaque juridiction désigne de sa propre autorité la partie au profit de laquelle la distraction sera faite et celle-ci ne pourra en poursuivre le recouvrement que sur la base d'une ordonnance de taxe délivrée par le président du tribunal de première Instance. Il n'y a pas de titre exécutoire et la mainlevée de la saisie-attribution doit être ordonnée lorsque la partie gagnante à un procès n'a pas été désignée par la juridiction comme bénéficiaire des dépens, car cette dernière n'a pas qualité pour poursuivre leur recouvrement (TPI Yaoundé, ord. réf. no 139/C, 27-11-2003 : AFRILAND FIRST BANK SA c/ O. A., BEAC, Me B. T., Ohadata J-04-444).

6o Décision ayant fait l'objet d'un recours suspensif

La requête aux fins de défense à exécution a un effet suspensif immédiat de l'exécution de la décision ordonnant une saisie-attribution de créance, lorsque l'exécution de cette décision n'a pas été commencée avant le dépôt de la requête. La mainlevée de toute saisie pratiquée au mépris de cette exigence légale doit être ordonnée et l'ordonnance l'ayant autorisée, annulée la saisie ayant été réalisée sans titre exécutoire (CA Centre (Cameroun), no 382/CIV/06-07, 8-6-2007 : BICEC c/ E. S., Ohadata J-09-240).

Obs. : voir sous l'article 32 et 49.

Une saisie ne peut être levée que si elle est entachée d'irrégularité, ce qui n'est pas le cas lorsqu'une requête de sursis à exécution de la décision fondant la saisie a été notifiée au créancier saisissant, bien que la haute juridiction ne se soit pas prononcée à cette date, dès lors que le sursis à exécution ou la notification de la requête aux fins de sursis a pour effet de maintenir les choses en l'état. Le procès-verbal de saisie ne recelant aucune des irrégularités décriées par l'appelant en l'espèce ne peut être annulé ; ladite saisie doit être maintenue en l'état, le saisissant ne pouvant poursuivre les opérations de saisie qu'après l'intervention de l'arrêt de la Cour Suprême se prononçant sur le pourvoi formé contre l'arrêt de déchéance rendu par la cour d'appel. C'est donc à bon droit que le premier juge l'a débouté de son action et l'ordonnance doit être confirmée (CA Centre (Cameroun), n° 171/Civ, 1-4-2011 : Beneficial Life Insurance SA c/ M. B., Ohadata J-12-71).

La saisie-attribution réalisée est prématurée et sa mainlevée doit être ordonnée, lorsqu'elle a été initiée sur le fondement d'une décision frappée d'appel (T. com. Kinshasa Gombe (RDC), ord. du 6-5-2013 : SOGECOKIN II SPRL, RAW BANK SARL et CITY GROUP, Obs. J. Kamga, Ohadata J-14-24).

En l'absence de tout titre devenu définitif, la saisie pratiquée ne peut prospérer. En l'espèce, la décision en vertu de laquelle la saisie a été pratiquée ayant fait l'objet d'un recours, la cour d'appel n'a pas commis le grief visé au moyen, qui doit être rejeté, dès lors que la mainlevée de la saisie a été ordonnée par application du règlement CEMAC intervenu avant l'obtention du titre exécutoire (CCJA, 1e ch., n° 043, 22-2-2018 : Paul Tchuente c/ Afriland first Bank SA, En présence de la Banque des États de l'Afrique centrale).

7° Compensation non avérée

L'ordonnance du président de la Cour suprême de Côte d'Ivoire ayant constaté que la matérialité de la compensation évoquée par la débitrice n'était pas avérée et que la créancière pouvait poursuivre le recouvrement du reliquat de sa créance n'est pas un titre exécutoire au sens de l'article 153 de l'AUPSRVE, car ladite ordonnance ne fixe pas le montant du reliquat de la créance dont la créancière peut poursuivre le recouvrement, pas plus qu'elle ne détermine les caractères liquide et exigible de ladite créance (CCJA, 2e ch., n° 26, 30-4-2008 : COTRACOM SARL c/ TOTAL FINA ELF précité, Ohadata J-09-67).

8° Remise de dette

Les titres exécutoires consacrant une créance ont perdu de leur efficacité contraignante et ne peuvent plus servir de socle à une nouvelle saisie-attribution des créances, lorsque ladite créance a fait l'objet d'une remise partielle de dette et que le débiteur en a payé le reliquat. Il s'ensuit la saisie-attribution pratiquée est dénuée de tout fondement juridique et doit être annulée (CA Littoral (Cameroun), n° 62/REF, 24-3-2008 : SGBC SA c/ État du Cameroun EX-ONCPB en Liquidation, Ohadata J-09-150).

9° Dette déjà réglée

Les conditions requises par l'article 153 de l'AUPSRVE ne sont pas remplies lorsqu'il ressort des déclarations des parties et des pièces produites au cours de la mise en état, que la créance objet de la saisie-attribution a été entièrement payée par la débitrice, que la créancière qui prétend toujours avoir une créance n'a pas été en mesure de la justifier et s'est contentée de verser des pièces qui se contredisent. Infirmation du jugement querellé et mainlevée de la saisie-attribution réalisée (CA Abidjan (Côte d'Ivoire), 2e ch. civ. et com., B, n° 858, 14-7-2006 : Sté EDTCI c/ Sté ALLIANCE AFRICAINE D'ASSURANCES dite 3A ; BICICI, Ohadata J-11-32).

10° Titre exécutoire délivré contre une personne différente de celle qui a été saisie

Aux termes de l'article 153 de l'AUPSRVE, seul un créancier muni d'un titre exécutoire constatant une créance liquide et exigible peut saisir entre les mains d'un tiers les créances de son débiteur pour se faire payer. C'est en violation de l'article 153 de l'AUPSRVE qu'une cour d'appel a infirmé l'ordonnance ayant déclaré nulle la saisie et ordonné sa mainlevée et son arrêt encourt la cassation, car le titre exécutoire sur le fondement duquel la saisie a été pratiquée n'était pas délivré contre la société saisie à tort. Il en est ainsi dès lors que la saisie-attribution a été pratiquée sur les comptes de la société X. sur la base d'un arrêt rendu le 2 mars 2012, titre exécutoire au préjudice d'une société Y., non opposable à la société X. distincte de la société Y. tel qu'il apparaît d'un décret du 5 avril 2011 consacrant la dissolution de la société Y. et la reprise par l'État des dettes de l'ancienne société Y. Sur évocation, c'est à tort que la saisie a été initiée et sa mainlevée, justifiée, ayant été ordonnée, son maintien sollicité par le demandeur doit être rejeté (CCJA, ass. plén., n° 140, 11-11-2014 : Sté nationale d'électricité dite SNE c/ ABDERAMANE SEID, Ohadata J-15-230).

11° Absence de titre exécutoire souverainement constatée par le juge du fond

Aucune violation des articles 33 et 153 de l'AUPSRVE ne peut valablement être reprochée à une cour d'appel qui, après avoir vainement sommé la recourante de produire les titres exécutoires dont elle se prévalait, a souverainement retenu par une appréciation échappant au contrôle de la CCJA, que cette dernière avait pratiqué la saisie sans détenir un titre exécutoire (CCJA, 1e ch., n° 034, 22-2-2018 : Djie Evelyne c/ 1) Niankoue Haba, 2) SGBCI).

12° Jugement ayant fait l'objet d'une transaction par laquelle les parties ont renoncé à exercer des voies de recours

C'est à bon droit qu'une cour d'appel qui a constaté qu'une saisie-attribution de créances a été pratiquée sur la base d'un jugement qui avait fait l'objet d'une transaction par laquelle les parties avaient renoncé « à toutes les actions judiciaires précitées », en a conclu qu'un tel jugement ne peut constituer un titre exécutoire (CCJA, 2e ch., no 204/2021, 25-11-2021 : B.e c/ M.).

13° Jugement mentionnant une identité différente de celle de la société dont les créances ont été saisies

C'est en violation de l'article 153 de l'AUPSRVE qu'un arrêt a déclaré régulière les saisies-attributions de créances pratiquées sur les avoirs d'une société « Maison Galaxy SARL » sur le fondement d'une décision ayant condamné une société « Galaxy SPRL », alors qu'il n'existe aucun titre exécutoire contre « Maison Galaxy SARL » et en l'absence d'un quelconque élément attestant que ladite société est issue de la transformation de la société « Galaxy SPRL », exposant son arrêt à la cassation (CCJA, 3e ch., no 015/2021, 28-1-2021 : Maison Galaxy SARL c/ K., liquidateur de la succession K.).

14° Décision déclarée caduque par une juridiction

Voir sous l'art. 33.

15° Décision dont quelques pages manquent

Voir sous l'art. 33.

16° Décision annulée

En cas de disparition du support d'une saisie, en ce que le titre exécutoire l'ayant fondée a été annulé, la mainlevée de la saisie doit être ordonnée (CCJA, 2e ch., no 243/2019, 31-10-2019 : Afriland First Bank Côte d'Ivoire c/ GTA Assurances).

D. Nécessité de pratiquer la saisie contre le débiteur figurant dans le titre exécutoire

Il ressort de l'article 153 de l'AUPSRVE que la saisie-attribution doit être pratiquée contre le débiteur figurant sur le titre exécutoire. En l'espèce, les entités « Établissements Le Petit Monde Maguysama Technologies » et « EPL Le Petit Monde » ont toutes les deux pour promotrice commune la dame [Y.] ; le fait que le sieur [X.] soit désigné comme représentant légal de l'entité « Établissements Le Petit Monde Maguysama Technologies, qui est une entreprise commerciale, ne lui confère pas non plus la qualité de commerçant personne physique dès lors que l'attestation du greffier en chef révèle que ladite structure est immatriculée au nom de madame [Y.] ; cette dernière, dès lors commerçante, est en même temps promotrice de l'entité « EPL Le Petit Monde », un établissement privé d'enseignement, qui partage les mêmes locaux que les « Établissements Le Petit Monde Maguysama Technologies», malgré la différence de boîtes postales ; exploitant ces entités sous la forme d'entreprise individuelle, l'une personnellement et l'autre par l'intermédiaire de sieur [X.] qui en assure la gestion, dame [Y.] devra donc, du fait de l'universalité et de la confusion de patrimoine, supporter seule, à l'exclusion du sieur [X.], la condamnation des « Établissements Le Petit Monde Maguysama Technologies », à payer au créancier saisissant la somme de de 3 000 000 FCFA. Dès lors, la saisie-attribution de créance pratiquée par le saisissant sur les comptes de EPL Le Petit Monde, tenus dans les livres de Afriland First Bank & Financial House SA est bien valable puisqu'elle vise les avoirs du vrai promoteur-débiteur ; il y a donc lieu de confirmer le jugement entrepris pour avoir rejeté la demande de mainlevée de ladite saisie-attribution (CCJA, 3e ch., no 094/2024, 28-3-2024).

E. Incompétence du JEX pour remettre en cause le titre exécutoire

Sur l'incompétence du juge de l'art. 49 de l'AUPSRVE pour connaître des demandes tendant à remettre en cause le titre exécutoire dans son principe ou sur la validité des droits et obligations qu'il constate, voir sous l'article 49 (Ohadata J-13-58).

II. Commandement préalable non-nécessaire

Il a été jugé, avant l'adoption de l'AUPSRVE du 17 octobre 2023 (actuellement en vigueur), que les articles 92 et suivants de l'AUPSRVE étant applicables à la saisie-vente, la saisie-attribution des créances, régie par les articles 153 à 172 du même Acte uniforme, n'étant pas nécessairement soumise à la formalité du commandement préalable, pourvu, que le saisissant justifie d'un titre exécutoire constatant une créance certaine, liquide et exigible et que la saisie soit régulièrement mise en œuvre, la saisie-attribution de créance pratiquée doit être déclarée bonne et valable, les mentions relatives au commandement ou l'itératif commandement étant dès lors sans incidence. Il en est ainsi dès lors que l'analyse du procès-verbal de saisie et de l'exploit de sa dénonciation, tous dressés par le commissaire de justice, ne révèle aucune irrégularité, la saisie ayant été pratiquée sur la base de la grosse revêtue de la formule exécutoire d'un jugement dûment signifié, et ce, après délivrance d'un certificat de non-appel et de non-contestation au saisissant. La saisie doit donc être déclarée bonne et valable, les mentions relatives au commandement ou l'itératif commandement étant dès lors sans incidence. L'ordonnance initiale doit être infirmée, statuant de nouveau, de rejeter la demande de mainlevée et ordonner la libération des sommes saisies et détenues par le tiers saisi (CCJA, 1e ch., no 028 /2022, 17-2-2022).

Obs. : en jugeant que le commandement préalable n'est pas indispensable à la pratique d'une saisie-attribution de créance, cet arrêt illustre que la CCJA continue, dans bien de domaines, d'être non seulement dans l'air du temps, mais d'être le fer de lance de certaines réformes en les initiant avant le législateur.

III. Créance

Appréciation souveraine des juges du fond de la liquidité et de l'exigibilité. Les caractères de liquidité et d'exigibilité relèvent d'une appréciation souveraine des juges du fond. En l'espèce, les débats n'ayant porté essentiellement que sur les imputations et les calculs entre les parties, l'une essayant de démontrer qu'elle reste créancière et l'autre qu'elle n'est plus débitrice, c'est donc à juste titre que le juge d'appel a souverainement apprécié les pièces du dossier et considéré que « non seulement les intérêts de droit réclamés sont contestés, mais en plus, il s'avère que [la débitrice] a trop payé ». À partir de cette appréciation souveraine des faits par le juge d'appel, l'existence du titre exécutoire requise par l'article 153 de l'Acte uniforme susmentionné fait défaut. C'est donc à bon droit que la cour d'appel a confirmé l'ordonnance rendue par le président du TPI d'Abidjan et le pourvoi doit être rejeté (CCJA, 2e ch., no 26, 30-4-2008 : COTRACOM SARL c/ TOTAL FINA ELF Côte d'Ivoire, Juris-Ohada, no 4/2008, p. 1, Rec. jur. CCJA, no 11, janv.-juin 2008, p. 65, Ohadata J-09-67).

IV. Impossibilité de pratiquer une saisie-attribution sur un document

Suivant l'article 153 de l'AUPSRVE, la saisie-attribution ne peut porter que sur des créances de sommes d'argent et non des documents administratifs, tels qu'un un procès-verbal d'accord transactionnel constatant que la quote-part indivise d'héritage revenant à la débitrice (CCJA, 2e ch., no 193/2019, 27-6-2019 : Maître Ali Badjouna c/ D.).

V. Débiteur

A. Confusion sur le débiteur

Le procès-verbal de saisie-attribution et l'acte de dénonciation qui en est résulté doivent être annulés lorsque le créancier ne rapporte pas la preuve que la société initialement débitrice a changé et est devenue celle contre laquelle la mesure a été rendue (TPI Douala-Ndokoti, ord. no 44/07, 8-2-2007 : Apro Technique Industrie SARL c/ Camtel, Ohadata J-07-95).

B. Tiers saisi devenu débiteur en raison de la liquidation des astreintes prononcées à son encontre

Lorsqu'une saisie-attribution de créance est pratiquée en exécution d'une ordonnance liquidant des astreintes prononcées à l'encontre d'une société pour la contraindre à exécuter son obligation initiale de ponctionner la pension alimentaire sur le salaire de son employé, ladite société n'a pas été saisie en sa qualité d'employeur de l'employé initialement débiteur, mais en sa qualité de débiteur personnel du paiement du montant des astreintes. Il s'ensuit que c'est à tort que la cour d'appel l'a qualifiée de tiers saisi, en retenant que « les saisies-attributions de créances pratiquées sur les avoirs [de la société], en exécution de l'ordonnance […] le condamnant sur le fondement de l'article 168 susdit, doivent être tenues pour bonnes et valables », exposant son arrêt à la cassation. Sur l'évocation, le juge du contentieux de l'exécution, saisi en contestation d'une saisie-attribution des créances, n'a pas compétence pour connaître des demandes tendant à remettre en cause le titre exécutoire mis en exécution, dans son principe ou sur la validité des droits et obligations qu'il constate ; par conséquent, ce juge ne peut porter atteinte audit titre. En retenant, pour déclarer nul et de nul effet les procès-verbaux de saisie-attribution des créances pratiquées les 12 et 19 avril 2018 sur les comptes de la société Score Congo SA, que « l'acte qui a servi [de fondement] à cette saisie attribution […] étant l'ordonnance rendue par le tribunal d'instance de Tchiamba-Nzassi, qui est incompétent », le tribunal de grande instance de Pointe-Noire a violé les dispositions des articles 33 et 153 de l'AUPSRVE. Il échet d'infirmer l'ordonnance en toutes ses dispositions, et statuant à nouveau, de dire et juger que la société est poursuivie, dans la présente procédure, en sa qualité de débiteur du montant des astreintes prononcées à son encontre et de rejeter sa demande de mainlevée des saisies-attributions de créance querellées, celles-ci étant régulièrement dénoncées dans les délais légaux en conformité avec l'article 160 de l'Acte uniforme susmentionné (CCJA, 2e ch., no 138/2020, 30-4-2020 : Société Score Congo c/ M.).

C. Sommes n'appartenant pas au débiteur

La saisie-attribution opérée sur les fruits de biens appartenant à un tiers (loyers perçus) est nulle et main levée doit en être ordonnée (CA Abidjan, 5-7-2002 : G. G. ex-épse E. c/ M. T. K., Ohadata J-03-285).

La nullité peut être invoquée par le tiers auquel cette saisie cause un préjudice (CA Abidjan, no 979, 15-7-2003 : SGBCI c/ SCI-CCI, Ohadata J-03-273). Dans le même sens et précisant que la nullité anéantit tous les effets de ladite saisie, comme si elle n'avait pas existé : TR Niamey, ord. réf. n° 111, 21-6-2005 : Banque S. c/ Office O., Ohadata J-09-113.

Obs. : cette décision ne vise que l'article 170 de l'AUPSRVE, mais cette solution correspond à l'article 153.

Aux termes de l'article 153 de l'AUPSRVE, la saisie-attribution des créances entre les mains des tiers ne peut porter que sur les sommes d'argent appartenant au « débiteur » poursuivi. En l'espèce, il est constant que [X.] poursuit le recouvrement d'une créance sur la société anonyme [A.], immatriculée au RCCM sous le numéro 2001B01080 ; rien, dans le dossier de la procédure, n'établissant un quelconque lien de confusion de patrimoine entre la société poursuivie et [B.], une société anonyme de droit gabonais ayant une personnalité juridique propre, comme résultant de son immatriculation au RCCM sous un différent numéro, le simple fait que celle-ci exerce dans le même secteur d'activités que la débitrice visée dans le titre exécutoire ne peut suffire à faire d'elle une débitrice en lieu et place de la société débitrice et en retenant que la société [A.] est le « département technique » de la société [B.], pour valider la saisie des avoirs de celle-ci, la cour d'appel a violé les articles 4, 97 et 181 de l'AUSCGIE, exposant l'arrêt attaqué à la cassation. Sur l'évocation, et pour les mêmes motifs que ceux ayant entraîné la cassation, il y a lieu de confirmer, en toutes ses dispositions, l'ordonnance du premier juge qui a annulé la saisie-attribution pratiquée après avoir constaté que le titre exécutoire ayant fondé ladite saisie sur les comptes de la société [B.] était dirigé contre la société [A.], dès lors qu'il ne ressort d'aucune pièce du dossier, un acte établissant la qualité de débiteur de la société [B.] (CCJA, 3e ch., n° 078/2022, 2-6-2022).

D. Titre exécutoire inopposable au contestataire

C'est en violation de l'article 153 de l'AUPSRVE qu'une saisie a été pratiquée à l'encontre d'une personne à laquelle le titre exécutoire utilisé n'était pas opposable. Cette dernière a intérêt à contester ladite saisie, ne faisant aucunement obstacle aux procédures d'exécution. En l'absence de tout titre exécutoire, c'est à bon droit que la cour d'appel a ordonné la mainlevée de la saisie opérée sur le compte de la personne saisie à tort (CCJA, 3e ch., n° 034, 3-4-2014 : Jacques DONG c/ 1) UGB SA, 2) BEAC, Ohadata J-15-125).

De même, l'ordonnance qui a rejeté la demande de mainlevée d'une saisie pratiquée contre une société dont seul le directeur général s'était personnellement engagé dans l'acte notarié de prêt a violé l'article 153 de l'AUPSRVE et encourt la cassation (CCJA, ass. plén., n° 076, 25-4-2014 : Sté Impricolor, Bonato Jean Marc c/ Abdoulaye Cissé, Ohadata J-15-167).

VI. Non-exigence d'un commandement de payer

L'argument tiré de l'irrespect du délai de 8 jours indiqué dans le commandement servi préalablement à une saisie-attribution de créance est inopérant, dès lors que les articles 153 et suivants de l'AUPSRVE n'exigent aucun un commandement de payer préalable à une saisie-attribution. Il s'ensuit que la demande en annulation d'une saisie attribution fondée sur ce moyen est irrecevable (TRHC Dakar, ord. réf. n° 1411, 15-9-2003 : Sté Gras Savoye Sénégal SA c/ J. D., I. D., Le Greffier en chef, SGBS, BICIS, CLS, CITIBANK, Bank of AFRICA, Ecobank, Ohadata J-04-34).

VII. Distinction de la saisie-attribution et de la saisie des rémunérations

Saisie des rémunérations applicables à un compte bancaire alimenté de salaires. Les rémunérations sont exclues du champ d'application de la saisie-attribution de créance et seule une saisie des rémunérations peut être réalisée sur un compte bancaire alimenté uniquement par des salaires. Par conséquent la saisie-attribution pratiquée est irrégulière et mainlevée doit en être ordonnée (TPI Yaoundé, ord. n° 819/C, 13-7-2004 : E. N. J. P. et Me B. c/ E. N. née O. G., Ohadata J-04-419).

VIII. Inapplication de l'article 153 à une saisie-vente

L'article 153 de l'AUPSRVE, qui conditionne la saisie-attribution des créances à l'existence d'un titre exécutoire constatant une créance liquide et exigible, ne traite pas de la compétence de la juridiction devant laquelle les contestations relatives à une saisie-vente doivent être portées ; c'est donc à tort qu'il est fait grief à un arrêt attaqué d'avoir, en violation de l'article 153 susvisé, renvoyé la cause et les parties devant une juridiction non indiquée par le créancier saisissant, pour connaître de la contestation de la saisie (CCJA, 3e ch., n° 050/2021, 8-4-2021 : K. SA c/ Maître Coulibaly Soungalo).

Art. 154 **L'acte de saisie emporte, à concurrence des sommes pour lesquelles elle est pratiquée ainsi que tous ses accessoires, mais pour ce montant seulement, attribution immédiate au profit du saisissant de la créance saisie, disponible entre les mains du tiers.**

Les sommes saisies sont rendues indisponibles par l'acte de saisie.

Cet acte rend le tiers personnellement débiteur des causes de la saisie dans la limite de son obligation.

Jurisprudence OHADA

I. Sommes faisant l'objet de la saisie

A. Sommes saisissables

1° Pluralité de saisies : limitation aux sommes nécessaires au règlement de la créance

La cour d'appel qui s'est limitée à affirmer qu' « il ne résulte nulle part après analyse que [l'article 154 de l'AUPSRVE] ait fait défense au créancier de procéder à des saisies multiples, même si le montant d'une d'entre elles suffit à éponger la dette... » sans se prononcer sur la saisie-attribution antérieure pratiquée par le créancier saisissant entre les mains d'un tiers qui avait déclaré devoir une somme couvrant largement la créance cause de la saisie, n'a pas mis la CCJA en mesure d'exercer son contrôle et son arrêt doit être cassé. Sur l'évocation, le créancier qui a réalisé une première saisie-attribution de créance couvrant largement le montant des sommes dont le recouvrement est recherché, ne peut réaliser d'autres saisies attributions à l'encontre de son débiteur sans démontrer qu'il n'a pu se faire payer par le tiers saisi pour quelle que raison que ce soit. La mainlevée des nouvelles saisies réalisées doit être ordonnée (CCJA, n° 27, 15-7-2004 : MOBIL OIL COTE D'IVOIRE c/ LES CENTAURES ROUTIERS, Ohadata J-04-386, Juris-Ohada, n° 3/2004, juill.-oct. 2004, p. 30, note BROU Kouakou Mathurin, Rec. jur. CCJA, n° 4, juill.-déc. 2004, p. 26).

Le créancier saisissant qui avait déjà effectué plusieurs saisies-attributions couvrant largement le montant des sommes dont le recouvrement est recherché (principal, intérêts et frais inclus), ne peut pratiquer d'autres saisies attributions à l'encontre de son débiteur, dès lors qu'il ne démontre pas qu'il n'a pas pu se faire payer par les tiers saisis pour quelque raison que ce soit. Par conséquent, en rejetant la demande de mainlevée du débiteur saisi, sans se prononcer sur les saisies-attributions antérieures dont la somme couvre largement la créance cause de la saisie, la cour d'appel n'a pas mis la CCJA en mesure d'exercer son contrôle, et sa décision encourt la cassation. Il y a lieu d'ordonner la mainlevée de la nouvelle de la nouvelle saisie pratiquée (CCJA, n° 28, 15-7-2004 : MOBIL OIL COTE D'IVOIRE c/ LES CENTAURES ROUTIERS, Ohadata J-05-170, Juris-Ohada, n° 4/2004, oct.-déc. 2004, p. 14, note BROU Kouakou Mathurin, Rec. jur. CCJA, n° 4, juill.-déc. 2004, 34).

2° Montant de la créance

Un créancier ne peut réclamer contre son débiteur le paiement d'un montant supérieur à sa créance en dehors des cas de stipulation contractuelle d'intérêts, de pénalités ou de condamnation à des dommages-intérêts (CA Niamey (Niger), n° 65, 14-6-2006 : B.O.A.-Niger c/ A. A. et H. A., Ohadata J-10-232).

3° Montant du titre exécutoire

L'assiette de la saisie-attribution de créance doit porter uniquement sur la somme due et ses accessoires. Le paiement de la somme due par le tiers saisi et la mainlevée du surplus doivent être ordonnés (TPI Libreville, ord. réf. n° 234/2001/2002, 13-2-2002 : Assinco c/ D. M., Ohadata J-02-126, obs. J. ISSA-SAYEGH).

Conformément aux dispositions de l'article 154 de l'AUPSRVE, la saisie-attribution doit également porter sur les intérêts de droit et autres taxes ; en décidant que le créancier n'a pas besoin de se munir d'un titre spécifique consacrant les intérêts de droit pour procéder à la saisie-attribution de créances, la cour d'appel n'a pas violé l'article 153 de l'AUPSRVE (CCJA, 1e ch., n° 088, 26-4-2018 : S.I.C.O.G.I. c/ Sté I.C.G.-CI).

B. Sommes insaisissables

1° Défaut de preuve de l'appartenance de bons de caisse à la masse successorale saisie

Il ne saurait être soutenu sans preuve que du seul fait de leur arrivée à échéance, [des bons de caisse] étaient « automatiquement » disponibles dans le patrimoine de leur souscripteur et « font partie » de la masse successorale, objet de la saisie, alors même qu'ayant vocation à circuler et étant susceptibles de transmission par simple tradition matérielle sans aucune formalité, leur appartenance à ladite succession n'a pas été établie. Viole l'article 154 de l'AUPSRVE, la cour d'appel qui statue ainsi alors que rien ne lui permettait de décider que les bons au porteur échus en question étaient des éléments de la masse successorale encore disponibles entre les mains du tiers saisi au jour de la saisie tel que le prescrit ledit article (CCJA, n° 001, 8-1-2004 : SGBC c/ HOLLYWOOD HOTEL, Juris-Ohada, n° 1/2004, janv.-mars 2004, p. 2, note Brou Kouakou Mathurin ; Rec. jur. CCJA, n° 3, janv.-juin 2004, p. 79, Ohadata J-04-85). Voir sous l'art. 169.

2° Accessoires

a. Condamnation nécessaire au paiement

La cour qui a inclus dans une saisie-attribution prononcée par elle, des sommes qui n'étaient pas prévues par l'arrêt de condamnation précédent et qui ne constituaient pas des accessoires au principal, a violé les articles 154, al. 1 et 157, al. 2-3e de l'AUPSRVE et son arrêt doit être cassé. La CCJA, évoquant l'affaire sur le fond après cassation, donne acte au débiteur de ses offres réelles de paiement acceptées par l'huissier poursuivant, prononce l'annulation du procès-verbal de saisie attribution (CCJA, n° 7, 21-3-2002 : CCAR c/ Ayants droit W. M. et ayants droit M. D., Juris-Ohada, n° 4/2002, oct.-déc. 2002, p. 4, note anonyme, Ohadata J-02-162).

b. Dépens non accordés au créancier

Les dépens régulièrement liquidés constituent les accessoires devant être pris en compte au moment de la saisie. Mais le demandeur n'ayant pas obtenu la condamnation du défendeur aux frais et intérêts à échoir n'est pas fondé à les réclamer (TPI Yaoundé, Ord n° 123/C, 18-11-2004 : SATPAC c/ SITRACEL SA, Me T. D. Rachel, Ohadata J-05-161).

3° Domiciliation bancaire irrévocable

La somme d'argent versée par un débiteur au titre d'une domiciliation bancaire irrévocable au profit de son banquier ne peut faire l'objet d'une saisie-attribution, même si le créancier saisissant dispose d'un titre exécutoire (CA Niamey (Niger), n° 110, 5-11-2003 : SONIBANK c/ OPVN, Ohadata J-09-322, Ohadata J-09-112).

4° Loyers réglés par anticipation

Le locataire qui a payé par anticipation des mois de loyers, avant l'intervention d'une saisie-attribution sur ces sommes, ne peut être tenu de les payer à nouveau (CA Abidjan, ch. civ. et com., n° 483, 16-4-2004 : A. A. c/ SGBCI, Ohadata J-05-333).

II. Effets de la saisie-attribution de créance

A. Blocage immédiat des fonds

L'article 154 de l'AUPSRVE prescrit le cantonnement immédiat des sommes saisies dans l'attente des formalités de l'article 164 du même Acte uniforme, c'est-à-dire la présentation dans le délai d'un mois après la dénonciation de l'attestation de non-contestation. Il s'ensuit que c'est sans fondement que la créancière veut contraindre la banque, tiers saisi, en paiement, alors que cette dernière n'a commis aucune faute dans le déroulement de la procédure de saisie-attribution de créance (CA Abidjan, n° 464, 18-4-2003 : K. M. c/ Sté INDUSCHIMIE, Ohadata J-03-298).

Dès l'instant où il est signifié au tiers saisi, l'acte de saisie emporte cantonnement automatique du montant de la saisie (CA Bangui (Centrafrique), ch. civ. et com., n° 295, 15-12-2010 : Sté ORANGE Centrafrique c/ N. E. A. et S. L., Sté MEDIA International, Dir. Gén. des Impôts, Ohadata J-12-198).

Il ressort de l'article 154 de l'AUPSRVE que l'acte de saisie emporte attribution immédiate au profit du saisissant, de la créance saisie, disponible entre les mains du tiers (CCJA, 3e ch., n° 110/2020, 9-4-2020 : Sonatel SA c/ F.).

Mais le blocage des fonds n'est possible que s'ils sont disponibles entre les mains du tiers saisi (CA Littoral (Cameroun), n° 184/REF, 27-10-2008 : S.G.B.C. SA c/ Sté S.G.T.E. SARL, Ohadata J-10-269 ; voir sous l'article 161).

1° Conséquences de l'effet attributif de la saisie-attribution

L'effet attributif immédiat de la saisie-attribution entraînant transfert instantané de la créance saisie disponible dans le patrimoine du saisissant, le juge de l'exécution ne peut pas suspendre les effets de ladite saisie-attribution en accordant des délais de paiement (CCJA, n° 35, 2-6-2005 : K. M. c/ 1/ Sté HYJAZI SAMIH et HASSAN dite INDUSCHIMIE ; 2/ SGBCI, Rec. jur. CCJA, n° 5, janv.-juin 2005, vol. 2, p. 52 ; Juris-Ohada, n° 4/2005, juill.-sept. 2005, p. 8 ; Ohadata J-06-14).

Il ressort, tant de l'esprit de l'article 154 de l'AUPSRVE, que de la jurisprudence de la CCJA, que l'argument selon lequel les défenses à exécution ordonnées par une cour d'appel après la saisie-attribution implique que celle-ci est dépourvue de titre exécutoire ne peut prospérer, car l'arrêt grossoyé constitue bien un titre exécutoire et l'ordonnance de défense à exécution n'ayant pas d'effet rétroactif est donc sans influence sur l'immédiateté de l'effet attributif de la saisie. En effet, le sursis à exécution ne peut affecter une exécution forcée déjà entamée et, en application de l'article 49 de l'AUPSRVE, tout litige y relatif ressort de la compétence préalable du juge de l'exécution. Eu égard aux dispositions de l'article 32, alinéa 2 du même Acte uniforme, les actes d'exécution déjà accomplis peuvent être poursuivis jusqu'à leur terme aux risques du créancier saisissant. Il s'impose donc de confirmer l'ordonnance en cause (CCJA, 1e ch., n° 072, 14-11-2013 : NIGELEC S A c/ Sté d'Exploitation des Eaux du Niger dite SEEN SA, SONIBANK SA, ECOBANK Niger, Rec. jur. CCJA n° 20, vol. 1, janv.-déc. 2013, p. 24-28, Ohadata J-15-72).

2° Caducité de l'effet attributif de la saisie-attribution

La cour d'appel qui s'est uniquement basée sur l'autorité de la chose jugée d'un arrêt pour constater que le principe de créance du requérant au pourvoi sur l'un des défendeurs était anéanti par ledit arrêt et annuler par conséquent la saisie-attribution qui en est résultée n'a en rien violé les dispositions des articles 36 et 154 de l'AUPSRVE (CCJA, n° 061/2005, 22-12-2005 : Ets SOULES et Cie c/ continental Bank Bénin (ex Crédit Lyonnais-Bénin), BCEAO, Rec. jur. CCJA, n° 6, juin-déc. 2005, p. 45, Juris-Ohada, n° 2/2006, p. 36, Ohadata J-06-37).

B. Elimination de toute mesure susceptible d'affecter les sommes saisies

Il ressort de l'analyse des dispositions de l'article 154 de l'AUPSRVE que l'acte de saisie-attribution a pour effets : a-) l'indisponibilité desdites sommes qui sortent du patrimoine du débiteur saisi, lequel ne peut plus en disposer, et sont immédiatement transférées au créancier saisissant ; b-) l'attribution immédiate au profit du créancier saisissant du montant des sommes saisies jusqu'à concurrence des sommes pour lesquelles elle est pratiquée y compris tous ses accessoires ; la somme, objet de la saisie, est affectée de droit au saisissant et ni la signification ultérieure d'autres saisies, ni toute autre mesure de prélèvement, même émanant de créanciers privilégiés, ne peuvent remettre en cause cette attribution. Ces deux effets se produisent indépendamment du paiement par le tiers saisi des sommes saisies (CCJA, n° 28, 15-7-2004 : MOBIL OIL COTE D'IVOIRE c/ LES CENTAURES ROUTIERS, Ohadata J-05-170, Juris-Ohada, n° 4/2004, oct.-déc. 2004, p. 14, note BROU Kouakou Mathurin. – Rec. jur. CCJA, n° 4, juill.-déc. 2004, 34 ; CCJA, n° 27, 15-7-2004 : MOBIL OIL COTE D'IVOIRE c/ LES CENTAURES ROUTIERS et autres, Ohadata J-04-386, Juris-Ohada, n° 3/2004, juill.-oct. 2004, p. 30, note BROU Kouakou Mathurin, Rec. jur. CCJA, n° 4, juill.-déc. 2004, p. 26).

L'ordonnance de règlement préventif intervenue au profit d'un débiteur après la saisie-attribution de créance pratiquée à l'encontre de ce débiteur sur sa propre créance sur une autre personne n'a aucun effet sur cette saisie, cette procédure n'ayant pu, en effet, suspendre l'effet « translatif » de la saisie, dès lors qu'elle n'a fait l'objet d'aucune contestation (CA Abidjan, n° 134, 7-1-2003 : FERME ADAM SARL et M. B. c/ SIPRA, Ohadata J-03-228).

C. Obligation pour le tiers saisi de payer dans les limites de son obligation

1° Appréciation souveraine des juges du fond

En déduisant des éléments qu'elle avait constatés souverainement, que la société tierce saisie était débitrice des causes de la saisie litigieuse, la cour d'appel a statué à bon droit en confirmant l'ordonnance entreprise (CCJA, n° 023/2008, 30-4-2008 : Sté LOTENY TELECOM, SA c/ Sté IBAS SARL, Rec. jur. CCJA, n° 11, janv.-juin 2008, p. 57, Ohadata J-09-273 ; CCJA, ass. plén., n° 055, 27-4-2015 : ECOBANK SENEGAL SA c/ Banque Sahelo Saharienne pour l'Investissement et le Commerce BSIC SENEGAL, Ohadata J-16-55).

2° Responsabilité personnelle du tiers

L'article 154, al. 3 rend le tiers personnellement débiteur des causes de la saisie en ce que l'acte de saisie emporte attribution immédiate au profit du créancier (CA Bangui (Centrafrique), ch. civ. et com., n° 295, 15-12-2010 : précité, Ohadata J-12-198).

C'est donc à tort qu'il est fait grief à un arrêt d'avoir violé l'article 156 de l'AUPSRVE en ce que la Cour a déclaré la banque tierce saisie « personnellement débitrice des causes de la saisie », alors que seule l'hypothèse de la déclaration mensongère ou tardive prévue à l'alinéa 2 de cet article expose le tiers saisi à une condamnation personnelle, car aux termes de l'article 154 de l'AUPSRVE in fine, l'acte de saisie à lui seul « rend le tiers personnellement débiteur des causes de la saisie dans la limite de son obligation » (CCJA, 2e ch., n° 062, 25-7-2013 : BICICI c/ Sté Cote d'Ivoire Assistance Médicale dite CI-AM, Ohadata J-15-63). De même, l'arrêt qui a reproché à une banque de ne pas avoir, au cours de la saisie et dans la quinzaine l'ayant suivie, déclaré la créance conditionnelle du tiers saisi qui existait pourtant à ce moment et, tirant les conséquences de la validité de ladite saisie et de son antériorité à une autre saisie effectuée, a engagé la responsabilité de ladite banque, n'a pas violé l'article 154 de l'AUPSRVE (CCJA, ass. plén., n° 055, 27-4-2015 : ECOBANK SENEGAL SA c/ Banque Sahelo Saharienne pour l'Investissement et le Commerce BSIC SENEGAL, Ohadata J-16-55).

D. Invalidité de la confirmation du jugement de condamnation du tiers saisi en cas de mainlevée de la saisie

Il résulte de l'article 154 de l'AUPSRVE que l'acte de saisie emporte attribution immédiate de la créance saisie entre les mains du tiers rendant ainsi le créancier saisissant, créancier du tiers saisi. Le tiers saisi ne peut se libérer des sommes saisies entre les mains du créancier saisissant que sur présentation d'un certificat de greffe attestant qu'il n'y a pas contestation ou sur présentation de la décision rejetant la contestation. En l'espèce, la saisie transférant au saisissant la propriété de la créance ayant fait l'objet d'une mainlevée par arrêt signifié au tiers saisi qui a répondu par lettre avoir procédé au reversement de la somme saisie et en a informé le débiteur saisi, c'est par une mauvaise application de l'article 154 de l'AUPSRVE qu'une cour d'appel a confirmé le jugement de condamnation du tiers saisi, exposant ainsi son arrêt à la cassation sans qu'il soit nécessaire d'examiner les autres moyens. L'action en répétition ne peut être exercée que par le solvens qui réclame à l'accipiens la restitution de ce qu'il a reçu alors que rien ne lui était dû ; n'ayant reçu aucun paiement du tiers saisi [de second niveau], qui aurait été fondé à intenter une action en répétition de l'indu, c'est à tort que le tribunal a fait droit à la demande du [tiers saisi de premier niveau] pour condamner le créancier principal ; pour les mêmes motifs que ceux ayant prévalu à la cassation de l'arrêt attaqué, il échet de dire mal fondée la demande de la SGT et de l'en débouter (CCJA, 1e ch., n° 171, 27-7-2017 : Sani Al Hadj Ousmane c/ Sté Générale Tchad).

III. Validité de la consignation des sommes saisies par le tiers saisi

La cour d'appel qui a constaté qu'un tiers saisi s'est libéré de son obligation édictée par l'article 154 de l'AUPSRVE, au profit d'un séquestre judiciairement désigné, n'a en rien violé ce texte (CCJA, 1e ch., n° 176/2019, 23-5-2019 : African Petroleum Consultants SARL c/ Sonara).

Art. 155 [mod.] Les actes de saisie signifiés au cours de la même journée entre les mains du même tiers sont réputés faits simultanément. Si les sommes disponibles ne permettent pas de désintéresser la totalité des créanciers ainsi saisissants, ceux-ci viennent en concours.

La signification ultérieure d'autres saisies ou de toute autre mesure de prélèvement, même émanant de créanciers privilégiés, ne *remet* pas en cause cette attribution, sans préjudice des dispositions organisant les procédures collectives.

Lorsqu'une saisie de créances se trouve privée d'effet, les saisies et prélèvements ultérieurs prennent effet à leur date.

Jurisprudence OHADA

I. Pluralité de saisies

A. Attribution au premier saisissant

En présence d'une pluralité de saisies-attributions de créances portant sur le montant d'un compte chèque insuffisant pour désintéresser tous les créanciers, les créanciers premiers saisissants sont seuls attributaires du montant, en application de l'article 155, al. 2 de l'Acte uniforme susvisé qui dispose en substance que « la signification ultérieure d'autres saisies ou de toute autre mesure de prélèvement, même émanant de créanciers privilégiés, ne remettent pas en cause cette attribution… » (CCJA, n° 001, 8-1-2004 : SGBC c/ HOLLYWOOD HOTEL, Juris-Ohada, n° 1/2004, janv.-mars 2004, p. 2, note Brou Kouakou Mathurin ; Rec. jur. CCJA, n° 3, janv.-juin 2004, p. 79, Ohadata J-04-85).

L'article 155 al. 2 de l'AUPSRVE concerne les saisies ultérieures (CCJA, 1e ch., n° 043, 22-2-2018 : Paul Tchuente c/ Afriland first Bank SA, En présence de la Banque des États de l'Afrique centrale).

B. Saisies non signifiées au cours de la même journée

L'article 155 de l'AUPSRVE a clairement fait une distinction entre des saisies signifiées au cours de la même journée dont les créanciers viennent en concours lorsque la somme n'est pas suffisante pour les désintéresser tous, car elles sont réputées faites simultanément. Par contre, cette même disposition donne la priorité au premier créancier saisissant, lorsque la signification intervient à une autre date ultérieure, même si ce créancier est privilégié comme en l'espèce la Direction Générale des Impôts, cette dernière ne devant se contenter que du reliquat disponible. Le tiers saisi devrait payer immédiatement le créancier saisissant en raison du cantonnement automatique et reverser le reliquat, quel que soit le montant, au second créancier, même privilégié. C'est donc à bon droit que le premier juge a ordonné le paiement de ladite somme sur minute dont il convient de confirmer la décision sur ce point (CA Bangui (Centrafrique), ch. civ. et com., n° 295, 15-12-2010 : Sté ORANGE Centrafrique c/ N. E. A. et S. L., Sté MEDIA International, Dir. Gén. des Impôts, Ohadata J-12-198).

C. Appréciation souveraine des juges du fond

N'a pas violé l'article 155 de l'AUPSRVE la cour d'appel qui, appréciant souverainement les faits, a engagé la responsabilité d'une banque pour n'avoir pas, au moment de la saisie et dans le délai de quinze jours de celle-ci, déclaré une créance conditionnelle née avant ladite saisie, dès lors qu'il ne résulte pas des faits de la cause que la saisie dont aucune mainlevée n'a été ordonnée, était privée d'effet (CCJA, ass. plén., n° 055, 27-4-2015 : ECOBANK SENEGAL SA c/ Banque Sahelo Saharienne pour l'Investissement et le Commerce BSIC SENEGAL, Ohadata J-16-55).

II. Conséquence du concours de saisies et d'une procédure collective

En présence d'un concours de plusieurs saisies, le principe de l'attribution immédiate des sommes au créancier premier saisissant est mis en échec par les dispositions organisant les procédures collectives (CA Dakar, n° 222, 12-4-2001 : A. D. ès qualités liquidateur de la Nationale d'Assurance c/ CBAO SA, M. N., Ohadata J-06-59).

Art. 156 [mod.] Le tiers saisi est tenu de déclarer au créancier l'étendue de ses obligations à l'égard du débiteur ainsi que les modalités qui pourraient les affecter et, s'il y a lieu, les cessions de créances, délégations ou saisies antérieures. Il doit communiquer copie des pièces justificatives.

Ces déclaration et communication doivent être faites *dans les deux jours* à *l'huissier de justice* ou *l'autorité chargée de l'exécution* et mentionnées dans l'acte de saisie ou, au plus tard, dans les cinq jours si l'acte n'est pas signifié à personne. Toute déclaration inexacte, incomplète ou tardive expose le tiers saisi à être condamné au paiement des causes de la saisie, sans préjudice d'une condamnation au paiement de dommages-intérêts.

JURISPRUDENCE OHADA

I. Qualité de « tiers saisi »

A. Nécessité de caractériser la qualité de tiers saisi

La cour d'appel qui a confirmé la décision de condamnation d'une personne sans dire en quoi elle avait la qualité de tiers saisi qui seule justifie, en application de l'article 156 de l'AUPSRVE, la condamnation d'un tiers aux causes de la saisie, la cour a commis le grief énoncé au moyen et exposé sa décision à la cassation (CCJA, 1e ch., no 105, 28-3-2019 : GABCEL SA c/ 2JTH-Gabon SARL).

La cour d'appel qui s'est bornée à énoncer « qu'il résulte de l'article 156 de [l'AUPSRVE], que le tiers saisi est tenu de déclarer au créancier l'étendue de ses obligations à l'égard du débiteur ; [le tiers saisi] n'ayant fait aucune déclaration ne peut se prévaloir de sa propre turpitude pour échapper à son obligation de payer au créancier le montant de la saisie », sans rechercher, alors qu'elle en avait le devoir, si les prescriptions légales ci-dessus spécifiées avaient été régulièrement accomplies par le créancier, n'a pas légalement justifié sa décision qui doit être cassée (CCJA, no 8/2002, 21-3-2002 : Sté PALMAFRIQUE c/ E. K. B. K., Juris-Ohada, no 4/2002, oct.-déc. 2002, p. 19, note anonyme, Ohadata J-02-163).

B. Critères de détermination de la qualité de tiers saisi

1o Appréciation souveraine de juge du fond

C'est sur la base de motifs procédant d'une analyse des faits de la cause et des pièces du dossier, que le président d'une cour d'appel a, successivement, admis la qualité de tiers saisi d'une personne, dit qu'elle a failli à son devoir de déclaration et de communication, jugé que les pièces justificatives produites par elle étaient insuffisantes. L'examen des deux moyens proposés par la requérante induisant un contrôle des motifs du juge du fond résultant de l'exercice de son pouvoir souverain d'appréciation des faits et des éléments du litige, il convient pour la CCJA de les déclarer irrecevables et, par voie de conséquence, rejeter le pourvoi (CCJA, 1e ch., no 132/2019, 25-4-2019 : Sté Nationale de Gestion du Stock de Sécurité Alimentaire c/ BABF SA).

2o Détention d'une somme d'argent due au débiteur en vertu d'un pouvoir propre et indépendant

Au sens de l'article 156 de l'AUPSRVE et conformément à la jurisprudence de la CCJA, le terme « tiers saisi » désigne la personne qui détient des sommes d'argent dues au débiteur saisi en vertu d'un pouvoir propre et indépendant, même si elle le détient pour le compte d'autrui (CCJA, 3e ch., no 025, 13-3-2014 : BICEC c/ DEFFO, Ohadata J-15-116). Il ressort des articles 38, 154, 156 et 164 de l'AUPSRVE, que le tiers saisi est toute personne entre les mains de laquelle une saisie est pratiquée et qui détient de façon légitime des fonds pour le compte du débiteur saisi (CCJA, 1e ch., no 197/2021, 11-11-2021 : Gabon Special Economic Zone Ports c/ Orabank Gabon SA ; CCJA, 1e ch., no 197/2021, 11-11-2021 : Gabon Special Economic Zone Ports c/ Orabank Gabon SA).

Dans le même sens et précisant que :

– les fonds appartenant au débiteur du saisissant doivent être détenus au moment de la saisie (CCJA, 2e ch., no 40, 8-12-2011 : BINCI SA c/ État du Niger, Juris-Ohada, 2012, no 3, juill.-sept., p. 24, Ohadata J-13-47, J-13-158). Ainsi, le compte de la société défenderesse ouvert dans les écritures de la banque tierce saisie étant débiteur à la date de la saisie, c'est à tort que la cour d'appel a retenu que « ...le tiers saisi est tenu à une déclaration exacte, complète et non tardive ; que le manquement à ces obligations entraîne suivant les articles 38 et 156 précités, sa condamnation au paiement des causes de la saisie ou à des dommages-intérêts, sans qu'il soit besoin de rechercher un quelconque préjudice souffert par le saisissant » pour infirmer l'ordonnance entreprise et condamner la banque, tiers saisie et son arrêt encourt la cassation. Sur l'évocation et pour les mêmes motifs ayant entraîné la cassation, l'appel est irrecevable (CCJA, 2e ch., no 006, 11-1-2018 : United Bank For Africa SA c/ AXE Communication SARL) ;

– les dispositions de l'article 156 de l'AUPSRVE ne sont pas applicables à un défendeur qui n'a pas la qualité de tiers saisi, une erreur ayant été commise de bonne foi sur les identités. Dès lors, il n'y a pas de déclaration inexacte concernant le débiteur, au sens de l'article 156 susvisé (CCJA, n° 09/2005, 27-1-2005 : Sté AFROCOM – CI c/ CITIBANK, Ohadata J-05-191) ;

– les articles 38, 80, 81, 156 et 161 de l'AUPSRVE s'appliquent exclusivement au tiers saisi ; ils ne peuvent s'appliquer, lorsque la personne qui a fait la déclaration ou qui s'est abstenue de toute déclaration, n'a pas la qualité de tiers. La cour ayant relevé que le débiteur saisi n'avait pas de compte au niveau de la banque en cause qui, dès lors ne peut être considérée comme tiers saisi, les moyens ne sont pas fondés et le pourvoi doit être rejeté (CCJA, 2e ch., n° 003, 30-1-2014 : SOGITEL c/ BCC, Ohadata J-15-94) ;

– les dispositions de l'article 156 de l'AUPSRVE s'appliquent exclusivement au tiers saisi ; elles ne peuvent pas, par conséquent, s'appliquer lorsque la personne qui a fait la déclaration n'a pas la qualité de tiers, et ce, même si l'inexactitude de la déclaration est établie. En conséquence, le défaut de déclaration ou la déclaration tardive, même si cette déclaration était donnée dans les délais légaux, n'aurait eu aucun impact sur la saisie-attribution dès lors que la personne qui a fait ou n'a pas fait la déclaration, ou l'a faite tardivement, n'a pas la qualité de tiers au sens de l'article 156 susvisé. Il échet de casser l'ordonnance, objet du présent pourvoi devant la cour de céans et d'évoquer sans qu'il soit besoin d'examiner les autres moyens. Sur l'évocation, la créancière qui n'a pas observé les dispositions impératives de l'article 157, al. 2, 3 et 4 doit être déboutée et l'ordonnance initiale confirmée (CCJA, ass. plén., n° 062, 25-4-2014 : Banque Sahélo-Saharienne pour l'Investissement et le Commerce (BSIC-SA), Union Régionale des Caisses Populaires du Plateau Central (URCPC), c/ AIT International Ltd, Ohadata J-15-153) ;

– c'est par une mauvaise application de l'article 156 de l'AUPSRVE que des juges d'appel ont retenu que le tiers saisi « est toute personne **supposée** détenir une somme d'argent pour le compte d'une autre, qui est débitrice et contre laquelle le créancier entreprend un recouvrement forcé ». Il en est ainsi car cette disposition est relative non pas à la personne « supposée », mais celle qui détient effectivement des sommes d'argent dues au saisi. Il convient donc de casser partiellement l'arrêt déféré en ce qu'il a condamné le demandeur comme tiers saisi. Sur l'évocation et pour les mêmes motifs que ceux ayant entraîné la cassation, il y a lieu de dire que les Sociétés COTCO et AXA n'étant pas des tiers saisis au sens de l'article 156 susvisé, ne sont donc tenus à aucune déclaration. L'ordonnance querellée relève d'une bonne appréciation des faits et d'une saine application de l'AUPSRVE et sera confirmée (CCJA, 2e ch., n° 045, 23-3-2017 : Sté COTCO c/ Mbouwe Jacques et AXA Assurances, Ohadata J-17-192) ;

– qu'il n'y a pas de doute sur cette définition retenue et que selon les articles 38 et 156 de l'AUPSRVE, c'est dans l'instance en condamnation aux causes de la saisie qu'est appréciée la notion de tiers saisi. Il s'ensuit en l'espèce que la personne condamnée aux causes de la saisie est un tiers saisi (T. com. Ouagadougou, n° 014, 18-1-2018 : Fonds Spécial Routier du Burkina c/ copiafax-Burkina SARL, http://tribunalcommerce.justice.gov.bf/download/jugement-n014-du-18-01-2018-frs-b-contre-copiafax-burkina-sarl/) ;

– que c'est la personne dont l'absence de déclaration ou l'inexactitude des déclarations sur l'étendue de ses obligations à l'égard du débiteur qui est exposée au paiement des causes de la saisie. Le débiteur n'ayant pas encore de compte ouvert dans les livres du tiers, une banque, au moment de la saisie, cette absence de relation avec le débiteur poursuivi prive la banque de la qualité de tiers saisi et ne peut par conséquent l'exposer au paiement des causes de la saisie, même en cas de déclarations tardives ou inexactes sur l'étendue de ses obligations à l'égard du saisi. C'est donc en violation de l'article 156 qu'une cour d'appel a retenu le contraire, exposant ainsi son arrêt à la cassation sans qu'il soit nécessaire d'analyser le second moyen. Sur l'évocation et pour les mêmes motifs que ceux ayant entraîné la cassation, il y a lieu d'infirmer le jugement du TGI et, statuant à nouveau, de dire que la banque n'a pas la qualité de tiers saisi au moment de la saisie-attribution sur les avoirs de la Commune de Doba ; en conséquence, il échet d'ordonner au créancier de restituer à la banque la somme indument perçue (CCJA, 1e ch., n° 172, 27-7-2017 : Ecobank Tchad c/ Tchana Pelguem). Voir aussi CCJA, 3e ch., 212, 22-11-2018 : Diamond Bank SA c/ M. Bocoum et A. M. Bocoum, jugeant qu'en l'espèce, il est constant comme résultant des pièces du dossier qu'au moment de la saisie pratiquée, le débiteur ne possédait pas de compte ouvert dans les livres de la banque ; que cette absence de relation avec le débiteur poursuivi prive la banque de la qualité de tiers saisi et ne peut par conséquent l'exposer au paiement des causes de la saisie, même en cas de déclarations tardives ou inexactes sur l'étendue de ses obligations à l'égard du saisi. Dès lors, en statuant ainsi qu'elle l'a fait, la cour d'appel a violé les dispositions de l'article 156 susvisé et fait encourir la cassation à sa décision. Sur l'évocation et pour les mêmes motifs que ceux ayant entraîné la cassation, il y a lieu de confirmer l'ordonnance qui a débouté le créancier de sa demande de condamnation de la banque (CCJA, 3e ch., 212, 22-11-2018 : Diamond Bank SA c/ M. Bocoum et A. M. Bocoum) ;

– dès lors qu'il est constant que la banque (tiers saisi) ne détient pas de sommes d'argent pour le compte du créancier principal qui ne justifie pas sa qualité de titulaire d'un compte bancaire en ses livres, les sommes d'argent, initialement saisies par ce créancier et libérées à la faveur de la mainlevée ordonnée par la cour d'appel, appartiennent au débiteur principal avec lequel monsieur X., créancier du créancier principal ne se prévaut d'aucun lien juridique. Ainsi, en mettant une obligation de paiement des causes de la saisie à la charge de la banque sur le fondement des articles 57 et 156 précités, la cour d'appel a violé, par mauvaise application, les articles 57 et 156 de l'AUPSRVE, exposant sa décision à la cassation sans qu'il soit besoin d'examiner le second moyen du pourvoi. Sur l'évocation et pour les mêmes motifs que ceux ayant entraîné la cassation, il y a lieu de confirmer l'ordonnance du tribunal rejetant la demande de paiement du créancier du créancier (CCJA, 1e ch., nº 165, 27-7-2017 : BACI c/ Me Diarrassouba Mamadou Lamine) ;

– la condamnation au paiement des causes de la saisie ne peut viser que le tiers saisi ainsi défini, le créancier saisissant ne pouvant détenir plus de droit que son propre débiteur n'en a sur celui-là. En l'espèce, le tiers saisi ne saurait être tenu au paiement des causes de la saisie en application des articles 156, 38 et 81 visés au moyen dès lors qu'il n'est pas établi qu'à la date de la saisie, la débitrice, bien que liée au tiers saisi par quatre contrats de bail commercial, détenait une somme d'argent appartenant à celle-ci (CCJA, 3e ch., nº 073, 30-3-2017 : Sté Afriland First Bank Côte d'Ivoire c/ Sté Vivo Energy-Côte d'Ivoire SA) ;

– selon l'article 156 de l'AUPSRVE, c'est un tiers saisi, ainsi défini, qui est tenu de faire les déclarations et communications imposées par ce texte. En l'espèce, il n'est pas établi que GABCEL détenait des sommes d'argent au profit de la société USAN Gabon ; sa qualité de tiers saisi faisant défaut, elle ne pouvait être condamnée aux causes de la saisie. Le premier juge a donc inexactement appliqué la loi et son ordonnance sera infirmée sur ce point (CCJA, 1e ch., nº 105, 28-3-2019 : GABCEL SA c/ 2JTH-Gabon SARL) ;

– qu'en l'absence d'une créance de la débitrice disponible entre les mains du tiers au jour de la saisie attribution, celui-ci ne peut être condamné au paiement des causes de la saisie car dépourvue de la qualité de tiers saisi. C'est donc en violation des articles 154 and 156 de l'AUPSRVE visés au moyen que la cour d'appel a retenu le contraire, exposant ainsi son arrêt à la cassation (CCJA, 3e ch., nº 110/2020, 9-4-2020 : Sonatel SA c/ F.).

3º Qualité de tiers saisi découlant de l'autorité de chose jugée attachée aux décisions de condamnation exécutées par une personne en paiement des causes d'une saisie

En vertu de l'article 38 de l'AUPSRVE, le tiers-saisi ayant payé les causes d'une saisie au créancier poursuivant dispose d'une action récursoire contre le débiteur saisi lui permettant d'obtenir remboursement des sommes réglées en ses lieu et place ; la mise en œuvre de l'action ainsi consacrée suppose de la part de son auteur la preuve de la qualité de tiers saisi et du paiement effectif des sommes poursuivies. C'est donc en violation de l'article 38 qu'une cour d'appel a retenu « qu'il résulte des pièces du dossier, notamment le courrier daté du 9 novembre 2009 de la BIAO adressée au gérant de la société [débitrice] que le compte de cette dernière […] avait été clôturé […] avant la saisie-attribution […] que dans ces conditions, la BIAO-CI, n'ayant pas la qualité de tiers saisi à l'époque est mal venue à exercer une action récursoire contre la société [débitrice] », pour débouter le tiers-saisi de son action récursoire contre le débiteur, exposant ainsi son arrêt à la cassation. Il en est ainsi en l'espèce car la qualité de tiers saisi de la demanderesse en cassation découle de l'autorité de la chose jugée rattachée aux décisions de justice qu'elle a exécutées en paiement des causes de la saisie. Sur l'évocation et pour les mêmes motifs que ceux ayant entraîné la cassation, le jugement initial sera confirmé (CCJA, 1e ch., 238, 29-11-2018 : NSIA Banque Côte d'Ivoire c/ Sté ARTIS).

4º Non-incidence d'un nantissement sur le droit de propriété du constituant sur les fonds nantis

Il s'infère de l'article 156 de l'AUPSRVE que ladite déclaration s'impose exclusivement aux tiers, à savoir la personne qui détient des sommes d'argent appartenant au débiteur saisi en vertu d'un pouvoir propre et indépendant, même si elle les détient pour le compte d'autrui. C'est donc en violation de ce texte qu'une cour d'appel a retenu, pour rejeter la demande de [X.], qu'« il est constant que les créances que la société [A.] détenait pour le compte de la société [B.] avaient fait l'objet d'un nantissement au profit de la société [C.] le 11 janvier 2018 ; que la saisie-attribution de créances pratiquée par sieur [X.] l'a été le 23 janvier 2018 ; qu'à ce moment, la société [A.] ne détenait plus aucune somme pour le compte de la société [B.] et ne pouvait pas avoir la qualité de tiers saisi » ; en se déterminant ainsi, alors que le nantissement ne suffit pas à faire disparaître le droit de propriété du constituant sur les fonds nantis et partant la qualité de tiers saisi du détenteur des fonds, la cour d'appel a commis le grief allégué, exposant son arrêt à la cassation. Sur l'évocation, et pour les mêmes motifs que ceux ayant entraîné la cassation de l'ordonnance déférée, il y a lieu de dire que la société [A.] a la qualité de tiers saisi ; dès lors sa déclaration tardive est, au regard de l'article 156 précité, constitutive d'un manquement à ses obligations et l'expose au paiement des causes de la saisie ; il échet, en conséquence d'infirmer l'arrêt sur ce point et statuant à nouveau de la condamner à payer à sieur [X.] la somme de 20 947 500 FCFA représentant les causes de la saisie mais de débouter celui-ci de sa demande de dommages-intérêts, la preuve du préjudice n'étant pas rapportée (CCJA, 3e ch., no 142/2024, 25-4-2024).

C. Absence de la qualité de tiers saisi

1o Inexistence d'obligation envers le débiteur

A l'analyse des dispositions de l'AUPSRVE, relatives aux voies d'exécution, toutes les obligations mises à la charge du tiers saisi sont subordonnées à la condition que la personne poursuivie soit le débiteur concerné par le titre exécutoire. C'est pourquoi, l'article 156 de de cet Acte uniforme stipule que « le tiers saisi est tenu de déclarer au créancier l'étendue de ses obligations à l'égard du débiteur… ». Les obligations du tiers saisi à l'égard du débiteur principal s'apprécient au moment de la saisie. En conséquence, le demandeur doit être débouté de son action lorsque le tiers poursuivi n'a aucune obligation à l'égard du débiteur principal (TPI Abidjan-Plateau, 3e ch. civ. et com., no 33, 9-1-2008 : Sté Wilh Meyer et Cons Côte d'Ivoire c/ SIB, Juris-Ohada, 2012, no 3, juill.-sept., p. 34, Ohadata J-13-51).

2o Relation avocat-client à distinguer de celle d'un débiteur et d'un tiers saisi

Il résulte de la combinaison des articles 153 et 156 de l'AUPSRVE que le tiers entre les mains duquel un créancier peut procéder à la saisie-attribution est le « débiteur de son débiteur ». Et le mandat liant un avocat à son client n'autorise pas l'avocat à recevoir la signification d'une saisie-attribution de créances en lieu et place de son client, de surcroît une société anonyme. C'est donc en violation de l'article 153 de l'AUPSRVE que l'huissier s'est adressé au conseil du tiers saisi, qui n'est pas débiteur du débiteur, pour procéder à la saisie-attribution, irrégulière de ce fait et dont la mainlevée doit être ordonnée (CA Niamey (Niger), no 100, 25-10-2006 : CAREN ASSURANCES SA c/ SNTN SAEM et SNTV SA, Ohadata J-10-292).

3o Détenteur d'un document consacrant une somme devant revenir au débiteur

Le terme tiers saisi employé aux articles 38 et 156 de l'AUPSRVE et auquel ces textes s'appliquent désigne non pas une personne sur qui pèse une simple présomption de détention des sommes d'argent mais plutôt la personne qui détient effectivement des sommes d'argent dues au débiteur saisi ; ils ne peuvent s'appliquer lorsque la personne qui a fait une déclaration ou qui s'est abstenue de toute déclaration n'a pas cette qualité. En l'espèce, il est constant qu'au jour de la saisie-attribution, le tiers ne détenait pas, pour compte de la débitrice, de créances portant sur des sommes d'argent, mais plutôt, un procès-verbal d'accord transactionnel constatant que la quote-part indivise d'héritage revenant à cette dernière est d'une valeur de 91 138 890 FCFA ; ayant relevé cela, c'est à bon droit que la cour d'appel a décidé que cette personne n'a pas la qualité de tiers saisi devant subir l'application des dispositions des textes visés aux moyens ; que les moyens réunis ne prospérant, il échet de les rejeter (CCJA, 2e ch., no 193/2019, 27-6-2019 : Maître Ali Badjouna c/ D.).

4o Créancier du débiteur

Pour condamner une personne à payer, en qualité de tiers saisi, les causes d'une saisie et des dommages-intérêts, sur le fondement de l'article 156 de l'AUPSRVE, le juge du fond doit avoir au préalable démontré ce statut de tiers saisi. N'a pas ce statut, celui sur lequel pèse une présomption de détention des fonds pour le compte du débiteur saisi en raison de leurs rapports mais qui, par sa déclaration lors de la saisie, prouve qu'il est plutôt créancier de ce débiteur. En pareille hypothèse, le poursuivant ne rend aucun droit de son débiteur indisponible entre les mains du tiers requis et ne peut réellement et valablement se prévaloir, contre celui-ci, d'un statut de saisissant, sauf cas de déclaration mensongère, inexacte, incomplète ou tardive, ou encore lorsque les modalités d'exécution propres à la créance, dont le recouvrement est poursuivi, laissent raisonnablement entrevoir l'imminence d'une inversion de la situation comptable entre ledit tiers et le débiteur saisi, favorable à ce dernier. En conséquence, fait une mauvaise application de l'article 156 de l'AUPSRVE et encourt la cassation, l'arrêt par lequel une cour d'appel a confirmé la décision du premier juge ayant condamné une banque en qualité de tiers saisi, sans expressément en adopter les motifs ni démontrer la prétendue qualité de tiers saisi, mais en se bornant à énoncer tout simplement que l'appel n'a pas été soutenu (CCJA, 1e ch., no 133/2020, 30-4-2020 : UBA c/ Nsia-Gabon).

D. Irrecevabilité de moyens tendant à remettre en cause l'autorité de chose jugée attachée à la décision ayant reconnu la qualité de tiers saisi

Sont irrecevables les moyens faisant grief à une cour d'appel d'avoir, d'une part, violé les dispositions de l'article 156 de l'AUPSRVE, en validant une saisie-attribution de créance fondée sur une décision qui condamne en paiement des causes de la saisie une personne n'ayant jamais eu la qualité de tiers saisi et, d'autre part, en donnant de ce fait la qualité de tiers saisi à la demanderesse alors qu'elle n'a pas violé l'article 153 du même Acte uniforme. Il en est ainsi car ces moyens tendent à remettre en cause l'autorité de la chose définitivement jugée par la décision du tribunal de grande instance (CCJA, 1e ch., no 022, 11-3-2014 : STANDARD Chartered Bank Cameroon dite SCBC c/ caisse Nationale de Prévoyance Sociale dite CNPS, Institut des Relations Internationales du Cameroun dit IRIC (Université de Yaoundé II), Ohadata J-15-113).

II. Obligations à la charge du tiers saisi

A. Obligation de collaboration et de coopération

1o Obligation de collaboration

Si les articles 156 et 161 de l'AUPSRVE mettent à la charge du tiers saisi **l'obligation de collaboration à la procédure de saisie-attribution de créances,** sa condamnation pour les causes de la saisie ne peut intervenir que si le tiers saisi n'a pas fait de déclaration, ou a fait une déclaration inexacte, incomplète ou tardive. Les seuls cas où le banquier, tiers saisi, est tenu de faire une déclaration supplémentaire dans un délai de huit jours, c'est lorsqu'il y a diminution des sommes rendues indisponibles à l'issue des opérations de contrepassation. En l'espèce, l'arrêt qui a relevé que lors de la saisie, la banque a régulièrement fait les déclarations portant sur tous les comptes et leur solde, déchargeant le tiers saisi d'une obligation de faire une autre déclaration dans un délai de 5 jours a mis à la charge du tiers saisi des conditions non prévues par l'article 161 de l'AUPSRVE notamment en lui reprochant l'absence d'une déclaration complémentaire dans un délai de cinq jours, violant ainsi cette disposition ; il doit être cassé. Sur l'évocation, la responsabilité du tiers saisi ne peut être recherchée pour le paiement des causes de la saisie que si le tiers saisi faisait des déclarations incomplètes, inexactes ou mensongères ou s'abstenait d'en faire. Il incombe au créancier saisissant de rapporter la preuve de l'inobservation par le tiers saisi de ses obligations imposées à l'article 161 de l'AUPSRVE. En l'espèce, le tiers saisi a régulièrement fait ses déclarations à l'appui des pièces justificatives et ne peut être tenu au paiement des causes de la saisie ; il y a donc lieu de débouter le défendeur de sa demande en paiement des causes de la saisie et de confirmer l'ordonnance entreprise (CCJA, 3e ch., no 168, 1-12-2016 : BICICI c/ Ake N'Guéssan Victor, Ohadata J-17-108 ; CCJA, 1e ch., no 197/2021, 11-11-2021 : Gabon Special Economic Zone Ports c/ Orabank Gabon SA).

2o Devoir général de coopération

Il résulte des dispositions combinées des articles 38 et 156 de l'AUPSRVE que le tiers a un **devoir général de coopération** dans les procédures tendant à l'exécution ou à la conservation des créances et s'expose, en cas de défaillance, à des sanctions tendant à sa condamnation au paiement des causes de la saisie et/ou au paiement des dommages-intérêts. En l'espèce, la banque, tiers saisi, ayant été attraite en paiement des causes de la saisie par le saisissant pour avoir, de façon inexacte, déclaré que le débiteur poursuivi, n'est titulaire d'aucun compte dans ses livres, l'objet du litige soumis aux juges conviait donc ceux-ci à se déterminer sur le caractère exact ou non des déclarations de la banque et d'en tirer le cas échéant les conséquences. Saisi à cet effet, le président de la cour d'appel qui s'est focalisé sur l'irrégularité de la dénonciation de la saisie que seul le débiteur saisi aurait pu soulever conformément à l'article 170 de l'AUPSRVE, sans pour autant s'assurer que les déclarations faites par le tiers saisi dans le procès-verbal de saisie-attribution étaient exactes ou non, a dénaturé les termes de la cause et commis le grief formulé par le moyen, exposant ainsi l'ordonnance attaquée à la cassation (CCJA, 1e ch., no 001, 24-1-2019 : K. c/ Ecobank-Burkina Faso).

3o Rôle passif du tiers saisi

Il n'appartient pas au tiers saisi d'évoquer l'insaisissabilité d'une créance, mais au débiteur saisi d'en relever au cours d'une instance en contestation. En l'espèce, il revenait au débiteur saisi de se prévaloir des dispositions légales internes garantissant l'insaisissabilité des créances en cause pour en obtenir devant le juge de l'exécution compétent la mainlevée. Il n'appartenait donc pas au tiers-saisi de se substituer ni au débiteur saisi, encore moins au juge de l'exécution, car le rôle du tiers saisi est passif et nullement actif (T com. Kinshasa/Gombe, no RCE 7288, 14-2-2022 : Equity Banque Commerciale du Congo SA c/ La Rawbank SA).

B. Obligation de déclaration et de paiement

1o Généralité

Il résulte des articles 35, 156, al. 1 et 164, al. 1 de l'AUPSRVE que cet Acte uniforme met à la charge du tiers saisi deux types d'obligations : une **obligation de déclaration** de l'étendue de ses obligations à l'égard du débiteur saisi **et une obligation de paiement** des sommes saisies sur présentation d'un certificat du greffe attestant qu'aucune contestation n'a été formée dans le mois suivant la dénonciation de la saisie ou sur présentation de la décision exécutoire de la juridiction rejetant la contestation (CCJA, 3e ch., nº 024, 9-4-2015 : BIAO-CI c/ 1) KOUASSI Bertin, propriétaire de l'entreprise individuelle dénommée Recherche et Réalisation Industrielle dite RRI, 2) KOUA KOMENAN Bilé, Ohadata J-16-24 ; CCJA, 1e ch., nº 197/2021, 11-11-2021 : Gabon Special Economic Zone Ports c/ Orabank Gabon SA).

L'article 156 de l'AUPSRVE ne concerne pas les obligations du débiteur dans les livres du tiers saisi mais celles du tiers saisi à l'égard du débiteur. À cet effet, la déclaration faite à l'huissier doit être conforme en tous points aux documents communiqués. En l'espèce, l'arrêt querellé n'a en rien violé lesdites dispositions visées dès lors qu'il est manifeste que la déclaration de la fusion ne reflète pas exactement le contenu de la lettre émanant du débiteur (CCJA, 2e ch., nº 024, 23-2-2017 : BNI c/ Perinati Gianfranco, Ohadata J-17-184).

2º Portée de l'obligation déclarative

a. Pas de liste exhaustive de pièces à fournir

S'agissant du défaut d'obligation d'une liste de pièces à communiquer, la cour d'appel qui a souverainement retenu ce qui suit n'a en rien violé l'article 156 de l'AUPSRVE : « que l'article 156 de l'[AUPSRVE], sur la copie des pièces justificatives à communiquer au saisissant, ne donne pas une liste de pièces à fournir ; qu'il ne peut en être autrement au regard de la diversité des situations à laquelle cette disposition peut trouver à s'appliquer [...] ; cependant, cette disposition met à la charge du tiers saisi une obligation de renseignement qui l'oblige à répondre à l'huissier instrumentaire de manière suffisamment précise pour permettre au créancier saisissant de savoir quel sort est réservé à sa saisie ; [...] **le but de la communication des pièces justificatives [étant] de prévenir toute collusion frauduleuse entre le débiteur saisi et le tiers saisi, les deux pouvant s'entendre pour saborder la saisie** [...] ; en l'espèce, la copie du nantissement et la copie de la lettre de résiliation ne peuvent, à elles seules, justifier la créance de somme d'argent que peut lui réclamer le [débiteur saisi] ; que s'étant engagé à l'égard du [débiteur saisi] par plusieurs marchés, la copie du bordereau de livraison des 120 tonnes de céréales et la copie de l'accord de groupement apparaissent comme des pièces pertinentes de nature à sceller la transparence à l'égard du créancier saisissant ; que s'étant contentée de produire une copie du nantissement et une copie de la lettre de résiliation, le [tiers saisi] n'a pas communiqué toutes les copies des pièces justificatives que le créancier saisissant était en droit d'attendre d'elle [...] » (CCJA, 1e ch., nº 132/2019, 25-4-2019 : Sté Nationale de Gestion du Stock de Sécurité Alimentaire c/ BABF SA).

b. Pas d'obligation de déclarer les opérations antérieures sans incidence sur la saisie

L'étendue des obligations d'un établissement bancaire, en tant que tiers saisi, porte sur la nature du ou des comptes du débiteur ainsi que leur solde au jour de la saisie ; en déclarant sur le champ que le solde du compte au jour de la saisie, le 21 octobre 2016, était de 5 734 685 FCFA, et en délivrant un extrait de compte y afférent, la demanderesse, qui est un établissement bancaire, n'a pas fait une déclaration incomplète car il n'entre pas dans ses obligations, de déclarer les opérations antérieures à la saisie, lorsque de telles opérations n'affectent en rien celle-ci. C'est donc en violation des articles 156 et 161 de l'AUPSRVE qu'une cour d'appel a retenu le contraire, exposant son arrêt à la cassation (CCJA, 2e ch., nº 202/2021, 25-11-2021 : Coris Bank International Côte d'Ivoire SA c/ BNI SA).

c. Pas d'obligation de déclarer une somme ayant déjà été séquestrée à la suite d'une saisie antérieure

Au sens de l'article 156 de l'AUPSRVE, le tiers saisi est celui qui détient des fonds appartenant au débiteur du saisissant au moment de la saisie ou est lié au débiteur par un contrat à exécution successive. La débitrice qui, selon les pièces de la procédure, avait fait l'objet d'une saisie-attribution de créances mises sous séquestre le 8 avril 2013 n'avait plus d'obligation à l'égard du débiteur principal et la qualité de tiers saisi au moment de la saisie litigieuse des 11 et 12 mai 2015, et ne saurait être astreinte à l'obligation légale de renseignement complet et immédiat sur l'étendue de ses obligations envers le débiteur. Dès lors, en retenant que la défenderesse, qui ne détient aucune somme ou deniers du débiteur n'est pas astreint à communiquer des pièces justificatives, la cour d'appel, qui a conclu, après appréciations souveraines des éléments de la procédure, à une déclaration complète et non fautive, et qui a également retenu que le saisissant n'apportait aucun élément de preuve tendant à démontrer le contraire, n'a pas violé les textes visés aux moyens (CCJA, 2e ch., nº 006/2021, 28-1-2021 : Maître Kontchou Gabriel c/ CFAO Technologies).

d. Pas d'obligation de déclarer une somme déjà cantonnée à la suite d'une saisie antérieure pratiquée par le même créancier

Il découle des articles 38 et 154 de l'AUPSRVE que non seulement les sanctions édictées ne sont encourues que par le tiers entre les mains duquel est pratiquée une saisie, et qui fait obstacle ou qui s'abstient d'apporter son concours aux procédures d'exécution, mais aussi que l'effet attributif immédiat entraîne le transfert instantané de la créance saisie qui, de ce fait, demeure désormais disponible dans le patrimoine du saisissant. Il ne saurait donc être reproché, sur le fondement de l'article 156 précité, à un tiers de s'être abstenu de déclarer une somme d'argent déjà cantonnée à la suite d'une première saisie pratiquée entre ses mains par le même créancier saisissant, les dispositions de cet article n'étant relatives qu'aux obligations du tiers saisi à l'égard du débiteur saisi. En l'espèce, il est constant que c'est lors d'une deuxième série de saisies pratiquées par la société IDT SARL, que les sociétés Ecobank Côte d'Ivoire et Orabank Côte d'Ivoire ont fait des déclarations n'incluant pas les sommes antérieurement saisies par cette même créancière saisissante ; qu'en statuant comme elle l'a fait dans ces conditions, la cour d'appel a violé les textes visés au moyen, étant établi que les sommes respectives de 2 011 664 FCFA et de 5 870 733 FCFA étaient déjà cantonnées et que, par ce fait, elles étaient sorties du patrimoine du débiteur saisi pour intégrer celui du saisissant par l'effet attributif de la saisie-attribution de créances ; qu'il échet en conséquence, de casser l'arrêt déféré sans qu'il soit utile de statuer sur la deuxième branche du moyen et d'évoquer. Sur l'évocation et pour les mêmes motifs que ceux développés lors de l'examen du moyen unique de cassation, il y a lieu de confirmer en toutes ses dispositions l'ordonnance n° 748/17 rendue le 6 avril 2017 par le juge de l'exécution du tribunal de commerce d'Abidjan (CCJA, 3e ch., n° 341/2019, 19-12-2019 : Ecobank Côte d'Ivoire SA, Orabank Côte d'Ivoire SA c/ Société Innovation Design Technique).

III. Condamnation du tiers saisi pour manquement à ses obligations

Il résulte de l'article 156 de l'AUPSRVE que, lorsque la signification au tiers saisi d'une saisie-attribution de créances est faite à personne, ledit tiers est tenu de faire sur-le-champ, à l'huissier instrumentaire ou à l'agent d'exécution, une déclaration exacte et complète sur l'étendue de ses obligations à l'égard du débiteur saisi. L'inobservation de cette prescription par le tiers saisi entraîne sa condamnation au paiement des causes de la saisie attribution sans préjudice d'une condamnation au paiement de dommages-intérêts (CCJA, 3e ch., n° 006, 26-2-2015 : Sté Ivoire Coton SA c/ Sté ECOBANK SA, Ohadata J-16-06).

Lorsqu'il est établi qu'un tiers saisi s'est abstenu de toute déclaration, lors de l'opération de saisie conservatoire, puis de sa conversion en saisie-attribution, au mépris des articles 80 et 156 de l'AUPSRVE, la cour d'appel n'a pas violé l'article 156 de l'AUPSRVE en jugeant que le tiers saisi a méconnu ses obligations de tiers saisi et s'expose à payer les sommes pour lesquelles la saisie a été pratiquée si celle-ci est convertie en saisie-attribution (CCJA, 2e ch., n° 088, 8-7-2015 : État du Burkina Faso c/ SGBB, Ohadata J-16-87).

Il ressort des dispositions de l'article 156 de l'AUPSRVE que **toute déclaration inexacte, incomplète ou tardive expose le tiers saisi à être condamné au paiement des causes de la saisie.** En l'espèce, la banque, tiers saisie qui, à la suite d'une saisie-attribution pratiquée entre ses mains, a répondu le lendemain en déclarant que ce débiteur n'avait aucun compte ouvert dans ses livres mais a reçu après cette réponse un versement au profit du débiteur sans autres précisions, soutenant, pour se défendre de l'action tendant à sa condamnation au paiement des causes de la saisie initiée par le créancier poursuivant, que son client serait agent à la CNSS et qu'elle avait été induite en erreur par l'huissier ayant saisi les comptes d'un certain X., plutôt commerçant, a fait une déclaration inexacte et incomplète et encourt la sanction prévue à l'article 156 susvisé ; la décision attaquée sera donc confirmée sur ce chef. Il en est ainsi dès lors qu'à l'analyse, il apparaît que la banque, tiers saisie, qui a pris le temps pour donner sa réponse après les vérifications d'usage, plutôt que de préciser au saisissant que dans ses livres ne figurait aucun compte ouvert au nom du débiteur poursuivi, a préféré assurer que X., sans autres précisions, était inconnu de ses livres (CCJA, 1e ch., n° 001, 24-1-2019 : KOUTOU Somlawinde Daouda c/ ECOBANK-Burkina Faso).

L'article 156 de l'AUPSRVE prescrit sans équivoque la condamnation du tiers saisi pour déclaration inexacte tardive ou incomplète, au paiement des causes de la saisie (CCJA, 2e ch., n° 291/2019, 28-11-2019 : Bicig SA c/ Société Mistral Voyages SA).

A. Condamnation au paiement de la créance réclamée

1° Nécessité de condamner le tiers saisi aux causes de la saisie et non à la somme qu'il a reconnu devoir au débiteur poursuivi

La cour d'appel qui, en cas de déclaration inexacte, a condamné la banque, non au paiement des causes de la saisie tel que le prescrit l'alinéa 2 de l'article 156, mais au paiement de la somme qu'elle avait reconnu détenir pour le compte du débiteur saisi, a violé l'article 156 et exposé son arrêt à la cassation (CCJA, 3e ch., n° 006, 26-2-2015 : Sté Ivoire Coton SA c/ Sté ECOBANK SA, Ohadata J-16-06).

Mais viole les dispositions de l'article 156 de l'AUPSRVE, la cour d'appel qui condamne le tiers saisi au paiement des causes de la saisie, au motif que la déclaration affirmative faite par celui-ci a été contredite par une autre deux mois plus tard, **la loi ne sanctionnant que les déclarations inexactes, incomplètes ou tardives.** En l'espèce, il est constant que le tiers saisi a, lors de la saisie conservatoire pratiquée entre ses mains, déclaré détenir pour le débiteur saisi, la somme de 37 122 753 FCFA ; que conformément à l'article 154 de l'AUPSRVE, ce montant faisant l'objet d'une attribution immédiate au profit du saisissant de la créance saisie par l'effet de l'acte de conversion de la saisie conservatoire en saisie-attribution de créances en date du 10 mai 2012, la déclaration contraire faite plus tard, pour le ramener à 9 237 537 FCFA, ne saurait opérer une modification à la déclaration affirmative initiale (CCJA, 2e ch., no 123, 7-6-2018 : CANA BOIS SARL c/ SIM SA).

Obs. : cet arrêt nous rappelle que seule la déclaration inexacte ou mensongère peut entraîner la condamnation du tiers saisi au causes de la saisie. En l'espèce, le tiers saisi a annoncé, au moment de la saisie conservatoire de créance, détenir une somme qui était inférieure à la créance poursuivie. Plus tard, lors de la conversion en saisie-attribution de créance, le tiers saisi a déclaré détenir une somme inférieure au premier montant déclaré lors de la saisie conservatoire. La cour d'appel confirma l'ordonnance qui a condamné le tiers saisi au paiement des causes de la saisie pour motif de déclaration inexacte. Or, l'effet attributif immédiat prévu à l'article 154 de l'AUPSRVE ne peut s'appliquer qu'à la somme que le tiers saisi a reconnu détenir pour le débiteur lors de la saisie conservatoire, soit, en l'espèce, 37 122 753 FCFA. C'est donc à cette somme, qui a été cantonnée, qu'aurait dû être condamné le tiers saisi ; en considérant que ce dernier a fait une déclaration inexacte pour le condamner au paiement des causes de la saisie, le premier juge puis la cour d'appel ont fait une mauvaise application des articles 154 et 156 de l'AUPSRVE, ce que sanctionne la CCJA.

2o Demande de la condamnation du tiers saisi selon les voies de droit commun

La condamnation du tiers saisi au paiement des causes de la saisie et éventuellement des dommages-intérêts ne peut être poursuivie en principe, que selon les voies de droit commun. Si le créancier saisissant opte, pour la procédure d'injonction de payer, le juge saisi ne peut faire droit à sa demande que si les conditions d'une injonction de payer (articles 1 et 2 de l'AUPSRVE) sont remplies (CA Pointe-Noire (Congo), no 065, 7-4-2006 : SCAB-CONGO SARL c/ D. J.-G., Ohadata J-13-103).

Obs. : sur la combinaison des conditions des art. 1 et 2 de l'AUPSRVE pour l'injonction de payer, voir sous l'art. 1.

3o Démonstration d'un préjudice non nécessaire à la condamnation

Les dispositions de l'article 156 de l'AUPSRVE ne subordonnent pas la condamnation du tiers saisi au paiement des causes de la saisie à la démonstration d'un préjudice qu'aurait subi le créancier saisissant du fait de la déclaration inexacte (CCJA, 1e ch., no 163, 17-12-2015 : Sté Générale de Banques en Côte d'Ivoire dite SGBCI c/ Sté Ivoirienne de Ciment et Matériaux dite SOCIMAT, Ohadata J-16-156).

4o Condamnation accordée

Le tiers saisi dont la déclaration n'a pas respecté les forme et délai requis en ce que, d'une part, elle n'a pas été faite à l'huissier ou à l'agent d'exécution mais au greffe et, d'autre part, en dehors du délai qui lui était imparti par l'article 156 de l'AUPSRVE, et qui de surcroît n'a été accompagnée d'aucune pièce, doit être condamné au paiement de la créance (CCJA, 1e ch., no 27, 7-4-2005 : SONAR c/ PAPME, Juris-Ohada, no 3/2005, p. 32, Rec. jur. CCJA, no 5, janv.-juin 2005, vol. 1, p. 78, Ohadata J-05-379).

L'absence d'engagement avec le débiteur saisi ne se présume pas et c'est plutôt le silence du tiers saisi qui laisse présumer l'existence d'une obligation à l'égard du tiers saisi. Cette sanction du défaut de renseignement participe de l'interdiction faite aux tiers saisis de faire obstacle à la procédure en vue de l'exécution ou de la conservation des créances.

Lorsque le tiers saisi n'a pas fait la déclaration requise par l'article 156 à la suite de la signification de l'acte de saisie conservatoire qui lui avait été faite, il doit être condamné au paiement solidaire des causes de cette saisie (CA Littoral (Cameroun), 14-1-2009 : Les Ets CHIEDJOU (CHIEDJOU René) c/ SCDP, Ohadata J-09-147).

a. Déclaration tardive

Obs. : la jurisprudence présentée ci-après demeures applicable, par transposition, tout en gardant à l'esprit que désormais un délai de deux jours est imparti au tiers saisi pour faire ses déclarations, ce qui ne l'empêche pas de les faire avant l'expiration dudit délai.

La déclaration tardive du tiers saisi est assimilée à une absence de déclaration (CCJA, 2e ch., no 40, 8-12-2011 : BINCI SA c/ État du Niger, Juris-Ohada, 2012, no 3, juill.-sept., p. 24, Ohadata J-13-47).

Le tiers saisi qui n'a pas fait sa déclaration dans le délai imparti par la loi doit être condamné solidairement avec le débiteur au paiement des causes de la saisie (TGI WOURI, no 524, 19-9-2002 : Sté GECEFIC c/ 1) le Directeur général des Ets GEDEPA-CADEB-EGECI, 2) Directeur Général de CAMRAIL, Ohadata J-04-218).

Lorsque la signification au tiers saisi d'une saisie-attribution de créances est faite à personne, ledit tiers saisi est tenu de faire sur-le-champ, à l'huissier instrumentaire ou à l'agent d'exécution, une déclaration exacte et complète sur l'étendue de ses obligations à l'égard du débiteur saisi. La sanction légale de l'inobservation de cette prescription par le tiers saisi, est la condamnation de celui-ci au paiement des causes de la saisie-attribution sans préjudice, le cas échéant, d'une condamnation supplémentaire au paiement de dommages-intérêts. Lorsque dans l'espèce, l'huissier instrumentaire a été accueilli chez la banque (tierce saisie) par le responsable du service juridique, qui non seulement a porté la mention manuscrite « nous aviserons dans le délai », mais a également apposé le cachet dudit service juridique du tiers saisi et signé l'acte de saisie ; en remettant à plus tard la déclaration, alors qu'en tant que tiers saisi, la banque était tenue de la faire sur-le-champ à l'huissier instrumentaire, le service juridique agissant au nom de la banque dont il est un organe, n'a pas obéi aux prescriptions de l'article 156, al. 2 sus-énoncées. Ainsi, en le relevant pour statuer comme elle l'a fait par l'arrêt attaqué, la cour d'appel de N'Djamena n'a point violé l'article 156 de l'AUPSRVE et le moyen doit être rejeté (CCJA, n° 015/2009, 16-4-2009 : CBT c/ AL HADJ ADAM ADJI, Rec. jur. CCJA n° 13, janv.-juin 2009, p. 56, Ohadata J-10-64, Ohadata J-10-21, Actualités Juridiques n° 64-65/2009, p. 270, note Arlette Boccovi, Revue de l'ERSUMA, Numéro spécial, nov.-déc. 2011, p. 123 et s.).

En déclarant que la « réponse suivra » et en adressant le lendemain un courrier à l'huissier instrumentaire, alors qu'aux termes de l'article 156 de l'AUPSRVE précité, il lui est fait obligation de répondre sur le champ, la cour d'appel n'a pas dénaturé les faits et n'a en rien violé l'article 156 de l'AUPSRVE en considérant que la banque ne s'est pas conformée aux exigences de l'article sus-indiqué.

En considérant que les sommes des ex-employeurs réclamées étaient déjà virées à la banque tierce saisie pour paiement à qui de droit, que la déclaration de cette dernière en ces termes « la réponse suivra », n'était pas conforme aux prescriptions de l'article 156 de l'AUPSRVE et en déduisant que cette réponse est une absence de déclaration qui fait obstacle aux procédures d'exécution ou de conservation des créances, la cour d'appel a implicitement répondu à la demande sur la déclaration complémentaire et n'a pas violé l'article visé au moyen qu'il convient de rejeter (CCJA, 3e ch., n° 025, 13-3-2014 : Banque internationale du Cameroun pour l'épargne et le crédit dite BICEC c/ DEFFO, Ohadata J-15-116).

Dès lors qu'il est établi que la banque tierce saisie, lors de l'opération de saisie-attribution, s'est simplement contentée de déclarer le solde négatif du compte saisi, vingt-quatre heures après la signification de l'acte de saisie, sans mentionner les modalités pouvant affecter ses obligations vis-à-vis du débiteur, ni les éventuelles cessions de créances, délégations ou saisies antérieures, et sans communiquer les pièces justificatives de sa déclaration, la cour d'appel qui l'a condamnée à payer les causes de la saisie dans ces conditions n'a pas méconnu les dispositions de l'article 156 de l'AUPSRVE car la banque a fait une déclaration tardive et incomplète (CCJA, ass. plén., n° 071, 25-4-2014 : Banque Sahélo Saharienne pour l'Investissement et le Commerce (BSIC-SA, NIGER), c/ ASSOUMANE MAMANE, Ohadata J-15-162).

C'est en violation de l'article 156 de l'AUPSRVE qu'un arrêt a retenu que la déclaration faite par un tiers saisi le lendemain de la notification à ce dernier d'un acte de saisie-attribution n'est pas tardive, un minimum de temps étant nécessaire à celui-ci pour vérifier dans ses livres comptables, la situation du débiteur saisi, alors que l'article 156 précité est sans équivoque et exige une déclaration et une communication sur-le-champ, sauf si l'acte n'est pas signifié à personne, exposant ainsi son arrêt à la cassation sans qu'il soit besoin de statuer sur l'autre moyen du pourvoi (CCJA, 2e ch., n° 092, 27-4-2017 : LABI BENIE Affia Angelle c/ Orange Côte d'Ivoire SA).

Dans le même sens, retenant que :

– le tiers saisi doit obligatoirement porter à la connaissance du saisissant, le même jour de la signification de l'acte, l'état de la situation des comptes du débiteur, la seule exception prévue étant celle du tiers saisi qui n'a pas personnellement reçu ledit acte et qui dispose de cinq jours pour y répondre. Le tiers saisi qui a reçu signification de l'acte de saisie le vendredi 20 novembre 2009 et n'a fait sa déclaration que le lundi 23 novembre 2009, soit trois jours plus tard, en invoquant pour justifier son retard les recherches que ses services effectuaient pour vérifier « si la société [S.] SARL et la [Nouvelle S.] étaient la même personne morale », a violé les dispositions de l'article 156 précité et doit être condamnée à payer les causes de la saisie. Il en est ainsi car il ne lui était pas demandé par l'article 156 de faire des recherches mais de faire lesdites recherches et d'en déclarer les résultats sur-le-champ ou dans un temps très voisin à l'agent d'exécution ; ces obligations prescrites aux opérateurs économiques par [l'AUPSRVE] leur imposant de nécessairement adapter leurs services aux technologies modernes susceptibles de leur permettre d'y faire face. Confirmation de la décision (CA Abidjan (Côte d'Ivoire), ch. civ. et com., n° 142, 23-4-2010 : B.F.A. c/ R.E.M.A., Juris-Ohada, n° 4/2010, oct.-déc., p. 43, Ohadata J-11-88, Ohadata J-11-23) ;

Le tiers saisi ne peut se voir contraint de régler les causes de la saisie que dans l'étendue de ses obligations à l'égard du débiteur ; lorsqu'il n'est pas établi que le tiers détenait des sommes d'argent appartenant au débiteur au moment de la saisie, la demande de condamnation aux causes de la saisie doit être rejetée, le tiers saisi étant seulement condamné à payer des dommages-intérêts au créancier saisissant (TPI Yaoundé (Cameroun), Centre Administratif, ord. n° 598/C, 30-10-2008 : Régionale d'épargne et de crédit SA c/ La COMECI, Note Yvette KALIEU, Ohadata J-09-222).

– dans un cas où la signification n'a pas été faite à personne, la banque, en sa qualité de tiers saisi disposait de cinq jours à dater de l'acte pour faire sa déclaration sans attendre le retour de l'huissier, le retour de ce dernier n'étant pas une exigence légale de l'article 156 de l'AUPSRVE (T. com. Kinshasa Gombe (RDC), ord. du 3-6-2013 : Standard Bank RDC SARL c/ Celtel Congo RDC SARL, obs. J. Kamga, Ohadata J-14-25).

> **Obs. :** en l'espèce, il était reproché à l'huissier instrumentaire d'avoir simplement déposé l'acte de dénonciation entre les mains de la secrétaire de la banque (tiers saisi), celle-ci ayant soutenu qu'elle attendait le retour de l'huissier pour compléter sa déclaration et lui remettre les pièces manquantes.

– lorsqu'il ressort de l'examen de l'acte de saisie du 31 juillet 2015 que la déclaration du tiers saisi est intervenue le 28 août 2015, et ce, sans communication des pièces justificatives, cette déclaration non faite sur le champ est non seulement tardive mais aussi incomplète. Le tiers-saisi ne justifiant d'aucune cause exonératoire, il y a lieu de le condamner au paiement des causes de la saisie en application des dispositions susvisées (CCJA, 1e ch., n° 080/2020, 9-4-2020 : Wale Gbena c/ Services des Entreprises Pétrolières Congolaises S.A.).

b. Déclaration inexacte

Est une déclaration inexacte la déclaration :

– par laquelle le tiers, interpellé par l'huissier instrumentaire, déclare que le débiteur saisi n'est pas un salarié mais perçoit des commissions sans en préciser le montant, car une telle déclaration ne précise ni l'étendue de la créance ni les modalités pouvant l'affecter (CA Abidjan, n° 1250, 13-12-2002 : Nationale d'ASSURANCE c/ K. K. T., Ohadata J-03-306) ;

– comportant une erreur ; il en est ainsi par exemple lorsque la banque, tiers saisi, ne reconnaît pas du tout devoir des sommes et affirme plutôt qu'elle n'a pas dans ses livres un compte au nom de la débitrice et que c'est par erreur qu'elle a déclaré à l'huissier Instrumentaire qu'elle détenait la somme de 1 209 690 FCFA sur un compte appartenant à la débitrice. Ce comportement constitue une déclaration inexacte et non un refus de paiement qui suppose que le tiers saisi ait reconnu devoir de l'argent au débiteur saisi. Mais le tiers saisi qui fait une déclaration inexacte doit être aussi condamné au paiement des causes de saisie et à celui des dommages-intérêts (CA Abidjan, n° 214, 6-2-2004 : K. A. et ayants droit de K. K. c/ O. O., Alliance Africaine d'Assurances, SGBCI, Ohadata J-04-500) ;

– de la banque, tiers saisi, qui a omis volontairement de signaler une précédente saisie sur le compte du débiteur saisi. Ce comportement constitue une faute civile entraînant la condamnation du tiers saisi à payer au saisissant, sous astreinte, le montant que le tiers saisi a déclaré détenir pour le compte du débiteur (CA Niamey, ch. civ., n° 62, 8-5-2002 : Ecobank Niger c/ SNAR LEYMA et H. H., Ohadata J-03-253 ; obs. Joseph Issa-Sayegh) ;

– de la banque, tierce saisie, qui a déclaré un seul compte débiteur différent des trois autres comptes déclarés lors d'une saisie conservatoire dont la créancière a donné mainlevée amiable et, le même jour, fait procéder à une saisie-attribution de créances sur les comptes de sa débitrice (CCJA, 3e ch., n° 006, 26-2-2015 : Sté Ivoire Coton SA c/ Sté ECOBANK SA, Ohadata J-16-06) ;

– le tiers saisi qui a déclaré aux créanciers saisissants, lors d'une saisie du 3 septembre 2015, que la somme de 135 000 000 FCFA par elle détenue pour le compte du débiteur saisi est l'objet d'une saisie conservatoire, alors que le 3 novembre 2014, date de ladite saisie conservatoire, le solde du compte dont il s'agit était de 15 000 000 FCFA. En l'espèce, l'ordonnance doit être confirmée de ce chef (CCJA, 3e ch., n° 299/2019, 28-11-2019 : Sociétés Deveryware Afrique et Deveryware c/ Chambre de commerce et d'industrie de Côte d'Ivoire dite CCI-CI).

A fait une déclaration inexacte et incomplète l'exposant à la sanction prévue par l'article 156 de l'AUPSRVE, la banque qui s'est abstenue de déclarer à l'huissier l'existence d'un troisième compte ouvert dans ses livres par la débitrice saisie, sur lequel cette dernière avait pourtant, précédemment tiré un chèque au profit du créancier saisissant et dont l'existence, ou le cas échéant, la clôture définitive au jour de la saisie, n'a pas été justifiée par la banque, alors qu'elle y était tenue au regard des dispositions des articles 156 et 162 alinéa 1 de l'AUPSRVE. En la condamnant au paiement des causes de la saisie et à des dommages-intérêts, la cour d'appel a fait une exacte application de ces textes (CCJA, 3e ch., n° 203/2020, 28-5-2020 : BNI c/ BANDAMAN Jean Titus).

Le tiers-saisi qui par ses réponses et déclarations suite aux saisies pratiquées, a lui-même reconnu sa qualité de tiers saisi, en déclarant notamment que « le débiteur est titulaire d'un compte dans nos livres dont le solde est créditeur d'un million vingt-sept mille [...] FCFA, sauf erreur ou omission, sous réserve des agios et frais éventuels non encore comptabilisés [...] ; la débitrice saisie n'est pas titulaire de créances dans nos livres relatives au protocole d'accord de transaction définitive sur procès signé le 27/04/2018. Toutefois, il est titulaire d'un compte dans nos livres dont le solde est créditeur d'un million vingt-sept mille sauf erreur ou omission et sous réserve des agios et frais éventuels non encore comptabilisés », engage sa responsabilité par ces déclarations faites sans précisions et sans pièces justificatives, en parfaite violation de l'article 156 de l'AUPSRVE. Il ne pouvait se prévaloir de la décision du premier juge, l'appel remettant la cause et les parties au même état qu'avant la décision ; confirmation de l'ordonnance de condamnation du tiers saisi au paiement des causes de la saisie (CCJA, 1e ch., n° 021/2021, 18-2-2021 : SGBF SA c/ CBI SA).

L'immunité d'exécution dont pourrait bénéficier le débiteur ne peut être opposée à l'action du créancier en paiement contre le tiers saisi dans le cas d'espèce dès lors qu'il est établi que ce dernier n'a pas été assigné par la débitrice poursuivie en contestation de saisie-attribution de créances dans le délai légal ; et qu'il est établi, comme résultant des pièces du dossier de la cause et non contesté, que lors de la saisie pratiquée le 2 décembre 2015, les déclarations faites par le tiers saisi sont différentes de celles faites lors de la première saisie pratiquée le 6 août 2015 sur les mêmes avoirs entre ses mains, sans justification d'un procès-verbal de mainlevée. En comparant les relevés de comptes communiqués lors de la seconde saisie, ceux-ci reprennent 14 comptes du débiteur saisi mais seuls les comptes n° 1201-5001373-04-63 $, 1201-5001371-07-66 € et 1201-5001373-09-68 CDF comprennent des sommes identiques aux relevés communiqués lors de la première saisie. Dès lors, en application de l'article 156 in fine de l'AUPSRVE, il y a lieu de faire droit à la demande du créancier et, conséquemment, d'infirmer l'ordonnance entreprise de ce chef (CCJA, 3e ch., n° 227/2019, 10-10-2019 : M. c/ TMB S.A et SGHC S.A).

c. Déclaration mensongère

Est une déclaration mensongère la déclaration trompeuse sur l'étendue des obligations du tiers saisi vis-à-vis du débiteur avec refus volontaire de communiquer au créancier saisissant les pièces justificatives (CA Abidjan, n° 937, 11-7-2003 : A. N. c/ Caisse Autonome d'Amortissement, Ohadata J-03-340).

Une cour d'appel qui a engagé la responsabilité d'une banque pour déclarations inexactes et mensongères sur la base d'un faisceau d'indices appréciés souverainement et tirés notamment, de l'antériorité de la saisie en cause, de l'existence antérieure du contrat de prêt et du versement de la somme de 600 000 000 FCFA dans la quinzaine de ladite saisie, a bien motivé sa décision, laquelle n'encourt pas les griefs d'insuffisance de motifs et de contrariété de motifs qui lui sont faits à tort (CCJA, ass. plén., n° 055, 27-4-2015 : ECOBANK SENEGAL SA c/ Banque Sahelo Saharienne pour l'Investissement et le Commerce BSIC SENEGAL, Ohadata J-16-55).

d. Déclaration incomplète

Déclaration non assortie de pièces. Le tiers saisi qui s'est contenté de déclarer à l'interpellation de l'huissier que « le compte de la partie saisie ne présente pas d'actifs saisissables, sauf erreur ou omission », par apposition d'un tampon sur le procès-verbal de saisie, sans communiquer copie des pièces justificatives comme le lui impose la loi, ne s'est pas conformé aux dispositions de l'article 156 de l'AUPSRVE, encore moins de celles de l'article 161 du même Acte uniforme qui oblige le tiers saisi, établissement bancaire ou financier assimilé, à déclarer la nature du ou des comptes du débiteur ainsi que leur solde au jour de la saisie. La cour d'appel qui a infirmé l'ordonnance de condamnation du tiers saisi au paiement des causes de la saisie a violé les dispositions énoncées et exposé son arrêt à la cassation. Sur évocation, ladite ordonnance de condamnation doit être confirmée (CCJA, 1e ch., n° 29, 29-4-2010 : A c/ B.I.C.I.G., Juris-Ohada, n° 3/2010, juill.-sept., p. 43, Ohadata J-11-73, J-12-49).

La déclaration de l'étendue de ses obligations par le tiers saisi va de pair avec les modalités qui pourraient affecter ces obligations, modalités qui, elles-mêmes, doivent être justifiées par la production immédiate des pièces. Le tiers saisi qui a fait état d'un gage à son profit sans communication sur-le-champ du document y relatif, a fait une déclaration incomplète tombant sous le coup de la sanction portée à l'article 156 de l'AUPSRVE et l'arrêt qui a retenu le contraire encourt la cassation. Sur l'évocation, l'ordonnance ayant condamné le tiers saisi pour déclaration incomplète doit être confirmée (CCJA, 2e ch., n° 017, 2-4-2015 : Sté Shell-Côte d'Ivoire c/ SGBCI, Ohadata J-16-17).

La cour d'appel qui a retenu « qu'en se bornant simplement à dire (le compte est débiteur), sans en indiquer le montant précis et sans fournir, dans les délais, les pièces justificatives, le crédit agricole s'est rendu auteur d'une déclaration incomplète et, partant, a méconnu le sens et la portée des articles 38 et 156 de l'Acte uniforme lesquels ne dispensent nullement la banque de communiquer à l'huissier commis le montant du solde du compte du client saisi lorsque le solde dudit compte est débiteur ; qu'au contraire, la banque doit impérativement déclarer à l'huissier, dans les délais susdits, l'étendue de ses obligations envers le débiteur et les modalités qui les affectent, notamment par l'indication du montant précis du solde du compte au jour de la saisie accompagnée des copies des pièces justificatives de sa déclaration, peu importe que le compte soit créditeur ou débiteur ; que la communication en dehors des délais légaux du relevé de compte attestant du solde débiteur allégué est tardive et ne saurait par conséquent être de nature à couvrir le manquement commis », pour confirmer l'ordonnance qui a condamné le tiers saisi au paiement des causes de la saisie n'a en rien violé les articles 38 et 156 de l'AUPSRVE (CCJA, 3e ch., n° 111/2020, 9-4-2020 : CNCAS-SA c/ Société Oleosen).

La cour d'appel qui, s'agissant du défaut de sanction de la non-communication des pièces, a énoncé « […] qu'en réalité, le défaut de communication de pièces justificatives est autant répréhensible que le défaut de déclaration ; qu'ainsi, le défaut de communication de pièces justificatives est autant sanctionné que le défaut de communication de renseignements ; que par conséquent, ce moyen tiré du défaut prétendu de sanction pour absence de communication de pièces est inopérant » n'a en rien violé l'article 156 de l'AUPSRVE (CCJA, 1e ch., n° 132/2019, 25-4-2019 : Sté Nationale de Gestion du Stock de Sécurité Alimentaire c/ BABF SA).

Il ressort de l'article 156 de l'AUPSRVE que le tiers saisi a l'obligation, sous peine de s'exposer à une condamnation au paiement des causes de la saisie, de déclarer au créancier les sommes qu'il détient pour le compte de son client contre lequel la saisie est pratiquée, en précisant le cas échéant si celles-ci ont fait l'objet d'une saisie antérieure et d'en communiquer copie des pièces justificatives. En se contentant en l'espèce, déclarer un solde créditeur de 1 100 FCFA et en s'abstenant de faire allusion à la saisie ayant porté sur la somme de 5 322 522 FCFA, le tiers saisi a fait une déclaration inexacte et incomplète aux sens de l'article 156 susvisé, au demeurant non étayée d'aucune pièce justificative. Il s'ensuit qu'en statuant à nouveau pour déclarer le créancier mal fondé de sa demande de condamnation du tiers saisi au paiement des causes de la saisie, la cour d'appel a violé l'article 156 précité exposant son arrêt à la cassation. Sur l'évocation et pour les mêmes motifs que ceux ayant entraîné la cassation, il échet, eu égard au fait que la banque a déjà payé la somme de 5 323 522 FCFA sur le montant des causes de la saisie évalué à la somme de 23 868 782 FCFA, de la condamner au paiement du montant reliquataire de 18 556 260 FCFA et de confirmer conséquemment l'ordonnance entreprise. L'action du créancier en paiement des causes de la saisie étant justifiée, elle ne saurait être constitutive de faute et la demande de dommages-intérêts formée par le tiers saisi sera rejetée (CCJA, 1e ch., n° 250/2019, 7-11-2019 : N. c/ United Bank For Africa).

Voir aussi : CCJA, 1e ch., n° 310/2019, 12-12-2019 : T. c/ Bicigui.

5° Condamnation refusée

S'est conformé aux prescriptions légales et ne peut être condamné, le tiers saisi qui a collaboré à une saisie attribution en déclarant l'étendue de ses obligations à l'égard de la demanderesse à l'occasion de toutes les saisies et a même pris soin de préciser les modalités qui les affectent, en ce qui concerne la tenue d'un compte de règlement, en annexant dans ses déclarations, copie de l'accord de collaboration signé entre les membres du Multiplay en vue du fonctionnement des comptes de règlement consacré par la loi sur le système de paiement et les saisies antérieures (T com. Kinshasa/Gombe, n° RCE 7288, 14-2-2022 : Equity Banque Commerciale du Congo SA c/ La Rawbank SA).

a. Déclaration de l'état du compte bancaire

Le tiers saisi qui a déclaré l'état du compte bancaire du débiteur saisi et a adressé au créancier saisissant un chèque en paiement des causes de la saisie a rempli ses obligations au sens de l'article 156 de l'AUPSRVE. La créancière ne peut avoir subi aucun préjudice du fait du tiers saisi et sa demande de condamnation du tiers saisi au paiement des causes de la saisie doit être rejetée (TPI Yaoundé, ord. n° 232, 8-1-2004 : B. N. B. c/ BICEC SA, Ohadata J-04-411).

b. Absence de déclaration tardive

Selon l'article 156 de l'AUPSRVE, si le tiers saisi est tenu à l'obligation de déclarer sur-le-champ l'état de la situation de compte du débiteur, ce délai est porté à cinq jours lorsque ce tiers saisi n'a pas personnellement reçu ledit acte. S'agissant d'une personne morale, la signification est considérée comme faite à personne lorsqu'elle est délivrée au siège de la structure, à son représentant légal ou à une personne habilitée à cet effet. En l'espèce, la signification de la saisie-attribution ayant été faite à la « succursale » de la banque, tiers saisi, située à plus de 2 500 km du siège social, la banque, qui n'a pas de ce fait reçu personnellement l'acte à son siège social à Kinshasa, disposait d'un délai de cinq jours à compter du 15 septembre 2014 pour faire sa déclaration, le jour de la signification n'étant pas pris en compte. Ainsi, la déclaration faite par la banque le 19 septembre 2017, donc le cinquième jour de la signification, est intervenue dans le délai requis par l'article 156. Il s'ensuit qu'en disant le contraire, le premier juge n'a pas fait une juste application de la loi ; il y a donc lieu d'infirmer son ordonnance et, statuant à nouveau, de débouter le créancier de sa demande en paiement des causes de la saisie et des dommages-intérêts (CCJA, 2e ch., n° 275/2020, 30-7-2020 : M. c/ Ecobank RDC SA et Sté Les Entreprises Swanepoel).

c. Absence de déclaration inexacte

L'arrêt qui a énoncé que les comptes sur lesquels la saisie a été pratiquée appartiennent à la République démocratique du Congo, le Bureau central de coordination (BCECO) étant une entité publique dépourvue d'une personnalité juridique autonome, n'a en rien violé l'article 156 de l'AUPSRVE dès lors qu'en reprenant les intitulés desdits comptes pour faire sa déclaration, la banque s'est conformée à l'article 161 de l'Acte uniforme invoqué au moyen ; qu'elle n'a donc pas commis le grief allégué (CCJA, 1e ch., n° 311/2019, 12-12-2019 : N. c/ Rawbank SA).

d. Erreur de bonne foi du tiers saisi

Lorsque le tiers saisi a, par erreur de bonne foi sur l'identité du débiteur saisi, soutenu que [son client X.] n'est pas le débiteur saisi, et en conséquence, elle ne saurait être tiers saisi, il n'y a pas eu déclaration inexacte concernant le débiteur de la société saisissante. Il en est ainsi car la déclaration inexacte, incomplète ou tardive concerne incontestablement la situation du débiteur. C'est donc par erreur que la banque, tiers saisi a été condamnée au paiement des causes de la saisie et le jugement doit être infirmé (CA Abidjan, n° 584, 3-5-2002 : CITIBANK c/ AFROCOM, Ohadata J-03-17). Sur un autre cas de condamnation par erreur du tiers saisie qui a été infirmée en appel, voir (CA Abidjan, ch. civ. et com., n° 518, 27-4-2004 : Sté ECOBANK CI c/ coopérative ALEH-AHUN et la COLINA, Ohadata J-05-320).

C'est à tort, que, procédant d'une confusion liée aux dénominations de deux sociétés, une banque a plutôt déclaré l'état des comptes d'une société SN SOCOBIN ouverts dans ses livres, et non ceux d'une société SOCOBIN SARL, débitrice de la créancière, qui n'a aucun compte ouvert dans les écritures de la banque saisie. N'étant pas tierce saisie, malgré sa déclaration indiscutablement tardive, la demanderesse ne devait pas être condamnée en cette qualité au paiement des causes de la saisie. C'est donc en violation de l'article 156 de l'AUPSRVE qu'une cour d'appel a confirmé la décision qui a décidé du contraire, exposant ainsi son arrêt à la cassation. Sur l'évocation, il convient de déclarer l'appel recevable en la forme, et pour les mêmes motifs que ceux ayant entraîné la cassation, d'infirmer la décision du premier juge et de débouter la défenderesse de sa demande (CCJA, 1e ch., n° 151, 26-11-2015 : Banque pour le Financement de l'Agriculture (BFA) c/ Sté Représentation de Matériels Allemands (REMA) SARL, Ohadata J-16-144).

e. Annulation ou mainlevée des saisies

Doit être cassé l'arrêt qui omet de statuer sur une demande importante. Il en est ainsi par exemple lorsque, par conclusions d'appel, une partie a exposé « que les actes de saisie-attribution de créances pratiquée le 24 août 2010 et de dénonciation du 31 août 2010 sur lesquels se fonde l'appelant pour déclarer une déclaration inexacte et incomplète […] ont été déclarés nuls par la première chambre de la Cour… », car la conséquence logique de cette demande est le débouté du fait de l'inexistence des saisies à la date du 28 juillet 2011 à laquelle l'arrêt a été rendu. Sur l'évocation, aucune condamnation ne saurait être prononcée du fait de déclarations relativement aux saisies qui ont été annulées et l'ordonnance ayant jugé dans ce sens doit être confirmée (CCJA, 2e ch., n° 084, 22-5-2014 : 1) Banque Atlantique Côte d'Ivoire dite BACI, 2) Banque Nationale d'Investissement dite B.N.I, 3) Banque pour le Financement de l'Agriculture dite B.F.A c/ 1) KONAN YAO Augustin, 2) ECOBANK Côte d'Ivoire, Ohadata J-15-175).

Selon les articles 38 et 156 de l'AUPSRVE, tout manquement par un tiers saisi à l'obligation de déclaration et de communication lors de la saisie entre ses mains peut entraîner sa condamnation au paiement des causes de la saisie et de dommages-intérêts. Ces sanctions, prévues pour garantir les saisies régulières, ne peuvent s'appliquer contre un tiers saisi si la saisie a cessé d'exister. En prononçant la condamnation d'un tiers saisi au paiement de dommages-intérêts pour manquement à ses obligations de déclaration lors de la saisie alors que, d'une part, la mainlevée de ladite saisie a été ordonnée bien avant l'introduction de l'instance en responsabilité du tiers saisi et que, d'autre part, le créancier saisissant n'a pas rapporté la preuve d'un quelconque préjudice à réparer par l'allocation de dommages-intérêts, la cour d'appel a, par mauvaise interprétation, violé les dispositions des articles sus indiqués et exposé son arrêt à la cassation. Sur l'évocation, lorsque la mainlevée de la saisie a été ordonnée avant l'introduction de l'instance en paiement des causes de la saisie et dommages-intérêts, le créancier poursuivant doit être débouté de sa demande de condamnation du tiers saisi aux causes de la saisie et à des dommages-intérêts ; le jugement ayant statué en ce sens doit être annulé. La demande reconventionnelle de condamnation pour abus du droit d'agir en justice doit être rejetée, dès lors que l'action exercée est régulière et ne relève d'aucun abus (CCJA, 3e ch., n° 144, 19-11-2015 : Financial Bank Gabon devenue ORABANK c/ Sté PAMIKO MARITIME COMPANY, PANOURGIAS NARKELIS, Ohadata J-16-137).

Aucune condamnation ne saurait être prononcée du fait des déclarations relatives à une saisie-attribution dont l'annulation a été définitivement entérinée par la CCJA après cassation de l'ordonnance de référé dont se prévaut le recourant ; le moyen n'est pas fondé et doit être rejeté (CCJA, 2e ch., n° 120, 23-6-2016 : C. c/ Bank of Africa dite SA, Ohadata J-17-61).

La saisie ayant déjà été invalidée avant l'assignation en paiement des causes de la saisie, cette dernière action ne pouvait prospérer pour avoir perdu tout fondement (CCJA, 1e ch., n° 311/2019, 12-12-2019 : N. c/ Rawbank SA).

f. Absence de déclaration mensongère

C'est à tort qu'une cour d'appel a confondu l'action du demandeur tendant au paiement des causes d'une saisie-attribution de créances au sens de l'article 156 de l'AUPSRVE à une demande de reversement des causes de la saisie qui obéit à l'obligation du paiement préalable d'une consignation de 5 % du montant de la somme sollicitée, conformément à la législation fiscale nationale, pour déclarer l'action irrecevable en l'état pour consignation insuffisante. Sur l'évocation, l'ordonnance doit être infirmée pour avoir déclaré irrecevable en l'état l'action du demandeur pour consignation insuffisante sans rapporter la preuve de la saisine préalable du président de la juridiction par le greffier en chef du montant de la somme à consigner. Mais la banque tierce saisie n'a fait aucune déclaration mensongère pouvant entraîner sa condamnation au paiement des causes de la saisie et le demandeur doit être débouté de son action, dès lors que l'unique compte au nom du débiteur a été clôturé bien avant l'opération de saisie (CCJA, ass. plén., n° 143, 11-11-2014 : Henri Flavien LOE EYIKE c/ Banque internationale du Cameroun pour l'épargne et le crédit dite BICEC, Ohadata J-15-233).

g. Saisie-attribution devenue caduque

Si le tiers s'expose, sur la base l'article 156 de l'AUPSRVE, à une condamnation aux causes de la saisie en cas de déclaration inexacte, incomplète ou tardive, c'est à la condition que la saisie n'ait pas été déclarée, par la suite, nulle ou caduque. En l'espèce, la saisie-attribution pratiquée le 16 mars 2018 entre les mains de la défenderesse ayant été déclarée caduque par ordonnance du 4 juin 2018, l'arrêt attaqué n'a en rien violé l'article 156 de l'AUPSRVE en infirmant l'ordonnance qui lui était déférée au motif, entre autres, que le premier juge n'a pas tenu compte du fait que la saisie-attribution qui sous-tend l'action originaire a été déclarée caduque (CCJA, 2e ch., n° 158/2021, 28-10-2021 : N. c/ Equity Bank Congo SA).

h. Personne n'ayant pas la qualité de tiers saisi

Le juge qui, pour condamner une personne au paiement de dommages-intérêts, en application de l'article 38 de l'AUPSRVE, a énoncé « qu'il ressort des développements *supra* que la GABCEL SA a manqué à son obligation qui est de faire une déclaration sur-le-champ en faisant une déclaration tardive ; que bien que cette dernière déclare ne détenir aucun avoir pour le compte de USAN Gabon, il n'en demeure pas moins que cette déclaration, qui aurait dû être faite sur-le-champ lors de la signification de saisie en date du 10 novembre 2017, est intervenue de façon tardive constituant ainsi un obstacle à la présente procédure », sans tenir compte du fait que ne se reconnaissant pas tiers saisi, GABCEL avait, en vue de sa déclaration, pu valablement répondre à l'huissier venu lui notifier l'acte le 10 novembre 2017 de passer le 14 novembre 2017, même si celui-ci ne s'est présenté que le 21 novembre 2017, a fait une mauvaise application de l'article 38 de précité et son ordonnance doit également être infirmée sur ce point, dès lors que rien dans l'attitude de GABCEL ne dénote d'une volonté d'obstruer l'exécution forcée initiée. Au vu des développements précédents, la demande d'astreinte formulée devant la cour d'appel est dépourvue de tout fondement et sera rejetée (CCJA, 1e ch., n° 105, 28-3-2019 : GABCEL SA c/ 2JTH-Gabon SARL).

Obs. : cette décision peut sembler regrettable car certains débiteurs de mauvaise foi pourraient s'en prévaloir à des fins dilatoires. Il en est ainsi car, si effectivement le présumé tiers n'a aucune obligation envers le tiers saisi, tout le monde gagnerait à ce que cela soit révélé le plus rapidement possible, afin de permettre au créancier de chercher d'autres potentiels tiers saisis ; le fait pour une personne interpellée, de tarder à indiquer qu'elle n'a aucune obligation envers le débiteur susceptible de constituer l'assiette d'une saisie-attribution de créance peut contribuer à éroder la sécurité du mécanisme initialement conçu pour être simple, efficace et rapide.

i. Refus de condamnation pour une exigence non prévue par les textes applicables

Lorsqu'il ressort des pièces du dossier de la procédure qu'en réponse à la saisie-attribution pratiquée, le tiers saisi a énuméré de manière exhaustive les soldes des différents comptes ouverts par le débiteur saisi dans ses livres et a fourni les extraits de ces comptes, à l'appui de sa déclaration, c'est en violation des articles 38, 156 et 161 visés au moyen qu'une cour d'appel a purement et simplement confirmé en toutes ses dispositions l'ordonnance du premier juge qui avait retenu, pour condamner la banque au paiement des causes de la saisie que celle-ci « n'a pas annexé les relevés détaillés des quatre comptes de la société [débitrice] en vue de permettre la vérification des mouvements réellement effectués dans ces comptes pour aboutir à un solde débiteur », alors qu'une telle exigence ne ressort nullement des dispositions des articles 156 et 161 précités, exposant son arrêt à la cassation. Sur l'évocation pour les mêmes motifs que ceux ayant entraîné la cassation, il y a lieu d'infirmer en toutes ses dispositions l'ordonnance rendue par la juridiction présidentielle du tribunal de commerce et, statuant à nouveau, de débouter le créancier saisissant de sa demande de paiement des causes de la saisie et des dommages-intérêts (CCJA, 2e ch., n° 073/2021, 29-4-2021 : Ecobank RDC SA c/ B.).

j. Saisie sur saisie ne vaut : prise en compte de pièces d'une saisie antérieure

Il est de principe que saisie sur saisie ne vaut. En vertu de ce principe, après avoir, à bon droit, pratiqué une saisie-attribution des créances contre le débiteur le 23 janvier 2017, à la suite de la mainlevée de celle pratiquée le 7 mars 2016, le créancier n'était pas admis, tant que cette 2e saisie demeurait actuelle, à pratiquer le 19 avril 2017, la 3e saisie de même nature sur les mêmes comptes et avoirs de la même débitrice et auprès du même tiers. Il s'ensuit que, nul ne pouvant se prévaloir de sa propre turpitude, le créancier ne saurait invoquer les contradictions pouvant apparaître dans la déclaration du tiers victime de cette dernière saisie constitutive d'une voie de fait. En l'espèce, contrairement aux affirmations du premier juge, la banque a bien fourni les pièces justificatives dans un contexte où elle a pu légitimement devoir tenir compte des communications faites lors de la 2e saisie, en cours d'exécution. C'est donc par une mauvaise application des articles 38 et 156 que le premier juge a statué autrement ; l'ordonnance entreprise doit être infirmée et statuant à nouveau, le créancier débouté de toutes ses demandes (CCJA, 1e ch., no 254/2019, 7-11-2019 : M. c/ Sté Rawbank SA).

L'avis à tiers détenteur (ATD) est une voie d'exécution du droit fiscal particulière au recouvrement des créances garanties par le privilège du Trésor public qui, portant sur les fonds qu'un tiers détient pour le contribuable ou lui doit, emporte, dès la notification d'un avis à ce tiers par le Trésor, attribution immédiate au Trésor de la créance du contribuable contre le tiers jusqu'à concurrence des impositions que doit le contribuable, modèle de la saisie-attribution de droit commun. Il constitue une saisie-attribution ou saisie des rémunérations en forme très simplifiée, permettant aux comptables publics de demander à tout tiers, détenant des sommes appartenant à un redevable d'impôts assortis du privilège du Trésor, de leur verser en l'acquit du redevable, le montant de ces impôts jusqu'à concurrence de la somme qu'il détient, à peine pour ce tiers d'en devenir personnellement débiteur. Comme toute saisie, il rend les fonds détenus par le tiers indisponibles et, en vertu de cet effet d'indisponibilité, ces fonds ne peuvent plus faire l'objet d'une autre saisie de la part du même créancier et pour la même créance, la saisie étant pratiquée sur un bien disponible. En l'espèce, il est constant, comme résultant des éléments du dossier, que l'OTR avait déjà envoyé à la société Atlantique Telecom Togo, un ATD reçu le 28 mars 2018 ; dès cet instant, il ne pouvait plus, pour le recouvrement de la même créance et sans avoir préalablement levé ledit ATD, pratiquer une saisie-attribution le 30 mars 2018. Au regard de cette constance, en se contentant, pour écarter l'application de la règle « saisie sur saisie ne vaut », de rappeler que l'ATD ne fait pas partie des saisies organisées par l'AUPSRVE, alors que les conclusions de la société Atlantique Telecom Togo l'invitaient à se prononcer sur la nature et les effets de la signification d'un ATD et l'application en la matière dudit principe, la cour a commis le grief de dénaturation de pièces. En outre, si le créancier peut choisir la saisie qu'il estime mieux appropriée pour le recouvrement de sa créance, cette liberté n'est pas moins limitée par les règles qui régissent l'exécution forcée poursuivie au moyen des saisies. En l'occurrence, la règle « saisie sur saisie ne vaut » implique qu'après avoir, le 28 mars 2018, signifié un ATD valant saisie des créances susceptibles d'être dues à la société Atlantique Telecom par la société Atlantique Telecom Togo, l'OTR n'était pas admis, tant que cet ATD demeurait actuel, à pratiquer, comme il l'a fait le 30 mars 2018, une saisie de même nature sur les mêmes comptes et avoirs de la même débitrice et auprès du même tiers. Par conséquent, l'OTR est mal fondé à se prévaloir d'une déclaration du tiers relative à une telle saisie pour obtenir sa condamnation aux causes de celle-ci. À cet égard et contrairement aux affirmations du défendeur, la juridiction instituée par l'alinéa 1er de l'article 49 de l'AUPSRVE, que l'OTR a lui-même saisie, a les compétences les plus larges, en ce qu'elle peut notamment « statuer sur tout litige ou toute demande relative à une mesure d'exécution forcée ou à une saisie conservatoire ». À ce titre, il appartenait bien à cette juridiction de répondre clairement à la « demande » de la société Atlantique Telecom Togo relative à l'applicabilité à la cause de la règle « saisie sur saisie ne vaut » qui participait pleinement de la défense de ses intérêts. Il résulte de tous ces développements qu'en déclarant l'appel mal fondé, la cour d'appel a commis les griefs allégués au moyen et exposé sa décision à la cassation de ce seul chef. Sur l'évocation et sur la base des motifs retenus pour la cassation de l'arrêt attaqué, il apparaît que c'est à tort que le premier juge a, pour condamner le tiers saisi, énoncé « que lorsque la requise a reçu l'exploit de sommation interpellative le 30 mars 2018, elle ne saurait ignorer qu'il ne s'agit pas d'une procédure accompagnant l'avis à tiers détenteur qui lui a été servi trois jours plus tôt ; qu'elle avait l'obligation de fournir à l'huissier instrumentaire tout renseignement nécessaire conformément à l'article 156 de l'AUPSRVE » ; qu'il échet d'infirmer l'ordonnance entreprise et de débouter la créancière de sa demande en paiement des causes de la saisie-attribution du 30 mars 2018 (CCJA, 1e ch., no 072/2020, 12-3-2020 : Atlantique Telecom Togo c/ Office Togolaise des Recettes).

k. Créance réglée avant l'avènement de la décision de condamnation

Il n'y avait plus lieu à condamnation du tiers-saisi aux causes de la saisie dès lors que la créance justifiant la saisie pratiquée entre les mains du tiers-saisi a été réglée totalement au créancier avant l'intervention de la décision du juge saisi de la demande de condamnation. En l'espèce, le jugement entrepris qui y a procédé mérite infirmation et le créancier sera débouté de sa demande de condamnation du tiers saisi au paiement des causes de la saisie (CCJA, 1e ch., no 310/2019, 12-12-2019 : T. c/ Bicigui).

B. Condamnation au paiement de dommages-intérêts

1° Condition préalable : preuve d'un préjudice nécessaire pour l'allocation de dommages-intérêts

En énonçant que « Toute déclaration inexacte, incomplète ou tardive expose le tiers saisi à être condamné au paiement des causes de la saisie, sans préjudice d'une condamnation au paiement des dommages-intérêts », l'article 156 in fine de l'AUPSRVE entend subordonner l'allocation de dommages-intérêts à l'existence de préjudice. En l'espèce, la créancière n'ayant allégué ni rapporté la preuve d'un préjudice quelconque résultant de la déclaration inexacte faite par le tiers saisi, l'ordonnance entreprise doit être confirmée en ce qu'elle a rejeté la condamnation aux dommages-intérêts (CCJA, 3e ch., no 299/2019, 28-11-2019 : Sociétés Deveryware Afrique et Deveryware c/ Chambre de commerce et d'industrie de Côte d'Ivoire dite CCI-CI).

Obs. : il semble résulter de cette décision que la décision antérieure de la CCJA selon laquelle « dans l'application de l'article 156, aucune condition liée au préjudice n'est posée » (CCJA, ass. plén., no 086/2013, 20-11-2013 : Union Gabonaise de Banque c/ P. , Ohadata J-15-38) doit être considérée comme caduque.

2o Distinction avec les intérêts moratoires

La condamnation d'un tiers saisi à des dommages-intérêts est régulière et doit être confirmée, dès lors que son défaut de déclaration dans les délais impartis par l'article 156 de l'AUPSRVE a causé un préjudice certain au créancier en l'empêchant de poursuivre la saisie-attribution engagée. Cependant, les dommages-intérêts prévus par l'article 156 de l'AUPSRVE doivent être distingués des intérêts moratoires, ces derniers étant les intérêts légaux produits par la créance, cause de la saisie (CCJA, 1e ch., no 13, 29-6-2006 : AGETIPE-MALI c/ Sté Smeets et Zonen, Juris-Ohada, no 4/2006, p. 14 ; Ohadata J-07-27).

3o Décisions ayant accordé des dommages-intérêts

a. Négligence

Le tiers saisi qui n'a fait que lever la saisie-attribution en se fondant sur l'ordonnance de mainlevée qui n'était pas passée en force de chose jugée irrévocable a commis une négligence fautive qui ne rentre pas dans les prévisions de l'article 156 de l'AUPSRVE et ne peut l'exposer qu'à des dommages-intérêts. Il s'ensuit que c'est à tort que le premier juge a condamné le tiers saisi aux causes de la saisie et l'ordonnance doit être infirmée en toutes ses dispositions (CA Abidjan, no 138, 7-2-2003 : SGBCI c/ Y. G. et AGCI, Ohadata J-03-235).

b. Perte de chance du créancier d'avoir paiement de sa créance

La cour d'appel qui, pour condamner une banque, tierce saisie au paiement de dommages-intérêts, a énoncé qu'« il est également établi que, du fait de la déclaration inexacte faite par la [tierce-saisie], la [créancière] a perdu toute chance d'avoir paiement de sa créance au moment de la saisie du 30 avril 2008, dans la mesure où à cette date, la déclaration inexacte n'a pas permis de connaître d'une part l'existence du compte mais surtout si le compte était créditeur ; qu'ainsi la [tierce saisie] a fait perdre au créancier saisissant la possibilité de faire valoir ses droits avant la date de la dernière saisie qui a fait ressortir le solde créditeur ; le comportement fautif de la [tierce-saisie] a donc eu pour conséquence de nuire à la société saisissante, de sorte que cette dernière est fondée à obtenir réparation[…] », a démontré l'existence d'une faute, d'un dommage et d'un lien de causalité ; elle n'encourt donc pas le grief de violation ou d'erreur d'application de la loi (CCJA, 1e ch., no 163, 17-12-2015 : SGBCI c/ Sté Ivoirienne de Ciment et Matériaux dite SOCIMAT, Ohadata J-16-156).

c. Préjudice résultant de l'entrave délibérée à la saisie

Il appert des articles 38 et 156 de l'AUPSRVE que le tiers saisi peut être condamné au paiement des dommages-intérêts dans le même contexte que celui justifiant sa condamnation aux causes de la saisie. En l'espèce, il est constant que la déclaration du tiers, par sa tardiveté et son incomplétude, a causé un préjudice au créancier saisissant, en l'empêchant notamment de poursuivre en toute connaissance de cause la saisie entreprise. Il s'ensuit que la condamnation au paiement de dommages-intérêts se justifie ; toutefois, le quantum de ceux-ci, fixé à 750 000 $ US par le créancier étant disproportionné, il sied de le ramener à des proportions plus raisonnables, soit la somme de 200 000 $ US (CCJA, 1e ch., no 080/2020, 9-4-2020 : G. c/ Services des Entreprises Pétrolières Congolaises S.A.).

d. Mauvaise foi du tiers-saisi

Lorsqu'après présentation par le créancier du certificat de non-contestation, le tiers-saisi s'est abstenu de lui payer les causes de la saisie pratiquée entre ses mains, faisant, pour se justifier, des déclarations qui, faute de preuve, s'avèrent inexactes, une telle attitude caractérise sa mauvaise foi de nature à causer un préjudice au créancier contraint d'engager toute procédure tendant à recouvrer ses droits. Dès lors, il convient d'infirmer l'ordonnance entreprise sur ce chef également, et d'allouer au créancier des dommages-intérêts pour tous les préjudices confondus. Aucune urgence ne se justifiant en l'espèce, il y a lieu de rejeter la demande d'astreinte (CCJA, 3e ch., no 227/2019, 10-10-2019 : M. c/ TMB S.A et SGHC S.A).

e. Condamnation aux dommages-intérêts possible même en l'absence de condamnation au paiement des causes de la saisie

Le tiers saisi peut être condamné à payer des dommages-intérêts au créancier saisissant en raison de ses manquements aux devoirs de tiers saisi, même en cas de rejet de la demande de condamnation au paiement des causes de la saisie (CCJA, 1e ch., no 310/2019, 12-12-2019 : T. c/ Bicigui).

Il y a lieu de rejeter l'exception tirée du défaut d'intérêt du demandeur, soulevée au motif qu'à la suite d'un accord transactionnel son dû lui a été payé, dès lors que la présente procédure oppose à titre principal le créancier au tiers saisi en paiement des causes de la saisie. L'action du créancier qui concerne, outre le montant principal de sa créance, le paiement de dommages-intérêts pour tous les préjudices confondus sous astreinte par jour de retard, et de dommages-intérêtscontre l'intervenante volontaire, justifie suffisamment son intérêt à poursuivre la présente procédure (CCJA, 3e ch., no 227/2019, 10-10-2019 : M. c/ TMB S.A et SGHC S.A).

4o Décisions n'ayant pas accordé des dommages-intérêts

a. Saisie annulée

Aucune condamnation ne saurait être prononcée du fait des déclarations relatives à une saisie-attribution dont l'annulation a été définitivement entérinée par la CCJA après cassation de l'ordonnance de référé dont se prévaut le recourant. La demande de condamnation aux dommages-intérêts, même si elle a le même fondement que le paiement des causes de la saisie, doit être présentée dès la première instance ; cela n'étant pas fait, c'est à juste raison qu'elle a été considérée comme demande nouvelle (CCJA, 2e ch., no 120, 23-6-2016 : Cisse Abdoulaye c/ Bank of Africa dite SA, Ohadata J-17-61).

b. Absence de condamnation définitive

C'est à tort qu'il est reproché aux juges d'appel d'avoir déclaré une demande de paiement de dommages-intérêts mal fondée, au motif qu'il n'est pas prouvé que la décision de condamnation était devenue définitive, dès lors que l'action tendant à la condamnation au paiement des dommages-intérêts est fondée sur l'article 1382 du Code civil ; qu'au moment des débats, les faits reprochés à la banque, qui tiennent à la violation de ses obligations de déclaration, tirées des dispositions de l'article 156 de l'AUPSRVE, étaient encore contestés devant la juridiction du second degré. Il s'ensuit qu'en retenant que « l'appelant ne fait pas la preuve que la décision de condamnation dont il se prévaut est définitive par la production d'une attestation de non-appel […] », la cour d'appel n'a en rien violé l'article 156-2 et le moyen n'est pas fondé (CCJA, 3e ch., no 165, 18-10-2018 : D. c/ BOA-CI).

5o Compétence du juge prévu à l'article 49 de l'AUPSRVE

Sur la compétence du juge de l'article 49 de l'AUPSRVE pour connaître de la demande en paiement desdits dommages-intérêts : (CCJA, 3e ch., no 172, 1-12-2016 : Burida c/ Distelec Afrique SARL, Ohadata J-17-112). Voir aussi sous l'art. 49.

C. Condamnation au paiement d'une astreinte

La demande en réparation de la faute commise par le tiers saisi n'étant pas une mesure d'exécution forcée au sens de l'article 49 de l'AUPSRVE, il y a lieu de déclarer irrecevable la demande de condamnation du tiers saisi formulée par le débiteur saisi sur le fondement de la réparation pour faute du tiers saisi en application de l'article 156 de l'AUPSRVE qui ressort plutôt de la compétence du juge du fond. La demande en condamnation du tiers saisi au paiement d'une astreinte pour procédure abusive ne se justifiant pas en l'espèce, il y a lieu de confirmer l'ordonnance querellée sur ce point (CCJA, 1e ch., no 033, 2-5-2013 : Sté générale de banque en Côte d'Ivoire dite SGBCI c/ Cherif Souleymane, Rec. jur. CCJA no 20, vol. 1, janv.-déc. 2013, p. 89-94, Ohadata J-15-33).

IV. Action en paiement contre le tiers saisi

Absence de fondement. Lorsqu'un créancier a fait ordonner la mainlevée de la saisie-attribution sur la base de laquelle il a engagé une action en paiement contre le tiers saisi, il y a lieu de relever que ladite action est désormais sans fondement et sa demande sur ce point doit être rejetée (CCJA, 1e ch., no 13, 29-6-2006, précité, Ohadata J-07-27).

Voir sous l'art. 81 et infra, sous l'annotation no VI.

V. Demandeur principal étranger

Caution judicatum solvi. Si, en vertu de l'article 36 du Code malien de procédure civile, commerciale et sociale, les étrangers demandeurs principaux ou intervenants à une instance ont l'obligation de fournir caution, cette règle ne s'applique que si le défendeur le requiert avant toute défense au fond et même avant toute autre exception. La partie qui ne l'a pas fait en première instance, alors qu'elle était défenderesse, ne saurait s'en prévaloir en cause d'appel où elle est l'appelante ; et la cour d'appel qui l'a acceptée doit être sanctionnée. Rejet de cette exception (CCJA, 1e ch., no 13, 29-6-2006 : Agetipe-mali c/ Sté Smeets et Zonen, Juris-Ohada, no 4/2006, p. 14 ; Ohadata J-07-27).

VI. Absence de nullité

Les prescriptions de l'article 156 de l'AUPSRVE ne sont pas énoncées à peine de nullité et ne concernent que le tiers saisi et le saisissant (CA Niamey (Niger), no 95, 4-10-2006 : Elhadji R.S. c/ Elhadji A.O. et Caritas Développement Niger, obs. Joseph Issa-Sayegh, Ohadata J-10-286).

VII. Saisie conservatoire non convertie

Les saisies conservatoires qui n'ont pas fait l'objet de conversion en saisie-attribution ne peuvent donner lieu à l'application des dispositions de l'article 156 de l'AUPSRVE. Pour que cette conversion soit possible, le créancier doit obtenir, en application de l'article 61 du même Acte uniforme, un titre exécutoire. Le créancier ne justifiant pas avoir obtenu un titre exécutoire, l'ordonnance entreprise doit être infirmée (CA Abidjan (Côte d'Ivoire), n° 525, 7-6-2005 : BICICI c/ Sté MEROUEH FILS ET COMPAGNIE, Ohadata J-09-198).
Dans le même sens, retenant que le tiers saisi ne peut être condamné au paiement des causes de la saisie au regard de l'article 156 de l'AUPSRVE que si l'on est en présence d'une saisie-attribution. S'agissant, en l'espèce, d'une saisie conservatoire de créance qui n'a jamais été convertie en saisie-attribution et mieux, le créancier poursuivant n'a ni signifié l'acte de saisie-conservatoire au débiteur dans le délai de huit jours comme l'exige l'article 79 de l'Acte uniforme susvisé, ni introduit une procédure ou accompli les formalités nécessaires à l'obtention d'un titre exécutoire dans le délai d'un mois à compter de la saisie comme l'exige l'article 61 du même Acte uniforme, la cour d'appel qui a validé la condamnation du tiers saisi a violé les art. 81 et 156 de l'AUPSRVE et exposé son arrêt à la cassation (CCJA, 2e ch., n° 037/2012, 3-5-2012 : Sté ESSO Exploration and Production Chad Inc c/ Ressourcium International SARL).

VIII. Demande de dommages-intérêts formée par le tiers saisi contre le créancier

L'action du créancier en paiement des causes de la saisie étant justifiée, elle ne saurait être constitutive de faute et la demande de dommages-intérêts formée par le tiers saisi sera rejetée (CCJA, 1e ch., n° 250/2019, 7-11-2019 : N. c/ United Bank For Africa).

JURISPRUDENCE COMPARÉE

France

A. Qualité de tiers saisi

1° Existence

Le tiers saisi est celui qui est tenu d'une obligation portant sur une somme d'argent (Cass. 2e civ. 21-10-2004 n° 1712 : RJDA 4/05 n° 451) et qui est libre de toute subordination à l'égard du débiteur : tel est le cas : d'un banquier (CA Bordeaux 29-11-1948 : D. 1949.122) ; d'un transporteur (Cass. civ. 17-4-1889 : DP 1889.1.408) ; d'un officier ministériel (Cass. civ. 18-1-1876 : DP 1876.1.75), peu important que la saisie soit antérieure à la perception par le notaire du prix de vente d'un immeuble pour le compte du saisi (Cass. civ. 16-2-1978 : JCP G 1979.II.19055) ; d'un avocat (TGI Aix réf. 8-3-1983 : Bull. inf. C. cass. 1983 n° 461).

2° Absence

N'est pas tiers saisi :
– la personne sollicitée à laquelle n'a pas été signifié le procès-verbal de saisie-attribution (CA Limoges, ch. civ., 28-9-2000 : D. 2000.IR.264) ;
– le notaire chargé de la vente d'un immeuble qui devait en recevoir le prix à la signature de l'acte de vente mais qui au jour de la signification de la saisie ne détenait pas les fonds (Cass. 2e civ. 7-6-2006 : JCP N 2006.1363 note J.-P. Garçon).

B. Qualité de débiteur

N'a pas cette qualité un loueur, tel le banquier qui loue à son client saisi un coffre (Cass. civ. 21-5-1957 : JCP G 1957.IV.97), le garagiste qui met un emplacement à disposition (CA Paris 9-7-1952 : JCP G 1952.II.7137 note Joly) ni une association tutélaire qui ne détient des fonds du débiteur qu'en sa qualité de tuteur gestionnaire des sommes appartenant à ce dernier (CA Rouen 25-2-2003 n° 01/04217 : RD bancaire 2004.32 obs. Delleci).

C. Obligation de renseignement

1° Objet de la déclaration

a. Éléments devant être déclarés

Le tiers saisi doit déclarer :
– s'agissant d'une banque qui a reçu signification de la saisie en son siège social, les sommes déposées par le saisi dans une succursale étrangère de celle-ci (Cass. com. 30-5-1985 : Rev. crit.1986.329 note H. Battifol, à propos d'une saisie-arrêt mais transposable à la saisie-attribution) ; mais la banque n'est pas tenue de déclarer les comptes ouverts auprès de ses filiales étrangères, celles-ci ayant une personnalité morale distincte (CA Paris 26-10-2000 : Dr. Sociétés 2001 n° 115 note F.-X. Lucas) ; lorsque la signification de la saisie est opérée dans les mains d'une agence de la banque qui n'est pas concernée par l'activité du débiteur saisi pour lequel elle n'accomplit aucune opération de banque et ne détient aucun avoir, cette agence n'est pas tenue de renseigner l'huissier, seul le siège social de la banque ou l'agence qui tient le compte pouvant fournir l'ensemble des renseignements relatifs à ce débiteur (CA Douai 18-11-1983 : Banque 1994 n° 544 p. 93 note Guillot) ;

– non seulement les soldes créditeurs mais aussi les soldes débiteurs des différents comptes du saisi (CA Paris, 19-5-1994 : D. 1994.IR.182) ; même si l'huissier qui procède à la saisie ne connaît pas exactement le numéro et la nature des comptes ouverts au nom du débiteur, la banque doit les identifier immédiatement de façon à indiquer précisément l'étendue de ses obligations à propos de l'ensemble des comptes (CA Caen, 1e ch. civ., 21-2-1995 n° 93/4226 : RJDA 1/96 n° 101) ;
– spontanément au créancier l'étendue de ses obligations à l'égard du débiteur ainsi que les modalités qui pourraient les affecter et, s'il y a lieu, les cessions de créance, délégations ou saisies antérieures ; le tiers saisi ne peut donc prétendre qu'il n'était pas tenu de révéler des saisies antérieures au motif que la production des relevés de compte, comportant la déduction de ces saisies, n'avait pas été demandée lors des saisies par l'huissier instrumentaire (Cass. 2e civ. 28-10-1999 : JCP.1999.IV.3068 ; Bull. civ. II n° 162) ;
– seulement les informations qu'il détient au moment de la saisie ; le juge de l'exécution ne peut contrôler l'évolution des comptes du débiteur saisi au cours des années ayant précédé la saisie (Cass. 2e civ. 5-7-2000 : JCP 2000.IV.2496) ;
– en présence d'une convention d'unité ou de fusion de divers comptes ouverts au nom du débiteur saisi, le tiers saisi est seulement tenu d'indiquer au saisissant le solde unique et non le solde de chacun des comptes (Cass. civ. 5-7-2000 : RJDA 11/00 n° 1042) ; à défaut d'une telle convention, lorsque plusieurs comptes ont été ouverts, le solde de tous les comptes quand bien même l'acte de saisie n'en aurait visé qu'un seul (TGI Cherbourg 8-12-1993 : D. 1994.291 note R. Martin) ;

b. Éléments dispensés de déclaration

Le tiers saisi n'est pas tenu :
– de répondre à la demande de communication des relevés d'opérations bancaires pour une période de plus de 4 ans avant la saisie-attribution, une telle demande excédant les obligations du tiers saisi (Cass. 2e civ. 28-9-2000 : Rev. dr.banc.2001 n° 1 p. 25 obs. J.-M. D.) ;
– de déclarer l'étendue des droits d'associés et des valeurs mobilières détenus par le débiteur (Cass. 2e civ. 1-2-2001 : RJDA 5/01 n° 637, cassant l'arrêt d'appel qui avait retenu que le tiers saisi devait fournir les relevés des comptes de toute nature, et notamment des comptes titres, détenus par lui au nom du débiteur).

2° Inexécution de l'obligation d'information

a. Cas d'inexécution

Le tiers n'a pas exécuté son obligation de renseignement :
– lorsque, s'agissant de deux sociétés civiles immobilières dont les sièges sociaux respectifs étaient inexistants, celles-ci n'ont pas indiqué à l'huissier s'il existait déjà des saisies et nantissement grevant leurs parts (TGI Aix-en-Provence, juge exéc., 27-7-1995, SA Union de crédit pour le bâtiment c/ SCI Investim et a. : JCP 1997.II.22776 note A. Leborgne) ;
– lorsque, s'agissant d'un banquier, il n'a pas déclaré au créancier la compensation (entre trois comptes distincts détenus par le débiteur) résultant de la convention d'ouverture de compte, c'est-à-dire les modalités affectant ses obligations (CA Lyon, 6e ch., 3-12-1997 : DA 1998.155) ;
– lorsqu'il a répondu cinq mois après la date de la saisie et n'a pas été admis pour justifier son retard à invoquer des vérifications concernant les opérations commerciales en cours auprès du débiteur saisi dont le siège était au Cameroun, car compte tenu des moyens actuels de communication un tel retard ne pouvait en aucun cas être justifié (CA Paris, 8e ch. D, 7-4-1998 : DA 1998.842) ;
– lorsque, bâtonnier de l'Ordre des avocats séquestre du prix de vente d'un fonds de commerce, il n'a pas déclaré certaines des oppositions au paiement du prix du fonds de commerce faites entre ses mains et les inscriptions de nantissement (Cass. 2e civ. 24-6-1998 : RJDA 4/99 n° 467) ;
– lorsque, s'agissant d'un huissier de justice désigné séquestre répartiteur du prix de vente d'un fonds de commerce, cet huissier n'a fourni une réponse que trois mois après la demande de renseignements (CA Paris, 8e ch. B, 7-1-1999 : GP 2000.som.888) ;
– lorsqu'il ne défère pas à la sommation de faire connaître l'existence d'éventuels nantissements ou saisies (Cass 2e civ. 3-5-2001 : RJDA 8-9/01 n° 907) ;
– dès lors qu'il n'a pas répondu, sauf motif légitime, immédiatement au créancier saisissant (Cass. 2e civ. 5-7-2001 : RJDA 12/01 n° 1257).

b. Preuve de l'inexécution

La constatation d'un refus ou même d'un défaut de réponse du tiers saisi ne peut résulter d'un simple trait vertical après l'expression « à quoi il m'a été répondu » dans le procès-verbal (CA Paris, 8e ch. B, 10-9-1998 : DA 1998.1696 ; GP 2000.887).

c. Absence d'inexécution du tiers saisi non tenu d'informer le saisissant

Le tiers saisi n'est pas tenu d'informer le saisissant :
– dès lors que la saisie n'a pas été pratiquée à l'encontre du titulaire du compte dont la saisie était recherchée ; la banque qui a reçu cette saisie n'a pas fourni une réponse inexacte en répondant à l'huissier instrumentaire que le compte visé ne correspondait pas à l'intitulé (TGI Bobigny, juge exéc., 30-9-1997 : GP.1998.som.141) ;
– dès lors qu'il n'est plus débiteur du saisi (Cass. 2e civ. 6-12-2006 : JCP G 2007.IV.1066), notamment parce qu'il a été condamné à le payer, ce qui interdit par voie de conséquence de le condamner au profit du saisissant (Cass. 2e civ. 14-9-2006 : JCP G 2006.IV2943 ; JCP

E 2006.pan.2543), ni lorsque la saisie conservatoire n'a pas été convertie en saisie-attribution avant le prononcé du jugement d'ouverture de la procédure collective, car la saisie conservatoire ne peut plus produire ses effets et le tiers saisi ne pouvant plus être condamné au paiement, son obligation de renseignement n'existe plus (Cass. 2e civ. 14-9-2006 n° 1358 : JCP G 2006 IV 2944 ; GP 2007.som. 19/20 janv. obs. P. Roussel Galle), ni lorsque la saisie a rétroactivement été privée d'effet par la survenance de sa caducité ou de sa nullité (Cass. civ. 3-5-2001 : RJDA 11/01 n° 1147).

3° Motifs légitimant le refus d'information

a. Absence de motifs légitimes

Le refus de renseignement n'est pas justifié :
– lorsque le tiers saisi invoque le caractère prétendument intempestif de l'huissier de justice qui n'était nullement établi (TGI Lyon, juge exéc., 22-2-1994 : Bull. inf. C. cass. 1994 n° 524) ;
– lorsque l'huissier instrumentaire se voit opposer un refus de réponse par le président-directeur général de la société tiers saisie, sans que ce dernier puisse invoquer l'existence d'un entretien téléphonique dès lors que le procès-verbal dressé par l'huissier ne le mentionne pas (TGI Lyon, ord., 13-6-1995 : GP 1995.som.606) ;
– lorsque le notaire communique les informations à l'huissier trois semaines après la saisie litigieuse suite à une relance du conseil du créancier et à une nouvelle demande de l'huissier alors qu'il affirme avoir été absent lors de la saisie mais n'apporte aucune indication sur la durée de son absence et sur les raisons qui l'on empêché de s'acquitter spontanément de ses obligations (TGI Lyon, ord., 16-5-1995 : GP 1995.som.602) ;
– lorsque la banque a invoqué l'absence du directeur financier lors du premier passage de l'huissier puis des responsables du service comptable lorsque celui-ci était revenu le même jour après la fermeture des bureaux (Cass. 2e civ. 2-4-1997 n° 401 : RJDA 1/03 n° 67) ;
– lorsque le tiers saisi invoque la réponse faite à l'huissier par un autre tiers saisi, car il doit remplir lui-même ses obligations (TGI Bobigny, juge exéc., 30-9-1997 : GP 1998.som.141) ;
– lorsqu'il a été retenu par les juges du fond que la société civile professionnelle de notaires, tiers saisi était dans l'impossibilité de connaître au jour le jour l'état de sa situation à l'égard de ses membres et ne pouvait donc à la date de la saisie déclarer l'étendue de ses obligations à l'égard du débiteur saisi, alors que les juges relevaient que tous les notaires associés pouvaient prélever mensuellement sur l'exercice comptable en cours, à titre d'acompte sur leur part de bénéfice, une quotité du produit net du mois, fixée d'un commun accord entre eux et que ni les statuts de la société ni cet accord n'avaient été communiqués au saisissant (Cass. 2e civ. 28-1-1998 : RJDA 8-9/98 n° 1042, et, sur renvoi CA Angers, aud. sol., Lancelot ès qual. c/ Ropert, RJDA 10/99 n° 1125) ;
– lorsque est invoqué le fait que la saisie a été opérée pendant une « période de fêtes » où bon nombre de salariés sont en congé (CA Lyon, 6e ch., 14-10-1998 : RJDA 5/99 n° 599) ;
– lorsque la banque tiers saisi allègue le dysfonctionnement informatique (CA Chambéry 8-1-2002 : Rev. dr.banc. 2002.85 n° 73 obs. J.-M. Delleci) ;
– lorsque le tiers saisi invoque le secret professionnel (pour les banquiers : Cass. civ. 1-7-1999 : RJDA 1/00 n° 86 ; pour les notaires : Cass. civ. 10-11-1959 : D. 1960.755 ; pour les avocats : TGI Aix 8-3-1983 : JCP G 1984.II.20146 note Prévault) ;
– lorsque la société, tiers saisi par un créancier d'un entrepreneur qui réalisait des travaux pour son compte, avait pris note de la saisie sur les chantiers attribués à l'entrepreneur sans donner plus de précision et refusé de payer dans la mesure où, les comptes n'étant pas apurés entre elle et l'entrepreneur à la date de la saisie, elle ignorait si elle était débitrice de ce dernier, ces motifs étant impropres à caractériser le motif légitime (Cass. 2e civ. 18-9-2003 n° 1290 : RJDA 2/04 n° 223).

b. Existence de motifs légitimes

Le tiers saisi qui n'a pas répondu à la demande de renseignement du saisissant bénéficie d'un motif légitime :
– lorsque les circonstances entourant la saisie étaient telles que le tiers saisi ne pouvait répondre immédiatement ; il en est ainsi notamment lorsque les juges ont relevé que le marché à forfait conclu par le débiteur, entrepreneur, pour la construction de la maison individuelle du tiers saisi, a subi des retards et était partiellement inexécuté du fait de l'entrepreneur, en sorte qu'une récapitulation des comptes était nécessaire, laquelle ne pouvait être immédiatement faite, sans un avis éclairé sur les droits respectifs des parties au contrat de construction, par les tiers saisi dépourvu, en l'espèce, de connaissance juridique particulière (Cass. 2e civ., 28-1-1998 : RJDA 8-9/98 n° 1042, 2e esp.) ;
– lorsqu'il a répondu par téléphone dans l'après-midi de son interpellation (CA Paris 10-9-1998 : DA 1998.1696 obs. J.-F.), 24 heures après la visite de l'huissier en raison de l'existence de comptes en devises (TGI Lyon, juge éxec., 14-5-1998 : GP.2000 5/7 mars som.) ou qui n'a pas répondu sur-le-champ dès lors que la saisie a été pratiquée dans une agence bancaire qui ne détenait pas elle-même le ou les comptes du débiteur (TGI Paris, juge exéc., 15-3-1999 : GP 2000.som.889) ;
– lorsqu'il peut invoquer les conditions de délivrance de l'acte de saisie-attribution par l'huissier instrumentaire ; ainsi, ce dernier n'a pas pris tous les moyens susceptibles de permettre au tiers saisi de répondre

sur-le-champ lorsque l'acte de saisie-attribution a été délivré le 24 octobre 1997 à 14 h 25, que cet acte ne précisait pas le nom de l'huissier instrumentaire, qu'il a été délivré à mairie, que l'huissier n'a pas indiqué d'une manière détaillée les motifs qui l'ont empêché de délivrer l'acte à personne, qu'il s'était contenté de venir une seule fois au domicile du tiers saisi, que l'heure de délivrance de l'acte ne correspondait nullement à une heure de présence probable d'un retraité à son domicile (CA Paris, 8e ch. B, 4-3-1999 : GP 1999.495) ou lorsque l'acte a été délivré en mairie et que l'huissier de justice n'a pas mis en œuvre tous les moyens permettant au tiers saisi de répondre sur-le-champ (Cass. 2e civ. 22-3-2001 : GP 2001.7/8-11 note J.-F. Auduc) ;

– lorsque la personne, s'étant dite habilitée à recevoir l'acte, préposée du tiers saisi, n'a pas été suffisamment informée des conséquences pour son employeur, de son éventuel refus de répondre sur-le-champ ; une telle insuffisance de l'interpellation doit être présumée lorsque l'acte n'a pas été délivré sous l'autorité d'un huissier comme prescrit en matière d'acte d'exécution mais par un clerc assermenté ; la reproduction dans l'acte des dispositions légales et réglementaires ne permet pas d'échapper à cette règle (CA Versailles, 14e ch., 26-1-2000 : GP 2000.som.1743) ;

– lorsque l'acte de saisie-attribution a été remis à une hôtesse d'accueil n'ayant ni la qualité ni le pouvoir de lui donner immédiatement connaissance de l'étendue des obligations de la banque tiers saisi envers le débiteur saisi (CA Paris, 8e ch. B, 21-9-2000 : Rev. dr. banc.2000.360 no 233 et, sur pourvoi, Cass. 2e civ. 17-10-2002, Vannier c/ Sté Générale : RJDA 1/03 no 67) ;

– lorsque l'huissier s'est adressé à une personne (secrétaire) dont il a eu conscience qu'elle n'était pas compétente pour répondre immédiatement (Cass. 2e civ. 4-10-2001 : RJDA 1/02 no 91, en déduisant que le tiers saisi avait répondu dans un délai administratif raisonnable) ;

– lorsque l'huissier fait preuve d'un manque de diligences (cf. Cass. 2e civ. 21-3-2002, Sté Blanchet c/ Normand : RJDA 7/02 no 806) ;

– lorsque le procès-verbal de saisie a été délivré en période estivale, à une personne assistante de direction qui ne pouvait disposer des renseignements suffisants propres à éclairer le créancier saisissant, et alors que la dette de la société tiers saisie, d'un faible montant par rapport au chiffre d'affaires habituel de la société, n'était exigible que depuis moins d'un mois (Cass. 2e civ. 15-12-2005 no 1974 : D. 2006.IR.101 ; Bull. civ. II no 333).

c. Moment auquel le motif légitime doit être invoqué

Aucun texte n'exige que le tiers saisi donne sur-le-champ à l'huissier de justice qui l'interpelle le motif légitime l'autorisant à différer sa réponse (Cass. 2e civ. 7-3-2002 : RJDA 7/02 no 805).

D. Sanctions de l'inexécution de l'obligation de renseignement

1o Action contre le tiers saisi

a. Condamnation du tiers saisi sous astreinte

En cas de refus du tiers saisi, l'huissier peut faire ordonner en référé sa condamnation sous astreinte à lui communiquer les renseignements demandés (TGI Paris réf. 25-3-1982 : Rev. Huissiers 1982.743 note Faget, prononçant une astreinte de 1 000 F par heure de retard).

b. Absence de préjudice

Le créancier ne subit pas de préjudice s'il n'y avait rien à obtenir de la saisie en raison de la position débitrice des comptes (CA Angers 10-6-1996 : JCP G 1997.IV.1298).

c. Délai pour exercer l'action

L'action contre le tiers saisi n'est pas une contestation de la saisie qui doit, à peine d'irrecevabilité, être formée dans le délai d'un mois (Cass. 2e civ. 26-11-1998 : Bull. civ. II no 284).

2o Condamnation du tiers saisi au paiement des causes de la saisie

a. Existence

Ont été condamnés au paiement des causes de la saisie :

– deux sociétés civiles immobilières qui n'ont pas indiqué à l'huissier s'il existait déjà des saisies et nantissement grevant leurs parts (TGI Aix-en-Provence juge exéc., 27-7-1995 : JCP 1997.II.22776 note A. Leborgne) ;

– un banquier qui n'a pas déclaré au créancier la compensation (entre trois comptes distincts détenus par le débiteur) résultant de la convention d'ouverture de compte, c'est-à-dire les modalités affectant ses obligations (CA Lyon, 6e ch., 3-12-1997 : DA 1998.155) ;

– le tiers saisi qui a répondu 48 heures après avoir été régulièrement requis (CA Paris, 8e ch. B., 26-11-1998 : DA 1999.127).

b. Absence

N'a pas été condamné au paiement des causes de la saisie le tiers saisi qui, ayant satisfait à son obligation de renseignements, prête son concours, sur réquisition de l'huissier de justice instrumentaire, à la mainlevée de la saisie dans un acte dont il n'est pas juge de la validité (Cass. 2e civ. 9-11-2000 : Rev. dr. banc.2001 no 1 p. 23 obs. J.-M.D.).

• Chapitre I •
L'ACTE DE SAISIE

Art. 157 [mod.] Le créancier procède à la saisie par un acte signifié au tiers par l'huissier *de justice* ou *l'autorité chargée de l'exécution*.

Lorsque la saisie porte sur un avoir en monnaie électronique, l'acte est signifié à l'établissement émetteur.

L'acte de signification contient, à peine de nullité :

1) l'indication des noms, prénoms et domiciles des débiteur et créancier ou, s'il s'agit de personnes morales, de leurs forme, dénomination et siège social ;

2) l'énonciation du titre exécutoire en vertu duquel la saisie est pratiquée ;

3) le décompte distinct des sommes réclamées en principal, frais et intérêts échus, majorés d'une provision pour les intérêts à échoir dans le délai d'un mois prévu pour élever une contestation ;

4) l'indication que le tiers saisi est personnellement tenu envers le créancier saisissant et qu'il lui est fait défense de disposer des sommes saisies dans la limite de ce qu'il doit au débiteur ;

5) la reproduction littérale des articles 38, 156, 169 à 172 *du présent Acte uniforme*.

L'acte indique l'heure à laquelle il a été signifié.

JURISPRUDENCE OHADA

I. Huissier instrumentaire

Incompatibilité. L'huissier désigné pour liquider l'étude de son confrère décédé ne doit instrumenter des actes que dans les affaires en cours dans ladite étude. Toute affaire nouvelle échappe à sa compétence et la saisie-attribution établie par un tel huissier est nul, sa mainlevée devant être ordonnée (TPI Yaoundé ord. réf. nº 183, 8-12-1999 : Sté Razel Cameroun c/ Me J.P. B. et D. E., Ohadata J-02-18).

II. Nullité de l'acte de saisie pour omission des mentions requises

A. Régime

1º Nullité de plein droit ne nécessitant la preuve d'aucun préjudice

L'omission des mentions requises par l'article 157 de l'AUPSRVE entraîne la nullité de l'acte de saisie-attribution de créance (TPI Port-Gentil, ord. réf. nº 40/98-99, 10-2-1999 : Sté Gras-Savoye et Sté Foraid c/ I. A., Ohadata J-02-150, obs. J. Issa-Sayegh) et sa mainlevée doit être ordonnée (CA Littoral, nº 55/REF, 9-4-2003 : C.P.A c/ T., Ohadata J-07-50 ; CA Abidjan, ch. civ. et com., nº 522, 27-4-2004 : LONACI c/ D. S. O. O. et BICICI, Ohadata J-05-327 ; CCJA, nº 8/2002, 21-3-2002 : Sté PALMAFRIQUE c/ E. K. B. K., Juris-Ohada, nº 4/2002, oct.-déc. 2002, p. 19, note anonyme, Ohadata J-02-163). La nullité de l'acte de saisie pour manquement à l'article 157 de l'AUPSRVE est spécifique puisqu'il n'y a pas besoin de démontrer l'existence d'un grief. C'est donc à bon droit que le tribunal qui a constaté l'omission de mentions requises a annulé l'exploit de signification et a ordonné par voie de conséquence la mainlevée de la saisie (TRHC Dakar, ord. réf. nº 1973, 6-10-2003 : Hôtel SAVANA c/ C. C., la SGBS, Crédit Lyonnais du Sénégal, BICIS, CBAO, BIS, ECOBANK, City Bank, Bank of Africa, Ohadata J-04-277, au sujet de l'omission de la forme d'une société, mais transposable à toutes les mentions prévues par l'article 157).

Les mentions prévues par les articles 157 et 160 de l'AUPSRVE sont prescrites à peine de nullité. Dans l'espèce, l'exploit comportait des carences ou des omissions relatives à la mention précise soit du siège social de ladite société, soit de la juridiction territorialement compétente, au regard des textes internes camerounais, devant laquelle les contestations pourront être portées. L'arrêt de la cour d'appel qui a occulté ces nullités au lieu de les sanctionner encourt la cassation. Même en cas de mainlevée volontaire et unilatérale de la saisie opérée par le créancier poursuivant, il convient toutefois de relever, en droit, que pour les mêmes motifs que ceux énoncés lors de l'examen des moyens de cassation ci-dessus retenus, il échet d'infirmer l'ordonnance de référé qui a à tort, débouté la société débitrice de sa demande tendant à la nullité de ladite saisie et d'en ordonner, par voie de conséquence, la mainlevée (CCJA, nº 035/2009, 30-6-2009 : AES SONEL SA c/ N. J., Rec. jur. CCJA nº 13, janv.-juin 2009, p. 144, Ohadata J-10-86).

Dans le même sens et précisant que **la nullité encourue est de plein droit** (CCJA, ass. plén., n° 046, 23-4-2014 : Sté 1) Banque Commerciale du Burkina dite BCB, 2) BANK OF AFRICA Burkina Faso dite BOA, 3) Banque Sahélo –Sahérienne pour l'Investissement et le Commerce dite BSIC, 4) Union Régionale des Caisses Populaires du Plateau Central dite URCPC c/ Sté AIT INTERNATIONAL LTD, Ohadata J-15-137) et rend rend l'examen des autres griefs relatifs au même acte sans objet (CCJA, 2e ch., n° 025, 8-4-2010 : S.A.T.A. c/ Receveur des impôts de Zinder, Juris-Ohada, n° 3, juill.-sept., p. 25, Ohadata J-11-69, J-12-47).

La CCJA a établi sa jurisprudence selon laquelle, lorsque « l'exploit de saisie-attribution par lequel le défendeur au pourvoi a pratiqué une saisie-attribution n'a recueilli ou mentionné aucune déclaration ni communication de pièces justificatives de l'étendue des obligations du tiers saisi à l'égard du débiteur saisi et que cet exploit ne contient pas les mentions prévues à l'alinéa 2,3) de l'article 157, il doit être en conséquence déclaré nul ». Doit donc être cassé l'ordonnance de référé attaquée qui se borne à énoncer, en se fondant sur l'article 157 de l'AUPSRVE, que le tiers saisi est tenu de déclarer au créancier l'étendue de ses obligations à l'égard du débiteur, alors même que le juge des référés avait le devoir de rechercher si les prescriptions légales susvisées ont été régulièrement accomplies par le créancier (CCJA, ass. plén., n° 062, 25-4-2014 : Banque Sahélo-Saharienne pour l'Investissement et le Commerce (BSIC-SA), Union Régionale des Caisses Populaires du Plateau Central (URCPC) c/ AIT International Ltd, Ohadata J-15-153).

2° Autonomie de l'action en nullité du débiteur par rapport à la procédure engagée contre le tiers saisi

La nullité de l'acte de saisie demandée par le débiteur doit être appréciée sans aucune corrélation avec la procédure engagée contre le tiers saisi (CCJA, 3e ch., n° 101, 26-4-2018 : Collège évangélique de New-Bell c/ KEPNIA Albert).

B. Décisions ayant accordé la nullité

1° Identification des parties

a. Indication du nom de la totalité des créanciers saisissants

L'article 157 exigeant, à peine de nullité, que l'acte de dénonciation d'une saisie-attribution porte indication des noms, prénoms et domiciles des débiteurs et des créanciers, encourt la nullité l'acte de dénonciation qui n'indiquerait que le nom d'un seul des créanciers sur les sept pratiquant ladite saisie (CA Abidjan, civ. et com., n° 389, 10-4-2001 ; Sté EMAUCI c/ A. T., Ohadata J-02-85 ; obs J. ISSA-SAYEGH ; CA Abidjan, n° 1173, 31-10-2003 : BICICI c/ O. K. Y. F., Ohadata J-03-338).

b. Personne morale : omission du siège et/ou de la forme

L'exploit de saisie-attribution qui n'indique ni la forme ni le siège social de la société débitrice est nul et sa mainlevée doit être ordonnée (CCJA, n° 17/2003, 9-10-2003 : SIB c/ CIENA, Juris-Ohada, n° 4/2003, oct.-déc. 2003, p. 16, note BROU Kouakou Mathurin, Rec. jur. Ohada, n° 2, juill.-déc. 2003, p. 19, Ohadata J-04-120 ; rappr. CA Abidjan, n° 193, 21-2-2003 : Me E. K. B. c/ X, Ohadata J-03-231 ; CA Abidjan, n° 1029, 22-7-2003 : SIPIM c/ E. D., Ohadata J-03-341 ; CA du Littoral, n° 79/REF, 14-4-2004 : Crédit Lyonnais Cameroun c/ Succession N. et BEAC, Ohadata J-04-224).

La seule indication de la dénomination entache de nullité le procès-verbal de saisie (TPI Bafoussam, ord. réf. n° 31, 23-1-2004 : SIMO Jean c/ Association des commerçants du marché A, Me T. et Afriland first Bank, Ohadata J-05-04, obs. Yvette R. KALIEU ELONGO).

De même, le procès-verbal de saisie qui, pour la désignation du siège social de la société créancière, ne comporte que la domiciliation à une boîte postale, du fait de la mention « Douala BP 8202 » est irrégulier. Cette mention est manifestement insuffisante, en l'absence de précisions utiles relatives à la rue et au quartier. Faute d'avoir indiqué ces éléments qui étaient de nature à permettre de localiser le siège social de la société créancière par une adresse ou une indication suffisamment précise, il y a violation de l'article 157 de l'AUPSRVE et l'arrêt encourt la cassation. Sur évocation, annulation de la saisie et mainlevée (CCJA, n° 019/2007, 26-4-2007 : SGBC c/ Sté EPA SARL, Rec. jur. CCJA n° 9, janv.-juin 2007, p. 84, Ohadata J-08-232 ; (CCJA, 2e ch., n° 010, 18-2-2010 : SGBC c/ K., Juris-Ohada, n° 2/2010, avr.-juin, p. 28, Ohadata J-11-54, J-12-44, retenant l'absence de la forme et la localisation géographique précise du saisi, laquelle ne saurait se limiter uniquement à l'indication d'une Boîte postale, s'agissant en l'occurrence d'une personne morale, ainsi que la désignation régulière de la juridiction compétente, celle indiquée dans l'acte de dénonciation de saisie s'étant déclarée incompétente).

Il est de jurisprudence constante que la domiciliation à une boîte postale est insuffisante et que l'absence de précisions de nature à permettre la localisation précise du siège social d'une personne morale rend nulle la saisie-attribution. En l'espèce, le procès-verbal de saisie-attribution de créances qui indique l'adresse du créancier saisissant de façon laconique « Port Gentil… BP 2624…Quartier Grand village », c'est en violation de l'article 157 de l'AUPSVE qu'une cour d'appel a occulté cette nullité, au lieu de la sanctionner, exposant ainsi son arrêt à la cassation, sans analyser le moyen restant. Sur l'évocation et pour les mêmes motifs qui ont fondé la cassation, il y a lieu de confirmer en toutes ses dispositions l'ordonnance qui a annulé la saisie-attribution et en a ordonné la mainlevée (CCJA, 2e ch., no 023/2020, 30-1-2020 : Saham Assurances SA c/ Mandji Alimentation Générale SARL).

Le régime de nullité de l'acte pour défaut d'indication de la forme de la société est spécifique puisqu'il n'est pas besoin de démontrer l'existence d'un grief. Ainsi, c'est à bon droit que le tribunal constatant que la mention de la forme sociale du débiteur saisi fait défaut, a annulé l'exploit de signification et a ordonné par voie de conséquence la mainlevée (TRHC Dakar, ord. réf. no 1973, 6-10-2003 : Hôtel SAVANA c/ c. C., SGBS, Crédit Lyonnais du Sénégal, BICIS, CBAO, BIS, ECOBANK, City Bank, Bank of Africa, Ohadata J-04-277).

c. Domicile

S'il est exact que l'article 45 du Code gabonais de procédure civile dispose que la constitution d'un mandataire de justice vaut élection de domicile chez celui-ci, il n'en demeure pas moins que cette élection de domicile doit être mentionnée dans l'acte de saisie-attribution, l'article 157 étant d'ordre public. Annulation de l'acte de saisie-attribution ne comportant pas la mention de l'élection de domicile (TPI Port-Gentil (Gabon), ord. du JEX, 25-6-2010 : Sté SATRAM c/ L. T., Ohadata J-10-243 ; Voir Ohadata J-10-242, obs. J. Issa-Sayegh).

L'exploit de saisie-attribution de créances qui comporte, pour toutes indications relatives aux créanciers saisissants, la mention « À la requête des [X.], ayant pour conseil Maître [Y.], Avocat au Barreau du GABON » sans mentionner le domicile des créanciers saisissants a été établi en violation de l'article 157 al. 2.1 de l'AUPSRVE. Le fait de mentionner que les [X.] ont pour conseil Maître [Y.] n'implique nullement qu'il y a eu élection de domicile à son cabinet dès lors qu'il n'est pas non plus indiqué le domicile dudit conseil. L'arrêt d'appel qui a validé les saisies litigieuses doit être cassé et sur évocation, la mainlevée des saisies doit être ordonnée (CCJA, 1e ch., no 38, 10-6-2010 : Compagnie d'Assurance AXA Assurances Gabon c/ O., Juris-Ohada, no 4/2010, oct.-déc., p. 20, Ohadata J-11-82, J-12-52).

Il résulte de l'esprit général de l'AUPSRVE que le législateur n'a nullement entendu parler de domicile élu en matière de contestation de saisie-attribution. C'est à bon droit que le premier juge a estimé que l'article 157 de l'AUPSRVE était relatif au domicile réel du créancier saisissant, et prononcé l'annulation du procès-verbal de saisie-attribution litigieux à cause de l'omission du domicile de l'un des créanciers saisissants, c'est-à-dire le lieu de son principal établissement, dans le procès-verbal de saisie-attribution. Confirmation de la décision (CA Abidjan (Côte d'Ivoire), 5e ch. civ. et com., A, no 735, 20-6-2006 : B. N. I. épse A. c/ Sté UNILEVER-CI, Ohadata J-11-30).

Obs. : pour une décision en sens contraire rendue par le TRHC de Dakar, voir ci-après (Ohadata J-04-277) ainsi que nos obs. en faveur de la solution retenue par le TRHC de Dakar et qui semble être corroborée par la jurisprudence de la CCJA présentée sous l'article 254.

2o Titre exécutoire

Le titre exécutoire, au sens de l'article 157, s'entend d'un titre constituant une créance liquide et exigible ; il suppose une décision juridictionnelle revêtue de la formule exécutoire et une créance liquide portant sur une somme d'argent dont le montant est chiffré. À défaut, le procès-verbal de saisie encourt la nullité pour violation de l'article 157 et la mainlevée de la saisie doit être ordonnée (TPI Douala Ndokoti, ord. no 283, 4-9-2003 : Sté United Plastic Services SAUPS c/ LOBE SAME, Sté Nationale des Eaux du Cameroun, Me E. A. K., Ohadata J-04-445). Dans le même sens et tenant pour nulle la saisie-attribution réalisée sur la base d'une ordonnance d'injonction de payer rétractée par la CCJA car dépourvue de titre exécutoire : TPI d'Abengourou (Côte d'Ivoire), ord. réf., 7-9-2005 : Nouvelle Scierie d'Agnibilekro (SNDA) c/ H. S. et SGBCI-Abengourou, Ohadata J-09-162.

Arrêt rendu sur contestation. Contrairement à ce que soutient la demanderesse au pourvoi, l'arrêt rendu par une cour d'appel sur contestation à la suite de saisies-attributions ne peut être considéré comme le titre exécutoire requis. En déclarant « que dans le cas d'espèce, l'acte signifié aux tiers porte bel et bien la mention de l'arrêt définitif qui a donné une base légale à la saisie-attribution ; que ledit arrêt a été produit à l'appui de la saisie-attribution ainsi que le prouvent les pièces versées au dossier ; que l'arrêt d'appel en date du 17 décembre 2003 n'ayant pas donné une base à la saisie-attribution, objet du présent contentieux, ne saurait être énoncé et produit à l'appui de ladite saisie sans confusion préjudiciable au saisissant », la cour d'appel n'a en rien violé les dispositions sus-énoncées de l'article 157-2 de l'AUPSRVE (CCJA, no 44/2009, 12-11-2009 : UAT c/ NETAD, Rec. jur. CCJA no 14, juill.-déc. 2009, p. 8, Ohadata J-10-180).

3o Décompte

a. Sommes réclamées

Le procès-verbal de saisie-attribution de créances qui ne contient nulle part le décompte distinct des sommes réclamées en principal, frais et intérêts échus encourt la nullité et la mainlevée de la saisie doit être ordonnée. Il en est ainsi par exemple :

– du procès-verbal de saisie qui énonce qu' « il est fait pour avoir paiement des causes du commandement du 18 mars 2002 et du coût de l'acte », sans

autre précision (CA Littoral, n° 69/REF, 22-3-2004 : SCB-CL c/ Sté COMSIP CAM, Ohadata J-04-223 ; TPI Bafoussam, ord. réf. n° 37, 28-1-2004 : SNEC SA c/ D. J., SGBC SA Bafoussam, BICEC SA Bafoussam, Ohadata J-05-01 ;
– de l'acte de saisie-attribution qui ne comporte pas la mention de la provision pour les intérêts à échoir (TPI d'Abengourou (Côte d'Ivoire), ord. réf., 7-9-2005 : Nouvelle Scierie d'Agnibilekro (SNDA) c/ H. S. ET SGBCI-Abengourou, Ohadata J-09-162) ;
– également de l'exploit de saisie-attribution indiquant une créance supérieure au montant figurant sur le titre exécutoire et ne comportant pas les mentions relatives au décompte distinct des sommes réclamées en principal, frais et intérêts échus, est nul et de nul effet. La cour d'appel qui a infirmé la décision du juge des référés qui a ordonné la mainlevée de ladite saisie-attribution en se bornant à énoncer que « la saisie-attribution pratiquée [...] ne présente aucun vice de forme ou de fond », sans rechercher, alors même qu'elle en avait le devoir, si les prescriptions de l'article 157 de l'AUPSRVE avaient toutes été régulièrement accomplies par le créancier, n'a pas légalement justifié sa décision et son arrêt encourt cassation. Sur évocation, annulation de la décision pour non-respect des dispositions de l'article 157 de l'AUPSRVE (CCJA, 1e ch., n° 001, 24-1-2008 : SCBC c/ CNPS ; Juris-Ohada n° 2, avr.-juin 2008, p. 2 ; Rec. jur CCJA, n° 11, janv.-juin 2008, p. 70, Ohadata J-09-26).

b. Intérêts

Les intérêts d'une créance ayant fait l'objet d'une saisie-attribution de créance courent, non pas à compter de l'assignation, mais à compter de la décision de condamnation, et ceux qui ont été calculés à compter de l'assignation ne sont pas dus. Il en résulte que rien ne permet à un créancier qui a entrepris et obtenu une exécution complète, frais, intérêts et accessoires compris, d'entreprendre une seconde exécution au motif que les intérêts légaux sont encore dus (CA Abidjan, ch. civ. et com., n° 685, 22-6-2004 : Sté COLINA c/ Sté UTB, et un autre, Ohadata J-05-339. Dans le même sens, et à propos du point de départ du décompte des intérêts, voir CA Abidjan, ch. civ. et com., n° 621, 8-6-2004 : CIE c/ K. I. et Banque Standard et Chartered, Ohadata J-05-340).

Est recevable, l'appel interjeté par le fondateur d'une entreprise individuelle au nom de cette dernière en raison de la confusion entre l'entreprise individuelle et son fondateur. C'est à tort qu'un juge d'appel a occulté un acte de saisie-attribution de créance qui ne comporte aucune référence, ni aux frais, ni aux intérêts à échoir, en se référant à une disposition nationale relative à la procédure devant le tribunal du travail, exposant ainsi son arrêt à la cassation. Sur l'évocation, la gratuité de la procédure devant le tribunal du travail n'exclut nullement les frais d'exécution ; l'ordonnance querellée doit être infirmée pour les mêmes motifs que ceux ayant entraîné la cassation (CCJA, 2e ch., n° 40, 03-03-2016 : Kouame Kouamé c/ 1) Dea Tieu Apollinaire et 7 autres, Ohadata J-16-242).

L'acte de saisi-attribution qui n'indique pas le montant des intérêts échus et à échoir, alors que le créancier saisissant a revendiqué tant devant le premier juge qu'en appel, viole l'article 157, 3° de l'AUPSRVE qui sanctionne par la nullité l'exploit de saisie-attribution de créances qui indique une créance dont le montant est supérieur à celui qui figure sur le titre exécutoire, comme c'est le cas en l'espèce ; la cour d'appel qui l'a validé a exposé son arrêt à la cassation. Sur l'évocation et pour les mêmes motifs que ceux sur le fondement duquel l'arrêt attaqué a été cassé, il y a lieu d'infirmer l'ordonnance entreprise qui a fait une mauvaise application des dispositions de l'article 157 en ne sanctionnant pas la non indication du décompte des intérêts échus et à échoir pourtant réclamés dans l'acte de saisie, par la nullité de l'acte de dénonciation de la saisie-attribution (CCJA, 2e ch., 247, 29-11-2018 : VODACOM Business Cameroon SA c/ OWONA NSOE Sosthène et 2 autres).

Obs. : au sujet de ces deux décisions, voir les articles 1153 et 1153-1 du Code civil de Côte d'Ivoire.

4° Date de la saisie

Il résulte de l'article 157, al. 2 de l'AUPSRVE que l'indication de la date de saisie est une condition de validité de l'acte de saisie et que son défaut entraîne la nullité de celui-ci. En l'espèce, la cour d'appel qui a déclaré nul l'acte de saisie comme irrégulier pour défaut d'indication des date et heure de la saisie réalisée n'a en rien violé les articles 157, al. 2 et 160 de l'AUPSRVE (CCJA, 3e ch., n° 190, 23-12-2015 : LCCI Liquidation, Tiemoko Koffi, Alain Guillemain c/ KOUAME SIGNO, Ohadata J-16-183).

C. Décisions ayant refusé la nullité

La demande de mainlevée de la saisie-attribution doit être rejetée lorsqu'il résulte clairement de l'acte de saisie que les prescriptions de l'article 157 de l'AUPSRVE relatives au domicile du débiteur et du créancier ont été respectées (TPI Yaoundé, ord n° 123/C, 18-11-2004 : SATPAC c/ SITRACEL SA, Me T. D. R., Ohadata J-05-161 ; CA Abidjan, 5e ch., n° 85, 25-1-2004 : COMPAGNIE D'ASSURANCES COLINA c/ M. B.S, Juris-Ohada, n° 4/2005, juill.-sept. 2005, p. 40 ; Ohadata J-06-23).

L'article 157 paragraphe 3 indique clairement que l'acte de saisie est nul s'il n'y est pas mentionné le décompte distinct des sommes réclamées en principal, frais et intérêts échus, majorés d'une provision pour les intérêts à échoir dans le délai d'un mois prévu pour élever une contestation. En l'espèce, l'exploit de saisie-attribution de créances comportant toutes ces mentions exigées par l'article 157 visé, notamment le décompte distinct des sommes réclamées en principal, frais et intérêts échus majorés d'une provision pour intérêts à échoir dans le délai d'un mois pour élever une contestation, c'est à tort qu'il est reproché à l'arrêt attaqué la violation de la loi ou l'erreur dans l'application ou l'interprétation des articles 154 et article 156 paragraphe 3 de l'AUPSRVE en précisant que l'acte de saisie-attribution des créances a mis à sa charge des frais non dus, entraînant une augmentation injustifiée de plus de 1 861 900 FCFA, calculés sur une base inexacte (CCJA, 3e ch., no 070, 30-3-2017 : MAERSK SA Côte d'Ivoire c/ COLINA SA Côte d'Ivoire).

L'article 157 de l'AUPSRVE énumère limitativement les mentions prescrites à peine de nullité (CCJA, ass. plén., no 086, 20-11-2013 : UNION GABONAISE DE BANQUE c/ PANOURGIAS Narkelis, Rec. jur. CCJA no 20, vol. 1, janv.-déc. 2013, p. 128-131, Ohadata J-15-38, jugeant que, parmi ces conditions, il n'existe pas « l'emplacement réservé aux déclarations du tiers »).

Le procès-verbal de saisie-attribution et l'exploit de dénonciation de ladite saisie n'encourent pas la nullité dès lors qu'ils ont été établis conformément aux dispositions de l'article 157-3 de l'AUPSRVE et qu'aucune preuve d'un recours en annulation de la convention notariée relative à la créance n'a été rapportée (CCJA, 1e ch., no 32, 26-5-2005 : B. G. F. c/ D. C. A. Marcel, Juris-Ohada, no 3/2005, p. 47, Rec. jur CCJA, no 5, janv.-juin 2005, vol. 2, p. 6 ; Ohadata J-05-384).

1° Identification des parties

a. Forme d'une personne morale

Il ne peut être reproché au créancier saisissant de n'avoir pas fait mention d'une forme juridique qu'il n'a pas été mis en mesure de connaître. Ainsi, le fait pour le saisissant de n'avoir pas indiqué la forme juridique de la société débitrice dans l'acte de saisie ne peut entraîner l'annulation de l'acte, dès lors que la société débitrice ayant été constituée en Égypte sous la forme d'une société anonyme, il n'apparaît pas des pièces produites que cette forme juridique ait été portée à la connaissance de ses contractants et que seule la mention de bureau de représentation était portée à la connaissance des tiers (CA Abidjan (Côte d'Ivoire), no 1117 bis, 20-12-2005 : Egypt Air Holding Company c/ Sté Air Afrique, Ohadata J-09-211).

Il ressort de l'article 157 de l'AUPSRVE que c'est la forme des débiteur et créancier, personnes morales qui doit, à peine de nullité être mentionnée dans l'acte de saisie à l'exclusion de celle du tiers saisi, personne morale. En l'espèce, l'espèce, la société demanderesse étant tiers saisi, la mention de sa forme juridique dans l'acte de saisie n'est ni prévue ni a fortiori exigée à peine de nullité (CCJA, 3e ch., no 198/2020, 28-5-2020 : DPCI SA c/ D.).

Le défaut de précision, dans un exploit de saisie-attribution, que le débiteur ou le créancier est une société anonyme « avec Conseil d'Administration », n'affecte pas la régularité de l'exploit, la simple mention du type de société, en l'espèce, société anonyme, est suffisante (CCJA, 1e ch., no 319/2020, 22-10-2020 : SICOR SA c/ BSIC-CI SA).

b. *Mention du nom de l'ancien président du conseil d'administration, solidairement condamné avec la société*

C'est à tort qu'il est reproché à une cour d'appel d'avoir violé l'article 157.1 de l'AUPSRVE en ne mettant pas hors de cause l'ancien président du conseil d'administration d'une société dont le nom était indiqué dans l'exploit de saisie-attribution de créance au préjudice de la société, dès lors que la cour d'appel a souverainement constaté qu'il ressort du dispositif de l'arrêt servant de fondement à la saisie que la cour d'appel avait condamné solidairement la société avec l'ancien président de son conseil d'administration ainsi que d'autres personnes, sa position comme mandataire ou non de cette société ayant dès lors été sans influence sur sa responsabilité qui a été retenue à titre personnel. Il s'ensuit qu'il est mal venu à demander à être mis hors de cause (CCJA, 1e ch., no 319/2020, 22-10-2020 : Sicor SA c/ BSIC-CI SA).

c. Domicile

Indication du domicile réel ou élu. La mention du domicile réel ou du domicile élu suffit à satisfaire la prescription de l'article 157 de l'AUPSRVE, dès lors que cette disposition exige seulement la mention des domiciles du débiteur et du créancier sans préciser s'il s'agit du domicile réel ou du domicile élu (TRHC Dakar, ord. réf. no 1973, 6-10-2003 : Hôtel SAVANA c/ C. C., SGBS, Crédit Lyonnais du Sénégal, BICIS, CBAO, BIS, ECOBANK, City Bank, Bank of Africa, Ohadata J-04-277).

> **Obs. :** la cour d'appel d'Abidjan a rendu une décision en sens contraire à celle-ci (voir ci-dessus Ohadata J-11-30). L'arrêt de la CCJA ci-dessus (CCJA, 1e ch., no 38, 10-6-2010 : Compagnie d'Assurance AXA Assurances Gabon c/ O., Juris-Ohada, no 4/2010, oct.-déc., p. 20, Ohadata J-11-82, J-12-52) pourrait permettre de penser qu'en cas d'élection de domicile chez un avocat, la condition d'indication du domicile serait remplie si le domicile élu est clairement mentionné dans l'acte de saisie. Voir aussi sous l'article 254 (CCJA, 2e ch., no 030/2012, 22-3-2012 : AMITY BANK Cameroun SA c/ TASHA LOWEH Lawrence) qui admet l'indication du commandement de saisie immobilière au domicile élu, l'article 254 n'indi-

quant pas que le commandement doit être signifié au domicile légal.

La désignation du domicile du saisissant par la mention « quartier Cité Municipale, face au marché Bornave » ne peut être perçue comme un manque de précision et est valide, d'autant plus que l'article 157 de l'AUPSRVE ne fait pas état du caractère précis, que la demanderesse elle-même dans sa requête en contestation indique « N. N. W. M. demeurant à Port-Gentil sans adresse précise », et que l'acte est parvenu au saisissant (TPI Port-Gentil (Gabon), ord. du JEX, 10-12-2010 : Sté Nationale Prestation de Services c/ N. W., Ohadata J-11-90, obs. J. Issa-Sayegh).

C'est à bon droit que le juge d'instance a rejeté la nullité invoquée, dès lors que l'exploit de saisie mentionne expressément que celle-ci est pratiquée contre « la société [X.], société anonyme ayant son siège social à la zone industrielle », la forme, la dénomination et le lieu de situation du siège social étant ainsi suffisamment indiqués (CCJA, 1e ch., n° 101, 23-7-2015 : Sté NIGER GAZ SARL c/ SONIHY-SA, Ohadata J-16-198).

Il résulte des dispositions de l'article 157 de l'AUPSRVE que l'acte de saisie contient à peine de nullité l'indication des noms, prénoms et domicile des débiteurs. La cour d'appel, ayant souverainement déduit des faits soumis à sa censure que [X. Y.] Pascaline ou [X. Y. Z.] Pascaline constitue la même personne juridique, n'a en rien violé l'article 157 précité (CCJA, 2e ch., n° 291/2019, 28-11-2019 : BICIG SA c/ Société Mistral Voyages SA).

2° Titre exécutoire

Arrêt d'une juridiction suprême nationale. Les juridictions inférieures ne peuvent remettre en cause la saisie-attribution effectuée sur le fondement d'un arrêt de la Cour Suprême (CA Abidjan, n° 1235, 21-11-2003 : Ayants droit de Feu T. M. c/ Sté CFCI, Ohadata J-03-339).

Jugement définitif. Il ne peut valablement être allégué qu'une saisie-attribution de créances a été pratiquée sans titre exécutoire, en violation de l'article 157.2 de l'AUPSRVE, dès lors que le jugement ayant servi de fondement de la saisie, qui n'a pas fait l'objet d'appel dans les délais, constitue un titre exécutoire définitif mentionné dans l'acte de saisie tel que prescrit par l'article précité. En conséquence, la mainlevée de la saisie ne peut être ordonnée (CCJA, 3e ch., n° 022, 9-4-2015 : Edmond ZEGBEHI BOUAZO c/ LOBA AYE Evrard, SGBCI, BACI, Ohadata J-16-22).

3° Décompte

a. Sommes réclamées

L'article 157 de l'AUPSRVE ne fait pas obligation au créancier de détailler la créance au principal ; il lui fait simplement obligation de mentionner « le décompte des sommes réclamées au principal, frais et intérêts échus, majorés d'une provision pour les intérêts à échoir dans le délai d'un mois prévu pour élever une contestation » (CA Niamey (Niger), n° 95, 4-10-2006 : Elhadji R.S. c/ Elhadji A.O. et CARITAS Développement Niger, obs. Joseph Issa-Sayegh, Ohadata J-10-286).

C'est à tort qu'un juge a ordonné la mainlevée d'une saisie-attribution de créances au motif pour omission du décompte distinct des sommes réclamées alors que le décompte ressort du procès-verbal de saisie. Et il ne peut être reproché à l'huissier instrumentaire de ne pas avoir indiqué le paiement partiel intervenu postérieurement à la saisie-attribution dans le procès-verbal de saisie, aucune violation de l'article 157, al. 3 n'étant encourue de ce fait (CA Centre, n° 277/Civ., 21-6-2002 : L. S. c/ La SGBC, Ohadata J-04-430).

b. Intérêts

Ce sont uniquement les sommes réclamées en principal frais et intérêts qui doivent faire l'objet d'un décompte et si les intérêts ne sont pas réclamés, il n'y a pas lieu de mentionner leur décompte dans l'acte de saisine dont la validité n'est pas affectée de ce fait (CA Niamey (Niger), n° 4, 10-1-2007 : A. Y. c/ El Hadji C. A. et UGAN, Ohadata J-10-284). L'article 157 de l'AUPSRVE ne faisant aucune obligation d'avoir à réclamer les intérêts, le défaut de leur indication dans l'acte de saisie ne remet pas en cause la validité de celui-ci dès lors qu'ils ne sont pas réclamés par le saisissant. Par ce motif de pur droit, substitué au motif erroné et surabondant, la décision attaquée se trouve légalement justifiée et le moyen visant la violation de l'article 157 précité doit être rejeté (CCJA, 3e ch., n° 094, 23-7-2015 : Banque Nationale d'Investissement BNI c/ AKOBE Georges Armand, Ohadata J-16-93). Dans le même sens et précisant que l'article 157 de l'AUPSRVE ne fait aucune obligation au créancier saisissant de réclamer des intérêts (CCJA, 3e ch., n° 101, 26-4-2018 : Collège Evangélique de New-Bell c/ KEPNIA Albert).

Une créancière ne peut réclamer les frais et intérêts à échoir dès lors que l'arrêt ayant servi de fondement à la saisie-attribution n'a pas condamné la débitrice aux frais et intérêts à échoir. C'est donc à tort qu'il est reproché à cet arrêt de ne pas contenir la mention des intérêts échus et des frais (TPI Yaoundé, ord n° 123/C, 18-11-2004 : SATPAC c/ SITRACEL SA, Me T. D. R., Ohadata J-05-161).

L'article 157, al. 3 de l'AUPSRVE qui prescrit que l'acte de saisie contient entre autres, le décompte distinct des sommes réclamées en principal frais et intérêts ne précise pas de quel frais il s'agit. Le fait que l'huissier ait réclamé le paiement des sommes au titre des débours et émolument non justifiés et taxé excessivement son acte ne peut à lui seul justifier la mainlevée de la saisie ni constituer une violation de l'article susvisé, dès lors qu'il appartient au juge saisi, conformément à l'article 171 de l'AUPSRVE, il revient au juge saisi de la contestation portant sur les frais réclamés de dire s'ils sont dus et dans la négative, de ne donner effet à la saisie que pour le principal, les intérêts et frais non contestés et justifiés. Statuant à nouveau, il convient de rejeter les sommes réclamées au titre de débours et émoluments car elles n'ont pas été justifiées (CA Pointe-Noire (Congo), n° 144, 30-7-2004 : B. J. A. c/ Sté ABB LUMMUS GLOBAL SPA, Ohadata J-13-125).

C'est en violation de l'article 157 de l'AUPSRVE, en y ajoutant des exigences non prévues par le législateur, qu'une cour d'appel a retenu, pour invalider une saisie, que le taux d'intérêt de 3,7274 % mentionné dans le procès-verbal ne correspondait pas au taux légal de la BCEAO qui est de 3,50 %, alors que nulle part dans le texte il n'est prescrit la mention de l'exactitude du taux d'intérêt légal en vigueur au moment de la saisie, exposant ainsi son arrêt à la cassation (CCJA, 3e ch., n° 038, 31-1-2019 : DADIE Jean Bertin et 50 autres c/ Hôpital Méthodiste de DABOU, en présence de la BACI).

Point de départ du décompte. En application de l'article 1153 du Code civil (de Côte d'ivoire), les intérêts de droit courent à compter de l'instance introductive (CCJA, 1e ch., n° 035, 2-5-2013 : Banque Internationale du Burkina dite BIB c/ 1) compagnie AXA Côte d'Ivoire dite AXA-CI, 2) Sté Citibank dite CITIBANK SA, 3) Banque Internationale pour le Commerce et l'Industrie de la Côte d'Ivoire dite BICICI, 4) SGBCI, Rec. jur. CCJA n° 20, vol. 1, janv.-déc. 2013, p. 105-111, Ohadata J-15-35).

Obs. : l'article 157 n'a pas été expressément visé dans la présente décision, mais est applicable.

Rejet de la réitération d'une demande rejetée par une nouvelle procédure portant sur le même chef de demande. Le débiteur qui a été débouté de sa demande de discontinuation des poursuites engagées au motif que les intérêts de droit inhérents au montant des condamnations mises à sa charge « *sont conformes aux dispositions de l'article 2 alinéa 3 de la loi n° 2004/015 du 21 avril 2004 et de l'article 157 alinéa 3 de [l'AUPSRVE]* », ne saurait revenir solliciter par une nouvelle procédure l'annulation de la saisie-attribution pratiquée en vue du recouvrement des mêmes intérêts de droit en prétextant le non-respect des mêmes dispositions légales (TPI Yaoundé, Centre Administratif (Cameroun), ord. n° 395/C, 17-7-2008 : AXA Assurances c/ Association Amicale du 18, Me N., Ohadata J-09-215).

c. Frais

Sur l'existence de frais d'exécution, indépendants du titre exécutoire, et qu'il est demandé au saisissant de préciser dans l'acte de saisie en les distinguant du principal des sommes réclamées, lesquelles ressortent du titre exécutoire, voir sous l'art. 47 (CCJA, 2e ch., n° 022/2018, 8-2-2018 : Touton Négoce Côte d'Ivoire SA c/ O., précisant qu'en indiquant les émoluments de l'huissier instrumentaire, à côté du principal et des intérêts, le saisissant s'est conformé à l'article 157, alinéa 2-3° de l'AUPSRVE et la cour d'appel qui a validé la saisie-attribution réalisée dans de telles conditions n'a pas fait d'erreur dans l'application de l'article 157 de l'AUPSRVE).

Obs. : voir aussi sous l'art. 160, la validité de l'exploit de dénonciation comportant, outre les mentions requises, l'indication de frais additionnels relatifs à la saisie (huissier, levée de grosse, copie, droits proportionnels, etc.).

c. Décompte erroné

Il n'y a pas de violation de l'article 157-3 du seul fait que les sommes réclamées au titre des frais et émoluments de l'huissier instrumentaire sont erronées, dès lors le premier juge a cantonné la saisie pratiquée au montant des sommes non contestées (CA Abidjan, 5e ch., n° 396, 5-4-2005 : Sté COLGATE PALMOLIVE c/ K.E, Juris-Ohada, n° 3/2006, p. 39, Ohadata J-07-20).

C'est à juste titre que le premier juge a relevé que l'article 157 de l'AUPSRVE prévoyant les mentions obligatoires à porter dans l'acte de saisie-attribution ne sanctionne que les omissions et non les erreurs de décompte ou de tarification erronées quant aux frais et émoluments réclamés et a par conséquent maintenu la saisie critiquée en réduisant néanmoins de l'assiette de la saisie les droits de recette non taxés (CA Abidjan (Côte d'Ivoire), ch. civ. et com., n° 354, 20-11-2010 : Sté FINAMARK c/ A., Juris-Ohada n° 3/2011, juill.-sept. 2011, p. 12, Ohadata J-12-153).

Dans le même sens, précisant :

– qu'aucune disposition de l'article 157 de l'AUPSRVE ne frappe de nullité l'acte de saisie pour erreur de calcul même du principal qui peut toujours être ajustée ; les prétentions du débiteur qui ne justifie d'aucun préjudice sont mal fondées et doivent être rejetées (CA Abidjan, 4e ch. civ. et com., n° 684, 19-11-2010 : SOMAT c/ N., Juris-Ohada, 2012, n° 3, juill.-sept., p. 36, Ohadata J-13-52) ;

– que la simple erreur de calcul commise par l'huissier sur le montant des frais ne peut entraîner la nullité d'un exploit de saisie alors que l'omission d'aucune des mentions exigées à peine de nullité par l'article 157 de l'AUPSRVE n'est invoquée par le moyen (CCJA, 1e ch., n° 022, 11-3-2014 : Standard Chartered Bank Cameroon dite SCBC c/ CNPS, IRIC (Université de Yaoundé II), Ohadata J-15-113).

C'est également à bon droit que le premier juge a rejeté la demande d'annulation fondée sur la discordance entre la somme de 50 000 000 FCFA réclamée et celle de 56 000 000 FCFA sur laquelle le décompte a été fait, la simple erreur sur le décompte des sommes dues n'étant pas sanctionnée par l'article 157-3 de l'AUPSRVE (CCJA, 1e ch., n° 101,

23-7-2015 : Sté Niger Gaz SARL c/ Sonihy-SA, Ohadata J-16-198) ;

– des erreurs commises sur le montant des sommes réclamées ne sauraient affecter la validité de la saisie si le procès-verbal de saisie-attribution comporte toutes les mentions exigées par l'article 157.3 de l'AUPSRVE, notamment le décompte distinct des sommes réclamées en principal, frais et intérêts échus majorés d'une provision pour intérêts à échoir dans le délai d'un mois pour élever une contestation (CCJA, 1e ch., n° 319/2020, 22-10-2020 : Sicor SA c/ BSIC-CI SA).

4° Indication de la responsabilité personnelle du tiers saisi

Le fait pour un créancier d'indiquer dans l'acte de saisie que la mention suivante « *l'indication que le tiers saisi est personnellement tenu envers le créancier saisissant et qu'il lui est fait défense de disposer des sommes saisies dans la limite de ce qu'il doit au débiteur* » est contenue dans l'article 154 au lieu de l'article 157-4 de l'AUPSRVE est une simple erreur de numérotation n'entraînant pas la nullité de l'acte de saisie (CA Niamey (Niger), n° 127, 26-4-2006 : Union des Syndicats des Travailleurs du Niger c/ C. M., Ohadata J-10-234).

5° Indication de l'heure de la signification

Le procès-verbal de saisie dressé par huissier de justice et comportant la mention précise de l'heure de sa signification à ses différents destinataires conformément au dernier alinéa de l'article 157 de l'AUPSRVE n'encourant pas la nullité, la caducité de la saisie n'est pas acquise au sens de l'article 160 du même acte uniforme et la cour d'appel qui a infirmé la décision qui en a accordé la mainlevée a très justement appliqué l'article 170 de l'AUPSRVE (CCJA, 1e ch., n° 063, 14-3-2019 : Polyclinique Avicennes SARL c/ 1) ZEKPA Aristide Lucien Victorien et autres).

D. Conséquence de la nullité

Irrecevabilité de l'action en dommages-intérêts en cas de prononcé de la nullité. La saisie-attribution ayant été annulée, la demande de condamnation au paiement de dommages et intérêts pour résistance abusive et distraction de biens saisis formulée par le créancier saisissant doit être rejetée (CCJA, n° 8/2002, 21-3-2002 : Sté PALMAFRIQUE c/ E. K. B. K., Juris-Ohada, n° 4/2002, oct.-déc. 2002, p. 19, note anonyme, Ohadata J-02-163).

III. Date de la saisie

Il découle de l'article 157 de l'AUPSRVE que la saisie date du jour où le tiers saisi en a reçu signification (CA Abidjan (Côte d'Ivoire), 1e ch. civ. et com., n° 393, 31-12-2010 : D. c/ 1. Sté SHELL COTE D'IVOIRE, 2. BICICI, 3. SIB, 4. BIAO-CI, 5. CITIBANK, Juris-Ohada, n° 3/2011, juill.-sept. 2011, p. 42, Ohadata J-12-162).

Selon l'article 157 de l'AUPSRVE, la date de la saisie est la date de signification de l'exploit au tiers saisi. Ainsi, lorsque le procès-verbal d'une saisie datée du 28 juin 2010 indique en sa page n° 3 que la saisie a été signifiée à une banque en sa qualité de tiers saisi le 8 juillet 2010 ; que cette dernière a fait sa déclaration le même jour comme cela ressort à la page 7 dudit exploit et que la dénonciation de ladite saisie a été faite le 9 juillet 2010, soit moins de 8 jours après ladite signification, c'est à tort qu'excipant la caducité de la saisie au regard de l'article 160 de l'AUPSRVE que le premier juge a ordonné la mainlevée de la saisie. L'ordonnance doit être infirmée et la continuation des poursuites ordonnée (CA Abidjan (Côte d'Ivoire), 1e ch. civ. et com., n° 365, 24-12-2010 : Me A. A. C. c/ 1. PAA, 2. BACI., Juris-Ohada, n° 3/2011, juill.-sept. 2011, p. 38, Ohadata J-12-161).

IV. Validité de la signification et de la dénonciation de la saisie dans le même acte

Au regard des articles 157 et 160 de l'AUPSRVE, il n'est nullement exigé que l'acte de signification de la saisie au tiers saisi et l'acte de dénonciation de la saisie au débiteur saisi soient faits par actes séparés. Les seules exigences desdites dispositions sont, d'une part, que l'acte de saisi contienne, à peine de nullité, certaines mentions et, d'autre part, que l'acte de dénonciation soit, en premier lieu, fait dans un délai de huit jours à compter de la saisie à peine de caducité et, en second lieu, qu'il contienne, à peine de nullité, certaines mentions. Il s'ensuit que la cour d'appel qui a retenu que « l'exploit du 12 janvier 2004, intitulé procès-verbal de saisie attribution de créance suivi de dénonciation, ne satisfait pas aux prescriptions des articles 157 et 160 de [l'AUPSRVE] qui exigent l'établissement d'un exploit comportant dénonciation de la saisie différent de l'exploit de saisie lui-même », a fait une mauvaise interprétation des dispositions susénoncées. Son arrêt doit être cassé avec évocation, sans qu'il soit besoin d'examiner le second moyen (CCJA, 2e ch., n° 36, 8-12-2011 : M. V. B.-D. c/ A., F., Juris-Ohada, 2012, n° 3, juill.-sept., p. 9, Ohadata J-13-43, J-13-168).

Il ne résulte pas de la lecture des dispositions de l'article 160, al. 1 de l'AUPSRVE que le procès-verbal de dénonciation et celui de la saisie-attribution doivent être confondus en un seul et même acte ; il en résulte plutôt que le procès-verbal de la saisie-attribution doit être visé dans l'exploit de dénonciation et sa copie jointe à l'acte de dénonciation. Par conséquent, l'huissier instrumentaire ne viole pas lesdites dispositions lorsqu'il vise dans l'acte de dénonciation le procès-verbal de saisie qu'il joint effectivement au procès-verbal de dénonciation. Ainsi, ne viole pas l'article 160, al. susvisé la cour d'appel qui, après avoir relevé « que dans l'exploit de dénonciation de saisie-attribution, il est mentionné ce qui suit : copie de l'acte de saisie-attribution pratiquée par exploit de mon Ministère en date du 17 janvier 2012 entre les mains de la société TOTAL E&P CONGO, Pointe-Noire ; Qu'effectivement dans le dossier se retrouvent ces pièces probantes », a écarté le moyen visant la violation de l'article 160 précité. Cette branche du moyen doit être rejetée (CCJA, 3e ch., n° 141, 19-11-2015 : Sté BOURBON Offshore SURF, S.A.S c/ TATY Jean Claude, Ohadata J-16-134).

Obs. : à première lecture, ces deux décisions de la CCJA pourraient sembler contradictoires. Il convient de noter cependant ce qui suit : la première décision indique « qu'il **n'est pas exigé** que l'acte de signification d'une saisie-attribution au tiers saisi et l'acte de dénonciation de ladite saisie au débiteur saisi soient faits par **actes séparés,** dès lors que les mentions et délais requis sont respectés ». La seconde décision indique, en revanche, qu'il n'y a **pas d'obligation de confondre la signification** de la saisie au tiers saisi **et la dénonciation** de la saisie au débiteur en un seul acte. Il convient donc d'être prudents dans les diligences relatives à la signification, puis de la dénonciation d'une saisie-attribution. Voir sous l'art. 160.

V. « Inexistence » d'une saisie-attribution n'ayant pas trouvé aliment et ne pouvant être annulée pour défaut de dénonciation

Voir sous l'art. 160.

Jurisprudence comparée

France

A. Irrégularités de la saisie

1° Irrégularités ne constituant pas des causes de nullité de la saisie

N'entraîne pas l'annulation de la saisie :

– le défaut d'indication dans l'exploit de signification de la saisie de l'heure à laquelle il a été signifié, car cette exigence est prescrite par un alinéa séparé de celui qui précise les mentions requises à peine de nullité, lesquelles sont au nombre de cinq (TGI Paris, juge exécution, 2-12-1993 : D. 1994.som.341 obs. P. Julien) ;

– l'établissement d'un seul procès-verbal pour quatre tiers saisis ; il en est de même de l'absence de mention dans le procès-verbal des engagements du tiers saisi à l'égard du saisi (TGI Lyon 11-10-1994 : GP 1995.som.210) ;

– la mention portée sur l'acte de saisie de l'élection de domicile en l'étude de l'huissier instrumentaire ; cette indication implique que ce dernier signifie l'assignation en ce lieu et non au domicile personnel du défendeur (TGI Lyon, ord., 21-3-1995 : GP 1995.som.600) ;

– la présence dans le décompte des frais de l'instance que conteste le débiteur (Cass. 2e civ. 19-9-2002 : D 2002.IR.2718).

2° Irrégularités de l'acte de saisie constituant des causes de nullité

Entraîne la nullité de la saisie :

– toute méconnaissance des mentions prescrites qui doivent être scrupuleusement et impérativement respectées ; en effet, en raison de son effet d'attribution immédiat, la saisie est une mesure particulièrement rapide et redoutable, qui est susceptible d'être à l'origine de paiements indus si le débiteur n'est pas en mesure de relever les erreurs de calcul éventuelles ; il s'ensuit que seule la nullité absolue de l'acte irrégulier est à la mesure de la dangerosité potentielle de la saisie (TGI Périgueux 17-3-1994 : D. 1994.som.341 obs. Julien).

– la signification de la saisie par un clerc assermenté (Cass. 1e civ. 18-2-2003 n° 229 : Rev. dr. banc. 2003 p. 106 n° 83 obs. J.-M. Delleci).

B. Mainlevée de l'acte de saisie pour irrégularité de l'acte de saisie

1° Nullité de la mainlevée de l'acte de saisie consentie sous la contrainte

L'acte de mainlevée de la saisie-attribution est nul dès lors qu'il a été obtenu par la violence, cet acte comportant d'ailleurs expressément la mention d'une mainlevée contre les instructions du requérant et sous la contrainte provoquée par un groupe de manifestants qui avait assiégé l'étude de l'huissier, certaines personnes portant des gourdins et barres de fer (CA Grenoble, ch. urg., 28-10-1997 : JCP 1998.IV.1499).

2° Mainlevée de plein droit de la saisie après annulation du titre exécutoire

Emporte de plein droit mainlevée de la saisie, l'annulation du titre exécutoire sur le fondement duquel a été pratiquée la saisie-attribution qui, en l'absence de paiement par le tiers, n'a pas produit son plein effet ; ne peut donc être déclarée irrecevable la demande de mainlevée de la saisie au motif qu'elle n'avait pas été présentée dans les délais prescrits pour contester la saisie (Cass. 2e civ. 21-1-1998 : D. 1999.233 note J.-J. Bourdillat).

3° Portée de la notification de la mainlevée de la saisie-attribution annulée et dénonciation d'une nouvelle saisie-attribution dans le même acte

La banque ne commet pas de faute envers le client, dont le compte a été l'objet de plusieurs saisies-attributions, en n'exécutant pas l'ordre, que lui avait donné ce client, de virer sur le compte d'un tiers les sommes saisies dès l'annulation de ces saisies-attributions et le prononcé de leur mainlevée, dès lors que la mainlevée a été donnée dans l'acte même qui dénonçait une nouvelle saisie-attribution (CA Bordeaux 13-3-2001 : Rev. dr. banc. 2001 n° 126 p. 169).

C. Effets de la signification de la saisie

1° Attribution de la créance

La créance saisie est valablement attribuée au saisissant :

– d'un chèque, sauf à tout porteur prétendant avoir droit sur la provision d'établir judiciairement que l'endossement à son profit est antérieur à la saisie-arrêt (Cass. com. 15-2-1994 : D.1994.som.183 obs. M. Cabrillac, à propos d'une saisie-arrêt mais transposable à la saisie-attribution) ;

– qui a pratiqué la saisie entre la date à laquelle son débiteur a cessé ses paiements et celle à laquelle il a été mis en redressement judiciaire car la prohibition de certains paiements pendant le cours de la période suspecte n'intéresse que les actes faits par le débiteur lui-même à l'exclusion de ceux qui, comme en l'espèce sont accomplis par le créancier (CA Rouen 26-6-1996 : RJDA 5/97 n° 704).

2° Action contre le débiteur saisi qui a reçu du tiers saisi les sommes saisies

Le saisissant, bien qu'il dispose d'une action contre le tiers saisi, peut exercer directement contre le débiteur saisi, à l'égard duquel il conserve ses droits, une action en restitution des fonds versés nonobstant la saisie-attribution (Cass. 2e civ. 11-3-1998 : Rev. trim. civ. 1998.486 n° 13 obs. R. Perrot ; en l'espèce, le tiers saisi qui détenait les fonds en tant que séquestre pour le compte du débiteur ultérieurement déclaré en liquidation, les avait versés directement au liquidateur, alors qu'il n'aurait pas dû s'en dessaisir, les sommes ayant été immédiatement attribuées au saisissant ; le liquidateur poursuivi ès qualités avait résisté à la demande du tiers saisi en soutenant que celui-ci devait d'abord aviser le tiers saisi).

Art. 158 La saisie de créances entre les mains d'une personne demeurant à l'étranger doit être signifiée à personne ou à domicile.

Art. 159 Lorsqu'elle est faite entre les mains des receveurs, dépositaires ou administrateurs de caisse ou de deniers publics, en cette qualité, la saisie n'est point valable si l'acte de saisie n'est pas délivré à la personne préposée pour la recevoir ou à la personne déléguée par elle, et s'il n'est visé par elle sur l'original ou, en cas de refus, par le Ministère Public qui en donnera immédiatement avis aux chefs des administrations concernées.

Art. 160 [mod.] Dans un délai de huit jours, à peine de caducité, la saisie est dénoncée au débiteur par acte *de l'huissier de justice* ou *de l'autorité chargée de l'exécution*.

Cet acte contient, à peine de nullité :

1) *la mention* de l'acte de saisie ;

2) en caractères très apparents, l'indication que les contestations doivent être soulevées, à peine d'irrecevabilité, dans un délai d'un mois qui suit la signification de l'acte et la date à laquelle expire ce délai ainsi que la désignation de la juridiction devant laquelle les contestations pourront être portées.

Si l'acte est délivré à personne, ces indications doivent être également portées verbalement à la connaissance du débiteur. La mention de cette déclaration verbale figure sur l'acte de dénonciation.

L'acte rappelle au débiteur qu'il peut autoriser, par écrit, le créancier à se faire remettre sans délai par le tiers saisi, les sommes ou partie des sommes qui lui sont dues.

Observations

le débiteur est mis en situation difficile d'autant plus que la dénonciation est l'occasion pour lui de savoir que ses avoirs ont fait l'objet d'une saisie. Dans la mesure où il y a des moyens de nullité susceptibles d'affecter l'acte de saisie, il était indispensable de maintenir l'obligation qui était faite, à peine de nullité, de remettre une copie au débiteur lors de la dénonciation, ce qui lui permettrait de découvrir les éventuelles causes de nullité. S'il faut que le débiteur conteste la saisie avant d'accéder à l'acte de saisie, dont la communication par l'agent d'exécution n'est plus systématique, il s'agit d'une régression de ses droits, susceptible d'être ressentie comme une trop grande protection offerte aux créanciers poursuivant.

Jurisprudence OHADA

I. Dénonciation de la saisie

A. Délai de dénonciation

1° Délai franc

En application de l'article 335 de l'AUPSRVE, le délai d'un mois imparti par l'article 160, 2 du même acte uniforme est un délai franc (CCJA, 2e ch., n° 136, 7-6-2018 : CODIVAL SA c/ Mian Koffi François et deux autres).

2° Computation du délai

La saisie-attribution pratiquée le 14 mars 2003 et dénoncée le 21 du même mois est régulière, comme ayant été dénoncée à une date située dans le délai de 8 jours prévu à l'article 160 de l'AUPSRVE, lequel avait couru à compter du 15 mars et expiré le 24 mars 2003 ; le moyen n'est pas fondé (CCJA, n° 023/2008, 30-4-2008 : Sté LOTENY TELECOM, SA c/ Sté IBAS SARL, Rec. jur. CCJA, n° 11, janv.-juin 2008, p. 57, Ohadata J-09-273).

Obs. : cette décision est transposable à toutes les situations dans lesquelles il faut calculer des délais. Voir sous l'art. 335.

Il est de principe, d'une part, que lorsqu'un délai est exprimé en mois, il expire le jour du dernier mois qui porte le même quantième que le jour de l'acte, de l'événement, de la décision ou de la signification qui fait courir ce délai et, d'autre part, que le délai franc est celui dans le décompte duquel sont exclus le dies a quo (premier jour) et le dies ad quem (dernier jour). En l'espèce, la date d'expiration du délai franc d'un mois pour élever contestation à la suite d'une dénonciation de saisie-attribution faite par acte d'huissier le 21 décembre 2006 est le 23 janvier 2007. Ainsi, en indiquant dans son exploit de dénonciation de saisie-attribution servi le 21 décembre 2006 que le délai d'un mois franc pour élever contestation expirait le 22 janvier 2007 au lieu du 23 janvier 2007, l'huissier instrumentaire, agissant à la requête du créancier, a erré dans l'interprétation et l'application des articles de l'AUPSRVE visés au moyen et en considérant que l'huissier instrumentaire a fait une juste computation en indiquant la date du 22 janvier 2007 sur l'exploit de dénonciation comme date d'expiration du délai de contestation, la cour d'appel a violé les textes visés au moyen et exposé son arrêt à la cassation (CCJA, 1e ch., n° 30, 29-4-2010 : THALES SECURITY SYSTEMS SAS c/ Me O. K., Juris-Ohada, n° 3/2010, juill.-sept., p. 47, Ohadata J-11-74, J-12-50 ; CCJA, 2e ch., n° 025, 8-4-2010 : S.A.T.A. c/ Receveur des impôts de Zinder, Juris-Ohada, n° 3, juill.-sept., p. 25, Ohadata J-11-69, J-12-47).

Point de départ d'une dénonciation envoyée par lettre recommandée. La cour d'appel, qui a retenu que « lorsque la dénonciation de la saisie a été faite à mairie, l'exploit envoyé par lettre recommandée avec accusé de réception est suffisant pour établir la preuve que le débiteur saisi est informé de la mesure d'exécution », n'a en rien violé les articles 160 et 170 de l'AUPSRVE, et 326 du Code de procédure civile ivoirien. Il en est ainsi, dès lors que, selon l'article 326 précité, les délais d'opposition ou d'appel ne commencent à courir que du jour de la réception de la lettre recommandée dont l'envoi est prévu à l'article 251 du Code de procédure civile de Côte d'Ivoire ou au terme d'un délai d'un mois à compter de l'expédition de cette lettre (CCJA, 1e ch., n° 007/2013, 7-3-2013 : KOUAO née DAO Assita Banfran c/ DJOBO Benjamin Esso, Rec. jur. CCJA n° 20, vol. 1, janv.-déc. 2013, pp. 95-96 ; Ohadata J-15-07).

Obs. : les dispositions nationales du Code de procédure civile dont la CCJA a tenu compte en l'espèce ont un caractère supplétif.

Au sens de l'article 157 de l'AUPSRVE, l'acte de saisie est signifié au tiers saisi par l'huissier ou l'agent d'exécution. Le procès-verbal de saisie en date du 28 juin 2010 a été signifié à la banque tiers saisie, le 8 juillet 2010 suivi de sa déclaration le même jour. La dénonciation faite le 9 juillet 2010 au débiteur étant intervenue dans le délai de 8 jours exigé par l'article 160 de l'AUPSRVE. En considérant le 28 juin 2010 comme date à laquelle la saisie a été pratiquée pour déclarer sa caducité au motif que la dénonciation faite le 9 juillet 2010 est intervenue plus de huit jours après la signification, le premier juge a fait une mauvaise interprétation de la loi et son ordonnance rendue à cet effet doit être infirmée (CCJA, 3e ch., no 028, 13-3-2014 : PORT AUTONOME d'ABIDJAN dit PAA c/ 1) Banque Atlantique de Cote d'Ivoire dite BACI, 2) Me ABOA Alain Cyrille, Ohadata J-15-119). En raison de son caractère franc, le délai d'un mois imparti par l'article 160, al. 2-2) de l'AUPSRVE a commencé à courir, pour une saisie dénoncée le 16 septembre 2011, le 17 septembre 2011 pour expirer le 17 octobre 2011 à minuit. En confirmant l'ordonnance qui a déclaré la saisie régulière, la cour d'appel n'a en rien violé les dispositions invoquées aux moyens et le pourvoi doit être rejeté (CCJA, 1e ch., no 165, 17-12-2015 : Sté Omnium de Gestion Immobilière, dite O.G.I SARL c/ KPOKOU KOMLAN Maurice, Ohadata J-16-158).

3o Nullité de la dénonciation indiquant une date erronée pour le délai de contestation

L'acte de dénonciation d'une saisie qui indique une date erronée pour l'expiration du délai pour soulever une contestation à une saisie-attribution de créance est nul et l'arrêt qui l'a validé encourt la cassation sans qu'il soit nécessaire d'examiner la seconde branche du moyen unique. Sur l'évocation et pour les mêmes motifs que ceux ayant entraîné la cassation, il y a lieu de prononcer la mainlevée de la saisie pratiquée. En revanche, la demande de condamnation de FIMA au paiement de la somme de 1 000 000 FCFA à titre de dommages-intérêts pour procédure abusive et de 300 000 FCFA d'astreinte comminatoire par jour de retard de paiement d'exécution provisoire doit être rejetée car l'exercice d'une action en justice ne dégénère en un abus ouvrant droit à dommages et intérêts qu'en cas d'intention de nuire, ce qui n'est pas le cas en l'espèce, l'action ayant abouti à la mainlevée sollicitée (CCJA, 1e ch., no 090, 26-4-2018 : Sté F.I.M.A. c/ HIE HALIDOU).

Dans le même sens et précisant que l'acte de dénonciation de la saisie doit indiquer la date précise à laquelle expire le délai d'un mois imparti au débiteur pour élever ses contestations (CCJA, 2e ch., no 136, 7-6-2018 : CODIVAL SA c/ MIAN KOFFI François et 2 autres. Voir aussi CCJA, 2e ch., 247, 29-11-2018 : VODACOM Business Cameroon SA c/ OWONA NSOE Sosthène et deux autres), la nullité encourue étant une nullité d'office pour laquelle il n'est nécessaire de démontrer aucun préjudice subi par le saisi dès lors que l'article 160 de l'AUPSRVE n'est pas compris dans l'énumération faite par l'article 297, al. 1 et 2 du même Acte uniforme, textes dont la nullité pour violation des formalités qu'ils édictent ne peut être soulevée que sur la justification d'un grief (CCJA, 2e ch., 260, 13-12-2018 : IAD SARL c/ CMDT SAEM).

Il se dégage de l'article 160 de l'AUPSRVE que l'acte de dénonciation d'une saisie-attribution de créances qui indique une date erronée d'expiration du délai pour soulever une contestation contre ladite saisie est nul. Le délai d'un mois prévu à l'article 160 de l'AUPSRVE étant un délai franc, en vertu de l'article 335 du même texte, le délai de dénonciation exprimé en mois, dans un acte de dénonciation de saisie-attribution de créances du 29 décembre 2020 devait expirer par conséquent au 31 janvier 2021 ; il y a donc lieu de déclarer nul ledit acte de dénonciation de saisie-attribution de créances qui a indiqué que le saisi disposait jusqu'au 30 janvier 2021 pour élever les contestations relatives à ladite saisie devant la juridiction compétente, et de prononcer la mainlevée de la saisie pratiquée (CCJA, 3e ch., no 096/2024, 28-3-2024).

4o Sanction de la saisie non dénoncée dans le délai imparti

a. Caducité

La saisie dénoncée en dehors du délai de huit jours est caduque et la suspension des poursuites doit être ordonnée (TPI Bouaflé, no 14, 17-9-2003 : V. c/ Sté -DALI Juris-Ohada, no 3/2004, juill.-oct. 2004, p. 61, Ohadata J-04-394 ; voir note anonyme ; TPI Bafang, ord. no 45/Ord/TPI/03-04, 21-9-2004 : H. M. c/ T. E., Ohadata J-05-148) et la mainlevée de la saisie pratiquée (CA Abidjan (Côte d'Ivoire), 5e ch. civ. et com., no 672, 30-12-2010 : S.G.S Côte d'Ivoire c/ M., K., Juris-Ohada, no 3/2011, juill.-sept. 2011, p. 19, Ohadata J-12-155).

Lorsque le délai est franc, ni le premier jour, « dies a quo », ni le dernier jour, « dies ad quem », de la signification ne sont pris en compte dans la computation. L'agent de l'exécution a l'obligation d'indiquer la date à laquelle expire le délai de contestation et toute erreur entraîne la nullité. L'indication du 22 octobre au lieu du 23 octobre 2009, comme dernier jour du délai pour élever des contestations, viole l'article 160, al. 2 (2) de l'AUPSRVE précité et l'arrêt qui a confirmé cette violation encourt la cassation. Sur l'évocation, l'acte de dénonciation est nul et de nul effet et l'ordonnance querellée doit être infirmée ; compte tenu du délai de huit jours qui doit être tenu entre la saisie et la dénonciation, ladite saisie doit être déclarée caduque (CCJA, 2e ch., no 007, 21-1-2016 : BOUAZO ZEGBEHI Edmond c/ LOBA AYE Evrard, Ohadata J-16-216).

b. Mainlevée amiable

La mainlevée amiable accordée par le créancier saisissant à l'un des débiteurs, pour vice de procédure résultant du défaut de dénonciation de la saisie-attribution dans les huit jours et qui a été actée par le juge, doit être étendue à tous les autres tiers saisis concernés par la même mesure d'exécution et mentionnés dans le procès-verbal de dénonciation (TPI Yaoundé (Cameroun), Centre Administratif, ord. no 627/C, 11-11-2008 : Sté FOTRAB SARL c/ SOMATEL SARL, Me N. B. Jeanne d'Arc, Ohadata J-09-224).

Obs. : cette décision mentionne, par erreur, l'article 150 de l'AUPSRVE, mais l'article 160 était applicable en l'espèce.

c. Dénonciation postérieure à la notification d'une voie de recours

La dénonciation d'une saisie-attribution de créance postérieurement à la notification du certificat de dépôt d'une demande aux fins de défenses à exécution est irrégulière et la mainlevée de ladite saisie doit être ordonnée (TPI Yaoundé, Centre Administratif (Cameroun), ord. n° 375/C, 11-7-2008 : Sté AGF Cameroun Assurances c/ N. M., Me N. G. Emmanuel, Ohadata J-09-214).

B. Destinataires de la dénonciation

1° Époux en communauté des biens

Le mari étant, selon la loi nationale, l'administrateur des biens communs et exerçant seul tous les actes d'administration sur lesdits biens, toute saisie-attribution pratiquée sur les biens communs dénoncée au seul mari est régulière, sans qu'il soit besoin de la dénoncer à l'épouse, l'AUPSRVE ne le prescrivant pas expressément en ce qui concerne la saisie-attribution de créance, contrairement à ce qu'il fait, notamment en matière de saisie immobilière et de saisie-attribution sur un compte joint. Dans l'espèce, la demande de l'ex-épouse du débiteur tendant à déclarer irrégulière ladite saisie-attribution au motif que seul l'ex-mari a été condamné au paiement et est débiteur doit être rejetée dès lors que la dette est intervenue pendant que le débiteur était encore sous la communauté des biens avec son épouse. La liquidation de la communauté entre les ex-époux n'est pas opposable au créancier saisissant, dès lors que les époux, mariés à l'étranger, n'ont pas rapporté la preuve, de la mention du jugement de divorce en marge des actes de naissance du mari et de mariage, et que le jugement de divorce n'a pas été transcrit sur les registres d'état-civil de la mairie comme le requiert la loi nationale relative au divorce (CCJA, 1e ch., n° 003, 28-2-2008 : M. c/ G., Juris-Ohada n° 3, juill.-sept. 2008, p. 6., Rec. jur. CCJA, n° 11, janv.-juin 2008, p. 75, Ohadata J-09-38).

2° Détermination de la personne habilitée par la banque tierce et non par le débiteur

Seule la banque tierce saisie est fondée à déterminer la personne habilitée à recevoir à son siège un procès-verbal et la société débitrice ne peut se prévaloir de ce que le procès-verbal de saisie a été délaissé au service courrier de la banque tierce qui ne saurait être confondu avec un fondé de pouvoir (CCJA, ass. plén., n° 138, 11-11-2014 : BGFI Bank SA c/ Gabonaise d'Edition et de Communication (GEC), Ohadata J-15-228).

3° Validité de la dénonciation faite à la succursale d'une banque

En disposant que « dans un délai de huit jours, à peine de caducité, la saisie est dénoncée au débiteur par acte d'huissier ou d'agent d'exécution… », l'article 160 de l'AUPSRVE n'exclut pas, lorsque le débiteur est une personne morale, que la dénonciation lui soit faite par l'entremise de sa succursale ou de son agence. C'est donc à tort qu'il est reproché à un arrêt de n'avoir pas annulé la saisie-attribution de créances alors que tous les actes y relatifs ont été signifiés non à la société Emploi Service elle-même, représentée par son directeur-général, mais par l'entremise du directeur de son agence de Ngaoundéré (CCJA, 3e ch., n° 086, 29-3-2018 : EMPLOI SERVICE SA c/ Thomas RIMBALE).

4° Validité de la dénonciation faite à la division réglementation et des affaires juridiques d'une société à son siège social

La cour d'appel qui, ayant constaté que l'exploit de dénonciation d'une saisie-attribution a été délaissé à la Direction de la division réglementation et des affaires juridiques d'une société, à son siège social, le cachet dudit service faisant foi, a décidé qu'il avait valablement atteint son but, ne peut se voir reprocher de ne pas avoir prononcé une nullité qui, même encourue au regard du droit interne, n'est que relative et relève de sa souveraine appréciation (CCJA, 1e ch., n° 248/2019, 7-11-2019 : Gabon Telecom SA c/ Maître Gilbert Erangah).

C. Validité d'une photocopie de l'acte de saisie dans l'acte de dénonciation

C'est à tort qu'il est reproché à un arrêt d'avoir déclaré l'exploit de dénonciation d'une saisie régulier alors que, par ledit exploit, il lui a été délaissé une « photocopie » de l'acte de saisie en lieu et place de la « copie » prévue à l'article 160 de l'AUPSRVE, dès lors que la requérante n'indique pas en quoi la photocopie qui lui a été délaissée est différente de l'original ; par ce motif de pur droit substitué à ceux critiqués, la décision déférée se trouve légalement justifiée et le pourvoi sera rejeté (CCJA, 2e ch., 250, 29-11-2018 : CIE c/ Christine Bitty Kouyatte, Kouyate Amadou).

D. Validité de la signification et de la dénonciation de la saisie dans le même acte

Sur la validité de la signification et de la dénonciation de la saisie dans le même acte, dès lors que toutes les conditions sont respectées, voir sous l'article 157 (Ohadata J-13-43). Sur l'absence d'obligation de confondre le procès-verbal de dénonciation et celui de la saisie-attribution dans un seul et même acte, voir également au n° 6 ci-après.

II. Nullité de l'acte de dénonciation pour omission de mentions requises

A. Régime : nullité sans grief

Les mentions de la date d'expiration du délai de contestation d'un mois et celle relative à la désignation de la juridiction devant laquelle les contestations pourront être portées sont, prescrites à peine de nullité par l'article 160 sus-énoncé ; leur absence ou omission dans un acte de dénonciation de saisie rend celui-ci nul sans qu'il soit besoin pour prononcer cette nullité de rechercher la preuve d'un quelconque grief ou préjudice. La cour d'appel qui a statué autrement alors, d'une part, qu'elle n'a même pas recherché si les omissions relevées par l'appelante dans l'acte de dénonciation de saisie étaient caractérisées au regard des prescriptions de l'article 160.2 sus-énoncé et alors, d'autre part, que celui-ci n'a assorti la nullité qu'il a prévue d'aucune exigence de preuve d'un grief ou préjudice, a violé ledit article et son arrêt encourt la cassation (CCJA, nº 08, 26-2-2004 : BCN c/ H. B. D., Juris-Ohada, nº 2/2004, juin-juill.-août 2004, p. 2 note BROU Kouakou Mathurin, Rec. jur. CCJA, nº 3, janv.-juin 2004, p. 90, Ohadata J-04-293).

Dans le même sens et retenant que les nullités prévues par l'art. 160-2, qui sont d'ordre public, peuvent être soulevées à tout stade de la procédure : CCJA, 2e ch., nº 046, 15-7-2010 : SGI-BIAO Finances et Associés c/ K., Juris-Ohada nº 1/2011, janv.-mars 2011, p. 16, Ohadata J-12-94.

B. Décisions ayant accordé la nullité

1º Défaut de reproduction de l'acte de saisie dans l'exploit de dénonciation ou d'adjonction du procès-verbal à l'acte de dénonciation

De jurisprudence constante de la CCJA, la prescription de l'article 160-1 de l'AUPSRVE relatif à la copie de l'acte de saisie s'entend soit de la reproduction du contenu de l'exploit de la saisie-attribution dans celui de dénonciation de ladite saisie, soit de l'adjonction du procès-verbal de la saisie-attribution à l'acte de la dénonciation. En l'espèce, l'acte de dénonciation ne contenant aucune reproduction des mentions prescrites à peine de nullité de l'exploit des saisies-attributions et aucun élément du dossier de la procédure, y compris les énonciations dudit acte de dénonciation, n'établissant qu'une copie du procès-verbal des saisies pratiquées a été délaissée au débiteur au moment de la dénonciation, c'est violation de l'article 160 précité qu'une cour d'appel a validé des saisies-attributions dont l'exploit n'a pas été régulièrement dénoncé, exposant ainsi son arrêt à la cassation. Sur l'évocation, et contrairement aux allégations de la créancière, il ne ressort pas des énonciations de l'exploit de dénonciation des saisies qu'une copie du procès-verbal des saisies-attributions pratiquées le 24 août 2015 a été délaissée au débiteur ; ainsi, pour les mêmes motifs que ceux ayant entraîné la cassation, il y a lieu d'annuler l'ordonnance initiale en toutes ses dispositions et, statuant à nouveau, de déclarer nul l'acte de dénonciation querellé et, par voie de conséquence, de constater la caducité des saisies pratiquées et d'en ordonner la mainlevée (CCJA, 3e ch., 210, 22-11-2018 : Airtel Gabon SA c/ 2JTH-GABON SARL).

Selon l'article 160 de l'AUPSRVE, l'acte de dénonciation de saisie contient à peine de nullité une copie du procès-verbal de saisie ; cette exigence est satisfaite lorsque l'exploit reproduit l'intégralité du procès-verbal de saisie ou contient celui-ci comme élément annexe, l'essentiel étant que la formalité procède de l'acte unique de dénonciation. À cet égard, l'arrêt attaqué ayant énoncé que « l'huissier instrumentaire s'est soumis au formalisme exigé, dans son acte de dénonciation du 3 novembre 2015 en délaissant copie de son exploit en date du 28 octobre 2015 portant saisie-attribution des créances à la [demanderesse] », ce moyen de cassation n'est pas fondé et sera rejeté (CCJA, 1e ch., 232, 29-11-2018 : AES SONEL SA c/ Me TCHIONA Maurice Blaise).

Obs. : voir sous l'article 157.

2º Indications relatives aux contestations

a. Défaut d'indication ou mauvaise computation du délai d'un mois pour agir en contestation

L'acte de dénonciation qui n'indique pas le délai d'un mois pour soulever les contestations est nul ; il s'ensuit que faute de dénonciation régulière, la saisie-attribution est caduque et sa mainlevée doit être ordonnée. Il en est ainsi car l'acte de dénonciation nul est inexistant, ne fait pas courir les délais et est réputé n'avoir jamais été servi (TPI Yaoundé, ord. nº 844/C, 16-7-2004 : Sté Excel Com SA c/ Media Plus SARL, Me N. S., BICEC, Ohadata J-04-414).

Le délai d'un mois prévu par l'article 160, al. 2-2 de l'AUPSRVE étant un délai franc, en application de l'article 335 du même Acte uniforme, pour une saisie dénoncée le 12 janvier 2004, le débiteur saisi avait, en principe, jusqu'au 14 février 2004 pour élever les contestations éventuelles. Le 14 févier 2004 étant un samedi, le délai se trouve prorogé jusqu'au lundi 16 février 2004. Le « procès-verbal de saisie attribution de créances suivi de dénonciation » du 12 janvier 2004, ayant mentionné que le délai d'un mois pour soulever les éventuelles contestations expirait le 12 février 2004 et non le 16 février 2004, a en conséquence été établi en violation des dispositions de l'article 160, al. 2-2. Ce procès-verbal est nul et la mainlevée de la saisie réalisée doit être ordonnée (CCJA, 2e ch., nº 36, 8-12-2011 : M. V.

B.-D. c/ A., F., Juris-Ohada, 2012, n° 3, juill.-sept., p. 9, Ohadata J-13-43).

b. Défaut d'indication de la date d'expiration du délai d'un mois

L'indication de la date à laquelle expire le délai est prescrite à peine de nullité et l'indication d'une date fausse doit exposer l'acte à la même sanction. En l'espèce, la saisie ayant été dénoncée le 30 septembre 2002 et en excluant le dies a quo (le 30 septembre) et le *dies ad quem* (le 1er novembre), la date d'expiration du délai est le 2 novembre 2002 et l'acte de dénonciation retenant à tort le 31 octobre 2002 est nul. Cassation de l'arrêt. Et sur évocation, la mainlevée de la saisie doit être ordonnée, la saisie étant nulle suite à l'annulation de l'acte de saisie (CCJA, 3e ch., n° 018/2012, 15-3-2012 : Standard Chartered Bank Cameroon SA c/ SINJU Paul).

Obs. : la décision antérieure de la cour d'appel d'Abidjan qui a retenu qu'en l'absence de preuve d'un préjudice subi par le débiteur, l'erreur dans la date d'expiration du délai d'un mois dont il dispose pour élever toutes contestations est inopérante, dès lors que l'indication requise par l'article 160, al. 2 figure dans l'acte de dénonciation (CA Abidjan, 5e ch., n° 396, 5-4-2005 : Sté COLGATE PALMOLIVE c/ K.E, Juris-Ohada, n° 3/2006, p. 39, Ohadata J-07-20) devrait être tenue pour caduque à cause de l'arrêt de la CCJA ci-dessus.

Nullité pour défaut de preuve de réception par le destinataire. La cour d'appel qui s'est bornée à affirmer « qu'en l'espèce, en indiquant que l'intimé a son adresse à Man et qu'il est domicilié à Abidjan l'acte de dénonciation est irrégulier et doit être déclaré nul et de nullité absolue » sans préciser sur quel fondement elle estime que le fait d'indiquer, dans l'acte de dénonciation, que l'intimé a son adresse à Man et est domicilié à Abidjan, rend ledit acte de dénonciation irrégulier, nul et de nullité absolue n'a pas donné de base légale, par insuffisance de motifs, à sa décision qui doit être cassée sans qu'il soit besoin de se prononcer sur les autres moyens. Sur évocation, la dénonciation est nulle lorsqu'elle a été délaissée à la mairie et que le créancier poursuivant ne produit pas l'accusé de réception permettant de déterminer la date exacte à laquelle le débiteur aurait reçu la lettre recommandée l'informant de la dénonciation à la mairie, date qui serait le point de départ de computation du délai d'un mois pour élever une contestation. La saisie subséquente doit être annulée et sa mainlevée ordonnée (CCJA, 1e ch., n° 008, 4-2-2010 : ARMAJARO Côte d'Ivoire SA c/ M. K., Juris-Ohada, n° 2/2010, avr.-juin 2010, p. 20, Ohadata J-11-52, J-12-43).

c. Défaut d'indication de la juridiction compétente

En application des articles 49 et 160 de l'AUPSRVE, l'acte de dénonciation de la saisie-attribution de créance doit indiquer à peine de nullité que la juridiction compétente pour connaître des contestations contre la saisie est le Président de la juridiction statuant en matière de référé ou le magistrat délégué par lui. Cela désigne, dans l'espèce, la juridiction présidentielle du TPI d'Abidjan à laquelle est ainsi reconnue une compétence attribution. Il en résulte que l'exploit de dénonciation qui a indiqué que c'est devant le TPI que doivent être portées les contestations éventuelles doit être annulé et la mainlevée de la saisie réalisée doit être ordonnée (CA Abidjan, 5e ch. civ. et com., B, 22-2-2005 : COPHARM c/ Sté PHARMIVOIRE LIQUIDATION et la BICICI, Ohadata J-09-165).

Le fait pour le créancier d'énumérer dans l'acte de dénonciation toutes les juridictions de la ville ne constitue pas la désignation de la juridiction voulue par l'article 160 de l'AUPSRVE, mais procède plutôt d'un désir d'embrouiller l'adversaire et l'induire en erreur (CA Littoral, n° 120/REF, 18-9-2000 : CDC c/ Sté Fresh Food Cameroon, Ohadata J-07-72).

C'est à tort qu'il est reproché à un arrêt d'avoir violé ou fait erreur dans l'application des articles 49 et 160 de l'AUPSRVE, en affirmant que « la nullité de l'exploit de dénonciation invoquée par l'appelant ne peut prospérer d'autant que contrairement à son opinion, en indiquant comme juridiction de contestation, le tribunal de première instance d'Abidjan statuant en matière d'urgence, le défendeur au pourvoi n'a violé ni l'article 49 ni l'article 160 de l'AUPSRVE », alors qu'il ressort de l'article 49 que la juridiction compétente est le président de la juridiction et non le tribunal de première instance ; cette indication est contraire aux exigences de l'article 160 qui sanctionne de nullité l'acte de dénonciation qui n'indique pas la juridiction compétente. Il en est ainsi, dès lors que l'arrêt confirmatif querellé a essentiellement retenu l'irrecevabilité de l'action pour cause de forclusion et que la motivation relative aux articles 49 et 160 est purement superfétatoire sans incidence sur le dispositif (CCJA, 2e ch., n° 063, 25-7-2013 : ARECA c/ CISSE Ladji Brahima, Rec. jur. CCJA n° 20, vol. 1, janv.-déc. 2013, p. 116-117, Ohadata J-15-64).

d. Défaut de la déclaration verbale

Le procès-verbal de dénonciation de saisie qui ne mentionne pas la déclaration verbale faite au débiteur de la délivrance de l'acte, comme prescrit par l'article 160, al. 2 de l'AUPSRVE doit être annulé (CA Littoral, n° 55/REF, 9-4-2003 : C.P.A c/ T., Ohadata J-07-50). Dans le même sens et ordonnant la mainlevée de la saisie réalisée (CA Abidjan (Côte d'Ivoire), 1e ch. civ. et com., n° 375, 24-12-2010 : Sté IBAS c/ 1. Sté MTN Côte d'Ivoire, 2. B.A.C.I., Juris-Ohada, n° 3/2011, juill.-sept. 2011, p. 17, Ohadata J-12-154).

C. Décisions ayant rejeté la nullité

1° Délai d'un mois pour contester la mesure

L'exception de nullité au motif que la dénonciation d'une saisie-attribution n'a pas été faite dans le délai prescrit n'est pas fondée dès lors que le demandeur a disposé d'un délai d'un mois à compter de la signification du procès-verbal de saisie comme l'exige l'article 160 de l'AUPSRVE (CA Abidjan, 5e ch., n° 85, 25-1-2004 : Cie D'ASSURANCES COLINA c/ M. B.S, Juris-Ohada, n° 4/2005, juill.-sept. 2005, p. 40 ; Ohadata J-06-23).

Obs. : pour la cour d'appel, l'erreur par laquelle la date du délai de contestation portée sur l'acte a été le 22 septembre 2003 au lieu du 23 septembre 2003 est inopérante, dès lors que le demandeur a disposé d'un délai plus long que celui prévu par l'Acte uniforme. Cette solution dénature les dispositions de l'article 160 de l'AUPSRVE, sans causer aucun grief direct au demandeur. Il convient de rappeler cependant que l'article 160 susvisé ne faisant pas partie des dispositions dérogatoires au régime des nullités d'office de l'article 297 de l'AUPSRVE, la solution retenue par la cour d'appel aurait dû être la caducité de la dénonciation. En effet la nullité prévue par l'article 160 de l'AUPSRVE est une nullité d'office, sans qu'il soit nécessaire de rapporter la preuve d'un grief ; la seule condition étant la violation dudit article par l'omission d'une des mentions requises. Les articles de l'AUPSRVE pour lesquels la sanction d'une violation doit être subordonnée à la preuve d'un grief ont été prévus limitativement par l'article 297 de l'AUPSRVE, qui dispose : « Les délais prévus aux articles 259, 266, 268, 269, 270, 276, 281, 287, 288, al. 7 et 8 et 289 ci-dessus sont prescrits à peine de déchéance. Les formalités prévues par ces textes et par les articles 254, 267 et 277 ci-dessus ne sont sanctionnées par la nullité que si l'irrégularité a eu pour effet de causer un préjudice aux intérêts de celui qui l'invoque. La nullité prononcée faute de désignation suffisante de l'un ou plusieurs des immeubles compris dans la saisie n'entraîne pas nécessairement la nullité de la poursuite en ce qui concerne les autres immeubles ». Cependant la décision relève que l'article 160 n'a pas été violé puisque ce qu'il exige, le délai d'un mois, a été respecté, l'intéressé en ayant disposé. À la lettre, le texte est violé mais le résultat voulu par la loi est atteint. À titre de comparaison, voir la jurisprudence française relative à l'équivalence des résultats : Cass. com. 12-5-1965 : Bull. civ. III p. 280 ; Cass. civ. 14-4-1982 : Bull. civ. III p. 62 ; CA Paris 12-1-1982 : GP 1982. 332 note Paisse ; TGI Tours 22-3-1974 : JCP G 1974. IV. 342 note J. R. ; CE 12-1-1968 : AJDA 1968. 179 concl. Kahn), in Mémento Pratique Francis Lefebvre, Droit Commercial, 2016, n° 74813.

L'erreur dans l'indication de la date d'expiration du délai d'un mois, consistant à accorder au débiteur saisi un délai plus long que celui d'un mois, est sans effet sur la régularité du procès-verbal de dénonciation d'une saisie-attribution de créances dans la mesure où, en l'espèce, le tiers-saisi avait l'information selon laquelle il disposait d'un mois et un jour à partir de la dénonciation pour élever toute contestation relative à la saisie (T. com. Lubumbashi, ord. n° RU 202, 26-4-2017 : TFA SA c/ Jean-Pierre Kasongo Kabwik et 5 autres).

L'indication de la date d'expiration dudit délai suffit à satisfaire à la mention requise par l'article 160 de l'AUPSRVE (TPI Port-Gentil (Gabon), ord. du JEX, 10-12-2010 : Sté Nationale Prestation de Services c/ N. W., Ohadata J-11-90, obs. J. Issa-Sayegh).

C'est à tort qu'il est reproché à un arrêt d'avoir violé l'article 160 de l'AUPSRVE en validant un exploit de dénonciation indiquant la date du 28 février 2020 pour une saisie pratiquée le 19 février de la même année, dès lors qu'il résulte des pièces produites par les parties que l'exploit de saisie attribution des créances a été dressé le 19 février 2020 et que l'exploit de dénonciation de ladite saisie a été dressé le vendredi 21 février 2020, soit deux jours après la saisie (CCJA, 1e ch., n° 026/2022, 17-2-2022 : Palmci SA c/ G., en présence d'Ecobank CI SA).

Prorogation du délai. L'article 160 de l'AUPSRVE ne fait nulle obligation à l'huissier de mentionner la prescription légale suivant laquelle « le délai qui expirerait normalement un samedi, un dimanche ou un jour férié ou chômé est prorogé jusqu'au premier jour ouvrable suivant » (CCJA, ass. plén., n° 138, 11-11-2014 : BGFI Bank SA c/ Gabonaise d'Edition et de Communication (GEC), Ohadata J-15-228).

2° Indication de la juridiction compétente

En dépit du défaut d'indication de la juridiction compétente dans l'exploit de dénonciation d'une saisie-attribution, s'il apparaît que l'ordonnance attaquée, qui a été rendue par le juge compétent saisi par le requérant au pourvoi en application de l'article 49 de l'AUPSRVE, n'a pas violé les dispositions de l'article 160 de l'AUPSRVE ; le moyen tiré de la violation de l'article 160 n'est pas fondé et doit être rejeté. Il en est ainsi, d'autant plus que l'article 49 de l'AUPSRVE donne compétence au président du tribunal et au président de la cour d'appel pour statuer sur les décisions survenues à l'occasion de l'exécution forcée (CCJA, 1e ch., n° 27, 7-4-2005 : SONAR c/ PAPME, Juris-Ohada, n° 3/2005, p. 32, Rec. jur. CCJA, n° 5, janv.-juin 2005, vol. 1, p. 78, Ohadata J-05-379).

Obs. : voir sous l'article 170, la notion de « juridiction compétente » au sens de cette disposition.

La société débitrice, qui affirme que son siège social est à Yopougon, mais qui n'a pas notifié le changement dudit siège (connu pour être quartier du Plateau, pendant toute la procédure d'instance sociale dont le jugement lui a été signifié à l'immeuble situé au Plateau) au créancier, ne peut reprocher à ce dernier d'avoir violé les articles 49 et 169 de l'AUPSRVE, en indiquant dans l'acte de dénonciation la juridiction du Plateau comme territorialement compétente, dès lors que le créancier ne pouvait agir autrement (CA Abidjan, civ. et com., n° 89, 16-1-2001 : Sté WORLD CITY c/ G. D. J., Ohadata J-02-80).

L'indication, dans l'exploit de dénonciation, de la juridiction territorialement compétente par la mention « ces contestations doivent être portées devant la juridiction désignée du lieu de votre domicile soit au Tribunal de Première Instance d'Abidjan-Plateau » est suffisante et ne peut entraîner la nullité dudit exploit (CA Abidjan, n° 1099, 29-7-2003 : C.I.V. c/ Sté SOGERCI, Ohadata J-03-318 ; voir Ohadata J-04-97).

Il est de principe que le siège social constitue le domicile d'une société. La désignation de la juridiction compétente prévue par l'article 160 de l'AUPSRVE pour les contestations ne saurait être contraire aux dispositions de l'article 169 du même Acte uniforme, qui prévoit que la juridiction compétente est celle du domicile du débiteur. Il s'ensuit qu'en retenant sa compétence, en tant que juge du domicile de la société, objet de la saisie, pour statuer sur une contestation relative à une saisie-attribution de créances dont il était saisi, le premier juge a fait une exacte application de la loi et le juge d'appel, en statuant comme il l'a fait, n'a en rien violé les articles 169 et 160 visés aux moyens, qui doivent être rejetés comme non fondés (CCJA, n° 018/2009, 16-4-2009 : Me A. M. c/ BENEFICIAL LIFE INSURANCE SA, Rec. jur. CCJA n° 13, janv.-juin 2009, p. 63, Ohadata J-10-66).

L'emploi du terme « le juge du contentieux de l'exécution », dans un procès-verbal de dénonciation de saisie-attribution de créances, ne viole en rien le rôle que l'article 49 de l'AUPSRVE attribue au président de la juridiction statuant en matière d'urgence ou le magistrat délégué par lui (T com. Lubumbashi, ord. n° RU 202, 26-4-2017 : TFA SA c/ Jean-Pierre Kasongo Kabwik et 5 autres).

Indications erronées admises. C'est à bon droit, sans violer les articles 49 et 169, que le juge siégeant au domicile d'une société mère s'est déclaré incompétent, dès lors que la succursale saisie n'a pas son siège dans son ressort et que, de surcroît, les parties s'en remettaient volontairement aux juridictions locales pour régler leurs différends antérieurs (CA Abidjan, n° 285, 29-2-2000 : TOTAL-CI c/ GAB-CI et BICICI, Bulletin Juris-Ohada, n° 1/2002, janv.-mars 2002, p. 39 ; Ohadata J-02-131 ; F. AHO et al. ; OHADA : Jurisprudences nationales. Ed. Bénin Consulting Group, Cotonou, Bénin, 2004, p. 163, 5CI51).

Appréciation souveraine des juges du fond. C'est par une appréciation souveraine des faits que des juges du fond ont pu déduire, des éléments de preuve qui leur ont été soumis, un comportement non équivoque de la société demanderesse tendant à faire de son unité de Pointe-Noire une succursale en visant non seulement l'aveu judiciaire, mais aussi la turpitude de ladite société, pour retenir leur compétence. Cette appréciation des faits échappe au contrôle du juge de cassation et, en statuant comme elle l'a fait, la cour d'appel n'a pas violé l'article 1356 du Code civil congolais relatif à l'aveu judiciaire. De même, la violation alléguée de la désignation erronée de la juridiction compétente prévue à l'article 160 de l'AUPSRVE et la branche du moyen tirée de la caducité de la saisie ne peuvent non plus prospérer, pour les mêmes raisons, les moyens concernés doivent être rejetés (CCJA, 3e ch., n° 141, 19-11-2015 : Sté BOURBON Offshore SURF, S.A.S c/ TATY Jean Claude, Ohadata J-16-134).

3° Déclaration verbale

Lorsque le tiers saisi est un syndicat qui a toujours été représenté, conformément à ses statuts, par son secrétaire général, la dénonciation de l'acte de saisie non pas au secrétaire général, mais à un autre secrétaire du syndicat, n'entraîne pas la nullité dudit procès-verbal pour défaut de mention de la déclaration verbale faite au débiteur dans l'acte de dénonciation (CA Niamey (Niger), n° 127, 26-4-2006 : Union des syndicats des travailleurs du Niger c/ C. M., Ohadata J-10-234).

L'ordonnance rendue par le premier juge doit être confirmée lorsqu'il résulte de l'acte de dénonciation que la déclaration verbale prévue par l'article 160 a été faite au débiteur (CA du Centre (Cameroun), n° 240/CIV, 6-5-2011 : SCB Cameroun SA c/ N. L. R., Ohadata J-13-211).

4° Caractère apparent de l'indication relative aux contestations

Le caractère apparent requis par l'article 160-2 de l'AUPSRVE résulte nécessairement de l'écriture en gras (CCJA, ass. plén., n° 138, 11-11-2014 : BGFI Bank SA c/ Gabonaise d'édition et de communication (GEC), Ohadata J-15-228).

5° Formalité non requise : communication au Ministère public

L'AUPSRVE n'ayant pas prévu de procédure de communication au ministère public dans le cadre d'une saisie-attribution de créance, le moyen tiré du défaut de communication au ministère public doit être rejeté (CA Abidjan, ch. civ. et com., n° 522, 27-4-2004 : LONACI c/ D. S. O. O. et BICICI, Ohadata J-05-327).

Obs. : à propos d'une décision de la CCJA ayant refusé la communication d'un dossier au ministère public, voir sous l'art. 336.

6° Absence d'obligation de confondre le procès-verbal de dénonciation et celui de la saisie-attribution dans un seul et même acte

Il ne résulte pas de la lecture des dispositions de l'article 160, al. 1 de l'AUPSRVE que le procès-verbal de dénonciation et celui de la saisie-attribution doivent être confondus en un seul et même acte ; il en résulte plutôt que le procès-verbal de la saisie-attribution doit être visé dans l'exploit de dénonciation et sa copie jointe à l'acte de dénonciation. Par conséquent, l'huissier instrumentaire ne viole pas lesdites dispositions lorsqu'il vise dans l'acte de dénonciation le procès-verbal de saisie qu'il joint effectivement au procès-verbal de dénonciation. Ainsi, ne viole pas l'article 160 alinéa susvisé la cour d'appel qui, après avoir relevé « que dans l'exploit de dénonciation de saisie attribution, il est mentionné ce qui suit : copie de l'acte de saisie-attribution pratiquée par exploit de mon Ministère en date du 17 janvier 2012 entre les mains de la société TOTAL E&P CONGO, Pointe-Noire ; Qu'effectivement dans le dossier se retrouvent ces pièces probantes », a écarté le moyen visant la violation de l'article 160 précité. Cette branche du moyen doit être rejetée (CCJA, 3e ch., n° 141, 19-11-2015 : Sté BOURBON Offshore SURF, S.A.S c/ TATY Jean Claude, Ohadata J-16-134).

La prescription de l'article 160 de l'AUPSRVE relative à la copie de l'acte de saisie s'entend soit de la reproduction du contenu de l'exploit de la saisie-attribution dans celui de dénonciation de ladite saisie, soit de l'adjonction du procès-verbal de la saisie-attribution à l'acte de la dénonciation. En l'occurrence, c'est à bon droit la cour d'appel a estimé qu'une reproduction du procès-verbal de saisie dans l'acte de dénonciation n'était pas nécessaire et que la copie annexée suffisait à la régularité de la procédure (CCJA, 2e ch., n° 090/2021, 27-5-2021 : Matca c/ O.).

Obs. : voir sous l'article 157.

7° Rejet de la caducité invoquée par le tiers saisi qui n'a pas collaboré à la saisie

Il est de jurisprudence établie que la saisie ne peut être dénoncée au débiteur que si le tiers saisi a régulièrement collaboré à l'opération de saisie en rendant immédiatement disponible au profit du saisissant la propriété du fonds saisi sans y opposer le moindre obstacle. La tierce saisie, en faisant sur-le-champ une déclaration mensongère au saisissant, refusant ainsi implicitement d'exécuter la saisie-attribution, n'a pas permis à la procédure de saisie-attribution d'être menée à son terme, le saisissant ne pouvant ainsi pas dénoncer une saisie dont il n'est pas encore attributaire. C'est donc à bon droit que le juge d'appel a déclaré la tierce saisie malvenue à invoquer la caducité pour non-dénonciation de la saisie et son recours, qui est mal fondé, doit être rejeté (CCJA, 1e ch., n° 163, 17-12-2015 : Sté Générale de Banques en Côte d'Ivoire dite SGBCI c/ Sté Ivoirienne de Ciment et Matériaux dite SOCIMAT, Ohadata J-16-156).

C'est à tort qu'il est reproché à une cour d'appel d'avoir violé l'article 160 de l'AUPSRVE en déclarant une saisie régulière, alors que les formalités prescrites par les articles 246 et 251 du Code de procédure civile n'ont pas été respectées lors de la dénonciation de la saisie, dès lors que l'exploit de dénonciation mentionne bien que « la personne trouvée à la réception (du Lycée) [...] a refusé de décliner son identité et [...] a reçu copie de l'exploit et refusé de signer les originaux ». La personne trouvée sur place ayant reçu copie de l'exploit, c'est à bon droit que le juge d'appel a rejeté la demande d'annulation de celui-ci, qui a été servi dans les formes prescrites par la loi (CCJA, 2e ch., n° 028, 8-2-2018 : Association Mission Laïque Côte d'Ivoire c/ Ouedraogo Abdoulaye).

Si l'article 160 de l'AUPSRVE prévoit que l'acte de dénonciation de la saisie contient à peine de nullité, entre autres, l'indication que les contestions doivent être soulevées à peine d'irrecevabilité dans le délai d'un mois qui suit la signification de l'acte et la date à laquelle expire ce délai, il reste que l'article 170 du même Acte uniforme réserve les contestations visées au débiteur, destinataire de l'acte de dénonciation, à l'exclusion du tiers saisi qui est, dès lors, sans qualité pour soulever cette nullité, sauf à s'en prévaloir lorsqu'elle est prononcée avant l'action en condamnation au paiement des causes de la saisie. En conséquence, il y a lieu de dire que l'exception soulevée par la banque, attraite en qualité de tiers saisi en paiement des causes de la saisie pratiquée entre ses mains, est inopérante et d'infirmer conséquemment l'ordonnance entreprise sur ce point (CCJA, 1e ch., n° 001, 24-1-2019 : Koutou Somlawinde Daouda c/ Ecobank-Burkina Faso).

Si le tiers saisi peut, pour s'opposer à sa condamnation au paiement des causes de la saisie, invoquer la caducité de la saisie ou la nullité de l'acte de saisie prononcée à la suite de la contestation élevée par le débiteur, il n'est pas recevable à contester la validité de la saisie, sa condamnation ne se fondant que sur sa faute, ayant consisté à ne pas faire de déclarations ou à faire des déclarations tardives, inexactes ou incomplètes. Il s'ensuit que la cour d'appel a donné une base légale à son arrêt en retenant que « la dénonciation de la saisie au débiteur ne peut intervenir qu'autant que le tiers saisi, a, suivant les renseignements par lui fournis, contribué à rendre immédiatement disponible au profit du saisissant la propriété du fonds saisi ; […] en l'espèce, en s'abstenant de renseigner le procès-verbal de saisie, alors même que ladite saisie lui a été signifiée […] [le tiers-saisi] n'a pas permis à la procédure de saisie d'être menée à son terme ; […] mieux, l'article 156 du même Acte uniforme a prévu une action spécifique du créancier contre le tiers saisi pour son fait personnel de violation de son obligation de renseignement ; si bien que c'est à tort que le premier juge a fait de l'accomplissement de la formalité de dénonciation prévue par l'article 160 ci-dessous spécifié une condition de la condamnation du tiers saisi au paiement des causes de la saisie » (CCJA, 3e ch., no 198/2020, 28-5-2020 : DPCI SA c/ D.).

Il ressort de l'article 160 de l'AUPSRVE que la dénonciation, qui a pour objet de porter la saisie à la connaissance du débiteur et de permettre à celui-ci d'élever d'éventuelles contestations, n'est pas édictée dans l'intérêt direct du tiers saisi qui ne pourrait se prévaloir de la caducité découlant de l'absence de dénonciation de la saisie au débiteur pour s'opposer à la demande de paiement des causes de la saisie dès lors que, le débiteur saisi n'a élevé aucune contestation. Il en est ainsi dès lors que la condamnation au paiement des causes de la saisie, sanction du défaut de collaboration du tiers saisi, tire son fondement non pas de l'acte de saisie mais du défaut de déclaration. En l'espèce, le moyen tiré de la violation de l'article 160 de l'AUPSRVE n'est pas pertinent et sera donc rejeté, dès lors qu'il n'est pas contesté que le tiers-saisi n'a fait aucune déclaration suite à la saisie pratiquée entre ses mains (CCJA, 3e ch., no 198/2020, 28-5-2020 : DPCI SA c/ D.).

8o Exploit de dénonciation mentionnant le titre exécutoire, effectivement annexé

C'est à tort qu'il est reproché à un arrêt d'avoir confirmé la décision du premier juge qui a rejeté le moyen de nullité de l'acte de dénonciation d'une saisie-attribution tiré du fait que le titre exécutoire pris pour fondement des poursuites n'a pas été joint, la dénonciation de la saisie n'ayant pas été signifiée avec le titre exécutoire. Il en est ainsi dès lors que l'acte de dénonciation querellé contient l'énonciation du titre en vertu duquel la saisie attribution a été pratiquée, et, d'autre part, que le débiteur a reçu communication dudit jugement assorti de l'exécution provisoire, contre lequel il a même relevé appel et sollicité le sursis à son exécution. C'est donc à bon droit que la cour d'appel a confirmé l'ordonnance du juge du contentieux de l'exécution à laquelle il était reproché d'avoir refusé d'annuler l'acte de dénonciation de la saisie (CCJA, 2e ch., no 003/2022, 20-1-2022).

9o Exploit de dénonciation comportant toutes les mentions requises

En présence d'un acte de dénonciation comportant toutes les mentions obligatoires requises, c'est en méconnaissance de l'article 160 de l'AUPSRVE qu'une cour d'appel s'est persuadée du contraire, exposant ainsi son arrêt à la cassation. Sur l'évocation et pour les mêmes motifs que ceux ayant entraîné la cassation, il y a lieu de dire bonne et valable la saisie pratiquée et de confirmer l'ordonnance dont appel (CCJA, 1e ch., no 086/2020, 9-4-2020 : Z. c/ Pharmagui – Orient SARL).

10o Exploit de dénonciation comportant, outre les mentions requises, l'indication de frais additionnels relatifs à la saisie

Si l'article 160 exige, à peine de nullité, certaines mentions dans l'acte de dénonciation, le fait de rajouter des mentions non prévues par ce texte ne peut entraîner la nullité dudit acte à moins que la mention n'empêche l'acte d'accomplir son objet. En matière de saisie attribution de créances, le montant de la saisie qui figure dans le titre exécutoire est toujours augmenté des frais et droits qui s'y ajoutent en application de la loi nationale du fait de l'exécution forcée. En l'espèce, il n'est pas contesté que la différence entre le montant consacré par l'arrêt exécuté et les actes d'exécution s'explique par les frais de grosse, de copie, les droits proportionnels, les dépens et les frais d'huissiers, et l'appelant ne conteste d'ailleurs pas le caractère légal de ce calcul fait sur la base de la loi nationale applicable pour ces questions. En outre, le procès-verbal de saisie et l'acte de dénonciation de la saisie mentionnent, contrairement aux affirmations de l'appelant, respectivement le 13 avril 2022 à 10 h 40 et le 18 avril 2022 à 14 h 22, comme heures des saisies et de la dénonciation (CCJA, 2e ch., no 279/2024, 31-10-2024).

11o Exploit de dénonciation indiquant l'heure de la dénonciation

Il a été jugé que c'est à tort que la nullité d'un procès-verbal de dénonciation d'une saisie-attribution a été soulevée pour omission de l'heure de la dénonciation, dès lors que l'acte indique bien l'heure de la dénonciation, de sorte que le grief n'est pas établi ; et qu'à supposer qu'il en fut autrement, l'acte aurait été tout au plus exposé à une nullité relative qui suppose, de la part de celui qui s'en prévaut, la preuve d'un grief, non établie en l'espèce, l'alinéa 3 de l'article 157 de l'AUPSRVE [ancien] n'ayant pas assorti l'exigence de l'indication de l'heure d'une nullité expresse ; en conséquence, l'ordonnance entreprise sera confirmée en toutes ses dispositions (CCJA, 1e ch., no 070/2022, 21-4-2022).

Obs. : il convient de relever qu'aucune disposition de l'article 160, relatif à la dénonciation, n'exige l'indication de l'heure de la dénonciation dans l'acte de dénonciation.

III. « Inexistence » d'une saisie-attribution n'ayant pas trouvé aliment

Lorsqu'il est établi qu'une saisie-attribution pratiquée le 14 septembre 2020 suivant procès-verbal n'ayant pas trouvé aliment, la société saisissante ne l'a pas dénoncée à la débitrice saisie, c'est par une saine application du droit que le premier juge a énoncé dans ce contexte que l'acte de saisie-attribution « du 14 septembre 2020 n'existe pas » et que « cette demande devient sans objet », et son ordonnance doit être confirmée sur ce point (CCJA, 1e ch., nº 070/2022, 21-4-2022).

JURISPRUDENCE COMPARÉE

France

A. Dénonciation de la saisie

1° Compétence pour délivrer la dénonciation

Les actes de dénonciation de saisies ne sont pas des actes d'exécution et peuvent donc être délivrés par un clerc assermenté (Cass. 2e civ. 12-10-2006 nº 1541 : JCP G 2006.IV.3153).

2° Vice de forme de l'acte de dénonciation

a. Irrégularité sans grief

La divergence de date entre l'original de l'acte de dénonciation et sa copie a pu être considérée par les juges du fond comme un vice de forme qui n'a causé aucun grief au débiteur saisi, dès lors qu'il a été relevé que l'acte portait la date de sa délivrance et que le débiteur avait pu saisir le juge de l'exécution dans le délai légal (Cass. 2e civ. 3-4-2003 nº 391 : D. 2004.som.1485 obs. G. Taormina).

b. Irrégularité causant grief

L'acte de dénonciation d'une saisie-attribution doit contenir, à peine de nullité, en caractères très apparents, le délai dans lequel les contestations doivent être soulevées et la date à laquelle expire ce délai ; dès lors que l'acte porte une date d'expiration du délai de contestation anticipant de deux jours cette expiration (24 décembre au lieu du 26 décembre), la demande d'annulation de cet acte ne saurait être refusée au motif que son destinataire a attendu sept mois pour former sa contestation et qu'il n'invoque aucun préjudice particulier, notamment aucun lien causal entre l'irrégularité et la tardiveté de la saisine du juge, car cette l'irrégularité avait eu nécessairement pour effet de persuader l'intéressé qu'il était forclos pour agir avant l'expiration du délai (Cass. 2e civ. 2-12-2004 nº 1948 : RJDA 4/05 nº 453 ; JCP G 2005II.10033 note O. Salati).

B. Contestations de la saisie

1° Délai d'un mois pour contester la saisie

a. Absence d'interruption et de suspension du délai

Le délai d'un mois pour introduire une action en contestation d'une saisie-attribution à compter de la dénonciation de la saisie au débiteur n'est susceptible ni d'interruption ni de suspension. Il s'ensuit les conséquences suivantes :

– l'assignation en référé du créancier saisissant par le débiteur qui conteste la saisie ne peut interrompre le délai (CA Colmar, 3e ch. civ., 30-5-1994 : Bull. inf. C. cass. 1994 nº 858) ;

– la saisine du juge-commissaire au redressement judiciaire du débiteur saisi, prononcé après la dénonciation de la saisie faite à ce dernier par requête enregistrée au greffe du tribunal de commerce, ne peut interrompre le délai et la créance est donc, à défaut de contestation dans le délai d'un mois à compter de la dénonciation de la saisie faite au débiteur, attribuée au créancier saisissant dès l'acte de saisie nonobstant le prononcé ultérieur du redressement judiciaire (CA Reims, ch. civ., 7-6-1996 : GP 1997.som.151).

b. Champ d'application du délai d'un mois : contestations soumises au délai

Le délai d'un mois s'applique aux contestations soulevées tant par les personnes informées que non informées de la saisie, dès lors que le texte ne fait aucune distinction (TGI Mans 10-10-1995 : PA 1996 nº 67 p. 5).

c. Date à laquelle la contestation est valablement formée

La recevabilité de la contestation du débiteur n'est soumise qu'à la signification, avant l'expiration du délai d'un mois suivant la dénonciation au débiteur de la saisie-attribution, d'une assignation au créancier saisissant, et à l'envoi le même jour à l'huissier de justice qui a procédé à la saisie, par lettre recommandée avec demande d'avis de réception, d'une copie de cette assignation ; la contestation de la saisie ne peut donc pas être déclarée irrecevable au motif que l'assignation n'a pas été enrôlée dans le délai d'un mois (Cass. 2e civ. 3-11-2005 nº 1704 : D. 2005IR.2826).

d. Contestations non soumises au délai

N'est pas soumise au délai d'un mois la demande de mainlevée fondée sur le fait que l'ordonnance de référé sur le fondement de laquelle le créancier avait procédé à la saisie-attribution a été annulée (Cass. 2e civ. 21-1-1998 : Bull. civ. II nº 24).

Sur l'action en paiement de l'indu pour dépassement du délai d'un mois, voir sous l'article 170.

2° Droit du tiers saisi de contester la saisie

Le tiers saisi est bien fondé à contester la saisie-attribution de la somme qu'il détient en tant que consignataire désigné judiciairement car cette qualité empêche le débiteur de se prévaloir à son encontre d'une créance certaine et disponible (TGI Périgueux, ord., 2-3-1995 : GP 1995.som.603).

Le souscripteur de billets à ordre, qui est tiers saisi à la suite de la saisie-attribution diligentée par le créancier du bénéficiaire des billets, est recevable à contester la saisie car il dispose d'un intérêt à agir pour s'opposer au paiement d'une créance cambiaire par nature insaisissable et dont il pourrait avoir à répondre, peu important qu'un certificat de non-contestation de la saisie ait été dressé par le débiteur saisi (Cass. com. 27-9-2005 : RJDA 12/05 n° 1386 ; D. 2005.2672 obs. X. Delpech ; D. 2006.1614 note A. Boujeka ; RTD civ. 2006.382 n° 11 obs. R. Perrot).

Mais le tiers saisi ne peut s'immiscer dans les rapports du débiteur et du créancier ; il ne peut donc exciper de la nullité de la saisie au motif que le créancier ne détient pas de titre exécutoire régulier, nul ne plaidant par procureur (CA Paris, 8e ch., 27-4-2000 : JCP 2000.IV.2862).

C. Défaut de dénonciation de la contestation à l'huissier poursuivant

1° Irrecevabilité de la dénonciation

La contestation élevée par le débiteur est irrecevable :

– dès lors que ce dernier ne prouve pas qu'il a dénoncé sa contestation à l'huissier le poursuivant en dépit de la reproduction dans l'acte de dénonciation de la saisie-attribution qui lui a été signifiée, des dispositions du décret n° 92-755 qui lui prescrivent de procéder à cette dénonciation à peine d'irrecevabilité (TGI Bobigny, juge exéc., 24-6-1997 : GP 1998.som.140) ;

– si elle est réalisée avant d'être portée devant le juge (Cass. 2e civ. 20-3-2003, n° 311 : RJDA 6/03 n° 638) ou si elle a été faite à l'huissier le lendemain du jour de la contestation, peu important que l'huissier ait été destinataire d'un projet d'assignation avant la délivrance de celle-ci (Cass. 2e civ. 16-10-2003 n° 1401 : Bull. civ. II n° 312 ; D. 2004.som.1486 obs. G. Taormina) ou si elle a été faite à l'huissier mandaté par le créancier mais non à l'huissier qui a effectivement signifié le procès-verbal de saisie au tiers saisi et qui, à ce titre, est identifié dans l'acte de dénonciation de la saisie au débiteur comme étant l'huissier instrumentaire, peu important que cet huissier ne soit intervenu qu'en raison de la domiciliation du tiers saisi et n'ait agi, en raison de la domiciliation du tiers saisi dans un autre ressort, que sur instruction du confrère mandaté par le créancier (CA Versailles, 16e ch., 21-4-2005 n° 04/05385 : Bull. inf. C. cass. 2007 n° 959).

2° Recevabilité de la dénonciation

Le défaut de dénonciation de la contestation ne peut pas être opposé au débiteur dès lors que l'acte de dénonciation de la saisie ne mentionne pas cette formalité (Cass. 2e civ. 10-3-2004 : RJDA 7/04 n° 896). Néanmoins, cette omission n'entraîne pas l'irrecevabilité de la contestation lorsque l'huissier, informé de celle-ci par l'assignation délivrée à domicile élu, est celui qui a procédé à la saisie (Cass. 2e civ. 31-5-2001 : RJDA 1/02 n° 92).

D. Suspension du paiement en cas de contestation

Le paiement de la créance est suspendu :

– si l'enrôlement de l'assignation a eu lieu dans le délai, mais non à défaut d'enrôlement ou en cas d'enrôlement tardif (TGI Douai 24-10-1994 : Petites Affiches 1996 n° 67 p. 5) ;

– par la saisine du juge de l'exécution, même si la créance a été attribuée au saisissant par un jugement ordonnant la saisie-attribution, nonobstant l'exécution provisoire du jugement (CA Toulouse 1-3-1995 : D. 1996.131 note J. Prévault, précisant que les sommes saisies restaient néanmoins indisponibles) ;

– par l'opposition formée contre une ordonnance exécutoire portant injonction de payer (Avis C. cass. 8-3-1996 : D. 1996.IR.102).

E. Mainlevée de la saisie

1° Arrêt de l'exécution provisoire

L'ordonnance du premier président arrêtant l'exécution provisoire ne peut remettre en cause les effets des actes d'exécution accomplis ou les paiements, ici de loyers, effectués avant sa décision et, dès lors que la débitrice n'a pas contesté les mesures d'exécution, il n'y a pas lieu d'ordonner la mainlevée des saisies, y compris à compter de la date de consignation des fonds à laquelle était subordonné l'arrêt de l'exécution provisoire du jugement ; mais l'arrêt de l'exécution provisoire interdit au créancier saisissant de recevoir le paiement des sommes dues au titre des loyers postérieurs à cet arrêt (Cass. 2e civ. 31-1-2002 : Bull. civ. II n° 11).

2° Contestation postérieure à la saisie

La contestation de la créance formée postérieurement à la saisie-attribution qui a immédiatement produit son effet attributif, ayant pour seule conséquence de suspendre la force exécutoire du titre la constatant, et la procédure d'exécution, le rejet de la demande de mainlevée de la saisie est justifié (Cass. 2e civ. 20-11-2003 : Bull. civ. II n° 351 ; JCP G 2004.IV.1069).

Art. 161 [mod.] Lorsque la saisie est pratiquée entre les mains d'un établissement *de crédit* ou *assimilé*, d'un établissement *de microfinance ou d'un établissement émetteur de monnaie électronique*, *il* est tenu de déclarer la nature du ou des comptes du débiteur ainsi que leur solde au jour de la saisie. *Cette déclaration porte aussi sur les avoirs en monnaie électronique.*

Dans le délai de quinze jours ouvrables qui suit la saisie et pendant lequel les sommes laissées au compte sont indisponibles, ce solde peut être affecté à l'avantage ou au préjudice du saisissant par les opérations suivantes dès lors qu'il est prouvé que leur date est antérieure à la saisie :

a) au crédit :

– Les remises faites antérieurement, en vue de leur encaissement, de chèques ou d'effets de commerce, non encore portées au compte ;

b) au débit :

– l'imputation de chèques remis à l'encaissement ou portés au crédit du compte antérieurement à la saisie et revenus impayés ;

– Les retraits par billetterie effectués antérieurement à la saisie et les paiements par carte, dès lors que leurs bénéficiaires ont été effectivement crédités antérieurement à la saisie.

Par dérogation aux dispositions prévues au deuxième alinéa *du présent article*, les effets de commerce remis à l'escompte et non payés à leur présentation ou à leur échéance lorsqu'elle est postérieure à la saisie peuvent être contre-passés dans le délai d'un mois qui suit la saisie.

Le solde saisi n'est affecté par ces éventuelles opérations de débit et de crédit que dans la mesure où leur résultat cumulé est négatif et supérieur aux sommes non frappées par la saisie au jour de leur règlement.

En cas de diminution des sommes rendues indisponibles, l'établissement doit fournir, par lettre recommandée avec avis de réception ou tout moyen laissant trace écrite *et permettant d'établir la réception effective par le destinataire*, adressé au créancier saisissant au plus tard huit jours après l'expiration du délai de contre-passation, un relevé de toutes les opérations qui ont affecté les comptes depuis le jour de la saisie inclusivement.

JURISPRUDENCE OHADA

I. Obligation de collaboration du tiers saisi

Si les articles 156 et 161 de l'AUPSRVE mettent à la charge du tiers saisi l'obligation de collaboration à la procédure de saisie-attribution de créances, sa condamnation pour les causes de la saisie ne peut intervenir que si le tiers saisi n'a pas fait de déclaration, ou a fait une déclaration inexacte, incomplète ou tardive. Les seuls cas où le banquier, tiers saisi, est tenu de faire une déclaration supplémentaire dans un délai de huit jours, est lorsqu'il y a diminution des sommes rendues indisponibles à l'issue des opérations de contrepassation. En l'espèce, l'arrêt qui a relevé que, lors de la saisie, la banque a régulièrement fait les déclarations portant sur tous les comptes et leur solde, déchargeant le tiers saisi d'une obligation de faire une autre déclaration dans un délai de cinq jours, a mis à la charge du tiers saisi des conditions non prévues par l'article 161 de l'AUPSRVE notamment en lui reprochant l'absence d'une déclaration complémentaire dans un délai de cinq jours, violant ainsi cette disposition ; il doit être cassé. Sur l'évocation, la responsabilité du tiers saisi ne peut être recherchée pour le paiement des causes de la saisie que si le tiers saisi faisait des déclarations incomplètes, inexactes ou mensongères ou s'abstenait d'en faire. Il incombe au créancier saisissant de rapporter la preuve de l'inobservation par le tiers saisi de ses obligations imposées à l'article 161 de l'AUPSRVE. En l'espèce, le tiers saisi a régulièrement fait ses déclarations à l'appui des pièces justificatives et ne peut être tenu au paiement des causes de la saisie ; il y a donc lieu de débouter le défendeur de sa demande en paiement des causes de la saisie et de confirmer l'ordonnance entreprise (CCJA, 3e ch., no 168, 1-12-2016 : Banque Internationale pour le Commerce et l'Industrie de la Côte d'Ivoire BICICI c/ Ake N'Guéssan Victor, Ohadata J-17-108).

II. Condamnation de la banque pour défaut de justification de la diminution des sommes saisies

C'est à juste titre qu'une banque a été condamnée au paiement des causes de la saisie lorsqu'elle a déclaré, au moment de la saisie-attribution de créance, détenir 466 512 FCFA pour le compte du débiteur et que sans justification, le solde du compte du débiteur poursuivi dans les livres de la banque était devenu 512 FCFA au moment de la signification du certificat de non-contestation (CA Abidjan, ch. civ. et com., n° 687, 22-6-2004 : Sté ECOBANK-CI c/ Sté TAO, Ohadata J-05-313).

Obs. : sur la validité d'un paiement effectué à partir du sous compte d'un débiteur, voir sous l'art. 162 (Ohadata J-13-05).

III. Refus de condamnation de la banque

Selon l'article 161, le compte saisi continue à fonctionner pour les opérations antérieures à la saisie et même pour le solde saisi si le montant de ces opérations emporte un résultat négatif supérieur aux sommes disponibles. Lorsque le compte bancaire a été l'objet d'une saisie conservatoire avant la saisie-attribution, la mainlevée de la saisie conservatoire qui fait rentrer dans le compte saisi les sommes précédemment rendues indisponibles et la saisie-attribution qui a immédiatement suivi restent deux opérations distinctes et décalées au niveau de la banque tierce saisie. Ainsi, même si elle a été brève, la mainlevée a permis d'absorber les sommes précédemment consignées au titre de la saisie conservatoire par le solde débiteur du compte très nettement supérieur au montant des sommes faisant l'objet de la saisie-attribution qui peut de ce fait, s'avérer infructueuse. C'est donc à juste titre que le tiers saisi qui, lors de la saisie conservatoire pratiquée sur les comptes du débiteur avait fait une déclaration affirmative, n'a pu payer les causes de la saisie-attribution, le solde du compte étant devenu débiteur en raison des mouvements effectués avant la saisie-attribution ; il ne peut, dans ces conditions, être condamné au paiement des causes de la saisie-attribution (CA Littoral (Cameroun), n° 184/REF, 27-10-2008 : S.G.B.C. SA c/ Sté S.G.T.E. SARL, Ohadata J-10-269).

Jurisprudence comparée

France

A. Champ d'application des règles de détermination du solde disponible

Non-application aux établissements d'affacturage. Les règles de détermination du solde disponible ne concernent que les saisies-attributions pratiquées entre les mains des établissements habilités par la loi à tenir des comptes de dépôt ; une société d'affacturage ne constituant pas un tel établissement, les obligations prescrites par ce texte ne lui sont pas applicables (Cass. 2e civ. 5-4-2007 : JCP G 2007IV1974).

B. Solde disponible saisissable

1° Sommes versées au compte

Les sommes sont disponibles et saisissables dès lors qu'elles ont été versées au compte du client sur lequel est pratiquée la saisie, peu important que ces sommes aient dû être affectées à un paiement déterminé (Cass. 2e civ. 31-5-2001 : Rev. dr. banc.2001.292 n° 194 obs. J. M. Delleci).

2° Défaut de preuve des sommes insaisissables

Dès lors que les documents produits par la débitrice ne démontraient pas que l'avoir du compte épargne logement saisi était composé uniquement de la rente d'invalidité versée à son époux, de sorte que l'insaisissabilité de la totalité du solde n'était pas établie, la contestation de la saisie-attribution ne pouvait pas être accueillie (Cass. 2e civ. 24-3-2005 n° 502 : RJDA 7/05 n° 886).

C. Opérations à inscrire dans le délai de quinze jours suivant l'acte de saisie

1° Preuve du bien-fondé des opérations portées au compte à la charge du tiers saisi

Il appartient au tiers saisi de prouver le bien-fondé des opérations qu'il invoque et donc de fournir les pièces justificatives permettant de vérifier que la date de ces opérations est antérieure à la saisie, que le solde saisi-attribué est affecté par ces opérations de débit ou de crédit dans la mesure où leur résultat cumulé est négatif et supérieur aux sommes non frappées par la saisie au jour de leur règlement (CA Paris, 8e ch. B, 15-3-2001 : D. 2001.IR.1518).

2° Sort des conventions de fusion de comptes

La convention de fusion de comptes n'est pas opposable au tiers saisi (CA Paris, 8e ch. B, 28-9-1995 : JurisData n° 1995-023013).

D. Mesures d'instructions sur les comptes

Impossibilité d'ordonner la production des comptes. Le juge de l'exécution ne peut pas ordonner à l'établissement bancaire de produire les relevés des comptes dont le débiteur est titulaire dans ses livres (Cass. 2e civ. 11-3-1999 : RJDA 3/00 n° 336).

Le juge de l'exécution peut seulement se déterminer par rapport aux déclarations du tiers saisi au regard des obligations que lui impose la loi (TGI 25-3-1996, Sté ISA c/ Société générale, Bull. inf. C. cass. 1996 n° 432 p. 17).

Art. 162 [mod.] Si le débiteur est titulaire de comptes différents, le paiement est effectué en prélevant, en priorité, *soit sur* les fonds disponibles à vue, *soit sur les avoirs en monnaie électronique*, à moins que le débiteur ne prescrive le paiement d'une autre manière.

Jurisprudence OHADA

I. Débiteur titulaire de plusieurs comptes bancaires

La cour d'appel qui a ordonné la mainlevée d'une saisie-attribution réalisée dans le sous compte d'une société débitrice et condamnée la banque dépositaire des fonds à les replacer dans le sous compte a fait une mauvaise application des articles 161 et 162 de l'AUPSRVE et exposé sa décision à la cassation. Il en est ainsi dès lors qu'il ressort de diverses correspondances adressées au directeur général de la banque, par la présidente du conseil d'administration de la société débitrice, que celle-ci sollicitait l'ouverture dans les livres de la banque d'un sous compte au nom de Kempinski Hôtel F appartenant à la société débitrice et informait régulièrement la banque des changements des signataires du sous compte concerné, reconnaissant qui plus est que la société débitrice est titulaire de ce sous compte, éléments de preuve qui ont permis à la banque, en application de l'article 161 de l'AUPSRVE, de satisfaire à ses obligations légales de renseignements en cas de saisie-attribution en déclarant l'existence dans ses livres de deux comptes appartenant à la société débitrice dont le sous compte en cause et d'effectuer, sur décision du juge des référés, le paiement des causes de la saisie (CCJA, 2e ch., no 08, 25-8-2011 : Ecobank-Mali c/ Hôtel Kempinski F., Juris-Ohada, 2011, no 4, oct.-déc., p. 3, Ohadata J-13-05, J-13-160).

En application des articles 154, 161 et 162 de l'AUPSRVE, tous les types de comptes ouverts au nom du débiteur auprès d'un établissement bancaire ou assimilé, et qui ont des soldes créditeurs au jour de la saisie peuvent faire l'objet de saisie-attribution (CCJA, 3e ch., no 209/2021, 25-11-2021 : N. c/ SGCI).

II. Inapplicabilité de l'article 162

Le problème juridique posé en l'espèce n'étant pas l'ordre des prélèvements sur les fonds disponibles à vue, mais celui de l'unicité qui caractérise les différents comptes ouverts au nom de la débitrice dans les livres de la défenderesse, l'article 162 de l'AUPSRVE invoqué n'est pas applicable en la cause et cette branche du moyen unique se révèle inopérante (CCJA, 1e ch., no 268/2019, 28-11-2019 : L. c/ BCDC SA).

Art. 163 [mod.] Lorsque la saisie est pratiquée sur un compte joint, elle est dénoncée à chacun des titulaires du compte.

Si les noms et adresses des autres titulaires du compte sont inconnus de l'huissier *de justice* ou de *l'autorité chargée de l'exécution*, ceux-ci demandent à l'établissement qui tient le compte de les informer immédiatement de la saisie et du montant des sommes réclamées.

Chapitre II

LE PAIEMENT PAR LE TIERS SAISI

Art. 164 Le tiers saisi procède au paiement sur présentation d'un certificat du greffe attestant qu'aucune contestation n'a été formée dans le mois suivant la dénonciation de la saisie ou sur présentation de la décision exécutoire de la juridiction rejetant la contestation.

Le paiement peut également avoir lieu avant l'expiration du délai de contestation si le débiteur a déclaré par écrit ne pas contester la saisie.

JURISPRUDENCE OHADA

I. Certificat du greffe sur l'absence de contestation

A. Définition du certificat

S'il est vrai que l'article 164 de l'AUPSRVE parle de « certificat », il est tout aussi avéré que ce mot est synonyme du mot « attestation » qui se définit comme un « certificat, un témoignage par écrit confirmant la vérité, l'authenticité d'une chose » (cf. Dictionnaire Hachette, encyclopédique, éd. 2000, p. 131). C'est donc à tort que le tiers saisi, pour s'opposer au paiement, soutient que le créancier a produit une « attestation de non-opposition du greffe » en lieu et place d'un « certificat de non-contestation » requis par l'article 164, dès lors que le contenu de l'attestation délivrée est conforme à l'esprit des dispositions de l'article 164 de l'Acte uniforme. La confirmation de l'absence de contestation du débiteur saisi peut découler, non seulement de l'attestation du greffe mais aussi du fait que, au regard de l'article 170, al. 2 de l'AUPSRVE, le tiers saisi n'a pas été appelé à une instance de contestation dans le mois qui a suivi la dénonciation de la saisie du débiteur (TGI Bobo-Dioulasso, ord. réf. n° 001, 17-1-2003 : KINDO Marcel c/ BICIA-B, Ohadata J-04-47).

B. Définition de la contestation

Enrôlement de l'assignation en contestation. L'assignation non encore enrôlée et qui a fait l'objet d'un renvoi constitue une « contestation » au sens de l'article 164 de l'AUPSRVE. Dans ces conditions, la demande de condamnation du tiers saisi au paiement des causes de la saisie doit être rejetée (TRHC Dakar, 7-10-2002 : M. D. c/ SGBS et LONASE, Ohadata J-03-215 ; Ohadata J-03-96).

C. Défaut de constatation du certificat de non-contestation inopérant

Le moyen tiré du défaut de constatation par la cour d'appel de l'existence du certificat de non-contestation et de transport de créances en date du 29 septembre 2010 qui, en réalité, a été délivré dans le cadre de la procédure de saisie-attribution du 30 janvier 2004, est inopérant du fait qu'en l'espèce, la décision attaquée est rendue par la cour d'appel ayant ordonné la mainlevée de la saisie-attribution de créances pratiquée à tort (CCJA, 3e ch., n° 034, 3-4-2014 : Jacques DONG c/ 1) Union Gabonaise de Banque dite UGB SA, 2) Banque des États de l'Afrique centrale dite BEAC, Ohadata J-15-125).

II. Paiement par le tiers saisi

A. Obligation de payer

Après dénonciation de la saisie, le tiers saisi ne peut s'abstenir de payer sous prétexte de contestations pendantes dès lors que toutes les contestations soulevées ont déjà été vidées par le juge du fond, si bien que le juge des référés ne peut, dans ces conditions, arrêter l'exécution (TR Niamey, ord. réf. n° 063/2001, 10-4-2001 : B.G. c/ Sonibank, Ohadata J-02-123).

En raison du caractère péremptoire des termes de l'article 164, alinéa 1 de l'AUPSRVE, le tiers saisi est tenu au paiement dès la date de la notification du certificat de non-contestation. Le tiers saisi qui est sorti de son rôle passif de tiers saisi pour introduire une procédure a effectivement dressé un obstacle, entraînant l'application de l'article 38 de l'AUPSRVE (CCJA, 3e ch., n° 061/2012, 7-6-2012 : BIA c/ Nouvelle Sté Commerciale du Togo dite NOSOCO).

En l'absence d'obstacle juridique au paiement des causes de la saisie, et lorsque le tiers a déjà payé une partie de la créance, il doit lui être ordonné de payer le reliquat de la créance (TRHC Dakar, ord. réf. n° 1691, 23-12-2002 : Mobil Oil c/ SARL Atlas P Fish, Ohadata J-03-185).

C'est en violation des dispositions de l'article 164 de l'AUPSRVE que des tiers saisis auxquels un huissier a signifié à 9 h 15, l'ordonnance de référé ainsi que le commandement de payer, ont donné rendez-vous à l'huissier dans l'après-midi et ont ensuite déclaré à ce dernier à 15 h 30 qu'ils ont reçu une défense de paiement. Ce comportement constitue un refus de payer justifiant la condamnation des tiers saisis au paiement des causes de la saisie ainsi qu'à dommages-intérêts car en application de l'article 32 de l'AUPSRVE, l'exécution qui avait déjà commencé, devait être menée à terme (CA Abidjan, 5e ch. civ. et com., n° 435, 28-7-2011 : K c/ 1) B.F.A. 2) Ecobank 3) B.A.C.I. 4) B.N.I., Juris-Ohada, 2011, n° 4, oct.-déc., p. 32, Ohadata J-13-13).

Le tiers saisi qui se voit notifier une ordonnance exécutoire sur minute et nonobstant tous recours qui a rejeté la contestation d'une saisie est tenu de payer, car une telle ordonnance emporte en elle-même plein effet sans aucune formalité supplémentaire, et constitue un titre exécutoire au sens de l'article 33 de l'AUPSRVE (T com. Kinshasa/Gombe, n° RCE 7288, 14-2-2022 : Equity Banque Commerciale du Congo SA c/ La Rawbank SA).

Il ressort de l'article 164 de l'AUPSRVE que le tiers saisi ne procède au paiement que sur présentation d'un certificat du greffe attestant l'absence de contestation ou de la décision exécutoire rejetant celle-ci. Lorsqu'il ressort des énonciations de l'arrêt attaqué que le tiers saisi a procédé à la mainlevée de la saisie sur présentation d'une décision exécutoire invalidant la saisie, c'est à juste titre que la cour d'appel, sans violer le texte visé au moyen, a retenu que le tiers saisi était tenu, sans commettre de faute, de déférer à l'exécution d'une décision de justice exécutoire (CCJA, 3e ch., no 048/2021, 8-4-2021 : D., Liquidateur de la succession feu K. c/ Ecobank RDC SA).

Il résulte de l'article 164 de l'AUPSRVE l'obligation pour le tiers saisi de procéder au paiement des sommes saisies lorsqu'il lui est présenté une décision exécutoire rejetant la contestation. Le tiers saisi qui, sur présentation d'une ordonnance exécutoire du juge du contentieux de l'exécution, contre laquelle la débitrice saisie n'a formé aucune voie de recours, signifiée au tiers saisi, a payé au créancier saisissant, la contestation ultérieure de la même saisie ne saurait empêcher l'exécution de l'ordonnance susvisée en l'absence de toute voie de recours ; c'est donc par une exacte application des articles 164 et 170 de l'AUPSRVE qu'une cour d'appel a infirmé l'ordonnance qui ordonnait au tiers saisi la restitution des sommes payées par lui, en qualité de tiers saisi (CCJA, 2e ch., no 004/2022, 20-1-2022).

B. Pièces justificatives du paiement

Non-présentation de la décision rejetant la contestation. Lorsqu'une contestation a été soulevée et tranchée par la juridiction compétente, le paiement par le tiers saisi doit se faire sur présentation de la décision exécutoire ayant rejeté la contestation. À défaut de preuve que cette décision a été présentée au tiers saisi, ce dernier ne peut être condamné au paiement (TRHC Dakar, ord. réf. no 1487, 22-9-2003 : A. C. c/ Citibank, Ohadata J-04-33).

La cour d'appel qui a ordonné aux banques, tiers saisis, de payer les sommes qu'elles ont reconnu devoir, alors que les parties saisissantes n'avaient présenté ni un certificat du greffe attestant qu'aucune contestation n'avait été formée dans le délai d'un mois, ni une décision exécutoire de la juridiction rejetant la contestation, a violé, par refus d'application, l'article 164 de l'AUPSRVE et son arrêt doit être cassé. Sur l'évocation, le refus des banques, tiers saisis, de procéder au paiement des créanciers saisissants est justifié et les créanciers saisissants doivent être déboutés de leurs demandes de condamnation des tiers saisis (CCJA, no 15, 29-3-2004 : Sté Energie du Mali c/ J. K., Juris-Ohada, no 2/2004, juin 2004, p. 41, note BROU Kouakou Mathurin ; Rec. jur. CCJA, no 3, janv.-juin 2004, p. 112, Ohadata J-04-300 ; CCJA, no 15, 29-4-2004 : Sté EDM-SA c/ J. I. K., Penant no 850, janv.-mars 2005, p. 138, note Mamadou KONATE, Ohadata J-05-40).

L'ordonnance de référé accordant un délai de grâce au débiteur et qui a été frappée d'appel ne saurait constituer une décision exécutoire rejetant la contestation au sens de l'article 164 de l'AUPSRVE. C'est donc à tort que le premier juge a condamné l'appelante au paiement des causes de la saisie, les formalités prévues par l'article 164 n'étant pas réunies en l'espèce. L'ordonnance doit être infirmée (CA Abidjan (Côte d'Ivoire), no 522 bis, 13-6-2005 : Sté PALM-CI c/ QUINQUAILLERIE CLEOPATRA, Ohadata J-09-199).

Il ressort de l'analyse des dispositions de l'article 164 de l'AUPSRVE que le paiement, par le tiers saisi des sommes qu'il a reconnu devoir au débiteur saisi, doit s'effectuer dans les conditions édictées par cet article notamment, sur présentation d'un certificat de non-contestation, sur présentation de la décision exécutoire de la juridiction rejetant la contestation ou sur présentation d'une déclaration écrite du débiteur. Il ne peut être reproché à la décision attaquée d'avoir ordonné le paiement de la somme reconnue par le tiers saisi lors de la saisie-attribution de créances, ladite saisie ayant été validée par des décisions exécutoires, ce qui est conforme à la jurisprudence constante de la CCJA (notamment en ses arrêts no 015/2004 du 29 avr. 2004 et no 023/2009 du 16 avr. 2009) qui veut que le tiers saisi ne peut se dessaisir des sommes saisies entre ses mains et rendues ainsi indisponibles, sur la base d'une ordonnance de référé, même assortie de l'exécution provisoire, sans s'assurer de l'existence d'un certificat de non-appel (CCJA, 1e ch., no 033, 2-5-2013 : Sté Générale de Banque Côte d'Ivoire dite SGBCI c/ Cherif Souleymane, Rec. jur. CCJA no 20, vol. 1, janv.-déc. 2013, p. 89-94, Ohadata J-15-33).

C. Applications

1o Décisions ayant condamné le tiers saisi

a. Irrégularité du paiement avant l'expiration du délai de contestation

Le paiement effectué par le tiers saisi avant l'expiration du délai de contestation est irrégulier lorsque le tiers saisi ne produit pas une autorisation écrite du débiteur l'autorisant à effectuer ledit paiement. Il y a lieu d'ordonner au tiers saisi, sous astreinte, de recréditer le compte du débiteur saisi du montant correspondant sous astreinte (CA Abidjan, no 1039, 30-7-2002 : Sté ATCI c/ Tisserins TCA, Ohadata J-03-288).

b. Résistance abusive du tiers saisi

La réticence du tiers saisi qui s'abstient de payer la créance saisie alors que le débiteur a été débouté de l'opposition qu'il a formée est injustifiée en droit et en fait. Le tiers saisi doit être condamné à payer les causes de la saisie sous astreinte (TRHC Dakar, ord., 19-5-2003 : T. M. c/ Senelec et SDE, Ohadata J-03-214).

C'est à tort que le tiers saisi refuse de procéder au paiement des causes de la saisie alors que toutes les conditions sont remplies. La décision rejetant la demande en paiement présentée par la créancière doit être infirmée et le tiers saisi condamné au paiement de ladite somme (CA Abidjan (Côte d'Ivoire), 1e ch. civ. et com., no 502, 30-11-2007 : SIPA Rechapage Rimec SA c/ Sté Ecobank- CI., Juris-Ohada, no 1/2010, janv.-mars, p. 54, Ohadata J-11-04).

En application de l'article 164, alinéa 1, de l'AUPSRVE, le tiers saisi, après dénonciation de la saisie-attribution, et sur présentation de la décision rejetant la contestation, a l'obligation de payer au créancier saisissant le montant qu'il a reconnu devoir au débiteur saisi. En l'espèce, la décision du juge de l'exécution rejetant la contestation du débiteur du fait de la somme restant due ayant été signifiée au tiers saisi, le jugement qui a rejeté la demande de condamnation du tiers-saisi doit être infirmé en toutes ses dispositions sur le fond ; statuant à nouveau, il y a lieu de condamner le tiers saisi à payer le reliquat des causes de la saisie après déduction de la somme convenue dans la transaction des parties (CCJA, 3e ch., no 343/2019, 19-12-2019 : Ets Mangousterie de la Source c/ M.).

Il a été jugé que le tiers saisi ne saurait se prévaloir d'un paiement effectué en violation des dispositions de la loi, et il ne peut se dessaisir des sommes saisies entre ses mains et rendues ainsi indisponibles, sur la base d'une ordonnance de référé, même assortie de l'exécution provisoire, sans s'assurer de l'existence d'un certificat de non-appel (CCJA, 1e ch., no 099/2021, 27-5-2021 : Maître Amegbo Ablamvi c/ Sieur B.).

Obs. : cette décision peut sembler déroutante car selon l'article 33 de l'AUPSRVE, une ordonnance assortie de l'exécution provisoire est un titre exécutoire et en exigeant en plus, un certificat de non-contestation, la cour pourrait sembler avoir rajouté une condition supplémentaire non prévue par la loi.

c. Sursis à exécution

S'il est exact que l'article 49, al. 3 pose pour principe, que le délai d'appel comme l'exercice de cette voie de recours, n'ont pas un caractère suspensif, il reste que le paiement par le tiers saisi des sommes qu'il a reconnues devoir au débiteur saisi, doit s'effectuer dans les conditions prévues par l'article 164 de l'AUPSRVE. En l'espèce, le tiers saisi (l'État de Côte d'Ivoire) n'ayant pas produit au dossier la preuve qu'il a reçu signification des décisions exécutoires ordonnant la mainlevée des saisies pratiquées et a payé entre les mains du débiteur, sans même s'assurer de l'existence d'un certificat de non-appel ; le juge d'appel n'a en rien violé les articles 38 et 49 de l'AUPSRVE en condamnant le tiers saisi au paiement des causes de la saisie (CCJA, no 023/2009, 16-4-2009 : État de Côte d'Ivoire c/ Ayants droits de B. F. et A. P., Rec. jur. CCJA no 13, janv.-juin 2009, p. 77, Ohadata J-10-70).

d. Contestation dilatoire

La demande de mainlevée de la saisie-attribution et de discontinuation des poursuites faite par un débiteur sur le fondement d'une opposition qui aurait été formée contre le jugement de condamnation est manifestement dilatoire et doit être rejetée. Il en est ainsi dès lors que ladite opposition a été formée contre une décision contradictoire à l'égard de toutes les parties et que la demanderesse ne produit aucun acte valant opposition (TPI Bafoussam, ord. réf. no 59, 16-4-2004 : Satellite Insurance Company SA c/ N. J. N. et Me K. N. Thaddée, Ohadata J-05-08).

2o Décisions ayant refusé la condamnation du tiers saisi

a. Contestation pendante

Lorsque la contestation formée était toujours pendante devant la juridiction compétente, c'est à bon droit que le juge des référés de première instance a rejeté la demande en « main-vidange » introduite par les appelants à la suite du refus des banques, tiers saisis, de leur payer les sommes saisies. Pour les mêmes motifs que ceux ayant conduit la CCJA à considérer comme fondé le moyen unique de cassation, est justifié le refus des banques, tiers saisis, de procéder au paiement des créanciers saisissants ; il y a lieu, par suite, de débouter ces derniers de leurs demandes et de confirmer l'ordonnance entreprise (CCJA, no 15, 29-4-2004 : Sté EDM-SA c/ J. I. K., Penant no 850, janv.-mars 2005, p. 138, note Mamadou Konate, Ohadata J-05-40).

b. Sursis à exécution de la décision exécutoire

C'est en violation des articles 164 et 172 de l'AUPSRVE qu'un juge a ordonné le paiement des sommes saisies, alors que la décision de condamnation du débiteur a fait l'objet d'un sursis à l'exécution que l'ordonnance qui a sanctionné l'action en contestation intentée par le débiteur fait l'objet d'un appel encore pendant devant la cour d'appel. L'ordonnance ayant ordonné le paiement par le tiers saisi doit être infirmée en toutes ses dispositions (CA Abidjan, no 45, 16-1-2004 : la SICOR c/ I. H., Ohadata J-04-488).

Mais lorsqu'au moment où le tiers saisi a payé, il n'avait pas existé un arrêt ordonnant des défenses à exécution, le simple dépôt d'une requête en défenses à exécution n'emporte pas interdiction d'exécuter car le simple dépôt d'une requête en défenses à exécution ne vaut pas arrêt de défense à exécution et le tiers-saisi qui a payé sur présentation d'une simple requête à fins de défense à exécution a agi conformément à la loi (T com. Kinshasa/Gombe, no RCE 7288, 14-2-2022 : Equity Banque Commerciale du Congo SA c/ La Rawbank SA).

c. Mainlevée de la saisie

Mainlevée volontaire. C'est en violation de l'article 164 de l'AUPSRVE qu'une cour d'appel a condamné une banque tierce saisie au paiement d'une somme déclarée par elle lors de la saisie, dès lors que ladite saisie a fait l'objet d'une mainlevée volontaire de la part du créancier saisissant, annihilant ainsi ses effets, car cette saisie n'existe plus du fait de la volonté du créancier saisissant. Du reste, la CCJA a déjà tranché que s'il a été procédé, sur requête du saisissant, à la mainlevée de la saisie-attribution sur la base de laquelle l'action en paiement des causes de la saisie est exercée contre le tiers, celle-ci devient sans fondement. En conséquence, il y a lieu de casser l'arrêt attaqué, d'évoquer et de statuer sur le fond (CCJA, 1e ch., n° 033, 2-5-2013 : Sté Générale de Banque en Côté d'Ivoire dite SGBCI c/ CHERIF Souleymane, Rec. jur. CCJA n° 20, vol. 1, janv.-déc. 2013, p. 89-94, Ohadata J-15-33).

Mainlevée ordonnée par un juge. Au sens de l'article 164 de l'AUPSRVE, le tiers saisi ne peut opérer le paiement qu'après expiration du délai de contestation soit sur présentation d'un certificat du greffe attestant qu'aucune contestation n'a été formée dans le mois de la dénonciation ou de la décision exécutoire de la juridiction rejetant la contestation, soit avant l'expiration du délai de contestation par un écrit du débiteur ne contestant pas la saisie. En retenant, pour la condamner au paiement des causes de la saisie, que la banque, tiers saisi, a fait des déclarations mensongères alors qu'elle avait procédé à la mainlevée de la saisie-attribution à la suite de la signification de l'arrêt confirmatif de mainlevée du 29 janvier 2010 intervenu après sa première déclaration faite le 4 février 2010, la cour d'appel a, par mauvaise application, violé l'article 164 précité et exposé son arrêt à la cassation. Sur l'évocation, l'ordonnance rendue le 30 juillet 2010 par le juge délégué dans les fonctions du président du tribunal de première instance doit être infirmée et les défendeurs déboutés de leur demande en paiement des causes de la saisie. La demande en paiement des causes de la saisie n'étant pas fondée, les demandes en paiement des dommages-intérêts et d'astreinte sont par conséquent sans objet (CCJA, 3e ch., n° 094, 1-8-2014 : SGBCI c/ KY Dieudonné Alexandre, Ohadata J-15-185).

d. Respect, par le tiers saisi, de toutes les prescriptions

C'est en violation des articles 35, 156, al. 1 et 164, al. 1 de l'AUPSRVE qu'une cour d'appel a retenu que « cet arrêt ne comportant aucune condamnation, le tiers saisi qui est un professionnel de la banque n'ignorait pas qu'il ne s'agissait pas du « titre exécutoire constatant une créance liquide et exigible » exigé par l'article 153 de l'Acte uniforme suscité ; il s'ensuit que c'est à bon droit que le premier juge a estimé qu'elle avait failli à son obligation de précaution », car elle y a ajouté une obligation de précaution supplémentaire que ces dispositions ne renferment pas, exposant ainsi son arrêt à la cassation. Il en est ainsi lorsque le tiers saisi n'a procédé au paiement des sommes saisies dans ses livres que sur présentation, d'une part, d'une ordonnance du juge du contentieux de l'exécution (seul à même d'apprécier la légalité des saisies) validant lesdites saisies en rejetant la demande de mainlevée et, d'autre part, d'un certificat de non-appel régulier, l'appel contre une telle décision ne courant que dans le délai de 15 jours à compter de son prononcé. Sur l'évocation, le jugement entrepris doit être infirmé, le tiers saisi ayant scrupuleusement respecté les obligations mises à charge par les dispositions des articles 35, 156 et 164 de l'AUPSRVE ; conséquemment, l'action en répétition du débiteur est indue, ainsi que sa demande reconventionnelle en paiement de dommages et intérêts pour action abusive et vexatoire qui est insuffisamment prouvée (CCJA, 3e ch., n° 024, 9-4-2015 : BIAO-CI c/ 1) KOUASSI Bertin, propriétaire de l'entreprise individuelle dénommée Recherche et Réalisation Industrielle dite RRI, 2) KOUA KOMENAN Bilé, Ohadata J-16-24).

Il est constant que les décisions de suspension et de discontinuation des poursuites rendues par une Cour suprême sont des décisions qui ne remettent pas en cause la créance poursuivie en vertu d'un titre exécutoire, et ne peuvent, par conséquent, faire obligation au créancier et encore moins au tiers saisi d'interrompre l'exécution déjà entamée. Il résulte de l'article 164 de l'AUPSRVE que la seule décision qui s'impose au tiers saisi est celle rendue à la suite de la contestation par le débiteur de la saisie-attribution pratiquée sur ses avoirs. En procédant au paiement du montant cantonné au vu de l'arrêt de rejet de la contestation, la banque n'a en rien manqué à son obligation professionnelle et en infirmant le jugement entrepris et en déboutant le débiteur de sa demande de restitution et de dommages-intérêts, la cour d'appel a fait une saine application de la loi et le pourvoi sera rejeté (CCJA, 2e ch., 197, 25-10-2018 : PAA c/ SIB).

e. Annulation de la saisie

La cour qui, partant du constat que la créance contenue dans le titre exécutoire était éteinte, en a déduit que « l'extinction de la créance rend la saisie-attribution de créance sans objet, de sorte que malgré le manquement par la banque de ses obligations professionnelles, il n'y a pas lieu à condamnation du tiers saisi aux causes de la saisie… » et a ajouté que « l'acte d'acquiescement ne peut remettre ce fait en cause », n'a en rien violé l'article 164 de l'AUPSRVE, dès lors que l'annulation de la saisie rend caduc tout accord y relatif (CCJA, 2e ch., n° 120, 23-6-2016 : Cisse Abdoulaye c/ Bank Of Africa dite SA, Ohadata J-17-61).

f. *Convention d'unicité de compte*

La cour d'appel qui, par des énonciations spécifiques, a affirmé que les différents comptes relatifs à une convention d'ouverture des comptes constituent des sections d'un compte unique dont la position globale est opposable aux tiers, affirmant ainsi le principe d'unicité des comptes, n'a en rien violé l'article 164 de l'AUPSRVE. Par l'effet de ce principe d'unicité, ne commet aucune faute, le tiers saisi qui, pour s'opposer au paiement réclamé par le créancier saisissant, invoque le solde global des divers comptes fusionnés ; en relevant que la banque n'a pas failli à ses obligations de tiers saisi, l'arrêt entrepris n'a pas violé les dispositions du texte susvisé, applicables à l'hypothèse d'une saisie ayant trouvé des aliments disponibles, ce qui n'était pas le cas ; d'où il suit que la troisième branche du moyen unique sera également rejetée comme mal fondée. Dans le cadre de la saisie attribution de créances, c'est en vertu de la convention d'ouverture de comptes qui la lie à la débitrice qu'une banque intervient en qualité de tiers saisi. Par conséquent, la banque n'a commis aucun abus en se prévalant des dispositions de cette convention spéciale [relative à l'unicité de compte] qui relève du droit bancaire, et la cour d'appel, en statuant comme elle l'a fait, n'a en rien violé les dispositions du droit commun invoquées par le moyen qu'elle n'avait pas à appliquer en la cause (CCJA, 1e ch., n° 268/2019, 28-11-2019 : L. c/ BCDC SA).

D. Impossibilité d'ordonner la mainlevée après paiement par le tiers saisi

La mainlevée est une mesure qui ne peut être ordonnée après le paiement du créancier saisissant par le tiers saisi, lequel met fin à la procédure de saisie-attribution des créances. En ordonnant, en application de l'article 1134 du Code civil, la mainlevée de la saisie-attribution litigieuse, alors que suite au paiement effectué le 25 juin 2003 au créancier par le tiers saisi, conformément à l'article 164 de l'AUPSRVE contenant les seules dispositions susceptibles d'être appliquées à ladite saisie, lequel avait éteint l'obligation du tiers saisi, à l'égard du, débiteur saisi, et de celui-ci à l'égard du créancier saisissant, ainsi qu'il résulte de l'article 165 de l'AUPSRVE, précité, la demande de mainlevée formée par un autre créancier après ledit paiement qui a mis fin à la saisie-attribution des créances litigieuse, était devenue sans objet et donc irrecevable. Il s'ensuit que l'arrêt attaqué qui a ordonné la mainlevée de la saisie n'est pas légalement justifié et doit être cassé (CCJA, n° 09/2007, 15-3-2007 : OPVN c/ SONIBANK, en présence de CCA – État du Niger, El Hadj N. A., Rec. jur. CCJA n° 9, janv.-juin 2007, p. 71, Ohadata J-08-229).

Le moyen du tiers saisi fondé sur la violation de l'article 164 de l'AUPSRVE ne peut prospérer, la cour d'appel ayant uniquement statué sur la recevabilité de l'appel (CCJA, 3e ch., n° 093, 23-7-2015 : BNI c/ Eholie Malan, Ohadata J-16-92).

E. Contestation sur contestation ne vaut

Il résulte de l'article 164 de l'AUPSRVE, l'obligation pour le tiers saisi, de procéder au paiement des sommes saisies lorsqu'il lui est présenté une décision exécutoire rejetant la contestation. Étant donné, en l'espèce, que c'est après avoir reçu la signification de l'ordonnance exécutoire du juge du contentieux de l'exécution tranchant la contestation, contre laquelle la débitrice saisie n'a formé aucune voie de recours, que le tiers-saisi a payé au créancier saisissant, la seconde contestation vantée par la débitrice, bien qu'intervenue dans le délai d'un mois prévu par l'article 170 de l'AUPSRVE, ne saurait empêcher l'exécution de la première ordonnance exécutoire ayant tranché la contestation, en l'absence de toute voie de recours. C'est donc par une exacte application des textes susvisés, que la cour d'appel a infirmé l'ordonnance qui ordonnait au tiers saisi la restitution des sommes payées par elle, en qualité de tiers saisi (CCJA, 2e ch., n° 004/2022, 20-1-2022 : Setaci SA c/ BICICI SA).

La cour d'appel qui a retenu que l'ordonnance rejetant la contestation d'une saisie, assortie de l'exécution provisoire et revêtue de la formule exécutoire, remplit la condition posée à l'article 164 de l'AUPSRVE pour justifier le paiement effectué par le tiers saisi au profit du créancier saisissant a légalement justifié sa décision ; c'est de manière tout à fait superfétatoire qu'elle a retenu que le second recours en contestation ne lie pas le tiers saisi auquel la première décision, conforme au texte susvisé a été présentée et que l'exploit d'opposition au paiement n'est pas, non plus, opposable au tiers saisi (CCJA, 2e ch., n° 004/2022, 20-1-2022 : Setaci SA c/ Bicici SA).

F. Condamnation du débiteur à des dommages-intérêts pour avoir attrait le tiers saisi qui a payé sur présentation d'une ordonnance exécutoire sur minute

L'attitude de la débitrice saisie d'attraire en justice le tiers saisi, alors que celle-ci n'a fait qu'observer les dispositions de l'AUPSRVE en payant sur présentation d'une ordonnance exécutoire sur minute, a obligé le tiers-saisi à recourir au service, très onéreux des avocats pour rétablir l'équilibre de droit, sans compter les sommes qu'elle devra débourser pour rassurer sa clientèle. C'est pourquoi le tribunal condamnera la débitrice à payer au tiers saisi l'équivalent en francs congolais 300 000 USD (au lieu des 20 000 000 USD demandés) en guise de dommage-intérêts pour les préjudices causés (T com. Kinshasa/Gombe, n° RCE 7288, 14-2-2022 : Equity Banque Commerciale du Congo SA c/ La Rawbank SA).

III. Absence de violation de l'article 164

Il ne peut être valablement reproché à une cour d'appel d'avoir violé l'article 164, dès lors qu'elle a uniquement statué sur la recevabilité de l'appel (CCJA, 3e ch., n° 093, 23-7-2015 : BNI c/ Eholie Malan, Ohadata J-16-92).

IV. Admission de l'intervention volontaire du débiteur saisi se prévalant d'une transaction ignorée

Il est de jurisprudence bien établie que la personne qui fait une intervention volontaire devant les juges du fond est partie à l'instance ayant donné lieu à l'arrêt attaqué et, à ce titre, a qualité pour se pourvoir en cassation. En l'espèce, non seulement il n'est pas contesté que la demanderesse a fait une intervention volontaire devant les juges du fond à titre accessoire en appui aux prétentions du tiers-saisi, mais aussi, il est établi qu'elle justifie d'un intérêt à former pourvoi dans la mesure où la décision devant être rendue concerne également l'application de l'acte de transaction passé entre les parties principales le 18 avril 2008 dont elle se prévaut des clauses stipulées à l'article 2 ; que dès lors, il y a lieu de rejeter l'exception et de déclarer le pourvoi recevable (CCJA, 3e ch., no 343/2019, 19-12-2019 : Ets Mangousterie de la Source c/ M.).

Jurisprudence comparée

I. Belgique

Renonciation à la saisie

La renonciation à obtenir paiement ne se présume pas et ne saurait résulter d'une inaction prolongée (TPI, Bruxelles, 11-2-1999, no 98/1813/A).

II. France

A. Droit au paiement de la créance saisie

1o Certificat de non-contestation de la saisie

Le certificat de non-contestation de la saisie peut être délivré dès lors que la copie de l'assignation signifiée n'a pas été remise au secrétariat-greffe du tribunal de grande instance ; à défaut le juge de l'exécution qui doit être informé de l'existence de cette contestation dans le délai d'un mois n'a pas été saisi ni l'instance liée (CA Paris, 8e ch. B, 29-2-1996 cité par M. Dymant, Procédures civiles d'exécution : délai pour agir ou délai pour saisir ? GP 1997.doct.1501).

2o Non-suspension de l'effet attributif

a. Délais de grâce

Le juge de l'exécution ne peut accorder des délais de paiement, la saisie-attribution ayant pour effet de transmettre la propriété des fonds saisis au créancier ; le paiement fait au créancier ne peut donc être remis en cause (Cass. 2e civ. 4-10-2001 Tlili c/ Sté Finaref : D. 2002.1658 note Ph. Soustelle).

b. Obligation au paiement du tiers saisi

Hors le cas de nullité ou de caducité de la saisie-attribution, le tiers saisi, qui, lors de la saisie, a déclaré devoir une certaine somme au saisi et qui n'a fait état d'aucune modalité affectant son obligation, ni d'aucune cession de créance, de délégation ou de saisies antérieures, est personnellement débiteur des causes de la saisie dans la limite de son obligation ; il est tenu de procéder au paiement sur la présentation d'un certificat de non-contestation ou d'une déclaration d'acquiescement du débiteur ; en conséquence, la demande en paiement ne saurait être différée alors que les saisies étaient régulières et que le procès-verbal constatant les désordres affectant les travaux était postérieur aux saisies et alors que le tiers saisi n'avait pas fait état, lors de la saisie, de désordres, d'une procédure ou de modalités affectant son obligation envers le débiteur saisi (Cass. 2e civ. 8-7-2004 : JCP G 2004.IV.2909 ; Bull. civ. II no 382).

B. Moment du paiement

Possibilité de différer le paiement en cas de non-liquidité de la créance saisie. La saisie-attribution emporte cession immédiate de la créance ; si la créance n'est pas liquide au moment de son attribution, le paiement peut être différé en attente de la liquidation définitive du préjudice de la débitrice (TGI Quimper 2-2-1995 : Petites Affiches 1996 no 67 p. 5).

C. Montant du paiement

Lorsque la saisie-attribution porte sur toutes les sommes dues par le tiers saisi, locataire du débiteur saisi, à celui-ci et que le tiers saisi est débiteur envers son bailleur d'un loyer toutes taxes comprises, sans être subrogé dans les obligations de celui-ci à l'égard du fisc, c'est à bon droit que le juge de l'exécution condamne le tiers saisi à payer le montant de la TVA et de la taxe foncière sur les loyers dus (Cass. 2e civ. 4-4-2002 : RJDA 8-9/02 no 937).

Art. 165 Le paiement est effectué contre quittance entre les mains du créancier saisissant ou de son mandataire justifiant d'un pouvoir spécial qui en informe immédiatement son mandant.

Dans la limite des sommes versées, ce paiement éteint l'obligation du débiteur et celle du tiers saisi.

Jurisprudence OHADA

I. Paiement entre les mains d'un huissier

1) L'huissier de justice, de par son statut d'officier ministériel et officier public chargé des significations et de l'exécution forcée des actes publics, n'a pas besoin de justifier de la part du créancier, d'un mandat exprès de saisir ou d'encaisser, la remise à lui du jugement ou de l'acte valant pouvoir pour toute exécution pour laquelle il n'est pas exigé de pouvoir spécial. À cet effet, l'article 29 du décret 69-243 du 9 juin 1969 (Côte d'Ivoire) fixant les modalités d'application de la loi portant statut des huissiers de justice, lequel en l'espèce, n'a pas encore été abrogé, contrairement à ce que soutiennent les requérants, dispose qu' « en matière de recouvrement judiciaire, la remise des actes ou décisions à l'huissier de justice vaut mandat d'encaisser, sauf preuve contraire ». En l'espèce, il n'est pas contesté que l'huissier instrumentaire ayant pratiqué la saisie-attribution au profit des requérants a fait sommation à la défenderesse au pourvoi d'avoir à « payer immédiatement et sans délai aux requérants, des mains de moi Huissier, porteur des présents, ayant charge de recevoir et pouvoir de donner bonne et valable quittance, le montant de la saisie… » ; que la défenderesse ayant payé entre les mains de l'huissier sur la base d'un mandat légal, il ne saurait lui être reproché de s'être conformé à la sommation de ce dernier. Et en statuant comme elle l'a fait, la cour d'appel d'Abidjan n'a en rien violé l'article 165 de l'AUPSRVE. Rejet du moyen.

2) Contrairement aux allégations des requérants, le juge d'appel qui, après avoir fait observer dans la motivation de sa décision, que les dispositions de l'article 165 de l'AUPSRVE concernaient les personnes autres que les huissiers de justice, a clairement imputé le retard du paiement aux requérants eux-mêmes, pour confirmer la décision du TPI d'Abidjan qui les a déboutés de leur demande d'indemnisation et les a condamnés à payer 100 000 F pour procédure abusive, a suffisamment motivé sa décision (CCJA, n° 020/2006, 26-10-2006 : K. K. C., H. G. W. R. épse K. c/ BICICI, Rec. jur. CCJA n° 8/2006, p. 23, Juris-Ohada, n° 1/2007, p. 14, Ohadata J-08-95).

II. Non-lieu à liquidation de l'astreinte provisoire en présence de l'exécution de la condamnation à paiement

La demande de liquidation d'une astreinte devient sans objet lorsque l'obligation pour l'exécution de laquelle l'astreinte a été prononcée a été remplie. Le temps mis par la débitrice pour exécuter la condamnation prononcée contre elle n'a aucune importance, l'essentiel étant d'avoir payé sa dette avant l'enclenchement de la procédure de liquidation de l'astreinte. C'est donc à bon droit que le premier juge, en constatant le caractère provisoire de l'astreinte et le paiement par la débitrice de la condamnation, a supprimé l'astreinte prononcée contre cette elle et le tiers saisi, qui avaient été solidairement condamnés au paiement sous astreinte des causes de la saisie-attribution (CA Niamey, ch. civ., réf. n° 144, 11-12-2002 : KAIMEX MULTI SERVICES c/ NOGELEC et BIA, Ohadata J-03-259 ; voir cependant les obs. J. Issa-Sayegh).

III. Assiette du paiement : refus du prélèvement de « frais de saisie » non prévus par la loi

L'article 165 de l'AUPSRVE n'autorise point le prélèvement d'une quelconque somme d'argent sur le montant des sommes saisies ; du reste, la saisie-attribution a pour effet, en application de l'article 154 dudit Acte uniforme, de procéder à l'attribution immédiate au profit du créancier saisissant du montant des sommes saisies jusqu'à concurrence des sommes pour lesquelles elle est pratiquée y compris tous ses accessoires. Il s'ensuit que la cour d'appel qui a condamné le tiers saisi au paiement, sous astreinte, des frais de saisie indûment retenus sur le montant des sommes saisies, ne viole point l'article 165 sus-énoncé (CCJA, 3e ch., n° 030, 9-4-2015 : ECOBANK Guinée SA c/ Donald MOOR, Ohadata J-16-30).

Art. 166 **En cas de contestation, toute partie peut demander à la juridiction compétente, sur requête, la désignation d'un séquestre, à qui le tiers saisi versera les sommes saisies.**

Jurisprudence OHADA

I. Inapplication de l'AUPSRVE à la désignation d'un séquestre en vue de l'exécution d'une saisie-arrêt antérieure à l'entrée en vigueur de cet Acte uniforme

L'article 166 [de l'AUPSRVE] n'a pu valablement servir de fondement à une saisie-arrêt pratiquée avant [son] entrée en vigueur. Seules les dispositions du Code de procédure civile en vigueur au moment de la saisie pouvaient servir de fondement à la requête tendant à la désignation d'un séquestre. C'est donc à juste titre que le juge des référés a rétracté l'ordonnance ayant désigné un séquestre pour violation des dispositions de l'article 304 du Code de procédure civile de Côte d'Ivoire, selon lesquelles la demande de désignation d'un séquestre doit être formée par voie de référé et seul un comptable du Trésor public peut être désigné comme séquestre (CA Abidjan, n° 1163, 19-12-2000 : Sté ELF OIL Côte d'Ivoire c/ COTRACOM., Bulletin Juris-Ohada, n° 3/2002, juill.-sept. 2002, p. 51, Ohadata J-02-146, note anonyme ; confirmée par la CCJA, n° 12/2002, 18-4-2002 : Total Fina Elf c/ COTRACOM, Juris-Ohada, n° 3/2002, juill.-sept. 2002, p. 10 ; Rec. jur. CCJA, n° spécial janv. 2003, p. 53, Ohadata J-02-65).

II. Désignation d'un séquestre

A. Qualité pour agir

Lorsque la société débitrice a été mise en liquidation, et qu'il existait sur le compte litigieux des saisies-arrêts initiées suivant les règles du Code de procédure civile, c'est à bon droit que la banque en sa qualité de tiers saisi a introduit une procédure de désignation de séquestre conformément à l'article 166 de l'AUPSRVE (CA Dakar, n° 222, 12-4-2001 : A. D. ès qualités liquidateur de la Nationale d'Assurance c/ CBAO SA, M. N. et 24 autres, Ohadata J-06-59).

B. Saisine de la juridiction compétente par requête

Il résulte de l'article 166 de l'AUPSRVE que la procédure prévue est celle de l'ordonnance sur requête. La cour d'appel qui a désigné un séquestre suite à la saisine du juge des référés, sur le fondement de l'article 169 du même Acte uniforme, a violé les dispositions précitées, exposant son arrêt à la cassation. Sur l'évocation, la demande de séquestre est irrecevable pour les mêmes motifs que ceux ayant conduit à la cassation, notamment pour violation de l'article 166 (CCJA, 1e ch., n° 101, 23-7-2015 : Sté NIGER GAZ SARL c/ SONIHY-SA, Ohadata J-16-198).

Il ressort de l'article 166 de l'AUPSRVE que la désignation d'un séquestre, à qui le tiers saisi versera les sommes saisies, doit être sollicitée par voie de requête. En désignant un séquestre à la suite de la saisine du juge des référés sur le fondement de l'article 169, au motif que « le juge de l'action est le juge de l'exception », la cour d'appel a violé les dispositions visées au moyen et exposé sa décision à la cassation. Sur l'évocation, et pour les mêmes motifs que ceux ayant entraîné la cassation, la demande de désignation d'un séquestre est irrecevable (CCJA, 3e ch., n° 112/2020, 9-4-2020 : S. c/ Société ITC).

III. Inapplication de l'article 166 en cas de saisine de la CCJA

Le recours exercé contre l'arrêt d'une cour d'appel n'étant pas suspensif, il n'est avéré, en l'état, aucune contestation de nature à faire appliquer l'article 166 de l'AUPSRVE. En outre, il ressort clairement des dispositions de l'article 16 du Traité OHADA que la saisine de la CCJA n'affecte pas les procédures d'exécution. Il s'ensuit que c'est à tort que le tiers saisi prend argument de la saisine de la CCJA pour s'opposer à l'exécution d'un arrêt ayant condamné le tiers saisi à payer les causes d'une saisie-attribution. Sa condamnation étant, en l'état, acquise, toute mesure, même conservatoire, ayant pour effet d'empêcher le créancier de recouvrer le montant de cette condamnation, porte manifestement atteinte aux droits de ce dernier. La décision entreprise doit être confirmée (CA Abidjan (Côte d'Ivoire), 5e ch. civ. et com., D, n° 850, 11-7-2006 : FENACOOPEC-CI c/ Patrice FOFANA, Ohadata J-11-31).

Art. 167 [mod.] Lorsque la saisie porte sur des créances à exécution successive, le tiers se libère au fur et à mesure des échéances dans les conditions prévues par l'alinéa 1 de l'article 165 *du présent Acte uniforme*.

Le tiers saisi est informé par le créancier de l'extinction de sa dette, même lorsque les sommes ont été versées à un séquestre conformément à l'article 166 *du présent Acte uniforme*, par lettre recommandée avec avis de réception ou tout moyen laissant trace écrite *et permettant d'établir la réception effective par le destinataire*.

La saisie ne produit plus d'effet lorsque le tiers saisi cesse d'être tenu envers le débiteur. Le tiers saisi en informe le créancier par lettre recommandée avec demande d'avis de réception ou tout moyen laissant trace écrite *et permettant d'établir la réception effective par celui-ci.*

JURISPRUDENCE OHADA

Sanction du défaut d'information du créancier par le tiers saisi

Le tiers saisi qui n'a pas informé le créancier de ce qu'il avait cessé d'être tenu envers le débiteur saisi demeure en sa qualité de tiers saisi, débitrice de ladite saisie, faute d'avoir respecté les conditions ci-dessus prescrites (CCJA, n° 034/2009, 30-6-2009 : FENACOOPEC-CI c/ P. F., Rec. jur. CCJA n° 13, janv.-juin 2009, p. 94, Ohadata J-10-75).

JURISPRUDENCE COMPARÉE

France

Qualification des créances

Sont des créances à exécution successive les charges de copropriété, même si le copropriétaire tiers saisi ne pouvait, au moment de la saisie, en déterminer immédiatement le montant (CA Paris, 8e ch. B, 8-4-1999 : GP 2000.som.878).

Art. 168 En cas de refus de paiement par le tiers saisi des sommes qu'il a reconnu devoir ou dont il a été jugé débiteur, la contestation est portée devant la juridiction compétente qui peut délivrer un titre exécutoire contre le tiers saisi.

JURISPRUDENCE OHADA

I. Condamnation du tiers saisi

A. Refus délibéré de payer

Les tiers saisis qui se sont volontairement abstenus de procéder au paiement sur présentation du certificat de non contestation délivré par le greffe du tribunal, attestant qu'aucune contestation n'a été formée relativement à la dénonciation de saisie-attribution de créances, ont violé les dispositions de l'article 83 de l'AUPSRVE et doivent être conjointement et solidairement condamnés au paiement de la somme objet de la saisie (TPI Lomé (Togo), ch. civ. et com., n° 1574/09, 5-6-2009 : J. K. c/ S. P., E. R., O. J. et B. E., Ohadata J-11-36).

La cour d'appel qui a souverainement constaté qu'au moment où le tiers saisi faisait sa déclaration, « les réserves avaient été levées au moins deux mois auparavant » pour énoncer que « [le tiers saisi] qui avait reçu signification du certificat de greffe attestant qu'aucune contestation n'avait été formée, ne pouvait plus valablement dans ces conditions refuser de procéder au paiement » et confirmer la condamnation du tiers saisi au paiement, a suffisamment motivé sa décision et n'a en rien violé l'article 168 de l'AUPSRVE (CCJA, 2e ch., n° 064, 21-4-2016 : Sté CP Technologies c/ Sylla Fatoumata, Ohadata J-17-12).

Il résulte de l'article 168 de l'AUPSRVE que la délivrance d'un titre exécutoire est fondée sur le refus du tiers saisi de payer les sommes qu'il a reconnu devoir au débiteur saisi ; la jurisprudence admet encore cette délivrance, lorsque la qualité de tiers saisi du tiers résulte d'une décision judiciaire revêtue de l'autorité de la chose jugée. En s'évertuant elle-même à justifier la créance de la débitrice saisie à l'égard du tiers saisi, au lieu de démontrer que les conditions d'application de l'article 168 précité étaient réunies, la cour a, par mauvaise application, violé ce texte et exposé sa décision à la cassation. Sur l'évocation, le titre exécutoire peut être délivré contre le tiers saisi qui refuse de payer les sommes objet de la saisie lorsqu'il a reconnu devoir lesdites sommes au débiteur saisi, ou lorsque le créancier produit une décision de justice qui établit que le tiers saisi est débiteur à l'égard du créancier saisi. En l'espèce, il ressort du dossier, d'une part, que [X] a été reconnue débitrice de [Y] de la somme en principal de 16 701 500 FCFA et celle de 2 500 000 à titre de dommages-intérêts par jugement du 7 juin 2010 par le tribunal de grande instance de Pointe-Noire assorti de l'exécution provisoire pour le principal et, d'autre part, que par ordonnances n° 179 et 180 du 27 avril 2011 assorties de l'exécution sur minute, il a été ordonné à [Z] de verser à [Y] la totalité de la somme saisie par celui-ci, soit un montant de 25 000 000 FCFA ; que s'agissant de décisions de justice exécutoires au seul vu de la minute, elles n'ont pas besoin d'un certificat de non-appel pour être mises en exécution, encore qu'il figure au dossier de la Cour un tel certificat en ce qui concerne l'ordonnance n° 180 susvisée ; qu'il apparaît, dès lors, que le créancier poursuivant a produit des décisions établissant que [Z] est débitrice de [X]. De tout ce qui précède, il résulte que c'est à bon droit que les premiers juges ont condamné [Z] à payer à [Y] les causes de la saisie-attribution et leur jugement mérite confirmation en toutes ses dispositions non contraires aux présents (CCJA, 1e ch., n° 059, 14-3-2019 : Sté TRACTAFRIC MOTORS CONGO c/ SANDE SANY IKAMA ; et BGFI BANK CONGO c/ SANDE SAMY IKAMA).

B. Décision exécutoire sur minute

Lorsque la saisie-attribution a été réalisée en exécution d'une décision exécutoire sur minute, c'est à juste titre que le tiers saisi, qui a refusé de s'exécuter en alléguant l'appel interjeté contre la décision de condamnation a été condamné personnellement au paiement des causes de la saisie et la décision de condamnation doit être confirmée (CA Abidjan (Côte d'Ivoire), 1e ch. civ. et com., n° 136, 23-4-2010 : BICICI c/ CI-AM obs. J. Issa-Sayegh, Ohadata J-11-19).

C. Compensation invoquée à tort par le tiers saisi

Il découle des dispositions de l'AUPSRVE qu'à partir de la saisie-attribution des créances opérée et notifiée au tiers saisi, les sommes saisies deviennent indisponibles, de telle sorte que la compensation invoquée par la banque (tiers saisi) ne pouvait plus s'opérer. Par l'effet attributif immédiat, la créance du débiteur saisi contre la banque, tiers saisi a été transférée dans le patrimoine des saisissants et fait en sorte que la compensation ne pouvait plus s'opérer. En opérant une compensation non autorisée, la banque tiers saisi s'est refusée au paiement de la créance aux créanciers saisissants ; la cour d'appel qui, dans ces circonstances a condamné le tiers saisi au paiement, n'a pas violé ou mal interprété les dispositions nationales invoquées, mais a plutôt fait une bonne application des dispositions de l'AUPSRVE relatives à la saisie-attribution de créances, qui s'imposent depuis l'entrée en vigueur de cet Acte uniforme. Ainsi, le moyen n'est pas fondé et mérite rejet CCJA, 1e ch., n° 041/2012, 7-6-2012 : BIAO-CI c/ 1) Mermoz Roch Pauline et 12 autres ; 2) Sté Induschimie).

D. Condamnation du tiers saisi limitée à la somme qu'il a reconnue ou dont il est débiteur

S'agissant du refus de paiement par le tiers saisi, l'article 168 de l'AUPSRVE ne prescrit que la délivrance d'un titre exécutoire à son encontre et ce, à hauteur du montant reconnu ou dont il aurait été jugé débiteur ; dès lors, en condamnant un tiers saisi à payer au-delà de la somme qu'il a reconnu devoir dans sa déclaration affirmative lors de la saisie, la cour d'appel a violé les textes susvisés, par un refus d'application des articles 156 et 154, et une fausse application de l'article 168, exposant ainsi son arrêt à la cassation. Sur l'évocation et pour les mêmes motifs que ceux ayant conduit à la cassation, il y a lieu d'infirmer l'ordonnance entreprise par le président du tribunal de grande instance en toutes ses dispositions et, statuant à nouveau, condamner le tiers saisi à payer au créancier saisissant, la somme qu'il a reconnu devoir, soit 37 122 553 FCFA (CCJA, 2e ch., n° 123, 7-6-2018 : CANA BOIS SARL c/ SIM SA).

> **Obs. :** il convient de préciser cependant que cet arrêt n'interdit absolument pas la condamnation d'un tiers saisi au paiement de l'intégralité des causes de la saisie si le tiers saisi fait obstacle à la mesure, conformément aux articles 38 et 156 de l'AUPSRVE.

II. Absence de condamnation du tiers saisi

A. Disparition de la cause de la saisie

C'est à juste titre qu'un juge des référés a débouté un créancier de sa demande tendant à se faire délivrer un titre exécutoire contre le tiers saisi, au motif que le caractère exécutoire de l'ordonnance de taxe ayant fondé la saisie-attribution en cause a été annihilé par une décision du premier président de la cour d'appel et qu'il n'entre pas dans les pouvoirs du juge des référés d'en apprécier l'opportunité ou le bien-fondé (CA Dakar, 1e civ. et com., n° 100, 9-2-2001 : Me Y. F. c/ B. S., Ohadata J-03-312, obs. Ndiaw Diouf).

Les articles 164 et 168 de l'AUPSRVE ne prévoient pas que le tiers saisi soit automatiquement condamné à payer les causes de la saisie, même quand il détient une somme inférieure pour le compte du débiteur (CA Niamey (Niger), n° 65, 14-6-2006 : B.O.A.-Niger c/ A. A. et H. A., Ohadata J-10-232).

B. Invocation, par le tiers saisi, de la transaction intervenue entre le créancier et le débiteur

La saisie-attribution pratiquée doit être annulée et sa mainlevée ordonnée lorsque la société créancière s'est déclarée remplie de ses droits et a renoncé à toute réclamation ultérieure susceptible de naître du litige, mettant ainsi fin au litige et à toutes les procédures subséquentes. Il en est ainsi lorsque la créancière et la débitrice ont signé un protocole d'accord qui indique : art. 1 « [la débitrice] accepte de payer à [la créancière] et pour solde de tout compte à titre définitif et sans réserve, la somme totale de 243 891 912 FCFA » ; art. 3 « moyennant le paiement, [la créancière] se déclarant entièrement désintéressée, se désiste de toute action présente et future sur le fondement de l'interruption de 1985 qui est à la genèse de ce litige » ; art. 4 « le présent protocole emporte mainlevée automatique de toutes les saisies-attributions et saisies arrêts pratiquées à l'encontre de la [débitrice] » ; art. 5 « la présente transaction produira entre les parties, tous les effets des articles 2052 et suivants du Code civil », et qui n'est l'objet d'aucune procédure de faux ou de dénégation d'écriture devant la juridiction nationale compétente pour connaître des contestations relatives à la preuve littérale, ledit protocole ayant créé une situation de fait invoquée légitimement par le tiers saisi à l'encontre du créancier saisissant (CCJA, 2e ch., n° 22, 8-4-2010 : CREDIT LYONNAIS CAMEROUN SA c/ Sté FREFOCAM SARL, Juris-Ohada, n° 3/2010, juill.-sept., p. 15, Ohadata J-11-66, J-12-45).

C. Absence de déclaration inexacte

Le fait pour une banque, en sa qualité de tiers saisi, de donner seulement le chiffre du montant dont chacun des comptes saisis est créditeur, en se pliant aux usages de la profession, ne constitue pas une déclaration inexacte pouvant engager sa responsabilité, d'autant plus qu'en l'absence d'une autre mesure de saisie affectant lesdits comptes, la banque n'était pas tenue de fournir une quelconque pièce justificative (CA Lomé (Togo), n° 163/06, 21-12-2006 : Ecobank-Togo c/ Nouvelle Technologie Togolaise d'Énergie et de Travaux Bâtiments, Ohadata J-10-170).

Obs. : en l'espèce, il y eut dans un premier temps une saisie conservatoire de créances. La banque tierce saisie indiqua les chiffres des sommes disponibles dans les comptes du débiteur ouverts dans ses livres. Après cela, le débiteur lui notifia une ordonnance de mainlevée des saisies ce qui rendit les sommes à nouveau disponibles. Le débiteur demanda et obtînt la clôture de ses comptes bancaires. Entre temps, le créancier obtint de son côté la conversion de la saisie en saisie-attribution ; mais au moment de la signification à la banque, cette dernière lui fit comprendre que le débiteur avait soldé ses comptes dans ses livres. La cour d'appel rappelle que dans ces circonstances, il ne peut être reproché à la banque tierce saisie d'avoir tiré les conséquences de la mainlevée de la saisie conservatoire en libérant les fonds, situation dont profita le débiteur pour clôturer ses comptes.

D. Refus de la condamnation du tiers saisi sur le fondement de l'article 38

Lorsqu'il n'est pas reproché au tiers saisi un manquement à ses obligations de collaboration lors de l'opération de saisie-attribution mais plutôt un refus de mise à disposition du créancier poursuivant des sommes saisies et cantonnées par ses soins, c'est en violation de l'article 168 de l'AUPSRVE qu'une cour d'appel s'est fondée sur l'article 38 du même Acte uniforme pour condamner le tiers saisi au paiement des causes de la saisie, exposant son arrêt à la cassation (CCJA, 3e ch., n° 032/2020, 30-1-2020 : BNI c/ Medical Computers Communication).

III. Action du débiteur en responsabilité du tiers saisi

La cour d'appel qui, pour débouter un débiteur saisi de sa demande en restitution de sommes payées par le tiers saisi, a retenu que la sollicitation du débiteur ne rentre pas dans les cas prévus par les dispositions des articles 156 et 168 de l'AUPSRVE qui subordonnent la condamnation du tiers saisi au paiement des causes de la saisie et des dommages-intérêts à la déclaration inexacte, incomplète ou tardive faite par lui, de ses obligations à l'égard du débiteur, a violé par fausse application les articles 156 et 168 précités, exposant ainsi son arrêt à la cassation. Il en est ainsi, d'une part, car la demande du débiteur est une action en responsabilité du banquier en réparation du préjudice subi par sa faute et ne concerne pas la sanction sur la déclaration inexacte faite par le tiers saisi de ses obligations à l'égard du débiteur au sens de l'article 156 précité ; d'autre part, l'article 168 précité régit l'action par laquelle le créancier saisissant peut obtenir la délivrance d'un titre exécutoire contre le tiers saisi qui refuse de payer les sommes saisies entre ses mains (CCJA, 1e ch., n° 220, 14-12-2017 : Sucrière d'Afrique-Gabon SA c/ BGFIBANK Gabon SA).

IV. Juridiction compétente

Au sens de l'article 168 de l'AUPSRVE, le juge compétent pour connaître de l'action du créancier tendant à l'obtention de la condamnation du tiers saisi qui oppose un refus de paiement des sommes saisies est le juge de l'article 49, juge du contentieux de l'exécution. Ce juge statuant sur tout litige ou toute demande relative à une mesure d'exécution forcée est compétent pour se prononcer sur la condamnation du tiers saisi aux causes de la saisie et sa décision vaut titre exécutoire. Contrairement à l'interprétation faite par la banque tierce saisie de l'article susmentionné, il n'y a pas lieu à deux instances distinctes dont l'une se prononcerait sur la condamnation des causes de la saisie et l'autre sur l'obtention du titre exécutoire. En confirmant l'ordonnance ayant condamné la banque au paiement des causes de la saisie, la cour d'appel a fait une bonne application de la loi (CCJA, 3e ch., n° 025, 13-3-2014 : BICEC c/ DEFFO, Ohadata J-15-116).

Dans le même sens, précisant :

– que l'appel doit être interjeté dans un délai de quinze jours à compter du prononcé de la décision, et recevant l'appel d'un intervenant et l'appel incident d'une autre personne (CCJA, 1e ch., n° 059, 14-3-2019 : Sté TRACTAFRIC MOTORS CONGO

c/ SANDE SANY IKAMA ; et BGFI BANK CONGO c/ SANDE SAMY IKAMA) ;
– qu'en ne relevant pas l'incompétence du tribunal de première classe de Lomé, à statuer sur l'action en paiement des causes d'une saisie et de la demande en paiement de dommages-intérêts, la cour d'appel a violé, par sa méconnaissance, les textes visés au moyen, exposant l'arrêt attaqué à la cassation. Sur l'évocation, et pour les mêmes motifs que ceux ayant entraîné la cassation de l'arrêt déféré, il y a lieu de déclarer le tribunal incompétent, d'annuler en conséquence le jugement appelé et de renvoyer les parties à mieux se pourvoir (CCJA, 2e ch., no 199/2023, 30-11-2023).

V. Annulation de la condamnation prononcée par une juridiction incompétente et par un moyen inadapté

Il doit être relevé d'office que le président d'un tribunal qui a prononcé, par une procédure d'injonction de payer, la condamnation d'un tiers saisi au paiement de diverses sommes d'argent en principal et en dommages-intérêts, sur le fondement de l'article 168 de l'AUPSRVE, a outrepassé sa compétence, violant ainsi l'article 49 du même Acte uniforme et exposant son ordonnance d'injonction de payer, base des saisies pratiquées à l'annulation. L'ordonnance annulée ayant généré diverses décisions dont l'ordonnance rendue sur opposition du tiers saisi à la suite des saisies pratiquées en vertu de l'ordonnance d'injonction de payer et l'arrêt attaqué, celui-ci doit être cassé sans qu'il soit besoin d'examiner les autres moyens. Sur l'évocation et pour les mêmes motifs que ceux ayant entraîné la cassation, il convient d'annuler la saisie pratiquée et d'en ordonner la mainlevée ; en conséquence, la saisie n'existant plus, il échet de débouter le demandeur (CCJA, 1e ch., no 176, 27-7-2017 : Marcel Lukusa Ditaba c/ Save the Children International ; CCJA, 1e ch., no 168, 27-7-2017 : Marcel LUKUSA DITABA c/ Save Children International ; CCJA, 1e ch., no 167, 27-7-2017 : Marcel LUKUSA DITABA c/ Save Children International).

Obs. : voir sous l'article 49.

Jurisprudence comparée

France

A. Défaut de paiement par le tiers saisi non imputable au créancier saisissant

En cas de contestation de la saisie par le débiteur et pendant le temps de la contestation, le créancier saisissant n'a à entreprendre aucune diligence contre le tiers saisi ; à compter du jugement de validation de la saisie-attribution, les juges ont pu souverainement retenir que le défaut de paiement par le tiers saisi ne pouvait être imputé au créancier car ne constituait pas une négligence de sa part le fait :
– d'avoir laissé impayés pendant plusieurs mois les loyers dus par les locataires, tiers saisis, au débiteur saisi, sans constater une résiliation des baux litigieux ni caractériser le bien fondé d'une exception d'inexécution qui aurait pu être opposée par les preneurs pour ne pas payer leurs loyers ;
– de ne pas avoir déclaré la créance qui lui avait été attribuée par le fait de la saisie à la liquidation judiciaire du tiers saisi (Cass. 2e civ. 19-10-2000, Duval c/ Sté Générale : RJDA 2/01 no 226).

B. Refus justifié de paiement de la part du tiers saisi

1o Saisie portant, à sa date, sur une créance seulement éventuelle

A été tenu pour justifié le refus d'un notaire, entre les mains duquel ont été notifiés des avis à tiers détenteur au préjudice de l'un des signataires d'une promesse unilatérale de cession d'un contrat de crédit-bail, de remettre le produit de la vente au comptable public saisissant, alors que la seule obligation existante entre les deux parties au moment de la délivrance des avis à tiers détenteur résultait de la promesse de cession (Cass. com. 13-3-2001 : Rev. dr. banc. 2001.236).

2o Saisie portant sur une créance inexistante

Le tiers saisi est fondé à se prévaloir des causes d'inefficacité de la saisie et, notamment, de l'inexistence de la dette (Cass. 2e civ. 10-3-2004 no 391 : RJDA 7/04 no 895).

• Chapitre III •

LES CONTESTATIONS

Art. 169 **Les contestations sont portées devant la juridiction du domicile ou du lieu où demeure le débiteur. Si celui-ci n'a pas de domicile connu, elles sont portées devant la juridiction du domicile ou du lieu où demeure le tiers saisi.**

Jurisprudence OHADA

I. Contestations visées

A. Contestations entre le saisi et le saisissant exclusivement

Les articles 169 à 172 de l'AUPSRVE traitent des contestations entre le débiteur saisi et le créancier saisissant, le tiers saisi étant à cette occasion appelé à l'instance de contestation. L'action du créancier saisissant tendant à voir contraindre le tiers saisi à lui payer la cause de la saisie pour refus de paiement de la somme déclarée est régie par les articles 49, 154 et 168 de l'AUPSRVE. C'est donc sans pertinence que le tiers saisi invoque l'article 172 de l'AUPSRVE et l'article 228 nouveau du Code ivoirien de procédure civile, commerciale et administrative qui organiserait, suite au silence dudit Acte uniforme sur ce point, la procédure d'appel contre l'ordonnance de référé rendue sur la contestation ; ces textes qui ne sont pas applicables en l'espèce, n'ont nullement été violés par la cour d'appel. Il s'ensuit que le pourvoi doit être rejeté (CCJA, n° 4/2002, 10-1-2002 : BOA c/ BHCI, Penant n° 843, avr.-juin 2003, p. 236, Ohadata J-02-26, obs. J. Issa-Sayegh).

Les dispositions des articles 169 à 172 de l'AUPSRVE ne régissent que les relations entre le créancier saisissant et le débiteur saisi, à l'exclusion du tiers saisi qui, lui, est soumis aux dispositions communes à toutes mesures d'exécution forcées ou à toutes saisies conservatoires. Il en résulte que l'appel du tiers saisi est régi par l'article 49 de l'AUPSRVE (CA Abidjan, Ch. civ. et com., n° 477, 6-4-2004 : BICICI c/ T. B., Ohadata J-05-266).

La cour d'appel qui, pour confirmer l'ordonnance ayant déclaré « inadéquate » l'action d'une banque, tierce saisie, a énoncé que « certes l'article 169 de l'[AUPSRVE] prévoit la possibilité d'élever des contestations consécutivement à la saisie-attribution de créance, mais il reste que l'action en mainlevée, entendue comme incident de saisies conservatoires des biens meubles corporels et incorporels appartient exclusivement au débiteur saisi », a fait une juste application de l'article 169 susvisé et suffisamment motivé sa décision (CCJA, 1e ch., n° 038, 29-2-2016 : BGFI BANK c/ Sande Sany Ikama, Sté SHO CONGO TRACTAFRIC, Ohadata J-16-240).

B. Impossibilité pour le tiers saisi d'exercer l'action en nullité du titre exécutoire ayant servi à la saisie

La nullité affectant l'exploit de signification d'une ordonnance d'injonction de payer ne saurait donner lieu qu'à une opposition au sens de l'article 9 de l'AUPSRVE. Une telle voie de recours ne peut être exercée, en l'espèce, que par la débitrice saisie, et non la tierce saisie ; dès lors, cette exception de nullité est irrecevable (CCJA, 3e ch., n° 299/2019, 28-11-2019 : Sociétés Deveryware Afrique et Deveryware c/ Chambre de commerce et d'industrie de Côte d'Ivoire dite CCI-CI).

II. Juridiction compétente

A. Compétence de la juridiction du domicile du tiers saisi

Le débiteur étant domicilié à l'étranger, le tiers saisi étant domicilié en Côte d'Ivoire, c'est à bon droit que les juridictions ivoiriennes ont retenu leur compétence pour connaître des contestations relatives à la saisie-attribution pratiquée et l'exception d'incompétence soulevée doit être rejetée (CCJA, 1e ch., n° 30, 29-4-2010 : Thales Security Systems SAS c/ Me O. K., Juris-Ohada, n° 3/2010, juill.-sept., p. 47, Ohadata J-11-74 et J-12-50).

L'exploit de dénonciation d'une saisie-attribution qui mentionne le président du TPI d'Abidjan qui est le ressort territorial du lieu où demeure le tiers saisi comme juridiction compétente pour connaître les contestations, est conforme aux exigences de l'article 169 in fine de l'AUPSRVE au sens duquel la contestation est portée devant la juridiction du domicile ou du lieu où demeure le tiers saisi si le débiteur n'a pas de domicile connu dans l'État où est pratiquée la saisie. Il en résulte que la saisie pratiquée en Côte d'Ivoire sous l'égide des Actes uniformes au préjudice d'une société débitrice, domiciliée en France, ne peut nullement être contestée devant les juridictions françaises (CCJA, 2e ch., n° 034/2012, 22-3-2012 : Sté Thales Security Systems c/ Olivier Kattie).

B. Juridiction compétente en cas de pluralité de débiteurs

En cas de pluralité de débiteurs et de domiciles, la saisine de la juridiction compétente s'agissant de l'un d'entre eux suffit à légitimer toute action en contestation de saisie-attribution. En l'espèce, il apparaît clairement à la lecture de l'arrêt attaqué que le débiteur, qui réside dans la circonscription judiciaire du TGI de Kinshasa/Gombe, a effectivement contesté la saisie-attribution opérée à son détriment ; ainsi, la cour d'appel n'a pas violé l'article 169 de l'AUPSRVE, en déclarant la juridiction du TGI de Kinshasa/Gombe compétente territorialement (CCJA, 2e ch., n° 204/2021, 25-11-2021 : B. c/ M.).

Art. 170 [mod.] À peine d'irrecevabilité, les contestations sont portées, devant la juridiction compétente, par voie d'assignation, dans le délai d'un mois à compter de la dénonciation de la saisie au débiteur. *Le débiteur qui élève une contestation signifie son recours au greffe et à toutes les parties.*

Le tiers saisi est appelé à l'instance de contestation.

Le débiteur saisi qui n'aurait pas élevé de contestation dans le délai prescrit peut agir en répétition de l'indu devant la juridiction du fond compétente selon les règles applicables à cette action.

Jurisprudence OHADA

I. Contestations visées

A. Irrégularités de forme et de fond

Les contestations évoquées par les dispositions de l'article 170 de l'AUPSRVE concernent tant les irrégularités de forme que celles liées à l'existence même de la créance (CA Abidjan, n° 212, 25-2-2003 : AXA ASSURANCES c/ L. L., Ohadata J-03-281).

B. Irrecevabilité de l'action du tiers saisi et du créancier

L'article 170 ne concerne que le débiteur, et non le tiers propriétaire des sommes saisies (TR Niamey, ord. réf. n° 111, 21-6-2005 : Banque S. c/ Office O., Ohadata J-09-113).

Obs. : cette décision indique à juste titre que l'article 170 ne s'applique qu'aux contestations élevées par le débiteur, et non au tiers saisi, qui doit être simplement « appelé à l'instance » selon l'article 170, al. 2. Cependant, le tiers saisi (qui détient la créance du débiteur) doit être distingué du tiers dont la créance a été assimilée à tort à celle du débiteur et saisie entre les mains du tiers saisi. Autrement dit, si A est débiteur de B, que C détient la créance de A et de D, et que B saisit par erreur la créance de D entre les mains de C, il se poserait la question de savoir si les contestations de D seront régies par l'article 170 de l'AUPSRVE. On peut répondre par l'affirmative à cette question pour deux raisons : 1) – L'article 153 de l'AUPSRVE n'autorise que la saisie des sommes appartenant au débiteur (voir jurisprudence sous cet article). 2) – L'article 170 n'interdit pas expressément à toute personne dont la créance a été saisie par erreur d'élever une contestation. Seul le tiers saisi (personne détenant la créance du débiteur) ne peut utiliser l'article 170 de l'AUPSRVE.

Il résulte de l'article 170, al. 2 de l'AUPSRVE que seul le débiteur n'ayant pas élevé de contestation dans les délais peut intenter une action en répétition de l'indu. C'est en violation de cette disposition qu'une cour d'appel a retenu que le tiers saisi a bien qualité pour agir en répétition de l'indu du fait de l'intérêt qu'il a à récupérer des fonds de ses caisses, exposant ainsi son arrêt à la cassation. Le tiers saisi n'ayant pas qualité pour agir en répétition de l'indu, la demande en restitution des sommes par la créancière et son conseil, conditionnée par le pouvoir d'agir en justice du tiers saisi, ne peut prospérer (CCJA, ass. plén., n° 039, 27-4-2015 : COTECNA INSPECTION SA c/ BICIM, Ohadata J-16-39).

Au sens des dispositions de l'article 170 de l'AUPSRVE, le législateur OHADA a régi les rapports entre le débiteur saisi, le créancier saisissant et le tiers saisi en matière de contestation de la saisie-attribution de créances. Le débiteur, pour contester la saisie, doit agir dans un délai d'un mois à compter de la dénonciation de la saisie qui lui a été faite, le tiers saisi étant appelé à l'audience. Il en découle que le tiers saisi ne peut, par une action personnelle directe principale, demander à la place du débiteur saisi, la nullité de la saisie-attribution de créances à lui signifiée, surtout lorsqu'il y a eu un paiement même partiel qui illustre l'acquiescement à la saisie-attribution de créances par le débiteur qui n'a élevé aucune contestation. La cour d'appel qui a admis une telle action du tiers saisi a violé l'article 170 de l'AUPSRVE et exposé son arrêt à la cassation. Sur l'évocation, il y a lieu d'annuler le jugement entrepris en ce qu'il a reçu l'action en contestation de la saisie-attribution de créances émanant du tiers saisi, mais l'a déclarée irrecevable pour forclusion. Le tiers saisi n'ayant aucune qualité pour initier au principal une telle action, il convient de déclarer son action irrecevable pour défaut de qualité sans qu'il soit besoin d'examiner son action en nullité de l'exploit de saisie-attribution de créances (CCJA, 3e ch. n° 118, 22-10-2015 : BICICI SA c/ Josiane KOFFI BREDOU, Ohadata J-16-111).

Au sens de l'article 170 de l'AUPSRVE, seule la débitrice et en sa qualité de saisie est fondée à faire opposition ou à contester la saisie-attribution de créances pratiquée contre elle ; l'intervention d'une autre personne dans la procédure de saisie-attribution de créances dans laquelle elle n'est nullement concernée est illégale. En faisant droit à la demande de mainlevée de saisies opérées par la créancière et en ordonnant le paiement à la tierce personne par la débitrice des sommes saisies sans s'assurer qu'une tierce personne autre que le saisi ne peut, en matière de saisie-attribution de créances, contester ladite saisie, sauf en matière de saisie-vente, la cour d'appel a ajouté à la loi ce qu'elle ne prévoit pas et exposé ainsi son arrêt à la cassation (CCJA, 3e ch., no 026, 25-2-2016 : Sté ICG-CI c/ Sté CITEM et 4 autres, Ohadata J-16-228).

Mais lorsque la demanderesse a soulevé l'exception d'irrecevabilité de l'action de contestation élevée par la défenderesse, tiers saisi, en invoquant les dispositions des articles 160, 164 et 170 de l'AUPSRVE comme fondement légal de sa requête, la cour d'appel, qui a retenu qu'« il est évident que l'action de la demanderesse repose sur les articles 49 et 172 de l'[AUPSRVE] » sans répondre au chef de demande à elle soumis ni motiver en quoi l'action du tiers saisi trouve son fondement dans les dispositions des textes précités et a par ailleurs soulevé d'office un moyen de droit inapplicable en l'espèce, a exposé son arrêt à la cassation (CCJA, 3e ch. no 118, 22-10-2015 : Banque Internationale pour le Commerce et l'Industrie de la Côte d'Ivoire dite BICICI SA c/ Josiane KOFFI BREDOU, Ohadata J-16-111).

Il ressort de l'article 170 de l'AUPSRVE que le législateur OHADA a régi les rapports entre le débiteur saisi et le créancier saisissant et le tiers saisi en matière de contestation de la saisie-attribution de créances ; pour contester la saisie, le débiteur doit agir dans un délai d'un mois à compter de la dénonciation de la saisie qui lui a été faite et son action n'est dirigée que contre le saisissant, le tiers saisi étant appelé à l'audience. Il en découle que le tiers saisi ne peut, par une action personnelle directe principale, élever une contestation en demandant en lieu et place du débiteur saisi la mainlevée d'une saisie-attribution de créances. En l'espèce, c'est donc en violation de l'article 170 précité qu'une cour d'appel a reçu la demande en opposition formée par le tiers saisi et a accordé la mainlevée de la saisie-attribution de créances, alors que le tiers saisi n'a aucune qualité à agir, hormis le débiteur. Cassation de l'arrêt. Sur l'évocation, le tiers saisi ne peut former opposition contre un arrêt rendu en contestation d'une saisie-attribution de créances introduite par le débiteur, seul habilité à introduire une telle action. Pour les mêmes motifs que ceux ayant entraîné la cassation de l'arrêt attaqué, il convient de déclarer irrecevable l'action en opposition du tiers saisi contre. Mais la demande en réparation du créancier saisissant pour procédure abusive ne peut prospérer, le tiers saisi n'ayant usé que de son libre droit à ester en justice. L'action sur le fondement duquel les demandes reconventionnelles ont été formulées étant irrecevable, les demandes du tiers saisi et du débiteur sont sans objet (CCJA, 1e ch., no 074, 29-3-2018 : Kalonda Ngoyi c/ CGHA-Hôtel Memling, BCDC).

Les articles 79, 63, al. 2 et 170, al. 2 et 3 de l'AUPSRVE sont respectivement relatifs au contenu de l'acte de dénonciation d'une saisie conservatoire au débiteur, à la juridiction compétente en cas de contestations autres que la mainlevée et à l'appel du tiers saisi aux fins de déclaration de jugement commun. Aucune de ces dispositions ne confère au tiers saisi la faculté de contester la saisie et tout moyen formulé dans ce sens est mal fondé et doit être rejeté (CCJA, 3e ch., no 080, 29-3-2018 : ORABANK BURKINA SA c/ SAMTRAFOU SARL).

Au sens des articles 169 et 170 de l'AUPSRVE, le débiteur saisi a seul qualité pour contester la saisie-attribution des créances. Le défendeur n'ayant pas cette qualité, c'est à tort qu'il a saisi le juge de l'exécution en contestation de la saisie-attribution pratiquée par le créancier sur le solde disponible du prix de l'adjudication de l'immeuble de leur débiteur commun et son action est irrecevable. Cependant, on ne saurait lui dénier qualité et intérêt à intenter une action en reversement du prix de l'adjudication, tant il est constant qu'il est créancier saisissant, l'intérêt à voir la manière dont est disposé le prix de la réalisation de l'immeuble qu'il a saisi étant, dans le cas d'espèce, manifeste (CCJA, 1e ch., no 113/2020, 9-4-2020 : Bagri Niger SA c/ A.).

Il a cependant été jugé, par un arrêt qu'on espère isolé, que le tiers saisi est fondé à se prévaloir, pour sa défense, de tous les vices affectant la saisie qu'on lui oppose et n'engage sa responsabilité qu'à raison d'une mesure d'exécution forcée régulière (CCJA, 1e ch., no 111, 9-6-2016 : Sté OIKOCREDIT c/ ORABANK Côte d'Ivoire, anciennement dénommée BRS Côte d'Ivoire, venant aux droits et obligations de la Banque Régionale de Solidarité du Sénégal (BRS-Sénégal), Ohadata J-17-52). Les actions permises au débiteur sont spécifiques et la jurisprudence a largement indiqué qu'il n'appartient pas au tiers saisi de se prévaloir de certaines des défenses que la loi réserve uniquement au débiteur, telles que l'irrégularité ou l'absence de la dénonciation d'une saisie-attribution (CCJA, 1e ch., no 163, 17-12-2015 : SGBCI c/ SOCIMAT, Ohadata J-16-156 ; CCJA, 2e ch., no 028, 8-2-2018 : Association Mission Laïque Côte d'Ivoire c/ OUEDRAOGO Abdoulaye ; CCJA, 1e ch., no 074, 29-3-2018 : Kalonda Ngoyi c/ CGHA-Hôtel Memling, BCDC ; CCJA, 3e ch., no 080, 29-3-2018 : ORABANK BURKINA SA c/ SAMTRAFOU SARL ; CCJA, 1e ch., no 001, 24-1-2019 : K. S. D. c/ Ecobank-Burkina Faso). On espère donc ce que cette décision ne fera pas jurisprudence et que la position antérieure et majoritaire de la CCJA sur la question sera confortée.

C. Contestations du débiteur

1° Contestation fondée sur le défaut de qualité et d'intérêt du saisissant

Une personne qui n'est pas avocat et qui n'a pas été autorisée par la juridiction compétente comme l'exige le Code de procédure civile ne peut pratiquer une saisie-attribution pour le compte d'une autre personne car elle n'a ni qualité ni intérêt à agir. La saisie-attribution réalisée par une telle personne est illégale et sa mainlevée doit être ordonnée (Section de tribunal de Dimbokro (Côte d'Ivoire), n° 03, 21-4-2006 : Collège Moderne Koffi Ackant c/ Cabinet de Prestation de Services et d'Assistance en CI, Ohadata J-09-189).

Obs. : dans le cas d'espèce, le tribunal fait application des articles 21 et 246 du Code de procédure civile de Côte d'Ivoire.

2° Contestation fondée sur l'omission de frais de justice devant faire l'objet d'une ordonnance de taxe

Une allégation qui n'est fondée sur aucune disposition légale doit être rejetée. Il en est ainsi, par exemple, de la contestation du montant d'une saisie aux motifs que le titre exécutoire délivré par le greffier de la cour d'appel ne comporte pas les frais de justice qui doivent normalement tous faire l'objet d'une ordonnance de taxe (CCJA, 1e ch., n° 035, 2-5-2013 : BIB c/ 1) Compagnie AXA Côte d'Ivoire dite AXA-CI, 2) Sté Citibank dite CITIBANK SA, 3) Banque Internationale pour le Commerce et l'Industrie de la Côte d'Ivoire dite BICICI, 4) Sté Générale de Banque en Côte d'Ivoire dite SGBCI, Rec. jur. CCJA n° 20, vol. 1, janv.-déc. 2013, p. 105-111, Ohadata J-15-35).

Obs. : l'article 170 n'a pas été expressément visé, mais est applicable.

3° Violation du droit de contestation accordé sans réserve au débiteur

Le président d'une cour d'appel qui a retenu que « le tiers saisi avait été condamné aux causes de la même saisie-attribution […] ; qu'au regard de cette condamnation [du tiers saisi], le nouveau débiteur de l'obligation de payer les sommes dues [au créancier] est désormais [le tiers saisi] et non plus le [débiteur saisi]… » pour déclarer sans objet la contestation élevée par le débiteur saisi, alors qu'il résulte de l'article 170 de l'AUPSRVE, la possibilité pour le débiteur saisi de contester la saisie-attribution, sans aucune réserve, n'a pas donné une base légale à sa décision ; il échet en conséquence de casser l'ordonnance attaquée et, évoquant, d'examiner la contestation (CCJA, 3e ch., n° 101, 26-4-2018 : Collège Evangélique de New-Bell c/ KEPNIA Albert).

II. Portée de l'irrecevabilité

La sanction de l'irrecevabilité prévue à l'article 170 de l'AUPSRVE ne concerne que son seul alinéa 1 qui indique le mode de saisine et fixe le délai dans lequel la contestation de la saisie doit être portée devant la juridiction compétente (CCJA, 2e ch., n° 072, 21-4-2016 : ONG World Vision Niger c/ Younoussa LILLA, Ohadata J-17-21).

L'irrecevabilité prévue par l'article 170 de l'AUPSRVE concerne seulement les conditions de la saisine de la juridiction compétente énumérées à l'alinéa 1 et non la présence du tiers saisi. C'est donc à tort qu'il est reproché à une cour d'appel d'avoir violé la loi en annulant des saisies-attributions pratiquées et en ordonnant la mainlevée sur la base de l'article 157.4 de l'AUPSRVE au motif, selon le moyen, que l'action en contestation n'était pas recevable, faute d'assignation des tiers saisis conformément à l'article 170 du même Acte uniforme (CCJA, 3e ch., n° 240, 14-12-2017 : Elco Construction SARL c/ Maisons Sans Frontières SARL).

Obs. : à la lumière de la jurisprudence ci-dessus, on peut considérer, dans la mesure où la nécessité de signifier la contestation du débiteur saisi à toutes les parties et au greffe a été insérée à la suite de l'alinéa 1 de l'article 170 issu de la réforme du 17 octobre 2023, que l'irrecevabilité prévue à l'alinéa 1 concerne également cette nouvelle exigence.

L'action en contestation d'une saisie-attribution de créance au cours de laquelle le tiers saisi n'a pas été appelé est recevable, dès lors que l'article 170 de l'AUPSRVE ne prévoit aucune sanction expresse pour cette formalité, qui n'est d'ailleurs requise que pour leur simple information, et que ledit tiers ne justifie d'aucun préjudice (CCJA, 1e ch., n° 182/2020, 28-5-2020 : Presan-KL c/ BSIC-Mali-SA).

III. Juridiction compétente

A. Compétence d'attribution

1° Notion de juridiction compétente au sens de l'art. 170

L'expression « juridiction compétente » résulte de la volonté du législateur communautaire, lequel est composé de tous les États membres de l'OHADA dotés chacun d'une organisation judiciaire différente les unes des autres, et n'est qu'une périphrase qui renvoie à la juridiction nationale ayant compétence d'attribution. En l'espèce, le président du TPI d'Abidjan Plateau est, en application de l'article 170 de l'AUPSRVE, la juridiction compétente pour connaître les contestations éventuelles que le débiteur peut soulever à la suite d'une saisie. Par conséquent, la cour d'appel qui a retenu que les dispositions des articles 38, 156, 169, 170 et 172 ont été reproduites textuellement, n'a en rien violé lesdites dispositions

(CCJA, 2e ch., no 034/2012, 22-3-2012 : Sté Thales Security Systems c/ Olivier KATTIE).

2o Compétence du juge de l'article 49 de l'AUPSRVE pour les difficultés d'exécution

a. Juge des référés

Il résulte clairement des dispositions des articles 169, 49 et 336 de l'AUPSRVE que le juge des référés est compétent pour statuer sur la contestation d'une saisie-attribution entre le créancier saisissant et le débiteur saisi (TPI Libreville, ord. réf. no 234/2001/2002, 13-2-2002 : ASSINCO c/ D. M., Ohadata J-02-126, obs. J. Issa-Sayegh).

La saisine du juge des référés dans une procédure visant à empêcher l'exécution d'un titre exécutoire en raison de la mise en liquidation du débiteur porte sur une difficulté d'exécution, qui relève du juge des référés (CA Ouagadougou, no 40, 14-9-1999 : SONAPHARM c/ SOPAL, Ohadata J-02-48 ; obs. J. ISSA-SAYEGH).

Compétence de première instance du juge des référés. Selon les articles 169 et suivants de l'AUPSRVE, les contestations relatives aux opérations de saisie sont portées devant la juridiction compétente, dont la décision à intervenir est exécutoire sur minute, et à charge d'appel. C'est donc à tort que le juge des référés s'est déclaré incompétent sur le fondement de l'article 221 du Code ivoirien de procédure civile, qui lie la compétence du juge des référés au degré de la juridiction ayant rendu la décision objet d'une difficulté d'exécution (CA Abidjan, civ. et com., no 389, 10-4-2001 ; Sté EMAUCI c/ A. T., Ohadata J-02-85 ; obs J. ISSA-SAYEGH).

Défaut de saisine du juge des référés. C'est par une saine appréciation des circonstances qu'un juge a déclarée irrecevable en son action la débitrice qui, pour contester la saisie-attribution de créances pratiquée sur son compte bancaire, a saisi le tribunal de première instance par exploit d'assignation, alors qu'en l'espèce, la juridiction des référés était compétente. L'acte dénommé « avenir d'audience » et par lequel la débitrice a réitéré sa demande en mainlevée de la saisie ne constituant pas un exploit d'assignation, le juge des référés n'a pu être régulièrement saisi (CA Abidjan, no 1207, 29-11-2002 : SIVOP c/ SISAG, Ohadata J-03-305).

Incompétence du juge des référés pour une action introduite après l'exécution de la saisie. Le juge des référés est incompétent pour l'action en restitution sous astreinte d'une somme ayant fait l'objet d'une saisie-attribution, dès lors que la demande est intervenue après l'exécution forcée puisque le tiers saisi avait procédé au paiement à la créancière ; seul le juge du fond est compétent pour une telle action, selon l'article 170, al. 2 de l'AUPSRVE (CCJA, ass. plén., no 039, 27-4-2015 : COTECNA INSPECTION SA c/ Banque Internationale pour le Commerce et l'Industrie au Mali (BICIM), Ohadata J-16-39).

b. Juge de l'exécution

Un tribunal saisi d'une contestation relative à une saisie-attribution de créance doit se déclarer incompétent dès lors qu'en application des dispositions combinées des articles 49 et 170 de l'AUPSRVE c'est le juge de l'exécution qui est compétent (TGI du Moungo à Nkongsamba, no 15/Civ, 19-12-2002 : Ets Taguetiom fils SARL c/ la Sté Limbe part company LTD, Me M. R., Ohadata J-05-160).

Il est constant que l'expression juridiction compétente est une périphrase qui renvoie à la juridiction nationale ayant compétence d'attribution. En l'espèce, l'arrêt d'appel qui, après constat dans l'exploit de dénonciation de saisie-attribution de créances de la mention de la désignation du président du tribunal de première instance d'Abidjan devant lequel le recours en contestation doit être formé, énonce, d'une part, qu'« il ne fait aucun doute que c'est devant la juridiction présidentielle dudit tribunal invariablement appelé tribunal de première instance d'Abidjan ou tribunal de première instance d'Abidjan-Plateau que ce recours doit s'exercer et que [...] c'est en qualité de juge de l'exécution telle que prévue par les articles 49 et 170 de l'[AUPSRVE] que cette juridiction a été valablement désignée » et, d'autre part, que « la [demanderesse] n'a subi aucun préjudice à cet égard puisqu'elle a pu en l'espèce exercer son recours devant la juridiction idoine qui a retenu sa compétence », n'a pas violé la loi (CCJA, 2e ch., no 190/2020, 28-5-2020 : Sotra c/ Sonarest).

Obs. : sur la détermination du juge prévu par l'article 49 de l'AUPSRVE, qui peut être, selon les pays, le juge des référés ou le juge de l'exécution, voir sous l'article 49.

B. Saisine de la juridiction compétente

1o Acte de saisine

C'est l'assignation, et non le récépissé de dépôt de la requête en contestation, qui est l'acte de saisine de la juridiction compétente devant connaître de la contestation de saisie (CCJA, no 005/2009, 5-2-2009 : J. N. N. c/ SEEG, Actualités Juridiques no 64-65/2009, p. 274, Ohadata J-10-23 ; voir aussi CCJA, 2e ch., no 005, 5-2-2009 : N. c/ SEEG, Juris-Ohada, no 2/2009, avr.-juin, p. 11, Ohadata J-09-278 ; Rec. jur. CCJA no 13, janv.-juin 2009, p. 117, Ohadata J-10-81).

a. *Distinction entre l'assignation et la communication des pièces*

La cour d'appel, qui a retenu « que l'assignation à mairie étant un mode régulier d'assignation, le fait pour [le créancier] de recevoir le 2 novembre 2010, date de l'audience de contestation de saisie, ladite assignation, la requête et le bordereau de pièces, dans le Cabinet de Madame le président du tribunal, pour l'audience du 9 novembre 2010, ne saurait être considéré comme une assignation mais plutôt comme une communication des pièces volontaire, laquelle n'entame en rien la régularité de l'assignation à mairie qui a été faite dans le délai légal d'un mois prescrit à l'article 170 suscité ; que c'est à raison que le premier juge a rejeté la fin de non-recevoir soulevée », pour rejeter le moyen visant la violation de l'article 170 de l'AUPSRVE, a légalement fait la différence entre la communication et l'assignation ; ce moyen n'est donc pas fondé, il y a lieu de le rejeter (CCJA, 2e ch., no 111, 30-12-2013 : Jacques NZOGHE NDONG c/ Banque Internationale Pour le Commerce et l'Industrie du Gabon dite BICIG-SA, Banque Centrale des États de l'Afrique centrale, dite BEAC, Rec. jur. CCJA no 20, vol. 1, janv.-déc. 2013, p. 137-140, Ohadata J-15-84).

b. *Irrecevabilité d'une saisine par requête*

Il résulte, de l'emploi du présent de l'indicatif dans l'article 170, al. 1 de l'AUPSRVE relativement à la forme dans laquelle les telles contestations sont portées devant le juge compétent, que ces dispositions sont impératives et confèrent à la fin de non-recevoir qui y est instituée un caractère d'ordre public de sorte que le premier juge était tenu de la soulever d'office. En ne l'ayant pas fait, il a violé l'article 170 précité et les articles 142, 200 du Code de procédure civile commerciale administrative et financière du Congo et l'ordonnance attaquée doit être annulée en toutes ses dispositions. Statuant à nouveau, l'action en contestation de la saisie-attribution pratiquée est irrecevable pour avoir été portée devant la juridiction compétente par voie de requête au lieu de l'être par voie d'assignation (CA Pointe Noire (Congo), no 142, 15-7-2004 : N. G. c/ Dietsman Technologie Internationale et Masson, Ohadata J-13-127).

Obs. : cet arrêt illustre la méthode d'interprétation littérale par référence au sens des mots utilisés, l'accent étant mis ici sur la forme du verbe pour en déduire le caractère impératif que le législateur a voulu donner au mode de saisine de la juridiction compétente dans l'article 170.

La contestation élevée par voie de requête et non par assignation, formalité prescrite par l'article 170 de l'AUPSRVE, est irrecevable (CCJA, 2e ch., no 109, 30-12-2013 : Abel KOMENGUE-MALENZAPA c/ ECOBANK CENTRAFRIQUE, Banque des États de l'Afrique centrale (BEAC), Rec. jur. CCJA no 20, vol. 1, janv.-déc. 2013, p. 132-136, Ohadata J-15-82).

c. *Irrecevabilité d'une saisine par intervention volontaire*

Il résulte de l'article 170 de l'AUPSRVE que pour élever une contestation de saisie-attribution de créances, un débiteur saisi ne peut agir autrement que par voie d'assignation, pour porter sa contestation devant la juridiction compétente, et ce, dans le délai d'un mois à compter de la dénonciation qui lui en est faite. C'est donc en violation de ce texte qu'une cour d'appel a déclaré recevable l'intervention volontaire faite dans une procédure visant le paiement des causes de la saisie et des dommages-intérêts, alors que l'intervenant entend contester la saisie-attribution de créances initialement pratiquée à son préjudice. En déclarant recevable ladite intervention volontaire, la cour d'appel n'a pas tenu compte de la perte du droit d'agir de l'intervenante volontaire qui aurait dû assigner dans un délai d'un mois, exposant ainsi sa décision à la cassation (CCJA, 3e ch., no 227/2019, 10-10-2019 : M. c/ TMB S.A et SGHC S.A).

2o Enrôlement

L'assignation doit être enrôlée pour que la juridiction compétente soit valablement saisie. Dans l'espèce, l'assignation non enrôlée est devenue caduque et le délai d'un mois prévu par l'article 170 de l'AUPSRVE n'a pu être interrompu. Il en résulte que l'avenir d'audience qui constitue en l'espèce un acte séparé (de l'assignation devenue caduque), est manifestement hors délai ; c'est donc à bon droit que le premier juge a déclaré irrecevable l'action en contestation (CA Abidjan (Côte d'Ivoire), 5e ch. civ. et com. B, no 710, 5-7-2005 : Poste de Côte d'Ivoire c/ S. N. H. H., Ohadata J-08-37).

C'est à tort qu'il est reproché à une cour d'appel d'avoir estimé que l'assignation non enrôlée est devenue caduque et que le délai d'un mois prévu à l'article 170 de l'AUPSRVE n'a pu être interrompu, « alors que ledit article n'a pas prévu cette caducité et que l'avenir d'audience ne se substitue pas à l'acte sur lequel il s'appuie, il fait corps avec lui ». Il en est ainsi dès lors que la cour d'appel a fait une nette distinction entre l'assignation du 23 mars 2005 servie uniquement au défendeur et non enrôlée, et l'avenir du 7 avril 2005, largement hors délai, qui comportait comparution pour l'audience du 12 avril 2005. En statuant comme elle l'a fait, la cour d'appel a fait une exacte application de l'article susvisé (CCJA, 2e ch. no 105, 22-10-2015 : Poste de Côte d'Ivoire c/ SAID Nehme Hassan Hussein, Ohadata J-16-98).

3o Omission de mentions requises par la législation nationale

L'assignation qui ne comporte pas les mentions complémentaires requises par la législation nationale (en l'espèce, la date de l'audience) doit être annulée (CA Centre (Cameroun), no 104/CIV, 25-2-2011 : E. Jean Bosco c/ Sté Union Bank Of Cameroon, Ohadata J-12-06, condamnant l'auteur de ladite assignation étant condamné à réparer le préjudice causé à l'autre partie du fait « d'ennuis psychologiques et des dépenses financières du fait de l'absence de date d'audience sur ledit acte et l'action engagée pour l'anéantir »).

C. Délai pour soulever les contestations

1° Point de départ

Le délai d'un mois prévu par l'article 170 de l'AUPSRVE court à compter du jour de la dénonciation de la saisie-attribution et non à compter de l'ordonnance ayant autorisé la saisie (T. com. Brazzaville, ord. réf., 12-12-2001 : ONPT c/ Ets Air-Mer Congolaise et STHIC, Ohadata J-02-73, obs. J. Issa-Sayegh).

2° Irrecevabilité de la contestation pour non-respect du délai

L'action en contestation initiée en dehors du délai d'un mois est irrecevable (CA Abidjan, n° 212, 25-2-2003 : AXA ASSURANCES c/ L. L., Ohadata J-03-281 ; TPI Douala Bonanjo, ord n° 785, 10-7-2003 : SAAR c/ C. A. P., Me T. P., Ohadata J-04-447 ; TRHC Dakar ord. réf. n° 1340, 1-9-2003 : la Socas c/ Simpa, CLS, Cytibank, Bicis, Sgbs, Ohadata J-04-36 ; TPI Douala Bonanjo, ord. n° 945, 2-9-2003 : BICEC SA c/ R. P. D. B., Me T. Victor, BEAC, Ohadata J-04-439 ; TPI Dschang ord. réf. n° 1/ORD, 2-10-2003 : N. née M. Monique c/ T. P., Ohadata J-05-112 ; TRHC Dakar, ord. réf. n° 1670, 27-10-2003 : A. D. c/ M. D., T. A. D., le greffier en chef, Ohadata J-04-264 ; TPI Yaoundé, ord. n° 438/C, 25-3-2004 : E. O. J. c/ E. née M. Marie Louise, Me B. Jean René, SCB-CL Cameroun, Crédit Foncier du Cameroun, Ministère des finances et du budget, Ohadata J-04-420 ; CA Abidjan, ch. civ. et com., n° 950, 23-9-2004, K. K. C. c/ Me Y. K. V., Ohadata J-05-260 ; CA Abidjan (Côte d'Ivoire), ch. civ. et com., 5-4-2005 : Sté MCCANN ERICSON c/ ALBERIC NIAVAS, Ohadata J-09-159 ; CCJA, n° 005/2009, 5-2-2009 : J. N. N. c/ SEEG, Rec. jur. CCJA n° 13, janv.-juin 2009, p. 117, Ohadata J-10-81 ; CA Lomé (Togo), n° 071/09, 28-4-2009 : Sté ENTTP c/ Sté ALPHA EQUIPEMENT SARL, Ohadata J-10-225 ; TPI Abidjan, ord. n° 2551, 23-12-2010 : État de Côte d'Ivoire c/ D. A. et G. E., BACI, LCCI, Actualités Juridiques, Ed. économique n° 1/2011, p. 11, Ohadata J-13-191).

Sur le rejet d'une demande de mainlevée présentée près de cinq ans après la dénonciation de la saisie, voir (TPI Yaoundé (Cameroun), centre administratif, ord. n° 443/C, 14-8-2008 : T. O. c/ T. M., B. Jean René, SGBC, Me A. A., Ohadata J-09-221).

Obs. : dans cette décision, le débiteur saisi invoquait la violation des articles 174 et 177 de l'AUPSRVE, car les sommes saisies seraient des revenus salariaux. Le défendeur a conclu à l'irrecevabilité de l'action sur la base de l'article 170 de l'AUPSRVE. Le tribunal ne s'est malheureusement pas prononcé sur le caractère salarial ou non des sommes saisies, se contentant d'appliquer les dispositions relatives à la saisie-attribution des créances. Si, comme le soutenait le débiteur, il s'agissait vraiment d'une saisie des rémunérations, c'est la procédure prévue par les articles 173-189 de l'AUPSRVE qui aurait dû être suivie ; et l'article 189, al. 2 aurait dû être visé au soutien de l'irrecevabilité. Il en ainsi car l'article 153 de l'AUPSRVE, en disposant que « tout créancier muni d'un titre exécutoire constatant une créance liquide et exigible, peut, pour en obtenir le paiement, saisir entre les mains d'un tiers les créances de son débiteur portant sur une somme d'argent, sous réserve des dispositions particulières à la saisie des rémunérations », a entendu séparer la saisie des rémunérations de la saisie-attribution des créances. Voir, dans ce sens, TPI Yaoundé, ord. n° 819/C, 13-7-2004, Ohadata J-04-419, sous l'article 153.

L'irrecevabilité a été retenue dans les cas suivants :

a. Dénonciation à mairie avec notification par lettre recommandée

Même si l'article 326 du Code de procédure civile [de Côte d'Ivoire], toujours en vigueur faute d'abrogation expresse ou tacite ne traite que des « délais d'opposition ou d'appel », rien ne s'oppose à son application au délai pour élever une contestation en cas de dénonciation à mairie d'un acte de saisie-attribution de créances, la signification et la dénonciation étant des actes similaires et l'exercice de l'action s'apparentant à l'exercice des voies de recours d'opposition ou d'appel. En l'espèce, le délai de contestation de la saisie dénoncée à mairie le 14 octobre 2009 expirait le 13 décembre 2009 dès lors que la lettre recommandée informant la débitrice du dépôt de l'acte de dénonciation a été reçue par cette dernière le 11 novembre 2009. Par conséquent, la contestation de la saisie élevée le 22 décembre 2009 et suivie d'un exploit daté du 24 décembre 2009 est irrecevable pour non-respect du délai imparti ; confirmation de la décision d'irrecevabilité rendue par le premier juge (CA Abidjan (Côte d'Ivoire), 5e ch. civ. et com., n° 648, 23-12-2010 : SOTRA c/ Sté SHELL Côte d'Ivoire, Juris-Ohada, n° 2/2011, avr.-juin 2011, p. 39, Ohadata J-12-149).

Obs. : l'article 326 du Code de procédure civile de Côte d'Ivoire dispose notamment que « lorsque la signification est faite dans les conditions des articles 250 et 251, les délais d'opposition ou d'appel ne commencent à courir que de la réception de la lettre recommandée dont l'envoi est prévu à l'article 251 ou au terme d'un délai d'un mois à compter de l'expédition de cette lettre s'il n'est pas justifié qu'elle a été remise à son destinataire ».

b. Sursis à exécution

Le sursis à exécution est la suspension de l'applicabilité d'un acte dans l'attente de l'arrêt à rendre sur sa légalité et la neutralisation de l'acte est absolue pendant le procès dont il fait l'objet. La force exécutoire de l'arrêt est seulement mise en veilleuse jusqu'à l'issue du pourvoi, mais elle n'est pas anéantie. Il en résulte que c'est à juste titre que le premier juge a retenu que la suspension de l'exécution prononcée par la Cour suprême n'a « pas cassé et annulé l'arrêt de la cour d'appel mais a tout simplement sursis temporairement à son exécution jusqu'à l'issue du pourvoi » et « qu'en pareille circonstance, l'on ne saurait conclure que la saisie-attribution querellée basée sur l'arrêt [dont l'exécution a été suspendue] a été pratiquée en l'absence d'un titre exécutoire et qu'elle serait sans fondement ». Par conséquent, la contestation élevée contre cette saisie doit l'être dans les délais prévus par l'article 170, faute de quoi elle doit être déclarée irrecevable (CA Littoral (Cameroun), n° 65/REF, 24-3-2008 : Sté TEXACO Cameroun c/ M. M. Rose, Ohadata J-09-148).

c. Applicabilité du même délai aux établissements publics nationaux

L'invocation d'un texte national prévoyant l'insaisissabilité des Établissements Publics Nationaux (EPN) ne suffit pas à les exonérer un EPN du délai d'un mois imparti par l'article 170 de l'AUPSRVE pour contester une saisie-attribution de créance dès lors que ladite saisie lui a été régulièrement notifiée. Le délai étant expiré, la contestation tardive doit être déclarée irrecevable (Section de tribunal de Toumodi, n° 105, 23-6-2005 : L'INP-HB c/ M. A.A.S, Juris-Ohada, n° 1/2006, p. 35 ; Ohadata J-07-02).

Obs. : en l'espèce il s'agissait des articles 28 et 59 de la loi ivoirienne n° 1998-338 du 2 juillet 1998.

d. Dénonciation multiple de la même saisie

L'irrecevabilité est aussi encourue, lorsque le créancier a procédé à deux dénonciations de la même saisie au débiteur, et qu'en prenant pour point de départ du délai la date de la première ou de la seconde dénonciation, la contestation demeure hors délai (CCJA, n° 038/2009, 30-6-2009 : Y. F. c/ BICEC, Rec. jur. CCJA n° 13, janv.-juin 2009, p. 153, Ohadata J-10-88).

3° Refus de l'irrecevabilité

a. Erreur matérielle dans l'indication de la date

Dans un cas où la date portée sur l'exploit litigieux (30 janv. 2006) n'était pas celle à laquelle l'exploit avait été servi (30 janv. 2007), une cour d'appel a retenu que ni la demanderesse ni l'huissier instrumentaire, n'avaient aucun intérêt à antidater l'exploit de dénonciation ; « qu'il est plutôt plausible que cette contradiction relève d'une inattention de l'huissier instrumentaire et constitue de ce fait une erreur purement matérielle ne pouvant donner lieu à annulation l'acte, encore que ni la [société saisissante] ni la [tierce saisie] n'invoquent un quelconque préjudice par elles souffert du fait de cette erreur ; – Considérant par ailleurs qu'il découle de ce qui précède et des pièces produites au dossier notamment le procès-verbal de la saisie-attribution de créance pratiquée date du 11 janvier 2007 et sa dénonciation de la même date que la contestation a été faite dans les délais prescrits à l'article 170 de [l'AUPSRVE] ; – Qu'il s'en suit qu'il n'y a nullement eu violation de cet article comme prétendu par le premier juge ; – Qu'il y a lieu d'infirmer sur ces points l'ordonnance entreprise et statuant à nouveau, dire n'y avoir lieu à annuler l'exploit d'assignation querellé du fait de l'inexactitude de sa date […] » (CA Littoral (Cameroun), n° 198/REF, 17-11-2008 : Sté Crédit Agricole-SCB Cameroun c/ Sté VIAMER International SARL, Ohadata J-09-141).

b. Irrecevabilité retenue à tort

Pour une saisie dénoncée le 11 avril 2000, le délai d'un mois prescrit par l'article 170 de l'AUPSRVE pour contester ladite saisie par cette dernière, avait pour terme le 12 mai 2000. En y procédant suivant exploit en dates des 9 et 10 mai 2000, sans que cela fût contredit, la requérante était bien dans le délai d'un mois et était donc recevable à contester ladite saisie même si au demeurant la date d'assignation du créancier devant la juridiction saisie de la contestation se situe en dehors de la date d'expiration dudit délai, l'article 170 précité ne considérant ni cette date d'assignation ni n'exigeant que ladite juridiction se prononce dans le délai d'un mois. C'est donc par erreur que l'arrêt attaqué a confirmé l'ordonnance des référés du 14 mars 2001 du « juge de l'urgence » qui avait déclaré, à tort, l'action de la requérante irrecevable comme faite hors délai. Par ce moyen de pur droit soulevé d'office, il échet de casser ledit arrêt et, sans qu'il soit besoin de statuer sur les autres moyens du pourvoi et d'évoquer (CCJA, 2e ch., n° 010, 18-2-2010 : SGBC c/ K., Juris-Ohada, n° 2/2010, avr.-juin, p. 28, Ohadata J-11-54, J-12-44).

Lorsque l'acte de dénonciation a été délaissé à mairie et que le débiteur saisi a été avisé de cette remise par lettre recommandée avec demande d'avis de réception, le délai d'un mois prévu à l'article 170 de l'AUPSRVE pour élever contestation ne court qu'à compter de la date de réception par le saisi, de la lettre recommandée. En l'absence de l'accusé de réception permettant de déterminer la date exacte à laquelle la lettre recommandée a été reçue par le destinataire, date qui serait le point de départ de computation du délai d'un mois, prévu à l'article 170 précité, la contestation élevée le 28 décembre 2006 contre un acte de dénonciation délaissé à marie le

16 novembre 2006 est faite dans le délai et est recevable (CCJA, 1e ch., n° 008, 4-2-2010 : ARMAJARO Côte d'Ivoire SA c/ M. K., Juris-Ohada, n° 2/2010, avr.-juin 2010, p. 20, Ohadata J-11-52, J-12-43).

c. Délai respecté

La contestation a été portée dans le délai, pour une saisie-attribution dénoncée le 23 décembre 2007 par exploit d'huissier et une requête en contestation de saisie datée du 6 décembre 2007, enregistrée au greffe de la juridiction compétente le 10 décembre 2007 ; en conséquence, le pourvoi, qui est mal fondé, doit être rejeté (CCJA, ass. plén., n° 089, 20-11-2013 : Jacques NZOGHE NDONG c/ Sté d'Energie et d'Eau du Gabon SA dite SEEG-SA, Rec. jur. CCJA n° 20, vol. 2, janv.-déc. 2013, p. 134-136, Ohadata J-15-43).

4° Validité de la décision ayant statué uniquement en la forme

L'assignation en mainlevée servie en dehors du délai d'un mois imparti par l'article 170 de l'AUPSRVE (plus de sept mois en l'espèce) est irrecevable et la cour d'appel qui s'est contentée de statuer uniquement en la forme après avoir constaté le dépassement du délai n'a en rien violé les textes visés au moyen (CCJA, 3e ch., n° 081, 29-3-2018 : Sté Gaz du Cameroun c/ Mobilia La Galerie du Boulevard SARL).

IV. Mise en cause du tiers saisi

A. Défaut de mise en cause du tiers : pas d'irrecevabilité

L'article 170 de l'AUPSRVE ne prévoit l'irrecevabilité de l'action en contestation de la saisie-attribution qu'en cas d'inobservation du délai d'un mois pour intenter cette action et non pour celui où le tiers saisi n'est pas appelé en la cause et le pourvoi qui vise la violation de cette disposition doit être rejeté (CCJA, n° 003/2002, 10-1-2002 : SIEM c/ Sté ATOU et BICICI, Ohadata J-02-25, obs. Joseph Issa-Sayegh).

Dans le même sens, retenant que l'examen de l'article 170 de l'AUPSRVE en son alinéa 2 montre que le défaut de citation du tiers saisi n'est assorti d'autre sanction, notamment pas de l'irrecevabilité : CA Abidjan, 5e ch. civ. et com., B, 22-2-2005 : Copharm c/ Sté Pharmivoire Liquidation et BICICI, Ohadata J-09-165.

Le tiers saisi n'ayant pas qualité de partie à l'audience de contestation, son absence de cette audience, parce qu'il n'aurait pas été régulièrement ou pas du tout appelé par le débiteur, n'entache en rien la validité de la procédure (CCJA, 1e ch., n° 053/2022, 3-3-2022).

B. Validité de l'appel régulièrement interjeté et notifié au poursuivant

L'appel ayant donc été régulièrement relevé, puis dénoncé au poursuivant et au greffe de la cour d'appel, est recevable (CCJA, 1e ch., n° 053/2022, 3-3-2022).

C. Donné acte de la demande de mise hors de cause du tiers

Le tiers saisi dûment appelé en la cause ayant sollicité sa mise hors de cause en application de l'article 170 de l'AUPSRVE, il y a lieu de lui en donner acte (CCJA, 3e ch., n° 028, 13-3-2014 : Port autonome d'Abidjan dit PAA c/ 1) Banque Atlantique de Côte d'Ivoire dite BACI, 2) Maitre Aboa Alain Cyrille, Ohadata J-15-119).

V. Voies de recours

A. Rejet de l'appel du débiteur pour absence d'éléments nouveaux

Dans le cadre d'une saisie-attribution, le débiteur qui reproche au créancier poursuivant d'avoir réalisé ladite saisie sans titre exécutoire, et de n'avoir respecté ni le délai de signification ni celui de la contestation, ne peut remettre en cause la décision du premier juge qu'en produisant de nouveaux éléments en appel (CA Littoral (Douala), n° 32/REF, 29-11-2003 : SCBC c/ S. P. ; obs. Issa-Sayegh, Ohadata J-06-189).

Obs. : voir cependant les obs. de Joseph Issa-Sayegh sous cet arrêt.

B. Défaut de qualité du tiers saisi

Le tiers saisi reste « tiers » dans le litige de contestation qui oppose le créancier et le débiteur. Le fait d'être « appelé à l'instance de contestation » ne confère pas au tiers saisi le droit de relever appel de la décision sur contestation. Ainsi, seul le débiteur peut contester la saisie-attribution pratiquée et relever appel en cas de rejet de son action en contestation. L'action initiée par le tiers saisi dans ce cadre est irrecevable pour défaut de qualité et d'intérêt pour agir (CA Abidjan (Côte d'Ivoire), 5e ch. civ. et com., 8-2-2005 : Sté PAL – CI c/ QUINCAILLERIE CLEOPATRE, Ohadata J-09-164).

VI. Inopposabilité de la forclusion aux tiers saisis

Le tiers saisi peut à tout moment faire valoir ses moyens de défense contre une action du créancier saisissant en paiement des causes de la saisie dirigée contre lui sans se voir opposer la forclusion pour cause de violation des délais de contestation de l'article 170 de l'AUPSRVE, et en se fondant sur un cas de nullité ou de caducité de la saisie. Lorsque, comme en l'espèce, le tiers saisi n'a engagé aucune action du genre ni évoqué de tels arguments et n'a pas fait la déclaration requise par l'article 156 à la suite de la signification de l'acte de saisie conservatoire qui lui avait été faite, il doit être condamné au paiement solidaire des causes de cette saisie (CA Littoral (Cameroun) 14-1-2009 : Ets CHIEDJOU (CHIEDJOU René) c/ SCDP, Ohadata J-09-147).

VII. Caractère inopérant d'un certificat de non-contestation délivré à tort

C'est à tort qu'un certificat de non-contestation d'une saisie a été délivré par un greffier alors qu'une contestation avait déjà été élevée contre la saisie querellée. La fin de non-recevoir de l'appel interjeté ne peut donc prospérer (CCJA, 1e ch., n° 053/2022, 3-3-2022).

JURISPRUDENCE COMPARÉE

France

Action en répétition de l'indu en cas de dépassement du délai d'un mois pour contester la saisie

Un débiteur qui n'avait pas élevé de contestation dans le délai d'un mois a été admis à agir en répétition de l'indu, cette action répondant précisément au cas où la contestation est tardive ; le juge de l'exécution est compétent pour connaître de l'action en répétition de l'indu engagée à l'occasion d'une mesure d'exécution forcée ; néanmoins, le juge des référés demeure compétent pour statuer sur une demande de provision si une contestation sérieuse n'est pas invoquée (CA Aix-en-Provence, 15e ch. A, 8-3-2006 n° 217 : Bull. d'Aix 2006 p. 151).

Art. 171 **La juridiction compétente donne effet à la saisie pour la fraction non contestée de la dette. Sa décision est exécutoire sur minute.**

S'il apparaît que ni le montant de la créance du saisissant ni la dette du tiers saisi ne sont sérieusement contestables, la juridiction compétente peut ordonner provisionnellement le paiement d'une somme qu'elle détermine en prescrivant, le cas échéant, des garanties.

JURISPRUDENCE OHADA

I. Rôle du juge de la contestation

Lors de l'examen d'une procédure de contestation de saisie-attribution de créances, le rôle du juge est de se prononcer sur les conditions de fond et de forme de ladite saisie-attribution. Le juge n'a pas à se prononcer sur la responsabilité du débiteur saisi, laquelle est en principe déterminée par le titre exécutoire sur le fondement duquel la saisie a été opérée. Dans l'espèce, A ayant élevé une contestation sur les différentes saisies opérées sur ses comptes dans différentes banques, il y a lieu de se prononcer uniquement sur les motifs invoqués par elle en vue d'obtenir la mainlevée desdites saisies. Ce sont les procès-verbaux de saisie et les actes de dénonciation qui déterminent la portée des saisies, en précisant notamment le montant de la créance cause des saisies, tant en principal qu'en intérêts et frais. La demande de B tendant à la condamnation conjointe et solidaire de A et de C ne rentrant pas dans ce champ d'application, il y a lieu de la rejeter (CCJA, n° 014/2009, 16-4-2009 : UAT SA c/ 1e SICOT SA, 2e NETADI SARL, Rec. jur. CCJA n° 13, janv.-juin 2009, p. 126, Ohadata J-10-83).

Aux termes de l'article 171 de l'AUPSRVE, le rôle du juge, lors de l'examen d'une procédure de contestations de saisie-attribution de créances, consiste à se prononcer simplement sur les conditions de fond et de forme de ladite saisie. La cour d'appel qui, ayant souverainement constaté que le débiteur saisi ne contestait pas le montant de la créance, a donné effet à la créance, n'a en rien violé les dispositions dudit article 171 et sa décision est bien motivée. Il s'ensuit que le moyen tiré « d'une insuffisance de motifs » n'est pas fondé et le pourvoi doit être rejeté (CCJA, ass. plén., n° 056, 27-4-2015 : ECOBANK SÉNÉGAL SA c/ 1) Banque Sahelo Saharienne pour l'Investissement et le Commerce BSIC SÉNÉGAL, 2) ATEX COMODITIES, Ohadata J-16-56).

Dans le même sens, l'argument du demandeur au pourvoi, qui ne soulève aucun moyen relatif aux conditions de fond et de forme de la saisie-attribution réalisée, mais se contente de discuter le titre exécutoire, pourtant indiscutable car définitif, n'est pas fondé (CCJA, 1e ch., n° 001/2013, 7-3-2013 : Sté AES SONEL SA c/ Centre de Diagnostic et de Soins Médicaux CDSM, Rec. jur. CCJA n° 20, vol. 1, janv.-déc. 2013, pp. 84-88, Ohadata J-15-01).

II. Paiement

A. Obligation au paiement

Le jugement de première instance portant condamnation de la débitrice relativement au montant en cause, ayant été confirmé, toute autre résistance de la débitrice à s'exécuter est constitutive d'attitude dilatoire, dès lors que juridiction suprême nationale s'est déjà prononcée sur la question. Dans ces conditions, c'est à juste titre que le premier juge, après avoir relevé l'absence de toute défense à exécution provisoire contre le jugement de condamnation qui a été confirmé, a débouté la débitrice de sa demande ; cette décision doit être confirmée (CA Niamey, n° 8, 9-1-2002 : BCN c/ T. S. et BCEAO, Ohadata J-03-248).

B. Déduction du paiement fait

En vertu de l'article 171 de l'AUPSRVE, le juge, pour déterminer le montant de la créance objet d'une saisie-attribution, doit tenir compte du montant déjà perçu par le créancier, en vue de donner effet à la saisie pour la fraction restant à percevoir, pour autant que celle-ci n'est pas contestée (CA Centre, n° 277/Civ., 21-6-2002 : L. S. c/ La SGBC, Ohadata J-04-430).

La créancière ne contestant pas que sur la somme de 21 630 000 FCFA contenue dans le titre exécutoire, elle avait déjà reçu paiement de 11 539 216 FCFA avant sa saisie, la cour d'appel qui, appréciant souverainement les faits, a confirmé l'ordonnance de référé ayant donné effet à la saisie pour la fraction non contestée de la dette, n'a en rien porté atteinte au titre exécutoire auquel elle a plutôt assuré une saine et complète exécution et n'a pas manqué de donner une base légale à son arrêt (CCJA, 1e ch., n° 058, 30-3-2017 : LAV-NET SARL c/ CEGEX SARL).

Lorsqu'il ressort des pièces du dossier de la procédure et d'un « avis de débit » que la banque, tiers saisi, a débité le compte du débiteur du montant de 6 988 458 FCFA qu'elle a transféré sur le compte bancaire du créancier saisissant, à la demande de son Conseil, la demande de provision faite par le créancier saisissant est inopportune et sans objet (CCJA, 2e ch., n° 025, 8-4-2010 : S.A.T.A. c/ Receveur des impôts de Zinder, Juris-Ohada, n° 3, juill.-sept., p. 25, Ohadata J-11-69, J-12-47).

C. Fixation du montant par le juge

La demande d'annulation d'une saisie-attribution de créance et la signification contenant rectificatif à itératif commandement sont injustifiées lorsque les différents griefs articulés sur le caractère excessif des sommes accessoires au principal n'entache pas la validité desdits actes d'Huissier et que les montants exacts ont été fixés par le juge comme l'y habilite l'article 171 (CA Centre (Cameroun), n° 106/Civ, 25-2-2011 : SGBC SA c/ N. D. F., Me B., M. Jeannette, Ohadata J-12-72).

Le moyen fondé sur la violation de l'article 171 de l'AUPSRVE doit être rejeté et la décision confirmée, dès lors que les premiers juges ont à bon droit ordonné le cantonnement de la créance litigieuse et des frais dont l'appelante a elle-même évalué le quantum (CA Abidjan (Côte d'Ivoire), 1e ch. civ. et com., n° 231, 18-6-2007 : Stés SDV-SAGA C.I. devenues BOLLORE AFRICA LOGISTICS Côte d'Ivoire c/ Z. et Sté SIVOMAR, Juris-Ohada, n° 1/2011, janv.-mars 2011, p. 38, Ohadata J-12-103).

Sommes non dues. Des sommes (20.000 F, 100.000 F et 120.000 F) réclamées dans un procès-verbal de saisie-attribution aux titres respectivement de « coût réquisition à paiement, coût procès-verbal mainlevée de saisie et coût du présent acte » doivent être exclues du décompte final lorsque le saisissant n'a rapporté aucune preuve que ces sommes sont dues légalement, le législateur dans l'article 171 susvisé ayant donné pouvoir à la juridiction saisie de se prononcer sur les sommes réellement dues (CA du Centre (Cameroun), n° 142/CIV, 16-3-2012 : Afrique Construction SARL c/ M. N. C., CA SCB SA, Afriland First Bank SA, Union Bank of Cameroun PLC, Ohadata J-13-209). Voir aussi : CA Pointe-Noire (Congo), n° 144, 30-7-2004 : B. J. A. c/ Sté ABB LUMMUS GLOBAL SPA, Ohadata J-13-125.

Il résulte de l'article 171 de l'AUPSRVE que le juge donne effet à la saisie pour la fraction non contestée de la dette. En l'espèce, la créance de la société saisissante ayant été définitivement fixée à la somme de 7 503,48 $ par un arrêt antérieur de la CCJA, il convient d'infirmer partiellement le jugement entrepris et, statuant de nouveau, de donner effet à la saisie querellée pour le montant sus-énoncé, puis donner mainlevée pour le surplus (CCJA, 1e ch., n° 053/2022, 3-3-2022).

D. Acceptation sans réserve du paiement d'une fraction non contestée de la créance non équivalente à un acquiescement

C'est à tort que la fin de non-recevoir d'un pourvoi est soulevée au motif que le demandeur aurait acquiescé à l'arrêt attaqué et privé d'objet tout recours contre ledit arrêt, en acceptant sans réserve le paiement de la fraction non contestée de la créance qui lui a été accordée par la décision attaquée. Il en est ainsi dès lors qu'il résulte de l'article 171, alinéa 1 de l'AUPSRVE que la décision donnant effet à la saisie pour la fraction non contestée de la dette étant exécutoire sur minute, le créancier peut valablement recevoir paiement de ladite fraction, sans que cela ne suffise à constituer une renonciation à exercer un recours contre la même décision pour la partie de la dette qui fait l'objet de contestation. Dès lors, en l'espèce, la perception sans réserve de la fraction non contestée de la créance par le demandeur, telle que décidée par l'arrêt attaqué, ne saurait à elle seule valoir acquiescement à ladite décision, le privant de son droit de recours contre ledit arrêt pour la fraction de la dette qui fait l'objet de contestation ; le pourvoi est donc recevable (CCJA, 3e ch., n° 096/2024, 28-3-2024).

E. Reversement au créancier des sommes non contestées par les tiers saisis

Le reversement, par le tiers saisi au créancier poursuivant, de la fraction non contestée des sommes saisies doit être ordonné et la mainlevée partielle doit être ordonnée pour la fraction contestée (TPI Douala Bonanjo, ord. nº 565, 22-4-2003 : Sté ATE c/ S. R., Me N. G., Ohadata J-04-409, au sujet d'une contestation d'intérêts moratoires prévus dans le décompte des sommes saisies, mais transposable à toute contestation partielle, le principe étant le même).

F. Rejet du paiement tant que la contestation est pendante

Une cour d'appel ne peut décider que « c'est à tort qu'un tiers saisi (banque) refuse de reverser le montant [de bons de caisse échus] au saisissant » sans rechercher la situation précise de ces bons de caisses échus au porteur dès lors que ni « l'héritier présomptif » censé les détenir n'a été identifié ni, a fortiori, n'a été déterminé le titre de détention de celui-ci de sorte que la situation desdits bons de caisse demeure toujours litigieuse et incertaine (CCJA, nº 001, 8-1-2004, Ohadata J-04-85).

....

IV. Effet de la saisie sur le solde du compte bancaire

En application de l'article 171, al. 1 de l'AUPSRVE, les effets d'une saisie-attribution de créance doivent être limités à la fraction non contestée de la dette. Lorsqu'il s'agit d'un compte bancaire, ils doivent être limités au seul solde du compte considéré (CCJA, nº 001, 8-1-2004 : SGBC c/ HOLLYWOOD HOTEL, Juris-Ohada, nº 1/2004, janv.-mars 2004, p. 2, note Brou Kouakou Mathurin ; Rec. jur. CCJA, nº 3, janv.-juin 2004, p. 79, Ohadata J-04-85).

....

V. Dommages-intérêts

A. Rejet de la demande de condamnation du créancier saisissant en cas de saisie régulière

Une saisie régulièrement faite en vertu d'un titre exécutoire, comme en l'espèce, ne peut aucunement engager la responsabilité du créancier saisissant pour donner lieu à des dommages et intérêts ; il échet par conséquent, de rejeter cette demande qui est mal fondée (TRHC Dakar, nº 512, 14-3-2001 : Compagnie Air Gabon c/ Marie H. N. et City Bank, Ohadata J-05-99).

B. Condamnation du débiteur saisi pour contestation téméraire et vexatoire

C'est à juste titre qu'un juge a retenu la motivation suivante pour condamner un débiteur saisi à des dommages-intérêts: « qu'en l'espèce, la demanderesse dans son action sollicite la mainlevée de la saisie pratiquée sur la base d'une ordonnance rendue avec clause exécutoire [...] connaissant bien qu'elle était condamnée au payement des dommages et intérêts sous ladite cause pour action téméraire et vexatoire parce qu'il avait interjeté l'appel contre la décision rendue [...] et en même temps initi[é] l'action en mainlevée de la saisie pratiquée devant la juridiction ayant rendue ladite ordonnance, ce qui constituait la malice, que comme les mêmes causes produisent les mêmes effets, la demanderesse a également agi de la même manière, connaissant qu'elle a interjeté appel contre l'ordonnance rendue [...] mais en sollicite la mainlevée devant la juridiction de céans qui du reste considéra cela comme étant de la mauvaise foi » ; cependant, il convient d'infirmer le premier jugement sur ce point et statuant à nouveau, ramener le montant de la condamnation de 200 000 $ retenu, à 100 000 $ (CCJA, 1e ch., nº 014/2022, 27-1-2022).

Obs. : art. 171 non visé expressément par cet arrêt mais applicable, étant donné que cette disposition régit le rôle du juge de la contestation, qui inclut l'octroi de dommages-intérêts contre toute partie impliquée, lorsque c'est approprié.

Dans le même sens et précisant qu'une saisie-attribution de créances pratiquée en vertu d'un titre exécutoire n'est ni abusive ni vexatoire et ne constitue pas une faute donnant droit à des dommages-intérêts (CCJA, 2e ch., nº 243/2019, 31-10-2019 : Afriland First Bank Côte d'Ivoire c/ GTA Assurances).

....

V. Mainlevée

A. Mainlevée sans objet rejetée

Lorsque les comptes d'une débitrice ont été saisis auprès de 14 tiers différents et qu'un seul de ces comptes a cantonné entièrement les causes de la saisie, la débitrice n'a subi aucun préjudice relativement aux 13 autres tiers saisis, aucun de ses avoirs n'ayant été auprès desdits établissements financiers. La demande de mainlevée de la saisie litigieuse auprès de ces tiers saisis est dès lors injustifiée (CA du Centre (Cameroun), nº 142/CIV, 16-3-2012 : Afrique Construction SARL c/ M. N. C., CA SCB SA, Afriland First Bank SA, Union Bank of Cameroun PLC et 11 autres, Ohadata J-13-209).

Obs. : en l'espèce, de tous les 14 comptes saisis, un seul comportait une provision suffisante pour cantonner toute la saisie, les autres comptes n'ayant aucune provision. Le créancier est libre, sauf abus, de choisir le ou les biens à saisir ; voir l'article 50 et les obs. sous l'article 28.

B. Mainlevée accordée

Ayant relevé que les dépens pour lesquels la liquidation a été ordonnée sont relatifs à l'arrêt nº 036/2012 du 22 mars 2012 et sont dus au [Cabinet BENIE] qui les a exposés dans l'affaire l'opposant à CFAO Technologie et pas à son conseil, l'arrêt qui a de ce fait ordonné mainlevée de la saisie-attribution de créances à la suite de l'intervention volontaire du véritable créancier n'a en rien violé l'article 171 de l'AUPSRVE et tous les autres visés au moyen (CCJA, 2e ch., n° 007/2021, 28-1-2021 : Me Kpntchou Gabriel c/ CFAO Technologies).

Art. 172 **La décision de la juridiction tranchant la contestation est susceptible d'appel dans les quinze jours de sa notification.**

Le délai pour faire appel ainsi que la déclaration d'appel sont suspensifs d'exécution sauf décision contraire spécialement motivée de la juridiction compétente.

Jurisprudence OHADA

I. Champ d'application de l'article 172 de l'AUPSRVE

L'article 172 de l'AUPSRVE traite spécifiquement des modalités de l'appel exercé contre la décision de la juridiction tranchant une contestation entre le débiteur saisi et le créancier saisissant, laquelle s'entend des seuls incidents relatifs à la saisie, et non point de tous les incidents indifféremment, dont la saisie pourrait être l'occasion, ce qui explique que le tiers saisi, dans le cadre ainsi circonscrit, ne soit qu' « appelé » à l'instance de ladite contestation. En l'espèce, l'action initiée par le créancier tendait à contraindre le tiers saisi à lui payer les sommes, cause de la saisie. Cette action qui oppose le créancier saisissant au tiers saisi ne relève pas d'une contestation de saisie au sens ci-dessus indiqué, mais d'une difficulté d'exécution, régie en tant que telle, par les articles 154, 168 et 49 de l'AUPSRVE, lesquels édictent en substance, d'une part, que l'acte de saisie rend le tiers saisi personnellement débiteur des causes de la saisie, dans la limite de son obligation, et en cas de refus de paiement par lui des sommes qu'il a reconnu devoir ou dont il a été jugé débiteur, la contestation est portée devant la juridiction compétente, qui peut délivrer un titre exécutoire contre lui ; que, d'autre part, la juridiction compétente, pour statuer sur tout litige ou toute autre demande relative à une mesure d'exécution forcée ou à une saisie conservatoire, est le Président de la juridiction statuant en matière d'urgence ou le magistrat délégué par lui, la décision ainsi rendue étant susceptible d'appel dans un délai de quinze jours à compter de son prononcé. Dès lors, ayant elle-même considéré que « [le créancier] a fondé son action sur l'article 168 de [l'AUPSRVE] », la cour d'appel, en se prononçant sur la recevabilité de l'appel [du tiers saisi], ne pouvait lui appliquer les dispositions de l'article 172 de l'AUPSRVE, alors que seules celles de l'article 49 dudit Acte uniforme régissaient, en la cause, cet appel. En statuant comme elle l'a fait, la cour d'appel a violé ledit article et son arrêt doit être cassé. Sur évocation, les dispositions de l'article 49 de l'AUPSRVE étaient seules applicables en la cause ; celles-ci ayant prévu en ce qui concerne l'appel, que le délai d'appel est de quinze jours à compter du prononcé de la décision querellée, dès lors, l'appel interjeté le 23 mai 2002 de l'ordonnance de référé prononcée le 25 avril 2002, est tardif et doit être déclaré irrecevable (CCJA, n° 054/2005, 15-12-2005 : SODICARO SARL c/ Standard Chartered Bank CI, Rec. jur. CCJA, n° 6, juin-déc. 2005, p. 77. Juris-Ohada, n° 2/2006, p. 8 ; Ohadata J-06-43).

Les modalités d'appel prescrites à l'article 172 de l'AUPSRVE ne s'appliquent, en cas d'exercice de cette voie de recours, qu'aux décisions rendues en matière de contestation de saisie-attribution des créances opposant le créancier saisissant au débiteur saisi. Dans l'espèce, la société S. n'étant pas considérée par les parties elles-mêmes comme débiteur saisi, c'est légitimement qu'elle a demandé et obtenu du juge des référés, une ordonnance de mainlevée, sous astreinte, des loyers saisis par la créancière, lesquels lui étaient dus par des locataires de son immeuble. Dans ces circonstances, en décidant, d'une part, que « c'est à bon droit que le premier juge a fait courir l'astreinte comminatoire à compter du prononcé de sa décision », et d'autre part, « que cela ne contredit nullement les dispositions de [l'article 172 susvisé…] », alors que celui-ci ne pouvait trouver application en la cause, la cour d'appel a violé ledit article et son arrêt encourt la cassation. Et sur évocation, la décision prononçant, d'une part, la mainlevée de la saisie-attribution pratiquée le 18 décembre 2002 par la créancière sur les loyers dus à la société S., et d'autre part, l'astreinte, est une ordonnance de référé exécutoire par provision. Du fait de la nature et des caractères spécifiques de celle-ci, l'appel est sans effet sur le cours de l'astreinte, et la date retenue comme point de départ est le jour du prononcé de ladite décision déjà exécutoire. Au demeurant, l'article 33-1 de l'AUPSRVE mentionne limitativement comme titres exécutoires, les décisions juridictionnelles qui sont exécutoires sur minute, comme en l'espèce ; c'est donc à bon droit que le juge des référés du TPI a ordonné la mainlevée sous astreinte à compter du prononcé de la décision de la saisie-attribution litigieuse. L'ordonnance de référé doit être confirmée en toutes ses dispositions (CCJA, n° 037/2007, 22-11-2007 : SGBCI c/ SCI-CCT, Rec. jur. CCJA n° 10, juill.-déc. 2007, p. 56, Ohadata J-08-249).

Voir aussi (CA Abidjan, n° 1104, 29-10-2002 : Sté HYJAZY SAMIH et HASSAN dite INDUSCHIMIE c/ K. Marie et SGBCI, Ohadata J-03-302). Voir aussi (CCJA, 2e ch., n° 131, 7-6-2018 : UBA SA c/ ADJAGBO Kouamé Patrice et 32 autres).

Compatibilité des dispositions camerounaises relatives au JEX avec l'article 172. Dans les articles 49, 170, 171 et 172 de l'AUPSRVE, le législateur communautaire ne parle que de la juridiction compétente sans la déterminer, laissant de ce fait à chaque État partie le soin de déterminer cette juridiction. C'est dans cette optique que le Cameroun, à travers l'article 3 de la loi 2007/001 du 19 avril 2007, a déterminé le juge chargé du contentieux de l'exécution des décisions de justice. Les dispositions de l'article 172 dont la violation est alléguée ont été confirmées à l'alinéa 4 de l'article 3 de la loi sus-évoquée, le législateur camerounais ayant pris soin à travers l'alinéa 4 susvisé d'indiquer les décisions contre lesquelles est ouvert l'appel prescrit par le législateur communautaire. Il en résulte que dans l'espèce, la violation alléguée manque de fondement, et cet argument doit être rejeté (CA Littoral (Cameroun), n° 200/REF, 24-11-2008 : SGBC c/ Sté Elevage Promotion Afrique, Ohadata J-09-140).

II. Appel

A. Notification de l'appel

L'article 172 de l'AUPSRVE ne précise pas si la notification dont il s'agit doit être faite à personne ou à domicile pour faire courir le délai d'appel ; dans ces conditions, toute notification régulièrement faite soit à personne, soit à domicile, y compris le domicile élu, est censée faire courir le délai d'appel. En l'espèce, les créanciers qui avaient élu domicile en l'étude de leur avocat dans leur exploit de tierce opposition contre l'ordonnance du 20 novembre 2002, disposaient d'un délai de 15 jours à compter de cette date de notification pour relever appel conformément à l'article 172 sus-énoncé. Les délais prévus par l'AUPSRVE étant tous francs aux termes de son article 335, les créanciers avaient jusqu'au 13 septembre 2003 inclus jour relever appel. Il s'ensuit que la cour d'appel d'Abidjan, en déclarant recevable leur appel relevé le 3 octobre 2003, a violé l'article 172 susvisé et exposé sa décision à la cassation. Sur évocation, l'appel doit être irrecevable (CCJA, n° 003/2005 27-1-2005 : Sté CFCI Textiles c/ Ayants Droit de T.M et SGBCI, Ohadata J-05-185, Juris-Ohada, n° 1/2005, janv.-mars 2005, p. 7).

La notification d'un jugement ayant pour but de porter la décision rendue à la connaissance d'une partie au procès afin de faire courir les délais de voies de recours, le retrait par l'appelante de la décision rendue au greffe lui a permis incontestablement de prendre connaissance de la motivation du juge, ce qui équivaut à la notification et marque le point de départ de la computation des délais de voies de recours. Son appel intervenu plus de deux mois après cette notification est tardif et est irrecevable (CA Littoral (Cameroun), n° 104/REF, 26-5-2008 : SGBC c/ Succession Y. M. Rep. Par Y. André et S. Dieudonné, Ohadata J-09-145).

La délivrance de l'expédition de la décision par le greffe à la requérante équivaut à une notification et la cour d'appel qui a retenu la date de cette délivrance comme le point de départ du délai de recours n'a en rien violé l'article 172 (CCJA, 3e ch., n° 048/2022, 24-2-2022 : Société générale Cameroun c/ Succession Y.).

B. Délai d'appel

1° Computation du délai

La computation du délai de quinze jours imparti pour relever appel exclut aussi bien le jour de la signification de la décision que le quinzième jour, qui en l'espèce était un samedi ; il s'ensuit que l'appel intervenu le premier jour ouvrable qui a suivi n'a pas violé les dispositions de l'article 172 de l'AUPSRVE (CA Abidjan (Côte d'Ivoire), n° 577, 7-6-2005 : ABDOUL HASSAN BEEHARY c/ MISSION ISLAMIQUE AHMADYYA, Ohadata J-09-197).

Obs. : sur le caractère franc des délais prévus par l'AUPSRVE, voir sous l'article 335.

2° Point de départ du délai

C'est l'article 172 de l'AUPSRVE, et non l'article 49 du même Acte uniforme, qui réglemente le délai et le point de départ de l'appel de toute contestation relative à une saisie-attribution. Il en est ainsi dès lors qu'un texte spécial prime sur un texte de portée générale et que la jurisprudence de la CCJA est également constante sur ce point – cf. Arrêts n° 003/2005 du 27 janv. 2005 et n° 054/2005 du 15 déc. 2005 (CCJA, 1e ch., n° 001/2013, 7-3-2013 : Sté AES SONEL SA c/ CDSM, Rec. jur. CCJA n° 20, vol. 1, janv.-déc. 2013, pp. 84-88, Ohadata J-15-01).

Le délai prévu par l'article 172 de l'AUPSRVE court à compter de la notification de la décision tranchant la contestation (CA Abidjan (Côte d'Ivoire), 5e ch. civ. et com., 8-2-2005 : Sté PAL – CI c/ Quincaillerie CLEOPATRE, Ohadata J-09-164). Il en résulte que l'appel relevé (le 7 juin 2007 contre une ordonnance Cleopatre le 18 avril 2007) est recevable, faute pour l'intimée, d'avoir procédé à la notification de la décision querellée (CA Abidjan (Côte d'Ivoire), 1e ch. civ. et com., n° 502, 30-11-2007 : SIPA Rechapage Rimec SA c/ Sté Ecobank- CI., Juris-Ohada, n° 1/2010, janv.-mars, p. 54, Ohadata J-11-04).

Il résulte de l'article 172 de l'AUPSRVE que l'appel interjeté le 5 février 2015 contre l'ordonnance rendue le 23 janvier 2015 est recevable, faute de notification de la décision querellée. C'est donc à tort, et en violation de l'article 10 du Traité visé au moyen, qu'une cour d'appel, dont la saisine porte sur la matière de saisie-attribution des créances régie par les articles 153 à 172 de l'AUPSRVE, a appliqué des dispositions nationales relatives au juge du contentieux de l'exécution qui fait courir le délai d'appel dans les quinze jours du prononcé de la décision, exposant ainsi son arrêt à la cassation. Sur l'évocation, la cour d'appel, ayant, par un arrêt du 3 août 2014, restitué à l'ordonnance d'injonction de payer du 5 octobre 1994 (sur laquelle a été apposée la formule exécutoire ainsi que le commandement de payer servi le 3 juin 2011 par le demandeur à la défenderesse), leurs pleins effets, la validité de la formule exécutoire ne peut plus être contestée en justice parce que couverte par l'autorité de la chose jugée attachée au dispositif de l'arrêt d'appel précité. Il convient donc de déclarer irrecevable pour autorité de la chose jugée la demande de la défenderesse tendant à voir annuler la formule exécutoire apposée sur l'ordonnance d'injonction de payer du 5 octobre 1994. L'autorité de la chose jugée attachée au dispositif de l'arrêt du 3 août 2014 ayant restitué son plein effet à l'ordonnance d'injonction de payer du 5 octobre 1994, la saisie-attribution de créances se justifie comme ayant été pratiquée en vertu d'un titre exécutoire régulier. En conséquence, la demande de nullité et la mainlevée de la saisie-attribution des créances de la défenderesse sont mal fondées (CCJA, 3e ch., no 221/2020, 25-6-2020 : D. c/ Gras Savoye Cameroun SA).

Obs. : il faut approuver cette décision de la cour d'appel conforme à la jurisprudence de la CCJA selon laquelle faute de signification d'un jugement attaqué, le délai n'a pas couru à l'encontre des requérants (CCJA, 2e ch., no 2, 9-3-2006 : L. E. SOCATRAF c/ CCEI-Bank SA devenue Afriland First Bank SA, Juris-Ohada, no 3/2006, P. 5, Ohadata J-07-09). Voir les obs. sous l'article 28 du Règl. de proc. de la CCJA. Mais il faut la désapprouver sur l'application de l'article 172 à une contestation entre créancier saisissant et tiers saisi, la CCJA ayant décidé qu'une telle contestation est régie par l'article 49 de l'AUPSRVE. Voir obs. sous cet article.

L'appel interjeté le 6 mars 2009 contre une ordonnance signifiée le 24 février 2009 a été relevé dans le délai légal et est recevable, dès lors que c'est par erreur que les greffiers du tribunal et de la cour d'appel ont délivré respectivement le certificat de non opposition et l'attestation de non appel à l'intimé en se basant sur une date de signification erronée – 24 janvier 2009 (CA Lomé (Togo), ch. civ. et com., no 121/2010, 13-7-2010 : SCP Martial AKAKPO et BIA-TOGO c/ S. Y. W., Ohadata J-11-107).

Obs. : en l'espèce, les greffiers ont retenu par erreur le 24 janvier 2009 comme date à laquelle l'ordonnance aurait été signifiée. Il faut aussi relever que l'arrêt indique, sans doute par erreur typographique, l'article 72 au lieu de l'article 172 applicable.

Il résulte de l'article 172 de l'AUPSRVE que le délai d'appel d'une décision rendue à la suite d'une demande en contestation de saisie-attribution de créances exercée par le débiteur saisi contre le saisissant est de quinze jours à compter de sa notification. Le juge d'appel qui a retenu que l'appel doit être fait dans le délai de quinze jours du prononcé de la décision conformément à l'article 49 de l'AUPSRVE a violé l'article 172 du même Acte uniforme et expose son arrêt à la cassation sans qu'il soit nécessaire d'examiner le second moyen (CCJA, ass. plén., no 105, 4-11-2014 : AES SONEL SA c/ Henri NGALLE MONONO, Georges EYOMBO ANGANDZIE, BALENG MAAH Célestin, Ohadata J-15-196).

3o Irrecevabilité de l'appel hors délai

L'appel interjeté hors délai contre la décision ayant converti une saisie conservatoire de créance en saisie-attribution de créance est irrecevable et l'arrêt qui l'a admis doit être cassé (CCJA, 2e ch., no 001, 30-1-2014 : Hôtel Intercontinental OKOUME PALACE c/ Sté COMETE, Le Kiosque de l'OKOUME, Fréderic ROSSO, Ohadata J-15-92).

Obs. : l'article 172 de l'AUPSRVE était applicable en l'espèce, par renvoi de l'article 84 du même Acte uniforme. La solution demeure valide, dès lors qu'en l'espèce, le délai d'appel était dépassé et que la cour d'appel n'avait pas à admettre l'appel.

4o Suspension du délai pour force majeure

Les troubles sociopolitiques survenus en Côte d'Ivoire le 19 septembre 2003 constituent un cas de force majeure qui, en tant que tel, interrompt les délais de procédure (CA Abidjan, no 1076, 11-10-2002 : Sté LOTENY TELECOM c/ Sté CI-TELCOM, Ohadata J-03-301 ; voir obs. J. Issa-Sayegh).

C. Effet suspensif de l'appel en l'absence de motivation spéciale

Il est constant qu'une exécution forcée entamée ne peut être suspendue. C'est donc en violation de l'article 32 de l'AUPSRVE qu'une cour d'appel a confirmé l'ordonnance ayant suspendu des saisies déjà pratiquées avant qu'elle n'ait été rendue, au moment où les tiers saisis étaient assignés au paiement des causes de la saisie, exposant ainsi son arrêt à la cassation. Sur l'évocation, l'ordonnance du premier président de la Cour suprême a été rendue en violation de l'article 32 précité ; enfin l'ordonnance querellée ayant été frappée d'appel, son exécution était suspendue en l'absence de motivation spéciale conformément à l'article 172 de l'AUPSRVE. Il convient donc d'infirmer l'ordonnance entreprise et dire qu'il n'y a pas lieu à remettre les fonds à la disposition de la débitrice (CCJA, ass. plén., n° 060bis, 29-4-2015 : Salématou KOUROUMA c/ 1) Cie Shell de Guinée, 2) Banque Internationale pour le Commerce et l'Industrie en Guinée dite BICIGUI, 3) Union Internationale des Banques en Guinée dite UIBG, Ohadata J-16-63).

III. Recevabilité de l'opposition, prévue par le droit interne, contre l'arrêt rendu en appel

Par les dispositions de l'article 172 alinéa 1 de l'AUPSRVE, le législateur OHADA a entendu fixer les modalités spécifiques de l'appel exercé contre toute décision rendue en matière de saisie-attribution de créances. Cependant, l'action portée devant la cour d'appel contre un arrêt rendu par défaut par celle-ci contre l'intimée ne relève pas de l'AUPSRVE, mais plutôt de la loi nationale. Il s'ensuit que le moyen unique visant la violation des articles 10 du Traité OHADA, 49, 172, 336 et 337 de l'AUPSRVE, en ce que la cour d'appel a déclaré recevable l'opposition formée contre l'arrêt qui a statué sur la décision ayant tranché une contestation, sera rejeté comme infondé (CCJA, 1e ch., n° 117/2020, 9-4-2020 : K. c/ Sesomo Services SARL).

IV. Validité de la saisie-attribution reconnue par une décision ayant acquis autorité de la chose jugée

Lorsque les contestations relatives à une saisie-attribution ont été tranchées par une cour d'appel qui a maintenu la saisie-attribution, sans qu'aucun recours n'ait été formé contre la décision de la cour d'appel, aucune nouvelle contestation ne peut être admise sans violer le principe de l'autorité de la chose jugée et sans violer l'article 154 de l'AUPSRVE (CCJA, n° 35, 2-6-2005 : K. Marie c/ 1e / Sté HYJAZI SAMIH et HASSAN dite INDUSCHIMIE ; 2e / SGBCI, Rec. jur. CCJA, n° 5, janv.-juin 2005, volume II, p. 52 ; Juris-Ohada, n° 4/2005, juill.-sept. 2005, p. 8 ; Ohadata J-06-14).

V. Exécution provisoire

A. Possibilité non réservée au seul créancier

L'article 172 de l'AUPSRVE n'indique pas que l'exécution provisoire doit être prononcée en faveur du seul créancier (CCJA, 3e ch., n° 048/2021, 8-4-2021 : K., liquidateur de la succession feu K. c/ Ecobank RDC SA).

B. Conditions

Le juge qui a retenu l'urgence au regard de l'éloignement dans le temps de la naissance du litige pour ordonner l'exécution provisoire a suffisamment et spécialement motivé sa décision au regard de l'article 172 de l'AUPSRVE et de ce fait donné une base légale à sa décision, qui doit être confirmée sur ce point (CA Lomé (Togo), ch. Com., n° 036/19, 27-3-2019).

VI. Renonciation à se pourvoir en cassation non déduite de la réitération d'une saisie

En matière civile, sauf cas expressément prévu par la législation, un arrêt rendu par une cour d'appel est exécutoire de droit, le pourvoi n'ayant pas un effet suspensif ; ainsi, l'on ne saurait déduire du fait que le saisissant a fait pratiquer une nouvelle saisie-attribution de créances le 10 mai 2022, après l'arrêt ayant ordonné la mainlevée d'une précédente saisie, sa volonté de renoncer à se pourvoir en cassation contre ledit arrêt ni considérer que le pourvoi est dépourvu d'objet du fait de la mainlevée ordonnée par la décision de la cour d'appel. Il y a donc lieu de déclarer le pourvoi recevable comme étant conforme aux dispositions de l'article 28 du règlement de procédure de la CCJA (CCJA, 3e ch., n° 094/2024, 28-3-2024).

Titre V

SAISIE ET CESSION DES RÉMUNÉRATIONS

Art. 173 Tout créancier muni d'un titre exécutoire constatant une créance liquide et exigible peut faire procéder à la saisie des rémunérations dues par un employeur à son débiteur.

JURISPRUDENCE OHADA

I. Défaut de titre exécutoire

L'ordonnance qui a autorisé une saisie de rémunérations doit être annulée dès lors que le créancier poursuivant ne justifie nullement être détenteur d'un titre exécutoire (CA Abidjan, 4e ch. civ., n° 506, 6-5-2005 : G.J c/ L.K, Juris-Ohada, n° 4/2006, p. 37, Ohadata J-07-33).

II. Décision n'ayant pas acquis l'autorité de la chose jugée

C'est à tort qu'une ordonnance a autorisé une saisie des rémunérations alors que le créancier ne disposait d'aucun titre exécutoire, les différentes décisions produites aux débats n'ayant pas acquis autorité de la chose jugée. Ladite ordonnance doit être infirmée (CA Abidjan ch. civ. et com., n° 446, 2-4-2004 : K. Jean à la CIE c/ A. M., Ohadata J-05-268).

Art. 174 [mod.] La saisie des sommes dues à titre de rémunération, quel qu'en soit le montant, à toutes les personnes salariées ou travaillant, à quelque titre ou en quelque lieu que ce soit, pour un ou plusieurs employeurs, ne peut être pratiquée qu'après une tentative de conciliation devant *le président de* la juridiction compétente du domicile du débiteur *ou le juge délégué par lui.*

JURISPRUDENCE OHADA

I. Qualification de la saisie

Saisie du solde d'un compte bancaire alimenté par des salaires. Il résulte des articles 174 et 175 de l'AUPSRVE que non seulement les salaires ne peuvent faire l'objet de saisie conservatoire, mais aussi dans le cas de la saisie rémunération, la tentative de conciliation préalable est obligatoire. La saisie conservatoire de créance réalisée sur un compte bancaire alimenté par les salaires du débiteur l'a été en violation des textes précités et sa mainlevée doit être ordonnée (TPI Yaoundé, ord. réf. n° 218, 16-12-1999 : dame T. née K. Alice c/ N. Joseph et BICEC, Ohadata J-02-17 ; obs. J. Issa-Sayegh).

Mais la saisie-attribution pratiquée sur un compte bancaire que le demandeur ne prouve pas être alimenté par son salaire, est une mesure d'exécution forcée complètement distincte de la saisie des rémunérations du travail et qui n'est soumise à aucune tentative de conciliation préalable. Doit donc être rejetée la demande du débiteur en annulation de la procédure de saisie attribution, alors qu'au surplus il ne prouve pas que son compte bancaire est alimenté par son salaire (TPI Yaoundé, ord. réf. n° 489/C, 23-3-2000 : N. G. c/ dame N. née K. B. Sylvie et BICEC, Ohadata J-02-16 ; obs. J. ISSA-SAYEGH. NB : une seconde date est indiquée pour cette ordonnance : 16-12-1999). Dans le même sens, et tenant pour une saisie-attribution de créances la saisie réalisée, lorsque le débiteur ne prouve pas que celle-ci a porté sur ses salaires (CA Littoral (Cameroun), n° 152/REF, 18-8-2008 : N. née M. Pauline c/ N. Thomas, Ohadata J-10-265).

II. Juridiction territorialement compétente

C'est à tort qu'une juridiction autre que celle du ressort territorial du domicile du débiteur poursuivi a rendu une ordonnance autorisant une saisie des rémunérations et sa décision doit être infirmée pour violation de l'article 174 de l'AUPSRVE. Il en est ainsi lorsque le débiteur est domicilié à Yamoussoukro qui dépend du ressort territorial de la section de tribunal de Toumodi et que c'est la juridiction présidentielle d'Abidjan qui a rendu l'ordonnance querellée (CA Abidjan, n° 905, 8-7-2003 : K. K. D. c/ Y. A. R., Ohadata J-03-332).

Mais l'exception d'incompétence du TPI d'Abidjan pour une saisie de rémunérations d'employé doit être rejetée dès lors que l'ordonnance querellée a été rendue par le président de ladite juridiction d'Abidjan compétent en la matière (CA Abidjan, ch. civ. et com., n° 722, 29-6-2004 : K. A. O. épse K. c/ K. K. F., Ohadata J-05-314).

III. Inexigibilité d'un titre exécutoire pour le recouvrement d'impôts

Les dispositions de l'article 174 de l'AUPSRVE ne sont pas applicables pour le recouvrement obligatoire d'une dette fiscale au profit de l'État, la retenue ayant été opérée au titre du crédit automobile consenti à une employée du Secrétariat permanent de l'OHADA et librement accepté par elle. L'exigibilité d'un titre exécutoire n'est pas fondée et aucun titre exécutoire n'est dû pour le recouvrement obligatoire d'une telle dette (CCJA, ass. plén., n° 032, 23-4-2015 : DJOUMESSAP MOTSEBO Jacqueline Clarisse c/ Secrétariat permanent de l'OHADA, Ohadata J-16-32).

Art. 175 Les rémunérations ne peuvent faire l'objet d'une saisie conservatoire.

JURISPRUDENCE OHADA

I. Rejet de la saisie conservatoire sur l'indemnité de départ à la retraite

Les indemnités de départ à la retraite ont un caractère urgent et ne peuvent faire l'objet d'une saisie conservatoire, selon l'article 175 de l'AUPSRVE. Le juge des référés est compétent pour ordonner la mainlevée de la saisie conservatoire pratiquée sur ces indemnités lorsque la contestation sur leur nature n'est pas sérieuse (TGI Bobo-Dioulasso, ord. réf. n° 49/99, 30-7-1999 : T. M. M. c/ CNEA, Ohadata J-02-49 ; obs. J. Issa-Sayegh).

II. Appréciation souveraine des preuves par le juge du fond

Le président d'une cour d'appel qui a souverainement constaté que les appelants n'ont pas rapporté la preuve de leurs allégations, d'autant qu'ils affirmaient qu'un compte au nom de la demanderesse avait été saisi, tout en produisant comme preuve, en photocopie, le relevé d'un autre compte ouvert dans la même banque, pour confirmer l'ordonnance ayant rejeté la demande de mainlevée de la saisie, n'a en rien violé l'article 175 de l'AUPSRVE (CCJA, 1e ch., n° 222/2019, 18-7-2019 : M. c/ N.).

Voir sous l'art. 174.

Art. 176 [mod.] Il est tenu au greffe de chaque juridiction un registre coté et paraphé par le président de la juridiction *ou le juge délégué par lui* sur lequel sont mentionnés tous les actes de nature quelconque, décisions et formalités auxquels donnent lieu les cessions et saisies sur les rémunérations du travail.

Art. 177 [mod.] Les rémunérations ne peuvent être cédées ou saisies que dans les proportions déterminées par chaque État partie.

L'assiette servant au calcul de la partie saisissable de la rémunération est constituée par le traitement ou salaire brut global avec tous les accessoires, déduction faite *des* :

- taxes et prélèvements légaux obligatoires retenus à la source ;
- indemnités représentatives de frais ;
- prestations, majorations et suppléments pour charge de famille ;
- indemnités déclarées insaisissables par les lois et règlements de chaque État partie.

Le total des sommes saisies ou volontairement cédées ne peut, en aucun cas, fût-ce pour dettes alimentaires, excéder un seuil fixé par chaque État partie.

Jurisprudence OHADA

I. Absence de dépassement du seuil autorisé

La demande d'annulation de la décision ayant ordonné les saisies sur rémunération doit être rejetée lorsque le débiteur ne démontre pas que la saisie réalisée a dépassé le seuil autorisé par la législation nationale applicable (CA Niamey (Niger), n° 104, 8-11-2006 : M. Y. c/ SNTN, Ohadata J-10-285).

Obs. : dans l'espèce, la quotité saisissable d'une rémunération au Niger était le tiers de la rémunération, ce que ne contestait pas le débiteur qui n'a pu démontrer que ce seuil avait été dépassé.

II. Spécificité des impôts

Les impôts ayant un caractère autoritaire et régalien, leur paiement ne peut être affecté par le coefficient prévu à l'article 177 de l'AUPSRVE déterminé à l'article 5.4.13.5 du règlement portant statut du personnel de l'OHADA, ces textes étant inapplicables en matière de fiscalité. Seule la retenue opérée par le Secrétariat permanent au titre du crédit automobile consenti à la requérante est susceptible d'être affectée par les textes susvisés ; ladite retenue n'atteignant pas le coefficient légal de 33 %, le moyen est mal fondé (CCJA, ass. plén., n° 032, 23-4-2015 : DJOUMESSAP MOTSEBO Jacqueline Clarisse c/ Secrétariat permanent de l'OHADA, Ohadata J-16-32).

III. Détermination de la quotité saisissable sur le fondement de la législation nationale

C'est à tort qu'il est reproché à un arrêt d'avoir manqué de base légale en confirmant la décision du premier juge sur le montant mensuel autorisé pour la saisie des rémunérations sans indiquer l'assiette du salaire qui a permis de fixer le montant et la quotité saisissables desdites rémunérations, conformément aux dispositions de l'article 177 de l'AUPSRVE, dès lors que l'arrêt s'est fondé sur une disposition nationale relative au régime de la quotité saisissable qui fixe le maximum à 33 % de l'assiette pour retenir, en réponse à la demande de réévaluation en considération du salaire du débiteur de 5 184 149 FCFA, que l'article 3 de ladite disposition nationale n'impose nullement à la juridiction d'accorder nécessairement ce maximum de 33 % et que le montant de un million accordé par le tribunal est raisonnable. En se déterminant ainsi, la cour d'appel, qui a fait usage de son pouvoir souverain en raison des circonstances de la cause de moduler le montant de la saisie dans la limite de la quotité saisissable du salaire du débiteur, a légalement justifié sa décision (CCJA, 2e ch., n° 009/2021, 28-1-2021 : T. c/ D.).

Art. 178 [mod.] Lorsqu'un débiteur perçoit de plusieurs payeurs les sommes saisissables ou cessibles dans les conditions prévues par le présent Titre, la fraction saisissable est calculée sur l'ensemble de ces sommes. Les retenues sont opérées selon les modalités déterminées par *le président de* la juridiction compétente *ou par le juge délégué par lui.*

Jurisprudence OHADA

Saisie régulière

La saisie des rémunérations réalisée en tenant compte de l'ensemble des revenus du débiteur et dans la limite de la fraction saisissable est régulière (CA Abidjan, n° 866, 5-7-2002 : A. K. P. c/ N. A. E., Ohadata J-03-289).

Chapitre I
LA SAISIE DES RÉMUNÉRATIONS

Section I • LA TENTATIVE DE CONCILIATION

Art. 179 [mod.] La demande tendant à la conciliation préalable est formée par requête adressée *au président de* la juridiction compétente par le créancier.

Cette requête contient :

1) les nom, prénoms et adresse du débiteur ;

2) les nom, prénoms et adresse de son employeur ou s'il s'agit d'une personne morale, ses dénomination, *forme* et siège social ;

3) le décompte distinct des sommes réclamées en principal, frais et intérêts échus ainsi que l'indication du taux des intérêts ;

4) l'existence éventuelle d'un privilège ;

5) les indications relatives aux modalités de versement des sommes saisies.

Une copie du titre exécutoire est jointe à la requête.

Art. 180 [mod.] Les lieu, jour et heure de la tentative de conciliation sont notifiés au créancier par lettre recommandée avec accusé de réception ou par tout autre moyen laissant trace écrite *et permettant d'établir la réception effective par celui-ci.*

Art. 181 [mod.] Le greffier convoque le débiteur, par lettre recommandée avec accusé de réception ou par tout autre moyen laissant trace écrite *et permettant d'établir la réception effective par celui-ci* au moins quinze jours avant l'audience.

La convocation :

1) mentionne les nom, prénoms et adresse du créancier ou, s'il s'agit d'une personne morale, sa dénomination et son siège social ainsi que les lieu, jour et heure de la conciliation ;

2) contient l'objet de la demande et l'état des sommes réclamées ;

3) indique au débiteur qu'il doit élever, lors de cette audience, toutes les contestations qu'il pourrait faire valoir et qu'une contestation tardive ne suspendrait pas le cours des opérations de saisie ;

4) indique également les conditions de sa représentation à cette audience.

Si, sans motif légitime, le créancier ne comparaît pas, le débiteur peut requérir une décision sur le fond qui sera contradictoire, sauf la faculté du juge de renvoyer l'affaire à une audience ultérieure.

Le juge peut, même d'office, radier l'affaire du rôle. Le créancier peut demander le rétablissement de celle-ci, s'il fait connaître au greffe dans un délai de quinze jours le motif légitime qu'il n'aurait pas été en mesure d'invoquer en temps utile. Dans ce cas, les parties sont convoquées à une audience ultérieure.

Si le débiteur ne comparaît pas, *le président de* la juridiction compétente *ou le juge délégué par lui ordonne la saisie, à moins qu'il n'estime nécessaire* une nouvelle convocation.

Cette décision, qui n'est pas susceptible d'opposition, peut être attaquée par la voie de l'appel *dans un délai de quinze jours. Ce délai court du jour du prononcé de la décision ou, s'il n'y a pas eu de retour de l'avis, du jour de sa signification.*

Art. 182 [mod.] Le président de la juridiction compétente *ou le juge délégué par lui* assisté du greffier, dresse procès-verbal de la comparution des parties, qu'elle soit ou non suivie de conciliation.

En cas de conciliation, il mentionne au procès-verbal les conditions de l'arrangement qui met fin à la procédure.

À défaut de conciliation, il est procédé à la saisie après que le président *de la juridiction compétente ou le juge délégué par lui* a vérifié le montant de la créance en principal, intérêts et frais et, s'il y a lieu, tranché les contestations soulevées par le débiteur.

Section II • LES OPERATIONS DE SAISIE

Art. 183 [mod.] Dans les huit jours de l'audience de non-conciliation ou dans les huit jours suivant l'expiration des délais de recours si une décision a été rendue, le greffier notifie l'acte de saisie à l'employeur, par lettre recommandée avec accusé de réception ou tout moyen laissant trace écrite *et permettant d'établir la réception effective par celui-ci*.

Art. 184 [mod.] L'acte de saisie contient, *à peine de nullité* :

1) les noms, prénoms et domiciles du débiteur et du créancier ou, s'il s'agit de personnes morales, leur dénomination, *forme* et siège social ;

2) le décompte distinct des sommes pour lesquelles la saisie est pratiquée, en principal, frais et intérêts échus ainsi que l'indication du taux des intérêts ;

3) le mode de calcul de la fraction saisissable et les modalités de son règlement ;

4) l'injonction de déclarer au greffe, dans les quinze jours, la situation de droit existant entre lui-même et le débiteur saisi et les éventuelles cessions ou saisies en cours d'exécution ainsi que toute information permettant la retenue lorsque la saisie est pratiquée sur un traitement ou salaire payé sur les fonds publics ;

5) la reproduction des articles 185 à 189 *du présent Acte uniforme*.

Art. 185 [mod.] L'employeur qui, sans motif légitime, n'a pas effectué la déclaration prévue à l'article 184 4*) du présent Acte uniforme* ci-dessus ou qui a effectué une déclaration mensongère peut être déclaré, par la juridiction compétente, débiteur des retenues à opérer et condamné aux frais par lui occasionnés sans préjudice d'une condamnation à des dommages-intérêts.

JURISPRUDENCE OHADA

I. Carence de l'employeur

Un employeur auquel un acte de saisie de rémunérations avec injonction de déclarer la relation de droit existant entre lui et le débiteur a été notifié et qui ne prouve, ni n'offre de prouver avoir fait cette déclaration doit être condamné au paiement des sommes dues par son employé débiteur. D'autre part, le créancier qui n'a démontré ni offert de démontrer l'existence d'un préjudice qu'il a souffert ne peut prétendre à l'allocation de dommages-intérêts qui ne sont pas dus de plein droit (TRHC Dakar 2-1-2002 : D. V. c/ Radio Nostalgie, Ohadata J-04-482, obs. Ndiaw Diouf ; TRHC Dakar, n° 378, 26-2-2002 : Laboratoire médical Croix de Berthel c/ Sté Sofravin SA, Ohadata J-02-202).

II. Absence de motif légitime

La réponse donnée par l'intermédiaire du comptable de l'employeur, qui a déclaré, que « pour le moment, l'affaire est entre les mains de l'avocat. Par conséquent, il n'y a pas encore eu de retenue sur salaire » ne satisfait pas à l'exigence de l'article 184, al. 4 de l'AUPSRVE ni ne constitue un motif légitime au sens de l'article 185 (TRHC Dakar, n° 378, 26-2-2002 : Laboratoire médical Croix de Berthel c/ Sté Sofravin SA, Ohadata J-02-202).

Art. 186 L'employeur est tenu d'informer le greffe et le saisissant, dans les huit jours, de toute modification de ses relations juridiques avec le saisi, de nature à influer sur la procédure en cours.

Section III • *LES* EFFETS DE LA SAISIE

Art. 187 La notification de l'acte de saisie frappe d'indisponibilité la quotité saisissable du salaire.

Art. 188 [mod.] L'employeur adresse tous les mois au greffe ou à l'organisme spécialement désigné à cet effet par chaque État partie le montant des sommes retenues sur la rémunération du saisi, sans excéder la portion saisissable.

Le paiement est effectué contre quittance entre les mains du créancier saisissant ou de son mandataire justifiant d'un pouvoir spécial qui en informe immédiatement son mandant.

Il est valablement libéré sur la quittance du greffier, par l'avis de réception du mandat délivré par l'administration des postes, *l'ordre de virement, la remise d'un chèque ou la présentation de tout autre moyen de paiement sécurisé.*

Le tiers saisi joint à chaque versement une note indiquant les noms des parties, le montant de la somme versée, la date et les références éventuelles de l'acte de saisie qui lui a été notifié.

Art. 189 [mod.] Si l'employeur omet d'effectuer les versements, la juridiction compétente rend à son encontre une décision le déclarant personnellement débiteur. La décision est notifiée par le greffier ou par le créancier par lettre recommandée avec avis de réception ou par tout autre moyen laissant trace écrite, *et permettant d'établir la réception effective par le destinataire* dans les trois jours de sa date. Avis en est donné au débiteur et, le cas échéant, au créancier.

Le tiers saisi dispose d'un délai de quinze jours à compter de la notification de la décision pour former opposition au moyen d'une déclaration au greffe.

La décision non frappée d'opposition dans le délai de quinzaine devient définitive. Elle est exécutée à la requête de la partie la plus diligente sur une expédition délivrée par le greffier et revêtue de la formule exécutoire.

La décision rendue sur opposition est susceptible d'appel dans un délai de quinze jours à compter de son prononcé.

L'appel est jugé dans un délai d'un mois à compter de la première audience.

JURISPRUDENCE OHADA

Condamnation de l'employeur pour défaut de retenue

L'employeur qui n'effectue pas de prélèvement pour ensuite adresser au greffe les sommes retenues alors qu'il a reçu notification de la saisie doit être déclaré personnellement débiteur des sommes dues (CA Dakar, 1e civ. et com., nº 124, 16-2-2001 : Royal Air Maroc c/ M. T., Ohadata J-03-267, obs. Ndiaw Diouf ; TRHC Dakar, nº 378, 26-2-2002 : Laboratoire médical Croix de Berthel c/ Sté Sofravin SA, Ohadata J-02-202).

Section IV • *L'INTERVENTION DANS UNE PROCÉDURE* DE SAISIE

Art. 190 [mod.] Tout créancier muni d'un titre exécutoire peut, sans tentative de conciliation préalable, intervenir à une procédure de saisie des rémunérations en cours, afin de participer à la répartition des sommes saisies.

Cette intervention est formée par requête remise ou adressée *au président de* la juridiction compétente contre récépissé.

La requête contient les énonciations requises par l'article 179 *du présent Acte uniforme.*

Art. 191 [mod.] Le créancier intervenant notifie cette intervention par lettre recommandée avec avis de réception ou par tout autre moyen laissant trace écrite *et permettant d'établir la réception effective par le destinataire*, au débiteur ainsi qu'aux créanciers qui sont déjà dans la procédure.

Art. 192 L'intervention peut être contestée par déclaration au greffe de la juridiction compétente à tout moment de la procédure de saisie. En ce cas, la contestation est jointe à la procédure en cours.

Le débiteur peut encore, la saisie terminée, agir en répétition de l'indu contre l'intervenant qui aurait été indûment payé.

Art. 193 Un créancier partie à la procédure peut, par voie d'intervention, réclamer les intérêts échus et les frais et dépens liquidés ou vérifiés depuis la saisie.

Section V • LA REMISE DES FONDS SAISIS ET LEUR RÉPARTITION

Art. 194 [mod.] Tout mouvement de fonds doit être mentionné au registre prévu à l'article 176 *du présent Acte uniforme*.

Art. 195 [mod.] Lorsqu'il n'existe qu'un seul créancier saisissant, le greffier verse à celui-ci ou à son mandataire muni d'un pouvoir spécial, le montant de la retenue effectuée dès qu'il l'a reçue de l'employeur. Emargement doit être donné sur le registre prévu à l'article 176 *du présent Acte uniforme*.

Art. 196 En cas de pluralité de saisies, les créanciers viennent en concours sous réserve des causes légitimes de préférence.

Art. 197 [mod.] S'il existe plusieurs créanciers saisissants, les versements effectués par le tiers saisi sont obligatoirement portés dans un compte ouvert par le greffier dans un établissement bancaire ou postal ou au Trésor Public.

Les greffiers opèrent les retraits pour les besoins des répartitions en justifiant de l'autorisation du président de la juridiction compétente *ou du juge délégué par lui*.

JURISPRUDENCE OHADA

Qualité pour agir en contestation d'une saisie

Une personne dont la responsabilité civile est recherchée devant le juge du fond pour être condamnée au paiement de dommages-intérêts apparaît comme un éventuel débiteur d'une somme d'argent non encore déterminée. S'il est vrai que l'assignation de cette même personne devant le juge de l'exécution repose sur sa qualité de tiers saisi, il n'en demeure pas moins que sa condamnation aux causes d'une saisie conservatoire lui confère la qualité de débiteur de la somme réclamée, et ce, avant la décision du juge du fond. Dès lors qu'elle a acquis cette qualité de débiteur, elle est en droit de contester la validité de la saisie et en raison de l'existence de la procédure parallèle tendant à obtenir sa condamnation pour responsabilité civile, ladite demande en condamnation aux causes de la saisie s'apparente à une difficulté d'exécution qui lui ouvre parfaitement la qualité pour agir en contestation de la saisie conservatoire pratiquée (CA Abidjan (Côte d'Ivoire), 1e ch. civ. et com., n° 400, 31-12-2010 : CARENA c/ 1. D., 2. B., Juris-Ohada, n° 3/2011, juill.-sept. 2011, p. 27, Ohadata J-12-159).

Art. 198 [mod.] Le président de la juridiction compétente *ou le juge délégué par lui* procède à la répartition des sommes encaissées chaque trimestre dans la première semaine des mois de février, mai, août et novembre. Il dresse un procès-verbal indiquant le montant des frais à prélever, le montant des créances privilégiées, s'il en existe, et le montant des sommes attribuées aux autres créanciers.

Le greffier notifie l'état de répartition à chaque créancier et lui verse le montant lui revenant.

Les sommes ainsi versées aux créanciers sont quittancées sur le registre prévu à l'article 176 *du présent Acte uniforme*.

Art. 199 Si une intervention a été contestée, les sommes revenant au créancier intervenant sont consignées. Elles lui sont remises si la contestation est rejetée. Dans le cas contraire, ces sommes sont distribuées aux créanciers ou restituées au débiteur selon le cas.

Art. 200 L'état de répartition peut être contesté dans le délai de quinze jours de sa notification par opposition formée au greffe.

Art. 201 [mod.] La mainlevée de la saisie résulte, soit d'un accord du ou des créanciers, soit de la constatation, par le président de la juridiction compétente *ou le juge délégué par lui*, de l'extinction de la dette.

Elle est notifiée à l'employeur dans les huit jours.

Section VI • LES DISPOSITIONS DIVERSES

Art. 202 Si le créancier transfère son domicile ou le lieu où il demeure, il en informe le greffe à moins qu'il n'ait comparu par mandataire.

Art. 203 Lorsque, sans changer d'employeur, le débiteur transfère son domicile ou le lieu où il demeure hors du ressort de la juridiction saisie de la procédure, celle-ci est poursuivie devant cette juridiction. Les dossiers des saisies susceptibles d'être ensuite pratiquées contre le débiteur lui sont transmis. Le greffe avise les créanciers.

Art. 204 [mod.] En cas de changement d'employeur, la saisie peut être poursuivie entre les mains du nouvel employeur, sans conciliation préalable, à la condition que la demande en soit faite dans l'année qui suit l'avis donné par l'ancien employeur conformément à l'article 186 *du présent Acte uniforme*. À défaut, la saisie prend fin.

Si, en outre, le débiteur a transféré son domicile ou le lieu où il demeure dans le ressort d'une juridiction autre que celle qui est saisie, le créancier est également dispensé de conciliation préalable à la condition que la demande soit faite au greffe de cette juridiction dans le délai prévu à l'alinéa *1er du présent article*.

Chapitre II
LA CESSION DES RÉMUNÉRATIONS

Art. 205 La cession des traitements et salaires ne peut être consentie, quel qu'en soit le montant, que par déclaration du cédant en personne, au greffe de la juridiction de son domicile ou du lieu où il demeure.

La déclaration doit indiquer le montant et la cause de la dette pour le paiement de laquelle la cession est consentie ainsi que le montant de la retenue devant être opérée à chaque paiement de la rémunération.

Art. 206 [mod.] Après que la juridiction compétente a vérifié que la cession reste dans les limites de la quotité saisissable, compte tenu éventuellement des retenues déjà effectuées sur le salaire du cédant, le greffier mentionne la déclaration sur le registre prévu par l'article 176 *du présent Acte uniforme* et la notifie à l'employeur en indiquant :

– le montant mensuel du salaire du cédant,

– le montant de la quotité cessible ainsi que le montant des retenues effectuées pour chaque salaire au titre de la cession consentie.

La déclaration est remise ou notifiée au cessionnaire.

Art. 207 [mod.] L'employeur verse directement au cessionnaire le montant des retenues sur production d'une copie de la déclaration de cession. En cas de refus, l'employeur peut être contraint au payement des sommes régulièrement cédées dans les conditions prévues par l'article 189 *du présent Acte uniforme*.

Art. 208 En cas de survenance d'une saisie, le cessionnaire est, de droit, réputé saisissant pour les sommes qui lui restent dues, et entre en concours avec les autres créanciers saisissants.

Art. 209 Dans le cas de survenance d'une saisie, le greffier notifie l'acte de saisie au cessionnaire, l'informe qu'il viendra en concours avec le saisissant pour la répartition des sommes saisies et l'invite à produire un relevé de ce qui reste dû.

Le greffier informe également l'employeur que les versements devront désormais être effectués au greffe.

Art. 210 Si la saisie prend fin avant la cession, le cessionnaire retrouve les droits qu'il tenait de l'acte de cession.

Le greffier avise l'employeur et l'informe que les sommes cédées doivent à nouveau être versées directement au cessionnaire. Il en avise également ce dernier.

Art. 211 [mod.] S'il existe de fortes présomptions que la cession a été faite en fraude de ses droits, tout saisissant, exerçant l'action en annulation, peut obtenir de la juridiction statuant *à bref délai* la consignation des retenues entre les mains du greffier jusqu'à la décision définitive sur le fond.

Art. 212 [mod.] Le greffier, d'office ou sur la réquisition de la partie la plus diligente, procède à la radiation de la mention sur le registre prévu par l'article 176 *du présent Acte uniforme* et en avise immédiatement le débiteur cédé et l'employeur par lettre recommandée avec avis de réception ou par tout autre moyen laissant trace écrite *et permettant d'établir la réception effective par le destinataire* en cas :

– d'annulation judiciaire de la cession ;

– de résiliation amiable de la cession par déclaration du cessionnaire souscrite dans les formes de l'article 205 *du présent Acte uniforme* ;

– de paiement de la dernière échéance prévue pour parfaire l'exécution de la cession.

Chapitre III

LA PROCÉDURE SIMPLIFIÉE POUR LES CRÉANCES D'ALIMENTS

Art. 213 Pour le dernier arrérage échu et les arrérages à échoir, les créanciers d'aliments peuvent, en vertu d'un titre exécutoire, pratiquer une saisie simplifiée sur la partie saisissable des salaires, rémunérations, traitements et pensions payés au débiteur d'aliments sur des fonds publics ou particuliers.

Leur créance est préférée à toutes autres quel que soit le privilège dont ces dernières peuvent être assorties.

Jurisprudence OHADA

I. Assiette de la saisie : arrérages échus et à échoir

La saisie simplifiée des créances d'aliments ne peut porter que sur le dernier arrérage échu et les arrérages à échoir. La cour d'appel qui, statuant en matière de contentieux de l'exécution, a refusé d'infirmer l'ordonnance entreprise ayant fait remonter les effets de la saisie des salaires sur plusieurs arrérages antérieurs, estimant « Qu'en ordonnant le paiement de la cause de la saisie à compter de février 2008, alors que la créancière lui avait demandé de le faire à compter de juillet de la même année, le premier juge a violé le principe de l'interdiction de statuer *ultra petita* ; qu'en conséquence la voie de recours ouverte est la requête civile et non l'appel », a violé les dispositions de l'article 10 du Traité OHADA qui consacre la prééminence du droit OHADA sur le droit interne et celles de l'article 49 de l'AUPSRVE qui règlent les modalités de l'appel des décisions rendues par le juge du contentieux de l'exécution, lesquelles priment sur les dispositions du droit interne et se suffisent à elles mêmes. En refusant de tirer les conséquences de la violation de l'article 213 dudit Acte uniforme, qu'elle a pourtant constatée, elle a exposé son arrêt à la cassation. Sur l'évocation, il y a lieu de dire qu'en faisant remonter les effets de la saisie des salaires à plusieurs arrérages antérieurs, le juge du contentieux de l'exécution a violé les dispositions de l'article 213 de l'Acte uniforme précité ; sa décision doit être partiellement infirmée sur ce point précis et la condamnation ramenée au paiement des causes de la saisie à compter du dernier arrérage échu à partir de la date de la saisie (CCJA, 3e ch., no 023, 9-4-2015 : Sté ALPICAM INDUSTRIES SARL c/ MOGUEM Justine, Ohadata J-16-23).

II. Inapplication de la règle en matière d'entretien et d'éducation des enfants

C'est à juste titre qu'un arrêt a retenu que la règle selon laquelle les aliments ne s'arréragent pas ne s'applique pas en matière d'obligation d'entretien et d'éducation des enfants dès lors que la somme réclamée résulte d'un titre exécutoire et n'est pas sérieusement contestée, pour autoriser la saisie des rémunérations à concurrence d'une certaine somme correspondant aux pensions alimentaires impayées de juillet 2017 à juin 2019 ; qu'en statuant ainsi, l'arrêt n'encourt pas le grief allégué (CCJA, 2e ch., no 009/2021, 28-1-2021 : T. c/ D.).

III. Absence de nullité pour défaut de dénonciation

La dénonciation de la saisie au débiteur, qui n'est pas prévue par les articles 213 et suivants de l'AUPSRVE, n'est pas de droit et l'absence de dénonciation n'est pas une cause de nullité de la saisie (CA Abidjan, ch. civ. et com., no 796, 13-7-2004 : A., Epse A. A. M. c/ M. A. K. M. et SGBCI, Ohadata J-05-324).

IV. Mainlevée partielle

Lorsque le commandement préalable à une procédure de saisie-attribution de créance d'aliment comporte un montant inexact au regard du titre exécutoire, cette irrégularité donne lieu à une mainlevée partielle de la saisie pratiquée, sauf pour la somme représentant la pension alimentaire échue (TPI Nkongsamba (Cameroun), ord. no 03/CE, 28-2-2007 : Me N. Boniface c/ 1e N. Née N. A., 2e Me P. J., 3e Trésorerie Générale de Nkongsamba, Ohadata J-09-244).

V. Réformation

Le recouvrement d'une pension alimentaire est régi par l'article 213 de l'AUPSRVE et non les articles 183 et 186 du même Acte uniforme. Ce recouvrement ne peut concerner que le dernier arrérage échu et les arrérages à échoir, ce à compter de la signification de la décision de condamnation. L'ordonnance ayant condamné le débiteur à des arriérés doit être réformée (CA Abidjan (Côte d'Ivoire), 5e ch. civ. et com., no 682, 28-6-2005 : M. Y. c/ A., Juris-Ohada, no 2/2007, p. 36, Ohadata J-08-80).

Art. 214 [mod.] La demande est notifiée au tiers par lettre recommandée avec accusé de réception ou tout moyen laissant trace écrite *et permettant d'établir la réception effective par celui-ci,* adressée par l'huissier *de justice* ou *l'autorité chargée de l'*exécution qui avise le débiteur par simple lettre.

Le tiers doit, dans les huit jours, accuser réception de cette demande et indiquer s'il est ou non en mesure d'y donner suite. Il doit également informer le débiteur de la cessation ou de la suspension de la rémunération.

Art. 215 Le tiers saisi verse directement au saisissant, contre quittance, le montant de sa créance alimentaire.

Art. 216 Les contestations relatives à cette procédure ne sont pas suspensives d'exécution.

Elles sont formées par déclaration écrite ou verbale au greffe de la juridiction du domicile du débiteur de la pension.

Jurisprudence OHADA

Validité des saisies antérieures à la défense à exécution provisoire

En présence d'une décision à exécution successive, les saisies-attributions réalisées avant la signification d'une ordonnance de défense à exécution provisoire restent valables (CA Abidjan, ch. civ. et com., n° 796, 13-7-2004 : A., Epse A. A. Marceline c/ M. A. K. Magloire et SGBCI, Ohadata J-05-324).

Art. 217 [mod.] Si une nouvelle décision change le montant de la pension alimentaire, la supprime ou modifie les modalités d'exécution de l'obligation, la demande de paiement direct se trouve, de plein droit, modifiée en conséquence à compter de la notification de la décision modificative qui est faite au tiers dans les conditions prévues par l'article 214 *du présent Acte uniforme*.

Jurisprudence OHADA

Suspension justifiée du paiement

C'est à juste titre qu'un tiers saisi a suspendu le paiement d'une pension alimentaire à la créancière, dès lors que l'ordonnance supprimant ladite pension est passée en force de chose jugée, la créancière n'ayant interjeté appel, ni formé une demande aux fins de défense à exécution contre ladite ordonnance dans le délai imparti par l'article 49 de l'AUPSRVE. Et l'ordonnance du premier juge déboutant la créancière doit être confirmée (CA Centre (Cameroun), n° 42/CIV, 21-1-2010 : N. C. C. c/ Sté CAMTEL, Ohadata J-12-05).

• Titre VI •

LA SAISIE-APPRÉHENSION ET *LA* SAISIE-REVENDICATION DES BIENS MEUBLES CORPORELS

Art. 218 Les biens meubles corporels qui doivent être délivrés ou restitués ne peuvent être appréhendés qu'en vertu d'un titre exécutoire constitué, le cas échéant, d'une injonction de la juridiction compétente devenue exécutoire.

Ces mêmes biens peuvent aussi être rendus indisponibles, avant toute appréhension, au moyen d'une saisie-revendication.

JURISPRUDENCE OHADA

I. Enlèvement sans titre exécutoire

Le saisissant qui n'a pas justifié d'un titre exécutoire avant d'enlever des biens meubles (des véhicules, en l'espèce) ni engagé une procédure de saisie-revendication afin de se les faire remettre a commis a commis une voie de fait qu'il importe de faire cesser en ordonnant la restitution (CA Daloa, n° 168, 2-7-2003 : A...c/ CHEMI-IVOIRE et ECOOPAM, Juris-Ohada, n° 4/2004, oct.-déc. 2004, p. 48, Ohadata J-05-177).

II. Enlèvement avec titre exécutoire

Un commandement de restituer servi sur la base d'une ordonnance de distraction d'objets saisis est valable et doit produire ses pleins effets, dès lors qu'il a fait suite à une saisie irrégulière (CA Abidjan, ch. civ. et com., n° 259, 13-2-2004 : Mlle N. Berthe Eliane c/ Sté TECRAM TRANSIT, Me N. N. P., Me A. A. M., Sté CHALLANGER INTERNATIONAL, Ohadata J-05-321).

• Chapitre I •

LA SAISIE-APPRÉHENSION

Section I • *L'*APPRÉHENSION ENTRE LES MAINS DE LA PERSONNE TENUE DE LA REMISE EN VERTU D'UN TITRE EXÉCUTOIRE

Art. 219 [mod.] Un commandement de délivrer ou de restituer est signifié à la personne tenue de la remise. Ce commandement contient à peine de nullité :

1) la mention du titre exécutoire en vertu duquel la remise est exigée ainsi que les noms, prénoms et adresses du créancier et du débiteur de la remise de la chose et, s'il s'agit d'une personne morale, ses dénomination, *forme* et siège social ;

2) l'indication que la personne tenue de la remise peut, dans un délai de huit jours, transporter à ses frais le bien désigné en un lieu et dans les conditions indiquées ;

3) l'avertissement qu'à défaut de remise dans ce délai, le bien pourra être appréhendé à ses frais ;

4) l'indication que les contestations pourront être portées devant la juridiction du domicile ou du lieu où demeure le destinataire de l'acte ;

5) élection de domicile dans le ressort territorial juridictionnel où s'effectue la saisie si le créancier n'y demeure pas ; il peut être fait, à ce domicile élu, toute signification ou offre.

JURISPRUDENCE OHADA

Rejet d'un moyen vague et imprécis

La requérante à un pourvoi devant la CCJA qui se borne à déplorer l'absence dans le commandement qui lui a été signifié, de la « quasi-totalité » des mentions prescrites à peine de nullité par l'article 219 de l'AUPSRVE, sans spécifier ni caractériser aucune desdites mentions, alors même qu'elle en avait le devoir, ne peut être accueilli à ce titre car son moyen est vague et imprécis (CCJA, 2e ch., no 011, 27-3-2008 : Sté TECRAM TRANSIT c/ M, Juris-Ohada, no 3, juill.-sept. 2008, p. 23, Rec. jur. CCJA, no 11, janv.-juin 2008, p. 43, Ohadata J-09-42).

JURISPRUDENCE COMPARÉE

France

A. Meubles susceptibles de saisie-appréhension

La saisie-appréhension est applicable à tous les meubles corporels, notamment :

– aux aéronefs (CA Versailles 4-5-1994 : D. 1994.IR.149 ; TGI Bobigny 5-2-1993 : GP.1993.116 note Renoux).

– aux véhicules acquis à crédit et gagés ; le créancier-gagiste peut appréhender le véhicule gagé d'un emprunteur défaillant même lorsque le gage n'a pas été inscrit car cette inscription ne conditionne pas l'existence du gage mais seulement son opposabilité aux tiers (Cass. 1re civ. 10-7-1996).

B. Défaut de mention du titre exécutoire

Le défaut de mention de l'ordonnance exécutoire du juge de l'exécution dans les avis de passage de l'huissier informant le débiteur de la saisie-appréhension de son véhicule terrestre à moteur est sans incidence sur la validité de cette procédure car cette mention n'est pas prescrite à peine de nullité (CA Lyon, 6e ch., 20-12-1995 : Bull. inf. C. cass. 1996 no 428).

Art. 220 [mod.] Le bien peut aussi être appréhendé immédiatement, sans commandement préalable et sur la seule présentation du titre exécutoire, si la personne tenue de la remise est présente et si, sur la question qui doit lui être posée par l'huissier *de justice* ou *l'autorité chargée de l'*exécution, elle ne s'offre pas à en effectuer le transport à ses frais.

Dans ce cas, l'acte prévu à l'article 219 *du présent Acte uniforme* contient l'indication que les contestations pourront être portées devant la juridiction du domicile ou du lieu où demeure celui auquel le bien est retiré.

Art. 221 Il est dressé acte de la remise volontaire ou de l'appréhension du bien. Cet acte contient un état détaillé du bien. Le cas échéant, celui-ci peut être photographié ; la photographie est annexée à l'acte.

Art. 222 [mod.] Si le bien a été appréhendé pour être remis à son propriétaire, une copie de l'acte prévu par l'article 221 *du présent Acte uniforme* est remise ou notifiée par lettre recommandée avec demande d'accusé de réception ou par tout autre moyen laissant trace écrite *et permettant d'établir la réception effective par le destinataire* à la personne tenue, en vertu du titre exécutoire, de délivrer ou de restituer le bien.

JURISPRUDENCE COMPARÉE

France

Modalités de la restitution

La restitution au bénéficiaire peut s'entendre soit de la mise à disposition du bénéficiaire qui doit alors venir en prendre possession au domicile du débiteur, soit du transport pas le débiteur du bien à restituer au domicile du bénéficiaire ; dès lors que les juges imposent au débiteur un délai d'un mois pour restituer des objets, et l'assortissent d'une astreinte en cas de non-respect de cette obligation, ils expriment de manière non équivoque leur volonté d'imposer un acte positif d'enlèvement et de transport au domicile du bénéficiaire (CA Montpellier 27-3-2012 no 11/06861 : GP 2012.som. 19 déc.).

Art. 223 [mod.] Dans le cas particulier où le bien a été appréhendé pour être remis à un créancier gagiste, l'acte de remise ou d'appréhension vaut saisie sous la garde du créancier et il est procédé à la vente selon les modalités applicables à la saisie-vente.

Un acte est remis ou signifié au débiteur qui contient, à peine de nullité :

1) une copie de l'acte de remise ou d'appréhension, selon le cas ;

2) l'indication du lieu où le bien est déposé ;

3) le décompte distinct des sommes réclamées en principal, frais et intérêts échus ainsi que l'indication du taux des intérêts ;

4) l'indication, en caractères très apparents, que le débiteur dispose d'un délai d'un mois pour procéder à la vente amiable du bien saisi, conformément aux dispositions des articles 115 à 119 *du présent Acte uniforme* et la date à partir de laquelle, à défaut de vente amiable dans ce délai, il pourra être procédé à la vente forcée aux enchères publiques ;

5) la reproduction des articles 115 à 119 *du présent Acte uniforme*.

Section II • *L'*APPRÉHENSION ENTRE LES MAINS D'UN TIERS EN VERTU D'UN TITRE EXÉCUTOIRE

Art. 224 [mod.] Lorsque le bien est détenu par un tiers, une sommation de remettre ce bien lui est directement signifiée. Elle est immédiatement dénoncée, par lettre recommandée avec demande d'accusé de réception ou par tout autre moyen laissant trace écrite *et permettant d'établir la réception effective*, à la personne tenue de le délivrer ou de le restituer.

Cette sommation contient, à peine de nullité :

1) une copie du titre exécutoire en vertu duquel la remise est exigée et, s'il s'agit d'une décision judiciaire, du dispositif de celui-ci, ainsi que les noms, prénoms et adresses du créancier de la remise et du tiers détenteur de la chose et s'il s'agit d'une personne morale, ses dénomination, *forme* et siège social ;

2) une injonction d'avoir, dans un délai de huit jours, soit à remettre le bien désigné, soit à communiquer à l'huissier de justice ou *l'autorité chargée de l'*exécution, sous peine de dommages-intérêts, le cas échéant, les raisons pour lesquelles il s'oppose à la remise ;

3) l'indication que les difficultés seront portées devant la juridiction du domicile ou du lieu où demeure le destinataire de l'acte.

4) élection de domicile dans le ressort territorial juridictionnel où s'effectue la saisie si le créancier n'y demeure pas ; il peut être fait à ce domicile, toute signification ou offre.

JURISPRUDENCE OHADA

I. Pouvoir souverain d'appréciation

C'est par une appréciation souveraine qu'une cour d'appel a estimé relevé que « l'exécution forcée [pratiquée par A sur les machines que détenait B] est une saisie-appréhension entre les mains d'un tiers, qui est régie par les articles 224 et suivants de l'AUPSRVE] » ; que A, « qui n'était pas munie d'un titre exécutoire, dont la mention doit être contenue, à peine de nullité, dans la sommation… » n'a pas respecté les prescriptions légales ; et enfin que « c'est à bon droit que le premier juge a qualifié son comportement de voie de fait à laquelle il fallait mettre fin de toute urgence » (CCJA, n° 024/2009, 30-4-2009 : STPC c/ Sté CICB, Rec. jur. CCJA n° 13, janv.-juin 2009, p. 82, Ohadata J-10-71).

C'est à juste titre qu'une cour d'appel a qualifié un individu de « tiers » par rapport au débiteur et a déclaré nulles des saisies-appréhension pour lesquelles la procédure prévue par l'article 224 de l'AUPSRVE n'a pas été respecté. Il en est ainsi lorsque la cour a considéré que les personnes entre les mains desquels les véhicules ont été saisis étaient des tiers et que la demanderesse au pourvoi aurait dû recourir aux dispositions susvisées si elle désirait prouver le contraire ; qu'à défaut de l'avoir fait, la preuve de la qualité de préposés de ces personnes n'a pas été faite ; qu'il résulte des procès-verbaux des saisies-appréhension qu'aucune précision sur l'identité du chauffeur n'a été faite mais juste la mention « chauffeur » qui a indiqué le lien de subordination ; qu'ainsi, le défaut d'indication de l'identité dudit employé ne permet pas à la cour de vérifier que l'individu dont il s'agit est ou non au service de la Succession. Rejet du pourvoi (CCJA, 1e ch., n° 15, 29-11-2011 : SOCCA SA c/ Succession H., Juris-Ohada, 2011, n° 4, oct.-déc., p. 15, Ohadata J-13-08, J-13-149).

II. Caractère inopérant d'une erreur de droit sur un jugement

L'erreur de droit contenue dans un jugement frappé d'appel et qui a été rendu par une juridiction compétente, dans les formes prescrites par la loi, ne peut avoir pour effet de le priver de plein droit de ses effets juridiques ou de le rendre « inexistant ». La cour d'appel qui, pour motiver le rejet de l'exception d'irrecevabilité opposée par les syndics, a énoncé qu'« il est cependant constant, en l'espèce, que ce délai de 15 jours n'a pu valablement courir en raison de l'irrégularité manifeste, ce à double titre du jugement entrepris », qu'« une telle décision du fait de son caractère notoirement imprécis et de l'impossibilité de l'exécuter doit être forcément considérée comme n'ayant jamais existé » et enfin que « cette décision inexistante ne pouvant produire d'effet juridique, son prononcé n'a pu faire courir le délai d'appel », a violé les articles 221 et 224 de l'AUPSRVE et exposé son arrêt à la cassation (CCJA, 1e ch., nº 032, 29-2-2016 : Tiemoko Koffi, Guillemain Alain c/ Kagnassy Sidi Mohamed et 2 autres, Ohadata J-16-234).

Art. 225 [mod.] À défaut de remise volontaire dans le délai imparti, le requérant peut demander à la juridiction du domicile ou du lieu où demeure le tiers détenteur du bien d'ordonner la remise de celui-ci. La juridiction peut également être saisie par le tiers.

La sommation visée à l'article 224 *du présent Acte uniforme* et les mesures conservatoires qui auraient pu être prises deviennent caduques si la juridiction n'est pas saisie dans le mois qui suit le jour où la sommation a été signifiée.

Art. 226 [mod.] Sur la seule présentation de la décision judiciaire prescrivant la remise du bien au requérant, il peut être procédé à l'appréhension de ce bien. Il en est dressé acte conformément aux dispositions de l'article 221 *du présent Acte uniforme*. Une copie de cet acte est remise ou notifiée au tiers par lettre recommandée avec demande d'*avis* de réception ou par tout autre moyen laissant trace écrite *et permettant d'établir la réception effective par celui-ci*.

Après l'enlèvement, la personne tenue de la remise en est informée comme il est dit aux articles 222 et 223 *du présent Acte uniforme* selon le cas.

Chapitre II
LA SAISIE-REVENDICATION

Art. 227 Toute personne apparemment fondée à requérir la délivrance ou la restitution d'un bien meuble corporel peut, en attendant sa remise, le rendre indisponible au moyen d'une saisie-revendication.

Exception faite du cas où le créancier se prévaut d'un titre exécutoire ou d'une décision de justice qui n'a pas encore force exécutoire, une autorisation préalable délivrée sur requête par la juridiction compétente est nécessaire.

La requête est formée auprès de la juridiction du domicile ou du lieu où demeure la personne tenue de délivrer ou de restituer le bien.

La décision portant autorisation désigne le bien qui peut être saisi ainsi que l'identité de la personne tenue de le délivrer ou de le restituer. Cette autorisation est opposable à tout détenteur du bien désigné.

Art. 228 [mod.] La validité de la saisie-revendication est soumise aux conditions édictées pour les mesures conservatoires par les articles 60 et 61 *du présent Acte uniforme*.

Si ces conditions ne sont pas réunies, la mainlevée de la saisie peut être ordonnée à tout moment, même dans les cas où le demandeur se prévaut d'un titre exécutoire ou d'une décision de justice non encore exécutoire.

La demande de mainlevée est portée devant la juridiction du domicile ou du lieu où demeure le débiteur de l'obligation de délivrer ou de restituer ;

La décision de mainlevée prend effet du jour de sa notification.

Art. 229 Les autres contestations, notamment celles relatives à l'exécution de la saisie, sont portées devant la juridiction du lieu où sont situés les biens saisis.

Art. 230 Sur présentation de l'autorisation de la juridiction compétente ou de l'un des titres permettant la saisie, il est procédé à la saisie-revendication en tout lieu et entre les mains de tout détenteur du bien.

Si la saisie est pratiquée dans un local servant à l'habitation d'un tiers détenteur du bien, une autorisation spéciale de la juridiction compétente est nécessaire.

Art. 231 [mod.] Après avoir rappelé au détenteur du bien qu'il est tenu de lui indiquer si ce bien a fait l'objet d'une saisie antérieure et, le cas échéant, de lui en communiquer le procès-verbal, l'huissier *de justice* ou *l'autorité chargée de l'*exécution dresse un acte de saisie qui contient à peine de nullité :

1) les noms, prénoms et domiciles des créanciers et débiteurs ou, s'il s'agit de personnes morales, leurs dénomination*, forme* et siège social ;

2) mention de l'autorisation de la juridiction compétente qui est annexée à l'acte, ou mention du titre en vertu duquel la saisie est pratiquée ;

3) la désignation détaillée du bien saisi ;

4) si le détenteur est présent, sa déclaration au sujet d'une éventuelle saisie antérieure sur le même bien ;

5) la mention, en caractères très apparents, que le bien saisi est placé sous la garde du détenteur qui ne peut ni l'aliéner, ni le déplacer sauf dans le cas prévu par l'article *97 du présent Acte uniforme*, sous peine de sanctions pénales et qu'il est tenu de faire connaître la saisie-revendication à tout créancier qui procéderait à une saisie sur le même bien ;

6) la mention, en caractères très apparents, du droit de contester la validité de la saisie et d'en demander la mainlevée à la juridiction du domicile ou du lieu où demeure le débiteur ;

7) la désignation de la juridiction devant laquelle seront portées les contestations relatives à l'exécution de la saisie ;

8) l'indication, le cas échéant, des noms, prénoms et qualités des personnes qui ont assisté aux opérations de saisie, lesquelles doivent apposer leur signature sur l'original et les copies ; en cas de refus, il en est fait mention dans l'acte ;

9) l'élection de domicile dans le ressort territorial juridictionnel où s'effectue la saisie si le créancier n'y demeure ; il peut être fait à ce domicile élu, toute signification ou offre ;

10) la reproduction des textes pénaux relatifs au détournement d'objets saisis ainsi que celle des articles 60, 61, 227 et 228 *du présent Acte uniforme*.

L'huissier ou l'agent d'exécution peut photographier les biens saisis dans les conditions prescrites par l'article 45 ci-dessus.

Art. 232 [mod.] L'acte de saisie est remis au détenteur en lui rappelant verbalement les mentions portées aux 5) et 6) de l'article 231 *du présent Acte uniforme*. Il en est fait mention dans l'acte.

Si la saisie a été pratiquée entre les mains d'un tiers, détenteur du bien, l'acte est également signifié dans un délai de huit jours, au plus tard, à celui qui est tenu de le délivrer ou de le restituer.

Lorsque le détenteur n'a pas assisté aux opérations de saisie, une copie de l'acte lui est signifiée, en lui impartissant un délai de huit jours pour qu'il porte à la connaissance de l'huissier *de justice* ou de *l'autorité chargée de l'*exécution toute information relative à l'existence d'une éventuelle saisie antérieure et qu'il lui en communique le procès-verbal.

JURISPRUDENCE OHADA

Saisie-revendication dans les mains d'un tiers détenteur

Lorsqu'au moment de la saisie, les biens revendiqués n'étaient plus en la possession du syndic liquidateur de la société débitrice, mais entre les mains d'un tiers et que la saisie-revendication réalisée a été dénoncée le même jour au liquidateur de la société débitrice, les dispositions de l'article 232, al. 2 de l'AUPSRVE ont été respectées ; la saisie est régulière (CA Bobo-Dioulasso, civ. et com., n° 48, 17-3-2003 : DAGRIS (ex CFDT) c/ Syndic liquidateur de l'EGCC, Ohadata J-04-194).

Art. 233 [mod.] A tout moment, le président de la juridiction compétente *ou le juge délégué* peut autoriser sur requête, les parties entendues ou dûment appelées, la remise du bien à un séquestre qu'il désigne.

JURISPRUDENCE OHADA

Restitution du bien en cas de mise sous séquestre sans autorisation de justice

Il s'induit de l'article 233 de l'AUPSRVE qu'en matière de saisie-revendication, la remise du bien à un tiers, en l'occurrence un séquestre, est soumise à autorisation de justice. La saisie-revendication qui a été suivie d'enlèvement sans autorisation de justice est irrégulière et c'est à bon droit que le premier juge a ordonné la restitution du bien en cause, sa décision devant être confirmée (CA Abidjan, n° 413, 28-3-2000 : Nouvelle SACAR c/ P. A., Ohadata J-03-72, note anonyme).

Art. 234 [mod.] Si le détenteur se prévaut d'un droit propre sur le bien saisi, il en informe l'huissier *de justice* ou *l'autorité chargée de l'*exécution par lettre recommandée avec avis de réception ou tout moyen laissant trace écrite *et permettant d'établir la réception effective par le destinataire*, à moins qu'il n'en ait fait la déclaration au moment de la saisie. Dans le délai d'un mois, il appartient au saisissant de porter la contestation devant la juridiction du domicile ou du lieu où demeure le détenteur.

Le bien demeure indisponible durant l'instance.

À défaut de contestation dans le délai d'un mois, l'indisponibilité cesse.

Art. 235 [mod.] Lorsque celui qui a pratiqué une saisie-revendication dispose d'un titre exécutoire prescrivant la délivrance ou la restitution du bien saisi, il est procédé comme en matière de saisie-appréhension, ainsi qu'il est dit aux articles 219 à 226 *du présent Acte uniforme*.

• Titre VII •

LA SAISIE DES DROITS D'ASSOCIÉS, DES VALEURS MOBILIÈRES *ET DES AUTRES TITRES NÉGOCIABLES*

• Chapitre I •

LA SAISIE

Art. 236 [mod.] La saisie *des droits d'associés, des valeurs mobilières et des autres titres de créance négociables* est effectuée soit auprès de la société ou de la personne morale émettrice, soit auprès du mandataire chargé de conserver ou de gérer les titres.

Jurisprudence comparée

France

Obligation du tiers saisi

Dispense d'informer sur l'étendue des droits saisis. À moins d'avoir reçu du juge une injonction en ce sens, le tiers saisi n'est pas tenu d'indiquer au créancier saisissant l'étendue des droits sociaux et des valeurs mobilières dont le débiteur est titulaire (Cass. 2e civ. 8-4-1999 : RJDA 10/99 no 1126 ; Cass. 2e civ. 17-5-2001 no 922 : RJDA 5/02 no 552).

Art. 237 [mod.] Huit jours après un commandement de payer demeuré infructueux, le créancier procède à la saisie par un acte qui contient, à peine de nullité :

1) les noms, prénoms et domiciles du débiteur et du saisissant ou, s'il s'agit de personnes morales, leurs forme, dénomination, *forme* et siège social ;

2) élection de domicile dans le ressort territorial juridictionnel où s'effectue la saisie si le créancier n'y demeure pas ; il peut être fait, à ce domicile élu, toute signification ou offre ;

3) l'indication du titre exécutoire en vertu duquel la saisie est pratiquée ;

4) le décompte des sommes réclamées en principal, frais et intérêts échus, ainsi que l'indication du taux des intérêts ;

5) l'indication que la saisie rend indisponibles les droits pécuniaires attachés à l'intégralité des parts ou valeurs mobilières *et des autres titres de créances négociables* dont le débiteur est titulaire ;

6) la sommation de faire connaître, dans un délai de huit jours, l'existence d'éventuels nantissements ou saisies et d'avoir à communiquer au saisissant copie des statuts *s'il y a lieu, les informations relatives aux titres ainsi que le relevé de compte titre.*

Jurisprudence OHADA

I. Commandement de payer

Pour un arrêt ayant approuvé une cour d'appel qui a retenu que le commandement mettant en demeure « d'avoir à communiquer immédiatement et au plus tard dans les quarante-huit (48) heures, le bilan et les pièces comptables au requérant et de surseoir à sa gestion jusqu'à la reddition des comptes », n'est pas un commandement de payer puisqu'il n'enjoint pas au débiteur de payer, voir : CCJA, ass. plén., no 071, 29-4-2015 : Youcef Aouadene c/ Abdel Aziz Mouzaia, Ohadata J-16-72.

Obs. : cet arrêt rendu sur le fondement de dispositions nationales est transposable en ce qu'il illustre la teneur que doit avoir un commandement de payer.

Le délai de huit jours prévu par l'article 237 de l'AUPSRVE étant destiné à permettre au débiteur, soit de payer sa dette, soit d'organiser sa défense, aucune saisie ne peut être valablement faite avant son expiration. Cependant, s'il n'est pas satisfait au commandement, le créancier saisissant qui a respecté ce délai est fondé de pratiquer la saisie après son expiration sans avoir besoin de signifier un nouveau commandement à son débiteur défaillant. C'est donc en violation de ce texte qu'une cour d'appel a jugé invalide un commandement de payer servi près de deux mois avant la saisie au motif que le délai de huit jours prévu par le texte est un délai fixe au-delà duquel le créancier saisissant n'ayant pas procédé à la saisie est tenu de réitérer son commandement de payer, pour confirmer l'ordonnance de mainlevée de la saisie, exposant son arrêt à la cassation. Sur l'évocation et pour les mêmes motifs que ceux ayant entraîné la cassation, il échet d'infirmer l'ordonnance entreprise dans toutes ses dispositions (CCJA, 2e ch., no 237/2019, 31-10-2019 : H. c/ B.).

II. Obligations de la société émettrice

L'article 237 de l'AUPSRVE relatif à la saisie des droits d'associés et des valeurs mobilières met à la charge de la société émettrice des titres sociaux une obligation particulière, en prévoyant en son point 6 que l'acte de saisie contient « sommation de faire connaître, dans un délai de 8 jours, l'existence d'éventuels nantissements ou saisis et d'avoir à communiquer au saisissant copie des statuts ». Cette double obligation, loin d'être une simple formalité de validité de l'acte de saisie, vise à renseigner le créancier, d'une part, sur l'existence et la consistance des titres sociaux à saisir et, d'autre part, sur leur disponibilité. Dans le cadre d'une action fondée sur les textes susvisés et tendant à obtenir la condamnation du tiers saisi aux causes de la saisie et à des dommages-intérêts pour communication de statuts non mis à jour, il appartient au requérant d'apporter la preuve du manquement de ce tiers saisi qui ne saurait se résumer à la communication de statuts non mis à jour, mais suppose que les informations qui n'y figurent pas soient liées aux droits sociaux du débiteur saisi et que leur absence traduit une volonté non équivoque de faire obstacle à la mesure d'exécution ou constitue un refus manifeste d'y apporter son concours. En l'espèce, après avoir reçu le procès-verbal de saisie contenant ladite sommation, les sociétés SPC et SPK ont effectivement communiqué le 21 mars 2019 leurs statuts datant de 2014. En se fondant seulement sur le fait qu'au lieu de communiquer les statuts mis à jour à la date de la sommation, celles-ci ont communiqué les statuts de 2014, pour condamner les tierces saisies, sans caractériser ou exiger du requérant de dire en quoi la communication des statuts non mis à jour constitue un obstacle à la saisie ou un refus de concours à celle-ci et d'en apporter la preuve, la juridiction présidentielle n'a pas donné de base légale à sa décision. Par ailleurs, en se contentant tout au long de la procédure de fonder son action sur la communication des statuts de 2014, le requérant n'a pas rapporté la preuve que les informations supposées manquantes sont en rapport avec les titres sociaux concernés et que leur absence préjudicie à ses droits. Il n'a donc mis la Cour en mesure de caractériser le manquement tel que décrit ci-haut et d'en tirer les conséquences à l'endroit des défenderesses ; en conséquence, il convient d'infirmer l'ordonnance en toutes ses dispositions et, statuant à nouveau, de rejeter la demande tendant à condamner les sociétés tiers saisis aux causes de la saisie et à des dommages-intérêts (CCJA, 2e ch., no 002/2021, 28-1-2021 : I. c/ SPC SARL).

III. Subsistance du droit de propriété du débiteur jusqu'à la vente

Même si la saisie rend indisponibles les droits pécuniaires attachés à l'intégrité des parts sociales ou valeurs mobilières dont le débiteur est titulaire, comme l'indique l'article 237-5 de l'AUPSRVE, elle ne supprime pas le droit de propriété dont ledit débiteur dispose sur ses parts sociales saisies jusqu'à leur vente effective. Il en résulte que le débiteur n'a pas perdu sa qualité d'associé, la vente de ses 49 % de parts sociales saisies n'étant pas encore effective. C'est donc à bon droit que le premier juge a statué dans ce sens et le jugement entrepris mérite confirmation sur ce point (CA Daloa (Côte d'Ivoire), 2e ch. civ. et com., no 85, 29-3-2006 : E. c/ SCEFO-SARL, Juris-Ohada, no 4/2007, p. 40, Ohadata J-08-87).

Jurisprudence comparée

France

Défaut d'information sur les nantissements et saisies existants

Le tiers saisi qui ne défère pas à la sommation de faire connaître l'existence d'éventuels nantissements ou saisies ne s'expose qu'à une condamnation à des dommages-intérêts ; il ne saurait être tenu au paiement des causes de la saisie (Cass. 2e civ. 3-5-2001 : RJDA 8-9/01 no 907).

Art. 238 [mod.] Dans un délai de huit jours, à peine de caducité, la saisie est portée à la connaissance du débiteur par la signification d'un acte qui contient, à peine de nullité :

1) une copie du procès-verbal de saisie ;

2) en caractères très apparents, l'indication que les contestations doivent être soulevées, à peine d'irrecevabilité, dans le délai d'un mois qui suit la signification de l'acte avec la date à laquelle expire ce délai ;

3) la désignation de la juridiction compétente qui est celle du domicile du débiteur ;

4) en caractères très apparents, l'indication que le débiteur dispose d'un délai d'un mois pour procéder à la vente amiable des valeurs *mobilières et des autres titres de créances négociables* saisis, dans les conditions prévues aux articles 115 à 119 *du présent Acte uniforme* ;

5) la reproduction des articles 115 à 119 *du présent Acte uniforme*.

Art. 238-1 [nouv.] Les créanciers munis d'un titre exécutoire constatant une créance liquide et exigible peuvent se joindre à la procédure au moyen d'une opposition dans les conditions prévues par les articles 130 à 133 du présent Acte uniforme.

Art. 239 L'acte de saisie rend indisponibles les droits pécuniaires du débiteur. Celui-ci peut en obtenir la mainlevée en consignant une somme suffisante pour désintéresser le créancier. Cette somme est spécialement affectée au profit du créancier saisissant.

Jurisprudence comparée

France

A. Indisponibilité des droits pécuniaires

Constituent des droits pécuniaires, les bénéfices distribuables attachés aux parts sociales saisies (Cass. 2e civ. 21-6-2007 nº 06 13386 : BRDA 15-16/07 inf. 2).

B. Possibilité de céder les droits saisis

L'indisponibilité qui frappe les droits sociaux faisant l'objet d'une saisie-arrêt n'interdit pas pour autant leur cession « dans la mesure où celle-ci ne pourra avoir effet, dans les rapports entre créanciers saisissants, débiteur saisi et tiers porteur, qu'après levée de la saisie » (CA Paris 22-1-1993 : Bull. Joly 1993 p. 587 note P. Le Cannu).

En pratique, toutefois, la cession de droits sociaux indisponibles est quasiment impossible car elle risque de tomber sous le coup du délit de détournement de biens saisis, puni d'une amende de 375 000 € et de trois ans d'emprisonnement (C. pén. art. L 314-6), dès lors que le cédant connaissait l'existence de la saisie le jour où il a conclu la cession (Cass. crim. 24-9-1997 : Dr. pén. 1998 comm. nº 18).

C. Nomination d'un administrateur séquestre des parts sociales saisies

L'existence d'une saisie sur des parts sociales ne fait pas obstacle à la nomination d'un administrateur séquestre de ces parts à la requête du créancier saisissant dès lors qu'il existe un risque de disparition ou de dépréciation de valeur desdites parts, le débiteur saisi étant, par ailleurs, gérant de la société entre les mains de laquelle la saisie a été faite (Cass. civ. 22-4-1977 : Bull. Joly 1977 p. 633 ; CA Versailles 23-10-1979 : Gaz. Pal. 1980.som. p. 605).

Chapitre II

LA VENTE

Art. 240 [mod.] À défaut de vente amiable réalisée dans les conditions des articles 115 à 119 *du présent Acte uniforme*, la vente forcée est effectuée sous forme d'adjudication, à la demande du créancier, sur la présentation d'un certificat délivré par le greffe attestant qu'aucune contestation n'a été formée dans le mois suivant la dénonciation de la saisie ou, le cas échéant, d'une décision judiciaire rejetant la contestation soulevée par le débiteur.

Jurisprudence comparée

France

Il ne peut pas être déduit de l'offre de vente amiable présentée par le débiteur saisi une renonciation par ce dernier à toute contestation ultérieure (CA Paris 14-11-2002 nº 02/5668 : D. 2003.IR p. 468).

Art. 241 [mod.] Le cahier des charges, établi en vue de la vente, contient, outre le rappel de la procédure antérieure :

1) les statuts de la société *émettrice ou, s'il y a lieu, l'avis de l'organe responsable de l'émission des titres* ;

2) tout document nécessaire à l'appréciation de la consistance et de la valeur des droits mis en vente.

Les conventions instituant un agrément ou créant un droit de préférence au profit des associés ne s'imposent à l'adjudicataire que si elles figurent dans le cahier des charges.

Jurisprudence OHADA

Formalités non assorties de nullité

Contrairement aux formalités prévues à peine de nullité aux articles 237 et 238 de l'AUPSRVE traitant des « Dispositions particulières à la saisie des droits d'associés et des valeurs mobilières », celles prescrites par les articles 241 et 243 ne sont pas prévues à peine de nullité ; il convient donc de rejeter les branches de moyen fondé sur la violation de ces textes comme non-fondés (CCJA, 1e ch., nº 011/2022, 27-1-2022 : Société LHG S.A c/ Société Hann et Compagnie).

Art. 242 [mod.] Une copie du cahier des charges est, *le cas échéant,* notifiée à la *personne morale émettrice et, s'il s'agit d'une* société, *celle-ci* en informe les associés.

Le même jour, une sommation est notifiée, s'il y a lieu, aux autres créanciers opposants d'avoir à prendre connaissance du cahier des charges *auprès de l'autorité chargée* de la vente.

Tout intéressé peut formuler auprès de *l'autorité visée à l'alinéa 2 du présent article,* des observations sur le cahier des charges. Les observations ne sont plus recevables à l'expiration d'un délai de deux mois à compter de la notification prévue au premier alinéa *du présent article*.

Art. 243 [mod.] La publicité indiquant les jour, heure et lieu de la vente est effectuée par voie de presse et, si nécessaire, par voie d'affiches, un mois au plus et quinze jours au moins avant la date fixée pour la vente.

Le débiteur, *la personne morale émettrice* et, s'il y a lieu, les autres créanciers opposants sont informés de la date de la vente par voie de notification.

Art. 244 Les éventuelles procédures légales et conventionnelles d'agrément, de préemption ou de substitution sont mises en œuvre conformément aux dispositions propres à chacune d'elles.

Chapitre III

LA PLURALITÉ DE SAISIES

Art. 245 En cas de pluralité de saisies, le produit de la vente est réparti entre les créanciers qui ont procédé à une saisie avant la vente.

Toutefois, si une saisie conservatoire a été pratiquée avant la saisie qui a conduit à la vente, le créancier prend part à la distribution du prix, mais les sommes qui lui reviennent sont consignées jusqu'à ce qu'il ait obtenu un titre exécutoire.

• *Titre VII BIS* •

LA SAISIE DU FONDS DE COMMERCE

Art. 245-1 [nouv.] Tout créancier muni d'un titre exécutoire constatant une créance liquide et exigible peut, pour en obtenir le paiement, faire procéder, après signification d'un commandement de payer, à la saisie et à la vente du fonds de commerce appartenant à son débiteur.

À toute époque de la procédure, le président de la juridiction visée à l'alinéa 3 de l'article 245-16 du présent Acte uniforme ou le juge délégué par lui informe, s'il lui apparaît que le débiteur est en état de cessation des paiements, le ministère public près la juridiction compétente aux fins d'ouverture d'une procédure collective de redressement judiciaire ou de liquidation des biens ; l'ouverture d'une telle procédure arrête la cession forcée.

Art. 245-2 [nouv.] La saisie porte sur les éléments du fonds de commerce énumérés à l'article 136 de l'Acte uniforme portant sur le droit commercial général et, s'ils existent, sur ceux qui sont visés à l'article 137 du même Acte uniforme.

• *CHAPITRE I* •

LE COMMANDEMENT DE PAYER

Art. 245-3 [nouv.] La saisie du fonds de commerce est précédée d'un commandement de payer, signifié au débiteur, au moins huit jours avant la saisie.

Le commandement contient, à peine de nullité :

1) mention du titre exécutoire en vertu duquel les poursuites sont exercées avec le décompte distinct des sommes réclamées en principal, frais et intérêts échus, ainsi que de l'indication du taux des intérêts ;

2) sommation d'avoir à payer la dette dans un délai de huit jours, faute de quoi il sera procédé à la vente forcée de son fonds de commerce.

Art. 245-4 [nouv.] Le commandement contient élection de domicile, jusqu'à la fin de la poursuite, sauf nouvelle élection de domicile signifiée au débiteur, dans le ressort territorial juridictionnel où l'exécution doit être poursuivie si le créancier n'y demeure pas. Il peut être fait, à ce domicile élu, toute signification ou offre.

Art. 245-5 [nouv.] Le commandement doit être signifié à personne ou à domicile. Il ne peut être signifié à domicile élu. Il peut être délivré dans l'acte de signification du titre exécutoire.

• *CHAPITRE II* •

LES OPÉRATIONS DE SAISIE

Art. 245-6 [nouv.] À l'expiration d'un délai de huit jours à compter du commandement de payer resté infructueux, l'huissier de justice ou l'autorité chargée de l'exécution signifie au débiteur un acte de saisie comportant à peine de nullité :

1) les noms, prénoms et domiciles du saisi et du saisissant ou, s'il s'agit de personnes morales, leurs dénomination, forme et siège social ; l'élection éventuelle de domicile du saisissant ;

2) la référence au titre exécutoire en vertu duquel la saisie est pratiquée ;

3) la mention de la personne à qui l'acte est délaissé ;

4) la désignation détaillée des éléments du fonds de commerce saisi ;

5) la réitération de la demande de paiement ;

6) le rappel au débiteur de son obligation de révéler à l'huissier de justice ou à l'autorité chargée de l'exécution, s'il y a lieu, l'existence de saisies antérieures et de lui communiquer les informations sur le créancier qui y a procédé ;

7) le rappel au débiteur de son obligation de communiquer à l'huissier de justice ou à l'autorité chargée de l'exécution, au cas où le fonds de commerce comprend du matériel et des marchandises ayant déjà fait l'objet d'une saisie, les informations sur le créancier qui y a procédé ;

8) le rappel de la faculté qui lui est ouverte de procéder à la vente amiable des biens saisis dans les conditions prévues par les articles 245-10 à 245-14 du présent Acte uniforme ;

9) la mention, en caractères très apparents, que le fonds de commerce saisi est indisponible, qu'il ne peut être aliéné, que les éléments qui le composent ne peuvent, à l'exception des marchandises, être ni aliénés ni déplacés, sous peine de sanctions pénales, et que le débiteur est tenu de faire connaître la présente saisie à tout créancier qui procéderait à une nouvelle saisie du même fonds de commerce ;

10) l'indication, en caractères très apparents, que le débiteur dispose d'un délai de deux mois pour procéder à la vente amiable du fonds de commerce saisi dans les conditions prévues par les articles 245-10 à 245-14 du présent Acte uniforme ;

11) la désignation de la juridiction devant laquelle seront portées les contestations relatives à la saisie du fonds de commerce ;

12) la reproduction des dispositions pénales sanctionnant le détournement d'objets saisis ainsi que de celle des articles 245-12 à 245-13 du présent Acte uniforme.

Art. 245-7 [nouv.] Dès la signification de l'acte de saisie, l'huissier de justice ou l'autorité chargée de l'exécution saisit le président de la juridiction compétente en matière commerciale du lieu où le fonds de commerce est exploité d'une requête aux fins de désignation d'un séquestre chargé de recevoir et de conserver les fonds provenant des opérations.

Le président de la juridiction compétente en matière commerciale ou le juge délégué par lui statue à bref délai ; la décision rendue est signifiée sans délai au débiteur par l'huissier de justice ou l'autorité chargée de l'exécution.

La décision visée à l'alinéa 2 du présent article est susceptible d'appel dans un délai de quinze jours à compter de son prononcé.

Le délai d'appel ainsi que l'exercice de cette voie de recours n'ont pas un caractère suspensif.

La juridiction saisie de l'appel statue dans le délai d'un mois à compter de l'acte d'appel.

Art. 245-8 [nouv.] Lorsque le fonds est exploité en exécution d'un contrat de location-gérance conclu conformément aux dispositions de l'Acte uniforme portant sur le droit commercial général, l'acte de saisie ainsi que la décision visée à l'article 245-7 du présent Acte uniforme sont signifiés au locataire-gérant. À peine de nullité, l'acte de signification est accompagné des copies de l'acte de saisie et du titre exécutoire ; sous la même sanction, il contient :

1) la mention de l'acte de saisie ;

2) l'avertissement qu'à compter de la signification, les redevances, qui ne peuvent plus être payées au propriétaire, sont consignées entre les mains du séquestre désigné dans la décision rendue par le président de la juridiction compétente en matière commerciale ou par le juge délégué par lui en application de l'article 245-7 du présent Acte uniforme ;

3) les nom, prénoms et domicile du séquestre.

Art. 245-9 [nouv.] À compter de la signification de l'acte de saisie, le fonds de commerce devient indisponible. Le débiteur ne peut plus ni l'aliéner, ni le grever de droits ou de charges. Il ne peut non plus aliéner ni grever de droits ou de charges les éléments qui le composent.

S'il est exploité en exécution d'un contrat de location-gérance, le locataire-gérant ne pourra plus, à compter de la signification qui lui est faite, se libérer, entre les mains du propriétaire, des redevances échues qui devront désormais être versées au séquestre désigné conformément aux dispositions de l'article 245-7 du présent Acte uniforme.

Le débiteur ou, en cas de location-gérance, le locataire-gérant poursuit l'exploitation du fonds de commerce, sauf décision du président de la juridiction compétente en matière commerciale du lieu où le fonds est exploité ou du juge délégué par lui.

CHAPITRE III
LA VENTE DU FONDS DE COMMERCE

Section 1 • LA VENTE AMIABLE

Art. 245-10 [nouv.] Le débiteur contre lequel est poursuivie une mesure d'exécution forcée portant sur son fonds de commerce peut vendre volontairement, dans les conditions ci-après définies, ledit fonds pour en affecter le prix au paiement des créanciers.

Art. 245-11 [nouv.] Le débiteur dispose d'un délai de deux mois à compter de la signification de l'acte de saisie pour procéder lui-même à la vente du fonds de commerce.

Le fonds saisi reste indisponible, jusqu'à la consignation du prix, sous la responsabilité du débiteur, ou en cas de location-gérance, sous la responsabilité du locataire-gérant.

Art. 245-12 [nouv.] En cas d'offres, le débiteur en informe, par écrit, l'huissier de justice ou l'autorité chargée de l'exécution en indiquant les nom, prénoms et domicile de l'acquéreur éventuel ou, s'il s'agit d'une personne morale, ses dénomination, forme et siège social ainsi que le délai dans lequel ce dernier offre de consigner le prix proposé.

L'huissier de justice ou l'autorité chargée de l'exécution communique ces indications au créancier saisissant et aux créanciers inscrits sur le fonds par lettre recommandée avec avis de réception ou tout moyen laissant trace écrite et permettant d'établir la réception effective par le destinataire.

Ceux-ci disposent d'un délai de quinze jours pour prendre le parti d'accepter la vente amiable, de la refuser ou de se porter acquéreurs.

En l'absence de réponse, ils sont réputés avoir accepté.

Il ne peut être procédé à la vente forcée qu'après l'expiration du délai de deux mois prévu par l'article 245-11 du présent Acte uniforme, augmenté, s'il y a lieu, du délai de quinze jours imparti aux créanciers pour donner leur réponse.

Art. 245-13 [nouv.] En cas de vente amiable du fonds de commerce, l'huissier de justice ou l'autorité chargée de l'exécution dresse un acte contenant :

1) l'état civil complet du propriétaire et de l'acquéreur s'il s'agit de personnes physiques, les dénomination sociale, forme juridique et adresse du siège, s'il s'agit de personnes morales ;

2) les activités du propriétaire et de l'acquéreur ;

3) les numéros d'immatriculation au registre du commerce et du crédit mobilier ;

4) s'il y a lieu, l'origine du fonds de commerce au regard du titulaire qui a précédé le vendeur ;

5) l'état des privilèges, nantissements et inscriptions grevant le fonds de commerce ;

6) le chiffre d'affaires réalisé au cours de chacune des trois dernières années d'exploitation, ou depuis l'acquisition si le fonds de commerce n'a pas été exploité depuis plus de trois ans ;

7) les résultats commerciaux réalisés pendant la même période ;

8) le bail annexé à l'acte avec l'indication, dans l'acte, de sa date, de sa durée, du nom et de l'adresse du bailleur et du vendeur, s'il y a lieu ;

9) le prix convenu et la date de la consignation ;

10) la situation et les éléments du fonds de commerce vendu ;

11) le nom et l'adresse du séquestre désigné en application de l'article 245-7 du présent Acte uniforme ;

12) la date à laquelle le fonds de commerce doit être mis à la disposition de l'acquéreur.

Art. 245-14 [nouv.] Le prix de la vente, qui doit être payé au comptant, est consigné, aux jour et lieu fixés dans le contrat de vente, entre les mains du séquestre désigné en application de l'article 245-7 du présent Acte uniforme.

Le fonds de commerce est mis à la disposition de l'acquéreur à compter de la consignation du prix.

À défaut de consignation dans le délai convenu, il est procédé à la cession forcée.

Art. 245-15 [nouv.] Une copie de l'acte constatant la vente amiable, certifiée conforme par l'huissier de justice ou l'autorité chargée de l'exécution, est déposée par l'acquéreur au registre du commerce et du crédit mobilier.

Dans le délai de quinze jours à compter de sa date, l'acte constatant la vente du fonds de commerce doit être publié à la diligence de l'acquéreur, sous forme d'avis, dans un journal habilité à publier des annonces légales et paraissant au lieu où le débiteur est inscrit au registre du commerce et du crédit mobilier.

Section 2 • LA VENTE FORCÉE

Art. 245-16 [nouv.] Il est procédé à la vente forcée à l'expiration du délai de deux mois, imparti au propriétaire du fonds de commerce pour procéder à la vente amiable, augmenté le cas échéant, du délai de quinze jours imparti aux créanciers pour donner leurs réponses.

Il est également procédé à la vente forcée si l'acquéreur ne consigne pas le prix.

La vente a lieu à la barre de la juridiction compétente en matière commerciale du lieu où le fonds de commerce est exploité.

Elle est effectuée sur la base d'une mise à prix qui ne saurait être inférieure au quart de la valeur du fonds de commerce déterminée par un expert désigné à l'amiable ou, à défaut d'accord, par le juge.

Lorsque le fonds de commerce comprend du matériel et des marchandises ayant fait l'objet d'une saisie antérieure portée à la connaissance de l'huissier de justice ou de l'autorité chargée de l'exécution en application des prescriptions de l'article 245-6, 7), la vente donne lieu à des mises à prix distinctes, sauf si le cahier des charges oblige l'adjudicataire à acquérir le fonds ainsi que le matériel et les marchandises moyennant des prix distincts déterminés à dire d'experts ; dans ce dernier cas, une seule mise à prix est fixée.

Paragraphe 1 • LA PRÉPARATION DE LA VENTE

Art. 245-17 [nouv.] Il est établi, à la diligence de l'avocat, de l'huissier de justice ou de l'autorité chargée de l'exécution commis par le créancier saisissant, un cahier des charges signé par lui et comportant, à peine de nullité :

1) l'intitulé de l'acte ;

2) l'énonciation du titre exécutoire en vertu duquel les poursuites sont exercées ainsi que, s'il y a lieu, des titres en vertu desquels le matériel et les marchandises ont été antérieurement rendus indisponibles ;

3) les noms, prénoms et domicile, pour les personnes physiques, les dénomination, forme juridique et adresse du siège social, pour les personnes morales, du créancier poursuivant et du propriétaire du fonds de commerce ;

4) les divers éléments composant le fonds de commerce ;

5) la situation du fonds de commerce ;

6) la nature des opérations effectuées dans le fonds de commerce ;

7) le montant de la mise à prix fixé conformément à l'article 245-16 du présent Acte uniforme ou, si le fonds de commerce comporte du matériel et des marchandises déjà rendus indisponibles par une ou des saisies antérieures, les montants des deux mises à prix distinctes, l'une pour le fonds sans le matériel et les marchandises et l'autre pour le matériel et les marchandises, sauf pour le créancier poursuivant à prévoir que le fonds ainsi que le matériel et les marchandises sont vendus ensemble à l'adjudicataire moyennant des prix distincts fixés à dire d'experts ;

8) l'indication de la juridiction dont le président ou le juge délégué par lui statue sur les demandes et contestations ;

9) l'indication de la juridiction devant laquelle l'adjudication est poursuivie.

Art. 245-18 [nouv.] Dans les cinq jours de son établissement, le cahier des charges est déposé par l'avocat, l'huissier de justice ou l'autorité chargée de l'exécution commis par le créancier poursuivant au greffe de la juridiction devant laquelle la vente est poursuivie. La date de la vente est fixée dans l'acte de dépôt.

Dans les huit jours, au plus tard après le dépôt du cahier des charges, le créancier saisissant fait sommation au propriétaire du fonds de commerce, aux créanciers inscrits antérieurement au commandement et aux créanciers ayant pratiqué antérieurement au commandement une saisie sur le matériel et les marchandises, de prendre connaissance du cahier des charges et d'y insérer leurs dires et observations et d'assister à l'adjudication si bon leur semble.

La sommation est, à peine de nullité, signifiée à personne, à domicile ou à domicile élu.

Art. 245-19 [nouv.] La sommation indique, à peine de nullité :

– les jour et heure de l'audience au cours de laquelle le président de la juridiction compétente statue sur les dires, observations et contestations et fixe la date de l'audience d'adjudication ;

– le rappel des délais et modalités de dépôt des dires, observations et contestations.

Paragraphe 2 • LES INCIDENTS

Art. 245-20 [nouv.] L'huissier de justice ou l'autorité chargée de l'exécution, qui procède à une saisie de fonds de commerce comportant du matériel et des marchandises déjà rendus indisponibles par une ou plusieurs saisies, signifie l'acte de saisie aux créanciers qui avaient effectué ces saisies.

Le créancier saisissant conduit alors la procédure jusqu'à la vente forcée qui se fera conformément aux dispositions du dernier alinéa de l'article 245-16 du présent Acte uniforme.

Art. 245-21 [nouv.] Les créanciers qui ont saisi antérieurement le matériel et les marchandises peuvent demander au président de la juridiction, la subrogation dans les poursuites en cas de collusion avec le débiteur, de fraude, de négligence ou toute autre cause de retard imputable au créancier qui conduit la procédure.

La demande est formée après une sommation d'accomplir les diligences légales restée infructueuse pendant huit jours.

Art. 245-22 [nouv.] Les demandes émanant du débiteur, des créanciers ou des tiers et les contestations sont présentées sous forme de dires déposés, à peine de déchéance, jusqu'au cinquième jour précédant l'audience au cours de laquelle le président de la juridiction compétente ou le juge délégué par lui statue ; les dires sont mentionnés à la suite du cahier des charges.

Art. 245-23 [nouv.] Le président de la juridiction devant laquelle la vente est poursuivie ou le juge délégué par lui statue sur les demandes, moyens et contestations au cours d'une audience qui ne peut avoir lieu moins de trente jours après la dernière sommation.

Il fixe au cours de la même audience, même s'il prend une mesure de nature à interrompre la procédure, la date de l'audience d'adjudication qui doit se situer entre le quarantième et le soixantième jour à compter de sa décision.

Art. 245-24 [nouv.] La décision visée à l'article 245-23 est transcrite par le greffier sur le cahier des charges ; elle est levée et signifiée, par la partie la plus diligente aux autres parties.

Elle est susceptible d'appel dans les quinze jours de son prononcé. Le délai d'exercice de l'appel a, comme l'appel formé dans les délais, un effet suspensif.

La juridiction d'appel statue dans le délai d'un mois à compter de la première audience.

Paragraphe 3 • L'ADJUDICATION

Art. 245-25 [nouv.] Trente jours au plus tôt et quinze jours au plus tard avant l'audience retenue pour l'adjudication, un extrait du cahier des charges est publié, sous la signature de l'avocat poursuivant, de l'huissier de justice ou de l'autorité chargée de l'exécution commis par insertion dans un journal d'annonces légales et par apposition de placards à la porte de la juridiction et, s'il y a lieu, dans les lieux officiels d'affichage de la circonscription administrative de la situation du fonds de commerce et à la porte de l'immeuble où est exploité ledit fonds.

La publicité peut, en outre, être effectuée par voie audiovisuelle ou électronique.

L'extrait contient à peine de nullité l'indication des jour, heure et lieu de l'adjudication et de la juridiction, la reproduction des informations prévues par les 3), 4) et 7) de l'article 245-17 du présent Acte uniforme.

Art. 245-26 [nouv.] Au jour indiqué pour l'adjudication, la juridiction décide :
– soit de rejeter la vente ;
– soit d'ordonner, s'il y a des causes graves et légitimes ou si la procédure d'appel ne permet pas de procéder en l'état à la vente, la remise de l'adjudication ;
– soit de procéder à l'adjudication.

Art. 245-27 [nouv.] Lorsque la juridiction décide de procéder à la vente, il est fait application des articles 282, alinéas 2 et 3, 283 et 284 du présent Acte uniforme, dans la mesure où elles sont compatibles avec la procédure de saisie du fonds de commerce.

Art. 245-28 [nouv.] L'adjudication a lieu au profit soit du dernier enchérisseur soit du créancier poursuivant s'il n'y a pas eu d'enchère.

En cas de saisie pratiquée antérieurement sur le matériel et les marchandises, la juridiction affecte une quote-part du prix au matériel et aux marchandises.

Art. 245-29 [nouv.] Le prix de vente est consigné entre les mains du séquestre désigné conformément à l'article 245-7 du présent Acte uniforme.

Toutefois, la juridiction compétente peut, par décision motivée, s'il n'y a pas d'autres créanciers inscrits ou ayant procédé à la saisie du matériel et des marchandises, et sauf prélèvement des frais privilégiés au profit de qui de droit, autoriser le poursuivant à percevoir, directement de l'adjudicataire, le montant du prix, en déduction ou jusqu'à concurrence de sa créance, en principal, intérêts et frais.

Art. 245-30 [nouv.] Toute personne peut, dans les dix jours, faire une surenchère à condition de consigner entre les mains du séquestre visé à l'article 245-7 du présent Acte uniforme le montant du prix majoré du dixième.

La surenchère est faite au greffe de la juridiction qui a ordonné la vente, par le surenchérisseur lui-même ou par ministère d'avocat ; elle est mentionnée au cahier des charges.

La surenchère est dénoncée par acte extrajudiciaire, à la diligence du surenchérisseur ou de son avocat, dans les cinq jours, à l'adjudicataire et au propriétaire du fonds.

L'acte de dénonciation indique la date de l'audience à laquelle le président de la juridiction compétente ou le juge délégué par lui statue sur les contestations relatives à la validité de la surenchère et fixe la date de l'audience d'adjudication ; il rappelle le délai et les formes de la contestation.

Art. 245-31 [nouv.] L'audience prévue au dernier alinéa de l'article 245-30 du présent Acte uniforme a lieu au plus tôt vingt jours à compter de la dernière dénonciation.

Art. 245-32 [nouv.] La validité de la surenchère est contestée par conclusions déposées et communiquées cinq jours au moins avant la date fixée pour l'audience prévue au dernier alinéa de l'article 245-30 du présent Acte uniforme ; la contestation est inscrite à la suite de la mention de la surenchère au cahier des charges.

Art. 245-33 [nouv.] Si la surenchère n'est pas contestée ou si, en cas de contestation, celle-ci est rejetée, le président de la juridiction compétente ou le juge délégué par lui fixe une nouvelle audience d'adjudication entre le quinzième et le trentième jour suivant sa décision.

La nouvelle adjudication est précédée de l'apposition de placards huit jours au moins avant la vente ainsi que de l'insertion dans le même délai dans un journal d'annonces légales.

Art. 245-34 [nouv.] Que l'adjudication ait lieu à l'audience d'adjudication initiale ou à l'audience d'adjudication sur surenchère, faute pour l'adjudicataire d'exécuter les clauses du cahier des charges ou de consigner le prix de vente entre les mains du séquestre, sauf s'il en est dispensé par la juridiction compétente, le fonds de commerce est revendu à la folle enchère. Les dispositions relatives à la procédure de folle enchère en matière de saisie immobilière sont applicables dans la mesure où elles sont compatibles avec la saisie du fonds de commerce.

Le fol enchérisseur est tenu envers les créanciers du propriétaire du fonds et envers le propriétaire lui-même de la différence entre son prix et celui de la revente sur folle enchère, sans pouvoir réclamer l'excédent, s'il y en a.

• Titre VIII •

LA SAISIE IMMOBILIÈRE

Art. 246 Le créancier ne peut faire vendre les immeubles appartenant à son débiteur qu'en respectant les formalités prescrites par les dispositions qui suivent.

Toute convention contraire est nulle.

JURISPRUDENCE OHADA

I. Application de l'AUPSRVE

A. Exclusion de tout autre texte

Depuis l'entrée en vigueur de l'AUPSRVE, la procédure de saisie immobilière est désormais régie uniquement par ce texte. La procédure de saisie immobilière engagée sur le fondement de textes nationaux est nulle (TGI de la Mifi, n° 36/CIV, 20-4-2004 : Crédit Lyonnais Cameroun c/ W. T. Jean-Marie, Ohadata J-05-141).

Ainsi ne peut plus être pratiquée la saisie conservatoire des impenses prévue par la législation sénégalaise (articles 401 et suivants du CPC) et la demande de validation de la saisie des impenses immobilières doit être rejetée (TRHC Dakar, n° 83, 16-1-2001 : BHS c/ B. T., Ohadata J-05-78 ; TRHC Dakar, n° 179, 23-1-2001 : Banque de l'Habitat du Sénégal c/ C. N., Ohadata J-05-79, voir Ohadata J-04-167, obs. Ndiaw Diouf).

B. Caractère d'ordre public

Les prescriptions de l'article 246 de l'AUPSRVE sont d'ordre public et interdisent toute autre convention ayant pour objet ou pour effet d'affranchir le créancier du respect des formes prescrites (CCJA, ass. plén., n° 048, 23-4-2014 : BASSIROU IBO c/ YACOUBA KODAKO, NAHOUM Chaïbou, Ohadata J-15-139).

En déclarant nulle une garantie immobilière au mépris des dispositions d'ordre public de l'article 246 de l'AUPRSVE, le tribunal a fait une juste application du droit et sa décision mérite la confirmation sur ce point ; il échet, en conséquence, d'ordonner la restitution au demandeur de son acte de cession relatif à la parcelle I îlot n° 1367 Yantala en cause (CCJA, 1e ch., n° 54, 14-3-2019 : Souley Adamou Galadima, Dame Ouattara Saratou Traoré c/ Chaibou Seydou MAÏGA).

L'article 246 de l'AUPSRVE prescrit les conditions et le respect de formalités pour la vente forcée d'un immeuble auxquelles on ne peut déroger par des conventions contraires. L'ordre public, tel que prévu par ce texte, interdit seulement aux parties de déroger, par convention, aux règles de la saisie immobilière en obligeant le créancier, sauf en cas de pacte commissoire, à procéder à la réalisation par voie judiciaire de l'immeuble du débiteur. L'article 274 du même Acte uniforme prévoit que la décision judiciaire rendue à l'occasion de l'audience éventuelle est levée et signifiée à la demande de la partie la plus diligente ; la formalité de signification du jugement rendu lors de l'audience éventuelle n'a aucune incidence sur le jugement d'adjudication. En revanche, en tant que formalité destinée à informer une partie de la décision rendue, elle constitue le point de départ du délai de l'appel contre le jugement de l'audience éventuelle prévu à l'article 300 de l'AUPSRVE et celui du recours en cassation lorsque l'appel n'est pas ouvert contre ledit jugement. La cour d'appel qui a retenu la signification du jugement rendu à l'audience éventuelle, édicté à l'article 274 de l'AUPSRVE, comme une formalité d'ordre public prévue par l'article 246 précité dont l'absence de l'accomplissement entraînerait la nullité du jugement d'adjudication, a violé l'article 246, exposant son arrêt à la cassation (CCJA, 2e ch., n° 209/2020, 25-6-2020 : Banque internationale pour le Mali c/ Broadway Café).

Il résulte de l'application combinée des articles 44 [devenu 92] et 117 [devenu 190] de l'AUS, et 246 de l'AUPSRVE, que la vente forcée d'un immeuble ou bien immobilier, lequel ne saurait faire l'objet d'un gage, mais plutôt d'une hypothèque, ne peut être entreprise et poursuivie qu'en observant les prescriptions d'ordre public des articles 246 et suivants de l'AUPSRVE consacrés à la saisie immobilière, et seuls applicables en la matière. La violation de ces dispositions impératives entraîne l'annulation de la poursuite et de tous les actes subséquents. Il échet, en substituant ce moyen de pur droit au motif susvisé, de rejeter les moyens allégués (CCJA, 1e ch., n° 371/2024, 12-12-2024).

C. Vente de gré à gré

1° Nullité

On ne peut déroger, par des conventions contraires aux conditions que posent les articles 247 et suivants de l'AUPSRVE auxquels renvoie l'article 246. Le pouvoir de vendre de gré à gré intervenu après l'entrée en vigueur de l'AUPSRVE est dépourvu de valeur juridique, en raison du caractère d'ordre public des dispositions évoquées ci-dessus. Par conséquent la vente réalisée en vertu de ce pouvoir doit être annulée. Il en est ainsi dès lors que l'article 247 précité prévoit l'accomplissement d'un certain nombre de formalités et que l'article 254 du même Acte uniforme exige que toute vente forcée soit précédée d'un commandement aux fins de saisies (CA Niamey, n° 79 Civ, 19-4-2004 : Y. K. c/ B.I. et N. C., Juris-Ohada n° 4/2004, oct.-déc. 2004, p. 67, note Brou Kouakou Mathurin, Ohadata J-05-182).

Il est de principe que le juge tranche le litige conformément aux règles de droit qui lui sont applicables, alors même que l'application de ces dispositions n'aurait pas été expressément requise par les parties. En l'espèce, ayant constaté que l'immeuble hypothéqué, objet d'un commandement initial valant saisie réelle prescrit par la procédure de saisie immobilière réglementée par l'AUPSRVE n'avait pas été licité conformément aux modalités fixées par ladite procédure, mais suivant une convention de vente de gré à gré signée par les deux parties postérieurement à l'octroi du prêt fait par la créancière au débiteur, c'est à bon droit que les juges d'appel, bien que saisis par le débiteur pour statuer uniquement sur la régularité dudit commandement, ont implicitement relevé la nullité de la vente de gré à gré de l'immeuble hypothéqué, en se fondant sur la violation, en la cause, de l'article 246 de l'AUPSRVE, qui annule toute convention subséquente de ce genre, contraire aux dispositions d'ordre public dudit article. En décidant comme il l'a fait, l'arrêt attaqué n'encourt pas les reproches visés au moyen, qui doit être rejeté comme étant non fondé (CCJA, n° 007/2009, 26-2-2009 : BINCI c/ A. B. B., Rec. jur. CCJA n° 13, janv.-juin 2009, p. 48, Ohadata J-10-62 ; CCJA, 2e ch., n° 007, 26-2-2009 : BINCI c/ B., Juris-Ohada, n° 2/2009, avr.-juin, p. 16, Ohadata J-09-280).

Obs. : cet arrêt de la CCJA met fin à une hésitation de la jurisprudence relative à la saisie immobilière. Désormais, il faut comprendre qu'aucune vente de gré à gré d'un immeuble ne peut être valablement signée entre un créancier et son débiteur en dehors des sûretés immobilières classiques prévues par l'AUPSRVE et l'AUS. Cependant, une question demeure : dans le cas d'espèce, la convention de vendre de gré à gré avait été signée postérieurement au prêt. On peut se demander si la solution de la CCJA aurait été la même si la convention était intervenue avant l'octroi du prêt.

2° Validité du mandat de vendre de gré à gré

La convention en vertu de laquelle A autorise B par écrit à réaliser une vente de gré à gré de l'immeuble de A en cas de défaillance de ce dernier pour le paiement de sommes dues à B constitue un mandat. La vente immobilière intervenue dans ces conditions ne peut être assimilée à une saisie immobilière et il n'y a pas lieu de vérifier que les conditions de la saisie immobilière prévues par les articles 246 et suivants de l'AUPSRVE sont remplies (CA Niamey (Niger), n° 117, 2-5-2006 : G. S. dit Adikou c/ BINCI et A. B. B., Ohadata J-10-233).

Obs. : cette décision semble être un revirement de la jurisprudence de la cour d'appel de Niamey. Dans une précédente décision rendue le 19-4-2004 (voir ci-dessus : CA Niamey, n° 79 Civ, 19-4-2004 : Y. K. c/ B.I. et N. C., note BROU Kouakou Mathurin, Ohadata J-05-182), elle avait annulé une vente immobilière de gré à gré intervenue dans des conditions similaires, en rappelant que les dispositions des articles 246 de l'AUPSRVE et suivants relatifs à la saisie immobilière sont d'ordre public.

À notre avis, cette solution est plus conforme à l'esprit de l'article 246. Dans les deux cas considérés, le créancier étant une banque, on peut penser qu'un débiteur qui donne ce mandat est probablement sous la pression du créancier. Il y a ainsi lieu de redouter que celui-ci ait davantage le souci de récupérer le montant de sa créance plutôt que celui de tirer le meilleur prix dans l'intérêt du débiteur. C'est la raison pour laquelle bien qu'étant en présence d'un mandat en bonne et due forme, on pourrait estimer d'une bonne politique juridique que le mandat est par lui-même un détournement de la loi d'ordre public sur la saisie immobilière. Il faut souhaiter que les juridictions du fond seront attentives à déjouer cette fraude.

II. Annulation de l'adjudication pour défaut de signification de la décision au débiteur

Il a été jugé que l'article 246 de l'AUPSRVE énonçant clairement que le créancier ne peut faire vendre les immeubles appartenant à son débiteur qu'en respectant les formalités prescrites par les dispositions relatives à la saisie immobilière, et que toute convention contraire est nulle, c'est en violation de l'article 246 qu'un créancier a procédé à l'adjudication de l'immeuble du débiteur sans avoir notifié à ce dernier la décision rendue à l'occasion de l'audience éventuelle ; annulation de l'adjudication (TGI Moungo (Cameroun), n° 13/CIV, 21-2-2008 : H. Francis E. R. c/ COFINEST, Ohadata J-09-253 ; TGI Moungo (Cameroun), n° 13/CIV, 21-2-2008 : S. D. et S. A. c/ COFINEST, Ohadata J-09-236).

Voir cependant la position de la CCJA sur la signification qui doit être faite à la diligence des parties, sous l'art. 274.

Chapitre I
LES CONDITIONS DE LA SAISIE IMMOBILIÈRE

Art. 247 **La vente forcée d'immeuble ne peut être poursuivie qu'en vertu d'un titre exécutoire constatant une créance liquide et exigible.**

La poursuite peut également avoir lieu en vertu d'un titre exécutoire par provision, ou pour une créance en espèces non liquidée ; mais l'adjudication ne peut être effectuée que sur un titre définitivement exécutoire et après la liquidation.

JURISPRUDENCE OHADA

I. Titre exécutoire

A. Existence

1° Décision de justice

La vente forcée faite en exécution de l'arrêt d'une cour d'appel confirmant le jugement arrêtant la créance sur les héritiers du débiteur, y compris les intérêts de droit, a bien été poursuivie en vertu d'un titre exécutoire constatant une créance liquide et exigible, contrairement à ce que soutiennent les requérants. En conséquence, en adjugeant l'immeuble, le tribunal n'a en rien violé les dispositions de l'article 247 de l'AUPSRVE et le moyen doit être rejeté (CCJA, n° 002/2009, 5-2-2009 : Héritiers de Feu M. D. c/ S. N., Rec. jur. CCJA n° 13, janv.-juin 2009, p. 38, Ohadata J-10-59, Ohadata J-09-275). Voir aussi (TR Kaolack, 12-6-2001 : Arachne Investment Limited SA c/ M. D., Ohadata J-03-222).

Lorsqu'il est établi qu'une juridiction suprême nationale a rejeté la requête de sursis à l'exécution d'un arrêt d'appel conformément à la législation interne applicable, l'autorité de la chose jugée attachée à cet arrêt de la juridiction suprême a conféré à celui de la cour d'appel le caractère de titre exécutoire au sens des dispositions de l'article 247 de l'AUPSRVE. C'est donc en violation de ce texte qu'une cour d'appel a invalidé la procédure en infirmant le jugement initial, exposant ainsi son arrêt à la cassation (CCJA, 1e ch., 181, 25-10-2018 : ECOBANK Guinée SA c/ Abdoul Rahim BARRY).

2° Titre ayant déjà servi à une saisie-attribution

Le principe selon lequel « saisie sur saisie ne vaut » signifie qu'un même bien ne peut faire l'objet de plusieurs saisies en même temps. Ce principe ne s'oppose pas à ce qu'un créancier puisse saisir, sur le fondement du même titre exécutoire, des biens différents de son débiteur, ceci d'autant plus que le débiteur ne démontre pas que la première saisie a été fructueuse et [suffisante] pour désintéresser le créancier (TRHC Dakar, 4-1-2000 : SNR et R. A. c/ EGCAP, Ohadata J-04-349).

Ainsi, le juge qui a retenu, pour caractériser une double saisie, que les créanciers ne rapportent pas la preuve qu'ils ont procédé à la mainlevée de la première saisie, n'a pas tiré les conséquences de ses propres constatations dès lors qu'il ressort des énonciations d'une ordonnance du 13 août 2015 que « saisie par le demandeur, la juridiction des référés de céans a ordonné le 12 mai 2015 la mainlevée de [la saisie-attribution pratiquée [...] ». Il y a donc lieu d'annuler ladite ordonnance en toutes ses dispositions et, statuant à nouveau, de déclarer valide la dernière saisie pratiquée le 3 juin 2015 sur les avoirs du débiteur (CCJA, 3e ch., n° 038, 31-1-2019 : DADIE Jean Bertin et 50 autres c/ Hôpital Méthodiste de DABOU, en présence de la BACI).

Obs. : cet arrêt, qui concerne la saisie-attribution, constitue une remarquable illustration des modalités de mise en œuvre du principe « saisie sur saisie ne vaut » : dès que la mainlevée est ordonnée, le créancier peut procéder à une nouvelle saisie si son titre exécutoire est toujours valide et il ne peut lui être valablement reproché de ne pas avoir préalablement exécuté la mainlevée ordonnée.

3° Acte notarié

a. Acte notarié d'ouverture de crédit

Un acte notarié d'ouverture de crédit revêtu de la formule exécutoire est un titre exécutoire pouvant justifier une saisie immobilière (TRHC Dakar, n° 505, 7-3-2000 : S. M. c/ Crédit lyonnais, Ohadata J-05-82, retenant en l'espèce que les traites auxquelles l'acte notarié a donné lieu sont arrivées à échéance). Voir aussi :

– TRHC Dakar, 7-3-2000 : S. M. dit Gaston et N. M. W. c/ Crédit Sénégalais, Ohadata J-03-325 ; voir Ohadata J-03-327 ;

– TRHC Dakar, n° 499, 8-3-2000 : GIE PAN INDUSTRIE et SCI REPUBLIQUE c/ Sté Crédit Sénégalais, Ohadata J-04-23, obs. Joseph Issa-Sayegh) ;

– CA Dakar, 1e civ. et com., n° 414, 8-9-2000 : SCI JABULA c/ CBAO, Ohadata J-04-344) ;

– CA Dakar, civ. et com., n° 147, 20-3-2003 : M. D. c/ BHS et greffier du TRHC de Dakar, Ohadata J-03-170, obs. Joseph Issa-Sayegh.

L'acte d'affectation hypothécaire ayant servi de fondement à une poursuite immobilière constitue bien un titre exécutoire au sens de l'article 247 de l'AUPSRVE, dès lors qu'il est revêtu de la formule exécutoire (CA Abidjan, ch. civ. et com., n° 563, 27-5-2005 : B.S. c/ FEGECE, Juris-Ohada, n° 4/2006, p. 51, Ohadata J-07-37).

Lorsque l'arrêt attaqué a relevé que « la créance [...] repose entre autres sur une convention notariée d'ouverture de crédit en date du 4 mars 1975 revêtue de la formule exécutoire », que « ladite créance consacrée par ailleurs par une reconnaissance de dette non contestée du 16 avril 1982 signée de feu N de son vivant est liquide pour avoir été libellée en somme d'argent, en l'occurrence, 2 038 250 000 FCFA » et qu'en outre « le non-respect par feu N des échéances convenues entre les parties pour l'extinction de la créance l'a rendue... exigible », la créance poursuivie dans le cadre de la saisie immobilière pratiquée est liquide et exigible et constitue bel et bien un titre exécutoire au sens de l'article 33 de l'AUPSRVE. L'arrêt attaqué n'a donc en rien violé les dispositions de l'article 247 et le moyen doit être rejeté (CCJA, 2e ch., n° 31, 3-7-2008 : O. c/ 1) BICICI, 2) SGBCI, 3) SIB, 4) CCI, 5) BIDI, Juris-Ohada, n° 4/2008 p. 9, Ohadata J-09-70).

L'acte notarié intitulé « Avenant à la convention de compte courant entre [X.] et [Y.] » et qui stipule en son article V. Exigibilité anticipée que « toutes les sommes dues pourront devenir exigibles intégralement dans les cas suivants : – en cas de redressement judiciaire ou liquidation des biens ; – à défaut d'exécution d'une seule des obligations et engagements pris au présent acte par le BÉNÉFICIAIRE ; – en cas d'aliénation de tout ou partie de l'immeuble hypothéqué » est un titre exécutoire au sens des dispositions des articles 33.4 et 247 de l'AUPSRVE (CCJA, 1e ch., n° 43, 1-7-2010 : 1) Ets UNIMARCHE, 2) M. P. c/ UBC PLC, Juris-Ohada, n° 1/2011, janv.-mars 2011, p. 2, Ohadata J-12-91).

C'est à tort qu'il est reproché :

– à un arrêt attaqué d'avoir violé l'article 247, al. 1 de l'AUPSRVE en validant un commandement aux fins de saisie et la poursuite de la saisie immobilière fondés sur un titre caduc et périmé pour non-renouvellement de l'inscription hypothécaire, alors que l'acte ou le document caduc perd son efficacité juridique et ne permet au titulaire de n'en tirer aucun bénéfice. Il en est ainsi dès lors que la créance dont le recouvrement est poursuivi repose sur une convention notariée d'ouverture de crédit enregistrée le 31 mai 2011, revêtue de la formule exécutoire. Ladite créance, non contestée dans son existence par la société débitrice et sa caution, est liquide, le non-respect par ces derniers des échéances convenues pour l'extinction de la créance la rendant immédiatement exigible. En outre, la convention notariée de nantissement du 31 juillet, reprenant littéralement en son article VIII les mêmes garanties consacrées par l'article VII de la convention du 31 mai 2011 et renforçant lesdites garanties par le nantissement du fonds de commerce, c'est à bon droit que la banque a réalisé les hypothèques sur la base d'un titre exécutoire valide. C'est aussi à tort qu'il est reproché à un arrêt d'avoir violé l'article 247, al. 1 de l'AUPSRVE en ce qu'il a décidé que les conditions requises pour engager la saisie immobilière étaient réunies, alors que la clôture juridique du compte n'a pas été établie contradictoirement pour la fixation définitive du montant de la créance, dès lors qu'aux termes de l'article 1er de la « Convention d'autorisation avec nantissement de fonds de commerce et renouvellement des cautions hypothécaires » les parties ont convenu « expressément de procéder... à la consolidation de l'encours du compte courant qui s'élève à la date du 14 juin 2012 à FCFA 127 498 370 ». Le montant de la créance ayant été ainsi arrêté d'un commun accord, les dispositions de l'article 247, al. 1 et 2 de l'AUPSRVE, dans ces conditions, ont bien été observées et cette troisième branche du moyen doit être rejetée (CCJA, 1e ch., n° 144, 29-6-2017 : Mamadou Doukouré, Sté New Market SARL c/ Banque Crédit du Congo) ;

– à un jugement d'avoir violé l'article 247 de l'AUPSRVE, en ce que le tribunal a procédé à l'adjudication, alors que la créance poursuivie n'était ni certaine ni liquide, dès lors que le texte visé au moyen exige une créance liquide et exigible constatée par un titre exécutoire, qui existait bien en l'espèce, l'argument pris de l'absence d'une créance certaine manquant de pertinence (CCJA, 1e ch., n° 293, 27-12-2018 : Ets KOUAGNE et 3 autres c/ BICEC SA).

Selon l'article 247 de l'AUPSRVE, la vente forcée d'immeuble n'est poursuivie qu'en vertu d'un titre exécutoire constatant une créance liquide et exigible. Le moyen reprochant à l'arrêt attaqué la confirmation du rejet des moyens de nullité du commandement et de la procédure de saisie, au motif que s'agissant d'un compte courant, seule sa clôture permet de dégager le solde définitif exigible, ce qui n'était pas le cas, la banque ayant arrêté seule le solde du compte courant sans notification préalable du client, est donc mal fondé dès lors qu'il est avéré en l'espèce que l'acte notarié d'ouverture du compte courant vaut titre exécutoire, que la banque a valablement clôturé ledit compte conformément à l'article 7, 4 de la convention des parties prévoyant cette opération de plein droit et sans préavis, avec le solde de tout compte immédiatement exigible, en cas de maintien du compte par le bénéficiaire sans mouvement débiteur pendant une durée supérieure ou égal à 90 jours (CCJA, 1e ch., 228, 29-11-2018 : T. c/ Afriland First Bank SA).

Les dispositions de l'article 247 de l'AUPSRVE subordonnent la mise en œuvre de la saisie immobilière à l'existence d'un titre exécutoire constant et à l'existence d'une créance liquide et exigible. En l'espèce, c'est sur la base d'une convention de prêt passée par-devant notaire, en forme exécutoire, non contestée dans son authenticité et ne faisant l'objet d'aucune procédure d'inscription de faux, que la saisie immobilière a été entreprise ; cette convention qui vaut titre exécutoire, constatant une créance liquide et exigible, l'argument tiré du droit interne devient inopérant, les conditions prévues par l'article 247 de l'Acte uniforme étant en l'état réunies ; qu'il échet dès lors de rejeter les moyens considérés comme non fondés (CCJA, 1e ch., no 292, 27-12-2018 : FIRST TRUST SAVINGS et LOAN c/ 1) Ets SIGMA et monsieur BAPES Samuel, 2) SCI d'AKWA).

La convention d'ouverture de crédit n'encourt pas la nullité sollicitée lorsque l'immeuble auquel se rapporte ce moyen ne fait pas partie de ceux qui font l'objet de la saisie (CCJA, 2e ch., no 014, 23-2-2017 : Moutstapha Tall SA c/ ECOBANK-SÉNÉGAL, Ohadata J-17-174).

Les conventions tiennent lieu de lois à ceux qui les ont faites et doivent être exécutées de bonne foi. Détient un titre exécutoire constatant une créance liquide et exigible au sens de l'article 247 de l'AUPSRVE, la banque qui justifie d'une convention notariée d'ouverture d'un compte courant régulièrement clôturé, les conventions sous seing privé postérieurement signées par les parties dans le cadre de la restructuration du crédit octroyé étant sans incidence sur le caractère exécutoire dudit titre, en l'absence d'une stipulation contractuelle contraire (CCJA, 1e ch., no 183/2020, 28-5-2020 : A. c/ La Bia-Togo).

b. Acte notarié ne visant pas la créance invoquée

S'agissant d'une créance remboursable sur une période de 5 ans selon un échéancier déterminé, lorsque l'acte notarié qui constitue le fondement des poursuites ne contient pas une clause prévoyant l'exigibilité de la totalité de la créance en cas de non-paiement d'une échéance, l'intégralité de la créance n'est pas exigible et le créancier ne peut poursuivre le recouvrement que pour le montant exigible à la date des poursuites, et non pour l'intégralité de la créance (TRHC Dakar, no 1631, 2-11-1999 : SGBS c/ S. S., Ohadata J-03-167).

c. Demandeur gérant représentant légal, caution solidaire et personnelle de la débitrice : caractère inopérant de la nullité alléguée de la caution

C'est à tort qu'il est reproché à l'arrêt attaqué de ne pas avoir sursis à la poursuite de la vente en raison de l'existence de la procédure introduite devant la juridiction compétente en nullité de la convention de caution qui justifiait que la décision à intervenir soit attendue pour que le titre soit définitivement acquis comme mentionné à l'article 247, al. 2 de l'AUPSRVE, dès lors que le demandeur revêt en lui la double qualité indissociable de gérant représentant légal de la société débitrice et de caution solidaire et personnelle ; il aurait été déchargé de sa responsabilité de caution par une décision judiciaire devenue définitive s'il était un tiers vis-à-vis de la société. En outre, une quelconque nullité de la caution n'entamerait en rien le titre exécutoire fondant la créance à l'égard de la société débitrice conformément à l'article 247, al. 1 de l'AUPSRVE (CCJA, 1e ch., no 144, 29-6-2017 : Mamadou Doukouré, Sté New Market SARL c/ Banque Crédit du Congo).

4o Titre exécutoire prévu par la loi nationale

En retenant que l'état de créance produit ses effets à la suite de la décision de la section administrative de la Cour suprême prononçant le sursis du jugement du tribunal administratif, ledit état établi par la défenderesse est un titre exécutoire selon l'article 3 de la loi 08-005 du 8 février 2008 créant un privilège général pour garantir les créances de la défenderesse ayant servi à la vente forcée des immeubles, la cour d'appel n'a en rien violé les dispositions de l'article 247 de l'AUPSRVE (CCJA, 3e ch., no 026, 13-3-2014 : Sté West Africa Investement Company dite WAIC-SA c/ Banque de l'Habitat du Mali dite BHM – SA, Ohadata J-15-117).

B. Absence d'un titre exécutoire

1o Caractère inopérant d'un acte notarié portant ouverture de crédit avec affectation hypothécaire en l'absence de mise en place effective du crédit

S'il est constant que par un acte notarié d'ouverture de crédit, le créancier, qui est une banque, a consenti à l'ouverture d'un crédit au profit du débiteur poursuivi, les conditions de l'article 247 de l'AUPSRVE ne sont pas réunies et la vente forcée ne peut être poursuivie lorsque d'une part, la banque n'a pas démontré qu'un compte a fonctionné dans ses livres au nom du débiteur et a affiché au moment de sa clôture un solde débiteur correspondant au montant dont le recouvrement est recherché ; et que d'autre part, la banque, qui a précisé dans le cahier des charges et dans le commandement qu'il poursuit les réalisations du titre foncier sur la base de la grosse de l'acte d'ouverture de crédit et de la situation du compte du débiteur, n'a produit aucun document relatif à ce compte (TRHC Dakar, no 801, 4-5-1999 : Société de Promotion et de Financement le « Crédit Sénégalais » c/ A. F., Ohadata J-04-22).

S'agissant d'un compte courant, la créance est celle arrêtée par une clôture contradictoire dudit compte, le débiteur ayant été préalablement informé de la volonté de la banque et de la date de ladite clôture.

C'est par une appréciation souveraine des caractères d'une créance et des circonstances de la clôture d'un compte, dont le contrôle échappe à la CCJA, qu'une cour d'appel a déduit de son analyse des pièces produites par les parties, que l'acte notarié portant ouverture de crédit est inopérant en l'espèce, en l'absence de la preuve de la mise en place effective de tous les concours financiers allégués, et a estimé que ce titre ne constate pas une créance liquide et exigible, comme l'exigent les dispositions de l'article 247 de l'AUPSRVE, spéciales à la saisie immobilière, pour conclure à l'inexistence de celle-ci et partant, à l'invalidité de la clause d'affectation hypothécaire qui en est l'accessoire. En concluant dans ces circonstances que le titre exécutoire ne peut pas produire des effets, pour infirmer le premier jugement, puis statuant à nouveau, annuler le commandement et discontinuer des poursuites, la cour d'appel n'a en rien violé l'article 33 de l'AUPSRVE visé au moyen (CCJA, 1e ch., nº 318/2020, 22-10-2020 : Afriland First Bank c/ Automobile Cars By Claude SARL).

2º Créance dont le montant est contesté

L'ouverture d'un compte courant avec affectation hypothécaire et un certificat d'inscription hypothécaire ne peuvent pas à eux seuls constituer un titre exécutoire au sens de la loi dès lors que le débiteur conteste le montant et, partant, le principe même de la créance, cette contestation étant manifestée par le recours à un expert (CA Littoral (Cameroun), nº 020/C, 16-1-2009 : N. E. c/ CAPCOL, Ohadata J-09-143).

3º Jugement rendu par défaut et frappé d'opposition

Voir sous l'art. 33 (CCJA, 1e ch., nº 035/2020, 13-2-2020).

4º Commandement visant un titre inopposable

Le commandement visant un jugement qui ne lie pas le demandeur, ne remplit pas les exigences légales et c'est en violation de la loi qu'une cour d'appel a ordonné la continuation des poursuites sur le fondement d'un tel jugement, exposant son arrêt à la cassation sans qu'il soit besoin d'examiner le second moyen. Sur l'évocation, et pour les mêmes motifs que ceux justifiant la cassation du jugement entrepris, il y a lieu d'annuler les poursuites entreprises contre le demandeur, le commandement aux fins de saisie immobilière visant des titres non opposables à ce dernier (CCJA, 1e ch., nº 329/2019, 12-12-2019 : SIGNE David c/ Caisse d'Épargne et de Crédit du Cameroun).

C. Cas d'un titre exécutoire provisoire

L'absence d'un titre définitivement exécutoire ne fait pas obstacle au déclenchement de la procédure de saisie immobilière, un tel titre n'étant exigé au regard de l'article 247 de l'AUPSRVE qu'au moment de l'adjudication (TRHC Dakar 4-1-2000 : SNR et Ri. A. c/ EGCAP, Ohadata J-04-349).

En sens contraire, même si la poursuite peut avoir lieu en vertu d'un titre exécutoire par provision, elle ne peut être effectuée que sur un titre définitivement exécutoire. En présence d'un titre qui n'est pas définitivement exécutoire parce que faisant l'objet d'un recours au fond, il convient de surseoir à l'adjudication jusqu'à intervention d'une décision définitive au fond (CA Niamey (Niger), nº 234, 16-10-2006 : Ets ABOU-ZEID (Belgique) c/ H. G., obs. J. Issa-Sayegh, Ohadata J-10-288).

Obs. : si le titre doit être définitivement exécutoire, il n'est plus question d'un titre exécutoire par provision ; c'est la négation de la loi.

....

II. Conditions relatives à la créance visée dans le titre

A. Liquidité

1º Créance liquide

Le grief fondé sur le défaut de liquidité de la créance doit être rejeté lorsqu'il ressort de l'acte de reconnaissance de dette que la caution a été constituée pour un montant connu, déterminé et chiffré (TGI de la Mifi (Cameroun), nº 20/civ., 1-6-2010 : K. D. c/ T. S., Y. M. G., Ohadata J-12-11).

C'est à tort qu'il est reproché à un arrêt d'avoir décidé que les immeubles saisis seront vendus aux enchères publiques pour le recouvrement d'une créance évaluée en principal à la somme de deux cent quarante-trois millions six cent quatre-vingt-quinze mille cinq cent soixante-trois (234 695 563) FCFA, alors que la somme accordée était de cent dix millions (110 000 000) de FCFA au taux d'intérêt de 2 % pour une période de trois mois et que la créance devait normalement s'élever à cent seize millions six cent mille (116 600 000) FCFA en principal et intérêts. Il en est ainsi dès lors qu'en page 7 de l'arrêt déféré, la cour, procédant d'une appréciation souveraine des éléments du dossier de la procédure, a suffisamment justifié le montant de la créance ; le moyen manque donc de fondement et doit être rejeté (CCJA, 3e ch., nº 208, 23-11-2017 : Shiptrafor Company Ltd et 3 autres c/ Azire Cooperative Cedit Union Ltd).

2º Créance non liquide

La créance n'est pas liquide et la vente ne peut avoir lieu lorsque le créancier, une banque, n'a pas mis ses débiteurs dans les conditions d'évaluer et de savoir exactement combien ils doivent, afin de faire des offres de paiement, le cas échéant (TRHC Dakar, nº 835, 7-5-2002 : vente d'immeubles saisis sur Sté Express Transit, Cheikh T. N. et Sté Africaine de Gérance Immobilière, Ohadata J-05-77).

Arrêté de compte courant unilatéralement décidé par une partie. Le compte courant résulte d'une convention par laquelle deux personnes qui sont périodiquement créancières et débitrices réciproques, font figurer leurs créances et dettes en articles de compte indivisible, seul le solde étant dû après clôture. Un tel compte ne peut valablement être clôturé que s'il est arrêté, soit à l'amiable, c'est-à-dire lorsqu'il est approuvé ou ratifié par les parties dans les conditions impliquant dans leur commune intention, la volonté de fixer définitivement leur situation juridique et comptable, soit par la juridiction compétente à la demande de la partie la plus diligente. Ce principe, admis tant par la doctrine (cf. C. GAVALDA et J. STOUFFLET in Droit de la Banque, PUF p. 471, n° 365) que par la jurisprudence (Cass. 2e civ. 25-2-1954 : Banque 1955 p. 312), s'inscrit dans le cadre des conditions posées par les articles 247 de l'AUPSRVE, et 2213 du Code civil, lesquels stipulent que la vente forcée des immeubles ne peut être poursuivie qu'en vertu d'un titre authentique et exécutoire, pour une dette certaine et liquide. Si les deux premières conditions sus-spécifiées sont remplies en l'espèce, la dernière, à savoir le caractère liquide de la créance concernée fait défaut dans la mesure où le solde du compte litigieux, arrêté unilatéralement par l'une des parties, en violation du principe sus-évoqué, et est contesté par les appelants (CA de l'ouest à Bafoussam, ch. civ. et com., n° 63/CIV, 14-6-2006 : K. G. R., MINOCAM c/ Afriland First Bank SA, Ohadata J-07-85).

Obs. : voir sous l'article 1. La doctrine française a été citée dans la décision.

3° Caractère inopérant des contestations en face d'une créance

Au regard de l'article 247, de l'AUPSRVE, les contestations des saisis relativement à la liquidité de ladite créance ne peuvent justifier la nullité des poursuites fondées sur une créance dont le principe est établi (CCJA, 1e ch., n° 125/2020, 9-4-2020 : AGBATI Kodjo Djodjivi c/ Bia-Togo ; CCJA, 1e ch., n° 183/2020, 28-5-2020 : A.c/ La Bia-Togo).

B. Exigibilité de la créance

La créance est exigible lorsque d'une part, il ressort de la convention des parties qu' « à défaut d'exécution de six mensualités consécutives des engagements pris au présent acte par le constituant… la banque pourrait exiger le paiement de toutes les sommes à elle dues et ce, trente jours après un simple avis par lettre recommandée avec accusé de réception au bénéficiaire au domicile ci-après élu. La banque n'aurait à remplir aucune formalité ni à faire prononcer en justice la déchéance du terme. Les paiements ou la régularisation postérieure de cet avis ne feraient pas obstacle à cette exigibilité » et que, d'autre part, le débiteur poursuivi reconnaît implicitement que depuis la date de son départ de la banque, il n'a payé aucune mensualité. Il en est ainsi d'autant plus que la condition de 6 mensualités non payées est largement dépassée au regard de la convention d'ouverture de crédit (CCJA, 2e ch., n° 030/2012, 22-3-2012 : Amity Bank Cameroun SA c/ Tasha Loweh Lawrence).

Le tribunal qui a retenu que « l'exigibilité et la certitude de la créance ont un fondement léger », pour annuler tous les actes de poursuite entrepris en vertu d'un titre exécutoire, alors que le non-respect par la débitrice des échéances convenues entre les parties a rendu exigible la créance poursuivie, a violé l'article 247 de l'AUPSRVE, exposant sa décision à la cassation (CCJA, 2e ch., n° 148/2021, 24-6-2021 : BDEAC, SGT S.A. c/ Sotexho, S.A.).

C. Certitude de la créance

C'est à tort qu'une cour d'appel a jugé qu'une créance ne remplit pas les critères de certitude nécessaire à son recouvrement forcé par voie de vente sur saisie immobilière après avoir retenu qu'« une créance tire sa certitude de la détermination de son montant… », alors qu'il ressort du rapport d'audit commandité par le débiteur lui-même, sur la vérification du traitement des opérations financières de son compte ouvert dans les livres de la créancière, que l'auditeur conclut à un « montant total du solde du crédit effectif devant être en compte au 31 décembre 2002… de 1 659 089 FCFA », dont le débiteur demeure redevable à l'égard de sa créancière. Cette évaluation du compte déterminant un débit de loin inférieur à ce qui est en réalité dû à la créancière mais qui n'est pas encore apuré, suffit déjà à caractériser la certitude de la créance que le débiteur ne saurait contester durablement. L'arrêt doit être cassé. Sur l'évocation, l'appel doit être rejeté et le jugement initial confirmé (CCJA, ass. plén., n° 115, 4-11-2014 : Caisse Populaire Coopérative du Littoral (CAPCOL) c/ N'GOWI Emmanuel, Ohadata J-15-206).

Obs. : l'arrêt n'a pas visé expressément l'article 247 mais il est transposable ; bien que le texte ne prévoie pas expressément la certitude au titre des conditions de la créance, cette condition nous semble implicitement requise car une créance liquide et exigible est nécessairement certaine.

La créance est certaine dès lors que l'acte authentique d'ouverture de crédit établi par-devant notaire, n'a pas été argué de faux, que le compte courant a été régulièrement clôturé comme en atteste l'acte d'huissier dressé à la requête de la banque créancière et reçu par le demandeur (CCJA, 2e ch., n° 014, 23-2-2017 : Moutstapha Tall SA c/ ECOBANK-SÉNÉGAL, Ohadata J-17-174).

C'est à tort qu'il est reproché à une cour d'appel d'avoir violé l'article 247 de l'AUPSRVE, dès lors que la cour d'appel a retenu que « [le demandeur], qui n'a pas protesté à la réception de la lettre que lui a adressée [la défenderesse] pour l'aviser de la clôture juridique de son compte et qui a sollicité un règlement amiable en vue du paiement de sa dette, sans aucunement élever la moindre objection quant au montant de sa créance, objet de ladite clôture, a entériné cette clôture... ». C'est donc à tort que le demandeur remet en cause le caractère liquide et exigible de la créance, dès lors qu'il a fait le choix d'une procédure de règlement amiable axée sur le montant contenu dans la lettre de clôture de son compte (CCJA, 2e ch., n° 088/2021, 27-5-2021 : A. c/ BGFIBANK Côte d'Ivoire).

D. Créance réunissant les trois conditions

C'est à tort qu'un débiteur prétend que la créance poursuivie n'est ni liquide ni exigible au sens de l'article 247 de l'AUPSRVE, de sorte que le commandement aux fins de saisie encourt la nullité, dès lors qu'il ressort du dossier que : le commandement litigieux a été délaissé sur la base de titres exécutoires constitués par la grosse exécutoire de la convention d'ouverture de compte avec affectation hypothécaire et par son avenant ; qu'en proie à des difficultés, le débiteur a sollicité des facilités de remboursement de sa dette qu'il a reconnue dans une requête en ce sens du 31 janvier 2014 pour un montant de 54 576 054 FCFA ; que la même reconnaissance résulte de l'engagement pris le même jour par ses enfants qui sollicitaient un délai de 13 mois ; qu'enfin, les frais accessoires réclamés en sus de la dette principale doivent compenser les dépenses faites par la créancière dans le cadre de la procédure et n'affectent pas les caractères exigibles et liquides de la créance principale (CCJA, 1e ch., n° 257/2020, 16-7-2020 : CECIC c/ Succession T.).

Détient un titre exécutoire constatant une créance liquide et exigible au sens de l'article 247 de l'AUPSRVE la banque qui justifie d'une convention notariée d'ouverture d'un compte courant régulièrement clôturé. Les conventions sous seing privé postérieurement signées par les parties dans le cadre de la restructuration du crédit octroyé sont sans incidence sur le caractère exécutoire dudit titre, en l'absence d'une stipulation contractuelle contraire (CCJA, 1e ch., n° 125/2020, 9-4-2020 : A. c/ Bia-Togo).

C'est par une appréciation souveraine qu'une cour d'appel a admis que la créance dont le recouvrement est poursuivi est certaine et liquide pour avoir été reconnue par le débiteur lui-même, lequel ne saurait dès lors invoquer l'absence de clôture contradictoire de la convention du compte courant liant les parties (CCJA, 3e ch., n° 303/2020, 22-10-2020 : G. c/ Express-Union Finances SA).

E. Créance ne réunissant les trois conditions

La cour d'appel qui a validé l'adjudication poursuivie en vertu de la grosse d'une ordonnance délivrée sur la base d'un certificat de non appel, alors que cette ordonnance frappée d'appel a été infirmée par la juridiction d'appel, a procédé par des motifs contradictoires et exposé sa décision à la cassation, en ne tirant pas les conséquences de ses propres constatations relatives à cette infirmation, survenue postérieurement à l'audience éventuelle et ayant motivé l'action en nullité édictée par l'article 313 de l'AUPSRVE (CCJA, 3e ch., n° 220/2020, 25-6-2020 : Société Central Park c/ Maître Vincent Bourgoing Dumonteil).

F. Preuve de la créance

1° Charge de la preuve de la créance

Par principe, « celui qui réclame l'exécution d'une obligation doit la prouver. Réciproquement, celui qui se prétend libéré, doit justifier le paiement ou le fait qui a produit l'extinction de son obligation » (CCJA, n° 13, 18-3-2004 : F. F. Tobias c/ SGBC, Juris-Ohada, n° 2/2004, juin-août 2004, p. 27, note BROU Kouakou Mathurin. – Rec. jur. CCJA, n° 3, janv.-juin 2004, p. 101, Ohadata J-04-298).

2° Preuve établie

La grosse d'un acte d'ouverture de crédit avec affectation hypothécaire, acte notarié valant jusqu'à inscription de faux, est suffisante pour fonder la créance, d'autant plus qu'elle n'est pas sérieusement contestée (CA Dakar, 1e civ. et com., n° 414, 8-9-2000 : SCI JABULA c/ CBAO, Ohadata J-04-344).

Lorsqu'un débiteur ne conteste pas que son créancier (la banque) a établi le solde définitif conformément aux stipulations de la convention de compte courant qu'ils ont conclue, et ne verse pas aux débats de pièce contredisant le montant de celui-ci, la somme correspondant au solde débiteur arrêté par la banque sera retenue comme montant de la créance en principal (CCJA, n° 25, 15-7-2004 : M. c/ SCB-CL, Ohadata J-05-168, Juris-Ohada, n° 4/2004, oct.-déc. 2004, p. 2, note Brou Kouakou Mathurin, Rec. jur. CCJA, n° 4, juill.-déc. 2004, p. 16).

La preuve de la créance est établie lorsque la convention d'ouverture de crédit consentie a mis à la charge du client les frais de mise en place du crédit et des garanties, que ce dernier, qui a consommé le crédit à concurrence du montant desdits frais, a reconnu une mise en place partielle du crédit et s'est proposé de se libérer de sa dette selon un échéancier précis après avoir notifié sa renonciation au reliquat (TRHC DAKAR, n° 873, 8-5-2001 : C. A. T. D. et M. K. épse K. c/ CBAO, Ohadata J-03-60).

3° Preuve non établie

Lorsque le [prétendu] créancier ne peut pas démontrer qu'un compte a fonctionné dans ses livres au nom du [prétendu] débiteur et qu'il a affiché au moment de sa clôture un solde égal à la somme dont le recouvrement est recherché, la créance invoquée est injustifiée (TRHC Dakar, n° 801, 4-5-1999 :

Sté de Promotion et de Financement le « Crédit Sénégalais » c/ A. F., Ohadata J-04-22).

G. Contestation de la créance

1° Détermination du montant de la créance par le juge

En cas de non-exécution de l'expertise du fait de la partie demanderesse, le juge rend la décision au vu des éléments d'appréciation en sa possession (CCJA, n° 25, 15-7-2004 : M. c/SCB-CL, Ohadata J-05-168, Juris-Ohada, n° 4/2004, oct.-déc. 2004, p. 2, note BROU Kouakou Mathurin, Rec. jur. CCJA, n° 4, juill.-déc. 2004, p. 16).

2° Obligation du tribunal de se prononcer sur la créance invoquée et contestée

Un tribunal qui a rejeté toutes les demandes à fin de nullité et ordonné la continuation des poursuites sans se prononcer sur les contestations relatives à la créance qui l'avaient pourtant déterminé à ordonner une expertise comptable, n'a pas permis à la CCJA d'exercer son contrôle et son jugement doit être cassé (CCJA, n° 25, 15-7-2004 : M. c/SCB-CL, Ohadata J-05-168, Juris-Ohada, n° 4/2004, oct.-déc. 2004, p. 2, note Brou Kouakou Mathurin, Rec. jur. CCJA, n° 4, juill.-déc. 2004, p. 16).

3° Rejet de la contestation du débiteur

La contestation du montant de la dette par le débiteur doit être rejetée dès lors qu'elle ne repose sur aucune pièce contredisant le montant arrêté par le créancier à travers les pièces produites. De même, Un débiteur qui n'a pas rapporté la preuve de l'extinction de son obligation de rembourser à son créancier le montant de ses concours financiers, et qui n'a pas payé la consignation pour l'exécution d'une expertise comptable qu'il a lui-même demandée, ne peut valablement contester le montant de sa dette (CCJA, n° 13, 18-3-2004 : F. F. Tobias c/ SGBC, Juris-Ohada, n° 2/2004, juin-août 2004, p. 27, note BROU Kouakou Mathurin, Rec. jur. CCJA, n° 3, janv.-juin 2004, p. 101, Ohadata J-04-298).

4° Novation de la créance alléguée à tort

Doit être cassé, pour violation des articles 1273 du Code civil camerounais (selon lequel « la novation ne se présume point, il faut que la volonté de l'opérer résulte clairement de l'acte ») et 247 de l'AUPSRVE, l'arrêt qui, pour annuler une procédure de saisie immobilière, a considéré que la créance était éteinte suite à une novation opérée par voie de cession de créances résultant des copies de correspondances échangées entre les parties, alors que les conditions légales de la novation et de la cession de créances posées par les articles 1271, 1273, 1689 et 1690 du Code civil du Cameroun n'étaient pas remplies (CCJA, 3e ch., n° 195, 23-12-2015 : Ecobank Cameroun SA c/ Groupe International de Diffusion et de Publication (GIDP) SA, Ohadata J-16-188).

III. Annulation d'un commandement prématurément servi

Le tribunal qui, pour annuler un commandement aux fins de saisie immobilière, a rappelé les stipulations de la convention de compte des parties, prévoyant le recours amiable préalable et le recours arbitral pour trancher des différends dans l'exécution de ladite convention, avant toutes actions immobilières, pour en déduire que la créancière a servi commandement prématurément en violation de la clause compromissoire, n'a en rien violé les dispositions du texte visé au moyen (CCJA, 2e ch., nos 293/2019, 28-11-2019 : BICEC c/ N.).

IV. Adjudication pour une créance en espèces non liquidée

Est mélangé de fait et de droit le moyen qui convie la CCJA à interpréter la convention librement signée par les parties ayant stipulé les intérêts dont le taux est critiqué. Le moyen visant la violation d'une disposition nationale relative aux intérêts et qui ne vise aucune disposition de l'AUPSRVE auquel il se rattache pour obtenir la nullité des poursuites se rapporte à la liquidité de la créance dont le recouvrement est poursuivi au moyen d'une saisie immobilière ; à cet égard, il ressort des dispositions de l'article 247, alinéa 2 de l'AUPSRVE que la vente forcée peut avoir lieu « pour une créance en espèces non liquidée ; mais l'adjudication ne peut être effectuée que sur un titre définitivement exécutoire et après la liquidation ». Il s'ensuit que la contestation relative aux intérêts ne saurait faire obstacle à la poursuite de la procédure de saisie immobilière (CCJA, 1e ch., n° 256/2020, 16-7-2020 : Z. c/ BICEC). Il résulte de l'article 247 de l'AUPSRVE que c'est seulement au stade de l'adjudication que l'exigence de liquidité de la créance peut faire obstacle à l'expropriation forcée. C'est par une appréciation souveraine des éléments produits au dossier que des juges d'appel ont déduit « que les paiements allégués par la [débitrice] ne sont pas établis » et que le principe de la créance de la défenderesse était « incontestable ». La CCJA est inhabile à contrôler une telle motivation. Au regard de ce qui précède, le critère d'exigibilité de la créance ne donnant lieu à aucun débat spécifique (CCJA, 1e ch., n° 327/2019, 12-12-2019 : SCI Santala c/ CBAO Groupe Attijari Wafa Bank SA).

V. Mission du juge des criées

Il entre dans la mission du juge des criées de fixer, lorsqu'il est contesté, le montant de la créance poursuivie, cela étant sans incidence sur la procédure en application de l'alinéa 2 de l'article 247 de l'AUPSRVE

(CCJA, 1e ch., no 244/2020, 25-6-2020 : Mécanique sans Frontière « antenne Philippe PUYO » c/ Afriland First Bank).

VI. Actes procéduraux ne caractérisant pas une violation de l'article 247

La cour d'appel qui n'a statué que sur la recevabilité d'un appel en vertu de l'article 300 de l'AUPSRVE n'a pu violer l'article 247 du même Acte uniforme (CCJA, 3e ch., no 035/2021, 25-2-2021 : T. c/ Equity Bank Congo).

Le premier juge, qui n'a fait que constater la déchéance de la requérante, ne pouvait examiner les autres griefs faits au jugement querellé, tirés de la violation des dispositions des articles 247, 249 et 255 de l'AUPSRVE (CCJA, 2e ch., no 040/2021, 25-2-2021 : M. c/ W.).

VII. Prise d'acte du désistement de l'une des parties à l'instance

L'arrêt attaqué qui, après avoir relevé que « la [société B.], bien que créancière de la succession de feu N, ne dispose d'aucune garantie hypothécaire » comme le soutient au demeurant le requérant, a donné acte du désistement d'instance de la société B. tant à celle-ci qu'au pool bancaire, n'a en rien violé les dispositions de l'article 247, al. 1, de l'AUPSRVE. La nullité du commandement sollicitée du fait d'une implication illégale et indue de la société B. la présente procédure n'est pas fondée et doit être rejetée (CCJA, 2e ch., no 31, 3-7-2008 : O. c/ 1) BICICI, 2) SGBCI, 3) SIB, 4) CCI, 5) BIDI, Juris-Ohada, no 4/2008 p. 9, Ohadata J-09-70).

Art. 248 [mod.] *Dans chaque État partie,* la vente est poursuivie *devant la juridiction compétente pour trancher les litiges en matière de saisie immobilière* dans le ressort territorial *de laquelle* se trouve l'immeuble.

Cependant, la vente forcée des immeubles dépendant d'une même exploitation et situés dans le ressort de plusieurs juridictions se poursuit devant l'une quelconque de celles-ci.

Jurisprudence OHADA

I. Compétence matérielle

A. Incident de saisie immobilière

Il ressort des articles 248 et 298 de l'AUPSRVE que l'identification de la juridiction compétente pour connaître du contentieux des incidents de la saisie immobilière relève de l'organisation judiciaire de chaque État partie au Traité OHADA. En décidant d'examiner en chambre du conseil l'incident de saisie immobilière dont était saisi son Président, le TGI du Wouri à Douala n'a fait qu'aménager le fonctionnement de l'audience des incidents de saisie immobilière conformément aux considérations internes de la pratique judiciaire camerounaise et ne commet aucun excès de pouvoir, lequel n'est constitué que lorsque le juge a cessé de faire œuvre juridictionnelle pour se conduire en législateur, en administrateur, ou pour commettre un abus de force, ce qui, en l'espèce, n'est pas avéré. Du reste, le jugement attaqué ayant été rendu en premier et dernier ressort, celui-ci rentre dans la catégorie des décisions non susceptibles d'appel pouvant être portées devant la CCJA en application des dispositions de l'article 14, al. 4, du Traité OHADA. La requérante, faute d'avoir indiqué en l'occurrence la juridiction camerounaise spécifiquement compétente pour connaître des incidents de la saisie immobilière, ne saurait reprocher au Président du TGI qui, bien que saisi ès qualités au départ par la requête introductive d'instance, a choisi de requérir la compétence de la juridiction collégiale du TGI de Douala devant lequel, au demeurant, elle a pu régulièrement conclure et se défendre. Dès lors, ce qui constitue pour la requérante un excès de pouvoir et une violation du principe dispositif apparaît, a priori, comme une mesure d'administration et de distribution correcte de la justice ; il s'ensuit que cette branche du moyen n'est pas fondée et doit être rejetée (CCJA, 2e ch., no 35, 3-7-2008 : Standard Chartered Bank CAMEROUN SA c/ 1) SITABAC SA, 2) AZUR FINANCES SA, Juris-Ohada, no 4/2008, p. 24, Ohadata J-09-74).

Il résulte des articles 248 et 281 de l'AUPSRVE que :

– c'est la chambre des Criées du tribunal (de première instance de Cotonou en l'espèce), encore régulièrement saisie de la cause à la date du 13 septembre 2016, qui pouvait décider la remise de l'adjudication ou la non-continuation des poursuites. En s'arrogeant cette prérogative qu'aucun texte ne lui confère en la matière, le président de la cour d'appel a violé les textes précités, exposant ainsi sa décision à la cassation sans qu'il soit alors besoin d'examiner les autres moyens (CCJA, 3e ch., no 216, 23-11-2017 : Sté UBA BENIN c/ Edmonde Doris Alapini) ;

– la juridiction devant laquelle une instance de saisie immobilière est pendante est celle qui demeure compétente pour connaître des incidents y relatifs. En l'espèce, comme c'est après la fixation d'une date d'adjudication par le tribunal de première instance d'Abidjan-Plateau que la recourante a introduit sa demande de délai de grâce devant le juge des référés, c'est à tort que la cour d'appel a infirmé l'ordonnance par laquelle le juge des référés s'est déclaré incompétent ; il y a lieu en conséquence de casser l'arrêt attaqué et d'évoquer. Sur l'évocation et pour les mêmes motifs que ceux ayant conduit à la cassation, il y a lieu de confirmer en toutes ses dispositions l'ordonnance par laquelle le juge des référés saisi s'est déclaré incompétent (CCJA, 2e ch., no 107, 17-5-2018 : SN CHOCODI c/ BIAO).

B. Compétence d'attribution du tribunal de commerce selon la législation nationale

En présence d'une loi nationale incluant « les Actes uniformes de l'OHADA et autres, notamment [...] », dans le champ de compétence des juridictions de commerce, la saisie immobilière, régie par l'AUPSRVE, ne saurait être écartée du bloc de compétence du tribunal de commerce ; en confirmant la compétence du tribunal de commerce de N'Djamena sur un différend commercial par sa nature, la cour d'appel n'a en rien commis le grief allégué (CCJA, 1e ch., no 248/2020, 25-6-2020 : SPP Tchad c/ BSIC Tchad SA).

C. Compétence d'attribution de la juridiction de premier degré de commerce selon la législation nationale

Il ressort des articles 248, alinéa 1, et 281 de l'AUPSRVE que c'est le tribunal de première instance de Lomé, juridiction devant laquelle la saisie de l'immeuble est poursuivie, qui pouvait ordonner la remise de l'adjudication ou la non-continuation des poursuites. En s'arrogeant cette prérogative qu'aucune disposition légale ne lui confère en la matière, au motif que « la décision déférée a été rendue en matière de saisie immobilière et non suivant les procédures simplifiées de recouvrement et des voies d'exécution (sic !) », le président de la Cour suprême du Togo a commis le grief formulé au moyen et exposé l'ordonnance querellée à l'annulation ; rien ne restant à juger, il n'y a pas lieu d'évoquer (CCJA, 2e ch., no 162/2021, 28-10-2021 : Bia-TOGO S.A. c/ Sté Ger SA).

....

II. Compétence territoriale

A. Juridiction du siège de l'immeuble

Lorsque l'hypothèque dont la réalisation est poursuivie porte sur un immeuble urbain situé à Douala et immatriculé dans le département du Wouri, le TGI du Wouri à Douala est bien compétent en l'espèce, dès lors qu'il a plénitude de juridiction sur le département du Wouri ; les juridictions de Bamenda, lieu du siège social du créancier poursuivant sont incompétentes, les articles 147 et suivants de l'AUSCGIE étant inapplicables en l'espèce (CCJA, 2e ch., no 030/2012, 22-3-2012 : Amity Bank Cameroun SA c/ Tasha Loweh Lawrence).

Viole les articles 248 et 298 de l'AUPSRVE la cour d'appel qui rejette une exception d'incompétence, alors que l'acte dont l'annulation est demandée constitue le support d'une procédure de saisie immobilière pendante devant la juridiction compétente matériellement et territorialement. En l'espèce, une procédure de saisie immobilière visant les immeubles objet de la convention de crédit, dont l'annulation est demandée, ayant été ouverte courant mars 2010, devant le tribunal de grande instance du Wouri à Douala, ressort de la cour d'appel du Littoral à Douala, c'est à tort que la cour d'appel du Centre statuant à Yaoundé a infirmé le jugement par lequel le tribunal de grande instance du Mfoundi à Yaoundé s'est déclaré incompétent, exposant ainsi son arrêt à la cassation. Sur l'évocation et pour les mêmes motifs que ceux ayant conduit à la cassation, il y a lieu de confirmer le jugement du TGI du Mfoundi à Yaoundé, en toutes ses dispositions (CCJA, 2e ch., no 203, 23-11-2017 : Afriland First Bank SA c/ SHC SA, Sté Cogeopres SARL).

B. Impossibilité de déroger à la compétence territoriale, d'ordre public

Viole les articles 246 et 248 de l'AUPSRVE le tribunal qui reçoit une exception d'incompétence, aux motifs que les parties ont, d'un commun accord, inséré une clause dans leur convention de compte courant donnant compétence au tribunal de commerce d'Abidjan pour régler toutes contestations qui pourront surgir à l'occasion de l'application de ladite convention, alors qu'aux termes des dispositions d'ordre public susvisées, la juridiction devant laquelle la vente est poursuivie est celle ayant plénitude de juridiction dans le ressort territorial où se trouvent les immeubles, comme c'est le cas en l'espèce. C'est donc à tort que la section du tribunal de Guiglo, dans le ressort territorial où se trouve le terrain urbain bâti formant les lots concernés par la saisie immobilière, s'est déclarée incompétente, exposant son arrêt à la cassation. Sur l'évocation et pour les mêmes motifs que ceux ayant entraîné la cassation, il convient de rejeter l'exception d'incompétence soulevée et déclarer compétente la section du tribunal de Guiglo ; en conséquence, la procédure doit suivre son cours et lui être renvoyée à cet effet pour vider sa saisine (CCJA, 3e ch., no 174/2021, 28-10-2021 : BSIC CI c/ Société CA2C).

Section I • *LES* CONDITIONS RELATIVES À LA NATURE DES BIENS

Art. 249 La part indivise d'un immeuble ne peut être mise en vente avant le partage ou la liquidation que peuvent provoquer les créanciers d'un indivisaire.

JURISPRUDENCE OHADA

I. Partage de l'immeuble indivis

Il résulte de l'article 249 de l'AUPSRVE qu'un créancier a le droit de demander le partage d'un immeuble objet d'indivision à laquelle le débiteur est partie. La juridiction qui ordonne le partage peut désigner un notaire pour le réaliser (TRHC Dakar 31-12-2002 : SNR c/ A. D. et F. D., Ohadata J-03-138).

II. Vente de l'immeuble indivis avant partage

A. Nullité

La part indivise d'une personne qui n'est pas débitrice ne peut être, sans son consentement, valablement donnée en cautionnement par les autres indivisaires ; c'est donc en violation de l'article 249 qui interdit la vente d'une part indivise avant le partage ou la liquidation qu'un jugement a ordonné la vente du titre foncier partage préalable. Cette décision doit être infirmée sans qu'il soit nécessaire d'examiner les autres moyens ; statuant à nouveau, la procédure de vente du titre foncier doit être annulée (CA Dakar, civ. et com., 2-1-2003 : Pape A. G. c/ Aladji F., Ohadata J-03-148).

B. Absence de nullité

1° Poursuites engagées contre l'ensemble des héritiers

Le moyen selon lequel l'immeuble est un bien indivis, donc insaisissable, est inopérant dès lors que, d'une part, les poursuites ne sont pas engagées contre un ou quelques indivisaires ou sur une partie de l'immeuble représentant la part indivise d'un ayant droit, mais contre tous les héritiers et sur l'intégralité de l'immeuble, et d'autre part, l'immeuble avait fait l'objet d'hypothèque par le débiteur avant son décès (CA Bobo-Dioulasso (Burkina Faso), ch. civ., n° 006/08, 21-1-2008 : Ayants droits de Feu O. O. c/ D. B., Ohadata J-10-118).

2° Renonciation au bénéfice de discussion

Lorsque l'épouse du débiteur, intervenant dans l'acte d'hypothèque, y dit se constituer caution, solidaire et indivisible de son mari, le constituant, sans réserve ni bénéfice de discussion pour le montant de cette convention de compte courant en principal, frais et accessoires ; qu'elle y dit aussi renoncer au profit de la banque sur les biens immobiliers de son mari et affectés spécialement à la garantie, à l'hypothèque légale que lui reconnaît l'article 2121 du Code civil, aucune violation de l'article 249 de l'AUPSRVE ne peut être invoquée, ladite convention qui a été librement consentie, tenant lieu de loi pour les parties (TGI du Moungo à Nkongsamba, n° 24/CIV, 6-3-2003 : F. René, F. Marie et Jeanne c/ S.G.B.C., Ohadata J-05-122).

III. Partage non provoqué par le créancier alors qu'il le pouvait

Lorsque le débiteur s'est marié le 9 octobre 1965 à Abidjan sous le régime de la communauté des biens, seul régime matrimonial en vigueur au moment de leur mariage, qu'il a divorcé après l'entrée en vigueur de la loi n° 83-300 du 2 août 1983 modifiant radicalement l'ancien et unique régime précédent, la créancière qui ne prouve pas qu'il y a eu partage ou liquidation des biens de la communauté entre les deux ex-époux, ou un changement de régime matrimonial entre les époux avant le divorce ne peut exciper la violation des articles 77 et 83 nouveaux de la loi ivoirienne n° 83-300 du 2 août 1983, alors que selon les ex-époux, les immeubles litigieux sont et demeurent communs et indivis. Il suit que leur bonne foi ne peut valablement être vérifiée et contestée que dans le cadre et à l'issue du partage ou de la liquidation des biens présumés communs formant l'indivision. Le partage ou la liquidation n'étant pas intervenus alors même qu'ils pouvaient être provoqués par la créancière, le moyen doit être rejeté (CCJA, 2e ch., n° 025, 30-4-2008 : SGBCI c/ K., K., Juris-Ohada n° 2, avr.-juin 2008, p. 31, Rec. jur. CCJA, n° 11, janv.-juin 2008, p. 61, Ohadata J-09-36, Ohadata J-09-317, Actualités Juridiques, n° 60-61, p. 433, note anonyme).

Art. 250 La vente forcée des immeubles communs est poursuivie contre les deux époux.

JURISPRUDENCE OHADA

I. Poursuite sans partage préalable

C'est vainement qu'une épouse se prévaut d'une absence de consentement pour solliciter la distraction à son profit du bien commun saisi, dès lors que l'époux a consenti à l'hypothèque sur le fondement d'une loi nationale qui autorisait l'époux à aliéner, vendre ou hypothéquer les biens communs sans le concours de l'épouse. Et c'est à tort que l'épouse invoque à son bénéfice, l'article 49 de l'AUPSRVE, le sort des immeubles communs étant régi par l'article 250 du même Acte uniforme qui énonce que la vente forcée des immeubles communs est poursuivie contre les deux époux. Une telle disposition indique nécessairement que s'agissant d'un bien commun, la vente forcée peut se faire sans partage préalable provoqué par le créancier ; l'appel de l'épouse est mal fondé et le jugement entrepris doit être confirmé (CA Abidjan, n° 402, 13-4-2001 : A. N. M. M. épse P. c/ P. S. ; BICICI, Ohadata J-03- 313, Ohadata J-04-92).

Dol du débiteur. L'article 250 de l'AUPSRVE ignore la polygamie, qui, de par sa nature illimitée, permet des abus et spéculations pernicieuses. L'apparition d'une seconde épouse, mariée au débiteur avant la constitution de l'hypothèque sans y être mêlée est dolosive, dès lors que la banque créancière n'aurait pas admis le contrat si elle avait le moindre soupçon sur l'existence de cette deuxième épouse. Il en est ainsi d'autant plus que le Code civil a été conçu pour les cas de monogamie ; qu'il y est même interdit de contracter un second mariage avant la dissolution du premier (article 147) et que tous les articles afférents aux biens ou à quelque partage font état de « la femme » (mariée, survivante...) et non « des femmes ». Ainsi, l'article 1474 du Code civil dit explicitement que le parage de l'actif de la communauté se fait par moitié entre les époux, ce qui suppose l'existence seulement d'un homme et d'une femme. Il s'ensuit qu'il n'y a eu aucune violation des articles 1399 et 1401, al. 3 du Code civil et le moyen de nullité doit être rejeté (TGI du Moungo à Nkongsamba, n° 24/CIV, 6-3-2003 : F. René, F. Marie et Jeanne c/ S.G.B.C., Ohadata J-05-122).

> **Obs. :** cette décision ne semble pas remettre en cause la polygamie, qui est légale dans plusieurs États membres de l'OHADA ; c'est plutôt le comportement dolosif du débiteur, qui s'est abstenu d'informer le créancier de sa situation de polygame au moment de la constitution de l'hypothèque, qui est ici condamné. Pour une application de l'article 250 de l'AUPSRVE, voir : TGI Mifi, 4-6-2002 : SOREPCO c/ M. F., K. J., Ohadata J-04-231.

II. Annulation d'un commandement de saisie pour non-respect de l'article 250

Le commandement aux fins de saisie immobilière est nul et la mainlevée de la saisie doit être ordonnée, lorsque s'agissant d'un bien commun, la vente n'a pas été poursuivie contre les deux époux, en ce que le commandement n'a pas été servi aux deux époux, les dispositions de l'article 250 étant d'ordre public selon l'article 246 de l'AUPSRVE (Section du tribunal de Sassandra, ord. n° 5, 15-1-2003 : O.N.B Epse V. c/ R.D.S, V.M, Me T.M, Juris-Ohada, n° 4/2005, juill.-sept. 2005, p. 28, Ohadata J-06-17).

C'est en violation des articles 249 et 250 de l'AUPSRVE qu'une cour d'appel a retenu que « la violation des articles 249 et 250 de l'Acte uniforme invoquée à présent aurait dû l'être avant l'audience éventuelle, le caractère présumé commun du bien étant déjà connu » pour déclarer l'épouse du débiteur poursuivi irrecevable en son action aux fins d'annulation du jugement d'adjudication. Il en est ainsi dès lors que les actes relatifs à la procédure d'adjudication, entre autres, l'exploit de commandement aux fins de saisie immobilière, l'acte de dépôt du cahier de charges ont été signifiés uniquement à l'époux, que la procédure a été initiée contre l'époux seul et à l'insu de l'épouse à laquelle aucun acte n'a été servi l'informant de la vente de l'immeuble faisant partie de la communauté existant entre eux. La procédure a été viciée en raison de ce défaut et la cour d'appel, en statuant comme elle l'a fait, a exposé son arrêt à la cassation. Sur l'évocation, la vente, qui a été poursuivie contre l'époux seul, est inopposable à l'épouse, aucun acte de vente ne lui ayant été servi ; pour les mêmes motifs que ceux adoptés pour la cassation de l'arrêt, il convient d'infirmer partiellement le jugement entrepris en ce qu'il a déclaré mal fondée l'action de l'épouse et d'annuler le jugement d'adjudication (CCJA, 2e ch., n° 024, 25-2-2016 : Soumounou Néné épse Fadiga c/ Sté Générale de Banques en Côte d'Ivoire dite SGBCI, Lasme épse Niagne You Gisèle, Ohadata J-16-226).

III. Renonciation d'une épouse à son droit d'hypothèque légale

C'est à tort qu'il est reproché à un arrêt d'avoir violé l'article 250 de l'AUPSRVE en confirmant le jugement querellé par adoption de ses motifs relatifs à la renonciation à l'hypothèque légale de la femme mariée entraînant son exclusion de la procédure de saisie immobilière, alors qu'un tel acte vaut seulement renonciation au devoir d'exiger le partage de ce bien, la femme mariée demeurant avec l'époux copropriétaire, de sorte qu'elle doit subir la procédure de saisie immobilière, ce qui n'a pas été le cas, dès lors que le tribunal énonce que l'article 250 précité « exige que la vente forcée des immeubles soit poursuivie contre les deux époux, qu'en l'espèce l'épouse commune en bien n'a pas fait l'objet de poursuites ; Attendu que dans la convention d'ouverture de compte courant en son article 13, dame [X] a expressément renoncé à son droit d'hypothèque légale ; qu'on ne saurait plus invoquer ce droit, dans la présente procédure ; qu'il y a lieu de rejeter cet argument ». En statuant ainsi, alors que la poursuite était fondée sur la convention liant exclusivement la banque à l'époux demandeur qui pouvait appeler en intervention forcée son épouse, et que celle-ci avait également toute la latitude pour intervenir volontairement dans ladite procédure, le tribunal a très justement appliqué les dispositions de l'article 250 visé au moyen, lequel ne prévoit au demeurant aucune sanction expresse. En confirmant le jugement querellé sur ce point par adoption de motifs, la cour d'appel n'a en rien commis le grief allégué par le moyen (CCJA, 1e ch., 228, 29-11-2018 : Tchiakoua Siantou Joseph Raoul c/ Afriland First Bank SA).

IV. Biens non communs

Les dispositions de l'article 250 de l'AUPSRVE s'appliquent à la vente forcée des immeubles communs aux deux époux. Lorsqu'il n'est pas démontré que l'immeuble objet de la saisie immobilière est un bien commun, les dispositions des articles 4 [devenu 14] de l'AUS et 250 de l'AUPSRVE, qui n'ont pas vocation à s'appliquer dans la présente procédure de saisie immobilière, n'ont pu être violés par le TGI (CCJA, 1e ch., n° 43, 1-7-2010 : 1) Ets UNIMARCHE, 2) M. P. c/ UBC PLC, Juris-Ohada n° 1/2011, janv.-mars 2011, p. 2, Ohadata J-12-91).

V. Caractère indivis de l'immeuble d'époux divorcés sans liquidation de la communauté

L'immeuble d'époux mariés sous le régime de la communauté des biens, qui ont divorcé sans que leur communauté ait été liquidée, demeure un bien indivis. N'a donc pas violé l'article 250 de l'AUPSRVE, la cour d'appel qui, tirant conséquence de ce fait d'une part et, d'autre part, de ce que la défenderesse, quoique caution personnelle et solidaire de la dette de son ex-époux, n'est pas partie à la procédure d'exécution forcée qui ne pouvait être dirigée contre elle, caution personnelle et solidaire, seulement tenue solidairement du paiement de la dette contractée par son ex-époux, a confirmé le jugement annulant l'adjudication en application de l'article 249 de l'AUPSRVE après avoir constaté que la procédure a été engagée après le divorce des époux et avant la liquidation de la communauté (CCJA, 3e ch., n° 186, 23-12-2015 : SYLLA YOUSSOUFFOU c/ KOUAKOU MARIE HELENE BRIGITTE, Ohadata J-16-179).

Art. 251 Le créancier ne peut poursuivre la vente des immeubles qui ne lui sont pas hypothéqués que dans le cas d'insuffisance des immeubles qui lui sont hypothéqués, sauf si l'ensemble de ces biens constitue une seule et même exploitation et si le débiteur le requiert.

Art. 252 [mod.] La vente forcée des immeubles situés dans les ressorts de juridictions différentes ne peut être poursuivie que successivement.

Toutefois, et sans préjudice des dispositions de l'article 251 *du présent Acte uniforme*, elle peut être poursuivie simultanément :

1) lorsque les immeubles font partie d'une seule et même exploitation ;

2) après autorisation du président de la juridiction compétente *ou du juge délégué par lui* lorsque la valeur des immeubles situés dans un même ressort est inférieure au total des sommes dues tant au créancier saisissant qu'aux créanciers inscrits. L'autorisation peut concerner tout ou partie des biens.

Section II • L'IMMATRICULATION PRÉALABLE

Art. 253 [mod.] Si les immeubles devant faire l'objet de la poursuite ne sont pas immatriculés et si la législation nationale prévoit une telle immatriculation, le créancier est tenu de requérir l'immatriculation à la conservation foncière après y avoir été autorisé par décision du président de la juridiction compétente de la situation des biens *ou du juge délégué par lui*, rendue sur requête et non susceptible de recours.

À peine de nullité, le commandement visé à l'article 254 *du présent Acte uniforme* ne peut être signifié qu'après le dépôt de la réquisition d'immatriculation et la vente ne peut avoir lieu qu'après la délivrance du titre foncier.

JURISPRUDENCE OHADA

I. Nullité du commandement pour défaut d'immatriculation préalable de l'immeuble en cause

Le commandement aux fins de saisie signifié avant la requête à fin d'immatriculation doit être annulé sans qu'il soit nécessaire d'examiner les autres griefs (TGI Ouagadougou, n° 66, 3-3-2004 : BICIA-B c/ Sté Générale d'Entreprise Wend-Payangda, Ohadata J-05-222).

II. Impenses immobilières

Il résulte sans équivoque de l'article 253 de l'AUPSRVE que les impenses, pour faire l'objet d'une vente forcée, doivent être immatriculées ou édifiées sur un immeuble immatriculé. Le juge d'appel qui a, sur le fondement de l'article 253 de l'AUPSRVE, rejeté une demande tendant à la vente des impenses réalisées sur une parcelle dont le permis d'habiter a été mis en gage par une personne en sa qualité de caution réelle d'une société, au motif que la saisie d'impenses ne peut être réalisée que si l'immeuble sur lequel elles sont situées est immatriculé ou a fait l'objet d'une réquisition d'immatriculation et que la vente ne peut intervenir qu'après délivrance du titre foncier, n'a pas méconnu les dispositions invoquées au moyen (CCJA, 1e ch., n° 046, 18-3-2016 : B.S.I.C. SA c/ FARIS et FILS SARL et Soumaila Alabi Yessoufou, Ohadata J-16-248).

III. Réimmatriculation non nécessaire d'un immeuble déjà immatriculé

La cour d'appel qui, pour infirmer le jugement qui a rejeté des dires et observations et la demande en distraction d'un immeuble saisi, a souverainement retenu, d'une part, que « le conservateur foncier, sachant d'avance que l'immeuble querellé était déjà immatriculé, n'avait plus besoin de créer un autre titre foncier distinct du premier, il n'avait qu'à donner les vrais renseignements concernant cet immeuble ou faire des inscriptions dans le premier titre foncier n° 14025/2010/TF du 30 mars 2010 [...] » et, d'autre part, que « la propriété de [du second défendeur] est conformée sur l'immeuble litigieux suivant le titre foncier n° 14025/2010/TF du 30 mars 2010 et l'acte de donation établi en sa faveur par [la première défenderesse] devant [...] notaire à Conakry en date du 17/10/2017 [...] » n'a en rien violé les dispositions de l'article 253 (CCJA, 1e ch., n° 316/2020, 22-10-2020 : T. c/ 1/ B.).

Chapitre II

LA MISE DE L'IMMEUBLE SOUS MAIN DE JUSTICE

Section I • LE COMMANDEMENT

Art. 254 [mod.] À peine de nullité, toute poursuite en vente forcée d'immeubles doit être précédée d'un commandement aux fins de saisie.

À peine de nullité, ce commandement doit être signifié au débiteur et le cas échéant au tiers détenteur de l'immeuble et contenir :

1) la reproduction ou la copie du titre exécutoire et le montant de la dette, ainsi que les noms, prénoms et adresses du créancier et du débiteur et, s'il s'agit d'une personne morale, ses dénomination, *forme* et siège social ;

2) la copie du pouvoir spécial de saisir donné à l'huissier *de justice* ou à *l'autorité chargée de l'*exécution par le créancier poursuivant, à moins que le commandement ne contienne, sur l'original et la copie, le bon pour pouvoir signer de ce dernier ;

3) l'avertissement que, faute de payer dans les vingt jours, le commandement pourra être transcrit à la conservation foncière et vaudra saisie à partir de sa publication ;

4) l'indication de la juridiction où l'expropriation sera poursuivie ;

5) le numéro du titre foncier et l'indication de la situation précise des immeubles faisant l'objet de la poursuite ; s'il s'agit d'un immeuble non encore immatriculé, le numéro de la réquisition d'immatriculation ; et, s'il s'agit d'impenses réalisées par le débiteur sur un terrain dont il n'est pas propriétaire, mais qui lui a été affecté par

une décision d'une autorité administrative, sa désignation précise ainsi que la référence de la décision d'affectation ;

6) la constitution de l'avocat chez lequel le créancier poursuivant élit domicile et où devront être notifiés les actes d'opposition au commandement, offres réelles et toutes significations relatives à la saisie.

JURISPRUDENCE OHADA

I. Nullité pour manquement aux dispositions ci-dessus si grief

Conformément à l'article 297 de l'AUPSRVE, les formalités édictées par l'article 254 ne sont sanctionnées par la nullité que si l'irrégularité a pour effet de causer un préjudice aux intérêts de celui qui l'invoque (TRHC Dakar, n° 503, 7-3-2000 : SOSERCOM c/ BIS, Ohadata J-03-61, obs. Ndiaw DIOUF ; TPI Bamako (Mali), 2-4-2008 : Agri 2000 c/ Yara West Africa et Yara-France, Penant n° 866, p. 116, note Bakary Diallo, Ohadata J-09-66).

Aux termes de l'article 297, al. 2 de l'AUPSRVE, la nullité prévue par l'article 254 du même Acte uniforme relatif au commandement aux fins de saisie immobilière est prononcée lorsque la partie qui s'en prévaut justifie d'un préjudice que le tribunal est alors tenu de caractériser lorsqu'il retient une telle sanction. C'est donc en violation de l'article 297 précité qu'un jugement a annulé le commandement aux fins de saisie immobilière, dès lors qu'il ne ressort des énonciations du jugement entrepris ni que les défendeurs ont fait la preuve d'un quelconque préjudice, ni que le tribunal en ait caractérisé un au soutien de la nullité retenue, s'exposant ainsi à la cassation sans qu'il soit alors besoin d'examiner les autres moyens. Sur l'évocation, les moyens de nullité formés sur le fondement des articles 254 et 269 de l'AUPSRVE doivent être rejetés, dès lors qu'en application de l'article 297 du même Acte uniforme, les formalités prescrites par lesdits textes ne sont sanctionnées de nullité que si l'irrégularité a eu pour effet de causer un préjudice à celui qui l'invoque, ce qui n'est pas le cas en l'espèce, les saisis ayant pu exercer valablement leurs droits de défense (CCJA, 1e ch., n° 292, 27-12-2018 : FIRST TRUST SAVINGS et LOAN c/ 1) Etts SIGMA et M. BAPES Samuel, 2) SCI d'AKWA ; CCJA, 1e ch., n° 327/2019, 12-12-2019 : SCI Santala c/ CBAO Groupe Attijari Wafa Bank SA).

> **Obs. :** les conséquences de cette règle sont précisées à l'occasion des irrégularités commises à propos des différentes prescriptions de l'article 254 susvisé.

Ainsi, c'est à tort qu'il est reproché à un arrêt d'avoir violé les articles 254 de l'AUPSRVE et 191 du Code de procédure civile et commerciale du Cameroun, dès lors que le demandeur reconnaît lui-même l'absence de tout préjudice résultant du défaut de notification de l'ordonnance de déchéance qui a fondé l'apposition de la formule exécutoire, en affirmant par l'organe de son conseil suivant mémoire ampliatif avoir pu former son pourvoi, « bien que n'ayant jamais reçu notification de ladite ordonnance […] » (CCJA, 2e ch., 241, 29-11-2018 : NJOUNKWE Martin c/ First Trust Saving and Loan SA).

Pour l'application de l'article 254, alinéas 1 et 2-1) de l'AUPSRVE, la juridiction saisie tient nécessairement compte des dispositions de l'article 297, alinéa 2 du même Acte uniforme, duquel il ressort notamment que les formalités prévues par l'article 254 précité ne sont sanctionnées par la nullité que si l'irrégularité a eu pour effet de causer un préjudice aux intérêts de celui qui l'invoque. En l'espèce, lorsqu'il ne ressort des énonciations du jugement attaqué ni que les défendeurs ont fait la preuve d'un quelconque préjudice, ni que le tribunal en ait caractérisé un au soutien de la nullité retenue, l'arrêt attaqué dit être cassé pour violation de l'article 254 précité (CCJA, 1e ch., n° 257/2020, 16-7-2020 : CECIC c/ Succession T.).

Il en résulte que c'est à tort qu'il est reproché à une cour d'appel d'avoir violé l'article 254 de l'AUPSRVE en ordonnant la continuation des poursuites, alors que le commandement aux fins de saisie se fonde sur un acte notarié présenté comme titre exécutoire mais dépourvu de la mention de la formule exécutoire en vigueur en république du Cameroun, dès lors que le demandeur ne rapporte pas la preuve du préjudice qu'il subit du fait de l'irrégularité qu'il invoque, alors qu'aux termes de l'article 297 de l'AUPSRVE, le juge ne peut prononcer la nullité prévue par l'article 254 du même Acte uniforme qu'en présence d'une telle preuve (CCJA, 1e ch., n° 256/2020, 16-7-2020 : Z. c/ BICEC).

Des juges d'appel qui, par une application judicieuse des dispositions légales gouvernant la recevabilité de l'appel dirigé contre les décisions judiciaires rendues en matière de saisie immobilière, ont déclaré irrecevable un appel n'étaient tenus d'examiner ni la régularité du commandement aux fins de saisie, ni celle des pouvoirs de l'huissier instrumentaire. Il s'ensuit que c'est à tort qu'on reproche à leur arrêt d'avoir violé les articles 246 et 254 de l'AUPSRVE en déclarant l'appel irrecevable, d'une part en ce que le commandement de payer était truffé de nombreuses irrégularités qui auraient dû entraîner son annulation, et d'autre part parce que l'huissier instrumentaire aurait signifié un commandement aux fins de saisie immobilière sans justifier d'un pouvoir (CCJA, 1e ch., n° 039/2020, 13-2-2020 : U.A.T.T SA, K. c/ Bank of Africa Mali).

....

II. Signification préalable d'un commandement

A. Signification du commandement au débiteur et à la caution

1° Existence d'un grief entraînant la nullité

La caution étant tenue d'exécuter l'obligation en cas de défaillance du débiteur principal, elle ne doit pas être surprise par les conséquences de cette carence. Pouvant opposer au créancier toutes les exceptions que le débiteur principal pouvait opposer à ce dernier, c'est à bon droit que les demandeurs estiment que le commandement doit être signifié à la caution puisqu'elle doit être mise en demeure [...] de se libérer de la dette et d'éviter la réalisation de la garantie, la vente par expropriation forcée ne pouvant alors intervenir que si le débiteur et la caution ne se sont pas exécutés dans le délai qui leur est imparti. La caution qui n'a pas reçu signification du commandement valant saisie réelle de son immeuble, n'a pas été mise en mesure de payer pour éviter la vente. Elle a, de ce fait, subi un grief qui justifie l'annulation de la procédure de vente entamée et la distraction du titre foncier (TRHC Dakar, n° 503, 7-3-2000 : SOSERCOM c/ BIS, Ohadata J-03-61, obs. Ndiaw DIOUF).

2° Absence de grief

a. Signification au débiteur pas nécessairement à personne

L'expression « ...doit être signifié au débiteur... » ne signifie pas que la signification doit être faite exclusivement à la personne même du débiteur, mais plutôt, selon l'une des formes de signification prévues par les textes en vigueur. Lorsque, en l'espèce, la signification a été faite au domicile du débiteur, tel que prévu par les articles 249 et 250 du Code ivoirien de procédure civile, commerciale et administrative, à savoir que l'huissier a remis une copie de l'exploit à la personne présente au domicile et avisé par lettre recommandée avec demande d'avis de réception, le débiteur absent, le premier juge n'a en rien violé les dispositions de l'article 254 de l'AUPSRVE en estimant que ledit article ne dit pas qu'il faut nécessairement signifier le commandement à la personne du débiteur (CCJA, n° 033/2007, 22-11-2007 : 1e) COTRACOM ; 2e) A. Y. c/ BIAO-CI, Rec. jur. CCJA n° 10 ; juill.-déc. 2007, p. 23, Ohadata J-08-243).

Les dispositions de l'article 254, al. 2 de l'AUPSRVE ne font pas obligation à l'huissier instrumentaire de procéder à la signification de l'acte à personne, mais seulement de respecter les formes prescrites par le droit interne de l'État partie pour la signification des exploits d'huissier. L'exploit ayant été servi au domicile du débiteur et remis à son gardien, conformément aux dispositions de l'article 68 du Code de procédure civile du Niger, l'irrégularité retenue par le premier juge pour constater la nullité du commandement, au motif que l'acte « ... a été signifié au gardien du débiteur et non à la personne du débiteur lui-même... », n'est pas avérée. L'arrêt doit être cassé. Sur l'évocation, le défendeur n'ayant pas déposé de dires dans les délais prescrits, il y a lieu d'en prendre acte et d'ordonner la continuation des poursuites devant le même tribunal, à la diligence de la créancière (CCJA, 1e ch., n° 099, 23-7-2015 : Sté Nigérienne de Banque, dite SONIBANK SA c/ Mahaman Rabiou MOUSSA, Ohadata J-16-196).

b. Signification reçue pour le compte du débiteur

Le grief fondé sur l'omission par le créancier saisissant de signifier l'exploit au débiteur principal d'une part et l'omission de la juridiction devant laquelle l'expropriation serait suivie est inopérant dès lors qu'il ressort de l'exploit de commandement que la caution hypothécaire a reçu signification pour le compte du débiteur et pour elle-même sans jamais émettre la réserve quant au domicile de ce dernier et que la désignation de la juridiction compétente ressort expressément du cahier des charges déposé conformément à la loi au greffe du tribunal (TGI de la Mifi (Cameroun), n° 20/civ., 1-6-2010 : K. D. c/ T. S., Y. M. G., Ohadata J-12-11).

c. Caution personnelle prise en tant que propriétaire de l'immeuble hypothéqué

La violation alléguée de l'article 254 de l'AUPSRVE, au motif que le commandement a été signifié à la caution et son épouse, alors que la convention d'ouverture de crédit avec affectation hypothécaire a été passée entre la créancière et une autre personne doit être rejetée, dès lors que d'une part, s'il est constant que le débiteur désigné dans la convention de crédit sus-citée est une entreprise, il n'en pas moins vrai que le saisi y est désigné comme caution personnelle et solidaire, mais surtout comme propriétaire de l'immeuble objet de la poursuite de réalisation de l'hypothèque, tenu de répondre de l'insolvabilité du débiteur ; et que d'autre part, il n'est pas prouvé que cette irrégularité a causé un grief au demandeur – article 297 de l'AUPSRVE – (TGI Mifi (Cameroun), n° 14/CIV, 18-3-2008 : BICEC c/ T. Bonaventure, T. née D. Élise, Ohadata J-09-230).

d. Signification à mairie

C'est à tort qu'il est reproché à l'arrêt attaqué d'avoir confirmé le rejet des dires et observations du demandeur relatifs à la nullité du commandement aux fins de saisie immobilière, alors que celui-ci n'avait pas été délaissé à personne ou à domicile comme le prescrit le texte visé au moyen, mais à Mairie, dès lors qu'aux termes de l'article 297, al. 2 de l'AUPSRVE, les formalités prévues par l'article 254 visé au moyen ne sont sanctionnées de nullité que si l'irrégularité a eu pour effet de causer un préjudice aux intérêts de celui qui l'invoque et qu'en l'espèce, le recourant, qui a pu valablement exercer ses droits de défense dans le cadre de la procédure enclenchée par le commandement querellé, ne justifie d'aucun préjudice (CCJA, 1e ch., 228, 29-11-2018 : Tchiakoua Siantou Joseph Raoul c/ Afriland First Bank SA).

e. Signification réalisée par un huissier territorialement compétent

C'est à tort qu'il est reproché à un jugement attaqué d'avoir violé l'article 254 de l'AUPSRVE, en rejetant la demande tendant à l'annulation d'un commandement aux fins de saisie immobilière, alors, selon la branche du moyen, que le premier juge a lui-même reconnu dans sa décision que l'huissier ayant formalisé ce commandement n'a pas reçu pouvoir spécial du créancier poursuivant pour accomplir sa mission. Il en est ainsi dès lors que le premier juge a justement relevé, dans les motifs de sa décision, que l'huissier instrumentaire a, conformément aux règles régissant la signification des actes de procédure au Bénin, requis les services d'un huissier de justice territorialement compétent pour procéder à la signification du titre exécutoire (CCJA, 2e ch., nº 354/2024, 12-12-2024).

3º Cassation de l'arrêt retenant à tort qu'il n'y a pas eu de signification

C'est à tort qu'un juge a retenu qu'« en l'espèce il ne ressort pas des pièces du dossier que le commandement aux fins de saisie immobilière en date du 29 octobre 2010 instrumenté par le service de Maître [X.], Huissier de justice à Maradi a été signifié au débiteur [...] ou à ses cautions solidaires [...] ; que dès lors, ledit commandement est nul, conformément aux dispositions de l'article 254... », pour annuler la saisie entreprise et sa décision encourt l'annulation. Il en est ainsi dès lors que le commandement a bien été signifié (CCJA, 2e ch., nº 113, 30-12-2013 : Sté Nigérienne de Banque dite SONIBANK c/ 1) Sté Internationale de Transport et de Commerce (SITCO), 2) Sidi Ahmed Omar, 3) BADI Mohamed, Rec. jur. CCJA nº 20, vol. 2, janv.-déc. 2013, p. 76-78, Ohadata J-15-86).

B. Validité de la signification réalisée au domicile élu

L'article 254 de l'AUPSRVE n'indique pas que le commandement doit être signifié au domicile légal. Par conséquent, la signification effectuée au domicile élu du débiteur est valable, dès lors qu'il ressort de la convention des parties que le débiteur a élu domicile à Douala « pour l'exécution des présentes et de leurs suites, comme pour tous différends pouvant intervenir entre la Banque et le Bénéficiaire dans leurs rapports d'affaires... » (CCJA, 2e ch., nº 030/2012 : AMITY BANK Cameroun SA c/ TASHA LOWEH Lawrence).

C. Signification de plusieurs commandements : non-effet du dernier commandement

Lorsque le commandement signifié au débiteur est identique aux précédents commandements qui lui avaient été antérieurement signifiés dans le cadre d'une même procédure encore pendante devant la cour d'appel, c'est à bon droit que le débiteur poursuivi a formé opposition à cet acte et attrait le créancier devant la juridiction compétente pour voir constater l'identité du présent commandement avec les précédents d'une part et d'autre part dire et juger que le dernier commandement aux fins de saisie immobilière ne saurait produire d'effet à l'égard du débiteur. Sans qu'il soit besoin d'examiner l'ensemble des demandes du requérant, il y a lieu de dire que le commandement litigieux ne peut produire aucun effet à l'égard de celui-ci (TPI Lomé (Togo), ch. civ. et com., nº 2597, 4-9-2009 : B. B. c/ l'ONG W.A.G.E.S., Ohadata J-11-98).

Mais l'acte notarié qui fait référence à l'article 254 de l'AUPSRVE en précisant qu'« à défaut de paiement à une date d'exigibilité normale ou anticipée pour quelque cause qu'elle arrive de la créance de la BANQUE sur la DEBITRICE, la BANQUE pourra, sur un simple commandement de payer resté infructueux, et après un délai de vingt (20) jours à compter de ce commandement, ainsi que prévu aux articles 254 et suivants [de l'AUPSRVE] et sans qu'il soit besoin d'autres formalités, poursuivre la réalisation de l'immeuble ci-dessus hypothéqué. Les parties conviennent et stipulent expressément, qu'en cas d'exécution de la DEBITRICE, la vente dudit immeuble aura lieu dans la forme prévue par ledit Acte uniforme », est suffisamment explicite Il ne peut en être déduit que les parties ont entendu déroger à la loi en prévoyant un autre commandement que le seul prévu par l'article 254. La cour d'appel, qui a retenu qu'en exigeant comme préalable au commandement aux fins de saisie immobilière du 28 mars 2007, servi à la débitrice, un autre commandement de payer, sur le fondement de l'acte notarié du 11 novembre 2005, a méconnu la volonté des parties par mauvaise interprétation de l'acte notarié précité et a violé l'article 254 de l'AUPSRVE (CCJA, 2e ch., nº 016/2013 ; 7-3-2013 : Banque OMNIFINANCE c/ Sté METAL TRADING SA, Rec. jur. CCJA nº 20, vol. 2, janv.-déc. 2013, p. 61-64).

III. Mentions du commandement

A. Reproduction ou copie du titre exécutoire

1° Production de l'original non exigée par la loi

L'article 254, al. 2,1 n'exigeant pas la production de l'original du titre exécutoire, c'est à tort qu'il est reproché à l'arrêt attaqué d'avoir violé l'article 254-1 de l'AUPSRVE en ne retenant pas que le commandement était vicié du fait que l'huissier de justice s'est servi d'une photocopie du titre exécutoire ; le moyen, tel qu'il est libellé, ajoute à la loi alors qu'il n'y a pas lieu de distinguer là où la loi ne distingue pas ; il doit donc être rejeté (CCJA, 1e ch., n° 144, 29-6-2017 : Mamadou Doukouré, Sté New Market SARL c/ Banque Crédit du Congo).

2° Reproduction ou copie délivrée par le notaire instrumentaire

L'article 254 de l'AUPSRVE prévoit que le commandement aux fins de saisie doit être signifié au débiteur et, le cas échéant, au tiers détenteur de l'immeuble, et contenir, entre autres, la reproduction ou la copie du titre exécutoire. Par copie du titre exécutoire, le texte vise la copie exécutoire ou expédition délivrée, le cas échéant, par le notaire instrumentaire. En l'espèce, il ressort des constatations de l'arrêt attaqué et des pièces du dossier que le saisissant a annexé au commandement une photocopie de chaque grosse hypothécaire ; n'ayant ni reproduit le tire exécutoire ni annexé des copies exécutoires dudit titre délivrées par le notaire instrumentaire, la créancière n'a pas respecté les prescriptions du texte susvisé. C'est donc par une juste application de la loi que l'arrêt attaqué a confirmé le jugement qui a annulé le commandement (CCJA, 2e ch., n° 151/2020, 30-4-2020 : Ecobank-Niger c/ H.).

Obs. : cet arrêt pourrait sembler contradictoire avec le précédent (CCJA, 1e ch., n° 144, 29-6-2017), en ce que ce dernier semble avoir validé un commandement contenant une simple photocopie alors que le plus récent (CCJA, 2e ch., n° 151/2020) a approuvé la cour d'appel qui a confirmé le jugement ayant annulé un commandement qui contenait une simple photocopie, au motif que par « copie du titre exécutoire », il faut entendre la copie délivrée par le notaire lui-même. Cependant, dans le premier arrêt (144/2017), le demandeur au pourvoi avait soutenu que « l'art. 254-1 exige que l'original du titre exécutoire soit utilisé et en fait une formalité substantielle à peine de nullité », ce à quoi la CCJA répondit simplement que « tel qu'énoncé, l'article 254 al. 2,1) n'exige pas la production de l'original du titre exécutoire ; que le moyen, tel qu'il est libellé, ajoute à la loi alors qu'il n'y a pas lieu de distinguer là où la loi ne distingue pas ». Il est vrai que la CCJA aurait pu faire œuvre pédagogique en précisant que sans exiger l'original, le législateur n'a pas entendu une simple photocopie, mais bien une copie délivrée par le notaire instrumentaire. L'arrêt 151/2020 l'a fait en apportant la précision.

3° Pas d'emplacement spécifique exigé pour la mention de la formule exécutoire

En exigeant la référence au titre exécutoire, l'article 254 de l'AUPSRVE n'impose cependant aucune place précise pour la mention de la formule exécutoire qui doit figurer sur le titre de créance dont l'exécution est poursuivie. Il s'ensuit en l'espèce que la formule exécutoire figurant bien, comme l'énonce l'arrêt attaqué, en page 18 de l'annexe de la convention notariée, le demandeur reconnaissant lui-même qu'elle a également été reproduite « au verso d'un plan de masse à la 19e page du commandement », le moyen visant la nullité sera rejeté comme infondé (CCJA, 1e ch., n° 256/2020, 16-7-2020 : Z. c/ BICEC).
Sur la validité d'un acte d'ouverture de crédit revêtu de la formule exécutoire pour fonder une saisie immobilière, voir (CA Dakar, civ. et com., n° 147, 20-3-2003 : M. D. c/ BHS et le greffier du TRHC de Dakar, Ohadata J-03-170, obs. Joseph Issa-Sayegh).

Voir sous l'article 33.

B. Montant de dette

Sursis à statuer en cas de contestation. Lorsque le créancier a signifié au débiteur, à propos de la même créance, trois mises en demeure portant sur trois montants différents en l'espace de trois mois, et qu'une procédure en contestation du montant de la créance et de demande d'un délai de grâce (initiée plus de deux avant le commandement aux fins de saisie immobilière) est en cours, le tribunal doit surseoir à statuer car si la cour d'appel venait à accorder le délai de grâce ceci aurait pour effet de suspendre les poursuites jusqu'à l'expiration dudit délai (TGI Mifi (Cameroun), n° 42/CIV, 1-7-2008 : Afriland First Bank c/ K. P. et K. D., Ohadata J-09-233).
Le juge qui, pour rejeter la demande d'annulation d'un commandement de payer et de cantonnement d'une créance, a retenu que « s'il est constant que le reliquat de la créance de la banque a été établi à la somme de 105 392 678 FCFA à la suite de la saisie immobilière, il convient de relever que, conformément à l'article V de la convention de compte courant avec affectation hypothécaire, le solde du compte clôturé le 11 février 2016 a produit des intérêts au taux légal […] ; il reste que les intérêts échus sur la créance principale, allant de la clôture du compte jusqu'au jugement d'adjudication n'ont pas été payés par la [débitrice], et c'est à bon droit que la [créancière] en réclame le paiement […] », a justement motivé le rejet et son ordonnance mérite

confirmation sur ce point (CCJA, 2e ch., no 061/2023, 30-3-2023).

C. Identité des parties

1o Nullité du commandement pour mention inexacte du créancier

L'indication inexacte du créancier équivaut à un défaut d'indication. Lorsque l'huissier instrumentaire d'un commandement aux fins de saisie immobilière a omis d'indiquer le nom du véritable créancier du requérant sans expliquer comment une autre société s'est substituée au véritable créancier pour engager les poursuites entreprises, son exploit doit être annulé (TGI Menoua, no 16/CIV/TGI, 14-3-2005 : K. c/ CLC, Ohadata J-07-45).

2o Décisions ayant rejeté la nullité

a. Absence des nom et adresse du débiteur

Conformément à l'article 297 de l'AUPSRVE, la demande de nullité du commandement pour absence du nom et de l'adresse du débiteur doit être rejetée dès lors que la personne qui s'en prévaut n'établit ni ne prétend que l'absence de ces mentions lui a causé un préjudice (TGI Mifi, 4-6-2002 : SOREPCO c/ M. F., K. Jean, Ohadata J-04-231).

b. Absence du siège social du créancier

La demande de nullité fondée sur l'absence d'indication du siège social de la créancière doit être rejetée dès lors que cette mention n'est pas requise par la loi et que le débiteur poursuivi ne démontre aucun grief du fait de l'absence de cette mention (TGI Menoua, no 30/CIV, 12-9-2005 : COFINEST c/ B. J. R. alias K., Ohadata J-07-47).

D. Copie du pouvoir spécial de saisir à l'huissier ou l'agent d'exécution

1o Forme du pouvoir spécial

Le pouvoir spécial de saisir donner à l'huissier ne comporte pas d'exigence de forme (TGI Menoua, no 16/CIV/TGI, 12-12-2005 : SRC c/ T. P. P., Ohadata J-07-40).

> **Obs. :** cette décision mentionne l'article « 554 », mais il s'agit plutôt de l'article 254, al. 2 de l'AUPSRVE, qui exige « la copie du pouvoir spécial de saisir donner à l'huissier ou à l'agent d'exécution par le créancier poursuivant, à moins que le commandement ne contienne, sur l'original et la copie, le bon pour pouvoir signé de ce dernier ».

2o Décision ayant accordé la nullité

Selon l'article 254 al. 2 de l'AUPSRVE, le pouvoir spécial de saisir donner à l'huissier doit émaner du créancier poursuivant. Lorsque ce pouvoir n'a pas été donné à l'huissier par le créancier lui-même, mais plutôt par le conseil de celui-ci et qu'aucun acte spécial n'a été passé entre le créancier et son conseil pour lui conférer pouvoir de passer un tel acte, il y a lieu de constater l'absence du pouvoir spécial exigé par l'article 254 précité et d'annuler la saisie qui porte nécessairement préjudice au saisi. Il en est ainsi car le rôle de mandataire de justice de l'avocat ne suffit pas à lui donner ce pouvoir spécial (TGI Ouagadougou, no 031, 29-1-2003 : K. K. c/ O. R., Ohadata J-04-333).

3o Décisions ayant rejeté la nullité

a. Pouvoir spécial délivré par un représentant légal

Il résulte clairement de l'article 472, alinéa 2 de l'AUSCGIE que le directeur général adjoint a aussi, sans avoir besoin de délégation spéciale du président-directeur général, pleins pouvoirs pour engager une société anonyme, de sorte que le pouvoir spécial aux fins de la saisie immobilière signé par lui est valide ; la saisie immobilière entreprise en vertu d'un tel pouvoir spécial, valablement donné par une personne habilitée par la loi, c'est donc à tort que le requérant se prévaut d'une violation de l'article 254 de l'AUPSRVE (CCJA, 2e ch., no 354/2024, 12-12-2024).

b. Pouvoir spécial délivré par une personne habilitée par le représentant légal

La validité du pouvoir spécial donné par le directeur juridique du créancier poursuivant n'est pas discutable, dès lors que le directeur général de la société créancière a régulièrement donné pouvoir au directeur juridique de le représenter à la signature des pouvoirs aux fins de saisie immobilière (CA Dakar, civ. et com., no 147, 20-3-2003 : M. D. c/ BHS et le greffier du TRHC de Dakar, Ohadata J-03-170, obs. J. Issa-Sayegh).

De même, le pouvoir spécial donné par le directeur du risque et du crédit, lequel a reçu délégation du représentant légal de la société concernée (en la personne de son directeur général), représentant légal, « d'agir et comparaître en justice au nom de la société, transiger, compromettre, faire exécuter toute décision de justice [...] », est parfaitement régulier, les dispositions de l'article 487 de l'AUSCGIE n'interdisant pas à un président-directeur général ou à un directeur général de déléguer ses pouvoirs à un collaborateur, pour agir au nom de la société (CCJA, no 033/2007, 22-11-2007, précité, Ohadata J-08-243).

c. Pouvoir spécial non signifié au débiteur

Le défaut de signification du pouvoir spécial au débiteur ne peut entraîner la nullité du commandement que si celui qui l'invoque prouve le grief qu'il a subi (art. 297 de l'AUPSRVE) (TRHC Dakar, 4-1-2000 : SNR et R. A. c/ EGCAP, Ohadata J-04-349).

d. Pouvoir spécial signé par le frère du créancier

Il a été jugé que le commandement aux fins de saisie immobilière qui comporte la mention « bon pour pouvoir » signée par le frère du créancier poursuivant ne peut être annulé lorsque les débiteurs ne justifient aucun préjudice de ce fait (CA Bobo-Dioulasso (Burkina Faso), ch. civ., n° 006/08, 21-1-2008 : Ayants droit de Feu O. O. c/ D. B., Ohadata J-10-118).

e. Pouvoir non enregistré

Il n'est nullement exigé que le pouvoir spécial soit enregistré ; il suffit de s'assurer au sens de l'article 254, que le créancier poursuivant a donné pouvoir spécial de saisir à l'huissier ou à l'agent d'exécution (TGI Mbouda (Cameroun), n° 01/CIV/TGI, 5-2-2009 : C.C.A. SA c/ W. G., Ohadata J-12-239).

f. Validité, à défaut de preuve d'un grief, de la désignation d'un second agent d'exécution

Aucune violation des articles 254 et 255 de l'AUPSRVE ne peut être retenue, dès lors que l'huissier qui a délivré le commandement était muni d'un pouvoir spécial aux fins de saisie immobilière postérieur à celui délivré antérieurement à un autre huissier et qui n'est pas contesté par les parties. De surcroît, aucun préjudice relatif à la désignation d'un autre huissier pour procéder à la saisie n'ayant été prouvé par les requérants, le recours en annulation du commandement doit être rejeté (CCJA, 2e ch., n° 2, 9-3-2006 : L. E. SOCATRAF c/ CCEI-Bank SA devenue Afriland First Bank SA, Juris-Ohada n° 3/2006, p. 5 ; Ohadata J-07-09).

E. Avertissement sur le défaut de paiement dans les vingt jours

1° Avertissement destiné au débiteur

Il n'y a aucune obligation pour le conservateur d'attendre 20 jours pour apposer son visa, car le délai prévu à l'article 254, al. 2-3e n'est pas un délai d'attente imposé au conservateur avant l'apposition du visa, mais est plutôt imparti au débiteur, pour qu'il puisse en cas de paiement, obtenir la radiation du commandement par le conservateur ou l'autorité administrative, sur mainlevée donnée par le créancier poursuivant, conformément à l'article 261, al. 1 de l'AUPSRVE. Doit être rejeté le moyen tiré de la nullité du commandement pour transcription avant l'expiration du délai de 20 jours. Validité du dépôt anticipé (TRHC Dakar, 4-1-2000 : SNR et R. A. c/ EGCAP, Ohadata J-04-349).

2° Indication erronée d'un délai de quinze jours sans grief

Lorsqu'il a été mentionné, par erreur, un délai 15 jours pour payer sur le commandement, le débiteur doit être débouté de sa demande de nullité du commandement dès lors qu'il ne prouve aucun grief et qu'il a en réalité bénéficié d'un délai de 45 jours pour payer (TRHC Dakar, n° 798, 4-5-1999 : T. R. dit Khadim c/ O. C., Ohadata J-03-166).

F. Identification de l'immeuble objet de la poursuite ou du terrain affecté par l'administration

Le moyen de nullité fondé sur la violation de l'article 254 de l'AUPSRVE pour description vague et sommaire de l'immeuble faisant l'objet des poursuites doit être rejeté dès lors que le demandeur n'établit aucun grief et que la désignation complète de l'immeuble figure dans le cahier des charges dont le débiteur poursuivi a pris connaissance puisqu'il y a consigné des dires (TRHC Dakar, n° 252, 4-2-2003 : H. T. c/ C.B.A.O, Ohadata J-05-33 ; J-03-104).

C'est à tort qu'il est allégué que le commandement litigieux ne mentionne pas, en violation de l'article 254 de l'AUPSRVE, l'indication précise des immeubles à saisir, alors que dans leur appréciation souveraine les juge d'appel ont relevé à partir des pièces produites que « la [créancière] a fait servir un commandement de payer comportant toutes les mentions exigées par la loi tant en ce qui concerne le visa du conservateur… que la désignation précise des immeubles à saisir » (CCJA, 2e ch., n° 31, 3-7-2008 : O. c/ 1) BICICI, 2) SGBCI, 3) SIB, 4) CCI, 5) BIDI, Juris-Ohada n° 4/2008, p. 9, Ohadata J-09-70).

La demande de nullité du commandement et de l'acte notarié fondée sur la violation des articles 254, 258 et 259 de l'AUPSRVE au motif que le visa du commandement effectué par le Préfet et le Maire n'est pas régulier, aucune pièce ne prouvant que les autorités ont affecté le terrain au demandeur (qui en tire comme conséquence que la publication prévue par l'article 259 n'a pas été respectée), doit être rejetée. En effet, s'il est vrai qu'en matière d'opérations juridiques relatives au fonds de commerce, qui est un meuble incorporel avec statut particulier, la publicité se fait au registre du commerce et du crédit Mobilier, il n'en est pas de même pour les peines et soins, communément appelés impenses immobilières, qui sont soumis au régime similaire à celui des immeubles immatriculés. Étant édifiées sur un terrain qui n'appartient pas au propriétaire desdites impenses, leur gestion est assurée par l'autorité administrative l'ayant affecté, et auprès de qui se formalise la publicité. Il s'ensuit que l'enregistrement ou l'inscription invoqué pour contester la validité de la sûreté prise sur lesdites impenses ne saurait prospérer, car le terme nantissement utilisé signifie simplement un gage sans dépossession, les impenses ayant forcément une nature immobilière par l'effet de leur incorporation au sol (TRHC Dakar, n° 132, 2-2-1999 : I. S. c/ Crédit Sénégalais, Ohadata J-04-474, note anonyme).

L'omission, dans le commandement, de la référence de la décision de l'autorité administrative et des impenses, ne peut entraîner la nullité, que s'il est rapporté la preuve d'un grief de la part de celui qui l'invoque (TRHC Dakar, n° 501, 7-3-2000 : I. S. c/ SGBS,

Ohadata J-04-348 ; voir Ohadata J-03-324, J-03-168 et J-03-328).

G. Identification de l'avocat constitué

En l'absence de preuve que tous les actes relatifs à la saisie immobilière ont été notifiés ailleurs qu'au cabinet d'avocat constitué et dont les nom et adresse figurent dans les préambules du jugement statuant sur les dires et observations et ceux de l'arrêt querellé, c'est à tort qu'il est reproché à l'arrêt attaqué la violation de l'article 254-6 de l'Acte uniforme précité en ce qu'il n'a pas fait droit à la demande de nullité du commandement, en motivant simplement que l'acte contient la constitution d'avocat (CCJA, 1e ch., no 144, 29-6-2017 : Mamadou Doukouré, Sté New Market SARL c/ Banque Crédit du Congo).

H. Juridiction compétente

Il ressort respectivement des articles 248, 254 et 262 de l'AUPSRVE que la poursuite aux fins de saisie immobilière est précédée d'un commandement signifié au débiteur, qu'en cas de non-paiement, le commandement vaut saisie à compter de son inscription et que « la juridiction devant laquelle la vente est poursuivie est celle ayant plénitude de compétence dans le ressort territorial où se trouvent les immeubles ». Au regard de ces dispositions, et de celles pertinentes de l'article 198 du même Acte uniforme, c'est à bon droit que le premier juge s'est déclaré incompétent, après avoir constaté qu'elle a été saisie en contestation « postérieurement à la signification des grosses d'actes notariés avec commandement de payer aux fins de réalisation d'impenses ». À cet égard, il y a lieu de rappeler qu'en matière de saisie immobilière, la juridiction établie par les dispositions de l'alinéa 1 de l'article 49 de l'AUPSRVE n'intervient que dans des cas limitativement prévus par le législateur, non acquis en l'espèce ; qu'il échet en définitive de confirmer l'ordonnance entreprise en toutes ses dispositions (CCJA, 1e ch., no 123/2019, 25-4-2019 : Diamond Bank c/ Société Mahoussi & fils SARL).

Art. 255 **À peine de nullité, le commandement est signifié le cas échéant au tiers détenteur avec sommation, soit de payer l'intégralité de la dette en principal et intérêts, soit de délaisser l'immeuble hypothéqué, soit enfin de subir la procédure d'expropriation.**

Le délaissement se fait au greffe de la juridiction compétente de la situation des biens ; il en est donné acte par celle-ci.

JURISPRUDENCE OHADA

I. Notion de tiers détenteur

Le tiers détenteur d'un immeuble au sens de l'article 225 de l'AUPSRVE s'entend de celui qui a fait l'acquisition de l'immeuble objet de privilèges ou d'hypothèques ou qui en est devenu propriétaire par succession ou donation. Un simple locataire ne peut être considéré comme un tiers détenteur auquel la signification du commandement doit être fait à peine de nullité. Il s'ensuit que le moyen reprochant à un arrêt d'avoir validé un commandement aux fins de saisie immobilière qui n'a pas été signifié aux locataires habitant l'immeuble et qui, selon le moyen, constituent des tiers par rapport à la convention des parties et relativement à la propriété de l'immeuble n'est pas pertinent et sera rejeté (CCJA, 3e ch., no 303/2020, 22-10-2020 : G. c/ Express-Union Finances SA).

II. Nullité du commandement non signifié

A. Défaut de signification à la caution réelle

Sur la nullité du commandement qui n'a pas été signifié à la caution, voir sous l'article 254 (TRHC Dakar, no 503, 7-3-2000 : SOSERCOM c/ BIS, Ohadata J-03-61, obs. Ndiaw DIOUF et Ohadata, J-03-326).

B. Défaut de signification au tiers détenteur

L'annulation d'un commandement étant encourue aux termes d'une motivation explicite relative au défaut de signification au tiers détenteur en vertu de l'article 255 de l'AUPSRVE, la réponse à toute autre conclusion devenait superfétatoire, la vente et l'hypothèque n'ayant pas, en tout état de cause, les mêmes effets pour les cohéritiers (CCJA, 2e ch. no 130, 12-11-2015 : Sté Afriland First Bank c/ Succession TANKEU Félix, Ohadata J-16-123).

Mais c'est à tort qu'il est reproché à un jugement d'avoir violé l'article 255 de l'AUPSRVE, en ce que le tribunal a procédé à l'adjudication de l'immeuble saisi, alors que le commandement aux fins de saisie immobilière est affecté d'une nullité, pour n'avoir pas été signifié aux tiers détenteurs dudit immeuble, dès lors que les requérants n'ont pas prouvé devant le juge du fond que la créancière saisissante avait connaissance que l'immeuble saisi était détenu par des tiers, le procès-verbal de description dudit immeuble, dressé le 6 novembre 2014, rapportant plutôt que ses portes étaient toujours fermées ; dans ce contexte, le grief se révèle inopérant (CCJA, 1e ch., n° 293, 27-12-2018 : Ets KOUAGNE et 3 autres c/ BICEC SA).

III. Signification au tiers détenteur

Lorsque le tiers détenteur est une entité jouissant de la personnalité morale, telle une école, l'argument du créancier selon lequel « le commandement fait au débiteur qui est en même temps le fondateur du centre de formation et le propriétaire des immeubles abritant ce centre est largement suffisant » est inopérant. Par conséquent, la procédure doit être annulée (TGI Moungo (Cameroun), n° 15/CIV, 7-12-2006 : Me L. S., L. née K. Marguerite, c/ N. T., Ohadata J-09-251).

Obs. : dans cette espèce, le créancier essayait de justifier le défaut d'accomplissement de la formalité requise en se fondant sur l'article 8 de la loi 87/022 du 17 décembre 1987, fixant les règles relatives aux activités des établissements scolaires et de formation privés au Cameroun et qui dispose : « le fondateur d'un établissement privé en assure la responsabilité administrative, financière et pédagogique ». Selon le créancier, comme le débiteur était en même temps le fondateur du collège, il était suffisant de lui signifier le commandement et la sommation. Mais le tribunal réfute cet argument, en rappelant à juste titre que les significations devaient être faites au collège à travers son directeur, son seul représentant légal ; les significations faites au fondateur n'étant pas valides.

Art. 256 [mod.] Pour recueillir les renseignements utiles à la rédaction du commandement, l'huissier *de justice* ou *l'autorité chargée de l'*agent d'exécution peut pénétrer dans les immeubles sur lesquels doit porter la saisie avec, si besoin est, l'assistance de la force publique.

Lorsque l'immeuble est détenu par un tiers contre lequel le poursuivant n'a pas de titre exécutoire, l'huissier *de justice* ou *l'autorité chargée de l'*exécution doit solliciter une autorisation de la juridiction compétente.

Art. 257 Lorsque la saisie porte sur plusieurs immeubles simultanément, un seul commandement peut être établi pour tous les immeubles.

Art. 258 [mod.] Si les immeubles sont constitués d'impenses réalisées par le débiteur sur un terrain dont il n'est pas propriétaire mais qui lui a été affecté par décision d'une autorité administrative, le commandement prévu à l'article 254 *du présent Acte uniforme* est également notifié à cette autorité et visé par elle.

JURISPRUDENCE OHADA

I. Non-communication à l'autorité administrative

Emphytéose. Il n'y a pas eu violation des dispositions de l'article 258 de l'AUPSRVE lorsqu'un commandement a été visé par le conservateur, seule autorité habilité dans la présente procédure à la faire, dès lors que : 1) l'article 20 du décret sénégalais de 1932 considère l'emphytéose et le droit de superficie comme des droits réels immobiliers ; que toutes les transactions concernant lesdits droits sont notifiées au conservateur de la propriété foncière ; 2) et que le droit au bail n'a pas été conféré par l'autorité administrative (TRHC Dakar, 7-3-2000 : S. M. dit Gaston et N. M. W. c/ Crédit Sénégalais, Ohadata J-03-325 ; voir Ohadata J-03-327).

II. Inapplication à un titre foncier du débiteur

L'article 258 de l'AUPSRVE est inapplicable, dès lors qu'il s'agit d'un titre foncier appartenant au débiteur et non d'impenses (CCJA, 2e ch., n° 016/2013 ; 7-3-2013 : Banque OMNIFINANCE c/ Sté METAL TRADING SA, Rec. jur. CCJA n° 20, vol. 2, janv.-déc. 2013, p. 61-64).

Section II • LA PUBLICATION DU COMMANDEMENT

Art. 259 [mod.] *L'huissier de justice* ou *l'autorité chargée de l'*exécution fait viser l'original du commandement par le conservateur de la propriété foncière à qui copie est remise pour la publication.

Lorsque la poursuite s'exerce sur les impenses réalisées par le débiteur sur un terrain dont il n'est pas propriétaire mais qui lui a été affecté par une décision d'une autorité administrative, les formalités prévues à l'alinéa *1er du présent article* sont accomplies par ladite autorité.

Si un commandement n'a pas été déposé au bureau de la conservation foncière ou à l'autorité administrative concernée dans les trois mois de sa signification, puis effectivement publié, le créancier ne peut reprendre les poursuites qu'en les réitérant.

Jurisprudence OHADA

I. Défaut de mention des impenses sans grief

Voir sous l'article 254.

II. Autorité compétente pour le visa

Lorsque le droit au bail est inscrit sur un immeuble immatriculé et dont la gestion est confiée au conservateur de la propriété foncière du lieu de situation de l'immeuble, et non sur une parcelle du domaine national, les formalités de visa doivent être remplies par cette même autorité TRHC Dakar, nº 501, 7-3-2000 : I. S. c/SGBS, Ohadata J-04-348).

III. Délai imparti pour déposer un commandement

A. Caducité de la procédure subséquente en cas de méconnaissance du délai

Lorsqu'il s'est écoulé un délai de plus de trois mois entre un commandement de saisie immobilière et sa publication, ce commandement devait être réitéré avant la reprise des poursuites. Le non-respect de cette formalité entraîne la caducité du commandement et l'irrégularité de toute la procédure subséquente dont la nullité doit être prononcée (CA Littoral (Cameroun), nº 019/C, 18-4-2008 : NGUESSI AVENUE HOTEL SARL c/ BICEC SA, Ohadata J-09-149).

La déchéance des poursuites plaidée par les débiteurs en se bornant à invoquer les articles 259, al. 3 et 270 al. 1 de l'AUPSRVE, relatifs à la publication du commandement et au contenu de la sommation de prendre connaissance du cahier des charges doit être rejetée, dès lors que non seulement les débiteurs n'ont pas spécifié en quoi les dispositions invoquées ont été violées et la déchéance encourue, mais en plus, que l'examen des pièces du dossier de la procédure révèle que les formalités prescrites par ces textes ont été effectivement accomplies dans les conditions requises (CCJA, 1e ch., nº 292, 27-12-2018 : FIRST TRUST SAVINGS et LOAN c/ 1) Ets SIGMA et monsieur BAPES Samuel, 2) SCI d'AKWA).

B. Respect du délai

Au sens de l'article 259, al. 3 de l'AUPSRVE, le commandement doit être déposé au bureau de la conservation foncière dans les trois mois de la signification. Ce délai a été respecté lorsque la signification du commandement a été faite un 14 juillet et que l'enregistrement de l'exploit d'huissier à la conservation a été fait le 14 septembre de la même année. Par conséquent on ne peut imputer au saisissant le fait pour le conservateur d'avoir porté la date du 26 septembre sur le certificat de propriété alors et surtout qu'il est loisible à ce dernier de procéder ou non à l'inscription sur-le-champ, la seule obligation étant pour lui de mentionner sur l'original qui lui est laissé la date et l'heure du dépôt, ce qui a été fait (TGI Menoua, nº 16/CIV/TGI, 12-12-2005 : SRC c/ T. P. P., Ohadata J-07-40).

C. Non-respect du délai

Lorsqu'il s'est écoulé plus de trois mois entre le commandement et sa publication au bureau de la conservation foncière le commandement est frappé de péremption et la créancière doit le réitérer avant de reprendre les poursuites. En s'abstenant de le faire, le créancier a violé l'article 259 de l'AUPSRVE, ce qui emporte déchéance du commandement et frappe d'irrégularité les actes subséquents tout en affectant de nullité toute la procédure contrairement (CA Littoral (Cameroun), nº 019/C, 18-4-2008, précité, Ohadata J-10-266).

Obs. : s'il est vrai que la déchéance était encourue du fait du dépassement du délai imparti pour la publication, la nullité prévue dans le cas d'espèce n'était pas une nullité d'office, mais était subordonnée à la preuve de l'existence d'un préjudice par la partie voulant s'en prévaloir ; cf. *infra*, article 297.

D. Caractère inopérant de l'erreur de date dans le jugement

Conformément à l'article 297 de l'AUPSRVE, la confusion opérée par un juge entre la date du dépôt de commandement à la conservation foncière et celle de sa publication pour dire qu'il n'y a lieu à déchéance du commandement ou à nullité des poursuites et ordonner la continuation des poursuites ne peut entraîner la cassation sollicitée en l'absence de preuve d'un préjudice (CCJA, 1e ch., nº 258/2020, 16-7-2020 : Segec SARL c/ BICEC).

Art. 260 Si le conservateur ou l'autorité administrative concernée ne peut procéder à l'inscription du commandement à l'instant où il est présenté, il fait mention sur l'original qui lui est laissé de la date et de l'heure du dépôt.

S'il y a un commandement précédemment transcrit, le conservateur ou l'autorité administrative mentionne, en marge de la transcription, dans l'ordre de présentation, tout commandement postérieur présenté avec les nom, prénoms, domicile ou demeure déclarée du nouveau poursuivant et l'indication de l'avocat constitué.

Il constate également, en marge et à la suite du commandement présenté, son refus de transcription et il mentionne chacun des commandements entièrement transcrits ou mentionnés avec les indications qui y sont portées et celle de la juridiction où la saisie est faite.

La radiation de la saisie ne peut être opérée sans le consentement des créanciers saisissants postérieurs, ainsi révélés.

JURISPRUDENCE OHADA

I. Mention des commandements précédents

C'est à tort qu'il est reproché à un commandement de n'avoir pas mentionné les précédents commandements antérieurement inscrits ni procédé à leur mainlevée, alors qu'il résulte des pièces de la procédure que le conservateur de la propriété foncière a mentionné en marge du commandement des 19 et 20 août 1999 que les titres fonciers, objet de la saisie immobilière, étaient déjà grevés de cinq précédents commandements inscrits à différents stades, ce que relève d'ailleurs l'arrêt attaqué lorsqu'il mentionne que « [ledit] commandement de payer comportait toutes les mentions exigées par la loi tant en ce qui concerne le visa du conservateur que les mentions en annexe des précédents commandements ». En statuant ainsi, l'arrêt attaqué n'a en rien violé les dispositions de l'article 260, al. 3 de l'AUPSRVE qui impose entre autres au conservateur ou à l'autorité administrative chargée de procéder à l'inscription du commandement « de constater également, en marge et à la suite du commandement présenté... chacun des commandements entièrement transcrits ou mentionnés avec les indications qui y sont portées... » (CCJA, 2e ch., n° 31, 3-7-2008 : O. c/ 1) BICICI, 2) SGBCI, 3) SIB, 4) CCI, 5) BIDI, Juris-Ohada n° 4/2008 p. 9, Ohadata J-09-70).

II. Validité d'une dénonciation à titre conservatoire à plusieurs autorités administratives

Le créancier poursuivant qui, face à une difficulté d'identification de l'autorité administrative qui a affecté le terrain sur lequel ont été édifiées les impenses, dénonce, pour parer à toute éventualité, le commandement à toutes les autorités administratives susceptibles de consentir des droits sur ledit terrain (en l'espèce, maire, préfet et gouverneur de la région), satisfait suffisamment aux formalités de l'article 260 (TRHC Dakar, n° 1269, 4-7-2000 : I. K. G. c/ A. D. G., Ohadata J-03-03).

III. Radiation

L'alinéa 4 de l'article 260 de l'AUPSRVE ne s'applique que lorsqu'il y a une pluralité de créanciers saisissants ayant inscrit leur commandement au livre foncier (TRHC Dakar, n° 881, 8-5-2001 : S. S. c/ Y. M. K., Ohadata J-03-59, obs. Ndiaw Diouf ; Ohadata J-03-141).

Obs. : pour une illustration, voir sous l'article 280.

Art. 261 [mod.] En cas de paiement, l'inscription du commandement est radiée par le conservateur ou l'autorité administrative sur mainlevée donnée par le créancier poursuivant.

À défaut, le débiteur ou tout intéressé peut provoquer la radiation en justifiant du paiement ; à cet effet, il saisit la juridiction compétente statuant *à bref délai*.

La décision autorisant ou refusant la radiation doit être rendue dans les huit jours qui suivent la saisine de la juridiction compétente. Elle est susceptible de recours selon les voies ordinaires.

Section III • LES EFFETS DU COMMANDEMENT

Art. 262 En cas de non-paiement, le commandement vaut saisie à compter de son inscription.

L'immeuble et ses revenus sont immobilisés dans les conditions prévues aux articles ci-dessous. Le débiteur ne peut aliéner l'immeuble, ni le grever d'un droit réel ou charge.

Le conservateur ou l'autorité administrative refusera d'opérer toute nouvelle inscription.

Néanmoins, l'aliénation ou les constitutions de droits réels sont valables si, avant le jour fixé pour l'adjudication, l'acquéreur ou le créancier consigne une somme suffisante pour acquitter, en principal, intérêts et frais, ce qui est dû aux créanciers inscrits ainsi qu'au saisissant et s'il leur signifie l'acte de consignation. La somme ainsi consignée est affectée spécialement aux créanciers inscrits et au saisissant.

À défaut de consignation avant l'adjudication, il ne peut être accordé, sous aucun prétexte, de délai pour l'effectuer.

JURISPRUDENCE OHADA

I. Date de prise d'effet du commandement

L'article 262, al. 1 de l'AUPSRVE n'a pas pour objet de déterminer l'ordre de l'accomplissement des formalités de la saisie immobilière, mais de préciser le point de départ des effets du commandement à l'égard du débiteur saisi et de certains tiers, qu'il situe au jour où celui-ci est publié. Le dire aux fins de nullité de la procédure de saisie immobilière doit être rejeté (CCJA, n° 25, 15-7-2004 : Dame M. c/ SCB-CL, Ohadata J-05-168, Juris-Ohada, n° 4/2004, oct.-déc. 2004, p. 2, note Brou Kouakou Mathurin, Rec. jur. CCJA, n° 4, juill.-déc. 2004, p. 16).

Obs. : la demanderesse au pourvoi alléguait que le commandement aux fins de saisie immobilière ne vaut saisie qu'à compter de son inscription au livre foncier, qui doit être antérieur au dépôt du cahier des charges, ce qui, n'étant pas le cas en l'espèce, devait entraîner la nullité de la procédure de saisie immobilière pour violation des articles 262 al. 1 et 266 al. 2 de l'AUPSRVE.

II. Consignation

Validité de la consignation par l'héritier. L'héritier qui, en vertu des dispositions de l'article 407 du Code de la famille (du Sénégal), est saisi de plein droit des biens, droits et actions de son défunt père, a qualité pour agir dans la procédure d'exécution poursuivie contre ce dernier. En dehors de toute procédure d'exécution forcée, le débiteur est justifié à offrir de se libérer de sa dette. Le prix de l'adjudication n'étant pas payé, l'héritier peut, après de vaines tentatives de règlement amiable, être autorisé à consigner le montant de la dette dont il a hérité (TRHC Dakar, ord. réf. n° 1660, 23-12-2002 : S. S. c/ M. N., Ohadata J-03-188).

III. Remise en garantie d'un cautionnement hypothécaire

C'est à tort que le débiteur et la caution réelle estiment que la garantie est nulle aux motifs que la caution réelle ne justifie pas d'un droit réel sur l'immeuble en cause, ni d'un droit de propriété, encore moins un démembrement d'un droit de propriété, et qu'ainsi il ne peut valablement avoir donné ledit immeuble en garantie, dès lors qu'il ressort du cahier des charges que la vente est poursuivie sur un immeuble immatriculé. La caution réelle ne peut valablement soutenir qu'elle ne dispose d'aucun droit réel sur l'immeuble pour l'avoir consenti en garantie à la créancière qui l'a accepté, le débat ne pouvant être focalisé sur le fait que l'immeuble concerné serait un immeuble immatriculé sur lequel un droit réel ne peut prouver que par les mentions du livre foncier et qui pouvait faire l'objet d'une garantie que sous forme d'hypothèque (TRHC Dakar, 7-3-2000 : SOSERCOM c/ BIS, Ohadata J-03-326).

IV. Inopposabilité de la vente au créancier saisissant

La vente de l'immeuble intervenue après l'inscription du commandement est inopposable au créancier saisissant et la demande de distraction de l'immeuble saisi formée par les prétendus propriétaires doit être rejetée (TGI Moungo (Cameroun), n° 60/CIV, 1-11-2007 : Caisse populaire coopérative, M. Justin, K. Michel c/ K. représentée par S. Jean, Ohadata J-09-238).

La vente alléguée par le cessionnaire d'un immeuble, qui se prévaut d'un acte de vente notarié daté mais n'a pris aucune inscription à la conservation ni avant ni après la publication du commandement, ne peut être opposée au saisissant. Le juge d'appel qui a déclaré opposable une telle vente a violé l'article 262 de l'AUPSRVE et exposé son arrêt à la cassation. Sur l'évocation, il y a lieu, pour les mêmes motifs que ceux qui ont conduit à la cassation de l'arrêt, d'infirmer le jugement ayant ordonné la distraction de l'immeuble querellé et statuant à nouveau, de déclarer la demande de distraction de l'immeuble mal fondée et la rejeter (CCJA, 1e ch., n° 58, 21-4-2016 : Banque Atlantique Niger SA c/ Les Ayants-droit Arma Yaou Garba, Kabirou Moussa, Ohadata J-17-06).

Art. 263 [mod.] Les fruits naturels ou industriels, les loyers et fermages recueillis postérieurement au dépôt du commandement ou le prix qui en provient sont, sauf l'effet d'une saisie antérieure, immobilisés pour être distribués avec le prix de l'immeuble. Ils sont déposés, soit à la caisse des dépôts et consignations, soit entre les mains d'un séquestre désigné par le président de la juridiction compétente *ou le juge délégué par lui.*

Si les immeubles ne sont pas affermés ou loués, le saisi reste en possession jusqu'à la vente comme séquestre judiciaire à moins que, sur la demande d'un ou plusieurs créanciers, il n'en soit autrement ordonné par le président de la juridiction compétente *ou le juge délégué par lui.*

Le saisi ne peut faire aucune coupe de bois ou dégradation à peine de dommages-intérêts.

En cas de difficultés, *le* président de la juridiction compétente *du lieu* de situation de l'immeuble *peut être saisi. Il* statue par décision non susceptible d'appel.

Art. 264 [mod.] Dans le cas où la valeur des immeubles saisis dépasse notablement le montant de la créance, le débiteur saisi peut obtenir de la juridiction compétente qu'il soit sursis aux poursuites sur un ou plusieurs des immeubles désignés dans le commandement sans que cette demande empêche la publication du commandement.

Avant le dépôt du cahier des charges, la demande est formée devant la juridiction compétente par simple acte d'avocat à avocat ; après le dépôt du cahier des charges, elle est formulée par un dire reçu comme il est dit à l'article 272 *du présent Acte uniforme.*

À l'appui de sa demande le débiteur doit justifier que la valeur des biens sur lesquels les poursuites seront continuées est suffisante pour désintéresser le créancier saisissant et tous les créanciers inscrits.

La demande est jugée à l'audience éventuelle. La décision judiciaire accordant le sursis indique les immeubles sur lesquels les poursuites seront discontinuées.

Après l'adjudication définitive, le créancier peut reprendre les poursuites sur les biens provisoirement exceptés, si le prix des biens adjugés ne suffit pas pour le désintéresser.

Art. 265 [mod.] Si le débiteur justifie que le revenu net et libre de ses immeubles pendant deux années suffit pour le paiement de la dette en capital, frais et intérêts, et s'il en offre la délégation au créancier, la poursuite peut être suspendue suivant la procédure prévue à l'article *264 du précédent Acte uniforme.*

La poursuite peut être reprise s'il survient quelque opposition ou obstacle au paiement.

Jurisprudence OHADA

Preuve de la valeur du revenu net de l'immeuble incombant au débiteur

Les poursuites ne peuvent être suspendues, lorsque le débiteur offre de déléguer au créancier ses droits locatifs sur l'immeuble saisi sans prouver que l'immeuble produit des revenus suffisants pour désintéresser le créancier dans les deux ans (TGI Mfoundi, n° 141, 10-1-2002 : O. Jean Pierre c/ BICEC, Ohadata J-04-424).

Le saisi qui se contente de solliciter le bénéfice des dispositions des articles 264 et 265 de l'AUPSRVE sans produire à l'appui de sa demande les justificatifs exigés, notamment la preuve que le revenu net et libre de ses immeubles pendant deux années suffit pour le paiement de la dette en capital, frais et intérêts et en offrir la délégation au créancier doit être débouté, sa demande ne remplissant pas les conditions exigées par ces deux textes. Irrecevabilité du pourvoi (CCJA, 2e ch., no 030/2012, 22-3-2012 : AMITY BANK Cameroun SA c/ TASHA LOWEH Lawrence).

• Chapitre III •

LA PRÉPARATION DE LA VENTE

Section I • LA RÉDACTION ET LE DÉPÔT DU CAHIER DES CHARGES

Art. 266 [mod.] Le cahier des charges, rédigé et signé par l'avocat du créancier poursuivant, précise les conditions et modalités de la vente de l'immeuble saisi.

Il est déposé au greffe de la juridiction dans le ressort de laquelle se trouve l'immeuble dans un délai maximum de cinquante jours à compter de la publication du commandement, à peine de déchéance.

JURISPRUDENCE OHADA

I. Déchéance du commandement

Application à défaut même de grief. La déchéance et la nullité prévues par l'article 297 de l'AUPSRVE sont deux sanctions totalement autonomes, bien qu'étant prévues par le même texte. La déchéance prévue par ce texte est acquise dès lors qu'il y a non-respect de l'un des délais prévus par les textes visés par l'article 297. Le créancier poursuivant, qui a déposé le cahier des charges au greffe plus de 95 jours après la publication du commandement, est déchu de son droit de poursuite (TRHC Dakar, 4-2-2003 : H. T. c/ CBAO, Ohadata J-03-104).

Voir sous l'article 297.

Le créancier poursuivant qui n'a pas déposé le cahier des charges dans le délai imparti encourt la déchéance entraînant l'annulation des poursuites engagées, nonobstant le fait, en l'espèce, que le débiteur ait déposé ses dires et observations en dehors du délai imparti à cet effet par l'article 270 de l'AUPSRVE (TGI Moungo (Cameroun), no 38/CIV, 6-9-2007 : La T. Thaddée et T. née N. M. c/ La SRC, Ohadata J-09-248).

II. Nullité du cahier des charges et de la sommation

La nullité du cahier des charges pour violation de l'article 266 de l'AUPSRVE ne peut être accordée en l'absence de preuve d'un grief, conformément à l'article 297 (TRHC Dakar, no 253, 4-2-2003 : E. S. et Collette D. c/ S.C.P TALL et ASSOCIES, Ohadata J-05-34).

Art. 267 [mod.] Le cahier des charges contient, à peine de nullité :

1) l'intitulé de l'acte ;

2) l'énonciation du titre exécutoire en vertu duquel les poursuites sont exercées contre le débiteur et du commandement avec la mention de sa publication ainsi que des autres actes et décisions judiciaires intervenus postérieurement au commandement et qui ont été notifiés au créancier poursuivant ;

3) l'indication de la juridiction ou du notaire convenu entre le poursuivant et le saisi devant qui l'adjudication est poursuivie ;

4) l'indication du lieu où se tiendra l'audience éventuelle prévue par l'article 270 *du présent Acte uniforme* ;

5) les nom, prénoms, profession, nationalité, date de naissance et domicile du créancier poursuivant ;

6) les nom, qualité et adresse de l'avocat poursuivant ;

7) la désignation de l'immeuble saisi contenue dans le commandement ou le procès-verbal de description dressé par l'huissier *de justice* ou *l'autorité chargée de l'*exécution ;

8) les conditions de la vente et, notamment, les droits et obligations des vendeurs et adjudicataires, le rappel des frais de poursuite et toute condition particulière ;

9) le lotissement s'il y a lieu ;

10) la mise à prix fixée par le poursuivant, laquelle ne peut être inférieure au quart de la valeur vénale de l'immeuble ; la valeur de l'immeuble doit être appréciée, soit au regard de l'évaluation faite par les parties lors de la conclusion de l'hypothèque conventionnelle, soit, à défaut, par comparaison avec les transactions portant sur des immeubles de nature et de situation semblables.

Au cahier des charges, est annexé l'état des droits réels inscrits sur l'immeuble concerné délivré par la conservation foncière à la date du commandement.

Jurisprudence OHADA

I. Régime de la nullité prévue à l'article 267 de l'AUPSRVE : exigence d'un grief

La violation des formalités de l'article 267 de l'AUPSRVE n'est sanctionnée par la nullité que si celui qui l'invoque rapporte la preuve d'un grief (TRHC Dakar, 4-2-2003, E. S. et C. D. c/ BICIS, Ohadata J-03-102 ; TGI Mifi (Cameroun), n° 14/CIV, 18-3-2008 : BICEC c/ T. B., T. née D. E., Ohadata J-09-230).

Sur l'absence de nullité sans preuve d'un grief, voir aussi :

– CCJA, 1e ch., 228, 29-11-2018 : Tchiakoua Siantou Joseph Raoul c/ Afriland First Bank SA et sous l'article 297.

– CCJA, 2e ch., n° 354/2024, 12-12-2024, précisant que la simple invocation d'un grief résultant du non-accomplissement d'une formalité prévue par l'article 267 de l'AUPSRVE ne suffit pas pour faire opérer la nullité tant que la réalité de ce grief n'est pas établie ; en l'espèce, c'est par une appréciation souveraine des éléments de preuve fournis au dossier qu'un juge du fond a conclu que la débitrice et la caution réelle n'avaient pas rapporté la preuve du grief que leur causait le défaut d'indication de la mention critiquée dans le commandement.

II. Mentions du commandement

A. Décisions ayant refusé la nullité

1° Titre exécutoire, commandement et autres mentions

Reproduction intégrale du titre exécutoire et du commandement. En énonçant que le cahier des charges contient à peine de nullité, l'énonciation du titre exécutoire et du commandement, l'article 267, al. 1.2. de l'AUPSRVE n'exige nullement la reproduction intégrale et du titre exécutoire et du commandement. Il n'est exigé dans le cahier des charges que l'énonciation et non pas une reproduction intégrale du titre exécutoire et du commandement. La demande de nullité du commandement tirée de la violation de l'article 267, al. 1.2. n'est pas fondée et doit être rejetée, d'autant plus que le titre exécutoire, à savoir la convention d'ouverture de crédit, a été intégralement reproduit dans le commandement et que ce dernier a été intégralement servi au débiteur poursuivi (CCJA, 2e ch., n° 030/2012, 22-3-2012 : AMITY BANK Cameroun SA c/ TASHA LOWEH Lawrence).

C'est à tort qu'il est reproché à l'arrêt attaqué d'avoir violé l'article 267 de l'AUPSRVE en ne prononçant pas la nullité du cahier des charges qui contient un titre exécutoire qui n'est pas celui en vertu duquel les poursuites des saisies immobilières sont exercées et d'avoir jugé que ce grief n'est pas sanctionné de nullité par l'article 267-2, alors que cette disposition a prévu cette nullité. Il en est ainsi dès lors que, comme il a été précédemment relevé dans les motifs de la première branche du premier moyen, la convention de nantissement du fonds de commerce en date du 31 juillet 2012 n'annule pas celle du 31 mai 2011 autorisant le découvert et constituant le fondement juridique de la créance de la banque, mais au contraire la complète en renforçant la garantie du créancier par une sûreté supplémentaire qu'est ledit nantissement. Ainsi, le cahier des charges a contenu un titre exécutoire valide qui motive la saisie pratiquée (CCJA, 1e ch., n° 144, 29-6-2017 : Mamadou Doukouré, Sté New Market SARL c/ Banque Crédit du Congo).

2° Juridiction ou notaire convenu pour l'adjudication

Désignation d'un notaire chargé de la vente. La nullité du cahier des charges a été refusée pour la non-indication de la juridiction ou du notaire convenu entre le poursuivant et le saisi devant qui l'adjudication est poursuivie (TRHC Dakar, n° 499, 8-3-2000 : GIE PAN INDUSTRIE et SCI REPUBLIQUE c/ Sté Crédit Sénégalais, Ohadata J-04-23 ; obs. de Joseph Issa-Sayegh, en l'espèce, le cahier des charges indiquait l'audience des criées du TRHC de Dakar, alors que les parties avaient convenu que la vente aurait lieu par un notaire nommément désigné).

Obs. : pour une décision de la même juridiction ayant retenu une solution contraire, voir ci-après.

3º Identité du créancier poursuivant

La nullité du cahier des charges a été refusée :

– pour absence d'indication des éléments d'identification du saisissant, tels que sa profession, sa nationalité et sa date de naissance (TRHC Dakar, nº 798, 4-5-1999 : T. R. dit Khadim c/ O. C., Ohadata J-03-166) ; TRHC Dakar, 4-2-2003, E. S. et C. D. c/ BICIS, Ohadata J-03-102) ;

– lorsque le cahier des charges contient des indications suffisantes sur la création de la créancière, le moyen de nullité selon lequel la créancière n'aurait pas indiqué sa date de création doit être rejeté dès lors que s'agissant d'une personne morale, la mention de son numéro d'immatriculation dans ledit cahier des charges suffit à renvoyer à toutes les données sur sa création (CCJA, 1e ch., nº 002, 4-2-2010 : M. A – M c/ BHM SA, Juris-Ohada, nº 2/2010, avr.-juin 2010, p. 4, Ohadata J-11-46, J-12-22).

L'article 267.5 de l'AUPSRVE concerne les personnes physiques. S'agissant d'une banque, les mentions portées dans le cahier des charges suffisent à son identification (CCJA, ass. plén., nº 103, 4-11-2014 : BICEC c/ 1) Ndengoue Noubissie Jean Marie, 2) Sté des Ets Emoh et Cie SARL, Ohadata J-15-194).

4º Désignation de l'immeuble

La nullité du cahier des charges a été refusée pour violation des articles 254-5 et 267 de l'AUPSRVE prévoyant la description détaillée de l'immeuble par le créancier poursuivant dans le cahier des charges ainsi que la production d'un état des droits réels (TRHC Dakar, nº 252, 4-2-2003 : H. T. c/ la C.B.A.O, Ohadata J-05-33).

5º Mise à prix

En l'absence de preuve que la mise à prix dans le cahier des charges ne respecte pas les dispositions de l'article 267-10 de l'AUPSRVE et sans une demande d'expertise, la demande de nullité doit être rejetée (TGI Mifi, 4-6-2002 : SOREPCO c/ M. Marie Florence, K. Jean, Ohadata J-04-231).

La demande de nullité dit être rejetée et les parties renvoyées à l'audience d'adjudication, lorsqu'il ressort des éléments de la procédure que la mise à prix fixée est bien supérieure au quart de la valeur (TRHC Dakar, nº 1832, 7-12-1999 : I. D. et M. K. D. c/ la Sté Mobil Oil Sénégal, Ohadata J-04-25).

Il en est ainsi notamment lorsque le créancier a fixé la mise à prix de l'immeuble à plus du quart de la valeur de l'immeuble établie par expertise (CCJA, 1e ch., nº 002, 4-2-2010 : M. A – M c/ BHM SA, Juris-Ohada, nº 2/2010, avr.-juin 2010, p. 4, Ohadata J-11-46, J-12-22).

La mise à prix d'un immeuble, fixée à la suite d'une expertise, pouvant être modifiée à tout moment par la juridiction compétente, le dire tendant à la nullité de la saisie doit être rejeté (CCJA, ass. plén., nº 103, 4-11-2014 : BICEC c/ 1) NDENGOUE Noubissie Jean Marie, 2) Sté des Ets EMOH et Cie SARL, Ohadata J-15-194).

C'est à tort qu'il est reproché à un juge d'avoir rejeté les contestations portant sur le montant de la mise à prix, dès lors que contrairement à ce que soutiennent les requérants, il résulte des pièces de la procédure, notamment du rapport d'expertise immobilière que l'estimation de la valeur de l'immeuble litigieux a été faite à dire d'expert à la somme de 567 567 500 FCFA, et qu'en fixant la mise à prix dudit immeuble à la somme de 145 000 000 FCFA, soit plus du quart de la valeur de l'immeuble, le créancier poursuivant s'est conformé à l'article 267, al. 10 invoqué (CCJA, 1e ch., nº 158, 17-12-2015 : Alimatou Sadiya GUEYE DIA c/ Sté Nationale de Recouvrement dite SNR, Ohadata J-16-151).

La demande d'annulation d'un cahier des charges, au motif qu'il n'aurait pas fixé la mise à prix, doit être rejetée, dès lors que contrairement à ce que soutient l'appelant, le cahier des charges fixe la mise à prix, en énonçant : « sous les modalités et conditions, sauf les modifications qui pourraient être apportées dans le délai de la loi, les droits au bail et constructions ci-dessus désignés seront mis aux enchères sur la mise à prix de : Droit au Bail sur TF nº […] : 200 000 000 FCFA […] ». Il en est ainsi car l'article 267-10 de l'AUPSRVE, qui n'impose aucune forme particulière dans l'énoncé de la mise à prix, n'a pas pu être violé par le premier juge (CCJA, 2e ch., nº 014, 23-2-2017 : Moutstapha Tall SA c/ ECOBANK-SENEGAL, Ohadata J-17-174).

C'est en violation de l'article 267-10 de l'AUPSRVE qu'un tribunal s'est contredit sur ses motifs en soutenant à la fois que « le créancier poursuivant s'est conformé aux dispositions légales dans la fixation de la mise à prix à 650 000 000 FCFA aussi bien avant et après les conclusions de l'expertise d'évaluation sollicitée » et que « le maintien de cette mise à prix à 650 000 000 FCFA après cette augmentation de la valeur de l'immeuble est contraire à la logique et l'équité », exposant ainsi son arrêt à la cassation. Sur l'évocation et pour les mêmes motifs que ceux ayant entraîné la cassation, il y a lieu de dire que la mise à prix fixée dans le cahier des charges est conforme à la loi et en conséquence d'ordonner la poursuite de l'adjudication (CCJA, 3e ch., nº 274, 27-12-2018 : BIA-Togo c/ Sté Groupe de Transaction et de Coopération).

C'est à tort qu'il est reproché à un jugement d'avoir violé l'article 267 de l'AUPSRVE, en rejetant la demande tendant à l'annulation du cahier des charges en raison du montant global de la mise à prix fixé en tenant compte de l'évaluation, à dire d'expert, de la valeur vénale des deux immeubles poursuivis, alors, selon la branche du moyen, que chaque immeuble doit faire l'objet d'une évaluation distincte. Il en est ainsi dès lors que le requérant n'a pas rapporté la preuve d'un préjudice résultant de cette évaluation globale à son égard, alors que seule l'existence d'un préjudice établi pouvait justifier une telle nullité au regard de l'article 297 de l'AUPSRVE (CCJA, 2e ch., no 354/2024, 12-12-2024).

6o État des droits réels inscrits sur l'immeuble

Décision confirmée. L'annexion de l'état des droits réels inscrits sur l'immeuble concerné délivré par la conservation foncière à la date du commandement, exigée par le second alinéa de l'article 267 de l'AUPSRVE ne fait pas partie des dix mentions prescrites à peine de nullité par le premier alinéa dudit article 267 (CCJA, no 033/2007, 22-11-2007 : 1e) COTRACOM ; 2e) Aminata Y. c/ BIAO-CI, Rec. jur. CCJA no 10, juill.-déc. 2007, p. 23, Ohadata J-08-243 ; TGI Mifi (Cameroun), no 14/CIV, 18-3-2008 : BICEC c/ T. B., T. née D. E., Ohadata J-09-230).

C'est à tort qu'il est reproché à un arrêt de n'avoir pas relevé au cahier des charges l'absence de mentions relatives à l'état des droits réels inscrits, alors que dans leur appréciation souveraine les juge d'appel ont relevé clairement, à la « lumière » du cahier des charges produit par le consortium bancaire, qu'« il ressort qu'un état récapitulatif des sûretés réelles dont il est titulaire sur les biens immeubles appartenant à la succession de feu N y a été annexée, et qu'en cela, les dispositions de l'article 267, al. 8 de [l'AUPSRVE] ont été respectées » (CCJA, 2e ch., no 31, 3-7-2008 : O. c/ 1) BICICI, 2) SGBCI, 3) SIB, 4) CCI, 5) BIDI, Juris-Ohada no 4/2008, p. 9, Ohadata J-09-70).

La seule exigence qui s'infère du dernier alinéa de l'article 267 de l'AUPSRVE, et cela est de jurisprudence constante, c'est que l'état des droits réels annexé au cahier des charges soit l'exact reflet des inscriptions faites sur le titre, au jour du commandement. En l'absence de la preuve d'un changement intervenu medio tempore entre la date de l'état des droits réels et celle du commandement, on ne peut nullement dire qu'il y a eu violation des dispositions invoquées. C'est donc à tort que la nullité est demandée pour antériorité de la date de l'état des droits réels par rapport au commandement (TRHC Dakar, 4-1-2000 : SNR et R. A. c/ EGCAP, Ohadata J-04-349).

> **Obs. :** l'expression « medio tempore » utilisée dans cette décision signifie littéralement « temps du milieu » et devrait s'entendre, dans le contexte de la décision, « temps intermédiaire » ; il s'agit en l'espèce du prétendu changement intervenu entre la date de l'état des droits réels et celle du commandement.

7o Signature du cahier des charges par l'avocat

La demande de nullité pour défaut de signature du cahier des charges par les avocats doit être rejetée dès lors qu'il appert que les avocats concernés ont bien signé le dépôt du cahier des charges (CCJA, 2e ch., no 014, 23-2-2017 : Moustapha Tall SA c/ ECOBANK-SENEGAL, Ohadata J-17-174).

> **Obs. :** il convient de préciser également que ce n'est pas une mention expressément requise par l'article 267 de l'AUPSRVE, même s'il est acquis que tout document produit par un avocat doit être signé par ce dernier.

8o Mentions non requises

Enchères. La mention des enchères dans le cahier des charges n'est pas prescrite par l'article 267 de l'AUPSRVE et n'est pas davantage exigée pour la validité de l'extrait du cahier des charges. Par conséquent la variation des enchères ne peut justifier la nullité dudit cahier, aucun texte ne l'ayant prévue (TGI Menoua, no 13/CIV/TGI, 12-12-2005 : F. F. T., F. née L. Sabine c/ Afriland First Bank Anciennement dénommée CCEI-Bank (SA), Ohadata J-07-46).

9o Inscription du commandement dans le livre foncier valant publication

L'inscription du commandement dans le livre foncier et le visa de l'original dudit commandement par le conservateur foncier valent publication et le moyen reprochant à la partie saisissante d'avoir affirmé que le commandement a été publié sans en rapporter la preuve est infondé (CCJA, 1e ch., no 226, 14-12-2017 : Ouafo c/ AFRILAND FIRST BANK).

10o Frais de poursuite

C'est à tort qu'il est reproché à un arrêt d'avoir violé l'article 267, al. 1-8 de l'AUPSRVE, en ce qu'il ne ressort nulle part du cahier des charges le montant des frais de poursuites, alors que l'article 267 de l'AUPSRVE, al. 1-8 de l'Acte uniforme précité en fait l'exigence, dès lors que le cahier des charges étant déposé nécessairement avant l'adjudication, le juge ne peut taxer les frais de poursuites qu'autant il s'est assuré que l'adjudication qui met fin à la procédure a été effective (CCJA, 1e ch., no 226, 14-12-2017 : Ouafo c/ AFRILAND FIRST BANK).

B. Décisions ayant accordé la nullité

1o Juridiction ou notaire convenu pour l'adjudication

Désignation d'un notaire chargé de la vente. La nullité du cahier des charges et des poursuites a été accordée pour violation d'une clause substantielle du contrat ainsi que des articles 96 et suivants du Code des Obligations Civiles et Commerciales et 267 de l'AUPSRVE lorsque le créancier a saisi un tribunal alors que la convention des parties prévoyait le contraire, notamment que la vente aurait lieu devant notaire (TRHC Dakar, n° 1.653, 27-9-2000, E. S. c/ BICIS, Ohadata J-03-10 ; obs. Ndiaw Diouf).

Obs. : pour une décision de la même juridiction ayant retenu une solution contraire, voir ci-dessus.

2° Identité du créancier poursuivant

Omission de la date de naissance du créancier dans le cahier des charges. L'omission de la date de naissance du créancier dans le cahier des charges cause un préjudice moral au débiteur qui justifie l'annulation du cahier des charges (TGI Moungo (Cameroun), n° 15/CIV, 7-12-2006 : Me L. S., L. née K. M., c/ N. T., Ohadata J-09-251).

Obs. : s'il est vrai que la nullité de l'article 267 de l'AUPSRVE n'est pas une nullité d'ordre publique (voir l'article 297 de l'AUPSRVE), on a du mal à suivre la motivation laconique du tribunal sur l'existence d'un préjudice. Le tribunal s'est contenté de dire que « l'inobservation de cette formalité prescrite à peine de nullité à l'évidence cause un préjudice tout au moins moral au débiteur saisi en ce sens qu'il ne sait même pas qui veut s'approprier de son immeuble ». Il n'est pas exact de dire que le débiteur ne sait pas qui veut saisir son immeuble et il est difficile d'imaginer ce que la connaissance de la date de naissance du créancier aurait changé pour le débiteur.

3° Conditions de la vente

Omission des frais de poursuites. Le jugement qui a annulé un cahier des charges pour défaut de rappel des frais de poursuites a fait une saine application de l'article 267-8 de l'AUPSRVE (CCJA, n° 060/2008, 30-12-2008 : BIAO-CI c/ 1) S. A., 2) M. L. C., Rec. jur. CCJA n° 12, juill.-déc. 2008, p. 91, Ohadata J-10-34, Ohadata J-09-269).

4° Mise à prix

La mise à prix d'un immeuble saisi ne doit pas être inférieure au quart de la valeur vénale dudit immeuble telle qu'appréciée lors de la constitution de l'hypothèque conformément à l'article 267 de l'AUPSRVE. En l'espèce, le tribunal a fixé une nouvelle mise à prix et modifié le cahier des charges en conséquence, conformément à l'article 275, al. 2 de l'AUPSRVE (TGI de la Menoua à Dschang, n° 35/ADD/civ., 12-5-2003 : AFRILAND FIRST BANK anciennement dénommée CCEI Bank c/ F. Fidèle T., Ohadata J-05-18).

III. Absence de violation de l'article 267 par un arrêt n'ayant statué que sur la recevabilité d'un appel

La cour d'appel qui n'a statué que sur la recevabilité d'un appel en vertu des articles 49 et 300 de l'AUPSRVE n'a pu violer les articles 267 et 274 du même Acte uniforme (CCJA, 3e ch., n° 095/2021, 27-5-2021 : K. c/ A.).

Art. 268 La date de la vente est fixée dans l'acte de dépôt quarante-cinq jours au plus tôt après celui-ci. Elle ne peut l'être plus de quatre-vingt-dix jours après le dépôt.

Section II • LA SOMMATION DE PRENDRE COMMUNICATION DU CAHIER DES CHARGES

Art. 269 Dans les huit jours, au plus tard, après le dépôt du cahier des charges, le créancier saisissant fait sommation au saisi et aux créanciers inscrits de prendre communication, au greffe, du cahier des charges et d'y faire insérer leurs dires.

À peine de nullité, cette sommation est signifiée au saisi, à personne ou à domicile, et aux créanciers inscrits à domicile élu.

JURISPRUDENCE OHADA

I. Sommation

A. Absence de qualité du tiers saisi

Il résulte clairement de l'article 269 de l'AUPSRVE que la sommation doit être faite au saisi et aux créanciers inscrits seulement ; toute autre personne qui n'est ni saisie ni créancière inscrite n'a aucune qualité pour recevoir la sommation (TRHC Dakar, n° 798, 4-5-1999 : T. R. dit Khadim c/ O. C., Ohadata J-03-166).

Lorsque les personnes régulièrement sommées de prendre communication du cahier de charges dans le délai de huit jours prescrit n'ont pas réagi et que les formalités légales prescrites ont été accomplies, le commandement à fins de saisie immobilière et tous les actes subséquents qui en ont résulté, notamment la saisie immobilière, sont réguliers et la continuation des poursuites doit être ordonnée (CCJA, 1e ch., n° 004, 28-2-2008 : COBACI c/ 1) A. 2) M ; Juris-

Ohada n° 2 avr.-juin 2008, p. 6 ; Rec. jur. CCJA, n° 11, janv.-juin 2008, p. 82 ; Ohadata J-09-27).

Obs. : le tiers qui est sommé doit réagir pour faire prévaloir ses droits.

B. Sommation à certains débiteurs rendue impossible

C'est à tort qu'il est reproché au jugement attaqué la violation de l'article 269 de l'AUPSRVE, en ce que le tribunal a procédé à la vente, alors que deux des saisis, n'ont jamais été sommés de prendre connaissance du cahier des charges ni à personne ni au domicile, de sorte que l'exploit considéré encourait la nullité, dès lors qu'il résulte du dossier que l'une de ces personnes étant décédée et l'autre ne vivant plus dans l'immeuble saisi, la créancière, ne pouvant leur servir personnellement ou à domicile la sommation de prendre communication du cahier des charges, a effectué ladite formalité par l'intermédiaire de la débitrice principale ; qu'en outre, même avérée, l'irrégularité fondée sur l'article 269 précité ne donne lieu à la nullité, aux termes de l'article 297, al. 2 du même Acte uniforme, que si celui qui l'invoque justifie d'un préjudice, ce qui n'est pas le cas en l'espèce. Pour toutes ces raisons, le moyen encourt le rejet (CCJA, 1e ch., n° 293, 27-12-2018 : Ets KOUAGNE et 3 autres c/ BICEC SA).

II. Validité de la sommation

A. Irrégularité sans grief

La nullité de la sommation ne peut être prononcée en l'absence de preuve d'un grief (TRHC Dakar, n° 253, 4-2-2003 : E. S. et C. D. c/ S.C.P TALL et ASSOCIES, Ohadata J-05-34).

Les moyens de nullité formés sur le fondement des articles 254 et 269 de l'AUPSRVE doivent être rejetés, dès lors qu'en application de l'article 297 de l'AUPSRVE du même Acte uniforme, les formalités prescrites par lesdits textes ne sont sanctionnées par la nullité que si l'irrégularité a eu pour effet de causer un préjudice à celui qui l'invoque, ce qui n'est pas le cas en l'espèce, les saisis ayant pu exercer valablement leurs droits de défense (CCJA, 1e ch., n° 292, 27-12-2018 : FIRST TRUST SAVINGS et LOAN c/ 1) Ets SIGMA et monsieur BAPES Samuel, 2) SCI d'AKWA ; CCJA, 3e ch., n° 303/2020, 22-10-2020 : G. c/ Express-Union Finances SA).

Sur l'absence de nullité sans preuve d'un grief, voir aussi : (CCJA, 1e ch., 228, 29-11-2018 : Tchiakoua Siantou Joseph Raoul c/ Afriland First Bank SA) et sous l'article 297.

B. Rassemblement dans un même acte d'huissier des informations dues au débiteur

Aucune disposition légale ne s'oppose à ce que le débiteur soit, par le même acte d'huissier, informé de la saisie immobilière, du dépôt du cahier des charges et sommé d'en prendre communication. Il en est ainsi car la partie réservée à la sommation, en ce qu'elle fait corps avec l'ensemble du texte de l'exploit dénoncé, ne peut être dissociée ; peu importe la place dans l'acte où la mention de cette signification est contenue, l'acte constituant un tout indissociable. En l'espèce, les demandeurs aux dires et observations ayant bien été identifiés dans l'acte et ayant reçu signification à personne et à domicile, aucune violation de l'article 269 ne peut être retenue. Même si les formalités prescrites par l'article 269 n'avaient pas été respectées, cette irrégularité en elle-même ne saurait conduire à la nullité de l'acte en l'absence de préjudice subi, conformément à l'article 297 de l'AUPSRVE (TGI de la Menoua à Dschang, n° 35/ADD/civ., 12-5-2003 : AFRILAND FIRST BANK anciennement dénommée CCEI Bank c/ F. F. T., Ohadata J-05-18).

C. Sommation délivrée au cuisinier du débiteur

Lorsque la sommation de prendre communication du cahier des charges a été signifiée au domicile de l'appelant et réceptionnée par son boy-cuisinier, le moyen tiré de la violation du principe du contradictoire ne saurait prospérer, l'appelant ayant bien été mis dans les conditions de se défendre et ayant même présenté ses dires et observations (CA Abidjan, ch. civ. et com., n° 563, 27-5-2005 : B.S. c/ FEGECE, Juris-Ohada n° 4/2006, p. 51, Ohadata J-07-37).

D. Dévoiement de la sommation

Radiation abusive du commandement. Le tribunal qui a constaté le droit de propriété du créancier poursuivant sur un titre foncier et ordonné la radiation du commandement aux fins de saisie immobilière, a statué « extra petita », puisque l'objet de sa saisine n'était pas de faire ordonner la radiation du commandement inscrit au Livre Foncier par le créancier saisissant, mais d'inviter le débiteur saisi à prendre connaissance du cahier de charges déposé, afin d'y insérer ses dires et observations. La cour d'appel qui a confirmé le jugement entrepris, a également statué « extra petita » et exposé sont arrêt à la cassation (CCJA, 2e ch., n° 008, 27-3-2008 : D. c/ B., Juris-Ohada n° 3, juill.-sept. 2008, p. 14, Rec. jur. CCJA, n° 11, janv.-juin 2008, p. 86, Ohadata J-09-40).

III. Défaut de signification préalable de la sommation au débiteur

Le défaut de signification préalable à la débitrice principale d'une sommation d'avoir à prendre connaissance du cahier des charges n'affecte en rien la validité des poursuites, dès lors qu'il s'agit en l'espèce, non d'une caution simple, mais d'une caution doublée d'une hypothèque, et que la mise en œuvre de la saisie immobilière ne nécessite pas l'appel préalable en cause du débiteur principal qui n'est pas propriétaire des immeubles (CCJA, 2e ch., no 014, 23-2-2017 : Moutstapha Tall SA c/ ECOBANK-SENEGAL, Ohadata J-17-174).

....

IV. Absence de dires et observations

A. Envoi au notaire et non insertion dans le cahier des charges

La procédure de saisie immobilière, telle que décrite par l'AUPSRVE est une procédure très formaliste, les différents actes devant être accomplis dans les délais légaux. La vente de l'immeuble saisi peut être faite par le tribunal ou par le notaire selon la convention liant les parties. La procédure comprend nécessairement deux phases : la préparation à la vente qui a lieu devant le tribunal et l'adjudication proprement dite. Le fait d'adresser les dires et observations directement au notaire chargé de la vente, au lieu de les insérer dans le cahier des charges comme requis s'analyse en une absence de dires et charges dans les délais. S'il est vrai que l'audience des contestations ou encore audience éventuelle des dires et observations est importante dans la procédure de saisie immobilière, il demeure que lorsqu'il n'y a pas de dires et observations formulés par le saisi dans les délais, la juridiction compétente ne peut que constater que l'audience est dépourvue d'objet et renvoyer à l'audience d'adjudication sans prendre de décision. C'est donc à bon droit que l'affaire a été renvoyée devant le notaire désigné pour l'adjudication de l'immeuble saisi. Le jugement doit être infirmé et statuant à nouveau, la demande d'annulation du procès-verbal d'adjudication notarié doit être rejetée (CA Ouagadougou (Burkina Faso), ch. com., no 52, 18-9-2009 : Burkina et Shell SA c/ Héritiers de Feu Z. S. L., Ohadata J-12-171).

Mais la cour d'appel qui a constaté d'une part l'absence de preuve de l'opposition que les demandeurs prétendent avoir formée par la production au dossier d'une pièce qui en atteste, d'autre part la production au dossier de l'exploit d'huissier portant sommation de prendre communication du cahier des charges et de produire dires et observations pour l'audience éventuelle, n'a en rien violé les dispositions invoquées à l'appui du moyen qu'il convient en conséquence de le rejeter (CCJA, 3e ch., no 025/2012, 15-3-2012 : Ayants droit de Feu KINDA Valentin et KINDA Augustin Joseph c/ SGBCI, BICICI, Coulibaly Drissa et 102 autres).

B. Poursuite de la procédure

Lorsque les débiteurs n'ont pas réagi nonobstant la sommation faite conformément à l'article 269, al. 2 de l'AUPSRVE, et que le commandement prévu à l'article 254 de l'AUPSRVE leur a été régulièrement servi, la procédure doit suivre son cours et être renvoyée à cet effet au tribunal compétent (CCJA, 2e ch., no 113, 30-12-2013 : Sté Nigérienne de Banque dite SONIBANK c/ 1) Sté Internationale de Transport et de Commerce (SITCO), 2) Sidi Ahmed Omar, 3) BADI Mohamed, Rec. jur. CCJA no 20, vol. 2, janv.-déc. 2013, p. 76-78, Ohadata J-15-86).

....

V. Sanction d'une violation de l'article 269

Obs. : voir sous l'article 300 (CCJA, 1e ch., no 093, 28-3-2019 : EXCAF TELECOM SARL et Autres c/ BIS SA).

Art. 270 [mod.] *La* sommation *visée à l'article 269 du présent Acte uniforme* indique, à peine de nullité :

1) les jour et heure d'une audience dite éventuelle au cours de laquelle il sera statué sur les dires et observations qui auraient été formulés, cette audience ne pouvant avoir lieu moins de trente jours après la dernière sommation ;

2) les jour et heure prévus pour l'adjudication qui doit avoir lieu entre le trentième et le soixantième jour après l'audience éventuelle ;

3) que les dires et observations seront reçus, à peine de déchéance jusqu'au cinquième jour précédant l'audience éventuelle et qu'à défaut de former et de faire mentionner à la suite du cahier des charges, dans ce même délai, la demande en résolution d'une vente antérieure ou la poursuite de folle enchère d'une réalisation forcée antérieure, ils seront déchus à l'égard de l'adjudicataire de leur droit d'exercer ces actions.

JURISPRUDENCE **OHADA**

I. Audience éventuelle

A. Non-respect du délai minimum de trente jours pour l'audience éventuelle

1° Déchéance du saisi

La sanction du non-respect du délai minimum de 30 jours entre la date de la sommation de prendre connaissance du cahier des charges et celle de l'audience éventuelle est la déchéance (TRHC Dakar, n° 1243, 9-7-2002 : État du Bénin c/ M. C., Ohadata J-05-38 ; TGI Menoua, n° 11/CIV/TGI, 14-3-2005 : SRC c/ T. P. P., Ohadata J-07-39, se référant à l'article 297 de l'AUPSRVE) et non la nullité de la procédure (TGI Wouri (Cameroun), n° 14, 4-10-2001 : BICEC c/ B. J., Juris Périodique n° 51, juill.-sept. 2002, p. 48, Ohadata J-03-155, obs. TEPPI Koloka Fidèle).

Obs. : le texte intégral de cette dernière décision n'est pas disponible sur www.ohada.com.

Voir aussi (TGI Mifi (Cameroun), n° 14/CIV, 18-3-2008 : BICEC c/ T. B., Dame T. née D. Elise, Ohadata J-09-230, indiquant que la sommation mentionnée à l'article 170 de l'AUPSRVE désigne la « sommation au saisi et aux créanciers de prendre communication au Greffe du cahier des charges et d'y faire insérer leurs dires » prévue par l'article 269 du même Acte uniforme et prononçant la discontinuation des poursuites comme sanction du non-respect du délai minimum).

La déchéance des poursuites plaidée par les débiteurs en se bornant à invoquer les articles 259, al. 3 et 270, al. 1 de l'AUPSRVE, relatifs à la publication du commandement et au contenu de la sommation de prendre connaissance du cahier des charges doit être rejetée, dès lors que non seulement les débiteurs n'ont pas spécifié en quoi les dispositions invoquées ont été violées et la déchéance encourue, mais en plus, l'examen des pièces du dossier de la procédure révèle que les formalités prescrites par ces textes ont été effectivement accomplies dans les conditions requises (CCJA, 1e ch., n° 292, 27-12-2018 : FIRST TRUST SAVINGS et LOAN c/ 1) Ets SIGMA et monsieur BAPES Samuel, 2) SCI d'AKWA).

2° Irrecevabilité d'une exception soulevée hors délai

Les dires et observations formulés en dehors du délai imparti sont irrecevables (CCJA, n° 13, 18-3-2004 : F. F. T. c/ SGBC, Juris-Ohada, n° 2/2004, juin-août 2004, p. 27, note BROU Kouakou Mathurin. – Rec. jur. CCJA, n° 3, janv.-juin 2004, p. 101, Ohadata J-04-298).

B. Applications

1° Indication des dires et observations dans le délai

Les dires et observations sont recevables :

– lorsqu'ils ont été déposés un 6 janvier, pour une audience éventuelle fixée au 12 janvier, soit six jours avant la tenue de cette audience (TGI Menoua, n° 27/ADD/CIV, 8-3-2004 : SRC c/ T. P. P., Ohadata J-07-38) ;

– lorsqu'ils ont été déposés 6 jours avant l'audience éventuelle ; et c'est par une mauvaise appréciation des faits de la cause et une application erronée de l'article 270, al. 3 de l'AUPSRVE que les premiers juges ont jugé que les dires ont été déposés après le délai requis et leur jugement doit être infirmé (CA Abidjan, ch. civ. et com., n° 563, 27-5-2005 : B.S. c/ FEGECE, Juris-Ohada n° 4/2006, p. 51, Ohadata J-07-37).

Les termes « cinq jours » précédant l'audience éventuelle doivent nécessairement s'entendre jours ouvrables. En l'espèce le cinquième jour précédant ladite audience à savoir le 16 octobre tombant un samedi, il était de ce fait reporté au lundi suivant et les dires et observations déposés le lundi 18 octobre suivant certificat de dépôt daté du même jour sont recevables (TGI du Wouri (Cameroun), n° 287, 3-2-2005 : SRC c/ N. T. J., Ohadata J-12-216).

C'est à tort qu'il est reproché à l'arrêt attaqué d'avoir violé l'article 270, 1. et 2. de l'AUPSRVE, en ce que les délais prévus par ces textes n'ont pas été observés par la sommation de prendre communication du cahier des charges, dès lors que la cour d'appel a relevé à bon droit que selon l'article 270-1 « les jour et heure d'une audience dite éventuelle au cours de laquelle il sera statué sur les dires et observations qui auraient été formulés, cette audience ne pouvant avoir lieu au moins trente jours après la dernière sommation ». Celle-ci étant le commandement de payer servi le 26 février 2013, et l'audience ayant été fixée au 17 mai 2013, plus de trente jours se sont écoulés entre les deux actes et le moyen, qui n'est pas fondé, doit être rejeté (CCJA, 1e ch., n° 144, 29-6-2017 : Mamadou Doukouré, Sté New Market SARL c/ Banque Crédit du Congo).

Il résulte des articles 270, 299 et 311 de l'AUPSRVE qu'il doit s'écouler au moins cinq jours francs entre la date du dépôt des dires et observations, valant leur insertion au cahier des charges, et celle de l'audience éventuelle. Doit donc être cassé le jugement qui a déclaré des dires et observations irrecevables alors qu'il s'est écoulé cinq jours francs entre la date de leur dépôt et celle prévue pour la tenue de l'audience éventuelle (CCJA, 1e ch., n° 125/2020, 9-4-2020 : A. c/ BIA-Togo ; CCJA, 1e ch., n° 183/2020, 28-5-2020 : A. c/ La BIA-Togo).

2º Indication des dires et observations hors délai

Continuation des poursuites. Lorsque, jusqu'au cinquième jour précédant l'audience éventuelle, le débiteur saisi s'est abstenu d'insérer les dires et observations dans le cahier des charges comme requis par l'article 270 de l'AUPSRVE, il doit être déchu, l'audience éventuelle doit être non avenue et les poursuites doivent continuer (TGI Menoua, nº 14/CIV/TCI, 12-12-2005 : FIRST TRUST SAVINGS AND LOAN c/ Dame F. D. J. Rachel, Ohadata J-07-48).

Dans le même sens, au sujet de dires et observations formulés la veille de l'audience éventuelle et précisant que le droit applicable à la saisie immobilière est d'application stricte, la procédure devant être respectée à la lettre (High Court of Mezam Holden in Bamenda (Cameroun), Suit nº HCB/06S/2012 of 19 November 2012 : Ntarikon Cooperative Credit Union Ltd v. MBELIKA Olivian NAH and LEFANG Christopher TAH, SOYE Jean and YUMDOM Emmanuel NAH, Ohadata J-13-218).

Selon l'article 297, al. 1 de l'AUPSRVE, les délais prévus par l'article 270 de l' de cet Acte uniforme sont prescrits à peine de déchéance ; en déclarant les dires et observations irrecevables, les conclusions les contenant ayant été déposées le 1er décembre 2014, alors que l'audience éventuelle était prévue le 3 décembre 2014, le tribunal, qui n'avait plus à en examiner le bien-fondé, n'a en rien violé les dispositions invoquées par l'appelant. Il échet donc de confirmer le jugement attaqué, de renvoyer la cause et les parties devant le tribunal de première instance de Mafanco-3, et de dire que celui-ci fixera à la demande du créancier saisissant une nouvelle date d'adjudication (CCJA, 1e ch., 181, 25-10-2018 : ECOBANK Guinée SA c/ Abdoul Rahim BARRY).

La cour d'appel qui a omis de constater la déchéance d'une partie et, partant, l'irrecevabilité de ses dires et observations a exposé sa décision à la cassation d'office sans qu'il soit besoin d'examiner les moyens de la requérante. Sur l'évocation et pour les mêmes motifs que ceux ayant justifié la cassation, il échet, après infirmation du jugement entrepris, de déclarer irrecevables pour cause de déchéance les dires et observations (CCJA, 1e ch., nº 224/2019, 8-8-2019 : O. c/ BICEC).

C'est en violation des articles 270-3, 297 et 335 de l'AUPSRVE qu'une cour d'appel a déclaré recevables des dires et observations déposés le 16 janvier 2017, alors que l'audience éventuelle a été fixée au jeudi 19 janvier 2017, exposant son arrêt à la cassation. Sur l'évocation et pour les mêmes motifs que ceux ayant entraîné la cassation, il échet de constater la déchéance des défendeurs et de déclarer leurs dires et observations irrecevables. En conséquence, la cause et les parties seront renvoyées devant le tribunal de grande instance du Wouri en continuation des poursuites ; à cette fin, ladite juridiction fixera une nouvelle date d'adjudication, à charge par la créancière de réitérer les formalités légales de publicité nécessaires (CCJA, 1e ch., nº 317/2019, 12-12-2019 : Société de recouvrement des créances du Cameroun c/ Société des supermarchés aux bonnes courses SA).

Ne viole pas l'article 270, alinéa 3 de l'AUPSRVE le jugement qui, sur le fondement de l'article 299 du même Acte uniforme fixant les conditions de recevabilité des dires et observations fondées sur des faits postérieurs à l'audience éventuelle, apprécie lesdites conditions au jour du dépôt des dires et observations (CCJA, 1e ch., nº 035/2020, 13-2-2020 : A. c/ P.).

II. Audience d'adjudication

A. Absence de date

La demande de nullité fondée sur le défaut de mention des jours et heure de l'audience d'adjudication de l'audience éventuelle doit être rejetée en l'absence d'un grief (TRHC Dakar, nº 503, 7-3-2000 : SOSERCOM c/ BIS, Ohadata J-03-61, obs. Ndiaw DIOUF).

B. Indication d'une date erronée non équivalente au défaut d'indication de date

L'erreur notée sur la sommation ayant été couverte par la mention d'une date exacte au cahier de charges, la demande de nullité de la sommation pour violation de l'article 270-2 de l'AUPSRVE doit être rejetée dès lors que le demandeur ne justifie d'aucun grief. Il en est ainsi car, dans le contexte de l'article 270, il n'y a pas de nullité sans grief, conformément à l'article 297 (TR Kaolack, 12-6-2001 : Arachne Investment Limited SA c/ M. D., Ohadata J-03-222).

III. Non-communication préalable au conseil de la partie adverse

Si l'article 270, al. 3 de l'AUPSRVE prescrit au débiteur saisi à peine de déchéance de faire insérer dans le cahier des charges ses dires et observations jusqu'au cinquième jour précédent l'audience éventuelle, aucune autre disposition dudit acte ne l'oblige à communiquer préalablement lesdits dires et observations à l'avocat du poursuivant avant leur dépôt au Greffe de la juridiction saisie. L'article 272 de l'AUPSRVE n'a pas pour effet de créer une obligation de communication préalable des dires et observations à la charge du débiteur saisi avant leur dépôt au Greffe ; il s'agit plutôt pour le législateur OHADA de s'assurer que chacune des parties à la saisie a eu l'occasion de faire valoir ses moyens relativement à la mesure d'exécution entreprise (TGI Moungo (Cameroun), nº 60/CIV, 1-11-2007 : Caisse Populaire Coopérative, M. J., K. M. c/ K. représentée par S. J., Ohadata J-09-238).

Voir aussi CCJA, 1e ch., 228, 29-11-2018 : Tchiakoua Siantou Joseph Raoul c/ Afriland First Bank SA et sous l'article 297.

Art. 271 S'il a été formé régulièrement une telle demande en résolution ou une telle poursuite de folle enchère, il est sursis aux poursuites en ce qui concerne les immeubles frappés de l'action résolutoire ou de la folle enchère.

La demande en résolution est, dans tous les cas, portée devant la juridiction où est poursuivie la vente sur saisie.

Elle est assujettie aux formes, délais et voies de recours applicables en matière de demande en distraction.

Section III • L'AUDIENCE ÉVENTUELLE

Art. 272 Les dires et observations sont jugés après échange de conclusions motivées des parties, qui doit être effectué dans le respect du principe du contradictoire.

Lorsque le montant de la mise à prix est contesté, il appartient à celui qui formule cette contestation de rapporter la preuve du bien fondé de celle-ci. Il peut demander au président de la juridiction compétente la désignation d'un expert à ses frais avancés.

JURISPRUDENCE OHADA

I. Audience éventuelle sans objet

Renvoi en audience d'adjudication. Le terme « audience éventuelle » signifie que cette audience ne se tient qu'éventuellement, c'est-à-dire s'il y a dires et observations. Lorsqu'il n'y a pas de dires et d'observations et lorsque la juridiction compétente n'estime pas nécessaire d'ordonner d'office la distraction de certains biens saisis ou de modifier le montant de la mise à prix conformément aux dispositions de l'article 275 de l'AUPSRVE, l'audience éventuelle est dépourvue d'objet et le juge peut par conséquent renvoyer à l'audience d'adjudication sans prendre de jugement (CA Dakar, n° 50, 23-1-2003 : P. F. et V. S. c/ la BICIS, Ohadata J-05-32).
La décision judiciaire qui est transcrite sur le cahier des charges lorsqu'il y a eu des dires ou des observations, n'est levée et signifiée que lorsque les dires ont donné lieu à une contestation sujette à appel ; en l'espèce, étant donné qu'il n'y a eu ni dire ni observations, le juge pouvait renvoyer à l'audience d'adjudication sans prendre de jugement. L'appel doit être déclaré irrecevable dans ces conditions, aucun jugement n'ayant été rendu entre les parties lors de l'audience éventuelle du 8 janvier 2002 du tribunal régional de Dakar (CA Dakar, n° 50, 23-1-2003, précité, Ohadata J-05-32).

II. Echange des conclusions

Absence de délai. Même si la communication des dires et observations a été faite tardivement, le principe du contradictoire a été respecté, dès lors que le demandeur avait la latitude de prendre connaissance des dires et observations déposés en double exemplaire au greffe de la juridiction au moins 15 jours avant l'audience et qu'ils lui ont été aussi communiqués la veille de l'audience (TRHC Dakar, n° 1.651, 27-9-2000 : M. G. c/ Banque Islamique du Sénégal, Ohadata J-03-09, obs. Ndiaw Diouf).

III. Valeur non exécutoire du jugement d'audience éventuelle

S'il est vrai que les poursuites sont exercées en vertu d'un titre exécutoire définitif et non d'un jugement rendu à l'audience éventuelle, cependant le sort de la procédure de vente, notamment la décision de la continuation des poursuites ou leur annulation n'est tranchée qu'au cours de cette audience même. Afin d'éviter une contrariété de décision avec la cour d'appel et compte tenu des graves conséquences qu'entraînerait la cession de l'immeuble de cas d'infirmation, il y a lieu d'ordonner le sursis à la vente jusqu'à ce que la cour d'appel rende sa décision (TRHC Dakar, 11-4-2000 : S. M. dit Gaston et M. W. c/ Crédit Sénégalais, Ohadata J-03-327 ; Ohadata J-03-325).

IV. Juridiction compétente pour la désignation de l'expert

Il résulte de l'article 272-2 de l'AUPSRVE que la désignation de l'expert relève de la compétence du président de la juridiction compétente et non du juge des criées. Ainsi, en rejetant la demande de désignation d'un expert au motif qu'elle relève de la compétence de la juridiction des criées, le tribunal n'a violé en rien les dispositions invoquées au moyen, qui doit être rejeté (CCJA, 1e ch., n° 158, 17-12-2015 : Alimatou Sadiya GUEYE DIA c/ Sté nationale de recouvrement dite SNR, Ohadata J-16-151).

V. Incompétence du juge des référés pour un incident de saisie immobilière

Le contredit régulièrement formé est recevable. C'est par une bonne appréciation des faits et une saine application de la loi qu'un juge a retenu, sur le fondement des articles 270 et 272 de l'AUPSRVE, qu'« en matière de saisie immobilière, les dires et observations qui auraient été formulés contre le commandement aux fins de saisie immobilière et le cahier des charges, sont jugés d'urgence par le juge des criées lors de l'audience éventuelle […] ; que toute contestation née de la procédure de saisie ou qui s'y réfère directement et qui est de nature à exercer une influence immédiate et directe sur cette procédure est un incident de saisie immobilière et doit être ramenée devant le juge naturel de la saisie dans le but d'aboutir à une unité et une rapidité de procédure […] ; que dans ces conditions, toute demande d'annulation du commandement aux fins de saisie immobilière influe sur la procédure de saisie immobilière déjà entamée, et par conséquent dépasse également les pouvoirs du juge des référés, lequel ne peut préjudicier au fond », pour décliner sa compétence. Sa décision mérite alors d'être confirmée en toutes ses dispositions, par le rejet du contredit (CCJA, 2e ch., no 17, 23-2-2017 : ECOBANK-MALI c/ Office Malien de l'Habitat, La Sté Immobilière Franco-Africaine, Ohadata J-17-177).

VI. Fixation de la mise à prix

Un expert ne donne qu'un avis qui ne lie pas les juges du fond. En l'espèce, la mise à prix n'étant pas inférieure au quart de la valeur vénale de l'immeuble ; le rapport initial et la contre-expertise évaluant l'immeuble à 1 100 000 000 FCFA et à 600 000 000 FCFA, la cour dispose d'éléments suffisants pour fixer le montant de la mise à prix. En tout état de cause, le demandeur ne justifie d'aucun préjudice au soutien de la nullité relative qu'il invoque ; il y a lieu de rejeter la demande, alors de surcroît que son auteur ne prouve pas, comme l'impose l'article 272 de l'AUPSRVE, le bien-fondé de sa contestation. La demande d'une troisième expertise est également infondée (CCJA, 1e ch., no 061/2021, 8-4-2021 : F. c/ Commercial Bank Cameroun SA, État du Cameroun).

VII. Dires et observations

A. Non-assimilation des réquisitions du ministère public aux dires et observations

Les réquisitions que le ministère public a été amené à prendre dans une procédure de saisie immobilière en application de la législation interne ne peuvent s'assimiler aux dires et observations prévus par l'article 272 de l'AUPSRVE. C'est donc à tort qu'il est reproché à un jugement d'avoir violé le principe du contradictoire, dès lors que les demandeurs au pourvoi ne contestent pas avoir procédé à l'échange des dires et observations avec la partie adverse et reprochent plutôt au premier juge de ne pas leur avoir donné l'occasion de faire des observations sur les réquisitions du ministère (CCJA, 3e ch., no 119/2019, 11-4-2019 : F. c/ la BICEC).

B. Rejet des dires et observations : continuation des poursuites

Les dires et observations des débiteurs saisis étant rejetés, il y a lieu, comme demandé par la créancière poursuivante, d'ordonner la continuation des poursuites devant le tribunal de grande instance du Wouri (CCJA, 1e ch., no 292, 27-12-2018 : First Trust Savings & Loan c/ 1) Ets Sigma et monsieur B., 2) SCI d'AKWA).

Obs. : cet arrêt n'a pas spécifiquement visé l'article 272, mais nous semble transposable.

Art. 273 [mod.] Une remise de l'audience éventuelle ne peut avoir lieu que pour des causes graves et dûment justifiées, ou bien lorsque la juridiction compétente exerce d'office son contrôle sur le cahier des charges ainsi qu'il est dit à l'article 275 *du présent Acte uniforme.*

JURISPRUDENCE OHADA

I. Cause grave

A. Existence d'une cause grave

1° Impossibilité matérielle

L'impossibilité matérielle pourrait s'assimiler à la cause grave. Ainsi lorsqu'une audience éventuelle a été fixée au 22 octobre 2003 ; qu'étant dans l'impossibilité matérielle de tenir cette audience, le tribunal a fixé la nouvelle date de l'audience éventuelle au 14 janvier 2004, la remise de l'audience éventuelle est donc fondée (TGI Bobo-Dioulasso, no 30, 4-2-2004 : BIB c/ K. E. (Sté Africaine de Génie Civil), Ohadata J-05-236).

2° Date de l'audience à un jour non ouvrable

Le fait que la date fixée pour l'audience éventuelle tombe sur un jour non ouvrable (samedi en l'espèce) constitue une cause grave dûment justifiée au sens de l'article 273 de l'AUPSRVE permettant la remise de ladite audience (TGI Mfoundi, n° 232/ADD, 27-2-2002 : A. K. C. c/ BICEC, Ohadata J-04-426).

B. Absence d'une cause grave

Il n'y a pas de cause grave et dûment justifiée, lorsque le débiteur poursuivi allègue sans preuve, avoir entrepris des démarches auprès de la créancière pour un règlement amiable du litige ; que les pourparlers sont très avancés et des propositions faites à la banque, par lui, sont sur le point d'aboutir ; qu'en outre, la créance est dérisoire par rapport à la valeur de l'immeuble et même de la mise à prix ; qu'enfin, ladite créance n'est nullement en péril parce qu'étant garantie par une hypothèque forcée inscrite sur son immeuble. Il en est ainsi dès lors que l'audience éventuelle n'est pas la vente de l'immeuble mais permet seulement de vider les contestations de forme et de fond soulevées par le débiteur quant à la régularité de la procédure d'expropriation engagée et qu'une décision sur les contestations ne porte nullement atteinte à la propriété de l'immeuble saisi qui ne sera vendu qu'à l'audience d'adjudication (TR Dakar, n° 1044, 7-6-1999 : CBAO c/ M. L., Ohadata J-03-169 ; voir obs. Ndiaw DIOUF).

II. Vérification du cahier des charges

Afin d'effectuer le contrôle du cahier des charges, la juridiction compétente peut reporter la date de l'audience éventuelle en application de l'article 273 de l'AUPSRVE (TGI Menoua, n° 08/ADD/CIV, 14-11-2005 : Sté SRC c/ T. P. Paul, Ohadata J-07-41).

Art. 274 **La décision judiciaire rendue à l'occasion de l'audience éventuelle est transcrite sur le cahier des charges par le greffier ; elle est levée et signifiée à la demande de la partie la plus diligente.**

La juridiction compétente fixe une nouvelle date d'adjudication si celle antérieurement fixée ne peut être maintenue.

Jurisprudence OHADA

I. Caractère obligatoire de l'audience éventuelle

Il résulte des articles 273 et 274 de l'AUPSRVE que l'audience éventuelle est obligatoire et sa remise ne peut avoir lieu que pour des causes graves et dûment justifiées. Lorsque l'audience éventuelle fixée sur le cahier des charges n'a jamais eu lieu et que le débiteur saisi n'a donc pu faire valoir ses dires et observations, le principe du contradictoire n'a pas été respecté. Par conséquent, le jugement d'adjudication de ces biens qui n'ont pas été saisis est irrégulier et doit être annulé (CA Ouagadougou, ch. civ. et com., n° 97, 7-12-2001 : Tagui c/ O. S. D., Ohadata J-09-05).

II. Signification à la diligence des parties

L'article 274 de l'AUPSRVE prescrit à la diligence des parties la levée et la signification de la décision rendue à l'audience éventuelle ; en l'espèce, la requérante est donc mal venue à invoquer le défaut d'une formalité qu'elle devait accomplir, son moyen se révélant inopérant, en plus d'être nouveau et mérite le rejet (CCJA, 1e ch., n° 062, 14-3-2019 : Marlan's Cotton Industries c/ 1) État Béninois, 2) SCI Aiglon Properties, 3) First Port International Côte d'Ivoire SA).

Il résulte des articles 246 et 274 de l'AUPSRVE que la formalité consistant à lever et signifier la décision judiciaire rendue à l'occasion de l'audience éventuelle n'est pas exclusivement mise à la charge d'une seule partie ; ces dispositions prescrivent à la diligence des parties la levée et la signification de la décision rendue à l'audience éventuelle. Dès lors, les défendeurs sont donc mal venus à invoquer le défaut d'une formalité qu'ils pouvaient accomplir. Il s'ensuit qu'en annulant le jugement d'adjudication au motif que le jugement éventuel n'a pas fait l'objet de signification, le tribunal a violé les textes visés au moyen, exposant son arrêt à la cassation (CCJA, 3e ch., n° 137/2021, 24-6-2021 : Boa Mali-SA c/ UATT-SA).

Voir sous l'article 246.

III. Absence de violation de l'article 274

Aucune violation de l'article 274 de l'AUPSRVE ne peut être reprochée à une cour d'appel ayant adopté les motifs du premier juge qui, lui, a caractérisé les agissements frauduleux découverts à l'occasion d'une procédure pénale. L'application de l'article 274 ayant été liée à celle de l'article 275, le moyen doit être rejeté (CCJA, 2e ch., n° 031, 3-4-2014 : Sté Ok Plast Cam SARL c/ L., Ohadata J-15-122).

IV. Contenu du jugement rendu à l'audience éventuelle : reproduction intégrale des dires et observations non requise

Aucune disposition de l'AUPSRVE ne prescrit la reproduction intégrale des dires et observations dans le jugement rendu lors de l'audience éventuelle et le moyen qui reproche à un arrêt attaqué de n'avoir reproduit que le dispositif des dires et observations, en violation d'une disposition de droit interne (art. 39 du Code de procédure civile et commerciale du Cameroun en l'espèce) doit être rejeté, dès lors que ce texte national, qui ne régit pas spécialement l'audience éventuelle, ne prescrit lui-même aucune reproduction intégrale du contenu de l'acte introductif d'instance ou des conclusions mais exige simplement la mention de l'acte par lequel le tribunal a été saisi (CCJA, 1e ch., no 145/2022, 3-11-2022).

Art. 275 [mod.] La juridiction compétente peut, d'office, à l'audience éventuelle, et si nécessaire, après consultation par écrit d'un expert, recueillie sans délai :

1) ordonner la distraction de certains biens saisis toutes les fois que leur valeur globale apparaît disproportionnée par rapport au montant des créances à récupérer ;

2) modifier le montant de la mise à prix si celle-ci n'a pas été fixée conformément aux dispositions de l'article 267.10*) du présent Acte uniforme.*

Dans ce cas, la juridiction compétente informe les parties de son intention de modifier le cahier des charges et les invite à présenter leurs observations dans un délai maximum de cinq jours ; elle leur indique, si besoin est, les jour et heure de l'audience si l'affaire n'a pu être jugée à la date initialement prévue.

JURISPRUDENCE OHADA

I. Expertise

Une demande d'expertise a été rejetée et la valeur vénale d'un immeuble a été d'office fixée à 325 000 000 FCFA, sur le fondement de l'article 275 de l'AUPSRVE, le tribunal ayant estimé qu'une expertise serait susceptible de retarder inutilement la procédure, après avoir tenu compte de la faible différence entre le montant retenu par l'expert du créancier saisissant et celui retenu par le débiteur saisi (TRHC Dakar 4-1-2000 : SNR et Richard A. c/ EGCAP, Ohadata J-04-349).

II. Distraction des biens d'une valeur nettement supérieure à la créance

La distraction de certains des immeubles saisis ne peut être ordonnée lorsque la valeur globale des immeubles saisis n'est pas disproportionnée par rapport au montant de la créance à recouvrer (TGI de la Menoua à Dschang, no 35/ADD/civ., 12-5-2003 : AFRILAND FIRST BANK anciennement dénommée CCEI Bank c/ F. Fidèle T., Ohadata J-05-18).

III. Modification du montant de la mise à prix par le juge : simple faculté

L'article 275 de l'AUPSRVE offre une simple faculté au juge de la vente immobilière de modifier le montant de la mise à prix et ne met à la charge du juge de la vente immobilière aucune obligation de vérifier la mise à prix. En l'espèce, en relevant, d'abord, l'absence de dires portant contestation du montant de la mise à prix et le fait que les juges ne peuvent statuer sur des choses non demandées et introduire dans le débat des faits qui ne résultent pas des conclusions des parties, ensuite, que l'article 287 du même Acte uniforme permet à toute personne de surenchérir et la contestation y relative ne devrait être élevée que dans le cadre de la procédure de saisie immobilière et enfin, que le manquement du greffier en chef n'est pas un élément détachable du service public pour engager sa responsabilité personnelle et partant, celle de l'État, la cour d'appel qui a également retenu que la recourante a la possibilité de se faire répéter le surplus perçu par la créancière saisissante, a suffisamment motivé sa décision et lui a donné une base légale (CCJA, 3e ch., no 207/2021, 25-11-2021 : N. c/ État du Sénégal).

Section IV • LA PUBLICITÉ EN VUE DE LA VENTE

Art. 276 [mod.] Trente jours au plus tôt et quinze jours au plus tard avant l'adjudication, un extrait du cahier des charges est publié, sous la signature de l'avocat poursuivant par insertion dans un journal d'annonces légales et par apposition de placards à la porte du domicile du saisi, de la juridiction compétente ou du notaire convenu ainsi que dans les lieux officiels d'affichage de la commune de la situation des biens.

La publicité peut, en outre, être effectuée par voie audiovisuelle ou électronique.

Art. 277 L'extrait contient, à peine de nullité :

1) les noms, prénoms, professions, domiciles ou demeures des parties et de leurs avocats ;

2) la désignation des immeubles saisis telle qu'elle est insérée dans le cahier des charges ;
3) la mise à prix ;
4) l'indication des jour, lieu et heure de l'adjudication, de la juridiction compétente ou du notaire convenu devant qui elle se fera.

JURISPRUDENCE OHADA

I. Juridiction compétente

Plénitude de compétence au regard de tous incidents. S'il est évident que la saisie immobilière demeure par nature une saisie à fin d'exécution, les incidents susceptibles de naître au cours de la procédure peuvent porter sur le titre en exécution, sur la créance, qui doit être liquide et exigible. Et on ne saurait demander au juge compétent d'ignorer les moyens soulevés sur ces points, et procéder à la vente forcée sans violer les dispositions de l'article 249 de l'AUPSRVE. En l'espèce, le tribunal saisi est bien compétent pour examiner la validité de la convention hypothécaire en cause, l'argument du demandeur selon lequel l'action en nullité d'une convention conclue par-devant notaire relève du juge de droit commun et non du juge des incidents de saisie immobilière dont la compétence est strictement limitée à l'appréciation des incidents susceptibles de naître au cours de la procédure de saisie immobilière réglementée par l'AUPSRVE et doit être rejeté (TGI du Moungo à Nkongsamba, nº 24/CIV, 6-3-2003 : F. René, F. Marie et Jeanne c/ Sté Générale des Banques au Cameroun, Ohadata J-05-122).

II. Fixation d'une nouvelle date d'adjudication

Le jugement ayant ordonné le sursis doit être rapporté et une nouvelle date d'adjudication doit être fixée après l'accomplissement des formalités légales par le saisissant, en cas de rejet de la requête de sursis à exécution d'un jugement ordonnant la continuation des poursuites dans une procédure de saisie immobilière (TGI Mifi (Cameroun), nº 25/CIV, 6-5-2008 : BICEC c/ T. K. Jean, T. née N., Ohadata J-09-229).

Obs. : cette décision ne vise aucun texte spécifique, mais en subordonnant la fixation d'une nouvelle date d'adjudication à « l'accomplissement des formalités légales », le juge, sans le dire, prescrit sans doute la réitération des formalités prévues aux articles 276 à 279 de l'AUPSRVE.

III. Annulation de l'adjudication pour non-respect des formalités

C'est à juste titre qu'une adjudication a été annulée, dès lors que l'extrait du cahier des charges qui ne contenait aucune date n'a pas été publié, qu'aucune insertion dans un journal d'annonces légales n'a eu lieu et que les placards n'ont été apposés, ni à la porte du domicile du saisi, ni à la porte de la juridiction compétente, car les mentions obligatoires sont prescrites par l'article 277 de l'AUPSRVE à peine de nullité (CCJA, ass. plén., nº 054, 27-4-2015 : BSR Mali c/ Fatoumata DIABY, Ohadata J-16-54).

Art. 278 [mod.] Il est justifié de l'insertion par un exemplaire du journal, signé de l'imprimeur, et de l'affichage par un procès-verbal de l'huissier *de justice* ou de *l'autorité chargée de l'*exécution, rédigé sur un exemplaire du placard.

Art. 279 [mod.] Le président de la juridiction compétente *ou le juge délégué par lui* peut, par décision non susceptible de recours, rendue sur requête, restreindre ou accroître la publicité légale, suivant la nature et la valeur des biens saisis.

JURISPRUDENCE OHADA

Publicité ramenée à la seule publication dans le journal d'annonces légales

Aux termes de l'article 274, al. 2 de l'AUPSRVE « La juridiction compétente fixe une nouvelle date d'adjudication si celle antérieurement fixée ne peut être maintenue » ; au sens de l'article 279 de l'Acte uniforme précité, le président de la juridiction compétente peut restreindre ou accroître la publicité légale. Il convient donc de fixer la nouvelle date d'adjudication au 17 mars 2004 et restreindre la publicité par insertion uniquement dans le journal d'annonces légales (TGI Bobo-Dioulasso, nº 30, 4-2-2004 : BIB c/ K. E. (Sté Africaine de Génie Civil), Ohadata J-05-236).

• Chapitre IV •
LA VENTE

Section I • *LES* DATE ET LIEU DE L'ADJUDICATION

Art. 280 [mod.] Au jour indiqué pour l'adjudication, il est procédé à la vente sur la réquisition, même verbale, de l'avocat du poursuivant ou de tout créancier inscrit. Celui-ci indique publiquement le montant des frais de poursuite préalablement taxés par le président de la juridiction compétente *ou par le juge délégué par lui.*

JURISPRUDENCE OHADA

Poursuite de la vente en dépit de l'inculpation du créancier saisissant

Il s'infère de l'article 280 de l'AUPSRVE que le créancier inscrit peut demander la vente à la barre même du tribunal sans qu'il ait besoin, au préalable, de déposer des dires dans ce sens. En l'espèce, la Société nationale de recouvrement, qui vient aux droits et obligations du créancier saisissant (inculpé), est bien créancière inscrite. Il en résulte qu'elle a parfaitement le droit de s'opposer à la radiation et de demander la vente conformément à l'article 280 précité. Il en est ainsi car l'article 260, al. 4 de l'AUPSRVE ne s'applique que lorsqu'il y a une pluralité de créanciers saisissants ayant inscrit leur commandement au livre foncier et que le sursis de la vente ne doit pas être ordonné parce que le créancier saisissant est inculpé pour non-respect des termes du procès-verbal de conciliation qui est à la base de la procédure de saisie, les conditions d'application de la règle « Le criminel tient le civil en état » n'étant pas réunies en raison de l'absence d'incidence de l'inculpation sur la procédure en cours. La demande de radiation doit être rejetée (TRHC Dakar, n° 881, 8-5-2001 : S. S. c/ Y. M. K., Ohadata J-03-59, obs. Ndiaw Diouf ; Ohadata J-03-141).

Art. 281 [mod.] Néanmoins, l'adjudication peut être remise pour causes graves et légitimes par décision judiciaire motivée rendue sur requête déposée cinq jours au moins avant le jour fixé pour la vente.

En cas de remise, la décision judiciaire fixe, de nouveau, le jour de l'adjudication qui ne peut être éloigné de plus de soixante jours. Le créancier poursuivant doit procéder à une nouvelle publicité.

La décision judiciaire n'est susceptible d'aucun recours sauf si la juridiction compétente a méconnu le délai prévu par l'alinéa *2 du présent article*. Dans ce cas, l'appel est recevable dans les conditions prévues par l'article 301 *du présent Acte uniforme*.

JURISPRUDENCE OHADA

I. Refus du renvoi pour absence de cause grave

Doivent être rejetées :

– la demande d'expertise et la demande de renvoi, lorsque les disants se contentent d'affirmer, sans aucune preuve, que l'immeuble a été sous-évalué (TRHC Dakar, n° 798, 4-5-1999 : T. R. dit K. c/ O. C., Ohadata J-03-166) ;

– l'indisponibilité du rapport de l'expert désigné pour faire les comptes entre les parties sur les paiements partiels réalisés n'est pas une cause grave de renvoi au sens de l'article 281 de l'AUPSRVE. Il en est ainsi, dès lors qu'en l'absence de la preuve d'un paiement intégral de la créance en principal, intérêts et frais, l'expertise en l'espèce ne vise qu'à établir le montant réellement dû après prise en compte des versements effectués par le débiteur principal et que l'article 247, al. 2 de l'AUPSRVE permet la poursuite pour une créance en l'espèce non liquidée ; et que l'article 312 du même texte interdit l'annulation de la poursuite sous le prétexte que le créancier l'avait commencée pour une somme plus importante que celle qui lui est due (TRHC Dakar, n° 253, 4-2-2003 : E. S. et C. D. c/ S.C.P TALL et ASSOCIES, Ohadata J-05-34) ;

– le renvoi de l'affaire par le tribunal à huitaine pour des raisons qui lui étaient propres et en tout cas bien différentes de la remise pour causes graves et légitimes dont parle l'article 281 de l'AUPSRVE. La cour d'appel qui a infirmé le jugement n'a en rien violé rien les dispositions dudit texte (CCJA, n° 061/2008, 30-12-2008 : El Hadj M. A. B. c/ 1) El Hadj M. L. D., 2) COGEST SA, Rec. jur. CCJA n° 12, juill.-déc. 2008, p. 95, Ohadata J-10-35, Ohadata J-09-270).

II. Existence d'une cause grave justifiant le renvoi

Signification de mauvaise foi des actes de poursuite à une mauvaise adresse du débiteur : report de l'audience. Le fait pour le créancier, de servir les actes de poursuite à mairie après les avoir envoyés aux anciennes adresses de la débitrice, alors qu'il connaissait la nouvelle adresse de la débitrice, est une violation délibérée des droits de la défense constituant une cause grave justifiant le report, puisque la débitrice n'a pas pu prendre connaissance à temps du dépôt du cahier des charges, pour y consigner éventuellement des dires et contestation dans le délai légal. Il en est ainsi d'autant plus que le débiteur, pour se libérer, a fait des propositions de paiement. Renvoi accordé (TRHC Dakar, 11-2-2003 : B. N. et Entreprise EBEN c/ BST, Ohadata J-03-103).

III. Inapplicabilité du caractère suspensif de l'appel établi en droit interne

C'est à juste titre, qu'après avoir opportunément rappelé les termes des articles 49, 300 et 336 de l'AUPSRVE, applicables à la cause, un tribunal a affirmé que le caractère suspensif de l'appel établi en droit interne est inapplicable, et que la situation invoquée ne caractérise pas la cause grave et légitime exigée par l'article 281 de l'AUPSRVE visé au moyen pour la remise d'une adjudication ; en se déterminant ainsi, le tribunal n'a nullement violé l'article 281 (CCJA, 1e ch., n° 062, 14-3-2019 : MARLAN'S COTTON INDUSTRIES c/ 1. État BENINOIS, 2. SCI AIGLON PROPERTIES, 3. FIRST PORT INTERNATIONAL CÔTE D'IVOIRE SA).

IV. Limitation des recours contre le jugement statuant sur la remise de l'adjudication

En l'espèce, le jugement avant dire droit qui, statuant sur une demande de remise de l'adjudication, a simplement rejeté ladite demande n'est susceptible d'aucune voie de recours, conformément à l'article 281 de l'AUPSRVE (CCJA, 3e ch., n° 294/2019, 28-11-2019 : Marlan's Cotton Industries SA c/ L'État béninois).

Art. 282 [mod.] La vente de l'immeuble a lieu aux enchères publiques à la barre de la juridiction compétente ou en l'étude du notaire convenu.

Toute personne qui désire acquérir l'immeuble *fait une ou plusieurs enchères. Celle* qui fait l'offre la plus importante est déclarée adjudicataire.

Les offres sont portées par ministère d'avocat ou par les enchérisseurs eux-mêmes ; le même avocat peut représenter plusieurs enchérisseurs lorsque ceux-ci désirent se porter co-adjudicataires.

JURISPRUDENCE OHADA

I. Caractère d'ordre public de la vente aux enchères publiques

Toute la procédure de saisie immobilière étant désormais régie uniquement par l'AUPSRVE, qui ne prévoit dans aucune de ses dispositions l'intervention du Président du tribunal de première instance pour la désignation du notaire devant lequel l'adjudication sera poursuivie, c'est en violation des articles 246, 282 et 336 de l'AUPSRVE qu'un créancier saisissant a cru devoir se référer à d'autres textes pour engager une procédure irrégulière de désignation d'un notaire non convenu par les parties. La procédure de saisie doit être annulée sans qu'il soit nécessaire d'examiner les autres chefs de demande (TGI de la Mifi, n° 36/civ., 20-4-2004 : Crédit Lyonnais Cameroun c/ W. T. Jean Marie, Ohadata J-05-141).

II. Portage des offres d'enchères

Représentation de l'enchérisseur. Il résulte de l'article 282 de l'AUPSRVE que l'enchérisseur doit être présent à la vente ou se faire représenter par son avocat. La seule présence de l'avocat de l'enchérisseur à l'audience d'adjudication est suffisante et aucune violation de l'article 282 ne peut être alléguée (CCJA, n° 028/2009, 30-4-2009 : Sté ROMEO INTERNATIONAL c/ M. R., Rec. jur. CCJA n° 13, janv.-juin 2009, p. 85, Ohadata J-10-72).

Art. 283 [mod.] Avant l'ouverture des enchères, il est préparé des bougies de manière que chacune d'elles ait une durée d'environ une minute.

Aussitôt les enchères ouvertes, il est allumé une bougie et le montant de la mise à prix est annoncé.

Si, pendant la durée d'une bougie, il survient une enchère, cette enchère ne devient définitive et n'entraîne l'adjudication que s'il n'en survient pas une nouvelle avant l'extinction de deux bougies.

L'enchérisseur cesse d'être obligé si son enchère est couverte par une autre, alors même que l'enchère nouvelle serait déclarée nulle.

S'il ne survient pas d'enchère après que l'on a allumé successivement trois bougies, le poursuivant est déclaré adjudicataire pour la mise à prix à moins qu'il ne demande la remise de l'adjudication à une autre audience sur une nouvelle mise à prix conforme aux dispositions de l'article 267,10 *du présent Acte uniforme*. La remise de l'adjudication est de droit ; les formalités de publicité doivent être réitérées.

En cas de remise, si aucune enchère n'est portée lors de la nouvelle adjudication le poursuivant est déclaré adjudicataire pour la première mise à prix.

Jurisprudence OHADA

Adjudication de l'immeuble après présentation des dires et observations

Après l'extinction des trois bougies successivement allumées par l'huissier et en l'absence d'enchères, le créancier saisissant doit être déclaré adjudicataire de l'immeuble pour le montant de la mise à prix (TGI du Moungo à Nkongsamba, n° 20/civ., 15-1-2004 : V. née A. Agnès c/ T. David, Ohadata J-05-123). Dans le même sens, (High Court of Mezam Holden in Bamenda (Cameroun), Suit n° HCB/02S/2010 of 23 October 2012 : AGUH KUM Lucy v. NDE FRU Eric, Ohadata J-13-220).

Lorsque les dires et observations relatifs à une procédure de saisie immobilières ont été rejetés comme non fondés, la vente de l'immeuble est poursuivie et le créancier saisissant peut être déclaré adjudicataire, pour le montant de la mise à prix, des immeubles pour lesquels il n'y a pas eu d'enchères. Mais l'immeuble pour lequel une autre personne a enchéri doit être adjugé à cette personne lorsque cette enchère n'a pas été couverte à l'extinction de la 3e bougie (TGI de la Menoua à Dschang, n° 48/civ., 11-8-2003 : AFRILAND FIRST BANK anciennement dénommée CCEI Bank c/ F. F. T., Ohadata J-05-28 ; J-05-159).

Lorsque toutes les formalités prévues à l'article 276 de l'AUPSRVE ont été remplies, l'adjudication peut être ordonnée au montant de la mise à prix et aux conditions du cahier des charges, selon les cas, au profit :

– du créancier poursuivant, en l'absence d'enchérisseur (TPI Bafoussam, n° 19/civ., 15-11-2005 : Afriland First Bank c/ T. J., T. née N. J. C. M., Ohadata J-07-63 ; TGI MIFI (Cameroun), n° 27/civ., 3-6-2008 : CA SCB CAMEROUN c/ SCTCB GRUMES SARL TAKAM Bonaventure, T. née D. Elise, Ohadata J-09-232 ; TGI Moungo (Cameroun), n° 16/civ., 21-2-2008 : T. Maurice c/ P. O., Ohadata J-09-254 ; TGI Mifi (Cameroun), n° 44/civ., 1-7-2008 : BICEC c/ ETS OTCH et Cie TAMOKOUE KAMGA Jean et T. née N. E. Suzanne, Ohadata J-09-234 ;

– du seul enchérisseur présent (TGI Mifi (Cameroun), n° 22/civ., 6-5-2008 : CA SCB CAMEROUN c/ SCTCB GRUMES SARL TAKAM Bonaventure, T. née D. E., Ohadata J-09-231) ;

– du plus offrant et dernier enchérisseur (TGI Moungo (Cameroun), n° 49/civ., 7-8-2008 : N. M., Directeur Général de la CAPCOL c/ N. M., domiciliés à Loum, Ohadata J-09-237).

Mais les dispositions de l'article 283 de l'AUPSRVE, qui réglementent les enchères au cours de la vente, n'obligent nullement le tribunal à adjuger l'immeuble au prix de la vente au seul créancier poursuivant, à l'exclusion d'autres acquéreurs éventuels (CCJA, n° 002/2009, 5-2-2009 : Héritiers de Feu M. D. c/ M. S. N., Rec. jur. CCJA n° 13, janv.-juin 2009, p. 38, Ohadata J-10-59, Ohadata J-09-275).

> **Obs. :** il était reproché à l'arrêt attaqué d'avoir violé les articles 283 et 287 de l'AUPSRVE en adjugeant l'immeuble pour le montant de la mise à prix à une personne autre que le créancier poursuivant ; argumentation rejetée par la CCJA.

Art. 284 Les avocats ne peuvent enchérir pour les membres de la juridiction compétente ou de l'étude du notaire devant lesquelles se poursuit la vente, à peine de nullité de l'adjudication ou de la surenchère et de dommages-intérêts.

Ils ne peuvent, sous les mêmes peines, enchérir pour le saisi ni pour les personnes notoirement insolvables. L'avocat poursuivant ne peut se rendre personnellement adjudicataire ni surenchérisseur à peine de nullité de l'adjudication ou de la surenchère et de dommages-intérêts envers toutes les parties.

Art. 285 [mod.] L'adjudication est prononcée par décision ou procès-verbal du notaire au profit, soit de l'avocat qui a enchéri le dernier, soit au profit du poursuivant pour le montant de la mise à prix s'il n'y a pas eu d'enchère.

JURISPRUDENCE OHADA

I. Prononcé de l'adjudication au créancier

Lorsque toutes les formalités requises ont été accomplies par le créancier saisissant et que le débiteur, sommé de prendre connaissance du cahier des charges n'a pas déposé de dires ou observations, le créancier doit être déclaré adjudicataire dès lors qu'à l'extinction des trois bougies, il n'y a eu aucune enchère (TGI des Bamboutos à Mbouda, n° 06/civ./TGI, 2-11-2000 : la CCEI Bank c/ M. A., Ohadata J-05-117).

II. Invalidité de l'adjudication prononcée à une personne en dehors de la procédure

Doit être infirmé, pour violation des prescriptions impératives de l'article 285 de l'AUPSRVE, le jugement qui, après avoir précisé que l'adjudication devait être faite au profit du créancier poursuivant, a adjugé le titre foncier à une autre personne dont le nom n'apparaît nulle part dans la procédure de vente (CCJA, 2e ch., n° 148, 29-6-2017 : ISA TULU SARL, Issiaka Adama FOMBA c/ Cheick Oumar KANTE, CAMEC).

Art. 286 [mod.] L'avocat, dernier enchérisseur, est tenu dans les trois jours de l'adjudication, de déclarer l'adjudicataire et de fournir son acceptation ou de représenter son pouvoir, lequel demeure annexé à la minute de la déclaration judiciaire ou notariée ; sinon il est réputé adjudicataire en son nom.

Tout adjudicataire a la faculté, *au plus tard le lendemain*, de faire connaître par une déclaration dite « de command » que ce n'est pas pour son compte qu'il s'est rendu acquéreur, mais pour une autre personne dont il révèle alors le nom.

JURISPRUDENCE OHADA

Acquisition par mandataire

Pour une décision ayant déclaré un avocat adjudicataire pour le compte d'une personne non désignée et enjoint à l'avocat de décliner l'identité de l'acquéreur dans un délai de trois jours sous peine d'être déclaré sous son nom, voir : TGI Menoua à Dschang, n° 13/civ., 11-11-2002 : N. V. c/ K. J., Ohadata J-05-29.

Section II • LA SURENCHERE

Art. 287 Toute personne peut, dans les dix jours qui suivent l'adjudication, faire une surenchère pourvu qu'elle soit du dixième au moins du prix principal de la vente. Le délai de surenchère emporte forclusion.

Cette surenchère ne peut être rétractée.

JURISPRUDENCE OHADA

I. Nécessité de la capacité légale

Selon la doctrine et la jurisprudence, la formule « toute personne » figurant à l'article 287 de l'AUPSRVE ne vise que les personnes jouissant de la capacité légale de surenchérir. Des règles s'appliquent sur la recevabilité de l'action en justice à la surenchère et, en visant les interdictions tirées de la législation bancaire et de l'AUDCG et 284 de l'AUPSRVE, la demanderesse ne peut être admise à surenchérir. C'est donc à tort qu'elle fait grief à l'arrêt attaqué d'avoir violé l'article 287 de l'AUPSRVE en ce qu'il a déclaré irrecevable sa surenchère au motif qu'elle est constitutive d'un acte de commerce interdit aux banques (CCJA, 3e ch., n° 137, 7-7-2016 : BCN c/ Cherif Ould Abdine, SGTP, Cie Dubaï Office Niger, Ohadata J-17-77).

II. Personnes pouvant surenchérir

A. Créancier poursuivant

L'article 287 de l'AUPSRVE, qui offre à toute personne la faculté de surenchérir au moins au dixième du prix principal dans un délai de dix jours à compter de l'adjudication, n'interdit pas au créancier poursuivant, de faire une enchère ou une surenchère au cours d'une procédure de vente forcée d'un immeuble (CCJA, n° 002/2009, 5-2-2009 : Héritiers de Feu M. D. c/ M. S. N., Rec. jur. CCJA n° 13, janv.-juin 2009, p. 38, Ohadata J-10-59, Ohadata J-09-275).

B. Toute autre personne

L'article 287 de l'AUPSRVE, en disposant que « toute personne peut, dans les dix jours qui suivent l'adjudication, faire une surenchère pourvu qu'elle soit du dixième au moins du prix principal de la vente », n'exclut a priori aucune personne de l'exercice de ce droit. En l'espèce, la contestation de la surenchère est infondée dès lors qu'il se déduit des allégations non contestées du surenchérisseur que les surenchères litigieuses constituent pour ce dernier une nécessité, voire même un prolongement de son activité professionnelle en ce que la somme totale des différentes saisies immobilières opérées à l'encontre du débiteur saisi, n'est pas susceptible de couvrir le montant principal de la créance que celui-ci lui reste devoir (CCJA, 3e ch., n° 134, 8-6-2017 : SIB c/ SCI ACACIA et 3 autres).

III. Surenchère au dixième du prix principal : simple minimum à respecter

Il découle de l'article 287 de l'AUPSRVE que le dixième du prix principal ne constitue que le minimum à observer pour la fixation de la surenchère. En fixant les nouvelles mises à prix à 500 000 000 FCFA pour le titre foncier adjugé à 300 000 000 FCFA et à 800 000 000 FCFA pour le titre foncier adjugé à 700 100 000 FCFA, un surenchérisseur n'a nullement violé l'article 287 visé au moyen ; il y a lieu en conséquence, d'infirmer le jugement entrepris sur ce point. En somme, il y a lieu d'infirmer le jugement entrepris en toutes ses dispositions et de renvoyer la cause et les parties par-devant le tribunal de première instance d'Abidjan-Plateau pour la poursuite des opérations de surenchère (CCJA, 3e ch., n° 134, 8-6-2017 : SIB c/ SCI ACACIA et 3 autres).

IV. Surenchère : incident susceptible d'appel dans les conditions de l'article 300

Obs. : voir sous l'article 300 (CCJA, 1e ch., n° 087, 28-3-2019 : Mahamane Sadissou Oumarou c/ Elh Moustapha Harouna et 2 autres).

Art. 288 [mod.] La surenchère est faite au greffe de la juridiction qui a ordonné la vente ou devant le notaire convenu, par le surenchérisseur lui-même ou par ministère d'avocat qui se constitue pour le surenchérisseur. Elle est mentionnée, sans délai, au cahier des charges.

Le surenchérisseur ou son avocat est tenu de la dénoncer dans les cinq jours à l'adjudicataire, au poursuivant et à la partie saisie.

Mention de la dénonciation sur le cahier des charges est faite dans un délai de cinq jours.

Faute de dénonciation ou de mention de cette dénonciation dans lesdits délais par le surenchérisseur, le poursuivant, le saisi ou tout créancier inscrit ou sommé peuvent faire la dénonciation et sa mention dans les cinq jours qui suivent ; les frais seront supportés par le surenchérisseur négligent.

La dénonciation est faite, sans qu'il y ait à prendre expédition de la déclaration de surenchère, par acte extrajudiciaire.

Elle indique la date de l'audience éventuelle au cours de laquelle seront jugées les contestations de la validité de la surenchère.

Cette audience ne peut être fixée avant l'expiration d'un délai de vingt jours à compter de la dénonciation.

Elle fixe également la date de la nouvelle adjudication, laquelle ne peut avoir lieu plus de trente jours après celle de l'audience éventuelle.

JURISPRUDENCE OHADA

Examen des contestations relatives à la surenchère à l'audience éventuelle

Il résulte des articles 287, 288 et 289 de l'AUPSRVE que c'est à l'audience éventuelle que les contestations sur la validité de la surenchère doivent être tranchées et la régularité de celle-ci examinée. La procédure de vente ne peut être poursuivie que si la surenchère n'est pas contestée ou, le cas échéant, si les contestations élevées ont été rejetées et la surenchère validée. C'est donc en violation des textes précités qu'un juge a ordonné la poursuite d'une vente sur surenchère alors que l'audience éventuelle du 12 novembre 2008 n'a pas été tenue, faute pour l'enchérisseur (auquel il incombe d'en fixer la date et de s'acquitter des formalités légales préalables à sa tenue) d'avoir fait enrôler l'exploit de dénonciation de surenchère du 7 octobre 2008, exposant ainsi son jugement à la cassation. Sur l'évocation, la surenchère et toute la procédure subséquente sont nulles et de nul effet, et le procès-verbal d'adjudication du 1er octobre 2008 produira son plein et entier effet (CCJA, 1e ch., nº 150, 26-11-2015 : Joseph Emmanuel Timoléon ONGOLO FOE c/ NGNIADO Boniface, NANGA Calice épse BOUE, Fonds Commun d'Investissement du Cameroun, en abrégé F.C.I.C., Ohadata J-16-143).

Art. 289 [mod.] La validité de la surenchère est contestée par conclusions déposées et communiquées cinq jours au moins avant le jour de l'audience éventuelle. Ces conclusions sont mentionnées à la suite de la mention de la dénonciation.

Si la surenchère n'est pas contestée ou si elle est validée, la nouvelle adjudication doit être précédée de l'apposition de placards, huit jours au moins avant la vente, conformément aux dispositions des articles 276 à 279 *du présent Acte uniforme*.

Au jour fixé, il est ouvert de nouvelles enchères ; si la surenchère, n'est pas couverte, le surenchérisseur est déclaré adjudicataire.

Aucune surenchère ne pourra être reçue sur la seconde adjudication.

Jurisprudence OHADA

I. Respect du principe du contradictoire

Aux termes de l'article 289, al. 1 de l'AUPSRVE, la validité de la surenchère est contestée par conclusions déposées et communiquées cinq jours au moins avant l'audience éventuelle. En l'espèce, le principe du contradictoire a été observé et le moyen n'est pas fondé, dès lors que la demanderesse a reconnu que les conclusions de la partie adverse lui ont été communiquées et déposées dans les délais et qu'il ressort des relevés de notes d'audience établis par le greffier en chef que les points figurant dans les notes de plaidoiries ont été débattus (CCJA, 3e ch., nº 137, 7-7-2016 : BCN c/ Cherif Ould Abdine, SGTP, Compagnie Dubaï Office Niger, Ohadata J-17-77).

II. Contestation tardive et non conforme

C'est en violation de l'article 289, al. 1 de l'AUPSRVE qu'un jugement a retenu le défaut de consignation invoqué par l'adjudicataire et le débiteur saisi pour déclarer une surenchère irrecevable, dès lors qu'il n'apparaît nullement des conclusions en contestation de surenchère, ni d'aucune autre pièce du dossier, que l'adjudicataire, le débiteur saisi ou encore le créancier poursuivant ait présenté le moyen tiré du défaut de consignation avant l'audience éventuelle ; ce moyen n'ayant été présenté et discuté qu'à cette audience, oralement par les parties, il y a lieu de le déclarer irrecevable et en conséquence, infirmer le jugement entrepris sur ce point (CCJA, 3e ch., nº 134, 8-6-2017 : SIB c/ SCI ACACIA et 3 autres).

Section III • L'ADJUDICATION

Art. 290 La décision judiciaire ou le procès-verbal d'adjudication du notaire est porté en minute à la suite du cahier des charges.

Une expédition en est délivrée, selon le cas, par le greffier ou le notaire, à l'adjudicataire après paiement des frais de poursuite et du prix d'adjudication et après l'accomplissement des conditions du cahier des charges qui doivent être exécutées dans les vingt jours de l'adjudication.

Toutefois, si l'adjudicataire est seul créancier inscrit ou privilégié du saisi, il n'est tenu de payer, outre les frais, que le montant du prix d'adjudication excédant sa créance.

La quittance et les pièces justificatives sont annexées à la minute de la décision judiciaire ou du procès-verbal d'adjudication établi par le notaire et reproduites à la suite de l'expédition.

L'adjudicataire qui n'apporte pas ces justifications dans les vingt jours de l'adjudication peut être poursuivi par la voie de la folle enchère sans préjudice des autres voies de droit.

JURISPRUDENCE OHADA

I. Cassation de l'arrêt ayant ordonné à tort le reversement d'un excédent de prix

Le fait d'inscrire dans un registre prévu à cet effet une sûreté tant que la créance qu'elle garantit existe se distingue de l'inscription du commandement aux fins de saisie immobilière prévue par les articles 259 et 260 de l'AUPSRVE, qui marque simplement le point de départ de la publicité de la procédure, le certificat délivré par le conservateur de la propriété et des droits fonciers faisant foi. En application des articles 325 de l'AUPSRVE, 195 et 225 de l'AUS, l'entente pour une répartition consensuelle du prix de la vente en matière mobilière ou immobilière n'est prévue qu'en présence de plusieurs créanciers inscrits. Aux termes de l'article 290, alinéa 3, de l'AUPSRVE, « si l'adjudicataire est seul créancier inscrit ou privilégié du saisi, il n'est tenu de payer, outre les frais, que le montant du prix d'adjudication excédant sa créance ». En l'espèce, c'est en violation de la loi, par méconnaissance, qu'une cour d'appel a ordonné le reversement au greffe des sommes querellées, au visa malencontreux de l'article 197 de l'AUS, dès lors que le défendeur n'avait pas la qualité de créancier inscrit et que la demanderesse seule bénéficiait d'une hypothèque ayant donné lieu à inscription ; l'arrêt encourt donc la cassation (CCJA, 1e ch., n° 113/2020, 9-4-2020 : Bagri Niger SA c/ A.).

II. Réparation du préjudice imputable au créancier

Il ressort de l'article 290 de l'AUPSRVE que l'adjudicataire, seul créancier inscrit ou privilégié du saisi, exempté du paiement de la portion du prix de l'adjudication correspondant à sa créance, est tenu d'apporter les justifications relatives entre autres au paiement des frais de poursuite, du montant du prix de l'adjudication excédant sa créance et à l'accomplissement des conditions du cahier des charges dans les vingt jours de l'adjudication ; à défaut de ces justifications, l'adjudicataire s'expose à être poursuivi soit par la voie de la folle enchère, soit par d'autres voies de droit. En effet, l'expression « par la voie de la folle enchère sans préjudice des autres voies de droit » signifie que, nonobstant la possibilité de mettre en œuvre la procédure de la folle enchère, d'autre voies de droit, dont par exemple celle de la résolution de la vente par adjudication, peuvent faire l'objet d'une demande principale contre l'adjudicataire qui ne justifie pas de l'accomplissement des conditions du cahier des charges. En l'espèce, il ressort des éléments du dossier et notamment du cahier des charges et du jugement d'adjudication n° 141 susvisé, d'une part, que la créance de la société ORABANK était de 126 906 567 FCFA dont en principal, 10 014 131 FCFA, majorés de l'indemnité forfaitaire de 25 % et de divers droits et frais d'actes et, d'autre part, que l'immeuble a été adjugé à la banque à la somme de 200 000 000 FCFA. Il se dégage un excédent de 73 093 433 FCFA que la créancière adjudicataire devait payer en application de l'article 290 de l'AUPSRVE en plus des frais de poursuite taxés à la somme de 2 084 725 FCFA dont 14 816 985 FCFA pour les frais de l'huissier et 600 300 FCFA pour les frais de greffe. S'il est constant que l'adjudicataire, seul créancier privilégié, n'a pas apporté les justifications relatives au paiement de l'excédent du prix de l'adjudication, il reste que cette inexécution partielle qui ne porte que sur un peu plus du tiers du prix de l'adjudication, le reste étant acquis à la banque, ne présente pas un caractère de gravité suffisant pour en justifier la résolution ; il y a donc lieu de rejeter la demande en résolution. En revanche, en application des dispositions de l'article 113 du régime général des obligations au Mali, qui prévoit que « la responsabilité emporte obligation de réparer le préjudice résultant soit de l'inexécution d'un contrat soit du devoir général de ne causer aucun dommage à autrui », il y a lieu de faire droit à la demande de dommages-intérêts des intimées qui, depuis 2017, sont privées de l'usage de leur immeuble et ne sont pas non plus entrées en possession de l'excédent du prix de l'adjudication. Au regard de la durée de ces privations imputables à la faute de la banque, il y a lieu d'allouer aux intimées la somme de 85 000 000 FCFA en réparation du préjudice subi et de débouter celles-ci du surplus de la demande (CCJA, 3e ch., n° 094/2021, 27-5-2021 : Société Fatiah Holding SA, Aïssata Dicourou BA c/ Société Orabank Mali SA).

Art. 291 **Si l'adjudication comprend plusieurs lots, expédition de la décision judiciaire ou du procès-verbal d'adjudication établi par le notaire en la forme exécutoire est délivrée à chacun des adjudicataires.**

Art. 292 Les frais ordinaires de poursuite sont toujours payés par privilège en sus du prix. Toute stipulation contraire est nulle. Il en est de même des frais extraordinaires, à moins qu'il n'ait été ordonné qu'ils seraient prélevés sur le prix, sauf recours contre la partie condamnée aux dépens.

Art. 293 [mod.] La décision judiciaire ou le procès-verbal d'adjudication établi par le notaire ne peut faire l'objet d'aucune voie de recours, sans préjudice des dispositions de l'article 313 *du présent Acte uniforme*.

JURISPRUDENCE OHADA

I. Juridiction compétente

Toute contestation soulevant un incident d'une saisie immobilière doit être portée devant le juge de l'incident de la saisie immobilière (Cass. com. (Burkina Faso), n° 19, 13-5-2004 : SOW Boubacar c/ Banque commerciale du Burkina, Ohadata J-09-02).

Obs. : en effet l'article 293 de l'AUPSRVE renvoie à l'article 313 du même Acte uniforme, qui prévoit que la nullité de la décision judiciaire ou du procès-verbal d'adjudication soit portée devant la juridiction compétente dans le ressort de laquelle l'adjudication a été faite, et ce, dans un délai de 15 jours. On doit comprendre que cette juridiction compétente pour le Burkina Faso est le juge de l'incident de la saisie immobilière.

II. Voies de recours irrecevables contre le jugement d'adjudication

A. Appel

L'appel relevé contre un jugement d'adjudication est irrecevable, dès lors que les dispositions de l'article 313 de l'AUPSRVE, auxquelles renvoie l'article 293 du même Acte uniforme, ne prévoient que le recours par voie d'action principale en annulation devant la juridiction compétente dans le ressort de laquelle l'adjudication a été faite. L'appelant qui succombe doit être condamné aux dépens (CCJA, 3e ch. n° 027/2012, 15-3-2012 : COULIBALY Laciné c/ OMAIS Ahmed ; CCJA, 2e ch., 261, 13-12-2018 : FINADEV-TCHAD SA c/ MBAÏKAOUTAR François).

Le jugement attaqué ayant été rendu à la suite de la demande d'annulation faite par voie d'action principale par la demanderesse devant la juridiction compétente conformément aux dispositions de l'article 313 de l'AUPSRVE, le jugement, qui a déclaré nuls et, de nul effet le cahier des charges en date du 14 octobre 1999, la sommation du 19 octobre 1999 et par voie de conséquence, l'adjudication du 30 novembre 1999, relève sans conteste des « décisions judiciaires rendues en matière de saisie immobilière » au sens de l'article 300 susvisé. En recevant l'appel formé contre ce jugement, lequel n'a statué que sur la régularité formelle de la procédure de saisie immobilière, la cour d'appel a exposé son arrêt à la cassation. Sur l'évocation, l'appel est irrecevable (CCJA, ass. plén., n° 043, 23-4-2014 : Succession Edouard Assiba JOHNSON, Couadjo JOHNSON c/ Ayayi Koudahin ANENOU, Entreprise Transit NETADI, Banque Togolaise de Développement (BTD), Me Galolo SOEDJEDE, Ohadata J-15-134).

Il résulte des articles 293 et 313 de l'AUPSRVE qu'un jugement d'adjudication est insusceptible de recours, et ne peut être attaqué que par voie d'action principale en annulation devant la juridiction compétente dans le ressort de laquelle l'adjudication a été faite. C'est donc en violation de ces textes qu'une cour d'appel a retenu que « l'appel contre ce jugement n'est recevable que sur les dispositions relatives à la créance et non sur l'adjudication... » pour déclarer recevable l'appel interjeté contre une telle décision, exposant ainsi son arrêt à la cassation sans analyser les moyens restants. Sur l'évocation et pour les mêmes motifs que ceux ayant conduit à la cassation, il y a lieu de déclarer l'appel irrecevable, sur le fondement de l'article 293 précité (CCJA, 3e ch., n° 159/2019, 9-5-2019 : Libyan Foreign Bank SA c/ Hôtel de la Paix d'Agadez SARL).

Obs. : voir aussi sous l'article 313.

B. Pourvoi en cassation

Il ressort de la combinaison des articles 293 et 313 de l'AUPSRVE que le seul recours possible contre un jugement d'adjudication rendu par un tribunal est l'action en annulation dans les quinze jours suivant la vente aux enchères. Le pourvoi en cassation formé contre une telle décision est irrecevable (CCJA, 2e ch., n° 029, 3-4-2014 : Souleymane SOW et Abdou DIOP c/ SCP Hassan HACHEM et Fils, Ohadata J-15-120 ; CCJA, ass. plén., n° 065, 29-4-2015 : 1) Ibrahima DIALLO c/ Ibrahima SORY DIALLO, Ohadata J-16-68 ; CCJA, 2e ch., n° 122, 23-6-2016 : Mandiogou Samb, 2) SCI TOUBA TAWFEKH c/ SGBS SA, Sté GMD, Ohadata J-17-63). Il en est de même du pourvoi formé contre un jugement d'adjudication qui n'a statué sur aucune contestation (CCJA, 1e ch., n° 158, 17-12-2015 : Alimatou Sadiya GUEYE DIA c/ Sté Nationale de Recouvrement dite SNR, Ohadata J-16-151) et du pourvoi formé contre l'arrêt ayant déclaré irrecevable l'appel interjeté contre un jugement d'adjudication (CCJA, 2e ch., no 016, 2-4-2015 : Cheikhou Badio et Helene Varlet, épouse Badio c/ Citibank Côte d'Ivoire, Ohadata J-16-16).

La recevabilité du recours contre la décision judiciaire ou le procès-verbal d'adjudication établi par un notaire relève, non de l'article 14 du Traité OHADA, mais des articles 293 et 313 de l'AUPSRVE qui lui sont spécialement consacrés. C'est donc à tort que le demandeur au pourvoi soutient que le jugement d'adjudication ayant été rendu en premier et dernier ressort, il n'est pas susceptible d'appel mais peut faire l'objet d'un pourvoi en cassation devant la CCJA, conformément à l'article 14 in fine du Traité OHADA. Il en est ainsi car il résulte de la combinaison des dispositions des articles 293 et 313 de l'AUPSRVE que le jugement d'adjudication ne peut faire l'objet d'aucun recours, sauf une demande par voie principale en annulation portée devant la juridiction compétente. En conséquence, les pourvois formés contre le jugement du tribunal de grande instance doivent être déclarés irrecevables (CCJA, 1e ch., no 042, 22-2-2018 : FAOURA SA c/ Banque Atlantique du Sénégal SA).

L'irrecevabilité d'un tel pourvoi peut être soulevée d'office (CCJA, 3e ch., no 197, 29-12-2016 : Etienne T. TALOM c/ First Trust Savings and Loan SA, Ohadata J-17-137 ; CCJA, 2e ch., no 99, 27-4-2017 : Hamet NDIAYE c/ Succession MOLA SAKO).

C. Tierce opposition

Les dispositions de l'article 313 de l'AUPSRVE auxquelles renvoie l'article 293 du même Acte uniforme ne prévoient que le recours par voie d'action principale en annulation portée devant la juridiction compétente dans le ressort de laquelle l'adjudication a été faite dans un délai de quinze jours suivant l'adjudication, lequel recours ne peut être également possible du fait de l'écoulement du délai imparti. En application des dispositions de l'article 293, la tierce opposition formée contre un jugement d'adjudication est irrecevable ; la cour d'appel qui a reçu la tierce opposition formée contre un tel jugement d'adjudication a violé, par refus d'application, les dispositions de l'article 293 de l'AUPSRVE, exposant ainsi son arrêt à la cassation. Sur l'évocation et pour les mêmes motifs que ceux ayant entraîné la cassation, il y a lieu de confirmer le jugement qui a déclaré le recours en tierce opposition irrecevable (CCJA, 1e ch., no 011, 23-2-2017 : BCS-SA c/ Boubakar Badian Sangare, Ohadata J-17-157).

Art. 294 Lorsque l'adjudication est devenue définitive, une expédition de la décision judiciaire ou du procès-verbal d'adjudication établi par le notaire est déposée à la conservation foncière aux fins d'inscription.

L'adjudicataire est tenu d'effectuer cette formalité dans les deux mois sous peine de revente sur folle enchère.

Le conservateur procède à la mention de cette publication en marge de la copie du commandement publié. Il procède également à la radiation de tous les privilèges et hypothèques inscrits qui se trouvent purgés par la vente, même de ceux inscrits postérieurement à la délivrance des états d'inscription. Les créanciers n'ont, alors, plus d'actions que sur le prix.

Art. 295 Lorsque la saisie immobilière porte sur des impenses réalisées par le débiteur sur un terrain dont il n'est pas propriétaire mais qui lui a été affecté par une décision d'une autorité administrative et que l'adjudication est devenue définitive, une expédition de la décision judiciaire ou du procès-verbal notarié d'adjudication est déposée auprès de cette autorité administrative aux fins de mention en marge de la décision d'affectation.

L'autorité administrative procède à la radiation de toutes les mentions opérées en marge de la décision d'affectation initiale et transfère l'affectation au profit de l'adjudicataire. Les créanciers n'ont plus d'actions que sur le prix.

JURISPRUDENCE OHADA

Inapplication de l'article 295 au propriétaire du bien adjugé

L'article 295 de l'AUPSRVE est inapplicable lorsque la demanderesse n'agit pas en tant que créancière mais en tant que propriétaire du bien adjugé. C'est donc à tort qu'il est allégué que le pourvoi est irrecevable en ce que, en cas de saisie sur des impenses réalisées par le débiteur et si l'adjudication est définitive, les créanciers n'ont d'action que sur le prix (CCJA, ass. plén., no 067, 29-4-2015 : Sté MASSATA HIGH Fashion Inc c/ Cie Bancaire de l'Afrique Occidentale dite CBAO, Ohadata J-16-70).

Art. 296 L'adjudication, même publiée au bureau de la conservation foncière, ne transmet à l'adjudicataire d'autres droits réels que ceux appartenant au saisi.

JURISPRUDENCE OHADA

I. Détermination du véritable propriétaire et des droits transmis

La cour d'appel qui n'a pas recherché, alors qu'elle en avait le devoir, d'une part, si la parcelle, adjugée était ou non la même que celle appartenant au revendiquant et d'autre part, conformément à l'article 296 de l'AUPSRVE si la personne, au détriment de laquelle l'adjudication a été prononcée, n'avait transmis à l'adjudicataire, que les droits réels lui appartenant sur l'immeuble litigieux, ce qui devait le déterminer à rechercher également, entre autres, si le saisi était ou non le véritable propriétaire à l'égard du défendeur au pourvoi, ou si, le cas échéant, le droit de propriété du saisi était résoluble ou révocable, ne permet pas à la CCJA d'exercer son contrôle sur le fondement juridique de sa décision, qui encourt la cassation (CCJA, n° 011/2009, 26-2-2009 : Sté TAMOIL BURKINA SA c/ S. P. dit Boukary, Rec. jur. CCJA n° 13, janv.-juin 2009, p. 121, Ohadata J-10-82, Ohadata J-09-284, Ohadata J-09-16, Juris-Ohada, n° 2/2009, avr.-juin, p. 25, Actualités Juridiques n° 60-61, p. 420).

Obs. : voir sous l'article 308.

II. Impossibilité de compromettre la part indivise sans le consentement des indivisaires

Le débiteur saisi et les autres cohéritiers lui ayant délivré une procuration ne peuvent, en application de l'article 296 de l'AUPSRVE et de l'article 820 du Code des personnes et de la famille du Burkina Faso, compromettre la part des biens indivis des autres coïndivisaires sans leur consentement qui n'est pas établi en l'espèce. La violation alléguée des articles 293 de l'AUPSRVE et 51 de la loi susvisée ne peut prospérer pour les mêmes raisons, la qualité de tiers d'une partie au moins des ayants droit ayant été largement démontrée. Les moyens doivent être rejetés (CCJA, ass. plén., n° 066, 25-4-2014 : 1) BIB SA, 2) KARANTAO Maïmouna c/ SAWADOGO Minata Ayant droit de feu OUEDRAGO Harouna, Ohadata J-15-157).

Art. 297 [mod.] Les délais prévus aux articles 259, 266, 268, 270, 276, 281, 287, 288, *alinéas* 7 et 8 et 289 *du présent Acte uniforme* sont prescrits à peine de déchéance.

JURISPRUDENCE OHADA

I. Autonomie sanctions prévues par l'article 297

La déchéance et la nullité prévues par l'article 297 de l'AUPSRVE sont deux sanctions totalement autonomes, bien qu'étant prévues par le même texte (TRHC Dakar 4-2-2003 : H. T. c/ CBAO, Ohadata J-03-104).

II. Déchéance.

A. Application de la déchéance

La déchéance prévue par l'article 297 de l'AUPSRVE est acquise dès lors qu'il y a non-respect de l'un des délais prévus par les textes visés par l'article 297 (TRHC Dakar 4-2-2003 : H. T. c/ CBAO, Ohadata J-03-104).

B. Effets de la déchéance

La déchéance fondée sur l'article 297 de l'AUPSRVE n'a pas pour effet d'éteindre une créance et conséquemment d'en empêcher le recouvrement, mais oblige le créancier à recommencer la procédure d'exécution forcée à partir des derniers errements (TGI Menoua, n° 16/civ./TGI, 12-12-2005 : SRC c/ T. P. P., Ohadata J-07-40).

III. Nullité

A. Nécessité du préjudice

En matière immobilière et dans le contexte de l'article 297 de l'AUPSRVE, il n'y a pas de nullité sans grief (CCJA, n° 25, 15-7-2004 : M. c/ SCB-CL, Ohadata J-05-168, Juris-Ohada, n° 4/2004, oct.-déc. 2004, p. 2, note BROU Kouakou Mathurin, Rec. jur. CCJA, n° 4, juill.-déc. 2004, p. 16 ; TPI Bamako (Mali), 2-4-2008 : Agri 2000 c/ Yara West Africa et Yara-France, Penant n° 866, p. 116, note Bakary Diallo, Ohadata J-09-66).

C'est à tort qu'il est reproché à un arrêt d'avoir confirmé un jugement qui a rejeté les dires et observations relatifs aux vices affectant le commandement aux fins de saisie et la sommation de prendre connaissance du cahier des charges, alors que ces actes n'ont pas été accomplis conformément à la loi, car ayant été délaissés à mairie et non à personne ou à domicile, ils méconnaissent ainsi les articles 267, 269 et 270 de l'AUPSRVE, dès lors qu'aux termes de l'article 297, al. 2 du même Acte uniforme, les formalités prévues par les articles 267,

269 et 270 ne sont sanctionnées par la nullité qu'à charge par celui qui invoque l'irrégularité de justifier d'un préjudice causé par celle-ci à ses intérêts, préjudice dont le requérant, qui a valablement fait valoir ses droits de défense, ne rapporte aucune preuve (CCJA, 1e ch., 228, 29-11-2018 : Tchiakoua Siantou Joseph Raoul c/ Afriland First Bank SA ; CCJA, 1e ch., nº 292, 27-12-2018 : FIRST TRUST SAVINGS et LOAN c/ 1) Ets SIGMA et monsieur BAPES Samuel, 2) SCI d'AKWA).

La cour d'appel qui, en l'absence de preuve d'un préjudice, a refusé d'annuler un commandement aux fins de saisie immobilière, n'a en rien violé l'article 297 de l'AUPSRVE (CCJA, 2e ch., nº 044/2021, 8-4-2021 : M. c/ Orabank Niger). Dans le même sens : CCJA, 1e ch., nº 061/2021, 8-4-2021 : F. c/ Commercial Bank Cameroun SA, État du Cameroun.

B. Appréciation souveraine des juges du fond

Conformément à l'article 297, al. 2 de l'AUPSRVE, la cour d'appel qui, après avoir souverainement déduit des faits de la procédure une absence de préjudice du fait de l'omission de la reproduction ou de la copie du titre exécutoire dans un commandement aux fins de saisie immobilière, a rejeté la nullité du commandement demandé sur le fondement de l'article 254 du même Acte uniforme, n'a en rien violé ce texte et le moyen doit être rejeté (CCJA, 2e ch., nº 056, 15-3-2018 : Stés NSS, SANPIC c/ NSIA Banque SA ex-BIAO-Côte d'Ivoire).

C. Rejet des demandes de nullité des poursuites

Défaut de violation de dispositions nationales. Les articles 294 du Code camerounais de procédure civile et commerciale, 79 du Code camerounais de l'enregistrement et 1328 du Code civil [camerounais] ne disposent pas que le pouvoir spécial de saisir donner à l'huissier ou à l'agent d'exécution par le créancier poursuivant doit, à peine de nullité, être légalisé, enregistré et avoir date certaine. Il s'ensuit que ce dire n'est pas fondé. L'article 2127 du Code civil camerounais est complété par une disposition de la loi du 12 août 1902 aux termes de laquelle « la présence du second notaire et des deux témoins n'est requise qu'au moment de la lecture de l'acte par le notaire et de la signature des parties ou de leur déclaration de ne savoir ou de ne pouvoir signer, et la mention en sera faite dans l'acte, à peine de nullité… ». Le dire aux fins de nullité des poursuites doit être rejeté dès lors qu'il n'est pas établi que les dispositions des articles 2127 du Code civil et de la loi du 12 août 1992 ont été violées (CCJA, nº 25, 15-7-2004 : M. c/ SCB-CL, Ohadata J-05-168, Juris-Ohada, nº 4/2004, oct.-déc. 2004, p. 2, note Brou Kouakou Mathurin, Rec. jur. CCJA, nº 4, juill.-déc. 2004, p. 16).

Art. 297-1 [nouv.] La nullité prononcée faute de désignation suffisante de l'un ou plusieurs des immeubles compris dans la saisie n'entraîne pas nécessairement la nullité de la poursuite en ce qui concerne les autres immeubles.

Chapitre V

LES INCIDENTS DE LA SAISIE IMMOBILIÈRE

Art. 298 [mod.] Toute contestation ou demande incidente relative à une poursuite de saisie immobilière formulée postérieurement à la signification du commandement est formée par simple acte d'avocat contenant les moyens et conclusions. Elle est formée, contre toute partie n'ayant pas constitué d'avocat, par assignation.

Les affaires sont instruites et jugées d'urgence.

Jurisprudence OHADA

I. Juridiction compétente

A. Compétence du juge de l'urgence des criées ou de l'urgence

1º Compétence territoriale du lieu de situation de l'immeuble

À partir de la publication du commandement valant saisie réelle à la conservation de la propriété foncière et du dépôt du cahier des charges au greffe, la demande en annulation de ce commandement constitue un incident de saisie qui relève de la compétence exclusive du juge des criées, en l'espèce de celui du tribunal du lieu de situation de l'immeuble, conformément aux articles 248, al. 1, 262 et 298 et suivants de l'AUPSRVE. En l'espèce, le juge du fond de Dakar saisi doit se déclarer incompétent au profit du juge des criées de Thiès, lieu de situation de l'immeuble et où toutes les formalités relatives à la publication du commandement et du dépôt du cahier des charges ont été accomplies (TGI Ouagadougou, n° 2317, 17-12-2003 : EL H. O. F., c/ SNR, CPF de Thiès, Ohadata J-04-269).

2° Compétence matérielle

La demande de sursis de la vente formulée et tirée de l'existence d'une procédure en annulation pendante devant le juge du fond ne saurait prospérer puisqu'il s'agit d'un incident de la saisie immobilière qui est de la compétence du juge des criées en vertu de sa plénitude de juridiction, conformément à l'article 298 de l'AUPSRVE (TRHC Dakar, n° 499, 8-3-2000 : GIE PAN INDUSTRIE et SCI REPUBLIQUE c/ Sté Crédit Sénégalais, Ohadata J-04-23 ; obs. de J. Issa-Sayegh).

La demande en distraction avant l'adjudication prévue à l'article 308 de l'AUPSRVE constitue une contestation à la poursuite de saisie immobilière prévue à l'article 298 du même Acte uniforme. En tant que telle cette demande ne peut être connue que du magistrat qui instruit et juge en urgence et donc du juge des référés ; il suit de ce qui précède que c'est à juste titre que le juge des référés s'est déclaré compétent et son ordonnance doit être confirmée (CA Abidjan, n° 342, 27-2-2004 : S. Jean-Claude c/ T. M., Ohadata J-04-502).

Obs. : sur la compétence de la juridiction devant laquelle une instance de saisie immobilière est pendante, pour connaître des incidents relatifs à ladite saisie, voir sous l'article 248 (CCJA, 2e ch., n° 107, 17-5-2018 : SN CHOCODI c/ BIAO).

B. Saisine par assignation et non par simple acte d'avocat

S'agissant d'une contestation relative à une poursuite de saisie immobilière formulée postérieurement à la signification dudit commandement, une telle contestation doit être formée par simple acte d'avocat, contenant les moyens et conclusions. L'intervention dans la procédure par exploit d'huissier est irrecevable, d'autant plus que les demanderesses n'ont pu prouver devant le premier juge une consignation suffisante les autorisant à suivre sur l'instance. C'est donc à juste titre que le premier juge a déclaré leur intervention irrecevable pour défaut de consignation et non-conformité (CA Centre, n° 211/civ., 15-5-2002 : T. O., T. A., W. M., M. G. c/ CCEI Bank, Ohadata J-04-430, Ohadata J-04-465).

C'est en violation des dispositions de l'article 298 de l'AUPSRVE, lesquelles ont, au sens de l'article 246 du même Acte uniforme, un caractère obligatoire, qu'une partie a saisi le tribunal par la voie d'une assignation au lieu d'un simple acte d'avocat contenant les moyens et conclusions, alors que chacune des parties avait constitué conseil en l'étude duquel domicile était élu. Sans qu'il soit besoin d'apprécier la pertinence des moyens et arguments soulevés au fond par le demandeur, il convient en conséquence de se dire mal saisi et déclarer l'action irrecevable (TGI Wouri (Cameroun), n° 316, 4-3-2004 : N. F. c/ BICEC, Ohadata J-12-218) ; voir aussi (T. com. Lubumbashi, n° RAC 1915, 7-5-2018 : EMM SARL c/ Aaron Kalume et le Conservateur des titres immobiliers de la circonscription de Lubumbashi Ouest).

Le jugement qui a déclaré irrecevables des dires et observations non signés d'un avocat n'a en rien violé les textes visés au moyen (art. 254, 267 et 269 de l'AUPSRVE, 44, 49 de l'AUDCG de 1997, 1108, 1123 et 2262 du Code civil béninois et 25, 30, et 195 à 198 et 717 du Code de procédure civile commerciale, sociale, administrative et des comptes du Bénin). Il en est ainsi car si les articles 269 et 270 de l'AUPSRVE sont muets sur la forme des dires, les articles 272 et 298 précisent que « les dires et observations sont jugés après échange de conclusions motivées des parties, qui doit être effectué dans le respect du principe du contradictoire… », et que « toute contestation ou demande incidente relative à une poursuite de saisie immobilière formulée postérieurement à la signification du commandement est formée par simple acte d'avocat contenant les moyens et conclusions. Elle est formée, contre toute partie n'ayant pas constitué d'avocat, par requête avec assignation… » (CCJA, 3e ch., n° 053, 1-3-2018 : 1) Dame Ayoka Salamatou ASSANI, 2) Mohamed Siaka AGNILA c/ B.O.A Bénin).

C. Action intervenant avant la signification du commandement : validité de la saisine par assignation et non par acte d'avocat

C'est à tort qu'il est reproché à un jugement d'avoir violé l'article 298 de l'AUPSRVE en déclarant recevable une action introduite par assignation et non par simple acte d'avocat contenant les moyens et les conclusions, dès lors qu'en l'espèce, l'action intervenue avant toute signification du commandement, préalable à la saisie, est attaquable par la voie ordinaire d'assignation (CCJA, 2e ch., n° 293/2019, 28-11-2019 : BICEC c/ N.).

II. Irrecevabilité des contestations

A. Contestation du commandement postérieurement à sa signification

Rejet de la nullité du commandement pour défaut de respect des formes de l'article 298. Le commandement ne peut être annulé lorsqu'il résulte du dossier que le titre exécutoire en cause a été entièrement reproduit, comme le démontre la grosse en forme dûment exécutoire de la convention délivrée par le notaire Instrumentaire. En ce qui concerne le montant de la créance, le débiteur qui ne s'était pas présenté à la clôture du compte opérée par la créancière en dépit de la notification d'arrêt contradictoire de ses engagements qui lui a été faite par lettre est de mauvaise foi, d'autant plus que la clôture de compte a révélé un solde débiteur au profit de la créancière, rendant ainsi exigible la créance poursuivie. C'est à juste titre que le premier juge, tenant compte de l'ancienneté de la dette et du caractère dérisoire de la garantie proposée par le débiteur, a rejeté la demande d'un délai de grâce (CA Centre, nº 211/civ., 15-5-2002 : T. O., T. A., W. M., M. G. c/ CCEI Bank, Ohadata J-04-430, Ohadata J-04-465).

B. Rejet d'une contestation oralement formulée

Le pourvoi des demandeurs qui n'ont produit aux débats aucun acte d'avocat contenant des moyens et conclusions et se sont contentés d'observations orales à l'audience éventuelle au mépris des dispositions de l'article 298 de l'AUPSRVE est irrecevable (CCJA, 1e ch., nº 004, 28-2-2008 : COBACI c/ 1) Époux A. 2) Époux M. ; Juris-Ohada nº 2, avr.-juin 2008, p. 6 ; Rec. jur. CCJA, nº 11, janv.-juin 2008, p. 82 ; Ohadata J-09-27).

III. Urgence

Si l'article 298, 2º de l'AUPSRVE dispose que « les affaires sont instruites et jugées d'urgence », il appartient aux juges du fond d'apprécier cette exigence conformément aux pratiques, usages et règles de fonctionnement et d'administration de leurs juridictions ; ce texte n'ayant prévu aucune sanction expresse, sa violation éventuelle ne peut donner lieu qu'à une nullité relative, supposant de la partie qui s'en prévaut la preuve d'un préjudice. En l'absence d'un élément d'appréciation précis de nature à caractériser la non-prise en compte de l'urgence par les juges du fond au regard du contexte de leur intervention, et d'un préjudice, cette branche du moyen manque de pertinence et sera rejetée (CCJA, 1e ch., nº 025/2022, 17-2-2022 : Shire Petroleum SARL c/ L.).

Art. 299 Les contestations ou demandes incidentes doivent, à peine de déchéance, être soulevées avant l'audience éventuelle.

Toutefois, les demandes fondées sur un fait ou un acte survenu ou révélé postérieurement à cette audience et celles tendant à faire prononcer la distraction de tout ou partie des biens saisis, la nullité de tout ou partie de la procédure suivie à l'audience éventuelle ou la radiation de la saisie, peuvent encore être présentées après l'audience éventuelle, mais seulement, à peine de déchéance, jusqu'au huitième jour avant l'adjudication.

Jurisprudence OHADA

I. Délai de présentation des contestations et des demandes incidentes

A. Application exclusive du délai prévu par l'AUPSRVE

Les dispositions nationales (art. 451 et 452 du Code de procédure civile de la Rép. Centrafricaine en l'espèce) ne peuvent être applicables dans une matière réglementée par le droit communautaire qui fixe des délais précis en matière d'action en distraction ou en nullité. Il ressort des articles 299 et 308 de l'AUPSRVE que le tiers à une procédure de vente sur saisie immobilière dispose de deux actions comme voies de recours à savoir l'action en distraction et l'action en nullité. La procédure de saisie immobilière astreint le créancier saisissant à diverses mesures de publicité avant l'adjudication. L'action en revendication de la propriété, donc en distraction, qui a été introduite plus de deux ans après la saisie et l'adjudication de l'immeuble est infondée. Le jugement qui a rétracté ladite adjudication suite à une tierce opposition doit être infirmé (CA Bangui (Rép. Centrafricaine), ch. civ. et com., nº 179, 10-6-2011 : BPMC c/ M., Répertoire nº 179, année 2011, Ohadata J-12-196).

B. Contestations et demandes recevables après l'audience éventuelle

1º Appel

L'appel interjeté contre la décision rendue par le juge des criées postérieurement à l'audience éventuelle est recevable (TRHC Dakar, 11-1-2000 : PV d'adjudication du TF nº 24.231/D.G. saisi par la Sté Mobil Oil SA sur I. D. et M. K. D., Ohadata J-03-330).

2º Demande présentée le 8e jour

La demande en contestation présentée le huitième jour avant l'adjudication est recevable (TGI Nkongsamba (Cameroun), nº 31/civ., 17-4-2008 : N. Jean c/ Crédit Lyonnais Cameroun, Ohadata J-09-235).

C'est à tort qu'un moyen a présenté la date du 9 avril prévue pour l'adjudication comme le dies ad quem alors qu'il est en réalité le dies a quo. La computation à compter de ce jour laisse apparaître huit jours francs au 30 mars, date de la requête ; par suite, la requête en annulation n'a pu encourir la déchéance et l'article 299 de l'AUPSRVE n'a pas été violé (CCJA, 2e ch. nº 130, 12-11-2015 : Sté Afriland First Bank c/ Succession TANKEU Félix, Ohadata J-16-123).

3° Respect du délai en l'absence de fixation de la date de l'audience

Validité de la sommation de prendre connaissance du cahier des charges à une date approximative. La fixation des audiences de vente sur saisie immobilière étant faite par l'assemblée générale du tribunal dont les prévisions pour l'année judiciaire courant s'étaient limitées au mois de juillet, c'est à tort que le disant soutient que la sommation ne comporte pas la date de l'audience d'adjudication, se contentant de dire que la vente sera poursuivie à l'audience d'adjudication du mois d'octobre 2000 et qu'il ignorait au jour de la sommation la date précise de l'audience d'adjudication du mois d'août 2000. Il en est ainsi, d'autant plus que les parties, qui disposent de leurs droits de poursuites, ont parfaitement le loisir d'entamer des procédures de vente tout au cours de l'année et qu'il appartenait au conseil constitué du débiteur, en tant que professionnel averti et qui n'ignore pas que l'adjudication ne peut avoir lieu avant l'expiration d'un délai de 30 jours à compter de l'audience éventuelle, de s'organiser pour assurer au débiteur une défense utile en soulevant tous les moyens qu'il estime fondés, sous réserve de l'article 299. Ce manquement n'étant pas imputable au créancier, contre lequel aucune faute n'a été retenue, la sommation de prendre connaissance du cahier des charges ne peut être annulée (TRHC Dakar, n° 1269, 4-7-2000 : I. K. G. c/ A. D. G., Ohadata J-03-03).

4° Action en distraction

L'action en distraction d'objet saisi est la revendication d'un bien dont on se prétend propriétaire. Dans le cadre des demandes tendant à faire prononcer la distraction de tout ou partie des biens saisis, les contestations peuvent être présentées après l'audience éventuelle, jusqu'au huitième jour avant l'adjudication, à peine de déchéance. Dans l'espèce, le défendeur au pourvoi a été reconnu seul propriétaire du titre objet de la présente saisie par un arrêt d'appel du 23 octobre 2002 devenu définitif. Sur la base de cette décision, il a sollicité par requête du 3 juin 2008 du président du TPI, également saisi des poursuites exercées par le demandeur au pourvoi sur le même immeuble, la distraction de celui-ci. Dans le cadre desdites poursuites, le défendeur au pourvoi a été informé d'une nouvelle adjudication dudit immeuble par exploit en date du 26 mai 2008, adjudication qui interviendra en définitive le 16 juin 2008. Ayant introduit son action en distraction de saisie le 3 juin 2008 soit 8 jours avant la date de l'adjudication précitée, le défendeur au pourvoi se trouvait bien dans le délai de procédure spécifié à l'article 299 de l'AUPSRVE et n'encourait donc pas la sanction de déchéance prescrite par ledit article. En statuant comme il l'a fait, l'arrêt attaqué n'a en rien violé l'article 299 visé au moyen, qui n'est pas fondé et doit être rejeté (CCJA, n° 049/2009, 26-11-2009 : D. S. c/ D. Y., Rec. jur. CCJA, n° 14, juill.-déc. 2009, p. 18, Ohadata J-10-182).

C. Contestations et demandes antérieures déclarées irrecevables

1° Irrecevabilité pour dépassement du délai

Compte tenu du caractère franc des délais posés par l'article 335 de l'AUPSRVE, il doit y avoir au moins 8 jours entiers entre la date de dépôt et l'audience d'adjudication. Les dires déposés le 4 février 2003 pour une audience d'adjudication fixée au 11 février 2003 sont irrecevables pour non-respect du délai imparti (TRHC Dakar 11-2-2003 : M. G. c/ SNR, Ohadata J-03-98).

2° Irrecevabilité d'un moyen fondé sur un fait antérieur à l'audience éventuelle

Le moyen tiré de la nullité du pouvoir, qui a été déjà été soulevé à l'audience éventuelle et rejeté par le tribunal est un moyen nouveau au sens de l'article 299 de l'AUPSRVE et est de ce fait irrecevable (TRHC Dakar, 11-1-2000 : PV d'adjudication du TF n° 24.231/D.G. saisi par la Sté Mobil Oil SA sur I. D. et M. K. D., Ohadata J-03-330).

Le moyen visant le non-respect des dispositions des articles 254 et 255 de l'AUPSRVE n'est pas nouveau et aurait dû être soulevé avant l'audience éventuelle puisque, en l'espèce, le décès du débiteur et la condamnation de son agence étaient déjà connus à cette période-là. Ce moyen est frappé par la déchéance et la continuation des poursuites doit être ordonnée (TRHC Dakar, n° 279, 11-2-2003 : Agence Lamine SOW c/ M. N., Ohadata J-05-35).

La continuation des poursuites doit être ordonnée et une nouvelle date de vente fixée, lorsque que le moyen soulevé par le débiteur n'est pas fondé sur un fait ou un acte survenu ou révélé postérieurement à l'audience éventuelle au sens de l'article 299 de l'AUPSRVE (TGI Mfoundi, n° 675, 25-9-2002 : MATIGNON CLUB c/ BICEC, Ohadata J-04-213, retenant que les dispositions de l'AUPSRVE sont des lois de procédure ayant abrogé tous les textes antérieurs, donc d'application immédiate).

3° Irrecevabilité, retenue en appel, d'un moyen relatif à l'absence d'immatriculation

C'est à tort qu'il est reproché à une cour d'appel d'avoir violé les articles 4, 119, 123, 128 et 129 de l'AUS et l'article 247 de l'AUPSRVE, notamment en ordonnant au président du TGI de fixer une date de la vente aux enchères des biens hypothéqués en vue du recouvrement de la créance alors, selon le moyen, que la créancière n'a aucune qualité pour agir, car seule une hypothèque consentie dans les conditions de la loi peut lui conférer le droit d'initier une procédure de saisie immobilière. Il en est ainsi dès lors que l'affaire est relative à une procédure de saisie immobilière consécutive à des conventions d'hypothèques et ne porte ni sur un cautionnement ni sur un nantissement, sûretés concernées par les articles 4, 119, 123, 128 et 129 de l'AUS visés au moyen ; ces textes sont donc inopérants en l'espèce. Par ailleurs, l'arrêt attaqué a suffisamment répondu au moyen relatif à l'absence d'immatriculation jugée irrecevable en appel, car justiciable devant le tribunal saisi de la procédure de saisie immobilière, conformément aux dispositions de l'article 299 de l'AUPSRVE (CCJA, 3e ch., no 208, 23-11-2017 : Shiptrafor Company Ltd et 3 autres c/ Azire Cooperative Crédit Union Ltd).

4o Irrecevabilité des contestations ou incidents en matière immobilière présentés tardivement

Il résulte de l'article 299 de l'AUPSRVE que seul le juge de l'audience éventuelle est compétent pour connaître des incidents ou demandes en matière de saisie immobilière formulés avant ladite audience, et que les demandes sur des faits intervenus après l'audience éventuelle doivent être présentées à peine de déchéance, huit jours avant l'audience d'adjudication. En l'espèce, les arrêts contre lesquels un recours est formé devant la CCJA ont été rendus par le juge d'appel statuant en référés à la suite de requêtes introduites auprès d'un TGI, statuant en référé, aux fins d'annulation de l'exploit du commandement de saisie immobilière d'une part, et, d'autre part, d'annulation de l'acte de sommation de prendre communication du cahier des charges. Ces demandes sont des contestations ou incidents en matière de saisie immobilière et doivent être présentées au juge de l'audience éventuelle, s'agissant des faits ou actes intervenus à partir du commandement jusqu'à l'audience éventuelle et, pour ceux intervenus à partir de l'audience éventuelle, ils doivent être présentés au juge huit jours avant l'audience d'adjudication. Par ailleurs, l'adjudication intervenue a purgé toutes les irrégularités qui n'ont pu être invoquées en leur temps devant le juge compétent. Il s'ensuit que les décisions rendues en première instance par le juge des référés et en appel par le juge d'appel statuant en référé l'ont été par des juridictions incompétentes et encourent en conséquence annulation d'office (CCJA, 1e ch., no 091, 26-4-2018 : Banque Populaire Maroco Centrafricaine c/ SANINE SARL, AMIGOS SA).

5o Irrecevabilité du recours exercé directement devant la CCJA

Est irrecevable le recours exercé directement devant la juridiction de cassation, dès lors que tous les moyens soulevés sont relatifs à des faits ou actes antérieurs à l'audience éventuelle et que toutes les contestations y relatives auraient dû être portées devant le même juge dans les délais prescrits par l'article 299 susvisé (CCJA, 1e ch., no 057, 13-6-2013 : MENGUEME Jean Marcel c/ État du Cameroun et Sté de Recouvrement des Créances (Cameroun), Ohadata J-15-57).

II. Déchéance

A. Application pour dépassement du délai

En matière de saisie immobilière, lorsque le motif des contestations et demandes incidentes est révélé postérieurement à l'audience éventuelle, celles-ci doivent être présentées huit jours avant l'adjudication. À défaut, les demandeurs sont déchus de leur droit, en application de l'article 299 de l'AUPSRVE (CA Abidjan, no 481, 27-4-2001, N.A et A. L. épse N c/ SGBCI, Juris-Ohada, no 4/2003, oct.-déc. 2003, p. 39, note Brou Kouakou Mathurin, Ohadata J-04-124 ; CCJA, 2e ch., no 030/2012, 22-3-2012 : AMITY BANK Cameroun SA c/ TASHA LOWEH Lawrence).

C'est par une appréciation souveraine et sans violer l'article 299 de l'AUPSVE qu'ayant constaté le non-respect du délai légal de huit jours par la requérante dont la requête – datée du 2 mai selon ses propres dires – n'a été enregistrée au greffe du tribunal que le 4 mai 2017, le juge du fond en a justement déduit que la forclusion était acquise ; irrecevabilité du moyen (CCJA, 2e ch., no 040/2021, 25-2-2021 : M. c/ W.).

Il résulte de l'article 299 de l'AUPSRVE que seul le juge de l'audience éventuelle est compétent pour connaître des incidents ou demandes en matière de saisie immobilière formulés avant ladite audience et que les demandes sur des faits intervenus après l'audience éventuelle doivent être présentées à peine de déchéance, huit jours avant l'audience d'adjudication (CCJA, 1e ch., no 119, 31-5-2018 : BROADWAY CAFE SARL, MAHAMADOU DIOP, IBRAHIMA DIOP c/ BIM-SA). Il doit être relevé d'office, que l'arrêt attaqué ayant été rendu par le juge d'appel statuant en référé à la suite d'une requête introduite auprès du président d'un tribunal de grande instance statuant en référé, aux fins d'annulation d'une saisie immobilière opérée à l'encontre des demandeurs et de mainlevée du commandement aux fins de ladite saisie, cette demande est une contestation ou un incident en matière de saisie immobilière et doit être présentée au juge de l'audience éventuelle, s'agissant des faits ou actes intervenus à partir du commandement jusqu'à l'audience éventuelle et, pour ceux intervenus à partir de l'audience éventuelle, ils doivent être présentés au juge huit jours avant l'audience d'adjudication. En l'espèce, la décision rendue en première instance par la présidente du tribunal statuant en référé et l'arrêt rendu par la cour d'appel statuant aussi en référé sont des décisions qui ont été rendues par des juridictions incompétentes et encourent en conséquence annulation

(CCJA, 1e ch., no 119, 31-5-2018 : BROADWAY CAFE SARL, MAHAMADOU DIOP, IBRAHIMA DIOP c/ BIM-SA).

B. Non-application en cas de significations irrégulières de la saisie

Les déchéances prévues aux articles 299 et 311, al. 1 de l'AUPSRVE ne sauraient être effectives que si les saisies avaient régulièrement été signifiées [à la suite ?] de l'exploit de sommation de prendre communication du cahier des charges. S'agissant d'une signification litigieuse faite au domicile de personnes morales, il est de principe qu'une telle signification n'est régulière que lorsque l'exploit est remis à un employé trouvé au sein de l'entreprise qui accepte de le recevoir, et fait connaître ses noms, prénoms, qualité et poste occupé. En relevant l'absence de ces indications objectives pour en déduire que ladite signification a été faite à « une secrétaire non identifiée », le TGI de Douala n'a pas violé les textes précités ; d'où il suit que cette branche du moyen n'est pas fondée et doit être rejetée (CCJA, 2e ch., no 35, 3-7-2008 : Standard Chartered Bank Cameroun SA c/ 1) SITABAC SA, 2) AZUR FINANCES SA, Juris-Ohada, no 4/2008, p. 24, Ohadata J-09-74).

Obs. : l'attention du lecteur est attirée sur le fait qu'il manque sans doute un mot ou une expression entre « signifiées » et « de l'exploit » dans le texte de l'arrêt, ce qui pourrait rendre sa lecture difficile.

Les articles 299, 308 et 313 de l'AUPSRVE sont applicables aux incidents de la saisie immobilière et inapplicables, s'agissant d'une adjudication (CCJA, ass. plén., no 066, 25-4-2014 : 1) BIB SA, 2) KARANTAO Maïmouna c/ SAWADOGO Minata Ayant droit de feu OUEDRAGO Harouna, Ohadata J-15-157).

....

III. Demandes postérieures à l'audience éventuelles recevables

L'article 311 de l'AUPSRVE prévoit des exceptions aux cas visés par l'article 299, al. 2 de l'Acte uniforme, parmi lesquels figurent les faits ou actes survenus ou révélés postérieurement à l'audience éventuelle, les demandes en distraction, la nullité de tout ou partie de la procédure suivie à l'audience éventuelle et la radiation de la saisie. Toutes ces demandes peuvent être présentées après l'audience éventuelle et jusqu'au huitième jour avant l'adjudication. C'est donc à tort qu'il est reproché à une cour d'appel d'avoir fait une mauvaise application de l'article 311, dès lors que la requête reposait sur la nullité du commandement révélé aux héritiers postérieurement à l'audience éventuelle et qui de surcroît devait entraîner la distraction (CCJA, 2e ch. no 130, 12-11-2015 : Sté Afriland First Bank c/ Succession TANKEU Félix, Ohadata J-16-123).

Art. 300 [mod.] Les décisions judiciaires rendues en matière de saisie immobilière ne sont pas susceptibles d'opposition.

Elles ne peuvent être frappées d'appel que lorsqu'elles statuent sur le principe même de la créance ou sur des moyens de fond tirés de l'incapacité d'une des parties, de la propriété, de l'insaisissabilité ou de l'inaliénabilité des biens saisis.

Les décisions de la juridiction d'appel ne sont pas susceptibles d'opposition.

Le délai d'appel est de quinze jours à compter de la signification. Le délai d'appel et l'exercice de l'appel dans le délai sont suspensifs.

....

JURISPRUDENCE OHADA

I. Champs d'application de l'article 300

A. Non-application au jugement statuant sur la vente d'un navire

Les dispositions de l'article 300 de l'AUPSRVE, qui visent spécialement la saisie immobilière, sont inapplicables à la saisie d'un navire qui est un bien meuble dont la procédure de vente a un régime particulier, selon le Code de la marine marchande. Il s'ensuit que l'appel est recevable en l'espèce, aucun texte ne restreignant le droit d'appel d'un jugement statuant sur la vente d'un navire et ne le soumettant à des conditions particulières (CA Dakar, 2e ch. civ. et com., no 65, 6-2-2003 : Armements Evadia Navigation Company et Sté Aster Maritime INC c/ SENECRETE et ANASTASSIS ARTEMIS, Ohadata J-03-171).

B. Application aux voies de recours en matière de saisie immobilière

Les voies de recours ouvertes en matière de saisie immobilière sont réglementées par l'article 300 de l'AUPSRVE (CA Ouagadougou (Burkina Faso), ch. com., no 027, 7-3-2008 : S. M. c/ SOBCA, Ohadata J-12-132).

L'article 300 de l'AUPSRVE est applicable à toutes les phases de la saisie immobilière. C'est donc à tort qu'il a été écarté par une cour d'appel, s'agissant d'une suspension de l'adjudication. L'arrêt attaqué doit être cassé (CCJA, 2e ch. no 108, 22-10-2015 :

Sté Immobilière les Merveilles dite SCI LES MERVEILLES c/ Banque Atlantique de Côte d'Ivoire dite BACI, Ohadata J-16-101).

Le jugement rendu à la suite d'une demande d'annulation faite par voie d'action principale devant la juridiction compétente conformément aux dispositions de l'article 313 de l'AUPSRVE et qui a déclaré nul et de nul effet le cahier des charges en date du 14-10-1999, la sommation du 19-10-1999 et par voie de conséquence, l'adjudication du 30-11-1999, relève sans conteste des « décisions judiciaires rendues en matière de saisie immobilière » au sens de l'article 300 susvisé (CCJA, ass. plén., n° 043, 23-4-2014 : Succession Edouard Assiba JOHNSON, Couadjo JOHNSON c/ Ayayi Koudahin ANENOU, Entreprise Transit NETADI, Banque Togolaise de Développement (BTD), Me Galolo SOEDJEDE, Ohadata J-15-134).

II. Irrecevabilité de l'opposition

Les dispositions de l'article 300 de l'AUPSRVE, en écartant l'opposition comme voie de recours formée contre les décisions rendues en matière de saisie immobilière, rendent l'opposition irrecevable. C'est donc en violation de ces dispositions qu'une cour d'appel a déclaré une opposition recevable dans de telles conditions et son arrêt encourt la cassation. Sur l'évocation et pour les mêmes motifs que ceux ayant entraîné la cassation de l'arrêt attaqué, l'opposition est irrecevable (CCJA, 2e ch., n° 007, 11-1-2018 : Khadim NIANG c/ DEMBA DIOP).

III. Appel

A. Appel recevable

1° Conditions cumulatives : un moyen prévu par l'article 300 et soulevé devant le premier juge

Au sens de l'article 300, alinéas 1 et 2 de l'AUPSRVE, la recevabilité de l'appel relevé contre les décisions rendues en matière de saisie immobilière suppose, d'une part, que l'un des moyens de l'appel soit prévu par l'article susvisé et, d'autre part, **que ce moyen ait été soulevé et examiné devant le premier juge**. En l'absence de preuve, suivant les pièces de la procédure, que les recourants se soient prévalus de l'absence de titre exécutoire devant le premier juge, la cour d'appel qui a relevé que « le sursis à la vente, motif pris de ce qu'il serait proposé à la *banque une délégation de revenus* locatifs, moyen qui ne traite ni du principe de créance ni d'aucun des autres moyens énumérés par l'article 300 alinéa 2 de l'AUPSRVE, ne constitue pas un cas d'ouverture à appel… », n'a fait qu'une exacte application de cet article visé au moyen (CCJA, 3e ch., n° 114/2019, 11-4-2019 : N. c/ BICIS S.A.).

2° Absence d'un titre de créance

L'appel n'est recevable que lorsqu'il porte sur les cas d'ouverture prévus par l'article 300 de l'AUPSRVE. Il en est ainsi du moyen tiré de l'absence d'un titre de créance ; mais les moyens portant sur une simple erreur matérielle du commandement rectifiée par le premier juge, sur la nullité du cahier des charges et de la sommation de prendre communication ne sont pas recevables (CA Dakar, 1e civ. et com., n° 414, 8-9-2000 : SCI JABULA c/ CBAO, Ohadata J-04-344).

Conformément à l'article 300 de l'AUPSRVE, l'appel est recevable contre les seules dispositions du jugement statuant sur l'existence de la créance et doit être irrecevable pour le surplus. Il en est ainsi, lorsqu'au soutien de leurs recours, les appelants font reproche au premier juge d'avoir rejeté leurs dires articulés autour de l'inexistence de la créance invoquée en fondement de la saisie, du défaut du titre exécutoire du saisissant, ainsi que la violation des formalités prescrites par les dispositions des articles 269 et 270 de l'AUPSRVE (CA Dakar, 1e civ. et com., n° 340, 15-6-2001 : Sté Sénégal Construction International c/ S. G. et A. D. B., Ohadata J-04-161, obs. Ndiaw Diouf).

La contestation par le débiteur du principe même de la créance en vertu de laquelle la saisie litigieuse est poursuivie rend son appel recevable de ce seul fait, peu importe la suite que le tribunal a réservé à ce moyen (CA de l'ouest à Bafoussam, ch. civ. et com., n° 63/civ., 14-6-2006 : K. G. Ruben, MINOCAM c/ Afriland First Bank SA, Ohadata J-07-85). Dans le même sens :

– jugeant que le juge qui a omis de statuer sur ces incidents de la saisie-immobilière pourtant soulevés par le débiteur saisi a statué « *infra petita* » : CA Ouagadougou, ch. civ. et com., n° 97, 7-12-2001 : T. c/ O. S. D., Ohadata J-09-05 ;

– retenant que l'appelante, qui a soutenu que pour une dette de 15 000 000 FCFA, elle a déjà payé 24 000 000 FCFA a formellement contesté le principe même de la créance : CA Abidjan (Côte d'Ivoire), 5e ch. civ. et com. C, n° 009, 23-1-2007 : G. B. V. c/ BICICI, Ohadata J-08-31.

Aux termes de l'article 32 de son Règlement de procédure, la CCJA peut à tout moment, par décision motivée, constater d'office l'irrecevabilité manifeste d'un recours. Selon l'article 300 de l'AUPSRVE, les décisions judiciaires rendues en matière de saisie immobilière sont susceptibles d'appel dès lors qu'elles statuent sur le principe même de la créance. Tel est le cas en l'espèce comme il est établi, comme résultant des énonciations mêmes du jugement attaqué, que le tribunal a statué sur le moyen de nullité d'une saisie immobilière soulevé, tiré :

– de la violation des dispositions de l'article 247 de l'AUPSRVE, en ce notamment que la créance poursuivie ne remplissait pas les conditions de certitude

et de liquidité. Il échet donc pour la CCJA de constater que le jugement entrepris ne peut lui être directement déféré et, par conséquent, de relever d'office l'irrecevabilité du pourvoi (CCJA, 1e ch., n° 178, 25-10-2018 : The Phone House SARL c/ Sté Union Bank Of Cameroun) ;
– du défaut de créance, en ce notamment que le compte n'avait pas été clôturé contradictoirement, dès lors que, selon l'article 300 de l'AUPSRVE, les décisions judiciaires rendues en matière de saisie immobilière sont susceptibles d'appel lorsqu'elles statuent sur le principe même de la créance, ce qui est le cas en l'espèce, le jugement entrepris ne peut être directement déféré à la CCJA (CCJA, 1e ch., n° 188, 25-10-2018 : WATO André Marie et K. T. Reine c/ MIGEC SA).

3° Saisissabilité et inaliénabilité du titre foncier

Au sens de l'article 300 de l'AUPSRVE, l'insaisissabilité s'entend de la protection spéciale qu'une loi nationale attache à certains biens ou à certaines personnes et doit être prouvée ; elle ne saurait se déduire des interdictions prévues à l'article 262 du même Acte uniforme. En l'absence de preuve de l'insaisissabilité ou de l'inaliénabilité de l'immeuble visé en l'espèce, le moyen en cause, qui évoque également, sans la caractériser, la violation de l'article 267 de l'AUPSRVE, est infondé. C'est donc à juste titre que la cour d'appel a jugé qu'au « sens de l'article 300 de l'acte uniforme, ce moyen n'ouvre pas droit à appel » (CCJA, 3e ch., n° 112/2019, 11-4-2019 : T. c/ C.).

Le jugement rendu par un tribunal appelé à se prononcer sur le principe d'une créance et l'insaisissabilité d'immeubles du fait des hypothèques dont ils étaient déjà grevés ne saurait, même sous le prétexte d'une omission de statuer commise par ledit tribunal, être directement déféré à la CCJA. En effet, sauf s'il n'y a plus rien à juger, le pouvoir de cassation de la CCJA est assorti d'un devoir d'évocation dont la mise en œuvre pourrait, en l'espèce, vicier le principe du double degré de juridiction au regard des propres prétentions de la requérante ; dès lors, il convient de déclarer le recours manifestement irrecevable, conformément aux dispositions de l'article 32.2 du Règlement de procédure (CCJA, 1e ch., n° 186/2019, 20-6-2019 : National Financial Crédit Bank c/ BICEC).

Est susceptible d'appel, le jugement :
– qui a statué sur la saisissabilité et l'aliénabilité d'un titre foncier, dès lors qu'il est fait dans les formes et délais prévus (CA Dakar, civ. et com., 2-1-2003 : Pape A. G. c/ Aladji F., Ohadata J-03-148) ;
– statuant sur une demande de sursis à la vente d'un immeuble situé dans une zone d'activité commerciale et administrative (ZACA) est susceptible d'appel, car il s'agit d'un moyen fondé sur l'insaisissabilité de la parcelle saisie (CA Ouagadougou, ch. civ. et com., n° 47, 19-4-2002 : Union des Transitaires du Burkina c/ BICIA-B, Ohadata J-09-09) ;
– qui a statué sur la saisissabilité du bien dont la vente est poursuivie, liée, selon les demandeurs, à son appartenance à leur communauté et au fait que l'épouse n'était partie ni à la convention hypothécaire ni à la procédure de saisie immobilière ; il ne peut être directement déféré devant la CCJA et un pourvoi formé par un tel jugement est manifestement irrecevable conformément à l'article 32.2 de son Règlement de procédure (CCJA, 1e ch., n° 011, 24-1-2019 : NYANGANG Robert c/ SRC) ;
– qui a déclaré irrecevables des dires par lesquels une débitrice a relevé que la saisie portait sur des titres fonciers sis dans la localité d'Abomey Calavi, qu'elle détient en copropriété avec ses enfants, tous mineurs au moment où lesdits titres étaient affectés à la garantie des prêts consentis par la banque ; un tel jugement ne peut être directement déféré devant la CCJA et le pourvoi ainsi formé est manifestement irrecevable conformément aux dispositions de l'article 32.2 de son Règlement de procédure (CCJA, 1e ch., n° 065, 14-3-2019 : Ranti Elisabeth DOSSOU épse Thomas OROUNLA c/ BIBE).

4° Principe de la créance

L'appel relevé contre un jugement ayant statué sur le principe d'une créance en rejetant l'inexistence de ladite créance invoquée par les requérants est recevable et les appelants sont fondés à solliciter des défenses à l'exécution de cette décision. Le sursis d'une vente sur saisie immobilière doit être ordonné lorsque la créance sur laquelle repose la vente résulte du solde d'un compte courant établi unilatéralement par le créancier et non approuvé par le débiteur (CA de l'Ouest (Bafoussam, Cameroun), ch. civ. et com., n° 93/civ., 10-8-2005 : K. G. R. – MINOCAM c/ Afriland First Bank SA, Ohadata J-07-79).

Obs. : cette décision doit être distinguée de celle rendue entre les mêmes parties par la même juridiction à des dates différentes et dans deux affaires différentes. Voir sous l'article 300 de l'AUPSRVE.

A statué sur le principe de la créance et est susceptible d'appel :
– le jugement rendu sur contestation, par les appelants, du principe même de la créance en invoquant la nullité de la convention d'ouverture de crédit avec caution et le défaut de titre exécutoire, lorsque le premier juge a statué avant d'ordonner la vente de l'immeuble concerné (CA Littoral (Cameroun), n° 019/C, 18-4-2008 : Nguessi avenue hôtel SARL c/ BICEC SA, Ohadata J-09-149) ;
– le jugement ayant pour motivation « attendu en effet qu'aux termes de l'article 1689 du Code civil, la cession n'est valablement formée que si un contrat a été conclu entre le cédant et le cessionnaire ; que

la délivrance de la créance s'opère entre le cédant et le cessionnaire par la remise du Titre ; Qu'il ne ressort pourtant du dossier de procédure ni échange d'écrits matérialisant un échange de volonté relativement à une cession de créance, ni une remise des titres de créances ou cession faite par le cédant ; Attendu qu'on ne saurait également parler de novation dans ce cas, l'article 1213 du Code civil disposant que : « la novation ne se présume point ; il faut que la volonté de l'opérer résulte clairement de l'acte, l'intention de nover doit être certaine et non équivoque » ; Que ni implicitement ni explicitement ECOBANK n'a jamais exprimé sa volonté de libérer la société GIDP SA de son obligation de payer ; que cette dernière reste par conséquent tenue de ses engagements contractuels à son égard ; qu'il convient de la débouter de son action comme non fondée. ». Il s'ensuit que la fin de non-recevoir tirée de la violation de l'article 300 de l'AUPSRVE doit être rejetée (CCJA, 3e ch., no 195, 23-12-2015 : Ecobank Cameroun SA c/ Groupe International de Diffusion et de Publication (GIDP) SA, Ohadata J-16-188) ;

– la décision ayant statué sur un moyen de fond tiré de la propriété. L'hypothèque provisoire n'ayant pas été convertie en hypothèque définitive et étant devenue caduque, n'a pu être inscrite au livre foncier (CCJA, 2e ch., no 203, 29-12-2016 : SGBCI c/ C., Ohadata J-17-143) ;

– le jugement ayant statué, entre autres, sur l'absence de la créance. Il s'ensuit que le recours formé contre ce jugement rendu seulement en premier ressort doit être déclaré irrecevable, conformément à l'article 14, al. 4 du Traité OHADA relatif à l'harmonisation du droit des affaires en Afrique (CCJA, 2e ch., no 15, 23-2-2017 : T. SA c/ Ecobank Sénégal, Ohadata J-17-175).

– le jugement prononcé sur la nullité de cautionnements hypothécaires, et partant, sur l'inopposabilité de la créance litigieuse aux cautions hypothécaires saisies. Il s'ensuit que le pourvoi en cassation formé contre ledit jugement en violation de l'article 300 de l'AUPSRVE est irrecevable d'office (CCJA, 1e ch., no 123, 18-5-2017 : C.C.A SA c/ 1) Resocom) ;

– le jugement qui remet en cause le principe même de la créance, dans le cadre des incidents d'une saisie immobilière, en constatant la nullité du titre exécutoire. En présence d'un jugement qui a entre autres constaté que « …l'acte juridictionnel fondant le droit dont le recouvrement a été frappé d'appel et le créancier n'a pas notifié l'arrêt de déchéance au débiteur pour déclencher la computation des délais de pourvoi et du sursis à exécution de cette décision » avant de conclure « qu'eu égard à ces deux éléments, le caractère définitif du jugement susvisé demeure sujet à caution » et que « de l'ensemble des différents vices s'infère la pertinence des dires et observations emportant nullité du commandement attaqué, de tous les actes subséquents et discontinuation des poursuites sans que l'examen des autres griefs offre encore le moindre intérêt », la cour d'appel qui a reçu l'appel contre ledit jugement, n'a en rien violé l'article 300 précité (CCJA, 2e ch., 241, 29-11-2018 : N. c/ First Trust Saving and Loan SA) ;

– le jugement qui s'est prononcé sur « le moyen tiré de l'inexistence de la créance » et a retenu « que ce moyen n'est pas fondé » ; il s'ensuit que le pourvoi en cassation formé par les requérants, en violation de l'article 300 de l'AUPSRVE, est irrecevable (CCJA, 2e ch., no 072/2021, 29-4-2021 : O., Les Ets. Oloume c/ La NFC Bank) ;

– le jugement qui s'est prononcé sur la prescription de la créance plaidée au principal par les demandeurs, en soulevant la prescription de la créance qui est cause de son extinction, les demandeurs contestent son existence et donc le principe même de la créance. Au regard des dispositions sus-énoncées de l'AUPSRVE, la saisine de la CCJA n'est pas justifiée à ce stade de la procédure, le jugement attaqué étant susceptible d'appel ; il s'ensuit que le recours en cassation doit être déclaré irrecevable (CCJA, 3e ch., no 058/2021, 8-4-2021 : T. c/ Afriland First Bank) ;

– le jugement qui a énoncé, d'une part, « que la convention de prêt numéro 1296 signée le 23 avril 1997 et son avenant numéro 1458 du 21 novembre de la même année conservent toute leur force obligatoire, donc ne sont pas caducs » et, d'autre part, « que le réaménagement des engagements contenus à travers l'acte numéro 3130 du 27 juin 2003 est aussi un avenant (article 1) qui prévoit d'ailleurs, de façon explicite, la survie des garanties antérieures (article 3 (1) et, partant, des créances » (CCJA, 1e ch., no 171/2019, 23-5-2019 : Afriland First Bank c/ CIBEC SARL, SC SARL et SCPM SARL) ;

– le jugement qui a statué sur l'absence de reddition des comptes ; il ne peut donc être directement attaqué par le pourvoi en cassation, manifestement irrecevable, conformément aux dispositions de l'article 32.2 du Règlement de procédure susvisé (CCJA, 1e ch., no 139/2019, 25-4-2019 : Y. c/ Fofides) ;

– le jugement, faisant suite à un jugement préparatoire qui avait préalablement ordonné « une expertise aux fins d'auditer le compte du saisi et d'en déterminer le solde à la clôture », et qui a retenu que « le montant de 543 825 454 FCFA réclamé par la banque est justifié et fondé et résulte autant du montant restant du crédit (484 190 487), des pénalités de retard, du taux d'intérêt et du manque à gagner conventionnel de 19 833 905 FCFA susmentionné… » ; le pourvoi formé contre un tel jugement, en violation de l'article 300, est irrecevable (CCJA, 2e ch., no 001/2022, 20-1-2022).

C'est à tort qu'il est reproché à un arrêt d'avoir violé l'article 300 de l'AUPSRVE, en déclarant recevable l'appel interjeté contre le jugement ayant annulé la sommation de prendre connaissance d'un cahier des charges pour n'avoir pas été signifiée au siège de la société débitrice. Il en est ainsi dès lors que pour statuer comme elle l'a fait, la cour d'appel énonce notamment « s'il est vrai que ce moyen tiré de la nullité dudit exploit concerne la régularité des actes de procédure, il n'en demeure pas moins qu'en prononçant l'annulation de ladite procédure de saisie immobilière initiée à l'encontre de la caution hypothécaire pour un tel motif, le premier juge a opéré une confusion entre le débiteur saisi dans ladite procédure et [la société demanderesse], qui est la débitrice principale défaillante dans le cadre de la convention notariée portant ouverture de crédit et inscription hypothécaire [...] » ; puis décide « qu'il apparaît donc d'une clarté incontestable qu'en se déterminant ainsi, celui-ci a remis en cause le principe même de la créance dont le recouvrement est poursuivi [...] » ; « qu'une telle espèce étant par conséquent un cas d'ouverture de l'appel conformément à l'article 300 précité, il y a lieu de déclarer recevable l'appel de la [défenderesse] pour avoir été régulièrement interjeté ». En statuant de la sorte au terme d'une appréciation souveraine de la cause, la cour d'appel n'a en rien commis le grief allégué par le moyen qui sera rejeté (CCJA, 1e ch., n° 017/2022, 27-1-2022 : Société Établissement Kheit SARL c/ BACI SA et K.).

Mais la créance ne peut être considérée comme contestée dans son principe lorsque le débiteur, sans établir la preuve de son extinction totale, se contente d'invoquer des paiements partiels et sollicite une expertise comptable (CCJA, 1e ch., n° 093, 28-3-2019 : Excaf Telecom SARL c/ BIS SA).

Il s'induit de la lecture combinée des dispositions de l'article 196 de l'AUS et de la convention des parties stipulant en l'espèce notamment que « les suretés constituées à la garantie des créances portées au compte courant subsisteront, [...] leur effet sera reporté sur le solde débiteur du compte, tel que ce solde apparaîtra lors de la clôture du compte » que la garantie hypothécaire consentie par la caution couvre systématiquement la période allant de sa signature au remboursement complet de toutes les sommes dues à la banque créancière en principal, intérêts et accessoires. C'est donc à bon droit que la cour d'appel a dit et jugé que la créance garantie par l'hypothèque en cause est le solde débiteur du compte courant pour une durée de vingt (20) ans. En énonçant dans ce cadre qu'« il est donc clair que le principe même de la créance dont Ecobank veut obtenir recouvrement est contesté », la cour d'appel n'a en rien violé l'article 300 de l'AUPSRVE (CCJA, 1e ch., n° 086/2022, 9-6-2022).

5° Mainlevée de l'hypothèque

Le juge qui n'a statué sur aucun moyen fondé sur la capacité du créancier saisissant à agir, mais s'est prononcé sur la mainlevée de l'hypothèque inscrite par le créancier pour absence de créance de ce dernier contre le débiteur poursuivi a bien statué sur un moyen de fond rendant l'appel du créancier recevable pour que soit réglée une telle question (CA Dakar, n° 298, 23-6-2000 : Direction Générale des Douanes c/ SARL SETTI, Ohadata J-06-61).

6° Nullité de l'acte notarié

En « constatant la nullité » de l'acte notarié constitutif en l'occurrence du titre exécutoire, alors qu'il n'était saisi que d'incidents à saisie immobilière, le TGI de Douala a ainsi fondamentalement remis en cause la validité dudit titre et, partant, le principe même de la créance. Dès lors, au regard de l'article 300 de l'AUPSRVE, le pourvoi ne pouvait, a fortiori, être formé que contre l'arrêt rendu sur appel du jugement ayant statué sur ladite contestation qui touche au fond du droit. Par ces motifs de pur droit substitués à ceux critiqués, la décision déférée se trouve légalement justifiée et le moyen ne peut être accueilli (CCJA, 2e ch., n° 35, 3-7-2008 : Standard Chartered Bank CAMEROUN SA c/ 1) SITABAC SA, 2) AZUR FINANCES SA, Juris-Ohada, n° 4/2008, p. 24, Ohadata J-09-74).

7° Capacité à surenchérir

L'arrêt attaqué qui a déclaré l'appel d'une partie irrecevable sans apporter une réponse à ses allégations selon lesquelles le premier juge s'est prononcé sur sa capacité à surenchérir conformément à l'article 300 de l'AUPSRVE encourt la cassation pour insuffisance de motifs sans qu'il soit besoin d'examiner les autres moyens. Sur l'évocation, dès lors qu'il est établi en l'espèce que la capacité d'une partie à faire une surenchère a été invoquée et discutée en principal par les parties, devant le premier juge, l'appel de cette partie doit être déclaré recevable en application de l'article 300 de l'AUPSRVE (CCJA, 3e ch., n° 134, 8-6-2017 : SIB c/ SCI ACACIA et 3 autres).

La surenchère prévue à l'article 287 de l'AUPSRVE faisant suite à l'adjudication consécutive à une saisie immobilière, le jugement rendu dans ce cadre constitue une décision judiciaire rendue en matière de saisie immobilière au sens de l'article 300 susrapporté ; ainsi, l'appel contre le jugement querellé tombe sous le coup des dispositions de cet article 300 ; le moyen n'étant donc pas fondé et sera rejeté (CCJA, 1e ch., n° 087, 28-3-2019 : Mahamane Sadissou Oumarou c/ Elh Moustapha Harouna et 2 autres).

Il résulte de l'article 300 de l'AUPSRVE une énumération limitative des cas d'appel contre une décision de justice rendue en matière de saisie immobilière incluant le moyen de fond tiré de l'incapacité d'une partie. Cependant, l'incapacité évoquée s'entend de l'état d'une personne privée par la loi de la jouissance ou de l'exercice de certains droits, et ne doit pas être confondue avec la notion de qualité à agir, qui s'entend par le pouvoir d'agir en justice que la loi reconnait à certaines personnes. C'est donc à bon droit que pour prononcer l'irrecevabilité de l'appel de la société Djigue SA et de monsieur D., la cour énonce que les appelants font leurs « les dispositions de l'article 300 de l'Acte uniforme sur les saisies immobilières mais veulent à l'occasion concocter une interprétation extensive de la notion de capacité à agir, fondée sur l'inobservation des formalités lors de l'élaboration du Pouvoir Spécial ou Mandat, autorisant le déclenchement des poursuites », avant de conclure « que cette démonstration manque de pertinence et de ce fait, il y a lieu de retenir que l'appel n'est pas conforme [...] » (CCJA, 1e ch., nº 253/2020, 25-6-2020 : D. et la Société Djigue SA c/ BSIC Mali SA).

Le jugement ayant statué, entre autres, sur une demande en distraction d'un des immeubles, objet de la saisie, donc sur un moyen de fond relatif à la propriété tel que prévu par l'article 300 de l'AUPSRVE, c'est à bon droit que la cour d'appel a jugé recevable l'appel, nonobstant le qualificatif « premier et dernier ressort » faussement énoncé par les premiers juges au dispositif de leur décision (CCJA, 2e ch., nº 151/2024, 30-5-2024).

8º Jugement ayant statué sur un moyen de fond relatif à la propriété d'un immeuble

La saisine de la CCJA contre la décision d'un tribunal de grande instance qui a statué sur un moyen de fond relativement à la propriété d'un immeuble objet d'une saisie n'est pas justifiée à ce stade de la procédure, le jugement attaqué étant susceptible d'appel en application de l'article 300 de l'AUPSRVE ; il s'ensuit que le recours en cassation doit être déclaré irrecevable en l'état (CCJA, 2e ch., nº 096, 27-4-2017 : Onyeagba Fidelis c/ Sali Moussa).

S'il est vrai que pour l'application de l'article 300 de l'AUPSRVE, les cas ouvrant droit à appel s'apprécient, non pas à partir des moyens de l'appelant, mais plutôt du dispositif de la décision attaquée, il n'en demeure pas moins que lorsqu'il ne résulte nullement des conclusions rectificatives invoquées, que la défenderesse a renoncé à sa demande de distraction du bien dont elle revendique la propriété, le premier juge était tenu de répondre à la demande de distraction qui lui a été présentée, donc, de statuer sur la propriété revendiquée de l'immeuble. La question de la propriété étant dans l'objet même de sa saisine, le fait pour le premier juge de n'y avoir pas donné suite, alors qu'il y était tenu, ouvre droit à appel qui a pour conséquence, en raison de l'effet dévolutif, de porter de nouveau la même question à la cour d'appel, laquelle est tenue de la trancher ; c'est alors à bon droit que la cour d'appel a jugé l'appel de madame B. recevable (CCJA, 2e ch., nº 157/2021, 28-10-2021 : Afriland First Bank c/ B.).

9º Jugement n'ayant pas statué sur l'inaliénabilité

Au sens de l'article 300 de l'AUPSRVE, l'inaliénabilité, qui s'entend de l'interdiction légale de faire une transmission entre vifs d'un bien immeuble, ne saurait se confondre avec les mesures d'assouplissement prescrites à l'article 262 du même Acte uniforme, lesdites mesures n'ayant pour but que de suspendre la poursuite dans des conditions précises. En l'espèce, aucune preuve n'étant rapportée relativement à l'inaliénabilité de l'immeuble visé par la saisie litigieuse, c'est à bon droit que la cour d'appel a jugé que le moyen fondé sur la violation de cet article n'ouvre pas droit à appel. C'est donc à tort qu'il est reproché à un attaqué d'avoir exclu la violation de l'article 265 de l'AUPSRVE des cas d'ouverture à appel (CCJA, 3e ch., nº 114/2019, 11-4-2019 : N. c/ BICIS S.A.).

B. Appel irrecevable

1º Absence générale des causes d'appel

Est irrecevable, l'appel interjeté contre :

– une décision qui n'a pas statué sur le principe de la créance ni sur les autres moyens prévus par l'article 300 de l'AUPSRVE. Il en est ainsi lorsque la décision querellée a plutôt statué sur des violations des article 13, 15 et 16 de l'AUPSRVE et sur l'exception d'inexécution prévue par une disposition nationale, le fondement de l'exception d'inexécution n'étant pas nécessairement celui de l'absence de créance (CA Dakar, civ. et com., 6-2-2003 : Dabel SARL c/ CBAO, Cheikh T. D. et M. K., Ohadata J-03-142 ; CCJA, 3e ch., nº 035/2021, 25-2-2021 : T. c/ Equity Bank Congo ; CCJA, 1e ch., nº 248/2020, 25-6-2020 : SPP Tchad c/ BSIC Tchad SA ; CCJA, 3e ch., nº 282/2020, 30-7-2020 : SGI Holding FZE SA c/ Le pool bancaire représenté par Ecobank Tchad SA ; CCJA, 1e ch., nº 244/2020, 25-6-2020 : Mécanique sans Frontière « antenne Philippe Puyo » c/ Afriland First Bank) ;

– un jugement rendu en matière de saisie immobilière et qui n'a statué, ni sur le principe même de la créance, ni sur aucun des moyens de fond énumérés limitativement par l'article 300 de l'AUPSRVE (CCJA, nº 21/2003, 6-11-2003 : Sté Civile Immobilière « COD » c/ La CBAO SA, Juris-Ohada, nº 4/2003, oct.-déc. 2003, p. 26, note Brou Kouakou Mathurin, Rec. jur. CCJA nº 2, juill.-déc. 2003, p. 10, Ohadata J-04-121) ; voir aussi CCJA, 3e ch., nº 065/2020, 27-2-2020 : Le GIC Tegwagning c/ Le Crédit Communautaire d'Afrique, pour une décision ayant plutôt statué sur la régularité de la procédure ayant abouti à la saisie immobilière ; même si le tribunal a, à tort, statué « en premier ressort » (CCJA, 1e ch., nº 251/2019, 7-11-2019 : Camelec SARL c/ Afriland First Bank) ;

– même si le tribunal a, à tort, statué « en premier ressort » (CCJA, 1e ch., no 251/2019, 7-11-2019 : Camelec SARL c/ Afriland First Bank) ;

– le jugement rendu consécutivement à une demande relative à la violation de l'article 10 du cahier des charges et de l'article 297 de l'AUPSRVE et qui a statué sur la vérification des consignations, l'appel des enchérisseurs à la barre et relativement au délai dans lequel est intervenue l'adjudication, aucun de ces cas ne relevant de ceux limitativement énumérés par l'article 300 al. 1er (CCJA, 3e ch., no 059/2012, 7-6-2012 : SCI Milade et Joséphine dite SCI M et J c/ 1) Me Kouame Bi Iritié ; 2) Sté Nationale de Recouvrement de Côte d'Ivoire dite Sonareci) ;

– la décision ayant statué sur la contestation, devant le premier juge, seulement du montant de la créance, de la forme de la clôture du compte courant et des conditions du service du commandement, cas ne figurant pas parmi ceux, limitativement énumérés par l'article 300 de l'AUPSRVE, et pour lesquels l'appel est possible (CCJA, 2e ch. no 131, 12-11-2015 : Sté Alpha Shipping Agency And Trading SA, et Talom Moïse c/ Cie Financière de L'Estuaire (COFINEST) SA, Ohadata J-16-124). Ainsi, la cour d'appel qui, se déterminant sur l'application de l'article 247 de l'AUPSRVE, a retenu que « pour obtenir l'annulation des poursuites, les disants ont fait cas d'une violation de l'article 247 de l'AUPSRVE ; que toutefois, il ressort des mentions du jugement querellé, qu'il est discuté, non pas le principe de créance mais plutôt le quantum de celle-ci ; que cela résulte également de l'ordonnance de désignation d'expert rendue le 16 septembre 2015 par le [TGI] de Dakar et des dires élevés par les disants reçus au greffe du tribunal [...] », n'a pas écarté l'article 247 de l'[AUPSRVE] comme étant « hors du champ » de l'article 300 ibidem comme il lui était reproché (CCJA, 3e ch., no 114/2019, 11-4-2019 : N. c/ BICIS S.A.) ;

– la décision ayant statué uniquement sur la régularité de la procédure ayant abouti à une saisie immobilière, le principe même de la créance n'ayant pas été évoqué. De même, il n'a été statué sur un quelconque moyen de fond tiré de l'incapacité d'une des parties, de la propriété, de l'insaisissabilité ou de l'inaliénabilité des biens saisis (CCJA, 3e ch., no 155/2020, 30-4-2020 : N. c/ CFC SA) ;

– la décision ayant statué sur « une contestation portant sur le montant et non sur l'existence de la créance litigieuse » et en a déduit que le jugement attaqué n'entrait pas dans la catégorie de ceux susceptibles d'appel. L'appel ayant été jugé irrecevable d'un point de vue formel, la Cour n'était nullement tenue d'examiner la régularité de la procédure relativement au titre exécutoire fondant les poursuites et à la validité du cahier des charges y afférent (CCJA, 1e ch., no 120/2020, 9-4-2020 : T. c/ D. épse T.) ;

– la décision du juge saisi en rétractation de son précédent jugement d'adjudication et ayant annulé celui-ci au terme d'un recours en opposition introduit conformément au droit interne malien. Sur l'évocation, s'il est vrai que le juge du fond peut, au vu des dispositions des articles 10 du Traité OHADA, 293 et 313 de l'AUPSRVE, rétracter, sur le fondement du droit national et au moyen d'une opposition, un jugement d'adjudication insusceptible d'un tel recours et contre lequel seule est prévue une action en nullité principale, il n'en demeure pas moins que l'appel des décisions rendues en matière de saisie immobilière n'est possible que dans les cas limitativement prévus par l'article 300 précité ; aussi convient-il pour la CCJA, reprenant les motifs ayant justifié la cassation de l'arrêt attaqué, de déclarer l'appel irrecevable (CCJA, 1e ch., no 134/2020, 30-4-2020 : Bank Of Africa Mali c/ B.) ;

– le jugement selon lequel « les exigences contenues dans les dispositions de l'article 247 de [l'AUPSRVE] ne sont point remplies pour poursuivre ladite exécution forcée en ce que le tribunal de commerce a par jugement [...] constaté que les créances [...] ne sont pas fondées en l'état et a ordonné l'expertise des comptes entre les parties et la discontinuation des poursuites en attendant le dépôt du rapport [...] », car le tribunal n'a statué que sur la liquidité et l'exigibilité de la créance, non sur le principe de son existence qui concerne sa certitude. C'est donc en violation de l'article 300 de l'AUPSRVE que la cour d'appel a déclaré l'appel recevable, exposant ainsi son arrêt à la cassation (CCJA, 1e ch., no 124/2020, 9-4-2020 : S. c/ La Bank Of Africa Mali) ;

– le jugement qui n'a statué que sur la « nullité du Bon pour pouvoir », la « nullité du commandement » ou encore la « validité des poursuites » qui ont fait l'objet de débats (CCJA, 3e ch., no 158/2019, 9-5-2019 : FASSO BALO Sarl c/ Bank of Africa Mali S.A.).

Les contestations relatives à la nullité du commandement, l'incertitude de la créance quant à son montant, la nullité de la sommation de prendre communication du cahier des charges et la nullité du cahier des charges ne relevant pas de celles énumérées à l'article 300 de l'AUPSRVE, c'est à bon droit que l'appel a été déclaré irrecevable (CCJA, 1e ch., no 155, 26-11-2015 : Sté Hôtelière du Cameroun dite SHC SA c/ Afriland First Bank SA dite First Bank, Ohadata J-16-148).

Lorsque les demandeurs en annulation n'ont saisi la juridiction compétente d'aucun motif légitime comme prévu par l'article 281 de l'AUPSRVE, c'est à bon droit que le juge a procédé à la vente au jour fixé pour l'adjudication et il ne peut lui être reproché d'avoir méconnu le droit d'appel (TGI Menoua, nº 13/civ./TGI, 12-12-2005 : F. F. T., F. née L. Sabine c/ Afriland First Bank Anciennement dénommée CCEI-Bank (SA), Ohadata J-07-46).

Un jugement rendu en matière de saisie immobilière, lequel ne statue ni sur le principe même de la créance, ni sur des moyens au fond tirés de l'incapacité d'une des parties, ni sur la propriété ou l'insaisissabilité ou l'aliénabilité des biens saisis, n'est pas susceptible d'appel (CCJA, 2e ch., nº 2, 9-3-2006 : L. E. SOCATRAF c/ CCEI-Bank SA devenue Afriland First Bank SA, Juris-Ohada nº 3/2006, p. 5 ; Ohadata J-07-09).

La cour d'appel qui, pour rejeter l'exception d'irrecevabilité opposée sur le fondement de l'article 300 de l'AUPSRVE, et recevoir l'appel interjeté contre le jugement attaqué a énoncé que « ... pour avoir ordonné la vente, le premier juge a forcément et nécessairement statué sur le principe même de la créance, la vente n'en étant que la conséquence », a violé l'article 300 précité et exposé son arrêt à la cassation. Il en est ainsi dès lors que, par leurs dires et observations déposés au greffe le 18 octobre 2006, les saisis ont plaidé au principal la nullité du commandement valant saisie, pour violation des articles 247 et 254 de l'Acte uniforme précité, aux motifs que la créance n'est ni liquide ni exigible, et que le commandement du 23 mai 2006 n'a pas été établi et signifié dans les formes prescrites par ces textes ; qu'à titre subsidiaire, ils ont contesté la mise à prix des immeubles saisis, et sollicité la désignation d'un expert pour en déterminer la valeur ; et qu'il résulte des termes mêmes du jugement nº 197 du 7 décembre 2006 qui a statué sur ces dires, que « les saisis n'ont jamais nié le principe de la créance, qu'ils ont par l'organe de leur conseil, reconnu à l'audience (sic) ». Sur l'évocation, l'appel est irrecevable (CCJA, 1e ch., nº 008, 30-3-2015 : Afriland First Bank (ex CCEI BANK) SA c/ 1) Cie Africaine pour le Commerce International du Cameroun (CACIC) SA, 2) Ayants droit de Garba Aoudou, Ohadata J-16-08).

Il y a lieu de relever d'office que la **demande en annulation d'un jugement d'adjudication** essentiellement basée sur la non-signification à personne d'un commandement aux fins de saisie immobilière et un prétendu règlement partiel de la créance poursuivie ne relève d'aucun des cas ouvrant droit à l'appel prévus par l'article 300 de l'AUPSRVE. C'est donc en violation de ce texte qu'une cour d'appel a déclaré ces moyens recevables sans statuer sur la recevabilité de l'appel, exposant ainsi son arrêt à la cassation. Sur l'évocation et pour les mêmes motifs que ceux ayant entraîné la cassation, il convient de déclarer l'appel irrecevable (CCJA, 3e ch., nº 048, 1-3-2018 : BHS c/ Pape Ouzin Diasse, Thiermo Beye).

Le **jugement rendu à la suite d'une demande d'annulation** faite par voie d'action principale devant la juridiction compétente conformément aux dispositions de l'article 313 de l'AUPSRVE et qui a déclaré irrecevable ladite demande relève sans conteste des « décisions judiciaires rendues en matière de saisie immobilière » au sens de l'article 300 du même Acte uniforme ; les contestations y élevées ne relevant pas de celles énumérées à l'article 300 de l'Acte uniforme susvisé, c'est en violation de l'article 300 qu'une cour d'appel a reçu l'appel formé contre ce jugement, lequel n'a statué que sur la nullité du compte courant et celle du commandement aux fins de saisie, exposant son arrêt à la cassation. Sur l'évocation et pour les mêmes motifs que ceux ayant entraîné la cassation, il y a lieu de déclarer irrecevable l'appel interjeté contre le jugement initial (CCJA, 1e ch., nº 173, 27-7-2017 : BSIC-TCHAD c/ Bouari Atteib Salahedine et la Sotter).

C'est à tort qu'il a été reproché à un arrêt d'avoir déclaré l'appel irrecevable au motif qu'il n'a pas été statué sur un des cas ouvrant droit à un tel recours prévus par l'article 300 de l'AUPSRVE, alors, selon le moyen, que la sommation de prendre communication du cahier des charges avait été délaissée à la débitrice principale, et non aux saisis ; qu'en se déterminant ainsi, la cour a violé le texte visé au moyen qui prescrit, sous peine de nullité, la signification de l'acte de sommation au saisi, à personne ou à domicile, exposant alors son arrêt à la cassation. Il en est ainsi dès lors qu'à la supposer avérée, la violation de l'article 269 de l'AUPSRVE est sanctionnée par la juridiction d'appel lorsqu'elle a lieu dans un jugement statuant par ailleurs sur les cas pour lesquels l'appel est ouvert aux parties et limitativement énumérés par l'article 300 du même Acte uniforme. Il s'ensuit que c'est à bon droit que la cour a déclaré l'appel irrecevable, après avoir relevé que la violation invoquée par les appelants n'avait pas été commise dans un contexte rendant le jugement entrepris susceptible de pareil recours (CCJA, 1e ch., nº 093, 28-3-2019 : Excaf Telecom SARL c/ BIS SA).

Distinction entre la qualité pour agir et la capacité. Il résulte de l'article 300 de l'AUPSRVE une énumération limitative des cas d'appel contre une décision de justice rendue en matière de saisie immobilière dont le moyen de fond tiré de l'incapacité d'une partie. Cette incapacité s'entend de l'état d'une personne privée par la loi de la jouissance ou de l'exercice de certains droits. Au contraire, la notion de qualité à agir, retenue à tort par la cour d'appel, s'entend du pouvoir d'agir en justice, que la loi nationale a attribué à certaines personnes. C'est donc en violation de l'article 300 qu'une cour d'appel a assimilé le défaut de qualité à agir à une incapacité au sens de l'article 300 précité pour déclarer recevable l'appel interjeté, exposant ainsi son arrêt à la cassation. Sur l'évocation, l'appel est irrecevable, dès lors que le jugement entrepris n'a pas remis en cause le principe de la créance mais n'a statué que sur le moyen de forme relatif à l'absence de qualité à agir de l'une des parties (CCJA, ass. plén., n° 051, 27-4-2015 : Amsatou Gueye c/ Sté nationale de recouvrement dite SNR, Ohadata J-16-51).

Les moyens relatifs à des irrégularités sur la désignation des immeubles et de la mise à prix qui ne tiendraient pas compte de la valeur réelle du terrain et des constructions ne font pas partie des exceptions limitativement énumérées par l'article 300 de l'AUPSRVE. Par suite, la cour d'appel n'a en rien violé cette disposition en déclarant l'appel irrecevable et le pourvoi doit être rejeté (CCJA, 2e ch., n° 089, 8-7-2015 : Sté de Services Médicaux dite SERMED c/ Bank Of Africa dite BOA, Ohadata J-16-88).

De même, l'appel contre une décision qui a essentiellement statué sur le délai de la déclaration de surenchère, sur sa dénonciation, sur le délai entre la date de déclaration de la surenchère et l'audience éventuelle et sur l'apposition tardive des placards, ces moyens ne faisant pas partie des cas limitativement énumérés par l'article 300 de l'AUPSRVE, est irrecevable (CCJA, 2e ch., n° 004, 21-1-2016 : CBAO-Groupe Attijariwafa Bank c/ Fallou MBODJI, Ohadata J-16-213).

Les juges d'appel qui ont retenu que « les moyens examinés par le premier juge portant sur la nullité du cautionnement et l'hypothèque tendent à contester la validité de la garantie, ce qui n'entame en rien le principe de créance ; qu'ils n'ouvrent pas droit à appel au regard des dispositions de l'article 300 de l'AUPSRVE » pour déclarer l'appel irrecevable ont suffisamment motivé leur décision. Il en est ainsi d'autant plus qu'il ne ressort nullement du jugement entrepris que les premiers juges ont statué sur le moyen tiré de l'insaisissabilité ou de l'aliénabilité de l'immeuble comme l'affirment les requérantes. En conséquence, le moyen doit être rejeté (CCJA, 3e ch., n° 132, 7-7-2016 : Transmarine SUARL, SCI Carlyle c/ La banque des institutions mutualistes d'Afrique de l'Ouest dite BIMAO SA, Ohadata J-17-73).

La nullité invoquée d'un cautionnement hypothécaire ne saurait être considérée, au sens de l'article 300 de l'AUPSRVE, comme étant une contestation sur le principe même de la créance ni une contestation portant sur l'insaisissabilité de l'immeuble comme l'a si justement relevé la cour d'appel, qui ne s'est, en l'espèce, pas occupée du problème de l'inaliénabilité de l'immeuble non discuté devant les juges du fond. La cour d'appel qui, considérant souverainement les faits de la cause, a estimé que « les arguments développés par les appelants ne rentrent pas dans le cadre des cas d'ouverture à l'appel prévus par le texte suscité » et a déclaré leur appel irrecevable sans se prononcer sur le fond du litige n'a pas violé la loi et a suffisamment motivé sa décision. Il en est ainsi dès lors qu'il ne résulte d'aucune pièce de la procédure que le principe de la créance ait été contesté ou discuté devant le premier juge (CCJA, 3e ch., n° 138, 7-7-2016 : Sté Cheikh Ahmadou Bamba NDIAYE dite CABN, Sté Sénégal Wellness Factory c/ Crédit International et la BSIC, Ohadata J-17-78).

C'est à tort qu'il est reproché à un arrêt d'avoir violé la loi en estimant que l'appel ne portait pas sur un motif relatif au principe de créance, alors que les appelants soutenaient que les cautions fondant leurs poursuites étaient entachées d'une nullité liée au non-respect des articles 4 et 9 de l'AUS, et que cette contestation touchait bien le principe de créance, qui doit s'appréhender aussi bien au regard du débiteur principal que de la caution ; qu'ainsi, selon le moyen, la cour a, par une application erronée, violé les dispositions de l'article 300 de l'AUPSRVE. Il en est ainsi dès lors qu'il résulte des propres productions des demandeurs qu'ils sont poursuivis sur la base d'un acte de crédit, objet de plusieurs avenants par lesquels le remboursement des fonds prêtés par la banque (défenderesse en cassation) a été garanti par l'hypothèque d'un immeuble nanti d'un titre foncier ; que sans contester ni ce fait ni la créance due, les demandeurs se bornent à invoquer l'inopposabilité des cautionnements dont le lien avec la garantie hypothécaire fondant les poursuites n'est pas établi. En énonçant dans ce contexte que « le débat sur la validité du cautionnement » est « différent de celui sur le principe de la créance garantie et que l'appel litigieux ne repose pas sur le motif tiré du principe de la créance », la cour a correctement appliqué l'article 300 de l'AUPSRVE et n'encourt donc pas le grief qui lui est fait (CCJA, 3e ch., n° 231, 14-12-2017 : Succession Ngounou c/ Sté Afriland First Bank).

Le jugement attaqué, rendu à la suite de la demande d'annulation faite par voie d'action principale devant la juridiction compétente conformément aux dispositions de l'article 313 de l'AUPSRVE et qui a prononcé l'annulation d'un jugement d'adjudication, relève sans conteste des « décisions judiciaires rendues en matière de saisie immobilière » au sens de l'article 300 de l'AUPSRVE. N'ayant statué ni sur le principe même de la créance ni sur des moyens de fond tirés de l'incapacité d'une des parties, de la propriété, de l'insaisissabilité ou de l'inaliénabilité des biens saisis, ce jugement n'est pas susceptible d'appel et l'exception d'irrecevabilité soulevée doit être rejetée (CCJA, 3e ch., n° 137/2021, 24-6-2021 : Boa Mali-SA c/ UATT-SA).

La cour d'appel qui pour déclarer l'appel d'un débiteur irrecevable sur le fondement de l'article 300 de l'AUPSRVE, a énoncé, aux visas complémentaires des articles 269 et 270 de l'AUPSRVE, « que le tribunal s'est borné à rejeter les dires et observations non insérés au cahier des charges par [le débiteur] et n'a nulle part, comme l'a d'ailleurs relevé le conseil de l'intimé, statué ni sur le principe de la créance, ni sur un des moyens de fond limitativement énumérés par la loi », sans préalablement vérifier l'authenticité de la non-insertion au cahier des charges des dires et observations et le contenu de ceux-ci, alors, d'une part, qu'elle n'était pas dispensée de cette formalité par les énonciations du jugement entrepris et que, d'autre part, il était produit au dossier un certificat du dépôt, le 8 mars 2014, par le débiteur et pour audience éventuelle prévue le 16 avril 2014, de ses dires et observations, délivré le 14 mai 2014 par le greffier en chef, a fait une mauvaise application de l'article 300 précité exposant son arrêt à la cassation. Le tribunal est saisi ou statue sur le principe de la créance lorsque les parties s'opposent, non pas sur le montant ou sur le terme de ladite créance qui renvoient respectivement à sa liquidité et son exigibilité, mais sur l'existence même de celle-ci qui, elle, met plutôt en jeu son critère de certitude. En l'espèce, le jugement a statué, non sur la question de l'existence de la créance poursuivie, mais sur celle relative à la non-insertion des dires et observations au cahier des charges ; certes, le tribunal l'a fait à tort, mais force est de constater que les dires et observations ainsi rejetés ne remettaient pas en cause le principe même de la créance, mais portaient plutôt sur l'absence de titre constatant une créance liquide et exigible et la violation de l'article 267 de l'AUPSRVE. Mais le débiteur ne peut valablement contester le principe de sa dette, après avoir, signé par-devant un notaire une dation en paiement, par laquelle il se reconnaissait expressément débiteur. En conséquence, l'appel est irrecevable (CCJA, 1e ch., n° 115/2020, 9-4-2020 : TALFA Habibou c/ Banque Atlantique Niger).

La cour d'appel qui a déclaré un appel irrecevable, après avoir constaté que le jugement éventuel n'a statué sur aucune contestation, alors que l'appel n'est ouvert, en cette matière, que lorsque le jugement a statué sur l'une des contestations visées à cette disposition, n'a en rien violé les articles 1, 2 et 28 de l'AUPSRVE (CCJA, 1e ch., n° 117/2023, 25-5-2023).

2° Absence d'un titre exécutoire

Les notions d'incapacité et d'insaisissabilité ont une signification juridique bien précise ne pouvant souffrir d'une forme d'interprétation circonstancielle ; l'incapacité d'une partie s'entend de l'état d'un « litigant » privé par la loi, de la jouissance ou de l'exercice de certains droits ; l'insaisissabilité s'entend des biens que la loi fait échapper totalement ou partiellement à la saisie, dans le but de protéger un intérêt individuel ou collectif. En conséquence, l'absence d'un titre exécutoire, qui est une condition de l'exécution forcée, ne peut fonder l'état d'incapacité, non plus la convention des parties, une situation d'insaisissabilité des biens, au sens de l'esprit et de la lettre de l'article 300 de l'AUPSRVE. Le jugement entrepris n'ayant statué sur aucune des cinq causes prévues par l'Acte uniforme ; mais ne s'étant prononcé que sur l'argument de la novation et sur celui de la non-production des références de la décision administrative affectant un terrain, l'appel doit être rejeté comme mal fondé (CA Dakar, n° 394, 8-9-2000 : I. S. c/ SGBS, Ohadata J-03-168 ; obs. Ndiaw Diouf, voir Ohadata J-03-324, J-03-328 et J-04-343).

3° Existence d'une ordonnance de délai de grâce

En dépit de l'existence d'une ordonnance de délai de grâce, l'appel doit être rejeté dès lors que le jugement attaqué ne s'est pas prononcé sur l'une des causes prévues mais sur la validité du commandement aux fins de saisie immobilière (CA Abidjan, 1e ch., n° 205, 6-2-2004 : A. épse B. c/ SGBCI, Juris-Ohada, n° 2/2005, p. 35, Ohadata J-05-365).

4° Défaut de mise en cause du principe de la créance

C'est à juste titre qu'une cour d'appel a déclaré l'appel irrecevable, dès lors que le premier juge n'a, à aucun moment eu à se prononcer sur l'existence de la créance mais s'est plutôt prononcé sur l'existence d'un titre exécutoire pouvant permettre de rendre régulier le commandement de payer (CCJA, 1e ch., n° 41, 17-7-2008 : 1) COLAF SARL, 2) L, 3) M. épse L. c/ ECOBANK – BENIN SA, Juris-Ohada, n° 4/2008, p. 41, Ohadata J-09-79).

C'est à bon droit qu'un TGI a statué en dernier ressort, dès lors que le principe même de la créance n'a pas été évoqué. Il en est ainsi lorsque tout au long de la procédure, l'existence de la créance dans son principe n'a nullement été contestée par les parties et que ce sont plutôt sa liquidité et son exigibilité qui ont été contestées, au motif que la prétendue créance résulterait d'un compte courant non encore clôturé, d'où une créance non encore liquide et exigible (CCJA, 1e ch., n° 43, 1-7-2010 : 1) Ets UNIMARCHE, 2) M. P. c/ UBC PLC, Juris-Ohada n° 1/2011, janv.-mars 2011, p. 2, Ohadata J-12-91).

5° Jugement sur les formalités prescrites

L'appel est irrecevable lorsque le jugement déféré a statué :

– sur les griefs contre le jugement ne portant que sur la régularité formelle de la procédure (CA Dakar, n° 374, 28-7-2000 : Cheikh T. M. c/ Compagnie bancaire de l'Afrique occidentale, Ohadata J-03-162, obs. Ndiaw Diouf ; CA Dakar, n° 427, 29-9-2000 : EGECAP c/ R. A., Ohadata J-03-161 ; J-03-322 ; CA Dakar, n° 373, 10-7-2003 : A. S., T.

M. épse S., Y. ou Y. Gueye, O. G., A. G. c/ C.B.A.O, Ohadata J-05-36 ; CA Abidjan, 3e ch. civ. et com., no 306, 4-3-2005 : T.B – D.M EP/SE T c/ BICICI, Juris-Ohada, no 3/2006, p. 34, Ohadata J-07-17) ;

– sur l'accomplissement et la régularité des formalités prescrites pour la saisie immobilière, cette cause ne faisant pas partie de celles limitativement et impérativement énumérées par les dispositions de l'article 300 de l'AUPSRVE (CA Abidjan (Côte d'Ivoire), 5e ch. civ. et com., no 681, 28-6-2005 : T. c/ Sté SONARECI, Juris-Ohada no 4/2007, p. 38, Ohadata J-08-86) ;

– sur les moyens d'appel visant d'une part, l'irrégularité du pouvoir afin de saisie immobilière pour violation de l'article 435 de l'AUSCGIE, et d'autre part, une mise à prix de l'immeuble poursuivi non conforme aux dispositions légales n'entrent pas dans la liste exhaustive des moyens d'ouverture de l'appel en matière de saisie immobilière ; par conséquent l'appel fondé sur ces moyens est irrecevable (CA Abidjan (Côte d'Ivoire), 4e ch. civ. et com. B, no 155, 23-2-2007 : 1) Tano Draman Michel, 2) C. épse T. c/ B.I.C.I.C.I, Ohadata J-08-42) ;

– en audience éventuelle, sur les moyens tirés de la nullité du commandement pour défaut de visa du gouverneur, s'agissant d'une saisie d'impenses immobilières et de la sommation de prendre connaissance du cahier des charges qui n'a pas indiqué la date exacte de l'audience d'adjudication, l'appel n'étant admis que contre les décisions qui ont statué sur le principe même de la créance ou sur les moyens de fond tirés de l'incapacité de l'une des parties, de la propriété, de l'insaisissabilité ou de l'inaliénabilité des biens saisis (CA Dakar, 1e ch. civ. et com., no 496, 28-11-2000 : I. K. G. c/ A. D., Ohadata J-03-01, obs. Ndiaw Diouf ; CA Dakar, no 394, 17-7-2003 : A. A. S. et El Hadji M. D. c/ S.G.B.S, Ohadata J-05-37) ;

– uniquement sur la qualité de débiteur du demandeur, la nullité du commandement aux fins de saisie immobilière et la garantie à réaliser, le requérant ayant fondé ses critiques sur la régularité des actes de procédure et leur signification. En retenant les éléments ci-dessus pour juger que la décision rendue ne rentre pas dans les cas où la voie de l'appel est ouverte, la cour d'appel n'a pas violé l'article 300 de l'AUPSRVE (CCJA, 3e ch., no 077, 28-4-2016 : Diabagate Soumahila c/ Banque de l'Habitat de Côte d'Ivoire SA, Ohadata J-17-25) ;

– uniquement sur l'annulation des poursuites pour l'« incompétence territoriale du notaire instrumentaire », car une telle décision s'est prononcée uniquement sur la légalité formelle de l'acte constatant la créance, sans se prononcer sur le principe même de la créance qui, du reste, n'était pas discutée (CCJA, 2e ch., no 020/2020, 30-1-2020 : Société EPA c/ Pro-PME Financement SA).

6o Défaut de communication de pièces relatives à la vente

Absence de conséquences. Le défaut allégué de communication des pièces relatives à la vente est inopérant et doit être rejeté, dès lors que les seules formalités requises par les articles 269 et suivants et 276 de l'AUPSRVE, à savoir la sommation de prendre communication des charges et la publication d'un extrait du cahier des charges en vue de la vente ont été accomplies (TGI Menoua, no 13/civ./TGI, 12-12-2005 : F. F. T., F. née L. Sabine et deux autres c/ Afriland First Bank Anciennement dénommée CCEI-Bank (SA), Ohadata J-07-46).

7o Jugement ayant statué sur la surenchère

Est irrecevable l'appel interjeté contre le jugement qui a statué sur une surenchère puisque le jugement entrepris n'a statué sur aucun des cas visés par l'article 300 de l'AUPSRVE (CA Dakar, 2e ch. civ. et com., no 514, 28-11-2002 : A. D. c/ I. D., Ohadata J-03-87).

8o Jugement ayant acquis autorité de la chose jugée

Lorsque la saisie a été réalisée sur la base d'une décision passée en force de chose jugée condamnant le débiteur, ce dernier ne peut plus contester le principe de sa dette, ne peut valablement faire appel des décisions concernées ni demander l'annulation de l'adjudication. Il en est ainsi dès lors que, au sujet du droit d'appel prétendument méconnu par le juge, les articles 280 et 281 de l'AUPSRVE autorisent celui-ci à procéder à la vente au jour indiqué pour l'adjudication, sur réquisition de l'avocat poursuivant, sans [que le juge] soit obligé de remettre l'adjudication, sauf pour les causes graves et légitimes dûment déférées à la juridiction compétente à la requête du saisi et que les demandeurs en annulation n'ont pas saisi la juridiction compétente à cette fin (TGI Menoua, no 13/civ./TGI, 12-12-2005 : F. F. T., F. née L. Sabine c/ Afriland First Bank anciennement dénommée CCEI-Bank (SA), Ohadata J-07-46).

9o Décision rendue par une juridiction incompétente

La contestation tendant à obtenir la nullité du jugement rendu à l'audience éventuelle, en raison de l'incompétence de la juridiction saisie, devant être portée devant le tribunal dans les forme et délai prévus aux articles 298 et 299 sus-énoncés, c'est à tort que la voie de l'appel a été utilisée dès lors que le jugement dont appel n'a statué dans l'un des cas spécifiés à l'article 300, al. 2 sus-énoncé. La cour d'appel qui a déclaré l'appel irrecevable sur le fondement erroné de l'article 313 qui se rapporte à la demande d'annulation de la décision judiciaire (ou du procès-verbal) d'adjudication, a fait une fausse application de la loi et exposé son arrêt à la cassation. Sur évocation, l'appel doit être déclaré irrecevable (CCJA, 3e ch., no 021/2012, 15-3-2012 : T. c/ BIAO-CI).

Voir sous l'article 313.

10o Décision n'ayant statué que sur la compétence territoriale

L'arrêt qui n'a statué que sur la compétence territoriale du tribunal de commerce à connaître de la cause est insusceptible d'appel, ce motif n'étant pas prévu à l'article 300 de l'AUPSRVE. C'est donc à tort qu'une cour d'appel déclaré recevable l'appel interjeté contre un tel arrêt, qui encourt la cassation de ce chef. Sur l'évocation et pour les mêmes motifs que ceux ayant conduit à la cassation, il échet de déclarer l'appel irrecevable (CCJA, 3e ch., no 205/2019, 27-6-2019 : NBM S.A c/ AMC S.A.).

11o Décision relative à la suspension de l'adjudication

L'appel est irrecevable dès lors que le jugement concerné n'a statué que sur la suspension de l'adjudication eu égard aux paiements entrepris sur les revenus, cas ne relevant pas des exceptions limitativement énumérées par l'article 300 (CCJA, 2e ch. no 108, 22-10-2015 : Sté Immobilière les Merveilles dite SCI LES MERVEILLES c/ BACI, Ohadata J-16-101).

Appréciation souveraine des juges du fond. C'est par une appréciation souveraine qu'une cour d'appel a estimé que « les arguments développés par les appelants ne rentrent pas dans le cadre des cas d'ouverture à l'appel prévus par [l'article 300 de l'AUPSRVE] » et a déclaré leur appel irrecevable sans se prononcer sur le fond du litige. Il ne résulte d'aucune pièce de la procédure, autre que les simples allégations des requérants, que la créance attestée par un acte notarié est sérieusement contestée dans son principe, ni que le saisi n'est pas propriétaire de l'immeuble objet du titre foncier qui porte son nom, ni la preuve du régime de communauté invoquée par les requérants. Par conséquent, ne viole pas la loi et ne se contredit pas la cour d'appel qui, appréciant le caractère peu sérieux et dilatoire des arguments développés à l'appui de l'appel des requérants, en application de l'article 300 susmentionné, a déclaré cet appel irrecevable (CCJA, ass. plén., no 118, 4-11-2014 : MFONKEU OUSMANOU, MFONKEU née NFOUNDIKOU SALAMATOU c/ BICEC, Ohadata J-15-209).

12o Autre(s) décision(s) ayant retenu l'irrecevabilité de l'appel

C'est en violation de l'article 300 de l'AUPSRVE, relevée d'office, qu'une cour d'appel a déclaré recevable le moyen d'appel tiré de l'inexistence d'une créance et irrecevables les autres moyens de l'appelante, au motif que ceux-ci n'entrent « pas dans les prévisions de l'article 300 de l'Acte uniforme, texte qui énumère limitativement les cas donnant ouverture à appel pour ce qui concerne les décisions rendues en matière de saisies immobilières », exposant ainsi son arrêt à la cassation. Sur l'évocation, la créance poursuivie par la banque ne souffre d'aucune contestation sérieuse en son principe, dans la mesure où celle-ci est corroborée par diverses pièces produites au dossier, notamment le contrat notarié de prêt signé par les parties, en forme exécutoire, ainsi que l'arrêté de compte établissant un solde débiteur au passif de la demanderesse. En rejetant les dires de cette dernière relativement à sa contestation y afférente, le premier juge a fait une saine application du droit et le jugement entrepris sera confirmé sur ce chef (CCJA, 1e ch., no 014/2020, 23-1-2020 : SCI Santala c/ BIS SA).

13o Jugement ayant déclaré irrecevable la requête, non signée, en annulation d'un PV d'adjudication

C'est en violation de l'article 300 de l'AUPSRVE qu'une cour d'appel a reçu l'appel interjeté contre un jugement n'ayant statué sur aucune des causes prévues à l'article 300, notamment un jugement ayant déclaré irrecevable la requête, non signée, tendant à voir annuler le procès-verbal d'adjudication (CCJA, 1e ch., no 115/2024, 25-4-2024).

14o Appel interjeté hors délai

C'est en violation de l'article 300 de l'AUPSRVE qu'une cour d'appel a reçu l'appel interjeté contre un jugement rendu à la suite de la requête en annulation introduite largement au-delà du délai de 15 jours prévu par l'article 313 de l'AUPSRVE, ayant constaté une litispendance, exposant l'arrêt attaqué à la cassation. Sur l'évocation, et pour les mêmes motifs que ceux ayant entraîné la cassation, il échet de déclarer l'appel irrecevable (CCJA, 1e ch., no 115/2024, 25-4-2024).

15o Non-production de l'acte de mariage qui aurait permis de vérifier l'incidence éventuelle d'un régime matrimonial sur la procédure

Lorsque la propriété de Monsieur [X.], débiteur, sur l'immeuble saisi qu'il a lui-même affecté en garantie ou l'insaisissabilité de celui-ci n'était pas discutée, et que les moyens tirés de la qualité erronée de caution de Madame [Y.] ou de l'existence d'une hypothèque légale sur l'immeuble saisi, laquelle ne confère à son titulaire qu'un droit de suite et un droit de préférence, soulevés par les défendeurs dans leurs dires et observations ne concernent aucun des cas énumérés à l'article 300, qu'il n'est pas non plus versé au dossier de la procédure l'acte de mariage des époux [X.] permettant de déterminer leur régime matrimonial et l'incidence que celui-ci pourrait avoir sur le sort de l'immeuble susdésigné, et que du reste, le principe de la créance objet de la convention notariée susvisée n'était pas en cause, tel qu'il résulte des mentions du jugement initial et selon lesquelles « il est versé aux débats, un procès-verbal d'arrêté contradictoire du compte dressé le 29 janvier 2016 dûment signé par [Monsieur X.] », c'est en violation de l'article 300 de l'AUPSRVE que la cour d'appel a infirmé le jugement initial, annulé le commandement et ordonné la discontinuation des poursuites, exposant l'arrêt attaqué à la cassation. Sur l'évocation, et pour les mêmes motifs que ceux ayant entraîné la cassation, il y a lieu de déclarer l'appel irrecevable (CCJA, 1e ch., no 262/2024, 24-10-2024).

16o Conséquence de l'irrecevabilité de l'appel

Après avoir constaté que le jugement querellé n'avait statué sur aucun des aspects ouvrant légalement droit à l'appel, la cour d'appel qui n'avait plus à examiner la régularité des poursuites, n'a pas commis d'erreur dans l'interprétation de l'article 300 de l'AUPSRVE visé au moyen (CCJA, 1e ch., no 001/2020, 23-1-2020 : K. c/ SGBCI).

La cour d'appel qui déclare un appel irrecevable en la forme :

– n'est plus tenue de s'attarder sur les autres moyens touchant le fond (CCJA, 1e ch., no 248/2020, 25-6-2020 : SPP Tchad c/ BSIC Tchad SA ; dans le même sens, CCJA, 1e ch., no 117/2023, 25-5-2023, précisant que les moyens du fond auraient dû être portés à l'audience éventuelle par le moyen de dires et observations ; et n'ayant fait l'objet, ni du jugement rendu à l'audience éventuelle, ni de l'arrêt attaqué, ils sont irrecevables à être portés pour la première fois devant le juge de la cassation) ;

– n'a pu violer aucun des articles 254, 247 et 267 de l'AUPSRVE qui portent tous sur la régularité de la procédure de saisie qu'elle n'était pas tenue de contrôler (CCJA, 1e ch., no 244/2020, 25-6-2020 : Mécanique sans Frontière « antenne Philippe Puyo » c/ Afriland First Bank).

C. Exercice des voies de recours

1o Conditions de droit commun

Suivant une jurisprudence constante de la CCJA, « les conditions de droit commun » prescrites par l'article 300 de l'AUPSRVE renvoient aux dispositions de l'article 49, al. 2, qui fixe un délai d'appel de quinze jours à compter du prononcé de la décision. La cour d'appel, qui a appliqué une disposition nationale prévoyant un délai d'appel différent, a violé les articles 49 et 300 de l'AUPSRVE et exposé son arrêt à la cassation. Sur l'évocation, l'appel interjeté en dehors du délai prévu à l'article 49 est irrecevable (CCJA, ass. plén., no 043, 27-4-2015 : Abdoulaye LO c/ Sté Générale de Banques au Sénégal dite SGBS, Ohadata J-16-43).

Dans le même sens :

– retenant qu'a justifié sa décision, la cour d'appel qui a déclaré irrecevable un appel interjeté en dehors du délai (CCJA, 2e ch., no 068, 21-4-2016 : Les ayants droit de feu Abie Yao Gnehi Célestin c/ BIAO Côte d'Ivoire SA, Ohadata J-17-17) ;

– retenant que la violation de ces dispositions d'ordre public des articles 49 et 300 de l'AUPSRVE peut être relevée pour la première fois en cassation (CCJA, 3e ch., no 029/2020, 30-1-2020 : Société Coopérative des Producteurs Agricoles des Bamboutos c/ Mutuelle Communautaire de Croissance de Babadjou) ;

– retenant qu'en déclarant irrecevable comme tardif, sur le fondement de ce texte, l'appel interjeté au-delà de ce délai, contre un jugement rendu à la suite d'une mesure d'exécution forcée, la cour d'appel n'a en rien, violé l'article 225 et suivants du Code de procédure civile sénégalais, lesquels n'étaient pas applicables en l'espèce (CCJA, 2e ch., no 286/2019, 28-11-2019 : Société LESS Transports c/ La Compagnie Bancaire de l'Afrique de l'Ouest-Groupe Attijariwafa Bank dite CBAO) ;

– jugeant que le renvoi au droit commun opéré par l'article 300 de l'AUPSRVE, texte spécial à la saisie immobilière, emporte application des dispositions communes à toutes les saisies régies par l'AUPSRVE ainsi que de celles du droit interne de chaque État partie dans les domaines où le droit communautaire se révèle silencieux ou lacunaire. En l'espèce, l'article précité ne réglementant pas le délai d'appel, la cour a, à bon droit, appliqué les dispositions de l'article 49 du même Acte uniforme fixant le régime général du délai d'un tel recours en matière des voies d'exécution ; en le faisant, elle n'a en rien violé l'article 300 précité visé au moyen unique, qui doit être rejeté (CCJA, 1e ch., no 314/2019, 12-12-2019 : N. c/ K.) ;

– en totale harmonie avec la déclaration de l'appelante, selon laquelle elle n'a jamais été signifiée du commandement aux fins de saisie immobilière, la cour déclare la demanderesse irrecevable en son appel au motif qu'aux termes « de l'article 191 du Code de procédure civile et commerciale, l'appel ne peut être formé que par une partie au procès ou par son mandataire ; […] que l'appelante n'était pas partie au procès sanctionné par le jugement en cause ; que dès lors pour défaut de qualité, son action en appel ne peut être recevable […] ». En fondant ainsi sa décision sur les dispositions pertinentes du droit interne camerounais exigeant de tout appelant de justifier de sa qualité de partie au jugement attaqué, non contraires à celles de l'Acte uniforme visés au moyen, la cour n'a commis aucun des griefs allégués par les deux branches du moyen unique (CCJA, 1e ch., no 330/2019, 12-12-2019 : Dame Veuve T. c/ S.F.I.D).

2o Appel

Obs. : l'article 300, alinéa 4 issu de la réforme du 17 octobre 2023 ayant expressément prévu un appel dans un délai de 15 jours à compter de la signification et un délai suspensif, la jurisprudence antérieure présentée ci-après devient caduque, sauf pour les procédures régies par l'AUPSRVE du 10 avril 1998.

a. Détermination du délai d'appel par l'article 49 de l'AUPSRVE

Les « conditions de droit commun » prescrites par l'article 300 in fine, renvoient notamment à l'article 49 de l'AUPSRVE, aux termes duquel, le délai d'appel est de quinze jours à compter du prononcé du jugement. C'est donc en violation de ces dispositions qu'un arrêt a déclaré recevable l'appel intervenu hors délai (appel enregistré le 13 août 2008 contre un jugement prononcé le 9 juin 2008) (CCJA, 3e ch., no 059/2012, 7-6-2012 : SCI Milade et Joséphine dite SCI M et J c/ 1) Me Kouame Bi Iritié ; 2) SONARECI).

b. Absence d'effet suspensif

Il est de jurisprudence constante de la CCJA que les « conditions de droit commun » prescrites par l'article 300 de l'AUPSRVE renvoient à l'article 49 du même Acte uniforme qui précise que ni le délai d'appel ni l'exercice de cette voie de recours ne sont suspensifs à moins que la juridiction ayant rendu la décision n'en décide autrement par une motivation spéciale. En l'espèce, c'est en violation des textes précités qu'un tribunal a retenu que l'appel interjeté contre la décision rendue à l'audience éventuelle comporte, en l'absence de l'exécution provisoire, un effet suspensif de l'audience d'adjudication jusqu'au prononcé de la décision de la cour d'appel, et ce, d'autant plus que le jugement querellé est rendu en premier ressort, pour rejeter la demande de poursuite de la procédure d'adjudication, exposant ainsi son arrêt à la cassation (CCJA, 3e ch., no 092/2021, 27-5-2021 : Bank Of Africa Bénin SA c/ Sacogi SARL, L.).

3o Opposition

La cour d'appel qui a retenu que « s'agissant d'une procédure de surenchère censée connaître son épilogue par l'adjudication, le 1er juge s'est fondé sur des dispositions du Code de procédure civile, mettant de côté le droit communautaire applicable en la matière […] », faisant ainsi ressortir que seul le droit communautaire était applicable, n'a pas tiré les conséquences de son propre raisonnement sur les dispositions légales régissant l'appel en la matière, exposant son arrêt à la cassation. Sur l'évocation, l'opposition formée contre l'arrêt querellé qui a été rendu sur appel d'un jugement rendu en matière de saisie immobilière, sur des contestations relatives à la surenchère, est irrecevable (CCJA, 2e ch., no 210/2020, 25-6-2020 : H. c/ S.ouley).

4o Pourvoi en cassation

a. Absence d'effet suspensif du pourvoi contre la décision d'appel

Jugé que les voies de recours extraordinaires, dont le pourvoi en cassation, n'étant pas suspensives en l'absence d'un texte le prévoyant expressément, un pourvoi en cassation ne peut suspendre la procédure de saisie immobilière, dès lors qu'aucune disposition de l'AUPSRVE ne prévoit que le pourvoi est suspensif. Par conséquent, le demandeur ne peut valablement obtenir le sursis sur le simple fondement du pourvoi introduit (TRHC Dakar, 4-1-2000 : SNR et R. A. c/ EGCAP, Ohadata J-04-349).

b. Rejet du pourvoi formé contre une décision n'ayant pas statué au fond

Le moyen n'est pas fondé et le pourvoi doit être rejeté, dès lors que l'appel a été formé contre une décision de dessaisissement d'une juridiction inférieure au profit d'une juridiction supérieure, laquelle n'a nullement statué au fond, suite à la preuve apportée par le demandeur au pourvoi sur son recours exercé contre le jugement du 15 décembre 2005 et qui, si une décision sur le fond était intervenue, aurait déterminé le bien-fondé de l'appel dont les conditions de recevabilité sont fixées par l'article 300, al. 2 de l'AUPSRVE (CCJA, 2e ch., no 33, 8-12-2011 : M. N. c/ 1) Idees 2000 SARL, 2) G.T.S SARL, Juris-Ohada, 2012, no 3, juill.-sept., p. 2, Ohadata J-13-40, J-13-154).

Obs. : en l'espèce, un premier jugement a ordonné la vente et a été frappé d'appel. Le tribunal a de nouveau statué, et appel a été à nouveau formé contre ce nouveau jugement qui a ordonné la continuation des poursuites et, sur demande du débiteur poursuivi, s'est dessaisi de l'instance au profit de la cour d'appel. La cour d'appel a annulé le jugement de dessaisissement et un pourvoi a été formé contre cet arrêt.

Le jugement attaqué, qui a prononcé l'adjudication d'un immeuble est insusceptible de pourvoi en cassation ; il y a donc lieu de déclarer le recours de manifestement irrecevable, conformément à l'article 32.2 du Règlement de procédure de la CCJA (CCJA, 1e ch., no 263/2019, 7-11-2019 : SCI ANGE c/ Afriland First Bank SA ; CCJA, 1e ch., no 264/2019, 7-11-2019 : T. c/ Afriland First Bank SA).

Le jugement attaqué, qui a statué sur des dires déposés devant le tribunal, par lequel les requérants ont, entre autres, contesté le principe de la créance lié à une absence de reddition des comptes, ne peut être directement attaqué par le pourvoi ; il y a lieu pour la Cour de déclarer le recours manifestement irrecevable, conformément aux dispositions de l'article 32.2 du Règlement de procédure susvisé (CCJA, 1e ch., no 139/2019, 25-4-2019 : Y. c/ Fofides) ; voir aussi, au sujet d'une reddition de comptes (CCJA, 1e ch., no 140/2019, 25-4-2019 : Groupement Hadil Spécial sécurité Privée et Entretien SARL c/ Cedit du Sahel).

c. Pourvoi possible contre la décision du juge des criées ayant retenu l'inexigibilité d'une créance

Conformément aux articles 14, al. 4 du Traité OHADA et 300, al. 2 de l'AUPSRVE, le jugement par lequel un juge des criées a retenu l'inexigibilité d'une créance pour annuler une procédure de saisie immobilière peut être déféré à la censure de la CCJA, dès lors qu'il n'a statué ni sur le principe même de la créance, ni sur les autres cas de figure prévus à l'article 300 ; le pourvoi est donc recevable (CCJA, 2e ch., nº 020, 18-2-2016 : Sté Anonyme Immobilière BASSARI c/ CBAO et 2 autres, Ohadata J-16-222).

d. Pourvoi possible contre le jugement ayant annulé une surenchère

Nonobstant le qualificatif « premier ressort » erronément énoncé par les premiers juges et en application des articles 13, 14 du Traité OHADA et 300 de l'AUPSRVE, le jugement ayant annulé une surenchère et déclaré une autre personne adjudicataire d'un immeuble n'est pas susceptible d'appel et peut faire l'objet d'un recours en cassation. Le principe des droits de la défense commande de reconnaître à un défendeur le droit de contester une décision rendue contre lui conformément aux lois en vigueur ; il s'ensuit que le moyen tiré de son prétendu défaut de qualité au motif « que seules devaient participer aux enchères, les personnes ayant préalablement acquitté les consignations exigées tant par le cahier des charges que par le jugement du 8 mai 2014 ; que ne remplissant pas ces conditions, le demandeur n'avait pas la qualité de surenchérisseur et de ce fait doit être sanctionné par l'irrecevabilité de son pourvoi » est dénué de toute pertinence juridique et doit rester inopérant (CCJA, 1e ch., nº 036, 29-2-2016 : Sévérin Adjovi c/ Daoudalawal, Bank Of Africa Bénin SA, KSB SA, Monsieur le Greffier en chef du Tribunal de première instance de première classe de Cotonou, Ohadata J-16-238).

IV. Violation de l'article 300 par rajout d'une condition non prévue

Le juge d'appel qui a fait une distinction entre des décisions rendues en audience éventuelle et d'adjudication et celles rendues en annulation, pour l'application de l'article 300 de l'AUPSRVE, a ajouté à celui-ci, une condition qu'il ne contient pas, s'exposant ainsi à la cassation. Il en est ainsi lorsque le juge a retenu que « … les dispositions de l'article 300 précité concernent les décisions rendues en matière immobilière soit à l'audience éventuelle soit à l'audience d'adjudication alors que le présent appel est interjeté contre un jugement rendu à la suite de l'action principale engagée sur le fondement de l'article 313 de l'Acte uniforme ; qu'il est manifeste que ces deux actions sont distinctes, l'une concernant les incidents de la saisie immobilière, l'autre la demande en annulation… » (CCJA, 2e ch., nº 004, 21-1-2016 : CBAO-Groupe Attijariwafa Bank c/ Fallou MBODJI, Ohadata J-16-213).

Art. 301 [mod.] **L'appel est notifié à toutes les parties en cause à leur domicile réel ou élu.**

L'acte est également notifié, dans le délai d'appel, au *greffe* de la juridiction compétente, visé et mentionné par lui au cahier des charges.

L'acte d'appel contient, *à peine de nullité*, l'exposé des moyens de l'appelant.

La juridiction d'appel statue dans *le délai d'un mois à compter de la première audience*.

JURISPRUDENCE OHADA

I. Notification de l'acte d'appel

A. Appel non notifié à l'adjudicataire

Les conséquences tirées d'un appel qui n'a pas été notifié à une partie, l'adjudicataire en l'espèce, lui sont inopposables (CA Ouagadougou, nº 61, 7-6-2002 : Sté TAMOIL BURKINA SA c/ Sté de Pétrole TAGUI SA, Ohadata J-04-17).

B. Annulation de l'acte d'appel incomplet

L'acte d'appel qui ne contient pas l'exposé des moyens de l'appelant est nul et de nul effet (CA Bobo-Dioulasso (Burkina Faso), ch. civ., nº 053/08, 21-7-2008 : B. L. c/ BOA, Ohadata J-10-122, Ohadata J-10-22) ; dans le même sens et déclarant irrecevable un tel acte : CCJA, 2e ch., nº 004, 21-1-2016 : CBAO-Groupe Attijariwafa Bank c/ Fallou MBODJI, Ohadata J-16-213.

C'est en méconnaissance de l'article 301, al. 3 de l'AUPSRVE qu'une cour d'appel a reçu en la forme l'appel interjeté par correspondance d'une partie, ayant pour objet « déclaration d'appel » et indiquant de manière laconique que « les moyens seront développés ultérieurement devant la cour d'appel », exposant ainsi son arrêt à la cassation. Sur l'évocation, l'acte d'appel est nul et l'ordonnance initiale doit être confirmée en toutes ses dispositions (CCJA, ass. plén., nº 074, 29-4-2015 : Héritiers de feu EL HADJ MAMADOU OURY DIALLO et Bilkhissa CHERIF c/ EL HADJ Mamadou DEM, DIALLO Mohamed et DIALLO née Hadja MBALOU KABA, Ohadata J-16-75).

De même, la mention « ...Se réservant le droit de produire ses moyens de défense devant la cour d'appel de Bamako » figurant sur un acte d'appel n'est pas conforme aux exigences de l'article 301 de l'AUPSRVE aux termes duquel l'exposé des moyens de l'appelant doivent être contenus dans l'acte d'appel à peine de nullité. La cour d'appel qui, pour déclarer un appel irrecevable, a retenu que l'acte d'appel ne contient pas l'exposé des moyens de l'appelant, n'a en rien violé l'article 301 de l'AUPSRVE, dès lors qu'il n'est indiqué nulle part dans la procédure que l'omission de l'inscription des moyens sur l'acte d'appel incombait au greffier en chef (CCJA, 3e ch., no 027, 25-2-2016 : BHM-SA c/ Soumahila Diabagate, Fatoumata Diabagate, Ohadata J-16-229).

Doit être cassé, pour violation de l'article 301 de l'AUPSRVE, l'arrêt qui a déclaré recevable un appel et statué au fond alors que l'acte d'appel ne contenait pas l'exposé des moyens de l'appelant, n'avait pas été notifié à toutes les parties et que la cour d'appel a statué au-delà du délai de quinze jours prescrit. Sur l'évocation, les dispositions impératives de l'article 301 de l'AUPSRVE, notamment en ses alinéas 1 à 3, sont d'ordre public et leur inobservation doit être sanctionnée par l'irrecevabilité de l'appel. En l'espèce, l'appel interjeté est irrecevable dès lors que l'acte d'appel ne contient pas l'exposé des moyens de l'appelant et n'a pas été notifié à toutes les parties ; l'ordonnance initiale doit donc être confirmée (CCJA, 1e ch., no 53, 21-4-2016 : Fatoumata Gbate Diallo, Bintou Gbe Kaba c/ Mamadou Dem et 2 autres, Ohadata J-17-01).

C. Irrecevabilité de l'appel contre une décision d'adjudication

La cour d'appel qui, pour déclarer mal fondées les exceptions d'irrecevabilité et de nullité des actes d'appel soulevés par le demandeur au pourvoi, relève que « la procédure relative aux incidents de la saisie immobilière ne doit pas être assimilée ou confondue à celle portant sur l'adjudication », ne fait que tirer les conséquences des dispositions des articles 293 et 301 de l'AUPSRVE. Notamment, alors que l'article 293 prévoit que « la décision judiciaire ou le procès-verbal d'adjudication établi par le notaire ne peut faire l'objet d'aucune voie de recours, sans préjudice des dispositions de l'article 313 ci-dessous », l'article 301 réglemente l'appel relativement aux incidents de la saisie immobilière. S'agissant d'un appel dirigé contre une décision d'adjudication, c'est à bon droit que le juge d'appel a estimé que l'article 301 dont se prévaut le demandeur au pourvoi n'était pas applicable et est passé outre (CCJA, no 061/2008, 30-12-2008 : El Hadj M. A. B. c/ 1) El Hadj M. L. D., 2) COGEST SA, Rec. jur. CCJA no 12, juill.-déc. 2008, p. 95, Ohadata J-10-35, Ohadata J-09-270).

Obs. : il existe un principe général du droit suivant lequel « le Législateur ne parle pas pour ne rien dire ». C'est un principe d'interprétation juridique suivant lequel chaque mot, chaque phrase d'une loi est présumée avoir un sens et un but et on ne devrait pas estimer que le législateur rédige les textes au hasard. L'AUPSRVE du 10 avril 1998, en application duquel l'arrêt no 061/2008 a été rendu, comporte un titre III consacré à la saisie immobilière, dont le chapitre V du Livre III est intitulé « Les incidents de la saisie immobilière ». L'intégralité de ce chapitre, qui couvre les articles 298 à 323 de l'AUPSRVE, est consacrée aux « incidents de la saisie immobilière ». En insérant l'article 301 dans ce chapitre, consacré aux « incidents de la saisie immobilière », le législateur de l'OHADA a indiscutablement entendu l'inclure dans les différents types d'incidents susceptibles de survenir dans une procédure de saisie immobilière. Dans la mesure où le législateur n'a pas fait de distinction entre les différents incidents de saisie immobilière visés à l'article 301 de l'AUPSRVE, l'on ne devrait pas en faire. En l'espèce, pour rendre cet arrêt, la CCJA a considéré que « notamment, alors que l'article 293 prévoit que « la décision judiciaire ou le procès-verbal d'adjudication établi par le notaire ne peut faire l'objet d'aucune voie de recours, sans préjudice des dispositions de l'article 313 ci-dessous », l'article 301 réglemente l'appel relativement aux incidents de la saisie immobilière ; **qu'en l'espèce, s'agissant d'un appel dirigé contre une décision d'adjudication**, c'est à bon droit que le juge d'appel a estimé que l'article 301 dont se prévaut le demandeur au pourvoi n'était pas applicable en l'espèce et est passé outre ». Or, il résulte des faits et de la procédure constatés par la CCJA elle-même dans cet arrêt qu'**il s'agissait bien** plutôt **de l'appel interjeté contre le jugement qui avait rejeté la demande de nullité du jugement d'adjudication**, et non pas, comme l'a retenu par erreur, un « appel dirigé contre une décision d'adjudication ». S'agissant d'un appel dirigé contre le jugement qui s'est prononcé sur la demande d'annulation du jugement d'adjudication, en application de l'article 313 auquel renvoie l'article 293, l'article 301 était pleinement applicable car nous étions indiscutablement en présence d'un incident de saisie immobilière au sens du titre III consacré à la saisie immobilière, dont le chapitre V du Livre III est intitulé « Les incidents de la saisie immobilière », comme mentionné supra et qui inclut l'article 301. En conséquence, il semble que la CCJA se soit fourvoyée en approuvant, dans l'arrêt no 061/2008 précité, la cour d'appel qui avait considéré que l'article 301 de l'AUPSRVE ne devait pas s'appliquer.

II. Délai imparti à la juridiction d'appel pour statuer

Absence de sanction pour violation du délai de quinzaine. L'objectif des dispositions de l'article 301 de l'AUPSRVE relatives au délai imparti à la juridiction saisie pour statuer est de conférer à l'appel contre un jugement rendu à l'audience éventuelle une certaine célérité et aucune sanction n'a été prévue lorsque la cour d'appel saisie n'a pas statué dans le délai de quinze jours imparti (CA Abidjan, n° 653, 26-5-2000 : O.K.F c/ BICICI, Juris-Ohada, n° 4/2002, oct.-déc. 2002, p. 62, Ohadata J-03-71, note anonyme).

En prescrivant que « la juridiction d'appel statue dans la quinzaine de l'acte d'appel », l'article 301 in fine de l'AUPSRVE a vocation à protéger les intérêts des parties à une procédure de saisie immobilière contre la lenteur judiciaire et non à mettre à mal ladite procédure, de sorte que la partie qui invoque le non-respect des délais prescrits doit justifier du préjudice qu'elle subit de ce fait. Le recourant s'étant contenté de critiquer le non-respect du délai de quinzaine sans spécifier le préjudice subi, c'est à bon droit que la cour d'appel a rejeté la fin de non-recevoir proposée à cet égard (CCJA, 1e ch., n° 316/2020, 22-10-2020 : T. c/ 1/ B.).

Section I • LES INCIDENTS NÉS DE LA PLURALITÉ DE SAISIES

Art. 302 Si deux ou plusieurs saisissants ont fait publier des commandements relatifs à des immeubles différents appartenant au même débiteur et dont la saisie est poursuivie devant la même juridiction, les poursuites sont réunies à la requête de la partie la plus diligente et continuées par le premier saisissant.

Si les commandements ont été publiés le même jour, la poursuite appartient au créancier dont le commandement est le premier en date et, si les commandements sont de même jour, au créancier le plus ancien.

Art. 303 Si un second commandement présenté à la conservation foncière comprend plus d'immeubles que le premier, il est publié pour les biens non compris dans le premier. Le second poursuivant dénonce le commandement publié au premier saisissant qui est tenu de diriger les poursuites pour les deux saisissants si elles sont au même état.

Si elles ne sont pas au même état, le premier saisissant sursoit à la première poursuite et suit la deuxième jusqu'à ce qu'elle soit au même degré. Elles sont, alors, portées devant la juridiction de la première saisie.

Art. 304 [mod.] Faute pour le premier saisissant *de conduire la procédure conformément aux dispositions de l'article 303 du présent Acte uniforme,* le second saisissant peut, par un acte écrit adressé au conservateur de la propriété foncière, demander la subrogation.

Art. 305 [mod.] La subrogation peut être également demandée *au président de la juridiction devant laquelle la vente est poursuivie ou au juge délégué par lui,* s'il y a collusion, fraude, négligence ou autre cause de retard imputable au saisissant, sans préjudice de dommages-intérêts envers qui il appartiendra.

Il y a négligence lorsque le poursuivant n'a pas rempli une formalité ou n'a pas fait un acte de procédure dans les délais prescrits.

Un créancier ne peut demander la subrogation que huit jours après une sommation restée infructueuse de continuer les poursuites, faite par acte d'avocat à avocat, aux créanciers dont les commandements ont été antérieurement mentionnés au bureau de la conservation foncière.

Le saisi n'est pas mis en cause.

Art. 306 La partie qui succombe sur la contestation relative à la subrogation est condamnée personnellement aux dépens.

Le poursuivant contre lequel la subrogation a été prononcée est tenu de remettre, contre récépissé, les pièces de la poursuite au subrogé qui poursuit la procédure à ses risques et périls. Par la seule remise des pièces, le poursuivant subrogé se trouve déchargé de toutes ses obligations ; il n'est payé de ses frais de poursuite qu'après l'adjudication, soit sur le prix, soit par l'adjudicataire.

Art. 307 [mod.] Le demandeur à la subrogation a la faculté de modifier la mise à prix fixée par le poursuivant. Toutefois, la mise à prix ne peut être modifiée après la publicité faite ou commencée qu'à la condition que de nouvelles affiches et annonces de l'adjudication soient faites dans les délais fixés par l'article 276 *du présent Acte uniforme* avec l'indication de la nouvelle mise à prix.

Section II • LES DEMANDES EN DISTRACTION

Art. 308 [mod.] Le tiers qui se prétend propriétaire d'un immeuble saisi et qui n'est tenu ni personnellement de la dette, ni réellement sur l'immeuble, peut, pour le soustraire à la saisie, former une demande en distraction avant l'adjudication dans le délai prévu par l'article 299, alinéa 2 *du présent Acte uniforme*.

Toutefois, la demande en distraction n'est recevable que si le droit foncier de l'État partie dans lequel est situé l'immeuble consacre l'action en revendication ou toute autre action tendant aux mêmes fins.

JURISPRUDENCE OHADA

I. Inopposabilité de la vente au tiers saisi non appelé à la procédure

Les dispositions des articles 308 et 299 de l'AUPSRVE sont relatives aux différentes contestations et demandes incidentes issues de la procédure de saisie immobilière, c'est-à-dire de tous les incidents pouvant survenir au cours de la procédure de saisie immobilière tel qu'il est précisé dans l'AUPSRVE sous la rubrique « les incidents de la saisie immobilière » au chapitre V (art. 298). Ces articles ne s'appliquent pas lorsque le tiers propriétaire n'a jamais été appelé dans la procédure de saisie immobilière, avant l'audience éventuelle, ni après et n'avait pas non plus été informé de l'existence de ladite procédure. Dans ce cas, le tiers bénéficie des dispositions de l'article 1599 du Code civil burkinabé déclarant nulle la vente de la chose d'autrui. Par conséquent, la vente immobilière est inopposable au tiers et l'adjudicataire doit être expulsé des lieux pour faire cesser le trouble manifestement illicite cause au propriétaire qui n'a ni donné son consentement à cette vente, ni ratifié postérieurement la dite vente (CA Ouagadougou, ch. civ. et com., n° 20, 18-2-2005 : S. P. dit Boukary c/ Sté TAMOIL, Ohadata J-09-16).

II. Action en revendication

Dans la procédure de saisie immobilière, entre les parties, le transfert de propriété se réalise dès le prononcé du jugement d'adjudication. Toutefois, l'adjudication ne transmettant à l'adjudicataire d'autres droits de propriété que ceux appartenant au saisi, si celui-ci n'était pas le véritable propriétaire de l'immeuble adjugé, ce dernier pourrait légitimement exercer contre l'adjudicataire une action en revendication, dès lors que le revendiquant se fonde sur un droit réel incontestable qui, en raison de son caractère absolu, emporte droit de suite et droit de préférence (CCJA, n° 011/2009, 26-2-2009 : Sté TAMOIL BURKINA SA c/ S. P. dit BOUKARY, Rec. jur. CCJA n° 13, janv.-juin 2009, p. 121, Ohadata J-10-82, J-09-284 et J-09-16, Juris-Ohada, n° 2/2009, avr.-juin, p. 25, Actualités Juridiques n° 60-61, p. 420).

Obs. : pour un autre exemple de décision ayant procédé à la distraction, voir : CA Bobo-Dioulasso (Burkina Faso), ch. civ., n° 38/08, 5-5-2008 : B. B. S. c/ GNANOU/Go K., S. N. et G. A., Ohadata J-09-395.

III. Absence de qualité de tiers

Confusion de patrimoine. La cour d'appel qui a relevé dans son arrêt que les défendeurs au pourvoi ont été au départ employés par les « établissements VALENTIN » et que cette entreprise a fait place par la suite à la société établissements VALENTIN puis à la Nouvelle Société de gestion des établissements VALENTIN sans qu'aucun acte juridique de cession ou de liquidation n'ait été produit pour justifier le passage d'une structure à l'autre alors qu'elles ont fonctionné avec le même patrimoine, les mêmes employés, les mêmes numéros à la caisse nationale de prestations sociales, le même numéro de téléphone et la même boîte postale, en a déduit, par une juste appréciation des faits, qu'il s'agit de la même entité économique surtout que les différents changements d'appellation n'ont obéi à aucune procédure juridique légale. C'est donc à tort qu'il est reproché à la cour d'appel d'Abidjan d'avoir admis qu'il y a une confusion de patrimoine entre la Nouvelle Société de gestion des établissements VALENTIN et le patrimoine personnel des demandeurs au pourvoi ou le patrimoine d'une autre société leur appartenant (CCJA, 3e ch., nº 025/2012, 15-3-2012 : Ayants droit de Feu KINDA Valentin et KINDA Augustin Joseph c/ SGBCI, BICICI, Coulibaly Drissa).

Obs. : la présente décision ne vise pas expressément l'article 308, mais elle énonce un principe de la confusion des patrimoines qui est transposable. Voir sous l'article 98 de l'AUSCGIE.

Propriétaire d'immeubles saisis. Le propriétaire d'immeubles saisis n'est pas un tiers à la procédure au sens de l'article 308 de l'AUPSRVE dès lors qu'il est lié à la banque par une convention de cautionnement hypothécaire et par l'avenant à cette convention ultérieurement signé par son mandataire, en l'espèce, son fils à qui il a donné procuration dans ce sens, ledit avenant n'ayant fait que relever le montant de ce cautionnement hypothécaire de 300 000 000 FCFA à 364 128 620 FCFA. En sa qualité de partie à la procédure, c'est par ses dires et observations, déposés au plus tard cinq jours avant l'audience éventuelle, qu'il pouvait demander la distraction des immeubles saisis et non par une requête adressée au président du tribunal de commerce, après l'audience éventuelle. C'est donc en violation des articles 275 et 308 que la cour d'appel a ordonné la distraction des immeubles saisis et exposé sa décision à la cassation. Sur l'évocation, confirmation de l'ordonnance initiale rendue par le président du tribunal de commerce de Moundou (CCJA, ass. plén., nº 130, 11-11-2014 : Commercial Bank Tchad c/ Ateib Ahmed Belgheit Bouari, Ohadata J-15-220).

IV. Rejet de l'action en distraction du tiers dont le titre de propriété est inopposable au créancier poursuivant

La cour d'appel qui, pour confirmer le débouté du demandeur, a soutenu « qu'en outre, il convient de relever que la saisie immobilière est dirigée contre l'appelant en tant que tiers détenteur car l'immeuble, objet de la poursuite, est grevé au profit de l'intimé, qu'exerçant son droit de suite, l'intimé créancier hypothécaire, a le droit de saisir cet immeuble quand bien même celui-ci serait entre les mains d'une autre personne que le débiteur... », alors que de l'examen des pièces de la procédure, il n'apparaît nulle part une hypothèque au profit du défendeur, a dénaturé les faits, exposant ainsi son arrêt à la cassation. Sur l'évocation, l'article 308 de l'AUPSRVE sous-entend que le prétendu propriétaire qui peut introduire la requête en distraction, doit, in fine, prouver effectivement sa propriété sur l'immeuble. Contrairement aux prétentions de l'appelant, les articles 6 et 21 du décret du 26 juillet 1932 portant réorganisation de la propriété foncière (au Niger) ne règlent pas seulement le caractère définitif et irréversible du titre foncier, mais aussi l'opposabilité des droits réels et en cela ont vocation à s'appliquer en lieu et place de l'article 36, al. 3 de la loi 98-06 du 28 avril 1998 portant statut des notaires au Niger, qui lui, traite des actes notariés d'une manière générale. L'article 21 de ce décret stipulant notamment que « les droits réels énumérés en l'article précédent ne se conservent et ne produisent effet à l'égard des tiers qu'autant qu'ils ont été rendus publics... », il en résulte que la propriété du demandeur, bien qu'établie par acte notarié n'est pas opposable au saisissant et que, subséquemment, son action en distraction ne peut prospérer ; confirmation de l'ordonnance (CCJA, 2e ch. nº 135, 12-11-2015 : DJIBO Seydou Amadou c/ SEYNI Adamou, Ohadata J-16-128).

V. Appréciation souveraine des juges du fond

C'est par une appréciation souveraine des preuves produites qu'une cour d'appel a constaté « qu'il ne ressort pas du décret nº 95.683 du 6 septembre 1995 portant dévolution du patrimoine ferroviaire de l'État à la SIPF que l'immeuble litigieux est la propriété de la SIPF [...] », et qu'en revanche, les documents produits par la défenderesse étaient de nature à lui attribuer les droits de propriété sur le terrain querellé ; par suite, le moyen qui tend à remettre en cause ce pouvoir propre et souverain d'appréciation des juges du fond en matière de preuve est irrecevable (CCJA, 2e ch., nº 157/2021, 28-10-2021 : Afriland First Bank c/ B.).

Art. 309 La demande en distraction de tout ou partie des biens saisis est formée tant contre le saisissant que contre la partie saisie.

Art. 310 [mod.] Lorsque la demande en distraction porte sur la totalité des biens, il est sursis à la continuation des poursuites. *Lorsque la demande en distraction porte* *sur* une partie des biens saisis, il peut être procédé à l'adjudication du surplus. Les juridictions compétentes peuvent aussi, à la demande des parties intéressées, ordonner le sursis pour le tout.

En cas de distraction partielle, le poursuivant est admis à changer la mise à prix portée au cahier des charges.

Section III • LES DEMANDES EN ANNULATION

Art. 311 [mod.] Les moyens de nullité, tant en la forme qu'au fond, à l'exception de ceux visés par l'article 299, alinéa 2 *du présent Acte uniforme*, contre la procédure qui précède l'audience éventuelle doivent être soulevés, à peine de déchéance, par un dire annexé au cahier des charges cinq jours, au plus tard, avant la date fixée pour cette audience ; s'ils sont admis, la poursuite peut être reprise à partir du dernier acte valable et les délais pour accomplir les actes suivants, courent à la date de la signification de la décision judiciaire qui a prononcé la nullité.

S'ils sont rejetés, la procédure est continuée sur ses derniers errements.

Jurisprudence OHADA

I. Procédure précédant l'audience éventuelle

A. Dires et observations

Exclusion des réquisitions du ministère public. Les réquisitions que le ministère public a été amené à prendre dans une procédure de saisie immobilière, en application de la législation interne, ne sauraient s'assimiler aux « dires et observations » au moyen desquels les cas de nullité prévus à l'article 311 de l'AUPSRVE doivent être soulevés dans les délais requis, l'AUPSRVE n'ayant pas prévu de communication au ministère public (CCJA, n° 057/2005, 22-12-2005 : SGBC c/ E. G., Rec. jur. CCJA, n° 6, juin-déc. 2005, p. 83.- Juris-Ohada, n° 2/2006, p. 19 ; Ohadata J-06-44 ; J-08-69).

Voir sous l'article 336.

B. Recevabilité des dires et observations formulés avant l'audience éventuelle

Les dires et observations déposés avant l'audience éventuelle conformément aux dispositions de l'article 311 de l'AUPSRVE sont recevables en la forme et doivent être examinés au fond (CCJA, 2e ch., n° 030/2012, 22-3-2012 : AMITY BANK Cameroun SA c/ TASHA LOWEH Lawrence).

II. Méconnaissance du délai de cinq jours

Il y a déchéance lorsque les dires n'ont pas été soulevés dans les délais. Il en est ainsi notamment pour les dires déposés le 3 mai 1999 et qui ne reprennent pas les arguments déposés dans les dires déposés le 28 avril 1999 (TRHC Dakar, n° 801, 4-5-1999 : Sté de Promotion et de Financement « Crédit Sénégalais » c/ A. F., Ohadata J-04-22).

Sur pourvoi contre une décision similaire, il a été jugé qu'à l'exception des moyens de nullité visés par l'article 299, al. 2 de l'AUPSRVE, à savoir ceux fondés sur un fait ou un acte survenu ou révélé postérieurement à l'audience éventuelle et ceux tendant à faire prononcer la distraction de tout ou partie des biens saisis, les autres moyens de nullité, tant en la forme qu'au fond contre la procédure qui précède l'audience éventuelle, doivent être soulevés, à peine de déchéance, par un dire annexé au cahier des charges, cinq jours au plus tard avant la date fixée pour ladite audience éventuelle (CCJA, n° 057/2005, 22-12-2005 : SGBC c/ E. G., Ohadata J-06-44).

Le jugement qui s'est fondé sur un moyen qui ne rentre pas dans le cadre des contestations admises après l'audience éventuelle limitativement énumérées par l'article 299, al. 2 de l'AUPSRVE et qui est intervenu après la date de l'audience éventuelle pour constater une nullité a enfreint l'article 311 de l'AUPSRVE doit être cassé ; il y a lieu d'évoquer et de statuer sur le fond sans qu'il soit besoin d'examiner les autres moyens. Sur évocation, les contestations, demandes incidentes ainsi que les moyens de nullité soulevés après l'audience éventuelle sont frappés de la déchéance prévue aux articles 299 et 311 de l'AUPSRVE (CCJA, 2e ch., n° 030/2012, 22-3-2012 : AMITY BANK Cameroun SA c/ TASHA LOWEH Lawrence).

III. Moyens de nullité non admis

A. Conditions de désignation des dirigeants d'une société

Les conditions de désignation des dirigeants d'une banque n'ont aucune incidence sur la régularité d'une saisie immobilière opérée par ladite Banque alors et surtout que le débiteur poursuivi ne précise pas sur le fondement de quel texte, notamment de quelles dispositions des Actes uniformes, il sollicite la nullité de la saisie immobilière ; sa demande n'est pas fondée et doit être rejetée (CCJA, 2e ch., n° 030/2012, 22-3-2012 : AMITY BANK Cameroun SA c/ TASHA LOWEH Lawrence).

B. Conditions d'exercice des fonctions de dirigeant

Les conditions d'exercice des fonctions des dirigeants d'une banque n'ont aucune incidence sur une saisie immobilière opérée par ladite banque ; il s'ensuit que la demande de nullité de la saisie opérée de ce chef n'est pas fondée et doit être rejetée (CCJA, 2e ch., n° 030/2012, 22-3-2012 : AMITY BANK Cameroun SA c/ TASHA LOWEH Lawrence).

Obs. : cette décision n'a pas expressément visé l'article 311, mais elle est applicable en l'espèce, car les demandes en annulation d'une saisie immobilière sont régies par les articles 311-313 de l'AUPSRVE. Voir aussi les notes sous l'article 2 de l'AUSCGIE. Ces obs. sont valables pour le B ci-dessus.

Art. 312 La poursuite ne peut être annulée sous prétexte que le créancier l'avait commencée pour une somme plus importante que celle qui lui est due.

Jurisprudence OHADA

Pour des applications, voir : CCJA, 2e ch., n° 030/2012, 22-3-2012 : AMITY BANK Cameroun SA c/ ASHA LOWEH Lawrence et sous l'article 247 ; High Court of Mezam Holden in Bamenda (Cameroun), Suit n° HCB/05S/2012 of 19 November 2012 : Ntarikon Cooperative Union Ltd v. Pamela SIRRI LONGTCHA and FON Festus, Ohadata J-13-219, précisant que le juge a le pouvoir de réviser le montant de la somme.

Art. 313 La nullité de la décision judiciaire ou du procès-verbal notarié d'adjudication ne peut être demandée par voie d'action principale en annulation portée devant la juridiction compétente dans le ressort de laquelle l'adjudication a été faite que dans un délai de quinze jours suivant l'adjudication.

Elle ne peut être demandée que pour des causes concomitantes ou postérieures à l'audience éventuelle, par tout intéressé, à l'exception de l'adjudicataire.

L'annulation a pour effet d'invalider la procédure à partir de l'audience éventuelle ou postérieurement à celle-ci selon les causes de l'annulation.

Jurisprudence OHADA

I. Application de l'AUPSRVE aux actes postérieurs à son entrée en vigueur

Les dispositions du Code civil sénégalais selon lesquelles un jugement d'adjudication devenu définitif est inattaquable sont abrogées par celles des articles 336 et 337 de l'AUPSRVE, dès lors que l'exécution forcée ayant entraîné l'adjudication en cause a été engagée postérieurement à l'entrée en vigueur de l'AUPSRVE. Par conséquent, les dispositions de l'article 313 de l'AUPSRVE qui prévoient que la nullité du jugement d'adjudication peut être sollicitée pour les causes concomitantes ou postérieures à l'adjudication sont applicables (TRHC Dakar 24-9-2002 : S. S. c/ A. N. et B. D., Ohadata J-03-51).

L'article 313 de l'AUPSRVE traite de la demande en nullité par voie d'action principale portée devant la juridiction compétente devant laquelle l'adjudication a été faite et non de l'appel contre la décision d'adjudication qui est régi par l'article 293 du même Acte uniforme. L'arrêt qui a déclaré irrecevable, en application de l'article 313, l'appel interjeté le 21 février 2006 contre un jugement d'adjudication rendu le 3 janvier 2006, soit au-delà du délai impératif de 15 jours prévu à cet article, a fait une application erronée de la loi et doit être cassé (CCJA, 3e ch. n° 027/2012, 15-3-2012 : COULIBALY Laciné c/ OMAIS Ahmed).

Obs. : dans cette décision, la CCJA sanctionne la cour d'appel d'avoir fait application de l'article 313 qui n'était pas applicable en l'espèce, pour une raison que rappelle la haute juridiction.

Dans le même sens, retenant que la contestation tendant à obtenir la nullité du jugement rendu à l'audience éventuelle, en raison de l'incompétence de la juridiction saisie, devant être portée devant le tribunal dans les forme et délai prévus aux articles 298 et 299 sus-énoncés, c'est à tort que la voie de l'appel a été utilisée dès lors que le jugement dont appel n'a statué dans l'un des cas spécifiés à l'article 300, al. 2 sus-énoncé. La cour d'appel qui a déclaré l'appel irrecevable sur le fondement erroné de l'article 313 qui se rapporte à la demande d'annulation de la décision judiciaire (ou du procès-verbal) d'adjudication, a fait une fausse application de la loi et exposé son arrêt à la cassation (CCJA, 3e ch., no 021/2012, 15-3-2012 : TRAZIE Zamblé Roger c/ BIAO-CI).

Voir sous l'article 300.

II. Nullité de la vente

A. Caractère exclusif du recours en annulation

Il résulte des articles 293 et 313 combinés que le seul recours possible contre un jugement d'adjudication est l'action en annulation dans les quinze jours suivant la vente aux enchères, devant la juridiction compétente (CCJA, 3e ch., no 295/2019, 28-11-2019 : Marlan's Cotton Industries SA c/ L'État Béninois et la Sodeco SA) ; aussi (CCJA, 3e ch., no 095/2021, 27-5-2021 : K. c/ A.).

En conséquence :

– le jugement attaqué ayant prononcé l'adjudication des biens saisis, le requérant qui prétend n'avoir pas pris connaissance de cette procédure en sa qualité de caution hypothécaire, ne peut agir que par la voie sus-indiquée ; il y a donc lieu pour la CCJA de déclarer le recours irrecevable, en application des dispositions combinées des différents textes susvisés (CCJA, 1e ch., no 280/2019, 28-11-2019 : F. c/ Afriland First Bank SA) ;

– c'est à tort qu'une cour d'appel a retenu, sous le visa de l'article 300 de l'AUPSRVE, que « l'appel interjeté porte aussi bien sur le montant de la créance réclamée dont l'appelant conteste l'arrêt unilatéral des comptes que sur l'inaliénabilité des biens saisis portant sur l'immeuble et les constructions qui s'y trouvent en raison du statut de ladite société », alors que l'article 293 visé au moyen ne prévoit aucune dérogation en dehors des dispositions de l'article 313 ibidem, exposant ainsi son arrêt à la cassation. Sur l'évocation, et pour les mêmes motifs que ceux ayant entraîné la cassation, l'appel interjeté est irrecevable, une telle voie n'étant pas ouverte contre un jugement d'adjudication, application de l'article 293 précité (CCJA, 2e ch., no 159/2021, 28-10-2021 : Afriland First Bank c/ Sitron) ;

– l'action en rétractation, non prévue par les dispositions susmentionnées, formée contre un jugement d'adjudication est irrecevable de ce seul chef et c'est en violation des textes précités qu'une cour d'appel a confirmé le jugement qui a retenu le contraire, exposant son arrêt à la cassation. Sur l'évocation, le jugement qui a prononcé la rétractation et l'annulation du jugement d'adjudication opposant les mêmes parties relève sans conteste des « décisions judiciaires rendues en matière de saisie immobilière » au sens de l'article 300 susvisé ; celui-ci, ayant statué sur le moyen de fond tiré de la propriété des biens saisis, est susceptible d'appel, pour avoir obéi aux exigences de la loi ; qu'il y a lieu par conséquent de déclarer recevable ledit appel. Pour les mêmes motifs que ceux ayant entraîné la cassation de l'arrêt attaqué, il y a lieu d'annuler le jugement attaqué et, statuant à nouveau, déclarer irrecevable l'action en rétractation du jugement d'adjudication rendu par le même tribunal (CCJA, 1e ch., no 189/2021, 11-11-2021 : D. c/ K.) ;

– CCJA, 2e ch., no 030/2021, 25-2-2021 : N. c/ Mutuelle Communautaire de Nkongsamba MC2 ;

– les demandes qui, sous le couvert de l'action en répétition de l'indu, tendent à remettre en cause le montant d'une créance et la valeur d'un immeuble retenus par un jugement d'adjudication devenu définitif, sont irrecevables (CCJA, 2e ch., no 196/2019, 27-6-2019 : T. c/ BIG SA et Maître Albert Zogbelemou) ;

– le pourvoi en cassation formé contre un jugement d'adjudication rendu le par le tribunal de grande instance est manifestement irrecevable (CCJA, 3e ch., no 055/2021, 8-4-2021 : E. c/ Afriland First Bank SA ; CCJA, 1e ch., no 169/2020, 14-5-2020 : H. c/ La CBC Bank).

B. Conditions et autonomie du recours en annulation

Aux termes de l'article 313 de l'AUPSRVE, la décision d'adjudication est susceptible de recours en annulation par voie d'action principale à la triple condition que le recours intervienne dans le délai de quinze jours suivant l'adjudication, qu'il soit demandé pour des causes concomitantes ou postérieures à l'audience éventuelle et qu'il soit introduit par une personne autre que l'adjudicataire. Au sens dudit texte, le recours en annulation est un recours autonome devant être fondé, non pas sur des griefs rattachés à la décision d'adjudication, mais plutôt sur des causes concomitantes ou postérieures à l'audience éventuelle. Les causes de l'annulation du jugement d'adjudication, sur lesquels les juges du fond se sont prononcés, étant l'ordonnance du tribunal lui accordant le bénéfice du règlement préventif, et l'ordonnance du président de la Cour suprême, suspendant l'exécution de l'arrêt de la cour d'appel d'Abidjan ayant permis la fixation de l'audience éventuelle au cours de laquelle l'immeuble a été vendu aux enchères, les juges du fond n'ont en rien violé les articles 280, 281, 297 et 299 de l'AUPSRVE, en les écartant. Il en est ainsi car lesdites dispositions étaient inapplicables, les causes précitées étant concomitantes ou postérieures à l'audience éventuelle. La décision de caducité, présentée en cours de délibéré, ne peut avoir aucun effet, en cassation, sur la décision des juges du fond prise avant son intervention (CCJA, 3e ch., no 184, 23-12-2015 : Sté ACCESS BANK anciennement OMNIFI-

NANCE c/ Sté METAL TRADING dite MT, Ohadata J-16-177).

Vente faite au mépris du caractère suspensif de l'appel.

En raison du caractère suspensif de l'appel reconnu par le droit interne sénégalais le renvoi à l'audience d'adjudication est suspendu jusqu'à l'issue de la procédure pendante devant la juridiction d'appel et le tribunal des criées n'était pas valablement saisi de la vente forcée. Il en résulte que la vente réalisée dans ces conditions n'est pas régulière car en procédant à la vente de l'immeuble malgré l'appel interjeté contre le jugement de l'audience éventuelle, le tribunal des criés a privé les héritiers du débiteur saisi du bénéfice des effets d'une voie de recours, ce qui constitue une violation du principe général du double degré de juridiction en procédure civile (TRHC Dakar, 24-9-2002 : S. S. c/ A. N. et B. D., Ohadata J-03-51).

En imposant que le recours en annulation du premier jugement soit retardé jusqu'à la fin de l'instance en surenchère et en confirmant ledit jugement pour ce motif, l'arrêt querellé a manifestement manqué de base en ce que l'article 313 de l'AUPSRVE qui ouvre le recours « dans un délai de quinze jours suivant l'adjudication » n'a prévu aucune corrélation avec des procédures futures. Ce défaut est d'autant plus caractérisé en l'espèce que la même cour d'appel, par arrêt du 30 décembre 2011, a définitivement statué sur la surenchère ; il échet donc de casser l'arrêt entrepris et d'évoquer (CCJA, 2e ch., no 148, 29-6-2017 : ISA TULU SARL, Issiaka Adama FOMBA c/ Cheick Oumar KANTE, CAMEC).

Il est constant qu'en cas de dires et observations, la vente ne peut s'effectuer qu'après la décision de la juridiction saisie. Doit être annulée l'adjudication de l'immeuble intervenue alors que la procédure sur les dires et observations était encore pendante devant le tribunal, et, en conséquence, aucun délai ne peut courir pour enclencher une quelconque action. La cour d'appel qui a annulé la vente dans ces conditions n'a pas violé l'article 313 de l'AUPSRVE et le moyen doit être rejeté (CCJA, 1e ch., no 085, 27-4-2017 : BICEC c/ MATIP Christophe).

En application de l'article 313 de l'AUPSRVE, la nullité de la décision judiciaire d'adjudication ne peut être demandée que pour des causes concomitantes ou postérieures à l'audience éventuelle. Lorsque l'audience éventuelle s'est tenue le 7 février 2017 tandis que le commandement critiqué dans le pourvoi date des 8 et 9 septembre 2016, l'arrêt attaqué, qui a confirmé le jugement qui a déclaré irrecevables les causes d'annulation antérieures à l'audience éventuelle et débouté la demanderesse n'a en rien violé les articles 253 et 254 de l'AUPSRVE (CCJA, 2e ch., no 100/2020, 9-4-2020 : Coopérative d'habitat du personnel de Cotecna et Sutsas c/ T.).

Il résulte de l'article 313 de l'AUPSRVE que l'action en annulation de la décision d'adjudication doit, pour être recevable, être entre autres fondée sur des causes concomitantes ou postérieures à l'audience éventuelle, les causes concomitantes à l'audience éventuelle étant celles qui, en raison du délai de cinq jours prévu par l'article 270 de l'Acte uniforme précité, pour le dépôt des dires et observations avant la date de l'audience éventuelle, n'avaient pas vu le jour avant ce délai et qui, pour cette raison ne pouvaient, à l'occasion, faire l'objet de dires et observations. Lorsqu'il ressort des énonciations de l'arrêt attaqué, que les moyens querellés ne sont ni concomitants ni postérieurs à l'audience éventuelle, en ce que « il est constant d'une part, que le cautionnement résulte des actes d'ouvertures de crédit en date des 26 août, 3 septembre 2013, 18 juin et 2 octobre 2014 et, de seconde part, que le jugement statuant sur la liquidation des biens dudit établissement est intervenu le 24 août 2016 ; que de telles causes nées antérieurement à l'audience éventuelle devaient en conformité de l'article 311 de l'AUPSRVE être soumises au juge de l'exécution ; et que mieux, il appert des énonciations du jugement, rendu à l'audience éventuelle spéciale du 31 octobre 2016, que [X.] a excipé par voie de dires le moyen tiré de la suspension des poursuites individuelles qui a été sanctionné par un rejet », la cour d'appel n'a en rien violé l'article 313 en relevant que les causes invoquées à l'appui de l'annulation du jugement d'adjudication sont, non seulement antérieures à l'audience éventuelle, mais en plus qu'elles ont fait l'objet de dires et observations à l'occasion de ladite audience (CCJA, 3e ch., no 213/2023, 30-11-2023).

C. Juridiction compétente

1° Juridiction ayant rendu le jugement d'adjudication

La juridiction qui a rendu le jugement d'adjudication est seule compétente pour connaître du recours en annulation de ce jugement (CA Abidjan ch. civ. et com. arrêt no 669, 18-6-2004 : A. K. G. c/ SGBCI et un autre, Ohadata J-05-262). Est irrecevable d'office la demande formée devant une autre juridiction (CCJA, 1e ch., no 057, 13-6-2013 : Mengueme Jean Marcel c/ État du Cameroun et Sté de Recouvrement des Créances (Cameroun), Ohadata J-15-57) telle que la CCJA, dès lors qu'il résulte de l'article 313 de l'AUPSRVE qu'une action en annulation contre une décision d'adjudication ne peut être exercée que par voie principale devant la juridiction l'ayant rendue dans un délai de quinze jours à compter du prononcé de ladite décision (CCJA, ass. plén., no 062, 27-4-2015 : Abdoulaye DIA c/ Banque

Sahélo-Saharienne pour l'Investissement et le Commerce dite BSIC, Ohadata J-16-62).

Le fait, pour le tribunal compétent dans le ressort duquel l'adjudication a été faite, de considérer que l'instance relative à la demande de nullité d'un jugement d'adjudication portée par voie d'action principale devant lui, conformément à l'article 313 de l'AUPSRVE, est caractérisée par la rapidité qui permet au juge de fond de statuer comme « en matière d'urgence de saisie immobilière » ne signifie pas qu'il a statué en qualité de juge de l'article 49 de l'AUPSRVE. De même, la saisine de la CCJA sur pourvoi des intimés et sur la base des mêmes moyens contre un arrêt de la cour d'appel ne saurait entamer en rien la compétence du tribunal saisi d'une nouvelle instance conformément à l'article 313 de l'AUPSRVE. En conséquence, l'incompétence soulevée doit être rejetée (CCJA, 2e ch., nº 209/2020, 25-6-2020 : Banque Internationale pour le Mali c/ BROADWAY CAFE et 2 autres).

2º Incompétence du juge des référés

L'action en résolution de la vente suite à la demande de nullité du procès-verbal d'adjudication relève de la compétence du juge du fond. C'est à tort qu'un juge des référés a retenu sa compétence en indiquant tantôt que la saisine du juge de fond « est tardive et manque de sérieux », tantôt pour proclamer que les dires et observations dans le cahier des charges n'ont pas fait l'objet d'une insertion, alors que l'action était déjà introduite devant le juge du fond. La décision entreprise doit être annulée, la juridiction présidentielle de la cour d'appel est incompétente et doit renvoyer les parties à mieux se pourvoir (CA Littoral (Cameroun), nº 101/REF, 14-5-2008 : E. M. Samuel c/ D. Hippolite, Ohadata J-09-142).

Si l'article 49 de l'AUPSRVE donne compétence au président de la juridiction statuant en matière d'urgence, pour connaître de tout litige ou toute demande relative à une mesure d'exécution forcée ou à une saisie conservatoire, il reste que l'article 313 du même Acte uniforme attribue compétence à la juridiction compétente dans le ressort de laquelle l'adjudication a été faite, pour connaître de l'action principale en annulation du procès-verbal notarié d'adjudication ; par cette formule, la loi renvoie à la juridiction de fond statuant en première instance à laquelle la loi nationale donne compétence matérielle. En infirmant pour incompétence l'ordonnance de référé nº 04/20 du 14 avril 2020 rendue sur la base de l'article 49 précité, la cour n'a pas commis le grief allégué (CCJA, 3e ch., nº 020/2022, 27-1-2022 : I. c/ Exim Bank Comores).

D. Délai

Il résulte des articles 300 et 313 de l'AUPSRVE que le délai d'appel en matière de saisie immobilière est de 15 (quinze) jours à compter du prononcé de la décision, et tout appel interjeté au-delà est irrecevable (CA Abidjan, 1e ch., nº 205, 6-2-2004 : A. épse B. c/ SGBCI, Juris-Ohada, nº 2/2005, p. 35, Ohadata J-05-365 ; CCJA, 1e ch., nº 057, 13-6-2013 : MENGUEME Jean Marcel c/ État du Cameroun et Sté de Recouvrement des Créances (Cameroun), Ohadata J-15-57 ; CCJA, 3e ch., nº 137/2021, 24-6-2021 : BOA MALI-SA c/ UATT-SA).

La fin de non-recevoir prévue par l'article 313 de l'AUPSRVE n'est soumise à aucune autre condition. Il s'ensuit que l'action introduite plus d'une année après l'adjudication est irrecevable et le jugement qui a statué en sens contraire doit être infirmé (CCJA, 2e ch., nº 108, 30-12-2013 : BIS c/ Meïssa NDIAYE, Rec. jur. CCJA nº 20, vol. 2, janv.-déc. 2013, p. 73-75, Ohadata J-15-81) ou annulé (CCJA, 3e ch. nº 122, 22-10-2015 : BICEC c/ Sté Belle Hollandaise, Roland Holst Jean Willem Hendrik, NGO NJIKI Perpétue épse Roland Holst, Ohadata J-16-115, précisant que la forclusion doit être relevée d'office dans un tel cas).

Il ressort de la combinaison des articles 293 et 313 de l'AUPSRVE que l'action en annulation introduite plus de 4 années après la décision d'adjudication judiciaire de l'immeuble litigieux est irrecevable pour forclusion. C'est donc en violation des articles 293, 296 et 313 de l'AUPSRVE qu'une cour d'appel a fait droit à cette action, exposant ainsi son arrêt à la cassation. Sur l'évocation, le jugement initial doit être confirmé (CCJA, ass. plén., nº 070, 25-4-2014 : BANK OF AFRICA, KONATE ZEGUE HAMIDOU c/ Ayants droit de feu SANOU Mamadou, Ohadata J-15-161).

C'est en violation des articles 313, al. 1 et 335 de l'AUPSRVE que, pour rejeter l'irrecevabilité soulevée par le demandeur au pourvoi et recevoir l'adjudicataire en son action, le jugement a énoncé « que dans le cas actuel, la computation du délai de l'article 313 de l'AUPSRVE court non pas à partir du 22 mai 2013 date de la décision d'adjudication, mais à partir du jour où [l'adjudicataire] a eu connaissance que le chèque émis à titre de consignation par [l'adjudicataire sur surenchère] est revenu impayé pour insuffisance de provision ; que [l'adjudicataire initial] ayant eu connaissance du défaut de consignation préalable en raison du chèque sans provision le 7 juin 2013, a formalisé son recours le même jour ». En statuant ainsi, alors qu'en application des dispositions légales susvisées le délai prescrit courrait du 23 mai 2013 au 6 juin 2013 inclus, le tribunal a exposé sa décision à la cassation. Sur l'évocation, l'action en annulation introduite est irrecevable comme formée hors délai pour les mêmes motifs que ceux justifiant la cassation et tirés du délai prescrit par l'article 313 de l'AUPSRVE (CCJA, 1e ch., nº 036, 29-2-2016 : Sévérin Adjovi c/ Daoudalawal, Bank Of Africa Bénin SA, KSB SA, Monsieur le Greffier en chef du Tribunal de première instance de première classe de Cotonou, Ohadata J-16-238).

C'est aussi en violation de l'article 313 de l'AUPSRVE qu'une cour d'appel a retenu que la dame « ne s'était rendue compte de l'existence de ladite décision d'adjudication qu'au moment de la signification du commandement de quitter les lieux, faite le 15 juillet 2009… », dès lors que le jugement d'adjudication a été prononcé le 29 juin 2009 et qu'en application de l'article 313, le délai de quinze jours commençait à couvrir le 30 juin 2009, exposant ainsi son arrêt à la cassation sans qu'il ne soit besoin d'analyser le deuxième moyen. Sur l'évocation et pour les mêmes motifs que ceux ayant entraîné la cassation, il échet de dire que l'action en annulation est tardive ; le jugement querellé relève d'une bonne appréciation des faits et d'une saine application de la loi. Cependant la preuve de l'abus n'étant pas rapportée, la demande reconventionnelle sera rejetée (CCJA, 2e ch., n° 202, 29-12-2016 : DIA Tely c/ WALLERANG Azizet Jocelyne, Ohadata J-17-142).

Il ressort de l'article 313 de l'AUPSRVE que la demande en nullité de la décision judiciaire ou du procès-verbal notarié d'adjudication doit être faite dans le délai de quinze jours à compter de l'adjudication ; c'est donc en violation dudit texte qu'une cour d'appel a confirmé le jugement ayant déclaré recevable l'action en annulation de la décision d'adjudication introduite plus de deux ans après l'adjudication, exposant ainsi son arrêt à la cassation. Sur l'évocation et pour les mêmes motifs que ceux ayant entraîné la cassation, l'action doit être déclarée irrecevable. La demande reconventionnelle de l'appelant selon laquelle après l'annulation de l'adjudication par le jugement attaqué, il a été arrêté et gardé à vue, avec l'ensemble de sa famille et qu'il n'a pu éviter d'être placé sous mandat de dépôt que suite à l'engagement qu'il a pris de libérer l'immeuble querellé, faits pour lesquels il sollicite l'allocation en sa faveur, de la somme de 50 000 000 FCFA au titre de réparation du préjudice subi, doit être rejetée en l'absence d'élément du dossier étant lesdites allégations (CCJA, 2e ch., n° 028/2021, 25-2-2021 : S. c/ S.).

C'est à bon droit que, pour déclarer irrecevable l'action en annulation d'une adjudication, un tribunal relève que les dispositions de l'article 313 de l'AUPSRVE « n'ont aucunement mentionné que ce délai de quinze jours court à compter de la prise de connaissance de l'adjudication par le requérant […] », dès lors que le tribunal ne peut vérifier la régularité des actes de la procédure d'adjudication sur le fondement des dispositions de l'article 313 précité que si l'action en annulation qui la conteste est déclarée recevable comme ayant été introduite dans le délai légal (CCJA, 1e ch., n° 239/2020, 25-6-2020 : Libyan African Investment Company Tchad c/ O.).

Le délai de quinze jours prévu par l'article 313 de l'AUPSRVE s'applique à l'action principale en annulation de la décision judiciaire ou du procès-verbal notarié d'adjudication, action distincte de celle en résolution de la vente initiée par les intimées sur le fondement de l'article 290, alinéa 5 du même Acte uniforme et qui ne peut être mise en œuvre que lorsque l'adjudicataire n'a pas apporté les justifications spécifiées audit article « dans les vingt jours de l'adjudication » ; il s'ensuit que cette dernière action n'est pas frappée de forclusion et doit être reçue par confirmation du jugement entrepris dont il convient d'adopter les motifs non contraires aux présents (CCJA, 3e ch., n° 094/2021, 27-5-2021 : Société Fatiah Holding SA, Aïssata Dicourou BA c/ Société Orabank Mali SA).

E. Irrecevabilité de l'action en annulation pour autorité de la chose jugée

La cour d'appel qui a retenu que le jugement d'annulation d'un jugement d'adjudication a fait sortir ce jugement de l'ordonnancement juridique et qu'il ne peut servir de support à la mutation de titres fonciers, pour statuer comme il le fait, alors qu'en matière de saisie immobilière, le recours en annulation n'est pas suspensif à l'égard de l'adjudicataire et que le transfert de propriété s'opère à la date de l'adjudication et la mutation se fait au vu d'une expédition de la décision, a privé sa décision de base légale, l'exposant ainsi à la cassation. Sur l'évocation, l'action qui, sous couvert d'une assignation aux fins d'annulation de grosse de jugement, tend à obtenir l'annulation de la mutation de propriété de titres fonciers et réparations de préjudices, alors que cette annulation est déjà acquise par l'effet d'un jugement antérieur rendu sur le recours en annulation du jugement d'adjudication initié par les mêmes demandeurs, est irrecevable, la cause ayant déjà été tranchée. Le jugement doit donc être informé en toutes ses dispositions (CCJA, 2e ch., n° 215/2020, 25-6-2020 : Banque Internationale pour le Mali c/ Broadway Café).

F. Conséquence du rejet de la demande d'annulation : irrecevabilité de l'action en responsabilité

L'AUPSRVE n'a prévu, au titre VIII consacré à la saisie immobilière, aucune responsabilité du fait de l'application des textes à l'inverse du titre III, qui en son article 144, al. 3, stipule que les actions en responsabilité peuvent être exercées dans les termes du droit commun et encore seulement lorsque la saisie est déclarée nulle avant la vente. Il y a lieu de dire que le rejet de la nullité de l'adjudication fait obstacle à toute autre action et l'action en responsabilité contre la banque créancière est irrecevable, réformant de ce chef le jugement querellé qui a prononcé un débouté sur la demande en responsabilité. Le débouté relatif à la nullité du jugement d'adjudication n'ayant pas été attaqué, le jugement doit être confirmé en toutes ses autres dispositions, dès lors qu'il n'y a pas eu appel incident (CCJA, 2e ch., nº 005, 21-1-2016 : Cie Bancaire de l'Afrique Occidentale, Groupe Attijariwafa Bank dite CBAO c/ D. GIE Mbackol Entreprise, Khadim BA, Ohadata J-16-214).

Obs. : l'article 313 n'a pas expressément été visé.

G. Décision ayant prononcé l'annulation

La fraude corrompant tout, la découverte, postérieurement à l'audience éventuelle, d'une correspondance reconnaissant la fraude organisée pour « soustraire [un immeuble] des griffes [de son propriétaire] », remet en cause la purge opérée par les décisions judiciaires antérieures, « les poursuivants [ayant] réussi au cours de toute la procédure à tromper la justice ». En application des articles 127 et 128 de l'AUS du 17 avril 1997 suscités, 313 de l'AUPSRVE, il échet de déclarer nulle et de nul effet la convention d'hypothèque sur le titre foncier et de confirmer l'arrêt qui a annulé le jugement d'adjudication et la procédure de saisie immobilière. Les circonstances de la cause, toutes liées au comportement de la demanderesse, rendant indiscutables les préjudices moral et économique allégués par le défendeur dont la réputation, l'image ont été ternies et son hôtel de la Paix dont le fonctionnement a été perturbé, il est juste de réparer ces préjudices par l'allocation de la somme de 150 000 000 FCFA réclamée (CCJA, 2e ch., nº 099/2020, 9-4-2020 : Lybian Foreign Bank c/ Hôtel de la Paix).

....

III. Voies de recours irrecevables

Sur l'irrecevabilité de l'appel et du pourvoi en cassation, voir sous l'article 293.

Section IV • LA FOLLE ENCHÈRE

Art. 314 [mod.] La folle enchère tend à mettre à néant l'adjudication en raison de manquement de l'adjudicataire à ses obligations et à provoquer une nouvelle vente aux enchères de l'immeuble.

La folle enchère est ouverte lorsque l'adjudicataire :

1) ne justifie pas, dans les vingt jours suivant l'adjudication, qu'il a payé le prix, les frais et satisfait aux conditions du cahier des charges ;

2) ne fait pas publier la décision judiciaire ou le procès-verbal notarié d'adjudication à la conservation foncière dans le délai prévu à l'article 294 *du présent Acte uniforme*.

....

JURISPRUDENCE OHADA

I. Annulation de l'adjudication

En application des dispositions des articles 314 et suivants de l'AUPSRVE, l'inexécution, par l'adjudicataire, de ses obligations dans le délai imparti est sanctionnée par l'annulation de l'adjudication et la remise en vente de l'immeuble sur folles enchères (TGI Ouagadougou, nº 02, 8-1-2003 : T. B. c/ T. M. et T. M., Ohadata J-04-337).

La demande d'annulation du jugement attaqué doit être rejetée lorsque le demandeur n'a pas prouvé la violation des dispositions d'ordre public des articles 314 et suivants de l'AUPSRVE qui régissent la procédure de folle enchère (CCJA, nº 028/2009, 30-4-2009 : Sté ROMEO INTERNATIONAL c/ M. R., Rec. jur. CCJA nº 13, janv.-juin 2009, p. 85, Ohadata J-10-72).

....

II. Ouverture de la folle enchère

Le non-paiement du prix ouvre droit, en application des dispositions de l'article 314 de l'AUPSRVE, à la folle enchère, qui tend à mettre à néant l'adjudication et à provoquer une nouvelle vente, cette procédure pouvant être poursuivie par le saisi. Le prix n'ayant pas été payé, l'héritier, qui reste saisi de la dette de son auteur, peut parfaitement offrir de se libérer à tout moment et la demande de consignation formulée par ce dernier est recevable (TRHC Dakar, ord. réf. nº 1660, 23-12-2002 : S. S. c/ M. N., Ohadata J-03-188).

....

III. Appréciation souveraine des juges du fond

C'est par une appréciation souveraine des faits que des juges du fond ont estimé que les documents versés après confrontation avec d'autres constituaient des preuves matérielles de l'accomplissement dans les délais des formalités prévues aux articles 314 et 320 de l'AUPSRVE. Cette appréciation échappant au contrôle de la CCJA, le moyen faisant grief à l'arrêt attaqué d'avoir violé ces dispositions en ce que, nonobstant la production du certificat de non-paiement délivré par le greffier en chef et la réquisition de la conservation foncière, prouvant que l'adjudication n'a pas respecté les délais prévus à cet article, il a confirmé le jugement de rejet de la folle enchère et que, en outre, le président de la juridiction compétente n'a fixé aucune somme devant être consignée par l'adjudicataire, est irrecevable (CCJA, ass. plén., n° 061bis, 29-4-2015 : BIRAHIM DIAGNE c/ 1) HOUTINKINE LOPY, 2) Sté Nationale de Recouvrement, Ohadata J-16-64).

Art. 315 [mod.] La folle enchère peut être intentée par le saisi, le créancier poursuivant et les créanciers inscrits et chirographaires. Elle est formée contre l'adjudicataire et éventuellement, ses ayants cause. Elle n'est soumise à aucun délai. Toutefois, elle ne peut plus être intentée ni poursuivie lorsque les causes d'ouverture de cette action ont disparu sous réserve des dispositions de l'article 320 *du présent Acte uniforme*.

Jurisprudence OHADA

I. Application de l'AUPSRVE

Les dispositions nationales relatives à la procédure des criées ne sont plus applicables depuis l'entrée en vigueur de l'AUPSRVE. Il s'ensuit que les dispositions de l'article 500 du Code de procédure civile du Sénégal ne sont pas applicables à la procédure de folle enchère, mais plutôt celles des articles 315 et suivants de cet Acte uniforme (TRHC Dakar, n° 279, 11-2-2003 : Agence Lamine SOW c/ M. N., Ohadata J-05-35).

II. Qualité pour agir en folle enchère

L'héritier du débiteur saisi, qui recueille les droits et actions de son auteur, a qualité pour initier une procédure de folle enchère en application de l'article 315 (TRHC Dakar, n° 279, 11-2-2003 : Agence Lamine SOW c/ M. N., Ohadata J-05-35).

Art. 316 [mod.] Si le titre d'adjudication n'a pas été délivré, celui qui poursuit la folle enchère *peut demander au* greffier ou *au* notaire, *qui en informe l'adjudicataire, la délivrance d'* un certificat attestant que *celui-ci* n'a pas justifié de l'exécution des clauses et conditions du cahier des charges.

S'il y a opposition de la part de l'adjudicataire à la délivrance de ce certificat, il sera statué, à la requête de la partie la plus diligente, par le président de la juridiction compétente *ou le juge délégué par lui* et sans recours.

Art. 317 [mod.] Le certificat prévu à l'article *316 du présent Acte uniforme* est signifié à l'adjudicataire. Dans les cinq jours de cette signification il est procédé à la publicité en vue de la nouvelle adjudication.

Les affiches et insertions indiquent les nom, prénoms, domicile ou demeure du fol enchérisseur, le montant de l'adjudication, une mise à prix fixée par le poursuivant, et le jour auquel aura lieu, sur l'ancien cahier des charges, la nouvelle adjudication. Le délai entre la nouvelle publicité et la vente est de quinze jours au moins et de trente jours au plus.

Art. 318 [mod.] Quinze jours au moins avant l'adjudication, signification est faite à l'adjudicataire, au saisi, au saisissant et aux créanciers, des jours, heure et lieu de l'adjudication. Cette signification est faite par acte d'avocat à avocat et, à défaut d'avocat, par exploit d'huissier *de justice* ou *de l'autorité chargée de l'exécution*.

Art. 319 [mod.] Si le titre d'adjudication a été délivré, le poursuivant à la folle enchère signifie à l'adjudicataire, avec commandement, une copie de la décision judiciaire ou un procès-verbal notarié d'adjudication.

Cinq jours après cette signification, il peut procéder à la publicité de la nouvelle vente comme prévu à l'article 317 *du présent Acte uniforme*.

Art. 320 [mod.] Jusqu'au jour de la revente, si le fol enchérisseur justifie qu'il a exécuté les conditions de l'adjudication et consigné une somme suffisante, fixée par le président de la juridiction compétente *ou par le juge délégué par lui*, pour faire face aux frais de la procédure de folle enchère, il n'y a pas de nouvelle adjudication.

JURISPRUDENCE OHADA

Caractère facultatif de la preuve de l'accomplissement des formalités

L'article 320 de l'AUPSRVE disposant que le fol enchérisseur a la faculté de produire la preuve de l'accomplissement des formalités jusqu'au jour de la revente, exclut ainsi toute communication préalable obligatoire. Par suite, le moyen faisant grief à l'arrêt déféré d'avoir violé cette disposition, au motif que le certificat de paiement délivré par le greffier en chef dont se prévaut l'adjudicataire n'a pas fait l'objet d'une communication régulière et n'a cependant pas été écarté des débats, doit être rejeté (CCJA, ass. plén., n° 061bis, 29-4-2015 : BIRAHIM DIAGNE c/ 1) HOUTINKINE LOPY, 2) Sté nationale de recouvrement, Ohadata J-16-64).

Art. 321 [mod.] Les formalités et délais prévus par les articles 316 à 319 *du présent Acte uniforme* sont observés à peine de nullité.

Les moyens de nullité doivent être formulés cinq jours avant l'adjudication prévue à l'article 317 *du présent Acte uniforme*.

Art. 322 [mod.] S'il n'est pas porté d'enchère, la mise à prix peut être diminuée, dans la limite fixée par l'article 267.10 *du présent Acte uniforme*, par décision du président de la juridiction compétente *ou le juge délégué par lui*.

Si malgré cette diminution de la mise à prix, aucune enchère n'est portée, le poursuivant est déclaré adjudicataire pour la première mise à prix.

Le fol enchérisseur ne peut enchérir sur la nouvelle adjudication.

Art. 323 Le fol enchérisseur est tenu des intérêts de son prix jusqu'au jour de la seconde vente et de la différence de son prix et de celui de la deuxième adjudication lorsque celui-ci est plus faible.

Si le deuxième prix est plus élevé que le premier, la différence en plus ne lui profite pas. Il ne peut obtenir le remboursement des frais de procédure et de greffe ni les droits d'enregistrement qu'il a payés.

• Titre IX •

LA DISTRIBUTION DU PRIX

Art. 324 S'il n'y a qu'un seul créancier, le produit de la vente est remis à celui-ci jusqu'à concurrence du montant de sa créance, en principal, intérêts et frais, dans un délai de quinze jours, au plus tard, à compter du versement du prix de la vente.

Dans le même délai, le solde est remis au débiteur.

A l'expiration de ce délai, les sommes qui sont dues produisent intérêt au taux légal.

Jurisprudence OHADA

I. Répartition des fonds en présence d'un seul créancier

En l'absence de preuve de l'existence de plusieurs créanciers qui n'auraient pas bénéficié de la distribution conformément aux articles 324 et suivants de l'AUPSRVE, le moyen selon lequel une distribution doit être faite par le Greffier en chef, entre les mains de qui le montant de l'adjudication est versé, sur la base d'une convention sous seing privé ou d'une décision de répartition du Tribunal, le solde étant remis au débiteur, doit être rejeté (CCJA, ass. plén., n° 061 [bis], 29-4-2015 : BIRAHIM DIAGNE c/ 1) HOUTINKINE LOPY, 2) Sté nationale de recouvrement, Ohadata J-16-64).

II. Reversement du prix de l'adjudication aux débiteurs ordonné par le juge des référés

C'est à tort qu'il est reproché à un arrêt d'avoir violé l'article 226 du Code ivoirien de procédure civile, commerciale et administrative en validant le paiement ordonné, par un juge des référés, du solde du produit d'une vente sans que le juge du fond ait constaté que la somme est due. Il en est ainsi, dès lors que le juge des référés, qui est juge de l'évidence, a simplement constaté que le solde du prix de l'adjudication n'a pas été reversé aux débiteurs par le créancier qui ne le conteste pas et en a ordonné le reversement à ceux-là sur le fondement de l'article 324 de l'AUPSRVE. L'astreinte comminatoire est une mesure prise par le juge pour contraindre une partie qui résiste à son obligation à l'exécuter ; tout juge peut ordonner une astreinte pour assurer l'exécution effective de sa décision. Cette mesure est indépendante de l'octroi de l'intérêt légal prévu à l'article 324 de l'AUPSRVE (CCJA, 3e ch., n° 028, 25-2-2016 : CITIBANK Côte d'Ivoire c/ Billes Héloïse Elaine épse Kaunan, Kaunan Kouassi A., Ohadata J-16-230).

Art. 325 S'il y a plusieurs créanciers en matière mobilière ou, en matière immobilière, plusieurs créanciers inscrits ou privilégiés, ceux-ci peuvent s'entendre sur une répartition consensuelle du prix de la vente.

Dans ce cas, ils adressent leur convention sous seing privé ou sous forme authentique au greffe ou à l'auxiliaire de justice qui détient les fonds.

Le règlement des créanciers doit être effectué dans le délai de quinze jours à compter de la réception de l'accord.

Dans le même délai, le solde est remis au débiteur.

A l'expiration de ce délai, les sommes qui sont dues produisent intérêt au taux légal.

Jurisprudence OHADA

I. Obligation de consigner le prix en cas de pluralité de créanciers

Il résulte des articles 324 et suivants de l'AUPSRVE qu'en présence de plusieurs créanciers inscrits ou privilégiés, la clause du cahier des charges qui par le jeu de la compensation légale, dispense le poursuivant de consigner le prix de vente entre les mains du greffier en chef, alors qu'il y a plusieurs créanciers inscrits est nulle (TRHC Dakar 4-1-2000 : SNR et R. A. c/ EGCAP, Ohadata J-04-349).

II. Non-obligation de tenter une conciliation

Les articles 325 et 326 de l'AUPSRVE, qui organisent la procédure de distribution du produit de la vente, n'obligent pas les créanciers à tenter la conciliation avant de saisir le président en vue de l'établissement de l'ordre judiciaire, la seule exigence prévue étant de respecter le délai d'un mois à partir du versement du prix de vente avant de déclencher la procédure contentieuse (TRHC Dakar, ord. nº 319, 15-3-2001 : SGBS c/ S.N.R. et L. F., Ohadata J-03-266, obs. Ndiaw Diouf).

III. Défaut d'entente entre les créanciers

Demande de répartition judiciaire par le créancier le plus diligent. En l'absence d'entente des créanciers sur une répartition consensuelle dans le délai d'un mois à compter du versement du prix de vente par l'adjudicataire, le plus diligent d'entre eux peut provoquer une répartition judiciaire du prix, en saisissant la juridiction compétente. Toute action initiée dans ce sens conformément aux dispositions des articles 325 et suivants de l'AUPSRVE ne peut s'analyser comme une intention de nuire et dit être déclarée recevable (TRHC Dakar, nº 319, 15-3-2001 : Distribution du prix d'adjudication du TF nº 9795/DG saisi sur L. F. par la S.G.B.S, Ohadata J-05-44).

Art. 326 [mod.] Si, dans le délai d'un mois qui suit le versement du prix de la vente par l'adjudicataire, les créanciers n'ont pu parvenir à un accord unanime, le plus diligent d'entre eux saisit le président de la juridiction du lieu de la vente par lui afin de l'entendre statuer sur la répartition du prix.

Art. 327 [mod.] L'acte de saisine *visé à l'article 326 du présent Acte uniforme* indique la date de l'audience et fait sommation aux créanciers de produire, *en précisant* ce qui leur est dû, le rang auquel ils entendent être colloqués et de communiquer toutes pièces justificatives.

La sommation reproduit les dispositions de l'article 330 *du présent Acte uniforme*.

Art. 328 Le saisi reçoit également signification de l'acte de saisine.

Art. 329 [mod.] L'audience ne peut avoir lieu moins de *quarante jours* après la dernière signification.

Art. 330 Dans les vingt jours de la sommation, les créanciers effectuent leur production au greffe de la juridiction compétente.

L'expiration de ce délai emporte de plein droit déchéance contre les créanciers non produisants.

Jurisprudence OHADA

Déchéance de plein droit du créancier qui n'a pas produit dans le délai de vingt jours

Le non-respect du délai de 20 jours fixé aux articles 330 et 335 de l'AUPSRVE emporte, de plein droit, déchéance contre les créanciers non produisants, peu important que la production soit faite ultérieurement ou non (TRHC Dakar, ord. nº 319, 15-3-2001 : SGBS c/ S.N.R. et L. F., Ohadata J-03-266, obs. Ndiaw Diouf) ; CA Dakar, nº 77, 8-2-2001 : La SGBS c/ La SNR, Ohadata J-06-62).

Art. 331 Des dires peuvent être déposés, au plus tard, cinq jours avant l'audience. Ils doivent être communiqués aux autres parties.

Art. 332 Au vu des productions, dires et explications des parties, la juridiction compétente procède à la répartition du prix de la vente. Elle peut, pour causes graves et dûment justifiées, accorder une remise de la répartition, et fixer le jour de la nouvelle audience. La décision judiciaire accordant ou refusant une remise n'est susceptible d'aucun recours.

Art. 333 La décision judiciaire rendue sur le fond est susceptible d'appel dans les quinze jours de sa signification. L'appel n'est recevable que si le montant de la somme contestée est supérieur au taux des décisions judiciaires rendues en dernier ressort.

Art. 334 Si l'adjudication ou folle enchère intervient au cours de la procédure ou même après le règlement définitif, la juridiction compétente modifie l'état de collocation suivant les résultats de l'adjudication.

Titre X

LES DISPOSITIONS *PÉNALES, DIVERSES ET* FINALES

Art. 335 [mod.] *Encourt une sanction pénale le débiteur saisi ou le tiers détenteur qui ne se conforme pas aux obligations attachées à sa qualité de gardien par l'article 36 du présent Acte uniforme.*

Art. 335-1 [nouv.] Encourt une sanction pénale le débiteur ou le tiers qui, dans le cas d'une saisie conservatoire :

– aliène ou déplace un bien, sans justifier d'une cause légitime rendant nécessaire ce déplacement ou cette aliénation ;

– n'informe pas préalablement le créancier du déplacement ou de l'aliénation du bien saisi, sauf en cas d'urgence absolue ;

– n'indique pas au créancier, en cas de déplacement, le lieu où le bien est placé.

Art. 335-2 [nouv.] Encourt une sanction pénale le gardien qui, en dehors du cas prévu par l'article 97 du présent Acte uniforme, aliène ou déplace un bien faisant l'objet d'une saisie-vente.

Art. 335-3 [nouv.] Encourt une sanction pénale :

– le gardien qui, dans le cadre d'une procédure de vente amiable, déplace, sauf en cas d'urgence absolue, un bien avant la consignation du prix prévue à l'article 118 du présent Acte uniforme ;

– le débiteur qui, sans se conformer à la procédure prévue par les articles 115 et suivants du présent Acte uniforme, aliène les biens faisant l'objet de la saisie-vente.

Art. 335-4 [nouv.] Encourt une sanction pénale l'autorité habilitée à procéder à la vente aux enchères publiques qui reçoit une somme au-dessus de l'enchère.

Art. 335-5 [nouv.] Encourt une sanction pénale le détenteur qui, en dehors du cas prévu par le présent Acte uniforme, aliène ou déplace un bien faisant l'objet d'une saisie-revendication.

Art. 335-6 [nouv.] Encourt une sanction pénale le propriétaire d'un fonds de commerce faisant l'objet d'une saisie qui, en violation de l'interdiction prévue par l'article 245-9 du présent Acte uniforme, cède ledit fonds ou y consent un droit réel ou une charge.

Art. 335-7 [nouv.] Encourt une sanction pénale le débiteur ou le tiers détenteur qui, en violation de l'article 73-1, 5) du présent acte uniforme, aliène ou déplace un bien faisant l'objet d'une saisie conservatoire de bétail.

Art. 335-8 [nouv.] Encourt une sanction pénale le débiteur ou le gardien qui aliène ou déplace, sauf pour le pâturage, le bétail objet d'une saisie, sans en avertir l'huissier de justice ou l'autorité chargée de l'exécution en violation de l'article 152-12 du présent Acte uniforme.

Art. 335-9 [nouv.] Encourt une sanction pénale l'huissier de justice ou l'autorité chargée de l'exécution qui détourne de leur finalité des renseignements communiqués dans les conditions prévues par l'article 1-3 et les photographies visées à l'article 45 du présent Acte uniforme.

Art. 336 [mod.] *Sauf dans les cas où il est renvoyé aux stipulations des conventions internationales ou aux règles applicables dans les États parties, seules les dispositions du présent Acte uniforme sont applicables aux procédures et mesures conservatoires ou d'exécution qu'il régit.*

Art. 337 [mod.] Le présent Acte uniforme, *qui abroge et remplace l'Acte uniforme portant organisation des procédures simplifiées de recouvrement et des voies d'exécution, adopté le 10 avril 1998, n'est* applicable *qu'* aux *procédures simplifiées de recouvrement et aux voies d'exécution* engagées après son entrée en vigueur.

Les procédures simplifiées de recouvrement et les voies d'exécution engagées avant son entrée en vigueur demeurent soumises à la législation alors en vigueur.

Jurisprudence OHADA

Obs. : la jurisprudence antérieure relative à l'abrogation, et qui est transposable, est reproduite ci-après ; le lecteur veillera toutefois à prendre en compte la nouvelle numérotation des articles relatifs à la portée abrogative du présent Acte uniforme.

I. Abrogation des dispositions nationales

À partir de son entrée en vigueur, l'AUPSRVE, en application de ses articles 336 et 337, se substitue aux législations nationales ayant pour objet les mêmes matières (CCJA, n° 12/2002, 18-4-2002 : Total Fina Elf c/Sté Cotracom, Ohadata J-02-65, obs. Joseph Issa-Sayegh).

Il s'ensuit :

– que le délai d'appel contre les décisions rendues en audience éventuelle est régi par les articles 300 et 49 de l'AUPSRVE et non par les dispositions nationales. Doit donc être cassé l'arrêt de la cour d'appel d'Abidjan qui déclare recevable l'appel du propriétaire d'un immeuble formé contre un jugement du tribunal de première instance rendu en audience éventuelle dans les formes et délais de l'article 403 du Code ivoirien de procédure civile (CCJA, n° 13/2002, 18-4-2002 : BICICI c/ D. M. et Boucherie moderne de Côte d'Ivoire, Ohadata J-02-66, obs. Joseph Issa-Sayegh) ;

– que même si l'appel prévu à l'article 15 de l'AUPSRVE est fait « dans les conditions du droit national de chaque État », il n'en demeure pas moins une voie de recours ouverte aux plaideurs quelle que soit la valeur du litige, lesdites conditions se rapportant exclusivement aux spécificités éventuelles prévues dans le droit national concerné comme la forme de l'appel ou les délais de distance qui pourraient s'ajouter au délai légal de trente jours. C'est donc en violation des articles 15 et 336 de l'AUPSRVE qu'une cour d'appel a déclaré irrecevable l'appel interjeté contre le jugement sur opposition en raison d'un taux de compétence en dernier ressort du tribunal saisi prévu par les dispositions nationales de procédure civile (CCJA, 3e ch., n° 023/2012, 15-3-2012 : A. c/ F.) ;

Voir sous l'art. 15.

– qu'il est de jurisprudence constante de la CCJA qu'il ressort de l'analyse des dispositions combinées des articles 28, 336 et 337 de l'AUPSRVE que celui-ci contient aussi bien des dispositions de fond que de procédure, qui ont seules vocation à s'appliquer aux procédures de recouvrement engagées après son entrée en vigueur. Dans la mise en œuvre de celles-ci, ledit Acte uniforme n'ayant pas prévu de procédure de communication de la cause au ministère public, tel que fixé à l'article 106 du Code ivoirien de procédure civile, il s'ensuit que cette disposition de droit interne, au demeurant contraire à la lettre et à l'esprit des dispositions de l'Acte uniforme susvisé, est inapplicable au litige ayant donné lieu à la décision attaquée (CCJA, n° 059/2005, 22-12-2005 : BIAO-CI c/ Sté IPN, Rec. jur. CCJA, n° 6, juin-déc. 2005, p. 38, Ohadata J-06-36. Dans le même sens et sur le refus de la procédure de communication au ministère public dans un contentieux de saisie immobilière, voir CCJA, n° 057/2005, 22-12-2005 : SGBC c/ E. G., BIAO-CI c/ Sté IPN, Rec. jur. CCJA, n° 6, juin-déc. 2005, p. 83, Juris-Ohada, n° 2/2006, p. 19 ; Ohadata J-06-44 ; CCJA, n° 021/2009, 16-4-2009 : Groupe SAD c/ SIDAM SA, Rec. jur. CCJA n° 13, janv.-juin 2009, p. 139, Ohadata J-10-85 ; CCJA, n° 023/2009, 16-4-2009 : État de Côte d'Ivoire c/ Ayants droit de B. F. et A. P., Rec. jur. CCJA n° 13, janv.-juin 2009, p. 77, Ohadata J-10-70) ; (CA Abidjan (Côte d'Ivoire), ch. civ. et com., n° 128/Civ4/A, 27-10-2006 : Sté Afripa-Telecom devenue Alink Telecom c/ Colina SA, Ohadata J-08-26).

La non communication au ministère public est de règle même si la requérante est une société d'État (CA Abidjan (Côte d'Ivoire), 5e ch. civ. et com. B, n° 710, 5-7-2005 : Poste de Côte d'Ivoire c/ S. N. H. H., Ohadata J-08-37).

Mais les critiques relatives à l'intervention du ministère public dans une procédure de saisie-attribution de créance sont stériles et inopérantes dès lors que, bien que l'AUPSRVE ait implicitement abrogé les dispositions de la loi interne sur la communication des procédures y afférentes au parquet, la méprise sur cette interdiction n'entrave en rien la validité de la procédure, le juge n'étant aucunement lié par les réquisitions faites par le ministère public (CA Littoral (Cameroun), n° 62/REF, 24-3-2008 : SGBC SA c/ État du Cameroun EX-ONCPB En Liquidation, Ohadata J-09-150).

– que conformément à l'article 10 du Traité de l'OHADA, c'est en violation, par refus d'application de l'article 336 de l'AUPSRVE, qu'une cour d'appel a invoqué la loi nationale pour valider une procédure de recouvrement de créances, alors que l'AUPSRVE qui, selon son article 336, « abroge toutes les dispositions relatives aux matières qu'il concerne dans les États parties », contient aussi bien des dispositions de fond que de procédure qui ont seules vocation à s'appliquer aux procédures de recouvrement engagées après son entrée en vigueur. Cassation de l'arrêt. Sur l'évocation et pour les mêmes motifs que ceux ayant entraîné la cassation, il y a lieu de restituer à l'ordonnance de référés ayant rétracté l'ordonnance à pied de requête en cause son plein et entier effet (CCJA, 1e ch., n° 041, 22-2-2018 : G. c/ Ecobank Togo SA) ;

– que seules les règles édictées par l'AUPSRVE ont vocation à s'appliquer aux difficultés relatives à une mesure d'exécution forcée ou de saisie conservatoire. Il est de jurisprudence constante de la CCJA que c'est le président de la juridiction statuant en matière d'urgence, en l'espèce le président du tribunal de première instance de première classe de Lomé, ou le magistrat par lui délégué, qui doit connaître des contestations de fond comme de forme relatives aux saisies. En se fondant sur une disposition interne contraire, inapplicable en l'espèce, pour statuer comme elle l'a fait, la cour d'appel a fait une mauvaise interprétation des dispositions visées au moyen, exposant ainsi son arrêt à la cassation. Sur l'évocation et pour les mêmes motifs que ceux ayant entraîné la cassation, il convient de dire que c'est en application des dispositions de l'article 49 de l'AUPSRVE que le président du tribunal de première instance de première classe de Lomé a retenu sa compétence et de confirmer l'ordonnance sur ce point (CCJA, 3e ch., n° 159, 18-10-2018 : Getma Togo SA et Manuport Togo SA c/ A').

A. Exclusivité des procédures prévues par l'AUPSRVE

L'AUPSRVE ne laisse coexister, à travers l'article 336, l'application d'aucune autre disposition que celles qu'il édicte relativement au recouvrement des créances et aux voies d'exécution. Il s'ensuit qu'une disposition nationale qui tend aux mêmes fins que les dispositions édictées dans l'Acte uniforme précité relativement à l'injonction de payer, de délivrer ou de restituer notamment, ne peut désormais être invoquée et appliquée, l'article 337 de l'AUPSRVE ayant rendu cet Acte uniforme impérativement applicable aux mesures conservatoires, aux mesures d'exécution forcée et procédures de recouvrement engagées après son entrée en vigueur (TR Niamey, ord. réf. n° 001, 2-1-2003 : C. NA. c/ Sonitel, Ohadata J-04-73).

B. Applications

1° Injonction de délivrer

L'AUPSRVE a institué à son titre II du livre 1, une procédure simplifiée tendant à la délivrance ou à la restitution d'un bien meuble déterminé, procédure qu'il détaille et précise en ses articles 19 à 27, ainsi qu'en ses articles 9 à 15, auxquels renvoie l'article 26, et qui traitent des voies de recours ouvertes. En application des articles 336 et 337 de cet Acte uniforme, ladite procédure est désormais exclusive en la matière et la cour d'appel qui a considéré que la procédure sus-indiquée n'est pas exclusive a violé les articles 336 et 337 précités et son arrêt doit être cassé (CCJA, n° 058/2005, 22-12-2005 : U.P.S. SA c/ STPC SARL, BIAO-CI c/ Sté IPN, Rec. jur. CCJA, n° 6, juin-déc. 2005, p. 87, Juris-Ohada, n° 2/2006, p. 23, Ohadata J-06-45).

Obs. : voir sous l'art. 19.

2° Injonction de payer

L'ordonnance d'injonction de payer rendue sur la base d'un texte national abrogé par l'article 336 de l'AUPSRVE doit être annulée (TPI Bafoussam, n° 91/Civ., 28-7-2006 : D. B. c/ K. K., et le greffier en chef du TPI de Bafoussam, Ohadata J-07-71). Voir aussi CCJA, n° 021/2009, 16-4-2009 : Groupe SAD c/ SIDAM SA, Rec. jur. CCJA n° 13, janv.-juin 2009, p. 139, Ohadata J-10-85, à propos de l'exclusivité de la procédure prévue par l'AUPSRVE).

3° Saisie-attribution de créance

Un créancier ne peut contourner les dispositions organisant la procédure de saisie-attribution de créances en invoquant les dispositions de l'article 249 du Code de procédure civile du Sénégal (TRHC Dakar, ord. réf.,

10-2-2002, M. W. c/ Sénégal Construction International, Ohadata J-04-481, obs. Ndiaw Diouf).

Mais s'il est exact que dans la hiérarchie des normes juridiques les Actes uniformes institués par le traité OHADA prévalent sur les lois et décrets existant, il n'en demeure pas moins vrai que lesdits Actes uniformes doivent s'insérer et s'articuler dans le dispositif législatif propre à chaque État partie et avec lequel ils ne présentent aucune contrariété (CA Abidjan, n° 241, 4-3-2003 : SCB c/ B. A. Appoline, Ohadata J-03-244).

II. Champ d'application de l'AUPSRVE

A. Application immédiate de l'AUPSRVE

Les dispositions de l'AUPSRVE sont des lois de procédure, donc d'application immédiate qui doivent s'appliquer à une procédure de saisie immobilière postérieure à l'entrée en vigueur de l'AUPSRVE (TGI Mfoundi, n° 675, 25-9-2002 : MATIGNON CLUB c/ BICEC, Ohadata J-04-213).

C'est à tort qu'une ordonnance d'injonction de payer rendue le 30 juillet 1998, soit après l'entrée en vigueur de l'AUPSRVE le 10 juillet 1998, l'a été sur la base d'une loi antérieure à l'AUPSRVE et qui a été abrogée par cet Acte uniforme ; annulation de ladite ordonnance (TGI Wouri, n° 01, 4-10-2001 : Sté AIH c/ Sté CAC, Ohadata J-04-219).

Il résulte de la combinaison de l'article 9 du Traité OHADA et des articles 337 et 338 de l'AUPSRVE que les mesures conservatoires, mesures d'exécution formées et de recouvrement engagées après le 10 juillet 1998 (date d'entrée en vigueur de l'AUPSRVE) sont soumises à cet Acte uniforme qui abroge toutes les dispositions aux matières qu'il concerne dans les États parties. Il s'ensuit qu'une procédure initiée après le 10 juillet 1998 et ne respectant pas les dispositions de cet Acte uniforme doit être déclarée irrecevable, sans qu'il soit nécessaire d'étudier les autres moyens invoqués (TRHC Dakar, ord. n° 329, 1-3-2000 : E.G.C.A.P c/ El Hadji M. M., Ohadata J-05-48).

Les règles de procédure étant d'application immédiate, elles régissent tous les litiges en cours n'ayant pas fait l'objet d'une décision définitive au fond. Il s'ensuit que le débiteur saisi ne peut valablement soutenir que la juridiction statuant à l'audience éventuelle est incompétente pour fixer une nouvelle date d'adjudication au motif que la procédure a été initiée bien avant l'entrée en vigueur de l'AUPSRVE (TRHC Dakar, n° 306, 1-2-2000 : I. N. S. c/ Sté Calberson International, Ohadata J-04-24, obs. Joseph Issa-Sayegh).

L'affaire soumise à la cour d'appel étant relative à une demande de mainlevée d'une saisie-attribution, cette procédure était régie par les articles 153 à 172 de l'AUPSRVE, dès lors qu'à la date à laquelle la saisie-attribution a été pratiquée, cet Acte uniforme était entré en vigueur, avait déjà intégré l'ordonnancement juridique de la République Togolaise, et était de ce fait, applicable « nonobstant toute disposition contraire de droit interne, antérieure ou postérieure ». En soutenant que « le litige est né de l'exécution par l'appelante, d'une décision étrangère au mépris des dispositions légales de droit interne exigeant un exequatur ; que par ailleurs, les problèmes tranchés [...] dans son arrêt [...] du 2 août 2001 ne relèvent pas du domaine de compétence du traité de l'OHADA, tel que défini en son article Traité OHADA2 ; qu'en outre, l'instance ayant été introduite depuis 1993, il est constant que le Traité OHADA, qui est entré en vigueur en 1998, ne peut s'appliquer au cas d'espèce, au nom du principe de la non-rétroactivité de la loi nouvelle », la cour d'appel a méconnu les dispositions des articles 10 et 13 du Traité OHADA susvisé et 337 de l'AUPSRVE et son arrêt encourt la cassation (CCJA, n° 011/2007, 29-3-2007 : O. Y. c/ B.I.A-TOGO SA, Rec. jur. CCJA n° 9 – janv.-juin 2007, p. 79, Ohadata J-08-231).

B. Non-application de l'AUPSRVE aux procédures engagées antérieurement à son entrée en vigueur

L'AUPSRVE, entré en vigueur le 10 juillet 1998, n'ayant pas intégré l'ordre juridique interne des États parties au moment où les juges du fond étaient saisis d'un contentieux ne pouvait de ce fait être applicable :

– à la violation alléguée d'une clause attributive de compétence au tribunal de commerce de Paris, dès lors qu'aucun grief ni moyen relatif à l'application d'un Acte uniforme n'avait pu être formulé devant les juges du fond par le requérant en raison de l'antériorité des faits et de la procédure (CCJA, n° 1/2001, 11-10-2001 : ETB c/ CFCF, Ohadata J-02-05, obs. Joseph Issa-Sayegh) ;

– au soutien d'une procédure d'injonction de payer engagée en 1991, soit longtemps avant son entrée en vigueur de l'AUPSRVE et qui reste soumise aux lois antérieures, en vertu du principe de non-rétroactivité de la loi. En conséquence, l'opposition formée contre l'ordonnance qui n'était pas prévue dans ces lois est irrecevable (CA du Centre, n° 184/Civ., 5-3-2003 : A. M. P. Sté COGECIC c/ K. M. M., Ohadata J-04-201) ;

– à la saisie immobilière engagée sur la base d'une convention de prêt hypothécaire conclue avant l'entrée en vigueur de l'AUS, qui ne peut l'être qu'en application des dispositions antérieures (CA Centre, n° 414/Civ, 2-7-2003 : Sté CERAC SARL c/ SRC, Ohadata J-04-202 ; CA Centre (Cameroun), n° 286/civ., 5-8-2009 : Succession S. représentée par S. E. c/ BICEC, CSI Saving, Ohadata J-10-251) ;

– à l'annulation d'un jugement d'adjudication rendu avant l'entrée en vigueur de l'Acte uniforme, qui n'avait pas encore intégré l'ordre juridique du pays concerné. Sur l'évocation et pour les mêmes motifs que ceux ayant conduit à la cassation, l'appel est recevable en la forme ; au fond, l'action est mal fondée et sera déclarée irrecevable (CCJA, 2e ch., no 133, 7-6-2018 : Banan SIDIBE c/ Sidiki Keita) ;

– à une procédure d'exécution forcée entamée suivant commandement aux fins de saisie immobilière en date du 24 décembre 1996, soit avant l'entrée en vigueur de cet Acte uniforme. En conséquence, la CCJA doit relever d'office son incompétence (CCJA, 2e ch., no 147/2019, 9-5-2019 : N. c/ BICEC) ;

– à des voies d'exécution engagées avant son entrée en vigueur en RDC (CCJA, 3e ch., no 304/2020, 22-10-2020 : M. c/ Airtel Congo RDC SA et Vodacom RDC SA).

Aux termes de l'article 337 de l'AUPSRVE, « le présent Acte uniforme sera applicable aux mesures conservatoires, mesures d'exécution forcée et procédures de recouvrement engagées après son entrée en vigueur ». Tel qu'énoncé, l'application de cet Acte uniforme aux mesures d'exécution forcée, après son entrée en vigueur en 1998, n'est pas tributaire de la loi applicable à la sûreté mise en œuvre par lesdites mesures, qui reste soumise à la législation en vigueur à l'époque de sa constitution, conformément à l'article 227 de l'AUS. Il en découle que, bien qu'ayant pour fondement la réalisation d'une hypothèque consentie sous la loi en vigueur en 1979 et 1980, la saisie immobilière initiée le 21 janvier 2013 et qui a abouti à l'adjudication du 16 juin 2014 l'est en application de l'AUPSRVE abrogeant, aux termes de son article 336, toutes les dispositions relatives aux matières qu'il concerne dans les États-parties et justifie, sans aucun doute, la compétence exclusive de la Cour de céans (CCJA, 2e ch., no 147/2020, 30-4-2020 : SCI Choucair Frères c/ Société Générale Côte d'Ivoire).

C. Disposition relevant de l'AUPSRVE

Difficultés d'exécution. Les difficultés d'exécution, comme les incidents d'exécution relèvent de la compétence du juge civil et sont régies par les Actes uniformes, même pour les décisions rendues en matière sociale (TR Thiès, 19-9-2002 : S. C. c/ S. N., Ohadata J-03-38).

Art. 338 [mod.] Le présent Acte uniforme sera publié au Journal officiel de l'OHADA et des États parties. Il entrera en vigueur conformément aux dispositions de l'article 9 du Traité relatif à l'harmonisation du droit des affaires en Afrique.

Fait à *Kinshasa*, le 17 *octobre 2023*.

AUSCGIE

Acte uniforme révisé relatif au droit des sociétés commerciales et du groupement d'intérêt économique

Le Conseil des ministres de l'Organisation pour l'harmonisation en Afrique du droit des affaires (OHADA),

Vu le Traité relatif à l'harmonisation du droit des affaires en Afrique, signé à Port Louis le 17 octobre 1993, tel que révisé à Québec le 17 octobre 2008, notamment en ses articles 2, 5 à 10 et 12 ;

Vu le rapport du secrétariat permanent et les observations des États parties ;

Vu l'avis N° 02/2012/AU en date du 9 novembre 2012 de la Cour commune de justice et d'arbitrage ;

Apres en avoir délibéré, adopte à l'unanimité des États parties présents et votants, l'Acte uniforme dont la teneur suit :

Chapitre préliminaire

CHAMP D'APPLICATION DES DISPOSITIONS DU PRESENT ACTE UNIFORME

Art. 1 Toute société commerciale, y compris celle dans laquelle un État ou une personne morale de droit public est associé, dont le siège social est situé sur le territoire de l'un des États parties au Traité relatif à l'harmonisation du droit des affaires en Afrique (ci-après désignés « les parties au contrat ») est soumise au présent Acte uniforme.

Tout groupement d'intérêt économique est également soumis aux dispositions du présent Acte uniforme.

En outre, les sociétés commerciales et le groupement d'intérêt économique demeurent soumis aux lois non contraires au présent Acte uniforme qui sont applicables dans l'État partie où se situe leur siège social.

JURISPRUDENCE OHADA

I. Champ d'application de l'AUSCGIE

A. Sociétés commerciales par la forme

Une société d'État, personne morale de droit privé et commerciale par la forme, est soumise à l'AUSCGIE. Il s'ensuit que le Port Autonome d'Abidjan est régi par cet Acte uniforme et que les juridictions de l'ordre judiciaire sont compétentes (CA Abidjan, n° 615, 20-5-2003 : P.A.A. c/ E.G.S., Ohadata J-03-276).

Toute entité, y compris celle appartenant à l'État, qui opère sous la forme d'une personne morale de droit privé au sens de l'article 1er de l'AUSCGIE, reste régie par les règles de droit privé et à ce titre, est susceptible d'exécution forcée (CCJA, 1e ch., n° 053/2022, 3-3-2022).

En droit, les personnes morales de droit public s'opposent notamment aux personnes morales de droit privé et aux entreprises privées. Les articles 1er et 3 de l'AUSCGIE prévoient que toute société commerciale, y compris celle dans laquelle un État ou une personne morale de droit public est associé, dont le siège est situé sur le territoire de l'un des États parties au Traité OHADA, est soumise aux dispositions dudit Acte uniforme et que toute personne désirant exercer une activité commerciale en société doit choisir l'une des formes de société qui convient à l'activité envisagée parmi celles prévues par l'Acte uniforme (CCJA, 1e ch., n° 176/2023, 26-10-2023).

Les « entreprises publiques » se distinguent des personnes morales de droit privé et des entreprises privées. L'argument tiré de l'État pris comme unique actionnaire ne peut conférer à une société de droit privé, l'immunité d'exécution prévue à l'article 30 de l'AUPSRVE, dès lors qu'en l'espèce, les statuts de ladite société ont prévu des ressources constituées non seulement de fonds publics, mais aussi des produits de son activité ; le fait qu'une autre disposition du même texte dispose que « les sociétés d'État sont soumises au contrôle de la chambre des comptes conformément aux dispositions législatives et réglementaires en vigueur » ne change ni leur nature et la finalité de l'objet social, qui est l'impulsion du développement économique et social, ni le régime qui leur est applicable, à savoir celui d'une société de droit privé. En l'espèce, la loi ivoirienne en cause (loi ivoirienne n° 97-519 du 4 septembre 1997 portant définition et organisation des sociétés d'État) et les statuts de la société défenderesse énonçant clairement que la société d'État est une personne morale de droit privé, une telle société relève de l'AUSCGIE, lequel n'a vocation à régir ni les personnes morales de droit public, ni les entreprises publiques. En énonçant donc « qu'il s'ensuit que bien qu'ayant la forme de société anonyme et soumise aux obligations des sociétés commerciales comme l'immatriculation au registre de commerce et du crédit mobilier, la [société défenderesse] demeure une entreprise publique, et comme telle, bénéficie de l'immunité d'exécution prévue à l'article 30 de l'[AUPSRVE] », pour conclure que le premier juge a fait une bonne application des dispositions légales en la matière, et confirmer l'ordonnance présidentielle entreprise, la cour d'appel de commerce n'a pas tiré les conséquences de ses propres énonciations relatives notamment au régime de droit commun applicable aux sociétés d'État, lesquelles sont, de ce fait, saisissables, en vertu d'un titre exécutoire obtenu dans le cadre d'un litige né à l'occasion de leur activité sociale. Sur l'évocation, et pour les mêmes motifs que ceux ayant entraîné la cassation de l'arrêt attaqué, il y a lieu de dire, d'une part, que les biens de la société en cause sont saisissables, leur insaisissabilité n'ayant pas été établie au sens de l'article 51 de l'AUPSRVE et, d'autre part, qu'elle ne bénéficie pas de l'immunité d'exécution, n'entrant pas dans le champ d'application des dispositions de l'article 30 du même Acte uniforme y relatif (CCJA, 1e ch., nº 028/2022, 17-2-2022).

Dans le même sens :

– au sujet d'une société dont les statuts stipulent qu'elle « est une société d'État… régie par la loi […] portant définition et organisation des sociétés d'État et par les dispositions de l'[AUSCGIE] », et **qui exerce sous forme de société commerciale**, n'a pas le statut de personne morale de droit public ou d'entreprise publique ; par conséquent, cette société reste soumise aux dispositions de l'AUSCGIE, la structure de son capital social n'affectant en rien sa qualité de société commerciale et ne constituant pas un obstacle à sa justiciabilité, même si l'État en est l'actionnaire unique. Tel est le sens des articles 1 et 5 de l'AUSCGIE (CCJA, 1e ch., nº 054/2023, 30-3-2023) ;

– au sujet de la Sotra SA, dont les statuts stipulent, à l'article 1, que celle-ci est une société anonyme régie par l'AUSCGIE, lequel ne réglemente pas les entreprises publiques, mais s'applique aux entités privées, et à l'article 3, qu'elle a pour objet « toutes opérations et entreprises quelconques pouvant concerner les transports de toute nature, de voyageurs, marchandises, courriers, messageries, ou objet quelconque, la création, l'acquisition, l'exploitation de tous services de transports et camionnages, achat, vente, louage, garage, entretien de tous véhicules et accessoires et généralement, toutes opérations commerciales, industrielles, immobilières, mobilières, et financières se trouvant directement ou indirectement rattachés à l'objet ci-dessus spécifié » ; elle est, par sa forme et par son objet, soumise au droit commun des sociétés commerciales et aux voies d'exécution forcée sur ses biens propres, les arguments tirés de l'objet social et de la portion du capital détenu par l'État, qui lui confère le contrôle de la société, étant inopérants. C'est donc en violation de ces textes qu'une cour d'appel a retenu le contraire, exposant l'arrêt attaqué à la cassation. Sur l'évocation, et pour les mêmes motifs que ceux ayant entraîné la cassation, il y a lieu de dire que c'est à tort que le premier juge a décidé que la Sotra SA était bénéficiaire de l'immunité d'exécution ; il y a lieu d'infirmer l'ordonnance attaquée en toutes ses dispositions, et statuant à nouveau, de rejeter la demande de mainlevée de celle-ci (CCJA, 1e ch., nº 176/2023, 26-10-2023) ;

– il résulte de l'article 10 du Traité que les Actes uniformes sont directement applicables et obligatoires dans les États parties, nonobstant toute disposition contraire de droit interne, antérieure ou postérieure. L'article 1er de l'AUSCGIE disposant que ses dispositions s'appliquent à toute société commerciale dont le siège social est situé sur le territoire de l'un des États parties au Traité OHADA, y compris celle dans laquelle un État ou une personne morale de droit public est associé, c'est en violation des textes précités et en méconnaissance de sa compétence, par refus d'application des normes de l'OHADA contenues dans le Traité et l'AUSCGIE, qu'un tribunal administratif de Douala a qualifié d'acte réglementaire la résolution du conseil d'administration sur la base de la loi nationale, du fait, selon lui, de la portée générale et impersonnelle de ladite résolution pour se déclarer compétent à connaître du litige, exposant l'arrêt attaqué à la cassation. Il en est ainsi en l'espèce, dès lors que la société Port autonome de Douala, ayant pour actionnaire unique l'État du Cameroun, est constituée sous la forme d'une société anonyme et est régie par l'AUSCGIE ; et qu'il est également établi que le litige porte sur la validité de la résolution du conseil d'administration du Port de Douala. Un tel litige est soumis aux dispositions de l'AUSCGIE, alors que la résolution litigieuse, adoptée par le conseil d'administration de la société dans le cadre des orientations de l'activité de celle-ci, est soumise, quant à son régime juridique, à l'AUSCGIE et non au droit interne camerounais. La cour n'ayant plus rien à juger en l'état, il n'y a pas lieu d'évoquer et les parties doivent être renvoyées à mieux se pourvoir (CCJA, ass. plén., nº 198/2023, 30-11-2023) ;

– il se déduit de l'article 1er, alinéa 2, du décret 98-377 du 30 juin 1998 portant création de la poste de Côte d'Ivoire, qui dispose nettement qu'elle est régie par « les dispositions législatives et réglementaires applicables aux sociétés anonymes, notamment par l'[AUSCGIE] du 17 avril 1997 », que la poste de Côte d'Ivoire est une personne morale de droit privé et non une entreprise publique ; le fait que le capital appartienne exclusivement à l'État de Côte d'Ivoire ne remettant nullement en cause ce statut, l'Acte uniforme idoine réglementant, non les « entreprises publiques » mais plutôt, des entités privées (CCJA, 2e ch., no 201/2023, 30-11-2023).

– au sujet de la Lonase, créée en 1987 comme une société par actions de droit privé, donc une personne morale de droit privé dont l'objet social se rattache, non à une activité de souveraineté ou à une exploitation d'un service public, mais bien plus, à une activité économique ou commerciale, et notamment l'exploitation de jeux de hasard. Lorsque deux ans après l'entrée en vigueur de l'AUSCGIE, une telle société n'a pas satisfait à l'obligation de mettre ses statuts en harmonie, en application des articles 907, 908 et 915 de ce texte, ni choisi l'une des formes de société qu'il prévoit (SARL, SNC, SCS, SA ou SA), il résulte de ce défaut de mise en harmonie que toutes clauses statutaires contraires aux dispositions susvisées sont réputées non écrites, et les dispositions nouvelles de l'AUSCGIE doivent impérativement s'appliquer. En conséquence, la Lonase est une personne morale de droit privé et le fait que le capital appartienne exclusivement à l'État du Sénégal ne remet nullement en cause ce statut, l'AUSCGIE réglementant, non les « entreprises publiques » mais plutôt, des entités privées. C'est donc en violation des textes précités qu'une cour d'appel a confirmé l'ordonnance qui a, à tort, reconnu l'immunité d'exécution à la Lonase qui est une personne morale de droit privé et non une entreprise publique, exposant l'arrêt attaqué à la cassation. Sur l'évocation, et pour les mêmes motifs que ceux ayant entraîné la cassation, tiré de la violation des dispositions de l'article 30 de l'AUPSRVE, il y a lieu, d'infirmer en toutes ses dispositions l'ordonnance appelée et, statuant à nouveau, de déclarer bonne et valable la saisie régulièrement diligentée et non affectée d'irrégularité, avant de rejeter la demande de mainlevée (CCJA, 2e ch., no 013/2024, 25-1-2024).

B. Sociétés coopératives

Une société coopérative exerçant des activités commerciales et soumises au système comptable OHADA est soumise aux dispositions de l'AUSCGIE (TGI Moungo (Cameroun), no 30/CIV, 21-6-2007 : Union des Coopératives du Littoral représentée par N. N. c/ E. E. M. M., Ohadata J-09-252, note Yvette Kalieu Elongo).

Obs. : cette décision a été rendue à une date où il n'y avait pas de texte spécifique régissant les sociétés coopératives. Le tribunal a fait une juste application de l'AUSCGIE à une société coopérative exerçant une activité commerciale. Cette décision, désormais caduque pour l'AUSCGIE depuis l'entrée en vigueur de l'Acte uniforme relatif aux sociétés coopératives (AUSC) adopté à Lomé (Togo) le 15 décembre 2010), est cependant transposable aux articles 107 et 108 de l'AUSC dont les dispositions sont pratiquement identiques.

C. Contentieux portant sur le fonctionnement d'une société commerciale

Le caractère commercial du contentieux qui porte sur le fonctionnement d'une société à responsabilité limitée, ne prête à aucun doute, et de ce fait il est régi par les dispositions de l'AUSCGIE, et seul applicable en l'espèce. Il s'ensuit que l'arrêt attaqué qui a involontairement mentionné dans son dispositif, avoir statué en matière civile plutôt qu'en matière commerciale, a commis une erreur purement matérielle, laquelle ne constitue pas un cas d'ouverture en cassation ; irrecevabilité du moyen (CCJA, no 024/2006, 16-11-2006 : S. D. M. – A. M. c/ H. A. dit « CRISE », Rec. jur. CCJA, no 8/2006, p. 32, Juris-Ohada no 1/2007, p. 23, Ohadata J-08-97).

II. Existence de la société

Toute partie, demandeur ou défendeur, doit faire la preuve de l'existence de la société dont il se réclame, notamment par la mise en harmonie de ses statuts avec les dispositions de l'AUSCGIE dans un délai de deux ans à compter de son entrée en vigueur, sous peine de dissolution de plein droit (C. sup., ch. civ., no 039/CS/CJ/SC/2003, 26-6-2004 : A. K. c/ Sté ITAL TCHAD, www.juricaf.org, NOR no 56462).

Obs. : voir au début de l'ouvrage la notice d'utilisation du site JURICAF.

III. Inapplication de l'AUSCGIE à une société d'assurances mutuelles

Sur l'inapplication de l'AUSCGIE à une société d'assurances mutuelles, qui n'a pas un objet commercial et est régie par le code CIMA, tant dans sa constitution, dans son administration que dans sa liquidation, voir (CCJA, 1e ch., no 067, 15-3-2018 : Faman Touré c/ Soro Brahima).

Art. 2 [mod.] Les statuts de la société commerciale et du groupement d'intérêt économique ne peuvent déroger aux dispositions du présent Acte uniforme sauf dans les cas où celui-ci autorise expressément l'associé unique ou les associés, soit à substituer des clauses statutaires aux dispositions du présent Acte uniforme, soit à compléter par des clauses statutaires les dispositions du présent Acte uniforme.

Est réputée non écrite toute clause statutaire contraire à une disposition du présent Acte uniforme.

Observations

1. Désormais, l'ordre public n'est pas proclamé positivement ; il se déduit de ce que toute clause statutaire qui n'est pas autorisée expressément est interdite ; néanmoins, comme précédemment, le doute est retiré à l'interprète sur ce qui est permis ou interdit.

2. toutes les dispositions de l'ancien Acte uniforme réputant la ou les clauses contraires à l'Acte non écrites ont été systématiquement supprimées.

Jurisprudence OHADA

I. Caractère d'ordre public des dispositions de l'AUSCGIE

Il y a lieu de relever d'office qu'il se déduit des termes de l'article [2-1] de l'AUSCGIE, que les dispositions de cet Acte uniforme sont d'ordre public, de sorte qu'il ne peut y être dérogé par des conventions particulières (CCJA, 1e ch., nº 048/2020, 27-2-2020 : BECM Sarl c/ Congo Energy SA).

II. Arbitrabilité d'un litige portant sur des règles d'ordre public de l'AUSCGIE

L'interdiction faite à une personne physique ou morale de compromettre sur les droits dont elle n'a pas la libre disposition et qui intéressent naturellement l'ordre public ne signifie pas que tout litige relatif à une opération soumise à une réglementation présentant un caractère d'ordre public se trouverait de ce fait soustrait à tout arbitrage. Le seul fait que la nature du litige puisse amener l'arbitre à appliquer certaines règles juridiques d'ordre public n'est donc pas une cause d'inarbitrabilité du litige. En jugeant que le litige opposant les parties, parce qu'il est justifiable des règles d'ordre public de convocation et de tenue de l'assemblée générale et de conseil d'administration de SA contenues dans l'AUSCGIE est inarbitrable, et donc hors de portée d'une convention d'arbitrage, la cour d'appel, qui a confondu entre l'application par l'arbitre de disposition d'ordre public, ce qui ressort de sa compétence, et l'inarbitrabilité du litige, a violé, par fausse application, les articles 2 de l'AUSCGIE et 2 de l'AUA, exposant son arrêt à la cassation, sans qu'il soit nécessaire d'examiner les autres branches et les autres moyens du pourvoi (CCJA, 2e ch., nº 193/2020, 28-5-2020 : Grant Thornton SA c/ Pape Ndiaga Mbengue).

Jurisprudence comparée

I. France

La clause contraire réputée non écrite étant censée n'avoir jamais existé, tout intéressé peut, à tout moment, demander au juge de constater sa non-conformité aux dispositions du règlement de copropriété (Cass. civ. 9-3-1988 : D. 1989.143 note Atias ; Cass. 3e civ. 7-5-2008 nº 07-13.409 : D. 2008.1413 obs. Rouquet).

Le juge se reconnait le droit, compte tenu de la violation en cause, d'annuler la clause intégralement (Cass. com. 9-7-2013 nº 12-21.238 et Cass. com. 1-1-2013 nº 11-27.235 : RTD civ. 2013.836 obs. Fages et Barbier) ou seulement les mesures de la clause jugées illicites (Cass. soc. 20-2-2013 nº 11-17.941, même référence). Mais il ne peut pas prononcer la nullité du contrat (Cass. soc. 6-6-2013 nº 12-15.208 : RTD civ. 2013.837 obs. Fages et Barbier).

II. États-Unis

Interprétation des statuts

Les LLC (équivalent des SARL) étant des sociétés, essentiellement, contractuelles, les juges doivent interpréter leurs statuts de la même manière que n'importe quel contrat (Mickman v. Am. Int'l Processing, L.L.C., 2009 WL 2244608, (Del. Ch.July 28, 2009).

Pour interpréter les statuts d'une société, les juges doivent rechercher l'intention des parties de manière objective, c'est-à-dire en se limitant aux termes utilisés (four corners of the agrement) (Salamone v. Gorman, 106 A.3d 354, 368 (Del. 2014) (quoting GMG Cap. Inv., LLC. v. Athenian Venture P'rs I, L.P., 36 A.3d 776, 779 (Del.2012)).

Art. 2-1 [nouv.] Sous réserve du respect des dispositions du présent Acte uniforme auxquelles il ne peut être dérogé et des clauses statutaires, les associés peuvent conclure des conventions extrastatutaires en vue notamment d'organiser, selon les modalités qu'ils ont librement arrêtées :

- les relations entre associés ;
- la composition des organes sociaux ;
- la conduite des affaires de la société ;
- l'accès au capital social ;
- la transmission des titres sociaux.

Observations

Introduite par l'adverbe « notamment », cette liste ne peut pas être considérée comme limitative. La liberté contractuelle des parties à un pacte extra-statutaire est donc limitée par les dispositions d'ordre public de l'acte uniforme et, pour le surplus, par l'ordre public du droit commun.

Jurisprudence OHADA

Impossibilité de faire primer les règles conventionnelles sur les règles impératives de l'AUSCGIE relatives à la répartition des pouvoirs entre les organes sociaux.

Obs. : voir sous l'art. 485.

Art. 3 Toutes personnes, quelle que soit leur nationalité, désirant exercer en société, une activité commerciale sur le territoire de l'un des États parties, doivent choisir l'une des formes de société qui convient à l'activité envisagée, parmi celles prévues par le présent Acte uniforme.

Les personnes visées à l'alinéa précédent peuvent aussi choisir de s'associer, dans les conditions prévues par le présent Acte uniforme, en groupement d'intérêt économique.

Observations

Il s'induit de cette disposition que la société n'est valablement créée que si elle correspond à l'une des formes régies par l'Acte uniforme. Il n'est donc pas possible de faire immatriculer dans la zone d'application de l'OHADA une société dont la forme serait extraite d'une législation étrangère à l'Acte uniforme.

Partie I

DISPOSITIONS GENERALES SUR LA SOCIETE COMMERCIALE

Livre I

CONSTITUTION DE LA SOCIETE COMMERCIALE

Titre I

DEFINITION DE LA SOCIETE

Art. 4 [mod.] La société commerciale est créée par deux (2) ou plusieurs personnes qui conviennent, par un contrat, d'affecter à une activité des biens en numéraire ou en nature, ou de l'industrie, dans le but de partager le bénéfice ou de profiter de l'économie qui peut en résulter. Les associés s'engagent à contribuer aux pertes dans les conditions prévues par le présent Acte uniforme.

La société commerciale est créée dans l'intérêt commun des associés.

JURISPRUDENCE OHADA

I. Caractère essentiel du partage des bénéfices et des pertes

Il résulte essentiellement de l'article 4 de l'AUSCGIE que la mise en commun des associés est faite aussi bien dans le but de se partager les bénéfices que de profiter de l'économie qui pourrait résulter, sauf pour les associés à contribuer aux pertes éventuelles de l'exploitation. La forme de la société commerciale ainsi que son existence juridique importent peu quant à ces objectifs. Lorsqu'il est établi, comme en l'espèce, qu'une société a existé entre les parties, chacune y ayant apporté la moitié du capital, que ladite société a réalisé des bénéfices et enregistré des pertes, avant d'être dissoute par la fin de la campagne agricole, conformément à l'article 200 de l'AUSCGIE (son activité consistant dans l'achat et la vente des insecticides), les associés ayant déjà souscrit ostensiblement à des engagements communs, les dettes résultant de celles-ci seront supportées indéfiniment et solidairement par chacun d'eux et les bénéfices répartis entre eux. L'associé gérant doit être condamné à payer à son coassocié la part du bénéfice qui lui revient (TGI Bobo-Dioulasso (Burkina Faso), n° 015, 6-6-2008 : S. M. L. c/ V. O., Ohadata J-09-103).

II. Existence d'une société souverainement appréciée par les juges du fond

La cour d'appel, qui a déduit, de faits souverainement constatés et appréciés, l'existence de tous les éléments caractéristiques de l'affectio societatis qui animait les parties, notamment, la volonté de collaborer sur un pied d'égalité, la rédaction et la signature des statuts sociaux consacrant la création de la société commerciale, la répartition et les apports au capital social, n'a en rien violé les articles 4 de l'AUSCGIE et 1882 du Code civil (CCJA, 2e ch., n° 091/2021, 27-5-2021 : Kone Karim c/ Compaore Ali).

III. Publicité de la constitution

Sur la publicité de la constitution de la société, voir les art. 261 et s.

IV. Preuve de la qualité d'associé

Au sens de l'article 4 de l'AUSCGIE, la qualité d'associé se prouve par le contrat de société qui se particularise par l'affectation par deux ou plusieurs personnes, d'apport soit en numéraire, soit en nature, soit en industrie, par le partage des bénéfices et par la contribution aux pertes. Dès la souscription des actions, le souscripteur est juridiquement un associé indépendamment de la libération de ses actions et bénéficie en conséquence de tous les droits que lui confère sa qualité d'associé. La demanderesse ne peut prétendre être seule actionnaire dans la société, les autres personnes ayant souscrit des actions dans la société, bénéficiant aussi de la qualité d'actionnaire. Pour faire obstacle à la nullité de la société, les articles 75 et 77 du même Acte uniforme prévoient une action en régularisation qui se prescrit par trois ans. C'est donc à juste titre que les juges d'appel ont retenu, sur la base des articles 75 et 77 de l'AUSCGIE, que la demanderesse aurait dû initier une action en régularisation plutôt qu'une action en nullité (CCJA, ass. plén., n° 080, 25-4-2014 : IBIKUNLE Karamatou c/ Sté CODA-BÉNIN, Ohadata J-15-171).

Jurisprudence comparée

I. France

Voir sous l'art. 54 la jurisprudence relative à la répartition des pertes et bénéfices.

II. Pologne

La norme « juris cogentis » de l'article 867 § 1 du Code civil, exclut la possibilité d'écarter un associé du partage des bénéfices de la société (Cass. civ. 15-9-2004, III CZP 46/04).

Art. 5 [mod.] **La société commerciale peut également être créée, dans les cas prévus par le présent Acte uniforme, par une seule personne, dénommée « associé unique », par un acte écrit.**

Observations

Sur la distinction de personnalité juridique entre l'associé unique et la société et l'impossibilité qui en résulte, pour le gérant associé unique, d'agir en son nom pour une créance résultant de l'activité de la société, voir sous l'art. 309.

Art. 6 [mod.] **Le caractère commercial d'une société est déterminé par sa forme ou par son objet.**

Sont commerciales à raison de leur forme et quel que soit leur objet, les sociétés en nom collectif, les sociétés en commandite simple, les sociétés à responsabilité limitée, les sociétés anonymes et les sociétés par actions simplifiées.

Jurisprudence OHADA

I. Société commerciale par son objet

Constitue bien une société commerciale au sens de l'article 6, al. 1, l'établissement dont l'objet est l'achat de produits, café, cacao et divers. Le moyen par lequel cette société commerciale a voulu s'exonérer de l'obligation d'indiquer, sous peine de nullité, sa forme, sa dénomination, et son siège social dans le procès-verbal d'une saisie conservatoire qu'elle a initiée, en indiquant simplement qu'elle ne constitue pas une personne morale est inopérant et ledit procès-verbal doit être annulé pour violation de l'article 64, al. 2 de l'AUPSRVE (CA Daloa, ch. civ. et com., n° 198, 27-7-2005 : AF c/ AD., Juris-Ohada, n° 2/2006, p. 48, Ohadata J-07-05).

Voir l'AUPSRVE, art. 64 al. 2.

II. Commercialité des actes des sociétés commerciales

Les actes des sociétés commerciales sont considérés comme des actes de commerce et sont définis dans l'AUDCG (Acte uniforme relatif au Droit commercial général », aux articles 3 et 4.

Voir l'AUDCG, art. 3.

III. Non-incidence du défaut d'harmonisation des statuts sur l'existence de la société

Le défaut de mise en harmonie des statuts d'une société avec les dispositions de l'AUSCGIE ne la prive pas de son existence juridique, celle-ci dépendant plutôt de son immatriculation au RCCM ; en recevant l'appel, la cour n'a donc, en rien, violé les articles 6 de l'AUSCGIE et 47-1 de l'AUDCG (CCJA, 3e ch., n° 291/2024, 31-10-2024).

Jurisprudence comparée

France

Commercialité de la société

Une société est commerciale par l'objet lorsqu'elle accomplit les actes définis comme actes de commerce par le Code de commerce (article L 110-1). L'exercice à titre principal d'une activité commerciale par une société civile immatriculée entraîne l'apparition d'une société commerciale « créée de fait » (cf. CA Rouen 22-11-1995 : JCP E 1997.II n° 992 note Arrighi).

• Titre II •

LA QUALITE D'ASSOCIE

Art. 7 [mod.] Une personne physique ou morale ne peut être associée dans une société commerciale lorsqu'elle fait l'objet d'une interdiction, incapacité ou incompatibilité prévue par une disposition légale ou réglementaire.

Jurisprudence OHADA

I. Obtention de la qualité d'associé ou d'actionnaire

A. Titulaire de parts ou d'actions

La qualité d'associé résulte de la détention, par une personne, de parts sociales au sein de la société pour son compte, peu important la façon dont ces parts sociales ont été acquises. Il en résulte que la qualité d'associé ne peut être déniée à une personne détenant 5 % des parts d'une SARL (CA Lomé (Togo), n° 044/09, 26-3-2009 : H. K. c/ Sté RAINER Automobile, R. B., Ohadata J-10-155).

B. Signature d'un contrat de société

Sur l'attribution de la qualité d'associé d'une SARL par le contrat de société et non par la libération des apports, voir sous l'art. 41.

II. Perte de la qualité

A. Refus de l'exclusion d'un associé

Une assemblée générale extraordinaire, fût-elle régulièrement convoquée, ne peut déchoir une personne de sa qualité d'associé, surtout que cette personne n'avait pas été associée à ladite assemblée générale (CA Bobo-Dioulasso (Burkina Faso), ch. com., n° 10/09, 10-6-2009 : Union des Transporteurs Ivoiro-burkinabè, S. K. I., S. H., S. H., S. D. c/ B. S. A., Ohadata J-10-117).

B. Persistance de la qualité d'associé avec la propriété des parts et actions

Même si la saisie rend indisponibles les droits pécuniaires attachés à l'intégrité des parts sociales ou valeurs mobilières dont le débiteur est titulaire, comme l'indique l'article 237-5 de l'AUPSRVE, elle ne supprime pas le droit de propriété dont ledit débiteur dispose sur ses parts sociales saisies jusqu'à leur vente effective. Il en résulte que le débiteur n'a pas perdu sa qualité d'associé, la vente de ses 49 % de parts sociales saisies n'étant pas encore effective. C'est donc à bon droit que le premier juge a statué dans ce sens et le jugement entrepris mérite confirmation sur ce point (CA Daloa (Côte d'Ivoire), 2e ch. civ. et com., n° 85, 29-3-2006 : E. c/ SCEFO-SARL, Juris-Ohada n° 4/2007, p. 40, Ohadata J-08-87).

Obs. : sur la perte de la qualité d'associé, voir infra, art. 369 (SARL), 736 (dissolution d'une SA) et 764 (perte de la qualité d'associé dans une SA).

III. Litige relatif à la détermination de la qualité d'associé

Compétence du juge des référés. Il y a urgence pour que le juge des référés statue, dès lors qu'il existe une contestation sérieuse sur la qualité d'associée de la demanderesse à l'action, alors que celle-ci a signé des procès-verbaux d'assemblées générales auxquelles elle a pris part et que les statuts des différentes sociétés versés au dossier montrent à suffisance qu'elle est associée à hauteur de 50 % dans plusieurs des sociétés en cause ; que ces sociétés sont gérées par le gérant seul, malgré la qualité de cogérante de la demanderesse à qui l'accès des bureaux a été interdit selon le procès-verbal de constat dressé par huissier de justice (CCJA, 1e ch., n° 056, 13-6-2013 : 1) Sté Traitement de Surface Afrique dite TDS Afrique, 2) Sté de Travaux Publics et de Négoce en Afrique dite STPN-Afrique, 3) Sté Conseil Location Audit maintenance Afrique, dite CLAM-Afrique, 4) Sté de Traitement de Gaz Afrique dite TDG-Afrique c/ Marie Christine SALY épse MASSOULIER, Ohadata J-15-56).

Obs. : cet arrêt ne vise pas expressément l'art. 7.

Jurisprudence comparée

France

A. Acquisition de la qualité d'associé

1° Non liée à la libération des apports

L'apporteur est associé dès la conclusion du contrat, avant même le terme fixé pour la libération de son apport (T. civ. Cholet 24-3-1954 : JCP 1954.II.8279) ; ainsi le seul fait qu'une société ait été constituée entre trois personnes dont deux n'ont jamais libéré leur apport ne suffit pas à rendre cette société unipersonnelle (CA Paris 10-3-2004 : RJDA 8-9/04 n° 1002).

2° Caractère commercial de l'acte de souscription

Toute souscription d'actions ou de parts sociales dans une SARL ou une société en commandite est un acte de commerce. Cette solution a été expressément affirmée :
- pour les actions (CA Paris 31-1-1908 : D. 1909. 2. p. 257 note Levillain) ;
- pour les parts de société en commandite (Cass. 1e civ. 7-11-1899 : D. 1900.1.369).

B. Perte de la qualité d'associé

Exclusion d'un associé, lié à la société par un contrat de franchise, après résiliation de ce contrat. Il n'existe aucun texte de portée générale autorisant l'exclusion judiciaire d'un associé ; la cession forcée des parts appartenant à un associé est donc susceptible de porter atteinte au droit fondamental de celui-ci à demeurer au sein de la société, ainsi qu'à son droit de propriété constitutionnellement garanti ; il est toutefois de principe constant que les clauses d'éviction, contenues dans les statuts de la société ou introduites ultérieurement par un accord unanime des associés, sont licites comme n'étant pas contraires à l'essence même du contrat de société ; en effet, ce contrat peut valablement prévoir, dans l'intérêt social, que les associés renoncent à leur droit de le demeurer si les conditions du rachat forcé sont suffisamment déterminées ou déterminables pour éviter tout risque d'exclusion arbitraire ; en conséquence est validée la sentence d'un tribunal arbitral statuant en amiable composition ordonnant la cession forcée des parts détenues par un franchiseur dans le capital de la société holding constituée pour le rachat de la société franchisée, même si les statuts de la société holding ne prévoyaient pas de clause d'exclusion pas plus que les conventions subséquentes d'enseigne, de portage et d'usufruit sur les parts sociales liant ces sociétés au franchiseur dès lors que dans la commune intention des parties, appréciée souverainement par le juge, la résiliation des contrats d'enseigne et de portage devait entraîner l'éviction du franchiseur, la juridiction arbitrale n'avait pas violé l'ordre public sociétaire en faisant prévaloir la volonté réelle et non équivoque des partenaires commerciaux sur la lettre des conventions et la volonté implicite mais certaine des parties de lier la participation du franchiseur dans ces sociétés au maintien des relations contractuelles de distribution résultait des éléments suivants : l'analyse du préambule de ces conventions établissait qu'elles formaient un ensemble contractuel indivisible, conclu pour les besoins de l'opération de rachat de la société franchisée et faisant référence aux usages en vigueur dans les réseaux de distribution ; la convention d'usufruit faisait expressément du maintien de l'enseigne la condition essentielle et déterminante du transfert des parts ; la cause exprimée du contrat de portage, qui rendait le holding débiteur et garant de la bonne exécution des obligations du franchisé, était précisément la conclusion du contrat d'enseigne (CA Grenoble 16-9-2010 n° 10/62 : RJDA 6/11 n° 536).

Art. 8 [mod.] **Les mineurs et les majeurs incapables ne peuvent être associés d'une société dans laquelle ils seraient tenus des dettes sociales au delà de leurs apports.**

OBSERVATIONS

La capacité des parties étant de droit commun international privé déterminée par la loi personnelle de la personne en cause, à savoir la loi de sa nationalité, les pouvoirs des mineurs et des majeurs incapables doivent être appréciés selon la loi de l'État partie dont ils ont la nationalité.

Art. 9 [mod.] **Des époux ne peuvent être associés d'une société dans laquelle ils seraient tenus des dettes sociales indéfiniment ou solidairement.**

OBSERVATIONS

Cette disposition interdit donc à des époux d'être associés en nom collectif, associés commandités ou associés de fait.

Titre III

STATUTS

Chapitre I

FORME DES STATUTS

Art. 10 [mod.] **Sauf dispositions nationales contraires, les statuts sont établis par acte notarié ou par tout acte offrant des garanties d'authenticité dans l'État du siège de la société déposés avec reconnaissance d'écritures et de signatures par toutes les parties au rang des minutes d'un notaire. Ils ne peuvent être modifiés qu'en la même forme.**

JURISPRUDENCE OHADA

Acte notarié

L'article 10 de l'AUSCGIE prescrit que les statuts sont établis par acte notarié (CCJA, 1e ch., nº 075, 29-3-2018 : BPMG c/ Me Laye Sano).

Obs. : les sociétés peuvent désormais être créées par un acte sous seing privé mais à la condition que celui-ci soit authentifié par un notaire ; ainsi, les statuts d'une société peuvent être établis hors l'intervention d'un notaire mais ils doivent être déposés au rang des minutes d'un notaire dont l'intervention doit être limitée à la reconnaissance d'écritures, si l'acte est manuscrit, et, dans tous les cas, des signatures des parties.

Dispositions nationales spécifiques à la forme des statuts. Plusieurs pays ont déjà édicté des règles nationales spécifiques relatives à la forme des statuts des SARL. Les informations ci-après résultent d'un communiqué du Secrétariat Permanent de l'OHADA et de newsletters du site www.ohada.com du 28 mai 2014 (http://www.ohada.com/content/newsletters/2193/Reformes-Doing-Business-2015-Benin.pdf) ; et du 2 juillet 2014 (http://www.ohada.com/actualite/2234/application-de-l-auscgie-aux-sarl-textes-internes-complementaires-de-l-acte-uniforme-ohada-revise-du-30-janvier-2014.html). Il s'agit notamment de :

Bénin : possibilité d'établir les statuts de la SARL unipersonnelle ou pluripersonnelle par acte sous seing privé (décret nº 2014-220 du 26 mars 2014 portant modalités de création des sociétés à responsabilité limitée, art. 2, comportant en annexe des modèles de statuts types).

Burkina Faso : les parties ont le choix entre l'acte notarié et l'acte sous seing privé pour l'établissement ou la modification des statuts des SARL (décret nº 2014-462/PRES/PM/MJ/MEF/MICA du 26 mai 2014 portant fixation des dispositions nationales applicables à la forme des statuts et au capital social pour les sociétés à responsabilité limitée au Burkina Faso, art. 2).

Côte d'Ivoire : les statuts d'une SARL peuvent désormais être établis par acte notarié, par tout acte offrant des garanties d'authenticité ou par acte sous seing privé (ordonnance nº 2014-161 du 2 avril 2014 relative à la forme des statuts et au capital social de la société à responsabilité limitée).

Togo : les parties ont désormais le choix entre l'acte notarié et l'acte sous seing privé pour la constitution d'une SARL (décret nº 2014-119/PR du 19 mai 2014 déterminant la forme des statuts et le capital social pour les sociétés à responsabilité limitée, art. 2).

JURISPRUDENCE COMPARÉE

France

L'intervention d'un notaire est conseillée lorsque des successibles participent à la constitution de la société. En effet, si l'acte constate un avantage au profit de l'un des futurs héritiers, cet avantage n'aura pas à être rapporté lors de l'ouverture de la succession (C. civ. art. 854). Toutefois, ce rapport n'est pas dû, même lorsque les statuts ont été rédigés par acte sous seing privé, s'il est établi que les avantages obtenus par l'héritier constituent la juste rétribution du concours apporté par celui-ci à l'administration des affaires sociales et du risque couru par ses capitaux (Cass. req. 17-8-1964 : D. 1865.1.304 ; CA Douai 13-1-1932 : D.H. 1932.som.40).

Art. 11 [mod.] Lorsque les statuts sont établis par acte sous seing privé, il en est dressé autant d'originaux qu'il est nécessaire pour le dépôt d'un exemplaire au siège social et l'exécution des diverses formalités requises par les textes en vigueur.

En outre, il est remis un exemplaire original :

1)° pour les sociétés en nom collectif, les sociétés en commandite simple et les sociétés à responsabilité limitée, à chaque associé ;

2)° pour les autres sociétés, à ceux des associés qui en ont fait la demande à la signature des statuts ou le cas échéant, lors de l'assemblée générale constitutive.

Une copie des statuts est tenue à la disposition des associés par la société.

Art. 12 Les statuts constituent soit le contrat de société, en cas de pluralité d'associés, soit l'acte de volonté d'une seule personne, en cas d'associé unique.

Jurisprudence OHADA

Incompétence du juge des référés pour apprécier la qualité d'actionnaire fortement contestée

C'est à tort qu'il est reproché à un arrêt d'avoir violé les articles 12 et 13 de l'AUSCGIE en confirmant la décision d'incompétence rendue par le premier juge, au motif qu'il existe une contestation sérieuse sur la qualité d'actionnaire de [X.], alors, selon le moyen, que les statuts et autres documents de la société attestent de cette qualité ; qu'en statuant comme elle l'a fait, la cour a exposé sa décision à la cassation. Il en est ainsi dès lors que dans sa motivation, l'arrêt a retenu « qu'il y a en la cause une contestation sérieuse n'autorisant pas la compétence du juge des référés en application de l'article 157 du Code de procédure civile ; que c'est donc à bon droit que le premier juge s'est déclaré incompétent » ; en se déterminant de la sorte, la cour d'appel a fait une exacte application de la disposition précitée et n'a donc nullement violé les textes visés au moyen, lequel sera rejeté comme mal fondé (CCJA, 2e ch., n° 229/2024, 11-7-2024).

Chapitre II

CONTENU DES STATUTS – MENTIONS OBLIGATOIRES

Art. 13 [mod.] Les statuts mentionnent :

1°) la forme de la société ;

2°) sa dénomination suivie, le cas échéant, de son sigle ;

3°) la nature et le domaine de son activité, qui forment son objet social ;

4°) son siège social ;

5°) sa durée ;

6°) l'identité des apporteurs en numéraire avec, pour chacun d'eux, le montant des apports, le nombre et la valeur des titres sociaux remis en contrepartie de chaque apport ;

7°) l'identité des apporteurs en nature, la nature et l'évaluation de l'apport effectué par chacun d'eux, le nombre et la valeur des titres sociaux remis en contrepartie de chaque apport ;

8°) l'identité des apporteurs en industrie, la nature et la durée des prestations fournies par chacun d'eux, le nombre et la valeur des titres sociaux remis en contrepartie de chaque apport ;

9°) l'identité des bénéficiaires d'avantages particuliers et la nature de ceux-ci ;

10°) le montant du capital social ;

11°) le nombre et la valeur des titres sociaux émis, en distinguant, le cas échéant, les différentes catégories de titres créées ;

12°) les clauses relatives à la répartition du résultat, à la constitution des réserves et à la répartition du boni de liquidation ;

13°) les modalités de son fonctionnement.

JURISPRUDENCE OHADA

Détermination de la structuration capitalistique d'une société selon ses statuts

Il résulte de la combinaison des articles 12 et 13 de l'AUSCGIE que les statuts constituent le contrat de société et qu'ils mentionnent l'identité des apporteurs et la valeur des titres sociaux remis en contrepartie de chaque apport. En l'espèce, il ressort des statuts de la société demanderesse que son capital social qui est de 2 500 000 FCFA est divisé en 500 parts sociales d'une valeur nominale de 5 000 FCFA, toutes souscrites et entièrement libérées ; les parts sont attribuées aux différents associés à raison de 255 parts, 125 parts, 95 parts et 25 parts. La défenderesse qui ne détient que 95 parts sur les 500 est donc coassociée avec d'autres personnes et sa demande tendant à ce qu'acte lui soit donné que c'est elle seule qui a libéré le capital ne saurait donc être admise (CCJA, 2e ch., n° 185/2020, 28-5-2020 : Projet Cerco Bénin c/ Assanatou Boureima Sanya).

JURISPRUDENCE COMPARÉE

I. États-Unis

A. Règlement intérieur : supériorité des statuts sur le règlement intérieur de la société

Pouvoir reconnu aux dirigeants de le modifier. Le règlement d'une société (bylaws) prévoyait 3 catégories de parts sociales. Il prévoyait également qu'il pouvait être modifié à la majorité des deux tiers des parts sociales. Les statuts de la société, quant à eux, prévoyaient que le règlement pouvait être modifié par les dirigeants. Lorsqu'une quatrième catégorie de parts sociales fut créée, il fut nécessaire de modifier le règlement et la question s'est posée de savoir quelle procédure il fallait suivre. Les juges ont considéré que les statuts avaient une valeur supérieure au règlement. Le règlement pouvait donc être modifié par les seuls dirigeants (Paulek v. Isgar, Colorado Court of Appeals, 551 P.2d 213 (1976)).

B. Seuls les statuts peuvent modifier un quorum prévu par la loi

Le droit de l'Oregon prévoit que les décisions sociales ne peuvent être valablement prises que si les associés représentant la majorité des parts sociales participent au vote, sauf clause contraire des statuts. La question s'est posée de savoir si le règlement intérieur de la société pouvait modifier la règle du quorum. Les juges ont répondu par la négative ; ils ont estimé que seuls les statuts pouvaient prévoir un quorum différent à celui prévu par la loi (Jones v. Wallace, Supreme Court of Oregon, 628 P.2d 388 (1981)).

C. Le règlement intérieur irrégulier ne lie pas les nouveaux associés

Un associé entré dans la société après l'adoption du règlement intérieur n'est pas tenu de respecter les obligations de ce règlement qui sont contraires aux statuts ou au droit (Jones v. Wallace, Supreme Court of Oregon, 628 P.2d 388 (1981)).

II. France

A. Conformité du règlement intérieur aux statuts

Aucune disposition du règlement intérieur ne peut porter atteinte aux statuts auxquels il doit se conformer (Cass. com. 2-6-1987 : Rev. sociétés 1988. 283. J. Mestre ; CA Paris 30-11-1993 : JCP 1994.II n° 575 note Bonneau ; Cass. com. 3-12-1991 : RJDA 3/92 n° 244 ; CA Paris 9-10-1985 : Bull. Joly 1986. p. 761). La nullité du règlement intérieur, qui peut être soulevée par tout intéressé, n'entraîne pas la nullité de la société (Cass. com. 2-6-1987 : Rev. sociétés. 1988, 223, J. Mestre ; Cass. 2e civ. 5-6-1996 : RJDA 2/97 n° 225).

B. Incompatibilité du règlement intérieur d'une société avec ses statuts

La clause de non-réinstallation contenue dans le règlement d'une société civile de moyens (SCM) regroupant des kinésithérapeutes interdisant aux associés qui se retiraient d'exercer leur profession, à titre libéral ou salarié, pendant trois ans dans un rayon de 20 km du cabinet, sauf autorisation des associés restants est incompatible avec les statuts selon lesquels la société a pour seul objet de faciliter l'exercice de l'activité de chacun de ses membres ; l'application d'une telle clause aboutirait en outre à restreindre considérablement les droits des associés voulant se retirer, voire à vider de leur substance les dispositions statutaires régissant la faculté de retrait des associés (Cass. com. 1-3-2011 n° 10-13.795 : Légifrance).

• Chapitre III •
DÉNOMINATION SOCIALE

Art. 14 Toute société est désignée par une dénomination sociale qui est mentionnée dans les statuts.

JURISPRUDENCE OHADA

Sur la persistance de la personnalité morale sous les changements de dénomination, voir sous l'art. 98.

JURISPRUDENCE COMPARÉE

France

A. Généralités

Les associés peuvent librement choisir la dénomination sociale à condition que celle-ci ne porte pas atteinte aux droits des tiers. Les sociétés dont la dénomination sociale est longue, utilisent parfois un sigle équivalant à cette dernière et protégé (Cass. com. 28-1-1980 : Bull. civ. IV n° 40 ; CA Paris 2-5-1979 : JCP 1980.IV p. 390).

B. Dénomination sociale et marque

1° Dénomination source de confusion

La dénomination sociale ne doit pas heurter une marque déposée portant sur des produits ou services identiques ou similaires exercés dans le cadre de l'activité sociale ; le propriétaire d'une marque bénéficie d'une protection sur tout le territoire français et peut en interdire l'usage à titre de dénomination sociale même en l'absence de risque de confusion et même si l'utilisateur est de bonne foi (Cass. com. 30-11-1973 : Bull. civ. IV n° 305).

Le dépôt à titre de marque d'un nom déjà employé comme dénomination sociale est nul dès lors qu'existe un risque de confusion dans l'esprit du public pour les produits ou services visés (Cass. com. 16-6-1975 : RJDA 11/95 n° 1305).

Ne comportent pas un risque de confusion :

– la dénomination « Château d'Yquem », adoptée par une société civile pour désigner soit le vin produit par celle-ci, soit le château lui-même, soit le vignoble, et la marque « La Lettre de Bernard Yquem », déposée pour désigner des produits en papier et carton, des articles pour reliures, photographies, articles de papeterie et de dessin (Cass. com. 16-5-1995 n° 1041 : RJDA 11/95 n° 1305) ;

– la dénomination « L'Oréal » et les marques « Floréal » et « Floréel », lesquelles ne peuvent susciter aucun rapprochement avec cette dénomination de la part d'un consommateur d'attention moyenne (CA Paris 27-1-1999 : PIBD 1999 n° 673 III p. 200) ;

– la dénomination « Eurofood » et la marque « Euro goods » dès lors que ces appellations, même si elles ont en commun le préfixe « Euro », se distinguent visuellement, phonétiquement et conceptuellement par les suffixes « food » et « goods » (CA Paris 25-2-2004 n° 02/16822 : RJDA 3/05 n° 259).

2° Sanction de la confusion

Si la dénomination usurpée est utilisée à titre de marque, la société peut agir en contrefaçon et même cumuler une action en concurrence déloyale avec l'action en contrefaçon si elle établit des faits distincts de ceux constituant la contrefaçon (Cass. com. 15-6-2010 n° 08-18.279 : RJDA 4/11 n° 363).

3° Dénomination sociale incorporant un nom de famille identique à une marque

Le fondateur d'une société de négoce de champagne qui avait incorporé son nom à la dénomination sociale alors que celui-ci correspondait à une marque notoire de champagne déposée par un tiers a été considéré comme de bonne foi car, gérant de la société, il y exerçait des fonctions de contrôle et de direction, sans qu'il y ait lieu de rechercher si l'usage de la dénomination était antérieur à l'enregistrement de cette marque (Cass. com. 21-6-2011 n° 10-23.262 : Légifrance).

C. Propriété littéraire et artistique

La dénomination d'une société ne doit pas davantage empiéter sur une dénomination sociale protégée au titre de la propriété littéraire et artistique (TGI Paris 10-7-1973 : D. 1974.som.32).

D. Dénomination sociale et nom patronymique

La dénomination sociale ne peut pas comporter le nom patronymique ou le pseudonyme d'un tiers si cet usage est source de confusion (CA Paris 19-6-1974 : D. 1974. 271, obs. Chavanne et Azéma ; Rev. Trim. Com. 1974. 271 ; sur la protection des pseudonymes : Cass. 1e civ. 19-2-1975 : D. 1975.411).

Art. 15 Sauf disposition contraire du présent Acte uniforme, le nom d'un ou plusieurs associés ou anciens associés peut être inclus dans la dénomination sociale.

Art. 16 [mod.] Une société ne peut prendre la dénomination d'une autre société déjà immatriculée au registre du commerce et du crédit mobilier.

Jurisprudence OHADA

Abréviation du nom commercial

Si, en matière commerciale, il n'est pas interdit d'abréger le nom commercial d'une société, cette faculté est exclue au cas où l'abréviation induit le tiers ou la juridiction saisie en erreur sur l'identité de la société agissante (CA Ouagadougou (Burkina Faso), ch. com., n° 010, 6-3-2009 : ZST SARL c/ Sté Ecobank Burkina, Ohadata J-10-203).

Obs. : dans cette espèce, deux sociétés ZST SARL et ZST Transports SARL avaient le même gérant mais deux immatriculations différentes ; il en était de même pour le capital et l'objet social. Au sujet de l'acte d'opposition à une ordonnance d'injonction de payer rendue contre la ZST SARL, la cour d'appel juge que « le fait pour ZST Transport SARL de n'avoir pas donné sa dénomination complète […] visait à semer la confusion entre ZST Transport SARL et ZST Finances SARL ; […] cette confusion a permis à ZST SARL de bénéficier d'une dispense de consignation afin de pouvoir former opposition à l'injonction de payer [puisqu'elle était admise] au bénéfice de redressement judiciaire ». Cette décision ne visait pas expressément l'article 16 de l'AUSCGIE mais la solution de la cour d'appel est fidèle à l'esprit de l'article 16 de l'AUSCGIE qui interdit implicitement les dénominations pouvant prêter à confusion comme ce fut le cas ici.

Jurisprudence comparée

France

A. Appellations identiques ou proches

Tel est notamment le cas :

– de la dénomination « Mayday travail temporaire », adoptée par une société ayant pour objet le placement de personnel intérimaire dans le domaine du graphisme informatique, et de la marque « Mayday » désignant les produits et services d'une société d'assistance et de formation des utilisateurs de matériel informatique (CA Paris 19-6-1996 : RJDA 11/96 n° 1334) ;

– de la dénomination « Diversity », adoptée par une société de vente, location et réparation de matériel de son, et des termes « Divers Backsity » figurant dans une publicité qu'avait fait paraître une société de vente de matériel d'enregistrement et de sonorisation dès lors que la dénomination « Diversity », même dissimulée dans un logotype et une combinaison singulière, avait été reproduite en totalité dans la publicité par la reprise des mots « Divers » et « Sity » (CA Paris 18-11-1998 : PIBD 1999 n° 673 III p. 137) ;

– des dénominations « CRTI » et « RTI Voyages », adoptées par des sociétés organisant des voyages et des loisirs, dès lors que les trois lettres « RTI », dépourvues de signification propre, constituent l'élément attractif de ces dénominations (CA Paris 9-2-2000 : PIBD 2000 n° 700 III p. 326).

B. Mise en œuvre de la protection

1° Usage source de confusion

La société peut faire cesser le préjudice résultant d'une atteinte à sa dénomination en demandant, dans le cadre d'une action en concurrence déloyale, l'octroi de dommages-intérêts ainsi que l'interdiction d'utiliser cette dénomination ; les juges peuvent, en fonction de l'importance de l'atteinte, ordonner au tiers usurpateur soit d'abandonner totalement l'usage de la dénomination litigieuse, soit d'y apporter quelques modifications en ajoutant par exemple un correctif destiné à éviter tout risque de confusion (CA Paris 5-10-1989 : BRDA 4/90 p. 18).

2° Usage dénigrant

L'usage du mot « décathlon » dans son acception usuelle pour désigner un site internet dont le contenu brocarde la pratique de cette activité ne constitue pas un dénigrement de la société qui utilise ce mot dans sa dénomination (Cass. com. 20-2-2007 n° 05-10.319 : RJDA 5/07 n° 570).

Art. 17 La dénomination sociale doit figurer sur tous les actes et documents émanant de la société et destinés aux tiers, notamment les lettres, les factures, les annonces et publications diverses. Elle doit être précédée ou suivie immédiatement en caractères lisibles de l'indication de la forme de la société, du montant de son capital social, de l'adresse de son siège social et de la mention de son immatriculation au registre du commerce et du crédit immobilier.

JURISPRUDENCE OHADA

I. Refus de nullité pour omission de certaines mentions requises

A. Omission de l'immatriculation au RCCM

La mention de l'immatriculation au registre du commerce et du crédit immobilier, n'est pas prescrite à peine de nullité (CA Abidjan, 4e ch. A, no 464, 22-4-2005 : Sté 3 H TARON c/ Sté TECRAM-TRANSIT, Juris-Ohada, no 3/2006, p. 42, Ohadata J-07-21).

Obs. : cependant l'article 2 de l'AUSCGIE indique que toutes les dispositions de cet Acte uniforme sont d'ordre public sauf dans les cas où il autorise expressément qu'il y soit dérogé. Si la nullité ne peut être retenue, il faut noter que l'article 75 de l'AUSCGIE permet à « tout intéressé » ainsi qu'au Ministère Public de demander à la juridiction compétente la régularisation de la constitution de la société si une formalité prescrite par l'AUSCGIE a été omise ou irrégulièrement accomplie. Le préjudice qui pourrait résulter d'une irrégularité dans la constitution de la société est imputable aux fondateurs de la société ainsi qu'aux membres des organes de gestion. Cette action se prescrit par cinq ans à compter, selon les cas, du jour de l'immatriculation de la société ou de la publication de l'acte modifiant les statuts (art. 78-80 de l'AUSCGIE).

Voir un arrêt de la CCJA sous l'art. 104. Sur une décision ayant accepté la fin de non-recevoir fondée sur l'absence de qualité à agir en justice pour une personne morale non immatriculée, voir sous l'art. 98.

B. Omission du capital social

Sur la sanction de l'omission du capital social dans les actes d'une société, voir sous l'art. 891-1.

II. Effet de la désignation confuse de la personne morale locataire d'un bail commercial

Un bail est conclu entre X. et le preneur identifié en en-tête « P/N Burkina représenté par son gérant Monsieur [Y.] », mais au cachet « P&N BF représentée par le Président-Directeur Général » sans la précision de savoir s'il s'agit d'une SARL ou d'une SA comme l'exige l'article 17 de l'AUSCGIE. Ce défaut de précision sur la forme de la société, doublé de la confusion entretenue sur l'orthographe (P/N BF, P&N BF, PNBF) ainsi que de l'appellation du représentant légal qui, normalement dans une SARL est un gérant, mais dans une SA est un Président-Directeur Général, un Directeur Général ou un Président du Conseil d'administration, mais aussi le fait que PNBF SA et PNBF SARL sont toutes deux des sociétés immobilières qui ont la même personne physique comme représentant légal, fondent à retenir qu'il est impossible de distinguer qui de la PNBF SA ou de la PNBF SARL est le cocontractant du bailleur. Il s'ensuit que c'est à tort que la PNBF SARL prétend que l'action du bailleur, dirigée contre la P/N BF SA qui n'est pas partie au contrat est irrecevable, cette confusion étant le fait de la PNBF. L'action du bailleur est donc recevable (T. com. Ouagadougou, no 014, 13-9-2017 : PNBF SARL c/ Sanga Mady, http://tribunal-commerce.justice.gov.bf/download/jugement-n017-du-18-01-2017-societe-pnbf-sarl-contre-sanga-mady/).

Art. 18 La dénomination sociale peut être modifiée, pour chaque forme de société, dans les conditions prévues par le présent Acte uniforme, pour la modification des statuts.

• Chapitre IV •
OBJET SOCIAL

Art. 19 Toute société a un objet qui est constitué par l'activité qu'elle entreprend et qui doit être déterminée et décrite dans les statuts.

JURISPRUDENCE OHADA

Détournement de l'objet social par le dirigeant susceptible d'engager la société envers les tiers

Obs. : voir sous les art. 122 et 740.

Art. 20 Toute société doit avoir un objet licite.

JURISPRUDENCE COMPARÉE

France

A. Licéité de l'objet

La licéité de l'objet est appréciée par rapport à l'activité réellement exercée par la société et non par l'activité statutaire. Les juges apprécient souverainement la licéité au regard des éléments fournis (CA Lyon 13-6-1960 : JCP 1961.II.12103 note Boitard). Ainsi, doit être annulée la société dont l'objet licite est accompagné d'un « règlement intérieur » dont les clauses révélaient une activité illicite constituant un monopole faussant la libre concurrence (CA Toulouse 3-4-1941 : JCP 1942.II.1954) ainsi que la société qui apparaissait, selon les statuts, comme une société de portefeuille mais qui, en réalité, recouvrait un pacte de majorité et avait « pour objet et pour effet de porter atteinte au libre exercice du droit de vote dans les assemblées générales » (CA Paris 21-11-1951 : Journ. sociétés 1955 p. 5).

B. Sanctions de l'illicéité

L'illicéité de l'objet donne lieu à des sanctions civiles et pénales lorsque l'activité exercée constitue une infraction pénale ; par exemple, la détention de parts dans une société propriétaire d'un hôtel fréquenté par des prostitués caractérise le délit de proxénétisme (C. pén. art. 225-10 ; Cass. civ. 14-5-1968 : Gaz. Pal. 1968.II p. 184).

Art. 21 **Lorsque l'activité exercée par la société est réglementée, la société doit se conformer aux règles particulières auxquelles ladite activité est soumise.**

JURISPRUDENCE COMPARÉE

France

Absence d'incidence sur la validité de l'objet du non-respect des formalités prescrites pour les mentions au registre du commerce

Des tiers ne peuvent pas faire interdire à une société l'exercice d'une activité commerciale sous prétexte que celle-ci ne figure pas dans son objet social et qu'elle n'a pas été déclarée au registre de commerce, dès lors, d'une part, que cette activité n'est ni soumise à autorisation préalable, ni interdite, ni contraire à l'ordre public et aux bonnes moeurs et, d'autre part, que le non-respect des formalités prescrites pour les mentions au registre du commerce n'a aucune incidence sur le caractère licite ou non d'une activité commerciale (Cass. com. 18-7-1989 : Bull. civ. IV n° 236).

Art. 22 **L'objet social peut être modifié, pour chaque forme de société, dans les conditions prévues par le présent Acte uniforme, pour la modification des statuts.**

JURISPRUDENCE COMPARÉE

France

A. Absence de modification de l'objet social

N'entraîne pas modification de l'objet social :

– la cession par le gérant d'une entreprise de presse d'un hebdomadaire dont l'exploitation figurait dans l'objet social, par disparition de cet objet, dès lors que ce dernier prévoyait également d'autres activités non concernées par la cession ; toutefois, au cas d'espèce, la cession a été déclarée sans valeur car la dénomination de l'hebdomadaire cédé étant aussi celle de la société, une telle cession impliquait nécessairement une modification des statuts relevant de la seule compétence des associés (Cass. com. 12-1-1988 : Rev. sociétés 1988 p. 263 note Chaput) ;

– la convention par laquelle une société, concessionnaire d'une mine, en a confié l'exploitation à un tiers pour une durée déterminée moyennant le paiement d'une redevance (convention dite d'amodiation), mais simplement une modification de son mode d'exploitation, dès lors que l'objet social était défini de manière absolument extensive et que l'amodiation du domaine minier, dont la durée avait été ultérieurement réduite, laissait à la société la propriété de la mine et toute latitude pour poursuivre l'activité fixée par les fondateurs ; par suite, l'approbation de cette convention ne relève pas de la compétence exclusive de l'assemblée générale extraordinaire (Cass. com. 18-12-1990 n° 1542 D : Bull. Joly 1991 p. 192) ;

– la résiliation par le seul gérant d'une SARL, qui exploitait un programme de radio locale privée, du contrat d'affiliation qui liait la société à l'éditeur du programme ; en effet, la société avait pour objet statutaire d'exploiter, gérer et développer l'affiliation à ce programme de radio, de fournir toutes prestations de services en

matière de radios locales privées et plus généralement toutes opérations de quelque nature qu'elles soient, juridiques et financières, civiles ou commerciales, se rattachant à cet objet ou à tous objets similaires ou connexes ; il en résultait que l'objet social n'était pas limité à la seule exploitation du programme de radio dont le gérant avait résilié le contrat d'affiliation ; en conséquence, cette résiliation, qui n'impliquait pas de modification des statuts, rentrait dans les pouvoirs du gérant (Cass. com. 1-6-1999 : nº 96-13.994, Légifrance) ;
– l'acceptation par le mandataire du gérant d'une SARL du non-renouvellement du bail des locaux dans lesquels était exploité le fonds de commerce moyennant indemnité ; en effet, aux termes des statuts de la SARL, celle-ci avait pour objet social la propriété, l'acquisition, la création, l'exploitation et la vente de tous fonds de commerce d'hôtel meublé ; en conséquence, dès lors qu'à l'égard des tiers le gérant engage la société par les actes entrant dans l'objet social, il peut se faire représenter par tout mandataire de son choix à condition que cette délégation soit spéciale et temporaire (Cass. com. 22-12-1975 : Bull. civ. IV nº 314).

B. Existence d'une modification de l'objet social

Constitue une modification de l'objet social la vente du fonds de commerce d'une société, dès lors que, en vertu des statuts de la société, l'objet social est limité à l'exploitation « d'un » fonds de commerce, dont l'adresse est d'ailleurs celle du siège social, la vente litigieuse nécessitant, en conséquence, la réunion d'une assemblée générale extraordinaire (CA Paris 14-3-1995, 16e ch. : Dr. sociétés 1992 nº 166 note Th. Bonneau).

C. Inopposabilité de la modification de l'objet social, contraire à la réalité, invoquée par la société

Dans un cas où, tenue de s'affilier à une caisse de congés payés en raison de son objet statutaire, une société avait, pour échapper à cette obligation, produit un extrait du registre du commerce mentionnant un objet social différent de celui précisé dans les statuts, la seule production de cet extrait ne constitue pas une preuve suffisante de l'activité réellement exercée par la société, qui ne peut pas utilement l'invoquer pour opposer à la caisse de congés payés un changement d'activité ; en effet, la modification de l'objet social révélée par cet extrait nécessitait la réunion d'une assemblée générale extraordinaire dont le procès-verbal n'a pas été produit ainsi que l'accomplissement de formalités de publicité auxquelles il n'a pas été procédé (CA Aix-en-Provence 15-1-1987, 8e ch. civ.).

Chapitre V
SIEGE SOCIAL

Art. 23 Toute société a un siège social qui doit être mentionné dans ses statuts.

JURISPRUDENCE OHADA

I. Champ d'application de l'art. 23

Lorsque les mentions de l'article 6 du Code de procédure civile du Cameroun, qui ne sont pas prescrites à peine de nullité, ont bel et bien été portées dans l'acte d'assignation, le moyen visant leur violation avec les dispositions des articles 23 et 25 de l'AUSCGIE n'est pas recevable, dès lors que lesdites dispositions de l'AUSCGIE sont relatives aux statuts des sociétés commerciales et ne trouvent donc aucune application quant à la mise en œuvre de la procédure civile (CCJA, 2e ch., nº 031, 3-4-2014 : Sté OK PLAST CAM SARL c/ LONKEU NJOUBOUSSI Bienvenu, Ohadata J-15-122).

II. Signification à une société

A. Signification valide

1º Signification faite au siège de la société

La signification faite à une société à son siège social est valable (CCJA, 1e ch., nº 004, 12-2-2015 : Sté Générale de Banque en Côte d'Ivoire dite SGBCI c/ SARL IVOIRE, EL MOUTAMER Fatiha épse BOURDIER, Sté Civile Immobilière IVOIRE dite SCI IVOIRE, Ohadata J-16-04).

2º Signification faite à l'agence d'une banque dans le ressort de la juridiction compétente

De jurisprudence constante, lorsqu'une société comporte plusieurs établissements disposant du pouvoir de la représenter à l'égard des tiers (telle qu'une banque, comme en l'espèce), ces établissements pourront être, à l'égard des justiciables, considérés comme sièges sociaux. La signification faite à l'agence d'une telle société située dans le ressort territorial de la juridiction compétente et remise au responsable des affaires juridiques de cet établissement est régulière (CCJA, 1e ch., nº 009, 30-3-2015 : Afriland First Bank (ex-CCEI Bank) SA c/ FOTSO Jean, Ohadata J-16-09).

B. Signification non valide

La signification à une personne morale est faite à personne lorsque l'acte est délivré à son représentant légal, à un fondé de pouvoir de ce dernier ou à toute autre personne habilitée à cet effet. En l'espèce, l'exploit portant signification de l'ordonnance d'injonction de payer ayant été remis à une certaine madame X. trouvée au cabinet de l'avocat de la personne morale débitrice, laquelle a déclaré à l'huissier instrumentaire, qui l'a mentionné dans l'exploit, ne pas avoir qualité pour le recevoir au nom dudit avocat, c'est à tort que le premier juge a retenu qu'une telle signification a été faite à personne, et fait courir le délai d'opposition à compter de sa date, exposant ainsi son arrêt à la cassation (CCJA, 2e ch., nº 204, 23-11-2017 : Eglise de Jésus-Christ des Saints des Derniers Jours de Côte d'Ivoire c/ Abie Yao Zéphirin).

Jurisprudence comparée

France

A. Portée juridique du siège social

Droit applicable à la société. Le régime juridique d'une société est celui de la loi du lieu du siège social (Cass. ass. plén. 21-12-1990 : Bull. civ. nº 12). Relève ainsi de la loi nationale d'une société l'appréciation des pouvoirs des dirigeants de celle-ci (Cass. com. 21-12-1987 : JCP G 1988.II nº 21113 concl. Montanier) ainsi que celle des conditions d'acquisition, de conservation et de perte de la qualité d'associé, quel que soit le pays où les titres de la société sont détenus (Cass. 1e civ. 17-10-1972 : Rev. sociétés 1974 p. 127 note Bismuth).

B. Jouissance des droits

Les tribunaux retiennent, en général, le critère du siège social pour déterminer si une société peut ou non bénéficier d'un droit réservé aux français lorsqu'aucune disposition législative ou réglementaire ne vise le cas qui leur est soumis ; tel est le cas notamment en matière fiscale (Cass. ass. plén. 21-12-1990 : Bull. civ. nº 12 ; Cass. com. 20-10-1953 : JCP G 1954.II nº 7898 note Freyria ; CE 22-2-1960 : JCP G 1960.II nº 11790 note Aymond), pour l'application de la convention franco-guinéenne sur l'indemnisation des sociétés françaises nationalisées en Guinée (CE 16-10-1992 : JCP G 1992 IV p. 3017) et en matière de droit au renouvellement de baux commerciaux (Cass. 3e civ. 8-2-1972 : Bull. civ. III nº 83 ; Cass. 3e civ. 10-3-1976 : Rev. sociétés 1977 p. 305 note Bismuth).

Ils se fondent sur la nationalité des associés, critère dit du contrôle, lorsque l'intérêt national le justifie ; ainsi, en temps de guerre, pour dire si une société devait ou non être soumise à une mesure de séquestre (Cass. 1e civ. 21-11-1956 : RTD com. 1957 p. 220), pour savoir si une société tombait sous le coup de l'interdiction de commercer avec l'ennemi (Cass. com. 19-7-1954 : JCP G 1954.II nº 8322), pour déterminer le droit d'une société au bénéfice des dommages de guerre (Cass. civ. 25-7-1933 : DP 1936 I p. 121 note Silz).

Art. 24 [mod.] **Le siège est fixé, au choix des associés, soit au lieu du principal établissement de la société, soit à son centre de direction administrative et financière.**

Jurisprudence OHADA

I. Domicile de la société

Il est de principe que le siège social constitue le domicile d'une société (CCJA, nº 018/2009, 16-4-2009 : Maître A. M. c/ BENEFICIAL LIFE INSURANCE SA, Rec. jur. CCJA, nº 13, janv.-juin 2009, p. 63, Ohadata J-10-66).

II. Bureau de représentation

Il résulte des dispositions de l'article 24 de l'AUSCGIE que le siège social d'une société commerciale peut être le lieu de son principal établissement, soit à son centre de direction administrative et financière. La société [A.], quoique soutenant que son siège social est à Gamba, mais affirmant avoir une représentation à Libreville, il a lieu de retenir, en application des dispositions de l'article 24 ci-dessus et de la règle des gares principales, que les juridictions de Libreville sont compétentes territorialement pour connaître du présent litige (CCJA, 3e ch., nº 142/2024, 25-4-2024).

III. Sociétés étrangères

Une société dont le siège se situe à l'étranger ne peut opérer dans un pays membre de l'OHADA qu'en en y implantant une succursale ou par le moyen d'une filiale (T. com. Brazzaville (Congo), ord. réf. nº 065, 28-10-2011 : Sté générale WIETC Company Ltd c/ Brael-Congo SARL, Ohadata J-13-111).

Obs. : pour les sociétés non immatriculées dans un État partie à l'OHADA ou les sociétés ayant plusieurs filiales dans différents États membres de l'OHADA, voir les art. 46 à 54 de l'AUDCG quant aux modalités de l'inscription.

Art. 25 **Le siège social ne peut pas être constitué uniquement par une domiciliation à une boîte postale. Il doit être localisé par une adresse ou une indication géographique suffisamment précise.**

JURISPRUDENCE OHADA

I. Désignation insuffisante du siège social

– La seule mention de « Marcory » dans les requêtes formulées par un créancier poursuivant, comme désignant le siège social de la société créancière, est manifestement insuffisante, en l'absence de précisions relatives à la ville, à la rue, à la boîte postale et même au quartier, puisqu'il n'est même pas spécifié que « Marcory » est situé dans le District d'Abidjan, dont il constitue l'une des communes, elle-même subdivisée en nombreux sous-quartiers. La cour d'appel qui, pour confirmer le jugement querellé, a considéré « qu'en indiquant dans le cas d'espèce, Marcory comme étant son siège social, la société [X], qui ne pouvait faire autrement eu égard à l'adressage insuffisant en Côte d'Ivoire, a parfaitement satisfait aux exigences de l'article 4 alinéa 2 de [l'AUPSRVE] ; qu'en effet, l'indication Marcory permet de situer géographiquement la société [X] et de déterminer la juridiction compétente, qui est le Tribunal de Première Instance d'Abidjan... », alors que l'article 4 de l'AUPSRVE ayant prescrit que la requête d'injonction de payer « contient, à peine d'irrecevabilité... pour les personnes morales, leur forme, dénomination et siège social », a violé les article 2 et 3 de l'AUPSRVE, et 23 à 27 de l'AUSCGIE. Faute d'avoir indiqué ces éléments qui étaient de nature à permettre de localiser le siège social de la société créancière par une adresse ou une indication suffisamment précise, l'arrêt attaqué encourt la cassation (CCJA, n° 006/2007, 1-2-2007 : M. D. S. c/ SCI « 7M », Rec. jur. CCJA, n° 9, janv.-juin 2007, p. 67, Ohadata J-08-228).

– De même, la localisation géographique précise d'une personne morale ne saurait valablement se limiter uniquement à l'indication d'une Boîte postale (CCJA, 2e ch., n° 010, 18-2-2010 : SGBC c/ K., Juris-Ohada, n° 2/2010, avr.- juin, p. 28, Ohadata J-11-54).

C'est par une appréciation souveraine de plusieurs faits qu'une cour d'appel a indiqué que « les bureaux ne peuvent être valablement retenus pour la détermination de la compétence territoriale, n'étant ni un siège social ni un lieu d'habitation », pour retenir que le siège social de la société en cause était situé à Dakar et que le demandeur a, préalablement au dépôt de sa requête aux fins d'injonction de payer, par acte faisant également foi pour le recouvrement de la même créance, servi une mise en demeure à la société défenderesse et à une autre personne à Dakar à l'adresse suivante : « Boulevard Martin Luther King ... ». Il n'y a donc ni dénaturation des faits, ni violation du statut des huissiers ; rejet du moyen (CCJA, ass. plén., n° 044, 27-4-2015 : Maître Sandembou DIOP c/ ATEPA TECHNOLOGIES, Ohadata J-16-44).

II. Mention non prescrite à peine de nullité

Indication du domicile du représentant d'une société. L'indication du domicile du représentant d'une société et les précisions relatives à son siège social dans les exploits dressés par les huissiers de justice ne sont pas des mentions prescrites à peine de nullité et l'absence de ces mentions ne peut être sanctionnée par la nullité que si le requérant rapporte la preuve d'un grief (CCJA, n° 11/2002, 28-3-2002 : Sté M. c/ DDCI, Juris-Ohada, n° 4/2002, oct.-déc. 2002, p. 38, note anonyme, Ohadata J-03-68).

JURISPRUDENCE COMPARÉE

France

A. Absence de siège

Désignation d'une boîte postale. Une simple boite postale ne satisfaisant pas à l'exigence de réalité de siège social, les conclusions d'appel d'une société dont l'adresse correspond à une boite postale sont irrecevables (CA Paris 25-12-2007 : RJDA 4/08 n° 408).

B. Détermination du siège social

Le siège social est le lieu où se trouve la direction effective de la société (CA Paris 28-10-1992 : RJDA 2/93 n° 113), en pratique celui où fonctionnent les organes de direction et les principaux services administratifs. Il ne correspond pas nécessairement au lieu d'exploitation (CA Paris 17-10-1980 : JCP G 1981.IV p. 374 ; CA Paris 28-9-1982 : BRDA 24/82 p. 17).

Art. 26 Les tiers peuvent se prévaloir du siège statutaire, mais celui-ci ne leur est pas opposable par la société si le siège réel est situé en un autre lieu.

JURISPRUDENCE OHADA

I. Détermination du siège réel : appréciation souveraine du juge du fond

C'est par une appréciation souveraine des faits qu'une cour d'appel a retenu, après examen des pièces du dossier, qu'aucun élément ne permet d'affirmer que les bureaux de Treichville constituent le siège réel de la société défenderesse, et que le siège social de cette dernière, avant le transfert à Bouaké, était bien à Abidjan Cocody (CCJA, n° 009/2002, 21-3-2002 : Maître B. G. J. c/ Sté Ivoire Coton, Juris-Ohada n° 4/2002, oct.-déc. 2002, p. 29, note anonyme, Ohadata J-02-164).

Au sens de l'article 26 de l'AUSCGIE, la preuve du siège social relève de l'appréciation souveraine par le juge des pièces produites au dossier ; en l'espèce, le certificat d'agrément, la convocation de l'assemblée générale extraordinaire et une correspondance adressée au défendeur mentionnent bien la commune de Lemba comme siège social. Toutes ces pièces ont été signées par le coassocié demandeur postérieurement à la modification des statuts opérée le 22 novembre 2014, il s'en déduit que le siège réel de la société est à Lemba et que c'est à bon droit que le tribunal saisi a retenu sa compétence (CCJA, 1e ch., n° 132/2020, 30-4-2020 : Kim Kyo Hwan c/ Kalonji Mukendi Célestin).

II. Possibilité d'agir contre une société à son siège statutaire ou à son siège réel

Les tiers peuvent, selon leur intérêt, invoquer soit le siège statutaire, soit le siège réel d'une société. C'est donc à bon droit que la compétence de la section de tribunal de Dabou (Côte d'Ivoire) a été retenue par les premiers juges saisis par les défendeurs au pourvoi, dès lors qu'elle correspondait au siège statutaire de la société demanderesse au pourvoi (CCJA, 2e ch., n° 018/2013, 7-3-2013 : Cie des Bananes de Côte d'Ivoire dite CDBCI c/ Martial Duparc, Fatome Houballah épouse Duparc, Rec. jur. CCJA, n° 20, vol. 2, janv.-déc. 2013, p. 80-83, Ohadata J-15-18).

Il ressort de l'article 26 de l'AUSCGIE que les tiers peuvent agir en justice contre une société en l'assignant soit devant le tribunal du siège statutaire, soit devant celui du siège réel (CCJA, 1e ch., n° 314/2020, 22-10-2020 : Cassidy Gold Guinée SA c/ West Africa Mining Logistic SARL).

JURISPRUDENCE COMPARÉE

France

A. Siège social fictif

1° Critère

Caractère fictif du siège social mentionné dans les statuts lorsqu'il ne correspond pas au lieu où la société a son centre d'activité juridique. Les juges déterminent souverainement le siège social réel (Cass. com. 12-12-1972 : Bull. IV n° 331) et recourent à cet effet à tous les indices susceptibles de révéler le lieu du principal établissement de la société (lieu de conclusion des contrats, lieu d'ouverture des comptes bancaires, de tenue des assemblées, de la centralisation de la comptabilité (Cass. 2e civ. 24-4-1981 : JCP G 1981.IV p. 238 ; CA Paris 9-11-1994 : RJDA 2/95 n° 148).

Le siège réel ne correspond pas nécessairement au lieu d'exploitation (CA Paris 17-10-1980 : JCP G 1981.IV p. 374 ; CA Paris 28-9-1982 : BRDA 24/82 p. 17).

2° Sièges sociaux fictifs

Ont été considérés comme fictifs :

– le siège statutaire corse d'une société ne disposant d'aucun bureau ni infrastructure justifiant l'exercice d'une activité réelle en Corse, alors que son gérant exerçait à titre personnel une activité dans une autre région et que ses créanciers étaient domiciliés dans cette région (Cass. com. 5-1-1999 n° 23 : RJDA 4/99 n° 440) ;

– le siège statutaire d'une société fixé au Gabon dès lors qu'e cette société avait en France un établissement immatriculé au registre du commerce, que son président résidait à Paris et que les détournements de fonds dont elle avait été victime avaient été décidés dans les locaux français de sa société mère (Cass. crim. 31-1-2007 n° 02-85.089 : RJDA 11/07 n° 1118).

3° Siège social non fictif

N'a pas été considéré comme fictif, le siège statutaire installé dans un centre de domiciliation dès lors que l'entreprise de domiciliation a mis à la disposition de la société un bureau où s'est tenue l'assemblée générale annuelle de la société et que celle-ci a donné mandat à l'entreprise de domiciliation de recevoir en son nom toute notification ou assignation en justice (CA Paris 7-3-2001 : RJDA 7/01 n° 830).

B. Option des tiers

Les tiers peuvent agir en justice contre la société en l'assignant soit devant le tribunal du siège statutaire, soit devant celui du siège réel (Cass. com. 23-2-1993 nº 337 : RJDA 7/93 nº 618).

Des poursuites pénales peuvent être engagées en France si le siège réel de la société est en France ; ainsi le dirigeant d'une société par actions étrangères dont le siège statutaire est fictif peut être poursuivi par les juges français pour un abus de biens commis au détriment de la société s'il est établi que le siège réel de celle-ci est situé en France (Cass. crim. 31-1-2007 nº 02-85.089 : RJDA 11/07 nº 1118).

Art. 27 [mod.] **Le siège social peut être modifié, pour chaque forme de société, dans les conditions prévues par le présent Acte uniforme pour la modification des statuts. Toutefois, il peut être transféré à un autre endroit de la même ville par simple décision des organes de gérance ou d'administration de la société.**

OBSERVATIONS

La modification ne tient qu'à la suppression de la virgule après « Acte uniforme ».

JURISPRUDENCE OHADA

Transfert du siège social souverainement constaté

Même si au moment de la constitution d'une société, son siège social était situé à Abidjan, lieu de son immatriculation au RCCM, le siège social peut être modifié, pour chaque forme de société, dans les conditions prévues par ledit l'AUSCGIE pour la modification des statuts. En affirmant que le siège social de la société défenderesse se trouve à Bouaké à la suite d'un transfert, comme indiqué dans l'acte de cession rédigé par la requérante elle-même huissier de justice, la cour d'appel n'a violé aucune disposition de l'article 27 [devenu 46] de l'AUDCG ; il s'ensuit que le moyen n'est pas fondé (CCJA, nº 009/2002, 21-3-2002 : Maître B. G. J. c/ Sté Ivoire Coton, Juris-Ohada nº 4/2002, oct.-déc. 2002, p. 29, note anonyme, Ohadata J-02-164).

JURISPRUDENCE COMPARÉE

France

Transfert du siège social

Critère. Pour apprécier le caractère sérieux ou fictif du transfert, les tribunaux recherchent principalement si le lieu d'activité des organes de direction et des services administratifs a été effectivement modifié (Cass. 2e civ. 7-3-1956 : Bull. civ. II nº 166 ; Cass. com. 16-12-1958 : Bull. civ. III nº 438 ; Cass. 2e civ. 15-7-1970 : Gaz. Pal. 1970 II p. 289 ; Cass. com. 24-11-1982 : Bull. civ. IV nº 370).

• Chapitre VI •

DUREE – PROROGATION

Section I • DUREE

Art. 28 [mod.] **Toute société a une durée qui doit être mentionnée dans ses statuts.**

La durée de la société ne peut excéder quatre-vingt-dix-neuf (99) ans.

OBSERVATIONS

La modification est dans la division de l'article en deux alinéas et l'ajout de « (99) ».

JURISPRUDENCE COMPARÉE

France

A. Absence de durée perpétuelle

Dès lors que la durée de la société est fixée dans les limites prévues par la loi, quand bien même cette société déciderait ultérieurement de proroger sa durée dans les mêmes limites, elle ne saurait encourir l'annulation frappant les engagements perpétuels et pas davantage les engagements pris envers elle pour la durée de son existence (Cass. com. 1-6-1999 : RJDA 2/00 nº 160).

B. Détermination de la durée

1º Durée déterminée

Même lorsqu'elle n'est pas chiffrée, la durée de la société peut être déterminée : sont ainsi valables les clauses stipulant qu'une société était constituée « pour la durée de la guerre » (T. com. 24-11-1916 : Journ. sociétés 1917. 218).

2º Durée indéterminée

La durée n'est pas déterminée dans les cas suivants :
– terme fixé hypothétique : par exemple, une société ayant pour objet l'exploitation d'une forêt aménagée en vingt coupes susceptibles de se renouveler périodiquement pendant un temps indéfini (CA Lyon 13-1-1943 : DC. 1944.34 note Pic) ;
– terme fixé trop lointain : par exemple, société créée pour l'exploitation d'une mine pouvant durer plusieurs siècles (Cass. civ. 1-6-1859 : S. 1861.1.113).

Art. 29 Le point de départ de la durée de la société est la date de son immatriculation au registre du commerce et du crédit mobilier, à moins qu'il en soit disposé autrement par le présent Acte uniforme.

JURISPRUDENCE OHADA

Existence de la personnalité morale

La personnalité morale prend naissance à la date de l'immatriculation (T. com. Brazzaville (Congo), ord. réf. nº 065, 28-10-2011 : Sté générale WIETC Company Ltd c/ BRAEL-CONGO SARL, Ohadata J-13-111).

Obs. : pour les sociétés non immatriculées au fichier mobilier de l'OHADA ou les sociétés ayant plusieurs filiales dans différents États membres de l'OHADA, voir les art. 46 à 54 de l'AUDCG.

Art. 30 [mod.] L'arrivée du terme entraîne la dissolution de plein droit de la société, à moins que sa prorogation ait été décidée dans les conditions prévues aux articles 32 et suivants ci-après.

JURISPRUDENCE COMPARÉE

France

Continuation de la société sous la forme d'une société de fait

Lorsque, après l'arrivée du terme statutaire l'activité de la société civile s'est maintenue et que la volonté de s'associer (affectio societatis) a persisté, la société est devenue de fait et ses statuts continuent de régir les rapports entre les associés ; la gérance a donc pu valablement conférer à l'un de ses membres le pouvoir de réaliser la transformation la société à responsabilité unipersonnelle en société par actions simplifiée (Cass. 3e civ. 23-10-2013 nº 12-30.129 : RJDA 2/14 nº 116).

Art. 31 La durée de la société peut être modifiée, pour chaque forme de société, dans les conditions prévues par le présent Acte uniforme, pour la modification des statuts.

Section II • PROROGATION

Art. 32 [mod.] La durée de la société peut être prorogée une ou plusieurs fois.

Observations

Les conditions de la prorogation sont fixées désormais par l'article 33.

Jurisprudence comparée

France

A. Critère de la prorogation

L'octroi par un groupement agricole d'un bail excédant sa durée a été considéré comme une décision de prorogation devant être prise aux conditions prévues pour la modification des statuts pour les raisons suivantes : les statuts du groupement indiquaient que les décisions tendant à modifier les dispositions du pacte social, « directement ou indirectement », étaient des décisions extraordinaires ; or, en l'espèce, l'octroi du bail litigieux avait bien eu pour effet de modifier indirectement ces dispositions (Cass. 3e civ. 4-2-2009 no 07-22.012 : RJDA 5/09 no 432, solution applicable à une société commerciale).

B. Validité de la prorogation

1o Prorogation tardive

Une prorogation tardive, même assortie d'une clause de rétroactivité, est inefficace même si elle est assortie d'une clause de rétroactivité (CA Paris 21-10-1994 : Bull. Joly 1995 p. 43 note M. Jeantin) ou décidée à l'unanimité des associés (CA Paris 28-4-2000 no 00/653 : Bull. Joly 2001 p. 399 note J.-M. Bahans).

2o Refus de la prorogation par le nu-propriétaire

Le refus par le nu-propriétaire de voter la prorogation de la durée d'une SA contrairement à la volonté de l'usufruitier n'est pas de nature à porter atteinte aux droits de celui-ci dès lors que cet usufruit portait sur des actions d'une société qui devait prendre fin à une date déterminée, ce qui impliquait qu'à partir de cette date, il ne pourrait s'exercer que selon des modalités différentes (Cass. 1e civ. 8-3-1988 : Bull. civ. I no 67).

Art. 33 [mod.] La prorogation de la durée de la société est décidée, pour chaque forme de société, dans les conditions prévues par le présent Acte uniforme, pour la modification des statuts.

Jurisprudence comparée

France

Nullité d'une prorogation de fait constituant une modification statutaire

Constitue une modification indirecte des statuts qui aurait dû être prise en assemblée extraordinaire, la décision d'une assemblée générale ordinaire d'un groupement foncier agricole autorisant la conclusion d'un bail rural sur des terres appartenant au groupement pour une durée excédant de 20 ans la durée de celui-ci dès lors que la décision entraînait la prorogation consécutive de la durée du groupement (Cass 3e civ. 4-2-2009 no 07-22.012 : RJDA 5/09 no 432).

Art. 34 [mod.] La prorogation de la durée de la société n'entraîne pas création d'une personne juridique.

Art. 35 [mod.] Un (1) an au moins avant la date d'expiration de la durée de la société, les associés doivent être consultés à l'effet de décider si la durée de la société doit être prorogée.

Art. 36 [mod.] A défaut, tout associé peut demander à la juridiction compétente dans le ressort de laquelle est situé le siège social, statuant à bref délai, la désignation d'un mandataire ad hoc chargé de provoquer la consultation prévue à l'article précédent.

Observations

« La juridiction compétente » remplace « président de la juridiction compétente » et « ad hoc » remplace « de justice ».

Chapitre VII
LES APPORTS

Section I • DISPOSITIONS GENERALES

Art. 37 [mod.] Chaque associé doit faire un apport à la société.

Chaque associé est débiteur envers la société de tout ce qu'il s'est obligé à lui apporter en numéraire, en nature ou en industrie.

Observations

Sur l'attribution de la qualité d'associé d'une SARL par le contrat de société et non par la libération des apports, voir sous l'art. 41.

Jurisprudence comparée

France

A. Réalité des apports

1° Existence de l'apport

L'apport existe indépendamment du moyen par lequel l'apporteur est devenu propriétaire du bien qu'il apporte à la société ; ce bien peut ainsi émaner d'une libéralité ou avoir été acquis avec les fonds provenant d'un emprunt réel et non simulé (Cass. crim. 28-5-1979 : Bull. crim. n° 186).

2° Absence ou ficitivité de l'apport

Le caractère fictif ou non d'un apport est apprécié au moment de la constitution de la société (Cass. com. 18-6-1974 : Bull. com. IV n° 199) et souverainement par les juges du fond.

Est fictif :

– l'apport d'un bien par une personne qui n'en est pas ou qui n'en est plus propriétaire, sauf si la société a pu profiter du bien apporté sans être troublée par le véritable propriétaire (Cass. com. 15-1-1973 : Bull. civ. IV n° 23) ;

– l'apport d'un bien sous condition purement potestative (Cass. 1e civ. 18-6-1974 : Bull. civ. I n° 198) ;

– l'apport d'un bien grevé d'un passif supérieur à la valeur brute de ce bien ; par exemple, apport d'un bien hypothéqué dont, ensuite, la vente par les créanciers de l'apporteur est réalisée à un prix très inférieur à la valeur de l'apport (CA Douai 6-8-1903 : D. 1907.2.377) ;

– l'apport d'un droit au bail déclaré net de tout passif mais faisant partie d'un fonds de commerce nanti en garantie d'une créance atteignant presque le triple de la valeur de l'apport (T. com. Honfleur 20-11-1970 : JCP 1971.II.16628 obs. Rousseau).

N'est pas fictif :

– l'apport de brevets d'invention, même si leur exploitation n'a pas donné les résultats espérés, dès lors que ces brevets ont été apportés sans autre garantie que leur existence matérielle et que des expériences concluantes avaient été faites avant la constitution de la société, devant les futurs actionnaires (T. com Seine 2-5-1910 : Journ. sociétés 1911. 227) ;

– l'apport consistant en actions d'une société antérieurement et valablement constituée, même si ces actions sont devenues sans valeur à la suite de pertes importantes subies par la société dont elles représentent le capital (CA Paris 26-7-1887 : D. 1888.1.145).

C'est à l'apporteur qu'il incombe de faire la preuve de la réalité de son apport (Cass. 3e civ. 1-7-1971 : Bull. civ. III n° 438).

B. Assimilation de l'apport à une cession

Exercice du droit de préemption sur l'apport. Le droit de préemption mutuel « en cas de cession de leurs titres » respectifs conclu entre actionnaires de sociétés différentes s'applique à l'apport consenti par l'un des contractants de ses titres à une société holding pour les raisons suivantes :

– l'apport est une opération juridique par laquelle les associés transfèrent à une société des éléments de leur patrimoine personnel et reçoivent en contrepartie des titres de la société bénéficiaire dont la valeur globale est égale à celle des actifs apportés ;

il ne se produit aucune transmission universelle du patrimoine de l'apporteur à l'occasion de cette opération ;
– l'apport a pour résultat le transfert des actions de l'apporteur, lequel s'en trouve dépossédé au profit de la société bénéficiaire qui en devient propriétaire ;
– ce transfert intervenant à titre onéreux puisque des valeurs mobilières sont remises à l'apporteur en contrepartie, constitue une cession au sens de la clause contractuelle litigieuse (CA Versailles 30-10-2008 n° 07/4964 : RJDA 3/09 n° 229).

C. Obligations de l'apporteur

Remise du bien apporté. L'apporteur doit remettre à la société les biens qu'il a promis d'apporter ; cette obligation subsiste même après la dissolution de la société (Cass. req. 7-12-1936 : Gaz. Pal. 1937.I. p. 159) et même après l'ouverture d'une procédure collective d'apurement du passif à l'encontre de la société (Cass. req. 2-9-1940 : JCP 1940.II n° 1548).

D. Droits des créanciers de l'apporteur

Les créanciers de l'apporteur peuvent demander que l'apport leur soit déclaré inopposable lorsqu'il a été conclu en fraude de leurs droits de créance, sur le fondement de la fraude dite « paulienne » ; cette fraude a été reconnue :
– en cas de simple apport en société par le débiteur d'immeubles lui appartenant cause un appauvrissement dès lors que cette opération aboutit à remplacer, dans le patrimoine du débiteur, des immeubles qui, pris individuellement, trouveraient facilement acquéreur, par des parts sociales difficilement négociables, dont le prix de vente n'atteindrait pas la valeur desdits immeubles (Cass. 1e civ. 27-2-1973 : Bull. civ. I n° 70 ; Cass. com. 3-12-2002 n° 2022 : RJDA 5/03 n° 495 ; Cass. 3e civ. 9-2-2010 n° 09-10.639 : RJDA 7/10 n° 782) ;
– lorsque l'apport est effectué pour soustraire un immeuble à la poursuite de créanciers qui avaient engagé une action en saisie immobilière (Cass. req. 14-4-1930 : Journ. sociétés 1931 p. 408), pour diminuer l'efficacité d'une hypothèque dont bénéficie le créancier sur l'immeuble (Cass. 3e civ. 12-10-2005 n° 1064 : RJDA 3/06 n° 329) ou pour organiser l'insolvabilité apparente de l'apporteur ; celle-ci doit alors être démontrée, non seulement au jour où l'action est exercée, mais aussi à la date de l'apport (Cass. 1e civ. 4-11-2010 n° 09-69.108 : RJDA 2/11 n° 180) ;
– lorsque l'action est exercée par des créanciers dont la créance, certaine dans son principe (Cass. 1e civ. 16-5-2013 n° 12-13.637 et Cass. 1e civ. 24-4-2013 n° 12-16.836 : BRDA 10/13 Inf. 16), est née antérieurement à l'apport ou lorsque les faits qui ont donné naissance au droit de créance sont antérieurs à l'acte attaqué, si la fraude a été précisément organisée à l'effet de frustrer le futur créancier (Cass. req. 15-11-1939 : D. H. 1940.40 ; Cass. 3e civ. 27-6-1972 : Bull. civ. III n° 420 ; Cass. civ. 17-1-1984 : D. 1984 p. 437 note Malaurie).

Les créanciers poursuivants et les créanciers qui se joignent à l'action échappent aux effets de l'apport opéré en fraude de leurs droits et peuvent, par décision de justice et dans la limite de leurs droits, en faire saisir l'objet entre les mains de la société (Cass. 1e civ. 30-5-2006 n° 900 : RJDA 1/07 n° 96).

Art. 38 [mod.] **En contrepartie de leurs apports, les associés reçoivent des titres émis par la société, tels que définis à l'article 51 ci-après.**

JURISPRUDENCE COMPARÉE

France

Critère de l'apport

Les apports consistent à transférer des biens à la société en contrepartie de droits sociaux ; Par suite, constitue une vente et non un apport en société la convention par laquelle une personne avait transmis son fonds de commerce à une société moyennant la prise en charge par celle-ci des sommes dont elle était redevable envers une banque (Cass. com. 6-12-1982 : Bull. Joly 1983 p. 100).

Art. 39 **Les dispositions du présent chapitre sont applicables aux apports réalisés au cours de la vie sociale, à l'occasion d'une augmentation de capital.**

Section II • TYPES D'APPORTS

Art. 40 [mod.] **Chaque associé peut apporter à la société :**

1°) de l'argent, par apport en numéraire ;

2°) des droits portant sur des biens en nature, mobiliers ou immobiliers, corporels ou incorporels, par apport en nature ;

3°) des connaissances techniques ou professionnelles ou des services, par apport en industrie.

Tout autre apport est interdit.

Observations

Le 2° antérieur devient le 3° avec une définition de ce qui est l'apport en industrie.

Jurisprudence comparée

France

Dans les sociétés où les apports en industrie sont permis (toutes à l'exclusion des SA), les statuts doivent déterminer les conditions dans lesquelles ces parts sont souscrites : énonciation et durée des prestations qui seront fournies par l'apporteur, nombre de parts attribuées en rémunération de ces prestations, droits attachés à ces parts dans le partage des bénéfices et de l'actif net, étendue de l'obligation de non-concurrence à la charge de l'apporteur, etc. A défaut d'être prévus par les statuts, de tels apports sont considérés comme inexistants (Cass. com. 14-12-2004 n° 1830 : RJDA 4/05 n° 383).

Section III • REALISATION DES APPORTS EN NUMERAIRE

Art. 41 [mod.] Les apports en numéraire sont réalisés par le transfert à la société de la propriété des sommes d'argent que l'associé s'est engagé à lui apporter.

Sauf disposition contraire du présent Acte uniforme, les apports en numéraire sont libérés intégralement lors de la constitution de la société.

Jurisprudence OHADA

Attribution de la qualité d'associé d'une SARL par le contrat de société et non par la libération des apports

C'est à tort qu'il est reproché à un jugement appelé d'avoir reconnu la qualité d'associés à des personnes, alors qu'aucun d'entre eux n'avait libéré sa part sociale malgré la mise en demeure à eux adressée à cet effet, dès lors qu'au sens de l'article 41 de l'AUSCGIE et selon une jurisprudence constante, la qualité d'associé d'une SARL ne résulte pas de la preuve de la libération de son apport mais du contrat de société dont les statuts sont l'expression. Il s'ensuit que dès la souscription des parts sociales, le souscripteur est juridiquement un associé, indépendamment de la libération desdites parts, et bénéficie conséquemment de tous les droits que lui confère la qualité d'associé. En l'espèce, l'article 7 des statuts de la société mentionnant clairement que les dix fondateurs ont, tous, fait apport à la société de 300 000 FCFA chacun pour un montant total de 3 000 000 FCFA, il s'en déduit que, quelles que soient les circonstances de la libération de leurs apports, la qualité d'associé ne saurait leur être déniée ; que c'est donc à juste titre que les premiers juges ont statué comme ils l'ont fait et ce moyen sera rejeté (CCJA, 3e ch., n° 268, 27-12-2018 : MBAIGUEDEM DJEBONDE Jérémie et 2 autres c/ DJERINGA LAOKOURA Céphas et 6 autres).

Jurisprudence comparée

I. États-Unis

A. Existence d'une créance d'un associé sur la société

Dans un cas où un associé, qui avait apporté à la société davantage que son coassocié mais avait reçu le même nombre d'actions que lui et avait obtenu de la société un billet payable cinq ans après sa création, cette reconnaissance de dette ne constituait pas un capital-risque mais une créance valable destinée à rétablir l'équilibre entre les deux associés ; en conséquence, les créanciers sociaux qui avaient demandé à ce que la créance de l'associé bénéficiaire de la reconnaissance de dette soit payée après le désintéressement des créanciers sociaux ont été déboutés de leur demande, n'ayant qu'à s'en prendre à eux-mêmes pour ne pas s'être mieux renseignés en consultant les documents sociaux (Obre v. Alban Tractor Co., Court of Appeals of Maryland, 179 A2d 861 (1962)).

B. Existence d'un apport en capital

Emprunt de la somme apportée. Le président d'une société et son seul associé, qui avait emprunté auprès d'une banque et remis le produit à la disposition de la société en recevant en échange des billets à ordre, a été tenu pour avoir ainsi fait, non pas des prêts, mais des apports en capital dont le remboursement était subordonné au paiement préalable des créanciers, ce qui rendait hors de cause de savoir si ces supposés prêts avaient été sécurisés par l'affectation en trust de biens de la société à défaut de créance à garantir ; en effet, les sommes litigieuses n'étaient pas des prêts, car : la société avait à sécuriser des créances correspondant à un taux d'endettement de 80 % ; le président était le maître de la société la contrôlant totalement (« he was the corporation's alter ego ») ; il n'avait pas accompli les formalités requises pour être autorisé à emprunter au nom de la société ; il n'existait aucune preuve que des intérêts aient été payés ; il mettait de nouveau de l'argent lorsque la société en avait besoin et celle-ci ne se souciait pas de le rembourser en le traitant sur un pied d'égalité avec les autres créanciers, désintéressant ces derniers en priorité ; il avait réalisé ses contributions tout au long de la vie de la société et pas seulement à sa formation (Fett Roofing and Sheet Metal Co. v. Moore, United States District Court, E.D. Virginia, 438 F. Supp. 726 (1977)).

II. France

A. Placement de salaires en compte courant

Perte de la qualification de « salaires » en cas de novation. En principe, l'inscription d'une créance de salaire en compte courant d'associé ne suffit pas, en elle-même, à entraîner une novation de la créance salariale en créance de prêt, sauf si les parties sont convenues d'opérer sans équivoque une novation (Cass. soc. 1-9-2003 : RJS 12/03 n° 1399) ; de même, le silence prolongé de l'associé ne suffit pas à manifester une volonté d'éteindre l'obligation qui le lie à l'autre partie pour lui substituer une obligation nouvelle (Cass. soc. 29-6-1995 : RJS 10/95 n° 1025 ; Cass. soc. 31-3-2004 n° 723 : RJS 6/04 n° 768).

La volonté des parties de modifier la nature de la créance a été établie concernant un actionnaire salarié, compte tenu de l'importance des sommes dues et de l'étroite imbrication des intérêts de l'intéressé et de la société (Cass. soc. 22-6-1993 n° 2544 : RJS 8-9/93 n° 873, 1e esp. ; CA Chambéry 2-12-2003 n° 01/1869 : RJDA 11/04 n° 1217).

B. Remboursement des comptes courants

1° Droit au remboursement

Droit propre à l'associé : non-remboursement à l'épouse de l'associé. Une épouse mariée sous le régime de la communauté à un associé d'une SARL n'avait pas qualité à agir en remboursement du compte courant d'associé dont son mari était le seul titulaire, peu important que la somme provenant d'un tel remboursement dût figurer à l'actif de la communauté (Cass. 1e civ. 9-2-2011 n° 09-68.659, Légifrance).

2° Exercice du droit au remboursement à tout moment

Par exemple :

– à défaut de clause statutaire (antérieure au dépôt des fonds) ou de convention contraire, l'associé peut demander à tout moment le remboursement du solde créditeur de son compte courant (Cass. com. 24-6-1997 : RJDA 11/97 n° 1349 ; Cass. 3e civ. 3-2-1999 : RJDA 8-9/99 n° 936, à propos d'une société civile mais transposable) ;

– la décision, prise à l'unanimité des associés d'une SARL réunis en assemblée, de transformer leur compte courant en avances en subordonnant le remboursement à la reconstitution des fonds propres de la société à un certain niveau, lequel n'a pas été atteint, est opposable à un associé dès lors que la condition n'est pas purement potestative le procès-verbal la mentionnant est un fait juridique qui s'impose à l'associé, lequel a participé à l'assemblée et a voté en faveur de cette décision – et alors qu'il n'est pas établi que ce vote lui a été imposé par une situation de dépendance économique à l'égard de la société (CA Paris 12-12-2007 : BRDA 6/08 inf. 7) ;

– aucune décision collective ne peut imposer le blocage des sommes déposées en compte courant, une telle décision entraînant une augmentation des engagements des associés, laquelle nécessite l'accord unanime des intéressés (Cass. com. 24-6-1997, précité ; CA Paris 5-5-1995 : JCP E 1995.pan.817) ;

– lorsque l'acte de cession des parts sociales ne contient aucune disposition relative au compte courant de l'associé, la cession de parts n'entraînant pas automatiquement la cession du compte courant du cédant à l'acquéreur, le cédant est fondé à solliciter le remboursement des fonds détenus à son nom dans ce compte et ce, à tout moment (CA Versailles 25-9-2007 : BRDA 22/07 inf. 1) ;

– les dispositions de la loi qui offrent au juge la possibilité de fixer un terme pour la restitution d'un prêt, ne sont pas applicables au compte courant d'associé, dont la caractéristique essentielle, en l'absence de convention particulière ou statutaire le régissant, est d'être remboursable à tout moment (Cass. com. 10-5-2011 n° 10-18.749 : Légifrance).

3° Abus du droit au remboursement

L'associé peut être tenu pour fautif lorsque sa demande de remboursement est faite abusivement. Par exemple :

– les actionnaires majoritaires et administrateurs d'une société commettent une faute en se faisant rembourser leurs comptes courants alors qu'ils savaient que la créance d'un tiers n'avait pas été prise en compte lors de la liquidation de la société ; ils ont donc été condamnés personnellement à payer personnellement cette créance (CA Paris 12-2-1999 : RJDA 11/99 n° 1212) ;

– constituait un abus du crédit de la société pénalement punissable le fait par un président directeur général de faire payer par sa société des dettes lui incombant personnellement, même si le montant de ces dettes était largement inférieur aux sommes figurant au crédit de son compte courant, dès lors que, par ce moyen, il avait contribué à consommer la ruine de la société (Cass. com. 10-11-1964 : D. 1965 p. 43).

4° Remboursement en cas de redressement ou liquidation judiciaire de la société

Nullité du remboursement en cours de période suspecte. Ainsi :

– en cas de mise en redressement ou en liquidation judiciaire de la société, le remboursement d'un compte courant peut être annulé si, au moment de cette opération, l'associé avait conscience de la situation réelle de la société et connaissance de l'état de cessation des paiements ; ainsi, la seule qualité d'associé – en l'espèce largement minoritaire – ne suffit pas, par elle-même, à démontrer que l'intéressé disposait de tous les éléments d'appréciation pour connaître cette situation (CA Paris 17-9-1999 : RJDA 12/99 n° 1362) ;

– se rend coupable de banqueroute le dirigeant d'une société en redressement judiciaire qui a signé un ordre de virement en vue de rembourser à des associés, membres de sa famille, leur compte courant (Cass. crim. 27-11-1997 : RJDA 3/98 n° 323) ;

– est nul le paiement par compensation que l'acquéreur a effectué avec son compte courant d'associé dans une société en liquidation judiciaire pour régler le prix d'achat d'un fonds de commerce appartenant à celle-ci, cette compensation ne pouvant pas être considérée comme un mode de paiement communément admis dans les relations d'affaires, particulièrement pour l'acquisition d'un fonds de commerce (Cass. com. 19-1-1999 : RJDA 4/99 n° 446).

5° Arrêt du cours des intérêts produits par le compte courant

Dès lors que la convention de compte courant ne précisait pas la durée du prêt, le cours des intérêts ne pouvait pas être maintenu au titre du droit aux intérêts lorsqu'un prêt a une durée égale ou supérieure à un an (C. com. art. L 622-28), car les modalités de remboursement accordées lors de la cession des titres, précisant que le compte devait être remboursé au cédant selon un échéancier s'étalant sur six ans, ne conféraient pas au compte courant la qualité de prêt à plus d'un an (Cass. com. 23-4-2013 n° 12-14.283 : RJDA 7/13 n° 624).

6° Banqueroute

Se rend coupable de banqueroute le dirigeant d'une société en redressement judiciaire qui a signé un ordre de virement en vue de rembourser à des associés, membres de sa famille, leur compte courant (Cass. crim. 27-11-1997 : RJDA 3/98 n° 323) ;

7° Détournement du compte courant d'époux par le mari aussi gérant à son profit

Le gérant d'une société, époux séparé de biens, commet une faute de gestion en prélevant sur les sommes empruntées pour rembourser le compte courant à son nom et à celui de son épouse afin de permettre à ces derniers d'acquérir un immeuble, le montant du prix d'achat d'un immeuble en propre (Cass. com. 1-7-2008, n° 07-16.215 : Légifrance).

C. Opérations sur compte courant

1° Respect de son devoir de vigilance par le banquier prêteur de fonds destiné à être bloqués en compte courant

N'a commis aucune faute la banque qui ayant consenti à une société un prêt sous la condition suspensive du blocage des comptes courants d'associés n'a pas surveillé l'utilisation des fonds destinés à être portés au crédit des comptes courants d'associés et détournés par le gérant qui les avait portés sur son compte personnel dès lors qu'elle n'avait souscrit aucune obligation de vigilance relative au transfert de ces fonds (Cass. com. 8-7-2008, n° 07-11.685 : Légifrance).

2° Absence de compensation entre les comptes courants au nom d'une même personne associée de deux sociétés distinctes quoique d'un même groupe

Il ne peut y avoir compensation entre le compte courant créditeur dans une première société et le compte illégalement débiteur dans une autre société détenus par une personne simultanément associée des deux sociétés appartenant à un même groupe ; par suite une somme ne peut pas être prélevée sur le compte créditeur pour être créditée sur celui qui ne l'est pas (Cass. com. 8-7-2008, n° 06-13.518 : Légifrance).

Art. 42 Ne sont considérés comme libérés que les apports en numéraire correspondant à des sommes dont la société est devenue propriétaire et qu'elle a intégralement et définitivement encaissées.

Art. 43 En cas de retard dans le versement, les sommes restant dues à la société portent de plein droit intérêt au taux légal à compter du jour où le versement aurait dû être effectué, sans préjudice de dommages et intérêts s'il y a lieu.

Jurisprudence comparée

France

Inexécution de l'apport en numéraire

Cours des intérêts après la dissolution de la société. L'apporteur qui n'a pas versé à l'échéance la somme promise doit de plein droit, les intérêts de cette somme au taux légal ou au taux fixé par les statuts. Si la société est dissoute, ces intérêts continuent à courir même après la dissolution et jusqu'au jour de la liquidation (Cass. civ. 28-6-1904 : Journ. sociétés 1906.56) ; ils se prescrivent par cinq ans (Cass. civ. 5-7-1909 : D. 1910. 1. 127).

Art. 44 A moins que les statuts ne l'interdisent, les apports en numéraire réalisés à l'occasion d'une augmentation de capital de la société peuvent être réalisés par compensation avec une créance certaine, liquide et exigible sur la société.

Section IV • REALISATION DES APPORTS EN NATURE

Art. 45 Les apports en nature sont réalisés par le transfert des droits réels ou personnels correspondant aux biens apportés et par la mise à la disposition effective de la société des biens sur lesquels portent ces droits.

Les apports en nature sont libérés intégralement lors de la constitution de la société.

Jurisprudence comparée

France

A. Transfert du droit de propriété

Transfert des accessoires. La propriété du bien est transférée avec les droits qui accompagnent ce bien en tant qu'accessoires et s'identifient à elle (application à l'action en responsabilité décennale des anciens articles 1792 et 2270 du Code civil : Cass. civ. 23-3-1968 : D. 1970.663 note Jestaz).

B. Apport d'un fonds de commerce

1° Apport incluant la clientèle

Il y a apport d'un fonds de commerce même si la clientèle n'est pas expressément incluse dans l'apport lorsque les conditions dans lesquelles l'opération a été réalisée permettent d'induire que cette clientèle a été transférée à la société (Cass. com. 3-11-1970 : Bull. Joly 1971. 646 ; CA Amiens 13-5-1976 : Bull. Joly 1977 p. 333).

2° Contrats accessoires

Malgré le non-respect de la procédure, un marché de travaux passé pour le compte d'une société a été réputé repris par cette société – et la personne qui avait conclu ce marché dégagée de toute obligation à l'égard du cocontractant – dès lors qu'il était précisé dans les statuts de la société que celle-ci continuerait les traités, marchés ou accords passés pour l'exploitation du fonds apporté et que l'opération litigieuse avait été comptabilisée dans les écritures sociales (cf. Cass. com. 10-10-1984 : Rev. sociétés 1985 p. 821 note J.-J. Burst).

C. Apport d'un droit au bail

Clauses requérant l'accord du bailleur. Les clauses restrictives de cession du droit de céder et d'apporter le bail doivent être respectées dès la conclusion du contrat et sans attendre l'immatriculation de la société au registre du commerce et des sociétés (Cass. civ. 10-4-1973 : Bull. civ. III n° 101) ; le bailleur sollicité pour consentir à l'apport d'un bail ne peut pas refuser abusivement son accord et les juges peuvent contrôler les motifs de son refus (Cass. civ. 10-4-1973 : Bull. civ. III n° 101).

D. Apport de droits sociaux

L'apport étant assimilé à une cession, toutes les dispositions législatives et statutaires imposant l'agrément des associés en cas de cession de parts ou actions sont applicables en cas d'apport en société (Cass. com. 21-1-1970 : JCP 1970.II.1654).

Art. 46 **Lorsque l'apport est en propriété, l'apporteur est garant envers la société comme un vendeur envers son acheteur.**

JURISPRUDENCE COMPARÉE

France

L'apporteur doit notamment garantir la société contre toute éviction, c'est-à-dire contre tout fait ou acte empêchant la possession paisible du bien apporté.

A. Eviction par l'apporteur

L'éviction est le fait de l'apporteur lorsque celui-ci :
– viole une clause de non-rétablissement prévue dans l'acte d'apport dans la mesure où cette clause est conforme aux conditions de droit commun des engagements de non-concurrence ; ainsi le cédant de la quasi-totalité des actions d'une société anonyme exploitant un fonds de commerce de restauration viole la clause lui interdisant de s'intéresser directement ou indirectement à tout commerce similaire, dès lors que la société dans laquelle il a des intérêts et dont il est le gérant exerce, dans le même immeuble, une activité concurrente de celle exercée par la SA (Cass. com. 16-7-1991 nº 1116 : RJDA 11/91 nº 886) ;
– apporte un fonds de commerce exploité dans des locaux d'habitation et laisse persister l'irrégularité de la situation locative (Cass. com. 7-12-1970 : Bull. civ. IV nº 335).

B. Eviction par un tiers

L'éviction peut émaner d'un tiers : ainsi lorsqu'un associé a apporté un bien ne lui appartenant pas ou ne lui appartenant plus, par exemple un fonds de commerce (T. com. Lyon 3-2-1949 : Journ. sociétés 1949. 277).

C. Non-application des garanties du vendeur à l'apporteur

En dépit des similitudes entre la vente et l'apport en société, notamment quant au transfert de propriété, l'apporteur ne peut prétendre à un prix, à l'instar du vendeur, mais à des droits sociaux soumis aux aléas de la société. Par suite et contrairement au vendeur, il ne bénéficie pas :
– du privilège du vendeur ;
– du droit de rétention ;
– du droit de faire annuler un apport d'immeuble pour lésion de plus des sept douzièmes (Cass. req. 12-6-1945 : Journ. sociétés 1946. 228).

D. Garantie de la seule l'existence des créances apportées

L'apporteur ne garantit que l'existence de la créance, sauf s'il s'engage à garantir la solvabilité du débiteur ; cette règle ne joue pas s'il y a eu remise d'une créance sur un tiers pour libérer un apport en numéraire ; dans ce cas, l'apporteur doit verser l'intégralité de la somme promise en apport, même celle dont le recouvrement n'a pas été possible (Cass. civ. 7-11-1899 : D. 1900.1.369).

Art. 47 **Lorsque l'apport est en jouissance, l'apporteur est garant envers la société comme un bailleur envers son preneur. Toutefois, lorsque l'apport porte sur des choses de genre ou sur tous autres biens normalement appelés à être renouvelés pendant la durée de la société, le contrat transfère à celle – ci la propriété des biens apportés, à charge d'en rendre une pareille quantité, qualité et valeur. Dans ce cas, l'apporteur est garant envers la société dans les conditions prévues à l'article précédent.**

JURISPRUDENCE COMPARÉE

France

Apport en jouissance

1º Qualification

Lorsque les parties n'ont pas indiqué si l'apport a été effectué en propriété ou en jouissance, les juges doivent, pour le déterminer, apprécier les circonstances de l'espèce, notamment les valeurs données aux différents apports et l'importance respective des droits attribués à chaque associé dans les bénéfices (CA Nancy 6-12-1932 : Journ. sociétés 1933. 558).

2º Libération

Malgré son caractère successif, l'apport en jouissance doit être considéré comme libéré intégralement dès que l'apporteur a mis le bien concerné à la disposition de la société ; un tel apport est donc possible dans toutes les formes de sociétés, même dans les sociétés anonymes et les sociétés à responsabilité limitée pour lesquelles la loi exige une libération intégrale des apports dès la constitution ou l'augmentation du capital de la société (en ce sens, CA Aix 31-5-1951 : JCP 1952.II.6792 note D. Bastian).

3° Restitution de l'apport

En cas d'apport en jouissance « pour la durée de la société », et de dissolution anticipée de la société, l'apporteur reprend, avant tout partage, les objets qu'il n'avait mis en commun que pour la jouissance (CA Aix 31-5-1951 : JCP 1952.II.679 note Bastian).

Art. 48 **L'apport d'un bien ou d'un droit soumis à publicité pour son opposabilité aux tiers peut être publié avant l'immatriculation de la société. La formalité ne produit d'effets rétroactifs à la date de son accomplissement qu'à compter de l'immatriculation de la société.**

JURISPRUDENCE COMPARÉE

France

Opposabilité aux tiers de l'apport publié

1° Rétroactivité de l'immatriculation

L'apport d'un immeuble à une société en formation publié avant que le créancier de l'apporteur n'inscrive une hypothèque sur cet immeuble est opposable à celui-ci dès lors que l'immatriculation de la société fait rétroagir l'apport à la date de sa publicité (CA Agen 20-2-2008 n° 07/1130 : BRDA 2/09 inf. 2).

Il en est autrement si l'inscription a été prise pour faire échec aux droits d'un acquéreur antérieur qui n'a pas encore publié son acquisition (Cass. 3e civ. 10-5-1972 : Bull. civ. III n° 300 ; Cass. 3e civ. 30-1-1974 : D. 1975.427 note J. Penneau). Mais le sous-acquéreur qui a publié son droit avant la publication de l'apport, peut opposer celui-ci même s'il a eu connaissance de l'apport (Cass. 3e civ. 10-2-2010, n° 08-21.656 : Defrénois 2010.1169 art. 39123 n° 1 obs. Piedelièvre) ou même s'il a acquis de mauvaise foi (Cass. 3e civ. 10-2-2010, n° 08-21.656 : Defrénois 2010.1169 art. 39123 n° 1 obs. Piedelièvre).

2° Responsabilité des dirigeants

L'omission de la publication peut entraîner la responsabilité des dirigeants sociaux (T. civ. Valenciennes 26-6-1952 : S. 1953.2.49) et du notaire.

Art. 49 **Les associés évaluent les apports en nature.**

Dans les cas prévus par le présent Acte uniforme, cette évaluation est contrôlée par un commissaire aux apports.

OBSERVATIONS

Sur le défaut d'évaluation, voir l'art. 365.

JURISPRUDENCE COMPARÉE

France

A. Critère d'évaluation

Pour déterminer la valeur réelle des apports, il n'est pas répréhensible de prendre en considération certains critères objectifs étrangers à la simple valeur vénale ou marchande des biens apportés (Cass. crim. 12-4-1976 : JCP 1977.II n° 18523 note Y. Guyon).

B. Surévaluation des apports

1° Absence de nullité de l'apport

La surévaluation d'apport qui consiste à donner à un apport réel une valeur exagérée, n'est pas, sauf cas de dol ou de fraude, une cause de nullité de cet apport (T. com. Paris 24-6-1974 : Rev. jur. com. 1977 p. 157) ;

2° Réduction du capital social

Quand les apports ont été surévalués, la surévaluation peut être corrigée ultérieurement par une réduction du capital social (Cass. req. 9-2-1903 : D. 1903.1.265. note Thaller). Toutefois, hormis le cas où l'apporteur accepterait de supporter seul les conséquences de la réduction de capital, celle-ci doit être imputée sur toutes les parts ou actions ; la surévaluation est, en effet, opposable à tous les associés (sauf, là encore, dol ou fraude) puisque ceux-ci ont accepté la valeur retenue pour les apports lors de la constitution de la société (CA Paris 15-3-1890 : Rev. sociétés 1890 p. 295).

3° Absence de faute de gestion

La surévaluation ne constitue pas une décision de gestion ; elle n'autorise donc pas le juge à condamner un dirigeant ayant apporté un bien surévalué à combler le passif social (CA Grenoble 2-2-2012 n° 10/04268 : RJDA 6/12 n° 611).

Art. 50 Les statuts contiennent l'évaluation des apports en nature, dans les conditions prévues par le présent Acte uniforme.

Voir la jurisprudence française sous les art. 317 et s. pour les parts sociales ; art. 744 et s. pour les actions.

Section V • REALISATION DES APPORTS EN INDUSTRIE

Art. 50-1 [nouv.] Les apports en industrie sont réalisés par la mise à disposition effective de la société de connaissances techniques ou professionnelles ou de services.

Les apports en industrie sont interdits dans les sociétés anonymes.

Observations

L'ancien art. 40 exigeait que l'apport en industrie soit de la main-d'œuvre.

Art. 50-2 [nouv.] L'apporteur en industrie doit rendre à la société la contribution promise et lui doit compte de tous les gains qu'il a réalisés par l'activité faisant l'objet de son apport.

Les statuts décrivent l'apport en industrie et déterminent les modalités de sa libération y compris la durée des prestations qui sont fournies par l'apporteur, le nombre de titres sociaux attribués en rémunération de ces prestations et les droits attachés à ces titres dans le partage des bénéfices et de l'actif net. Les statuts déterminent également les modalités de liquidation de ces titres en cas de cessation par l'apporteur de l'activité faisant l'objet de son apport.

Jurisprudence comparée

France

A. Validité des apports en industrie

Les apports en industrie qui ne sont pas mentionnés dans les statuts sont considérés comme inexistants (Cass. com. 14-12-2004 n° 1830 : RJDA 4/05 n° 383).

B. Droit de l'apporteur

Si la société est dissoute avant le terme statutaire, les droits de l'apporteur dans les bénéfices et sa contribution aux pertes sont réduits proportionnellement à la durée pendant laquelle l'apport devait continuer à être effectué (CA Colmar 16-7-1863 et, sur pourvoi, Cass. civ. 14-6-1865 : D. 1866 I p. 132).

Art. 50-3 [nouv.] Les apports en industrie ne concourent pas à la formation du capital social mais donnent lieu à l'attribution de titres sociaux ouvrant droit au vote et au partage des bénéfices et de l'actif net, à charge de contribuer aux pertes.

Toutefois, les droits de vote attachés aux titres sociaux résultant d'apports en industrie ne peuvent être supérieurs à vingt-cinq pour cent (25 %) de l'ensemble des droits de vote.

La part totale attachée à ces titres sociaux ne peut excéder vingt-cinq pour cent (25 %) des bénéfices, de l'actif net et des pertes de la société.

Art. 50-4 [nouv.] Les titres sociaux résultant d'apports en industrie ne sont ni cessibles ni transmissibles. Ils n'ont pas de valeur nominale.

• Chapitre VIII •
LES TITRES SOCIAUX

Section I • PRINCIPE

Art. 51 La société émet des titres sociaux en contrepartie des apports faits par les associés. Ils représentent les droits des associés et sont dénommés actions dans les sociétés par actions et parts sociales dans les autres sociétés.

Section II • NATURE

Art. 52 Les titres sociaux sont des biens meubles.

JURISPRUDENCE COMPARÉE

France

Qualité de meubles des droits sociaux

Les tribunaux français qualifient de « meubles » les droits reconnus par la société aux associés en contrepartie de leurs apports (CA Paris 5-7-1990 : Dr. Sociétés 1990 n° 242 ; CA Paris 25-10-1991 : Dr. Sociétés 1992 n° 63).

Section III • DROITS ET OBLIGATIONS ATTACHÉS AUX TITRES

Art. 53 [mod.] Les titres sociaux confèrent à leur titulaire :

1°) un droit sur les bénéfices réalisés par la société lorsque leur distribution a été décidée ;

2°) un droit sur les actifs nets de la société lors de leur répartition, à sa dissolution ou à l'occasion d'une réduction de son capital ;

3°) le cas échéant, l'obligation de contribuer aux pertes sociales dans les conditions prévues pour chaque forme de société ;

4°) le droit de participer aux votes des décisions collectives des associés, à moins que le présent Acte uniforme en dispose autrement pour certaines catégories de titres sociaux.

JURISPRUDENCE COMPARÉE

France

A. Droit sociaux

1° Droits des associés et patrimoine social

Les droits sociaux, tels qu'énumérés ne donnent pas de droits sur le patrimoine social ; il en résulte les conséquences suivantes :

– le patrimoine social est le gage des créanciers sociaux et non celui des créanciers personnels des associés. Dès lors, le créancier personnel d'un associé ne peut obtenir la vente forcée du fonds de commerce de la société (Cass. com. 2-5-1983 : BRDA 18/83 p. 19) ;

– lorsque la totalité des parts sociales d'une société est acquise par un associé, devenant l'associé unique de la société, il ne peut y avoir compensation entre le solde du prix d'achat des parts encore dû à l'un des anciens associés et le solde débiteur du compte courant de cet associé dans la société (CA Paris 20-10-1995 : RJDA 4/96 n° 502 som.).

2° Atténuation de la distinction

Les règlements successoraux peuvent donner lieu à l'exercice par les héritiers de droits sociaux d'actes sur le patrimoine social ; ainsi :

– un héritier réservataire peut ainsi faire dresser un inventaire de biens sociaux (CA Colmar 29-5-1964 : Rev. trim. com. obs. Rodière) ;

– lorsqu'une succession est constituée de participations majoritaires dans différentes SA liées entre elles, celles-ci doivent communiquer différents documents en vue de la liquidation et du partage de cette succession (Cass. com. 10-2-1969 : D. 1969 p. 526) ;

– les sanctions du recel successoral ont été appliquées à un héritier associé d'une société civile qui avait masqué à ses cohéritiers que cette société avait perçu des sommes du défunt sous le couvert d'une

SA dont celui-ci était l'actionnaire majoritaire (CA Rouen 6-4-1982 : Gaz. Pal. 1983.som. p. 47) ;
– un expert peut être conduit à apprécier si un héritier ayant reçu des actions par donation et tenu de les « rapporter » à la masse successorale à partager, a affecté la valeur de ces actions à la suite des votes que cet héritier a émis lors des assemblées générales de la société émettrice des titres (CA Paris 22-2-1982 : JCP 1983.II n° 19964 note Gobin).

3° Droit de participation aux décisions collectives

Tout associé a le droit de participer aux décisions collectives et de voter et les statuts ne peuvent déroger à ces dispositions que dans les cas prévus par la loi (Cass. com. 23-10-2007 n° 06-16.537 : RJDA 1/08 n° 50) ; toute clause statutaire contraire à ce principe est réputée non écrite ; l'exclusion d'un associé qui n'a pas participé au vote, serait-il majoritaire, étant intervenue sur le fondement d'une clause contraire à une disposition légale impérative, est donc réputée non écrite pour le tout, la délibération litigieuse devait être annulée (Cass. com. 9-7-2013 n° 11-27.23 : BRDA 15-16/13 inf. 1).

B. Contribution aux pertes

Condition d'exigibilité en cours de vie sociale. Les engagements d'un associé ne pouvant, en aucun cas, être augmentés sans le consentement de celui-ci et les statuts d'une SCI ne stipulant aucune obligation des associés à contribuer aux pertes au cours de la vie sociale, en rappelant seulement l'obligation des associés de contribuer aux pertes, la société n'est pas en mesure de demander le paiement d'une certaine somme au titre de l'appel de fonds à l'associé qui s'est opposé à la décision, prise à la majorité de neuf voix contre une, d'un apport en compte courant jusqu'à remise à flot de la société (Cass. com. 5-5-2009 n° 08-14.044 : RJDA 7/09 n° 645).

Obs. : voir les articles spécifiques aux valeurs mobilières : art. 317 et s. (parts sociales) et art. 744 et s. (actions).

Art. 54 [mod.] Sauf clause contraire des statuts ou dispositions contraires du présent Acte uniforme, les droits et l'obligation de chaque associé, visés à l'article 53 ci-dessus, sont proportionnels à ses apports, qu'ils soient faits lors de la constitution de la société ou au cours de la vie sociale.

Toutefois, sont réputées non écrites les clauses attribuant à un associé la totalité du profit procuré par la société ou l'exonérant de la totalité des pertes, ainsi que celles excluant un associé totalement du profit ou mettant à sa charge la totalité des pertes.

JURISPRUDENCE COMPARÉE

France

A. Vocation des associés aux bénéfices et contribution aux pertes

1° Modalités statutaires licites de répartition des bénéfices

Il est possible de prévoir dans les statuts, par exemple :
– l'application d'une double clé de répartition des bénéfices fondée, d'une part, sur le nombre des actions détenues par les associés et, d'autre part, sur le chiffre d'affaires apporté par chacun d'eux (CE 26-2-2001 : RJF 5/01 n° 619) ;
– la subordination du droit d'un associé à la réalisation d'un bénéfice minimum (Cass. req. 9-5-1885 : D. 1886.1.301 ; Cass. req. 9-7-1885 : D. 1886 I p. 301) pourvu que cette condition soit aléatoire et indépendante de la volonté des associés ;
– le droit, pour certains associés, à un premier dividende privilégié ;
– l'attribution à l'un ou plusieurs des associés d'une somme forfaitaire chaque année, au besoin cumulative si les bénéfices de l'exercice n'en permettent pas le paiement ;
– la suppression pour l'associé gérant du droit aux bénéfices si les dépenses excèdent une somme déterminée (Cass. req. 16-11-1858 : D. 1859. 1. 39) ;
– la limitation de la contribution aux pertes d'un associé au montant de ses apports (Cass. req. 5-12-1887 : S. 1890. 1. 467) ou à un montant déterminé (Cass 1e civ. 16-10-1990 : Bull. Joly 1990. p. 1029, note P. Le Cannu), cette clause ne présentant d'intérêt que dans les sociétés en nom collectif, les sociétés en participation, ou les sociétés en commandite en ce qui concerne les commandités ;
– le droit pour un associé de demander la dissolution de la société si les bénéfices réalisés n'atteignent pas un certain montant (Cass. com. 23-3-1954 : JCP 1954.II n° 8184) ;
– un partage inégal ; par exemple un partage égal des bénéfices et des pertes malgré une inégalité des apports ou, inversement, un partage inégal des bénéfices et des pertes malgré une égalité des

apports (Cass. civ. 27-3-1861 : DP 1861.I p. 161 ; Cass. req. 25-6-1902 : DP 1902.I p. 395).

2° Clause de répartition des bénéfices ne prévoyant pas celle du boni de liquidation

En cas de liquidation de la société, lorsque les statuts prévoient un partage des bénéfices et des pertes dans des proportions différentes de celles des apports, mais ne règlent pas le partage de l'actif social après dissolution, la clause relative à la répartition des bénéfices ne s'applique qu'après remboursement aux associés du montant de leurs apports (Cass. req. 1-12-1856 : S. 1857.1.519).

3° Contribution aux pertes

La contribution aux pertes ne concerne que les rapports des associés entre eux ou avec la société alors que l'obligation aux dettes concerne les rapports des associés avec les tiers (Cass. 3e civ. 6-7-1994 n° 1343 : RJDA 12/94 n° 1310 ; CA Lyon 24-11-2005 n° 04/3880 : RJDA 7/06 n° 778).

B. Clauses léonines

1° Clauses tenues pour léonines

Les conventions, statutaires ou non, par lesquelles les associés conviennent que l'un d'entre eux sera totalement affranchi de toute contribution aux pertes ou exclu de toute participation aux bénéfices, constituent des clauses léonines interdites (en ce sens CA Paris 12-3-2004, n° 03/13772 : RJDA 11/04 n° 1216).

Est léonin :

– l'abandon par un associé de tous ses droits dans les bénéfices moyennant une redevance mensuelle (Cass. com. 18-10-1994 : RJDA 12/94 n° 1292) ;

– le versement par une société civile à l'un des associés d'une somme annuelle minimale quel que soit le résultat d'exploitation (CA. Montpellier 10-11-1992 : Dr. Sociétés 1993 n° 113 obs. T. Bonneau).

2° Clauses non léonines

La prohibition des clauses dites « léonines » ne s'applique qu'aux conventions relatives à la répartition des bénéfices et des pertes entre les associés (Cass. com. 10-1-1989 : JCP 1989. II n° 21526, note A. Viandier ; Cass. com. 24-5-1994 : RJDA 10/94 n° 1034 ; Cass. com. 12-3-1996 : RJDA 8-9/96 n° 1064).

En conséquence, échappent à l'interdiction :

a. les clauses figurant dans les conventions qui ont pour seul objet d'assurer, moyennant un prix librement convenu et dans des conditions assurant l'équilibre des conventions conclues entre les parties, une transmission de droits sociaux, même si ces conventions sont conclues entre associés (Cass. com. 19-10-1999 : RJDA 3/00 n° 268 ; Cass. com. 19-5-1992 : RJDA 3/93 n° 220 ; Cass. com. 22-2-2005 n° 252 : RJDA 6/05 n° 701).

Donc, ne constitue pas une clause léonine :

– l'engagement des principaux associés d'une société de racheter pour un prix minimal (au moins le montant des sommes investies majoré d'un intérêt annuel déterminé) les titres acquis par un investisseur s'il en faisait la demande avant une certaine date assurant à celui-ci l'engagement des principaux associés d'une société de racheter pour bailleur de fonds, le remboursement de l'investissement annuel auquel il n'aurait pas consenti sans cette condition déterminante (Cass. com. 16-11-2004 n° 1643 : RJDA 3/05 n° 260) ;

– la convention par laquelle des actionnaires s'étaient engagés, à l'occasion d'une augmentation de capital, à racheter, pour un prix égal au prix de souscription augmenté d'un intérêt, les actions qu'un autre actionnaire de la société avait souscrites, si celui-ci en faisait la demande, trois ans après, au cours d'une période prédéfinie de quinze jours ; en effet, le bénéficiaire de la promesse, qui ne pouvait lever l'option qu'à l'expiration d'un certain délai et pendant un temps limité, restait, en dehors de cette période, soumis au risque de disparition ou de dépréciation des actions (Cass. com. 22-2-2005 n° 279 : RJDA 6/05 n° 702) ;

– la promesse d'achat d'un solde d'actions à un prix au moins égal à celui fixé lors de la cession précédente (prix plancher) (Cass. com. 19-5-1998 : RJDA 8-9/98 n° 896) ;

– la promesse d'achat prévue dans le protocole conclu entre une banque et une SA qui n'avait pas d'autre objet que de permettre, moyennant un prix librement débattu, la rétrocession des actions à des conditions visant à assurer l'équilibre des conventions conclues entre les parties ; il en était ainsi puisque le remboursement de l'investissement consenti par la banque avait été la condition déterminante de sa souscription à l'augmentation de capital (CA Paris 7-2-2013 n° 11/05209, ch. 5-6, SA Credinfor c/ SA CIC : BRDA 9/13 inf. 5).

b. les garanties contre toute participation aux pertes qu'un associé ou un tiers pourrait consentir à un autre associé, notamment sous la forme d'une promesse de restitution d'apport (Cass. civ. 29-10-1990 : Bull. Joly 1990 p. 1052 note P. Le Cannu).

c. la renonciation totale d'un associé à son droit de participer à la répartition des bénéfices d'un exercice écoulé, une telle renonciation s'analysant en un abandon de créance (CA Paris 8-10-1993 : RJDA 1/94 n° 35 et, sur pourvoi, Cass. com. 13-2-1996 : RJDA 6/96 n° 788).

d. la convention qui intervient après la dissolution de la société (Cass. com. 12-11-1962 : Bull. civ. III n° 442 ; CA Paris 5-12-1983 : D. 1984.som. p. 52).

Art. 55 [mod.] Les droits mentionnés à l'article 53 ci-dessus doivent être exercés dans les conditions prévues pour chaque forme de société. Ces droits ne peuvent être suspendus ou supprimés que par des dispositions expresses du présent Acte uniforme.

Section IV • VALEUR NOMINALE

Art. 56 [mod.] Les titres de même catégorie émis par une société doivent avoir la même valeur nominale.

Section V • NEGOCIABILITE-CESSIBILITE

Art. 57 Les parts sociales sont cessibles. Les actions sont cessibles ou négociables.

JURISPRUDENCE OHADA

Perte de la qualité d'associé liée à la cession volontaire ou judiciaire de droits sociaux

Seules les cessions volontaires ou judiciaires emportent la perte de la qualité d'actionnaire. Lorsqu'un actionnaire n'a pas cédé volontairement ses actions et que c'est l'assemblée générale extraordinaire tenue en son absence qui a décidé de lui restituer la valeur nominale de ses actions sans son consentement, cet actionnaire ne peut être déchu de sa qualité d'actionnaire. Par conséquent, l'exception d'irrecevabilité de l'action en dissolution de la société qu'il a initiée pour mésintelligence et tenant à son défaut de qualité et d'intérêt doit être rejetée (CA Bobo-Dioulasso (Burkina Faso), ch. com., n° 10/09, 10-6-2009 : Union des Transporteurs Ivoiro-burkinabé, S. K. I., S. H., S. H., S. D. c/ B. S. A., Ohadata J-10-117).

Obs. : décision rendue sur le fondement de l'art. 59 de l'AUSCGIE.

JURISPRUDENCE COMPARÉE

I. États-Unis

Interprétation stricte de la clause du prix de revente par l'acheteur des actions achetées à un associé

Non-application à l'associé ayant demandé la revente. Un pacte d'actionnaire relatif à la vente de ses actions par un associé, réservant à l'acheteur le droit de les lui revendre (« put » option to sell), précisait que le prix du rachat serait égal soit à $1500 par action soit à 2.5 fois la valeur comptable des actions, quoique leur valeur soit plus grande ; l'accord définissait la valeur comptable d'une action, pour le cas d'une vente assortie pour le vendeur du droit de racheter à son acheteur les actions vendues (purchase options), comme celle qui résulterait du montant de la valeur nette de la société selon le bilan annuel, après déduction des impôts impayés, divisé par le nombre d'actions émises ; la cour refusa d'appliquer ce mode de calcul et accorda à l'associé qui avait demandé la revente des actions une somme inférieure, au motif qu'aucun élément de l'accord conclu avec son acheteur n'imposait d'appliquer à cette revente le mode de calcul du prix qui était expressément prévu dans l'accord pour le cas où l'acheteur pouvait réclamer au vendeur le rachat des actions achetées (Denkins v. Zinkan Enterprises, Court of Appeals of Ohio, 1997 WL 775660 (1997)).

II. France

Obs. : à défaut de dispositions spécifiques dans l'AUSCGIE relatives aux cessions de droits sociaux, mais compte tenu de l'importance pratique de ces actes et de l'abondant contentieux qu'ils sont susceptibles de générer, sont exposées ci-après, au fur et à mesure de leur apparition, les décisions s'y rapportant.

A. Absence de cession

Le droit de préemption consenti entre actionnaires de plusieurs sociétés appartenant à un même groupe en cas de cession de leurs actions respectives ne s'applique pas à l'apport en société effectué ultérieurement par certains signataires et viole l'article 1134 du Code civil la cour d'appel qui retient que l'apport qui avait consisté à transférer un élément de patrimoine personnel à une société en cours de constitution en contrepartie de titres sociaux pour une valeur globale correspondant aux actifs apportés avait eu pour résultat un transfert à titre onéreux et constituait donc une cession soumise au droit de préemption (Cass. com. 15-12-2009 nº 08-21.037, Légifrance).

1º Rupture de pourparlers préalables à une cession d'actions

A manqué aux règles de bonne foi dans les relations commerciales engageant sa responsabilité commerciale, un cédant d'actions qui avait rompu sans raison légitime, brutalement et unilatéralement, les pourparlers avancés qu'il entretenait avec son partenaire qui avait déjà, à sa connaissance, engagé des frais et qu'il avait maintenu volontairement dans une incertitude prolongée en lui laissant croire que l'affaire allait être conclue à son profit dans les circonstances suivantes :
– après le terme du 27 avril 2006 stipulé dans la promesse initiale, les pourparlers s'étaient poursuivis d'un commun accord entre les intéressés de mai à juillet 2006 ;
– alors que ces pourparlers étaient bien avancés et sans en informer son partenaire qui avait déjà engagé des frais, le cédant avait pris l'initiative de céder ses actions à un tiers en concluant une promesse de vente dès le 6 juin 2006 ;
– la cession au profit du tiers avait été autorisée le 26 juillet 2006 lors d'une assemblée générale mixte de la société dont les titres étaient cédés, ce qui avait nécessité des convocations préalables ;
– ce n'est que la veille de la tenue de cette assemblée que les discussions avec le partenaire s'étaient arrêtées et celui-ci n'avait appris qu'à son retour de vacances que les actions avaient été cédées à un tiers (Cass. com. 18-1-2011 nº 09-14.617 : RJDA 5/11 nº 430).

2º Nature civile de la cession d'actions sans prise de contrôle de la SA entre personnes non commerçantes

La cession entre deux personnes physiques de 10 % du capital d'une société anonyme a une nature civile dès lors qu'elle n'a emporté aucune prise de contrôle de la SA, peu important que l'acquéreur ait entendu poursuivre cet objectif à la faveur de la conjonction d'autres cessions consenties le même jour par d'autres cédants et d'engagements de vendre qui, de surcroît, ne s'étaient pas concrétisés (CA Paris 29-5-2008 nº 07/20819 : BRDA 17/08 inf. 1).

3º Prix indéterminable

L'engagement de cession n'est pas formé si le prix des droits sociaux cédés n'est pas déterminable (Cass. com. 6-11-2012 nº 11-26.582 : BRDA 23/12 inf. 6). Tel est le cas notamment si les éléments de référence retenus pour la détermination du prix dépendent de la volonté de l'une des parties ou de la réalisation d'accords ultérieurs (Cass. 1e civ. 12-11-1974 : Bull. civ. I nº 301 ; Cass. com. 25-9-2012 nº 11-23.319 : RJDA 1/13 nº 24).

Une cession de parts sociales en blanc qui peut constituer une promesse de cession est dépourvue de valeur juridique lorsqu'elle ne renferme au moment de sa signature, aucun prix ou éléments de calcul de son montant et en l'absence d'accord ultérieur sur ce montant avec le cédant (CA Versailles 26-2-1988 : Bull. Joly 1988 p. 355).

4º Prix réel et sérieux

La cession n'est pas nulle faute de prix quoique celui-ci prix soit un prix symbolique d'un euro pour l'acquisition de 25 % du capital d'une société dès lors que l'endettement de la société est très largement supérieur à la valeur de ses actifs, lesquels sont susceptibles de faire l'objet de manière imminente d'une vente par adjudication ; dans ce cas, le cessionnaire est devenu acquéreur d'actions sans valeur immédiate tout en s'exposant à l'aléa affectant l'activité et, le cas échéant, à l'endettement non résorbé au prorata de sa participation au capital, quand le cédant, groupe international spécialisé dans le négoce d'hôtellerie parfaitement au fait des transactions financières, a quant à lui escompté que le crédit dont le nouvel actionnaire jouissait auprès des investisseurs serait susceptible de permettre une restructuration de la dette et la préservation des actifs immobiliers (CA Paris 19-3-2013 nº 12/03157, ch. 5-8, SA Cible financière c/ Ezavin ès qual. : RJDA 7/13 nº 635 som.).

5º Erreur sur la substance

Est une erreur sur la substance même de la chose justifiant l'annulation de la cession de titres conclue à la valeur unitaire de 15 € sans commune mesure avec leur valeur objective (environ 490 €) par un cédant, dépressif et peu habitué à la pratique des affaires, incapable de mesurer la portée des actes qu'il signait et s'était ainsi trouvé écarté d'une société florissante sans contrepartie réelle (Cass. com. 12-2-2008 nº 06-19.204 : BRDA 8/08 inf. 5).

6º Dol d'une partie

a. Existence

A commis un dol :
– le cédant qui a dissimulé à l'acquéreur le risque de perte d'un client représentant une part importante du chiffre d'affaires de la société (CA Lyon 3-4-2003 nº 02/6347 : RJDA 7/05 nº 821 ; CA Paris 17-6-2008 nº 07/9557 : RJDA 12/08 nº 1268) ou le projet d'implantation d'un concurrent à proximité (CA Rouen 7-4-2005 nº 03/4059 : RJDA 8-9/05 nº 985) ;
– le cédant qui a maintenu l'acquéreur dans l'illusion qu'il resterait salarié de la société le temps nécessaire à la transmission du savoir-faire

(Cass. com. 12-2-2013 n° 11-22.641 : BRDA 7/13 Inf. 5) ;
– le dirigeant social qui, se portant acquéreur de parts sociales, s'abstient d'informer l'associé cédant de l'existence et des conditions de négociations en cours en vue de la revente de ces parts (Cass. com. 12-3-2013 n° 12-11.970 : RJDA 6/13 n° 634).

Obs. : sur le dol constitué par la présentation de comptes infidèles à l'acquéreur, voir sous l'art. 890.

b. Absence

La preuve d'agissements malhonnêtes constitutifs d'un dol, tenant à la présentation d'un bilan inexact au cessionnaire n'est pas rapportée compte tenu de ce que, d'une part, la présentation de comptes inexacts n'est pas forcément constitutive d'un dol, notamment lorsque l'ancienneté et la constance des manquements révélaient qu'ils étaient sans lien avec la cession des actions et ne traduisaient pas la volonté du cédant de cacher la véritable situation de la société et, d'autre part, le bilan litigieux n'avait été pris en considération que pour la détermination du prix provisoire de cession, le prix définitif ayant été fixé en fonction de l'actif net au jour de la réalisation de la cession, selon une situation intermédiaire révisée par un expert-comptable choisi par l'acquéreur (CA Orléans 4-10-2012 n° 12/01341, ch. com., SARL Sistéo c/ M. ép. G : RJDA 1/13 n° 5).

c. Allocation de dommages-intérêts pour réticence dolosive

A commis une réticence dolosive sans laquelle l'acquéreur aurait signé à des conditions différentes, le cédant de la totalité des actions d'une société dont l'activité est le nettoyage de locaux qui a dissimulé à l'acquéreur des lettres de protestation d'un client important qui se plaignait de la qualité du travail effectué par la société et mettait en doute le renouvellement du contrat d'entretien dès lors qu'en raison de l'importance de ce contrat sur le chiffre d'affaires de la société, le risque de défaut de renouvellement avait nécessairement une influence sur le prix de cession, même si ce risque ne s'était pas réalisé (CA Paris 17-6-2008 n° 07/9557 : BRDA 17/08 inf. 7).

Est responsable le président d'une société anonyme familiale et doit réparer le préjudice consistant dans la perte de chance de céder leurs actions dans de meilleures conditions, pour avoir manqué à son obligation d'informer les actionnaires minoritaires de perspectives de nature à influencer leur consentement lors de leur acceptation à la demande du président de céder leurs actions à une société holding fondée et dirigée par ce dernier, au prix unitaire de 274 € et deux mois après la cession, une société tierce avait acquis toutes les actions de la SA et de la holding au prix unitaire de 613 €, même si la négociation ayant abouti à la cession à la société tierce n'avait véritablement commencé que quinze jours après l'achat des actions aux actionnaires minoritaires, l'existence de contacts antérieurs était établie (CA Paris 18-12-2008 n° 07/17137 : BRDA 9/09 inf. 4).

B. Garantie de passif

1° Détermination du bénéficiaire d'une garantie de passif

L'acquéreur, qui ne se plaignait pas d'une diminution de l'actif mais reprochait au cédant de ne pas avoir inscrit trois dettes au bilan de la société, se prévalait uniquement de la garantie de passif dont seule la société pouvait revendiquer le profit ; en effet, il résultait des stipulations claires de la convention de garantie que les parties avaient entendu distinguer, d'un côté la garantie d'actif dont pouvait se prévaloir l'acquéreur pour obtenir une réduction du prix de cession, de l'autre la garantie de passif qui se traduisait par le versement dans les caisses de la société d'une somme égale à son appauvrissement net. Si l'acquéreur des titres sociaux est en droit d'agir en exécution de la garantie de passif stipulée en faveur de la société dont il acquiert les titres, c'est à la condition que l'exécution soit poursuivie au profit de celle-ci et non à son profit personnel (Cass. com. 14-5-2013 n° 12-15.119 : RJDA 8-9/13 n° 719).

2° Dettes garanties

Le cédant est tenu de garantir le passif apparu après la cession :
– même si le cessionnaire connaissait la cause qui pouvait provoquer l'augmentation du passif dès lors l'engagement de garantie ne distinguait pas selon que le cessionnaire avait ou non connaissance de cette cause (Cass. com. 14-12-2010 n° 09-68.868, Légifrance) ;
– même si le cessionnaire n'a pas remplie son obligation d'information du cédant sur les faits pouvant justifier l'application de la garantie dès lors que ce non-respect n'était pas expressément sanctionné par la déchéance de la garantie et il résulte des éléments suivants que le cédant connaissait les faits permettant à l'acquéreur de mettre en œuvre la garantie, ce qui était l'objectif du formalisme mis en place par les parties (CA Paris 9-4-2013 n° 12/00631 : RJDA 8-9/13 n° 718).

3° Dettes non garanties

La garantie contre l'appauvrissement de la société dans le cas où apparaîtrait un passif fiscal ou social non comptabilisé au bilan de référence et ayant pour origine des faits antérieurs à la cession, ne couvre pas les indemnités de licenciement versées à un salarié licencié après la cession parce que reconnu inapte à raison d'un accident du travail ou d'une maladie professionnelle antérieurs à la cession, dès lors que le salarié licencié par la société après la cession des titres ne présentait pas une aptitude générale : le salarié, victime d'un accident du travail, avait été reconnu inapte au poste qu'il occupait mais apte à un poste ne nécessitant ni effort ni soulèvement de charge ; le licenciement trouvait donc son origine, non dans l'accident, mais dans la décision de la société qui avait conclu à l'impossibilité du reclassement pour des motifs qui lui étaient propres (CA Paris 20-3-2008 n° 07/7204, 3e ch. B. : BRDA 11/08 inf. 6).

C. Résolution judiciaire d'une cession de droits sociaux

La résolution d'une cession de parts sociales emporte l'anéantissement de cette cession et entraîne la remise des situations des parties dans le même état, fût-ce en valeur, que si les obligations nées de ce contrat de cession de parts sociales n'avaient jamais existé ; tel est le cas lorsque deux associés d'une Selarl exploitant plusieurs laboratoires d'analyses médicales avaient cédé chacun une part de la société à deux autres personnes, les quatre associés avaient ensuite signé un accord par lequel ils se répartissaient la direction des laboratoires, la demande de la résolution de la cession quelques mois plus tard faute pour les acquéreurs d'avoir payé le prix emporte l'anéantissement de cette cession, même si l'effet rétroactif de la résolution de la cession avait pour conséquence que tous les actes passés par les laboratoires gérés sous la direction des acquéreurs étaient irréguliers et que les analyses biologiques effectuées sous leur direction étaient invalidées (Cass. com. 5-5-2009 n° 08-15.296 : BRDA 10/09 inf. 3).

D. Obligation de non-concurrence du cédant

Bien que limitée dans le temps, la clause de non-concurrence souscrite par le cédant est nulle si elle n'est pas aussi limitée dans l'espace (Cass. com. 12-2-2013 n° 12-13.726 : BRDA 5/13 inf. 16).

E. Effet de la cession

Transfert de la propriété des droits sociaux et non d'un élément de l'actif social. L'acte de cession de parts, qui ne peut pas avoir pour effet d'emporter transfert de la propriété d'éléments du patrimoine social, n'est pas susceptible de dissimuler une cession de fonds de commerce ; en conséquence, la société coopérative animant un réseau de distribution dont les statuts prévoient un droit de préférence au profit de celle-ci en cas de cession de son fonds de commerce par un adhérent, et dont le règlement intérieur interdit à ce dernier de s'affilier à un réseau concurrent pendant un an après la fin de l'adhésion, ne peut exercer ce droit sur les parts cédées par une société adhérente (Cass. com. 11-3-2014 n° 12-24.901 : BRDA 7/14 inf. 3, à propos d'une société coopérative mais transposable, la coopérative étant soumise, indépendamment du contrat de coopération, au régime des sociétés).

....

III. Suisse

Lors de plusieurs cessions d'actions d'une société à responsabilité limitée, une société anonyme acquéreur intéressée a conclu un contrat intitulé « promesse irrévocable de vente d'actions » d'une durée de dix ans l'obligeant à céder à deux des associés de la SARL une quantité d'actions moyennant un prix déterminé et assortie d'un intérêt annuel fixé sur la durée devant s'écouler jusqu'à la cession effective, afin d'acquérir tout ou partie des actions concernées en une ou plusieurs fois, la promesse devenant caduque à l'expiration du terme ; la promesse était assortie d'un crédit bancaire souscrit par les deux bénéficiaires de celle-ci. Les deux associés ont levé partiellement pour l'un et totalement pour l'autre l'option en réglant le prix de cession et devenant ainsi acquéreurs effectifs des actions correspondantes à leur levée d'option. L'associé acquéreur ayant partiellement levé l'option alors que le promettant avait été ultérieurement déclarée en faillite, a revendiqué des actions encore détenues par la société en faillite en prétendant que cette dernière les détenait pour son compte en vertu du contrat dit « promesse de vente » qu'il considérait comme destiné à créer une simulation, l'accord conclu étant en réalité un contrat de fiducie en vertu duquel ces actions devaient lui revenir.

Cette qualification lui a été refusée au motif que la commune intention des parties correspondait à la qualification formelle adoptée par elles en raison, d'une part, de la connaissance qu'il avait de la possibilité de conclure une fiducie, ce qui était attesté par le fait qu'il y recourrait dans certains cas, et, d'autre part, en raison de l'absence d'indices susceptibles d'établir la volonté de conclure une fiducie. Le Tribunal fédéral a ainsi conclu à l'existence d'une véritable promesse de vente non dissimulatrice d'un contrat de fiducie sur le fondement de la commune intention des parties (Tribunal fédéral suisse, 1e Cour civile, n° 4 A 501/2008, 30-1-2009, JURICAF).

Art. 58 [mod.] Les sociétés par actions émettent des titres négociables.

L'émission de ces titres est interdite pour les sociétés autres que celles visées au premier alinéa du présent article. Il leur est également interdit de garantir une émission de titres négociables. Sont nuls tous contrats conclus, titres émis ou garanties accordées en violation des dispositions du présent alinéa.

Observations

Prise en compte des sociétés par actions et simple modification de forme pour regrouper la sanction de la nullité applicable aux deux interdictions.

Jurisprudence comparée

France

Nullité des achats de parts d'une société ayant irrégulièrement émis des parts dans le public

A été annulé l'achat, par des particuliers démarchés à domicile, de parts d'une société civile immobilière non autorisée à offrir ses titres au public ; à l'issue de l'opération de démarchage, la société comprenait 130 associés dispersés géographiquement et qui ne se connaissaient pas, ce qui ne permettait pas de caractériser l'intuitu personae nécessaire dans ce type de société (CA Caen 13-5-2003 n° 00/3418 : RJDA 1/04 n° 55, déboutant en conséquence la société de sa demande en paiement des appels de fonds réclamés aux acquéreurs).

Art. 59 [mod.] **Dans tous les cas où le présent Acte uniforme prévoit la cession des titres sociaux d'un associé, ou le rachat de ceux-ci par la société, la valeur de ces droits est déterminée, à défaut d'accord amiable entre les parties, par expert désigné, soit par les parties, soit à défaut d'accord entre elles, par décision de la juridiction compétente statuant à bref délai.**

Jurisprudence OHADA

Inapplication de l'art. 59 à une vente aux enchères publiques d'actions non libérées

Il résulte de l'article 59 de l'AUSCGIE que cette disposition qui pose une règle générale pour la détermination du prix de cession des titres sociaux ne peut pas s'appliquer lorsqu'il s'agit de la vente aux enchères publiques des actions non libérées dont les modalités sont fixées aux articles 775 et 776 dudit Acte uniforme. C'est donc en violation de l'article 59 qu'une cour d'appel a confirmé l'ordonnance qui a ordonné l'expertise aux fins de détermination de la valeur vénale des actions, exposant ainsi son arrêt à la cassation. Sur l'évocation et pour les mêmes motifs que ceux ayant entraîné la cassation, tirés de la méconnaissance de l'article 59 de l'AUSCGIE, il y a lieu d'annuler l'ordonnance rendue juillet 2014 par la juridiction présidentielle du Tribunal Régional Hors Classe de Dakar (CCJA, 3e ch., n° 161, 18-10-2018 : Seniran Auto SA c/ Papa Cheikh Amadou Amar).

Sur une décision rendue sur le fondement de l'art. 59 au sujet de la cession des actions d'un associé décidée par assemblée générale, voir sous l'art. 57.

Jurisprudence comparée

France

A. Exclusion de l'expertise

Les dispositions de l'article 1843-4, comparable à l'article 59 ci-dessus, qui ont pour finalité la protection des intérêts de l'associé cédant, sont sans application à la cession de droits sociaux ou à leur rachat par la société résultant de la mise en oeuvre d'une promesse unilatérale de vente librement consentie par un associé (Cass. com. 11-3-2014 n° 11-26.915 : BRDA 6/14 inf. 24 : décision constituant un revirement de jurisprudence, le recours à l'expertise étant jusque-là obligatoire pour toute cession de droits sociaux).

B. Désaccord sur la valeur des actions

L'article 1843-4 du Code civil étant d'ordre public, le recours à l'expertise peut être demandé dès qu'il y a désaccord entre le cédant et le cessionnaire sur la valeur des actions dont la cession est envisagée ; dès lors, une clause statutaire prévoyant que le prix de cession des actions est fixé, à l'amiable ou par expert, tous les trois ans est réputée non écrite (CA Paris 10-5-1985 : BRDA 14/85 p. 19 à propos de parts sociales mais transposable aux actions).

C. Nécessité d'une contestation antérieure à la conclusion de la cession

La procédure de désignation d'un expert chargé de fixer la valeur des droits sociaux en cas de contestation ne s'applique pas lorsque le prix de cession de parts sociales n'a fait l'objet d'aucune contestation antérieure à la conclusion de celle-ci et doit être approuvée la décision d'une cour d'appel qui a rejeté une demande de fixation à dire d'expert du prix de cession, prévue par une promesse unilatérale par laquelle les associés minoritaires d'une SARL consentaient à l'associé majoritaire la cession de leurs parts à la cessation de leurs fonctions de gérant ou de salarié au sein de la société dès lors que, par référence aux stipulations de cette promesse qui précisaient les modalités de calcul du prix de cession, celui-ci était déterminable et la cession était devenue parfaite dès la levée de l'option, ce dont il résulte que le prix n'avait fait l'objet d'aucune contestation antérieure à la conclusion de la cession (Cass. com. 24-11-2009 n° 08-21.369 : Legifrance).

La nomination de l'expert s'impose dès que la contestation existe entre les parties, toute clause contraire étant nulle (Cass. com. 3-4-1973 : D. 1973 p. 580 note Lacombe) :

D. Evaluation des droits sociaux par expertise

1° Désignation de l'expert chargé d'évaluer des parts sociales pour actualiser son rapport

Si le président du tribunal a seul le pouvoir, à défaut d'accord des parties, de désigner un expert chargé de l'évaluation des droits sociaux, ce texte ne fait pas obstacle à ce que l'actualisation du rapport soit confiée au même expert par le conseiller de la mise en état ; celui-ci peut ainsi confier à l'expert désigné d'évaluer les parts d'une SCP notariale deux ans après le rapport au moment où l'arrêté ministériel prononçant le retrait du notaire est publié et le litige est pendant devant la cour d'appel (Cass. 1e civ. 9-12-2010 n° 09-10.141, Légifrance).

2° Liberté de choix des critères par l'expert

L'expert désigné en application de l'article 1843-4 du Code civil détermine seul les critères qu'il juge les plus appropriés pour fixer la valeur des droits, parmi lesquels peuvent figurer ceux prévus par les statuts ; il n'est tenu de respecter ni d'éventuelles clauses de détermination du prix figurant dans les statuts ou le règlement intérieur de la société (Cass. com. 5-5-2009 n° 08-17.465 : RJDA 8-9/09 n° 751 ; Cass. com. 16-2-2010 n° 09-11.668 : RJDA 5/10 n° 523) ni des consignes données par les parties ou le juge mais il peut s'en inspirer (Cass. com. 5-5-2009 précité).

Il n'appartient pas aux juges de modifier les conclusions de l'expert sauf erreur grossière de la part de ce dernier (Cass. com. 4-11-1987 : Bull. civ. IV n° 226).

3° Exécution de sa mission par l'expert

L'expert doit achever sa mission dans le délai imparti ; celle-ci n'est pas achevée tant qu'il n'a pas fixé la valeur de droits sociaux en cause (Cass. com. 26-3-2013 n° 12-10.144 : RJDA 8-9/13 n° 717).

Erreur grossière

1. Existence

Commet une erreur grossière invalidant son rapport l'expert qui retient comme date d'évaluation celle inadéquate que lui a donnée le magistrat qui l'a désigné (Cass. com. 3-5-2012 n° 11-12.717 : BRDA 13/12 inf. 6).

2. Absence

N'a pas commis d'erreur grossière de nature à remettre en cause son évaluation, l'expert qui avait procédé à l'évaluation des parts d'un associé sans tenir compte des directives contenues dans les statuts et le règlement intérieur de la société à la tête d'un grand groupe de distribution selon lesquelles le prix de rachat des parts détenues par les associés exclus ou démissionnaires était, à défaut d'accord entre les parties, fixé par un expert désigné selon les modalités de l'article 1843-4 et « l'expert désigné déterminera la valeur de remboursement dans le respect des statuts et du règlement intérieur de la société » (CA Paris 9-12-2008 n° 07/20084 : BRDA 5/09 inf. 1).

4° Non-remise en cause par le juge du prix fixé par l'expert

Les juges ne sont pas compétents pour modifier les conclusions de l'expertise à moins qu'une erreur grave ait été commise par cet expert (Cass. com. 4-11-1987 : Bull. civ. IV n° 226 ; Cass. com. 9-4-1991 : RJDA 7/91 n° 561 ; cf. Cass. 1e civ. 25-11-2003 n° 1544 : RJDA 5/04 n° 568).

Les pouvoirs d'évaluation du prix par l'expert sont relativement larges (Cass. 1e civ. 25-1-2005 : RJDA 5/05 n° 561 ; CA Paris 17-9-2004 n° 04/1049 : RJDA 5/05 n° 564) et le juge ayant désigné l'expert ne peut imposer à l'expert des critères d'évaluation (CA Paris 23-11-2005 n° 05/7615 : RJDA 5/06 n° 539).

5° Date d'évaluation des parts de l'associé se retirant d'une société civile

La valeur des parts sociales doit être déterminée à la date la plus proche de celle de leur remboursement (Cass. com. 4-5-2010 n° 08-20.693 : RJDA 8-9/10 n° 861, solution rendue en matière de retrait volontaire d'un associé de société civile, mais transposable par analogie), donc celle de leur rachat et non celle de la notification du projet de cession ou du refus d'agrément. Commet une erreur grossière invalidant son rapport l'expert qui retient comme date d'évaluation celle inadéquate que lui a donnée le magistrat qui l'a désigné (Cass. com. 3-5-2012 n° 11-12.717 : BRDA 13/12 inf. 6).

6° Versement du prix au cédant

L'article 1843-4 du Code civil n'interdit pas au juge des référés d'accorder une provision à l'associé qui se retire d'une société lorsque celui-ci est créancier d'une obligation dont l'existence n'est pas sérieusement contestable (Cass. 1e civ. 27-2-2013 n° 12-15.828 : RJDA 6/13 n° 521).

Section VI • DETENTION DES TITRES SOCIAUX PAR UN SEUL ASSOCIE

Art. 60 [mod.] Dans le cas des sociétés dont la forme unipersonnelle n'est pas autorisée par le présent Acte uniforme, la détention par un seul associé de tous les titres sociaux n'entraîne pas la dissolution de plein droit de la société. Tout intéressé peut demander à la juridiction compétente cette dissolution, si la situation n'a pas été régularisée dans le délai d'un (1) an. La juridiction compétente peut accorder à la société un délai maximal de six (6) mois pour régulariser la situation. Elle ne peut prononcer la dissolution si, au jour où elle statue sur le fond, cette régularisation a eu lieu.

JURISPRUDENCE COMPARÉE

France

A. Réunion de tous les droits sociaux en une seule main

La dissolution d'une telle société ne peut être demandée que s'il ne reste qu'un seul associé. Par suite, dans une société composée de deux associés dont l'un n'avait fait qu'un apport en industrie, l'autre associé, qui détenait donc toutes les parts sociales, ne pouvait pas demander la dissolution de la société sur le fondement de l'article 1844-5, al. 1 du Code civil français (Cass. 1e civ. 30-3-2004 no 530 : RJDA 7/04 no 853).

B. Maintien de la société

La société existe tant que l'associé restant peut régulariser la situation, donc aussi longtemps que sa dissolution n'a pas été prononcée ; ainsi :

– une demande en fixation d'un loyer formée par le bailleur d'un local commercial à l'encontre d'une personne physique, associée unique et gérante de la société en nom collectif locataire, est irrecevable dès lors que l'intéressée n'avait personnellement aucun lien de droit avec le bailleur (CA Versailles 8-4-1999 : RJDA 7/99 no 783) ;

– si l'associé unique est dirigeant, il a qualité pour exercer, au nom de cette dernière, une action en justice (CA Paris 23-9-1997 : RJDA 12/97 no 1494 som.).

C. Mise en liquidation de plein droit de la société dissoute

Obs. : la société dont toutes les parts sont réunies en une main est unipersonnelle au sens de l'art. 201 puisqu'il vise la société unipersonnelle sans distinction ; or, une société est unipersonnelle tant qu'elle n'a qu'un associé.

Chapitre IX
CAPITAL SOCIAL

Section I • DISPOSITIONS GÉNÉRALES

Art. 61 Toute société doit avoir un capital social qui est indiqué dans ses statuts, conformément aux dispositions du présent Acte uniforme.

Art. 62 [mod.] Le capital social représente le montant des apports en capital faits par les associés à la société et augmenté, le cas échéant, des incorporations de réserves, de bénéfices ou de primes d'apports, d'émission ou de fusion.

OBSERVATIONS

Sont désormais inclus dans le capital non seulement les primes d'émission mais aussi les primes ayant les mêmes fins que sont les primes d'apport ou de fusion.

Sur l'exclusion des apports en industrie du capital, voir l'art. 50-3.

Art. 63 [mod.] En contrepartie des apports, la société rémunère l'apporteur par des titres sociaux, pour une valeur égale à celle des apports.

En contrepartie des incorporations de réserves, de bénéfices ou de primes d'apports, d'émission ou de fusion, la société émet des titres sociaux ou élève le montant nominal des titres sociaux existants. Ces deux procédés peuvent être combinés.

Observations

Les primes d'apport et de fusion sont désormais assimilés aux primes d'émission.
Sur la mise en œuvre des procédés susvisés, voir les art. 360 (SARL) et 562 et s. (SA).

Art. 64 Le capital social est divisé en parts sociales ou en actions, selon la forme de la société.

Section II • MONTANT DU CAPITAL SOCIAL

Art. 65 Le montant du capital social est librement déterminé par les associés.

Toutefois, le présent Acte uniforme peut fixer un capital social minimum en raison de la forme ou de l'objet de la société.

Observations

Voir les règles spécifiques au capital minimum : art. 311 (SARL) et art. 387 (SA). le capital est librement fixé dans les statuts pour les SAS (art. 853-5).

Jurisprudence comparée

France

Responsabilité des fondateurs qui n'ont pas doté la société de fonds propres suffisants

La création d'une société dotée de fonds propres dérisoires par rapport aux besoins de l'activité constitue une faute que les fondateurs sont tenus de réparer à l'égard de la société et des créanciers de celle-ci (Pour un exemple, voir CA Rouen 20-10-1983 : D. 1985 p. 161 note J.-J Daigre).

Le dirigeant d'une société ayant créé celle-ci sans apporter de fonds propres suffisants pour assurer son fonctionnement dans des conditions normales et ayant continué l'activité sociale sans prendre aucune mesure pour pallier cette insuffisance de fonds propres a été condamné à combler le passif social (Cass. com. 23-11-1999 : RJDA 4/00 nº 457).

Art. 66 [mod.] Si le capital de la société en cours de formation n'atteint pas le montant minimum fixé par le présent Acte uniforme, la société ne peut être valablement constituée.

Si, après la constitution de la société, son capital est réduit à un montant inférieur au minimum fixé par le présent Acte uniforme, pour cette forme de société, la société doit être dissoute, à moins que le capital soit porté à un montant au moins égal au montant minimum, dans les conditions fixées par le présent Acte uniforme.

Observations

Voir sur la mise en œuvre de la dissolution : art. 371 (SARL) ; art. 664 et s. (SA).

Section III • MODIFICATION DU CAPITAL

Art. 67 [mod.] Le capital social est fixe. Toutefois, il peut être augmenté ou réduit, pour chaque forme de société, dans les conditions prévues par le présent Acte uniforme pour la modification des statuts.

Par dérogation au premier alinéa, le capital peut être variable dans les conditions prévues aux articles 269-1 et suivants ci-après.

Observations

Est ajoutée la mobilité du capital des sociétés à capital variable dont le régime a été introduit dans le présent Acte et forme le Livre 10.

Voir sur l'augmentation : art. 360 et s. (SARL) ; art. 562 et s. (SA) sur la réduction : art. 366 (SARL) ; art. 627 et s. (SA).

Jurisprudence comparée

France

Augmentation du capital frauduleuse

1° Nullité

Une augmentation de capital portant atteinte aux intérêts des minoritaires a été annulée en raison de l'impossibilité pour les minoritaires d'y participer (CA Paris 25-11-2008 n° 06/18340 : BRDA 2/09 inf. 5)

2° Attribution de dommages-intérêts aux minoritaires

L'actionnaire majoritaire, une holding, et le dirigeant, actionnaire majoritaire de celle-ci, ont été condamnés à payer à l'actionnaire minoritaire la somme de 100 000 € en réparation de son préjudice moral car, en votant en faveur du montage frauduleux, il avait engagé sa responsabilité à l'égard du minoritaire dont les droits avaient été déloyalement remis en cause huit mois seulement après qu'il les avait acquis et il n'avait retrouvé sa qualité d'associé qu'à l'issue de la longue instance en nullité menée par les autres actionnaires minoritaires ; pour échapper à la condamnation, le dirigeant faisait valoir en vain qu'il n'avait agi qu'en vertu de son mandat de président de la société car la participation à une fraude dans un intérêt personnel est incompatible avec l'exercice normal de fonctions sociales (CA Paris 26-6-2012 n° 11/04043 : RJDA 5/13 n° 425).

Art. 68 [mod.] **Le capital social peut être augmenté à l'occasion de nouveaux apports faits à la société ou par l'incorporation de réserves, de bénéfices ou de primes d'apports, d'émission ou de fusion.**

Art. 69 **Le capital social peut être réduit, dans les conditions prévues par le présent Acte uniforme, par remboursement aux associés d'une partie de leurs apports ou par imputation des pertes de la société.**

Obs. : À notre avis, le remboursement des apports et l'imputation des pertes sont utilisables dès lors que la situation de la société le permet. D'évidence, l'imputation des pertes n'est utilisable que si des pertes existent. Dans ce cas la société peut y recourir bien que les articles 70 et 367 ne l'envisagent pas. En effet, cette faculté est ouverte d'une façon générale par l'art. 69 qui fait partie des règles communes. Dès lors qu'une disposition expresse n'y déroge pas, il est applicable. Or ni l'article 70 ni l'article 367 n'y dérogent. Ils se bornent à préciser les voies du remboursement des apports. On ne saurait donc par a contrario déduire de leur silence une exclusion de l'imputation des pertes, car cela reviendrait à annihiler 69 sans la certitude de l'intention du législateur. De plus, en soi, l'imputation des pertes est une mesure économiquement opportune puisqu'elle contribue à donner une image fidèle de la situation financière de la société.

En l'absence de pertes, la société n'a d'autres voies que le remboursement des apports. Or, chacun des procédés envisagés par l'un ou l'autre conduit à la réduction du capital, laquelle est ouverte par l'art. 69 pour rembourser les apports. Dès lors que la société a les moyens de rembourser les apports, elle peut donc user de la diminution du nominal, ou si celle-ci n'est pas possible parce que la valeur nominale est déjà égale à la valeur minimale du nominal, alors il faut nécessairement procéder par remboursement des apports. Dès lors que la faculté prévue par le texte commun l'article 70, autorisant l'attribution d'actifs n'est pas expressément exclue, elle doit être tenue pour possible car l'argument a contrario ne peut avoir pour effet d'exclure une faculté reconnue comme de principe (sur la portée de l'argument a contrario, voir en droit comparé MDC n° 74772).

Art. 70 Lorsque le présent Acte uniforme autorise la réduction du capital, par remboursement aux associés d'une partie de leurs apports, celle-ci peut être effectuée, soit par remboursement en numéraire, soit par attribution d'actifs.

Art. 71 [mod.] La réduction du capital est soumise aux conditions des articles 65 et 66 ci-dessus.

OBSERVATIONS

Il s'agit de la réduction au-dessous du minimum légal.

Chapitre X

MODIFICATION DES STATUTS

Art. 72 Les statuts peuvent être modifiés, dans les conditions prévues par le présent Acte uniforme, pour chaque forme de société.

En aucun cas, les engagements d'un associé ne peuvent être augmentés sans le consentement de celui-ci.

OBSERVATIONS

Sur la publicité de la modification des statuts, voir art. 263 et s. ; voir art. 283 et s. (SNC) ; art. 302 et s. (SCS) ; art. 358 et s. (SARL) ; art. 551, al. 2 (SA).

JURISPRUDENCE COMPARÉE

France

A. Notion d'augmentation des engagements des associés

A propos d'une société anonyme, mais la solution est transposable à toute autre forme de société, tout associé se trouvant dans la même situation que l'actionnaire, qui n'est lui-même qu'un associé, il a été jugé : « les engagements des actionnaires ne sont augmentés que si les dispositions prises par l'assemblée générale entraînent une aggravation de la dette contractée par eux envers la société et envers les tiers » (Cass. civ. 9-2-1937 : D.P. 1937.1.73 note Besson).

Il a été aussi jugé qu'une clause de non-concurrence en cas de retrait de la société « par l'atteinte qu'elle porte à la liberté du travail et du commerce augmente les engagements des actionnaires » et ne peut donc être insérée dans les statuts qu'à l'unanimité des actionnaires (Cass. com. 26-3-1996 : RJDA 8-9/96 n° 1066).

1° Existence de l'augmentation

Constitue une augmentation des engagements des associés :

– le blocage des sommes déposées par les associés en compte courant (Cass. com. 24-6-1997 : RJDA 11/97 n° 1349 ; CA Paris 5-5-1995 : JCP E 1995.pan.817, à propos d'une SARL mais transposable aux SA par identité des textes applicables ; CA Versailles 20-9-1996 : RJDA 1/97 n° 67, à propos d'une société civile mais transposable également) ;

– la réclamation faite, par l'actionnaire majoritaire qui, de sa propre initiative, avait versé en compte courant la somme nécessaire à l'apurement des dettes d'une société en liquidation, aux minoritaires de lui rembourser cette somme à proportion de leur part dans le capital social sans leur consentement préalable (Cass. com. 19-10-1999 : RJDA 2/00 n° 165) ;

– l'obligation faite aux associés, prévue dans les statuts, de céder leurs parts en cas de faits graves tels qu'actes de concurrence déloyale, dénigrement, actions malveillantes répétées contre la société ou condamnation pénale (CA Paris 27-3-2001 : RJDA 10/01 n° 973) ;

– la résolution par laquelle la société s'engage à racheter ou à faire racheter les parts d'un associé que celui-ci avait reçues en rémunération de son apport à la société ; en effet, l'apport du bénéficiaire de l'engagement de rachat étant subordonné à cet engagement, les associés pouvaient être conduits à assumer les effets de l'augmentation de capital résultant de l'apport, même si celui-ci était initialement sans incidence sur eux (Cass. com. 13-11-2003 nº 1535 : RJDA 5/04 nº 583, décision rendue à propos d'une société civile mais transposable aux associés de société en nom collectif qui sont, eux aussi, tenus indéfiniment).

2º Absence d'augmentation

Ne constitue pas une augmentation des engagements des associés :

– les obligations imposées à ces derniers résultent purement et simplement des clauses statutaires (Cass. 1e civ. 8-11-1988 : Bull. civ. I nº 313) ; Cass. com. 9-6-2004 nº 916 : RJDA 10/04 nº 1123) ;

– la décision du conseil d'administration d'exiger de ceux-ci une caution bancaire pour garantir le paiement du solde de leurs comptes dans la société. En effet, l'article 1836 du Code civil qui dispose qu'en aucun cas les engagements d'un associé ne peuvent être augmentés sans son consentement, ne règle que les conditions auxquelles doivent satisfaire les décisions modificatives des statuts et ne s'applique en conséquence pas à l'exigence d'une garantie pour le paiement de dettes des associés qui résultent d'une activité commerciale conforme à l'objet social. La décision d'exclusion des associés ayant refusé de fournir la caution, prise par la société dans les conditions prévues par les statuts et confirmée par une sentence arbitrale, est donc justifiée (Cass. 1e civ. 13-1-1998 : RJDA 3/98 nº 291) ;

– la fusion-absorption d'une société anonyme par une société par actions simplifiée pour les raisons suivantes : l'opération n'avait entraîné aucune obligation pécuniaire nouvelle ; selon les statuts de la société par actions simplifiée, les actionnaires devaient garder un contrôle sur les conventions passées entre la société et ses dirigeants ; l'ajout d'une clause de préemption dans les statuts de la société par actions simplifiée ne constituait, à l'égard de l'engagement des actionnaires, qu'une modalité particulière de l'agrément qui existait déjà dans les statuts de la société anonyme (CA Versailles 27-1-2005 nº 03/4697 : RJDA 5/05 nº 557) ;

– une décision sociale de nature à priver les associés de leur intérêt à participer à la société telle que celle ayant pour effet de vider la société de son activité principale (Cass. com. 26-10-2010 nº 09-71.404 : Legifrance).

B. Sanction du non-respect de l'unanimité

L'obligation d'obtenir l'unanimité des associés pour décider l'augmentation de leurs engagements est une règle d'ordre public qui est sanctionnée par une nullité absolue susceptible d'être demandée par tout associé, même s'il a émis un vote favorable à la résolution litigieuse (Cass. com. 13-11-2003 nº 1535 ; RJDA 5/04 nº 583, rendu à propos d'une société civile mais transposable).

Chapitre XI

DECLARATION DE REGULARITE ET DE CONFORMITE OU DECLARATION NOTARIEE DE SOUSCRIPTION ET DE VERSEMENT

Art. 73 [mod.] Les fondateurs et les premiers membres des organes de gestion, d'administration et de direction doivent déposer au registre du commerce et du crédit mobilier une déclaration dans laquelle ils indiquent toutes les opérations effectuées en vue de constituer régulièrement la société et par laquelle ils attestent que cette constitution a été réalisée en conformité avec le présent Acte uniforme.

Cette déclaration est dénommée « déclaration de régularité et de conformité ». Elle est exigée à peine de rejet de la demande d'immatriculation de la société au registre du commerce et du crédit mobilier.

La déclaration est signée par ses auteurs. Toutefois, elle peut être signée par l'une de ces personnes ou plusieurs d'entre elles si ces dernières ont reçu mandat à cet effet.

Art. 73-1 [nouv.] Les dispositions de l'article 73 ci-dessus sont applicables en cas de modification des statuts. Dans ce cas, la déclaration de régularité et de conformité est déposée par les membres des organes de gestion, d'administration et de direction.

Art. 74 Les dispositions de l'article précédent ne sont pas applicables lorsqu'une déclaration notariée de souscription et de versement des fonds a été établie et déposée dans les conditions déterminées par le présent Acte uniforme ainsi que par l'Acte uniforme portant sur le droit commercial général.

Art. 74-1 [nouv.] Les sociétés constituées en violation des articles 7, 8, 9, 20, 37, al. 1 et 40 ci-dessus sont nulles.

Chapitre XII

NON-RESPECT DES FORMALITES – RESPONSABILITES

Art. 75 [mod.] Si les statuts ne contiennent pas toutes les mentions exigées par le présent Acte uniforme ou si une formalité prescrite par celui-ci pour la constitution de la société a été omise ou irrégulièrement accomplie, tout intéressé peut demander à la juridiction compétente, dans le ressort de laquelle est situé le siège social, que soit ordonnée, sous astreinte, la régularisation de la constitution. Le ministère public peut également agir aux mêmes fins.

Jurisprudence OHADA

I. Demande de régularisation

Si, à la suite de la décision de transformation d'une société, des formalités ont été omises ou mal accomplies, toute personne intéressée ou le ministère public peut demander la régularisation de ces formalités, comme la juridiction compétente peut d'office l'ordonner. Si la décision prise par la juridiction compétente ordonnant la régularisation nécessite la convocation d'une assemblée générale pour décider des modifications des statuts nécessitées par le processus de régularisation, un mandataire judiciaire ou ad hoc peut être nommé à cet effet. L'article 75 de l'AUSCGIE ne peut servir de fondement à la régularisation nécessitée par le défaut de mise en harmonie des statuts sociaux, prévue par l'article 908, que si l'action intervient dans la période des deux (2) ans prescrite pour la mise en harmonie des statuts (CCJA, ass. plén., Avis n° 002, 23-6-2015 ; demande d'avis n° 255/SP/DAJ/OHADA/2015 du 21-4-2015 : République Démocratique du Congo, Ohadata J-16-208).

II. Refus de nullité à défaut de demande de régularisation

En application des articles 75 et 242 al. 2 de l'AUSCGIE, c'est à tort que le demandeur au pourvoi soulève la nullité d'une société pour le défaut dans les statuts de celle-ci de certaines mentions prévues par l'article 13 de l'AUSCGIE, et ce moyen doit être rejeté, dès lors que le demandeur n'a demandé aucune régularisation comme le lui permettait l'article 75 précité (CCJA, 1e ch., n° 001, 4-2-2010 : M. B c/1e / INTERTRANS TRADING LIMITED GABON SARL ; 2e / INTERTRANS TRADING LIMITED NIGER SARL ; 3e / S.A.T.A. SARL, Juris-Ohada, n° 2/10, avr.-juin 2010, p. 1, Ohadata J-11-45, J-12-21, J-13-196).

Art. 76 [mod.] Les dispositions des articles 73 et 74 ci-dessus sont applicables en cas de modification des statuts.

Art. 77 [mod.] L'action aux fins de régularisation se prescrit par trois (3) ans à compter de l'immatriculation de la société ou de la publication de l'acte modifiant les statuts.

Art. 78 Les fondateurs, ainsi que les premiers membres des organes de gestion, de direction ou d'administration, sont solidairement responsables du préjudice causé soit par le défaut d'une mention obligatoire dans les statuts, soit par l'omission ou l'accomplissement irrégulier d'une formalité prescrite pour la constitution de la société.

Jurisprudence comparée

France

Responsabilité in solidum des fondateurs pour déclaration irrégulière

Les associés qui, contrairement à ce qu'ils ont affirmé dans les statuts et dans la déclaration de conformité (exigée à l'époque des faits par la loi française et désormais supprimée), n'ont pas libéré les parts qu'ils ont souscrites et qui, par leurs agissements menés en commun, ont contribué à la constitution irrégulière et illicite d'une société dont le passif s'est alourdi rapidement et ont commis une faute commune ayant concouru directement à la réalisation d'un même dommage pour les créanciers. Cette faute commune justifie qu'ils soient condamnés « in solidum » (c'est-à-dire chacun pour le tout sauf à se retourner ensuite contre les autres) à payer une somme égale au capital non libéré (CA Rouen 23-5-1991).

Art. 79 En cas de modification des statuts, les membres des organes de gestion, de direction ou d'administration alors en fonction encourent les mêmes responsabilités que celles fixées à l'article précédent.

Art. 80 [mod.] L'action en responsabilité prévue aux articles 78 et 79 ci-dessus se prescrit par trois (3) ans à compter, selon le cas, du jour de l'immatriculation de la société ou de la publication de l'acte modifiant les statuts.

• Titre IV •

APPEL PUBLIC A L'EPARGNE

• Chapitre I •

CHAMP D'APPLICATION DE L'APPEL PUBLIC A L'EPARGNE

Art. 81 [mod.] Sont réputées faire publiquement appel à l'épargne :

– les sociétés dont les valeurs mobilières sont admises à la négociation sur la bourse des valeurs d'un État partie, à dater de l'admission de ces titres ;

– les sociétés ou toute personne qui offrent au public d'un État partie des valeurs mobilières dans les conditions énoncées à l'article 83 ci-après.

Lorsqu'un marché financier couvre plusieurs États parties, ceux-ci sont considérés comme constituant un seul État partie pour les besoins du présent titre.

Observations

Les alinéas 3 et 4 créent un nouveau régime de placement des titres dans le public dans un ou plusieurs États parties qui est fixé dans les articles qui suivent.

Jurisprudence comparée

I. États-Unis

Société ne faisant pas appel public à l'épargne

Une société fermée est une société qui a un petit nombre d'actionnaires, qui ne fait pas publiquement appel à l'épargne et dont la grande majorité des actionnaires participent à la direction et au management de cette dernière ; ces types de sociétés sont assimilables à des partenariats ; en conséquence, les actionnaires doivent agir loyalement et de bonne foi les uns envers les autres (Donahue v. Rodd Electrotype Co. of New England, Inc., Supreme Judicial Court of Massachusetts, 328 N.E.2d 505 (1975)).

II. France

Appel public à l'épargne par voie publicitaire

L'appel public à l'épargne est caractérisé lorsque le dirigeant d'une société civile :

– a diffusé des brochures publicitaires mettant en valeur le mode d'investissement ;

– a fait publier des annonces dans différents journaux économiques et des revues d'anciens élèves de grandes écoles ;

– surtout a recouru aux services d'apparents conseillers financiers ayant en réalité procédé au démarchage de la société émettrice

(CA Paris 12-7-1979 : BRDA 3/80 p. 9 et, sur pourvoi, Cass. crim. 6-10-1980 : Bull. crim. 248 ; solution transposable aux sociétés par actions).

Art. 81-1 [nouv.] Ne constitue pas une offre au public au sens de l'article 83 ci-après l'offre qui porte sur des valeurs mobilières :

a) dont le montant total dans les États parties est inférieur à cinquante millions (50.000.000) de francs CFA, ce montant étant calculé sur une période de douze (12) mois ;

b) ou qui est adressée uniquement à des investisseurs qualifiés agissant pour compte propre, ou à moins de cent (100) personnes physiques ou morales agissant pour compte propre, autres que des investisseurs qualifiés, par marché boursier régional des États parties ou, pour les États parties qui ne sont pas membres d'un tel marché, par État partie.

Art. 81-2 [nouv.] Au sens du présent Acte uniforme, un investisseur qualifié est une personne ou une entité disposant des compétences et des moyens nécessaires pour appréhender les risques inhérents aux opérations sur instruments financiers, telle que les établissements de crédit et autres intermédiaires ou établissements financiers agréés ou réglementés dans les États parties, les organismes de placement collectif ainsi que leurs sociétés de gestion, les entreprises d'assurance et de réassurance, les sociétés de groupe d'assurance, les mutuelles et unions de mutuelles et les institutions de prévoyance.

Art. 81-3 [nouv.] Toute revente de valeurs mobilières ayant déjà fait l'objet d'un ou de plusieurs des types d'offres visés à l'article 81-1 ci-dessus est considérée comme une offre distincte et peut constituer une offre au public si elle s'effectue dans le cadre d'une des opérations visées à l'article 83 ci-après.

Le placement de valeurs mobilières par des intermédiaires financiers fait l'objet de la publication d'un document d'information prévu au chapitre 2 du présent Titre, si aucune des conditions énumérées aux points a) et b) de l'article 81-1 ci-dessus n'est remplie pour le placement final.

Aucun autre document d'information n'est exigible lors d'une revente ultérieure de valeurs mobilières ni lors d'un placement final de valeurs mobilières par des intermédiaires financiers, dès lors qu'un document d'information valide est disponible et que l'émetteur ou la personne chargé de rédiger ledit document d'information consent par un accord écrit à son utilisation.

Art. 82 [mod.] Il est interdit aux sociétés n'y ayant pas été autorisées par le présent Acte uniforme de faire publiquement appel à l'épargne.

Il est également interdit à toute personne de procéder à la cession par appel public à l'épargne des titres d'une société n'étant pas autorisée à faire publiquement appel à l'épargne par le présent Acte uniforme.

Toute opération effectuée en violation des dispositions du présent article est nulle.

Jurisprudence comparée

France

Sur la nullité des actes violant cette interdiction, voir sous l'art. 58.

Art. 83 [mod.] L'offre au public de valeurs mobilières visée à l'article 81 ci-dessus est constituée par l'une des opérations suivantes :

– une communication adressée sous quelque forme et par quelque moyen que ce soit à des personnes et présentant une information suffisante sur les conditions de l'offre et sur les valeurs mobilières à offrir, de manière à mettre une personne en mesure d'envisager d'acheter ou de souscrire ces valeurs ;

– un placement de valeurs mobilières par des intermédiaires financiers dans le cadre soit d'une émission soit d'une cession.

Art. 84 [mod.] Une société dont le siège social est situé dans un État partie peut placer ses valeurs mobilières dans un ou plusieurs autres États parties en sollicitant leur public.

Dans ce cas, elle est soumise aux dispositions des articles 81 à 96-1 du présent Acte uniforme dans l'État partie du siège social et dans ces autres États parties.

Si l'offre au public de valeurs mobilières n'est pas faite par l'émetteur, la société qui fait l'offre est soumise aux dispositions des articles 81 à 96-1 du présent Acte uniforme dans l'État partie de l'émetteur et dans les autres États parties dont le public est sollicité.

Observations

Pour que l'alinéa 3 ait un sens utile, par « la société », on ne saurait entendre l'émettrice puisque l'offre n'est pas faite par l'émetteur, mais une société tierce qui a pris l'initiative de faire l'offre au public. Par voie de conséquence, un particulier (tel qu'un entrepreneur individuel) n'est pas soumis à ces dispositions, puisqu'il n'est pas « la société ». Il est aussi possible d'interpréter cet alinéa 3 qui mentionne « la société » comme **excluant les personnes physiques, formule plus exacte que celle « d'entrepreneur individuel »**. Autrement dit, seule une société pourrait être intermédiaire en placement. Les deux interprétations sont possibles et, à notre avis, on ne saurait, sans dérogation expresse à la liberté du commerce et d'entreprendre, interdire à une personne physique de faire une offre.

Art. 85 [mod.] Lorsqu'une société dont le siège social est situé dans un État partie fait appel public à l'épargne dans un autre État partie, un ou plusieurs établissements de crédit de cet autre État partie doivent garantir la bonne fin de l'opération si le montant global de l'offre dépasse cinquante millions (50.000.000) de francs CFA.

Cette société doit, dans tous les cas, recourir dans cet autre État partie à un ou plusieurs intermédiaires financiers chargés d'assurer le service financier de l'opération.

Elle désigne, si le montant global de l'opération dépasse cinquante millions (50.000.000) de francs CFA, sur la liste des commissaires aux comptes de cet autre État partie, un ou plusieurs commissaires aux comptes qui vérifient les états financiers. Ce ou ces commissaires aux comptes signent le document d'information visé à l'article 86 ci-après, tel que modifié ou complété, le cas échéant, conformément aux dispositions de l'article 90 ci-après.

Chapitre II
DOCUMENT D'INFORMATION

Art. 86 [mod.] Toute société qui fait publiquement appel à l'épargne doit, au préalable, publier dans l'État partie du siège social de l'émetteur et, le cas échéant, dans les autres États parties dont le public est sollicité, un document destiné à l'information du public. Ledit document contient toutes les informations qui, compte tenu de la nature particulière de l'émetteur et des valeurs mobilières offertes au public ou admises à la négociation sur une bourse des valeurs d'un État partie, sont nécessaires pour permettre aux investisseurs d'évaluer en connaissance de cause le patrimoine, la situation financière, les résultats et les perspectives de l'émetteur et des garants éventuels, ainsi que les droits attachés à ces valeurs mobilières. Ces informations sont précisées par l'autorité compétente de chaque État partie et présentées sous une forme simple et compréhensible.

Jurisprudence comparée

France

Exemples de notes d'information insuffisantes

Sont inexacts :

– un communiqué publiant les résultats semestriels d'une société, incitant un actionnaire à céder immédiatement toutes ses actions alors que cinq jours plus tard, la société avait fait connaître au public la cession d'un bloc de titres majoritaire accompagnée d'une garantie de cours permettant de vendre les actions à un cours de bourse deux fois supérieur au cours de vente de l'actionnaire ; l'information financière publiée, certes exacte, avait été faite trop tôt eu égard à l'accord stratégique imminent ayant influencé considérablement le prix de l'action et avait donné une vision pessimiste erronée des perspectives d'évolution du titre (CA Paris 26-9-2003 n° 01/21885 : RJDA 2/04 n° 181) ;

– la publication trompeuse d'une évolution des résultats que la société émettrice savait impossible à réaliser, engageant sa responsabilité civile (CA Colmar 14-10-2003 n° 01/3432 : RJDA 5/04 n° 582) ;

– l'information erronée sans incidence sur le cours du titre concerné mais ayant faussé la connaissance de l'état de la société pour les acteurs du marché (CA Paris 25-1-2000 : RJDA 6/00 n° 676) ;

– l'information diffusée en fin d'année par une société sur le décalage des ventes de ses nouveaux produits du 3e ou du 4e trimestre et sur le succès considérable de ce produit (un modem), dès lors que la société, ayant pourtant confirmé une prévision du chiffre d'affaires, connaissait les difficultés de commercialisation du produit et les annulations et reports de commandes consécutifs (Cass. com. 23-6-2004 n° 1014 : RJDA 12/04 n° 1341) ;

– le prospectus relatif à l'augmentation de capital d'une société établi par le président d'une société taisant l'existence d'importants engagements financiers portant sur des promesses d'achat de titres d'autres sociétés (CA Paris 6-4-1994 : RJDA 2/95 n° 1155 ; cassé par Cass. com. 18-6-1996 : RJDA 10/96 n° 1206 pour un autre motif) ;

– l'information diffusée par le président d'une société dans le cadre de l'émission d'un emprunt obligataire et précisant que l'emprunt émis servirait à l'acquisition d'une société dont le prix devait atteindre une somme évaluée entre 45 et 120 millions de francs, bien supérieure au montant de l'acquisition réelle, soit un euro (CA Paris 30-11-1994 : RJDA 2/95 n° 169).

Art. 86-1 [nouv.] Le document d'information comprend un résumé qui fournit des informations clés, dans une formulation simple et concise et dans la langue dans laquelle le document d'information a été établi.

Le résumé est établi sous une forme standard sur un même marché boursier et présenté sous une forme simple et compréhensible. Il doit également contenir les informations adéquates sur les valeurs mobilières concernées.

Le résumé comporte également un avertissement au lecteur lui indiquant :

– qu'il doit être lu comme une introduction au document d'information ;

– que toute décision d'investir dans les valeurs mobilières concernées doit être fondée sur un examen exhaustif du document d'information par l'investisseur ;

– qu'engagent leur responsabilité civile les personnes qui ont présenté le résumé, si le contenu du résumé est trompeur, inexact ou contradictoire par rapport aux autres parties du document d'information ou s'il ne fournit pas, lu en combinaison avec les autres parties du document d'information, les informations essentielles permettant d'éclairer les investisseurs lorsqu'ils envisagent d'investir dans ces valeurs mobilières.

Art. 87 [mod.] Dans le cas où une société fait appel public à l'épargne dans un État partie autre que celui de son siège social, le document d'information soumis aux autorités visées à l'article 90 ci-après, comporte des renseignements spécifiques au marché de cet autre État partie.

Ces renseignements sont notamment relatifs au régime fiscal des revenus, aux établissements qui assurent le service financier de l'émetteur dans cet État partie, ainsi qu'aux modes de publication des avis destinés aux investisseurs.

Le document d'information contient une présentation complète des garants visés à l'article 85 ci-dessus, lesquels fournissent les mêmes renseignements que la société dont les titres sont offerts, à l'exception de ceux relatifs aux titres qui sont mis dans le public.

Art. 88 [mod.] L'autorité compétente de l'État partie du siège social de l'émetteur peut dispenser d'inclure dans le document d'information certaines informations prévues dans le présent Acte uniforme si elle estime que :

1°) ces informations n'ont qu'une importance mineure et ne sont pas de nature à influencer l'appréciation portée sur le patrimoine, la situation financière, les résultats ou les perspectives de l'émetteur ;

2°) la divulgation de ces informations est contraire à l'intérêt public ;

3°) la divulgation de ces informations peut entraîner un préjudice grave pour l'émetteur pour autant que cette omission ne risque pas d'induire le public en erreur sur des faits et des circonstances dont la connaissance est indispensable à une évaluation en connaissance de cause de l'émetteur, de l'offreur ou du garant éventuel, ainsi que des droits attachés aux valeurs mobilières sur lesquels porte le document d'information ;

4°) la personne qui fait l'offre n'est pas l'émetteur et ne peut avoir accès à ces informations ;

5°) ces informations sont d'une importance mineure uniquement pour une offre spécifique ou une admission à la négociation spécifique sur une bourse des valeurs d'un État partie et ne sont pas de nature à influencer l'évaluation de la situation financière et des perspectives de l'émetteur, de l'offreur ou du garant éventuel.

Art. 89 [mod.] Le document d'information peut faire référence à tout autre document d'information visé par les autorités mentionnées à l'article 90 ci-après depuis moins d'un (1) an, lorsque le document d'information visé a été établi pour des titres de même catégorie et qu'il comprend les derniers états financiers annuels approuvés de l'émetteur et l'ensemble des informations requises aux articles 87 et 88 ci-dessus.

Le document d'information visé est alors complété par une note d'opération qui doit comprendre :

1°) les informations relatives aux valeurs mobilières offertes ;

2°) les éléments comptables qui ont été publiés depuis le visa initial ;

3°) les éléments sur les faits nouveaux significatifs, de nature à avoir une incidence sur l'évaluation des valeurs mobilières offertes ;

4°) le cas échéant, un tableau de correspondance afin de permettre aux investisseurs de retrouver facilement des informations déterminées.

Art. 90 [mod.] Le projet de document d'information est soumis au visa de l'organisme de contrôle de la bourse des valeurs de l'État partie du siège social de l'émetteur et, le cas échéant, des autres États parties dont le public est sollicité. En l'absence de cet organisme, il est soumis au visa du ministre chargé des finances de ces États parties.

Ces autorités s'assurent que l'opération ne comporte pas d'irrégularités et ne s'accompagne pas d'actes contraires aux intérêts des investisseurs de l'État partie du siège social de l'émetteur et, le cas échéant, des autres États parties dont le public est sollicité.

Dans le cadre de l'examen de la demande de visa, ces autorités indiquent les mentions à modifier ou les mentions complémentaires à insérer. Elles peuvent également demander toutes explications ou justifications, notamment au sujet de la situation, de l'activité et des résultats de la société. Elles peuvent demander des investigations complémentaires, aux frais de la société, aux commissaires aux comptes ou une révision effectuée par un professionnel indépendant, désigné avec leur accord, lorsqu'elles estiment que les diligences des commissaires aux comptes sont insuffisantes.

Elles peuvent demander de faire figurer sur le document d'information un avertissement rédigé par leurs soins. Elles peuvent également requérir toute garantie appropriée en application de l'article 85 ci-dessus.

Les autorités visées au présent article accordent le visa prévu à l'alinéa premier dans le mois suivant la date de délivrance du récépissé de dépôt du projet de document d'information. Ce délai peut passer à deux (2) mois si elles sollicitent des investigations complémentaires.

Le récépissé de dépôt du projet de document d'information est délivré le jour même de la réception du document d'information.

Si l'organisme de contrôle de la bourse des valeurs ou, le cas échéant, le ministre chargé des finances décide de ne pas accorder son visa, il notifie dans les mêmes conditions de délai à la société son refus motivé.

....

JURISPRUDENCE COMPARÉE

France

Portée du visa

La vérification faite par l'autorité de marché ne saurait valoir authentification des éléments comptables et financiers contenus dans la note d'information, qui n'engagent que les mandataires sociaux et les commissaires aux comptes des sociétés concernées (CA Paris 7-7-1995 : RJDA 8-9/95 nº 988 ; CA Paris 19-5-1998 : RJDA 11/98 nº 1235).

Art. 91 [mod.] Si les demandes de l'organisme de contrôle de la bourse des valeurs, ou à défaut du ministre chargé des finances de l'État partie du siège social de l'émetteur et, le cas échéant, des autres États parties dont le public est sollicité ne sont pas satisfaites ou si l'opération s'accompagne d'actes contraires aux intérêts des investisseurs de l'État partie du siège social de l'émetteur ou, le cas échéant, des autres États parties dont le public est sollicité, le visa est refusé.

Art. 92 [mod.] Lorsqu'un ou plusieurs faits nouveaux significatifs ou toute erreur ou inexactitude substantielle, de nature à avoir une incidence sur l'évaluation des valeurs mobilières offertes au public sont intervenus entre la date du visa et la clôture de l'offre ou, le cas échéant, le début de la négociation sur un marché boursier d'un État partie, l'émetteur ou l'initiateur de l'offre établit un supplément mis à jour qui est, préalablement à sa diffusion, soumis au visa de l'organisme de contrôle de la bourse des valeurs ou, à défaut, du ministre chargé des finances de l'État partie du siège social de l'émetteur et, le cas échéant, des autres États parties dont le public est sollicité.

Le supplément au document d'information est approuvé, dans un délai maximal de sept (7) jours ouvrables, de la même manière et publié selon les mêmes modalités que le document d'information initial. Le résumé, et toute traduction éventuelle de celui-ci, donne également lieu à un supplément, si cela s'avère nécessaire pour tenir compte des nouvelles informations figurant dans le supplément au document d'information.

Les investisseurs qui ont déjà accepté d'acheter des valeurs mobilières ou d'y souscrire avant que le supplément ne soit publié ont le droit de retirer leur acceptation, dans un délai de trois (3) jours ouvrables après la publication du supplément.

Art. 93 [mod.] Le document d'information, tel que visé par les autorités compétentes, doit faire l'objet d'une diffusion effective sur support papier ou électronique sous les formes suivantes dans l'État partie du siège social de l'émetteur et, le cas échéant, dans les autres États parties dont le public est sollicité :

1°) diffusion dans les journaux habilités à recevoir les annonces légales à diffusion nationale ou à plus large diffusion ;

2°) mise à disposition d'une brochure accessible pour consultation à toute personne qui en fait la demande au siège social de l'émetteur et auprès des organismes chargés d'assurer le service financier des valeurs mobilières ; une copie du document doit être adressée sans frais à tout intéressé ;

3°) mise en ligne sur le site internet de l'émetteur ou, le cas échéant, sur celui des intermédiaires financiers qui placent ou vendent les valeurs mobilières concernées, y compris ceux chargés du service financier ;

4°) mise en ligne sur le site internet de la bourse des valeurs où l'admission à la négociation est sollicitée ;

5°) mise en ligne sur le site internet de l'autorité compétente de l'État partie du siège social de l'émetteur si celle-ci a décidé d'offrir ce service.

Les émetteurs ou les offreurs qui publient leur document d'information conformément au point 1°) ou au point 2°) le publient également sous forme électronique conformément au point 3°).

Le document d'information est diffusé le plus tôt possible et, en tout cas, au plus tard au début de l'offre au public ou de l'admission à la négociation des valeurs mobilières concernées. Dans le cas d'une première offre au public d'une catégorie d'actions non encore admises à la négociation sur une bourse des valeurs d'un État partie et qui doivent l'être pour la première fois, le document d'information est disponible au moins six (6) jours ouvrables avant la clôture de l'offre.

En outre, un État partie du siège social de l'émetteur peut exiger la publication d'une notice précisant comment le document d'information a été mis à la disposition du public et où celui-ci peut se le procurer.

Art. 94 [mod.] Toute publicité ou autre communication à caractère promotionnel se rapportant à l'offre de valeurs mobilières au public ou à leur admission à la négociation sur une bourse des valeurs d'un État partie respecte les principes énoncés ci-dessous. Ces principes ne s'appliquent que dans les cas où l'émetteur ou l'offreur sollicitant l'admission est soumis à l'obligation d'établir un document d'information.

Les publicités ou communications à caractère promotionnel relatives à l'opération font référence à l'existence du document d'information visé et indiquent les moyens de se le procurer. Elles sont clairement reconnaissables en tant que telles et les informations qu'elles contiennent ne peuvent être erronées, ou prêter à confusion. Ces publicités ou communications doivent aussi être cohérentes avec les informations contenues dans le document d'information, si celui-ci a déjà été publié, ou avec les informations devant y figurer, si celui-ci est publié ultérieurement.

Toute information diffusée oralement ou par écrit en ce qui concerne l'offre au public ou l'admission à la négociation sur une bourse des valeurs d'un État partie, même si elle n'a pas de visée promotionnelle, est cohérente avec les informations fournies dans le document d'information.

Lorsqu'aucun document d'information n'est requis au titre du présent Acte uniforme, les informations importantes fournies par un émetteur ou un offreur et adressées aux investisseurs qualifiés ou à des catégories spéciales d'investisseurs, y compris celles diffusées à la faveur de réunions ayant trait à des offres de valeurs mobilières, sont communiquées à tous les investisseurs qualifiés ou catégories spéciales d'investisseurs auxquels cette offre s'adresse exclusivement.

Art. 95 [mod.] L'obligation de publier un document d'information ne s'applique pas aux offres au public portant sur les catégories de valeurs mobilières suivantes :

1°) les actions émises en substitution d'actions de même catégorie déjà émises, si l'émission de ces nouvelles actions n'entraîne pas d'augmentation du capital souscrit ;

2°) les valeurs mobilières offertes dans le cadre d'une offre publique d'acquisition par voie d'offre publique d'échange, lorsque l'émetteur a rendu disponible un document, soumis au contrôle de l'autorité compétente visée à l'article 90 ci-dessus, comprenant des renseignements équivalant à ceux qui doivent figurer dans le document d'information ;

3°) les valeurs mobilières offertes, attribuées ou devant être attribuées à l'occasion d'une opération de fusion, de scission ou d'apport d'actifs, lorsque l'émetteur a rendu disponible un document, soumis au contrôle de l'autorité compétente visée à l'article 90 ci-dessus, comprenant des renseignements équivalant à ceux qui doivent figurer dans le document d'information ;

4°) les actions offertes, attribuées ou devant être attribuées gratuitement aux actionnaires, ainsi que les actions remises en paiement de dividendes de la même catégorie que celles donnant droit à ces dividendes, lorsque l'émetteur met à la disposition des intéressés un document comprenant des renseignements sur le nombre et la nature des actions ainsi que sur les motifs et les modalités de l'offre ;

5°) les valeurs mobilières offertes, attribuées ou devant être attribuées aux administrateurs, aux mandataires sociaux ou aux salariés anciens ou existants par leur employeur ou par une société appartenant au même groupe que l'émetteur, lorsque l'émetteur a son administration centrale ou son siège social dans les États parties et qu'il met à la disposition des intéressés un document comprenant des renseignements sur le nombre et la nature des valeurs mobilières ainsi que sur les motifs et les modalités de l'offre.

Art. 95-1 [nouv.] L'obligation de publier un document d'information ne s'applique pas à l'admission à la négociation sur une bourse des valeurs d'un État partie des catégories de valeurs mobilières suivantes :

1°) les actions représentant, sur une période de douze (12) mois, moins de dix pour cent (10 %) du nombre d'actions de même catégorie déjà admises à la négociation sur la même bourse des valeurs ;

2°) les actions émises en substitution d'actions de même catégorie déjà admises à la négociation sur une même bourse des valeurs, si l'émission de ces nouvelles actions n'entraîne pas d'augmentation du capital souscrit ;

3°) les valeurs mobilières offertes dans le cadre d'une offre publique d'acquisition par voie d'offre publique d'échange, lorsque l'émetteur a rendu disponible un document, soumis au contrôle de l'autorité compétente visée à l'article 90 ci-dessus, comprenant des renseignements équivalant à ceux qui doivent figurer dans le document d'information ;

4°) les valeurs mobilières offertes, attribuées ou devant être attribuées à l'occasion d'une opération de fusion de scission ou d'apport d'actifs, lorsque l'émetteur a rendu disponible un document, soumis au contrôle de l'autorité compétente visée à l'article 90 ci-dessus, comprenant des renseignements équivalant à ceux qui doivent figurer dans le document d'information ;

5°) les actions offertes, attribuées ou devant être attribuées gratuitement aux actionnaires existants, ainsi que les actions remises en paiement de dividendes, lorsque ces actions sont de la même catégorie que celles déjà admises aux négociations sur une même bourse des valeurs et que l'émetteur a rendu disponible un document comprenant des renseignements sur le nombre et la nature des actions ainsi que sur les motifs et les modalités de l'offre ;

6°) les valeurs mobilières offertes, attribuées ou devant être attribuées aux administrateurs, aux mandataires sociaux ou aux salariés anciens ou existants par leur employeur ou par une société appartenant au même groupe que l'émetteur, lorsque ces valeurs sont de la même catégorie que celles déjà admises à la négociation sur une même bourse des valeurs et que l'émetteur a rendu disponible un document comprenant des renseignements sur le nombre et la nature des valeurs mobilières ainsi que sur les motifs et les modalités de l'admission ;

7°) les actions résultant de la conversion ou de l'échange d'autres valeurs mobilières, ou de l'exercice des droits conférés par d'autres valeurs mobilières lorsque ces actions sont de la même catégorie que celles déjà admises à la négociation sur une même bourse des valeurs.

Art. 96 [mod.] La responsabilité des informations fournies dans un document d'information incombe à l'émetteur ou à l'offreur et à leur organe d'administration ou de direction et, le cas échéant, au garant. Le document d'information identifie clairement les personnes responsables par leur nom et fonction, ou, dans le cas des personnes morales, par leur nom et siège social, et fournit une déclaration de leur part certifiant que, à leur connaissance, les données du document d'information sont conformes à la réalité et ne comportent pas d'omissions de nature à en altérer la portée.

La responsabilité civile des personnes qui ont présenté le résumé, y compris, le cas échéant, sa traduction, ne peut être engagée, sauf si son contenu est trompeur, inexact ou contradictoire par rapport aux autres parties du document d'information, ou s'il ne fournit pas, lu en combinaison avec les autres parties du document d'information, les informations essentielles permettant d'éclairer les investisseurs lorsqu'ils envisagent d'investir dans ces valeurs mobilières. Le résumé comprend un avertissement clair à cet effet conformément au dernier alinéa de l'article 86-1 ci-dessus.

Art. 96-1 [nouv.] Un document d'information reste valide au maximum douze (12) mois après son approbation, pour des offres au public ou des admissions à la négociation sur une bourse des valeurs d'un État partie, pour autant qu'il soit complété par les éléments requis en application de l'article 92 ci-dessus.

• Titre V •

IMMATRICULATION – PERSONNALITE JURIDIQUE

• Chapitre I •

DISPOSITIONS GENERALES

Art. 97 **A l'exception de la société en participation, toute société doit être immatriculée au registre du commerce et du crédit mobilier.**

Observations

Sur la formalité d'immatriculation, voir l'AUDCG art. 46 et s.

Jurisprudence OHADA

Confusion non autorisée de deux sociétés par un créancier

Aux termes de l'article 153 de l'AUPSRVE, la saisie-attribution des créances entre les mains des tiers ne peut porter que sur les sommes d'argent appartenant au « débiteur » poursuivi. En l'espèce, il est constant que [X.] poursuit le recouvrement d'une créance sur la société anonyme [A.], immatriculée au RCCM ; rien, dans le dossier de la procédure, n'établissant un quelconque lien de confusion de patrimoine entre la société poursuivie et [B.], une société anonyme de droit gabonais ayant une personnalité juridique propre, comme résultant de son immatriculation au RCCM sous un numéro différent, le simple fait que celle-ci exerce dans le même secteur d'activités que la débitrice visée dans le titre exécutoire ne peut suffire à faire d'elle une débitrice en lieu et place de la société débitrice et en retenant que la société [A.] est le « département technique » de la société [B.], pour valider la saisie des avoirs de celle-ci, la cour d'appel a violé les articles 4, 97 et 181 de l'AUSCGIE, exposant l'arrêt attaqué à la cassation. Sur l'évocation, et pour les mêmes motifs que ceux ayant entraîné la cassation, il y a lieu de confirmer, en toutes ses dispositions, l'ordonnance du premier juge qui a annulé la saisie-attribution pratiquée après avoir constaté que le titre exécutoire ayant fondé ladite saisie sur les comptes de la société [B.] était dirigé contre la société [A.], dès lors qu'il ne ressort d'aucune pièce du dossier, un acte établissant la qualité de débiteur de la société [B.] (CCJA, 3e ch., nº 078/2022, 2-6-2022).

Art. 98 **Toute société jouit de la personnalité juridique à compter de son immatriculation au registre du commerce et du crédit mobilier, à moins que le présent Acte uniforme en dispose autrement.**

Jurisprudence OHADA

I. Modalités de l'immatriculation

A. Société créée ou située dans l'espace OHADA

L'immatriculation se fait dans les conditions des articles 44 et 46 de l'AUDCG (High Court of Bamenda, (Cameroun), Suit nº HCB/3S/05-06 of 12 June 2012 : Union Bank of Cameroon Plc v. Protion Livestock and ATONGFAC Elias, Ohadata J-13-215).

B. Société immatriculée et située en dehors de l'espace OHADA

L'exigence d'immatriculation prévue par le droit OHADA pour l'existence juridique d'une société ne peut être opposée à une société immatriculée en dehors de l'espace OHADA, n'ayant pas de succursale ou de bureau de liaison dans l'État partie à l'OHADA concerné, car elle a obtenu sa personnalité juridique en conformité à la loi de l'État où elle a été créée (CA de la Tshopo (RDC), nº RCA 5890, 10-6-2021 : Thaurfin Ltd. c/ Iron Mountain).

II. Existence de l'immatriculation

A. Preuve de l'immatriculation et de l'existence d'une société

1. Société créée ou située dans l'espace OHADA

L'extrait des minutes du greffe d'un tribunal de commerce qui mentionne un numéro d'immatriculation d'une société au RCS fait foi jusqu'à inscription de faux, même s'il est contesté. Il s'ensuit que la fin de non-recevoir fondée sur l'incapacité d'agir en justice de ladite société qui résulterait d'une prétendue absence d'immatriculation au RCS n'est pas fondée et doit être rejetée (CCJA, 1e ch., n° 044, 1-7-2010 : Sté A.P.C. c/ Chevron Texaco Cameroun SA et trois autres, Juris-Ohada n° 1/2011, mars 2011, p. 8, Ohadata J-12-92).

2. Société immatriculée et située en dehors de l'espace OHADA

Le droit OHADA, notamment l'AUSCGIE n'ayant ni réglé la question de la capacité des sociétés étrangères, ni consacré des limites à cette capacité, la personnalité juridique et donc la capacité d'ester en justice d'une société commerciale ayant son siège légal en pays étranger demeure réglée par la loi interne de l'État membre de l'espace OHADA car cette question est d'ordre public. Le droit de la république démocratique du Congo en la matière étant que la société étrangère doit prouver son existence légale conformément à la loi de sa nationalité par la production de ses statuts en forme authentique, l'appel interjeté par la société étrangère est recevable, dès lors que ces exigences ont été satisfaites, notamment par la production des statuts en la forme authentique, tirées en l'espèce du site « legalRDC » (CA de la Tshopo (RDC), n° RCA 5890, 10-6-2021 : Thaurfin Ltd. c/ Iron Mountain).

B. Effet de l'immatriculation sur la personnalité morale de la société

1° Existence de la personnalité morale du fait de l'immatriculation jusqu'à inscription de faux

Le jugement qui a retenu qu'une société C dont le siège est en France est la société mère d'une société A immatriculée au Cameroun et d'une société B immatriculée au Tchad et qu'il s'agit d'une seule et même société ayant la même dénomination, la même direction générale établie en France, les mêmes fondateurs et objets, sans établir les liens juridiques entre ces différentes sociétés manque de base légale (CA N'Djaména, n° 281/2000, 5-5-2000 : SDV Cameroun et SDV Tchad c/ STAR NATIONALE, Rev. Juridique Tchadienne, n° 1, mai-juill. 2001, p. 21 ; Ohadata J-06-58).

> **Obs. :** pour les sociétés non immatriculées au registre du commerce et mobilier d'un État partie à l'OHADA ou les sociétés ayant plusieurs filiales dans différents États membres de l'OHADA, voir les articles 46 à 54 de l'AUDCG.

L'extrait du RCCM délivré à une société qui est la preuve de l'immatriculation et, partant, de l'existence juridique de la société, fait foi jusqu'à inscription de faux. C'est donc à tort qu'il est demandé à la CCJA de déclarer irrecevable un recours en cassation introduit par une société, au motif que, d'une part, l'extrait du registre du commerce produit n'est pas récent et ne constitue pas, de ce fait, une preuve suffisante de l'existence juridique de ladite société et, d'autre part, que les démarches entreprises par les conseils du défendeur auprès des administrations compétentes n'ont pas permis d'établir cette existence juridique ; il en est ainsi dès lors qu'il ressort des éléments du dossier que la société demanderesse a bien joint à son recours déposé au greffe le 22 décembre 2022 un extrait du RCCM daté du 25 juillet 2022 (CCJA, 3e ch., n° 378/2024, 26-12-2024).

Il en est de même en cas de contestation ; c'est donc à tort qu'il est reproché à un arrêt d'avoir violé les articles 29 et 98 de l'AUSCGIE, en retenant que « l'existence d'une personne morale s'apprécie, non pas en fonction de l'ouverture ou non d'un ou plusieurs de ses locaux, mais au regard de sa dissolution dans les conditions légales » (CCJA, 2e ch., n° 186/2023, 26-10-2023).

2° Séparation du patrimoine de l'associé ou du représentant légal de celui de la société

L'associé d'une SARL ne peut agir au nom et pour le compte de la société, ce pouvoir étant réservé exclusivement au gérant, car la société commerciale est dotée d'une personnalité juridique distincte de celle de ses associés. Il en est ainsi notamment de l'action en concurrence déloyale exercée pour la société, qui doit être exercée par le gérant de la SARL, seul habilité à cet effet puisque seule la société à intérêt à agir et non les associés (TGI Ouagadougou, n° 631, 12-6-2002 : K. J.P. c/ T. F., Ohadata J-04-18).

Il résulte de l'article 98 de l'AUSCGIE qu'à partir de son immatriculation au registre du commerce et du crédit mobilier, les engagements contractuels dûment pris au nom de la société commerciale ne sauraient se confondre avec ceux pris par le représentant en son nom personnel. En l'espèce, si le promoteur et gérant d'une société, qui a produit les statuts de ladite société au greffe de la cour à la suite d'une demande de régularisation faite par le greffier en chef, a valablement pu conclure des contrats au nom de cette société, il n'en demeure pas moins vrai que ces contrats ne lui sont pas opposables à titre personnel, la société ayant acquis la personnalité juridique dès son immatriculation au registre du commerce et du crédit mobilier. C'est donc en violation de l'article 98 précité que la cour d'appel a rejeté l'exception d'irrecevabilité soulevée par le gérant pris en sa personne, contre l'action intentée à son encontre, exposant ainsi son arrêt à la cassation sans qu'il soit nécessaire d'examiner les autres moyens (CCJA, 3e ch., n° 157, 13-7-2017 : Mibe Célestin Jean Pierre c/ Ngokseu Richard).

3° Persistance de la personnalité morale sous les changements de dénomination

La cour d'appel qui a relevé dans son arrêt que les défendeurs au pourvoi ont été au départ employés par les « Etablissements VALENTIN » et que cette entreprise a fait place par la suite à la Société Etablissements VALENTIN puis à la Nouvelle Société de Gestion des Etablissements VALENTIN sans qu'aucun acte juridique de cession ou de liquidation n'ait été produit pour justifier le passage d'une structure à l'autre alors qu'elles ont fonctionné avec le même patrimoine, les mêmes employés, les mêmes numéros à la Caisse Nationale de Prestations Sociales, le même numéro de téléphone et la même boîte postale, en a déduit, par une juste appréciation des faits, qu'il s'agit de la même entité économique surtout que les différents changements d'appellation n'ont obéi à aucune procédure juridique légale ; rejet du moyen (CCJA, 3e ch., no 025/2012, 15-3-2012 : Ayants droit de Feu KINDA Valentin et KINDA Augustin Joseph c/ SGBCI, BICICI, Coulibaly Drissa).

C'est à tort que l'irrecevabilité d'un pourvoi est soulevée, au motif que la société demanderesse a modifié ses statuts sociaux, sans autorisation de la Banque centrale, alors qu'une telle autorisation était requise, aux termes de l'article 29 de la loi bancaire no 003/2002 du 2 février 2002 ; que cette violation la rend juridiquement incapable, en application de l'article 98 de l'AUSCGIE, et que par conséquent, la procuration spéciale donnée par son directeur général adjoint aux fins du pourvoi est invalide, parce qu'émise par une entité juridiquement incapable. Il en est ainsi dès lors, s'agissant du défaut de capacité juridique et de la fraude, qu'il apparaît des écritures même de la société défenderesse que le défaut d'autorisation de la Banque centrale avant la modification des statuts n'entraîne pas la perte de la personnalité juridique du contrevenant, mais simplement l'annulation des modifications irrégulièrement opérées, ainsi qu'une amende ; le retour à l'ancienne appellation de la requérante que cela induirait n'engendre pour autant aucun préjudice pour la société défenderesse, et n'introduit aucun doute quant à l'identité de la personne contre laquelle elle détient le titre exécutoire mis en exécution (CCJA, 1e ch., no 117/2023, 25-5-2023).

4o Séparation des patrimoines et responsabilité propre et autonome de deux sociétés immatriculées

La cour d'appel qui a approuvé le premier juge qui a validé la saisie-vente des biens meubles appartenant à la société [A.] SA pour le paiement de la dette d'une société [B.] SARL à l'égard d'une société [C.] SAS, motif pris de ce que les deux sociétés agissent comme une même entité juridique, sans caractériser un quelconque engagement de la société [A.] SA envers la société [C.] SAS de répondre de la dette de la société [B.] SARL, alors qu'il ressort des constatations de l'arrêt attaqué que, d'une part, les sociétés en cause disposent chacune d'une personnalité juridique propre, et d'autre part, que les biens meubles objets de la saisie sont la propriété exclusive de la société [A.], a violé les dispositions de l'article 98 de l'AUSCGIE, exposant son arrêt à la cassation. Sur l'évocation, et pour les mêmes motifs que ceux ayant entraîné la cassation, il y a lieu d'infirmer en toutes ses dispositions l'ordonnance dont appel et de statuer à nouveau. Il ressort des dispositions combinées des articles 91 et 140 de l'AUPSRVE, que la saisie-vente doit porter sur les biens appartenant au débiteur à peine de nullité de la saisie. En l'espèce, il est constant comme résultant des statuts de la société [A.] SA, datés du 2 mars 2018, du rapport d'évaluation d'apports en nature du 28 août 2015, de la carte grise et de la facture du 24 mai 2016, que le mobilier de l'usine d'égrenage et les tracteurs objets de la saisie du 14 septembre 2021 sont sa propriété exclusive, et qu'il échet de déclarer nulle la saisie ainsi pratiquée, et d'en ordonner la mainlevée (CCJA, no 178/2024, 6-6-2024).

....

III. Défaut de personnalité morale à défaut d'immatriculation

L'exception d'irrecevabilité soulevée par un débiteur contre l'action initiée par son créancier poursuivant, personne morale, qui n'indique pas dans l'assignation sa dénomination sociale et qui ne prouve pas ladite immatriculation au RCCM, malgré les renvois concédés à cet effet, est recevable, car seule ladite immatriculation confère à une personne morale la personnalité morale dont découle le droit d'agir en justice (TGI Moungo à Nkongsamba, no 49/Civ., 19-8-2004 : A. Che T., CTA entreprises, Ets CHE TAMASANG c/ La Sté camerounaise des palmeraies SA, Mr P. C., J. M. C., Ohadata J-05-119 ; T. com. Brazzaville (Congo), ord. réf. no 065, 28-10-2011 : Sté générale WIETC Company Ltd c/ BRAEL-CONGO SARL, Ohadata J-13-111).

En exerçant au Congo sous l'autorité d'un Directeur général qui dispose d'un pouvoir de conclure des conventions, sans y être immatriculée au RCCM, une société qui est la filiale d'une société dont le siège social se trouve en dehors de l'espace OHADA et qui ne donne aucune indication relative à ladite immatriculation tant dans sa requête introductive d'instance que dans ses autres écritures versées dans le dossier de la procédure est dépourvue de la personnalité morale et ne peut, de ce fait, ester en justice, mis à part une saisine pouvant être faite par les membres de la société pris individuellement (T. com. Brazzaville (Congo), ord. réf. no 065, 28-10-2011 : Sté générale WIETC Company Ltd c/ BRAEL-CONGO SARL, Ohadata J-13-111). Dans le même sens, (Union Bank of Cameroon Plc v. Protion Livestock and ATONGFAC Elias, High Court of Mezam Holden in Bamenda, Suit no HCB/3S/05-06 of 12 June 2012, Ohadata J-13-215). Dans le même sens, CA Pointe Noire (Congo), no 029, 4-8-2006 : ETXE-BAT

CONGO SARL c/ H. H. K., Ohadata J-13-133, l'immatriculation du dirigeant, personne physique, d'une société au registre de commerce ne conférant pas à cette société la personnalité morale, encore moins la capacité d'ester en justice.

Mais il convient de constater la capacité d'une société à agir en justice dès lors qu'il est démontré que son immatriculation au registre de commerce et du crédit mobilier est intervenue avant l'acte d'assignation (TGI Bobo-Dioulasso, n° 74, 4-4-2004 : SAT c/ B. A., Ohadata J-05-234).

IV. Contestation irrecevable de la personnalité morale d'une société

Lorsqu'une société n'est concernée ni par la procédure intentée devant la CCJA, ni par celle s'étant déroulée devant la cour d'appel, le moyen contestant la personnalité juridique de ladite société pour défaut d'harmonisation de ses statuts doit être rejeté (CCJA, n° 024/2009, 30-4-2009 : STPC c/ Sté CICB, Rec. jur. CCJA, n° 13, janv.-juin 2009, p. 82, Ohadata J-10-71).

Obs. : il était reproché à l'arrêt attaqué de s'être prononcé au profit de la Sté défenderesse au pourvoi alors que, selon le pourvoi, la société tierce qui a cédé des machines à la défenderesse n'ayant pas procédé, comme il est prescrit à l'article 908 de l'AUSCGIE à l'harmonisation de ses statuts était « réputée dissoute le 1er janvier 2000 », et que « dépourvue de personnalité morale », elle « ne pouvait se retrouver en train de vendre à la société CICB SARL, le 18 octobre 2001 », les machines litigieuses.

V. Défaut de personnalité morale à défaut d'immatriculation

Sur la survivance de la personnalité morale d'une société dont les statuts n'ont pas été harmonisés, voir sous l'art. 915.

VI. Entreprises individuelles

L'entreprise individuelle n'a pas de personnalité juridique distincte de celle de son promoteur (CCJA, 3e ch., n° 077, 28-4-2016 : Diabagate Soumahila c/ BHCI SA, Ohadata J-17-25). C'est à tort qu'un défendeur a soulevé, in limine litis, l'irrecevabilité du recours en cassation, motif pris de ce que la décision querellée a été rendue entre lui et la société Z. CONSULTING qui est une société unipersonnelle à responsabilité limitée, comme cela ressort non seulement du jugement attaqué mais aussi de l'assignation et de la signification du commandement, qu'en conséquence le recours en cassation initié par monsieur S. Z. doit être déclaré irrecevable, dès lors qu'il résulte du formulaire P2 du RCCM produit au dossier que l'établissement Z. CONSULTING est en réalité une entreprise individuelle dont la personnalité se confond avec celle de son propriétaire également appelé à l'instance devant le premier juge ; rejet de cette exception d'irrecevabilité comme étant non fondée (CCJA, 3e ch., n° 117, 11-5-2017 : Safe Zorkot c/ Douhohou Anicet). (CCJA, 1e ch., n° 192, 9-11-2017 : SHIRE PETROLEUM SARL c/ Les Etablissements Yemoko Louzaki).

Jurisprudence comparée

I. Canada

Séparation du patrimoine social et du patrimoine des associés

Tant en droit civil qu'en common law, les associés ne peuvent pas agir en justice en leur nom et pour leur compte afin d'obtenir réparation d'un préjudice subi par la société ; ont été déboutés de leur demande des associés qui ont invoqué le préjudice né des fautes professionnels de vérificateurs des comptes, le dommage ayant été subi par la société (Tribunal du Québec 12-3-2004, Gélinas c/ Normand et Dubé : Juricaf).

II. États-Unis

A. Pas de personnalité morale sans immatriculation

Les associés doivent faire enregistrer les statuts de leur société ; si ces derniers sont conformes au droit en vigueur, il leur sera remis un certificat ; en l'absence de ce certificat, la société n'existe pas et le droit de l'Oregon n'admet aucune exception à cette règle (Timberline Equipment Co. V. Davenport, Supreme Court of Oregon 514 P.2d 1109 (1973)).

B. Séparation du patrimoine social et du patrimoine des associés

Le droit du Michigan reconnaît qu'une société est une entité juridique à part entière, c'est-à-dire différente des associés qui la composent. Les juges doivent respecter ce principe bien établi (Wells v. Firestone, 421 Michigan 641, 650 ; 364 NW2d 670 (1984)).

Obs. : sur l'impossibilité, en droit américain, pour un associé d'agir personnellement en réparation d'un préjudice subi par la société, voir sous l'art. 167.

C. Levée de la personnalité morale

1° Principe : théorie du « reverse piercing »

La personnalité morale d'une société peut être levée afin que les dettes de cette dernière soient acquittées par les associés. Toutefois la personnalité morale ne doit être levée qu'avec réticence et circonspection (Cascade Energy and Metals Corp. v. Banks, 896 F.2d 1557 (1990)). Il s'agit d'une solution extrême qui doit être utilisée avec parcimonie (Calvert v. Huckins 875 F. Supp. 674 (1995)).

Cette levée ne peut intervenir que si la personnalité morale a été mise en avant au regard des tiers ; tel n'est pas le cas lorsqu'une société ne précise pas, dans les différentes publicités qu'elle réalise, qu'elle est constituée sous forme de société (Baatz v. Arrow Bar, Supreme Court of South Dakota, 452 N.W.2d 138 (1990).

2° Conditions

a. Fraude ou utilisation abusive de la personnalité morale

La personnalité morale de la société est levée en cas de fraude ou en cas d'utilisation abusive (droit du Michigan : Herman v. Mobile Homes Corp., 26 NW2d 757 (1947)).

Il y a fraude lorsque la société a été créée par des parties dans le but d'éviter de payer les taxes en cause (Morris v. New York State Department of Taxation and Finance 82 N.Y.2d 135 (1993)), d'éviter les poursuites de leurs créanciers (New York Supreme Court, Appellate division, Second Departement 2002-04052, 2004 NY Slip Op 01570, 2004, NY 0001802, March 8, 2004) ou d'échapper à l'application d'une loi (Bodenhamer Bldg. Corp. v. Architectural Research Corp., 873 F.2d 109, 111 (6th Cir.1989)).

Il y a utilisation abusive lorsque les intérêts des associés priment ceux de la société et que cette utilisation entraîne des conséquences injustes (Maki v. Copper Range Co, 328 NW2d 430 (1982)) ou lorsque la personnalité morale de la société est utilisée comme un subterfuge qui entraîne des conséquences injustes (Fletcher, Fletcher Cyc. Corp., § 41.10 at 614 (Perm.Ed.1990)).

Les juges du Michigan ont considéré qu'il n'y avait pas d'utilisation abusive d'une société qui était régulièrement enregistrée, qui avait une comptabilité séparée, qui payait ses taxes, qui utilisait son logo et son nom et qui n'était pas sous capitalisée (Richard Mattner v. Tom A. Jennaro & Associates 941 F.2d 1210 (1991)).

b. Iniquité

La théorie de la levée de la personnalité morale d'une société s'applique lorsqu'une partie innocente subit un préjudice en raison de l'utilisation qui a été faite de la forme sociétale ; la question n'est pas de savoir si la société doit être méconnue ni de savoir si son unique but était de frauder les droits des tiers mais de savoir si, dans le cas présenté, la justice et l'équité seront mieux réalisées et la fraude et l'injustice seront évitées en levant la personnalité morale de la société (Shapff v. Scull, 222 Cal. App. 3d, 1457 (1990)).

En droit de l'Illinois, la possibilité de lever la personnalité d'une société n'est possible que lorsque le fait de ne pas le faire entraînerait une injustice ou une iniquité (International Financial Services Corporation v. Chromas Technologies Canada, Inc. 356 F.3d 731 (2004)).

Les conséquences de la non levée de la personnalité morale d'une société seront injustes lorsque cela permet :

– aux anciens associés de ne pas respecter leurs obligations (Gromer, Wittenstrom & Meyer, P.C. v. Storm, 489 N.E.2d 370 (1986)) ;

– à une partie de s'enrichir injustement (B. Kreisman & Co. v. First Arlington Nat'l Bank, 415 N.E.2d 1070 (1980)) ;

– de rendre responsable une société insolvable tout en dégageant de sa responsabilité une société solvable (Van Dorn Co. v. Future Chemical and Oil Corp., 753 F.2d 565 (1985)).

c. Confusion des intérêts sociaux et des intérêts des associés et conséquences injustes

1. Droit de l'État de l'Illinois

Selon le droit de l'État de l'Illinois deux conditions cumulatives sont requises afin de pouvoir lever la personnalité morale d'une société. D'une part, il faut une confusion entre les intérêts de la société et les intérêts des dirigeants ou les intérêts d'un autre groupement. D'autre part, les circonstances doivent être telles que le fait de conserver la fiction de la personnalité morale entraînerait des conséquences injustes ou autoriserait la fraude. Pour savoir s'il y a confusion d'intérêts entre deux sociétés, le droit de l'État de l'Illinois se réfère à quatre éléments :

– l'absence de registres ou documents concernant la société ou le non-respect des obligations concernant le fonctionnement de cette dernière ;

– un mélange entre les fonds et les biens des deux sociétés

– une sous-capitalisation ;

– le fait pour une société de traiter les biens de l'autre société comme les siens

(Van Dorn Co. v. Future Chemical and Oil Corp., 753 F.2d 565 (1985)).

Les intérêts, notamment pécuniaires, entre l'associé personne physique et la société sont indissolublement liés lorsque la société ne possède pas de comptabilité propre, lorsque l'argent de l'associé et de la société n'est pas dissocié, lorsque la société est sous capitalisée et lorsque l'associé utilise les fonds de la société comme les siens (Sea-Land Services, Inc. v. Pepper Source, United States Court of Appeals, Seventh Circuit, 941 F.2d 519 (1991)).

2. Droit de l'État de New York

Selon le droit de l'État de New York :

– la personnalité morale d'une société sera levée lorsque deux conditions seront remplies. D'une part, les associés doivent avoir exercés une domination complète sur la société lors de l'opération attaquée et, d'autre part, cette domination doit avoir été utilisée pour commettre une fraude ou un préjudice à l'égard d'un tiers (Guptill Holdinh Corp. V. State of New York, 33 AD2d 362) ;

– la domination complète de la société par les dirigeants est l'élément essentiel pour percer le voile de la personnalité morale. Toutefois, cette domination n'est pas suffisante, il est également nécessaire de démontrer que cette dernière a entraîné un résultat injuste ou inéquitable (National Labor Relations Bd. V. Greater Kan City Roofing, 2 F.3d 1047).

3. Droit de l'État de Californie

Selon le droit de l'État de Californie deux conditions sont nécessaires afin de pouvoir lever le voile d'une société. D'une part, il doit y avoir une telle unité entre les intérêts de la société et ceux de l'associé qu'en réalité il n'est pas possible de différencier les personnalités juridiques des deux. D'autre part, le fait de traiter les actes en cause comme ceux de la société doit entraîner des conséquences injustes (Automotriz De California v. Resnick 47 Cal.2d.792 (1957) ; dans le même sens sur la condition de résultats injustes, Aladdin Oil Corp. V. Perluss, 230 Cal. App.2d, 603, (1964)).

d. Critères susceptibles de révéler l'unité entre les intérêts de la société et ceux de l'associé

Parmi les facteurs permettant de lever de la personnalité morale d'une société on trouve :

– le mélange des fonds et des actifs des deux entités,

– des dirigeants identiques dans les deux entités,

– l'utilisation des mêmes bureaux et des mêmes employés dans les deux entités,

– ou encore le fait que l'une des entités n'a pas réellement d'existence propre (Roman Catholic Archbishop v. Superior Court, 15 Cal.App.3d 405 (1971)).

D'autres critères sont également pris en considération afin de lever la personnalité d'une société, comme :

– la sous-capitalisation de la société, le non-respect des formalités relatives aux sociétés, l'absence de séparation des livres de la société (Tomaselli v. Transamerica Ins. Co. 25 Cal.App.4th 1269 (1994)) ;

– le contrôle exercé sur la société en cause ((CM Corp. v. Oberer Dev. Co., 631 F.2d 536 (1980), même par une personne qui n'est pas associée de ladite société dès lors qu'elle était en mesure de contrôler la société lorsque l'opération en cause a été conclue (Lowendahl v. Baltimore & Ohio R.R. Co., 247 App. Div 144) ; les indices d'un contrôle de la société ont été relevé dans un cas où la société ne respectait pas son obligation de tenir au moins une fois par an une assemblée générale et que de plus l'argent reçu par cette société n'était pas déposé sur le compte ouvert à son nom mais sur le compte d'une autre personne qui, lorsque la société avait besoin d'argent, lui fournitssait la somme nécessaire (Hystro Products, Inc. v. MNP Corporation (18 F.3d 1384 (1994).

Afin de lever la personnalité d'une société, les juges ne doivent pas se limiter à un seul facteur, ils doivent prendre en considération toutes les circonstances de l'espèce portée devant eux (Talbot v. Fresno-Pacific Corp. 181 Cal.App.2d 425 (1960)).

e. Cas particulier en matière de pollution environnementale

Responsabilité d'une société mère. En matière de pollution environnementale, un problème se pose concernant la notion d'opérateur. En effet, le CERCLA (The Comprehensive Environmental Response, Compensation, and Liability Act : droit fédéral sur la pollution environnementale) dispose que sont responsables des pollutions environnementales les propriétaires et les opérateurs des facilités qui sont à l'origine de la pollution.

Pour certains juges, en matière de pollution environnementale, une société mère est responsable à la place de sa filiale si elle contrôle effectivement cette dernière pendant la période durant laquelle la pollution a eu lieu, c'est-à-dire si elle participe activement à son activité. En revanche, elle ne sera pas responsable si elle agit normalement envers sa filiale, c'est-à-dire si elle se limite à vérifier les activités de cette dernière (Kayser-Roth, 910F2.d, 26).

Pour d'autres juges, au contraire, une société mère ne sera responsable des pollutions faites par sa filiale que si la personnalité de cette dernière peut être levée conformément au droit commun c'est-à-dire si cette dernière est frauduleuse ou abusive. Certains juges expliquent cette solution par le fait que si le Congrès avait voulu étendre la responsabilité des sociétés mères, il aurait pu le faire et il peut encore le faire (Joslyn Mfg. Co v T.L. James & Co, Inc., 893 F.2d 80 (1990).

Les juges du Michigan ont considéré que l'utilisation d'une filiale est abusive lorsque cette dernière n'est que l'instrument de la société mère. Dans ce cas, la société mère doit réparer la pollution faite par sa filiale (United States of America v. Cordova Chemical Company of Michigan, 113 F.3d 572 (1997).

3° Procédure

Irrecevabilité de la demande en levée de la personnalité morale. La théorie de l'estoppel permet, dans certains cas de ne pas lever la personnalité morale d'une société, et ce, même si les conditions pour le faire sont réunies ; il en est ainsi :

– lorsque le créancier a continué pendant plus de six ans ses relations commerciales avec une société qu'il savait sous-capitalisée (Bostwick-Braun Co. v. Szews, 645 F. Supp. 221 (1986)) ;

– lorsqu'un créancier qui a la possibilité de vérifier la capitalisation de la société ne le fait pas et, de ce fait, continue pendant plusieurs mois à faire crédit à cette dernière (Consumers Co-op of Walworht County v. Olsen 419 N.W. 2d211 (1988)) ;
– lorsque les personnes qui contrôlent la société, ont, par leurs actions, reconnu son existence que ce soit expressément ou implicitement (Pacific Landmark Hotel Ltd. V. Marriott Hotels Inc. 19 Cal. App. 4th 615, (1993)) ;
– lorsque la demande a pour objet de soustraire des biens au gouvernement fédéral ou de contourner les lois sur les obligations des dirigeants (Communist Party of the United States of America, v. 522 Valencia Inc, 35 Cal. App. 4th, 980 (1995)).

4º Conséquences de la levée de la personnalité morale

a. Responsabilité des associés

La personne dont la responsabilité est personnellement recherchée à la suite de la levée de la personnalité morale de la société doit avoir partagé la culpabilité de cette dernière (National Labor Relations Board v. Greater Kansas City Roofing, 2F.3d 1047 (1993)).

b. Perte de la personnalité morale

Irrecevabilité de l'action en justice. Selon le droit de l'Arkansas, une société qui perd sa personnalité juridique cesse alors légalement d'exister ; elle ne peut donc plus ester en justice (in Charles Brooks Co. V. Georgia-Pacific, LLC, Court of Appeal for the 8th Circuit, 07-3938/08-1026, (2009)).

....

III. France

A. Naissance de la personnalité morale

Jusqu'à son immatriculation, la société n'existe pas ; il en résulte que :
– une action en justice exercée au nom et pour le compte d'une société en formation est atteinte d'irrégularité laquelle ne peut pas être couverte (Cass. 3e civ. 9-10-1996 : RJDA 1/97 nº 54) ;
– une société non immatriculée n'a pas la capacité de contracter ; par suite, un acte de prêt notarié conclu au nom d'une telle société est nulle et ne peut pas fonder une procédure de saisie immobilière (Cass. 2e civ. 21-11-2002 nº 1138 : RJDA 3/03 nº 260) ;
– une telle société ne peut valablement souscrire à une augmentation de capital (Cass. com. 1-7-2003 nº 1080 : RJDA 11/03 nº 1064).

Toutefois, selon le Conseil d'État une société non immatriculée peut répondre à un appel d'offres en vue de l'attribution d'un marché public, sous réserve que les références et attestations exigées par le règlement de consultation puissent être vérifiées au niveau des associés de cette société (CE 28-7-2004 nº 230115 : RJDA 6/05 nº 697).

B. Capacité d'agir en justice

1º Recevabilité de l'action en justice introduite sous le nom commercial de la société

La circonstance qu'une société se présente sous son nom commercial dans l'acte d'assignation qu'elle a délivré ne la prive pas de la capacité d'agir en justice qui est attachée à la personne quelle que soit sa désignation ; par suite, l'irrégularité d'une assignation délivrée par une société sous son nom commercial avec l'indication de la forme « société anonyme » et d'un siège social parisien correspondant en réalité à l'adresse de son établissement en France ne constitue qu'un vice de forme rendant l'assignation nulle seulement si la partie adverse prouve le grief qui en est résulté (Cass. 2e civ. 11-12-2008 nº 07-18.511 : BRDA 2/09 inf. 6).

Il en est de même de la société qui s'est présentée sous le nom d'un de ses établissements et non sous sa dénomination dans un acte de procédure, ici une requête en annulation (Cass. soc. 15-5-2013 nº 12-16.192 RJDA 8-9/13 nº 714).

2º Irrecevabilité de l'assignation d'une société donnée identifiée par le numéro d'immatriculation d'une société radiée

Le numéro d'immatriculation d'une société au registre du commerce et des sociétés constitue une information essentielle pour identifier la société lorsqu'elle agit en justice et la distinguer d'une autre personne morale et la mention de ce numéro dans l'acte d'assignation que la société délivre à la partie adverse revêt un caractère indispensable pour permettre à celle-ci de vérifier son existence juridique ; de ce fait un acte d'assignation délivré par une société mentionnant non pas son numéro, mais celui d'une société radiée du RCS ayant les mêmes dénominations, capital et siège qu'elle, devait être considéré comme émanant de cette société radiée, qui était privée de personnalité morale et, par suite, de la capacité à agir en justice (CA Paris 10-9-2008 nº 07/16067 : RJDA 7/09 nº 644).

3º Irrecevabilité de l'action d'un associé au nom de la société

Sauf à méconnaître la règle selon laquelle « nul ne plaide par procureur », l'associé, quelle que soit sa qualité, ne peut se substituer à la société pour intenter en ses lieux et place une action en responsabilité contre la banque de la société qui lui permettrait d'obtenir réparation d'un préjudice personnel prenant sa source dans celui subi par la société (Cass. com. 30-10-2012 nº 11-23.034 : RJDA 7/13 nº 623).

Les associés ne peuvent exercer une action en responsabilité délictuelle contre un tiers que s'ils sont en mesure de prouver qu'ils ont subi un préjudice

personnel distinct de celui de la société (Cass. com. 8-2-2011 nº 09-17.034 : RJDA 5/11 nº 421).
Dans un cas où des apports avaient été surévalués, l'action en responsabilité formée par un actionnaire à l'encontre des commissaires aux apports et de l'actionnaire apporteur a été déclarée recevable, la majoration infondée de la participation de l'apporteur ayant causé un préjudice au plaignant qui n'était pas le corollaire de celui subi par la société (Cass. com. 28-6-2005 nº 983 : RJDA 10/05 nº 1107).
Tel pourrait aussi être le cas d'actionnaires victimes des agissements d'un tiers qui, après avoir mis la société en difficulté financière, les aurait pratiquement évincés de celle-ci en les amenant à lui en céder le contrôle à la faveur d'une augmentation de capital qu'il leur aurait imposée sous la menace d'une liquidation (Cass. com. 18-2-1997 nº 617 : RJDA 5/97 nº 659, 1e esp.). En l'espèce, la cour de renvoi a jugé que les difficultés financières de la société résultaient bien plus des fautes de gestion commises par les demandeurs que de l'intervention du tiers (CA Douai 15-11-1999 : RJDA 1/00 nº 41).
Dans la plupart des cas, le préjudice des associés ou actionnaires n'est qu'indirect de sorte que seule la société peut demander réparation de la faute commise par le tiers (pour un exemple, voir CA Paris 20-10-1998 : RJDA 2/99 nº 175).

IV. Tunisie

Représentation de la personne morale – serment

Les personnes morales sont des institutions organisées légalement et dotées d'organes de gestion, de contrôle et de délibérations composés tous de personnes physiques, ce qui signifie que le représentant de la société n'est pas un mandataire, ni de la société ni des associés, mais il est un organe substantiel dans la société et l'un des éléments essentiels dans sa formation. La société ne peut donc fonctionner que par son mandataire et sa gestion pour le compte de la société ne relève pas du mandat puisque le gérant tire ses prérogatives de la loi, notamment à l'égard des tiers, alors que le mandataire tire ses prérogatives du contrat, c'est-à-dire du mandant. Par conséquent, le représentant de la société gère au nom de la société et cette gestion oblige celle-ci envers les tiers. Bien qu'aux termes de l'article 498 du Code des obligations et des contrats, le serment ne peut être déféré que sur un fait personnel à la partie à laquelle on le défère sur la connaissance d'un fait, il n'en demeure pas moins que le fait personnel de la personne morale signifie le fait émanant de son représentant légal à l'occasion de son administration et la connaissance du fait est liée aux actes d'administration et de gestion pendant la durée du mandat. Par suite, le fait de déférer le serment décisoire à la personne morale est en l'espèce admissible et ne s'oppose pas aux dispositions des articles 493 et 498 du Code civil à condition de le déférer directement au représentant légal car il a eu une connaissance personnelle des faits sur lesquels porte le serment décisoire (Cour de cassation de Tunisie, Chambres réunies, nº 3341/2004, 29-12-2005, JURICAF).

Art. 99 **La transformation régulière d'une société en une société d'une autre forme n'entraîne pas la création d'une personne juridique nouvelle. Il en est de même de la prorogation ou de toute autre modification statutaire.**

Sur la portée de cette disposition, voir sous l'art. 181.

• Chapitre II •

SOCIETE EN FORMATION ET SOCIETE CONSTITUEE MAIS NON ENCORE IMMATRICULEE

Section I • DEFINITIONS

Art. 100 **La société est en formation lorsqu'elle n'est pas encore constituée.**

JURISPRUDENCE COMPARÉE

France

A. Notion de société en formation

L'existence de la société en formation peut être reconnue sur la base (Cass. com. 23-5-1997 : Bull. civ. IV nº 150) d'actes préparatoires ; la signature d'un contrat de cession de bail a été considérée comme un acte préparatoire d'une société en formation, nécessaire à l'établissement du siège social. Le fait que cette cession soit intervenue un an avant la constitution de la société ne saurait, en l'absence d'autres éléments, permettre de prétendre à l'existence d'une société de fait, les critères d'une telle société s'appréciant globalement et pas seulement en raison de la durée de la situation en cause (CA Paris 13-5-1997 : RJDA 1/98 n° 51).

B. Distinction entre société de fait et société en formation

1° Nécessité de distinguer société en formation de société de fait

La société en formation, en devenir de personne morale, ne se confond pas avec la société de fait ; dès lors, les juges du fond doivent distinguer la société en formation, appelée à devenir une personne morale et la société de fait qui ne se confondent pas, à peine de censure de la Cour de cassation (Cass. com. 7-12-1981 : Bull civ. IV n° 426).

Pour une distinction entre société en formation et société de fait fondée sur l'intention des parties, voir CA Bordeaux 14-5-1990 : Rev. sociétés 1990 p. 591 note Le Cannu.

2° Critères de distinction

La société de fait se caractérise essentiellement par l'exercice de « manière durable et importante » de l'activité sociale (Cass. com. 9-11-1987 : Bull. civ. IV n° 236 ; Com. 17-5-1989 : Bull. civ. IV n° 151 ; Cass. com. 4-12-2001 : RJDA 3/02 n° 257).

La société en formation qui suppose l'accomplissement d'actes ponctuels, préparatoires à l'activité sociale dans l'attente du commencement d'activité, notamment la conclusion d'un contrat de cession de bail, indispensable pour l'établissement du siège social, peu important que cet accord ait été conclu un an avant la constitution de la société ne révélant pas à lui seul l'existence d'une société de fait (CA Paris 13-5-1997 : RJDA 1/98 n° 51).

La qualification de la société non immatriculée doit être appréciée dans la personne même de chaque associé et dépend de l'attitude de chacun d'eux. En effet, selon le comportement respectif des associés, l'un d'eux peut être réputé agir au nom d'une société en formation et les autres pour le compte d'une société de fait (Voir par exemple, CA Paris 22-12-1983 : Rev. sociétés 1984 p. 745 note Sortais).

Les deux qualités sont exclusives l'une de l'autre pour un associé, une société ne peut être à la fois une société de fait et une société en formation ; on ne saurait donc « sans contradiction déclarer que les (associés) avaient agi au nom d'une société en formation et les tenir pour membres d'une société de fait... » (CA Rouen 5-7-1974, inédit et, sur pourvoi, Cass. com. 23-5-1977 : Bull. civ. IV n° 150 qui n'a pas censuré cette décision en dépit du pourvoi lui reprochant d'avoir retenu la société en formation ; voir aussi Cass. com. 17-5-1989 : Bull. civ. IV n° 151).

C. Société en formation devenant société créée de fait

1° Existence

Est devenue une société créée de fait la société en cours de formation non encore immatriculée :

– dès lors que l'activité développée par les fondateurs a dépassé l'accomplissement des simples actes nécessaires à la constitution de la société, la société étant de fait si l'activité sociale a été exercée de « manière durable et importante » (Cass. com. 9-11-1987 : Bull. civ. IV n° 236 ; Cass. com. 17-5-1989 : Bull. civ. IV n° 151 ; Cass. com. 4-12-2001 : RJDA 3/02 n° 257) ;

– dès lors que les actes passés pour son compte en vue de l'édition de deux magazines révélaient l'exercice de manière durable et importante d'une activité sociale et ne se limitaient pas à la préparation du commencement de l'exploitation, indépendamment de la remise des fonds tirés de la commercialisation du magazine à une autre société qui venait de se constituer et dont le nom commercial et le siège social étaient identiques à ceux indiqués pour la société en formation ; par suite, les personnes figurant comme associés de la société en formation dans les statuts, qui avaient chacune agi au vu et au su des tiers en qualité d'associés de la société en formation et à titre personnel dans le cadre de la société créée de fait sont solidairement condamnées au paiement de la commande passée au nom de la société créée de fait (CA Paris 11-3-2009 n° 06/20507 : RJDA 8-9/09 n° 742) ;

– en contractant un emprunt dès lors qu'ayant pour objet social l'acquisition des parts d'une autre société et l'emprunt contracté par le gérant associé, au nom de la société, étant destiné à financer cette acquisition, l'activité développée par les associés fondateurs avait dépassé l'accomplissement des simples actes nécessaires à sa constitution (Cass. com. 26-5-2009 n° 08-13.891 : BRDA 15-16/09 inf. 3).

Obs. : sur la société créée de fait, voir aussi sous l'art. 864.

2° Portée de la métamorphose

Les associés qui ont personnellement participé aux actes constitutifs de la société créée de fait sont tenus personnellement, indéfiniment et solidairement des dettes de la société (Cass. com. 26-5-2009 n° 08-13.891 : RJDA 10/09 n° 846 ; CA Paris 11-3-2009 n° 06/20507 : RJDA 8-9/09 n° 742).

Art. 101 [mod.] Toute société est constituée à compter de la signature de ses statuts ou, le cas échéant, de leur adoption par l'assemblée générale constitutive.

Avant son immatriculation, l'existence de la société n'est pas opposable aux tiers. Néanmoins, ceux-ci peuvent s'en prévaloir.

Observations

L'assemblée constitutive se rencontre uniquement dans le cas de la constitution d'une société anomyme avec apports en nature et/ou stipulation d'avantages particuliers, voir art. 404 et s.

Jurisprudence comparée

France

A. Signature des statuts

La signature des statuts caractérisant la constituant de la société ne doit pas nécessairement être précédée de la mention « lu et approuvé » (Cass. 1e civ. 27-1-1993 : RJDA 4/93 n° 367).

B. Signature des statuts et promesse de société

1° Qualification

La promesse de contrat de société se distingue d'un simple projet envisageant seulement les traits d'une future société (CA Lyon 14-11-1950 : Journ. sociétés 1952. 36 ; Cass. civ. 16-2-1977 : Rev. sociétés 1977 p. 681, note Guyon).

Constitue une promesse de société et non de simples pourparlers l'accord des parties sur la forme de la future société, son objet, la nature et le montant des apports et de la rémunération d'un des associés appelé à devenir directeur commercial (Cass. com. 28-4-1987 : Bull. civ. IV n° 104 ; voir aussi Cass. 1e civ. 3-6-2003 n° 735 : RJDA 12/03 n° 1177 ; CA Paris 13-11-1998 : RJDA 3/99 n° 291 som.).

La qualification de promesse de société a été écartée au vu de documents non signés et des déplacements des principaux collaborateurs des deux sociétés, laissant ainsi chaque partenaire libre de mener des négociations avec d'autres sociétés, sous réserve de l'existence d'un accord de confidentialité et d'exclusivité durant les pourparlers (CA Versailles 5-3-1992 : Bull. Joly 1992 p. 636 note J. Schmidt).

2° Validité

La promesse de société doit préciser la forme de la future société, sa durée, son objet le montant des apports et la répartition des droits sociaux ; ne peut être exécutée la promesse restée silencieuse sur les apports à effectuer (Cass. req. 15-12-1920 : Journ. sociétés 1921. 317 ; CA Paris 21-3-1989 : Bull. Joly 1989 p. 439).

3° Effet

La promesse de société engendre pour les parties une « obligation de faire » dont l'inexécution est sanctionnée par des dommages et intérêts visant à réparer le préjudice subi par le ou les contractants n'ayant pu constituer la société (Voir par exemple, CA Paris 15-12-1995 : RJDA 3/96 n° 352 ; CA Paris 13-11-1998 : RJDA 3/99 n° 291 som. ; CA Versailles 16-11-2000 : RJDA 3/01 n° 315).

C. Préambule aux statuts

En présence d'un préambule précédant les statuts et précisant les objectifs de la société, la contradiction entre le préambule et les clauses statutaires se résout au profit des statuts (CA Versailles 8-7-1993 : RJDA 11/93 n° 910).

D. Constitution à terme de la société

En signant les statuts, les associés peuvent prévoir que la société sera constituée au terme d'un certain délai bien que cette hypothèse demeure rare en pratique.

Sur la distinction entre le terme et la condition, voir Cass. 1e civ. 13-4-1999 : RJDA 7/99 n° 759 ; Cass. 1e civ. 13-7-2004 : RJDA 11/04 n° 1186.

Art. 102 [mod.] Sont qualifiées de fondateurs de la société, toutes les personnes qui participent activement aux opérations conduisant à la constitution de la société.

Leur rôle commence dès les premières opérations ou l'accomplissement des premiers actes effectués en vue de la constitution de la société. Il prend fin dès que les statuts ont été signés par tous les associés ou l'associé unique ou le cas échéant, ont été adoptés par l'assemblée générale constitutive.

Observations

Sur l'assemblée constitutive, voir sous art. 101.

Jurisprudence comparée

France

A. Accord entre les fondateurs

L'accord liant les fondateurs et renfermant les principaux éléments de la future société est le plus souvent implicite ; sa violation donne droit à des dommages et intérêts (Cass. com. 23-3-1982 : Bull. Joly 1982 p. 597, à propos de la constitution d'un G.I.E mais transposable à celle d'une société).

B. Obligation des fondateurs

1° Obligation de loyauté

Durant les pourparlers, les parties sont tenues d'une obligation de loyauté et engagent leur responsabilité civile en cas de rupture abusive des négociations avancées ; ce qui n'est pas le cas lorsque :

– la cessation des relations survient à une époque où les questions n'étaient pas encore résolues avant la conclusion d'un accord final entre les parties, préoccupées par l'appréciation des risques et avantages de la création envisagée (CA Paris 18-12-1990 : RJDA 4/91 n° 301) ;

– le protocole d'accord envisageant la constitution de la société était conditionnel et ne prévoyait aucun terme pour la réalisation de la condition non assortie d'un préavis raisonnable (CA Paris 5-5-2000 : RJDA 11/00 n° 955).

2° Obligations financières

Les fondateurs doivent veiller à ajuster le montant des capitaux investis dans la future société aux besoins de l'exploitation. A défaut, ils commettent une faute qu'ils sont tenus de réparer à l'égard de la société et des créanciers sociaux (CA Rouen 23-11-1983 : D. 1985 p. 161 note J.-J. Daigre).

Sont fautifs :

– les fondateurs ayant doté la société de fonds propres très inférieurs aux objectifs de celle-ci (CA Rouen 23-11-1983 précité) ;

– le dirigeant d'une autre société ayant constitué celle-ci sans apport de fonds propres suffisants par rapport aux conditions normales d'exploitation et sans y remédier, qui a été condamné à combler le passif de la société (Cass. com. 23-11-1999 : RJDA 4/00 n° 457).

3° Obligation de non-concurrence des fondateurs anciens salariés ou dirigeants d'une société

a. Liberté de création d'une société concurrente

Un salarié de la faculté de créer, après la rupture du contrat de travail, une entreprise concurrence sauf si une clause de non-concurrence le lui interdit (Cass. soc. 20-2-2013 n° 11-25.694 : RJDA 6/13 n° 479 som.).

b. Responsabilité pour actes de concurrence déloyale

1. Existence

Engage sa responsabilité le fondateur qui :

– salarié d'une société qu'il se prépare à quitter pour fonder une société, se sert de la documentation de son employeur pour se livrer à la prospection de la clientèle de celui-ci (CA Paris 4-3-1993 : JCP E 1993.pan. n° 768) ;

– salarié d'une société, deux mois avant sa démission, a pris toutes les dispositions nécessaires pour la conception, l'implantation et l'agencement d'un magasin dont l'objet et les fournisseurs étaient identiques à ceux de son employeur et dont l'ouverture est intervenue le lendemain de la fin de son préavis (Cass. soc. 16-5-2007 n° 06-40.062 : BRDA 13/07 inf. 3) ;

– gérant démissionnaire d'une société, qui, pendant son préavis, crée une société nouvelle dont l'exploitation a commencé avant l'expiration de ce préavis (Cass. com. 12-2-2002 n° 00-11.602 : RJDA 6/02 n° 708) ;

– qui débauche des salariés d'une autre société entraînant une désorganisation de l'entreprise (Cass. com. 24-10-2000 n° 97-12.330 : RJDA 2/01 n° 251 ; Cass. com. 3-6-2008 n° 07-12.437 : RJDA 12/08 n° 1326) ; tel est le cas lorsqu'à l'occasion de la création d'une entreprise concurrente, l'ancienne gérante d'une société débauche 18 des 20 employés dans le but de démanteler l'ancienne entreprise, ce débauchage ayant été organisé alors qu'elle était encore au service de son ancien employeur (Cass. com. 7-5-1980 n° 78-14.831 : Bull. civ. IV n° 179) ainsi que des créateurs de mode qui, au lendemain de la présentation de la collection de leur employeur, dont le succès leur a été largement attribué, annoncent la fondation de leur propre maison lors d'une conférence de presse, quittent l'entreprise avant la fin de leur délai de préavis, l'empêchant d'assurer la bonne fin des opérations en cours et la préparation de la prochaine collection, et entraînent le départ d'une vingtaine de salariés dont l'importance pour l'entreprise n'était pas négligeable, provoquant

ainsi une désorganisation au sein de cette dernière (CA Paris 26-9-1994 n° 93/180 : RJDA 6/95 n° 792 et, sur pourvoi, Cass. com. 20-2-1996 n° 94-19.824) ;
– démarche la clientèle d'une autre entreprise dès lors que celle-ci s'accompagne ; du dénigrement des produits ou du travail de celle-ci (Cass. com. 9-11-1987 n° 86-10.543 : BRDA 24/87 p. 22) ; de l'utilisation systématique des travaux et de l'expérience de l'ancien employeur ainsi que de la reproduction de ses produits presque à l'identique (Cass. com. 13-2-1990 n° 88-13.828 : BRDA 7/90 p. 7) ; du détournement d'un fichier de clients (Cass. soc. 22-5-1995 n° 91-45.675 : RJDA 8-9/95 n° 1066 ; Cass. com. 20-10-1998 n° 96-21.859 : RJDA 1/99 n° 109) ou d'une commande (Cass. com. 3-5-1979 : Bull. civ. IV n° 137 ; Cass. com. 2-3-1982 : Bull. civ. IV n° 80) ; de l'entretien d'une confusion entre la société qu'il vient de quitter et celle qu'il a créée, en utilisant son nom personnel dans les documents publicitaires, alors que celui-ci constituait l'un des éléments de la dénomination de l'ancienne société et que son utilisation n'était pas nécessaire puisque le fondateur n'exploitait pas en son nom personnel (Cass. com. 12-2-2002 n° 387 : RJDA 6/02 n° 708).

2. Absence

N'engage pas sa responsabilité le fondateur qui :
– démarche la clientèle auquel de la société dont il était l'ancien président dès lors qu'il n'était pas établi que l'intéressé avait commencé à prospecter la clientèle avant la date de cessation de ses fonctions, qu'il n'était lié à la société par aucune clause de non-concurrence et qu'aucune preuve de dénigrement de la société auprès de la clientèle n'était apportée (Cass. com. 12-1-1976 : JCP G 1976.IV p. 77) ;
– ancien administrateur d'une société, a pris après avoir démissionné, une participation minoritaire au capital de deux sociétés concurrentes aux côtés d'anciens salariés également démissionnaires (CA Lyon 20-11-1998 : Bull. inf. C. cass. 1999/499 p. 22) ;
– ancien dirigeant d'une société, crée une société concurrente dès lors qu'au moment de cette création il n'exerçait plus aucune fonction au sein de la première société après avoir été révoqué et évincé à la suite d'une mésentente entre associés et que, même s'il détenait la moitié du capital de celle-ci, son engagement au sein de la société concurrente s'expliquait par le besoin de retrouver une activité professionnelle (Cass. com. 17-1-2006 n° 70 : RJDA 7/06 n° 774) ;
– procède à l'embauche massive de personnel si les départs des salariés sont seulement dus à la confiance que ceux-ci portent au fondateur (Cass. com. 30-6-1992 n° 1231 : RJDA 12/92 n° 1189), à leur volonté de sauvegarder leur emploi compte tenu des difficultés réelles que traverse leur employeur (Cass. com. 22-5-2007 n° 06-13.421 : RJDA 10/07 n° 1028) ;
– avise la clientèle de son départ et de la création d'une nouvelle société dès lors que cette création n'était interdite par aucune clause et que la clientèle était libre de choisir l'entreprise avec laquelle elle voulait travailler (Cass. com. 13-5-1997 n° 1178 : RJDA 12/97 n° 1568) ;
– ancien salarié d'une société qu'il a quittée, a conservé un carnet d'adresses sur lequel étaient consignés les noms des clients avec lesquels il avait entretenu des relations professionnelles dès lors que, assurant ses fonctions depuis dix ans, il connaissait à l'évidence les coordonnées des responsables et que, apprécié de ces derniers, son départ avait pu entraîner un déplacement spontané de clientèle, lequel s'était effectué sur une période de quatre ans (CA Paris 9-6-1999 : RJDA 10/99 n° 1150 ; dans le même sens, CA Versailles 26-11-2009 n° 08/3261 : RJDA 5/10 n° 570) ;
– salarié d'une agence immobilière, se borner à élaborer des statuts et à immatriculer une société concurrente de celle de son employeur avant la fin de son contrat de travail ne constitue ni une faute grave ni une cause réelle et sérieuse de licenciement (Cass. soc. 19-6-2013 n° 12-19.097 : BRDA 14/13 inf. 6).

c. Responsabilité à l'égard des autres fondateurs

Le fondateur qui, dans son intérêt personnel, a participé à la création d'une société ayant le même objet et la même dénomination que la société en formation et qui, de surcroît, a empêché la constitution régulière de cette dernière se rend coupable d'agissements dolosifs à l'égard des autres fondateurs et leur en doit réparation (CA Aix 7-12-1977 : Bull. cour d'Aix 1977/4 p. 60).

d. Responsabilité de la société créée consécutivement à la responsabilité des fondateurs

La société peut être poursuivie parallèlement aux fondateurs si elle a elle-même commis un acte de concurrence déloyale ; tel est le cas :
– de la société nouvellement créée qui utilise en qualité de cogérants d'anciens salariés liés par une clause de non-concurrence à leur ancien employeur (Cass. com. 5-2-1991 : RJDA 4/91 n° 300 ; dans le même sens, Cass. com. 22-2-2000 n° 471 : RJDA 9-10/00 n° 929) ;
– de la société qui a remporté certains marchés au détriment de l'entreprise grâce aux informations confidentielles et privilégiées que son fondateur avait tirées de cette entreprise dont il était précédemment salarié et administrateur (Cass. com. 2-5-2007 n° 05-20.709 : RJDA 12/07 n° 1300 ; pour d'autres illustrations, voir CA Paris 2-2-2010 n° 09/883 : RJDA 10/10 n° 962 et CA Versailles 25-11-2010 n° 09/6500 : RJDA 8-9/11 n° 747).

Art. 103 Les fondateurs de société doivent avoir une domiciliation sur le territoire de l'un des États parties.

La domiciliation ne peut pas être constituée uniquement par une boîte postale. Elle doit être déterminée par une adresse ou une indication géographique suffisamment précise.

Art. 104 [mod.] A partir de la signature des statuts ou le cas échéant de l'assemblée générale constitutive, les dirigeants sociaux se substituent aux fondateurs. Ils agissent au nom de la société constituée et non encore immatriculée au registre du commerce et du crédit mobilier.

Leurs pouvoirs et leurs obligations sont fixés conformément aux dispositions du présent Acte uniforme et, le cas échéant, des statuts.

Observations

Sur l'assemblée constitutive, voir sous art. 101.

Jurisprudence OHADA

Action en justice au nom d'une société non immatriculée

La fin de non-recevoir tirée de la violation de l'article 28, al. 4 du Règlement de Procédure de la CCJA et des articles 97, 98, 908, 910 de l'AUSCGIE en ce qu'une société n'a pas procédé à la mise en harmonie de ses statuts du 22 avril 1996, comme l'exigent les articles 908 et 910 de l'Acte uniforme susvisé, et serait, de ce fait, incapable d'ester en justice n'est pas fondée et doit être rejetée sur la base de l'article 104 de l'AUSCGIE et de l'article 14 al. 2 des statuts de ladite société qui dispose que « le gérant unique ou les gérants agissent ensemble ou séparément s'ils sont plusieurs, jouissent vis-à-vis des tiers des pouvoirs les plus étendus pour représenter la société, agir en son nom en toutes circonstances sans avoir à justifier des pouvoirs spéciaux et accomplir tous actes relatifs à l'objet de la société par tous les moyens et voies de droit » (CCJA, 1e ch., n° 044, 1-7-2010 : Sté A.P.C. c/ 1) CHEVRON TEXACO CAMEROUN SA, anciennement SHELL CAMEROUN SA, 2) TEXACO CAMEROUN SA, 3) CHEVRON TEXACO AFRICA HOLDINGS LIMITED, 4) CHEVRON MIDDLE EAST HOLDINGS LIMITED, Juris-Ohada n° 1/2011, mars 2011, p. 8, Ohadata J-12-92).

Jurisprudence comparée

France

Acquisition de la qualité de dirigeant

Les personnes désignées dans les statuts pour exercer les fonctions de dirigeants sociaux n'acquièrent cette qualité qu'après l'immatriculation de la société au registre du commerce et des sociétés ; ainsi, l'associé désigné comme gérant par les statuts ne peut invoquer cette qualité, avant l'immatriculation, à l'égard des tiers et être inscrit à la Sécurité sociale (CA Nancy 13-12-1983 : Bull. Joly 1984 p. 817).

Art. 105 Entre la date de constitution de la société et celle de son immatriculation au registre du commerce et du crédit mobilier, les rapports entre les associés sont régis par le contrat de société et par les règles générales du droit applicable aux contrats et aux obligations.

Jurisprudence comparée

France

A. Application du seul pacte social

A compter de la signature des statuts, la société en formation relève du droit commun des contrats (CA Paris 13-3-1978 : Gaz. Pal. 1971.I som. p. 60 ; CA Paris 6-11-1980 : BRDA 11/81 p. 18).

B. Conditions de validité du pacte social

1° Principe

Les conditions de validité et l'existence du pacte social sont appréciées à la date de la signature des statuts (CA Paris 25-4-1984 : Bull. Joly 1984 p. 1004).

2° Modifications des décisions avant immatriculation

Les décisions à prendre avant l'acquisition de la personnalité morale résultent du pacte social et non des statuts et exigent le consentement unanime des associés ; par suite :

– l'associé qui impose une modification de la répartition des parts sociales contrairement à des engagements initiaux met fin sans juste motif au contrat de société et doit réparer le préjudice causé à son coassocié (CA Paris 6-11-1980 : BRDA 2/81 p. 18).

– les droits incorporels attachés aux titres sociaux des associés ne peuvent naître qu'après immatriculation de la société. Dès lors, le retrait d'un associé avant son immatriculation constitue une cession de ses droits dans le contrat de société mais non une cession de parts sociales ou d'actions soumises à l'accord unanimes des associés et non aux statuts (CA Paris 6-7-1978 : BRDA 22/78 p. 15).

3° Procédure collective d'un associé

En cas de procédure de sauvegarde ou de redressement judiciaire d'un associé avant l'immatriculation de la société, les autres associés ne peuvent pas demander la résiliation du contrat de société ; en effet, aucune résiliation ou résolution du contrat ne peut résulter de plein droit de l'ouverture d'une procédure de sauvegarde ou de redressement judiciaire et ce, même pour les contrats conclus « intuitu personae » (C. com. français, art. L 622-13 et s. ; Cass. com. 8-12-1987 : D. 1988 p. 52).

C. Rapports entre les associés

Cession des droits. Seule la transmission de la propriété des actions par simple virement de compte à compte avant l'immatriculation de la société étant prohibée, ces actions peuvent, au cours de la même période, faire l'objet d'une cession selon les modes du code civil ; par suite, est valable la promesse de cession d'actions contenue dans un protocole d'accord sur la création d'une société nouvelle par laquelle l'un des fondateurs s'engage à acquérir après expiration d'un certain délai et à un prix déterminable les actions détenues par un autre fondateur de la société (Cass. com. 26-2-2008 n° 06-17.981 et 06-17.982 : BRDA 8/08 inf. 2).

Section II • ENGAGEMENTS PRIS POUR LE COMPTE DE LA SOCIETE EN FORMATION AVANT SA CONSTITUTION

Art. 106 [mod.] Les actes et engagements pris par les fondateurs pour le compte de la société en formation, avant sa constitution, doivent être portés à la connaissance des associés avant la signature des statuts, lorsque la société ne fait pas publiquement appel à l'épargne, ou dans le cas contraire lors de l'assemblée générale constitutive.

Ils doivent être décrits dans un document intitulé « état des actes et engagements accomplis pour le compte de la société en formation » avec l'indication, pour chacun d'eux, de la nature et de la portée des obligations qu'ils comportent pour la société si elle les reprend.

Observations

Sur l'assemblée constitutive en cas d'appel public à l'épargne, voir art. 827-6.

Jurisprudence OHADA

I. Engagements admis

Société formée mais non encore immatriculée. Les fondateurs peuvent accomplir des actes et prendre des engagements pour le compte d'une société en formation, avant sa constitution et si la société est constituée mais non encore immatriculée, ces engagements sont pris par le ou les dirigeants sociaux ; les seules conditions exigées par les articles 106 et suivants de l'AUSCGIE sont celles tendant à protéger les intérêts des associés. Il s'en suit que l'engagement pris au nom de la société nouvellement formée, quinze jours avant son immatriculation – en l'occurrence un contrat d'assistance – est valide (CA Abidjan (Côte d'Ivoire), n° 1122, 23-12-2005 : RADIOTEL c/ ATCI, Ohadata J-09-208).

II. Engagements non admis

Engagements pris dans un pacte d'actionnaire. Un pacte d'actionnaires d'une société de téléphonie nouvellement constituée indiquant que « pour l'obtention de la licence, les actionnaires ont procédé à des engagements financiers préalables dont le règlement définitif incombe à la société [constituée] », ne peut être assimilé à l'état des actes et engagements décrit à l'article 106, al. 2 de l'AUSCGIE. Par conséquent, il ne peut caractériser la créance fondée sur l'apport en industrie de l'un des actionnaires de ladite société et ne peut être recouvrée par une injonction de payer (CA Ouagadougou (Burkina Faso) ch. com., n° 060, 19-12-2008 : TELECEL FASO c/ Spéro Stanislas ADOTEVI, Ohadata J-10-194).

Jurisprudence comparée

I. États-Unis

A. Engagement de la société pour des actes conclus avant sa formation mais implicitement acceptés par ses organes

Une société, créée pour exploiter un journal, a été tenue de respecter le contrat conclu avant sa constitution par ses promoteurs avec un prospecteur en publicité, pour exercer pendant un an après sa naissance. Le contrat ne fut jamais formalisé au nom de la société, mais tous ses organes, actionnaires, administrateurs et directeurs en eurent connaissance et ne soulevèrent aucune objection à son encontre. Une société peut, en effet, être liée par le contrat antérieurement conclu s'il est accepté par le conseil d'administration, pourvu qu'il entre dans la capacité de la société et dans les pouvoirs de ses représentants. En l'espèce, le contrat n'était pas nul, pour raison de fraude, au motif que son exécution avait pris date plus d'un an après qu'il avait été convenu avec les promoteurs ; mais son point de départ était le jour où, après sa constitution, la société l'avait adopté, ce qui lui accordait moins d'un an pour l'accomplissement de son exécution (McArthur v. Times Printing Co., Supreme Court of Minnesota, 51 N.W. 216 (1892)).

B. Personnes responsables des actes passés par une société non immatriculée

Selon le droit de l'Oregon, sont responsables des actes passés par une société non immatriculée, toutes les personnes qui ont investi dans l'affaire, qui participent activement à son organisation et dans sa politique. Doit donc être considérée comme personnellement engagée des actes passés par la société non encore immatriculée, la personne qui se rend fréquemment sur les lieux de l'exploitation et qui rencontre les salariés pour discuter des affaires et leur donner des ordres (Timberline Equipment Co. V. Davenport, Supreme Court of Oregon 514 P.2d 1109 (1973)).

A été aussi obligé la partie qui avait qu'il avait conclu un contrat, peu important Le fait que le cocontractant ait accepté des paiements partiels de la société ((Robertson v. Levy, District of Columbia Court of Appeal, 197 A2d 443 (1964)).

II. France

A. Actes visés

Actes et non fautes délictuelles. Seuls les « actes » sont susceptibles d'être transférés à la société après son immatriculation ; sont donc exclus les faits juridiques, telles les fautes délictuelles ou quasi délictuelles qui sont à la charge exclusive leurs auteurs, sans décharge possible sur la société (CA Paris 24-2-1977 : D. 1978 p. 32 note Bousquet).

B. Actes accomplis « au nom » de la société en formation

1° Indication nécessaire de la destination de l'acte

L'auteur d'un tel acte doit préciser qu'il entend agir « au nom et pour le compte » de la société et non pour son compte personnel ; cette indication s'avère indispensable et ne saurait être valablement remplacée par une clause réservant la faculté de se substituer une quelconque personne physique ou morale pour l'exécution des obligations contractuelles (CA Paris Lyon 27-11-1998 : JCP E 1999.1015 note Micha Gaudet ; dans le même sens, Cass. com. 15-5-2012 n° 11-16.069 : RJDA 10/12 n° 854).

2° Sanction du défaut d'indication de la destination de l'acte

L'acte dont il n'est pas établi qu'il a été accompli pour le compte d'une société en formation mais qui a été conclu comme s'il l'était par « la société » :

– reste à la charge de ses auteurs (Cass. com. 27-10-1980 : Bull. civ. IV n° 350 ; Cass. com. 15-6-1982 : BRDA 18/82 p. 15 ; Cass. com. 18-12-1990 : RJDA 3/91 n° 210) ;

– peut être annulée à la demande du cocontractant la société qui n'a pas été déclarée en formation et, n'étant pas immatriculée au RCS, est inexistante et dénuée de la personnalité morale lui permettant de conclure des contrats avec des tiers (Cass. civ. 28-10-1992 : Bull. Joly 1993 p. 85 note Le Cannu ; dans le même sens, Cass. civ. 22-3-1995 : Dr. Sociétés 1995 n° 115 note Bonneau) ; cet acte nul d'une nullité absolue non susceptible de confirmation ne peut produire effet en l'absence de démarche des parties exprimant leur intention de procéder à la réfection du contrat nul en lui substituant un nouvel accord ou en le réitérant, l'irrégularité n'ayant pas été couverte après l'immatriculation par des actes d'exécution de ce contrat ou par le comportement des associés à l'égard des tiers (Cass. 3e civ. 5-10-2011 n° 09-70.571 et 09-72.855 : Légifrance).

3° Régularisation du défaut d'indication de la destination de l'acte

L'acte a pu être considéré comme fait pour une société en formation lorsque les pièces produites permettaient de vérifier que son auteur, désigné comme gérant de la société, était l'associé majoritaire de la SCI en formation et qu'il était spécialement et expressément chargé aux termes des statuts d'acquérir l'immeuble appartenant à Mme D., qu'étant associé (Cass. 3e civ. 4-7-2001 : RJDA 2/02 n° 151) ;

C. État annexé aux statuts

L'acte accompli avant la signature des statuts ne peut être transféré à la société après son immatriculation que s'il a été annexé aux statuts ou si une clause des statuts permet une identification de l'acte équivalente à celle qui aurait figuré dans l'état annexé (Cass. 3e civ. 13-7-2011 n° 10-18.640 : Légifrance).

A défaut, l'acte ne peut pas être transféré même si une disposition statutaire prévoit que la signature des statuts « emportera reprise des engagements qui seront réputés avoir été souscrits dès l'origine « par la société en l'absence d'état annexé aux statuts (Cass. com. 13-3-2001 : RJDA 11/02 n° 1109) ou si tous les associés ont concouru à l'acte nécessaire à l'activité sociale, ce concours ne valant pas à lui seul reprise automatique du bail par la société une fois immatriculée (Cass. com. 6-12-2005, n° 03-16.853 : D 2006 AJ p. 633. A. Lienhard ; Cass. com. 23-5-2006 n° 03-15486 : D 2006 AJ p. 1602 A. Lienhard).

Art. 107 Dans les sociétés constituées sans assemblée constitutive, l'état des actes et engagements visé à l'article précédent est annexé aux statuts. La signature, par les associés, des statuts et de cet état emporte reprise, par la société, des actes et engagements indiqués dans cet état dès son immatriculation au registre du commerce et du crédit mobilier.

Art. 108 Les actes et engagements accomplis pour le compte de la société en formation peuvent également être repris par la société, postérieurement à sa constitution, à la condition qu'ils soient approuvés par l'assemblée générale ordinaire, dans les conditions prévues par le présent Acte uniforme pour chaque forme de société, sauf clause contraire des statuts. L'assemblée doit être complètement informée sur la nature et la portée de chacun des actes et engagements dont la reprise lui est proposée. Les personnes ayant accompli lesdits actes et engagements ne prennent pas part au vote et il n'est pas tenu compte de leurs voix pour le calcul du quorum et de la majorité.

Jurisprudence comparée

France

A. Reprise par décision de l'assemblée générale

En l'absence d'état annexé aux statuts entraînant reprise automatique, les associés peuvent décider de reprendre les engagements après l'immatriculation de la société (Cass. com. 12-2-1974 : Rev. sociétés 1974 p. 493 note J.H. ; CA Paris 18-2-1982 : BRDA 13/82 p. 9).

Dans les sociétés unipersonnelles à responsabilité limitée, l'associé unique peut prendre seul une décision de reprise des actes mais il faut un acte exprès répertorié dans le registre prévu spécialement (Cass. com. 31-5-2005 n° 838 : BRDA 13/05 inf. 1).

B. Reprise par acceptation implicite : constitution de la société pour former l'enchère

Est régulière et réputée avoir été conclue dès l'origine par la société ultérieurement immatriculée en raison de la reprise des actes accomplis pendant la période de formation une enchère portée au nom et pour le compte d'une société en formation constituée pour l'acquisition du bien litigieux, dont les statuts avaient été déposés avant la déclaration d'adjudicataire, sa gérante ayant nécessairement qualité pour se porter acquéreur de ce bien pour la société (Cass. 2e civ. 10-9-2009 n° 08-15.882 : BRDA 22/09 inf. 4).

C. Validité d'une reprise tardive

La reprise est valable même si elle est intervenue plusieurs années après l'immatriculation de la société, à condition que la reprise ne soit pas frauduleuse (CA Paris 2-7-2003 n° 01/7202 : RJDA 11/03 n° 1065 : reprise d'un bail cinq ans après l'immatriculation de la société).

D. Conséquence du défaut de reprise sur le garant d'un acte fait pour le compte de la société

Lorsqu'un tiers a garanti par une sûreté réelle le prêt qu'une banque a consenti à une société en formation, ce tiers est libéré de son engagement dès lors que la société n'a pas repris le prêt ; l'obligation de restituer les fonds est ainsi à la charge de celui qui se dit être son représentant, soit une partie distincte de la personne morale, seule visée par le prêt et par la sûreté qui garantit ce dernier (Cass. com. 1-4-2014, n° 12-23.501 : BRDA 8/14 inf. 6).

Art. 109 Dans les sociétés constituées avec assemblée constitutive, la reprise des actes et engagements accomplis pour le compte de la société en formation fait l'objet d'une résolution spéciale de l'assemblée constitutive, dans les conditions prévues par le présent Acte uniforme.

Art. 110 Les actes et engagements repris par la société régulièrement constituée et immatriculée sont réputés avoir été contractés par celle-ci dès l'origine.

Les actes et engagements qui n'ont pas été repris par la société, dans les conditions prévues par le présent Acte uniforme, sont inopposables à la société et les personnes qui les ont souscrits sont tenues solidairement et indéfiniment par les obligations qu'ils comportent.

Jurisprudence OHADA

Inopposabilité à la société des actes non repris

Les obligations contractuelles d'une société en cours de formation à l'égard d'une personne et qui n'ont pas été reprises par la société dans ses statuts ou approuvées par l'assemblée générale ordinaire sont inopposables à la société et les personnes qui les ont souscrites sont tenues solidairement et indéfiniment ; l'arrêt ayant statué en sens contraire en condamnant la société encourt cassation (Cass. com. (Burkina Faso), n° 20, 14-12-2006 : Sté TELECEL FASO c/ S. S. A., Ohadata J-09-03).

Jurisprudence comparée

France

A. Actes susceptibles d'être repris

La reprise s'applique uniquement aux actes accomplis par leurs auteurs pour le compte de la société en formation ainsi qu'aux personnes qui ont donné mandat de les accomplir (Cass. com. 3-4-1973 : Rev. sociétés 1974 p. 90 ; CA Paris 27-6-1978 : Bull. Joly 1978 p. 763) ;

Elle ne vise pas les actes des associés ayant contribué à la formation de la société (Cass. com. 4-5-1981 : D. 1982 p. 482 note Daigre ; Cass. com. 15-11-1993 : Bull. IV n° 310 ; CA Paris 4-7-1985 : BRDA 21/85 p. 9 ; CA Paris 20-5-1988 : BRDA 17/88 p. 12 ; CA Paris 9-5-1989 : JCP E 1989.I n° 19065) même s'ils ont participé activement à la création de la société (Cass. com. 12-4-1983 : Bull. Joly 1983 p. 624) et même s'ils ont été désignés comme gérants (CA Paris 11-3-1983 : BRDA 9/83 p. 7 ; CA Paris 15-3-1983 : BRDA 13/83 p. 8).

Obs. : voir aussi sous l'art. 106.

B. Preuve de la reprise

La preuve de la reprise des actes accomplis pour le compte d'une société en formation incombe à la personne qui l'invoque (Cass. com. 21-7-1987 : Bull. civ. IV n° 209 ; Cass. soc. 18-12-1979 : Bull. civ. V n° 1013).

C. Effets de la reprise

1° Transfert rétroactif de l'acte à la société

La rétroactivité de la reprise des actes, réputés conclus depuis l'origine par la société, ne concerne que les engagements contractés avant l'immatriculation de la société (Cass. com. 21-9-2004 n° 1246 : RJDA 2/05 n° 133).

Elle entraîne validité de la surenchère portée au nom de la société en formation au cours d'une procédure de saisie immobilière, car la société acquiert rétroactivement qualité pour agir en justice (Cass. 2e civ. 19-12-2002 n° 1256 : RJDA 2/04 n° 162) et fait obstacle à ce que le congé délivré par le bailleur fasse naître à son profit un droit acquis lui permettant de refuser le renouvellement et l'indemnité d'éviction en raison de l'absence de personnalité morale de la société (Cass. 3e civ. 7-12-2011 n° 10-26.726 : RJDA 3/12 n° 290).

2° Engagements personnels des associés

La reprise de ces actes libère leurs auteurs ; ainsi sont libérés :

– le fondateur qui a accepté une lettre de change pour le compte d'une société en formation, à partir du moment où il n'était pas mentionné en qualité de tiré et que la société avait repris les engagements

accomplis par celui-ci avant l'immatriculation de la société au RCS (Cass. com. 15-6-1983 : RJDA 11/93 n° 901) ;
– tous les fondateurs, peu important que seul l'un d'entre eux ait été investi du mandat spécial nécessaire à la reprise (Cass. com. 13-12-2005 n° 04-1228 : Bull civ. IV n° 257).
Les fondateurs restent tenus des actes qu'ils ont accomplis :
– à défaut d'accord du tiers non informé que l'acte devait être repris, la société ne pouvant valablement se substituer à son fondateur (Cass. com. 27-10-1975 : Rev. sociétés 1976 p. 297 note Randoux) ;
– en cas de reprise abusive ; doit être annulée la reprise de l'acte de compte courant bancaire ouvert par le « gérant » d'une SARL au nom de cette société au vu des circonstances suivantes : la reprise en avait été décidée en assemblée quelques jours après l'immatriculation de la société intervenue plus de deux ans après l'ouverture du compte alors que, selon le procès-verbal de l'assemblée, la reprise visait uniquement à écarter l'action en paiement de la banque contre les associés et éviter toute poursuite à l'encontre du « gérant » en transmettant les conséquences de l'acte à la société qui était d'ailleurs insolvable (CA Paris 22-11-1988 : BRDA 6/89 p. 17) ;
– en cas d'engagement personnel envers les contractants (Cass. com. 22-5-1991 : Bull. civ. IV n° 175).

D. Absence de reprise

1° Acceptation par trois fondateurs sur quatre

Ne peut être retenue comme une reprise le fait que la cession de créance par bordereau Dailly à un établissement financier, représentant le prix de vente de ses actions par un actionnaire à une société en formation, ait été acceptée par trois des quatre fondateurs de cette société (Cass. com. 9-10-2007 : BRDA 23/07 p. 2, en déduisant que le cessionnaire ne pouvait procéder en vertu de cette créance à une saisie conservatoire sur ces titres).

2° Absence de qualité de la société pour invoquer l'acte

La société qui n'a pas repris l'acte passé pour son compte avant la signature des statuts, ne peut exercer aucune action en justice visant à son exécution (Cass. 3e civ. 5-1-1994 : RJDA 5/94 n° 523, à propos d'une société civile mais transposable aux sociétés commerciales par analogie des textes applicables).

3° Maintien des engagements à la charge de leurs auteurs

A défaut de reprise par la société, seuls les auteurs des engagements accomplis pour le compte de la société en formation en supportent les conséquences (pour des applications, Cass. com. 26-4-1988 : Cass. civ. IV n° 142 ; Cass. com. 4-5-1999 : Bull. Joly 1999 p. 909 note Ginestet ; Cass. com. 11-1-2005 n° 50 : RJDA 4/05 n° 380) ; les associés n'ayant pas participé à l'acte lui restant étrangers (Cass. com. 7-4-1992 : RJDA 10/92 n° 913).
Les auteurs de l'acte ne sont responsables que de leurs engagements et non des dettes sociales (CA Rouen 19-11-1971 : Gaz. Pal. 1972.2. p. 503)

E. Sort des actes accomplis pour la société en formation à défaut d'immatriculation de la société

Les conséquences des engagements souscrits pour le compte d'une société en formation non immatriculée sont assumées par leur auteur (CA Paris 22-3-1983 : BRDA 10/83 p. 15 ; CA Paris 15-4-1983 : BRDA 12/83 p. 16 ; CA Paris 30-1-1997 : RJDA 4/97 n° 512) et éventuellement par les personnes ayant donné mandat de passer ces actes (Cass. com. 13-12-1976 : Bull. civ. IV n° 322 ; Cass. com. 11-6-1981 : D. 1981 IR 517 ; pour l'existence d'un mandat non prouvée : Cass. com. 1-4-1974 : Rev. sociétés 1975 p. 62 note Guilberteau).
Un contrat de prêt souscrit pour le compte d'une société en formation jamais immatriculée oblige uniquement le souscripteur du prêt ; et le cautionnement du remboursement du prêt n'engage pas son auteur qui s'est obligé à garantir uniquement la dette de la société et non celle d'une autre personne (Cass. com. 16-6-2004 : RJDA 1/05 n° 33).
Les auteurs des actes effectués pour le compte d'une société en formation peuvent faire l'objet d'une procédure collective lorsqu'ils ne parviennent pas à en assumer les conséquences à condition de prouver qu'ils ont personnellement effectué des actes de commerce (Cass. com. 7-7-1981 : Bull. civ. IV n° 308 ; Cass. com. 18-11-1986 : Bull. ci. IV n° 215).

F. Détournement des actes accomplis pour le compte de la société en formation

Les personnes ayant reçu des sommes destinées à la libération d'apports en numéraire commettent un abus de confiance lorsqu'elles utilisent ces sommes à d'autres fins, même dans l'intérêt de la société (Cass. crim. 10-5-1993 : Bull. Joly 1993 p. 849 note Le Cannu ; voir aussi pour une augmentation de capital : Cass. crim. 9-1-1980 : Bull. crim. n° 14).

Section III • ENGAGEMENTS PRIS POUR LE COMPTE DE LA SOCIETE CONSTITUEE AVANT SON IMMATRICULATION

Art. 111 [mod.] Les associés peuvent, dans les statuts ou par acte séparé ou le cas échéant en assemblée générale constitutive, donner mandat à un ou plusieurs dirigeants sociaux, selon le cas, de prendre des engagements pour le compte de la société constituée et non encore immatriculée au registre du commerce et du crédit mobilier. Sous réserve qu'ils soient déterminés et que leurs modalités soient précisées dans le mandat, l'immatriculation de la société au registre du commerce et du crédit mobilier emporte reprise par la société de ces engagements.

Observations

Sur l'assemblée constitutive, voir sous les art. 101 et 8276.

Jurisprudence comparée

I. France

A. Signature du mandat en tant qu'associé

Si le gérant est associé, il ne peut signer l'acte qu'en tant qu'associé et non pas en qualité de gérant (Cass. 3e civ. 13-3-1996 : RJDA 12/96 n° 1196 ; à propos d'une société civile mais transposable par analogie des textes applicables).

B. Mandat général

Le mandat général qui ne précise pas les engagements et les modalités des actes à accomplir n'engage pas la société une fois immatriculée (Cass. com. 21-76-1987 : Bull. civ. IV n° 209 ; Cass. com. 24-3-1998 : RJDA 8-9/98 n° 984). Les personnes ayant individuellement accompli les actes ainsi que celles ayant donné mandat d'agir à cet effet sont tenues personnellement des conséquences de leurs engagements (CA Paris 27-6-1978 : Bull. Joly 1978 p. 76).
La clause des statuts d'une société en formation donnant pouvoir au gérant d'acheter « dans l'intérêt de la société et vu l'urgence » un fonds de commerce mis en vente judiciaire lui donne mandat d'agir au nom de la société en formation (Cass. com. 17-7-2001 n° 1444 : BRDA 18/01 inf. 1).

C. Mandat spécial

La société n'est pas engagée par les engagements souscrits pour son compte en vertu d'un mandat lorsque le mandataire ne respecte pas les termes du mandat (Voir par exemple Cass. com. 22-7-1986 : BRDA 17/86 p. 7 ; CA Lyon 8-12-1988 : Bull. Joly 1989 p. 173).

II. Suisse

Nécessité d'agir pour le compte d'une société en formation

A défaut, inopposabilité au cocontractant. N'ont pas été libérés des obligations d'acheteur envers le vendeur, deux acquéreurs d'un fonds de commerce et du matériel destiné à l'exploitation du fonds qui avaient conclu la vente trois jours avant la constitution de la société qu'ils avaient en projet, dès lors que le vendeur n'avait pas eu connaissance que ces acheteurs allaient devenir les associés de la future société pour le compte de laquelle ils agissaient (Tribunal fédéral suisse, 1re Cour civile, arrêt n° 4A 451/2008 du 18-11-2008, JURICAF).

Art. 112 Les actes excédant les pouvoirs qui leur sont conférés par ces mandats, ou qui leur sont étrangers, peuvent être repris par la société à la condition qu'ils aient été approuvés par l'assemblée générale ordinaire, dans les conditions prévues par le présent Acte uniforme pour chaque forme de société, sauf clause contraire des statuts. Les associés ayant accompli lesdits actes et engagements ne prennent pas part au vote et il n'est pas tenu compte de leurs voix pour le calcul du quorum et de la majorité.

Sur la reprise des actes par la société, voir la JP française sous l'art 108.

Art. 113 [mod.] Les dispositions de l'article 110 ci-dessus sont applicables.

Voir la JP française sous l'art. 110.

Chapitre III

LA SOCIETE NON IMMATRICULEE

Art. 114 [mod.] Par exception aux dispositions qui précèdent, les associés peuvent convenir que la société n'est pas immatriculée. La société est dénommée alors « société en participation ». Elle n'a pas la personnalité juridique.

La société en participation est régie par les dispositions des articles 854 et suivants ci-après.

Art. 115 [mod.] Si, contrairement aux dispositions du présent Acte uniforme, le contrat de société ou, le cas échéant, l'acte unilatéral de volonté n'est pas établi par écrit et que, de ce fait, la société ne peut être immatriculée, une telle société n'a pas la personnalité juridique.

Elle est régie par les dispositions des articles 864 et suivants ci-après.

OBSERVATIONS

Suppression de la dénomination d'une telle société qui était qualifiée de « société créée de fait », cette société étant désormais distinguée de la société de fait ; sur la qualification de la société créée de fait et de la société de fait, voir les art. 864 et 865.

Chapitre IV

LA SUCCURSALE

Art. 116 La succursale est un établissement commercial ou industriel ou de prestations de services, appartenant à une société ou à une personne physique et doté d'une certaine autonomie de gestion.

JURISPRUDENCE OHADA

I. Absence de succursale

Existence d'entités dotées de la personnalité morale. La succursale n'a pas la personnalité juridique autonome, distincte de celle de la société ou de la personne physique propriétaire. Les droits et obligations qui naissent à l'occasion de son activité sont compris dans le patrimoine de la société ou de la personne physique propriétaire. Dès lors, la succursale n'est pas une personne morale mais simplement un département décentralisé dénué de patrimoine et jouissant de la surface financière et du crédit de son propriétaire auquel elle est rattachée. En application de ce principe, la Sté A, qui est immatriculée au Tchad, et dont les statuts stipulent qu'elle est une société anonyme régie par les lois en vigueur, n'est pas une succursale d'une société B immatriculée au Cameroun et pour laquelle la première centralise sa comptabilité, et établit un bilan annuel unique, chacune d'elles ayant sa forme sociale, ses statuts, son capital propre et son organe de gestion (CA N'Djaména, n° 281/2000, 5-5-2000 : SDV Cameroun et SDV Tchad c/ STAR NATIONALE, Rev. Juridique Tchadienne, n° 1, mai-juill. 2001, p. 21 ; Ohadata J-06-58).

II. Existence d'une succursale

Appréciation souveraine des juges du fond. C'est par une appréciation souveraine des faits que des juges du fond ont pu déduire des éléments de preuve qui leur ont été soumis, un comportement non équivoque de la société demanderesse tendant à faire de son unité de Pointe-Noire une succursale en visant non seulement l'aveu judiciaire, mais aussi la turpitude de ladite société, pour retenir leur compétence. Cette appréciation des faits échappe au contrôle du juge de cassation et, en statuant comme elle l'a fait, la cour d'appel n'a pas violé l'article 1356 du Code civil congolais relatif à l'aveu judicaire (CCJA, 3e ch., no 141, 19-11-2015 : Sté BOURBON Offshore SURF, S.A.S c/ TATY Jean Claude, Ohadata J-16-134).

III. Implications de l'absence de personnalité d'une succursale : impossibilité d'agir en justice

Au sens des articles 116 et 117 de l'AUSCGIE, la succursale est un établissement commercial ou industriel ou de prestations de services, appartenant à une société ou à une personne physique et dotée d'une certaine autonomie de gestion ; elle n'a pas de personnalité juridique distincte de la société propriétaire et ne peut donc, de ce fait, ester en justice. En l'espèce, la cour d'appel, pour infirmer le jugement initial qui déboutait la société [X.] SARL au motif qu'elle n'avait pas intérêt à agir en la présente affaire, en tant tiers au contrat de bail liant la société [Y.] DRC à la société [X.] Limited, a retenu la motivation suivante : « examinant les prétentions des parties en cause, la cour relève, contrairement à l'opinion de l'appelante qui se prévaut du statut de succursale qui ne dispose de la personnalité juridique, partant de la capacité d'agir en justice, qu'il est constant que Monsieur [A.] avait été constitué représentant de la société [X.] Limited en République démocratique du Congo et pour les besoins de la cause, il constitua avec Monsieur [B.] la société [X.] SARL au sein de laquelle la première détient, au sens des articles 174 et suivants AUSCGIE, l'effectivité du pouvoir de décision, au travers du précité et son gérant, à qui pouvoir a été conféré de défendre en demandant et en défendant les intérêts de la société [X.] Limited. Sur cette base, elle considère donc que le premier juge n'a pas dit le bon droit en décrétant l'irrecevabilité de l'action originaire pour défaut d'intérêt. Dans ce sens, il a été jugé, certes, que chaque société du groupe est seule partie au contrat conclu avec ses clients, même si les autres sociétés participent à l'exécution de la convention à la demande du groupe [...] mais qu'elle ne peut être représentée en justice par aucune autre société du groupe, sauf à disposer d'un mandat spécifique, comme dans le cas sous examen ». En se déterminant de la sorte, de manière confuse et alors que la lecture de son propre arrêt renseigne clairement, en son sixième feuillet entre autres, que la société [X.] SARL prétend elle-même « avoir agi en tant que succursale » et non filiale de la société mère [X.] Limited, donc sans aucune personnalité juridique propre, et ce, qu'un mandat ait été présenté ou non, la cour d'appel a violé les articles 116, 117 et 174 de l'AUSCGIE, exposant son arrêt à la cassation (CCJA, 2e ch., no 169/2022, 24-11-2022).

Jurisprudence comparée

France et Cour de Justice des Communautés européennes (devenue Cour de justice de l'Union européenne – CJUE)

Définition

Constitue une succursale :

– un établissement autonome et durable doté d'une direction assumant avec une certaine liberté sa gestion et ses relations avec les tiers (CA Bordeaux 16-5-1923 : Journ. sociétés 1924. 280 ; CA Riom 25-7-1931 : Gaz. Pal. 1931.II p. 454 ; CA Agen 22-7-1935 : Gaz. Pal. 1935 II p. 695 ; de même C.J.C.E. 22-11-1978 : Rec. 2183) ;

– une agence ou établissement qui, selon la Cour de Justice des Communautés européennes, « implique un centre d'opérations qui se manifeste de façon durable vers l'extérieur comme le prolongement d'une maison mère, pourvu d'une direction et matériellement équipé de façon à pouvoir négocier des affaires avec des tiers, de façon telle que ceux-ci, tout en sachant qu'un lien de droit s'établira avec la maison mère dont le siège est à l'étranger, sont dispensés de s'adresser directement à celle-ci et peuvent conclure des affaires au centre d'opérations qui en constituent le prolongement » (CJCE 22-11-1978 : Rec. 2183 ; CJCE 6-4-1995, aff. C-439/93 : RJDA 8-9/95 no 1062).

Art. 117 La succursale n'a pas de personnalité juridique autonome, distincte de celle de la société ou de la personne physique propriétaire.

Les droits et obligations qui naissent à l'occasion de son activité ou qui résultent de son existence sont compris dans le patrimoine de la société ou de la personne physique propriétaire.

Jurisprudence OHADA

I. Critère distinctif de la succursale : établissement secondaire sans personnalité juridique propre

Une société A, personne morale distincte d'une société B signataire d'un contrat avec une société C, ne constitue pas un établissement secondaire de la société B sans personnalité juridique propre ; elle n'est donc pas une succursale au sens de l'article 117 de l'AUSCGIE. Les éléments dont se prévaut la société C tendant à caractériser des sociétés de groupe, dont l'autonomie juridique a pour effet l'absence d'unicité de patrimoine, il s'ensuit qu'à l'égard des tiers, la société mère n'est pas en principe tenue d'exécuter les obligations contractées par sa filiale, et inversement. Dès lors, la mainlevée de la saisie pratiquée contre la société A au mépris de l'effet relatif des contrats et sans fondement doit être ordonnée après infirmation de la décision attaquée (CCJA, 1e ch., n° 239, 29-11-2018 : Africa Union Financial Services RDC c/ 1) GECOTRANS, 2) Banque Commerciale du CONGO SARL).

II. Représentation de la succursale par la société qui en est propriétaire

La succursale, n'est qu'une extension géographique de la société mère, un simple établissement secondaire, ayant à sa tête un préposé, un gérant attaché par un lien de subordination à la société mère. Elle est dépourvue de la personnalité juridique autonome, distincte de celle de la société propriétaire, bien que devant être immatriculée au RCCM (T. com. Brazzaville (Congo), ord. réf. n° 065, 28-10-2011 : Sté générale WIETC Company Ltd c/ BRAEL-CONGO SARL, Ohadata J-13-111).

La société propriétaire d'une succursale est recevable à agir en justice pour le compte de sa succursale, dès lors que cette dernière n'a pas de personnalité juridique distincte de celle de son propriétaire (CA Bobo Dioulasso, n° 23, 20-4-1999 : SHSB-CITEC c/ L'Aiglon SA, Ohadata J-02-55).

En application des dispositions combinées des articles 117, 122 et 472 de l'AUSCGIE, susvisés, le directeur général et le directeur général adjoint d'une société anonyme représentent cette société à l'égard des tiers. Cette représentation concerne aussi bien la société que ses succursales qui n'ont pas de personnalité juridique et ne sont que de simples établissements lui appartenant. Dès lors, en retenant, sur le fondement de ces dispositions, que « le directeur général adjoint de la société Orabank Niger a agi dans les limites que lui imposent les articles ci-dessus, et le premier juge, qui a déclaré que l'intéressé n'a pas besoin d'un pouvoir spécial en ce sens, a fait une bonne et saine application de la loi », la cour d'appel n'a en rien violé les articles 116, 117, 465 et 487 de l'AUSCGIE visés au moyen (CCJA, 2e ch., n° 044/2021, 8-4-2021 : Bassirou Mahaman Kamilou c/ Orabank Niger).

C'est à tort qu'il est reproché à un jugement d'avoir violé l'article 117 de l'AUSCGIE, en rejetant l'exception de nullité d'une saisie immobilière pour défaut de capacité de la défenderesse, qui est une succursale, à ester en justice, alors, selon le moyen, qu'une succursale, bien que soumise à l'obligation d'immatriculation au RCCM, n'a pas de personnalité juridique. Il en est ainsi dès lors qu'il résulte des pièces du dossier que la procédure de la saisie immobilière critiquée n'a pas été initiée par la succursale de la banque créancière, comme le prétend à tort la requérante, mais par la banque elle-même, une société anonyme avec conseil d'administration et immatriculée au RCCM, laquelle s'est substituée à ladite succursale (CCJA, 2e ch., n° 354/2024, 12-12-2024).

Procédure collective de la société mère. Sur l'extension de la procédure collective de la société mère étrangère à sa succursale située dans l'espace OHADA, voir sous l'art. 118.

III. Possibilité d'assigner une personne morale devant la juridiction du ressort de sa succursale

Il est de jurisprudence constante qu'une personne morale peut être assignée devant la juridiction du ressort dans lequel elle dispose d'une succursale ou d'une agence ayant le pouvoir de la représenter à l'égard des tiers dès lors que l'affaire se rapporte à son activité ou que les faits générateurs de responsabilité se sont produits dans le ressort de celle-ci. S'agissant, en l'espèce, d'une société ayant son siège à Kinshasa et possédant plusieurs succursales en province, sur le territoire de la République Démocratique du Congo, le défendeur est recevable à attraire sa cocontractante par l'entremise de sa succursale, devant le tribunal de Goma, le fait générateur du litige se rapportant à l'activité de la société demanderesse et s'étant produit à Goma. En conséquence, l'appel interjeté contre le jugement de Goma sur ce fondement est mal fondé (CCJA, 3e ch., n° 272, 27-12-2018 : DHL INTERNATIONAL CONGO c/ NEURIS VERNIER CESAR).

IV. Refus d'application de la théorie de la gare principale à une filiale

La filiale, juridiquement indépendante de la société mère, possède la personnalité morale ainsi que les attributs qui en découlent, tandis que la succursale, bien qu'immatriculée au registre du commerce et jouissant d'une certaine autonomie reste un simple centre d'exploitation rattachée à son propriétaire et donc sans personnalité juridique propre. La théorie des gares principales selon laquelle lorsqu'on a à plaider contre une société A, on peut l'assigner devant tout tribunal dans le ressort duquel se trouve une succursale de cette société, ne peut s'appliquer lorsqu'il ressort des pièces produites que la société contre laquelle l'application de ce principe est demandée n'est pas une succursale, mais une filiale de la société A (CA Ouagadougou (Burkina Faso), ch. com., n° 046, 20-6-2008 : MAERSK Burkina Faso c/ SCIMAS, Ohadata J-10-198).

La cour d'appel qui a relevé « qu'il résulte des débats, témoignages et des pièces versées au dossier de la procédure que la société [demanderesse] n'a fait délivrer aucune assignation en justice au siège social de la société [A.] Africa SA, société de droit portugais ; que la société [B.] SARL s'est contentée de faire délivrer une assignation au siège de la société [C.] SARL, en faisant valoir que cette dernière entité serait la représentante locale de la société [A.] Africa SA ; que cette affirmation est objectivement inexacte, dès lors qu'il s'agit de deux entités ayant chacune une personnalité juridique distincte », n'a en rien violé l'article 117 de l'AUSCGIE (CCJA, 2e ch., n° 026/2023, 23-2-2023).

JURISPRUDENCE COMPARÉE

France

Absence de patrimoine propre à la succursale

La succursale, même autonome, n'a pas la personnalité juridique et ne dispose donc pas d'un patrimoine personnel, distincte de celui de la société (Cass. 1re civ. 20-2-1979 : JCP 1979.II n° 19147 concl. Gulphe ; CA Dijon 23-4-2004 n° 03/548 : RJDA 11/04 n° 1228).

Obs. : sur l'autonomie patrimoniale de la succursale française d'une société étrangère, voir sous l'art. 118.

Art. 118 [mod.] **La succursale peut être l'établissement d'une société ou d'une personne physique étrangère. Elle est soumise au droit de l'État partie dans lequel elle est située.**

OBSERVATIONS

Voir la JP de l'OHADA sous l'art. 120. Sur la possibilité d'agir en justice contre une société devant une juridiction située dans le ressort territorial de l'une de ses succursales (CCJA, 3e ch., n° 272, 27-12-2018 : DHL INTERNATIONAL CONGO c/ NEURIS VERNIER CESAR).

JURISPRUDENCE COMPARÉE

France

A. Succursale française d'une société étrangère

La succursale française d'une société étrangère soumise à une procédure collective dans plusieurs États existe de manière autonome à l'égard des créanciers et peut faire l'objet d'une procédure collective en France (CA Paris 15-6-1994 : Clunet 1994. 1011 note Jacquemont).

B. Action en justice de la société

Si, en principe, l'action en justice exercée par la société relève de la compétence du tribunal du lieu où elle est établie ou bien du siège social ou du siège réel, la société qui a plusieurs succursales peut être assignée devant le tribunal du lieu de l'une de ses succursales (CA Aix 28-6-1978 : Bull. Aix 1978/3 p. 54) à condition que :

– la succursale constitue un élément déterminant, structuré et stable de son activité géré par un individu habilité à représenter la société envers les tiers et à agir en son nom, ce qui n'est pas le cas de la succursale gérée par un directeur constituant un simple intermédiaire d'exécution n'ayant aucune responsabilité pour embaucher et administrer le personnel, la gestion financière et commerciale de celle-ci (Cass. soc. 10-2-1971 : Bull. civ. V n° 99) ni d'une caisse de retraite ne comportant que des services administratifs et non de direction (TGI Chartres 20-1-1983 : BRDA 20/83 p. 18) ;

– le différend porte sur des actes accomplis dans la succursale avec son propre personnel ou résulte d'une faute dommageable commise dans le ressort de son activité (CA Paris 16-2-1994 : RJDA 8-9/94 n° 927) ;

– le litige ne concerne pas les intérêts généraux de la société (fonctionnement, dissolution) relevant alors du tribunal du siège social (Cass. civ. 25-3-1954 : Bull. civ. II n° 132).

Art. 119 La succursale est immatriculée au registre du commerce et du crédit mobilier conformément aux dispositions organisant ce registre.

Art. 120 [mod.] Quand elle appartient à une personne étrangère, la succursale doit être apportée à une société de droit, préexistante ou à créer, de l'un des États parties, deux (2) ans au plus tard après sa création, à moins qu'elle soit dispensée de cette obligation par un arrêté du ministre chargé du commerce de l'État partie dans lequel la succursale est située.

Sous réserve des dispositions applicables aux sociétés soumises à un régime particulier, la dispense est accordée pour une durée de deux (2) ans, non renouvelable.

En cas de non-respect des dispositions visées au premier alinéa du présent article, le greffier ou l'organe compétent de l'État partie procède à la radiation de la succursale du registre du commerce et du crédit mobilier, après décision de la juridiction compétente, statuant sur requête, à sa demande ou à celle de tout intéressé.

La décision de radiation donne lieu à la diligence du greffier ou de l'organe compétent de l'État partie à une insertion dans un journal habilité à recevoir les annonces légales de l'État partie.

Jurisprudence OHADA

Inclusion des droits et obligations nés de l'activité de la succursale dans le patrimoine de la société étrangère qui l'a créée dans un État partie, à défaut de création d'une société ou d'apport à une société

C'est en violation des articles 116, 117, 118 de l'AUSCGIE qu'un juge du tribunal de commerce s'est, d'une part, déclaré compétent à connaître de la faillite de la succursale d'une société étrangère elle-même en faillite, puis a prononcé la liquidation judiciaire et nommé les organes de liquidation au motif que la SABENA CONGO, en tant que succursale était soumise au droit de l'État partie dans lequel elle est située. La décision entreprise doit être infirmée et statuant à nouveau, il convient de : constater la mise en faillite de SABENA Belgique, société mère, par jugement du Tribunal de commerce de Bruxelles en date du 07 novembre 2001 et la désignation des curateurs par ledit Tribunal chargés de liquider la société SABENA ; constater en outre la désignation par le curateur de Bruxelles de son représentant local au Congo, en la personne de Maître X., notaire en la place de Brazzaville ; et de dire qu'il n'y a pas lieu pour le Tribunal de commerce de prononcer la liquidation de SABENA CONGO, succursale de SABENA Belgique, et de désigner des organes de liquidation de SABENA CONGO (CA Pointe-Noire (Congo), nº 034, 17-6-2002 : Sté SABENA c/ Ministère public, Ohadata J-13-115).

Obs. : la succursale ne jouissant pas de la personnalité morale, les droits et obligations que son activité a générés sont partie du patrimoine de la société qui l'a créée dans l'État partie. Les dispositions relatives à la radiation de la succursale n'existaient pas à la date de l'arrêt de la cour d'appel de Pointe-Noire, qui avait été rendu sur le fondement des art. 116 à 118.

Chapitre V

BUREAU DE REPRESENTATION OU DE LIAISON

Art. 120-1 [nouv.] Le bureau de représentation ou de liaison est un établissement appartenant à une société et chargé de faire le lien entre cette dernière et le marché de l'État partie dans lequel il se situe. Il n'est pas doté d'une autonomie de gestion et n'exerce qu'une activité préparatoire ou auxiliaire par rapport à celle de la société qui l'a créé.

Art. 120-2 [nouv.] Le bureau de représentation ou de liaison n'a pas de personnalité juridique distincte de celle de la société qui l'a créé.

Les droits et obligations qui naissent à l'occasion de son activité ou qui résultent de son existence sont compris dans le patrimoine de la société qui l'a créé.

Art. 120-3 [nouv.] Le bureau de représentation ou de liaison peut être l'établissement d'une société étrangère. Il est soumis au droit de l'État partie dans lequel il est situé.

Art. 120-4 [nouv.] Le bureau de représentation ou de liaison est immatriculé au registre du commerce et du crédit mobilier conformément aux dispositions organisant ce registre.

Art. 120-5 [nouv.] Si l'activité du bureau de représentation justifie qu'il soit transformé en succursale, une demande de rectification au registre du commerce et du crédit mobilier doit être formulée dans les trente (30) jours suivant un tel changement de situation.

La succursale nouvellement créée sera, le cas échéant, soumise aux dispositions de l'article 120 ci-dessus.

En cas de non-respect des dispositions visées au premier alinéa du présent article, le greffier ou l'organe compétent de l'État partie procède à la radiation du bureau de représentation du registre du commerce et du crédit mobilier, après décision de la juridiction compétente, statuant sur requête, à sa demande ou à celle de tout intéressé.

La décision de radiation donne lieu, à la diligence du greffier ou de l'organe compétent de l'État partie, à une insertion dans un journal habilité à recevoir les annonces légales de l'État partie.

• Livre II •

FONCTIONNEMENT DE LA SOCIETE COMMERCIALE

• Titre I •

POUVOIRS DES DIRIGEANTS SOCIAUX
PRINCIPES GENERAUX

Art. 121 [mod.] A l'égard des tiers, les organes de gestion, de direction et d'administration ont, dans les limites fixées par le présent Acte uniforme pour chaque type de société, tout pouvoir pour engager la société, sans avoir à justifier d'un mandat spécial. Toute limitation de leurs pouvoirs légaux par les statuts est inopposable aux tiers de bonne foi.

Observations

Doit être considéré comme de bonne foi le tiers qui démontre qu'il n'a pas eu connaissance de la clause statutaire limitative des pouvoirs légaux des dirigeants.

Jurisprudence OHADA

I. Pouvoir d'engager la société

A. Représentation en justice

1° Détermination du pouvoir d'agir en justice au nom d'une société par les statuts ou par la loi

La qualité de l'organe d'une société ayant pouvoir d'agir en justice n'est pas tirée d'une quelconque formulation ou d'un agencement des termes d'une procuration spéciale, à laquelle la loi n'attache d'ailleurs aucun rigorisme ni sanction ; la loi oblige seulement que cette qualité soit déterminée dans les statuts de la personne morale, le cas échéant, ou qu'elle soit tirée d'une prescription de la loi elle-même (CA de la Tshopo (RDC), n° RCA 5890, 10-6-2021 : Thaurfin Ltd. c/ Iron Mountain et trois autres).

2° Action, dans l'espace OHADA, au nom d'une société immatriculée en dehors de cet espace

En présence d'une clause statutaire habilitant chacun des directeurs d'une société immatriculée en dehors de l'espace OHADA à prendre en charge, seul ou collégialement, toute action judiciaire au nom de la société tant en demande qu'en défense, la procuration spéciale délivrée par un directeur de cette société est valide et l'appel interjeté au nom de cette société par l'un de ses dirigeants est recevable en la forme, les intimés n'ayant apporté aucune preuve contraire (CA de la Tshopo (RDC), n° RCA 5890, 10-6-2021 : Thaurfin Ltd. c/ Iron Mountain et trois autres).

Si « à l'égard des tiers, les organes de gestion, de direction et d'administration ont, dans les limites fixées par [l'AUSCGIE] pour chaque type de société, tout pouvoir pour engager la société, sans avoir à justifier d'un mandat spécial », ces dispositions s'appliquent aux sociétés relevant du droit OHADA. C'est donc en violation de la loi qu'une cour d'appel s'est fondée sur les articles 121 et 122 de l'AUSCGIE pour apprécier la qualité de dirigeants d'une société de droit suisse et leur aptitude ou inaptitude à représenter ladite société en justice. (CCJA, 1e ch., n° 178/2020, 28-5-2020 : SGS SA c/ La République démocratique du Congo).

S'il est constant que la législation de l'État dont sont issues les sociétés de droit étranger régit leur nationalité, leur constitution, leur personnalité juridique et leur capacité dans le pays d'origine, il n'en demeure pas moins que le contrôle de la preuve de ces éléments dans un pays étranger s'analyse au regard des exigences légales du pays dans lequel elles mènent des activités. En l'espèce, l'ordonnance-loi 66-344 du 9 juin 1966 de la république démocratique du Congo relative aux actes notariés, en son Chapitre V consacré aux actes étrangers, dispose en son article 20 que « indépendamment des actes passés à l'étranger conformément au dernier alinéa de l'article 2, les actes passés à l'étranger ont, sur le territoire du Congo, la même force probante que dans les pays où ils ont été dressés. La preuve de leur authenticité résultera notamment de la légalisation effectuée par les autorités désignées par le ministre des affaires étrangères (congolais) ». Il s'en induit qu'une société étrangère n'ayant aucun centre d'opération propre en république démocratique du Congo ne peut prouver son existence juridique et ester en justice que si les documents à produire, notamment ses statuts ou un extrait récent du registre du commerce et du crédit mobilier, ou toute autre preuve de son existence juridique, et la preuve que le mandat donné à l'avocat ont été régulièrement établis par un représentant qualifié à cet effet, ont été légalisés dans son pays d'origine par les services de l'ambassade de la république démocratique du Congo auprès de ce pays, et sont produits en la forme authentique ou en copie certifiée conforme par cette autorité. En l'espèce, la sécurité juridique des situations commande à la CCJA de déclarer irrecevable le pourvoi formé par une société étrangère qui n'a produit au soutien de son existence que des statuts non conformes à la législation congolaise, en ce qu'ils n'ont pas été authentifiés ou certifiés conformes par l'autorité régulière, les allégations de ladite société selon lesquelles le seul fait d'être l'une des associées de la société défenderesse, régulièrement enregistrée est suffisant pour justifier sa qualité et sa capacité étant inopérantes (CCJA, 1e ch., n° 020/2021, 18-2-2021 : Société Earning Source Investment Limited c/ Cimco SAS).

Mais il a été récemment jugé, en sens contraire, qu'il est constant, en droit positif de la République démocratique du Congo, que la procuration établie à l'étranger n'est plus soumise à l'obligation de légalisation (CCJA, 3e ch., n° 096/2024, 28-3-2024). Donc, il faudrait désormais se référer au droit positif interne de la République démocratique du Congo sur ce point.

3° Ministère d'avocat obligatoire

Nullité d'un mémoire signé par le directeur général en sans recours à un avocat. En vertu des dispositions de l'article 20-3 du Code de procédure civile ivoirien, les personnes morales de droit privé doivent se faire représenter par un avocat devant la cour d'appel. Il en résulte qu'un mémoire signé de la direction générale seule, sans représentation par un avocat ne peut être retenu (CA Abidjan, Ch. civ. et com., n° 687, 22-6-2004 : Sté ECOBANK-CI c/ Sté TAO, Ohadata J-05-313).

Voir sous l'art. 465, al. 2 et 3.

4° Validité du mandat donné à un tiers pour agir au nom de la société

Est valable :

– le pouvoir signé par une tierce personne qui a reçu régulièrement mandat, car il ne cause aucun grief (TRHC Dakar, n° 1832, 7-12-1999 : I. D. et M. K. D. c/ Sté Mobil Oil Sénégal, Ohadata J-04-25) ;

Obs. : si l'habilitation est valable, le mandat est possible pour déclarer une créance à une procédure collective qui est équivalente à l'introduction d'une action en justice (comparer avec les conditions dans MDC n° 61813).

– la saisie des biens d'une société et sa condamnation à des dommages et intérêts par le juge des référés, diligentées par un mandataire qui a reçu pouvoir « à l'effet de recevoir au cas où la suite du procès qui oppose la SARL (au nom de laquelle le mandataire a agi) à une autre société, serait favorable, le montant des factures correspondant au différentes transactions effectuées antérieurement entre elles et éventuellement réclamer les dommages et intérêts » ; c'est à tort que la demanderesse au pourvoi conteste ce pouvoir et sa demande sur ce point doit être rejetée (CCJA, 2e ch., n° 037/2012, 3-5-2012 : Sté ESSO Exploration and Production Chad Inc c/ Ressourcium International SARL).

Obs. : décision rendue au sujet d'une SARL, mais transposable en raison des termes de l'article 121, sauf dispositions spécifiques contraires. Voir sous les articles 328 et 465.

5° Inopposabilité de la limitation statutaire des pouvoirs d'agir au nom de la société par son dirigeant

Il découle de l'article 121 de l'AUSCGIE qu'à l'égard des tiers, les organes de gestion, de direction et d'administration ont tout pouvoir pour engager la société, sans avoir à justifier d'un mandat spécial ; toute limitation de leurs pouvoirs légaux par les statuts est inopposable aux tiers de bonne foi. C'est donc par une juste application de la loi qu'une cour d'appel a jugé, sur le fondement du droit national, que c'est à tort que le premier juge a considéré irrecevable l'opposition pour défaut de qualité (CCJA, 2e ch., n° 184, 8-12-2016 : AND MINING SARL c/ IMPALA TERMINALS DRC SARL, Ohadata J-17-124).

B. Signification d'un acte à une société

Validité d'une signification à une personne autre que le représentant légal. S'agissant d'une société, personne morale, doit être considérée comme signification à sa personne, celle qui est faite à son représentant légal, à un fondé de pouvoir ou à toute personne habilitée à cet effet. Lorsque, comme en l'espèce, il ressort de l'exploit de signification que c'est la réceptionniste de la société défenderesse, une certaine « Annette », qui a reçu copie de l'exploit de signification ainsi que l'expédition certifiée conforme de l'ordonnance et copie certifiée conforme de la requête, a signé sur l'exploit de signification et apposé le cachet de la société défenderesse et qu'il ressort de diverses pièces versées au dossier, que la nommée Annette reçoit régulièrement les actes délivrés à la société défenderesse, cette personne est donc habilitée à recevoir lesdits actes au nom de son employeur, la société défenderesse (CCJA, 2e ch., no 036/2012, 22-3-2012 : Cabinet BENIE c/ CFAO TECHNOLOGIES).

Obs. : doit être considéré comme caduc, le jugement d'un tribunal qui a retenu que la signification-commandement servie directement à une personne morale sans passer par l'intermédiaire de son représentant légal, est nulle et la discontinuation des poursuites doit être ordonnée (TPI Douala Bonanjo, 31-12-2002 : Ordonnance de contentieux d'exécution, SFIC SA c/ SARL BRETEX, Ohadata J-04-438).

C. Demande relative à une relation personnelle entre les organes de gestion et des tiers

S'il est vrai, qu'à l'égard des tiers, les organes de gestion, de direction et d'administration ont, dans les limites fixées par l'AUSCGIE pour chaque type de société, tout pouvoir pour engager la société sans avoir à justifier d'un mandat spécial, ils ne peuvent exciper de ce pouvoir qu'autant que l'acte qu'ils accomplissent a pour fondement l'activité sociale ; tel n'est pas le cas lorsque les dirigeants forment, au nom de la société, une demande en recouvrement qui est fondé sur une relation personnelle nouée entre les organes de gestion et un tiers ; ainsi lorsque cette demande concerne des effets de commerce dont les dirigeants sociaux étaient bénéficiaires en vertu de relations commerciales entretenues par leur société avec une débitrice et qu'ils ont été endossé au profit d'un tiers autre que leur société, sans rapporter la preuve d'un lien de causalité entre le nouveau bénéficiaire et cette dernière entité sociale (CA Abidjan (Côte d'Ivoire), 1e ch. civ. et com., no 527, 20-5-2005 : IDF SARL c/ SNC FATIMA SARL, Juris-Ohada no 3/2007, p. 38, Ohadata J-08-83).

D. Engagement de la société par un administrateur provisoire

Nomination. C'est à tort qu'un juge a fondé sa décision de nommer un administrateur provisoire sur la seule existence d'un litige entre associés, sans rechercher en l'espèce si le litige avait entraîné la paralysie de la société. L'ordonnance doit être infirmée et les organes dirigeants confirmés dans leurs fonctions (CA Abidjan, no 258, 25-2-2000 : Sté NACI, Bulletin Juris-Ohada, no 1/2002, janv.-mars 2002, p. 42, note anonyme, Ohadata J-02-132).

E. Théorie de l'autorité apparente : validité de l'engagement pris par le directeur marketing d'une succursale

Les actes accomplis au Togo par le directeur marketing de la succursale togolaise d'une société de transport aérien dont le siège social est situé en dehors de l'espace OHADA sont valables dès lors qu'ils entrent dans l'objet de la société, que le directeur marketing a été le seul interlocuteur épistolaire de la société auprès du défendeur, qui dans ces conditions, a pu croire, en vertu de la théorie de l'autorité apparente, que la Direction Marketing de la société en cause disposait de tous les pouvoirs nécessaires pour gérer leur différend jusqu'à son terme et que les dirigeants sociaux de la société n'ont remis en cause, de quelque manière que ce soit, les actes accomplis par la direction marketing à Lomé. Dans ces circonstances, la société a agréé les actes posés par sa Direction Marketing à Lomé, qui a agi en son nom, et dans son intérêt. C'est donc sans violer les articles 121, 122, 415 et 494 de l'AUSCGIE que la cour d'appel a retenu la responsabilité de la société de transport pour statuer comme elle l'a fait ; rejet du pourvoi (CCJA, 1e ch., no 071, 29-3-2018 : Royal Air Maroc c/ Dossou-Lihoue Claude).

F. Gérant de fait

C'est à tort qu'il est reproché à un arrêt d'avoir violé l'article 121 de l'AUSCGIE, en retenant que, « par ces actes, monsieur [X.] engage la responsabilité de la société [A] à l'égard des tiers », motif pris de ce que celui-ci « a agi en qualité de gérant de fait de la société [B.] dont le véritable gérant est monsieur [Y.] », alors, selon le moyen, que l'analyse des pièces de la procédure visées par la cour d'appel pour juger, notamment l'exploit de sommation de payer et la convention de gage, démontre qu'en réalité, monsieur [X.] n'avait jamais emprunté la qualité de gérant de la société [A.] pour contracter avec la société [C.]. Il en est ainsi dès lors qu'en application des articles 312 et suivants de l'AUSCGIE, la SARL est gérée par une personne ayant la qualité de gérant. En l'espèce, la demanderesse au pourvoi a reconnu avoir confié la gestion de son entreprise à monsieur [X.] ; il est prouvé que c'est lui qui a accompli toutes les démarches administratives nécessaires à l'implantation du dépôt de gaz de la société [B.] dans cette ville ; le reçu de paiement des frais de constitution et de conformité qui lui a été délivré mentionne clairement « la société [A.], représentée par monsieur [X.] » ; c'est également en cette qualité qu'il a conclu le protocole d'accord de livraison des bouteilles de gaz, déchargé tous les bons de livraison et accusé réception desdites bouteilles à son lieu de travail, siège social de la société à Bouaké ; les reconnaissances de dette et tous les actes consacrant la créance de [C.] sont également signés par lui et revêtus du cachet de la société [A.]. Il a ainsi posé tous les actes de gestion et d'administration de la société au sens de l'article 121 de l'AUSCGIE et en retenant que monsieur [X.] « a agi en qualité de gérant de fait de la société [B.] dont le véritable gérant est monsieur [Y.] et que par ces actes, monsieur [X.] engage la responsabilité de la société [A.] à l'égard des tiers », la cour d'appel n'a en rien violé l'article 121 visé au moyen (CCJA, 3e ch., n° 214/2024, 4-7-2024).

II. Société non engagée par la simple mention de la qualité du représentant légal dans un acte introductif d'instance dirigé contre ce dernier

Le simple fait d'indiquer qu'une requête a été initiée contre X., représentant légal d'une société Y., ne suffit pas à lier la société elle-même à l'instance (CA Pointe-Noire (Congo), n° 5, 14-4-2009 : A. S. c/ M. C., Ohadata J-13-100).

Obs. : voir sous l'art. 21 de l'AUPSRVE.

III. Tiers de bonne foi

Il se déduit de la combinaison des articles 121, 472 et 488 de l'AUSCGIE que doit être considéré comme étant de bonne foi, le tiers qui démontre qu'il n'a pas eu connaissance d'une quelconque clause statutaire limitative des pouvoirs légaux des dirigeants. En l'espèce, il est établi que la banque avait parfaitement connaissance de l'article 16 de la convention de crédit du 21 juin 2023 selon lequel « [X.] est le représentant légal du client emprunteur », cette disposition figurant par ailleurs nettement dans le préambule ; un autre article 16, celui des statuts cette fois-ci qui ont également été présentés à la banque, fixe nettement les conditions de délégation des pouvoirs de direction générale. L'article 122 de l'AUSCGIE est inapplicable en la circonstance car il ne concerne que les actes « ne relevant pas de l'objet social ». Il s'ensuit qu'en clôturant le compte de la société [A.] à la seule demande du directeur général adjoint, la professionnelle qu'est la banque a nécessairement été négligente, à défaut d'être de mauvaise foi manifeste. C'est donc en violation des articles 121, 472 et 488 de l'AUSCGIE qu'une cour d'appel a infirmé le jugement appelé, en jugeant que le directeur général adjoint a valablement engagé la société [A.] à l'égard de la banque, alors même que celle-ci avait connaissance des dispositions précitées qui limitaient ses pouvoirs, exposant son arrêt à la cassation. Sur l'évocation, et pour les mêmes motifs que ceux ayant entraîné la cassation, tirés de la violation des dispositions des articles 121, 472 et 488 de l'AUSCGIE, il y a lieu de confirmer partiellement le jugement en retenant la responsabilité de la banque dans la clôture irrégulière du compte de la société [A.] ouvert dans ses livres ; le jugement dont appel a condamné la banque à verser à la société [A.] la somme totale de 10 292 742,470 FCFA, pour le paiement des sommes engagées pour la mise en service de la navette San Valentin, des dommages et intérêts pour la perte de gain et des frais irrépétibles ; ces demandes, soutenues pour certaines par des pièces justificatives produites aux débats, sont toutefois considérées exagérées par la CCJA ; il échet donc d'infirmer le jugement sur ce point et, statuant à nouveau et souverainement, fixer à 400 000 000 FCFA, toutes causes de préjudice confondues, le montant à payer par la banque, la société [A.] étant déboutée de son surplus en demande (CCJA, 3e ch., n° 378/2024, 26-12-2024).

IV. Caractère inopérant de l'invocation d'une disposition inapplicable sur la cassation

L'invocation, même erronée, d'une disposition légale, ne suffit pas à la cassation d'une décision lorsque son incidence sur la pertinence de la solution du litige n'est pas démontrée. Tel est le cas lorsqu'il est reproché à un arrêt d'avoir confirmé un jugement en se fondant sur l'article 121 de l'AUSCGIE, alors que ce texte n'est pas applicable aux sociétés anonymes avec conseil d'administration concernées en l'espèce, soumises aux dispositions de l'article 487 du même Acte uniforme. Il y a lieu de rejeter ce moyen comme dépourvu de toute pertinence sur la régularité de la saisie immobilière (CCJA, 1e ch., n° 056/2022, 3-3-2022).

Jurisprudence comparée

I. Belgique

Responsabilité de la société pour faute dans la conduite de pourparlers

La faute commise par le mandataire d'une société durant les pourparlers contractuels engage la responsabilité civile de la personne morale En l'espèce, le gérant de fait d'une société à responsabilité limitée luxembourgeoise avait représenté la société au cours des négociations préalables à la conclusion de deux conventions par lesquelles la société cédait son activité de domiciliation à des sociétés étrangères (rencontre du propriétaire de l'immeuble, signature d'une partie de la facturation, entretien avec les sociétés acquéreurs). Or, à la suite des réticences manifestées lors de ces pourparlers par la société cédante, les sociétés étrangères ont demandé réparation de leur préjudice à la société et au gérant de fait. Contrairement aux juges du fond, la Cour de cassation a retenu la seule responsabilité de la société aux motifs suivants. Les gérants d'une société de droit luxembourgeois sont responsables envers la société, selon le droit commun, de l'exécution de leur mandat et des fautes commises dans leur gestion ; ils sont solidairement responsables, soit envers la société, soit envers les tiers, des dommages et intérêts résultant d'infractions aux dispositions de la loi sur les sociétés ou aux statuts. Ils ne sont déchargés de leur responsabilité quant aux infractions auxquelles ils n'ont pas pris part, que si aucune faute ne leur imputable et s'ils ont dénoncé les fautes dont ils ont eu connaissance à la plus proche assemblée générale. Lorsqu'un organe de droit ou de fait d'une société ou un mandataire agissant dans le cadre de son mandat commet une faute ne constituant pas une infraction pénale durant des négociations précontractuelles, cette faute engage non pas responsabilité du gérant ou du mandataire mais celle de la société ou du mandant (Cour de cassation de Belgique, 1e ch. civ. et com.), nº C 03.0105. F 20-6-2005, JURICAF).

II. États-Unis

A. Présomption du pouvoir des dirigeants sociaux d'agir dans les limites de l'objet social

Conformément à la doctrine de l'autorité apparente, il existe une présomption générale selon laquelle le président d'une société dispose de tous les pouvoirs nécessaires pour gérer quotidiennement la société, et notamment pour conclure des contrats en relation avec son objet social (Odell v 704 Broadway Condominium, 284 AD2d 52, 56 (2001).

Les prêts consentis à une société à responsabilité limitée (LLC) n'ont pas besoin d'être approuvés par l'assemblée générale. Par conséquent, les prêteurs peuvent légitiment croire que les dirigeants d'une société à responsabilité limitée ont le pouvoir de l'engager (Merrell-Benco Agency LLC v HSBC Bank USA, 20 AD 3d 605 – NY Supreme Court Appellate Div., 3rd Dept. (2005)).

B. Absence de présomption de pouvoir au profit de non-dirigeants

1° Directeur financier

Le directeur financier d'une société n'a aucun pouvoir pour signer des billets à ordre à moins que les statuts ou le règlement intérieur de la société ne le lui confère expressément ((Jacobus v. Jamestown Mantel Co., Court of Appeals of New York, 105 N.E. 210 (1914)).

2° Dirigeants de fait

La société prêteuse qui s'est immiscée dans la gestion de la société emprunteuse pour corriger ses défaillances de gestion en subordonnant la prise de certaines décisions à son agrément, en nommant un chargé de mission pour l'aider à prendre ses décisions, en exigeant des contrôles périodiques de la gestion, a ainsi traité la société emprunteuse comme son mandataire général ; en conséquence, les contrats, en l'espèce de fourniture de grains avec des fermiers producteurs, passés par la société emprunteuse ont lié personnellement la société prêteuse envers les cocontractants (A. Gay Jenson Farms Co. v. Cargill, Inc., Supreme Court of Minnesota, 309 N.W.2d 285 (1981)).

Selon les juges de l'État de New York, le fait qu'un associé, personne physique, organise et manage une partie de la société ne suffit pas à engager sa responsabilité personnelle (Walkovsky v. Carlton, Court of Appeals of New York, 223 N.E.2d 6 (1966)).

C. Actes des dirigeants de droit de la société n'engageant pas celle-ci

1° Acte non conclu au nom et pour le compte de la société

Le directeur et président de la société a été personnellement tenu pour obligé au paiement de marchandises qu'il avait acheté à une société africaine car il ne lui avait pas révélé qu'il agissait au nom et pour le compte de la société qu'il dirigeait (African Bio-Botanica, Inc. v. Sally Leiner, t/a Ecco Bella, Superior Court of New Jersey, Appellate Division, 624 A.2d 1003 (1993)).

2° Acte frauduleux

La société n'est pas engagée par l'acte d'un de ses agents qui, sous son papier à lettre, a émis une opinion constitutive d'une fraude qui a amené la partie qui l'avait demandée à subir une perte importante ; pour que la société soit obligée à assumer les actes de ses agents, il faut que l'agent ait l'apparence d'agir au nom de la société pour accomplir l'acte qui lui est imputé et que cet acte entre dans l'objet de la société, ce qui suppose que l'agent ait, au moins en partie, pour but de servir la société (Kansallis Finance Ltd v. Fern, Supreme Judicial Court of Massachusetts, 659 N.E.2d 731 (1995)).

D. Vente de leurs droits sociaux, ou achat, par les dirigeants

1) Un dirigeant peut accepter, en son propre nom, une offre pouvant avoir un intérêt pour la société qu'il dirige si l'offre lui a été faite personnellement, si l'offre n'est pas essentielle pour la société, si la société n'est pas intéressée ou a peu d'espoir d'obtenir l'offre et si le dirigeant n'a pas utilisé frauduleusement les fonds de la société pour obtenir ou exploiter l'offre (Broz v. Cellular Information Systems, Inc., Supreme Court of Delaware, 673 AM 148 (1996)).

2) Selon les juges de l'État du Maine, les dirigeants ont l'obligation de présenter à la société toutes les offres dont ils ont connaissance et qui sont en relation avec l'activité de cette dernière ou qui ont été connues par les dirigeants à l'occasion de leur activité de dirigeant. Ils ne peuvent accepter personnellement ses offres qu'une fois que la société les a rejetées (Northeast Harbor Golf Club, Inc. v. Harris, Supreme Judicial Court of Maine, 661 A.2d 1146 (1995)).

3) Les dirigeants ne doivent pas vendre leurs actions au détriment de la société. Lorsque des dirigeants majoritaires vendent leurs actions à un prix supérieur à celui du marché (en l'espèce 20 $ au lieu de 12 $) ils sont présumés avoir privilégiés leur intérêt personnel par rapport à l'intérêt de la société, ce d'autant plus qu'une autre solution que la vente de ses actions avaient été envisagée (en l'espèce un patronage) et même s'ils ignoraient que la politique des nouveaux actionnaires majoritaires se feraient au détriment de la société. Les dirigeants fautifs sont alors responsables envers les actionnaires de la différence entre le prix vendu et la valeur réelle de l'action (Perlman v. Feldmann, United States Court of Appeals, Second Circuit, 219 F.2d 173 (1955)).

4) Il appartient au dirigeant majoritaire qui vend des actions de la société de prouver que la vente ne s'est pas faite à son unique bénéfice c'est-à-dire qu'elle a été réalisée à des conditions normales. Le fait que ce dernier se soit entouré d'un comité spécial n'inverse la charge de la preuve que si ce comité est composé de personnalités indépendantes (Kahn v. Tremont Corp., Supreme Court of Delaware, 1997, 694 A.2d 422)).

5) Les règles de gestion présument que les dirigeants agissent de bonne foi. Il en va différemment lorsque ces derniers rachètent des actions en vue d'éviter le rachat de la société. En effet, ces derniers peuvent refuser le rachat simplement pour garder leur poste de dirigeant. Il leur appartient donc de prouver qu'ils ont agi dans l'intérêt de la société (Cheff v. Mathes, Supreme Court of Delaware, 199 A.2d 548 (1964)).

Plus précisément, ils doivent prouver qu'ils avaient des raisons de craindre que le rachat mettait en danger la politique de la société. Ils doivent montrer qu'ils n'ont pas agi dans l'unique but de conserver leur poste (Unocal Corp. v. Mesa Petroleum Co., Supreme Court of Delaware, 493 A.2d 946 (1985)) mais qu'ils avaient des raisons de penser que ce dernier entraînerait la dissolution de la société ((Revlon, Inc. v. MacAndrews & Forbes Holdings, Inc., Supreme Court of Delaware, 506A.2d 173 (1986)).

E. Limitation des pouvoirs des dirigeants

1° Validité de la limitation des pouvoirs

Le président d'une société a en principe tout pouvoir pour engager la société pour les actes ordinaires qui entrent dans son objet social ;

ces pouvoirs peuvent toutefois être limités ou augmentés par le conseil d'administration (Joseph Greenspon's Sons Iron et Steel Co. V. Pecos Valley Gas Co., Superior Court of Deleware, 156 A. 350 (1931)).

2° Impossibilité de supprimer totalement les pouvoirs des dirigeants

La fonction première des dirigeants est de diriger la société, les associés ne peuvent donc pas leur retirer ses pouvoirs et mettre en place des dirigeants « passifs » (Manson v. Curtis, Court of Appeals of New York, 119 N.E. 559 (1918)).

3° Nullité de la délégation de tous les pouvoirs des dirigeants

Un contrat par lequel les dirigeants d'une société délèguent leur autorité et leurs pouvoirs à des tiers qui ne possèdent aucun intérêt dans la société est nul (Smith v. California Thorn Cordage, Inc. 129 Cal. App. 93 (1933)).

Tant qu'une société existe ses affaires doivent être gérées par les dirigeants élus ; ces derniers peuvent autoriser des tiers à agir à leur place pour des actions précises, ils ne peuvent pas, en revanche, déléguer leur pouvoir de gouverner. Un tel contrat serait nul (Kennerson v. Burbank Amusement Co. 120 Cal. App.2d 172).

F. Intervention du juge

Les juges ne doivent pas en principe intervenir dans les décisions prises par les dirigeants, sauf en cas de mauvaise foi ou de grave négligence (in Re Integrated Resources, Inc., 147 B.R. 650 (1992) ; en l'espèce, les juges n'ont pas trouvé de raisons d'intervenir).

III. France

A. Acte accompli par un futur gérant de la société

La société est engagée par un contrat de fourniture signé par le futur gérant lorsqu'à la date d'entrée en vigueur de cette convention, le gérant avait acquis cette qualité et avait exécuté depuis plus d'un mois l'accord en recevant les marchandises et en acceptant le prêt accordé par le fournisseur, cette exécution volontaire valant ainsi reconnaissance des obligations contractuelles alors susceptibles d'être ratifiées (Cass. com. 8-1-2002 n° 31 : RJDA 5/02 n° 504).

B. Actes compris dans l'objet social

Les opérations entrent dans l'objet social lorsqu'elles contribuent à la réalisation de celui-ci, quelle que soit leur nature (CA Paris 15-2-2005 n° 03/16395 : RJDA 7/05 n° 828) ; sont ainsi compris dans l'objet social :

– des actes courants : achat-vente de biens, de matériel, embauche de personnel, conclusion de contrats d'assurance, placement de capitaux disponibles, émission d'effets de commerce (CA Paris 15-2-2005 n° 03/16395 : RJDA 7/05 n° 828) ou achats d'effets de commerce se référant à l'objet social (Cass. com. 1-10-1996 RJDA 1/97 n° 88) ;

– des opérations plus conséquentes, telles que des achats-vente d'immeubles, création de succursales, prises de participation dans d'autres sociétés, constitution de filiales, à condition que ces opérations participent à la réalisation de l'objet social ; par exemple, la vente d'un immeuble de la société par le président avec l'autorisation du conseil d'administration (Cass. com. 6-6-2001 n° 1138 : RJDA 12/01 n° 1219) ;

– le cautionnement donné par une société, étranger à l'objet social, mais destiné à bénéficier à une société ayant une communauté d'intérêt avec la société caution (Cass. com. 1-2-1994 : Bull. Joly 1994 p. 390 note Laude) ;

– la renonciation à percevoir le loyer pendant deux ans consentie dans l'intérêt des deux sociétés contrôlées par les mêmes familles par une société civile immobilière dont l'objet social est défini comme étant la gestion d'une propriété donnée à bail commercial à une autre société (Cass. 3e civ. 29-1-2008 : BRDA 6/08 inf. 5) ;

– la promesse de vente de l'immeuble constituant l'actif de la société consentie par son co-gérant alors que les statuts stipulaient que la société avait pour objet « la propriété de tous biens immobiliers situés en France, ainsi que toutes opérations mobilières ou immobilières susceptibles d'en favoriser le développement immobilier » ; une telle promesse est susceptible de favoriser le développement de la propriété des biens immobiliers (Cass. com. 26-2-2008 n° 06-21.744 : BRDA 8/08 inf. 7) ;

– des opérations relatives au fonds de commerce ; sont concernés les actes de vente, nantissement ou location-gérance du fonds de commerce même unique de la société, lorsque la société n'a pas pour seule activité l'exploitation de ce fonds ; tel est le casde : la cession d'un droit au bail valablement conclue par le gérant d'une société qui peut, aux termes des statuts, exercer son activité dans un autre lieu (Cass. com. 13-11-1957 : D. 1958 p. 269) ; la vente du fonds de commerce de celle-ci par le conseil d'administration et de l'immeuble servant à l'exploitation du fonds (CA Paris 30-11-1976 : Rev. sociétés 1977 p. 688 note Randoux) ;

C. Validité de la clause subordonnant la conclusion du contrat conclu par un dirigeant à l'accord d'un organe social

La société anonyme peut opposer à son cocontractant le refus du conseil d'administration de ratifier le contrat conclu en son nom par le directeur général si une clause du contrat subordonne expressément sa conclusion à une telle ratification (CA Versailles 12-3-2009 n° 07/9194 : BRDA 8/09 inf. 16).

Art. 122 **La société est engagée par les actes des organes de gestion, de direction et d'administration qui ne relèvent pas de l'objet social, à moins qu'elle ne prouve que le tiers savait que l'acte dépassait cet objet ou qu'il ne pouvait l'ignorer compte tenu des circonstances, sans que la seule publication des statuts suffise à constituer cette preuve.**

Jurisprudence OHADA

I. Limitation de l'article 122 aux actes ne relevant pas de l'objet social

Obs. : voir sous l'art. 121 (CCJA, 3e ch., n° 378/2024, 26-12-2024).

II. Acte entrant dans l'objet social

La vente d'un véhicule d'une société anonyme réalisée par son directeur général adjoint durant ses fonctions est un acte valable faisant partie de ceux qu'il pouvait accomplir sans un mandat spécial, en application des articles 122 et 472 al. 2 de l'AUSCGIE. En l'absence de preuve par la société que la vente de l'épave d'un véhicule accidenté est étrangère à son objet social et dont l'accomplissement par les organes de gestion, d'administration ou de direction, nécessitait des pouvoirs spéciaux alors surtout, qu'elle ne conteste pas que le montant des frais de remise en état dudit véhicule justifiait à l'évidence, qu'un responsable avisé n'aurait pas agi autrement, c'est à tort que le premier juge a prononcé la nullité de la vente et son jugement doit être infirmé. Statuant à nouveau, la Cour confirme la validité de la vente (CA Abidjan (Côte d'Ivoire), 4e ch. civ. et com., B, n° 734, 28-12-2007 : T. c/ Sté HOTEL SOFITEL, Juris-Ohada, n° 1/2010, janv.-mars, p. 57, Ohadata J-11-05).

III. Acte en dehors de l'objet social

C'est à tort qu'il est reproché à une cour d'appel, d'avoir violé les articles 19 et 740 de l'AUSCGIE et l'article 2 des statuts de la société défenderesse, en refusant de statuer sur le détournement de l'objet social par l'ancien directeur général de la société, et sur l'illicéité du prêt consenti par ce dernier à une tierce personne, car s'il est constant que l'article 19 de l'AUSCGIE prévoit la spécificité statutaire et fixe le cadre des pouvoirs des dirigeants sociaux, il n'en demeure pas moins qu'à l'égard des tiers, cet objet ne constitue pas une limite, et n'empêche pas que les dirigeants engagent la société en cas de dépassement de l'objet, sauf les réserves prévues à l'article 122 dudit Acte uniforme. C'est également à tort qu'il est reproché à l'arrêt d'avoir consacré la licéité du prêt consenti par l'ancien directeur général d'une société au seul motif que l'instrumentum dudit acte est notarié alors même, d'une part, que le notaire instrumentaire, en précisant qu'il avait simplement constaté une convention déjà négociée hors sa présence par les parties, sans son concours ni sa participation, avait entendu enlever toute authenticité à l'acte de son répertoire et que, d'autre part, le même arrêt a jugé illicite la prise de participation de l'ancien directeur général de la société au capital d'une autre société, dès lors qu'en sa qualité d'officier public, le notaire confère, par sa seule signature, l'authenticité à l'acte qu'il reçoit et s'engage sur l'identité des parties et son contenu, ledit acte ayant force probante et exécutoire jusqu'à inscription de faux. C'est donc à bon droit qu'une cour d'appel a confirmé l'engagement de la personne désignée « EMPRUNTEUR » dans l'acte notarié, tout en écartant la contre-lettre signée par les parties, comme au demeurant sans impact réel au regard de l'engagement formel de ce dernier (CCJA, 3e ch., no 157, 18-10-2018 : Issambi Mbi Bonnes Thierry François c/ Sté d'Electricité, de Téléphone et d'Eau du Gabon SA, Jean Pierre Dujacquier).

Obs. : voir aussi sous l'art. 740.

IV. Inopposabilité des limitations des pouvoirs des dirigeants

Il résulte des termes de l'article 122 de l'AUSCGIE que la société commerciale est engagée à l'égard des tiers par les actes de ses organes de gestion, de direction et d'administration, sans qu'il puisse leur être opposé les limitations de leurs pouvoirs prévues par les statuts. C'est donc à bon droit que les premiers juges ont regardé la correspondance du responsable juridique et des ressources humaines de la société débitrice (rédigée sur papier à en-tête de cette dernière avec son cachet et rassurant les créanciers sur le respect des termes du contrat de vente litigieux, s'engageant notamment au respect des échéances convenues, soit par la société elle-même, soit, en cas de fusion, par la nouvelle société) comme une promesse unilatérale de paiement, engageant la société débitrice. Il en est ainsi dès lors que, d'une part, l'absorption n'est pas contestée et qu'il résulte des dispositions de l'article 189 de l'AUSCGIE que la fusion entraîne la transmission à titre universel du patrimoine de la société absorbée à la société absorbante et que, d'autre part, les créanciers ont soutenu sans être démentis que, depuis la fusion de la société débitrice avec une autre, la nouvelle société exploite la plantation vendue et le quota d'exportation dont les créanciers étaient bénéficiaires. C'est donc à juste titre que le premier juge a déclaré la saisie partiellement fondée (CCJA, 2e ch., no 018/2013, 7-3-2013 : CDBCI c/ Martial DUPARC, Fatome HOUBALLAH épouse DUPARC, Rec. jur. CCJA, no 20, vol. 2, janv.-déc. 2013, p. 80-83, Ohadata J-15-18).

V. Acte validé a posteriori

C'est à tort qu'il est reproché à un arrêt d'énoncer que la convention du 1er juillet 1996 est régulière et a respecté toutes les conditions de formation d'un contrat, sans préciser les conditions dont il s'agit et dire en quoi elles auraient été remplies, dès lors qu'il est constant que l'État de Côte d'Ivoire, la société TRCI représentée par son président-directeur général, la société GMG représentée par monsieur Y et monsieur X tous appelants, ont demandé à la cour d'appel de constater la validité des conventions signées les 1er juillet 1996 et 21 février 1997 ; que se fondant sur les articles 122 et 438 de l'AUSCGIE, la cour d'appel a fait droit à cette demande, écartant par là même la contestation de la société SAPHIC relative à la capacité de monsieur X à signer lesdites conventions. Ce faisant, elle n'encourt pas les griefs énoncés par la première branche du moyen qui sera rejetée (CCJA, 1e ch., no 222, 29-11-2018 : SAPHIC c/ État de Côte d'Ivoire, Sté GMG Investment, Joseph-Désiré Biley).

Jurisprudence comparée

I. États-Unis

A. Confirmation des actes des dirigeants par l'assemblée générale

Selon les juges de l'État du Delaware, l'assemblée générale peut confirmer des actes annulables. Elle peut notamment confirmer les actes pris par les dirigeants qui dépassent leur pouvoir statutaire s'ils ne constituent pas des fraudes ou s'ils ne sont pas contraires à l'intérêt social (In re Wheelabrator Technologies, Inc. Shareholders Litigation, Court of Chancery of Delaware, 663 A.2d 1194 (1995)).

B. Actes des dirigeants engageant la société

1o Acte signé par le « vice-président » à la place du « président »

Une société devait signer un contrat de vente. Le jour de la signature du contrat où le président de la société n'étant pas disponible, le vice-président signa à sa place sous la mention « Président ». Le cocontractant considéra que l'acte était nul parce que ce n'était pas le président qui avait signé contrairement à ce qui était écrit au-dessous de la signature du vice-président. Les juges rejetèrent sa demande au motif que le vice-président avait les mêmes pouvoirs que le président et que la désignation du vice-président comme président était une simple erreur matérielle dont le demandeur ne pouvait pas profiter (Anderson v. Campbell, Supreme Court Minnesota, 223, N.W. 624 (1929)).

2o Acte certifié par le Secrétaire général comme autorisé par le conseil d'administration

Le vice-président d'une société signe un acte et le secrétaire général de la société atteste de l'autorisation donnée par le conseil d'administration. Il s'avère par la suite que le conseil d'administration n'avait pas réellement autorisé l'acte. Les juges ont néanmoins considéré que la société était engagée parce que le secrétaire général avait attesté de l'autorisation donnée par le conseil d'administration (In re Drive in Development Corp., United States Court of Appeals, Seventh Circuit, 371 F.2d 215 (1966)).

II. France

A. Actes hors objet social engageant la société

Est opposable à la société un cautionnement même étranger à l'objet social consenti par le président d'une société (Cass. com. 18-6-1980 : Bull. civ. IV n° 264).

B. Actes hors objet social n'engageant pas la société

Ont été déclarés inopposables à la société :

– l'acte dont le tiers ne pouvait ignorer qu'il dépassait l'objet social (T. com. Paris 28-6-1982 : Rev. jur. Com. 1983. 99 note J. Mestre) ;

– l'escompte d'une lettre de change consentie par une banque tout en sachant que cette traite excédait l'objet social (Cass. com. 25-6-1985 : Rev. sociétés 1985 p. 829 note Daigre) ;

– le cautionnement souscrit au profit d'une banque qui détenait les statuts de la société, avait été persuadée, après leur lecture, du dépassement des pouvoirs du gérant de la SARL et avait insisté à plusieurs reprises pour obtenir le procès-verbal de l'assemblée signé par tous les associés et autorisant le gérant à consentir le cautionnement (CA Paris 30-1-1987 : BRDA 8/87 p. 19).

Art. 123 Dans les rapports entre associés et sous réserve des dispositions légales spécifiques à chaque forme de société, les statuts peuvent limiter les pouvoirs des organes de gestion, de direction et d'administration.

Ces limitations sont inopposables aux tiers de bonne foi.

JURISPRUDENCE COMPARÉE

France

Limitation des pouvoirs des dirigeants

La violation de la clause limitative est sans effet à l'égard des tiers quand bien même ceux-ci auraient eu connaissance de cette clause (Cass. com. 2-6-1992 n° 969 : RJDA 8-9/92 n° 836, solution rendue pour une SARL mais applicable aux autres sociétés commerciales).

Art. 124 [mod.] La désignation ou la cessation des fonctions des dirigeants sociaux doit être publiée au registre du commerce et du crédit mobilier.

Obs. : « La cessation des fonctions » remplace « la révocation ou la démission ».

JURISPRUDENCE OHADA

Cessation d'office du mandat non renouvelé du dirigeant d'une société

Il ressort des articles 121 et 124 de l'AUSCGIE, et 23-1 du Règlement de procédure de la CCJA, que le gérant qui est le représentant légal d'une société à responsabilité limitée est désigné pour une durée de quatre ans renouvelable sauf dispositions contraires des statuts et que cette désignation, de même que la cessation de fonction, doit être publiée au RCCM. Il s'induit de ces dispositions que la survenance du terme du mandat entraîne, à défaut de renouvellement, la cessation de plein droit de la fonction du gérant et partant la perte de sa qualité de représentant légal. Le gérant d'une Sarl dont il n'est pas établi que le mandat, arrivé à expiration a été renouvelé, ne peut plus représenter la société. Il s'ensuit que le mandat spécial d'agir en justice délivré par lui dans ces conditions n'est pas valide et le recours est irrecevable (CCJA, 3e ch., n° 171/2021, 28-10-2021 : Sté KM oil SARL c/ Fonds de promotion de l'industrie).

JURISPRUDENCE COMPARÉE

France

A. Opposabilité aux tiers des nominations et cessations

Les *nominations* et cessations des fonctions des dirigeants peuvent être déclarées opposables aux tiers si la société parvient à prouver la connaissance personnelle par les tiers des modifications effectuées (CA Aix 13-2-1976 : Bull cour d'Aix 1976/1 p. 99) ; ainsi le tiers ne peut prétendre sérieusement avoir personnellement ignoré le changement de président de son cocontractant (CA Paris 15-9-1995 : Bull. Joly 12/98 nº 1039 ; voir Aix 13-2-1978 : Bull. Cour d'Aix 1976/1 p. 99 pour un cas où la connaissance par le tiers du changement de gérant n'a pas été jugée suffisante pour écarter les dispositions légales).

Les tiers ne peuvent pas invoquer l'existence d'un mandat apparent pour les actes accomplis par un ancien dirigeant après la publication de la cessation de ses fonctions (Cass. com. 4-5-1993 : RJDA 12/93 nº 1039).

B. Portée de l'absence de publication

1º A l'égard du dirigeant en cause

L'absence de publicité des changements de dirigeant n'écarte pas la responsabilité personnelle des dirigeants ; par suite :

– le dirigeant qui a été nommé par une assemblée générale qui n'a pas été publiée peut être condamné pour banqueroute (Cass. crim. 9-3-1966 : Bull. crim. nº 91) ;

– une cour d'appel peut valablement condamner une personne à combler une partie du passif d'une société en nom collectif en liquidation judiciaire, dès lors qu'elle a constaté qu'un procès-verbal d'assemblée générale revêtu de la signature de l'intéressé l'avait désigné aux fonctions de gérant et qu'en cette qualité, il avait ultérieurement signé le mandat de vente du fonds de commerce de la société et procédé à la déclaration de la cessation des paiements. (Cass. com. 8-7-2003 nº 1286 : RJDA 1/04 nº 76 ; en matière pénale ;

– le dirigeant dont la démission n'a pas été régulièrement publiée peut faire l'objet de poursuites pénales pour défaut de règlement des cotisations sociales dues par la société (Cass. crim. 28-1-1968 : Bull. crim. nº 72) après la date d'exigibilité des cotisations (Cass. crim. 27-6-1994 : Bull. crim. nº 244).

2º A l'égard des tiers

a. Impossibilité de se prévaloir du défaut de publicité d'une cessation certaine des fonctions de dirigeant

Impossibilité de poursuivre les dirigeants. Les dirigeants sociaux ne peuvent pas être poursuivis par les tiers pour des faits ou actes accomplis après l'expiration de leurs fonctions même non publiée, tels :

– le défaut de publication de la démission d'un dirigeant n'autorise pas une action en comblement de passif à son encontre lorsque ses fonctions ont pris fin avant la naissance de la situation ayant conduit à la cessation des paiements de la société (Cass. com. 14-10-1977 : RJDA 1/98 nº 86 ; CA Versailles 2-12-1999 : RJDA 4/00 nº 456) ;

– l'absence de publicité de la démission du gérant d'une société ne permet pas de prononcer à son encontre la déchéance de diriger toute entreprise commerciale au motif qu'il n'aurait pas publié la cessation des paiements dans le délai légal dès lors que sa démission était certaine et intervenue bien avant la survenance des circonstances de la cessation des paiements de la société (CA Paris 4-10-1983 : Rev. sociétés 1984 p. 152 note Honorat ; CA Paris 18-1-1994 : Bull. Joly 1994 p. 309 note A.C.) ;

– le défaut de publication de la cessation des fonctions du dirigeant d'une société n'interdit pas au président d'une société démissionnaire d'invoquer auprès de l'administration fiscale l'absence de solidarité quant au paiement des impôts dus par la société et afférents à une période postérieure à la cessation de ses fonctions (Cass. com. 17-1-1989 : Bull. civ. IV nº 26).

b. Impossibilité de se soustraire à leurs obligations

Le débiteur faisant l'objet d'une procédure collective d'apurement du passif ne peut écarter la déclaration de créance d'une société faite par son dirigeant dont la nomination n'avait pas encore été publiée (Cass. com. 12-7-2004 nº 1200 : RJDA 2/05 nº 168, 2e esp.).

c. Droit de se prévaloir des actes ou faits non publiés venus à leur connaissance

Les tiers peuvent invoquer les actes ou faits non publiés dont ils ont eu connaissance, par exemple les chèques émis par un gérant avant la publication de sa nomination (T. com. Paris 22-3-1994 : Dr. Stés 1994 nº 132 obs. Bonneau).

• Titre II •

DECISIONS COLLECTIVES – PRINCIPES GENERAUX

Art. 125 [mod.] **Sauf disposition contraire du présent Acte uniforme, tout associé a le droit de participer aux votes des décisions collectives.**

Observations

Il est désormais précisé que « participer aux décisions collectives » s'entend comme participation au vote de ces décisions. La disposition est d'ordre public, bien que ne soit pas reprise la disposition du texte ancien précisant que : « Toute clause contraire est réputée non écrite », dès lors que la disposition contraire n'est pas expressément autorisée (voir l'art. 2).

Jurisprudence OHADA

Le défaut de convocation d'une personne à laquelle la qualité d'actionnaire d'une société est reconnue aux assemblées générales ordinaires et extraordinaires vicie les décisions prises lors desdites assemblées ; c'est donc à bon droit que le premier juge sur le fondement des articles 125, 519, 552 et 892 de l'AUSCGIE a annulé les délibérations de ces assemblées générales ainsi que les actes et décisions subséquentes (CA Ouagadougou (Burkina Faso), Ch. Com., n° 030, 15-5-2009 : Sté ATLANTIQUE TELECOM c/ Sté PLANOR AFRIQUE et Sté TELECEL FASO, Ohadata J-10-213).

Obs. : applicable aussi sous l'art. 552.

Jurisprudence comparée

I. États-Unis

Droit discrétionnaire de l'actionnaire, même majoritaire, de participer ou non aux assemblées

Un associé, même représentant 50 % ou plus des droits de vote, ne peut être contraint de participer aux assemblées générales afin que le quorum requis soit atteint et que la société puisse fonctionner (Hall v. Hall, Missouri Court of Appeals, 506 S.W.2d42 (1974)).

II. France

A. Interdiction de dérogation statutaire

Tout associé a le droit de participer aux décisions collectives et de voter, ce droit étant d'ordre public ; les statuts ne peuvent déroger à ces dispositions en instituant des suppressions de droit de vote non prévues par la loi (Cass. com. 9-2-1999 : RJDA 5/99 n° 566 ; Cass. com. 23-10-2007 n° 06-16.537 : RJDA 1/08 n° 50).

Le nu-propriétaire peut participer à toutes les assemblées, même celles dans lesquelles le droit de vote est exercé par l'usufruitier (Cass. com. 4-1-1994 : RJDA 5/94 n° 526 ; Cass. com. 22-2-2005 n° 261 : RJDA 5/05 n° 555 ; Cass. 2e civ. 13-7-2005 n° 1252 : RJDA 11/05 n° 1224, décisions rendues à propos d'une société civile ou d'une SNC mais transposables aux sociétés anonymes par application à celles-ci des dispositions de l'article 1844, al. 1 du Code civil dès lors que, conformément à C. civ. art. 1834, aucun texte propre aux SA ne les contredit).

B. Nullité de l'assemblée

Droit de tout associé de l'invoquer. Un associé peut invoquer le défaut de convocation à une assemblée pour demander la nullité de la société (Cass. civ. 3e 21-10-1998 : RJDA 12/98 n° 1371 ; Cass. com. 8-2-2005 : RJDA 6/05 n° 724) ou les procédés frauduleux qui ont empêché certains actionnaires de participer à l'assemblée (Cass. com. 6-7-1983 : Bull. civ. IV n° 206 : à propos d'actionnaires mais transposable car le droit de participer aux assemblées est affirmé dans les mêmes termes pour toutes les sociétés).

C. Rejet de l'action de l'associé récalcitrant

A été rejetée l'action en annulation des délibérations de deux assemblées générales d'une société de moyens tenues hors de la présence d'un associé malgré le défaut de communication avec la convocation aux assemblées des documents et pièces prévus par la réglementation au motif que cet associé, qui s'était « cantonné dans une attitude d'opposition systématique », avait décidé de ne pas participer aux décisions collectives, ce qui faisait ressortir que les irrégularités qu'il alléguait n'avaient pas pu lui faire grief (Cass. com. 21-6-2011 n° 10-21.928 : Légifrance).

Art. 126 Tout associé peut se faire représenter par un mandataire dans les conditions prévues par le présent Acte uniforme et, le cas échéant, par les statuts. A défaut de disposition contraire prévue par le présent Acte uniforme, le mandat ne peut être donné qu'à un autre associé.

Le présent Acte uniforme ou les statuts peuvent limiter le nombre d'associés et le nombre de voix qu'un mandataire peut représenter.

Observations

Sur la mise en œuvre de cette disposition, voir : dans les SARL, art. 334 et s. ; dans les SA, art. 538 et s.

Art. 127 [mod.] A défaut de clause contraire des statuts, les copropriétaires d'une action ou d'une part sociale indivise sont représentés par un mandataire unique, choisi parmi les indivisaires. En cas de désaccord, le mandataire est désigné par la juridiction compétente, dans le ressort de laquelle est situé le siège social, à la demande de l'indivisaire le plus diligent.

Jurisprudence comparée

France

A. Choix d'un mandataire non indivisaire

Le coïndivisaire d'une part de société civile de famille faisant l'objet d'une liquidation-partage peut valablement demander au juge la désignation d'un mandataire en dehors des indivisaires et ce, bien que les statuts de cette société stipulent que « les copropriétaires indivis sont tenus, pour l'exercice de leurs droits, de se faire représenter auprès de la société par un seul d'entre d'eux, ou par un mandataire commun pris parmi les autres associés » ; par suite, le très important désaccord entre coïndivisaires justifiait la désignation d'un tiers auquel la cour a donné mission d'exercer le droit de vote attaché à la part sociale indivise, peu important par ailleurs que cette demande ait été faite alors qu'aucune assemblée générale n'était encore prévue (CA Paris 7-1-2009 n° 08/14713 : BRDA 6/09 inf. 1).

B. Illicéité de la dérogation du droit de demander la désignation d'un mandataire en justice

En cas de désaccord entre les copropriétaires d'une part sociale indivise sur le choix du mandataire unique qui, selon l'article 1844 du Code civil, doit les représenter, il ne peut être dérogé aux dispositions impératives de ce texte prévoyant la désignation du mandataire en justice ; lorsqu'un copropriétaire est investi d'un mandat général d'administration donné à la majorité des deux tiers des droits indivis, le juge ne peut pas refuser de désigner un mandataire en application de l'article 1844, al. 2 à la demande d'un copropriétaire qui n'a pas approuvé le mandat général (Cass. 1e civ. 15-12-2010 n° 09-10.140 : RJDA 2/11 n° 153).

C. Validité de la désignation d'un indivisaire en dépit du conflit entre coïndivisaires sur le sens du vote

En raison du désaccord entre plusieurs indivisaires, la désignation d'un de ces derniers a été contestée au motif que le désaccord y faisait obstacle et que le mandataire devait donc être choisi en dehors de l'indivision a été rejetée car le juge a une liberté de choix ce qui lui permettait de désigner l'indivisaire qui s'était impliqué en vue de la sauvegarde des intérêts de la société, cette implication étant de nature à garantir une bonne défense de l'intérêt de l'indivision ; de plus, la désignation d'un indivisaire ne méconnaissait pas le principe de l'égalité des actionnaires car elle s'inscrivait dans un cadre légal même si elle conférait à l'indivisaire choisi un pouvoir de représentation supérieur à ce que représentait sa quote-part dans l'indivision (Cass. com. 10-7-2012 n° 11-21.789 : BRDA 17/12 inf. 1).

D. Droit de chaque indivisaire de participer aux assemblées générales

Les copropriétaires indivis de droits sociaux ayant la qualité d'associé et tout associé ayant le droit de participer aux décisions collectives, chaque indivisaire a le droit de participer aux assemblées (Cass. com. 21-1-2014 n° 13-10.151 : BRDA 3/14 inf. 1).

Art. 128 [mod.] A défaut de clause contraire des statuts, si une action ou une part sociale est grevée d'un usufruit, le droit de vote appartient au nu-propriétaire, sauf pour les décisions concernant l'affectation des bénéfices où il est réservé à l'usufruitier.

Jurisprudence comparée

France

Validité de la suppression du droit de vote du nu-propriétaire sous réserve du respect de son droit de participer à l'assemblée

Les statuts peuvent valablement priver le nu-propriétaire de son droit de voter les décisions affectant la substance même de son droit de propriété, telle la dissolution de la société, dès lors qu'ils ne dérogent pas au droit du nu-propriétaire de participer aux décisions collectives (Cass. com. 2-12-2008 n° 08-13.185 : RJDA 3/09 n° 231, décision rendue à propos d'une société civile mais transposable à toute société en raison de la généralité du droit d'ordre public de tout associé de participer aux assemblées).

Art. 129 Les droits de vote de chaque associé sont proportionnels à sa participation au capital de la société, à moins qu'il en soit disposé autrement par le présent Acte uniforme.

Art. 129-1 [nouv.] Est nulle toute délibération ou décision prise en violation des dispositions régissant les droits de vote attachés aux actions ou parts sociales.

Observations

À notre avis, cette nullité est absolue car elle met en cause le fonctionnement de la société ; il est justifié que tout intéressé puisse en demander le prononcé.

Art. 130 [mod.] Les décisions collectives constitutives d'un abus de majorité sont nulles.

Il y a abus de majorité lorsque les associés majoritaires ont voté une décision dans leur seul intérêt, contrairement aux intérêts des associés minoritaires, sans que cette décision ne puisse être justifiée par l'intérêt de la société.

La responsabilité des associés ayant voté la décision constitutive de l'abus peut être engagée par les associés minoritaires pour la réparation du préjudice en résultant à leur égard.

Observations

Désormais, la décision constituant un abus de majorité est nulle, sans préjudice, comme c'était déjà le cas de la responsabilité des associés l'ayant voté envers les minoritaires en réparation de leur préjudice.

Jurisprudence OHADA

I. Conditions de l'abus de majorité

Au regard de l'article 130, al. 2 de l'AUSCGIE, il faut trois conditions pour caractériser l'abus de majorité : une décision non justifiée par l'intérêt de la société, une décision dans le seul intérêt des associés majoritaires et une décision contraire aux intérêts des associés minoritaires. C'est en violation de cette disposition qu'une cour d'appel s'est limitée à déclarer que la réserve de 140 000 000 000 F était suffisante pour relancer les activités de la société en cause et honorer ses engagements vis-à-vis de ses partenaires et que les actionnaires majoritaires ne prouvaient pas que la décision d'affecter une partie des bénéfices aux réserves n'était pas prise dans l'unique dessein de favoriser les membres de la majorité au détriment des membres de la minorité, sans relever la réalisation d'aucune des conditions précitées, exposant ainsi son arrêt à la cassation. Sur l'évocation, la défenderesse doit être déboutée de ses demandes, fins et conclusions, la preuve de l'abus de majorité n'a pas été rapportée et le jugement infirmé. Aucune intention de nuire n'ayant été relevée dans l'action de la défenderesse, la demande de dommages-intérêts des demanderesses doit être rejetée (CCJA, 2e ch. n° 134, 12-11-2015 : Sté Générale de Banques en Guinée, Sté Générale France c/ Sté Hann et Compagnie, Ohadata J-16-127).

II. Preuve non établie d'un abus de majorité

Le fait, de donner quitus au gérant de ses comptes, d'apurer les comptes des associés ou de ne pas distribuer les dividendes et d'affecter les bénéfices d'une année donnée en réserves, sans établir des fautes de gestion à son encontre ; d'établir la fausseté des comptes des associés, ou de prouver que l'intérêt social a été méconnu ou que ces résolutions sont inspirées, l'année considérée, du dessein de favoriser un groupe d'associés au détriment de l'autre, ne suffit pas à tenir les résolutions comme entachées d'abus de majorité. Il en est ainsi d'autant plus que le rapport d'expertise a confirmé l'état des comptes des associés, a révélé que la société a un important besoin de financement en capitaux et qu'il faut mettre en réserve tout ou partie des résultats ultérieurs, jusqu'au rétablissement de l'équilibre (TR Niamey, n° 96, 26-3-2003 : A. H. c/ J. C. L., Ohadata J-04-78).

La cour d'appel qui, pour retenir qu'il y avait abus de majorité, a pris comme motif « la mise en réserve systématique des bénéfices au détriment du Groupe [X.] » et l'absence de « toute justification de ladite décision au regard de l'intérêt général de [Y.] », alors qu'il s'agissait de vérifier si les décisions ont été prises dans le seul intérêt des actionnaires majoritaires sans qu'elles puissent être justifiées par l'intérêt de la Société a violé l'article 130 de l'AUSCGIE et exposé son arrêt à la cassation. Il en est ainsi dès lors qu'aucun intérêt n'a été relevé en faveur des actionnaires majoritaires encore moins injustifié au regard de l'intérêt de [Y.]. Sur l'évocation, la preuve n'est pas rapportée que les actionnaires majoritaires ont voté les différentes délibérations dans leur seul intérêt ; en l'espèce, les décisions sont défavorables à tous les actionnaires sans porter aucun préjudice à la demanderesse. Pour les mêmes motifs que ceux ayant entraîné la cassation, il échet de dire qu'il n'y a pas abus de majorité. Il y a lieu de rejeter les réclamations en dommages-intérêts contre des actionnaires qui ont exercé leur droit de réclamer le reversement de dividendes sans abus de procédure de leur part (CCJA, ass. plén., n° 067, 29-4-2015 : 1) Sté Générale de Banques en Guinée dite S.G.B.G, 2) Sté Générale France, 3) Sté Bayerische Hypo Und Vereinsbank AG c/ 1) El Hadj Boubacar Hann, 2) Sté Hann et Compagnie, Ohadata J-16-67).

III. Intérêt d'un actionnaire et administrateur à demander l'annulation judiciaire d'une résolution

En tant qu'actionnaire, [X.] dont le mandat d'administrateur a été révoqué, et [Y.] qui est à la fois actionnaire et administrateur de la société en cause ont un intérêt légitime à demander l'annulation de la résolution qu'ils jugent contraire à leurs intérêts et aux intérêts de la société. Il s'ensuit que c'est à tort que le tribunal a déclaré irrecevable l'action de ces derniers ; le jugement attaqué devant être infirmé et statuant à nouveau, l'action déclarée recevable (CCJA, 3e ch., n° 107/2020, 9-4-2020 : Onyx Developpement SAS c/ Sani Sabo Gado).

JURISPRUDENCE COMPARÉE

I. France

A. Conventions de vote

Les conventions de vote ne doivent pas être contraires à l'intérêt social et nuire à l'un des contractants. Il en résulte les conséquences suivantes :

– une convention de vote favorable à une augmentation de capital est valable à condition d'être limitée à l'opération visée, conforme à l'intérêt social et dénuée de toute idée de fraude (CA Paris 30-6-1995 : JCP éd. E 1996 n° 795 note J.-J. Daigre) ;

– une convention de vote engendre une obligation de faire ; et, lorsqu'elle n'est pas respectée, le créancier de l'obligation peut en demander l'exécution en nature lorsque celle-ci est possible (CA Paris 30-6-1995 : JCP E 1996 n° 795 note J.-J. Daigre).

B. Abus du droit de vote, de majorité ou de minorité

1° Qualification

L'abus du droit de vote consistant pour un associé à user de son droit de façon discrétionnaire est établi lorsque, d'une part, le vote est exercé par des associés majoritaires dans l'intention de nuire aux intérêts des minoritaires et, d'autre part, contrarie l'intérêt social (Cass. 3e civ. 18-6-1997 : RJDA 11/97 n° 1360 relative à une société civile immobilière mais transposable aux sociétés commerciales).

2° Nullité de la résolution votée abusivement

a. Action en nullité

La nullité peut être demandée :

– par le président de la société au nom de celle-ci (Cass. com. 21-1-1997 : RJDA 4/97 n° 525 à propos d'une SARL mais transposable) ;

– par les associés et en référé en présence d'une omission de la société à solliciter les mesures nécessaires à la nullité (CA Paris 20-3-2002 n° 01/22215 : RJDA 7/02 n° 762) ;

– par les associés pouvant obtenir des dommages et intérêts à la condition d'assigner les majoritaires et non la société en tant que seuls auteurs de la faute

ouvrant droit à réparation (Cass. com. 6-6-1990 : Bull. civ. IV n° 171) ;
– par le gérant pouvant exercer au nom de la société, d'une part, une action en nullité pour abus de majorité de conventions dites d' « assistance » et de « groupe » conclues entre un ancien gérant et un associé majoritaire et, d'autre part, une action en restitution des sommes perçues en exécution de ces accords (Cass. com. 21-1-1997 : RJDA 4/97 n° 525) ;
– même par des actionnaires qui ont voté en faveur de l'adoption de la résolution litigieuse (Cass. 3e civ. 19-7-2000 n° 98-17.258 : RJDA 12/00 n° 1122 ; Cass. com. 13-11-2003 n° 00-20.646 : RJDA 5/04 n° 560, transposable aux autres sociétés par analogie).

b. Compétence judiciaire

L'action en nullité exercée contre un établissement public qui est associé majoritaire relève de la compétence des juridictions judiciaires (T. confl. 3-7-2000 n° 3206 : RJDA 2/01 n° 178).

3° Existence d'un abus

Constitue un abus de majorité :
– l'attribution de rémunérations exagérées aux dirigeants de la société (CA Grenoble 6-5-1964 : Gaz. Pal. 1964. 2. p. 208), en particulier l'octroi d'une prime largement supérieure aux bénéfices sociaux d'ailleurs mis en réserve sans investissement consécutif pendant plusieurs années (Cass. com. 1-7-2003 n° 1077 : RJDA 11/03 n° 1074) ;
– la prise en charge pour une société de l'intégralité du passif de sa filiale, alors que la mesure avait été décidée au détriment des intérêts de la société mère et en vue de masquer la gestion d'un actionnaire, gérant de la filiale et membre du groupe majoritaire (Cass. com. 29-5-1972 : Bull. civ. I n° 164) ;
– l'affectation systématique de l'intégralité des bénéfices à la réserve extraordinaire pendant vingt ans et le refus de toute distribution de dividendes sans aucun investissement des sommes portées uniquement au crédit des comptes bancaires de la société (Cass. com. 22-4-1976 : D. 1977 p. 4 note Bousquet ; dans le même sens, Cass. civ. 13-4-1983 : Bull. Joly 1983 p. 512 ; Cass. com. 1-7-2003 n° 1077 : RJDA 11/03 n° 1074, 1e esp.) ;
– le fait pour le gérant majoritaire d'une société de diriger la société vers des opérations de courtage profitant à une autre société dont il était majoritaire (CA Paris 4-2-1980, inédit) ;
– la transformation d'une société anonyme en société en commandite simple principalement justifiée par les avantages fiscaux offerts au principal actionnaire (T. com. Paris 29-6-1981 : Gaz. Pal. 1981 p. 687) ;
– l'autorisation de cautionnement hypothécaire en garantie d'un emprunt contracté par l'associé majoritaire (Cass. 3e civ. 25-3-1998 : RJDA 6/98 n° 722 relatif à une société civile immobilière mais transposable aux sociétés commerciales) ;
– la révocation d'un administrateur, principal acteur d'une société anonyme exploitant une maison de mode, votée par l'actionnaire majoritaire récemment révoqué de son mandat de président directeur général dans le seul dessein d'exercer seul la direction de fait de la société au détriment de cet administrateur, son conjoint (CA Paris 2-7-2002 n° 01/19901 : RJDA 1/03 n° 35).

4° Absence d'abus

L'abus de majorité n'est pas caractérisé dans le cas :
– d'une assemblée ayant voté la conversion des parts de fondateur en actions (CA Paris 7-11-1972 : JCP 1973. II n° 17448 note Y. Guyon) ;
– d'une assemblée ayant décidé un apport fusion (Cass. com. 7-7-1980 : Rev sociétés 1981 p. 315 et CA Rouen 6-7-2004 n° 02/3307 : RJDA 2/05 n° 146) ;
– d'une assemblée ayant voté une émission d'actions nouvelles réservées à certains salariés de l'entreprise réalisé sans prime d'émission et ayant sensiblement amoindri la valeur des droits des anciens actionnaires (CA Paris 15-10-1986 : D. 1987 p. 136 note Honorat) ;
– d'une mise en réserves des bénéfices sociaux sur plusieurs années ayant permis à la société de réaliser des investissements notoires (Cass. com. 3-6-2003 : RJDA 11/03 n° 1074) ou encore de reconstituer sa trésorerie sans augmentation consécutive de la rémunération des majoritaires (CA Versailles 29-4-2004 n° 02/803 : RJDA 12/04 n° 1328 ; Cass. com. 23-1987 : Bull civ. IV n° 160 ; Cass. com 22-1-1991 : RJDA 5/91 n° 410 ; Cass. com. 3-6-2003 n° 912 : RJDA 11/03 n° 1074, 2e esp. ; CA Versailles 1-2-2001 : RJDA 6/01 n° 693) ;
– de la mise en location-gérance du fonds de commerce de quatre sociétés au profit d'une autre société du groupe, constituant une opération courante dans la branche d'activité en cause et conforme à l'intérêt social (CA Paris 26-5-1987 : Bull. Joly 1987 p. 790) ;
– de la cession à une entreprise tiers d'un contrat de distribution essentiel incluant la cession des stocks et une partie du personnel et permettant d'éviter le dépôt de bilan de la société, alors que la cession n'a pas été approuvée par le demandeur en sa qualité d'administrateur qui s'était opposé au projet durant l'assemblée sans avancer d'autre solution (Cass. com. 26-4-1994 : RJDA 8-9/94 n° 940) ;
– d'autorisation de cession de l'intégralité des actifs de la société (droits au bail, matériels informatiques…) à des tiers, justifiée par la situation financière alarmante de la société (Cass. com. 28-4-2004 n° 695 : RJDA 8-9/04 n° 982) ;
– du déménagement de l'activité de la société dans de nouveaux immeubles édifiés en crédit-bail par les

actionnaires majoritaires le louant à la société n'ayant pas porté atteinte à sa situation financière (Cass. com. 4-10-1994 : RJDA 12/94 n° 1296) ;
– d'autorisation de cession de l'intégralité des actifs de la société (droits au bail, matériels informatiques...) à des tiers, justifiée par la situation financière alarmante de la société (Cass. com. 28-4-2004 n° 695 : RJDA 8-9/04 n° 982) ;
– de forte augmentation de la rémunération du président-directeur général parallèlement à une mise en réserve systématique des bénéfices, dès lors que ces réserves répondaient à une politique de prudence et qu'il n'était pas établi que la rémunération litigieuse était en soi contraire à l'intérêt social ou prise dans le seul intérêt des majoritaires, voir Cass. com. 17-3-2009 n° 08-11.268 : RJDA 12/09 n° 1087).

C. Blocage de l'adoption d'une décision justifiée par un associé égalitaire

Il y a abus d'égalité, dans une SARL constituée entre deux associés égalitaires, l'un exerçant la gérance, dont les statuts soumettaient la détermination de la rémunération du gérant à une décision collective ordinaire des associés, par le refus réitéré du coassocié à l'augmentation de la rémunération du gérant, opposé sans intérêt légitime, uniquement dans le dessein de nuire et sans aucune considération de l'intérêt social qui implique une juste rémunération du gérant en fonction de ses talents et résultat alors que : si la société s'était trouvée dans une situation financière délicate au moment où les deux associés exerçaient ensemble la gérance, elle s'était depuis redressée, notamment grâce à la gestion rigoureuse de l'associé demeuré seul gérant ; le gérant avait dû assumer les attributions de son coassocié après qu'il avait démissionné de son mandat, ce que ce dernier ne pouvait contester sauf à soutenir que la rémunération qu'il percevait lui-même lorsqu'il était gérant ne correspondait à aucun travail effectif ; lorsqu'il avait quitté ses fonctions, l'associé du gérant avait perçu une indemnité alors que la situation financière de la société était difficile et que, dans le même temps, le gérant avait perçu une rémunération moindre que les années précédentes (CA Rennes 4-12-2007 n° 06/5351 : BRDA 22/08 inf. 2).

D. Augmentation de capital

1° Coup d'accordéon

Il n'y a pas abus lors d'un coup d'accordéon (réduction du capital à zéro suivie d'une augmentation de capital) décidé pour reconstituer les capitaux propres de la société lors d'une assemblée générale extraordinaire d'une société anonyme (SA), qui n'a fait que tirer les conséquences juridiques d'une situation comptable dégradée dans les conditions suivantes :
– le coup d'accordéon avait répondu à des considérations comptables (le bilan de la SA faisait apparaître un montant de capitaux propres négatif de – 400 000 pour un capital social de 24 000 000) et n'avait pas consisté, contrairement à ce que soutenait l'actionnaire minoritaire dans ses écritures, en « une manœuvre mise en place par [les majoritaires] pour diluer [l'actionnaire minoritaire] et poursuivre leur entreprise de pillage de [la SA] » ;
– l'actionnaire minoritaire avait fondé sa demande de nullité de l'assemblée sur les irrégularités affectant les conventions préalables à l'opération alors que, après examen, ces irrégularités n'étaient pas établies (CA Paris 23-10-2008 n° 06/13901 : RJDA 5/09 n° 444).

2° Validité d'une augmentation de capital non frauduleuse

Sont rejetées les demandes d'un associé minoritaire d'une jeune société de vente sur internet demandant l'annulation de deux assemblées générales d'augmentation du capital intervenues au cours du deuxième exercice social, en faisant valoir qu'elles étaient frauduleuses comme ayant pour seul but de diluer sa participation, dans la société dans les circonstances suivantes :
– la première augmentation n'était pas contraire à l'intérêt social car, le premier exercice s'étant traduit par une perte de 1 175 657, l'augmentation de capital en numéraire par incorporation de compte courant diminuait le passif exigible de la société à due concurrence, ce qui améliorait d'autant ses capacités de financement ;
– la seconde augmentation n'était pas entachée de fraude car les pertes cumulées enregistrées à la fin du second exercice, soit un mois après l'augmentation, s'élevaient à plus de 2,8 millions d'euros, ce qui ne remettait pas en cause le potentiel de la société mais excluait la valorisation invoquée par l'associé minoritaire (CA Paris 3-2-2011 n° 10/1051 : RJDA 10/11 n° 815).

II. Monaco

Abus de majorité

Mesure contraire à l'intérêt social et dessein de favoriser les membres de la majorité au détriment de la minorité. Attendu qu'il résulte des articles 25 et 26 du Code de commerce que la société, fût-elle anonyme, est un « contrat » obéissant au droit civil, aux lois particulières au commerce et aux conventions des parties et de l'article 1711 du Code civil, consacré aux sociétés de commerce ; que les règles qu'il pose ne s'appliquent à ces sociétés « que dans les points qui n'ont rien de contraire aux lois et usages du commerce » ; qu'à moins de soutenir que les règles de l'article 989 du Code civil ou des articles 1671 al. 1, 1691 al. 1, 1693 du même code soient contraires aux usages du commerce, elles dominent inévitablement toutes réglementations particulières à cette matière ; que l'ordonnance du 5 mars 1895 fixant les règles de fonctionnement des sociétés anonymes se situe dans ce cadre de principe, qui écarte, par hypothèse, tout débordement de pouvoir de la part des organismes qui les gèrent ; que c'est de l'ensemble de ces règles que naît la notion jurisprudentielle « d'abus de majorité » que la cour d'appel n'a fait qu'appliquer en se conformant aux critères résultant des textes susvisés, à savoir la contrariété à l'intérêt social et le dessein de favoriser les membres de la majorité au détriment de la minorité en éludant une équitable distribution des bénéfices ; attendu que ces règles s'appliquent aussi nécessairement à la nomination des administrateurs qui, lorsque la désignation examinée résulte d'un abus de majorité, est annulée ; que toutes les décisions ultérieures, y compris la convocation des assemblées générales et, a fortiori, les décisions des dites assemblées, notamment les quitus qu'elles peuvent avoir donnés, se trouvent invalidées par voie de conséquence (Cour de révision judiciaire, 6-10-2005, n° de l'arrêt : 2005-25).

Art. 131 [mod.] **Les associés minoritaires ou égalitaires peuvent engager leur responsabilité en cas d'abus de minorité ou d'égalité.**

Il y a abus de minorité ou d'égalité lorsque, en exerçant leur vote, les associés minoritaires ou égalitaires s'opposent à ce que des décisions soient prises, alors qu'elles sont nécessitées par l'intérêt de la société et qu'ils ne peuvent justifier d'un intérêt légitime.

La juridiction compétente peut désigner un mandataire ad hoc aux fins de représenter à une prochaine assemblée les associés minoritaires ou égalitaires dont le comportement est jugé abusif et de voter en leur nom dans le sens des décisions conformes à l'intérêt social y compris celui des différents associés.

Observations

Désormais, l'abus de minorité peut être constitué lorsque des associés qui, étant à égalité de voix avec ceux qui ont voté la décision, l'ont refusée.

La sanction intervient également avec la désignation d'un mandataire ad hoc chargé de voter dans le sens conforme à l'intérêt social, y compris celui des différents associés. Dès lors que la décision litigieuse aura été jugée abusive, c'est qu'elle aura été reconnue contraire à l'intérêt social et que les minoritaires ou égalitaires n'auront pas défendu, par leur vote, un intérêt légitime. Le sens du vote du mandataire ad hoc devrait donc, dans la plupart des cas, se dégager de la décision prononçant l'abus.

Jurisprudence OHADA

Notion d'abus de minorité

L'abus de minorité suppose, au sens de l'article 131 de l'AUSCGIE, que la résolution proposée à l'assemblée générale de la société n'ait pas été adoptée du fait du vote négatif de l'associé minoritaire. C'est donc en violation, par fausse application de ce texte, que pour retenir l'abus de minorité, une cour d'appel a considéré que contrairement à l'opinion des premiers juges, la matérialisation de l'abus de minorité ne requiert pas que l'opposition de l'associé minoritaire ait empêché l'adoption de la résolution mise au vote, exposant son arrêt à la cassation. Sur l'évocation, et pour les mêmes motifs que ceux ayant entraîné la cassation, il y a lieu de confirmer le jugement qui a débouté les sieurs [X.], [Y.] ainsi que les sociétés [A.] et [B.], de leur demande de 50 000 000 FCFA pour abus de minorité comme non fondée. Le sieur [Z.] sollicite reconventionnellement la condamnation des appelants pour procédure abusive. L'abus de droit d'ester en justice suppose une intention de nuire ou un détournement du droit d'agir de sa finalité. En l'espèce, l'opposition du sieur [Z.] au projet de résolution de l'assemblée générale n'a pas empêché l'adoption régulière de ladite résolution ; l'exercice de l'action en abus de minorité pour un simple vote négatif de l'associé minoritaire, à qui on reproche, en plus, des faits accomplis en dehors de la réunion des actionnaires, procède d'une volonté de nuire ; qu'il échet, en conséquence, de confirmer également le jugement entrepris en ce qu'il a retenu un abus de droit d'ester en justice et condamné solidairement les sieurs [X.], [Y.] et les sociétés [A.] et [B.] à payer au sieur [Z.] la somme de 12 000 000 FCFA à titre de dommages-intérêts (CCJA, 2e ch., n° 270/2024, 31-10-2024).

Jurisprudence comparée

France

A. Qualification

L'abus de minorité est caractérisé lorsque les minoritaires non seulement recherchent un intérêt personnel contraire à l'intérêt social mais également font obstacle à la réalisation d'une opération déterminante de la survie de la société (Cass. com. 15-7-1992 : RJDA 8-9/92 n° 826 ; Cass. com. 31-3-2009 n° 08-11.860 : RJDA 6/09 n° 548).

Les juges doivent caractériser ces deux conditions (Cass. com. 4-12-2012 n° 11-25.408 : BRDA 1/13 inf. 8).

L'abus de minorité ne peut émaner d'un associé qui ne détient pas la minorité de blocage dès lors que son vote négatif s'ajoute à celui d'un autre associé alors que le projet d'augmentation de capital avait été écarté en l'absence de collusions frauduleuses entre ces deux associés CA Bordeaux 7-12-1989 : Bull. Joly 1990 p. 284 note Bonpoint).

Toutefois, l'opposition au vote justifiée par des raisons propres à un associé ne suffit pas à établir cet abus (CA Paris 23-11-2001 n° 01/3506 : RJDA 7/02 n° 768) ; il en est ainsi du minoritaire ayant rejeté un « coup d'accordéon » et une augmentation consécutive de capital qu'il jugeait trop coûteux et contraire à la saine gestion de la société excluant son sauvetage acharné, estimant cette opération inapte à résoudre toutes les difficultés de la société (CA Montpellier 18-6-2002 n° 01/2547 : RJDA 8-9/04 n° 981).

B. Existence d'un abus de minorité

Commet un abus de minorité :

– l'actionnaire majoritaire d'une société anonyme s'opposant à une augmentation de capital essentielle au renouvellement de la concession d'exploitation du casino par les pouvoirs publics en vue d'obliger les majoritaires à assumer seuls les risques de leur projet bénéfique pour le minoritaire souhaitant par ailleurs préserver son projet d'ouvrir lui-même un casino (Cass. com. 18-6-2002 n° 1180 : RJDA 3/03 n° 262 obligeant le minoritaire à indemniser la société de la perte du contrat d'exploitation résilié) ;

– l'actionnaire minoritaire ayant refusé trois fois pour des motifs personnels de souscrire à une augmentation de capital dont il connaissait l'importance pour la société et condamné à verser une indemnité égale à 30 % du préjudice subi par le président de la société en raison de la fin de la société (CA Lyon 20-12-1984 : D. 1986 p. 506 note Reinhard) ;

– l'actionnaire minoritaire qui s'oppose au vote d'une augmentation de capital déterminante de la survie de la société pour des motifs personnels dans l'unique dessein de gêner le fonctionnement de la société à la suite de son éviction de son poste d'administrateur et en vue de satisfaire ses intérêts dans une société concurrente (Cass. com. 5-5-1998 : RJDA 7/98 n° 862) ;

– l'associé égalitaire qui refuse de façon répétée à l'attribution des bénéfices aux réserves de la société, malgré le besoin d'un autofinancement important, toute distribution de bénéfices risquant d'ôter le crédit à la société à l'égard des banques susceptibles de financer la réhabilitation de son site industriel (Cass. com. 16-6-1998 n° 1275 : RJDA 10/98 n° 1114) ;

– le minoritaire qui s'oppose au vote du transfert du siège social situé jusqu'alors à l'adresse d'une société de domiciliation dans l'un des sites de la société regroupant la comptabilité, l'administration et la direction de celle-ci, sans établir la contrariété à l'intérêt social de ce transfert ne portant pas en outre atteinte à ses intérêts personnels (CA Rouen 13-6-2000 : RJDA 1/01 n° 34) ;

– l'associé détenant 30 % des parts d'une société à responsabilité limitée (SARL) qui refuse de voter le transfert du siège social alors que les statuts prévoyaient que la décision de transférer le siège social devait être adoptée par les associés représentant les trois quarts du capital social représentant les trois quarts du capital social pour les raisons suivantes :

- ce refus n'était motivé que par des demandes d'explications sur les conditions de la résiliation du bail des locaux de l'ancien siège, explications qui lui avaient été fournies ;
- du fait de ce refus, le siège social, qui se trouvait fixé en un lieu qui n'était plus affecté à la société et où ne se déroulait pas la vie sociale, était devenu un siège fictif de nature à mettre la société dans une situation de péril imminent (CA Saint-Denis 19-9-2008 n° 07/2027 : BRDA 9/09 inf. 5).

C. Absence d'abus de minorité

Ne commet pas d'abus de minorité :

– le minoritaire qui s'oppose à une augmentation de capital conduisant à tripler le capital dès lors qu'« il n'était pas contesté qu'une augmentation considérablement plus réduite aurait suffi à rétablir un rapport correct entre les capitaux propres et l'endettement à moyen et long terme, qu'en outre, le conseil d'administration en proposant une opération exceptionnelle aurait dû communiquer aux actionnaires une information bien plus détaillée sur les buts et les méthodes de réalisation du projet » et, qu'enfin, « si l'augmentation de capital refusée constituait plus qu'une simple opportunité, la survie de la société ne dépendait cependant nullement de sa réalisation » (CA Paris 26-6-1990 : JCP 1990.II n° 21589 note Germain) ;

– le minoritaire qui s'oppose au vote de l'augmentation de capital d'une société dont les capitaux propres étaient inférieurs à la moitié du capital au vu du rapport du conseil d'administration ne renfermant pas de budget prévisionnel ni d'informations précises sur les mesures de redressement et de restructuration projetées (Cass. com. 27-5-1997 : RJDA 8-9/97 n° 1046) ;
– l'actionnaire qui refuse de voter une augmentation de capital consécutive à une réduction du capital pour cause de pertes et non indispensable à la survie de la société dont la trésorerie pouvait être reconstituée valablement par le biais d'apports en compte courant et de façon moins certaine par l'augmentation de capital en vue de reconstituer les fonds propres (CA Paris 24-1-1997 : RJDA 4/97 n° 517 som.) ;
– l'associé qui ne détient pas la minorité de blocage dès lors que son vote négatif s'ajoute à celui d'un autre associé alors que le projet d'augmentation de capital avait été écarté en l'absence de collusions frauduleuses entre ces deux associés (CA Bordeaux 7-12-1997 : Bull. Joly 1990 p. 284 note Bonpoint) ;
– l'associé qui a refusé de voter à trois reprises en faveur d'une augmentation de capital que le gérant justifiait par la nécessité de reconstituer les capitaux propres, devenus inférieurs à la moitié du capital social, dès lors qu'il n'avait pas reçu l'information nécessaire pour apprécier le caractère indispensable de l'augmentation de capital au regard de la nécessité de reconsituer les capitaux propres (CA Paris 11-2-2014 n° 12/21679, ch. 5-8, Sardi c/ SARL Le Privilège : BRDA 8/14 inf. 5).

D. Sanctions de l'abus

Les juges :
– peuvent valablement désigner un mandataire aux fins de représenter les associés minoritaires défaillants à une nouvelle assemblée et de voter en leur nom dans le sens des décisions conformes à l'intérêt social mais ne portant pas atteinte à l'intérêt légitime des minoritaires (Cass. com. 9-3-1993 : RJDA 4/93 n° 323 ; voir pour d'autres exemples : CA Rouen 5-5-1998 : RJDA 7/98 n° 862 ; CA Rouen 13-6-2000 : RJDA 1/01 n° 84) mais il ne peut pas fixer le sens du vote du mandataire qu'il désigne (Cass. 3e civ. 16-12-2009 n° 09-10.209 : RJDA 3/10 n° 247) ;
– ne peuvent pas se substituer aux organes sociaux compétents pour décider que leur jugement vaut adoption de la résolution discutée (Cass. com. 9-3-1993 : RJDA 4/93 n° 323) ;
– ne peuvent pas, dès lors, rejeter la demande de l'actionnaire minoritaire en nullité de la délibération prise sans tenir compte de son abstention et donc non conforme aux règles légales de majorité (Cass. com. 15-7-1992 : RJDA 8-9/92 n° 826 ; dans le même sens : CA Paris 23-11-2001 n° 01/3506 : RJDA 7/02 n° 768).

Art. 132 Il y a deux sortes de décisions collectives : les décisions ordinaires et les décisions extraordinaires. Elles sont prises selon les conditions de forme et de fond prévues pour chaque forme de société.

Voir sous les art. : 283 et s. pour la SNC ; 302 pour la SCS ; 333 à 359 pour la SARL ; 516 à 557 pour la SA.

Art. 133 [mod.] Sous réserve des dispositions applicables à chaque forme de société, les décisions collectives peuvent être prises en assemblée générale ou par consultation écrite des associés.

Art. 133-1 [nouv.] Si les statuts le prévoient, sont réputés présents pour le calcul du quorum et de la majorité les associés qui ont voté par correspondance.

Dans ce cas, sont autorisés à voter par lettre au porteur contre récépissé, par lettre recommandée avec demande d'avis de réception ou par courrier électronique, les associés qui ont informé le dirigeant social désigné à cet effet par les statuts de leur absence au moins trois (3) jours avant la tenue de l'assemblée. Les votes par correspondance sont réceptionnés par la société au moins vingt quatre (24) heures avant la tenue de l'assemblée.

Art. 133-2 [nouv.] Si les statuts le prévoient, sont également réputés présents pour le calcul du quorum et de la majorité les associés qui participent à l'assemblée à distance, par visioconférence ou d'autres moyens de télécommunication permettant leur identification.

Afin de garantir l'identification et la participation effective à l'assemblée des associés y participant à distance, ces moyens transmettent au moins la voix des participants et satisfont à des caractéristiques techniques permettant la retransmission continue et simultanée des délibérations.

Les associés qui participent à l'assemblée à distance votent oralement.

Les statuts organisent les modalités d'utilisation des moyens de télécommunication au sein de la société.

Art. 134 [mod.] Toute délibération des associés est constatée par un procès-verbal qui indique la date et le lieu de la réunion, les noms et prénoms des associés présents, l'ordre du jour, les documents et rapports soumis à discussion, un résumé des débats, le texte des résolutions mises aux voix et le résultat des votes.

En cas de vote par correspondance, il en est fait mention dans le procès verbal. En cas de vote à distance, il en est également fait mention dans le procès-verbal ainsi que de tout incident technique éventuellement survenu au cours de l'assemblée et ayant perturbé son déroulement.

Le procès-verbal doit être signé dans les conditions prévues par le présent Acte uniforme, pour chaque forme de société.

En cas de consultation écrite, il en est fait mention dans le procès-verbal, auquel est annexée la réponse de chaque associé et qui est signé dans les conditions prévues par le présent Acte uniforme pour chaque forme de société.

Observations

Voir aussi l'art. 535, et sous l'art. 454 pour l'illustration d'une délibération valable d'un conseil d'administration.

Jurisprudence comparée

France

A. Signature

L'absence de signature du procès-verbal d'assemblée ne fait l'objet d'aucune sanction. Il en résulte les conséquences suivantes :

– l'un des membres est en droit de refuser de signer le procès-verbal s'il le juge opportun, acte d'ailleurs sans incidence sur la société (CA Paris 13-1-1976 : Bull. Joly 1976 p. 73) ;

– l'actionnaire désigné comme scrutateur qui refuse de signer le procès-verbal ne peut solliciter l'annulation de l'assemblée générale fondée sur le défaut de signature de l'ensemble des membres du bureau (Cass. com. 1-12-1975 : Bull. civ. IV n° 287).

B. Force probante

Les procès-verbaux ont valeur probante jusqu'à preuve contraire par tout intéressé (CA Paris 10-3-2000 : RJDA 5/00 n° 544 som. relatif à des procès-verbaux de réunions du conseil d'administration mais transposables).

Par suite, ont été qualifiés de faux pénalement sanctionnés (C. pén. article 441-1) :

– l'indication par les auteurs et signataires d'un procès-verbal d'assemblée de l'existence d'un vote qui n'a pas eu lieu (Cass. crim. 21-3-1972 : JCP 1972.II n° 17178) ou d'un état de la présence de deux associés n'ayant pas assisté à l'assemblée (CA Paris 9-11-1994 : Dr. Sociétés 1995 n° 40) ou bien de la convocation du commissaire aux comptes et de l'audition des rapports n'ayant jamais été établis (CA Paris 18-6-1980 : Bull. CNCC 1980. 439) ;

– la falsification par le président d'une société anonyme de la signature d'un administrateur sur le procès-verbal des délibérations du conseil d'administration (Cass. crim. 6-9-2000 : Bull. Joly 2001 p. 41).

Par ailleurs, la transcription du procès-verbal sur le registre coté et paraphé importe peu, pourvu que soient mentionnées les signatures du président, des scrutateurs et du secrétaire, lesquelles confèrent au texte une certaine exactitude (T. corr. Paris 8-6 – Gaz. Pal. 1983 p. 529).

Voir aussi les art. :

– 287 (SNC) ;
– 304 (SCS) ;
– 342 et 343 (SARL) ;
– 535 et 536 (SA).

Art. 135 Sauf disposition contraire du présent Acte uniforme, les procès-verbaux prévus à l'article précédent sont établis sur un registre spécial tenu au siège social et coté et paraphé par l'autorité judiciaire compétente.

Toutefois, les procès-verbaux peuvent être établis sur des feuilles mobiles numérotées sans discontinuité, paraphées dans les conditions prévues à l'alinéa précédent et revêtues du sceau de l'autorité qui les a paraphées. Dès qu'une feuille a été remplie, même partiellement, elle doit être jointe à celles précédemment utilisées. Toute addition, suppression ou interversion de feuilles est interdite.

Art. 136 Les procès-verbaux sont archivés au siège de la société. Les copies ou extraits des procès-verbaux des délibérations des associés sont valablement certifiés conformes par le représentant légal de la société ou, s'ils sont plusieurs, par l'un d'entre eux seulement.

Voir aussi l'art. 535.

• Titre III •

ÉTATS FINANCIERS DE SYNTHESE ANNUELS AFFECTATION DU RESULTAT

• Chapitre I

ÉTATS FINANCIERS DE SYNTHESE ANNUELS

Section I • PRINCIPE

Art. 137 [mod.] A la clôture de chaque exercice, le gérant ou le conseil d'administration ou l'administrateur général, selon le cas, établit et arrête les états financiers de synthèse conformément aux dispositions de l'Acte uniforme portant organisation et harmonisation des comptabilités des entreprises.

Section II • APPROBATION DES ÉTATS FINANCIERS DE SYNTHESE ANNUELS

Art. 138 [mod.] Le gérant, le conseil d'administration ou l'administrateur général, selon le cas, établit un rapport de gestion dans lequel il expose la situation de la société durant l'exercice écoulé, son évolution prévisible, les événements importants survenus entre la date de clôture de l'exercice et la date à laquelle il est établi et, en particulier, les perspectives de continuation de l'activité, l'évolution de la situation de trésorerie et le plan de financement.

JURISPRUDENCE OHADA

Condamnation des gérants à rendre un rapport de gestion

Le procès-verbal de passation de service établi lors du changement de l'équipe dirigeante et qui se contente d'énumérer les pièces et dossiers transmis par l'équipe sortante à l'équipe entrante ne contient aucunement le compte rendu des opérations de gestion ; il n'est donc pas un rapport de gestion. Les dirigeants d'une société qui n'ont pas établi un rapport de gestion peuvent être condamnés à le faire dans un délai qui sera déterminé par le juge (TGI Moungo (Cameroun), n° 30/CIV, 21-6-2007 : Union des Coopératives du Littoral représentée par N. N. c/ E. E. M. M., Ohadata J-09-252, note Yvette Kalieu Elongo).

Obs. : décision rendue à propos d'une société coopérative, mais transposable aux sociétés commerciales régies par l'AUSCGIE.

Sur la publicité des états financiers de synthèse des SA, voir l'art. 269.

JURISPRUDENCE COMPARÉE

France

A. Notion d'exercice social

L'exercice social dure généralement douze mois ; par suite, une société ne peut valablement fixer ses dates d'ouverture et de clôture des exercices « à la fin du mois de mars ou au début du mois d'avril » (CA Paris 21-3-2000 : RJDA 9-10/00 n° 876).

B. Qualité des comptes annuels

Lorsqu'ils ne peuvent présenter dans le délai requis par la loi des comptes annuels reflétant une image fidèle, les dirigeants peuvent demander en justice le report de l'assemblée générale ordinaire (CA Paris 2-8-2001 n° 01/12698 : RJDA 6/02 n° 647).

Les dirigeants engagent leur responsabilité en retenant délibérément les informations qui auraient été susceptibles de remettre en cause l'image de la société telle qu'elle se présentait au regard des comptes qui avaient été communiqués (Cass. com. 9-3-2010 n° 08-21.547 : RJDA 6/10 n° 637).

Le commissaire aux comptes doit s'efforcer de présenter une garantie raisonnable que les comptes annuels ne renferment pas d'erreurs notoires (CA Rouen 29-9-2004 n° 01/1553 : RJDA 4/05 n° 404 som.).

Art. 139 Figurent dans l'état annexé inclus dans les états financiers de synthèse :
1°) un état des cautionnements, avals et garanties donnés par la société ;
2°) un état des sûretés réelles consenties par la société.

Art. 140 [mod.] Dans les sociétés anonymes, les sociétés par actions simplifiées et, le cas échéant, dans les sociétés à responsabilité limitée, les états financiers de synthèse annuels et le rapport de gestion sont adressés aux commissaires aux comptes, quarante-cinq (45) jours au moins avant la date de l'assemblée générale ordinaire.

Ces documents sont présentés à l'assemblée générale de la société statuant sur les états financiers de synthèse qui doit obligatoirement se tenir dans les six (6) mois de la clôture de l'exercice.

Art. 141 Toute modification dans la présentation des états financiers de synthèse ou dans les méthodes d'évaluation, d'amortissement ou de provisions conformes au droit comptable doit être signalée dans le rapport de gestion et, le cas échéant, dans celui du commissaire aux comptes.

• Chapitre II •
RESERVES – BENEFICES DISTRIBUABLES

Art. 142 L'assemblée générale décide de l'affectation du résultat dans le respect des dispositions légales et statutaires.

Elle constitue les dotations nécessaires à la réserve légale et aux réserves statutaires.

JURISPRUDENCE OHADA

La distribution des dividendes est dévolue à l'Assemblée des associés ; le juge ne saurait suppléer, sous quelque motif que ce soit, l'assemblée générale des associés, dans l'affectation des dividendes sans s'immiscer dans la gestion financière de la société, laquelle n'appartient qu'aux seuls dirigeants sociaux. Le jugement entrepris doit être infirmé sur ce point. Lorsque l'assemblée générale des associés n'a pu se tenir, ni même (être) convoquée, en violation des dispositions statutaires, il convient de nommer un administrateur ad hoc, avec pour mission, de convoquer l'Assemblée générale des associés pour la distribution des dividendes (CA Abidjan (Côte d'Ivoire), 3e ch. civ. et com., 7-4-2000 : Liquidation de la Sté SADEA Editions c/ P. A., Juridis Périodique n° 60/2004, p. 109. Note Robert Nemedeu, Ohadata J-08-67).

Obs. : cette décision ne vise pas expressément l'article 142 de l'AUSCGIE, mais l'article 20 des statuts de la société concernée, qui comporte des dispositions similaires à l'article 142.

JURISPRUDENCE COMPARÉE

France

A. Réserve légale

La réserve légale peut être incorporée au capital (T. corr. Seine 22-12-1962 : D. 1963 p. 446 note Dalsace).

B. Réserves facultatives

Sur l'abus de mise en réserve et son absence, voir sous l'art.130.

C. Ayant droit aux réserves

L'associé ayant cédé ses parts ne peut pas profiter de la distribution d'un montant exceptionnel prélevé sur les réserves légales laquelle constitue un partage partiel d'actif entre les associés (CA Rouen 23-5-2002 n° 00/4548 : RJDA 11/02 n° 1148).

Art. 143 [mod.] Le bénéfice distribuable est le résultat de l'exercice, augmenté du report bénéficiaire et diminué des pertes antérieures, des dividendes partiels régulièrement distribués ainsi que des sommes portées en réserve en application de la loi ou des statuts.

L'assemblée peut décider la distribution de tout ou partie des réserves à la condition qu'il ne s'agisse pas de réserves considérées comme indisponibles par la loi ou par les statuts. Toute délibération prise en violation du présent alinéa, ou le cas échéant, des conditions prévues par les statuts, est nulle.

Dans le cas où l'assemblée fait usage de la faculté prévue à l'alinéa précédent, elle indique expressément les postes de réserve sur lesquels les prélèvements sont effectués.

Sauf en cas de réduction de capital, aucune distribution ne peut être faite aux associés lorsque les capitaux propres sont ou deviendraient, à la suite de cette distribution, inférieurs au montant du capital augmenté des réserves que la loi ou les statuts ne permettent pas de distribuer. Toute délibération prise en violation du présent alinéa est nulle.

OBSERVATIONS Désormais sont nulles les distributions de réserves contraires à l'al. 2 ou aux clauses statutaires les concernant ainsi que les distributions alors que les capitaux propres ne sont pas au niveau exigé par l'al. 4.

Jurisprudence comparée

I. États-Unis

Liquidation d'une société

A. Distribution anticipée du boni de liquidation

Les juges du Delaware ont reconnu, même en l'absence de dispositions législatives expresses, qu'une société en liquidation, à la suite de sa dissolution, peut distribuer des acomptes aux actionnaires. Cette distribution doit toutefois être décidée en prenant en compte les intérêts des créanciers de la société car une fois distribué l'argent n'est plus disponible pour les désintéresser (In re Altaba, INC. in the Court of Chancery of the State of Delaware, C.A. nº 2020-0413-JTL (05/10/2020)).

B. Mise en réserve au profit des créanciers encore non-payés ou non encore révélés

Afin qu'une société en liquidation, par suite de sa dissolution, puisse distribuer des acomptes à ses actionnaires, il est indispensable qu'elle garde en réserve les sommes nécessaires pour désintéresser ses créanciers connus mais également des créanciers potentiels encore inconnus au moment de la distribution (In re Swisher Hygiene, Inc., 2020 WL 3125415, (Del. Ch. June 12, 2020)).

C. Pas d'obligation de retourner les dividences reçus

Le droit du Delaware n'oblige pas les actionnaires à retourner l'argent reçu d'une société dissoute si un créancier se manifeste après cette distribution (In re Altaba, INC. in the Court of Chancery of the State of Delaware, C.A. nº 2020-0413-JTL (05/10/2020)).

II. France

A. Absence de droit de l'usufruitier sur les bénéfices non distribués

L'usufruitier de parts sociales d'une société civile n'a pas de droit sur les bénéfices et ne consent aucune donation au nu propriétaire en participant à l'assemblée générale qui décide d'affecter les bénéfices à un compte de réserve ; en conséquence, le nu propriétaire ne peut avoir un redressement fiscal pour donation indirecte (Cass. com. 10-2-2009 nº 07-21.806 : BRDA 4/09 inf. 2, transposable à une société commerciale).

B. Droit aux bénéfices des associés d'une SNC

Après décision de distribution. Les bénéfices réalisés par une société ne participent de la nature des fruits que lors de leur attribution sous forme de dividendes, lesquels n'ont pas d'existence juridique avant l'approbation des comptes de l'exercice par l'assemblée générale, la constatation par celle-ci de l'existence de sommes distribuables et la détermination de la part qui est attribuée à chaque associé ; en conséquence, une SNC ne peut être condamnée à payer à un associé sa part des bénéfices sociaux au titre de plusieurs exercices au motif que dans les sociétés en nom collectif, les bénéfices sont imposables au nom des associés dès qu'ils sont réalisés, quand bien même ils ne seraient pas mis en distribution sous forme de dividendes et que la société ne faisait pas valoir et ne justifiait pas que les bénéfices ont déjà été distribués ou alors qu'ils ont été mis en réserve par une décision des associés approuvant les comptes (Cass. com. 14-12-2010 n° 09-72.267 : RJDA 2/11 n° 147).

Chapitre III

DIVIDENDES

Art. 144 **Après approbation des états financiers de synthèse et constatation de l'existence de sommes distribuables, l'assemblée générale détermine :**

– le cas échéant, les dotations à des réserves facultatives ;

– la part de bénéfices à distribuer, selon le cas, aux actions ou aux parts sociales ;

– le montant du report à nouveau éventuel.

Cette part de bénéfice revenant à chaque action ou à chaque part sociale est appelée dividende.

Tout dividende distribué en violation des règles énoncées au présent article est un dividende fictif.

Jurisprudence OHADA

Caractère impératif de l'approbation des états financiers préalablement à toute distribution de dividende

Les actionnaires ne peuvent prétendre aux dividendes que si les états financiers de synthèse ont été approuvés par une assemblée générale et si cette assemblée a constaté l'existence de bénéfices. Lorsque les états financiers de synthèse ne sont pas approuvés comme ci-dessus indiqué et qu'il n'est pas constaté l'existence de bénéfices, les actionnaires ne peuvent pas prétendre aux dividendes. L'associé qui ne prouve pas qu'il y a eu une ou des assemblées générales, lesquelles auraient, d'une part, approuvé les bilans dont il produit les copies et d'autre part, constaté l'existence des bénéfices doit être débouté de sa demande au titre des dividendes (CA Lomé (Togo), n° 044/09, 26-3-2009 : H. K. c/ Sté RAINER Automobile, R. B., Ohadata J-10-155).

Obs. : on ne trouve pas dans l'AUSCGIE, pour la SA, l'équivalent de l'art. 346 de la SARL ; on en déduit donc qu'il n'y a pas d'obligation de réserve légale dans la SA ; le dividende n'est évoqué qu'à propos des valeurs mobilières aux art. 754 et s. A l'art. 144, pas plus que dans la SNC et SA, il n'est pas précisé le droit d'obtenir répétition du dividende fictif comme dans la SARL (art. 346 qui précise le délai de prescription de 3 ans) ; la SARL demeure donc de droit commun sur cette question, soit selon la loi nationale, sauf si on trouve une disposition générale pour toutes les stés dans l'AUSCGIE.

L'article 144 de l'AUSCGIE fait de l'approbation préalable par l'assemblée générale des états financiers de synthèse, un impératif avant toute distribution de dividendes, s'il existe des bénéfices le permettant, approbation qui permet de déterminer l'assiette des dividendes à distribuer et sans laquelle les actionnaires ne peuvent y prétendre. En l'absence desdits états financiers de synthèse légalement exigés, la condamnation d'une société [A.] et de monsieur [X.] à payer à monsieur [Y.] la somme de 1 500 000 000 FCFA sur les 3 047 627 707 FCFA par lui sollicités, à titre de réparation de « tous préjudices confondus », y compris les dividendes présumés, manque de base légale et la cour d'appel qui a confirmé ce jugement, a violé les articles 143 et 144 de l'AUSCGIE, exposant son arrêt à la cassation. Sur l'évocation, la non-tenue des assemblées générales ayant rendu impossible la détermination des dividendes à distribuer, préalable prescrit par l'article 144 de l'AUSCGIE, l'action en paiement de dividendes de monsieur [Y.] ne trouve pas appui sur une base légale ; il y a lieu de la rejeter comme mal fondée et d'infirmer sur ce point le jugement attaqué (CCJA, 1e ch., n° 261/2024 du 24-10-2024).

JURISPRUDENCE COMPARÉE

France

A. Qualification des dividendes

1° Fruits à compter de la décision de distribution des bénéfices

Les bénéfices réalisés par une société ne participent de la nature des fruits que lors de leur attribution sous forme de dividendes ; les dividendes n'ont pas d'existence juridique avant la constatation de l'existence de sommes distribuables par l'organe social compétent et la détermination de la part attribuée à chaque associé ; les époux n'étaient donc titulaires d'aucun droit sur les dividendes attribués à leurs enfants et n'avaient pu consentir aucune donation de ceux-ci (Cass. com. 18-12-2012 n° 11-27.745 : BRDA 1/13 inf. 3).

2° Incompatibilité du dividende avec une somme distribuée équivalente, vu son importance, à un partage partiel d'actif

La décision de l'assemblée générale de distribuer exceptionnellement une somme conséquente disproportionnée par rapport aux dividendes courants, ponctionnés sur les réserves, est valable car elle doit être qualifiée non pas de distribution de dividendes comme un partage partiel d'actif anticipé (CA Toulouse 7-2-2002 n° 01/34 : RJDA 2/03 n° 144).

B. Acquisition du droit au dividende

Le droit aux dividendes n'est acquis qu'après approbation des comptes, constatation de l'existence de sommes distribuables et détermination de la part qui est attribuée à chaque associé (Cass. com. 28-11-2006 n° 04-17.486 : RJDA 2/07 n° 152). Dès que la décision de répartition est prise, l'associé est créancier du dividende (CA Paris 2-5-1935 : Gaz. Pal. 1935 II p. 113 ; CA Paris 15-11-1976 : JCP 1979.II n° 19129 note Evesque).

1° Ayant droit aux dividendes et cession de droits sociaux

Droit du cessionnaire aux mises en distribution postérieures à son entrée dans la société. Sauf volonté contraire des contractants, le cessionnaire des titres sociaux a droit aux dividendes non encore distribués à la date de la cession car le droit d'un associé aux dividendes naît seulement à compter du jour de leur mise en distribution par l'assemblée générale (Cass. com. 23-10-1990 : D 1991 p. 173 note Reinhard ; Cass. com. 23-10-1984 : Rev. sociétés 1986 p. 87 note Daigre ; Cass. com. 9-6-2004 n° 904 : RJDA 10/04 n° 1121 ; CA Paris 29-11-1996 : RJDA 4/97 n° 513 ; CA Rouen 23-5-2002 n° 00/4548 : RJDA 11/02 n° 1148).

2° Aménagement conventionnel du droit du cessionnaire

Les contractants peuvent, lors de la cession des titres, décider de différer la date d'entrée en jouissance du cessionnaire attribuée au cédant si la distribution en est décidée avant la date de jouissance convenue (CA Paris 6-5-1993 : Bull. Joly 1993 p. 737 note Couret).

C. Renonciation aux dividendes

Un associé peut renoncer en tout ou partie de son dividende afférent à l'exercice écoulé, cette renonciation équivalant à un abandon d'une créance certaine, liquide et exigible (Cass. com. 13-2-1996 n° 315 : RJDA 6/96 n° 788).

D. Forme du dividende

Paiement en nature. Le paiement en nature du dividende ne constitue pas une cession des biens sociaux à titre de dation en paiement (Cass. com. 6-6-1990 : Bull. Joly 1990 p. 813 note Derouin).

E. Répétition du dividende fictif

Pour un exemple de condamnation des associés à restituer les bénéfices qu'ils s'étaient appropriés en violation des règles légales de distribution, CA Aix 2-4-1992 : Dr. sociétés 1992 n° 229.

Art. 145 Les statuts peuvent prévoir l'attribution d'un premier dividende qui est versé aux titres sociaux dans la mesure où l'assemblée constate l'existence de bénéfices distribuables et à la condition que ces bénéfices soient suffisants pour en permettre le paiement. Il est calculé comme un intérêt sur le montant libéré des actions.

Art. 146 [mod.] Les modalités de mise en paiement des dividendes sont fixées par la collectivité des associés ou, à défaut, par le conseil d'administration, l'administrateur général ou les gérants, selon le cas.

Dans tous les cas, la mise en paiement des dividendes doit avoir lieu dans un délai maximum de neuf (9) mois après la clôture de l'exercice. La prolongation de ce délai peut être accordée par la juridiction compétente.

OBSERVATIONS

L'assemblée générale n'a plus à déléguer le soin de fixer les modalités de mise en paiement des dividendes, le droit d'y procéder du conseil d'administration, l'administrateur général ou les gérants résulte du seul fait qu'elle ne les a pas arrêtées.

Il est désormais expressément affirmé, ce qui se déduisait du texte antérieur, que le délai de neuf mois s'impose dans tous les cas.

JURISPRUDENCE COMPARÉE

France

Mise en paiement et prescription des dividendes

Les dividendes non réclamés se prescrivent par application du délai de droit commun de la prescription, soit désormais cinq ans (Cass. 1e civ. 17-9-2003 nº 1082 : RJDA 01/04 nº 59 à propos d'une société civile mais transposable aux sociétés commerciales). Ce délai commence à courir à compter de la décision de distribuer tout ou partie des bénéfices sous forme de dividendes qui, seule, confère à ceux-ci l'existence juridique (Cass. com. 19-9-2006 nº 1004 : RJDA 2/07 nº 153).

Chapitre IV

LITIGES ENTRE ASSOCIES OU ENTRE UN OU PLUSIEURS ASSOCIES ET LA SOCIETE

Art. 147 Tout litige entre associés ou entre un ou plusieurs associés et la société relève de la juridiction compétente.

JURISPRUDENCE OHADA

I. Litiges justifiant la nomination d'un administrateur provisoire

Sur l'engagement de la société par un administrateur provisoire, voir sous l'art. 121.

II. JURIDICTION COMPETENTE

Juge des référés. C'est à tort qu'un juge des référés s'est déclaré incompétent d'ordonner la cessation de troubles causés à un associé dans l'exercice de ses droits (CA Abidjan, 5e ch., nº 28, 13-1-2004, C.O c/ C.A, Ohadata J-06-24).

Obs. : l'AUSCGIE ne tranche pas la compétence et par conséquent la renvoie aux législations nationales. Dès lors, il est impossible de préciser la juridiction compétente à partir de cette disposition. La décision d'Abidjan ne peut donc être fondée sur 147, qui n'était pas visée en l'espèce ; elle ne peut résulter que de la législation ivoirienne.

JURISPRUDENCE COMPARÉE

France

A. Droit d'agir en justice de la société

La société n'a pas qualité pour agir lorsque le préjudice a affecté chaque associé personnellement (Cass. civ. 7-3-1972 : Bull. III nº 157).

Devant les juridictions pénales, la société qui souhaite se porter partie civile doit justifier d'un intérêt personnel, actuel et direct à initier des poursuites pénales, lequel est apprécié strictement par les juges (Cass. crim. 28-11-1973 : Bull. crim. nº 439 ; Cass. Crim. 12-3-1985 : Bull. Crim. nº 107).

La société ne peut se porter partie civile quand l'infraction pénale émane de son représentant (Cass. crim. 10-1-1974 : Gaz. Pal. 1974 II p. 550).

B. Compétence

1º Existence d'une succursale de la société

Voir sous l'art. 118.

2º Clause attributive de compétence territoriale prévue dans l'acte passé pour le compte d'une société en formation

La clause attributive de compétence figurant dans un acte signé au nom de la société en formation est sans effet à l'égard de la société non immatriculée et donc sans personnalité moralité (Cass. com. 8-11-1994 : RJDA 2/95 nº 149).

C. Désignation d'un administrateur provisoire

Nécessité de constater une impossibilité de fonctionnement de la société et un péril imminent. La désignation judiciaire d'un administrateur provisoire de la société est une mesure exceptionnelle qui suppose rapportée la preuve de circonstances rendant impossible le fonctionnement normal de la société et menaçant celle-ci d'un péril imminent ; tel n'est pas le cas du fonctionnement perturbé de la société depuis plusieurs années par la nature et la multiplicité des reproches formulés contre le gérant qui avaient entraîné une perte de confiance des associés alors que ceux-ci sont restés dépourvus de toute information par le défaut de compte rendu de gestion annuel et d'approbation des comptes sociaux depuis six ans, et de la dégradation de l'immeuble de la SCI, seul bien figurant à l'actif social qui nécessitait des interventions pour être maintenu en état d'être loué et permettre à la société de résister à la concurrence (Cass. com. 18-5-2010 n° 09-14.838 : Légifrance).

Art. 148 [mod.] **Ce litige peut également être soumis à l'arbitrage, soit par une clause compromissoire, statutaire ou non, soit par compromis ou à d'autres modes alternatifs de règlement des différends.**

Observations

Une erreur typographique semble s'être glissée dans le texte official de l'art. 148. Pour qu'il ait un sens, il faudrait insérer après « ou », « soit par une clause faisant référence ». On lirait ainsi « soit par compromis ou soit par une clause faisant référence à d'autres modes alternatifs de règlement des différends ».

Les modes alternatifs de règlement des différends sont ajoutés à l'arbitrage.

En revanche, le nouveau texte n'autorise plus l'amiable composition ni l'exclusion des voies de recours. On ne saurait cependant considérer que ces deux mesures sont autorisées par l'article 149 ci-après qui dit que l'arbitrage est « réglé » par l'Acte uniforme sur l'arbitrage qui admet le recours à l'amiable composition (art. 15) et exclut l'appel et l'opposition (art. 25). En effet, le même renvoi existait dans l'AUSCGIE antérieur. Cependant, une liberté contractuelle ne peut pas être supprimée par un a contrario, car une interdiction ou une dérogation étant de droit strict ne peut pas être déduite des affirmations d'un texte qui ne l'exprime pas formellement (cf. Cass. civ. 9-5-1994 : Bull. civ. I p. 126 ; CA Paris 20-12-1989 : D. 1990.IR.17 ; aussi n° 74753). L'argument a contrario n'est utilisable que pour déduire d'un texte une permission, la liberté étant le principe (CA Amiens 14-6-1978 : GP 1978.2.som.469).

Jurisprudence OHADA

I. Clause compromissoire statutaire

Lorsque les parties associées d'une société, qui avaient le choix entre soumettre leurs litiges aux juridictions compétentes nationales ou internationales, sont convenues dans les statuts de ladite société « qu'en application des articles 148 et 149 de l'AUSCGIE, tous différends pendant l'existence de la société ou pendant le cours de sa liquidation, soit entre les actionnaires et la société, soit entre les actionnaires eux-mêmes, seront soumis à l'arbitrage. Ces litiges seront tranchés définitivement, suivant le Règlement d'Arbitrage de la Chambre de Commerce Internationale, par trois arbitres nommés conformément à ce règlement… Le siège de l'arbitrage sera à Paris, France », la juridiction compétente pour statuer sur un litige relatif à des contestations levées par un actionnaire contre des décisions prises par d'autres actionnaires est la Chambre de Commerce Internationale de Paris prise en sa formation arbitrale statuant en « référé Pré-arbitral » (CA Abidjan, ch. civ. et com., n° 260/11, 8-7-2011, Sté C-Mobile Group Holding c/ D. M. E. : Actualités Juridiques, Edition économique n° 1/2011, p. 12, Ohadata J-13-192).

II. Nullité d'une clause compromissoire statutaire retenue à tort par un juge qui aurait dû décliner sa compétence

C'est en violation des articles 148 et 149 de l'AUSCGIE qu'une cour d'appel a jugé une clause compromissoire insérée dans les statuts d'une société, est nulle en raison du caractère manifestement illicite et contraire au fonctionnement des sociétés anonymes dans l'espace OHADA et dans la législation camerounaise de certaines clauses des statuts de la société, alors que la nullité ou l'inapplicabilité d'une clause d'arbitrage résulte de son caractère pathologique et que l'arbitrabilité des conflits entre associés est prévue par l'acte uniforme. Sur l'évocation, et pour les mêmes motifs que ceux ayant entraîné la cassation, il y a lieu de confirmer du jugement initial qui a « Constat[é] que le pacte d'actionnaires signé par les parties comporte une clause compromissoire en faveur du Centre International d'Arbitrage de Singapour ; Dit que la saisine du juge des référés étatique ne saurait s'analyser en une renonciation à l'application de cette clause ; Rejet[é] en outre les moyens […] relatifs à l'inapplicabilité de cette clause pour cause de nullité manifeste de la convention et en raison de son caractère manifestement inapplicable ; Dit et jug[é] […] cette clause applicable entre les parties ; S'[est déclaré] par conséquent incompétent à statuer dans cette cause » (CCJA, 2ᵉ ch., nº 220/2024, 11-7-2024).

Jurisprudence comparée

France

A. Litiges entre la société et les associés

Validité de la clause d'arbitrage. Les associés peuvent insérer dans les statuts une clause compromissoire applicable aux litiges entre eux et la société et convenir mutuellement d'y renoncer une fois le litige né (Cass. civ. 29-10-1934 : DH 1934. 602 ; Cass. 1ᵉ civ. 17-6-1975 : Bull. civ. I nº 196).

B. Litiges entrant dans le champ de la clause d'arbitrage

Dans un cas où les statuts d'une société constituée en vue de l'exploitation d'un aéronef comportaient une clause d'arbitrage ainsi rédigée : « Toutes les contestations qui pourraient s'élever pendant la durée de la société ou sa liquidation, soit entre les actionnaires, les administrateurs et la société, soit entre les actionnaires eux-mêmes, relativement aux affaires sociales ou à l'exécution des dispositions statutaires seront soumises à la procédure d'arbitrage », les affaires sociales visées par cette clause sont celles qui ont trait au fonctionnement des organes de décision, d'exécution de la société, et aux relations des cocontractants, et n'en relevaient pas les litiges relatifs à la location de l'aéronef et à son exploitation, aux contrats conclus par des tiers entre eux, ou conclus par des actionnaires et des tiers (Cass. 1ᵉ civ. 19-12-2012 nº 11-27.199 : BRDA 3/13 inf. 24).

Art. 149 [mod.] **L'arbitrage est réglé par application des dispositions de l'Acte uniforme relatif au droit de l'arbitrage ou de tout autre système d'arbitrage convenu par les parties.**

Observations

Les parties sont libres de choisir un arbitrage autre que celui de l'AUA. Le régime de ce dernier n'est donc pas obligatoire pour les arbitrages relatifs aux litiges en matière de société.

Voir sous les art. 15 et s.

• Titre IV •

PROCEDURE D'ALERTE

• Chapitre I •

ALERTE PAR LE COMMISSAIRE AUX COMPTES

Section I • SOCIETES AUTRES QUE LES SOCIETES ANONYMES

Art. 150 Le commissaire aux comptes, dans les sociétés autres que les sociétés anonymes, demande par lettre au porteur contre récépissé ou par lettre recommandée avec demande d'avis de réception des explications au gérant qui est tenu de répondre, dans les conditions et délais fixés aux articles suivants, sur tout fait de nature à compromettre la continuité de l'exploitation qu'il a relevé lors de l'examen des documents qui lui sont communiqués ou dont il a connaissance à l'occasion de l'exercice de sa mission.

Art. 151 [mod.] Le gérant répond par lettre au porteur contre récépissé ou par lettre recommandée avec demande d'avis de réception dans les quinze (15) jours qui suivent la réception de la demande d'explication. Dans sa réponse, il donne une analyse de la situation et précise, le cas échéant, les mesures envisagées.

Dès réception de la réponse ou à défaut de réponse sous quinze (15) jours, le commissaire aux comptes informe la juridiction compétente de ses démarches.

Art. 152 [mod.] En cas d'inobservation des dispositions prévues à l'article précédent ou si, en dépit des décisions prises, le commissaire aux comptes constate que la continuité de l'exploitation demeure compromise, il établit un rapport spécial dont une copie est communiquée à la juridiction compétente.

Il peut demander au gérant, par lettre au porteur contre récépissé ou par lettre recommandée avec demande d'avis de réception, que ce rapport spécial soit communiqué aux associés ou qu'il soit présenté à la prochaine assemblée générale. En cas d'urgence, le commissaire aux comptes peut convoquer lui-même une assemblée générale pour présenter les conclusions de son rapport.

Dans le cas où le commissaire aux comptes lui en fait la demande, le gérant procède à la communication du rapport spécial aux associés dans les huit (8) jours qui suivent la réception de la demande.

Si à l'issue de l'assemblée, le commissaire aux comptes constate que les décisions prises ne permettent pas d'assurer la continuité de l'exploitation, il informe de ses démarches la juridiction compétente et lui en communique les résultats.

Section II • SOCIETES PAR ACTIONS

Art. 153 [mod.] Le commissaire aux comptes, dans une société anonyme et dans une société par actions simplifiée, peut engager une procédure d'alerte en demandant par lettre au porteur contre récépissé ou par lettre recommandée avec demande d'avis de réception des explications au président du conseil d'administration, au président-directeur général ou à l'administrateur général, selon le cas, sur tout fait de nature à compromettre la continuité de l'exploitation qu'il a relevé lors de l'examen des documents qui lui sont communiqués ou dont il a connaissance à l'occasion de l'exercice de sa mission.

Jurisprudence comparée

France

Eléments que doit prendre en compte le commissaire aux comptes

Le commissaire aux comptes doit prendre en considération les informations qu'il peut tirer de l'analyse des différents états financiers établis par la société (par exemple, l'apparition de pertes : Cass. com. 8-11-2011 n° 10-20.626 : RJDA 2/12 n° 185).

Il doit aussi tenir compte de tous les autres événements susceptibles d'exercer une influence déterminante sur l'évolution de l'entreprise, par exemple une procédure contentieuse en instance (T. com. Lille 5-5-1987 : Rev. jur. com. 1987. 255 note Derrida).

Art. 154 [mod.] Le président du conseil d'administration, le président-directeur général, l'administrateur général ou le président, selon le cas, répond par lettre au porteur contre récépissé ou par lettre recommandée avec demande d'avis de réception dans les quinze (15) jours qui suivent la réception de la demande d'explication. Dans sa réponse, il donne une analyse de la situation et précise, le cas échéant, les mesures envisagées.

Art. 155 [mod.] A défaut de réponse ou si celle-ci n'est pas satisfaisante, le commissaire aux comptes invite, selon le cas, le président du conseil d'administration ou le président-directeur général à faire délibérer le conseil d'administration, l'administrateur général ou le président à se prononcer sur les faits relevés.

L'invitation prévue à l'alinéa précédent est formée par lettre au porteur contre récépissé ou par lettre recommandée avec demande d'avis de réception dans les quinze (15) jours qui suivent la réception de la réponse du président du conseil d'administration, du président-directeur général, de l'administrateur général ou du président, selon le cas, ou la constatation de l'absence de réponse dans les délais prévus à l'article précédent.

Dans les quinze (15) jours qui suivent la réception de la lettre du commissaire aux comptes, le président du conseil d'administration ou le président-directeur général, selon le cas, convoque le conseil d'administration, en vue de le faire délibérer sur les faits relevés, dans le mois qui suit la réception de cette lettre. Le commissaire aux comptes est convoqué à la séance du conseil. Lorsque l'administration et la direction générale de la société sont assurées par un administrateur général ou un président, celui-ci, dans les mêmes délais, convoque le commissaire aux comptes à la séance au cours de laquelle il se prononce sur les faits relevés.

Un extrait du procès-verbal de la délibération du conseil d'administration ou de la décision de l'administrateur général ou du président, selon le cas, est adressé au commissaire aux comptes et à la juridiction compétente dans le mois qui suit la délibération ou la décision.

Art. 156 [mod.] En cas d'inobservation des dispositions prévues aux articles précédents ou si, en dépit des décisions prises, le commissaire aux comptes constate que la continuité de l'exploitation demeure compromise, il établit un rapport spécial qui est présenté à la prochaine assemblée générale ou, en cas d'urgence, à une assemblée générale des actionnaires qu'il convoque lui-même pour soumettre ses conclusions, après avoir vainement requis sa convocation du conseil d'administration, de l'administrateur général ou du président, selon le cas, par lettre au porteur contre récépissé ou par lettre recommandée avec demande d'avis de réception.

Lorsque le commissaire aux comptes procède à cette convocation, il fixe l'ordre du jour et peut, pour des motifs impérieux, choisir un lieu de réunion autre que celui éventuellement prévu par les statuts. Il expose les motifs de la convocation dans un rapport lu à l'assemblée.

Si, à l'issue de l'assemblée, le commissaire aux comptes constate que les décisions prises ne permettent pas d'assurer la continuité de l'exploitation, il informe de ses démarches la juridiction compétente et lui en communique les résultats.

Dans un délai de six (6) mois à compter du déclenchement de la procédure d'alerte, le commissaire aux comptes peut en reprendre le cours au point où il avait estimé pouvoir y mettre un terme lorsque, en dépit des éléments ayant motivé son appréciation, la continuité de l'exploitation demeure compromise et que l'urgence commande l'adoption de mesures immédiates.

Art. 156-1 [nouv.] Les dispositions de la présente section s'appliquent aux sociétés par actions simplifiées conformément à l'article 853-3 ci-après.

• Chapitre II •
ALERTE PAR LES ASSOCIES

Section I • SOCIETES AUTRES QUE LES SOCIETES PAR ACTIONS

Art. 157 [mod.] Dans les sociétés autres que les sociétés par actions, tout associé non gérant peut, deux (2) fois par exercice, poser par écrit des questions au gérant sur tout fait de nature à compromettre la continuité de l'exploitation.

Le gérant répond par écrit, dans le délai de quinze (15) jours, aux questions posées en application de l'alinéa précédent. Dans le même délai, il adresse copie de la question et de sa réponse au commissaire aux comptes, s'il en existe un.

JURISPRUDENCE COMPARÉE

France

A. Sociétés en nom collectif

Dans les sociétés en nom collectif, un associé en nom peut formuler son opinion sur l'attitude à suivre en présence de problèmes sociaux et ses critiques sur la gestion du dirigeant ; toutefois, ces critiques constituent un dénigrement fautif quand elles atteignent la personne et non l'action du dirigeant (CA Paris 25-10-2002 n° 01/22277 : RJDA 4/03 n° 385).

B. Sociétés à responsabilité limitée

Dans les sociétés à responsabilité limitée, le droit pour l'associé de poser des questions écrites doit s'exercer dans des conditions permettant au gérant de préparer sa réponse ; ainsi, le gérant ayant reçu un courrier complexe d'un associé sollicitant des renseignements complémentaires sur les comptes peut valablement se borner à effectuer quelques éclaircissements et reporter à un courrier ultérieur (neuf jours après l'assemblée) la fourniture d'informations plus exhaustives (CA Paris 23-4-1985 : Bull. Joly 1985 p. 1032).

Section II • SOCIETES PAR ACTIONS

Art. 158 [mod.] Dans une société anonyme, tout actionnaire peut, deux (2) fois par exercice, poser des questions au président du conseil d'administration, au président-directeur général ou à l'administrateur général, selon le cas, sur tout fait de nature à compromettre la continuité de l'exploitation.

Le président du conseil d'administration, le président-directeur général ou l'administrateur général, selon le cas, répond par écrit, dans un délai de quinze (15) jours, aux questions posées en application de l'alinéa précédent. Dans le même délai, il adresse copie de la question et de sa réponse au commissaire aux comptes.

JURISPRUDENCE COMPARÉE

France

Nombre illimité de questions sauf abus

Tout actionnaire peut exercer le droit de poser des questions écrites auxquelles une réponse doit être apportée au cours de l'assemblée, quel que soit le nombre d'actions dont il est titulaire. Le nombre de questions qu'il peut poser n'est pas limité par la loi. Toutefois, ce droit ne peut pas être utilisé dans un but étranger à l'intérêt social et un actionnaire en abuserait s'il en faisait un usage contraire à sa finalité, qui est de lui permettre de bénéficier de l'information nécessaire pour participer à la vie sociale ; a fait un usage abusif de ce droit en le détournant de son objet un actionnaire, porteur de quelques actions d'une société cotée, qui a posé de multiples questions dans le but avoué d'obtenir de la société une indemnisation, l'intéressé ayant précisé en outre qu'il cesserait d'utiliser ce moyen si une solution transactionnelle était trouvée au différend l'opposant à la société (contestation du prix auquel une filiale de la société avait racheté à l'actionnaire des actions d'une sous-filiale dans le cadre d'une offre publique de retrait). L'intéressé doit donc être condamné à réparer le préjudice moral que ses agissements ont causé à la société, mais il y a lieu de limiter à un euro le montant de cette condamnation et de rejeter la demande de la société tendant au versement d'un million d'euros de dommages-intérêts dès lors que cette dernière n'a pas apporté la preuve d'une atteinte portée par l'actionnaire à son image et à son crédit (T. com. Paris 11-5-2004 n° 03-78521 : RJDA 11/04 n° 1221).

Art. 158-1 [nouv.] Les dispositions de l'article précédent s'appliquent aux sociétés par actions simplifiées conformément à l'article 853-3 ci-après.

• Titre V •

EXPERTISE DE GESTION

Art. 159 [mod.] Un ou plusieurs associés représentant au moins le dixième du capital social peuvent, soit individuellement, soit en se groupant sous quelque forme que ce soit, demander à la juridiction compétente du siège social, statuant à bref délai, la désignation d'un ou de plusieurs experts chargés de présenter un rapport sur une ou plusieurs opérations de gestion.

JURISPRUDENCE OHADA

I. Compétence

A. Compétence exclusive de la juridiction présidentielle

Le tribunal saisi d'une demande tendant à obtenir la désignation d'un expert chargé de présenter un rapport sur la gestion d'une société doit se déclarer incompétent, pour ladite demande et les demandes incidentes, dès lors que l'art. 159 attribue expressément compétence au président du tribunal (TRHC Dakar, n° 871, 21-5-2002 : H. Y. c/ Sté Natte industrie, Ohadata J-03-04, obs. Ndiaw Diouf, voir aussi Ohadata J-02-198).

B. Compétence supplétive du juge des référés

L'urgence est une question de fait qui relève de l'appréciation souveraine du juge. En dehors de l'article 159 de l'AUSCGIE qui exige que l'associé qui sollicite l'expertise de gestion représente au moins le cinquième du capital social, il n'y a pas de texte spécifique qui donne compétence au juge des référés pour statuer sur la demande de désignation d'un expert pour déterminer la valeur réelle des actions et des bénéfices d'une société. L'urgence n'étant pas caractérisée, le juge des référés doit se déclarer incompétent (TRHC Dakar, ord. réf. n° 901, 9-8-1999 : H. Y. c/ Sté Nattes Industries, I. Y., Ohadata J-02-198, obs. J. Issa-Sayegh).

Obs. : comme il renvoie à la juridiction compétente, et qu'il n'en fixe pas une, la compétence se règle selon la législation nationale ; la compétence du juge des référés peut être admise sur la base du principe général du droit selon lequel l'urgence justifie toute mesure pouvant éviter un péril (MDC n° 74909).

II. Qualité pour agir

L'expertise de gestion a été accordée à tout associé détenant :

– au moins le cinquième du capital social (TRHC Dakar, ord. réf. n° 901, 9-8-1999 : H. Y. c/ Sté Nattes Industries, I. Y., Ohadata J-02-198, obs. J. Issa-Sayegh) ;

– plus d'un cinquième du capital social (CA Abidjan, n° 376, 2-3-2004 : METALOCK PROCESS-CI SARL c/ T. J. C., Ohadata J-04-489) ;

– 49 % du capital (TR Niamey, ord. réf. n° 245, 22-10-2002 : A. H. c/ J. C. L. et E. D. F., Ohadata J-04-80).

– plus de la moitié du capital (TRHC Dakar, ord. réf. n° 1671, 23-12-2002 : A. N. c/ N. L., Ohadata J-03-186).

Elle est refusée à l'associé qui ne détient que 8 % du capital social (CA Abidjan, Ch. civ. et com., 5e ch. A, n° 10, 2-1-2001 : Polyclinique Avicennes c/ B. A., Ohadata J-02-113, obs. J. Issa-Sayegh).

Qu'il s'agisse d'une expertise classique, réglementée par le Code de procédure civile ou d'une expertise de gestion, spécialement aménagée pour les sociétés commerciales par l'article 159 de l'AUSCGIE, l'examen de la situation économique et financière d'une entreprise ne peut être sollicité, pour les sociétés in bonis, que par les membres de la société, à l'exclusion des tiers qui ne peuvent solliciter que l'expertise des opérations qu'ils ont conclues avec ladite société. En retenant, en l'espèce, que hormis le cadre d'une procédure collective d'apurement du passif, une demande d'expertise comptable d'une société ne peut intervenir qu'à la demande d'un ou plusieurs associés représentant au moins le dixième du capital social, la cour d'appel a fait une juste application de la loi (CCJA, 1re ch., n° 128/2022, 30-6-2022).

III. Objet de l'expertise

Nécessité de préciser l'opération de gestion concernée par l'expertise. Au sens des articles 159 et 160 de l'AUSCGIE, l'expertise de gestion porte sur une ou plusieurs opérations de gestion déterminées de la société. La demande d'expertise de gestion qui ne détermine aucune opération de gestion précise est mal fondée. Doit donc être déboutée de sa demande la partie qui a sollicité une expertise de gestion tendant de manière générale à auditer les comptes et à vérifier la sincérité des états financiers de synthèse de sociétés pour l'exercice d'une année donnée sans identifier précisément la décision de gestion critiquée ni même rapporter les éléments pouvant présumer de l'irrégularité de ladite décision alors que l'opération d'expertise ne peut porter que sur une ou plusieurs opérations de gestion faites par le dirigeant de la société. La cour d'appel qui a ordonné l'expertise de gestion de sociétés et désigné un expert à qui il a été assigné la mission de vérifier les mouvements de comptes et la sincérité des états financiers sans spécifier l'opération de gestion concernée par l'investigation a violé les dispositions de l'article 160 de l'AUSCGIE selon lesquelles le juge détermine l'étendue de la mission et les pouvoirs de l'expert au cas où l'expertise de gestion est ordonnée, exposant ainsi son arrêt à la cassation (CCJA, 1e ch., n° 056, 13-6-2013 1) Sté Traitement de Surface Afrique dite TDS Afrique, 2) Sté de Travaux Publics et de Négoce en Afrique dite STPN-Afrique, 3) Sté Conseil Location Audit maintenance Afrique, dite CLAM-Afrique, 4) Sté de Traitement de Gaz Afrique dite TDG-Afrique c/ Marie Christine SALY épouse MASSOULIER, Ohadata J-15-56).

La cour d'appel qui a retenu que « l'expertise de gestion porte sur les actes de gestion qui ont été désapprouvés par l'assemblée générale... qu'ainsi en l'absence de preuve de mauvaise gestion, la [demanderesse] ne peut valablement solliciter l'expertise... », pour confirmer l'ordonnance qui a débouté la demanderesse de sa requête en expertise de gestion, a ajouté à l'article 159 de l'AUSCGIE des conditions qu'il ne pose pas et a exposé son arrêt à la cassation pour fausse application de la loi. Il en est ainsi dès lors qu'aux termes de cette disposition l'expertise de gestion peut être relative à toute opération de gestion si la condition du cinquième du capital est remplie. Sur l'évocation, il est de principe que l'expertise de gestion peut concerner tout aspect de la gestion de quelque organe dont émane l'opération, en dehors des opérations de la compétence de l'assemblée générale et de celles résultant de ses décisions. Les décisions ayant été soumises à l'assemblée pour simple approbation sont tout à fait susceptibles d'une expertise de gestion à la demande d'un associé minoritaire qui n'a été informé desdites opérations qu'à l'occasion de cette même assemblée. Il y a donc lieu d'infirmer l'ordonnance querellée qui a statué en sens contraire (CCJA, 2e ch., n° 042, 16-5-2013 : Sté EURAPHARMA c/ 1) Sté LABOREX COTE D'IVOIRE dite LABOREX- CI, 2) Sté PHARMAFINANCE 3) YAO KOFFI Joseph, Ohadata J-15-42).

C'est en violation de l'article 159 de l'AUSCGIE qu'une cour d'appel a ordonné l'audit général des activités et des comptes d'une société pour plusieurs années (2010 à 2014 en l'espèce), sans déterminer les opérations de gestion concernées, exposant ainsi son arrêt à la cassation. Sur l'évocation et pour les mêmes motifs que ceux ayant entraîné la cassation, il y a lieu d'infirmer l'ordonnance qui a ordonné l'audit général et, statuant de nouveau, de débouter la demanderesse de sa demande (CCJA, 3e ch., n° 238, 14-12-2017 : Sté Gestion Nouvelle des Chantiers et Ateliers (GNCAC) c/ SCI Gaby).

La demande d'associés qui tend à faire vérifier la régularité des mouvements des stocks et leur valorisation, le fonctionnement du compte client, et à faire procéder à des rapprochements bancaires afin de préciser avec certitude le suivi des opérations de trésorerie, sur une période allant de 2009 à 2013, sans précision aucune sur les opérations de gestion visées, est formulée en des termes généraux et imprécis et n'est pas limitée à des opérations clairement identifiées. C'est donc par une bonne application de l'article 159 de l'AUSCGIE qu'une cour d'appel a jugé que « l'expertise de gestion demandée ne vise en particulier aucun acte de gestion clairement identifié » ; rejet du pourvoi (CCJA, 3e ch., n° 213, 22-11-2018 : Myriam Ayad, Farouk Ayad c/ Sté Hussein Ayad et Cie).

JURISPRUDENCE COMPARÉE

France

A. Capital minimum pour présenter la demande

Un associé indivis peut demander seul une expertise de gestion dès lors qu'il détient de manière indivise la participation minimale au capital requise (Cass. com. 4-12-2007 n° 05-19.643 : RJDA 3/08 n° 291).

Si la fraction de capital requis pour la recevabilité de la demande de nomination d'un expert n'est pas remplie :

– un actionnaire ne peut obtenir des informations sur certains prélèvements lui semblant anormaux en prétendant que sa demande relève non d'une demande d'expertise mais d'une action en responsabilité contre les administrateurs (Cass. com. 12-1-1976 : D. 1977 p.141 note Chartier) ;

– le consentement des coïndivisaires est requis (CA Aix 29-4-1980 : D. 1983 IR 69).

B. Notion d'acte de gestion

1° Existence

Ont été qualifiés d'actes de gestion :

– la décision du gérant de SARL s'accordant une gratification (Cass. com. 30-5-1989 : JCP 1990.II n° 21405 note Marteau-Petit) ;

– les conventions réglementées même déjà soumises à l'assemblée générale des actionnaires (CA Versailles 27-2-1997 : RJDA 7/97 n° 916 som. ; CA Paris 20-5-1998 : RJDA 11/98 n° 1237 ; CA Paris

25-4-2002 : Dr. Sociétés 2002 n° 177 ; de même Cass. com. 9-2-1999 : RJDA 4/99 n° 426) ;
– les contrats d'approvisionnement conclus avec une autre société, principal fournisseur de la société et l'associé majoritaire de la société à responsabilité limitée (Cass. com. 9-2-1999 : RJDA 4/99 n° 426).

2° Absence

N'ont pas été considérés comme des actes de gestion, les actes relevant de la compétence des assemblées, notamment :
– la détermination de la rémunération du gérant d'une société à responsabilité limitée SARL par l'assemblée des associés (Cass. com. 30-5-1989, précité) ;
– le rachat des actions d'une société par les salariés de celle-ci (Cass. com. 19-11-1991 : Bull. Joly 1992 p. 66 note Le Cannu) ;
– l'apport partiel d'actif soumis au régime des scissions (Cass. com. 12-1-1993 : RJDA 2/93 n° 123 et CA Paris 4-9-1998 : Bull. Joly 1999 p. 250 note Lucas).

C. Droit de demander une expertise

1° Objet de la demande

L'actionnaire n'est pas autorisé à demander une expertise sur la totalité de la gestion de la société ni sur la conformité des comptes sociaux mais uniquement sur une ou plusieurs opérations de gestion déterminées (Cass. com. 14-12-1993 : RJDA 4/94 n° 421 ; Cass. com. 18-10-1994 : RJDA 2/95 n° 168 ; Cass. com. 21-10-1997 : RJDA 1/98 n° 64) ; ainsi quand l'actionnaire pose de multiples questions diverses conduisant à la critique systématique de la gestion alimentée de reproches d'ordre général sa requête est dépourvue de sérieux (Cass. com. 18-10-1994 : RJDA 2/95 n° 168). Le tribunal ne doit pas juger les opérations critiquées mais seulement évaluer l'opportunité de la désignation de l'expert demandée (Cass. com. 7-12-1983 : Rev. sociétés 1985 p. 427 note d'Hérail de Brisis).

2° Caractère sérieux de la demande

a. Existence

Seule une demande sérieuse est recevable ; tel est le cas :
– lorsqu'il résulte des relations financières d'une société avec sa société mère et deux filiales de celle-ci en moins de deux ans, une perte importante ne faisant pas clairement apparaître en contrepartie des avantages pour la société (Cass. com. 15-7-1987 : Bull. civ. IV n° 193) ;
– lorsque des irrégularités peuvent être présumées ; ainsi dans le cas où est constatée au sein d'une SARL la détention d'un compte courant débiteur par une société civile immobilière dont deux associés majoritaires d'une autre société sont les seuls associés, l'absence de toute convention conforme à la réglementation des conventions passées entre les deux sociétés et enfin la facturation de frais importants par une autre société dont un des associés majoritaires de la SARL est également le gérant (CA Versailles 20-4-1995 : RJDA 8-9/95 n° 993) ;
– lorsque le défaut de sérieux de la demande d'expertise ne saurait résulter du fait qu'en réalité les deux actionnaires minoritaires opposés poursuivent plus leur intérêt personnel tendant à se désengager de la société que l'intérêt social et que, compte tenu de la grave crise actuelle du secteur immobilier, l'opportunité de cette mesure n'est pas établie pour une société de promotion immobilière nécessitant la confiance de ses interlocuteurs (Cass. com. 10-2-1998 : RJDA 6/98 n° 736) ;
– lorsqu'un associé minoritaire d'une SARL demande un rapport sur des conventions conclues avec des sociétés concurrentes constituées par les gérants associés de la SARL, notamment, convention de mise à la disposition de ces sociétés de moyens et de clientèle, peu important que ces opérations de gestion qui constituaient des conventions réglementées aient été approuvées par l'assemblée générale, que l'associé qui demandait l'expertise se soit abstenu de participer aux assemblées et qu'il n'ait exercé aucun recours contre les décisions collectives ; de plus, la désignation d'un expert ne peut être refusée faute d'établissement du caractère suspect des conventions passées entre les sociétés sans rechercher si, à compter de la conclusion des conventions avec des sociétés concurrentes constituées par les dirigeants de la société, le chiffre d'affaires de cette dernière n'avait pas brutalement baissé et si cette circonstance n'était pas de nature à faire présumer l'existence d'irrégularités préjudiciables à l'intérêt de cette société (Cass. com. 5-5-2009 n° 08-15.313 : BRDA 10/09 inf. 1).

b. Absence

Ne sont pas sérieuses les demandes d'expertise :
– émanant d'un administrateur, directeur général de la société s'interrogeant sur l'opportunité de la gestion des réserves de la société et des projets les concernant et dont les nombreux courriers sollicitant ces informations étaient restés sans réponse, dès lors que le demandeur ne fournissait aucun élément susceptible de faire présumer une gestion irrégulière ou contraire à l'intérêt social (CA Paris 9-12-1994 : RJDA 6/95 n° 728) ;
– portant sur la tenue et la régularité d'assemblées générales ordinaires de 1994 à 1997, en particulier sur l'approbation de conventions de domiciliation et de prestations de services comptables conclues entre la société holding et une autre société, dès lors que ces conventions portaient sur des opérations courantes ayant fait l'objet d'un rapport spécial du commissaire aux comptes, approuvées à l'unanimité par l'assemblée générale et qu'aucune irrégularité ne figurait dans le montant des prix pratiqués eu égard au caractère limité des prestations prévues par les conventions (CA Paris 19-5-1999 : RJDA 10/99 n° 1090 som.).

3º Non-obligation de preuve de l'irrégularité pour la recevabilité de la demande

La recevabilité de la demande d'expertise n'est pas subordonnée à la preuve que les organes sociaux aient méconnu l'intérêt de la société et détourné leurs pouvoirs de sa finalité puisque la mesure d'information et de contrôle organisée par ces textes tend justement à l'établissement de cette preuve (Cass. com. 15-7-1987 : Bull. civ. IV nº 193).

D. Groupe de sociétés

Dans le cadre d'un groupe de sociétés, les actionnaires peuvent solliciter une mesure d'expertise sur une opération de gestion accomplie par une société contrôlée à condition d'établir l'intérêt du groupe (CA Versailles 23-10-2002 : RJDA 4/03 nº 395).

E. Recevabilité de l'action en référé en cas d'urgence

Un associé peut agir en référé sur le fondement des articles 808 s. et 872 s. du Code de procédure civile, pour demander la désignation d'un expert, dès lors qu'il établit l'existence d'un cas d'urgence ou d'un péril imminent justifiant la mesure (CA Aix 29-6-1978 : Bull. cour d'Aix 1978/3 p. 89 ; CA Versailles 5-5-1988 : Bull. Joly 1988 p. 595).

Art. 160 [mod.] **S'il est fait droit à la demande, la juridiction compétente détermine l'étendue de la mission et les pouvoirs des experts. Les honoraires des experts sont supportés par la société. Le rapport est adressé au demandeur et aux organes de gestion, de direction ou d'administration ainsi qu'au commissaire aux comptes.**

JURISPRUDENCE COMPARÉE

France

Mission de l'expert

L'expert peut effectuer toutes investigations nécessaires auprès des tiers, fournisseurs et clients de la société à condition que l'opération à contrôler corresponde à des accords avec ces tiers (CA Paris 27-11-1979, inédit).

L'expertise, comparable à une expertise judiciaire, doit être conduite en la présence des parties ; l'expert peut cependant effectuer seul des contrôles de la comptabilité sans information du demandeur mais à la condition que le rapport final renferme toutes les informations utiles à la ou les opérations de gestion concernées (Cass. com. 26-11-1996 : RJDA 3/97 nº 368).

• Titre VI •

ADMINISTRATION PROVISOIRE

Art. 160-1 [nouv.] Lorsque le fonctionnement normal de la société est rendu impossible, soit du fait des organes de gestion, de direction ou d'administration, soit du fait des associés, la juridiction compétente statuant à bref délai, peut décider de nommer un administrateur provisoire aux fins d'assurer momentanément la gestion des affaires sociales.

Jurisprudence OHADA

I. Inapplication de l'article 160-1 à une société créée de fait

La société créée de fait n'est pas dotée de la personnalité morale et conformément à l'article 868 de l'AUSCGIE, la reconnaissance par le juge d'une telle société n'a pour seule conséquence que d'appliquer à ses associés, à titre de sanction civile, les règles de la société en nom collectif, notamment celles relatives à la responsabilité indéfinie et solidaire aux dettes sociales. Il s'ensuit qu'une cour d'appel a fait une exacte application de la loi et n'a en rien violé l'article 160-1 de l'AUSCGIE lorsqu'elle a retenu qu'une personne n'est pas signataire du contrat de bail, qu'elle n'a pas reçu mandat de l'un des contractants et qu'elle n'a pas qualité pour solliciter la révision dudit contrat (CCJA, 3e ch., n° 213/2019, 27-6-2019 : Agbalessi Loukou Ahou Dominique c/ Veuve Anzouan Kacou née Niamkey Rosalie).

Lorsque l'exécution de l'arrêt de la CCJA ayant nommé un administrateur, quoique revêtu de la formule exécutoire, n'a pu être effective en raison de l'obstruction des défendeurs qui multiplient des procédures dilatoires depuis une demi-douzaine d'années, et que la société en cause n'a jamais bénéficié du transfert réel des pouvoirs du gérant à l'administrateur, ce que les défendeurs admettent implicitement en déclarant qu'« il est pourtant constant que la société […] a conservé depuis lors l'intégralité de son personnel dont les salaires sont exclusivement supportés depuis six (6) ans […] », le délai d'administration provisoire invoqué par les défendeurs n'a pu courir et aucune violation de l'article 160 de l'AUSCGIE ne peut être retenue à leur profit (CCJA, 1e ch., n° 241/2020, 25-6-2020 : Zouhair Michel Fadoul Elle Achkar c/ Transport Omaïs Kassim sarl).

II. Conditions préalables : dysfonctionnement de la société

Il résulte de l'article 160-1 de l'AUSCGIE que lorsque le fonctionnement normal de la société est rendu impossible, soit du fait des organes de gestion, de direction ou d'administration, soit du fait des associés, la juridiction compétente, statuant à bref délai, peut décider de nommer un administrateur provisoire aux fins d'assurer momentanément la gestion des affaires sociales. Il ressort de cette disposition que la condition exigée pour qu'un mandataire judiciaire soit désigné est le dysfonctionnement de la société du fait de ses organes de gestion, de direction ou d'administration ou du fait de ses associés ; la restauration de l'ordre sociétaire mis à l'épreuve est plutôt la finalité de la mission à confier au mandataire et une condition de nomination de celui-ci. Lorsqu'il n'est pas contesté qu'il y a une mésentente entre les deux associées, affectant le fonctionnement normal de la société, la cour d'appel qui a invoqué la fin du mandat de la gérante, et la mésintelligence ayant fait obstacle à la nomination d'un gérant, entraînant un fonctionnement défectueux de la société, n'a pas violé les articles 160-1 et 337, alinéas 1 et 2 de l'AUSCGIE (CCJA, 3e ch., n° 207/2024, 4-7-2024).

III. Caractère provisoire de la décision désignant un administrateur provisoire

La décision judiciaire qui nomme un administrateur provisoire au sens de l'article 160-1 de l'AUSCGIE n'a pas autorité de la chose jugée au principal puisqu'elle se contente d'ordonner une mesure provisoire et conservatoire et ne tranche donc pas une question de fond. Dès lors qu'il y a changement de circonstance, notamment la fin du mandat du précédent administrateur, ou la carence dudit administrateur, les protagonistes peuvent à nouveau saisir la juridiction compétente aux fins de désignation d'un autre mandataire judiciaire avec une mission identique à savoir celle de convoquer l'assemblée générale de la société en vue de la nomination d'un nouveau gérant (CCJA, 3e ch., n° 207/2024, 4-7-2024).

JURISPRUDENCE COMPARÉE

France

A. Circonstances justifiant l'administration provisoire

La nomination d'un administrateur provisoire constitue une mesure exceptionnelle destinée à remédier à une situation de crise aiguë rendant impossible le fonctionnement normal de la société et menaçant celle-ci d'un péril imminent (jurisprudence constante ; notamment, Cass. 3e civ. 21-11-2000 : RJDA 3/01 no 321 ; Cass. com. 6-2-2007 no 05-19.008 : RJDA 7/07 no 732 ; Cass. soc. 23-10-2012 no 11-24.609 : RJDA 1/13 no 36).

A titre d'exemples, un administrateur provisoire a été nommé dans les cas suivants :

– conflit grave entre deux groupes d'actionnaires mettant en péril les intérêts sociaux (Cass. com. 25-9-2007 no 06-20.320 : RJDA 2/08 no 140) ou rendant impossible la tenue des assemblées générales (Cass. com. 23-3-1971 : Bull. civ. IV no 90) ;

– mésentente entre les trois membres du conseil d'administration d'une société de famille, ce qui avait provoqué une crise grave au sein de la société (Cass. com. 26-4-1982 : Rev. sociétés 1984 p. 93 note Sibon) ;

– impossibilité de réaliser l'objet social compte tenu du désaccord entre les associés et position antagoniste des deux gérants égalitaires rendant impossible la gestion de la société (Cass. 3e civ. 1-12-2009 no 08-19.719 : RJDA 6/10 no 625 som.) ;

– existence de deux conseils d'administration et de deux présidents (Cass. com. 5-11-1971 : Bull. civ. IV no 261).

Mais la désignation d'un administrateur provisoire a été refusée :

– pour une société ayant deux associés égalitaires dès lors qu'aucune issue au conflit les opposant n'était possible compte tenu du partage des voix inhérent à la division du capital (CA Versailles 8-10-2008 no 08/5065 : RJDA 3/09 no 223) ;

– en cas de contestation sur la propriété de la majorité des parts sociales, faute que soit établie une menace de péril imminent pour la société (Cass. com. 21-2-2012 no 11-18.608 : RJDA 6/12 no 594).

B. Traitement de la demande de minoritaires

Les tribunaux ne nomment, sur demande des minoritaires, un administrateur provisoire que si des faits précis conduisent à craindre un abus de droit ou un détournement de pouvoir des majoritaires susceptible de mettre en péril, dans un bref délai, les intérêts de la société (cf. Cass. com. 17-10-1989 : Bull. civ. IV no 250 ; Cass. com. 17-1-1989 : Bull. civ. IV no 28 ; CA Versailles 1-10-1998 : RJDA 12/98 no 1364).

En revanche, la nomination de l'administrateur provisoire ne leur paraît pas justifiée lorsque le conflit a pour fondement la contestation de la politique sociale par un associé (CA Paris 20-3-2002 : RJDA 7/02, 2e esp.), les difficultés économiques et financières rencontrées par la société (CA Paris 3-4-1998 : RJDA 8-9/98 no 88 ; CA Paris 4-12-2002 : RJDA 6/03 no 592), la mésentente grave entre les associés (Cass. com. 7-1-2004 : RJDA 5/04 no 559 ; Cass. com. 25-1-2005 : RJDA 6/05 no 704 ; Cass. com. 6-2-2007 no 05-19.008 : RJDA 7/07 no 732 ; CA Paris 5-5-2009 no 08/20436 : RJDA 12/09 no 1086) ou les nombreux reproches formulés contre le gérant (Cass. com. 18-5-2010 no 09-14.838 : RJDA 10/10 no 959).

C. Nominations subsidiaires

1o Administrateur ad hoc

Le juge peut désigner un mandataire ad hoc même s'il n'existe pas de circonstances rendant impossible le fonctionnement normal de la société à condition de ne pas lui confier le mandat d'accomplir un acte de gestion au nom de la société (Cass. 1e civ. 17-10-2012 no 11-23.153 : RJDA 2/13 no 123). Mission est parfois donnée à ce mandataire de rechercher une solution aux conflits qui subsistent entre les associés (Cass. com. 19-4-2005 : RJDA 10/05 no 1109 ; CA Paris 12-10-1989 : Bull. Joly 1989 p. 965 ; CA Paris 7-6-1990 : Bull. Joly 1990 p. 760 note P. Le Cannu).

2o Contrôleur

Il arrive qu'après avoir écarté la nomination d'un administrateur provisoire au motif que les conditions requises ne sont pas remplies, les tribunaux, sous couvert de mesures conservatoires, interdisent aux dirigeants sociaux pendant un délai déterminé tout acte de caractère irréversible et désignent un mandataire de justice, parfois appelé contrôleur de gestion, ayant pouvoir d'assister à toutes les assemblées et à toutes les réunions du conseil d'administration avec mission de relever tout manquement à cette interdiction (CA Paris 24-1-1986 : Bull. Joly 1986 p. 389, à propos d'une contestation sur la nomination d'une personne comme président d'une entreprise de presse).

Art. 160-2 [nouv.] **La juridiction compétente est saisie à la requête soit des organes de gestion, de direction ou d'administration, soit d'un ou plusieurs associés. A peine d'irrecevabilité de la demande, la société est mise en cause.**

La juridiction compétente nomme en qualité d'administrateur provisoire une personne physique qui peut être un mandataire judiciaire inscrit sur une liste

spéciale ou toute autre personne justifiant d'une expérience ou une qualification particulière au regard de la nature de l'affaire et remplissant certaines conditions de qualification et de réputation.

La décision de nomination de l'administrateur provisoire :

1°) détermine l'étendue de sa mission et ses pouvoirs ;

2°) indique, le cas échéant, ceux des organes de gestion, de direction ou d'administration qui restent en fonction et précise les pouvoirs et compétences qui leur sont maintenus ;

3°) fixe sa rémunération, qui est à la charge de la société, ainsi que la durée de sa mission laquelle ne peut excéder six (6) mois, sauf prorogation décidée par la juridiction compétente à la requête de l'administrateur provisoire, les parties étant appelées. Dans sa demande de prorogation, l'administrateur provisoire doit indiquer, à peine d'irrecevabilité, les raisons pour lesquelles sa mission n'a pu être achevée, les mesures qu'il envisage de prendre et les délais que nécessite l'achèvement de la mission. La juridiction compétente fixe la durée de la prorogation sans que la durée totale de la mission ne puisse excéder douze (12) mois.

JURISPRUDENCE OHADA

I. Application restrictive des conditions de la prorogation

Il ressort de l'article 160-2 de l'AUSCGIE que c'est la demande de prorogation de sa mission par l'administrateur provisoire qui encourt l'irrecevabilité lorsqu'elle ne contient pas les mentions prescrites par ce texte. En conséquence, l'exception d'irrecevabilité soulevée au motif que la rémunération de l'administrateur provisoire ne figure pas dans l'arrêt le désignant est infondée (CCJA, 1e ch., n° 301/2020, 22-10-2020 : Bounang Jacques c/ Société Tok SARL et Monsieur Omaïs Kassim).

II. Rejet de la demande d'honoraires de l'administrateur provisoire n'ayant pas exécuté sa mission

La requête aux fins de fixation d'honoraires de l'administrateur provisoire dont la CCJA a constaté l'inexécution la mission par un arrêt définitif doit être rejetée comme non fondée (CCJA, 1e ch., n° 301/2020, 22-10-2020 : Bounang Jacques c/ Société Tok SARL et Monsieur Omaïs Kassim).

JURISPRUDENCE COMPARÉE

France

Pouvoirs de l'administrateur provisoire

L'administrateur peut notamment être chargé d'un mandat général de gestion de la société ; dans un tel cas, le dirigeant en place se trouve dessaisi de ses pouvoirs (Cass. 2e civ. 17-7-1976 : Bull. civ. II n° 251 ; Cass. com. 7-11-2006 : RJDA 4/07 n° 360) et le dirigeant qui serait désigné alors que l'administrateur est en fonctions n'a pas le pouvoir de représenter la société (Cass. soc. 22-6-2011 n° 09-70.517 : RJDA 11/11 n° 918).

Art. 160-3 [nouv.] La décision de nomination de l'administrateur provisoire est publiée dans un délai de quinze (15) jours à compter de la date de sa nomination, dans un avis inséré dans un journal habilité à recevoir les annonces légales dans l'État partie du siège social. Il contient, outre les mentions visées à l'article 257 ci-après, les mentions suivantes :

1°) la cause de l'administration provisoire ;

2°) les nom, prénoms et domicile du ou des administrateurs provisoires ;

3°) le cas échéant, les limitations apportées à leurs pouvoirs ;

4°) le lieu où la correspondance doit être adressée et celui où les actes et documents concernant l'administration provisoire doivent être notifiés ;

5°) le greffe de la juridiction compétente ou l'organe compétent de l'État partie auprès duquel est effectué, en annexe au registre du commerce et de crédit mobilier, le dépôt des actes et pièces relatifs à l'administration provisoire.

Art. 160-4 [nouv.] L'administrateur provisoire représente la société dans le cadre de sa mission et dans la limite de ses pouvoirs. Tout acte qu'il accomplit en outrepassant ces pouvoirs est inopposable à la société.

JURISPRUDENCE OHADA

Représentation d'une société sous administration provisoire exclusivement par l'administrateur

En vertu des dispositions des articles 160-1 et 160-4 de l'AUSCGIE, seul l'administrateur provisoire représente la société dont il assure le fonctionnement avec tous les pouvoirs de dirigeant. Il s'ensuit que la saisine de la CCJA, par un associé d'une société, qui n'en a ni le pouvoir ni la qualité, est irrecevable, conformément à l'article 32.2 du Règlement de procédure de la CCJA (CCJA, 1e ch., n° 333/2020, 22-10-2020 : Sté Transport Omais Kassim SARL représentée par Monsieur Kassim Omais c/ Monsieur Zouhair Michel Fadoul El Achkar).

Art. 160-5 [nouv.] L'administrateur provisoire doit présenter à la juridiction compétente, au moins une (1) fois tous les trois (3) mois, un rapport sur les opérations qu'il a accomplies ainsi que sur l'évolution de sa mission.

Art. 160-6 [nouv.] Les dispositions des alinéas suivants sont applicables, le cas échéant, à l'administrateur provisoire lorsqu'il dispose de tous les pouvoirs d'administration au sein de la société.

L'administrateur provisoire, dans les quatre (4) mois de la clôture de l'exercice, établit les états financiers de synthèse annuels au vu de l'inventaire qu'il a dressé des divers éléments de l'actif et du passif existant à cette date et un rapport écrit par lequel il rend compte des opérations de l'administration provisoire au cours de l'exercice écoulé.

Sauf dispense accordée par la juridiction compétente, l'administrateur provisoire convoque, selon les modalités prévues par les statuts, dans les six (6) mois de la clôture de l'exercice, l'assemblée des associés qui statue sur les états financiers de synthèse annuels, donne les autorisations nécessaires et, le cas échéant, renouvelle le mandat du commissaire aux comptes.

En période d'administration provisoire, les associés peuvent prendre communication des documents sociaux dans les mêmes conditions qu'antérieurement.

Art. 160-7 [nouv.] L'administrateur provisoire peut être révoqué et remplacé selon les formes prévues pour sa nomination.

Tout associé peut obtenir en justice la révocation de l'administrateur provisoire si cette demande est fondée sur un motif légitime.

JURISPRUDENCE OHADA

Remplacement d'un administrateur provisoire

L'administrateur provisoire dont la mission n'a pu être convenablement exécutée parce qu'il n'a entrepris aucune diligence efficiente de nature à obtenir le concours de l'État dans l'exécution de la décision de la CCJA doit être révoqué et remplacé. En l'espèce, un nouvel administrateur provisoire a été nommé pour douze mois à compter de sa prise de fonction et à l'effet de poursuivre la mission prescrite par l'arrêt de la CCJA précité (CCJA, 1e ch., n° 241/2020, 25-6-2020 : Zouhair Michel Fadoul El Achkar c/ Transport Omaïs Kassim SARL).

Art. 160-8 [nouv.] L'administrateur provisoire est responsable, à l'égard tant de la société que des tiers, des conséquences dommageables des fautes qu'il commet dans l'exercice de ses fonctions.

• Livre III •

ACTION EN RESPONSABILITE CIVILE CONTRE LES DIRIGEANTS SOCIAUX

• Titre I •

ACTION INDIVIDUELLE

Art. 161 [mod.] Sans préjudice de la responsabilité éventuelle de la société, chaque dirigeant social est responsable individuellement envers les tiers des fautes qu'il commet dans l'exercice de ses fonctions.

Si plusieurs dirigeants sociaux ont participé aux mêmes faits, leur responsabilité est solidaire à l'égard des tiers. Toutefois, dans les rapports entre eux, la juridiction compétente détermine la part contributive de chacun dans la réparation du dommage.

JURISPRUDENCE OHADA

I. Textes applicables

Les modalités de l'action sociale ou individuelle dirigée contre un co-associé d'une société, suite aux actes négatifs posés par celui-ci et qui ont abouti à la liquidation de ladite société ressortent des articles 161 à 172 de l'AUSCGIE et non des articles 221 et 222 dudit Acte uniforme qui traitent, en cas de liquidation d'une société commerciale, de la responsabilité civile du liquidateur et de la prescription de l'action sociale ou individuelle intentée contre lui dans ce cadre, de même que de la prescription de toute action contre les associés non liquidateurs ou leur conjoint survivant, héritiers ou ayant cause (CCJA, nº 050/2009, 26-11-2009 : Sté CAMIF c/ Sté A.N.I., Actualités Juridiques nº 70, 2011, p. 54, Ohadata J-12-80).

Obs. : à s'en tenir à l'annotation, l'associé a « posé des actes », sans pour autant que les juges y aient vu un dirigeant de fait. Il s'en déduit que la situation est celle d'une intervention ou immixtion qui n'a pas conféré à l'associé la qualité de dirigeant. Les agissements en cause ne peuvent donc pas relever du régime spécifique de la responsabilité des dirigeants. Les art. 161 à 172 ne concernent que les dirigeants et ici ils ne sont pas visés en tant que tels ; à moins que la société par son représentant légal puisse soutenir qu'il a créé chez elle par les actes en cause, une croyance légitime en sa qualité de dirigeant, sur le fondement de l'apparence. À défaut, la responsabilité de cet associé est :
– délictuelle si les actes incriminés sont étrangers aux rapports nés du contrat de sté ;
– contractuelle de droit commun si ces actes sont commis dans les rapports nés du contrat de sté, car aucune disposition particulière ne régit la responsabilité d'un associé non-dirigeant à l'égard de la sté et vice versa.

Sur la responsabilité du liquidateur, voir sous l'art. 221 ; sur celle des gérants de SNC, voir sous l'art. 277 ; sur celle du gérant de SARL voir sous l'art. 330 ; sur celle des dirigeants de SA, voir sous l'art. 740.

II. Faute non caractérisée

La responsabilité des dirigeants ne peut être retenue qu'en raison d'une faute prouvée. C'est à tort que les premiers juges les ont condamnés sans avoir caractérisé une faute à leur encontre et leur décision doit être infirmée dans toutes ses dispositions (CA Pointe-Noire (Congo), nº 035, 13-6-2008 : Sté Arlit Peinture c/ Sté SOGIMPEX, Ohadata J-13-108).

III. Établissement préalable de la faute de gestion du dirigeant avant la mise en jeu de sa responsabilité

En application du principe de la responsabilité civile du fait d'autrui et de la théorie de l'écran de la personnalité morale, la société commerciale est en principe responsable des dommages résultant des actes accomplis par ses dirigeants dans l'exercice de leurs fonctions. En application des articles 161 et 740 sus-indiqués, qui réglementent les conditions de mise en responsabilité personnelle du dirigeant pour les fautes qu'il commet dans l'exercice de ses fonctions, ladite responsabilité ne peut être retenue que si la faute de gestion dont il s'agit est préalablement établie. En l'espèce, en jugeant d'une part, que la société demanderesse n'a pas justifié de conditions de nature à engager la responsabilité personnelle de [Monsieur X.] et Madame [Y.], dirigeants d'une des sociétés défenderesses, et d'autre part, que les moyens tirés d'une confusion de patrimoine et de dirigeants entre les sociétés [A.] et [B.], défenderesses, ne peuvent prospérer, la cour d'appel a justement appliqué les textes visés et suffisamment motivé sa décision (CCJA, 1e ch., nº 128/2022, 30-6-2022).

Jurisprudence comparée

États-Unis

A. Action contre le dirigeant majoritaire à un prix avantageux résultant de sa position de majoritaire

Lorsqu'un actionnaire majoritaire profite de sa position pour augmenter, avec un coût inférieur au coût réel, le pourcentage des actions qu'il détient et diminuer consécutivement le pourcentage des actions détenues par les actionnaires minoritaires, la société, en raison de la perte subie, bénéficie d'une action en réparation du préjudice subi. Dans ce cas, les juges de l'État du Delaware considèrent que les actionnaires minoritaires peuvent également agir directement contre l'actionnaire majoritaire afin d'obtenir réparation du préjudice qu'ils ont personnellement subi. Les actionnaires minoritaires peuvent donc engager deux actions en même temps. L'actionnaire majoritaire fautif devant réparer les préjudices subis personnellement par les actionnaires minoritaires et par la société (In Gentile v. Rossette, 906 A.2d 91 (Del. 2006)).

Afin que les associés :

– puissent en même temps intenter une action au nom de la société pour réparer le préjudice subi par cette dernière et une action personnelle pour réparer le préjudice qu'ils ont personnellement subi, il est nécessaire que l'actionnaire majoritaire profite de sa position pour augmenter abusivement à la fois ses droits de votes et la valeur économique de ses droits, et ce, au détriment des actionnaires minoritaires (« El Paso Pipeline GP Co., L.L.C. v. Brinckerhoff. » Klein v. H.I.G. Capital, L.L.C., C.A. nº. 2017-0862-AGB, 19 (Del. Ch. Dec. 19, 2018)) ;

– minoritaires puissent réclamer réparation de leur préjudice personnel et du préjudice subi par la société, il est nécessaire que le dommage soit réalisé. L'action personnelle n'est pas possible pour empêcher un préjudice futur (Daniel J. Riskin, M.D, In The Court of chancery of the state of Delaware, C.A. nº. 2019-0570-KSJM (2020)).

– puissent en même temps intenter une action pour réparer leur préjudice personnel et le préjudice de la société, il est nécessaire que l'actionnaire en cause soit un actionnaire majoritaire au moment où les opérations en cause ont eu lieu (peu importe que les opérations en cause lui aient permis de devenir actionnaire majoritaire) (Klein v. H.I.G. Capital, L.L.C., C.A. nº. 2017-0862-AGB (Del. Ch. Dec. 19, 2018)).

B. Pas d'action ut singuli sans saisie préalable du conseil d'administration impartial

Dans l'État du Delaware, une action ut singuli sera irrecevable si le demandeur ne démontre pas que le conseil d'administration qu'il a saisi a refusé à tort d'engager une action ou que le conseil d'administration étant partial, il n'était pas nécessaire de le saisir avant d'engager l'action ut singuli (Klein v. H.I.G. Capital, L.L.C., C.A. nº. 2017-0862-AGB (Del. Ch. Dec. 19, 2018)).

Art. 162 [mod.] L'action individuelle est l'action en réparation du préjudice subi par un tiers ou par un associé, lorsque celui-ci subit un préjudice distinct du préjudice que subit la société, du fait de la faute commise individuellement ou collectivement par les dirigeants sociaux dans l'exercice de leurs fonctions.

Cette action est intentée par celui qui subit le préjudice.

Jurisprudence OHADA

I. Distinction entre l'action contre le dirigeant et celle contre l'associé

Est irrecevable l'action dirigée contre un associé, personne physique, dès lors qu'il a été attrait en justice en sa qualité de gérant et non d'associé (CCJA, 1e ch., nº 056, 13-6-2013 : 1) Sté Traitement de surface Afrique dite TDS Afrique, 2) Sté de Travaux publics et de négoce en Afrique dite STPN-Afrique, 3) Sté Conseil location audit maintenance Afrique, dite CLAM-Afrique, 4) Sté de Traitement de gaz Afrique dite TDG-Afrique c/ Marie Christine Saly épouse Massoulier, Ohadata J-15-56).

Obs. : cet arrêt n'a pas visé expressément l'article 162.

II. Nécessité de prouver le préjudice subi

La violation supposée des articles 201 et suivants de l'AUSCGIE par les associés d'une société ne dispense pas l'associé demandant la réparation d'un préjudice personnel d'en établir la preuve. L'inscription de la dissolution au registre du commerce et du crédit mobilier ne dispensait pas non plus l'associé de ce devoir procédural. En l'espèce, en retenant, pour le débouter de sa demande, que « l'appelant a invoqué à titre de préjudice personnel la réduction du patrimoine social découlant du transfert irrégulier des véhicules de la société à un tiers ; que c'est donc la société elle-même qui s'est trouvée affectée par cette faute de gestion et que l'appelant n'a pas subi un préjudice direct et personnel qui ne se confond pas avec celui subi par la société », et que l'intéressé « n'a pas établi [...] l'existence d'un préjudice distinct et résultant d'une faute faisant grief à sa qualité même d'associé doit être débouté », les juges d'appel ont, à bon droit, rappelé que la perte de patrimoine par une société ne peut fonder le préjudice personnel dont un associé peut demander réparation, et que le préjudice réparable est celui dont l'existence est établie, la cour d'appel n'a en rien violé les articles 162, 163, 165, 201 à 237 de l'AUSCGIE visés au moyen (CCJA, 1e ch., n° 313/2019, 12-12-2019 : Kamal Nazal c/ Ibrahim Cissé).

Jurisprudence comparée

I. États-Unis

Faute séparable des fonctions : responsabilité personnelle du dirigeant – Erreur comptable ayant entraîné une fausse croyance en la solvabilité de la société

Un dirigeant est responsable personnellement vis-à-vis du cocontractant de la société qu'il dirige, d'une erreur comptable qui a fait croire à ce cocontractant que la société était solvable alors qu'elle ne l'était plus (In Morrison v. Western Builders of Amarillo Inc. Court of Appeal of the 5th Circuit n° 07-51118 (2009)).

II. France

Sur la faute détachable des fonctions, voir sous les art. 330 (SARL), et 740 (SA).

A. Action de l'associé

1° Faute du dirigeant

L'associé ou l'actionnaire qui agit n'a pas à établir une faute du dirigeant détachable de ses fonctions (Cass. com. 9-3-2010 n° 08-21.547 : RJDA 6/10 n° 637).

2° Dommage distinct

a. Existence

Un associé ou actionnaire peut exercer une action en réparation d'un préjudice personnel à l'encontre d'un dirigeant social :

– lorsqu'il a été systématiquement tenu à l'écart des assemblées générales (CA Montpellier 17-12-1930 : DP 1933 II p. 45) ;

– lorsqu'un dirigeant a présenté des comptes inexacts afin d'empêcher la distribution de dividendes (Cass. req. 29-10-1934 : DH 1934 p. 538) ;

– lorsqu'un dirigeant a détourné les dividendes qui lui étaient destinés (CA Paris 2-5-1935 : Gaz. Pal. 1935 p. 113) ;

– lorsqu'il a personnellement engagé des frais pour faire nommer un expert judiciaire afin d'établir les fautes de gestion du gérant, bien que cette nomination ait été utile à la société (CA Paris 10-7-1991 : RJDA 12/91 n° 1035) ;

– lorsqu'un administrateur a intentionnellement induit en erreur un actionnaire minoritaire sur les causes et les conditions de rachat de ses actions dans le but de l'évincer de la société (Cass. com. 8-11-2005 n° 1380 : RJDA 3/06 n° 271) ;

– lorsqu'il a été incité à investir dans les titres émis par la société et à les conserver en raison de fausses informations diffusées par les dirigeants, d'une rétention d'information et de la présentation de comptes inexacts (Cass. com. 9-3-2010 n° 08-21.547 : RJDA 6/10 n° 637).

b. Absence

Est irrecevable l'action engagée par un associé ou un actionnaire contre les dirigeants sociaux dès lors :

– qu'il invoque la perte de valeur de ses titres, préjudice qui n'est que le corollaire du dommage causé à la société et n'a aucun caractère personnel (Cass. com. 1-4-1997 n° 879 : RJDA 5/97 n° 659, 2e esp. ; Cass. com. 15-1-2002 n° 66 : RJDA 6/02 n° 650 ; Cass. com. 21-10-2008 n° 07-17.832 : RJDA 6/09 n° 543). Ainsi, l'amoindrissement du patrimoine social ne peut pas constituer un préjudice propre dont l'associé ou l'actionnaire peut demander réparation au dirigeant (Cass. com. 21-9-2004 n° 1241 : RJDA 12/04 n° 1326) ; un associé ne peut pas demander réparation de la perte de valeur de ses titres quelle que soit la cause de ce préjudice : par exemple, ruine de la société organisée volontairement par le gérant (Cass. com. 19-4-2005 n° 641 : RJDA 7/05 n° 813) ou réduction délibérée de l'activité de la société au profit d'une société tierce (Cass. com. 4-7-2006 n° 879 : RJDA 11/06 n° 1141) ;

– qu'elle émane d'un actionnaire contre le président d'une SA dont les pertes élevées avaient justifié un « coup d'accordéon » : réduction suivie d'une

augmentation de capital) alors que le préjudice de l'associé résultant de la faible dilution de sa participation dans le capital avait pour origine le préjudice de la société consécutif aux fautes du président (Cass. com. 4-3-1986 : Bull. IV n° 42) ;
– qu'elle est exercée par un autre actionnaire invoquant à titre de préjudice personnel la réduction du patrimoine social découlant de la vente par un administrateur d'un bien de la société à un tiers (Cass. com. 21-9-2004 n° 1241 : RJDA 12/04 n° 1326).

B. Renonciation à l'action

L'actionnaire peut valablement renoncer à l'action individuelle à condition que le préjudice soit né puisque seule la renonciation par avance à l'action en justice est contraire à l'ordre public (CA Paris 14-12-1987 : D 1988 som. p. 248 obs. Ph. Vasseur ; CA Versailles 1-12-1988 : D 1989 p. 155 obs. M. Vasseur, à propos des sociétés anonymes mais transposables).

Art. 163 [mod.] **L'exercice de l'action individuelle ne s'oppose pas à ce qu'un associé ou plusieurs associés exercent l'action sociale en réparation du préjudice que la société subit.**

Jurisprudence comparée

États-Unis

Action ut singuli (derivative action) ou action directe d'un associé

Afin de déterminer si une action en responsabilité contre un dirigeant peut être intentée par un associé en son nom, en vue de réparer son préjudice personnel, ou au nom de la société afin de réparer le préjudice subi par cette dernière, les juges doivent rechercher si le préjudice allégué a été subi par la société ou par les actionnaires personnellement et qui bénéficierait de la réparation éventuellement obtenue (Tooley v. Donaldson, Lufkin & Jenrette, Inc., 845 A.2d 1031, 1033 (Del. 2004)).

Art. 164 [mod.] **La juridiction compétente pour connaître de l'action individuelle est celle dans le ressort de laquelle est situé le siège de la société.**

L'action individuelle se prescrit par trois (3) ans à compter du fait dommageable ou, s'il a été dissimulé, de sa révélation. L'action individuelle se prescrit par dix (10) ans pour les crimes.

Jurisprudence OHADA

I. Inapplication à l'action en désignation d'un administrateur provisoire

L'article 164 de l'AUSCGIE vise le cas de demande principale en responsabilité civile contre un dirigeant social et ne peut fonder l'action en désignation d'un administrateur provisoire, qui touche la société dans son fonctionnement. En l'espèce, la demande de nomination d'un administrateur séquestre, mesure conservatoire en attendant l'issue de la requête en annulation de la cession des parts sociales de la société, en est nécessairement l'accessoire ; la clause contenue dans la convention de cession des parts sociales ayant donné compétence au tribunal de première instance d'Abidjan-Plateau, c'est à bon droit que le juge d'appel a fait application de l'article 17 du Code de procédure civile ivoirien, aux termes duquel « […] le tribunal territorialement compétent pour connaître d'une demande principale, l'est également pour connaître de toute demande accessoire, incidente ou reconventionnelle… ». En conséquence le moyen doit être rejeté (CCJA, 2e ch., n° 178, 8-12-2016 : Danumah Joseph Kemmeh c/ Dame Allomo Flore Faitay Kouassi, Ohadata J-17-118).

II. Incompétence de la juridiction étatique en raison d'une clause compromissoire

Sur un arrêt ayant confirmé un jugement qui s'est déclaré incompétent à connaître d'une action en nullité en raison de la présence d'une clause attributive de compétence dans la convention en cause (voir CCJA, 2e ch., n° 027/2021, 25-2-2021 : Onyx développement SAS c/ Sani Sabo Gado et deux autres ; STA SA c/ Sani Sabo Gado).

JURISPRUDENCE COMPARÉE

I. États-Unis

Point de départ du délai de prescription

L'action en responsabilité contre les dirigeants se prescrit par trois ans à compter de la date à laquelle le fait générateur a été commis (Smith v. McGee, 2006 WL 3000363, (Del. Ch. oct. 16, 2006)).

Toutefois, la doctrine de la suspension du point de départ du délai de prescription (doctrine of equitable tolling) permet, lorsque le demandeur n'a pas eu légitiment connaissance des faits, de suspendre le délai de prescription jusqu'à la date de leur révélation (In re Am. Int'l Gp., Inc., 965 A.2d 763, 812 (Del. Ch. 2009)).

Afin que le point de départ du délai de la prescription soit la date de sa révélation, la dissimulation n'est pas nécessaire, il est suffisant que le demandeur démontre qu'il s'est légitimement fié à la compétence et à la bonne foi du dirigeant (In Re Tyson Foods Consol. S'holder Lit., 919 A.2d 563 (Del. Ch. 2007)).

Mais le délai de prescription ne sera suspendu que jusqu'à la date à laquelle l'associé à découvert ou aurait dû découvrir les faits permettant d'engager la responsabilité du dirigeant (In re Dean Witter P'ship Litig., 1998 WL 442456).

En conséquence, la doctrine de la suspension du point de départ du délai de prescription ne s'appliquera pas lorsque l'actionnaire a signé un document qui aurait dû lui permettre de découvrir les faits reprochés et que le comportement des dirigeants en cause, par suite de la signature de ce document, permettaient de comprendre leurs intentions (Daniel J. Riskin, M.D, In The Court of chancery of the state of Delaware, C.A. nº 2019-0570-KSJM (2020)).

II. France

Prescription

1º Actions concernées

Est soumise à la prescription de l'action en responsabilité :

– l'action exercée tant par les associés et que par les tiers (Cass. com. 20-10-1998 : RJDA 1/99 nº 55) ;

– l'action exercée contre un administrateur de SA auquel est imputé le bénéfice d'une convention réglementée non autorisée, qu'elle soit exercée au nom de la société ou par un actionnaire agissant individuellement ; cette action n'est pas soumise à la prescription applicable à l'action en nullité d'une telle convention (CA Paris 19-3-2013 nº 12/00020 : RJDA 7/13 nº 633).

2º Actions prescrites

A été déclarée prescrite :

– l'action en responsabilité exercée par une société anonyme contre les anciens administrateurs ayant obtenu de la société des rémunérations sujettes à un redressement fiscal car, si le redressement était antérieur de moins de trois ans à l'exercice de l'action, les sommes avaient été versées aux administrateurs plus de trois ans avant, la privation de ces rémunérations lors de leur versement était la cause du préjudice social (Cass. com. 2-5-1983 : Bull. civ. IV nº 128) ;

– la même action lorsque le fait dommageable n'a pas été masqué à l'examen des circonstances suivantes : les associés demandeurs étaient avisés des modalités de l'opération discutée avant les réunions du conseil d'administration et de deux assemblées générales et les éléments invoqués à l'appui de leur demande d'expertise révélaient leur connaissance de la gestion du président (Cass. com. 25-3-2003 nº 559 : RJDA 8-9/03 nº 843) ; pour des cas de non-report du point de départ de la prescription en raison de l'absence de dissimulation du fait dommageable : Cass. com. 1-6-2010 nº 09-15.322 : RJDA 10/10 nº 965 ; CA Paris 29-11-1994 : RJDA 2/95 nº 163 ; CA Paris 9-12-1994 : RJDA 5/95 nº 589 ; CA Paris 14-12-2001 nº 00/11824 : RJDA 5/02 nº 509 ; CA Paris 19-3-2013 nº 12/00020 : RJDA 7/13 nº 633) ;

– l'action engagée par une SARL en réparation du préjudice causé par le gérant, après condamnation de la société à indemniser un salarié qui avait accompli des heures supplémentaires à la demande du gérant dans des conditions irrégulières et dont les bulletins de salaire ne faisaient pas état, plus de trois ans après la réclamation par lettre recommandée du salarié à la société ; la prescription, qui est de trois ans à compter du fait dommageable ou, s'il a été dissimulé, de sa révélation avait commencé à courir du jour de la réception de la lettre recommandée révélant les agissements du gérant, et la société ne démontrait pas que ceux-ci lui auraient été dissimulés au-delà de cette date (CA Versailles 30-9-2010 nº 09/4525 : RJDA 3/11 nº 252).

3º Actions non prescrites

L'action en responsabilité contre le président d'une société anonyme n'est pas prescrite :

– en dépit de la démission de celui-ci de ses fonctions plus de trois ans auparavant puisque les graves lacunes de la comptabilité assurée pendant la durée de son mandat et que la découverte de la situation réelle de la société lors de son départ n'ayant pu avoir lieu qu'ensuite, moins de trois ans avant l'exercice de l'action en responsabilité (Cass. com. 22-9-1982 : BRDA 23/82 p. 12) ;

– en cas de dissimulations antérieures de plus de trois ans à l'exercice de l'action en responsabilité, lesquelles ont donné lieu à un redressement fiscal, lorsque celles-ci ont été dévoilées à la société moins de trois ans après un examen sérieux de la comptabilité (Cass. com. 20-3-1984 : BRDA 11/84 p. 10) ; en cas de dissimulation d'une décision fautive prise par le conseil d'administration ou le directoire d'une SA, la volonté de dissimulation de chaque administrateur ou membre du directoire est établie dès lors qu'il ne s'est pas opposé personnellement à cette décision (Cass. com. 30-3-2010 n° 08-17.841 : RJDA 7/10 n° 760).

Titre II

ACTION SOCIALE

Art. 165 [mod.] Chaque dirigeant social est responsable individuellement envers la société, des fautes qu'il commet dans l'exercice de ses fonctions.

Si plusieurs dirigeants sociaux ont participé aux mêmes faits, la juridiction compétente détermine la part contributive de chacun dans la réparation du préjudice, dans les conditions fixées par le présent Acte uniforme pour chaque forme de société.

JURISPRUDENCE COMPARÉE

France

A. Faits imputables au dirigeant

Un ancien dirigeant ne peut être tenu pour responsable de faits antérieurs à son entrée en fonctions dans la société (Cass. com. 11-10-1988 : Bull. Joly 1988 p. 925 P. Le Cannu).

B. Imputation des frais de justice

Les dirigeants faisant l'objet d'une action en responsabilité civile ou pénale ne peuvent en faire supporter les conséquences (frais de justice liés à l'action) à la société à peine de commettre le délit d'abus de biens sociaux (CA Amiens 11-7-1962 : Gaz. Pal. 1961, I p. 438).

Art. 166 L'action sociale est l'action en réparation du dommage subi par la société du fait de la faute commise par le ou les dirigeants sociaux dans l'exercice de leurs fonctions.

Cette action est intentée par les dirigeants sociaux, dans les conditions prévues par le présent Acte uniforme pour chaque forme de société.

JURISPRUDENCE OHADA

Non-assimilation d'une injonction de faire à l'action sociale ut singuli

Il résulte de la combinaison des articles 166 et 167 de l'AUSCGIE que l'action « ut singuli » est l'action sociale en responsabilité civile exercée par un ou plusieurs associés contre les dirigeants sociaux en réparation du dommage causé par leurs fautes de gestion de la société. L'action intentée par une SARL A, actionnaire d'une SARL B ayant pour fin la condamnation du gérant de la société B à représenter le coffre-fort de la société B qu'il a transféré sur autorisation judiciaire (à sa demande) ne relève pas des dispositions des art. 166, 167 et 331 de l'AUSCGIE relatives à l'action « ut singuli » et doit en être distinguée (CCJA, 2e ch., nº 15, 24-2-2005 : A. K. M. c/ La Sté WIN SARL, Juris-Ohada, nº 2/2005, p. 20 ; Rec. jur. CCJA, nº 5, janv.-juin 2005, vol. 1, p. 65 ; Ohadata J-05-360).

JURISPRUDENCE COMPARÉE

I. Canada

Recevabilité de l'action en responsabilité du titulaire d'une option d'achat des actions de la société en cause pour un dollar

Avait la qualité d'actionnaire et donc intérêt à agir le titulaire d'une option d'achat d'actions de la société mettant en cause la responsabilité des dirigeants qui peut lever l'option en versant un dollar, ce versement pouvant pratiquement être considéré comme accompli (Cour supérieure Québec 23-8-2010, Léger. c. Garage Technology Ventures Canada, l.p.Capital st-Laurent 2010 QCCS 4080 (CanLII)).

II. France

A. Recevabilité de l'action

Puisque la société dispose d'un droit à réparation, est recevable l'action sociale exercée par un nouveau dirigeant contre un ancien, même si le demandeur a contribué aux fautes de l'ancien dirigeant (Cass. com. 7-12-1982 : Bull. civ. IV nº 403 ; Cass. com. 3-3-2004 nº 426 : RJDA 7/04 nº 845).

Les associés peuvent exercer l'action sociale lorsque le représentant légal a agi, mais de manière manifestement insuffisante pour obtenir réparation de la totalité du préjudice subi par la société (en ce sens, Cass. crim. 16-12-2009 nº 08-88.305 : RJDA 5/10 nº 512 : représentant légal n'ayant émis aucune critique à l'encontre de l'un des dirigeants poursuivis toujours en poste, et n'ayant pas invoqué de préjudice).

Le coïndivisaire peut exercer l'action sociale, car il a la qualité d'associé (Cass. crim. 4-11-2009 n° 09-80.818 : RJDA 3/10 n° 245).

B. Irrecevabilité de l'action exercée contre des tiers

L'action étant autorisée contre les administrateurs, elle ne peut être formée par des actionnaires contre des tiers est irrecevable (Cass. com. 19-3-2013 n° 12-14.213 : RJDA 6/13 n° 513).

Elle ne peut pas être intentée pour faire annuler un acte passé par un dirigeant (CA Paris 28-5-2009 n° 08/12691 : RJDA 12/09 n° 1084).

C. Renonciation à l'action

La renonciation à l'action sociale est valable mais elle ne produit aucun effet à l'égard des associés qui demeurent libres d'exercer cette action (CA Paris 14-5-1982 : BRDA 17/82 p. 11).

D. Action devant la juridiction répressive

1° Mise en cause de la société

Lorsque l'action sociale est exercée devant une juridiction pénale en vue d'obtenir réparation du préjudice subi par la société du fait d'agissements du dirigeant constitutifs d'une infraction pénale, l'obligation de mettre en cause la société ne s'applique que devant les juridictions de jugement et non devant la juridiction d'instruction (Cass. crim. 3-10-2007 n° 06-87.849 : RJDA 1/08 n° 40).

2° Prescription

a. Non-application de la prescription triennale au dirigeant de fait

La prescription triennale ne s'applique pas à l'action en responsabilité engagée contre un dirigeant de fait (Cass. com. 30-3-2010 n° 08-17.841 : RJDA 7/10 n° 760).

b. Point de départ du délai de prescription

L'action en responsabilité contre le gérant en réparation du préjudice subi par la société qui avait été condamnée à payer les heures supplémentaires accomplies par un salarié et non mentionnées sur son bulletin de salaires, que celui-ci avait réclamées par lettre recommandée, le point de départ du délai de prescription de cette action a été fixé au jour de la réception de la lettre, la société n'établissant que les agissements du gérant lui auraient été dissimulés au-delà de cette date (CA Versailles 30-9-2010 n° 09/4525 : RJDA 3/11 n° 252).

Obs. : voir aussi sous art. 163 et 166.

3° Réparation due par le dirigeant responsable

Le dirigeant responsable doit réparer le préjudice même si, par ailleurs, l'intervention postérieure d'un repreneur a assaini la situation de la société (Cass. crim. 28-1-2004 n° 779 : RJDA 6/04 n° 764).

E. Mesure conservatoire

En prolongement de l'action sociale, les associés peuvent solliciter une mesure conservatoire sur les biens du dirigeant poursuivi, à condition de le faire au nom de la société (Cass. 2e civ. 14-9-2006 n° 05-16.266 : RJDA 11/07 n° 1099).

F. Prononcé d'une astreinte

Les associés peuvent pour le compte de la société, demander au juge de l'exécution d'assortir d'une astreinte la décision exécutoire ayant accueilli leur action sociale (Cass. com. 7-7-2009 n° 08-15.835 : RJDA 11/09 n° 974).

Art. 167 [mod.] Un ou plusieurs associés peuvent intenter l'action sociale après une mise en demeure des organes compétents non suivie d'effet dans le délai de trente (30) jours. Les requérants sont habilités à demander la réparation du préjudice subi par la société. En cas de condamnation, les dommages et intérêts sont alloués à la société et non au(x) requérant(s).

Toutefois, à peine d'irrecevabilité de la demande, la société doit être régulièrement appelée en cause par l'intermédiaire de ses représentants légaux.

La société ou tout associé peut également demander à la juridiction compétente de désigner un mandataire ad hoc pour la représenter dans l'instance, lorsqu'il existe un conflit d'intérêts entre la société et ses représentants légaux.

JURISPRUDENCE OHADA

I. Action d'un seul associé

L'accord préalable d'un coassocié n'est pas une condition préalable à l'action sociale prévue par l'art. 331 de l'AUSCGIE ; un seul associé peut valablement initier une telle action à titre individuel (CA Abidjan, n° 826, 20-6-2003 : A. J. M. c/ Sté INTERBAT, Ohadata J-03-240).

II. Mise en demeure préalable

Au sens de l'article 167 de l'AUSCGIE, la mise en demeure préalable à l'action sociale est adressée aux organes compétents. L'arrêt d'appel qui, pour déclarer régulière l'action sociale introduite par deux actionnaires, après une mise en demeure non suivie d'effet, a retenu le président du conseil d'administration comme un des organes compétents de la société en cause n'a pas violé l'article 167 précité (CCJA, 2e ch., no 058/2020, 27-2-2020 : Société de transformation alimentaire c/ Hadi Ali Maazou).

Jurisprudence comparée

I. États-Unis

Actions des associés au nom de la société

1o Décisions ayant rejeté l'action initiée par un associé

Un associé ne peut pas agir personnellement en réparation d'un préjudice subi par la société (Burdon v. Erskine, 401 A.2d 369 (1979)). Même lorsqu'une société a perdu sa personnalité morale, un associé, fut-il majoritaire ou unique, ne peut pas agir pour obtenir réparation d'un préjudice subi personnellement par cette société (in Charles Brooks Co. V. Georgia-Pacific, LLC, Court of Appeal for the 8th Circuit, 07-3938/08-1026, (2009)).

Lorsqu'une société subit un préjudice, seule cette dernière peut agir pour obtenir réparation (John L. Motley Assoc. Inc. v. Rumbaugh, 104 B.R. 683 (1989)).

2o Décision ayant admis l'action initiée par un associé

Bien que le droit ne le prévoit pas expressément, les associés d'une société à responsabilité limitée peuvent intenter une action contre un tiers au nom de la société (ce tiers ne devant pas nécessairement être un dirigeant de la société) (Tzolis v. Wolff, 39 AD3d 138 (2008)).

II. France

A. Qualité d'associé requise

1o Impossibilité d'obtenir la nomination d'un mandataire ad hoc pour agir

Puisque les actionnaires bénéficient du droit personnel d'exercer l'action sociale, ils ne peuvent demander la nomination d'un mandataire ad hoc ayant pour mission la réparation du préjudice social (Cass. com. 14-12-2004 no 1860 : RJDA 4/05 no 384).

2o Recevabilité de l'appel par un associé au nom de la société

Un associé, ici un actionnaire, peut exercer les voies de recours au nom de la société ; lorsqu'il exerce l'action sociale, il peut faire appel d'un jugement ayant déclaré un administrateur seulement en partie responsable envers la société, même si la société ayant agi en première instance par le biais de son représentant légal, n'a pas formé appel de ce jugement (Cass. crim. 12-2-2000 : RJDA 5/01 no 597).

3o Irrecevabilité de l'action

a. Action de l'ancien associé

L'associé ou actionnaire ne peut pas agir :

– s'il a perdu la qualité d'associé s'il demande réparation d'un préjudice né au moment où il était actionnaire (Cass. com. 26-1-1970 : JCP 1970. II no 16385 note Y. Guyon ; Cass. 2e civ. 12-11-1987 : Gaz. Pal. 1988 pan. p. 31 ; CA Paris 6-4-2001 : RJDA 10/01 no 982) ;

– s'il s'est abstenu de toute remarque lors des agissements préjudiciables (CA Paris 11-5-1982 : Gaz. Al. 1982 som p. 319).

b. Action d'un administrateur

L'administrateur qui, en sa qualité, n'a fait aucune remarque au moment de la commission des faits dénoncés, ne saurait exercer valablement l'action sociale (CA Paris 11-5-1982 : Gaz. Pal. 1982 som. p. 319).

B. Droit de chaque associé à exercer l'action

Les actionnaires bénéficient uniquement du droit d'exercer l'action de la société et ne peuvent donc en disposer ; dès lors, le désistement d'un actionnaire ayant exercé l'action sociale et obtenu un jugement de condamnation et sa renonciation au bénéfice du jugement ne privent pas les autres actionnaires de l'exercice de l'action sociale (CA Versailles 29-3-1978 : Rev. sociétés 1978 p. 711 note Schmidt ; CA Paris 14-5-1982 : BRDA 17/82 p. 11).

C. Action d'un groupe d'associés

Quand des actionnaires ont constitué un groupe de défense par le biais d'une association, ce groupement ne peut agir en responsabilité contre les dirigeants que s'il est constitué de la fraction du capital imposée aux actionnaires regroupés (T. com. St Affrique 12-7-1974 : Rev. jur. Com. 1974. 287 note Chartier).

D. Mise en cause de la société

Pour statuer valablement sur l'action sociale émanant d'un actionnaire, une association d'actionnaires ou d'un groupe d'actionnaires, le tribunal compétent doit s'assurer de la mise en cause de la société en la personne de ses représentants légaux (CA Douai 31-1-1975 : Rev. sociétés 1975 p. 282 note Taisne ; CA Paris 15-2-1990 : Bull. Joly 1990 p. 523).

En outre, lorsque l'action sociale est exercée contre un administrateur personne morale, sa recevabilité exige la mise en cause conjointement d'un représentant légal (CA Paris 15-2-1990 : Bull. Joly 1990 p. 523).

Art. 168 [mod.] Les statuts ne peuvent subordonner l'exercice de l'action sociale à l'avis préalable ou à l'autorisation de l'assemblée, d'un organe de gestion, de direction ou d'administration ou comporter par avance renonciation à l'exercice de cette action. Cette disposition ne s'oppose pas à ce que l'associé ou les associés qui ont intenté une action puissent conclure une transaction avec la ou les personnes contre laquelle ou contre lesquelles l'action est intentée pour mettre fin au litige.

Art. 169 [mod.] Aucune décision de l'assemblée des associés, d'un organe de gestion, de direction ou d'administration ne peut avoir pour effet d'éteindre une action en responsabilité contre les dirigeants sociaux pour la faute commise dans l'accomplissement de leurs fonctions. Toute décision contraire est nulle.

Art. 170 [mod.] La juridiction compétente pour connaître de l'action sociale est celle dans le ressort de laquelle est situé le siège de la société.

L'action sociale se prescrit par trois (3) ans à compter du fait dommageable ou, s'il a été dissimulé, de sa révélation. L'action sociale se prescrit par dix (10) ans pour les crimes.

Jurisprudence OHADA

Point de départ du délai de prescription

En l'absence de preuve qu'une faute de gestion était connue en 2011, la cour d'appel qui a retenu la date de la réunion du conseil d'administration du 17 mai 2013 où le fait dommageable a été révélé aux intimés comme point de départ de la prescription, pour en déduire que depuis cette date jusqu'au 30 juillet 2015, date de l'assignation, le délai de trois ans n'était pas écoulé, n'a pas violé la loi (CCJA, 2e ch., nº 058/2020, 27-2-2020 : Société de transformation alimentaire c/ Hadi Ali Maazou).

Jurisprudence comparée

France

Sur la jurisprudence transposable pour identité de textes, voir sous l'art. 164.

Art. 171 Les frais et honoraires occasionnés par l'action sociale, lorsqu'elle est intentée par un ou plusieurs associés, sont avancés par la société.

Jurisprudence OHADA

Exclusion de l'art. 171 de l'action entre dirigeants ou associés

En tout état de cause, les différends opposant des groupes d'administrateurs ou d'actionnaires quant à leurs intérêts particuliers ne peuvent ouvrir droit à l'exercice de l'action sociale ; les différents procès intentés soit par un actionnaire soit par un groupe d'actionnaires contre un autre groupe d'actionnaires mais jamais pour le compte de la société ne peuvent être qualifiés d'action sociale, et donner droit à l'application de l'article 171. Chaque actionnaire ou groupe d'actionnaires ayant initié des actions dans ce cadre se doit de répondre personnellement de tous les frais occasionnés (TGI Ouagadougou, nº 860, 10-1-2000 : Ministère public c/ Y. J. V. A., Ohadata J-05-225).

Jurisprudence comparée

France

Sur la jurisprudence transposable par analogie de situation quant aux frais, voir sous l'art. 165.

Art. 172 [mod.] L'exercice de l'action sociale ne s'oppose pas à ce qu'un associé exerce contre la société l'action en réparation du préjudice qu'il subit personnellement.

Livre IV

LES LIENS DE DROIT ENTRE LES SOCIETES

Titre I

GROUPE DE SOCIETES

Art. 173 Un groupe de sociétés est l'ensemble formé par des sociétés unies entre elles par des liens divers qui permettent à l'une d'elles de contrôler les autres.

JURISPRUDENCE OHADA

Obs. : dans le langage courant, toute société sous le contrôle d'une autre est dite « filiale » de cette dernière, qui est dénommée « société mère ». Les qualifications de filiale et de société mère au sens de l'article 179 n'ont de portée juridique pratique que dans la mesure où une disposition se réfère à « une filiale au sens de l'article 179 ». À défaut, les mêmes solutions sont applicables tant aux sociétés répondant au critère de l'article 179 qu'à celles contrôlées au sens de l'article 174.

Indépendance des actions en justice exercées contre plusieurs sociétés d'un groupe

Les sociétés membres d'un ensemble de sociétés (ou groupe de sociétés) sont juridiquement indépendantes les unes des autres même si elles sont soumises à une unité de décision économique et à un contrôle unique. Il en résulte que lorsqu'une société A a des litiges séparés avec plusieurs sociétés B, C, et D, formant un groupe de sociétés, A n'est pas fondée à demander le sursis à statuer dans le litige l'opposant à C en attendant que le litige avec B soit réglé, dès lors que le sursis sollicité n'est pas nécessaire, dans l'espèce, pour une bonne administration de la justice (CA Ouagadougou (Burkina Faso), ch. com., nº 045, 20-6-2008 : SITACI c/ TRADESCA, Ohadata J-10-199).

JURISPRUDENCE COMPARÉE

I. États-Unis

Indépendance juridique des sociétés d'un groupe

Une société mère n'est pas responsable des actes commis par une de ses filiales et ce même si certains dirigeants de la société mère sont également dirigeants de la société filiale (United States v. Bestfoods, United States Supreme Court, 524 U.S. 51 (1998)).

II. France

Obs. : la précision terminologique ci-dessus est également valable au regard de la législation et de la jurisprudence françaises ; les décisions ci-après se réfèrent donc aussi bien à des filiales au sens légal qu'à des filiales contrôlées.

A. Qualification de « société apparentée »

La formule « société apparentée » doit être interprétée comme ne visant qu'une société ayant des liens capitalistiques de famille (mère, fille ou soeur) avec la société locataire, l'existence de tels liens ne pouvant être déduite, notamment de la totale dépendance économique d'une société par rapport à l'autre ; il ne peut être non plus invoqué l'existence d'un groupe entre les sociétés concernées, faute de définition juridique du groupe (CA Versailles 13-2-2001, ch. com. réunies, SARL Twin holding c/ SA de Participations immobilières et financières de Passy. : RJDA 10/01 nº 944).

B. Maintien de principe de la personnalité juridique de chaque société

Les sociétés exerçant leur activité au sein d'un groupe ont une personnalité juridique propre. Il en résulte les conséquences suivantes :

– chaque société est seule partie au contrat conclu avec ses clients, même si les autres sociétés participent à l'exécution de la convention, à la demande du groupe (Cass. com. 18-10-994 : RJDA 12/94 n° 1298) ; cette solution est valable même si la société mère détient 99 % de la société filiale, à défaut de rapports financiers anormaux constitutifs d'une confusion de patrimoine (Cass. com. 19-4-2005 n° 866 : BRDA 2/05 inf. 8) ;

– un engagement de rachat d'actions d'une société A ne concerne pas les actions d'une autre société B issue de la restructuration de la société A (Cass. civ. 18-7-1995 : RJDA 2/96 n° 229) ;

– une convention d'ouverture de compte courant souscrite au nom du « redressement judiciaire du groupe X » est nulle en raison de l'absence de personnalité juridique du groupe et de son incapacité à contracter (Cass. com. 2-4-1996 : RJDA 8-9/96 n° 1052) ;

– une société d'un groupe ne peut être représentée en justice par aucune société du groupe, sauf à disposer d'un mandat spécifique (Cass. com. 17-12-1991 : Bull. Joly 1992 p. 186 note Hannoun ; Cass. com. 18-5-1999 : RJDA 11/99 n° 1215).

C. Perte de l'indépendance juridique des sociétés liées

Sauf disposition légale le prévoyant, une société liée à une autre ne peut perdre son indépendance juridique par rapport à cette dernière, et réciproquement, que si l'une d'elle s'est immiscée dans le fonctionnement de l'autre (cf. Cass. ass. plén. 9-10-2006 n° 542 : RJDA 1/07 n° 50 ; Cass. com. 12-6-2012 n° 11-16.109 : BRDA 12/12 inf. 2).

Ne constitue pas une immixtion l'existence d'un faisceau convergent d'indices établissant que, forte de sa puissance en capital, la société mère avait dépassé le contrôle inhérent à la structure d'un groupe de sociétés et commis des ingérences répétées et positives dans la gestion de sa filiale, qu'elle avait exercé une influence prédominante sur les décisions de cette dernière pour la gérer en toute souveraineté et indépendance et qu'elle avait été seule maîtresse de la politique économique et financière de sa filiale, les éléments suivants :

– la tenue du secrétariat juridique de celle-ci,

– la rémunération de son dirigeant de droit,

– la négociation des relations avec la banque en ayant été destinataire du plan de restructuration de la filiale en la personne de son actionnaire majoritaire, ancien dirigeant de droit de la filiale (CA Paris 7-10-2008 n° 07/13617 : BRDA 4/09 inf. 7).

Obs. : sur la suppression de la personnalité juridique des sociétés d'un groupe, voir sous l'art. 179.

III. Suisse

Responsabilité de la société mère

La responsabilité de la société mère peut être engagée à la condition que le comportement des personnes qui sont des organes de cette société et de sa filiale soit illicite ou contraire aux bonnes mœurs ; toutefois, des indications générales sur l'existence d'un groupe de sociétés ne suffisent pas à retenir la responsabilité de la société mère laquelle repose sur la confiance ; et la confiance permettant la protection suppose une attitude de la société mère susceptible de susciter des perspectives concrètes et précises (Tribunal fédéral suisse, 1e cour civile, n° 4C 72/1998, ATF 124 III ; JdT 1999 I 402 ; SJ 1999 I 38).

Art. 174 Le contrôle d'une société est la détention effective du pouvoir de décision au sein de cette société.

Art. 175 [mod.] Une personne physique ou morale est présumée détenir le contrôle d'une société :

1°) lorsqu'elle détient, directement ou indirectement ou par personne interposée, plus de la moitié des droits de vote ;

2°) lorsqu'elle dispose de plus de la moitié des droits de vote en vertu d'un accord ou d'accords conclus avec d'autres associés.

JURISPRUDENCE COMPARÉE

I. États-Unis

Dirigeants communs à la société mère et à la filiale

Les personnes physiques qui agissent en tant que dirigeant de deux sociétés dont l'une est la filiale de l'autre ont, dans ces dernières, le même devoir de bonne gestion ; en l'absence de structure de négociation indépendante, ce devoir implique que les décisions soient prises dans le meilleur intérêt des deux sociétés (Weinberger v. UOP, Inc., Supreme Court of Delaware, 457A.2d701 (1983)).

II. France

A. Existence d'un contrôle

1° Détention de 40 % du capital

En présence de sociétés au capital disséminé auprès d'un large public, le contrôle n'exigeant pas la détention de plus de 50 %, une société A détenant

40 % du capital d'une autre dispose, selon les juges, du contrôle effectif de cette filiale (CA Paris 12-6-1996 : RD bancaire et bourse 1976 p. 233 obs. Crédot et Gérard).

2° Contrôle conjoint

Une société peut faire l'objet d'un contrôle conjoint par deux associés agissant ensemble même si l'un des associés détient une partie des droits qui suffirait à prendre seul les décisions des assemblées générales de cette société (CE 20-10-2004 n° 260898 : RJDA 1/05 n° 42 et concl. Chauvaux p. 3 ; Cass. com. 29-6-2010 n° 09-16.112 : RJDA 12/10 n° 1159).

B. Conséquences du contrôle exercé par une société sur une autre

1° Abus de biens sociaux

a. Avances de trésorerie

Les avances de trésorerie accordées par une société à une autre société du même groupe ne sont considérées comme un abus de biens sociaux) qu'à deux conditions :

1. 1e condition

Les deux sociétés doivent faire partie du même groupe, être unies par des liens structurels, poursuivre un objectif commun (Cass. crim. 23-4-1991 : Bull. crim. n° 193 ; Cass. crim. 24-6-1991 : RJDA 11/91 n° 926 : Bull. crim. n° 193 ; Cass. Crim. 24-6-1991 : RJDA 11/91 n° 926) ; tel n'est pas le cas lorsque :

– le soi-disant groupe est issu de sociétés fermées unies par des liens financiers dépendant uniquement du pouvoir des dirigeants ayant sélectionné, en fonction de critères personnels, la politique économique d'entreprises juridiquement autonomes dont ils sont les actionnaires (T. corr. Mulhouse 25-3-1983 : D. 1984 p. 285 note Ducouloux-Favard) ;

– aucune contrariété n'est constatée entre les activités exercées par les entreprises du groupe (T. corr. Paris 29-4-1983 : Gaz. Pal. 1983 p. 425 note Marchi) ;

– les sociétés visées n'ont élaboré aucune stratégie globale, la simple ressemblance de leurs activités ne pouvant caractériser un groupe (CA Paris 17-12-1990 : Gaz. Pal. 1991 p. 359 note Marchi) ;

– les sociétés commerciales ne sont unies entre elles que par des « jeux d'écriture » en l'absence de politique émanant du conseil d'administration ou de l'assemblée générale, les opérations litigieuses étant masquées dans la comptabilité par des contrats commerciaux fictifs (Cass. crim. 23-4-1991 : Bull. crim. n° 193).

2. 2e condition

L'avance de trésorerie doit être justifiée par l'intérêt économique, social ou financier partagée dans le cadre de la politique commune du groupe (Cass. crim. 2-7-1998 : RJDA 1/99 n° 52 : à propos de l'absence de cet intérêt commun) ; ainsi ne constitue pas un abus de biens sociaux une aide par « surfacturation » effectuée par une société mère au profit de sa filiale qui ne compromet pas la situation financière de la société mère et constituant ainsi une opération « normale » entre société mère et filiale dépourvue d'intention frauduleuse du dirigeant n'en ayant pas personnellement profité (Cass. crim. 20-10-1986 : BRDA 23/86 p. 11).

Mais constituent un abus les avances octroyées sans contrepartie à d'autres sociétés du groupe dans lesquelles les dirigeants de la société prêteuse étaient personnellement intéressés (Cass. crim. 9-1-1984 : Bull. Joly 1984 p. 413 ; Cass. crim. 24-6-1991 : RJDA 11/91 n° 926 ; Cass. crim. 4-9-1996 : RJDA 1/97 n° 58).

b. Autres utilisations des fonds

Le délit d'abus de biens sociaux est constitué lorsque :

– les transferts de trésorerie opérés entre deux sociétés ne constituent pas une politique de groupe, ces sociétés n'étant pas jusqu'alors en relations commerciales fécondes et aucun projet de collaboration commerciale n'étant effectivement engagé ni ne profitent en réalité qu'à la société mère, qui paie ainsi l'acquisition de sa filiale avec la trésorerie de cette dernière, et à son président compte tenu de la structure du capital (Cass. crim. 24-6-1991 : RJDA 11/91 n° 926) ;

– les opérations contestées étaient faites au profit d'une société et au détriment d'une autre selon les circonstances et sans stratégie globale ni raison économique et selon le désordre des comptabilités des entreprises, visant à cacher la situation réelle catastrophique de chaque société (Cass. crim. 9-12-1991 : RJDA 5/92 n° 463) ;

– le président d'une société A a ponctionné dans la trésorerie de la société au profit d'une société holding B dont il était gérant des sommes destinées à rembourser un prêt souscrit pour le rachat des actions dans l'intérêt du groupe constitué par les trois sociétés A, B, et C afin de se dégager de toute responsabilité, alors que les ressources de la société B ne suffisaient pas pour rembourser les avances et prêts reçus et consentis sans véritable contrepartie et au seul profit du président détenant la majorité du capital de la société B (Cass. crim. 5-5-1997 : RJDA 12/97 n° 1493) ;

– les avances de trésorerie ont été accordées par la société mère à la filiale ayant le même président, dès lors que la société mère mise ensuite en redressement judiciaire avait aidé financièrement sans contrepartie, au-delà de ses capacités et contrairement à son intérêt Cass. crim. 18-1-1993 : RJDA 6/93 n° 515).

2° Administrateur provisoire

L'actionnaire d'une société dont le président est poursuivi pénalement et est par ailleurs l'animateur déterminant du groupe peut demander la nomination d'un administrateur provisoire à la fois au sein de cette société et de toutes les sociétés du groupe (Cass. com. 5-2-1985 : JCP 1985.II n° 20492 note Viandier).

3° Appréciation des ressources d'une filiale en fonction de la solvabilité du groupe

Une filiale condamnée à verser un million d'euros de dommages-intérêts à un concurrent pour concurrence déloyale par un jugement assorti de l'exécution provisoire n'a pas pu obtenir l'arrêt de l'exécution provisoire en faisant valoir que celle-ci compromettait sa solvabilité dès lors qu'elle appartenait à un groupe solide ayant une surface financière importante, qui lui avait apporté un soutien financier constant depuis sa création et lui avait permis de continuer son exploitation malgré des résultats toujours négatifs (CA Paris 15-4-2011 n° 11/5714 : RJDA 8-9/11 n° 703).

4° Contrats de gestion, formation du personnel, publicité…

Ces contrats sont valables car ils sont considérés comme des opérations courantes dans le cadre d'un groupe et le prix de facturation est normal lorsqu'il porte sur le coût de revient, soit la facturation avec une marge bénéficiaire raisonnable visant au recouvrement des frais indirects sans affectation (CA Paris 17-10-2003 n° 02/3107 : RJDA 3/04 n° 314).

Est valable :

– le « contrat de gestion » par lequel une société mère fournit divers services à ses filiales moyennant rémunération à condition d'être « dictée par un intérêt économique, social ou financier commun, apprécié au regard d'une politique élaborée par l'ensemble du groupe ou à tout le moins commun, et donner lieu à la conclusion d'engagements équilibrés, le cas échéant révisables et adaptables aux circonstances » ; en outre, il doit être établi en tenant compte, d'une part, « de la réalité et de l'efficacité des prestations fournies […] et, d'autre part, en ce qui concerne le prix fourni en retour, des liens historiques et de solidarité unissant les sociétés et des possibilités financières de celle qui en supporte les charges » (CA Paris 29-5-1986 : Gaz. Pal. 1986 p. 479 note Marchi) ;

– un contrat d'assistance et de conseil liant une société et son principal actionnaire dont la participation effective avait contribué au redressement spectaculaire de la société (CA Paris 6-2-1998 : RJDA 7/98 n° 876 et, sur pourvoi, Cass. com. 27-2-2001 : RJDA 6/01 n° 702).

Si le contrat de gestion vient à être annulé pour atteinte à l'intérêt social et abus de majorité, la société mère est contrainte de restituer les sommes versées en exécution de cette convention (Par exemple : Cass. com. 21-1-1997 : RJDA 4/97 n° 525).

5° Conventions réglementées

Une convention de trésorerie signée entre les sociétés du groupe en vue de créer un pool de trésorerie administre par une société holding selon les autorisations de découvert de chaque société du groupe et engendrant le versement d'intérêts n'est pas en elle-même exceptionnelle dans un groupe de sociétés, pourvu qu'elle ne soit pas conclue à des conditions anormales ; dans ces conditions, elle n'est pas soumise au contrôle des conventions réglementées (CA Versailles 2-4-2002 n° 006 3930 : RJDA 11/02 n° 1150).

6° Incidence procédurale du groupe

Substitution d'une société du groupe à la société poursuivie. La victime d'un dommage causé par un produit défectueux, qui agit par erreur contre le fournisseur, filiale détenue à 100 % par le producteur, dans le délai de prescription peut demander la substitution de la société mère à la filiale (CJUE 2-12-2009 aff. 358/08 : RJDA 2/10 n° 187).

7° Arbitrage

a. Opposabilité de la clause d'arbitrage

Les autres sociétés d'un groupe peuvent être attraites à la procédure d'arbitrage intentée contre l'une d'entre elles, dès lors que les documents contractuels et l'exécution postérieure du contrat font présumer qu'elles avaient connaissance de cette clause et qu'elles l'avaient implicitement acceptée (Cass. com. 28-11-1989 : Bull. Joly 1990 p. 192 ; CA Paris 30-11-1988 : Rev. arb. 1989 p. 691 note Tschanz ; sentence CCI 4131 en 1982, Clunet 1983 p. 899 obs. Derains ; sentence CCI 6519 en 1991, Clunet 1991 p. 1065 obs. Derains).

La même règle est applicable aux sociétés unies au sein d'une unité économique soumise à un pouvoir unique (CA Paris 11-1-1990 : Rev. arb. 1992. 95 note Cohen).

b. Indépendance de l'arbitre

L'appartenance de sociétés à un groupe peut affecter l'indépendance de l'arbitre désigné par l'une d'elles si celui-ci a déjà été choisi par les autres sociétés du groupe ; par exemple le caractère systématique de la désignation d'une personne par les sociétés d'un même groupe, sa fréquence et sa régularité sur une longue période, dans des contrats comparables, ont créé les conditions d'un courant d'affaires entre cette personne et les sociétés du groupe parties à la procédure, de sorte que l'arbitre était tenu de révéler l'intégralité de cette situation à l'autre partie afin de la mettre en mesure d'exercer son droit de récusation (Cass. 1e civ. 20-10-2010 n° 09-68.131 et 09-68.997 : RJDA 2/11 n° 196).

8° Lettre d'intention

a. Engagement moral

A été qualifié d'engagement moral sans obligation juridique de la société mère le document qui indiquait le montant de la participation de la société mère précisant son intérêt dans les affaires de sa filiale ou son approbation de l'opération envisagée par la filiale ou encore la capacité financière de la filiale à honorer ses engagements (CA Paris 4-5-1993 : Bull. Joly 1993 p. 729 ; CA Bordeaux 16-10-1985 : D. 1989 p. 436).

b. Engagement contractuel

A été qualifiée d'engagement contractuel de faire ou de ne pas faire la lettre d'intention, en dépit de son caractère unilatéral, qui a été acceptée par son destinataire soit expressément soit implicitement par son attitude, telle que la rédaction commune de la lettre (Cass. com. 31-12-1987 : JCP 1988.II n° 21113 concl. Montanier).

c. Obligation de résultat

La lettre d'intention contient une obligation de résultat lorsque son auteur formule une garantie de résultat précis et non aléatoire ; tel est le cas de :

– l'engagement d'une société mère à l'égard d'un créancier de prendre toutes mesures visant à assurer l'exécution de ses obligations par sa filiale et à ne pas vendre sa participation (CA Versailles 17-6-1999 n° 96/8341 : RJDA 10/99 n° 1083) ;

– l'engagement par une société mère à l'égard d'une banque d'effectuer des apports en compte courant à sa filiale afin de s'assurer l'ensemble des besoins financiers de celle-ci (Cass. com. 24-10-2000 n° 1861 : RJDA 2/01 n° 164) ;

– l'engagement pris par une société mère à l'égard d'un organisme de crédit-bail finançant les investissements immobiliers de la filiale, de fournir à la filiale l'aide technique, commerciale et financière nécessaire pour lui assurer un plan de financement et la fourniture de crédit de l'organisme (CA Paris 11-5-1993 : RJDA 1/94 n° 84) ;

– l'engagement de la société mère de solder les débits de sa filiale à l'égard d'une banque à réception de toute demande écrite (Cass. com. 19-4-2005 n° 660 : RJDA 7/05 n° 831) ;

– l'obligation prise par la société mère de faire le nécessaire pour garantir une trésorerie suffisante permettant à sa filiale d'exécuter ses obligations envers un établissement bancaire (Cass. com. 26-2-2002 n° 484 : RJDA 7/02 n° 815 ; Cass. com. 19-4-2005 n° 644 : RJDA 7/05 n° 892) ou pour conduire à son terme l'opération conclue entre la filiale et un créancier (Cass. com. 9-7-2002 n° 1414 : RJDA 1/03 n° 75) ;

– l'obligation de ne pas faire, par exemple l'engagement d'une société de ne pas vendre sa participation dans la société débitrice (CA Versailles 17-6-1999 n° 93/8341 : RJDA 10/99 n° 1083).

Faute de parvenir au résultat promis, la société mère est tenue de verser des dommages et intérêts au bénéficiaire de la lettre qui ne peut exiger les sommes dues par la filiale, à la différence du cautionnement (Cass. com. 16-11-2004 n° 1630 : RJDA 3/05 n° 280).

9° Procédures collectives d'apurement du passif

a. Ouverture d'une procédure collective à l'encontre des sociétés d'un groupe

Société fictive. L'ouverture d'une procédure collective unique a été retenue lorsque :

– deux sociétés dont l'une est locataire gérante de la société en liquidation des biens, ne forment en réalité qu'une personne morale unique (Cass. com. 2-4-1979 : Bull. civ. IV n° 120) ;

– quatre sociétés avaient un gérant identique poursuivant la même activité commerciale par le biais de structures différentes mais fictives sans avoir à prouver la confusion de patrimoines (Cass. com. 8-2-1994 : Bull. Joly 1994 p. 394).

Toutefois, la fictivité ne peut pas résulter du fait que deux sociétés mère et filiale ont des dirigeants communs, un siège social identique et des sigles voisins, lorsque la société mère n'a pas pu assumer en tant que holding ses obligations financières envers la filiale totalement dépendante d'elle (Cass. com. 27-10-1998 : RJDA 1/99 n° 42).

b. Confusion de patrimoines

1. Existence

L'extension de procédure collective à toutes les sociétés du groupe suppose la confusion des patrimoines des sociétés en cause ; la preuve de la confusion de patrimoines est établie lorsqu'entre des sociétés d'un même groupe, des rapports financiers ou des mouvements financiers anormaux ont été constatés, ainsi dans les situations suivantes :

– liquidation des biens de sociétés et de leurs dirigeants avec constitution d'une masse unique pour toutes les personnes physiques et morales du groupe des sociétés dont tous les biens appartenaient à la même famille dirigeant et ayant disposé des biens sociaux comme des biens personnels par la confusion des patrimoines sociaux et personnels (Cass. com. 6-11-1985 : Bull. civ. IV n° 265) ;

– extension de liquidation des biens d'une société de fabrication de vêtements à une autre société distributrice de ceux-ci, les deux sociétés ayant un siège social identique, la moitié du capital de la première appartenant aux propriétaires de tout le capital de la première et entretenant une totale dépendance financière, l'une réglant intégralement les paiements de l'autre (CA Paris 15-4-1988 : Rev. sociétés 1988 p. 430 note Honorat ; de même CA Paris 25-9-1990 : Bull. Joly 1990 p. 963) ;

– extension du redressement judiciaire d'une SARL à une SA détenant la moitié du capital de la première, les deux sociétés ayant conclu entre elles des conventions dont l'exécution partielle avait engendré une totale désorganisation des comptes et un enchevêtrement irréductible de leurs relations (Cass. com. 24-10-1995 : RJDA 2/96 n° 266) ;

– liquidation des biens de sociétés et de leurs dirigeants avec constitution d'une masse unique pour toutes les personnes physiques et morales du groupe des sociétés dont tous les biens appartenaient à la même famille dirigeant et ayant disposé des biens sociaux comme des biens personnels par la confusion des patrimoines sociaux et personnels (Cass. com. 6-11-1985 : Bull. civ. IV n° 265).

2. Absence

L'extension de procédure collective à toutes les sociétés du groupe est impossible lorsque la confusion de patrimoines n'est pas caractérisée à la date du jugement d'ouverture de la procédure, ainsi :

– lorsqu'une société du groupe a été vendue à de nouveaux associés tiers ayant procédé à une gestion autonome de celle-ci (CA Aix 30-3-1979 : Bull. cour d'Aix 1979/2 p. 102) ;

– lorsque les flux financiers anormaux étaient apparus après ouverture de la liquidation judiciaire (Cass. com. 28-11-2000 : RJDA 2/01 n° 168) ;

– lorsqu'il n'a pas été caractérisé en quoi, dans un groupe de sociétés, les conventions de gestion de trésorerie et de change, les échanges de personnel et les avances de fonds par la société mère révélaient des relations financières anormales constitutives d'une confusion du patrimoine de la société mère avec celui de sa filiale (Cass. com. 19-4-2005 n° 866, Facques ès qual. c/Theetten ès qual. : RJDA 1/06 n° 43, 1e esp.).

c. Unité de procédure

L'unité de procédure des sociétés faisant l'objet d'une procédure collective pour confusion de patrimoines entraîne les conséquences suivantes :

– la déclaration de créance faite auprès du représentant des créanciers d'une des sociétés suffit pour l'ensemble des sociétés du groupe et doit renfermer toutes les précisions relatives aux diverses créances (Cass. com. 1-10-1997 : RJDA 3/98 n° 311) ;

– il est impossible de prononcer des mesures distinctes selon les sociétés du même groupe, par exemple une liquidation judiciaire ou un plan de continuation partielle pour certaines et pas pour d'autres (Cass. com. 17-2-1998 : RJDA 6/98 n° 749).

d. Comblement de passif

Pour éviter l'action en comblement de passif, la société mère ne peut pas se prévaloir de sa propre soumission à la direction de fait du groupe dont elle faisait partie (CA Paris 23-5-1997 : RJDA 10/97 n° 1277).

10° Paiement du passif d'une société du groupe hors procédure collective

a. Absence d'obligation de principe

Une société mère n'est pas tenue de financer sa filiale pour lui permettre de remplir ses obligations, même si celle-ci est chargée d'un service public pouvant présenter un risque pour l'intérêt général ; la décharge de déchets exploitée par une société avait été fermée par décision administrative en raison des gênes causées aux riverains ; tenue de réhabiliter le site mais privée des ressources provenant de l'exploitation de la décharge, la société avait procédé aux deux premières phases de réhabilitation avec le soutien financier de sa société mère, laquelle avait ensuite décidé de la liquider avant la réalisation de la dernière phase de réhabilitation ; ces travaux avaient été achevés par un établissement public qui avait alors demandé à la société mère de l'indemniser ; cette demande a été écartée par la Cour de cassation pour le motif énoncé ci-dessus, la société mère n'ayant commis aucune faute en décidant de liquider sa filiale (Cass. com. 26-3-2008 n° 07-11.619 : BRDA 10/08 inf. 2).

b. Existence d'une obligation en cas d'apparence d'union entre les sociétés

Les créanciers d'une société d'un groupe peuvent demander à une autre société du groupe le règlement de leur créance si les deux sociétés leur ont laissé légitimement croire à l'existence d'une seule société ou à leur union par une communauté d'intérêts ou lorsque le comportement fautif de l'une des sociétés a laissé penser qu'elle contribuait à l'obligation de l'autre (Cass. com. 5-2-1991 : RJDA 4/91 n° 303 ; Cass. com. 18-10-1994 : RJDA 2/95 n° 153) ; tel est le cas :

– pour des sociétés de construction, lorsque la société mère s'est interposée entre ses filiales dont elle conservait le contrôle absolu et permanent, et chaque acheteur (Cass. civ. 13-12-1967 : D. 1968 p. 337) ;

– pour deux sociétés dont l'une prétendait être administrateur de l'autre mais s'identifiait en réalité avec elle (Cass. com. 27-4-1970 : Bull. civ. IV n° 136).

Lorsque cette apparence est établie les créanciers d'une société mère également débiteurs envers l'une des filiales de celle-ci peuvent invoquer la compensation légale (cf. Cass. com. 28-5-1991 : RJDA 8-9/91 n° 716).

c. Absence d'apparence d'union entre les sociétés

L'apparence d'union entre deux sociétés d'un groupe n'est pas caractérisée :

– par l'emploi d'un même logo par la société mère et la filiale, ni par la présence du président du directoire de la société mère aux conseils d'administration des diverses sociétés du groupe, ni par les déclarations de ce président à la presse relatives à la stratégie du groupe ; tous ces indices ne révèlent pas une gestion par immixtion, pas plus que la décision par la société mère de cesser l'activité de la filiale débitrice et de la libérer les locaux loués par celle-ci (Cass. 3e civ. 25-2-2004 n° 240 : RJDA 6/04 n° 438) ;

– par le fait que la société mère décide de mettre fin à l'activité d'une filiale et procède à la résiliation consécutive du bail commercial de celle-ci, même si le dirigeant de la société mère participait aux réunions du conseil d'administration de la filiale, les deux sociétés employaient les mêmes logos et marques et l'un des membres du directoire de la société était le principal intervenant auprès du bailleur (Cass. 3e civ. 25-2-2004 n° 240 : RJDA 6/04 n° 715 : non-obligation de la société mère oblige la société mère à régler les loyers et charges impayées).

Titre II

PARTICIPATION DANS LE CAPITAL D'UNE AUTRE SOCIETE

Art. 176 [mod.] Lorsqu'une société possède dans une autre société une fraction de capital égale ou supérieure à dix pour cent (10 %), la première est considérée, pour l'application du présent Acte uniforme, comme ayant une participation dans la seconde.

Art. 177 [mod.] Une société par actions ou une société à responsabilité limitée ne peut posséder d'actions ou de parts sociales d'une autre société si celle-ci détient une fraction de son capital supérieure à dix pour cent (10 %).

A défaut d'accord entre les sociétés intéressées pour régulariser la situation, celle qui détient la fraction la plus faible du capital de l'autre doit céder ses actions ou ses parts sociales. Si les participations réciproques sont de même importance, chacune des sociétés doit réduire la sienne, de telle sorte qu'elle n'excède pas dix pour cent (10 %) du capital de l'autre.

Jusqu'à leur cession effective, les actions ou les parts sociales à céder sont privées du droit de vote et du paiement des dividendes y attachés.

Art. 178 [mod.] Si une société, autre qu'une société par actions ou une société à responsabilité limitée a, parmi ses associés, une société par actions ou une société à responsabilité limitée détenant une participation à son capital supérieure à dix pour cent (10 %), elle ne peut détenir d'actions ou de parts sociales de cette société.

Au cas où la participation de la société par actions ou de la société à responsabilité limitée dans la société est égale ou inférieure à dix pour cent (10 %), elle ne peut détenir plus de dix pour cent (10 %) du capital de la société par actions ou de la société à responsabilité limitée.

Dans les deux cas prévus au présent article, si la société autre que la société par actions ou la société à responsabilité limitée possède déjà des titres de cette société par actions ou société à responsabilité limitée, elle doit les céder. Jusqu'à leur cession effective, les actions ou les parts sociales à céder sont privées du droit de vote et du paiement des dividendes y attachés.

• Titre III •

SOCIETE MERE ET FILIALE

Art. 179 Une société est société mère d'une autre société quand elle possède dans la seconde plus de la moitié du capital.

La seconde société est la filiale de la première.

Jurisprudence OHADA

I. Régime de la filiale

Il résulte des dispositions de l'article 179 de l'AUSCGIE que la filiale est une société contrôlée par la société mère mais dotée de la personnalité morale et ayant des attaches nationales. Elle a un patrimoine propre et est responsable de son passif (CA N'Djaména, n° 281/2000, 5-5-2000 : SDV Cameroun et SDV Tchad c/ Star Nationale, Rev. Juridique Tchadienne, n° 1, mai-juill. 2001, p. 21 ; Ohadata J-06-58).

La société filiale est une véritable société ayant sa propre personnalité juridique. Ainsi, une société D qui a un litige avec une société A au sujet de la cession forcée des actions d'une société C n'a aucun intérêt à agir contre la société B qui est la société mère de la société A (CA Ouagadougou (Burkina Faso), ch. com., n° 037/09, 19-6-2009 : Sté Atlantique Télécom et Sté Etisalat c/ Sté Planor Afrique et Sté Télécel, Ohadata J-10-214).

Obs. : sur cette qualification de filiale, voir l'article 173.

La filiale se distingue de la succursale par son indépendance juridique complète de la société mère qui, pour se réclamer de la filiale doit y posséder plus de la moitié du capital. Les dirigeants sociaux d'une filiale accomplissent leurs charges sociales inhérentes aux statuts en toute autonomie par rapport à la société mère. La filiale peut avoir une forme, un objet et une nationalité différents de la société mère et contrairement à la succursale, la filiale est immatriculée au RCCM en tant que véritable société (T. com. Brazzaville (Congo), ord. réf. n° 065, 28-10-2011 : Sté générale WIETC Company Ltd c/ BRAEL-CONGO SARL, Ohadata J-13-111).

Le contrat en cause ayant été conclu entre la société défenderesse et la société B dont les signatures figurent sur ledit contrat, la société A, filiale de la société B, ne peut répondre des dettes contractées par sa société mère pour la simple raison qu'elle a, auparavant, volontairement payé les dettes de cette dernière, dès lors qu'aucune des clauses du contrat ne lie la société A et qu'en sa qualité de filiale de la société B, elle est dotée d'une personnalité juridique propre. Selon l'article 2 de l'AUPSRVE, la procédure d'injonction de payer ne peut être déclenchée que lorsque la créance a une cause contractuelle ou cambiaire. En l'espèce, le contrat de location de bacs, fondement de la procédure initiée par la société défenderesse, n'a pas été signé avec la société A. Cette dernière n'ayant aucune relation contractuelle avec la société défenderesse, la créance ne réunit pas les caractères de certitude, de liquidité et d'exigibilité exigés par les articles 1 et 2 de l'AUPSRVE précités. Il s'ensuit que l'ordonnance enjoignant à la société A de payer une somme d'argent à la société défenderesse n'est pas fondée et en ordonnant sa rétractation pure et simple par le jugement entrepris, le premier juge a fait une bonne application de la loi et sa décision doit être confirmée (CCJA, 3e ch., n° 102, 2-6-2016 : OLAM TOGO SARL c/ VATEL SA, Ohadata J-17-44).

II. Détention de plus de la moitié du capital d'une société comme critère caractérisant une filiale

Il résulte de l'article 179 de l'AUSCGIE que la seule condition pour qu'une société soit considérée comme la filiale d'une autre est la détention par cette dernière de plus de la moitié de son capital social ; en fixant le pourcentage de détention des parts sociales à plus de 50 % du capital de la filiale, les dispositions de l'Acte uniforme précité n'ont pas fixé un plafond sur la prise de participation de la société mère dans le capital de la société filiale, de sorte que rien n'interdit à une société mère de détenir 100 % des parts sociales de sa filiale. En considérant qu'une société A, SARL de droit togolais, est une succursale d'une société B dont le siège est situé en dehors de l'espace OHADA, au motif que cette dernière détient 100 % du capital social de la SARL, la chambre civile et commerciale de la cour d'appel de Lomé a fait une mauvaise interprétation ou fausse application de l'article 179 précité, exposant ainsi son arrêt à la cassation. Sur l'évocation, il y a lieu de dire que la société A n'est pas une succursale de la société B étrangère qui détient la totalité de son capital (CCJA, 3e ch., n° 102, 2-6-2016 : OLAM TOGO SARL c/ VATEL SA, Ohadata J-17-44).

Art. 180 Une société est une filiale commune de plusieurs sociétés mères lorsque son capital est possédé par lesdites sociétés mères, qui doivent :

1°) posséder dans la société filiale commune, séparément, directement ou indirectement par l'intermédiaire de personnes morales, une participation financière suffisante pour qu'aucune décision extraordinaire ne puisse être prise sans leur accord ;

2°) participer à la gestion de la société filiale commune.

• Livre V •

TRANSFORMATION DE LA SOCIETE COMMERCIALE

Art. 181 [mod.] La transformation de la société est l'opération par laquelle une société change de forme juridique par décision des associés.

La transformation régulière d'une société n'entraîne pas la création d'une personne morale nouvelle. Elle ne constitue qu'une modification des statuts et est soumise aux mêmes conditions de forme et de délai que celle-ci.

Toutefois, la transformation d'une société dans laquelle la responsabilité des associés est limitée à leurs apports en une société dans laquelle la responsabilité des associés est illimitée est décidée à l'unanimité des associés. Les délibérations prises en violation des dispositions du présent alinéa sont nulles.

Observations

Les mots du 2e alinéa « sous réserve de ce qui sera dit ci-après » sont supprimés. Les délibérations contraires à l'alinéa 3 sont nulles et non plus réputées non écrites.

Jurisprudence de l'OHADA

I. Définition de la transformation

La transformation d'une société, au sens de l'article 181 de l'AUSCGIE, est l'opération par laquelle les associés, ayant opté initialement pour une forme sociale donnée, dans les limites des prévisions légales, décident d'abandonner cette forme au profit d'une forme nouvelle mieux adaptée à leurs besoins, choisie impérativement parmi les formes sociétales autorisées dans l'espace OHADA dont la liste exhaustive est dressée à l'article 6, al. 2, de l'Acte uniforme précité. Les opérations de fusion, de scission, de modification de l'objet social ou du capital social ne sont pas des opérations de transformation au sens de l'article 181 ci-dessus. Les opérations de transformation, de concentration, de structuration et de modification des statuts sont des opérations de nature différente qui peuvent affecter la société commerciale au cours de sa vie sociale, avec un sens et une portée différents pour chaque opération, même si l'une de ces opérations peut en entraîner une autre. Le changement d'acronyme d'une société dont la forme juridique est issue du droit interne d'un État partie en un acronyme d'une société choisie parmi les formes sociétales autorisées dans l'espace OHADA peut nécessiter la mise en harmonie des statuts de cette société avec les dispositions de l'AUSCGIE. Cette opération ne sera pas qualifiée de transformation si les caractéristiques de la nouvelle société choisie sont identiques à celles de la société initiale et n'entraîne pas de changement de la forme juridique (CCJA, ass. plén., avis n° 002, 23-6-2015 ; demande d'avis n° 255/SP/DAJ/OHADA/2015 du 21-4-2015 : République Démocratique du Congo, Ohadata J-16-208).

II. Effets de la transformation

Il résulte de l'article 181, al. 2 de l'AUSCGIE que la transformation régulière d'une société n'entraîne pas la création d'une personne morale nouvelle ; les intérêts des deux entités se confondent et leur seule différence se situe au niveau de leur nom. En l'espèce, la transformation de la société HYDROCHEM AFRICA en YARA Côte d'Ivoire n'entraîne pas la création d'une personne morale nouvelle. Le simple changement de nom de la personne morale ne peut avoir aucun effet sur la régularité de la signification à personne qui lui a été servie ; dès lors, en formant son recours au-delà du délai des deux mois impartis par l'article 28-1 du Règlement de procédure de la CCJA, ladite société est forclose et son pourvoi est irrecevable (CCJA, 3e ch., n° 166, 1-12-2016 : Sté HYDROCHEM AFRICA devenue YARA Côte d'Ivoire c/ Tiemoko Koffi, Alain Guillemain, Ohadata J-17-106).

Sur la fin des pouvoirs des organes sociaux résultant d'une transformation, voir sous l'art. 184.

III. Poursuite, par la société nouvelle, d'une action initiée par la société transformée

La transformation d'une SA en SARL, qui n'a entraîné aucun changement des organes d'administration et de gestion de la société n'a aucune incidence sur la procédure d'exécution entreprise par ladite SA et poursuivie par la SARL. Le moyen faisant grief à l'arrêt attaqué d'avoir violé les art. 181 et suivants de l'AUSCGIE en ce que suite à la transformation de la SA en SARL depuis le 20 juillet 2005, une procédure de saisie ne pouvait être entreprise le 29 juin 2006 par la SA, juridiquement inexistante à cette date, ainsi qu'il ressort de l'article 184 al. 1 n'est pas fondé et doit être rejeté (CCJA, 3e ch., nº 061/2012, 7-6-2012 : Banque Internationale pour l'Afrique au Togo (BIA) c/ Nouvelle Sté Commerciale du Togo dite NOSOCO, confirmant CA Lomé (Togo), nº 43/09, 17-3-2009 : BIA-TOGO c/ Sté NOSOCO-TOGO SARL, Ohadata J-10-169).

Lorsqu'une société A dont la dénomination sociale est devenue B à la suite d'une transformation se trouve attraite dans une procédure, l'argumentaire selon lequel A et B seraient des entités distinctes ne saurait prospérer, dès lors que cette dernière, dans ses écritures et moyens de défense, se fonde ou se prévaut de décisions judiciaires prononcées au profit ou contre A. Les intérêts de A et de B se confondent à tel point que leur seule différence se situe au niveau de leur nom. Dans ces circonstances, le moyen de défense de A tendant à se soustraire comme partie à la procédure doit être rejeté (CCJA, 2e ch., nº 051, 26-11-2009 : SODICAM SA (anciennement SCORE SA) c/ M., Juris-Ohada nº 1/2010, janv.-mars, p. 32, Ohadata J-10-305).

Obs. : en l'espèce, l'employé d'une société a été licencié en 1985. Après ce licenciement, l'ancien employé a été reclassé et a demandé une compensation financière à son ancien employeur, une société commerciale dont la dénomination sociale avait été changée entre-temps. La nouvelle entité essayait de se soustraire à la procédure au motif qu'elle n'y était pas partie.

JURISPRUDENCE COMPARÉE

France

A. Notion de transformation

La transformation régulière préservant la personnalité morale de la société s'entend d'un changement de forme de celle-ci et non du type de groupement (société en G.I.E., par exemple).

Il y a changement de la nature du groupement lorsqu'une association se transformation en une société commerciale ; par suite, les décisions de justice rendues à l'encontre de l'association sont inopposables à la société nouvelle et l'intervention en appel d'une société à responsabilité limitée ayant repris l'activité de l'association en cours d'instance, est irrecevable (Cass. 1e civ. 22-11-1988 : Bull. Joly 1989 p. 343).

Mais reste une transformation laissant subsister la personnalité morale de la société celle qui est accompagnée de modifications statutaires non requises par la nouvelle forme de société (Cass. 7-3-1984 : Rev. sociétés 1984 p. 804 note Jeantin ; Cass. com. 16-10-1984 : Bull. civ. IV nº 263 ; Cass. com. 14 ou 4-3-1986 : Bull. civ. IV nº 40).

B. Sanctions des irrégularités

1º Survivance de la personnalité morale

Les irrégularités de la transformation ne font pas perdre à la société sa personnalité morale et ne l'empêchent donc pas d'agir en justice (Cass. com. 18-3-2003 nº 500 : RJDA 6/03 nº 594).

2º Nullité de la transformation

L'annulation de la transformation d'une SA en SNC emporte celle des actes qui lui sont indissociablement liés, notamment les fonctions du gérant de la S.N.C. et restitue l'ancienne forme de la SA et ses dirigeants (CA Versailles 9-10-2003 nº 02/2624 : RJDA 3/04 nº 313).

3º Refus de mention de la transformation au RCS

Dans le cas de la transformation d'une société à responsabilité limitée en société anonyme. La violation de la procédure de vérification des biens de l'actif social a été sanctionnée par le rejet de la demande de mention de la transformation au RCS (CA Paris 8-2-2002 nº 02/317 : Bull. inf. C. cass. 15-1-2003 nº 67).

C. Effets de la transformation

1º A l'égard des associés

La décision de transformation engendre de nouveaux droits sociaux attribués aux associés (CA Paris 11-7-1979 : Bull. Joly 1979 p. 542).

En cas d'annulation de la cession de parts de société à responsabilité limitée créées postérieurement à la transformation de la société en société anonyme, l'acquéreur des titres n'est pas tenu à une restitution en valeur et il peut restituer les actions remplaçant les parts sociales (CA Besançon 25-2-1982 : Bull. Joly 1983 p. 370).

2º A l'égard des créanciers

Lorsqu'une association est transformée en société à responsabilité, les associés demeurent responsables indéfiniment et solidairement du paiement des dettes sociales nées avant la transformation (Cass. com. 1-10-1996 nº 1347 : Bull. Joly 1997 p. 37).

A l'inverse, si la société à responsabilité limitée est transformée en société en nom collectif, les associés deviennent responsables indéfiniment et solidairement de l'ensemble des dettes sociales contractées avant et après la transformation (Cass. civ. 10-1-1973 : Bull. I nº 44 ; CA Paris 25-5-1993 : RJDA 1/94 nº 44).

3° Cas particulier des cautionnements souscrits par les dirigeants en garantie des engagements de la société

Lorsque les parties ne précisent pas les effets de la transformation sur le cautionnement, la garantie du cautionnement subsiste même si le dirigeant caution n'assume plus ses fonctions après la transformation (Cass. com. 29-3-1994 : RJDA 6/94 n° 664 ; Cass. com. 9-12-1997 : RJDA 4/98 n° 517 ; Cass. com. 20-2-2001 : RJDA 6/01 n° 695).

4° Sanctions

Lorsque la transformation d'une société anonyme en société en nom collectif est annulée, sont également annulées les opérations qui en sont indissociables, notamment la cessation des fonctions du gérant de la société en nom collectif et la suppression de la société anonyme et de ses dirigeants (CA Versailles 9-10-2003 n° 02/2624 : RJDA 3/04 n° 313).

En cas d'annulation de la transformation d'une société en une société d'une autre forme, la société issue de la transformation irrégulière, peut néanmoins agir en justice, la transformation n'entraînant pas création d'une personne morale nouvelle ni perte donc de celle née sous la forme précédente (Cass. com. 18-3-2003 n° 500 : RJDA 6/03 n° 594).

Art. 182 [mod.] La transformation prend effet à compter du jour où la décision la constatant est prise. Cependant, elle ne devient opposable aux tiers qu'après achèvement des formalités de publicité prévues à l'article 265 ci-après.

La transformation ne peut avoir d'effet rétroactif.

JURISPRUDENCE COMPARÉE

France

A. Effets à l'égard des associés

La décision de transformation engendre de nouveaux droits sociaux attribués aux associés (CA Paris 11-7-1979 : Bull. Joly 1979 p. 542).

En cas d'annulation de la cession de parts de SARL après que cette société ait été transformée en SA, l'acquéreur des titres n'est pas tenu à une restitution en valeur et il peut restituer les actions remplaçant les parts sociales (CA Besançon 25-2-1982 : Bull. Joly 1983).

B. Effets à l'égard des créanciers

Obligation aux dettes sociales selon la nouvelle forme sociale. Si la SARL est transformée en société en nom collectif, les associés deviennent responsables indéfiniment et solidairement de l'ensemble des dettes sociales contractées avant et après la transformation (Cass. civ. 10-1-1973 : Bull. I n° 44 ; CA Paris 25-5-1993 : RJDA 1/94 n° 44).

Art. 183 La transformation de la société n'entraîne pas un arrêté des comptes si elle survient en cours d'exercice, sauf si les associés en décident autrement.

Les états financiers de synthèse de l'exercice au cours duquel la transformation est intervenue sont arrêtés et approuvés suivant les règles régissant la nouvelle forme juridique de la société. Il en est de même de la répartition des bénéfices.

Art. 184 La décision de transformation met fin aux pouvoirs des organes d'administration ou de gestion de la société.

Les personnes membres de ces organes ne peuvent demander des dommages et intérêts du fait de la transformation ou de l'annulation de la transformation que si celle-ci a été décidée dans le seul but de porter atteinte à leurs droits.

JURISPRUDENCE OHADA

Effets de la transformation

La décision de transformation met fin aux pouvoirs des organes d'administration ou de gestion des sociétés ayant décidé leur transformation en une société d'une autre forme, au regard de l'article 184 de l'AUSCGIE révisé (CCJA, ass. plén., Avis n° 002, 23-6-2015 ; demande d'avis n° 255/SP/DAJ/OHADA/2015 du 21-4-2015 : République Démocratique du Congo, Ohadata J-16-208).

Jurisprudence comparée

France

Effets de la transformation à l'égard des dirigeants sociaux

Les fonctions des organes d'administration et de surveillance cessent dès la décision de transformation et cette cessation ne constitue pas une révocation abusive (Cass. com. 22-5-1973 : Gaz. Pal. 1982 som. p. 320).

Lorsque la transformation conduit à priver le gérant d'une société de certains avantages statutaires (telle que l'assurance d'un héritier lui succédant), elle ne caractérise pas nécessairement une intention malicieuse (CA Rennes 11-3-1970 : Bull. Joly 1971 p. 231 et, sur pourvoi, Cass. com. 6-6-1972 : Rev. sociétés 1973 p. 310 note Bouloc).

Les juges refusent d'annuler la décision de transformation dont il n'est pas prouvé qu'elle vise uniquement à mettre fin aux fonctions du gérant (CA Paris 14-1-1983 : BRDA 5/83 p. 8).

Art. 185 Le rapport de gestion est établi par les anciens et les nouveaux organes de gestion, chacun de ses organes pour sa période de gestion.

Art. 186 Les droits et obligations contractés par la société sous son ancienne forme subsistent sous la nouvelle forme. Il en est de même pour les sûretés, sauf clause contraire dans l'acte constitutif de ces sûretés.

En cas de transformation d'une société, dans laquelle la responsabilité des associés est illimitée, en une forme sociale caractérisée par une limitation de la responsabilité des associés à leurs apports, les créanciers dont la dette est antérieure à la transformation conservent leurs droits contre la société et les associés.

Jurisprudence comparée

France

A. Effets de la transformation envers la société

Une fois transformée, la société nouvelle conserve les droits et obligations attachés à son ancienne forme (Cass. com. 30-10-2000 : RJDA 2/01 n° 167 ; CA Paris 2-12-1993 : Gaz. Pal. 1994 som. p. 380).

B. Effets de la transformation envers les bailleurs

Le bail de la société même transformée se poursuit et ne peut faire l'objet d'aucune violation en cas de transformation de la société en nom collectif en société à responsabilité limitée (Cass. com. 29-5-1981 : Bull. civ. III n° 245). Toutefois, lorsque les statuts prévoient la notification de la transformation au bailleur dans un délai déterminé en cas d'atteintes à ses garanties, la violation de cette obligation statutaire entraîne la résiliation du contrat de bail (CA Paris 15-3-1991 : BRDA 11/91 p. 7 et, sur pourvoi, Cass. civ. 5-1-1993 inédit).

Art. 187 La transformation de la société ne met pas fin aux fonctions du commissaire aux comptes si la nouvelle forme sociale requiert la nomination d'un commissaire aux comptes.

Toutefois, lorsque cette nomination n'est pas requise, la mission du commissaire aux comptes cesse par la transformation, sauf si les associés en décident autrement.

Le commissaire aux comptes dont la mission a cessé en application du second alinéa du présent article rend, néanmoins, compte de sa mission pour la période comprise entre le début de l'exercice et la date de cessation de cette mission à l'assemblée appelée à statuer sur les comptes de l'exercice au cours duquel la transformation est intervenue.

Art. 187-1 [nouv.] Lorsqu'une société qui n'a pas de commissaire aux comptes se transforme en société par actions, un ou plusieurs commissaires à la transformation, chargés d'apprécier sous leur responsabilité la valeur des biens composant l'actif social et les avantages particuliers, sont désignés, sauf accord unanime des associés, par décision de la juridiction compétente à la demande des dirigeants sociaux ou de l'un d'eux.

Les commissaires à la transformation peuvent être chargés de l'établissement du rapport prévu à l'article 375 ci-après. Dans ce cas, il n'est rédigé qu'un seul rapport. Ces commissaires sont soumis aux incompatibilités prévues à l'article 378 ci-après. Le rapport est tenu à la disposition des associés.

Les associés statuent sur l'évaluation des biens et l'octroi des avantages particuliers. Ils ne peuvent les réduire qu'à l'unanimité.

A défaut d'approbation expresse des associés, mentionnée au procès-verbal, la transformation est nulle.

Art. 188 Lorsque la société, à la suite de sa transformation, n'a plus l'une des formes sociales prévues par le présent Acte uniforme, elle perd la personnalité juridique si elle exerce une activité commerciale.

JURISPRUDENCE OHADA

Perte de la personnalité juridique à la suite d'une transformation

L'article 188 de l'AUSCGIE révisé prévoit la perte de la personnalité juridique pour une société commerciale qui, à la suite d'une transformation, n'a plus une forme sociale prévue par l'Acte uniforme. Cela implique qu'une société de droit national n'ayant pas une forme sociale prévue par l'Acte uniforme susvisé doit impérativement subir une transformation pour acquérir une forme sociale prévue par cet Acte uniforme si elle exerce une activité commerciale, au risque de perdre sa personnalité juridique, qualité qui lui permet d'être titulaire de droits et de devoirs. Le passage d'une forme juridique du droit national à une forme juridique du droit uniforme OHADA est possible et réalisable si les statuts sociaux l'ont prévu, malgré le silence de la loi nationale, ou même en cas de reconnaissance de cette opération par la loi nationale, dans la mesure où, à partir de l'entrée en vigueur du droit uniforme OHADA, ce n'est plus cette loi nationale qui s'applique en matière de sociétés commerciales, mais l'AUSCGIE, lequel prévoit cette opération de transformation en ses articles 181 à 188 (CCJA, ass. plén., avis n° 002, 23-6-2015 ; demande d'avis n° 255/SP/DAJ/OHADA/2015 du 21-4-2015 : République Démocratique du Congo, Ohadata J-16-208).

• Livre VI •

FUSION – SCISSION – APPORT PARTIEL D'ACTIFS

Art. 189 [mod.] La fusion est l'opération par laquelle deux (2) ou plusieurs sociétés se réunissent pour n'en former qu'une seule soit par création d'une société nouvelle soit par absorption par l'une d'entre elles.

Une société, même en liquidation, peut être absorbée par une autre société ou participer à la constitution d'une société nouvelle par voie de fusion.

La fusion entraîne transmission à titre universel du patrimoine de la ou des sociétés, qui disparaissent du fait de la fusion, à la société absorbante ou à la société nouvelle.

Jurisprudence OHADA

I. Notion et existence d'une fusion

Au sens des articles 189, 198 et 265 de l'AUSCGIE, la fusion est l'opération par laquelle deux ou plusieurs sociétés se regroupent pour n'en former qu'une seule, soit par création d'une société nouvelle, soit par l'absorption de l'une par l'autre. La fusion dite absorption, qui est la forme la plus courante, suppose la disparition des sociétés absorbées qui transmettent leur patrimoine à titre universel à la société absorbante ; il en résulte clairement que la preuve d'un tel processus ne peut découler que de divers documents sociaux, prévus par les dispositions des mêmes articles susvisés. En l'espèce, lorsque, pour attester de la réalité de la fusion absorption alléguée, l'arrêt attaqué ne mentionne nulle part que les documents versés au dossier de la procédure ; et qu'il ne ressort pas du débat qu'Amara Mining Côte d'Ivoire Limited, Amara Mining Côte d'Ivoire Sarl, Perseus Mining Côte d'Ivoire SA. ou Perseus Mining Limited étaient liées par un quelconque contrat avec le défendeur, c'est en violation de la loi que la cour d'appel a infirmé le jugement du tribunal ayant ordonné leur mise hors de cause pour les condamner à payer des sommes d'argent au défendeur, exposant ainsi son arrêt à la cassation. Il en est ainsi car si ces quatre sociétés relèvent du groupe contrôlé par Perseus Mining Limited, elles ne constituent pas moins des entités juridiques indépendantes. (CCJA, 1e ch., nº 083/2020, 9-4-2020 : société Yaouré Mining SA. et autres c/ Moussa Sérifou). Dans le même sens : CCJA, 3e ch., nº 210/2021, 25-11-2021 : Moussa Serifou c/ Perseus Yaouré SARL.

Il résulte des articles 189 et 190 de l'AUSCGIE, qu'une opération de scission ou de fusion suppose une décision expresse dans ce sens, prise par les organes compétents des sociétés impliquées. En pratique, un projet de fusion ou de scission doit être établi par les dirigeants sociaux des sociétés participantes et doit contenir les mentions prévues à l'article 193 de l'AUSCGIE ; ce projet de fusion ou de scission doit être déposé au RCCM et faire l'objet d'avis publié dans un journal habilité à recevoir des annonces légales dans les conditions prévues à l'article 194 du même Acte uniforme. En somme, la fusion ou la scission de société suppose notamment une assemblée générale extraordinaire ou une décision expresse des associés dans ce sens. En l'espèce, la scission et la fusion invoquées sans la moindre preuve par les demandeurs, qui ont produit des avis de dissolution anticipée et de clôture de liquidation, ne sont pas caractérisées ; en conséquence, les moyens de cassation fondés sur l'existence d'une opération de scission ou de fusion ne sauraient prospérer (CCJA, 1e ch., nº 065/2021, 8-4-2021 : Konate Issouf et neuf autres c/ SMI SARL).

II. Effets de la fusion

A. Fusion par absorption

La cour d'appel qui a retenu « […] qu'il est constant que la [Sté A] a absorbé par fusion la [Sté B] ; que cette convention a pour conséquence le transfert tant des actifs de la [Sté B] que de ses passifs sur la [Sté A] ; considérant qu'il n'est pas contesté qu'à la date de ladite fusion ainsi qu'il ressort du courrier en date du 21 février 2000 adressé par la [Sté B] SFCI aux époux [X.] en réponse à la suite réservée à l'exécution de la convention les liant, la [Sté B] était débitrice des époux [X.] au titre de ladite convention ; qu'ainsi cette dette n'ayant pu être [constatée] avant la date de la fusion absorption litigieuse, elle est absorbée par la [Sté A] qui en devient contractuellement la débitrice et est donc tenue de s'en acquitter », sans démontrer au préalable en quoi la correspondance du 21 juillet 2000 a pu rendre la Sté B débitrice des époux X., alors que ce fait a été contesté par la Sté A tout au long de la procédure, n'a pas donné de base légale à sa décision, qui encourt la cassation (CCJA, 2e ch., nº 018/2013, 7-3-2013 : Compagnie des bananes de Côte d'Ivoire dite CDBCI c/ Martial DUPARC, Fatome HOUBALLAH épouse DUPARC, Rec. jur. CCJA, n° 20, vol. 2, janv.-déc. 2013, p. 80-83, Ohadata J-15-18).

B. Transmission à titre universel du patrimoine

Si les articles 189 et 190 de l'AUSCGIE font une distinction entre les opérations de fusion et de scission, il reste que ces deux opérations ont toutes deux pour conséquence juridique majeure la transmission à titre universel du patrimoine de la société, qui disparaît de ce fait, aux sociétés bénéficiaires. C'est par une saine application des articles visés au moyen qu'une cour d'appel a estimé que la créance du défendeur sur une société A est transférée et opposable à une société B, dès lors que la scission n'a été affectée d'aucune modalité ; qu'il ne ressort nulle part du traité de scission de la société A, établi le 19 juillet 1999 dans une étude notariale, déposé au greffe du tribunal le 14 août 1999 et publié dans un journal d'annonces légales, que seul le passif bancaire est transmis à la charge de la société B ; que du traité de scission, il est apparu une transmission à B des actifs évalués à 19 798 000 000 FCFA et un passif de 13 788 000 000 FCFA, sans autre précision sur la nature des dettes ainsi transférées (CCJA, 2e ch. n° 117, 22-10-2015 : Sté SIFCA-CI c/ SISSOKO Aliou, Ohadata J-16-110).

En application de l'article 189 de l'AUSCGIE, l'opération de fusion a pour conséquence juridique majeure la transmission à titre universel du patrimoine de la société absorbée, patrimoine qui disparaît de ce fait, à la société bénéficiaire ; cette dernière est, dans ces conditions, tenue de l'intégralité du passif et peut être assignée en lieu et place de la société absorbée. En l'espèce, c'est au mépris des articles 189 et 679 de l'AUSCGIE qu'en omettant de tirer les conséquences de ses propres constatations, une cour d'appel a déclaré irrecevable l'action de la succession [X.] contre la société absorbante, exposant ainsi son arrêt à la cassation sans qu'il soit nécessaire d'analyser les autres moyens. Sur l'évocation, et pour les mêmes motifs que ceux ayant entraîné la cassation, il y a lieu de dire que c'est bien la société Orabank Togo SA. (ex-BTD) qui était assignée devant le tribunal de première instance de Lomé et que l'action dirigée contre elle est recevable, et de confirmer le jugement rendu par ledit tribunal sur ce point. Cependant, d'une part, la BTD ayant été absorbée n'existe plus et ne peut être attraite ni condamnée en justice ; d'autre part, les astreintes de 5 000 000 FCFA par jour de retard dans l'exécution du jugement et le taux d'intérêt conventionnel de 17 % sur les sommes allouées aux consorts [X.] ne trouvent aucune justification. Il en est de même de la condamnation des dirigeants sociaux à l'égard desquels il n'est démontré ni de fautes commises, détachables de leurs fonctions, ni le lien de causalité entre lesdites fautes et le préjudice subi. Par conséquent, le jugement querellé doit être réformé sur ce point et, statuant à nouveau, de déclarer irrecevable la demande de condamnation solidaire de la BTD, d'annuler le prononcé des astreintes ainsi que les intérêts au taux susvisé, et de condamner Orabank Togo, à l'exclusion de ses dirigeants, à payer les montants en principal fixés par le tribunal de première instance de Lomé (CCJA, 3e ch., n° 226/2019, 10-10-2019 : Succession Johnson – Ansah c/ Orabank Togo, en présence des héritiers Anenou Adanhouzo Jiudahin Ayayi).

C. Appropriation du nom commercial de la société absorbée par la société absorbante

Selon les dispositions de l'article 189 de l'AUSCGIE, la fusion entraîne la transmission à titre universel du patrimoine de la société absorbée, qui disparaît du fait de la fusion, à la société absorbante. Ainsi, par l'effet cette transmission, la société absorbante peut s'approprier le nom commercial de la société absorbée qui disparaît. La cour d'appel qui a considéré, sur le fondement de l'article 189 précité, qu'en raison de la transmission à titre universel de son patrimoine, la société absorbée disparue du fait de la fusion a bien justifié sa décision et n'a pas mal interprété ledit article (CCJA, ass. plén., n° 053, 27-4-2015 : Sté ABM TECHNOLOGIES c/ Sté CFAO TECHNOLOGIES, Ohadata J-16-53).

JURISPRUDENCE COMPARÉE

I. États-Unis

A. Qualification de la fusion

Perte par une société de son existence. Les juges estiment que pour savoir si l'on est en présence d'une fusion, il ne faut pas se limiter à la qualification donnée par les parties, il faut regarder toutes les clauses de l'accord en cause et en particulier s'attacher aux conséquences que ce dernier aura sur les sociétés. Il y aura notamment fusion lorsque l'association entre deux sociétés fait perdre la nature première d'au moins une société et que l'association modifie profondément les relations entre les associés (Farris v. Glen Alden Corp., Supreme Court of Pennsylvania, 143 AM 25 (1958)).

B. Transmission des obligations de la société absorbée à la société absorbante

Une société peut être condamnée au paiement des dommages punitifs infligés à la société qui avait vendu un produit amianté ayant entraîné des lésions corporelles aux utilisateurs, dès lors qu'elle a acquis la totalité des actions de la société condamnée, puis l'a absorbée par fusion et a continué à mettre sur le marché le même produit en connaissance de cause, car elle doit alors être considérée comme la pure continuation ou la réincarnation de la société antérieure (The Suprême Court of appeals of West Virginia, January 1992 Term n° 2065 Ronald Davis, executor of the Estate of Jennings Davis, Appellee v. The Celotex corporation, appellant).

C. Fusion de fait sous un acte de cession d'actifs

Une fusion implique nécessairement l'absorption effective d'une société par une autre, la première perdant alors son existence en tant que personne morale distincte (Leannais v. Cincinnati, Inc., 565 F.2d 437 (7th Cir. 1977)).

Partant, il n'y a pas cession mais fusion (Blizzard v. National RR Passenger Corp., 831 F. Supp. 544 (E.D. Va. 1993) :

- lorsqu'il y a une continuité dans la direction, dans le personnel, dans l'emplacement physique, dans les actifs et dans les opérations commerciales ;
- lorsque la société acheteuse acquiert les actifs avec ses propres actions ;
- lorsqu'il y a une liquidation et une dissolution rapides des activités commerciales de la société vendeuse ;
- et lorsqu' il y a une prise en charge par la société acheteuse des obligations de la société vendeuse.

De même, lorsque les actionnaires de la société vendeuse deviennent des actionnaires de la société acheteuse (Crawford Harbor Assoc. v. Blake Const. Co., 661 F. Supp. 880 (E.D. Va. 1987)).

Ces éléments ne sont toutefois qu'indicatifs (Menacho v Adamson United Co., 420 F. Supp. 128, 133) car la question de savoir si la cession des actifs de la société est en réalité une fusion dépend des circonstances entourant la transaction en cause. Les juges doivent donc prendre en considération tous les éléments relatifs à cette transaction (Fidanque v. Am. Maracaibo Co., 92 A.2d 311, 315-16 (Del. Ch. 1952)).

II. France

A. Application de la clause d'agrément aux fusions

Rien n'interdit d'étendre l'application d'une clause d'agrément à des opérations de fusion par une mention expresse des statuts et la mise en œuvre d'une telle stipulation n'est affectée d'aucune impossibilité (Cass. com. 15-5-2007 n° 06-13484 : BRDA 15-16/07 inf. 3).

B. Transmission universelle du patrimoine de la société absorbée à la société absorbante

1° Fusion et scission

a. Droits et obligations transmis

Exemples :

- la société absorbante doit : satisfaire à l'obligation de non-concurrence (Cass. com. 13-2-1963 : Bull. civ. III n° 104) ; exécuter toutes les obligations de la société absorbée à l'égard de la sécurité sociale (paiement des cotisations et régularisation annuelle : CA Paris 11-6-1969 : D. 1969 p. 611) ; supporter les conséquences des fautes inexcusables commises par les dirigeants de la société absorbée au préjudice d'un salarié victime d'un accident du travail (Cass. soc. 29-4-1980 : Bull. civ. V n° 383) ;
- la société absorbante peut se voir opposer l'autorité de la chose jugée à l'égard de la société absorbée (Cass. com. 18-2-2004 n° 356 : RJDA 7/04 n° 823, décision rendue à propos d'une condamnation au paiement d'une somme d'argent) ;
- une société absorbante peut valablement se porter partie civile contre le dirigeant de fait de la société absorbée poursuivi en abus de biens sociaux pour s'être indûment fait rembourser des frais par cette dernière (Cass. crim. 25-5-1987 : Bull. crim. n° 215 ; voir aussi Cass. crim. 7-4-2004 n° 2017 : RJDA 10/04 n° 1118) ;
- la société absorbante peut être tenue de remettre en état un site que la société absorbée avait cessé d'exploiter et vendu avant la fusion (CE 10-1-2005 n° 252307 : RJDA 10/05 n° 1110) ;
- à la suite de la mise en redressement judiciaire du preneur d'une machine, la société de crédit-bail pouvait se prévaloir des formalités de publicité effectuées par la société qu'elle avait absorbée pour obtenir la restitution de cette machine, même si la modification dans l'identité du propriétaire n'avait pas été publiée en marge de l'inscription existante (Cass. com. 5-5-2005 n° 1042 : RJDA 12/05 n° 1370) ;
- à la suite de l'absorption d'une société bénéficiaire d'une garantie de passif, l'absorbante était fondée, en l'absence de stipulation contractuelle contraire, à se prévaloir de cette garantie même sans que la clause de garantie ait été mentionnée dans le traité de fusion (Cass. com. 10-7-2007 n° 05-14.358 : RJDA 1/08 n° 45 ; CA Paris 20-10-2005 n° 04/481 : RJDA 3/06 n° 282). A l'inverse, la société absorbée ne peut plus utilement invoquer cette garantie (Cass. com. 9-6-2009 n° 08-15.213 : JCP G 2010 p. 474 note Y. Paclot) ;
- la propriété d'un navire faisant partie du patrimoine d'une société absorbée a été valablement transmise à la société absorbante par l'effet de la fusion, peu important que les formalités prescrites par la loi du 3 janvier 1967 et le Code des douanes (exigence d'un écrit comportant certaines mentions sous peine de nullité) n'aient pas été respectées (Cass. com. 11-12-2007 n° 06-17.260 : RJDA 4/08 n° 429) ;

– une société absorbante n'avait pas à renouveler la déclaration de franchissement de seuil effectuée par la société absorbée au titre de l'acquisition d'actions transmises par l'effet de la fusion (Cass. com. 26-3-2008 nº 06-20.156 : RJDA 6/08 nº 665) ;
– la société absorbante acquiert de plein droit, à la date d'effet de la fusion, la qualité de partie aux instances antérieurement engagées par la société absorbée et peut se prévaloir des condamnations prononcées au profit de celle-ci (Cass. com. 21-10-2008 nº 07-19.102 RJDA 2/09 nº 104) ;
– en cas de condamnation à indemniser des sociétés coassureurs, l'absorption de l'une d'elles avant l'assignation en paiement ne saurait être invoquée pour réduire les indemnités dues aux coassureurs de la part assurée par la société absorbée, dès lors que la société absorbante a exercé les droits à dommages-intérêts qui lui ont été transmis par l'effet de la fusion antérieure à l'assignation (Cass. 2e civ. 11-2-2010 nº 07-17.551 : RJDA 5/10 nº 519) ;
– la société absorbante est autorisée à rechercher la responsabilité de l'État au titre du refus de concours de la force publique opposé à la société absorbée sans avoir à renouveler la demande présentée par l'absorbée avant l'opération de fusion (CE 28-11-2008 nº 301548 : RJDA 3/09 nº 227).

b. Droits et obligations non transmis

La transmission universelle ne saurait porter sur :
– des biens qu'une disposition légale a rendus intransmissibles (cf. Cass. com. 23-4-1976 : Rev. sociétés 1977 p. 69 note Y. Guyon à propos d'un bail rural ; Cass. 3e civ. 29-2-2012 nº 10-27.259 : RJDA 5/12 nº 502 à propos d'un mandat de syndic) ;
– sur les condamnations prononcées à la suite de poursuites pénales exercées contre la société absorbée (Cass. crim. 20-6-2000 nº 4129 : RJDA 12/00 nº 1096 ; Cass. crim. 14-10-2003 nº 4992 : RJDA 3/04 nº 307) ; l'action publique est éteinte à l'égard de la société absorbée qui a perdu son existence juridique du fait de la fusion (Cass. crim. 9-9-2009 nº 08-87.312 : Dr. sociétés 2010 nº 213 note R. Salomon) ; dès lors que cette perte est survenue avant que le juge pénal ait statué sur l'action publique, celui-ci est incompétent pour connaître de l'action civile en versement de dommages-intérêts dirigée contre l'absorbante (Cass. crim. 23-4-2013 nº 12-83.244 : BRDA 10/13 inf. 2) ;
– des contrats que les parties ont entendu exclure ou conclus intuitu personae, c'est-à-dire fondés sur la personnalité de celui qui doit exécuter la prestation convenue ; la reprise de tels contrats par la société absorbante est subordonnée à l'accord du cocontractant (en ce sens, à propos d'un contrat d'agent commercial, Cass. com. 29-10-2002 nº 1720 : RJDA 3/03 nº 263 ; à propos d'un contrat d'agent revendeur, Cass. com. 13-12-2005 nº 1668 : RJDA 4/06 nº 413 ; à propos d'un contrat de franchise, Cass. com. 3-6-2008 nº 06-18.007 et 06-13.761 : RJDA 12/08 nº 1262 et tbCass. com. 24-11-2009 nº 08-16.428 : RJDA 4/10 nº 371 ; à propos de l'application à l'occasion d'un apport partiel d'actif de la clause prévue dans un contrat de crédit-bail, Cass. com. 6-9--2011 nº 10-21079 : Bull. Joly 2012 p. 54 note X. Vamparis) ;
– sur des contrats administratifs dont la cession n'a pas été autorisée par la personne publique cocontractante (cf. CJUE 13-4-2010 aff. C-91/08 : Dr. adm. 2010 nº 109 ; Avis CE 8-7-2000 nº 364803 ; Rép. Nègre : Sén. 1-7-2010 nº 12375 p. 1708).

2º Apport partiel d'actif

a. Portée de la transmission

La transmission ne peut porter que sur les obligations afférentes à la branche d'activité apportée (Cass. com. 3-6-2003 nº 915 : RJDA 3/04 nº 311) mais elle porte sur tous les droits et obligations qui s'y rattachent, par exemple un pacte d'actionnaire (CA Paris 4-2-2014 nº 12/16545, ch. 5-8., Colomb c/ SAS CA Communication Multimedia : BRDA 6/14 inf. 2).

Elle s'opère même s'il s'agit de biens, droits et obligations qui ne figurent pas dans le traité par suite d'une erreur, d'un oubli ou de toute autre cause (Cass. com. 4-2-2004 nº 261 : RJDA 6/04 nº 713 ; Cass. com. 19-12-2006 nº 05-18.836 : RJDA 6/07 nº 619 som. ; CA Paris 13-5-2005 nº 03/15724 : Bull. Joly 2005 p. 1363 ; CA Paris 24-3-2006 nº 04/23205 : RJDA 8-9/06 nº 907) ; mais il faut qu'ils soient compris dans la branche apportée (Cass. com. 3-6-2003 nº 915 : RJDA 3/04 nº 311).

Elle est exclue en cas de dérogation expresse prévue dans le traité d'apport, de communauté ou de confusion d'intérêts, ou de fraude (Cass. com. 5-3-1991 : RJDA 7/91 nº 605 ; Cass. com. 23-6-2004 nº 1013 : JCP E 2004.1774 note Viandier ; Cass. com. 22-2-2005 nº 302 : RJDA 6/05 nº 708 et, sur renvoi, CA Versailles 23-5-2006 nº 05/2450 : RJDA 4/07 nº 362).

b. Caution garantissant les créances d'une société envers une banque

La caution garantissant les créances qu'une société a cédées à une banque par bordereau de transfert (« bordereau Dailly ») ne pouvait être tenue que des créances cédées à la banque avant l'apport de son fonds de commerce (Cass. com. 19-2-2013 nº 11-27.666 : BRDA 6/13 info 1).

c. Incompatibilité de la transmission universelle et l'existence d'avantages particuliers

Lors d'une fusion absorption d'une société mère sur sa filiale, la société absorbante reçoit l'actif de la filiale absorbée par la transmission légale du patrimoine de la filiale. Et l'actionnaire majoritaire ne saurait invoquer un avantage particulier résultant de cette transmission d'actif (CA Douai 7-7-1994 : RJDA 12/94 nº 1297).

Art. 190 La scission est l'opération par laquelle le patrimoine d'une société est partagé entre plusieurs sociétés existantes ou nouvelles.

Une société peut transmettre son patrimoine par voie de scission à des sociétés existantes ou nouvelles.

La scission entraîne transmission à titre universel du patrimoine de la société, qui disparaît du fait de la scission, aux sociétés existantes ou nouvelles.

Jurisprudence OHADA

Effets d'une scission

En application de l'article 190, al. 3 de l'AUSCGIE, s'il n'est pas contesté que les actifs d'une société A sont transmis à une société B, devenue par la suite une société C, et que, de ce fait, les biens saisis appartiennent à la société absorbante, il l'est tout aussi pour une partie du passif de A dont la charge est désormais dévolue à C ; en considération de cette universalité du patrimoine, la cour d'appel, en estimant que les biens saisis sont ceux du débiteur poursuivi, n'a pas méconnu les dispositions des articles 91 et 141 de l'AUPSRVE et le moyen doit être rejeté (CCJA, 2e ch., no 117, 22-10-2015 : Sté SIFCA-CI c/ SISSOKO Aliou, Ohadata J-16-110).

Jurisprudence comparée

France

Sur la portée de la transmission universelle, voir sous l'art. 189.

Art. 191 [mod.] La fusion ou la scission entraîne la dissolution sans liquidation des sociétés qui disparaissent et la transmission universelle de leur patrimoine aux sociétés bénéficiaires, dans l'état où il se trouve à la date de réalisation définitive de l'opération. Elle entraîne, simultanément, l'acquisition par les associés des sociétés qui disparaissent, de la qualité d'associés des sociétés bénéficiaires dans les conditions déterminées par le contrat de fusion ou de scission.

Les associés peuvent éventuellement recevoir, en échange de leurs apports, une soulte dont le montant ne peut dépasser dix pour cent (10 %) de la valeur d'échange des parts ou actions attribuées.

Toutefois, il n'est pas procédé à l'échange de parts ou d'actions de la société bénéficiaire contre des parts ou actions des sociétés qui disparaissent lorsque ces parts ou actions sont détenues :

1°) soit par la société bénéficiaire ou par une personne agissant en son propre nom mais pour le compte de cette société ;

2°) soit par la société qui disparaît ou par une personne agissant en son propre nom mais pour le compte de cette société.

Jurisprudence comparée

France

Conséquences de la dissolution de la société absorbée ou scindée

1° Action ou poursuite en justice

La société absorbée ou scindée dépourvue de personnalité morale :

– ne peut plus agir en justice ; par suite, doit être annulée l'assignation délivrée contre celle-ci qui ne peut pas être régularisée par l'intervention volontaire de la société absorbante durant l'instance (Cass. com. 6-5-2003 no 728 : RJDA 8-9/03 no 833, Dr. Sociétés 2003 no 203 note F.G.Trebulle ; Cass. 2e civ. 12-2-2004 no 210 : RJDA 6/04 no 707 ; Cass. com. 22-2-2005 no 266 : RJDA 6/05 no 698) ; l'action de la société absorbée est recevable si sa dissolution n'a pas encore été publiée au RCS au moment de l'assignation (Cass. com. 24-5-2011 no 10-19.222 : RJDA 8-9/11 no 702) ou si l'action a été introduite avant la date d'effet de la fusion (Cass. com. 21-10-2008 no 07-19.102 : RJDA 2/09 no 104) ;

– ne peut être assignée par un créancier en redressement judiciaire (CA Paris 17-12-1993 : Rev. sociétés 1994 p. 106 note Chaput).

La société absorbante ne peut pas davantage faire appel d'un jugement défavorable à la société absorbée ou scindée (Cass. com. 11-2-1986 : Bull. civ. IV n° 15 ; CA Paris 30-6-1998 : RJDA 11/98 n° 1321 ; CA Versailles 14-1-1999 : RJDA 4/99 som n° 418).

2° Extinction des droits sociaux émis par la société absorbée

Est nulle pour défaut d'objet toute cession de parts, d'actions, ou de droits conférés par ces titres, d'une société ayant disparu par l'effet d'une opération de fusion par absorption (Cass. com. 26-5-2009 n° 08-12.691 : BRDA 11/09 inf. 2).

Art. 192 La fusion ou la scission prend effet :

1°) en cas de création d'une ou plusieurs sociétés nouvelles, à la date d'immatriculation, au registre du commerce et du crédit mobilier, de la nouvelle société ou de la dernière d'entre elles ; chacune des sociétés nouvelles est constituée selon les règles propres à la forme de la société adoptée.

2°) dans les autres cas, à la date de la dernière assemblée générale ayant approuvé l'opération, sauf si le contrat prévoit que l'opération prend effet à une autre date, laquelle ne doit être ni postérieure à la date de clôture de l'exercice en cours de la ou des sociétés bénéficiaires ni antérieure à la date de clôture du dernier exercice clos de la ou des sociétés qui transmettent leur patrimoine.

....

Jurisprudence comparée

France

Date d'effet de la fusion entre les parties

Clause de rétroactivité de la fusion. La clause de rétroactivité n'a d'effet qu'entre les sociétés parties à la fusion. Elle ne concerne pas les tiers qui ne peuvent pas s'en prévaloir et qui doivent s'en tenir à la date de réalisation définitive de l'opération, celle à laquelle s'opère la transmission universelle du patrimoine de la société absorbée à la société absorbante (Cass. com. 23-3-1999 n° 702 : RJDA 6/99 n° 678 ; Cass. com. 29-1-2002 n° 219 : RJDA 5/02 n° 505 ; CA Orléans 18-11-2004 n° 03/3103 : RJDA 2/05 n° 145).

Art. 193 [mod.] Toutes les sociétés qui participent à une opération de fusion ou de scission établissent un projet de fusion ou de scission arrêté, selon le cas, par le conseil d'administration, l'administrateur général, le ou les gérants de chacune des sociétés participant à l'opération.

Le projet de fusion ou de scission doit indiquer :

1°) la forme, la dénomination, le numéro d'immatriculation au registre du commerce et du crédit mobilier et le siège social de toutes les sociétés participantes ;

2°) les motifs et les conditions de la fusion ou de la scission ;

3°) la désignation et l'évaluation de l'actif et du passif dont la transmission aux sociétés absorbantes ou nouvelles est prévue ;

4°) les modalités de remise des parts ou actions et la date à partir de laquelle ces parts ou actions donnent droit aux bénéfices, ainsi que toute modalité particulière relative à ce droit, et la date à partir de laquelle les opérations de la société absorbée ou scindée sont du point de vue comptable, considérées comme accomplies par la ou les sociétés bénéficiaires des apports ;

5°) les dates auxquelles ont été arrêtés les comptes des sociétés intéressées utilisés pour établir les conditions de l'opération ;

6°) le rapport d'échange des titres sociaux et, le cas échéant, le montant de la soulte ;

7°) le montant prévu de la prime de fusion ou de scission ;

8°) les droits accordés aux associés ayant des droits spéciaux et aux porteurs de titres autres que des actions ainsi que le cas échéant, tous avantages particuliers.

JURISPRUDENCE COMPARÉE

France

Préparation de la fusion ou de scission

Rupture des négociations. La société n'a pas rompu abusivement les négociations menées dans la perspective d'une fusion dès lors que les pourparlers n'avaient abouti qu'à une ébauche de pacte d'associés élaborée sur la base de modalités financières discutées la veille (Cass. 1e civ. 20-12-2012 n° 11-27.340 : BRDA 2/13 inf. 7 : rejet de la demande d'indemnisation).

Art. 194 [mod.] Le projet de fusion ou de scission est déposé au registre du commerce et du crédit mobilier du siège social desdites sociétés et fait l'objet d'un avis inséré dans un journal habilité à recevoir les annonces légales par chacune des sociétés participant à l'opération.

Cet avis indique :

1°) la dénomination sociale suivie, le cas échéant, de son sigle, la forme, l'adresse du siège social, le montant du capital et le numéro d'immatriculation au registre du commerce et du crédit mobilier de chacune des sociétés participant à l'opération ;

2°) la dénomination sociale suivie, le cas échéant, de son sigle, la forme, l'adresse du siège social et le montant du capital de la ou des sociétés nouvelles qui résultent de l'opération ou le montant de capital des sociétés existantes ;

3°) l'évaluation de l'actif et du passif dont la transmission aux sociétés absorbantes ou nouvelles est prévue ;

4°) le rapport d'échange des titres sociaux ;

5°) le montant prévu de la prime de fusion ou de scission.

Le dépôt au registre du commerce et du crédit mobilier et la publicité prévue au présent article doivent avoir lieu au moins un (1) mois avant la date de la première assemblée générale appelée à statuer sur l'opération.

Art. 195 L'apport partiel d'actif est l'opération par laquelle une société fait apport d'une branche autonome d'activité à une société préexistante ou à créer. La société apporteuse ne disparaît pas du fait de cet apport. L'apport partiel d'actif est soumis au régime de la scission.

JURISPRUDENCE COMPARÉE

France

A. Qualification de l'apport partiel d'actif

Sont des apports concernant une branche entière d'activité et non des éléments isolés, à moins d'un agrément administratif préalable (Cass. com. 16-2-1988 : Bull. civ. IV n° 69 ; Cass ; com. 5-3-1991 : RJDA 7/91 n° 605 ; Cass. civ. 25-10-1995 : RJDA 2/96 n° 225 ; Cass. 2e civ. 12-7-2001 n° 1390 : JCP E 2003 n° 281 note Daigre à propos de la transmission universelle).

B. Transmission des droits et obligations attachée à l'apport

Voir sous l'art. 189.

Art. 196 Sauf disposition contraire du présent Acte uniforme, les opérations de fusion, de scission et d'apport partiel d'actif peuvent intervenir entre des sociétés de forme différente.

Art. 197 [mod.] Les opérations de fusion, de scission et d'apport partiel d'actif sont décidées, pour chacune des sociétés intéressées, dans les conditions requises pour la modification de ses statuts et selon les procédures suivies en matière d'aug-

mentation du capital et de dissolution de la société. La nullité des délibérations y relatives est soumise aux mêmes règles.

Toutefois, si l'opération projetée a pour effet d'augmenter les engagements des associés ou des actionnaires, de l'une ou plusieurs sociétés en cause, elle ne peut être décidée qu'à l'unanimité desdits associés ou actionnaires. Les délibérations prises en violation des dispositions du présent alinéa sont nulles.

Jurisprudence comparée

I. États-Unis

La fraude corrompt tout

La société Master Technology et la société City Copier Services Inc étaient des revendeurs de la société Konica. En 1985, elles décident de fusionner. Un an plus tard, l'ancien dirigeant de la société City Copier Services Inc est poussé à la démission. Il estime que cette mise à l'écart est contraire aux termes du contrat de fusion. Il poursuivit alors la société Master Technology. En 1990, juste avant le jugement relatif à l'ancien dirigeant de la société City Copier Services Inc, la société Master Technology et la société Konica transfèrent tous les actifs de la société Master Technology à une société nouvellement créée et dénommée Digitec. Ces deux sociétés respectèrent toutes les formalités requises pour un tel transfert. Les employés de la société Master Technology, comme l'ancien dirigeant de la société City Copier Services Inc, ne furent toutefois pas immédiatement informés de ce changement. L'ancien dirigeant de la société City Copier Services Inc n'en fut informé que lorsqu'il gagna son procès. Il fit alors un second procès pour transfert frauduleux. Les défendeurs considéraient que le transfert ne pouvait pas être frauduleux parce que toutes les formalités requises par la loi avaient été respectées. Le fait de respecter les formalités relatives au transfert n'empêchait pas le statut sur les fraudes de s'appliquer, que juger le contraire serait contraire au sens commun et à la justice (Monastra v. Konica Business Machines, 43 Cal. App. 4th 1628 ; Cal. Rptr. 2d, (Mar. 1996)).

II. France

A. Abus de majorité

Constitue un abus de majorité et doit être annulée la décision d'absorption d'une société à responsabilité limitée dotée d'un actif de 800 000 francs (120 000 €) par une société anonyme au capital de 100 000 francs (équivalent au minimal égal à l'époque des faits), soit 1 500 €) créée uniquement pour cette opération laquelle tendait uniquement à anéantir le droit de rachat des parts devant profiter à un associé minoritaire (Cass. com. 11-10-1967 : D.1968 p. 136).

Sur une absence d'abus de majorité, CA Rouen 6-7-2004 n° 02/3307 : RJDA 2/05 n° 146 ; CA Paris 26-3-2009 n° 07/4287 : RJDA 11/09 n° 968.

B. Sanctions des irrégularités relatives aux fusions et scissions

La nullité des assemblées générales autorisant la fusion ou la scission est encourue en cas de violation d'une disposition expresse du Code de commerce ou de la violation d'une règle relative au contrat, par exemple un vice du consentement (CA Paris 29-6-2004 n° 03/19704 : RJDA 1/05 n° 36 : violation non établie).

Art. 198 **A peine de nullité, les sociétés participant à une opération de fusion, scission, apport partiel d'actifs sont tenues de déposer au greffe une déclaration dans laquelle elles relatent tous les actes effectués en vue d'y procéder et par laquelle elles affirment que l'opération a été réalisée en conformité du présent Acte uniforme.**

Jurisprudence OHADA

I. Annulation d'une fusion

Il résulte des dispositions de l'article 198 de l'AUSCGIE que les sociétés participant à une opération de fusion sont tenues de déposer au greffe une déclaration dans laquelle elles relatent tous les actes effectués en vue d'y procéder et par laquelle elles affirment que l'opération a été réalisée en conformité de l'AUSCGIE. Cette formalité étant expressément prescrite à peine de nullité de l'opération de fusion et n'ayant pas été effectuée par les parties à la fusion contestée, comme il résulte de la correspondance du greffier en chef du tribunal compétent, régulièrement produite aux débats et non contestée, ladite fusion doit être annulée avec toutes les conséquences de droit (CCJA, 1e ch., n° 021, 11-3-2014 : Sté TOTAL GUINÉE SA c/ COMPAGNIE PÉTROLIÈRE

DE GUINÉE (COPEG SA), L'État guinéen, Ohadata J-15-112).

II. Conséquence de l'annulation

Le droit de préemption confère à son bénéficiaire le droit de se substituer à l'acheteur initialement pressenti, mais ne lui confère pas la propriété du bien sur lequel il porte. L'annulation de la fusion et de la vente entre A. et B. par le jugement n° 31 du 15 mai 2008 ne peut avoir pour effet de restituer à C. son droit de propriété sur les actions qu'il avait cédées à A. par l'acte de vente du 20 décembre 1996. Ni le paiement du prix par E., ni l'homologation de l'acte de cession du 11 août 2008 par le tribunal de Conakry, même par jugement devenu définitif, ni son classement au rang des minutes d'un notaire ne peuvent avoir pour effet d'en couvrir l'irrégularité. La cour d'appel qui a retenu le contraire n'a pas donné de base légale à sa décision qui encourt la cassation (CCJA, 1e ch., n° 021, 11-3-2014 : Sté TOTAL GUINÉE SA c/ COPEG SA, L'État guinéen, Ohadata J-15-112).

Jurisprudence comparée

Sur le régime de la nullité d'une fusion, voir article 254.

France

Déclaration de conformité

L'établissement et le dépôt au greffe du tribunal d'une déclaration de conformité sont respectés lorsque les deux sociétés qui ont participé à une opération de fusion ont fait une déclaration commune de conformité (Cass. com. 27-5-2008 n° 07-11.428 : RJDA 8-9/08 n° 899 ; CA Paris 16-11-2010 n° 08/16014 : RJDA 6/11 n° 518).

Art. 199 **La fusion, la scission et l'apport partiel d'actifs peuvent concerner des sociétés dont le siège social n'est pas situé sur le territoire d'un même État partie. Dans ce cas, chaque société concernée est soumise aux dispositions du présent Acte uniforme dans l'État partie de son siège social.**

• Livre VII •

DISSOLUTION – LIQUIDATION DE LA SOCIETE COMMERCIALE

• Titre I •

DISSOLUTION DE LA SOCIETE

• Chapitre I •

CAUSES DE LA DISSOLUTION

Art. 200 La société prend fin :

1°) par l'expiration du temps pour lequel elle a été constituée ;

2°) par la réalisation ou l'extinction de son objet ;

3°) par l'annulation du contrat de société ;

4°) par décision des associés aux conditions prévues pour modifier les statuts ;

5°) par la dissolution anticipée prononcée par la juridiction compétente, à la demande d'un associé pour justes motifs, notamment en cas d'inexécution de ses obligations par un associé ou de mésentente entre associés empêchant le fonctionnement normal de la société ;

6°) par l'effet d'un jugement ordonnant la liquidation des biens de la société ;

7°) pour toute autre cause prévue par les statuts.

Jurisprudence OHADA

I. Dissolution pour justes motifs

A. Absence de dispositions relatives à la dissolution dans les statuts

Pour une décision ayant constaté l'absence de dispositions relatives à la dissolution dans les statuts d'une société et ayant appliqué l'article 200, voir (T. com. Lubumbashi (RDC), n° RCA.986, 8-4-2013 : F. K. c/ J. P. M., Ohadata J-14-26, obs. J. Kamga et F. Kyomba).

B. Incompétence du juge des référés pour la prononcer

Sur l'incompétence du juge des référés pour prononcer la dissolution anticipée, voir sous l'art. 203.

C. Intérêt à agir de l'associé

L'action en dissolution d'une société commerciale ne peut être exercée que par une personne ayant la qualité d'associé. Cette qualité doit être appréciée à la date de l'introduction de l'instance et une assemblée générale extraordinaire ne peut déchoir rétroactivement une personne de sa qualité d'associé, la perte de la qualité d'associé dans une société anonyme résultant, selon l'article 764 de l'AUSCGIE, d'une décision libre de l'associé (TGI Bobo-Dioulasso (Burkina Faso), n° 023, 6-6-2007 : B. A. c/ UTIB-SA, I. et S., H. et S., H. et S. et un autre, Ohadata J-09-99 ; décision confirmée en appel : CA Bobo-Dioulasso (Burkina Faso), ch. com., n° 10/09, 10-6-2009 : Union des Transporteurs Ivoiro-burkinabé, S. K. I., S. H., S. H., S. D. c/ B. S. A., Ohadata J-10-117, J-12-116).

Obs. : l'article 764 visant simplement la liberté de cession, il n'en résulte pas par là-même que le cédant perd la qualité d'associé ; cette perte ne peut résulter que du fait qu'il n'est plus partie au contrat de société, ce qui n'advient que lorsqu'il a cédé tous ses droits sociaux puisque ce sont ces derniers qui lui sont attribués en contrepartie de son engagement à devenir associé.

D. Preuve des justes motifs

La demande de dissolution de la société pour justes motifs doit être rejetée lorsque le demandeur allègue une mésentente entre associés empêchant le fonctionnement normal de la société sans produire la moindre preuve (CA Abidjan, n° 1048, 20-7-2001 : SIFLOR Tropiques c/ J.-L. D., Ecodroit, n° 13-14, juill.-août 2002, p. 61, Ohadata, J-02-173).

S'il est vrai qu'aux termes de l'article 200-5°) de l'AUSCGIE, la société peut prendre fin par la dissolution anticipée prononcée par la juridiction compétente à la demande d'un associé en cas de mésentente entre associés empêchant son fonctionnement normal, cette demande de dissolution anticipée est subordonnée à la production par le requérant des preuves de ses prétentions. Lorsqu'une actionnaire mécontente invoque comme motifs dans sa requête aux fins de dissolution d'une société le « mode de gestion unilatérale » de sa coactionnaire et la non-réponse à ses demandes d'explications, sans rapporter la preuve d'une mésentente de nature à empêcher le fonctionnement normal de la société, c'est en méconnaissance de l'article 200 précité qu'une cour d'appel a confirmé la décision de dissolution de la société ainsi rendue sur le fondement des seules allégations de la demanderesse, exposant ainsi son arrêt à la cassation(CCJA, 2e ch., n° 003/2021, 28-1-2021 : Bouka née Olga Deriabina c/ Dame Manouach née Anouk Gloaguen).

Mais dès lors qu'une société est en cessation de paiement, il n'est plus à démontrer que l'affectio societatis de certains associés fait défaut pour prononcer la dissolution, alors qu'elle répond aux prescriptions de l'article 200-3° et 6° de l'AUSCGIE (TPI Niamey, n° 027, 20-1-1999 : M. M. S. c/ S.E.E.E Niger/Dissolution, Ohadata J-04-74).

E. Rejet de la demande pour défaut de preuve

La preuve de l'existence de justes motifs n'est pas rapportée :

– dès lors que le demandeur n'apporte pas la preuve d'un mauvais fonctionnement (CA Ouagadougou, ch. civ. et com., n° 40, 2-5-2003 : J. F. T. c/ J-P K., Ohadata J-04-365, voir J-04-18) ;

– en cas de contestation d'une révocation qui, en vertu de l'article [469] de l'AUSCGIE, peut intervenir à tout moment et n'est pas suffisante pour caractériser une mésentente entre associés ; pour que la demande de nomination d'un administrateur provisoire soit recevable, il faudrait prouver que le fonctionnement de la société est compromis du fait de ladite révocation (TRHC Dakar, ord. réf. n° 1729, 31-12-2002 : R. Y. PDG Stés SENEGAL ARMEMENT et SEEGAL PECHE c/ A. D. et L. S. L. Ohadata J-03-182) ;

– lorsque l'associé mécontent ne rapporte pas la preuve d'une mésentente entre associés empêchant le fonctionnement normal de la société et que la cour d'appel a fait droit à sa demande de dissolution sans déterminer en quoi ses allégations sont fondées ; cet arrêt est insuffisamment motivé, manque de base légale et doit être cassé (CCJA, n° 039/2008, 17-7-2008 : A. B. c/ B. A. B., Rec. jur. CCJA, n° 12 juill.-déc. 2008, p. 105, Ohadata J-10-37 ; voir aussi CA Ouagadougou, ch. civ. et com., n° 86, 21-4-2006 : A. S. B. c/ N. D., Y. B. M., S. C. C., Ohadata J-09-24).

F. Existence de la mésentente

1° Appréciation souveraine de la preuve par les juges du fond

C'est à tort qu'il est reproché à un arrêt la violation des règles d'administration de la preuve au motif qu'il a été décidé que la requérante n'apporte aucune preuve sur la mésentente entre associés entrainant le blocage du fonctionnement de l'entreprise, dès lors que la mésentente entre associés est un moyen de pur fait souverainement apprécié par les juges du fond (CCJA, ass. plén., n° 080, 25-4-2014 : IBIKUNLE Karamatou c/ Sté BÉNIN, Ohadata J-15-171).

Il y a mésentente empêchant la société de fonctionner normalement et justifiant sa dissolution lorsque :

– les associés ne peuvent s'entendre sur les modalités de gestion de la société de fait constituée entre eux et que le fonctionnement de la société se trouve entravé par les agissements de l'un d'eux, car il n'y a plus d'affectio societatis (T. com. Bamako, n° 281, 3-11-1999 : A. K. c/ B. T., Ohadata J-02-41, obs. J. Issa-Sayegh, prononçant en conséquence la liquidation au sens de l'article 868 de l'AUSCGIE) ;

– depuis la création leur société de fait, les associés n'ont pu s'entendre sur les modalités de sa gestion, que le fonctionnement normal de la société se trouve entravé par les agissements d'un associé et qu'il n'y a plus d'affectio societatis ; la dissolution de la société doit être ordonnée avec comme conséquence la liquidation au sens des articles 868, 200, 5°, et 201 al. 12 de l'AUSCGIE (T com. Bamako, n° 281, 3-11-1999 : A. K. c/ B. T., Ohadata J-02-41, obs. J. Issa-Sayegh, prononçant en conséquence la liquidation au sens de l'article 868 de l'AUSCGIE) ;

– deux des quatre associés de la société, qui ont un différend entre eux, avaient déjà demandé la dissolution anticipée de la société lors d'une assemblée générale antérieure (TGI Ouagadougou, n° 303, 14-4-1999 : I. A. c/ V. R., Ohadata J-02-47 ; voir sous les art. 328, 329 et 371) ;

– aucun bilan n'a été établi au cours des six dernières années par l'associé gérant et que ce dernier conteste sa révocation décidée à son insu par son coassocié (TGI Bobo-Dioulasso (Burkina Faso), n° 224, 28-6-2006 : O. F. c/ K. B., Ohadata J-09-90) ;

– l'esprit de collaboration impliquant que les associés œuvrent en parfaite symbiose et harmonie dans leurs intérêts propres et pour l'essor de leur société, n'a jamais existé ; cette situation se manifestant par une multitude de procédures judiciaires opposant les associés, le défaut chronique de fonctionnement de leur société qui n'a déployé aucune activité statutaire depuis sa création le 18-3-1981 jusqu'à l'assemblée générale extraordinaire tenue le 17-1-1998 et l'absence d'harmonisation des statuts avec l'AUSCGIE (TGI Bobo-Dioulasso (Burkina Faso), n° 377, 20-12-2006 : ADF O. J. c/ R. A., Ohadata J-09-97). Dans le même sens, retenant que le fait pour le demandeur d'initier une action en dissolution de la société démontre déjà l'absence de l'affectio societatis (T com. Lubumbashi (RDC), n° RCA.986, 8-4-2013 : F. K. c/ J. P. M., Ohadata J-14-26, obs. J. Kamga et F. Kyomba) ;

– le fonctionnement de la société se trouve entravé par l'atmosphère tendue entre les actionnaires qui s'accusent mutuellement, la dissolution pour mésentente entre associés pouvant s'appliquer également aux sociétés anonymes (TGI Bobo-Dioulasso (Burkina Faso), n° 023, 6-6-2007 : B. A. c/ UTIB-SA, I., Ohadata J-09-99 ; voir sous l'art. 736) ;

– un actionnaire A déclara dans le procès-verbal de l'AGE qu'un actionnaire B aurait payé vingt (20) millions de francs à des tiers pour le faire assassiner et qu'il n'aura jamais confiance en lui pour travailler ensemble ; qu'à la suite de plaintes déposées contre l'actionnaire B, des mandats de dépôt ont été déposés contre lui. En imputant cette mésintelligence à l'actionnaire B, les autres actionnaires reconnaissent l'existence de celle-ci. Enfin, lorsqu'il est manifeste qu'il y a à Abidjan une nouvelle société entre les mêmes actionnaires ayant le même objet, les mêmes employés, le même président du conseil d'administration, le même directeur général, ce qui laisse penser à une délocalisation la dissolution doit être prononcée, la société ne pouvant plus fonctionner (CA Bobo-Dioulasso (Burkina Faso), ch. com., n° 10/09, 10-6-2009 : Union des Transporteurs Ivoiro-burkinabé, S. K. I., S. H., S. H., S. D. c/ B. S. A., Ohadata J-10-117).

L'administration provisoire s'impose en cas de mésentente entre les associés faisant obstacle au fonctionnement normal de la société ou en cas d'irrégularités graves commises par les dirigeants et portant atteinte à l'intérêt social. Le refus d'actualiser les statuts de la société et d'en publier les modifications, de convoquer le coassocié à l'assemblée générale et de lui rendre compte de la gestion de la société sont bien des éléments constitutifs de mésintelligence entre les associés et de menaces graves, tant à l'intérêt de l'associé lésé qu'aux intérêts de la société concernée. En ne tirant pas les conséquences de cette situation de crise pour désigner un administrateur qui prendrait les mesures de sauvegarde prévues par l'article 337 de l'AUSCGIE, la cour d'appel a méconnu la portée de ces dispositions et doit en conséquence être censurée, par la cassation (CCJA, ass. plén., n° 117, 4-11-2014 : Michel ZOUHAIR FADOUL EL ACHKAR c/ OMAIS KASSIM, Sté Transport OMAIS KASSIM Sélecta SARL, Ohadata J-15-208).

Une société anonyme peut être dissoute par décision de justice pour mésentente entre associés (TGI Bobo-Dioulasso (Burkina Faso), n° 023, 6-6-2007 : B. A. c/ UTIB-SA, I. et S., Hada et S., H. et S., Ohadata J-09-99, J-12-116).

2° Nécessité de prononcer la dissolution

C'est par une mauvaise application de l'article 200 de l'AUSCGIE du 17 avril 1997 qu'une cour d'appel s'est abstenue de prononcer la dissolution anticipée d'une société alors que la mésentente entre les deux associés était de telle nature que tout fonctionnement normal de la société est devenu impossible ; cassation de l'arrêt. Sur l'évocation et pour les mêmes motifs que ceux développés lors de l'examen du moyen de cassation, il y a lieu d'infirmer le jugement en toutes ses dispositions et, statuant à nouveau, de constater la mésentente entre les associés de la société et son impact sur le fonctionnement normal de cette dernière, et de dire qu'il y a lieu de faire droit à la demande de dissolution de ladite société pour justes motifs, avec toutes les conséquences de droit et les dépens mis à la charge de la liquidation (CCJA, 2e ch., n° 201, 29-12-2016 : Sitti Djaouharia épse Chihabbidine c/ Ahmed Keldi ; Ohadata J-17-141).

G. Paralysie du fonctionnement de la société

La dissolution de la sdéclarée bonne et valableociété n'est pas prononcée si l'activité économique se poursuit malgré la mésentente des associés ; lorsque, comme en l'espèce, la société continue de fonctionner, malgré la mésentente, qui au demeurant a été causée par le demandeur, la demande de dissolution doit être rejetée, dès lors que la jurisprudence refuse la dissolution si le demandeur porte la responsabilité de la mésentente dont il se prévaut (CA Bobo-Dioulasso (Burkina Faso), ch. com., n° 11, 25-6-2008 : K. B. c/ O. R. F., Ohadata D-12-110, infirmant TGI Bobo-Dioulasso (Burkina Faso), n° 224, 28-6-2006 : O. F. c/ K. B., Ohadata J-09-90).

II. Manquement aux obligations d'un associé

La cogérante d'une SARL qui a abandonné ses fonctions statutaires sans donner de raisons ni d'adresse, a manqué à ses obligations d'associée, ce qui empêche le fonctionnement normal de la société dont il convient de prononcer la dissolution (TPI Abidjan, n° 80, 12-4-2001 : N. A. D. F. c/ N. G. épse L., Ecodroit, n° 10, avril 2002, p. 79, Ohadata J-02-96).

III. Dissolution pour justes motifs d'une société de fait

Lorsque l'associé d'une société de fait se refuse depuis plusieurs années, à tout bilan de la société, son coassocié a intérêt à solliciter la reddition des comptes de leur société commune. Les relations entre les associés étant telles que le fonctionnement de la société de fait existant entre eux est pratiquement hypothéqué, la dissolution de ladite société doit être ordonnée, entraînant nécessairement le partage des biens sociaux entre les associés (TPI Gagnoa (Côte d'Ivoire), n° 136, 10-8-2005 : A. c/ B., Juris-Ohada n° 1/2007, p. 43, Ohadata-J-08-74).

IV. Mise en liquidation frauduleuse – inopposabilité

Il résulte de l'analyse de l'article 200 de l'AUSCGIE qu'une société ne peut être mise en liquidation par une ordonnance sur requête, mais plutôt par une décision rendue par une juridiction de fond pouvant apprécier le caractère juste des motifs invoqués à l'appui de la demande de mise en liquidation. En l'espèce, l'ordonnance querellée doit être infirmée d'autant plus que les gérants de la société en cause ont sollicité la mise en liquidation de celle-ci, après que la saisie conservatoire portant sur ses biens ait été convertie en saisie-vente, ce qui constitue manifestement, une intention malicieuse de frauder au droit des créanciers. Statuant à nouveau, la saisie réalisée doit être déclarée bonne et valable (CA Abidjan, 5e civ. et com., n° 86, 16-1-2001 : Agence Caractère c/ Sté Bazafrique, Ohadata J-02-117 ; Ecodroit, n° 11, mai 2002, p. 61, Ohadata J-02-189, obs. J. Issa-Sayegh).

Obs. : voir aussi Ohadata J-02-117 et la note sous l'art. 3 de l'AUPCAP.

Jurisprudence comparée

I. États-Unis

A. Qualité pour demander la dissolution

Une personne qui n'est pas associée ne peut pas demander la dissolution de la société. En conséquence, l'ancien associé, qui a vendu la totalité de ses parts sociales, ne peut plus agir pour demander la dissolution de la société (Artigas v. Renewal Arts Realty Corp. 22 AD 3d 327 – NY Supreme Court, Appellate Div., 1st Dept. 2005).

B. Dissolution pour abus de majorité

Le droit new-yorkais autorise les associés possédant au moins 20 % du capital à demander la dissolution de la société si ces derniers ont été désavantagés ou si les dirigeants ont utilisé l'argent de la société de manière contraire à son intérêt. Plus particulièrement, ce droit interdit toute conduite frauduleuse illégale ou « opprimante ». Etant entendu qu'une conduite opprimante est une conduite contraire à ce que pouvait légitimement attendre les associés minoritaires (In re Kemp et Beatley, Inc., Court of Appeals of New York, 473 N.E.2d 1173 (1984)).

II. France

A. Causes de dissolution

1° Décision des associés

Les associés peuvent, à tout moment, décider la dissolution anticipée de la société, cette décision n'appartenant qu'aux associés (CA Rouen 14-4-2004 n° 02/372 : RJDA 1/05 n° 39). Elle doit être prise à la majorité requise pour les modifications des statuts, la dissolution anticipée équivalant à une modification de la duée, statutairement prévue du pacte social (Cass. com. 18-6-1973 : Rev. sociétés 1974 p. 312 note J. H).

La majorité ayant opté pour la dissolution de la société ne doit pas nuire à la minorité à peine d'inefficacité de la décision ; notamment a été prise contrairement à l'intérêt social et dans l'unique dessein de permettre à l'associé majoritaire de se soustraire à ses engagements envers l'associé minoritaire la décision de liquider une SARL prise en assemblée par l'associé majoritaire dans les conditions suivantes : la dissolution anticipée avait été votée à l'initiative du majoritaire et sans motifs sérieux, cet associé avait abusivement profité de sa position de majoritaire au sein de la société pour mettre un terme aux activités de celle-ci, empêchant par là même toute possibilité d'exécution de l'engagement qu'il avait pris de racheter les parts de l'associé minoritaire moyennant un prix prédéterminé (Cass. com. 8-2-2011 n° 10-11.788 : Légifrance).

La décision ne doit pas avoir été prise en fraude des droits des créanciers sociaux, sous peine d'entraîner la responsabilité civile de l'auteur de la fraude envers les créanciers ; la fraude aux droits d'un créancier a été retenue sur la base des éléments suivants : le gérant avait prononcé la liquidation de la société tout en connaissant la condamnation prononcée à l'encontre de celle-ci ; la dissolution avait été décidée quelques jours après que la société avait conclu à la réformation du jugement prononçant cette condamnation et avait été assortie d'une décision selon laquelle les opérations de liquidation seraient achevées en moins de deux mois avec effet rétroactif à la date de décision ; dès le mois suivant la clôture des opérations de liquidation, le gérant avait créé une nouvelle société (Cass. com. 21-9-2004 n° 1273 : RJDA 2/05 n° 147, retenant que le préjudice subi par le créancier plaignant était égal à la somme qui lui était due par la société).

La décision de dissolution anticipée pourrait donner lieu à une action en référé pour péril imminent que si le dommage invoqué présentait un caractère irrémédiable et était insusceptible de faire l'objet d'une réparation appropriée par l'allocation ultérieure de dommages-intérêts (cf. CA Paris 15-2-2002 nº 03/12859 : RJDA 5/04 nº 562, écartant le péril).

2º Arrivée du terme

A l'arrivée du terme de la société, si les associés ne prorogent pas la durée de la société et poursuivent l'exploitation sans liquider celle-ci, il y a société de fait entre eux (CA Paris 29-10-1990 : Bull. Joly 1991 p. 46 note Derruppé et, sur pourvoi, Cass. com. 12-11-1992 : RJDA 3/93 nº 225 ; Cass. 1e civ. 13-12-2005 nº 1702 : RJDA 4/06 nº 414).

3º Résiliation ou extinction de l'objet

a. Existence

Il y a réalisation ou extinction de l'objet social dans les cas suivants :

– établissement des procès-verbaux de réception des travaux d'assèchement par l'Administration effectués par une société constituée en vue de cette commande de travaux, ainsi dissoute de plein droit (Cass. civ. 8-2-1947 : S. 1948. 1. 43) ;

– annulation de la vente des immeubles d'une société ayant pour objet l'exploitation d'immeubles acquis et dissoute (CA Paris 23-7-1894 : S. 1895.2.105) ;

– réduction de l'effectif des experts-comptables en dessous du minimum légal obligatoire subie par une société d'experts-comptables ayant pour objet la prestation de ces services, ainsi dissoute (Cass. com. 3-5-1995 : Bull. Joly 1995 p. 746 note Barbiéri ; voir aussi : CA Paris 14-4-1995 : RJDA 7/95 nº 849) ;

– annulation du contrat de licence de marques entraînant la dissolution de la société créée aux fins d'exploitation de cette marque (T. com. Marseille 22-1-2001 : RJDA 4/02 nº 387).

Les associés qui constatent l'extinction de l'objet social par assemblée générale peuvent décider à la majorité la nomination d'un liquidateur (CA Paris 14-4-1995 : RJDA 7/95 nº 849) ; aucun délai ne peut lui être accordé pour modifier l'activité sociale en vue d'une régularisation (Cass. com. 3-5-1995 : Bull. Joly 1995 p. 746 note Barbiéri).

b. Absence d'extinction de l'objet social

Il n'y a pas extinction de l'objet social lorsque :

– le gérant d'une société civile holding constituée entre deux associés, chacun ayant fait l'apport des actions qu'il détenait dans le capital d'une autre société commerciale, est autorisé par une délibération de l'assemblée générale ordinaire à céder ces actions, seul actif de la société holding, dès lors que l'objet statutaire ne se réduisait pas à la gestion de ces seules actions cédées mais s'étendait, plus largement, à « l'acquisition, la gestion et l'administration de titres de sociétés » (Cass. com. 7-10-2008 nº 07-18.635 : BRDA 20/08) ;

– dans une société civile de moyens, constituée entre deux médecins afin de faciliter l'exercice de la profession de ses membres par la mise en commun de tous moyens matériels, l'un de ses membres cesse son activité pour cause de départ à la retraite (Cass. com. 15-9-2009 nº 08-15.267 : BRDA 18/09).

B. Dissolution judiciaire pour justes motifs

1º Existence de justes motifs

– Impossibilité pour les associés d'une SCS de s'entendre pour remplacer le gérant, seul commandité, démissionnaire pour raison de santé (CA Rennes 3-5-1977 : RTD com. 1978 p. 391 obs. C. Champaud) ;

– Rupture de la répartition égalitaire entre associés de SNC ayant entraîné des conflits persistants, compromettant la bonne marche de la société (Cass. com. 14-6-1982 : Bull. Joly 1982 p. 680) ;

– Mésentente grave entre associés interdisant toute activité sociale et dénonciations démontrant la disparition de la volonté de collaboration commune (CA Aix 26-6-1984 : D. 1985 p. 372 note Mestre) ;

– Dissentiments profonds entre deux groupes d'associés égalitaires provoquant la perte de légitimité du gérant et rendant impossible la prise de décision, même en l'absence de péril économique (CA Versailles 19-1-1989 : Bull. Joly 1989 p. 327 obs. P. Le Cannu) ;

– Divergences fondamentales, quant à la politique d'investissement, entre associé commandité seul gérant d'une SCA et actionnaires commanditaires et échec des tentatives pour mettre fin à cette situation de blocage paralysant le fonctionnement de la société (CA Paris 8-7-1994 : Bull. Joly 1994 p. 1093 note P. Le Cannu) ;

– Impossibilité pour les associés, divisés en deux blocs égaux, de prendre des décisions à moyen et long terme, cette mésentente conduisant la société à la ruine dans le contexte d'une procédure judiciaire conduite sans l'efficacité souhaitable (CA Paris 5-3-2002 nº 01/11922 : RJDA 7/02 nº 770 som.) ;

– Impossibilité pour les associés de remplacer le conseil d'administration ayant démissionné depuis plusieurs années, aucune majorité ne se dégageant pour faire fonctionner la société, alors même que comptes sociaux positifs (CA Paris 27-6-2003 nº 02/11435 : RJDA 12/03 nº 1183 som.) ;

– Manquements à ses obligations par un associé qui, en violation des statuts, s'était retiré de la société et avait repris ses apports en nature sans plus répondre aux convocations aux AGE visant à régulariser la situation après son départ (CA Besançon 2-3-2004 nº 02/1258 : RJDA 1/05 nº 37 som.) ;

– Mésentente entre associés égalitaires empêchant toute décision majoritaire, paralysant le fonctionnement de la société, un des associés – de retour en

France après plusieurs années passées à l'étranger – refusant de voter l'ensemble des résolutions proposées en AG (CA Paris 4-9-2007 n° 06/10964 : RJDA 2/08 n° 142) ;
– Graves conflits personnels et sociaux nés de la crise conjugale entre associés égalitaires conduisant à une paralysie du fonctionnement de la société et rendant inconcevable la tenue d'une AG (CA Pau 23-1-2006 n° 03/3450 : RJDA 8-9/08 n° 925) ;
– Blocage total de la société en raison d'une répartition égalitaire des droits de vote entre les associés, l'ensemble des délibérations de l'AG étant rejetées malgré la désignation d'un mandataire ad hoc (CA Paris 19-6-2007 n° 05/25053 : RJDA 12/08 n° 1264) ;
– Mésentente grave et générale entre deux associés entraînant l'absence de convocation d'AG, de présentation de bilan et de reddition de comptes, l'impossibilité de prendre des décisions et la paralysie du fonctionnement de la société (Cass. 3e civ. 3-6-2009 n° 08-15.543 : RJDA 10/09 n° 849) ;
– Impossibilité pour l'associé minoritaire de tenir une assemblée, de désigner un gérant et de décider la dissolution anticipée de la société en raison de la disparition des associés majoritaires, partis sans laisser d'adresse (CA Nîmes 12-2-2009 n° 07/3873 : RJDA 8-9/10 n° 849) ;
– Mésentente entre deux associés qui, en raison de l'unanimité requise pour l'adoption de certaines décisions sociales, amenait l'associé gérant à prendre seul ces décisions en violation des statuts, violation qui établissait que la société ne pouvait plus fonctionner normalement et était paralysée (Cass. com. 10-5-2011 n° 10-16.323 : RJDA 7/11 n° 629) ;
– Mésentente caractérisée par les poursuites disciplinaires à l'encontre d'un associé qui avait tenu des propos agressifs et qui manquait également à son obligation de contribuer aux charges de la société, désorganisant le secrétariat commun tout en empêchant par son absence la tenue d'une AGE (Cass. com. 21-6-2011 n° 10-21.928 : RJDA 11/11 n° 920).

2° Absence de justes motifs

– Un temps compromise, situation financière de la société rétablie par le nouveau gérant majoritaire de sorte qu'elle fonctionnait normalement (Cass. com. 28-2-1977 : Rev. sociétés 1978 p. 245 note Gastaud) ;
– Dissensions entre associés indiscutables mais non compromettantes pour la bonne marche de l'entreprise, en croissance, le demandeur s'étant par ailleurs vu offrir l'achat de ses parts à dire d'expert (CA Paris 18-11-1981 : BRDA 4/82 p. 16) ;
– Abus de majorité résultant du vote d'un associé majoritaire en relations d'affaires avec deux sociétés auxquelles il était lié et ce, au détriment de l'intérêt social alors même que le fonctionnement de la société n'était pas paralysé (Cass. com. 18-5-1982 : Rev. soc. 1982 p. 804 note Le Cannu) ;
– Mésentente ne paralysant pas le fonctionnement de la société, les décisions prises par le gérant et le groupe majoritaire n'étant pas de nature à mettre la société en péril (CA Toulouse 10-6-1999 : JCP G 2000.II n° 10372) ;
– Mésentente sans incidence sur le fonctionnement des organes sociaux et les résultats, l'exercice social étant bénéficiaire (CA Paris 23-11-2001 n° 00/1157 : RJDA 4/02 n° 388 som.) ;
– Mésentente liée au défaut d'envoi de documents à un associé et à l'absence de convocation de ce dernier à plusieurs AG ne paralysant pas le fonctionnement de la société, son opposition n'empêchant pas la prise de décision (CA Paris 24-10-2003 n° 02/16467 : RJDA 2/04 n° 169 som.) ;
– Inexécution de ses obligations par le gérant associé moindre que celles du coassocié qui s'en plaignait lorsque celui-ci était gérant (CA Paris 24-10-2003 précité) ;
– Disparition de l'affectio societatis n'entraînant pas une paralysie du fonctionnement de la société (Cass. 3e civ. 16-3-2011 n° 10-15.459 : RJDA 6/11 n° 541 ; CA Paris 5-7-2007 n° 05/23460 : RJDA 8-9/08 n° 919 ; en sens contraire, CA Versailles 7-12-1995 : Bull. Joly 1996 p. 308 estimant que la disparition de l'affectio societatis ne peut que nuire au bon fonctionnement de la société) ;
– Mise en sommeil de la société depuis de nombreuses années dès lors que l'impossibilité de fonctionnement normal de la société n'était pas établie (Cass. com. 23-3-2010 n° 08-22.073 : RJDA 10/10 n° 960) ;
– Mésentente ne provoquant pas une paralysie actuelle du fonctionnement de la société (Cass. com. 13-7-2010 n° 09-16.103 : RJDA 11/10 n° 1080 ; CA Reims 9-4-2013 n° 11/02807 : BRDA 12/13 inf. 3) ;
– Poursuite de la réalisation de l'actif d'un associé en liquidation judiciaire n'entraînant pas une paralysie du fonctionnement de la société (Cass. com. 13-12-2011 n° 11-11.667 : RJDA 3/12 n° 307).

3° Procédure de dissolution

a. Droit d'agir de l'associé

Le droit de demander la dissolution judiciaire pour justes motifs appartient exclusivement aux associés (Cass. com. 28-9-2004 n° 1281 : RJDA 1/05 n° 39 ; CA Orléans 22-9-2005 n° 04/2603 : RJDA 1/06 n° 31).

L'associé demandeur doit invoquer un intérêt légitime ; tel n'est pas le cas de l'associé qui exerce l'action de manière abusive, ainsi de celui qui avait lui-même pris l'initiative de refuser les tâches qui lui avaient été attribuées par les statuts, qui n'avait recherché aucune entente amiable avec ses associés et qui avait fait preuve d'un comportement excessif (Cass. com. 14-12-2004 n° 1823 : RJDA 4/05 n° 391 : condamnation du demandeur à dommages-intérêts) ou de celui qui est lui-même responsable du désaccord entre les associés (Cass. 1e civ. 25-4-1990 : Bull. civ. I n° 87 ; Cass. com. 16-6-1992 : RJDA 10/92 n° 921). Il doit agir à la fois contre le ou les auteurs du désaccord et contre la société (Cass. 1e civ. 4-7-1995 : RJDA 10/95 n° 1100 relative à une société civile mais transposable aux sociétés commerciales).

Le droit de demander la dissolution judiciaire pour justes motifs est une prérogative d'ordre public qui ne peut être restreinte par les statuts (Cass. com. 23-1-1950 : D. 1950 p. 300 ; Cass. com. 12-6-1960 : Gaz. Pal. 1961 II p. 176).

b. Compétence

1. Compétence judiciaire

Le tribunal de commerce a compétence exclusive pour connaître de la dissolution judiciaire, à l'exclusion du juge des référés (CA Paris 5-7-1988 : Bull. Joly 1988 p. 674), même en cas de dissolution d'une société de fait (Cass. com. 8-7-1970 : Rev. sociétés 1971 p. 154).

2. Compétence arbitrale

Les statuts peuvent renfermer une clause d'arbitrage renvoyant à un arbitre le pouvoir de statuer sur la demande de dissolution judiciaire (Cass. com. 30-1-1963 : JCP 1967.II n° 15215).

c. Pouvoirs du tribunal

L'appréciation des faits constitutifs de la mésentente doit être effectuée au moment de la décision de justice (Cass. com. 4-12-1968 : JCP 1969.IV p. 23) et elle est souveraine (Cass. com. 25-2-1964 : Bull. civ. III n° 98).

Lorsque l'origine du litige entre les associés est inconnue, la dissolution judiciaire peut néanmoins être admise par le juge (Cass. com. 13-2-1996 : RJDA 5/96 n° 641).

La décision prononçant la dissolution judiciaire ne peut dans le même temps ordonner l'exclusion de l'associé autour du désaccord qui ne peut être contraint de céder ses parts ou actions à un autre associé (Cass. com. 12-3-1996 : RJDA 7/96 n° 926).

C. Causes statutaires de dissolution

Seuls les associés peuvent se prévaloir d'une clause des statuts pour demander la dissolution de la société et ne peuvent se voir substituer un créancier exerçant l'action oblique (CA Rouen 14-4-2004 n° 02/372, 2e esp. : RJDA 1/05 n° 39).

Lorsque les statuts prévoient le rachat des droits sociaux de l'associé à l'origine de la mésentente, ces droits sont évalués à leur valeur vénale et non à leur valeur de liquidation, et la clause de rachat constitue une promesse de cession de droits sociaux sous conditions suspensives de retrait de la société (Cass. com. 3-6-1966 : Bull. civ. III n° 282).

D. Liquidation judiciaire

La liquidation judiciaire de la société entraîne automatiquement la dissolution de celle-ci, même si elle s'achève par une clôture pour extinction du passif (Cass. com. 8-3-2005 n° 393 : RJDA 6/05 n° 723).

Chapitre II

EFFETS DE LA DISSOLUTION

Art. 201 [mod.] La dissolution de la société n'a d'effet à l'égard des tiers qu'à compter de sa publication par avis inséré dans un journal habilité à recevoir les annonces légales dans l'État partie du siège social.

La dissolution de la société pluripersonnelle entraîne de plein droit sa mise en liquidation.

La personnalité morale de la société subsiste pour les besoins de la liquidation et jusqu'à la clôture de celle-ci.

La dissolution d'une société dans laquelle tous les titres sont détenus par un seul associé entraîne la transmission universelle du patrimoine de la société à cet associé, sans qu'il y ait lieu à liquidation. Les créanciers peuvent faire opposition à la dissolution, devant la juridiction compétente, dans le délai de trente (30) jours à compter de la publication de celle-ci. La juridiction compétente rejette l'opposition ou ordonne soit le remboursement des créances, soit la constitution de garanties si la société en offre et si elles sont jugées suffisantes. La transmission du patrimoine n'est réalisée et il n'y a disparition de la société qu'à l'issue du délai d'opposition ou, le cas échéant, lorsque l'opposition a été rejetée ou que le remboursement des créances a été effectué ou les garanties constituées.

Les dispositions du quatrième alinéa ne sont pas applicables aux sociétés dont l'associé unique est une personne physique. Dans ce cas, la dissolution de la société entraîne de plein droit sa mise en liquidation.

Jurisprudence OHADA

I. Publication

A. Ordonnée par la juridiction prononçant la dissolution

Pour une décision ayant prononcé la dissolution d'une société et ordonné la publication au RCCM, voir (T. com. Lubumbashi (RDC), n° RCA.986, 8-4-2013 : F. K. c/ J. P. M., Ohadata J-14-26, obs. J. Kamga et F. Kyomba).

B. Défaut de publication

Les règles applicables à la liquidation résultant de la dissolution anticipée d'une société commerciale ne sont pas à confondre avec les règles sur la liquidation des biens prévue dans l'AUPCAP. Il faut se référer aux articles 203 et suivants de l'AUSCGIE pour la dissolution et la liquidation amiables d'une société. C'est donc à tort que la requérante, qui est en situation de liquidation amiable, invoque les dispositions de l'article 72 de l'AUPCAP pour obtenir la suspension des poursuites individuelles. En l'espèce, la saisie pratiquée à l'encontre de la société débitrice antérieurement à la publication de sa dissolution est valable, dès lors que selon l'article 201, cette dissolution n'était opposable aux créanciers qu'à compter de sa publication au RCCM (CA Ouagadougou, n° 40, 14-9-1999 : SONAPHARM c/ SOPAL, Ohadata J-02-48 ; obs. J. Issa-Sayegh).

Cession partielle d'actifs de la société dissoute. L'effet principal que l'article 201 de l'AUSCGIE fait produire à la non publication de la dissolution est l'inopposabilité celle-ci aux tiers, cette inopposabilité impliquant que pour ces tiers il n'y a ni transmission universelle du patrimoine de la société à l'associé unique, ni disparition de la société dissoute. Il s'ensuit que l'inopposabilité de la dissolution a pour seul effet de faire conserver aux tiers, créanciers de la société dissoute, un droit propre sur le patrimoine celle-ci et un droit d'action contre elle en recouvrement de leurs créances sans qu'il ne leur soit opposé la disparition de la société ou le transfert de son patrimoine à l'associé unique. Si préalablement à la dissolution, l'actionnaire unique a procédé à une cession partielle d'actifs à une société déjà existante ou qui s'est constituée à cet effet, le fait que la dissolution intervenue par la suite soit inopposable aux tiers, n'ouvrent pas à ceux-ci un droit d'action contre la société cessionnaire pour le recouvrement de leur créance sur la société cédante dissoute ; en effet, dans ce cas la société cessionnaire ne succède pas à la société cédante dissoute, les biens étant transmis à titre particulier et non à titre universel. Une telle opération, que n'interdit aucun texte, sauf la possibilité ouverte aux créanciers de s'y opposer, ne peut être assimilée, ni à une fusion absorption ni à une fusion par création d'une société nouvelle, encore moins à un changement de dénomination sociale ou modification du capital. S'agissant, en l'espèce, d'une cession partielle d'actifs sans transfert du passif de la société dissoute à la société cessionnaire, l'opération réalisée ne peut s'analyser ni être assimilée à une fusion, (soit par absorption soit par création d'une société nouvelle) ni à un changement de dénomination ou encore à une simple modification du capital. La preuve contraire n'ayant pas été rapportée, La société cessionnaire ne peut donc répondre du passif de la société dissoute, même dans l'hypothèse où la dissolution de cette dernière, intervenue par la suite, serait inopposable aux créanciers de celle-ci (CA Pointe-Noire (Congo), n° 037, 13-6-2008 : Banque du Crédit pour l'Agriculture, l'Industrie et le Commerce c/ Sté Electron Plus, Ohadata J-13-109).

II. Liquidation de la société dissoute

Sur la désignation d'un liquidateur pour une société dissoute par la juridiction ayant prononcé la dissolution, voir sous l'art. 226 (Ohadata J-14-26).

III. Société restructurée mais non liquidée

Il n'y a pas dissolution d'une société qui a simplement été restructurée. Il en résulte que la disposition nationale prévoyant qu'en cas de liquidation d'une société la police d'assurance souscrite par elle s'éteint est inaplicable et que la police d'assurance concernée produit ses effets jusqu'au terme convenu (T. com. Brazzaville (Congo), n° 09, 8-2-2011 : M. M. et K. M. c/ NSIA-CONGO, Ohadata J-13-77) ; sur la désignation d'un liquidateur pour une société dissoute par la juridiction ayant prononcé la dissolution, voir sous l'art. 226 (Ohadata J-14-26).

IV. Validité de l'action en justice initiée par une société dont la liquidation n'est pas clôturée

En l'absence de preuve de la clôture de la liquidation d'une société, dont l'inexistence est alléguée, le pourvoi formé par ladite société est recevable, conformément à l'article 201 de l'AUSCGIE (CCJA, ass. plén., n° 055, 23-4-2014 : Sté TOGOCRUS SARL c/ 1) Procureur général près de la cour d'appel de Lomé (État togolais), 2) Sté Omnium togolaise d'assistance maritime (OTAM), 3) Sté togolaise de consignation maritime (STCM), Ohadata J-15-146).

V. Non-extension des effets de la dissolution d'une société à sa filiale, qui est une personne morale distincte

Il est constant qu'une filiale dispose d'une personnalité juridique propre qui est distincte de celle de la société mère, ce qui la distingue de la succursale qui ne possède pas de personnalité juridique propre. Ainsi, en retenant, en l'espèce, que « la filiale […] a une personnalité juridique autonome et distincte de celle de la société mère, de sorte qu'elle est une société à part entière et existe comme toutes autres sociétés possédant la pleine capacité juridique et les attributs qui en découlent ; que cette pleine capacité juridique qui découle de l'autonomie juridique dont elle jouit exclut l'extension à la filiale des situations qui affectent la société mère », pour en déduire que « la société [X.] Congo SA n'a jamais été dissoute […], de sorte que les organes mis en place demeurent jusqu'à preuve du contraire les seules à agir au nom et pour le compte de [X.] Congo SA », la cour d'appel a fait une exacte application des articles 179 et 201 de l'AUSCGIE. C'est donc à tort qu'il est reproché à l'arrêt d'avoir violé lesdits articles en confirmant la décision du premier juge qui a retenu la validité des mesures d'exécution forcées entreprises par la société [X.] Congo SA, au motif que cette dernière dispose d'une personnalité juridique distincte de celle de la société mère [X.] HK Limited, de sorte que la liquidation de cette dernière ne peut avoir d'effet sur sa filiale, alors que la société mère détenant substantiellement le capital de la filiale, la tenue du conseil d'administration d'une part et la conduite des actions en recouvrement d'autre part par la filiale postérieurement à la liquidation de la société mère, nécessite l'intervention des organes de liquidation de cette dernière (CCJA, 2e ch., n° 063/2024, 29-2-2024).

JURISPRUDENCE COMPARÉE

I. France

A. Disparition de la société dissoute

La société dissoute qui ne peut en aucun cas revivre est automatiquement liquidée par la volonté des associés, même si la dissolution n'a pas été publiée (CA Amiens 6-1-1969 : D. 1969 p. 266 ; CA Paris 5-7-2002 : n° 02-6359 : RJDA 12/02 n° 1278).

La transformation d'une société dissoute en une société d'une autre forme est exclue (Cass. com. 25-1-1956 : Bull. civ. III n° 38 ; Cass. com. 12-11-1992 : RJDA 3/93 n° 225).

B. Survivance de la personnalité morale pour les besoins de la liquidation

Voir sous l'art. 205.

C. Réunion de tous les droits sociaux en une seule main

La dissolution est exclue en présence d'une société constituée de deux associés dont l'un était apporteur en industrie, l'autre associé étant ainsi détenteur de l'ensemble des parts sociales (Cass. 1re civ. 30-3-2004 n° 530 : RJDA 7/04 n° 853).

D. Maintien de la personnalité morale de la société

Puisque la société devenue unipersonnelle et non régularisée subsiste l'associé unique gérant en titre de la société conserve sa qualité pour exercer les actions en justice au nom et pour le compte de la société (CA Paris 23-9-1997 : RJDA 12/97 n° 1494 som.).

E. Transmission universelle du patrimoine de la société dissoute

1° Absence de dérogation

La transmission universelle sans liquidation opère de plein droit sans dérogation possible ne laissant aucune liberté de choix à l'associé unique personne morale (CA Douai 14-11-1996 : RJDA 3/97 n° 372).

Les créanciers sociaux ne peuvent plus agir contre la société dissoute, mais seulement contre l'associé unique ; ainsi, est irrecevable le pourvoi en cassation formé par un créancier plus de trente jours après la publication de la dissolution d'une société dans un journal d'annonces légales, aucune opposition n'étant par ailleurs alléguée (Cass. 3e civ. 20-6-2007 n° 06-13.514 : RJDA 2/08 n° 143).

Elle est écartée uniquement en cas de dissolution consécutive à la liquidation judiciaire de la société ou postérieure au jugement d'ouverture d'une procédure collective à l'encontre de la société (Cass. com. 12-7-1995 n° 1236 et 1237 : BRDA 15-16/05 inf. 2).

Si une société A devient associé unique d'une autre société B détenant elle-même les parts d'une société C, le mandataire liquidateur de la société A est habilité à demander en justice le règlement d'une créance engagée par la société C (CA Versailles 21-11-2003 n° 01/8389 : RJDA 7/04 n° 824).

2° Droits et obligations entrés dans le patrimoine de la société dissoute

Transfert des droits attachés même à un contrat conclus intuitu personae non transmis. Lorsqu'une E.U.R.L. a conclu un accord dont une clause dite « non transmissibilité » interdit la cession entre vifs ou à cause de mort du contrat conclu « intuitu personae » (en considération de la personne de l'E.U.R.L.) qui a été résilié peu de temps avant la dissolution de la société, l'associé unique ayant reçu la transmission du patrimoine de celle-ci peut valablement exiger le règlement par le créancier de l'E.U.R.L. de commissions impayée et d'une indemnité de résiliation ; en effet, en dépit de l'expiration du contrat conclu « intuitu personae » au plus tard lors de la dissolution de la société et du défaut d'accord du créancier, l'associé unique devait recevoir les créances et dettes antérieurement dans le patrimoine social en exécution de cet accord (Cass. com. 7-6-2006 : BRDA 13/06 p. 2).

3° Transfert des contrats

Le cautionnement souscrit en garantie d'une dette de la société couvre les obligations nées avant la dissolution de la société (Cass. com. 19-11-2002 n° 190 : RJDA 2/03 n° 140 ; Cass. com. 5-5-2004 n° 720 : RJDA 8-9/04 n° 984).

Le bailleur ne peut pas faire valoir qu'il y a eu cession du bail qui aurait dû être soumise à son autorisation par application du contrat de bail (Cass. 3e civ. 9-4-2014 n° 13-11.640 : BRDA 9/14 inf. 1).

4° Transfert des actions en justice

L'associé unique prend la suite de la société dans l'action en justice en cours au moment de la dissolution de celle-ci et doit être appelé à l'instance (Cass. com. 7-4-2010 n° 09-11.002 : RJDA 6/10 n° 642) ; ainsi :

– il peut se voir opposer un jugement rendu contre la société après la dissolution la condamnant au paiement d'une créance de dommages-intérêts reconnue à un salarié qui avait introduit son action avant la dissolution, de sorte que l'obligation en résultant avait été incluse dans le passif transmis à l'associé (Cass. com. 2-2-2010 n° 09-11.938 : RJDA 5/10 n° 532) ;

– il peut également se prévaloir des effets d'un jugement ; il peut ainsi opposer à un ancien salarié qui le poursuit personnellement le jugement écartant l'action que ce salarié avait auparavant engagée contre la société en raison des mêmes faits (Cass. soc. 25-10-2007 n° 06-42.238 : RJDA 6/08 n° 682), et profiter des délais de recours ayant commencé à courir contre les décisions de justice rendues à l'égard de la société avant la dissolution (Cass. 3e civ. 12-3-2008 n° 07-15.278 : RJDA 6/08 n° 666).

F. Droit d'opposition des créanciers

1° Forme de l'opposition

Le terme « opposition » désigne un acte extrajudiciaire délivré par un huissier de justice (cf. Cass. com. 11-2-2003 n° 275 : RJDA 7/03 n° 713, rendu pour l'application de l'article 1944 du Code civil qui vise aussi une « opposition » sans en définir la forme).

2° Défaut d'opposition

La dissolution publiée produit effet à l'égard du créancier ayant négligé le délai d'opposition de trente jours, même si la société n'a pas encore été radiée du RCS (Cass. com. 24-9-2002 n° 1471 : RJDA 12/02 n° 1285). Après accomplissement des formalités de publicité, la dissolution de la société produit effet à l'égard du créancier ayant négligé le délai d'opposition de trente jours, même si la société a été radiée du registre du commerce et des sociétés (Cass. com. 24-9-2002 n° 1471 : RJDA 12/02 n° 1285).

II. Luxembourg

Maintien de la personnalité morale pour les besoins de la liquidation excluant la naissance d'une indivision entre les associés

La personnalité juridique de la société dissoute subsiste pour les besoins de la liquidation (Article 141 de la loi suisse de 1915 visant les seules sociétés commerciales) ; par suite, la dissolution d'une société civile soumise aux mêmes effets de la personnalité morale que les sociétés commerciales (Article 3 loi précité) ne saurait donner lieu à une indivision immédiate rendant impossible toute liquidation spécifique convenue dans les statuts (Cour supérieure de justice du Luxembourg, section civile, n° 32/06 du 18-5-2006 : ATF 124 III 297 ; JdT 1999 II 268 ; SJ 1998 460).

III. Pologne

Conséquences pour les associés du défaut de liquidation

Les associés de la société, ayant décidé sa dissolution sans organiser sa liquidation et l'apurement du passif, lui succèdent dans ses obligations (Cour de cassation, Chambre civile, 24-7-2009, II CSK 134/2009).

À défaut de liquidation, la charge du passif de la société dissoute incombe aux associés. En absence de convention contraire, les associés sont tenus solidairement du passif de la société (Cour de cassation, Chambre civile, 10-10-2007, I CSK 263/2007).

Un associé peut réclamer aux autres associés qui n'ont pas distribué les bénéfices le versement de sa part dans ces bénéfices (Cass. civ. 23-10-2008, V CSK 172/2008).

Art. 202 [mod.] La dissolution est publiée par un avis dans un journal habilité à recevoir les annonces légales du lieu du siège social, par dépôt au registre du commerce et du crédit mobilier des actes ou procès-verbaux décidant ou constatant la dissolution et par la modification de l'inscription au registre du commerce et du crédit mobilier.

Sur la publicité au greffe, voir l'AUDCG, art. 58.

Jurisprudence comparée

France

Publicité de la dissolution

La radiation de la société dissoute du RCS n'a aucune conséquence sur la personnalité morale de la société dissoute, laquelle subsiste jusqu'à la liquidation intégrale des droits et obligations non liquidés de la société (Cass. com. 13-2-1996 : RJDA 6/96 nº 793 ; Cass. com. 20-2-2001 : RJDA 5/01 nº 590). À défaut de publication, la dissolution est inopposable aux tiers (Cass. soc. 27-4-1977 : Bull. civ. V nº 274 ; CA Versailles 9-11-1995 : BRDA 1/96 p. 3 ; CA Paris 12-6-1997 : Bull. Joly 1997 P. 92 note Le Cannu).

• Titre II •

LIQUIDATION DE LA SOCIETE COMMERCIALE

• Chapitre I •

DISPOSITIONS GENERALES

Art. 203 [mod.] Les dispositions du présent chapitre s'appliquent à toute liquidation de société commerciale qu'elle soit organisée à l'amiable conformément aux statuts ou à l'accord des associés ou ordonnée par décision de justice conformément au 2°) de l'article 223 ci-après.

Toutefois, elles ne s'appliquent pas lorsque la liquidation intervient dans le cadre des dispositions de l'Acte uniforme portant organisation des procédures collectives d'apurement du passif.

JURISPRUDENCE OHADA

I. Compétence du juge des référés

La saisine du juge des référés est recevable afin d'empêcher l'exécution d'un titre exécutoire en raison de la mise en liquidation amiable de la société débitrice, dès lors que le litige porte sur une difficulté d'exécution d'un tel titre et n'implique en rien le régime de la liquidation amiable d'une société (CA Ouagadougou, n° 40, 14-9-1999 : SONAPHARM c/ SOPAL, Ohadata J-02-48 ; obs. J. ISSA-SAYEGH).

II. Mise en liquidation frauduleuse – inopposabilité

Voir sous l'art. 200.

III. Liquidation sur décision judiciaire

Lorsqu'il résulte des pièces produites qu'un syndic a été désigné dans le cadre de la mise en liquidation des biens d'une société prononcée par jugement collégial contradictoire par un tribunal de première instance, les articles 230, 221, 239 et 240 de l'AUSCGIE ne peuvent pas avoir été violés dès lors qu'il s'agit, en l'espèce, d'une liquidation intervenue dans le cadre de l'AUPCAP. Il s'ensuit que la cour d'appel n'a en rien violé les dispositions de l'AUSCGIE visées au moyen (CCJA, n° 020/2009, 16-4-2009 : T. B. A. c/ Sté MRL Liquidation et Y. K. N., Rec. jur. CCJA, n° 13, janv.-juin 2009, p. 70, Ohadata J-10-68).

Obs. : les dispositions de l'AUSCGIE relatives à la liquidation amiable d'une société sont inapplicables à une société mise sous procédure collective régie par l'AUPCAP.

JURISPRUDENCE COMPARÉE

France

Généralités

Dans les opérations de partage de l'actif ou du passif restant, l'actionnaire majoritaire ayant réglé des dettes sociales par versement en compte courant à la société durant la liquidation ne saurait réclamer aux autres associés leur contribution au passif apuré à peine d'augmentation de leurs engagements supposant leur propre consentement (Cass. com. 19-10-1999 : RJDA 2/00 n° 165).

Art. 204 La société est en liquidation dès l'instant de sa dissolution pour quelque cause que ce soit.

La mention « société en liquidation » ainsi que le nom du ou des liquidateurs doivent figurer sur tous les actes et documents émanant de la société et destinés aux tiers, notamment sur toutes lettres, factures, annonces et publications diverses.

Jurisprudence OHADA

I. Demande de suspension de l'exécution d'un titre exécutoire

Compétence du juge de l'exécution. La saisine du juge afin d'empêcher l'exécution d'un titre exécutoire en raison de la mise en liquidation amiable de la société débitrice porte sur une difficulté d'exécution qui, selon l'article 433 du Code de procédure civile, relève de la compétence du juge des référés (CA Ouagadougou, n° 40, 14-9-1999 : SONAPHARM c/ SOPAL, Ohadata J-02-48 ; obs. J. ISSA-SAYEGH).

Obs. : cette action ne relève pas du juge de la liquidation au sens de l'AUPCAP.

II. Omission de la mention « société en liquidation »

L'acte d'appel d'une société en liquidation judiciaire qui ne comporte ni la mention « société en liquidation », ni le nom et la qualité du liquidateur de ladite société, alors que le ton impératif de l'article 204 de l'AUSCGIE l'exige, doit être annulé et conséquemment, l'appel irrecevable (CA Abidjan (Côte d'Ivoire), 1e ch. civ. et com., n° 529, 20-5-2005 : Sté CANAPLAST SARL c/ La D.G.I., Juris-Ohada n° 2/2007, p. 23, Ohadata J-08-76).

Jurisprudence comparée

France

L'assignation en justice par une société doit être rejetée dès lors qu'elle ne faisait pas état de ce que la société était en liquidation (CA Paris 6-1-1995 : RJDA 4/95 n° 440).

Le liquidateur peut être déclaré personnellement responsable du préjudice causé aux tiers par ce défaut d'information (Cass. com. 16-3-1976 : Bull. civ. IV n° 104 ; CA Paris 19-9-1990 : BRDA 21/90 p. 12).

Art. 205 La personnalité morale de la société subsiste pour les besoins de la liquidation et jusqu'à la publication de la clôture de celle-ci.

Jurisprudence OHADA

I. Maintien des pouvoirs du président du conseil d'administration

Le président du conseil d'administration, en sa double qualité d'administrateur, représentant la société et d'associé de celle-ci, a pleinement qualité et intérêt pour agir dans le sens de la sauvegarde de ses intérêts (CA Ouagadougou (Burkina Faso), Ch. civ. et com., n° 52, 16-4-2004 : SOSACO c/ K. H. (BTM) et BATEC-SARL et Entreprise DAR-ES-Salam, Ohadata J-04-375 ; J-04-374).

II. Intérêts du président ou de la société

Obligations du liquidateur : publication des actes accomplis pendant la liquidation

Obs. : voir l'art. 267.

Jurisprudence comparée

I. France

A. Survivance de la personnalité morale pour les besoins de la liquidation

1° Droit de la société à se prévaloir de la personnalité morale

La société en liquidation :

– peut exercer toutes actions en justice tendant à la défense de son patrimoine : par exemple, action en concurrence déloyale contre un tiers pour détournement de clientèle (Cass. com. 20-5-1974 : Bull. civ. IV n° 162), action en recouvrement de créances (CA Paris 11-3-1988 : Bull. Joly 1988 p. 479) ;

– peut faire l'objet d'une procédure collective d'apurement de son passif même si elle a été radiée du registre du commerce (n° 90821) et même si la cessation de ses paiements est postérieure à la dissolution (Cass. com. 27-1-1958 : D. 1958 p. 349 ; CA Aix 17-3-1978 : Bull. Cour d'Aix 1978/2 p. 86) ;

– est tenue de poursuivre l'exécution des contrats administratifs en cours (CE 10-5-1940 : Rec. Lebon 165) et peut en exiger la continuation, l'administration ne pouvant en prononcer la résiliation pendant la période de liquidation (CE 18-12-1936 : Rec. Lebon 1128).

2° Opposabilité de la personnalité morale aux associés

a. Survivance des parts ou actions

Pendant la liquidation, et jusqu'à la clôture de celle-ci, les parts ou actions des associés conservent leur caractère mobilier, et peuvent donc être cédées ou saisies (Cass. com. 3-10-2006 n° 04-14.611 : RJDA 2/07 n° 193).

Les associés ne deviennent donc pas copropriétaires indivis de l'actif social et leurs héritiers ne peuvent pas, en principe, faire apposer les scellés sur les biens de la société (Cass. com. 7-8-1951 : Bull. civ. II n° 280). Dans un cas où le liquidateur amiable avait décidé qu'au jour de la dissolution, l'immeuble social était devenu la propriété indivise des associés, la demande d'un associé tendant à ce qu'il soit procédé aux opérations de compte, liquidation et partage de la société a été accueillie (CA Paris 24-11-2009 n° 08/15092 : RJDA 6/10 n° 626).

b. Irrecevabilité des associés à agir en justice pendant la liquidation

Pendant la liquidation, les associés d'une société ne peuvent pas recourir à l'action oblique permettant d'exercer les droits de leur débiteur négligent afin de demander l'annulation d'une opération effectuée par le liquidateur car ils sont créanciers à terme et sous condition de l'actif social à partager après règlement des créanciers (CA Versailles 19-2-1992 : BRDA 12/92 p. 17 ; de même, Cass. 1e civ. 2-10-2002 : RJDA 12/02 n° 1280 relatif à une société civile et CA Paris 10-3-1992 : JCP 1992.IV p. 2003).

3° Limites à la survivance de la personnalité morale

Le liquidateur ne peut pas demander en justice le paiement du prix de prestations fournies par la société dès lors que celles-ci résultaient d'un contrat conclu postérieurement à la dissolution de la société et que ce contrat constituait une affaire nouvelle étrangère aux besoins de la liquidation (CA Paris 26-10-1993 : Bull. Joly 1994 p. 62 note PLC).

Le compte courant ouvert au nom d'une société dans les livres d'une banque est nécessairement clôturé à la dissolution de cette société, sauf prorogation de son fonctionnement pour les besoins des opérations de la liquidation (Cass. com. 15-11-1994 : RJDA 3/95 n° 307).

Même l'assemblée générale extraordinaire n'a pas le pouvoir d'attribuer à l'ancien président de la société une indemnité destinée à compenser la gratuité de ses fonctions avant la dissolution de la société (Cass. com. 21-7-1983 : Rev. sociétés 1984 p. 321 note Bouloc).

B. Disparition de la personnalité morale

1° Apurement du passif par les associés

La liquidation amiable d'une société impose l'apurement intégral du passif (Cass. com. 23-3-1993 : RJDA 4/94 n° 412 ; Cass. com. 9-5-2001 : RJDA 8-9/01 n° 863).

Même si ces formalités de publicité ont été effectuées, « la personnalité morale d'une société subsiste aussi longtemps que les droits et obligations à caractère social ne sont pas liquidés » ; tel est le cas lorsque la société est engagée dans une instance judiciaire (Cass. com. 13-2-1996 : RJDA 6/96 n° 793), ou lorsqu'il existe un élément de passif dont le liquidateur n'a pas tenu compte (Cass. com. 2-5-1985 : Bull. civ. IV n° 139) ou lorsque la société demande l'exécution de la garantie décennale du constructeur alors même que, plus de trois ans avant l'action en justice, l'assemblée générale de la société avait approuvé les comptes de liquidation, donné quitus de sa gestion au liquidateur et constaté la cessation de la personnalité morale de la société et que celle-ci avait été radiée du registre du commerce (Cass. com. 26-1-1993 RJDA 5/93 n° 403).

Le créancier d'une SNC peut poursuivre un ex-associé sans avoir à établir qu'il a poursuivi vainement la société (Cass. 3e civ. 10-2-2010, n° 09-10.982 : BRDA 5/10 inf. 2, à propos d'une société civile mais transposable à une SNC).

2° Fin du mandat du liquidateur

La clôture des opérations de liquidation met fin au mandat du liquidateur qui n'a plus qualité pour représenter la société dissoute (Cass. com. 15-6-1993 : RJDA 11/93 n° 906 ; Cass. com. 18-1-2000 : RJDA 4/00 n° 423). En conséquence :

– le créancier qui entend faire rouvrir la liquidation doit alors demander en justice la nomination d'un mandataire chargé de reprendre les opérations de liquidation pour le compte de la société (Cass. com. 26-1-1993 : RJDA 5/93 n° 403 ; Cass. com. 10-12-1996 : RJDA 2/97 n° 212) ;

– les associés ne peuvent pas nommer un nouveau liquidateur pour agir en justice contre le précédent liquidateur ; à compter de la clôture de la liquidation, la société ne pouvait plus être représentée que par un mandataire ad hoc désigné en justice (Cass. com. 26-11-2013 n° 12-28.038 : BRDA 24/13 inf. 5).

3° Indivision entre les ex-associés

Lorsque la personnalité morale a disparu, les associés deviennent copropriétaires indivis des éléments de l'actif social restant après apurement des dettes, y compris ceux qui viendraient à se révéler postérieurement à la radiation de la société. Chaque associé peut agir pour le recouvrement de ces éléments d'actif ignorés puisqu'en tant qu'indivisaire il peut prendre les mesures nécessaires à la conservation des biens indivis (C. civ. art. 815-2) ou représenter ses coïndivisaires selon les règles de la gestion d'affaires (C. civ. art. 815-4) ; dans le même sens, voir CA Paris 17-2-1989 : BRDA 10/89 p. 19 et CA Versailles 27-10-1994 : RJDA 2/95 n° 152.

Sur l'application des règles de l'indivision pour le recouvrement de créances non comprises dans l'actif social partagé, voir Cass. com. 31-5-1988 : Bull. civ. IV n° 188 ; Cass. com. 24-3-1998 : RJDA 6/98 n° 743.

II. Pologne

Conformément aux dispositions de l'article 122 du Code de commerce (l'article 67 § 1 du nouveau Code des sociétés commerciales) à défaut de convention contraire, la dissolution de la société entraîne sa liquidation. Conformément à l'article 123 du Code de commerce, à présent art. 68 du Code des sociétés commerciales, pendant la période de liquidation de la société, les affaires et la gestion de celle-ci sont assurés conformément aux statuts. Il en résulte que la société continue d'exister et par conséquent peut engager des poursuites judiciaires (Cass. civ. 16-1-2009, V CSK 240/2008).

Art. 206 [mod.] **Lorsque la liquidation est décidée par les associés, un ou plusieurs liquidateurs sont nommés :**

1°) dans les sociétés en nom collectif, à l'unanimité des associés ;

2°) dans les sociétés en commandite simple, à l'unanimité des commandités et à la majorité en capital des commanditaires ;

3°) dans les sociétés à responsabilité limitée, à la majorité en capital des associés ;

4°) dans les sociétés par actions, aux conditions de quorum et de majorité prévues pour les assemblées générales extraordinaires.

Art. 207 **Le liquidateur peut être choisi parmi les associés ou les tiers. Il peut être une personne morale.**

Jurisprudence comparée

France

A. Cessation des fonctions des organes de gestion

A compter de la liquidation de la société, les fonctions de dirigeant cessent et entraînent les conséquences suivantes : l'ancien dirigeant de la société dissoute perd la qualité de représentant légal de la société ; dès lors, en tant que tiers à la société il ne peut obtenir les relevés des comptes et ordres d'opérations accomplies par la société durant son mandat auprès d'une banque (Cass. com. 16-1-2001 : RJDA 4/01 n° 453) tenue au secret bancaire (Cass. com. 23-10-2001 : RJDA 2/02 n° 157).

Dès lors qu'elle est la conséquence de la liquidation de la société, la cessation des fonctions d'un dirigeant ne constitue pas une décision de révocation qui serait dépourvue de motif ou abusive, sauf à établir que la dissolution avait pour objet d'évincer le dirigeant (CA Paris 28-6-2007 n° 06/14224 : RJDA 12/07 n° 1240).

B. Qualité du liquidateur

Lorsque le liquidateur est une personne morale, la liquidation amiable de celle-ci ne met pas fin à la mission du liquidateur (Cass. com. 20-11-2001 : RJDA 2/02 n° 156).

C. Nomination

Les associés, tenus de procéder à la dissolution et à la liquidation de la société à l'unanimité, ne peuvent s'opposer à la nomination d'un liquidateur amiable en invoquant la proximité d'un état de cessation des paiements (CA Versailles 7-3-2002 n° 016194 : RJDA 7/02 n° 771).

L'ancien représentant légal d'une société dissoute par l'effet d'un plan de cession totale de ses actifs a qualité, comme tout « intéressé », pour demander la désignation d'un mandataire ad hoc chargé de représenter la société en justice (Cass. com. 2-6-2004 n° 876 : RJDA 8-9/04 n° 986).

D. Durée du mandat du liquidateur amiable

À défaut de durée prévue dans la désignation du liquidateur ou dans les statuts, ou, encore, de renouvellement à leur terme, par les associés, les fonctions du liquidateur prennent fin à l'expiration du délai de trois ans prévu par la loi (Cass. com. 18-1-2011 n° 10-11.624 : Légifrance).

Art. 208 [mod.] **Si les associés n'ont pu nommer un liquidateur, celui-ci est désigné par décision de justice à la demande de tout intéressé, dans les conditions prévues aux articles 226 et 227 ci-après.**

JURISPRUDENCE COMPARÉE

France

Nomination en justice

Le liquidateur d'une SARL dont les fonctions ont pris fin par l'arrivée du terme légal peut demander en justice la nomination d'un nouveau liquidateur (CA Paris 6-7-1993 : RJDA 12/93 n° 1041).

Art. 209 **Sauf disposition contraire de l'acte de nomination, si plusieurs liquidateurs ont été nommés, ils peuvent exercer leurs fonctions séparément.**

Toutefois, ils établissent et présentent un rapport commun.

JURISPRUDENCE COMPARÉE

France

A. Pluralité de liquidateurs

Même si les liquidateurs nommés se sont répartis les tâches leur incombant, ils conservent le pouvoir d'exercer seul les fonctions qui leur sont attribuées lors de leur désignation (Cass. com. 23-5-1973 : Bull. V n° 332).

B. Pouvoirs du liquidateur

1° Représentation légale du liquidateur

En l'absence de nomination d'un liquidateur seul habilité à représenter la société, le renouvellement de la marque appartenant à la société ne peut être effectué par quiconque à peine de nullité de l'acte (Cass. com. 12-11-1992 : RJDA 3/93 n° 225).

2° Réalisation de l'actif social

Le liquidateur qui souhaite vendre un immeuble à de meilleures conditions peut demander la résiliation préalable d'un bail grevant l'immeuble (CA Versailles 17-9-1999 : RJDA 1/00 n° 38).

3° Règlement des créanciers

En l'absence de dispositions législatives imposant une procédure d'apurement collectif du passif dans les sociétés en liquidation, les créanciers sont désintéressés au fur et à mesure qu'ils se présentent (cf. CA Montpellier 1-6-1954 : JCP 1955.II n° 8680 note Toujas). Toutefois, lorsqu'ils sont connus, le liquidateur commettrait une faute engageant sa responsabilité s'il procédait sciemment au paiement de certains d'entre eux à l'exclusion des autres en sachant que l'actif ne peut suffire à régler la totalité du passif (Pour un exemple, CA Dijon 19-6-1986 : Bull. Joly 1986 p. 1142 et, sur pourvoi, Cass. com. 2-2-1988 : Bull. Joly 1988 p. 273).

Les créances litigieuses sur la société doivent, jusqu'au terme des procédures en cours, faire l'objet d'une provision (Cass. com. 9-5-2001 : RJDA 8-9/01 n° 863). Lorsque, faute d'actif social suffisant, la provision nécessaire pour garantir une créance litigieuse ne peut pas être constituée, le liquidateur doit différer la clôture de la liquidation et solliciter, le cas échéant, l'ouverture d'une procédure collective à l'égard de la société ; à défaut le créancier pourrait engager sa responsabilité (Cass. com. 11-10-2005 n° 1219 : RJDA 3/06 n° 277 ; Cass. com. 26-6-2007 n° 05-20.569 : RJDA 2/08 n° 144 ; Cass. com. 10-11-2009 n° 08-22.137 : RJDA 3/10 n° 252).

Les créanciers également débiteurs de dettes à l'égard de la société en liquidation peuvent en obtenir compensation entre les dettes et créances auprès du liquidateur (Cass. com. 20-7-1976 : Rev. sociétés 1977 p. 75 note Atias), et ce même en cas d'opposition d'autres créanciers sociaux formée auprès du liquidateur (Cass. com. 17-10-1973 : D. 1975 p. 157 note Steinmetz).

4° Actions en justice

Le liquidateur a seul qualité pour agir en justice à compter de la liquidation de la société ; sa compétence exclut ainsi toute demande formée par :

– un ancien dirigeant même titulaire d'un mandat des actionnaires (Cass. com. 6-6-1990 : Bull. Joly 1990 p. 896 ; CA Paris 6-1-1995 : RJDA 4/95 n° 440) ;

– les associés (Cass. com. 2-5-1968 : Bull. civ. IV n° 144 ; Cass. 1e civ. 2-10-2002 n° 1418 : RJDA 12/02 n° 1280) ;

– un associé souhaitant recouvrer une dette des autres associés envers la société, même en cas d'inertie du liquidateur (Cass. com. 15-12-1977 : Rev. sociétés 1978 p. 725).

Art. 210 [mod.] **La rémunération du liquidateur est fixée par la décision des associés ou de la juridiction compétente qui le nomme.**

JURISPRUDENCE OHADA

Possibilité de fixer la rémunération du liquidateur en dehors de l'acte de nomination

Au sens de l'article 210 de l'AUSCGIE, il appartient, certes, à la juridiction qui nomme un liquidateur de fixer la rémunération de celui-ci ; néanmoins, cette fixation n'est pas nécessairement faite dans l'acte de nomination et peut intervenir ultérieurement, soit en cours de mission, en fonction des diligences déjà effectuées par le liquidateur ou même à la fin de cette mission, après exécution complète de celle-ci, l'essentiel étant que cette rémunération soit fixée par la juridiction qui nomme le liquidateur (CCJA, 2e ch., n° 091/2021, 27-5-2021 : Kone Karim c/ Compaore Ali).

Art. 211 Le liquidateur peut être révoqué et remplacé selon les formes prévues pour sa nomination.

Toutefois, tout associé peut demander en justice la révocation du liquidateur si cette demande est fondée sur des motifs légitimes.

JURISPRUDENCE COMPARÉE

France

Cessation des fonctions du liquidateur

1° Révocation

L'action d'un quelconque associé en la révocation du liquidateur est recevable à condition d'établir la faute du liquidateur dans l'exercice de son mandat (Cass. com. 24-11-1992 : RJDA 2/93 n° 128 ; Cass. com. 28-11-2003 n° 1661 : RJDA 3/04 n° 325). La révocation en justice pour motif légitime du liquidateur désigné par l'assemblée générale des associés est admise implicitement par les juges afin de protéger les associés minoritaires du blocage éventuel de la société dans le cas où le liquidateur est associé (CA Paris 24-3-1987 : Bull. Joly 1987 p. 389).

2° Démission

Seuls le tribunal de commerce et le président du tribunal de commerce peuvent valablement remplacer le liquidateur désigné en justice et démissionnaire (CA Reims 27-9-76 : JCP 1977.IV p. 269).

Art. 212 [mod.] L'acte de nomination du liquidateur est publié dans les conditions et délais fixés à l'article 266 ci-après.

La nomination et la révocation du liquidateur ne sont opposables aux tiers qu'à compter de cette publication.

Ni la société, ni les tiers ne peuvent, pour se soustraire à leurs engagements, se prévaloir d'une irrégularité dans la nomination ou dans la révocation du liquidateur, dès lors que celle-ci a été régulièrement publiée.

JURISPRUDENCE OHADA

Absence de sanction pour non-respect du délai de publication

Il s'infère de l'article 212 de l'AUSCGIE, et de l'article 266 du même Acte uniforme auquel il renvoie, que ni la publication de l'acte de nomination du liquidateur de la société au-delà du délai indiqué, ni l'absence d'une des mentions exigées pour figurer dans ledit acte ne sont assorties de sanctions qui fixent les conditions et délais de publication de l'acte de nomination du liquidateur. En l'espèce, même si l'acte de nomination du liquidateur de la société date du 23 février 2013 et que sa publication est intervenue dans un journal d'annonces légales le 17 avril 2018, il demeure opposable aux tiers à partir de cette date de publication, malgré la tardiveté de l'accomplissement de cette formalité, au-delà d'un mois comme le prescrit l'article 266 susvisé ; par conséquent, la saisine du tribunal de commerce d'Abidjan le 25 mars 2019 par le liquidateur, au nom et pour le compte de la société défenderesse, est recevable parce que postérieure à la publication de l'acte de sa nomination (CCJA, 1re ch., n° 251/2024, 24-10-2024).

Jurisprudence comparée

France

Validité de la déclaration de créance par un liquidateur en dépit du défaut de publicité

En l'absence de publicité de la liquidation amiable d'une société, le liquidateur peut néanmoins valablement procéder à la déclaration d'une créance sur la société contre l'un des associés faisant lui-même l'objet d'un redressement judiciaire (Cass. com. 12-7-2004 nº 1198 : RJDA 2/05 nº 168, 1e esp. ; Cass. com. 6-11-2012 nº 11-20.354 : BRDA 23/12 inf. 4).

Art. 213 [mod.] **Sauf le consentement unanime des associés, la cession de tout ou partie de l'actif de la société en liquidation à une personne ayant eu dans cette société la qualité d'associé en nom, de commandité, de gérant, d'administrateur, d'administrateur général, de directeur général ou autre dirigeant social ou de commissaire aux comptes, ne peut avoir lieu qu'avec l'autorisation de la juridiction compétente, le liquidateur et le commissaire aux comptes entendus.**

Art. 214 **La cession de tout ou partie de l'actif de la société en liquidation au liquidateur, à ses employés ou à leur conjoint, ascendants ou descendants, est interdite.**

Art. 215 [mod.] **La cession globale de l'actif de la société ou l'apport de l'actif à une autre société, notamment par voie de fusion, est autorisée :**

1º) dans les sociétés en nom collectif, à l'unanimité des associés ;

2º) dans les sociétés en commandite simple, à l'unanimité des commandités et à la majorité en capital des commanditaires ;

3º) dans les sociétés à responsabilité limitée, à la majorité exigée pour la modification des statuts ;

4º) dans les sociétés par actions, aux conditions de quorum et de majorité prévues par le présent Acte uniforme pour les assemblées générales extraordinaires.

Jurisprudence comparée

France

Qualification de la cession globale d'actif

La cession d'actions appartenant à une société en nom collectif et représentant 91 % de son actif ne constituait pas une cession globale de l'actif et qu'elle avait donc pu valablement être consentie par l'associé liquidateur sans l'accord de son coassocié (Cass. com. 24-2-1987 : Bull. civ. IV nº 55).

Art. 215-1 [nouv.] **Les délibérations et opérations prises ou réalisées en violation des dispositions des articles 206, 211, al. 1, 213, 214 et 215 ci-dessus sont nulles.**

Art. 216 [mod.] **La clôture de la liquidation doit intervenir dans un délai de trois (3) ans à compter de la dissolution de la société.**

A défaut, le ministère public ou tout intéressé peut saisir la juridiction compétente dans le ressort de laquelle est situé le siège de la société afin qu'il soit procédé à la liquidation de la société ou, si celle-ci a été commencée, à son achèvement.

Jurisprudence OHADA

Personnes ayant qualité à agir

Un groupe d'actionnaire de la société en cours de liquidation a qualité pour exercer l'action prévue par l'article 216 de l'AUSCGIE. Et c'est à tort que les premiers juges ont rejeté la requête du juge-commissaire (désigné dans les conditions de l'article 216) tendant à la reprise des opérations de liquidation de la société. Cette décision doit être infirmée et la reprise de la liquidation doit être ordonnée (CA Ouagadougou (Burkina Faso), ch. com., nº 051, 18-9-2009 : Syndic liquidateur de Faso Tours c/ D. B. et Maître Z. B. I., Ohadata J-10-207).

Art. 217 [mod.] Les associés sont convoqués en fin de liquidation pour statuer sur les comptes définitifs, sur le quitus de la gestion du liquidateur et la décharge de son mandat et pour constater la clôture de la liquidation.

A défaut, tout associé peut demander à la juridiction compétente statuant à bref délai, la désignation d'un mandataire chargé de procéder à la convocation.

JURISPRUDENCE COMPARÉE

I. France

A. Prise de la décision de clôture

Dans le silence de la loi, les conditions de quorum et de majorité d'assemblée générale de clôture des comptes de liquidation sont soumises aux règles relatives aux assemblées générales (Cass. com. 8-3-1983 : Bull. Civ. IV n° 101).

B. Effets de la décision de clôture

1° Poursuite postérieure de la société

La clôture de la liquidation entraîne la disparition de la personnalité morale sous réserve :
– de sa publication pour être opposable aux tiers (voir sous art. 220) ;
– même si la société a été radiée, de la découverte postérieurement de droits et d'obligations à caractère social qui n'ont pas été liquidés » ; tel est le cas :
– lorsque des cocontractants de la société entendent mettre en cause sa responsabilité décennale de constructeur (Cass. com. 26-1-1993 : RJDA 5/93 n° 403) ;
– lorsque la société est engagée dans une instance judiciaire (Cass. com. 13-2-1996 : RJDA 6/96 n° 793 ; Cass. 3e civ. 31-5-2000 : Bull. civ. III n° 120 ; Cass. com. 2-11-2011 n° 10-25.130 : RJDA 3/12 n° 295) ;
– lorsqu'il existe un élément de passif dont le liquidateur n'a pas tenu compte (Cass. com. 2-5-1985 : Bull. civ. IV n° 139).

Le créancier qui entend faire rouvrir la liquidation doit demander en justice la nomination d'un mandataire chargé de reprendre les opérations de liquidation pour le compte de la société (Cass. com. 26-1-1993 : RJDA 5/93 n° 403 ; Cass. com. 10-12-1996 : RJDA 2/97 n° 212).

2° Cessation des fonctions du liquidateur

La clôture des opérations de liquidation met fin au mandat du liquidateur qui n'a plus qualité pour représenter la société dissoute (Cass. com. 15-6-1993 : RJDA 11/93 n° 906 ; Cass. com. 18-1-2000 : RJDA 4/00 n° 423).

II. Pologne

Les capitaux provenant de liquidation de la société ne constituent pas des revenus du capital. Il résulte clairement des textes que la source de revenus des associés de la société constitue l'activité commerciale de cette dernière. En conséquence, les capitaux de liquidation ne peuvent être considérés comme des revenus du capital. (Tribunal administratif de Varsovie, 30-1-2009, III SA/Wa 2248/2008).

Un associé de la société peut lui réclamer le versement de sa part des bénéfices (art. 52 § 1 du Code des sociétés commerciales), après l'ouverture de liquidation, l'article 82 § 2 in fine du Code des sociétés commerciales, n'exclut pas le droit à engager la responsabilité du reste des associés n'ayant pas versé dans les délais la part des bénéfices due (Cass. civ., 23-10-2008, V CSK 172/2008).

III. Suisse

Droit des créanciers sociaux de poursuivre une société radiée par suite de liquidation ouverte au cours des six mois après sa radiation

La radiation d'une société ne peut être effectuée qu'après la fin de la liquidation (Art. 589 du Code des obligations), à savoir lorsque toutes les dettes sociales ont été réglées et les actifs partagés. Cette règle vise à permettre aux créanciers sociaux de se défendre efficacement contre une répartition frauduleuse du patrimoine social.

Ainsi, une société en nom collectif dissoute, liquidée et radiée du registre du commerce et des sociétés peut être poursuivie par voie de faillite durant six mois à compter de la publication de sa radiation du registre du commerce et des sociétés tant qu'ils ont encore des prétentions contre cette société et démontrent leur créance vraisemblable et leur intérêt à la réinscription de la société au registre du commerce et des sociétés – Art. 40 de la loi fédérale suisse du 11 juillet 1989 sur la poursuite pour dettes et faillite – (Tribunal fédéral suisse, 2e Cour civile, arrêt n° 5A 852/2008 du 23-4-2009, JURICAF).

Art. 218 [mod.] Si l'assemblée de clôture prévue à l'article précédent ne peut délibérer, ou si elle refuse d'approuver les comptes du liquidateur, la juridiction compétente statue sur ces comptes et, le cas échéant, sur la clôture de la liquidation, en lieu et place de l'assemblée des associés, à la demande du liquidateur ou de tout intéressé.

Dans ce cas, le liquidateur dépose ses comptes au registre du commerce et du crédit mobilier de l'État partie du siège social où tout intéressé peut en prendre connaissance et obtenir, à ses frais, la délivrance d'une copie.

Jurisprudence comparée

France

Pouvoir du tribunal égal à celui de l'assemblée

Le tribunal saisi dispose des mêmes pouvoirs que l'assemblée générale des associés de sorte qu'il ne peut pas, sans excéder ses pouvoirs, statuer sur la validité des statuts ou modifier la répartition du capital fixé par ceux-ci (CA Chambéry 17-6-2008 n° 07/1327 : RJDA 5/09 n° 437, rendu à propos d'une société civile, mais transposable).

Art. 219 [mod.] **Les comptes définitifs établis par le liquidateur sont déposés au registre du commerce et du crédit mobilier de l'État partie du siège social.**

Il y est joint, soit la décision de l'assemblée des associés statuant sur ces comptes de la liquidation, le quitus de la gestion du liquidateur et la décharge de son mandat, soit, à défaut, la décision de justice visée à l'article précédent.

Art. 220 [mod.] **Sur justification de l'accomplissement des formalités prévues à l'article précédent, le liquidateur demande la radiation de la société au registre du commerce et du crédit mobilier dans le délai d'un (1) mois à compter de la publication de la clôture de la liquidation.**

Jurisprudence OHADA

Pour un exemple du prononcé de la radiation d'une société après justification que toutes les formalités requises ont été accomplies, voir (T. com. Pointe-Noire (Congo), n° 399, 22-9-2010 : Me C. C., Liquidateur de la Sté ORLEAN INVESTI CONGO, Ohadata J-13-112).

Sur la publicité de l'avis de clôture, voir l'art. 268.

Jurisprudence comparée

France

A. Mention de la radiation

La mention de la radiation du registre du commerce est nécessaire pour rendre la liquidation opposable aux tiers (Cass. com. 18-12-2007 n° 06-18.936 : RJDA 6/08 n° 680 ; Cass. com. 20-9-2011 n° 10-15.068 : RJDA 12/11 n° 1038, dans un cas de dissolution par réunion de toutes les parts en une seule main).

B. Partage des biens devenus indivis entre les associés

1° Droits des créanciers sociaux

Les créanciers de la société peuvent exercer l'action paulienne contre tout partage réalisé en fraude à leurs droits (Cass. 17-11-1890 : D. 1891. 1 p. 85).

2° Relations entre coïndivisaires

Selon les règles de l'indivision, un débiteur de la société n'ayant pas réglé une créance non envisagée avant la liquidation de la société peut se voir « signifier » le jugement de condamnation au règlement par les associés coïndivisaires (CA Paris 13-2-2003 n° 02/11847 : RJDA 7/04 n° 827).

3° Réalisation du partage

a. Répartition du boni de liquidation

Les associés peuvent convenir unanimement une répartition du boni de liquidation différente de celle prévue pour la répartition et les clauses léonines cessent d'être interdites après la dissolution de la société (Cass. com. 12-11-1962 : Bull. civ. III n° 442 ; CA Paris 5-12-1983 : D. 1984 som. 52).

b. Attribution de parts sociales d'une autre société incluses dans le patrimoine de la société liquidée

Si l'actif à partager comprend des parts de SARL ou des actions soumis à un agrément de cession, l'attribution de ces droits sociaux exige l'agrément dans les conditions fixées par la société émettrice (Cass. com. 12-11-1996 : RJDA 6/97 n° 787).

4° Nullité du partage pour fraude

Le partage affecté d'une fraude peut être annulé pendant trente ans sur le fondement de l'action paulienne (Cass. req. 18-5-1895 : S. 1895.1. p. 385).

Art. 221 [mod.] Le liquidateur est responsable, à l'égard tant de la société que des tiers, des conséquences dommageables des fautes par lui commises dans l'exercice de ses fonctions.

L'action sociale ou individuelle en responsabilité contre le liquidateur se prescrit par trois (3) ans, à compter du fait dommageable ou, s'il a été dissimulé, de sa révélation.

Toutefois, lorsque le fait est qualifié crime, l'action se prescrit par dix (10) ans.

JURISPRUDENCE OHADA

Champ d'application

Les articles 221 et 222 de l'AUSCGIE traitent, en cas de liquidation d'une société commerciale, de la responsabilité civile du liquidateur et de la prescription de l'action sociale ou individuelle intentée contre lui dans ce cadre, de même que de la prescription de toute action contre les associés non liquidateurs ou leur conjoint survivant, héritiers ou ayants cause. Dans l'espèce, l'action sociale ou de la société dirigée non contre un liquidateur ou un associé liquidateur mais contre un coassocié de la Société liquidée, suite aux actes négatifs posés par celui-ci et qui ont abouti à la liquidation de ladite société est régie par les articles 161 à 172 de l'AUSCGIE et non les articles 221 et 222 dudit Acte uniforme retenus par les juges d'appel et qui étaient inapplicables en la cause. Par ces motifs de pur droit substitués à ceux critiqués, l'arrêt attaqué se trouve légalement justifié et le moyen ne peut être accueilli (CCJA, nº 050/2009, 26-11-2009 : Sté CAMIF c/ Sté A.N.I., Rec. jur. CCJA, nº 14, juill.-déc. 2009, p. 23, Ohadata J-10-183 ; Actualités Juridiques nº 70, 2011, p. 54, Ohadata J-12-80).

JURISPRUDENCE COMPARÉE

France

A. Responsabilité du liquidateur

1º Non-exigence d'une faute personnelle

La responsabilité du liquidateur n'est pas subordonnée à la démonstration d'une faute du liquidateur séparable de ses fonctions (Cass. com. 11-6-2013 nº 12-18.853 : BRDA 14/13 inf. 2).

2º Applications

La responsabilité du liquidateur a été retenue dans les cas suivants :

– liquidateur, ancien gérant, qui, après avoir usé de tous les moyens pour empêcher une ancienne employée d'obtenir l'indemnité à laquelle elle avait droit, a liquidé tous les éléments de l'actif social et réglé toutes les dettes de la société sans tenir compte des droits de celle-ci (Cass. 2ᵉ civ. 1-4-1974 : Bull. civ. II nº 124) ;

– liquidateur qui a sciemment fait échec aux droits d'un créancier en renonçant au droit de renouvellement du bail d'un local loué à la société et dont il était personnellement propriétaire (Cass. com. 6-3-1979 : JCP 1979.IV p. 170) ;

– liquidateur qui a soumis aux associés un compte de liquidation ne faisant pas apparaître les sommes susceptibles d'être allouées à un ancien client de la société en litige avec celle-ci et au vu duquel les associés ont prononcé la clôture de la liquidation et le partage de l'actif net (CA Lyon 27-2-1981 : Rev. sociétés 1982 p. 63 note Randoux) ;

– liquidateur, ancien gérant, qui a procédé à la clôture de la liquidation sans résilier un contrat de location de matériel dont il ne pouvait pas ignorer l'existence, sans restituer le matériel et sans inclure dans les comptes de liquidation l'indemnité de résiliation contractuellement prévue au bénéfice du loueur, privant ce dernier de tout recours contre la société (CA Paris 3-5-2002 : RJDA 10/02 nº 1035) ;

– liquidateur d'une société qui s'était abstenu d'inclure dans les comptes de liquidation une somme correspondant au montant d'un trop-versé par un client, alors qu'en sa qualité d'ancien gérant, il ne pouvait pas ignorer l'existence du double règlement effectué par celui-ci (Cass. com. 29-9-2009 nº 08-18.192 : RJDA 3/10 nº 251) ;

– liquidateur qui avait clôturé les opérations de liquidation sans avoir accompli les obligations déclaratives qui lui incombaient, ni pourvu à la sauvegarde des droits de l'administration fiscale, alors qu'il ne pouvait pas ignorer que la société, dont il avait été l'unique gérant, s'était frauduleusement soustraite à l'établissement et au paiement de l'impôt (Cass. com. 29-9-2009 nº 08-18.804 : RJDA 1/10 nº 39) ;

– liquidateur qui avait prématurément procédé à la clôture de la liquidation portant préjudice à un créancier impayé (Cass. com. 2-5-1985 : Bull. civ. IV nº 139) ;

– liquidateur qui néglige de payer les créanciers sociaux, le fait d'avoir vendu le fonds de commerce

de la société et d'avoir procédé aux formalités légales de publicité leur permettant de faire opposition sur le prix de cession ne le dispensant pas de ce paiement, y compris auprès des créanciers non opposants, dès lors que la société n'est pas en état de cessation des paiements (Cass. com. 9-11-1993 : Bull. Joly 1994 p. 64 note Barbiéri) ;
– liquidateur qui omet d'inclure dans les comptes de liquidation une créance sur la société dont il avait pourtant connaissance (Cass. com. 23-3-1993 : RJDA 4/94 n° 412 ; Cass. com. 18-6-1996 : RJDA 10/96 n° 1198 som. ; Cass. com. 20-11-2007 n° 06-19.286 : RJDA 12/08 n° 1280) ;
– liquidateur qui néglige de provisionner une créance litigieuse sur la société (Cass. com. 9-5-2001 : RJDA 8-9/01 n° 863 et Cass. com. 11-10-2005 n° 1219 : RJDA 3/06 n° 277) ;
– liquidateur qui n'a pas indiqué sur le papier à lettres de la société la mention « société en liquidation » (voir MDC, n° 86512) ;
– liquidateur qui n'a pas signalé à un créancier que la société était en liquidation, l'empêchant ainsi de pourvoir à la sauvegarde de ses droits, et qui a laissé l'assemblée de clôture se dérouler sans que le passif ait été apuré (CA Paris 14-4-1995 : RJDA 7/95 n° 851 som.) ;
– liquidateur amiable d'une société qui a négligé de déclarer l'état de cessation des paiements de celle-ci et a laissé perdurer pendant huit ans une situation définitivement et irrémédiablement compromise (CA Paris 4-6-1991 : Dr. sociétés 1991 n° 431).
Le liquidateur est aussi responsable à l'égard des associés en raison du préjudice personnel que sa faute peut leur causer (Cass. civ. 9-4-1951 : Bull. civ. II n° 128).

B. Action en responsabilité

1° Droit d'agir

Le quitus donné par l'assemblée générale au liquidateur ne concerne que les actes et opérations sur lesquels il porte (Cass. civ. 9-7-1974 : Bull. civ. I n° 221). Il écarte uniquement l'action sociale, sans toutefois empêcher une éventuelle action en responsabilité exercée par un tiers contre le liquidateur (CA Paris 28-5-1993 : RJDA 3/94 n° 292).

2° Prescription

Le délai de prescription de l'action en responsabilité civile contre le liquidateur ne commence à courir qu'à compter du fait dommageable ou de la révélation du fait masqué. Ainsi :
– en présence d'un liquidateur ayant placé dans son intérêt les sommes résultant de la liquidation de la société sans considération des droits des associés en taisant les opérations et sans reddition des comptes de liquidation, le point de départ de la prescription ne commence à courir qu'à partir de la date du rapport d'expertise répertoriant les opérations de liquidation et les agissements du liquidateur ainsi que le montant des sommes bénéficiant aux associés (CA Paris 2-7-1981 : BRDA 19/81 p. 9 et, sur pourvoi, Cass. com. 1-3-1983 : Bull. Joly 1983 p. 617) ;
– le délai de prescription de l'action en responsabilité civile contre le liquidateur qui ne procède pas à la restitution d'un apport, ne commence à courir qu'à compter de la communication des comptes de liquidation aux associés (CA Poitiers 14-2-1983 : Bull. Joly 1984 p. 528) ;
– en cas d'action en responsabilité d'un ancien employé contre le liquidateur n'ayant pas constitué une provision correspondant aux indemnités de licenciement dues au salarié, le point de départ du délai de prescription court uniquement à compter de la date de la décision de justice établissant la qualité de créancier de l'ancien employé en fixant le montant de l'indemnité de licenciement due (Cass. com. 23-3-1993 : RJDA 12/93 n° 1046 ; CA Paris 2-6-1988 : BRDA 17/88 p. 13) ;
– en présence d'une dette non réglée mais dont le montant est certain et déterminé avant la publication de la clôture de la liquidation, le point de départ de la prescription de l'action en responsabilité civile contre le liquidateur court à compter de la date de publication (Cass. com. 11-7-2000 : RJDA 12/00 n° 1111 ; voir aussi Cass. com. 29-9-2009 n° 08-18.804 : RJDA 1/10 n° 39) ;
La prescription de l'action en responsabilité contre le liquidateur en raison d'un préjudice résultant de la radiation de la société court à compter de cette radiation dès lors que, publiée au registre du commerce et des sociétés, elle n'est pas un fait dissimulé (CA Versailles 19-12-2002 n° 01/2649 : RJDA 4/03 n° 389). Cette prescription ne concerne que le liquidateur de droit à l'exclusion des personnes qui n'ont pas été régulièrement désignées liquidateur de la société dissoute (Cass. com. 23-3-2010 n° 09-13.666 : RJDA 6/10 n° 640).

Art. 222 [mod.] Toute action contre les associés non liquidateurs ou leur(s) conjoint(s) survivant(s), héritiers ou ayants-cause, se prescrit par cinq (5) ans à compter de la publication de la dissolution de la société au registre du commerce et du crédit mobilier.

JURISPRUDENCE COMPARÉE

France

A. Obligation des associés au règlement de dettes sociales

Rejet de la demande conduisant à une augmentation de leur engagement. L'actionnaire majoritaire ayant réglé des dettes sociales par versement en compte courant à la société durant la liquidation ne saurait réclamer aux autres associés leur contribution au passif apuré à peine d'augmentation de leurs engagements supposant leur propre consentement (Cass. com. 19-10-1999 : RJDA 2/00 nº 165).

B. Prescription quinquennale

1º Domaine

La prescription quinquennale ne s'applique qu'aux actions intentées par des tiers (créanciers sociaux) contre des associés pris individuellement. Pour un exemple d'application de la prescription quinquennale à une action intentée par l'administration fiscale contre les anciens associés d'une SARL et tendant au paiement d'impôts dus au titre d'exercices antérieurs à la dissolution, voir CA Paris 21-1-1987 : BRDA 9/87 p. 12.

Elle ne s'applique pas :

– aux sociétés créées de fait (Cass. com. 19-1-1981 : JCP 1982.II nº 19816 note Chartier) ;

– à l'action par laquelle un associé, qui a payé des dettes sociales en exécution d'un engagement de caution qu'il avait contracté, réclame à d'autres associés qui s'étaient également portés caution avec lui leur part des sommes payées (Cass. com. 16-6-1981 : Bull. civ. IV nº 274) ;

– à l'action en paiement d'une dette d'un associé à l'égard de la société. (Cass. 3e civ. 11-6-2013 nº 11-25.630 : BRDA 13/13 inf. 4).

2º Mise en œuvre de la prescription

Aucune disposition légale ne fixe un point de départ différent selon que le créancier a ou non un titre contre la société débitrice (Cass. 3e civ. 9-6-1999 nº 97-19.181 : RJDA 3/00 nº 298 ; Cass. 3e civ. 26-9-2007 nº 05-18.842 : RJDA 1/08 nº 51), lorsqu'une créance est reconnue en justice après la date de publication de la dissolution, le point de départ de la prescription n'est pas pour autant modifié (Cass. com. 13-12-2011 nº 11-10.008 : RJDA 4/12 nº 416).

Toutefois, lorsque la société est dissoute par l'effet d'un jugement ordonnant sa liquidation judiciaire, la prescription ne court qu'à compter de la publication de ce jugement au Bodacc (Cass. com. 8-3-2005 nº 393 : RJDA 6/05 nº 723 ; Cass. com. 12-12-2006 nº 04-17.187 : RJDA 5/07 nº 486, rendu à propos d'une société civile, mais transposable).

• Chapitre II •

DISPOSITIONS PARTICULIERES

Art. 223 [mod.] Les dispositions du présent chapitre s'appliquent exclusivement :

1º) en cas de liquidation organisée à l'amiable, à défaut de clauses statutaires ou conventionnelles expresses entre les associés et ayant le même objet ou en présence d'une convention entre les associés prévoyant l'application des articles 224 à 241 ci-après ;

2º) sur décision de la juridiction compétente statuant à bref délai rendue à la demande des personnes suivantes justifiant d'un intérêt légitime :

– la majorité des associés d'une société en nom collectif ;

– des associés représentant au moins le dixième du capital social dans les autres formes de sociétés commerciales ;

– des créanciers sociaux ;

– le représentant de la masse des obligataires.

Dans les cas visés au 2º) du présent article, les clauses des statuts ou de la convention contraires à celles du présent chapitre sont réputées non écrites.

Observations

Cet article est refondu, le fond du texte antérieur subsistant pour l'essentiel ; toutefois, deux innovations sont à relever :

– les demandeurs en liquidation judiciaire qui demeurent les mêmes devront justifier d'un intérêt légitime ;

– sont réputées non écrites les clauses des statuts ou d'une convention contraires aux dispositions du 2°.

Jurisprudence OHADA

Mise en liquidation des biens par les liquidateurs amiables

Bien que la loi n'institue pas la règle d'une suspension des poursuites individuelles au profit des débiteurs dans le cadre d'une liquidation amiable, il n'en demeure pas moins que les créanciers méritent une protection résultant de l'action des liquidateurs qui, pour mener à bien les opérations de liquidation amiable, doivent observer à ce moment les dispositions statutaires. Par conséquent, la liquidation amiable doit s'opérer sans heurts et sans accros jusqu'à son terme. C'est seulement lorsque les opérations entamées ne sont pas achevées ou lorsqu'au bout de trois années, aucune opération n'a débuté qu'il est permis aux liquidateurs amiables, au Ministère public ou à toute autre personne intéressée de saisir le tribunal par requête aux fins d'obtenir qu'il soit prononcé la liquidation des biens par voie judiciaire (TGI Ouagadougou, n° 779, 13-9-2000 : Sur requête des liquidateurs de la SONAPHARM, Ohadata J-03-95 ; voir obs. J. Issa-Sayegh).

Obs. : en l'espèce, il s'agissait initialement d'une liquidation amiable décidée par les actionnaires.

Jurisprudence comparée

France

Transposition des conditions de fonctionnement des assemblées générales à l'assemblée de clôture des comptes de liquidation

Dans le silence de la loi française, les conditions de quorum et de majorité de l'assemblée générale de clôture des comptes de liquidation sont soumises aux règles relatives aux assemblées générales (Cass. com. 8-3-1983 : Bull. Civ. IV n° 101).

Obs. : voir supra, jurisprudence sous les articles 217 et s. et sous les articles 203 à 222 relative à la liquidation légale mais transposable à la liquidation par voie de justice.

Art. 224 [mod.] Les pouvoirs du conseil d'administration ou des dirigeants sociaux prennent fin à dater de la décision de justice qui ordonne la liquidation de la société.

Jurisprudence OHADA

I. Irrecevabilité de l'action initiée par un mandataire de justice pour la société en liquidation

En application des articles 212 et 224 de l'AUSCGIE, les pouvoirs des administrateurs pouvant engager la société cessent dès le prononcé de la décision ordonnant sa liquidation. C'est donc en violation des dispositions précitées qu'une cour d'appel a jugé recevable une requête aux fins de défense à exécution déposée par un mandataire de justice agissant pour le compte de la société mise en liquidation. Cet arrêt encourt la cassation. Et sur évocation, la décision contre laquelle a été exercée la défense à exécution sortira son plein et entier effet (CCJA, n° 058/2008, 11-12-2008 : Sté SIACIC, Liquidation CIM-Congo, Compagnie Congolaise des Ciments c/ Sté CIM-Congo SA, Revue Congolaise de Droit et des Affaires n° 2, janv.-mars 2010, p. 125. Note Inès Féviliyé, Ohadata J-10-152, J-10-42 et J-09-267).

II. Irrecevabilité du recours en révision formé pour une société qui a fusionné après le prononcé de sa liquidation

En application des dispositions combinées des articles 200, 224 de l'AUSCGIE et 53 de l'AUPCAP, est irrecevable, pour défaut de qualité à agir, le recours en révision introduit pour une société dont la liquidation a été prononcée par jugement du 23 décembre 2015, soit antérieurement au recours en révision, la fusion opérée le 13 juin 2016 par le dirigeant social dont le mandat a pris fin depuis le 23 décembre 2015 ne pouvant avoir pour effet de régulariser ledit recours (CCJA, 3e ch., n° 116, 11-5-2017 : West African Investment SA c/ BHM-SA devenue BMS-SA).

Art. 225 La dissolution de la société ne met pas fin aux fonctions du commissaire aux comptes.

Art. 226 La décision de justice qui ordonne la liquidation de la société désigne un ou plusieurs liquidateurs.

JURISPRUDENCE OHADA

Désignation d'un liquidateur pour la société dissoute

La dissolution de la société pluripersonnelle entraînant de plein droit sa mise en liquidation, il y a lieu, pour le tribunal qui prononce la dissolution, de désigner un liquidateur (T com. Lubumbashi (RDC), n° RCA.986, 8-4-2013 : F. K. c/ J. P. M., Ohadata J-14-26, obs. J. Kamga et F. Kyomba).

Art. 227 [mod.] La durée du mandat du liquidateur ne peut excéder trois (3) ans, renouvelables, par décision de justice, à la requête du liquidateur.

Dans sa demande de renouvellement, le liquidateur indique les raisons pour lesquelles la liquidation n'a pu être clôturée, les mesures qu'il envisage de prendre et les délais que nécessite l'achèvement de la liquidation.

JURISPRUDENCE OHADA

Perte de la qualité de liquidateur après expiration du mandat

La saisie conservatoire réalisée par un liquidateur dont le mandat a expiré a été réalisée par un liquidateur qui n'en avait pas la qualité. Il en est ainsi lorsque le mandat a expiré en 2001 et que les saisies ont été réalisées en 2007, en l'absence de preuve de renouvellement du mandat entre 2001 et 2007. La saisie et l'acte de conversion doivent être annulés et la mainlevée doit être ordonnée (CA Littoral (Cameroun), n° 147/REF, 13-8-2008 : E. T. c/ IBAC Cie « CITOYENNE ASSURANCES SA », Ohadata J-09-133).

Art. 228 [mod.] Dans les six (6) mois de sa nomination, le liquidateur convoque l'assemblée des associés à laquelle il fait rapport sur la situation des actifs et du passif de la société, sur la poursuite des opérations de la liquidation, le délai nécessaire pour les terminer et demande, le cas échéant, toutes autorisations qui pourraient être nécessaires.

L'assemblée statue dans les conditions de quorum et de majorité prévues par le présent Acte uniforme, pour chaque forme de société, en matière de modification des statuts. Les délibérations prises en violation des dispositions du présent alinéa sont nulles.

Le délai dans lequel le liquidateur fait son rapport peut être porté à douze (12) mois, sur sa demande, par décision de justice.

A défaut, il est procédé à la convocation de l'assemblée par un mandataire ad hoc désigné par décision de justice à la demande de tout intéressé.

Art. 229 Lorsque l'assemblée générale n'a pu être réunie ou si aucune décision n'a pu être prise, le liquidateur demande en justice les autorisations nécessaires pour aboutir à la liquidation.

Art. 230 Le liquidateur représente la société qu'il engage pour tous les actes de la liquidation.

Il est investi des pouvoirs les plus étendus pour réaliser l'actif, même à l'amiable.

Les restrictions à ces pouvoirs, résultant des statuts ou de l'acte de nomination, ne sont pas opposables aux tiers.

JURISPRUDENCE OHADA

Obligation d'agir contre une société en liquidation à travers son liquidateur

Une société [A.] SA, titulaire d'un bail, et dont la dissolution anticipée et la mise en liquidation amiable ont été décidées en assemblée générale, ainsi que la nomination de deux liquidateurs disposant des pouvoirs les plus étendus, notamment d'administration et de représentation de la société dissoute vis-à-vis des tiers, ne peuvent être perçues comme ayant été transformées en la société [A.] and Company SARL comme l'a prétendu le bailleur de la société [A.] SA dans sa requête aux fins d'injonction de payer pour le règlement des impayés de loyers. Il en résulte que la société [A.] and Company SARL est tiers au bail dont le bailleur réclame les arriérés de loyers suivant la procédure d'injonction de payer. S'agissant d'une société en liquidation, et en application des articles 230, alinéas 1 et 2 et 231 de l'AUSCGIE, le bailleur devait, pour le recouvrement de sa créance, s'adresser aux liquidateurs de la société [A.] SA en liquidation, sa débitrice, d'autant plus qu'aucune pièce du dossier ne renseigne sur une quelconque cession de cette créance au sens de l'article 118 de l'AUDCG, lequel requiert sa signification par voie d'huissier de justice ou sa notification au bailleur, ce qui n'était pas le cas en l'espèce. En l'absence d'une telle formalité, il n'existe aucune créance remplissant les conditions prévues par l'article 1 de l'AUPSRVE susceptible de faire l'objet d'une injonction de payer ; en conséquence, l'opposition formée contre une ordonnance rendue dans ces conditions est fondée et le demandeur de l'injonction de payer doit être débouté (CCJA, 3e ch., no 067/2023, 30-3-2023).

Art. 231 Le liquidateur est habilité à payer les créanciers et à répartir entre les associés le solde disponible.

Il ne peut continuer les affaires en cours ou en engager de nouvelles, pour les besoins de la liquidation, que s'il y a été autorisé par décision de justice.

Art. 232 [mod.] Le liquidateur, dans les trois (3) mois de la clôture de chaque exercice, établit les états financiers de synthèse annuels au vu de l'inventaire qu'il a dressé des divers éléments de l'actif et du passif existant à cette date et un rapport écrit par lequel il rend compte des opérations de la liquidation au cours de l'exercice écoulé.

Art. 233 [mod.] Sauf dispense accordée par la juridiction compétente statuant à bref délai, le liquidateur convoque, selon les modalités prévues par les statuts, au moins une fois par an et dans les six (6) mois de la clôture de l'exercice, l'assemblée des associés qui statue sur les états financiers de synthèse annuels, donne les autorisations nécessaires et, le cas échéant, renouvelle le mandat du commissaire aux comptes.

Si l'assemblée n'est pas réunie, le rapport écrit du liquidateur est déposé au registre du commerce et du crédit mobilier.

Art. 234 En période de liquidation, les associés peuvent prendre communication des documents sociaux dans les mêmes conditions qu'antérieurement.

Art. 235 [mod.] Les décisions prévues à l'article 233 ci-dessus sont prises dans :

1°) les sociétés en nom collectif, à l'unanimité des associés ;

2°) les sociétés en commandite simple, à l'unanimité des commandités et à la majorité en capital des commanditaires ;

3°) les sociétés à responsabilité limitée, à la majorité en capital des associés ;

4°) les sociétés par actions, aux conditions de quorum et de majorité prévues pour les assemblées générales extraordinaires.

Si la majorité requise ne peut être réunie, la juridiction compétente statue à bref délai sur requête du liquidateur ou de tout intéressé.

Lorsque la délibération entraîne la modification des statuts, elle est prise dans les conditions prévues par le présent Acte uniforme, pour chaque forme de société.

Les associés liquidateurs prennent part au vote.

Les délibérations prises en violation des dispositions du présent article sont nulles.

Art. 236 [mod.] En cas de continuation de l'exploitation sociale, le liquidateur est tenu de convoquer l'assemblée des associés dans les conditions prévues à l'article 233 ci-dessus. A défaut, tout intéressé peut demander la convocation de l'assemblée, soit par le commissaire aux comptes, soit par un mandataire désigné par la juridiction compétente, statuant à bref délai.

Art. 237 Sauf clause contraire des statuts, le partage des capitaux propres subsistant après remboursement du nominal des actions ou des parts sociales est effectué entre les associés dans les mêmes proportions que leur participation au capital social.

Art. 238 [mod.] Toute décision de répartition des fonds est publiée dans le journal habilité à recevoir les annonces légales dans lequel a été effectuée la publicité prévue à l'article 266 ci-après. La décision est notifiée individuellement aux titulaires de titres nominatifs.

Art. 239 [mod.] Les sommes affectées aux répartitions entre les associés et les créanciers sont déposées dans le délai de quinze (15) jours à compter de la décision de répartition, sur un compte ouvert dans une banque domiciliée dans l'État partie du siège social, au nom de la société en liquidation.

En cas de pluralité de liquidateurs, elles peuvent être retirées sur la signature d'un seul liquidateur et sous sa responsabilité.

Art. 240 [mod.] Si les sommes attribuées à des créanciers ou à des associés n'ont pu leur être versées, elles sont déposées, à l'expiration du délai d'un (1) an à compter de la clôture de la liquidation, sur un compte séquestre ouvert auprès du Trésor Public.

Art. 241 [mod.] Sous réserve des droits des créanciers, le liquidateur décide s'il y a lieu de distribuer les fonds disponibles en cours de liquidation.

Après mise en demeure infructueuse du liquidateur, tout intéressé peut demander à la juridiction compétente statuant à bref délai, qu'il soit statué sur l'opportunité d'une répartition en cours de liquidation.

JURISPRUDENCE OHADA

Juridiction compétente

La compétence prévue à l'article 241 de l'AUSCGIE est relative tant au président du tribunal, qu'au président de la cour d'appel. Le premier président était donc compétent pour statuer sur une ordonnance rendue par le président du tribunal de première instance de Lomé et querellée devant lui. En statuant en sens contraire, il a exposé son ordonnance à la cassation (CCJA, ass. plén., n° 049, 23-4-2014 : Maître Galolo SOEDJEDE c/ AKOUETE Koffi Antoine, Banque internationale pour l'Afrique au TOGO (BIA – TOGO) SA, Trésor public du Togo, Ohadata J-15-140).

• Livre VIII •

NULLITE DE LA SOCIETE ET DES ACTES SOCIAUX

Art. 242 [mod.] La nullité d'une société ne peut résulter que d'une disposition du présent Acte uniforme la prévoyant expressément ou, sous réserve des dispositions de l'alinéa suivant, des textes régissant la nullité des contrats.

La nullité de la société emporte sa dissolution suivie de sa liquidation conformément aux dispositions du présent Acte uniforme.

Dans les sociétés à responsabilité limitée et dans les sociétés par actions, la nullité de la société ne peut résulter ni d'un vice de consentement ni de l'incapacité d'un associé à moins que celle-ci n'atteigne tous les associés fondateurs.

OBSERVATIONS

À l'al. 1, la nullité de tous actes, décisions ou délibérations modifiant les statuts n'est plus assimilée à la nullité de la société ; elle est traitée à l'article 243.

L'al. 2 reprend la solution antérieure édictée par l'art. 253 assimilant les effets de la nullité à la dissolution de la société.

L'al. 3 est la reprise de l'ancien art. 243.

JURISPRUDENCE OHADA

Absence de nullité d'une société dont la régularisation des statuts n'a pas été demandée

En application des articles 75 et 242 al. 2 de l'AUSCGIE, c'est à tort que le demandeur au pourvoi soulève la nullité d'une société pour le défaut dans les statuts de celle-ci de certaines mentions prévues par l'article 13 de l'AUSCGIE ; ce moyen doit être rejeté dès lors que le demandeur n'a demandé aucune régularisation comme le lui permettait l'article 75 précité (CCJA, 1e ch., nº 001, 4-2-2010 : M. B c/ 1e / INTERTRANS TRADING LIMITED GABON SARL ; 2e / INTERTRANS TRADING LIMITED NIGER SARL ; 3e / S.A.T.A. SARL, Juris-Ohada, nº 2/10, avr.-juin 2010, p. 1, Ohadata J-11-45, J-12-21).

En application des dispositions des articles 242, 243, 244 de l'AUSCGIE, il n'y a « pas de nullité sans texte ». Aucun des textes sus indiqués ne prescrit la nullité de la société ni des procès-verbaux de l'assemblée constitutive et du conseil d'administration comme sanction des actions souscrites mais non libérées. La requérante ne dit pas en quoi il y a vice de consentement. Au surplus, si les articles 389, al. 1 et 604 de l'AUSCGIE indiquent la libération des actions représentant des apports en numéraire d'un quart au moins de la valeur nominale lors de la souscription du capital, l'alinéa 2 de l'article 389 du même Acte uniforme prévoit un délai de 3 ans à compter de l'immatriculation au registre du commerce et du crédit mobilier pour se libérer du surplus (CCJA, ass. plén., nº 080, 25-4-2014 : IBIKUNLE Karamatou c/ Sté CODA-BÉNIN, Ohadata J-15-171).

JURISPRUDENCE COMPARÉE

France

Causes de nullité

A. Existence

a. Nullité expresse

La notion de nullité expresse est interprétée strictement par les tribunaux ; ainsi, une modification des statuts d'une SARL ne peut pas être annulée pour publicité irrégulière (Cass. com. 23-6-1987 : Bull. Joly 1987 p. 632 ; CA Rennes 11-3-1970 : Bull. Joly 1971 p. 231).

b. Fictivité d'un apport

Dans le cadre des règles spécifiques au contrat de société, la nullité d'une société peut avoir pour cause un apport fictif (T. com. Honfleur 20-11-1970 : JCP 1971.II nº 16628 obs. Rousseau).

c. Fraude

La nullité ne peut être prononcée que si tous les associés ont participé à la fraude (Cass. com. 28-1-1992 : RJDA 4/92 nº 350).

Une assemblée générale extraordinaire a été annulée au motif que des actionnaires (qui représentaient 45 % du capital) avaient été exclus de la réunion « par ruse et artifice », le président de la société ayant prétexté, pour les éliminer, que le certificat délivré par la banque dépositaire de leurs actions n'était pas valable (Cass. com. 6-7-1983 : Bull. civ. IV nº 206).

La décision d'augmenter le capital d'une société prise en plein été a été annulée pour les raisons suivantes : la situation de la société ne justifiait pas le caractère précipité de la décision ; les associés minoritaires, qui n'étaient pas titulaires de créances sur la société, avaient de fait été mis dans l'impossibilité de participer à l'opération ; l'augmentation libérée par compensation avec une créance n'avait pas généré de trésorerie pour la société ; la création d'actions nouvelles avait été assortie d'une prime d'émission qui n'était pas justifiée (CA Paris 25-11-2008 nº 06/18340 : RJDA 3/09 nº 236 ; dans le même sens, Cass. com. 16-4-2013 nº 09-10.583 : BRDA 10/13 inf. 8).

d. Abus de majorité

A été annulée, pour abus de majorité, la transformation d'une société anonyme en société en commandite simple (T. com. Paris 29-6-1981 : Gaz. Pal. 1981 p. 687).

B. Absence

Défaut d'immatriculation. À défaut de texte contraire, la nullité de la société ne peut pas résulter de son absence d'immatriculation (Cass. com. 4-5-1981 : Bull. civ. IV nº 203).

Art. 243 [mod.] **La nullité de tous actes, décisions ou délibérations modifiant les statuts ne peut résulter que :**
– d'une disposition du présent Acte uniforme la prévoyant expressément ;
– des textes régissant la nullité des contrats en général ;
– ou de la violation d'une clause des statuts jugée essentielle par la juridiction compétente.

Jurisprudence comparée

France

Absence de consentement

Une SARL n'a pas été annulée pour défaut de consentement dès lors que celui-ci ne pouvait pas être invoqué par tous les associés (Cass. com. 20-6-1989 : Bull. civ. IV nº 199).

Art. 244 [mod.] **La nullité de tous actes, décisions ou délibérations ne modifiant pas les statuts de la société, ne peut résulter que :**
– d'une disposition du présent Acte uniforme la prévoyant expressément ;
– de la violation d'une disposition impérative du présent Acte uniforme ;
– de la violation d'une disposition impérative des textes régissant les contrats ;
– ou de la violation d'une clause des statuts jugée essentielle par la juridiction compétente.

Jurisprudence OHADA

Nullité relative

La nullité prévue par l'art. 244 ne peut être prononcée que lorsqu'elle est expressément prévue ou lorsqu'elle s'impose comme une nécessité absolue (CA Ouagadougou, ch. civ. et com., nº 39, 18-4-2003 : O. H. B. c/ M. A. D., Ohadata J-09-11).

Obs. : au titre des principes généraux du droit qui ont une autorité supérieure à celle des lois, la « nécessité absolue » doit s'entendre concrètement de l'interdiction de la fraude du dol et de l'abus du droit (sur la force supérieure de ces interdictions, voir en droit comparé MDC nºs 74903, 74906 et 74912). Pour une application, voir sous l'art. 522.

La cour d'appel qui s'est référée, entre autres, à l'article 244 de l'AUSCGIE, aux termes duquel la nullité d'un acte du conseil d'administration ne peut résulter que d'une disposition impérative dudit Acte uniforme, des textes régissant les contrats ou de la violation d'une clause des statuts pour rejeter les moyens développés par le demandeur, n'a en rien violé les articles 458, 459, 453 et 461 dudit Acte uniforme, ni omis de donner une base légale à sa décision dont les motifs ne sont ni contraires ni insuffisants ; le moyen n'est donc pas fondé et sera rejeté (CCJA, 3e ch., nº 076, 29-3-2018 : Aimable Mpore c/ MTN-CI SA).

Obs. : sur la cassation, en vertu de l'article 244, d'un arrêt qui a annulé abusivement le procès-verbal d'un conseil d'administration, voir sous l'article 458.

Jurisprudence comparée

France

A. Disposition impérative

Sont impératives :

– l'interdiction pour un commissaire aux comptes d'être nommé dirigeant d'une société qu'il a contrôlée moins de cinq ans après expiration de ses fonctions (Cass. soc. 20-10-1976 : Rev. sociétés 1977 p. 277 note J.G.) ;

– la compétence exclusive du conseil de surveillance chargé de déterminer la rémunération des membres du directoire et d'attribuer une pension de retraite complémentaire (CA Paris 1-3-1996 : RJDA 8-9/96 n° 1065) ;

– la prohibition pour un administrateur en activité d'être titulaire d'un contrat de travail au sein de la société (Cass. com. 7-3-1989 : Bull. Joly 1989 p. 435 ; Cass. Soc. 26-5-1996 : RJDA 11/96 n° 1349 ; Cass. com. 26-1-1999 ; RJDA 5/99 n° 565) ;

– l'obligation de voter en assemblée générale ordinaire sur première convocation à la majorité exigée par l'article L 223-29 du Code de commerce (CA Paris 8-6-1994 : RJDA 5/99 n° 565).

La nullité des actes ou délibérations peut également être prononcée lorsqu'elle est prévue par la loi, ainsi en cas d'absence de quorum lors d'une assemblée devant se prononcer sur la poursuite d'activité d'une société ayant perdu les trois quarts du capital (actuellement la moitié du capital ; CA Metz 5-1-1977 : Rev. sociétés 1977 p. 488 note Bouloc). Mais la nullité n'est pas encourue de droit lorsqu'une disposition pénalement sanctionnée est méconnue (Cass. 1e civ. 17-12-2009 n° 08-12.344 : RJDA 8-9/10 n° 853) ; ainsi, une cession d'actions conduisant à une participation croisée interdite ne peut être annulée faute de texte prévoyant une telle sanction (Cass. com. 3-1-1996 : RJDA 4/96 n° 512).

B. Disposition du « présent livre » du Code de commerce (correspondant à l'AUSGIE)

Une société ne saurait être annulée pour violation d'une disposition d'un autre texte que le livre II du Code de commerce sur les sociétés commerciales et le G.I.E., par exemple les articles du décret du 23 mars 1967 sur les sociétés commerciales dont la violation n'est pas sanctionnée par la nullité (CA Paris 22-3-1977 : D. 1978 p. 157 note Goulay ; CA Aix 31-1-1979 : Rev. sociétés 1980 v p. 497 note Guilberteau ; CA Paris 22-5-1992 : Bull. Joly 1992 p. 1987. CA Paris 3-12-1993 : RJDA 3/94 n° 294) :

C. Violation des dispositions légales régissant les contrats

Les actes ou délibérations d'une société peuvent être annulés même en l'absence de violation des règles impératives du Code de commerce s'ils sont affectés d'un défaut ou d'un vice du consentement, d'une incapacité, de l'illicéité de l'objet, d'un défaut de cause ou d'une cause illicite ou immorale (Cass. com. 8-4-1976 : Bull. IV n° 109 ; CA Metz 5-1-1977 : Rev. sociétés 1977 p. 488 note Bouloc).

D. Nullité des délibérations des organes sociaux en cas de violation des statuts

Sous réserve des cas dans lesquels il a été fait usage de la faculté ouverte par une disposition impérative d'aménager conventionnellement la règle posée par celle-ci, le non-respect des stipulations contenues dans les statuts ou le règlement intérieur n'est pas sanctionné par la nullité et la nullité des actes ou délibérations pris par les organes d'une société commerciale qui ne modifient pas les statuts ne peut résulter que d'une disposition impérative du livre II du Code de commerce ou des lois qui régissent les contrats ; en conséquence, peut valablement statuer le conseil d'administration d'une SAS composé de trois membres à la suite de la démission du quatrième malgré la stipulation des statuts prévoyant que le conseil est composé de quatre membres au moins et celle du règlement intérieur selon laquelle le nombre d'administrateurs désignés par chacun des deux associés détenant chacun 50 % du capital social doit refléter leur parité dans le capital (Cass. com. 18-5-2010 n° 09-14.855 : Légifrance).

E. Fraude

La nullité d'une assemblée générale a été prononcée à la suite de l'exclusion d'actionnaires représentant 45 % du capital par « ruse ou artifice » résultant des propos du président ayant prétexté l'invalidité du certificat fourni par la banque dépositaire des actions (Cass. com. 6-7-1993 : Bull. IV n° 206).

F. Abus de droit

A été annulée pour abus de droit :

– la décision du conseil d'administration d'augmenter la rémunération du président d'une société en difficulté financière sérieuse (CA Paris 30-3-1977 : Rev. sociétés 1977 p. 477 note J.H.) ;

– la cession d'actions écartant frauduleusement la clause statutaire d'agrément statutaire d'une société A en transmettant la minorité de blocage des actions de la société A à la société B, déjà actionnaire de la société A, et suivie d'une nouvelle cession de l'ensemble des actions de la société B à un tiers non associé de la société cédante A (CA Grenoble 30-6-1988 : JCP 1989.II n° 15471 obs. Oppetit et, sur pourvoi, Cass. com. 27-6-1989 : Bull IV n° 209) ;

– la décision prise par le bureau d'une assemblée générale de priver un groupe d'actionnaires d'une partie significative de ses droits de vote pour des motifs qui le présentaient comme participant à un concert en vue d'exercer une action sur la politique de la société dès lors que ces décisions ont été adoptées sans que les voix de ces actionnaires aient été prises en compte, mais en outre ceux des actionnaires qui n'ont pas été privés de leurs droits ont pu les exercer en réaction à une action de concert, au surplus d'origine étrangère, dont l'importance leur a été présentée comme supérieure à ce qu'elle était (CA Versailles 28-10-2010 nº 09/8083 : BRDA 24/10 inf. 7).

Art. 245 [mod.] **Dans les sociétés en commandite simple, ou en nom collectif, l'accomplissement des formalités de publicité est requis à peine de nullité de la société, de l'acte, de la décision, ou de la délibération, selon le cas, sans que les associés et la société puissent se prévaloir, à l'égard des tiers, de cette cause de nullité.**

Toutefois, la juridiction compétente a la faculté de ne pas prononcer la nullité encourue si aucune fraude n'est constatée.

Art. 246 [mod.] **L'action en nullité est éteinte lorsque la cause de nullité a cessé d'exister le jour où la juridiction compétente statue sur le fond en première instance, sauf si cette nullité est fondée sur le caractère illicite de l'objet social.**

JURISPRUDENCE OHADA

I. Nullité d'une société dont l'associé unique exerce une activité incompatible avec les textes

Il résulte des articles 7, 242 et 246 de l'AUSCGIE et de l'article 9 de l'AUDCG que l'exercice d'une activité commerciale est incompatible avec l'exercice des fonctions de fonctionnaire. Lorsqu'il est établi qu'une société a comme associé unique, un cadre des douanes, fonctionnaire d'un État partie à l'OHADA, la cour d'appel qui a prononcé la nullité d'une telle société n'a nullement violé l'article 246 de l'AUSCGIE visé au moyen, ni manqué de donner une base légale à sa décision (CCJA, 1e ch., nº 066/2021, 8-4-2021 : Araouane services SARL c/ Houma Ag Handaka SARL).

II. Inapplication des dispositions nationales

Les dispositions internes du Code de procédure civile (malien, en l'espèce) relatives aux nullités des actes de procédures ne peuvent être utilement invoquées pour la nullité d'une société (CCJA, 1e ch., nº 066/2021, 8-4-2021 : Araouane services SARL c/ Houma Ag Handaka SARL).

JURISPRUDENCE COMPARÉE

France

Extinction de l'action

1º Renonciation

L'action en nullité est écartée lorsqu'elle a fait l'objet d'une renonciation (Cass. 3e civ. 27-10-1975 : Bull. III nº 310 ; CA Paris 4-7-1991 : Dr. sociétés 1991 nº 476).

2º Confirmation

La nullité relative peut être confirmée ; tel n'est pas le cas de la nullité de conventions passées par une société avant son immatriculation au RCS, car ces conventions sont frappées de nullité absolue pour avoir été conclues par une société dépourvue d'existence juridique ; elles ne sont pas susceptibles de confirmation ou de rectification, si bien que leur irrégularité ne peut pas être couverte par des actes d'exécution intervenus après l'immatriculation de la société (Cass. com. 21-2-2012 nº 10-27.630 : RJDA 5/12 nº 499).

Art. 247 [mod.] **La juridiction compétente saisie d'une action en nullité peut, même d'office, fixer un délai pour permettre de couvrir la nullité. Elle ne peut pas prononcer la nullité moins de deux (2) mois après la date de l'exploit introductif d'instance.**

Si, pour couvrir une nullité, une assemblée doit être convoquée et s'il est justifié d'une convocation régulière de cette assemblée, la juridiction compétente accorde le délai nécessaire pour que les associés puissent prendre une décision.

Si, à l'expiration du délai prévu aux alinéas précédents, aucune décision n'a été prise, la juridiction compétente statue à la demande de la partie la plus diligente.

JURISPRUDENCE OHADA

I. Nullité facultative

Les articles 246 et suivants prescrivent au juge de permettre la régularisation de l'irrégularité constatée plutôt que de prononcer la nullité (CCJA, ass. plén., nº 080, 25-4-2014 : Ibikunlé Karamatou c/ Sté Coda-Bénin, Ohadata J-15-171).

L'article 247, al. 1 de l'AUSCGIE offre simplement une faculté à la juridiction saisie d'une action en nullité de fixer un délai pour permettre de couvrir ladite nullité. En l'espèce, la cour d'appel qui, par une appréciation souveraine des faits soumis à sa censure, n'a pas fixé un tel délai, n'a en rien violé l'article 247 précité, étant précisé qu'il n'est de surcroît pas démontré que sa décision est intervenue moins de deux mois après la date de l'exploit introductif de l'instance (CCJA, 1e ch., nº 066/2021, 8-4-2021 : Araouane services SARL c/ Houma Ag Handaka SARL).

II. Modalités de l'application de l'article 247 à la mise en harmonie des statuts d'une société commerciale

L'article 247 de l'AUSCGIE ne peut servir de fondement à une régularisation juridique nécessitée par un défaut de mise en harmonie des statuts sociaux que si l'action intervient dans la période des deux ans prescrite pour la mise en harmonie des statuts. Cette préconisation ne peut être transposée aux sociétés coopératives, lesquelles sont soumises à l'AUSC dont les dispositions sont d'ordre public (CCJA, ass. plén., avis nº 002, 23-6-2015 ; demande d'avis nº 255/SP/DAJ/OHADA/2015 du 21-4-2015 : république démocratique du Congo, Ohadata J-16-208).

JURISPRUDENCE COMPARÉE

France

A. Demande en nullité fondée sur un intérêt légitime

1° Recevabilité

Est recevable l'action en nullité intentée par toute personne qui a un intérêt légitime au prononcé de la nullité de l'acte contesté ; tel est le cas :

– de l'action en nullité des délibérations d'un conseil d'administration intentée par un actionnaire non-administrateur dès lors que ce dernier invoque le contexte frauduleux dans lequel s'est tenue la réunion du conseil ayant permis l'agrément d'un nouvel actionnaire (CA Versailles 29-6-2000 : RJDA 1/01 nº 44) ;

– de l'associé ayant voté la résolution contestée (Cass. 3e civ. 19-7-2000 nº 1535 : RJDA 12/00 nº 1122 ; Cass. com. 13-11-2003 nº 1535 : RJDA 5/04 nº 5), du demandeur qui n'était pas encore associé à l'époque où la décision litigieuse a été prise (Cass. com. 4-7-1995 : RJDA 8-9/95 nº 994), de l'associé dont le nombre de voix dont il disposait était insuffisant pour faire échec aux décisions contestées (CA Paris 9-11-1983 : BRDA 1/84 p. 12) et même de l'associé qui a pris part à l'irrégularité (Cass. com. 26-5-2009 nº 08-13.611 : Bull. Joly 2009 p. 965 note J.-F. Barbieri) ;

– de l'action en nullité d'une augmentation de capital formée par des actionnaires minoritaires pour violation des dispositions faisant obligation à l'assemblée de se prononcer sur une augmentation de capital en faveur des salariés au motif que ces dispositions relèvent de l'ordre économique sanctionné par la nullité absolue (T. com. Bordeaux 15-11-2002 nº 01-1055 : RJDA 7/03 nº 730).

2° Irrecevabilité de l'action

N'est pas fondée sur un intérêt légitime la demande en annulation d'une décision de prorogation prise irrégulièrement, au motif que si le prononcé de l'annulation de la prorogation de la société irait directement à l'encontre de ses droits d'actionnaires (CA Paris 10-7-1987 : BRDA 21/87 p. 9).

B. Action en nullité fondée sur un intérêt privé

Lorsque la nullité a pour objet la protection d'intérêts particuliers, ceux d'une personne déterminée ou ceux d'un groupe de personnes (nullité relative), seule la personne dont la loi a voulu assurer la protection peut agir en nullité ainsi :

– le commissaire aux comptes d'une SARL n'est pas habilité à demander la nullité de l'absorption de cette société par une SA en se fondant sur le fait que cette opération avait pour résultat de le priver de son mandat dans la société absorbée (Cass. com. 17-1-1989 : Bull. civ. IV nº 29). Voir aussi Cass. com. 7-10-1997 : RJDA 1/98 nº 59 som. ;

– le bénéficiaire d'une augmentation de capital réservée ne peut pas demander la nullité de l'opération pour inobservation des règles relatives à la

suppression du droit préférentiel de souscription (CA Pau 9-6-1987 : BRDA 12/88 p. 19) ;
– un dirigeant non associé est irrecevable à invoquer la violation des dispositions relatives à l'ordre du jour des assemblées (CA Paris 15-2-2008 n° 07/14454 : RJDA 7/08 n° 818) ou à contester la validité des pouvoirs de la personne ayant représenté un associé à une assemblée, seuls les associés pouvant agir en nullité (Cass. com. 17-12-2002 n° 2140 : RJDA 5/03 n° 506) ; mais tout associé est habilité à contester la validité des pouvoirs d'une personne ayant représenté un associé lors de l'adoption d'une décision collective (Cass. com. 13-11-2003 n° 1518 : RJDA 5/04 n° 561).

C. Exercice de mauvaise foi de l'action

A été condamné à verser des dommages-intérêts à sa société l'actionnaire minoritaire qui avait agi en nullité d'une assemblée avec pour seul souci la poursuite de son intérêt personnel et dans le seul but de nuire à la société en la mettant en difficulté plusieurs années après l'assemblée critiquée (CA Paris 2-7-1999 : RJDA 10/99 n° 1082 som. et, sur pourvoi, Cass. com. 3-6-2003 n° 931 : RJDA 10/03 n° 963).

Art. 248 [mod.] En cas de nullité de la société ou de ses actes, de ses décisions ou de ses délibérations fondée sur un vice du consentement ou l'incapacité d'un associé et lorsque la régularisation peut intervenir, toute personne y ayant un intérêt peut mettre en demeure l'associé incapable ou dont le consentement a été vicié de régulariser ou d'agir en nullité dans un délai de six (6) mois à peine de forclusion.

La mise en demeure est faite par acte d'huissier ou notifiée par tout moyen permettant d'établir sa réception effective par le destinataire. Elle est dénoncée à la société.

Art. 249 [mod.] La société ou un associé peut soumettre à la juridiction compétente saisie dans le délai prévu à l'article précédent, toute mesure susceptible de supprimer l'intérêt à agir du demandeur notamment le rachat des titres sociaux de l'associé incapable ou dont le consentement a été vicié.

En ce cas, la juridiction compétente peut, soit prononcer la nullité, soit rendre obligatoires les mesures proposées si celles-ci ont été préalablement adoptées par la société aux conditions prévues pour la modification des statuts.

L'associé dont le rachat des titres sociaux est demandé ne prend pas part au vote et ses parts ou actions ne sont pas prises en compte dans le calcul du quorum et de la majorité.

Art. 250 [mod.] Lorsque la nullité des actes, décisions ou délibérations de la société est fondée sur la violation des règles de publicité, toute personne ayant intérêt à la régularisation peut, par exploit d'huissier ou par tout moyen permettant d'établir sa réception effective par le destinataire, mettre en demeure la société d'y procéder dans le délai de trente (30) jours à compter de cette mise en demeure.

A défaut de régularisation dans ce délai, tout intéressé peut demander à la juridiction compétente statuant à bref délai, la désignation d'un mandataire chargé d'accomplir la formalité.

JURISPRUDENCE OHADA

Régularisation possible.

Il résulte de l'article 250 de l'AUSCGIE que l'inobservation des règles de publicité des actes des sociétés est susceptible de régularisation lorsqu'elle est avérée (CCJA, 1e ch., n° 154/2022, 3-11-2022).

Art. 250-1 [nouv.] Les dispositions des articles 246 à 250 ci-dessus sont applicables pour toutes les nullités encourues.

Art. 251 [mod.] Les actions en nullité de la société, se prescrivent par trois (3) ans à compter de l'immatriculation de la société ou de la publication de l'acte modifiant les statuts sauf si la nullité est fondée sur l'illicéité de l'objet social et sous réserve de la forclusion prévue à l'article 248 ci-dessus.

Les actions en nullité des actes, décisions ou délibérations de la société, se prescrivent par trois (3) ans à compter du jour où la nullité est encourue sauf si la nullité est fondée sur l'illicéité de l'objet social et sous réserve de la forclusion prévue à l'article 248 ci-dessus.

Toutefois, l'action en nullité d'une fusion ou d'une scission se prescrit par six (6) mois à compter de la date de la dernière inscription au registre du commerce et du crédit mobilier rendue nécessaire par l'opération de fusion ou de scission.

Jurisprudence OHADA

Point de départ de la prescription

La cour d'appel qui a jugé que le délai de prescription prévu à l'article 251, al. 2 de l'AUSCGIE court à compter de la date de la prise de l'acte et non de la date à laquelle celui qui s'en prévaut en a eu connaissance a fait une saine application du texte visé (CCJA, 3e ch., no 076, 29-3-2018 : Aimable Mpore c/ MTN-CI SA).

A. Action contre une cession

Il résulte de l'article 251, al. 1 de l'AUSCGIE, qu'excepté le cas, non acquis en l'espèce, où la nullité est fondée sur l'illicéité de l'objet social et sous réserve de la forclusion prévue à l'article 248 du même Acte uniforme, la prescription de trois ans instituée court, non pas, comme le prétend la requérante, du jour où la personne intéressée prend connaissance de l'acte affecté de nullité, mais du « jour où la nullité est encourue ». En l'espèce, les juges du fond n'ont en rien violé l'article 251 précité en déclarant prescrite l'action initiée le 21 mai 2015 contre un acte de cession du 31 août 2007 (CCJA, 1re ch., no 135/2019, 25-4-2019 : Micheline Martin veuve Masoner c/ Société civile immobilière Florale).

B. Action en annulation des résolutions d'une assemblée

La cour d'appel qui, pour confirmer la décision d'un tribunal ayant fait droit à la demande d'annulation de résolutions d'une assemblée générale extraordinaire du 2 janvier 2015, a retenu que « c'est au cours d'une procédure pénale, courant 2019, que l'intimé découvre le pot aux roses quand enfin l'expédition des procès-verbaux sera produite comme pièce à conviction ; que c'est à partir de cette découverte curieuse que les actes de l'assemblée générale peuvent lui être opposables », alors que le délai de prescription de trois ans prévu à l'article 251 de l'AUSCGIE a couru à compter de la date de la tenue de l'assemblée, en l'espèce le 24 janvier 2015, et qu'il est établi que le défendeur, dument convoqué, était bien au courant de la tenue de cette réunion, a violé les dispositions de l'article susvisé, exposant l'arrêt attaqué à la cassation. Sur l'évocation, et pour les mêmes motifs que ceux ayant entraîné la cassation, il y a lieu d'infirmer le jugement initial et, statuant à nouveau, de déclarer irrecevable l'action du défendeur, qui a par ailleurs perdu sa qualité d'actionnaire à l'issue de l'expiration du délai de souscription décidé par l'assemblée générale, dont il est établi qu'elle s'était tenue le 24 janvier 2015 en sa pleine connaissance (CCJA, 2e ch., no 010/2023, 19-1-2023).

C. Action visant une modification des statuts et la répartition des apports qui en a résulté

N'a pas donné de base légale à son arrêt, qui encourt la cassation de ce chef, la cour d'appel qui a retenu que « la prescription triennale prévue par l'article 251 de l'AUSCGIE s'applique aux actes constitutifs ou modificatifs des statuts de la société d'une part, et d'autre part, aux actes des organes délibérants de la société ; que par contre, elle ne s'applique pas à l'action tendant à l'annulation d'une cession de droits sociaux pour vice de consentement [...] ; qu'en l'espèce, [X.], actionnaire majoritaire à la création de [la société A.] en 2009 avec 60 % des parts se retrouve seulement avec 40 % des parts en 2011, soutient non seulement n'avoir jamais consenti à une quelconque cession de parts, mais aussi et surtout, pour confirmer son premier argument, qu'aucune contrepartie ne lui a été versée suite à la présente cession ; qu'en conséquence de tout ce qui précède, il y a lieu de déclarer l'action de [X.] recevable », sans pour autant démontrer qu'il s'agit bien, dans le cas d'espèce, de cessions de parts sociales et sans indiquer le texte de loi applicable. Il en est ainsi car c'est suivant acte authentique en date du 12 mai 2009, portant modification des statuts de la société, que les apports furent répartis à 60 % pour monsieur [Y.] et 40 % pour madame [Z.] ; il est donc question, comme le précise l'article 6 de l'acte notarié modificatif des statuts 15 du 12 mai 2009, d'apports et non de cessions de parts sociales. Sur l'évocation, et pour les mêmes motifs que ceux ayant entraîné la cassation, il y a lieu d'infirmer le jugement dont appel en toutes ses dispositions et, statuant à nouveau, de déclarer l'action introduite par [Z.] irrecevable pour forclusion, en application des dispositions de l'article 251-2 de l'AUSCGIE (CCJA, 2e ch., no 223/2024, 11-7-2024).

Jurisprudence comparée

France

A. Actions non soumises à la prescription triennale

Le délai de trois ans ne s'applique pas :

– à l'exception de nullité qui peut ainsi être invoquée par une personne contrainte d'exécuter l'acte irrégulier (Cass. com. 13-12-1976 : D. 1977 p. 375 note Jeantin ; Cass. com. 10-7-1978 : Bull civ. IV no 195 ; Cass. 3e civ. 25-3-1998 : RJDA 6/98 no 722), pourvu qu'ellle ne l'ait pas encore exécuté (Cass. 1e civ. 1-12-1998 : RJDA 4/99 no 379) ; Cass. com. 3-4-2007 no 06-10.834 : RJDA 7/07 no 733) ;

– à l'action en nullité d'une clause de non-concurrence dans l'hypothèse de la cessation des fonctions du gérant même votée en assemblée générale dès lors que cette clause obéit à des règles propres à sa validité et distinctes de la validité de l'assemblée générale (CA Versailles 16-3-2000 : RJDA 1/01 no 33) ;

– à l'action tendant à l'annulation d'une cession de droits sociaux pour vice du consentement (Cass. 3e civ. 6-10-2004 no 965 : RJDA 12/04 no 1330 relative à la cession de parts d'une société civile mais transposable ; CA Paris 19-9-2003 no 01/19651 : RJDA 7/04 no 829) ;

– à l'acte de rachat par la société des parts ou actions d'un associé qui se retire (Cass. com. 20-3-2012 no 11-13.534 : RJDA 6/12 no 596, décision rendue à propos du retrait d'un associé de société civile, mais transposable).

B. Point de départ du délai de trois ans

Le délai de trois ans commence à courir seulement :

– si l'action est fondée sur le défaut d'affectio societatis, à partir de la disparition de l'intention de s'associer (Cass. 1e civ. 20-11-2001 no 1734 : RJDA 8-9/02 no 80 à propos d'une société civile mais transposable aux sociétés en nom collectif et aux sociétés en commandite simple) ;

– si l'action est fondée sur un vice du consentement en particulier la violence, à compter du jour de la cessation de la violence (CA Paris 3-11-1998 : Bull. Joly 1999 p. 289 note Saintourens), et pour les autres vices à compter de la découverte du vice (CA Paris 1-12-1992 : Bull. Joly 1993 p. 388 note Saintourens, statuant sur l'erreur).

C. Régularisation de la nullité

Le juge peut imposer d'office un délai afin de couvrir la nullité (par exemple Cass. com. 12-5-1975 : Bull. civ. IV no 131 ; T. com. Paris 5-11-1979 : Gaz. Pal. 1980 p. 100).

Art. 252 [mod.] **La tierce opposition contre les décisions prononçant la nullité d'une société n'est recevable que pendant un délai de six (6) mois à compter de la publication de ces décisions dans un journal habilité à recevoir les annonces légales du siège de la juridiction.**

Art. 253 **Lorsque la nullité de la société est prononcée, elle met fin, sans rétroactivité, à l'exécution du contrat. Il est procédé à sa dissolution et, pour ce qui concerne les sociétés pluripersonnelles, à leur liquidation.**

Jurisprudence comparée

France

Absence de rétroactivité

L'absence d'effet rétroactif joue, même si la nullité a été prononcée pour objet ou cause illicite (Cass. com. 11-7-2006 no 04-16.759 : RJDA 11/06 no 1144).

Cette nullité produisant les effets d'une dissolution judiciaire, il appartiendra aux représentants légaux, en l'espèce du GIE annulé, soumis aux mêmes règles d'annulation que les sociétés, de procéder aux formalités de publicité légalement requises en pareil cas ; il n'y a donc pas lieu d'ordonner la publication

de la présente décision au Bulletin officiel des annonces civiles et commerciales (CA Paris 21-3-2006 nº 03/21006 : RJDA 10/06 nº 1046).
En cas d'annulation de la décision des associés transformant une société anonyme en société en nom collectif et désignant un gérant, le conseil d'administration de la société anonyme se trouve réinvesti dans ses anciennes fonctions et il peut valablement convoquer une assemblée générale (CA Versailles 9-10-2003 nº 02/2624 : RJDA 3/04 nº 313).

Art. 254 [mod.] La décision qui prononce la nullité d'une fusion ou d'une scission doit être publiée dans un délai d'un (1) mois à compter du jour où cette décision est devenue définitive.

Elle est sans effet sur les obligations nées à la charge ou au profit des sociétés auxquelles le ou les patrimoines sont transmis entre la date à laquelle prend effet la fusion ou la scission et celle de la publication de la décision prononçant la nullité.

Dans le cas de la fusion, les sociétés ayant participé à l'opération sont solidairement responsables de l'exécution des obligations mentionnées à l'alinéa précédent à la charge de la société absorbante.

Il en est de même, dans le cas de scission, de la société scindée, pour les obligations des sociétés auxquelles le patrimoine est transmis.

Chacune des sociétés auxquelles le patrimoine est transmis répond des obligations à sa charge nées entre la date de prise d'effet de la scission et celle de la publication de la décision prononçant la nullité.

Jurisprudence comparée

France

Le régime de nullité spécifique aux fusions et scissions est applicable aux opérations d'apport partiel d'actif qui entraînent transmission universelle de l'apport (Cass. com. 3-6-2003 nº 99-18.707 : RJDA 10/03 nº 963 ; Cass. com. 30-11-2004 nº 01-16.581 : RJDA 3/05 nº 263).

Art. 255 Ni la société, ni les associés ne peuvent se prévaloir d'une nullité à l'égard des tiers de bonne foi.

Toutefois, la nullité pour vice de consentement ou pour incapacité est opposable, même aux tiers de bonne foi, par l'incapable ou par son représentant légal ou par la personne dont le consentement a été vicié.

Jurisprudence OHADA

Obligation du juge de se prononcer sur la bonne foi invoquée.

Il résulte de l'article 255, alinéa 1 de l'AUSCGIE l'obligation des juridictions du fond de se prononcer sur la bonne foi invoquée par le tiers auquel sont opposées les nullités relatives aux actes, décisions ou délibérations des sociétés commerciales. En l'espèce, [A.] ayant sollicité, en sa qualité d'actionnaire de [B.], l'annulation de la cession d'actions intervenue entre les sociétés [C.] et [D.], la cour d'appel qui, pour faire droit à cette demande, a énoncé que « l'effet nécessaire de l'annulation des assemblées a été de remettre la cause et les parties intéressées dans le même et semblable état où elles étaient auparavant ; Il en résulte que tant la prise de contrôle opérée par [C.] que les cessions ultérieures d'action dont se prévaut en l'espèce la société [D.] et qui ne sont que les suites desdites assemblées ne peuvent qu'être regardées désormais comme non avenues ; C'est donc à bon droit que le premier juge a retenu que l'annulation de ces assemblées par son effet absolu a entrainé notamment la nullité des décisions qu'y ont été arrêtées », sans toutefois dire en quoi les assemblées générales annulées sont opposables à la société [D.] dont la qualité de tiers est incontestée d'une part, ni en quoi ladite société ne pouvait bénéficier de l'exception de bonne foi qu'elle invoquait d'autre part, a violé, par refus d'application, l'article 255 précité, exposant l'arrêt attaqué à la cassation. Sur l'évocation, le premier juge, pour annuler la convention de cession d'actions signée par la société [C.] et la société [D.], a retenu que les différentes assemblées générales des 16 mai 2006 et

7 juillet 2007, dont les nullités ont été prononcées, étant à l'origine des cessions de parts litigieuses, il y a lieu de conclure à la nullité conséquente de ladite cession et d'en déduire que [A.] reste propriétaire des actions dans le capital de la société [Y.] devenue [B.] à hauteur de 40 %. Cependant, il ressort du dossier que ni dans son préambule qui rappelle le contexte de sa signature, ni dans les stipulations de ses neuf (9) articles, la convention de cession d'actions passée par [C.] et [D.] ne fait référence à une assemblée générale ; le procès-verbal de l'assemblée générale mixte du 16 mai 2006, objet de la pièce n° 1 du bordereau de [A.], n'évoque pas cette cession dans son ordre du jour ni dans ses dix résolutions ; que le procès-verbal de l'assemblée générale du 7 juin 2007, objet de la pièce n° 2 du bordereau de [A.], n'évoque pas non plus cette cession dans son ordre du jour ou ses sept résolutions ; que le courriel du 18 septembre 2007 adressé au sieur [X.] évoque les recours relatifs aux assemblées générales du 16 mai 2006 et du 7 juin 2006 ; qu'il informe son destinataire des procédures en cours, sans pour autant constituer une notification de décisions judiciaires annulant les assemblées de référence ; que du reste, le jugement n° 2134 annulant l'assemblée du 16 mai 2006 intervient le 17 juin 2009 et le jugement n° 1837 qui annule l'assemblée du 7 juin 2007 a été rendu le 27 mai 2009 ; que ces décisions judiciaires d'annulation des assemblées générales sont donc intervenues plus d'un an après la signature de la convention de cession d'actions en cause. Au regard de toutes ces circonstances de fait, la société [D.], tiers aux assemblées générales susinvoquées, peut valablement se prévaloir des dispositions de l'article 255, alinéa 1 de l'AUSCGIE ; en décidant du contraire alors qu'aucun élément du dossier ne permet d'écarter sa bonne foi, le tribunal a fait une mauvaise application de la loi, exposant son jugement à l'infirmation et, statuant à nouveau, de dire et de juger que la nullité des assemblées générales des 16 mai et 7 juin 2006 de la société [Y.], devenue société [B.], sont inopposables à la société [D.] en application de l'article 255 précité (CCJA, 1e ch., n° 054/2022, 3-3-2022).

JURISPRUDENCE COMPARÉE

France

Application de l'exception de bonne foi

Puisque l'annulation ne peut être opposée aux tiers de bonne foi, il y a lieu de rejeter l'action en nullité d'une émission d'obligations à bons de souscription en l'absence de preuve de la mauvaise foi des possesseurs de ces bons (CA Paris 26-4-1990 : Bull. Joly 1990 p. 536).

Art. 256 [mod.] **Les associés et les dirigeants sociaux auxquels la nullité est imputable peuvent être déclarés solidairement responsables du dommage résultant pour les tiers de l'annulation de la société.**

L'action en responsabilité fondée sur l'annulation de la société ou des actes et délibérations postérieurs à sa constitution se prescrit par trois (3) ans à compter du jour où la décision d'annulation est passée en force de chose jugée.

La disparition de la cause de nullité ne fait pas obstacle à l'exercice de l'action en responsabilité tendant à la réparation du préjudice causé par le vice dont la société, l'acte ou la délibération était entachée. Cette action se prescrit par trois (3) ans à compter du jour où la nullité a été couverte.

• Livre IX •

FORMALITES – PUBLICITE

• Titre I •

DISPOSITIONS GENERALES

Art. 256-1 [nouv.] Les formalités relatives aux sociétés peuvent être effectuées par voie électronique conformément aux dispositions du livre V de l'Acte uniforme sur le droit commercial général ainsi qu'aux dispositions applicables du présent Acte uniforme.

Art. 256-2 [anc. art. 258 mod.] Les formalités de publicité par dépôt d'actes ou de pièces prévues par le présent Acte uniforme sont effectuées au greffe de la juridiction compétente ou de l'organe compétent dans l'État partie du lieu du siège social.

Les formalités effectuées auprès du registre du commerce et du crédit mobilier font l'objet d'avis insérés dans le Bulletin national des registres du commerce et du crédit mobilier, lorsqu'il existe. Le Bulletin national peut être publié sur support papier ou sous forme électronique. Il est publié sous la responsabilité de l'autorité compétente qui administre le Fichier National centralisant les informations consignées dans chaque registre de commerce et du crédit mobilier.

Observations

L'ancien art. 258 imposait uniquement une publicité au greffe.

Jurisprudence comparée

France

Caractère limitatif des mentions à publier au RCS

La réglementation rigoureuse du RCS oblige à limiter l'inscription aux seules mentions, actes et pièces prévus par les textes régissant ce registre (CA Paris 21-3-2000 : RJDA 9-10/00 n° 867 transposable aux sociétés régies par le présent Acte uniforme).

Art. 257 [mod.] Sont habilités à recevoir les annonces légales, d'une part, le journal officiel, les journaux habilités à cet effet par les autorités compétentes, le Bulletin national des registres du commerce et du crédit mobilier, d'autre part, les quotidiens nationaux d'information générale de l'État partie du siège social justifiant une vente effective par abonnement, dépositaires ou vendeurs, sous les conditions supplémentaires suivantes :

1°) paraître depuis plus de six (6) mois ;

2°) justifier d'une diffusion à l'échelle nationale.

Art. 257-1 [nouv.] Tout avis publié en application des dispositions du présent Acte uniforme doit obligatoirement comprendre :

1°) la dénomination sociale de la société suivie, le cas échéant, de son sigle ;

2°) la forme de la société ;

3°) le montant du capital social ;

4°) l'adresse du siège social ;
5°) le numéro d'immatriculation au registre du commerce et du crédit mobilier.

Art. 258 [mod.] Les greffiers ou les organes compétents de l'État partie n'exigent le dépôt d'actes enregistrés auprès des autorités fiscales que lorsque l'enregistrement est obligatoire en application de la loi fiscale de l'État partie.

Art. 259 [mod.] Les formalités de publicité sont effectuées à la diligence et sous la responsabilité des représentants légaux des sociétés.

Lorsqu'une formalité de publicité ne portant ni sur la constitution de la société ni sur la modification des statuts, a été omise ou a été irrégulièrement accomplie et si la société n'a pas régularisé la situation dans un délai d'un (1) mois à compter de la mise en demeure qui lui a été adressée, tout intéressé peut demander à la juridiction compétente statuant à bref délai, de désigner un mandataire à l'effet d'accomplir la formalité de publicité.

Jurisprudence OHADA

Nul ne peut se prévaloir du défaut d'accomplissement d'une formalité de publicité ne portant ni sur la constitution de la société ni sur la modification des statuts sans avoir accompli aucune des possibilités supplétives que lui offre l'article 259 de l'AUSCGIE, qui n'édicte par ailleurs aucune sanction. En l'espèce, le défendeur à un pourvoi ne peut se prévaloir du défaut d'inscription du nouveau Directeur Général de la société demanderesse au Registre du commerce et du Crédit mobilier et conclure au défaut de qualité de celui-ci pour agir au nom de ladite société (CCJA, 2e ch., n° 025, 8-4-2010 : S.A.T.A. c/ Receveur des impôts de Zinder, Juris-Ohada, n° 3, juill.-sept., p. 25, Ohadata J-11-69, J-12-47).

Jurisprudence comparée

France

Accomplissement des formalités de publicité par les anciens dirigeants sociaux

La faculté d'établir et de signer les demandes d'inscriptions modificatives en cas de défaillance des représentants légaux (décret du 30 mai 1984) est ouverte aux anciens administrateurs et dirigeants de la société afin d'écarter leur responsabilité pour les actes effectués après la fin de leurs fonctions (Cass. com. 11-10-1971 : Bull. civ. IV n° 235 ; CA Rouen 5-1-1995 : RJDA 4/95 n° 438).

Art. 260 [mod.] Dans tous les cas où le présent Acte uniforme dispose qu'il est statué à bref délai par la juridiction compétente, une copie de la décision est déposée au registre du commerce et du crédit mobilier du lieu du siège social.

Titre II

FORMALITES LORS DE LA CONSTITUTION DE LA SOCIETE

Art. 261 [mod.] Lorsque les formalités de constitution de la société ont été accomplies, et dans un délai de quinze (15) jours suivant l'immatriculation, un avis est inséré dans un journal habilité à recevoir les annonces légales dans l'État partie du siège social.

Art. 262 [mod.] L'avis, signé par le notaire qui a reçu le contrat de société ou par le ou les fondateurs contient, outre les mentions prévues à l'article 257-1 ci-dessus, les mentions suivantes :

1°) l'objet social indiqué sommairement ;

2°) la durée de la société ;

3°) le montant des apports en numéraire et des apports en nature ;

4°) le nombre de titres émis en contrepartie d'apports en numéraire, d'apports en nature et d'apports en industrie ;

5°) les nom, prénoms usuels et domicile des associés tenus indéfiniment des dettes sociales ;

6°) les nom, prénoms et domicile des premiers dirigeants et des premiers commissaires aux comptes ;

7°) les références du dépôt, au registre du commerce et du crédit mobilier de l'État partie du siège social, des pièces de constitution ;

8°) les références de l'immatriculation au registre du commerce et du crédit mobilier ;

9°) le montant de la partie libérée, si le capital n'est pas entièrement libéré ;

10°) les avantages particuliers stipulés.

• Titre III •

FORMALITES LORS DE LA MODIFICATION DES STATUTS

Art. 263 [mod.] Si l'une des mentions de l'avis prévu à l'article 262 ci-dessus est frappée de caducité par suite de la modification des statuts ou de tous actes, de toutes délibérations ou de toutes décisions des assemblées de la société ou de ses organes, la modification est publiée par avis inséré dans un journal habilité à recevoir les annonces légales dans l'État partie du siège social.

Cet avis, signé par le notaire qui a reçu ou dressé l'acte modifiant les statuts ou les représentants légaux de la société, contient, outre les mentions prévues à l'article 262 ci-dessus, les mentions suivantes :

1°) le titre, la date, le numéro de parution et le lieu de publication du journal dans lequel ont été publiés les avis prévus aux deux articles qui précèdent ;

2°) l'indication des modifications intervenues.

JURISPRUDENCE COMPARÉE

France

Inscriptions modificatives au RCS

La déclaration de modification est opposable aux tiers à la date du dépôt de la demande d'inscription modificative et non à celle où la modification a été effectuée (CA Aix 28-9-1995 : RJDA 2/96 n° 228).

Art. 264 [mod.] En cas d'augmentation ou de réduction du capital social, il est procédé, outre l'insertion visée à l'article 263 ci-dessus, au dépôt au greffe de la juridiction compétente ou de l'organe compétent dans l'État partie :

1°) de la copie certifiée conforme de la délibération de l'assemblée qui a décidé ou autorisé l'augmentation ou la réduction du capital, dans le délai d'un (1) mois à compter de la tenue de cette assemblée ;

2°) le cas échéant, de la décision du conseil d'administration, de l'administrateur général ou du gérant, selon le cas, qui a réalisé l'augmentation de capital ;

3°) d'une copie certifiée conforme de la déclaration notariée de souscription et de versement en annexe au registre du commerce et du crédit mobilier.

• Titre IV •

FORMALITES LORS DE LA TRANSFORMATION DE LA SOCIETE

Art. 265 [mod.] La décision de transformation donne lieu à :

1°) une insertion dans un journal habilité à recevoir les annonces légales de l'État partie du siège social et le cas échéant des États parties dont le public est sollicité en cas d'appel public à l'épargne ;

2°) un dépôt au registre du commerce et du crédit mobilier de l'État partie du siège social de deux (2) exemplaires du procès-verbal de l'assemblée ayant décidé la transformation et du procès-verbal de la décision ayant désigné les membres des nouveaux organes sociaux ;

3°) une inscription modificative au registre du commerce et du crédit mobilier.

Les nouveaux statuts, la déclaration de régularité et de conformité et, le cas échéant, deux (2) exemplaires du rapport prévu, selon le cas, à l'article 187-1, 375 ou 691 du présent Acte uniforme sont également déposés au registre du commerce et du crédit mobilier de l'État partie du siège social.

La mention de la transformation doit être signalée au bureau chargé des hypothèques si la société est propriétaire d'un ou plusieurs immeubles soumis à la publicité foncière.

Jurisprudence OHADA

Portée de l'accomplissement des formalités prévues à l'article 265

Les formalités prévues à l'article 265 de l'AUSCGIE ne sont nécessaires que pour l'opposabilité aux tiers de la décision de transformation et de désignation des nouveaux organes sociaux. Les effets de l'article 184 restent intacts, même en cas d'omission de ces formalités, sauf l'inopposabilité de cette décision aux tiers (CCJA, ass. plén., avis n° 002, 23-6-2015 ; demande d'avis n° 255/SP/DAJ/OHADA/2015 du 21-4-2015 : République Démocratique du Congo, Ohadata J-16-208).

Jurisprudence comparée

France

Liste limitative des documents à déposer au greffe

L'énumération des documents devant être déposés (article 48 du décret du 30 mai 1984 : deux exemplaires des statuts, deux copies des actes de nomination des dirigeants, rapport du commissaire aux apports dans les sociétés à responsabilité limitée et dans les sociétés anonymes…) au greffe est limitative et exclut le dépôt au greffe de tout autre document (CA Paris 21-3-2000 : RJDA 9-10/00 n° 867).

• Titre V •

FORMALITES LORS DE LA LIQUIDATION DE LA SOCIETE

Art. 266 [mod.] L'acte de nomination du ou des liquidateurs, quelle que soit sa forme, est publié dans le délai d'un (1) mois à compter de la nomination, dans un journal habilité à recevoir les annonces légales de l'État partie du siège social.

Il contient les indications suivantes :

1°) la raison ou la dénomination sociale de la société suivie, le cas échéant, de son sigle ;

2°) la forme de la société, suivie de la mention « société en liquidation » ;

3°) le montant du capital social ;

4°) l'adresse du siège social ;

5°) le numéro d'immatriculation au registre du commerce et du crédit mobilier ;

6°) la cause de la liquidation ;

7°) les nom, prénoms usuels et domicile du ou des liquidateurs ;

8°) le cas échéant, les limitations apportées à leurs pouvoirs ;

9°) le lieu où la correspondance doit être adressée et celui où les actes et documents concernant la liquidation doivent être notifiés ;

10°) le registre du commerce et de crédit mobilier auprès duquel est effectué le dépôt des actes et pièces relatifs à la liquidation.

A la diligence du liquidateur, les mêmes mentions sont portées, par tout moyen permettant d'établir sa réception effective par le destinataire, à la connaissance des porteurs d'actions et d'obligations nominatives.

JURISPRUDENCE OHADA

Absence de sanction pour non-respect du délai de publication.

Obs. : voir sous l'art. 212 (CCJA, 1e ch., n° 251/2024, 24-10-2024).

Art. 267 Au cours de la liquidation de la société, le liquidateur accomplit, sous sa responsabilité, les formalités de publicité incombant aux représentants légaux de la société.

JURISPRUDENCE COMPARÉE

France

Publicité des actes ou délibérations

La publicité obligatoire des actes ou faits soumis à publicité par le décret du 30 mai 1984 sur le registre de commerce s'applique également aux actes modificatifs ayant fait l'objet d'une autre publicité légale (Cass. com. 29-6-1993 : RJDA 11/93 n° 918). Ainsi, les tiers ne peuvent se voir opposer la clôture de la liquidation d'une société et la décharge du mandat du liquidateur si celles-ci n'ont pas été publiées au registre du commerce et des sociétés ; par suite, est valable l'assignation en paiement de diverses factures délivrée au liquidateur par un fournisseur impayé de la société (CA Paris 27-4-1988 : D 1988 IR p. 167).

Art. 268 [mod.] L'avis de clôture de la liquidation, signé par le liquidateur, est publié, à la diligence du liquidateur, dans le journal ayant reçu l'avis de sa nomination ou, à défaut, dans un journal habilité à publier les annonces légales.

Il contient les mentions visées aux paragraphes 1°), 2°), 3°), 4°), 5°) et 7°) de l'article 266 ci-dessus, ainsi que :

1°) la date et le lieu de réunion de l'assemblée de clôture, si les comptes de la liquidation ont été approuvés par elle ou, le cas échéant, la date de la décision de la juridiction compétente statuant aux lieu et place de l'assemblée, ainsi que l'indication de la juridiction compétente qui l'a prononcée ;

2°) l'indication du registre du commerce et du crédit mobilier où sont déposés les comptes des liquidateurs.

• Titre VI •

FORMALITES DE DEPOT DES ÉTATS FINANCIERS DE SYNTHESE

Art. 269 [mod.] Les sociétés commerciales sont tenues de déposer au registre du commerce et du crédit mobilier de l'État partie du siège social, dans le mois qui suit leur approbation par l'organe compétent, les états financiers de synthèse, à savoir le bilan, le compte de résultat, le tableau financier des ressources et emplois et l'état annexé de l'exercice écoulé.

En cas de refus d'approbation de ces documents, une copie de la décision de l'organe compétent est déposée dans le même délai.

Les états financiers susvisés peuvent faire l'objet d'un dépôt électronique au greffe de la juridiction compétente ou de l'organe compétent dans l'État partie.

A la demande de tout intéressé, la juridiction compétente peut, statuant à bref délai, enjoindre sous astreinte au dirigeant de toute société commerciale de procéder au dépôt des documents énumérés par l'alinéa premier, dès lors que la requête amiable du demandeur auprès de la société est restée vaine pendant trente (30) jours.

• Livre X •

CAPITAL VARIABLE

Art. 269-1 [nouv.] Il peut être stipulé dans les statuts des sociétés anonymes ne faisant pas appel public à l'épargne et sociétés par actions simplifiées que le capital social est susceptible soit d'augmentation par des versements successifs des associés ou l'admission d'associés nouveaux, soit de diminution par la reprise totale ou partielle des apports effectués.

Les sociétés dont les statuts contiennent de telles clauses sont soumises, indépendamment des règles qui leur sont propres, aux dispositions du présent livre.

Art. 269-2 [nouv.] Si la société use de la faculté accordée par l'article 269-1 ci-dessus, cette circonstance doit être mentionnée dans tous les actes et documents émanant de la société et destinés aux tiers, par l'addition à la forme sociale des mots « à capital variable ».

Art. 269-2-1 [nouv.] Par dérogation aux dispositions du présent Acte uniforme, les statuts des sociétés à capital variable organisent les modalités de souscription, de libération et de reprise des apports.

Art. 269-3 [nouv.] Ne sont pas assujettis aux formalités de dépôt et de publication les actes constatant les augmentations ou les diminutions du capital social opérées dans les termes de l'article 269-1 ci-dessus, ou les retraits d'associés, autres que les gérants ou les dirigeants sociaux de la société par actions simplifiée, qui auraient lieu conformément à l'article 269-6 ci-après.

Les dispositions relatives au droit d'opposition des créanciers en cas de réduction de capital non motivée par des pertes sont inapplicables.

Art. 269-4 [nouv.] Les statuts peuvent donner, soit aux dirigeants sociaux soit à l'assemblée générale ou à la collectivité des associés le droit de s'opposer au transfert des titres sociaux sur les registres de la société. Tout transfert réalisé en violation du droit d'opposition stipulé dans les statuts est nul.

Art. 269-5 [nouv.] Les statuts déterminent une somme au-dessous de laquelle le capital ne peut être réduit par les reprises des apports autorisées par l'article 269-1 ci-dessus.

Cette somme ne peut être inférieure ni au dixième du capital social stipulé dans les statuts ni au montant minimal du capital exigé pour la forme de la société considérée par les dispositions la régissant.

Toute réduction de capital au-delà de la limite prescrite par les statuts est nulle.

Art. 269-6 [nouv.] A moins de conventions contraires et sauf application du premier alinéa de l'article 269-5 ci-dessus, chaque associé peut se retirer de la société à tout moment.

Il peut être stipulé que l'assemblée générale ou la collectivité des associés a le droit de décider, à la majorité fixée par les statuts, que l'un ou plusieurs des associés cessent de faire partie de la société. Toute délibération ou décision prise en violation des règles de majorité fixées par les statuts est nulle.

L'associé qui cesse de faire partie de la société, soit par l'effet de sa volonté, soit par suite de la décision de l'assemblée générale ou de la collectivité des associés, reste tenu, pendant cinq (5) ans, envers les associés et envers les tiers, de toutes les obligations existant au moment de son retrait. L'associé, n'est tenu que dans la limite des sommes qui lui ont été restituées avant son départ.

Art. 269-7 [nouv.] La société n'est dissoute ni par la mort ou par le retrait d'un associé ni par une décision prononçant sa liquidation, ni par une mesure d'interdiction d'exercer une profession commerciale, ni par une mesure d'incapacité prononcée à l'égard de l'un des associés. Elle continue de plein droit entre les autres associés.

• Partie II •

DISPOSITIONS PARTICULIERES AUX SOCIETES COMMERCIALES

• Livre I •

SOCIETE EN NOM COLLECTIF

• Titre I •

DISPOSITIONS GENERALES

Art. 270 La société en nom collectif est celle dans laquelle tous les associés sont commerçants et répondent indéfiniment et solidairement des dettes sociales.

Jurisprudence comparée

I. Canada

Existence d'une société en nom collectif

Dans un cas où une société ne pouvait bénéficier, selon la législation fiscale canadienne d'un avantage fiscal qu'autant qu'elle était associée d'une société en nom collectif, sa participation à une telle société a été retenue, compte tenu des éléments suivants :

– « Le contrat de société renferme la plupart des clauses types figurant dans les documents de cette nature. Il prévoit l'exploitation de [traduction] « services de crédit-bail et d'autres entreprises déterminées par l'associé directeur général » (art. 2.01) ; il pourvoit également à la répartition des revenus ou des pertes entre [traduction] « les personnes qui sont des associés le dernier jour de l'exercice de la Société » (art. 5.09) ; et il précise la responsabilité des associés (art. 3.02). Le contrat pourvoit également à la gestion de la Société (art. IV), aux comptes et répartitions (art. V), à la dissolution (art. VIII) et à d'autres aspects communs à toute société en nom collectif. Il n'est pas étonnant que le contrat de société renferme toutes les stipulations requises pour la création d'une société en nom collectif valide. Les parties ont voulu établir une société en nom collectif conforme à l'art. 2 de la Loi sur les sociétés en nom collectif et elles ont réussi. » ;

– conformément aux exigences de l'art. 2 de la loi sur les sociétés en nom collectif, la société en nom collectif en cause était composée de deux personnes exploitant en commun une entreprise, car des contrats de location conclus avant sa constitution lui avaient été transférés et le fait qu'aucune nouvelle activité commerciale n'ait été entreprise pendant la période où les associés ont participé à la société n'annulait pas les effets de l'entreprise déjà existante, dont l'exploitation s'était poursuivie pendant cet intervalle ; de plus, les sociétés dont la qualité de membres de la société en nom collectif était contestée se sont présentées comme associés, ce qui, sans être en soi déterminant, attestait néanmoins de leur intention d'exploiter une entreprise en commun dans le cadre de ladite société (Cour suprême du Canada, Cour civile, arrêt n° 25532 3-9-1998, JURICAF).

II. États-Unis

Obligation des associés (partenaires) au paiement des dettes nées avant leur retrait de la société (partnership), mais non encore évaluées, lors du retrait de l'associé

Les partenaires sont responsables des dettes nées avant leur entrée dans le partenariat ainsi que des dettes nées lorsqu'ils étaient membres de ce dernier. Un partenaire ne peut donc pas échapper à sa contribution aux dettes en quittant le partenariat après la naissance d'un dommage subi par un tiers, mais avant l'évaluation de ce dernier (Keck, Mahin, Cate v. Billauer, United States Bankruptcy Court Northern District of Illinois, 97 B 38580 (2002)).

III. Irak

Obligation solidaire des associés

Les associés dans une SNC créée sous l'empire du Code des sociétés n° 36-1983 (abrogé) sont indéfiniment et solidairement tenus des dettes de la société. Dès lors, les défendeurs, devenus associés à concurrence de 23 % des parts sociales suite au décès de leur de cujus, sont solidairement et personnellement responsables des dettes de la société commerciale. Par conséquent, le demandeur est fondé à leur réclamer une indemnité d'occupation des locaux occupés par la société à concurrence de leurs parts respectives. Art. 6-3 Code des sociétés n° 36-1983 (abrogé), analogue à l'article 37 du Code des sociétés n° 21-1997 – en vigueur – (Cour de cassation fédérale 20-6-2007, pourvoi n° 219).

IV. France

A. Obligation solidaire et indéfinie au paiement des dettes sociales

1° Obligation liée à la qualité d'associé

L'obligation indéfinie et solidaire aux dettes sociales est attachée de plein droit à la qualité d'associé en nom. Un associé ne peut pas y échapper en faisant valoir que cette qualité est incompatible avec le statut de salarié dont il bénéficie au sein de la société (Cass. com. 29-9-2009 n° 08-19.777 : RJDA 1/10 n° 52).

2° Obligation d'ordre public

Aucune clause des statuts ne peut en affranchir les associés ; l'obligation existe dès l'instant où le caractère social de la dette est constaté (Cass. civ. 24-10-1938 : DH 1939 p. 65).

3° Obligation limitée aux dettes sociales

Le créancier doit faire la preuve de l'existence de la dette (Cass. com. 20-3-2012 n° 10-27.340 : RJDA 7/12 n° 684) et de son caractère social (Cass. civ. 24-10-1938, précité).

Cette preuve ne peut pas résulter de la seule délivrance d'un titre exécutoire obtenu contre la société (Cass. com. 20-3-2012 n° 10-27.340, précité), car un titre exécutoire est susceptible d'être contesté quant à l'existence et au montant de la créance dont il ordonne le paiement (cf. Cass. 2e civ. 21-3-2002 n° 00-18.657 : Bull. civ. II n° 51 et Cass. 2e civ. 11-9-2003 n° 01-13.652 : RJDA 2/04 n° 219). Toutefois, le titre exécutoire reconnu par une décision de justice irrévocable ne peut pas être remis en cause quant à l'existence de la créance visée (cf. Cass. 1e civ. 4-10-2005 n° 03-13.375 : RJDA 2/06 n° 189).

Le débiteur qui veut contester le caractère social de la dette doit le faire dès le début du procès ; s'il en fait état après avoir invoqué la prescription de l'action du créancier, il a, par là même, reconnu le caractère social de la dette litigieuse (Cass. civ. 27-5-1914 : D. 1921 I p. 121).

Seuls les créanciers sociaux, et non l'acquéreur de parts sociales ou la société, peuvent invoquer la responsabilité indéfinie et solidaire des associés en nom, excepté le cas du recours subrogatoire de la société ayant réglé la dette de l'associé aux tiers (CA Grenoble 21-3-2002 n° 00/1531 : Bull. inf. CC 15-1-2003 n° 68) mais cette responsabilité peut être stipulée expressément par les statuts (Cass. req. 25-10-1898 : S. 1900. 1. 410).

4° Obligation de l'ancien associé

L'associé s'étant retiré de la société demeure débiteur à l'égard des tiers de l'ensemble des dettes sociales antérieures à son départ en dépit de la publication régulière de son retrait et quels que soient les motifs de ce retrait (Cass. civ. 16-3-1942 : JCP 1942.II n° 1854).

Il demeure de même tenu du règlement d'effets de commerce même à échéances postérieures à la cession et portant sur une dette antérieure à celle-ci (CA Paris 2-7-1993 : Bull. Joly 1993 p. 1046 note J.-J. Daigre).

Les créanciers sociaux ne peuvent se voir opposer l'obligation du cessionnaire de payer les dettes du cédant antérieures à la cession sauf s'ils ont accepté ce changement de débiteur (CA Paris 14-12-1990 : Dr. Sociétés 1990 n° 318).

Les associés d'une SNC sont obligés de couvrir la dette de la société résultant d'une condamnation, après résiliation d'un contrat de location pour défaut de paiement des loyers, à payer au bailleur diverses sommes, quelle que soit la date de constatation de la dette, dès lors que l'obligation de la SNC était née de la conclusion du contrat ultérieurement résilié et les deux associés poursuivis avaient respectivement acquis la qualité d'associé avant et après la date de la conclusion du contrat, peu important qu'ils aient ensuite perdu la qualité d'associé (Cass. com. 21-10-2008 n° 07-16.301 et 07-16.654 : BRDA 21/08 inf. 7).

5° Obligation opposable entre coassociés

Un associé peut invoquer à l'encontre d'un coassocié les droits et actions attachés aux parts sociales, cette action n'étant pas réservée aux tiers. Le cessionnaire de parts sociales ayant reçu les droits et actions attachés à la créance qui lui ont été transférés, parmi lesquels l'action en paiement des dettes sociales qui en constitue l'accessoire, peut donc, en sa qualité de « créancier substitué », agir en paiement sans que sa qualité d'associé y fasse obstacle (CA Paris 19-11-2013 n° 11/21510, ch. 5-8., SARL Mureville c/ Sté CFA : BRDA 24/13 inf. 2).

B. Contribution aux pertes sociales

Chaque associé n'est tenu de contribuer aux pertes lui incombant qu'au jour de la dissolution de la société (Cass. com. 3-3-1975 : Rev. sociétés 1975 p. 454 note D. Randoux ; Cass. com. 29-10-2003 n° 1426 : RJDA 3/04 n° 309) ; la clause des statuts qui se contente de rappeler l'obligation des associés de contribuer aux pertes ne permet pas d'exiger qu'ils comblent les déficits en cours de vie sociale (Cass. com. 5-5-2009 n° 08-14.044 : RJDA 7/09 n° 645, rendu à propos d'une société civile mais transposable).

Le liquidateur judiciaire peut agir contre les associés pour faire fixer leur contribution aux pertes à hauteur du passif non réglé, déduction faite de leurs apports et du produit de la vente des actifs (Cass. com. 20-9-2011 n° 10-24.888 : RJDA 12/11 n° 1033).

Un associé qui refuse de répondre à des appels de fonds non prévus par les statuts n'engage pas sa responsabilité à l'égard de la société ou de ses coassociés (Cass. com. 10-7-2012 n° 11-14.267 : BRDA 15-16/12 inf. 1).

Art. 271 [mod.] Les créanciers de la société ne peuvent poursuivre le paiement des dettes sociales contre un associé que soixante (60) jours au moins après avoir vainement mis en demeure la société. La mise en demeure est faite par acte d'huissier ou notifiée par tout moyen permettant d'établir sa réception effective par le destinataire.

Ce délai peut être prorogé par décision de la juridiction compétente statuant à bref délai sans que la prorogation puisse excéder trente (30) jours.

JURISPRUDENCE COMPARÉE

France

A. Liberté des créanciers sociaux d'exercer leur droit de poursuivre l'associé

1° Validité de la renonciation

Les créanciers sont libres d'invoquer ou de renoncer à la solidarité des dettes sociales à l'encontre des associés ou de choisir un débiteur associé sans diviser leurs poursuites puisque la solidarité a été instituée dans leur intérêt (CA Paris 9-9-2003 n° 02/17738 : RJDA 3/04 n° 326).

La renonciation expresse d'un créancier à poursuivre un associé ne vaut pas décharge au sens de l'Article et ne profite donc pas aux autres associés (Cass. com. 29-10-2003 n° 1424 : RJDA 3/04 n° 327 ; CA Paris 13-9-2002 n° 01/15196 : RJDA 2/03 n° 147).

N'impliquait aucune renonciation de la banque au droit de poursuivre les associés en paiement des dettes sociales – un tel droit ne constituant pas une garantie et n'a pas à être ou non consenti par les associés – l'acte de prêt accordé à une société civile par lequel ses associés avaient nanti leurs parts sociales au profit de la banque en garantie du remboursement aux termes duquel « les droits et actions de la banque seront limités uniquement à la sûreté qui va lui être conférée [...] sans qu'elle puisse exercer d'autres recours contre les cautions personnellement sur tous autres biens présents ou futurs » et autorise la banque à demander le remboursement du solde du prêt après la mise en en liquidation judiciaire de la société (CA Angers 31-3-2009 n° 08/246 : RJDA 4/10 n° 398).

2° Non-effet au regard de la société d'une clause de renonciation à agir contre les associés

Sans méconnaître la loi du contrat, la clause de non-recours interdisant de poursuivre les associés d'une SNC contenue dans un contrat de prêt avait pour seul objet d'interdire de poursuivre les associés et n'excluait pas la présentation d'une demande d'ouverture de la procédure de redressement judiciaire à l'encontre de la SNC, laquelle n'équivaut pas à une demande de paiement ou de mise en œuvre d'une voie d'exécution à son égard ou à celui de ses associés (Cass. com. 22-3-2011, n° 09-72.748, Légifrance).

B. Mise en demeure

1° Rejet de la lettre recommandée

Un acte extrajudiciaire ne pouvant émaner que d'un huissier de justice. Une mise en demeure par lettre recommandée avec avis de réception est donc sans valeur juridique (Cass. com. 1-6-1993 : RJDA 7/93 n° 625 ; Cass. com. 14-6-2000 : RJDA 9-10/00 n° 877).

2° Validité de la déclaration de créance à une procédure collective

En cas de mise en redressement judiciaire de la société, la déclaration de créance vaut mise en demeure (Cass. com. 19-12-2006 n° 02-21.333 : BRDA 2/07 inf. 7) ; celle-ci n'est pas vaine lorsque le remboursement de la créance est prévu dans le plan de redressement de la société, sauf inexécution de celui-ci (CA Aix-en-Provence 13-11-2008 n° 08/524 : BRDA 9/09 inf. 2).

C. Condition de vaine poursuite

La condition de vaine poursuite implique que les poursuites préalables diligentées contre la société ont été, du fait de l'insuffisance du patrimoine social, privées de toute efficacité (Cass. com. 20-11-2001 n° 99-13.894 : RJDA 3/02 n° 267 ; Cass. com. 14-1-2004 n° 00-15.992 : RJDA 6/04 n° 725).

N'était pas établie l'existence de vaines poursuites dans le cas où les procès-verbaux de recherches infructueuses, dressés lors de la signification de jugements établissant que la débitrice principale n'avait pas d'adresse connue, ne démontrent pas son insolvabilité et le créancier n'avait pas fait d'autres démarches (Cass. 3e civ. 4-6-2009 n° 08-12.805 : RJDA 11/09 n° 978, transposable à la SNC).

D. Dispense d'établissement de l'inanité des poursuites en cas de clôture de la liquidation de la société

Si la personnalité morale d'une société dissoute subsiste aussi longtemps que ses droits et obligations à caractère social ne sont pas liquidés, la clôture de la liquidation dispense le créancier d'établir que le patrimoine social est insuffisant pour le désintéresser ; en conséquence, est recevable l'action en paiement du créancier social contre l'un des associés de la société dissoute dont les opérations de liquidation étaient clôturées (Cass. 3e civ. 10-2-2010, no 09-10.982 : BRDA 5/10 inf. 2, transposable à la SNC).

E. Recours de l'associé poursuivi contre le créancier social poursuivant

Les associés considérés comme des tiers par rapport au contrat conclu entre la société et le créancier peuvent exercer une demande reconventionnelle en responsabilité délictuelle contre le créancier poursuivant (Cass. 3e civ. 8-11-2003 no 00-3433 : RJDA 11/04 no 1230 relative à une société civile mais transposable) ; une telle action a ainsi permis la condamnation d'un établissement bancaire à indemniser un associé lorsque la banque a commis une faute en acceptant dans des circonstances suspectes de régler des sommes destinées à financer des travaux pour une société directement à celle-ci et non aux entreprises selon les précisions initiales, renonçant par là même à surveiller l'affectation des fonds (CA Nîmes 18-9-2003 no 00/3433 : RJDA 11/04 no 1230).

F. Saisie des biens personnels de l'associé condamné

Nécessité pour le créancier saisissant de disposer d'un titre exécutoire contre l'associé. Les créanciers d'un associé en nom collectif même détenteurs d'un titre exécutoire contre la société ne peuvent faire vendre les meubles personnels d'un associé saisis à titre conservatoire qu'à la condition d'obtenir dans le mois de la saisie un titre exécutoire contre cet associé (Cass. 2e civ. 19-5-1998 : RJDA 11/98 no 1289 ; de même Cass. 2e civ. 15-1-2004 no 34 : RJDA 6/04 no 750 relative à un groupement d'intérêt économique mais transposable).

Art. 272 [mod.] La société en nom collectif est désignée par une dénomination sociale, à laquelle peut être incorporé le nom d'un ou plusieurs associés, et qui doit être immédiatement précédée ou suivie en caractères lisibles des mots « société en nom collectif » ou du sigle « S.N.C. ».

Art. 273 Le capital social est divisé en parts sociales de même valeur nominale.

JURISPRUDENCE COMPARÉE

France

Libération du capital

Aucune disposition ne s'oppose à la libération des parts par compensation ; ainsi, un associé a valablement pu libérer le montant de son apport en numéraire en totalité par compensation avec une créance inscrite à son compte courant correspondant au coût de travaux qu'il avait effectués pour la société (Cass. 3e civ. 28-11-2001 no 1643 : RJDA 4/02 no 399, solution rendue pour un associé de société civile mais transposable dans les sociétés en nom collectif, en commandite simple et en participation).

Art. 274 [mod.] Les parts sociales ne peuvent être cédées qu'avec le consentement unanime des associés. Toute cession de parts sociales intervenue en violation du présent alinéa est nulle.

A défaut d'unanimité, la cession ne peut avoir lieu, mais les statuts peuvent aménager une procédure de rachat pour permettre le retrait de l'associé cédant.

JURISPRUDENCE COMPARÉE

États-Unis

Agrément à l'unanimité par les associés du cessionnaire en qualité d'associé

Un tiers à un « partnership » ne peut devenir associé sans le consentement de tous les autres associés mais il peut acquérir d'un associé les droits d'associé sans devenir pour autant associé ; ainsi, dans un cas où l'accord entre les associés du « partnership » prévoyait que des cessions de droits dans le « partnership » pourraient être consenties aux membres adultes de la famille des associés sans l'accord de la majorité des associés, cet accord ne dispensait pas de l'accord unanime des autres associés pour que les membres adultes acquièrent la qualité d'associé ; en conséquence, il a été refusé de tenir pour associés les enfants adultes de deux associés auxquels ceux-ci avaient cédé 10 % de leurs droits et pour lesquels ils avaient déposé un amendement indiquant la qualité d'associé de leurs enfants (Rapoport v. 55 Perry Co., Supreme Court of New York, Appellate Division, 50 A.D.2d 54 (1975)).

Art. 275 La cession de parts doit être constatée par écrit.

Elle n'est rendue opposable à la société qu'après accomplissement de l'une des formalités suivantes :

1°) signification à la société de la cession par exploit d'huissier ;

2°) acceptation de la cession par la société dans un acte authentique ;

3°) dépôt d'un original de l'acte de cession au siège social contre remise par le gérant d'une attestation de dépôt.

Elle n'est opposable aux tiers qu'après accomplissement de cette formalité et après publication par dépôt en annexe au registre du commerce et du crédit mobilier.

Jurisprudence comparée

France

A. Cession entre vifs

1° Actes de la cession

a. Validité de la cession sans acte écrit entre parties à la cession

Dans les relations entre les contractants, la cession devient effective dès l'échange des consentements sur les parts cédées et le prix même en l'absence d'acte écrit, lorsque le consentement est dépourvu d'équivoque (Cass. com. 10-3-1992 : RJDA 7/92 n° 710 ; CA Paris 17-9-2004 n° 03/1599 : RJDA 3/05 n° 268 relatif à la cession de parts d'une SARL mais transposable).

b. Validité de l'acte notarié non signé du notaire

L'acte de cession notarié qui n'a pas été signé par le notaire est privé de son caractère authentique ; il n'en vaut pas moins comme acte sous seing privé établissant la cession entre les parties qui l'ont signé (Cass. 1e civ. 28-9-2011 n° 10-13.733 : RJDA 2/12 n° 168).

2° Agrément de la cession

La procédure de l'agrément doit être suivie même si la cession intervient pendant la liquidation de la société (Cass. com. 15-11-1950 : JCP 1951.II n° 6146 note D. Bastian).

L'agrément ne peut pas être donné à l'avance pour tout acquéreur éventuel non individualisé (CA Paris 4-11-1964 : Gaz. Pal. 1965 I p. 280).

Le cédant ne saurait se prononcer contre l'agrément de l'acquéreur : en cas d'opposition de sa part, il serait possible d'obtenir en justice que son vote soit réputé favorable à l'admission de l'acquéreur (Cass. 3e civ. 19-2-1970 : Bull. civ. III n° 123).

À défaut d'agrément du cessionnaire par les associés, celui-ci peut demander l'annulation de l'acte de cession (CA Paris 28-10-1982 : BRDA 24/82 p. 17).

3° Opposabilité de la cession à la société et aux tiers

a. Absence de modification des statuts

Lorsque la cession a été régulièrement notifiée à la société et publiée au registre du commerce et des sociétés RCS elle est opposable aux tiers, sans que les statuts aient, en outre, à être modifiés et cette modification publiée (Cass. com. 9-6-1998 : RJDA 7/98 n° 871).

L'acquéreur de parts ayant régulièrement accompli les formalités ne peut être écarté par le bénéficiaire d'une promesse antérieure de vente de parts même s'il a été informé de la promesse avant la cession, en l'absence de collusion frauduleuse entre le vendeur et lui (Cass. com. 19-3-1980 : Bull. civ. IV n° 137).

b. Existence de la modification des statuts

Si la notification de la cession et sa publicité au RCS n'ont pas été effectuées, la cession est néanmoins opposable aux tiers dès lors que les statuts mis à jour constatant cette cession ont été publiés (Cass. 3e civ. 25-4-2007 n° 03-16.362 : RJDA 8-9/07 n° 849 ; Cass. com. 18-12-2007 n° 06-20.111 : RJDA 6/08 n° 672, rendus en matière de société civile mais transposables par analogie).

c. Inopposabilité de la cession ni notifiée ni publiée

Le défaut d'accomplissement des formalités de publicité ne permet pas d'opposer aux tiers la cession en dépit de la connaissance de la cession par le créancier poursuivant le cédant (Cass. com. 27-1-1998 : RJDA 5/98 n° 608).

La cession ne peut pas être opposée au liquidateur (Cass. com. 25-9-2012 n° 11-30. BRDA 20/12 inf. 9).

Les associés ne peuvent pas se prévaloir, à l'égard des tiers, de la nullité résultant du défaut d'accomplissement des formalités de publicité (art. L 235-2 ; CA Paris 14-1-1983 : Bull. Joly 1983 p. 373).

B. Rachat des parts d'un associé

1° Rachat destiné à égaliser les droits

Lors de la constitution de la société, les associés peuvent s'obliger réciproquement à se rétrocéder à un prix forfaitaire ou calculé en fonction d'éléments précis le nombre de parts sociales nécessaire pour égaliser leurs droits dans la société (Cass. com. 12-11-1951 : Bull. civ. II n° 327).

2° Rachat après refus d'agrément

Une cour d'appel s'est prononcée en faveur de la validité des clauses statutaires de rachat des parts sociales en cas de refus d'agrément de la cession de parts d'une SNC (CA Aix-en-Provence 25-5-2007 n° 05/3172 : RJDA 3/08 n° 282).

Titre II

GERANCE

Chapitre I

NOMINATION DU GERANT

Art. 276 Les statuts organisent la gérance de la société.

Ils peuvent désigner un ou plusieurs gérants, associés ou non, personnes physiques ou morales, ou en prévoir la désignation dans un acte ultérieur.

Si une personne morale est gérante, ses dirigeants sont soumis aux mêmes conditions et obligations et encourent les mêmes responsabilités civiles et pénales que s'ils étaient gérants en leur nom propre, sans préjudice de la responsabilité solidaire de la personne morale qu'ils dirigent.

A défaut d'organisation de la gérance par les statuts, tous les associés sont réputés être gérants.

Jurisprudence comparée

France

A. Nomination des gérants

Dans le silence des statuts et en cas de démission de l'ensemble des gérants non remplacés, tous les associés sont gérants (Cass. com. 24-10-1977 : JCP 1977.IV p. 310).

Par suite, si la société en nom collectif fait l'objet d'une liquidation judiciaire, la faillite personnelle est applicable à l'associé ayant la qualité de gérant mais n'ayant pas participé à la direction de la société parce qu'il lui incombait de contrôler son coassocié (CA Paris 30-6-1989 : BRDA 20/89 p. 20).

B. Cumul des fonctions de gérant avec un contrat de travail

La possibilité de cumuler un contrat de travail et des fonctions de gérance d'une société en nom collectif n'est interdite par aucune disposition (CA Paris 4-11-2003 n° 02/19500 : RJDA 7/04 n° 843) mais elle n'est ouverte qu'à des personnes non associées puisque selon les juges, les fonctions d'associé et de salarié sont incompatibles (Cass. soc. 5-4-1974 : Bull. civ. V n° 220).

C. Responsabilité civile du gérant envers les associés

Le gérant engage sa responsabilité civile lorsqu'il commet une faute de gestion (Cass. com. 3-4-1979 : Bull. civ. IV n° 127).

Dans le silence des textes sur l'action collective des associés contre le gérant, chaque associé est autorisé à donner mandat écrit à un autre associé d'agir en son nom et pour son compte en indiquant l'objet précis de l'action sous le contrôle du juge s'assurant de la réalité et de l'étendue du mandat CA Paris 3-5-1983 : Gaz. Pal. 1983, som. p. 424).

Chapitre II

POUVOIRS DU GERANT

Art. 277 [mod.] Dans les rapports entre associés et en l'absence de la détermination de ses pouvoirs par les statuts, le gérant peut accomplir tous les actes de gestion dans l'intérêt de la société. En cas de pluralité de gérants, chacun détient les mêmes pouvoirs que s'il était seul gérant de la société, sauf le droit pour chacun de s'opposer à toute opération avant qu'elle ne soit conclue.

Observations

Les pouvoirs du gérant envers les tiers font désormais l'objet de l'art. 277-1 nouveau.

Jurisprudence comparée

France

A. Qualité de gérant

Dès lors que les statuts ne confèrent pas la qualité de gérant à chaque associé, les associés ne peuvent pas décider de représenter la société même à l'unanimité (Cass. com. 22-10-2013 n° 12-24.658 : BRDA 22/13 inf. 7).

B. Responsabilité du gérant

Condamnation pour abus de confiance. Le gérant de SNC peut être condamné pour avoir fait prendre en charge par sa société des dépenses personnelles (Cass. crim. 10-4-2002 n° 2310 : RJDA 2/03 n° 148).

Art. 277-1 [nouv.] Dans les rapports avec les tiers, le gérant engage la société par les actes entrant dans l'objet social.

L'opposition formée par un gérant aux actes d'un autre gérant est sans effet à l'égard des tiers, à moins qu'il soit établi qu'ils en ont eu connaissance.

Les clauses statutaires limitant les pouvoirs des gérants qui résultent du présent article sont inopposables aux tiers de bonne foi.

Observations

En cas de pluralité de gérants, il n'est plus affirmé que chacun détient les mêmes pouvoirs que s'il était seul gérant. Désormais, chaque gérant peut faire l'acte qui lui semble opportun, l'autre gérant ayant la faculté de s'y opposer.

Chapitre III

REMUNERATION DU GERANT

Art. 278 [mod.] Sauf clause contraire des statuts, la rémunération des gérants est fixée par les associés, à la majorité en nombre et en capital des associés.

Si le gérant est lui-même associé, la décision fixant sa rémunération est prise à la majorité en nombre et en capital des autres associés.

Les délibérations prises en violation du présent article ou, le cas échéant, des clauses dérogatoires prévues dans les statuts, sont nulles.

Jurisprudence comparée

France

Expertise pour fixer la rémunération du gérant

Dans le silence des statuts, le juge peut fixer la rémunération du gérant en recourant éventuellement à une expertise (CA Paris 17-2-1965 : Gaz. Pal. 1965.1. p. 305).

Chapitre IV

REVOCATION DU GERANT

Art. 279 Si tous les associés sont gérants, ou si un gérant associé est désigné par les statuts, la révocation de l'un d'eux ne peut être faite qu'à l'unanimité des autres associés.

Cette révocation entraîne dissolution de la société, à moins que sa continuation ne soit prévue dans les statuts ou que les autres associés ne la décident à l'unanimité.

JURISPRUDENCE COMPARÉE

France

A. Cessation des fonctions de gérant

Est qualifié de « gérant statutaire » le gérant désigné dans les statuts ou par un acte de modificatif (Cass. com. 12-7-1955 : JCP 1955.II n° 6908).

Peut également être considérée comme « gérant statutaire » la personne qui, étant associée, n'aurait pas conclu le pacte social sans se voir attribuer la fonction de gérant, même en l'absence de mention de son nom dans les statuts (CA Colmar 7-5-1958 : JCP 1959.II n° 11067).

B. Effets de la révocation

En principe, la révocation du gérant associé entraîne la dissolution de la société, mais celle-ci peut être évitée par une clause statutaire ou par une décision unanime des associés prise avant la décision de révocation du gérant (Cass. com. 26-11-2003 n° 1661 : RJDA 3/04 n° 325).

Art. 280 [mod.] Le gérant associé révoqué peut décider de se retirer de la société en demandant le remboursement de ses titres sociaux dont la valeur est fixée, à défaut d'accord entre les parties, par un expert désigné par la juridiction compétente statuant à bref délai.

Le gérant qui n'est pas nommé par les statuts, qu'il soit associé ou non, peut être révoqué par décision de la majorité en nombre et en capital des associés.

Si le gérant dont la révocation est soumise au vote des associés est lui-même associé, la décision est prise à la majorité en nombre et en capital des autres associés.

OBSERVATIONS

« Titres sociaux » remplace « droits sociaux », qui était pourtant la terminologie adéquate s'agissant d'une société en nom collectif.

JURISPRUDENCE COMPARÉE

France

Retrait du gérant associé

En l'absence de dissolution, le gérant révoqué peut demander le retrait de la société et le remboursement de ses droits sociaux à tout moment à moins que la société le mette en demeure d'exercer son droit dans un délai raisonnable et souhaitable (cf. CA Paris 26-3-1999 : RJDA 6/99 n° 687).

Art. 281 Si la révocation du gérant est décidée sans justes motifs, elle peut donner lieu à dommages et intérêts.

JURISPRUDENCE COMPARÉE

France

A. Validité de la clause fixant l'indemnité pour révocation avec justes motifs, sauf excès

La clause statutaire accordant un droit à indemnité au gérant même révoqué pour justes motifs est valable à l'instar des statuts qui peuvent fixer cette somme à condition que le montant de celle-ci ne risque pas de décourager les associés d'exercer leur droit de révocation (cf. Cass. com. 6-12-1983 : Rev. sociétés 1984 p. 311 note Le Cannu).

B. Transposition à la démission du gérant des règles de la révocation

Les règles relatives à la révocation sont transposables à la démission du gérant en l'absence de textes (CA Rouen 16-6-1983 : BRDA 21/83 p. 10) puisque selon la Cour de cassation (Cass. req. 8-12-1890 : D. 1891.1. 458), le régime de la démission est déterminé « par réciprocité » avec celui de la révocation. Le droit de révoquer est discrétionnaire, comme le droit de démissionner (Cass. soc. 6-5-1982 : Rev. soc. 1982 p. 523 note Le Cannu).

Art. 282 [mod.] Les actes ou délibérations pris en violation des articles 279 et 280, al. 2 et 3 ci-dessus sont nuls.

• Titre III •

DECISIONS COLLECTIVES

Art. 283 [mod.] Toutes les décisions qui excèdent les pouvoirs des gérants sont prises à l'unanimité des associés.

Toutefois, les statuts peuvent prévoir que certaines décisions sont prises à une majorité qu'ils fixent.

Les délibérations prises en violation du présent article ou, le cas échéant, des clauses dérogatoires prévues dans les statuts, sont nulles.

Jurisprudence comparée

France

A. Augmentation des engagements des associés

Doit être adoptée à l'unanimité la résolution par laquelle la société s'engageait à racheter ou faire racheter les parts d'un associé que celui-ci avait reçues en contrepartie de son apport à la société des titres d'une autre société ; en effet, l'apport du bénéficiaire de l'engagement de rachat étant subordonné à cet engagement, les associés pouvaient être appelés à supporter les conséquences de l'augmentation de capital résultant de l'apport, même si celui-ci était initialement sans incidence sur eux (Cass. com. 13-11-2003 n° 1535 : RJDA 5/04 n° 583, décision rendue à propos d'une société civile mais transposable aux associés de SNC qui sont, eux aussi, tenus indéfiniment).

B. Suppression à l'unanimité d'une clause exigeant l'unanimité

Quand les statuts valident l'adoption des modifications statutaires à une certaine majorité excepté les décisions exigeant l'unanimité, la suppression du principe même de l'unanimité exige une décision unanime des associés (Cass. com. 3-5-1995 : RJDA 8-9/95 n° 997).

C. Omission des statuts sur les conditions de quorum et de majorité

L'unanimité s'impose même si l'absence de clause statutaire particulière résulte manifestement d'un oubli (CA Paris 29-10-2009 n° 08/18972 : RJDA 4/10 n° 399, rendu à propos d'une société civile mais transposable).

Art. 284 [mod.] Les décisions collectives sont prises en assemblée ou par consultation écrite si la réunion d'une assemblée n'est pas demandée par l'un des associés.

Les actes ou délibérations pris en violation du précédent alinéa sont nuls.

Jurisprudence comparée

France

Décision prise par un acte

L'autorisation des associés à un cautionnement donné par la société en dehors de l'objet social peut résulter du fait que ces associés ont eux-mêmes signé ce cautionnement (Cass. 3e civ. 25-9-2002 n° 1311 : RJDA 1/03 n° 39, rendu à propos d'une société civile mais transposable aux SNC) et la modification des statuts peut résulter d'une pratique constante des associés en cours de vie sociale, ratifiée a posteriori par les actes de dissolution et de liquidation de la société (Cass. 1e civ. 2-3-2004 n° 344 : RJDA 7/04 n° 851, rendu à propos de la répartition des bénéfices au sein d'une société civile mais transposable aux SNC).

Art. 285 [mod.] Les statuts définissent les règles relatives aux modalités de consultation, aux quorums et aux majorités. Les délibérations prises en violation de ces règles sont nulles.

JURISPRUDENCE COMPARÉE

France

Interprétation des clauses statutaires

La clause selon laquelle les décisions doivent être prises « par des associés représentant plus de la moitié du capital social » prête à confusion car elle ne permet pas de savoir si les décisions peuvent ou non être prises par un seul associé dès l'instant qu'il détient plus de la moitié du capital (cf. Cass. com. 26-4-1971 : Bull. civ. IV n° 105 admettant que les juges en aient souverainement déduit qu'un seul associé pût prendre la décision).

La clause prévoyant, d'une part, que les décisions extraordinaires doivent être prises « à la majorité des trois quarts des associés » et, d'autre part, que « les décisions dites ordinaires ne sont valablement prises qu'autant qu'elles ont été adoptées par les associés représentant plus de la moitié des droits » peut être interprétée comme prévoyant, pour l'adoption des décisions extraordinaires, une majorité calculée par tête et non en proportion des droits des associés (Cass. com. 23-10-2007 n° 05-19.092 : RJDA 2/08 n° 141, à propos d'une société en participation mais transposable).

La clause des statuts intitulée « Décisions collectives » indiquant que les associés se réunissaient en assemblée générale et ajoutant : « toutes les décisions autres, en particulier celles ayant pour effet de modifier les statuts, sont prises à la majorité des associés représentant les deux tiers du capital social, au cours d'assemblées générales qualifiées d'extraordinaires », ne signifie pas que certaines décisions collectives pourraient être prises à une majorité simple ; il s'ensuit que les décisions collectives devaient être adoptées à l'unanimité, sous la seule réserve des décisions modificatives des statuts auxquelles s'appliquait la majorité prévue par la clause (CA Orléans 16-11-2006 n° 06/62 : RJDA 4/07 n° 378, rendu à propos d'une société civile mais transposable).

Lorsque les statuts prévoient que leur modification est valablement adoptée à une majorité déterminée, sauf pour certaines décisions qui requièrent l'unanimité (en l'espèce, le changement d'objet), la suppression de cette règle de l'unanimité ne peut, elle-même, être décidée qu'à l'unanimité (Cass. com. 3-5-1995 : RJDA 8-9/95 n° 997, à propos d'un GIE mais transposable aux SNC par analogie des règles applicables).

Art. 286 [mod.] Lorsque les décisions sont prises en assemblée générale, l'assemblée générale est convoquée par le ou l'un des gérants au moins quinze (15) jours avant sa tenue, par lettre au porteur contre récépissé, par lettre recommandée avec demande d'avis de réception, télécopie ou courrier électronique. Les convocations par télécopie et courrier électronique ne sont valables que si l'associé a préalablement donné son accord écrit et communiqué son numéro de télécopie ou son adresse électronique, selon le cas. Il peut à tout moment demander expressément à la société par lettre recommandée avec demande d'avis de réception que le moyen de communication susmentionné soit remplacé à l'avenir par un envoi postal.

La convocation indique la date, le lieu de réunion et l'ordre du jour de l'assemblée.

Toute assemblée irrégulièrement convoquée peut être annulée. Toutefois, l'action en nullité n'est pas recevable lorsque tous les associés étaient présents ou représentés.

JURISPRUDENCE COMPARÉE

France

A. Formes et délai de la convocation

La convocation des associés peut résulter de l'envoi en recommandé avec accusé de réception même retournée avec la mention « n'habite plus à l'adresse indiquée » lorsqu'elle a été effectuée à l'adresse mentionnée par l'associé destinataire dans la correspondance échangée avec la société avant et après la convocation (*Cass. com. 29-10-2003* : RJDA 3/04 n° 309).

B. Tenue de l'assemblée

L'assemblée peut être annulée à la demande de l'associé en se fondant sur le défaut de convocation d'un autre associé (Cass. 3e civ. 21-10-1998 : RJDA 12/98 n° 1371) ;

La validité d'une assemblée générale ne peut être remise en cause lorsque tous les associés sont présents ou représentés (Cass. com. 8-2-2005 n° 183 : RJDA 6/05 n° 7244).

Art. 287 [mod.] Le procès-verbal doit être signé par chacun des associés présents ou représentés.

En cas de consultation écrite, il en est fait mention dans le procès-verbal auquel est annexée la réponse de chaque associé et qui est signé par les gérants.

Jurisprudence comparée

France

Irrégularité formelle licite à défaut de grief

Le fait de coller les procès-verbaux sur le registre des procès-verbaux sans les avoir recopiés constitue une violation uniquement formelle des obligations réglementaires et ne permet pas d'agir en responsabilité civile contre le gérant lorsque ces agissements n'ont pas porté préjudice à la société (CA Paris 19-12-1995 : Dr. Sociétés 1990 n° 174 obs. Vidal).

• Titre IV •

ASSEMBLEE GENERALE ANNUELLE

Art. 288 [mod.] Il est tenu chaque année, dans les six (6) mois qui suivent la clôture de l'exercice, une assemblée générale annuelle au cours de laquelle le rapport de gestion, l'inventaire et les états financiers de synthèse établis par les gérants sont soumis à l'approbation de l'assemblée des associés.

A cette fin, les documents visés à l'alinéa précédent, le texte des résolutions proposées ainsi que, le cas échéant, le rapport du commissaire aux comptes, sont communiqués aux associés au moins quinze (15) jours avant la tenue de l'assemblée. Toute délibération prise en violation des dispositions du présent alinéa peut être annulée.

L'assemblée générale annuelle ne peut valablement se tenir que si elle réunit une majorité d'associés représentant la moitié du capital social. Toute délibération prise en violation du présent alinéa est nulle.

L'assemblée générale est présidée par l'associé représentant par lui-même ou comme mandataire le plus grand nombre de parts sociales.

Observations

Seule la violation de la disposition de l'alinéa 3 est sanctionnée par la nullité et non plus celle des autres dispositions comme c'était le cas dans l'ancien texte.

• Titre V •

CONTROLE DES ASSOCIES

Art. 289 [mod.] Les associés non gérants ont le droit de consulter, au siège social, deux (2) fois par an, tous les documents et pièces comptables ainsi que les procès-verbaux des délibérations et des décisions collectives. Ils ont le droit d'en prendre copie à leurs frais.

Ils doivent avertir les gérants de leur intention d'exercer ce droit au moins quinze (15) jours à l'avance, par lettre au porteur contre récépissé ou par lettre recommandée avec demande d'avis de réception ou télécopie.

Ils ont le droit de se faire assister par un expert-comptable ou un commissaire aux comptes à leurs frais.

Jurisprudence comparée

France

Droits des associés

Les associés peuvent :

– exercer une action en justice en se constituant par exemple partie civile en cas de délit d'abus de biens sociaux d'un gérant (Cass. crim. 10-4-2002 nº 2310 : RJDA 2/03 nº 148) ;

– émettre leur opinion sur l'attitude à adopter en présence des difficultés de la société, notamment sur les agissements du dirigeant en se gardant toutefois de commettre une faute constituant un dénigrement quand elle affecte plus la personne du dirigeant que ses actes (CA Paris 25-10-2002 nº 01/2227 : RJDA 4/03 nº 385).

Art. 289-1 [nouv.] Les sociétés en nom collectif qui remplissent, à la clôture de l'exercice social, deux (2) des conditions suivantes :

1º) total du bilan supérieur à deux cent cinquante millions (250.000.000) de francs CFA ;

2º) chiffre d'affaires annuel supérieur à cinq cents millions (500.000.000) de francs CFA ;

3º) effectif permanent supérieur à 50 personnes ;

sont tenues de désigner au moins un (1) commissaire aux comptes.

La société n'est plus tenue de désigner un commissaire aux comptes dès lors qu'elle n'a pas rempli deux (2) des conditions fixées ci-dessus pendant les deux (2) exercices précédant l'expiration du mandat du commissaire aux comptes.

Pour les autres sociétés en nom collectif ne remplissant pas ces critères, la nomination d'un commissaire aux comptes est facultative. Elle peut toutefois être demandée en justice par un ou plusieurs associés détenant, au moins, le dixième du capital social.

Les dispositions des articles 377 et suivants ci-après sont applicables à tout commissaire aux comptes désigné conformément aux dispositions du présent article.

Observations

L'obligation de nommer un commissaire aux comptes est une nouveauté.

Titre VI

FIN DE LA SOCIETE EN NOM COLLECTIF

Art. 290 [mod.] La société prend fin par le décès d'un associé. Toutefois, les statuts peuvent prévoir que la société continue soit entre les associés survivants, soit entre les associés survivants et les héritiers ou successeurs de l'associé décédé avec ou sans l'agrément des associés survivants.

S'il est prévu que la société continue avec les seuls associés survivants, ou si ces derniers n'agréent pas les héritiers ou successeurs de l'associé décédé ou s'ils n'agréent que certains d'entre eux, les associés survivants doivent racheter aux héritiers ou successeurs de l'associé décédé ou à ceux qui n'ont pas été agréés, leurs parts sociales.

En cas de continuation et si l'un ou plusieurs des héritiers ou successeurs de l'associé décédé sont mineurs non émancipés, ceux-ci ne répondent des dettes sociales qu'à concurrence des parts de la succession de leur auteur.

En outre, la société doit être transformée dans le délai d'un (1) an, à compter du décès, en société en commandite dont le mineur devient commanditaire. A défaut, elle est dissoute.

Jurisprudence comparée

France

A. Dissolution de la société

Les statuts ou une décision unanime des autres associés peuvent écarter la dissolution en excluant l'associé de la société et en l'indemnisant de la valeur de ses droits sociaux, laquelle, à défaut d'accord entre les parties, est déterminée par un expert, sans que l'existence d'une clause statutaire d'évaluation des titres puisse y faire obstacle (Cass. com. 4-12-2007 n° 06-13.912 : RJDA 4/08 n° 421).

B. Continuation de la société

1° Continuation avec les héritiers

La poursuite de la société est automatique dès que les héritiers ont accepté la succession du défunt et elle leur confère la qualité d'associé en nom en dépit de leur acceptation sous bénéfice d'inventaire (Cass. req. 2-3-1885 : D. 1885.1.441).

Les héritiers d'un associé-gérant ne devenant pas eux-mêmes gérants, la désignation d'un nouveau gérant est obligatoire (CA Douai 2-3-1933 : Gaz. Pal. 1933.1. p. 961)

La société en nom collectif peut valablement être transformée en société en commandite (T. civ. Seine 24-1-1961 : JCP 1962.II n° 12914 note Bischoff).

2° Continuation de la société avec des tiers après rachat des parts des associés

Est valable la clause statutaire d'une SARL (mais transposable à la société en nom collectif) prévoyant la faculté de rachat par les associés survivants des titres du défunt, soit pour leur compte, soit pour des individus agréés par eux sous réserve de manifester leur volonté dans un délai déterminé (Cass. com. 2-4-1973 : Rev. sociétés 1974 p. 81 note Nocquet).

3° Publicité

La nouvelle répartition des parts sociales doit être mentionnée dans les statuts avant d'effectuer les formalités de publicité (Cass. com. 16-1-1990 : Bull. Joly 1990 p. 291 note Le Cannu et Cass. com. 4-4-1995 : RJDA 10/95 n° 1108).

4° Exclusion des héritiers

a. Absence de droits sociaux

La personne chargée d'administrer les parts d'un associé décédé ne peut pas, alors qu'aucun héritier n'a été agréé, demander à la société la communication de documents sociaux (CA Agen 23-2-1993 : Defrénois 1994 p. 561 som. obs. P. Le Cannu, décision rendue à propos d'un associé de SARL mais transposable à la SNC).

b. Droit de la société de provoquer le partage

Si les héritiers tardent à réaliser le partage de la succession, la société peut, en usant de l'action oblique, obtenir en justice qu'il soit procédé à ce partage et, préalablement, à la vente aux enchères publiques des parts du défunt (TGI Pontoise 6-6-1972 : Rev. sociétés 1973 p. 497 note Sarradin).

c. Héritiers mineurs

Défaut de transformation de la SNC en SCS dans le délai d'un an. La société est, dès l'expiration de ce délai d'un an, en état de liquidation (CA Paris 12-6-1997 : Bull. Joly 1997 p. 892 note P. Le Cannu).

Art. 291 [mod.] La société prend également fin lorsqu'une décision de liquidation des biens, de faillite ou des mesures d'incapacité ou d'interdiction d'exercer une activité commerciale sont prononcés à l'égard d'un associé à moins que les statuts de la société ne prévoient la continuation, ou que les autres associés ne le décident à l'unanimité.

Art. 292 [mod.] Dans les cas soit de refus d'agrément des héritiers et successeurs, soit du retrait d'un associé, la valeur des titres sociaux à rembourser aux intéressés est fixée, conformément aux dispositions de l'article 59 ci-dessus.

Dans les cas prévus à l'alinéa précédent où les associés doivent racheter les parts sociales, les associés sont tenus indéfiniment et solidairement du paiement de ces parts.

Jurisprudence comparée

France

Date de naissance de la créance des héritiers

Les héritiers deviennent créanciers à compter du jour du décès même si le prix n'est pas encore précisé ; par suite, les intérêts courent à partir de la sommation de payer délivrée par les héritiers sans attendre la conclusion de l'expertise (Cass. com. 21-10-1997 : RJDA 3/98 n° 300).

• Livre II •

SOCIETE EN COMMANDITE SIMPLE

• Titre I •

DISPOSITIONS GENERALES

Art. 293 La société en commandite simple est celle dans laquelle coexistent un ou plusieurs associés indéfiniment et solidairement responsables des dettes sociales dénommés « associés commandités », avec un ou plusieurs associés responsables des dettes sociales dans la limite de leurs apports dénommés « associés commanditaires » ou « associés en commandite », et dont le capital est divisé en parts sociales.

JURISPRUDENCE COMPARÉE

France

Nécessité d'indication formelle de la qualité de commanditaire pour jouir de cette qualité

À défaut de mention statutaire de la qualité de commanditaire, les associés commanditaires sont considérés comme des commandités responsables individuellement et solidairement des dettes sociales (CA Paris 5-12-2001 n° 98/25436 : RJDA 5/02 n° 512).

Art. 293-1 [nouv.] Les dispositions relatives aux sociétés en nom collectif sont applicables aux sociétés en commandite simple, sous réserve des règles prévues au présent livre.

Art. 294 La société en commandite simple est désignée par une dénomination sociale qui doit être immédiatement précédée ou suivie en caractères lisibles des mots : « société en commandite simple » ou du sigle : « S.C.S. ».

Le nom d'un associé commanditaire ne peut en aucun cas être incorporé à la dénomination sociale, à défaut de quoi ce dernier répond indéfiniment et solidairement des dettes sociales.

Art. 295 Les statuts de la société en commandite simple doivent nécessairement contenir les indications suivantes :

1°) le montant ou la valeur des apports de tous les associés ;

2°) la part dans ce montant ou cette valeur de chaque associé commandité ou commanditaire ;

3°) la part globale des associés commandités et la part de chaque associé commanditaire dans la répartition des bénéfices et dans le boni de liquidation.

Art. 296 [mod.] Les parts sociales ne peuvent être cédées qu'avec le consentement de tous les associés.

Toutefois les statuts peuvent stipuler :

1°) que les parts des associés commanditaires sont librement cessibles entre associés ;

2°) que les parts des associés commanditaires peuvent être cédées à des tiers étrangers à la société avec le consentement de tous les associés commandités et de la majorité en nombre et en capital des associés commanditaires ;

3°) qu'un associé commandité peut céder une partie de ses parts à un associé commanditaire ou à un tiers étranger à la société avec le consentement de tous les associés commandités et de la majorité en nombre et en capital des associés commanditaires.

Est nulle toute cession de parts intervenue en violation du premier alinéa du présent article ou, le cas échéant, des clauses prévues aux statuts conformément au deuxième alinéa du présent article.

Art. 297 La cession de parts doit être constatée par écrit.

Elle n'est rendue opposable à la société qu'après accomplissement de l'une des formalités suivantes :

1°) signification à la société de la cession par exploit d'huissier ;

2°) acceptation de la cession par la société dans un acte authentique ;

3°) dépôt d'un original de l'acte de cession au siège social contre remise par le gérant d'une attestation de dépôt.

Elle n'est opposable aux tiers qu'après l'accomplissement de cette formalité et après publication par dépôt au registre du commerce et du crédit mobilier.

• Titre II •

GERANCE

Art. 298 La société en commandite simple est gérée par tous les associés commandités, sauf stipulation contraire des statuts qui peuvent désigner un ou plusieurs gérants, parmi les associés commandités, ou en prévoir la désignation par un acte ultérieur, dans les mêmes conditions et avec les mêmes pouvoirs que dans une société en nom collectif.

Art. 299 L'associé ou les associés commanditaires ne peuvent faire aucun acte de gestion externe, même en vertu d'une procuration.

Jurisprudence comparée

France

Caractéristique de l'immixtion du commanditaire

Constituent des actes de gestion externe caractérisant l'immixtion du commanditaire :

– les marchés passés au nom de la société (Cass. req. 30-12-1907 : S. 1908.1. 124) ; les démarches effectuées auprès d'une banque visant à obtenir un emprunt (Cass. civ. 28-5-1921 : D 1924. 1. 214) ;

– l'intervention dans la gestion de la société lors des travaux effectués par celle-ci (Cass. req. 10-7-1900 : D 1901 1 436).

En revanche, sont valables les opérations effectuées par les associés commanditaires avec la société (Cass. com. 3-7-1899 : D 1899 : D 1899 1 502), par exemple, le contrat de travail signé avec la société lui conférant la qualité de salarié de celle-ci (CA Bordeaux 10-5-1899 : D 1900. 2. 158).

Art. 300 En cas de contravention à la prohibition mentionnée à l'article précédent, l'associé ou les associés commanditaires sont obligés indéfiniment et solidairement avec les associés commandités pour les dettes et engagements de la société qui dérivent des actes de gestion qu'ils ont faits.

Suivant le nombre ou la gravité de ces actes, ils peuvent être obligés pour tous les engagements de la société ou pour quelques-uns seulement.

Art. 301 Les avis et conseils, les actes de contrôle et de surveillance n'engagent pas les associés commanditaires.

Titre III

DECISIONS COLLECTIVES

Art. 302 [mod.] Toutes les décisions qui excèdent les pouvoirs des gérants sont prises par la collectivité des associés.

Les statuts fixent les modalités de consultation, en assemblée ou par consultation écrite, ainsi que les règles de quorum et de majorité. Les délibérations prises en violation de ces clauses statutaires sont nulles.

Toutefois, la réunion d'une assemblée de tous les associés est de droit si elle est demandée soit par un associé commandité, soit par le quart en nombre et en capital des associés commanditaires.

Art. 303 [mod.] Lorsque les décisions sont prises en assemblée générale, l'assemblée est convoquée par le ou l'un des gérants au moins quinze (15) jours avant sa tenue, par lettre au porteur contre récépissé, par lettre recommandée avec demande d'avis de réception, télécopie ou courrier électronique. Les convocations par télécopie et courrier électronique ne sont valables que si l'associé a préalablement donné son accord écrit et communiqué son numéro de télécopie ou son adresse électronique, selon le cas. Il peut à tout moment demander expressément à la société par lettre recommandée avec demande d'avis de réception que le moyen de communication susmentionné soit remplacé à l'avenir par un envoi postal.

La convocation indique la date, le lieu de réunion et l'ordre du jour de l'assemblée.

Toute assemblée irrégulièrement convoquée peut être annulée. Toutefois, l'action en nullité n'est pas recevable lorsque tous les associés étaient présents ou représentés.

Art. 304 Le procès-verbal doit être signé par chacun des associés présents.

En cas de consultation écrite, il en est fait mention dans le procès-verbal auquel est annexée la réponse de chaque associé et qui est signé par les gérants.

Art. 305 [mod.] Les modifications des statuts sont décidées avec le consentement de tous les associés commandités et la majorité en nombre et en capital des associés commanditaires.

Toute délibération prise en violation du présent article est nulle.

• Titre IV •

ASSEMBLEE GENERALE ANNUELLE

Art. 306 [mod.] Il est tenu chaque année, dans les six (6) mois qui suivent la clôture de l'exercice, une assemblée générale annuelle au cours de laquelle le rapport de gestion, l'inventaire et les états financiers de synthèse établis par les gérants sont soumis à l'approbation de l'assemblée des associés.

A cette fin, les documents visés à l'alinéa précédent, le texte des résolutions proposées ainsi que, le cas échéant, le rapport du commissaire aux comptes, sont communiqués aux associés au moins quinze (15) jours avant la tenue de l'assemblée. Toute délibération prise en violation des dispositions du présent alinéa peut être annulée.

L'assemblée générale annuelle ne peut valablement se tenir que si elle réunit une majorité d'associés représentant au moins la moitié du capital social. Toute délibération prise en violation du présent alinéa est nulle.

L'assemblée est présidée par l'associé représentant par lui-même ou comme mandataire le plus grand nombre de parts sociales.

• Titre V •

CONTROLE DES ASSOCIES

Art. 307 [mod.] Les associés commanditaires et les associés commandités non gérants ont le droit, deux (2) fois par an, d'obtenir communication des livres et des documents sociaux et de poser par écrit des questions sur la gestion sociale, auxquelles il doit être répondu également par écrit.

Titre VI

FIN DE LA SOCIETE EN COMMANDITE SIMPLE

Art. 308 [mod.] La société continue malgré le décès d'un associé commanditaire. S'il est stipulé que malgré le décès de l'un des associés commandités, la société continue avec ses héritiers, ceux-ci deviennent associés commanditaires lorsqu'ils sont mineurs non émancipés.

Si l'associé décédé était seul associé commandité et si ses héritiers sont alors mineurs non émancipés, il doit être procédé à son remplacement par un nouvel associé commandité ou à la transformation de la société dans un délai d'un (1) an à compter du décès.

A défaut, la société est dissoute de plein droit à l'expiration du délai prévu à l'alinéa précédent.

Jurisprudence comparée

France

Dissolution de plein droit de la société si le seul associé commandité est en redressement judiciaire

Le redressement judiciaire ou l'interdiction frappant un associé commandité entraîne automatiquement la dissolution de la société lorsque celle-ci ne comporte qu'un seul commandité (T. com. Paris 29-6-1981 : Gaz. Pal. 1981 p. 687).

Livre III

SOCIETE A RESPONSABILITE LIMITEE

Titre I

CONSTITUTION DE LA SOCIETE A RESPONSABILITE LIMITEE

Chapitre I

DEFINITION DE LA SOCIETE A RESPONSABILITE LIMITEE

Art. 309 [mod.] La société à responsabilité limitée est une société dans laquelle les associés ne sont responsables des dettes sociales qu'à concurrence de leurs apports et dont les droits sont représentés par des parts sociales.

Elle peut être instituée par une personne physique ou morale, ou entre deux ou plusieurs personnes physiques ou morales.

JURISPRUDENCE OHADA

I. Limitation de l'obligation des associés aux pertes sociales au montant de leurs apports

L'article 309, al. 1 de l'AUSCGIE affirme simplement que les associés d'une SARL n'engagent que leur part du capital social ; il s'ensuit que leurs autres biens personnels ne peuvent en aucune façon constituer le gage des créanciers de la société qui est une personne juridique distincte. C'est donc à bon droit que le premier juge a ordonné la mainlevée de la saisie pratiquée sur les comptes bancaires personnels des intimés (CA Abidjan, n° 363, 27-3-2001 : Caisse d'assistance médicale c/ Sté AMS-CI, Juris-Ohada, n° 1/2004, janv.-mars 2004, p. 51, note anonyme, Ohadata J-04-170 ; dans le même sens, CA Abidjan, n° 271, 3-1-2004 : Caisse d'assistance médicale de Côte d'Ivoire (CAM-CI c/ Sté AMS-CI et ayants droit de E., Juris-Ohada, n° 4/2004, oct.-déc. 2004, p. 56, Ohadata J-05-179, J-05-257).

II. Distinction de personnalité juridique entre l'associé unique et la société : impossibilité pour le gérant associé unique d'agir en son nom pour une créance résultant de l'activité de la société

Les articles 5 et 309 de l'AUSCGIE visés au moyen et dont les dispositions prévoient la constitution de la société commerciale, de manière générale, et la définition de la SARL, ne confèrent nulle part la qualité ou le droit à l'associé unique et gérant d'une société, d'agir en son nom propre pour réclamer le paiement d'une créance dont la source résulte d'un contrat conclu entre cette société, qui jouit d'une personnalité distincte et entière, et son contractant. Il s'ensuit qu'en déclarant l'action du sieur X irrecevable, la cour d'appel de Lomé n'a en rien violé les articles susmentionnés et ce moyen est mal fondé (CCJA, 3e ch., n° 269, 27-12-2018 : ALADE KOMI MAWULIKPLIMI SOGEMAT SURL c/ CIMTOGO SA et 5 autres).

JURISPRUDENCE COMPARÉE

I. États-Unis

A. Non-obligation aux dettes sociales

Les associés d'une société à responsabilité limitée (limited liability company) ne sont pas personnellement responsables des dettes de cette dernière (Retropolis Inc. V 14th St. Dev. LLC, 17 AD 3d 209 (2005)).

B. Opposabilité de la limitation de responsabilité

1° Au jour de l'enregistrement

Conformément au droit de New York, une société à responsabilité imitée (limited liability company) est formée dès son enregistrement auprès des services de l'État. Du fait de cet enregistrement la société acquiert la personnalité morale. A compter de cet enregistrement la société est soumise au droit sur les sociétés à responsabilité limitée (Spires v. Lighthouse Solutions, 4 Misc. 3d 428 – NY : Supreme Court, Monroe 2004).

2° Entre associés

Un associé s'était porté garant d'une dette de sa société. Par la suite, il vend toutes ses parts sociales à son coassocié. La société ne payant pas ses dettes, la banque appelle l'ancien associé en garantie. La société étant insolvable, ce dernier se retourne contre l'associé unique qui lui est solvable. En raison de la nature de la société en cause (société à risque limité (LLC)) et des termes du contrat de société, qui prévoyait expressément que les associés ne pourraient pas faire des recours les uns contre les autres, les juges estiment que l'ancien associé ne peut pas demander à l'associé de payer les dettes de la société (Valinote v. Ballis 295 F.3d 666 (2002)).

3° En l'absence d'engagement personnel d'un associé

La dirigeante et associée d'une société responsabilité limitée (limited liability company) avait conclu un contrat en signant de son nom personnel et dans les personnes à contacter elle avait également inscrit son nom personnel. Les juges ont considéré que ces deux éléments ne permettaient pas de la rendre responsable à la place de la société qu'elle représentait (Matias v. Mondo Properties LLC, 43 AD 3d 367, NY Supreme Court Appellate Div., 1st Dept. (2007)).

4° En présence de fautes de la société

Conformément au droit de New York, la personne qui a contracté avec une société à responsabilité limitée (limited liability company) ne peut pas rechercher la responsabilité des associés de cette société et ce même si cette dernière n'a pas respecté ses obligations contractuelles (Collins v E-MAGINE, LLC, 291 AD 2d 350 – NY Supreme Court Appellate Div., 1st Dept. (2002)).

C. Obligation aux dettes

1° Contrôle substantiel par un associé des affaires sociales

Dans l'État de l'Arizona, l'associé dont la responsabilité est limitée répond des dettes sociales comme l'associé dont la responsabilité n'est pas limitée, même s'il n'a pas de rapports avec les créanciers, dès lors que le contrôle qu'il exerce sur la société est substantiellement le même que celui d'un associé exerçant un contrôle général ; en effet, puisque la loi de l'Arizona prévoit que si le contrôle n'est pas substantiellement le même, l'associé dont la responsabilité est limitée n'est engagé au-delà qu'au regard des créanciers qui ont eu connaissance du contrôle, c'est que lorsque le contrôle est substantiellement le même, cet associé est engagé même envers les créanciers qui n'ont pas connu le contrôle qu'il exerçait ; en l'espèce, s'agissant d'une activité sociale d'achats de semences de pommes de terre auprès des producteurs, l'associé en cause avait un contrôle substantiellement le même car il s'était réservé le droit d'approuver toute décision significative, les améliorations ou les achats. L'État d'Arizona a maintenu la condition de « substantiellement le même » bien que le Revised Uniform Limited Partnership Act, amended in 1985, exige pour le dépassement de responsabilité que le créancier qui l'invoque ait raisonnablement cru que l'associé à responsabilité limitée exerçait un contrôle (Gateway Potato Sales v. G.B. Investment Co., Court of Appeals of Arizona, 822 P.2d 490 (1991)).

2° Responsabilité délictuelle des associés

Les associés d'une société à responsabilité limitée (limited liability company) peuvent être tenus délictuellement responsables s'ils ont participé à la faute commise par la société. Le fait que les défendeurs aient menti sur les qualités de la chose vendue constitue une violation contractuelle et par conséquent ne relève pas de la responsabilité délictuelle (tort) (Rothstein v. Equity Ventures LLC, 299, AD 2d 472 – NY Supreme Court Appellate Div., 1st Dept. (2002)).

II. France

Interdiction de l'augmentation des engagements des associés au-delà de leur apport sans leur consentement

La décision prise par l'assemblée générale d'une société de bloquer le compte courant d'un associé, sans le consentement de celui-ci, à hauteur d'une certaine somme et pour une durée de deux ans, constitue une augmentation des engagements de cet associé et ne peut pas lui être opposée (Cass. com. 24-6-1997 : RJDA 11/97 n° 1349 ; CA Paris 5-5-1995 : JCP E 1995.pan.817).

Obs. : voir aussi sous art. 551.

Art. 310 Elle est désignée par une dénomination sociale qui doit être immédiatement précédée ou suivie en caractères lisibles des mots : « société à responsabilité limitée » ou du sigle : « SARL ».

Jurisprudence comparée

France

Mention SARL (société à responsabilité limitée) dans la dénomination

La mention « SARL » n'est pas requise dans la dénomination sociale (CA Paris 28-5-1999 : RJDA 12/99 nº 1344 som.).

• Chapitre II •

CONDITIONS DE FOND

Section I • CAPITAL SOCIAL

Art. 311 [mod.] **Sauf dispositions nationales contraires, le capital social doit être d'un million (1000000) de francs CFA au moins. Il est divisé en parts sociales égales dont la valeur nominale ne peut être inférieure à cinq mille (5000) francs CFA.**

Observations

Les législations nationales peuvent fixer un montant différent du minimum du capital social et de la valeur nominale des parts sociales.

Jurisprudence OHADA

I. Attributions des parts sociales et acquisition de la qualité d'associé

Sur l'attribution de la qualité d'associé d'une SARL par le contrat de société et non par la libération des apports, voir sous l'art. 41 et 314.

II. Dispositions normatives nationales relatives au capital social des SARL

Les informations ci-après résultent d'un communiqué du Secrétariat Permanent de l'OHADA et de newsletters du site www.ohada.com du 28 mai 2014 (http://www.ohada.com/content/newsletters/2193/Reformes-Doing-Business-2015-Benin.pdf) ; et du 02 juillet 2014 (http://www.ohada.com/actualite/2234/application-de-l-auscgie-aux-sarl-textes-internes-complementaires-de-l-acte-uniforme-ohada-revise-du-30-janvier-2014.html).

A. Pays permettant la libre fixation du montant du capital par les parties

Bénin : décret nº 2014-220 du 26 mars 2014 portant modalités de création des sociétés à responsabilité limitée (SARL), art. 6.

Côte d'Ivoire : ordonnance nº 2014-161 du 2 avril 2014 relative à la forme des statuts et au capital social de la société à responsabilité limitée, art. 5.

Sénégal : la loi nº 2015-07 du 09 avril 2015 portant réglementation du capital social de la SARL a abrogé la loi nº 17/2014 du 15 avril 2014 portant fixation du capital social minimal de la société à responsabilité limitée. Désormais, le montant minimal du capital de la SARL au Sénégal est librement fixé par les parties mais ne peut en aucun cas être inférieur à cinq mille francs (5000F) CFA comme le prévoit l'article 311 de l'AUSCGIE, car il est impossible d'avoir des parts sociales égales d'une valeur nominale d'au moins 5000 FCFA (comme l'exige le texte) si les parts sociales elles-mêmes n'ont pas une valeur minimale de ce montant (JO Sénégal, 160ᵉ année, nº 6844 du 18-4-2015 ; http://www.ohada.com/content/newsletters/2665/loi-no2015-07-du-9-avril-2015-portant-reglementation-du-capital-de-la-sarl.pdf).

B. Pays ayant fixé un montant pour le capital

Le montant du capital social minimum des SARL a été fixé à cent mille francs CFA (100000 FCFA) dans les pays suivants :

Burkina-Faso : décret nº 2014-462/PRES/PM/MJ/MEF/MICA du 26 mai 2014 portant fixation des dispositions nationales applicables à la forme des statuts et au capital social pour les sociétés à responsabilité limitée au Burkina Faso, art. 3.

Togo : décret nº 2014-119/PR du 19 mai 2014 déterminant la forme des statuts et le capital social pour les sociétés à responsabilité limitée, art. 3).

Jurisprudence comparée

France

Défaut de libération du capital

Les associés qui n'ont pas libéré les parts qu'ils ont souscrites et qui, par leurs agissements menés en commun, ont contribué à la constitution irrégulière et illicite d'une société dont le passif s'est alourdi rapidement, ont commis une faute commune ayant concouru directement à la réalisation d'un même dommage pour les créanciers ; cette faute commune justifie qu'ils soient condamnés « in solidum » (c'est-à-dire chacun pour le tout sauf à se retourner ensuite contre les autres) à payer une somme égale au capital non libéré (CA Rouen 23-5-1991, inédit).

Art. 311-1 [nouv.] Les parts sociales doivent être souscrites en totalité par les associés. Elles doivent être intégralement libérées lorsqu'elles représentent des apports en nature.

Les parts représentant des apports en numéraire sont libérées lors de la souscription du capital de la moitié au moins de leur valeur nominale.

La libération du surplus intervient en une ou plusieurs fois dans un délai de deux (2) ans à compter de l'immatriculation de la société au registre du commerce et du crédit mobilier, selon les modalités définies par les statuts.

Observations

Introduction de la faculté de libérer les parts sociales souscrites en espèce de la moitié seulement de leur valeur nominale et de l'obligation de libération du surplus dans le délai de deux ans à compter de l'immatriculation de la société au registre du commerce et du crédit mobilier.

Section II • EVALUATION DES APPORTS EN NATURE

Art. 312 [mod.] Les statuts doivent nécessairement contenir l'évaluation de chaque apport en nature et la description des avantages particuliers stipulés ainsi que, le cas échéant leur évaluation.

L'évaluation des apports en nature est contrôlée par un commissaire aux apports dès lors que la valeur de l'apport en nature considéré, ou que la valeur de l'ensemble des apports en nature considérés, est supérieure à cinq millions (5.000.000) de francs CFA.

L'évaluation des avantages particuliers est obligatoirement contrôlée par un commissaire aux apports.

Le commissaire aux apports, choisi sur la liste des commissaires aux comptes selon les modalités prévues aux articles 694 et suivants du présent Acte uniforme, est désigné à l'unanimité par les futurs associés ou, à défaut, par la juridiction compétente, à la demande des fondateurs de la société ou de l'un d'entre eux.

Le commissaire aux apports établit sous sa responsabilité un rapport annexé aux statuts. Ce rapport décrit chacun des apports en nature et/ou avantages particuliers, selon le cas, indique le mode d'évaluation adopté et les raisons pour lesquelles il a été retenu. Il atteste que la valeur des apports correspond au moins à la valeur du nominal des parts à émettre.

En cas d'impossibilité d'établir la valeur des avantages particuliers, le commissaire aux apports en apprécie la consistance et les incidences sur la situation des associés.

Lorsqu'il n'y a pas eu de commissaire aux apports ou lorsque la valeur retenue est différente de celle proposée par le commissaire aux apports, les associés sont solidairement responsables pendant cinq (5) ans, à l'égard des tiers, de la valeur attribuée aux apports en nature.

L'obligation de garantie ne vise que la valeur des apports au moment de la constitution ou de l'augmentation de capital et non pas le maintien de cette valeur.

JURISPRUDENCE COMPARÉE

France

A. Apports en nature

Apports en jouissance. Les apports en jouissance sont autorisés dans les SARL (CA Aix 31-5-1951 : JCP 1952.II n° 6792 note Bastian).

B. Commissaire aux apports

1° Nomination du commissaire aux apports

La nomination du commissaire aux apports, saisi à la demande de l'associé le plus diligent et à défaut d'unanimité des associés, relève de la compétence du président du tribunal du lieu du siège de la future société selon le principe applicable à toutes les actions spécifiques à la société (CA Paris 26-5-1993 : Bull. CNCC 1994 p. 276 obs. Merle CA Versailles 1-1-1996 : Bull. Joly 1994 p. 386 note Barbiéri).

2° Obligations du commissaire aux apports

Le commissaire aux apports doit donner une valeur à chacun des éléments qui compose le bien apporté ; tel n'est pas le cas lorsque le commissaire évalue à un certain montant les éléments corporels d'un fonds de commerce et ne mentionne les éléments incorporels que « pour mémoire » (CA Bourges 2-11-2006 n° 06/620 : RJDA 6/07 n° 625).

3° Responsabilité du commissaire aux apports

La responsabilité du commissaire aux apports pour faute est engagée à la condition d'établir que la faute de celui-ci a causé un préjudice aux associés à la société ou à des tiers et qu'il existe un lien de causalité entre la faute et le préjudice (cf. TGI Lille 17-4-1977 : Bull CNCC 1977 p. 229).

Dans un cas où un apport avait été surévalué, l'action engagée par un associé, contre le commissaire aux apports, en réparation du préjudice subi du fait de la dilution infondée de sa participation, était recevable car ce préjudice n'était pas le corollaire de celui subi par la société (Cass. com. 28-6-2005 n° 983 : RJDA 10/05 n° 1107).

4° Réparation du préjudice causé par un commissaire aux apports

Le commissaire aux apports qui, à l'occasion d'une fusion (mais la solution vaut aussi en cas d'apport partiel d'actif ou de constitution de société), a fautivement approuvé une surévaluation des apports en nature de la société absorbée ayant donné une apparence trompeuse de solvabilité à la société absorbante n'est tenu d'indemniser les créanciers de celle-ci, trompés par cette apparence, qu'à hauteur de l'aggravation de l'insuffisance d'actif qu'il a contribué à créer et non à réparer le préjudice résultant, pour les créanciers de la société absorbante mise en redressement puis en liquidation judiciaires, de la poursuite de l'activité de celle-ci après la fusion (Cass. com. 7-1-2014 n° 12-23.640 : RJDA 5/14 n° 430).

Section III • DEPOT DES FONDS ET MISE A DISPOSITION

Art. 313 [mod.] Les fonds provenant de la libération des parts sociales font l'objet d'un dépôt immédiat par le fondateur, en banque ou dans tout autre établissement de crédit ou de microfinance dûment agréé, contre récépissé, dans un compte ouvert au nom de la société en formation, ou en l'étude d'un notaire.

Mention de la libération des parts et du dépôt des fonds est portée dans les statuts.

JURISPRUDENCE COMPARÉE

France

A. Autonomie de l'ouverture du compte pour recevoir les fonds

Le fait pour une banque d'avoir ouvert un compte au nom d'une société en formation pour recueillir les fonds correspondant aux apports en numéraire n'oblige pas cette banque à ouvrir un compte courant au nom de la société après son immatriculation (CA Versailles 27-6-2002 n° 01/1752 : RJDA 12/02 n° 1308).

B. Impossibilité de compensation sur les fonds déposés

Les fonds déposés par les associés sont indisponibles (Cass. com. 19-5-1998 : RJDA 10/98 n° 1144). Par suite, l'apporteur ne doit pas obtenir la compensation de sa dette envers le dépositaire des fonds au moyen des fonds déposés (CA Paris 30-11-1976 : Gaz. Pal. 1977 1 p. 314) ou au moyen d'un compte affecté à l'enregistrement des opérations accomplies au nom de la société en formation (CA Paris 23-9-1982 : BRDA 14/82 p. 18).

Art. 314 [mod.] Sauf dispositions nationales contraires, la libération et le dépôt des fonds sont constatés par un notaire du ressort du siège social, au moyen d'une déclaration notariée de souscription et de versement qui indique la liste des souscripteurs avec les noms, prénoms, domicile pour les personnes physiques, dénomination sociale, forme juridique et siège social pour les personnes morales, ainsi que la domiciliation bancaire des intéressés, s'il y a lieu, et le montant des sommes versées par chacun.

Les fonds ainsi déposés sont indisponibles jusqu'au jour de l'immatriculation de la société au registre du commerce et du crédit mobilier. À compter de ce jour, ils sont mis à la disposition du ou des gérants, régulièrement nommés par les statuts ou par acte postérieur.

Dans le cas où la société ne serait pas immatriculée au registre du commerce et du crédit mobilier dans le délai de six (6) mois à compter du premier dépôt des fonds en banque, dans tout autre établissement de crédit ou de microfinance dûment agréé, ou chez le notaire, les apporteurs peuvent, soit individuellement, soit par mandataire les représentant collectivement, demander au président de la juridiction compétente l'autorisation de retirer le montant de leurs apports.

JURISPRUDENCE OHADA

I. Acquisition de la qualité d'associé

A. Acquisition par le contrat de société

Sur l'attribution de la qualité d'associé d'une SARL par le contrat de société et non par la libération des apports, voir la position actuelle de la CCJA sous l'art. 41.

Il avait été jugé que la lecture groupée des articles 314, 12 et 10 de l'AUSCGIE fait ressortir l'obligation d'un acte notarié ou tout acte offrant des garanties d'authenticité pour l'existence d'une société. En l'absence de la **preuve de leur souscription au contrat de société par la libération de leurs parts sociales,** qui seule confère la qualité d'associé, c'est à juste titre que le premier juge a dénié la qualité d'associé aux requérants. Il en est ainsi d'autant plus que le projet de statuts dont se prévalent les requérants n'est daté ni signé d'aucune des parties et que la version des statuts finalement établie par un notaire, ne mentionne pas la participation des requérants (CA Niamey, n° 240, 8-12-2000 : S. D. N. et A. M. c/ SARL Contact, Ohadata. J-02-33).

Obs. : l'arrêt de la cour d'appel de Niamey ci-dessus ne semble pas être en contrariété avec la position de la CCJA présentée à l'art. 41, dès lors que la cour d'appel précise que la preuve de la souscription au contrat de société (qui confère la qualité d'associé selon la CCJA) est apportée par la libération des parts sociales. C'est d'ailleurs la même solution en droit comparé qui a jugé que « toute personne qui, aux termes des statuts, a **souscrit des parts sociales et effectué l'apport correspondant,** a la qualité d'associé et peut exercer les droits et actions qui s'y attachent, peu important les conditions dans lesquelles cet apport a été financé » (Cass. com. 20-9-2016 n° 14-28.107). Par prudence, il convient de ne pas négliger l'importance de la libération des parts sociales dès que possible après la souscription du contrat de société.

B. Caractère inopérant d'un acte notarié incomplet ou imprécis

Même délivrée par un notaire et certifiant que Madame [X.] a fait apport de la totalité du capital, l'acte authentique qui ne dit rien sur la composition du capital ne correspond pas à la déclaration notariée de souscription et de versement visée à l'article 314 de l'AUSCGIE et n'a pas non plus vocation à régler la question cruciale de la souscription des parts sociales et de la libération des apports qui demeurent dans le champ des statuts. N'a donc pas donné de base légale, la cour d'appel qui a complètement ignoré les statuts de la société et fait droit à la demande introduite par la défenderesse, sur la base d'une simple attestation du versement du capital dressée par un notaire, sans vérifier préalablement si cette attestation contenait les indications prévues à l'article 314 précité (CCJA, 2e ch., n° 185/2020, 28-5-2020 : Projet Cerco Bénin c/ Assanatou Boureima Sanya).

C. Titularité de parts sociales résultant des statuts d'une société et ne nécessitant pas une action en déclaration

Lorsqu'il ressort des statuts régularisés d'une SARL du 30 janvier 2015 versés au dossier et non contestés qu'elle a un capital social de 62 500 USD de 1 250 parts sociales intégralement réparties et dont sont respectivement propriétaires [A.] (250 parts), [B.] (250 parts), [C.] (250 parts), [D.] (250 parts), [E.] (200 parts) et [F.] (50 parts), et que selon son certificat d'immatriculation du 23 février 2015], [F.] en est la gérante, il s'ensuit que leur demande tendant à les déclarer propriétaires des actions dont ils détiennent l'intégralité des parts sociales est sans objet (CCJA, 1e ch., nº 100/2024, 28-3-2024).

II. Dispositions nationales ayant rendu facultatif le recours à un notaire

Obs. : la version révisée de l'AUSCGIE ayant prévu la possibilité pour les États parties de légiférer autrement, les décisions ci-dessus ne restent valables que pour les pays n'ayant pas légiféré sur cette question. Sont présentés ci-après les trois premiers pays ayant déjà prévu des dispositions spécifiques lors des éditions antérieures de cet ouvrage. La liste est susceptible d'évoluer et le lecteur est encouragé à vérifier l'état de chaque pays concerné au moment où la question l'intéresse.

L'intervention d'un notaire pour établir la déclaration de souscription et de versement est désormais facultative dans les pays suivants :

Burkina-Faso : (décret nº 2014-462/PRES/PM/MJ/MEF/MICA du 26 mai 2014 portant fixation des dispositions nationales applicables à la forme des statuts et au capital social pour les SARL au Burkina Faso, art. 5 et 6).

Côte d'Ivoire : (ordonnance nº 2014-161 du 2 avril 2014 relative à la forme des statuts et au capital social de la SARL).

Togo : (décret nº 2014-119/PR du 19 mai 2014 déterminant la forme des statuts et le capital social pour les SARL, art. 6).

Sources pour les trois pays : communiqué du Secrétariat Permanent de l'OHADA et newsletters du site www.ohada.com du 28 mai 2014 (http://www.ohada.com/content/newsletters/2193/Reformes-Doing-Business-2015-Benin.pdf) ; et du 02 juillet 2014 (http://www.ohada.com/actualite/2234/application-de-l-auscgie-aux-sarl-textes-internes-complementaires-de-l-acte-uniforme-ohada-revise-du-30-janvier-2014.html).

III. Absence de preuve de la qualité d'associé

C'est après avoir apprécié souverainement les statuts soumis aux débats par les requérants, lesquels ne comportaient ni signature ni date, et ceux produits par le gérant de la Compagnie « CONTACT », lesquels avaient été régulièrement établis par notaire, et ne mentionnaient pas « la participation » des requérants à ladite société, qu'une cour d'appel a estimé que ces derniers ne rapportaient pas la preuve de leur qualité d'associés de la Compagnie « CONTACT ». De ces constatations, il résulte que la cour d'appel s'est prononcée en l'espèce, en considération des documents produits par toutes les parties au litige. Dès lors, la charge de la preuve a été supportée par toutes les parties litigantes et non par les seuls requérants ; par conséquent, le moyen pris de la violation de l'article 314 susvisé de l'AUSCGIE, lequel ne comporte pas de dispositions spécifiques régissant le mode de preuve, n'est pas fondé et doit être rejeté (CCJA, nº 024/2006, 16-11-2006 : S. D. M. – A. M. c/ H. A. dit « CRISE », Rec. jur. CCJA, nº 8/2006, p. 32, Juris-Ohada nº 1/2007, p. 23, Ohadata J-08-97).

Chapitre III
CONDITIONS DE FORME

Art. 315 [mod.] **L'associé ou les associés doivent tous intervenir à l'acte instituant la société, en personne ou par mandataire justifiant d'un pouvoir spécial. A défaut, la société est nulle.**

Art. 316 [mod.] **Les premiers gérants et les associés auxquels la nullité de la société est imputable sont solidairement responsables envers les autres associés et les tiers du dommage résultant de l'annulation.**

L'action se prescrit par trois (3) ans à compter du jour où la décision d'annulation est passée en force de chose jugée.

Observations

Cet article pose des règles différentes de celles des règles communes à toutes les sociétés de l'article 256 qui n'oblige les « associés et les dirigeants qu'envers les tiers ». L'art. 251 régit l'action en nullité alors qu'il s'agit ici de de celle en responsabilité pour nullité.

• Titre II •

FONCTIONNEMENT DE LA SOCIETE A RESPONSABILITE LIMITEE

• Chapitre I •

OPERATIONS RELATIVES AUX PARTS SOCIALES

Section I • TRANSMISSION DES PARTS SOCIALES

Sous-section I • CESSIONS DE PARTS ENTRE VIFS

Paragraphe I • FORME DE LA CESSION

Art. 317 [mod.] La cession des parts sociales entre vifs doit être constatée par écrit. Elle n'est rendue opposable à la société qu'après l'accomplissement de l'une des formalités suivantes :

1°) signification de la cession à la société par exploit d'huissier ou notification par tout moyen permettant d'établir sa réception effective par le destinataire ;

2°) acceptation de la cession par la société dans un acte authentique ;

3°) dépôt d'un original de l'acte de cession au siège social contre remise par le gérant d'une attestation de ce dépôt.

La cession n'est opposable aux tiers qu'après l'accomplissement de l'une des formalités ci-dessus et modification des statuts et publicité au registre du commerce et du crédit mobilier.

Observations

« Exploit d'huissier » remplace « acte extrajudiciaire » ; distinction est aussi faite entre la notification par signification qui est un acte d'huissier et par tout moyen propre à établir la réalité de l'avertissement, ce qui atteste de ce que la notification est le terme générique désignant l'acte qui informe tandis que la signification n'est qu'une des modalités de la notification.

Jurisprudence OHADA

I. Inopposabilité pour défaut de publication de la cession

Le défaut de publication de la cession au registre de commerce rend la cession inopposable aux tiers, en l'occurrence les créanciers poursuivants, car il s'agit d'une formalité impérative. C'est donc à tort que le premier juge a ordonné la restitution des biens saisis (CA Bouaké, n° 61, 4-4-2001 : STIB et F c/ S. et L., Juris-Ohada, CNDJ, n° 2/2002 avr.-mai-juin 2002, p. 48, note anonyme, Ohadata J-02-105).

II. Acquisition de la qualité d'associé dès l'acceptation de la cession

Conformément à l'article 317 de l'AUSCGIE, le cessionnaire de parts sociales a acquis la qualité d'associé dès l'acceptation de la cession et de la dispense de sa signification consentie par le cédant desdites parts dans l'acte notarié qui fait foi jusqu'à inscription de faux. Il ressort en outre de l'analyse de l'article 147 du même Acte uniforme et de la jurisprudence que, même en cas d'urgence, le juge des référés est compétent tant que la mesure à prendre est essentiellement provisoire et que son efficacité requiert une application immédiate. Le juge des référés devait donc désigner un administrateur provisoire avec pour mission de prendre des mesures de sauvegarde de la société concernée telles que plus généralement déterminées par le droit commun des sociétés commerciales et du groupement d'intérêt économique. En se déclarant incompétent, le premier juge a procédé à une fausse application de la loi et son ordonnance doit être anéantie (CCJA, ass. plén., n° 117, 4-11-2014 : Michel ZOUHAIR FADOUL EL ACHKAR c/ OMAIS KASSIM, Sté Transport OMAIS KASSIM Sélecta SARL, Ohadata J-15-208).

JURISPRUDENCE COMPARÉE

France

A. Conclusion de la cession

La cession est parfaite entre les contractants dès l'échange des consentements, en dépit de l'absence de signature de l'acte de cession (Cass. com. 10-3-1992 : RJDA 7/92 n° 710 ; CA Versailles 19-9-1996 : RJDA 3/97 n° 366 som. ; CA Paris 17-9-2004 n° 03/1599 : RJDA 3/05 n° 268).

La correspondance échangée entre les parties ou entre leurs représentants peut constituer un accord de volontés dépourvu d'ambiguïté (Cass. com. 10-3-1992 : RJDA 3/97 n° 366 som. ; CA Paris 17-9-2004 n° 03/1599 : RJDA 3/05 n° 268).

B. Signification de la cession

Dès lors qu'il n'était pas contesté que le gérant était partie à l'acte de cession et qu'il s'était explicitement porté fort des autres associés, il en résulte que, faute pour la société d'avoir fait connaître à l'acquéreur sa décision sur l'agrément dans le délai de trois mois à compter de cette notification, le consentement à la cession s'était trouvé réputé acquis à l'expiration de ce délai (CA Paris 15-1-2013 n° 11/05664 : RJDA 7/13 n° 637)

C. Opposabilité de la cession aux tiers

1° Défaut de notification

Existence du défaut. L'assignation de la société par l'acquéreur des parts aux fins de régularisation de la cession n'équivaut pas à la signification de la cession (Cass. 1e civ. 19-3-1991 : Bull. Joly 1991 p. 531 relatif à une société civile mais transposable à la société à responsabilité limitée par identité de motifs).

2° Inopposabilité de la cession non notifiée

Lorsque les formalités de publicité de la cession n'ont pas été effectuées, la cession n'est pas nulle mais ne produit aucun effet à l'égard des tiers (Cass. com. 23-6-1987 : Bull. Joly 1987 p. 632).

La connaissance personnelle que les autres associés ont eue de la cession de parts consentie par leur coassocié ne dispense pas l'acquéreur d'une signification régulière (ou du dépôt d'un original de l'acte de cession) à la société, celle-ci étant une personne morale juridiquement distincte de la personne des autres associés (Cass. ass. plén. 1-3-1950 : Gaz. Pal. 1950 I p. 293).

3° Droit d'invoquer l'inopposabilité

L'inopposabilité d'une cession de parts sociales pour défaut de signification ne peut être invoquée que par la société victime du non-respect des dispositions légales ; elle peut donc être invoquée par le liquidateur (Cass. com. 25-9-2012 n° 11-30.018 : BRDA 20/12 inf. 9).

En tout état de cause, la société qui a su et accepté la cession de façon certaine et non équivoque ne peut pas se prévaloir de l'inopposabilité de la cession à son égard ; tel est le cas :

– de la société n'a pas tenu compte du défaut de signification et a convoqué les cessionnaires aux assemblées, celles-ci doivent être déclarées valables (CA Paris 24-1-1986 : BRDA 9/86 p. 8) ;

– lorsque le gérant de la société a convoqué les associés, y compris l'acquéreur des parts, à une assemblée générale extraordinaire au cours de laquelle les statuts ont été modifiés pour tenir compte de la cession et où le nouvel associé a été nommé aux fonctions de gérant (Cass. com. 3-5-2000 n° 97-19.182 : RJDA 11/00 n° 991) ;

– dès lors que les statuts mis à jour constatant la cession ont été publiés (Cass. 3e civ. 25-4-2007 n° 03-16.362 : RJDA 8-9/07 n° 849 ; Cass. com. 18-12-2007 n° 06-20.111 : RJDA 6/08 n° 672, rendus en matière de société civile mais à notre avis transposables) ;

– dès lors qu'a été remis à l'acquéreur, par le seul autre associé de la société, le procès-verbal de l'assemblée générale ayant autorisé la cession et agréé l'intéressé (Cass. 1e civ. 19-9-2007 2007 n° 06-11.814 : RJDA 12/07 n° 1244, rendu à propos d'une société civile professionnelle mais transposable) ;

– lorsqu'un créancier de l'acquéreur a signifié à la société un nantissement consenti à son profit sur les parts cédées (cf. Cass. com. 18-10-2011 n° 10-21.800 : RJDA 1/12 n° 59).

D. Validité de la cession entre les parties

Dès lors que les formalités de signification d'une cession de parts ne sont exigées que dans les rapports des parties avec la société ou avec les tiers, le cessionnaire conserve le droit de demander à l'héritier du vendeur le respect des obligations contractées par le cédant à condition que cette exécution ne préjudicie aucun droit acquis depuis la cession, en particulier au profit d'un autre cessionnaire (Cass. 1e civ. 19-3-1991, précité).

Paragraphe II • MODALITES DE LA CESSION

Sous-paragraphe I • CESSIONS ENTRE ASSOCIES

Art. 318 [mod.] Les statuts organisent librement les modalités de transmission des parts sociales entre associés. A défaut, la transmission des parts entre associés est libre.

Les statuts peuvent également prévoir les modalités de transmission des parts sociales entre conjoints, ascendants et descendants. A défaut, les parts sont librement cessibles entre les intéressés.

Est nulle toute cession de parts intervenue en violation des clauses statutaires établies conformément au présent article.

Sous-paragraphe II • CESSIONS A DES TIERS

Art. 319 [mod.] Les statuts organisent librement les modalités de transmission des parts sociales à titre onéreux à des tiers étrangers à la société.

A défaut :

– la transmission n'est possible qu'avec le consentement de la majorité des associés non cédants représentant les trois quarts des parts sociales déduction faite des parts de l'associé cédant ;

– le projet de cession doit être notifié par l'associé cédant à la société et à chacun des autres associés.

Si la société n'a pas fait connaître sa décision dans le délai de trois (3) mois à compter de la dernière notification, le consentement à la cession est réputé acquis.

Si la société refuse de consentir à la cession, les associés sont indéfiniment et solidairement tenus dans le délai de trois (3) mois qui suit la notification du refus à l'associé cédant, d'acquérir les parts à un prix qui, à défaut d'accord entre les parties, est fixé par un expert nommé par la juridiction compétente, à la demande de la partie la plus diligente.

Le délai de trois (3) mois peut être prorogé une seule fois par décision de la juridiction compétente, sans que cette prorogation puisse excéder cent vingt (120) jours. Dans un tel cas, les sommes dues portent intérêt au taux légal.

La société peut également, avec le consentement de l'associé cédant, décider dans les mêmes délais, de réduire le montant du capital social du montant de la valeur nominale des parts de cet associé et de racheter ces parts au prix fixé d'un commun accord entre les parties, ou déterminé conformément à l'alinéa 4 du présent article.

Est nulle toute cession de parts intervenue en violation de clauses statutaires établies conformément à l'alinéa 1er du présent article ou, à défaut, en violation des alinéas 2 et suivants du présent article.

JURISPRUDENCE OHADA

Appréciation souveraine des modalités d'une cession

La cour d'appel qui, par une appréciation souveraine des faits et dans le respect de l'étendue de sa saisine quant aux parties, a retenu « que les autres associés […] n'ont pas été appelés à la présente instance ; que [le demandeur] ne peut être reçu en sa demande tendant à obtenir leur condamnation solidaire ; […] que les conditions de l'article 319 précité ne sont pas remplies […] », pour notamment débouter le demandeur de toutes ses demandes, n'a en rien violé l'article 319 visé au moyen (CCJA, 1e ch., nº 059/2021, 8-4-2021 : Docteur Coffie Noël Roger c/ Zigbe Christine et une autre).

JURISPRUDENCE COMPARÉE

I. États-Unis

Respect des clauses statutaires

Lorsqu'une clause statutaire prévoit que, dans le cas où le gérant révoqué est également associé, la société et les autres associés auront la possibilité, mais non l'obligation, de lui racheter ses parts, les juges ne peuvent pas rendre ce rachat obligatoire sans en dénaturer ses termes clairs et précis (Verdantus Advisors, LLC, v. Parker Infrastructure, in the Court of chancery of the state of Delaware, C.A. nº 2020-0194-KSJM, 10/08/2020).

II. France

A. Domaine de l'agrément

L'agrément requis pour toute cession de parts à des non associés s'applique :
– aux donations (CA Bordeaux 4-1-1961 : Rev. sociétés 1961 p. 65) aux échanges et aux apports isolés (cf. Cass. com. 21-1-1970 : JCP 1970.II n° 16451 note Oppetit) ;
– aux cessions intervenant en exécution du plan de cession décidée en vertu d'une procédure collective (CA Versailles 28-3-1996 : RJDA 7/96 n° 796) ;
– à des opérations différentes de la cession de parts mais entraînant l'entrée de nouveaux associés au sein de la société est parfaitement valable (Cass. com. 3-6-1986 : Rev. sociétés 1987 p. 52 note Reinhard ; Cass. com. 6-5-2003 n° 750 : RJDA 8-9/03 n° 837, 1e esp. relative à des actions de société anonyme mais transposable par identité de motifs).

En cas de fusion ou de scission, l'agrément n'est pas requis pour la cession de parts qui s'effectue directement de la société ancienne à la société nouvelle par simple transmission du patrimoine et qui n'équivaut donc pas à une cession isolée faite à un tiers (Cass. com. 19-4-1972 : D. 1972 p. 538) ; mais il a été admis que les statuts prévoient un agrément (Cass. com. 6-5-2003 n° 750 : RJDA 8-9/03 n° 837, 1e esp. relative à des actions de société anonyme mais transposable par identité de motifs).

B. Notification du projet de cession

1° Notification non valable en la forme

L'intervention du coassocié du cédant des parts sociales au moment de la signature du protocole d'accord n'est pas conforme à la notification légale exigeant une notification par acte extra-judiciaire ou lettre recommandée avec accusé de réception ; le protocole d'accord doit être annulé à défaut de notification du projet de cession et de ratification de la cession par l'assemblée générale des associés régulièrement réunie (CA Versailles 12-2-1987 : Bull. Joly 1987 p. 395 et, sur pourvoi, Cass. com. 9-5-1990 : Bull. civ. IV n° 145).

Ne peut suppléer la notification consentement donné à la cession par le coassocié lors de l'assemblée générale l'autorisant et après la cession au cours d'une assemblée générale ayant modifié les statuts pour tenir compte de la nouvelle répartition du capital social (CA Montpellier 4-11-2008 n° 07/5368 : RJDA 11/09 n° 970).

2° Destinataires du projet

La notification du projet de cession à la société ne peut être valablement remplacée par une notification du projet à l'ensemble des associés (Cass. com. 21-7-1981 : Rev. sociétés 1981 p. 771 note Daigre). Néanmoins, la participation du gérant aux opérations de cession vaut information de celui-ci (cf. Cass. com. 21-7-1981 : Rev. sociétés 1981 p. 771 note Daigre a contrario).

3° Défaut de notification

À défaut de respect des notifications obligatoires, la cession encourt la nullité même si les associés détenant la majorité nécessaire pour l'agrément du cessionnaire ont consenti à l'opération dans un écrit annexé à l'acte de cession (CA Paris 26-2-1992 : RJDA 5/92 n° 467) ou ont tacitement accepté au cours d'une assemblée générale postérieure à la cession, la redistribution des parts (Cass. com. 21-3-1995 : RJDA 7/95 n° 854).

C. Refus d'agrément

Sous réserve de l'accord des cédants, le rachat doit englober l'ensemble des parts dont la cession a été refusée (Cass. com. 11-2-1980 : Rev. sociétés 1980 p. 477 note Schmidt).

Lorsque trois des quatre associés d'une SARL ont voulu procéder à la cession de l'intégralité de leurs parts refusée en raison de l'avis contraire du quatrième associé, ce dernier a dû racheter les titres ou faire acheter la totalité de ceux-ci (Cass. com. 11-2-1980 précité).

D. Rachat des parts sociales non agréées

1° Liberté de ne pas procéder au rachat

La société ne peut pas se voir imposer le rachat des parts sociales par le cédant lorsqu'après avoir refusé son agrément, elle a fait savoir qu'elle était prête à acquérir ces parts « au prix fixé dans les conditions légales « dès lors qu'à défaut de rachat à l'issue du délai de trois mois, le cédant pouvait procéder à la cession envisagée à l'origine (Cass. com. 11-2-1982 : Bull. civ. IV n° 379 ; contra CA Paris 2-12-1987 : Bul. Joly 1988 p. 200 note Randoux).

2° Prix du rachat

Sur la fixation du prix, voir sous l'art. 59.

E. Nullité de la procédure d'agrément

1° Nullité pour manœuvres frauduleuse.

Revêt un caractère frauduleux, la cession par un associé d'un certain nombre de ses parts à sa mère, laquelle avait, quelques jours plus tard, rétrocédé les mêmes parts à sa fille, une telle opération ayant eu pour seul objet d'éluder la procédure d'agrément applicable en cas de cession entre collatéraux (cf. Cass. com. 21-1-1997 : RJDA 4/97 n° 521).

La procédure impérative d'autorisation de la cession à des tiers par les associés n'exclut ni la faculté d'une régularisation ultérieure ni la ratification postérieure de la cession irrégulière ou la renonciation à la nullité par l'associé intéressé à la nullité ou à l'inopposabilité de la vente (CA Paris 4-7-1991 : Dr. Sociétés 1991 nº 476).

2º Action en nullité de la procédure d'agrément

a. Droit d'agir réservé aux associés

Les règles légales d'autorisation de la cession et la nullité consécutive sanctionnant leur violation ne peuvent être invoquées que par les associés ou la société (Cass. com. 11-2-1992 : RJDA 5/92 nº 466 ; Cass. 3e civ. 6-10-2004 nº 965 : RJDA 12/04 nº 1330).

b. Prescription

L'action en nullité des cessions de parts à des tiers pour violation de la procédure d'autorisation d'ordre public se prescrit par trois ans à compter de la date du dépôt au greffe de l'acte de cession (Cass. com. 9-11-1993 : RJDA 2/94 nº 175 ; CA Paris 30-6-1995 ; Dr. Sociétés 1996 nº 14 obs. Vidal).

Art. 320 Si à l'expiration des délais impartis à l'article précédent aucune des solutions prévues aux alinéas 4 et 5 dudit article, n'est intervenue, l'associé cédant peut librement réaliser la cession initialement prévue ou, s'il le juge préférable, renoncer à la cession et conserver ses parts.

JURISPRUDENCE COMPARÉE

France

Responsabilité de la société et du gérant pour obstacles à la réalisation de la cession

La société et son gérant s'exposent à devoir verser des dommages-intérêts au cédant lorsque, en raison de leurs manœuvres ou de leurs abstentions fautives, celui-ci ne peut plus réaliser la cession envisagée (Cass. com. 25-2-1992 : RJDA 5/92 nº 468, rendu à propos d'une cession d'actions, mais transposable aux cessions de parts de SARL par analogie des textes applicables).

Sous-section II • TRANSMISSION POUR CAUSE DE DECES

Art. 321 [mod.] Les statuts peuvent prévoir qu'en cas de décès d'un associé, un ou plusieurs héritiers ou successeurs ne peuvent devenir associés qu'après avoir été agréés dans les conditions qu'ils définissent.

Les délais accordés à la société pour l'agrément ne peuvent être plus longs que ceux prévus aux articles 319 et 320 ci-dessus et la majorité exigée ne peut être plus forte que celle prévue audit article 319.

La décision d'agrément doit être notifiée à chaque héritier ou successeur intéressé par lettre au porteur contre récépissé ou par lettre recommandée avec demande d'avis de réception.

En cas de refus d'agrément, il est fait application des dispositions des articles 318 et 319 ci-dessus et si aucune solution prévue à ces articles n'intervient dans les délais impartis, l'agrément est réputé acquis. Il en est de même si aucune notification n'a été faite aux intéressés.

Est nulle toute cession de parts intervenue en violation de clauses statutaires établies conformément à l'alinéa 1er du présent article ou, à défaut, en violation des alinéas 2 et suivants du présent article.

JURISPRUDENCE COMPARÉE

France

A. Dispense d'agrément

Les héritiers ayant déjà la qualité d'associés lors du décès de leur auteur ne sont pas soumis à la procédure d'agrément (cf Cass. com. 28-10-1974 : D. 1975 p. 209 note Guyon).

B. Nécessité de réunir la majorité requise en toutes circonstances

Lorsque les statuts subordonnent l'agrément de nouveaux associés à une majorité des trois quart du capital, le défaut d'obtention de cette majorité due au montant de la participation de l'associé n'entraîne pas la caducité de l'obligation statutaire d'agrément et n'implique pas l'entrée consécutive de plein droit des héritiers de l'associé prédécédé (Cass. com. 5-2-1991 : RJDA 4/91 n° 304).

C. Vote des seuls associés survivants

Rien n'empêche de prévoir que seuls les associés survivants pourront voter : cette clause est valable dans la mesure où la majorité retenue est moins forte que la majorité légale, même si elle permet aux associés minoritaires de se prononcer seuls sur l'agrément en cas de décès de l'associé majoritaire (CA Pau 21-2-2012 n° 10/01495 : RJDA 6/12 n° 598).

Section II • NANTISSEMENT DES PARTS SOCIALES

Art. 322 [mod.] Lorsque la société donne son consentement à un projet de nantissement de parts sociales, dans les conditions prévues pour la cession de parts à des tiers, ce consentement emporte agrément du cessionnaire en cas de réalisation forcée des parts sociales régulièrement nanties, à moins que la société ne préfère, après la cession, racheter sans délai lesdites parts en vue de réduire son capital.

Pour l'application de l'alinéa ci-dessus et pour être opposable aux tiers, le nantissement des parts est constaté par un acte notarié ou par acte sous seing privé signifié à la société et publié au registre du commerce et du crédit mobilier.

Observations

« De l'alinéa ci-dessus » remplace « des dispositions de l'alinéa ci-dessus ». Sur ce nantissement, voir les articles 64 à 68 de l'AUS.

Jurisprudence comparée

France

A. Agrément de l'adjudicataire

Le défaut de notification du projet de nantissement et le refus d'agrément par les associés ne fait pas obstacle au nantissement des parts (Cass. com. 3-10-1978 : Bull. civ. IV n° 211).

B. Réalisation du gage

La violation des formalités relatives à la réalisation du gage (vente aux enchères des parts par le créancier gagiste jusqu'à concurrence du montant de sa créance) est sanctionnée par la nullité relative qui peut faire l'objet d'une renonciation ; dans cette hypothèse après la constitution du nantissement, le débiteur peut donner mandat au créancier de céder les parts pour son compte (Cass. com. 5-10-2004 n° 1452 : RJDA 5/05 n° 568).

Tant que la vente ou l'attribution forcée des parts n'est pas intervenue, le débiteur reste associé et exerce seul toutes les prérogatives attachées aux parts nanties. Toutefois, ces parts peuvent être mises sous séquestre à la demande du créancier gagiste, voire d'un autre créancier (cf. CA Versailles 23-10-1979 : Gaz. Pal. 1980 som. p. 605).

• Chapitre II •
LA GERANCE

Section I • ORGANISATION DE LA GERANCE

Sous-section I • MODE DE NOMINATION DES GERANTS

Art. 323 [mod.] La société à responsabilité limitée est gérée par une ou plusieurs personnes physiques, associées ou non.

Elles sont nommées par les associés dans les statuts ou dans un acte postérieur. Dans le second cas, à moins qu'une clause des statuts n'exige une majorité supérieure, la décision est prise à une majorité des associés représentant plus de la moitié du capital.

Toute délibération prise en violation de ces règles de majorité est nulle.

JURISPRUDENCE OHADA

I. Modalités de désignation des personnes physiques gérantes d'une SARL

Selon l'article 323 de l'AUSCGIE, une société à responsabilité limitée est gérée par une ou plusieurs personnes physiques, associées ou non, nommées par les associés dans les statuts ou dans un acte postérieur. À moins qu'une clause des statuts n'exige une majorité supérieure, la décision de nomination est prise à une majorité des associés représentant plus de la moitié du capital (CCJA, 1e ch., n° 156, 26-11-2015 : Rodéo Developpement Ltd SARL c/ Sté Unitrans Cameroun, Challenger Air Sea, Ohadata J-16-149).

II. Cumul des fonctions de gérant et de salarié

Sur le cumul des fonctions de gérant et de salarié, voir sous l'art. 325.

III. Impossibilité de nommer un administrateur général dans une SARL

En raison du caractère d'ordre public de l'AUSCGIE, qui se déduit de son article [2-1] et qui peut être relevé d'office, l'on ne saurait nommer dans une sarl un « administrateur général », dont l'appellation renvoie à un autre type de société, à la place d'un « gérant ». Ainsi, la nomination de monsieur [X.] en qualité d'administrateur général, est contraire aux statuts de la sarl en cause, qui stipulent pourtant que « le gérant est nommé par acte séparé en annexe II des présents statuts », ainsi qu'aux dispositions impératives de l'Acte uniforme précité. Il s'ensuit que le pourvoi formé devant la CCJA au nom et pour le compte de la sarl par monsieur [X.], dont le statut se révèle ambigu, doit être déclaré irrecevable, dans l'intérêt de la transparence et de la sécurité des situations juridiques (CCJA, 1e ch., n° 048/2020, 27-2-2020 : BECM Sarl c/ Congo Energy SA).

IV. Recevabilité de l'action intentée par un associé et gérant

Selon les articles 323 et 324 de l'AUSCGIE, la gestion d'une sarl est assurée par un ou plusieurs « gérants ». C'est à tort que [X.], associé d'une sarl, a soulevé l'irrecevabilité de l'action de [Y.], également associé, au motif que celui-ci l'a intenté en se qualifiant d'« administrateur directeur gérant » en violation de ces dispositions, dès lors que [X.], qui a lui-même signé plusieurs documents de la société, dont certains conjointement avec [Y.], en la qualité qu'il remet curieusement en cause, n'a pas à se prévaloir de sa propre turpitude. La demande reconventionnelle de [X.] et d'un autre associé tendant à la condamnation de [Y.] au paiement de la somme de 2 000 000 $ US « à titre de dommages-intérêts pour action téméraire et vexatoire » n'est pas de mise, la preuve de la mauvaise foi du requérant n'ayant pas été rapportée (CCJA, 1e ch., n° 132/2020, 30-4-2020 : Kim Kyo Hwan et 1 autre c/ Kalonji Mukendi Célestin).

V. Cessation de plein droit du mandat arrivé à terme sauf renouvellement exprès

Conformément aux dispositions de l'article 323 de l'AUSCGIE, la survenance du terme du mandat de deux ans du gérant statutaire, faute d'avoir été renouvelé expressément, entraîne sa cessation de plein droit, sans que le gérant, qui devient alors un gérant de fait, ne puisse se prévaloir d'une reconduction tacite de ses fonctions ou revendiquer les garanties attachées à ce statut, et dont bénéficie le seul dirigeant de droit, investi des pouvoirs les plus étendus pour agir en toutes circonstances au nom de la société, en vertu des dispositions de l'article 329 du même Acte uniforme (CCJA, 1e ch., n° 126/2024, 25-4-2024).

JURISPRUDENCE COMPARÉE

I. États-Unis

Une clause des statuts prévoyant que les quatre gérants nommés dans les statuts choisiront un cinquième gérant ne les autorise pas à démettre ce cinquième gérant de ses fonctions, les règles de révocation des gérants devant alors être respectées (Harley v. Franco, v. Avalon Freight Services LLC and Doug Houghton in the Court of chancery of the state of Delaware C.A. n° 2020-0608-MTZ (2020)).

II. France

Nomination des gérants

Cumul des fonctions de gérant avec un contrat de travail. Dans le silence de la loi, le cumul des fonctions de gérant et d'un contrat de travail est valable à condition d'établir :

– que le contrat de travail correspond à un emploi effectif et n'a pas été conclu en vue de tourner les règles relatives à la révocation ; n'est pas fictif le contrat de travail du gérant minoritaire qui malgré sa désignation comme mandataire social de la SARL, filiale d'une société, exerçait une activité de directeur commercial assurant la représentation des produits de cette filiale, ainsi que l'avait décidé la société mère et avait toujours exercé son activité sous la dépendance de cette dernière, qui décidait notamment des prix ; celui-ci disposait d'une autonomie limitée dans l'exercice d'un mandat social apparent et se trouvait en réalité placé sous la subordination de la société filiale (Cass. soc. 10-2-2010 n° 09-40.383 : BRDA 5/10 inf. 4) ;

– une séparation claire entre la gérance supposant la direction générale de la société et les missions techniques relevant du contrat de travail (Cass. soc. 1-12-1993 : RJDA 2/94 n° 160) ; un directeur de travaux nommé gérant de la SARL et disposant des pouvoirs les plus étendus tout en détenant à un moment donné la majorité des parts sociales n'était plus subordonné et ce, même s'il était devenu ensuite égalitaire ; par suite, il ne pouvait invoquer le bénéfice de certaines dispositions du Code du travail relatives au règlement des salaires en cas de redressement ou de liquidation judiciaire de la société (Cass. soc. 7-2-1979 : Rev. sociétés 1980 p. 473 note J.H. ; Cass. soc. 31-3-1982 : Bull. civ. V n° 239) ;

– la subordination envers la société excluant par là même l'associé majoritaire (Cass. soc. 7-2-1979 : Rev. sociétés 1980 p. 473 note J.H. ; Cass. soc. 8-10-1980 : D 1981 p. 257 note Reinhard ; Cass. soc. 31-3-1982 : Bull. civ. V n° 239).

Sous-section II • DUREE DES FONCTIONS

Art. 324 [mod.] En l'absence de dispositions statutaires, le ou les gérants sont nommés pour quatre (4) ans. Ils sont rééligibles.

Jurisprudence comparée

France

Renouvellement

1° Tacite reconduction

Le renouvellement par tacite reconduction des fonctions du gérant des fonctions du gérant ne peut pas résulter de la continuation de son mandat au delà du terme prévu (CA Versailles 19-2-2002 n° 00/7416 : RJDA 8-9/04 n° 1001).

2° Refus

Le refus de renouvellement du gérant dans des conditions humiliantes ou vexatoires ouvre droit à des dommages et intérêts au profit de celui-ci (Cass. com. 17-12-2002 n° 2140 : RJDA 5/03 n° 506).

Sous-section III • REMUNERATION

Art. 325 [mod.] Les fonctions de gérant sont gratuites ou rémunérées dans les conditions fixées dans les statuts, ou dans une décision collective des associés.

Le gérant, lorsqu'il est associé, ne prend pas part au vote de la délibération relative à sa rémunération et ses voix ne sont pas prises en compte pour le calcul de la majorité. Toute délibération prise en violation du présent alinéa est nulle. Les dispositions du présent alinéa ne sont pas applicables lorsque la société ne comprend qu'un seul associé.

La fixation de la rémunération n'est pas soumise au régime des conventions réglementées aux articles 350 et suivants ci-après.

Observations

À l'exception des sociétés unipersonnelles, le gérant ne doit pas prendre part au vote de la délibération se prononçant sur sa rémunération, sous peine de nullité de la délibération.

Jurisprudence OHADA

I. Rémunération à ne pas confondre avec un salaire

La rémunération versée à une personne au titre de ses fonctions de gérant d'une SARL n'est pas un salaire et le gérant, en cette qualité, n'est pas un salarié au sens du Code du travail. Il est certes loisible aux parties de convenir avec le gérant d'un contrat de travail, mais il s'agit dans ce cas de la superposition de deux statuts, à savoir celui de gérant et celui de salarié. Le gérant ou mandataire de la société n'est pas, pour cette fonction qui peut être gratuite, lié par un contrat de travail, lequel contrat implique nécessairement un salaire. Toute réclamation portant sur cette rémunération relève de la compétence du tribunal compétent pour appliquer l'AUSCGIE et qui est, au Togo, le tribunal de première instance. Dans l'espèce, le demandeur réclamait la rémunération qui lui était due au titre de ses fonctions de gérant de la SARL, même si à tort il l'appelait quelquefois « salaire ». Cette rémunération n'étant pas un salaire, c'est à tort que le TPI saisi s'est déclaré incompétent (CA Lomé (Togo), nº 044/09, 26-3-2009 : H. K. c/ Sté Rainer Automobile, R. B., Ohadata J-10-155).

II. Inexistence d'un droit à la rémunération réclamée à défaut d'une délibération l'ayant valablement fixée

C'est à tort qu'il est reproché à un arrêt d'avoir violé la lettre et l'esprit des articles 325 et 333 de L'AUSCGIE, en ce que pour rejeter une demande de paiement d'arriérés de rémunération d'un dirigeant de société et du prêt par lui consenti à une société, une cour d'appel a jugé « qu'il ne peut se prévaloir d'échanges électroniques comme constituant une décision collective des associés de lui allouer depuis la création de la société une rémunération de cinq millions de francs CFA par mois ; qu'il ne peut non plus exciper de l'existence d'un prêt fondé sur une telle rémunération », alors, selon la branche du moyen, que les fonctions de gérant sont gratuites ou rémunérées dans les conditions fixées dans les statuts, ou dans une décision collective des associés. Il en est ainsi dès lors que cette motivation se rapporte à une demande de paiement d'un montant de 153 000 000 FCFA qui n'est issue d'aucune résolution d'assemblée générale ou consultation écrite des associés, laquelle suppose, pour son exercice, qu'il soit mis à la disposition de l'associé consulté les textes des résolutions proposées ainsi que les documents nécessaires à son information quinze jours au moins avant la tenue de l'assemblée générale et un bulletin de vote pour émettre son avis, les diverses consultations effectuées devant figurer dans le procès-verbal auquel est annexée la réponse de chaque associé, conformément aux dispositions des articles 340 et 342 de l'AUSCGIE. Aucune décision collective ou stipulation statutaire n'établissant non plus l'existence d'un prêt consenti par le requérant ou d'une rémunération fixée en sa faveur depuis la création de la société, les griefs articulés seront rejetés comme mal fondés (CCJA, 1e ch., nº 124/2024, 25-4-2024).

III. Nullité de la rémunération à la fixation de laquelle le dirigeant intéressé a participé

L'arrêt qui a considéré, d'une part, que c'est en violation des dispositions de l'article 325, alinéa 2 de l'AUSCGIE que le nouveau gérant associé d'une SARL a participé au vote de sa propre rémunération, puis déclaré nulle cette résolution accordant les avantages contestés et confirmé le jugement initial sur ce point et que, d'autre part, la résolution relative aux arriérés de rémunérations du gérant ne viole ni l'égalité entre associés ni l'intérêt général, n'a pas, à bon droit, retenu l'abus de majorité, et n'a en rien violé l'article 325 de l'AUSCGIE (CCJA, 1e ch., nº 124/2024, 25-4-2024).

JURISPRUDENCE COMPARÉE

France

A. Droit à rémunération

1º Clause statutaire

Lorsque les statuts précisent que l'attribution de la rémunération au gérant est liée à son mandat social, cette rémunération doit lui être versée même si, après la nomination d'un administrateur judiciaire, il a été déchargé de toutes ses tâches dès lors que, malgré cette nomination, il a conservé sa qualité de gérant (Cass. com. 21-4-1992 : Bull. Joly 1992 p. 661 note P. Le Cannu).

2º Renonciation du gérant

Le gérant peut renoncer à ce droit mais sa renonciation ne doit pas être équivoque (CA Versailles 22-10-2009 nº 08/2252 : RJDA 4/10 nº 397, décision rendue à propos de la rémunération d'un président de Sasu mais transposable) ; a renoncé à toute rémunération le gérant d'une société qui n'a jamais demandé que soit appliquée la clause statutaire prévoyant sa rétribution et qui, tout au contraire, n'a jamais cessé de reconnaître que la société était dirigée uniquement par un gérant de fait (Cass. com. 26-2-1974 : Bull. civ. IV nº 71) ; il en est de même du gérant qui, alors que les statuts prévoyaient de lui attribuer chaque année une partie des bénéfices à titre de rémunération, a toujours présenté à l'assemblée générale et approuvé lui-même des bilans ne comportant aucune attribution de bénéfices à son profit (Cass. com. 31-1-2012 nº 10-26.329 : RJDA 5/12 nº 500).

B. Absence de droit à rémunération

Il appartient aux associés de prouver que la rémunération n'est pas due au gérant ; en l'absence d'une telle preuve, le gérant minoritaire, qui s'est vu refuser l'accès des locaux de la société par l'associé majoritaire mais qui n'a pas été révoqué de ses fonctions de gérant, est en droit de percevoir sa rémunération à défaut de décision contraire régulièrement prise par l'assemblée des associés (Cass. com. 18-11-1997 n° 95-19.085 : RJDA 3/98 n° 293).

C. Fixation de la rémunération

La rémunération du gérant d'une SARL est déterminée soit par les statuts, soit par une décision de la collectivité des associés (Cass. com. 25-9-2012 n° 11-22.754 : RJDA 12/12 n° 1087).

La détermination de la rémunération du gérant par l'assemblée des associés ne constitue pas une convention réglementée, de sorte que le gérant peut, s'il est associé, prendre part au vote (Memento Sociétés Commerciales n° 32004 ; Cass. com. 4-5-2010 n° 09-13.205 : RJDA 8-9/10 n° 859), même s'il est majoritaire (Cass. com. 4-10-2011 n° 10-23.398 : RJDA 12/11 n° 1036). Le gérant qui ne parvient pas à obtenir une décision des associés ne peut pas demander en justice la fixation ou la revalorisation de sa rémunération ; il n'appartient pas au juge de se substituer aux associés (Cass. com. 14-11-2006 n° 1244 : RJDA 8-9/07 n° 856 ; CA Paris 24-11-2009 n° 08/18780 : RJDA 5/10 n° 529 ; en sens contraire, CA Versailles 22-10-2009 n° 08/2252 : RJDA 4/10 n° 397, décision rendue à propos de la rémunération d'un président de Sasu mais transposable), même lorsque le refus des associés est abusif (Cass. com. 31-3-2009 n° 08-11.860 : RJDA 6/09 n° 548).

D. Rémunération abusive

Le fait pour le gérant majoritaire de s'attribuer des rémunérations excessives constitue le délit d'abus de biens sociaux (Cass. crim. 15-7-1981 : Bull. Joly 1981 p. 840 ; Cass. crim. 13-12-1988 : Bull. crim. n° 429).
Ne constitue pas un abus de majorité la fixation de la rémunération d'un gérant majoritaire qui a suivi l'augmentation du chiffre d'affaires et celle des résultats (CA Paris 6-12-2007 n° 06/20667 : RJDA 4/08 n° 431) ou qui est indexée sur l'excédent brut d'exploitation de la société (Cass. com. 4-10-2011 n° 10-23.398 : RJDA 12/11 n° 1036).

E. Cumul de la rémunération de mandataire social avec une rémunération de salarié

Le gérant peut cumuler son mandat social avec un contrat de travail pourvu que ses fonctions de salarié soient effectives ; tel est le cas d'une vendeuse, unique salariée d'une SARL dont elle est gérante sans détenir aucune part sociale (Cass. soc. 14-5-1998 : Bull. civ. V n° 252). Le cumul a été refusé lorsque les fonctions de salarié ne pouvaient pas être distinguées de celles de mandataire social (Cass. soc. 21-7-1981 : Bull. civ. V n° 722 ; Cass. soc. 21-10-1998 : RJDA 1/99 n° 46) ; c'est notamment le cas lorsque le monopole des connaissances techniques et l'étendue des pouvoirs dont dispose le gérant dans la société, de petite dimension, excluent l'existence d'un lien de subordination et démontrent que les fonctions de gérant ont absorbé celles de salarié (Cass. soc. 11-7-1995 : RJDA 8-9/95 n° 1096).

Dès lors que le cumul est rejeté, la créance de salaires invoquée ne peut pas être admise au passif de la société en règlement judiciaire (Cass. com. 12-7-1983 n° 82-11.945 : Bull. civ. IV n° 218).

Sous-section IV • REVOCATION

Art. 326 [mod.] **Le ou les gérants statutaires ou non sont révocables par décision des associés représentant plus de la moitié des parts sociales. Toute délibération prise en violation du présent alinéa est nulle.**

Si la révocation est décidée sans juste motif, elle peut donner lieu à dommages et intérêts.

En outre, le gérant est révocable par la juridiction compétente, dans le ressort de laquelle est situé le siège social, pour juste motif, à la demande de tout associé.

Jurisprudence OHADA

I. Mesures provisoires en attente de décision arbitrale sur la révocation

A. Compétence du juge des référés pour ordonner la cessation de tout acte de gestion

Attribution de compétence. La présence d'une clause statutaire prévoyant que « tous litiges sur l'application des présentes, soit entre associés, soit entre l'un d'eux et la société, seront réglés par voie d'arbitrage » et l'article 13 al. 4 de l'AUA, qui dispose que « [...] l'existence d'une convention d'arbitrage ne fait pas obstacle à ce qu'à la demande d'une partie, une juridiction, en cas d'urgence reconnue et motivée [...] ordonne des mesures provisoires ou conservatoires [...] » consacrent la compétence du juge des référés, nonobstant l'existence d'une convention d'arbitrage, à la double condition « qu'il y ait urgence motivée et reconnue » d'une part, et que « les mesures (provisoires ou conservatoires) à ordonner n'impliquent pas un examen du litige au fond ».

Le juge des référés a l'obligation de rechercher si la contestation alléguée est sérieuse et si la mesure

sollicitée est justifiée par l'existence d'un différend ; il peut même, en présence d'une telle contestation, prescrire des mesures conservatoires pour prévenir un dommage imminent, étant précisé qu'en l'espèce, la nomination d'un gérant intérimaire à laquelle il a été procédé dénote du caractère essentiellement provisoire des mesures sollicitées.
L'urgence a été justifiée à travers les agissements du gérant d'une SARL, qui sont de nature à compromettre les intérêts de la société et de l'un de ses associés, l'imminente perte d'un marché attribué, la résiliation du bail de la société et la tentative de deux associés de dissoudre la société en cause pour créer une autre sur ses cendres.
Concernant les mesures provisoires ou conservatoires, si le tribunal arbitral n'est pas encore constitué, le juge des référés demeure compétent, en cas d'urgence caractérisée, pour ordonner ces mesures, même s'il doit apprécier le caractère non contestable du litige ; ceci se justifie d'autant plus que le retard apporté dans le règlement du litige compromettrait les intérêts de la société et que sa décision ne lie pas le tribunal qui aura statué au fond. Ordonner au gérant de cesser tout acte d'administration et/ou de gestion et de procéder à la passation avec le gérant intérimaire, n'est pas exclusif de la compétence du juge des référés, car il s'agit d'une mesure provisoire destinée à assurer le fonctionnement de la société et à préserver ses intérêts, compte tenu du différend existant entre les associés, en attendant la constitution et la saisine du tribunal arbitral, étant précisé qu'il a déjà été indiqué que le juge des référés a été saisi pour constater la révocation du gérant et non pour apprécier la régularité de cette révocation.
C'est donc à tort qu'un juge des référés, pour se déclarer incompétent, a énoncé que « les mesures sollicitées exigeraient non seulement du juge des référés, l'appréciation de la régularité de la révocation [du gérant], mais en outre, dépasseraient le cadre des mesures provisoires et conservatoires que pourrait ordonner le juge des référés, sans faire préjudice au principal » ; alors qu'il lui était demandé, non pas de se prononcer sur la régularité de la révocation du gérant, mais de constater ladite révocation consécutive à une assemblée générale. Il y a lieu d'infirmer la décision attaquée et de se déclarer compétent (CA Niamey, n° 142, 24-12-2003 : Sté TOUTELEC NIGER c/ C. H., Ohadata J-04-75).

B. Incompétence du juge des référés

1° Appréciation des conditions de la révocation

La cour d'appel qui, pour retenir l'incompétence du juge des référés, s'est uniquement fondée sur les conditions d'application des articles 438 et 441 du Code gabonais de procédure civile relative à la compétence du juge des référés, n'a pu faire une mauvaise application de l'article 326 de l'AUSCGIE ; rejet du pourvoi (CCJA, n° 008/2003, 24-4-2003 : A. K. c/ H. M., Juris-Ohada, n° 2/2003, avr.-juin 2003, p. 26, note anonyme, Ohadata J-03-194).

Obs. : en l'espèce, la cour d'appel a retenu que « l'interdiction faite au juge des référés, par les articles 438 et 441 du Code de procédure civile, de connaître du fond, lui impose de statuer sans prendre parti sur le fond du procès : que si l'urgence justifie sa compétence, c'est à la condition que la mesure sollicitée ne se heurte à une contestation sérieuse, ou que le litige soulevé n'implique l'existence ou le règlement d'un différend au fond, qui concerne des questions essentielles ; que la contestation qui pourrait s'élever sur l'existence d'un prête-nom au profit dudit gérant et sa qualité d'associé, sur l'établissement d'un faux, ainsi que sur la réalité de la cession des parts sociales, relève de toute évidence du fond ou du principal, au sens des articles 438 et 441 du Code de procédure civile susvisés ; qu'il s'agissait en l'espèce, d'apprécier si les conditions de la révocation du gérant statutaire posées par l'article 326 de l'Acte uniforme relatif au droit des sociétés commerciales et du groupement d'intérêt économique, étaient remplies ; qu'en ordonnant l'expulsion de M., alors qu'il devait, au préalable, se prononcer sur la qualité d'associé majoritaire invoquée par A., au regard des contestations élevées par l'appelant, le premier juge a manifestement outrepassé la compétence du juge des référés, en prenant implicitement parti sur le principal ; qu'il lui fallait, pour se déclarer incompétent, dire que les questions soulevées lui étaient insurmontables, en tant qu'elles constituaient, en effet, des exemples de contestations sérieuses ».

2° Nomination d'un administrateur judiciaire

Dans le même sens, retenant que la requête par laquelle un associé sollicite la nomination d'un administrateur judiciaire à l'effet de faire les comptes, et surtout, reprendre les activités de la société pour la protection et la sauvegarde de ses droits et intérêts, tend à la révocation du gérant actuel de ladite société, fût-il statutaire ou non. Le gérant est révocable par le tribunal chargé des affaires commerciales dans le ressort duquel est situé le siège social, pour cause légitime, à la demande de tout associé. Dans l'espèce, seul le TPI de Daloa statuant en matière commerciale, est compétent pour désigner l'administrateur judiciaire de la société sise dans son ressort territorial, et ce faisant, révoquer le gérant dont les fonctions n'ont pas encore officiellement pris fin. Si les arguments fondant la demande sont pertinents et admissibles en droit, le Président du TPI de Daloa ne pouvait pas, sans violer l'article 326 de l'AUSCGIE, retenir sa compétence et par ordonnance sur requête, nommer un administrateur judiciaire de la société ; sa décision encourt l'annulation (CA Daloa (Côte d'Ivoire), 1e ch. civ. et com., n° 166, 11-8-2004 : EL Z. c/ SCEFO, Juris-Ohada n° 2/2007, p. 42, Ohadata J-08-82).

II. Révocation par les associés

A. Quorum

L'assemblée, au cours de laquelle des associés représentant plus de la moitié du capital étaient présents, avait pouvoir, conformément aux dispositions de l'article 326, de révoquer le gérant, la modification des statuts n'étant pas nécessaire à cette fin. La révocation du gérant n'a pas à être mentionnée dans l'ordre du jour, dès lors que le gérant peut être évoqué dans les questions diverses, sous réserve seulement que le quorum nécessaire à l'examen de ce point soit atteint (TRHC Dakar, n° 327, 19-2-2003 : P. D. c/ O. S. et BAG SARL, Ohadata J-03-180).

C'est à tort qu'il est reproché à une cour d'appel d'avoir violé l'article 326 de l'AUSCGIE en assimilant la révocation d'une cogérante de ses fonctions à une décision collective constitutive de modification statutaire nécessitant une majorité qualifiée des trois quarts du capital social, alors que les dispositions de l'article susvisé ne soumettent la révocation du gérant, statutaire ou non, qu'à l'exigence d'un vote majoritaire. Il en est ainsi dès lors qu'il résulte du procès-verbal de l'assemblée générale extraordinaire, que parmi les résolutions votées, figurent non seulement la révocation de la cogérante de ses fonctions de cogérant, mais aussi l'admission d'un nouvel associé ainsi qu'une nouvelle répartition des parts sociales revenant aux ayants droit d'un associé décédé. Pareilles résolutions, notamment celle portant admission d'un nouvel associé et redistribution des parts, imposent indubitablement une modification des statuts, laquelle a d'ailleurs eu lieu suivant déclaration de modifications en date de ce même jour comme l'a relevé la cour d'appel. En l'espèce, il résulte des pièces du dossier que tous les associés venant aux droits de l'associé décédé qui, ensemble détenaient la moitié des parts du capital social, n'étaient pas présents ni représentés à cette assemblée générale extraordinaire de telle sorte que ni la représentation des trois quarts du capital social exigée par l'article 358, ni la représentation au-dessus de la moitié des parts sociales exigée par l'article 326 de l'Acte uniforme précité pour la révocation du gérant n'ont pu être réunies pour décider valablement ; rejet du moyen (CCJA, 1e ch., n° 081, 27-4-2017 : Pierre Azar c/ Azar Najwa Baaklini et Laurent Azar).

B. Conséquence de la révocation

Expulsion du gérant. Le gérant révoqué n'a plus qualité pour se maintenir dans les bureaux et au siège social de la société, dès lors que l'occupation de ces locaux était fondée sur sa qualité de gérant ; il s'ensuit que son expulsion et la passation de service avec le nouveau gérant doivent être ordonnées, sous astreinte et la décision assortie de l'exécution provisoire (TRHC Dakar, n° 327, 19-2-2003 : P. D. c/ O. S. et BAG SARL, Ohadata J-03-180).

C. Révocation sans justes motifs

Dommages et intérêts. La révocation d'un gérant peut ouvrir droit à des dommages et intérêts si elle est décidée sans justes motifs ; mais le gérant révoqué doit prouver que ladite révocation n'est pas fondée, sauf à soutenir l'irrégularité de l'assemblée générale qui a décidé ladite révocation (TRHC Dakar, n° 327, 19-2-2003, précité, Ohadata J-03-180).

D. Recherche de l'existence ou non de « justes motifs » limitée à l'examen d'une demande de dommages-intérêts

Le gérant d'une société à responsabilité limitée, qui peut être associé ou non, étant révocable par une décision collective des associés représentant plus de la moitié des parts sociales, comme c'est le cas, en l'espèce, conformément aux dispositions des articles 323 et 326 de l'AUSCGIE, l'arrêt qui n'a fait aucun constat d'abus n'a nullement violé les textes visés au moyen en relevant que la question de l'existence ou non d'un juste motif ne doit être examinée que dans le cadre d'une demande en paiement de dommages-intérêts (CCJA, 1e ch., n° 124/2024, 25-4-2024).

JURISPRUDENCE COMPARÉE

France

A. Révocation

1° Qualification

a. Non-application de la disposition spécifique à la révocation à une autre cause de cessation des fonctions

L'article L 223-2, al. 3 vise uniquement la révocation du seul gérant et ne s'applique pas à la cessation du mandat de gérant consécutive à la transformation de la société à responsabilité limitée en société anonyme à condition que celle-ci ne déguise pas une révocation abusive (Cass. com. 22-5-1973 : Bull. civ. IV n° 180).

b. Réduction de la durée du mandat

La réduction par les statuts de la durée des fonctions du gérant équivaut à une révocation (Cass. soc. 29-5-1972 : Rev. sociétés 1973 p. 487 note J.H.).

2° Modalités de la révocation

a. Droit au contradictoire

Même s'il est n'est pas associé, le gérant doit être avisé du projet de révocation et invité à s'expliquer avant le vote de celle-ci (CA Paris 2-10-1997 : RJDA 3/98 n° 297) et ce, à peine de révocation abusive s'il n'est pas entendu préalablement à la décision et à la condamnation de la société au versement de dommages et intérêts (Cass. com. 26-4-1994 : RJDA 8-9/94 n° 937).

Il ne peut pas exiger l'assistance de son avocat (Cass. com. 10-5-2006 n° 609 : BRDA 12/06 inf. 1).

b. Révocation sur incident de séance

Le gérant peut être révoqué durant une assemblée quelconque en cas « d'incidents de séance » graves et imprévus même à défaut d'inscription à l'ordre du jour (CA Versailles 13-11-2007 : RJDA 4/08 n° 430). Mais sa révocation est abusive lorsqu'elle est intervenue dans des conditions vexatoires et abusives ; ainsi lorsque la révocation d'une cogérante d'une SARL a été proposée brutalement lors d'une assemblée générale ordinaire, sans que la question soit inscrite à l'ordre du jour, en l'absence de l'intéressée après qu'elle a quitté la réunion en raison de tensions avec l'autre gérant, son conjoint avec lequel elle était en instance de divorce, dès lors que le comportement de la gérante ne mettait pas en danger la société et la gestion ne permettait pas de caractériser l'existence de justes motifs à sa révocation (CA Versailles 13-11-2007, précité).

3° Prise d'effet de la révocation

Au jour du prononcé. La révocation est effective dès son prononcé par décision des associés sans toutefois être rétroactive (CA Colmar 21-11-1980 : D 1981 p. 235 note Sinay-Cytermans et, sur pourvoi, Cass. com. 8-3-1983 : Bull. civ. IV n° 100).

B. Validité de la révocation avec justes motifs

La révocation produit son plein effet sans indemnisation dans les conditions suivantes :

1° Caractéristiques du juste motif

L'appréciation du juste motif de révocation résulte non seulement de l'attitude du gérant mais également des conséquences de cette attitude, par exemple lorsque ce comportement est « de nature à compromettre l'intérêt social ou le fonctionnement de la société » (Cass. com. 4-5-1993 : RJDA 12/93 n° 1048 ; Cass. com. 4-5-1999 : RJDA 7/99 n° 792).

2° Existence du juste motif

Le juste motif de révocation résulte incontestablement de la faute du gérant. Il en est ainsi :

– de la direction ruineuse du gérant suivie de spéculations irréalistes sur le possible redressement de la société à responsabilité limitée (Cass. com. 17-12-1974 : Rev. sociétés 1975 p. 463 note J.H.) ;

– de la gestion ruineuse du gérant ayant largement excédé le découvert bancaire autorisé et de la conclusion d'un marché à prix coûtant inadapté à l'importance des travaux à effectuer à défaut de déplacement sur le lieu des travaux (CA Paris 13-3-1986 : BRDA 9/84 p. 11) ;

– d'acquisitions nombreuses et inutiles de marchandises entraînant créant des problèmes financiers de à la société (CA Paris 23-4-1992 : RJDA 8-9/92 n° 837) ;

– de la décision du gérant de faire effectuer, malgré le refus des associés, un audit de la société non justifié par sa situation financière saine dont le coût avait absorbé la quasi intégralité des bénéfices et non déduite par l'Administration fiscale (Cass. com. 15-2-1994 : RJDA 5/94 n° 540) ;

– du refus déterminé du gérant de respecter les lois et règlements relatifs à l'approbation des comptes annuels et au droit de communication des associés (CA Paris 28-10-1994 : Bull. Joly 1980 p. 608) ;

– des actes de celui-ci qui avait créé une société susceptible de concurrencer la société à responsabilité limitée sans information des associés et qui avait refusé un investissement jugé indispensable à la société par les associés, parce que cette gestion ayant reçu pourtant le quitus des associés avait engendré une perte de confiance et une détérioration des rapports risquant de compromettre l'intérêt social (CA Rouen 16-10-1997 : RJDA 6/98 n° 737) ;

– de l'opposition entre les associés et le gérant sur les mesures nécessaires au redressement de la société (CA Paris 24-11-1998 : RJDA 7/99 n° 793) ;

– du désaccord entre les associés et le gérant susceptible de compromettre l'intérêt social (Cass. com. 4-5-1999 : RJDA 7/99 n° 792 ; CA Paris 5-11-1999 : RJDA 2/00 n° 177) ;

– du risque de perte du seul client de la société déçu des services procurés par la société risquant de mettre en jeu la survie de celle-ci (CA Paris 13-11-2001 n° 01/7839 : RJDA 6/03 n° 591) ;

– de la violation par le gérant des textes relatifs aux décisions collectives (CA Paris 13-11-2002 n° 016 7839 : RJDA 6/03 n° 591) ;

– de la violation par le gérant des instructions des associés sur le maniement des fonds et la gestion des comptes bancaires de la société (CA Paris 24-10-2003 n° 02/4024 : RJDA 2/04 n° 178) ;

– de la transgression par le gérant des consignes de l'associé majoritaire souhaitant conserver le contrôle d'une filiale de la société dans l'intérêt de la SARL (CA Lyon 27-5-2004 n° 02/6151 : RJDA 7/05 n° 829) ;

– de la distribution par le gérant d'une SARL d'un acompte sur dividendes avant tout examen des comptes de la société alors qu'une telle distribution

est subordonnée à la clôture préalable d'un exercice et à la réalisation d'un bénéfice depuis la clôture de l'exercice précédent (CA Versailles 6-11-2008, n° 07/5294 : BRDA 2/09 inf. 7) ;
– de la dissimulation par le dirigeant de sa qualité d'associé de la société qui a loué des locaux commerciaux à la société qu'il dirige (CA Paris 5-3-2009 n° 08/8682 : RJDA 6/09 n° 558).

3° Révocation sans justes motifs

a. Faits susceptibles de constituer des justes motifs

La faute établie doit résulter de la gestion du gérant et non de faits étrangers à ses fonctions (CA Reims 23-4-1979 : JCP 1980.II n° 19410 note Guyon).

b. Absence de justes motifs

Le juste motif de révocation fait défaut lorsque celle-ci : émane de l'intention arbitraire des associés souhaitant par exemple changer de majorité ou désigner un gérant choisi par eux (Cass. com. 29-5-1972 : Rev. sociétés 1973 p. 487 note J.H.) ;
– est fondée sur l'opportunité ou la politique interne de la société ou du groupe dont elle dépend ; par suite, la révocation légitime du gérant de la société mère ne peut suffire à caractériser le juste motif de révocation du même gérant d'une filiale (CA Reims 10-11-1975 2e esp. : Rev. sociétés 1976 p. 314 note J.H.) ;
– résulte d'appréciations divergentes sur la conduite des affaires sociales d'importance minime et qui auraient pu être résolues à l'amiable (Cass. com. 30-5-1980 : JCP 1980.IV p. 301) ;
– est uniquement due à l'abstention du gérant lors du vote d'une décision sans incidence sur les affaires sociales (CA Paris 20-11-1980 : Rev. sociétés 1981 p. 583 note Le Cannu) ;
– repose sur des reproches insuffisants et vagues concernant les négligences de gestion du gérant ayant engendré des réclamations des établissements bancaires (CA Paris 27-1-1983 : BRDA 13/83 p. 9) ;
– résulte du refus du gérant de suivre le plan de redressement de la société décidée par les associés s'avérant inefficaces et abandonnées après la révocation du gérant (CA Versailles 27-11-1985 : Rev. sociétés 1986 p. 112 obs. Guyon) ;
– a été décidée alors que l'assemblée avait donné au gérant quitus de sa gestion, ce qui montrait qu'aucune faute de gestion ne lui était reprochée (CA Paris 26-11-1999 : RJDA 3/00 n° 290) ;
– est fondée sur des pertes subies par les diverses sociétés du groupe gérées ne résultant pas de la faute du gérant (Cass. com. 22-10-2002 n° 1670 : RJDA 1/03 n° 37) ;
– a pour origine un conflit relevant du droit du travail ; par exemple, le licenciement en tant que salarié de la société mère ne peut pas constituer un juste motif de révocation d'un gérant de filiales (CA Versailles 25-1-2007 n° 06/440 : RJDA 5/07 n° 502) ;
– comme le démontre la chronologie des faits à elle seule, était étrangère à l'intérêt social et qu'elle a été la réponse au refus de l'intéressé d'acquérir la société au prix que demandait l'autre cogérant-associé (CA Paris 26-11-2009 n° 08/-13676 : RJDA 4/10 n° 395) ;
– résulte des prises de position violentes du gérant à l'égard de certains associés faisant suite à leur refus de suivre ses mises en garde qui loin de constituer une faute de gestion montrait clairement qu'il entendait préserver les intérêts de la société contre les dérives de ces associés qui, poursuivant un but personnel, désiraient prélever des fonds alors que la société devait faire face, de manière imminente, à des engagements immobiliers importants (Cass. com. 9-11-2010 n° 09-71.284 : RJDA 2/11 n° 160).

C. Droit à l'indemnisation à défaut de juste motif

Lorsque la révocation n'est pas motivée, le gérant peut exiger des dommages et intérêts à condition d'exercer réellement et sans façade son mandat (CA Aix 12-7-1979 : Bull. Cour d'Aix 1979/3 p. 68).

D. Montant de l'indemnisation

1° Fonction du préjudice

Le montant des dommages-intérêts doit être fixé en fonction du préjudice subi par le gérant révoqué, ce préjudice n'étant pas nécessairement égal à la perte de la rémunération qui aurait dû lui être versée entre la date de sa révocation et celle de l'expiration normale de ses fonctions (Cass. com. 22-11-1977 : Rev. sociétés 1978 p. 483 note Y. Guyon).

2° Nullité du montant dissuasif de la révocation

La clause statutaire ou conventionnelle indemnisant le gérant révoqué même pour justes motifs encourt la nullité s'il est établi que le montant de l'indemnisation est susceptible de dissuader les associés de révoquer le gérant (Cass. com. 6-12-1983 : Rev. sociétés 1984 p. 311 note Le Cannu).

3° Révocation abusive

Le gérant peut percevoir des dommages et intérêts si sa révocation a été prononcée dans des conditions abusives intervenant dans des circonstances intempestives ou vexatoires susceptibles d'affecter son honorabilité, lesquels peuvent se cumuler avec l'indemnité pour révocation sans juste motif (Cass. com. 1-2-1994 : RJDA 5/94 n° 540).

La révocation du gérant est intervenue dans des conditions vexatoires dès lors que, dès l'issue de l'assemblée générale ayant voté sa révocation, il a dû remettre l'ensemble des clefs en sa possession donnant accès à l'entreprise (Cass. com. 9-11-2010 n° 09-71.284 : RJDA 2/11 n° 160).

Elle n'est pas abusive dès lors que l'obligation qui lui a été faite de restituer la carte bleue et les clefs des locaux et du coffre ne peut être considérée comme vexatoire, que l'intéressé a pu rencontrer très rapidement le personnel après l'assemblée qui l'a révoqué, qu'il a pu restituer son véhicule au bout de trois mois et qu'il a conservé son abonnement téléphonique pendant deux mois (CA Paris 26-11-2009 n° 08/13676 : BRDA 6/11 inf. 3).

Le préjudice consécutif à la révocation abusive d'un gérant ne peut pas être (en ce sens, Cass. com. 23-1-2007 : BRDA 23/07 p. 4 : à propos d'un dirigeant de SA mais transposable)

E. Révocation dissimulée

Constitue une révocation la démission du gérant :

– donnée par une lettre de démission en blanc signée par le gérant au moment de son entrée en fonctions (Cass. com. 5-1-1973 : JCP 19973.II n° 17047 note Rousseau) ;

– intervenue sous la pression des associés en présence d'un huissier (Cass. com. 30-5-1980 : Rev. sociétés 1980 p. 734 note Merle).

F. Révocation judiciaire pour cause légitime

Le gérant a été révoqué par le juge pour cause légitime dans les cas suivants :

– le gérant a délaissé ses fonctions en conservant un carnet de chèques de la société pour l'utiliser dans son propre intérêt (T. com. Paris réf. 18-6-1974 : Bull. Joly 1974 p. 596) ;

– le gérant détenteur de la moitié du capital était absent des assemblées générales depuis plusieurs années contraignant à convoquer chaque assemblée à deux reprises et bloquant ainsi la gestion de la société et la vie sociale (CA Paris 8-11-1996 : RJDA 2/97 n° 219) ;

– les deux cogérants refusaient de coopérer, chacun ne cessant de bloquer la gestion de la société et engendrant ainsi la séparation des associés en deux groupes, ce qui a impliqué une paralysie de la vie sociale et la désignation d'un administrateur provisoire (CA Aix 9-7-1982 : Bull. Cour Aix 1982/2 p. 97) ;

– le gérant était devenu fragile et prodigue ne maîtrisant plus les enjeux de la gestion de son patrimoine et justifiant sa mise en curatelle (CA Paris 4-4-1997 : Dr. Sociétés 1997. 177 obs. Bonneau) ;

– le gérant exploitant une officine de parapharmacie s'était détourné de la gestion de la société en difficulté en laissant les vendeurs agir et en étant rarement présent au magasin (CA Pau 6-3-2003 n° 02/1557 : RJDA 12/03 n° 1191).

L'auteur de la demande de révocation judiciaire doit assigner le gérant à révoquer, la société et l'ensemble des associés (CA Paris 26-5-2000 : RJDA 2/01 n° 174).

L'urgence de la révocation justifie une décision du président du tribunal de commerce statuant en référé (T. com. réf. 18-6-1974 : Bull. Joly 1974 p. 596 ; CA Paris 6-3-2003 n° 02-n° 1557 : RJDA 12/03 n° 1191).

Sous-section V • DEMISSION

Art. 327 **Le ou les gérants peuvent librement démissionner. Toutefois, si la démission est faite sans juste motif, la société peut demander en justice réparation du préjudice qu'elle subit.**

Jurisprudence comparée

France

A. Droit de démissionner

La libre révocation des dirigeants de SA ou de SARL a pour corollaire le droit pour ceux-ci de mettre fin unilatéralement à leurs fonctions à condition que cette démission intervienne sans faute (CA Paris 12-5-1993 : RJDA 3/94 n° 289) ; aucun texte ne limite la faculté reconnue à un dirigeant de mettre fin à ses fonctions à tout moment (Cass. soc. 6-5-1982 : Rev. sociétés 1982 p. 523 note P. Le Cannu).

B. Existence de la démission

Le mandat social du gérant a cessé en même temps que les fonctions salariées bien que la lettre de démission, adressée à la société contrôlant la SARL, ne visait expressément que le contrat de travail, car son destinataire ne pouvait pas se méprendre sur les intentions du gérant et croire que celui-ci continuerait à assumer son mandat social ; le jour où la démission avait pris effet, le gérant avait restitué le véhicule de fonction, l'ordinateur et le téléphone portable qui lui avaient été confiés pour l'exercice de son mandat social (Cass. com. 29-1-2013 n° 11-28.263 : BRDA 4/13 inf. 4).

C. Démission non contrainte

Une cour d'appel a pu décider que la démission d'un gérant associé n'était pas une révocation abusive déguisée dès lors qu'elle a constaté que la démission avait été exprimée de manière claire et non équivoque, et estimé que les autres associés avaient, au cours d'une assemblée générale, exercé de façon normale leur droit de critique et de contrôle sur le fonctionnement de la société et sur les décisions et projets du gérant, et relevé que leur demande de réunion à tenir au plus tard deux mois après pour permettre au gérant de répondre aux critiques, leur réponse écrite au rapport de gérance, ainsi que leur volonté de nomination d'un cogérant, étaient l'expression normale de leurs droits d'associés. (Cass. com. 12-2-2002 n° 387 : RJDA 6/02 n° 708).

D. Démission justifée

Si le gérant commet une faute en démissionnant de façon intempestive, il en va différemment lorsqu'il est s'est vu évincé par un tiers de la gestion de la société (CA Aix 1-3-1990 : Dr. Sociétés 1991 n° 382).

De même, si un gérant désapprouve un élément essentiel de la gestion financière de la société, il ne commet pas de faute en démissionnant de manière préjudiciable pour la société s'il respecte des délais raisonnables (CA Paris 12-5-1993 : RJDA 3/94 n° 289).

E. Conséquences de la démission

La démission du gérant, effective dès sa communication à la société, n'exige aucune acceptation de la société et ne peut faire l'objet d'une rétractation par le gérant qui peut uniquement discuter de sa validité en prouvant son défaut de consentement libre et éclairé (Cass. 22-2-2005 n° 269 : RJDA 7/05 n° 815).

F. Démission en blanc

Voir sous l'art. 326.

Section II • POUVOIRS DES GERANTS

Art. 328 Dans les rapports entre associés et en l'absence de la détermination de ses pouvoirs par les statuts, le gérant peut faire tous les actes de gestion dans l'intérêt de la société.

En cas de pluralité de gérants, ceux-ci détiennent séparément les pouvoirs prévus au présent article, sauf le droit pour chacun de s'opposer à toute opération avant qu'elle ne soit conclue.

L'opposition formée par un gérant aux actes d'un autre gérant est sans effet à l'égard des tiers, à moins qu'il ne soit établi qu'ils en ont eu connaissance.

JURISPRUDENCE OHADA

I. Actes du gérant pouvant engager la société

Le gérant d'une SARL est son mandataire. Comme tel, il la représente et l'engage dans les conditions définies par l'AUSCGIE et est personnellement responsable envers cette société ou envers les tiers (CA Lomé (Togo), n° 044/09, 26-3-2009 : H. K. c/ Sté RAINER Automobile, R. B., Ohadata J-10-155).

A. Initiation d'une procédure de liquidation judiciaire

La saisine du tribunal par le gérant est un acte de représentation de la société qui entre dans ses attributions classiques. S'il est de tradition managériale que les pouvoirs du gérant de la SARL sont précisés par les statuts, il demeure qu'en l'absence de détermination claire de ses pouvoirs dans les statuts, le gérant peut poser tous les actes de gestion dans l'intérêt de la société. Il ne peut être reproché au gérant unique d'avoir introduit une requête aux fins d'ouverture d'une liquidation judiciaire, dans la mesure où cette procédure qui résultait d'une obligation légale était initiée dans l'intérêt de la société (TGI Bobo-Dioulasso (Burkina Faso), n° 248, 9-8-2006 : BSGB – SARL, Ohadata J-09-94). Dans le même sens, retenant que le gérant d'une SARL est habilité à représenter ladite société dans une instance née à l'occasion du recouvrement de la créance née d'un chèque tiré sur le compte de la société (CA Bobo-Dioulasso (Burkina Faso), ch. com., n° 08, 10-3-2010 : EM'ELECT SERVICES SARL c/ M. A., Ohadata J-12-120).

Obs. : voir aussi sous l'art. 121.

B. Validité du mandat donné par le directeur d'une SARL sous forme de procuration

Sur la validité du mandat donné à un tiers pour agir au nom d'une société, voir sous l'art. 121 une décision rendue au sujet d'une SARL, mais transposable aux autres formes de sociétés, en l'absence de dispositions spécifiques contraires. Voir aussi sous l'art. 465.

C. Caractère inopérant de la désignation confuse du gérant dans un mandat spécial aux fins d'une action en justice

C'est à tort que l'irrecevabilité d'un pourvoi est soulevée, au motif que le représentant de la société demanderesse se serait prévalu des qualités non prévues par l'AUSCGIE et par les statuts de ladite société en se faisant respectivement qualifier par les statuts harmonisés et le procès-verbal de la réunion d'harmonisation des statuts, tantôt « administrateur-gérant », tantôt « directeur-gérant », tantôt « gérant » de la SARL. Il en est ainsi dès lors qu'il résulte de la procuration spéciale donnant mission aux conseils de la demanderesse que le représentant légal de cette dernière est le sieur [X.] qui porte le titre de gérant de la SARL ; qu'il résulte aussi des statuts de ladite société, en son article 10, que la demanderesse est « administrée par un ou plusieurs administrateurs gérants » ; que l'usage du mot « administrateur » ou « directeur » qui précède celui de « gérant » dans cette stipulation et dans le procès-verbal de la réunion d'harmonisation des statuts n'a pas d'incidence sur sa qualité de gérant, représentant de la société, dès lors qu'il ressort du dossier et des statuts que c'est bien lui qui représente la SARL dans ses relations avec les tiers. La fin de non-recevoir n'est donc pas fondée et le pourvoi est recevable (CCJA, 1e ch., n° 218/2023, 14-12-2023).

II. Actes du directeur délégué ne pouvant engager une SARL

Le directeur délégué d'une SARL qui rédige ses courriers sur des papiers en-tête de ladite SARL en prenant le soin de préciser qu'il agit en qualité de Directeur Délégué n'agit pas en tant que mandataire de la société et ne peut ainsi l'engager, une SARL ne pouvant valablement être représentée que par son gérant (CA Abidjan, ch. civ. et com., n° 644, 11-6-2004 : A. A. G. c/ Sté KPMG et un autre, Ohadata J-05-338).

Obs. : les organes légaux de la SARL ne comprennent pas le poste de « Directeur Délégué » ; les tiers qui ne sont liés que par les organes habilités à engager la société peuvent donc tenir pour dépourvu de pouvoir celui qui se qualifie comme tel.

En revanche, la société peut être engagée par l'acquiescement à une saisie-attribution donné par un salarié dont il n'est pas prouvé qu'il n'était pas habilité à engager la société (CA Abidjan, ch. civ. et com., n° 621, 8-6-2004 : CIE c/ Mr. K. I. et Banque Standard et Chartered, Ohadata J-05-340).

III. Irrecevabilité du recours exercé par une personne non habilitée à représenter légalement une SARL

Le recours exercé par une personne non habilitée à représenter légalement une SARL est irrecevable, dès lors que ladite personne n'a pu donner un mandat valable à l'avocat de la société demanderesse. Il en est ainsi sans que la déconstitution de l'avocat dépourvu de mandat, son remplacement par un autre et le changement de dénomination de la société, notifiés à la CCJA, en réponse à la lettre du greffier en chef dont l'objet était tout autre, ne soient de nature à influencer cette issue (CCJA, 1e ch., n° 156, 26-11-2015 : Rodéo Developpement Ltd SARL c/ Sté Unitrans Cameroun, Challenger Air Sea, Ohadata J-16-149).

Obs. : cette décision n'a pas visé expressément l'article 328.

JURISPRUDENCE COMPARÉE

I. États-Unis

Faute de gestion

Acceptation d'un taux d'intérêt excessif. Conformément au droit de New York, le gérant d'une société responsabilité limitée (limited liability company) doit gérer la société de bonne foi. Il doit également agir de la manière dont une personne normalement prudente aurait agi dans les mêmes conditions. Le gérant qui diffère des paiements prioritaires avec pour conséquence le paiement d'intérêts pouvant atteindre 12 % n'agit pas comme l'aurait fait une personne normalement prudente (Nathanson v. Nathanson, 20 AD 3d 403 – NY Supreme Court Appellate Div., 1st Dept. (2005)).

II. France

A. Pouvoirs du gérant dans ses rapports avec les associés

Puisque les clauses portant sur l'étendue des pouvoirs du gérant doivent être mentionnées dans les statuts, les limitations des pouvoirs ne peuvent donc pas être insérées dans les décisions collectives de désignation du gérant sauf dans les décisions collectives extraordinaires modifiant expressément ou implicitement les statuts modifiant (CA Versailles 31-10-2002 n° 00/71 : RJDA 3/03 n° 269).

B. Pluralité de gérants

Si la gestion est assurée par plusieurs gérants, ceux-ci doivent établir ensemble les comptes sociaux et le rapport de gestion (Cass. com. 21-3-1995 : RJDA 6/95 n° 724 à propos d'une SNC mais transposable aux sociétés à responsabilité limitée par identité des textes applicables).

Art. 329 [mod.] Dans les rapports avec les tiers, le gérant est investi des pouvoirs les plus étendus pour agir en toute circonstance au nom de la société, sous réserve des pouvoirs que le présent Acte uniforme attribue expressément aux associés.

La société est engagée, même par les actes du gérant qui ne relèvent pas de l'objet social, à moins qu'elle ne prouve que le tiers savait que l'acte dépassait cet objet ou qu'il ne pouvait l'ignorer compte tenu des circonstances, étant exclu que la seule publication des statuts suffise à constituer cette preuve.

Les clauses statutaires limitant les pouvoirs des gérants qui résultent du présent article sont inopposables aux tiers de bonne foi.

Jurisprudence OHADA

I. Représentation de la SARL

A. Prérogative du gérant

Il est constant que dans une société à responsabilité limitée le représentant légal n'est autre que le gérant (CCJA, 3e ch., no 102, 2-6-2016 : OLAM TOGO SARL c/ VATEL SA, Ohadata J-17-44).

B. Nécessité de se conformer aux dispositions de droit interne relatives à la représentation en justice d'une société

Il s'induit des articles 122 et 123 du Code de procédure civile, commerciale et administrative de Côte d'Ivoire que la sanction des vices de formes d'un acte de procédure est la nullité, laquelle peut, selon les cas, être relative ou absolue, chacune pouvant être prononcée que dans le respect des conditions prescrites auxdits articles. En l'espèce, il est constant que le défaut pour la société [A.] d'indiquer dans l'acte d'opposition que la société [B.] est prise en la personne de son représentant légal constitue un vice de forme, une violation des dispositions de l'article 329 de l'AUSCGIE, au sens duquel le gérant assume la gestion de la société et en est le représentant légal dans ses rapports avec les tiers ; cette disposition ainsi que les articles subséquents étant d'ordre public, conformément aux articles 122 et 123, alinéa 2 susvisés, leur violation entraîne la nullité absolue dudit acte et rend l'action de la société [A.] irrecevable, sans que la société [B.] n'ait à rapporter la preuve d'un quelconque préjudice. Ainsi, en relevant que « dès lors qu'il n'est pas précisé que ladite société [B.] est prise en la personne de son représentant légal, en violation des dispositions communautaires susmentionnées […], c'est à bon droit que le premier juge a déclaré irrecevable l'opposition formée par la [société A.] », la cour d'appel ne commet pas le grief allégué ; que le moyen n'est pas fondé et doit être rejeté (CCJA, 1e ch., no 309/2024, 28-11-2024).

Mais la mention dans l'acte introductif d'instance du nom de la personne physique, organe représentant de la personne morale appelante, n'est exigée par aucun texte. Dès lors que la juridiction saisie constate que l'acte introductif d'instance comporte la mention de la forme sociale et indique que la société agit aux poursuites et diligences de ses représentants légaux, la saisine ne peut encourir aucun reproche. En l'espèce, la cour d'appel qui a retenu que « la société civile particulière [X.] Phoenix de Coco Beach, société à responsabilité limitée […] ; agiss[ait] aux poursuites et diligences de son représentant légal », et qu'une société « ne pouvant ester en justice que par l'entremise de celui-ci, la mention sus indiquée est suffisante, de sorte que la représentation ainsi intervenue est régulière », n'a en rien violé l'article 329 de l'AUSCGIE (CCJA, 2e ch., no 333/2024, 28-11-2024).

II. Irrecevabilité de l'action exercée par un associé au nom de la société

A. Action exercée par un associé au nom de la société

Voir sous les art. 98, 121, 200 et 328.

B. Mandat d'agir en justice donné par une personne autre que le gérant de la SARL

Conformément aux dispositions de l'article 329 de l'AUSCGIE, seul le gérant d'une SARL est investi des pouvoirs les plus étendus pour agir en toutes circonstances au nom de la société. Il s'ensuit que le mandat donné aux avocats pour agir au nom d'une une personne différente du gérant n'a pas été « régulièrement établi par un représentant qualifié à cet effet » et le pourvoi formé dans ces conditions est irrecevable, en application de l'article 28-5 du Règlement de procédure de la CCJA (CCJA, 3e ch., no 079/2018, 29-3-2018 : Sté Congolese Wireless Network dite CWN c/ Feruzi Kalume Nyembwe, Sté Vodacom International Ltd dite VIL, Sté Vodacom Congo SA dite VC).

III. Illustration du mandat apparent : inopposabilité aux tiers de bonne foi d'opérations réalisées par un dirigeant révoqué

La cour d'appel qui, après avoir constaté « qu'il est constant comme résultant du procès-verbal de l'assemblée générale extraordinaire des associés [...] que le 7 juillet 2010, Madame X avait été nommée gérante intérimaire en attendant la nomination d'un gérant statuaire » et « qu'il a été mis fin à partir du 1er juillet 2011 à la gérance par intérim de Mme X », a ensuite retenu « qu'il n'en demeure pas moins que la SARL [...] ne peut être mise hors de cause qu'en prouvant conformément à l'article 329 de [l'AUSCGIE] que [la défenderesse] avait connaissance de ce que la susnommée n'avait plus le pouvoir de signer lesdits bons de livraison ou qu'elle ne pouvait l'ignorer », a appliqué à la SARL en cause des dispositions légales se rapportant aux pouvoirs d'un gérant en exercice, manquant ainsi de tirer les conséquences nécessaires de ses propres constatations relatives à la révocation de Dame X, a violé l'article 329 précité et exposé son arrêt à la cassation. Sur l'évocation et par application du principe du mandat apparent, il convient de confirmer le jugement entrepris relativement à la responsabilité de la SARL, dès lors qu'il est établi que même si la date de certains bons et factures ne correspond pas à sa gérance, Dame X a continué à exercer la fonction de responsable technique au sein de la SARL et a bénéficié de tous les moyens nécessaires aux commandes et que les commandes ont été livrées au sein de la SARL. Cette dernière, sous l'autorité et grâce aux moyens de laquelle Dame X agissait, reste alors engagée vis-à-vis de la défenderesse qui a pu légitimement croire que la gérante était toujours en fonction. La résistance de la société demanderesse ne revêt aucun caractère abusif ; c'est à tort que le jugement attaqué l'a condamnée à des dommages-intérêts et il doit être infirmé sur ce point (CCJA, 2e ch., no 185, 27-7-2017 : DJOLIBA A.O. SARL c/ COSED SARL, Ndeye Marie Dieng Fall).

IV. Tierce opposition non admise contre une décision obtenue à la suite d'une procédure initiée par le gérant de la société

C'est à tort qu'il est reproché à un arrêt d'avoir violé l'article 329 de l'AUSCGIE en retenant, à la suite du juge d'instance, qu'une société ne pouvait plus former tierce opposition à une décision dont elle-même avait initié la procédure par son gérant, alors que, selon le moyen, ce gérant est décédé le 14 mars 2018 et ne pouvait plus ester en justice le 26 mars 2018, et que son remplacement n'a été effectué que les 19 décembre 2019 et 2 mars 2020. Il en est ainsi car, la cour d'appel, qui s'est bornée à retenir, justement, à la suite du premier juge, que la tierce opposition n'est pas la voie de recours ouverte aux parties appelées à un procès, n'a pas violé l'article 329 précité (CCJA, 2e ch., no 072/2024, 28-3-2024).

Jurisprudence comparée

France

A. Validité du mandat donné par l'assemblée générale

L'assemblée générale d'une SARL, qui est l'instance délibérante par essence d'une société, autorisant l'un des deux associés « à signer l'acte de caution proposé par le bailleur » par lequel la société s'était portée caution solidaire d'un locataire à l'égard de son bailleur a valablement donné mandat et il est toujours loisible aux associés, même si un tiers est gérant, de donner mandat de représentation de la société à l'un d'entre eux pour une opération déterminée (CA Paris 1-10-2008 no 07/6940, 16e ch. A : BRDA 9/09 inf. 3).

B. Engagement de la société dans la limite de l'objet social

La société est valablement engagée par la renonciation du gérant au bail du local permettant l'exercice de l'activité sociale, les stipulations statutaires disposant que la société a pour objet social la propriété, l'acquisition, la création, l'exploitation et la vente de tous fonds de commerce d'hôtel meublé (Cass. com. 22-12-1975 : Bull. IV no 314).

C. Dépassement de l'objet social

La société est tenue de respecter les engagements pris par le gérant ne faisant pas partie de l'objet social à moins d'établir que le tiers connaissait l'objet ou ne pouvait l'ignorer eu égard aux circonstances ; ainsi, une société effectuant des prestations d'assistance en informatique doit régler la facture adressée par son école de pilotage d'avions correspondant à des leçons réservées au nom du gérant (CA Paris 30-1-1987 : BRDA 8/87 p. 19).

D. Clauses limitatives des pouvoirs

Les clauses limitatives des pouvoirs du gérant sont sans effet à l'égard des tiers même si ces derniers connaissaient l'existence de cette limitation (Cass. com. 2-6-1992 : RJDA 9/92 no 836).

Le cautionnement consenti par le gérant au nom d'une SARL à un établissement bancaire doit être annulé dès lors que la banque qui détenait les statuts de la société avait été « si bien consciente » par leur examen de la violation de ses pouvoirs par le gérant (CA Paris 30-1-1987 : BRDA 8/87 p. 19).

Section III • RESPONSABILITE DES GERANTS

Art. 330 [mod.] Les gérants sont responsables, individuellement ou solidairement, selon le cas, envers la société ou envers les tiers, soit des infractions aux dispositions législatives ou réglementaires applicables aux sociétés à responsabilité limitée, soit des violations des statuts, soit des fautes commises dans leur gestion.

Si plusieurs gérants ont coopéré aux mêmes faits, la juridiction compétente détermine la part contributive de chacun dans la réparation du préjudice.

Jurisprudence OHADA

I. Absence de faute du gérant

Respect des statuts. Lorsque les statuts de la société interdisent au gérant d'accepter un poste de gérant, de président ou de directeur d'une société ayant un objet analogue mais ne lui interdisent pas d'être associé ou actionnaire dans une telle société, et qu'il n'est pas établi que le gérant occupe un tel poste dans une société analogue mais en est simplement actionnaire, il n'y a pas concurrence déloyale ni violation des statuts. Par conséquent aucun préjudice personnel n'a été causé à l'associé non-gérant sur ce fondement et il doit être débouté de son action de ce chef (TGI Bobo-Dioulasso (Burkina Faso), n° 224, 28-6-2006 : O. F. c/ K. B., Ohadata J-09-90).

Obs. : cette décision vise les articles 331 et 161, mais l'article 330 était applicable en l'espèce, s'agissant d'une faute statutaire alléguée pour une SARL.

II. Action en responsabilité d'un dirigeant réservée aux dirigeants ou associés ès qualité

C'est en violation de l'article 330 de l'AUSCGIE qu'une cour d'appel a retenu que « [m]onsieur [X.] a été cogérant de la société SARL [A.] de 2005 à 2007 ; [...] que le fait pour les dirigeants sociaux de ladite société de ne pas s'acquitter régulièrement de leurs obligations fiscales l'exposant ainsi à des sanctions pécuniaires, est constitutive d'une faute de gestion ; [...] qu'ainsi donc Monsieur [Y.] est fondé à réclamer à Monsieur [X.] le paiement de sa quote-part de participation au paiement du redressement fiscal en qualité de cogérant durant les exercices financiers 2005 à 2007 » pour condamner [X.] au paiement de la somme de 20 868 005 FCFA, sur une action qui n'a été initiée par monsieur [Y.] au nom de la société ou en sa qualité de gérant de celle-ci, mais ès nom, alors que, d'une part, il n'invoque aucun préjudice personnel subi résultant de la gestion du requérant et, d'autre part, qu'il n'a pas été caractérisé la responsabilité de celui-ci dans la réalisation des faits à l'origine du redressement fiscal intervenu, lequel s'étend aux exercices 2008 et 2009, postérieurs à sa démission, exposant son arrêt à la cassation. Sur l'évocation, il ressort des dispositions des articles 165, 166, 167, 330 et 331 de l'AUSCGIE que l'action sociale ou l'action en réparation d'un préjudice subi par une société à responsabilité limitée du fait d'une faute commise par le ou les gérants dans l'exercice de leurs fonctions est réservée, d'une part, aux dirigeants sociaux et, d'autre part, à un ou plusieurs associés, la société régulièrement appelée en cause, à peine d'irrecevabilité. Cependant, monsieur [Y.] n'ayant agi, en l'espèce, ni au nom et pour le compte de la société [A.] SARL, soit en représentation de celle-ci, soit en sa qualité de gérant de la société, ni en qualité d'associé de ladite société, celle-ci appelée en cause en son propre nom, il y a lieu, pour les mêmes motifs que ceux ayant entraîné la cassation, d'infirmer partiellement le jugement n° 5 du 3 janvier 2013 rendu par le tribunal régional de Thiès et, statuant à nouveau sur ce point précis, de déclarer monsieur [Y.] irrecevable en son action sociale initiée, ès nom, à l'encontre de monsieur [X.]. Le caractère abusif de la procédure irrégulièrement engagée à l'encontre de monsieur Michel [X.] ayant été souverainement établi par le tribunal, au regard des circonstances de la cause et des éléments factuels discutés devant lui, lequel lui a alloué de ce chef la somme de 3 000 000 FCFA à titre de dommages-intérêts ; qu'il convient de confirmer le jugement sur ce point (CCJA, 1e ch., n° 183/2024, 27-6-2024).

III. Dommages-intérêts refusés en l'absence de faute de gestion

La cour d'appel qui, pour confirmer le jugement qui a déclaré non fondée la demande reconventionnelle de dommages-intérêts pour faute de gestion, a fondé sa décision sur la non-caractérisation des fautes de gestion prévues à l'article 330 de l'AUSCGIE, et n'a invoqué l'article 1153 du Code civil qu'à titre d'« obiter dictum » (soit dit en passant), ce texte ne devant s'appliquer, éventuellement, que lorsque les fautes de gestion reprochées à la gérante sont établies, a fait une application correcte des dispositions susvisées au moyen (CCJA, 3e ch., n° 207/2024, 4-7-2024).

IV. Inapplication du sursis à statuer en attendant l'issue d'une action publique

Il ne peut être reproché à une cour d'appel qui s'est contentée d'approuver le juge d'instance en ce qu'il a rejeté la demande de dommages et intérêts formulée par la requérante, et non pas de prononcer le sursis à statuer en attendant l'issue de l'action publique, d'avoir appliqué la règle « le criminel tient le civil en état ». En affirmant qu'« il est constant comme résultant des propres déclarations de Madame [X.] faites devant le premier juge que [les] faits, objet de sa plainte, sont encore au stade de l'enquête préliminaire », la cour d'appel avait simplement voulu renforcer l'argument selon lequel la faute de gestion prétendue n'a pas été constatée en justice (CCJA, 3e ch., n° 207/2024, 4-7-2024).

JURISPRUDENCE COMPARÉE

France

A. Faute personnelle du gérant détachable de ses fonctions

1° Existence

Envers les tiers, le gérant, même de fait (Cass. com. 21-3-1995 : RJDA 7/95 n° 858), engage sa responsabilité personnelle uniquement s'il commet une faute séparable de ses fonctions qui lui soit imputable ; il en est ainsi du gérant :

– d'une SARL de prestations de services en matière immobilière qui a obtenu pour un client de celle-ci une autorisation de transformation de locaux d'habitation en locaux commerciaux en corrompant un fonctionnaire (Cass. 1e civ. 6-10-1998 n° 1463 : RJDA 12/98 n° 1362 ; responsabilité à l'égard du client) ;

– qui a volontairement trompé un fournisseur sur la solvabilité de la société (Cass. com. 20-5-2003 n° 851 : RJDA 8-9/03 n° 842 concl. R. Viricelle p. 717) ;

– qui, lors d'une altercation, a blessé un participant à un bal alors que sa société était chargée d'assurer le service d'ordre (CA Nancy 24-6-2004 n° 01/3062 : RJDA 2/06 n° 155) ;

– d'une société exploitant une station-service en location-gérance qui s'est approprié le fonds de commerce du loueur (Cass. com. 8-2-2005 n° 187 : RJDA 5/05 n° 575) ;

– qui, ayant connaissance d'un litige à venir entre la société et un tiers, effectue des prélèvements par anticipation sur les bénéfices afin de faire échapper cette somme au gage des créanciers (Cass. com. 6-11-2007 n° 05-13.402 : RJDA 2/08 n° 157).

2° Absence

N'a pas commis de faute séparable de ses fonctions le gérant :

– qui a laissé entendre, dans une circulaire adressée à ses créanciers, que malgré les difficultés financières de la société, une banque, à qui il avait demandé l'octroi d'un prêt, allait se prononcer favorablement (Cass. com. 25-1-2005 n° 139: RJDA 5/05 n° 584) ;

– qui, à l'occasion d'une cession de parts de la société, n'informe pas l'acquéreur des parts de l'existence d'un nantissement grevant celles-ci (Cass. com. 29-3-2011 n° 10-11.027 : RJDA 10/11 n° 818) ;

– d'une entreprise de travaux qui a commis des manquements aux règles de l'art d'une gravité certaine mais dont le caractère intentionnel n'est pas démontré (Cass. com. 31-1-2012 n° 11-14.154 : RJDA 4/12 n° 412).

Pour d'autres exemples de fautes séparables des fonctions susceptibles d'être transposées au gérant de SARL par comparaison des circonstances, voir sous l'art. 740 ceux concernant les dirigeants de SA.

B. Violation des statuts

Lorsque les statuts limitent les pouvoirs des gérants aux affaires courantes et non exceptionnelles de la société dans ses rapports entre ou avec les associés, le gérant engage sa responsabilité en promettant d'acquérir un terrain destiné à la construction d'une usine sans l'autorisation des associés (CA Paris 4-2-2000 : RJDA 6/00 n° 674).

C. Fautes de gestion

1° Existence

La responsabilité du gérant est fréquemment retenue en raison de ses fautes de gestion très diverses (négligence, actes frauduleux) ainsi dans les hypothèses suivantes :

– défaut de surveillance de la part d'un cogérant des fonds sociaux sans surveillance à la disposition de l'autre cogérant, chargé de la gestion financière, lequel les a détournés au profit de sa propre entreprise, la répartition des fonctions entre les deux gérants ne dispensant pas l'intéressé d'exercer sa surveillance sur la situation de la société (Cass. com. 9-12-1957 : Bull. civ. III n° 338) ;

– conclusion d'un bail dans des circonstances nuisibles à la société (Cass. com. 8-6-1963 : Bull. civ. III n° 283) ;

– défaut d'information des associés sur l'état financier alarmant de la société (Cass. com. 5-6-1965 : Bull. III n° 57) ;

– gestion obstinée de la société, seul et sans surveillance ou convocation quelconque des associés en assemblée générale (Cass. com. 12-3-1974 :

Bull. Joly 1975 p. 477 som. ; Cass. com. 3-11-1988 : BRDA 1/89 p. 11) ;

– fraudes fiscales (Cass. com. 14-10-1974 : Bull. Joly 1975 p. som. ; Cass. com. 3-11-1988 : BRDA 1/89 p. 11) ;

– octroi d'un prêt à des particuliers étranger à l'objet social (Cass. com. 10-3-1976 : JCP 1977.II nº 18566 note Chartier) ;

– décision prise soudainement et secrètement de transferer des activités de la société sans concertation préalable avec les autres associés et au mépris de leurs intérêts (Cass. com. 3-4-1979 : Bull. civ. IV nº 127) ;

– négligence du gérant ayant obligé la société à verser des dommages et intérêts pour concurrence déloyale (CA Paris 21-3-1984 : BRDA 11/84 p. 9) ;

– ignorance délibérée des instructions données par l'associé majoritaire (CA Lyon 27-5-2004 nº 02/6151 : RJDA 7/05 nº 829) ;

– le gérant qui a continué à percevoir une rémunération qu'il aurait dû partager avec le nouveau cogérant nommé par les associés (CA Bordeaux 23-4-2007 nº 05/4032 : RJDA 3/08 nº 288).

2º Absence

N'a pas commis de faute le gérant qui :

– a transféré le siège social au siège d'une autre société dont il était aussi gérant et cédé la clientèle à cette société dès lors que ces mesures de restructuration étaient en rapport avec la gravité de la situation économique et financière de la société et avaient été prises en concertation avec les associés (CA Grenoble 19-5-2011 nº 09/00327 : RJDA 10/11 nº 817) ;

– n'aurait pas respecté la clause statutaire de non-concurrence dès lors qu'il n'est pas démontré qu'il l'a acceptée (Cass. com. 10-7-2012 nº 11-20.268 : BRDA 19/12 inf. 4).

Pour d'autres exemples relatifs à la responsabilité des dirigeants, voir sous l'art. 740 les cas concernant les dirigeants de SA susceptibles d'être transposés au gérant de SARL en raison de circonstances comparables.

Art. 331 [mod.] Outre l'action en réparation du préjudice subi personnellement, les associés représentant le quart des associés et le quart des parts sociales peuvent, soit individuellement, soit en se groupant, intenter l'action sociale en responsabilité contre le gérant.

Les requérants sont habilités à demander la réparation de l'entier préjudice subi par la société à laquelle, le cas échéant, des dommages et intérêts sont alloués.

Aucune clause des statuts ne peut subordonner l'exercice de l'action sociale à l'avis préalable ou à l'autorisation de l'assemblée, ou comporter par avance renonciation à l'exercice de cette action.

Aucune décision de l'assemblée ne peut avoir pour effet d'éteindre une action en responsabilité contre les gérants pour faute commise dans l'accomplissement de leur mandat. Toute décision contraire est nulle.

JURISPRUDENCE OHADA

Recevabilité de l'action sociale : action d'un seul associé

Obs. : sur l'action en réparation du préjudice personnel, voir sous l'art. 162 ; sur l'action sociale, voir les art. 167 et s.

L'art. 331 est contraire à l'art. 167 qui ouvre par principe l'action à « tout associé » quelle que soit la part de capital qu'il détient. Edictant expressément une condition positive à remplir par l'associé de SARL, il doit être tenu pour dérogeant à l'art. 167. Les dispositions spéciales expresses dérogent en effet aux dispositions générales. Tel est le cas ici où la différence entre les deux textes ne résulte pas d'un silence de la loi à interpréter (sur la différence de situation, voir sous l'art. 69).

Art. 332 [mod.] Les actions en responsabilité prévues aux deux (2) articles précédents se prescrivent par trois (3) ans à compter du fait dommageable ou, s'il a été dissimulé, de sa révélation.

Toutefois, lorsque le fait est qualifié de crime, l'action se prescrit par dix (10) ans.

JURISPRUDENCE COMPARÉE

France

Action sociale prescrite

Est prescrite l'action engagée par une SARL en réparation du préjudice causé par le gérant, après condamnation de la société à indemniser un salarié qui avait accompli des heures supplémentaires à la demande du gérant dans des conditions irrégulières et dont les bulletins de salaire ne faisaient pas état plus de trois ans après la réclamation par lettre recommandée du salarié à la société le paiement ; la prescription, qui est de trois ans à compter du fait dommageable ou, s'il a été dissimulé, de sa révélation avait commencé à courir du jour de la réception de la lettre recommandée révélant les agissements du gérant, et la société ne démontrait pas que ceux-ci lui auraient été dissimulés au-delà de cette date (CA Versailles 30-9-2010 nº 09/4525 : BRDA 1/11 inf. 4).

Chapitre III

DECISIONS COLLECTIVES DES ASSOCIES

Section I • ORGANISATION DES DECISIONS COLLECTIVES

Sous-section I • PRINCIPES GENERAUX APPLICABLES

Paragraphe I • MODALITES

Art. 333 [mod.] Les décisions collectives sont prises en assemblée.

Toutefois, les statuts peuvent prévoir que toutes les décisions ou certaines d'entre elles sont prises par consultation écrite des associés, excepté le cas de l'assemblée générale annuelle. Les délibérations prises en violation de ces clauses statutaires sont nulles.

JURISPRUDENCE OHADA

Validité d'une mesure prise après consultation écrite des associés

En application de l'article 333 de l'AUSCGIE, les associés d'une SARL peuvent prendre des décisions collectives par consultation écrite individuelle des associés, lorsque les dispositions des statuts de leur société prévoient ce mode de délibération. En l'espèce, c'est donc en violation de l'article 333 précité qu'une cour d'appel a confirmé le jugement qui a rétracté l'ordonnance d'injonction de payer rendue alors qu'il n'est pas contesté qu'à la suite de la consultation écrite qui leur a été adressée par le gérant de la société en application de ses statuts, tous les associés de ladite société, à l'exception d'un seul, sont revenus sur la remise de dette qui avait été consentie lors d'une assemblée générale antérieure, les entreprises concernées n'ayant pas payé les dettes dans le délai imparti ; cassation de l'arrêt (CCJA, 2e ch., nº 058, 15-3-2018 : CCTR SARL devenue CATRC SA c/ SEFICAM-PFI SARL).

Une résolution d'assemblée générale ou consultation écrite des associés suppose, pour son exercice, qu'il soit mis à la disposition de l'associé consulté les textes des résolutions proposées ainsi que les documents nécessaires à son information quinze jours au moins avant la tenue de l'assemblée générale et un bulletin de vote pour émettre son avis, les diverses consultations effectuées devant figurer dans le procès-verbal auquel est annexée la réponse de chaque associé, conformément aux dispositions des articles 340 et 342 de l'AUSCGIE (CCJA, 1e ch., nº 124/2024, 25-4-2024).

Paragraphe II • REPRESENTATION DES ASSOCIES

Art. 334 [mod.] Chaque associé a le droit de participer aux décisions et dispose d'un nombre de voix égal à celui des parts sociales qu'il possède. S'il n'y a qu'un associé unique, il prend seul les décisions de la compétence de l'assemblée.

Un associé peut se faire représenter par son conjoint, à moins que la société ne comprenne que les deux (2) époux.

Sauf si les associés sont au nombre de deux (2), un associé peut se faire représenter par un autre associé. Il ne peut se faire représenter par une autre personne que si les statuts le permettent.

JURISPRUDENCE COMPARÉE

France

A. Contestation des pouvoirs du mandataire par les associés

La validité des pouvoirs confiés au mandataire d'un associé chargé de le représenter lors de l'assemblée ne peut être contestée que par les associés (Cass. com. 17-12-2002 n° 2140 : RJDA 5/03 n° 503).

B. Représentation d'une personne morale

Une personne morale, associé d'une SARL, est représentée aux assemblées générales de celle-ci soit par son représentant légal, soit par un fondé de pouvoir désigné à cet effet, conformément à la loi ou aux statuts, que ce dernier soit ou non lui-associé (CA Lyon 9-11-2006 n° 06/3366 : RJDA 8-9/07 n° 843).

Art. 335 Le mandat donné à un autre associé ou à un tiers ne vaut que pour une seule assemblée ou pour plusieurs assemblées successives, convoquées avec le même ordre du jour.

Art. 336 [mod.] Un associé ne peut constituer un mandataire pour voter du chef d'une partie de ses parts et voter en personne du chef de l'autre partie.

Les délibérations prises en violation des articles 334 et 335 ci-dessus sont nulles.

Sous-section II • CONVOCATION DES ASSEMBLEES GENERALES

Paragraphe I • DROIT DE CONVOCATION

Art. 337 [mod.] Les associés sont convoqués aux assemblées par le gérant. Un ou plusieurs associés détenant la moitié des parts sociales ou détenant, s'ils représentent au moins le quart des associés, le quart des parts sociales, peuvent exiger la réunion d'une assemblée.

En outre, tout associé peut demander en justice la désignation d'un mandataire ad hoc chargé de convoquer l'assemblée et de fixer son ordre du jour.

Enfin, les assemblées peuvent être également convoquées par le commissaire aux comptes, s'il en existe un, après que celui-ci en a vainement requis la convocation auprès du gérant par lettre au porteur contre récépissé ou par lettre recommandée avec demande d'avis de réception. Lorsque le commissaire aux comptes procède à cette convocation, il fixe l'ordre du jour et peut, pour des motifs déterminants, choisir un lieu de réunion autre que celui éventuellement prévu par les statuts. Il expose les motifs de la convocation dans un rapport lu à l'assemblée.

JURISPRUDENCE OHADA

I. Convocation par décision de justice

Qualité pour saisir la justice. Des associés d'une SARL sont recevables à solliciter la nomination d'un mandataire judiciaire, à l'effet de convoquer une assemblée générale (CA Abidjan (Côte d'Ivoire), 5e ch. civ. et com., n° 712, 13-6-2006 : R. et un autre c/ T. et un autre, Juris-Ohada n° 1/2007, p. 38, Ohadata-J-08-72).

La partie qui entend se prévaloir du défaut d'accomplissement des formalités 137, 138 et 140 de l'AUSCGIE (relatifs aux comptes sociaux) aurait pu saisir la juridiction compétente pour désigner un mandataire chargé de convoquer l'assemblée et de fixer son ordre du jour ; à défaut, il est mal fondé à demander la reddition de comptes et il convient de l'en débouter (CA Bobo-Dioulasso (Burkina Faso), ch. com., n° 11, 25-6-2008 : K. B. c/ O. R. F., Ohadata J-12-110).

Action exercée au nom d'un mineur, héritier du gérant unique d'une société. L'article 337 de l'AUSCGIE concerne une société fonctionnant régulièrement, mais ne traite pas la situation de la société après le décès du gérant unique ayant une héritière mineure. Le tuteur de cette dernière a pu valablement ester en justice au nom de celle-ci devant le juge de l'urgence pour mettre un terme à la gestion de la société par une autre personne (CCJA, 2e ch., n° 110, 30-12-2013 : Sté Garden Market Services dite GMS SARL c/ Abdoulkader ABDOULRHAMAN ABDOULKADER, Rec. jur. CCJA, n° 20, vol. 2, janv.-déc. 2013, p. 100-102, Ohadata J-15-83).

II. Juridiction compétente

A. Juge des référés

Il résulte de l'article 337 de l'AUSCGIE que le juge des référés peut suppléer à la carence des organes légaux de la société en cas de défaillance pour désigner un mandataire chargé de convoquer une assemblée générale. Cependant, la désignation d'un administrateur provisoire et la convocation d'une assemblée générale en vue de la dissolution de la société supposent l'analyse de la gestion de la société et le constat ou la découverte d'une faute de gestion de la société caractérisée ou la perte de plus du quart du capital social. Une telle analyse qui en l'espèce s'étend sur plusieurs années transcende la compétence du juge des référés puisqu'elle ne relève pas de l'évidence ; par conséquent le juge des référés doit se déclarer incompétent et ordonner l'exécution provisoire sur minute et avant l'enregistrement, compte tenu de l'urgence (TRHC Dakar, n° 1364, 28-10-2002 : P. B. D. c/ M. S., Ohadata J-05-39).

B. Appréciation souveraine des juges du fond

C'est par une appréciation souveraine des faits de l'espèce, qu'une cour d'appel a conclu que c'est à tort que le premier juge a procédé à la nomination d'un administrateur provisoire par l'ordonnance entreprise. Ainsi, en infirmant en toutes ses dispositions ladite ordonnance, l'arrêt attaqué ne viole en rien les dispositions des textes visés aux moyens (CCJA, n° 034/2007, 22-11-2007 : M. P. c/ 1e / F. F. M. épse B. ; 2e / B. A. J., 3e / S2PO SARL, Rec. jur. CCJA, n° 10, juill.-déc. 2007, p. 27, Ohadata J-08-244).

Obs. : l'article 337 n'a pas été expressément visé dans cette décision.

C. Motifs justifiant la mesure

Seuls des faits paralysant le fonctionnement de la société sont de nature à justifier la nomination d'un administrateur provisoire. L'ordonnance de référé ayant nommé un administrateur doit être infirmée en l'absence de preuve de la paralysie de la société. L'associé qui est convaincu de faits de nature à compromettre la continuité de l'exploitation de la société aurait dû depuis lors, en application de l'article 157 de l'AUSCGIE, poser par écrit des questions relatives à la gérante (CA Abidjan (Côte d'Ivoire), 4e ch. civ. et com., n° 641, 17-6-2005 : Mme F. épse B. et un autre c/ Mme P., Juris-Ohada n° 2/2007, p. 34, Ohadata J-08-79). Dans le même sens (CA Abidjan (Côte d'Ivoire), 5e ch. civ. et com., n° 712, 13-6-2006 : R. et un autre c/ T. et un autre, Juris-Ohada n° 1/2007, p. 38, Ohadata-J-08-72).

Obs. : ces décisions concernaient des demandes de convocation d'une assemblée générale.

La mésentente entre un associé et un gérant de la société, résultant du fait que cette société serait laissée à l'abandon et de la non tenue d'Assemblée Générale n'étant pas, en l'espèce, de nature à paralyser le fonctionnement actuel de ladite société, ne saurait justifier la nomination d'un administrateur judiciaire (CA Daloa (Côte d'Ivoire), 2e ch. civ. et com., n° 85, 29-3-2006 : E. c/ SCEFO-SARL, Juris-Ohada n° 4/2007, p. 40, Ohadata J-08-87).

Obs. : sur une décision ayant désigné un administrateur provisoire dans une SARL aux fins de convoquer une assemblée générale pour procéder à la répartition des dividendes d'un exercice excédentaire : CA Abidjan (Côte d'Ivoire), 3e ch. civ. et com., 7-4-2000 : Liquidation de la Sté SADEA Editions c/ P. A., Juridis Périodique n° 60/2004, p. 109. Note Robert Nemedeu, Ohadata J-08-67 ; voir supra, art. 142.

L'administration provisoire s'impose en cas de mésentente entre les associés faisant obstacle au fonctionnement normal de la société ou en cas d'irrégularités graves commises par les dirigeants et portant atteinte à l'intérêt social. Le refus d'actualiser les statuts de la société et d'en publier les modifications, de convoquer le coassocié à l'assemblée générale et de lui rendre compte de la gestion de la société, sont bien des éléments constitutifs de mésintelligence entre les associés et de menaces graves, tant à l'intérêt de l'associé lésé qu'aux intérêts de la société concernée. En ne tirant pas les conséquences de cette situation de crise pour désigner un administrateur qui prendrait les mesures de sauvegarde prévues par l'article 337 de l'AUSCGIE, la cour d'appel a méconnu la portée de ces dispositions et doit en conséquence être censurée, par la cassation (CCJA, ass. plén., n° 117, 4-11-2014 : Michel ZOUHAIR FADOUL EL ACHKAR c/ OMAIS KASSIM, Sté Transport OMAIS KASSIM Sélecta SARL, Ohadata J-15-208).

Jurisprudence comparée

France

A. Incompétence des associés pour convoquer

Si les associés ne sauraient convoquer eux-mêmes l'assemblée ; s'ils se heurtent au refus du gérant et du commissaire aux comptes, les associés peuvent uniquement solliciter la convocation du président du tribunal de commerce (Cass. com. 13-3-2001 : RJDA 8-9/01 n° 872 ; CA Paris 15-12-1995 : RJDA 2/96 n° 239 som.).

B. Convocation par un mandataire judiciaire

1° Demande par un associé

Puisque l'assemblée doit en principe être convoquée par les gérants, un associé peut après avoir préalablement mis en demeure le gérant d'y procéder, demander la désignation d'un mandataire de justice chargé d'effectuer cette convocation (CA Reims 17-7-1975 : D. 1976 p. 218 note Y. Guyon).

2° Compétence du juge des référés

La demande en référé est recevable à condition de justifier de l'urgence et de l'absence de contestation sérieuse (CA Versailles 19-6-2003 n° 02/3899 : RJDA 3/04 n° 323).

3° Obligation du juge

Le juge doit vérifier que la demande « tend bien à des fins légitimes conformes à l'intérêt social et non à la satisfaction de fins propres aux demandeurs » (Cass. com. 19-6-1990 : Bull. civ. IV n° 186)

4° Opposition du gérant

L'opposition du gérant à la nomination d'un mandataire de justice oblige celui-ci à prouver le respect de la convocation effective de l'assemblée ; elle n'est pas fondée lorsque le gérant n'établit ni cette convocation par lettre recommandée ni la communication des documents sociaux (Cass. com. 11-2-1992 : RJDA 5/92 n° 469).

5° Mise en cause de la société

La société est toujours partie à l'instance visant à la nomination d'un mandataire aux fins de convocation de l'assemblée générale ; l'assignation du seul gérant de la société entraîne l'irrecevabilité de la demande en justice (Cass. com. 3-11-2004 n° 1562 : RJDA 7/05 n° 811 relatif à une société civile mais transposable).

6° Conformité avec l'intérêt social

La recevabilité de la demande doit tendre à l'intérêt social (Cass. com. 19-6-1990 : Bull. Civ. IV n° 186).

7° Sursis à statuer

Le président doit surseoir à statuer s'il détient des éléments établissant une irrégularité dans la tenue de la future assemblée, par exemple en raison d'un différend sur la propriété des parts sociales (CA Rouen 10-6-1971 : Gaz. Pal. 1971.2. p. 631).

C. Convocation par l'administrateur provisoire

La mission de gérer et d'administrer une société confiée à un administrateur provisoire inclut l'accomplissement de tous les actes nécessaires et urgents liés au fonctionnement de la société, y compris l'exécution des prescriptions légales ; il entre donc bien dans les pouvoirs de l'administrateur provisoire d'une SARL qui a perdu plus de la moitié de son capital social de convoquer une assemblée générale extraordinaire des associés afin de provoquer une décision sur la dissolution anticipée éventuelle de la société ou sur d'autres solutions tendant au redressement de celle-ci (CA Paris 3-12-1993 : RJDA 3/94 n° 295).

D. Responsabilité délictuelle des associés statuant en dépit des irrégularités de convocation

A été cassé pour violation de l'article 1382 du Code civil l'arrêt qui a rejeté la demande en paiement de dommages-intérêts formée à l'encontre des autres associés par l'associé d'une SARL révoqué de son mandat de gérant alors que la cour d'appel a relevé que la décision de révocation avait été prise en violation flagrante des règles relatives à la convocation et à la tenue des assemblées des associés et que la décision était inspirée par une intention vexatoire et contraire à l'intérêt social, caractérisant ainsi de la part de ses auteurs une volonté de nuire constitutive d'une faute (Cass. com. 13-3-2001 : RJDA 8-9/01 n° 872).

Paragraphe II • MODALITES DE CONVOCATION

Art. 338 [mod.] Les associés sont convoqués quinze (15) jours au moins avant la réunion de l'assemblée par lettre au porteur contre récépissé ou par lettre recommandée avec demande d'avis de réception, télécopie ou courrier électronique. Les convocations par télécopie et courrier électronique ne sont valables que si l'associé a préalablement donné son accord écrit et communiqué son numéro de télécopie ou son adresse électronique, selon le cas. Il peut à tout moment demander expressément à la société par lettre recommandée avec demande d'avis de réception que le moyen de communication susmentionné soit remplacé à l'avenir par un envoi postal.

La convocation indique la date, lieu et l'ordre du jour de la réunion.

Dans le cas où la tenue de l'assemblée est demandée par les associés, le gérant la convoque avec l'ordre du jour indiqué par eux.

Dans les formes et délais prévus au premier alinéa du présent article, les associés doivent être mis en situation d'exercer le droit de communication prévu à l'article 345 ci-après.

Observations

Une erreur typographique semble s'être glissée dans l'art. 338. A l'al. 2, il conviendrait d'insérer « le » avant « lieu », pour lire « la date, le lieu et l'ordre du jour ».

Jurisprudence OHADA

I. Convocation à une assemblée générale

Validité de la convocation publiée dans un journal d'annonces légales et adressée par lettre recommandée non retirée. La convocation adressée à un associé par lettre recommandée avec avis de réception et publiée dans un journal d'annonces légales est régulière, même si le destinataire n'a pas été retirer la lettre recommandée. Il en résulte que les décisions prises lors de cette assemblée sont valables, la carence de l'associé régulièrement convoqué ayant été constatée par un huissier (TR Niamey, n° 473, 24-10-2001 : E.M.J. c/ V.A.B., Ohadata J-09-119).

II. Annulation du procès-verbal pour convocation irrégulière

C'est à tort qu'il est reproché à un arrêt d'avoir violé l'article 338 de l'AUSCGIE en annulant le procès-verbal d'une assemblée générale extraordinaire au motif que certains associés n'avaient pas été convoqués, dès lors que pour conclure à l'irrégularité de ladite assemblée, la cour d'appel a constaté qu' « il ne ressort d'aucune pièce du dossier que [X. et Y., tous Z.], héritiers de feu [Z.], ont été valablement convoqués ou représentés encore moins présents à l'assemblée générale extraordinaire », et que les pièces citées par le recourant et produites uniquement devant la CCJA sans avoir été discutées devant les juges du fond ne sauraient valoir, de même que l'absence de X. et Y. à l'instance ne saurait couvrir les irrégularités qui entachent ladite assemblée telles que relevées lors de l'examen du moyen précédent. Ce deuxième moyen n'est pas davantage fondé et sera rejeté (CCJA, 1e ch., n° 081, 27-4-2017 : Pierre Azar c/ Azar Najwa Baaklini et Laurent Azar).

Jurisprudence comparée

France

A. Délai de convocation

Le délai de convocation des associés commence à courir à compter de la date de l'envoi de la lettre et non de sa réception (Cass. com. 11-1-2005 n° 51 : RJDA 5/05 n° 554).

B. Ordre du jour

La clarté exigée du libellé des questions figurant à l'ordre du jour comportant des questions diverses d'importance minime a été reconnue dans les cas suivants. Il en est ainsi :

– quand l'ordre du jour renferme un élément relatif à la « gestion du gérant » ou à l'« étude de la situation actuelle de la société et de son A ? », l'assemblée peut valablement statuer sur la révocation du gérant et son remplacement qui sont les conséquences de la gestion de celui-ci (Cass. com. 28-2-1977 : Rev. sociétés 1978 p. 245 note Gastaud ; CA Paris 24-9-1981 : Rev. sociétés p. 283 note Le Cannu) ;

– lorsqu'une procuration est donnée « à l'effet de délibérer sur l'ordre du jour « elle autorise l'assemblée à se prononcer sur la révocation du gérant même non inscrit à l'ordre du jour » (Cass. com. 29-6-1993 : RJDA 11/93 n° 914) ;

– si l'assemblée annuelle mentionne à l'ordre du jour l'approbation des comptes et les rubriques « Nomination de X en qualité de cogérant – Pouvoirs-questions diverses », l'assemblée ne peut pas statuer sur la répartition des fonctions entre les cogérants mais peut supprimer la rémunération du premier gérant découlant indirectement de l'examen des comptes annuels et de la désignation d'un cogérant (CA Versailles 31-10-2002 n° 00/71 : RJDA 3/03 n° 269).

C. Lieu de réunion

Le gérant qui convoque une assemblée dans une ville de province, lieu de résidence des trois autres associés et non au siège social ne commet aucun abus de droit préjudiciable à défaut de volonté de nuire (CA Paris 15-6-1989 : BRDA 15/89 p. 20).

Est irrégulière la convocation d'une assemblée dans le cabinet parisien de l'avocat de la société dont le siège social est situé en Seine-Saint-Denis dès lors qu'elle ne tend pas à faire obstacle à la présence de certains associés ou à influencer les votes (CA Paris 5-11-1999 : RJDA 2/00 n° 177).

D. Sanction des règles de convocation

Seuls les associés peuvent demander la nullité de l'assemblée irrégulièrement convoquée (Cass. com. 17-12-2002 n° 2140 : RJDA 5/03 n° 506, refusant ce droit au gérant non associé).

La ratification des décisions prises durant des assemblées peut également être ratifiée tacitement dès lors qu'elle est fondée sur des faits positifs résultant notamment du bilan comparant l'opération critiquée et du quitus donné sans réserves à la gestion du gérant (Cass. com. 5-12-2000 : RJDA 2/01 n° 175).

Le non-respect manifeste des dispositions relatives à la convocation et à la tenue des assemblées peut entraîner la responsabilité délictuelle des associés ayant violé ces règles (Cass. com. 13-3-2001 n° 548 : RJDA 8-9/01 n° 872 : à propos d'une réunion d'assemblée tenue avec certains associés sans convocation du gérant en vue de prononcer la révocation de celui-ci de manière vexatoire et contraire à l'intérêt social ; mais dans cette espèce, la cour d'appel de renvoi a écarté la faute personnelle des associés ayant pourtant respecté le délai minimal de convocation parce que la décision de révocation était fondée sur un juste motif (CA Paris 13-11-2002 n° 01/7839 : RJDA 6/03 n° 591).

Art. 338-1 [nouv.] **L'assemblée ne peut délibérer sur une question qui n'est pas inscrite à son ordre du jour.**

Néanmoins, elle peut, même si cette question n'est pas inscrite à l'ordre du jour, révoquer le gérant et procéder à son remplacement.

Toute délibération prise en violation de l'alinéa 1er du présent article est nulle.

Observations

Introduction de la possibilité de révoquer le gérant à défaut d'inscription de sa révocation à l'ordre du jour et, hors ce cas, de la nullité formelle de toute délibération sur une question non inscrite à l'ordre du jour.

Paragraphe III • SANCTION DE L'IRREGULARITE DE CONVOCATION

Art. 339 **Toute assemblée irrégulièrement convoquée peut être annulée. Toutefois, l'action en nullité n'est pas recevable lorsque tous les associés étaient présents ou représentés.**

Jurisprudence OHADA

I. Irrecevabilité de l'action en nullité

L'assemblée générale au cours de laquelle des associés représentant plus de la moitié du capital étaient présents, avait pouvoir, selon l'article 326, de révoquer le gérant, la modification des statuts n'étant pas nécessaire à cette fin ; la demande d'annulation doit être rejetée. Il en est ainsi dès lors que la qualité (mandataire) de celui qui a convoqué l'assemblée générale et les délais dans lesquels elle a été convoquée ne sont pas contestés et que l'assemblée s'est réunie sur un ordre du jour fixé dans l'acte de convocation adressé aux associés (TRHC Dakar, n° 327, 19-2-2003 : P. D. c/ O. S. et BAG SARL, Ohadata J-03-180 ; voir sous l'art. 326).

II. Appréciation souveraine des irrégularités par les juges du fond

C'est en usant de son pouvoir souverain d'appréciation qu'une cour d'appel a constaté « que les conditions de tenue de l'Assemblée générale n'ont pas été respectées et par conséquent toutes les résolutions qui en sont issues sont nulles ». Ce faisant, la cour d'appel n'a fait que statuer, à l'instar du premier juge, sur la régularité de l'Assemblée générale extraordinaire et non sur un faux en écriture que constituerait le procès-verbal ; elle n'a pas violé la loi et le recours doit être rejeté parce que non fondé (CCJA, 2e ch., n° 34, 3-7-2008 : B, gérant de la

Sté Buretel Macsyn Technologies c/ C, S et D., Juris-Ohada, n° 4/2008, p. 21, Ohadata J-09-73).

III. Compétence du juge des référés

Le juge des référés est compétent pour vérifier la régularité d'une assemblée générale. Il ne préjudicie en rien le fond du litige, en se contentant d'examiner la demande de nullité de l'assemblée générale et les résolutions qui en ont résulté. Dans l'espèce, la convocation de l'assemblée générale par un mandataire de justice et les résolutions prises durant l'assemblée sont régulières, la demande de rétractation du mandataire de justice ayant été rejetée. Il en résulte que la demande en nullité de l'assemblée elle-même est sans objet (CA Abidjan (Côte d'Ivoire), 3e ch. civ. et com. B, n° 7, 19-1-2007 : T. F., Mme F. F. c/ R. J. H., Ohadata J-08-27).

JURISPRUDENCE COMPARÉE

France

A. Droit de demander l'annulation

La nullité ne peut être demandée que par les associés (Cass. com. 17-12-2002 n° 2140 : RJDA 5/03 n° 506 et CA Paris 15-2-2008 n° 07/14454 : RJDA 7/08 n° 818 refusant ce droit au gérant non associé). Elle peut l'être par tout associé, y compris ceux régulièrement convoqués et même si la présence des associés non convoqués n'aurait eu aucune incidence sur le résultat du vote (Cass. 3e civ. 21-10-1998 : RJDA 12/98 n° 1371).

B. Preuve de la convocation

Conformément au droit commun, c'est à la société qui prétend que les associés ont bien été convoqués d'en apporter la preuve (Cass. com. 10-11-2009 n° 05-15.809 : RJDA 2/10 n° 150, rendu à propos d'une société anonyme mais transposable).

C. Annulation facultative pour le juge

L'annulation de l'assemblée est une sanction facultative dont le prononcé relève du pouvoir souverain d'appréciation des juges (Cass. com. 5-12-2000 n° 2101 : RJDA 2/01 n° 175).

D. Prononcé de la nullité

Le fait que les résolutions aient été adoptées à l'unanimité des associés présents ou représentés n'empêche pas de prononcer la nullité de l'assemblée dès lors qu'un associé n'a pas été convoqué et n'a pu participer à cette assemblée (CA Paris 26-3-1986 : Rev. jur. com. 1986.332 note J.-J. Daigre).

E. Rejet de la nullité

La nullité a été écartée :

– bien que certains associés aient voté contre les résolutions adoptées par la majorité (CA Rennes 11-3-1970 : Bull. Joly 1971 p. 231 et, sur pourvoi, Cass. com. 6-6-1972 : D. 1973 p. 213 note J.-C. Bousquet) ;

– en dépit du défaut de signature par le gérant de la lettre de convocation des associés à l'assemblée générale (CA Paris 28-5-1999 : RJDA 10/99 n° 1092).

F. Ratification des irrégularités

La ratification de décisions prises lors d'assemblées irrégulièrement tenues est possible ; cette ratification peut même être tacite dans la mesure où elle repose sur des faits positifs ; elle peut ainsi être déduite de l'approbation pendant plusieurs années du bilan sur lequel figurait l'opération contestée et du quitus sans réserve donné au gérant pour sa gestion (Cass. com. 5-12-2000 : RJDA 2/01 n° 175).

G. Responsabilité délictuelle de l'auteur des irrégularités

La violation flagrante des règles relatives à la convocation et à la tenue des assemblées est susceptible d'engager la responsabilité civile délictuelle des associés auteurs de cette violation (Cass. com. 13-3-2001 n° 548 : RJDA 8-9/01 n° 872, dans un cas où certains associés s'étaient réunis en assemblée sans convocation du gérant pour y décider, dans une intention vexatoire et contraire à l'intérêt social, la révocation de ce dernier, mais la cour de renvoi (CA Paris 13-11-2002 n° 01/7839 : RJDA 6/03 n° 591) a rejeté la condamnation des associés au motif que la révocation était justifiée).

Sous-section III • CONSULTATIONS ECRITES

Art. 340 [mod.] En cas de consultation écrite, le texte des résolutions proposées ainsi que les documents nécessaires à l'information des associés sont adressés à chacun d'eux dans les mêmes conditions que celles prévues à l'article 338 alinéa premier ci-dessus.

Les associés disposent d'un délai minimal de quinze (15) jours à compter de la date de réception des projets de résolutions pour émettre leur vote.

Sous-section IV • PRESIDENCE DES ASSEMBLEES

Art. 341 L'assemblée des associés est présidée par le gérant ou par l'un des gérants. Si aucun des gérants n'est associé, elle est présidée par l'associé présent et acceptant qui possède le plus grand nombre de parts sociales et, en cas d'égalité, par le plus âgé.

JURISPRUDENCE COMPARÉE

France

L'inobservation des dispositions réglementaires relatives à la présidence de l'assemblée n'a pas été sanctionnée par la nullité des décisions prises lors de cette assemblée (CA Agen 9-11-1989 : Bull. Joly 1990 p. 198 ; CA Paris 24-9-1981 : Rev. sociétés 1982 p. 283 note P. Le Cannu).

Sous-section V • PROCES-VERBAUX

Art. 342 Les délibérations des assemblées sont constatées par des procès-verbaux qui indiquent la date et le lieu de réunion, les nom et prénoms des associés présents, les documents et rapports soumis à discussion, un résumé des débats, le texte des résolutions mises aux voix et le résultat des votes.

Le procès-verbal doit être signé par chacun des associés présents.

En cas de consultation écrite, il en est fait mention dans le procès-verbal auquel est annexée la réponse de chaque associé, et qui est signé par le ou les gérants.

JURISPRUDENCE COMPARÉE

France

Feuille de présence

Bien qu'aucun texte n'exige l'établissement de la feuille de présence, ce document accompagné de la signature des associés ou de leur mandataire, est conseillée (CA Paris 28-5-1999 : RJDA 10/99 som. n° 1092).

Art. 343 Les copies ou extraits des procès-verbaux des délibérations des associés sont valablement certifiés conformes par un seul gérant.

Section II • DROITS DES ASSOCIES

Sous-section I • PRINCIPE

Art. 344 Les associés ont un droit d'information permanent sur les affaires sociales. Préalablement à la tenue des assemblées générales, ils ont en outre un droit de communication.

JURISPRUDENCE COMPARÉE

France

Droit de l'associé de faire concurrence à la société, sauf acte de concurrence déloyale

Sauf stipulation contraire, l'associé d'une SARL n'est pas, en cette qualité, tenu de s'abstenir d'exercer une activité concurrente de celle de la société et doit seulement s'abstenir d'actes de concurrence déloyale ; doit être rejetée l'action en concurrence déloyale engagée par une société à l'encontre d'un associé qui avait créé une société concurrente après avoir démissionné de ses fonctions salariées dès lors que ni son contrat de travail ni les statuts ne contenaient une obligation de non-concurrence (Cass. com. 19-3-2013 n° 12-14.407 : RJDA 6/13 n° 514) ; n'a pas aussi porté préjudice à ses coassociés pas plus qu'il n'a manqué à son obligation de loyauté, le salarié détenant 6 % du capital qui avait mis fin à son contrat de travail et participé à la création d'une société concurrente (CA Rouen 19-11-2009 n° 08/1868 : BRDA 24/09 inf. 2).

Sous-section II • DROIT DE COMMUNICATION

Art. 345 [mod.] En ce qui concerne l'assemblée générale annuelle, le droit de communication porte sur les états financiers de synthèse de l'exercice et le rapport de gestion établis par le gérant, sur le texte des résolutions proposées et, le cas échéant, sur le rapport général du commissaire aux comptes ainsi que sur le rapport spécial du commissaire aux comptes relatif aux conventions intervenues entre la société et un gérant ou un associé.

Le droit de communication s'exerce durant les quinze (15) jours précédant la tenue de l'assemblée générale.

A compter de la date de communication de ces documents, tout associé a le droit de poser par écrit des questions auxquelles le gérant est tenu de répondre au cours de l'assemblée.

En ce qui concerne les assemblées autres que l'assemblée annuelle, le droit de communication porte sur le texte des résolutions proposées, le rapport du gérant et, le cas échéant, le rapport du commissaire aux comptes.

Toute délibération prise en violation des dispositions du présent article peut être annulée.

L'associé peut en outre, à toute époque, obtenir copie des documents énumérés à l'alinéa premier du présent article, relatifs aux trois (3) derniers exercices. De même, tout associé non gérant peut, deux (2) fois par exercice, poser par écrit des questions au gérant sur tout fait de nature à compromettre la continuité de l'exploitation. La réponse du gérant est communiquée au commissaire aux comptes.

Observations

La méconnaissance des dispositions du dernier alinéa n'est plus expressément réputée non écrite, mais il ne s'ensuit pas qu'il peut y être dérogé (cf. art. 2).

Jurisprudence OHADA

I. Exercice du droit à la communication

L'associée qui a été privée de toute information sur la marche de sociétés dont l'accès des locaux lui a été interdit est fondée à solliciter la communication, sous astreinte comminatoire à compter du prononcé de la décision à intervenir, des documents sociaux, notamment les états financiers de synthèse, l'inventaire, le rapport soumis aux assemblées et les procès-verbaux de ces assemblées sur les trois derniers exercices, conformément à l'article 345, al. 5 de l'AUSCGIE (CCJA, 1e ch., nº 056, 13-6-2013 : 1) Sté Traitement de surface Afrique dite TDS Afrique, 2) Sté de travaux publics et de négoce en Afrique dite STPN-Afrique, 3) Sté Conseil location audit maintenance Afrique, dite CLAM-Afrique, 4) Sté de traitement de gaz Afrique dite TDG-Afrique c/ Marie Christine SALY épouse MASSOULIER, Ohadata J-15-56).

II. Limitation du droit à la communication

Le droit pour un associé d'obtenir la communication des états financiers de synthèse en application de l'article 345, al. 6 de l'AUSCGIE est limité aux trois derniers exercices précédant la demande. Toute demande au-delà de cette période doit être rejetée (TGI Bobo-Dioulasso (Burkina Faso), nº 224, 28-6-2006 : O. F. c/ K. B., Ohadata J-09-90).

Jurisprudence comparée

France

A. Amendement des résolutions proposées

Les associés peuvent ajouter au texte des résolutions composant l'ordre du jour des résolutions supplémentaires à condition que celles-ci soient conformes à l'ordre du jour (Cass. com. 25-4-1989 : Bull. Joly 1989 p. 531 note M. Jeantin).

Ils peuvent modifier la liste des résolutions et voter des résolutions supplémentaires à condition que celles-ci respectent l'ordre du jour de la réunion (Cass. com. 25-4-1989 : Bull. Joly 1989 p. 531 M. Jeantin).

B. Questions écrites

Le gérant informé par lettre des associés demandant des renseignements complémentaires sur les comptes sociaux la veille de l'assemblée peut valablement se borner à procurer quelques éclaircissements durant l'assemblée et reporter des explications plus approfondies par courrier postérieur (neuf jours après l'assemblée ; CA Paris 23-4-1985 : Bull. Joly 1985 p. 1032).

Le droit de poser des questions écrites illimitées ne peut toutefois être détourné de l'intérêt social et ne permet pas à un associé d'en user à des fins contraires à son objectif tendant à lui fournir l'information nécessaire à sa participation à la vie sociale (T. com. Paris 11-5-2004 n° 03-78521 : RJDA 11/04 n° 1221).

C. Sanctions civiles relatives au droit de communication

1° Défaut d'information intégrale

Encourt la nullité une assemblée relative à l'approbation des comptes annuels réunissant des associés n'ayant pas reçu avant l'assemblée une information intégrale sur les modalités juridiques et financières entourant la cession par la société d'un droit au bail par la société (CA Paris 17-12-1999 : RJDA 3/00 n° 292).

2° Retard dans l'envoi des documents d'information

Une assemblée n'a pas été annulée en raison de l'envoi en retard des textes des documents exigés dès lors que ce retard n'avait pas affecté le vote éclairé du demandeur victime du retard (CA Aix 27-5-1988 : BRDA 13/89 p. 12).

3° Défaut d'informations étrangères à l'objet de l'assemblée

La violation des règles relatives au droit de communication des associés devant se prononcer sur des problèmes étrangers à l'assemblée générale annuelle n'entraîne pas la nullité de la décision (CA Paris 3-12-1993 : RJDA 3/94 n° 293).

4° Responsabilité de la société

Le rapport de gestion renfermant des allégations constitutives de dénigrement envers un tiers ou un membre de la société engage la responsabilité de la société dès lors qu'il est susceptible d'être consulté par toute personne à titre d'annexe aux comptes annuels déposés au greffe (Cass. com. 3-7-2001 n° 1309 : RJDA 11/01 n° 1161).

Sous-section III • DROIT AU DIVIDENDE

Art. 346 [mod.] La répartition des bénéfices s'effectue conformément aux statuts, sous réserve des dispositions impératives communes à toutes les sociétés.

Il est obligatoirement constitué sur le bénéfice de l'exercice diminué, le cas échéant, des pertes antérieures, une dotation égale à un dixième au moins affectée à la formation d'un fonds de réserve dit « réserve légale ». Cette dotation cesse d'être obligatoire lorsque la réserve atteint le cinquième du montant du capital social. Toute délibération prise en violation du présent alinéa est nulle.

La répétition des dividendes, ne correspondant pas à des bénéfices réellement acquis, peut être exigée des associés qui les ont reçus.

L'action en répétition se prescrit par le délai de trois (3) ans à compter de la date de mise en distribution du dividende.

Observations

Sur les dividendes, voir aussi sous l'art. 144.

Section III • DECISIONS COLLECTIVES ORDINAIRES

Art. 347 [mod.] Les décisions collectives ordinaires sont celles qui ont pour but de statuer sur les états financiers de synthèse de l'exercice écoulé, d'autoriser la gérance à effectuer les opérations subordonnées dans les statuts à l'accord préalable des associés, de procéder à la nomination et au remplacement des gérants et, le cas échéant, du commissaire aux comptes, d'approuver les conventions intervenues entre la société et l'un de ses gérants ou associés et, plus généralement, de statuer sur toutes les questions qui n'entraînent pas modification des statuts.

Lorsque la société ne comprend qu'un seul associé, il est fait application des dispositions des articles 558 à 561 ci-après à l'exception de celles des deuxièmes alinéas des articles 558 et 559 ci-après. Il est également fait application des dispositions non contraires du présent Chapitre.

OBSERVATIONS

Si cette liste est limitative, toute décision non visée est extraordinaire. Or les décisions collectives extraordinaires ne sont que celles qui modifient les statuts (art. 357). Cette catégorie étant fermée, toute décision qui n'est pas extraordinaire ne peut être qu'ordinaire, donc l'art. 347 ne peut pas à notre avis être limitatif.

JURISPRUDENCE OHADA

Remplacement des gérants : compétence des décisions collectives ordinaires

Selon l'article 347 de l'AUSCGIE, le remplacement des gérants relève des décisions collectives ordinaires. En l'espèce, le gérant étant nommé lors d'une assemblée générale ordinaire, il y a lieu de rejeter l'exception d'irrecevabilité du pourvoi soulevée au motif que le mandat délivré au conseil de la société demanderesse a été établi par un gérant nommé lors d'une assemblée générale ordinaire, alors qu'une assemblée générale extraordinaire aurait dû se tenir pour remplacement des gérants statutaires (CCJA, 2e ch., nº 346/2024, 12-12-2024).

Sous-section I • TENUE DE L'ASSEMBLEE ORDINAIRE ANNUELLE

Paragraphe I • PERIODICITE

Art. 348 [mod.] L'assemblée générale ordinaire annuelle se réunit dans les six (6) mois de la clôture de l'exercice. Les gérants peuvent demander une prorogation de ce délai à la juridiction compétente statuant sur requête.

Si l'assemblée des associés n'a pas été réunie dans ce délai, le ministère public ou tout associé peut saisir la juridiction compétente statuant à bref délai afin d'enjoindre, le cas échéant sous astreinte, aux gérants de convoquer cette assemblée ou de désigner un mandataire ad hoc pour y procéder.

JURISPRUDENCE OHADA

I. Rejet de la demande de prorogation formulée hors délai

Il résulte de l'article 348 de l'AUSCGIE que le législateur confère à la juridiction compétente le pouvoir de proroger le délai de l'assemblée générale, lorsque les dirigeants sociaux lui en font la demande, dans les six mois suivant la clôture de l'exercice. L'ordonnance par laquelle le président d'une cour d'appel a confirmé la décision ayant rejeté la demande de prorogation du délai de tenue de l'assemblée générale n'a pas violé l'article 348, un délai expiré ne pouvant permettre de bénéficier de la prorogation prévue par les dispositions du texte précité ; rejet du pourvoi (CCJA, ass. plén., nº 219, 29-11-2018 : Entreprise de Métallurgie Ivoirienne SARL).

II. Computation du délai du mandat

En application de l'article 348 de l'AUSCGIE, le mandat du gérant d'une société commerciale désigné lors d'une assemblée générale du 8 mai 2017 dont le procès-verbal indique nettement que le sieur [X.] est nommé en qualité de gérant « jusqu'à l'assemblée générale devant statuer sur les comptes de l'exercice clos au 31 décembre 2020 », devait prendre fin, non pas au 31 décembre 2020, mais au moment précis de l'assemblée générale ordinaire annuelle qui, conformément à l'article 348 précité, doit se tenir au plus tard le 30 juin 2021 ; ladite assemblée s'étant tenue à la date du 29 juin 2021, [X.] avait bien qualité pour engager la société comme il l'a fait. Il en résulte que l'exception d'irrecevabilité du pourvoi soulevée pour « défaut de qualité » du gérant qui a engagé la société, prétendument parce que son mandat serait expiré depuis le 31 décembre 2020, manque de pertinence et que le pourvoi en cassation formé par la société en cause est recevable (CCJA, 2e ch., nº 169/2022, 24-11-2022).

JURISPRUDENCE COMPARÉE

France

A. Prolongation du délai

La demande en justice de prorogation de délai de six mois pour consulter les associés doit être effectuée auprès du juge avant expiration de ce délai (Cass. crim. 4-7-1995 : RJDA 11/95 n° 1247). Elle peut encore être faite après convocation de l'assemblée (CA Paris 2-8-2001 : RJDA 6/02 n° 647).

B. Méconnaissance du délai

1° Non-annulation de l'assemblée

L'absence de sanctions civiles expresses pour tenue tardive de l'assemblée générale ordinaire conduit à valider l'assemblée réunie après l'expiration du délai légal (CA Paris 10-05-1984 : Bull ; Joly 1984 p. 765).

2° Responsabilité du gérant

Le gérant est responsable de ne pas avoir respecté le délai dans la mesure où il peut exercer ses fonctions. Tel est le cas lorsque la société est soumise à une procédure collective qui n'entraîne pas le dessaisissement du gérant de ses fonctions (Cass. crim. 4-4-2001 n° 2706 : RJDA 11/01 n° 1118).

Tel n'est pas le cas quand le gérant s'est vu retirer la direction effective de la société notamment en raison de la présence d'un administrateur provisoire ou d'un syndic dans le cadre d'une liquidation judiciaire (Cass. crim. 28-2-1983 : BRDA 11/83 p. 9).

Paragraphe II • REGLES RELATIVES AU VOTE DES ASSOCIES

Art. 349 [mod.] Dans les assemblées ordinaires ou lors des consultations ordinaires écrites, les décisions sont adoptées par un ou plusieurs associés représentant plus de la moitié du capital.

Si cette majorité n'est pas obtenue, et sauf clause contraire des statuts, les associés sont, selon le cas, convoqués ou consultés une seconde fois et les décisions sont prises à la majorité des votes émis quelle que soit la proportion de capital représentée.

Toutefois, la révocation des gérants ne peut, dans tous les cas, intervenir qu'à la majorité absolue.

Toute délibération prise en violation du présent article est nulle.

JURISPRUDENCE OHADA

Association ne représentant pas plus de la moitié du capital social

Les résolutions qui ont été votées par un associé détenant seulement 10 % du capital social au cours d'une assemblée générale ordinaire intervenue après première convocation doivent être annulées (TR Niamey, n° 96, 26-3-2003 : A. H. c/ J. C. L., Ohadata J-04-78).

JURISPRUDENCE COMPARÉE

France

A. Exercice du droit de vote

1° Parts sous séquestre

A été accordé à un administrateur provisoire chargé de gérer des parts litigieuses le pouvoir de prendre les décisions nécessaires au cours des assemblées générales jusqu'à l'issue d'une procédure pénale en cours (CA Paris 8-7-1980 : Bull. Joly 1980 p. 450).

2° Modalités du vote

a. Augmentation de la majorité légale

La majorité fixée par la loi peut être fixée à un seuil plus élevé par les statuts, par exemple les deux tiers ou les trois quarts (CA Douai 9-2-1973 : Journ. sociétés 1973. 318 note Bosvieux ; CA Lyon 9-12-1971 : Gaz. Pal. 1972 I p. 393).

b. Cession du droit de vote

Le droit de vote est incessible et entraîne par conséquent l'annulation de l'acte de « cession d'usufruit » de parts sociales conclu pour un montant symbolique d'un franc prévoyant la conservation par le cédant de tous les avantages financiers liés aux parts sociales cédées (CA Paris 17-11-1965 : Gaz. Pal. 1966.I p. 231).

3° Conséquences du vote

Les décisions régulièrement prises s'imposent à tous les associés, même absents ou dissidents (pour une illustration (CA Douai 28-4-2010 n° 09/8863 : RJDA 4/11 n° 369 : application de la clause d'arbitrage statutaire votée).

4° Nullité de l'assemblée d'approbation des comptes

L'assemblée générale d'approbation des comptes encourt la nullité lorsque les modalités juridiques et financières de la cession d'un droit au bail par la société à un tiers devant figurer dans le rapport de gestion sont manquantes (CA Paris 17-12-1999 : RJDA 3/00 n° 292).

B. Abus du droit de vote

Nullité pour abus du droit de vote. L'action en nullité peut être intentée au nom de la société par son président (Cass. com. 21-1-1997 : RJDA 4/97 n° 525, à propos d'une SARL mais transposable).

Obs. : voir aussi sous art. 538.

Sous-section II • CONVENTIONS ENTRE LA SOCIETE ET L'UN DE SES GERANTS OU ASSOCIES

Paragraphe I • LES CONVENTIONS REGLEMENTEES

Art. 350 [mod.] L'assemblée générale ordinaire se prononce sur les conventions intervenues directement ou par personne interposée entre la société et l'un de ses gérants ou associés.

A cet effet, le ou les gérants ou s'il en existe un, le commissaire aux comptes, présentent à l'assemblée générale ordinaire annuelle ou joignent aux documents communiqués aux associés, un rapport sur les conventions intervenues directement ou par personne interposée entre la société et l'un de ses gérants ou associés.

Il en est de même pour les conventions intervenues avec :

– une entreprise individuelle dont le propriétaire est simultanément gérant ou associé de la société à responsabilité limitée ;

– une société dont un associé indéfiniment responsable, gérant, administrateur, directeur général, administrateur général ou autre dirigeant social est simultanément gérant ou associé de la société à responsabilité limitée.

Lorsque la société ne comprend qu'un seul associé et que cette convention est conclue avec lui, il en est seulement fait mention sur le registre des délibérations.

Observations

L'al. 6 introduit le cas d'une convention dans une société unipersonnelle, réglé par une mention sur le registre des délibérations, disposition qui antérieurement figurait dans l'article 355.

Jurisprudence comparée

France

A. Qualification des conventions réglementées

Existence. Est une convention réglementée, le bail de locaux à usage de dépôt conclu par un associé salarié d'une SARL avec celle-ci engageant la société pour une durée de vingt-trois mois sans possibilité de donner congé anticipé dès lors qu'un tel bail n'entre pas dans l'activité habituelle de la société telle que celle-ci relève de son objet social (CA Agen 3-4-2007 : RJDA 4/08 n° 432).

B. Directeur général visé

Le directeur général concerné est le mandataire choisi par le conseil d'administration révocable ad nutum et non le salarié qui, même intitulé « directeur général », n'exécute ses tâches qu'en vertu de son contrat de travail sous la subordination du dirigeant social (CA Paris 22-1-1993 : D. 1993 IR. 124).

C. Portée de l'approbation

Le vote émis obligatoirement par les associés sur ces conventions ne vaut pas approbation des comptes sociaux lorsque la convention a une influence sur ces comptes (CA Paris 3-7-1976 : Rev. sociétés 1977 p. 465 note Schmidt).

D. Approbation irrégulière

L'approbation irrégulière d'une convention réglementée, en raison de la participation au vote de l'associé intéressé, équivaut à un refus d'approbation (Cass. com. 13-2-1996 : RJDA 5/96 n° 646 ; CA Rouen 11-5-2000 : RJDA 12/00 n° 1099).

Art. 351 [mod.] Le gérant avise le commissaire aux comptes, s'il en existe un, des conventions visées à l'article précédent, dans le délai d'un (1) mois à compter de la conclusion desdites conventions.

Lorsque l'exécution de conventions conclues au cours d'exercices antérieurs est poursuivie au cours du dernier exercice, le commissaire aux comptes est informé de cette situation dans le délai d'un (1) mois à compter de la clôture de l'exercice.

Art. 352 L'autorisation de l'assemblée générale ordinaire n'est pas nécessaire lorsque les conventions portent sur des opérations courantes conclues à des conditions normales.

Les opérations courantes sont celles qui sont effectuées par une société, d'une manière habituelle, dans le cadre de ses activités.

Les conditions normales sont celles qui sont appliquées pour des conventions semblables dans la société en cause ou, éventuellement, dans les sociétés du même secteur.

Art. 353 [mod.] Le rapport du gérant ou, s'il en existe un, du commissaire aux comptes contient :

1°) l'énumération des conventions soumises à l'approbation de l'assemblée ;

2°) l'identification des parties à la convention et le nom des gérants ou associés intéressés ;

3°) la nature et l'objet des conventions ;

4°) les modalités essentielles de ces conventions, notamment l'indication des prix ou tarifs pratiqués, des ristournes et commissions consenties, des délais de paiement accordés, des intérêts stipulés, des sûretés conférées et toutes autres indications permettant aux associés d'apprécier l'intérêt qui s'attachait à la conclusion des conventions analysées ;

5°) l'importance des fournitures livrées ou des prestations de services fournies ainsi que le montant des sommes versées ou reçues au cours de l'exercice en exécution des conventions conclues au cours d'exercices antérieurs et dont l'exécution s'est poursuivie au cours du dernier exercice.

Les délibérations relatives aux conventions visées à l'article 350 ci-dessus sont nulles lorsqu'elles ont été prises en l'absence du rapport du gérant, ou, s'il en existe un, du commissaire aux comptes. Elles peuvent être annulées dans le cas où le rapport ne contient pas les informations prévues au présent article.

Jurisprudence comparée

France

Rapport spécial

1° Obligation

Les conventions visées doivent faire l'objet d'un rapport spécial ; elles ne sauraient figurer dans le rapport général du gérant ou du commissaire aux comptes (CA Paris 3-7-1976 : Rev. sociétés 1977 p. 465 note D. Schmidt).

Aucune faute ne peut être reprochée au gérant d'une SARL en raison de l'augmentation de 20 % du montant d'une redevance d'un contrat de location gérance le liant à titre personnel avec une société dont il était le gérant sans que le rapport spécial de gérance sur les conventions réglementées ne fasse état de cette augmentation dès lors que l'augmentation avait été portée à la connaissance des associés dans le rapport de gestion présenté à l'assemblée générale ordinaire ; le rapport spécial présenté à l'assemblée générale de l'année suivante rappelait le nouveau montant de la redevance ; l'associé plaignant avait approuvé et signé les procès-verbaux de ces deux assemblées, qui mentionnaient la nouvelle redevance et faisaient état de l'approbation du rapport de gestion et du rapport spécial (Cass. com. 23-11-2010 n° 09-17.094, Légifrance).

2° Absence de rapport

L'absence de rapport du gérant ou du commissaire aux comptes ou le défaut de consultation des associés est passible des mêmes sanctions que le refus de ratification (Cass. com. 28-6-1988 : Bull. civ. IV n° 226).

Art. 354 [mod.] L'assemblée générale ordinaire se prononce sur les conventions conformément aux dispositions des articles 348 et 349 ci-dessus.

L'associé concerné ne prend pas part au vote de la délibération relative à la convention et ses voix ne sont pas prises en compte pour le calcul de la majorité.

Toute délibération prise en violation du présent article est nulle.

Jurisprudence comparée

France

A. Interdiction de vote

Le gérant associé d'une SARL peut valablement prendre part au vote d'une résolution de l'assemblée générale extraordinaire l'autorisant à vendre le fonds de commerce de la société à une EURL dont il est le gérant, l'interdiction de vote ne s'appliquant que lors de l'approbation de la convention, après sa conclusion (Cass. com. 7-7-2009 n° 08-16.790 : RJDA 11/09 n° 976).

Sont frappées de nullité toutes clauses contraires étendant l'interdiction de vote à des personnes autres que le gérant ou l'associé concerné (conjoint, ascendant, descendant par exemple (Cass. com. 9-2-1999 : RJDA 5/99 n° 566).

B. Sanction de la participation au vote

La participation au vote de l'intéressé est sanctionnée par l'éventuelle mise à sa charge et, s'il y a lieu, de l'associé contractant, des conséquences du contrat préjudiciables à la société (Cass. com. 13-2-1996 : RJDA 5/96 n° 646).

Art. 355 [mod.] Les conventions non approuvées par l'assemblée produisent néanmoins leurs effets, à charge pour le gérant ou l'associé contractant de supporter individuellement ou solidairement, selon le cas, les conséquences du contrat préjudiciables à la société.

L'action en responsabilité doit être intentée dans un délai de trois (3) ans à compter de la conclusion de la convention ou, si elle a été dissimulée, de sa révélation.

Observations

Suppression du cas de la société unipersonnelle, réglé par la reprise à l'article 350 de la disposition ici supprimée.

Paragraphe II • CONVENTIONS INTERDITES

Art. 356 A peine de nullité du contrat, il est interdit aux personnes physiques, gérantes ou associées, de contracter, sous quelque forme que ce soit, des emprunts auprès de la société, de se faire consentir par elle un découvert en compte-courant ou autrement, ainsi que de faire cautionner ou avaliser par elle leurs engagements envers les tiers.

Cette interdiction s'applique également aux conjoints, ascendants et descendants des personnes visées à l'alinéa premier du présent article, ainsi qu'à toute personne interposée.

Jurisprudence comparée

France

A. Conventions concernées

Parmi les conventions interdites figurent tant le cautionnement réel que le cautionnement personnel (CA Montpellier 7-1-1980 : Rev. sociétés 1980 p. 737 note Mouly).

L'interdiction porte uniquement sur les cautionnements qui garantissent les engagements propres à leurs bénéficiaires (Cass. com. 25-5-1993 : RJDA 12/93 nº 1047 ; Cass. com. 8-3-1994 : RJDA 7/94 nº 813).

B. Exceptions

Ne sont pas interdits :

– le nantissement du fonds de commerce de la société accordé au frère de l'un des associés à défaut de preuve que le frère s'est comporté comme par personne interposée (CA Paris 4-2-1987 ; D. 1987, IR 44) ;

– le cautionnement accordé par une SARL en garantie du remboursement d'un prêt octroyé à une autre société dirigée par le conjoint de son gérant et pour lesquels les deux époux étaient déjà cautions à titre personnel les deux époux (Cass. com. 25-5-1993 précité) ;

– la cession du fonds de commerce appartenant à la société, qui a pour effet de faire sortir le fonds du patrimoine social car elle ne confère pas au cessionnaire la qualité d'associé, quels qu'en soient les mobiles et serait-elle faite par personne interposée (Cass. com. 6-3-2007 nº 05-21.351 : RJDA 6/07 nº 628).

C. Sanction de l'interdiction

La nullité est absolue et peut être invoquée non seulement par les associés (CA Paris 5-12-1983 : Bull. Joly 1984 p. 150), mais aussi par les tiers et les créanciers sociaux lésés pourvu que ceux-ci soient en mesure de justifier d'un intérêt légitime (CA Montpellier 7-1-1980 : Rev. sociétés 1980 p. 737 note Mouly).

La société ne peut pas renoncer à exercer l'action en nullité (CA Versailles 2-12-1987 : BRDA 5/88 p. 10).

La nullité peut être soulevée d'office par le tribunal (CA Aix 7-2-1992 : Bull. Joly 1992 p. 1217).

Section IV • DÉCISIONS COLLECTIVES EXTRAORDINAIRES

Art. 357 [mod.] Les décisions collectives extraordinaires ont pour objet de statuer sur la modification des statuts.

Lorsque la société ne comprend qu'un seul associé, il est fait application des dispositions des articles 558 à 561 ci-après à l'exception de celles des deuxièmes alinéas des articles 558 et 559 ci-après. Il est également fait application des dispositions non contraires du présent chapitre.

Jurisprudence OHADA

Irrégularité d'une assemblée générale extraordinaire tenue sans la représentation de l'associé majoritaire

L'assemblée générale extraordinaire d'une SARL ayant 300 parts sociales, dont seulement 120 ont été représentées, et qui s'est ainsi tenue en l'absence et sans la représentation des 160 parts de l'associé prédécédé, est irrégulière et ne saurait conférer la qualité de gérant à la personne nouvellement nommée dans ces conditions. Il s'ensuit que cette personne n'étant pas habilitée à donner mandat spécial, le pourvoi formé au nom de la société sur mandat donné par elle est irrecevable aux fins du présent pourvoi (CCJA, 1e ch., nº 033/2024, 1-2-2024).

Jurisprudence comparée

France

A. Existence de réserves

Le droit préférentiel de souscription peut être soit prévu de manière permanente par les statuts et applicable à toute augmentation de capital en numéraire, soit décidée pour une augmentation de capital spécifique (Cass. com. 18-4-2000 : Dr. Sociétés 2000 nº 108 obs. Vidal).

Dans le cas d'une augmentation de capital, la renonciation par un associé à son droit préférentiel prévu par les statuts, afin de permettre à son fils d'acheter des parts sociales nouvelles à leur valeur nominale très inférieure à la valeur réelle, constituait une donation indirecte au profit du fils souscripteur et devait être réintégré dans les biens composant la succession à la suite du décès de l'associé (Cass. 1e civ. 2-12-1981 : Bull. civ. I nº 363).

Lorsque les parts sociales font l'objet d'un usufruit, c'est l'accord du nu propriétaire et de l'usufruitier qui fixe les modalités d'exercice du droit préférentiel à la différence du régime applicable aux sociétés anonymes (art. L 225-140 C. com. ; Cass. com. 8-7-1997 : Bull. Joly 1997 p. 973 note Garçon).

B. Apports en numéraire

Le retrait des fonds émanant de la libération des parts sociales doit être effectué uniquement après constatation par l'assemblée générale extraordinaire de l'augmentation de capital et le dépositaire des sommes peut donc valablement subordonner la remise de fonds à la preuve de la réalisation de cette augmentation de capital. Le cas échéant si le dépositaire transférait ces fonds sur le compte de la société, il serait responsable à l'égard des souscripteurs et risquerait d'être obligé de leur rendre les sommes versées à défaut d'augmentation de capital (Voir CA Rennes 11-4-1996 : RJDA 1/97 n° 78).

L'augmentation de capital est effectuée à partir de son constat dans un procès-verbal d'assemblée, quelle qu'en soit la date de publicité (CA Versailles 25-5-1989 inédit).

Commet un abus de confiance le gérant qui, ayant reçu mandat d'affecter les sommes reçues à une augmentation de capital, les emploie à la trésorerie de la société et ce, bien que l'augmentation de capital n'ait pu aboutir (Cass. crim. 9-1-1980 : Bull. crim. n° 114 ; Cass. crim. 16-12-2002 n° 5932 : RJDA 5/03 n° 496).

Sous-section I • RÈGLES GÉNÉRALES RELATIVES AU VOTE DES ASSOCIÉS

Paragraphe I • PRINCIPE

Art. 358 [mod.] **Les modifications des statuts sont décidées par les associés représentant au moins les trois quarts du capital social.**

Paragraphe II • EXCEPTIONS

Art. 359 [mod.] **L'unanimité est requise dans les cas suivants :**

1°) augmentation des engagements des associés ;

2°) transformation de la société en société en nom collectif ou en société par actions simplifiée ;

3°) transfert du siège social dans un État autre qu'un État partie.

JURISPRUDENCE OHADA

Absence de distinction entre les différents types d'augmentation des engagements des associés

L'article 359 de l'AUSCGIE ne fait aucune distinction entre les différents types d'augmentation des engagements des associés. En l'espèce, la souscription de nouvelles parts sociales entraînant une augmentation du capital de dix millions (10 000 000) FCFA, correspond manifestement bien à une augmentation des engagements des associés et c'est à tort qu'il est reproché à l'arrêt déféré d'avoir violé l'article 359 en retenant que l'augmentation du capital social d'une somme de quatre-vingts millions (80 000 000) FCFA par la création de huit mille (8 000) parts, correspond à une augmentation des engagements des associés, alors que suivant la jurisprudence française il y a augmentation des engagements des associés « si les dispositions prises par l'Assemblée Générale entraînent une aggravation de la dette contractée par eux envers la société et envers les tiers » ; rejet du moyen (CCJA, 2e ch., n° 132, 18-5-2017 : SARL Nianing Automobiles et 2 autres c/ Mamadou Diouf et Anne Isabelle Tavaglini Diouf).

Sous-section II • DÉCISIONS RELATIVES AUX MODIFICATIONS DE CAPITAL

Paragraphe I • AUGMENTATION DU CAPITAL

Art. 360 [mod.] **Par dérogation à l'article 358 ci-dessus, la décision d'augmenter le capital par incorporation de bénéfices, de réserves ou de primes d'apports, d'émission ou de fusion est prise par les associés représentant au moins la moitié des parts sociales.**

JURISPRUDENCE COMPARÉE

I. États-Unis

Augmentation de capital déclaré

Existence. Constitue une augmentation du capital déclaré, l'opération qui a consisté de la part de la société :

– d'une part, à racheter les 150 actions d'une associée, à 190 dollars par action, et, en conséquence, à les annuler puis à réduire corrélativement le capital,

– d'autre part, pour mettre un terme à l'action en rescision de ce rachat intentée contre la société par cette associée qui prétendait, après une expertise, que les actions valaient beaucoup plus, à émettre 150 actions sans valeur nominale et à les vendre à ladite associée au même prix de 190 dollars l'action. Selon le Louisiana Code article 12 : 61(A), en cas d'émission d'action sans valeur nominale, le conseil d'administration doit affecter un montant qu'il détermine au capital déclaré. Une partie des nouvelles actions, émises en l'espèce sans valeur nominale, devait donc augmenter le capital déclaré. Or, le conseil d'administration avait porté au capital déclaré une somme égale à zéro et avait affecté la totalité du produit de la vente des actions au capital supplémentaire. Les juges ont estimé que le capital déclaré n'avait pas été dans ces conditions augmenté, car une valeur zéro ne correspond à aucune valeur, partant n'entraîne aucune augmentation du capital. Dès lors l'opération a été tenue pour irrégulière pour violation des statuts qui exigeaient que l'augmentation du capital déclaré soit approuvée par 85 % des actionnaires, ce qui n'avait pas été le cas en l'espèce (Toms v. Cooperative Management Corporation, Court of Appeals of Louisiana, 741 So. 2d 164 [1999]).

II. France

A. Incorporation des bénéfices au capital

L'incorporation des bénéfices au capital est admise uniquement si ceux-ci émanent d'un exercice arrêté et non d'un état de synthèse d'une situation intermédiaire en cours d'exercice (CA Paris 20-2-1998 : Bull. Joly 1998 p. 613 note Pisani).

B. Droit préférentiel de souscription

1° Création statutaire

Le droit préférentiel de souscription peut être soit prévu de manière permanente par les statuts et applicable à toute augmentation de capital en numéraire, soit décidée pour une augmentation de capital spécifique (Cass. com. 18-4-2000 : Dr. Sociétés 2000 n° 108 obs. Vidal).

2° Renonciation au droit préférentiel de souscription

Absence de fraude aux droits des créanciers. La renonciation par un actionnaire à son droit préférentiel de souscription à une augmentation de capital – ce qui avait entraîné pour l'intéressé la perte du contrôle de la société – ne constitue pas en soi une fraude aux droits du créancier bénéficiaire d'un nantissement sur les titres de cet actionnaire justifiant l'exercice de l'action paulienne (cf. C. civ. art 1167, devenu 1341-2), dès lors que le débiteur n'avait pris, à l'égard du créancier nanti, aucun engagement de conserver ce contrôle et qu'il n'était pas établi que son abstention ait été délibérée ni qu'il disposait des fonds suffisants pour opérer une souscription lui permettant de garder sa participation majoritaire (CA Paris 27-2-1997 : Bull. Joly 1997 p. 677 note P. Le Cannu).

C. Apports en numéraire

Commet un abus de confiance le gérant qui, ayant reçu mandat d'affecter les sommes reçues à une augmentation de capital, les emploie à la trésorerie de la société et ce, bien que l'augmentation de capital n'ait pu aboutir (Cass. crim. 9-1-1980 : Bull. crim. n° 114 ; Cass. crim. 16-12-2002 n° 5932 : RJDA 5/03 n° 496).

Art. 360-1 [nouv.] Toute délibération prise en violation des articles 358 à 360 ci-dessus est nulle.

OBSERVATIONS

Introduction de la nullité expresse de la violation des dispositions relatives au vote des modifications des statuts.

Art. 361 [mod.] En cas d'augmentation de capital par souscription de parts sociales en numéraire, les fonds provenant de la souscription sont déposés en banque, dans tout autre établissement de crédit ou de microfinance dûment agréé, ou en l'étude d'un notaire conformément aux dispositions applicables lors de la création de la société.

Le gérant peut disposer des fonds provenant de la souscription en remettant au dépositaire, un certificat du registre du commerce et du crédit mobilier attestant du dépôt d'une inscription modificative consécutive à l'augmentation de capital.

JURISPRUDENCE COMPARÉE

France

A. Omission du dépôt

Commet un abus de confiance le gérant qui, ayant reçu mandat d'affecter les sommes reçues à une augmentation de capital, les emploie à la trésorerie de la société et ce, bien que l'augmentation de capital n'ait pu aboutir (Cass. crim. 9-1-1980 : Bull. crim. n° 114 ; Cass. crim. 16-12-2002 n° 5932 : RJDA 5/03 n° 496).

B. Retrait des fonds

Le dépositaire qui remet les fonds à la société sur instruction du gérant sans s'assurer de la réalisation de l'augmentation du capital s'expose à être condamné à rembourser au souscripteur la somme qu'il a versée (CA Rennes 11-4-1996 : RJDA 1/97 n° 78).

C. Libération des parts par compensation

1° Validité

Malgré le silence de la loi sur cette variété de libération, la faculté de libérer une souscription en argent des parts sociales nouvelles avec une créance liquide et exigible sur la société est valable dans une SARL (Cass. com. 7-2-1972 : Rev. sociétés 1973 p. 297 note E. du Pontavice ; CA Versailles 25-10-1990 : Bull. Joly 1991 p. 76 note M. Jeantin ; CA Aix 9-4-1992 : RJDA 12/92 n° 1139).

2° Autorisation expresse de l'assemblée

Le règlement par compensation suppose que l'assemblée générale ait explicitement autorisé ce mode de libération de parts sociales nouvelles (CA Paris 10-3-1988 : BRDA 13/88 p. 6).

Art. 361-1 [nouv.] Les parts sont obligatoirement libérées, lors de la souscription, de la moitié au moins de leur valeur nominale.

La libération du surplus doit intervenir, en une ou plusieurs fois, dans le délai de deux (2) ans à compter du jour où l'augmentation de capital est devenue définitive.

OBSERVATIONS

Introduction de la libération progressive des parts souscrites.

Art. 361-2 [nouv.] L'augmentation de capital est réputée réalisée dès lors qu'elle a été constatée dans un procès-verbal d'assemblée.

Art. 362 [mod.] Si l'augmentation de capital n'a pas été réalisée dans le délai de six (6) mois à compter du premier dépôt des fonds provenant de la souscription, tout souscripteur peut demander à la juridiction compétente l'autorisation de retirer soit individuellement, soit par mandataire les représentant collectivement, les fonds pour les restituer aux souscripteurs.

JURISPRUDENCE COMPARÉE

France

Date de réalisation de l'augmentation de capital

L'augmentation de capital est réalisée au jour de son constat dans un procès-verbal d'assemblée, quelle qu'en soit la date de publicité (CA Versailles 25-5-1989 inédit ; CA Rennes 11-4-1996 : RJDA 1/97 n° 78).

Art. 363 [mod.] En cas d'augmentation de capital réalisée partiellement ou totalement par des apports en nature, un commissaire aux apports doit être désigné par les associés dès lors que la valeur de chaque apport considéré ou la valeur de l'ensemble des apports considérés est supérieure à cinq millions (5.000.000) de francs CFA. En cas d'octroi d'avantages particuliers, un commissaire aux apports est obligatoirement désigné par les associés.

Le commissaire aux apports est désigné selon les mêmes modalités que celles prévues lors de la constitution de la société.

Le commissaire aux apports peut également être nommé par la juridiction compétente à la demande de tout associé, quel que soit le nombre de parts qu'il représente.

Il établit sous sa responsabilité un rapport, qui décrit chacun des apports et/ou avantages particuliers, selon le cas, indique le mode d'évaluation adopté et les raisons pour lesquelles il a été retenu. Il atteste que la valeur des apports correspond au moins à la valeur du nominal des parts sociales à émettre. En cas d'impossibilité d'établir la valeur des avantages particuliers, le commissaire aux apports en apprécie la consistance et les incidences sur la situation des associés.

Les délibérations prises en l'absence du commissaire aux apports prévu au présent article sont nulles. Les délibérations peuvent être annulées dans le cas où le rapport ne contient par les indications prévues par les dispositions ci-dessus.

Le rapport du commissaire aux apports est soumis à l'assemblée chargée de statuer sur l'augmentation de capital.

Jurisprudence comparée

France

A. Commissaire aux apports

1° Mission

Pour que l'évaluation du commissaire aux apports soit conforme aux exigences légales, il est nécessaire de donner une valeur à chacun des éléments qui compose le bien apporté. Tel n'est pas le cas lorsque le commissaire évalue à un certain montant les éléments corporels d'un fonds de commerce et ne mentionne les éléments incorporels que « pour mémoire » (CA Bourges 2-11-2006 n° 06/620 : RJDA 6/07 n° 625).

2° Désignation

Le tribunal compétent est celui du lieu du siège social car il est de principe qu'en matière de sociétés, le tribunal du siège social est compétent pour toutes les actions propres à celles-ci (CA Paris 26-5-1993 : Bull. CNCC 1994 p. 276 obs. Ph. Merle ; CA Versailles 1-2-1996 : Bull. Joly 1996 p. 382 note J.-F. Barbièri).

B. Défaut de désignation d'un commissaire aux apports

Le défaut de désignation d'un commissaire aux apports n'entraîne pas la nullité de l'augmentation de capital mais engage seulement la responsabilité des gérants et des apporteurs de la valeur accordée aux apports (CA Versailles 25-10-1990 : Bull. Joly 1991 p. 76 note M. Jeantin).

C. Surévaluation de l'apport

L'action engagée par un associé, contre le commissaire aux apports, en réparation du préjudice subi du fait de la dilution infondée de sa participation, est recevable car ce préjudice n'était pas le corollaire de celui subi par la société (Cass. com. 28-6-2005 n° 983 : RJDA 10/05 n° 1107).

Obs. : voir aussi sous l'art. 49.

Art. 364 [mod.] L'apporteur en nature ou le bénéficiaire de l'avantage particulier ne prend pas part au vote de la résolution approuvant cet apport ou avantage particulier. Ses parts sociales ne sont pas prises en compte pour le calcul de la majorité. Toute délibération prise en violation du présent article est nulle.

OBSERVATIONS

Introduction de l'assimilation expresse du bénéficiaire d'un avantage particulier à l'apporteur en nature.

Art. 365 [mod.] Lorsqu'il n'y a pas eu de commissaire aux apports ou lorsque la valeur retenue est différente de celle proposée par le commissaire aux apports, le gérant et les associés sont responsables de la valeur attribuée aux apports en nature dans les conditions fixées à l'article 312 ci-dessus.

Toutefois, l'assemblée ne peut réduire la valeur des apports ou des avantages particuliers qu'à l'unanimité des souscripteurs et avec le consentement exprès de l'apporteur ou du bénéficiaire mentionné au procès-verbal. A défaut, l'augmentation du capital est nulle.

Paragraphe II • RÉDUCTION DU CAPITAL

Art. 366 [mod.] La réduction de capital ne peut en aucun cas porter atteinte à l'égalité des associés. Toute délibération contraire est nulle.

JURISPRUDENCE COMPARÉE

France

Une promesse de rachat d'actions consentie par une société à l'un de ses actionnaires, à exercer dans le cas où la société ne serait pas introduite en bourse avant un certain délai, doit être annulée en application de l'article L 225-204, al. 1 dès lors que l'offre d'achat n'était pas proposée à tous les actionnaires (CA Paris 21-2-2003 nº 02/1009 : RJDA 12/03 nº 1187).

Art. 367 [mod.] La réduction du capital peut être réalisée par réduction du nominal des parts sociales, ou par diminution du nombre de parts.

S'il existe un commissaire aux comptes, le projet de réduction de capital lui est communiqué dans les trente (30) jours précédant la tenue de l'assemblée générale extraordinaire.

Il fait connaître à l'assemblée son appréciation sur les causes et conditions de la réduction.

En cas de consultation écrite, le projet de réduction du capital est adressé aux associés dans les mêmes conditions que celles prévues à l'article 340 ci-dessus.

L'achat de ses propres parts par la société est interdit.

Toutefois, l'assemblée qui a décidé une réduction de capital non motivée par des pertes peut autoriser le gérant à acheter un nombre déterminé de parts sociales pour les annuler.

JURISPRUDENCE COMPARÉE

France

A. Accord des associés sur le retrait

Le retrait d'un associé moyennant attribution de biens sociaux en nature et annulation d'une partie de ses parts sociales n'est valable que s'il résulte du consentement de tous les associés (Cass. com. 6-10-1980 : Gaz. Pal. 1981 Pan. p. 32).

B. Rachat de droits et non partage partiel

En droit, le retrait par rachat des parts est considéré comme un rachat de droits sociaux et non comme un partage partiel anticipé et n'est donc pas soumis aux règles successorales et au risque de rescision pour lésion de plus du quart (Cass. 3e civ. 15-1-1997 : RJDA 6/97 nº 786 relatif à une société civile mais transposable par analogie des règles applicables).

Art. 368 La réduction de capital ne peut avoir pour effet de réduire le capital à un montant inférieur au minimum légal, sauf augmentation corrélative du capital lors de la même assemblée pour le porter à un niveau au moins égal au montant légal.

JURISPRUDENCE COMPARÉE

France

A. Validité de la réduction du capital à zéro et de l'augmentation corrélative

Non-augmentation des engagements de l'associé souscripteur. Les associés, qui ont la faculté et non l'obligation de souscrire à l'augmentation de capital, ne subissent pas, du fait de cette opération, une augmentation de leurs engagements (Cass. com. 17-5-1994 : RJDA 8-9/94 n° 934).

Est valable la réduction de capital à zéro suivie d'une augmentation de capital avec préférentiel de souscription au profit d'un tiers repreneur (Cass. com. 18-6-2002 n° 1211 : RJDA 10/02 n° 1038).

B. Exécution par l'associé qui souscrit à l'augmentation de capital de son obligation de supporter les pertes sociales

Un associé n'est pas fondé à demander réparation du préjudice personnel qu'il aurait subi pour avoir été contraint, afin de maintenir sa participation dans le capital, de souscrire à une augmentation de capital intervenue après réduction du capital à zéro destinée à résorber les pertes comptables générées par la facturation par des filiales de la société de prestations de services dépourvues de toute justification et irrégulières en la forme, dès lors que c'est en raison de ses droits et devoirs sociaux qu'il a été appelé à supporter les pertes sociales et que le préjudice qu'il invoque, représenté par la perte de la valeur du capital qu'il a subie du fait d'une opération de coup d'accordéon, n'est que le corollaire de celui causé à la société et n'a aucun caractère personnel (Cass. com. 9-10-2007 n° 04-10.382 : RJDA 5/08 n° 525).

C. Impossibilité pour l'associé de souscrire

Le fait que la parité retenue empêche un associé minoritaire de souscrire à l'augmentation de capital ne s'analyse pas en une suppression tacite de son droit préférentiel de souscription ni en une exclusion volontaire de l'intéressé (Cass. com. 1-7-2008 n° 07-20.643 : RJDA 11/08 n° 1137).

Art. 369 En cas de manquement aux dispositions de l'article 368 du présent Acte uniforme, tout intéressé peut demander en justice la dissolution de la société après avoir mis en demeure les représentants de celle-ci de régulariser la situation.

L'action est éteinte lorsque cette cause de dissolution a cessé d'exister au jour où la juridiction compétente statue sur le fond.

JURISPRUDENCE OHADA

Absence d'intérêt à agir

Perte de la qualité d'associé. Il faut avoir qualité et intérêt pour agir en justice. L'intérêt pour agir s'entend pour le plaignant, par l'atteinte à un droit subjectif ou à une règle de droit objectif dont il devra impérativement justifier la violation pour que son action soit recevable. Le requérant qui a, de son propre chef, retiré toutes ses actions de la société par acte notarié avant de saisir tribunal, avait déjà perdu sa qualité d'associé et les droits qui s'y rattachent. Il ne peut par conséquent justifier d'aucun intérêt à agir, et son action en dissolution de la société est irrecevable (TRHC Niamey (Niger), n° 472, 24-10-2001, E.M.J. c/ V.A.B., Ohadata J-09-120).

JURISPRUDENCE COMPARÉE

France

Insuffisance de la seule qualité de créancier

Si tout intéressé peut demander au tribunal de commerce de prononcer la dissolution de la société, la simple qualité de créancier ne suffit pas à caractériser l'intérêt exigé justifiant la demande en dissolution (CA Paris 18-2-1994 : Bull. Joly 1994 p. 531).

Art. 370 [mod.] Lorsque l'assemblée décide une réduction de capital non motivée par des pertes, les créanciers dont la créance est antérieure à la date de l'avis publié dans un journal d'annonces légales relatif au procès-verbal de délibération, peuvent former opposition à la réduction du capital dans un délai de trente (30) jours à compter de la date de publication de cet avis.

L'opposition est signifiée à la société par exploit d'huissier ou notifiée par tout moyen permettant d'établir sa réception effective par le destinataire. La juridiction saisie rejette l'opposition ou ordonne soit le remboursement des créances, soit la constitution de garanties si la société en offre et si elles sont jugées suffisantes.

Les opérations de réduction du capital ne peuvent commencer pendant le délai d'opposition.

Paragraphe III • VARIATION DES CAPITAUX PROPRES

Art. 371 [mod.] Si, du fait des pertes constatées dans les états financiers de synthèse, les capitaux propres de la société deviennent inférieurs à la moitié du capital social, le gérant ou, le cas échéant, le commissaire aux comptes, doit dans les quatre (4) mois qui suivent l'approbation des comptes ayant fait apparaître cette perte, consulter les associés sur l'opportunité de prononcer la dissolution anticipée de la société.

JURISPRUDENCE OHADA

I. Prononcé judiciaire de la dissolution

Sur une décision ayant prononcé la dissolution d'une société connaissant une situation économique et financière catastrophique marquée par une baisse de son chiffre d'affaires, une valeur ajoutée chroniquement déficitaire, la disparition totale de ses capitaux propres, la cessation de toute activité depuis 2003 et la mésentente des associés, (TRHC Dakar, nº 089, 14-5-2004 : J. G. Y. L. c/ SARL S.S.B et S.S.B.M, Ohadata J-05-282).

II. Rejet de la demande des associés

Désignation d'un administrateur provisoire à la place d'une dissolution inéluctable. Lorsqu'une société est débitrice d'une somme d'un milliard de francs, a fait l'objet d'un redressement fiscal de 174 000 000 FCFA, a cessé ses activités depuis plus de 15 mois, ne paye plus ses employés et n'a pas de locaux pour abriter son siège, la seule possibilité qui s'offre aux associés est de se réunir pour décider de l'opportunité d'une dissolution anticipée, d'autant plus que le commissaire aux comptes conclut à une situation chaotique et irrémédiable. C'est donc à juste titre que la demande de nomination d'un administrateur provisoire a été refusée par un premier juge dont l'ordonnance doit être confirmée (CA Lomé (Togo), nº 112/09, 21-7-2009 : D. F. R., Dame L. L. K. T. c/ Sté FULLCAT AFRIQUE DE L'OUEST, Sté BOKAMION, Ohadata J-10-224).

Art. 372 [mod.] Si la dissolution est écartée, la société est tenue, dans les deux *(2)* ans qui suivent la date de clôture de l'exercice déficitaire, de reconstituer ses capitaux propres jusqu'à ce que ceux-ci soient à la hauteur de la moitié au moins du capital social.

A défaut, elle doit réduire son capital d'un montant au moins égal à celui des pertes qui n'ont pu être imputées sur les réserves, à la condition que cette réduction de capital n'ait pas pour effet de réduire le capital à un montant inférieur à celui du capital légal.

Art. 373 A défaut par les gérants ou le commissaire aux comptes de provoquer une décision, ou si les associés n'ont pu délibérer valablement, tout intéressé peut demander à la juridiction compétente de prononcer la dissolution de la société.

Il en est de même si la reconstitution des capitaux propres n'est pas intervenue dans les délais prescrits.

L'action est éteinte lorsque cette cause de dissolution a cessé d'exister au jour où la juridiction compétente statue sur le fond.

Sous-section III • TRANSFORMATION DE LA SOCIÉTÉ

Art. 374 [mod.] La société à responsabilité limitée peut être transformée en société d'une autre forme.

La transformation ne donne pas lieu à création d'une personne morale nouvelle.

La transformation de la société ne peut être réalisée que si la société à responsabilité limitée a, au moment où la transformation est envisagée, des capitaux propres d'un montant au moins égal à son capital social. Toute transformation réalisée en violation de ces dispositions est nulle.

Observations

Al. 3 : supression de l'obligation faite à la société d'avoir fait approuver les bilans des deux derniers exercices et affirmation expresse de la nullité de la transformation de la société en cas de violation des dispositions du présent article.

Jurisprudence OHADA

I. Dérogation à l'obligation de disposer de capitaux propres

Pour un exemple de décision ayant accordé une dérogation à l'obligation d'avoir des capitaux propres d'un montant au moins égal à son capital social à une SARL envisageant de se transformer en SA, voir : T. com. Pointe-Noire, ord. réf. nº 426, 7-10-2010 : Sté DMC Iron Congo, Ohadata J-13-114.

II. Non-incidence de la transformation d'une SARL en SAS sur son aptitude à agir en justice

C'est à tort qu'il est fait grief à un arrêt d'avoir violé les articles 98, 374, 375 et 694 de l'AUSCGIE, en ce que la cour d'appel a reçu une société [X.], alors que, selon le moyen, la transformation de celle-ci d'une SARL en une SAS n'a pas respecté les formalités substantielles ou impératives prescrites, que le procès-verbal de l'assemblée générale extraordinaire de transformation ne fait pas allusion à l'existence d'un quelconque rapport de ladite transformation accompagné de celui du commissaire aux comptes certifiant, sous sa responsabilité, que les conditions énoncées à l'article 374 ci-dessus sont remplies ; et qu'il, toujours selon le moyen, est de principe que nul ne peut être reçu en justice, s'il ne justifie de la qualité, de la capacité et de l'intérêt. Il en est ainsi, dès lors qu'ayant exactement relevé, contrairement aux allégations de la demanderesse au pourvoi, que la société [X.], en sa qualité de partie à l'ordonnance entreprise, avait la capacité et la qualité pour relever appel de celle-ci, l'arrêt querellé n'a nullement violé l'article 68 du Code de procédure civile congolais qui reconnaît expressément ce droit d'appel à toute partie à une décision rendue en premier ressort ; et que la recevabilité d'un tel appel ne peut s'apprécier au regard de la contestation de la validité de la transformation d'une SARL en SAS, extérieure au titre mis à exécution et dont il n'est produit aucune décision définitive et exécutoire constant la nullité. Il s'en infère que le premier moyen et le second moyen sont infondés (CCJA, 1e ch., nº 178/2023, 26-10-2023).

Jurisprudence comparée

France

Nullité de la transformation décidée à une majorité inférieure à la majorité requise

La transformation d'une SARL en société anonyme prononcée à une majorité inférieure à la majorité légale encourt la nullité qui ne peut être écartée par l'abus du droit d'un associé minoritaire récalcitrant (Cass. com. 15-7-1992 : RJDA 8-9/92 nº 826).

Obs. : voir aussi les art. 181 et s.

Art. 375 [mod.] La transformation ne peut être faite qu'au vu d'un rapport d'un commissaire aux comptes certifiant, sous sa responsabilité, que les conditions énoncées à l'article 374 ci-dessus sont bien remplies.

Lorsqu'il n'existe pas de commissaire aux comptes, celui-ci est choisi par le ou les gérant(s) selon les modalités prévues aux articles 694 et suivants.

Toute transformation réalisée en violation de ces dispositions est nulle.

JURISPRUDENCE COMPARÉE

France

Nullité pour défaut de rapport

Le tribunal saisi de l'action en nullité de la transformation consécutive au défaut de rapport déposé au greffe du tribunal de commerce peut octroyer un délai de régularisation à la société (CA Grenoble 31-5-1983 : Rev. jur. Com ; 1983. 379 note J. Mestre).

Chapitre IV

MOYENS DE CONTRÔLE DE LA SOCIÉTÉ

Section I • NOMINATION DU COMMISSAIRE AUX COMPTES

Sous-section I • SOCIÉTÉS VISÉES

Art. 376 [mod.] Les sociétés à responsabilité limitée qui remplissent, à la clôture de l'exercice social, deux des conditions suivantes :

1°) total du bilan supérieur à cent vingt-cinq millions (125.000.000) de francs CFA ;

2°) chiffre d'affaires annuel supérieur à deux cent cinquante millions (250.000.000) de francs CFA ;

3°) effectif permanent supérieur à cinquante (50) personnes ;

sont tenues de désigner au moins un (1) commissaire aux comptes.

La société n'est plus tenue de désigner un commissaire aux comptes dès lors qu'elle n'a pas rempli deux (2) des conditions fixées ci-dessus pendant les deux (2) exercices précédant l'expiration du mandat du commissaire aux comptes.

Pour les autres sociétés à responsabilité limitée ne remplissant pas ces critères, la nomination d'un commissaire aux comptes est facultative. Elle peut toutefois être demandée en justice par un ou plusieurs associés détenant, au moins, le dixième du capital social.

JURISPRUDENCE COMPARÉE

France

Nomination d'un commissaire aux comptes en deçà des seuils légaux

Lorsque la nomination d'un commissaire aux comptes n'est pas exigée en raison des seuils légaux, le juge apprécie l'utilité de désigner un commissaire aux comptes (CA Paris 22-1-1971 : D. 1971 p. 517 note Guégou).

Obs. : sur les commissaires aux comptes, voir aussi les articles 694 et s.

Sous-section II • QUALITÉ DU COMMISSAIRE AUX COMPTES

Art. 377 [mod.] Le commissaire aux comptes est choisi selon les modalités prévues aux articles 694 et suivants ci-après.

JURISPRUDENCE COMPARÉE

France

Accès à l'assemblée

Les commissaires aux comptes informés des assemblées ou consultations au plus tard en même temps que les associés peuvent accéder aux assemblées (CA Aix 9-4-1992 : RJDA 12/92 n° 1139).

Sous-section III • INCOMPATIBILITÉS

Art. 378 [mod.] Ne peuvent être commissaires aux comptes de la société :

1°) les fondateurs, associés, bénéficiaires d'avantages particuliers, dirigeants sociaux de la société ou de ses filiales, ainsi que leur(s) conjoint(s) ;

2°) les parents et alliés, jusqu'au quatrième degré inclus, des personnes visées au 1°) du présent article ;

3°) les dirigeants sociaux de sociétés possédant le dixième du capital de la société ou dont celle-ci possède le dixième du capital, ainsi que leur(s) conjoint(s) ;

4°) les personnes qui, directement ou indirectement, ou par personne interposée, reçoivent, soit des personnes figurant au 1°) du présent article, soit de toute société visée au 3°) du présent article, un salaire ou une rémunération quelconque en raison d'une activité permanente autre que celle de commissaire aux comptes ; il en est de même pour les conjoints de ces personnes ;

5°) les sociétés de commissaires aux comptes dont l'un des associés, actionnaires ou dirigeants se trouve dans l'une des situations visées aux points 1°) à 4°) du présent article ;

6°) les sociétés de commissaires aux comptes dont soit l'un des dirigeants, soit l'associé ou l'actionnaire exerçant les fonctions de commissaire aux comptes, a son conjoint qui se trouve dans l'une des situations prévues au 5°) du présent article.

Sous-section IV • DURÉE DES FONCTIONS DU COMMISSAIRE AUX COMPTES

Art. 379 [mod.] Le commissaire aux comptes est nommé pour trois (3) exercices par un ou plusieurs associés représentant plus de la moitié du capital social.

Si cette majorité n'est pas obtenue et sauf clause contraire des statuts, il est nommé à la majorité des votes émis, quelle que soit la portion du capital représentée.

Sous-section V • SANCTIONS DES CONDITIONS DE NOMINATION OU D'EXERCICE

Art. 380 [mod.] Les délibérations prises à défaut de désignation régulière du commissaire aux comptes ou sur le rapport d'un commissaire aux comptes nommé ou demeuré en fonction contrairement aux dispositions de l'article 379 ci-dessus sont nulles.

L'action en nullité est éteinte si ces délibérations ont été expressément confirmées par une assemblée sur le rapport d'un commissaire aux comptes régulièrement désigné.

Section II • CONDITIONS D'EXERCICE DES FONCTIONS DE COMMISSAIRE AUX COMPTES

Art. 381 Les dispositions concernant les pouvoirs, les fonctions, les obligations, la responsabilité, la révocation et la rémunération du commissaire aux comptes sont régies par un texte particulier réglementant cette profession.

Titre III

FUSION-SCISSION

Art. 382 [mod.] Les dispositions des articles 672, 676, 679, 688 et 689 ci-après sont applicables aux fusions ou aux scissions des sociétés à responsabilité limitée au profit de sociétés de même forme.

Lorsque l'opération est réalisée par apports à des sociétés à responsabilité limitée existantes, les dispositions de l'article 676 ci-après sont également applicables.

Observations

Voir aussi les dispositions communes à toutes les sociétés, articles 189 et s.

Art. 383 [mod.] Lorsque la fusion est réalisée par apport à une société à responsabilité limitée nouvelle, celle-ci peut être constituée sans autre apport que celui des sociétés qui fusionnent.

Lorsque la scission est réalisée par apport à des sociétés à responsabilité limitée nouvelles, celles-ci peuvent être constituées sans autre apport que celui de la société scindée. En ce cas, et si les parts de chacune des sociétés nouvelles sont attribuées aux associés de la société scindée proportionnellement à leurs droits dans le capital de cette société, il n'y a pas lieu à l'établissement du rapport mentionné à l'article 672 ci-après.

Dans les cas prévus aux deux alinéas précédents, les associés des sociétés qui disparaissent peuvent agir de plein droit en qualité de fondateurs des sociétés nouvelles et il est procédé conformément aux dispositions du présent livre.

• Titre IV •

DISSOLUTION DE LA SOCIÉTÉ À RESPONSABILITÉ LIMITÉE

Art. 384 La société à responsabilité limitée est dissoute pour les causes communes applicables à toutes les sociétés.

La société à responsabilité limitée n'est pas dissoute en cas d'interdiction, faillite ou incapacité d'un associé.

Sauf stipulation contraire des statuts, elle n'est pas non plus dissoute par le décès d'un associé.

JURISPRUDENCE COMPARÉE

France

Conséquences du décès d'un gérant de SARL

Ne constituait pas un événement de force majeure, c'est-à-dire un événement extérieur et irrésistible de nature à rendre impossible la poursuite du contrat de travail liant un salarié à une SARL mise en liquidation judiciaire, le décès du gérant, ni le fait invoqué mais non établi qu'il n'y avait pas d'héritiers et qu'il était donc impossible d'assurer la succession du gérant sans la désignation postérieure d'un administrateur ; une SARL survit en effet à son gérant et il appartenait aux seuls associés de prendre d'urgence les mesures destinées à en assurer la gestion (CA Aix-en-Provence 10-1-2011 n° 09/22900 : BRDA 5/11 inf. 5).

Obs. : voir aussi les dispositions communes à toutes les sociétés, art. 200 et s. sur la dissolution ; 203 et s. sur la liquidation.

Livre IV

SOCIÉTÉ ANONYME

Titre I

DISPOSITIONS GÉNÉRALES

Sous-titre I • CONSTITUTION DE LA SOCIÉTÉ ANONYME

Chapitre I

GÉNÉRALITÉS

Section I • DÉFINITION

Art. 385 La société anonyme est une société dans laquelle les actionnaires ne sont responsables des dettes sociales qu'à concurrence de leurs apports et dont les droits des actionnaires sont représentés par des actions.

La société anonyme peut ne comprendre qu'un seul actionnaire.

JURISPRUDENCE OHADA

Absence de violation de l'article 385.

Lorsqu'une ordonnance d'injonction de payer a reconnu une personne [X.] comme codébiteur d'une banque, le juge qui a validé l'hypothèque provisoire inscrite sur les immeubles du codébiteur, en vertu de cette ordonnance, n'a en rien violé l'article 385 de l'AUSCGIE (CCJA, 2e ch., no 327/2024, 28-11-2024).

JURISPRUDENCE COMPARÉE

France

La contribution des actionnaires aux pertes ne se règle qu'à la liquidation de la société (cf. Cass. com. 18-12-2012 no 11-30.572 : BRDA 2/13 inf. 3).

Art. 386 La société anonyme est désignée par une dénomination sociale qui doit être immédiatement précédée ou suivie en caractères lisibles des mots : « société anonyme » ou du sigle : « SA » et du mode d'administration de la société tel que prévu à l'article 414 ci-après.

Section II • CAPITAL SOCIAL

Art. 387 [mod.] Le capital social minimum est fixé à dix millions (10 000 000) de francs CFA.

Il est divisé en actions dont le montant nominal est librement fixé par les statuts. Le montant nominal est exprimé en nombre entier.

OBSERVATIONS

Suppression du montant minimal de la valeur nomiale des actions ; liberté des actionnaires de le fixer.

Art. 388 [mod.] Le capital de la société anonyme doit être entièrement souscrit avant la date de la signature des statuts.

Observations

suppression de « ou de la tenue de l'assemblée constitutive », qui se rencontre uniquement dans le cas de la constitution d'une société anonyme avec apports en nature et/ou stipulation d'avantages particuliers, voir art. 404 et s.

Art. 389 [mod.] Les actions représentant des apports en numéraire sont libérées, lors de la souscription du capital, d'un quart au moins de leur valeur nominale.

La libération du surplus intervient dans un délai qui ne peut excéder trois (3) ans à compter de l'immatriculation au registre du commerce et du crédit mobilier, selon les modalités définies par les statuts ou par une décision du conseil d'administration ou de l'administrateur général.

Les actions représentant des apports en numéraire non intégralement libérées doivent rester sous la forme nominative.

Tant que le capital n'est pas entièrement libéré, la société ne peut ni augmenter son capital sauf si cette augmentation de capital est réalisée par des apports en nature, ni émettre des obligations.

Les actions ne peuvent représenter des apports en industrie.

Observations

Précision nouvelle quant à l'impossibilté de rémunérer les apports en industrie par des actions.

Jurisprudence OHADA

I. Acquisition de la qualité d'associé par la seule souscription

En constatant dans le dispositif la non libération des actions par certains actionnaires et en leur reconnaissant par la suite la qualité d'actionnaire, la cour d'appel qui a, dans sa motivation, sur le fondement des articles 75 et suivants, 244 et 389 de l'AUSCGIE, retenu que le retard dans la libération de sa part ou la faute de n'avoir pas libéré ladite part n'enlève pas à l'actionnaire retardataire ou défaillant sa qualité de membre de la société et en a déduit que l'on acquiert la qualité d'associé par le seul fait de souscrire des actions ne s'est pas contredite. En retenant que « s'agissant de la constitution d'une nouvelle société, il y a lieu de distinguer entre la souscription qui est l'engagement de prendre des actions et la libération qui est le versement effectif de la somme correspondant aux actions souscrites ; qu'aux termes des articles 75 et suivants, 244 et 389 de l'[AUSCGIE], le retard dans la libération de sa part ou la faute de n'avoir pas libéré ladite part n'enlève pas à l'actionnaire retardataire ou défaillant sa qualité de membre de la société ; qu'il s'en induit que l'on acquiert la qualité d'associé par le seul fait de souscrire des actions », l'arrêt critiqué ne s'est pas fondé uniquement sur la jurisprudence à tort critiquée ; ni l'article 42, ni l'article 51, ni l'article 389, al. 1, ni l'article 604 de l'AUSCGIE, n'ont dénié, de manière expresse, tout titre à quiconque n'a pas libéré ses parts à la date de la souscription ou de la constitution de la société. Ajoutant à la démonstration selon laquelle la demanderesse n'est pas associée unique, les juges d'appel ont donné une base légale à leur décision en soumettant le rachat de ses parts sociales à la formalité prévue à l'alinéa 2 de l'article 249 de l'AUSCGIE (CCJA, ass. plén., n° 080, 25-4-2014 : IBIKUNLE Karamatou c/ Sté CODA-BENIN, Ohadata J-15-171).

II. Subsistance de la qualité d'associé malgré la non-libération d'actions

La requérante qui a souscrit lors de la constitution d'une société 22 % des actions, dont le reste a été partagé entre les 6 autres actionnaires, ne peut prétendre que toutes les parts sociales sont concentrées entre ses mains. Même si elle s'était libérée de la totalité de ses actions, cela ne lui octroie aucunement la propriété exclusive de la société en cause et la cour d'appel, en se fondant sur les articles 75 et suivants, 244 et 389 de l'AUSCGIE pour décider que le retard dans la libération des parts ou le fait de ne pas avoir libéré ses parts n'enlève pas à l'actionnaire retardataire ou défaillant, sa qualité de membre de la société, n'a violé aucun texte (CCJA, ass. plén., n° 080, 25-4-2014 : IBIKUNLE Karamatou c/ Sté CODA-BENIN, Ohadata J-15-171).

III. Application de l'article 389 uniquement lors de la constitution

Il a été jugé que l'article 389 de l'AUSCGIE, qui accorde au souscripteur d'actions de société anonyme, ayant libéré le quart de la valeur des actions souscrites, un délai de trois ans à compter de l'immatriculation au RCCM pour libérer le reliquat du montant de la souscription, est une disposition applicable au moment de la constitution de la société ; lorsqu'il s'agit d'une souscription d'actions en cours de vie sociale à l'occasion d'une augmentation du capital, le texte applicable est l'article 774 de l'AUSCGIE ; cette disposition, reprenant le délai de trois ans prévu à l'article 389 du même Acte uniforme, prévoit cependant comme point de départ du délai de libération du surplus de la valeur des actions non libérées la date de souscription desdites actions (CCJA, 2ᵉ ch., n° 200/2021, 25-11-2021 : Seniran Auto SA c/ Sté TSE Afrique SA).

JURISPRUDENCE COMPARÉE

France
Défaut de libération intégrale des actions de numéraire avant transformation de la société anonyme en SARL

Aucun texte n'impose la libération totale du capital social avant la transformation d'une société anonyme en société à responsabilité limitée ; une telle transformation n'est pas critiquable dès lors que le capital de la société nouvelle est réduit au montant des versements déjà effectués et que ceux-ci ont été opérés dans le respect des exigences légales, c'est-à-dire au moment de la souscription du capital et pour moitié au moins de la valeur nominale des actions ; la transformation litigieuse a d'ailleurs été précédée du rapport du commissaire aux comptes imposé par les textes attestant que le montant des capitaux propres est au moins égal au montant du capital social (CA Paris 13-10-2009 n° 08/9898 : RJDA 4/10 n° 396).

Chapitre II

CONSTITUTION SANS APPORT EN NATURE ET SANS STIPULATION D'AVANTAGES PARTICULIERS

Section I • ÉTABLISSEMENT DES BULLETINS DE SOUSCRIPTION

Art. 390 La souscription des actions représentant des apports en numéraire est constatée par un bulletin de souscription établi par les fondateurs ou par l'un d'entre eux et daté et signé par le souscripteur ou par son mandataire, qui écrit en toutes lettres le nombre de titres souscrits.

JURISPRUDENCE OHADA

Absence de violation de l'article 390.

C'est à tort qu'il est reproché à un arrêt d'avoir violé les articles 390 et 391 de l'AUSCGIE, dès lors que la cour d'appel ayant confirmé l'ordonnance d'incompétence du premier juge, la décision rendue ne pouvait plus se prononcer sur le fond de l'affaire (CCJA, 2ᵉ ch., n° 229/2024, 11-7-2024).

Art. 391 [mod.] Le bulletin de souscription est établi en deux (2) exemplaires originaux, l'un pour la société en formation et l'autre pour le notaire chargé de dresser la déclaration de souscription et de versement.

Art. 392 [mod.] Le bulletin de souscription mentionne :

1°) la dénomination sociale de la société à constituer, suivie, le cas échéant, de son sigle ;

2°) la forme de la société ;

3°) le montant du capital social à souscrire en précisant la part du capital représentée par des apports en nature et celle à souscrire en numéraire ;

4°) l'adresse prévue du siège social ;

5°) le nombre d'actions émises et leur valeur nominale en désignant, le cas échéant, les différentes catégories d'actions créées ;

6°) les modalités d'émission des actions souscrites en numéraire ;

7°) le nom ou la dénomination sociale et l'adresse du souscripteur ainsi que le nombre de titres qu'il souscrit et les versements qu'il effectue ;

8°) l'indication du dépositaire chargé de conserver les fonds jusqu'à l'immatriculation de la société au registre du commerce et du crédit mobilier ;

9°) l'indication du notaire chargé de dresser la déclaration de souscription et de versement ;

10°) la mention de la remise au souscripteur, d'une copie du bulletin de souscription.

Section II • DÉPÔT DES FONDS ET CERTIFICAT DU DÉPOSITAIRE

Art. 393 [mod.] Les fonds provenant de la souscription des actions de numéraire sont déposés par les personnes qui les ont reçus, pour le compte de la société en formation, soit chez un notaire, soit dans un établissement de crédit ou de microfinance dûment agréé domicilié dans l'État partie du siège de la société en formation, sur un compte spécial ouvert au nom de cette société.

Le dépôt des fonds doit être fait dans un délai de huit (8) jours à compter de la réception des fonds.

Le déposant remet au dépositaire, au moment du dépôt des fonds, une liste mentionnant l'identité des souscripteurs et indiquant, pour chacun d'eux, le montant des sommes versées.

Le dépositaire est tenu, jusqu'au retrait des fonds, de communiquer la liste visée à l'alinéa 3 ci-dessus, à tout souscripteur qui, justifiant de sa souscription, en fait la demande. Le requérant peut en prendre connaissance et obtenir, à ses frais, la délivrance d'une copie.

JURISPRUDENCE COMPARÉE

France

Sur l'absence d'obligation pour le dépositaire d'ouvrir un compte à la société immatriculée, voir sous l'art. 313.

Art. 394 Sur présentation des bulletins de souscription et, le cas échéant, d'un certificat du dépositaire attestant le dépôt des fonds, le notaire affirme dans l'acte qu'il dresse, dénommé « déclaration notariée de souscription et de versement », que le montant des souscriptions déclarées est conforme au montant figurant sur les bulletins de souscription et que celui du versement est conforme au montant des sommes déposées en son étude ou, le cas échéant, figurant au certificat précité. Le certificat du dépositaire est annexé à la déclaration notariée de souscription et de versement.

Le notaire tient la déclaration notariée à la disposition des souscripteurs qui peuvent en prendre connaissance, et copie en son étude.

Section III • ÉTABLISSEMENT DES STATUTS

Art. 395 [mod.] Les statuts sont établis conformément aux dispositions de l'article 10 ci-dessus.

Art. 396 [mod.] Les statuts sont signés par tous les souscripteurs, en personne ou par mandataire spécialement habilité à cet effet, après l'établissement du certificat du dépositaire.

OBSERVATIONS

Le « certificat du dépositaire » remplace la « déclaration de souscription et de versement ».

Art. 397 [mod.] Les statuts doivent contenir les énonciations prévues à l'article 13 ci-dessus, à l'exception du 6° ci-après. Ils doivent indiquer en outre :

1°) le mode d'administration et de direction retenu ;

2°) selon le cas, soit les nom, prénoms, adresse, profession et nationalité des personnes physiques membres du premier conseil d'administration de la société ou représentants permanents des personnes morales membres du conseil d'administration, soit ceux de l'administrateur général ainsi que ceux du premier commissaire aux comptes et de son suppléant ;

3°) la dénomination sociale, le montant du capital et la forme sociale des personnes morales membres du conseil d'administration ;

4°) la forme des actions émises ;

5°) les clauses relatives à la composition, au fonctionnement et aux pouvoirs des organes de la société ;

6°) le cas échéant, les restrictions à la libre négociabilité et à la libre cession des actions, ainsi que les modalités de l'agrément et de la préemption des actions.

Section IV • RETRAIT DES FONDS

Art. 398 [mod.] Le retrait des fonds provenant des souscriptions en numéraire ne peut avoir lieu qu'après l'immatriculation de la société au registre du commerce et du crédit mobilier.

Il est effectué, selon le cas, par le président directeur général, le directeur général ou l'administrateur général, sur présentation au dépositaire du certificat du greffier ou de l'organe compétent de l'État partie attestant l'immatriculation de la société au registre du commerce et du crédit mobilier.

Tout souscripteur, six (6) mois après le versement des fonds, peut demander en référé à la juridiction compétente, la nomination d'un administrateur chargé de retirer les fonds pour les restituer aux souscripteurs, sous déduction de ses frais de répartition si, à cette date, la société n'est pas immatriculée.

OBSERVATIONS

Voir aussi sous article 314 les solutions relatives à la SARL et transposables.

JURISPRUDENCE COMPARÉE

France

Retrait des fonds

Est valable la désignation, par le président du tribunal de commerce statuant en référé, d'un mandataire de justice chargé de restituer aux souscripteurs les fonds qu'ils avaient versés pour la constitution d'une société dès lors que, malgré une mise en demeure, le président de cette société n'avait pas requis l'immatriculation de celle-ci au registre du commerce (CA Lyon 10-11-1983 : D. 1984 p. 123 note Reinhard).

Chapitre III

CONSTITUTION AVEC APPORT EN NATURE ET/OU STIPULATION D'AVANTAGES PARTICULIERS

Section I • PRINCIPE

Art. **Outre les dispositions non contraires du chapitre précédent, la constitution des sociétés anonymes est soumise aux dispositions du présent chapitre en cas d'apport en nature et/ou de stipulation d'avantage particulier.**

JURISPRUDENCE COMPARÉE

France

A. Qualification de l'avantage particulier

La stipulation d'un avantage particulier consiste à accorder un avantage pécuniaire personnel à un individu, actionnaire ou tiers qui lui confère un droit sur la société différent des droits détenus par les autres actionnaires (cf. Cass. civ. 6-3-1935 : DH 1935 p. 265).

B. Identification d'un avantage particulier

La transmission universelle du patrimoine d'une société consécutive à une fusion ne s'analyse pas à elle seule en un avantage particulier même si la société absorbante profitant de cette transmission est actionnaire majoritaire de la société absorbée (CA Douai 7-7-1994 : RJDA 12/94 n° 1297).

Section II • INTERVENTION DU COMMISSAIRE AUX APPORTS

Art. 400 [mod.] **Les statuts doivent nécessairement contenir l'évaluation de chaque apport en nature et la description des avantages particuliers stipulés ainsi que, le cas échéant leur évaluation.**

La valeur des apports en nature et/ou les avantages particuliers doivent être contrôlés par un commissaire aux apports.

Le commissaire aux apports, choisi sur la liste des commissaires aux comptes selon les modalités prévues aux articles 694 et suivants ci-après, est désigné à l'unanimité par les futurs associés ou, à défaut, par la juridiction compétente, à la demande des fondateurs de la société ou de l'un d'entre eux.

JURISPRUDENCE COMPARÉE

France

Voir aussi sous l'art. 312 les solutions relatives à la SARL et transposables.

Art. 401 [mod.] **Le commissaire aux apports élabore, sous sa responsabilité, un rapport qui décrit chacun des apports et/ou des avantages particuliers, en indique la valeur, précise le mode d'évaluation retenu et les raisons de ce choix, établit que**

la valeur des apports et/ou des avantages particuliers correspond au moins à la valeur du nominal des actions à émettre.

En cas d'impossibilité d'établir la valeur des avantages particuliers, le commissaire aux apports en apprécie la consistance et les incidences sur la situation des actionnaires.

Art. 402 [mod.] Le commissaire aux apports peut se faire assister, dans l'accomplissement de sa mission, par un ou plusieurs experts de son choix. Les honoraires de ces experts sont à la charge de la société, sauf clause contraire des statuts.

Art. 403 [mod.] Le rapport du commissaire aux apports est annexé aux statuts.

Lorsque la valeur retenue est différente de celle proposée par le commissaire aux apports, les actionnaires sont solidairement responsables pendant cinq (5) ans, à l'égard des tiers, de la valeur attribuée aux apports en nature.

L'obligation de garantie ne vise que la valeur des apports au moment de la constitution et non pas le maintien de cette valeur.

Section III • ASSEMBLÉE GÉNÉRALE CONSTITUTIVE

Art. 404 L'assemblée générale constitutive est convoquée à la diligence des fondateurs après l'établissement de la déclaration notariée de souscription et de versement des fonds.

La convocation est faite par lettre au porteur contre récépissé ou par lettre recommandée avec demande d'avis de réception portant mention de l'ordre du jour, du lieu, de la date et de l'heure de l'assemblée.

La convocation est adressée à chaque souscripteur, quinze jours au moins avant la date de l'assemblée.

Art. 405 L'assemblée ne délibère valablement que si les souscripteurs présents ou représentés possèdent au moins la moitié des actions. A défaut de quorum, il est adressé une deuxième convocation aux souscripteurs, six jours au moins avant la date fixée pour l'assemblée.

Sur deuxième convocation, l'assemblée ne délibère valablement que si les souscripteurs présents ou représentés possèdent au moins le quart des actions. A défaut de ce dernier quorum, l'assemblée doit se tenir dans un délai de deux mois à compter de la date fixée par la deuxième convocation. Les souscripteurs sont convoqués six jours au moins avant la date de l'assemblée.

Sur troisième convocation, l'assemblée ne délibère valablement que si les conditions de quorum visées à l'alinéa ci-dessus sont réunies.

Art. 406 L'assemblée statue à la majorité des deux tiers des voix dont disposent les souscripteurs présents ou représentés, sous réserve des dispositions des articles 409 et 410 paragraphe 2°) du présent Acte uniforme.

Il n'est pas tenu compte des bulletins blancs pour le calcul de la majorité.

Art. 407 L'assemblée est soumise aux dispositions non contraires des articles 529 et suivants du présent Acte uniforme, pour sa tenue, notamment pour la constitution de son bureau et les règles de représentation et de participation à l'assemblée.

Elle est présidée par l'actionnaire ayant le plus grand nombre d'actions ou, à défaut, par le doyen d'âge.

Art. 408 Chaque apport en nature et chaque avantage particulier doit faire l'objet d'un vote spécial de l'assemblée.

L'assemblée approuve ou désapprouve le rapport du commissaire aux apports sur l'évaluation des apports en nature et l'octroi d'avantages particuliers.

Les actions de l'apporteur ou du bénéficiaire d'avantages particuliers, même lorsqu'il a également la qualité de souscripteur en numéraire, ne sont pas prises en compte pour le calcul du quorum et de la majorité et l'apporteur ou le bénéficiaire d'avantages particuliers n'a pas voix délibérative ni pour lui-même, ni comme mandataire.

Art. 409 L'assemblée ne peut réduire la valeur des apports en nature ou des avantages particuliers qu'à l'unanimité des souscripteurs et avec le consentement exprès de l'apporteur ou du bénéficiaire.

Le consentement de l'apporteur ou du bénéficiaire doit être mentionné au procès-verbal lorsque la valeur attribuée aux biens apportés ou aux avantages particuliers stipulés est différente de celle retenue par le commissaire aux apports. Les actionnaires et les administrateurs ou l'administrateur général, selon le cas, sont solidairement responsables à l'égard des tiers pendant cinq ans, de la valeur attribuée aux apports et/ou aux avantages particuliers.

Art. 410 En outre, l'assemblée générale constitutive :

1°) constate que le capital est entièrement souscrit et que les actions sont libérées dans les conditions fixées aux articles 388 et 389 du présent Acte uniforme ;

2°) adopte les statuts de la société qu'elle ne peut modifier qu'à l'unanimité de tous les souscripteurs ;

3°) nomme les premiers administrateurs ou l'administrateur général, selon le cas, ainsi que le premier commissaire aux comptes ;

4°) statue sur les actes accomplis pour le compte de la société en formation, conformément aux dispositions de l'article 106 du présent Acte uniforme, au vu d'un rapport établi par les fondateurs ;

5°) donne, le cas échéant, mandat à un ou plusieurs membres du conseil d'administration ou à l'administrateur général, selon le cas, de prendre les engagements pour le compte de la société avant son immatriculation au registre du commerce et du crédit mobilier, dans les conditions fixées à l'article 111 du présent Acte uniforme.

Art. 411 Le procès-verbal de l'assemblée indique la date et le lieu de la réunion, la nature de l'assemblée, le mode de convocation, l'ordre du jour, le quorum, les résolutions soumises aux votes et, le cas échéant, les conditions de quorum et de vote pour chaque résolution et le résultat des votes pour chacune d'elles.

Il est signé, selon le cas, par le Président de séance et par un autre associé, ou par l'associé unique, et il est archivé au siège social, avec la feuille de présence et ses annexes.

Il indique, le cas échéant, l'acceptation de leurs fonctions par les premiers membres du conseil d'administration ou par l'administrateur général, selon le cas, ainsi que par le premier commissaire aux comptes.

Art. 412 Toute assemblée générale constitutive irrégulièrement convoquée peut être annulée dans les conditions prévues aux articles 242 et suivants du présent Acte uniforme.

Toutefois, l'action en nullité n'est pas recevable lorsque tous les actionnaires étaient présents ou représentés.

Art. 413 Les fondateurs de la société auxquels la nullité de l'assemblée constitutive est imputable et les administrateurs ou l'administrateur général, selon le cas, en fonction au moment où elle a été encourue, peuvent être déclarés solidairement responsables du dommage résultant pour les tiers de l'annulation de la société.

Sous-titre II • ADMINISTRATION ET DIRECTION DE LA SOCIETE ANONYME

• Chapitre I •
DISPOSITIONS GÉNÉRALES

Art. 414 Le mode d'administration de chaque société anonyme est déterminé de manière non équivoque par les statuts qui choisissent entre :
- la société anonyme avec conseil d'administration ;
- la société anonyme avec administrateur général.

La société anonyme peut, en cours de vie sociale, changer à tout moment son mode d'administration et de direction.

La décision est prise par l'assemblée générale extraordinaire qui modifie les statuts en conséquence.

Ces modifications sont publiées au registre du commerce et du crédit mobilier.

• Chapitre II •
SOCIÉTÉ ANONYME AVEC CONSEIL D'ADMINISTRATION

Art. 415 La société anonyme avec conseil d'administration est dirigée soit par un président-directeur général, soit par un président du conseil d'administration et un directeur général.

Jurisprudence comparée

France

Collège de censeurs

Est licite la présence de personnes ne souhaitant pas être administrateurs de la société et appelées « censeurs » organisés en « collèges » par les statuts et fournissant des conseils à la société ; et bien que les censeurs ne soient pas soumis au régime légal des administrateurs, ils doivent respecter la procédure de contrôle des conventions conclues avec la société anonyme (CA Aix 6-2-1975 : Bull. Cour d'Aix 1975/1 p. 48).

Section I • CONSEIL D'ADMINISTRATION

Sous-section I • COMPOSITION DU CONSEIL

Paragraphe I • NOMBRE ET DÉSIGNATIONS DES ADMINISTRATEURS

Art. 416 [mod.] La société anonyme peut être administrée par un conseil d'administration composé de trois (3) membres au moins et de douze (12) membres au plus, actionnaires ou non.

Observations

L'article 416 ne vise plus l'option offerte aux actionnaires, par l'ancien article 414, entre société anonyme avec conseil d'administration ou société anonyme avec administrateur général. Cette formule d'administration de la société anonyme n'est plus offerte comme une faculté ouverte à toutes les sociétés anonymes. Elle ne peut être adoptée que par celles comprenant un nombre d'actionnaires égal ou inférieur à trois (art. 494). La faculté de nommer des administrateurs non actionnaires, antérieurement prévue par l'article 417, est désormais mentionnée au présent article.

Jurisprudence comparée

I. France

Absence de conseil d'administration au-dessous de trois membres

Un conseil réduit à deux membres ne peut valablement donner son agrément à une cession d'actions comme l'exigent les statuts ni procéder à la nomination d'un président (Cass. com. 18-11-1974 : Rev. sociétés 1975 p. 273 note Y. Chartier).

II. États-Unis

A. Nombre d'administrateurs

Selon le droit des sociétés de l'État du Delaware, le nombre des administrateurs est déterminé conformément au règlement (bylaws : document privé rédigé par les actionnaires qui détaille notamment la manière dont la société va fonctionner) de la société, à moins que ce nombre soit précisé dans les statuts (certificate of incorporation : document public relativement court comprenant le nom de la société, son siège social, son objet, le nombre d'actions émises ainsi que le nom de la personne en charge des formalités ; ce document sera enregistré afin de donner naissance à la société), auquel cas le changement dans le nombre des administrateurs ne peut se faire qu'en modifiant les statuts (Stream TV networks, inc. V. Stream TV networks, inc., C.A. nº 2020-0310-JTL 8 décembre 2020).

Le règlement d'une société peut valablement prévoir que le conseil d'administration comprendra un ou plusieurs administrateurs, leur nombre devant être fixé par le conseil d'administration lui-même au fil du temps (Stream TV networks, inc. V. Stream TV networks, inc., C.A. nº 2020-0310-JTL 8 décembre 2020).

B. Administrateurs par intérim

Les statuts et le règlement de la société ne prévoyant pas la possibilité de nommer des administrateurs par intérim, les administrateurs nommés sont des administrateurs ordinaires (Stream TV networks, inc. V. Stream TV Networks, inc., C.A. nº 2020-0310-JTL 8 décembre 2020).

Art. 417 [mod.] Les statuts peuvent imposer que chaque administrateur soit propriétaire d'un nombre d'actions de la société qu'ils déterminent. Cette disposition ne s'applique pas dans le cas des salariés nommés administrateurs.

Tout administrateur qui, au jour de sa nomination, n'est pas titulaire du nombre d'actions requis par les statuts ou, en cours de mandat, cesse d'en être propriétaire, se trouve en infraction avec les dispositions de l'alinéa qui précède. Dans ce cas, il doit, dans les trois (3) mois de sa nomination ou si l'infraction survient en cours de mandat, dans les trois (3) mois de la date de la cession d'actions à l'origine de l'infraction, se démettre de son mandat. A l'expiration de ce délai, il est réputé s'être démis de son mandat et doit restituer les rémunérations perçues, sous quelque forme que ce soit, sans que puisse être remise en cause la validité des délibérations auxquelles il a pris part.

Les commissaires aux comptes veillent, sous leur responsabilité, à l'observation des dispositions du présent article et en révèlent toute violation dans leur rapport à l'assemblée générale annuelle.

Observations

Al. 1 : validité de la clause statutaire imposant aux administrateurs d'être propriétaires d'un nombre d'actions de la société qu'elle détermine, les administrateurs salariés en étant dispensés. Suppression de la mention relative aux administrateurs non-actionnaires déplacé à l'article 416.

Al. 2 : à défaut, l'administrateur est démis de son mandat au terme des délais fixés par le texte.
Al. 3 : surveillance et indication dans son rapport par le commissaire aux comptes de l'obligation de la clause imposant la propriété du minimun d'actions.

Jurisprudence comparée

États-Unis

A. Qualités d'un administrateur

Si les statuts ou le règlement de la société :
– ne prévoient pas que les administrateurs devront disposer de qualification spéciale, aucune qualification spécifique ne peut être requise (Stream TV networks, inc v. Seecubic, inc., in the Court of chancery of the state of Delaware, C.A. n° 2020-0310-JTL [2020]).
– prévoient que les administrateurs devront disposer de qualifications particulières, ces dernières doivent être raisonnables (Stream TV networks, inc v. Seecubic, inc., in the Court of chancery of the state of Delaware, C.A. n° 2020-0310-JTL [2020]).

B. Obligation de confidentialité

Imposer expressément une obligation de confidentialité aux administrateurs est superflu, puisque cette obligation découle de leurs obligations légales (Holdgreiwe v. Nostalgia network, Inc., 1993 WL 144604, [Del. Ch. Apr. 29, 1993]).

C. Obligation d'informer les actionnaires

La responsabilité d'un administrateur peut être engagée s'il a omis de fournir aux actionnaires toutes les informations importantes avant le vote sur une fusion (City trading fund v. Nye, 171 A.D.3d 508, 98 N.Y.S.3d 158, 2019 N.Y. Slip Op. 2789 [N.Y. App. Div. 2019]).
Un administrateur ne doit pas fournir aux actionnaires toutes les informations qu'il a à sa disposition mais uniquement celles qui sont importantes (City trading fund v. Nye, 171 A.D.3d 508, 98 N.Y.S.3d 158, 2019 N.Y. Slip Op. 2789 [N.Y. App. Div. 2019]).
Une information est importante si un actionnaire raisonnable l'aurait considérée comme importante pour décider de la manière dont il va voter (TSC Indus., Inc. v Northway, Inc., 426 US 438, 449 [1976]).

Art. 418 [mod.] Le nombre des administrateurs de la société anonyme peut être provisoirement dépassé, en cas de fusion avec une ou plusieurs sociétés, jusqu'à concurrence du nombre total des administrateurs en fonction depuis plus de six (6) mois dans les sociétés fusionnées, sans pouvoir être supérieur à vingt-quatre (24).

Les administrateurs décédés ou ayant cessé leurs fonctions ne peuvent être remplacés, de même que de nouveaux administrateurs ne peuvent être nommés, sauf lors d'une nouvelle fusion, tant que le nombre d'administrateurs en fonction n'a pas été ramené à douze (12).

Art. 419 Les premiers administrateurs sont désignés par les statuts ou, le cas échéant, par l'assemblée générale constitutive.

En cours de vie sociale, les administrateurs sont désignés par l'assemblée générale ordinaire.

Toutefois, en cas de fusion, l'assemblée générale extraordinaire peut procéder à la nomination de nouveaux administrateurs.

Toute nomination intervenue en violation des dispositions du présent article est nulle.

Jurisprudence comparée

I. États-Unis

A. Élection des administrateurs

1° Collège électoral

Conformément au droit des sociétés de l'État du Delaware, les administrateurs sont élus par les actionnaires, sauf pour pourvoir les vacances et lorsque la société crée un nouveau poste d'administrateur. En dehors de ces deux exceptions, la société ne peut pas nommer ou élire ses propres administrateurs, ces derniers doivent être élus par l'assemblée générale (Stream TV networks, inc. V. Stream TV networks, inc., C.A. n° 2020-0310-JTL 8 décembre 2020).

Si le règlement de la société est ambigu, ses termes doivent être interprétés dans le sens favorisant le droit de vote des actionnaires (Openwave Sys. Inc. v. Harbinger capital partners master fund I, Ltd., 924 A.2d 228, 239 [Del. Ch. 2007]).

2° Candidatures

a. Droit des actionnaires de candidater

Le droit des actionnaires de participer et de voter lors des assemblées inclut le droit de créer une liste de candidat pour la fonction d'administrateurs (Linton v. Everett, C.A. n° 15219, 1997 WL 441189, [Del.Ch. July 31, 1997]).

b. Dépôt des candidatures

En cas d'annonce d'un changement important dans la politique de la société après la date limite prévue pour se déclarer candidat au poste d'administrateur, cette date limite doit être levée et de nouveaux candidats doivent pouvoir se présenter (Hubbard v. Hollywood Park Realty Enterprises, Inc., 1991 WL 3151 [Del. Ch. Jan. 14, 1991]).

Il en sera ainsi lorsque les actionnaires apprennent, après la date limite de dépôt des candidatures, que la société négocie une joint-venture (Matter of Xerox Corp. Consol. Shareholder Litig, 2018 NY Slip Op 28137 [61 Misc 3d 176]).

B. Questions lors des assemblées

Conformément au droit du Delaware, les actionnaires peuvent librement poser des questions et faire des propositions lors de l'assemblée annuelle, sauf clause contraire dans le règlement de la société (Jana Master Fund, Ltd. v. CNET networks, Inc. – 954 A.2d 335 [Del. Ch. 2008]).

II. France

Nomination possible en toute assemblée

La nomination des administrateurs peut intervenir lors d'une quelconque assemblée générale ordinaire durant l'année et dans le cadre d'une assemblée générale extraordinaire conduite à remplacer un ou plusieurs administrateurs révoqués de manière inattendue (CA Rennes 25-2-1972 : JCP G 1972.II n° 17220 note Synvet).

Paragraphe II • DURÉE DU MANDAT DES ADMINISTRATEURS

Art. 420 [mod.] **La durée du mandat des administrateurs est fixée librement par les statuts sans pouvoir excéder six (6) ans en cas de nomination en cours de vie sociale et deux (2) ans, en cas de désignation par les statuts ou par l'assemblée générale constitutive.**

Jurisprudence comparée

I. États-Unis

Durée du mandat

Le règlement de la société peut valablement prévoir que la durée du mandat des administrateurs sera d'un an (Stream TV networks, inc. V. Stream TV networks, inc., C.A. n° 2020-0310-JTL 8 décembre 2020).

II. France

Point de départ de la durée du mandat

Solutions divergentes. Selon certaines décisions, la durée du mandat d'administrateur court à compter de la date d'acceptation de sa mission, c'est-à-dire à partir de la signature des statuts (Voir CA Paris 4-12-1997 : Bull. Joly 1998 p. 236 note P. Le Cannu ; CA Lyon 27-4-1998 n° 98/456 ; CA Paris 29-6-2001 n° 01/30113 : RJDA 1/02 n° 58).

Selon d'autres arrêts rendus par la Cour de cassation à propos de dirigeants mais transposables aux administrateurs, les dirigeants ne peuvent entrer en fonction avant l'acquisition de la personnalité morale par la société (Cass. com. 10-5-1984 : Rev. sociétés 1984 p. 835 note Honorat ; Cass. com. 9-4-1991 : RJDA 7/91 n° 595).

Paragraphe III • NOMINATION DU REPRÉSENTANT PERMANENT DE LA PERSONNE MORALE MEMBRE DU CONSEIL D'ADMINISTRATION ET DURÉE DE SES FONCTIONS

Art. 421 Une personne morale peut être nommée administrateur. Lors de sa nomination, elle est tenue de désigner, par lettre au porteur contre récépissé ou par lettre recommandée avec demande d'avis de réception adressée à la société, pour la durée de son mandat, un représentant permanent. Bien que ce représentant permanent ne soit pas personnellement administrateur de la société, il est soumis aux mêmes conditions et obligations et encourt les mêmes responsabilités civiles et pénales que s'il était administrateur en son nom propre, sans préjudice de la responsabilité solidaire de la personne morale qu'il représente.

Le représentant permanent peut ou non être actionnaire de la société.

JURISPRUDENCE OHADA

Distinction entre la personne morale administratrice d'une société et la personne physique qui la représente dans cette fonction

La révocabilité ad nutum du mandat d'administrateur d'une société anonyme est un droit discrétionnaire qui appartient à l'assemblée générale ordinaire de cette société. En cas de représentation d'une personne morale au conseil d'administration d'une société anonyme, le mandat d'administrateur est conféré à cette personne morale et non à la personne physique représentant cette personne morale qui n'est donc pas, selon l'article 421 de l'AUSCGIE, personnellement administrateur. En tant que représentant de la personne morale, cette personne physique peut, à tout moment, être révoquée par le mandant qui n'est soumis à aucun préalable de respect au principe du contradictoire ; la société administrée ne saurait être mise en cause dans cette révocation, car elle n'a aucun contrôle sur la nomination ou la révocation de ce représentant de la personne morale. Elle doit seulement être informée de la personne qui a été nommée ou révoquée en tant que représentant permanent de l'administrateur personne morale, ce qui a été fait en l'espèce ; ce mandat de représentation révoqué au sens de l'article 423 de l'AUSCGIE, ne doit pas être confondu avec le mandat social dont est investie la personne morale représentée et qui est prévu à l'article 422 du même Acte uniforme. La révocation du mandat qui lie la personne morale et son représentant est soumis aux dispositions du Code civil applicable en République Centrafricaine ; la révocation ad nutum du mandat de représentation de cette personne morale que l'on ne saurait reprocher à la défenderesse, n'est pas, en soi, constitutive d'une faute ou d'un abus de droit. Elle ne saurait l'être que si les circonstances qui l'accompagnent sont elles-mêmes fautives ; en tout état de cause, la cour d'appel qui a relevé l'absence de preuves suffisantes n'a, en rien, violé le texte sus-indiqué (CCJA, 2e ch., no 080/2021, 29-4-2021 : Nouganga Jean Baptiste c/ Commercial Bank Centrafrique SA).

JURISPRUDENCE COMPARÉE

France

A. Incompatibilité entre la nomination de la même personne à titre personnel et à titre de représentant permanent

Le greffier du tribunal de commerce peut refuser d'inscrire au RCS la nomination d'un administrateur représentant permanent d'une personne morale administrateur agissant à la fois personnellement et en qualité de représentant permanent d'une personne morale administrateur susceptible de fausser la procédure de délibération du conseil d'administration (CA Nancy 17-9-1998 : RJDA 8-9/99 no 946).

B. Attributions du représentant permanent

Le représentant permanent est seul compétent pour participer au nom de la société même occasionnellement aux réunions du conseil d'administration et ne peut être remplacé par le représentant de la société (Cass. com. 21-7-1975 : D. 1976 p. 207 note Gourlay).

C. Responsabilité du représentant permanent

Le représentant permanent peut être condamné seul ou solidairement avec la personne morale qu'il représente à supporter intégralement ou partiellement les dettes sociales de la société administrée faisant l'objet d'une procédure collective d'apurement du passif (Cass. com. 2-12-1986 : Bull. civ. IV n° 232 ; CA Paris 18-6-1991 : RJDA 3/92 n° 291).

Art. 422 Le représentant permanent exerce ses fonctions pendant la durée du mandat d'administrateur de la personne morale qu'il représente.

Lors de chaque renouvellement de son mandat, la personne morale doit préciser si elle maintient la même personne physique comme représentant permanent ou procéder, sur le champ, à la désignation d'un autre représentant permanent.

JURISPRUDENCE OHADA

La personne morale représentant une société au conseil d'une autre n'a aucun contrôle sur la nomination des représentants permanents

L'article 1165 du Code civil prévoit que les conventions n'ont d'effets qu'entre les parties qui les ont conclues. Selon l'article 421, al. 1 de l'AUSCGIE, la personne physique, représentant permanent d'une personne morale au sein du conseil d'administration d'une société anonyme n'est pas personnellement administrateur. Il résulte de la combinaison de ces textes que dans le cadre de la représentation d'une personne morale au sein du conseil d'administration d'une société, le mandat d'administrateur est conféré personnellement à cette personne morale et non à la personne physique qui ne fait que la représenter ; ce mandat par lequel la personne physique représente la personne morale au sein du conseil d'administration d'une société ne doit pas être confondu avec le mandat social dont est investie la personne morale représentée et qui est prévu à l'article 422 du même Acte uniforme. En l'espèce, les requérants, révoqués par lettre du ministre des finances du 22 juin 2017, avaient été désignés par la même autorité suivant lettre en date du 14 mars 2016 pour représenter la République Centrafricaine au conseil d'administration de la défenderesse ; en cette occasion, ils ne siégeaient pas au sein dudit conseil comme administrateur à titre personnel mais plutôt comme représentant de l'actionnaire administrateur qu'est la République Centrafricaine. La relation qui lie les demandeurs à leur mandant doit être distinguée de la relation sociale qui lie la société à son actionnaire ; si l'assemblée générale de la défenderesse est habilitée à nommer et à révoquer les membres du conseil d'administration par les articles 546, 3) de l'AUSCGIE et 37, 3) des statuts de cette société, ce pouvoir ne peut s'exercer que contre les administrateurs à titre personnel dont l'État Centrafricain lui-même, à l'exclusion des représentants d'une personne morale membre de la société qui ne peuvent être nommés et révoqués que par la personne morale elle-même conformément aux articles 421, 422 et 423 de l'AUSCGIE. La défenderesse, qui doit seulement être informée des personnes qui ont été nommées ou révoquées en tant que représentant permanent de l'État Centrafricain, n'a donc aucun contrôle sur la nomination ou la révocation desdits représentants permanents ; ainsi, en jugeant, sous le visa de l'article 1165 du Code civil qui pose le principe de l'effet relatif des contrats, que la défenderesse n'est qu'un tiers dans la relation entre les demandeurs et l'État Centrafricain qui les avait nommés comme représentants permanents et ensuite révoqués, la cour d'appel a fait une juste application du texte visé au moyen (CCJA, 2e ch., n° 080/2021, 29-4-2021 : Nouganga Jean Baptiste et deux autres c/ Commercial bank Centrafrique SA).

Art. 423 [mod.] Lorsque la personne morale révoque le mandat de son représentant permanent, elle est tenue de notifier sans délai, à la société, par lettre au porteur contre récépissé ou par lettre recommandée avec demande d'avis de réception, cette révocation ainsi que l'identité de son nouveau représentant permanent.

Il en est de même en cas de décès ou de démission du représentant permanent ou pour toute autre cause qui l'empêche d'exercer son mandat.

JURISPRUDENCE OHADA

Modalités de révocation du représentant par la personne morale qu'il représente

L'article 422, qui traite de la durée des fonctions du représentant permanent et du renouvellement de son mandat, doit être distingué de l'article 423 qui a pour objet d'organiser la procédure de révocation du représentant permanent par la personne morale qu'il représente. Lorsque le problème posé à la cour d'appel dans les conclusions invoquées était relatif à l'existence ou non d'un abus dans la révocation des requérants, ès-qualités de représentants permanents de l'État Centrafricain au conseil d'administration de la défenderesse, et que pour trancher cette question, l'arrêt attaqué a visé l'article 433 de l'AUSCGIE plus englobant qui dispose, en son alinéa 2, que « les administrateurs peuvent être révoqués à tout moment par l'assemblée générale ordinaire », en décidant, sous le visa de ce texte et celui des articles 2003 et 2004 du Code civil qui posent le principe de la libre révocabilité du mandat, que messieurs [X.], [Y.] et [Z.] étaient désignés en 2014 puis en 2016 pour représenter l'État au sein du conseil d'administration de la CBCA et pouvaient être remplacés à tout moment par leur mandant lorsqu'il y a rupture de confiance, l'arrêt attaqué, qui n'était pas tenu de répondre pour chaque article visé, a bien répondu à l'essence même des conclusions invoquées par la défenderesse (CCJA, 2e ch., n° 080/2021, 29-4-2021 : Nouganga Jean Baptiste et autres c/ Commercial bank Centrafrique SA).

Paragraphe IV • ÉLECTIONS

Art. 424 **Les modalités de l'élection des administrateurs sont librement fixées par les statuts qui peuvent prévoir une répartition des sièges en fonction des catégories d'actions. Toutefois, et sous réserve des dispositions du présent Acte uniforme, cette répartition ne peut priver les actionnaires de leur éligibilité au conseil, ni priver une catégorie d'actions de sa représentation au conseil.**

Les administrateurs sont rééligibles sauf stipulation contraire des statuts.

Toute nomination intervenue en violation des dispositions du présent article est nulle.

JURISPRUDENCE COMPARÉE

I. États-Unis

A. Qualification de l'administrateur de fait

Est administrateur de fait celui dont l'élection ou la nomination est invalide (Hockessin Cmty. Ctr., Inc. v. Swift, 59 A.3d, 437, (Del. Ch. 2012)), ce qui est notamment le cas si elle est contraire aux statuts ((Hockessin Cmty. Ctr., Inc. v. Swift, 59 A.3d 437 (Del. Ch. 2012)).

B. Engagement de la société

Les actes de l'administrateur de fait engagent la société à l'égard des tiers (President & Fellows of Harvard Coll. v. Glancy, 2003 WL 21026784, (Del. Ch. Mar. 21, 2003) ; Hockessin Cmty. Ctr., Inc. v. Swift, 59 A.3d, 437, (Del. Ch. 2012)).

C. Qualification de l'administrateur de fait

Lorsqu'un administrateur prend ses fonctions à la suite d'une élection irrégulière ou en violation des dispositions des statuts, il n'est qu'un administrateur de fait dont la nomination peut légitimement être attaquée par les actionnaires (Hockessin Cmty. Ctr., Inc. v. Swift, 59 A.3d 437 (Del. Ch. 2012)).

II. France

A. Validité d'une clause de répartition égalitaire des postes d'administrateur entre deux groupes d'actionnaires

La clause d'une convention prévoyant la répartition entre deux groupes d'actionnaires par moitié du capital et des postes d'administrateur a été reconnue valable dès lors qu'elle n'affectait pas la liberté de choix des actionnaires et la liberté de révocation à tout moment des administrateurs (Cass. com. 19-12-1983 n° 82-12.179 : Rev. sociétés 1985 p. 105 note Schmidt).

B. Vote bloqué

Lorsque la réélection d'un ou plusieurs administrateurs doit être votée en une seule résolution selon la décision du conseil d'administration, elle ne peut être divisée par le président en sous-résolutions proportionnelles au nombre d'administrateurs à réélire (T. com. Nantes 12-10-1972 : Gaz. Pal. 1973 II p. 780).

Art. 425 [mod.] Une personne physique, administrateur en nom propre ou représentant permanent d'une personne morale administrateur, ne peut appartenir simultanément à plus de cinq (5) conseils d'administration de sociétés anonymes ayant leur siège sur le territoire d'un même État partie.

Par dérogation aux dispositions du premier alinéa, ne sont pas pris en compte les mandats d'administrateur exercés par cette personne dans les sociétés contrôlées au sens de l'article 175 ci-dessus par la société dont elle est administrateur.

Toute personne physique qui, lorsqu'elle accède à un nouveau mandat, se trouve en infraction avec les dispositions du premier alinéa du présent article doit, dans les trois (3) mois de sa nomination, se démettre de l'un de ses mandats.

A l'expiration de ce délai, elle est réputée s'être démise de son nouveau mandat et doit restituer les rémunérations perçues, sous quelque forme que ce soit, sans que soit remise en cause la validité des délibérations auxquelles elle a pris part.

Art. 426 [mod.] Sauf clause contraire des statuts, un salarié de la société peut être nommé administrateur si son contrat de travail correspond à un emploi effectif. De même, un administrateur peut conclure un contrat de travail avec la société si ce contrat correspond à un emploi effectif. Dans ce cas, le contrat est soumis aux dispositions des articles 438 et suivants ci-après.

Jurisprudence OHADA

I. Nécessité d'un emploi effectif

Il résulte des articles 473 et 426 de l'AUSCGIE que le mandataire social qui se prétend également titulaire d'un contrat de travail, doit démontrer que ledit contrat correspond à un emploi effectif. C'est donc à tort qu'une cour d'appel a retenu « qu'au soutien de son action, [le défendeur] a produit un contrat de travail qui n'a pas été annulé par une décision devenue définitive » pour conclure à l'existence d'un contrat de travail entre les parties. En se déterminant ainsi, sans rechercher si le contrat de travail excipé remplissait les conditions fixées par les dispositions susvisées, la cour d'appel a méconnu lesdits textes et exposé son arrêt à la cassation (CCJA, 1e ch., n° 003, 12-2-2015 : BNI c/ AKOBE Georges Armand, Ohadata J-16-03).

En l'absence de preuve que, tant devant le premier juge que devant la cour d'appel, le défendeur a produit au dossier de la procédure un contrat de travail conforme aux dispositions de l'article 426 de l'AUSCGIE, le défendeur doit être considéré comme n'ayant eu qu'un mandat social révocable ad nutum conformément aux dispositions de l'article 492 de l'AUSCGIE. C'est donc en violation des dispositions combinées des articles 426, 486, al. 2, 487, 489 et 492 de l'AUSCGIE et de l'article 131 du Code du travail camerounais que la cour d'appel a admis la compétence des juridictions sociales pour connaître du litige, exposant ainsi son arrêt à la cassation. La cassation ainsi prononcée entraîne la cassation par voie de conséquence de l'arrêt n° 348/Soc. du 7 septembre 2012 également entrepris, sans qu'il y ait besoin d'examiner les autres moyens de cassation. Sur l'évocation, et pour les mêmes motifs que ceux ayant conduit à la cassation, il y a lieu de confirmer le jugement du tribunal statuant en matière sociale en ce qu'il a jugé qu'il n'y avait pas de contrat de travail entre les parties, que le défendeur a exercé un mandat social au sein de la société, que ce faisant, les dispositions du Code du travail ne pouvaient pas s'appliquer en l'espèce et que, par conséquent, c'est à mauvais droit que la juridiction sociale a été saisie (CCJA, 1e ch., n° 033/2016, 29-2-2016 : AES SONEL SA c/ Niat Njifenji Marcel, Ohadata J-16-235).

> Sur la primauté de la législation du travail en présence de plusieurs types de contrats, et la nullité du contrat de travail faisant obstacle à la libre révocation, voir sous l'article 492.

À la lecture combinée des articles 426, 438, 485 et 486 de l'AUSCGIE, il apparaît que le directeur général d'une société anonyme est lié à la société par un contrat de mandat et que le contrat de travail n'est envisagé que lorsqu'il correspond à un emploi effectif, distinct du travail accompli par ce directeur dans le cadre de ses attributions de dirigeant. En l'espèce, il est constant que monsieur [X.] occupait le poste de directeur général de la société demanderesse, suivant délibérations des conseils d'administration des 24 février 2005 et 28 juin 2013 ; qu'il a conclu avec ladite société, en date du 31 janvier 2007, un contrat de travail « en qualité de directeur général » ; qu'il ne ressort d'aucun élément du dossier que monsieur [X.] exerçait, en sus de son mandat de directeur général, un autre emploi effectif correspondant à un contrat de travail. En entérinant la compétence du tribunal de travail nonobstant l'inexistence d'un autre emploi occupé par monsieur [X.], la cour d'appel du Littoral a violé les dispositions visées au moyen et fait encourir la cassation à l'arrêt querellé. Sur l'évocation et pour les mêmes motifs que ceux ayant entraîné la cassation, tiré de la méconnaissance des articles 426 et suivants de l'AUSCGIE, il y a lieu d'infirmer le jugement rendu le 23 décembre 2015 par le tribunal de grande instance du Wouri à Douala sur la compétence, et, statuant à nouveau, de dire que la juridiction sociale est incompétente pour connaître du litige relatif à la révocation du directeur général de la société demanderesse par le conseil d'administration de celle-ci (CCJA, 2e ch., no 098/2020, 9-4-2020 : Société opérateur monétique Afrique c/ Sieur K. ; CCJA, 2e ch., no 108/2023, 27-4-2023).

Dans le même sens, relevant, en l'espèce, que :

– [X] occupait le poste de directeur général adjoint de la société [A.] SA suivant délibération du conseil d'administration du 28 septembre 2017, et qu'il ressort des éléments du dossier qu'en sus de son mandat de directeur général adjoint, il exerçait des fonctions salariées depuis le 1er mars 2018, soit près de six mois après sa nomination au poste de directeur général adjoint. Ainsi, la cour d'appel qui, pour soutenir l'existence d'un contrat de travail entre les parties, a retenu « qu'il est évident que les missions découlant de son contrat de travail et déterminées par son niveau de qualification professionnelle étaient distinctes de celles de directeur général adjoint ; qu'au regard de ce qui précède, l'argument tiré de l'absence des fonctions techniques distinctes évoqué par la société [A.] SA encourt rejet », n'a nullement violé les textes visés aux branches du moyen (CCJA, 1e ch., no 319/2024, 28-11-2024) ;

– [X] occupait le poste de directeur général adjoint de la société demanderesse, par décision du conseil d'administration datée du 15 avril 2019 ; et qu'en sus de son mandat de directeur général adjoint, il exerçait véritablement des fonctions salariées de directeur des financements structurés depuis le 5 avril 2018. Ainsi, la cour d'appel qui a indiqué que « faute pour l'intimé qui soutient que le contrat de travail a été suspendu de rapporter une preuve indubitable de cette suspension, il convient de dire que les deux contrats ont été exécutés cumulativement », pour retenir l'existence d'un contrat de travail entre les parties, n'a nullement violé les textes visés au moyen (CCJA, 2e ch., no 160/2024, 30-5-2024).

II. Réparation du préjudice résultant du refus de délivrer un certificat de travail

Le refus de délivrer un certificat de travail par une société à son ancien directeur général cause à ce dernier un préjudice certain résultant, notamment, de l'impossibilité pour lui de justifier de son expérience professionnelle. Ce préjudice doit être réparé mais il convient de s'en tenir à la somme allouée par le premier juge au titre des dommage intérêts lorsqu'elle apparaît juste et fondée (CCJA, 1e ch., no 003, 12-2-2015 : Banque Nationale d'Investissement dite BNI c/ AKOBE Georges Armand, Ohadata J-16-03).

JURISPRUDENCE COMPARÉE

France

A. Conditions de validité du contrat de travail d'un administrateur

1° Travail effectif et fonctions techniques

Le directeur général exerce un travail effectif lorsqu'il a conservé ses fonctio ns de direction technique et des achats et qu'il supervisait le laboratoire de recherche (Cass. soc. 30-10-2001 no 4463 : RJDA 4/02 no 386).

Obs. : la technicité des fonctions exercées dans le cadre du contrat de travail facilite la distinction entre le contrat de travail et le mandat social (voir sous les art. 325, 426 et 466). sur l'application de cette condition aux présidents-directeurs généraux, voir sous art. 466 ; aux directeurs généraux, voir sous l'art. 48).

Toutefois, le cumul du mandat social et du contrat de travail n'est pas admis dans les sociétés de petite taille qui dissocient rarement les fonctions techniques de fonctions générales (CA Paris 10-10-1989 : JCP E 1990.I no 19410).

B. Rémunération distincte

En règle générale, la fonction technique du salarié fait l'objet d'une rémunération distincte de celle du mandat social ; sur cette rémunération, voir sous les art. 325 et 466.

Art. 427 **La désignation des administrateurs doit être publiée au registre du commerce et du crédit mobilier.**

La désignation du représentant permanent est soumise aux mêmes formalités de publicité que s'il était administrateur en son nom propre.

Jurisprudence comparée

France

Irrecevabilité d'un administrateur à se prévaloir du défaut de publicité de sa nomination

L'omission de publier les nominations d'administrateurs les rendant opposables aux tiers ne saurait être invoquée par un administrateur pour ne pas assumer les responsabilités attachées à ses fonctions (Cass. com. 26-1-1988 : Rev. sociétés 1988 p. 284 note Chaput).

Art. 428 [mod.] Les délibérations prises par un conseil d'administration irrégulièrement constitué sont nulles.

Observations

Suppression du second alinéa qui indiquait que le sort des délibérations d'un conseil d'administration irrégulièrement constitué est réglé conformément aux dispositions de l'art. 242.

Jurisprudence OHADA

Composition irrégulière du conseil

Incompétence du juge des référés. Le juge des référés est incompétent lorsque les demandes dont il est saisi portent sur des objets qui, en raison de leur variété et complexité, l'obligeraient à préjudicier au fond du litige. Il en est ainsi notamment lorsque les demandes portent, entre autres, sur l'annulation du conseil d'administration d'une société pour composition irrégulière, la nomination d'un administrateur provisoire, la saisie conservatoire de biens de la société (CA Abidjan (Côte d'Ivoire), 5e ch. civ. et com. A, no 823, 26-7-2005 : M. L. c/ S. M., Ohadata J-08-30).

Obs. : cette décision ne vise pas expressément l'art. 428.

Jurisprudence comparée

France

Sanctions civiles des irrégularités de nomination

L'annulation des nominations contraires aux règles applicables entraîne également la nullité des délibérations faites en présence des administrateurs irrégulièrement désignés même si ces délibérations ont satisfait, indépendamment de ces administrateurs, aux conditions de quorum et de majorité exigées (Cass. com. 24-4-1990 : Bull. civ. IV no 125).

Paragraphe V • VACANCE DE SIÈGES D'ADMINISTRATEUR

Art. 429 [mod.] En cas de vacance d'un ou de plusieurs sièges d'administrateur, par décès ou par démission, le conseil d'administration peut désigner, entre deux assemblées, de nouveaux administrateurs.

Lorsque le nombre des administrateurs est devenu inférieur au minimum statutaire, le conseil d'administration doit, dans le délai de trois (3) mois à compter du jour où se produit la vacance, nommer de nouveaux administrateurs en vue de compléter son effectif. Les délibérations du conseil prises durant ce délai demeurent valides.

Lorsque le nombre des administrateurs est devenu inférieur au minimum légal, les administrateurs restants doivent convoquer immédiatement l'assemblée générale ordinaire en vue de compléter l'effectif du conseil d'administration.

Lorsque le conseil néglige de procéder aux nominations requises, ou de convoquer l'assemblée générale à cet effet, tout intéressé peut demander, par requête à la juridiction compétente, la désignation d'un mandataire chargé de convoquer l'assemblée générale ordinaire, à l'effet de procéder aux nominations prévues au présent article ou de les ratifier.

La vacance et les nominations de nouveaux administrateurs ne prennent effet qu'à l'issue de la séance du conseil d'administration tenue à cet effet.

Les nominations par le conseil d'administration de nouveaux administrateurs sont soumises à la ratification de la plus prochaine assemblée générale ordinaire.

En cas de refus par l'assemblée générale ordinaire d'entériner les nouvelles nominations, les décisions prises par le conseil d'administration demeurent valides et produisent tous leurs effets à l'égard des tiers.

Observations

Al. 2 : suppression de « ou lorsque le nombre des administrateurs actionnaires de la société est inférieur aux deux tiers des membres du conseil d'administration ».

Jurisprudence comparée

France

A. Nombre d'administrateurs inférieur au minimum légal

La réduction du nombre d'administrateur en dessous du seuil minimal légal entraîne la disparition du conseil d'administration et limite les pouvoirs des administrateurs à la convocation exclusive de l'assemblée générale (Cass. com. 18-11-1974 : Bull. civ. IV n° 288 sol. Implicite) ; ils ne sauraient inscrire à l'ordre du jour de l'assemblée des questions autres que celle relative à la nomination de nouveaux administrateurs (en sens contraire cependant, CA Paris 22-3-1977 : D. 1978 p. 157 note Gourlay).

B. Ratification par l'assemblée générale ordinaire

La cooptation par les administrateurs admise en cas de vacance ou de démission d'un ou plusieurs administrateurs et ratifiée par l'assemblée « laquelle est la véritable détentrice du pouvoir de désignation » des administrateurs, efface les irrégularités éventuelles intervenues lors de la cooptation (CA Amiens 10-3-1977 : D. 1978 p. 198 note Bousquet).

Paragraphe VI • RÉMUNÉRATION

Art. 430 [mod.] Hors les sommes perçues dans le cadre d'un contrat de travail, les administrateurs ne peuvent recevoir, au titre de leurs fonctions, aucune autre rémunération, permanente ou non, que celles visées aux articles 431 et 432 ci-après.

Les dispositions du présent article ne visent pas les dividendes qui sont régulièrement répartis entre les actionnaires.

Toute décision prise en violation du premier alinéa du présent article est nulle.

Observations

Antérieurement, « toute clause statutaire contraire (était) réputée non écrite » tandis que « toute décision contraire (était) nulle ».

Art. 431 [mod.] L'assemblée générale ordinaire peut allouer aux administrateurs, en rémunération de leurs activités, à titre d'indemnité de fonction une somme fixe annuelle qu'elle détermine souverainement.

Les administrateurs ayant la qualité d'actionnaire peuvent prendre part au vote de l'assemblée et leurs actions sont prises en compte pour le calcul du quorum et de la majorité.

Sauf clause contraire des statuts, le conseil d'administration répartit librement les indemnités de fonction entre ses membres.

Le conseil d'administration peut allouer aux administrateurs, membres des comités prévus par l'article 437 ci-après, une part supérieure à celle des autres administrateurs.

JURISPRUDENCE COMPARÉE

France

Répartition de jetons de présence

La répartition des jetons de présence par le conseil d'administration n'est pas prévue à peine de nullité et elle peut donc être effectuée par le président lui-même proportionnellement à la durée d'exécution du mandat de chaque administrateur conformément aux usages (CA Paris 28-9-1990 : D. 1990 IR 269).

Art. 432 [mod.] Le conseil d'administration peut également allouer à ses membres, des rémunérations exceptionnelles pour les missions et mandats qui leurs sont confiés, ou autoriser le remboursement des frais de voyage, déplacements et dépenses engagées dans l'intérêt de la société sous réserve des dispositions des articles 438 et suivants ci-après.

Ces rémunérations et ces frais donnent lieu à un rapport spécial du commissaire aux comptes à l'assemblée.

JURISPRUDENCE OHADA

Rétablissement de la rémunération exceptionnelle injustement supprimée

La cour d'appel qui, pour infirmer le jugement annulant la décision du conseil d'administration qui a alloué au défendeur l'indemnité contestée, a retenu qu'il résulte des dispositions des articles 430 et 432 de l'AUSCGIE que cet organe peut valablement accorder pareille indemnité, en spécifiant que lesdites dispositions « ne font aucunement mention de l'exigence d'un écrit indiquant avec précision le contenu des missions et mandats » confiés à un administrateur, a fait une exacte application des textes visés au moyen en réformant la décision du tribunal de commerce qui avait estimé injustifiée cette rémunération exceptionnelle. Il en est ainsi, d'une part, car il en ressort que l'unanimité des membres du conseil d'administration, dûment évoquée dans le procès-verbal du 15 avril 2010, prouve à suffisance l'existence de la mission confiée au défendeur ; et d'autre part, car cette mission a été amplement justifiée par la société demanderesse elle-même en ce qu'elle a exécuté, sans discontinuer pendant 20 mois, les engagements librement pris par son conseil d'administration, avant de les rompre brutalement et unilatéralement en septembre 2011, bien avant la session du même conseil du 18 octobre 2011 qui ne fit qu'entériner cette rupture (CCJA, 2e ch., no 008/2022, 20-1-2022 : Société Aeria c/ Simplice de Messe Zinsou).

JURISPRUDENCE COMPARÉE

France

A. Interdiction d'une rémunération permanente

Puisque les rémunérations exceptionnelles sont ponctuelles et *correspondent* à des tâches nettement définies, l'octroi d'une rémunération régulière, mensuelle et forfaitaire rémunérant une activité de conseiller commercial encourt la nullité et oblige l'administrateur à restituer les sommes indûment perçues (TGI Alençon 22-7-1981 : BRDA 22/81 p. 19).

B. Refus d'une indemnité pour enrichissement sans cause

L'administrateur ne peut exiger le versement d'une indemnité pour les fonctions assumées sur le fondement de l'enrichissement sans cause de la société (Cass. com. 16-5-1995 : RJDA 10/95 no 1112).

Paragraphe VII • FIN DES FONCTIONS D'ADMINISTRATEUR

Art. 433 [mod.] Sauf en cas de décès ou cessation des fonctions, les fonctions des administrateurs se terminent à la fin de l'assemblée générale ordinaire ayant statué sur les comptes de l'exercice et tenue dans l'année au cours de laquelle expire leur mandat.

Les administrateurs peuvent être révoqués à tout moment par l'assemblée générale ordinaire.

Observations

La démission de l'administrateur n'est plus formellement visée ; elle correspond certes à une des hypothèses de « cessation des fonctions » ; compte tenu de ce que cette cessation n'est acquise qu'« à la fin de l'assemblée générale ordinaire ayant statué sur les comptes de l'exercice et tenue dans l'année au cours de laquelle expire leur mandat », la démission sur-le-champ est abusive, sauf, comme il est de droit commun, force majeure ou obligation légale, telle celle visée à l'article 417.

Jurisprudence comparée

I. États-Unis

A. Démission verbale

La démission d'un administrateur peut être faite verbalement. S'il n'est pas nécessaire que ce dernier dise spécifiquement « je démissionne », il est indispensable que ses paroles ne laissent aucun doute sur sa volonté de démissionner (Oracle P'rs, L.P. v. Biolase, Inc., 2014 WL 2120348, (Del. Ch. May 21, 2014)).

Un administrateur démissionne verbalement lorsqu'il dit sans équivoque qu'il n'en peut plus, qu'il veut se retirer (*wanted out*), qu'il va retourner dans son Texas et y créer sa propre entreprise (General Video Corporation v. Kertesz, C.A. nº 1922-VCL (Del. Ch. Dec. 17, 2008)).

B. Effets de la démission

La démission d'un administrateur prend effet dès sa remise à moins qu'elle ne spécifie une date d'effet postérieure (Dionisi v. De Campli, 1995 WL 398536, (Del. Ch. June 28, 1995)).

II. France

A. Renouvellement des fonctions d'administrateur

1º Inscription à l'ordre du jour de l'assemblée

L'expiration du mandat d'administrateur contraint le conseil d'administration à inscrire à l'ordre du jour de la prochaine réunion de l'assemblée le sort du poste vacant même si le nombre d'administrateurs restants se situe dans la fourchette statutaire du nombre d'administrateurs (Cass. com. 7-11-1989 : Bull. civ. IV nº 284), sans toutefois être obligé de proposer à la réélection de l'administrateur sortant (Cass. com. 7-11-1989 précité ; CA Paris 1-4-1992 : RJDA 10/92 nº 925).

2º Absence de droit au renouvellement

Les administrateurs qui n'ont aucun droit au renouvellement de leurs fonctions ne peuvent pas invoquer un abus de droit du conseil d'administration qui omet de proposer leur renouvellement à l'assemblée (CA Paris 7-9-2004 nº 03/7479 : RJDA 2/05 nº 156).

3º Abus du droit commis à l'occasion du refus de renouvellement

Les modalités du renouvellement du mandat d'administrateur constituent un abus de droit si elles sont mises en œuvre dans des circonstances vexatoires ou injurieuses pour l'administrateur visé n'ayant pu s'exprimer et répondre aux observations formulées à son égard ; l'administrateur n'ayant pas été renouvelé de son mandat doit être indemnisé par l'actionnaire majoritaire ayant volontairement participé à ces agissements (non-renouvellement abusif) « en s'affranchissant des règles élémentaires » (CA Paris 27-10-1995 : Bull. Joly 1996 p. 45).

B. Révocation d'un administrateur

1º Liberté de révocation

Les actionnaires qui décident de révoquer un actionnaire n'ont pas à motiver leur décision puisque le droit de décider la révocation dépend de leur volonté, ce qui se traduit par la formule traditionnelle de « révocation ad nutum » (Cass. com. 3-11-1985 : Bull. civ. IV nº 6).

La révocation peut être décidée en assemblée générale ordinaire et même en assemblée générale extraordinaire (CA Rennes 25-2-1972 : JCP 1972.II nº 17220 note Synvet ; CA Paris 15-3-1990 : BRDA 14/90 p. 18).

2° Révocation frauduleuse

Comme tout droit celui-ci est annihilé en cas de révocation frauduleuse ; ainsi de la décision de révocation de l'assemblée générale prise uniquement afin de favoriser l'intérêt des actionnaires majoritaires et de nuire à l'intérêt social (Cass. com. 6-6-1990 : Bull. civ. IV n° 171), telle celle de révoquer l'administrateur d'une société de haute couture, principal animateur de celle-ci et de nommer d'autres administrateurs en vue de permettre à un actionnaire majoritaire récemment évincé de son poste de président-directeur général de poursuivre la direction de la société (CA Paris 2-7-2002 n° 01/19901 : RJDA 1/03 n° 35, condamnant à l'indemnisation du préjudice subi par l'administrateur révoqué).

3° Nullité des clauses restreignant le droit de révocation

Sont nulles les clauses visant à limiter la révocation ad nutum dans certains cas et allouant une indemnité importante à l'administrateur révoqué (CA Paris 30-4-1987 : Bull. Joly 1987 p. 626), telle celle créant au profit de l'administrateur révoqué un engagement de rachat d'actions hormis le cas où l'engagement ne s'avère pas très onéreux n'influant donc pas sur la décision de révocation (Cass. com. 7-2-1989 : Bull. civ. IV n° 58).

4° Indemnisation des révocations intempestives

La révocation est injurieuse et vexatoire lorsqu'elle est accompagnée de circonstances portant atteinte à la réputation ou à l'honneur du dirigeant révoqué ou lorsqu'elle a été décidée brutalement sans respecter le principe de la contradiction, ces règles affirmées à propos du directeur général étant transposable à la révocation des administrateurs conforme au droit commun de la réparation du préjudice fautif (Cass. com. 3-1-1996 n° 58 : RJDA 4/96 n° 514 ; Cass. com. 24-2-1998 n° 564 : RJDA 6/98 n° 740, 1e esp.).

Les juges ont notamment :

– obligé un administrateur à répondre avec la société du préjudice causé à un autre administrateur non renouvelé dans des circonstances abusives (CA Paris 27-10-1995 : Bull. Joly 1996 p. 45) ;

– retenu la responsabilité d'un actionnaire majoritaire ayant décidé de manière intempestive la révocation d'un administrateur sans respecter un accord conclu entre eux (Cass. com. 19-12-1983 : Rev. sociétés 1985 p. 105 note Schmidt).

N'a pas été sanctionnée la révocation d'un administrateur qui avait refusé d'assister à la réunion du conseil d'administration ayant précédé l'assemblée générale qui avait décidé son éviction qu'à cette dernière, l'administrateur s'étant de lui-même exclu des débats il ne pouvait donc pas se plaindre de ne pas avoir pu présenter ses observations. (Cass. com. 10-7-2012 n° 11-23.280 : BRDA 1/12 inf. 4).

5° Interdiction pour la société de faire état de l'administrateur révoqué ès qualités

La société peut être à la demande de l'administrateur condamnée sous « astreinte » à modifier le procès-verbal de l'assemblée générale mentionnant le titre d'un administrateur ès qualités et pourtant déjà révoqué à la date de cette assemblée (CA Paris 15-3-2002 n° 00/6560 : RJDA 8-9/02 n° 894).

C. Démission de l'administrateur

La démission volontaire est caractérisée par :

– un acte positif de l'administrateur et pas seulement par une abstention durable d'exercice de ses fonctions (Cass. com. 13-3-1979 : Rev. sociétés 1979 p. 828 note Merle) ;

– un acte libre même non justifié par l'administrateur (Cass. soc. 6-5-1982 : Rev. sociétés 1982 p. 523 note P. Le Cannu).

Obs. : voir aussi sous art. 327.

Art. 434 [mod.] La cessation des fonctions d'un administrateur doit être publiée au registre du commerce et du crédit mobilier.

Sous-section II • ATTRIBUTIONS DU CONSEIL D'ADMINISTRATION

Paragraphe I • ÉTENDUE DES POUVOIRS

Art. 435 [mod.] Le conseil d'administration détermine les orientations de l'activité de la société et veille à leur mise en œuvre. Sous réserve des pouvoirs expressément attribués aux assemblées d'actionnaires et dans la limite de l'objet social, il se saisit de toute question intéressant la bonne marche de la société et règle par ses délibérations les affaires qui la concernent.

Le conseil d'administration procède aux contrôles et vérifications qu'il juge opportuns.

Le président du conseil d'administration de la société est tenu de communiquer à chaque administrateur tous les documents et informations nécessaires à l'accomplissement de sa mission.

Les clauses des statuts ou délibérations de l'assemblée générale limitant les pouvoirs du conseil d'administration sont inopposables aux tiers de bonne foi.

JURISPRUDENCE COMPARÉE

I. États-Unis

A. Intangibilité des pouvoirs du conseil d'administration et nullité des modifications statutaires à une majorité qualifiée

Le conseil d'administration (board of directors) ne peut pas être dépouillé de ses pouvoirs au profit du président ; la décision qui investit le président des pouvoirs du conseil est nulle ; en conséquence, le président ne peut se prévaloir de la modification statutaire qui l'a investi de ces pouvoirs pour agir au nom de la société afin d'empêcher sa dissolution demandée par les autres associés pour expiration de la durée de la société (Roach et The Legal Center, Inc. v. Bynum, Supreme Court of Alabama, 403 So. 2d 187 (1981)).

B. Création de comités

Le règlement d'une société peut valablement autoriser le conseil d'administration à créer tous les comités qu'il jugera utile (Stream TV networks, inc. V. Stream TV networks, inc., C.A. nº 2020-0310-JTL 8 décembre 2020).

II. France

A. Caractère collégial du conseil d'administration

En tant qu'organe collégial, le conseil d'administration dispose de pouvoirs qui sont conférés indépendamment de la personnalité de ses membres et qui sont transmis aux nouveaux administrateurs régulièrement nommés (CA Paris 13-4-1934 : Sem. Jur. 1934. 846).

B. Valeur contraignante des décisions du conseil pour les directeurs généraux

Lorsque le conseil a décidé de relever le commissaire aux comptes de ses fonctions, le directeur général est tenu d'exécuter (Cass. com. 3-10-2006 nº 1098 : RJDA 2/07 nº 170) ; à défaut, il peut être condamné sous astreinte à exécuter la décision (T. com. Bordeaux 2-1-2003 : RJDA 11/03 nº 1084).

Art. 436 [mod.] Dans ses rapports avec les tiers, la société est engagée, y compris par les décisions du conseil d'administration qui ne relèvent pas de l'objet social, dans les conditions et limites fixées à l'article 122 ci-dessus.

Art. 437 [mod.] Le conseil d'administration peut confier à un ou à plusieurs de ses membres tous mandats spéciaux pour un ou plusieurs objets déterminés.

Il peut décider la création de comités composés d'administrateurs chargés d'étudier les questions que lui-même ou son président soumet, pour avis, à leur examen. Il fixe la composition et les attributions des comités qui exercent leur activité sous sa responsabilité.

Lors de la création d'un comité, le conseil d'administration peut décider que le comité peut recueillir l'avis d'experts non administrateurs.

JURISPRUDENCE OHADA

Validité des actes passés par un membre du conseil d'administration : caractère non obligatoire du mandat spécial

Il ressort de l'article 437 de l'AUSCGIE que le conseil d'administration peut donner à un ou plusieurs membres un mandat spécial pour examiner une question spécifique. Le mandat spécial n'est pas une condition de validité des actes passés par le membre du conseil d'administration. La cour d'appel, en se fondant sur les dispositions de l'article 121 du même Acte uniforme déterminant les pouvoirs des dirigeants sociaux qui peuvent engager la société sans avoir à justifier d'un mandat spécial, n'a pas violé l'article visé au moyen (CCJA, ass. plén., nº 078, 29-4-2015 : Sté NETSURE, Sabo dite Ndèye DIAGNE épouse DIOP c/ Banque Sahélo-Saharienne pour l'Investissement et le Commerce dite BSIC, Ohadata J-16-79).

Paragraphe II • CONVENTIONS RÉGLEMENTÉES

Art. 438 [mod.] Doivent être soumises à l'autorisation préalable du conseil d'administration :

– toute convention entre une société anonyme et l'un de ses administrateurs, directeurs généraux ou directeurs généraux adjoints ;

– toute convention entre une société et un actionnaire détenant une participation supérieure ou égale à dix pour cent (10 %) du capital de la société ;

– toute convention à laquelle un administrateur, un directeur général, un directeur général adjoint ou un actionnaire détenant une participation supérieure ou égale à dix pour cent (10 %) du capital de la société est indirectement intéressé ou dans laquelle il traite avec la société par personne interposée ;

– toute convention intervenant entre une société et une entreprise ou une personne morale, si l'un des administrateurs, le directeur général, le directeur général adjoint ou un actionnaire détenant une participation supérieure ou égale à dix pour cent (10 %) du capital de la société est propriétaire de l'entreprise ou associé indéfiniment responsable, gérant, administrateur, administrateur général, administrateur général adjoint, directeur général, directeur général adjoint ou autre dirigeant social de la personne morale contractante.

JURISPRUDENCE OHADA

I. Convention d'assistance juridique avec un avocat

La convention d'assistance juridique signée entre une société et un avocat n'est pas une « convention réglementée » et ne rentre pas dans le domaine d'application de l'article 438 de l'AUSCGIE. La décision ayant rejeté la demande en annulation de ladite convention doit être confirmée, dès lors que l'avocat a fait la preuve de ses diligences dans le suivi des dossiers de la société (CA Abidjan (Côte d'Ivoire), 1e ch. civ. et com., nº 650, 24-6-2005 : Sté Ash International Disposal, M. K. c/ Me J. A., Juris-Ohada nº 2/2007, p. 38, Ohadata J-08-81).

II. Autorisation non nécessaire pour une opération courante

S'il est constant que la convention passée par la demanderesse, alors directeur général de la société ITCA SA, avec la société Lepaci, entre dans le champ de l'article 438 de l'AUSCGIE, sur les conventions règlementées, il reste qu'en raison de la présence du père de celle-ci dans le capital de la société Lepaci, l'autorisation du conseil d'administration prévue par ce texte n'est plus nécessaire en vertu des dispositions de l'article 439 du même Acte uniforme lorsque la convention porte sur des opérations courantes de la société et est conclue à des conditions normales. Il ressort du même texte que les opérations courantes sont celles effectuées par une société, d'une manière habituelle, dans le cadre de ses activités, et les conditions normales, celles qui sont appliquées pour des conventions semblables, non seulement par la société en cause, mais aussi par les autres sociétés du même secteur d'activités. En l'espèce, il résulte de l'arrêt attaqué que la société ITCA SA, dont l'objet consiste, entre autres, à s'approvisionner en caoutchouc brut auprès d'autres sociétés, était dans cette relation d'affaires avec la société Lepaci, depuis courant année 2009, soit cinq ans avant la désignation de la demanderesse comme directeur général de la société ITCA SA. Aucune allégation ni preuve n'a été rapportée que cette dernière a poursuivi cette relation, déjà existante, à des conditions plus favorables au fournisseur, la société Lepaci, à celles que lui appliquait antérieurement le client, la société ITCA SA qu'elle dirigeait ; il n'est pas non plus établi que lesdites conditions étaient différentes de celles que pratiquait le client avec ses autres fournisseurs ; dans ces conditions, en se méprenant sur la nature de la convention incriminée, puis en décidant que la demanderesse devait obtenir l'autorisation préalable du conseil d'administration de la société ITCA SA, la cour d'appel n'a pas tiré les conséquences de ses propres constatations, violant ainsi, par fausse application, les dispositions du texte visé au moyen ; celui-ci étant fondé, l'arrêt doit être cassé (CCJA, 1e ch., nº 098/2021, 27-5-2021 : Lohoues Nome Karine c/ Gunther Robert Meyer).

Obs. : Sur la nécessité de caractériser les conséquences dommageables d'une convention conclue sans autorisation préalable pur une société, voir sous l'article 444.

JURISPRUDENCE COMPARÉE

I. États Unis

A. Ratification d'une convention entre la société et les administrateurs

1° Effets de la ratification

Dans l'État du Delaware, une convention conclue entre la société et les administrateurs ne peut pas être remise en cause et la responsabilité des administrateurs ne peut pas être engagée si elle a été ratifiée par des actionnaires indépendants et dûment informés, sauf à démontrer un acte anormal (corporate waste) (Lewis v. Vogelstein, 699 A.2d 327 (Del. Ch. 1997)).

2° Conditions de la ratification

Afin que la ratification par les actionnaires soit valide, il est nécessaire que les administrateurs leur dévoilent, préalablement à la ratification, toutes les informations pertinentes relatives à la convention en cause (Lewis v. Vogelstein, 699 A.2d 327 (Del. Ch. 1997)).

3° Charge de la preuve en cas de contestation de la convention

Lorsque la convention conclue entre la société et des administrateurs a été ratifiée par des actionnaires indépendants et informés, les administrateurs sont dispensés de prouver que la convention est équitable (fair). Il appartient alors aux actionnaires contestant cette convention de démontrer que cette dernière constitue un acte anormal (corporate waste) (Gottlieb v. Heyden Chemical Corporation, 33 Del. Ch. 177, 91 A.2d 57 (1952).

4° Justifications juridiques

Dans l'État du Delaware, la possibilité pour les actionnaires de ratifier a posteriori une convention conclue entre la société et ses administrateurs découle des règles relatives à la fiducie (Lewis v. Vogelstein, 699 A.2d 327 (Del. Ch. 1997)).

B. L'exception de l'acte anormal

L'acte anormal (corporate waste) est un acte pour lequel la contrepartie offerte en échange des biens de la société est tellement disproportionnée qu'aucune personne raisonnable ne l'aurait acceptée (Saxe v. Brady, 184 A.2d 602 (Del. Ch. 1962).

Lorsque des actionnaires allèguent un acte anormal, le rôle du juge se limite à rechercher si la valeur de ce que la société a reçu en échange de ce qu'elle a donné est tellement insuffisante qu'aucune personne ayant le sens des affaires ne l'aurait acceptée (Saxe v. Brady, 184 A.2d 602 (Del. Ch. 1962).

L'acte anormal correspond en réalité à un cadeau (Lewis v. Vogelstein, 699 A.2d 327 (Del. Ch. 1997).

Il n'y a pas acte anormal du seul fait que l'acte est risqué (Gagliardi v. TriFoods Intern., Inc., 683 A.2d 1049 (Del.Ch 1996)).

C. Absence de ratification

Lorsqu'une convention conclue entre la société et les administrateurs n'a pas été ratifiée, les juges doivent vérifier si ces derniers ont, en concluant la convention, fait preuve de bonne foi (utmost good faith) en vérifiant que la convention est juste pour la société (fair) (Gottlieb v. Heyden Chemical Corporation, 33 Del. Ch. 177, (1952)).

La charge de la preuve que la convention est juste pour la société repose sur les administrateurs (Sterling v. Mayflower Hotel Corp., Del.Supr., 93 A.2d 107, 110 (1952)).

II. France

A. Sociétés concernées

La réglementation des conventions s'applique aux contrats conclus entre deux sociétés, française et étrangère puisque, selon les juges, la constitution et le fonctionnement sont régis par des dispositions d'ordre public applicables dans les rapports internationaux (CA Paris 26-3-1966 : Gaz. Pal. 1966.1. p. 400).

B. Dirigeants concernés par la réglementation des conventions

Dirigeant en fonction. Le contrôle ne s'applique que si le mandataire social est en fonctions au jour de la conclusion de la convention (Cass. com. 6-5-1996 : RJDA 8-9/96 n° 1063 ; Cass. soc. 3-5-2012 n° 10-20.998 : RJDA 7/12 n° 688).

C. Intérêt indirect

1° Existence

Profite indirectement d'une convention :

– le PDG qui a consenti à son épouse une promesse de vente d'une partie d'un immeuble de la société dès lors que, même marié sous le régime de la séparation de biens, il habitait avec sa femme dans le local faisant l'objet de la promesse (Cass. com. 23-1-1968 : Bull. civ. IV n° 38) ;

– le président qui a conclu un contrat d'approvisionnement exclusif avec une SARL constituée entre ses deux jeunes enfants et qui était en réalité « l'affaire » de celui-ci (CA Nîmes 15-2-1989, inédit et, sur pourvoi, Cass. com. 23-10-1990 : Bull. civ. IV n° 254) ;

– le directeur général qui avait obtenu le cautionnement par sa société des engagements d'une autre société dont il était président dès lors que ce soutien financier avait été le moyen de conforter sa position à la tête de cette autre société et lui avait permis

de poursuivre son mandat social en bénéficiant de rémunérations et avantages auxquels lui donnait droit l'exercice de ses fonctions (CA Paris 26-6-1990 : BRDA 7/91 p. 14) ;
– l'administrateur dont la société avait conclu une convention pour l'exécution de prestations de conseil avec une autre société dont il était le salarié et qui devait exécuter ces prestations (CA Lyon 22-11-2007 nº 05/7179 : RJDA 12/08 nº 1284).

2º Absence

Ne saurait être considéré comme étant indirectement intéressé à la convention, le représentant (cadre salarié) d'une société ayant conclu une convention avec une autre société dans laquelle il était administrateur dès lors qu'il n'a tiré aucun profit personnel de l'opération et qu'il ne détenait pas dans la société qu'il représentait « des intérêts suffisamment importants pour infléchir la conduite de cette société » dans ses relations avec la société dont il était administrateur (Cass. com. 4-10-1988 : Rev. sociétés 1989 p. 216 note Chaput).

D. Personne interposée

L'interposition de personnes ne saurait résulter du seul lien de parenté qui ne laisse pas présumer de cette interposition (CA Lyon 21-5-1951 : Gaz. Pal. 1951. 2. p. 179).

L'interposition de personne implique un intérêt indirect de sorte que, le plus souvent, les décisions de justice qui constatent une interposition de personne relèvent également l'existence d'un intérêt indirect (Cass. com. 23-1-1968 : Bull. civ. IV nº 38 ; CA Nîmes 15-2-1989 inédit et, sur pourvoi, Cass. com. 23-10-1990 : Bull. civ. IV nº 254 ; CA Paris 20-11-1998 : RJDA 2/99 nº 187).

E. Convention conclue entre la société et une autre entreprise ayant des dirigeants communs

Voir sous l'art. 350.

Art. 439 **L'autorisation n'est pas nécessaire lorsque les conventions portent sur des opérations courantes conclues à des conditions normales.**

Les opérations courantes sont celles qui sont effectuées par une société, d'une manière habituelle, dans le cadre de ses activités.

Les conditions normales sont celles qui sont appliquées, pour des conventions semblables, non seulement par la société en cause, mais également par les autres sociétés du même secteur d'activité.

JURISPRUDENCE COMPARÉE

I. États-Unis

Conditions normales

1º Charge de la preuve

Lorsque des conventions sont conclues par une société, dont les dirigeants sont également les dirigeants de la société contractante, ces derniers doivent prouver qu'elles ont été conclues à des conditions normales (Lewis v. S.L. et E., Inc., United States Court of Appeals, Second Circuit, 629 F.2d 764 (1980)).

2º Objet de la preuve

Lorsqu'une convention est conclue par une société, dont les dirigeants sont également les dirigeants de la société contractante, ces derniers doivent prouver leur extrême bonne foi et le fait que les conditions prévues dans la convention sont justes, c'est-à-dire conformes au marché (Marciano v. Nakash, Supreme Court of Delaware, 535 A.2d 400 (1987)).

II. France

A. Notion d'opérations courantes

Les « opérations courantes » sont des opérations usuelles faites par la société en relation avec son objet social et de même nature que les autres actes accomplis par elle (Cass. com. 21-4-1977 : Bull. civ. IV nº 105 ; cf. Cass. com. 1-10-1996 : RJDA 1/97 nº 65).

Lorsque la convention est un acte de disposition, elle doit être conclue à conditions habituelles comparables aux conditions des opérations usuelles de la société (cf. Cass. com. 1-10-1996 : RJDA 1/97 nº 65).

Ne constitue pas une opération courante l'acte certes courant dans une profession donnée mais inédit pour la société (Cass. com. 11-3-2003 nº 454 : RJDA 6/03 nº 607).

B. Conditions normales de conclusion

1º Existence

Constituent des opérations conclues à des conditions normales :
– les avances en compte courant consenties par un administrateur à sa société (CA Paris 10-5-1972 : Bull. Joly 1972 p. 503) ;
– l'octroi d'une sommes (pécule) à un directeur général partant à la retraite consentie sans avantage particulier par rapport aux cadres de la société (CA Paris 18-10-1977 : Bull. Joly 1977 p. 663) ;

– le règlement d'une indemnité de licenciement à un employé due au titre de son contrat de travail ou de la convention collective (CA Saint Denis de la Réunion 23-6-1978 : Rev. sociétés 1979 p. 526 note P. Le Cannu) ;
– le contrat d'exclusivité opérant concession par le dirigeant d'une société exploitant une clinique de la direction du service d'anesthésie-réanimation à sa fille devenue plus tard PDG de la société et constituant une pratique courante des établissements de santé et comparable aux autres accords de même type précédemment conclu entre la clinique et des praticiens d'autre spécialité (CA Versailles 14-10-1999 : RJDA 1/00 n° 40) ;
– la conclusion de baux commerciaux et d'habitation dès lors que les locations étaient effectuées par la société d'une manière habituelle, dans le cadre de son activité statutaire, et qu'elles ont été conclues conformément aux pratiques de sociétés exerçant dans le même secteur d'activité et se trouvant dans la même situation (CA Paris 17-10-2006 n° 05/12158 : RJDA 4/07 n° 375).

2° Absence

Ne constituent pas des opérations courantes :
– la location de bureaux consentie par une société dont ce n'était pas l'activité habituelle figurant au registre du commerce et à des conditions très onéreuses pour la société locataire : engagement de neuf ans (application du statut des baux commerciaux) ; abandon du dépôt de garantie ; prise en charge de tous les travaux, y compris de gros œuvre ; coût supérieur à celui des locaux précédemment occupés par la société locataire (CA Paris 20-11-1998 n° 1996/20138 : RJDA 2/99 n° 187) ;
– un contrat d'entreprise pour l'édification d'un bâtiment de bureaux conclu entre la société et une société civile immobilière ayant des dirigeants et associés communs dès lors que les conditions financières de cette convention étaient désavantageuses pour la SA et uniquement profitables à la SCI (Cass. com. 9-4-1996 : RJDA 8-9/96 n° 1062) ;
– la promesse d'achat d'actions consentie par une SA à une SARL dont l'un des membres du conseil de surveillance de la SA était associé et son fils gérant, dès lors que cette promesse était intervenue immédiatement après que la SA avait renoncé à acquérir les actions directement auprès de leur propriétaire et qu'elle n'obligeait que la SA tout en laissant à la SARL le choix de céder ou non les actions au gré de ses intérêts (Cass. com. 11-7-2000 : RJDA 12/00 n° 1115) ;
– la convention d'exclusivité conclue entre une société exploitant une clinique et un médecin lorsqu'elle est unique pour la société (Cass. com. 13-3-2003 n° 454 : RJDA 6/03 n° 607).

Art. 440 [mod.] L'administrateur, le directeur général, le directeur général adjoint ou l'actionnaire intéressé est tenu d'informer le conseil d'administration dès qu'il a connaissance d'une convention soumise à autorisation. Il indique, en particulier, sa situation et son intérêt personnel au regard de ladite convention, en précisant ses participations, son rôle et ses liens personnels avec les autres parties à la convention et la mesure dans laquelle il pourrait en tirer un avantage personnel. Il ne peut pas prendre part au vote sur l'autorisation sollicitée lorsqu'il est administrateur et sa voix n'est pas prise en compte pour le calcul du quorum et de la majorité pour les besoins de cette délibération. A défaut, l'autorisation est nulle.

Le président du conseil d'administration ou le président-directeur général avise le commissaire aux comptes, dans le délai d'un (1) mois à compter de leur conclusion, de toute convention autorisée par le conseil d'administration et la soumet à l'approbation de l'assemblée générale ordinaire statuant sur les comptes de l'exercice écoulé.

Le commissaire aux comptes présente, sur ces conventions, un rapport spécial à l'assemblée générale ordinaire qui statue sur ce rapport et approuve ou désapprouve les conventions autorisées.

Le rapport indique les conventions soumises à l'approbation de l'assemblée générale ordinaire, le nom des administrateurs, directeurs généraux, directeurs généraux adjoints ou actionnaires intéressés, la nature et l'objet des conventions, leurs modalités essentielles notamment l'indication du prix ou des tarifs pratiqués, des ristournes ou des commissions consenties, des sûretés conférées et toutes autres indications permettant aux actionnaires d'apprécier l'intérêt qui s'attache à la conclusion des conventions analysées. Le rapport fait aussi état de l'importance des fournitures livrées et des prestations de service fournies ainsi que du montant des sommes versées ou reçues au cours de l'exercice, en exécution des conventions visées au troisième alinéa du présent article.

L'intéressé ne peut prendre part au vote et ses actions ne sont pas prises en compte pour le calcul du quorum et de la majorité. Est nulle toute délibération prise en violation du présent alinéa.

Lorsque l'exécution de conventions conclues et autorisées au cours d'exercices antérieurs a été poursuivie au cours du dernier exercice, le commissaire aux comptes est informé de cette situation dans le délai d'un (1) mois à compter de la clôture de l'exercice.

Les délibérations portant approbation des conventions visées à l'article 438 ci-dessus sont nulles lorsqu'elles sont prises à défaut du rapport spécial du commissaire aux comptes. Elles peuvent être annulées dans le cas où le rapport spécial du commissaire aux comptes ne contient pas les informations prévues au présent article.

Jurisprudence comparée

France

A. Conventions visées

1° Conventions soumises à autorisation préalable

L'autorisation préalable du conseil d'administration est exigée pour :

– une demande de brevet déposée par le PDG à la fois en son nom personnel et au nom de la société (CA Paris 9-5-1961 : Quot. Jur. 6 avril 1962) ;

– à un engagement, de soins gratuits, pris par le conseil lui-même au profit de l'un de ses membres à laquelle celui-ci participait (Cass. com. 17-4-1980 n° 78-11.413 : Bull. civ. IV n° 149) ;

– la souscription d'un contrat d'assurance-vie au profit du président (CA Paris 1-6-1982 : Gaz. Pal. 1982 som. p. 320) ;

– l'attribution d'intérêts pour les sommes versées en « compte courant » par les administrateurs (CA Paris 8-12-1982 : BRDA 4/83 p. 18 ; CA Paris 6-7-1993 : Dr. sociétés 1993 n° 190 obs. Le Nabasque) ;

– les modifications d'accords précédents (Cass. com. 27-2-1996 : RJDA 6/96 n° 802) ;

– la conclusion ou le renouvellement d'un contrat de bail commercial (Cf. CA Paris 20-11-1998 : RJDA 2/99 n° 187 ; CA Versailles 19-12-2002 n° 01/1413 : RJDA 4/03 n° 399) ou encore sa modification (Cass. com. 25-3-2003 n° 556 : Dr. sociétés 1993 n° 190 obs. Le Nabasque) ;

– la souscription d'un contrat d'assurance – vie au profit du PDG de la société (CA 1-6-1982 : Gaz. Pal. 1982 som. p. 320) ;

– la résiliation convenue par les parties des conventions autorisées (Cass. com. 27-2-1996 : RJDA 6/96 n° 802) ;

– la conclusion ou le renouvellement d'un bail commercial (cf. CA Paris 20-11-1998 : RJDA 2/99 n° 187 ; CA Versailles 19-12-2002 n° 01/1413 : RJDA 4/03 n° 399), ou sa modification (Cass. com. 25-3-2003 n° 556 : RJDA 2/04 n° 180).

2° Conventions non soumises à autorisation

La procédure de contrôle ne s'applique pas :

– aux fusions et scissions entre sociétés ayant des administrateurs communs (Cass. com. 7-6-1963 : JCP 1963.II n° 13374) ;

– aux conventions non conclues par la société, par exemple la cession par le PDG de sa créance sur la société à une banque qui, en tant que débiteur cédé, est extérieur à ce contrat (Cass. com. 11-1-1966 : Bull. civ. III n° 19) ;

– à un engagement pris par le conseil lui-même lors d'une décision à laquelle participait son président (Cass. com. 17-4-1980 n° 78-11.413 : Bull. civ. IV n° 149) ;

– aux conventions conclues avec une personne avant son entrée en fonctions comme dirigeant (Cass. com. 22-7-1986 : JCP 1987.II n° 20796 obs. Viandier ; Cass. com. 6-5-1996 : RJDA 8-9/96 n° 1063) ou après l'expiration de ses fonctions (CA Paris 15-4-1964 : D. 1965 p. 260 note Dalsace) ;

– aux conventions conclues par la société à une époque où la société revêtait une autre forme n'exigeant aucune validation par le conseil d'administration, même si elles produisent effet après transformation de la société en société anonyme (Cass. soc. 29-3-1973 : Bull. civ. V n° 205 ; Cass. com. 29-3-1994 : Bull. Joly 1994 p. 803 note Fréchet) ;

– aux contrats à exécution successive conclus et autorisés durant les exercices précédents, tels qu'un contrat à durée indéterminée et dont les modalités d'application n'ont pas été modifiées (Cass. com. 27-2-2001 : RJDA 6/01 n° 702) ;

– à toutes décisions relevant de la compétence de l'assemblée (CA Paris 6-4-2001 : RJDA 10/01 n° 982).

B. Rémunération du président du conseil et du directeur général

La rémunération du président du conseil et du directeur général n'est pas soumise à autorisation dès lors qu'elle est fixée par le conseil d'administration (cf. Cass. com. 3-3-1987 : Gaz. Pal. 1987 p. 264 note B. Hatoux).

Il en est de même de l'attribution d'avantages ou d'une pension de retraite qui peut être considérée comme un véritable complément de rémunération à condition qu'ils soient attribués en contrepartie de services particuliers distincts des fonctions sociales et qu'ils n'aient pas encore été rémunérés à ce titre (Cass. com. 10-11-2009 n° 08-70.302 : RJDA 2/10 n° 162).

C. Compétence

La compétence exclusive du conseil d'administration pour l'octroi d'un complément de retraite au PDG a pour conséquence :

– que le PDG ou le directeur général ne peut en décider même si sa décision intervient après l'expiration de son mandat (Cass. com. 3-11-1988 : Bull. civ. IV n° 288) ;

– qu'un comité ad hoc ne peut fixer le montant du complément de retraite à défaut de délibérations du conseil d'administration même si les conclusions du comité ad hoc ont été jointes au procès-verbal d'une réunion du conseil d'administration (Cass. com. 4-7-1995 : RJDA 8-9/95 n° 994) ou même si le conseil d'administration a confirmé ces conclusions en s'y référant (Cass. com. 11-10-2005 n° 1250 : RJDA 2/06 n° 164) ;

– qu'un accord tacite n'équivalant pas à l'autorisation qui suppose une délibération du conseil d'administration sur son montant et ses conditions (Cass. com. 27-2-2001 : RJDA 6/01 n° 700).

La compétence exclusive du conseil d'administration pour l'attribution d'une pension à un ancien PDG s'étend aux modifications et à la suppression de celle-ci (Cass. com. 24-10-2000 : RJDA 2/01 n° 177 ; Cass. com. 24-10-2000 : RJDA 2/01 n° 177).

D. Résiliation de l'engagement de pension de retraite

Le versement d'une retraite au dirigeant peut être supprimé par la société s'il engendre une dépense trop lourde pour la société confrontée à des difficultés économiques (Cass. com. 24-10-2000 : RJDA 2/01 n° 177).

E. Procédure

1° Existence de la décision d'autorisation préalable du conseil d'administration

Vaut autorisation préalable celle donnée dans un pacte d'actionnaires signée par tous les administrateurs (CA Paris 16-11-2005 n° 19/135 : RJDA 6/06 n° 661).

L'autorisation sur délibération du conseil suppose que celui-ci délibère de manière contradictoire en mentionnant tous ces éléments dans le procès-verbal de réunion (CA Paris 23-10-1965 : JCP 1966.II n° 14491 note P. L.).

L'autorisation n'est valable que pour une convention déterminée et ne peut résulter d'une autorisation générale d'une durée illimitée du conseil d'administration (CA Paris 23-11-1955 : Gaz. Pal. 1956. 1 p. 40).

2° Absence de décision d'autorisation préalable du conseil d'administration

L'autorisation préalable ne résulte pas :

– de la simple connaissance par les administrateurs de l'existence de la convention et appelle une véritable délibération et non le consentement donné personnellement par chaque administrateur (CA Paris 13-6-1964 : D. 1965 p. 398) ;

– de la délégation donnée par le conseil à trois de ses membres afin de conclure un accord avec le président sans en connaître précisément le contenu (Cass. com. 10-7-1978 : Rev. sociétés 1979. 848 note Balensi).

3° Nullité de la convention en cas de participation au vote de l'intéressé

Si l'administrateur, partie à la convention, a participé au vote relatif à l'autorisation, la décision d'autorisation peut être annulée s'il est établi qu'elle a eu des conséquences dommageables pour la société (Cass. com. 18-10-1994 : RJDA 12/94 n° 1307).

Art. 441 **Le commissaire aux comptes veille, sous sa responsabilité, à l'observation des dispositions des articles 438 à 448 du présent Acte uniforme et en dénonce toute violation dans son rapport à l'assemblée générale.**

Art. 442 [mod.] **Le commissaire aux comptes doit établir et déposer au siège social le rapport spécial prévu par les dispositions des articles 438 et 448 du présent Acte uniforme quinze (15) jours au moins avant la réunion de l'assemblée générale ordinaire.**

Art. 443 [mod.] **Les conventions approuvées ou désapprouvées par l'assemblée générale ordinaire produisent leurs effets à l'égard des cocontractants et des tiers sauf lorsqu'elles sont annulées pour fraude.**

Toutefois et même en l'absence de fraude, les conséquences dommageables pour la société des conventions réglementées, notamment les pertes subies par la société et les bénéfices indus tirés de la convention, peuvent être mises à la charge de l'administrateur, du directeur général, du directeur général adjoint ou de l'actionnaire intéressé et, éventuellement, des autres membres du conseil d'administration.

Art. 444 [mod.] Sans préjudice de la responsabilité de l'intéressé, les conventions visées à l'article 438 ci-dessus et conclues sans autorisation préalable du conseil d'administration peuvent être annulées si elles ont eu des conséquences dommageables pour la société.

Jurisprudence OHADA

I. Nécessité de caractériser les conséquences dommageables avant l'annulation

Il résulte de la combinaison des articles 438 et 444 de l'AUSCGIE que toute convention conclue entre une société anonyme et l'un des administrateurs, directeurs généraux ou directeurs généraux adjoints doit être soumise à l'autorisation préalable du conseil d'administration ; à défaut d'autorisation préalable, la convention peut être annulée si elle a eu des conséquences dommageables pour la société. En annulant la cession de créance faite par la société [A.] dont [Monsieur X.] est le directeur général au profit de la société [B.], ayant pour associé unique et gérant le même [Monsieur X.], pour défaut d'autorisation préalable du conseil d'administration sans mettre en évidence les conséquences dommageables que cette cession entraine pour le cédant, l'arrêt confirmatif querellé viole, par insuffisance de motifs, les textes susvisés et s'expose à la cassation mais seulement en ce qu'il a annulé la cession de créance. Sur l'évocation et pour les mêmes motifs que ceux ayant entraîné la cassation, tiré de la violation des articles 438 et 444 combinés, il y a lieu, d'infirmer le jugement initial, mais seulement en ce qu'il a annulé la cession de créance et, statuant à nouveau, de débouter les demandeurs de leur demande d'annulation de ladite cession (CCJA, 2e ch., nº 146/2020, 30-4-2020 : Société Commodities corporate consulting et 2 autres c/ Latham Éric Jean Louis et 2 autres).

II. Convention d'arbitrage : incompétence de la juridiction étatique pour l'annulation

Sur un arrêt ayant confirmé un jugement qui s'est déclaré incompétent à connaître d'une action en nullité en raison de la présence d'une clause attributive de compétence dans la convention en cause (voir CCJA, 2e ch., nº 027/2021, 25-2-2021 : Onyx Développement SAS c/ Sani Sabo Gado ; STA SA c/ Sani Sabo Gado).

Jurisprudence comparée

France

A. Nullité de la convention pour conséquences dommageables

Le défaut d'autorisation préalable ne peut entraîner la nullité de la convention que si celle-ci a eu des conséquences dommageables pour la société (Cass. com. 19-5-1998 : RJDA 8-9/98 nº 996). Le juge ne peut annuler la convention non autorisée qu'après avoir constaté l'existence d'effets dommageables pour la société (cf. Cass. com. 18-10-1994 : RJDA 12/94 nº 1307).

Est ainsi frappée de nullité la convention faisant supporter sans contrepartie pour la société les dettes d'une autre société (Cass. com. 24-1-1995 : RJDA 4/95 nº 449)

La nullité est encourue indépendamment du fait que la convention litigieuse a été exécutée par le nouveau PDG en réceptionnant les marchandises objet de la convention (Cass. com. 26-1-1965 : D 1965 som. 81).

Pour un défaut de préjudice subi par la société, voir CA Paris 17-10-2003 : RJDA 3/04 nº 314 ; pour un contrat bénéfique pour la société, voir CA Paris 21-3-1990 : Bull. Joly 1990 p. 527 note Jeantin ; CA Versailles 7-6-2001 : RJDA 2/02 nº 167).

B. Nullité de la convention pour une cause de nullité de droit commun

La nullité de la convention peut également résulter d'une des causes de nullités en général (Cass. com. 25-6-2001 : RJDA 11/01 nº 1119 pour une cause illicite ; Cass. com. 3-4-2013 nº 12-15.492 : RJDA 7/13 nº 645 pour fraude ou cause illicite).

C. Pouvoirs du juge

La nullité est facultative pour le juge (Cass. com. 22-11-1977 : Bull. civ. IV nº 881) et la convention est valable jusqu'à la décision du juge (Cass. com. 3-5-2000 : RJDA 9-10/00 nº 881).

Art. 445 [mod.] L'action en nullité se prescrit par trois (3) ans à compter de la date de la convention. Toutefois, si la convention a été dissimulée, le point de départ du délai de la prescription est réputé fixé au jour où elle a été révélée.

JURISPRUDENCE OHADA

Nullité ne pouvant être relevée d'office

Lorsque les conventions réglementées prévues aux articles 438 et 448 de l'AUSCGIE n'ont pas été conclues conformément à la procédure, il appartient, en vertu de l'article 445, aux organes de la société ou à tout actionnaire d'exercer une action en nullité devant la juridiction compétente dans le délai prescrit. La nullité ne pouvant être relevée d'office, il ne saurait être fait grief à l'arrêt querellé d'avoir maintenu les termes d'une convention qui a exclu les agios du montant d'une créance ; rejet du moyen (CCJA, 2e ch., no 004, 30-1-2014 : Ecobank Centrafique SA c/ Sté Soca-Constructa sarl, Ohadata J-15-95).

JURISPRUDENCE COMPARÉE

France

A. Domaine d'application de la prescription triennale

1° Application à l'action en nullité fondée sur la violation des dispositions relatives au contrôle des conventions réglementées

L'action en responsabilité contre un administrateur de société anonyme auquel est imputé le bénéfice d'une convention réglementée non autorisée, qu'elle soit exercée au nom de la société ou par un actionnaire agissant individuellement se prescrit par trois ans et n'est pas soumise à la prescription applicable à l'action en nullité d'une telle convention (CA Paris 19-3-2013 no 12/00020 : RJDA 7/13 no 633).

2° Non-application à l'action en nullité fondée sur une cause de nullité de droit commun

La prescription triennale ne s'applique pas lorsque l'annulation de ces conventions est demandée pour violation des lois ou principes régissant la nullité des contrats, par exemple pour fraude ou illicéité de leur cause (Cass. com. 3-4-2013 no 12-15.492 : RJDA 7/13 no 645).

B. Nature juridique du délai

Le délai est un délai de prescription proprement dit et non un délai préfixe qui peut donc être interrompu ou suspendu (Cass. com. 24-2-1976 : Bull. civ. IV no 68).

En tout état de cause, même après expiration du délai, la nullité peut toujours être soulevée à titre d'exception, par exemple dans le cadre d'une action en paiement exercée par son cocontractant contre la société et à condition d'établir les conséquences dommageables de cette convention pour la société (Cass. 3e civ. 2-12-1998 : RJDA 4/99 no 379).

L'exception de nullité est toutefois exclue après exécution de la convention irrégulière, ainsi pour un contrat de prêt dont le remboursement a déjà débuté (Cass. com. 4-3-2003 no 382 : RJDA 8-9/03 no 845, 1e esp. ; dans le même sens, Cass. 2e civ. 3-4-2003 : RJDA 8-9/03 no 845, 2e esp.).

C. Divulgation de la convention

1° Appréciation en la personne du demandeur

L'existence de la révélation de la convention s'apprécie en la personne qui exerce l'action ; ainsi, les juges ne peuvent pas décider que l'action d'une SA en annulation d'un contrat d'assurance prévoyant le versement d'une indemnité de fin de carrière à un dirigeant a commencé à se prescrire au jour du paiement de l'indemnité et non au moment de l'approbation des comptes où figurait le paiement des primes d'assurance, sans rechercher si le contrat litigieux a été dissimulé (Cass. com. 8-2-2011 no 10-11.896 : RJDA 4/11 no 324).

2° Existence d'une révélation

Il y a nécessairement révélation de la convention par sa publicité (par exemple, publication de la cession de fonds de commerce au registre du commerce et des sociétés ; Cass. com. 26-5-1999 : RJDA 3/00 no 321).

3° Absence de divulgation

La divulgation ne résulte pas :

– d'informations incomplètes données aux actionnaires sur cette convention (Cass. com. 10-5-1989 : Bull. civ. IV no 149) ;

– de la seule approbation par l'assemblée générale des comptes annuels de l'exercice concernant la conclusion ou l'exécution de la convention (Cass. com. 28-11-1995 : RJDA 2/96 no 240).

4° Dissimulation de la convention

La dissimulation de la convention peut provenir de l'absence de révélation au conseil et à l'assemblée générale du contenu exact de celle-ci, de son objet et de ses modalités, peu important que le conseil, les dirigeants sociaux, l'actionnaire principal et les commissaires aux comptes aient eu connaissance de son existence après sa signature et qu'elle ait reçu application (Cass. com. 7-7-2004 n° 1134 : RJDA 11/04 n° 1229, 1e esp.).

Art. 446 **L'action en nullité peut être exercée par les organes de la société ou par tout actionnaire agissant à titre individuel.**

JURISPRUDENCE COMPARÉE

France

A. Action en nullité

L'action en nullité peut être exercée par la société ou par ses actionnaires individuellement (CA Amiens 1-12-1966 : D 1967 p. 234 note Dalsace) mais non par un tiers dont l'intérêt n'est pas concerné par la décision du conseil d'administration (Cass. com. 15-3-1994 : RJDA 5/94 n° 541).

B. Action en responsabilité

L'action en responsabilité obligeant son auteur à réparer le préjudice social est recevable lorsque :

– la société subit un préjudice résultant de la renonciation sans indemnité au bail consenti à elle par un administrateur qui n'a pas été soumis à autorisation préalable du conseil d'administration (CA Paris 7-11-1984 : BRDA 24/84 p. 18) ;

– le préjudice a été causé par les dirigeants communs d'une société anonyme et d'une société civile à cause d'une convention non autorisée par le conseil et conclue avec cette société à des conditions bénéfiques réservées à celle-ci (Cass. com. 9-4-1996 : RJDA 8-9/96 n° 1062 ; voir également Cass. com. 15-6-1993 : RJDA 8-9/93 n° 699 condamnant un dirigeant à indemniser la société ayant subi un préjudice résultant du défaut d'autorisation du conseil).

Art. 447 [mod.] **La nullité peut être couverte par un vote spécial de l'assemblée générale ordinaire intervenant sur rapport spécial du commissaire aux comptes exposant les circonstances en raison desquelles la procédure d'autorisation n'a pas été suivie.**

L'administrateur, le directeur général, le directeur général adjoint ou l'actionnaire intéressé ne prend pas part au vote et ses actions ne sont pas prises en compte pour le calcul du quorum et de la majorité.

JURISPRUDENCE COMPARÉE

France

Régularisation de la nullité

La régularisation de la nullité ne peut pas avoir lieu en l'absence de rapport spécial du commissaire aux comptes (Cass. 1e civ. 6-10-1998 : RJDA 4/99 n° 432 ; Cass. com. 25-3-2003 n° 556 : RJDA 2/04 n° 180) ou en cas d'insuffisance du rapport de celui-ci ne précisant pas par exemple les principales clauses de la convention discutée ni les circonstances du non-respect de la procédure d'autorisation (Cass. 19-5-1989 : Bull. civ. IV n° 149 ; Cass. com. 21-11-2000 : RJDA 3/01 n° 334).

Peu importent l'exécution durable de la convention irrégulière et l'approbation par l'assemblée générale des comptes et du bilan de plusieurs exercices mentionnant les versements effectués en vertu de la convention (CA Versailles 19-12-2002 n° 01/4113 : RJDA 4/03 n° 399).

Art. 448 **Les dispositions des articles 438 à 448 du présent Acte uniforme sont applicables au directeur général et au directeur général adjoint.**

Paragraphe III • CAUTIONNEMENTS, AVALS ET GARANTIES

Art. 449 [mod.] **Les cautionnements, avals, garanties autonomes, contre-garanties autonomes et autres garanties souscrits par des sociétés autres que celles exploitant des établissements de crédit, de microfinance ou d'assurance caution dûment agréés et pour des engagements pris par des tiers font l'objet d'une autorisation préalable du conseil d'administration.**

Le conseil d'administration peut, dans la limite d'un montant total qu'il fixe, autoriser le président directeur général ou le directeur général, selon le cas, à donner des cautionnements, avals, garanties, garanties autonomes ou contre-garanties autonomes pour des engagements pris par des tiers.

Cette autorisation peut également fixer, par engagement, un montant au-delà duquel le cautionnement, l'aval, la garantie ou la garantie autonome ou la contre-garantie autonome de la société ne peut être donné.

Lorsqu'un engagement dépasse l'un ou l'autre des montants ainsi fixés, l'autorisation du conseil d'administration est requise.

La durée des autorisations prévues aux alinéas précédents ne peut être supérieure à un (1) an quelle que soit la durée des engagements cautionnés, avalisés ou garantis.

Le président-directeur général ou le directeur général, selon le cas, peut déléguer le pouvoir qu'il a reçu en application des alinéas qui précèdent.

Les cautionnements, avals, garanties autonomes et autres garanties donnés, sans autorisation, pour des engagements pris par des tiers sont nuls.

Si les cautionnements, avals, garanties autonomes et autres garanties ont été donnés pour un montant total supérieur à la limite fixée pour la période en cours, le dépassement ne peut être opposé aux tiers qui n'en ont pas eu connaissance à moins que le montant de l'engagement invoqué excède, à lui seul, l'une des limites fixées par la décision du conseil d'administration prise en application des dispositions du présent article. Dans ce cas, les cautionnements, avals, garanties autonomes ou autres garanties sont nuls.

JURISPRUDENCE OHADA

I. Délégation de loyers non assimilable à une garantie soumise à autorisation préalable

La garantie est un moyen juridique permettant de garantir les risques d'insolvabilité du débiteur, tandis que la délégation de loyers permet au délégant de s'acquitter de sa dette en déléguant au banquier prêteur, le locataire délégué qui s'acquittera directement entre ses mains des loyers, ces règlements valant paiement. Il s'agit donc d'un moyen de paiement et d'extinction d'une dette et non d'une garantie en cas de défaillance du débiteur pour le recouvrement de la créance du créancier. La délégation de loyers n'étant ni un cautionnement, ni un aval, ni une garantie, n'entre pas dans le domaine d'application de l'article 449 de l'AUSCGIE et la cour d'appel qui a estimé que celle-ci entrait dans le champ d'application de l'article 449 précité a violé ledit texte par fausse interprétation, exposant son arrêt à la cassation. Sur l'évocation, il y a lieu, pour les mêmes motifs que ceux ayant conduit à la cassation, d'infirmer le jugement et de condamner in solidum les débiteurs à payer la somme de 765 720 229 FCFA outre les intérêts de droit aux taux légal à compter de 2009 (CCJA, 1re ch., no 107, 9-6-2016 : BTCI-TOGO SA c/ TOGO Terminals SA, Ohadata J-17-48).

II. Annulation de cautionnements non autorisés par le conseil d'administration

Lorsqu'une société n'est pas intervenue dans la conclusion de conventions de financement dont l'exécution est poursuivie en qualité de caution, en cantonnant sa garantie à l'affectation en hypothèque de premier rang de son immeuble et objet du titre foncier, la cour d'appel qui, faisant application de l'article 12 de l'AUS du 17 avril 1997, a qualifié lesdits actes de cautionnement n'a violé en rien la loi. C'est donc à tort qu'il lui est reproché d'avoir mal interprété l'article 449 de l'AUSCGIE, au regard des dispositions de l'article 465 dudit Acte uniforme, en assimilant les sûretés consenties par la société, par affectation de droits réels immobiliers, à des cautionnements en violation de l'article 449, en déniant au président-directeur général de ladite société anonyme le pouvoir de direction générale de la société et de représentation de celle-ci dans ses rapports avec les tiers en violation de l'article 465 de l'AUSCGIE ; et c'est par une saine application de l'article 449 de l'AUSCGIE qu'une cour d'appel a annulé des cautionnements qui n'ont pas été autorisés par le conseil d'administration, dès lors qu'il n'est pas contesté que les cautionnements litigieux n'ont été signés que par le président-directeur général sans l'autorisation du conseil d'administration ; et c'est à tort qu'il lui est reproché d'avoir violé les articles 465 de l'AUSCGIE et 2 à 38 et 117 à 131 de l'AUS du 17 avril 1997 (CCJA, 3e ch., no 076, 30-3-2017 : BOA-CI c/ TORICAF-SA).

Obs. : voir sous l'art. 22 de l'AUS.

JURISPRUDENCE COMPARÉE

France

A. Garanties concernées

1° Garantie des engagements d'un tiers

Seuls les engagements souscrits par des tiers et non par la société sont soumis à autorisation préalable (Cass. com. 11-2-1986 : Rev. sociétés 1986 p. 243 note Daigre ; Cass. com. 4-5-1999 : RJDA 7/99 no 794).

Est un tiers, une société filiale (CA Paris 4-10-2002 no 02/5650 : RJDA 3/03 no 271 ; CA Paris 28-2-2003 no 02/632 : RJDA 7/03 no 734, 2e esp. ; Cass. com. 25-2-2003 no 337 : RJDA 7/03 no 734, 1e esp. ; CA Paris 4-11-2008 no 07/8909 : RJDA 7/09 no 661).

2° Garanties données par la société

Constituent des garanties souscrites exclusivement par la société :

– l'engagement souscrit par une société ayant vendu des marchandises à l'étranger de régler à une banque les droits d'importation en cas de défaillance de l'acheteur étranger, qui n'est pas une « avance de trésorerie » accessoire à une vente (Cass. com. 26-1-1993 : RJDA 10/93 no 812) ;

– une lettre signée par le président d'une société attestant se porter garant à l'égard du fournisseur des achats de biens effectués par un tiers, est considérée comme une garantie de paiement et non comme une simple obligation morale (CA Paris 1-6-2001 no 1122) ;

– l'engagement d'une société mère à l'égard du crédit-bailleur de sa filiale de se substituer à cette dernière en cas de défaillance dans tous les droits et obligations nés du contrat (CA Paris 10-2002 no 02/5650 : RJDA 3/03 no 271) ;

– l'engagement contracté par une société d'acheter pour un prix déterminé le matériel loué par sa filiale (Cass. com. 25-2-2003 no 337 : RJDA 7/03 no 734, 1e esp.) ;

– un engagement de substitution de cautionnement ou de contre-garantie un engagement de substitution de cautionnement et de contre garantie (Cass. com. 24-3-2003 no 1052 : RJDA 11/03 no 1083 ; Cass. com. 1-12-2009 no 08-18.896 : BRDA 24/09 inf. 3 ; Cass. com. 15-1-2013 no 11-27.648 : BRDA 3/13 inf. 1) ;

– la promesse de porte-fort non autorisée par le conseil d'administration souscrite par une SA lors de la prise de contrôle d'une SARL pour que celle-ci conclu un contrat de travail avec son ancien gérant comportant une garantie d'emploi de cinq ans et de paiement de la rémunération de ce dernier ; un tel engagement constitue une garantie dès lors que le porte-fort est tenu d'une obligation de résultat comportant celle de réparer le préjudice subi par le bénéficiaire de la promesse en l'absence de ratification comme d'exécution de l'engagement par le tiers (CA Paris 4-11-2008 no 07/8909 : BRDA 1/09 inf. 2).

B. Garanties non concernées

Ne constituent pas une garantie nécessitant une autorisation :

– l'engagement de bonne exécution d'un marché de travaux pris solidairement envers le maître d'ouvrage par trois sociétés lors de la cession de ce marché à une filiale commune, cet engagement étant pris directement par les sociétés (Cass. com. 1-6-1993 no 1005 : RJDA 7/93 no 627) ;

– l'engagement souscrit par une société de se substituer à son concessionnaire à défaut de respect par le concessionnaire de son obligation de racheter dix camions vendus à un tiers pour un montant forfaitaire et à l'issue d'un délai de trois mois ; cette reprise représentait pour le concessionnaire un élément essentiel du contrat et exigeait l'accord de la société anonyme venderesse eu égard à l'importance de l'opération, cet engagement se rapprochant ainsi davantage d'une acceptation par le vendeur des conditions de l'acquéreur que d'une garantie accordée au concessionnaire (Cass. com. 18-3-1997 : RJDA 7/97 no 917) ;

– la garantie des engagements propres à la société, par exemple en cas de garantie des engagements d'une succursale (CA Dijon 23-4-2004 no 03/548 : RJDA 11/04 no 1228) ou en cas de garantie de passif accordée lors d'une cession de parts ou d'actions à l'acquéreur de celles-ci (Cass. com. 12-7-2011 no 10-16.118 : RJDA 10/11 no 821).

C. Conditions de validité de l'autorisation préalable

1° Caractère préalable de l'autorisation

A défaut d'autorisation préalable, la garantie ne peut produire effet à l'égard de la société (Cass. com. 17-11-1992 : RJDA 2/93 no 127 ; CA Metz 27-3-2012 no 11/00721 : RJDA 6/12 no 602).

2° Durée limitée

a. Nouvelle autorisation à l'expiration de l'autorisation annuelle

A l'expiration de la durée annuelle de l'autorisation préalable, seule une nouvelle décision du conseil permet d'autoriser valablement les nouvelles garanties mais n'est pas nécessaire pour la confirmation ou le renouvellement des garanties en cours (CA Paris 25-5-1989 : BRDA 15/89 p. 21).

Le cautionnement consenti par le directeur général plus d'un an après son autorisation par le conseil d'administration ne produit aucun effet à l'égard de la société (Voir Cass. com. 20-10-1998 : RJDA 1/99 n° 58).

b. Nouvelle autorisation non requise en cas de report de la date de remboursement du prêt garanti

Un dirigeant qui avait fixé une date de validité d'une garantie en relation avec la date de remboursement d'un prêt avait pu, sans nouvelle autorisation du conseil d'administration, reporter cette date eu égard au report de la durée du prêt (CA Paris 27-10-2006 n° 05/5102 : RJDA 5/07 n° 503).

3° Délégation de pouvoirs

La subdélégation de pouvoirs est valable si elle a été expressément autorisée dans la délégation (CA Paris 14-4-1999 : RJDA 8-9/99 n° 945).

Il appartient au bénéficiaire de la garantie de vérifier la réalité de la délégation de pouvoirs consentie (CA Orléans 13-10-2006 n° 04/2246 : RJDA 11/07 n° 1121).

4° Autorisation expresse du conseil d'administration

a. Nécessité absolue

Pour être valable, l'autorisation doit résulter d'une délibération formelle du conseil d'administration portant sur la garantie ; l'absence d'autorisation ne peut pas être couverte par une confirmation tacite (Cass. com. 15-10-1991 : RJDA 12/91 n° 1037 ; Cass. com. 11-6-2002 n° 1147 : RJDA 12/02 n° 1286) ni même par une confirmation expresse en connaissance de cause (CA Paris 13-2-1991 : Bull. Joly 1991 p. 405 note Delebecque). Il en est ainsi même lorsque la caution a été accordée en garantie des dettes d'une filiale à 100 % (Cass. com. 28-4-1987 : Bull. civ. IV n° 102) et même si le bénéficiaire est un étranger (Cass. com. 8-11-1988 : Bull. civ. IV n° 302).

b. Existence de l'autorisation

Le défaut de retranscription, sur le registre des délibérations du conseil, du procès-verbal de la réunion autorisant la garantie est sans conséquence pour le bénéficiaire de la garantie qui peut se prévaloir de cette dernière dès lors qu'une copie de ce procès-verbal lui avait été remise et que la réalité de l'autorisation du conseil n'était pas discutée (Cass. com. 13-2-2001 n° 309 : RJDA 5/01 n° 595 ; CA Paris 27-6-2002 : Dr. sociétés 2003 n° 50).

Il en est de même de l'irrégularité de l'autorisation donnée par le conseil dès lors que l'autorisation a bien fait l'objet d'une délibération du conseil dont le bénéficiaire ne pouvait pas subodorer l'irrégularité (CA Riom 29-1-2003 n° 01/2690 : RJDA 6/04 n° 722).

D. Sanctions du défaut d'autorisation préalable

1° Inopposabilité des actes à l'égard de la société

Les garanties, cautions et avals accordés sans autorisation préalable du conseil d'administration sont sans effet à l'égard de la société (Cass. com. 15-10-1991 : RJDA 12/91 n° 1037 ; Cass. com. 9-12-1997 : RJDA 4/98 n° 437 ; Cass. com. 8-12-1998 : RJDA 3/99 n° 303).

La simple production par la société d'une attestation du président du conseil d'administration semblant rédigée uniquement à cet effet ne suffit pas à établir l'absence d'autorisation (Cass. com. 16-11-2004 n° 1630 : RJDA 3/05 n° 280).

Sont également déclarées inopposables à la société les garanties ne correspondant pas à l'autorisation accordée, tels :

– le cautionnement garantissant l'exécution d'une convention de « crédit-bail » relative à un véhicule industriel alors que l'autorisation préalable concernait uniquement un « contrat d'achat » d'un véhicule (Cass. com. 22-5-2001 n° 1037 : RJDA 11/01 n° 1121) ;

– l'acte par lequel le président du conseil d'administration, seulement autorisé par le conseil à cautionner auprès d'une banque le prêt souscrit par une autre société, a engagé la société à l'égard d'une personne physique, qui s'était portée caution du même prêt, de se substituer à elle (Cass. com. 22-3-2005 n° 495 : RJDA 8-9/05 n° 998).

2° Exclusion du mandat apparent

L'absence d'autorisation ne peut être remplacée par un mandat apparent invoqué par les tiers (Cass. com. 6-5-1986 : Bull. civ. IV n° 86 ; Cass. com. 24-2-1987 : Bull. civ. IV n° 56 ; Cass. com. 4-10-1988 : Bull. Joly 1988 p. 856). En effet, la croyance légitime ne peut profiter aux tiers qui sont tenus de se renseigner sur la limite du montant de l'autorisation préalable accordée (CA Paris 19-2-2003 n° 01/19815 : RJDA 5/04 n° 580).

3° Faute du dirigeant dans l'octroi d'une garantie

L'octroi d'une garantie par le président du conseil d'administration à un tiers sans autorisation du conseil d'administration constitue une faute du président mais dont la responsabilité personnelle ne peut être engagée par le bénéficiaire de la garantie lorsque le dirigeant a agi dans l'exercice de ses fonctions et ainsi commis une faute non détachable de ses fonctions (Cass. com. 20-10-1998 : RJDA 1/99 nº 58 ; Cass. com. 18-12-2001 nº 2121 : RJDA 5/02 nº 510 ; Cass. com. 9-6-2004 nº 903 : RJDA 8-9/04 nº 1003) ;

De même quand le signataire de la garantie est un salarié chargé d'agir au nom d'un mandataire social, il n'engage pas sa responsabilité personnelle envers le bénéficiaire de la garantie sauf s'il a agi en dehors de la mission qui lui a été confiée (Cass. ass. plén. 25-2-2000 : RJDA 5/00 nº 614).

4º Nullité de l'autorisation préalable

Lorsque l'autorisation de l'acte a été accordée à l'issue d'une délibération irrégulière du conseil d'administration, elle encourt la nullité qui est inopposable au créancier de bonne foi (Cass. com. 11-2-1986 : Rev. sociétés 1986 p. 243 note Daigre ; Cass. com. 28-6-2005 nº 957 : RJDA 11/05 nº 1242).

5º Dépassement des limites prévues par le conseil d'administration

Si le montant de l'engagement excède la limite fixée par l'autorisation préalable, le créancier doit demander une autorisation spéciale du conseil d'administration à peine de se voir opposer le défaut de pouvoir du dirigeant ayant accordé cette garantie alors dénuée de valeur juridique (Voir CA Paris 12-5-1976 : Rev. sociétés 1977 p. 96 note Guilberteau). La délibération du conseil d'administration autorisant le président à accorder la caution de la société pour une certaine somme en garantie d'une dette sociale n'autorise pas le président à renoncer au bénéfice de discussion ni à souscrire au nom de la société un cautionnement solidaire pour une somme supérieure à la limite fixée qui est sans effet à l'égard de la société (CA Paris 17-12-2004 nº 03/7280 : RJDA 7/05 nº 832).

Paragraphe IV • CONVENTIONS INTERDITES

Art. 450 [mod.] A peine de nullité de la convention, il est interdit aux administrateurs, aux directeurs généraux et aux directeurs généraux adjoints ainsi qu'à leurs conjoints, ascendants ou descendants et aux autres personnes interposées, de contracter, sous quelque forme que ce soit, des emprunts auprès de la société, de se faire consentir par elle un découvert en compte-courant ou autrement, ainsi que de faire cautionner ou avaliser par elle leurs engagements envers les tiers.

Cette interdiction ne s'applique pas aux personnes morales membres du conseil d'administration. Toutefois, leur représentant permanent, lorsqu'il agit à titre personnel, est également soumis aux dispositions de l'alinéa premier du présent article.

Lorsque la société exploite un établissement bancaire ou financier, cette interdiction ne s'applique pas aux opérations courantes conclues à des conditions normales.

OBSERVATIONS

Le terme de « conjoint » a été mis au pluriel.

JURISPRUDENCE COMPARÉE

France

A. Domaine de l'interdiction

Il y a interposition de personnes :

– lorsqu'une société accorde un prêt à un tiers qui consent immédiatement après un prêt d'un montant identique au directeur de la société (TGI Seine 27-11-962 : D 1964 p. 730) ;

– lorsqu'une garantie est accordée à une société sous le couvert du gérant de la société garante (Cass. com. 23-1-1990 : Bull. Joly 1990 p. 282).

En revanche, le fait que l'administrateur ou le directeur général détienne une participation conséquente dans la société bénéficiant du prêt ou soit dirigeant dans cette société ne suffit pas à établir l'interposition de personnes (cf. Cass. com. 12-4-1983 : BRDA 18/83 p. 19).

B. Sanction des conventions interdites

Nature de la sanction. Les emprunts, avals, découverts et garanties illégalement conclus sont nuls d'une nullité d'ordre public et absolu (Cass. ch. mixte 10-7-1981 : D. 1981 p. 637 ; Cass. com. 25-4-2006 nº 05-12.734 : RJDA 8-9/07 nº 858).

Paragraphe V • AUTRES POUVOIRS DU CONSEIL D'ADMINISTRATION

Art. 451 [mod.] Le déplacement du siège social, dans les limites du territoire d'un même État partie, peut être décidé par le conseil d'administration, qui modifie les statuts en conséquence, sous réserve de la ratification de cette décision par la plus prochaine assemblée générale ordinaire. Cette décision emporte pouvoir de modification des statuts. Les formalités de publicité y afférentes visées aux articles 263 et 264 ci-dessus sont applicables.

Lorsque l'assemblée générale ne ratifie pas le déplacement du siège social, la décision du conseil d'administration devient caduque. De nouvelles formalités de publicité doivent alors être accomplies pour informer les tiers du retour au siège antérieur.

JURISPRUDENCE COMPARÉE

France

Transfert du siège social

Puisque le pouvoir de transférer le siège social appartient exclusivement au conseil d'administration, la décision de transfert prise par le président seul et contestée ultérieurement par le conseil d'administration oblige le président à supporter personnellement le versement de l'indemnité de résiliation anticipée du bail des locaux loués en vue du transfert (CA Paris 28-4-1983 : JCP 1986.II.20553 note Viandier).

Art. 452 Le conseil d'administration arrête les états financiers de synthèse et le rapport de gestion sur l'activité de la société, qui sont soumis à l'approbation de l'assemblée générale ordinaire.

Sous-section III • FONCTIONNEMENT DU CONSEIL D'ADMINISTRATION

Paragraphe I • CONVOCATION ET DÉLIBÉRATION DU CONSEIL D'ADMINISTRATION

Art. 453 [mod.] Sous réserve des dispositions du présent Acte uniforme, les statuts déterminent les règles relatives à la convocation et aux délibérations du conseil d'administration.

Le conseil d'administration, sur convocation de son président, se réunit aussi souvent que nécessaire.

Toutefois, les administrateurs constituant le tiers au moins des membres du conseil d'administration, peuvent, en indiquant l'ordre du jour de la séance, convoquer le conseil d'administration, si celui-ci ne s'est pas réuni depuis plus de deux (2) mois.

Les délibérations du conseil d'administration sont nulles lorsque tous ses membres n'ont pas été régulièrement convoqués.

JURISPRUDENCE OHADA

Libre détermination des règles de convocation et de délibération du conseil d'administration dans les statuts

Les dispositions de l'article 453 de l'AUSCGIE se contentent de renvoyer aux statuts pour la détermination des règles de convocation et des délibérations du conseil d'administration et ne sanctionnent de nullité que les délibérations d'un conseil d'administration où tous les membres n'ont pas été régulièrement convoqués. Viole la loi, en y ajoutant ce qu'elle ne dit pas, la cour d'appel qui confirme la décision d'un juge estimant la convocation d'un conseil d'administration irrégulière du fait de la seule inobservation des formalités de la transmission des documents relatifs aux questions inscrites à l'ordre du jour. Il en est ainsi dès lors que les statuts de la société concernée ne sanctionnent pas de nullité la non production des documents relatifs aux questions inscrites à l'ordre du jour et autorisent la convocation même verbale du conseil d'administration et la fixation de l'ordre du jour, même lors de la réunion, si la moitié au moins des administrateurs en exercice sont présents.Le défendeur ne conteste pas avoir reçu, par voie d'huissier de justice, la lettre de convocation de la réunion du conseil d'administration, mais n'invoque que la non-production des documents relatifs à ce conseil pour demander l'annulation de ses délibérations. Il convient d'annuler la décision entreprise pour violation de l'article 453, al. 1 et 4 de l'AUSCGIE et de l'article 16 des statuts de la société concernée qui ne conditionnent pas la régularité des délibérations du conseil d'administration à la transmission des documents inscrits à l'ordre du jour dudit conseil, mais plutôt à la régularité de la convocation audit conseil, régulière en l'espèce. Sur l'évocation, le jugement ayant constaté l'irrégularité de la convocation du défendeur doit être infirmé en toutes ses dispositions et la convocation du défendeur déclarée régulière (CCJA, ass. plén., n° 073, 29-4-2015 : Sté du Terminal à Conteneurs de Conakry (STCC), Yves Marie DULIOUST, Directeur Général de la STCC, Abdel Aziz THIAM, Président du Conseil d'Administration de la STCC c/ GAMAL CHALLOUB, Ohadata J-16-74).

JURISPRUDENCE COMPARÉE

France

A. Délai de convocation aux réunions du conseil d'administration

Les administrateurs doivent recevoir les convocations aux réunions du conseil d'administration dans un délai suffisant pour assister à la séance (Cass. com. 7-5-1973 : Bull. civ. IV n° 166 ; CA Versailles 29-6-2000 : RJDA 1/01 n° 44).

B. Formes de la convocation

Dans le silence des statuts sur les formes de la convocation, le président du conseil d'administration peut déterminer librement les modalités d'information des administrateurs sur les réunions du conseil d'administration (cf. CA Colmar 6-6-1975 : Bull. Joly 1976 p. 240 ; CA Paris 22-3-1977 : D 1978 p. 157 note Gourlay ; T. com. Nanterre 17-5-1990 : Dr. sociétés 1991 n° 335).

Ordre du jour. En l'absence de dispositions particulières dans les statuts, le conseil peut valablement examiner d'autres questions que celles figurant à l'ordre du jour (CA Paris 12-1-2006 n° 04/21881 : RJDA 5/06 n° 549) ; ainsi un conseil d'administration dont la réunion avait pour seul ordre du jour la cessation des fonctions d'un directeur général a pu valablement délibérer sur la question de la fin du paiement de la rémunération de ce dirigeant (CA Paris 12-1-2006 précité).

C. Violation des règles statutaires de convocation

En cas de non-respect des modalités de convocation, la réunion du conseil d'administration n'est pas nulle à défaut de disposition légale impérative (CA Aix 30-1-1979 : Bull. cour Aix 1979/1 p. 95 ; CA Caen 2-3-1984 : Bull. Joly 1985 p. 312).

Toutefois, la nullité peut résulter de la fraude ou de l'abus de droit dans la convocation ou la réunion (Cass. com. 7-5-1973 : Bull. civ. IV n° 166).

D. Absence ou irrégularité de la convocation du commissaire aux comptes

En cas d'irrégularité de la convocation du commissaire aux comptes, les délibérations du conseil d'administration ne sont pas nulles en l'absence de préjudice causé à quiconque (Cass. com. 2-7-1985 : JCP 1985.II n° 20518 note Viandier).

E. Demande de convocation par des administrateurs

Lorsqu'une clause des statuts ou d'un règlement intérieur autorise un ou plusieurs administrateurs à demander au président de réunir le conseil, le président est lié par cette demande si l'ordre du jour de la réunion sollicitée relève de la compétence du conseil ; tel est le cas pour une réunion visant à apporter une réponse à des griefs formulés par la Commission européenne en matière de cession d'actifs (Cass. com. 29-1-2008 n° 06-20.311 : RJDA 5/08 n° 544).

Art. 454 [mod.] Le conseil d'administration ne délibère valablement que si la moitié au moins de ses membres est présente.

Les décisions du conseil d'administration sont prises à la majorité des membres présents ou représentés, à moins que les statuts ne prévoient une majorité plus forte. En cas de partage des voix, la voix du président de séance est prépondérante sauf clauses contraires des statuts.

Toute décision prise en violation du présent article ou le cas, échéant, des conditions prévues par les statuts, est nulle.

JURISPRUDENCE OHADA

Validité d'une résolution adoptée durant une délibération régulière du conseil d'administration

C'est à tort qu'il est reproché à un arrêt d'avoir violé les articles 134 et 454 de l'AUSCGIE, en ne cherchant pas à vérifier si les conditions d'adoption par le conseil d'administration de la résolution de révocation du directeur général étaient réunies, dès lors qu'il résulte de l'arrêt attaqué qu'« en l'espèce, il [résulte] du procès-verbal de délibération du conseil d'administration [...] que la moitié des administrateurs de la société [défenderesse] était présente à ce conseil d'administration ; de sorte que ce conseil d'administration était régulièrement constitué ; qu'en outre, il est mentionné dans ledit procès-verbal que sur proposition du président du conseil d'administration, ce conseil a décidé de révoquer monsieur [X.] de ses fonctions de directeur général et nommé un nouveau directeur général ; que monsieur [Y.], nommé à cet effet, a déclaré au cours de cette réunion accepter cette fonction ; qu'ainsi, monsieur [X.] ne peut valablement prétendre que des conditions d'adoption des résolutions de ce conseil, telles qu'elles ressortent du procès-verbal, ne peuvent permettre de vérifier la réalité de l'adoption de la résolution critiquée ». Le requérant ne précisant pas laquelle des conditions d'adoption des résolutions est violée en l'occurrence, il y a lieu d'approuver la position de la cour d'appel (CCJA, 3e ch., n° 184/2022, 24-11-2022).

JURISPRUDENCE COMPARÉE

France

A. Quorum

Les décisions du conseil d'administration prises à défaut du quorum exigé pour les réunions du conseil d'administration sont susceptibles d'annulation (Cass. com. 7-7-1981 : Bull. Joly 1981 p. 818).

B. Majorité

La majorité imposée pour les réunions du conseil d'administration étant calculée selon le nombre de membres présents ou représentés, sont considérés comme des opposants les membres abstentionnistes ; et les votes blancs sont comptabilisés comme des votes « contre » pour le calcul des règles de majorité requises pour le vote (CA Douai 17-11-1994 : RJDA 4/95 n° 448).

Lorsque les administrateurs ont un intérêt personnel à la décision débattue lors de la réunion du conseil d'administration (par exemple, l'agrément du cessionnaire de leurs actions), ils ne sont pas pour autant dans l'incapacité de voter dès lors qu'ils n'ont pas un intérêt personnel à l'opération projetée susceptible de porter atteinte à l'intérêt social (Cass. com. 24-2-1975 : Rev. soc. 1976 p. 92 note Oppetit).

C. Vote

Un administrateur démissionnaire peut voter pour désigner son successeur lorsque sa démission ne devient effective qu'à l'issue de la réunion (CA Amiens 10-3-1977 : D 1978 p. 198).

D. Fraude et abus de droit

Encourent la nullité :

– la décision du conseil d'administration jugée abusive d'augmenter le montant de la rémunération du président dans son intérêt exclusif au détriment de la situation catastrophique de la société (CA Paris 30-3-1977 : Rev. sociétés 1977 p. 470 note J. H.) ;

– la décision frauduleuse du conseil résultant de manœuvres destinées à éviter la présence d'un administrateur à la réunion (consultation évitée ou inexistante de celui-ci) (Cass. com. 7-5-1973 : Bull. civ. IV n° 166 ; CA Versailles 29-6-2000 : RJDA 1/01 n° 44).

La nullité peut être invoquée par un actionnaire non-administrateur ayant un intérêt légitime à dénoncer une décision atteinte d'un vice de portée générale (CA Versailles 29-6-2000 précité).

E. Absentéisme

Un absentéisme chronique pourrait même être considéré comme une négligence fautive s'il causait un préjudice à la société (par exemple, Cass. req. 20-4-1939 : Gaz. Pal. 1939 II p. 152).

Art. 454-1 [nouv.] Si les statuts le prévoient, les administrateurs qui participent au conseil par visioconférence ou par d'autres moyens de télécommunication permettant leur identification et garantissant leur participation effective peuvent voter oralement.

Afin de garantir l'identification et la participation effective à la réunion du conseil des administrateurs y participant par des moyens de télécommunication, ces moyens transmettent au moins la voix des participants et satisfont à des caractéristiques techniques permettant la retransmission continue et simultanée des délibérations.

En cas de participation d'administrateur(s) par visioconférence ou par d'autres moyens de télécommunication, le conseil ne peut valablement délibérer que si au moins un tiers des administrateurs est physiquement présent.

Les statuts peuvent limiter la nature des décisions pouvant être prises lors d'une réunion tenue dans ces conditions.

Toute décision prise en violation du présent article ou, le cas échéant, des clauses statutaires est nulle.

Observations

Organisation des séances du conseil d'administration par visioconférence ou par d'autres moyens de télécommunication.

Jurisprudence comparée

États-Unis

Le règlement d'une société peut valablement prévoir que les décisions du conseil d'administration pourront être prises sans tenue du conseil si tous les directeurs consentent par écrit à cette décision (Stream TV networks, inc v. Seecubic, inc., in the Court of chancery of the state of Delaware, C.A. nº 2020-0310-JTL (2020)).

Art. 455 Les administrateurs ainsi que toute personne appelée à participer aux réunions du conseil d'administration sont tenus à la discrétion à l'égard des informations présentant un caractère confidentiel et données comme telles par le président de séance.

Art. 456 [mod.] Sauf clause contraire des statuts, un administrateur peut donner, par lettre, télécopie ou courrier électronique, mandat à un autre administrateur de le représenter à une séance du conseil d'administration.

Chaque administrateur ne peut disposer, au cours d'une même séance, que d'une seule procuration.

Les dispositions du présent article sont applicables aux représentants permanents des personnes morales.

Observations

Suppression du télex et ajout du courrier électronique.

Art. 457 [mod.] Les séances du conseil d'administration sont présidées par le président du conseil d'administration.

Le président du conseil d'administration organise et dirige les travaux du conseil, dont il rend compte à l'assemblée générale. Il veille au bon fonctionnement des organes de la société et s'assure, en particulier, que les administrateurs sont en mesure de remplir leur mission.

En cas d'empêchement du président du conseil d'administration, les séances sont présidées par l'administrateur possédant le plus grand nombre d'actions ou, en cas d'égalité, par le doyen en âge, à moins que les statuts n'en disposent autrement.

Observations

Al. 2 : précisions sur la mission du président du conseil d'administration.

Paragraphe II • COMPTE-RENDU DU CONSEIL D'ADMINISTRATION

Art. 458 [mod.] Les délibérations du conseil d'administration sont constatées par des procès-verbaux établis sur un registre spécial tenu au siège social, coté et paraphé par le juge de la juridiction compétente.

Toutefois, les procès-verbaux peuvent être établis sur des feuilles mobiles numérotées sans discontinuité, paraphées dans les conditions prévues à l'alinéa précédent et revêtues du sceau de l'autorité qui les a paraphées. Dès qu'une feuille a été remplie, même partiellement, elle doit être jointe à celles précédemment utilisées.

Toute addition, suppression, substitution ou interversion de feuilles est interdite.

Les procès-verbaux mentionnent la date et le lieu de la réunion du conseil et indiquent le nom des administrateurs présents, représentés ou absents non représentés.

Ils font également état de la présence ou de l'absence des personnes convoquées à la réunion du conseil d'administration en vertu d'une disposition légale, et de la présence de toute autre personne ayant assisté à tout ou partie de la réunion.

En cas de participation au conseil d'administration par visioconférence ou autre moyen de télécommunication, il est fait mention dans le procès-verbal des incidents techniques éventuellement survenus au cours de la séance et ayant perturbé son déroulement.

JURISPRUDENCE OHADA

Annulation abusive du procès-verbal d'un conseil d'administration

Conformément à l'article 244 de l'AUSCGIE, c'est en violation des articles 458 et 459 du même Acte uniforme qu'une Cour d'appel a annulé le procès-verbal de la réunion du conseil d'administration d'une société, au motif que ce document a été établi en violation de l'article 458 susvisé et contient des mentions erronées, dès lors qu'il ressort de l'examen des pièces du dossier que le procès-verbal querellé a été régulièrement élaboré pour corriger l'omission de la mention de la durée du mandat du directeur général de la société et que l'arrêt attaqué ne démontre pas en quoi ledit procès-verbal constitue une « addition, suppression, substitution ou interversion » de « feuilles mobiles numérotées sans discontinuité et paraphées par le juge de la juridiction compétente » ; cassation de l'arrêt attaqué (CCJA, 2e ch., n° 205/2021, 25-11-2021 : Sunu Assurances IARD c/ Atebi-Ziriga Batto Faustin).

Obs. : Voir sous l'article 244.

JURISPRUDENCE COMPARÉE

France

La société ne peut pas opposer aux tiers le défaut de retranscription du procès-verbal sur le registre spécial (Cass. com. 13-2-2001 n° 309 : RJDA 5/01 n° 595).

Une société ayant accordé un cautionnement devait exécuter celui-ci, même en l'absence de retranscription sur le registre des délibérations du conseil du procès-verbal de la réunion autorisant ce cautionnement, dès lors qu'une copie de ce procès-verbal avait été remise au bénéficiaire du cautionnement et que la réalité de l'autorisation du conseil n'était pas discutée, le bénéficiaire n'étant tenu de procéder à aucune autre vérification (Cass. com. 13-2-2001, précité).

Art. 459 [mod.] Les procès-verbaux du conseil d'administration sont certifiés sincères par le président de séance et par au moins un (1) administrateur.

En cas d'empêchement du président de séance, ils sont signés par deux (2) administrateurs au moins.

Art. 459-1 [nouv.] Le président du conseil d'administration s'assure que les procès-verbaux du conseil d'administration sont remis aux administrateurs en mains propres ou leur sont adressés par lettre au porteur contre récépissé, lettre recommandée avec demande d'avis de réception, télécopie ou courrier électronique dans les meilleurs délais et au plus tard lors de la convocation du prochain conseil d'administration.

OBSERVATIONS

Création de l'obligation à charge du président du conseil d'administration de la communication effective des procès-verbaux aux administrateurs.

Art. 460 Les copies ou extraits des procès-verbaux des délibérations du conseil d'administration sont valablement certifiés par le président du conseil d'administration, le directeur général ou, à défaut, par un fondé de pouvoirs habilité à cet effet.

Au cours de la liquidation de la société, les copies ou extraits des procès-verbaux sont valablement certifiés par le liquidateur.

Art. 461 Les procès-verbaux des délibérations du conseil d'administration font foi jusqu'à preuve contraire.

La production d'une copie ou d'un extrait de ces procès-verbaux justifie suffisamment du nombre des administrateurs en exercice ainsi que de leur présence ou de leur représentation à une séance du conseil d'administration.

JURISPRUDENCE COMPARÉE

France

A. Force probante des procès-verbaux

A condition d'être signés par le président de séance et un administrateur au moins les procès-verbaux font foi de leur contenu (Cass. com. 23-6-2004 n° 1009 : Bull. Joly 2004 p. 1401 note L. Grosclaude) et ce jusqu'à preuve contraire (Cass. 1e civ. 8-6-2004 n° 974 : RJDA 11/04 n° 1127 ; CA Paris 10-3-2000 : RJDA 3/00 n° 544 som.).

Par exemple :
- une société prouve valablement l'acquisition de droits patrimoniaux relatifs à un modèle en fournissant le procès-verbal de la réunion du conseil d'administration mentionnant cette acquisition (CA Paris 2-6-1993 : Gaz. Pal. 1994 som. p. 381) ;
- l'approbation pendant une réunion du conseil par un administrateur du procès-verbal de la réunion antérieure à laquelle il avait participé n'équivaut pas à une approbation au fond des décisions prises durant cette réunion (CA Paris 31-3-2000 : RJDA 1/01 n° 43) ;
- un actionnaire n'a pas la qualité pour se faire communiquer ces procès-verbaux (cf. CA Paris 26-2-1986 : Bull. Joly 1986 p. 367).

B. Rédaction et traduction des procès-verbaux en langue étrangère

Bien que la traduction en français des procès-verbaux du conseil d'administration déposés au greffe du tribunal de commerce soit exigée, leur rédaction en une langue étrangère ne fait pas obstacle à leur production en justice à titre de preuve à condition d'être suivis d'une traduction authentique (cf. Cass. com. 16-7-1991 inédit ; TGI Seine 3-12-1964 : JCP 1965. IV p. 75).

Section II • PRÉSIDENT-DIRECTEUR GÉNÉRAL

Paragraphe I • NOMINATION ET DURÉE DU MANDAT

Art. 462 Le conseil d'administration nomme parmi ses membres un président-directeur général.

A peine de nullité de sa nomination, le président-directeur général est une personne physique.

JURISPRUDENCE OHADA

Validité des actes accomplis par le PDG

C'est à tort que l'irrecevabilité d'un mémoire a été soulevée, au motif que la société au nom de laquelle il a été produit est représentée dans la procédure par une personne qui n'a pas qualité pour le faire, ayant été nommée lors d'une réunion du conseil d'administration et non par l'assemblée générale des actionnaires de la société, ce qui, selon le moyen, viole les dispositions des articles 414, 415 et 419 de l'AUSCGIE. Il en est ainsi car aux termes de l'article 462 du même Acte uniforme, « Le conseil d'administration nomme parmi ses membres un président-directeur général ». En l'espèce, la société est valablement représentée par son directeur général et le mémoire déposé en son nom est recevable (CCJA, 3e ch., no 227/2019, 10-10-2019 : Mbulu Museso c/ TMB S.A et SGHC S.A).

JURISPRUDENCE COMPARÉE

France

A. Nomination du président du conseil d'administration

La nomination du président du conseil d'administration incombant exclusivement au conseil d'administration, la composition irrégulière du conseil qui affecte cette nomination ne peut être couverte par l'assemblée générale (Cass. com. 31-1-1968 : D 1968 p. 321).

B. Promesse de nomination

Conditions de validité de la promesse. Si le président actionnaire majoritaire d'une société promet à un tiers la fonction de président à l'expiration de ses fonctions, la promesse est valable à condition d'engager exclusivement le promettant et non le conseil d'administration pour désigner le président-directeur général et à condition qu'elle ne réduise pas les pouvoirs du conseil d'administration seul compétent pour révoquer le président à tout moment et sans indemnité et à condition de prouver que la promesse ne renferme pas une erreur ; l'inexécution de cette promesse ayant causé un préjudice au bénéficiaire ouvre droit à des dommages et intérêts au profit de celui-ci (CA Paris 31-3-1995 : RJDA 12/95 no 1380).

Art. 463 La durée du mandat du président-directeur général ne peut excéder celle de son mandat d'administrateur.

Le mandat du président-directeur général est renouvelable.

Art. 464 [mod.] Nul ne peut exercer simultanément plus de trois (3) mandats de président-directeur général de sociétés anonymes ayant leur siège social sur le territoire d'un même État partie.

De même, le mandat de président-directeur général n'est pas cumulable avec plus de deux (2) mandats d'administrateur général ou de directeur général de sociétés anonymes ayant leur siège social sur le territoire d'un même État partie.

Les dispositions des alinéas 3 et 4 de l'article 425 ci-dessus relatives au cumul de mandat d'administrateur sont applicables au président-directeur général.

Paragraphe II • ATTRIBUTIONS ET RÉMUNÉRATION DU PRÉSIDENT-DIRECTEUR GÉNÉRAL

Art. 465 [mod.] Le président-directeur général préside le conseil d'administration et les assemblées générales.

Il assure la direction générale de la société et représente celle-ci dans ses rapports avec les tiers. Il est tenu de communiquer à chaque administrateur tous les documents et informations nécessaires à l'accomplissement de sa mission.

Pour l'exercice de ces fonctions, il est investi des pouvoirs les plus étendus qu'il exerce dans la limite de l'objet social et sous réserve de ceux expressément attribués aux assemblées générales ou spécialement réservés au conseil d'administration par des dispositions légales ou statutaires.

Dans ses rapports avec les tiers, la société est engagée par les actes du président-directeur général qui ne relèvent pas de l'objet social, dans les conditions et limites fixées à l'article 122 ci-dessus.

Les clauses des statuts, les délibérations des assemblées générales ou les décisions du conseil d'administration limitant les pouvoirs du président-directeur général sont inopposables aux tiers de bonne foi.

I. Qualité pour agir en justice liée à la fonction de directeur général

A. Irrecevabilité de l'action introduite ès qualités de président du conseil d'administration

Il résulte de l'examen des articles 465, 480 et 487 de l'AUSCGIE que dans une société anonyme, seul le président-directeur général ou le directeur général a la qualité de représentant légal ou statutaire, et a donc de ce fait, qualité pour agir en justice, notamment pour former pourvoi en cassation au nom de ladite société anonyme. Une société ayant opté, par ses statuts, pour la formule de société anonyme avec conseil d'administration, c'est le directeur général qui a la qualité de représentant légal ou statutaire, et a donc de ce fait qualité pour agir en justice. Le recours en cassation introduit « à la requête de la Société [X]… prise en la personne de son représentant légal, […], son président du conseil d'administration » est irrecevable, parce que le président du conseil d'administration n'est pas le représentant légal de la société anonyme et n'a donc pas qualité pour former pourvoi en cassation au nom de la société, s'il n'a reçu un pouvoir spécial donné à cet effet par le représentant légal (CCJA, n° 042/2008, 17-7-2008 : Sté LEV-CI SA c/ P. N., Rec. jur. CCJA n° 12, juill.-déc. 2008, p. 10, Ohadata J-10-25 ; J-09-80).

Tant aux termes des articles 465 et 468 de l'AUSCGIE que de la jurisprudence de la CCJA, seul le président-directeur général d'une société anonyme avec conseil d'administration a qualité pour représenter la société et en cas d'empêchement de celui-ci, la représentation est assurée par un administrateur délégué par le conseil d'administration (CCJA, 1e ch., n° 001, 14-1-2015 : COMMISIMPEX c/ Caisse Nationale de Sécurité Sociale dite CNSS, Ohadata J-16-01).

Il résulte des articles 465, 480 et 487 de l'AUSCGIE que dans une société anonyme, seul le président-directeur général ou le directeur général a la qualité de représentant légal et a donc, de ce fait, qualité pour agir en justice au nom de ladite société anonyme ou donner mandat à cet effet. Le président du conseil d'administration n'est pas le représentant légal de la société et n'a pas qualité pour valablement donner mandat en son nom, conformément à l'article 23 du Règlement de procédure de la CCJA. Il s'ensuit que le mandat spécial d'agir en justice donné par [X], non pas sur habilitation, mais en sa qualité de « président du conseil d'administration » de la société requérante alors qu'il ressort du RCCM que cette société anonyme a pour directeur général [Y.], n'est pas valide et le mémoire en réponse déposé au greffe de la CCJA à la suite d'un tel mandat spécial est irrecevable (CCJA, 2e ch., n° 148/2021, 24-6-2021 : BDEAC, SGT S.A. c/ Sotexho, S.A.).

B. Validité du mandat donné par le représentant légal de la société

Voir sous l'article 121 la solution appliquée à une SARL, le représentant légal ayant le même pouvoir d'agir au nom de la société dans toute forme de société. Voir aussi sous l'article 328.

C. Impossibilité pour un administrateur de représenter une société sans mandat

Aucune disposition de l'AUSCGIE n'autorise un administrateur d'une société à la représenter sans mandat du conseil d'administration ou à se prévaloir de la qualité de directeur général en l'absence du représentant légal. Le mandat de représentation d'une société délivré à un avocat par une personne autre que le représentant légal n'est pas valable, peu importe qu'il s'agisse d'un administrateur de ladite société. Il s'ensuit que le recours en cassation formé dans ces conditions est irrecevable pour violation des articles 23-1 et 28-4 [devenu 28-5] du Règlement de procédure de la CCJA (CCJA, 2e ch., n° 024, 18-4-2013 : Sté Tropicale des Allumettes dite SOTROPAL c/ 1) Banque Internationale pour le Commerce et l'Industrie de la Côte d'Ivoire dite BICICI, 2) DRAMA KOFFI Jean Pierre, Rec. jur. CCJA n° 20, vol. 1, janv.-déc. 2013, p. 11-14, Ohadata J-15-24). Voir sous AUSCGIE, article 465.

II. Actes de nature à engager la société non signés par le représentant légal

A. Actes valides

1. Acquiescement à une saisie-attribution signé par un directeur juridique

Du point de vue formel, l'acte d'acquiescement à une saisie-attribution signé sans réserve par le directeur juridique salarié d'une société anonyme avec la mention « Nous, soussignée, […] société anonyme au capital de […] » est valable et engage la société, qui ne peut exciper de la qualité ou non de l'agent signataire de cet engagement pour s'y soustraire. Dès lors que l'agent signataire est un salarié de la société débitrice, cette dernière ne peut opposer au créancier le défaut de qualité pour signer un tel acte sauf à justifier que le créancier a usé de manœuvres frauduleuses pour obtenir cet acte ou que vu les fonctions du signataire au sein de la société débitrice, il est manifestement inconcevable qu'il ait ce pouvoir (CA Abidjan, ch. civ. et com., n° 621,

8-6-2004 : CIE c/ Mr. K. I. et Banque Standard et Chartered, Ohadata J-05-340).

Obs. : il est à noter que l'opposition portant sur les actes peut concerner ceux qui ont trait à une « opération » qui se rapporte à un contrat comme ceux qui ne concernent qu'une décision unilatérale (voir ci-dessous la portée de cette différence sous jurisprudence française, CA Paris 5-11-1999 : RJDA 2/00 n° 177).

2. Cautionnement

a. Cautionnement signé par le responsable des financements ayant reçu une délégation de pouvoir du PDG

Est valable la délégation de pouvoirs faite par le président-directeur général d'une société au responsable des financements de ladite société aux fins de signer un cautionnement, aucune violation des articles 472 et 465 de l'AUSCGIE ne pouvant être retenue du fait que le délégataire occupait le poste de responsable des financements spécialisés qui est différent de celui figurant dans l'acte de délégation produit où il est mentionné qu'il occupe les fonctions de responsable de la clientèle entreprise d'une succursale (CCJA, 2e ch., n° 020, 2-4-2015 : BICICI c/ 1) Donwahi Alain Richard Ahipaud, 2) Donwahi épouse Koffi Illa Ginette, Ohadata J-16-20).

b. Cautionnement signé par un directeur commercial

La cour d'appel qui, pour annuler un cautionnement litigieux, rétracter l'ordonnance du premier juge et mettre la caution hors de cause, a énoncé que « L'examen de l'acte de cautionnement révèle que celui-ci a été signé par le directeur commercial de la SAFCA sans aucune indication de la délégation de pouvoir qui lui aurait été consentie » et retenu qu'« il s'agit manifestement d'une violation des dispositions des articles 465, 487 et 449 de l'[AUSCGIE] », alors que le cautionnement litigieux a été consenti, non par cette entreprise, mais par une personne physique, gérante d'un restaurant, pour garantir un prêt consenti au bénéfice de ladite entreprise, suivant un contrat de financement signé par le même directeur commercial et dont l'exécution n'a pas été contestée, a violé par fausse application les dispositions visées au moyen, exposant ainsi son arrêt à la cassation. Sur l'évocation, la caution doit être déclarée valable et le jugement confirmé, pour les mêmes motifs que ceux justifiant la cassation (CCJA, 1re ch., n° 159, 17-12-2015 : Sté Africaine de Crédit Automobile dite SAFCA c/ KOUAME AKISSI Françoise, Ohadata J-16-152).

B. Actes non valides ou invalidés

1. Caution consentie par une personne non habilitée

Les collaborateurs du président-directeur général et du directeur général d'une société anonyme ne sont investis des pouvoirs de représentation que s'ils y sont expressément investis par ces derniers par acte authentique. En l'absence de preuve de l'existence de cette délégation de pouvoir, les actes et la signature d'une personne autre que le PDG et le DG ne sauraient valablement engager la société défenderesse. C'est donc à tort que les premiers juges ont déclaré que ladite société était fondée à recouvrer sa créance sur le fondement de la procédure d'injonction de payer qui exige la certitude, la liquidité et l'exigibilité de la créance, dès lors que le cautionnement signé par une personne non habilitée n'était pas valable. La décision doit être infirmée sur ce point (CA Abidjan (Côte d'Ivoire), 1re ch. civ. et com., n° 364, 24-12-2010 : 1. D. épse K., 2. M. D. c/ BICICI, Juris-Ohada, n° 3/2011, juill.-sept. 2011, p. 34, Ohadata J-12-160).

Obs. : voir aussi sous l'article 122.

2. Inopposabilité d'un aveu judiciaire fait par le chef d'agence d'une banque non habilité à représenter la banque en justice

L'aveu judiciaire effectué par le chef d'une agence d'une banque dont il n'est pas prouvé qu'il est l'autorité habilitée à représenter ladite banque en justice est inopposable à cette banque (CCJA, ass. plén., n° 125, 11-11-2014 : Monsi Nestor c/ SGBC SA, Ohadata J-15-215).

Obs. : cet arrêt n'a pas visé expressément l'article 465, mais la solution s'applique à tous les cas relatifs à la représentation d'une société anonyme.

3. Requête en injonction de payer initiée au nom d'une banque par son chef d'agence n'ayant reçu aucun mandat

En l'espèce, la requête aux fins d'injonction de payer a été adressée au président du tribunal de première instance par « [l]a société [X.] SA [...], agissant poursuite et diligence de son chef d'agence de Yaoundé », dont il n'est pas établi qu'il a reçu mandat pour agir au nom de la société, alors qu'il résulte des dispositions combinées des articles 465, alinéa 2, 487, alinéa 1, et 494 de l'AUSCGIE que seul le président-directeur général ou le directeur général de la société anonyme avec conseil d'administration ou l'administrateur général de la société anonyme avec administrateur général a la qualité de représentant légal de la société et peut donc à cet effet agir en justice. Il s'en infère que l'absence de preuve dûment rapportée que le chef d'agence de la société [X.] de Yaoundé a reçu pouvoir du représentant légal de celle-ci, défini suivant le mode d'administration choisi, ne permet pas, d'une part, d'apprécier s'il peut ester en justice en son nom et, d'autre part, s'il peut valablement donner mandat à un avocat d'introduire une requête au nom de ladite société, suivant les exigences de l'article 4.1 de l'AUPSRVE. En conséquence, il y a lieu de déclarer irrecevable la requête aux fins d'injonction de payer et d'annuler par voie de conséquence l'ordonnance d'injonction de payer rendue ; la requête aux fins d'injonction de payer étant irrecevable et l'ordonnance d'injonction de payer annulée de ce fait, les demandes relatives à la nullité de l'exploit de signification et de l'ordonnance d'injonction de payer et au caractère infondé de la créance deviennent sans objet (CCJA, 1e ch., n° 186/2024, 27-6-2024).

4. Cession de créance consentie par une personne autre que le dirigeant et non mandatée par celui-ci

C'est en violation de l'article 465 de l'AUSCGIE, exposant l'arrêt attaqué à la cassation, qu'une cour d'appel a retenu, pour confirmer le jugement annulant la cession de créance intervenue, « qu'il résulte du dossier et des débats que la société [A.] a bénéficié d'une sentence arbitrale de la CCJA condamnant la société [B.] et l'État du Mali à lui payer la somme totale de 5 120 000 000 FCFA ; qu'à ce titre, la société [B.] a saisi l'État du Mali en vertu de la garantie les liant pour le paiement dudit montant ; qu'en réaction l'État a procédé au règlement de la créance vis-à-vis de la société [A.] suivant protocole d'accord intervenu entre les représentants des parties le 8 décembre 2014 », alors que maître [X.], qui a prétendu représenter la société [A.], n'a jamais reçu de pouvoir de [Y.], président-directeur général de cette société, pour participer à un quelconque protocole d'accord avec l'État du Mali et transiger sur la créance découlant de la sentence arbitrale du 8 décembre 2014. Sur l'évocation, et pour les mêmes motifs que ceux ayant entraîné la cassation, il y a lieu de retenir que le paiement effectué par l'État du Mali entre les mains de maître [X.] ne saurait éteindre la créance de la société [A.] découlant de la sentence arbitrale précitée. Le jugement initial sera donc annulé et, statuant à nouveau, il y a lieu de dire que le paiement effectué par l'État du Mali n'est pas opposable à la société [A.], celle-ci étant en droit de transférer sa créance (CCJA, 3e ch., n° 298/2024, 31-10-2024).

III. Représentation d'une société par une autre en vertu d'un mandat de gestion

C'est à tort qu'il est reproché à une cour d'appel d'avoir violé la loi, par refus d'application des dispositions combinées des articles 1er, alinéa 1 et 465 de l'AUSCGIE, en considérant qu'en raison de l'appartenance de [X.] à l'État du Sénégal qui aurait signé un contrat de gestion avec [Y.] le 11 janvier 2012, cette dernière a le pouvoir d'agir en justice pour le compte de la société [X.], alors, selon le moyen, que [Y.], qui est une société distincte de la société [X.], ne détient aucune qualité à agir en justice pour le compte de cette dernière. Il en est ainsi dès lors que dans sa motivation, la cour d'appel n'a pas dit que l'AUSCGIE ne s'appliquait pas à une société commerciale à participation publique majoritaire ou minoritaire et n'a pas non plus dit que la société était représentée à l'égard des tiers par un organe autre que celui désigné à l'article 465 de l'Acte uniforme susvisé ; qu'elle a plutôt soutenu que la société [Y.] avait qualité à agir en vertu du contrat de gestion conclu avec l'État, non pas en tant que représentant de la société [X.], mais en tant que gestionnaire de ladite société. Dès lors, en statuant comme elle l'a fait, la cour d'appel n'a, en rien, commis le grief visé au moyen ; que celui-ci n'étant donc pas fondé, est rejeté (CCJA, 2e ch., n° 108/2022, 30-6-2022).

Jurisprudence comparée

I. États-Unis

A. Rôle des dirigeants

Les dirigeants déterminent la politique de la société, ils ne peuvent pas déléguer ce droit à l'assemblée générale. Les dirigeants n'ont pas l'obligation de favoriser le profit immédiat des actionnaires par rapport à la politique à long terme de la société, sauf s'il existe des doutes sur la pérennité de cette dernière (Paramount Communications, Inc. v. Time, Inc., Supreme Court of Delaware, 571 A.2d 1140 (1989)).

B. Pouvoirs du dirigeant

Dans les sociétés anonymes (corporation), le conseil d'administration détient les pleins pouvoirs et délègue au manager (officer) uniquement les pouvoirs qu'il souhaite déléguer (Joseph Greenspon's Sons Iron & Steel Co. v. Pecos Valley Gas Co., 156 A. 350,351-52 (Del. Super. Ct. 1931)).

Un manager (officer) est un mandataire qui ne peut lier la société que lorsque le conseil d'administration lui a délégué le pouvoir de le faire (Petition of Mulco Prods., Inc., 123 A.2d 95, 103-04 (Del. Super. Ct. 1956))

Lorsque l'acte de nomination d'un manager prévoit que ce dernier aura tous les pouvoirs de management reconnu à un président de société, qu'il contrôlera les opérations de la société ainsi que ses employés, il ne peut pas révoquer un administrateur d'une société filiale car ce pouvoir ne lui a pas été délégué par le conseil d'administration (Lorenzo roccia and transatlantic group partners, LLC.v. Martin mugica and ultiner, LLC, in the Court of chancery of the state of Delaware, C.A. nº 2020-0641-MTZ (2020))

Il doit être présumé que le président d'une société a le pouvoir d'engager cette dernière pour toutes ses opérations courantes (Italo-Petroleum Corporation of America v. Hannigan, 40 Del. 534 (Del. 1940). Toutefois, la révocation d'un administrateur ne peut pas être considérée comme une opération courante ((Lorenzo roccia and transatlantic group partners, LLC.v. Martin mugica and ultiner, LLC, in the Court of chancery of the state of Delaware, C.A. nº 2020-0641-MTZ (2020))

....

II. France

A. Pouvoir de représentation de la société

Le PDG :

– détient le pouvoir d'agir en justice et notamment celui de déclarer des créances au nom de la société ; seule une délibération expresse du conseil d'administration ou une clause statutaire peut apporter des restrictions à ce pouvoir ; Il peut donc valablement déléguer ce pouvoir sans qu'il soit besoin de le préciser dans la délibération du conseil d'administration qui le désigne (Cass. com. 10-2-2009 nº 07-21.216 : RJDA 5/09 nº 449) ;

– peut valablement subordonner l'entrée en vigueur d'un contrat passé avec un tiers à l'accord du conseil d'administration ; tant que cette condition n'est pas réalisée, la société peut l'opposer au cocontractant pour faire valoir qu'elle n'est pas engagée par la seule signature du directeur général (CA Versailles 12-3-2009 nº 07/9194 : RJDA 6/09 nº 545) ; pour faire échec au jeu de cette condition, le cocontractant doit établir que la société en a empêché la réalisation par un refus fautif du conseil de donner son accord (pour des cas où une telle faute n'a pas été retenue, CA Versailles 15-2-1990 : Gaz. Pal. 1990 som. p. 716 ; CA Versailles 12-3-2009 nº 07/9194 précité).

B. Délégation de pouvoir par le PDG

1º Validité après son changement

La délégation de pouvoirs consentie par le PDG d'une continue d'engager la personne morale, même après le changement du représentant, tant que cette délégation n'a pas été révoquée (Cass. com. 3-6-2009 nº 08-13.355 : BRDA 11/09 inf. 1).

2º Limitation des pouvoirs

Les limitations des pouvoirs du PDG sont licites, mais elles ne sont pas opposables aux tiers ; cette inopposabilité peut être invoquée par les tiers même s'ils avaient connaissance de la limitation de pouvoirs (Cass. com. 2-6-1992 : RJDA 8-9/92 nº 836, à propos d'un gérant de SARL mais transposable au PDG par identité des textes applicables).

Le PDG bénéficie d'un pouvoir particulier qui ne peut faire l'objet de limitations conduisant à lui supprimer toute compétence (Cass. com. 11-6-1965 : Bull. civ. III nº 361).

C. Impossibilité de faire opposition

Il ne peut être formé opposition à la convocation d'une assemblée générale, acte unilatéral qui ne peut équivaloir à la « conclusion d'une opération » ; par suite, un cogérant ne saurait se prévaloir de cette disposition pour contester la régularité de la convocation de l'assemblée annuelle des associés par l'autre cogérant, avec lequel il est en désaccord, et au cours de laquelle a été décidée sa révocation (CA Paris 5-11-1999 : RJDA 2/00 nº 177).

Art. 466 [mod.] **Le président-directeur général peut être lié à la société par un contrat de travail dans les conditions prévues à l'article 426 ci-dessus.**

....

JURISPRUDENCE COMPARÉE

France

A. Travail effectif et fonctions techniques

Le PDG doit exercer un travail effectif, lequel peut être notamment déduit de l'exercice de fonctions techniques. Tel est le cas du directeur financier nommé PDG quinze ans plus tard et qui a conservé ses fonctions (CA Rouen 29-11-2000 nº 5726 : RJDA 6/01 nº 691) ; mais tel n'est pas le cas lorsque les fonctions invoquées ne présentent aucune technicité particulière (Cass. com. 7-6-1988 : Bull. civ. IV nº 191).

L'absence d'éléments de fait permettant une distinction entre direction sociale et direction technique d'une petite entreprise de dix salariés, ainsi que l'absence de supérieur hiérarchique ne permettent pas de retenir la poursuite effective d'une activité salariée subordonnée et technique (CA Paris 20-6-1997 : RJDA 1/98 nº 65 som.).

B. Subordination

Absence. Le dirigeant doit se trouver en état de subordination à l'égard de la société ; tel n'est pas le cas du salarié devenu président-directeur général dont il n'est pas démontré qu'il a continué d'exercer ses fonctions de directeur commercial dans l'état de subordination caractéristique d'une relation de travail salarié et dont, au contraire, l'étendue des pouvoirs qui lui ont été conférés par le conseil d'administration en raison de son mandat social est incompatible avec l'exercice, en l'état de subordination à l'égard de la société, de fonctions salariées (CA Paris 28-1-1997 : RJDA 5/97 n° 658).

C. Rémunération

Dès lors que les fonctions de salarié sont effectives, le PDG peut n'être rémunéré que pour ces dernières, peu important qu'il n'eût pas, comme mandataire social, reçu une rémunération que ces fonctions peuvent ne pas comporter (Cass. soc. 31-3-1982 : Bull. civ. V n° 239 ; Cass. soc. 17-2-1983 : Bull. Joly 1983 p. 381).

D. Conséquences du cumul

La cessation du mandat social de directeur général pour une cause quelconque n'entraîne pas celle du contrat de travail si ne sont pas relevés d'éléments de nature à caractériser une modification des fonctions techniques de directeur adjoint exercées par ce directeur dans un lien de subordination avec la société en exécution du contrat de travail (Cass. soc. 14-6-2000 : RJDA 12/00 n° 1098).

Lorsqu'un administrateur salarié adresse des remarques au président-directeur général dans l'intérêt exclusif de la société, ces observations ne justifient pas par la résiliation de son contrat de travail (Cass. soc. 16-10-1975 : Bull. civ. V n° 465 ; voir aussi Cass. soc. 14-6-1979 : Rev. sociétés 1980 p. 87 note P. Le Cannu).

E. Soumission du contrat de travail au contrôle des conventions

Les modifications du contrat de travail (augmentation de salaire, promotion hiérarchique…) sont soumises à la procédure des conventions réglementées applicables aux conventions conclues entre la société et l'un de ses administrateurs (Cass. soc. 8-12-1976 : Rev. sociétés 1977 p. 251 note Balensi ; Cass. soc. 5-11-1982 : Bull. civ. V n° 602 ; Cass. soc. 12-7-1990 : RBDA 19/90 p. 11).

En cas de changement substantiel du contrat de travail et à défaut de preuve d'une novation, l'accord modifiant le contrat de travail initial doit être annulé s'il ne respecte pas la procédure des conventions réglementées et cause un préjudice à la société (CA Aix 9-3-1994 : RJDA 8-9/94 n° 935).

Art. 467 [mod.] **Les modalités et le montant de la rémunération du président-directeur général sont fixés par le conseil d'administration.**

Le cas échéant, les avantages en nature qui lui sont attribués sont fixés de la même manière que sa rémunération.

Hors les sommes perçues et les avantages en nature accordés dans le cadre d'un contrat de travail, le président-directeur général ne peut recevoir aucune autre rémunération de la société que celle visée au présent article.

Le président ne prend pas part au vote sur sa rémunération et sa voix n'est pas prise en compte pour le calcul du quorum et de la majorité.

Toute décision prise en violation du présent article est nulle.

Observations

Al. 1 et 3 : le renvoi à l'ancien article 430 est supprimé dans l'alinéa 1 ; le contenu ancien de ce texte est repris à l'alinéa 3.

Jurisprudence comparée

France

A. Compétence exclusive du conseil d'administration

Le conseil d'administration étant seul compétent pour fixer la rémunération du président (Cass. com. 13-2-1996 : RJDA 6/96 n° 801) ; en conséquence :

– l'attribution au président d'une rémunération ou d'une indemnité rémunérant, à l'expiration de ses fonctions les services rendus par celui-ci ne relève pas de la compétence de l'assemblée générale (CA Aix 5-1-1982 : Bull. cour d'Aix 1982/2 p. 93) ;

– le conseil ne peut déléguer à un « comité » ce pouvoir dans la mesure où les discussions et la somme retenue par ce comité ne sont pas expressément approuvées par le conseil d'administration (Cass. com. 4-7-1995 : RJDA 8-9/95 n° 994 pour un complément de retraite accordée au président) ;

– la suppression de la rémunération d'un président-directeur général est soumise à une délibération du conseil d'administration lorsque l'intéressé n'a pas renoncé de façon explicite à cette rémunération. Seul le conseil d'administration peut modifier ou supprimer la rémunération du président qui peut

également y renoncer explicitement (cf. CA Paris 31-5-1996 : RJDA 10/96 n° 1210 ; cf. Cass. com. 16-7-1985 : Bull. civ. IV n° 271 qui a reconnu le même pouvoir au conseil de surveillance seul habilité à fixer la rémunération des membres du directoire) ;
– le conseil ne peut ratifier ultérieurement la décision prise par le seul président du conseil d'administration qui s'est octroyé une rémunération (Cass. com. 30-11-2004 n° 1740 : RJDA 4/05 n° 407) ;
– la rémunération ne peut pas être fixée une convention conclue avec un tiers, peu important que cette convention ait été autorisée par le conseil d'administration (Cass. com. 14-9-2010 n° 09-16.084 : RJDA 12/10 n° 1162).

B. Sanctions d'une rémunération irrégulière

L'irrégularité de la rémunération du président fixée sans décision préalable du conseil d'administration peut obliger celui-ci à restituer les sommes ainsi perçues à la société sur le fondement de la répétition de l'indu (Cass. com. 15-12-1985 : Bull. Joly 1988 p. 80 ; Cass. com. 30-11-2004 n° 1740 : RJDA 4/05 n° 407) sous réserve de la prescription trentenaire (désormais de cinq ans) de l'action en répétition de l'indu (Cass. com. 30-11-2004 précité).

C. Montant de la rémunération

1° Non-assimilation aux salariés

Les avantages octroyés aux salariés de la société ne sauraient être étendus au président (CA Paris 3-6-1985 : D 1986 p. 177 note Aubert).

2° Rémunération constitutive d'abus de biens sociaux

L'abus de biens sociaux est constitué dès lors que le président s'est attribué seul une rémunération qu'il savait excessive en raison de la situation financière dégradée de la société (Cass. crim. 9-5-1973 : D 1974 p. 271 note Bouloc ; Cass. crim. 6-10-1980 : Rev. sociétés 1981 p. 1133 note Bouloc).
Le versement d'une telle rémunération même approuvée par le conseil d'administration est répréhensible (Cass. crim. 22-9-2004 n° 5242 : RJDA 8-9/05 n° 992, 1e esp.).
Le président qui s'est alloué de bonne foi un complément de retraite et qui a été relaxé du chef d'abus de biens sociaux peut être civilement tenu de restituer ce complément (Cass. com. 15-12-1987 : Bull. Joly 1988 p. 80).

3° Rémunération disproportionnée au regard de la situation de la société

Par exemple :
– est fautif le président qui ne diminue pas sa rémunération risquant de devenir excessive au vu de la détérioration de la situation de la société (CA Paris 17-11-1981 inédit) ;
– doit être annulée car abusive la décision du conseil d'administration augmentant largement la rémunération du président majoritaire dans son seul intérêt eu égard aux difficultés financières de la société subissant des pertes excédant six fois le capital (CA Paris 30-3-1977 : Rev. sociétés 1977 p. 470 note J.H.).

4° Non-rétroactivité de la modification ou de la suppression de la rémunération

L'effet d'une modification ou d'une suppression de rémunération ne peut jamais être rétroactif (CA Paris 15-1-2006 n° 04/21881 : RJDA 5/06 n° 549).

5° Nullité d'une rémunération détournée

A été annulée la convention conclue par une SA avec une entreprise de prestation de services, fondée par son directeur général par laquelle celle-ci s'engageait à fournir à la SA un ensemble de prestations (« action commerciale, gestion industrielle, gestion des ressources humaines, gestion administrative et financière, stratégie générale, prestation de direction ») et à mettre son fondateur – donc le directeur général lui-même – à la disposition de la SA en contrepartie d'une rémunération fixe assortie d'un intéressement sur le résultat net pour les motifs suivants :
– la convention était dépourvue de cause car elle aboutissait à rémunérer la société prestataire pour l'exercice par le directeur général de ses fonctions de direction dans la SA ;
– la rémunération du directeur général d'une société anonyme est déterminée par le conseil d'administration et ne peut pas être fixée par une convention conclue avec un tiers, peu important que cette convention ait été autorisée par le conseil d'administration de la SA (Cass. com. 14-9-2010 n° 09-16.084 : Légifrance).

> **Obs. :** sur la non-application du régime des conventions réglementées à la décision fixant la rémunération du PDG, voir sous l'art. 440.

Paragraphe III • EMPÊCHEMENT ET RÉVOCATION DU PRÉSIDENT-DIRECTEUR GÉNÉRAL

Art. 468 [mod.] En cas d'empêchement temporaire du président-directeur général, le conseil d'administration peut déléguer, pendant la durée qu'il fixe, un autre administrateur dans les fonctions de président-directeur général.

En cas de décès ou de cessation des fonctions du président-directeur général, le conseil nomme un nouveau président-directeur général ou délègue un administrateur dans les fonctions de président-directeur général jusqu'à la nomination de celui-ci.

JURISPRUDENCE COMPARÉE

France

Démission des fonctions du président pour démission

La démission du PDG qui n'a pas à être acceptée ne peut jamais faire l'objet d'une rétractation sauf si l'intéressé démontre un défaut de consentement libre et éclairé remettant en cause sa démission (Cass. com. 22-2-2005 n° 269 : RJDA 7/05 n° 815).

La démission masquant une révocation entraîne une indemnisation du préjudice moral du PDG. Il en est ainsi d'un président contraint de démissionner à la suite de divergence d'idées avec l'actionnaire majoritaire dès lors que sa révocation a été prononcée par le conseil d'administration qui n'avait pas pris ses responsabilités (CA Paris 8-12-2005 n° 04/20149 : RJDA 5/06 n° 587).

Elle peut donner lieu à des dommages et intérêts au profit de la société si elle intervient de manière brutale, à contretemps ou avec l'intention de nuire (CA Versailles 11-6-1998 : RJDA 11/98 n° 1244).

Art. 469 **Le président-directeur général peut être révoqué à tout moment par le conseil d'administration.**

JURISPRUDENCE OHADA

L'expiration du mandat d'un président-directeur général ne constitue pas une révocation donnant lieu à indemnisation

C'est à tort qu'il est reproché à un arrêt d'avoir violé les articles 462 et 469 de l'AUSCGIE et l'article 17 de la loi n° 97-519 du 4 septembre 1997 portant définition et organisation des sociétés d'État en ce que la cour d'appel a retenu que « le décret du 15 décembre 2010 qui a nommé de nouveaux administrateurs au nombre desquels n'a pas figuré l'ex-PDG a mis fin au mandat d'administrateur de ce dernier » et qu' « il est de la sorte devenu pour le conseil d'administration sans aucune portée juridique sans objet d'inscrire à l'ordre du jour de ses délibérations, la question du statut de son ex-président-directeur général », dès lors qu'il résulte des pièces produites que le mandat d'administrateur de l'ex-PDG qui était de 3 ans renouvelable au maximum deux fois, soit d'une durée maximale de neuf ans, a commencé à courir le 16 novembre 2001 et est arrivé à son terme le 16 novembre 2010 ; que par décret n° 22 en date du 15 décembre 2010, régulièrement publié au journal officiel, l'État de Côte d'Ivoire, actionnaire unique, a procédé à la nomination de nouveaux administrateurs qui, réunis en conseil d'administration le 16 décembre 2010, ont à leur tour procédé à la nomination d'un nouveau président du conseil d'administration et désigné un nouveau directeur général. Ainsi, la délibération du conseil d'administration, organe légalement habilité, portant nomination de ce dernier en remplacement du précédent du fait de l'arrivée du terme légal de son mandat d'administrateur qui mettait juridiquement fin à sa fonction de président-directeur général emporte nécessairement constatation de la cessation de ladite fonction, et ne constitue nullement une révocation donnant lieu à indemnisation. En statuant comme elle l'a fait, la cour d'appel n'a pas violé les textes visés au moyen et n'encourt pas le reproche allégué au pourvoi qui doit être rejeté (CCJA, 1e ch., n° 122, 31-5-2018 : Victor Jérôme Nembelessini-Silue c/ BNI).

JURISPRUDENCE COMPARÉE

France

A. Liberté de révocation

Voir sous l'art. 433 des décisions transposables, le droit de révoquer les administrateurs étant affirmé dans les mêmes termes que le droit de révoquer le PDG.

B. Conventions portant atteinte à la liberté de révocation

1° Existence d'une atteinte

Encourent la nullité :

– la signature avec la société d'un contrat de cessation de ses fonctions (Cass. com. 17-1-1984 :

Bull. civ. IV n° 21 ; de même CA Rouen 25-11-1993 : RJDA 5/94 n° 290) ;
– le rachat des actions du président par l'actionnaire majoritaire au double de leur valeur, soit un montant considérable en cas de révocation de ses fonctions (CA Versailles 11-7-1991 : RJDA 12/91 n° 1040 ; dans le même sens CA Paris 28-3-1995 : RJDA 6/95 n° 726 som.) ;
– la promesse, qu'en cas de changement de majorité, le président conserverait ses fonctions ou bénéficierait d'un contrat de travail dans la société jusqu'à l'âge de 65 ans (Cass. com. 3-5-1995 : RJDA 10/95 n° 1113) ;
– l'obligation pour l'actionnaire majoritaire de verser une indemnité élevée pouvant atteindre la somme de 275 322 euros (Cass. com. 4-6-1996 n° 10691 : RJDA 2/97 n° 224) ;
– la promesse, lors de la désignation d'une personne au mandat d'administrateur et de président, de consentir à cette personne, en cas de cessation de ses fonctions en tant que président de conseil d'administration, contrat de travail ou une indemnisation (Cass. soc. 15-3-1983 : Bull. civ. V n° 155 ; Cass. com. 14-6-2005 n° 905 : RJDA 11/05 n° 137 ; CA Paris 5-7-1996 : RJDA 11/96 n° 1350) ;
– la clause d'un pacte d'actionnaires prévoyant que la désignation des personnes clés de la société devait être préalablement autorisée par le conseil d'administration, cette condition ne pouvant pas être transposée, par parallélisme des formes, à la révocation (Cass. com. 14-5-2013 n° 11-22.845 : BRDA 11/13 inf. 1).

Le fait que l'obligation soit souscrite par l'actionnaire et non par la société est indifférent dès lors qu'elle influe sur la décision de révocation (Cass. com. 2-6-1992 n° 960 : RJDA 12/92 n° 1034 ; Cass. com. 4-6-1996 n° 1069 : RJDA 2/97 n° 224).

2° Absence d'une atteinte

Ne porte pas atteinte à la liberté de révocation :
– une promesse consentie par un tiers d'achat des actions d'un PDG au cas où il cesserait ses fonctions dès lors que n'est pas précisée en quoi le tiers promettant pouvait influer sur la décision de révocation du dirigeant par la société (Cass. com. 12-3-1996 : RJDA 8-9/96 n° 1064) ;
– l'engagement pris par une société à l'égard du directeur général de l'une de ses filiales à lui verser une indemnité d'un million de francs (150 000 FCFA) en cas de révocation, dès lors que cette somme n'est pas de nature à peser sur la décision de révocation, tant en raison de l'importance de son capital (1 500 million de francs, soit 250 000 €) que de ses résultats sur les trois exercices précédents (CA Paris 26-6-1998 : RJDA 12/98 n° 1370).

C. Modalités de la révocation

1° Mise en œuvre abusive

Procédure de révocation non contradictoire. Bien qu'il soit révocable à tout moment, le PDG doit pouvoir exposer ses remarques devant le conseil d'administration, ce qui suppose qu'il ait connaissance des motifs de sa révocation avant qu'il fût procédé au vote (Cass. com. 14-5-2013 n° 11-22.845 : BRDA 11/13 inf. 1).

Obs. : sur le refus de demander l'assistance d'un avocat, voir sous article 326, le droit au contradictoire étant également reconnu au gérant de SARL.

2° Indemnisation des révocations intempestives

Mesures injurieuses ou vexatoires. Le PDG a droit à des dommages et intérêts lorsqu'il est révoqué dans des circonstances affectant son honorabilité (Cass. com. 13-11-2003 n° 1519 : RJDA 3/04 n° 308 ; CA Versailles 27-6-1996 : RJDA 11/96 n° 1351 ; CA Paris 13-10-2000 : RJDA 1/01 n° 51).

L'octroi de dommages et intérêts suppose l'examen des seules circonstances entourant cette révocation et non des motifs de celle-ci (Cass. com. 26-11-1996 : RJDA 2/97 n° 222).

Lorsqu'un tiers est à l'origine de la cessation du mandat du président, ce tiers peut être tenu de verser des dommages et intérêts envers le président (CA Paris 28-9-1988 : RJDA 1/99 n° 49).

Obs. : voir aussi sous l'art. 433 les décisions relatives au droit à indemnisation des administrateurs transposables au PDG par analogie des textes applicables.

Paragraphe IV • DIRECTEUR GÉNÉRAL ADJOINT

Art. 470 [mod.] Sur la proposition du président-directeur général, le conseil d'administration peut donner mandat à une ou plusieurs personnes physiques d'assister le président-directeur général en qualité de directeur général adjoint.

Toute nomination du directeur général adjoint intervenue en violation du présent article est nulle.

Jurisprudence OHADA

Le directeur général adjoint est un organe légal d'une SA et est investi des pouvoirs que lui confère le conseil d'administration. Il peut valablement agir au nom et pour le compte de la société et la société anonyme qui a agi en justice par son directeur général adjoint n'a pas enfreint la loi (TGI Mbouda (Cameroun), n° 01/CIV/TGI, 5-2-2009 : C.C.A. SA c/ W. G., Ohadata J-12-239).

Jurisprudence comparée

France

A. Liberté de choix du nouveau PDG

Le directeur général délégué agissant sous la responsabilité du directeur général, celui-ci ne saurait se voir imposer une personne choisie par son prédécesseur ; le nouveau directeur général est donc libre de ne pas proposer la reconduction des fonctions du ou des directeurs généraux délégués en exercice, et ces derniers ne peuvent prétendre à aucune indemnité du moment que la cessation de leurs fonctions est intervenue en dehors de circonstances injurieuses ou vexatoires à leur égard (cf. Cass. com. 14-2-1977 : Bull. civ. IV n° 44 ; Cass. com. 13-1-1998 : RJDA 6/98 n° 740 transposable au directeur général adjoint du PDG soumis par l'art. ci-dessus aux mêmes conditions de nomination, pour le cas où un nouveau PDG serait nommé).

B. Promesse conditionnelle non avenue

Dans un cas où la lettre d'embauche d'un salarié prévoyait de proposer au conseil d'administration la nomination du salarié comme directeur général, sous condition de la démission du directeur général, la société n'a pas été condamnée à indemniser le salarié pour non-exécution de cette promesse car un contexte particulier d'atteinte à la réputation de la société avait nécessité le maintien du directeur général, qui avait une connaissance approfondie de celle-ci ; cette explication avait été fournie au salarié et aucune circonstance vexatoire ou diffamatoire pour lui n'avait accompagné l'annonce du maintien du directeur général (CA Paris 16-11-2010 n° 09/19161 : RJDA 6/11 n° 537).

Art. 471 Le conseil d'administration détermine librement la durée des fonctions du directeur général adjoint. Lorsque celui-ci est administrateur, la durée de son mandat ne peut excéder celle de son mandat d'administrateur.

Le mandat du directeur général adjoint est renouvelable.

Art. 472 [mod.] En accord avec le président-directeur général, le conseil d'administration détermine l'étendue des pouvoirs qui sont délégués au directeur général adjoint.

Dans ses rapports avec les tiers, le directeur général adjoint a les mêmes pouvoirs que ceux du président-directeur général. Il engage la société par ses actes, y compris ceux qui ne relèvent pas de l'objet social dans les conditions et limites fixées à l'article 122 ci-dessus.

Les clauses des statuts, les décisions du conseil d'administration ou des assemblées générales qui limitent les pouvoirs du directeur général adjoint ne sont pas opposables aux tiers de bonne foi.

Jurisprudence OHADA

I. Conformité de statuts harmonisés avec les textes applicables

Les statuts d'une société qui stipulent que « dans ses rapports avec les tiers, le directeur général adjoint a les mêmes pouvoirs que ceux du directeur général. Il engage la société par ses actes, y compris ceux qui ne relèvent pas de l'objet social dans les conditions et limites fixées par l'Acte uniforme précité », sont parfaitement harmonisés, dès lors qu'il s'agit là d'une reproduction de l'esprit et de la lettre de l'article 472, al. 2, de l'AUSCGIE. Il en résulte que ni le Traité OHADA ni la constitution de la République Démocratique du Congo n'ont été violés (CCJA, 3e ch., n° 117/2019, 11-4-2019 : Jean Félix Mulumba et 2 autres c/ SEP-Congo).

II. Validité des actes posés au nom d'une société par le directeur général adjoint

Selon l'article 472, al. 2 de l'AUSCGIE, le directeur général adjoint ayant, dans les rapports que la société entretient avec les tiers, les mêmes pouvoirs que le président-directeur général, ce directeur général adjoint est pleinement habilité à représenter la société dans ses rapports avec les tiers sans avoir besoin d'une quelconque délégation de pouvoirs (CCJA, 2e ch., no 074/2021, 29-4-2021 : Talotsing Paghou Marcel c/ Afriland First Bank SA).

Dans le même sens :

– et indiquant que le pouvoir spécial aux fins de la saisie immobilière signé par le directeur général adjoint est valide (CCJA, 2e ch., no 354/2024, 12-12-2024) ;

– la Gecamines étant une société anonyme avec un actionnaire unique que constitue l'État congolais, [X.] qu'a fait nommer cet actionnaire unique en qualité de directeur général adjoint, représente valablement la société dans ses rapports avec les tiers et le recours introduit à ses poursuites et diligences est recevable (CCJA, 1e ch., no 039/2023, 9-3-2023).

D'une part, le fait que le nom du directeur général adjoint d'une société anonyme n'apparaisse pas dans la déclaration de modification de la constitution de la société n'entache en rien la validité du mandat spécial délivré par ce dirigeant dès lors que l'article 472, al. 2 de l'AUSCGIE l'a investi du pouvoir de représenter la société à l'égard des tiers au même titre que le président-directeur général et que la fausseté de cette qualité n'est pas prouvée ; d'autre part, la recevabilité du pourvoi devant la CCJA s'appréciant au regard de son seul Règlement de procédure, on ne saurait reprocher au recours le non-respect des exigences résultant d'un texte qui organise le pourvoi en cassation devant une juridiction nationale de cassation. Il échet en conséquence de rejeter cette fin de non-recevoir et de déclarer le pourvoi recevable (CCJA, 2e ch., no 168/2021, 28-10-2021 : Bank of Africa Mali S.A).

Voir sous les articles 121 et 465.

III. Notion de « tiers de bonne foi »

Voir sous l'art. 121 (CCJA, 3e ch., no 378/2024, 26-12-2024).

Art. 473 [mod.] Le directeur général adjoint peut être lié à la société par un contrat de travail dans les conditions prévues à l'article 426 ci-dessus.

JURISPRUDENCE OHADA

Lien de principe entre une société et son directeur général adjoint : mandat

A la lecture combinée des articles 471, 473 et 475 de l'AUSCGIE, il apparaît que le directeur général adjoint est lié à la société par un contrat de mandat et que le contrat de travail n'est envisagé que lorsqu'il exerce un deuxième emploi effectif. C'est donc en violation de ces textes qu'une cour d'appel a entériné l'incompétence nonobstant l'inexistence d'un autre emploi, exposant ainsi son arrêt à la cassation. Sur l'évocation et pour les mêmes motifs que ceux ayant entraîné la cassation, tirés de la méconnaissance des articles 471 et suivants de l'AUSCGIE, il y a lieu d'infirmer le jugement civil rendu sur la compétence (CCJA, 2e ch., no 130, 18-5-2017 : Aza Ngu Otay c/ Ecobank Cameroun SA).

JURISPRUDENCE COMPARÉE

France

Sort du contrat de travail non lié à celui du PDG

Le contrat de travail étant indépendant du mandat social n'est pas modifié par la seule révocation du mandat du PDG (Cass. soc. 14-6-2000 no 2807 : RJDA 12/00 no 1098).

Obs. : voir sous l'art. 466 les décisions relatives au contrat de travail du PDG transposables à celui du directeur général adjoint en raison de l'analogie des situations, l'un et l'autre assumant la même fonction sociale de direction de la société.

Art. 474 [mod.] Les modalités et le montant de la rémunération du directeur général adjoint sont fixés par le conseil d'administration.

S'il est administrateur, le directeur général adjoint ne prend pas part au vote et sa voix n'est pas prise en compte pour le calcul du quorum et de la majorité.

Toute décision prise en violation du présent article est nulle.

Jurisprudence comparée

Voir sous l'art. 467 les décisions relatives à la rémunération du PDG transposables à celui du directeur général adjoint en raison de l'analogie des textes applicables.

Art. 475 [mod.] **Sur proposition du président-directeur général, le conseil d'administration peut révoquer à tout moment le directeur général adjoint. Toute révocation du directeur général adjoint intervenue en violation du présent alinéa est nulle.**

Si la révocation est décidée sans juste motif, elle peut donner lieu à dommages et intérêts.

Jurisprudence OHADA

La simple révocation avant terme du mandant social n'est pas fautive

Les articles 471 et 475 de l'AUSCGIE consacrent en faveur du conseil d'administration, le pouvoir de déterminer librement la durée des fonctions du directeur général adjoint, ainsi que celui de le révoquer à tout moment, sur proposition du président-directeur général. L'article 475 susvisé n'ayant prévu aucune distinction entre le contrat à durée déterminée et celui à durée indéterminée, la liberté de rupture s'exerce dans les deux types de contrat, à la seule condition qu'elle intervienne pour juste motif ; seule la révocation du directeur général adjoint, sans juste motif, peut donner lieu à des dommages-intérêts. Il s'ensuit que l'interruption du mandat social de Monsieur [X.] avant terme, par le conseil d'administration n'est pas fautive et c'est donc, à bon droit, que la cour d'appel a dit n'y avoir pas lieu au paiement des dommages-intérêts, en raison du fait que, le mandat de Monsieur [X.] qui cumulait les fonctions de directeur général adjoint de deux sociétés a été révoqué, avec son accord, pour lui permettre de se consacrer pleinement à ses fonctions de directeur général adjoint d'une seule société qu'il a occupées jusqu'au 30 juin 2015, tout en percevant sa rémunération (CCJA, 3e ch., nº 228/2020, 25-6-2020 : Kouyate Abdrahamane c/ Amsa Assurances Sénégal IARDT SA).

Jurisprudence comparée

France

A. Révocation abusive

Puisque la révocation du directeur général ne doit pas être abusive, le directeur général révoqué dans des circonstances affectant son honorabilité et sa réputation peut demander le versement de dommages et intérêts (Cass. com. 2-10-1978 : Rev. sociétés 1979 p. 328 note Sibon ; Cass. com. 15-7-1982 : Bull. Joly 1982 p. 772).

B. Respect du principe contradictoire

Sur un cas où le directeur général a été révoqué sans diposer d'un délai suffisant pour organiser sa défense, CA Versailles 4-10-2001 nº 98/5196 : RJDA 2/02 nº 166.

Obs. : voir sous l'art. 469, les décisions relatives à la révocation du PDG transposables à celle du directeur général adjoint par identité de circonstances ; et aussi sous l'art. 476.

Art. 476 [mod.] **Le mandat du directeur général adjoint prend normalement fin à l'arrivée de son terme.**

Toutefois, en cas de décès ou de cessation des fonctions du président-directeur général, le directeur général adjoint conserve ses fonctions, sauf décision contraire du conseil d'administration, jusqu'à la nomination du nouveau président directeur général.

JURISPRUDENCE OHADA

Cessation des fonctions du directeur général adjoint au terme du mandat du directeur général

Il ressort des dispositions combinées des articles 485, alinéa 2, 475, alinéa 1 et 476 de l'AUSCGIE que le mandat du directeur général adjoint prend fin, indépendamment de la révocation prévue à l'article 475 susvisé, à l'arrivée de son terme ou à la nomination d'un nouveau président-directeur général ou directeur général, en cas de cessation des fonctions de ceux-ci, sauf si le conseil d'administration en décide autrement. En l'espèce, en constatant la fin de mandat du directeur général adjoint, monsieur [X.], en même temps que celui du directeur général, monsieur [Y.], consécutivement à la démission de ce dernier, avec effet au 31 mars 2022, et à la nomination subséquente d'un nouveau directeur général et de deux nouveaux directeurs généraux adjoints, le conseil d'administration n'a fait qu'exercer le pouvoir souverain que lui reconnait l'article 476, alinéa 2 de l'AUSCGIE susvisé de décider ou non de la poursuite des fonctions du directeur général adjoint, en cas de cessation des fonctions du directeur général. En retenant « qu'il n'y a pas eu révocation abusive et que le mandat de directeur général adjoint de monsieur [Z.] a pris fin automatiquement par la nomination du nouveau directeur général adjoint », la cour d'appel n'a en rien violé les dispositions légales susvisées ou commis une erreur dans leur application (CCJA, 1e ch., nº 268/2024, 24-10-2024).

Section III • PRÉSIDENT DU CONSEIL D'ADMINISTRATION ET DIRECTEUR GÉNÉRAL

Sous-section I • PRÉSIDENT DU CONSEIL D'ADMINISTRATION

Paragraphe I • NOMINATION ET DURÉE DU MANDAT DU PRÉSIDENT DU CONSEIL D'ADMINISTRATION

Art. 477 Le conseil d'administration désigne parmi ses membres un président qui doit être une personne physique.

JURISPRUDENCE OHADA

Désignation irrégulière du président

Les dispositions de l'AUSCGIE étant d'ordre public (art. 2), l'assemblée générale qui a délibéré sur un ordre du jour non adopté doit être annulée. Il en est ainsi lorsque ladite assemblée, irrégulièrement présidée par une personne non habilitée (car ne faisant pas partie du conseil d'administration et n'étant pas son président), a procédé à la « destitution [du] Président du Conseil d'Administration, et l'a remplacé par [une autre personne] », alors que selon l'article 477 de l'AUSCGIE, le président du conseil d'administration doit être désigné parmi les membres du conseil. Cette assemblée générale était incompétente pour désigner le Président du conseil d'administration (CA Abidjan (Côte d'Ivoire) 3e ch. civ. et com. B, nº 152, 23-2-2007 : Mme T. B. c/ Sté Sotransya, Ohadata J-08-29).

Obs. : voir sous l'art. 529.

Art. 478 La durée du mandat du président du conseil d'administration ne peut excéder celle de son mandat d'administrateur.

Le mandat du président du conseil d'administration est renouvelable.

Art. 479 [mod.] Nul ne peut exercer simultanément plus de trois (3) mandats de président du conseil d'administration de sociétés anonymes ayant leur siège social sur le territoire d'un même État partie.

De même, le mandat de président du conseil d'administration n'est pas cumulable avec plus de deux (2) mandats d'administrateur général ou de directeur général de sociétés anonymes ayant leur siège social sur le territoire d'un même État partie.

Les dispositions des alinéas 3 et 4 de l'article 425 ci-dessus, relatives au cumul du mandat d'administrateur, sont applicables au président du conseil d'administration.

Paragraphe II • ATTRIBUTIONS ET RÉMUNÉRATION DU PRÉSIDENT DU CONSEIL D'ADMINISTRATION

Art. 480 [mod.] Le président du conseil d'administration préside les réunions du conseil d'administration et les assemblées générales.

Il doit veiller à ce que le conseil d'administration assume le contrôle de la gestion de la société confiée au directeur général.

A toute époque de l'année, le président du conseil d'administration opère les vérifications qu'il juge opportunes et peut se faire communiquer par le directeur général, qui y est tenu, tous les documents qu'il estime utiles à l'accomplissement de sa mission. Le président du conseil d'administration est tenu de communiquer à chaque administrateur ces documents et informations.

Jurisprudence OHADA

Fin de non-recevoir injustement soulevée et inapplicable

C'est à tort qu'il est fait grief à un arrêt attaqué d'avoir, d'une part, violé les articles 480 et 487 de l'AUSCGIE, en ce qu'il a confirmé la décision du premier juge ayant rejeté l'exception tirée du défaut de qualité de la présidente du conseil d'administration, car le défaut de qualité étant une fin de non-recevoir qui tend à faire déclarer l'adversaire irrecevable en sa demande, sans examen au fond, elle ne peut être appliquée, en l'espèce, aux intimés qui n'ont saisi le tribunal d'aucune demande, les appelantes étant demanderesses à l'instance ; dès lors, en se déterminant comme elle l'a fait, la cour d'appel, n'a en rien violé les dispositions visées au moyen, qui sera rejeté comme non fondé (CCJA, 1e ch., nº 011/2022, 27-1-2022 : Société LHG S.A c/ Société Hann et Compagnie).

Art. 481 [mod.] Le président du conseil d'administration peut être lié à la société par un contrat de travail dans les conditions prévues à l'article 426 ci-dessus.

Observations

Voir sous l'article 466, les décisions transposables dans la mesure où les circonstances sont comparables, étant observé que le président du conseil d'administration, en tant que tel, n'assume pas la direction de la société.

Art. 482 [mod.] Les modalités et le montant de la rémunération du président du conseil d'administration sont fixés par le conseil d'administration.

Le cas échéant, les avantages en nature qui lui sont attribués sont fixés de la même manière que sa rémunération.

Hors les sommes perçues et les avantages accordés dans le cadre d'un contrat de travail, le président du conseil d'administration ne peut recevoir aucune autre rémunération de la société que celle visée au présent article.

Le président ne prend pas part au vote sur sa rémunération et sa voix n'est pas prise en compte pour le calcul du quorum et de la majorité.

Toute décision prise en violation du présent article est nulle.

Paragraphe III • EMPÊCHEMENT ET RÉVOCATION DU PRÉSIDENT DU CONSEIL D'ADMINISTRATION

Art. 483 [mod.] En cas d'empêchement temporaire de son président, le conseil d'administration peut déléguer pour une durée qu'il fixe, l'un de ses membres dans les fonctions de président.

En cas de décès ou de cessation des fonctions de son président, le conseil d'administration, nomme un nouveau président ou délègue un administrateur dans les fonctions de président jusqu'à la nomination de celui-ci.

Art. 484 [mod.] Le conseil d'administration peut à tout moment révoquer son président.

Observations

Suppression de la sanction de la clause contraire qui n'est plus réputée non écrite ni l'objet d'une nullité expresse. Il n'en résulte pas, pour autant, que la clause contraire serait valide. En effet, n'étant pas expressément autorisée, elle est nulle en vertu de l'article 2 du présent Acte uniforme.

Jurisprudence comparée

France

Révocation injurieuse

La révocation du président du conseil d'administration est injurieuse lorsqu'avant la réunion du conseil d'administration l'ayant révoqué, la société avait informé le personnel de cette révocation, que le bureau de l'intéressé ait été affecté à son successeur pressenti et que ce dernier ait invité le dirigeant à quitter la société devant les chefs de service réunis (CA Paris 13-10-2000 : RJDA 1/01 n° 31).

Obs. : voir sous art. 433 les décisions transposables quant à la liberté de révocation des administrateurs et aux modalités de mise en œuvre de la révocation.

Sous-section II • DIRECTEUR GÉNÉRAL

Paragraphe I • NOMINATION ET DURÉE DU MANDAT DU DIRECTEUR GÉNÉRAL

Art. 485 [mod.] Le conseil d'administration nomme, parmi ses membres ou en dehors d'eux, un directeur général qui doit être une personne physique.

Sur la proposition du directeur général, le conseil d'administration peut donner mandat à une ou plusieurs personnes physiques d'assister le directeur général en qualité de directeur général adjoint dans les conditions prévues aux articles 471 à 476 ci-dessus.

Jurisprudence OHADA

I. Validité du mandat d'agir en justice délivré par le directeur général adjoint d'une société

Le mandat délivré à un avocat par le directeur général adjoint d'une société n'enfreint en rien les articles 487 et 488 de l'AUSCGIE, dès lors que conformément à l'article 485 du même Acte uniforme, le directeur général adjoint assiste le directeur général dans l'exercice de ses fonctions (CCJA, 1e ch., n° 075, 29-3-2018 : BPMG c/ Maître Laye Sano).

C'est à tort qu'il est reproché à un arrêt, qui avait déclaré un appel irrecevable, la violation des articles 419 et 485 de l'AUSCGIE, en ce qu'il s'est appuyé sur les seuls arguments de la défenderesse pour retenir que le directeur général de la demanderesse n'avait pas qualité pour donner mandat à l'avocat poursuivant, alors que ce dirigeant de la banque a été nommé par le conseil d'administration le 9 octobre 2014. Il en est ainsi dès lors qu'il ressort des énonciations non contestées de l'arrêt querellé que le « procès-verbal [du conseil d'administration] qui fait foi de la nomination expresse d'un directeur général de la [demanderesse], conformément aux dispositions pertinentes des statuts et de l'AUSCGIE préappelés, tout comme celui de l'assemblée générale ordinaire ayant désigné tous les membres du conseil d'administration [...] n'ont pas été produits au dossier » ; que tirant les conséquences de cette constatation souveraine, la cour d'appel a justement retenu, en application de l'article 458 de l'AUSCGIE, que « Monsieur [X.] n'a pas justifié de sa qualité à représenter la [demanderesse] et, donc, à donner mandat à Maître [Y.] pour interjeter appel » et a, par conséquent, déclaré ledit appel irrecevable ; qu'en statuant ainsi, elle n'a en rien commis les griefs allégués (CCJA, 3e ch., n° 342/2019, 19-12-2019 : Banque commerciale du Congo dite BCDC c/ Société Iburst RDC SARLU).

Dans le même sens :

– au sujet du mandat d'agir en justice délivré par le directeur général adjoint d'une société anonyme dont le capital est entièrement détenu par l'État, qui a été nommé par ordonnance du Président de la République, dès lors que cette nomination a été confirmée par une délibération du conseil d'administration de ladite société (CCJA, 2e ch., no 008/2024, 25-1-2024) ;

– et retenant que dans la mise en œuvre de l'alinéa 1er de l'article 485 de l'AUSCGIE, l'ordonnance présidentielle nommant le directeur général d'une société anonyme ayant pour seul actionnaire l'État doit être analysée comme un instrument par lequel l'associé unique, indique au conseil d'administration son candidat au poste de directeur général ; il appartient dans ces conditions audit conseil de nommer formellement le directeur général par une délibération entérinant de fait la proposition de l'actionnaire unique. En l'espèce, pour rejeter la fin de recevoir tirée du défaut de qualité du directeur général, l'ordonnance querellée a constaté que l'appelante a produit, outre l'ordonnance présidentielle nommant monsieur [X.] en qualité de directeur général, le procès-verbal du conseil d'administration entérinant et confirmant ladite nomination ; l'appel interjeté à l'initiative de ce dernier est donc recevable (CCJA, 2e ch., no 279/2024, 31-10-2024).

L'article 485 de l'AUSCGIE régit les conditions internes de nomination des dirigeants sociaux, sans pour autant priver les tiers de la protection offerte par l'article 472 du même Acte uniforme, lequel dispose que, dans ses rapports avec les tiers, le directeur général adjoint dispose des mêmes pouvoirs que le président-directeur général et engage valablement la société. En l'espèce, la défenderesse étant une société anonyme unipersonnelle dont l'État est l'unique actionnaire, l'intervention d'un arrêté ministériel dans la nomination du directeur général adjoint, même à la supposer irrégulière, confère néanmoins à ce dernier le pouvoir de représenter la société conformément à l'article 472 de l'AUSCGIE, tant que cette nomination n'a pas été annulée ; s'ensuit que le mandat spécial délivré par le directeur général adjoint de la SCTP est valide, et que le mémoire en réponse est recevable (CCJA, 2e ch., no 346/2024, 12-12-2024).

II. Incompétence de la juridiction du travail pour connaître de la révocation d'un directeur général n'exerçant aucun emploi effectif en plus de son mandat social

Il résulte des dispositions combinées des articles 426, 485, 486 et 492 de l'AUSCGIE que le directeur général d'une société anonyme est lié à la société par un contrat de mandat et que le contrat de travail n'est envisagé que lorsqu'il correspond à un emploi effectif, distinct du travail accompli par ce directeur dans le cadre de ses attributions de dirigeant. En l'espèce, il est constant que monsieur [X.] occupait le poste de directeur général de la société [Y.], suivant un contrat de travail signé en date du 11 juillet 2016 entre le président du conseil d'administration de ladite société et le concerné ; que la clause première de ce contrat disait expressément que « l'employé prêtera ses services comme directeur général de [Y.] » ; qu'il ne ressort d'aucun élément du dossier que monsieur [X.] exerçait, en sus de son mandat de directeur général, un autre emploi effectif correspondant à un contrat de travail. C'est donc en violation des dispositions précitées qu'une cour d'appel a entériné la compétence de la magistrature du travail, nonobstant l'inexistence d'un autre emploi occupé par monsieur [X.], exposant l'arrêt attaqué à la cassation. Sur l'évocation, et pour les mêmes motifs que ceux ayant entraîné la cassation, tirés de la violation des articles 485 et suivants de l'AUSCGIE, il y a lieu d'infirmer le jugement rendu par le juge du travail sur la compétence et, statuant à nouveau, de dire que la juridiction du travail est incompétente pour connaître du litige relatif à la révocation de monsieur [X.] (CCJA, 2e ch., no 187/2023, 26-10-2023).

III. Invalidité du mandat d'agir en justice délivré par une personne dont la nomination n'est pas actée comme directeur général

Lorsqu'il n'a été produit aucun acte de nomination de [X.] comme directeur général de la société [Y.] ; que le procès-verbal du conseil d'administration évoqué par la cour d'appel, considéré à tort par celle-ci, comme étant l'acte de nomination, fait ressortir clairement que monsieur [X.] a simplement été identifié comme étant le candidat privilégié pour être nommé à ce poste, et dont le processus suit son cours, il en résulte, qu'en l'absence d'un acte de nomination formel, l'intéressé ne peut être considéré comme ayant été nommé directeur général de la société [Y.] par le conseil d'administration du 29 juin 2019 ; dès lors, le défaut de qualité de [X.] ayant diligenté la présente action au nom de la société [Y.] est avéré. Subséquemment, le mandat donné par celui-ci aux avocats qui l'ont représenté lors de cette instance est irrégulier et en décidant le contraire, la cour d'appel a violé les articles 485 et 586 de l'AUSCGIE visés au moyen, exposant l'arrêt attaqué à la cassation. Sur l'évocation, et pour les mêmes motifs que ceux ayant entraîné la cassation de l'arrêt attaqué, il y a lieu de déclarer l'appel interjeté par la société [Y.] irrecevable (CCJA, 1e ch., no 063/2022, 3-3-2022).

IV. Impossibilité de faire primer les règles conventionnelles sur les règles impératives de l'AUSCGIE relatives à la répartition des pouvoirs entre les organes sociaux

Il résulte des articles 2-1, 485 et 486 de l'AUSCGIE que pour la conduite des affaires d'une société, les associés peuvent conclure des conventions extrastatutaires qui ne portent pas atteinte à la répartition légale des pouvoirs entre les organes sociaux. En l'espèce, la nomination dont l'exécution est poursuivie par la société [A.] remettant en cause les attributions du conseil d'administration qui, au regard des dispositions légales sus-énoncées, est seul habilité à nommer le directeur général de la société [B.], c'est en violation des textes précités, visés au moyen, qu'une cour d'appel a confirmé l'ordonnance qui a fait primer les stipulations conventionnelles sur les règles impératives édictées par l'AUSCGIE, exposant son arrêt à la cassation. Sur l'évocation, le juge des référés ne saurait accéder à cette demande d'ordonner la prise de fonction de monsieur [X.] désigné en qualité de directeur général de la société qu'après avoir statué sur la validité de la nomination alléguée, objet d'une contestation dont le caractère sérieux résulte des mêmes motifs que ceux ayant justifié la cassation ; il échet donc d'annuler l'ordonnance attaquée et, statuant à nouveau, de déclarer la juridiction des référés incompétente (CCJA, ass. plén., n° 198/2022, 29-12-2022).

V. Cessation des fonctions du directeur général adjoint par l'arrivée du terme des fonctions du directeur général

Obs. : voir sous l'art. 476.

Art. 486 Le conseil d'administration détermine librement la durée des fonctions du directeur général.

Le mandat du directeur général est renouvelable.

JURISPRUDENCE OHADA

I. Mandat du dirigeant d'une banque renouvelé conformément à la législation bancaire supplétive

En application de l'article 486, alinéa 1 de l'AUSCGIE, et de l'article 41 de l'instruction n° 21 de la Banque centrale du Congo, relative au gouvernement d'entreprise des établissements de crédit, droit spécial des établissements de crédit en République démocratique du Congo, selon lequel « le mandat des membres de l'organe exécutif est de cinq ans, renouvelable une fois », le mandat du sieur [X.] en qualité de directeur général de la banque demanderesse ayant débuté courant octobre 2017, date de son agrément préalable par la Banque centrale du Congo, pour s'achever en octobre 2022, le susnommé conservait son mandat de directeur général de la société requérante au moment de l'introduction du pourvoi le 19 octobre 2021 ; il s'ensuit que représentant régulièrement la société demanderesse, le mandat spécial qu'il a donné à l'avocat au nom de celle-ci est valable, et le pourvoi recevable (CCJA, 3e ch., n° 292/2024, 31-10-2024).

II. Impossibilité de faire primer les règles conventionnelles sur les règles impératives de l'AUSCGIE relatives à la répartition des pouvoirs entre les organes sociaux

Obs. : voir sous l'art. 485.

JURISPRUDENCE COMPARÉE

France
Conséquence de la violation par un dirigeant de société du préavis de démission statutaire

La démission d'un dirigeant de société qui constitue un acte juridique unilatéral produit tous ses effets dès lors qu'elle a été portée à la connaissance de la société et la méconnaissance de l'obligation statutaire de respecter un préavis peut seulement ouvrir droit à des dommages-intérêts sauf pour le dirigeant démissionnaire à établir qu'il était dans l'impossibilité de continuer le mandat ; en conséquence, se trouve légalement justifié le dirigeant nommé pour une durée d'un an avec un préavis statutaire de démission de six mois ayant notifié sa démission de son mandat de directeur général de la société avant sa désignation en qualité de délégué syndical un mois et demi plus tard (Cass. soc. 1-2-2011 n° 10-20.953 : Légifrance).

Paragraphe II • ATTRIBUTIONS ET RÉMUNÉRATION DU DIRECTEUR GÉNÉRAL

Art. 487 Le directeur général assure la direction générale de la société. Il la représente dans ses rapports avec les tiers.

Pour l'exercice de ces fonctions, il est investi des pouvoirs les plus étendus qu'il exerce dans la limite de l'objet social et sous réserve de ceux expressément attribués aux assemblées générales ou spécialement réservés au conseil d'administration par des dispositions légales ou statutaires.

JURISPRUDENCE OHADA

I. Qualité pour agir au nom d'une société

A. Action du directeur général

Pour un jugement ayant fait droit à la requête aux fins de liquidation des biens introduite par le Directeur général d'une société, voir (TGI Ouagadougou, n° 389, 17-9-2003 : Requête de la Société Sahel compagnie (SOSACO) aux fins de liquidation des biens, Ohadata J-05-218 ; voir aussi Ohadata J-04-140, J-04-145 et J-04-146).

Dans une société anonyme ayant opté, par ses statuts, pour la formule de société anonyme avec conseil d'administration, c'est le directeur général qui a la qualité de représentant légal ou statutaire, et a donc de ce fait qualité pour agir en justice au nom de la société (CCJA, n° 042/2008, 17-7-2008 : Sté LEV-CI SA c/ P. N., Rec. jur. CCJA n° 12, juill.-déc. 2008, p. 10, Ohadata J-10-25 ; J-09-80).

Il résulte des articles 487 de l'AUSCGIE, 23 et 28-5 du Règlement de procédure de la CCJA que dans une société anonyme, seul le président-directeur général ou le directeur général a la qualité de représentant légal ou statutaire et a donc de ce fait qualité pour agir en justice notamment pour former pourvoi en cassation au nom de la société. En l'espèce, la société demanderesse ayant opté, de par ses statuts, pour la formule de société anonyme avec conseil d'administration, en précisant que c'est le directeur général qui représente la société dans ses rapports avec les tiers, ce dernier a seul la qualité de représentant légal ou statutaire et, par conséquent, dispose du pouvoir d'agir en justice en son nom, le mandat, donné par un organe n'ayant pas qualité pour représenter la société, et qui, par ailleurs, ne dispose d'aucune délégation de pouvoir, ne saurait régulièrement saisir la CCJA et le pourvoi doit être déclaré irrecevable (CCJA, 1e ch., n° 186/2021, 11-11-2021 : Société Marine Magistrale c/ K. N.).

Le directeur général d'une société anonyme avec conseil d'administration, comme dans le cas d'espèce, a la qualité de représentant légal de la société investi des pouvoirs les plus étendus. Il peut donc agir en justice au nom de la société, conformément aux dispositions de l'article 487 de l'AUSCGIE ; le recours introduit dans ces conditions par une société représentée par son directeur général n'encourt aucune irrecevabilité (CCJA, 1e ch., n° 204/2024, 27-6-2024).

Directeur général par intérim d'une entreprise publique. La demanderesse étant une entreprise publique, le directeur général par intérim est le représentant légal avec les pouvoirs les plus étendus pour agir au nom et pour le compte de celle-ci comme il résulte du décret qui l'a nommé ; il s'ensuit que l'irrecevabilité du recours soulevée par la partie défenderesse n'est pas fondée (CCJA, 3e ch., n° 093, 23-7-2015 : Banque Nationale d'Investissement dite BNI c/ Eholie Malan, Ohadata J-16-92).

B. Action exercées sur délégation

1° Président du conseil d'administration

Les fonctions de président du conseil d'administration sont distinctes de celles de directeur général d'une société anonyme avec conseil d'administration (CCJA, 1e ch., n° 186/2021, 11-11-2021 : Société Marine Magistrale c/ Kamga Nenkam Jean Paul).

Il résulte des dispositions combinées des articles 487 et 435 de l'AUSCGIE que le conseil d'administration peut valablement déléguer à son président le pouvoir d'agir pour le compte de la société anonyme ; l'ordonnance qui a déclaré l'action exercée par le président dans ces conditions irrecevable doit être infirmée (CA Abidjan, n° 744, 14-6-2002 : Sté MOBIL OIL COTE D'IVOIRE c/ Sté les Centaures Routiers, Ohadata J-03-11, Obs. J. Issa-Sayegh).

2° Secrétaire général par intérim dûment habilité

Dans une société anonyme avec un président du conseil d'administration et un directeur général lequel, selon l'article 487 de l'AUSCGIE, représente la société dans ses rapports avec les tiers, le secrétaire général n'est pas qualifié à délivrer un mandat de représentation à un avocat pour agir au nom de la société à moins de rapporter la preuve qu'il a lui-même reçu mandat à cet effet. De même, l'article 23-1 du Règlement de procédure de la CCJA fait obligation à l'avocat de produire un mandat spécial de la partie qu'il représente. En l'espèce, le mandat spécial produit n'étant pas délivré par le représentant qualifié à cet effet, le recours introduit dans ces conditions par un avocat doit être déclaré irrecevable pour violation des articles 23-1 et 28-5 du Règlement de procédure de la CCJA (CCJA, 1e ch., no 086, 27-4-2017 : Sté MTN Côte d'Ivoire c/ Sté ORICEL SA dite Green-CI).

Mais c'est à tort qu'il est allégué que le mémoire en réponse d'une société doit être déclaré irrecevable, au motif que le mandat spécial dont se prévaut l'avocat pour représenter ladite société devant la CCJA est signé par la secrétaire générale par intérim et non par le Directeur Général qui seul la représente dans ses rapports avec les tiers, conformément à l'article 487 de l'AUSCGIE, dès lors qu'en l'espèce, il ne s'agit pas de rapports avec les tiers et qu'il apparaît que la secrétaire a été dûment habilitée par la direction générale de la société ; rejet de l'exception et de déclarer recevable le mémoire en réponse (CCJA, 2e ch., no 092, 27-4-2017 : Labi Benie Affia Angelle c/ Sté Orange Côte d'Ivoire SA).

3o Directeur général adjoint

Dans toute société anonyme avec conseil d'administration, le pouvoir du directeur général adjoint de représenter valablement la société vis-à-vis des tiers, et conséquemment d'ester en justice, découle de la combinaison nécessaire des articles 122, 471 à 476, 485 et de l'AUSCGIE (CCJA, 3e ch., no 117/2019, 11-4-2019 : Jean Félix Mulumbac/ SEP-Congo).

Obs. : voir sous les articles 121 et 435.

4o Directeur des ressources humaines

Les dispositions de l'article 487 de l'AUSCGIE n'interdisant pas à un président-directeur général de déléguer ses pouvoirs à un collaborateur pour agir au nom de la société, est recevable le pourvoi formé par un avocat qui a reçu mandat spécial au nom d'une société, mandat délivré par le directeur des ressources humaines de la société, sur délégation de son directeur général (CCJA, 2e ch., no 199/2023, 30-11-2023).

II. Irrecevabilité de l'action engagée par une personne autre qu'un représentant légal

Il résulte de l'examen combiné des articles 465 et 487 de l'AUSCGIE que dans une société anonyme, seul le président-directeur général ou le directeur général a la qualité de représentant légal ou statutaire, et a donc qualité pour former appel au nom de ladite société anonyme. Doit donc être déclaré irrecevable pour défaut de qualité pour agir, l'appel interjeté au nom d'une personne morale, par une personne autre que le représentant légal [en l'occurrence le Directeur du Risque et du Crédit d'une société anonyme], sans pouvoir spécial de celui-ci (CCJA, no 022/2003, 6-11-2003 : B.I.A.O.-Côte d'Ivoire c/ Nouvelle Scierie d'Agnibilékro, N. W., N.W.R., Juris-Ohada, no 4/2003, oct.-déc. 2003, p. 34, note Brou Kouakou Mathurin, Rec. de jur. Ohada, no 2, juill.-déc. 2003, p. 13, Ohadata J-04-123).

Voir sous l'article 465.

Mais le pouvoir spécial donné par le Directeur du Risque et du Crédit, lequel a reçu délégation du représentant légal de la société concernée (en la personne de son directeur général), représentant légal, « d'agir et comparaître en justice au nom de la société, transiger, compromettre, faire exécuter toute décision de justice… », est parfaitement régulier, les dispositions de l'article 487 de l'AUSCGIE n'interdisant pas à un président-directeur général ou à un directeur général de déléguer ses pouvoirs à un collaborateur, pour agir au nom de la société (CCJA, no 033/2007, 22-11-2007 : 1e) COTRACOM ; 2e) A. Y. c/ BIAO-CI, Rec. jur. CCJA no 10, juill.-déc. 2007, p. 23, Ohadata J-08-243).

Conformément à la jurisprudence constante de la CCJA, dans une société anonyme ayant un directeur général, ce dernier est bien le représentant légal habilité, en cette qualité à agir au nom et pour le compte de la société (CCJA, ass. plén., no 056, 23-4-2014 : Ayants droit de AKAKPO HOALO c/ Union des Assurances du Togo dite UAT, UAT-IARD, UAT-Vie, Ohadata J-15-147).

Il résulte des articles 487 al. 1 de l'AUSCGIE (et des statuts) que seul le directeur général de la société anonyme avec conseil d'administration a la qualité de représentant légal de la société et peut donc à cet effet agir en justice. L'article 435, al. 2 et 3 de l'AUSCGIE et l'article 15 des statuts déterminent les pouvoirs du conseil d'administration et indiquent que ledit conseil précise les objectifs de la société et l'orientation qui doit être donnée à son administration ; il exerce des pouvoirs de surveillance et de contrôle sur la gestion de la société et arrête les comptes de chaque exercice. Dès lors, ni le conseil d'administration ni son président, encore moins ses membres, à moins d'avoir un pouvoir spécial donné à cet effet, ne représente légalement la société. Ils ne peuvent donc s'arroger ce pouvoir en se prévalant des pouvoirs les plus étendus qu'ils détiennent de la loi. En retenant qu'« il est stipulé à l'article 15 des statuts que le conseil d'administration est investi des pouvoirs les plus étendus pour agir en toutes circonstances au nom de la société », alors que ces pouvoirs, définis au même article, ne reconnaissent pas au conseil d'administration le pouvoir de représenter la société, la cour d'appel a, par mauvaise interprétation, violé les articles susvisés de l'AUSCGIE et des statuts, exposant son arrêt à la cassation. Sur l'évocation, l'appel interjeté par une personne autre que le représentant légal sans une habilitation spéciale est irrecevable (CCJA, ass. plén., no 063,

25-5-2014 : Loyale Assurances SA c/ Sté COWRIE CORPORATION SA, Ohadata J-15-154).

Le mandat spécial délivré, sans explication et contrairement aux prescriptions des articles 415 et 487 de l'AUSCGIE, par le directeur administratif et financier d'une société anonyme à l'avocat de la société n'est pas valide car il ne garantit pas la sécurité des situations juridiques en jeu. Il s'ensuit que le recours formé dans ces conditions est irrecevable et la société demanderesse doit être condamnée aux dépens (CCJA, 3e ch., no 210, 23-11-2017 : Aéroports du Congo c/ Duty Free Shop Alima SA, Agence Nationale pour l'Aviation Civile (ANAC), La République du Congo).

Obs. : il convient de noter que le mandat spécial aurait été valide si son signataire avait spécifiquement reçu une délégation de pouvoirs à cet effet.

Dans le même sens, à défaut d'une habilitation spéciale, les personnes ci-après ne peuvent valablement agir au nom d'une société, ce qui inclut la délivrance d'un mandat spécial pour agir au nom de la société :

– le directeur financier d'une société anonyme (CCJA, 3e ch., no 096/2024, 28-3-2024) ;

– le directeur juridique et le directeur des risques d'une société anonyme avec un président du conseil d'administration et un directeur général (CCJA, 2e ch., no 001/2024, 25-1-2024).

III. Limitation des pouvoirs du directeur général d'une société par les statuts

La surenchère est une procédure dans le cadre d'une saisie immobilière suivie d'une vente par adjudication ; elle n'est exercée que par les personnes jouissant de la capacité légale d'enchérir. S'agissant, en l'espèce, de l'acquisition d'un immeuble, l'article 488 de l'AUSCGIE (qui régit les rapports entre le directeur général avec le tiers de bonne foi dans une relation entre cocontractants) et l'article 121 du même Acte uniforme sont inapplicables, dès lors que l'article 23 des statuts de la société demanderesse exige l'autorisation du conseil d'administration, limitant ainsi le pouvoir du directeur général comme le prescrit l'article 487 de l'AUSCGIE. C'est donc à tort qu'il est reproché à l'arrêt attaqué d'avoir violé les articles 121, 487 et 488 de l'AUSCGIE en ce qu'il a retenu que l'autorisation du conseil d'administration qui est requise selon les statuts de la demanderesse, ne figure pas au dossier, pour confirmer le jugement ayant déclaré l'irrecevabilité de la surenchère (CCJA, 3e ch., no 137, 7-7-2016 : BCN c/ Cherif Ould Abdine, SGTP, Compagnie Dubaï Office Niger, Ohadata J-17-77).

IV. Incidence de l'externalisation de certains services d'une société sur la responsabilité de son dirigeant

C'est à tort qu'il est reproché à un arrêt d'avoir violé l'article 487 de l'AUSCGIE, en ayant estimé que, la sécurité de la banque étant externalisée, monsieur [X.] ne pouvait être tenu responsable d'une défaillance de ce service, à l'origine d'un scandale au sein de la banque, alors que, selon la branche du moyen, le directeur général d'une société est responsable de tous les départements de cette société, peu importe que certains soient externalisés. Il en est ainsi dès lors que la cour d'appel, en invoquant l'externalisation du service de la sécurité de la banque, répondait à la question de savoir si l'intrusion de dame [Y.] dans les locaux de la banque, le 2 avril 2020, constitutive d'un dysfonctionnement dans les mesures de sécurité, pouvait être un motif légitime de révocation. En l'absence de débat sur les attributions exactes du dirigeant de la banque devant le juge du fond, cette branche du moyen, fondée sur une prétendue violation de l'article 487 de l'AUSCGIE, est irrecevable comme constituant un moyen nouveau non discuté en première instance (CCJA, 2e ch., no 324/2024, 28-11-2024).

V. Engagement de la société envers les tiers de bonne foi sur le fondement d'un mandat apparent

Une personne peut être engagée sur le fondement d'un mandat apparent lorsque la croyance du tiers aux pouvoirs du prétendu mandataire a été légitime, ce caractère supposant que les circonstances autorisaient ce tiers à ne pas vérifier lesdits pouvoirs. En l'espèce, pour rendre opposable à la société [A.] la convention de prêt litigieuse, l'arrêt attaqué a relevé, d'une part, qu'en application de cette convention, [X.] a libellé à l'ordre de la société [A.], les chèques en cause, qu'en outre, il a remis pour le compte de celle-ci la somme de 15 000 000 FCFA réceptionnée par le même [Y.], et d'autre part, que la société [A.] ne conteste pas avoir encaissé lesdites sommes provenant d'un tel contrat, sans le remettre en cause pour n'avoir pas été signé par son représentant légal, en l'occurrence son directeur général ; qu'en réceptionnant lesdits montants dans ces conditions, elle a conforté [X.] dans le pouvoir dont disposait le sieur [Y.] et donné ainsi force et effets au contrat signé dans telles circonstances. En statuant ainsi, la cour d'appel a donné une base légale à sa décision et n'a en rien violé l'article 487 sus visé (CCJA, 1e ch., no 057/2023, 30-3-2023).

JURISPRUDENCE COMPARÉE

France

A. Pouvoirs du directeur général de SA

Le directeur général de société anonyme détient le pouvoir d'agir en justice et notamment celui de déclarer des créances au nom de la société ; en conséquence le directeur général d'une banque, qu'une délibération du conseil d'administration avait renouvelé dans ses fonctions avec faculté de « substituer (c'est-à-dire déléguer) les pouvoirs » énumérés dans une annexe, était investi du pouvoir de déclarer les créances de la banque et pouvait donc valablement le déléguer à un salarié, peu important que ce pouvoir n'ait pas été mentionné dans l'annexe (Cass. com. 10-2-2009 nº 07-21.216 : BRDA 6/09 inf. 4).

B. Délégation par le représentant légal

Le directoire d'une société anonyme a le pouvoir de nommer un préposé de la société pour déclarer les créances au nom de la société (Cass. com. 22-1-2008 : RJDA 4/08 nº 438).

Art. 488 [mod.] Dans ses rapports avec les tiers, la société est engagée, même par les actes du directeur général qui ne relèvent pas de l'objet social, dans les conditions et limites fixées à l'article 122 ci-dessus.

Les clauses des statuts, les décisions des assemblées ou du conseil d'administration limitant ces pouvoirs sont inopposables aux tiers de bonne foi.

JURISPRUDENCE OHADA

Notion de « tiers de bonne foi »

Obs. : voir sous l'art. 121 (CCJA, 3e ch., nº 378/2024, 26-12-2024).

La cour d'appel, qui a simplement relevé qu'une vente immobilière devrait être soumise au régime de l'article 122 de l'AUSCGIE, étant donné les débats sur la mauvaise foi de l'acquéreur, et que les débats au fond du litige échappaient à la compétence du premier juge en sa qualité de juge de référé, n'a en rien dénié au directeur général le pouvoir d'engager la société [X.], une société anonyme, dans le cadre de la vente litigieuse, ni violé l'article 488 de l'AUSCGIE visé au moyen (CCJA, 2e ch., nº 061/2024, 29-2-2024).

JURISPRUDENCE COMPARÉE

États-Unis

Avance des dépenses engagées par un dirigeant

Le droit de l'État de New York autorise les sociétés à responsabilité limitée (limited liability company) à indemniser les dirigeants en cas d'action intentée contre eux à titre personnel en raison de leur fonction de dirigeant ou à avancer les fonds des dépenses relatives à l'action judiciaire, sous réserve que les dirigeants n'aient pas agi de mauvaise foi et qu'ils n'obtiennent aucun avantage financier personnel. Par conséquent, les frais de justice engagés par un dirigeant dans le cadre d'une action dirigée contre lui en raison de ses fonctions de dirigeant peuvent lui être remboursés par sa société (Schindler v. Niche Media, 1 Misc. 3d 713, NY Supreme Court, New York (2003)).

Art. 489 [mod.] Le directeur général peut être lié à la société par un contrat de travail dans les conditions prévues à l'article 426 ci-dessus.

JURISPRUDENCE OHADA

Cumul des fonctions en cas d'emploi effectif

Les articles 426 et 489 de l'AUSCGIE permettent de cumuler la qualité de directeur général avec celle de travailleur, à condition que les fonctions salariées correspondent à un emploi effectif exercé dans un état de subordination à l'égard de la société, en contrepartie d'une rémunération distincte de celle allouée comme mandataire social. Il en résulte que la libre révocabilité du directeur général dérive de la nature de mandat liant celui-ci à la société. Lorsqu'il est prouvé que le dirigeant n'a eu à accomplir que les fonctions de directeur général et n'exerçait aucun autre emploi effectif distinct des tâches qui lui étaient dévolues en sa qualité de Directeur Général, et ne percevait autre rémunération que celle de directeur général, le contrat dont se prévaut ce dernier ne peut lui conférer un statut dérogatoire au droit commun du droit international de l'OHADA, qui s'impose à toutes les lois existantes au Sénégal, quelle que soit la matière concernée. C'est donc à tort, que le premier juge a déclaré le tribunal du travail compétent pour connaître du différend résultant de la révocation de directeur dénéral, par la société concernée et son jugement doit être infirmé (CA Dakar (Sénégal), 2e ch. soc., nº 472, 6-11-2007 : ELTON SA c/ S., Revue EDJA nº 76 janv.-mars 2008, p. 80. Note Doudou Ndoye, Ohadata J-10-153).

Obs. : sur la nécessité de justifier d'un emploi effectif en cas de cumul, voir sous l'art. 426.

JURISPRUDENCE COMPARÉE

France

Voir sous l'art. 466 les décisions relatives au contrat de travail du PDG transposables à celui du directeur général en raison de l'analogie des situations, l'un et l'autre assumant la même fonction sociale de direction de la société.

Art. 490 [mod.] Les modalités et le montant de la rémunération du directeur général sont fixés par le conseil d'administration.

Le cas échéant, les avantages en nature qui lui sont attribués sont fixés de la même manière que sa rémunération.

S'il est administrateur, le directeur général ne prend pas part au vote et sa voix n'est pas prise en compte pour le calcul du quorum et de la majorité.

Hors les sommes perçues et les avantages en nature accordés dans le cadre d'un contrat de travail, le directeur général ne peut recevoir aucune autre rémunération de la société que celle visée au présent article.

Toute décision prise en violation du présent article est nulle.

OBSERVATIONS

Al. 1 : suppression des mots « qui le nomme ».

Al. 3, 4 et 5 : interdiction faite au directeur général par ailleurs administrateur de prendre part au vote sur sa rémunération ; limitation de ses rémunérations ; nullité expresse de la décision contraire à l'article 490.

Voir sous l'art. 467 les décisions relatives au PDG transposables, le directeur général exerçant les mêmes fonctions de direction.

Paragraphe III • EMPÊCHEMENT ET RÉVOCATION DU DIRECTEUR GÉNÉRAL

Art. 491 [mod.] En cas d'empêchement temporaire ou définitif du directeur général, le conseil d'administration pourvoit à son remplacement immédiat en nommant un nouveau directeur général.

OBSERVATIONS

Suppression du droit du président du conseil d'administration de proposer le nouveau directeur général.

Art. 492 [mod.] Le directeur général peut être révoqué à tout moment par le conseil d'administration.

Si la révocation est décidée sans juste motif, elle peut donner lieu à dommages et intérêts.

Jurisprudence OHADA

I. Distinction avec le licenciement

A. Incompétence des juridictions sociales en cas de révocation du mandat social

L'administrateur, et le DG d'une SA sont tous des mandataires révocables ad nutum. Aucune confusion ne saurait être faite entre un licenciement, qui est une mesure de résiliation décidée par l'employeur, et dont la légitimité du motif est soumise à l'appréciation du tribunal du travail et la révocation d'un DG, qui relève de l'appréciation du conseil d'administration de la société qui lui avait confié un mandat social. Le DG d'une SA qui a été révoqué n'a pas la qualité de salarié prévue par l'article 2 du Code du travail (du Sénégal) et ne saurait être redevable des juridictions sociales, en cas de révocation de son mandat, une telle compétence étant dévolue exclusivement aux juridictions civiles, juridictions de droit commun (CA Dakar (Sénégal), 2e ch. soc., n° 472, 6-11-2007 : ELTON SA c/ S., Revue EDJA n° 76, janv.-mars 2008, p. 80. Note Doudou Ndoye, Ohadata J-10-153).

Primauté de la législation du travail en présence de plusieurs types de contrats. Les « Contrat d'assistance technique » du 2 novembre 2001 et « Contrat de prestation de services » du 15 mai 2002 signés avec le directeur général d'une société anonyme sont devenus caducs, du fait de leur abrogation par le contrat de travail postérieurement signé avec le même directeur le 28 juin 2002, dès lors que l'article L.2 du Code du travail (du Sénégal) précise en son alinéa 2, que « pour la détermination de la qualité du travailleur, il ne sera tenu compte ni du statut juridique de l'employeur, ni de celui de l'employé ». Il en résulte que les exceptions d'incompétence et de nullité du contrat de travail doivent être rejetées (CA Dakar (Sénégal), 2e ch. soc., n° 263, 14-6-2005 : Bank Of Africa c/ B., Revue EDJA n° 76 janv.-mars 2008, p. 75 Ohadata J-10-154).

Obs. : cette décision rappelle que lorsque la signature d'un contrat de travail avec le dirigeant d'une société commerciale est envisagée, il convient de vérifier au préalable le contenu de la législation nationale applicable en matière de droit du travail. Cette précaution aurait permis au conseil d'administration de cette société d'anticiper qu'en cas de litige, la législation du travail prévaudrait sur celle du droit des sociétés qui organise plus librement la révocation d'un dirigeant. Ainsi, en fonction des objectifs poursuivis, il suffira d'éviter de conclure un contrat de travail avec le dirigeant d'une société commerciale dès lors que l'article 426 n'exige pas un tel contrat, mais en laisse seulement la possibilité. Voir sous l'art. 489.

B. Caractère d'ordre public de la révocabilité ad nutum

Le principe de révocabilité ad nutum du directeur général d'une société anonyme, édicté par l'article 492 de l'AUSCGIE et transcrit dans l'article 18, al. 3 des statuts d'une société, est un principe d'ordre public (CCJA, 3e ch., n° 013/2012, 8-3-2012 : Elton Oil Company c/ Papa Mactar Sarr). Le principe de la révocation ad nutum, prévu à l'article 492 de l'AUSCGIE du 17 avril 1997 est une règle d'ordre public à laquelle les parties ne peuvent déroger. Le contrat de mandat des parties litigantes, qui a été conclu sous l'empire de cet Acte uniforme, ayant repris cette règle en son article 9, c'est à tort que le demandeur se prévaut de l'alinéa 2 de l'article 492 de l'AUSCGIE révisé du 30 janvier 2014, entré en vigueur après sa révocation. C'est donc par une exacte application des anciennes dispositions que le juge d'appel a retenu que « la rupture contestée ne revêt nullement un caractère abusif » (CCJA, 2e ch., n° 081/2021, 29-4-2021 : Pathé Ndiaye c/ Salama Assurances Sénégal S.A).

Obs. : sur les conséquences du caractère d'ordre public et la nécessité de justifier d'un emploi effectif en cas de cumul, voir sous l'art. 426.

C. Nécessité d'un juste motif

1° Affirmation du principe

En vertu de l'article 492 de l'AUSCGIE, la révocation d'un dirigeant social doit reposer sur un juste motif. C'est par une appréciation souveraine des éléments de fait que des juges du fond ont estimé que la violation alléguée des normes de gouvernance et d'éthique n'était pas suffisamment caractérisée pour justifier la révocation du directeur général d'une société anonyme. En statuant ainsi, la cour d'appel a fait une exacte application des dispositions de l'article 492 de l'AUSCGIE et ne l'a pas violé (CCJA, 2e ch., n° 324/2024, 28-11-2024).

2° Motif souverainement apprécié par les juges du fond

L'appréciation de l'existence d'un risque réputationnel et de sa compatibilité avec l'intérêt social relève des faits et échappe au contrôle de la CCJA. Il s'ensuit que la branche d'un moyen reprochant à un arrêt un défaut de base légale résultant de l'insuffisance de motifs, en ce qu'il a estimé que le scandale survenu à la banque ne constituait pas un juste motif de révocation du dirigeant social, parce qu'il avait été causé par un tiers dans un espace privé de la banque, alors que, selon la branche du moyen, le juste motif ne s'analyse pas uniquement comme une faute du dirigeant ou en fonction de l'emplacement du fait incriminé, mais également comme toute situation – fautive ou non – incompatible avec l'intérêt social, et que la cour se serait méprise sur la notion de risque réputationnel et celle de juste motif, est irrecevable (CCJA, 2e ch., nº 324/2024, 28-11-2024).

3º Normes applicables dans l'appréciation du motif

C'est à tort qu'il est reproché à un arrêt un défaut de base légale en écartant l'application des normes de bonne conduite d'une banque au profit des règles d'une circulaire nº 01-2017/CB/C relative à la gouvernance des établissements de crédit et compagnies financières de l'UMOA, en invoquant le principe de la hiérarchie des normes. Il en est ainsi car, en privilégiant les dispositions de la circulaire nº 01-2017/CB/C sur le fondement du principe de la hiérarchie des normes, la cour d'appel a donné une base légale à sa décision (CCJA, 2e ch., nº 324/2024, 28-11-2024).

D. Caractère inopérant de la mention ou non des justes motifs dans le procès-verbal actant la révocation ou dans sa notification

En cas de révocation, il y a lieu de rechercher si les motifs retenus pour décider de la révocation sont justes, peu important qu'ils soient transcrits dans le procès-verbal ou dans la lettre de notification de la décision à l'intéressé. En l'espèce, la cour d'appel qui, après avoir examiné les différents échanges entre le directeur général et le président du conseil d'administration relatifs à la mise en œuvre des différentes orientations et décisions dudit conseil et constaté l'attitude de défiance de ce directeur, a retenu « que ces agissements sont de nature à créer une crise de confiance entre ladite société et son mandataire qu'était monsieur [X.] ; laquelle confiance est nécessaire pour son maintien », n'a en rien violé l'article 492 de l'AUSCGIE (CCJA, 3e ch., nº 184/2022, 24-11-2022).

. . . .

II. Révocation non abusive

A. Validité de la révocation non inscrite à l'ordre du jour

La révocation d'un directeur général par le conseil d'administration dans le silence de l'ordre du jour n'est pas constitutive d'un abus de droit pouvant générer des dommages-intérêts (CA Abidjan, nº 1247, 28-11-2003 : S. E. c/ la Sté GITMA, Ohadata J-03-347).

Obs. : sur une décision relative à la révocation ad nutum de l'administrateur général d'une SA, voir sous l'art. 509.

Toutefois, le caractère ad nutum de la révocation du directeur général d'une société n'exonère pas cette dernière de respecter les dispositions statutaires relatives à la convocation et aux délibérations du conseil d'administration. Ainsi, lorsque les statuts d'une société ont prévu que « le conseil d'administration ne délibère que sur les questions inscrites à l'ordre du jour », c'est en violation de ces dispositions que la révocation du directeur général a été prononcée alors qu'elle n'était pas inscrite à l'ordre du jour. La réintégration du directeur dans ses fonctions doit être ordonnée (CA Abidjan (Côte d'Ivoire), 3e ch. civ. et com. B, nº 56, 2-2-2007 : Z. S. G. c/ la Poste de Côte d'Ivoire, Ohadata J-08-28).

B. Caractère non abusif de la révocation imposée à la société et à son directeur par les autorités administratives

C'est à tort qu'il est reproché à une cour d'appel d'avoir mal appliqué l'article 492 de l'AUSCGIE, en invoquant ce texte pour rejeter la demande de dommages-intérêts du requérant fondée sur le caractère abusif de sa révocation, alors que son expulsion ne l'a pas empêché de continuer à servir la société et que cette disposition ouvre la voie à l'octroi de dommages-intérêts à toute révocation non justifiée, dès lors qu'en l'espèce, la révocation était justifiée par la mesure d'expulsion qui a été imposée tant à la société qu'à son directeur général. Aucun cas d'abus ne pouvant être relevé, cette branche du moyen doit être rejetée (CCJA, 3e ch., nº 076, 29-3-2018 : Aimable Mpore c/ MTN-CI SA).

. . . .

IV. Révocation abusive

A. Caractère abusif d'une révocation

Conformément à l'article 492 de l'AUSCGIE, le conseil d'administration peut révoquer, à tout moment, le directeur général d'une société anonyme, à la condition que cette révocation soit fondée sur de justes motifs, sous peine d'être sanctionnée par l'allocation de dommages-intérêts. Lorsqu'au-delà de la contestation constante des griefs contenus dans ces résolutions ayant abouti à la révocation, les éléments du litige, tels que rapportés par les parties, laissent transparaître une volonté affichée par le président du conseil d'administration, dès la prise des parts majoritaires par la société Halcyon du capital de la société ITCA SA, d'obtenir un changement de l'organe dirigeant de celle-ci ; que plusieurs faits constants rapportés, contredisent les griefs relevés contre la directrice générale, contenus dans la lettre de révocation, c'est par fausse application de l'article 492 al. 2 de l'AUSCGE que le tribunal de commerce s'est abstenu de tenir compte de toutes ces circonstances de l'affaire qui concourent à entacher de déloyauté et d'abus, la révocation de la directrice générale, pour estimer fondée sur de justes motifs la révocation de celle-ci et rejeter sa demande de dommages-intérêts, exposant son jugement à l'infirmation sur ce point. Statuant à nouveau, la CCJA dispose d'éléments suffisants d'appréciation pour dire que la révocation ne repose sur aucun juste motif, notamment :

– le rapport du cabinet [D.], produit sous la forme de draft, donc, un document non-définitif, et daté de plus de quatre mois après la révocation, pour justifier toutes les fautes de gestion de la dirigeante révoquée. Ce rapport relève un déficit de stocks de tasses de caoutchouc contesté, que la dirigeante révoquée explique par l'effet normal du séchage, la société l'accusant de détournement au moyen d'une tricherie à l'occasion des pesées, non confirmé de manière formelle par des contrôles réguliers et contradictoires ;

– il est aussi difficile de retenir comme avéré, le reproche fait à la directrice générale révoquée, de n'avoir pas répondu aux questions du président du conseil d'administration, dès lors que la résolution 2 B évoque de manière tout à fait contraire, au point c, que les nombreuses demandes « n'ont pas été traitées par [la directrice générale révoquée], et aucune réponse n'a été reçue […], alors que la même résolution, au point d, mentionne que « [la directrice générale révoquée] a une fois suggéré au conseil d'administration de recourir à un système de façonnage à prix coutant majoré d'une marge [cost-plus] pour les usines d'ITCA. Ce que les administrateurs, compte tenu de leur expérience dans l'industrie du caoutchouc, ont estimé comme un non-sens du point de vue des modalités de la structuration proposée […] » ;

– il n'a pas non plus été expliqué dans la résolution, au point f, en quoi « [la directrice générale révoquée] montre qu'elle n'est pas sincère dans la résolution des problèmes d'ITCA et qu'elle manque de respect, de responsabilité et de transparence envers le conseil d'administration et les intervenants d'ITCA, notamment les employés et les créanciers, surtout les agriculteurs […] » ;

– pour achever de donner crédit aux affirmations de la directrice révoquée, les faits révèlent que par une précédente correspondance, plusieurs mois avant, dès la prise de contrôle de la société ITCA SA, donc, avant même de pouvoir évaluer les performances ou l'efficacité de la gestion de la directrice révoquée, le président du conseil d'administration, qui avait proposé et fait adopter la révocation de cette dernière, a écrit à l'actionnaire minoritaire, en mentionnant une volonté sans équivoque de révoquer le directeur général. C'est faute de pouvoir y parvenir facilement, après avoir tenté vainement de prendre le contrôle total de la société ITCA SA, par le rachat forcé des parts de la société FISH, associé minoritaire, qu'il a apporté des modifications impliquant une dépossession des pouvoirs de la directrice générale de la société, au profit d'autres organes sociaux, notamment le directeur général adjoint qu'il a fait nommer, et le président du conseil d'administration qu'il était lui-même. Il est incontestable qu'une telle configuration, qui préfigurait une lutte de pouvoir, d'abord entre les associés eux-mêmes, ensuite, entre les organes dirigeants de la société, et enfin, entre les associés au sein de ces organes dirigeants comme le conseil d'administration ou l'assemblée générale, inaugurait du même coup un environnement conflictuel dans la prise des décisions stratégiques de la société. Cette situation ne pouvait dès lors qu'engendrer des dysfonctionnements de nature à entraver les performances économiques de la société, dont il ne paraîtra ni vrai, encore moins juste, d'imputer la responsabilité exclusive à la directrice générale révoquée (CCJA, 1e ch., nº 098/2021, 27-5-2021 : Lohoues Nome Karine c/ Gunther Robert Meyer).

B. Réparation de préjudice consécutif à une révocation abusive

1° Principe

La dirigeante d'une société qui, indépendamment du caractère injustifié de sa révocation, n'a appris cette sanction qu'au même moment que les employés de la société, en même temps qu'il lui était interdit l'accès à ses bureaux, en dépit de ce qu'elle occupait toujours d'autres fonctions au sein de la société, a incontestablement subi un préjudice réparable de cette attitude humiliante. Cependant, si les dommages allégués sont réels et fondés, le montant demandé (3 000 000 000 FCFA) parait excessif pour une société qui subit les errements d'une partie de ses dirigeants mais qu'il importe pour la cour de sauvegarder ; il lui sera donc alloué la somme de 350 000 000 FCFA (CCJA, 1e ch., nº 098/2021, 27-5-2021 : L. c/ G.).

Les mésententes entre le directeur général et le président du conseil d'administration ont entraîné le blocage de la société et conduit à la nomination d'un administrateur provisoire, par jugement du tribunal de commerce de Bamako, à la requête de monsieur [Y.] ; l'administrateur provisoire nommé, monsieur [Z.], dans son rapport de mission, a conclu à son incapacité d'exécuter sa mission, en raison de l'indisponibilité de toutes informations et documents relatifs au fonctionnement de la société. Il n'est pas contesté par [X.], représentant la société [A.], qu'exceptées l'assemblée générale constitutive en 2006 et celle extraordinaire de nomination des dirigeants de l'entreprise en 2007, aucune assemblée générale ne s'est plus tenue jusqu'en 2016 à cause de « la centralisation de la gestion de l'entreprise en Belgique » ; en reconnaissant dans son courriel daté du 1er février 2016 « après ma décision, en 2012, de centraliser la gestion des pays ANF à Turnhout, je savais qu'un jour la frustration allait t'orienter vers cette décision », [X.] a poussé [Y.] à la démission, en le privant de l'effectivité de ses attributions de directeur général de la société. Une telle attitude de la part de la société et de son président du conseil d'administration s'analyse en réalité à une révocation déguisée du directeur général de la société ; si, au sens de l'article 492 de l'AUSCGIE, la révocation d'un directeur général peut certes avoir lieu à tout moment par le conseil d'administration, il n'en demeure pas moins que, si elle intervient sans justes motifs, elle peut donner lieu à dommages-intérêts. En l'espèce, la révocation déguisée du défendeur, intervenue dans ces circonstances, et sans justes motifs, a causé, sans conteste, à celui-ci, un préjudice moral certain, en raison notamment du caractère vexatoire des circonstances dans lesquelles il est intervenu, et qui l'ont inéluctablement conduit à la démission ; toutefois, si le dommage subi est réel et la demande de sa réparation fondée, le montant accordé par le premier juge paraît excessif et il y a lieu d'infirmer en conséquence le jugement querellé sur le montant des dommages-intérêts alloués, et de condamner la société [A.] et le président du conseil d'administration [X.] à payer à monsieur [Y.] la somme de 500 000 000 FCFA à titre de dommages-intérêts (CCJA, 1e ch., nº 261/2024 du 24-10-2024).

2º Absence de distinction entre les différents chefs de préjudice indemnisables

C'est à tort qu'il est reproché à un arrêt d'avoir statué sur une chose non demandée en incluant dans l'indemnisation un préjudice moral et une atteinte à l'honneur, alors, selon le moyen, que le demandeur avait uniquement sollicité la réparation d'un préjudice matériel. Il en est ainsi dès lors qu'il ressort des énonciations de l'arrêt que le demandeur avait, en réalité, sollicité l'octroi de dommages-intérêts en réparation de la révocation sans juste motif de son mandat de directeur général, conformément à l'article 492 de l'AUSCGIE, lequel ne distingue pas entre préjudices matériel et moral, mais prévoit une indemnisation en cas de révocation abusive sans juste motif. En allouant lesdits dommages-intérêts sur ce fondement, la cour d'appel s'est strictement conformée à l'objet de la demande ; il s'ensuit que le moyen, qui manque en fait, ne peut être accueilli (CCJA, 2e ch., nº 324/2024, 28-11-2024).

C. Responsabilité du président du conseil d'administration non engagée à la suite d'une révocation abusive du directeur de la société

La responsabilité personnelle du président du conseil d'administration qui a agi au nom d'une société ne saurait être engagée du seul fait de la révocation abusive du directeur de la société, lorsqu'aucune faute personnelle détachable de ses fonctions n'a été rapportée en la cause ; il y a donc lieu de le mettre hors de cause, de manière individuelle (CCJA, 1e ch., nº 098/2021, 27-5-2021 : lohoues Nome Karine c/ Gunther Robert Meyer).

. . . .

III. Mesures conservatoires en vue de la révocation

N'ont pas pris une mesure vexatoire ou injurieuse :

– la société qui a pris des précautions pour empêcher le directeur général révoqué d'accéder à son bureau sans que cela ait été soutenu par une publicité intempestive et accompagné de propos diffamatoires ou calomnieux (CA Abidjan, nº 1247, 28-11-2003 : S. E. c/ Sté GITMA, Ohadata J-03-347) ;

– le conseil d'administration d'une société, qui a suspendu de ses fonctions le directeur général, avant une éventuelle révocation de ce dernier. L'article 492 de l'AUSCGIE ne l'interdit pas ; il s'ensuit qu'en retenant « qu'ainsi, en agissant négativement de la sorte, [le directeur général révoqué] a légitimé la réaction du président du conseil, qui depuis Brazzaville, a transmis des instructions à Abidjan, afin de l'empêcher provisoirement d'exercer sa fonction de Directeur général, jusqu'à la réunion du conseil du 22 juin 2001, au cours de laquelle le mandat social a été révoqué. Dès lors, à défaut d'avoir rapporté la preuve de l'abus de droit au cours de cette révocation, il échet de confirmer le jugement entrepris », la cour d'appel n'a en rien violé les dispositions sus-énoncées des articles 458, 491 et 492 de l'Acte uniforme susvisé ; qu'ainsi, le premier moyen n'est pas fondé et doit être rejeté. Et c'est par une appréciation souveraine des faits, qu'après analyse du dossier, que la cour d'appel d'Abidjan a estimé « qu'à défaut d'avoir rapporté la preuve de l'abus de droit au cours de cette révocation, il échet de confirmer le jugement entrepris » pour débouter le directeur général révoqué de sa demande de dommages-intérêts ; il s'ensuit qu'elle n'a en rien violé les dispositions de l'article 1382 du Code civil (CCJA, nº 032/2007, 22-11-2007 : T. C. E. W. c/ COFIPA INVESTMENT BANK COTE D'IVOIRE SA, T. C. E. W. c/ COFIPA INVESTMENT BANK COTE D'IVOIRE SA, Rec. jur. CCJA nº 10, juill.-déc. 2007, p. 19, Ohadata J-08-242).

. . . .

IV. Nullité du contrat de travail faisant obstacle à la libre révocation

En signant un contrat avec une société pour garantir la stabilité d'un mandat qu'il exerçait déjà depuis plus de deux ans, le défendeur au pourvoi a procédé à un pacte qui n'avait pour finalité ou pour effet que de restreindre ou d'entraver la révocation ad nutum du directeur général qu'il était, et se ménager ainsi un préavis contraire au principe de la révocabilité ad nutum. Un tel contrat, qui ne correspond à aucun emploi effectif exercé cumulativement avec la fonction de directeur général, distinct du mandat de directeur général de société anonyme au sens de l'article 426 susvisé et conclu dans le seul objectif de contourner la rigueur d'un principe d'ordre public, ne revêt aucune valeur juridique (CCJA, 3e ch., no 013/2012, 8-3-2012 : Elton Oil Company c/ Papa Mactar Sarr).

Jurisprudence comparée

I. États-Unis

Droit propre des actionnaires à révoquer les dirigeants sociaux

Même si les statuts d'une société autorisent les dirigeants à révoquer l'un d'entre eux, cette règle ne peut pas avoir pour effet d'écarter le pouvoir traditionnel des actionnaires de révoquer eux-mêmes leurs dirigeants. Par conséquent, les actionnaires ont le droit de demander la modification des dispositions qui les empêcheraient de nommer un directeur en remplacement d'un autre (Auer v. Dressel, Court of Appeals of New York ; 118 N.E.2d 90 (1954)).

Dans le silence des [« statutes »] de l'État du Delaware sur le point de savoir si les actionnaires ont le pouvoir de révoquer les dirigeants, les juges de cet État considèrent que ces derniers détiennent ce pouvoir (Campbell v. Loews, Inc., Court of Chancery of Delaware, 134A2d 852 (1957)).

II. France

A. Modalités de la révocation

La révocation doit être décidée, sous peine de condamnation de la société à indemniser le directeur général, après information préalable de la mesure envisagée et une mise en œuvre sans mesures injurieuses et vexatoires ni atteint à la réputation.

Pour apprécier ces circonstances, seules les faits entourant la révocation sont à prendre en considération ; il n'y a donc pas lieu de tenir compte des griefs formulés contre l'intéressé pour déterminer si l'abus est établi (Cass. com. 26-11-1996 no 1738 : RJDA 2/97 no 222).

B. Droit au contradictoire

1o Existence

Le directeur général d'une SA, également administrateur de celle-ci, ne peut pas valablement soutenir que sa révocation est contraire à son droit de se défendre faute d'information préalable, dès lors que l'ordre du jour du conseil d'administration au cours duquel il a été révoqué mentionnait la désignation d'un nouveau président qui avait fait savoir qu'il ne souhaitait pas l'assistance d'un directeur général. Les administrateurs avaient en effet été avisés de l'objet de la séance car l'organisation de l'équipe de direction était liée à cette nomination (Cass. com. 13-1-1998 : RJDA 6/98 no 740, 2e esp.).

2o Absence

Est contraire au droit du directeur général de présenter ses observations :

– la révocation, décidée sans que celui-ci ait été mis en mesure de présenter préalablement ses observations (Cass. com. 24-2-1998 : RJDA 6/98 no 740, 1e esp.) ;

– l'exigence du président de la société interdisant au directeur de se présenter à la réunion du conseil d'administration qui a prononcé sa révocation, l'empêchant ainsi d'être informé des motifs de celle-ci et de présenter ses observations (CA Paris 9-3-2010 no 08/23637 : BRDA 9/10 inf. 7) ;

– la révocation prononcée dès lors qu'il n'était pas démontré que le directeur général avait été avisé des motifs pouvant justifier sa révocation de ses fonctions ni allégué que ce dernier avait été invité à participer à la réunion du conseil d'administration au cours de laquelle cette mesure avait été décidée ; il résultait, en plus, des circonstances de la cause un manque certain de loyauté et de considération pour la réputation du directeur général justifiant une indemnisation du préjudice moral causé à celui-ci par l'abus commis par la société dans l'exercice de son droit de révocation (Cass. com. 29-3-2011 no 10-17.667 : RJDA 6/13 no 538).

C. Atteinte à l'honneur et à la réputation

1o Existence

L'atteinte à la réputation ou à l'honorabilité du dirigeant révoqué résulte de la publicité malveillante ayant accompagné la révocation ou de circonstances laissant supposer que l'intéressé a commis des fautes graves ; ainsi :

– lorsque le dirigeant (qualité non précisée) a été contraint de quitter sans délai les locaux de la société alors que sa révocation n'a été décidée que quelques jours plus tard (Cass. com. 15-7-1982 : Bull. Joly 1982 p. 772) ;

– lorsque l'intéressé n'a été averti de sa révocation par la société que le lendemain de la parution dans la presse d'un article annonçant celle-ci de manière vexatoire, l'article indiquant que le directeur avait été révoqué « pour une durée indéterminée en attendant les résultats des enquêtes judiciaires et internes et afin de permettre que celles-ci se déroulent dans la sérénité » et que « les dysfonctionnements (observés dans la société) mettaient en cause la responsabilité du directeur » (CA Paris 9-3-2010 no 08/23637 : BRDA 9/10 inf. 7) ;

– lorsque la suppression des outils de travail du directeur général (aussi président du conseil), dès la

révocation de son seul mandat de président-directeur général d'une des sociétés du groupe, l'a privé de la possibilité d'exercer dans les mêmes locaux ses autres mandats sociaux dont il était toujours investi (Cass. com. 15-5-2012 n° 11-15.497 : RJDA 8-9/12 n° 772) ;
– le dénigrement du directeur général (aussi président du conseil) auprès des salariés avant d'être révoqué (Cass. com. 13-11-2003 n° 1519 : RJDA 3/04 n° 308).

2° Absence

Ne constitue pas une atteinte à l'honneur du directeur général le fait, dès lors que l'intéressé avait procédé à des retraits fautifs de son compte courant, de retenir que l'établissement d'un protocole d'accord et l'annulation de la procuration bancaire du directeur général par le président de la société quelques jours avant la réunion du conseil d'administration qui devait statuer sur sa révocation, sont intervenus comme si la décision de révocation était déjà prise et établissent la brutalité de celle-ci (Cass. com. 3-1-1996 n° 58 : RJDA 4/96 n° 514).

L'atteinte à la réputation ou à l'honorabilité du dirigeant révoqué résulte de la publicité malveillante ayant accompagné la révocation ou de circonstances laissant supposer que l'intéressé a commis des fautes graves ; ainsi :
– le fait de demander au dirigeant de remettre, dès la fin de l'assemblée l'ayant révoqué, les clés de l'entreprise (Cass. com. 9-11-2010 n° 09-71.284 : RJDA 2/11 n° 160 ; pour d'autres exemples, voir Cass. com. 1-2-1994 n° 265 : RJDA 5/94 n° 540, 1e esp. ; CA Paris 30-6-2009 n° 08/13668 : RJDA 1/10 n° 34) ;
– lorsque le dirigeant a été contraint de quitter sans délai les locaux de la société alors que sa révocation n'a été décidée que quelques jours plus tard (Cass. com. 15-7-1982 : Bull. Joly 1982 p. 772) ;
– lorsque la décision a été prise brutalement, au su et à la vue du personnel, en faisant appel à un huissier de justice et à la police et en l'ébruitant dans le milieu professionnel (CA Paris 13-10-2006 n° 05/23871 : RJDA 7/07 n° 742) ;
– lorsque la suppression des outils de travail du dirigeant, dès la révocation de son seul mandat de président-directeur général d'une des sociétés du groupe, l'a privé de la possibilité d'exercer dans les mêmes locaux ses autres mandats sociaux dont il était toujours investi (Cass. com. 15-5-2012 n° 11-15.497 : RJDA 8-9/12 n° 772) ;
– le dénigrement auprès des salariés avant d'être révoqué (Cass. com. 13-11-2003 n° 1519 : RJDA 3/04 n° 308).

Obs. : voir sous l'art. 433 les décisions transposables quant à la liberté de révocation des administrateurs et celles relatives aux modalités de mise en œuvre de la révocation susceptibles d'être appliquées à la mise en œuvre de la révocation du directeur général ; voir aussi sur ces modalités, sous l'art. 326 les décisions relatives au gérant d'une SARL.

D. Indemnité de révocation

Perte du droit à l'indemnité en cas de faute grave ou lourde. Dans un cas où une société anonyme s'était engagée a verser une indemnité à son directeur général si elle mettait fin à son mandat social en l'absence de faute grave ou lourde, a commis une faute grave le privant de cette indemnité le directeur général avait critiqué très sévèrement le président du conseil d'administration et avait porté ces critiques à la connaissance de tiers qui envisageaient d'entrer au capital de la société, prenant ainsi le risque, qui s'était en partie réalisé, d'ouvrir une grave crise interne et de compromettre définitivement le projet d'entreprise dans la phase particulièrement délicate de recherche des capitaux indispensables à sa mise en œuvre (Cass. com. 11-3-2014 n° 12-12.074 : BRDA 8/14 inf. 4).

Art. 493 [mod.] **Sauf en cas de décès ou de cessation des fonctions, les fonctions du directeur général prennent normalement fin à l'arrivée du terme de son mandat.**

• Chapitre III •

SOCIÉTÉ ANONYME AVEC ADMINISTRATEUR GÉNÉRAL

Section I • DISPOSITIONS GÉNÉRALES

Art. 494 [mod.] **Les sociétés anonymes comprenant un nombre d'actionnaires égal ou inférieur à trois (3) ont la faculté de ne pas constituer un conseil d'administration et peuvent désigner un administrateur général qui assume, sous sa responsabilité, les fonctions d'administration et de direction de la société.**

Observations

Suppression de la mention « Dans ce cas, les dispositions de l'article 417, alinéa premier ne sont pas applicables. », prévoyant la composition du conseil d'administration, qui est sans objet puisque la société, par hypothèse même, ne comporte pas de conseil d'administration.

Section II • NOMINATION ET DURÉE DU MANDAT DE L'ADMINISTRATEUR GÉNÉRAL

Art. 495 [mod.] Le premier administrateur général est désigné dans les statuts. En cours de vie sociale, l'administrateur général est nommé par l'assemblée générale ordinaire. Il est choisi parmi les actionnaires ou en dehors d'eux.

Observations

Al. 1 : suppression de « ou par l'assemblée générale constitutive ».

Art. 496 [mod.] La durée du mandat de l'administrateur général est fixée librement par les statuts sans pouvoir excéder six (6) ans en cas de nomination en cours de vie sociale et deux (2) ans en cas de nomination par les statuts. Ce mandat est renouvelable.

Observations

Suppression de « ou par l'assemblée générale constitutive ».

Art. 497 [mod.] Nul ne peut exercer simultanément plus de trois (3) mandats d'administrateur général de sociétés anonymes ayant leur siège sur le territoire d'un même État partie.

De même, le mandat d'administrateur général n'est pas cumulable avec plus de deux (2) mandats de président directeur général ou de directeur général de sociétés anonymes ayant leur siège social sur le territoire d'un même État partie.

L'administrateur qui, lorsqu'il accède à un nouveau mandat, se trouve en infraction avec les dispositions du premier et du second alinéas du présent article doit, dans les trois (3) mois de sa nomination, se démettre de l'un de ses mandats.

A l'expiration de ce délai, il est réputé s'être démis de son nouveau mandat et doit restituer les rémunérations perçues, sous quelque forme que ce soit, sans que soit remise en cause, de ce chef, la validité des décisions qu'il a pu prendre.

Section III • ATTRIBUTIONS ET RÉMUNÉRATION DE L'ADMINISTRATEUR GÉNÉRAL

Art. 498 [mod.] L'administrateur général assume, sous sa responsabilité, l'administration et la direction générale de la société. Il la représente dans ses rapports avec les tiers.

Il convoque et préside les assemblées générales d'actionnaires.

Il est investi des pouvoirs les plus étendus pour agir en toutes circonstances au nom de la société et les exerce dans la limite de l'objet social et sous réserve de ceux expressément attribués aux assemblées d'actionnaires par le présent Acte uniforme et, le cas échéant, par les statuts.

Dans ses rapports avec les tiers, la société est engagée par les actes de l'administrateur général qui ne relèvent pas de l'objet social, dans les conditions et limites fixées à l'article 122 ci-dessus.

Les clauses des statuts ou les résolutions de l'assemblée générale des actionnaires limitant les pouvoirs de l'administrateur général ne sont pas opposables aux tiers de bonne foi.

Jurisprudence OHADA

I. Représentation de la société anonyme par l'administrateur général ou son délégataire

L'administrateur général d'une société anonyme est la seule personne qualifiée et habilitée à agir au nom et pour le compte de celle-ci et à donner mandat aux fins de droit. Est donc irrecevable, le pourvoi formé par cette société lorsque le mandat spécial d'agir en justice a été donné par le directeur de l'usine de cette société sur le fondement d'une disposition des statuts de ladite société, dès lors que ladite disposition statutaire ne prévoit que la possibilité, sur proposition de l'administrateur général, pour l'actionnaire unique de donner un mandat à une ou plusieurs personnes physiques d'assister l'administrateur général à titre d'administrateur général adjoint, et que la société ne produit ni n'offre de produire aucune preuve d'une délégation spéciale donnée à cette fin au directeur d'usine (CCJA, 2e ch., no 135, 7-6-2018 : CORAF SA c/ MANI SERVICES SARL).

Voir sous les art. 121, 465, 472 et 487.

II. Irrégularité d'actes posés par un organe inexistant

Tout acte posé par un « président-directeur général », fonction inexistante dans une société anonyme avec administrateur général, est irrégulier (CCJA, 2e ch., no 108/2022, 30-6-2022).

Obs. : décision relative aux sociétés anonymes, mais transposable à tout type de société commerciale car le principe est valable pour toutes les sociétés prévues à l'AUSCGIE.

Art. 499 [mod.] L'administrateur général peut être lié à la société par un contrat de travail à la condition que celui-ci corresponde à un emploi effectif.

Le contrat de travail est soumis à l'autorisation préalable de l'assemblée générale. A défaut, le contrat de travail est nul.

Voir sous les art. 426, 466, 481 et 489.

Art. 500 [mod.] Hors les sommes perçues dans le cadre d'un contrat de travail, l'administrateur général ne peut recevoir, au titre de ses fonctions, aucune autre rémunération, permanente ou non, que celles visées à l'article 501 ci-après.

Toute décision contraire prise en assemblée générale est nulle.

Observations

Al. 2 : suppression de la clause statutaire contraire réputée non écrite, qui se trouve néanmoins sanctionnée soit par la nullité de la décision de l'assemblée générale qui accorderait une rémunération contraire à la limite fixée par l'al. 1., soit, si une clause statutaire fixe directement une rémunération contraire à cette limite, par la disposition de l'art. 2 du présent Acte uniforme qui interdit de déroger au présent acte à défaut d'autorisation expresse par une disposition du même Acte uniforme.

Art. 501 [mod.] Les modalités et le montant de la rémunération de l'administrateur général sont fixés par l'assemblée générale ordinaire ainsi que, le cas échéant, les avantages en nature qui lui sont accordés.

Toute décision prise en violation du présent article est nulle.

Observations

Al. 1 : confirme le texte ancien qui donnait compétence à l'assemblée générale pour fixer la rémunération de l'administrateur général et, le cas échéant, ses avantages en nature (al. 1 et 3 anciens) ; il accorde une entière liberté à l'assemblée générale pour fixer ces deux éléments de la rétribution du directeur général.

Al. 2 nouveau : toute décision non prise par l'assemblée générale est expressément nulle.

Voir sous les art. 467, 474, 482 et 490.

Section IV • CONVENTIONS RÉGLEMENTÉES

Art. 502 L'administrateur général présente à l'assemblée générale ordinaire statuant sur les états financiers de synthèse de l'exercice écoulé, un rapport sur les conventions qu'il a conclues avec la société, directement ou indirectement, ou par personne interposée et sur les conventions passées avec une personne morale dont il est propriétaire, associé indéfiniment responsable ou, d'une manière générale, dirigeant social.

Les dispositions du présent article ne sont pas applicables aux conventions portant sur des opérations courantes conclues à des conditions normales telles que décrites à l'article 439 ci-dessus.

Voir sous les art. 438 s.

Art. 503 [mod.] L'administrateur général avise le commissaire aux comptes dans le délai d'un (1) mois à compter de la conclusion de la convention et, en tout état de cause, quinze (15) jours au moins avant la tenue de l'assemblée générale ordinaire annuelle.

Le commissaire aux comptes présente à l'assemblée générale ordinaire un rapport sur ces conventions.

Ce rapport énumère les conventions soumises à l'approbation de l'assemblée, en précise la nature, mentionne les produits ou les services faisant l'objet de ces conventions, leurs modalités essentielles notamment l'indication des prix ou des tarifs pratiqués, des ristournes ou commissions consenties, des sûretés conférées et toutes autres indications permettant aux actionnaires d'apprécier l'intérêt qui s'attache à la conclusion de ces conventions.

Les délibérations portant approbation des conventions visées à l'article 438 ci-dessus sont nulles lorsqu'elles sont prises à défaut du rapport spécial du commissaire aux comptes. Elles peuvent être annulées dans le cas où le rapport spécial du commissaire aux comptes ne contient pas les informations prévues au présent article.

Observations

Al. 3 : suppression de « cas échéant ».

Al. 4 nouveau : nullité expresse des délibérations non approuvées sur la base du rapport spécial et possibilité d'annulation des approbations sur rapport spécial dont le contenu n'est pas conforme aux dispositions de l'al. 3.

Art. 504 Les conventions approuvées ou désapprouvées par l'assemblée générale produisent tous leurs effets à l'égard des cocontractants et des tiers.

Toutefois, les conséquences dommageables pour la société des conventions désapprouvées par l'assemblée générale peuvent être mises à la charge de l'administrateur général.

Art. 505 [mod.] Les dispositions des articles 502 et 503 ci-dessus ne s'appliquent pas lorsque l'administrateur général est l'actionnaire unique de la société anonyme.

Les dispositions des articles 502 à 504 ci-dessus sont applicables à l'administrateur général et à l'administrateur général adjoint.

Section V • CAUTIONNEMENTS, AVALS ET GARANTIES

Art. 506 [mod.] Les cautionnements, avals, garanties autonomes, contre-garanties autonomes et autres garanties donnés dans des sociétés autres que celles exploitant des établissements de crédit, de microfinance ou d'assurance caution dûment agréés par l'administrateur général ou par l'administrateur général adjoint ne sont opposables à la société que s'ils ont été autorisés préalablement par l'assemblée générale ordinaire, soit d'une manière générale, soit d'une manière spéciale.

Voir sous l'art. 449.

JURISPRUDENCE OHADA

Inopposabilité de garanties irrégulièrement consenties à la société

Les garanties bancaires et le nantissement de fonds de commerce étendu au matériel professionnel stipulés dans la convention de prêt signée par une société sont inopposables à ladite société, dès lors qu'aucune de ses assemblées générales n'a délibéré sur lesdites garanties (CCJA, 2e ch., nº 224/2024, 11-7-2024).

Section VI • CONVENTIONS INTERDITES

Art. 507 [mod.] A peine de nullité du contrat, il est interdit à l'administrateur général ou à l'administrateur général adjoint lorsqu'il en est nommé, ainsi qu'à leurs conjoints, ascendants, descendants et aux personnes interposées, de contracter, sous quelque forme que ce soit, des emprunts auprès de la société, de se faire consentir par elle un découvert en compte-courant ou autrement, ainsi que de faire cautionner ou avaliser par elle leurs engagements envers les tiers.

Toutefois, lorsque la société est un établissement bancaire ou financier, elle peut consentir à son administrateur général ou à son administrateur général adjoint, sous quelque forme que ce soit, un prêt, un découvert en compte-courant ou autrement, un aval, un cautionnement ou toute autre garantie, si ces conventions portent sur des opérations courantes conclues à des conditions normales.

OBSERVATIONS

Le terme « conjoint » a été mis au pluriel.

JURISPRUDENCE COMPARÉE

États-Unis

Exception aux conventions interdites

Dans les sociétés fermées, (les sociétés qui ont un petit nombre d'actionnaires, qui ne font pas publiquement appel à l'épargne et dont la grande majorité des actionnaires participent à la direction et au management de ces dernières,) et afin de permettre le fonctionnement de la société selon les normes déterminées par les actionnaires, les conventions conclues entre les actionnaires ne sont pas obligées de respecter strictement les règles définies pour les sociétés non fermées. Dans ces sociétés, les conventions conclues entre les actionnaires peuvent utiliser librement les biens de la société tant que cette utilisation ne se fait pas au détriment des actionnaires minoritaires, des créanciers ou de l'ordre public. Les associés peuvent donc notamment décider, qu'en cas de mort de l'un d'entre eux, sa veuve recevra le double de son salaire pendant une durée de cinq ans (Galler v. Galler, Supreme Court of Illinois, 203 N.E.2d 577 (1964)).

Voir aussi sous les art. 450 et s.

Section VII • EMPÊCHEMENT ET RÉVOCATION DE L'ADMINISTRATEUR GÉNÉRAL

Art. 508 [mod.] En cas d'empêchement temporaire de l'administrateur général, ses fonctions sont provisoirement exercées par l'administrateur général adjoint lorsqu'il en a été nommé un. A défaut, les fonctions d'administrateur général sont provisoirement exercées par toute personne que l'assemblée générale ordinaire des actionnaires juge bon de désigner.

En cas de décès ou de démission de l'administrateur général, ses fonctions sont exercées par l'administrateur général adjoint jusqu'à la nomination, par la plus prochaine assemblée générale ordinaire, d'un nouvel administrateur général.

Art. 509 [mod.] L'administrateur général peut être révoqué à tout moment par l'assemblée générale.

Si la révocation est décidée sans juste motif, elle peut donner lieu à dommages et intérêts.

Observations

Al. 1 : suppression de « toute clause contraire est réputée non écrite » ; le cas échéant cette clause sera nulle pour ne pas avoir été autorisée au sens de l'art. 2 par le présent Acte uniforme.

Jurisprudence OHADA

Application de la liberté de révocation

C'est à bon droit qu'une cour d'appel a jugé que la révocation de l'Administrateur Directeur Général d'une société anonyme pouvait intervenir ad. nutum, sans motif et sans justification et a souverainement relevé que la décision de révocation qui est intervenue un mois après la suspension de celui-ci n'était pas précipitée (C sup. Côte d'Ivoire, Ch. jud., n° 404/04, 11-7-2004 : K. K. c/ BHCI, Actualités Juridiques, n° 47/2005, p. 87, note KASSIA Bi Oula, Ohadata J-05-344).

Obs. : cette décision est juste au fond ; mais pour avoir été rendue en violation de la compétence de la CCJA, elle doit être considérée comme « juridiquement inexistante » (CA Abidjan Ch. civ. et com., n° 617, 8-6-2004, CFAO c/ OUEDRAOGO BROUREIMA, Ohadata J-05-263), la position de la CCJA étant l'annulation de ce type de décision (CCJA, n° 055/2005, 15-12-2005 : SEMOS SA c/ BETRA, Rec. jur. CCJA, n° 6, juin-déc. 2005, p. 32. Juris-Ohada, n° 2/2006, p. 13, OhadataJ-06-48).

La partie qui a des raisons de contester un tel jugement peut, selon le droit commun procédural qui exige du juge qu'il exerce ses fonctions avec honnêteté (cf. Principes de Bangalore, Renforcement des principes fondamentaux relatifs à la conduite des magistrats, déclaration du Conseil économique et social, des Nations-Unies, art. 6.5, ECOSOC 2006/23), en demander la nullité pour excès de pouvoir. Sur l'application de ce principe en droit français : Mémento Droit commercial Francis Lefebvre n° 72409.

Voir sous l'art. 492 pour l'application du principe de révocation ad nutum à un PDG.

Section VIII • ADMINISTRATEUR GÉNÉRAL ADJOINT

Art. 510 Sur la proposition de l'administrateur général, l'assemblée générale des actionnaires peut donner mandat à une ou plusieurs personnes physiques d'assister l'administrateur à titre d'administrateur général adjoint.

Art. 511 L'assemblée fixe librement la durée des fonctions de l'administrateur général adjoint.

Le mandat de l'administrateur général adjoint est renouvelable.

Art. 512 [mod.] En accord avec l'administrateur général, l'assemblée générale détermine les pouvoirs qui sont délégués à l'administrateur général adjoint.

Les clauses statutaires ou les décisions de l'assemblée générale limitant ses pouvoirs ne sont pas opposables aux tiers de bonne foi.

Art. 513 [mod.] L'administrateur général adjoint peut être lié à la société par un contrat de travail à la condition que celui-ci soit effectif.

Le contrat de travail est soumis à l'autorisation préalable de l'assemblée générale ordinaire.

A défaut, le contrat de travail est nul.

Art. 514 [mod.] Les modalités et le montant de la rémunération de l'administrateur général adjoint sont fixés par l'assemblée générale ordinaire ainsi que le cas échéant, les avantages en nature qui lui sont accordés.

Toute décision prise en violation du présent article est nulle.

Art. 515 [mod.] Sur proposition de l'administrateur général, l'assemblée générale ordinaire peut révoquer à tout moment l'administrateur général adjoint.

Si la révocation est décidée sans juste motif, elle peut donner lieu à dommages et intérêts.

Sous-titre III • ASSEMBLÉES GÉNÉRALES

• Chapitre I •

RÈGLES COMMUNES À TOUTES LES ASSEMBLÉES D'ACTIONNAIRES

Section I • CONVOCATION DE L'ASSEMBLÉE

Art. 516 [mod.] L'assemblée des actionnaires est convoquée par le conseil d'administration ou par l'administrateur général, selon le cas.

A défaut, elle peut être convoquée :

1°) par le commissaire aux comptes, après que celui-ci a vainement requis la convocation du conseil d'administration ou de l'administrateur général selon le cas, par lettre au porteur contre récépissé ou par lettre recommandée avec demande d'avis de réception. Lorsque le commissaire aux comptes procède à cette convocation, il fixe l'ordre du jour et peut, pour des motifs déterminants, choisir un lieu de réunion autre que celui éventuellement prévu par les statuts. Il expose les motifs de la convocation dans un rapport lu à l'assemblée ;

2°) par un mandataire désigné par la juridiction compétente, statuant à bref délai, à la demande soit de tout intéressé en cas d'urgence, soit d'un ou de plusieurs actionnaires représentant au moins le dixième du capital social s'il s'agit d'une assemblée générale ou le dixième des actions de la catégorie intéressée s'il s'agit d'une assemblée spéciale ;

3°) par le liquidateur.

Jurisprudence OHADA

I. Inapplicabilité de l'article 516 à une SARL

Les dispositions de l'article 516 de l'AUSCGIE inclus dans le sous-titre II dudit Acte uniforme, intitulé administration et direction de la société anonyme, ne désignent que les organes ou personnes qualifiés pour convoquer une assemblée générale des actionnaires d'une société anonyme et ne s'appliquent donc pas aux sociétés à responsabilité limité (SARL). Il s'ensuit que l'article 516 est inapplicable à la convocation à l'assemblée générale de la société en cause, qui est une SARL ; rejet du moyen (CCJA, 3e ch., no 140, 19-11-2015 : Rahmoun Jihad Hassan, Rahmoun Ghassan Hassan c/ Fatme Fakhry, Taareck Fakhry, Ohadata J-16-133).

II. Assemblée convoquée par un mandataire

La nomination d'un mandataire pour la tenue d'une assemblée générale est justifiée dans les cas où cet organe n'a pas été réuni dans les délais réguliers. Le fait que l'assemblée générale, qui a été ordonnée par un juge, ait été convoquée par insertion dans un journal d'annonces légales ne cause aucun grief particulier aux actionnaires en l'absence de preuve (TRHC Dakar, ord. réf. no 1729, 31-12-2002 : R. Y. PDG Stés Sénégal Armement et Sénégal Pêche c/ A. D. et L. S. L., Ohadata J-03-182).

Obs. : sur la légalité de la convocation par insertion dans un journal d'annonces légales, voir l'art. 518.

L'article 516-2o) de l'AUSCGIE autorise, en cas d'urgence, la convocation d'une assemblée générale à la demande de toute personne. C'est donc par l'appréciation souveraine des faits soumis à son appréciation qu'une cour d'appel a estimé « qu'il y a urgence en ce que l'assemblée générale ordinaire convoquée par la [société demanderesse] est prévue pour le 21 juin 2007 à 10 heures, soit à 24 heures seulement de la présente audience ». Elle a ainsi motivé sa décision et n'a en rien violé le texte susvisé (CCJA, ass. plén., no 122, 11-11-2014 : SOGAL c/ État Centrafricain, Ohadata J-15-212).

III. Compétence du juge des référés

Le report de la tenue d'une assemblée générale et la désignation d'un mandataire ne sont pas de nature à interférer dans la décision éventuelle du juge du fond, lorsque ce dernier est saisi de la validité ou non de la réunion du Conseil d'Administration ; même une société dont le fonctionnement ne fait pas l'objet de contestations devant le juge, peut se voir appliquer la procédure de désignation d'un mandataire, sans que ses organes soient remis en cause. Il s'ensuit que le juge des référés est compétent (TRHC Dakar, ord. réf. no 1729, 31-12-2002, précité, Ohadata J-03-182).

Obs. : sur l'incompétence du juge des référés lorsque les demandes dont il est saisi portent sur des objets qui, en raison de leur variété et complexité, l'obligeraient à préjudicier au fond du litige (annulation du CA d'une Sté par ex.), voir sous l'art. 428.

Jurisprudence comparée

I. États-Unis

Droit statutaire de demander la convocation de l'assemblée

Validité de la clause statutaire accordant à majorité des actionnaires le droit d'obtenir du président la convocation de l'assemblée générale Lorsque les statuts d'une société obligent le président à convoquer une assemblée lorsque la majorité des actionnaires en font la demande, ce dernier ne peut refuser cette demande au motif que les questions soulevées ne relèvent pas du pouvoir de ces derniers (Auer v. Dressel, Court of Appeals of New York ; 118 N.E.2d 90 (1954)).

II. France

A. Réunion obligatoire de l'assemblée

La réunion de l'assemblée ne saurait être éludée et remplacée par des adhésions individuelles, fussent-elles unanimes (CA Amiens 7-5-1963 : Gaz. Pal. 1963 II p. 246).

B. Convocation de l'assemblée

1o Par le conseil d'administration

Seul le conseil d'administration en sa formation collégiale est compétent pour procéder à la convocation de l'assemblée et non les administrateurs ou le président du conseil d'administration (Cass. com. 21-7-1969 : D 1970 p. 88).

La convocation est sans valeur si elle émane :
- d'un conseil d'administration est irrégulièrement constitué (Cass. com. 9-7-2002 no 1421 : RJDA 11/02 no 1153) ;
- d'un conseil d'administration dont les pouvoirs sont arrivés au terme prévu ou dont des administrateurs sont réputés démissionnaires d'office pour ne pas détenir le nombre d'actions statutaires minimum (Cass. com. 29-11-1976 : Bull. IV no 302).

2o Par le commissaire aux comptes

a. Convocation régulière

Selon les décisions ci-après, transposables sous le régime actuel les mêmes circonstances étant susceptibles de se reproduire et étant compatibles avec la disposition qui donne pouvoir au commissaire en carence du conseil d'administration, le commissaire aux comptes avait convoqué régulièrement les actionnaires en assemblée :
- lorsque les pouvoirs du conseil étaient expirés et qu'aucune assemblée n'avait été tenue depuis six ans (Cass. civ. 29-6-1925 : DH 1925 p. 593) ;
- en cas de mésentente entre administrateurs (CA Montpellier 29-1-1937 : Journ. sociétés 1939 p. 93), de dualité de conseils d'administration (T. com.

Versailles réf. 19-3-1941 : Gaz. Pal. 1941 I p. 405) ou encore inexistence de tout conseil (T. com. Seine 16-7-1924 : Journ. sociétés 1926 p. 112).
Sous le régime actuel, le commissaire a régulièrement convoqué l'assemblée afin de lui soumettre des solutions propres à mettre fin aux graves dissentiments existant entre les dirigeants sociaux (CA Paris 22-2-1980 : Gaz. Pal. 1980 p. 359 concl. Ecoutin).

b. Convocation irrégulière

Est irrégulière la convocation faite par le commissaire aux comptes, cédant à l'injonction de l'actionnaire majoritaire, alors qu'il n'y a pas carence du conseil d'administration (CA Versailles 19-1-2006 n° 04/1448 : RJDA 12/06 n° 1235).

3° Convocation par un mandataire de justice

a. Recevabilité de la demande de convocation

La recevabilité de la demande de convocation a été admise en présence :
– d'un conflit entre les actionnaires majoritaires et le conseil d'administration sur l'intérêt à conserver une participation majoritaire dans une autre société (T. com. Seine réf. 20-2-1970 : Gaz. Pal. 1970 II p. 294) ;
– d'une mesure à prendre avant la réunion de l'assemblée sur la réduction du capital d'une société filiale pour cause de perte et l'émission d'un emprunt sous forme d'obligations convertibles en actions risquant de mettre fin au contrôle de cette filiale (T. com. Versailles réf. 25-5-1977 : Gaz. Pal. 1978 I p. 26).

b. Irrecevabilité de la demande

La recevabilité de la demande a été écartée lorsque :
– des contestations sérieuses portant sur la propriété de nombreuses actions de la société devaient être résolues (CA Riom 1-12-1972 : D. 1973 p. 282 note J.C. Bousquet) ;
– les demandeurs souhaitent par ce biais statuer rapidement sur un quitus de gestion avant la fin des opérations de révision comptable (CA Colmar 24-9-1975 : D. 1976 p. 348 note Y. Guyon) ;
– aucun élément ne prouve que la mésentente entre différents dirigeants soit susceptible de nuire à la croissance de la société et que la réunion de l'assemblée générale ordinaire doit intervenir dans les trois prochains mois (CA Paris 10-4-1989 : Bull. Joly 1989 p. 529) ;
– les assemblées contestées doivent être reportées en raison du retard dans la notification d'ordres de cessions susceptibles de perturber l'exercice des droits de vote (CA Paris 15-9-1992 : RJDA 2/93 n° 128).

c. Office du juge

Le président du tribunal de commerce statuant en référé doit vérifier que la demande de convocation du mandataire de justice « tend bien à des fins conformes à l'intérêt social et non à la satisfaction des fins propres aux demandeurs » (CA Colmar 24-9-1975 : D. 1976 p. 348 note Y. Guyon ; CA Paris 15-3-1990 : D. sociétés 1990 n° 331).

4° Convocation par un administrateur provisoire

Un administrateur provisoire doté « des pouvoirs d'usage » ne peut pas convoquer une assemblée générale extraordinaire en vue de la modification des statuts (Cass. com. 7-3-1956 : JCP G 1956.II n° 9356 note D. B.).

Obs. : voir aussi sous art. 337 les décisions sur la convocation des associés de SARL qui portent sur des circonstances transposables.

Art. 517 Sauf clause contraire des statuts, les assemblées d'actionnaires sont réunies au siège social ou en tout autre lieu du territoire de l'État partie où se situe le siège social.

Art. 518 [mod.] Sous réserve des dispositions du présent article, les statuts de la société fixent les règles de convocation des assemblées d'actionnaires.

La convocation des assemblées est faite par avis de convocation inséré dans un journal habilité à recevoir les annonces légales.

Si toutes les actions sont nominatives, cette insertion peut être remplacée par une convocation faite aux frais de la société par lettre au porteur contre récépissé ou par lettre recommandée avec demande d'avis de réception, télécopie ou courrier électronique. Les convocations par télécopie et courrier électronique ne sont valables que si l'associé a préalablement donné son accord écrit et communiqué son numéro de télécopie ou son adresse électronique, selon le cas. Il peut à tout moment demander expressément à la société par lettre recommandée avec demande d'avis de réception que le moyen de communication susmentionné soit remplacé à l'avenir par un envoi postal.

La convocation indique la date, le lieu de la réunion et l'ordre du jour.

L'avis de convocation doit parvenir ou être porté à la connaissance des actionnaires quinze (15) jours au moins avant la date de l'assemblée sur première convocation et, le cas échéant, six (6) jours au moins pour les convocations suivantes.

Lorsque l'assemblée est convoquée par un mandataire ad hoc, le juge peut fixer un délai différent.

JURISPRUDENCE OHADA

I. Convocation à une échéance trop courte

A. Annulation des délibérations

S'il est vrai que l'[AUSCGIE] stipule qu'on peut convoquer à tout moment un conseil d'administration, il n'en demeure pas moins vrai que convoquer une personne, c'est l'amener à se déplacer impérativement et il faut penser au temps qu'elle mettra pour arriver. Une convocation délaissée le 29 mars pour appeler impérativement les sociétés intimées à se rendre le lendemain en Espagne pour y assister à un conseil d'administration fait fi du temps de déplacement qu'il faut aux intimées pour se rendre en Espagne sur un autre continent, et ne présente pas à première vue, l'apparence d'une convocation régulière. S'agissant de la tenue d'un conseil d'administration auquel il faut assister, et dont l'ordre du jour annonce l'approbation de l'agrément d'un nouvel actionnaire, la présence de l'actionnaire majoritaire était quasiment indispensable. Il lui fallait donc du temps pour s'organiser et se faire représenter. Si le refus du report de la date sollicité entraîne un préjudice pour l'actionnaire qui n'a pas été en mesure de se déplacer en raison du délai de convocation trop court, les convocations doivent être à bon droit déclarées irrégulières. L'irrégularité des convocations entraîne ipso facto celle des délibérations. C'est donc par une saine application de la loi que le premier juge a annulé les délibérations et la décision doit être confirmée en toutes ses dispositions (CA Lomé (Togo), n° 089/09, 28-5-2009 : SE2M-TOGO et SE3M-TOGO c/ Sté SDV TOGO, Sté SOCOPAO SA, Sté Participationes Ibero Internacionales, Ohadata J-10-158).

B. Convocation d'une nouvelle assemblée

L'assemblée générale ordinaire convoquée pour le 21 juin 2007 à 11 heures 30 par un avis inséré dans un journal du 14 juin 2007 est irrégulière, car le délai légal de 15 jours fixé par l'article 518, 4° pour la première convocation de ladite assemblée générale ordinaire n'a pas été respecté. C'est donc à juste titre que la cour d'appel saisie a constaté ladite irrégularité et désigné un mandataire judiciaire aux fins de convoquer une assemblée générale extraordinaire au lieu et place de l'assemblée générale ordinaire irrégulière (CCJA, ass. plén., n° 122, 11-11-2014 : Sté de Gestion des Actifs Logistiques (SOGAL) c/ État Centrafricain, Ohadata J-15-212).

C. Dérogation au délai légal de 15 jours

C'est à tort qu'il est reproché à un arrêt d'avoir violé l'article 518 de l'AUSCGIE, qui prévoit un délai de quinze jours entre la réception de la convocation et la date de la tenue effective de l'assemblée générale ordinaire, dès lors que le demandeur a clairement consenti de manière manuscrite à ce que ladite assemblée se tienne nonobstant la non-observation, à un seul jour près, du délai légal de quinze jours, et qu'il est incontesté qu'il a bien participé au conseil d'administration et à l'assemblée qui se sont tenus le même jour, sans émettre une quelconque réserve (CCJA, 2e ch., n° 009/2023, 19-1-2023).

II. Régularité de la convocation à une assemblée générale par courriel

Sur la régularité de la convocation à une assemblée générale par courriel (voir CCJA, 1e ch., n° 098/2021, 27-5-2021 : Lohoues Nome Karine c/ Gunther Robert Meyer).

Art. 519 [mod.] L'avis de convocation indique la dénomination de la société, suivie, le cas échéant, de son sigle, la forme de la société, le montant du capital social, l'adresse du siège social, le numéro d'immatriculation au registre du commerce et du crédit mobilier, les jour, heure et lieu de l'assemblée, ainsi que sa nature ordinaire, extraordinaire ou spéciale et son ordre du jour.

Le cas échéant, l'avis indique où doivent être déposés les actions au porteur ou le certificat de dépôt de ces actions, pour ouvrir droit de participer à l'assemblée, ainsi que la date à laquelle ce dépôt doit être fait.

Les copropriétaires d'actions indivises, les nu-propriétaires et les usufruitiers d'actions sont convoqués suivant les formes ci-dessus mentionnées.

Toute assemblée irrégulièrement convoquée peut être annulée. Toutefois, l'action en nullité, fixée dans les conditions prévues à l'article 246 ci-dessus, n'est pas recevable lorsque tous les actionnaires étaient présents ou représentés.

Jurisprudence OHADA

I. Irrecevabilité de l'action en nullité en cas de présence de tous les actionnaires

L'action en nullité des délibérations d'une assemblée générale irrégulièrement convoquée est irrecevable, dès lors que tous les actionnaires étaient présents ou régulièrement représentés (TPI Abidjan, n° 1245, 21-6-2001 : M. J. c/ Sté Scierie Bandama-Établissements Jacob ; Ecodroit n° 1, juill.-août 2001, p. 49 ; Ohadata J-02-19, obs. J. Issa-Sayegh, mettant les dépens à la charge des demandeurs).

Les articles 246 et 519, alinéa 4 de l'AUSCGIE s'harmonisent, le second se complétant par les conditions du premier. En l'espèce, il est établi que, non seulement les trois actionnaires, dont le requérant, étaient tous présents à l'assemblée générale ordinaire du 24 mai 2019 mais surtout que les décisions prises à cette occasion l'ont été à l'unanimité, sans une quelconque réserve du requérant. En infirmant le jugement initial et en déclarant la demande irrecevable, la cour d'appel n'a en rien violé les articles précités, visés au moyen, qui sera rejeté (CCJA, 2e ch., n° 009/2023, 19-1-2023).

II. Incompétence du juge des référés

Le juge des référés est incompétent pour annuler les délibérations d'une assemblée générale (CA Abidjan, n° 32, 13-1-2004 : T.W c/ K.B et K.A.L, Juris-Ohada, n° 4/2004, oct.-déc. 2004, p. 59, Ohadata J-05-180, retenant en l'espèce que pour aboutir à l'annulation, il devait nécessairement apprécier les statuts, ce qui ne relève pas de sa compétence).

III. Annulation de l'assemblée en cas d'irrégularité de la convocation

Les délibérations d'une assemblée générale d'une société commerciale tenue au mépris des articles 516, 518 et 553 de l'AUSCGIE sont nulles (CA Abidjan n° 1121, 8-8-2003 : Sté Ash International Disposal c/ Z. S., Ohadata J-03-320).

Jurisprudence comparée

France

A. Sanctions du non-respect des règles de convocation

Preuve des irrégularités. C'est à la société qui prétend que les actionnaires ont bien été convoqués d'en apporter la preuve (Cass. com. 10-11-2009 n° 05-15.809 : RJDA 2/10 n° 150).

1° Nullités obligatoires

Le non-respect par les actionnaires des délais de dépôt de leurs résolutions entraîne la nullité de l'assemblée (Cass. com. 15-4-1982 : Bull. civ. IV n° 122 ; CA Basse-Terre 26-11-1973 : Rev. sociétés 1975 p. 290 note M. Guilberteau).

2° Nullités facultatives

A l'exception des règles applicables à l'ordre du jour, la nullité de l'assemblée est facultative pour les juges du fond quand l'irrégularité concerne la violation des autres règles de convocation (Cass. com. 9-7-2001 n° 1421 : RJDA 11/02 n° 1153).

3° Prononcé de la nullité

Les juges ont prononcé la nullité de l'assemblée convoquée :

– sans inscription d'une résolution à l'ordre du jour ; ainsi lorsque le projet de résolutions proposé par un groupe d'actionnaires visant à interrompre le mandat d'un administrateur n'a pas été inscrit à l'ordre du jour et n'a pas été suivi d'un avis rectificatif (les actionnaires ayant reçu uniquement une photocopie de ce projet agrafée à l'ordre du jour ; voir CA Aix 14-9-1990 : BRDA 19/91 p. 11) ;

– par un conseil d'administration ayant violé les règles statutaires de majorité (CA Paris 10-3-2000 : RJDA 5/00 n° 547 som.) ;

– convoquée par un conseil d'administration irrégulièrement composé (Cass. com. 9-7-2002 n° 1421 : RJDA 11/02 n° 1153).

4° Rejet de la nullité

a. Validité de l'ordre du jour fixé dans la deuxième convocation par référence à l'ordre du jour mentionné sur la première convocation

La convocation de la seconde AGE, en visant le même ordre du jour que celui de la première AGE lequel comprenait la dissolution anticipée de la société, comportait bien un ordre du jour et l'actionnaire avait été informé des dates des deux AGE et de leur ordre du jour, si bien qu'il avait eu la possibilité d'assister aux assemblées pour y faire valoir ses arguments en faveur de la continuation de la société ; détenteur seulement de 7 % du capital, il ne disposait pas du pouvoir de s'opposer à la dissolution (CA Paris 12-11-2009 n° 08/22448, ch. 5-9 : BRDA 5/10 inf. 3).

b. Validité de l'ordre du jour pour clarté suffisante de l'indication des projets de résolution

L'actionnaire ne pouvait se méprendre ni sur le contenu ni sur la portée des questions inscrites à l'ordre du jour d'une convocation à une assemblée générale mixte d'une SA libellé de la façon suivante : « première résolution : modification des statuts conformément aux documents ci-annexés en p. 2 ; deuxième résolution : modification du règlement intérieur conformément aux documents ci-après annexés en pages 3-4-5 et 6 » pour les raisons suivantes :

– lors d'une précédente assemblée, il avait approuvé la réorganisation « intragroupe » dont elles n'étaient que la conséquence ;

– le rapport prévoyant l'étude d'une nouvelle organisation avait lui-même été approuvé à l'unanimité lors d'une assemblée antérieure ;

– les modifications des statuts et du règlement intérieur étaient présentées sous forme de comparaison entre la version en vigueur et la version proposée (CA Paris 24-9-2009 n° 09/10508 : RJDA 4/10 n° 370).

B. Action en nullité

L'action en nullité peut être exercée par tout actionnaire même si les voix de celui-ci ne suffisent pas à empêcher l'adoption des résolutions proposées (CA Paris 9-11-1983 : BRDA 1/84 p. 12).

Tout associé peut exercer l'action en nullité pour absence de convocation d'un autre associé (Cass. 3e civ. 21-10-1998 n° 1257 : RJDA 12/98 n° 1371 relatif à une société civile mais transposable à une société commerciale par analogie des textes applicables).

Art. 520 [mod.] L'ordre du jour de l'assemblée est arrêté par l'auteur de la convocation.

Toutefois, lorsque l'assemblée est convoquée par un mandataire ad hoc, l'ordre du jour est fixé par la juridiction compétente qui l'a désigné.

De même, un ou plusieurs actionnaires ont la faculté de requérir l'inscription, à l'ordre du jour de l'assemblée générale, d'un projet de résolutions lorsqu'ils représentent :

1°) 5 % du capital, si le capital de la société est inférieur à un milliard (1.000.000.000) de francs CFA ;

2°) 3 % du capital, si le capital est compris entre un milliard (1.000.000.000) et deux milliards (2.000.000.000) de francs CFA ;

3°) 0,50 % du capital, si celui-ci est supérieur à deux milliards (2.000.000.000) de francs CFA.

4°) La demande est accompagnée :

5°) du projet de résolution auquel il est joint un bref exposé des motifs ;

6°) de la justification de la possession ou de la représentation de la fraction de capital exigée au présent article ;

7°) lorsque le projet de résolution porte sur la présentation d'un candidat au poste d'administrateur ou d'administrateur général, des renseignements requis à l'article 523 ci-après.

Jurisprudence comparée

France

Modification de l'ordre du jour arrêté par l'auteur de la convocation

1° Incompétence du juge des référés

Un juge des référés a refusé de prononcer l'ajournement de certaines résolutions soumises à l'assemblée au motif qu'il n'a pas le pouvoir de modifier un ordre du jour régulièrement fixé par l'auteur de la convocation (T. com. Paris 26-4-1999 : JCP G 1999.II n° 10115 note J.-J. Daigre).

2° Nullité de l'assemblée pour défaut d'inscription d'une résolution à l'ordre du jour

Voir sous l'art. 519.

Art. 521 [mod.] Ces projets de résolution sont adressés au siège social, par lettre au porteur contre récépissé, par lettre recommandée avec demande d'avis de réception ou par télécopie, dix (10) jours au moins avant la tenue de l'assemblée générale pour pouvoir être soumis au vote de l'assemblée.

Les délibérations de l'assemblée générale sont nulles si les projets de résolution envoyés conformément aux dispositions du présent article ne sont pas soumis au vote de l'assemblée.

Art. 522 [mod.] L'assemblée ne peut délibérer sur une question qui n'est pas inscrite à son ordre du jour. Toute délibération prise en violation du présent alinéa est nulle.

Par dérogation à l'alinéa précédent, l'assemblée peut, en toutes circonstances, révoquer un ou plusieurs membres du conseil d'administration ou, le cas échéant, l'administrateur général ou l'administrateur général adjoint et procéder à leur remplacement.

JURISPRUDENCE OHADA

Nullité relative

Caractère non impératif des statuts Lorsque les délibérations d'une assemblée générale extraordinaire ont été faites dans le respect des dispositions de l'article 522 de l'AUSCGIE, que les conditions de convocation des actionnaires et des administrateurs de la société ont été respectées et que les délibérations ont été prises dans le respect des conditions de quorum et de majorité requis, c'est à tort que l'annulation des délibérations est demandée et l'appelant doit être débouté (CA Ouagadougou, ch. civ. et com., n° 39, 18-4-2003 : O. H. B. c/ M. A. D., Ohadata J-09-11).

Pour une décision de cour d'appel qui a annulé la révocation ad nutum d'un dirigeant et ordonné sa réintégration dans ses fonctions pour violation de dispositions statutaires prévoyant que « le conseil d'administration ne délibère que sur les questions inscrites à l'ordre du jour », voir sous l'art. 492.

JURISPRUDENCE COMPARÉE

France

A. Ordre du jour

1° Délibération de l'assemblée sur une question non inscrite à l'ordre du jour

L'assemblée n'a pas délibéré sur une question inscrite à l'ordre du jour :

– dès lors que l'ordre du jour adressé aux actionnaires – dont le concessionnaire intéressé – portait seulement la mention « respect des contrats de concession » et qu'aucune correspondance antérieure de la société ne permettait au concessionnaire de savoir qu'il était concerné par cette question (Cass. com. 7-3-1984 : Rev. sociétés 1984 p. 793 note Y. Guyon) ;

– quand l'ordre du jour fait état de projets de résolution en mentionnant, simplement : « examen d'une convention visée à l'Article 101 de la loi du 24 juillet 1966 », les actionnaires ne sont pas suffisamment informés sur le contenu de la convention relative à l'achat par le président d'actions d'une autre société ; par suite la convention qui aurait dû préciser « acquisition par la société… de X actions détenues par M.. « doit être annulée (CA Aix 15-5-1990 : Dr. sociétés 1991 n° 280) ; « Première résolution : Modification des statuts conformément aux documents ci-annexés en p. 2 » (CA Paris 26-11-2008 n° 08/11939 : RJDA 3/09 n° 224) ; sur la deuxième convocation renvoi à l'ordre du jour inscrit sur la première convocation (CA Paris 12-11-2009 n° 08/22448 : RJDA 5/10 n° 517).

2° Délibération conforme à l'ordre du jour

Les actionnaires réunis en assemblée générale ayant pour ordre du jour la désignation d'administrateurs peuvent valablement modifier le nombre de ceux-ci (Cass. com. 20-2-2007 n° 05-19.465 : RJDA 8-9/07 n° 860).

B. Révocation d'un administrateur

L'abstention de demander l'inscription à l'ordre du jour de la révocation d'un administrateur préparée de longue date peut engager la responsabilité de l'actionnaire majoritaire pour abus de droit (Cass. com. 19-12-1983 : Rev. sociétés 1985 p. 105).

C. Démission soudaine d'un administrateur

Par analogie avec les règles applicables à la révocation en cas de démission soudaine d'un administrateur durant la réunion de l'assemblée, l'assemblée peut procéder à son remplacement même non inscrit à l'ordre du jour (CA Rouen 16-6-1983 : BRDA 21/83 p. 10).

Art. 523 Lorsque l'ordre du jour de l'assemblée générale porte sur la présentation de candidats au poste d'administrateur ou d'administrateur général, selon le cas, il doit être fait mention de leur identité, de leurs références professionnelles et de leurs activités professionnelles au cours des cinq dernières années.

Art. 524 [mod.] L'ordre du jour de l'assemblée ne peut être modifié sur deuxième convocation ou, le cas échéant, pour les assemblées générales extraordinaires, sur troisième convocation. Toute délibération prise en violation du présent article est nulle.

Section II • COMMUNICATION DE DOCUMENTS

Art. 525 [mod.] En ce qui concerne l'assemblée générale ordinaire annuelle, tout actionnaire a le droit, par lui-même ou par le mandataire qu'il a nommément désigné pour le représenter à l'assemblée générale, de prendre connaissance au siège social :

1°) de l'inventaire, des états financiers de synthèse et de la liste des administrateurs lorsqu'un conseil d'administration a été constitué ;

2°) des rapports du commissaire aux comptes et du conseil d'administration ou de l'administrateur général qui sont soumis à l'assemblée ;

3°) le cas échéant, du texte de l'exposé des motifs, des résolutions proposées, ainsi que des renseignements concernant les candidats au conseil d'administration ou au poste d'administrateur général ;

4°) de la liste des actionnaires ;

5°) du montant global certifié par les commissaires aux comptes des rémunérations versées aux dix (10) ou cinq (5) dirigeants sociaux et salariés les mieux rémunérés selon que l'effectif de la société excède ou non deux cents salariés.

Sauf en ce qui concerne l'inventaire, le droit pour l'actionnaire de prendre connaissance emporte celui de prendre copie à ses frais. Le droit de prendre connaissance s'exerce durant les quinze (15) jours qui précèdent la tenue de l'assemblée générale.

En ce qui concerne les assemblées autres que l'assemblée générale ordinaire annuelle, le droit de prendre connaissance porte sur le texte des résolutions proposées, le rapport du conseil d'administration ou de l'administrateur général selon le cas et, le cas échéant, le rapport du commissaire aux comptes ou du liquidateur.

Toute délibération de l'assemblée générale prise en violation du présent article peut être annulée.

Art. 526 [mod.] Tout actionnaire peut, en outre, à toute époque prendre connaissance et copie :

1°) des documents sociaux visés à l'article précédent concernant les trois (3) derniers exercices ;

2°) des procès-verbaux et des feuilles de présence des réunions du conseil d'administration ;

3°) des procès-verbaux et des feuilles de présence des assemblées tenues au cours de ces trois derniers exercices ;

4°) des conventions réglementées conclues par la société ;

5°) de tous autres documents, si les statuts le prévoient.

De même, tout actionnaire peut, deux fois par exercice, poser des questions écrites au président-directeur général, au directeur général ou à l'administrateur général sur tous faits de nature à compromettre la continuité de l'exploitation.

La réponse est communiquée au commissaire aux comptes.

OBSERVATIONS

2° et 3° nouveaux.

JURISPRUDENCE OHADA

Absence d'obligation de donner copie des documents communiqués

Il résulte des articles 526, 527, et 528 de l'AUSCGIE que tout actionnaire d'une société anonyme peut, à toute époque, « prendre connaissance et copies » de certains documents de la société, et qu'en cas de refus par les dirigeants de les communiquer, il est statué sur ce refus à la demande de l'actionnaire par le président de la juridiction compétente statuant à bref délai. Les juges d'appel qui, appréciant souverainement les éléments de preuve qui leur ont été soumis par les parties, ont retenu que tous les documents dont la communication est réclamée par le demandeur lui ont déjà été effectivement communiqués, n'avaient pas à rechercher si les copies conformes desdits documents avaient été effectivement délivrées à l'actionnaire, cette remise n'étant pas imposée par les textes susvisés (CCJA, ass. plén., n° 058, 27-4-2015 : D. c/ B., Sté d'Ingénierie en Energie, dite SINERGIE SA, Ohadata J-16-58).

JURISPRUDENCE COMPARÉE

I. États-Unis

La consultation des informations d'une société nécessite un intérêt légitime de la part de l'actionnaire demandeur

Un actionnaire peut demander à consulter les dossiers de la société dont il est actionnaire. En dehors de la liste des actionnaires qui est librement consultable, l'actionnaire qui demande des informations doit justifier d'un intérêt légitime. Pour être légitime, l'intérêt doit être économique. Par conséquent, le fait de vouloir changer la politique de la société n'est pas un intérêt légitime (State ex Rel. Pillsbury v. Honeywell, Inc., Supreme Court of Minnesota, 191 N.W.2d 406 (1971)).

II. France

Forme de la consultation

L'actionnaire peut aussi se faire accompagner par un huissier chargé de dresser procès-verbal des documents qui lui seront remis (CA Paris 15-11-1978 : BRDA 3/79 p. 9).

Il ne peut pas exiger que la société lui fasse l'envoi de ces documents (T. corr. Paris 16-6-1983 : Gaz. Pal. 1983 p. 431 note J.-P. Marchi).

Art. 527 [mod.] Le droit de communication prévu aux articles 525 et 526 ci-dessus appartient également à chacun des copropriétaires d'actions indivises, au nu-propriétaire et à l'usufruitier d'actions.

JURISPRUDENCE COMPARÉE

France

Lorsque le droit de consultation des copropriétaires n'a pas été respecté, chaque copropriétaire peut agir individuellement en justice (Cass. com. 5-5-1981 : Rev. sociétés 1982 p. 95 note A. Viandier relative à des copropriétaires indivis et transposable en cas d'usufruit).

Art. 528 [mod.] Si la société refuse de communiquer tout ou partie des documents visés aux articles 525 et 526 ci-dessus, la juridiction compétente statue à bref délai sur ce refus, à la demande de l'actionnaire.

La juridiction compétente peut ordonner à la société, sous astreinte, de communiquer les documents à l'actionnaire dans les conditions fixées aux articles 525 et 526 ci-dessus.

JURISPRUDENCE COMPARÉE

France

A. Documents exclus du droit de communication

Ce droit n'autorise pas les actionnaires à recevoir communication de tout document relatif à la gestion. Il ne permet pas notamment à un actionnaire, dans une société de presse, de consulter les factures et bons de livraison d'imprimeur afin de vérifier les exemplaires tirés et publiés par la société (CA Paris 26-3-2003 nº 02/20751 : RJDA 8-9/03 nº 841).

B. Injonction de communication

Cette procédure doit être engagée contre le dirigeant et non contre la société (Cass. com. 1-7-2008 nº 07-20.643 : RJDA 11/08 nº 1137).

Section III • TENUE DE L'ASSEMBLÉE GÉNÉRALE

Art. 529 [mod.] L'assemblée est présidée, selon le cas, par le président directeur général, le président du conseil d'administration ou par l'administrateur général ou en cas d'empêchement de ceux-ci et sauf clause statutaire contraire, par l'actionnaire ayant ou représentant le plus grand nombre d'actions ou, en cas d'égalité, par le doyen en âge.

JURISPRUDENCE OHADA

I. Annulation de l'assemblée irrégulièrement présidée

Les dispositions de l'AUSCGIE étant d'ordre public (article 2), l'assemblée générale présidée par une personne qui n'est ni Président-Directeur Général, Président du Conseil d'administration, Administrateur Général ou Administrateur de la société doit être annulée car cette personne n'avait pas qualité pour la présider (CA Abidjan (Côte d'Ivoire) 3e ch. civ. et com. B, nº 152, 23-2-2007 : T. B. c/ Sté Sotransya, Ohadata J-08-29).

II. Caractère contradictoire de l'assemblée régulièrement convoquée et à laquelle une dirigeante n'a pas participé

Lorsque la directrice générale d'une société, régulièrement convoquée par des courriels précis, à une assemblée générale (qui devait se tenir à Singapour), soutient n'y avoir pas participé pour cause de maladie sans prouver que les certificats médicaux dont elle se prévaut ont été notifiés en temps opportun au conseil d'administration, de manière à justifier son absence, le principe du contradictoire a été respecté et les griefs faits à ce sujet à l'assemblée générale susmentionnée aux fins d'annulation des résolutions qui ont été prises doivent être rejetée comme non fondés (CCJA, 1e ch., nº 098/2021, 27-5-2021 : L. Nome Karine c/ Gunther Robert M.).

JURISPRUDENCE COMPARÉE

France

Ce n'est qu'en l'absence du président du conseil d'administration que l'assemblée générale d'une SA peut être présidée par une autre personne (en ce sens, CA Pau 3-4-2012 nº 11/00429 : BRDA 9/12 inf. 1 ayant annulé une assemblée dont la présidence n'avait pas été assurée par le président du conseil d'administration alors que celui-ci était présent et que rien ne s'opposait à ce qu'il en assure la présidence).

Art. 530 [mod.] Les deux (2) actionnaires représentant le plus grand nombre d'actions par eux-mêmes ou comme mandataires, sont nommés scrutateurs, sous réserve de leur acceptation.

Jurisprudence OHADA

Les dispositions de l'AUSCGIE étant d'ordre public (article 2), l'assemblée générale qui s'est tenue sans scrutateurs en violation des articles 530 de l'AUSCGIE et 35 des statuts de la société concernée doit être annulée (CA Abidjan (Côte d'Ivoire) 3e ch. civ. et com. B, no 152, 23-2-2007, précité, Ohadata J-08-29).

Art. 531 Un secrétaire est nommé par l'assemblée pour établir le procès-verbal des débats. Il peut être choisi en dehors des actionnaires.

Jurisprudence comparée

France

Pouvoirs du bureau

S'il est admis que le bureau puisse exercer un pouvoir général de police de l'assemblée, notamment contrôler l'exercice du droit de vote, vérifier que le quorum est atteint pour chaque résolution, vérifier l'application des règles de majorité et résoudre certaines difficultés qui peuvent survenir en cours de séance, il ne peut, faute de texte, le faire qu'a minima et ne dispose que d'un pouvoir de constatation (T. com. Nanterre 6-5-2008 : BRDA 10/08 inf. 1).

Art. 532 [mod.] A chaque assemblée, il est tenu une feuille de présence indiquant outre le nombre d'actions dont il dispose et le nombre de voix attachées à ces actions :

1°) les nom, prénoms et domicile de chaque actionnaire présent ou représenté ;

2°) les nom, prénoms et domicile de chaque mandataire ;

3°) les nom, prénoms et domicile de chaque actionnaire ayant participé à l'assemblée par visioconférence ou par tout moyen de télécommunication permettant leur identification ;

4°) les nom, prénoms et domicile de chaque actionnaire ayant adressé à la société un formulaire de vote par correspondance.

En l'absence d'une feuille de présence établie conformément aux dispositions du présent article, les délibérations prises dans le cadre de l'assemblée générale peuvent être annulées.

Jurisprudence comparée

France

La transmission de formules à chaque actionnaire individuellement ne suffit pas à remplacer la feuille de présence (Cass. crim. 1-10-1981 : BRDA 22/81 p. 20).

Art. 533 [mod.] La feuille de présence est émargée par les actionnaires présents et par les mandataires, au moment de l'entrée en séance.

Les procurations et les bulletins de vote par correspondance sont annexés à la feuille de présence, à la fin de l'assemblée.

En cas de violation des dispositions du présent article, les délibérations prises dans le cadre de l'assemblée générale peuvent être annulées.

JURISPRUDENCE COMPARÉE

Canada

Dépenses exposées par le président de la société ès qualités de président de l'assemblée générale des actionnaires en vue de s'assurer de la validité des procurations données pour cette assemblée générale annuelle d'actionnaires

En l'espèce, le demandeur en sa qualité de président de la société et président de l'assemblée générale annuelle des actionnaires avait convoqué celle-ci en vue d'élire un nouveau conseil d'administration ; six candidats avaient été proposés par le « camp » du président et cinq par une autre société actionnaire ; cette dernière ayant proposé un 12e candidat inattendu qui n'avait pas été envisagé dans la proposition initiale, le président a alors consulté les avocats de la société qui l'ont informé que les procurations ne pourraient servir qu'à un vote favorable aux candidats de la direction en l'absence d'indication contraire des procurations ; une seconde consultation des avocats, demandée par le président à l'issue de l'assemblée s'étant prononcé en faveur des candidats de la direction, a confirmé le défaut de validité des procurations donnée au profit du 12e candidat n'ayant obtenu aucun vote.

Une action en justice avait alors été engagée contre le président par l'un des actionnaires de la société en raison de l'utilisation des procurations données en faveur des candidats au poste d'administrateur qu'il prétendait faite de mauvaise foi.

Le président a été condamné à régler les dépens (dépenses destinées au règlement des frais d'avocats consultés) par les juges de la Cour suprême de la province de l'Ontario.

Par suite, la question suivante se posait ici : avait-il droit à l'indemnisation de ces dépens par la société aux termes de l'Article 136 de la loi sur les sociétés par actions de l'Ontario (extrait de l'Article 136 infra) ?

Saisie de l'appel formé par la société et son président demandant l'indemnisation des frais d'avocats et de procédure en raison de sa bonne foi, la Cour suprême du Canada a annulé la décision de la cour suprême d'Ontario et accordé au président de la société condamné aux dépens (frais engagés par celui-ci pour assurer sa défense dans le présent litige : voir extrait de l'Article 136 in fine) le droit à indemnisation par la société aux motifs suivants :

– le président du conseil d'administration était tenu d'agir prudemment, de bonne foi et au mieux des intérêts de la société ;

– il résulte de l'interprétation de la loi que la bonne foi du dirigeant n'a pas à être prouvée ;

– aucune raison ne permet d'interdire à une personne « qui détient une faible participation au sein de la société » de présider une assemblée ;

– le président de l'assemblée des actionnaires a pour fonction de superviser les débats, non d'y prendre parti » et les « imbroglios » doivent être résolus devant les tribunaux et non devant le président afin d'éviter ce type de scènes résultant des contestations répétées des décisions du président ;

– les juges ne doivent pas tenter de paralyser à l'avance les présidents d'assemblée dans des questions controversées ;

– le président est tenu de donner effet aux procurations et de s'assurer que les instructions qu'elles renferment sont suivies.

En l'occurrence, les réponses du président aux points soulevés n'étaient pas « incorrectes » compte tenu de la « consultation approfondie par « (celui-ci) de six avocats spécialisés en droit des sociétés indépendants de la société ayant participé à l'assemblée discutée et sans communiquer avec ses membres ; en effet, en suivant les instructions contenues dans les procurations et en demandant la tenue d'une nouvelle assemblée, le président a « donné à tous les actionnaires la possibilité de prendre une décision parfaitement éclairée au sujet de l'élection des administrateurs et a préservé de ce fait l'intégrité des procédures de scrutin de (la société) ».

Par suite, le président a droit à l'indemnisation des frais demandés puisqu'il a pris de bonne foi la décision contestée afin que la société ait un conseil d'administration légalement élu et a agi prudemment avec intégrité et de bonne foi au mieux des intérêts de la société conformément au § 136 de la loi canadienne, notamment en accordant sa confiance aux avocats consultés « manifestement crédibles » et à défaut de preuve de la réalité de sa mauvaise foi « Permettre (au président) d'être indemnisé est conforme aux objectifs de principes généraux qui sous-tendent les dispositions en matière d'indemnisation… ; (cette indemnisation) vise à encourager la conduite responsable ; c'est pour cette raison que l'indemnisation ne devrait être refusée que dans les cas de mauvaise foi… ». Selon les juges canadiens le président est tenu de certaines obligations d'équité sur le plan procédural et « l'organisation détaillée d'une société relève des motifs essentiellement du domaine des contrats privés ».

Texte de l'article 136 (1) LSA : La société peut indemniser ses administrateurs ou dirigeants […] de tous les frais et de toutes les dépenses raisonnables, y compris les sommes versées pour le règlement d'une action ou pour satisfaire à un jugement, qu'ils ont engagé à l'égard d'une action ou d'une instance civile, pénale ou administrative à laquelle ils ont été parties à titre

d'administrateurs ou de dirigeants ou d'anciens administrateurs ou dirigeants de la société ou de la personne morale, si a) : ils ont agi avec intégrité et de bonne foi au mieux des intérêts de la société ;
L'article 4.02 du règlement administratif n° 3 d'Enfield a essentiellement le même effet que l'article 136 (1), bien que sa formulation soit différente [traduction] 4.02 Indemnisation d'administrateurs et de dirigeants. Sous réserve des restrictions prévues dans la [LSA], tout administrateur ou dirigeant de la société [...] devra, à l'occasion, être indemnisé [...] de tous les frais et de toutes les dépenses raisonnables, y compris les sommes versées pour le règlement d'une action ou pour satisfaire à un jugement, qu'il a engagé à l'égard d'une action ou d'une instance civile, pénale ou administrative à laquelle il a été partie à titre d'administrateur ou de dirigeant ou d'ancien administrateur ou dirigeant de la société [...] si a) il a agi avec intégrité et de bonne foi au mieux des intérêts de la société...

Conclusion : Le président de l'assemblée qui est confronté en séance à un doute sur la validité du vote à émettre peut engager les dépenses utiles pour s'informer de la solution adéquate et si c'est le cas et qu'il a agi de bonne foi, il peut obtenir le remboursement des dépenses qu'il a exposées à cette fin, y compris les dépens judiciaires s'il a été poursuivi pour faute dans la tenue de l'assemblée (Cour suprême du Canada, section civile, arrêt n° 23887, 21-3-1985, Blair c/ Consolidated Enfield Corp (source JURICAF).

Art. 534 [mod.] **La feuille de présence est certifiée sincère et véritable, sous leur responsabilité, par les scrutateurs.**

En cas de violation des dispositions du présent article, les délibérations prises dans le cadre de l'assemblée générale sont nulles.

Jurisprudence comparée

France

A. Force probante de la feuille de présence

1° Preuve de l'entrée en séance des actionnaires

La présence permanente des actionnaires durant la séance de l'assemblée générale n'est pas assurée par la feuille de présence qui constate uniquement leur entrée. Dès lors, si certains associés sont partis avant la clôture de la séance et avant le vote, le quorum et la majorité sont calculés déduction faite des actions détenues par les actionnaires sortants (T. com. Lyon 19-1-1904 : Journ. sociétés 1905. 42).

2° Foi jusqu'à preuve contraire

La feuille de présence fait foi jusqu'à preuve contraire (CA Metz 5-1-1977 : Rev. sociétés 1977 p. 488. note P. Bouloc ; CA Paris 26-2-1993 : RJDA 3/94 n° 291).
Il n'en est ainsi que pour les constatations matérielles qu'elle comporte, aucune validité des mandats enregistrés ne pouvant en être déduite, en cas de difficulté dans le décompte des voix, par exemple en raison de la manière dont un pouvoir était rédigé, il est possible de procéder à un nouveau vote sans qu'il y ait lieu pour autant de modifier la feuille de présence (CA Paris 26-2-1993, précité).
La preuve de la participation d'un actionnaire à l'assemblée n'est pas rapportée en présence de documents contradictoires (une feuille de présence mentionnant la signature de l'actionnaire rayée d'une croix en face du nom de celui-ci et un procès-verbal constatant la présence de tous les associés (Cass. com. 12-11-1992 : Bull. Joly 1993 p. 93).

B. Communication de la feuille de présence

Les associés sont tenus de ne pas divulguer aux tiers les informations après communication des documents. Par suite, une « atteinte à l'intimité de la vie privée « ne peut être tolérée en cas de révélation des noms et adresses des autres associés à défaut de consentement de leur part (TGI Paris réf. 11-2-1974 : Gaz. Pal. 1974 I p. 340).

C. Sanctions

La nullité de l'assemblée résulte uniquement de l'absence de tenue de la feuille de présence et non des inexactitudes de celle-ci (Cass. com. 4-12-2001 n° 1992 : RJDA 2/02 n° 163 ; CA Paris 18-11-2003 n° 03/11913 : RJDA 3/04 n° 320).

Art. 535 [mod.] **Le procès-verbal des délibérations de l'assemblée indique la date et le lieu de réunion, la nature de l'assemblée, le mode de convocation, l'ordre du jour, la composition du bureau, le quorum, le texte des résolutions soumises au vote de l'assemblée et le résultat des votes pour chaque résolution, les documents et rapports présentés à l'assemblée et un résumé des débats.**

Il est signé par les membres du bureau et archivé au siège social avec la feuille de présence et ses annexes conformément aux dispositions de l'article 135 ci-dessus.

En cas de participation à l'assemblée par visioconférence ou autre moyen de télécommunication, il est fait mention dans le procès-verbal des incidents techniques éventuellement survenus au cours de l'assemblée et ayant perturbé son déroulement.

JURISPRUDENCE COMPARÉE

France

A. Défaut de signature des procès-verbaux

Le refus de signature du procès-verbal par un membre du bureau n'a aucune conséquence pour la société (CA Paris 13-1-1976 : Bull. Joly 1976 p. 73).

L'annulation de l'assemblée ne peut pas être exigée par un actionnaire désigné comme scrutateur ayant refusé de signer le procès-verbal sous prétexte de l'absence de signature de celui-ci par l'ensemble des membres du bureau (Cass. com. 1-12-1975 : Bull. civ. IV n° 287).

B. Valeur probatoire des procès-verbaux

Les procès-verbaux ont une valeur probatoire jusqu'à preuve contraire (CA Paris 10-3-2000 : RJDA 5/00 n° 544 som. relatif à des procès-verbaux de réunions du conseil d'administration mais transposable). Ont ainsi sanctionné pénalement pour faux (C. pén. art. 441-1) les agissements suivants :

– le fait pour les rédacteurs et signataires d'un procès-verbal d'assemblée d'indiquer dans ce procès-verbal comme ayant eu lieu un vote auquel il n'a pas été procédé (Cass. crim. 21-3-1972 : JCP 1972.II n° 17178) ou d'avoir fait faussement état de la présence de deux associés à cette assemblée (CA Paris 9-11-1994 : Dr. sociétés 1995 n° 40) ou encore de la convocation du commissaire aux comptes et de la lecture des rapports de ce dernier alors, au surplus, que ces rapports n'ont jamais été rédigés (CA Paris 18-6-1980 : Bull. CNCC 1980.439) ;

– l'imitation par le président de la signature d'un administrateur en bas du procès-verbal des délibérations du conseil (Cass. crim. 29-10-1979 : D. 1980.IR.443), cette solution pouvant être étendue aux procès-verbaux d'assemblées ;

– l'établissement du procès-verbal d'une assemblée générale alors que celle-ci n'avait pas été effectivement réunie (Cass. crim. 6-9-2000 : Bull. Joly 2001 p. 41).

Art. 536 Les copies ou extraits des procès-verbaux des assemblées sont valablement certifiés, selon le cas, par le président-directeur général, par le président du conseil d'administration, par l'administrateur général ou par toute autre personne dûment mandatée à cet effet.

En cas de liquidation, ils sont certifiés par un seul liquidateur.

Art. 537 [mod.] Peuvent participer aux assemblées générales :

1°) les actionnaires ou leur représentant dans les conditions définies au présent Acte uniforme ou par les clauses des statuts ;

2°) toute personne habilitée à cet effet par une disposition légale ou par une clause des statuts de la société.

Il en est de même des personnes étrangères à la société lorsqu'elles y ont été autorisées soit par la juridiction compétente, soit par décision du bureau de l'assemblée, soit par l'assemblée elle-même.

JURISPRUDENCE COMPARÉE

I. États-Unis

Perte de la qualité d'actionnaire, sanction du manquement à une convention de vote

Validité des conventions de vote. Les conventions de vote, respectant les conditions de validité des contrats en général, sont valides et irrévocables dans les sociétés fermées. Ces conventions peuvent prévoir qu'en cas d'inexécution l'actionnaire fautif devra vendre ses actions (Ramos v. Estrada, Court of Appeals of California, 10 Cal Rptr. 2d 833 (1992)).

II. France

A. Participation à l'assemblée

1° Actionnaires

a. Actions sans droit de vote

Est considéré comme un actionnaire le titulaire d'actions de préférence dépourvues de droit de vote ; en cette qualité, il peut participer aux assemblées (Cass. com. 4-1-1994 : RJDA 5/94 n° 526 ; Cass. com. 22-2-2005 n° 261 : RJDA 5/05 n° 555).

b. Actions litigieuses

1. Neutralisation du vote du propriétaire apparent

Lorsque la propriété d'un paquet d'actions est incertaine, le droit de vote du détenteur apparent de celles-ci est suspendu jusqu'à l'issue du litige afin d'éviter d'entraîner des situations irrémédiables au cas où la décision finale révélerait le défaut de propriété de ce détenteur (TGI Nancy 27-11-1982 : Rev. sociétés 1984 p. 100 note M. Guilberteau).

2. Mandataire ad hoc

Quand l'issue du litige risque d'intervenir plusieurs années et que le report des assemblées anéantit toute vie sociale, le juge des référés peut nommer un mandataire ad hoc votant aux assemblées avec les actions discutées représentant plus de la moitié des actions (CA Aix-en-Provence 30-5-1980 : Bull. cour d'Aix 1980/2 p. 41).

3. Actions sous séquestre

Principe : absence de droit de vote du séquestre. Dans la majorité des cas, le séquestre est privé du droit de vote (Cass. com. 16-10-1990 : BRDA 3/91 p. 8 ; CA Versailles 9-3-1990 : Bull. Joly 1990 p. 519 ; CA Paris 18-4-1961 : JCP 1962.II n° 12748 ; CA Montpellier 4-10-1990 : Bull. Joly 1992 p. 777 note A. Couret ; CA Paris 18-9-1992 : Dr. sociétés 1993 n° 4).

Droit de vote reconnu au séquestre pour éviter une situation irréversible. Le séquestre bénéficie du droit de vote uniquement afin de sauvegarder la bonne marche de la société ou d'empêcher une situation irrémédiable ; ainsi :

– au sujet d'actions litigieuses conférant la majorité à l'un des groupes opposés, le séquestre s'est vu confier le droit de voter contre toute résolution tendant à révoquer les membres du conseil de surveillance appartenant au groupe détenteur de ces titres afin que « ces titres ne puissent, par action ou par abstention, être utilisés pour créer un dommage quasi irréversible à l'une des parties en présence » (T. com. Paris réf. 30-5-1989 : Rev. jur. com. 1989 p. 369 note D. Schmidt) ;

– à l'occasion d'un différend portant sur un droit de préemption, le juge a chargé le séquestre des actions litigieuses d'exercer le droit de vote attaché à ces titres dans les situations susceptibles de compromettre l'avenir de la société, les intérêts de l'acquéreur et des actionnaires (CA Paris 12-12-1990 : Bull. Joly 1991 p. 595 note M. Jeantin).

Droit de vote du séquestre chargé « d'administrer » les actions. Lorsque la mission du séquestre consiste à détenir les actions, elle s'étend au droit de vote dans les assemblées ordinaires mais non les assemblées extraordinaires (CA Reims 16-11-1982 : Rev. jur. com. 1983 p. 90 note Lévy).

2° Représentants de l'actionnaire

a. Personne morale

Une personne morale, actionnaire d'une société anonyme, est représentée aux assemblées générales de celle-ci soit par son représentant légal, soit par un fondé de pouvoir désigné à cet effet, conformément à la loi ou aux statuts, que ce dernier soit ou non lui-même actionnaire (Cass. crim. 26-5-1994 : RJDA 10/94 n° 1038 ; dans le même sens à propos d'une SARL, CA Lyon 9-11-2006 n° 06/3366 : RJDA 8-9/07 n° 843). La rédaction de l'acte par lequel est donnée cette délégation de pouvoir doit faire l'objet d'une attention particulière : en cas de doute sur la qualification de l'acte, il ne peut pas être reproché au bureau de l'assemblée d'avoir appliqué les règles plus restrictives du mandat de représentation (CA Paris 23-10-2007 n° 06/22551 : RJDA 4/08 n° 413).

b. Société étrangère

Si l'actionnaire est une société étrangère, les pouvoirs de son représentant sont fixés par la loi étrangère à laquelle cette société est soumise (CA Metz 5-1-1977 : Rev. sociétés 1977 p. 488).

B. Droit de vote

1° Droit d'ordre public

Tout associé a le droit de participer aux décisions collectives et de voter ; les statuts ne peuvent déroger à ces dispositions en instituant des suppressions de droit de vote non prévues par la loi (Cass. com. 9-2-1999 : RJDA 5/99 n° 566).

2° Libre exercice du droit de vote

a. Licéité des conventions de vote

Les conventions de vote ne font l'objet d'aucune interdiction par les textes législatifs et réglementaires ; par suite, est valable l'engagement de voter au profit d'une augmentation de capital dès lors que celle-ci portait exclusivement sur l'augmentation de capital respectant l'intérêt social et dépourvue d'intention frauduleuse (CA Paris 30-6-1995 : JCP E 1996 n° 795 note J.-J. Daigre, condamnant même l'auteur de l'engagement à son exécution sous astreinte).

A été aussi reconnu valable la clause d'un pacte conclu entre les fondateurs d'une société anonyme, intitulée « Prise de position lors de l'assemblée générale », prévoyait que ceux-ci s'engageaient à voter, lors de toute assemblée générale, dans le sens déterminé à la majorité lors de réunions préalables ayant pour objet de fixer les choix à opérer dans le cadre du fonctionnement de la société aux motifs que : elle reposait sur un engagement éclairé des signataires du pacte qui avaient connaissance des résolutions soumises à leur vote ; elle respectait les dispositions d'ordre public car elle n'emportait pas cession du droit de vote et ne portait pas atteinte au principe de libre révocabilité des dirigeants sociaux ; elle ne contrariait pas l'intérêt social puisqu'elle était destinée à établir une politique stable et durable ; enfin, elle était licite car elle avait été conclue pour une durée indéterminée et elle pouvait donc être résiliée unilatéralement à tout moment (CA Paris 4-12-2012 n° 11/15313 : BRDA 2/13 inf. 1).

b. Abus du droit de vote

L'abus du droit de vote exige la réunion de deux conditions : la recherche d'un intérêt personnel de l'actionnaire, majoritaire ou minoritaire et le préjudice porté à l'intérêt social (Cass. 3e civ. 18-6-1997 : RJDA 11/97 n° 1360 à propos d'une société civile immobilière mais transposable aux sociétés commerciales).

C. Abus de majorité

1° Existence

L'annulation pour abus de majorité a été ainsi retenue dans les cas suivants :

– transformation d'une SA en société en commandite simple motivée essentiellement dictée par les avantages fiscaux susceptibles de profiter au principal actionnaire de la société (T. com. Paris 29-6-1981 : Gaz. Pal. 1981 p. 687) ;

– attribution de rémunérations excessives pour aux dirigeants de la société (CA Grenoble 6-5-1964 : Gaz. Pal. 1964 II p. 208), en particulier une prime équivalant à plusieurs fois le montant des bénéfices sociaux affectés aux réserves pendant plusieurs exercices sans aucun investissement (Cass. com. 1-7-2003 n° 1077 : RJDA 11/03 n° 1074) ;

– révocation d'un administrateur, animateur essentiel d'une SA de maison de mode, décidée par l'actionnaire majoritaire, récemment révoqué de son mandat de PDG animé uniquement par l'intention d'exercer la direction de fait et de nuire audit administrateur, son conjoint (CA Paris 2-7-2002 n° 01/19901 : RJDA 1/03 n° 35) ;

– prise en charge par une société de l'ensemble du passif de sa filiale décidée au mépris des intérêts de la société et uniquement pour garantir la direction d'un actionnaire, gérant de la filiale, appartenant au groupe majoritaire (Cass. com. 29-5-1972 : Bull. civ. IV n° 164) ;

– location-gérance accordée par une SA à une autre société constituée par les actionnaires majoritaires de la première et visant exclusivement à permettre au groupe majoritaire de la première de transférer l'actif social à la société locataire constituée pour les besoins de la cause (Cass. com. 8-1-1973 : Bull. civ. IV n° 13) ;

– affectation systématique, pendant vingt ans, de l'ensemble des bénéfices à la réserve extraordinaire et refus de distribuer tout dividende, sans placement en investissement de ces sommes affectées au seul crédit des comptes bancaires de la société (Cass. com. 22-4-1976 : D. 1977 p. 4 note J.-C. Bousquet ; voir aussi les exemples cités n° 25115) ;

– interposition, entre une société mère et sa filiale, d'une société en commandite par actions exclusivement composée d'un associé commandité et d'un gérant statutaire lui-même actionnaire majoritaire de la société mère et visant à donner tout pouvoir et toute indépendance au majoritaire tout en limitant les pouvoirs d'intervention du minoritaire, réduisant ainsi la société mère à une coquille vide (Cass. com. 24-1-1995 : RJDA 4/95 n° 439 ; Cass. com. 30-11-2004 n° 1720 : RJDA 3/05 n° 263) ;

– autorisation de cautionnement hypothécaire garantissant un prêt accordé à l'associé majoritaire (Cass. 3e civ. 25-3-1998 : RJDA 6/98 n° 722, à propos d'une société civile immobilière mais transposable aux sociétés commerciales).

2° Absence

L'abus de majorité n'est pas établi en présence :

– d'une décision d'assemblée relative à un apport-fusion bien que l'opération ait abouti à l'exclusion d'un actionnaire (Cass. com. 7-7-1980 : Rev. sociétés 1981 p. 315 et CA Rouen 6-7-2004 n° 02/3307 : RJDA 2/05 n° 146) ;

– d'une assemblée ayant décidé une opération d'émission d'actions nouvelles accordée uniquement à certains salariés de l'entreprise, alors que l'émission effectuée sans prime d'émission a sensiblement dévalorisé la valeur des droits des anciens actionnaires (CA Paris 15-10-1986 : D. 1987 p. 136 note Honorat) ;

– d'une mise en location-gérance du fonds de commerce de quatre sociétés bénéficiant à une autre société du groupe qui constituait une opération courante dans la branche concernée et respectait l'intérêt social (CA Paris 26-5-1987 : Bull. Joly 1987 p. 790) ;

– d'une cession à un tiers d'un contrat de distribution incluant les stocks et la reprise d'une partie des salariés dès lors que le demandeur, membre du conseil d'administration, n'avait pas contesté le projet (mais seulement durant l'assemblée) ni avancé une autre issue, la cession envisagée visant à éviter à la société de déposer le bilan (Cass. com. 26-4-1994 : RJDA 8-9/94 n° 940) ;

– d'un transfert de l'activité de la société dans de nouveaux bâtiments construits en crédit-bail par le groupe majoritaire et loués par ce dernier à la société, sans incidence financièrement préjudiciable

de l'opération (voir Cass. com. 4-10-1994 : RJDA 12/94 nº 1296) ;
– d'une autorisation de cession de l'ensemble des actifs sociaux (droits au bail, matériel informatique, meubles de bureau) à des tiers qui était nécessaire au vu de la situation financière compromise de la société (Cass. com. 28-4-2004 nº 695 : RJDA 8-9/04 nº 982) ;
– de l'affectation des bénéfices aux réserves pendant plusieurs années et sans accroissement anormal des rémunérations versées aux majoritaires et permettant à la société d'effectuer des investissements conséquents (Cass. com. 3-6-2003 nº 912 : RJDA 11/03 nº 1074), ou de rétablir sa trésorerie (CA Versailles 29-4-2004 nº 02/803 : RJDA 12/04 nº 1328) ;
– d'une forte augmentation de la rémunération du président-directeur général parallèlement à une mise en réserve systématique des bénéfices, dès lors que ces réserves répondaient à une politique de prudence et qu'il n'était pas établi que la rémunération litigieuse était en soi contraire à l'intérêt social ou prise dans le seul intérêt des majoritaires, voir Cass. com. 17-3-2009 nº 08-11.268 : RJDA 12/09 nº 1087.

D. Abus de minorité

1º Conditions

L'abus de minorité est caractérisé par la réunion de des éléments essentiels de l'abus l'(atteinte à l'intérêt général de la société et poursuite d'un intérêt personnel préjudiciable aux autres associés) et par la poursuite d'un intérêt égoïste des minoritaires faisant obstacle à la réalisation d'une opération vitale pour la société (Cass. com. 15-7-1992 : RJDA 8-9/92 nº 826 ; Cass. com. 5-5-1998 : RJDA 7/98 nº 862).

L'abus de minorité ne saurait résulter des seuls motifs personnels d'un associé opposé au vote d'une délibération (CA Paris 23-11-2001 nº 01/3506 : RJDA 7/02 nº 768) ; tel est le cas de l'opposition à un coup d'accordéon uniquement motivée par le coût de l'opération jugée inadaptée pour résoudre les difficultés récurrentes de la société et pour assainir sa gestion et la réticence de l'associé au maintien artificiel de la société (CA Montpellier 18-6-2002 nº 01/2547 : RJDA 8-9/04 nº 981).

2º Existence

L'abus de minorité est établi lorsque :
– des associés minoritaires refusent à trois reprises et à des fins égoïstes de consentir à une augmentation de capital qu'ils savaient indispensable au maintien de la société, (CA Lyon 20-12-1984 : D. 1986 p. 506 note Y. Reinhard, condamnés à supporter 30 % du préjudice subi par le président fondateur de la société contrainte de disparaître) ;
– l'associé d'une SARL conteste une augmentation de capital indispensable au rétablissement du montant du capital au minimum légal à peine de dissolution de la société (Cass. com. 9-3-1993 : RJDA 4/93 nº 323) ;
– l'actionnaire minoritaire s'oppose au vote d'une augmentation de capital vitale pour la survie de la société, voulant uniquement entraver le fonctionnement de celle-ci et pour des motifs personnels afin de mettre un terme à la société pour se venger de son éviction du conseil d'administration et pour favoriser ses intérêts dans une société concurrente (Cass. com. 5-5-1998 : RJDA 7/98 nº 862) ou sans avancer d'autres propositions tout en se bornant à évoquer des raisons contradictoires et non pertinentes (CA Paris 6-7-2005 nº 05/13969 : RJDA 7/06 nº 782) ;
– l'associé égalitaire fait systématiquement obstacle à la mise en réserve des bénéfices la société exigeant pourtant un important autofinancement et sollicitant la distribution des dividendes susceptible d'ôter tout crédit à la société auprès des banques à une époque où elle devait emprunter pour rénover son site industriel (Cass. com. 16-6-1998 nº 1275 : RJDA 10/98 nº 1114) ; le minoritaire s'étant opposé au vote du transfert du siège social jusqu'alors située à l'adresse d'une société de domiciliation, dans l'un des établissements sociaux regroupant la comptabilité, la gestion administrative et la direction de celle-ci et sans prouver que ce transfert, certes respectueux de l'intérêt social, était préjudiciable à ses intérêts légitimes (CA Rouen 13-6-2000 : RJDA 1/01 nº 34) ;
– l'actionnaire minoritaire d'une SA de casino s'oppose au vote d'une augmentation de capital indispensable pour renouveler la concession d'exploitation du casino par les pouvoirs publics dans le but d'acculer les majoritaires à prendre seuls en charge les risques de l'opération dont le demandeur aurait profité en cas de succès et de ne pas contrarier son projet d'ouvrir lui-même un nouveau casino (Cass. com. 18-6-2002 nº 1180 : RJDA 3/03 nº 262 condamnant le minoritaire à indemniser la société pour la perte de la concession qu'elle avait dû résilier) ;
– le refus de voter le transfert du siège social qui, en réalité, avait déjà eu lieu, dès lors que ce refus n'était motivé que par des demandes d'explications sur les conditions de la résiliation du bail des locaux de l'ancien siège, explications qui avaient déjà été fournies, et qu'il rendait le siège social fictif puisque fixé en un lieu où ne se déroulait plus la vie de la société, ce qui était de nature à mettre celle-ci dans une situation de péril imminent (CA Saint-Denis 19-9-2008 nº 07/2027 : RJDA 7/09 nº 646).

3º Absence

Ne commet pas un abus de minorité :
– le minoritaire qui refuse de voter une augmentation de capital aboutissant à tripler celui-ci dès lors « qu'il n'est pas contesté qu'une augmentation considérablement plus réduite aurait suffi à rétablir

un rapport correct entre les capitaux propres et l'endettement à moyen et à long terme », qu'en outre, le conseil d'administration, en proposant une opération d'une ampleur exceptionnelle, aurait dû fournir aux actionnaires une information sur les buts et les méthodes de réalisation de celle-ci plus complète que celle qui leur a été donnée et qu'enfin, « si l'augmentation du capital refusée constituait plus qu'une simple opportunité, la survie de la société ne dépendait cependant nullement de sa réalisation » (CA Paris 26-6-1990 : JCP 1990.II n° 21589 note M. Germain) ;

– l'actionnaire qui refuse de voter une augmentation de capital faisant suite à une réduction de capital pour cause de pertes dès lors que cette augmentation n'était pas indispensable à la survie de la société ; la trésorerie de celle-ci pouvait en effet être rétablie au moyen d'apports en compte courant et il n'était pas certain que l'opération eût permis de reconstituer durablement les fonds propres (CA Paris 24-1-1997 : RJDA 4/97 n° 517 som.) ;

– le minoritaire qui n'a pas participé à une assemblée générale extraordinaire devant statuer sur la transformation de la société en SAS, décision qui requiert l'accord unanime des actionnaires, dès lors que, notamment, le libre choix d'un actionnaire très minoritaire de ne pas participer à une assemblée générale extraordinaire ne peut pas être qualifié de fautif, que l'affirmation d'un intérêt social à la transformation de la société en SAS (en l'espèce un souci de simplification et de flexibilité pour la gestion juridique) ne peut pas être constitutive d'un abus de minorité de la part d'un actionnaire qui ne se prononce pas, que si la société soutient qu'il appartenait au minoritaire d'assumer son devoir d'actionnaire en se présentant ou en votant par correspondance à l'assemblée, elle ne précise pas quelle aurait été la conséquence d'un vote négatif de l'intéressé à cette assemblée et qu'enfin le minoritaire avait sans tarder exprimé son désaccord sur les résolutions adoptées lors de cette assemblée (CA Versailles 24-2-2005 n° 03/7294 : RJDA 6/05 n° 719) ;

– le minoritaire qui refuse d'approuver une augmentation de capital destinée à régulariser la situation d'une société dont les capitaux propres étaient devenus inférieurs à la moitié du capital social, dès lors qu'il n'avait pas été en mesure de se prononcer en connaissance de cause, le rapport du conseil d'administration à l'assemblée ne comportant pas de budget prévisionnel ni d'informations claires sur les mesures de redressement et de restructuration envisagées (Cass. com. 27-5-1997 : RJDA 8-9/97 n° 1046) ; dans la même situation, le fait que le minoritaire n'ait proposé aucune alternative à l'augmentation de capital n'est pas suffisant pour caractériser l'abus (Cass. com. 20-3-2007 n° 05-19.225 : RJDA 6/07 n° 617).

4° Sanction de l'abus de minorité

Même si le fonctionnement de la société est paralysé par l'abus de minorité, le juge ne peut pas y remédier en fixant le sens du vote du mandataire qu'il a désigné (Cass. com. 4-2-2014 n° 12-29.348 : BRDA 5/14 inf. 3).

E. Action en nullité pour abus du droit de vote

La nullité peut être demandée même par des actionnaires qui ont voté en faveur de l'adoption de la résolution litigieuse (Cass. 3e civ. 19-7-2000 n° 98-17.258 : RJDA 12/00 n° 1122 ; Cass. com. 13-11-2003 n° 00-20.646 : RJDA 5/04 n° 560).

L'action en nullité peut être intentée au nom de la société par son président (Cass. com. 21-1-1997 : RJDA 4/97 n° 525, à propos d'une SARL mais transposable).

Les associés ont la possibilité de demander en référé des mesures d'urgence en cas de carence de la société à prendre les mesures qu'implique la nullité (CA Paris 20-3-2002 n° 01/22215 : RJDA 7/02 n° 769).

Les minoritaires peuvent aussi obtenir des dommages-intérêts mais, pour cela, ils doivent assigner non pas la société, mais les majoritaires car seuls ces derniers ont commis la faute qui ouvre droit à réparation (Cass. com. 6-6-1990 : Bull. civ. IV n° 171).

Un associé ayant émis un vote favorable à une résolution n'est pas dépourvu d'intérêt à demander ultérieurement réparation du préjudice qu'elle lui cause (CA Lyon 14-5-2009 n° 08/4126 : RJDA 5/10 n° 518).

L'action en responsabilité formée contre un établissement public, actionnaire majoritaire, relève de la compétence des tribunaux judiciaires (T. confl. 3-7-2000 n° 3206 : RJDA 2/01 n° 178).

Section IV • REPRÉSENTATION DES ACTIONNAIRES ET DROIT DE VOTE

Art. 538 [mod.] Tout actionnaire peut se faire représenter par un mandataire de son choix.

Tout actionnaire peut recevoir les pouvoirs émis par d'autres actionnaires en vue d'être représentés à une assemblée, sans autre limite que celles résultant des dispositions légales ou clauses statutaires fixant le nombre de voix dont peut disposer une même personne, tant en son nom personnel que comme mandataire.

La procuration doit comporter :

1°) les nom, prénoms et le domicile ainsi que le nombre d'actions et de droit de vote du mandant ;

2°) l'indication de la nature de l'assemblée pour laquelle la procuration est donnée ;

3°) la signature du mandant précédée de la mention « Bon pour pouvoir » et la date du mandat.

Le mandat est donné pour une assemblée. Il peut cependant être donné pour deux (2) assemblées, l'une ordinaire, l'autre extraordinaire tenues le même jour ou dans un délai de sept (7) jours.

Le mandat donné pour une assemblée vaut pour les assemblées successives convoquées avec le même ordre du jour.

Observations

Suppression de l'alinéa ancien réputant non écrites les clauses contraires aux dispositions ci-dessus lesquelles sont réputées telles en vertu de l'art. 2 à défaut d'autorisation expresse de telles clauses par le présent Acte uniforme.

Jurisprudence OHADA

Absence de sanction pour les formalités prévues à l'article 538

Les mentions prévues aux articles 538 al. 1, 3 et 550 de l'AUSCGIE relatifs d'une part au contenu de la procuration et d'autre part à la majorité des voix exprimées au cours d'un vote ne sont assorties d'aucune sanction. C'est donc par une saine application de la loi qu'une cour d'appel, en appliquant le principe « pas de nullité sans texte », a retenu que « l'article 538 [de l'AUSCGIE] n'a nulle part assorti de nullité les omissions aux mentions que doit comporter une procuration pour toute personne devant représenter un actionnaire à une assemblée générale ordinaire de la société… », et précisé « que mieux, l'article 618 de l'AUSCGIE en a limitativement énuméré les dispositions dont la violation entraine la nullité, sans y inclure les articles 538, 550 et 540 de l'Acte uniforme » (CCJA, 1e ch., n° 184/2019, 20-6-2019 : Sani Sabo Gado et Hadi Ali Maazou c/ Fatchima Daddy Gaoh).

Jurisprudence comparée

France

A. Désignation de deux mandataires

Un actionnaire peut se faire représenter par deux mandataires à une assemblée générale (Cass. com. 19-9-2006 n° 05-13.264 : RTD com. 2007 p. 177 obs. P. Le Cannu).

B. Portée du mandat général de représentation

Le mandat général de gestion de ses biens donné par une personne à un tiers ne permet à ce dernier ni de représenter cette personne aux assemblées générales d'actionnaires, ni même de donner mandat en son nom à un autre actionnaire (Cass. com. 29-11-1994 : RJDA 4/95 n° 450).

Un mandat général et à durée indéterminée qui, au surplus, vise la représentation dans plusieurs sociétés n'est pas valable (CA Paris 12-12-2006 n° 05/24397 : RJDA 5/07 n° 508).

C. Exercice du mandat

Sauf instruction contraire de l'actionnaire qu'il représente, le mandataire peut voter sur la révocation des dirigeants et sur leur remplacement même si la question n'est pas inscrite à l'ordre du jour (Cass. com. 1-7-2008 n° 06-19.020 : RJDA 10/08 n° 1040).

D. Mandataire ad hoc judiciaire

Le mandataire désigné en justice à la demande de l'actionnaire minoritaire qui avait refusé de voter en faveur d'un projet de collaboration entre la société et son actionnaire majoritaire a été reconnu en droit d'obtenir de ce mandataire, avait voté en faveur du projet, qu'il lui communique tous les documents échangés entre lui-même et la société ; le mandataire ne pouvait pas lui opposer le secret professionnel car il était tenu de lui rendre compte (CA Aix-en-Provence 11-4-2013 n° 12/06813 : BRDA 11/13 inf. 5).

Obs. : sur l'impossibilité de déduire la validité des mandats des constatations de la feuille de présence, voir sous l'art. 534.

Art. 539 Les administrateurs non actionnaires peuvent participer à toutes les assemblées d'actionnaires avec voix consultative.

Jurisprudence comparée

France

Présence d'un huissier à l'assemblée

1° Autorisation de justice nécessaire

La présence d'un huissier ne peut être imposée à l'assemblée que si cet officier ministériel a été commis par décision de justice (CA Colmar 30-7-1975 : D. 1976 p. 47 note J.-J. Burst et, sur pourvoi, Cass. com. 15-2-1977 : D. 1978 p. 31).

2° Autorisation accordée

La demande de nomination d'un huissier, chargé de dresser un procès-verbal des débats avec l'aide d'une sténotypiste, a été acceptée :

– lorsque, sous couvert d'un ordre du jour « banal », l'assemblée était appelée à ratifier des opérations telles que la vente de l'une des deux usines de la société, une prise de participation majoritaire dans une société ayant de graves difficultés financières et le cautionnement des dettes de cette société (CA Paris 28-4-1978 : Rev. sociétés 1978 p. 750) ;

– lorsqu'il existait des dissensions aiguës entre le groupe majoritaire et les minoritaires laissant redouter que non seulement les intérêts de ceux-ci mais encore ceux de la société soient gravement lésés (Cass. com. 22-3-1988 : Bull. civ. IV n° 123).

3° Autorisation refusée

La présence d'un huissier a été refusée dans le cas où :

– il s'agissait d'une assemblée ordinaire et d'une assemblée extraordinaire réunies pour statuer respectivement sur une approbation de comptes et sur une augmentation de capital, l'accord ou le désaccord des actionnaires sur ces questions pouvant s'exprimer par leur vote sans qu'il soit nécessaire de mettre en place « un appareil non seulement gênant mais humiliant » (CA Colmar 30-7-1975 : D. 1976 p. 47 note J.-J. Burst) ;

– une assemblée ordinaire annuelle était appelée à statuer sur des questions normalement posées à des actionnaires (approbation des comptes, affectation des résultats, etc.) et ne présentant pas un caractère suffisant de gravité pour justifier la mesure sollicitée (CA Paris 15-11-1978 : Rev. sociétés 1979 p. 338 note J. G.).

4° Compétence pour statuer sur la demande

La demande de désignation d'un huissier chargé d'assister à l'assemblée doit être présentée au président du tribunal du lieu où cette assemblée doit être réunie ou, en cas de litige au fond existant entre l'actionnaire et la société, devant le président de la juridiction saisie au fond (Cass. 2e civ. 18-11-1992 : RJDA 1/93 n° 41).

Art. 540 [mod.] Le droit de vote attaché à l'action nantie appartient au propriétaire.

Observations

Suppression de la disposition visant le dépôt par le créancier gagiste des actions au porteur nanties.

Art. 541 [mod.] Le droit de participer aux assemblées est subordonné à l'inscription des actions au nom de l'actionnaire, au jour de l'assemblée générale dans les registres de titres nominatifs tenus par la société.

Toutefois, il peut être prévu par les statuts que ce droit est subordonné à une inscription dans les registres de titres nominatifs au troisième jour ouvré précédant l'assemblée à zéro heure, heure locale.

OBSERVATIONS

Al. 1 : suppression de dépôt des titres au porteur

Al. 2 : disposition nouvelle acceptant une inscription au troisième jour précédant l'assemblée au lieu et place de la disposition ancienne exigeant une inscription au plus tard cinq jours avant la tenue de l'assemblée.

Art. 542 [mod.] Les actions rachetées par la société conformément aux dispositions des articles 639 et suivants ci-après sont dépourvues de droit de vote. Il ne peut en être tenu compte pour le calcul du quorum.

Art. 543 [mod.] Le droit de vote attaché aux actions de capital ou de jouissance est proportionnel à la quotité du capital qu'elles représentent et chaque action donne droit à une voix au moins.

Toutefois, les statuts peuvent limiter le nombre de voix dont chaque actionnaire dispose dans les assemblées, à condition que cette limitation soit imposée à toutes les actions.

OBSERVATIONS

Al. 1 : ajout de la pécision « au moins ».

Al. 2 : suppression de « sans distinction de catégorie ».

Art. 544 [mod.] Un droit de vote double de celui conféré aux autres actions, eu égard à la quotité du capital social qu'elles représentent, peut être attribué, par les statuts ou par une assemblée générale extraordinaire ultérieure, à toutes les actions entièrement libérées pour lesquelles il est justifié d'une inscription nominative depuis deux (2) ans au moins, au nom d'un actionnaire.

En outre, en cas d'augmentation de capital par incorporation de réserves, bénéfices ou de primes d'apports, d'émission ou de fusion, le droit de vote double peut être conféré, dès leur émission, aux actions nominatives attribuées gratuitement à un actionnaire à raison d'actions anciennes pour lesquelles il bénéficie de ce droit.

Art. 545 [mod.] Toute action nominative convertie en action au porteur ou transférée en propriété perd le droit de vote double qui peut lui être attaché.

Toutefois, le transfert par suite de succession, de liquidation de communauté de biens entre époux ou de donation entre vifs au profit d'un conjoint ou d'un parent au degré successible, ne fait pas perdre le droit acquis.

La fusion de la société est sans effet sur le droit de vote double qui peut être exercé au sein de la société absorbante si les statuts de celle-ci le prévoient.

• Chapitre II •

ASSEMBLÉE GÉNÉRALE ORDINAIRE

Section I • ATTRIBUTIONS

Art. 546 [mod.] L'assemblée générale ordinaire prend toutes les décisions autres que celles qui sont expressément réservées par l'article 551 ci-après, aux assemblées générales extraordinaires, et par l'article 555 ci-après aux assemblées spéciales.

L'assemblée générale prend connaissance des différents rapports et projets de résolutions et, le cas échéant, le président du conseil d'administration rend compte des travaux du conseil d'administration.

Elle est notamment compétente pour :

1°) statuer sur les états financiers de synthèse de l'exercice ;

2°) décider de l'affectation du résultat ; à peine de nullité de toute délibération contraire, il est constitué sur le bénéfice de l'exercice diminué, le cas échéant, des pertes antérieures, une dotation égale à un dixième au moins affectée à la réserve légale. Cette dotation cesse d'être obligatoire lorsque la réserve atteint le cinquième du montant du capital social ;

3°) nommer les membres du conseil d'administration ou l'administrateur général et, le cas échéant, l'administrateur général adjoint, ainsi que le commissaire aux comptes ;

4°) statuer sur le rapport du commissaire aux comptes prévu par les dispositions de l'article 440 ci-dessus et approuver ou refuser d'approuver les conventions conclues entre les dirigeants sociaux ou un actionnaire détenant une participation supérieure à dix pour cent (10 %) du capital de la société et la société ;

5°) émettre des obligations ;

6°) approuver le rapport du commissaire aux comptes prévu par les dispositions de l'article 547 ci-après.

OBSERVATIONS

Al. 2 : présentation à l'assemblée générale des rapports et projets de résolutions ainsi que du compte rendu des travaux du conseil d'administration. L'insertion de « cas échéant » est à notre avis une simple répétition qui n'apporte rien de spécifique car le président devrait en principe toujours rendre compte des travaux du CA.

Al. 4 : obligation faite à l'assemblée de se prononcer sur le rapport du commissaire aux comptes relatif aux conventions réglementées.

JURISPRUDENCE COMPARÉE

France

Obligation des actionnaires d'approuver ou de rejeter les comptes

Les actionnaires ne peuvent pas obtenir du juge des référés qu'il impose aux dirigeants sociaux une modification des comptes (T. com. Paris réf. 29-6-1977 : Rev. jur. com. 1978 p. 358 note Y. Chartier).

Art. 547 [mod.] Lorsque la société, dans les deux (2) ans suivant son immatriculation, acquiert un bien appartenant à un actionnaire et dont la valeur est au moins égale à cinq millions (5.000.000) de francs CFA, le commissaire aux comptes, à la demande du président directeur général, du président du conseil d'administration ou de l'administrateur général, selon le cas, établit sous sa responsabilité un rapport sur la valeur de ce bien. Ce rapport est soumis à l'approbation de la plus proche assemblée générale ordinaire.

Ce rapport décrit le bien acquis, indique les critères retenus pour la fixation du prix et apprécie la pertinence de ces critères.

Le commissaire aux comptes doit établir et déposer au siège social ledit rapport quinze (15) jours au moins avant la réunion de l'assemblée générale ordinaire.

Toute délibération prise à défaut du rapport du commissaire aux comptes est nulle. La délibération peut être annulée lorsque le rapport ne contient pas toutes les indications prévues au présent article.

L'assemblée générale statue sur l'évaluation du bien à peine de nullité de la vente. Le vendeur ne prend pas part au vote, ni pour lui-même, ni comme mandataire, de la résolution relative à la vente, et ses actions ne sont pas prises en compte pour le calcul du quorum et de la majorité. Toute délibération prise en violation du présent alinéa est nulle.

JURISPRUDENCE COMPARÉE

France

Nullité de la vente

Défaut de nomination du commissaire aux comptes. Est recevable l'action en nullité de l'assemblée engagée, sur le fondement des vices du consentement, par la société acquéreur pour défaut de nomination du commissaire (CA Paris 6-12-2000 nº 98/24326 : Bull. Joly 2001 p. 417 action rejetée en l'espèce car prescrite).

Art. 547-1 [nouv.] Le rapport présenté par le conseil d'administration ou l'administrateur général, selon le cas, à l'assemblée générale rend compte annuellement de l'état de la participation des salariés au capital social au dernier jour de l'exercice.

Section II • RÉUNION, QUORUM ET MAJORITÉ

Art. 548 [mod.] L'assemblée générale ordinaire est réunie au moins une (1) fois par an, dans les six (6) mois de la clôture de l'exercice, sous réserve de la prorogation de ce délai par décision de justice.

Si l'assemblée générale ordinaire n'a pas été réunie dans ce délai, le ministère public ou tout actionnaire peut saisir la juridiction compétente statuant à bref délai afin d'enjoindre, le cas échéant sous astreinte, aux dirigeants de convoquer cette assemblée ou de désigner un mandataire pour y procéder.

OBSERVATIONS

Al. 2 nouveau : droit d'obtenir en justice la convocation de l'assemblée aux lieu et place des anciennes dispositions relatives au nombre minimum d'actions requis pour participer à l'assemblée.

JURISPRUDENCE OHADA

Prorogation du délai pour organiser l'assemblée générale

En tenant compte de contraintes liées aux relations d'une société avec ses partenaires extérieurs, des juges du fond ont accordé une prorogation de trois mois à cette société pour organiser son assemblée générale (TR Niamey, nº 465, 15-11-2000 : SNAR LEYMA, Ohadata J-09-117).

Obs. : en l'absence de précision du texte sur la durée de la prorogation, il appartenait aux juges du fond d'en fixer souverainement la durée, ce qui a été fait dans le cas d'espèce.

JURISPRUDENCE COMPARÉE

France

A. Obligation de réunir l'assemblée

Le fait qu'une société n'a eu aucune activité au cours d'un exercice ne dispense pas le dirigeant de réunir l'assemblée générale (CA Paris 19-2-2007 nº 06/9065 : RJDA 12/07 nº 1250 à propos d'un membre du directoire mais transposable à toute personne chargée de la direction de la société comme c'est le cas du directoire d'une société).

B. Report de l'assemblée

Le report de l'assemblée doit notamment être demandé s'il survient un événement susceptible de fausser les comptes déjà arrêtés et si leur retraitement nécessite un délai (Cass. crim. 17-10-2007 nº 07-81.033 : RJDA 3/08 nº 294).

C. Délai de six mois

1º Prorogation du délai

La demande de prorogation du délai doit être effectuée avant l'expiration du délai de six mois (Cass. crim. 4-7-1995 : RJDA 11/95 nº 1247, arrêt rendu à propos d'une SARL mais transposable par identité des textes applicables).

La requête peut être formulée même postérieurement à la convocation de l'assemblée (CA Paris 2-8-2001 nº 01/1268 : RJDA 6/02 nº 647).

Dans le silence des textes sur la durée de la prorogation, le juge peut, si nécessaire, octroyer un délai excédant six mois afin de permettre à l'assemblée de se prononcer sur les comptes sociaux plus de douze mois après la clôture de l'exercice (CA Paris 14-11-1989 : Bull. Joly 1990 p. 82).

2º Défaut de réunion de l'assemblée dans le délai prescrit

À défaut de sanction civile expresse, est valable l'assemblée tenue après expiration du délai de six mois (CA Paris 10-5-1984 : BRDA 12/84 p. 15 arrêt rendu à propos d'une SARL mais transposable).

Art. 549 **L'assemblée générale ordinaire ne délibère valablement, sur première convocation, que si les actionnaires présents ou représentés possèdent au moins le quart des actions ayant le droit de vote.**

Sur deuxième convocation, aucun quorum n'est requis.

Jurisprudence comparée

Bulgarie

Décision non valable à défaut de la majorité requise en dépit du quorum requis

Aux termes du Code de commerce, les délibérations des assemblées générales sont adoptées aux conditions suivantes :

– l'article 227, al. 3 dispose que le quorum est la condition essentielle pour la régularité de l'assemblée à la différence de la majorité exigée par l'article 230 du même Code pour la prise de décisions ;

– l'article 227, al. 1er accorde aux actionnaires la liberté de régler dans les statuts sociaux l'exigence de quorum pour la légalité de l'assemblée générale ; l'alinéa 2 fixe uniquement le quorum minimum pour la réalisation de l'assemblée générale statuant sur certaines décisions ; et l'article 227, al. 3 prévoit un « quorum descendant » pour le cas où l'assemblée générale n'aurait pu se tenir sur la première convocation faute de réunion du quorum minimal et autorise que la seconde assemblée se réunisse valablement à une date ultérieure quel que soit le capital représenté.

Le quorum fixé à 4/5e des voix par les statuts pour la tenue de la première assemblée générale n'ayant pas été atteint, la seconde assemblée réunie a été tenue pour légale au regard du quorum puisque l'exigence d'un quorum n'était plus prescrite mais non valable puisqu'elle s'est révélée incapable de prendre des décisions à la majorité requise par la loi et les statuts sociaux. En effet, le fait que le quorum et la majorité prévus par les statuts soient équivalents et exigent la même norme de présence et de majorité a été considéré comme n'impliquant pas la suppression de la condition de majorité requise car les deux notions sont distinctes : le quorum fixe le nombre de présents minimum tandis que la majorité fixe le nombre de voix qu'une résolution doit réunir pour être adoptée (Cour suprême bulgare, 1e ch. com., nº 117, 11-3-2005, site JURICAF).

Art. 550 [mod.] **L'assemblée générale ordinaire statue à la majorité des voix exprimées. Il n'est pas tenu compte des bulletins ou votes blancs.**

Observations

Suppression de la mention, il est vrai, inutile « Dans les cas où il est procédé à un scrutin ».

• Chapitre III •
ASSEMBLÉE GÉNÉRALE EXTRAORDINAIRE

Section I • ATTRIBUTIONS

Art. 551 [mod.] L'assemblée générale extraordinaire est seule habilitée à modifier les statuts dans toutes leurs dispositions.

L'assemblée générale extraordinaire est également compétente pour :

1°) autoriser les fusions, scissions, transformations et apports partiels d'actif ;

2°) transférer le siège social en toute autre ville de l'État partie où il est situé, ou sur le territoire d'un autre État ;

3°) dissoudre par anticipation la société ou en proroger la durée.

Toutefois, l'assemblée générale extraordinaire ne peut augmenter les engagements des actionnaires au-delà de leurs apports qu'avec l'accord de chaque actionnaire.

Observations

Suppression de l'ancien al. 2 réputant nulle toute clause contraire.

Jurisprudence comparée

France

A. Augmentation des engagements des actionnaires

1° Définition

« Les engagements des actionnaires ne sont augmentés que si les dispositions prises par l'assemblée générale entraînent une aggravation de la dette contractée par eux envers la société ou envers les tiers » (Cass. civ. 9-2-1937 : DP 1937 I p. 73 note Besson).

Toutefois a été tenue pour une augmentation des engagements une obligation « de ne pas faire », telle que celle résultant de la clause de non-concurrence en cas de retrait de la société « par l'atteinte qu'elle porte à la liberté du travail et du commerce ; elle ne peut donc être insérée dans les statuts qu'à l'unanimité des actionnaires (Cass. com. 26-3-1996 : RJDA 8-9/96 n° 1066 ; CA Lyon 20-11-1998 : Bull. inf. C. cass. 1999/499 p. 22).

2° Existence

Il y a augmentation des engagements des actionnaires :

– en cas de blocage des sommes déposées par eux en compte courant par les actionnaires (Cass. com. 24-6-1997 : RJDA 11/97 n° 1349 ; CA Paris 5-5-1995 : JCP E 1995.pan.817, à propos d'une SARL mais transposable aux SA par identité des textes applicables ; CA Versailles 20-9-1996 : RJDA 1/97 n° 67, à propos d'une société civile mais transposable également) ;

– en cas de versement par l'actionnaire majoritaire, de sa propre initiative, en compte courant de la somme nécessaire à l'apurement des dettes d'une société en liquidation ; cet actionnaire ne peut pas réclamer aux minoritaires de lui rembourser cette somme à proportion de leur part dans le capital social sans leur consentement préalable (Cass. com. 19-10-1999 : RJDA 2/00 n° 165) ;

– dans le cas où, par une résolution de l'assemblée, la société s'engage à racheter ou faire racheter les parts d'un associé que celui-ci a reçues en contrepartie de son apport à la société des titres d'une autre société ; en effet, l'apport du bénéficiaire de l'engagement de rachat étant subordonné à cet engagement, les associés pouvaient être appelés à supporter les conséquences de l'augmentation de capital résultant de l'apport, même si celui-ci était initialement sans incidence sur eux (Cass. com. 13-11-2003 n° 1535 : RJDA 5/04 n° 583, décision rendue à propos d'une société civile mais transposable aux associés de société en nom collectif qui sont, eux aussi, tenus indéfiniment).

B. Nullité absolue de la résolution viciée

La décision d'augmentation des engagements est viciée si elle n'a pas été prise à l'unanimité des actionnaires (Cass. com. 26-3-1996 : RJDA 8-9/96 n° 1066).

Le non-respect de cette règle d'ordre public est sanctionné par une nullité absolue qui peut être demandée par tout associé, y compris s'il a voté favorablement à la résolution litigieuse (Cass. com. 13-11-2003 n° 1535 : RJDA 5/04 n° 583). Absence

Il n'y a pas augmentation des engagements des associés :

– lorsque les obligations imposées à ces derniers sont la simple conséquence d'une disposition statutaire (Cass. com. 9-6-2004 nº 916 : RJDA 10/04 nº 1123 à propos d'une société civile immobilière mais transposable l'interdiction de l'augmentation des engagements étant commun à toutes les sociétés) ;
– lorsque le conseil d'administration d'une centrale d'achat constituée sous forme de société anonyme coopérative a décidé d'exiger des associés une caution bancaire en garantie du paiement de leurs dettes à l'égard de la société (Cass. 1e civ. 13-1-1998 : RJDA 3/98 nº 291) ;
– lorsque l'assemblée générale extraordinaire d'une société anonyme a décidé de modifier les statuts de la société en vue de transférer ses activités d'animation d'un réseau mutualiste et de centrale d'achat à l'une de ses filiales, car cette mesure n'est pas de nature à priver les associés de leur intérêt à participer à la société (Cass. com. 26-10-2010 nº 09-71.404 : RJDA 2/00 nº 165).

Section II • RÉUNION, QUORUM ET MAJORITÉ

Art. 552 [mod.] Tout actionnaire peut participer aux assemblées générales extraordinaires sans qu'une limitation de voix puisse lui être opposée.

Observations

Suppression de la mention de la clause contraire réputée non écrite, désormais prévue par l'article 2 dès lors que cette clause n'est pas expressément autorisée par le présent Acte uniforme.

Voir sous l'art. 125.

Art. 553 [mod.] L'assemblée générale extraordinaire ne délibère valablement que si les actionnaires présents ou représentés possèdent au moins la moitié des actions, sur première convocation, et le quart des actions, sur deuxième convocation.

Lorsque le quorum n'est pas réuni, l'assemblée peut être une troisième fois convoquée dans un délai qui ne peut excéder deux (2) mois à compter de la date fixée par la deuxième convocation, le quorum restant fixé au quart des actions.

Art. 554 L'assemblée générale extraordinaire statue à la majorité des deux tiers des voix exprimées.

Lorsqu'il est procédé à un scrutin, il n'est pas tenu compte des bulletins blancs.

Dans le cas de transfert du siège de la société sur le territoire d'un autre État, la décision est prise à l'unanimité des membres présents ou représentés.

Observations

Pour une illustration des modalités de la suppression d'un droit préférentiel de souscription, voir sous l'art. 587.

Jurisprudence comparée

États-Unis

Modification des statuts à la majorité simple – règle d'ordre public de common law

Nullité de la disposition étatique contraire. La disposition des statuts d'une société, incorporée dans l'État d'Alabama, prévoyant l'adoption des modifications statutaires avec un quorum et une majorité de 70 % des associés a été déclarée nulle comme contraire à la règle de common law n'imposant qu'un quorum et une majorité simple d'associés pour modifier les statuts et en créer de nouveaux ; les dispositions de la loi de l'Alabama qui permet aux statuts de fixer le quorum et la majorité pour modifier les statuts sont donc nulles, sauf si la disposition statutaire fixant les conditions de quorum et de majorité est adoptée à l'unanimité (Roach et The Legal Center, Inc. v. Bynum, Supreme Court of Alabama, 403 So. 2d 187 (1981)).

• Chapitre IV •
ASSEMBLÉE SPÉCIALE

Section I • ATTRIBUTIONS

Art. 555 L'assemblée spéciale réunit les titulaires d'actions d'une catégorie déterminée.

L'assemblée spéciale approuve ou désapprouve les décisions des assemblées générales lorsque ces décisions modifient les droits de ses membres.

La décision d'une assemblée générale de modifier les droits relatifs à une catégorie d'actions, n'est définitive qu'après approbation par l'assemblée spéciale des actionnaires de cette catégorie.

Section II • RÉUNION, QUORUM ET MAJORITÉ

Art. 556 [mod.] L'assemblée spéciale ne délibère valablement que si les actionnaires présents ou représentés possèdent au moins la moitié des actions, sur première convocation, et le quart des actions, sur deuxième convocation.

A défaut de ce dernier quorum, l'assemblée doit se tenir dans un délai de deux (2) mois à compter de la date fixée par la deuxième convocation. Le quorum reste fixé au quart des actionnaires présents ou représentés possédant au moins le quart des actions.

Art. 557 L'assemblée spéciale statue à la majorité des deux tiers des voix exprimées.

Il n'est pas tenu compte des bulletins blancs.

Art. 557-1 [nouv.] Les délibérations prises en violation des articles 546, 549, 550, 551, 552, 553, 554, 555, 556 et 557 ci-dessus sont nulles.

Observations

La violation de toutes les dispositions relatives aux attributions et aux conditions de majorité et de quorum des assemblées générale ordinaires et extraordinaires est sanctionnée par une nullité.

• Chapitre V •
CAS PARTICULIER DE LA SOCIÉTÉ ANONYME UNIPERSONNELLE

Art. 558 [mod.] Lorsque la société ne comprend qu'un seul actionnaire, les décisions qui doivent être prises en assemblée, qu'il s'agisse des décisions relevant de la compétence de l'assemblée générale extraordinaire ou de celles relevant de l'assemblée générale ordinaire, sont prises par l'actionnaire unique.

Les dispositions non contraires des articles 516 à 557-1 ci-dessus sont applicables.

Art. 559 [mod.] Dans les six (6) mois qui suivent la clôture de l'exercice, l'actionnaire unique prend toutes les décisions qui sont de la compétence de l'assemblée générale ordinaire annuelle.

Les décisions sont prises au vu des rapports de l'administrateur général et du commissaire aux comptes qui assistent aux assemblées générales conformément à l'article 721 ci-après.

Art. 560 Les décisions prises par l'actionnaire unique revêtent la forme de procès-verbaux qui sont versés aux archives de la société.

Art. 561 Toutes les décisions prises par l'actionnaire unique et qui donneraient lieu à publicité légale si elles étaient prises par une assemblée doivent être publiées dans les mêmes formes.

Sous-titre IV • MODIFICATION DU CAPITAL

Chapitre I
DISPOSITIONS GÉNÉRALES

Section I • MODALITÉS DE L'AUGMENTATION DE CAPITAL

Art. 562 [mod.] Le capital social est augmenté, soit par émission d'actions ordinaires ou d'actions de préférence, soit par majoration du montant nominal des actions existantes.

Les actions nouvelles sont libérées, soit en espèces, soit par compensation avec des créances certaines, liquides et exigibles sur la société, soit par incorporation de réserves, bénéfices ou de primes d'apports, d'émission ou de fusion, soit par apport en nature.

L'augmentation de capital par majoration du montant nominal des actions n'est décidée qu'avec le consentement unanime des actionnaires, à moins qu'elle ne soit réalisée par incorporation de réserves, bénéfices ou primes d'apports, d'émission ou de fusion.

Le capital peut également être augmenté par l'exercice de droits attachés à des valeurs mobilières donnant accès au capital, dans les conditions prévues aux articles 822-1 et suivants ci-après.

JURISPRUDENCE COMPARÉE

I. États-Unis

Augmentation du capital proportionnelle à la participation de chaque actionnaire dans le capital sauf nécessités d'intérêt social

Trois associés, Katzowitz, Sidler et Lasker, qui avaient dans la même société une participation égalitaire, sont convenus que l'un d'eux, Katzowitz, avec lequel les relations s'étaient détériorées, cesserait sa participation active à la vie de la société mais resterait membre du conseil d'administration et que la société resterait fermée à ces trois associés. Pour éteindre la dette de frais et commissions de la société envers chacun d'eux, Sidler et Lasker décidèrent de se faire rembourser par attribution d'actions, évaluées à un montant très inférieur à la valeur comptable, tandis que Katzowitz obtenait la somme correspondante en argent. Un an après la société ayant été dissoute, Katzowitz réclama une répartition du bonus sur une base proportionnelle à leur participation respective, telle qu'elle était avant l'attribution des actions à Sidler et Lasker, diminuée du montant de la somme dont chacun était créancier et que Katzowitz avait reçue en liquide. Sa demande fut admise par la cour au motif que le corollaire d'un droit au respect de la participation respective de chaque associé ne peut être écarté que si des raisons liées à l'activité de la société justifiaient que les associés subissent une dilution de leur participation. Aucune raison de cet ordre n'existant en l'espèce, Katzowitz avait donc droit à ce que sa part dans le bonus fût calculée sur une base respectant la répartition égalitaire entre les trois associés telle qu'elle existait avant l'attribution des actions nouvelles à Sidler et Lasker et à ce que celles-ci fussent évaluées à leur valeur loyale. La cour jugea aussi qu'il ne pouvait pas être reproché à Katzowitz de ne pas avoir saisi l'opportunité de souscrire, comme les autres associés, l'offre de souscrire des actions nouvelles car il n'avait pas été averti, à ce moment-là, de l'effet de l'émission d'actions proposée sur la répartition du capital. Par l'attribution à Katzowitz d'une égale proportion d'actions, tous les associés étaient traités équitablement

(Katzowitz v. Sidler, Court of Appeals of New York, 249 N.E.2d 359 (1969)).

II. France

A. Libération par compensation

1° Possibilité d'imposer les versements en espèces

Lorsque l'assemblée générale oblige les souscripteurs à effectuer des versements en espèces, elle est tenue d'exclure expressément toute libération par compensation (CA Paris 23-10-1992 : RJDA 2/93 n° 126).

2° Créance liquide

Licéité de la renonciation par la société au bénéfice du terme. L'intérêt social et celui des actionnaires ne sont pas affectés par la renonciation de la société au bénéfice du terme à condition que cette renonciation n'impose pas à la société la charge d'un emprunt et du service de ses intérêts dans des conditions défavorables (Cass. com. 17-5-1994 : RJDA 8-9/94 n° 934).

B. Existence de pertes sociales

Validité de la compensation. La société peut procéder à une libération par compensation même si les pertes (déduction faite des réserves) sont supérieures au montant du capital social ou si le passif réel excède l'actif réel (Cass. com. 7-2-1972 : Rev. sociétés 1973 p. 297 note du Pontavice ; CA Metz 8-11-1989 : BRDA 2/90 p. 19).

C. Redressement ou liquidation judiciaire

1° Validité de la compensation en période suspecte

Si une procédure de redressement ou de liquidation judiciaire est ouverte à l'encontre de la société, la compensation reste admise même en période suspecte car elle constitue un « mode de paiement communément admis » produisant effet à l'égard des créanciers ; toutefois, si l'actionnaire avait été au courant de la cessation des paiements à la date de la compensation, le tribunal peut prononcer la nullité de la compensation (cf. Cass. com. 28-5-1996 : RJDA 10/96 n° 1209) ; cette connaissance existe chez le président du conseil d'administration (CA Paris 17-5-1994 : Bull. Joly 1994 p. 849) chez l'actionnaire ayant un lien de parenté avec le dirigeant (CA Versailles 30-9-1993 : Dr. Sociétés 1994 n° 29).

2° Compensation après le prononcé du jugement d'ouverture du redressement ou de la liquidation judiciaire

Compensation en cas de connexité des créances. A compter du jour du jugement ouvrant une procédure collective, la faculté de compensation est subordonnée à l'existence d'un lien de connexité entre la dette de l'actionnaire et la créance de celui-ci sur la société et sa dette correspondant au non-versé ; il n'y a pas de connexité entre le solde créditeur d'un compte courant d'associé, créance née d'un prêt, et le paiement de la fraction non libérée du capital, dette née du contrat de société (Cass. com. 20-5-1997 : RJDA 11/97 n° 1357 ; CA Versailles 6-6-1996 : RJDA 2/97 n° 221 ; CA Versailles 3-4-1997 : RJDA 11/97 n° 1356).

3° Compensation en cas d'appel du capital non libéré avant l'ouverture du redressement ou de la liquidation judiciaire

Lorsque l'organe compétent à cet effet a régulièrement décidé d'appeler la partie non libérée du capital avant le jugement d'ouverture, l'actionnaire a la faculté d'invoquer la compensation légale entre cette dette devenue exigible et l'une quelconque de ses créances, même non connexe (Cass. com. 8-1-2002 n° 61 : RJDA 5/02 n° 517).

Art. 563 Les actions nouvelles sont émises, soit à leur montant nominal, soit à ce montant majoré d'une prime d'émission.

Art. 564 L'assemblée générale extraordinaire est seule compétente pour décider ou, le cas échéant, autoriser une augmentation de capital, sur le rapport du conseil d'administration ou de l'administrateur général, selon le cas, et sur le rapport du commissaire aux comptes.

JURISPRUDENCE COMPARÉE

I. Communautés européennes

Compétence exclusive. La décision de l'assemblée ne peut être remplacée par un acte administratif même si l'opération vise à l'assainir et à poursuivre de l'activité d'entreprise particulièrement déterminante de l'économie nationale, la décision de l'assemblée ne saurait être remplacée par un acte administratif (CJCE 24-3-1992 : Rev. sociétés 1993 p. 111 note Dana-Demaret ; CJCE 12-3-1996 : Bull. Joly 1996 p. 814 note Saintourens).

II. France

A. Annulation de l'augmentation de capital

1° Augmentation de capital décidée dans des conditions frauduleuses

A été annulée pour fraude :

– l'augmentation du capital par création d'actions nouvelles qui devait être libérées en totalité dès leur souscription par versement d'espèces ou par compensation avec des créances liquides détenues par les souscripteurs sur la société pour les raisons suivantes : la décision d'augmenter le capital et la fixation des opérations de souscription en pleine période estivale, effectuées de façon précipitée et qui ne pouvaient être justifiés par l'obligation légale de reconstituer les fonds propres de la société lorsqu'ils deviennent inférieurs à la moitié du capital social dès lors que la décision des associés, prise 10 mois plus tôt, de ne pas dissoudre de manière anticipée la société obligeait certes la société à reconstituer ses fonds propres, mais celle-ci disposait d'un délai de deux ans pour le faire ; la convocation de l'assemblée générale extraordinaire début août et le bref délai de souscription (du 14 au 29 août), même élargi par la suite (du 5 au 19 septembre), rendaient nécessairement compliquée sinon impossible la souscription à l'augmentation de capital pour les minoritaires qui, contrairement aux majoritaires, ne disposaient pas de créance sur la société leur permettant de procéder par voie de compensation et devaient donc nécessairement mobiliser d'importantes liquidités ;

– l'augmentation de capital qui prévoit un prix d'émission des actions nouvelles égal à vingt-cinq fois le nominal des actions anciennes alors que ce prix n'est justifié ni par les réserves, en fait inexistantes, ni par la prospérité de la société, celle-ci se trouvant au contraire en net déclin (Cass. com. 12-5-1975 : Bull. civ. IV n° 129) ;

– l'augmentation de capital ayant été libérée en totalité par compensation avec une créance, elle n'avait pas généré de trésorerie pour la société qui en réalité avait, par le biais de l'opération, payé la dette qu'elle avait envers l'actionnaire majoritaire et ne pouvait donc pas sérieusement alléguer un besoin de financement ;

– la création des actions nouvelles avait été assortie d'une prime d'émission qui ne se justifiait ni dans son principe ni dans son montant : la fonction première d'une telle prime, qui est d'assurer l'égalité entre anciens et nouveaux actionnaires, n'était nullement recherchée puisque l'augmentation de capital était intervenue en vase clos entre personnes toutes déjà actionnaires et l'existence de pertes d'exploitation importantes rendait la prime injustifiée puisque celle-ci s'analyse comme la contrepartie des réserves existantes, du montant du chiffre d'affaires, de la valeur du stock, et d'une manière générale, des plus-values (CA Paris 25-11-2008 n° 06/18340 : BRDA 2/09 inf. 5) ;

– l'augmentation de capital qui était fondée sur un motif illégitime et qui était assortie de conditions telles qu'elles mettaient les actionnaires minoritaires dans l'impossibilité d'y souscrire (Cass. com. 16-4-2013 n° 09-10.583 : RJDA 7/13 n° 641).

2° Augmentation non abusive

a. Augmentation sans prime d'émission

L'augmentation du capital par émission, sans prime d'émission, d'actions réservées à une catégorie de salariés particulièrement dévoués à la société n'est pas répréhensible, bien qu'elle ait entraîné une diminution sensible de la valeur des droits des actionnaires anciens, dès lors qu'il n'est pas démontré qu'en consentant cet avantage les actionnaires majoritaires avaient agi non dans l'intérêt social, mais dans le dessein de nuire aux minoritaires (CA Paris 15-10-1986 : D. 1987 p. 136 note Honorat).

b. Augmentation avec une prime d'émission élevée mais en rapport avec le montant des réserves

L'augmentation de capital avec une prime d'émission représentant cinquante-neuf fois le nominal des actions anciennes n'est pas frauduleuse, le montant des réserves, du chiffre d'affaires et des stocks justifiant la hauteur de la prime et la situation de la société exigeant l'apport de capitaux propres (voir Cass. com. 22-5-2001 n° 980 : RJDA 2/02 n° 153).

B. Réparation du préjudice subi par l'actionnaire minoritaire du fait d'une augmentation du capital frauduleuse

L'actionnaire majoritaire, une holding, et le dirigeant, actionnaire majoritaire de celle-ci, ont été condamnés à payer à l'actionnaire minoritaire la somme de 100 000 € en réparation de son préjudice moral ; les faits révélés (par une décision judiciaire antérieure) démontraient la volonté de porter atteinte aux droits des actionnaires minoritaires et le non-respect de l'égalité entre associés ; la première augmentation de capital avait eu clairement pour but de diluer la participation des minoritaires tenant leurs droits de l'échange de titres au profit des actionnaires majoritaires et le coup d'accordéon avait conduit cette entreprise à son terme en votant en faveur du montage frauduleux, l'actionnaire majoritaire avait engagé sa responsabilité à l'égard du minoritaire dont les droits avaient été déloyalement remis en cause huit mois seulement après qu'il les eût acquis et il n'avait retrouvé sa qualité d'associé qu'à l'issue de la longue instance en nullité menée par les autres actionnaires minoritaires ; pour échapper à la condamnation, le dirigeant faisait valoir en vain qu'il n'avait agi qu'en vertu de son mandat de président de la société car la participation à une fraude dans un intérêt personnel est incompatible avec l'exercice normal de fonctions sociales (CA Paris 26-6-2012 n° 11/04043 : BRDA 5/13 inf. 6).

Art. 565 [mod.] Lorsque l'augmentation de capital est réalisée par incorporation de réserves, bénéfices ou de primes d'apports, d'émission ou de fusion, l'assemblée générale statue aux conditions de quorum et de majorité prévues aux articles 549 et 550 ci-dessus pour les assemblées générales ordinaires.

Art. 566 [mod.] Le droit à l'attribution d'actions gratuites, comme les droits formant rompus qui peuvent résulter pour les actionnaires de l'augmentation de capital par incorporation de réserves, de bénéfices ou de primes d'apports, d'émission ou de fusion, sont négociables et cessibles.

Toutefois, l'assemblée générale extraordinaire peut, dans les conditions de quorum et de majorité prévues à l'article 565 ci-dessus décider de manière expresse que les droits formant rompus ne sont pas négociables et que les actions correspondantes doivent être vendues.

Les sommes provenant de la vente sont allouées aux titulaires des rompus au plus tard trente (30) jours après la date d'inscription à leur compte du nombre entier d'actions attribuées.

Art. 567 L'assemblée générale peut autoriser le conseil d'administration ou l'administrateur général, selon le cas, à fixer les modalités de la vente des droits formant rompus.

Art. 567-1 [nouv.] Lorsque l'assemblée générale autorise l'augmentation de capital, elle peut déléguer au conseil d'administration ou à l'administrateur général, selon le cas, la compétence pour décider de l'augmentation de capital.

Dans ce cas, l'assemblée générale fixe la durée, qui ne peut excéder vingt quatre (24) mois, durant laquelle cette délégation peut être utilisée et le plafond global de cette augmentation.

Le conseil d'administration ou l'administrateur général, selon le cas, dispose alors des pouvoirs nécessaires pour fixer les modalités d'émission, constater la réalisation des augmentations de capital qui en résultent et procéder à la modification corrélative des statuts.

Observations

Introduction de la faculté de délégation au conseil d'administration ou à l'administrateur général de décider de l'augmentation du capital autorisée dans son principe par l'assemblée générale.

Art. 568 [mod.] Lorsque l'assemblée générale décide de l'augmentation de capital, elle peut déléguer au conseil d'administration ou à l'administrateur général, selon le cas, les pouvoirs nécessaires à l'effet de réaliser l'augmentation de capital en une ou plusieurs fois, d'en fixer tout ou partie des modalités, d'en constater la réalisation et de procéder à la modification corrélative des statuts.

Observations

Dans le cas du présent texte, l'assemblée générale « décide » elle-même de l'augmentation de capital alors que dans le cas de l'article 567-1, elle « autorise » une augmentation de capital qui doit être effectivement décidée par les dirigeants sociaux.

Art. 569 [mod.] Est réputée non écrite toute clause contraire conférant au conseil d'administration ou à l'administrateur général, selon le cas, le pouvoir de décider de l'augmentation de capital.

Observations

Il est permis de se demander pourquoi la mention « réputée non écrite » a subsisté. A notre avis, il aurait dû être écrit, pour suivre la méthode jusqu'ici employée sur les anciennes clauses réputées non écrites : « Aucune clause statutaire ne peut autoriser le conseil d'administration ou l'administrateur général, selon le cas, à décider de l'augmentation de capital ».

Art. 570 **Le rapport du conseil d'administration ou de l'administrateur général, selon le cas, contient toutes informations utiles sur les motifs de l'augmentation du capital proposée ainsi que sur la marche des affaires sociales depuis le début de l'exercice en cours et, si l'assemblée générale ordinaire appelée à statuer sur les comptes n'a pas encore été tenue, pendant l'exercice précédent.**

Jurisprudence comparée

France

Contenu du rapport

Le conseil d'administration doit faire figurer dans son rapport « des informations claires, spécifiques et circonstanciées sur les motifs, l'importance et l'utilité de l'opération au regard des perspectives d'avenir de la société » (Cass. com. 27-5-1997 : RJDA 8-9/97 n° 1046).

Art. 571 [mod.] **L'augmentation du capital doit être réalisée dans le délai de trois (3) ans à compter de l'assemblée générale qui l'a décidée ou autorisée.**

L'augmentation du capital est réputée réalisée à compter du jour de l'établissement de la déclaration notariée de souscription et de versement.

Jurisprudence comparée

France

Défaut de réalisation de l'augmentation de capital

1° Restitution des fonds versés

Il y a lieu d'ordonner en référé la restitution à un actionnaire des sommes versées par lui pour une augmentation de capital qui n'avait pas abouti dès lors que la société n'élevait pas une contestation sérieuse en soutenant qu'elle avait affecté ces sommes à une autre augmentation de capital, l'actionnaire n'ayant pas signé de bulletin de souscription et ayant expressément refusé d'y participer (CA Paris 17-1-2003 n° 02/13154 : RJDA 7/03 n° 724).

2° Utilisation des fonds constitutifs d'un abus de confiance

Commet un abus de confiance passible de sanctions pénales le président qui, après avoir reçu des fonds destinés à une augmentation de capital, dispose de ces fonds, fût-ce dans l'intérêt de la société, alors que l'augmentation de capital n'a pas été réalisée (Cass. crim. 7-5-1969 : Bull. crim. n° 155 ; Cass. crim. 9-1-1980 : Bull. crim. n° 14 ; Cass. crim. 16-10-2002 n° 5932 : RJDA 5/03 n° 496).

Art. 572 [mod.] **Le capital doit être intégralement libéré avant toute émission d'actions nouvelles à libérer en numéraire.**

Observations

Suppression de la mention de la nullité expresse en cas de non-libération intégrale. Il s'en déduit que l'augmentation ne pourra être sanctionnée que sur la base de l'article 243 pour violation des « textes régissant la nullité des contrats en général », et ainsi pour violation d'une disposition d'ordre public. Tel est le cas, à notre avis, de l'obligation de libération préalable. À défaut, en effet, cette obligation serait contournée par les apports nouveaux qui pourraient conduire à ce que les actionnaires déjà engagés n'exécutent jamais leurs engagements.

Jurisprudence comparée

France

Notion de capital entièrement libéré

La libération intégrale du capital suppose un versement effectif des fonds, le capital destiné à être augmenté doit être totalement versé et non simplement appelé » (T. com. Montpellier 7-12-1988 : Petites affiches 15 mars 1989 p. 20).

Section II • DROIT PRÉFÉRENTIEL DE SOUSCRIPTION

Art. 573 [mod.] Les actions comportent un droit préférentiel de souscription aux augmentations de capital.

Les actionnaires ont, proportionnellement au montant de leurs actions, un droit de préférence à la souscription des actions de numéraire émises pour réaliser une augmentation de capital. Ce droit est irréductible.

Observations

Suppression de la mention de la clause contraire réputée non écrite, néanmoins réputée non écrite en vertu de l'article 2.

Art. 574 Pendant la durée de la souscription, le droit préférentiel de souscription est négociable lorsqu'il est détaché d'actions elles-mêmes négociables.

Dans le cas contraire, ce droit est cessible dans les mêmes conditions que l'action elle-même.

Jurisprudence comparée

France

Promesse d'achat de droits préférentiels

Une promesse d'achat de droits préférentiels de souscription à naître d'une augmentation de capital future est valable (CA Paris 30-6-1995 : JCP E 1996 n° 795 note J.-J. Daigre).

Art. 575 Si l'assemblée générale le décide expressément, les actionnaires ont également un droit préférentiel de souscription à titre réductible des actions nouvelles qui n'auraient pas été souscrites à titre irréductible.

Art. 576 Les actions sont attribuées à titre réductible aux actionnaires qui ont souscrit un nombre d'actions supérieur à celui qu'ils pouvaient souscrire à titre irréductible et, en tout état de cause, dans la limite de leur demande.

Art. 577 [mod.] Le délai accordé aux actionnaires, pour l'exercice de leur droit préférentiel de souscription, ne peut être inférieur à vingt (20) jours. Ce délai court à compter de la date de l'ouverture de la souscription.

Art. 578 Ce délai se trouve clos par anticipation dès que tous les droits de souscription à titre irréductible et, le cas échéant, à titre réductible ont été exercés, ou que l'augmentation de capital a été intégralement souscrite après renonciation individuelle à leur droit de souscription, par les actionnaires qui n'ont pas souscrit.

Art. 579 [mod.] Si les souscriptions à titre irréductible et, le cas échéant, à titre réductible n'ont pas absorbé la totalité de l'augmentation de capital :

1°) le montant de l'augmentation de capital peut être limité au montant des souscriptions réalisées sous la double condition que ce montant atteigne les trois quarts au moins de l'augmentation prévue par l'assemblée générale qui a décidé ou autorisé l'augmentation de capital et que cette faculté ait été prévue expressément par l'assemblée lors de l'émission ;

2°) les actions non souscrites peuvent être librement réparties, totalement ou partiellement, à moins que l'Assemblée en ait décidé autrement ;

3°) les actions non souscrites peuvent être offertes au public totalement ou partiellement lorsque l'assemblée a expressément admis cette possibilité.

....

Observations

Sous le 1°), transformation de « 3/4 » en « trois quarts ».

Art. 580 [mod.] Le conseil d'administration ou l'administrateur général, selon le cas, peut utiliser, dans l'ordre qu'il détermine, les facultés prévues à l'article 579 ci-dessus ou certaines d'entre elles seulement.

L'augmentation de capital n'est pas réalisée lorsque, après l'exercice de ces facultés, le montant des souscriptions reçues n'atteint pas la totalité de l'augmentation de capital, ou, dans le cas prévu au point 1°) de l'article 579 ci-dessus, les trois quarts de cette augmentation.

Toutefois, le conseil d'administration ou l'administrateur général, selon le cas, peut d'office et dans tous les cas, limiter l'augmentation de capital au montant atteint, lorsque les actions souscrites représentent quatre-vingt-dix-sept pour cent (97 %) de l'augmentation de capital.

Paragraphe I • USUFRUIT

Art. 581 [mod.] Lorsque les actions anciennes sont grevées d'un usufruit, l'usufruitier et le nu-propriétaire peuvent régler comme ils l'entendent les conditions d'exercice du droit préférentiel et l'attribution des actions nouvelles.

A défaut d'accord entre les parties, les dispositions des articles 582 à 585 ci-après sont applicables.

Ces dispositions s'appliquent également, dans le silence des parties, en cas d'attribution d'actions gratuites.

Art. 582 Le droit préférentiel de souscription attaché aux actions anciennes appartient au nu-propriétaire.

Si le nu-propriétaire vend ses droits de souscription, les sommes provenant de la cession ou les biens acquis en remploi au moyen de ces sommes sont soumis à l'usufruit.

Art. 583 Si le nu-propriétaire néglige d'exercer son droit préférentiel de souscription, l'usufruitier peut se substituer à lui pour souscrire aux actions nouvelles ou pour vendre les droits de souscription.

Si l'usufruitier vend les droits de souscription, le nu-propriétaire peut exiger le remploi des sommes provenant de la cession. Les biens ainsi acquis sont soumis à l'usufruit.

Art. 584 [mod.] Le nu-propriétaire d'actions est réputé, à l'égard de l'usufruitier, avoir négligé d'exercer le droit préférentiel de souscription aux actions nouvelles émises par la société lorsqu'il n'a ni souscrit d'actions nouvelles, ni vendu les droits de souscription, huit (8) jours au moins avant l'expiration du délai de souscription accordé aux actionnaires.

Art. 585 Les actions nouvelles appartiennent au nu-propriétaire pour la nue-propriété et à l'usufruitier pour l'usufruit. Toutefois, en cas de versement de fonds effectué par le nu-propriétaire ou par l'usufruitier pour réaliser ou parfaire une souscription, les actions nouvelles n'appartiennent au nu-propriétaire et à l'usufruitier qu'à concurrence des droits de souscription : le surplus des actions nouvelles appartient en pleine propriété à celui qui a versé les fonds.

Paragraphe II • SUPPRESSION DU DROIT PRÉFÉRENTIEL

Art. 586 L'assemblée générale qui décide ou autorise une augmentation de capital peut, en faveur d'un ou de plusieurs bénéficiaires nommément désignés, supprimer le droit préférentiel de souscription pour la totalité de l'augmentation de capital ou pour une ou plusieurs tranches de cette augmentation.

JURISPRUDENCE COMPARÉE

France

A. Nullité de l'assemblée

1° Défaut d'inscription à l'ordre du jour de la suppression du droit préférentiel de souscription

La suppression du droit préférentiel de souscription doit être soumise au vote de l'assemblée par une résolution spécifique. L'assemblée ne pouvant pas délibérer sur une question qui n'est pas inscrite à l'ordre du jour ; la société ne peut pas prétendre qu'une convocation à une assemblée appelée à se prononcer sur une augmentation de capital réservée emporte nécessairement convocation à voter la suppression de ce droit et qu'il n'y a donc pas lieu d'inscrire celle-ci à l'ordre du jour (Cass. com. 25-9-2012 n° 11-17.256 : BRDA 19/12 inf. 2).

2° Irrecevabilité de l'action en nullité exercée par le bénéficiaire de la suppression

Un tiers bénéficiant de la suppression du droit préférentiel de souscription décidée par l'assemblée n'est pas autorisé à invoquer la nullité de l'assemblée ayant décidé une augmentation de capital qui lui est réservée si les formalités requises pour la suppression du droit préférentiel de souscription n'ont pas été effectuées (CA Pau 9-6-1987 : BRDA 12/88 p. 19).

B. Réparation demandée par le souscripteur à l'augmentation de capital au commissaire au compte pour information insuffisante

La dissimulation à un tiers, invité à participer à une augmentation de capital, de l'existence de risques importants courus par la société émettrice en raison d'un procès en cours engage la responsabilité du commissaire au compte et l'expose à devoir verser des dommages-intérêts à ce tiers en réparation du préjudice qu'il a subi du fait de leur réticence fautive (Cass. com. 11-7-2000 : RJDA 12/00 n° 1120).

Art. 587 Les bénéficiaires, lorsqu'ils sont actionnaires, ne prennent pas part au vote ni pour eux-mêmes, ni comme mandataires et leurs actions ne sont pas prises en compte pour le calcul du quorum et de la majorité.

JURISPRUDENCE OHADA

Suppression du droit référentiel de souscription Lorsqu'il ressort des pièces du dossier, notamment du procès-verbal de l'assemblée générale extraordinaire du 30 décembre 2011, que le capital social de la société anonyme en cause était composé de 29 198 actions dont 19 371 détenues par X, 9 253 actions par la société Colonial et 574 actions par sieur Y ; qu'il n'est pas contesté que le vote du mandataire de Y, bénéficiaire de la suppression du droit préférentiel de souscription, a été retracté ; qu'il est établi que sieur X a voté pour la suppression et que la société Colonial a voté contre ; que dès lors, il appert que le seul vote de l'actionnaire X, sans la prise en compte des 574 actions de Y dans le calcul du quorum et de la majorité, atteignait 67,67 % des voix, soit la majorité qualifiée des deux tiers prescrite par l'article 554 de l'AUSCGIE pour la suppression du droit préférentiel et, subséquemment pour la modification du capital social, n'a pas donné une base légale à sa décision la cour d'appel qui s'est abstenue de mettre ainsi en corrélation les dispositions de l'article 587 de l'AUSCGIE avec ces constatations, exposant ainsi son arrêt à la cassation. Sur l'évocation et pour les mêmes motifs que ceux ayant entraîné la cassation, il y a lieu de confirmer en toutes ses dispositions le jugement initial dès lors qu'au regard de la configuration du capital social de la société SENTA SA à la date de l'assemblée générale litigieuse, la majorité des 2/3 des voix, prescrite par l'article 554 de l'AUSCGIE, a pu être obtenue sans la prise en compte des parts de l'actionnaire bénéficiaire de la suppression du droit préférentiel de souscription dont le mandataire s'est volontairement retiré du vote (CCJA, 3e ch., no 141, 7-6-2018 : Livio Banfi, Massimiliano Banfi, Senegal Tanneries SA c/ Sté Colonial Products And Equipment Ltd).

Art. 587-1 [nouv.] La décision relative à la conversion des actions de préférence emporte renonciation des actionnaires au droit préférentiel de souscription aux actions issues de la conversion.

Art. 587-2 [nouv.] La décision d'émission de valeurs mobilières donnant accès au capital emporte également renonciation des actionnaires à leur droit préférentiel de souscription aux titres de capital auxquels les valeurs mobilières émises donnent droit.

Section III • PRIX D'ÉMISSION ET RAPPORT

Art. 588 Le prix d'émission des actions nouvelles ou les conditions de fixation de ce prix doivent être déterminés par l'assemblée générale extraordinaire sur le rapport, selon le cas, du conseil d'administration ou de l'administrateur général et sur celui du commissaire aux comptes.

Art. 589 [mod.] Le rapport du conseil d'administration ou de l'administrateur général prévu à l'article 588 ci-dessus indique :

1°) le montant maximal et les motifs de l'augmentation de capital proposée ;

2°) les motifs de la proposition de suppression du droit préférentiel de souscription ;

3°) le nom des attributaires des actions nouvelles, le nombre de titres attribués à chacun d'eux et, avec sa justification, le prix d'émission.

Art. 590 [mod.] Lorsque l'assemblée fixe elle-même toutes les modalités de l'augmentation de capital, le rapport mentionné à l'article 588 ci-dessus indique également l'incidence sur la situation des actionnaires, de l'émission proposée, en particulier en ce qui concerne sa quote-part des capitaux propres à la clôture du dernier exercice.

Si la clôture est antérieure de plus de six (6) mois à l'opération envisagée, cette incidence est appréciée au vu d'une situation financière intermédiaire établie sur les six derniers mois selon les mêmes méthodes et suivant la même présentation que le dernier bilan annuel.

Les délibérations prises en l'absence du rapport du conseil d'administration ou de l'administrateur général, selon le cas, tel que prévu à l'article 588 ci-dessus, sont nulles. Les délibérations peuvent être annulées dans le cas où le rapport ne contient pas toutes les indications prévues par le présent article et l'article 589 ci-dessus.

Observations

Nullité expresse en cas de délibération prise sans rapport et possibilité de nullité en cas de délibération prise sur un rapport ne comprenant pas les indications requises par le présent article.

Art. 591 [mod.] Le commissaire aux comptes donne son avis sur la proposition de suppression du droit préférentiel, sur le choix des éléments de calcul du prix d'émission et sur son montant, ainsi que sur l'incidence de l'émission sur la situation des actionnaires appréciée par rapport aux capitaux.

Il vérifie et certifie la sincérité des informations tirées des comptes de la société sur lesquelles il donne cet avis.

Les délibérations prises en l'absence du rapport du commissaire aux comptes prévu à l'article 588 ci-dessus ainsi qu'au présent article sont nulles. Les délibérations peuvent être annulées dans le cas où ces rapports ne contiennent pas toutes les indications prévues par le présent article.

Observations

Même sanction que sous l'art. 590.

Art. 592 [mod.] Lorsque l'assemblée générale a délégué ses pouvoirs dans les conditions prévues à l'article 568 ci-dessus, le conseil d'administration ou l'administrateur général, selon le cas, établit, au moment où il fait usage de son autorisation, un rapport complémentaire décrivant les conditions définitives de l'opération établie conformément à l'autorisation donnée par l'assemblée. Le rapport comporte en outre les informations prévues à l'article 589 ci-dessus.

Le commissaire aux comptes vérifie notamment la conformité des modalités de l'opération au regard de l'autorisation donnée par l'assemblée et des indications fournies à celle-ci. Il donne également son avis sur le choix des éléments de calcul du prix d'émission et sur son montant définitif, ainsi que sur l'incidence de l'émission sur la situation financière de l'actionnaire, notamment en ce qui concerne sa quote-part des capitaux propres à la clôture du dernier exercice.

Ces rapports complémentaires sont immédiatement mis à la disposition des actionnaires au siège social, au plus tard dans les quinze (15) jours suivant la réunion du conseil d'administration ou la délibération de l'administrateur général, et portés à leur connaissance à la plus prochaine assemblée.

L'augmentation de capital peut être annulée en cas de violation des dispositions du présent article.

Section IV • RENONCIATION INDIVIDUELLE AU DROIT PRÉFÉRENTIEL DE SOUSCRIPTION

Art. 593 Les actionnaires peuvent renoncer, à titre individuel, à leur droit préférentiel de souscription au profit de personnes dénommées. Ils peuvent également renoncer à ce droit sans indication de bénéficiaires.

JURISPRUDENCE COMPARÉE

France
Renonciation non constitutive d'une fraude en soi

Voir sous l'art. 360 une solution transposable à la SA, l'interdiction de fraude aux droits des créanciers constituant une règle de droit commun applicable en toutes circonstances, puisque la fraude corrompt tout.

Art. 594 L'actionnaire qui renonce à son droit préférentiel de souscription doit en aviser la société, par lettre au porteur contre récépissé ou par lettre recommandée avec demande d'avis de réception, avant l'expiration du délai d'ouverture de la souscription.

Art. 595 La renonciation sans indication de bénéficiaires doit être accompagnée, pour les actions au porteur, des coupons correspondants ou de l'attestation du dépositaire des titres constatant la renonciation de l'actionnaire.

La renonciation faite au profit de bénéficiaires dénommés doit être accompagnée de l'acceptation de ces derniers.

Art. 596 [mod.] Les actions nouvelles auxquelles l'actionnaire a renoncé sans indication de bénéficiaires peuvent être souscrites à titre réductible dans les conditions prévues à l'article 576 ci-dessus ou, le cas échéant, réparties entre les actionnaires ou offertes au public dans les conditions fixées à l'article 579 ci-dessus.

Toutefois, lorsque cette renonciation a été notifiée à la société au plus tard à la date de la décision de réalisation de l'augmentation de capital, les actions correspondantes sont mises à la disposition des autres actionnaires pour l'exercice de leur droit préférentiel de souscription à titre irréductible et, le cas échéant, à titre réductible.

Art. 597 Lorsque l'actionnaire renonce à souscrire à l'augmentation de capital au profit de personnes dénommées, ses droits sont transmis à ceux-ci, à titre irréductible et, le cas échéant, à titre réductible.

Section V • PUBLICITÉ PRÉALABLE À LA SOUSCRIPTION

Art. 598 [mod.] Les actionnaires sont informés de l'émission d'actions nouvelles et de ses modalités par un avis contenant notamment, outre les mentions prévues à l'article 257-1, les mentions suivantes :

1°) le nombre et la valeur nominale des actions et le montant de l'augmentation de capital ;

2°) le prix d'émission des actions à souscrire et, le cas échéant, le montant global de la prime d'émission ;

3°) les lieux et dates d'ouverture et de clôture de la souscription ;

4°) l'existence, au profit des actionnaires, d'un droit préférentiel de souscription ;

5°) la somme immédiatement exigible par action souscrite ;

6°) l'indication de la banque ou du notaire chargé de recevoir les fonds ;

7°) le cas échéant, la description sommaire, l'évaluation et le mode de rémunération des apports en nature compris dans l'augmentation de capital, avec l'indication du caractère provisoire de cette évaluation et de ce mode de rémunération.

En cas d'émission de valeurs mobilières donnant accès au capital, l'avis mentionne également les principales caractéristiques des valeurs mobilières, notamment les modalités d'attribution des titres de capital auxquels elles donnent droit, ainsi que les dates auxquelles les droits d'attribution peuvent être exercés.

Observations

Les 1°) à 5°) inclus de l'ancien texte n'ont pas été repris. al. 9 nouveau : mention des principales caractéristiques des valeurs mobilières en cas d'émission de valeurs mobilières donnant accès au capital.

Art. 599 [mod.] L'avis prévu à l'article 598 ci-dessus est porté à la connaissance des actionnaires par lettre au porteur contre récépissé ou par lettre recommandée avec demande d'avis de réception, six (6) jours au moins avant la date d'ouverture de la souscription, à la diligence, selon le cas, des mandataires du conseil d'administration, de l'administrateur général ou de toute autre personne mandatée à cet effet.

Art. 600 [mod.] Lorsque l'assemblée générale a décidé de supprimer le droit préférentiel de souscription des actionnaires, les dispositions de l'article 598 ci-dessus ne sont pas applicables.

Section VI • ÉTABLISSEMENT D'UN BULLETIN DE SOUSCRIPTION

Art. 601 Le contrat de souscription est constaté par un bulletin de souscription établi en deux exemplaires, l'un pour la société et l'autre pour le notaire chargé de dresser la déclaration notariée de souscription et de versement.

Art. 602 Le bulletin de souscription est daté et signé par le souscripteur ou son mandataire qui écrit en toutes lettres le nombre de titres souscrits. Une copie de ce bulletin établie sur papier libre lui est remise.

Art. 603 [mod.] Le bulletin de souscription mentionne :

1°) la dénomination sociale suivie, le cas échéant, de son sigle ;

2°) la forme de la société ;

3°) le montant du capital social ;

4°) l'adresse du siège social ;

5°) le numéro d'immatriculation de la société au registre du commerce et du crédit mobilier ;

6°) le montant et les modalités de l'augmentation de capital : nominal des actions, prix d'émission ;

7°) le cas échéant, le montant à souscrire en actions de numéraire et le montant libéré par les apports en nature ;

8°) le nom ou la dénomination sociale et l'adresse de la personne qui reçoit les fonds ;

9°) les nom, prénoms et domicile du souscripteur et le nombre de titres qu'il souscrit ;

10°) l'indication du dépositaire chargé de recevoir les fonds ;

11°) l'indication du notaire chargé de dresser la déclaration de souscription et de versement ;

12°) la mention de la remise au souscripteur de la copie du bulletin de souscription.

Section VII • LIBÉRATION DES ACTIONS

Art. 604 Les actions souscrites en numéraire sont obligatoirement libérées, lors de la souscription d'un quart au moins de leur valeur nominale et, le cas échéant, de la totalité de la prime d'émission.

Art. 605 [mod.] La libération du surplus doit intervenir, en une ou plusieurs fois, sur appel du conseil d'administration ou de l'administrateur général, selon le cas, dans le délai de trois (3) ans à compter du jour où l'augmentation de capital est réalisée.

JURISPRUDENCE COMPARÉE

France

Si le conseil d'administration n'a pas procédé à l'appel de fonds, le délai de prescription ne commence à courir qu'à l'expiration du délai imparti pour la libération des actions de numéraire (CA Paris 17-1-2008 n° 06/20658 : RJDA 6/08 n° 678).

Art. 606 [mod.] Les actions souscrites en numéraire résultant pour partie de versement d'espèces et pour partie d'une incorporation de réserves, de bénéfices ou de primes d'apports, d'émission ou de fusion doivent être intégralement libérées lors de la souscription.

JURISPRUDENCE COMPARÉE

France

Ne constitue pas une opération mixte celle par laquelle l'assemblée générale a, dans une première résolution, créé des actions nouvelles à souscrire en espèces et pouvant être libérées partiellement et, par une seconde, décidé l'incorporation de réserves dans le capital social, ce qui a eu pour effet d'augmenter d'autant le nominal des actions tant nouvelles qu'anciennes (CA Paris 17-1-2008 n° 06/20658 : RJDA 6/08 n° 678).

Art. 607 [mod.] Les fonds provenant de la souscription d'actions de numéraire sont déposés par les dirigeants sociaux, pour le compte de la société, soit dans un établissement de crédit ou de micro-finance dûment agréé domicilié dans l'État partie du siège, soit en l'étude d'un notaire.

Ce dépôt est fait dans le délai de huit (8) jours à compter de la réception des fonds.

JURISPRUDENCE OHADA

I. Appréciation souveraine de l'effectivité du dépôt par les juridictions de fond

La cour d'appel qui, ayant seulement relevé, au regard des éléments de la procédure, que les avoirs qu'un de cujus proposait de libérer par affectation des ressources de bons de caisse de 500 000 000 FCFA sont grevés de nantissement et que ses ayants droit n'ont pu rapporter la preuve de la mainlevée dudit nantissement, en a déduit l'absence de virement de la somme réclamée sur le compte recapitalisation ouvert dans les livres de la défenderesse et débouté les ayant-droits de leur demande de remboursement, n'a pas violé les articles 607 et 617 de l'AUSCGIE (CCJA, 3e ch., n° 046/2022,

24-2-2022 : Ayants droit de feu Zuko Michel c/ NFC Bank SA).

II. Indisponibilité de fonds grevés de nantissement

La cour d'appel qui a seulement relevé, au regard des éléments de la procédure, que les avoirs que feu [X.] proposait de libérer par affectation des ressources de bons de caisse de 500 000 000 FCFA sont grevés de nantissement et que ses ayants droit n'ont pu rapporter la preuve de la mainlevée dudit nantissement, et en ont déduit l'absence de virement de la somme réclamée sur le compte recapitalisation COFINEST ouvert dans les livres de NFC BANK, n'a en rien violé les articles 607 et 617 de l'AUSCGIE visés au moyen (CCJA, 3e ch., no 046/2022, 24-2-2022).

Art. 608 [mod.] Le déposant remet à la banque ou à tout autre établissement de crédit ou de microfinance dûment agréé ou, le cas échéant, au notaire, lors du dépôt des fonds, une liste mentionnant l'identité des souscripteurs et indiquant, pour chacun d'eux, le montant des sommes versées.

Art. 609 Le dépositaire est tenu, jusqu'au retrait des fonds, de communiquer cette liste à tout souscripteur qui, justifiant de sa souscription, en fait la demande.

Le requérant peut prendre connaissance de cette liste et obtenir, à ses frais, la délivrance d'une copie.

Art. 610 Le dépositaire remet au déposant un certificat attestant le dépôt des fonds.

Art. 611 En cas de libération d'actions par compensation de créances sur la société, ces créances font l'objet d'un arrêté des comptes établi, selon le cas, par le conseil d'administration ou par l'administrateur général et certifié exact par le commissaire aux comptes.

Section VIII • DÉCLARATION NOTARIÉE DE SOUSCRIPTION ET DE VERSEMENT

Art. 612 Les souscriptions et les versements sont constatés par une déclaration des dirigeants sociaux dans un acte notarié dénommé : « déclaration notariée de souscription et de versement ».

Art. 613 Sur présentation des bulletins de souscription et, le cas échéant, du certificat du dépositaire attestant le dépôt des fonds, le notaire affirme, dans l'acte qu'il dresse, que le montant des souscriptions déclarées est conforme au montant figurant sur les bulletins de souscription et que le montant des versements déclarés par les dirigeants sociaux est conforme à celui des sommes déposées en son étude ou, le cas échéant, figurant au certificat précité. Le certificat du dépositaire est annexé à la déclaration notariée de souscription et de versement.

Le notaire tient la déclaration notariée à la disposition des souscripteurs qui peuvent en prendre connaissance et copie en son étude.

Art. 614 Lorsque l'augmentation de capital est réalisée par compensation avec des créances certaines, liquides et exigibles, le notaire constate la libération des actions de numéraire au vu de l'arrêté des comptes certifié par le commissaire aux comptes et visé à l'article 611 du présent Acte uniforme. Cet arrêté est annexé à la déclaration notariée de souscription et de versement.

Section IX • RETRAIT DES FONDS

Art. 615 Le retrait des fonds provenant des souscriptions en numéraire ne peut avoir lieu qu'une fois l'augmentation de capital réalisée.

Il est effectué par un mandataire de la société, sur présentation au dépositaire de la déclaration notariée de souscription et de versement.

JURISPRUDENCE OHADA

Utilisation injustifiée des fonds provenant des souscriptions

Il résulte des articles 615 et 616 de l'AUSCGIE que les fonds provenant des souscriptions en numéraire faites en vue de l'augmentation du capital d'une société ne peuvent faire l'objet d'utilisation tant que l'augmentation du capital n'est pas réalisée et celle-ci n'est réputée réalisée qu'à la date de l'établissement de la déclaration notariée de souscription et de versement. Dans le cas d'espèce, l'utilisation des sommes versées par la banque sur instruction des dirigeants de la société devant bénéficier de l'augmentation n'est pas fondée, la banque en sa qualité de professionnel de banque ne s'étant pas conformée aux dispositions des articles 615, 616 et 617 précitées. La cour d'appel n'ayant en rien violé ces dispositions, le pourvoi doit être rejeté (CCJA, 1e ch., nº 12, 29-6-2006 : COBACI c/ 1) Sté SHAFTESBURY OVERSEAS LTD ; 2) Sté BENATH COMPANY LTD, Juris-Ohada, nº 4/2006, p. 11, Ohadata J-07-26).

JURISPRUDENCE COMPARÉE

France

Déblocage fautif des fonds

Commet une faute la banque qui, tout en étant avisée de la destination des fonds, débloque ceux-ci rapidement après leur dépôt en compte d'affectation sans vérifier l'augmentation de capital pour laquelle elle les avait reçus ; par suite, elle doit être condamnée à ces sommes au souscripteur (Cass. com. 29-6-1999 : RJDA 10/99 nº 1086).

Art. 616 L'augmentation de capital par émission d'actions à libérer en numéraire est réputée réalisée à la date de l'établissement de la déclaration notariée de souscription et de versement.

Art. 617 [mod.] Tout souscripteur, six (6) mois après le versement des fonds, peut demander en référé à la juridiction compétente, la nomination d'un mandataire chargé de retirer les fonds pour les restituer aux souscripteurs, sous la déduction de ses frais de répartition si, à cette date, l'augmentation de capital n'est pas réalisée.

JURISPRUDENCE COMPARÉE

France

A. Droit de l'actionnaire à restitution

Il y a lieu d'ordonner en référé la restitution à un actionnaire des sommes versées par lui pour une augmentation de capital qui n'avait pas abouti dès lors que la société n'élevait pas une contestation sérieuse en soutenant qu'elle avait affecté ces sommes à une autre augmentation de capital, l'actionnaire n'ayant pas signé de bulletin de souscription relatif à celle-ci et ayant expressément refusé d'y participer (CA Paris 17-1-2003 nº 02/13154 : RJDA 7/03 nº 724).

B. Abus de confiance du président

Le président qui, ayant reçu des fonds avec mandat de les affecter à une augmentation de capital, dispose de ces fonds, fût-ce dans l'intérêt de la société, alors que l'augmentation de capital n'a pas été réalisée, commet un abus de confiance et s'expose à des sanctions pénales (Cass. crim. 7-5-1969 : Bull. crim. nº 155 ; Cass. crim. 9-1-1980 : Bull. crim. nº 14 ; Cass. crim. 16-10-2002 nº 5932 : RJDA 5/03 nº 496).

Art. 618 [mod.] L'augmentation de capital doit être publiée dans les conditions fixées à l'article 264 ci-dessus.

Art. 618-1 [nouv.] Les délibérations ou opérations prises ou réalisées en violation des articles 562, 563, 564, 565, 566, al. 2, 572, 573, 575, 576, 577, 579, 580, 586, 587, 588, 596 et 597 ci-dessus sont nulles.

Les délibérations ou opérations prises ou réalisées en violation des dispositions des articles 567, 598 et 599 peuvent être annulées.

Observations

Nullité expresse des délibérations ou opérations prises ou réalisées en violation des dispositions sur les modalités de l'augmentation de capital et sur le droit préférentiel de souscription, les opérations visées aux art. 567, 598 et 599 ouvrant droit à la possibilité d'une annulation.

Chapitre II

DISPOSITIONS PARTICULIÈRES AUX AUGMENTATIONS DE CAPITAL PAR APPORT EN NATURE ET/OU STIPULATIONS D'AVANTAGES PARTICULIERS

Art. 619 [mod.] En cas d'apports en nature et/ou de stipulations d'avantages particuliers, un ou plusieurs commissaires aux apports sont désignés, à l'unanimité des actionnaires ou à défaut, à la requête du président du conseil d'administration, du directeur général ou de l'administrateur général, selon le cas, par la juridiction compétente du lieu du siège social.

Observations

Modification formelle ne changeant ni le sens ni la portée du texte ancien.

Jurisprudence comparée

France

Le tribunal compétent est celui du lieu du siège social ; en effet, il est de principe qu'en matière de sociétés, le tribunal du siège social est compétent pour toutes les actions propres à celles-ci (CA Paris 26-5-1993 : Bull. CNCC 1994 p. 276 obs. Ph. Merle ; CA Versailles 1-2-1996 : Bull. Joly 1996 p. 382 note J.-F. Barbiéri).

Art. 620 [mod.] Le commissaire aux apports est soumis aux incompatibilités prévues aux articles 697 et 698 ci-après. Il ne peut être le commissaire aux comptes de la société.

Art. 621 [mod.] Le commissaire aux apports élabore, sous sa responsabilité, un rapport qui décrit chacun des apports et/ou des avantages particuliers, en indique la valeur, précise le mode d'évaluation retenu et les raisons de ce choix, établit que la valeur des apports et/ou des avantages particuliers correspond au moins à la valeur du nominal des actions à émettre.

Il peut se faire assister, dans l'exercice de sa mission, par un ou plusieurs experts de son choix. Les honoraires de ces experts sont à la charge de la société.

En cas d'impossibilité d'établir la valeur des avantages particuliers, le commissaire aux apports en apprécie la consistance et les incidences sur la situation des actionnaires

Jurisprudence comparée

France

Pour l'accomplissement de sa mission, le commissaire aux apports peut demander à la société de lui fournir toute information lui permettant de vérifier que les apports ont été correctement évalués dans le projet de contrat d'apport ; si l'information ne lui est pas donnée, il est en droit de s'estimer déchargé de sa mission et de réclamer le paiement de la totalité de leurs honoraires (CA Paris 20-3-2008 nº 07/11421 : RJDA 8-9/08 nº 922).

Art. 622 [mod.] Le rapport du commissaire aux apports est déposé huit (8) jours au moins avant la tenue de l'assemblée générale extraordinaire au siège social, et tenu à la disposition des actionnaires qui peuvent en prendre connaissance et en obtenir, à leur frais, copie intégrale ou partielle.

Il est également déposé, dans le même délai, au registre du commerce et du crédit mobilier de l'État partie du siège social.

Les délibérations prises en l'absence de rapport du commissaire aux apports prévu au présent article sont nulles. Les délibérations peuvent être annulées dans le cas où le rapport ne contient pas les indications prévues par les dispositions de l'article 621 ci-dessus.

Art. 623 Lorsque l'assemblée générale extraordinaire statue sur l'approbation d'un apport en nature ou l'octroi d'un avantage particulier, les actions de l'apporteur ou du bénéficiaire ne sont pas prises en compte pour le calcul du quorum et de la majorité.

L'apporteur ou le bénéficiaire n'a voix délibérative ni pour lui-même, ni comme mandataire.

Jurisprudence comparée

France

Neutralisation des actions de l'apporteur ou du bénéficiaire

Seul l'apporteur se voit interdire le droit de participer au vote et non les administrateurs ou les sociétés filiales d'une société apporteuse qui ont dans le même temps la qualité d'actionnaire de la société bénéficiant de l'apport (Cass. req. 5-11-1895 : Journ. sociétés 1896.65 note Houpin ; CA Paris 19-5-1972 : Bull. Joly 1972 p. 399).

Art. 624 [mod.] Si l'assemblée approuve l'évaluation des apports ou l'octroi d'avantages particuliers, elle constate, le cas échéant, la réalisation de l'augmentation de capital.

Observations

Adjonction de « le cas échéant » qui suppose que l'assemblée peut constater qu'après approbation, l'augmentation n'est pas réalisée.

Art. 625 Si l'assemblée réduit l'évaluation des apports ou la rémunération d'avantages particuliers, l'approbation expresse des modifications par les apporteurs, les bénéficiaires ou leurs mandataires dûment autorisés à cet effet, est requise.

Art. 625-1 [nouv.] Les délibérations prises en violation des articles 623 et 625 ci-dessus sont nulles.

Observations

Création d'une nullité formelle pour violation des dispositions sur l'approbation des apports en nature et des avantages particuliers et des dispositions relatives à la réduction de leur valeur.

Art. 626 Les actions d'apports sont intégralement libérées dès leur émission.

Chapitre II-I
ATTRIBUTION GRATUITE D'ACTIONS

Art. 626-1 [nouv.] L'assemblée générale extraordinaire, sur le rapport du conseil d'administration ou de l'administrateur général, selon le cas, et sur le rapport spécial du commissaire aux comptes, peut autoriser le conseil d'administration ou l'administrateur général, selon le cas, à procéder, au profit des membres du personnel salarié de la société ou de certaines catégories d'entre eux, à une attribution gratuite d'actions existantes ou à émettre. Les délibérations prises à défaut des rapports prévus au présent alinéa sont nulles.

L'assemblée générale extraordinaire fixe le pourcentage maximal du capital social pouvant être attribué dans les conditions définies au premier alinéa. Le nombre total des actions attribuées gratuitement ne peut excéder dix pour cent (10 %) du capital social à la date de la décision de leur attribution par le conseil d'administration ou l'administrateur général, selon le cas.

Elle fixe également le délai pendant lequel cette autorisation peut être utilisée par le conseil d'administration ou l'administrateur général, selon le cas. Ce délai ne peut excéder trente-six (36) mois.

Lorsque l'attribution porte sur des actions à émettre, l'autorisation donnée par l'assemblée générale extraordinaire emporte de plein droit, au profit des bénéficiaires des actions attribuées gratuitement, renonciation des actionnaires à leur droit préférentiel de souscription. L'augmentation de capital correspondante est définitivement réalisée du seul fait de l'attribution définitive des actions aux bénéficiaires.

L'attribution des actions à leurs bénéficiaires est définitive au terme d'une période d'acquisition dont la durée minimale, qui ne peut être inférieure à deux (2) ans, est déterminée par l'assemblée générale extraordinaire. Toutefois, l'assemblée peut prévoir l'attribution définitive des actions avant le terme de la période d'acquisition en cas d'invalidité du bénéficiaire se trouvant dans l'incapacité d'exercer une profession quelconque.

L'assemblée générale extraordinaire fixe également la durée minimale de l'obligation de conservation des actions par les bénéficiaires. Cette durée court à compter de l'attribution définitive des actions, mais ne peut être inférieure à deux (2) ans. Toutefois, les actions sont librement cessibles en cas d'invalidité des bénéficiaires se trouvant dans l'incapacité d'exercer une profession quelconque.

Si l'assemblée générale extraordinaire a retenu pour la période d'acquisition mentionnée au cinquième alinéa une durée au moins égale à quatre (4) ans pour tout ou partie des actions attribuées, elle peut réduire ou supprimer la durée de l'obligation de conservation, mentionnée au sixième alinéa, de ces actions.

Art. 626-1-1 [nouv.] Dans une société dont les titres sont admis à la négociation sur une bourse des valeurs, à l'issue de la période d'obligation de conservation, les actions ne peuvent pas être cédées :

1°) Dans le délai de dix (10) séances de bourse précédant et suivant la date à laquelle les comptes consolidés, ou à défaut les comptes annuels, sont rendus publics ;

2°) Dans le délai compris entre la date à laquelle les organes sociaux de la société ont connaissance d'une information qui, si elle était rendue publique, pourrait avoir une incidence significative sur le cours des titres de la société, et la date postérieure de dix (10) séances de bourse à celle où cette information est rendue publique.

Le conseil d'administration ou l'administrateur général, selon le cas, détermine l'identité des bénéficiaires des attributions d'actions mentionnées au premier alinéa. Il fixe les conditions et, le cas échéant, les critères d'attribution des actions.

Art. 626-1-1-1 [nouv.] Les délibérations et décisions prises et les attributions d'actions consenties en violation des alinéas 1er, 2, 3, 5, 6 de l'article 626-1 et des alinéas 1 et 2 de l'article 626-1-1 ci-dessus sont nulles.

Art. 626-1-2 [nouv.] Le président du conseil d'administration, l'administrateur général, les administrateurs généraux adjoints, le directeur général, les directeurs généraux adjoints d'une société anonyme, le président personne physique, le directeur général, les directeurs généraux délégués d'une société par actions simplifiée peuvent se voir attribuer des actions de la société dans les mêmes conditions que les membres du personnel salarié et dans le respect des conditions mentionnées à l'article 626-6 ci-après.

Ils peuvent également se voir attribuer des actions d'une société liée dans les conditions prévues à l'article 626-2 ci-après, sous réserve que les actions de cette dernière soient admises à la négociation sur une bourse des valeurs et dans le respect des conditions mentionnées à l'article 626-6 ci-après.

Par dérogation aux dispositions précédentes, pour les actions ainsi attribuées au président du conseil d'administration, au directeur général, aux directeurs généraux adjoints, au président personne physique, au directeur général, aux directeurs généraux délégués d'une société par actions simplifiée, le conseil d'administration soit décide que ces actions ne peuvent être cédées par les intéressés avant la cessation de leurs fonctions, soit fixe la quantité de ces actions qu'il sont tenus de conserver au nominatif jusqu'à la cessation de leurs fonctions. L'information correspondante est publiée dans le rapport mentionné à l'article 547-1 ci-dessus.

Pour les actions attribuées à l'administrateur général ou aux administrateurs généraux adjoints, la décision est prise par l'assemblée générale.

Les délibérations et décisions prises et les attributions d'actions consenties en violation du présent article sont nulles.

Art. 626-1-2-1 [nouv.] Il ne peut pas être attribué d'actions aux salariés et aux dirigeants sociaux détenant chacun plus de dix pour cent (10 %) du capital social. Une attribution gratuite d'actions ne peut pas non plus avoir pour effet que les salariés et dirigeants sociaux détiennent chacun plus de dix pour cent (10 %) du capital social. Dans les sociétés dont les titres ne sont pas admis aux négociations sur une bourse des valeurs, les statuts peuvent prévoir un pourcentage plus élevé, sans pouvoir dépasser 20 % du capital social.

Art. 626-1-3 [nouv.] En cas d'échange sans soulte d'actions résultant d'une opération de fusion ou de scission réalisée conformément à la réglementation en vigueur pendant les périodes d'acquisition ou de conservation prévues aux articles 626-1 et 626-1-1 ci-dessus, les dispositions des articles 626-1 à 626-1-2 ci-dessus et, notamment, les périodes précitées, pour leur durée restant à courir à la date de l'échange, restent applicables aux droits à attribution et aux actions reçus en échange. Il en est de même de l'échange résultant d'une opération d'offre publique, de division ou de regroupement réalisée conformément à la réglementation en vigueur qui intervient pendant la période de conservation.

En cas d'apport à une société ou à un fonds commun de placement dont l'actif est exclusivement composé de titres de capital ou donnant accès au capital émis par la société ou par une société qui lui est liée au sens de l'article 626-2 ci-après, l'obligation de conservation prévue aux articles 626-1 et 626-1-1 ci-dessus reste applicable, pour la durée restant à courir à la date de l'apport, aux actions ou parts reçues en contrepartie de l'apport.

Art. 626-2 [nouv.] Des actions peuvent être attribuées, dans les mêmes conditions que celles mentionnées aux articles 626-1 à 626-1-3 ci-dessus :

1°) Soit au bénéfice des membres du personnel salarié des sociétés ou des groupements d'intérêt économique dont dix pour cent (10 %) au moins du capital ou des droits de vote sont détenus, directement ou indirectement, par la société qui attribue les actions ;

2°) Soit au bénéfice des membres du personnel salarié des sociétés ou des groupes d'intérêt économique détenant, directement ou indirectement, au moins dix pour cent (10 %) du capital ou des droits de vote de la société qui attribue les actions ;

3°) Soit au bénéfice des membres du personnel salarié des sociétés ou des groupements d'intérêt économique dont cinquante pour cent (50 %) au moins du capital ou des droits de vote sont détenus, directement ou indirectement, par une société détenant elle-même, directement ou indirectement, au moins cinquante pour cent (50 %) du capital de la société qui attribue les actions.

Les actions qui ne sont pas admises à la négociation sur une bourse des valeurs ne peuvent être attribuées dans les conditions ci-dessus qu'aux salariés de la société qui procède à cette attribution ou à ceux mentionnés au 1°.

Les délibérations et décisions prises et les attributions consenties en violation du présent article sont nulles.

Art. 626-3 [nouv.] Les droits résultant de l'attribution gratuite d'actions sont incessibles jusqu'au terme de la période d'acquisition.

En cas de décès du bénéficiaire, ses héritiers peuvent demander l'attribution des actions dans un délai de six (6) mois à compter du décès. Ces actions sont librement cessibles.

Art. 626-4 [nouv.] Un rapport spécial du conseil d'administration ou de l'administrateur général, selon le cas, informe chaque année l'assemblée générale ordinaire des opérations réalisées en vertu des dispositions prévues aux articles 626-1 à 626-3 ci-dessus.

Ce rapport rend également compte :

1°) du nombre et de la valeur des actions qui, durant l'année et à raison des mandats et fonctions exercés dans la société, ont été attribuées gratuitement à chacun de ses dirigeants par la société et par celles qui lui sont liées dans les conditions prévues à l'article 626-2 ci-dessus ;

2°) du nombre et de la valeur des actions qui ont été attribuées gratuitement, durant l'année à chacun de ses dirigeants, à raison des mandats et fonctions qu'ils y exercent, par les sociétés contrôlées.

Ce rapport indique également le nombre et la valeur des actions qui, durant l'année, ont été attribuées gratuitement par la société et par les sociétés ou groupements qui lui sont liés dans les conditions prévues à l'article 626-2 ci-dessus, à chacun des dix (10) salariés de la société non dirigeants sociaux dont le nombre d'actions attribuées gratuitement est le plus élevé.

Ce rapport indique également le nombre et la valeur des actions qui, durant l'année, ont été attribuées gratuitement par les sociétés visées à l'alinéa précédent à l'ensemble des salariés bénéficiaires ainsi que le nombre de ceux-ci et la répartition des actions attribuées entre les catégories de ces bénéficiaires.

Art. 626-5 [nouv.] L'assemblée générale ordinaire de la société contrôlant majoritairement, directement ou indirectement, celle qui attribue gratuitement les actions est informée dans les conditions prévues à l'article 626-4 ci-dessus.

Art. 626-6 [nouv.] Dans une société dont les titres sont admis aux négociations sur une bourse des valeurs, des actions ne peuvent être attribuées dans le cadre des premier et deuxième alinéas de l'article 626-1-2 ci-dessus que si la société, au titre de l'exercice au cours duquel sont attribuées ces actions, procède, dans les conditions prévues aux articles 626-1 à 626-5 ci-dessus, à une attribution gratuite d'actions au bénéfice de l'ensemble de ses salariés et d'au moins quatre-vingt-dix pour cent (90 %) de l'ensemble des salariés de ses filiales situées dans les États parties.

Les délibérations et décisions prises et les attributions consenties en violation du présent article sont nulles.

Chapitre III
RÉDUCTION DU CAPITAL

Art. 627 Le capital social est réduit, soit par la diminution de la valeur nominale des actions, soit par la diminution du nombre des actions.

Observations

Sur la réduction du capital consécutive à la perte de la moitié du capital, voir les art. 664 et s. et sur la réduction du capital au-dessous du minimum légal, voir l'art. 368 sur la réduction relative au capital d'une SARL transposable au SA en vertu du principe d'interprétation des lois selon lequel là où les raisons de la loi sont les mêmes la loi est la même : il ne servirait à rien de prescrire un capital minimum si une SA pouvait fonctionner sans capital minimum.

Jurisprudence comparée

France

A. Réduction du capital non libéré

Pour apurer les pertes antérieures, la réduction du capital non encore libéré est admise et à cette fin, il est conseillé de procéder à la diminution de la valeur nominale des actions ; l'actionnaire encore débiteur envers la société demeure obligé de libérer la fraction de capital restante (CA Versailles 13-6-2002 n° 97/4547 : RJDA 5/03 n° 505 et sur pourvoi,

Cass. com. 25-1-2005 n° 140 : RJDA 5/05 n° 573, 2e esp.).

B. Réduction du capital à zéro

La validité de la réduction du capital à zéro suivie d'une augmentation de capital suppose d'établir le caractère indispensable de ce procédé à la sauvegarde de la société et l'absence d'abus de majorité (CA Versailles 20-5-1999 : RJDA 2/00 n° 166 ; CA Versailles 13-6-2002 n° 97/4547 : RJDA 5/03 n° 505 et sur pourvoi, Cass. com. 25-1-2005 n° 140 : RJDA 5/05 n° 573).

A la suite de cette opération, les associés peuvent toujours mais sans y être obligés souscrire à l'augmentation de capital qui n'entraîne pas une augmentation de leurs engagements (Cass. com. 17-5-1994 : RJDA 8-9/94 n° 934).

Art. 628 La réduction du capital est autorisée ou décidée par l'assemblée générale extraordinaire, qui peut déléguer au conseil d'administration ou à l'administrateur général, selon le cas, tous pouvoirs pour la réaliser.

En aucun cas elle ne peut porter atteinte à l'égalité des actionnaires sauf consentement exprès des actionnaires défavorisés.

Art. 629 [mod.] Le projet de réduction du capital est communiqué au commissaire aux comptes quarante cinq (45) jours au moins avant la réunion de l'assemblée générale extraordinaire qui décide ou autorise la réduction de capital.

Art. 630 [mod.] Le commissaire aux comptes présente à l'assemblée générale extraordinaire un rapport dans lequel il livre son appréciation sur les causes et les conditions de la réduction de capital. Toute délibération prise à défaut du rapport du commissaire aux comptes est nulle.

Art. 631 Lorsque le conseil d'administration ou l'administrateur général, selon le cas, réalise la réduction de capital sur délégation de l'assemblée générale, il doit en dresser un procès-verbal soumis à publicité et procéder à la modification corrélative des statuts.

Art. 632 Les créanciers de la société ne peuvent pas s'opposer à la réduction de capital lorsque celle-ci est motivée par des pertes.

Jurisprudence comparée

France

Rien n'interdit de procéder à la réduction du capital non intégralement libéré pour apurer des pertes antérieures, le procédé recommandé en ce cas étant la réduction de la valeur nominale des actions, l'actionnaire restant tenu de libérer la fraction du capital qui ne l'a pas encore été (Cass. com. 25-1-2005 n° 140 : RJDA 5/05 n° 573, 2e esp.).

Art. 633 [mod.] Les créanciers de la société, dont la créance est antérieure à la date de l'avis publié dans un journal d'annonces légales relatif au procès-verbal de la délibération de l'assemblée générale qui a décidé ou autorisé la réduction du capital, peuvent s'opposer à la réduction du capital de la société lorsque celle-ci n'est pas motivée par des pertes.

Jurisprudence comparée

France

Fraude aux droits des créanciers

A été déclarée inopposable l'attribution à une SARL actionnaire d'un droit au bail d'une SA, dès lors que les actionnaires connaissaient la situation difficile de la SA et qu'en attribuant certains éléments de l'actif à une société dont ils étaient eux-mêmes associés, ils savaient qu'ils causaient un préjudice aux créanciers de la SA (Cass. com. 11-2-1986 : Bull. Joly 1986 p. 518).

Art. 634 [mod.] Le délai d'opposition des créanciers à la réduction de capital est de trente (30) jours à compter de la date de publication de l'avis dans un journal habilité à recevoir les annonces légales du lieu du siège social après dépôt au registre du commerce et du crédit mobilier du procès-verbal de la délibération de l'assemblée générale qui a décidé ou autorisé la réduction de capital.

Art. 635 [mod.] L'opposition est formée par exploit d'huissier ou notifiée par tout moyen permettant d'établir sa réception effective par le destinataire, et portée devant la juridiction compétente statuant à bref délai.

Art. 636 Les opérations de réduction de capital ne peuvent commencer pendant le délai d'opposition ni, le cas échéant, avant qu'il ait été statué en première instance sur cette opposition.

Art. 637 Lorsque l'opposition est accueillie, la procédure de réduction de capital est interrompue jusqu'au remboursement des créances ou jusqu'à la constitution de garanties pour les créanciers si la société en offre et si elles sont jugées suffisantes.

Art. 638 [mod.] La réduction du capital fait l'objet des formalités de publicité prévues à l'article 264 ci-dessus.

Art. 638-1 [nouv.] Les délibérations prises en violation des articles 627 et 628 ci-dessus sont nulles.

Observations

Nullité expresse des délibérations ne respectant pas les modalités légales de réduction du capital, de celles qui ne seraient pas décidées par l'assemblée générale extraordinaire et de celles qui porteraient atteinte à l'égalité des actionnaires non consentants.

Chapitre IV

SOUSCRIPTION – ACHAT ET PRISE EN NANTISSEMENT PAR LA SOCIÉTÉ DE SES PROPRES ACTIONS

Art. 639 [mod.] La souscription ou l'achat par la société de ses propres actions, soit directement, soit par une personne agissant en son nom propre mais pour le compte de la société est interdite. De même, la société ne peut avancer des fonds, accorder des prêts ou consentir une sûreté en vue de la souscription ou l'achat de ses propres actions par un tiers.

Toutefois, l'assemblée générale extraordinaire qui a décidé une réduction de capital non motivée par des pertes peut autoriser le conseil d'administration ou l'administrateur général, selon le cas, à acquérir un nombre déterminé d'actions pour les annuler.

Les fondateurs ou, dans le cas d'une augmentation de capital, les membres du conseil d'administration ou l'administrateur général sont tenus dans les conditions prévues aux articles 738 et 740 ci-après, de libérer les actions souscrites ou acquises par la société en violation des dispositions de l'alinéa premier du présent article.

De même, lorsque les actions sont souscrites ou acquises par une personne agissant en son nom propre mais pour le compte de la société, cette personne est tenue de libérer les actions solidairement avec les fondateurs ou, selon le cas, les membres du conseil d'administration ou l'administrateur général. Le souscripteur est en outre réputé avoir souscrit les actions pour son propre compte.

Art. 640 [mod.] Par dérogation aux dispositions de l'alinéa 1er de l'article 639 ci-dessus, les sociétés qui attribuent leurs actions dans les conditions prévues aux articles 626-1 et suivants ci-dessus peuvent, à cette fin, souscrire ou acquérir leurs propres actions. Les actions ainsi acquises doivent être attribuées dans le délai d'un an à compter de l'acquisition.

La société ne peut posséder, directement ou par l'intermédiaire d'une personne agissant en son propre nom, mais pour le compte de la société, plus de dix pour cent (10 %) du total de ses propres actions.

Les actions souscrites ou acquises doivent être mises sous la forme nominative et entièrement libérées lors de la souscription ou de l'acquisition.

Les fondateurs ou, dans le cas d'une augmentation de capital, les membres du conseil d'administration ou l'administrateur général sont tenus dans les conditions prévues à l'article 640-1 ci-après, de faire libérer les actions souscrites ou acquises par la société en application de l'alinéa premier du présent article.

De même, lorsque les actions sont souscrites ou acquises par une personne agissant en son nom propre mais pour le compte de la société, cette personne est tenue de libérer les actions solidairement avec les fondateurs ou, selon le cas, les membres du conseil d'administration ou l'administrateur général. Le souscripteur est en outre réputé avoir souscrit les actions pour son propre compte.

L'acquisition d'actions de la société ne peut avoir pour effet d'abaisser les capitaux propres à un montant inférieur à celui du capital augmenté des réserves non distribuables.

Les actions possédées par la société ne donnent pas droit aux dividendes.

Observations

Al. 1 : possibilité pour la société d'acquérir ses propres actions pour les distribuer à ses salariés.

Art. 640-1 [nouv.] La libération des actions souscrites ou le paiement des actions acquises en vue d'une attribution gratuite est réalisée par un prélèvement obligatoire, à concurrence du montant des actions à attribuer, sur la part des bénéfices d'un ou de plusieurs exercices ainsi que des réserves, à l'exception de la réserve légale.

Les sommes prélevées sur les bénéfices en vue de la libération ou l'acquisition des actions sont inscrites à un compte de réserve jusqu'à l'attribution définitive de ces actions.

Lorsque le montant d'un compte de réserve constitué par prélèvement sur les profits sociaux est égal au montant des actions attribuées, l'attribution définitive peut être réalisée.

En cas d'émission, le conseil d'administration ou l'administrateur général, selon le cas, est habilité à apporter les modifications nécessaires aux clauses des statuts dans la mesure où ces modifications correspondent matériellement aux résultats de l'opération.

Art. 641 [mod.] Les dispositions de l'article 639 ci-dessus ne sont pas applicables aux actions entièrement libérées, acquises à la suite d'une transmission de patrimoine à titre universel ou encore à la suite d'une décision de justice.

Toutefois, les actions doivent être cédées dans un délai de deux (2) ans à compter de leur souscription ou de leur acquisition ; à l'expiration de ce délai, elles doivent être annulées.

Art. 642 [mod.] Est interdite la prise en nantissement par la société de ses propres actions, directement ou par l'intermédiaire d'une personne agissant en son nom propre mais pour le compte de la société.

Les actions prises en nantissement par la société doivent être restituées à leur propriétaire dans le délai d'un (1) an. La restitution peut avoir lieu dans un délai de deux (2) ans si le transfert du nantissement à la société résulte d'une transmission de patrimoine à titre universel ou d'une décision de justice ; à défaut, le contrat de nantissement est nul de plein droit.

L'interdiction prévue au présent article n'est pas applicable aux opérations courantes des établissements de crédit, de micro-finance ou d'assurance caution dûment agréés.

Art. 643 [mod.] Lorsque la société décide de procéder à l'achat de ses propres actions en vue de les annuler et de réduire son capital à due concurrence, elle présente cette offre d'achat à tous les actionnaires.

A cette fin, elle insère dans un journal habilité à recevoir les annonces légales du lieu du siège social un avis qui contient les mentions suivantes :

1°) la dénomination sociale ;

2°) la forme de la société ;

3°) l'adresse du siège social ;

4°) le montant du capital social ;

5°) le nombre d'actions dont l'achat est envisagé ;

6°) le prix offert par action ;

7°) le mode de paiement ;

8°) le délai pendant lequel l'offre est maintenue. Ce délai ne peut être inférieur à trente (30) jours à compter de l'insertion de l'avis ;

9°) le lieu où l'offre peut être acceptée.

JURISPRUDENCE COMPARÉE

France

Réparation du préjudice en cas d'offre de rachat trompeuse

Des actionnaires minoritaires qui avaient accepté la réduction du capital par voie de rachat d'actions aux conditions proposées par les administrateurs, actionnaires majoritaires et initiateurs de l'opération, ont obtenu la condamnation de ces derniers à des dommages-intérêts pour faute, compte tenu des circonstances suivantes : l'opération de rachat avait faussement été présentée comme motivée par l'existence d'excédents de trésorerie alors que sa cause réelle résidait dans l'élimination des minoritaires, la réduction de capital envisagée, correspondant au montant du capital détenu par ces derniers, leur était en fait réservée ; en outre, l'offre de rachat des titres avait été faite pour une valeur notoirement inférieure à leur valeur réelle (Cass. com. 8-11-2005 n° 1380 : RJDA 3/06 n° 271).

Art. 644 [mod.] Lorsque toutes les actions sont nominatives, l'avis prévu à l'article 643 ci-dessus peut être remplacé par une notification contenant les mêmes mentions faite à chaque actionnaire par lettre au porteur contre récépissé ou par lettre recommandée avec demande d'avis de réception. La notification est à la charge de la société.

Art. 645 Si les actions présentées à l'achat excèdent le nombre d'actions à acheter, il est procédé, pour chaque actionnaire vendeur, à une réduction proportionnelle au nombre d'actions dont il justifie être propriétaire ou titulaire.

Art. 646 [mod.] Si les actions présentées à l'achat n'atteignent pas le nombre d'actions à acheter, le capital social est réduit à due concurrence des actions achetées.

Toutefois, le conseil d'administration ou l'administrateur général, selon le cas, peut décider de renouveler l'opération dans les conditions prévues aux articles 643 et 644 ci-dessus, jusqu'à complet achat du nombre d'actions initialement fixé, sous réserve d'y procéder dans le délai indiqué par la délibération de l'assemblée générale qui a autorisé la réduction de capital.

Art. 646-1 [nouv.] Les opérations de rachat réalisées en violation des articles 643, 644, 645 et 646 ci-dessus sont nulles.

Observations

Nullité expresse des opérations de rachat non conformes aux conditions de publicité du rachat ou à l'adéquation du nombre d'actions offertes au rachat et au nombre d'actions à acheter.

Art. 647 [mod.] Les dispositions des articles 643 et 646 ci-dessus ne sont pas applicables lorsque l'assemblée générale, pour faciliter une augmentation de capital, une fusion ou une scission a autorisé le conseil d'administration ou l'administrateur général, selon le cas, à acheter un grand nombre d'actions représentant au plus un pour cent (1 %) du montant du capital social, en vue de les annuler.

De même, ces dispositions ne sont pas applicables en cas de rachat par la société des actions dont le cessionnaire proposé n'a pas été agréé.

Le commissaire aux comptes donne, dans son rapport sur l'opération projetée, son avis sur l'opportunité et les modalités de l'achat d'actions envisagé.

Art. 648 Lorsque les actions sont grevées d'usufruit, l'offre d'achat doit être faite au nu-propriétaire. Toutefois, le rachat des actions n'est définitif que si l'usufruitier a expressément consenti à l'opération.

Sauf convention contraire entre le nu-propriétaire et l'usufruitier, le prix de rachat des actions est réparti entre eux à concurrence de la valeur de leurs droits respectifs sur les actions.

Jurisprudence comparée

France

Sauf convention contraire entre l'usufruitier et le nu-propriétaire, le prix de rachat est réparti entre eux au prorata de la valeur des droits de chacun (cf. Cass. 1e civ. 20-10-1987 : Bull. civ. I no 276 ; Cass. 1e civ. 7-6-1988 : Bull. civ. I no 181).

Art. 649 [mod.] Les actions achetées par la société qui les a émises, en vue d'une réduction du capital, doivent être annulées dans les quinze (15) jours suivants l'expiration du délai de maintien de l'offre d'achat mentionné dans l'avis prévu à l'article 643 ci-dessus.

Lorsque le rachat est effectué en vue de faciliter une augmentation de capital, une fusion ou une scission, le délai prévu pour l'annulation des actions court du jour où les actions ont été rachetées.

Les actions acquises ou détenues par la société en violation des dispositions des articles 639 et 640 ci-dessus doivent être annulées dans le délai de quinze (15) jours à compter de leur acquisition ou, le cas échéant, de l'expiration du délai d'un an visé à l'alinéa premier de l'article 640 ci-dessus.

Art. 650 [mod.] L'annulation des actions est constatée, s'il s'agit de titres nominatifs, par apposition d'une mention sur le registre des actions nominatives de la société.

Dans le cas de titres au porteur, l'annulation des actions est constatée par un virement à un compte d'ordre ouvert au nom de la société soit chez elle, soit chez un intermédiaire.

Chapitre V

AMORTISSEMENT DU CAPITAL

Section I • MODALITÉS D'AMORTISSEMENT

Art. 651 L'amortissement du capital est l'opération par laquelle la société rembourse aux actionnaires tout ou partie du montant nominal de leurs actions, à titre d'avance sur le produit de la liquidation future de la société.

Art. 652 [mod.] L'amortissement du capital est décidé par l'assemblée générale ordinaire, lorsqu'il est prévu dans les statuts.

Dans le silence des statuts, il est décidé par l'assemblée générale extraordinaire.

Toute délibération d'amortissement prise en violation du présent article est nulle.

Art. 653 Les actions peuvent être intégralement ou partiellement amorties. Les actions intégralement amorties sont dites actions de jouissance.

Art. 654 L'amortissement est réalisé par voie de remboursement égal pour chaque action d'une même catégorie et n'entraîne pas de réduction de capital.

Art. 655 Les sommes utilisées au remboursement des actions sont prélevées sur les bénéfices ou sur les réserves non statutaires.

Elles ne peuvent être prélevées ni sur la réserve légale ni, sauf décision contraire de l'assemblée générale extraordinaire, sur les réserves statutaires.

Le remboursement des actions ne peut avoir pour effet la réduction des capitaux propres à un montant inférieur au montant du capital social augmenté des réserves que la loi ou les statuts ne permettent pas de distribuer.

Art. 655-1 [nouv.] Les opérations d'amortissement d'actions réalisées en violation des articles 654 et 655 ci-dessus sont nulles.

OBSERVATIONS

Nullité expresse des opérations d'amortissement passées en violation des montants d'amortissement autorisés et des sommes à utiliser.

Section II • DROITS ATTACHÉS AUX ACTIONS AMORTIES ET RECONVERSION DES ACTIONS AMORTIES EN ACTIONS DE CAPITAL

Art. 656 [mod.] Les actions intégralement ou partiellement amorties conservent tous leurs droits à l'exception, toutefois, du droit au premier dividende prévu à l'article 145 ci-dessus et du remboursement du nominal des actions qu'elles perdent à due concurrence.

Art. 657 L'assemblée générale extraordinaire peut décider de reconvertir les actions intégralement ou partiellement amorties en actions de capital.

La décision de reconversion est prise dans les conditions de quorum et de majorité prévues pour la modification des statuts.

Art. 658 La reconversion des actions est réalisée par un prélèvement obligatoire, à concurrence du montant amorti des actions à reconvertir, sur la part des bénéfices d'un ou de plusieurs exercices revenant à ces actions après paiement pour les actions partiellement amorties, du premier dividende ou de l'intérêt auquel elles peuvent donner droit.

De même, l'assemblée générale extraordinaire peut autoriser les actionnaires, dans les mêmes conditions, à reverser à la société le montant amorti de leurs actions augmenté, le cas échéant, du premier dividende ou de l'intérêt statutaire pour la période écoulée de l'exercice en cours et, éventuellement, de l'exercice précédent.

Art. 659 [mod.] Les décisions prévues à l'article 658 ci-dessus sont soumises à la ratification des assemblées spéciales de chacune des catégories d'actionnaires ayant les mêmes droits.

Art. 660 [mod.] Les sommes prélevées sur les bénéfices ou versées par les actionnaires en application de l'article 658 ci-dessus sont inscrites à un compte de réserve.

Lorsque les actions sont intégralement amorties, il est ouvert un compte de réserve pour chacune des catégories d'actions également amorties.

Art. 661 Lorsque le montant d'un compte de réserve constitué par prélèvement sur les profits sociaux est égal au montant amorti des actions ou de la catégorie d'actions correspondante, la reconversion est réalisée.

Le conseil d'administration ou l'administrateur général, selon le cas, est habilité à apporter les modifications nécessaires aux clauses des statuts dans la mesure où ces modifications correspondent matériellement aux résultats de l'opération.

Art. 662 Lorsque la reconversion est effectuée par versement des actionnaires, le conseil d'administration ou l'administrateur général, selon le cas, est habilité à effectuer, au plus tard, lors de la clôture de chaque exercice, la modification des statuts correspondant aux reconversions réalisées au cours dudit exercice.

Art. 663 Les actions partiellement amorties dont la reconversion en actions de capital a été décidée ont droit, pour chaque exercice et jusqu'à la réalisation de cette reconversion, au premier dividende ou à l'intérêt en tenant lieu, calculé sur le montant libéré et non amorti desdites actions.

En outre, les actions intégralement ou partiellement amorties dont la reconversion a été décidée par le prélèvement sur les bénéfices ont droit, pour chaque exercice et jusqu'à la réalisation définitive de la reconversion, au premier dividende calculé sur le montant, à la clôture de l'exercice précédent, du compte de réserve correspondant.

Art. 663-1 [nouv.] Les délibérations et décisions prises et les reconversions d'actions effectuées en violation des articles 657, 658 et 659 ci-dessus sont nulles.

OBSERVATIONS

Nullité expresse des délibérations et décisions contraires aux dispositions relatives à la reconversion des actions amorties en actions.

Sous-titre V • VARIATION DES CAPITAUX PROPRES

Art. 664 [mod.] Si, du fait de pertes constatées dans les états financiers de synthèse, les capitaux propres de la société deviennent inférieurs à la moitié du capital social, le conseil d'administration ou l'administrateur général, selon le cas, est tenu, dans les quatre (4) mois qui suivent l'approbation des comptes ayant fait apparaître cette perte, de convoquer l'assemblée générale extraordinaire à l'effet de décider si la dissolution anticipée de la société a lieu.

JURISPRUDENCE OHADA

I. Distinction de la liquidation de la société après dissolution et de la liquidation des biens

La liquidation d'une société résultant automatiquement de la dissolution votée par les actionnaires en application de l'article 664 de l'AUSCGIE ne se confond pas avec la procédure de liquidation des biens prévue par l'AUPCAP (CA Ouagadougou, nº 40, 14-9-1999 : SONAPHARM c/ SOPAL, Ohadata J-02-48 ; obs. J. Issa-Sayegh).

II. Dissolution nécessaire

La société qui a enregistré des pertes de plus de 3.000.000.000 F alors même que son capital social est de 2.000.000.000 F devrait être dissoute. Le montage financier consistant pour une AGE à réduire le capital à zéro et à l'augmenter de 4,8 milliards est une fiction, d'une part non conforme aux dispositions des articles 664 et suivants de l'AUSCGIE qui prévoient la dissolution anticipée de la société en cas de perte du capital social comme dans l'espèce, et d'autre part préjudiciable aux intérêts des anciens actionnaires devenus minoritaires et auxquels le droit préférentiel de souscrire au capital lors de son augmentation à été supprimé par l'AGE. 2) – L'augmentation du capital social par émission d'actions nouvelles n'est possible que lorsque ledit capital est amorti notamment de leurs actions à titre d'avances sur le produit de la liquidation future de la société. En l'espèce, comme il ne s'agit pas d'une dissolution ou d'une liquidation de la société, les anciens actionnaires sont fondées à réclamer le remboursement intégral du montant de leurs actions (CA Niamey (Niger), nº 103, 17-4-2006 : Elhadji B. K. L. c/ BIA-Niger ; rendu sur renvoi de la CS (arrêt nº 04-024 du 22-1-2004, Ohadata J-10-275, J-10-287).

Obs. : 1. Zones d'ombre de l'arrêt :

a. L'arrêt vise des pertes de 3 milliards alors que le capital est de 2. Il considère qu'en portant ce capital à 4, se trouvent nécessairement inclus les 2 milliards de pertes. Il en tire alors une conséquence implacable : les actions anciennes correspondantes ont subsisté.

b. Bien que la résolution de l'AG ait décidé l'annulation des actions anciennes et que celles-ci n'aient droit à aucun remboursement puisque les pertes ont absorbé la totalité des apports correspondant à ces actions, il apparaît que les anciens actionnaires ont conservé quelques actions et ont obtenu un remboursement.

c. L'affirmation selon laquelle l'émission d'actions nouvelles n'est permise que si le capital n'a pas été amorti est contestable car les augmentations d'un capital non amorties par émission d'actions nouvelles sont classiques.

d. L'article 664 impose la convocation de l'AGE pour décider « si la dissolution anticipée de la société a lieu », sous-entendu « d'être » ; il n'impose donc pas, à la lettre, à l'AGE de décider la dissolution ; en décidant que l'AGE aurait dû provoquer la dissolution, l'arrêt méconnaît la lette de l'article 664 qui laisse à l'AGE le soin d'apprécier si il y a lieu de prononcer la dissolution.

2. Sur le fond : la solution finale condamnant la société au remboursement des anciennes actions est fondée au regard de la qualification que l'arrêt applique au coup d'accordéon, qu'il juge « une fiction ». Cette analyse n'est pas a priori condamnable car l'opération aboutit certainement à exclure les anciens actionnaires, surtout si leur droit préférentiel de souscription est supprimé. Dès lors qu'il en a été ainsi pour une bonne partie des actions anciennes, le remboursement ordonné est la compensation de cette suppression. Il est à noter que si le coup d'accordéon est validé par les juridictions françaises, ce n'est pas sans réserves (voir Mémento Pratique Francis Lefebvre, Sociétés Commerciales – MSC, n° 52161 s.).

Pour une autre illustration de la dissolution prévue par l'art. 664, voir : T. com. Pointe-Noire (Congo), n° 76, 18-6-2008 : A. N. F., V. F. et N. F., D. C. M. et L. B. M.-K. c/ COMINT SA, Ohadata J-13-110.

Art. 665 Si la dissolution n'est pas prononcée, la société est tenue, au plus tard à la clôture du deuxième exercice suivant celui au cours duquel la constatation des pertes est intervenue, de réduire son capital, d'un montant au moins égal à celui des pertes qui n'ont pu être imputées sur les réserves si, dans ce délai, les capitaux propres n'ont pas été reconstitués à concurrence d'une valeur au moins égale à la moitié du capital social.

Jurisprudence comparée

France

A. Nouveaux déficits dans le délai de deux ans pour régulariser

Pas de nouvelles consultations des associés. En cas de continuation de l'activité sociale, les associés n'ont pas à être réunis une nouvelle fois lorsque les résultats des exercices clos pendant le délai de deux ans de régularisation de la situation de la société sont toujours déficitaires (CA Paris 25-3-1991 : BRDA 14/91 p. 18).

B. Régularisation par augmentation du capital

Si la régularisation est effectuée par augmentation de capital, les actionnaires doivent avoir à leur disposition tous les documents leur permettant de se prononcer en connaissance de cause ; notamment, le rapport des dirigeants ou du conseil d'administration doit comporter « des informations claires, spécifiques et circonstanciées sur les motifs, l'importance et l'utilité de cette opération au regard des perspectives d'avenir de la société » (Cass. com. 27-5-1997 : RJDA 8-9/97 n° 1046 : en l'espèce, nécessité de présenter un budget prévisionnel et les mesures de redressement envisagées).

Art. 666 [mod.] La décision de l'assemblée générale extraordinaire est déposée au registre du commerce et du crédit mobilier de l'État partie du siège social.

Elle est publiée dans un journal d'annonces légales du lieu du siège social.

Jurisprudence OHADA

Cessation d'activités

La « mise en sommeil » des activités économiques décidée par l'assemblée générale d'une société et le congédiement de l'intégralité des salariés qui en a découlé constituent une cessation d'activité résultant des cas de figures prévus aux articles 664 à 666 et 737 de l'AUSCGIE. Dans ces conditions, la société était tenue de se conformer à l'obligation de déclarer la cessation d'activité, non seulement à l'organisme auprès duquel le début d'activité avait été déclaré, en l'espèce le tribunal de commerce de Brazzaville, dépositaire du registre du commerce, mais aussi à l'organisme chargé de la gestion du régime de sécurité sociale, selon les dispositions nationales applicables. En s'abstenant de procéder à cette déclaration, la société a mis la Caisse nationale de sécurité sociale en droit de continuer le pointage, pour toute la durée de la « mise en sommeil », des impayés des cotisations sociales qui, aux termes de l'article 26 de la loi nationale visée, sont immédiatement exigibles parce que constituant dès lors une créance sociale certaine et liquide, appréciée souverainement par les juges du fond. Rejet du moyen (CCJA, 1e ch., n° 001, 14-1-2015 : Commissions Import Export dite COMMISIMPEX c/ Caisse Nationale de Sécurité Sociale dite CNSS, Ohadata J-16-01).

JURISPRUDENCE COMPARÉE

France

Délai de publication

La publication de la décision des associés doit intervenir très rapidement car elle est essentielle à la protection des intérêts des créanciers sociaux (T. corr. Paris 20-11-1981 : Bull. Joly 1982 p. 484).

Art. 667 [mod.] **À défaut de réunion de l'assemblée générale, comme dans le cas où cette assemblée n'a pas pu délibérer valablement sur dernière convocation, tout intéressé peut demander en justice la dissolution de la société.**

Il en est de même si les dispositions de l'article 665 ci-dessus n'ont pas été appliquées.

JURISPRUDENCE COMPARÉE

France

Qualité d'intéressé

Pour justifier d'un intérêt à demander la dissolution, un créancier de la société ne peut se contenter d'invoquer cette seule qualité (CA Paris 18-2-1994 : Bull. Joly 1994 p. 531, décision concernant une SARL mais transposable aux SA en raison de l'analogie des textes applicables).

Un concurrent peut valablement intenter l'action en dissolution dès lors que celle-ci tend à assainir un marché et à faire échec à une action de mainmise sur tout un secteur d'activité par une société étrangère (TGI Strasbourg 12-3-1998 : RJDA 7/98 n° 872).

La circonstance qu'un actionnaire s'est opposé à l'adoption d'une résolution (en l'espèce une augmentation de capital) destinée à permettre la régularisation de la situation n'est pas de nature à le priver de la faculté, ouverte à tout intéressé, de demander la dissolution de la société (Cass. com. 31-10-2006 n° 1176 : RJDA 3/07 n° 271).

Art. 668 [mod.] **La juridiction compétente saisie d'une demande de dissolution peut accorder à la société un délai maximal de six (6) mois pour régulariser la situation.**

Elle ne peut prononcer la dissolution si, au jour où elle statue sur le fond, cette régularisation a eu lieu.

Art. 669 [mod.] **Les dispositions des articles 664 à 668 ci-dessus ne sont pas applicables aux sociétés en redressement judiciaire ou en liquidation de biens.**

Sous-titre VI • FUSION, SCISSION ET TRANSFORMATION

• Chapitre I •

FUSION ET SCISSION

Section I • FUSION

Art. 670 [mod.] Les opérations visées aux articles 189 à 199 ci-dessus et réalisées uniquement entre des sociétés anonymes, sont soumises aux dispositions du présent chapitre.

OBSERVATIONS

Voir les articles susvisés sur : la définition de la fusion, de la scission et de l'apport partiel d'actif ; la transmission universelle du patrimoine des sociétés absorbées, scindées ou faisant un apport partiel d'actif ; la dissolution des sociétés absorbées ou scindées ; la date de prise d'effet de l'opération ; le projet de fusion ; la publicité de ce projet ; les sociétés pouvant participer à ces opérations ; la déclaration de conformité aux dispositions applicables des opérations accomplies.

Art. 671 [mod.] La fusion est décidée par l'assemblée générale extraordinaire de chacune des sociétés qui participent à l'opération.

La fusion est soumise, le cas échéant, dans chacune des sociétés qui participent à l'opération, à la ratification des assemblées spéciales d'actionnaires visées à l'article 555 ci-dessus.

Toute délibération prise en violation des alinéas premier et deuxième du présent article est nulle.

Le conseil d'administration ou, le cas échéant, l'administrateur général de chacune des sociétés participant à l'opération établit un rapport qui est mis à la disposition des actionnaires.

Ce rapport explique et justifie le projet, de manière détaillée, du point de vue juridique et économique, notamment en ce qui concerne le rapport d'échange des actions et les méthodes d'évaluation utilisées, qui doivent être concordantes pour les sociétés concernées ainsi que, le cas échéant, les difficultés particulières d'évaluation. Ces délibérations prises par l'assemblée générale à défaut du rapport du conseil d'administration ou, le cas échéant, l'administrateur général sont nulles. Les délibérations peuvent être annulées dans le cas où le rapport ne contient pas toutes les indications prévues au présent alinéa.

JURISPRUDENCE COMPARÉE

I. États-Unis

Choix entre vente des capitaux et fusion

Le droit de l'État de Delaware autorise la cession d'actifs d'une société contre des actions. Il dispose également d'une procédure spéciale pour les fusions. Selon les juges de cet État, les sociétés qui souhaitent fusionner peuvent choisir indifféremment l'une ou l'autre méthode (Hariton v. Arco Electronics, Inc., Supreme Court of Delaware, 188 A.2d 123 (1963)).

II. France

Abus du droit de vote

A été réputé ne pas avoir commis un abus de minorité un associé qui avait émis un vote défavorable à un projet de fusion qui ne constituait pas une opération essentielle pour la société (CA Paris 4-12-2007 n° 06/12554 : RJDA 4/08 n° 422).

Obs. : voir aussi sous l'art. 197.

Art. 672 [mod.] Un ou plusieurs commissaires à la fusion, désignés par la juridiction compétente, établissent, sous leur responsabilité, un rapport écrit sur les modalités de la fusion.

Ils peuvent obtenir auprès de chaque société, communication de tous documents utiles et procéder à toutes vérifications nécessaires. Ils sont soumis, à l'égard des sociétés participantes, aux incompatibilités prévues à l'article 698 ci-après.

Le ou les commissaires à la fusion vérifient que les valeurs relatives attribuées aux actions des sociétés participant à l'opération sont pertinentes et que le rapport d'échange est équitable. Le ou les rapports des commissaires à la fusion sont mis à la disposition des actionnaires et indiquent :

1°) la ou les méthodes suivies pour la détermination du rapport d'échange proposé ;

2°) si cette ou ces méthodes sont adéquates en l'espèce et les valeurs auxquelles chacune de ces méthodes conduit, un avis étant donné sur l'importance relative donnée à cette ou ces méthodes dans la détermination de la valeur retenue ;

3°) les difficultés particulières d'évaluation, s'il en existe.

Les délibérations prises par l'assemblée générale à défaut du rapport du commissaire à la fusion sont nulles. Les délibérations peuvent être annulées dans le cas où le rapport ne contient pas toutes les indications prévues au présent article.

Observations

Nullité expresse des délibérations prises sans rapport du commissaire à la fusion et annulation possible des délibérations prises sur rapport non conforme aux indications requises.

Jurisprudence comparée

France

A. Tribunal compétent pour désigner les commissaires à la fusion

Le tribunal compétent est celui du lieu du siège social. En effet, il est de principe qu'en matière de sociétés le tribunal du siège social est compétent pour toutes les actions propres à celles-ci (CA Paris 26-5-1993 : Bull. CNCC 1994 p. 276 obs. Ph. Merle).

B. Responsabilité des commissaires à la fusion

Voir sous l'art. 312.

Art. 673 [mod.] Le ou les commissaires à la fusion sont désignés et accomplissent leur mission dans les conditions prévues aux articles 619 et suivants ci-dessus. Le commissaire à la fusion ne peut être choisi parmi les commissaires aux comptes des sociétés qui participent à l'opération.

S'il n'est établi qu'un seul rapport pour l'ensemble de l'opération, la désignation a lieu sur requête conjointe de toutes les sociétés participantes.

Art. 674 [mod.] Toute société anonyme participant à une opération de fusion doit mettre à la disposition de ses actionnaires, au siège social, quinze (15) jours au moins avant la date de l'assemblée générale appelée à se prononcer sur le projet, les documents suivants :

1°) le projet de fusion ;

2°) les rapports mentionnés aux articles 671 et 672 ci-dessus ;

3°) les états financiers de synthèse approuvés par les assemblées générales ainsi que les rapports de gestion des trois (3) derniers exercices des sociétés participant à l'opération ;

4°) un état comptable établi selon les mêmes méthodes et suivant la même présentation que le dernier bilan annuel, arrêté à une date qui, si les derniers états financiers de synthèse se rapportent à un exercice dont la fin est antérieure de plus de six (6) mois à la date du projet de fusion, doit être antérieure de moins de trois (3) mois à la date de ce projet.

Tout actionnaire peut obtenir, à ses frais, sur simple demande, copie intégrale ou partielle des documents susvisés. Les documents ci-dessus énumérés peuvent être mis à la disposition des actionnaires par voie électronique.

L'assemblée générale peut être annulée en cas de non respect des dispositions du présent article.

Jurisprudence comparée

France

Défaut de communication des rapports

Non-ajournement de l'assemblée. Doit être rejetée la demande du minoritaire visant à ajourner des assemblées générales convoquées pour statuer sur un apport partiel d'actif à défaut de communication des rapports dès lors qu'il incombait à ces minoritaires de démontrer le refus de consultation de ces rapports établis à une date permettant leur consultation (Cass. com. 8-7-2003 n° 1182 : RJDA 11/03 n° 1073).

Art. 675 [mod.] L'assemblée générale extraordinaire de la société absorbante statue sur l'approbation des apports en nature, conformément aux dispositions des articles 619 et suivants ci-dessus. Toute délibération prise en violation du présent article est nulle.

Art. 676 [mod.] Lorsque, depuis le dépôt au registre du commerce et du crédit mobilier du projet de fusion et jusqu'à la réalisation de l'opération, la société absorbante détient en permanence la totalité du capital de la ou des sociétés absorbées, il n'y a lieu ni à approbation de la fusion par l'assemblée générale extraordinaire des sociétés absorbées, ni à l'établissement des rapports mentionnés aux articles 671 et 672 ci-dessus.

Art. 677 [mod.] Lorsque la fusion est réalisée par voie de création d'une société nouvelle, celle-ci peut être constituée sans autres apports que ceux des sociétés qui fusionnent.

Dans tous les cas, le projet de statuts de la société nouvelle est approuvé par l'assemblée générale extraordinaire de chacune des sociétés qui disparaissent. Il n'y a pas lieu à approbation de l'opération par l'assemblée générale de la société nouvelle. Toute délibération prise en violation du présent alinéa est nulle.

Art. 678 [mod.] Le projet de fusion est soumis aux assemblées d'obligataires des sociétés absorbées, à moins que le remboursement des titres sur simple demande de leur part ne soit offert auxdits obligataires. L'opération de fusion réalisée en violation du présent alinéa est nulle.

Lorsqu'il y a lieu à remboursement sur simple demande, la société absorbante devient débitrice des obligataires de la société absorbée.

L'offre de remboursement des titres sur simple demande des obligataires prévue ci-dessus est publiée dans un journal habilité à recevoir les annonces légales de l'État partie.

Tout obligataire qui n'a pas demandé le remboursement dans le délai fixé conserve sa qualité dans la société absorbante aux conditions fixées par le contrat de fusion.

Art. 679 [mod.] La société absorbante est débitrice des créanciers non obligataires de la société absorbée aux lieu et place de celle-ci, sans que cette substitution emporte novation à leur égard.

Les créanciers non obligataires des sociétés participant à l'opération de fusion, y compris les bailleurs de locaux loués aux sociétés apportées, et dont la créance est antérieure à la publicité donnée au projet de fusion peuvent former opposition à celui-ci dans un délai de trente (30) jours à compter de cette publicité devant la juridiction compétente.

La juridiction compétente rejette l'opposition ou ordonne, soit le remboursement des créances, soit la constitution de garanties si la société en offre et si elles sont jugées suffisantes.

A défaut de remboursement des créances ou de la constitution des garanties ordonnées, la fusion est inopposable à ce créancier.

L'opposition formée par un créancier ne peut avoir pour effet d'interdire la poursuite de l'opération de fusion.

Art. 680 [mod.] Les dispositions de l'article 679 ci-dessus ne mettent pas obstacle à l'application des conventions autorisant le créancier à exiger le remboursement immédiat de sa créance en cas de fusion de la société débitrice avec une autre société.

Art. 681 [mod.] Le projet de fusion n'est pas soumis aux assemblées d'obligataires de la société absorbante.

Toutefois, l'assemblée générale des obligataires peut donner mandat aux représentants de la masse de former opposition à la fusion dans les conditions et sous les effets prévus aux articles 679 et 680 ci-dessus.

Art. 682 [mod.] L'opposition d'un créancier à la fusion dans les conditions prévues aux articles 679 et 681 ci-dessus doit être formée dans le délai de trente (30) jours à compter de l'insertion prescrite par l'article 265 ci-dessus.

Art. 683 [mod.] L'opposition des représentants de la masse des obligataires à la fusion prévue à l'article 681 ci-dessus doit être formée dans le même délai.

Section II • SCISSION

Art. 684 [mod.] Les dispositions des articles 670 à 683 ci-dessus sont applicables à la scission.

Art. 685 [mod.] Lorsque la scission doit être réalisée par apport à des sociétés anonymes nouvelles, chacune des sociétés nouvelles peut être constituée sans autre apport que celui de la société scindée.

En ce cas et si les actions de chacune des sociétés nouvelles sont attribuées aux actionnaires de la société scindée proportionnellement à leurs droits dans le capital de cette société, il n'y a pas lieu à l'établissement du rapport mentionné à l'article 672 ci-dessus.

Dans tous les cas, les projets des statuts des sociétés nouvelles sont approuvés par l'assemblée générale extraordinaire de la société scindée. Les sociétés nouvelles constituées en violation du présent alinéa sont nulles.

Il n'y a pas lieu à approbation de l'opération par l'assemblée générale de chacune des sociétés nouvelles.

Art. 686 [mod.] Le projet de scission est soumis aux assemblées d'obligataires de la société scindée, à moins que le remboursement des titres sur simple demande de leur part ne leur soit offert. La scission réalisée en violation du présent alinéa est nulle.

Lorsqu'il y a lieu à remboursement sur simple demande, les sociétés bénéficiaires des apports résultant de la scission sont débitrices solidaires des obligataires qui demandent le remboursement.

Art. 687 [mod.] Le projet de scission n'est pas soumis aux assemblées d'obligataires des sociétés auxquelles le patrimoine est transmis. Toutefois, l'assemblée des obligataires peut donner mandat aux représentants de la masse de former opposition à la scission, dans les conditions et sous les effets prévus à l'article 681 ci-dessus.

Art. 688 Les sociétés bénéficiaires des apports résultant de la scission sont débitrices solidaires des obligataires et des créanciers non obligataires de la société scindée, aux lieu et place de celle-ci, sans que cette substitution emporte novation à leur égard.

JURISPRUDENCE OHADA

Reconnaissance des dettes de la société scindée par les nouvelles sociétés créées

En vertu de l'article 688 de l'AUSCGIE, des sociétés résultant de la scission d'une autre et qui ont implicitement reconnu être débitrices du créancier de la société scindée en effectuant un remboursement partiel de la créance doivent être déclarées solidairement débitrices de la dette et condamnées à en payer le reliquat (CA Abidjan, Ch. civ. et com., n° 282, 13-2-2004 : ENEDIS Conseil c/ Sté OCTIDE INDUSTRIES, Sté SIFCA-JAG, Sté SOIMEXY, Ohadata J-05-319).

Art. 689 [mod.] Par dérogation aux dispositions de l'article 688 ci-dessus, il peut être stipulé que les sociétés bénéficiaires de la scission ne sont tenues que de la partie du passif de la société scindée mise à leur charge respective et sans solidarité entre elles.

En ce cas, les créanciers non obligataires des sociétés participantes peuvent former opposition à la scission dans les conditions et sous les effets prévus aux articles 679, al. 2 et suivants ci-dessus.

JURISPRUDENCE OHADA

Défaut de répartition du passif de la société scindée entre les nouvelles sociétés

Solidarité dans le règlement du passif. Des sociétés nées de la scission d'une société débitrice et qui ne produisent aucun document indiquant la part du passif de la société mère affectée à chacune d'elles doivent être solidairement condamnées à régler le passif de la société mère car l'article 689 leur est inapplicable (CA Abidjan, Ch. civ. et com., n° 282, 13-2-2004, précité sous l'art. 688 Ohadata J-05-319).

Chapitre II

TRANSFORMATION

Art. 690 [mod.] Toute société anonyme peut se transformer en société d'une autre forme si, au moment de sa transformation, elle a été constituée depuis deux (2) ans au moins et si elle a établi et fait approuver par les actionnaires le bilan de ses deux (2) premiers exercices.

Art. 691 [mod.] La décision de transformation est prise sur le rapport du commissaire aux comptes de la société.

Le rapport atteste que l'actif net est au moins égal au capital social.

La transformation est soumise, le cas échéant, à l'approbation de l'assemblée des obligataires.

La décision de transformation est soumise à publicité dans les conditions prévues pour les modifications des statuts aux articles 263 et 265 ci-dessus.

Art. 692 [mod.] La transformation d'une société anonyme en société en nom collectif est décidée à l'unanimité des actionnaires. Il n'est pas fait, dans ce cas, application des articles 690 et 691 ci-dessus.

Art. 693 La transformation d'une société anonyme en société à responsabilité limitée est décidée dans les conditions prévues pour la modification des statuts des sociétés de cette forme.

Art. 693-1 [nouv.] Les délibérations prises en violation des articles 690, 691, 692 et 693 ci-dessus sont nulles.

Observations

Nullité expresse de la violation des dispositions relatives à la transformation.

Sous-titre VII • CONTRÔLE DES SOCIÉTÉS ANONYMES

Chapitre I

CHOIX DU COMMISSAIRE AUX COMPTES ET DE SON SUPPLÉANT

Art. 694 Le contrôle est exercé, dans chaque société anonyme, par un ou plusieurs commissaires aux comptes.

Les fonctions de commissaire aux comptes sont exercées par des personnes physiques ou par des sociétés constituées par ces personnes physiques, sous l'une des formes prévues par le présent Acte uniforme.

Art. 695 [mod.] Lorsqu'il existe un ordre des experts-comptables dans l'État partie du siège de la société, objet du contrôle, seuls les experts-comptables inscrits au tableau de l'ordre peuvent exercer les fonctions de commissaires aux comptes.

Observations

« Inscrits au tableau de l'ordre » remplace « agréés ».

Art. 696 [mod.] Lorsqu'il n'existe pas un ordre des experts-comptables, seuls peuvent exercer les fonctions de commissaire aux comptes les experts-comptables inscrits préalablement sur une liste établie par une commission siégeant auprès d'une cour d'appel, dans le ressort de l'État partie du siège de la société objet du contrôle.

Cette commission est composée de quatre (4) membres :

1°) un magistrat du siège à la cour d'appel qui préside avec voix prépondérante ;

2°) un professeur de droit, de sciences économiques ou de gestion ;

3°) un magistrat de la juridiction compétente en matière commerciale ;

4°) un représentant du Ministère chargé des finances ayant les compétences avérées en la matière.

Art. 697 Les fonctions de commissaire aux comptes sont incompatibles :

1°) avec toute activité ou tout acte de nature à porter atteinte à son indépendance ;

2°) avec tout emploi salarié. Toutefois, un commissaire aux comptes peut dispenser un enseignement se rattachant à l'exercice de sa profession ou occuper un emploi rémunéré chez un commissaire aux comptes ou chez un expert-comptable ;

3°) avec toute activité commerciale, qu'elle soit exercée directement ou par personne interposée.

Art. 698 [mod.] Ne peuvent être commissaires aux comptes :

1°) les fondateurs, actionnaires, bénéficiaires d'avantages particuliers, dirigeants sociaux de la société ou de ses filiales, ainsi que leur(s) conjoint(s) ;

2°) les parents et alliés, jusqu'au quatrième degré inclus, des personnes visées au 1°) du présent article ;

3°) les dirigeants sociaux de sociétés possédant le dixième du capital de la société ou dont celle-ci possède le dixième du capital, ainsi que leur(s) conjoint(s) ;

4°) les personnes qui, directement ou indirectement, ou par personne interposée, reçoivent, soit des personnes figurant au 1°) du présent article, soit de toute société visée au 3°) du présent article, un salaire ou une rémunération quelconque en raison d'une activité permanente autre que celle de commissaire aux comptes ; il en est de même pour les conjoints de ces personnes ;

5°) les sociétés de commissaires aux comptes dont l'un des associés, actionnaires ou dirigeants se trouve dans l'une des situations visées aux alinéas précédents ;

6°) les sociétés de commissaires aux comptes dont soit l'un des dirigeants, soit l'associé ou l'actionnaire exerçant les fonctions de commissaire aux comptes, a son conjoint qui se trouve dans l'une des situations prévues au 5°) du présent article.

Jurisprudence comparée

France

Le président d'une société de commissaires aux comptes ne peut pas, pendant qu'il assume cette fonction, être nommé commissaire suppléant de la société contrôlée par la société de commissaire car il y a confusion de personne (Cass. com. 28-1-1992 : Rev. sociétés 1992 p. 727 note D. Vidal).

Art. 699 [mod.] Le commissaire aux comptes ne peut être nommé administrateur, administrateur général, administrateur général adjoint, directeur général directeur général adjoint ou plus généralement dirigeant social des sociétés qu'il contrôle moins de cinq (5) années après la cessation de sa mission de contrôle de ladite société.

La même interdiction est applicable aux associés d'une société de commissaires aux comptes.

Pendant le même délai, il ne peut exercer la même mission de contrôle ni dans les sociétés possédant le dixième du capital de la société contrôlée par lui, ni dans les sociétés dans lesquelles la société contrôlée par lui possède le dixième du capital, lors de la cessation de sa mission de contrôle de commissaire aux comptes.

Jurisprudence comparée

France

Sur la nullité de la nomination du commissaire nommé dirigeant d'une société qu'il a contrôlée moins de cinq ans après expiration de ses fonctions : Cass. soc. 20-10-1976 : Rev. sociétés 1977 p. 277 note J.G.

Art. 700 [mod.] Les personnes ayant été administrateurs, administrateurs généraux, administrateurs généraux adjoints, directeurs généraux ou directeurs généraux adjoints, gérants ou salariés d'une société ne peuvent être nommées commissaires aux comptes de la société moins de cinq (5) années après la cessation de leurs fonctions dans ladite société.

Pendant le même délai, elles ne peuvent être nommées commissaires aux comptes dans les sociétés possédant dix pour cent (10 %) du capital de la société dans laquelle elles exerçaient leurs fonctions ou dont celles-ci possédaient dix pour cent (10 %) du capital lors de la cessation de leurs fonctions.

Les interdictions prévues au présent article pour les personnes mentionnées au premier alinéa sont applicables aux sociétés de commissaires aux comptes dont lesdites personnes sont associées, actionnaires ou dirigeantes.

Jurisprudence comparée

France

Portée de la « désignation régulière »

L'expression « à défaut de désignation régulière » vise non seulement le cas où la société n'a pas de commissaire, mais aussi celui où elle n'est dotée que d'un seul commissaire alors qu'elle devrait en avoir deux (CA Paris 19-10-1979 : Rev. sociétés 1980 p. 480 note J.-L. Sibon).

Art. 701 [mod.] Les délibérations prises à défaut de la désignation régulière de commissaires aux comptes titulaires ou sur le rapport de commissaires aux comptes titulaires nommés ou demeurés en fonction contrairement aux dispositions des articles 694 à 700 ci-dessus sont nulles.

L'action en nullité est éteinte si ces délibérations sont expressément confirmées par une assemblée générale, sur le rapport de commissaires régulièrement désignés.

Chapitre II
NOMINATION DU COMMISSAIRE AUX COMPTES ET DE SON SUPPLÉANT

Art. 702 [mod.] Les sociétés anonymes ne faisant pas publiquement appel à l'épargne sont tenues de désigner un commissaire aux comptes et un suppléant.

Les sociétés anonymes faisant publiquement appel à l'épargne sont tenues de désigner au moins deux (2) commissaires aux comptes et deux (2) suppléants.

Art. 703 Le premier commissaire aux comptes et son suppléant sont désignés dans les statuts ou par l'assemblée générale constitutive.

En cours de vie sociale, le commissaire aux comptes et son suppléant sont désignés par l'assemblée générale ordinaire.

Art. 704 [mod.] La durée des fonctions du commissaire aux comptes désigné dans les statuts ou par l'assemblée générale constitutive est de deux (2) exercices sociaux.

Lorsqu'il est désigné par l'assemblée générale ordinaire, le commissaire aux comptes exerce ses fonctions durant six (6) exercices sociaux.

Art. 705 Les fonctions du commissaire aux comptes expirent à l'issue de l'assemblée générale qui statue soit sur les comptes du deuxième exercice, lorsqu'il est désigné dans les statuts ou par l'assemblée générale constitutive, soit sur les comptes du sixième exercice, lorsqu'il est nommé par l'assemblée générale ordinaire.

Art. 706 Le commissaire aux comptes nommé par l'assemblée des actionnaires en remplacement d'un autre ne demeure en fonction que jusqu'à l'expiration du mandat de son prédécesseur.

Art. 707 Lorsque, à l'expiration des fonctions du commissaire aux comptes, il est proposé à l'assemblée de ne pas renouveler son mandat, le commissaire aux comptes peut, à sa demande, être entendu par l'assemblée.

Art. 708 [mod.] Si l'assemblée omet d'élire un commissaire aux comptes titulaire ou suppléant tout actionnaire peut demander en référé à la juridiction compétente, la désignation d'un commissaire aux comptes – titulaire ou suppléant –, le président du conseil d'administration, le président-directeur général ou l'administrateur général dûment appelé.

Le mandat ainsi conféré prend fin lorsqu'il a été procédé par l'assemblée générale à la nomination du commissaire.

JURISPRUDENCE COMPARÉE

France

A. Demande

La nomination d'un commissaire peut être demandée en justice même après la dissolution de la société (CA Paris 22-1-1971 : D. 1971 p. 517 note Y. Guyon).

La demande visant à réparer l'omission d'une nomination légalement obligatoire et nécessaire au fonctionnement régulier de la société, est irrecevable celle tendant à la désignation d'un commissaire aux comptes, au choix d'un actionnaire, en exécution d'une stipulation d'un pacte d'actionnaires (Cass. com. 12-10-2010 n° 09-13.006 : RJDA 1/11 n° 52).

La demande ne saurait avoir pour but de résoudre les différends entre associés (CA Paris 15-12-2004 nº 04/9188 : RJDA 2/06 nº 157).

B. Pouvoir du juge

Le juge dispose d'un pouvoir souverain d'appréciation pour accéder ou non, en fonction de l'intérêt social, à la demande (CA Paris 24-5-2002 : Bull. CNCC mars 2003 p. 150 obs. Ph. Merle).

La désignation d'un commissaire aux comptes est justifiée lorsque les comptes sociaux n'ont pas été établis pendant trois exercices consécutifs (CA Paris 20-10-1995 nº 94/16100, 14e ch. B).

Art. 709 Si l'assemblée omet de renouveler le mandat d'un commissaire aux comptes ou de le remplacer à l'expiration de son mandat et, sauf refus exprès du commissaire, sa mission est prorogée jusqu'à la plus prochaine assemblée générale ordinaire annuelle.

Chapitre III
MISSION DU COMMISSAIRE AUX COMPTES

Section I • OBLIGATIONS DU COMMISSAIRE AUX COMPTES

Art. 710 [mod.] Le commissaire aux comptes émet une opinion indiquant que les états financiers de synthèse sont réguliers et sincères et donnent une image fidèle du résultat des opérations de l'exercice écoulé ainsi que de la situation financière et du patrimoine de la société à la fin de cet exercice.

JURISPRUDENCE COMPARÉE

France

Condamnation pour complicité avec les dirigeants pour tromperie sur l'image fidèle

Le commissaire aux comptes peut être poursuivi pour complicité de présentation de comptes ne donnant pas une image fidèle si leur approbation résulte d'une entente frauduleuse avec les dirigeants sociaux et l'expert-comptable qui a participé sciemment à l'élaboration du bilan inexact ; tel est le cas d'un commissaire aux comptes qui donne des conseils aux dirigeants pour présenter un bilan inexact à l'assemblée générale (Cass. crim. 26-5-1986 : Bull. CNCC nº 65-1987 p. 82).

Art. 711 [mod.] Dans son rapport à l'assemblée générale ordinaire, le commissaire aux comptes, à la lumière des éléments probants obtenus :

1º) soit conclut que les états financiers de synthèse sont réguliers et sincères et donnent une image fidèle du résultat des opérations écoulées ainsi que de la situation financière et du patrimoine de la société à la fin de cet exercice ;

2º) soit exprime, en la motivant, une opinion avec réserves ou défavorable ou indique qu'il est dans l'impossibilité d'exprimer une opinion.

OBSERVATIONS

1º : Outre la régularité et la sincérité des états financiers, le commissaire aux comptes doit désormais conclure à l'image fidèle qu'ils donnent du résultat des opérations écoulées.

2º : Nouvelle rédaction sur la formulation des réserves.

Art. 712 Le commissaire aux comptes a pour mission permanente, à l'exclusion de toute immixtion dans la gestion, de vérifier les valeurs et les documents comptables de la société et de contrôler la conformité de sa comptabilité aux règles en vigueur.

JURISPRUDENCE COMPARÉE

France

A. Début d'exercice de la mission

Le commissaire aux comptes doit exercer sa mission dès sa nomination (Cass. com. 19-10-1999 : RJDA 1/00 n° 36 ; Cass. com. 24-10-2000 n° 1760 : Bull. civ. IV n° 160).

B. Absence d'immixtion

Ne constitue pas une immixtion abusive dans la gestion de la société le fait par le commissaire aux comptes de convoquer une assemblée afin de lui soumettre des solutions propres à mettre fin aux graves dissentiments existant entre les dirigeants sociaux (CA Paris 22-2-1980 : Gaz. Pal. 1980 p. 359 concl. Ecoutin).

Art. 713 Le commissaire aux comptes vérifie la sincérité et la concordance avec les états financiers de synthèse, des informations données dans le rapport de gestion du conseil d'administration ou de l'administrateur général, selon le cas, et dans les documents sur la situation financière et les états financiers de synthèse de la société adressés aux actionnaires.

Il fait état de ces observations dans son rapport à l'assemblée générale annuelle.

Art. 714 Le commissaire aux comptes s'assure enfin que l'égalité entre les associés est respectée, notamment que toutes les actions d'une même catégorie bénéficient des mêmes droits.

Art. 715 [mod.] Le commissaire aux comptes dresse un rapport dans lequel il porte à la connaissance du conseil d'administration, de l'administrateur général ainsi que, le cas échéant du comité d'audit :

1°) les contrôles et vérifications auxquels il a procédé et les différents sondages auxquels il s'est livré ainsi que leurs résultats ;

2°) les postes du bilan et des autres documents comptables auxquels des modifications lui paraissent devoir être apportées, en faisant toutes les observations utiles sur les méthodes d'évaluation utilisées pour l'établissement de ces documents ;

3°) les irrégularités et les inexactitudes qu'il a découvertes ;

4°) les conclusions auxquelles conduisent les observations et rectifications ci-dessus sur les résultats de l'exercice comparés à ceux du dernier exercice.

Ce rapport est mis à la disposition du président du conseil d'administration ou de l'administrateur général avant la réunion du conseil d'administration ou de la décision de l'administrateur général qui arrête les comptes de l'exercice.

OBSERVATIONS

Al. 1 : mention du comité d'audit désormais expressément visé par le nouvel Acte uniforme (art. 829-1 [nouv.]).

Art. 716 Le commissaire aux comptes signale, à la plus prochaine assemblée générale, les irrégularités et les inexactitudes relevées par lui au cours de l'accomplissement de sa mission.

En outre, il révèle au ministère public les faits délictueux dont il a eu connaissance dans l'exercice de sa mission, sans que sa responsabilité puisse être engagée par cette révélation.

JURISPRUDENCE COMPARÉE

Voir l'art. 899 sur le délit de non-révélation au ministère public.

Art. 717 [mod.] Sous réserve des dispositions de l'article 716 ci-dessus, le commissaire aux comptes, ainsi que ses collaborateurs sont astreints au secret professionnel pour les faits, actes et renseignements dont ils ont pu avoir connaissance en raison de leurs fonctions.

JURISPRUDENCE COMPARÉE

France

A. Application du secret

Le commissaire aux comptes est lié par le secret à l'égard d'un ancien salarié de la société, quand bien même la communication des informations sollicitées pourrait s'avérer particulièrement utile à ce dernier dans la perspective d'une instance prud'homale (Cass. com. 8-2-2005 n° 204 : RJDA 5/05 n° 580 à propos du secret professionnel d'un expert-comptable, mais transposable).

B. Limites au secret

1° Défense du commissaire

Malgré l'obligation de secret lui incombant envers la société, le commissaire aux comptes peut durant une instance visant à démontrer sa responsabilité et le préjudice consécutif à ses fautes et négligences dans l'accomplissement de sa mission, communiquer des pièces établissant les contrôles et diligences effectués au sein de la société (Cass. com. 14-11-1995 : RJDA 2/96 n° 236).

2° Recherche des conditions dans lesquelles le commissaire a exercé ses fonctions

En présence d'une mesure d'instruction destinée à rechercher les conditions d'exercice de ses fonctions dans la société contrôlée victime d'un effondrement du cours de ses actions malgré la publication d'informations financières optimistes avalisées par eux, les commissaires aux comptes ne sauraient se retrancher derrière le secret professionnel pour s'opposer à la communication des pièces exigées d'eux (Cass. com. 14-11-1995 : RJDA 2/96 n° 236).

Art. 717-1 [nouv.] Les délibérations des assemblées prises sans que les rapports devant être établis par le commissaire aux comptes conformément au présent Acte uniforme aient été soumis à l'assemblée générale sont nulles. Les délibérations peuvent être annulées lorsque le rapport ne contient pas toutes les indications prévues au présent article.

L'action en nullité est éteinte si ces délibérations sont expressément confirmées par une assemblée générale sur le rapport du commissaire aux comptes régulièrement désigné.

OBSERVATIONS

Nullité expresse des délibérations prises sans rapport du commissaire aux comptes et nullité possible en cas de rapport non conforme aux informations requises.

Section II • DROITS DU COMMISSAIRE AUX COMPTES

Art. 718 [mod.] A toute époque de l'année, le commissaire aux comptes opère toutes vérifications et tous contrôles qu'il juge opportuns et peut se faire communiquer, sur place, toutes pièces qu'il estime utiles à l'exercice de sa mission et notamment tous contrats, livres, documents comptables et registres de procès-verbaux.

Pour l'accomplissement de ces contrôles et vérifications, le commissaire aux comptes peut, sous sa responsabilité, se faire assister ou représenter par tels experts ou collaborateurs de son choix, qu'il fait connaître nommément à la société. Ceux-ci ont les mêmes droits d'investigation que ceux des commissaires aux comptes.

Les investigations prévues au présent article peuvent être faites tant auprès de la société que des sociétés mères ou filiales au sens des articles 178 et 180 ci-dessus.

JURISPRUDENCE COMPARÉE

France

A. Absence de faute du salarié informateur du commissaire

Le commissaire aux comptes n'est pas un tiers vis-à-vis de l'entreprise dans laquelle il exerce ses fonctions et un salarié ne peut être considéré comme ayant commis une faute grave lorsque, sans l'accord de son supérieur hiérarchique, il a pris l'initiative de révéler au commissaire aux comptes des « situations intérimaires » à usage interne (Cass. soc. 24-3-1988 : Bull. civ. V n° 209).

B. Refus d'information du commissaire

1° Refus fautif

Il n'est pas nécessaire que le refus de communication soit absolu, « la simple réticence à fournir des explications, l'atermoiement inexcusable, la production partielle caractérisent l'infraction dès lors qu'ils ont été commis sciemment » (CA Rennes 30-9-1974 : Rev. sociétés 1976 p. 521 note P. Mabilat).

Lorsque le commissaire aux comptes fait l'objet d'une procédure de relèvement, le refus par le dirigeant de lui communiquer des documents comptables est punissable tant que la décision judiciaire de relèvement n'est pas devenue définitive (Cass. crim. 12-9-2001 n° 5589 : RJDA 1/02 n° 56).

2° Refus justifié

Le silence opposé par le président à une lettre du commissaire aux comptes demandant de lui faire parvenir certains livres sociaux ne saurait être assimilé à une obstruction délibérée de sa part aux vérifications du commissaire dès lors que la communication des documents sociaux doit se faire là où ils sont tenus (CA Paris 29-1-1976 : Bull. Joly 1976 p. 142).

Art. 719 Si plusieurs commissaires aux comptes sont en fonction, ils peuvent procéder séparément à leurs investigations, vérifications et contrôles mais ils établissent un rapport commun.

En cas de désaccord entre les commissaires, le rapport indique les différentes opinions exprimées.

Art. 720 [mod.] Le commissaire aux comptes peut également recueillir toutes informations utiles à l'exercice de sa mission auprès des tiers qui ont accompli des opérations pour le compte de la société. Toutefois, ce droit d'information ne peut s'étendre à la communication des pièces, contrats et documents quelconques détenus par des tiers, à moins qu'il n'y soit autorisé par une décision de la juridiction compétente statuant à bref délai.

Le secret professionnel ne peut être opposé au commissaire aux comptes sauf par les auxiliaires de justice.

Art. 721 [mod.] Le commissaire aux comptes est obligatoirement convoqué à toutes les assemblées d'actionnaires, au plus tard lors de la convocation des actionnaires eux-mêmes, par lettre au porteur contre récépissé ou par lettre recommandée avec demande d'avis de réception. A défaut de convocation du commissaire aux comptes, l'assemblée est nulle seulement s'il doit présenter un rapport. Dans tous les autres cas de convocation irrégulière, l'assemblée peut être annulée. Toutefois, l'action en nullité n'est pas recevable lorsque le commissaire aux comptes était présent.

Art. 722 [mod.] Le commissaire aux comptes est obligatoirement convoqué à la réunion, selon le cas, du conseil d'administration ou de l'administrateur général qui arrête les comptes de l'exercice, ainsi qu'à toute autre réunion du conseil ou de l'administrateur général intéressant sa mission.

La convocation est faite, au plus tard, lors de la convocation des membres du conseil d'administration ou, lorsque la société est dirigée par un administrateur général, trois (3) jours au moins avant que celui-ci ne délibère, par lettre au porteur contre récépissé ou par lettre recommandée avec demande d'avis de réception.

A défaut de convocation du commissaire aux comptes, l'assemblée peut être annulée. Toutefois, l'action en nullité n'est pas recevable lorsque le commissaire aux comptes était présent.

Art. 723 Les honoraires du commissaire aux comptes sont à la charge de la société.

Le montant des honoraires est fixé globalement, quel que soit le nombre des commissaires qui se répartissent entre eux ces honoraires.

Art. 724 Les frais de déplacement et de séjour engagés par les commissaires aux comptes dans l'exercice de leurs fonctions sont à la charge de la société.

De même, la société peut allouer au commissaire aux comptes une rémunération exceptionnelle lorsque celui-ci :

1°) exerce une activité professionnelle complémentaire, pour le compte de la société, à l'étranger ;

2°) accomplit des missions particulières de révision des comptes de sociétés dans lesquelles la société contrôlée détient une participation ou envisage de prendre une participation ;

3°) accomplit des missions temporaires confiées par la société à la demande d'une autorité publique.

Chapitre IV

RESPONSABILITÉ DU COMMISSAIRE AUX COMPTES

Art. 725 [mod.] Le commissaire aux comptes titulaire du mandat est civilement responsable, tant à l'égard de la société que des tiers, des conséquences dommageables, des fautes et négligences qu'il commet dans l'exercice de ses fonctions.

Toutefois, sa responsabilité ne peut être engagée pour les informations ou divulgations de faits auxquelles il procède en exécution de sa mission conformément à l'article 153 ci-dessus.

Jurisprudence OHADA

Appréciation souveraine de l'existence d'une faute par les juges du fond

C'est par une appréciation souveraine des faits et circonstances de la cause, qu'une cour d'appel a conclu à l'absence de faute d'un commissaire aux comptes dans l'accomplissement de sa mission. Il s'ensuit que le moyen unique de cassation qui, sous le couvert de violation de la loi, tend plutôt à remettre en discussion devant la CCJA des faits souverainement appréciés par les juges du fond, doit être déclaré irrecevable (CCJA, 2e ch., n° 145/2021, 24-6-2021 : Kouame Bi Iritie c/ Société Ernst & Young Côte d'Ivoire et Société BNI Gestion).

Jurisprudence comparée

France

A. Nature de l'obligation

L'obligation du commissaire aux comptes est une obligation de moyens et non de résultat (Cass. com. 28-1-1992 : RJDA 4/92 n° 357).

Par exception, le commissaire aux comptes est tenu d'une obligation de résultat lorsqu'il accomplit certaines de ses missions telles :

– la certification du montant global des rémunérations perçues par les personnes les mieux rémuné-

rées de la société (CA Bordeaux 7-3-1990 : Dr. sociétés 1991 n° 225) ;
– l'information des dirigeants et de l'assemblée en cas de découverte d'irrégularités ou d'inexactitudes (CA Orléans 18-12-1990 : Rev. jur. Centre-Ouest 1992 p. 182 note G.-J. Nana).

B. Faute du commissaire

Le commissaire aux comptes a été déclaré responsable lorsqu'il n'a :
– jamais effectué « d'intervention utile » alors que, pendant les années qui ont précédé sa ruine, la société avait été gérée dans des conditions déplorables, que ses dirigeants avaient commis de multiples détournements, qu'ils avaient engagé des dépenses de prestige tout à fait excessives, et que la véritable situation de la société avait été dissimulée plusieurs années de suite grâce à des manipulations comptables, notamment par le maintien au poste « marchés en cours » de chantiers achevés et qui s'étaient soldés par d'importants déficits (CA Paris 23-2-1978 : Rev. sociétés 1979 p. 92 note E. du Pontavice) ;
– pas procédé à une « intervention utile » dans une société ayant subi de sérieuses difficultés depuis plusieurs années dues des multiples malversations, d'une gestion catastrophique, de dépenses démesurées et dont la de la situation avait été masquée pendant plusieurs années par le biais de manipulations comptables, notamment en conservant au poste « marchés en cours » de chantiers terminés et qui avaient occasionné des déficits considérables (CA Paris 23-2-1978 : Rev. sociétés 1979 p. 92 note E. du Pontavice) ;
– pas effectué des investigations plus poussées estimant sa rémunération insuffisante et son manque de temps et a néanmoins certifié sans réserves la régularité et la sincérité du bilan et des comptes (Cass. com. 20-5-1986 : BRDA 14/86 p. 20) ;
– pas divulgué les agissements frauduleux du comptable, employé de la société (CA Bordeaux 17-10-1990 : Bull. CNCC 1990 p. 499 note E. du Pontavice ; CA Reims 31-7-1996 : Bull. CNCC 1996 p. 482 note Ph. Merle ; Cass. com. 6-10-1992 : RJDA 12/92 n° 1142 ; CA Rouen 29-9-2004 n° 01/1553 : RJDA 4/05 n° 404) ;
– pas signalé, en raison de ses négligences dans le contrôle et la certification inexacte des comptes sociaux irréguliers pendant deux exercices consécutifs, et fait ainsi état de bilans bénéficiaires, poursuivant ainsi une activité déficitaire ayant différé la constatation de la cessation des paiements (CA Paris 13-11-1998 : RJDA 3/99 n° 300) ;
– pas divulgué les malversations commises par un dirigeant tel que des détournements d'actifs (CA Paris 2-6-2003 n° 01/17616 : RJDA 4/04 n° 434) ou celles commises par le comptable, employé de la société (Cass. com. 6-10-1992 n° 1379 : RJDA 12/92 n° 1142 ; CA Rouen 29-9-2004 n° 01/1553 : RJDA 4/05 n° 404 ; CA Paris 5-6-2007 n° 05/22575 : RJDA 2/08 n° 159) ;
– pas procédé aux contrôles que nécessitait l'activité spécifique d'administrateur de biens (vérification de l'absence d'écart significatif entre la comptabilité « mandants » dans les livres de l'administrateur de biens et le compte bancaire « trésorerie mandants » exclusivement affecté à la réception des versements résultant des mandats), mais s'est limité à un contrôle purement arithmétique et à l'analyse du dénouement de quelques « sommes en rapprochement », ce qui l'a empêché de détecter la falsification des états de rapprochement bancaire ; en outre, il a manqué à son obligation d'apprécier la qualité du contrôle interne à l'entreprise et de s'assurer que les procédures mises en place au sein de celle-ci étaient de nature à garantir l'enregistrement correct des opérations et la sécurité des fonds détenus pour le compte des clients (CA Paris 5-6-2007 : BRDA 22/07 inf. 6 : manquements qui ont empêché la mise au jour de détournements de fonds par le comptable de la société).

C. Preuve

La mission en œuvre de la responsabilité du commissaire suppose d'établir un défaut de comportement comme le doit un « professionnel normalement diligent » (CA Paris 20-3-2000 : Bull. Joly 2000 p. 685 note J.-F. Barbièri).
Le constat du défaut de régularité et de sincérité des comptes certifiés ne suffit pas, par lui-même, à établir que le commissaire aux comptes a commis une faute ; il faut apporter la preuve qu'il ne s'est pas comporté en « professionnel normalement diligent » (CA Paris 20-3-2000 : Bull. Joly 2000 p. 685 note J.-F. Barbièri).

D. Exonération du commissaire

Le commissaire aux comptes n'est pas responsable envers une société des détournements de fonds commis par son comptable à condition de prouver la faute de celle-ci absorbant celle du commissaire aux comptes et résultant du défaut de surveillance de son préposé (Cass. com. 14-12-2004 n° 1828 : RJDA 5/05 n° 578).

E. Préjudice réparable

Au titre du préjudice le commissaire aux comptes doit réparer la perte de chance de la victime du dommage ; les juges ont estimé qu'une société ayant subi des détournements de son gérant, ne pouvait exiger que le commissaire aux comptes, ayant certifié les comptes de la société, alors qu'une analyse approfondie l'aurait amené à émettre des réserves, doive indemniser la société de ces détournements, son préjudice résultant de la perte d'une chance de faire cesser rapidement les détournements laquelle constituait un dommage distinct des détournements (Cass. com. 19-10-1999 nº 1546 : RJDA 1/00 nº 36) ; de même, lorsque l'administrateur d'une société anonyme ayant cautionné le remboursement d'un crédit bancaire octroyé à la société, avait mis en cause la responsabilité du commissaire aux comptes, ayant certifié des comptes faux facilitant ainsi la banque à consentir le crédit augmentant le passif social, les tribunaux ont retenu la responsabilité du commissaire aux comptes en raison de ses négligences laissant ainsi croire à la banque à la solvabilité de la société et ainsi privé l'administrateur d'une chance de ne pas avoir à s'obliger en qualité de caution (Cass. com. 24-9-2003 nº 1341 : RJDA 2/04 nº 227).

F. Société de commissaires aux comptes

En présence d'une société de commissaire aux comptes, la société est responsable des fautes commises dans l'accomplissement de sa mission par le commissaire et non la personne physique signataire des rapports sauf preuve d'une faute détachable des fonctions (CA Rennes 16-9-2005 : RJDA 4/06 nº 421).

Art. 726 **Le commissaire aux comptes n'est pas responsable des dommages causés par les infractions commises par les membres du conseil d'administration ou par l'administrateur général, selon le cas, sauf si en ayant eu connaissance, il ne les a pas révélées dans son rapport à l'assemblée générale.**

Jurisprudence OHADA

I. Appréciation souveraine de la responsabilité d'un commissaire aux comptes par le juge du fond

C'est par une appréciation souveraine des faits et circonstances de la cause qu'un juge d'appel a retenu la motivation suivante pour conclure à la faute et la responsabilité d'un commissaire aux comptes dans l'accomplissement de sa mission : « [S]'il est vrai que les abus et détournements décelés par l'expert judiciaire sont le fait du président-directeur général, du directeur général et du directeur de la comptabilité de la société [X.], le commissaire aux comptes, qui est tout aussi un professionnel averti en la matière, ne saurait valablement évoquer l'article 726 de l'AUSCGIE pour s'affranchir de la responsabilité qui lui incombe en pareilles circonstances. En effet, l'expertise a révélé que si les diligences élémentaires d'audit avaient été accomplies dans les règles de l'art par le commissaire aux comptes, elles auraient permis de constater les fraudes dissimulées, fussent-elles celles des dirigeants de la société ; […] ainsi, il convient de dire que le commissaire aux comptes a commis au cours de sa mission, une faute de nature à engager sa responsabilité civile, en ce qu'elle a occasionné un préjudice certain à la société [X.] et [Y.], son principal actionnaire ». En se déterminant ainsi et en estimant que le fait dommageable peut être directement imputable au commissaire aux comptes, et que l'exonération de responsabilité doit provenir dans ce cas de la preuve par le commissaire aux comptes qu'il a accompli de façon professionnelle tout ce qui lui incombait au titre de sa mission, conformément aux articles 710 et suivants de l'AUSCGIE, la cour d'appel n'a en rien violé l'article visé au moyen (CCJA, 1e ch., nº 031/2024, 1-2-2024).

II. Réparation de l'entier préjudice subi par la société et son associé majoritaire à la charge du commissaire aux comptes reconnu responsable

L'arrêt attaqué qui, contrairement aux affirmations de la demanderesse au pourvoi, énonce que « les articles 710 à 720 de l'[AUSCGIE] décrivent clairement les missions du commissaire aux comptes avec pouvoir de contrôle, de vérification et d'investigations, telles que seul un défaut sérieux de vérification et un manque de diligences professionnels ont pu permettre et favoriser les détournements ou déficits constatés sur plusieurs années consécutives, au cours desquelles le commissaire aux comptes a pourtant certifié sincères et réguliers les états financiers des années 1999 à 2003 ; s'il est vrai que les abus et détournements décelés par l'expert judiciaire sont le fait du Président Directeur Général, du Directeur Général et du Directeur de la comptabilité de la société [X.], le commissaire aux comptes, qui est tout aussi un professionnel averti en la matière, ne saurait valablement évoquer l'article 726 de l'Acte Uniforme précité pour s'affranchir de la responsabilité qui lui incombe en pareilles circonstances ; en effet, l'expertise a révélé que si les diligences élémentaires d'audit avaient été accomplies dans les règles de l'art par le commissaire aux comptes, elles auraient permis de constater les fraudes dissimulées, fussent-elles celles des dirigeants de la société ; qu'ainsi, il convient de dire que le commissaire aux comptes a commis au cours de sa mission, une faute de nature à engager sa responsabilité civile en ce qu'elle a occasionné un préjudice certain à la société [X.] et [Y.], son principal actionnaire », est suffisamment motivé. Et en considérant que la faute du commissaire aux comptes entre 1999 et 2003 pendant son mandat est à l'origine du préjudice subi jusqu'en 2004, après son mandat, et en condamnant le commissaire aux comptes pour l'entièreté du préjudice subi par la société et l'actionnaire majoritaire, la cour d'appel a tiré les justes conséquences de ses énonciations et ne s'est en rien contredite (CCJA, 1e ch., nº 031/2024, 1-2-2024).

Art. 727 [mod.] L'action en responsabilité contre le commissaire aux comptes se prescrit par trois (3) ans à compter de la date du fait dommageable ou, s'il a été dissimulé, de sa révélation.

Lorsque le fait dommageable est qualifié crime, l'action se prescrit par dix (10) ans.

Jurisprudence comparée

France

Action en responsabilité

1° Compétence

L'action en responsabilité contre le commissaire aux comptes dont la mission n'a pas un caractère commercial, l'action en responsabilité relève de la compétence des tribunaux de grande instance (Cass. com. 11-12-1979 : Bull. civ. IV nº 331 ; CA Reims 24-11-1981 : Bull. CNCC 1981 p. 483).

2° Dissimulation

Il y a dissimulation lorsqu'est prouvée l'intention du commissaire aux comptes de masquer les irrégularités découvertes en certifiant les comptes (Cass. com. 17-12-2002 nº 2141 : RJDA 7/03 nº 732 ; Cass. com. 28-6-2005 nº 974 : RJDA 2/06 nº 159 Cass. com. 15-9-2009 nº 08-18.876 : RJDA 1/10 nº 49).

Les juges du fond ont le pouvoir discrétionnaire de refuser la demande du plaignant tendant à la communication des documents de travail du commissaire aux comptes pour établir la preuve de la dissimulation (Cass. com. 15-9-2009 nº 08-18.876 : RJDA 1/10 nº 49).

À défaut de dissimulation, c'est la certification des comptes qui caractérise le fait dommageable ouvrant droit à l'action en responsabilité (Cass. 1e civ. 3-3-1993 : Bull. CNCC 1994 p. 98 note Ph. Merle ; Cass. com. 17-12-2002 nº 2141, précité). Par suite, le point de départ du délai de prescription se situe à la date du rapport renfermant cette certification et non pas à la date de découverte des inexactitudes (CA Versailles 10-5-1994 : Bull. CNCC 1994 p. 710 note Ph. Merle).

Chapitre V

EMPÊCHEMENT TEMPORAIRE OU DÉFINITIF DU COMMISSAIRE AUX COMPTES

Art. 728 En cas d'empêchement, de démission ou de décès du commissaire aux comptes, ses fonctions sont exercées par le commissaire aux comptes suppléant jusqu'à la cessation de l'empêchement ou, lorsque l'empêchement est définitif, jusqu'à l'expiration du mandat du commissaire au compte empêché.

Lorsque l'empêchement a cessé, le commissaire aux comptes reprend ses fonctions après la prochaine assemblée générale ordinaire qui approuve les comptes.

Art. 729 Lorsque le commissaire aux comptes suppléant est appelé aux fonctions de titulaire, il est procédé, lors de la plus prochaine assemblée générale ordinaire, à la désignation d'un nouveau suppléant dont les fonctions cessent de plein droit lorsque le commissaire empêché reprend ses fonctions.

Art. 730 [mod.] Un ou plusieurs actionnaires représentant le dixième au moins du capital ainsi que le ministère public, peuvent demander en justice la récusation des commissaires aux comptes nommés par l'assemblée générale ordinaire.

S'il est fait droit à leur demande, un nouveau commissaire aux comptes est désigné en justice. Il demeure en fonction jusqu'à l'entrée en fonction du commissaire aux comptes qui est désigné par l'assemblée des actionnaires.

Jurisprudence comparée

France

Absence de motif

Le fait pour le commissaire d'avoir, antérieurement à sa nomination, exercé les fonctions de conseiller de la société et, à ce titre, d'avoir assisté le président de cette société lors d'un conflit qu'il avait avec un actionnaire minoritaire ne constitue pas un motif suffisant de récusation dès lors que l'intéressé n'a jamais transgressé son rôle de conseiller technique et qu'il n'existe aucune preuve objective permettant de douter de son indépendance et de son impartialité (CA Colmar 23-2-1983 : Rev. sociétés 1983 p. 583 note J. G.).

Art. 731 Un ou plusieurs actionnaires représentant le dixième au moins du capital, le conseil d'administration ou l'administrateur général, selon le cas, l'assemblée générale ordinaire ou le ministère public peuvent demander en justice la révocation du commissaire aux comptes en cas de faute de sa part ou en cas d'empêchement.

Jurisprudence OHADA

Révocation non abusive

C'est à tort qu'il est reproché à un arrêt d'avoir violé les articles 710, 711, 712 et 731 de l'AUSCGIE en révoquant un commissaire aux comptes, dès lors qu'il ressort tant de l'arrêt que des pièces du dossier que le cabinet [X.], désigné pour examiner les provisions de la défenderesse a relevé que « les données utilisées par [le demandeur], en ce qui concerne le portefeuille de crédit ne sont pas celles arrêtées au 31 décembre 2014… que ceci est de nature à mettre en doute la compétence du commissaire aux comptes… » ; qu'il note par ailleurs que divers montants, déjà régularisés, ne nécessitaient plus constitution de provision et que, dans la présentation des bilans des exercices 2012 et 2013, [le demandeur], a « enfreint les instructions des autorités monétaires et les principes comptables généralement admis… » ; qu'enfin la commission bancaire relève aussi divers manquements clairement spécifiés dans son rapport ; qu'en retenant dans ces circonstance la faute et la mauvaise foi du commissaire aux comptes dans son refus de certification des comptes de la défenderesse au titre de l'année 2014, et en prononçant sa révocation, l'arrêt attaqué n'a nullement violé les textes invoqués au moyen ; que celui-ci n'est pas pertinent, et doit être rejeté (CCJA, 1e ch., nº 175/2019, 23-5-2019 : Sareci Sarl c/ Union des caisses mutualistes d'épargne et de crédit Kafo Jiginew).

Jurisprudence comparée

France

Révocation des commissaires

1º Causes de révocation

Le commissaire aux comptes doit être relevé de ses fonctions lorsqu'il viole ses obligations notamment dans les cas suivants :

– il a accepté consciemment de se joindre à une manœuvre destinée à faciliter l'acquisition de la qualité d'actionnaire à une société concurrente qu'il contrôlait également (CA Paris 26-5-1976 : Bull. CNCC 1976 p. 175) ;

– il s'est abstenu de procéder à des vérifications complémentaires après avoir constaté l'existence d'importants écarts sur un compte fournisseur qui, en réalité, dissimulait de nombreux détournements au préjudice de la société (Cass. com. 6-2-1990 : Rev. sociétés 1990 p. 433 note D. Vidal) ;

– sous couvert d'irrégularités, il s'abstient de communiquer son rapport faisant ainsi obstacle aux réunions des assemblées générales ; le commissaire aux comptes qui découvre des irrégularités ou des inexactitudes est tenu de les signaler dans son rapport et d'en informer l'assemblée générale (Cass. com. 22-10-1991 : RJDA 12/91 nº 1042) ;

– il s'est immiscé dans la gestion qu'il a critiquée afin de perturber la direction générale dégradant ainsi l'autorité de celle-ci au sein de la société (Cass. com. 18-10-1994 : RJDA 12/94 n° 1309, approuvant aussi la révocation des mandats du même commissaire aux comptes dans les filiales dès lors que les dirigeants étaient communs et que la situation conflictuelle créée par l'intéressé affectait autant les filiales que la société mère) ;
– il a effectué différentes opérations de mauvaise foi (mise en œuvre injustifiée de la procédure d'alerte, envoi de nombreuses lettres au procureur de la République qui ont été classées sans suite, refus d'établir le rapport spécial requis pour la transformation de la société : Cass. com. 14-11-1995 : RJDA 2/96 n° 235) ;
– il a écrit à la société qu'il contrôle signalant sans aucune précision l'existence de rumeurs concernant son président-directeur général ; de telles affirmations non justifiées et susceptibles de discréditer le dirigeant étaient inconciliables avec le maintien de rapports professionnels fondés sur la confiance réciproque et devaient par conséquent entraîner le relevé des fonctions du commissaire (CA Paris 25-2-1998 : Bull. Joly 1998 p. 617 note J.-F. Barbièri) ;
– il a, dans l'ignorance des actionnaires et dirigeants de celle-ci, sélectionné en qualité d'associé de sa société d'expertise comptable le directeur administratif de la société anonyme et violé ainsi son obligation d'indépendance envers la société contrôlée (T. com. Paris réf. 17-2-1999 : RJDA 7/99 n° 790) ;
– il n'a pas procédé à un contrôle suffisant pour découvrir d'importants détournements de fonds commis par le comptable de la société pendant cinq exercices consécutifs (CA Nîmes 16-9-2004 : RJDA 2/06 n° 158) ;
– il n'a pas respecté son obligation d'indépendance en faisant régler, par une société qu'il contrôlait, une facture d'honoraires correspondant à une prestation d'expertise comptable fournie à un tiers cocontractant de cette société (Cass. com. 10-7-2007 n° 06-13.423 : RJDA 11/07 n° 1119).

2° Causes ne justifiant pas la révocation du commissaire

Le commissaire aux comptes n'est pas fautif lorsqu'il :
– a refusé d'accomplir ses fonctions à défaut de règlement de ses honoraires (CA Rouen 11-6-2002 n° 01/978 : RJDA 12/02 n° 1289) ;
– ne s'est pas rendu compte des détournements du comptable de la société consécutifs des dysfonctionnements de logiciel ignorés du commissaire et d'un montant minime et par suite non visibles après diligences normales (Cass. com. 14-2-2006 n° 210 : RJDA 5/06 n° 546).

Art. 732 [mod.] La demande de récusation ou de révocation du commissaire aux comptes est portée devant la juridiction compétente statuant à bref délai.

L'assignation est formée contre le commissaire aux comptes et contre la société.

La demande de récusation est présentée dans le délai de trente (30) jours à compter de la date de l'assemblée générale qui a désigné le commissaire aux comptes.

Art. 733 [mod.] Lorsque la demande émane du ministère public, elle est présentée sous la forme d'une requête. Les parties autres que le représentant du ministère public sont convoquées à la diligence du greffier ou de l'autorité compétente de l'État partie, par lettre au porteur contre récépissé ou par lettre recommandée avec demande d'avis de réception.

Art. 734 [mod.] Le délai d'appel contre la décision de la juridiction compétente est de quinze (15) jours à compter de la signification aux parties de cette décision.

Sous-titre VIII • DISSOLUTION DES SOCIÉTÉS ANONYMES

Art. 735 [mod.] Les dispositions des articles 736 et 737 ci-après ne sont pas applicables aux sociétés en état de redressement judiciaire ou de liquidation des biens.

JURISPRUDENCE OHADA

La dissolution anticipée d'une société commerciale prévue par l'article 737 de l'AUSCGIE est inapplicable aux sociétés en état de redressement ou de liquidation judiciaire (CA Dakar, ch. civ. et com., 27-12-2002 : S. D. D. c/ H. D., Ohadata J-03-90 ; obs. Ndiaye Alioune ; CA Dakar, 1e ch. civ. et com., n° 578, 27-12-2002 : COMATRANS c/ SATA FOINE, Ohadata J-03-89, obs. Ndiaye Alioune).

Art. 736 [mod.] La société anonyme est dissoute pour les causes communes à toutes les sociétés dans les conditions et sous les effets prévus aux articles 200 à 202 ci-dessus. La société anonyme est également dissoute, en cas de perte partielle d'actifs dans les conditions fixées aux articles 664 à 668 ci-dessus.

JURISPRUDENCE OHADA

Sur la dissolution d'une SA par décision de justice pour mésentente entre associés, voir sous l'art. 200 ; sur la perte de la qualité d'actionnaire d'une SA, voir sous les art. 7 et 764.

Art. 737 Les associés peuvent prononcer la dissolution anticipée de la société. La décision est prise en assemblée générale extraordinaire.

JURISPRUDENCE OHADA

Voir sous l'art. 735.

Sous-titre IX • RESPONSABILITÉ CIVILE

Chapitre I
RESPONSABILITÉ DES FONDATEURS

Art. 738 Les fondateurs de la société auxquels la nullité est imputable et les administrateurs ou l'administrateur général en fonction au moment où elle a été encourue peuvent être déclarés solidairement responsables du dommage résultant, pour les actionnaires ou pour les tiers, de l'annulation de la société.

La même solidarité peut être prononcée contre ceux des actionnaires dont les apports ou les avantages n'ont pas été vérifiés et approuvés.

JURISPRUDENCE COMPARÉE

France

Voir sous l'art. 102.

Art. 739 [mod.] L'action en responsabilité fondée sur l'annulation de la société se prescrit dans les conditions prévues à l'article 256 ci-dessus.

• Chapitre II •

RESPONSABILITÉ DES ADMINISTRATEURS

Art. 740 [mod.] Les administrateurs sont responsables individuellement ou solidairement envers la société ou envers les tiers, soit des infractions aux dispositions législatives ou réglementaires applicables aux sociétés anonymes, soit des violations des clauses des statuts, soit des fautes commises dans leur gestion.

Si plusieurs administrateurs, ont coopéré aux mêmes faits, la juridiction compétente détermine la part contributive de chacun dans la réparation du dommage.

Observations

Al. 1 : suppression de « ou l'administrateur général selon le cas ».

Jurisprudence OHADA

I. Détournement de l'objet social par le dirigeant susceptible d'engager la société envers les tiers

S'agissant des dispositions de l'article 740, paragraphe 1 ancien de l'AUSCGIE, aux termes desquelles « les administrateurs sont responsables individuellement ou solidairement envers la société et envers les tiers soit des infractions aux dispositions législatives ou règlementaires applicables aux sociétés anonymes, soit des violations des clauses des statuts, soit des fautes commises dans leur gestion », le moyen qui ne démontre pas en quoi une cour d'appel, appréciant souverainement les faits de la cause pour caractériser l'existence du prêt en dehors de l'objet social et faire application des articles 1 et 2 de l'AUPSRVE, a pu les violer, doit être rejeté. C'est à tort qu'il est reproché à l'arrêt d'avoir consacré la licéité du prêt consenti par l'ancien directeur général d'une société au seul motif que l'instrumentum dudit acte est notarié alors même, d'une part, que le notaire instrumentaire, en précisant qu'il avait simplement constaté une convention déjà négociée hors sa présence par les parties, sans son concours ni sa participation, avait entendu enlever toute authenticité à l'acte de son répertoire et que, d'autre part, le même arrêt a jugé illicite la prise de participation de l'ancien directeur général de la société au capital d'une autre société, dès lors qu'en sa qualité d'officier public, le notaire confère, par sa seule signature, l'authenticité à l'acte qu'il reçoit et s'engage sur l'identité des parties et son contenu, ledit acte ayant force probante et exécutoire jusqu'à inscription de faux. C'est donc à bon droit qu'une cour d'appel a confirmé l'engagement de la personne désignée « EMPRUNTEUR » dans l'acte notarié, tout en écartant la contre-lettre signée par les parties, comme au demeurant sans impact réel au regard de l'engagement formel de ce dernier (CCJA, 3e ch., nº 157, 18-10-2018 : Issambi Mbi Bonnes Thierry François c/ Sté d'Électricité, de Téléphone et d'Eau du Gabon SA, Jean Pierre Dujacquier).

Obs. : voir aussi sous l'art. 122.

II. Établissement préalable de la faute de gestion avant la mise en jeu de la responsabilité du dirigeant

Voir sous l'art. 161.

Jurisprudence comparée

I. États-Unis

A. Dirigeants susceptibles d'être responsables

1º Dirigeants non investis dans la gestion de la société

Lorsqu'une société est dirigée collégialement, chaque dirigeant est responsable personnellement même s'il ne s'est jamais intéressé à cette dernière et que de ce fait il ne la dirigeait pas réellement (Francis v. United Jersey Bank, Supreme Court of New Jersey, 432 A.2d 814 (1981)).

2º Eléments d'appréciation du comportement des dirigeants

a. Prise en compte de la bonne foi des dirigeants

Le législateur de l'État de Virginie a voulu protéger les dirigeants des sociétés, c'est pourquoi il n'a pas fait référence à la notion de personne raisonnable ; en conséquence, la responsabilité d'un dirigeant inapte mais qui a agi de bonne foi ne peut pas être recherchée (WLR Foods, Inc. v. Tyson Foods, Inc., United States Court of Appeals, Fourth Circuit, 65 F.3d 1172 (1995)).

b. Preuve de la bonne foi

Les dirigeants d'une société doivent agir de bonne foi. Il leur appartient de prouver qu'ils ont agi de bonne foi. Les juges ont considéré que des dirigeants qui rachètent des actions pour un prix très supérieur au marché à une personne connue pour acheter des sociétés afin de les liquider agissent de bonne foi. Ces dirigeants, en agissant ainsi, ont en effet probablement sauvé leur société (Cheff v. Mathes, Supreme Court of Delaware, 1999 A2d 548 (1964)).

c. Prise en compte du jugement personnel des dirigeants

Pour prendre une décision, les dirigeants sont autorisés à se fonder sur un jugement personnel et en opportunité ; par conséquent, leur responsabilité ne peut pas être engagée sur ce seul motif (Shlensky v. Wrigley, Appellate Court of Illinois, 237 N.E.2d 776 (1968)).

B. Faits imputables aux dirigeants

1° Faits de leurs employés

Connaissance de la violation des lois par leurs employés malhonnêtes :

Les dirigeants ne sont pas responsables pour avoir considéré, en toute bonne foi, que leurs employés étaient honnêtes. Pour engager leur responsabilité, il aurait fallu démontrer qu'ils savaient ou qu'ils devaient savoir que leurs employés violaient les lois ou qu'ils n'ont pris aucune mesure pour éviter que ces derniers violent les lois. Il aurait également fallu prouver que leur manquement avait entraîné un préjudice pour la société ou les associés (In re Caremark International Inc. Derivative Litigation, Delaware Court of Chancery, 1996, 698 A.2d 959).

2° Erreur de gestion

a. Absence

Les dirigeants ne commettent pas une erreur de gestion :

simplement parce qu'ils ont pris une décision qui s'est révélée préjudiciable à la société (Joy v. North, United States Court of Appeals, Second Circuit, 692 F.2d 880 (1982)) ;

parce qu'il a pris une décision qui s'avère par la suite ne pas être économiquement avantageuse ; en effet, engager la responsabilité des dirigeants lorsqu'ils commettent des erreurs de gestion ne serait pas dans l'intérêt des associés puisqu'une prise de risque importante entraîne parfois des profits considérables (Joy v. North, United States Court of Appeals, Second Circuit, 692 F.2d 880 (1982)).

b. Faute de gestion

Les dirigeants doivent s'assurer que les décisions qu'ils prennent sont prises dans l'intérêt de leur société. C'est pourquoi ils ont le devoir de s'informer. Commettent alors une faute dans la gestion de la société des dirigeants, qui avant sa fusion, ne recherchent pas précisément sa valeur (Smith v. Van Gorkom, Supreme Court of Delaware, 488 A.2d 858 (1985)).

3° Faits dommageables pour la société

a. Principe

Pour pouvoir engager la responsabilité d'un dirigeant, il est nécessaire de démontrer que la société a subi un préjudice (Shlensky v. Wrigley, Appellate Court of Illinois, 237 N.E.2d 776 (1968)).

b. Applications divergentes en cas de délit d'initié des dirigeants

Les dirigeants et les administrateurs sont responsables envers la société des gains qu'ils ont personnellement réalisés en utilisant des informations privilégiées, et ce, même si la société n'a subi aucun préjudice. En effet l'objectif de cette action n'est pas de réparer les dommages qui pourraient résulter de l'utilisation de l'information privilégiée mais de prévenir l'utilisation de cette information (Diamond v. Oreamuno, Court of Appeals of New York, 24 N.Y.2d 494, 248 N.E.2d 910 (1969)).

Mais le contraire a été aussi jugé les dirigeants et les administrateurs n'ayant pas été tenus pour responsables envers la société des gains qu'ils ont personnellement réalisés en utilisant des informations privilégiées si la société n'a subi aucun préjudice (Freeman v. Decio, United States Court of Appeals, Seventh Circuit, 584 F.2d 186 (1978)).

C. Clause limitative de responsabilité des dirigeants

Le droit de l'État du Delaware autorise les associés à limiter voire à éliminer la responsabilité civile des dirigeants, sauf en cas de faute intentionnelle ou de mauvaise foi des dirigeants ou en cas de violation de leur obligation de loyauté envers la société ou les associés. La clause limitative de responsabilité doit s'appliquer en cas d'omissions et d'erreurs non intentionnelles contenues dans un document réalisé par le dirigeant (Arnold v. Society for Savings Bancorp, Inc., Supreme Court of Delaware, 650 A.2d 1270 (1994)).

D. Délégation de pouvoirs

1° Fondement de la délégation

Selon un principe de common law les administrateurs ont le droit de déléguer à des managers ou à des comités leurs pouvoirs relatifs notamment à la gestion courante (Social Security Bd. v. Warren, 142 F.2d 974, 977 (8th Cir. 1944)).

Dans l'État de New York, il est communément admis que les administrateurs peuvent déléguer certains de leurs pouvoirs à un comité ou à des individus (Kavanaugh v. Gould147 App. Div. 281(N.Y. App. Div. 1911)).

2º Pouvoirs pouvant être délégués

Les administrateurs ne peuvent déléguer que les pouvoirs dont ils sont titulaires (Hoyt v. Thompson's Executor (1859) 19 N.Y. 207).

Les administrateurs ne peuvent pas déléguer l'ensemble de leurs pouvoirs à un seul individu (Stoneman v. Fox Film Corp., 295 Mass. 419 (1936)).

Malgré une délégation de pouvoirs, certaines transactions nécessitent l'accord du conseil d'administration afin d'être valides (Boston Athletic Association v. International Marathons, 392 Mass. 356 (1984), 467 N.E.2d 58).

Il en est ainsi en cas :

– d'achat d'un cinéma en raison de la nature exceptionnelle de l'opération et du montant en cause (Stoneman v. Fox Film Corp., 295 Mass. 419 (1936)) ;

– de vente d'un actif majeur de la société (Kanavos v. Hancock Bank et Trust Co., 14 Mass. App. Ct. 326 (1982)).

3º Effets de la délégation

Lorsque les administrateurs ont délégué leurs pouvoirs, ils ne sont pas responsables en cas de mauvaise exécution par le délégataire (Kavanaugh v. Gould147 App. Div. 281 (N.Y. App. Div. 1911)).

Toutefois, une délégation de pouvoirs ne relève pas le délégant de son devoir de vérifier que les pouvoirs délégués sont utilisés correctement (Olson v. Dept. of Rev.744 P.2d 240 (1987)).

Les juges de l'État de Californie estiment, en application des dispositions législatives, que si le conseil d'administration peut déléguer ses pouvoirs, notamment ceux relatifs à la gestion courante de la société, ces pouvoirs doivent néanmoins être exercés sous la direction du conseil d'administration ; à défaut, la responsabilité de ce dernier pourra être engagée (In re Annrhon, Inc. (1993) – 17 Cal. App. 4th 742, 21 Cal. Rptr. 2d 599).

E. Comportements attendus des dirigeants

1º Devoirs fiduciaires

a. Généralité

Les dirigeants ne sont pas autorisés à utiliser leur position au sein de la société pour faire avancer leurs intérêts privés (Guth v. Loft 5 A2d503 (Del 1939)).

Les administrateurs ne respectent pas leurs devoirs fiduciaires lorsqu'ils utilisent l'argent de la société pour acquérir des actions et ainsi garder le contrôle de cette dernière (Bennett v. Propp, Del., 187 A.2d 405 (Del. 1962)).

b. Justifications juridiques

Les administrateurs sont les fiduciaires (trustee) des actionnaires, leurs actions doivent donc respecter les règles de la fiducie et en particulier ils doivent toujours agir de bonne foi et loyalement (Lofland v. Cahall, 118 A.1,3 (Del. 1922)).

2º Devoirs de diligence

a. Contenu

Un administrateur doit toujours agir de bonne foi et avec diligence (care) (Hun v. Cary, 82 N.Y. 65, 72 (Ct.App. 1880)).

Le devoir de diligence est un devoir dont le contenu varie en fonction de la nature et de la taille de la société en cause. Afin de déterminer son contenu les juges doivent donc examiner toutes les circonstances de la cause (Briggs v. Spaulding, 141 U.S. 132 (1891)).

Le devoir de diligence des administrateurs bénévoles est moindre que celui des administrateurs rémunérés (Bates v. Dresser, 251 U.S. 524 (1920)).

Le devoir de diligence impose notamment aux administrateurs :

– de respecter la loi (City Nat'l Bank Of Mangum v. Crow, 1910 OK 265, 111 P. 210)). Ces derniers ne respectent donc pas leur devoir de diligence en payant des pots-de-vin, et ce, même si ces derniers ont été bénéfiques pour la société (Roth v. Robertson, 64 Misc. 343, 118 N.Y.S. 351 (Sup.Ct.1909)) ;

– d'être actifs, les administrateurs ne peuvent pas se contenter d'être des hommes de paille (figureheads) (Briggs v. Spaulding, 141 U.S. 132 (1891)) ;

– de s'informer afin notamment de comprendre la politique de la société (Francis v. United Jersey Bank, 87 N.J. 15, 432 A.2d 814, 821-22 (1981)) ;

– d'agir dans le meilleur intérêt de la société (Kansas Supreme Court – 99548 – Becker v. Knoll-Rosen (2010)) ;

– de ne pas gaspiller l'argent de la société (Selheimer v. Manganese Corp. of America, 423 Pa. 563, 224 A.2d 634 (1966)).

b. Conséquences de la violation du devoir de diligence

Les administrateurs qui n'ont pas respecté leur devoir de diligence en trompant les actionnaires sur la valeur réelle des actions de la société doivent être condamnés à verser à ces derniers des dommages-intérêts correspondant à la différence entre la valeur de cession et la valeur réelle de l'action (Smith v. Van Gorkom 488 A.2d 858 (Del. 1985)).

3º Devoir de loyauté

a. Généralités

Le devoir de loyauté d'un dirigeant lui interdit, sauf exception, d'accepter une opportunité d'affaires sans la présenter préalablement à la société (Guth v. Loft 5 A2d503 (Del 1939)).

Le devoir de loyauté d'un dirigeant l'oblige à informer les actionnaires avec la plus grande franchise sur la valeur de la société (Lynch v. Vickers Energy Corp., 383 A.2d 278 (1977)).

b. Exceptions au devoir de loyauté

Selon les juges de l'État du Delaware, un dirigeant peut accepter une opportunité d'affaires sans la présenter préalablement à la société si :

– la société n'a pas les moyens financiers de l'accepter ;

– l'opportunité n'entre pas dans le domaine d'activité de la société ;

– la société estime qu'elle ne peut pas raisonnablement l'obtenir ;

– en acceptant l'opportunité commerciale, le dirigeant n'entre pas en conflit d'intérêts avec la société (Broz v. Cellular Information Systems, Inc 673 A.2d 148 (Del. 1996)).

c. Conséquences de la violation du devoir de loyauté

Si un dirigeant viole son devoir de loyauté en s'accaparant une opportunité d'affaires dont la société aurait pu bénéficier, il doit reverser à la société tous les avantages qu'il a pu en retirer (Guth v. Loft 5 A2d503 (Del 1939)).

Un dirigeant qui n'a pas respecté son devoir de loyauté en payant un pot-de-vin doit rembourser à la société la somme ainsi versée (Roth v. Robertson, 64 Misc. 343, 118 N.Y.S. 351 (Sup.Ct.1909)).

F. L'application restrictive de la responsabilité des administrateurs en cas de violation du devoir de diligence : règle du jugement commercial

1° Définition

La règle du jugement commercial est une règle jurisprudentielle utilisée comme moyen de défense et qui présume que les administrateurs ont agi de bonne foi et avec diligence lorsqu'ils ont pris leur décision (Zapata Corp. v. Maldonado, 430 A.2d 779, 782 (Del. 1981)).

2° Application

En raison de la règle du jugement commercial, les juges ne doivent pas rechercher si la dépense contestée était économiquement stupide ou fondée, ni si le risque économique était fort ou faible, ils doivent simplement rechercher si les administrateurs ont agi de bonne foi et avec diligence (Gagliardi v. Trifoods International, Inc. 683 A.2d 1049 (1996)).

En raison de la règle du jugement commercial, la responsabilité des administrateurs ne pourra pas être engagée du seul fait qu'une décision prise par ces derniers a eu des conséquences économiques dommageables pour la société (Pollitz v Wabash R. R. Co., 207 N.Y. 113 (1912)).

3° Conséquences

En raison de la règle du jugement commercial, il appartient à la partie contestant une décision prise par les administrateurs de prouver que ces derniers n'ont pas agi de bonne foi et avec diligence (Aronson v. Lewis, 473 A.2d 805, 811 (Del.1984)).

4° Justifications

La règle du jugement commercial s'explique par le fait qu'il est extrêmement difficile de déterminer, une fois que les conséquences dommageables pour la société ont eu lieu, si, au moment de la prise de décision, les administrateurs n'ont pas été diligents ou s'ils ont simplement pris un risque calculé (Charitable Corp. v. Sutton (1742) 26 Eng. Rep. 642).

En appliquant la règle du jugement commercial, les juges reconnaissent que ce sont les administrateurs, et non eux-mêmes, qui sont les experts en affaires (Joy v. North, 692 F.2d 880, 886 (2d Cir. 1982)).

En les protégeant en cas d'erreur de jugement, la règle du jugement commercial encourage les personnes compétentes à devenir administrateurs (Gries Sports Enterprises, Inc. v. Cleveland Browns Football Co., 26 Ohio St.3d 15, 20, 496 N.E.2d 959, (1986)).

La règle du jugement commercial, en accordant un large pouvoir d'appréciation aux administrateurs, c'est-à-dire en leur permettant de prendre des risques sans craindre de voir leur responsabilité personnelle engagée en cas de pertes, leur permet de maximiser la valeur de la société sur le long terme (In re Citigroup Inc. S'holder Derivative Litig., 964 A.2d 106, 139 (Del.Ch. 2009)).

Dans le cadre de leur mission, les administrateurs sont amenés à prendre des risques calculés. Ils ne peuvent donc jamais certifier que les décisions qu'ils prennent auront des conséquences économiques bénéfiques pour la société. En conséquence, les administrateurs ne doivent pas être tenus pour responsables des décisions qu'ils prennent de bonne foi (Selheimer v. Manganese Corp., 423 Pa. 563, 581, 224 A.2d 634, (1966)).

II. France

A. Faute

1° Dirigeants susceptibles d'être responsables

Administrateur de complaisance. L'administrateur doit surveiller sérieusement l'administration de la société même si sa participation au capital social est minime et sans pouvoir prétendre être un simple administrateur de complaisance ; sa passivité ne l'exonère pas de sa responsabilité mais constitue une véritable faute selon les juges (Cass. com. 31-1-1995 n° 210 : RJDA 7/95 n° 902 ; Cass. com. 25-3-1997 n° 734 : RJDA 7/97 n° 966).

2° Faits imputables aux dirigeants

a. Violation des dispositions légales ou réglementaires ou des statuts

Voir sous l'art. 330 la responsabilité d'un gérant de SARL pour violation d'une clause limitative de ses pouvoirs dans ses rapports avec les associés.

b. Fautes de gestion

1. Existence

A commis une faute le dirigeant qui :

– n'a fait aucun effort sérieux pour redresser la situation et, malgré l'important déficit de la société, n'a pas convoqué une assemblée générale pour informer les associés de la gravité de la situation et leur demander de prendre une décision couvrant sa responsabilité (Cass. com. 5-6-1961 : Bull. civ. III n° 254) ;

– a provoqué la dissolution de la société par son obstination à gérer celle-ci seul et sans contrôle, notamment en refusant de convoquer une assemblée générale pendant plusieurs années et en fixant de son propre chef sa rémunération (Cass. com. 12-3-1974 : Gaz. Pal. 1974 p. 662) ;

– a différé le remboursement de sommes dont la société s'était reconnue débitrice (Cass. com. 12-1-1993 n° 3 : RJDA 10/93 n° 800) ;

2. Absence

N'est pas une faute :

– la constitution de réserves placées à un taux de rentabilité jugé dérisoire dès lors que ces réserves ont été utilisées pour souscrire à des bons de caisse servant un intérêt annuel de 7 %, ce qui n'apparaît pas dérisoire, et que les excédents de trésorerie ne sont pas de nature à causer un préjudice à la société mais lui permettent au contraire d'envisager à tout moment des investissements importants (CA Paris 17-1-1981, 25e ch. A, Sté des établissements Marlaud) ;

– la location d'un véhicule par la société, alors que l'utilisation du camion dont celle-ci était propriétaire aurait nécessité l'embauche d'un chauffeur, de nature à peser plus gravement sur les finances sociales (CA Paris 21-3-1984, 3e ch. A, SARL Concept cuisine) ;

– la création d'un déficit de plus de 45 000 € n'a pas été non plus jugée fautive dès lors qu'il n'était pas établi que les marges pratiquées par la société étaient insuffisantes au regard des usages de la profession (CA Paris 22-6-2001 n° 00/21262 : RTD com. 2001 p. 908 obs. C. Champaud et D. Danet) ;

– le choix de conserver des activités diversifiées, même déficitaires, n'est pas fautif dès lors qu'il s'agit d'un choix stratégique dont la mise en œuvre n'a pas démontré qu'il a été manifestement malheureux ni contraire aux intérêts de la société (Cass. com. 21-9-2004 n° 1243 : RJDA 1/05 n° 47) ;

– la concentration des pouvoirs de direction de la société entre les mains d'associés majoritaires, membres d'une même famille ; le mode de gestion visant à favoriser un groupe d'associés majoritaires, qu'il soit familial ou de toute autre nature, n'est fautif que dans la mesure où il contrarie les intérêts de la société et lèse ceux des associés minoritaires (Cass. com. 21-9-2004, précité).

Pour d'autres exemples relatifs à la responsabilité des dirigeants, voir sous l'art. 330 les cas concernant le gérant de SARL susceptibles d'être transposés en raison de circonstances comparables.

B. Réparation due par l'administrateur fautif

La réparation doit correspondre intégralement au préjudice subi (Cass. req. 16-2-1937 : Gaz. Pal. 1937.1 p. 807). L'ancien dirigeant est tenu de régler le montant du préjudice financier qui ne saurait être réduit par le redressement ultérieur de la société grâce à un repreneur ayant assaini la situation de celle-ci (Cass. crim. 28-1-2004 n° 779 : RJDA 6/04 n° 764). Toutefois, le montant des dommages et intérêts peut être diminué en cas de faute des demandeurs (CA Paris 13-1-1939 : JCP 1939.I n° 1021 ; T. com. Roubaix 26-9-1956 : D. 1957 p. 10 note Goré).

1° Responsabilité solidaire des administrateurs

a. Décision collégiale

La responsabilité est « solidaire » lorsque la faute est commune ou collective, c'est-à-dire lorsqu'elle est l'oeuvre du conseil d'administration tout entier et non pas celle de tel ou tel administrateur pris isolément ; chaque administrateur est alors présumé avoir commis une faute individuelle, sauf si l'administrateur poursuivi établit qu'il s'est comporté en administrateur prudent et diligent, notamment en s'opposant à la décision prise par le conseil (Cass. com. 30-3-2010 n° 08-17.841 : RJDA 7/10 n° 760 ; CA Limoges 17-1-2013 n° 11/01356 : RJDA 8-9/13 n° 727).

b. Répartition de la responsabilité entre administrateurs

La répartition du montant de la condamnation entre les coauteurs de la faute est impossible en cas d'indivisibilité des faits à défaut de pouvoir préciser la participation de chaque administrateur aux faits dommageables (Cass. req. 11-12-1929 : Gaz. Pal. 1930.1 p. 300).

2° Responsabilité personnelle d'un dirigeant à l'égard des tiers

Peut constituer une faute intentionnelle d'une particulière gravité incompatible avec l'exercice normal des fonctions sociales, même si le président-directeur général agissait dans les limites de ses attributions, le fait de ne pas provisionner au bilan le montant de sommes dues par la société à la suite de la résiliation abusive d'un contrat avant son échéance (cf. Cass. com. 10-2-2009 n° 07-20.445 : BRDA 4/09 inf. 3).

N'a pas commis de faute séparable :

– le président du conseil d'administration d'une société qui prend au nom de celle-ci l'engagement de garantir le paiement des dettes d'une filiale sans révéler au bénéficiaire de la garantie la situation économique précaire de la société garante (Cass. com. 20-6-2006 n° 808 : RJDA 2/07 n° 166, 2e esp.) ;

– le président d'une SA qui a consenti un cautionnement sans autorisation du conseil d'administration (Cass. com. 9-6-2004 n° 903 : RJDA 8-9/04 n° 1003).
Pour d'autres exemples de fautes séparables des fonctions susceptibles d'être transposées aux dirigeants de SA par comparaison des circonstances, voir sous l'art. 330 ceux concernant le gérant de SARL.

C. Responsabilité de l'administrateur judiciaire pour défaut d'information dans le cadre d'un plan de cession

L'administrateur du redressement judiciaire est personnellement responsable des fautes qu'il commet dans l'exercice de ses fonctions, notamment en n'informant pas, en vue de l'accomplissement de sa mission légale de passer tous les actes nécessaires à la réalisation de la cession des actifs, le futur repreneur de la situation de l'exploitation au regard de la législation pertinente ; dans le cas d'une cession des actifs d'une entreprise en redressement judiciaire fabriquant des aliments pour chiens, avait commis une faute l'administrateur judiciaire ayant constaté que la capacité de production de l'entreprise dépassait le seuil au-delà duquel une telle activité nécessitait une autorisation administrative en application de la législation relative aux installations classées pour la protection de l'environnement qui s'abstient d'interroger la préfecture sur la situation de l'entreprise au regard de cette législation spécifique et indique au repreneur, n'ayant pas une connaissance personnelle de celle-ci, que l'activité n'était soumise à aucune norme particulière (Cass. com. 30-11-2010 n° 09-71.954 : RJDA 2/11 n° 169).

Art. 741 [mod.] **Outre l'action en réparation du préjudice subi personnellement, les actionnaires peuvent, soit individuellement, soit en se groupant, intenter l'action sociale en responsabilité contre les administrateurs.**

S'ils représentent au moins le vingtième du capital social, les actionnaires peuvent, dans un intérêt commun, charger à leurs frais un ou plusieurs d'entre eux de les représenter pour soutenir, tant en demande qu'en défense, l'action sociale.

Le retrait en cours d'un ou de plusieurs desdits actionnaires, soit qu'ils se soient volontairement désistés, soit qu'ils aient perdu la qualité d'actionnaires, est sans effet sur la poursuite de ladite action en responsabilité.

Les demandeurs sont habilités à poursuivre la réparation de l'entier préjudice subi par la société à laquelle, le cas échéant, les dommages et intérêts sont alloués.

Observations

Al. 1 : suppression de l'ouverture de l'action « contre l'administrateur général », celui-ci se trouvant visé en tant qu'administrateur (voir l'art. 494).

Sur l'action en réparation du préjudice individuel, voir les art. 161 et s. et sur l'action sociale, voir les art. 165 s., dispositions visant les mêmes règles que celles des présents art. 741 et s.

Jurisprudence comparée

États-Unis

A. Champ de l'action ut singuli

L'action ut singuli (derivative suit) a pour objectif de faciliter les recours contre les administrateurs et les associés majoritaires fautifs ainsi que de permettre les recours de la société contre les tiers (Barrett v. Southern Connecticut Gas Co., 172 Conn. 362, A.2d 1051 (1977)).

B. Conditions pour engager l'action ut singuli

1° Etre actionnaire

Afin de pouvoir engager une action ut singuli, le demandeur doit être actionnaire de la société, et ce, tout au long de l'instance (Schreiber v. Carney, 447 A.2d 17 (Del. Ch. 1982).

2° Représenter convenablement la société

Afin de pouvoir engager une action ut singuli, le demandeur doit représenter convenablement les intérêts de la société (Beckworth ex rel. Disc. Trophy et Co. v. Bizier 48 F. Supp. 3d 186, (D. Conn. 2014). Les juges du Connecticut ont défini des éléments à prendre en compte afin de déterminer si l'actionnaire représente convenablement la société :
– l'intérêt de l'actionnaire demandeur à l'action en cause,
– la connaissance de l'actionnaire sur le litige en cause,
– le pouvoir des avocats sur le litige en cause,
– le soutien accordé par les autres actionnaires à l'action en cause,
– l'engagement personnel de l'actionnaire,

– les types de réparations demandés par l'actionnaire,
– le caractère vindicatif de l'actionnaire demandeur vis-à-vis des autres actionnaires (Fink v. Golenbock, 238 Conn. 183, 680 A.2d 1243 (1996)).

3º Avoir au préalable demandé à la société d'agir

a. Principe : caractère subsidiaire de l'action ut singuli

Le droit fédéral (ainsi que la majorité des États mais avec des variations) impose au demandeur d'une action ut singuli d'expliquer dans son assignation les efforts que ce dernier a déployés afin que l'action soit engagée directement par la société et les raisons pour lesquelles ses efforts ont échoué (Elfenbein v. Gulf et Western Industries Inc, 590 F. 2d 445).

L'objectif de la demande préalable est de permettre :
– à la société de reprendre elle-même une action qui sera engagée en son nom et de rendre ainsi aux administrateurs leur statut normal de représentants des affaires de la société (Brody v. Chemical Bank, 517 F.2d 932, 934 (2d Cir. 1975)) ;
– le respect du principe le plus fondamental de la gouvernance des sociétés, à savoir que le rôle de gérer les affaires de la société est réservé aux administrateurs (Allison on Behalf of GMC v. General Motors Corp., 604 F. Supp. 1106 (D. Del. 1985)).

b. Exceptions

Au niveau fédéral (ainsi que dans certains États dont l'État du Delaware), l'actionnaire qui souhaite engager une action ut singuli est dispensé de demander à la société d'agir si sa demande est futile. Cela ne sera toutefois le cas, pour les juges fédéraux, que si les administrateurs sont inévitablement partiaux eu égard aux faits reprochés (Kamen v Kemper Financial Services, Inc., 939 F.2d 458 (7th Cir.) (1991)).

Dans l'État du Delaware :
– une demande sera futile s'il existe un doute raisonnable sur l'indépendance des administrateurs qui prendront la décision relative à l'engagement de l'action judiciaire demandée par l'actionnaire ou sur le fait que l'opération mentionnée par l'actionnaire dans sa demande relève du pouvoir souverain des administrateurs (Aronson v. Lewis, 473 A.2d 805 (Del. 1984)) ;
– si, suite à la saisine par un actionnaire de la justice (sans demande préalable de la société), le conseil d'administration nomme un comité d'investigation, il reconnaît qu'il n'est pas indépendant et que la demande préalable était donc futile (Zapata Corp. v. Maldonado, 430 A.2d 779 (Del.Sup. 1981).

4º Refus de la société d'engager l'action

Le refus par la société d'engager l'action interdit en principe à l'actionnaire d'engager une action ut singuli (Zapata Corp. v. Maldonado, 430 A.2d 779 (Del.Sup. 1981).

Afin que la société puisse refuser qu'un actionnaire engage une action ut singuli, il est nécessaire que le comité qui prend la décision soit indépendant, qu'il ai mené une enquête raisonnable sur les faits relevés par l'actionnaire, et qu'il ai pris sa décision de bonne foi (Grafman v. Century Broadcasting Corp., 762 F. Supp. 215 (N.D. Ill. 1991)).

5º Obligation de mener une enquête

La question de savoir si l'enquête menée par le comité d'investigation nommé par le conseil d'administration est raisonnable dépend des faits en cause. Un comité qui remet un rapport de 51 pages expliquant notamment les raisons juridiques et économiques pour lesquelles la demande de l'actionnaire doit être refusée démontre qu'une enquête raisonnable a été menée (Madvig v. Gaither, 461 F. Supp. 2d 398 (W.D.N.C. 2006)).

Le comité d'investigation désigné par le conseil d'administration qui a entendu une vingtaine de témoins et revu plus de 20 000 documents a mené une enquête raisonnable lui permettant de refuser qu'une action soit engagée au nom de la société (Grafman v. Century Broadcasting Corp., 762 F. Supp. 215 (N.D. Ill. 1991)).

6º Recours contre le refus de la société

Dans certains États, dont l'État de l'Illinois, lorsque le conseil d'administration ou le comité désigné par ce dernier refuse d'engager l'action demandée par un actionnaire, ce dernier, s'il souhaite néanmoins engager une action ut singuli, pourra démontrer que la décision a été prise par des administrateurs qui n'étaient pas indépendants (Grafman v. Century Broadcasting Corp., 762 F. Supp. 215 (N.D. Ill. 1991)).

7º Obligation d'indépendance du Comité

Dans l'État du Delaware, si l'actionnaire saisit la société afin qu'elle reprenne l'action qu'il souhaite engager, il reconnaît ainsi que le conseil d'administration est indépendant. Il ne peut donc plus plaider, si la société refuse d'engager l'action, que le conseil d'administration ou le comité qui a pris la décision n'était pas indépendant (Spiegel v. Buntrock, 571 A.2d 767 (1990)).

La personne désignée par le conseil d'administration afin de mener l'enquête, suite à une demande d'un actionnaire souhaitant engager une action ut singuli, qui a des liens d'affaires substantiels avec les défendeurs, n'est pas indépendante. L'actionnaire peut donc être autorisé, malgré l'opposition de cette dernière, à engager une action ut singuli (Hasan v. Clevetrust Realty Investors, 729 F. 2d 372 (1984).

C. Demandeur à l'action ut singuli

Le demandeur (nominal plaintiff) à une action ut singuli est l'actionnaire, même si la véritable partie est la société (Allen v. Curtis, 26 Conn. 456 (1857)).

L'action ut singuli est une action fondée sur l'équité dans laquelle l'actionnaire, qui est le demandeur, représente la société (Barrett v. Southern Connecticut Gas Co., 172 Conn. 362, A.2d 1051 (1977)). Il représente ou agit en son nom mais pour son compte.

D. Justification de l'action ut singuli

Malgré des abus, l'action ut singuli a permis de réguler la gouvernance des sociétés en sensibilisant notamment les administrateurs sur leur responsabilité envers la société (Brendle v. Smith, 46 F. Supp. 522, 526 (S.D.N.Y. 1942)).

Art. 742 [mod.] L'augmentation de capital par émission d'actions à libérer en numéraire est réputée réalisée à la date de l'établissement de la déclaration notariée de souscription et de versement.

Aucune décision de l'assemblée générale ne peut avoir pour effet d'éteindre une action en responsabilité contre les administrateurs ou contre l'administrateur général, selon le cas, pour faute commise dans l'accomplissement de leur mandat.

Observations

Remplacement de l'ancien al. 1, qui réputait « non écrite, toute clause statutaire ayant pour effet de subordonner l'exercice de l'action sociale à l'avis préalable ou à l'autorisation del'assemblée générale, ou qui comporterait par avance renonciation à l'exercice de cette action », par la clause « réputant réalisée à la date de l'établissement de la déclaration notariée de souscription et de versement », l'augmentation de capital par émission d'actions à libérer en numéraire. Ce nouvel al. 1 ne semble pas à sa place car les art. 740 et s. traitent plutôt de la responsabilité des administrateurs de la SA.

Art. 743 L'action en responsabilité contre les administrateurs ou contre l'administrateur général, tant sociale qu'individuelle, se prescrit par trois ans à compter du fait dommageable ou, s'il a été dissimulé, à partir de sa révélation. Toutefois, lorsque le fait est qualifié de crime, l'action se prescrit par dix ans.

Jurisprudence comparée

France

Action récursoire de la société contre ses dirigeants

Point de départ de la prescription de l'action récursoire. La prescription de l'action récursoire en garantie contre ses anciens dirigeants, exercée par la société poursuivie par ses actionnaires pour avoir diffusé des informations trompeuses sur sa situation financière, a commencé à courir avant la délivrance de l'assignation principale (Cass. com. 6-5-2014 nº 13-17.632 et 13-18.473 : BRDA 11/14 inf. 2).

• Titre II •

VALEURS MOBILIÈRES ET AUTRES TITRES ÉMIS PAR LES SOCIÉTÉS ANONYMES

• Chapitre I •

DISPOSITIONS COMMUNES

Section I • DÉFINITION

Art. 744 [mod.] Les sociétés anonymes émettent des valeurs mobilières ainsi que d'autres titres financiers.

Au sens du présent Acte uniforme, les valeurs mobilières émises par les sociétés anonymes comprennent :

– les titres de capital ;

– les titres de créance autres que les titres du marché monétaire.

La forme, le régime et les caractéristiques des titres du marché monétaire sont définis par l'organe compétent de chaque État partie.

Les valeurs mobilières confèrent des droits identiques par catégorie et donnent accès directement ou indirectement à une quotité du capital de la société émettrice, ou à un droit de créance général sur son patrimoine. Elles sont indivisibles à l'égard de la société émettrice.

L'émission de parts bénéficiaires ou de parts de fondateur est interdite.

Les sociétés anonymes peuvent aussi conclure des contrats financiers, également dénommés « instruments financiers à terme », le cas échéant dans les conditions fixées par l'autorité compétente de chaque État partie.

OBSERVATIONS

Al. 1 : annonce de la possibilité d'émission « d'autres titres financiers » qui sont visés à l'al. 8.

Al. 2, 3 et 4 : définition des valeurs mobilières.

Al. 8 : droit reconnu à la société anonyme de conclure des contrats financiers.

JURISPRUDENCE COMPARÉE

I. États-Unis

Égalité des actionnaires

Selon la Cour Suprême de l'État de Delaware, ce n'est pas parce que des actionnaires d'une même catégorie sont traités de manière différente qu'ils sont injustement traités. Une société peut donc valablement choisir de ne protéger, grâce à une assurance-vie, que les actionnaires salariés de la société en question (Nixon v. Blackwell, Supreme Court of Delaware, 626 A2d 1366 (1992).

II. France

Caractéristiques des valeurs mobilières

Inapplication de la règle « possession vaut titre ». Les valeurs mobilières constituant des éléments incorporels ne peuvent pas faire l'objet de possession matérielle ; par suite la règle selon laquelle « en fait de meubles, la possession vaut titre » ne saurait leur être appliquée (CA Paris 5-7-1990 : Dr. Sociétés 1990 n° 422 ; CA Paris 25-10-1991 : Dr. Sociétés 1992 n° 63).

Art. 744-1 [nouv.] Les valeurs mobilières, quelle que soit leur forme, doivent être inscrites en compte au nom de leur propriétaire. Elles se transmettent par virement de compte à compte.

Le transfert de propriété des valeurs mobilières résulte de l'inscription des valeurs mobilières au compte-titres de l'acquéreur.

En cas de cession de valeurs mobilières admises aux opérations d'un dépositaire central ou livrées dans un système de règlement et de livraison agrée par l'organe compétent de chaque État partie, cette inscription est effectuée à la date et dans les conditions définies par l'autorité de marché compétente.

Dans les autres cas, cette inscription est effectuée à la date fixée par l'accord des parties et notifiée à la société émettrice.

OBSERVATIONS

Pour un arrêt rendu en application de l'ancien art. 764 et qui avait retenu que les formalités relatives à la transmission des actions incombent aux dirigeants de la société qui détiennent ces registres dès lors que le conseil d'administration a donné son agrément pour la cession, voir : CA Ouagadougou (Burkina Faso), ch. com., n° 030, 15-5-2009 : Sté ATLANTIQUE TELECOM c/ Sté PLANOR AFRIQUE et Sté TELECEL FASO, Ohadata J-10-213, qui est transposable. Pour la jurisprudence comparée voir : Cass. 3e civ. 16-9-2008 n° 07-17.892 : BRDA 20/08, pour l'inscription de la cession sur le registre des mouvements des titres ordonné en référé et Cass. com. 5-5-2009 n° 08-18.165 : Légifrance, pour une présomption de propriété en l'absence de tenue d'un registre de transfert.

Section II • FORME DES TITRES

Art. 745 [mod.] Les valeurs mobilières revêtent la forme de titres au porteur ou de titres nominatifs qu'elles soient émises en contrepartie d'apports en nature ou d'apports en numéraire. Toutefois, la forme exclusivement nominative peut être imposée par des dispositions du présent Acte uniforme ou des statuts.

Art. 746 Le propriétaire de titres faisant partie d'une émission qui comprend des titres au porteur a la faculté, nonobstant toute clause contraire, de convertir ses titres au porteur en titres nominatifs et réciproquement.

Art. 746-1 [nouv.] Il est établi par chaque société ou par une personne qu'elle habilite à cet effet des registres de titres nominatifs émis par cette société.

Les registres contiennent les mentions relatives aux opérations de transfert, de conversion, de nantissement et de séquestre des titres, et notamment :

1°) La date de l'opération ;

2°) Les nom, prénoms et domicile de l'ancien et du nouveau titulaire des titres, en cas de transfert ;

3°) Les nom, prénoms et domicile du titulaire des titres, en cas de conversion de titres au porteur en titres nominatifs ;

4°) La valeur nominale et le nombre de titres transférés ou convertis. Toutefois, lorsque ces titres sont des actions, le capital social et le nombre de titres représenté par l'ensemble des actions de la même catégorie peuvent être indiqués en lieu et place de leur valeur nominale ;

5°) Le cas échéant, si la société a émis des actions de différentes catégories et s'il n'est tenu qu'un seul registre des actions nominatives, la catégorie et les caractéristiques des actions transférées ou converties ;

6°) Un numéro d'ordre affecté à l'opération.

En cas de transfert, le nom de l'ancien titulaire des titres peut être remplacé par un numéro d'ordre permettant de retrouver ce nom dans les registres.

Toutes les écritures contenues dans les registres doivent être signées par le représentant légal de la société ou son délégué.

Art. 746-2 [nouv.] La société tient à jour les registres de titres nominatifs. Le rapport du commissaire aux comptes soumis à l'assemblée générale ordinaire annuelle constate l'existence des registres et donne son avis sur leur tenue conforme. Une déclaration des dirigeants attestant de la tenue conforme des registres est annexée audit rapport.

Section III • NANTISSEMENT DES TITRES

Art. 747 [mod.] Sous réserve des dispositions des articles 772 et 773 ci-après, le nantissement de valeurs mobilières inscrites en compte est constitué conformément aux dispositions de l'Acte uniforme portant organisation des sûretés.

La réalisation du nantissement de compte de titres financiers intervient, pour les titres autres que les titres financiers admis aux négociations sur un marché réglementé, conformément aux dispositions des articles 104 et 105 de l'Acte uniforme portant organisation des sûretés.

OBSERVATIONS

Les dispositions ci-dessus remplacent par renvoi à l'AUS les dispositions anciennes qui arrêtaient le régime du nantissement des titres.

JURISPRUDENCE COMPARÉE

France

Durée du nantissement

Le nantissement de valeurs mobilières consenti à une banque en garantie du découvert en compte de la société, donné pour « le temps nécessaire au retour du découvert dans la limite autorisée », est fondé la demande d'exécution de l'acte de nantissement introduite par la banque après la mise en redressement judiciaire de la société dès lors que cet acte ne comportait aucune limitation de durée, qu'il garantissait le dépassement de l'autorisation de découvert accordée à la société et que, depuis la conclusion du nantissement, le découvert de la société avait, sauf à des moments ponctuels, excédé en permanence l'autorisation de découvert accordée par la banque (Cass. com. 26-11-2003 : RJDA 7/04 nº 835).

Section IV • VALEURS MOBILIÈRES SUBORDONNÉES

Art. 747-1 [nouv.] Lors de l'émission de valeurs mobilières représentatives de créances sur la société émettrice ou donnant droit de souscrire ou d'acquérir une valeur mobilière, il peut être stipulé que ces valeurs mobilières ne sont remboursées qu'après désintéressement des autres créanciers.

Dans ces catégories de valeurs mobilières, il peut être également stipulé un ordre de priorité des paiements.

OBSERVATIONS

Cette catégorie de valeurs mobilières était prévue par l'ancien article 822.

• Chapitre II •

DISPOSITIONS RELATIVES AUX ACTIONS

Section I • FORMES D'ACTIONS

Art. 748 [mod.] Les actions de numéraire sont celles dont le montant est libéré en espèces ou par compensation de créances certaines, liquides et exigibles sur la société, celles qui sont émises par suite d'une incorporation au capital de réserves, bénéfices, ou primes d'émission, et celles dont le montant résulte pour partie d'une incorporation de réserves, de bénéfices ou de primes d'apports, d'émission ou de fusion et pour partie d'une libération en espèces. Ces dernières doivent être intégralement libérées lors de la souscription.

Toutes les autres actions sont des actions d'apport.

Art. 748-1 [nouv.] Les actions qui ne sont admises ni aux négociations sur une bourse des valeurs ni aux opérations d'un dépositaire central revêtent la forme nominative.

Art. 749 [mod.] L'action de numéraire est nominative jusqu'à son entière libération.

L'action d'apport n'est convertible en titre au porteur qu'après deux (2) ans.

Art. 750 [mod.] Le montant nominal des actions est librement fixé par les statuts. Le montant nominal est exprimé en nombre entier.

OBSERVATIONS

Montant nominal des actions désormais librement fixé par les statuts (contrairement à 10 000 FCFA auparavant) sous réserve d'être exprimé par un nombre entier.

Section II • DROITS ATTACHÉS AUX ACTIONS

Paragraphe I • DROIT DE VOTE

Art. 751 A chaque action, est attaché un droit de vote proportionnel à la quotité du capital qu'elle représente et chaque action donne droit à une voix au moins.

JURISPRUDENCE COMPARÉE

I. États-Unis

Selon le droit du Delaware, les fiducies de vote corporatif (contrat par lequel des actionnaires confient leurs droits de vote à un tiers, appelé trustee) doivent avoir une durée inférieure à 10 ans pour être valides. Ne doivent pas être qualifiées de fiducies de vote corporatif, les actions émises avec un droit de vote, pour élire un cinquième Président, et des droits à dividendes réduits. En effet, ces actions ne différencient pas le droit de vote des autres attributs du droit de propriété et en particulier le droit à dividende (Lehrman v. Cohen, Supreme Court of Deleware, 222 A.2d 800 (1966).

II. France

Sur l'exercice du droit de vote, voir sous les art. 130 et 131.

Art. 752 [mod.] Un droit de vote double de celui conféré aux autres actions, eu égard à la quotité du capital qu'elles représentent, peut être conféré par les statuts ou l'assemblée générale extraordinaire aux actions nominatives entièrement libérées pour lesquelles il est justifié d'une inscription nominative depuis au moins deux (2) ans au nom d'un même actionnaire.

De même, en cas d'augmentation de capital par incorporation de réserves, de bénéfices ou de primes d'apports, d'émission ou de fusion, le droit de vote double peut être conféré dès leur émission aux actions nominatives attribuées gratuitement à un actionnaire à raison des actions anciennes pour lesquelles il bénéficie déjà de ce droit.

Art. 753 Toute action convertie au porteur perd le droit de vote double.

Paragraphe II • DROIT AU DIVIDENDE

Art. 754 [mod.] A chaque action, est attaché un droit au dividende proportionnel à la quotité du capital qu'elle représente.

Observations

Suppression du pouvoir de l'assemblée générale d'accorder aux actions un droit au premier dividende.

Jurisprudence comparée

France

Sur le droit au dividende, voir sous l'art. 144.

Art. 755 [mod.] Nonobstant les dispositions de l'article 754 ci-dessus, lors de la constitution de la société ou au cours de son existence, il peut être créé des actions de préférence dans les conditions des articles 778-1 et suivants ci-après et jouissant d'avantages par rapport à toutes les autres actions.

Observations

Élargissement de la faculté reconnue par le texte ancien de créer des actions de priorité sour la forme d'actions de préférence dont le régime est introduit dans le présent Acte uniforme.

Art. 756 [mod.] Les dates de paiement des intérêts, dividendes ou autres produits périodiques revenant aux actions pour un exercice social déterminé sont fixées par l'assemblée générale ou, à défaut par le conseil d'administration ou l'administrateur général, selon le cas.

Observations

Suppression de l'al. 1 de l'ancien texte qui imposait un paiement en une seule fois.
Maintien de la compétence de l'assemblée générale et, subsidiairement, du conseil d'administration pour fixer la date de paiement.

Paragraphe III • DROIT PRÉFÉRENTIEL DE SOUSCRIPTION

Art. 757 Les actionnaires ont proportionnellement au montant de leurs actions, un droit de préférence à la souscription des actions en numéraire émises pour réaliser une augmentation de capital.

Ce droit est négociable dans les mêmes conditions que l'action elle-même pendant la durée de la souscription.

Jurisprudence comparée

France

Voir sous l'art. 573.

Art. 758 L'application des dispositions de l'article 757 du présent Acte uniforme ne peut être écartée que par l'assemblée générale statuant aux conditions de quorum et majorité d'une assemblée extraordinaire et pareille délibération n'est valable que si le conseil d'administration ou l'administrateur général selon le cas, indiquent dans leur rapport à l'assemblée générale les motifs de l'augmentation de capital, ainsi que les personnes auxquelles seront attribuées les actions nouvelles et le nombre d'actions attribuées à chacune d'elles, le taux d'émission, et les bases sur lesquelles il a été déterminé.

JURISPRUDENCE COMPARÉE

France

Voir sous l'art. 586.

Section III • NÉGOCIABILITÉ DES ACTIONS

Art. 759 Les actions ne sont négociables qu'après immatriculation de la société au registre du commerce et du crédit mobilier ou de l'inscription de la mention modificative à la suite d'une augmentation de capital.

JURISPRUDENCE COMPARÉE

France

La négociabilité n'exclut pas un transfert par signification de la cession à la société (cf. Cass. com. 26-2-2008 n° 06-17.981 : RJDA 6/08 n° 671).

Art. 760 La négociation de promesse d'actions est interdite à moins qu'il ne s'agisse d'actions à créer à l'occasion de l'augmentation de capital d'une société dont les anciennes actions sont déjà inscrites à la cote officielle d'une bourse de valeurs d'un ou plusieurs États parties. En ce cas, la négociation n'est valable que si elle est effectuée sous la condition suspensive de la réalisation de l'augmentation de capital. A défaut d'indication expresse, cette condition est présumée.

JURISPRUDENCE COMPARÉE

France

Qualification

N'ont pas été interdites :

– la convention stipulant la cession, après leur création, d'actions devant résulter de la fusion de deux sociétés prévue par cette convention (Cass. com. 27-10-1981 : Bull. civ. IV n° 371) ;

– la conclusion d'une promesse d'achat et d'une promesse de vente d'actions d'une société en cours de formation signées le même jour dès lors que celles-ci ne liaient pas les mêmes contractants et que les parties avaient conservé la faculté de bénéficier ou non de ces promesses (Cass. com. 23-10-1984 : BRDA 2/85 p. 19).

Art. 761 Les actions de numéraire ne sont négociables qu'après avoir été entièrement libérées.

Art. 762 Les actions demeurent négociables après la dissolution de la société et jusqu'à la clôture de la liquidation.

Art. 763 L'annulation de la société ou d'une émission d'actions n'entraîne pas la nullité des négociations intervenues antérieurement à la décision d'annulation si les titres sont réguliers en la forme. Toutefois, l'acquéreur peut exercer un recours en garantie contre son vendeur.

Art. 763-1 [nouv.] Les actions, lorsqu'elles ne sont pas négociables par application des articles 759 et 761 ci-dessus, demeurent cessibles.

La cession doit être constatée par écrit. Elle n'est rendue opposable à la société qu'après l'accomplissement de l'une des formalités suivantes :

1°) signification de la cession à la société par acte d'huissier ou notification par tout moyen permettant d'établir sa réception effective par le destinataire ;

2°) acceptation de la cession par la société dans un acte authentique ;

3°) dépôt d'un original de l'acte de cession au siège social contre remise par le président directeur général, le directeur général ou l'administrateur général d'une attestation de dépôt.

La cession n'est opposable aux tiers qu'après accomplissement de l'une des formalités ci-dessus et publicité au registre du commerce et du crédit mobilier.

Jurisprudence OHADA

Signification de la cession : absence d'obligation de signifier l'acte lui-même

L'exploit d'huissier ainsi libellé : « Nous avons l'honneur de signifier à la société [A.], société anonyme avec conseil d'administration au capital de 4 900 000 000 de FCFA dont le siège est fixé à Cotonou, en application des dispositions de l'[AUSCGIE], la cession de sept mille (7 000) actions sociales de numéraire, d'une valeur nominale de dix mille (10 000) FCFA chacune, numérotées de 479 099 à 486 098 que nous détenons dans le capital social, au profit de la société [B.] société à responsabilité limitée au capital de 25 000 000 de FCFA, dont le siège social est fixé à Cotonou, cessionnaire », est sans équivoque sur l'effectivité de la cession des actions. La cour d'appel qui a retenu qu'« il découle de l'analyse des pièces du dossier que suivant exploits d'huissier en date du 8 décembre 2021, les cédants ont signifié à la société [A] les cessions faites au profit de l'intimée ; que quatre actes d'huissier, à la requête de chacun des cédants, ont été délaissés à monsieur [X.], employé de ladite société ainsi déclaré ; (…) qu'elle [la société] prétend également que c'est l'acte de cession même qui doit être signifié et non l'information simplement portée à la société, alors que le législateur n'a pas expressément disposé dans ce sens ; que mieux, et pour les rendre opposables aux tiers, les quatre cessions ont été publiées au registre de commerce et du crédit mobilier, suivant actes délivrés par le greffier en chef du tribunal de commerce de Cotonou ; que dès lors, les cessions querellées sont opposables aussi bien à la société [A.] qu'aux tiers ; qu'ayant statué dans ce sens, le premier jugement mérite d'être confirmé », pour confirmer le jugement sur ce point, et rappeler notamment que le législateur n'a pas expressément prévu la signification à la société de l'acte de cession des actions, mais plutôt la signification de la cession, n'a en rien violé la loi et a plutôt fait une saine application de l'article 763-1 de l'AUSCGIE (CCJA, 1e ch., n° 260/2024, 24-10-2024).

Observations

Régime de la cession des actions non négociables.
Voir la jurisprudence antérieure transposable sous l'art. 744-1.

Section IV • TRANSMISSION DES ACTIONS

Art. 764 [mod.] Les actions sont en principe librement transmissibles.

Observations

Suppression de la suite de l'ancien art. 764.

Jurisprudence OHADA

I. Perte de la qualité d'actionnaire

La perte de la qualité d'associé dans une société anonyme résulte, selon l'article 764 de l'AUSCGIE, d'une décision libre de l'associé qui ne peut être contraint par une assemblée générale à céder ses actions (TGI Bobo-Dioulasso (Burkina Faso), n° 023, 6-6-2007 : B. A. c/ UTIB-SA, I. et S., H. et S., H. et S. et un autre, Ohadata J-09-99, J-12-116 ; voir sous les art. 7 et 200).

II. Preuve de la cession

La cession d'actions suppose un accord de volonté des parties matérialisé dans un acte authentique ou sous seing privé, lequel emporte remise du titre par le cédant au cessionnaire. La personne qui se prévaut de la qualité d'actionnaire sans en rapporter la preuve doit être déboutée et le jugement qui lui a attribué les actions doit être infirmé (CA Littoral (Cameroun), n° 020/C, 19-2-2010 : N. T. P. et autres c/ Sté Total, N. L. R., Ohadata J-10-140).

Obs. : les modalités de cessions des actions qui ont été supprimées de l'article 764, se trouvent désormais aux art. 744-1 et 763-1.

JURISPRUDENCE COMPARÉE

Nigéria

Preuve d'une cession

En l'absence d'un acte de cession ou d'une résolution du conseil d'administration autorisant l'augmentation de capital, une remise de chèque ne peut valoir preuve d'une attribution d'actions (Rajco International Limited v Le cavalier motels and restaurants limited and others (CA/L/912/2009) [2016]).

Section V • LIMITATIONS À LA TRANSMISSION DES ACTIONS

Art. 765 [mod.] Nonobstant le principe de la libre transmissibilité énoncée à l'article 764 ci-dessus, les statuts ou les conventions mentionnées à l'article 2-1 ci-dessus peuvent stipuler certaines limitations à la transmission des actions dans les conditions prévues aux articles 765-1 à 771-3 ci-après.

Les limitations à la transmission des actions ne peuvent s'opérer en cas de succession, de liquidation de communauté de biens entre époux, ou de cession soit à un conjoint, soit à un ascendant ou un descendant.

OBSERVATIONS

Les conventions mentionnées à l'article 2-1 sont les pactes d'associés.

JURISPRUDENCE OHADA

Autorité de chose jugée d'une décision refusant la transmission

La demande d'inscription sur les registres d'une société, du transfert de 15 000 actions acquises par adjudication à la suite d'une vente aux enchères initiée après saisie n'est pas fondée et doit être rejetée en raison de la force de chose jugée. Il en est ainsi, dès lors que la saisie des droits d'associés et des valeurs mobilières a été pratiquée en vertu d'un arrêt du 18 septembre 2007 de la cour d'appel de Conakry rendu sur appel d'un jugement du 27 juin 2007 ayant déclaré nulles les conventions du 22 février 2002 et ordonné la restitution des actions et d'un arrêt n° 023 du 4 avril 2008 de la Cour suprême de Guinée alors que, suivant une clause attributive de compétence, les juridictions françaises ont été saisies par les mêmes parties de la même cause et du même objet ; qu'ainsi, la 6e chambre du tribunal de commerce de Paris a, par jugement rendu le 19 septembre 2005 confirmé le 15 mai 2007 par arrêt de la Cour d'appel de Paris, débouté les consorts H. de leurs demandes en nullité et en restitution de titres. Ces décisions, exéquaturées par la cour d'appel de Conakry, ont acquis l'autorité de la chose jugée (CCJA, 3e ch., n° 127, 7-7-2016 : Mohamed Lamine Souare c/ Sté Ciments de Guinée, Ohadata J-17-68).

Obs. : l'arrêt n'a pas expressément visé l'art. 765, dont la violation a été alléguée par l'une des parties au litige.

JURISPRUDENCE COMPARÉE

France

A. Transmission par fusion

Les parties peuvent prévoir l'agrément en cas de fusion (cf. Cass. com. 6-5-2003 n° 750 : RJDA 8-9/03 n° 837, 1e esp.).

N'est pas applicable aux transmissions par fusion la clause soumettant à agrément les « cessions entre vifs, volontaires ou forcées, à quelque titre ou sous quelque forme que ce soit » (Cass. com. 6-5-2003 n° 749 : RJDA 8-9/03 n° 837, 2e esp.).

B. Cession d'actions en vertu du plan de cession d'une procédure collective

L'administrateur judiciaire chargé de passer, en exécution du plan de cession, les actes nécessaires à la réalisation de la cession est tenu de respecter, pour procéder à la cession d'actions faisant partie des actifs cédés, la clause des statuts de la société émettrice imposant l'agrément préalable du cessionnaire (Cass. com. 31-1-1995 : RJDA 5/95 nº 647).

C. Non-respect de la clause d'agrément

Sur la nullité de la procédure d'agrément, voir sous l'art. 319 les solutions applicables en matière de SARL et qui sont transposables, les buts de la procédure d'agrément étant identiques en matière de SA.

Art. 765-1 [nouv.] Les clauses d'inaliénabilité affectant des actions ne sont valables que si elles prévoient une interdiction d'une durée inférieure ou égale à dix (10) ans et qu'elles sont justifiées par un motif sérieux et légitime.

Observations

Validité conditionnelle des clauses d'inaliénabilité.

Art. 765-2 [nouv.] Dans le cas où une clause d'inaliénabilité est stipulée dans les statuts, toute cession d'actions réalisée en violation de cette clause est nulle.

Dans le cas où une clause d'inaliénabilité est stipulée dans les conventions visées à l'article 2-1 ci-dessus, toute cession d'actions réalisée en violation de cette clause est nulle dès lors qu'il est démontré que l'un des cessionnaires en avait connaissance ou ne pouvait en ignorer l'existence.

Art. 765-3 [nouv.] Dans une société dont les actions ne sont pas admises à la négociation sur une bourse des valeurs, il peut être stipulé dans les statuts que la transmission d'actions à un tiers étranger à la société, soit à titre gratuit, soit à titre onéreux, est soumise à l'agrément du conseil d'administration ou de l'assemblée générale ordinaire des actionnaires.

Observations

Validité des clauses d'agrément.

Art. 766 [mod.] Si l'agrément est conféré par l'assemblée, le cédant ne prend pas part au vote et ses actions sont déduites pour le calcul du quorum et de la majorité. Il en est de même si le cédant est administrateur lorsque l'agrément est donné par le conseil d'administration. Toute délibération prise en violation du présent article est nulle.

Jurisprudence comparée

France

A. Nullité d'une résolution

La résolution du conseil d'administration relative à la cession d'actions d'un administrateur est frappée de nullité dès lors qu'il n'est pas indiqué dans ladite résolution que les administrateurs cédants, présents à la réunion, n'ont pas pris part au vote, en application de l'article 766 de l'AUSCGIE. Par conséquent, en application de l'article 14 al. 3 et 4 du traité OHADA, la CCJA doit se déclarer incompétente (Trib. com. Paris, 7-11-2001 : C. c/ X., Juris-Ohada, nº 2/2003, p. 55, note Alain Feneon, Ohadata J-03-201).

N'est pas valable l'agrément à une cession d'actions accordé par un conseil composé uniquement de deux membres (Cass. com. 18-11-1974 : Rev. sociétés 1975 p. 273 note Y. Chartier).

B. Compétence pour l'agrément

Conseil d'administration incomplet. N'est pas valable l'agrément d'une cession d'actions donné par un conseil limité à deux membres (Cass. com. 18-11-1974 : Rev. sociétés 1975 p. 273 note Y. Chartier).

C. Liquidation de la société

Si la société est dissoute et liquidée, le liquidateur ne peut se prononcer sur l'agrément que sous réserve d'une habilitation expresse à cette fin par les statuts ; le cas échéant, c'est l'assemblée générale des actionnaires qui doit en décider (CA Paris 22-10-1999 : Dr. Sociétés 2000 n° 22 obs. Th. Bonneau et sur pourvoi Cass. com. 12-5-2004 n° 771 : RJDA 10/04 n° 1128).

D. Administration provisoire de la société

La notification d'une cession d'actions faite à un administrateur provisoire assumant la direction de la société en attendant la nomination de nouveaux administrateurs ne permet pas à l'administrateur d'initier la procédure d'agrément (cf. Cass. com. 27-10-1969 : Bull. civ. IV n° 314).

Art. 767 [mod.] **Si une clause d'agrément est stipulée dans les statuts, le cédant joint à sa demande d'agrément adressée à la société par lettre au porteur contre récépissé ou par lettre recommandée avec demande d'avis de réception, ou par télécopie, les nom, prénoms, qualité et adresse du cessionnaire proposé, le nombre d'actions dont la transmission est envisagée et le prix offert.**

Observations

Suppression de la transmission par télex.

Jurisprudence comparée

France

A. Obligation du cédant

1° Demande d'agrément

Si le cédant n'en a pas fait la demande, il ne peut pas invoquer le défaut d'agrément pour soutenir l'inefficacité de la cession même entre les parties (Cass. com. 27-3-1990 : D. 1991 p. 503 note Bonnard). Sa garantie d'éviction peut éventuellement être mise en œuvre en cas d'oubli des formalités d'agrément de l'acquéreur (CA Paris 24-2-2006 n° 04/22666 : BRDA 10/06 inf. 2), excepté dans le cas où l'acheteur était en mesure d'échapper à l'éviction ou si cette éviction lui est imputable (Cass. 1e civ. 15-10-1996 n° 1667 : RJDA 2/97 n° 290 ; Cass. 1e civ. 21-3-2000 n° 603 : RJDA 6/00 n° 642).

2° Obligation de notifier la demande d'agrément au représentant légal de la société émettrice

Dans un cas où le directeur commercial d'une filiale de la SA avait décidé de vendre les actions qu'il détenait dans la société mère à un administrateur de cette même filiale, cette cession a été jugée nulle pour ne pas avoir été notifiée par le cédant à la société émettrice des titres mais au siège de la filiale où il était directeur commercial et qui avait le même représentant légal que la SA, rien n'établissant que le représentant légal de la SA avait eu connaissance du contenu de la lettre de notification avant la réception d'une lettre d'une société qui assurait des tâches juridiques pour les sociétés du groupe et qui était chargée par le cédant de procéder à l'enregistrement par les services fiscaux de la cession de ses actions à l'acquéreur ; de plus, la SA, qui n'avait pas d'établissement secondaire, n'avait pas son « domicile de fait » dans les locaux de la filiale, laquelle n'était pas habilitée à recevoir les notifications destinées à la SA et les termes de la lettre de notification ne permettaient pas, compte tenu des anomalies les affectant (texte en partie masqué par une tache noire et erreur de frappe), de déterminer avec certitude le nombre d'actions dont la cession était envisagée, ni leur prix unitaire (CA Paris 19-2-2008 n° 07/2991 : BRDA 10/08 inf. 3).

B. Date de la demande d'agrément

La demande d'agrément doit être effectuée avant la réalisation de l'opération impliquant le transfert ; une demande présentée ultérieurement est inefficace (Cass. com. 6-5-2003 n° 750 : RJDA 8-9/03 n° 837).

C. Désignation du cessionnaire

L'identité de l'acheteur est suffisamment démontrée pour une personne morale, en cas de mention de la forme et de la dénomination de la personne morale cessionnaire accompagnée de l'adresse de son siège social (Cass. com. 26-4-1994 : RJDA 8-9/94 n° 932).

Art. 768 [mod.] L'agrément résulte soit d'une notification, soit du défaut de réponse dans le délai de trois (3) mois à compter de la demande.

Art. 769 [mod.] Si la société n'agrée pas le cessionnaire proposé, le conseil d'administration ou l'administrateur général selon le cas, sont tenus dans le délai de trois (3) mois à compter de la notification de refus, de faire acquérir les actions soit par un ou plusieurs actionnaire(s), soit par un tiers, soit par la société.

JURISPRUDENCE COMPARÉE

France

A. Absence de refus d'agrément

L'agrément doit être pur et simple, de sorte que les conditions posées par l'organe social habilité à autoriser la cession sont réputées non écrites ; une cession d'actions ne peut donc pas être remise en cause pour la seule raison que les conditions d'octroi de l'agrément imposées par le conseil (signature d'accords entre le cédant et la société) ne sont pas réalisées (Cass. com. 17-1-2012 n° 09-17.212 : RJDA 4/12 n° 409).

B. Calcul du délai de trois mois

Le délai de trois mois imparti pour l'achat des actions ne commence à courir qu'à compter de la notification du refus d'agrément ; la date de l'assemblée ayant refusé l'agrément ne peut servir à fixer le point de départ de ce délai, même en cas de participation du cédant à cette assemblée lui ayant permis de connaître la décision de celle-ci (Cass. com. 18-5-1993 : Bull. civ. IV n° 202).

Par conséquent, si la société rachète elle-même les actions, il convient de prendre en considération dans le calcul du délai de trois mois, le jour de l'accord liant le cédant et le conseil d'administration de la société, et non pas le jour de l'assemblée générale extraordinaire devant ratifier cet accord et se prononcer sur la diminution consécutive du capital social (Cass. com. 17-10-1989 : Rev. sociétés 1990 p. 270 note Y. Chartier).

C. Défaut de rachat à l'expiration du délai

1° Nécessité de fixer le prix et de proposer des acquéreurs dans le délai

La seule nomination de l'expert dans le délai prévu ne suffit pas ; il est nécessaire qu'avant la fin de ce délai, le prix de rachat ait été déterminé et que la société ait soumis au cédant des acheteurs offrant de régler ce prix (Cass. com. 3-4-1973 : D. 1973 p. 580 note Lacombe).

2° Obstruction de la société

La société et ses dirigeants risquent d'être tenus de régler des dommages-intérêts au cédant quand leurs abstentions fautives et leurs manœuvres ont rendu la cession impossible (Cass. com. 25-2-1992 : RJDA 5/92 n° 468).

Art. 770 [mod.] A défaut d'accord entre les parties, le prix de cession est déterminé à dire d'expert désigné, soit par les parties, soit, à défaut d'accord entre elles, par la juridiction compétente à la demande de la partie la plus diligente.

JURISPRUDENCE COMPARÉE

France

Voir sous l'art. 57 les solutions relatives à l'intervention de l'expert applicables en raison du caractère d'ordre public de cet article.

Art. 771 [mod.] Si à l'expiration du délai de trois (3) mois à compter du refus d'agrément, l'achat n'est pas réalisé, l'agrément est considéré comme donné. Toutefois, au cas où un expert a été désigné pour fixer le prix, le délai peut être prorogé pour une période qui ne peut excéder trois (3) mois, par les parties ou par la juridiction qui a désigné l'expert.

JURISPRUDENCE COMPARÉE

France

Prorogation du délai

Les tribunaux déterminent la durée de prorogation du délai selon les circonstances : ainsi, quinze jours à compter de l'expédition du rapport d'expertise aux parties (cf. CA Paris 8-11-1982 : Bull. Joly 1983 p. 171) ou délai d'acquisition fixé d'emblée à huit mois (cf. Cass. com. 6-5-2003 n° 750 : RJDA 8-9/03 n° 837).

Art. 771-1 [nouv.] Le cédant peut, à tout moment, renoncer à la cession de ses actions.

Cependant, les actionnaires, les tiers ou la société qui ont déclaré se porter acquéreurs ne peuvent se rétracter s'ils ont proposé au cédant de recourir à la procédure d'expertise et si celui-ci l'a acceptée.

OBSERVATIONS

Possibilité de rétractation du cédant et possibilité conditionnelle des actionnaires, des tiers et de la société.

Art. 771-1-1 [nouv.] Toute cession d'actions réalisée en violation d'une clause d'agrément est nulle.

JURISPRUDENCE OHADA

Cassation de l'arrêt qui a validé une cession réalisée en violation des statuts

C'est en violation de l'article 771-1.1 de l'AUSCGIE qu'une cour d'appel a validé une cession d'actions réalisée en violation des statuts d'une société en ce qu'elle a été réalisée au profit de sociétés représentées par l'un des actionnaires qui a signé l'acte de cession en double qualité de cédant et cessionnaire ainsi que les statuts corrélatifs, exposant sa décision à la cassation sans qu'il soit besoin d'examiner les autres moyens proposés par le demandeur (CCJA, 1e ch., n° 127/2019, 25-4-2019 : Ibrahim Kassus Dioubate c/ Sam Alexandre Zormati).

Art. 771-2 [nouv.] Il peut être stipulé dans les statuts ou les conventions de l'article 2-1 ci-dessus que l'actionnaire qui entend céder tout ou partie de ses actions est tenu de le notifier à un ou plusieurs autres actionnaires, qui peuvent faire connaître au cédant qu'ils exercent un droit de préemption aux prix et conditions qui lui ont été notifiés.

Art. 771-3 [nouv.] Dans le cas où une clause de préemption est stipulée dans les statuts, toute cession d'actions réalisée en violation du droit de préemption est nulle.

Dans le cas où une clause de préemption est stipulée dans les conventions de l'article 2-1 ci-dessus, toute cession d'actions réalisée en violation du droit de préemption est nulle dès lors qu'il est démontré que l'un des bénéficiaires en avait connaissance ou ne pouvait en ignorer l'existence.

Section VI • NANTISSEMENT DES ACTIONS

Art. 772 [mod.] Si la société a donné son consentement à un projet de nantissement d'actions, ce consentement emporte agrément du cessionnaire en cas de réalisation forcée des actions nanties, à moins que la société ne préfère racheter ces actions sans délai en vue de réduire son capital.

Le projet de nantissement d'actions n'est opposable à la société que s'il a été agréé par l'organe désigné à cet effet par les statuts pour accorder l'agrément à la transmission des actions.

A défaut de consentement préalable donné par la société, le transfert de propriété d'actions intervenant dans le cadre de la réalisation d'un nantissement est soumis à l'agrément de celle-ci.

OBSERVATIONS

À défaut de consentement préalable de la société au nantissement, obligation pour l'acquéreur des actions nanties d'être agréé par la société.

Art. 773 [mod.] Le projet de nantissement doit avoir été préalablement adressé à la société par tout moyen permettant d'établir sa réception effective par le destinataire et indiquant les nom, prénoms et le nombre d'actions devant être nanties.

L'accord résulte soit d'une acceptation du nantissement communiquée dans les mêmes formes que la demande d'agrément du nantissement, soit du défaut de réponse dans le délai de trois (3) mois à compter de la demande.

OBSERVATIONS

Al. 1 : communication du projet de nantissement par tout moyen aux lieu et place des moyens limités du texte ancien.

JURISPRUDENCE COMPARÉE

France

A. Conservation des actions

Droit du créancier, en cas de menace, à la surveillance des décisions sociales par un mandataire de justice. Une banque détenant un nantissement sur 94 % des actions d'une société, peut valablement en cas de risque de péril pour le patrimoine de cette société dû opérations financières projetées par ses dirigeants, obtenir en référé la nomination d'un mandataire de justice en vue d'informer la banque sur la gestion de celle-ci ; pour accomplir sa mission, le mandataire a été expressément autorisé à obtenir communication de tous documents et à participer à toutes les réunions des organes sociaux (CA Lyon 30-3-1978 : Rev. sociétés 1979 p. 320 note Merle).

B. Mise sous séquestre des actions

Les actions peuvent être mises sous séquestre lorsque le créancier nanti ou un autre créancier le sollicite (cf. CA Versailles 23-10-1979 : Gaz. Pal. 1980 som. p. 605).

Art. 773-1 [nouv.] Dans le cas d'une cession d'actions résultant de la réalisation d'un nantissement en violation d'une clause statutaire de préemption, les dispositions des articles 771-3 et suivants ci-dessus sont applicables.

Section VII • DÉFAUT DE LIBÉRATION DES ACTIONS

Art. 774 [mod.] Les actions doivent être libérées au moins du quart de leur valeur à la souscription, le solde étant versé au fur et à mesure des appels du conseil d'administration ou de l'administrateur général, selon le cas, dans un délai maximum de trois (3) ans à compter de la date de souscription.

Jurisprudence OHADA

Application de l'article 774 à la souscription d'actions en cours de vie sociale

Il a été jugé que lorsqu'il s'agit d'une souscription d'actions en cours de vie sociale à l'occasion d'une augmentation du capital, le texte applicable est l'article 774 AUSCGIE ; cette disposition, reprenant le délai de trois ans prévu à l'article 389 du même Acte uniforme, prévoit cependant comme point de départ du délai de libération du surplus de la valeur des actions non libérées la date de souscription desdites actions (CCJA, 2e ch., no 200/2021, 25-11-2021 : Seniran Auto SA c/ Sté TSE Afrique SA).

Jurisprudence comparée

I. États-Unis

Obligation de libération des actions

Les actionnaires ne sont pas responsables au-delà de leur contribution (montant de leurs apports), mais la souscription d'actions est un contrat entre eux et la société, qui engage leur responsabilité personnelle si le montant de la souscription n'est pas payé et ce envers un créancier de la société en vertu d'une règle généralement admise, dérivée de la common law (Hanewald v. Bryan's, Inc., Supreme Court of North Dakota, 429 N.W.2d 414 (1988)).

II. France

A. Obligation de libération des actions

1° Actionnaire non inscrit sur les registres de la société

Un cessionnaire d'actions n'a pas été tenu de verser au syndic la partie non libérée de ces actions dès lors que la cession n'avait pas été inscrite sur les registres de la société (voir CA Paris 19-3-1981 : BRDA 9/81 p. 9).

2° Souscription non conclue

L'actionnaire n'est tenu de libérer les actions que si la souscription a été conclue, ce qui suppose qu'il a émis un consentement aux modalités fixées pour la réalisation d'une augmentation du capital pur et simple ; tel n'est pas le cas lorsque, la convocation à l'assemblée générale d'augmentation du capital précisant que les actions devaient être intégralement libérées à la souscription, le contrat de souscription ne s'était pas formé à défaut d'acceptation par l'actionnaire concerné de l'exigence de libération intégrale des titres (Cass. com. 25-6-2013 no 12-17.583 : BRDA 14/13 inf. 1).

B. Appel du non-versé

1° Date de naissance de l'obligation de l'actionnaire

Appel des versements par le conseil d'administration. Quand le conseil d'administration est chargé de solliciter les appels de fonds, l'échéance de la dette correspondante est fixée au jour de sa décision exclusivement (Cass. com. 15-7-1992 : RJDA 12/92 no 1140).

2° Appel en cas de redressement et de liquidation judiciaires

Si la société fait l'objet d'un redressement judiciaire, le commissaire à l'exécution du plan n'est pas compétent pour imposer à un associé la libération de ses apports ; s'il y a cession des actifs de la société, c'est son liquidateur amiable ou un mandataire ad hoc qui doit le solliciter (Cass. com. 12-10-2004 no 1480 : RJDA 2/05 no 136).

Si la société fait l'objet d'une liquidation judiciaire, le liquidateur est compétent pour exiger des actionnaires le règlement de la fraction non libérée du capital (Cass. com. 9-5-1995 : RJDA 10/95 no 1107 ; Cass. com. 26-5-1999 : RJDA 8-9/99 no 948).

3° Non-exigibilité à la date d'échéance prévue pour la libération des actions

L'expiration du délai dans lequel la libération du capital aurait dû intervenir n'entraîne pas à elle seule exigibilité du non-versé (CA Versailles 3-4-1997 : RJDA 11/97 no 1356).

C. Débiteurs des versements appelés

1° Obligation des souscripteurs

Les souscripteurs sont également tenus de libérer leurs apports bien qu'ils aient cédé leurs actions (Cass. com. 26-5-1999 : RJDA 8-9/99 no 948 ; CA Paris 2-4-1979 : Bull. Joly 1979 p. 288). Le cessionnaire d'actions n'a pas été contraint de régler la fraction non libérée de ces actions dans la mesure où la cession n'avait pas été inscrite sur les registres de la société (CA Paris 19-3-1981 : BRDA 9/81 p. 9).

2° Souscription par prête-nom

Obligation du souscripteur dissimulé et du souscripteur apparent. Le véritable souscripteur dissimulé derrière un prête-nom est susceptible de poursuites à condition de prouver l'existence de la convention de prête-nom (Cass. req. 8-8-1876 : D. 1878.1 p. 131).

La société peut également se fonder sur l'acte apparent et exiger du prête-nom le règlement des sommes restant dues (CA Nancy 25-11-1988 : BRDA 18/89 p. 19).

Obs. : sur la libération par compensation, voir sous l'art. 562.

Prescription de l'action en libération du non-versé. Le délai de prescription ne commence à courir qu'à l'expiration du délai de cinq ans prescrit pour la libération des actions de numéraire (CA Paris 19-9-1991 : RJDA 11/91 n° 932 ; CA Paris 17-1-2008 n° 06/20658 : RJDA 6/08 n° 678).

Art. 775 [mod.] Au cas de non paiement des sommes restant à verser sur les actions non libérées, aux époques fixées par le conseil d'administration ou l'administrateur général selon le cas, la société adresse à l'actionnaire défaillant une mise en demeure par lettre au porteur contre récépissé ou par lettre recommandée avec demande d'avis de réception.

Un (1) mois après cette mise en demeure restée sans effet, la société poursuit de sa propre initiative la vente de ces actions. A compter du même délai, les actions pour lesquelles les versements exigibles n'ont pas été effectués cessent de donner droit à l'admission aux votes dans les assemblées d'actionnaires et elles sont déduites pour le calcul du quorum et des majorités.

A l'expiration de ce même délai d'un (1) mois, le droit au dividende et le droit préférentiel de souscription aux augmentations de capital attachées à ces actions sont suspendus jusqu'au paiement des sommes dues.

Jurisprudence OHADA

I. Exclusion des assemblées des actionnaires qui n'ont pas libéré leurs actions

Les actionnaires qui n'ont pas entièrement libéré leurs actions sont mal fondés à convoquer une assemblée générale de la société, dès lors que la libération des actions ayant fait objet de souscription est une exigence légale et que les droits les actions pour lesquelles les versements n'ont pas été faits dans les conditions de l'article 775 cessent de donner droit à l'admission aux votes dans les assemblées d'actionnaires. La convocation de cette assemblée générale crée un trouble manifestement illicite justifiant l'intervention du juge des référés (TR Niamey, ord. réf. n° 70, 23-4-2001 : M. S. c/ H. G., Ohadata. J-02-35).

II. Annulation des résolutions d'une AGE qui a consacré la perte de sa qualité par un actionnaire qui n'a pas été mis en demeure

Au sens de l'article 775 de l'AUSCGIE, l'actionnaire défaillant doit être mis en demeure de régulariser sa situation par lettre au porteur contre récépissé ou par lettre recommandée avec demande d'avis de réception. Cette prescription légale n'ayant pas été observée par l'actionnaire majoritaire en l'espèce, c'est en violation de ce texte qu'une cour d'appel a retenu que les organisateurs de l'assemblée générale n'ont commis aucune irrégularité susceptible d'entraîner son annulation, alors que la société défenderesse n'avait pas adressé à la société demanderesse une mise en demeure de procéder au paiement non effectué, exposant son arrêt à la cassation. Sur l'évocation, en retenant, d'une part, que la société demanderesse est actionnaire de la société défenderesse au regard de l'acte constitutif de cette dernière, et d'autre part que ses actions ne peuvent être cédées à un autre actionnaire sans son consentement, le tribunal a fait une saine application de la loi en déclarant nuls et de nul effets les résolutions de l'assemblée générale extraordinaire, dont la première consacrait la perte de qualité d'actionnaire de la société demanderesse ; confirmation du jugement en toutes ses dispositions (CCJA, 3e ch., n° 104/2020, 9-4-2020 : Compagnie financière internationale S.A c/ Yang Logone development company S.A.).

III. Vente aux enchères publiques d'actions non libérées

Sur l'inapplication de l'article 59 de l'AUSCGIE à une vente aux enchères publiques d'actions non libérées, qui est plutôt régie par les articles 775 et 776 du même Acte uniforme, voir sous l'art. 59.

Art. 776 [mod.] Dans les cas visés à l'article 775, al. 2 ci-dessus, la vente des actions cotées s'effectue en bourse ; celle des actions non cotées est effectuée aux enchères publiques par un notaire.

Avant de procéder à la vente prévue par l'alinéa précédent, la société publie dans un journal habilité à recevoir les annonces légales, trente (30) jours après la mise en demeure prévue à l'article 775 ci-dessus, les numéros des actions mises en vente. Elle avise le débiteur et, le cas échéant, ses codébiteurs de la mise en vente par lettre au porteur contre récépissé ou par lettre recommandée avec accusé de réception contenant l'indication de la date et du numéro du journal dans lequel la publication a été effectuée. Il ne peut être procédé à la mise en vente des actions moins de quinze (15) jours après l'envoi de la lettre au porteur contre récépissé ou de la lettre recommandée avec accusé de réception.

L'actionnaire défaillant reste débiteur ou profite de la différence. Les frais engagés par la société pour parvenir à la vente sont à la charge de l'actionnaire défaillant.

Observations

Al. 1 : suppression des enchères publiques par un agent de change.

Jurisprudence OHADA

Annulation de l'adjudication d'actions non libérées

C'est à tort qu'il est reproché à un arrêt d'avoir confirmé l'annulation de l'adjudication des actions non libérées d'un actionnaire au motif que les formalités de mise en vente n'ont pas été observées alors, selon le moyen, que, d'une part, plusieurs mises en demeure ont été adressées à l'actionnaire défaillant pour le sommer de libérer les actions souscrites, conformément à l'article 775 de l'AUSCGIE ; que, d'autre part, en application de l'article 776 dudit Acte uniforme, l'annonce de la vente a été publiée dans un journal d'annonces légales dans lequel il est indiqué les numéros des actions mises aux enchères et une lettre recommandée avec accusé de réception a été adressée au sieur Mohamed Ndir à cet effet ; qu'en confirmant le jugement, sans tenir compte de ces démarches, la cour d'appel a violé les textes visés au moyen. Il en est ainsi dès lors que, contrairement aux allégations du moyen, il ressort des énonciations de l'arrêt déféré qu'au regard des pièces soumises à l'appréciation de la cour d'appel, « aucune des formalités [prescrites par les articles 775 et 776] n'a été respectée » et que tirant les conséquences de cette constatation souveraine, la cour d'appel a justement retenu que « cette violation des dispositions d'ordre public justifiait l'annulation du procès-verbal d'adjudication du 15 mai 2006 ». En statuant ainsi, elle n'a en rien violé les articles susmentionnés ; rejet du moyen et du pourvoi (CCJA, 3e ch., no 146, 7-6-2018 : Sté Valeur Plus Sénégal, Marc Alain Aldasoro c/ Mohamed Ndir).

Art. 777 L'actionnaire défaillant, les cessionnaires successifs et les souscripteurs sont tenus solidairement du montant non libéré de l'action.

La société peut agir contre eux soit avant ou après la vente, soit en même temps pour obtenir tant la somme due que le remboursement des frais exposés.

Celui qui a désintéressé la société dispose d'un recours pour le tout contre les titulaires successifs de l'action. La charge définitive de la dette incombe au dernier d'entre eux.

Jurisprudence comparée

France

A. Obligation incombant à l'actionnaire cédant

L'actionnaire reste tenu du montant non libéré des actions bien qu'il les ait cédées (Cass. com. 26-5-1999 : RJDA 8-9/99 no 948 ; CA Paris 2-4-1979 : Bull. Joly 1979 p. 288).

B. Recours de celui qui a payé

Le poids définitif de la dette au regard de la société pesant sur le dernier titulaire, celui qui a payé ne peut pas agir contre les précédents acquéreurs lorsque ces derniers ne lui ont pas caché le défaut de libération intégrale des actions cédées (CA Paris 10-1-1991 : Bull. Joly 1991 p. 301).

Section VIII • REMBOURSEMENT DES ACTIONS

Art. 778 L'amortissement des actions par voie de tirage au sort est interdit nonobstant toutes dispositions législatives, réglementaires ou contractuelles contraires.

• Chapitre II-I •

DISPOSITIONS RELATIVES AUX ACTIONS DE PRÉFÉRENCE

. . . .

Art. 778-1 [nouv.] Lors de la constitution de la société ou au cours de son existence, il peut être créé des actions de préférence, avec ou sans droit de vote, assorties de droits particuliers de toute nature, à titre temporaire ou permanent. Ces droits sont définis par les statuts dans le respect des articles 543, 623 et 751 ci-dessus.

Un droit de vote double de celui conféré aux autres actions peut être conféré aux actions de préférence.

Le droit de vote peut être aménagé pour un délai déterminé ou déterminable. Il peut être suspendu pour une durée déterminée ou déterminable ou supprimé.

Les actions de préférence sans droit de vote ne peuvent représenter plus de la moitié du capital social, et dans les sociétés dont les actions sont admises aux négociations sur une bourse des valeurs, plus du quart du capital social.

Toute émission ayant pour effet de porter la proportion au-delà de cette limite peut être annulée.

Par dérogation aux articles 573 et 822-1 du présent Acte uniforme, les actions de préférence sans droit de vote à l'émission, auxquelles est attaché un droit limité de participation aux dividendes, aux réserves ou au partage du patrimoine en cas de liquidation, sont privées de droit préférentiel de souscription pour toute augmentation de capital en numéraire, sous réserve de clauses contraires des statuts.

Art. 778-2 [nouv.] L'assemblée générale extraordinaire des actionnaires est seule compétente pour décider l'émission, le rachat et la conversion des actions de préférence au vu d'un rapport du conseil d'administration ou de l'administrateur général, selon le cas et d'un rapport spécial des commissaires aux comptes. Elle peut déléguer ce pouvoir dans les conditions fixées aux articles 564 à 568 ci-dessus. Toute délibération prise en violation du présent alinéa est nulle.

Le rachat doit être expressément prévu dans les statuts de la société avant l'émission des actions de préférence. A défaut, la décision de rachat est nulle.

Les modalités de rachat ou de conversion des actions de préférence peuvent également être fixées dans les statuts.

Art. 778-3 [nouv.] Le rapport du conseil d'administration ou de l'administrateur général, selon le cas indique, outre les mentions exigées par l'article 570 ci-dessus, les caractéristiques des actions de préférence et précise l'incidence de l'opération sur la situation des titulaires de titres de capital et de valeurs mobilières donnant accès au capital.

Le commissaire aux comptes donne son avis sur l'augmentation de capital envisagée, les caractéristiques des actions de préférence et l'incidence de l'opération sur la situation des titulaires de titres de capital et de valeurs mobilières donnant accès au capital.

Art. 778-4 [nouv.] Lorsque l'assemblée générale extraordinaire se prononce sur l'inscription dans les statuts des modalités de conversion, de rachat ou de remboursement des actions de préférence, le rapport du conseil d'administration indique les modalités de conversion, de rachat ou de remboursement, ainsi que les modalités de mise à disposition des actionnaires des rapports du conseil d'administration ou de l'administrateur général, selon le cas et du commissaire aux comptes.

Le commissaire aux comptes donne son avis sur ces modalités de conversion, de rachat ou de remboursement.

Art. 778-5 [nouv.] A tout moment de l'exercice en cours et au plus tard lors de la première réunion suivant la clôture de celui-ci, le conseil d'administration ou l'administrateur général, selon le cas, constate, s'il y a lieu, le nombre et le montant nominal des actions issues de la conversion des actions de préférence, au cours de l'exercice écoulé, et apporte les modifications nécessaires aux clauses des statuts relatives au montant du capital social et au nombre des titres qui le composent.

Art. 778-6 [nouv.] Les actions de préférence peuvent être converties en actions ordinaires ou en actions de préférence d'une autre catégorie.

En cas de conversion d'actions de préférence en actions aboutissant à une réduction de capital non motivée par des pertes, les créanciers, dont la créance est antérieure à la date de publication de l'avis dans un journal habilité à recevoir les annonces légales de l'État partie, après le dépôt au registre du commerce et du crédit mobilier du procès-verbal de la délibération de l'assemblée générale ou du conseil d'administration en cas de délégation, peuvent former opposition à la conversion dans le délai et suivant les modalités fixées par les articles 633 à 638 ci-dessus.

Art. 778-7 [nouv.] Lorsque l'assemblée générale extraordinaire est appelée à se prononcer sur la conversion des actions de préférence, le rapport du conseil d'administration ou de l'administrateur général, selon le cas, indique les conditions de celle-ci, les modalités de calcul du rapport de conversion et les modalités de sa réalisation. Il précise également l'incidence de l'opération sur la situation des titulaires de titres de capital et de valeurs mobilières donnant accès au capital. Le cas échéant, le rapport indique les caractéristiques des actions de préférence issues de la conversion.

Le commissaire aux comptes donne son avis sur la conversion ainsi que sur l'incidence de l'opération sur la situation des titulaires de titres de capital et de valeurs mobilières donnant accès au capital. Il indique également si les modalités de calcul du rapport de conversion sont exactes et sincères.

Si la conversion entraîne une augmentation de capital, la libération du montant nominal des actions ordinaires correspondant à cette augmentation peut avoir lieu par incorporation de réserves, bénéfices ou primes d'apports, d'émission ou de fusion.

Art. 778-8 [nouv.] Lorsque l'assemblée est appelée à se prononcer sur le rachat ou le remboursement d'actions de préférence, le rapport du conseil d'administration ou de l'administrateur général, selon le cas, précise les conditions du rachat ou du remboursement, les justifications et les modalités de calcul du prix proposé ainsi que l'incidence de l'opération sur la situation des titulaires de titres de capital et des valeurs mobilières donnant accès au capital.

Le commissaire aux comptes donne son avis sur l'offre de rachat ou de remboursement selon les mêmes modalités qu'en matière de conversion d'actions de préférence.

Art. 778-9 [nouv.] L'assemblée générale extraordinaire peut déléguer au conseil d'administration ou à l'administrateur général, selon le cas, le pouvoir de décider le rachat ou la conversion ou déléguer à cet organe le pouvoir d'en fixer les modalités.

Art. 778-10 [nouv.] La création des actions de préférence donne lieu à l'application des articles 399 à 403 et 619 à 625 ci-dessus relatifs aux avantages particuliers lorsque les actions sont émises au profit d'un ou plusieurs actionnaires nommément désignés. Dans ce cas, le commissaire aux apports est soumis aux incompatibilités prévues aux articles 697 et 698 ci-dessus. Il peut être le commissaire aux comptes de la société.

Les titulaires d'actions devant être converties en actions de préférence de la catégorie à créer ne peuvent prendre part au vote sur la création de cette catégorie et les actions qu'ils détiennent ne sont pas prises en compte pour le calcul du quorum et de la majorité, à moins que l'ensemble des actions ne fassent l'objet d'une conversion en actions de préférence. Toute délibération prise en violation du présent alinéa est nulle.

Par dérogation au premier alinéa, lorsque l'émission porte sur des actions de préférence relevant d'une catégorie déjà créée, l'évaluation des avantages particuliers qui en résultent figure dans le rapport spécial des commissaires aux comptes mentionné à l'article 778-2, al. 1 ci-dessus.

Art. 778-11 [nouv.] En cas de modification ou d'amortissement du capital, l'assemblée générale extraordinaire détermine les incidences de ces opérations sur les droits des porteurs d'actions de préférence.

Ces incidences peuvent également être constatées dans les statuts.

Art. 778-12 [nouv.] En cas de fusion ou de scission, les actions de préférence peuvent être échangées contre des actions des sociétés bénéficiaires du transfert de patrimoine comportant des droits particuliers équivalents, ou selon une parité d'échange spécifique tenant compte des droits particuliers abandonnés.

En l'absence d'échange contre des actions conférant des droits particuliers équivalents, la fusion ou la scission est soumise à l'approbation de l'assemblée spéciale prévue à l'article 555 ci-dessus. Toute délibération prise en violation de cette disposition est nulle.

Art. 778-13 [nouv.] Le dividende distribué, le cas échéant, aux titulaires d'actions de préférence peut être accordé en titres de capital, selon les modalités fixées par l'assemblée générale extraordinaire ou les statuts.

Art. 778-14 [nouv.] Les délibérations prises à défaut du rapport du conseil d'administration ou de l'administrateur général, selon le cas, et du rapport du commissaire aux comptes prévus aux articles 778-3, 778-4, 778-7 et 778-8 ci-dessus sont nulles. Les délibérations peuvent être annulées dans le cas où les rapports ne contiennent pas toutes les indications prévues par ces articles.

Art. 778-15 [nouv.] Les porteurs d'actions de préférence, constitués en assemblée spéciale, peuvent donner mission à l'un des commissaires aux comptes de la société d'établir un rapport spécial sur le respect par la société des droits particuliers attachés aux actions de préférence. Ce rapport est diffusé à ces porteurs à l'occasion d'une assemblée spéciale.

Ce rapport comprend, outre l'avis du commissaire aux comptes sur le respect de ces droits, le cas échéant, la date à partir de laquelle ceux-ci ont été méconnus. Les frais relatifs à l'établissement de ce rapport sont à la charge de la société.

Ce rapport est tenu à disposition des actionnaires au siège social quinze (15) jours au moins avant la date de l'assemblée spéciale au cours de laquelle il doit être présenté.

• Chapitre III •
DISPOSITIONS RELATIVES AUX OBLIGATIONS

....

Section I • DISPOSITIONS GÉNÉRALES

Paragraphe I • DÉFINITION

Art. 779 Les obligations sont des titres négociables qui dans une même émission, confèrent les mêmes droits de créance pour une même valeur nominale.

Paragraphe II • CONDITIONS D'ÉMISSION

Art. 780 [mod.] L'émission d'obligations n'est permise qu'aux sociétés anonymes et aux groupements d'intérêt économique constitués de sociétés anonymes, ayant deux (2) années d'existence et qui ont établi deux bilans régulièrement approuvés par les actionnaires.

Art. 781 L'émission d'obligations est interdite aux sociétés dont le capital n'est pas entièrement libéré.

Art. 782 L'émission d'obligations à lots est interdite.

Art. 783 [mod.] L'assemblée générale des actionnaires a seule qualité pour décider ou autoriser l'émission d'obligations. Elle peut déléguer au conseil d'administration ou à l'administrateur général selon le cas, les pouvoirs nécessaires pour procéder à l'émission d'obligations en une ou plusieurs fois dans le délai de deux (2) ans, et pour en arrêter les modalités.

....

JURISPRUDENCE COMPARÉE

France

Validité de la réduction du montant de l'emprunt

La réduction du montant de l'emprunt ne peut pas constituer une cause de nullité de la souscription si l'éventualité de cette réduction est prévue et connue du souscripteur au moment où il a accepté l'offre (Cass. com. 10-7-2007 n° 06-14.660 : RJDA 11/07 n° 1111).

Art. 783-1 [nouv.] Toute émission d'obligations réalisée en violation des articles 780 à 783 est nulle.

OBSERVATIONS

Nullité expresse de la violation des dispositions ci-dessus.

Art. 784 Les obligations rachetées par la société émettrice et remboursées sont annulées et ne peuvent être remises en circulation.

Paragraphe III • GROUPEMENT DES OBLIGATAIRES

Art. 785 Les porteurs d'obligations d'une même émission sont groupés de plein droit pour la défense de leurs intérêts dans une masse qui jouit de la personnalité juridique. Toutefois, en cas d'émissions successives d'obligations, la société peut, lorsqu'une clause de chaque contrat d'émission le prévoit, réunir en un groupement unique les porteurs d'obligations ayant des droits identiques.

Art. 786 [mod.] Le groupement est représenté selon la volonté de l'assemblée générale des obligataires qui les élit, par un (1) à trois (3) mandataires.

JURISPRUDENCE COMPARÉE

France

Désignation d'un représentant de la masse en présence d'un seul obligataire

Aucune disposition légale n'interdit aux parties au contrat d'émission de prévoir la désignation d'un représentant de la « masse » en présence d'un seul obligataire et de le soumettre au régime impératif prévu par le Code de commerce ; cet obligataire n'a alors pas d'autre choix que de désigner un représentant (qui peut être lui-même), faute de quoi son action en remboursement sera déclarée irrecevable d'office par le juge (CA Paris 12-5-2011 n° 10/04181 : RJDA 12/11 n° 1044).

Art. 787 Le mandat de représentant de la masse ne peut être confié qu'à des personnes physiques ou morales résidentes dans l'État partie du lieu du siège social de la société débitrice.

Ne peut être choisi comme représentant de la masse :

1°) la société débitrice ;

2°) les sociétés ayant une participation dans la société débitrice ;

3°) les sociétés garantes de tout ou partie des engagements de la société débitrice ;

4°) les dirigeants sociaux ou les administrateurs de la société débitrice ou d'une société ayant une participation à son capital, ainsi que leurs ascendants, descendants ou conjoints ;

5°) les employés des sociétés visées ci-dessus ;

6°) le commissaire aux comptes des sociétés visées ci-dessus ;

7°) les personnes auxquelles l'exercice de la profession de banquier est interdit, ou qui sont déchues du droit de diriger, administrer ou gérer une société à un titre quelconque.

Art. 788 [mod.] En cas d'urgence, les représentants de la masse peuvent être désignés par la juridiction compétente à la demande de tout intéressé.

Art. 789 Les représentants du groupement peuvent être révoqués de leurs fonctions par l'assemblée générale des obligataires.

Art. 790 Les représentants du groupement ont, sauf restriction décidée par l'assemblée générale des obligataires, le pouvoir d'accomplir au nom du groupement et de tous les obligataires tous les actes de gestion pour la défense des intérêts communs des obligataires.

JURISPRUDENCE COMPARÉE

France

Actions en justice

1° Défense des intérêts communs par le représentant de la masse

Les actions visant à défendre les intérêts communs des obligataires produisent leurs effets à l'égard de tous les obligataires, qu'elles leur nuisent ou leur profitent ; tel est le cas de :
– l'action en accomplissement du tirage au sort d'un nombre d'obligations respectant le tableau d'amortissement (T. civ. Lunéville 31-12-1936 : JCP 1937.II n° 351) ;
– l'action en déclaration d'une procédure collective d'apurement du passif de la société (cf. Cass. com. 9-12-1969 : Bull. civ. IV n° 373) ;
– l'action en responsabilité exercée non pas contre la société émettrice, mais contre d'anciens administrateurs de celle-ci se voyant reproché leur rôle essentiel dans la décision de recourir à l'emprunt obligataire sur des fondements inexacts et donc trompeurs pour les obligataires dévalorisant entièrement leurs titres, une telle action ayant des conséquences non seulement sur les souscripteurs d'origine, mais également sur leurs ayants droit (Cass. com. 15-6-1999 : RJDA 8-9/99 n° 939 et sur renvoi, CA Paris 15-5-2002 n° 99/17008 : RJDA 12/02 n° 1282) ;
– de l'action en réparation formée à l'encontre de la société émettrice pour non-réajustement des conditions d'exercice des bons de souscription d'actions à la suite d'une opération financière (Cass. com. 7-4-2010 n° 09-11.196 : RJDA 7/10 n° 755, rendu à propos de porteurs de bons de souscription d'actions mais transposable aux porteurs d'obligations).

2° Déclaration à la procédure collective de la société

Carence du représentant de la masse. Si les représentants de la masse n'ont pas déclaré leur créance dans le délai imparti, le mandataire judiciaire doit demander au président du tribunal de commerce statuant sur requête la nomination d'un mandataire chargé d'assurer la représentation de la masse et d'en déclarer la créance ; il en est de même si les représentants de la masse n'ont pas été désignés (Cass. com. 2-6-2004 n° 01-16.825 : Bull. civ. IV n° 111).

Art. 791 Les représentants du groupement ne peuvent s'immiscer dans la gestion de la société. Ils peuvent participer aux assemblées des actionnaires mais sans voix délibérative. Ils ont le droit d'obtenir communication des documents mis à la disposition des actionnaires et dans les mêmes conditions que ceux-ci.

Art. 792 [mod.] En cas de liquidation des biens ou de redressement judiciaire de la société, les représentants du groupement des obligataires sont habilités à agir en son nom. Ils déclarent au passif de la liquidation des biens ou du redressement judiciaire de la société pour tous les obligataires du groupement, le montant des sommes en capital et en intérêts dues par la société aux obligataires du groupement.

Ils ne sont pas tenus de fournir les titres des obligataires du groupement à l'appui de leur déclaration. En cas de difficulté tout obligataire peut demander à la juridiction compétente de nommer un mandataire ad hoc chargé de procéder à cette déclaration et de représenter le groupement.

Art. 793 En cas de clôture pour insuffisance d'actif, le représentant du groupement ou le mandataire de gestion désigné, recouvre les droits des obligataires.

Les frais entraînés par la représentation des obligataires au cours de la procédure de liquidation des biens ou de redressement judiciaire de la société incombent à celle-ci et sont considérés comme frais d'administration judiciaire.

Art. 794 [mod.] La rémunération des représentants du groupement est fixée par l'assemblée générale ou par le contrat d'émission. Elle est à la charge de la société débitrice.

A défaut de fixation de cette rémunération ou si son montant est contesté, elle est fixée par la juridiction compétente.

Section II • ASSEMBLÉE GÉNÉRALE DES OBLIGATAIRES

Paragraphe I • CONVOCATION

Art. 795 L'assemblée générale des obligataires d'une même masse peut être réunie à toute époque.

Art. 796 [mod.] L'assemblée générale est convoquée par les représentants du groupement des obligataires ou, le cas échéant, par le conseil d'administration ou l'administrateur général selon le cas, ou par le liquidateur en période de liquidation.

Elle peut également être convoquée à la demande des obligataires représentant au moins le trentième des titres soit par les représentants du groupement, soit par un mandataire ad hoc désigné par la juridiction compétente.

Art. 797 [mod.] La convocation de l'assemblée des obligataires est faite dans les mêmes conditions de forme et de délai que celle des assemblées d'actionnaires. Il en est de même pour la communication aux obligataires des projets de résolution qui sont proposés et des rapports qui sont présentés à l'assemblée.

Paragraphe II • MENTIONS OBLIGATOIRES

Art. 798 [mod.] L'avis de convocation aux assemblées contient nécessairement les mentions suivantes :

1°) l'indication de l'emprunt souscrit par les obligataires dont la masse est convoquée ;

2°) les nom, prénoms et domicile de la personne qui a pris l'initiative de la convocation et la qualité en laquelle elle agit ;

3°) le cas échéant, la date de la décision de justice désignant le mandataire ad hoc chargé de convoquer l'assemblée.

Art. 799 Toute assemblée irrégulièrement convoquée peut être annulée. Toutefois, l'action en nullité n'est pas recevable lorsque tous les obligataires de la masse intéressée sont présents ou représentés.

Paragraphe III • ORDRE DU JOUR

Art. 800 L'ordre du jour est arrêté par l'auteur de la convocation. Toutefois un ou plusieurs obligataires représentant au moins le trentième des titres ont la faculté de requérir l'inscription à l'ordre du jour de projets de résolutions.

Ceux-ci sont inscrits à l'ordre du jour et soumis par le président de séance au vote de l'assemblée.

L'assemblée ne peut délibérer sur une question qui n'est pas inscrite à l'ordre du jour.

Sur deuxième convocation, l'ordre du jour ne peut être modifié.

Paragraphe IV • REPRÉSENTATION

Art. 801 [mod.] Tout obligataire a le droit de participer à l'assemblée ou de s'y faire représenter par une personne de son choix.

Les personnes qui ne peuvent représenter le groupement en application de l'article 787 ci-dessus, ne peuvent représenter des obligataires à l'assemblée.

Paragraphe V • TENUE DES ASSEMBLÉES

Art. 802 [mod.] L'assemblée est présidée par un représentant du groupement. S'ils sont plusieurs, en cas de désaccord entre eux, l'assemblée est présidée par l'obligataire présent représentant le plus grand nombre de titres.

En cas de convocation par un mandataire ad hoc, l'assemblée est présidée par ce dernier.

Les règles de tenue des assemblées d'actionnaires s'appliquent en tant que de besoin aux assemblées d'obligataires.

Art. 803 [mod.] L'assemblée ordinaire des obligataires délibère sur la nomination des représentants de la masse, la durée de leurs fonctions, la fixation s'il y a lieu de leur rémunération, de leur suppléance, leur convocation ainsi que toute mesure ayant pour objet d'assurer la défense des obligataires et l'exécution du contrat d'emprunt, sur les dépenses de gestion que ces mesures peuvent entraîner, et en général toutes mesures ayant un caractère conservatoire ou d'administration.

L'assemblée ordinaire délibère dans les conditions de quorum prévues à l'article 549 ci-dessus. Elle statue à la majorité des voix dont disposent les porteurs présents ou représentés.

Toute délibération prise en violation du présent article est nulle.

Art. 804 [mod.] L'assemblée extraordinaire des obligataires délibère sur toute proposition tendant à la modification du contrat d'emprunt telle que notamment :

1°) le changement de l'objet ou de la forme de la société ;

2°) sa fusion ou sa scission ;

3°) toute proposition de compromis ou de transaction sur les droits litigieux ou ayant fait l'objet de décision judiciaire ;

4°) la modification totale ou partielle des garanties ou report d'échéance ;

5°) le changement de siège social ;

6°) la dissolution de la société.

L'assemblée extraordinaire délibère dans les conditions de quorum prévues à l'article 553 ci-dessus. Elle statue à la majorité des deux tiers des voix dont disposent les porteurs présents ou représentés.

Toute délibération prise en violation du présent article est nulle.

Paragraphe VI • DROIT DE VOTE

Art. 805 [mod.] Le droit de vote attaché aux obligations est proportionnel à la quotité du montant de l'emprunt qu'elles représentent.

Chaque obligation donne droit à une voix au moins.

Les obligataires peuvent voter par correspondance ou à distance dans les mêmes conditions et formes que les actionnaires aux assemblées d'actionnaires.

Art. 806 [mod.] La société qui détient au moins dix pour cent (10 %) du capital de la société débitrice ne peut voter à l'assemblée avec les obligations qu'elle détient.

Jurisprudence comparée

France

La détention par une société de 10 % du capital de la société débitrice « ne peut résulter que de sa participation directe dans le capital de cette société » (Cass. com. 13-6-1995 : RJDA 7/95 n° 856, ce qui écarte les filiales de la société débitrice lorsqu'elles-mêmes ne possèdent pas individuellement plus de 10 % du capital de la société débitrice).

Art. 807 En cas de démembrement de la propriété des titres, le droit de vote appartient au nu-propriétaire, sauf stipulations contraires des parties.

Paragraphe VII • DÉCISION DE L'ASSEMBLÉE

Art. 808 [mod.] Les assemblées ne peuvent ni accroître les charges des obligataires, ni établir un traitement inégal entre les obligataires d'une même émission.

Toute délibération prise en violation du présent article est nulle.

Art. 809 A défaut d'approbation par l'assemblée générale des obligataires des propositions de la société relatives au changement de sa forme ou de son objet, la société peut passer outre en remboursant les obligations avant la réalisation du changement de forme ou d'objet.

Art. 810 [mod.] A défaut d'approbation par l'assemblée générale des obligataires des propositions de la société relatives à sa fusion ou à sa scission, la société peut passer outre et les obligataires conservent leur qualité d'obligataires dans la société absorbante ou dans la société nouvelle résultant de la fusion ou dans les sociétés résultant de la scission selon le cas.

Lorsque la société décide de passer outre au refus d'approbation par l'assemblée générale des obligataires, le président-directeur général, le directeur général ou l'administrateur général selon le cas, doit en informer le représentant de la masse des obligataires par lettre au porteur contre récépissé ou lettre recommandée avec demande d'avis de réception.

Le groupement des obligataires peut faire opposition à la fusion ou à la scission auprès de la juridiction compétente.

Celle-ci rejette l'opposition ou ordonne soit le remboursement des obligations, soit la constitution de garanties si la société absorbante ou la société qui se scinde en offre et qu'elles sont jugées suffisantes.

Art. 811 En cas de dissolution de la société non provoquée par une fusion ou une scission, le remboursement des obligations devient aussitôt exigible.

Art. 812 Le redressement judiciaire de la société ne met pas fin au fonctionnement et au rôle de l'assemblée générale des obligataires.

Paragraphe VIII • DROITS INDIVIDUELS DES OBLIGATAIRES

Art. 813 Les obligataires ne peuvent exercer de contrôle individuel sur les opérations de la société ou obtenir communication des documents sociaux.

Ils ont le droit, à leurs frais, d'obtenir auprès de la société copie des procès-verbaux et des feuilles de présence des assemblées d'obligataires du groupement dont ils font partie.

Jurisprudence comparée

France

Droit individuel d'agir en nullité des assemblées

Les obligataires peuvent agir individuellement en nullité des délibérations de leurs assemblées (Cass. com. 13-6-1995 n° 94-21.003 : RJDA 7/95 n° 856).

Art. 814 En l'absence de stipulations particulières du contrat d'émission, la société ne peut imposer aux obligataires le remboursement anticipé des obligations.

Jurisprudence comparée

États-Unis

Absence de droit au remboursement anticipé pour non-respect des règles de la SEC (Security Exchange Commission : organe de surveillance des marchés boursiers)

Le fait qu'une société ne remplisse pas, de bonne foi, ses obligations vis-à-vis de la SEC n'autorise pas un obligataire à obtenir le remboursement anticipé de ses obligations.

En l'espèce, en raison d'une procédure interne de contrôle, une société n'avait pas pu rendre public ses comptes ; elle n'avait pas pu remplir le formulaire 10-Q. Cette dernière avait toutefois expliqué, conformément aux règles de la SEC, les raisons de son retard. Elle avait également fourni à la SEC les informations en sa possession concernant ses finances. La société avait transmis tous ses éléments à ses obligataires. Le contrat entre les obligataires et la société prévoyait que cette dernière devait transmettre aux obligataires tous les documents qu'elle était tenue d'envoyer à la SEC. Un obligataire considérait que la société n'avait pas respecté cette obligation puisqu'elle n'avait pas envoyé les documents requis par la SEC, à savoir le formulaire 10-Q. Les juges rejettent sa demande au motif que la société ne devait transmette aux obligataires que les documents qu'elle avait effectivement transmis à la SEC et non ceux qu'elle aurait du transmettre (UnitedHealth Group Inc. v. Wilmington Trust Co., Court of Appeal for the 8th Circuit, n° 08-1904 (2008)).

Paragraphe IX • GARANTIES ACCORDÉES AUX OBLIGATIONS

Art. 815 L'assemblée générale des actionnaires qui décide une émission d'obligations peut décider que ces obligations seront assorties d'une sûreté.

Elle détermine les sûretés offertes ou délègue, selon le cas, au conseil d'administration ou à l'administrateur général, le pouvoir de les déterminer.

Art. 816 [mod.] Les sûretés accordées par la société avant l'émission sont constituées dans un acte spécial pour le compte du groupement des obligataires en formation.

Les formalités de publicité de ces sûretés doivent être accomplies avant toute souscription des obligations.

Art. 817 L'acceptation des garanties résulte du seul fait des souscriptions. Elle rétroagit à la date de l'inscription pour les sûretés soumises à inscription et à la date de leur souscription pour les autres sûretés.

Art. 818 [mod.] Dans un délai de six (6) mois à compter de l'ouverture de la souscription, le résultat de celle-ci est constaté dans un acte notarié à la diligence du représentant légal de la société.

Dans les trente (30) jours de cet acte, les résultats de la souscription sont mentionnés en marge de la sûreté.

Si l'émission d'obligations n'est pas réalisée pour défaut ou insuffisance de la souscription, l'inscription est radiée.

Art. 819 Le renouvellement de la sûreté est effectué aux frais de la société, sous la responsabilité de ses représentants légaux.

Les représentants du groupement veillent sous leur responsabilité à l'observation des dispositions relatives au renouvellement de l'inscription.

Art. 820 La mainlevée des inscriptions ne peut être réalisée que par les représentants du groupement et à la condition que l'emprunt ait été intégralement remboursé et que tous les intérêts aient été payés.

Il faut, en outre, qu'ils aient été expressément autorisés à le faire par l'assemblée générale des obligataires du groupement.

Art. 821 Les garanties constituées postérieurement à l'émission des obligations sont conférées par les représentants légaux de la société soit sur autorisation de l'assemblée générale ordinaire des actionnaires, soit si les statuts le prévoient, par le conseil d'administration ou l'administrateur général.

Elles sont acceptées expressément par le groupement.

Art. 821-1 [nouv.] Les sûretés constituées en violation des articles 815, 816 et 821 ci-dessus sont nulles.

Observations

Nullité expresse de la violation des dispositions relatives aux sûretés assortissant les obligations.

Titre II-II

VALEURS MOBILIÈRES COMPOSÉES

Art. 822 [mod.] Les sociétés par actions peuvent émettre des valeurs mobilières donnant accès au capital ou donnant droit à l'attribution de titres de créance.

Observations

Affirmation de la possibilité d'émettre des valeurs mobilières composées dont le régime est exposé ci-après.

Art. 822-1 [nouv.] Les actionnaires d'une société émettant des valeurs mobilières donnant accès au capital ont, proportionnellement au montant de leurs actions, un droit de préférence à la souscription de ces valeurs mobilières.

Ce droit est régi par les articles 573 à 587-2 et 593 à 597 ci-dessus.

Les décisions prises et les opérations réalisées en violation du présent article sont nulles.

Art. 822-2 [nouv.] Le contrat d'émission peut prévoir que ces valeurs mobilières et les titres de capital ou de créances auxquels ces valeurs mobilières donnent droit ne peuvent être cédés et négociés qu'ensemble. Dans ce cas, si le titre émis à l'origine est un titre de capital, celui-ci ne relève pas d'une catégorie déterminée au sens de l'article 555 ci-dessus.

Art. 822-3 [nouv.] Les titres de capital ne peuvent être convertis ou transformés en valeurs mobilières représentatives de créances.

Art. 822-4 [nouv.] Les valeurs mobilières émises en application des articles 822 et suivants du présent Acte uniforme ne peuvent être regardées comme constitutives d'une promesse d'actions pour l'application de l'article 760 ci-dessus.

Art. 822-5 [nouv.] Les émissions de valeurs mobilières donnant accès au capital ou donnant droit à l'attribution de titres de créance régies par le présent Titre sont autorisées par l'assemblée générale extraordinaire des actionnaires conformément aux articles 562 à 572 et 588 à 618 ci-dessus. Toute délibération prise en violation de cette disposition est nulle.

L'assemblée se prononce sur le rapport du conseil d'administration ou du président de la société par actions simplifiée ou de l'administrateur général, selon le cas, et sur le rapport spécial du commissaire aux comptes.

Les rapports indiquent notamment les caractéristiques des valeurs mobilières donnant droit à l'attribution de titres de créances ou donnant accès au capital, les modalités d'attribution des titres de créances ou de capital auxquels ces valeurs mobilières donnent droit, ainsi que les dates auxquelles peuvent être exercés les droits d'attribution. Dans le cas d'émission de valeurs mobilières donnant droit à l'attribution de titres de créances composées uniquement de titres de créances, le rapport du commissaire aux comptes porte sur la situation d'endettement de la société, à l'exclusion du choix des éléments de calcul du prix d'émission.

Lorsque l'augmentation de capital a lieu avec maintien du droit préférentiel de souscription, le commissaire aux comptes donne son avis sur l'émission proposée et sur le choix des éléments de calcul du prix d'émission et son montant.

Les délibérations prises à défaut du rapport du conseil d'administration ou de l'administrateur général, selon le cas, et du commissaire aux comptes prévus au présent article sont nulles. Ces délibérations peuvent être annulées dans le cas où le rapport ne contient pas toutes les indications prévues au présent article.

Art. 822-6 [nouv.] Une société anonyme peut émettre des valeurs mobilières donnant accès au capital de la société qui possède directement ou indirectement plus de la moitié de son capital ou de la société dont elle possède directement ou indirectement plus de la moitié du capital.

L'émission doit être autorisée par l'assemblée générale extraordinaire de la société appelée à émettre ces valeurs mobilières et par celle de la société au sein de laquelle les droits sont exercés, dans les conditions prévues par l'article 822-5 ci-dessus. A défaut de telles autorisations, l'émission est nulle.

Art. 822-7 [nouv.] A dater de l'émission de valeurs mobilières donnant accès au capital, la société appelée à attribuer ces titres ne peut modifier sa forme ou son objet, à moins d'y être autorisée par le contrat d'émission ou dans les conditions prévues à l'article 822-14 ci-après. Toute délibération prise en violation de cette disposition est nulle.

Art. 822-8 [nouv.] A dater de l'émission de valeurs mobilières donnant accès au capital, la société appelée à attribuer ces titres ne peut ni modifier les règles de répartition de ses bénéfices, ni amortir son capital, ni créer d'actions de préférence entraînant une telle modification ou un tel amortissement, ni procéder à une augmentation de capital réservée à des personnes dénommées selon les dispositions de l'article 586 ci-dessus à moins d'y être autorisée dans les conditions prévues à l'article 822-14 ci-après et sous réserve de prendre les dispositions nécessaires au maintien des droits des titulaires des valeurs mobilières donnant accès au capital dans les conditions définies aux articles 822-10 et suivants ci-après ou par le contrat d'émission.

Sous ces mêmes réserves, elle peut cependant créer des actions de préférence.

Toute délibération prise en violation de cette disposition est nulle.

Art. 822-9 [nouv.] En cas de réduction de capital motivée par des pertes et réalisée par la diminution du montant nominal ou du nombre des titres composant le capital, les droits des titulaires des valeurs mobilières donnant accès au capital sont réduits en conséquence, comme s'ils les avaient exercés avant la date à laquelle la réduction de capital est devenue définitive.

Art. 822-10 [nouv.] La société appelée à attribuer les titres de capital ou les valeurs mobilières y donnant accès doit prendre les mesures nécessaires à la protection des intérêts des titulaires des droits ainsi créés si elle décide de procéder à l'émission, sous quelque forme que ce soit, de nouveaux titres de capital avec droit préférentiel de souscription réservé à ses actionnaires, de distribuer des réserves, en espèces ou en nature, et des primes d'apports, d'émission ou de fusion ou de modifier la répartition de ses bénéfices par la création d'actions de préférence.

A cet effet, elle doit :

1°) Soit mettre les titulaires de ces droits en mesure de les exercer, si la période prévue au contrat d'émission n'est pas encore ouverte, de telle sorte qu'ils puissent immédiatement participer aux opérations mentionnées au premier alinéa ou en bénéficier ;

2°) Soit prendre les dispositions qui leur permettent, s'ils viennent à exercer leurs droits ultérieurement, de souscrire à titre irréductible les nouvelles valeurs mobilières émises, ou en obtenir l'attribution à titre gratuit, ou encore recevoir des espèces ou des biens semblables à ceux qui ont été distribués, dans les mêmes quantités ou proportions ainsi qu'aux mêmes conditions, sauf en ce qui concerne la jouissance, que s'ils avaient été, lors de ces opérations, actionnaires ;

3°) Soit procéder à un ajustement des conditions de souscription, des bases de conversion, des modalités d'échange ou d'attribution initialement prévues de façon à tenir compte de l'incidence des opérations mentionnées au premier alinéa.

Art. 822-10-1 [nouv.] Sauf stipulations différentes du contrat d'émission, la société peut prendre simultanément les mesures prévues aux 1°) et 2°) de l'article 822-10 ci-dessus.

Elle peut, dans tous les cas, les remplacer par l'ajustement autorisé au 3°) dudit article.

Cet ajustement est organisé par le contrat d'émission lorsque les titres de capital ne sont pas admis aux négociations sur une bourse des valeurs.

Art. 822-10-2 [nouv.] Pour l'application du 1°) de l'article 822-10 ci-dessus, lorsqu'il existe des valeurs mobilières donnant accès au capital, la société qui émet de nouveaux titres de capital avec droit préférentiel de souscription réservé à ses actionnaires, si les droits attachés aux valeurs mobilières donnant accès au capital ne peuvent s'exercer qu'à certaines dates, ouvre une période exceptionnelle pour permettre aux titulaires des droits attachés à des valeurs mobilières donnant accès au capital qui exerceraient ces droits de souscrire des titres nouveaux.

La société prend, si l'exercice des droits attachés aux valeurs mobilières donnant accès au capital peut être exercé à tout moment, les dispositions nécessaires pour permettre aux titulaires qui exerceraient ces droits de souscrire des titres nouveaux.

Art. 822-10-3 [nouv.] Pour l'application du 2°) de l'article 822-10 ci-dessus, lorsqu'il existe des valeurs mobilières donnant accès au capital, la société qui procède à l'attribution gratuite d'actions vire à un compte de réserve indisponible la somme nécessaire pour attribuer lesdites actions aux titulaires des droits attachés aux valeurs mobilières donnant accès au capital qui exerceraient leur droit ultérieurement en nombre égal à celui qu'ils auraient reçu s'ils avaient été actionnaires au moment de l'attribution principale.

Pour l'application de ce même 2°), lorsqu'il existe des valeurs mobilières donnant accès au capital, la société qui procède à l'attribution d'actions gratuites vire à un compte de réserve indisponible la somme nécessaire pour attribuer les actions gratuites aux titulaires des droits attachés aux valeurs mobilières donnant accès au capital qui exerceraient leur droit ultérieurement en nombre égal à celui qu'ils auraient reçu s'ils avaient été actionnaires au moment de l'attribution principale.

Art. 822-10-4 [nouv.] Pour l'application du 3°) de l'article 822-10 ci-dessus, l'ajustement égalise, au centième d'action près, la valeur des titres qui sont obtenus en cas d'exercice des droits attachés aux valeurs mobilières donnant accès au capital après la réalisation de l'opération et la valeur des titres qui auraient été obtenus en cas d'exercice de ces droits avant la réalisation de l'opération.

A cet effet, les nouvelles bases d'exercice des droits attachés aux valeurs mobilières donnant accès au capital sont calculées en tenant compte :

1°) En cas d'opération comportant un droit préférentiel de souscription et selon les stipulations du contrat d'émission :

a) Soit du rapport entre, d'une part, la valeur du droit préférentiel de souscription et, d'autre part, la valeur de l'action après détachement de ce droit telles qu'elles ressortent de la moyenne des premiers cours cotés pendant toutes les séances de bourse incluses dans la période de souscription ;

b) Soit du nombre de titres émis auxquels donne droit une action ancienne, du prix d'émission de ces titres et de la valeur des actions avant détachement du droit de souscription. Cette valeur est égale à la moyenne pondérée des cours des trois (3) dernières séances de bourse au moins qui précèdent le jour du début de l'émission ;

2°) En cas d'attribution d'actions gratuites, du nombre d'actions auquel donne droit une action ancienne ;

3°) En cas de distribution de réserves, en espèces ou en nature, ou de primes d'émission, du rapport entre le montant par action de la distribution et la valeur de l'action avant la distribution. Cette valeur est égale à la moyenne pondérée des cours des trois (3) dernières séances de bourse au moins qui précèdent le jour de la distribution ;

4°) En cas de modification de la répartition des bénéfices, du rapport entre la réduction par action du droit aux bénéfices et la valeur de l'action avant cette modification. Cette valeur est égale à la moyenne pondérée des cours des trois (3) dernières séances de bourse au moins qui précèdent le jour de la modification ;

5°) En cas d'amortissement du capital, du rapport entre le montant par action de l'amortissement et la valeur de l'action avant l'amortissement. Cette valeur est égale à la moyenne pondérée des cours des trois (3) dernières séances de bourse au moins qui précèdent le jour de l'amortissement.

Art. 822-10-5 [nouv.] Lorsque les actions de la société ne sont pas admises aux négociations sur une bourse des valeurs, le contrat d'émission prévoit les modalités d'ajustement, et notamment les modalités de détermination de la valeur de l'action à prendre en compte pour l'application des articles 822-10 à 822-10-4 ci-dessus.

Le conseil d'administration, le président de la société par actions simplifiée, ou l'administrateur général, selon le cas, rend compte des éléments de calcul et des résultats de l'ajustement dans le rapport annuel suivant.

Art. 822-10-6 [nouv.] Les opérations d'émission de nouveaux titres de capital avec droit préférentiel de souscription réservé à ses actionnaires, de distribution des réserves ou de modification de la répartition de ses bénéfices par la création d'actions de préférence sont nulles en cas de violation des dispositions des articles 822-10 à 822-10-5 ci-dessus.

Art. 822-11 [nouv.] Les dispositions des articles 822-7 à 822-10-6 ci-dessus sont applicables aussi longtemps qu'il existe des droits attachés à chacun des éléments des valeurs mobilières mentionnées à ces articles.

Art. 822-12 [nouv.] Si la société appelée à émettre les titres de capital est absorbée par une autre société ou fusionne avec une ou plusieurs autres sociétés pour former une société nouvelle, ou procède à une scission, les titulaires de valeurs mobilières donnant accès au capital exercent leurs droits dans la ou les sociétés bénéficiaires des apports. L'article 804 ci-dessus n'est pas applicable, sauf stipulations contraires du contrat d'émission.

Le nombre de titres de capital de la ou des sociétés absorbantes ou nouvelles auquel les titulaires de valeurs mobilières donnant accès au capital peuvent prétendre est déterminé en corrigeant le nombre de titres qu'il est prévu d'émettre ou d'attribuer au contrat d'émission en fonction du nombre d'actions à créer par la ou les sociétés bénéficiaires des apports. Le commissaire aux apports émet un avis sur le nombre de titres ainsi déterminé.

L'approbation du projet de fusion ou de scission par les actionnaires de la ou des sociétés bénéficiaires des apports ou de la ou des sociétés nouvelles emporte renonciation par les actionnaires au droit préférentiel de souscription mentionné à l'article 822-1 ci-dessus au profit des titulaires de valeurs mobilières donnant accès de manière différée au capital.

La ou les sociétés bénéficiaires des apports ou la ou les nouvelles sociétés sont substituées de plein droit à la société émettrice dans ses obligations envers les titulaires desdites valeurs mobilières.

Art. 822-13 [nouv.] Sauf stipulations contraires du contrat d'émission et hors le cas de dissolution anticipée ne résultant pas d'une fusion ou d'une scission, la société ne peut imposer aux titulaires de valeurs mobilières donnant accès à son capital le rachat ou le remboursement de leurs droits. Toute délibération contraire est nulle.

Art. 822-14 [nouv.] Les titulaires de valeurs mobilières donnant accès à terme au capital, après détachement, s'il y a lieu, des droits du titre d'origine en application du présent chapitre, sont groupés de plein droit, pour la défense de leurs intérêts communs, en une masse qui jouit de la personnalité civile et est soumise à des dispositions identiques à celles qui sont prévues par les articles 786 à 814 ci-dessus. Il est formé, s'il y a lieu, une masse distincte pour chaque nature de titres donnant les mêmes droits.

Les assemblées générales des titulaires de ces valeurs mobilières sont appelées à autoriser toutes modifications au contrat d'émission et à statuer sur toute décision touchant aux conditions de souscription ou d'attribution de titres de capital déterminées au moment de l'émission.

Chaque valeur mobilière donnant accès au capital donne droit à une voix. Les conditions de quorum et de majorité sont celles déterminées aux articles 552 à 554 ci-dessus.

Les frais d'assemblée ainsi que, d'une façon générale, tous les frais afférents au fonctionnement des différentes masses sont à la charge de la société appelée à émettre ou attribuer de nouvelles valeurs mobilières représentatives de son capital social.

Lorsque les valeurs mobilières émises en application de la présente section sont des obligations destinées à être converties ou remboursées en titres de capital ou échangées contre des titres de capital, les dispositions des deuxième, troisième et quatrième alinéas du présent article sont applicables à la masse créée en application de la deuxième phrase de l'article 785 ci-dessus.

Art. 822-15 [nouv.] Lorsqu'une procédure de redressement judiciaire est ouverte à l'égard d'une société émettrice de valeurs mobilières donnant accès au capital dans les conditions de l'article 822 ci-dessus, le délai prévu pour l'exercice du droit à attribution d'une quote-part de capital social est ouvert dès le jugement d'ouverture.

Art. 822-16 [nouv.] Les augmentations de capital rendues nécessaires par l'exercice de droits attachés à des valeurs mobilières donnant accès au capital ne donnent pas lieu à la publicité prévue à l'article 598 ci-dessus. Les bulletins de souscription sont établis selon les modalités des articles 601 à 603 ci-dessus, à l'exception des mentions prévues aux 6°) et 7°) de ce dernier article. Les articles 571, 604 à 617 ci-dessus ne sont pas applicables aux augmentations de capital réalisées par exercice de droits attachés à des valeurs mobilières donnant accès au capital. La publicité prévue à l'article 618 ci-dessus intervient dans le délai d'un mois.

L'augmentation de capital est définitivement réalisée du seul fait de l'exercice des droits et, le cas échéant, des versements correspondants.

A tout moment de l'exercice en cours et au plus tard lors de la première réunion suivant la clôture de celui-ci, le conseil d'administration ou l'administrateur général, selon le cas, constate, s'il y a lieu, le nombre et le montant nominal des actions créées au profit des titulaires des droits au cours de l'exercice écoulé et apporte les modifications nécessaires aux clauses des statuts relatives au montant du capital social et au nombre des titres qui le composent.

Art. 822-17 [nouv.] Lorsque le titulaire d'une valeur mobilière donnant accès au capital n'a pas droit à un nombre entier de titres, la fraction formant rompu fait l'objet d'un versement en espèces, ce versement étant égal au produit de la fraction d'action formant rompu par la valeur de l'action.

Art. 822-18 [nouv.] En cas d'émission de nouveaux titres de capital ou de nouvelles valeurs mobilières donnant accès au capital ainsi qu'en cas de fusion ou de scission de la société appelée à émettre de tels titres, le conseil d'administration ou l'administrateur général, selon le cas, peut suspendre, pendant un délai maximum de trois (3) mois, la possibilité d'obtenir l'attribution de titres de capital par l'exercice du droit mentionné à l'article 822-19 ci-après ou à l'article 626-1 ci-dessus.

Sauf stipulation contraire du contrat d'émission, les titres de capital obtenus, à l'issue de la période de suspension, par l''exercice des droits attachés aux valeurs mobilières, donnent droit aux dividendes versés au titre de l'exercice au cours duquel ils ont été émis.

Les mentions contenues dans l'avis par lequel le conseil d'administration ou l'administrateur général, selon le cas, suspend la possibilité d'obtenir des titres de capital sont portées à la connaissance des titulaires de valeurs mobilières donnant accès au capital par lettre recommandée avec demande d'avis de réception, sept (7) jours au moins avant la date d'entrée en vigueur de la suspension. Si les valeurs mobilières de la société donnant accès au capital sont admises aux négociations sur une bourse des valeurs ou si toutes ses valeurs mobilières donnant accès au capital ne revêtent pas la forme nominative, l'avis contenant ces mentions est inséré, dans le même délai, dans un journal habilité à recevoir les annonces légales.

Cet avis mentionne, outre les mentions prévues à l'article 257-1 ci-dessus, les dates d'entrée en vigueur et de cessation de la suspension.

Art. 822-19 [nouv.] Les droits attachés aux titres donnant accès au capital qui ont été utilisés ou qui ont été acquis par la société émettrice ou par la société appelée à émettre de nouveaux titres de capital sont annulés par la société émettrice.

Art. 822-20 [nouv.] Les titulaires des valeurs mobilières donnant accès au capital disposent, auprès de la société émettrice des titres qu'ils ont vocation à recevoir, d'un droit de communication des documents sociaux transmis par la société aux actionnaires ou mis à leur disposition.

Lorsque les droits à l'attribution d'une quote-part du capital social sont incorporés ou attachés à des obligations, le droit de communication est exercé par les représentants de la masse des obligataires, conformément aux articles 791 et 797 ci-dessus.

Après détachement de ces droits du titre d'origine, le droit de communication est exercé par les représentants de la masse constituée conformément à l'article 822-14 ci-dessus.

Dans tous les cas, les représentants des différentes masses ont accès à l'assemblée générale des actionnaires, mais sans voix délibérative. Ils ne peuvent, en aucune façon, s'immiscer dans la gestion des affaires sociales.

Art. 822-21 [nouv.] Dans la mesure où elles sont compatibles avec les dispositions particulières prévues par le présent chapitre, les dispositions des articles 765 à 773-1 ci-dessus sont applicables aux valeurs mobilières donnant accès au capital.

• Titre III •

DISPOSITIONS SPÉCIFIQUES AUX SOCIÉTÉS ANONYMES FAISANT APPEL PUBLIC À L'ÉPARGNE

• Chapitre I •

DISPOSITIONS GÉNÉRALES

Art. 823 Sans préjudice des dispositions pouvant régir la bourse des valeurs et l'admission des valeurs mobilières à cette bourse, les sociétés constituées ou en cours de formation faisant appel public à l'épargne par émission de titres sont à la fois régies par les règles générales gouvernant la société anonyme et les dispositions particulières du présent titre.

Les dispositions du présent titre prévalent sur les dispositions générales gouvernant la forme de la société anonyme en cas d'incompatibilité entre ces deux corps de règles.

Art. 824 Le capital minimum de la société dont les titres sont inscrits à la bourse des valeurs d'un ou plusieurs États parties ou faisant publiquement appel à l'épargne pour le placement de leurs titres dans un ou plusieurs États parties est de cent millions (100 000 000) de francs CFA.

Le capital social ne peut être inférieur au montant prévu à l'alinéa précédent, à moins que la société ne se transforme en société d'une autre forme.

En cas d'inobservation des dispositions du présent article, tout intéressé peut demander en justice la dissolution de la société. Cette dissolution ne peut être prononcée si, au jour où le tribunal statue sur le fond, la régularisation est intervenue.

• Chapitre II •

CONSTITUTION DE LA SOCIÉTÉ

Art. 825 Les fondateurs publient avant le début des opérations de souscription des actions une notice dans les journaux habilités à recevoir les annonces légales de l'État partie du siège social et, le cas échéant, des États parties dont l'épargne est sollicitée.

Art. 826 [mod.] La notice visée à l'article précédent contient, outre les mentions prévues à l'article 257-1 ci-dessus, les mentions suivantes :

1°) l'objet social ;

2°) la durée de la société ;

3°) le nombre des actions à souscrire contre numéraire et la somme immédiatement exigible comprenant, le cas échéant, la prime d'émission ;

4°) la valeur nominale des actions à émettre, distinction étant faite, le cas échéant, entre chaque catégorie d'actions ;

5°) la description sommaire des apports en nature, leur évaluation globale et leur mode de rémunération, avec indication du caractère provisoire de cette évaluation et de ce mode de rémunération ;

6°) les avantages particuliers stipulés dans les projets de statuts au profit de toute personne ;

7°) les conditions d'admission aux assemblées d'actionnaires et d'exercice du droit de vote avec, le cas échéant, indication des dispositions relatives à l'attribution du droit de vote double ;

8°) le cas échéant, les clauses relatives à l'agrément des cessionnaires d'actions ;

9°) les dispositions relatives à la répartition des bénéfices, à la constitution de réserves et à la répartition du boni de liquidation ;

10°) les nom, prénoms et l'adresse du domicile du notaire ou la dénomination sociale et le siège social de la banque qui reçoit les fonds provenant de la souscription ;

11°) le délai ouvert pour la souscription avec l'indication de la possibilité de clôture anticipée, en cas de souscription intégrale avant l'expiration dudit délai ;

12°) les modalités de convocation de l'assemblée générale constitutive et le lieu de réunion.

La notice est signée par les fondateurs qui indiquent :

13°) s'ils sont des personnes physiques, leurs nom, prénoms usuels, domicile, nationalité, références professionnelles, activités professionnelles et mandats sociaux au cours des cinq (5) dernières années ;

14°) s'ils sont des personnes morales, leur dénomination, leur forme, leur siège social et, le cas échéant, le montant de leur capital social.

………………………………………………………………………………

Observations

Reprise de la liste ancienne à l'exclusion des mentions relatives à la dénomination de la société, à la forme de la société et au capital social.

Art. 827 [mod.] Pour l'information du public sur l'émission d'actions projetée, sont établies des circulaires qui reproduisent les énonciations de la notice prévue à l'article 826 ci-dessus.

Les circulaires contiennent la mention de l'insertion de la notice dans les journaux habilités à recevoir les annonces légales où ladite notice a été publiée. Ils font référence au numéro de publication de celle-ci dans ces journaux.

Les circulaires doivent, en outre, exposer les projets des fondateurs quant à l'emploi des fonds provenant de la libération des actions souscrites.

Les affiches et les annonces dans les journaux reproduisent les mêmes énonciations ou au moins un extrait de ces énonciations, avec référence à la notice et indication du numéro des journaux habilités à recevoir les annonces légales dans lesquels elle a été publiée.

Art. 827-1 [nouv.] Le projet de statuts est établi et signé par un ou plusieurs fondateurs, qui déposent un exemplaire au greffe de la juridiction compétente du lieu du siège social ou de l'organe compétent dans l'État partie.

Aucune souscription ne peut être reçue si les formalités relatives à la notice et au projet de statuts n'ont pas été observées.

Les personnes déchues du droit d'administrer ou de gérer une société ou auxquelles l'exercice de ces fonctions est interdit ne peuvent être fondateurs.

Art. 827-2 [nouv.] Le capital doit être intégralement souscrit.

Les actions de numéraire sont libérées, lors de la souscription du capital, d'un quart au moins de leur valeur nominale. La libération du surplus intervient dans un délai qui ne peut excéder trois (3) ans à compter de l'immatriculation de la société au registre du commerce et du crédit mobilier sur décision du conseil d'administration et selon les modalités qu'il fixe.

Les actions représentant des apports en numéraire non intégralement libérées doivent rester sous la forme nominative.

Tant que le capital n'est pas entièrement libéré, la société ne peut ni augmenter son capital, sauf si cette augmentation est réalisée par des apports en nature, ni émettre des obligations.

Les actions d'apport sont intégralement libérées dès leur émission.

Les actions ne peuvent représenter des apports en industrie.

Art. 827-3 [nouv.] La souscription des actions de numéraire est constatée par un bulletin de souscription.

Le bulletin est daté et signé par le souscripteur ou son mandataire qui écrit en toutes lettres le nombre de titres souscrits. Il est établi en deux (2) exemplaires originaux, l'un pour la société en formation et l'autre pour le dépositaire chargé de conserver les fonds. Une copie sur papier libre est remise au souscripteur.

Le bulletin de souscription liste les mentions figurant dans la notice.

Art. 827-4 [nouv.] Les fonds provenant de la souscription des actions de numéraire sont déposés par les personnes qui les ont reçus, pour le compte de la société en formation, soit chez un notaire, soit dans un établissement de crédit ou de microfinance dûment agréé domicilié dans l'État partie du siège de la société en formation, sur un compte spécial ouvert au nom de cette société.

Le dépôt des fonds doit être fait dans un délai de huit (8) jours à compter de la réception des fonds.

Le déposant remet à la banque, au moment du dépôt des fonds, une liste mentionnant l'identité des souscripteurs et indiquant, pour chacun d'eux, le montant des sommes versées.

Le dépositaire est tenu, jusqu'au retrait des fonds, de communiquer la liste visée à l'alinéa 3 ci-dessus, à tout souscripteur qui, justifiant de sa souscription, en fait la demande. Le requérant peut en prendre connaissance et obtenir, à ses frais, la délivrance d'une copie.

Art. 827-5 [nouv.] Les souscriptions et les versements sont constatés par la déclaration notariée de souscription et de versement établie, au moment du dépôt des fonds, sur présentation des bulletins de souscription.

Art. 827-6 [nouv.] Après la délivrance de la déclaration notariée de souscription et de versement ou du certificat du dépositaire, les fondateurs convoquent les souscripteurs en assemblée générale constitutive.

La convocation est faite par lettre au porteur contre récépissé ou par lettre recommandée avec demande d'avis de réception, télécopie ou messagerie électronique. Les convocations par télécopie ou messagerie électronique ne sont valables que sous la réserve expresse que le souscripteur ait préalablement donné son accord écrit, communiqué son adresse électronique ainsi qu'après confirmation de leur réception par le souscripteur destinataire.

La convocation indique la date, le lieu de la réunion et l'ordre du jour. Elle est adressée à chaque souscripteur quinze (15) jours au moins avant la date de l'assemblée.

L'avis de convocation est également inséré dans un journal habilité à recevoir les annonces légales dans l'État partie du siège social, quinze (15) jours au moins avant la date de l'assemblée.

Art. 827-7 [nouv.] L'assemblée constate que le capital est entièrement souscrit et que les actions sont libérées du montant exigible.

Elle se prononce sur l'adoption des statuts qui ne peuvent être modifiés qu'à l'unanimité de tous les souscripteurs, nomme les premiers administrateurs, désigne les commissaires aux comptes.

Il doit être fait mention dans l'ordre du jour de l'assemblée de l'identité, des références professionnelles, des activités professionnelles et des mandats sociaux au cours des cinq (5) dernières années des candidats au poste d'administrateur.

Le procès-verbal de la séance de l'assemblée constate, s'il y a lieu, l'acceptation de leurs fonctions par les administrateurs et par les commissaires aux comptes.

Art. 827-8 [nouv.] En cas d'apports en nature comme au cas de stipulation d'avantages particuliers au profit de personnes associées ou non, un ou plusieurs commissaires aux apports sont désignés par décision de justice, à la demande des fondateurs ou de l'un d'entre eux.

Les commissaires aux apports sont choisis parmi les commissaires aux comptes ou parmi les experts inscrits sur une des listes établies par les juridictions habilitées.

Ils sont désignés par la juridiction compétente, statuant sur requête.

Ils peuvent se faire assister, dans l'accomplissement de leur mission, par un ou plusieurs experts de leur choix. Les honoraires de ces experts sont à la charge de la société.

Ils sont soumis aux incompatibilités prévues aux articles 697 et suivants ci-dessus.

Les commissaires apprécient, sous leur responsabilité, la valeur des apports en nature et les avantages particuliers.

Le rapport des commissaires aux apports décrit chacun des apports et/ou avantages particuliers, indique quel mode d'évaluation a été adopté et pourquoi il a été retenu. Il atteste que la valeur des apports correspond au moins à la valeur nominale des actions à émettre, augmentée éventuellement de la prime d'émission.

En cas d'impossibilité d'évaluer les avantages particuliers, les commissaires aux apports en apprécient la consistance et les incidences sur la situation des actionnaires.

Le rapport des commissaires aux apports est déposé huit (8) jours au moins avant la date de l'assemblée générale constitutive à l'adresse prévue du siège social indiqué dans le bulletin de souscription et au registre du commerce et du crédit mobilier du lieu du siège social.

Il est tenu à la disposition des souscripteurs qui peuvent en prendre connaissance ou obtenir la délivrance d'une copie intégrale ou partielle.

L'assemblée générale constitutive statue sur l'évaluation des apports en nature et l'octroi d'avantages particuliers. Elle ne peut les réduire qu'à l'unanimité de tous les souscripteurs.

A défaut d'approbation expresse des apporteurs et des bénéficiaires d'avantages particuliers, mentionnée au procès-verbal, la société n'est pas constituée.

Art. 827-9 [nouv.] Les souscripteurs d'actions prennent part au vote ou se font représenter.

Les dispositions des articles 133-1 et 133-2 ci-dessus ne sont pas applicables aux assemblées générales constitutives.

L'assemblée constitutive est présidée par le souscripteur ayant le plus grand nombre d'actions ou, à défaut, par le doyen d'âge.

Elle délibère aux conditions de quorum et de majorité prévues pour les assemblées extraordinaires.

Art. 827-10 [nouv.] Lorsque l'assemblée délibère sur l'approbation d'un apport en nature ou l'octroi d'un avantage particulier, les actions de l'apporteur ou du bénéficiaire ne sont pas prises en compte pour le calcul de la majorité.

L'apporteur ou le bénéficiaire n'a voix délibérative ni pour lui-même ni comme mandataire.

Art. 827-11 [nouv.] Toute assemblée générale constitutive irrégulièrement convoquée peut être annulée dans les conditions prévues aux articles 242 et suivants ci-dessus.

Toutefois l'action en nullité n'est pas recevable lorsque tous les souscripteurs étaient présents ou représentés.

Art. 827-12 [nouv.] Le retrait des fonds provenant des souscriptions en numéraire ne peut avoir lieu qu'après l'immatriculation de la société au registre du commerce et du crédit mobilier. Il est effectué, selon le cas, par le président-directeur général, le directeur général ou tout mandataire de la société, sur présentation au dépositaire du certificat du greffier ou de l'autorité compétente attestant l'immatriculation de la société au registre du commerce et du crédit mobilier.

Tout souscripteur, six (6) mois après le versement des fonds, peut demander en référé à la juridiction compétente, la nomination d'un administrateur chargé de retirer les fonds pour les restituer aux souscripteurs, sous déduction de ses frais de répartition si, à cette date, la société n'est pas immatriculée.

Observations

Les articles 827-1 à 827-12 édictent le régime complet de constitution d'une société faisant appel public à l'épargne, qui n'était l'objet d'aucune disposition spécifique dans l'Acte uniforme ancien.

• Chapitre III •

FONCTIONNEMENT DE LA SOCIÉTÉ

Section I • ADMINISTRATION DE LA SOCIÉTÉ

Art. 828 Les sociétés faisant appel public à l'épargne pour le placement de leurs titres dans un ou plusieurs États parties ou dont les titres sont inscrits à la bourse des valeurs d'un ou plusieurs États parties sont obligatoirement dotées d'un conseil d'administration.

Art. 829 [mod.] Le conseil d'administration des sociétés visées aux articles 828 à 853 du présent Acte uniforme est obligatoirement composé de trois (3) membres au moins et de quinze (15) membres au plus lorsque les actions de la société sont admises à la bourse de valeurs.

Toutefois, en cas de fusion impliquant une ou plusieurs sociétés dont les titres sont admis à la bourse des valeurs d'un ou plusieurs « États parties », le nombre de quinze (15) peut être dépassé jusqu'à concurrence du nombre total des administrateurs en fonction depuis plus de six (6) mois dans les sociétés fusionnées, sans pouvoir être supérieur à vingt (20).

Il ne peut être procédé à aucune nomination de nouveaux administrateurs, ni au remplacement des administrateurs décédés ou ayant cessé leurs fonctions, tant que le nombre des administrateurs n'a pas été réduit à quinze (15) lorsque les actions de la société sont admises à la bourse des valeurs d'un ou plusieurs États parties.

Si une société admise à la bourse des valeurs d'un ou plusieurs États parties vient à être radiée de ces Bourses des valeurs, le nombre d'administrateurs doit être ramené à douze (12) dans les plus brefs délais.

A l'intérieur des différentes limites fixées ci-dessus, le nombre des administrateurs est déterminé librement dans les statuts.

Art. 829-1 [nouv.] Le conseil d'administration des sociétés visées aux articles 828 à 853 du présent Acte uniforme est obligatoirement doté d'un comité d'audit.

Le comité d'audit est exclusivement composé d'administrateurs non salariés de la société ou n'exerçant aucun mandat de président-directeur général, directeur général ou directeur général adjoint au sein de la société. Le conseil d'administration s'assure de la compétence des administrateurs qu'il nomme membres du comité d'audit.

Le comité d'audit a pour missions essentielles de :

– procéder à l'examen des comptes et s'assurer de la pertinence et de la permanence des méthodes comptables adoptées pour l'établissement des comptes consolidés et sociaux de l'entreprise ;

– assurer le suivi du processus d'élaboration de l'information financière ;

– assurer le suivi de l'efficacité des systèmes de contrôle interne et de gestion des risques ;

– émettre un avis sur les commissaires aux comptes proposés à la désignation par l'assemblée générale.

Il rend compte régulièrement au conseil d'administration de l'exercice de ses missions et l'informe sans délai de toute difficulté rencontrée.

Art. 830 [mod.] Le président-directeur général, le directeur général, le directeur général adjoint d'une société dont les actions sont admises à la bourse des valeurs d'un État partie et les personnes physiques ou morales exerçant dans cette société les fonctions d'administrateur sont tenues, dans le délai fixé au second alinéa du présent article, de faire mettre sous la forme nominative les actions qui leur appartiennent en propre, ou qui appartiennent à leurs enfants mineurs non émancipés émises par la société elle-même, par ses filiales, par la société dont elle est la filiale ou par les autres filiales de cette dernière société, lorsque ces actions sont admises à la bourse des valeurs d'un ou plusieurs États parties.

Le délai prévu à l'alinéa précédent est d'un mois à compter de la date à laquelle ces personnes acquièrent la qualité au titre de laquelle elles sont soumises aux dispositions prévues par l'alinéa précédent. Le délai est de vingt (20) jours à compter de la date de mise en possession lorsque ces personnes acquièrent les actions visées à l'alinéa premier du présent article.

La même obligation incombe aux représentants permanents des personnes morales qui exercent une fonction d'administrateur dans les sociétés dont les actions sont admises à la bourse des valeurs d'un ou plusieurs États parties ainsi qu'aux conjoints non séparés de corps de toutes les personnes mentionnées dans le présent article.

OBSERVATIONS

Suppression de l'hypothèse de défaut de mise au nominatif qui engendrait l'obligation de dépôt des actions dans une banque ou chez un agent de change.

Section II • ASSEMBLÉES D'ACTIONNAIRES

Art. 831 [mod.] Avant la réunion de l'assemblée des actionnaires, les sociétés faisant appel public à l'épargne pour le placement de leurs titres ou dont les titres sont inscrits dans un ou plusieurs États parties sont tenues de publier dans les journaux habilités à recevoir les annonces légales de l'État partie du siège social et, le cas échéant, des autres États parties dont le public est sollicité un avis contenant, outre les mentions prévues à l'article 257-1 ci-dessus :

1°) l'ordre du jour de l'assemblée ;

2°) le texte des projets de résolutions qui sont présentés à l'assemblée par le conseil d'administration ;

3°) le lieu où doivent être déposées les actions ;

4°) sauf, dans les cas où la société distribue aux actionnaires un formulaire de vote par correspondance, les lieux et les conditions dans lesquelles peuvent être obtenus ces formulaires.

OBSERVATIONS

Reprise de la liste ancienne à l'exclusion des mentions relatives entre autres, à la dénomination de la société, à la forme de la société, au capital social.

Art. 831-1 [nouv.] Par dérogation aux dispositions de l'article 541 ci-dessus, il est justifié du droit de participer aux assemblées générales des sociétés faisant appel public à l'épargne par l'enregistrement comptable des actions au nom de l'actionnaire ou de l'intermédiaire inscrit pour son compte, au troisième jour ouvré précédant l'assemblée à zéro heure, heure locale, soit dans les registres de titres nominatifs tenus par la société soit dans les registres de titres au porteur tenus par un intermédiaire habilité.

Art. 831-2 [nouv.] Le président du conseil d'administration rend compte, dans un rapport joint au rapport mentionné aux articles 525 2°) et 547-1 ci-dessus, de la composition du conseil, des conditions de préparation et d'organisation des travaux du conseil, ainsi que des procédures de contrôle interne et de gestion des risques mises en place par la société, en détaillant notamment celles de ces procédures qui sont relatives à l'élaboration et au traitement de l'information comptable et financière pour les comptes sociaux et, le cas échéant, pour les comptes consolidés. Sans préjudice des dispositions des articles 487 et 488 ci-dessus, ce rapport indique en outre les éventuelles limitations que le conseil d'administration apporte aux pouvoirs du directeur général.

Lorsqu'une société se réfère volontairement à un code de gouvernement d'entreprise élaboré par les organisations représentatives des entreprises, le rapport prévu au présent article précise également les dispositions qui ont été écartées et les raisons pour lesquelles elles l'ont été. Se trouve de surcroît précisé le lieu où ce code peut être consulté. Si une société ne se réfère pas à un tel code de gouvernement d'entreprise, ce rapport indique les règles retenues en complément des exigences requises par la loi et explique les raisons pour lesquelles la société a décidé de n'appliquer aucune disposition de ce code de gouvernement d'entreprise.

Le rapport prévu au présent article précise aussi les modalités particulières relatives à la participation des actionnaires à l'assemblée générale ou renvoie aux clauses des statuts qui prévoient ces modalités.

Le rapport prévu au présent article est approuvé par le conseil d'administration et rendu public.

Art. 831-3 [nouv.] Le rapport visé à l'article précédent présente en outre les principes et les règles arrêtés par le conseil d'administration pour déterminer les rémunérations et avantages de toute nature accordés aux mandataires sociaux.

Ce rapport rend également compte de la rémunération totale et des avantages de toute nature versés, durant l'exercice, à chaque mandataire social, y compris sous forme d'attribution de titres de capital, de titres de créances ou de titres donnant accès au capital ou donnant droit à l'attribution de titres de créances.

Il indique le montant des rémunérations et des avantages de toute nature que chacun de ces mandataires a reçus durant l'exercice.

Il décrit en les distinguant les éléments fixes, variables et exceptionnels composant ces rémunérations et avantages ainsi que les critères en application desquels ils ont été calculés ou les circonstances en vertu desquelles ils ont été établis. Il indique également les engagements de toutes natures, pris par la société au bénéfice de ses mandataires sociaux, correspondant à des éléments de rémunération, des indemnités ou des avantages dus ou susceptibles d'être dus à raison de la prise, de la cessation ou du changement de ces fonctions ou postérieurement à celles-ci. L'information donnée à ce titre doit préciser les modalités de détermination de ces engagements. Hormis les cas de bonne foi, les versements effectués et les engagements pris en méconnaissance du présent alinéa peuvent être annulés.

Le rapport comprend également la liste de l'ensemble des mandats et fonctions exercés dans toute société par chacun de ces mandataires durant l'exercice.

Section III • MODIFICATION DU CAPITAL SOCIAL

Art. 832 [mod.] Les actionnaires et les investisseurs sont informés de l'émission d'actions nouvelles ou autres valeurs mobilières donnant accès au capital et de ses modalités soit par un avis inséré dans une notice publiée dans les journaux habilités à recevoir les annonces légales de l'État partie du siège social et, le cas échéant, des autres États parties dont le public est sollicité, soit par lettre au porteur contre récépissé ou par lettre recommandée avec demande d'avis de réception si les titres de la société sont nominatifs.

Art. 833 [mod.] La notice, revêtue de la signature sociale, et la lettre au porteur contre récépissé ou par lettre recommandée avec demande d'avis de réception contiennent, outre les mentions prévues à l'article 257-1 ci-dessus, les mentions suivantes :

1°) l'objet social sommairement indiqué ;

2°) la date d'expiration normale de la société ;

3°) le montant de l'augmentation de capital différée ou non ;

4°) les dates d'ouverture et de clôture de la souscription ;

5°) les nom et prénoms ou la dénomination sociale, l'adresse du domicile ou du siège social du dépositaire ;

6°) les catégories d'actions ou autres valeurs mobilières émises et leurs caractéristiques ;

7°) la valeur nominale des actions ou autres valeurs mobilières à souscrire en numéraire, et le cas échéant, le montant de la prime d'émission ;

8°) la somme immédiatement exigible par action ou autre valeur mobilière souscrite ;

9°) l'existence au profit des actionnaires, du droit préférentiel de souscription aux actions ou autres valeurs mobilières nouvelles ainsi que les conditions d'exercice de ce droit ;

10°) les avantages particuliers stipulés par les statuts au profit de toute personne ;

11°) le cas échéant, les clauses statutaires restreignant la libre cession des actions ;

12°) les dispositions relatives à la distribution des bénéfices, à la constitution des réserves et à la répartition du boni de liquidation ;

13°) le montant non amorti des autres obligations antérieurement émises et les garanties dont elles sont assorties ;

14°) le montant, lors de l'émission, des emprunts obligataires garantis par la société, ainsi que le cas échéant, la fraction garantie de ces emprunts ;

15°) le cas échéant, la description sommaire, l'évaluation et le mode de rémunération des apports en nature compris dans l'augmentation de capital avec l'indication du caractère provisoire de cette évaluation et de ce mode de rémunération.

Observations

Reprise de la liste ancienne à l'exclusion des mentions relatives à la dénomination et à la forme de la société.

Art. 834 [mod.] Une copie du dernier bilan, certifiée conforme par le représentant légal de la société, est publiée en annexe à la notice visée à l'article 833 ci-dessus. Si le dernier bilan a déjà été publié dans des journaux habilités à recevoir les annonces légales, la copie de ce bilan peut être remplacée par l'indication de la référence de la publication antérieure. Si aucun bilan n'a encore été établi, la notice en fait mention.

Art. 835 [mod.] Les circulaires informant le public de l'émission d'actions ou autres valeurs mobilières donnant accès au capital reproduisent les mentions de la notice prévue à l'article 833 ci-dessus et contiennent la mention de l'insertion de ladite notice dans les journaux habilités à recevoir les annonces légales avec référence au numéro où elle été publiée.

Les annonces et les affiches dans les journaux reproduisent les mêmes mentions ou au moins un extrait de ces mentions avec référence à la notice et indication des journaux habilités à recevoir les annonces légales dans lesquels elle a été publiée.

Art. 836 [mod.] L'augmentation de capital par appel public à l'épargne réalisée moins de deux (2) ans après la constitution d'une société sans appel public à l'épargne doit être précédée, dans les conditions prévues aux articles 619 et suivants ci-dessus d'une vérification de l'actif et du passif, ainsi que le cas échéant, des avantages particuliers consentis.

Art. 837 [mod.] L'émission par appel public à l'épargne sans droit préférentiel de souscription d'actions nouvelles qui confèrent à leurs titulaires les mêmes droits que les actions anciennes est soumise aux conditions suivantes :

1°) l'émission doit être réalisée dans un délai de trois (3) ans à compter de l'assemblée qui l'a autorisée ;

2°) pour les sociétés dont les actions sont inscrites à la bourse des valeurs, le prix d'émission est au moins égal à la moyenne des cours constatés pour ces actions pendant vingt (20) jours consécutifs choisis parmi les quarante qui précèdent le jour du début de l'émission, après correction de cette moyenne pour tenir compte de la différence de date de jouissance ;

3°) pour les sociétés autres que celles visées au paragraphe 2°) du présent article, le prix d'émission est au moins égal, au choix de la société et sauf à tenir compte de la différence de date de jouissance, soit à la part de capitaux propres par actions, tels qu'ils résultent du dernier bilan approuvé à la date de l'émission, soit à un prix fixé à dire d'expert désigné par la juridiction compétente statuant à bref délai.

Art. 838 [mod.] L'émission par appel public à l'épargne sans droit préférentiel de souscription d'actions nouvelles qui ne confèrent pas à leurs titulaires les mêmes droits que les actions anciennes est soumise aux conditions suivantes :

1°) l'émission doit être réalisée dans un délai de deux (2) ans à compter de l'assemblée générale qui l'a autorisée ;

2°) le prix d'émission ou les conditions de fixation de ce prix sont déterminés par l'assemblée générale extraordinaire sur rapport du conseil d'administration et sur le rapport spécial du commissaire aux comptes.

Lorsque l'émission n'est pas réalisée à la date de l'assemblée générale annuelle suivant la décision, une assemblée générale extraordinaire se prononce, sur rapport du conseil d'administration et sur le rapport spécial du commissaire aux comptes, sur le maintien ou l'ajustement du prix d'émission ou des conditions de sa détermination ; à défaut, la décision de la première assemblée devient caduque.

Art. 839 L'assemblée générale qui décide l'augmentation de capital peut, en faveur d'une ou plusieurs personnes nommément désignées ou non, supprimer le droit préférentiel de souscription.

Les bénéficiaires de cette disposition ne peuvent, à peine de nullité de la délibération, prendre part au vote. Le quorum et la majorité requis sont calculés après déduction des actions qu'ils possèdent.

Le prix d'émission ou les conditions de fixation de ce prix sont déterminés par l'assemblée générale extraordinaire sur rapport du conseil d'administration et du commissaire aux comptes.

Art. 840 L'augmentation de capital est réputée réalisée lorsqu'un ou plusieurs établissements de crédit au sens de la loi réglementant les activités bancaires ont garanti de manière irrévocable sa bonne fin. Le versement de la fraction libérée de la valeur nominale et de la totalité de la prime d'émission doit intervenir au plus tard le trente-cinquième jour qui suit la clôture du délai de souscription.

Section IV • PLACEMENT D'OBLIGATIONS

Art. 841 [mod.] Si un placement d'obligations se fait par appel public à l'épargne dans un ou plusieurs États parties, la société émettrice accomplit dans ces États parties avant l'ouverture de la souscription et préalablement à toutes autres mesures de publicité, les formalités précisées dans les articles 842 à 844 ci-après.

Art. 842 [mod.] La société publie dans les journaux habilités à recevoir les annonces légales une notice contenant, outre les mentions prévues à l'article 257-1 ci-dessus, les indications suivantes ;

1°) l'objet social sommairement indiqué ;

2°) la date d'expiration normale de la société ;

3°) le montant non amorti des obligations antérieurement émises ainsi que les garanties qui leur sont conférées ;

4°) le montant, lors de l'émission, des emprunts obligataires garantis par la société et, le cas échéant, la fraction garantie de ces emprunts ;

5°) le montant de l'émission ;

6°) la valeur nominale des obligations à émettre ;

7°) le taux et le mode de calcul des intérêts et autres produits ainsi que les modalités de paiement ;

8°) l'époque et les conditions de remboursement ainsi qu'éventuellement les conditions de rachat des obligations ;

9°) les garanties conférées, le cas échéant, aux obligations.

La notice est revêtue de la signature sociale.

OBSERVATIONS

Reprise de la liste ancienne à l'exclusion des mentions relatives à la dénomination et à la forme de la société, à l'adresse du siège social, au montant du capital social et au numéro d'immatriculation de la société au RCCM.

Art. 843 [mod.] Sont annexés à la notice visée à l'article 842 ci-dessus :

1°) une copie du dernier bilan approuvé par l'assemblée générale des actionnaires, certifiée conforme par le représentant légal de la société ;

2°) si ce bilan a été arrêté à une date antérieure de plus de dix (10) mois à celle du début de l'émission, un état de la situation active et passive de la société datant de dix (10) mois au plus et établi sous la responsabilité du conseil d'administration ou des gérants, selon le cas ;

3°) des renseignements sur la marche des affaires sociales depuis le début de l'exercice en cours et, le cas échéant, sur le précédent exercice si l'assemblée générale ordinaire appelée à statuer sur les états financiers de synthèse n'a pas encore été réunie.

Si aucun bilan n'a encore été établi, la notice en fait mention.

Les annexes prévues aux paragraphes 1°) et 2°) du présent article peuvent être remplacées, selon le cas, par la référence de la publicité dans les journaux habilités à recevoir les annonces légales du dernier bilan ou d'une situation provisoire du bilan arrêté à une date antérieure de dix (10) mois au plus à celle de l'émission, lorsque ce bilan ou cette situation a déjà été publié.

Art. 844 [mod.] Les circulaires informant le public de l'émission d'obligations reproduisent les mentions de la notice prévue à l'article 842 ci-dessus, indiquent le prix d'émission et contiennent la mention de l'insertion de ladite notice au journal habilité à recevoir les annonces légales avec référence au numéro dans lequel elle a été publiée.

Les affiches et les annonces dans les journaux reproduisent les mêmes mentions ou au moins un extrait de ces mentions avec référence à la notice et indication du numéro des journaux habilités à recevoir les annonces légales dans lesquels elle a été publiée.

Section V • ASSEMBLÉES D'OBLIGATAIRES

Art. 845 Avant la réunion de l'assemblée des obligataires, l'avis de convocation des obligataires publié dans les journaux habilités à recevoir les annonces légales de l'État partie du siège social et, le cas échéant, des autres États parties dont le public est sollicité contient :

1°) la dénomination sociale suivie, le cas échéant, du sigle de la société ;

2°) la forme de la société ;

3°) le montant de son capital ;

4°) l'adresse du siège social ;

5°) le numéro d'immatriculation de la société au registre du commerce et du crédit mobilier ;

6°) l'ordre du jour de l'assemblée ;

7°) les jour, heure et lieu de l'assemblée ;

8°) le cas échéant, le ou les lieux où doivent être déposées les obligations pour ouvrir le droit de participer à l'assemblée ;

9°) l'indication de l'emprunt souscrit par les obligataires dont la masse est convoquée en assemblée ;

10°) le nom et le domicile de la personne qui a pris l'initiative de la convocation et la qualité en laquelle elle agit ;

11°) le cas échéant, la date de la décision de justice désignant le mandataire chargé de convoquer l'assemblée.

Section VI • PUBLICITÉ

Art. 846 Les dispositions de la présente section sont applicables aux sociétés dont les actions sont inscrites, en tout ou en partie, à la bourse des valeurs d'un ou plusieurs États parties.

Sous-section I • PUBLICATIONS ANNUELLES

Art. 847 [mod.] Les sociétés dont les titres sont inscrits à la bourse des valeurs doivent publier au journal habilité à recevoir les annonces légales dans les quatre (4) mois de la clôture de l'exercice et quinze (15) jours au moins avant la réunion de l'assemblée générale ordinaire annuelle des actionnaires, sous un titre faisant clairement apparaître qu'il s'agit de projets non vérifiés par les commissaires aux comptes :

1°) les états financiers de synthèse (bilan, compte de résultats, tableau financier des ressources et emplois et état annexé) ;

2°) le projet d'affectation du résultat ;

3°) pour les sociétés ayant des filiales ou des participations, les états financiers de synthèse consolidés, s'ils sont disponibles.

Art. 848 [mod.] Les sociétés dont les titres sont inscrits à la bourse des valeurs publient au journal habilité à recevoir les annonces légales dans les quarante-cinq (45) jours suivant l'approbation des états financiers de synthèse par l'assemblée générale ordinaire des actionnaires les documents suivants :

1°) les états financiers de synthèse approuvés, revêtus de l'attestation des commissaires aux comptes ;

2°) la décision d'affectation du résultat ;

3°) les états financiers de synthèse consolidés revêtus de l'attestation des commissaires aux comptes.

Toutefois, si ces documents sont exactement identiques à ceux publiés en application de l'article 269 ci-dessus, seul un avis, faisant référence à la première insertion et contenant l'attestation du commissaire aux comptes, est publié dans un journal habilité à recevoir les annonces légales.

Sous-section II • PUBLICATIONS À LA FIN DU PREMIER SEMESTRE

Art. 849 [mod.] Les sociétés dont les titres sont inscrits à la bourse des valeurs d'un ou plusieurs États parties doivent, dans les quatre (4) mois qui suivent la fin du premier semestre de l'exercice, publier dans un journal habilité à recevoir les annonces légales de ces États parties un tableau d'activités et de résultat ainsi qu'un rapport d'activité semestriel accompagné d'une attestation du commissaire aux comptes sur la sincérité des informations données.

Art. 850 Le tableau d'activité et de résultat indique le montant net du chiffre d'affaires et le résultat des activités ordinaires avant impôt. Chacun des postes du tableau comporte l'indication du chiffre relatif au poste correspondant de l'exercice précédent et du premier semestre de cet exercice.

Art. 851 Le rapport d'activité semestriel commente les données relatives au chiffre d'affaires et au résultat du premier semestre. Il décrit également l'activité de la société au cours de cette période ainsi que l'évolution prévisible de cette activité jusqu'à la clôture de l'exercice. Les événements importants survenus au cours du semestre écoulé sont également relatés dans ce rapport.

Art. 852 Les sociétés établissant des états financiers de synthèse consolidés sont tenues de publier leurs tableaux d'activité et de résultat et leurs rapports d'activité semestriel sous forme consolidée accompagnés d'une attestation du commissaire aux comptes sur la sincérité des informations données.

Sous-section III • PUBLICATIONS – FILIALES DE SOCIÉTÉS COTÉES

Art. 853 [mod.] Les sociétés qui ne sont pas inscrites à la bourse des valeurs dont la moitié des titres est détenue par une ou plusieurs sociétés cotées qui ont :

1°) un bilan supérieur à deux cents millions (200.000.000) de francs CFA,

2°) ou qui possèdent un portefeuille titres dont la valeur d'inventaire ou la valeur boursière excèdent quatre-vingts millions (80.000.000) de francs CFA, doivent, dans les quarante-cinq (45) jours qui suivent l'approbation des états financiers de synthèse par l'assemblée, publier au journal habilité à recevoir les annonces légales les documents les états financiers de synthèse approuvés et revêtus de l'attestation des commissaires aux comptes, la décision d'affectation des résultats.

Observations

Au 2°), il semble qu'il manque la conjonction « et » après « documents », sans doute par suite d'une erreur matérielle.

• Livre IV-II •

SOCIÉTÉ PAR ACTIONS SIMPLIFIÉE (SAS)

Art. 853-1 [nouv.] La société par actions simplifiée est une société instituée par un ou plusieurs associés et dont les statuts prévoient librement l'organisation et le fonctionnement de la société sous réserve des règles impératives du présent livre. Les associés de la société par actions simplifiée ne sont responsables des dettes sociales qu'à concurrence de leurs apports et leurs droits sont représentés par des actions.

Lorsque cette société ne comporte qu'une seule personne, celle-ci est dénommée « associé unique ». L'associé unique exerce les pouvoirs dévolus aux associés lorsque le présent livre prévoit une prise de décision collective.

Toutes les décisions prises par l'associé unique et qui donneraient lieu à publicité légale si elles étaient prises par une assemblée doivent être publiées dans les mêmes formes.

JURISPRUDENCE COMPARÉE

France

Exercice par un ancien associé d'une activité concurrente de celle de la société

Sauf stipulation contraire, l'associé n'est pas, en cette qualité, tenu de s'abstenir d'exercer une activité concurrente de celle de la société et doit seulement s'abstenir d'actes de concurrence déloyale ; n'a pas commis un acte de concurrence déloyale l'associé qui, après avoir cédé le contrôle de cette société tout en conservant une participation minoritaire, avait créé une société concurrente et soumissionné au même marché d'appel d'offres que la SAS (Cass. com. 10-9-2013 nº 12-23.888 : RJDA 11/13 nº 896).

Art. 853-2 [nouv.] La société est désignée par une dénomination sociale qui doit être immédiatement précédée ou suivie en caractères lisibles des mots « société par actions simplifiée » ou du sigle « SAS ».

Lorsque la société ne comprend qu'un associé, elle est désignée par une dénomination sociale qui doit être immédiatement précédée ou suivie en caractères lisibles des mots « société par actions simplifiée unipersonnelle » ou du sigle « Sasu ».

Art. 853-3 [nouv.] Dans la mesure où elles sont compatibles avec les dispositions particulières prévues par le présent livre, les règles concernant les sociétés anonymes, à l'exception des articles 387, al. 1, 414 à 561, 690, 751 à 753 ci-dessus, sont applicables à la société par actions simplifiée. Pour l'application de ces règles et à défaut de clauses statutaires spécifiques, les attributions du conseil d'administration ou de son président sont exercées par le président de la société par actions simplifiée ou celui ou ceux de ses dirigeants que les statuts désignent à cet effet.

Art. 853-4 [nouv.] La société par actions simplifiée ne peut faire publiquement appel à l'épargne.

Art. 853-5 [nouv.] Le montant du capital social ainsi que celui du nominal des actions est fixé par les statuts.

La société par actions simplifiée peut émettre des actions inaliénables résultant d'apports en industrie. Les statuts déterminent les modalités de souscription et de répartition de ces actions.

Art. 853-6 [nouv.] La décision de transformation en société par actions simplifiée est prise à l'unanimité des associés. Il en est de même en cas de fusion-absorption d'une société par une société par actions simplifiée. Toute délibération prise en violation du présent article est nulle.

Art. 853-7 [nouv.] Les statuts fixent les conditions dans lesquelles la société est dirigée.

Art. 853-8 [nouv.] La société est représentée à l'égard des tiers par un président désigné dans les conditions prévues par les statuts. Le président est investi des pouvoirs les plus étendus pour agir en toute circonstance au nom de la société dans la limite de l'objet social.

Dans ses rapports avec les tiers, la société est engagée même par les actes du président qui ne relèvent pas de l'objet social, dans les conditions et limites fixées à l'article 122 ci-dessus.

Les statuts peuvent prévoir les conditions dans lesquelles une ou plusieurs personnes autres que le président, portant le titre de directeur général ou de directeur général adjoint, peuvent exercer les pouvoirs confiés à ce dernier par le présent article.

Les clauses des statuts, les décisions des organes sociaux limitant les pouvoirs du président, du directeur général ou directeur général adjoint sont inopposables aux tiers.

Jurisprudence comparée

France

A. Dirigeants de la SAS

A été considéré comme dirigeant de la société le membre d'un conseil de surveillance, qui contestait que lui soit appliquée la clause statutaire Iqui prévoyaut la possibilité d'exclure tout associé fondateur qui cesserait ses fonctions de « dirigeant », dès lors que le conseil de surveillance avait reçu les missions et les pouvoirs du conseil d'administration de société anonyme puisque la clause statutaire relative à ce conseil reproduisait les dispositions déterminant les pouvoirs du conseil d'administration et qu'en outre il était investi des pouvoirs du président-directeur général (CA Paris 20-6-2013 nº 13/03892, ch. 5-9 : BRDA 18/13 inf. 2).

Autres dirigeants que le président. Le directeur général délégué d'une société nommé à ses fonctions, conformément aux statuts, par le conseil d'administration et chargé par cet organe social du recouvrement et du contentieux at qualité pour procéder à la déclaration de créance de cette société (Cass. com. 21-6-2011 nº 10-20.878 : RJDA 10/11 nº 823).

B. Pouvoir du président

En tant que représentant légal de la société, le président doit être mentionné au registre du commerce et des sociétés ; il en est de même pour le ou les directeurs généraux (délégués ou non) ayant reçu le pouvoir d'engager la société à l'égard des tiers (CA Versailles 25-6-2008 nº 08/1978 et 08/2436 : RJDA 11/08 nº 1142 ; CA Versailles 24-9-2009 nº 08/2615 : RJDA 5/10 nº 535, 1e esp.).

C. Délégation de pouvoirs des dirigeants

Sauf clause contraire des statuts, rien ne s'oppose à ce que le président consente à toute personne de son choix (autre dirigeant, associé ou tiers) une délégation de pouvoirs permettant à celle-ci d'accomplir un ou plusieurs actes déterminés au nom de la société tels que l'embauche ou le licenciement de salariés (Cass. ch. mixte 19-11-2010 nº 10-10.095 et 10-30.215 : Legifrance).

D. Rémunération

1º Fixation de la rémunération

Le juge ne peut pas se substituer aux associés pour fixer ou revaloriser la rémunération du dirigeant (Cass. com. 14-11-2006 nº 1244 : RJDA 8-9/07 nº 856 rendu à propos d'un gérant de SARL mais transposable au président et aux autres dirigeants de SAS, pour lesquels la situation est identique).

Le juge ne peut se substituer à la décision des organes sociaux légalement ou statutairement compétents de refuser, contrairement aux statuts, tout droit à rémunération au président de la SAS et la décision fixant la rémunération du président prise par l'associé unique après la reconnaissance par le juge du droit pour le président de percevoir une rémunération conformément aux statuts étant régulière et ne comportant aucun abus, les juges ne pouvaient pas la modifier en se substituant à l'organe statutairement compétent (Cass. com. 17-12-2013 n° 12-27.213 : BRDA 3/14 inf. 4).

2° Absence du contrôle des conventions réglementées

La procédure de contrôle des conventions réglementées n'a vocation à s'appliquer qu'en l'absence de dispositions relatives à la rémunération dans les statuts de la société qui valent convention entre les actionnaires de la SAS ; est donc valable la résolution de l'assemblée générale ordinaire d'une SAS de fixer, conformément aux statuts, la rémunération annuelle de son président qui était également dirigeant de la SA associée majoritaire ; l'attribution d'une rémunération aux dirigeants d'une SAS est de nature purement contractuelle et il convient dès lors de s'en rapporter aux statuts de la société (CA Bastia 24-7-2013 n° 11/00755, ch. civ. B. : BRDA 19/13 inf. 1).

E. Révocation des dirigeants

1° Respect du principe du contradictoire

N'est pas abusive la révocation d'un directeur général délégué par une assemblé générale à laquelle il n'a pas été convoqué, dès lors qu'il a préalablement fait connaître au président ses points de désaccord et posé des conditions à la continuation de ses fonctions ; la société et ses organes n'ayant pas l'obligation d'ouvrir une discussion préalable à la décision de révocation face aux critiques et alternatives formulées (Cass. com. 10-7-2012 n° 11-19.563 : Legifrance).

Le président qui a quitté l'assemblée sans donner de procuration avant que la question de sa révocation ne soit abordée, quand bien même elle n'avait pas été prévue à l'ordre du jour de l'assemblée, dès lors qu'une clause des statuts prévoyait que l'assemblée pouvait, en toutes circonstances, révoquer un ou plusieurs membres du conseil de direction, ne peut pas se prévaloir du non-respect du contradictoire à son égard (CA Toulouse 22-1-2008 n° 07/1632 : RJDA 11/08 n° 1141).

2° Versement d'une indemnité de rupture

Ainsi, dans un cas où les statuts d'une SAS prévoyaient que le président ne pouvait être révoqué que pour un motif grave et « qu'en l'absence de motif grave établi, la révocation du président donnerait lieu au versement d'une indemnisation équitable », il a été alloué au président, révoqué sans motif grave, une indemnité de 100 000 € fixée en considération, outre la perte de toute rémunération, de l'ancienneté de ses fonctions au sein de la société et de l'importance du travail qu'il y avait accompli (CA Paris 16-5-2006 n° 05/11433 : RJDA 12/06 n° 1238).

Art. 853-9 [nouv.] Lorsqu'une personne morale est nommée président ou dirigeant social d'une société par actions simplifiée, les dirigeants sociaux de ladite personne morale sont soumis aux mêmes conditions et obligations et encourent les mêmes responsabilités civile et pénale que s'ils étaient président ou dirigeant social en leur nom propre, sans préjudice de la responsabilité solidaire de la personne morale qu'ils dirigent.

Art. 853-10 [nouv.] Les règles fixant la responsabilité des membres du conseil d'administration des sociétés anonymes sont applicables au président et aux dirigeants de la société par actions simplifiée.

Art. 853-11 [nouv.] Les statuts déterminent les décisions qui doivent être prises collectivement par les associés dans les formes et conditions qu'ils stipulent. Les décisions prises en violation des clauses statutaires sont nulles.

Toutefois, les attributions dévolues aux assemblées générales extraordinaires et ordinaires des sociétés anonymes, en matière d'augmentation, d'amortissement ou de réduction de capital, de fusion, de scission, d'apport partiel d'actif, de dissolution, de transformation en une société d'une autre forme, de nomination des commissaires aux comptes, de comptes annuels et de bénéfices sont, dans les conditions prévues par les statuts, exercées collectivement par les associés. Les décisions prises en violation des dispositions du présent alinéa sont nulles. Elles sont également nulles lorsqu'elles sont prises de manière collective mais en violation des conditions stipulées aux statuts.

Dans les sociétés ne comprenant qu'un seul associé, le rapport de gestion, les comptes annuels et, le cas échéant, les comptes consolidés sont arrêtés par le président. L'associé unique approuve les comptes, après rapport du commissaire aux comptes s'il en existe un, dans le délai de six (6) mois à compter de la clôture de l'exercice. L'associé unique ne peut déléguer ses pouvoirs. Ses décisions sont répertoriées dans un registre spécial. Les décisions prises en violation du présent alinéa peuvent être annulées à la demande de tout intéressé.

Lorsque l'associé unique, personne physique, assume personnellement la présidence de la société, le dépôt, dans le même délai au registre du commerce et du crédit mobilier de l'inventaire et des comptes annuels dûment signés vaut approbation des comptes.

JURISPRUDENCE COMPARÉE

France

A. Modalités de consultation

Si les statuts ne précisent pas l'organe compétent pour procéder à la convocation, l'assemblée convoquée directement par des associés est valable (CA Paris 18-6-2008 n° 08/6315 : RJDA 2/09 n° 118).

B. Validité des décisions

1° Interdiction de priver un associé de son droit de vote

Si, au terme de la loi, les statuts d'une société par actions simplifiée peuvent, dans les conditions qu'ils déterminent, prévoir qu'un associé peut être tenu de céder ses actions, ce texte n'autorise pas les statuts, lorsqu'ils subordonnent cette mesure à une décision collective des associés, à priver l'associé dont l'exclusion est proposée de son droit de participer à cette décision et de voter sur la proposition dans les cas prévus par la loi (Cass. com. 23-10-2007 n° 06-16.537 : RJDA 1/08 n° 50).

2° Unanimité

La décision de transformation d'une société en société par actions simplifiée est prise à l'unanimité des associés et il en est de même en cas de fusion-absorption d'une société par une société par actions simplifiée (Cass. com. 19-12-2006 n° 1497 : RJDA 3/07 n° 264 qui annule l'arrêt d'appel selon lequel une absorption n'emporte pas transformation de la société absorbée qui se trouve, au contraire, dissoute dès la décision de fusion et que la simple constatation qu'une telle opération revient à faire passer les actionnaires d'une société anonyme de type classique à une société par actions simplifiée sans leur consentement n'est pas de nature à rendre applicables la règle du vote unanime).

3° Sanction de la violation des règles de validité des décisions collectives

A été annulée la modification de la répartition des droits de vote décidée à l'unanimité des associés sans qu'aient été respectées les dispositions statutaires relatives à leur droit de communication préalable ; l'adoption à l'unanimité de la résolution contraire aux statuts ne faisait en effet pas disparaître le droit, ouvert à tout associé n'ayant pas pu voter en connaissance de cause, d'en demander l'annulation (CA Limoges 28-3-2012 n° 10/00576 : RJDA 12/12 n° 1091).

C. Responsabilité de l'associé

1° À l'égard des tiers

Dans le cas où une société par actions simplifiée avait conclu un contrat d'enseigne exploitant un point de vente avec une entreprise de la grande distribution qui était entrée dans son capital et devait prendre fin si la règle statutaire d'adoption des décisions collectives extraordinaires de la société à l'unanimité était supprimée et un contrat de distribution avec une filiale de cette entreprise par lequel la SAS s'engageait à ne rien faire qui puisse affecter l'usage de l'enseigne, la décision de l'associé majoritaire de la société, qui en était aussi le dirigeant, de voter une modification des statuts supprimant la règle de l'unanimité, entraînant la rupture du contrat d'enseigne dont résultait la violation de l'engagement, n'engage la responsabilité personnelle de l'associé envers le cocontractant de la société que s'il a commis une faute intentionnelle d'une particulière gravité incompatible avec l'exercice normal des prérogatives attachées à sa qualité d'associé (Cass. com. 18-2-2014 n° 12-29.752 : BRDA 5/14 inf. 2).

2° S'abstenir de concurrencer la société

Sauf stipulation contraire, l'associé d'une société par actions simplifiée n'est pas, en cette qualité, tenu de s'abstenir d'exercer une activité concurrente de celle de la société et doit seulement s'abstenir d'actes de concurrence déloyale ; n'a pas commis un acte de concurrence déloyale l'associé d'une SAS qui, après avoir cédé le contrôle de cette société tout en conservant une participation minoritaire, avait créé une société concurrente et soumissionné au même marché d'appel d'offres que la SAS (Cass. com. 10-9-2013 n° 12-23.888 : BRDA 18/13 inf. 3).

D. Admission et retrait des associés

1° Agrément

Lorsque les associés d'une SAS ont accepté de recourir à un expert pour fixer le prix de rachat des actions après le refus d'agrément du tiers acquéreur, l'associé qui doit racheter les actions ne peut plus se rétracter si le prix déterminé par l'expert lui semble trop élevé (CA Paris 14-10-2008 n° 08/12642 : RJDA 2/09 n° 84).

2° Clause d'exclusion

Une clause prévoyant l'exclusion d'un associé qui n'a pas informé la société en cas de changement de son contrôle ne fait que sanctionner le non-respect de la procédure d'information et ne permet pas d'exclure un associé dont le contrôle a été modifié et qui a respecté cette procédure ; la résolution prononçant l'exclusion du GIE de la société avait été prise « hors l'hypothèse prévue en cas de changement du contrôle d'un membre par le règlement intérieur » et ne correspondait pas à une exécution loyale de la convention des parties constituait un trouble manifestement illicite qu'il appartenait au juge des référés de faire cesser en ordonnant la suspension de ses effets (Cass. com. 29-1-2008 n° 07-10.797 : RJDA 5/08 n° 546, rendu à propos d'un groupement d'intérêt économique mais transposable).

La clause statutaire qui autorise l'exclusion d'un associé en cas d'exercice d'une activité concurrente, sur le fondement duquel a été convoquée l'assemblée générale appelée à statuer sur l'exclusion de l'un des associés contrevient aux dispositions légales et il n'entre pas dans les pouvoirs du président de la société de modifier à sa guise la stipulation statutaire contestée, une telle modification nécessitant l'accord unanime des associés ; doit être annulée la délibération prononçant l'exclusion de l'associé intervenue sur le fondement d'une telle clause contraire à une disposition légale impérative et donc pour le tout réputée non écrite (Cass. com. 9-7-2013 n° 11-27.235 : BRDA 15-16/13 inf. 1).

N'entre pas dans les pouvoirs du juge de se substituer aux organes de la société pour ordonner la modification de la clause statutaire contraire aux dispositions légales impératives applicables selon laquelle « l'associé dont l'exclusion est susceptible d'être prononcée ne participe pas au vote et ses actions ne sont pas prises en compte pour le calcul de la majorité » ; une telle décision – du ressort d'un vote unanime des associés de la société par actions simplifiée – ne doit pas être prise a la majorité d'une assemblée extraordinaire (Cass. com. 9-7-2013 n° 12-21.238 : BRDA 15-16/13 inf. 1).

3° Clause d'exclusion à la discrétion du président

Les statuts peuvent valablement prévoir qu'en cas de perte par l'associé de la qualité de salarié, celui-ci pourra être exclu à la discrétion du président (Cass. com. 20-3-2012 n° 11-10.855 : Legifrance, rendu à propos d'une société civile mais transposable).

Art. 853-12 [nouv.] Chaque action donne droit à une voix au moins.

Art. 853-13 [nouv.] Les associés peuvent nommer un ou plusieurs commissaires aux comptes dans les conditions prévues à l'article 853-11 ci-dessus.

Sont tenues de désigner au moins un (1) commissaire aux comptes les sociétés par actions simplifiées qui remplissent, à la clôture de l'exercice social, deux des conditions suivantes :

1°) total du bilan supérieur à cent vingt-cinq millions (125.000.000) de francs CFA ;

2°) chiffre d'affaires annuel supérieur à deux cent cinquante millions (250.000.000) de francs CFA ;

3°) effectif permanent supérieur à cinquante (50) personnes.

La société n'est plus tenue de désigner un commissaire aux comptes dès lors qu'elle n'a pas rempli deux (2) des conditions fixées ci-dessus pendant les deux (2) exercices précédant l'expiration du mandat du commissaire aux comptes.

Sont également tenues de désigner au moins un commissaire aux comptes les sociétés par actions simplifiées qui contrôlent, au sens de l'article 174 ci-dessus, une ou plusieurs sociétés, ou qui sont contrôlées par une ou plusieurs sociétés.

Même si les conditions prévues aux alinéas précédents ne sont pas atteintes, la nomination d'un commissaire aux comptes peut être demandée en justice par un ou plusieurs associés représentant au moins le dixième du capital.

Si lors d'une augmentation de capital intervenant par compensation de créances sur la société celle-ci n'est pas dotée d'un commissaire aux comptes, l'arrêté de comptes établi par le président est certifié exact par un commissaire aux comptes.

Art. 853-14 [nouv.] Le commissaire aux comptes ou, s'il n'en a pas été désigné, le président de la société présente aux associés un rapport sur les conventions intervenues directement entre la société et son président, l'un de ses dirigeants, l'un de ses associés disposant d'une fraction des droits de vote supérieure à dix pour cent (10 %) ou, s'l s'agit d'une société associée, la société la contrôlant au sens de l'article 174 ci-dessus.

Il en est de même des conventions auxquelles une des personnes visées à l'alinéa premier est indirectement intéressée ou dans lesquelles elle traite avec la société par personne interposée.

Les associés statuent sur ce rapport. Les personnes intéressées, directement ou indirectement, ne prennent pas part au vote et leurs actions ne sont pas prises en compte pour le calcul du quorum et de la majorité. Les délibérations prises en violation du présent article sont nulles.

Les conventions non approuvées produisent néanmoins leurs effets, à charge pour la personne intéressée et éventuellement pour le président et les autres dirigeants d'en supporter les conséquences dommageables pour la société.

Toute délibération prise à défaut de rapport du commissaire aux comptes ou du président s'il n'en a pas été désigné est nulle.

Par dérogation aux dispositions du premier alinéa, lorsque la société ne comprend qu'un seul associé, il est seulement fait mention au registre spécial des décisions des conventions intervenues directement ou par personne interposée entre la société et son dirigeant ou l'un de ses dirigeants.

Lorsque la convention est passée avec l'associé unique aucune mention n'a à figurer sur le registre et le commissaire aux comptes n'a pas à établir de rapport.

Jurisprudence comparée

France

Conséquences du non-respect des formalités

Une SAS a été condamnée à respecter la promesse d'achat des actions de son président souscrite dans un protocole d'accord conclu avec lui lors de sa nomination- convention qui n'avait pas été approouvé par la collectivité des associés – l'absence d'approbation ne suffisant pas à le rendre nul ; en outre, il n'était pas démontré que ce protocole était contraire au principe d'égalité de traitement des actionnaires dès lors que les associés de la SAS avaient signé cet acte (CA Paris 1-3-2011 n° 10/24266 : RJDA 6/11 n° 551).

Art. 853-15 [nouv.] Font exception aux dispositions de l'article précédent, les conventions portant sur des opérations courantes conclues à des conditions normales.

Art. 853-16 [nouv.] A peine de nullité de la convention, il est interdit au président et aux dirigeants, ainsi qu'à leurs conjoints, ascendants ou descendants et autres personnes interposées, de contracter, sous quelque forme que ce soit, des emprunts auprès de la société, de se faire consentir par elle un découvert en compte-courant ou autrement, ainsi que de faire cautionner ou avaliser par elle leurs engagements envers les tiers.

Cette interdiction ne s'applique pas aux personnes morales dirigeantes.

Art. 853-17 [nouv.] Les statuts de la société peuvent prévoir l'inaliénabilité des actions ou des valeurs mobilières donnant accès au capital pour une durée n'excédant pas dix (10) ans.

Art. 853-18 [nouv.] Les statuts peuvent, dans les conditions qu'ils déterminent, soumettre toute cession d'actions ou de valeurs mobilières donnant accès au capital à l'agrément préalable de la société et à un droit de préemption.

Art. 853-19 [nouv.] Dans les conditions qu'ils déterminent, les statuts peuvent prévoir qu'un associé peut être tenu de céder ses actions.

Les statuts peuvent également prévoir la suspension des droits non pécuniaires de cet associé tant que celui-ci n'a pas procédé à cette cession.

Jurisprudence comparée

France

A. Nullité de l'exclusion d'un associé décidée en vertu d'une clause statutaire excluant l'associé du vote sur son exclusion

Tout associé a le droit de participer aux décisions collectives et de voter, les statuts ne pouvant déroger à cette règle que dans les cas prévus par la loi et s'il est prévu par les statuts de la société que l'agrément est donné par décision collective des associés, les statuts ne peuvent priver l'associé dont l'exclusion est proposée de son droit de participer à cette décision et de voter sur la proposition (Cass. com. 23-10-2007 n° 06-16.537 : RJDA 1/08 n° 50).

La décision d'exclusion est nulle, même si en fait l'associé exclu a participé au vote dès lors que la décision a été prise sur le fondement d'une clause que la loi (C. civ. art. 1844, al. 1 et 4, reconnaissant à chaque associé le droit de participer aux décisions collectives) répute non écrite (Cass. com. 6-5-2014 n° 13-14.960 : RJDA 7/14 n° 646).

B. Clause ne valant pas exclusion de l'associé

La promesse de vente des actions contenue dans un pacte d'associés n'est pas une clause d'exclusion (Cass. com. 6-5-2014 n° 13-17.349 et 13-19.066 : JCP E 2014.1317 note B. Dondero).

Art. 853-19-1 [nouv.] Toute cession d'actions ou de valeurs mobilières donnant accès au capital effectuée en violation d'une clause statutaire introduite en application des articles 853-17, 853-18 et 853-20 ci-dessus est nulle.

Art. 853-20 [nouv.] Les statuts peuvent prévoir que la société associée dont le contrôle est modifié doit, dès cette modification, en informer la société. Celle-ci peut décider, dans les conditions fixées par les statuts, de suspendre l'exercice des droits non pécuniaires de cet associé et de l'exclure.

Les dispositions de l'alinéa précédent peuvent s'appliquer, dans les mêmes conditions, à l'associé qui a acquis cette qualité à la suite d'une opération de fusion, de scission ou de dissolution.

Art. 853-21 [nouv.] Si les statuts ne précisent pas les modalités du prix de cession des actions lorsque la société met en œuvre une clause introduite en application des articles 853-18, 853-20 et 853-21 ci-dessus, ce prix est fixé par accord entre les parties ou, à défaut, déterminé par un expert désigné, soit selon les clauses des statuts de la société, soit par les parties, soit à défaut d'accord entre elles, par décision de la juridiction compétente dans le ressort de laquelle est situé le siège social, statuant à bref délai.

Lorsque les actions sont rachetées par la société, celle-ci est tenue de les céder dans un délai de six (6) mois ou de les annuler.

Art. 853-22 [nouv.] Les clauses statutaires visées aux articles 853-17, 853-18, 853-20, 853-21 ci-dessus ne peuvent être adoptées ou modifiées qu'à l'unanimité des associés. Toute délibération ou décision prise en violation du présent article est nulle.

Art. 853-23 [nouv.] Les articles 853-17 à 853-21 ci-dessus ne sont pas applicables aux sociétés ne comprenant qu'un seul associé.

Livre V

SOCIÉTÉ EN PARTICIPATION

Titre I

DISPOSITIONS GÉNÉRALES

Art. 854 [mod.] La société en participation est celle dans laquelle les associés conviennent qu'elle n'est pas immatriculée au registre du commerce et du crédit mobilier. Elle n'a pas la personnalité morale et n'est pas soumise à publicité.

L'existence de la société en participation peut être prouvée par tous moyens.

JURISPRUDENCE OHADA

Eléments de définition

Lorsque des parties sont, par acte sous seing privé, convenues de réaliser en commun des travaux de construction et décidé d'exercer les activités sous le label d'une autre société responsable vis-à-vis des tiers ; que chaque partie a apporté seulement la jouissance de ses biens et que la société n'a aucun patrimoine propre et n'a pas été immatriculée, les règles relatives à la société en participation doivent être appliquées à la société créée (CA Ouagadougou, ch. civ. et com., n° 57, 20-5-2005 : Sté togolaise de travaux publics (STTP) c/ SAS SA et S. Jean de Dieu, Ohadata J-09-17).

En application de l'article 916 de l'AUSCGIE, l'article 854 du même Acte uniforme traitant de la société en participation en général et l'article 47 de l'ordonnance n° 97-002 du 10 janvier 1997 (Niger) traitant spécifiquement de « toute stipulation destinée à établir la propriété ou la copropriété d'une officine [de pharmacie] », sont applicables à la société en participation ayant existé entre deux personnes du 6 mars 1994 au 10 janvier 2000 (CCJA, n° 059/2008, 30-12-2008 : R. F. c/ F. J. B., Rec. jur. CCJA n° 12, juill.-déc. 2008, p. 82, Ohadata J-10-33, J-09-268).

JURISPRUDENCE COMPARÉE

France

A. Qualification

1° Existence d'une société en participation

Sous réserve de clause contraire, un groupement momentané d'entreprises est qualifié de société en participation (Cass. com. 20-11-2001 n° 1909 : RJDA 3/02 n° 269).

2° Absence de société en participation

La société en participation n'est pas caractérisée :

– lorsque les membres de la société ne sont pas situés sur un pied d'égalité, un seul réunissant tous les pouvoirs de gestion de la société et démontrant ainsi sa supériorité dans la répartition du travail effectué par l'autre membre (Cass. soc. 25-10-2005 n° 2230 : RJDA 1/06 n° 42) ;

– en présence d'un accord considéré comme une société en participation, liant une société en nom collectif et l'un des salariés de celle-ci, exclusivement destiné à répartir les bénéfices sociaux à l'exclusion de toute autre activité susceptible d'engendrer des pertes ; ce contrat constitue un intéressement aux bénéfices accessoire au contrat de travail du salarié (CA Paris 25-3-1994 : D. 1994 IR p. 133).

B. Preuve

L'existence de la société peut être établie au moyen d'écrits, de livres de commerce, témoignages et présomptions par les tiers et les associés (Cass. com. 2-7-1969 : Rev. sociétés 1970 p. 275).

C. Absence de personnalité morale

Inexistence d'un patrimoine social et de droits sociaux sur celui-ci corrélatifs. La société en participation ne peut pas être propriétaire du fonds de commerce mis en commun ; elle n'en était que l'exploitante, de sorte que la vente de ce fonds n'est possible que sous la forme d'une vente de fonds de commerce (Cass. com. 12-12-2006 : RJDA 8-9/07 n° 846, rendu à propos d'une société créée de fait mais transposable, la solution étant fondée sur l'absence de personnalité morale de cette société).

Art. 855 Les associés conviennent librement de l'objet, de la durée, des conditions du fonctionnement, des droits des associés, de la fin de la société en participation sous réserve de ne pas déroger aux règles impératives des dispositions communes aux sociétés, exception faite de celles qui sont relatives à la personnalité morale.

JURISPRUDENCE COMPARÉE

France

A. Objet de la société en participation

1° Objet civil

Lorsque les statuts d'une société en participation renferment une clause d'arbitrage, cette disposition ne signifie pas nécessairement que la société a un caractère commercial (Cass. com. 9-7-1996 n° 1265 : RJDA 12/96 n° 1489).

2° Illicéité de l'objet social : nullité de la société

Un pharmacien et un vétérinaire avaient partagé des intérêts communs dans une société en participation ayant pour objet la revente de médicaments à usage vétérinaire délivrée par le pharmacien à ses clients sans prescription médicale et que le second régularisé ensuite lors des visites d'élevage ; à la suite d'un litige né de l'établissement des comptes consécutif à la dissolution de la société, le pharmacien s'est vu refuser en première instance et en appel le remboursement de différentes sommes déterminées par l'état liquidatif de l'expert en raison de la nullité pour objet illicite de la société établie et en vertu de l'adage « Nemo auditur turpitudinem... » (lexique) ; la société a été annulée pour illicéité de l'objet social portant sur des pratiques illicites violant l'ordre public du Code de la santé publique relatives à la délivrance de médicaments vétérinaire réglementée ; mais l'illicéité de la société ne fait pas obstacle aux opérations d'apurement des comptes consécutives à la dissolution (Cass. com. 11-7-2006, pourvoi n° 04-16759 : JCP 2006.IV.2815 ; JCP 2006.I.176).

B. Dénomination sociale des sociétés en participation

Dans les sociétés en participation, les tribunaux autorisent l'insertion, dans la dénomination sociale, du nom des participants à la société (Cass. com. 9-6-1983 : JCP 1983.IV. 227).

C. Gérant de la société en participation

1° Rémunération

Le gérant a droit à une rémunération et au remboursement de ses frais afférents à la gestion ; il n'en résulte pas pour autant, s'il est aussi apporteur en industrie, la fictivité de cet apport, sa rémunération étant, en outre, expressément prévue par les statuts (CA Paris 5-7-1994 : RJDA 12/94 n° 1311).

2° Responsabilité du gérant

a. Responsabilité pour fautes de gestion

Le gérant d'une société en participation, dépourvue de personnalité morale, est, en sa qualité de mandataire des associés, responsable des fautes commises à leur égard dans sa gestion ; il ne saurait donc être retenu qu'à défaut de dispositions légales ou statutaires spécifiques, le gérant n'est responsable que sur le fondement du droit commun de l'article 1382 du Code civil, à raison des fautes détachables de ses fonctions de gérant (Cass. com. 6-5-2008 n° 07-12.251 : RJDA 8-9/08 n° 927).

b. Absence de faute

Le gérant qui ne présente pas les comptes à son coassocié ne commet pas de faute lorsque la société n'exerce plus aucune activité et que l'associé demandeur a renoncé à contribuer au fonctionnement de la société (CA Paris 7-3-2003 n° 01/914 : RJDA 10/03 n° 969).

3° Absence de liens de droit entre la société et les associés

Société non créancière des apports des associés. La société qui n'a pas la personnalité morale ne peut pas être créancière de l'un des associés ; en conséquence, un associé peut opposer à un coassocié, ou à son ayant droit, qui lui réclame le paiement d'une créance la dette que celui-ci a envers lui pour défaut d'un appel de fonds, sans que puisse lui être opposé, pour faire échec à la compensation, que cet appel de fonds ne bénéficiait qu'à la société et que les créances en cause n'étaient pas réciproques entre les mêmes personnes (les deux associés) (Cass. com. 20-5-2008 n° 07-13.202 : BRDA 11/08 inf. 7).

Titre II

RAPPORTS ENTRE ASSOCIÉS

Art. 856 **A moins qu'une organisation différente n'ait été prévue, les rapports entre associés sont régis par les dispositions applicables aux sociétés en nom collectif.**

Jurisprudence comparée

I. États-Unis

Obligation de loyauté

La partie qui gère le partnership se doit d'être loyale envers son associé et ne peut se réserver l'appropriation d'une extension de l'activité initiale sans lui offrir la possibilité d'y prendre sa part ; ainsi, elle ne peut se réserver l'extension résultant de la conclusion d'un nouveau bail avec le même bailleur alors que le bail initial était l'objet de partnership ; le montant des dommages-intérêts alloués à l'associé victime doit être équivalent à la valeur du second bail (Court of Appeals of New York Decided December 31, 1928 249 NY 458 CITE TITLE AS : Meinhard v Salmon).

II. France

A. Participation aux résultats de l'exploitation

Les membres de la société en participation doivent avoir vocation aux bénéfices ou aux économies et aux pertes de la société en participation (Cass. com. 22-5-1970 : Bull. civ. IV n° 167 ; CA Paris 26-11-1999 : RJDA 7-8/00 n° 792).

La répartition des bénéfices et des pertes peut être proportionnelle aux apports ou bien faite dans une proportion différente (Cass. 1e civ. 16-10-1990 : Bull. Joly 1990 p. 1029).

B. Participation aux décisions

Dans un cas où une société en participation regroupait plusieurs banques ayant pour objet l'octroi d'un crédit, le gérant, chef de file du groupement, ne pouvait ni consentir un abandon de créance ni donner mainlevée des garanties sans y avoir été autorisé par les associés (CA Versailles 26-9-2006 n° 05/4479 : RJDA 3/07 n° 278).

C. Abus de confiance commis par un associé

Si un associé prélève des fonds dans la caisse sociale pour payer des dettes personnelles, il se rend coupable à l'égard de ses coassociés d'un abus de confiance (Cass. crim. 26-6-1973 : Bull. crim. n° 297).

Art. 857 **Les biens nécessaires à l'activité sociale sont mis à la disposition du gérant de la société. Toutefois, chaque associé reste propriétaire des biens qu'il met à la disposition de la société.**

Jurisprudence OHADA

Voir sous l'art. 862.

Jurisprudence comparée

France

A. Apport en jouissance d'un local

Le locataire d'un bail commercial continue à bénéficier de son droit au renouvellement lorsqu'il apporte à une société en participation la jouissance du local loué et à condition de demeurer propriétaire du fonds exploité dans ce local (Cass. civ. 13-1-1981 : JCP 1981.IV p. 103).

B. Apport en industrie

La fictivité d'un apport en industrie ne résulte pas du fait que l'apporteur a perçu rémunération en contrepartie de l'exercice de la gérance de la société et a facturé ses frais afférents à la direction de la société, les statuts prévoyant d'ailleurs expressément une telle rémunération (CA Paris 5-7-1994 : RJDA 12/94 n° 1311).

C. Associés tenus de réaliser les apports convenus

Le gérant peut obliger les associés à réaliser leurs apports ou bien leur imposer le versement d'appels de fonds dans les conditions fixées par les statuts (Cass. com. 9-7-2002 n° 1397 : RJDA 12/02 n° 1291).

D. Retrait d'un associé

L'associé qui se retire peut demander au juge des référés la désignation d'un expert chargé de déterminer la valeur de ses parts même si les statuts prévoient qu'en cas de retrait d'un associé, la valeur des parts est fixée par l'assemblée générale extraordinaire (Cass. 1e civ. 2-6-1987 : Bull. civ. I n° 180) ou comportent une clause d'évaluation des droits sociaux (Cass. com. 4-12-2007 n° 06-13.912 : RJDA 4/08 n° 421).

Art. 858 **Les associés peuvent convenir de mettre certains biens en indivision ou que l'un des associés est, à l'égard des tiers, propriétaire de tout ou partie des biens qu'il acquiert en vue de la réalisation de l'objet social.**

Art. 859 **Sont réputés indivis entre les associés les biens acquis par emploi ou par remploi de deniers indivis pendant la durée de la société, ainsi que ceux qui se trouvaient indivis avant d'être mis à la disposition de la société.**

Il en est de même de ceux que les associés auraient convenu de mettre en indivision.

Art. 860 **Sauf stipulation contraire des statuts, aucun associé ne peut demander le partage des biens indivis tant que la société n'est pas dissoute.**

JURISPRUDENCE COMPARÉE

France

Impossibilité de demander le partage

L'interdiction de demander le partage est applicable à toutes les sociétés en participation, même à durée déterminée (Cass. com. 1-10-1996 : RJDA 1/97 n° 68).

• Titre III •

RAPPORTS AVEC LES TIERS

Art. 861 Chaque associé contracte en son nom personnel et est seul engagé à l'égard des tiers.

Toutefois, si les associés agissent expressément en leur qualité d'associé auprès des tiers, chacun de ceux qui ont agi est tenu par les engagements des autres.

Les obligations souscrites dans ces conditions les engagent indéfiniment et solidairement.

Il en est de même de l'associé qui, par son immixtion, a laissé croire au cocontractant qu'il entendait s'engager à son égard et dont il est prouvé que l'engagement a tourné à son profit.

JURISPRUDENCE COMPARÉE

I. Belgique

Absence d'indivision entre les demandeurs d'une même action en justice

Droit individuel de chacun à agir en justice. Lorsque les associes d'une association sans personnalité juridique, dite association momentanée, exerce une action en justice, cette action doit être reçue pour la part individuelle de chacun et lorsqu'une convention est conclue avec un tiers par les membres d'une telle association, seuls les associés sont créanciers et débiteurs des droits et obligations ; en conséquence, ne peut être admis le moyen selon lequel l'irrecevabilité (hors délai légal) de l'appel de l'un des membres vicierait la totalité des appels des autres, l'association momentanée étant dépourvue de personnalité juridique, chaque associé conserve son droit subjectif propre à agir seul pour préserver ses intérêts personnels (Cour de cassation de Belgique 7-3-2014, C.11.0601.F. : Juricaf).

II. France

A. Engagement personnel des associés

L'associé qui contracte avec un tiers est engagé personnellement (Cass. soc. 20-6-1979 : Bull. civ. V n° 553 conclusion d'un contrat de travail) ; par suite :

– les autres associés ne peuvent pas se prévaloir des contrats qu'il a conclus (Cass. com. 23-10-1984 : Bull. Joly 1984 p. 1211) ni agir contre le tiers cocontractant (Cass. com. 16-10-2007 n° 05-19.756 : RJDA 1/08 n° 10) ;

– l'associé qui n'a pas signé l'accord qui lui est opposé en qualité d'associé, en l'espèce parce que cette convention était antérieure à la conclusion du contrat de société en participation et n'avait pas été apportée à celle-ci avec les droits et obligations qui y étaient attachés (Cass. com. 13-1-1998 n° 137 : RJDA 6/98 n° 742).

B. Non-engagement de la société

La société étant dépourvue de personnalité morale, elle ne peut être ni créancière (Cass. com. 20-5-2008 n° 07-13.202 : RJDA 8-9/08 n° 926) ni débitrice ; ainsi, elle ne peut pas :

– être obligée par les actes passés par le gérant (Cass. com. 22-4-1977 : Bull. civ. IV n° 110) ;

– détenir des comptes bancaires (CA Paris 27-6-2002 n° 99/24131 : RJDA 3/03 n° 274) ;

– bénéficier des procédures collectives d'apurement du passif (Cass. com. 23-11-2004 n° 1651 : RJDA 4/05 n° 381) ;

– avoir des dettes propres susceptibles d'être cautionnées (Cass. com. 6-7-2010 n° 09-68.778 : RJDA 1/11 n° 82).

C. Action en justice d'un associé de société en participation

La société en participation, à défaut de personnalité morale ne peut pas agir en justice par l'intermédiaire de son gérant, qui n'a donc pas qualité pour la représenter ; néanmoins, celui-ci était recevable à agir en sa qualité d'associé pour obtenir une mesure conservatoire ou l'exécution d'une obligation indispensable à la vie sociale telle que la demande de production par les associés, qui s'étaient engagés à apporter à la société la jouissance des marchés publics dont ils étaient attributaires, des attestations fiscales qu'ils devaient fournir à la collectivité publique pour prouver qu'ils avaient respecté leurs obligations fiscales (CA Versailles 22-9-2010 n° 09/5646 : BRDA 1/11 inf. 8, rejetant l'action qui se heurtait à une contestation sérieuse privant le juge des référés du pouvoir d'ordonner l'exécution d'une obligation).

D. Révélation de la société en participation aux tiers

1° Absence de révélation

La révélation de la société en participation à un tiers résulte de l'accomplissement d'opérations par les participants laissant ainsi penser qu'ils ont agi en qualité d'associés au vu et au su du tiers ou qu'ils ont participé à l'accord conclu avec le tiers (Cass. com. 15-7-1987 : Bull. civ. IV n° 195 ; Cass. com. 26-11-1996 : RJDA 2/97 n° 226 ; CA Paris 11-2-2000 : RJDA 5/00 n° 549).

2° Révélation aux tiers

En présence d'une société ostensible, seul le gérant peut recouvrer les créances dues à la société (Cass. com. 20-11-2001 n° 1909 : RJDA 3/02 n° 269).

E. Opposabilité aux associés des statuts par un tiers

Le tiers ayant contracté avec une société en participation ostensible peut invoquer envers les associés non-gérants lui réclamant le règlement d'une créance commune la non-conformité d'une telle prétention au pacte social puisque le remboursement d'une créance sociale incombe exclusivement au gérant (Cass. com. 20-11-2001 n° 1909 : RJDA 3/02 n° 269).

F. Pouvoir du gérant de la société ostensible

En présence d'une société ostensible, seul le gérant peut recouvrer les créances dues à la société (Cass. com. 20-11-2001 n° 1909 : RJDA 3/02 n° 269).

G. Faute du gérant de la société en participation

Toute faute commise par le gérant d'une société en participation, laquelle est dépourvue de personnalité juridique, constitue une faute personnelle de nature à engager sa responsabilité à l'égard des tiers, peu important qu'elle soit détachable ou non de l'exercice du mandat qui a pu lui être donné par les autres associés (Cass. com. 4-2-2014 n° 13-13.389 : BRDA 5/14 inf. 4).

Titre IV

DISSOLUTION DE LA SOCIÉTÉ

Art. 862 La société en participation est dissoute par les mêmes événements qui mettent fin à la société en nom collectif.

Les associés peuvent toutefois convenir dans les statuts ou dans un acte ultérieur que la société continuera en dépit de ces événements.

JURISPRUDENCE OHADA

Reprise des apports

C'est après avoir amplement démontré que les actes de cession signés par les parties sont argués de simulation, à laquelle la requérante a sciemment participé, que l'arrêt attaqué a retenu que c'est la convention de société de participation à laquelle la requérante a librement souscrit qui la lie et qu'en application de l'article 857 de l'AUSCGIE, l'associé de la requérante doit reprendre le fonds de commerce à l'enseigne « Pharmacie Centrale » et l'immeuble servant à l'exploitation, et la requérante, son diplôme de pharmacie. Il s'ensuit que l'arrêt attaqué n'a en rien violé l'article 1134 du Code civil et que le second moyen, pris en sa première branche, n'est pas fondé et doit être rejeté (CCJA, n° 059/2008, 30-12-2008 : R. F. c/ F. J. B., Rec. jur. CCJA n° 12, juill.-déc. 2008, p. 82, Ohadata J-10-33, Ohadata J-09-268).

Obs. : décision rendue sur le fondement de l'art. 857.

La société en participation conclue entre une pharmacienne et un non-pharmacien doit être annulée en raison de son objet illicite puisqu'elle viole l'article 47 de l'ordonnance 97-002 du 10 janvier 1997 annulant toute convention destinée à établir que la propriété ou la copropriété d'une officine appartient à une personne non-pharmacienne. Par suite, en application de l'article 10 du traité de l'OHADA, les dispositions de droit interne, notamment celles du Code civil et de l'ordonnance n° 97-002 du 10 janvier 1997, ne peuvent recevoir application que si elles sont conformes à celles de l'OHADA ; les parties à une telle société annulée doivent reprendre chacune les biens apportés à la société, en application de l'article 857 de l'AUSCGIE, qui s'impose aux juridictions nigériennes (CA Niamey, n° 96, 18-8-2003 : R. F. c/ F. J. B., Ohadata J-04-83).

JURISPRUDENCE COMPARÉE

I. États-Unis

Partage en nature de l'actif social

À défaut de clause dans le contrat de société, la cour ne peut pas ordonner le partage en nature des actifs de la société plutôt qu'autoriser l'associé qui le demande à les faire vendre à une vente publique, conformément aux dispositions de l'Uniform Partnership Act qui tient la vente des actifs comme étant dans l'intérêt des créanciers sociaux et un moyen d'obtenir une meilleure valorisation des actifs ; le partage en nature ne peut être pratiqué que si tous les associés sont d'accord (Dreifuerst v. Dreifuerst, Court of Appeals of Wisconsin, 280 N.W.2d 335 (1979)).

Mais le partage en nature a été admis dans le cas où il n'existe aucun créancier social et où aucun associé, autre que celui qui le demande n'est intéressé par les actifs sociaux (Rinke v. Rinke, 330 Mich. 615, 48 N.W.2d 201 (1951)).

II. France

A. Causes de dissolution statutaires

Quand les parties ont clairement prévu la dissolution de la société en cas de réalisation de son objet ou par la volonté d'un des participants, il y a lieu de rejeter toute requête en dissolution pour cause de décès d'un associé (CA Versailles 3-2-1994 : Bull. Joly 1994 p. 533).

La dissolution de la société peut être prononcée pour inexécution par un associé de ses obligations contractuelles (CA Paris 30-10-1992 : Bull. Joly 1993 p. 115 note Daigre).

B. Information des tiers de la dissolution

Constatant que le solde débiteur du compte courant d'une société en participation à la suite des retraits effectués par un des associés après dissolution était débiteur, les juges ont condamné ceux-ci au paiement solidaire du solde du compte dès lors que l'établissement bancaire non informé de la dissolution, ne connaissait pas l'existence des retraits effectués à titre personnel (Cass. com. 8-10-2002 nº 1582 : RJDA 2/03 nº 175).

C. Evaluation des apports repris

Pour la détermination de la valeur de reprise des apports, il doit être tenu compte non seulement des investissements et équipements particuliers dont ont bénéficié ces apports mais aussi de la plus-value résultant de l'activité déployée par les coassociés du repreneur (Cass. 1e civ. 23-5-1984 : Bull. civ. I nº 169).

D. Partage en nature de l'actif social

Dans une société en participation à caractère commercial, dans la mesure où les rapports entre les associés sont, sauf convention contraire, régis par les dispositions applicables aux sociétés en nom collectif, chaque associé peut, après paiement des dettes, obtenir le remboursement de ses apports ainsi qu'une part de l'actif restant proportionnellement à ses apports (Cass. com. 29-11-1988 : Rev. sociétés 1989 p. 65 note Le Cannu).

E. Vente aux enchères

Les statuts peuvent stipuler qu'à défaut d'accord entre les participants sur la reprise par l'un d'eux d'un élément d'actif, cet élément fera l'objet d'une vente aux enchères (CA Paris 29-4-1986 : Rev. sociétés 1986 p. 459 som.).

Art. 863 **Lorsque la société est à durée indéterminée, sa dissolution peut résulter à tout moment d'une notification, par lettre au porteur contre récépissé ou par lettre recommandée avec demande d'avis de réception, adressée par l'un d'eux à tous les associés, pourvu que cette notification soit de bonne foi et non faite à contretemps.**

JURISPRUDENCE COMPARÉE

I. États-Unis

A. Dissolution contraire à une clause du pacte social

L'associé, qui n'avait pu obtenir de ses coassociés une revalorisation de sa part dans les bénéfices en contrepartie du temps qu'il consacrait à l'activité sociale de gestion d'un actif immobilier, n'a pas été reconnu en droit de dissoudre unilatéralement la société, car le contrat convenu entre eux prévoyait que la société durerait tant que ses coassociés n'auraient pas récupéré sur les gains immobiliers le montant de l'avance qu'il avait consentie à la société ; dans le cas d'une telle dissolution irrégulière, les coassociés sont en droit de continuer la société en indemnisant le demandeur de la dissolution de la valeur de ses droits sociaux, diminuée du préjudice causé par sa décision et à l'exclusion d'une part de la valeur du fonds social tirée du nom commercial et de la localisation (goodwill) ; par ailleurs, la cour a précisé que les revenus courants des actifs immobiliers n'étaient pas un élément du fonds mais des fruits de ces derniers sur lesquels le demandeur de la dissolution pouvait prélever sa part (Drashner v. Sorenson, Supreme Court of South Dakota, 63 N.W.2d 255 (1954)).

B. Dissolution par volonté unilatérale d'un associé

Une société en forme de « partnership » peut être dissoute à tout moment par la volonté expresse d'un associé ; lorsqu'un associé a adressé aux autres associés une lettre disant : « Je vous notifie que je cesse le partnership », cette manifestation de volonté emporte d'elle-même dissolution de la société à sa date et non au décès de cet associé, car les clauses de l'accord des parties (du pacte social) relatives au décès d'un associé n'ont pas alors vocation à s'appliquer ; et dans la mesure où aucune clause n'envisage la dissolution par volonté d'un associé, il y a lieu d'appliquer les dispositions de l'Uniform Parternership Act de 1914 (Girard Bank v. Haley, Supreme Court of Pennsylvania, 332 A.2d 443 (1975)).

II. France

Durée déterminée

Une société en participation est constituée pour une durée déterminée puisque son activité consistait à produire un spectacle artistique et devait prendre fin un mois après la dernière des représentations en tournée à Paris, en province, en Suisse puis en Belgique (CA Paris 11-2-2000 : RJDA 5/00 nº 549).

Livre VI

SOCIÉTÉ CRÉÉE DE FAIT ET SOCIÉTÉ DE FAIT

Art. 864 [mod.] Il y a société créée de fait lorsque deux (2) ou plusieurs personnes physiques ou morales se comportent comme des associés sans avoir constitué entre elles l'une des sociétés reconnues par le présent Acte uniforme.

Jurisprudence OHADA

I. Existence d'une société de fait

A. Comportement des associés

Il est constant en doctrine et en jurisprudence qu'il y a société de fait lorsque deux ou plusieurs personnes physiques ou morales se comportent comme des associés sans avoir constitué entre elles l'une des sociétés reconnue par la loi. Par son esprit seul, un contrat de partenariat, même intitulé « protocole d'accord » entre deux sociétés, lorsqu'il a été convenu en vue d'une réalisation en commun d'activités lucratives peut être assimilé à une société de fait, notamment lorsque la juridiction saisie constate les apports, le bénéfice et l'affectio societatis. Sa dissolution peut donc être demandée dès lors qu'il y a violation de la loi. Ladite dissolution entraîne la liquidation de la société de fait, pour laquelle la juridiction peut désigner un juge-commissaire (TGI Ouagadougou, com., n° 215, 21-2-2001 : STTP SARL c/ Sté africaine de services SA et SOFITEX, Ohadata J-04-01).

Il y a eu société de fait entre des parties, sous la dénomination sociale du « Grenier du Fromager », lorsqu'elles se sont manifestement comportées comme des associés. Il en est ainsi dès lors qu'il n'y a pas eu entre les parties, cession de fonds de commerce portant sur le « Grenier du Fromager », alors tenu par le demandeur, l'usage du local, de l'enseigne « Grenier du Fromager » et le profit de la clientèle de la structure du demandeur, sans cession de fonds de commerce, ne pouvant s'expliquer que dans le cadre de relations entre associés, et que, selon le comptable de la structure litigieuse, les deux parties donnaient l'impression d'être au même niveau de responsabilité (TPI Gagnoa (Côte d'Ivoire), n° 136, 10-8-2005 : A. c/ B., Juris-Ohada n° 1/2007, p. 43, Ohadata J-08-74).

Il résulte des articles 4 et 864 de l'AUSCGIE que l'existence d'une société de fait se déduit du comportement des personnes qui, sans en avoir connaissance, se comporter comme des associés. S'il est établi qu'une personne X a transféré des fonds et des mobiliers à sa fille pour lui permettre de créer une entreprise, mais qu'il ne résulte ni de l'arrêt attaqué ni des productions au dossier que ces envois ont été effectués dans l'intention de s'associer, et que la preuve du partage des bénéfices et de la participation aux pertes n'est pas rapportée, c'est en violation des articles 4 et 864 précités qu'une cour d'appel a conclu à l'existence d'une société de fait entre les parties sur la base de l'apparence et des allégations de X. en l'absence de la réunion d'éléments constitutifs d'une société en l'occurrence, l'affection societatis, la participation aux bénéfices et pertes résultant d'une comptabilité régulièrement tenue pour en témoigner, exposant ainsi sa décision à la cassation sans qu'il soit besoin de statuer sur le deuxième moyen. Sur l'évocation et pour les mêmes motifs que ceux ayant entraîné la cassation, le jugement ayant retenu l'inexistence d'une société de fait doit être conformé (CCJA, 1e ch., n° 142, 29-6-2017 : Martinez Y. Royo V. Loli c/ Martinez Royo Jorge).

Dans le même sens, précisant que l'imprécision du demandeur au pourvoi qui se contente de donner les définitions de l'appel d'offre selon la doctrine et du groupement d'entreprises selon les dispositions de l'article 2 du décret 2009-156 du 20 mai 2009 sans spécifier en quoi la cour d'appel aurait violé l'article 864 précité ne permet pas à la CCJA d'apprécier valablement le mérite du moyen, qui sera en conséquence déclaré irrecevable en l'état (CCJA, 1e ch., n° 220/2019, 18-7-2019 : Société architecture imagerie et construction AIC c/ Société architecture du marbre).

B. Contribution aux bénéfices et aux pertes

Les personnes qui ont versé une somme d'argent comme participation pour la constitution du capital d'une école, ont participé à sa gestion en qualité d'associés et cofondateurs et en ont partagé les bénéfices ont créé une société de fait entre elles, car l'affection societatis indispensable à l'existence de la société se déduit de ce comportement. Le fait que l'autorisation provisoire d'ouverture de l'établissement porte le nom d'un seul des associés de fait ne remet pas en cause le désir de s'associer dans la mesure où cette autorisation administrative est une condition préalable de constitution de la société, que les formalités administratives sont valablement faites par l'un ou l'autre des fondateurs de la société à constituer. C'est donc à bon droit que le premier juge a reconnu l'existence d'une société de fait en l'espèce (CA Ouagadougou, ch. civ. et com., nº 86, 21-4-2006 : A. S. B. c/ N. D., Y. B. M., S./C. C., Ohadata J-09-24).

C. Appréciation souveraine des juges du fond

C'est par une appréciation souveraine des faits soumis à leur appréciation que des juges du fond ont pu déduire, des éléments de preuve qui leur étaient soumis (entre autres, de la preuve de la propriété de la plantation attestée par le permis d'occuper en vue d'une immatriculation et le permis d'occupation provisoire, de la correspondance non contestée en date du 24 janvier 2001, de la prise en charge matérielle des manœuvres et du versement par le requérant au défunt de la somme de 250 000 FCFA sur les bénéfices réalisés), un comportement non équivoque de s'associer en vue de la création d'une société de fait. Il résulte de cette appréciation souveraine des faits, qui échappe au contrôle du juge de la cassation, des éléments susceptibles d'attester de l'existence des conditions de création d'une société : apport ici symbolisé par la mise à disposition de son champ dont la preuve de la propriété est suffisamment apportée et partage des bénéfices et pertes illustré par la remise non contestée de la somme de 250 000 FCFA. Il s'ensuit qu'en statuant comme elle l'a fait, la cour d'appel n'a pas commis le grief qui lui est reproché et le pourvoi doit être rejeté (CCJA, 3e ch., nº 191, 23-12-2015 : Tano ATCHIMOU c/ Les Ayants droit de feu N'DRI AKA : 1) AKA YAO N'DRI Louis, 2) AKA ASSOUE TANO Jeannette, 3) AKA N'GBESSO Madeleine, 4) AKA N'GORAN Pascaline, 5) AKA BROU Honorine, 6) AKA EKHON Donatienne, 7) AKA TANO Amoin Marie, Ohadata J-16-184).

C'est à tort qu'il est reproché à un arrêt d'avoir violé l'article 864 de l'AUSCGIE, en concluant à l'existence d'une société de fait entre les parties, alors que, selon le moyen, par jugement, le tribunal de grande instance a constaté la cessation d'activités de la société [X.] SA et son inexistence. Il en est ainsi dès lors qu'il ne résulte ni des énonciations de l'arrêt attaqué ni des pièces du dossier de la procédure que ce second moyen a été soumis à l'appréciation des juges du fond. Étant soulevé pour la première fois en cassation, ce moyen est donc nouveau, mélangé de faits et de droit, et sera rejeté (CCJA, 2e ch., nº 186/2023, 26-10-2023).

II. Inexistence d'une société de fait

La cour d'appel qui, dans son appréciation souveraine, a retenu « que [X.] prétend s'être associé à [Y.] pour exécuter les marchés en cause ; qu'il soutient à cet effet avoir fait un apport en industrie en établissant les plans des constructions et les études techniques et qu'en outre, il a supervisé les travaux ; [...] néanmoins, il ne produit aucune pièce prouvant de telles allégations ; qu'au contraire, il apparait des pièces versées à la procédure par [Y.] que lesdits plans et les études techniques ont été réalisés par des cabinets privés à la demande de l'entreprise de ce dernier ; que celle-ci a produit les pièces prouvant leur rémunération pour ces services ; qu'au demeurant, aucune pièce versée par l'appelant ne justifie ses allégations ; qu'en l'absence de production de toute preuve révélant que [X.] a fait les apports allégués, il ne saurait exister entre eux une société de fait... », pour conclure à l'inexistence d'une société créée de fait, n'a en rien causé les griefs de manque de base légale, dénaturation, défaut de motifs et de violation de la loi visés au moyen. Il en est ainsi d'autant plus que ces mentions de l'arrêt font foi jusqu'à inscription de faux (CCJA, 3e ch., nº 160/2020, 30-4-2020 : Ousseini Gonimi c/ Oumarou Garba Nouhou).

Il y a société de fait, au sens de l'article 864 de l'AUSCGIE du 17 avril 1997 applicable en l'espèce, lorsque des personnes se comportent comme des associés d'une société sans avoir créé entre elles une société reconnue par l'Acte uniforme. En l'espèce, c'est en violation de l'article 864 précité qu'une cour d'appel a retenu l'existence d'une société de fait alors qu'il ne résulte pas du contrat de collaboration des parties, par lequel l'une mettait à la disposition de l'autre des moyens pour l'exercice de sa profession de négociant minier, moyennant une redevance mensuelle convenue et une constitution d'un gage des produits miniers du débiteur au profit du remettant, la preuve que les parties se sont comportées comme des associés, le simple mécanisme de contrôle des produits miniers mis en place par les parties aux fins de détermination de la redevance due ne pouvant suffire à caractériser les éléments constitutifs d'une société de fait dont l'existence résulte de l'affectio sociatatis qui est la volonté de s'associer et de participer au projet commun sur une base égalitaire (CCJA, 2e ch., nº 141/2020, 30-4-2020 : Liu Wen Guo c/ Yav Kalend Urey).

III. Inapplication de l'AUSCGIE à une société de fait créée avant son entrée en vigueur

Les juges qui se sont fondés sur les articles 864 de l'AUSCGIE et 9 de l'AUDCG pour refuser d'admettre l'existence d'une société de fait entre deux personnes n'ont pas fait une bonne appréciation des faits et une juste application de la loi, dès lors que la relation d'affaires entre les parties est née en 1979, et que l'AUSCGIE est entré en vigueur après l'altération de la relation entre les parties. Le jugement doit être infirmé sur l'existence de la société de fait (CA Centre (Cameroun), n° 380/CIV/2008, 5-11-2008 : K. L. J. c/ T. C., Ohadata J-10-134).

IV. Disparition de la société de fait

Sur une décision ayant prononcé la dissolution d'une société de fait pour mésentente paralysant le fonctionnement de ladite société, (TPI Gagnoa (Côte d'Ivoire), n° 136, 10-8-2005 : A. c/ B., Juris-Ohada n° 1/2007, p. 43, Ohadata-J-08-74) Sur la dissolution pour justes motifs, voir l'art. 200.

Jurisprudence comparée

I. États-Unis

A. Prêteurs non associés

Ne sont pas liés par une société des prêteurs qui ont fait une avance à une société en difficulté financière en vertu de trois conventions prévoyant une assurance sur la vie du dirigeant, le droit des prêteurs de contrôler la comptabilité et de mettre leur veto à toute opération spéculative, affectant leurs droits dans la société à la garantie des prêteurs, la conclusion d'une hypothèque et accordant aux prêteurs une option pour acquérir 50 % du capital de la société emprunteuse ; ces conditions ont été jugées non révélatrices d'une volonté de constituer un rapport d'associé mais seulement comme des mesures habituelles (quoiqu'un peu moins en ce qui concerne l'octroi de l'option) de protection des intérêts des prêteurs (Martin v. Peyton, Court of Appeals of New York, 158 N.E. 77 (1927)).

B. Parties n'étant pas convenues du partage des bénéfices

La société peut exister, dès lors que les parties sont convenues d'exercer ensemble une activité déterminée sous une dénomination donnée, l'une ayant apporté le capital nécessaire et proclamé que la société serait « notre enfant » et l'autre, dite directeur, ayant défini le procédé à exploiter (en l'espèce une combinaison procurant de nouvelles couleurs pour vernis à ongle) et assumant la gestion de l'activité, même si elles ne sont pas expressément convenues au moment de lancer leur coopération du partage des bénéfices, car le défaut d'accord sur ce partage n'est pas une condition d'existence de la société (Holmes v. Lerner, Court of Appeals of California, 88 Cal Rptr. 2d 130 (1999)).

Mais il a été aussi jugé que l'accord sur le partage des bénéfices était une condition préalable à l'existence d'une société (Voir Schlumberger Technology Corporation v. Swanson, 959 S.W.2d 171 (Tex. 1997)).

II. France

Établissement d'une société de fait

1° Éléments caractéristiques de la société de fait

a. Volonté de collaborer (affectio societatis)

1. Existence de la volonté de collaborer

La volonté de collaborer des intéressés est caractérisée par :

– l'utilisation du compte bancaire d'un participant par l'autre dans l'intérêt commun (Cass. com. 1-3-1971 : Bull. civ. IV n° 66) ;

– l'entretien de rapports commerciaux avec les fournisseurs (Cass. soc. 17-2-1972 : Bull. civ. V n° 132 ; Cass. com. 5-11-1974 : Rev. sociétés 1975 p. 492) ;

– d'importantes opérations réalisées par l'intéressé qui est l'âme de l'affaire (Cass. civ. 2-10-1974 : Bull. civ. I n° 249) ;

– le consentement des cautions en vue de l'exploitation sociale (CA Rouen 30-10-1973 : Bull. Joly 1975 p. 605) ;

– l'aide apportée par une personne à une autre dans l'exercice de son activité commerciale (Cass. com. 18-7-1977 : Bull. civ. IV n° 209 ; Cass. crim. 6-10-1980 : D. 1981 IR p. 164) ;

– la participation à la gestion d'une indivision (CA Rennes 24-10-1974 : D. 1975 som. p. 120) ;

– la proposition de « rachat de sa part » adressée à l'intéressé par les autres participants reconnaissant ainsi implicitement l'existence d'une société de fait (Cass. com. 21-6-1988 : BRDA 14/88 p. 20) ;

– l'exercice en commun d'une profession libérale, la tenue d'un registre de recettes unique et une confusion des patrimoines (Cass. com. 27-2-1996 : D. aff. 1996 p. 464) ;

– l'exploitation de navires appartenant à une société par une autre dans l'intérêt commun (CA Versailles 2-5-2002 n° 98/6 : BTL 2002 p. 564).

2. Absence de la volonté de collaborer

La volonté de collaborer des intéressés n'est pas établie :

– lorsqu'une partie détient des droits indivis sans aucune participation à l'exploitation (Cass. com. 12-2-1973 : Bull. civ. IV n° 70) ;

– quand une partie n'a jamais souhaité associer ses efforts à ceux de l'autre partie afin de développer la société constituée entre eux, ayant pour unique intention son enrichissement personnel maximal sans courir aucun risque (CA Nîmes 24-10-1973 : Bull. Joly 1975 p. 596) ;
– lorsque des entrepreneurs ont consenti à devenir membre uniquement en vue de réaliser par le biais de ce groupement leurs offres pour des travaux précis et ont quitté celui-ci sur simple dénonciation à la fin des travaux (Cass. com. 17-4-1974 : JCP 1974.II n° 17832) ;
– lorsqu'une banque ayant accordé un prêt suivi d'une garantie d'achèvement à une société civile immobilière, n'a jamais exprimé son intention de s'associer ni celle de participer aux pertes de la société (Cass. com. 15-6-1993 n° 1119 : RJDA 8-9/93 n° 696) ;
– quand les parties à un protocole ont certes manifesté leur intention de créer un groupe de sociétés unique en prenant une participation majoritaire des unes dans le capital des autres mais n'ont pas effectué les augmentations de capital convenues. Par suite, les versements déjà réalisés en vue de souscrire à ces augmentations de capital ne représentent pas des apports mais des créances sur la société (Cass. com. 8-3-1994 n° 698 : RJDA 7/94 n° 815, 1e esp.) ;
– lorsque des infirmières avaient mutualisé des moyens d'exercer leur activité mais chacune d'elles exerçant sous son nom personnel, ayant son propre numéro de téléphone, percevant directement les honoraires liés à ses prestations et supportant ses propres charges professionnelles (CA Colmar 9-10-2013 n° 12/03877, 1e ch. A. : BRDA 24/13 inf. 3) ;
– entre époux ; il en est ainsi de la collaboration, sans rétribution, d'une épouse aux côtés de son mari à l'exploitation d'un fonds de commerce à compter de l'ouverture et pendant toute la durée du mariage compte tenu des circonstances suivantes : si de nombreuses attestations témoignaient de la présence constante de l'épouse dans le magasin et de son aide efficace, le compte commercial de l'entreprise n'avait fonctionné que sous la signature de l'époux, seul inscrit au registre du commerce et signataire du contrat de franchise conclu en vue de l'exploitation du fonds ; les tâches accomplies par l'épouse ne se rapportaient pas à la responsabilité de la gestion du fonds ; les époux s'étaient mariés pendant leur activité sous le régime de la séparation de biens et le mari avait acquis, sans le concours de sa femme, plusieurs biens immobiliers (Cass. 1e civ. 3-12-2008 n° 07-13.043 : BRDA 1/09 inf. 3) ;
– entre concubins ; il en est ainsi quand les concubins se sont contentés de cohabiter, même pendant longtemps, et ont contribué aux dépenses de la vie courante (Cass. com. 9-10-2001 n° 1703 : RJDA 2/02 n° 152 ; Cass. com. 23-6-2004 n° 1161 et 1162 : RJDA 11/04 n° 1215 ; Cass. 1e civ. 28-2-2006 n° 384 : RJDA 6/06 n° 647) ;
– par l'inscription de la concubine au registre des métiers comme chef de l'entreprise de maçonnerie de son concubin qui avait exercé, dans le même temps, une activité de secrétaire de direction difficilement compatible avec les responsabilités d'un chef d'entreprise qui apparaissaient avoir été assumées en réalité par le conjoint et celui-ci avait acquis seul un bien immobilier alors que le couple vivait en concubinage ; pas plus l'enrichissement sans cause dès lors que l'assistance apportée sur le plan administratif par la concubine à la bonne marche de l'entreprise artisanale de maçonnerie qu'elle avait constituée avec son concubin n'excédait pas une simple entraide (Cass. 1e civ. 20-1-2010 n° 08-16.105 : BRDA 3/10 inf. 5, pas plus ne doit être retenue la demande d'indemnisation pour enrichissement sans cause dès lors que l'assistance apportée sur le plan administratif par la concubine à la bonne marche de l'entreprise artisanale de maçonnerie qu'elle avait constituée avec son concubin n'excédait pas une simple entraide) ;
– par la participation financière des concubins au financement de l'immeuble destiné à assurer leur logement (Cass. 1e civ. 20-1-2010 n° 08-13.200 : RJDA 4/10 n° 362 ; Cass. com. 3-4-2012 n° 11-15.671 : RJDA 7/12 n° 677).

b. Volonté de participer aux pertes

Il est nécessaire de démontrer l'intention des parties de contribuer aux pertes (Cass. com. 21-4-1992 n° 773 : RJDA 8-9/92 n° 824).

2° Distinction de la société de fait de contrats voisins

a. Contrat de travail

La qualification de société de fait ne peut être retenue lorsque certains intéressés se trouvent dans un état de subordination caractéristique du contrat de travail envers les autres (Cass. com. 1-3-1971 : Bull. civ. IV n° 66 ; Cass. soc. 14-5-1992 n° 1961 : RJS 6/92 n° 806 ; Cass. com. 5-4-2005 n° 565 : RJDA 7/05 n° 812).

b. Indivision

L'état d'indivision doit être qualifié de société quand les indivisaires ont participé activement à l'expansion de l'entreprise commune (Cass. com. 12-2-1973 : Bull. civ. IV n° 70 ; CA Rennes 24-10-1974 : D. 1975 som. p. 120).

L'achat en commun d'un cheval de course n'a pas été considéré comme constituant une indivision mais comme une société de fait dans le cas où la déclaration d'association adressée à une société de courses hippiques et constatant la demande des deux acquéreurs de répartition des bénéfices entre eux par moitié, démontrait leur intention de s'associer et de partager les bénéfices et les pertes (CA Versailles 17-3-2000 : RJDA 6/00 n° 657).

c. Groupement d'intérêt économique

Un groupement d'intérêt économique est requalifié en une société créée de fait dès l'instant où l'activité exercée diffère de celle de ses membres ou bien absorbe l'activité principale de ceux-ci (T. com. Paris 23-2-1970 : JCP 1970.II n° 16335 obs. Y. Guyon ; CA Paris 6-10-1987 : Bull. Joly 1988 p. 86 ; CA Paris 30-5-2008 n° 06/7463 : RJDA 12/08 n° 1285).

N'est pas une société de fait, le GIE constitué entre plusieurs sociétés de distribution ayant pour objet l'acquisition en commun de matériel audiovisuel qui n'a pas acquis la personnalité morale à défaut d'immatriculation dès lors que les membres n'ont jamais eu l'intention de créer une « entreprise commune » mais simplement de créer une structure d'achat susceptible de leur procurer des économies et leur seule contribution consistant en une avance de 135 – qui n'avait d'ailleurs pas été réclamée à tous – à valoir sur les cotisations destinées à faire fonctionner le groupement ne constitue pas un apport (CA Colmar 18-3-2008 n° 04/3112 : BRDA 20/08 inf. 4).

Obs. : sur la novation du GIE en société de fait, voir sous l'art. 869.

d. Prêt avec participation aux bénéfices

Le simple prêteur n'est pas associé de fait de l'emprunteur car il reste étranger à la gestion de l'affaire (Cass. com. 15-3-1971 : Bull. civ. IV n° 80).

e. Association

À condition de prouver que l'association a partagé des bénéfices, elle peut être considérée comme une société créée de fait (CA Rennes 30-5-1978 : Rev. trim. com. 1979 p. 490 obs. E. Alfandari).

Art. 865 [mod.] **Lorsque deux (2) ou plusieurs personnes physiques ou morales ont constitué entre elles une société reconnue par le présent Acte uniforme mais qui comporte un vice de formation non régularisé ou ont constitué entre elles une société non reconnue par le présent Acte uniforme, il y a société de fait.**

JURISPRUDENCE OHADA

I. Inexistence d'une société en l'absence d'éléments constitutifs d'une société

Encourt la cassation, l'arrêt querellé qui, en dehors de deux témoignages corroborant plutôt des relations de commissionnaire à commettant, n'a caractérisé aucun des éléments constitutifs d'une société et n'a fait référence ni à un capital constitué par des associés, ni à des bénéfices résultant d'une comptabilité régulière. C'est donc à tort que des juges d'appel ont retenu l'existence d'une société de fait. Sur l'évocation, la preuve de l'existence d'une société de fait n'ayant pas été rapportée, toutes les demandes subséquentes doivent être rejetées. Il en est de même de la somme sollicitée par le défendeur au titre du gain manqué (CCJA, 2e ch., n° 126, 23-6-2016 : Tessougue Madou c/ Sankara Issouf, Ohadata J-17-67).

II. Inapplication des dispositions relatives à la société de fait à une société unipersonnelle

Une société unipersonnelle ne peut se voir appliquer les dispositions relatives au statut de société de fait (CA Littoral (Cameroun), n° 25/REF, 28-1-2008 : Sté Business Star Office c/ Sté Cameroon Motors Industries, Ohadata J-10-271).

III. Caractère fictif de la société retenu par un faisceau d'indices

Voir sous l'art. 908.

JURISPRUDENCE COMPARÉE

Irak

Société de fait : inexécution de son apport par une partie

La convention portant sur l'exploitation d'une station-service selon laquelle l'une des parties fournit le terrain et l'autre se charge de réaliser les installations, puis se partagent à part égale les bénéfices après l'achèvement des travaux est un contrat de société. Dès lors lorsque le défendeur n'a pas exécuté son obligation d'achever la construction dans un délai de six mois, malgré sa mise en demeure, le demandeur, passé ce délai, est en droit de réclamer la résolution du contrat avec des dommages-intérêts. Pour décider de la résolution, le juge peut se fonder sur le rapport d'expertise déterminant le taux d'achèvement des travaux qui démontre également que les matériaux nécessaires à la mise en service de la station sont disponibles sur le marché local. Le non-achèvement des travaux est donc dû au manquement grave de la part du défendeur (Cass. 9-11-1998, al-mawsoaa al-adlyiah, n° 64, 1999, p. 3-4).

Art. 866 [mod.] Tout intéressé peut demander à la juridiction compétente la reconnaissance de la société créée de fait entre deux (2) ou plusieurs personnes dont il lui appartient d'apporter l'identité ou la dénomination sociale.

Observations

suppression de « du lieu principal de l'activité d'une société de fait », mais ce critère demeure utile pour la détermination de la juridiction compétente.

Art. 867 [mod.] L'existence d'une société créée de fait ou d'une société de fait est prouvée par tout moyen.

Jurisprudence OHADA

La preuve de l'existence d'une société de fait ou créée de fait incombe au demandeur

L'article 867 de l'AUSCGIE qui consacre la liberté de la preuve pour établir l'existence d'une société de fait ne déroge pas à la règle de droit selon laquelle chaque partie doit prouver conformément à la loi les faits nécessaires au succès de sa prétention. En l'espèce, pour conclure à l'inexistence d'une société de fait, l'arrêt attaqué a retenu « qu'aux termes de l'article 867..., l'existence d'une société de fait est prouvée par tout moyen ; [...] qu'il en découle que l'existence de pareille société ne dépend nullement d'éventuels statuts, ni de son immatriculation au RCCM mais plutôt du comportement de ses fondateurs ; considérant que trois éléments sont fondamentaux à la réalisation du contrat de société à savoir : – l'affectio societatis ; – les différents apports (numéraires, nature, industries) – la participation aux bénéfices et aux pertes ; considérant que dans l'espèce, le cabinet architecture ingénierie et construction n'a pas fait le rapport de la preuve de la réunion à son avantage des trois éléments susmentionnés ; qu'à contrario, il est aisé pour la cour de constater que les honoraires d'un montant de 180 000 000 FCFA perçus par elle constituent la contrepartie d'un service rendu ou à rendre et ne peuvent s'analyser en versement de bénéfices découlant du fonctionnement de la prétendue société de fait ; que c'est donc à bon droit que les premiers juges ont dit et jugé qu'il n'existe aucune société de fait entre les parties... ». Il ressort de cette motivation, qu'il appartenait au requérant qui allègue l'existence d'une société de fait d'en rapporter la preuve, qui ne saurait résulter des versements faits à titre d'honoraires et totalisant la somme de 180 000 000 FCFA. C'est donc par une exacte application que la cour d'appel a retenu l'inexistence d'une société de fait et il ne peut lui être valablement reproché de ne pas avoir pas ordonné un transport sur les lieux, une telle investigation relevant d'ailleurs de son appréciation souveraine (CCJA, 1e ch., no 220/2019, 18-7-2019 : Société architecture imagerie et construction AIC c/ Société architecture du marbre).

Jurisprudence comparée

I. France

Preuve de l'existence d'une société de fait

1o Par les associés

L'existence d'une société de fait ne peut pas être établie par la seule apparence mais uniquement par la réunion des éléments constitutifs de toute société (Cass. com. 21-11-1995 no 1933 : RJDA 2/96 no 222).

2o Par les tiers

Quand les tiers se prévalent de l'existence d'une société créée de fait, le plus souvent un créancier, celui-ci peut invoquer la simple apparence extérieure s'il parvient à prouver que cette apparence l'a conduit à croire en toute bonne foi à l'existence de la société (Cass. civ. 13-11-1980 : D. 1981 p. 541 note Calais-Auloy ; Cass. com. 29-3-1994 no 866 : RJDA 7/94 no 815, 2e esp. ; Cass. com. 8-7-2003 no 1184 : RJDA 11/03 no 1068 ; Cass. com. 11-7-2006 no 899 : RJDA 1/07 no 48).

II. Haïti

Établissement de l'existence de la société commerciale

La preuve de l'existence d'un contrat de société sera faite par tous les moyens établis par la loi et à l'aide de simples présomptions (Cour de cassation d'Haïti du 20-9-1983).

Art. 868 [mod.] Lorsque l'existence d'une société créée de fait ou d'une société de fait est reconnue par le juge, les règles de la société en nom collectif sont applicables aux associés.

JURISPRUDENCE OHADA

I. Absence de personnalité morale

La société créée de fait n'est pas dotée de la personnalité morale (CCJA, 3e ch., no 213/2019, 27-6-2019 : Agbalessi Loukou Ahou Dominique c/ Veuve Anzouan Kacou née Niamkey Rosalie).

II. Liquidation d'une société de fait

Lorsque la société pluripersonnelle ou unipersonnelle est dissoute, elle encourt la liquidation automatique. Dans le cas où une société de fait a existé entre la Société Africaine de prestations de Services (SAS) et la Société Togolaise de Travaux Publics (STTP) SARL étant dissoute à la demande de la SAS, il convient d'en imposer la liquidation et de désigner les organes chargés de l'opération : nomination d'un expert-comptable judiciaire à l'effet d'accomplir les opérations de liquidation et nomination d'un juge au siège en tant que le juge commissaire chargé de surveiller les opérations de liquidation (TGI Ouagadougou, com., no 215, 21-2-2001 : STTP SARL c/ Sté africaine de services SA et SOFITEX, Ohadata J-04-01).

C'est à juste titre qu'un jugement a reconnu l'existence d'une société de fait entre les parties et ordonné sa liquidation compte tenu du litige qui oppose les associés, dès lors que le demandeur qui soutenait plutôt avoir confié la gestion de son commerce au défendeur ne produit aucune preuve au soutien de son allégation, et qu'il ressort des déclarations des parties et des témoins consignées au procès-verbal d'enquête préliminaire versé au dossier, que les parties se sont comportés en associés d'une société de fait au regard des articles 864 et 865 de l'AUSCGIE (CA Dakar, civ. et com., 20-2-2003 : El hadji K. G. c/ B. G., Ohadata J-03-147).

Obs. : cette décision antérieure à la réforme de l'AUSCGIE est transposable à la société créée de fait issue de ladite réforme.

JURISPRUDENCE COMPARÉE

I. France

A. Dissolution de la société de fait

1o Rupture du contrat de société de mauvaise foi

L'associé de fait ayant mis fin au contrat de société de fait de mauvaise foi est susceptible d'être condamné au versement de dommages-intérêts (Cass. civ. 27-4-1977 : Bull. civ. I no 194 ; Cass. com. 14-3-1984 : Bull. Joly 1984 p. 890).

2o Perte de confiance

Lorsqu'un associé de fait émet un chèque falsifié, l'émission de ce chèque a pu légitimement être interprétée par son coassocié comme une tentative de dissimulation d'un prélèvement personnel sous l'apparence du règlement d'une dette sociale et par là même de lui faire perdre toute confiance justifiant ainsi la dissolution de la société (Cass. com. 18-6-1991 : Bull. Joly 1991 p. 935).

B. Liquidation de la société de fait

1o Reprise des apports

Apports en industrie. La liquidation de la société ne donne lieu à aucune reprise, ni remboursement des apports en industrie (Cass. 1e civ. 19-4-2005 no 763 : RJDA 3/06 no 270).

Lors de la dissolution par le décès d'un associé d'une société créée de fait avec l'apport par chacun de trois professionnels du bâtiment de son matériel et de son industrie, les héritiers de l'associé décédé ne pouvaient reprocher aux deux autres associés d'avoir continué sous d'autres formes juridiques l'activité de la société dissoute dès lors que le matériel apporté par chaque associé avait été repris et l'apport en industrie avait cessé lors de la dissolution, ni prétendre à une part du fonds de commerce dont la société de fait n'était pas titulaire (CA Paris 2-10-2007 : RJDA 4/08 no 405).

2o Partage des biens indivis

Les biens en indivision doivent faire l'objet d'un partage entre les associés, sauf volonté contraire de demeurer en indivision (CA Versailles 17-1-1989 : D. 1989 IR p. 79).

3o Intérêts des avances faites par les associés de fait

Les avances faites réciproquement entre les associés de fait et la société produisent de plein droit des intérêts à compter de leur naissance (Cass. req. 7-6-1932 : Journ. sociétés 1933.537).

C. Répartition des bénéfices et des pertes

1o Partage proportionnel à la valeur des apports

La participation de chaque associé de fait aux bénéfices et aux pertes ne peut pas être fixée selon des critères dépendant des circonstances de fait ; mais la répartition peut être faite proportionnellement à la valeur des apports des associés (Cass. com. 27-2-1996 : D. aff. 1996 p. 464).

2° Partage par part virile

Lorsque le montant des apports ne peut pas être fixé (par exemple en cas d'apports uniquement en industrie), cette situation signifie que les associés ont implicitement choisi de partager par parts égales (Cass. 1e civ. 27-4-1966 : Bull. civ. I n° 253 ; CA Paris 22-4-1982 : BRDA 13/82 p. 13).

3° Rachat par un associé des droits de son coassocié

a. Valeur fixée par expert

En cas de désaccord entre deux associés d'une société de fait sur la valeur des parts que l'un des associés consent à racheter à l'autre, ceux-ci doivent solliciter une évaluation par expert (Cass. civ. 9-1-1996 : RJDA 5/96 n° 642).

b. Intérêts produits par la créance de liquidation d'un associé sur l'autre

La créance d'un ancien associé sur l'autre, résultant de la liquidation d'une société de fait ayant existé entre eux, produit intérêt à compter du jour où cet ancien associé a demandé en justice l'apurement des comptes (Cass. civ. 17-7-1979 : Bull. civ. I n° 217).

D. Dettes sociales

1° Action d'un tiers en paiement contre un associé de fait

Pour exercer une action en justice contre un associé de fait, les tiers doivent démontrer non seulement l'existence de la société de fait mais aussi un comportement d'associé de la part de l'intéressé (CA Rouen 15-10-1992 : Dr. Sociétés 1993 n° 90 obs. Chaput). Les juges ne peuvent pas condamner un associé au paiement d'une dette sans rechercher si l'intéressé avait agi au vu et au su des tiers comme associé de la société (Cass. com. 21-2-2012 n° 10-12.211 : RJDA 6/12 n° 592).

Le jugement du conseil de prud'hommes rendu contre « la SDF... » peut être exécuté à l'encontre des participants qui ont laissé prospérer l'apparence d'une société entre eux en délivrant des bulletins de salaire, un certificat de travail et une attestation de salaire établis au nom de la société (Civ. 2e 22-5-2008, n° 07-10.855 : RJDA 8-9/08 n° 914).

2° Redressement ou liquidation judiciaire d'un ou des associés de fait

Les associés et eux seuls, à condition de prouver leur qualité de commerçant ou leur participation personnelle à l'activité sociale, peuvent faire l'objet d'une mesure de redressement ou de liquidation judiciaire (CA Aix-en-Provence 22-5-2001 n° 97/17855 : RJDA 7/02 n° 762 ; CA Poitiers 14-5-2002 : Dr. sociétés 2002 com. n° 45).

E. Liquidateur de la société de fait

La prescription quinquennale des actions contre les associés non liquidateurs ne s'applique pas à la liquidation des sociétés de fait (Cass. com. 19-1-1981 : JCP 1982.II n° 19816 note Chartier).

....

II. Irak

Dissolution d'une société de fait : nécessité de la mise en demeure

Le contrat par lequel les deux contractants sont convenus de participer à l'exploitation et à la gestion d'un hôtel, selon les stipulations contractuelles, en vue d'en partager les bénéfices, est une société de fait régie par les dispositions du droit commun relatives aux contrats synallagmatiques. Dès lors, l'inexécution de ses obligations par l'une des parties constitue un manquement susceptible d'entraîner la dissolution de la société. Toutefois, la résolution judiciaire exige, en vertu de l'article 177-1 du Code civil, la mise en demeure de la partie défaillante. La non-observation de cette formalité par le demandeur rend infondée son action en résolution et doit, par conséquent, être rejetée (Cass. fédérale 8-3-2009, pourvoi 170/app. mob./2009, Bull. jud. n° 15, 2010, p. 22).

• Livre VII •

GROUPEMENT D'INTÉRÊT ÉCONOMIQUE

• Titre I •

DISPOSITIONS GÉNÉRALES

Art. 869 [mod.] Le groupement d'intérêt économique est celui qui a pour but exclusif de mettre en œuvre pour une durée déterminée, tous les moyens propres à faciliter ou à développer l'activité économique de ses membres, à améliorer ou à accroître les résultats de cette activité.

Son activité doit se rattacher à l'activité économique de ses membres et ne peut avoir qu'un caractère auxiliaire par rapport à celle-ci.

OBSERVATIONS

Supression de « essentiellement » à l'al. 2 de l'ancien texte.

JURISPRUDENCE COMPARÉE

France

A. Activité économique des membres du groupement

Si une personne qui n'exerce pas une activité économique accepte d'être membre d'un GIE et figure comme tel au registre du commerce, cette irrégularité n'est pas opposable aux tiers et elle devient responsable solidairement avec les autres membres du groupement, des dettes de celui-ci (Cass. com. 10-7-1985 : Bull. civ. IV n° 211 ; Cass. com. 9-12-1986 : Bull. Joly 1987 p. 35 ; Cass. com. 1-3-1988 : Bull. civ. IV n° 95).

B. Objet du groupement

1° Objet civil ou commercial du groupement

Le caractère commercial du GIE se déduit de la seule mention du contrat autorisant le groupement à accomplir toute opération commerciale se rattachant à son objet, sans qu'il y ait lieu de rechercher l'activité réelle du GIE (Cass. com. 15-6-2010 n° 09-15.130 : RJDA 11/10 n° 1089).

2° Objet prolongeant l'activité des membres du GIE

Absence de complémentarité et novation du groupement en société de fait entre ses membres. Ne se situe plus dans le prolongement de l'activité économique de ses membres et a dégénéré en société de fait le groupement d'intérêt économique, constitué entre deux sociétés qui exploitaient des marques de champagne et dont l'une était propriétaire d'un château, ayant pour objet l'exploitation d'un hôtel-restaurant de luxe dans le cadre de ce château, créé dans le but de valoriser les marques de champagne et le patrimoine immobilier, dès lors que les sociétés à l'origine de ce groupement ont cédée les parts qu'elles y détenaient à une société agroalimentaire et que, neuf ans après cette cession, le groupement avait racheté le château, puis la société agroalimentaire avait revendu les parts du GIE à des sociétés d'investissements ; au jour du rachat du château, le GIE, qui disposait de l'intégralité de ses moyens d'existence et de production, était ainsi sorti du strict cadre de la coopération visant à faciliter ou développer l'activité de ses membres et ne se situait donc plus dans le prolongement de celle-ci ; par suite, la cession des parts aux sociétés d'investissements, qui étaient domiciliées à la même adresse, avaient les mêmes dirigeants et n'exerçaient aucune activité susceptible d'être valorisée par la notoriété de l'hôtel-restaurant exploité, avait consacré l'autonomie du GIE par rapport à ses membres (CA Paris 30-5-2008 n° 06/7463 : RJDA 12/08 n° 1285).

3° Objet illicite

Quand le GIE constitue une simple façade visant uniquement à faciliter la pratique d'une activité illicite de l'un de ses membres, son objet réel est à son égard illicite et entraîne la nullité du GIE (Cass. com. 7-2-1989 : BRDA 5/89 p. 12).

4° Nullité du groupement

Le GIE ayant pour objet une activité dont l'exercice est interdit à ses membres est frappé de nullité (CA Paris 21-3-2006 n° 03/21006 : RJDA 10/06 n° 1046).

Art. 870 Le groupement d'intérêt économique ne donne pas lieu par lui-même à réalisation et à partage des bénéfices.

Il peut être constitué sans capital.

Art. 871 [mod.] Deux (2) ou plusieurs personnes physiques ou morales peuvent constituer entre elles un groupement d'intérêt économique, y compris les personnes exerçant une profession libérale soumise à un statut législatif ou réglementaire ou dont le titre est protégé.

Les droits des membres ne peuvent être représentés par des titres négociables.

OBSERVATIONS

Suppression de la sanction du réputé non écrit de toute clause contraire à l'interdiction de créer des titres négociables, nulle désormais pour absence d'autorisation expresse conformément à l'article 2.

Art. 872 Le groupement d'intérêt économique jouit de la personnalité morale et de la pleine capacité à compter de son immatriculation au registre du commerce et du crédit mobilier.

JURISPRUDENCE COMPARÉE

France

A. Inopposabilité au GIE de la clause attributive de compétence stipulée entre ses membres

La clause statutaire du GIE relative aux litiges entre le groupement et ses membres n'a aucun effet à l'égard du GIE, même constitué entre ses membres commerçants, lorsque le GIE, doté d'une personnalité distincte de celle de ses membres, accomplit des actes en son nom, et que le caractère civil de son objet n'est pas contesté (CA Paris 11-6-1997 : RJDA 11/97 n° 1438).

B. Compétence relative aux différends impliquant le groupement

Compétence du tribunal de commerce

Le tribunal de commerce est compétent pour connaître des différends mettant en cause un GIE composé de commerçants d'un centre commercial et ayant pour objet de promouvoir à titre principal ce centre commercial (CA Paris 28-6-1995 : RJDA 10/95 n° 1115 ; CA Paris 13-11-1996 : Bull. Joly 1997 p. 145 note Lepeltier).

Art. 873 Les membres du groupement d'intérêt économique sont tenus des dettes du groupement sur leur patrimoine propre. Toutefois, un nouveau membre peut, si le contrat le permet, être exonéré des dettes nées antérieurement à son entrée dans le groupement. La décision d'exonération doit être publiée.

Les membres du groupement d'intérêt économique sont solidaires du paiement des dettes du groupement, sauf convention contraire avec le tiers cocontractant.

JURISPRUDENCE COMPARÉE

France

A. Solidarité des membres du groupement à l'égard des tiers

1° Obligation solidaire du membre retiré

a. Obligation du membre retiré restant inscrit sur la liste publiée des membres du groupement.

Le membre qui s'est retiré du GIE demeure obligé de régler les dettes du groupement lorsque son retrait n'a pas fait l'objet de publicité et qu'il figure toujours sur la liste publiée des membres du groupement (Cass. com. 9-11-1987 : Bull. civ. IV n° 229 ; Cass. com. 6-3-1990 : Bull. civ. IV n° 68, étant observé que, dans cette affaire, l'absence de publication provenait d'une erreur du greffe ; Cass. com. 20-11-1990 : Bull. Joly 1991 p. 88).

b. Exonération du membre dont le retrait a été publié

Lorsque le retrait d'un des membres a été publié, celui-ci n'est plus obligé de régler les dettes postérieures à son départ (Cass. com. 23-6-1987 : BRDA

17/87 p. 10 ; CA Paris 6-12-1983 : D. 1984 p. 499 note Guyenot).

c. Application aux dettes contractées par le GIE avant mais venant à échéance après

Le membre d'un GIE qui se retire du groupement reste tenu, solidairement avec les autres membres, des loyers nés d'une convention de crédit-bail conclue avant son départ, même pour les loyers postérieurs à son départ (T. com. Paris 15-6-1981 : BRDA 13/81 p. 9).

2° Obligation solidaire du nouveau membre

Le nouveau membre du GIE est tenu à la fois des dettes du groupement à naître après son arrivée et des dettes existantes à la date de son entrée (CA Aix 24-2-1977 : Bull. cour d'Aix 1977/1 p. 100 ; CA Rouen 26-4-1984 : Bull. Joly 1984 p. 1200).

B. Obligation des membres les uns envers les autres

1° Quantum de l'obligation incombant à un membre fixé par les statuts

Lorsque les statuts prévoient une répartition des pertes selon la quantité de parts de chacun, le conseil d'administration n'est pas compétent pour fixer la répartition en fonction du volume d'affaires effectué par chaque membre (Cass. com. 17-5-1989 : Bull. civ. IV n° 155).

2° Non-imputation à un membre des dettes incombant au groupement

Lorsque l'un des membres du GIE est créancier du groupement, il ne peut agir contre les autres membres du groupement pour exiger :
– le règlement de travaux effectués pour le compte du GIE (CA Bourges 17-3-1981 : Gaz. Pal. 1981 p. 488) ;
– le remboursement de l'avance accordée au GIE en invoquant sa subrogation dans les droits du groupement contre l'un des autres membres ayant bénéficié à son tour des avances du GIE (CA Paris 15-11-1988 : BRDA 12/89 p. 20).

C. Obligations des membres envers le GIE

Les membres du groupement doivent se conformer au règlement intérieur du GIE (Cass. com. 12-3-1985 : Bull. civ. IV n° 94).

La clause statutaire prévoyant l'exclusion d'un membre du GIE ayant violé le règlement intérieur est valable (Cass. com. 10-5-1994 : RJDA 10/94 n° 1041).

Art. 874 [mod.] **Les créanciers du groupement ne peuvent poursuivre le paiement des dettes contre un associé qu'après avoir vainement mis en demeure le groupement.**

La mise en demeure est faite par exploit d'huissier ou notifiée par tout moyen permettant d'établir sa réception effective par le destinataire.

JURISPRUDENCE OHADA

Mise en demeure préalable

Bien que les membres du GIE soient responsables solidairement des dettes du GIE sur leur patrimoine selon l'article 873 de l'AUSCGIE sur leur patrimoine sous réserve de convention contraire avec les tiers contractants, l'article 874 du même Acte uniforme dispose toutefois que les créanciers du GIE ne peuvent exiger d'un membre le règlement des dettes du GIE qu'après mise en demeure restée vaine du GIE par acte extra judiciaire (CA Dakar, civ. et com., 16-1-2003 : la CNCAS c/ A. D., Ohadata J-03-146).

JURISPRUDENCE COMPARÉE

France

A. Dispense de mise en demeure

La mise en demeure n'est pas exigée en cas de redressement judiciaire du GIE (cf. Cass. com. 4-10-1983 : Bull. civ. IV n° 249).

B. Irrecevabilité de la mise en demeure par lettre recommandée

L'envoi d'une lettre recommandée avec avis de réception ne vaut pas mise en demeure dès lors qu'un acte extrajudiciaire doit provenir exclusivement d'un huissier de justice (Cass. com. 1-6-1993 : RJDA 7/93 n° 625).

C. Titre exécutoire pour la saisie d'un membre du groupement

Le jugement condamnant un GIE à payer au créancier une certaine somme n'équivaut pas à un titre exécutoire permettant d'effectuer une saisie-attribution entre les mains d'un tiers lorsque ce jugement ne prononce aucune condamnation à l'égard du membre poursuivi (Cass. com. 15-1-2004 n° 34 : RJDA 6/04 n° 750).

Art. 875 Le groupement d'intérêt économique peut émettre des obligations aux conditions générales d'émission de ces titres s'il est lui-même composé exclusivement de sociétés autorisées à émettre des obligations.

Art. 876 [mod.] Sous réserve des dispositions du présent Acte uniforme, le contrat détermine l'organisation du groupement d'intérêt économique et fixe librement la contribution de chaque membre aux dettes. A défaut, chaque membre supporte une part égale.

Au cours de la vie sociale, le groupement peut accepter de nouveaux membres dans les conditions fixées par le contrat.

Tout membre peut se retirer du groupement dans les conditions prévues dans le contrat, sous réserve qu'il ait exécuté ses obligations.

Le contrat est rédigé par écrit et soumis aux mêmes conditions de publicité que les sociétés visées par le présent Acte uniforme.

Il contient notamment les mentions suivantes :

1°) la dénomination du groupement d'intérêt économique ;

2°) les nom, raison sociale ou dénomination sociale, forme juridique, adresse du domicile ou du siège social et, s'il y a lieu, le numéro d'immatriculation au registre du commerce et du crédit mobilier de chacun des membres du groupement d'intérêt économique ;

3°) la durée pour laquelle le groupement d'intérêt économique est constitué ;

4°) l'objet du groupement d'intérêt économique ;

5°) l'adresse du siège du groupement d'intérêt économique.

Toutes les modifications du contrat sont établies et publiées dans les mêmes conditions que le contrat lui-même. Elles ne sont opposables aux tiers qu'à dater de cette publicité.

Les actes et documents émanant du groupement d'intérêt économique et destinés aux tiers, notamment les lettres, factures, annonces et publications diverses doivent indiquer lisiblement la dénomination du groupement, suivie des mots « groupement d'intérêt économique » ou du sigle « G.I.E. ».

Toute infraction aux dispositions de l'alinéa ci-dessus constitue une contravention.

JURISPRUDENCE COMPARÉE

France

Règlement intérieur

Le GIE peut être doté d'un règlement intérieur dont le non-respect n'est pas sanctionné par la nullité sous réserve des cas dans lesquels il a été fait usage de la faculté ouverte par une disposition impérative d'aménager conventionnellement la règle posée par celle-ci ; par suite, la modification du règlement intérieur d'un groupement décidée à la majorité, alors qu'une clause statutaire imposait de prendre une telle décision à l'unanimité, n'est pas nulle (Cass. com. 6-5-2014 n° 13-11.427 : BRDA 11/14 inf. 4).

A. Groupement de fait

À défaut d'écrit, l'existence d'un GIE créé de fait peut être démontrée en prouvant la commune intention des membres de constituer un tel groupement afin de faire prospérer ou d'aider à l'exercice de leur activité économique. Pour un exemple où cette commune intention n'existait pas (cf. Cass. com. 7-1-1997 : RJDA 4/97 n° 526).

B. Membres du groupement

1° Liberté d'adhérer

Les statuts d'un GIE dirigeant un centre commercial ne peuvent pas imposer l'adhésion pour toute activité commerciale nouvelle ou déjà existante (Cass. com. 28-6-2005 n° 952 : RJDA 11/05 n° 1245).

2° Admission de nouveaux membres

Dans le silence des statuts, l'admission de nouveaux membres suppose le consentement unanime des membres du groupement (CA Paris 11-2-2000 : RJDA 6/00 n° 678).

C. Retrait des membres du groupement

1° Exécution par le candidat au retrait de ses obligations

Cette condition est impérative ; il en résulte que :
– les « statuts » ne peuvent pas interdire le droit au retrait ou le soumettre à une autre condition que celle prévue par la loi ; dans un cas où une clause contractuelle prévoyait la constitution d'un fonds de trésorerie de 75 000 000 F (environ 1 140 000 €), un GIE ne pouvait exiger de membres souhaitant se retirer le paiement préalable du solde de leur participation dès lors qu'une telle interprétation de la clause, mettant au retrait des conditions financières telles qu'elle rendrait impossible toute résiliation des adhésions, serait nulle au regard des dispositions de l'article L 251-9, al. 2 (Cass. com. 24-9-2003 n° 1344 : RJDA 1/04 n° 58) ;
– en l'absence de clause organisant les modalités du retrait, un membre peut se retirer sans délai (Cass. com. 20-3-2012 n° 11-11.097 : RJDA 7/12 n° 690).

2° Décision explicite de retrait

Le défaut de règlement de ses cotisations par un membre du GIE et son absence aux assemblées ne peuvent pas être interprétés comme une démission qui doit être explicite (CA Paris 27-1-1982 : BRDA 7/82 p. 12).

3° Refus d'imposer un délai de préavis au membre qui se retire

Le membre ayant décidé de cesser toute relation d'affaires avec le GIE en sollicitant son retrait ne peut bénéficier d'un délai de préavis non stipulé au contrat lorsque le GIE l'a contraint au départ immédiat (CA Paris 27-10-2005 : RJDA 5/06 n° 550).

4° Nullité de la clause empêchant pratiquement tout retrait

La clause contractuelle stipulant la constitution d'un fonds de trésorerie de 75 000 000 F (environ 11 400 000 €), ne peut être interprétée comme le droit d'imposer le règlement immédiat par les membres désireux de se retirer le versement préalable du solde de leur participation, dès lors qu'une telle interprétation de la clause, subordonnant le retrait à des exigences pécuniaires rendant quasiment impossible la résiliation des adhésions, serait nulle en raison du droit au retrait (Cass. com. 24-9-2003 n° 1344 : RJDA 1/04 n° 58).

D. Exclusion des membres du groupement

1° Exclusion justifiée

Est justifiée et autorisée l'exclusion d'un membre :
– ayant constitué un groupement dissident de nature à créer la confusion pour les clients (CA Paris 8-4-1992 : BRDA 12/92 p. 16) ;
– sur le fondement de la clause statutaire prévoyant qu'une prise de participation dans le capital d'un adhérent par un concurrent constitue une cause éventuelle d'exclusion si cette participation entraîne un préjudice certain et indiscutable pour le groupement ; ce préjudice, qui peut se révéler ultérieurement, peut être caractérisé par la menace de résiliation du contrat de franchise de distribution dont le GIE est titulaire (Cass. com. 10-5-1994 : RJDA 10/94 n° 1041) ;
– sur le fondement de la clause du règlement d'un GIE prévoyant l'exclusion de toute société membre en cas de cession de contrôle effectuée sans l'accord exprès du GIE (CA Paris 22-9-1995 : Bull. Joly 1995 p. 1069 note Hallouin).

2° Exclusion abusive

Est abusive :
– la décision de l'assemblée générale d'un GIE d'exclure l'un des membres sans que l'intéressé, écarté du vote en application des statuts, ait été mis en mesure préalablement au vote d'obtenir de l'assemblée des informations accessibles à tout adhérent et de répondre aux reproches formulés à son encontre (Cass. com. 7-7-1992 : RJDA 11/92 n° 1036) ;
– la décision d'exclusion qui ne correspond pas à une exécution loyale de la clause statutaire stipulant que le groupement d'intérêt général peut engager une procédure d'expulsion d'un membre dont le contrôle est modifié, dès lors que l'exclusion avait été décidée hors de l'hypothèse prévue (Cass. com. 29-1-2008 n° 07-10.797 : BRDA 6/08 inf. 8).

Art. 877 **L'assemblée générale des membres du groupement d'intérêt économique est habilitée à prendre toute décision, y compris de dissolution anticipée ou de prorogation dans les conditions déterminées par le contrat.**

Celui-ci peut prévoir que toutes les décisions ou certaines d'entre elles seront prises aux conditions de quorum et de majorité qu'il fixe. Dans le silence du contrat, les décisions sont prises à l'unanimité.

Le contrat peut également attribuer à chaque membre du groupement d'intérêt économique un nombre de voix différent de celui attribué aux autres. A défaut, chaque membre dispose d'une voix.

JURISPRUDENCE OHADA

Invalidation d'une décision prise par une assemblée non constituée de tous les membres du groupement

Il résulte de l'article 877 de l'AUSCGIE que toutes les décisions sont toujours prises par l'assemblée générale des membres. Le contrat ne peut que préciser le quorum et la majorité sans jamais permettre à un autre organe de décider du fonctionnement du GIE. Dans le cas d'une assemblée générale essentiellement composée des membres du Comité de Gestion et non des membres du GIE connus à la date de sa constitution, l'arrêt qui a infirmé le jugement ayant annulé une telle délibération encourt la cassation pour violation de l'article 877. Sur l'évocation, la décision d'exclusion ayant été prise par une assemblée constituée essentiellement de membres du Comité de Gestion, donc irrégulière, la décision d'exclusion est inopérante ; le premier jugement ayant annulé cette décision d'exclusion relève d'une bonne appréciation des faits et d'une saine application de la loi ; confirmation (CCJA, ass. plén., n° 048, 27-4-2015 : KHOUMA PAPE Boubacar c/ 1) Comité de Gestion de la Prestation Informatique dit CGPID, 2) Informatique Documentaire et Edition Electronique dite IDEE SARL, 3) GIE Gaindé 2000, Ohadata J-16-48).

JURISPRUDENCE COMPARÉE

France

A. Application de la règle d'unanimité

L'unanimité s'impose même si l'absence de clause particulière dans le contrat résulte manifestement d'un oubli (CA Paris 29-10-2009 n° 08/18972 : RJDA 4/10 n° 399, rendu à propos d'une société civile mais transposable).

Il en est de même si la clause est d'une imprécision telle qu'elle rend impossible toute recherche de la volonté des membres du groupement (CA Orléans 16-11-2006 n° 06/62 : RJDA 4/07 n° 378, rendu à propos d'une société civile mais transposable).

B. Suppression de la règle d'unanimité à l'unanimité

Quand les « statuts » d'un GIE prévoient l'adoption valable des modifications des « statuts » à la majorité des voix exprimées à l'exclusion des décisions exigeant l'unanimité (notamment le changement d'objet du groupement), la suppression de la règle de l'unanimité impose elle-même l'unanimité (Cass. com. 3-5-1995 : RJDA 8-9/95 n° 997).

C. Interprétation d'une clause fixant la majorité

La clause prévoyant, d'une part, que les décisions extraordinaires doivent être prises à la majorité des trois quarts des membres et, d'autre part, que les décisions dites ordinaires ne sont valablement prises qu'autant qu'elles ont été adoptées par les membres représentant plus de la moitié des droits peut être interprétée comme prévoyant, pour l'adoption des décisions extraordinaires, une majorité calculée par tête et non en proportion des droits des membres (Cass. com. 23-10-2007 n° 05-19.092 : RJDA 2/08 n° 141, à propos d'une société en participation mais transposable).

Art. 878 L'assemblée est obligatoirement réunie à la demande d'un quart au moins des membres du groupement d'intérêt économique en nombre.

Titre II

ADMINISTRATION

Art. 879 [mod.] Le groupement d'intérêt économique est administré par une (1) ou plusieurs personnes physiques ou morales, sous réserve, si c'est une personne morale, qu'elle désigne un représentant permanent, qui encourt les mêmes responsabilités civiles et pénales que s'il était administrateur en son nom propre.

Sous cette réserve, le contrat ou, à défaut, l'assemblée des membres du groupement d'intérêt économique organise librement l'administration du groupement et nomme les administrateurs dont il détermine les attributions, les pouvoirs et les conditions de révocation.

Dans les rapports avec les tiers, un administrateur engage le groupement d'intérêt économique pour tout acte entrant dans l'objet de celui-ci. Toute limitation de pouvoirs est inopposable aux tiers.

JURISPRUDENCE COMPARÉE

France

A. Gestion du groupement

Un GIE peut mettre en réserve une partie de ses résultats (Cass. com. 6-5-2014 n° 13-11.427 : BRDA 11/14 inf. 1).

B. Révocation ad nutum des administrateurs

Quand la révocation ad nutum des administrateurs est prévue par les statuts du GIE, le président du groupement n'est pas habilité à accorder à un administrateur-directeur général le versement d'une indemnité conséquente en cas de révocation de l'administrateur sans faute grave ; cette stipulation viole la clause statutaire de révocation ad nutum et exige par conséquent une délibération de l'assemblée générale des membres du GIE habilitée à modifier les statuts ou d'accorder à l'intéressé une exception aux statuts (CA Paris 6-12-1979 : Rev. sociétés 1981 p. 364 note J.G.).

C. Pouvoirs des administrateurs

Dans ses rapports avec les tiers, un administrateur a la possibilité de souscrire un emprunt destiné à l'achat d'un matériel nécessaire à l'exercice de l'activité du groupement (Cass. com. 8-1-1991 : Bull. civ. IV n° 13).

D. Responsabilité des administrateurs

Violation des statuts. Lorsqu'un administrateur de GIE a passé des commandes pour le compte du GIE avec des concurrents d'une société membre en violant les conditions statutaires, il est tenu de réparer le préjudice occasionné à cette société ; et même s'il avait agi en pensant respecter l'intérêt du GIE, il aurait violé la finalité d'un GIE n'ayant pas vocation à la recherche de benéfices mais à la prospérité de l'activité de ses membres (Cass. civ. 16-7-1981 : Bull. Joly 1981 p. 834).

Titre III
CONTRÔLE

Art. 880 [mod.] Le contrôle de la gestion et le contrôle des états financiers de synthèse sont exercés dans les conditions prévues par le contrat.

Toutefois, lorsqu'un groupement d'intérêt économique émet des obligations dans les conditions prévues à l'article 875 ci-dessus, le contrôle de gestion doit être exercé par une (1) ou plusieurs personnes physiques nommées par l'assemblée.

La durée de leurs fonctions et leurs pouvoirs sont déterminés par le contrat.

Le contrôle des états financiers de synthèse doit être exercé par un (1) ou plusieurs commissaires aux comptes choisis sur la liste officielle des commissaires aux comptes et nommé par l'assemblée pour une durée de six (6) exercices.

Sous réserve des règles propres aux groupements d'intérêt économique, le commissaire aux comptes a le même statut, les mêmes attributions et les mêmes responsabilités que le commissaire aux comptes de société anonyme.

JURISPRUDENCE OHADA

Administrateur provisoire

A. Refus de nomination d'un administrateur provisoire en l'absence d'empêchement d'agir des organes du GIE

Lorsque les statuts d'un GIE, qui tiennent lieu de contrat entre ses membres, ont prévu que le contrôle de gestion est exercé par tous les membres du conseil d'administration, à l'occasion de ses réunions mensuelles et que le conseil d'administration peut faire appel à un contrôleur pour la vérification des comptes et le respect des procédures administratives et financières, le juge des référés ne peut se substituer d'office aux organes du GIE en l'absence de dysfonctionnement. La demande de désignation d'un administrateur provisoire doit être rejetée dès lors que les dysfonctionnements et blocages allégués par le requérant ne sont pas établis (TR Thiès, ord. réf., 28-3-2002 : S. M. c/ O. K. et I. D., Ohadata J-03-33).

B. Incompétence du juge des référés pour nommer un administrateur provisoire

Le juge des référés est incompétent pour la désignation d'un administrateur provisoire et la convocation d'une assemblée générale en vue de la dissolution de la société, car cette demande suppose l'analyse de la gestion de la société et le constat ou la découverte d'une faute de gestion de la société caractérisée ou la perte de plus du quart du capital social (TRHC Dakar, n° 1364, 28-10-2002 : P. B. D. c/ M. S., Ohadata J-05-39).

Obs. : jugement rendu à propos d'une SARL, mais transposable à un GIE, aucune disposition ne l'interdisant.

Art. 881 Dans le cas d'émission d'obligations par le groupement d'intérêt économique, la répression des infractions relatives aux obligations prévues par le présent Acte uniforme est applicable aux dirigeants du groupement d'intérêt économique ainsi qu'aux personnes physiques dirigeant les sociétés membres ou représentants permanents des personnes morales dirigeants de ces sociétés.

Titre IV

TRANSFORMATION

Art. 882 [mod.] Toute société dont l'objet correspond à la définition du groupement d'intérêt économique peut être transformée en groupement d'intérêt économique sans donner lieu à dissolution ou à création d'une personne morale nouvelle.

Un groupement d'intérêt économique peut être transformé en société en nom collectif ou en société à responsabilité limitée sans donner lieu à dissolution ni à création d'une personne morale nouvelle.

En cas de transformation du groupement d'intérêt économique en société à responsabilité limitée, les créanciers dont la dette est antérieure à la transformation conservent leurs droits contre le groupement d'intérêt économique et ses associés.

• Titre V •

DISSOLUTION

Art. 883 [mod.] Le groupement d'intérêt économique est dissout :

1°) par l'arrivée du terme ;

2°) par la réalisation ou l'extinction de son objet ;

3°) par la décision de ses membres dans les conditions prévues à l'article 877 ci-dessus ;

4°) par décision judiciaire, pour justes motifs ;

5°) par décès d'une personne physique ou dissolution d'une personne morale membre du groupement d'intérêt économique, sauf clause contraire du contrat.

Jurisprudence OHADA

I. Extinction en raison d'une mise en sommeil depuis la création

L'absence de fonctionnement d'un GIE depuis sa création et pendant plusieurs années (onze années) est un motif légitime de dissolution aux termes de l'article 28 des statuts du GIE. À défaut de liquidateur prévu par les statuts ou nommé par l'assemblée des membres du groupement, celui-ci est nommé par la juridiction compétente et le remboursement des apports relève de sa compétence (TGI Ouagadougou, n° 44, 26-1-2000 : Z. S. dit Zato c/ GIE GIPCA, Ohadata J-02-52 ; voir obs. J. Issa-Sayegh).

II. Simple mésentente passagère non constitutive d'une dissolution

C'est à tort qu'il est reproché à une cour d'appel d'avoir dénaturé les faits, violé la loi et fait manquer toute base légale à sa décision en reconnaissant à X la qualité de membre d'un GIE en recevant sa demande, alors que, d'une part, par courriel du 9 décembre 2011, l'intéressé a présenté sa démission en indiquant « mon association avec [Y.] arrive à son terme », et cessé toute activité au sein du GIE et que, d'autre part, l'article 10 al. 3.1 des statuts du GIE dispose que « le membre qui se retire… cesse de faire partie du groupement à la date d'effet du retrait, l'intéressé ne participe plus à la vie du groupement, sous aucune de ses modalités et ne peut plus avoir recours à ses services. Il n'a aucun droit de participation aux résultats », dès lors que pour statuer comme elle l'a fait, la cour a énoncé « qu'il est constant que [Y] en sa qualité d'administrateur du GIE n'était pas le destinataire de ce courriel qui en réalité avait été adressé aux parents communs aux deux associés pour leur faire part des incompréhensions qui existent entre eux », et « qu'il est également constant qu'après le courriel du 9 décembre 2010, d'autres courriels notamment ceux du 29 décembre 2011, indiquent clairement que les deux associés s'intéressaient encore à la vie du GIE en ce que X demandait à exercer le contrôle qui lui est statutairement dévolu même si Y s'y est opposé ; que dès lors il n'est pas juste de prétendre que X n'est pas membre du GIE au seul motif d'un courriel qui informait les parents de ses difficultés avec l'appelant ; que c'est donc à bon droit que le premier juge a rejeté la fin de non-recevoir », pour confirmer le jugement qui a prononcé la liquidation du GIE. En l'état de ces énonciations suffisantes, la cour n'a commis aucun des griefs articulés par les moyens, qui ne sont pas fondés et entraînent le rejet du pourvoi (CCJA, 3e ch., n° 143, 7-6-2018 : Mamadou Kani Konate c/ Mouhamadou Gueye).

Art. 884 Si l'un des membres est frappé d'incapacité, de faillite personnelle ou d'interdiction de diriger, gérer, administrer ou contrôler une entreprise quelle qu'en soit la forme ou l'objet, le groupement d'intérêt économique est dissout à moins que sa continuation ne soit prévue par le contrat ou que les autres membres ne le décident à l'unanimité.

Art. 885 [mod.] La dissolution du groupement d'intérêt économique entraîne sa liquidation. La personnalité du groupement subsiste pour les besoins de sa liquidation.

La liquidation s'opère conformément aux dispositions du contrat. A défaut, un liquidateur est nommé par l'assemblée générale des membres du groupement d'intérêt économique ou si l'assemblée n'a pu procéder à cette nomination, par décision de la juridiction compétente.

Après paiement des dettes, l'excédent d'actif est réparti entre les membres dans les conditions prévues par le contrat. A défaut, la répartition est faite par parts égales.

JURISPRUDENCE OHADA

I. Incompétence du juge pour procéder au partage après la désignation d'un liquidateur

C'est en violation de l'article 885 de l'AUSCGIE qu'une cour d'appel a confirmé le jugement dans lequel un juge a lui-même procédé au partage entre les associés après désignation d'un liquidateur, expert comptable agréé à qui il a enjoint de se conformer à sa décision de partage sans même que les opérations de liquidation aient commencé, alors que conformément au texte précité et aux statuts de la société, il appartenait au liquidateur de procéder au partage entre les membres du groupement après extinction du passif ; cassation de l'arrêt attaqué. Sur l'évocation, dès la désignation d'un liquidateur, celui-ci est la seule personne habilitée à représenter la société et à effectuer toutes opérations relatives à la liquidation. Le juge qui a procédé au partage des biens après avoir nommé un liquidateur a agi de façon irrégulière et pour les mêmes motifs que ceux ayant entraîné la cassation, il convient d'infirmer le jugement sur ce point (CCJA, ass. plén., n° 059, 27-4-2015 : SOMAPIM c/ Sté Immobilière et Foncière du Mali dite SIFMA, BIM, intervenante forcée, Ohadata J-16-59).

II. Mission du liquidateur

Les parties ne s'accordant pas sur les apports faits au GIE, le liquidateur désigné aura pour mission de faire des investigations sur les apports, de dresser un état de la liquidation, de procéder au paiement des créanciers et enfin au partage entre les associés, ce, conformément aux articles 24 et suivants des statuts du GIE en cause et aux articles 228 à 241 et 885 de l'AUSCGIE, la durée de sa mission étant fixée pour 6 mois à compter de la date de la présente décision (CCJA, ass. plén., n° 059, 27-4-2015 : SOMAPIM c/ SIFMA, BIM, intervenante forcée, Ohadata J-16-59).

Partie III

DISPOSITIONS PÉNALES

Titre I

INFRACTIONS RELATIVES À LA CONSTITUTION DES SOCIÉTÉS

Art. 886 [mod.] Constitue une infraction pénale, le fait, pour les fondateurs, le président-directeur général, le directeur général, l'administrateur général ou l'administrateur général adjoint d'une société anonyme d'émettre des actions avant l'immatriculation ou à n'importe quelle époque lorsque l'immatriculation est obtenue par fraude ou que la société est irrégulièrement constituée.

Art. 887 Encourent une sanction pénale :

1°) ceux qui, sciemment, par l'établissement de la déclaration notariée de souscription et de versement ou du certificat du dépositaire, auront affirmé sincères et véritables des souscriptions qu'ils savaient fictives ou auront déclaré que les fonds qui n'ont pas été mis définitivement à la disposition de la société ont été effectivement versés ;

2°) ceux qui auront remis au notaire ou au dépositaire, une liste des actionnaires ou des bulletins de souscription et de versement mentionnant des souscriptions fictives ou des versements de fonds qui n'ont pas été mis définitivement à la disposition de la société ;

3°) ceux qui sciemment, par simulation de souscription ou de versement ou par publication de souscription ou de versement qui n'existent pas ou de tous autres faits faux, auront obtenu ou tenté d'obtenir des souscriptions ou des versements ;

4°) ceux qui, sciemment, pour provoquer des souscriptions ou des versements auront publié les noms de personnes désignées contrairement à la vérité comme étant ou devant être attachées à la société à un titre quelconque ; ceux qui, frauduleusement, auront fait attribuer à un apport en nature, une évaluation supérieure à sa valeur réelle.

• Titre II •

INFRACTIONS RELATIVES À LA GÉRANCE, À L'ADMINISTRATION ET À LA DIRECTION DES SOCIÉTÉS

Art. 888 [mod.] **Encourent une sanction pénale, ceux qui ont sciemment négocié :**
1°) des actions non entièrement libérées ;
2°) des actions de numéraire pour lesquelles le versement du quart du nominal n'a pas été effectué.

OBSERVATIONS

Incrimination nouvelle : la « négociation d'actions non entièrement libérées ».
Suppression de l'incrimination ancienne de la négociation des actions d'apport avant l'expiration du délai pendant lequel elles ne sont pas négociables.

Art. 889 [mod.] **Encourent une sanction pénale, les dirigeants sociaux qui, en l'absence d'inventaire ou au moyen d'inventaire frauduleux, ont, sciemment, opéré entre les actionnaires ou les associés la répartition de dividendes fictifs.**

Art. 890 [mod.] **Encourent une sanction pénale, les dirigeants sociaux qui ont sciemment, même en l'absence de toute distribution de dividendes, publié ou présenté aux actionnaires ou associés, en vue de dissimuler la véritable situation de la société, des états financiers de synthèse ne donnant pas, pour chaque exercice, une image fidèle des opérations de l'exercice, de la situation financière et de celle du patrimoine de la société, à l'expiration de cette période.**

JURISPRUDENCE COMPARÉE

France

A. Auteurs du délit

Le délit a été retenu à l'encontre :
– des administrateurs en exercice au moment de la présentation du bilan qui connaissaient cette inexactitude, même s'ils n'ont pas participé à la délibération du conseil arrêtant les comptes et à celle de l'assemblée d'approbation (Cass. crim. 20-7-1977 : Bull. crim. n° 267) ;
– du président d'une société anonyme ayant présenté à l'assemblée un bilan inexact dressé avant sa désignation mais connu par lui (Cass. crim. 16-9-1985 : Bull. Joly 1985 p. 1039) ;
– d'un dirigeant de fait (Cass. crim. 22-6-1981 : BRDA 21/81 p. 9 ; T. corr. Paris 10-1-1980 : Gaz. Pal. 1980 p. 712) ;
– du directeur administratif d'une société anonyme chargé de la comptabilité générale qui a été complice du délit de présentation de bilans inexacts en assumant, en toute connaissance de cause, la responsabilité des inexactitudes comptables ayant servi à établir de faux bilans (Cass. crim. 14-1-1980 : Bull. crim. n° 21).

B. Existence du délit

Ne donnent pas une image fidèle du résultat :
– des bilans affectés par des manipulations comptables ayant consisté à dissimuler des prélèvements injustifiés d'associés en les enregistrant comme des créances de la société sur des tiers (Cass. crim. 1-7-2009 n° 08-88.308 : RJDA 11/09 n° 975) ;
– des comptes pour lesquels n'a pas été constituée une provision en rapport avec le montant d'un redressement notifié par l'Urssaf, redressement qui n'a pas été mentionné dans l'annexe (Cass. crim. 25-2-2009 n° 08-85.596 : Bull. Joly 2009 p. 1010 note J.F. Barbièri) ;
– des comptes pour lesquels les provisions pour dépréciation des titres n'ont pas été constituées, les pertes d'exploitation subies entre la date d'arrêté des comptes et celle de l'assemblée n'ayant en outre pas été mentionnées dans l'annexe (Cass. crim. 17-10-2007 n° 07-81.033 : RJDA 3/08 n° 294).

C. Défaut de délit

Bien qu'un bilan inexact ait été adressé à l'acquéreur de la majorité du capital d'une société anonyme, le délit n'est pas caractérisé en l'absence de preuve que ce bilan avait été présenté à l'assemblée générale et en raison de l'insuffisance de la communication à un seul destinataire insuffisante pour caractériser la publication (Cass. crim. 15-10-1990 : BRDA 23/90 p. 9).

D. Publication ou présentation de comptes infidèles

Absence de publication ou de présentation. Le délit n'est pas commis :
– bien qu'un bilan inexact ait été communiqué à l'acquéreur de la majorité du capital d'une société anonyme, dès lors que, d'une part, il n'était pas établi que ce bilan avait été présenté à l'assemblée générale et que, d'autre part, la communication à un seul destinataire n'est pas suffisante pour caractériser la publication (Cass. crim. 15-10-1990 : BRDA 23/90 p. 9) ;
– s'il n'est pas établi que la présentation a été faite sciemment en vue de dissimuler la véritable situation de la société (Cass. crim. 29-11-2000 n° 99-80.324 : RJDA 10/01 n° 981).

E. Constitution de partie civile

1° Recevabilité

Est autorisé à se porter partie civile :
– l'acquéreur de la majorité des actions d'une société même en l'absence d'approbation du bilan à une époque où l'intéressé n'était pas encore actionnaire, dès lors que ce bilan a fondé l'évaluation des actions acquises par lui (Cass. crim. 5-11-1991 : RJDA 2/92 n° 154 ; Cass. crim. 16-4-2008 n° 07-84.713 : RJDA 2/09 n° 114 ; pour une solution voisine, rendue sur demande d'un minoritaire, Cass. crim. 30-1-2002 n° 663 : RJDA 6/02 n° 646) ;
– un banquier ayant octroyé à une société anonyme des concours financiers importants en raison d'un bilan positif certifié par le commissaire aux comptes mais s'avérant inexact (Cass. crim. 13-2-1997 : RJDA 10/97 n° 1217).

2° Irrecevabilité

La constitution de partie civile n'est par recevable de la part :
– de banques ayant prêté des fonds à une société mise ensuite en redressement judiciaire ne démontrant pas l'existence d'un préjudice personnel distinct subi de celui invoqué par le commissaire à l'exécution du plan par tous les créanciers (Cass. crim. 17-11-2004 n° 6480 : RJDA 4/05 n° 403) ;
– d'un syndicat dès lors que le préjudice indirect soi disant causé à l'intérêt collectif de la profession se confond avec le préjudice, lui-même indirect, qui aurait affecté les salariés de la société (Cass. crim. 29-11-2000 n° 99-80.324 : RJDA 10/01 n° 981).

F. Prescription

Point de départ du délai de prescription. Concernant la présentation de bilan inexact, les juges ont estimé que :
– le délai de prescription de l'action publique débute non pas à compter de la date de l'assemblée se voyant présenter les comptes mais à compter du jour de la mise à disposition des comptes aux actionnaires leur permettant d'exercer leur droit de communication (CA Paris 12-6-1984 : Gaz. Pal. 1984 p. 587 note Marchi) ;
– la publication du bilan inexact après sa présentation aux actionnaires est susceptible de faire courir un délai de prescription nouveau (cf. Cass. crim. 31-10-2000 : JCPE 2001 p. 807 note Robert).

G. Sanction du dol commis à l'occasion d'une cession d'actions conclue sur une image infidèle des comptes présentés à l'acquéreur

Dans le cas où le cédant de la majorité des actions d'une SA a été condamné par une juridiction pénale pour présentation de comptes infidèles et reconnu non coupable d'escroquerie en l'absence de manœuvres frauduleuses lors de la présentation de ces comptes à l'acquéreur, la cession peut encore être annulée pour dol, dans la mesure où la présentation de comptes infidèles peut constituer, indépendamment des manœuvres frauduleuses constitutives de l'escroquerie, un dol (Cass. com. 26-5-2009 n° 08-15.980 : BRDA 11/09 inf. 6).

Art. 890-1 [nouv.] Encourent une sanction pénale, les dirigeants sociaux qui n'ont pas déposé, dans le mois qui suit leur approbation, les états financiers de synthèse.

Art. 891 [mod.] Encourent une sanction pénale le gérant de la société à responsabilité limitée, les administrateurs, le président directeur général, le directeur général, le directeur général adjoint, le président de la société par actions simplifiée, l'administrateur général ou l'administrateur général adjoint qui, de mauvaise foi, font des

biens ou du crédit de la société, un usage qu'ils savent contraire à l'intérêt de celle-ci, à des fins personnelles, matérielles ou morales, ou pour favoriser une autre personne morale dans laquelle ils sont intéressés, directement ou indirectement.

JURISPRUDENCE OHADA

Qualification du délit d'abus de biens sociaux

A. Existence du délit

Le délit d'abus de biens sociaux est constitué par le fait pour un directeur général de société :
– de s'accorder un prêt en violation de l'article 450, al. 1er de l'AUSCGIE (interdiction de conclure un prêt avec la société), peu important que ce prêt ait été accordé durant un conseil d'administration, qu'il profite à l'ensemble du personnel, et soit en cours de remboursement (TGI Ouagadougou, corr., 10-1-2000 : S. S. c/ M. Y. J. V. A., ex-Directeur Général de l'U. A. B., Revue burkinabé de droit, n° 42, 2e semestre 2002, Ohadata J-05-248) ;
– d'avoir indûment prélevé sur la trésorerie de la société une somme au profit d'avocats ayant protégé les intérêts [personnels] de certains actionnaires, ces avocats eux-mêmes ayant défendu les intérêts des actionnaires qui les ont choisi dans leur propre intérêt et non pas dans l'intérêt social (TGI Ouagadougou, n° 860, 10-1-2000 : Ministère public c/ Y. J. V. A., Ohadata J-05-225 (décision rendue en application du Code CIMA transposable en droit de l'OHADA, en ce qui concerne l'abus de biens sociaux).

B. Absence de délit

Le délit d'abus de biens sociaux prévu à l'article 891 de l'AUSCGIE est caractérisé par l'usage des biens sociaux contraire aux intérêts de la société et commis de mauvaise foi dans un but personnel ou pour profiter à une autre société ou entreprise dans laquelle le dirigeant est directement ou indirectement intéressé. Il est admis qu'un acte d'usage contraire à l'intérêt de la société peut consister à faire courir à l'actif social, des risques de perte auxquels cet actif ne devait pas être exposé (Cass. crim. 8-12-1971 : Bull. crim. n° 346). Pour déterminer si un acte d'usage est ou non contraire à l'intérêt social, il faut apprécier ce qu'était, dans la situation particulière où elle se trouvait, l'intérêt de la société. Lorsqu'un contrat de prestations de services a été signé le 21 juillet 1997 entre un prestataire de services et une société sans précision de sa date de prise d'effet et qu'un différend est survenu entre les parties sur cette date, la date de signature de cette convention doit être retenue comme date du début de son exécution et les redevances payées à compter de cette date en rémunération des services du prestataire qui avait commencé l'exécution de ses obligations, ne sont ni abusifs ni contraires à l'intérêt social. Le délit d'abus de biens sociaux n'est pas caractérisé et il s'ensuit que le recel et la complicité, qui supposent un fait principal punissable, ne peuvent être démontrés (TRHC Dakar, 10-8-2000 : Club des Actionnaires de la SONATEL c/ C. M., Ohadata J-03-93).

C'est à juste titre que l'article 891 de l'AUSCGIE a été écarté par une cour d'appel, dès lors qu'il n'a pas été contesté que c'est de manière courante et habituelle que des prêts, non contraires à l'ordre public et aux statuts, étaient consentis par l'ancien directeur général de la société, ce d'autant qu'en procédant par une convention notariée, le directeur général a prêté au nom de la société ; et qu'il est également établi que la créance de la société sur le demandeur n'a nullement été occultée et était connue des nouveaux actionnaires, de même qu'elle a été confirmée par les commissaires aux comptes ; rejet (CCJA, 3e ch., n° 157, 18-10-2018 : Issambi Mbi Bonnes Thierry François c/ Sté d'Électricité, de Téléphone et d'Eau du Gabon SA, Jean Pierre Dujacquier).

Obs. : la jurisprudence de la Cour de cassation française a été citée dans cette décision.
Pour une illustration de la corruption de fonctionnaire, et la prise illégale d'intérêts, voir (TRHC Dakar, n° 3199, 9-7-2002 : MP c/ A. S., Ohadata J-05-271, déclarant le fonctionnaire à jamais inapte à exercer des fonctions publiques).

JURISPRUDENCE COMPARÉE

France

A. Localisation en France du délit

Le délit est punissable si la société victime des détournements de fonds sociaux a son siège réel en France *(Cass. crim. 31-1-2007 n° 02-85.089* : RJDA 11/07 n° 1118).

Le délit n'est pas punissable s'il a été commis en France par le dirigeant d'une société de droit étranger au regard de laquelle seule la qualification d'abus de confiance est susceptible d'être retenue (Cass. crim. 3-6-2004 n° 3544 : RJDA 10/04 n° 1129).

B. Éléments constitutifs du délit d'abus de biens sociaux

1° Usage contraire à l'intérêt social

a. Existence

Est contraire à l'intérêt social :

– le fait pour les administrateurs d'avoir utilisé les fonds sociaux pour régler les honoraires de leurs avocats et des experts alors que seule leur responsabilité personnelle était en cause (CA Amiens 11-7-1962 : Rev. sociétés 1963 p. 295) ;

– tout acte appauvrissant, même temporairement, le patrimoine de la société, par exemple par le biais d'un prélèvement de fonds fait sans contrepartie pour la société ou moyennant des prestations fictives ; la loi sanctionne non seulement l'appropriation des biens sociaux par les dirigeants mais également leur seul usage abusif, sans que la restitution des biens détournés ou une contrepartie quelconque économique puisse effacer l'infraction (Cass. crim. 11-1-1968 : Bull. crim. n° 11 ; Cass. crim. 21-8-1991 : RJDA 12/91 n° 1032) ;

– le fait pour un président d'avoir reçu personnellement les redevances consécutives à la cession de brevets réalisés à l'aide des dépenses de recherche et de perfectionnement assumées par la société (Cass. crim. 14-11-1973 : Bull. crim. n° 415) ;

– le fait pour le président d'avoir conservé un découvert constant de son compte courant dans la société pendant huit mois successifs (Cass. crim. 9-5-1988 : BRDA 13/88 p. 7) ;

– le fait pour le gérant majoritaire de SARL de s'attribuer des rémunérations excessives constitue le délit d'abus de biens sociaux (Cass. crim. 15-7-1981 : Bull. Joly 1981 p. 840 ; Cass. crim. 13-12-1988 : Bull. crim. n° 429) ;

– le fait pour l'actionnaire majoritaire d'une société d'avoir fait financer l'acquisition d'une filiale, dont il était devenu le président-directeur général, au moyen de la trésorerie de celle-ci (Cass. crim. 24-6-1991 : RJDA 11/91 n° 926 ; Cass. crim. 5-5-1997 : RJDA 12/97 n° 1493) ;

– le fait pour un président d'avoir fait supporter par la société les amendes auxquelles il avait été condamné pour infractions aux dispositions du Code de la route portant sur les conditions de mise en circulation et l'équipement des véhicules de la société (Cass. crim. 3-2-1992 : RJDA 7/92 n° 709) ;

– le versement à un ancien président d'une rémunération ne correspondant à aucune opération (Cass. crim. 28-3-1996 : Bull. crim. n° 142) ;

– le fait pour un gérant d'avoir fait assumer par la société les dépenses de voyage de personnalités politiques locales dans la seule perspective d'accords futurs avec des collectivités publiques (Cass. crim. 20-9-2000 n° 5345 : RJDA 1/01 n° 38) ;

– le fait pour un gérant ayant loué à sa société des locaux de stockage lui appartenant, d'avoir poursuivi la location de ces immeubles sans intérêt pour celle-ci (Cass. crim. 12-9-2001 n° 5578 : RJDA 1/02 n° 55) ;

– l'omission par les dirigeants sociaux de rembourser à la société un montant débité par une banque à la suite d'une erreur de compte au bénéfice d'une société civile gérée par dirigeants les seuls associés (Cass. crim. 28-1-2004 n° 724 : RJDA 6/04 n° 721, 1e esp.) ;

– l'usage des fonds sociaux en vue de faciliter le fonctionnement d'une structure sans personnalité morale qui porte incontestablement atteinte à l'intérêt social, même si la société n'exerce plus aucune activité (Cass. crim. 19-10-2005 n° 5687 : RJDA 7/06 n° 792) ;

– l'utilisation des fonds sociaux dans le seul but de commettre un délit, notamment de corruption, indépendamment de son intérêt à court terme, car elle fait courir à la société un risque anormal de sanctions pénales ou fiscales contre et ses dirigeants et affecte son crédit et sa renommée (Cass. crim. 27-10-1997 n° 5593 : RJDA 2/98 n° 179 ; Cass. crim. 22-9-2004 n° 5241 : RJDA 10/05 n° 1120) ; il en est ainsi de la prise en charge par une société du montant d'un billet d'avion et du logement dans une résidence de loisirs d'un agent d'un organisme administratif afin de décrocher des contrats avec cet organisme (Cass. crim. 10-3-2004 n° 1445 : RJDA 7/04 n° 841) ;

– le fait d'avoir fait régler par la société des redevances de prestations de services à une autre société qui s'avéraient excessives eu égard à la valeur réelle des services fournis (CA Versailles 30-6-2005 n° 04/748 : RJDA 11/05 n° 1238) ;

– les agissements du gérant statutaire et du gérant de fait d'une société dans les circonstances suivantes :

• dans le cadre de restructurations successives des sociétés d'un groupe, l'outil de fabrication d'une société a été cédé à la société A, constituée pour la circonstance entre le gérant et le gérant de fait et des sociétés contrôlées par eux et le matériel a été aussitôt revendu, à vil prix, à la société B, dirigée par le gérant de fait de la société A et donné en location, moyennant un loyer excessif, à la société A, ensuite déclarée en liquidation judiciaire ;

• la société B a rétrocédé le matériel, tout en continuant à en percevoir les loyers de la part de la société A, à une société roumaine sans autre contrepartie que l'engagement de celle-ci, dépourvu de clause pénale, de confier sa production à la société A ;

• la société A a payé des factures d'honoraires émises par une troisième société, également gérée par le gérant de fait de la société A, sans justification des prestations facturées ;

• le gérant statutaire a perçu une rémunération mensuelle excessive compte tenu des difficultés financières de la société et de l'insuffisance du travail fourni

(Cass. crim. 21-10-2009 n° 09-80.393 : RJDA 4/10 n° 3931.1.2).

b. Absence

N'est pas contraire à l'intérêt social, le contrat conclu entre la société et un entrepreneur pour l'exécution de travaux d'équipement de forage et de pompage destinés à permettre l'alimentation en eau du jardin et de la piscine de la propriété du gérant ainsi que l'alimentation en eau de la société, voisine (Cass. com. 9-6-2009 n° 08-15.270 : RJDA 11/09 n° 928).

Usage non obligatoirement contraire à l'intérêt social. Le règlement de factures fictives correspondant à des travaux réalisés de manière clandestine par une entreprise n'existant pas légalement et n'ayant effectué aucune déclaration fiscale, ne suffit pas à lui seul à caractériser le délit d'abus de biens sociaux du seul fait du risque de redressement fiscal (CA Paris 3-12-1997 : RJDA 6/98 n° 734).

2° Usage effectué dans un but personnel

a. Caractéristiques du but personnel

L'objectif personnel poursuivi par l'auteur du fait peut être :
– matériel (enrichissement du dirigeant ; maintien de sa situation personnelle au sein de la société : Cass. crim. 22-9-2004 n° 5241 : RJDA 10/05 n° 1120) ;
– moral et naître de l'intention de maintenir de bonnes relations avec un tiers notamment proche des sphères politiques (Cass. crim. 15-9-1999 n° 5178 : RJDA 1/00 n° 35 ; Cass. crim. 17-10-2007 n° 07-81.038 : RJDA 3/08 n° 315 ; Cass. crim. 14-11-2007 n° 06-87.378 : RJDA 3/08 n° 290) ;
– non exclusif (Cass. crim. 14-5-2003 n° 2610 : RJDA 3/04 n° 322) ; un dirigeant a ainsi été condamné pour avoir engagé une dépense non due afin de préserver le chiffre d'affaires de la société (Cass. crim. 10-3-2004 n° 1445 : RJDA 7/04 n° 841) ;
– indirect, ainsi quand le dirigeant de deux sociétés ne partageant pas d'intérêts complémentaires utilise indifféremment, en fonction des besoins ponctuels, les biens de l'une au bénéfice de l'autre et fait ainsi courir à l'actif de chaque société des risques de pertes inadmissibles (Cass. crim. 16-12-1975 : Bull. crim. n° 279).

b. Absence d'intérêt personnel

Le versement de fonds sociaux destiné à régler le montant d'une amende due par un ancien salarié de la société coupable de vol au détriment de celle-ci ne caractérise pas un abus de biens sociaux si les dirigeants ont subi la pression des syndicats menaçant la société d'une grève, excluant ainsi toute recherche d'un intérêt personnel (CA Rouen 13-3-1997 : Bull. Joly 1997 p. 1043 note J.-F. Barbiéri).

c. Preuve de l'intérêt personnel

Le juge est seul compétent pour caractériser l'intérêt personnel du dirigeant dans chaque affaire (Cass. crim. 1-3-2000 n° 1672 : RJDA 6/00 n° 671 ; Cass. crim. 4-11-2004 n° 6236 : RJDA 5/05 n° 577), excepté dans le cas où ce dernier a ponctionné de manière occulte des fonds sociaux : l'intérêt personnel est alors présumé et le dirigeant doit alors, pour justifier son innocence, démontrer l'utilisation des fonds dans l'intérêt exclusif de la société (Cass. crim. 11-1-1996 n° 177 : RJDA 4/96 n° 508 ; Cass. crim. 27-3-2002 n° 1869 : RJDA 10/02 n° 1037).

3° Usage fait de mauvaise foi

La mauvaise foi s'apprécie au moment où les actes incriminés ont été commis (CA Chambéry 10-10-2013 n° 13/00306 : RJDA 3/14 n° 238).

C. Application du délit aux rapports financiers entre sociétés d'un même groupe

1° Avances de trésorerie entre sociétés d'un même groupe

Les avances de trésorerie consenties par une société à une autre société du même groupe ne constituent pas un abus de biens sociaux lorsque les conditions suivantes sont réunies (Cass. crim. 4-2-1985 : D. 1985 p. 478 note D. Ohl ; Cass. crim. 13-2-1989 : Rev. sociétés 1989 p. 692 note B. Bouloc) :

1. Les deux sociétés doivent appartenir au même groupe, ce qui suppose l'existence de liens structurels entre les sociétés membres du groupe et la mise en œuvre d'une stratégie commune en vue de la réalisation d'un objectif commun (cf. Cass. crim. 23-4-1991 : Bull. crim. n° 193 ; Cass. crim. 24-6-1991 : RJDA 11/91 n° 926).

Cette condition n'est pas remplie :
– lorsque le prétendu groupe résulte de sociétés fermées dont les liens financiers dépendent du seul pouvoir des dirigeants qui ont choisi, selon des critères personnels, l'orientation économique d'entreprises juridiquement indépendantes dont ils sont les principaux actionnaires et dont ils ont le contrôle absolu (T. corr. Mulhouse 25-3-1983 : D. 1984 p. 285 note C. Ducouloux-Favard) ;
– lorsqu'il n'existe aucune complémentarité des activités des établissements composant le prétendu groupe (T. corr. Paris 29-4-1983 : Gaz. Pal. 1983 p. 425 note J.-P. Marchi) ;
– lorsque aucune stratégie commune n'a été définie entre les sociétés concernées, la seule similitude des activités exercées par elles ne pouvant suffire à caractériser l'existence d'un groupe (CA Paris 17-12-1990 : Gaz. Pal. 1991 p. 359 note J.-P. Marchi) ;
– lorsque les sociétés en cause ne sont liées entre elles que par des « jeux d'écriture » et qu'il n'existe aucune politique décidée en conseil d'administration

ou en assemblée générale, les opérations financières critiquées étant dissimulées dans la comptabilité par des artifices sous le couvert de contrats commerciaux fictifs (Cass. crim. 23-4-1991, précité).

2. L'opération doit être dictée par un intérêt économique, social ou financier commun, apprécié au regard d'une politique élaborée pour l'ensemble du groupe (pour un exemple dans lequel l'unité économique des sociétés du groupe n'était pas établie, Cass. crim. 2-7-1998 : RJDA 1/99 n° 52).

Le concours financier ne doit pas être dépourvu de contrepartie ou rompre l'équilibre entre les engagements respectifs des diverses sociétés concernées, ni excéder les possibilités financières de celle qui en supporte la charge.

a. Conditions remplies

Il en est ainsi :

– de la « surfacturation » faite par une société au profit de sa filiale, dès lors que cette aide n'avait pas compromis la situation financière de la société mère et qu'elle constituait une opération « normale » entre mère et filiale, excluant toute intention frauduleuse du dirigeant qui n'en avait retiré aucun profit personnel (Cass. crim. 20-10-1986 : BRDA 23/86 p. 11 ; voir aussi T. corr. Lyon 20-6-1985 : Gaz. Pal. 1986 p. 782 note J.-P. Marchi à propos de l'établissement de fausses factures au profit d'une filiale en difficulté) ;

– dès lors que la filiale, créée afin de gérer et commercialiser un patrimoine immobilier pour le compte de la société mère, a assuré la gestion de vingt-cinq sociétés civiles immobilières, chargées chacune de la réalisation d'un programme immobilier particulier, et a reçu des honoraires de gestion qu'elle a fait remonter vers la société mère (CA Rennes 6-1-2005 n° 04/618 : RJDA 5/06 n° 545).

b. Conditions non remplies

Le délit d'abus de biens sociaux est constitué :

– si les avances ont été accordées sans contrepartie à d'autres sociétés du groupe dans lesquelles les dirigeants de la société prêteuse avaient des intérêts personnels (Cass. crim. 9-1-1984 : Bull. Joly 1984 p. 413 ; Cass. crim. 24-6-1991 : RJDA 11/91 n° 926 ; Cass. crim. 4-9-1996 : RJDA 1/97 n° 58 ; Cass. crim. 20-3-2007 n° 05-85.253 : RJDA 10/07 n° 978) ;

– lorsque les opérations critiquées étaient effectuées au profit d'une société et au préjudice d'une autre, au gré des circonstances, sans plan d'ensemble ni justification économique, à la faveur du désordre régnant dans les comptabilités respectives des entreprises et qu'elles tendaient en outre à masquer la réalité de la situation désastreuse de chacune de ces sociétés (Cass. crim. 9-12-1991 : RJDA 5/92 n° 463) ;

– lorsque le président d'une société A qui avait prélevé dans la trésorerie de cette société, au profit d'une société holding B dont il était gérant, des sommes destinées à rembourser un emprunt contracté pour le rachat des actions de la société A et à acquérir les parts d'une société C, car la société B ne disposait à l'évidence pas des ressources suffisantes pour faire face au remboursement des avances et prêts dont elle avait bénéficié, lesquels avaient été consentis sans contrepartie réelle et au bénéfice exclusif de l'intéressé, qui détenait la majorité du capital de la société B (Cass. crim. 5-5-1997 : RJDA 12/97 n° 1493) ;

– dès lors que la société mère, soumise par la suite à une procédure de redressement judiciaire, avait accordé sans contrepartie une aide financière dépassant ses possibilités et donc contraire à son intérêt (Cass. crim. 18-1-1993 : RJDA 6/93 n° 515).

2° Prestations de services entre sociétés d'un même groupe

Les conditions de réalisation du délit d'aburs de biens sociaux relatives aux avances de trésorerie entre sociétés d'un même groupe s'appliquent également aux mandats de service conclus entre deux sociétés d'un même groupe ayant des administrateurs communs ; ainsi le délit n'est pas consitiué : par des mises de fonds, consenies par une société du groupe, complémentaires d'une prise de participation dans une autre société, destinées à procurer à la société bénéficiares les ressources nécessaires à son activité et, par voie de conséquence, par des engagements comme cautions, avals ou autres garanties directement liés à cette prise de participation ; lorsque la prise de participation est l'oeuvre d'un groupe et qu'elle concerne la totalité des actions de la société ainsi créée ou achetée, la solidarité économique peut conduire à n'exiger aucune rémunération pour les cautions (CA Paris 29-5-1986 : Gaz. Pal. 1986 p. 479 note J.-P. Marchi).

D. Imputation du délit

1° Agissements personnels du dirigeant

Défaut de participation personnelle des dirigeants poursuivis. Le dirigeant d'une société ne peut être reconnu coupable :

– d'avoir versé des fonds sociaux à un ancien salarié de la société afin de lui permettre de payer l'amende à laquelle il avait été condamné pour vol au détriment de celle-ci dès lors qu'il avait agi sous la pression des syndicats et se trouvait sous la menace d'une grève de sorte qu'ils ne pouvaient pas être considérés comme ayant poursuivi un intérêt personnel (CA Rouen 13-3-1997 : Bull. Joly 1997 p. 1043 note J.-F. Barbièri) ;

– d'avoir toujours connu et masqué les agissements de son directeur général qu'il savait irréguliers et avoir refusé toute information détaillée car ce motif ne suffisait pas à lui seul à établir sa contribution personnelle aux agissements incriminés (Cass. crim. 20-3-1997 : Rev. sociétés 1997 p. 581 note Bouloc) ;

– d'avoir acheté par le biais de la société un véhicule réservé à ses besoins personnels ainsi que le montant de sa revente au seul motif qu'il devait en tant que président empêcher ces agissements, ce qu'il n'avait pas fait, car cet argument était insuffisant à lui seul à établir sa participation personnelle à l'infraction (Cass. crim. 7-9-2005 n° 4705 : RJDA 4/06 n° 420) ;
– de l'opération incriminée décidée avant son entrée en fonction car le délit d'abus des biens sociaux est un délit instantané (CA Reims 25-9-1986 : Rev. jur. com. 1987.109).

2° Refus d'exonération des dirigeants poursuivis

Il est impossible pour les dirigeants de :
– se soustraire à la condamnation en reversant à la société les actifs détournés ou en réparant le préjudice que la société a subi (Cass. crim. 3-5-1967 : Bull. crim. n° 148 ; Cass. crim. 15-5-1974 : Bull. crim. n° 177 ; Cass. crim. 22-9-2004 : RJDA 8-9/05 n° 992, 1e esp.) ;
– se disculper en prétextant le consentement des associés ou l'approbation de l'assemblée générale, alors que le législateur vise à préserver non seulement les intérêts des associés mais également le patrimoine de la société et les intérêts des tiers (Cass. crim. 19-10-1971 : Bull. crim. n° 272 ; Cass. crim. 30-9-1991 : RJDA 1/92 n° 44). ;
– se retrancher derrière leur incompétence, en particulier comptable (Cass. crim. 25-5-1992 : RJDA 11/92 n° 1026), ni leur éloignement des missions comptables et administratives de la société (Cass. crim. 26-6-1978 : Bull. crim. n° 212), ni la compensation des effets négatifs de l'abus par des avantages provenant de leurs opérations profitables (Cass. crim. 16-12-1975 : Bull. crim. n° 279) ;
– s'exonérer en estimant avoir respecté la procédure d'approbation des conventions réglementées, ce qui est insuffisant pas à lui seul pour écarter l'atteinte à l'intérêt social, en particulier quand le dirigeant réunit tous les pouvoirs et bénéficie du soutien des principaux associés (CA Versailles 30-6-2005 : RJDA 11/05 n° 1238) ;
– prétexter l'approbation du conseil d'administration au versement d'une rémunération abusive (Cass. crim. 22-9-2004 : RJDA 8-9/05 n° 992, 1e esp.).

E. Prescription

1° Point de départ de la prescription

Date de la présentation des comptes sauf dissimulation. La prescription de trois ans commence à courir, sauf dissimulation, à la date de présentation des comptes annuels comportant les dépenses indûment imposées à la société (Cass. crim. 13-10-1999 : RJDA 2/00 n° 174 ; Cass. crim. 27-6-2001 n° 4783 : RJDA 12/01 n° 1218).

Il s'ensuit que :
– en cas de dépenses indues nées d'une convention à exécution successive (tel qu'un contrat de travail ou de prestations), le point de départ de la prescription est fixé à la date de présentation des comptes renfermant chacune de ces dépenses et non à la date de conclusion du contrat (Cass. crim. 28-5-2003 : RJDA 5/04 n° 576, 1e esp., concernant des versements de salaires rémunérant un emploi fictif ; Cass. crim. 16-6-2004 : RJDA 11/04 n° 1224, 1e esp., concernant des paiements de primes d'assurance-vie) ;
– lorsque les conditions d'exécution de l'accord nécessitent un rapport spécial du commissaire aux comptes rédigé en fin d'exercice, la prescription court à dater de la présentation de ce rapport (Cass. crim. 8-10-2003 : RJDA 5/04 n° 576, 2e esp.).

2° Dissimulation des agissements répréhensibles

a. Existence de la dissimulation

La dissimulation susceptible de retarder le point de départ de la prescription est caractérisée :
– quand l'abus des biens a été déguisé par des mouvements comptables, tels que l'usage de « caisses noires » ou la passation d'écritures comptables irrégulières (Cass. crim. 19-10-2005 n° 5675 : RJDA 2/06 n° 156) ;
– même si la comptabilisation des dépenses indûment imputées à la société est régulière, quand des manœuvres frauduleuses, notamment l'établissement de fausses factures (Cass. crim. 16-11-2005 n° 6266 : RJDA 3/06 n° 292), ont empêché les associés de relever la présence de ces dépenses dans les comptes annuels (Cass. crim. 10-4-2002 n° 2317 : RJDA 2/03 n° 145, 1e esp. ; Cass. crim. 14-5-2003 n° 2610 : RJDA 3/04 n° 322) ou lorsque celles-ci n'y sont pas clairement lisibles (Cass. crim. 28-1-2004 n° 711 : RJDA 11/04 n° 1224, 2e esp. ; Cass. crim. 4-11-2004 n° 6236 : RJDA 5/05 n° 577).

Point de départ en cas de dissimulation. En cas de dissimulation, le point de départ de la prescription est fixé au jour où l'abus a été révélé (Cass. crim. 13-2-1989 : Bull. crim. n° 69).

b. Absence de dissimulation

Il n'y a pas dissimulation :
– lorsque des éléments de mauvaise gestion ont été découverts à l'occasion de contrôles et audits financiers d'une société car n'entraînant pas obligatoirement une attitude des dirigeants caractéristique d'abus de biens sociaux, cette découverte n'équivaut pas à la révélation des abus commis et ne peut pas faire courir le délai de prescription (Cass. crim. 7-5-2002 n° 2320 : RJDA 2/03 n° 145, 2e esp.) ;
– lorsque l'actionnaire qui mettait en cause le dirigeant qui avait vendu à ses proches pour 1 F les actions d'une filiale bénéficiaire, dès lors que cet actionnaire connaissait, dès la date de l'acte, les

modalités de cet achat ; la seule connaissance du montant suffisait à attirer son attention eu égard à la valeur réelle des actifs de la filiale (Cass. crim. 11-2-2003 nº 860 : RJDA 6/03 nº 604).

F. Consitution de partie civile

1º Irrecevabilité de la constitution de partie civile par un associé

Le délit d'abus de biens sociaux n'occasionnant un dommage personnel et direct qu'à la société elle-même et non à chaque associé (Cass. crim. 14-6-2006 nº 3555 : RJDA 1/07 nº 61, 2e esp. ; Cass. crim. 25-2-2009 nº 08-80.314 : RJDA 7/09 nº 656) un associé ne peut donc pas demander devant le juge pénal l'octroi d'une indemnité destinée à réparer la perte de valeur de ses droits sociaux (Cass. crim. 13-12-2000 nº 7552 et 7554 : RJDA 5/01 nº 593 ; Cass. crim. 18-9-2002 nº 5072 : RJDA 2/03 nº 146 ; Cass. crim. 9-3-2005 nº 1575 : RJDA 7/05 nº 825, 2e esp.), l'atteinte au capital ou aux intérêts de la société (Cass. crim. 9-3-2005 nº 1590 : RJDA 7/05 nº 825, 3e esp. ; Cass. crim. 13-9-2006 nº 4962 : RJDA 1/07 nº 61, 3e esp.) ou le préjudice moral subi du fait de ce délit (Cass. crim. 14-6-2006 nº 3555, précité).

2º Irrecevabilité de la constitution de partie civile par un non-associé

La constitution de partie civile a été refusée pour cause de préjudice indirect :
– à un créancier de la société (Cass. crim. 27-6-1995 nº 3064 : RJDA 11/95 nº 1244 ; Cass. crim. 11-5-2000 nº 3080 : RJDA 9-10/00 nº 875 ; Cass. crim. 20-5-2009 nº 08-86.899 : RJDA 3/10 nº 257) ;
– à un salarié (Cass. crim. 7-3-2000 : RJDA 9-10/00 nº 875, 1e esp. ; Cass. crim. 28-1-2004 nº 731 : RJDA 6/04 nº 721, 2e esp. ; Cass. crim. 23-3-2005 nº 1923 : RJDA 8-9/05 nº 992, 3e esp.) ;
– à un comité d'entreprise (Cass. crim. 4-11-1988 : Bull. crim. nº 373 ; Cass. crim. 19-6-2002 nº 3856 : RJDA 3/03 nº 268) ;
– à un syndicat professionnel (Cass. crim. 27-11-1991 : RJDA 3/92 nº 246 ; Cass. crim. 29-11-2000 nº 7231 : RJDA 10/01 nº 981 ; Cass. crim. 23-2-2005 nº 1319 : RJDA 8-9/05 nº 992, 4e esp.) ;
– à l'État en cas de détournements de fonds publics (Cass. crim. 28-2-2006 nº 1327 : RJDA 6/06 nº 655, 3e esp.) ;
– au commissaire aux comptes (Cass. crim. 29-11-1960 : Bull. crim. nº 553).

Art. 891-1 [nouv.] Encourent une sanction pénale, les dirigeants sociaux qui, sciemment :

1º) ne font pas figurer la dénomination sociale sur tous les actes et documents émanant de la société et destinés aux tiers ;

2º) ne font pas précéder ou suivre immédiatement la dénomination de l'indication, en caractères lisibles, de la forme de la société, du montant de son capital social, de l'adresse de son siège social et de la mention de son immatriculation au registre du commerce et du crédit mobilier.

Jurisprudence OHADA

Sanction des dirigeants pour l'omission du capital social

Si toute société commerciale est tenue de mentionner son capital sur ses actes, l'AUSCGIE du 17 avril 1997, applicable en l'espèce, n'engage, en cas d'inobservation de ce devoir, que la responsabilité civile de la société et de ses dirigeants concernés, à l'opposé de celui révisé du 30 janvier 2014 qui, dans ce cas, met en jeu, en son article 891-1, la responsabilité pénale de ces derniers. Il n'est donc pas prévu, comme le prétend l'intimé, la nullité de l'acte en cause (CCJA, 1e ch., nº 048, 18-3-2016 : Anon Seka c/ Gecos Formation SARL, Ohadata J-16-250).

Obs. : voir aussi sous l'art. 17.

Art. 891-2 [nouv.] Encourent une sanction pénale, les dirigeants sociaux d'une société étrangère ou la personne physique étrangère dont la succursale, au delà d'une durée de deux (2) ans, n'a été ni apportée à une société de droit préexistante ou à créer de l'un des États parties ni radiée dans les conditions fixées par l'article 120 ci-dessus.

Observations

Incrimination du défaut de conformité aux règles applicables aux succursales des sociétés ou personnes physiques étrangères.

Titre III

INFRACTIONS RELATIVES AUX ASSEMBLÉES GÉNÉRALES

Art. 891-3 Encourent une sanction pénale, ceux qui, sciemment, ont empêché un actionnaire ou un associé de participer à une assemblée générale.

Art. 892 [mod.] Encourent une sanction pénale, les dirigeants sociaux qui, sciemment, n'établissent pas les procès verbaux d'assemblées générales dans les formes requises par le présent Acte uniforme.

Observations

Incrimination du défaut d'établissement des procès-verbaux d'assemblées générales.

• Titre IV •

INFRACTIONS RELATIVES AUX MODIFICATIONS DU CAPITAL DES SOCIÉTÉS ANONYMES

• Chapitre I •

AUGMENTATION DE CAPITAL

Art. 893 [mod.] Encourent une sanction pénale, les administrateurs, le président du conseil d'administration, le président-directeur général, le directeur général, le directeur général adjoint, l'administrateur général, l'administrateur général adjoint d'une société anonyme ou le président d'une société par actions simplifiée qui, lors d'une augmentation de capital, ont émis des actions ou des coupures d'actions :

1°) avant que le certificat du dépositaire ait été établi ;

2°) sans que les formalités préalables à l'augmentation de capital aient été régulièrement accomplies ;

3°) sans que le capital antérieurement souscrit de la société ait été intégralement libéré ;

4°) sans que les actions nouvelles aient été libérées d'un quart au moins de leur valeur nominale au moment de la souscription ;

5°) le cas échéant, sans que l'intégralité de la prime d'émission ait été libérée au moment de la souscription.

Des sanctions pénales sont également applicables aux personnes visées au présent article qui n'ont pas maintenu les actions de numéraire sous forme nominative jusqu'à leur entière libération.

Observations

Suppression de l'incrimination de l'émission d'actions ou de coupures d'actions sans que les nouvelles actions d'apport aient été intégralement libérées avant l'inscription modificative au RCCM.

Art. 893-1 [nouv.] Encourent une sanction pénale, les gérants d'une société à responsabilité limitée qui, lors d'une augmentation de capital, ont émis des parts sans que ces nouvelles parts aient été libérées de la moitié au moins de leur valeur nominale au moment de la souscription.

Observations

Incrimination de l'émission de parts de SARL à la suite d'une augmentation de capital à défaut de libération de la moitié au moins de leur valeur nominale.

Art. 894 [mod.] Encourent des sanctions pénales, les dirigeants sociaux qui, lors d'une augmentation de capital :

1°) n'ont pas fait bénéficier les actionnaires, proportionnellement au montant de leurs actions, d'un droit préférentiel de souscription des actions de numéraire lorsque ce droit n'a pas été supprimé par l'assemblée générale et que les actionnaires n'y ont pas renoncé ;

2°) n'ont pas fait réserver aux actionnaires un délai de vingt (20) jours au moins, à dater de l'ouverture de la souscription, sauf lorsque ce délai a été clos par anticipation ;

3°) n'ont pas attribué les actions rendues disponibles, faute d'un nombre suffisant de souscription à titre irréductible, aux actionnaires qui ont souscrit à titre réductible un nombre d'actions supérieur à celui qu'ils pouvaient souscrire à titre irréductible, proportionnellement aux droits dont ils disposent ;

4°) n'ont pas réservé les droits des titulaires de bons de souscription.

Art. 895 [mod.] Encourent une sanction pénale, les dirigeants sociaux qui, sciemment, ont donné ou confirmé des indications inexactes dans les rapports présentés à l'assemblée générale appelée à décider de la suppression du droit préférentiel de souscription.

• Chapitre II •
RÉDUCTION DE CAPITAL

Art. 896 [mod.] Encourent une sanction pénale, les administrateurs, le président-directeur général, le directeur général, le directeur général adjoint, le président de la société par actions simplifiée, l'administrateur général ou l'administrateur général adjoint qui, sciemment, ont procédé à une réduction de capital :

1°) sans respecter l'égalité des actionnaires ;

2°) sans avoir communiqué le projet de réduction de capital aux commissaires aux comptes quarante-cinq (45) jours avant la tenue de l'assemblée générale appelée à statuer sur la réduction de capital.

• Titre V •

INFRACTIONS RELATIVES AU CONTRÔLE DES SOCIÉTÉS

Art. 897 [mod.] Encourent une sanction pénale, les dirigeants sociaux qui n'ont pas provoqué la désignation des commissaires aux comptes de la société ou ne les ont pas convoqués aux assemblées générales.

Art. 898 [mod.] Encourt une sanction pénale, toute personne qui, soit en son nom personnel, soit à titre d'associé d'une société de commissaires aux comptes, a sciemment accepté, exercé ou conservé des fonctions de commissaires aux comptes, nonobstant les incompatibilités légales.

JURISPRUDENCE COMPARÉE

France

L'infraction est un délit continu qui persiste jusqu'à la cessation effective des fonctions du commissaire aux comptes et ce n'est qu'à compter de cette cessation que court la prescription de trois ans (TGI Saintes 3-2-1983 : Bull. CNCC 1983 p. 225 note E. du Pontavice).

Art. 899 [mod.] Encourt une sanction pénale, tout commissaire aux comptes qui, soit en son nom personnel, soit à titre d'associé d'une société de commissaires aux comptes, a sciemment donné ou confirmé des informations mensongères sur la situation de la société ou qui n'a pas révélé au ministère public les faits délictueux dont il a eu connaissance.

JURISPRUDENCE COMPARÉE

France

A. Délit d'informations mensongères sur la situation de la société

Pour des applications, voir : Cass. crim. 2-4-1990 : Bull. crim. n° 142 ; Cass. crim. 8-4-1991 : Bull. Joly 1991 p. 710 note Baraderie ; Cass. crim. 2-2-2000 n° 1003 : RJDA 7-8/00 n° 770,

B. Délit de révélation au ministère public

1° Irrégularité à dénoncer

Toute irrégularité constatée susceptible de recevoir une qualification pénale doit être révélée au procureur de la République même si cette qualification ne peut en l'état être définie avec précision (Cass. crim. 15-9-1999 : RJDA 2/00 n° 178).

2° Connaissance de l'irrégularité

Le commissaire doit détenir une information précise et certaine des faits délictueux (CA Besançon 11-4-2000 : RJDA 2/01 n° 173 ; CA Nancy 29-6-1982 : Rev. sociétés 1982 p. 840 note E. du Pontavice).

La négligence dans l'exercice de ses fonctions ne permet pas à elle seule de poursuivre le commissaire aux comptes (CA Dijon 24-7-1980 : Bull. CNCC 1980 p. 312 ; CA Versailles 11-5-1988 : Bull. CNCC 1988 p. 480 note E. du Pontavice).

3° Prescription du délit

Puisque la non-révélation des faits délictueux est une infraction instantanée, la prescription de l'action commence à courir à la date de la découverte de ces agissements (Cass. crim. 24-3-1999 : RJDA 8-9/99 n° 943).

Quand la connaissance de faits délictueux par le commissaire aux comptes a été établie avant la certification des comptes mais sans pouvoir préciser la date de découverte de ces faits, la prescription commence au plus tard à compter à partir de la date de certification (Cass. crim. 9-3-1999 : RJDA 8-9/99 n° 943).

4° Action civile

Le commissaire aux comptes qui a pour mission l'obligation de dénoncer les faits délictueux n'acquiert pas pour autant le droit de se constituer partie civile contre des dirigeants sociaux (Cass. crim. 29-11-1960 : JCP 1961.II n° 12136 note Bouzat) ni l'obligation de déférer à la demande d'un procureur de la République de lui adresser un rapport sur l'état de la société (CA Paris 22-2-1988 : Bull. CNCC 1988 p. 308 note E. du Pontavice).

5º Irresponsabilité du commissaire auteur de la révélation

La responsabilité des commissaires aux comptes tenus de dénoncer les faits délictueux au procureur de la République n'engage pas leur responsabilité, même si l'information mise à jour cette révélation entraîne un non-lieu (TGI Lyon 22-11-1977 : Bull. CNCC 1977 p. 351).

Aucune poursuite du commissaire aux comptes pour dénonciation calomnieuse ne peut être engagée lorsqu'« qu'il s'est soumis à l'obligation légale qui était la sienne en se bornant à faire connaître, sans les déformer ni les interpréter, des faits susceptibles d'une coloration pénale à l'autorité qui paraissait investie du pouvoir de les poursuivre » (CA Paris 26-6-1984 : Bull. CNCC 1984 p. 342 note E. du Pontavice).

Art. 900 [mod.] **Encourent une sanction pénale, les dirigeants sociaux ou toute personne au service de la société qui, sciemment, ont fait obstacle aux vérifications ou au contrôle des commissaires aux comptes ou qui ont refusé la communication, sur place, de toutes les pièces utiles à l'exercice de leur mission et notamment de tous contrats, livres, documents comptables et registres de procès-verbaux.**

Titre VI

INFRACTIONS RELATIVES À LA DISSOLUTION DES SOCIÉTÉS

Art. 901 [mod.] Encourent une sanction pénale, les dirigeants sociaux qui, sciemment, lorsque les capitaux propres de la société deviennent inférieurs à la moitié du capital social du fait des pertes constatées dans les états financiers de synthèse :

1°) n'ont pas fait convoquer, dans les quatre mois qui suivent l'approbation des états financiers de synthèse ayant fait apparaître ces pertes, l'assemblée générale extraordinaire à l'effet de décider, s'il y a lieu, la dissolution anticipée de la société ;

2°) n'ont pas déposé au registre du commerce et du crédit mobilier et publié dans un journal habilité à recevoir les annonces légales, la dissolution anticipée de la société.

Jurisprudence OHADA

Diminution manifeste des capitaux propres

L'infraction relative à la dissolution des sociétés commerciales suppose que le dirigeant continue sciemment d'exploiter la société alors que les capitaux propres de celle-ci sont devenus inférieurs à la moitié du capital social du fait des pertes constatées dans les états financiers de synthèse (TRHC Dakar, n° 4025, 27-8-2002 : MP et Toutelectric c/ P. A. G., Ohadata J-05-272).

• Titre VII •

INFRACTIONS RELATIVES À LA LIQUIDATION DES SOCIÉTÉS

Art. 902 [mod.] Encourt une sanction pénale, le liquidateur d'une société qui, sciemment :

1°) n'a pas, dans le délai d'un (1) mois à compter de sa nomination publié dans un journal habilité à recevoir les annonces légales du lieu du siège social, l'acte le nommant liquidateur et déposé au registre du commerce et du crédit mobilier les décisions prononçant la dissolution ;

2°) n'a pas convoqué les associés, en fin de liquidation, pour statuer sur le compte définitif de la liquidation, sur le quitus de sa gestion et la décharge de son mandat et pour constater la clôture de la liquidation ;

3°) n'a pas, dans le cas prévus à l'article 219 ci-dessus, déposé ses comptes définitifs au registre du commerce et du crédit mobilier du lieu du siège social, ni demandé en justice l'approbation de ceux-ci.

Art. 903 [mod.] Lorsque la liquidation intervient sur décision judiciaire, encourt une sanction pénale, le liquidateur qui, sciemment :

1°) n'a pas, dans les six (6) mois de sa nomination, présenté un rapport sur la situation active et passive de la société en liquidation et sur la poursuite des opérations de liquidation, ni sollicité les autorisations nécessaires pour les terminer ;

2°) n'a pas, dans les trois (3) mois de la clôture de chaque exercice, établi les états financiers de synthèse au vu de l'inventaire et un rapport écrit dans lequel il rend compte des opérations de la liquidation au cours de l'exercice écoulé ;

3°) n'a pas permis aux associés d'exercer, en période de liquidation, leur droit de communication des documents sociaux dans les mêmes conditions qu'antérieurement ;

4°) n'a pas convoqué les associés, au moins une fois par an, pour leur rendre compte des états financiers de synthèse en cas de continuation de l'exploitation sociale ;

5°) n'a pas déposé à un compte ouvert dans une banque au nom de la société en liquidation, dans le délai de quinze (15) jours à compter de la décision de répartition, les sommes affectées aux répartitions entre les associés et les créanciers ;

6°) n'a pas déposé, sur un compte de consignation ouvert dans les écritures du Trésor, dans le délai d'un (1) an à compter de la clôture de la liquidation, les sommes attribuées à des créanciers ou à des associés et non réclamées par eux.

Art. 904 [mod.] Encourt une sanction pénale, le liquidateur qui, de mauvaise foi :

1°) a fait des biens ou du crédit de la société en liquidation, un usage qu'il savait contraire à l'intérêt de celle-ci, à des fins personnelles ou pour favoriser une autre personne morale dans laquelle il est intéressé, directement ou indirectement ;

2°) a cédé tout ou partie de l'actif de la société en liquidation à une personne ayant eu dans la société la qualité d'associé en nom, de commandité, de gérant, de membre du conseil d'administration, d'administrateur général ou de commissaire aux comptes, sans avoir obtenu le consentement unanime des associés ou, à défaut, l'autorisation de la juridiction compétente.

Titre VIII

INFRACTIONS EN CAS D'APPEL PUBLIC À L'ÉPARGNE

Art. 905 [mod.] Encourent une sanction pénale, les présidents, les administrateurs ou les directeurs généraux de société qui ont émis des valeurs mobilières offertes au public :

1°) Sans qu'une notice soit insérée dans un journal habilité à recevoir les annonces légales, préalablement à toute mesure de publicité ;

2°) Sans que les prospectus et circulaires reproduisent les mentions de la notice prévue au 1°) du présent article, et contiennent la mention de l'insertion de cette notice au journal habilité à recevoir les annonces légales avec référence au numéro dans lequel elle a été publiée ;

3°) Sans que les affiches et les annonces dans les journaux reproduisent les mêmes mentions, ou tout au moins un extrait de ces mentions avec référence à ladite notice, et indications du numéro du journal habilité à recevoir les annonces légales dans lequel elle a été publiée ;

4°) Sans que les affiches, les prospectus et les circulaires mentionnent la signature de la personne ou du représentant de la société dont l'offre émane et précisent si les valeurs offertes sont cotées ou non et, dans l'affirmative, à quelle bourse.

La même sanction pénale est applicable aux personnes qui ont servi d'intermédiaires à l'occasion de la cession de valeurs mobilières sans qu'aient été respectées les prescriptions du présent article.

Partie IV

DISPOSITIONS DIVERSES, TRANSITOIRES ET FINALES

• Livre I •

DISPOSITIONS DIVERSES

Art. 906 [mod.] Le franc CFA, au sens du présent Acte uniforme, constitue la monnaie de référence. Pour les États parties qui n'ont pas comme unité monétaire le franc CFA, la contre-valeur en monnaie nationale est initialement celle qui est déterminée par application de la parité en vigueur entre le franc CFA et la monnaie nationale desdits États parties le jour de l'adoption du présent Acte uniforme. Cette contre-valeur est arrondie à l'unité supérieure lorsque la conversion fait apparaître un nombre décimal.

Le Conseil des ministres des États parties au Traité relatif à l'harmonisation du droit des affaires en Afrique, sur proposition des ministres des finances des États parties, procède, en tant que de besoins, à l'examen et, le cas échéant, à la révision des montants du présent Acte uniforme exprimés en francs CFA, en fonction de l'évolution économique et monétaire dans lesdits États parties. La contre-valeur en monnaie nationale est, le cas échéant, celle qui est déterminée par application de la parité en vigueur entre le franc CFA et la monnaie nationale desdits États parties le jour de l'adoption des montants révisés du présent Acte uniforme.

Art. 907 [mod.] Le présent Acte uniforme est applicable aux sociétés et aux groupements d'intérêt économique qui sont constitués sur le territoire de l'un des « États parties » à compter de son entrée en vigueur dans ledit État partie.

Toutefois, les formalités constitutives accomplies antérieurement n'auront pas à être renouvelées.

JURISPRUDENCE OHADA

Application de l'AUSCGIE dans le temps

Lorsqu'il ressort de l'examen des pièces du dossier de la procédure que l'AUSCGIE n'avait pas intégré l'ordre juridique interne des États membres de l'OHADA à la date d'un exploit introductif d'instance, et ne pouvait de ce fait être applicable au litige, aucun grief ni moyen relatif à l'application dudit Acte uniforme n'avait pu être formulé et présenté devant les juges du fond si bien que la CCJA doit se déclarer incompétente (CCJA, 2e ch., n° 34, 16-2-2005 : Banque Africaine de Développement c/ Sté Ivoir café, Rec. jur. CCJA, n° 5, janv.-juin 2005, vol. 1, p. 48 ; Juris-Ohada, n° 4/2005, juill.-sept. 2005, p. 5., Ohadata J-06-08).

Art. 908 [mod.] Les sociétés et les groupements d'intérêt économique constitués antérieurement à l'entrée en vigueur du présent Acte uniforme sont soumis à ses dispositions. Ils sont tenus de mettre leurs statuts en harmonie avec les dispositions du présent Acte uniforme dans un délai de deux (2) ans à compter de son entrée en vigueur.

OBSERVATIONS

Obligation de mise en harmonie dans le délai de deux ans.

Suppression de l'alinéa ancien relatif à la mise en harmonie des sociétés en commandite par actions qui ne sont plus régies par la législation de l'OHADA depuis l'entrée en vigueur du précédent AUSCGIE le 1er janvier 1998, la question étant épuisée.

Jurisprudence OHADA

I. Défaut d'harmonisation des statuts

A. Assimilation de la société à une société fictive

C'est à juste titre qu'en faisant usage d'un faisceau d'indices, une juridiction jugea qu'une société créée depuis 1982, dépourvue de registre de commerce, n'ayant fait l'objet d'aucune assemblée générale pour statuer sur sa gestion et dont les statuts n'ont pas encore été harmonisés conformément à l'AUSCGIE est une société fictive au service de son fondateur et que ce dernier et la société forment une seule et même entité juridique (CCJA, 1e ch., nº 18, 31-3-2005 : Sté AFRICOF ; Z. c/ SGBCI, Juris-Ohada, nº 3/2005, p. 1, note B. Kouakou Mathurin, Rec. jur. CCJA, nº 5, janv.-juin 2005, vol. 1, p. 68 ; Ohadata J-05-370).

Obs. : sur la contestation irrecevable de la personnalité morale d'une société, voir sous l'art. 98.

B. Possibilité pour une société de fait d'ester en justice à travers ceux qui ont agi en son nom

Bien que créé par un décret, l'Hôtel Sarakawa ne se définit pas moins comme « société d'État », revendiquant très clairement qu'il fonctionne quotidiennement sous une forme sociétaire. De même, il est constant, comme issu du débat et des propres énonciations de l'arrêt attaqué, que « société d'État », le défendeur au pourvoi « a pour objet l'exploitation de l'Hôtel Sarakawa et d'autres installations hôtelières et de restauration, ainsi que la fourniture de services dans les domaines de l'hôtellerie, de restauration et du tourisme ». La nature commerciale des activités ainsi menées l'obligeait, comme « société » constituée antérieurement à l'entrée en vigueur de l'AUSCGIE, à se mettre en conformité avec le droit uniforme ; ne l'ayant pas fait dans le délai à lui imparti, il relève, en l'état, du régime des sociétés de fait au sens de l'AUSCGIE. Sur l'évocation et pour les mêmes motifs que ceux ayant entraîné la cassation, le demandeur contre lequel le statut de société de fait a été retenu, peut ester en justice par l'entremise de ceux ayant traité en son nom avec des tiers ; il échet par conséquent d'infirmer l'ordonnance entreprise qui a, sur ce point précis, décidé du contraire (CCJA, 1e ch., nº 168/2020, 14-5-2020 : American Eagle Guard Security c/ Hôtel Sarakawa).

C. Absence de sanction dans l'AUSCGIE

Le Traité OHADA, comme l'AUSCGIE, est entré en vigueur en République démocratique du Congo le 12 septembre 2012. Aucune sanction relative au défaut d'accomplissement des formalités d'harmonisation ne ressort de l'article 908 de l'AUSCGIE. C'est donc par une mauvaise application de l'article 908 qu'une cour d'appel a déclaré irrecevable la requête civile d'une société pour défaut de personnalité juridique dû à l'absence de mise en harmonie de ses statuts, exposant son arrêt à la cassation, sans qu'il soit nécessaire d'analyser les autres moyens (CCJA, 3e ch., nº 115/2019, 11-4-2019 : Sté CP Security Service c/ BCDC).

L'article 908 de l'AUSCGIE ne renvoie à aucune condition préalable. Il s'ensuit que ne viole pas la loi, la cour qui a énoncé, pour recevoir l'appel, que « la RDC ayant adhéré au Traité OHADA dont l'un des Actes uniformes, celui relatif au Droit des sociétés commerciales et GIE, spécialement en son article 908 a règlementé l'harmonisation des statuts des sociétés existantes à ses dispositions, il ne peut plus être reproché à l'appelante principale de se conformer à cette loi supranationale [...]. Contrairement à l'intimé qui soutient la violation de l'article 21 de cet Acte uniforme, la cour observe que cet article ne peut être appliqué à ce contexte et est donc malencontreusement invoqué, car l'article 908, rangé dans la rubrique des dispositions transitoires, règle effectivement la question pertinente d'harmonisation des statuts des sociétés ayant existé avant l'entrée en vigueur de cet Acte uniforme » (CCJA, 1e ch., nº 311/2019, 12-12-2019 : Xavier Ndusha Birhafanwa c/ Rawbank SA).

II. Neutralisation, en tant que réputées non écrites, des clauses statutaires contraires à la législation OHADA

Obs. : voir sous l'art. 915.

III. Statuts harmonisés

Le Traité OHADA, comme l'AUSCGIE, est entré en vigueur en République Démocratique du Congo le 12 septembre 2012. La cour d'appel qui a déclaré irrecevable l'appel interjeté par cette société pour défaut de personnalité juridique a méconnu les dispositions de l'article 908 de l'AUSCGIE et exposé sa décision à la cassation, dès lors qu'il ressort de l'examen des pièces du dossier qu'à la date butoir du 12 septembre 2014, la société DHL Congo SPRL a parachevé le processus de sa transformation par le changement de sa forme juridique en SARL, l'adoption des nouveaux statuts et l'immatriculation au RCCM (CCJA, 3e ch., nº 272, 27-12-2018 : DHL INTERNATIONAL CONGO c/ NEURIS VERNIER CESAR).

Lorsqu'une société congolaise de type SPRL est devenue, après la mise en harmonie de ses statuts avec l'AUSCGIE, une SARL suite à l'assemblée générale ; et qu'il résulte de son extrait du RCCM que l'ancien numéro d'immatriculation de cette société a été modifié à la suite de la nouvelle inscription au registre règlementé par l'OHADA, c'est en violation de l'article 908 de l'AUSCGIE qu'une assemblée générale a été tenue par d'autres supposés associés postérieurement à cette mise en harmonie définitive, qu'elle a dissout la SPRL qui n'existait plus sous cette forme et nommé un liquidateur. Il s'ensuit que le mandat donné à l'avocat par ce prétendu liquidateur d'une société qui n'a plus d'existence juridique l'a été par une personne sans qualité pour le faire et le pourvoi est de ce fait irrecevable (CCJA, 2e ch., n° 191/2020, 28-5-2020 : La SGA sprl en liquidation c/ La Socope SA et 4 autres).

Art. 909 [mod.] La mise en harmonie a pour objet d'abroger, de modifier et de remplacer, le cas échéant, les clauses statutaires contraires aux dispositions impératives du présent Acte uniforme et de leur apporter les compléments que le présent Acte uniforme rend obligatoires.

JURISPRUDENCE OHADA

Définition de la mise en harmonie

La mise en harmonie des statuts est une opération qui consiste à rendre conformes les dispositions statutaires d'une société préexistante à celles impératives de l'Acte uniforme révisé relatif au droit des sociétés commerciales et du G.I.E, soit par l'élaboration de nouveaux statuts, soit par la modification des statuts existants ou par le remplacement de certaines clauses de ces statuts. L'opération de mise en harmonie des statuts ne rend pas obligatoire la modification de la forme juridique de la société, mais peut parfois l'entraîner ou la rendre nécessaire. La modification de la forme juridique de la société ne se limite pas seulement au changement d'acronyme de cette société, mais s'accompagne éventuellement d'une mise en harmonie des statuts pour les rendre conformes aux dispositions impératives de l'Acte uniforme. Un changement d'acronyme non suivi d'une mise en harmonie des statuts aura pour conséquence que les clauses statutaires contraires aux dispositions impératives de l'Acte uniforme révisé seront réputées non écrites (CCJA, ass. plén., avis n° 002, 23-6-2015 ; demande d'avis n° 255/SP/DAJ/OHADA/2015 du 21-4-2015 : République Démocratique du Congo, Ohadata J-16-208).

Art. 910 La mise en harmonie peut être accomplie par voie d'amendement aux statuts anciens ou par l'adoption de statuts rédigés à nouveau en toutes leurs dispositions.

Elle peut être décidée par l'assemblée des actionnaires ou des associés statuant aux conditions de validité des décisions ordinaires, nonobstant toutes dispositions légales ou statutaires contraires, à la condition de ne modifier, quant au fond, que les clauses incompatibles avec le droit nouveau.

Art. 911 [mod.] La transformation de la société ou l'augmentation de son capital par un moyen autre que l'incorporation de réserves, de bénéfices ou de primes d'apports, d'émission ou de fusion, ne peut être réalisée que dans les conditions normalement requises pour la modification des statuts.

Art. 912 [mod.] Si, pour une raison quelconque, l'assemblée des actionnaires ou des associés n'a pu statuer régulièrement, le projet de mise en harmonie des statuts est soumis à l'homologation de la juridiction compétente statuant sur requête des représentants légaux de la société.

Art. 913 Si aucune mise en harmonie n'est nécessaire, il en est pris acte par l'assemblée des actionnaires ou des associés dont la délibération fait l'objet de la même publicité que la décision modifiant les statuts.

Art. 914 [mod.] A défaut d'avoir augmenté leur capital social au moins du montant minimal prévu à l'article 311 du présent Acte uniforme pour les sociétés à responsabilité limitée et à l'article 387 du présent Acte uniforme pour les sociétés anonymes, les sociétés à responsabilité limitée et les sociétés anonymes dont le capital serait inférieur à ces montants doivent, avant l'expiration du délai fixé à l'article 908 du présent Acte uniforme, prononcer leur dissolution ou se transformer en société d'une autre forme pour laquelle le présent Acte uniforme n'exige pas un capital minimal supérieur au capital existant.

Les sociétés qui ne se seront pas conformées aux dispositions de l'alinéa précédent, seront dissoutes de plein droit à l'expiration du délai imparti.

Art. 915 [mod.] A défaut de mise en harmonie des statuts avec les dispositions du présent Acte uniforme, dans le délai de deux (2) ans à compter de son entrée en vigueur, les clauses statutaires contraires à ces dispositions sont réputées non écrites et les dispositions nouvelles s'appliquent.

Jurisprudence OHADA

I. Neutralisation, en tant que réputées non écrites, des clauses statutaires contraires à la législation OHADA

Le défaut de mise en harmonie des statuts d'Air Afrique avec les dispositions de l'AUSCGIE ne saurait avoir d'autres effets que de rendre « réputées non écrites » les clauses statutaires contraires à ces dispositions « (CCJA, n° 04/2004, 8-1-2004 : A. D. c/ Compagnie Multinationale Air Afrique, Juris-Ohada, n° 1/2004, janv.-mars 2004, p. 23, note Brou Kouakou Mathurin ; Rec. jur. CCJA, n° 3, janv.-juin 2004, p. 44, Ohadata J-04-88 ; J-05-49), qui est l'unique sanction prévue par les textes (CCJA, 1e ch., n° 044, 1-7-2010 : Sté A.P.C. c/ 1) Chevron Texaco Cameroun SA, anciennement SHELL Cameroun SA, 2) Texaco Cameroun SA, 3) Chevron Texaco Africa Holdings Limited, 4) Chevron Middle East Holdings Limited, Juris-Ohada n° 1/2011, janv.-mars 2011, p. 8, Ohadata J-12-92).

Obs. : bien que n'ayant pas été expressément visé (sans doute à cause d'une erreur typographique ?), l'article 915 est applicable car c'est lui qui répute non écrites les clauses non conformes des statuts avec l'AUSCGIE. Voir sous l'art. 908.

L'article 908 de l'AUSCGIE n'a prévu aucune sanction pour le défaut d'harmonisation des statuts d'une société commerciale, sauf à mettre en œuvre l'article 75 dudit Acte uniforme, aux termes duquel « si les statuts ne contiennent pas toutes les énonciations exigées par le présent Acte uniforme, ou si une formalité prescrite par celui-ci pour la constitution de la société a été omise ou irrégulièrement accomplie, tout intéressé peut demander à la juridiction compétente, dans le ressort de laquelle est situé le siège social, que soit ordonnée, sous astreinte, la régularisation de la constitution... ». Dans l'espèce, le défendeur au pourvoi qui n'a pas exercé une telle action est mal fondé de contester l'attestation d'immatriculation au registre du commerce délivrée par le Greffier en chef du TPI et qui prouve la personnalité juridique de la société demanderesse au pourvoi (CCJA, n° 035/2009, 30-6-2009 : Sté AES SONEL SA c/ N. J., Rec. jur. CCJA n° 13, janv.-juin 2009, p. 144, Ohadata J-10-86).

Obs. : cette décision rendue sur le fondement de l'art. 908 peut utilement être complétée par les dispositions de l'article 915 de l'AUSCGIE.

L'article 908 de l'AUSCGIE qui prescrit aux sociétés commerciales et groupement d'intérêt économique constitués antérieurement à son entrée en vigueur de mettre en harmonie leurs statuts avec ses dispositions dans un délai de deux ans, ne sanctionne pas par la nullité (de la société) le défaut de cette mise en harmonie. Seules les clauses statutaires contraires à ces dispositions sont réputées non écrites conformément aux dispositions de l'article 915. Par conséquent le moyen visant le défaut d'harmonisation des statuts pour dire que la société concernée n'existait plus juridiquement pour pouvoir ester en justice doit être rejeté (CCJA, 1e ch., n° 001, 4-2-2010 : M. B c/ 1e / Intertrans Trading Limited Gabon SARL ; 2e / Intertrans Trading Limited Niger SARL ; 3e / S.A.T.A. SARL, Juris-Ohada, n° 2/10, avr.-juin 2010, p. 1, Ohadata J-11-45, J-12-21).

II. Subsistance de la personnalité juridique d'une société dont les statuts n'ont pas été harmonisés

La personnalité juridique d'une société SARL est distincte de celle de ses associés. Cette personnalité juridique demeure, nonobstant le défaut d'harmonisation de ses statuts avec l'AUSCGIE, cette inobservation étant sanctionnée par l'inefficacité des clauses statutaires contraires – réputée non écrites (art. 915) – et non par l'assimilation de la société non à jour à une société de fait comme l'a fait le premier juge, dont la décision doit être infirmée (CA du Littoral (Cameroun), n° 088/C, 17-6-2011 : AXA Assurance Cameroun SA c/ K. D., Ohadata J-14-06). De même, le fait que les statuts d'une société aient été modifiés longtemps après le délai prescrit par l'article 915 de l'AUSCGIE n'a aucune incidence sur la recevabilité du pourvoi, d'autant plus qu'en l'espèce les statuts régularisés ont été produits. Il s'ensuit que le pourvoi de cette société est recevable (CCJA, ass. plén., n° 103, 4-11-2014 : BICEC c/ 1) NDENGOUE Noubissie Jean Marie, 2) Sté des Établissements EMOH et Compagnie SARL, Ohadata J-15-194).

Le simple fait pour une cour d'appel de se référer à une disposition statutaire d'une société [X.] RDC SPRL pour motiver son arrêt n'est pas suffisant à caractériser la violation alléguée de l'article 915 de l'AUSCGIE, dès lors que la requérante n'a pas démontré que ladite disposition est contraire aux dispositions de cet Acte uniforme ; cette contrariété n'ayant pu être établie, le moyen doit être rejeté (CCJA, 3e ch., n° 291/2024, 31-10-2024).

Art. 916 [mod.] **Le présent Acte uniforme s'applique aux sociétés soumises à un régime particulier sous réserve des dispositions législatives ou réglementaires auxquelles elles sont assujetties.**

Les clauses des statuts de ces sociétés, conformes aux dispositions abrogées par le présent Acte uniforme mais contraires aux dispositions du présent Acte uniforme et non prévues par le régime particulier desdites sociétés, sont mises en harmonie avec le présent Acte uniforme dans les conditions prévues à l'article 908 ci-dessus.

Observations

Al. 1 : application du présent Acte uniforme aux sociétés autres que celles qu'il vise sous réserve des dispositions législatives ou réglementaires auxquelles elles sont assujetties.

Jurisprudence OHADA

Maintien des statuts particuliers

A. Société d'économie mixte d'assurance

L'AUSCGIE n'abroge pas les dispositions législatives particulières auxquelles sont assujetties les sociétés soumises à un régime particulier. Il s'ensuit que pour les sociétés d'assurance, ce sont uniquement les dispositions pour lesquelles le Code Cima n'a pas légiféré qui doivent être harmonisées avec l'AUSCGIE, car les dispositions du Code CIMA ne sont pas abrogées par l'AUSCGIE (CA Niamey, ord. réf. n° 110, 11-7-2001 : SNAR-LEYMA c/ A. H. ; Ohadata J-02-36 ; J-02-28).

B. Air Afrique

S'il est vrai que la société Air Afrique créée par le Traité de Yaoundé auquel sont annexés ses statuts, peut être considérée comme une société soumise à un régime particulier au sens de l'Article 916 de l'Acte uniforme relatif au droit des sociétés commerciales et du groupement d'intérêt économique, il n'est pas moins vrai que « constituée sous la forme d'une société anonyme de droit privée » comme l'indique l'Article 4 du Traité OHADA susmentionné, elle reste soumise aux dispositions applicables aux sociétés anonymes « (CCJA, n° 04/2004, 8-1-2004 : A. D. et autres c/ Compagnie Multinationale Air Afrique, Juris-Ohada, n° 1/2004, janv.-mars 2004, p. 23, note Brou Kouakou Mathurin ; Rec. jur. CCJA, n° 3, janv.-juin 2004, p. 44, Ohadata J-04-88 ; J-05-49).

C. Officine de pharmacie

Une officine de pharmacie fait partie des « sociétés soumises à un régime particulier » visées par l'article 916 de l'AUSCGIE (CCJA, n° 059/2008, 30-12-2008 : Mme R. F. c/ F. J. B., Rec. jur. CCJA n° 12, juill.-déc. 2008, p. 82, Ohadata J-10-33 ; J-09-268).

D. Sociétés de crédit régies par le Traité UEMOA

Il résulte de l'article 916 de l'AUSCGIE que les établissements de crédit bénéficient d'un statut particulier et que ceux qui sont situés dans l'espace UEMOA sont régis par le traité UEMOA, notamment la convention régissant la Commission Bancaire dont les dispositions dérogent aux dispositions générales de l'AUSCGIE. Il s'ensuit en l'espèce que le mandat spécial donné par l'administrateur provisoire de la BTCI est régulier et valable, et que le pourvoi est recevable (CCJA, 1e ch., n° 107, 9-6-2016 : BTCI-TOGO SA c/ TOGO Terminals SA, Ohadata J-17-48).

Art. 917 [mod.] Le présent Acte uniforme ne déroge pas aux dispositions législatives relatives au montant nominal des actions et parts sociales émises par les sociétés constituées antérieurement à son entrée en vigueur.

Observations

Remplacement de « minimal » par « nominal », pour le montant des actions.

Art. 918 Les parts bénéficiaires ou parts de fondateur émises avant l'entrée en vigueur du présent Acte uniforme sont et demeurent régies par les textes les concernant.

Art. 919 [mod.] Est abrogé, sous réserve de son application transitoire pendant une période de deux (2) ans à compter de la date d'entrée en vigueur du présent Acte uniforme, aux sociétés n'ayant pas procédé à la mise en harmonie de leurs statuts avec les dispositions du présent Acte uniforme, l'Acte uniforme du 17 avril 1997 relatif au droit des sociétés commerciales et du groupement d'intérêt économique.

Observations

Dispositions pratiquement nouvelles relatives à l'abrogation de l'ancien AU.

Jurisprudence OHADA

Portée de l'article 919 révisé

La seule référence pour les opérations de transformation ou de mise en harmonie des statuts des sociétés pendant la période transitoire est l'AUSCGIE révisé à l'exclusion de toute disposition du droit interne d'un État partie. L'article 919 de l'Acte uniforme révisé permet seulement la survivance, durant la période transitoire de deux (2) ans, à partir de son entrée en vigueur, des dispositions de l'Acte uniforme du 17 avril 1997 relatif au droit des sociétés commerciales et du G.I.E, qui est normalement abrogé, pour les sociétés qui n'auraient pas mis en harmonie leurs statuts durant cette période. L'article 919 de l'AUSCGIE du 17 avril 1997 prévoit la survivance des dispositions nationales pour les sociétés n'ayant pas procédé à la mise en harmonie de leurs statuts avec les dispositions de cet Acte uniforme durant la période transitoire de deux (2) ans à compter de son entrée en vigueur. En l'absence de dispositions nationales légales ou réglementaires sur la transformation, seules prévalent les dispositions des articles 181 à 188 de l'AUSCGIE qui réglementent la transformation de la société commerciale. Cette solution est la même pour les sociétés soumises à un régime particulier dont traite l'article 916 de l'Acte uniforme de 1997 susmentionné (CCJA, ass. plén., avis n° 002, 23-6-2015 ; demande d'avis n° 255/SP/DAJ/OHADA/2015 du 21-4-2015 : République Démocratique du Congo, Ohadata J-16-208).

Art. 920 [mod.] Le présent Acte uniforme sera publié au Journal Officiel de l'OHADA dans un délai de soixante (60) jours à compter de la date de son adoption. Il sera également publié dans les États parties, au Journal Officiel ou par tout moyen approprié. Il entrera en vigueur quatre-vingt-dix (90) jours à compter de la date de sa publication au Journal Officiel de l'OHADA conformément à l'article 9 du Traité relatif à l'harmonisation du droit des affaires en Afrique signé à Port Louis le 17 octobre 1993 tel que révisé à Québec le 17 octobre 2008.

Observations

Dispositions pratiquement nouvelles relatives à l'entrée en vigueur du présent AU.

Jurisprudence OHADA

Application impérative de l'AUSCGIE dès son entrée en vigueur

Conformément à l'article 10 du Traité OHADA, l'AUSCGIE est applicable à tout litige né après son entrée en vigueur (CCJA, 1e ch., no 033, 29-2-2016 : Aes Sonel SA c/ N., Ohadata J-16-235).

AUSC

Acte Uniforme relatif au Droit des Sociétés Coopératives

Le Conseil des ministres de l'Organisation pour l'harmonisation en Afrique du droit des affaires (OHADA),

– Vu le Traité relatif à l'harmonisation du droit des affaires en Afrique, signé à Port Louis le 17 octobre 1993, tel que révisé à Québec le 17 octobre 2008, notamment en ses articles 2, 5 à 10 ;

– Vu le rapport du Secrétariat Permanent et les observations des États parties ;

– Vu l'avis n° 02/2009/AU en date du 8 décembre 2009 de la Cour commune de justice et d'arbitrage ;

Après en avoir délibéré, adopte le présent Acte uniforme à l'unanimité des représentants des États parties présents et votants.

Chapitre préliminaire

CHAMP D'APPLICATION

Art. 1 Toute société coopérative, toute union ou fédération de sociétés coopératives, dont le siège social est situé sur le territoire de l'un des États parties au Traité relatif à l'harmonisation du droit des affaires en Afrique, ci-après désignés « les États parties », est soumise aux dispositions du présent Acte uniforme.

Toute confédération de sociétés coopératives qui fait option de la forme coopérative est également soumise aux dispositions du présent Acte uniforme.

Nonobstant les dispositions des articles 1er et 6 de l'Acte uniforme relatif au droit des sociétés commerciales et du groupement d'intérêt économique, les sociétés coopératives qui exercent une activité commerciale sont soumises aux dispositions du présent Acte uniforme.

Art. 2 Les dispositions du présent Acte uniforme sont d'ordre public, sauf dans les cas où il autorise expressément les coopérateurs, soit à substituer les stipulations dont ils sont convenus ou les dispositions de droit interne des États parties à celles du présent Acte uniforme, soit à compléter par leurs stipulations les dispositions du présent Acte uniforme.

Nonobstant les dispositions du présent Acte uniforme, les sociétés coopératives qui ont pour objet l'exercice d'activités bancaires ou financières demeurent soumises aux dispositions du droit interne ou communautaire relatives à l'exercice de ces activités.

Jurisprudence OHADA

Caractère d'ordre public des dispositions de l'AUSC

Sur l'affirmation du caractère d'ordre public des dispositions de l'AUSC, voir : CCJA, ass. plén., avis n° 002, 23-6-2015 ; demande d'avis n° 255/SP/DAJ/OHADA/2015 du 21 avril 2015 : République Démocratique du Congo, Ohadata J-16-208.

Art. 3 Toutes personnes, quelle que soit leur nationalité, désirant exercer en société coopérative une activité sur le territoire de l'un des États parties, doivent, sauf dérogation expressément prévue par le présent Acte uniforme, choisir l'une des formes de société coopérative qui convient à l'activité envisagée parmi celles prévues par le présent Acte uniforme.

• Partie I •

DISPOSITIONS GENERALES SUR LA SOCIETE COOPERATIVE

• Titre I •

CONSTITUTION DE LA SOCIETE COOPERATIVE

• Chapitre I •

DEFINITION DE LA SOCIETE COOPERATIVE ET PRINCIPES COOPERATIFS

Art. 4 La société coopérative est un groupement autonome de personnes volontairement réunies pour satisfaire leurs aspirations et besoins économiques, sociaux et culturels communs, au moyen d'une entreprise dont la propriété et la gestion sont collectives et où le pouvoir est exercé démocratiquement et selon les principes coopératifs.

La société coopérative peut, en plus de ses coopérateurs qui en sont les principaux usagers, traiter avec des usagers non coopérateurs dans les limites que fixent les statuts.

Art. 5 Les sociétés coopératives exercent leur action dans toutes les branches de l'activité humaine.

JURISPRUDENCE COMPAREE

France

Exercice d'une activité civile

Une société coopérative a un caractère civil, dans la mesure où elle n'exerce pas d'activité spéculative (CA Paris 22-4-1932 : GP 1932.2.223).

Mais la revente avec bénéfices aux adhérents entraîne la qualité de société commerciale (CA Caen 9-12-1942 : JCP 1943.II.2216 note Bastian). Il en est de même lorsque la société coopérative développe des activités avec des tiers (Cass. civ. 22-11-1911 : S. 1913.1.5 note Lyon-Caen ; CA Douai 11-1-1910 : S. 1910.2.310 ; CA Grenoble 7-2-1924 : Journ. sociétés 1925.29 ; Cass. com. 14-1-1958 : RTD com. 1958.385 obs. Houin).

Art. 6 La société coopérative est constituée et gérée selon les principes coopératifs universellement reconnus, à savoir :

- l'adhésion volontaire et ouverte à tous ;
- le pouvoir démocratique exercé par les coopérateurs ;
- la participation économique des coopérateurs ;
- l'autonomie et l'indépendance ;
- l'éducation, la formation et l'information ;
- la coopération entre organisations à caractère coopératif ;
- l'engagement volontaire envers la communauté.

Toute discrimination fondée sur le sexe ou sur l'appartenance ethnique, religieuse ou politique est interdite.

• Chapitre II •
LA QUALITE D'ASSOCIE

Section I • DISPOSITIONS GENERALES

Art. 7 Toute personne physique ou morale peut être coopérateur d'une société coopérative lorsqu'elle ne fait l'objet d'aucune incapacité juridique conformément aux dispositions de la loi nationale de chaque État partie.

Art. 8 La société coopérative est composée de coopérateurs qui, unis par le lien commun sur la base duquel la société a été créée, participent effectivement et suivant les principes coopératifs, aux activités de ladite société et reçoivent en représentation de leurs apports des parts sociales.

Au sens du présent Acte uniforme, le lien commun désigne l'élément ou le critère objectif que possèdent en commun les coopérateurs et sur la base duquel ils se regroupent. Il peut, notamment, être relatif à une profession, à une identité d'objectif, d'activité, ou de forme juridique.

JURISPRUDENCE COMPAREE

France

A. Qualification juridique du lien unissant le coopérateur à la coopérative

Nature des liens entre l'associé coopérateur et la société coopérative : contrat de mandat. Les rapports entre l'associé coopérateur et la société coopérative relèvent du mandat, la société coopérative étant la mandataire des associés coopérateurs (CE 22-2-1924 : Rec. CE p. 212 ; CA Paris 24-3-1953 : GP 1953.1.371). La Cour de cassation a été plus hésitante et n'a appliqué le régime du mandat que par le biais de la gestion d'affaires (Cass. 3e civ. 30-4-1958 : Bull. civ. III no 146).

B. Exécution des obligations nées du contrat de coopération

1° Coopérative agricole : transfert de la propriété des récoltes à la coopérative mise sous procédure collective

Il a été jugé, en vertu d'une clause de statuts types, que la coopérative devient propriétaire des récoltes dont le coopérateur lui fait apport, écartant toute possibilité de revendication par ce dernier (JCP (éd. E) 2013.1689 no 16).

Obs. : Antérieurement à l'entrée en vigueur de l'article 3.1 susvisé, le coopérateur demeurait propriétaire des récoltes apportées (cf. Cass. com. 18-9-2012 no 11-21.744 : Bull. civ. IV no 162), solution devant être appliquée au regard du présent Acte uniforme si les juridictions de l'OHADA considèrent, comme les juridictions françaises, que la coopérative est la mandataire du coopérateur (voir en A).

2° Livraison due par le coopérateur mis sous liquidation judiciaire

Dès lors que la coopérative en liquidation judiciaire a continué son activité, le coopérateur est tenu de continuer ses apports (CA Orléans 10-11-2011 no 10/03680 : JCP (éd. E) 2013.1689 no 17).

Art. 9 Il est tenu obligatoirement, au siège de la société coopérative, un registre des membres dans lequel ceux-ci sont inscrits par ordre chronologique.

Pour chaque coopérateur, le registre comprend notamment les mentions ci-après :
- numéro d'adhésion ;
- nom, prénom et référence de sa pièce d'identité ;
- adresse ;
- profession ;
- nombre de parts sociales souscrites ;
- nombre de parts sociales libérées.

Jurisprudence comparee

France

A. Coopérative agricole

Preuve de la qualité d'associé. La preuve de l'engagement de l'associé coopérateur peut résulter de certains documents portant la trace des engagements du coopérateur envers la société (Cass. 1e civ. 7-3-1979 : D. 1979.617).

Obs. : toutefois, compte tenu de l'article R 522-2 du Code rural énonçant que la qualité d'associé coopérateur est établie par la souscription de parts sociales, il a été requis de la coopérative agricole voulant prouver la qualité de coopérateur qu'elle produise le registre des associés coopérateurs que l'article précité lui fait obligation de tenir (CA Montpellier 15-3-2011 no 10/02834 : JCP (éd. E) 2013.1689 no 12).

B. Application de la qualité d'associé

Celui qui s'est prévalu des statuts de la société coopérative ne peut pas, sans se contredire aux dépens de la société, prétendre au statut de tiers non coopérateur afin de bénéficier d'un décompte plus avantageux (Cass. 1e civ. 19-6-2013 : Légifrance).

Section II • ADHESION – RETRAIT – EXCLUSION

Sous-section I • ADHESION À LA SOCIETE COOPERATIVE

Art. 10 La demande d'adhésion à la société coopérative est adressée à l'organe d'administration de celle-ci. Elle est formulée par écrit, datée et signée par le postulant.

Le comité de gestion ou le conseil d'administration peut fixer l'adhésion du membre à la date de la demande ou à une date ultérieure ne dépassant pas trois mois suivant la date de la réception de la demande. L'adhésion est entérinée par l'assemblée générale.

La qualité de coopérateur est constatée par un acte émanant de l'organe d'administration de la société coopérative et comportant l'identité du coopérateur, son adresse, sa signature ou son empreinte digitale et une mention de l'acceptation par celui-ci des dispositions légales, réglementaires et statutaires régissant la coopérative.

Jurisprudence comparee

France

Agrément de l'adhésion

Les juges se refusent de contrôler le bien-fondé des arguments des dirigeants ayant refusé d'accepter dans l'entreprise un candidat à la coopération (TGI Paris 21-12-1989 : Dr. sociétés 1990 no 175).

Obs. : La qualité de coopérateur est constatée par un acte émanant de l'organe d'administration de la société coopérative et comportant l'identité du coopérateur, son adresse, sa signature ou son empreinte digitale et une mention de l'acceptation par celui-ci des dispositions légales, réglementaires et statutaires régissant la coopérative.

Sous-section II • RETRAIT DES ASSOCIES COOPERATEURS – DROITS AU REMBOURSEMENT

Art. 11 Le coopérateur ne peut se retirer de la société coopérative qu'après avoir avisé par écrit cette dernière. Le retrait prend effet à la date indiquée dans l'avis ou à la date de sa réception, si celle-ci est postérieure.

L'organe d'administration de la société coopérative constate par écrit le retrait du coopérateur.

Au cours de l'année suivant la date de prise d'effet du retrait, la société coopérative rembourse, au prix fixé conformément aux statuts, toutes les parts sociales détenues par le coopérateur qui se retire.

La coopérative rembourse également au coopérateur tous les prêts et les autres sommes portées à son crédit, le solde des prêts qu'elle lui a consentis ainsi que les intérêts courus sur ces sommes jusqu'à la date du paiement.

Lorsqu'il estime que le remboursement des parts sociales ou des prêts du coopérateur qui se retire est de nature à nuire à la santé financière de la coopérative, le comité de gestion ou le conseil d'administration peut porter le délai de remboursement à deux ans par décision motivée susceptible de recours devant la juridiction compétente.

En cas d'engagement envers la société coopérative, le coopérateur qui se retire reste tenu jusqu'à l'apurement de sa dette. Dans ce cas, l'organe d'administration de la société coopérative, en constatant le retrait du coopérateur, fixe les modalités et le délai de remboursement de sa dette à l'égard de la coopérative.

Le coopérateur reste également et solidairement tenu à l'égard de la coopérative des dettes contractées par celle-ci avant son retrait dans les conditions prévues aux articles 47, 48 et 50 ci-après ainsi que par les statuts.

Jurisprudence comparee

France

A. Retrait de l'associé

1° Droit de l'associé coopérateur de se retirer

Période d'engagement. Une période d'engagement est abusive lorsqu'elle supprime en pratique la liberté individuelle d'exercer le droit de retrait (Cass. 1e civ. 3-7-1973 : Bull. civ. I n° 228).

Le retrait est toujours possible à l'expiration de la période d'engagement (Cass. 1e civ. 10-4-2013 n° 12-11.725 : Bull. Joly 2013 p. 661 note J.-J. Barbièri).

2° Retrait partiel

Le droit du coopérateur de se retirer partiellement de la coopérative a été refusé dès lors que les statuts de la coopérative ne prévoyaient pas de retrait (CA Nîmes 27-10-2011 n° 09/00.974 : JCP 2013.1703 n° 22 et obs. critiques) ou au motif que la situation financière de la société ne le permettait au jour de la demande, alors qu'elle l'avait permis antérieurement pour d'autres coopérateurs (Cass. 1e civ. 10-4-2015 n° 12-11.725 : précité).

3° Procédure de retrait

a. Domaine du principe du contradictoire

N'est pas soumise au principe de la contradiction, la décision du conseil d'administration d'une société coopérative qui, appliquant les dispositions des statuts, fixe le montant des pénalités dues par l'associé coopérateur se retirant avant la fin de son engagement (Cass. com. 11-7-2006 n° 05-11.019 : RJDA 1/07 n° 66 ; Bull. Joly 2007 p. 138).

b. Avis de retrait

Les statuts peuvent prévoir un délai de préavis pour échapper valablement au principe de tacite reconduction qu'ils peuvent mettre en place (Cass. 1e civ. 17-3-2011 n° 10-11.615 : JCP (éd. E) 2013.1703 n° 25).

B. Obligations de l'associé sortant

L'associé qui se retire n'est tenu que des pertes résultant d'obligations existant au moment du départ ; à ce titre, il importe peu que ces dettes ne deviennent exigibles qu'après son départ (CA Paris 13-7-1989 : Dr. sociétés 1990 n° 16) ; dans le même sens, CA Montpellier 11-9-2013 n° 12/00218 : JCP (éd. E) 1623 n° 29).

Le montant de ces dettes peut être déduit du montant de l'apport que la coopérative doit rembourser à l'associé (CA Paris 11-9-2014 n° 13/09017 : JCP (éd. E) 2015.1607 n° 19).

C. Résiliation du contrat

En cas de faute grave des dirigeants de la société coopérative, le coopérateur peut obtenir la rupture du contrat le liant à la société (Cass. 1e civ. 8-3-1967 : Bull. civ. I n° 93 ; Cass. 1e civ. 4-10-1977 : BICA 1978.1 ; Cass. 1e civ. 17-7-1979 : RTD com. 1979.757 obs. E. Alfandari et M. Jeantin ; CA Toulouse 11-9-1989 : RTD com. 1990.428 obs. E. Alfandari et M. Jeantin).

Il appartient aux juges du fond d'apprécier la gravité de la faute de gestion (CA Rennes 7-3-1984 : D. 1985. IR. 73).

Ils refusent la résiliation lorsque les associés remettent en cause leurs engagements après la survenance de difficultés importantes au sein du groupement (cf. Cass. com. 1-4-1952 : D. 1952.685 note J. Copper-Royer), même si l'hypothèse ne peut être totalement écartée (Cass. 1e civ. 4-10-1977 : Rev. sociétés 1978.12 note C. Atias).

Sous-section III • EXCLUSION DES COOPERATEURS

Paragraphe I • DISPOSITIONS GENERALES

Art. 12 Sous réserve des dispositions qui suivent, les statuts de la société coopérative peuvent prévoir d'autres modes d'exclusion pourvu qu'ils ne portent pas atteinte aux droits que le présent Acte uniforme confère aux coopérateurs exclus.

JURISPRUDENCE COMPAREE

France

A. Droit d'exclure

1° Existence de motifs valables d'exclusion

Sont justifiées les exclusions de coopérateurs :

– en présence de graves différences de vues et d'atteintes à l'intérêt social (CA Aix-en-Provence 5-9-1990 : Dr. sociétés 1991 n° 346 ; Cass. com. 15-7-1992 : Dr. sociétés 1992 n° 212 obs. H. Le Nabasque ; CA Reims 24-4-1989 : JCP (éd. E) 1990. II.15677). Si l'ensemble des membres de la coopérative commet les mêmes fautes, l'exclusion d'un seul d'entre eux n'est pas tolérée (TGI Paris 2-11-1989 : Dr. sociétés 1991 n° 106) ;

– d'une coopérative viticole pour avoir procédé à la distillation des surplus de leur récolte alors qu'ils auraient dû le faire faire par un distillateur agréé (Cass 1e civ. 3-3-2011 n° 10-11.529).

Clause statutaire. L'exclusion peut aussi être prononcée en vertu d'une clause statutaire, par exemple pour le cas où l'associé coopérateur serait une société dont le contrôle viendrait à changer (CA Paris 11-5-2010 n° 09/06871 : Bull. Joly 2010 p. 718 note B. Saintourens). Une telle exclusion reste soumise au contrôle des tribunaux, les dispositions statutaires ne pouvant pas exclure expressément tout pouvoir de contrôle judiciaire (Cass. com. 21-10-1997 : Rev. sociétés 1998.99 note B. Saintourens).

2° Absence de motifs valables

Manquements de faible importance. A été jugée injustifiée l'exclusion d'un coopérateur d'une coopérative agricole d''utilisation de matériel agricole qui avait rendu du matériel endommagé sans même en avertir la coopérative, dès lors que les détériorations reprochées, involontaires et de faible gravité, ne peuvent constituer des raisons graves justifiant l'exclusion d'une structure d'entraide agricole ; en conséquence, le coopérateur a obtenu 1500 € en réparation du préjudice moral que lui a causé son exclusion dans la mesure où, dans le milieu agricole, forcément connu de tous, cette exclusion ne peut être vécue que comme humiliante, d'autant plus qu'elle s'accompagne d'accusations sur les aptitudes professionnelles et jette ainsi le doute sur les capacités de l'agriculteur, l'obligeant à rechercher l'adhésion à une autre coopérative, ce qui dans de telles conditions se révèle difficile (CA Toulouse 8-2-2011 n° 11/46, 09/03162 : JCP (éd. E) 2013.1703 n° 20).

B. Procédure d'exclusion

Le coopérateur mis en cause peut faire valoir ses droits à la défense et profiter du principe du débat contradictoire, avant le prononcé de toute mesure d'exclusion (Cass. com. 21-10-1997 : Rev. sociétés 1998.99 note B. Saintourens).

La preuve de la régularité formelle de la procédure est à la charge du conseil d'administration (Cass. 1e civ. 2-12-1992 : Dr. sociétés 1993 n° 46 obs. T. Bonneau) qui peut se fonder sur les procès-verbaux, voire les attestations des administrateurs (Cass. 1e civ. 4-2-1992 : BICA 1992, n° 59).

L'impossibilité pour l'associé exclu de venir s'expliquer devant l'organe décidant son exclusion n'est pas une cause de nullité de la délibération ayant prononcé l'exclusion, la nullité des actes ou délibérations des organes d'une société ne pouvant résulter que de la violation d'une disposition impérative du droit des sociétés ou des lois qui régissent les contrats (Cass. com. 9-11-2010 n° 10-10.150 : Bull. Joly 2011 p. 114 note Mousseron).

C. Apurement des comptes de l'exclu

L'associé exclu doit le remboursement immédiat des prêts qui lui ont été consentis par la société ; cette faculté permet à cette dernière d'opérer la compensation entre les dettes de l'associé exclu et le montant de ses parts sociales (CA Rennes 21-6-1985 : BICA 1985.10).

Il est aussi tenu des dettes qu'il a acceptées au titre d'un contrat spécifique conclu avec la coopérative et de celles, par exemple la cotisation d'adhésion, que les statuts mettent à sa charge selon les conditions qu'ils déterminent (CA Aix-en-Provence 22-9-2011 n° 10/14104 : JCP (éd. E) 2013.1703 n° 29).

Art. 13 La société coopérative peut, après un avis écrit adressé au coopérateur, exclure celui-ci lorsque :

a) le coopérateur est une personne morale à l'égard de laquelle une procédure de liquidation des biens a été ouverte ;

b) le coopérateur ne fait pas volontairement de transactions avec la société coopérative pendant deux années consécutives ;

c) le coopérateur, aussi bien par son comportement que par ses actes, au sein ou en dehors de la société coopérative, méconnaît les obligations qu'il a contractées conformément aux dispositions du présent Acte uniforme et aux statuts, notamment les obligations de loyauté et de fidélité envers la société coopérative et préjudicie de la sorte aux intérêts de celle-ci.

Art. 14 L'exclusion est prononcée par l'assemblée générale par une résolution spéciale dûment motivée.

L'exclusion peut également être prononcée, suivant le cas, par le comité de gestion ou par le conseil d'administration. Dans ce cas, l'exclusion ne devient définitive que lorsqu'elle a été confirmée par l'assemblée générale ordinaire par une résolution spéciale dûment motivée.

Dans les dix jours suivant la date de la résolution spéciale de l'assemblée générale décidant ou confirmant l'exclusion, la société coopérative notifie au coopérateur un avis écrit de son exclusion qui en précise les motifs. Cette exclusion prend effet à la date précisée dans l'avis écrit, mais au plus tard trente jours après sa réception.

La personne exclue ne peut redevenir coopérateur de la société coopérative que par résolution spéciale de l'assemblée générale des coopérateurs.

JURISPRUDENCE COMPAREE

France

A. Droit d'exclure
Procédure d'exclusion

Principe du contradictoire. Le coopérateur mis en cause peut faire valoir ses droits à la défense et profiter du principe du débat contradictoire, avant le prononcé de toute mesure d'exclusion (Cass. com. 21-10-1997 : Rev. sociétés 1998.99 note B. Saintourens).

La preuve de la régularité formelle de la procédure est à la charge du conseil d'administration (Cass. 1e civ. 2-12-1992 : Dr. sociétés 1993 no 46 obs. T. Bonneau) qui peut se fonder sur les procès-verbaux, voire les attestations des administrateurs (Cass. 1e civ. 4-2-1992 : BICA 1992 no 59).

L'impossibilité pour l'associé exclu de venir s'expliquer devant l'organe décidant son exclusion n'est pas une cause de nullité de la délibération ayant prononcé l'exclusion, la nullité des actes ou délibérations des organes d'une société ne pouvant résulter que de la violation d'une disposition impérative du droit des sociétés ou des lois qui régissent les contrats (Cass. com. 13-7-2010 no 09-16.156 : Bull. civ. IV no 129 ; Cass. com. 9-11-2010 no 10-10.150 : Bull. Joly 2011 p. 114 note Mousseron ; voir toutefois, Cass. com. 4-12-2012 no 11-27.667 : JCP (éd. E) 2013.1031 note B. Dondero rejetant le pourvoi contre l'arrêt d'appel ayant annulé la décision).

Paragraphe II • DROIT DE RECOURS DU COOPERATEUR EXCLU

Art. 15 Le coopérateur exclu par résolution du conseil d'administration ou du comité de gestion peut saisir l'assemblée générale des coopérateurs d'un recours en annulation de cette décision.

L'effet de la décision spéciale du conseil d'administration ou du comité de gestion est suspendu jusqu'à la résolution spéciale prise par l'assemblée générale.

L'assemblée générale statue par résolution spéciale sur ce recours dans les conditions prévues par les statuts, en annulant ou en confirmant l'exclusion.

L'exclusion prononcée par l'assemblée générale est, dans tous les cas, faite sans préjudice des voies de recours de droit commun dont dispose le coopérateur contre la décision d'exclusion.

Paragraphe III • SORT DES DROITS SOCIAUX DU COOPERATEUR EXCLU ET DES ENGAGEMENTS EN COURS

La société coopérative rembourse au membre exclu toutes les sommes dues à ce dernier dans les mêmes conditions que le coopérateur qui se retire.

Toutefois, l'exclusion d'un coopérateur ne le libère pas de ses dettes ou de ses obligations envers la société coopérative ou d'un contrat en cours avec celle-ci. En outre, la société coopérative n'est pas obligée de verser au coopérateur avant l'échéance le solde de tout prêt à terme fixe qui lui a été consenti et qui n'est pas échu.

Art. 16 Lorsque l'adresse du coopérateur exclu est inconnue de la société coopérative malgré tous les efforts raisonnables déployés pour le retrouver et que deux ans se sont écoulés depuis l'exclusion, la société coopérative transfère à un fonds de réserve toutes les sommes qui lui sont dues. Ces sommes ne portent plus intérêts au-delà d'un délai de deux (2) ans à compter de leur inscription au fonds de réserve.

Les sommes ainsi transférées sont payées à toute personne qui apporte la preuve, dans un délai de cinq (5) ans à compter du transfert, qu'elle y a droit. Elles sont acquises à titre précaire à l'État à l'expiration du délai de cinq (5) ans.

• Chapitre III •

STATUTS ET REGLEMENT INTERIEUR

....

Section I • STATUTS

Sous-section I • FORME DES STATUTS

Art. 17 Les statuts constituent le contrat de société. Ils sont établis par acte sous seing privé ou par acte notarié.

Il en est dressé autant d'originaux qu'il est nécessaire pour le dépôt d'un exemplaire au siège social et l'exécution des diverses formalités requises. Un exemplaire des statuts est tenu à la disposition de tout associé au siège social de la société coopérative.

Sous-section II • CONTENU DES STATUTS – MENTIONS OBLIGATOIRES ET MENTIONS FACULTATIVES

Art. 18 Les statuts comportent obligatoirement :

1°) la forme de la société coopérative ;

2°) sa dénomination suivie, le cas échéant, de son sigle ;

3°) la nature et le domaine de son activité et qui forment son objet social ;

4°) son siège et sa durée ;

5°) le lien commun qui réunit les membres ;

6°) les noms, prénoms et adresse résidentielle de chaque initiateur ;

7°) le nombre précis ou les nombres minimal et maximal de ses administrateurs ou membres du comité de gestion et toutes dispositions portant limitation des pouvoirs des administrateurs ou membres du comité de gestion ;

8°) le nombre précis ou les nombres minimal et maximal des membres du comité de surveillance ou du conseil de surveillance et toutes dispositions relatives à l'exercice efficace des missions de ces organes ;

9°) la durée du mandat des membres du comité de gestion, du conseil d'administration, du comité de surveillance et du conseil de surveillance ;

10) toute limite relative au pourcentage maximal de parts sociales que peut détenir un seul membre ;

11°) une déclaration précisant que la société coopérative est organisée et exploitée et exerce ses activités selon les principes coopératifs et le rappel de ces principes ;

12°) l'identité des apporteurs en numéraires avec pour chacun d'eux le montant des apports, le nombre et la valeur des parts sociales remis en contrepartie de chaque apport ;

13°) l'identité des apporteurs en nature, la nature et l'évaluation de l'apport effectué par chacun d'eux, le nombre et la valeur des parts sociales remises en contrepartie de chaque apport, le régime des biens ou valeurs apportés lorsque leur valeur excède celle des apports exigés ;

14°) le montant du capital social, les limitations minimales et maximales y afférentes, la valeur nominale des diverses catégories de parts, les conditions précises de leur émission ou souscription ;

15°) les stipulations relatives à la répartition du résultat et notamment, des excédents et des réserves ;

16°) les modalités de fonctionnement de la société coopérative ;

17°) la signature des initiateurs ou l'apposition de leur empreinte digitale ;

18°) l'étendue des transactions avec les usagers non coopérateurs, tout en ayant en vue la sauvegarde de l'autonomie de la société coopérative ;

Les statuts peuvent également comporter :

1°) toutes dispositions concernant :

– le taux de rendement maximal qui peut être appliqué aux prêts et aux épargnes des membres ;

– le taux de rémunération maximale qui peut être appliqué aux parts de membres ;

2°) toute limite imposée aux activités commerciales de la société coopérative.

Sous-section III • DÉNOMINATION SOCIALE

Art. 19 Toute société coopérative est désignée par une dénomination sociale qui est mentionnée dans ses statuts.

La société coopérative ne peut prendre la dénomination d'une autre société déjà immatriculée au registre du commerce et du crédit mobilier ou au registre des sociétés coopératives.

La dénomination sociale doit figurer sur tous les actes et documents émanant de la société coopérative et destinés aux tiers, notamment les lettres, les factures, les annonces et publications diverses. Elle doit être précédée ou suivie immédiatement en caractères lisibles de l'indication de la forme de la société coopérative, de l'adresse de son siège social et de la mention de son numéro d'immatriculation au registre des sociétés coopératives.

La dénomination sociale peut être modifiée, pour chaque forme de société coopérative, dans les conditions prévues par le présent Acte uniforme pour la modification des statuts.

Sous-section IV • OBJET DE LA SOCIETE COOPERATIVE

Art. 20 Toute société coopérative a un objet qui est constitué par l'activité qu'elle entreprend et qui doit être déterminée et décrite dans ses statuts.

L'objet de la société coopérative doit être licite.

Lorsque l'activité exercée par la société coopérative est réglementée, celle-ci doit se conformer aux règles particulières auxquelles ladite activité est soumise.

L'objet social peut être modifié, pour chaque forme de société coopérative, dans les conditions prévues par le présent Acte uniforme, pour la modification des statuts.

Art. 21 L'objet de la société coopérative détermine le caractère civil ou commercial de celle-ci.

Sous-section V • SIEGE SOCIAL

Art. 22 Toute société coopérative a un siège social qui doit être mentionné dans ses statuts.

Le siège doit être fixé sur le territoire de l'un des États parties et au choix des membres, soit au lieu du principal centre d'activité de la société, soit à son centre de direction administrative et financière. Il doit être localisé par une adresse ou une indication géographique suffisamment précise.

Art. 23 Les personnes autres que les associés coopérateurs peuvent se prévaloir du siège statutaire, mais celui-ci ne leur est pas opposable par la société coopérative si le siège réel est situé en un autre lieu.

Art. 24 Le siège social peut être modifié, pour chaque forme de société coopérative, dans les conditions prévues par le présent Acte uniforme pour la modification des statuts.

Toutefois, il peut être transféré à un autre endroit de la même ville par décision du comité de gestion ou du conseil d'administration de la société coopérative.

Toute décision de modification du siège social est enregistrée au Registre des Sociétés Coopératives et communiquée à l'autorité de tutelle par le comité de gestion ou le conseil d'administration.

Sous-section VI • DUREE – PROROGATION

Paragraphe I • DUREE

Art. 25 Toute société coopérative a une durée qui doit être mentionnée dans ses statuts.

Art. 26 Le point de départ de la durée de la société coopérative est la date de son immatriculation au Registre des Sociétés Coopératives.

Art. 27 L'arrivée du terme entraîne la dissolution de plein droit de la société coopérative, à moins que sa prorogation soit décidée dans les conditions du présent Acte uniforme.

Art. 28 La durée de la société coopérative peut être modifiée, pour chaque forme de société, dans les conditions prévues par le présent Acte uniforme, pour la modification des statuts.

Paragraphe II • PROROGATION

Art. 29 La durée de la société coopérative peut être prorogée une ou plusieurs fois. La décision de prorogation précise la durée pour laquelle celle-ci intervient.

La prorogation de la durée de la société est décidée, pour chaque forme de société coopérative, dans les conditions prévues par le présent Acte uniforme, pour la modification des statuts.

Un an au moins avant la date d'expiration de la durée de la société, les coopérateurs doivent être consultés à l'effet de décider si celle-ci doit être prorogée. A défaut, tout coopérateur peut demander à la juridiction compétente dans le ressort de laquelle est situé le siège social, statuant à bref délai, la désignation d'un mandataire de justice chargé d'organiser la consultation prévue au présent alinéa.

La prorogation de la durée de la société coopérative n'entraîne pas création d'une personne juridique nouvelle.

JURISPRUDENCE COMPAREE

France

Validité de la prorogation décidée avant le terme statutaire

Bien que la décision de prorogation de la coopérative n'ait été prise que quatre mois avant le terme statutaire et n'ait pas été publié avant la date de celui-ci, la prorogation est valable dès lors qu'une activité significative, à peine inférieure à celle de l'année précédente, est venue confirmer la volonté des membres de la coopérative telle qu'exprimée lors de l'assemblée générale avant l'arrivée du terme dans un procès-verbal signé cependant postérieurement à cet évènement (CA Colmar 14-1-2013 nº 12/02870 : JCP (éd. E) 2015.1623 nº 30).

Sous-section VII • APPORTS

Paragraphe I • DISPOSITIONS GENERALES

Art. 30 Chaque coopérateur doit faire un apport à la société coopérative.

Chaque coopérateur est débiteur envers la société de tout ce qu'il s'est obligé à lui apporter en numéraire, en nature ou en industrie.

Art. 31 En contrepartie de leurs apports et selon la forme de la société coopérative, les coopérateurs reçoivent dans les conditions précisées par le présent Acte uniforme, des parts sociales émises par la société coopérative.

Art. 32 Les dispositions de la présente section sont applicables aux apports réalisés au cours de la vie sociale et à l'occasion de l'augmentation du capital minimal fixé par les statuts.

Paragraphe II • DIFFERENTS TYPES D'APPORTS

Art. 33 Chaque associé peut apporter à la société coopérative :

– de l'argent, par apport en numéraire ;

– des droits portant sur des biens en nature, mobiliers ou immobiliers, corporels ou incorporels, par apport en nature ;

– de l'industrie, par apport de main-d'œuvre ou de savoir-faire.

Paragraphe III • APPORTS EN NUMERAIRE

Art. 34 Les apports en numéraire sont réalisés par le transfert à la société de la propriété des sommes d'argent que le coopérateur s'est engagé à lui apporter.

Les apports en numéraire destinés à la constitution du capital fixé pour la constitution de la société coopérative sont libérés intégralement lors de la constitution de la société coopérative sauf dispositions contraires du présent Acte uniforme. Il en est de même lors de l'adhésion du coopérateur en cours de vie sociale, sauf dispositions contraires des statuts. Ne sont considérés comme libérés que les apports en numéraire correspondant à des sommes dont la société coopérative est devenue propriétaire et qu'elle a intégralement et définitivement encaissées.

Art. 35 En cas de retard dans le versement, les sommes restant dues à la société coopérative portent de plein droit intérêt au taux légal à compter du jour où le versement devrait être effectué, sans préjudice de dommages et intérêts, s'il y a lieu.

Art. 36 Sauf stipulations contraires des statuts, les apports en numéraire réalisés à l'occasion d'une augmentation collective de capital de la société coopérative peuvent être réalisés par compensation avec une créance certaine, liquide et exigible sur la société coopérative.

Paragraphe IV • APPORTS EN NATURE

Art. 37 Les apports en nature sont réalisés par le transfert des droits réels ou personnels correspondant aux biens apportés et par la mise à la disposition effective de la société des biens sur lesquels portent ces droits.

Les apports en nature doivent être libérés intégralement lors de la constitution de la société coopérative ou en cours de vie sociale, par tout coopérateur qui s'y engage.

Art. 38 Lorsque l'apport est en propriété, l'apporteur est garant envers la société coopérative comme un vendeur envers son acheteur.

Art. 39 Lorsque l'apport est en jouissance, l'apporteur est garant envers la société coopérative comme un bailleur envers son preneur.

Toutefois, lorsque l'apport porte sur des choses de genre ou sur tous autres biens normalement appelés à être renouvelés pendant la durée de la société, le contrat transfère à celle-ci la propriété des biens apportés, à charge d'en rendre une pareille quantité, qualité et valeur.

Art. 40 L'apport d'un bien ou d'un droit soumis à publicité pour son opposabilité aux tiers peut être publié avant l'immatriculation de la société coopérative. La formalité ne produit d'effets rétroactifs à la date de son accomplissement qu'à compter de l'immatriculation de la société coopérative.

Art. 41 Les coopérateurs évaluent les apports en nature et en garantissent la valeur.

Art. 42 Les statuts contiennent l'évaluation des apports en nature faits lors de la constitution de la société. Cette évaluation est consignée dans un document annexé aux statuts lorsque les apports interviennent en cours de vie sociale.

Paragraphe V • APPORTS EN INDUSTRIE

Art. 43 Le régime de l'apport en industrie est déterminé par les statuts.

A défaut de détermination par les statuts, la part du coopérateur qui a apporté son industrie est égale à celle du coopérateur qui a le moins apporté.

Le coopérateur qui s'est obligé à apporter son industrie à la société coopérative lui doit compte de tous les gains qu'il a réalisés par l'activité faisant l'objet de son apport.

Sous-section VIII • PARTS SOCIALES

Paragraphe I • PRINCIPE

Art. 44 La société coopérative émet et remet aux coopérateurs des titres sociaux dénommés parts sociales, en représentation de leurs apports.

Art. 45 Toutes les parts sociales émises par la société coopérative sont nominatives. Leur valeur nominale est la même pour toutes les parts sociales. Elle est fixée dans les statuts.

Les parts sociales ne peuvent être émises pour un montant inférieur à leur valeur nominale.

Paragraphe II • DROITS ET OBLIGATIONS ATTACHES AUX PARTS SOCIALES

Sous-paragraphe I • DROITS

Art. 46 Les parts sociales confèrent à leur titulaire :

– un droit sur les excédents réalisés par la société coopérative lorsque leur répartition a été décidée conformément aux dispositions statutaires ;

– un droit à tous les avantages et prestations de la société coopérative ;

– le droit de participer aux décisions collectives des associés et de voter ;

– le droit, en tout état de cause, d'exercer ou de bénéficier, dans la limite des dispositions du présent Acte uniforme et des statuts, des droits attachés à la qualité d'associé. Les droits mentionnés ci-dessus doivent être exercés dans les conditions prévues pour chaque forme de société coopérative. Ces droits ne peuvent être suspendus ou supprimés qu'en application des dispositions expresses du présent Acte uniforme.

Sous-paragraphe II • OBLIGATIONS

Art. 47 Tout coopérateur d'une société coopérative a l'obligation de participer aux pertes sociales dans les conditions prévues par le présent acte uniforme, les statuts et le règlement intérieur pour chaque forme de société coopérative.

Le coopérateur a également l'obligation de faire des transactions avec la société coopérative conformément à l'objet social de celle-ci.

JURISPRUDENCE COMPAREE

France

A. Application du droit commun des contrats aux obligations d'un associé envers la coopérative

Le paiement en retard des dettes d'un associé envers la coopérative entraîne application des intérêts de retard (Cass. 1e civ. 16-5-2013 no 11-23.806 : Dr. sociétés 2013 no 209 note J.-P. Legros).

B. Contrat d'apport

Le contrat d'apport, fût-il lié au contrat de société, constitue un contrat en cours au sens des dispositions des procédures collectives dont l'administrateur peut exiger la continuation ou la résiliation (Cass. com. 19-2-2013 no 12-23.146 : RJDA 6/13 no 534).

Art. 48 Sauf clause contraire des statuts et relative à la répartition des résultats, les droits et obligations de tous les coopérateurs, visés aux articles 46 et 47 ci-dessus, sont égaux quel que soit le montant de leurs apports.

Paragraphe III • CESSIBILITE – NON-NEGOCIABILITE

Art. 49 Les parts sociales sont nominatives, individuelles, non négociables, insaisissables et cessibles selon les conditions fixées par les statuts.

Elles ne peuvent faire l'objet de nantissement.

Art. 50 Les statuts définissent les conditions de cession et de remboursement et la détermination de la valeur de ces droits, dans tous les cas où est prévue la cession des droits sociaux d'un coopérateur ou le remboursement de ceux-ci par la société coopérative.

En cas de contestation, la valeur de cession ou de remboursement est déterminée par l'organisation faîtière à laquelle est affiliée la société coopérative et à défaut, par expert désigné d'accord parties ou par la juridiction compétente statuant à bref délai.

Paragraphe IV • REDUCTION DU NOMBRE DE COOPERATEURS EN DESSOUS DU SEUIL LEGAL

Art. 51 La réduction, au cours de la vie sociale, du nombre de coopérateurs en dessous du seuil légal autorisé pour le type de société coopérative concernée n'entraîne pas la dissolution de plein droit de la société coopérative.

Tout intéressé peut demander à la juridiction compétente cette dissolution si la situation n'a pas été régularisée dans le délai d'un an.

La juridiction compétente peut accorder à la société un délai maximal de six mois pour régulariser la situation ; il ne peut prononcer la dissolution si, au jour où il statue sur le fond, cette régularisation a eu lieu.

Sous-section IX • RESSOURCES DE LA SOCIETE COOPERATIVE

Paragraphe I • FONDS PROPRES

Sous-paragraphe I • CAPITAL SOCIAL

Art. 52 Le capital de la société coopérative est variable.

Il est susceptible d'augmentation ou de diminution dans les conditions prévues aux articles 56, 57 et 58 ci-après.

Art. 53 Le capital social initial est indiqué dans les statuts qui déterminent son montant.

Art. 54 Le capital social initial représente le montant des apports en capital faits par les coopérateurs à la société coopérative lors de la constitution. Les apports en industrie concourent également à la formation du capital social initial et donnent lieu à l'attribution de parts sociales conférant la qualité de coopérateur.

Art. 55 Le capital social est divisé en parts sociales.

En contrepartie des apports, la société coopérative rémunère l'apporteur par des parts sociales pour une valeur égale à celle des apports.

Art. 56 Hormis les cas de variation du capital initial par retraits ou adhésions de coopérateurs, le montant du capital initial peut être augmenté ou réduit par l'assemblée générale pour chaque forme de société coopérative dans les conditions prévues par le présent Acte uniforme pour la modification des statuts.

Art. 57 L'augmentation du capital par l'assemblée générale peut être réalisée par la souscription d'un nombre proportionnel de parts en plus de celles déjà détenues par chaque associé coopérateur ou par l'augmentation de la valeur nominale de la part sociale ou par l'incorporation des réserves libres d'affectation.

Art. 58 La réduction par l'assemblée générale du capital peut être réalisée par la réduction du montant nominal des parts sociales détenues par chaque coopérateur ou par le remboursement total ou partiel des apports effectués.

Sous-paragraphe II • AUTRES FONDS PROPRES

Art. 59 Les sociétés coopératives peuvent recevoir des subventions, dons et legs destinés au développement de leurs activités.

Ces subventions, dons ou legs ne sont pas pris en compte pour le calcul des intérêts versés aux parts sociales.

Paragraphe II • FONDS D'EMPRUNT

Art. 60 La société coopérative peut recourir, dans le respect des dispositions propres aux différentes formes de sociétés coopératives et de celles des statuts, à tous emprunts légalement admis sur le territoire de l'État du siège social.

Sous-section X • **MODIFICATION DES STATUTS**

Art. 61 Les statuts peuvent être modifiés. Cette modification ne peut être décidée que par l'assemblée générale extraordinaire et dans les conditions prévues par le présent Acte uniforme pour chaque forme de société coopérative.

Art. 62 Sauf décision contraire spécialement motivée de la juridiction compétente saisie à cet effet et statuant à bref délai, aucune augmentation des engagements des coopérateurs envers la société coopérative ne peut être décidée sans leur consentement.

Sous-section XI • **NON-RESPECT DES FORMALITES – RESPONSABILITES**

Art. 63 Si les statuts ne contiennent pas toutes les énonciations exigées par le présent Acte uniforme ou si une formalité prescrite par celui-ci pour la constitution de la société coopérative a été omise ou irrégulièrement accomplie, tout intéressé peut demander à la juridiction compétente ou à l'autorité administrative compétente dans le ressort de laquelle est situé le siège social, que soit ordonnée la régularisation de la constitution. Le ministère public peut également agir aux mêmes fins.

Jurisprudence OHADA

Modalités d'application de l'article 63 à la mise en harmonie des statuts

Voir sous l'art. 390.

Art. 64 L'action aux fins de régularisation se prescrit par trois ans à compter de l'immatriculation de la société coopérative ou de la publication de l'acte modifiant les statuts.

Art. 65 Les initiateurs, ainsi que les premiers membres des organes de gestion ou d'administration, sont solidairement responsables du préjudice causé, soit par le défaut d'une mention obligatoire dans les statuts, soit par l'omission ou l'accomplissement irrégulier d'une formalité prescrite pour la constitution de la société coopérative.

De même, les membres des organes de gestion ou d'administration alors en fonction encourent les mêmes responsabilités prévues à l'alinéa ci-dessus en cas d'irrégularité dans la modification des statuts.

Art. 66 L'action en responsabilité prévue à l'article 65 ci-dessus se prescrit par cinq ans à compter, selon le cas, du jour de l'immatriculation de la société coopérative ou de la publication de l'acte modifiant les statuts.

Section II • REGLEMENT INTERIEUR

Sous-section I • FORME DU REGLEMENT INTERIEUR

Art. 67 Le règlement intérieur est établi par acte sous seing privé ou par acte notarié.

Il en est dressé autant d'originaux qu'il est nécessaire pour le dépôt d'un exemplaire au siège social et l'exécution des diverses formalités requises. Un exemplaire du règlement intérieur est tenu à la disposition de tout membre au siège social de la société coopérative.

Sous-section II • CONTENU DU REGLEMENT INTERIEUR

Art. 68 Outre les mentions obligatoires des statuts, le règlement intérieur contient les prescriptions suivantes :

– les conditions de paiement d'indemnités aux membres du conseil d'administration ou du comité de gestion, du conseil ou du comité de surveillance, définies dans le respect des dispositions des articles 225 et 305 ci-dessous ;

– la souscription de parts sociales supplémentaires et leur nombre par coopérateur ;

– les critères et conditions de suspension des coopérateurs ;

– la possibilité d'attribution d'un droit de vote plural dans le cas des unions, des fédérations et des confédérations ;

– toutes autres prescriptions jugées nécessaires pour la réalisation de l'objet de la société coopérative et conformes aux principes coopératifs et aux dispositions impératives du présent Acte uniforme.

JURISPRUDENCE OHADA

Impossibilité de suspendre un membre du comité de gestion en dehors d'une assemblée

La disposition statutaire d'une société coopérative qui prévoit la suspension de membres du comité de gestion par ledit comité n'est pas conforme avec l'AUSC, dont l'article 68 exige que les statuts soient conformes à cet Acte uniforme. Le comité de gestion qui désire exclure l'un de ses membres doit le faire durant une assemblée générale votant à la majorité des 2/3 (High Court of Mezam (Bamenda, Cameroun), suit n° HCB/287M/2012 of 15 October 2012 : Tangi Simon Tacho & Ors (Suing as Board of Directors (Bod) Members of Azire Cooperative Credit Union Ltd (Aziccul)) v. Bih Judith Tabifor (Sued as President of Board of Directors (Bod) of Azire Cooperative Credit Union Ltd (Aziccul)).

Obs. : voir sous les art. 242 et 253.

• Chapitre IV •

REGISTRE DES SOCIETES COOPERATIVES – IMMATRICULATION – PERSONNALITE JURIDIQUE

Section I • REGISTRE DES SOCIETES COOPERATIVES

Sous-section I • DISPOSITIONS GENERALES

Art. 69 Le Registre des Sociétés Coopératives a pour objet de :

– recevoir l'immatriculation des sociétés coopératives et de leurs sociétés faîtières régies par le présent Acte uniforme ;

– recevoir également les inscriptions et les mentions constatant les modifications survenues depuis leur immatriculation, dans la situation juridique des sociétés coopératives et des sociétés coopératives faîtières.

Sous-section II • ORGANISATION DU REGISTRE DES SOCIETES COOPERATIVES

Art. 70 Le Registre des Sociétés Coopératives est tenu au niveau local par l'autorité administrative chargée de la tenue dudit registre.

Dans chaque État partie, l'autorité administrative chargée de la tenue du Registre des Sociétés Coopératives est l'organe déconcentré ou décentralisé de l'autorité nationale chargée de l'administration territoriale ou l'autorité compétente, auquel est immédiatement rattaché le siège de la société coopérative.

Le Fichier National prévu par l'Acte uniforme portant sur le droit commercial général centralise les renseignements consignés dans chaque Registre des Sociétés Coopératives.

Le Fichier Régional prévu par l'Acte uniforme portant sur le droit commercial général centralise les renseignements consignés dans chaque Fichier National.

Les informations figurant dans les formulaires remis à l'autorité administrative chargée de la tenue du Registre des sociétés coopératives sont destinées à l'information du public.

Art. 71 Le Registre des Sociétés Coopératives comprend :

1°) un registre d'arrivée mentionnant dans l'ordre chronologique la date et le numéro de chaque déclaration acceptée, les nom, prénoms ou dénomination sociale du déclarant, ainsi que l'objet de la déclaration ;

2°) la collection des dossiers individuels tenus par ordre alphabétique, lesquels comprennent sous l'indication de leur dénomination sociale, de leur forme juridique, de la nature de l'activité exercée, de l'adresse du siège social, l'ensemble des déclarations, actes et pièces concernant les sociétés coopératives et leurs sociétés faîtières.

Art. 72 Toutes les déclarations sont établies en quatre exemplaires sur formulaires fournis par l'autorité administrative chargée de la tenue du Registre des Sociétés Coopératives.

Elles sont revêtues de la signature ou de l'empreinte digitale du déclarant ou de son mandataire qui doit à la fois justifier de son identité et, sauf s'il est Avocat ou Notaire, être muni d'une procuration signée du déclarant ou sur laquelle est apposée son empreinte digitale.

Le premier exemplaire est conservé par l'autorité administrative chargée de la tenue du Registre des Sociétés Coopératives.

Le deuxième exemplaire est remis au déclarant avec mention de la date et de la désignation de la formalité effectuée.

Les troisième et quatrième exemplaires sont adressés par l'autorité administrative chargée de la tenue du Registre des Sociétés Coopératives au Fichier National, pour transmission de l'un d'entre eux au Fichier Régional.

Art. 73 Sont en outre mentionnées d'office au Registre des Sociétés Coopératives :

1°) les décisions intervenues dans les procédures individuelles de faillite ou dans les procédures collectives d'apurement du passif ;

2°) les décisions prononçant des sanctions patrimoniales contre les dirigeants ;

3°) les décisions de réhabilitation ou les mesures d'amnistie faisant disparaître les déchéances ou interdictions.

Les mentions prévues au présent article devront être communiquées par la juridiction qui a prononcé la décision, ou à défaut par toute personne intéressée, à l'autorité administrative chargée de la tenue du Registre des Sociétés Coopératives du ressort territorial et à l'autorité de tutelle des sociétés coopératives.

Section II • IMMATRICULATION – PERSONNALITE JURIDIQUE

Sous-section I • IMMATRICULATION

Art. 74 Toute société coopérative doit être immatriculée au Registre des Sociétés Coopératives institué dans chaque État partie.

Art. 75 La société coopérative requiert son immatriculation, dans le mois de sa constitution, au Registre des Sociétés Coopératives.

Cette demande mentionne :

1°) la dénomination sociale ;

2°) le cas échéant, le nom commercial, le sigle, ou l'enseigne ;

3°) la ou les activités exercées ;

4°) la forme de la société coopérative ;

5°) le montant du capital social initial avec l'indication du montant des apports en numéraire et éventuellement, l'évaluation des apports en nature ou en industrie ;

6°) l'adresse du siège social, et le cas échéant, celle du principal établissement et de chacun des autres établissements ;

7°) la durée de la société telle que fixée par ses statuts ;

8°) les noms, prénoms, nationalité, date et lieu de naissance et domicile des dirigeants ayant le pouvoir général d'engager la société coopérative.

Art. 76 A cette demande, sont jointes, sous peine de rejet, les pièces justificatives suivantes :

1°) deux copies des statuts ;

2°) deux exemplaires de la liste des membres du comité de gestion ou du conseil d'administration de la société coopérative ;

3°) le cas échéant, s'agissant des activités réglementées, les autorisations préalables requises.

Art. 77 Aucune société coopérative ne peut être immatriculée à plusieurs registres ou à un même registre sous plusieurs numéros.

Dès que la demande du requérant est en état, l'autorité administrative chargée de la tenue du Registre des Sociétés Coopératives lui attribue un numéro d'immatriculation et mentionne celui-ci sur le formulaire remis au déclarant ; elle transmet ensuite au Fichier National un exemplaire du dossier individuel et des autres pièces déposées par le requérant.

Sous-section II • PERSONNALITE JURIDIQUE

Art. 78 Toute société coopérative jouit de la personnalité juridique à compter de son immatriculation au Registre des Sociétés Coopératives.

Toutefois, l'exercice de son activité est soumis aux règles qui régissent cette activité.

Sous-section III • SITUATION EN CAS DE TRANSFERT DE SIEGE

Art. 79 En cas de transfert du siège d'une société coopérative dans le ressort territorial d'une autre autorité administrative chargée de la tenue du Registre des Sociétés Coopératives, la société concernée doit requérir :

– sa radiation du Registre des Sociétés Coopératives dans le ressort duquel elle était immatriculée ;

– une nouvelle immatriculation au Registre des Sociétés Coopératives de l'autorité administrative dans le ressort duquel le siège est transféré, après vérification, par cette autorité, de la radiation effective de la précédente immatriculation.

A cet effet, la société coopérative devra fournir les renseignements et documents prévus aux articles 75 et 76 ci-dessus.

Ces formalités sont effectuées par la société coopérative concernée dans le mois du transfert.

Sous-section IV • INSCRIPTIONS MODIFICATIVES, RECTIFICATIVES OU COMPLEMENTAIRES

Art. 80 Si la situation de la société coopérative subit ultérieurement des modifications qui exigent la rectification ou le complément des énonciations portées au Registre des Sociétés Coopératives, celle-ci doit formuler, dans les trente jours de cette modification, une demande de mention rectificative ou complémentaire.

Toute modification concernant notamment les statuts de la société coopérative doit être mentionnée au Registre des Sociétés Coopératives.

Toute demande d'inscription modificative rectificative ou complémentaire est signée par la personne tenue à la déclaration ou sur laquelle est apposée son empreinte digitale, ou par un mandataire qui doit justifier de son identité et, s'il n'est avocat, notaire, syndic ou autre auxiliaire de justice habilité à cet effet par la loi, être muni d'une procuration spéciale signée du mandant ou sur laquelle est apposée empreinte digitale de celui-ci.

Sous-section V • PUBLICITE

Art. 81 Toute immatriculation, ainsi que toute inscription ou mention constatant les modifications survenues depuis la date de son immatriculation dans l'état et la capacité de la société coopérative, doivent en outre, dans le mois de l'inscription de cette formalité, faire l'objet d'un avis à insérer dans un journal habilité à publier les annonces légales. Cet avis contient les mentions prévues à l'article 75 ci-dessus.

Sous-section VI • INSCRIPTION SECONDAIRE EN CAS D'ETABLISSEMENT SECONDAIRE

Art. 82 Toute société coopérative est tenue, si elle exploite des établissements secondaires ou des succursales dans le ressort d'autres autorités administratives chargées de la tenue du Registre des Sociétés Coopératives, de souscrire une déclaration d'immatriculation secondaire dans le délai d'un mois à compter du début de l'exploitation.

Cette déclaration doit mentionner, outre la référence à l'immatriculation principale, les renseignements requis pour les sociétés coopératives par l'article 75 ci-dessus.

Art. 83 La demande d'une inscription d'immatriculation secondaire doit être déposée auprès de l'autorité administrative chargée de la tenue du Registre des Sociétés Coopératives dans le ressort duquel est situé l'établissement secondaire ou la succursale.

L'autorité administrative chargée de la tenue de ce Registre adresse, dans le mois de l'immatriculation secondaire, une copie de la déclaration d'immatriculation secondaire à l'autorité administrative en charge du Registre où a été effectuée l'immatriculation principale.

Toute inscription d'un établissement secondaire donne lieu à l'attribution d'un numéro d'immatriculation et doit faire l'objet, dans le mois de cette immatriculation, d'une insertion dans un journal habilité à publier les annonces légales.

Sous-section VII • DISSOLUTION-RADIATION

Art. 84 La dissolution d'une société coopérative pour quelque cause que ce soit doit être déclarée, en vue de son inscription au Registre des Sociétés Coopératives dans lequel celle-ci est immatriculée, dans le délai d'un mois auprès de l'autorité administrative chargée de la tenue de ce registre.

Il en est de même pour la nullité de la société à compter de la décision qui l'a prononcée.

La radiation doit être demandée par le liquidateur dans le délai d'un mois à compter de la clôture des opérations de liquidation.

A défaut de demande de radiation dans le délai prescrit, l'autorité administrative chargée de la tenue du Registre des Sociétés Coopératives compétente procède à la radiation sur décision de la juridiction compétente saisie à sa requête ou à celle de tout intéressé.

Toute radiation doit faire l'objet d'une insertion dans un journal habilité à publier les annonces légales.

Section III • SOCIETE COOPERATIVE EN FORMATION ET SOCIETE COOPERATIVE CONSTITUEE MAIS NON ENCORE IMMATRICULEE

Sous-section I • DEFINITIONS

Art. 85 La société coopérative est en formation lorsqu'elle n'est pas encore constituée.

Art. 86 Toute société coopérative est constituée à compter de l'assemblée générale constitutive et de la signature de ses statuts par les coopérateurs.

Avant son immatriculation au Registre des Sociétés Coopératives, l'existence de la société coopérative n'est pas opposable aux personnes autres que les coopérateurs. Néanmoins, celles-ci peuvent s'en prévaloir.

Art. 87 Les personnes qui prennent l'initiative de la création d'une société coopérative doivent avoir une domiciliation sur le territoire de l'un des États parties.

La domiciliation ne peut pas être constituée uniquement par une boîte postale. Elle doit être déterminée par une adresse ou une indication géographique suffisamment précise.

Art. 88 A partir de la signature des statuts, les dirigeants sociaux se substituent aux initiateurs. Ils agissent au nom de la société coopérative constituée et non encore immatriculée.

Leurs pouvoirs et leurs obligations sont fixés conformément aux dispositions prévues par le présent Acte uniforme et par les statuts.

Art. 89 Entre la date de constitution de la société coopérative et celle de son immatriculation au Registre des Sociétés Coopératives, les rapports entre les coopérateurs sont régis par les statuts et par les règles générales de droit applicables aux obligations dans l'État du siège social.

Sous-section II • ENGAGEMENTS PRIS POUR LE COMPTE DE LA SOCIETE COOPERATIVE EN FORMATION AVANT SA CONSTITUTION

Art. 90 Les actes et engagements pris par les initiateurs pour le compte de la société coopérative avant sa constitution doivent être portés à la connaissance des associés coopérateurs lors de l'assemblée constitutive.

Art. 91 La reprise des actes et engagements accomplis pour le compte de la société coopérative en formation fait l'objet d'une résolution spéciale de l'assemblée générale constitutive prise dans les conditions prévues par le présent Acte uniforme.

L'assemblée doit être complètement informée sur la nature et la portée de chacun des actes et engagements dont la reprise lui est proposée. Les personnes ayant accompli lesdits actes et engagements ne prennent pas part au vote et il n'est pas tenu compte de leurs voix pour le calcul du quorum et de la majorité.

Art. 92 Les actes et engagements repris par la société coopérative régulièrement constituée et enregistrée sont réputés avoir été contractés par celle-ci dès l'origine.

Les actes et engagements qui n'ont pas été repris par la société coopérative dans les conditions prévues par le présent Acte uniforme sont inopposables à celle-ci et les personnes qui les ont souscrits sont tenues solidairement et indéfiniment par les obligations qu'ils comportent.

Sous-section III • ENGAGEMENTS PRIS POUR LE COMPTE DE LA SOCIETE COOPERATIVE CONSTITUEE ET AVANT SON IMMATRICULATION

Art. 93 Les coopérateurs peuvent, dans les statuts ou par acte séparé, donner mandat à un ou plusieurs dirigeants sociaux, selon le cas, de prendre des engagements pour le compte de la société coopérative constituée et non encore immatriculée au Registre des Sociétés Coopératives. Sous réserve qu'ils soient déterminés et que leurs modalités soient précisées dans le mandat, l'immatriculation de la société coopérative emporte reprise par elle de ces engagements.

Les actes excédant les pouvoirs qui sont conférés aux dirigeants sociaux par les mandats, ou qui leur sont étrangers, peuvent être repris par la société coopérative à la condition qu'ils aient été approuvés par l'assemblée générale ordinaire, dans les conditions prévues par le présent Acte Uniforme pour chaque forme de société coopérative, sauf dispositions contraires des statuts. Les coopérateurs ayant accompli lesdits actes et engagements ne prennent pas part au vote et il n'est pas tenu compte de leurs voix pour le calcul du quorum et de la majorité.

Art. 94 Nonobstant les dispositions de l'article 93 ci-dessus, les dispositions de l'article 92 du présent acte uniforme sont applicables aux actes et engagements repris par la société coopérative et à ceux qui ne sont pas repris.

• Titre II •

FONCTIONNEMENT DE LA SOCIETE COOPERATIVE

• Chapitre I •

POUVOIRS DES DIRIGEANTS SOCIAUX – PRINCIPES GENERAUX

Art. 95 A l'égard des personnes de bonne foi autres que les coopérateurs, les organes de gestion ou d'administration ont, dans les limites fixées par le présent Acte uniforme pour chaque type de société coopérative, tout pouvoir pour engager la société coopérative, sans avoir à justifier d'un mandat spécial. Toute limitation de leurs pouvoirs légaux par les statuts est inopposable aux personnes autres que les coopérateurs.

Art. 96 Dans les rapports avec les personnes autres que les coopérateurs, les organes de gestion ou d'administration engagent la société coopérative par les actes entrant dans l'objet social, sauf dispositions contraires du présent Acte uniforme.

La société coopérative est engagée par les actes de gestion ou d'administration qui ne relèvent pas de l'objet social, à moins qu'elle ne prouve que les personnes autres que les coopérateurs savaient que l'acte dépassait cet objet ou qu'elles ne pouvaient l'ignorer compte tenu des circonstances, sans que la seule publication des statuts suffise à constituer cette preuve.

Art. 97 Dans les rapports entre associés et sous réserve des dispositions légales spécifiques à chaque forme de société coopérative, les statuts peuvent limiter les pouvoirs des organes de gestion et d'administration.

Ces limitations sont inopposables aux personnes autres que les coopérateurs qui sont de bonne foi.

Art. 98 La désignation, la révocation ou la démission des dirigeants sociaux doit être publiée au Registre des Sociétés Coopératives dans le délai d'un mois.

• Chapitre II •

ASSEMBLEE GENERALE – PRINCIPES GENERAUX

Art. 99 Sauf disposition contraire du présent Acte uniforme, tout coopérateur a le droit de participer aux décisions de l'assemblée générale. Toute clause statutaire contraire est réputée non écrite.

Art. 100 La participation aux réunions de l'assemblée générale est personnelle.

Toutefois, les coopérateurs empêchés peuvent voter par procuration sauf clauses contraires des statuts. Dans ce cas, les statuts de la société coopérative déterminent les modalités du vote par procuration dont notamment, le nombre de coopérateurs et/ou de voix qu'un mandataire peut représenter.

Art. 101 A défaut des dispositions contraires des statuts, les copropriétaires d'une part sociale sont représentés par un mandataire unique, choisi parmi les indivisaires. En cas de désaccord, le mandataire est désigné par la juridiction compétente dans le ressort de laquelle est situé le siège social, à la demande de l'indivisaire le plus diligent.

Art. 102 Chaque coopérateur dispose d'une voix quelle que soit l'importance de sa participation au capital de la société coopérative.

Art. 103 Les décisions collectives sont ordinaires ou extraordinaires. Elles sont prises en assemblée générale dans les conditions de forme et de fond prévues pour chaque forme de société coopérative.

JURISPRUDENCE COMPAREE

France

Interdiction d'augmenter les engagements de l'associé

Constitue une augmentation des engagements de l'associé l'obligation de non-concurrence en cas de retrait de la société, introduite, en cours de vie sociale, dans le règlement intérieur d'une société anonyme coopérative, sans accord unanime (CA Lyon 20-11-1998 : Bull. inf. C. cass. 1999/499 p. 22).

Art. 104 Toute délibération des coopérateurs est constatée par un procès-verbal qui indique la date et le lieu de la réunion, les noms et prénoms des coopérateurs présents ou représentés, l'ordre du jour, les documents et rapports soumis à discussion, un résumé des débats, le texte des résolutions mises aux voix et le résultat des votes.

Le procès-verbal doit être signé dans les conditions prévues par le présent Acte uniforme pour chaque forme de société coopérative.

Art. 105 Les procès-verbaux prévus à l'article précédent sont établis sur un registre spécial tenu au siège social.

Les copies ou extraits des procès-verbaux des délibérations des coopérateurs sont valablement certifiés conformes par le représentant légal de la société coopérative.

Art. 106 Lorsque le nombre des coopérateurs est supérieur à cinq cents, les statuts de la société coopérative peuvent prévoir que l'assemblée générale peut être précédée par des assemblées de section délibérant séparément sur le même ordre du jour.

Les assemblées de section élisent des délégués qui sont eux-mêmes convoqués en assemblée générale. Les statuts déterminent la répartition en section, le nombre des délégués par section et les modalités d'application.

• Chapitre III •

ÉTATS FINANCIERS DE SYNTHESE ANNUELS, AFFECTATION DU RESULTAT

Section I • ÉTATS FINANCIERS DE SYNTHESE ANNUELS

Sous-section I • PRINCIPE

Art. 107 A la clôture de chaque exercice, le comité de gestion ou le conseil d'administration, selon le cas, établit et arrête les états financiers de synthèse conformément aux dispositions du présent Acte uniforme et de l'Acte uniforme portant organisation et harmonisation des comptabilités des entreprises.

Les états financiers sont signés par une personne dûment accréditée pour engager la responsabilité de la société coopérative et certifiés par un commissaire aux comptes si la société coopérative en est dotée.

Sous-section II • APPROBATION DES ÉTATS FINANCIERS DE SYNTHESE ANNUELS

Art. 108 Le comité de gestion ou le conseil d'administration, selon le cas, établit un rapport de gestion dans lequel il expose la situation de la société coopérative durant l'exercice écoulé, son évolution prévisible et, en particulier, les perspectives de continuation de l'activité, l'évolution de la situation de trésorerie et le plan de financement.

Le comité de gestion ou le conseil d'administration expose également dans ce rapport, l'état de promotion des coopérateurs.

Art. 109 Figurent dans les états financiers de synthèse :

– un état des cautionnements, avals et autres garanties personnelles donnés par la société coopérative ;

– un état des sûretés réelles consenties par la société coopérative.

Art. 110 Les états financiers de synthèse annuels et le rapport de gestion sont présentés à l'assemblée générale ordinaire de la société coopérative statuant sur ces documents, qui doit obligatoirement se tenir dans les six mois de la clôture de l'exercice.

Ces états financiers de synthèse sont, le cas échéant, également adressés à l'organisation faîtière immédiate à laquelle est affiliée la société coopérative, quarante-cinq jours au moins avant la date de l'assemblée générale ordinaire.

Art. 111 Toute modification dans la présentation des états financiers de synthèse ou dans les méthodes d'évaluation, d'amortissement ou de provisions conformes à l'Acte uniforme portant organisation et harmonisation des comptabilités des entreprises doit être signalée dans le rapport de gestion.

Section II • RISTOURNES – RESERVES

Sous-section I • RISTOURNES

Art. 112 Les statuts peuvent prévoir le versement de ristournes aux coopérateurs proportionnellement aux opérations faites par eux avec la société coopérative ou au travail effectué en faveur de cette dernière.

Sous-section II • RESERVES

Art. 113 L'assemblée générale décide de l'affectation du résultat dans le respect des dispositions légales et statutaires.

Elle constitue les dotations nécessaires aux réserves légales et aux réserves statutaires.

Art. 114 Les statuts prévoient, avant toute autre affectation, la constitution d'une réserve générale par prélèvements annuels sur les excédents nets d'exploitation.

Les statuts prévoient dans les mêmes conditions qu'à l'alinéa ci-dessus, la constitution d'une réserve destinée à la formation, à l'éducation et à la sensibilisation aux principes coopératifs.

Tant que chacune de ces réserves légales n'atteint pas le montant du capital fixé par les statuts, les prélèvements opérés au titre de chaque réserve ne peuvent être inférieurs à vingt pour cent des excédents nets d'exploitation.

Art. 115 Les statuts peuvent prévoir des réserves facultatives alimentées par affectation d'un pourcentage des excédents nets d'exploitation. Le montant total prélevé au titre des réserves facultatives ne peut dépasser vingt pour cent des excédents nets.

Art. 116 Les coopérateurs démissionnaires ou exclus ne peuvent prétendre à aucun droit sur les sommes affectées à la réserve générale et à la réserve de formation, d'éducation et de sensibilisation.

De même, les réserves facultatives prévues à l'article 115 ci-dessus ne peuvent pas être réparties entre les coopérateurs.

Section III • LITIGES ENTRE COOPERATEURS OU ENTRE UN OU PLUSIEURS COOPERATEURS ET LA SOCIETE COOPERATIVE

Art. 117 Tout litige entre coopérateurs ou entre un ou plusieurs coopérateurs et la société coopérative relève de la juridiction compétente.

Ce litige peut également être soumis à la médiation, à la conciliation ou à l'arbitrage.

Jurisprudence OHADA

I. Règlement des litiges

Caractère non exclusif de l'arbitrage et de la médiation. L'arbitrage et la conciliation prévus par l'art. 117 de l'AUSC sont conditionnés par le consentement des deux parties à la procédure d'arbitrage et n'excluent en aucun cas le recours aux tribunaux. Il en est ainsi d'autant plus que, si la seule juridiction de cassation est la CCJA, les décisions faisant l'objet d'un pourvoi ne peuvent provenir que de juridictions nationales (High Court of Mezam (Bamenda, Cameroun), suit n° HCB/287M/2012 of 15 October 2012 : Tangi Simon Tacho & Ors (Suing as Board of Directors (Bod) Members of Azire Cooperative Credit Union Ltd (Aziccul)) v. Bih Judith Tabifor (Sued as President of Board of Directors (Bod) of Azire Cooperative Credit Union Ltd (Aziccul)).

II. Saisine de la juridiction compétente

L'article 117 de l'AUSC ne prévoit aucun mode particulier de saisine de la juridiction compétente (High Court of Mezam (Bamenda, Cameroun), suit n° HCB/287M/2012 of 15 October 2012 : Tangi Simon Tacho & Ors (Suing as Board of Directors (Bod) Members of Azire Cooperative Credit Union Ltd (Aziccul)) v. Bih Judith Tabifor (Sued as President of Board of Directors (Bod) of Azire Cooperative Credit Union Ltd (Aziccul)).

Art. 118 Les sociétés coopératives, leurs unions, fédérations, confédérations ou réseaux soumis aux dispositions du présent Acte uniforme peuvent créer en leur sein des organes d'arbitrage, de conciliation et de médiation, en conformité avec les dispositions de l'Acte uniforme relatif au droit de l'arbitrage et du droit international de l'arbitrage, de la conciliation et de la médiation.

• Chapitre IV •

PROCEDURES DE CONTROLE PREVENTIF

Section I • PROCEDURE D'ALERTE

Art. 119 Le conseil de surveillance ou la commission de surveillance, selon le type de société coopérative concernée, demande par écrit ou oralement des explications au comité de gestion ou au conseil d'administration qui est tenu de répondre, dans les délais et conditions fixés à l'alinéa suivant du présent Article, sur tout fait de nature à compromettre la continuité de la société coopérative qu'il a relevé à l'occasion de l'exercice de sa mission.

Le comité de gestion ou le conseil d'administration répond par écrit ou oralement à l'occasion d'une réunion spéciale, dans le mois qui suit la réception de la demande d'explication. Dans sa réponse, il donne une analyse de la situation et précise, le cas échéant, les mesures envisagées.

En cas d'inobservation des dispositions prévues à l'alinéa précédent ou si, en dépit des décisions prises, le conseil de surveillance ou la commission de surveillance constate que la continuité de la société coopérative demeure compromise, il établit un rapport spécial qu'il soumet à l'assemblée générale à l'occasion de la prochaine réunion de celle-ci ou, en cas d'urgence, d'une réunion qu'il convoque spécialement à cet effet.

Cette faculté est dévolue, sous les mêmes conditions, aux organisations faîtières auxquelles est affiliée la société coopérative.

Section II • EXPERTISE DE GESTION

Art. 120 Les coopérateurs peuvent, à condition qu'ils atteignent au moins le pourcentage de vingt-cinq pour cent des membres de la société coopérative, en se groupant sous la forme qu'ils jugent appropriée, demander au président de la juridiction compétente du siège social, la désignation d'un ou de plusieurs experts chargés de présenter un rapport sur une ou plusieurs opérations de gestion.

S'il est fait droit à la demande, le juge détermine l'étendue de la mission et les pouvoirs des experts. Les honoraires des experts sont supportés par la société coopérative. Le rapport est adressé au demandeur et aux organes de gestion ou d'administration de la société coopérative.

Section III • COMMISSARIAT AUX COMPTES

Art. 121 Les sociétés coopératives avec conseil d'administration sont tenues de désigner au moins un commissaire aux comptes lorsqu'elles remplissent les conditions suivantes :

- nombre total de coopérateurs supérieur à mille ;
- chiffre d'affaires supérieur à cent millions ;
- total de bilan supérieur à cinq millions.

Le commissaire aux comptes est nommé par l'assemblée générale pour trois exercices.

Il est choisi parmi les commissaires aux comptes agréés dans l'État concerné.

La désignation d'un commissaire aux comptes est facultative pour la société coopérative simplifiée.

• Titre III •

ACTION EN RESPONSABILITE CIVILE CONTRE LES DIRIGEANTS DE LA SOCIETE COOPERATIVE

• Chapitre I •

ACTION INDIVIDUELLE

Art. 122 Sans préjudice de la responsabilité éventuelle de la société coopérative, chaque dirigeant social est responsable individuellement envers les tiers des fautes qu'il commet dans l'exercice de ses fonctions.

Si plusieurs dirigeants sociaux ont participé aux mêmes faits, leur responsabilité est solidaire à l'égard des tiers ou des coopérateurs. Toutefois, dans les rapports entre eux, la juridiction compétente détermine la part contributive de chacun dans la réparation du dommage.

Art. 123 L'action individuelle en réparation du dommage subi par un tiers ou un coopérateur se prescrit par trois ans à compter du fait dommageable ou de la découverte de ce fait en cas de dissimulation.

Art. 124 L'action individuelle est l'action en réparation du dommage subi par un tiers ou par un coopérateur, lorsque celui-ci subit un dommage distinct du dommage que pourrait subir la société coopérative, du fait de la faute commise individuellement ou collectivement par les dirigeants sociaux dans l'exercice de leurs fonctions.

Cette action est intentée par celui qui subit le dommage.

JURISPRUDENCE OHADA

Intérêt et qualité pour agir des membres du Conseil d'administration

L'AUSC fait une distinction entre l'action sociale destinée à préserver l'intérêt de la société coopérative en général et l'action individuelle, destinée à préserver ou protéger les droits d'un coopérateur. Les demandeurs dont l'action a pour but de réparer une décision abusive du président et d'autres membres du conseil d'administration ont qualité et intérêt à agir au sens de l'art. 124 contre leur suspension injustifiée du conseil d'administration et il ne peut valablement être allégué que seul le président de la société coopérative, représentant légal, a qualité pour agir (High Court of Mezam (Bamenda, Cameroun), suit n° HCB/287M/2012 of 15 October 2012 : Tangi Simon Tacho & Ors (Suing as Board of Directors (Bod) Members of Azire Cooperative Credit Union Ltd (Aziccul)) v. Bih Judith Tabifor (Sued as President of Board of Directors (Bod) of Azire Cooperative Credit Union Ltd (Aziccul)).

JURISPRUDENCE COMPAREE

France

La responsabilité des dirigeants est engagée même en l'absence de faute lourde (Cass. 1e civ. 26-11-1974 : Bull. civ. I n° 314).

Art. 125 La juridiction compétente pour connaître de l'action individuelle est celle dans le ressort de laquelle est situé le siège de la société coopérative.

Art. 126 L'action individuelle se prescrit par trois ans à compter du fait dommageable ou, s'il a été dissimulé, de sa révélation.

L'action individuelle se prescrit par dix ans pour les crimes.

Chapitre II
ACTION SOCIALE

Art. 127 Chaque dirigeant social est responsable individuellement envers la société coopérative des fautes qu'il commet dans l'exercice de ses fonctions.

Si plusieurs dirigeants sociaux d'une société coopérative ont participé aux mêmes faits, la juridiction compétente détermine la part contributive de chacun dans la réparation du dommage, dans les conditions fixées par le présent Acte uniforme pour chaque forme de société coopérative.

Art. 128 L'action sociale est l'action en réparation du dommage subi par la société coopérative du fait de la faute commise par un ou des dirigeants sociaux dans l'exercice de leurs fonctions.

Cette action est intentée par les autres dirigeants sociaux, dans les conditions prévues par le présent Acte uniforme pour chaque forme de société coopérative.

Art. 129 Un ou plusieurs coopérateurs peuvent intenter l'action sociale après une mise en demeure des organes compétents non suivie d'effet dans le délai de trente jours. Les demandeurs sont habilités à poursuivre l'action en réparation du préjudice subi par la société coopérative. En cas de condamnation, les dommages et intérêts sont alloués à la société coopérative.

Art. 130 Est réputée non écrite toute clause des statuts subordonnant l'exercice de l'action sociale à l'avis préalable ou à l'autorisation de l'assemblée générale, d'un organe de gestion ou d'administration, ou qui comporterait par avance renonciation à l'exercice de cette action.

Par ailleurs, aucune décision de l'assemblée générale des coopérateurs, d'un organe de gestion ou d'administration ne peut avoir pour effet d'éteindre une action en responsabilité contre les dirigeants sociaux pour la faute commise dans l'accomplissement de leurs fonctions.

Art. 131 La juridiction compétente pour connaître de cette action est celle dans le ressort de laquelle est situé le siège de la société coopérative.

L'action sociale se prescrit par trois ans à compter du fait dommageable ou, s'il a été dissimulé, de sa révélation.

L'action sociale se prescrit par dix ans pour les crimes.

Art. 132 L'exercice de l'action sociale ne s'oppose pas à ce qu'un coopérateur exerce contre la société coopérative l'action en réparation du préjudice qu'il a personnellement subi.

• Titre IV •

LIENS DE DROIT ENTRE LES SOCIETES COOPERATIVES

• Chapitre I •

UNIONS – FEDERATIONS – CONFEDERATION – RESEAUX

Section I • UNIONS DES SOCIETES COOPERATIVES

Art. 133 Au moins deux sociétés coopératives ayant le ou les mêmes objets peuvent constituer entre elles, pour la gestion de leurs intérêts communs, une union de sociétés coopératives.

Sous-section I • CONSTITUTION

Art. 134 L'union de sociétés coopératives est constituée par l'adoption de ses statuts par l'assemblée générale constitutive réunissant au moins trois délégués dûment mandatés par chacune des sociétés coopératives membres fondatrices.

Art. 135 L'union est immatriculée au Registre des Sociétés Coopératives conformément aux dispositions du présent Acte uniforme relatives à l'immatriculation des sociétés coopératives et acquiert la personnalité juridique dans les mêmes conditions.

Sous-section II • MISSIONS – FONCTIONNEMENT

Art. 136 L'union des sociétés coopératives peut exercer toutes activités économiques. Toutefois, ces activités économiques s'exercent dans le respect du principe de subsidiarité par rapport aux activités des sociétés coopératives affiliées. En concertation avec sa fédération ou sa confédération ou à défaut de ces dernières, l'union exerce toutes ou partie des missions assignées à la fédération et à la confédération à l'égard de sociétés coopératives qui lui sont affiliées.

Art. 137 Chaque société coopérative membre est représentée de droit à l'assemblée générale de l'union par son président ou, à défaut, par une personne physique choisie par le conseil d'administration ou le comité de gestion de la société coopérative parmi ses membres et pouvant justifier de son mandat.

Art. 138 L'union des sociétés coopératives peut prévoir dans ses statuts et règlement intérieur la possibilité de vote plural pour certains de ses membres et en déterminer les critères.

Art. 139 Sauf dispositions contraires du présent Acte uniforme, l'union regroupant plus de deux sociétés coopératives n'est pas dissoute par le retrait volontaire ou forcé, la liquidation des biens prononcée par décision de justice ou la dissolution volontaire ou forcée d'une coopérative membre ou par le retrait de l'agrément de cette coopérative. Elle continue de plein droit entre les autres membres.

Art. 140 Pour tous les cas non expressément prévus par la présente section, les dispositions du présent Acte uniforme et les principes qui régissent la société coopérative avec conseil d'administration s'appliquent à l'union des sociétés coopératives.

Section II • FEDERATION DE SOCIETES COOPERATIVES

Sous-section I • CONSTITUTION

Art. 141 Au moins deux unions, même si elles ont des objets différents, peuvent constituer entre elles une fédération de sociétés coopératives pour la gestion de leurs intérêts.

Une fédération peut accepter comme affiliées des sociétés coopératives se trouvant dans l'impossibilité de former ou d'adhérer à une union.

Art. 142 La fédération de sociétés coopératives est constituée par l'adoption de ses statuts par l'assemblée générale constitutive réunissant au moins trois délégués dûment mandatés par chacune des unions et sociétés coopératives membres fondatrices.

Art. 143 La fédération de sociétés coopératives est immatriculée au Registre des Sociétés Coopératives conformément aux dispositions du présent Acte uniforme relatives à l'immatriculation des sociétés coopératives et acquiert la personnalité juridique dans les mêmes conditions.

Sous-section II • MISSIONS – FONCTIONNEMENT

Art. 144 La fédération a pour missions notamment :

– de veiller à l'application des principes coopératifs au sein des sociétés coopératives et unions qui leur sont affiliés ;

– de fournir toute assistance nécessaire pour la constitution, l'administration et la gestion des unions et sociétés coopératives qui lui sont affiliées ;

– de promouvoir et de développer le mouvement coopératif ainsi que la coopération entre organisations à caractère coopératif ;

– de protéger et de gérer les intérêts de leurs membres auprès des organismes publics et privés ;

– de fournir à ses affiliées tous services nécessaires, notamment éducatifs, administratifs, professionnels, financiers et de formation continue des coopérateurs, en vue de concourir à la réalisation de leurs objectifs ;

– d'étudier, notamment à l'aide des statistiques, les intérêts de ses affiliées et de leur donner toutes informations pouvant améliorer leurs activités ;

– d'offrir à ses affiliées ses bons offices en cas de différends ;

– d'assister ses affiliées, sous réserve des attributions spécifiques aux organes de celles-ci, dans leurs missions de surveillance ;

– d'agir en qualité d'organisme de contrôle des unions et des coopératives affiliées ;

– de déclencher, en lieu et place de ses affiliées, l'alerte, ou, saisir l'assemblée générale des unions et sociétés coopératives affiliées de toute anomalie constatée ;

– de créer un fonds pour financer les audits ou contrôles externes de ses affiliées, alimenté par cotisations annuelles de celles-ci au prorata des parts souscrites.

JURISPRUDENCE OHADA

Prérogatives de la fédération en cas de dysfonctionnement du comité de gestion

Lorsque les membres du comité de gestion d'une société coopérative ne parviennent à prendre aucune décision dans l'intérêt de la société, la fédération doit exercer les pouvoirs que lui confère l'article 144 de l'AUSC (High Court of Mezam (Bamenda, Cameroun), suit n° HCB/287M/2012 of 15 October 2012 : Tangi Simon Tacho & Ors (Suing as Board of Directors (Bod) Members of Azire Cooperative Credit Union Ltd Aziccul)) v. Bih Judith Tabifor (Sued as President of Board of Directors (Bod) of Azire Cooperative Credit Union Ltd (Aziccul)).

Art. 145 La fédération peut exercer des activités économiques dans l'intérêt de ses affiliées. L'exercice de ces activités est soumis au respect du principe de subsidiarité par rapport à celles des unions et sociétés coopératives affiliées.

Art. 146 Sous réserve du respect des dispositions légales, la fédération définit les règles administratives applicables aux unions et sociétés coopératives affiliées.

Art. 147 La fédération des sociétés coopératives peut prévoir dans ses statuts et règlement intérieur la possibilité de vote plural pour certains de ses membres et en déterminer les critères.

Art. 148 La fédération peut adhérer à des organisations régionales ou internationales.

Art. 149 Sauf dispositions contraires du présent Acte uniforme, la fédération regroupant plus de deux unions n'est pas dissoute par le retrait, volontaire ou forcé, la liquidation des biens par l'effet d'une décision de justice ou la dissolution volontaire ou forcée d'une union ou société coopérative affiliée ou par le retrait de l'agrément de celle-ci. Elle continue de plein droit entre les autres membres.

Art. 150 Pour tous les cas non expressément prévus par la présente section, les dispositions du présent Acte uniforme et les principes qui régissent l'immatriculation de la société coopérative avec conseil d'administration s'appliquent à la fédération des sociétés coopératives.

Section III • CONFEDERATION

Sous-section I • CONSTITUTION

Art. 151 La confédération peut revêtir l'une des formes de groupements reconnues par la législation nationale de l'État concerné.

En cas d'option pour la forme coopérative, les dispositions du présent Acte uniforme s'appliquent.

Art. 152 Au moins deux fédérations, même si elles ont des objets différents, peuvent constituer entre elles une confédération de sociétés coopératives pour la gestion de leurs intérêts. Une confédération peut accepter comme membres des unions et des sociétés coopératives se trouvant dans l'impossibilité de former ou d'adhérer à une fédération.

Art. 153 La confédération de sociétés coopératives est constituée par l'adoption de ses statuts par l'assemblée générale constitutive réunissant au moins trois délégués dûment mandatés par chacune des fédérations, unions et sociétés coopératives membres fondatrices.

Art. 154 La confédération de sociétés coopératives est immatriculée au Registre des Sociétés Coopératives conformément aux dispositions du présent Acte uniforme et acquiert la personnalité juridique dans les mêmes conditions.

Sous-section II • MISSIONS – FONCTIONNEMENT

Art. 155 En plus des missions prévues aux articles 144 à 146 ci-dessus, la confédération a pour missions notamment :

– d'entretenir une campagne permanente et adéquate de vulgarisation du présent Acte uniforme et des autres normes auxquelles il renvoie ;

– de garantir un suivi continu de l'évolution de la législation coopérative ;

– de défendre aux plans national et international les intérêts de ses membres.

Art. 156 La confédération des sociétés coopératives peut prévoir dans ses statuts et règlement intérieur la possibilité de vote plural pour certains de ses membres et en déterminer les critères.

Art. 157 La confédération peut adhérer à des organisations régionales ou internationales.

Art. 158 Sauf dispositions contraires du présent Acte uniforme, la confédération regroupant plus de deux fédérations n'est pas dissoute par le retrait volontaire ou forcé, la liquidation des biens par l'effet d'une décision de justice ou la dissolution volontaire ou forcée d'une fédération, union ou société coopérative affiliée ou par le retrait de l'agrément de celle-ci. Elle continue de plein droit entre les autres membres.

Art. 159 Pour tous les cas non expressément prévus par le présent chapitre, les dispositions du présent Acte uniforme et les principes qui régissent la société coopérative avec conseil d'administration s'appliquent à la confédération des sociétés coopératives.

Section IV • RESEAUX COOPERATIFS DE MOYENS OU D'OBJECTIFS

Art. 160 Les sociétés coopératives, leurs unions, fédérations et confédérations, n'ayant pas le même lien commun, peuvent se regrouper en réseaux coopératifs de moyens ou d'objectifs ayant pour but exclusif de mettre en œuvre pour une durée déterminée, tous les moyens propres à faciliter ou à développer l'activité de leurs membres, à améliorer ou à accroître les résultats de cette activité, ou encore, en vue de réaliser des objectifs destinés à la promotion des principes coopératifs.

Art. 161 Les réseaux coopératifs de moyens ou d'objectifs peuvent être constitués entre organisations ne relevant pas du même ressort territorial, ou entre organisations non constituées dans le même État partie.

Art. 162 Les initiateurs du réseau conviennent d'un commun accord du siège et du lieu d'immatriculation de ce dernier.

Les formalités de constitution sont identiques à celles de la société coopérative simplifiée.

Art. 163 L'administration, la gestion, le fonctionnement et la dissolution du réseau coopératif de moyens ou d'objectifs, conformes aux principes coopératifs et aux dispositions régissant les sociétés coopératives simplifiées dans la mesure compatible, sont déterminés par une convention signée des membres.

Art. 164 Le contrôle de la gestion et le contrôle des états financiers de synthèse sont exercés dans les conditions prévues par la convention désignée à l'article précédent.

Art. 165 Le réseau coopératif de moyens ou d'objectifs est dissout :

1°) par l'arrivée du terme ;

2°) par la réalisation ou l'extinction de son objet ;

3°) par la décision de ses membres dans les conditions prévues dans la convention ;

4°) par décision judiciaire ;

5°) par dissolution d'une personne morale membre du réseau, sauf clause contraire de la convention.

Art. 166 La dissolution du réseau coopératif de moyens ou d'objectifs entraîne sa liquidation. La personnalité morale du réseau subsiste pour les besoins de sa liquidation.

La liquidation s'opère conformément aux dispositions de la convention. A défaut, un liquidateur est nommé par l'assemblée générale des membres du réseau ou si l'assemblée n'a pu procéder à cette nomination, par décision de la juridiction compétente.

Après paiement des dettes, l'excédent d'actif est dévolu soit à d'autres réseaux de coopératives ou à des sociétés coopératives de l'un des États parties, soit à un ou plusieurs organismes ayant pour but le soutien et la promotion des sociétés coopératives.

• Titre V •

TRANSFORMATION DE LA SOCIETE COOPERATIVE

Art. 167 La transformation de la société coopérative est l'opération par laquelle une société coopérative change de forme juridique par décision des associés coopérateurs.

La transformation régulière d'une société coopérative en une autre forme de société coopérative régie par le présent Acte uniforme n'entraîne pas la création d'une personne morale nouvelle. Elle ne constitue qu'une modification des statuts et est soumise aux mêmes conditions de forme et de délai que celle-ci sous réserve des dispositions du présent titre.

Art. 168 Les dispositions de l'article 167 ci-dessus ne s'appliquent pas aux cas de transformation d'une société coopérative en toute autre forme de société non régie par le présent Acte uniforme.

Art. 169 La transformation prend effet à compter du jour où la décision la constatant est prise. Cependant, elle ne devient opposable aux personnes autres que les coopérateurs qu'après inscription modificative dans le Registre des Sociétés Coopératives et publication de cette transformation et de cette inscription aux lieux officiels d'affichage de la circonscription administrative du siège social.

La transformation ne peut avoir d'effet rétroactif.

Art. 170 La transformation de la société coopérative n'entraîne pas un arrêté des comptes si elle survient en cours d'exercice, sauf si les coopérateurs en décident autrement.

Les états financiers de synthèse de l'exercice au cours duquel la transformation est intervenue sont arrêtés et approuvés suivant les règles régissant la nouvelle forme juridique de la société.

Art. 171 La décision de transformation met fin aux pouvoirs des organes d'administration ou de gestion de la société coopérative transformée.

Art. 172 Un rapport de gestion est établi par les anciens et les nouveaux organes de gestion, chacun de ces organes pour sa période de gestion.

Art. 173 Les droits et obligations contractés par la société coopérative sous son ancienne forme subsistent sous la nouvelle forme. Il en est de même pour les sûretés, sauf clause contraire insérée dans l'acte constitutif de ces sûretés.

• Titre VI •

FUSION – SCISSION

Art. 174 Les opérations de fusion et de scission ne peuvent intervenir qu'entre des sociétés coopératives régies par le présent Acte uniforme.

La fusion et la scission peuvent concerner des sociétés coopératives dont le siège social n'est pas situé sur le territoire d'un même État partie au Traité relatif à l'harmonisation du droit des affaires en Afrique. Dans ce cas, chaque société concernée est soumise aux dispositions du présent Acte uniforme dans l'État de son siège social.

Art. 175 Les modalités pratiques de la fusion ou de la scission sont arrêtées par une convention signée entre les sociétés coopératives concernées, sous le contrôle des organisations faîtières auxquelles elles sont affiliées.

Toutefois, si l'opération projetée a pour effet d'augmenter les engagements des coopérateurs, ou de l'une ou de plusieurs sociétés coopératives en cause, elle ne peut être décidée qu'à l'unanimité desdits coopérateurs ou sociétés coopératives.

Art. 176 La fusion ou la scission prend effet :

1°) en cas de création d'une ou plusieurs sociétés coopératives nouvelles, à la date de l'immatriculation, au Registre des Sociétés Coopératives de la nouvelle société coopérative ou de la dernière d'entre elles ; chacune des sociétés coopératives nouvelles est constituée selon les règles propres à la forme de la société coopérative adoptée ;

2°) dans les autres cas, à la date de la dernière assemblée générale ayant approuvé l'opération, sauf si la convention visée à l'article précédent prévoit que l'opération prend effet à une autre date, laquelle ne doit être ni postérieure à la date de clôture de l'exercice en cours de la ou des sociétés coopératives bénéficiaires, ni antérieure à la date de clôture du dernier exercice clos de la ou des sociétés coopératives qui transmettent leur patrimoine.

• Titre VII •

DISSOLUTION – LIQUIDATION DE LA SOCIETE COOPERATIVE

• Chapitre I •

DISSOLUTION DE LA SOCIETE COOPERATIVE

Section I • CAUSES DE DISSOLUTION

Art. 177 La société coopérative prend fin :

– par l'expiration de la durée pour laquelle elle a été constituée ;

– par la réalisation ou l'extinction de son objet ;

– par l'annulation du contrat de société ;

– par décision des coopérateurs aux conditions prévues pour modifier les statuts ;

– par la dissolution anticipée prononcée par la juridiction compétente, à la demande d'un ou de plusieurs coopérateurs pour justes motifs, notamment en cas de mésentente entre associés empêchant le fonctionnement normal de la société coopérative ;

– par l'effet d'un jugement ordonnant la liquidation des biens de la société coopérative ;

– pour toute autre cause prévue par les statuts.

Art. 178 La juridiction compétente peut en outre, sur saisine de l'autorité administrative chargée des coopératives ou de toute personne intéressée, dissoudre toute société coopérative si, selon le cas :

a) la société coopérative n'a pas commencé ses opérations dans les deux ans à compter de son immatriculation ;

b) elle n'a pas exercé ses activités statutaires pendant deux années consécutives ;

c) elle n'a pas observé pendant au moins deux années consécutives les dispositions du présent Acte uniforme en matière de tenue des assemblées annuelles ;

d) elle a omis, pendant un délai d'un an, d'envoyer aux autorités ou institutions compétentes les avis ou documents exigés par le présent Acte uniforme ;

e) elle est sans organe de gestion, d'administration ou de contrôle depuis au moins trois mois ;

f) lorsque la société coopérative n'est pas organisée ou ne fait pas de transactions selon les principes coopératifs.

Art. 179 La dissolution visée à l'article précédent ne peut intervenir sans que l'autorité administrative chargée des coopératives ou la juridiction compétente n'ait pris les mesures suivantes :

a) avoir donné à la société coopérative à dissoudre, ainsi qu'à ses organes de gestion ou d'administration, un préavis de cent vingt jours, leur notifiant son intention, et la réversibilité de la mesure de dissolution en cas de régularisation du manquement constaté ;

b) avoir publié un avis de son intention dans une publication accessible au grand public.

Section II • EFFETS DE LA DISSOLUTION

Art. 180 La dissolution de la société coopérative n'a d'effet à l'égard des personnes autres que les coopérateurs qu'à compter de son inscription au Registre des Sociétés Coopératives. Elle entraîne de plein droit sa mise en liquidation. La personnalité morale de la société subsiste pour les besoins de la liquidation et jusqu'à la clôture de celle-ci.

Art. 181 Après dépôt auprès de l'autorité chargée de la tenue du Registre des sociétés coopératives des actes ou procès-verbaux décidant ou constatant la dissolution et l'inscription de celle-ci au Registre des sociétés coopératives, la dissolution est publiée, à l'initiative de l'autorité précitée, dans un journal habilité à recevoir les annonces légales du lieu du siège social.

• Chapitre II •

LIQUIDATION DE LA SOCIETE COOPERATIVE

Section I • DISPOSITIONS GENERALES

Art. 182 Les coopérateurs peuvent organiser à l'amiable la liquidation de la société coopérative lorsque les dispositions des statuts le permettent.

Les statuts doivent dans ce cas :

– définir les conditions de mise en œuvre de la liquidation, dont notamment, la désignation du ou des liquidateurs, leur rémunération, l'étendue de leur mission, les modalités du contrôle par les coopérateurs de leur mission ;

– contenir également les dispositions relatives au boni de liquidation, lequel est dévolu à d'autres sociétés coopératives régies par les dispositions du présent Acte uniforme ou à des institutions ou organismes œuvrant pour la promotion du mouvement coopératif ;

– prévoir également les modalités de règlement des différends susceptibles de naître entre les parties concernées dans le cadre de la liquidation amiable.

Toute clause portant renonciation par les coopérateurs à la saisine de la juridiction compétente lorsque les difficultés ne peuvent être réglées suivant les dispositions arrêtées par les statuts est réputée non écrite.

Art. 183 La société coopérative est en liquidation dès l'instant de sa dissolution pour quelque cause que ce soit.

La mention « société en liquidation » ainsi que le nom du ou des liquidateurs doivent figurer sur tous les actes et documents émanant de la société et destinés aux personnes autres que les coopérateurs, notamment sur toutes lettres, factures, annonces et publications diverses.

Art. 184 La personnalité morale de la société coopérative subsiste pour les besoins de la liquidation et jusqu'à la publication de la clôture de celle-ci.

Art. 185 Lorsque la liquidation est décidée par les coopérateurs, un ou plusieurs liquidateurs sont nommés aux conditions de quorum et de majorité prévues pour les assemblées générales extraordinaires pour toutes les formes de sociétés coopératives.

Art. 186 Dans les sociétés coopératives simplifiées, un avis est envoyé à l'autorité compétente habilitée par la loi nationale à enregistrer la coopérative dans un délai de huit jours. Cet avis contient la décision de liquidation et les modalités de mise en œuvre.

Art. 187 Le liquidateur peut être choisi parmi les coopérateurs ou des personnes extérieures à la coopérative. Il peut être une personne morale.

Art. 188 Sauf consentement unanime des coopérateurs, la cession de tout ou partie de l'actif de la société coopérative en liquidation à une personne ayant eu dans cette société la qualité de membre du comité de gestion ou de membre du conseil d'administration, ne peut avoir lieu qu'avec l'autorisation de la juridiction compétente.

Dans tous les cas, cette cession ne peut intervenir que dans le respect des engagements pris par la coopérative à l'égard de ses partenaires.

Art. 189 La cession de tout ou partie de l'actif de la société coopérative en liquidation au liquidateur, à ses employés ou à leur conjoint, ascendants ou descendants, est interdite.

Art. 190 La cession globale de l'actif de la société coopérative ou l'apport de l'actif à une autre société coopérative, notamment par voie de fusion, est autorisée à la majorité exigée pour la modification des statuts.

Art. 191 La clôture de la liquidation doit intervenir dans un délai de trois ans à compter de la dissolution de la société coopérative.

A défaut, le ministère public ou tout intéressé peut saisir la juridiction compétente dans le ressort de laquelle est situé le siège de la société coopérative, afin qu'il soit procédé à la liquidation de la société ou, si celle-ci a été commencée, à son achèvement.

Art. 192 Les comptes définitifs établis par le liquidateur sont déposés auprès de l'autorité chargée des sociétés coopératives. Il y est joint, soit la décision de l'assemblée des associés coopérateurs statuant sur les comptes de la liquidation, le quitus de la gestion du liquidateur et la décharge de son mandat, soit, à défaut, la décision de justice visée à l'article précédent.

Art. 193 Sur justification de l'accomplissement des formalités prévues à l'article précédent, le liquidateur demande la radiation de la société au Registre des Sociétés Coopératives dans le délai d'un mois à compter de la publication de la clôture de la liquidation.

Art. 194 Le liquidateur est responsable, à l'égard tant de la société coopérative que des tiers, des conséquences dommageables des fautes par lui commises dans l'exercice de ses fonctions.

L'action sociale ou individuelle en responsabilité contre le liquidateur se prescrit par trois ans à compter du fait dommageable ou, s'il a été dissimulé, de sa révélation.

Toutefois, lorsque le fait est qualifié de crime, l'action se prescrit par dix ans.

Art. 195 Toute action contre les coopérateurs non liquidateurs ou leur conjoint survivant, héritiers ou ayants cause, se prescrit par cinq ans à compter de la publication de la dissolution de la société coopérative au Registre des Sociétés Coopératives.

Section II • DISPOSITIONS PARTICULIERES A LA LIQUIDATION JUDICIAIRE

Art. 196 A défaut de clauses statutaires relatives à la liquidation amiable de la société coopérative, sa liquidation sera effectuée conformément aux dispositions pertinentes et compatibles des articles 203 à 241 de l'Acte uniforme relatif au droit des sociétés commerciales et du groupement d'intérêt économique.

Les formalités devant être accomplies au Registre des Sociétés Coopératives sont celles prévues au Registre du Commerce et du Crédit Mobilier et par les dispositions mentionnées à l'alinéa 1er ci-dessus.

Le boni de liquidation est dévolu à d'autres sociétés coopératives régies par les dispositions du présent Acte uniforme ou à des institutions ou organismes œuvrant pour la promotion du mouvement coopératif.

Art. 197 Les dispositions des articles 182 à 196 ci-dessus s'appliquent également aux unions, fédérations et confédérations des sociétés coopératives.

Dans le cas des unions, fédérations et confédérations, la dissolution et la liquidation ainsi prononcées ne préjudicient pas aux organisations de base affiliées auxquelles ces fautes ne sont pas imputables.

• Titre VIII •

NULLITE DE LA SOCIETE COOPERATIVE ET DES ACTES SOCIAUX

Art. 198 La nullité de la société coopérative ne peut résulter ni d'un vice de consentement ni de l'incapacité d'un coopérateur, à moins que celle-ci n'atteigne tous les coopérateurs ayant constitué la société.

Art. 199 L'action en nullité est éteinte lorsque la cause de nullité a cessé d'exister le jour où le tribunal statue sur le fond en première instance, sauf si cette nullité est fondée sur le caractère illicite de l'objet social.

Art. 200 Le tribunal saisi d'une action en nullité peut, même d'office, fixer un délai pour permettre de couvrir la nullité. Il ne peut pas prononcer la nullité moins de deux mois après la date de l'exploit introductif d'instance.

Si à l'expiration du délai prévu à l'alinéa précédent aucune décision n'a été prise, le tribunal statue à la demande de la partie la plus diligente.

Art. 201 En cas de nullité des actes, décisions ou délibérations de la société coopérative fondée sur un vice du consentement ou l'incapacité d'un coopérateur et lorsque la régularisation peut intervenir, toute personne y ayant un intérêt peut mettre en demeure le coopérateur incapable ou dont le consentement a été vicié de régulariser ou d'agir en nullité dans un délai de six mois, à peine de forclusion.

La mise en demeure est signifiée par acte extrajudiciaire ou par tout procédé laissant trace écrite. Elle est dénoncée à la société coopérative.

Art. 202 Les actions en nullité de la société coopérative se prescrivent par trois ans à compter de l'immatriculation de la société ou de la publication de l'acte modifiant les statuts sauf si la nullité est fondée sur l'illicéité de l'objet social et sous réserve de la forclusion prévue à l'article 201 ci-dessus.

Les actions en nullité des actes, décisions ou délibérations de la société se prescrivent par trois ans à compter du jour où la nullité est encourue, sauf si la nullité est fondée sur l'illicéité de l'objet social et sous réserve de la forclusion prévue à l'article 201 ci-dessus.

Art. 203 Lorsque la nullité de la société coopérative est prononcée, elle met fin à la coopérative, sans effets rétroactifs. Il est procédé à sa dissolution et sa liquidation.

• Partie II •

DISPOSITIONS PARTICULIERES AUX DIFFERENTES CATEGORIES DE SOCIETES COOPERATIVES

• Titre I •

SOCIETE COOPERATIVE SIMPLIFIEE

• Chapitre I •

CONSTITUTION

Section I • GENERALITES

Art. 204 La société coopérative simplifiée est constituée entre cinq personnes physiques ou morales au minimum.

La constitution de la société coopérative simplifiée est décidée par une assemblée générale constitutive.

Art. 205 La société coopérative est désignée par une dénomination sociale qui doit être immédiatement précédée ou suivie en caractères lisibles, de l'expression « Société Coopérative Simplifiée » et du sigle « SCOOPS ».

Section II • CONDITIONS DE FOND

Sous-section I • IMMATRICULATION

Art. 206 La société coopérative simplifiée est tenue de requérir son immatriculation au Registre des Sociétés Coopératives dans les conditions définies aux articles 74 à 77 ci-dessus.

Sous-section II • CAPITAL SOCIAL

Art. 207 La société coopérative simplifiée est constituée avec un capital social initial dont le montant est indiqué dans les statuts. Les associés ne disposant pas de fonds nécessaires à la libération du capital au moment de la constitution, peuvent prendre l'engagement de procéder à cette libération par cotisations périodiques dans un délai fixé par les statuts.

Art. 208 Le capital social est divisé en parts sociales égales dont la valeur nominale est fixée par les statuts.

Art. 209 Les statuts peuvent prévoir la rémunération du capital. Si les statuts de la société coopérative prévoient la rémunération du capital, l'intérêt accordé à celui-ci ne peut être supérieur au taux d'escompte de la banque centrale de l'État partie et ne doit être servi que si des excédents ont été réalisés au cours de l'exercice. L'intérêt ne peut porter que sur le montant des parts sociales libérées.

L'assemblée générale ordinaire annuelle, sur proposition du comité de gestion et en fonction des résultats de l'exercice clos, décide s'il y a lieu d'attribuer un intérêt aux parts et, le cas échéant, en fixe le taux dans la limite prévue à l'alinéa 1er ci-dessus.

Art. 210 La responsabilité des coopérateurs est au minimum égale au montant des parts sociales souscrites. Néanmoins les statuts peuvent prévoir une responsabilité plus étendue qui ne peut excéder cinq fois le montant des parts sociales souscrites.

Sous-section III • EVALUATION DES APPORTS EN NATURE

Art. 211 Les statuts de la société coopérative simplifiée doivent nécessairement contenir l'évaluation de chaque apport en nature. Cette évaluation est faite sous le contrôle de la société faîtière s'il en existe.

En cas de nécessité, tout coopérateur peut saisir la juridiction compétente et, à défaut, l'autorité chargée des sociétés coopératives, aux fins de désigner un expert chargé d'évaluer les apports en nature. L'expert ainsi désigné établit un rapport annexé aux statuts.

La rémunération de cet expert incombe aux coopérateurs, sauf reprise par la société coopérative des dépenses ainsi engagées.

Art. 212 Les coopérateurs sont indéfiniment et solidairement responsables des suites de l'évaluation inexacte ou frauduleuse ou du défaut d'évaluation des apports en nature.

Sous-section IV • DEPOT DES FONDS ET LEUR MISE A DISPOSITION

Art. 213 Les fonds provenant de la libération des parts sociales font l'objet d'un dépôt immédiat par les initiateurs ou l'un d'entre eux, dûment mandaté à cet effet, en banque, dans une société coopérative d'épargne et de crédit, dans un centre de chèques postaux ou dans toute autre institution habilitée par la législation de l'État partie à recevoir de tels dépôts, contre récépissé dans un compte ouvert au nom de la société coopérative en formation.

Art. 214 Les fonds ainsi déposés sont indisponibles jusqu'au jour de l'immatriculation de la société au Registre des Sociétés Coopératives. A compter de ce jour, ils sont mis à la disposition du comité de gestion désigné dans les statuts ou dans un acte postérieur.

Dans le cas où la société coopérative ne serait pas immatriculée dans le délai de six mois à compter du premier dépôt des fonds, les apporteurs peuvent, soit individuellement, soit par mandataire les représentant collectivement, demander au président de la juridiction compétente l'autorisation de retirer le montant de leurs apports.

Les apporteurs peuvent également, individuellement ou collectivement, requérir de l'autorité chargée des sociétés coopératives qu'elle autorise le retrait individuel de leur apport.

Section III • CONDITIONS DE FORME

Art. 215 Le projet de statuts doit être soumis à l'assemblée générale constitutive pour adoption. Les coopérateurs participent en personne, à peine de nullité, à l'assemblée générale constitutive de la société coopérative simplifiée.

Art. 216 Les initiateurs et les premiers dirigeants auxquels la nullité de la société coopérative simplifiée est imputable sont solidairement responsables envers les autres coopérateurs et les personnes autres que ceux-ci du dommage résultant de l'annulation.

L'action se prescrit par trois ans à compter du jour où la décision d'annulation est devenue définitive.

Chapitre II

FONCTIONNEMENT DE LA SOCIETE COOPERATIVE SIMPLIFIEE

Section I • OPERATIONS RELATIVES AUX PARTS SOCIALES

Sous-section I • TRANSMISSION DES PARTS SOCIALES

Art. 217 La transmission des parts sociales ne peut intervenir qu'entre personnes partageant le lien commun sur la base duquel les coopérateurs se sont réunis.

Paragraphe I • CESSIONS DE PARTS ENTRE VIFS

Art. 218 La cession des parts sociales entre vifs doit être constatée par tout procédé laissant trace écrite.

Elle n'est rendue opposable à la société coopérative qu'après dépôt d'un original de l'acte de cession au siège social contre remise par le comité de gestion d'une attestation de ce dépôt. La cession n'est opposable aux personnes autres que les coopérateurs qu'après l'accomplissement de la formalité ci-dessus et la transcription de ladite cession au Registre des Sociétés Coopératives.

Art. 219 Les statuts organisent librement les modalités de transmission des parts sociales entre coopérateurs. A défaut, la transmission des parts entre coopérateurs est libre.

Les statuts peuvent également prévoir, à condition que les cessionnaires partagent le lien commun réunissant les coopérateurs, les modalités de transmission des parts sociales entre conjoints, ascendants et descendants.

JURISPRUDENCE COMPAREE

France

Cession de contrôle

Cession de fonds de commerce. La cession de la totalité des parts d'une SARL, qui ne peut pas avoir pour effet d'emporter transfert de la propriété des éléments du patrimoine social, n'est pas susceptible de dissimuler une cession du fonds de commerce de la société. Il s'ensuit que, dans un cas où les statuts d'une coopérative à laquelle adhère la SARL prévoient un droit de préemption au profit de la coopérative en cas de cession des fonds de commerce de ses adhérents, ce droit n'est pas applicable à la cession des parts en cause (Cass. com. 11-3-2014 nº 12-24.901 : RJDA 6/14 nº 532).

Art. 220 Sous réserve que les tiers concernés partagent le lien commun qui réunit les coopérateurs, la transmission ne sera possible qu'avec le consentement de la majorité des coopérateurs non cédants.

Le projet de cession doit être notifié par le coopérateur cédant à la société coopérative.

Si la société coopérative n'a pas fait connaître sa décision dans le délai de trois mois à compter de la notification prévue à l'alinéa ci-dessus, le consentement à la cession est réputé acquis.

Paragraphe II • TRANSMISSION POUR CAUSE DE DECES

Art. 221 Les statuts peuvent prévoir en cas de décès d'un coopérateur, l'admission d'un ou plusieurs héritiers ou d'un successeur de ce dernier à la société coopérative, à condition qu'ils partagent le lien commun. Les statuts définissent les conditions de cette admission.

L'admission ou le refus d'admission est prononcé dans un délai qui ne peut excéder trois mois à compter de la réception de la demande y afférente. A défaut de réponse dans le délai imparti, l'admission est réputée acquise.

La décision d'admission ou de rejet doit être notifiée à chaque héritier ou successeur intéressé par tout procédé laissant trace écrite.

Sous-section II • INSAISISSABILITE ET NANTISSEMENT DES PARTS SOCIALES

Art. 222 Les parts sociales sont insaisissables. Elles ne peuvent faire l'objet de nantissement.

Section II • GERANCE

Sous-section I • ORGANISATION DE LA GERANCE

Paragraphe I • COMITE DE GESTION

Art. 223 La société coopérative simplifiée est dirigée par un comité de gestion composé de trois membres au plus. Lorsque le nombre de coopérateurs est au moins de cent ou lorsque ce seuil est atteint en cours de vie sociale, le nombre des membres du comité de gestion peut être porté par les statuts de trois à cinq.

L'assemblée générale élit les membres du comité de gestion parmi ses membres personnes physiques à la majorité simple, à moins qu'une clause des statuts n'exige une majorité supérieure.

Le comité de gestion nomme parmi ses membres un président.

Les statuts organisent la gérance de la société coopérative simplifiée.

JURISPRUDENCE OHADA

Nullité de l'inclusion de nouveaux membres en dehors d'un vote

L'inclusion de nouveaux membres dans le comité de gestion d'une société coopérative en dehors de tout vote à la majorité simple est nulle et de nul effet. Il en est de même de toutes les décisions prises par le comité de gestion ainsi irrégulièrement composé (High Court of Mezam (Bamenda, Cameroun), Suit n° HCB/287M/2012 of 15 October 2012 : Tangi Simon Tacho & Ors (Suing as Board of Directors (Bod) Members of Azire Cooperative Credit Union Ltd Aziccul)) v. Bih Judith Tabifor (Sued as President of Board of Directors (Bod) of Azire Cooperative Credit Union Ltd (Aziccul)).

Paragraphe II • DUREE DES FONCTIONS

Art. 224 Les statuts organisent l'élection des membres du comité de gestion et déterminent la durée de leur mandat.

Paragraphe III • REMBOURSEMENT DES FRAIS

Art. 225 Les fonctions de président et des autres membres du comité de gestion ne sont pas rémunérées.

Toutefois, les frais engagés par le président et les autres membres du comité de gestion dans l'exercice de leurs fonctions peuvent leur être remboursés dans les conditions fixées par l'assemblée générale. Ils peuvent également bénéficier d'une provision sur frais à engager lorsque les statuts organisent les modalités de l'allocation de cette provision.

Paragraphe IV • REVOCATION

Art. 226 Le président et les autres membres du comité de gestion sont révocables par décision des coopérateurs dans les conditions de vote et de quorum relatives à la modification des statuts. Toute clause contraire est réputée non écrite.

En outre, le président et les autres membres du comité de gestion sont révocables par le tribunal compétent dans le ressort duquel est situé le siège social, pour cause légitime, à la demande de tout coopérateur.

Paragraphe V • DEMISSION

Art. 227 Le président et les autres membres du comité de gestion peuvent librement démissionner.

Toutefois, si la démission est faite dans une intention malveillante, la société coopérative peut demander en justice réparation du préjudice qu'elle subit de ce fait.

Sous-section II • POUVOIRS ET RESPONSABILITES DU PRESIDENT ET DES AUTRES MEMBRES DU COMITE DE GESTION

Art. 228 Dans les rapports entre coopérateurs et en l'absence de détermination de ses pouvoirs par les statuts, le comité de gestion peut faire tous les actes de gestion dans l'intérêt de la société coopérative simplifiée.

Dans les rapports avec les personnes autres que les coopérateurs, le comité de gestion engage la société coopérative simplifiée par les actes entrant dans l'objet social.

Art. 229 Le président du comité de gestion préside les réunions du comité de gestion et celles de l'assemblée générale. En cas d'empêchement, l'assemblée générale est présidée par l'un des membres du comité de gestion.

Art. 230 Le Président et les autres membres du comité de gestion sont responsables envers la société coopérative simplifiée ou envers les personnes autres que les coopérateurs, soit des infractions aux dispositions législatives ou réglementaires applicables aux sociétés coopératives simplifiées, soit des violations des statuts, soit des fautes commises dans leur gestion.

Section III • ASSEMBLEE GENERALE DES ASSOCIES COOPERATEURS

Sous-section I • ORGANISATION DE L'ASSEMBLEE GENERALE

Paragraphe I • PRINCIPES GENERAUX

Art. 231 Les décisions collectives sont prises en assemblée générale.

Chaque coopérateur a le droit de participer aux décisions de l'assemblée générale et ne dispose que d'une voix, quel que soit le nombre de parts sociales qu'il possède.

Paragraphe II • CONVOCATION DE L'ASSEMBLEE GENERALE

Art. 232 Les coopérateurs sont convoqués aux réunions de l'assemblée générale par le président du comité de gestion et, en cas d'empêchement de celui-ci, par un membre du comité de gestion.

Les coopérateurs, s'ils représentent au moins le quart des associés de la société coopérative simplifiée, peuvent exiger la réunion de l'assemblée générale. La requête doit énoncer les points à inscrire à l'ordre du jour de la future réunion de l'assemblée générale.

En outre, l'autorité compétente ou, à défaut, la juridiction compétente, peut en cas d'urgence, sur saisine de tout coopérateur, nommer un mandataire chargé de convoquer une réunion de l'assemblée générale et d'en fixer l'ordre du jour.

Art. 233 Les coopérateurs sont convoqués quinze jours au moins avant la réunion de l'assemblée générale par lettre au porteur contre récépissé, par affichage, oralement ou par tout autre moyen de communication approprié. Hormis le cas de convocation par lettre au porteur contre récépissé, la preuve de la convocation incombe au président du comité de gestion.

A peine de nullité, la convocation indique l'ordre du jour de la réunion sus-indiquée.

Dans le cas où la tenue de la réunion de l'assemblée générale est demandée par les coopérateurs, le président du comité de gestion la convoque avec l'ordre du jour indiqué par les demandeurs.

Dans les formes et délais prévus à l'alinéa 1er ci-dessus, les coopérateurs doivent être mis en situation d'exercer le droit de communication prévu à l'article 238 ci-après.

Art. 234 Toute réunion de l'assemblée générale irrégulièrement convoquée peut être annulée. Toutefois, l'action en nullité n'est pas recevable lorsque tous les coopérateurs étaient présents.

Paragraphe III • PROCES-VERBAUX

Art. 235 Les délibérations de l'assemblée générale sont constatées par des procès-verbaux qui indiquent la date et le lieu de réunion, les nom et prénoms des coopérateurs présents, les documents et rapports soumis à discussion, un résumé des débats, le texte des résolutions mises aux voix et le résultat des votes.

Le procès-verbal doit être signé par chacun des coopérateurs présents, à moins que les statuts n'en disposent autrement.

Art. 236 Les copies ou extraits des procès-verbaux des délibérations des coopérateurs sont valablement certifiés conformes par le président du comité de gestion.

Sous-section II • DROITS DES COOPERATEURS

Paragraphe I • PRINCIPE

Art. 237 Les coopérateurs ont un droit d'information permanent sur les affaires de la société coopérative. Préalablement à la tenue des réunions de l'assemblée générale, ils ont, en outre, un droit de communication.

Paragraphe II • DROIT DE COMMUNICATION

Art. 238 Le droit de communication porte sur tous les documents susceptibles d'éclairer les coopérateurs sur la gestion administrative et financière de la société coopérative simplifiée et sur les résolutions proposées.

Ces documents sont tenus à la disposition des coopérateurs au siège de la société coopérative simplifiée. Toute clause contraire aux dispositions du présent Article est réputée non écrite.

Paragraphe III • DROIT A LA REPARTITION DU RESULTAT DISPONIBLE

Art. 239 Le solde des excédents disponibles après dotation de la réserve générale, d'une part, de la réserve destinée à la formation, à l'éducation ainsi qu'à la sensibilisation aux principes et techniques de la coopération, d'autre part, éventuellement diminué des sommes ristournées et augmenté des reports bénéficiaires, constitue les excédents distribuables.

Art. 240 L'assemblée générale appelée à statuer sur les comptes de l'exercice a la faculté d'affecter les excédents distribuables tels que définis à l'article 239 ci-dessus, dans l'ordre et la proportion déterminés par les statuts, et notamment :

– à un report à nouveau ;

– à la dotation de tous fonds de réserves légales et de réserves facultatives ;

– à la rémunération du capital libéré et des fonds propres et assimilés, le paiement pouvant intervenir en numéraire ou par attribution de parts sociales.

Art. 241 Les statuts peuvent également interdire toute répartition des excédents pendant un délai qu'ils fixent.

Sous-section III • **ASSEMBLEE GENERALE ORDINAIRE**

Art. 242 Les décisions collectives ordinaires sont prises par l'assemblée générale ordinaire. Elles ont pour but :

1. de statuer sur les états financiers de synthèse de l'exercice écoulé ;
2. d'autoriser la gérance à effectuer les opérations subordonnées dans les statuts à l'accord préalable des coopérateurs ;
3. de procéder à la nomination et au remplacement des membres du comité de gestion ;
4. d'approuver les conventions intervenues entre la société coopérative simplifiée et les membres du comité de gestion ou l'un des coopérateurs ;
5. plus généralement, de statuer sur toutes les questions qui n'entraînent pas modification des statuts.

Les décisions collectives ordinaires sont prises à la majorité des coopérateurs présents ou représentés de la société coopérative simplifiée.

JURISPRUDENCE OHADA

Impossibilité de suspendre un membre du Comité de gestion

L'AUSC traite de tous les aspects de la gérance d'une société. Les législateurs de cet Acte uniforme souhaitaient une transparence totale et l'éradication de la dictature de la gérance. Par conséquent, le remplacement d'un membre du Comité de gestion est permis uniquement à l'assemblée générale statuant à la majorité des deux tiers tel que prévue par l'art. 253 de l'AUSC. Aucune disposition ne prévoit la suspension d'un membre du Comité de direction. Il en résulte que le pouvoir de suspendre ou de révoquer un membre du Comité de direction n'est conféré ni à un membre du Comité de direction, ni à son président. Toute suspension d'un membre réalisée en violation de cette disposition est nulle et non avenue. Les membres irrégulièrement suspendus n'ont pas à être rétablis dans leurs fonctions puisque légalement, ils n'ont jamais cessé d'être membres du comité (High Court of Mezam (Bamenda, Cameroun), suit nº HCB/287M/2012 of 15 October 2012 : Tangi Simon Tacho & Ors (Suing as Board of Directors (Bod) Members of Azire Cooperative Credit Union Ltd (Aziccul)) v. Bih Judith Tabifor (Sued as President of Board of Directors (Bod) of Azire Cooperative Credit Union Ltd (Aziccul)).

Voir sous les art. 223 et 253.

Paragraphe I • TENUE DE L'ASSEMBLEE GENERALE ORDINAIRE ANNUELLE

Art. 243 L'assemblée générale ordinaire annuelle se réunit dans les six mois de la clôture de l'exercice. Le comité de gestion peut demander une prolongation de ce délai à l'autorité compétente ou, à défaut, au tribunal compétent, qui doit donner suite dans les quinze jours suivant la réception de la requête.

Art. 244 Dans les réunions ordinaires de l'assemblée générale, les décisions sont adoptées à la majorité des voix exprimées par les coopérateurs représentant plus de la moitié du nombre des coopérateurs de la société coopérative simplifiée.

Si ce quorum n'est pas obtenu, et sauf stipulation contraire des statuts, les coopérateurs sont, selon le cas, convoqués une seconde fois et les décisions sont prises à la majorité des coopérateurs présents ou représentés.

Toutefois, la révocation du président et des membres du comité de gestion ne peut, dans tous les cas, intervenir qu'à la majorité de deux tiers des coopérateurs présents ou représentés à l'assemblée.

Paragraphe II • CONVENTIONS ENTRE LA SOCIETE COOPERATIVE SIMPLIFIEE ET L'UN DE SES DIRIGEANTS OU COOPERATEURS

Art. 245 L'assemblée générale ordinaire se prononce sur les conventions intervenues directement, ou par personne interposée, entre la société coopérative simplifiée et l'un de ses dirigeants ou l'un de ses coopérateurs.

A cet effet, le président du comité de gestion présente à l'assemblée générale ordinaire annuelle ou joint aux documents communiqués aux coopérateurs, un rapport sur les conventions intervenues directement ou par personne interposée entre la société coopérative et l'un de ses dirigeants ou l'un de ses coopérateurs.

Art. 246 Le président du comité de gestion avise la commission de surveillance et le commissaire aux comptes, s'il en existe un, des conventions visées à l'article 245 ci-dessus, dans le délai d'un mois à compter de la conclusion desdites conventions.

Art. 247 Leur examen par l'assemblée générale ordinaire n'est pas nécessaire lorsque les conventions portent sur des opérations courantes conclues à des conditions normales. Les opérations courantes sont celles qui sont effectuées par la société coopérative simplifiée, d'une manière habituelle, dans le cadre de ses activités.

Les conditions normales sont celles qui sont appliquées, pour des conventions semblables dans la société coopérative simplifiée en cause ou, éventuellement, dans les sociétés du même secteur d'activité.

Art. 248 Le rapport du comité de gestion énumère les conventions soumises à l'approbation de l'assemblée générale et rend compte de leurs modalités.

Art. 249 L'assemblée générale ordinaire se prononce sur les conventions conformément aux dispositions de l'article 245 ci-dessus.

Le coopérateur concerné ne prend pas part au vote de la délibération relative à la convention et sa voix n'est pas prise en compte pour le calcul du quorum et de la majorité.

Art. 250 Les conventions non approuvées par l'assemblée générale produisent néanmoins leurs effets, à charge pour les membres du comité de gestion ou le coopérateur contractant, de supporter individuellement ou solidairement, selon le cas, les conséquences du contrat préjudiciables à la société coopérative.

L'action en responsabilité se prescrit par trois ans à compter de la conclusion de la convention ou, si elle a été dissimulée, de sa révélation.

Art. 251 A peine de nullité du contrat, il est interdit aux personnes physiques, gérants ou coopérateurs, de contracter, sous quelque forme que ce soit, des emprunts auprès de la société coopérative simplifiée, de se faire consentir par elle un découvert en compte courant ou autrement, ainsi que de faire cautionner, avaliser ou garantir par elle leurs engagements envers d'autres personnes.

Cette interdiction s'applique également aux conjoints, ascendants et descendants des personnes visées à l'alinéa 1er ci-dessus ainsi qu'à toute personne interposée.

Sous-section IV • ASSEMBLEE GENERALE EXTRAORDINAIRE

Art. 252 Les décisions collectives extraordinaires ont pour objet de statuer sur la modification des statuts.

Paragraphe I • REGLES GENERALES RELATIVES AU VOTE DES ASSOCIES COOPERATEURS

Art. 253 Dans les réunions extraordinaires de l'assemblée générale, les décisions sont adoptées à la majorité des deux tiers des voix exprimées par les coopérateurs représentant plus de la moitié du nombre des coopérateurs de la société coopérative simplifiée, sur première convocation.

Si ce quorum n'est pas obtenu, et sauf stipulation contraire des statuts, les coopérateurs sont, selon le cas, convoqués une seconde fois et les décisions sont prises à la majorité des coopérateurs présents ou représentés.

Toute clause contraire est réputée non écrite.

JURISPRUDENCE OHADA

Sur la non-validité de la suspension de certains membres du comité de gestion, voir sous l'article 242.

Art. 254 L'unanimité est requise dans les cas :

1°) d'augmentation des engagements des coopérateurs sauf dispositions contraires prévues par le présent Acte uniforme ;

2°) de transfert du siège de la société coopérative simplifiée sur le territoire d'un autre État.

Paragraphe II • TRANSFORMATION DE LA SOCIETE COOPERATIVE SIMPLIFIEE

Art. 255 La société coopérative simplifiée peut être transformée en société coopérative avec conseil d'administration ou en une société non régie par le présent

Acte uniforme. Le cas échéant, les dispositions des articles 167 à 173 ci-dessus s'appliquent.

La transformation de la société coopérative simplifiée ne peut être réalisée que si elle a, au moment où la transformation est envisagée, des capitaux propres d'un montant au moins égal à son capital social et si elle a établi et fait approuver par les coopérateurs les bilans de ses deux derniers exercices.

Art. 256 La transformation ne peut être faite qu'au vu d'un rapport d'expert choisi par le président du comité de gestion. Ce rapport peut être également établi par l'organisation faîtière lorsqu'elle existe.

Toute transformation réalisée en contravention de ces dispositions est nulle.

Section IV • MOYENS DE CONTROLE DE LA SOCIETE COOPERATIVE SIMPLIFIEE

Sous-section I • COMMISSION DE SURVEILLANCE

Art. 257 La commission de surveillance est l'organe de contrôle de la société coopérative simplifiée. Elle agit dans le seul intérêt des coopérateurs.

La commission de surveillance est mise en place dès que le nombre des coopérateurs le permet.

Art. 258 La commission de surveillance est composée de trois à cinq personnes physiques élues par l'assemblée générale.

Ne peuvent être membres de la commission de surveillance :

1. les membres des organes d'administration et de gestion et les personnes qui leur sont liées ;

2. les personnes recevant, sous une forme quelconque, un salaire ou une rémunération de la société coopérative simplifiée ou des organisations faîtières auxquelles elle est affiliée.

Art. 259 Au sens de l'article précédent, sont considérées comme personnes liées à un membre des organes d'administration ou de gestion, aux termes du présent article :

1. le conjoint, les parents au premier degré ou les parents au premier degré du conjoint ;

2. la personne physique à laquelle il est associé ou la société de personnes dans laquelle il est associé ;

3. la personne morale qui est contrôlée, individuellement ou collectivement, par lui, par son conjoint ou par leurs parents au premier degré ;

4. la personne morale dont il détient au moins dix pour cent des droits de vote attachés aux actions qu'elle a émises ou au moins dix pour cent de ces actions.

Art. 260 Les statuts organisent l'élection des membres de la commission de surveillance et déterminent la durée de leur mandant.

Art. 261 La commission de surveillance se réunit en tant que de besoin ou à la demande d'au moins deux de ses membres.

Les décisions de la commission de surveillance sont prises à la majorité simple de ses membres.

Art. 262 La commission de surveillance peut vérifier ou faire vérifier à tout moment la gestion des dirigeants de la société coopérative simplifiée.

Elle informe la société coopérative faîtière, s'il en existe, de toute irrégularité qu'elle constate, et convoque le cas échéant, une assemblée générale qui statue sur les mesures à prendre.

Art. 263 Les fonctions de membre du comité de gestion et de la commission de surveillance ne sont pas rémunérées. L'assemblée générale peut, toutefois, prévoir le remboursement des frais exposés dans l'exercice de ces fonctions.

• Chapitre III •
FUSION – SCISSION

Art. 264 Lorsque la fusion est réalisée par apport à une société coopérative simplifiée nouvelle, celle-ci peut être constituée sans autre apport que celui des sociétés qui fusionnent.

Lorsque la scission est réalisée par apport à des sociétés coopératives simplifiées nouvelles, celles-ci peuvent être constituées sans autre apport que celui de la société scindée.

Dans les cas prévus aux deux alinéas précédents, les coopérateurs des sociétés coopératives qui disparaissent peuvent agir de plein droit en qualité d'initiateurs des sociétés nouvelles.

• Chapitre IV •
DISSOLUTION DE LA SOCIETE COOPERATIVE SIMPLIFIEE

Art. 265 La société coopérative simplifiée est dissoute pour les causes communes applicables à toutes les sociétés coopératives.

Art. 266 Les unions, fédérations et confédérations sont associées à la conduite des opérations de liquidation des sociétés coopératives qui leur sont affiliées, ou de leurs organes financiers.

• Titre II •

SOCIETE COOPERATIVE AVEC CONSEIL D'ADMINISTRATION

• Chapitre I •

CONSTITUTION DE LA SOCIETE COOPERATIVE AVEC CONSEIL D'ADMINISTRATION

Section I • GENERALITES

Sous-section I • DEFINITION

Art. 267 La société coopérative avec conseil d'administration est constituée entre quinze personnes physiques ou morales au moins.

Art. 268 La société coopérative avec conseil d'administration est désignée par une dénomination sociale qui doit être immédiatement précédée ou suivie, en caractères lisibles, de l'expression « Société Coopérative avec Conseil d'Administration » et du sigle « COOP-CA ».

Sous-section II • CAPITAL SOCIAL

Art. 269 Le capital de la société coopérative avec conseil d'administration doit être entièrement souscrit avant la tenue de l'assemblée générale constitutive.

Art. 270 Les parts sociales représentant des apports en numéraire sont libérées, lors de la souscription du capital, d'un quart au moins de leur valeur nominale.

La libération du surplus intervient dans un délai qui ne peut excéder trois ans à compter de l'immatriculation de la société au Registre des Sociétés Coopératives, selon les modalités définies par les statuts et le règlement intérieur.

Tant que le capital n'est pas entièrement libéré, la société ne peut augmenter son capital minimum statutaire, sauf si cette augmentation de capital est réalisée par des apports en nature ou par l'arrivée de nouveaux coopérateurs.

Section II • CONSTITUTION

Sous-section I • ETABLISSEMENT DES BULLETINS DE SOUSCRIPTION

Art. 271 La souscription des parts sociales représentant des apports en numéraire est constatée par un bulletin de souscription établi par les initiateurs ou par l'un d'entre eux et daté et signé par le souscripteur ou par son mandataire, qui écrit en toutes lettres et en chiffres, le nombre de titres souscrits.

Art. 272 Le bulletin de souscription est établi en deux exemplaires originaux, l'un pour la société en formation et l'autre pour le souscripteur.

Art. 273 Le bulletin de souscription énonce :

1°) la dénomination sociale de la société coopérative à constituer, suivie, le cas échéant, de son sigle ;

2°) le montant du capital social à souscrire en précisant la part du capital représentée par des apports en nature et celle à souscrire en numéraire ;

3°) l'adresse prévue du siège social ;

4°) le nombre de parts sociales émises et leur valeur nominale ;

5°) le nom ou la dénomination sociale et l'adresse du souscripteur et le nombre de parts sociales qu'il souscrit et les versements qu'il effectue ;

6°) l'indication du dépositaire chargé de conserver les fonds jusqu'à l'immatriculation de la société coopérative au Registre des Sociétés Coopératives ;

7°) la mention de la remise au souscripteur d'une copie du bulletin de souscription.

Sous-section II • DEPOT DES FONDS DE SOUSCRIPTION ET DE VERSEMENT

Art. 274 Les fonds provenant de la souscription des parts sociales en numéraire sont déposés par les personnes qui les ont reçus, pour le compte de la société coopérative en formation, dans une banque ou toute autre institution habilitée par la législation de l'État partie du siège de la société en formation à recevoir de tels dépôts, sur un compte spécial ouvert au nom de cette société coopérative.

Le dépôt des fonds doit être fait dans un délai de huit jours à compter de la réception des fonds.

Le déposant remet à la banque ou à toute autre institution habilitée, au moment du dépôt des fonds, une liste mentionnant l'identité des souscripteurs et indiquant, pour chacun d'eux, le montant des sommes versées.

Le dépositaire est tenu, jusqu'au retrait des fonds, de communiquer la liste visée à l'alinéa ci-dessus, à tout souscripteur qui, justifiant de sa souscription, en fera la demande.

Le requérant peut en prendre connaissance et obtenir, à ses frais, la délivrance d'une copie.

Le dépositaire remet au déposant un certificat de dépôt attestant le dépôt des fonds.

Sous-section III • ETABLISSEMENT DES STATUTS ET DU REGLEMENT INTERIEUR

Art. 275 Les statuts sont établis conformément aux dispositions des articles 17 et 18 ci-dessus.

Art. 276 Les statuts indiquent, outre les énonciations prévues à l'article 18 ci-dessus :

1°) les nom, prénoms, adresse, profession et nationalité des personnes physiques membres du premier conseil d'administration de la société coopérative avec conseil d'administration ou représentants permanents des personnes morales membres du conseil d'administration ;

2°) la dénomination sociale, le montant du capital et la forme sociale des personnes morales membres du conseil d'administration ;

3°) les différentes catégories de parts émises ;

4°) les stipulations relatives à la composition, au fonctionnement et aux pouvoirs des organes de la société coopérative avec conseil d'administration.

Art. 277 Le règlement intérieur est établi conformément aux dispositions des articles 67 et 68 ci-dessus.

Sous-section IV • RETRAIT DES FONDS

Art. 278 Le retrait des fonds provenant des souscriptions en numéraire ne peut avoir lieu qu'après l'immatriculation de la société coopérative avec conseil d'administration au Registre des Sociétés Coopératives.

Le retrait est effectué par le président du conseil d'administration, sur présentation au dépositaire du certificat de l'autorité chargée des sociétés coopératives attestant l'immatriculation de la société coopérative.

Tout souscripteur, six mois après le versement des fonds, peut demander en référé, la nomination d'un administrateur chargé de retirer les fonds pour les restituer aux souscripteurs, si à cette date, la société n'est pas immatriculée.

Sous-section V • APPORTS EN NATURE

Art. 279 L'évaluation des apports en nature est faite, sous le contrôle de l'union ou de la fédération, par un commissaire aux apports désigné par les initiateurs de la société coopérative.

Sous-section VI • ASSEMBLEE GENERALE CONSTITUTIVE

Art. 280 L'assemblée générale constitutive est convoquée à la diligence des initiateurs.

La convocation est faite par lettre au porteur contre récépissé ou par tout procédé laissant trace écrite portant mention de l'ordre du jour, du lieu, de la date et de l'heure de l'assemblée.

La convocation est adressée à chaque souscripteur, quinze jours au moins avant la date de l'assemblée.

Art. 281 L'assemblée générale constitutive ne délibère valablement que si les deux tiers au moins des membres initiateurs sont présents.

Art. 282 L'assemblée générale statue à la majorité simple des voix des membres initiateurs associés coopérateurs.

Il n'est pas tenu compte des bulletins blancs pour le calcul de la majorité.

Art. 283 L'assemblée générale est soumise aux dispositions non contraires des articles 342 et suivants ci-dessous pour sa tenue, notamment pour la constitution de son bureau et les règles de représentation et de participation à l'assemblée.

L'assemblée désigne son président et son secrétaire de séance.

Art. 284 Chaque apport en nature fait l'objet d'un vote spécial de l'assemblée générale.

L'assemblée générale approuve ou désapprouve le rapport du commissaire aux apports ou de la société coopérative faîtière sur l'évaluation des apports en nature.

L'apporteur en nature ne participe pas au vote.

Art. 285 L'assemblée ne peut réduire la valeur des apports en nature qu'à l'unanimité des souscripteurs et avec le consentement exprès de l'apporteur.

Le consentement de l'apporteur doit être mentionné au procès-verbal lorsque la valeur attribuée aux biens apportés est différente de celle retenue par le commissaire aux apports ou la société coopérative faîtière.

Les coopérateurs et les administrateurs sont solidairement responsables à l'égard des tiers pendant cinq ans, de la valeur attribuée aux apports.

Art. 286 L'assemblée générale constitutive :

1°) constate que le capital est entièrement souscrit ;

2°) adopte les statuts de la société coopérative avec conseil d'administration ;

3°) nomme les premiers administrateurs ;

4°) statue sur les actes accomplis pour le compte de la société coopérative en formation au vu d'un rapport établi par les initiateurs ;

5°) donne, le cas échéant, mandat à un ou plusieurs membres du conseil d'administration, de prendre les engagements pour le compte de la société coopérative avec conseil d'administration avant son immatriculation au Registre des Sociétés Coopératives dans les conditions fixées à l'article 97 du présent Acte uniforme.

Art. 287 Les statuts sont signés par tous les membres du conseil d'administration et du conseil de surveillance.

En plus, une liste de présence émargée par tous les coopérateurs est annexée aux statuts.

Art. 288 Le procès-verbal de l'assemblée indique la date et le lieu de la réunion, la nature de l'assemblée, le mode de convocation, l'ordre du jour, le quorum, les résolutions soumises aux votes et, le cas échéant, les conditions de quorum et de vote pour chaque résolution et le résultat des votes pour chacune d'elles.

Le procès-verbal est signé par le président et le secrétaire de séance et est archivé au siège social avec la feuille de présence et les annexes.

Art. 289 Toute assemblée générale constitutive irrégulièrement convoquée peut être annulée dans les conditions prévues à l'article 201 du présent Acte uniforme.

Toutefois, l'action en nullité n'est pas recevable lorsque tous les coopérateurs étaient présents ou représentés et ne s'y sont pas opposés.

Art. 290 Les initiateurs de la société coopérative avec conseil d'administration auxquels la nullité de l'assemblée constitutive est imputable et les administrateurs en fonction au moment où elle a été encourue, peuvent être déclarés solidairement responsables du dommage résultant, pour les personnes autres que les coopérateurs, de l'annulation de la société.

• Chapitre II •

ADMINISTRATION ET DIRECTION DE LA SOCIETE COOPERATIVE AVEC CONSEIL D'ADMINISTRATION

Art. 291 La société coopérative avec conseil d'administration est dirigée par un conseil d'administration.

Section I • CONSEIL D'ADMINISTRATION

Sous-section I • COMPOSITION DU CONSEIL

Paragraphe I • NOMBRE ET DESIGNATION DES ADMINISTRATEURS

Art. 292 La société coopérative avec conseil d'administration est administrée par un conseil d'administration composé de trois membres au moins et de douze membres au plus.

Art. 293 Le nombre des administrateurs de la société coopérative avec conseil d'administration peut être provisoirement dépassé, en cas de fusion avec une ou plusieurs sociétés, jusqu'à concurrence du nombre total des administrateurs en fonction depuis plus de six mois dans les sociétés fusionnées, sans pouvoir être supérieur à vingt-quatre.

Les administrateurs décédés, révoqués ou démissionnaires ne peuvent être remplacés, de même que de nouveaux administrateurs ne peuvent être élus, sauf lors d'une nouvelle fusion, tant que le nombre d'administrateurs en fonction n'a pas été ramené à douze.

Art. 294 Les premiers administrateurs sont élus par l'assemblée générale constitutive. En cours de vie sociale, les administrateurs sont élus par l'assemblée générale ordinaire des coopérateurs.

Toutefois, en cas de fusion, l'assemblée générale extraordinaire peut procéder à l'élection de nouveaux administrateurs.

Toute élection intervenue en violation des dispositions du présent article est nulle.

Paragraphe II • DUREE DU MANDAT DES ADMINISTRATEURS

Art. 295 Les statuts organisent l'élection des administrateurs et déterminent la durée de leur mandat.

Paragraphe III • REPRESENTANT PERMANENT DE LA PERSONNE MORALE MEMBRE DU CONSEIL D'ADMINISTRATION

Art. 296 Une personne morale peut être nommée administrateur. Lors de sa nomination, elle est tenue de désigner, par lettre au porteur contre récépissé ou par tout procédé laissant trace écrite adressée à la société, pour la durée de son mandat, un représentant permanent. Bien que ce représentant permanent ne soit pas personnellement administrateur de la société coopérative avec conseil d'administration, il est soumis aux mêmes conditions et obligations et encourt les mêmes responsabilités civiles et pénales que s'il était administrateur en son nom propre, sans préjudice de la responsabilité solidaire de la personne morale qu'il représente.

Art. 297 Le représentant permanent exerce ses fonctions pendant la durée du mandat d'administrateur de la personne morale qu'il représente.

Lors de chaque renouvellement de son mandat, la personne morale doit préciser si elle maintient la même personne physique comme représentant permanent ou à défaut, procéder sur le champ, à la désignation d'un autre représentant permanent.

Art. 298 Lorsque la personne morale révoque le mandat de son représentant permanent, elle est tenue de notifier sans délai, à la société coopérative, par lettre au porteur contre récépissé ou par tout procédé laissant trace écrite, cette révocation ainsi que l'identité de son nouveau représentant permanent.

Il en est de même en cas de décès ou de démission du représentant permanent ou pour toute autre cause qui l'empêcherait d'exercer son mandat.

Paragraphe IV • ELECTIONS

Art. 299 Les membres du conseil d'administration sont élus par l'assemblée générale selon des modalités fixées par les statuts.

Art. 300 Une personne physique, administrateur en son nom propre ou représentant permanent d'une personne morale administrateur, ne peut appartenir simultanément à plus d'un conseil d'administration de sociétés coopératives avec conseil d'administration ayant leur siège sur le territoire d'un même État.

Toute personne physique qui, lorsqu'elle accède à un nouveau mandat, se trouve en infraction avec les dispositions de l'alinéa qui précède doit, dans les trois mois de sa nomination, se démettre de l'un de ses mandats.

A l'expiration de ce délai, elle est réputée s'être démise de son nouveau mandat sans que soit remise en cause la validité des délibérations auxquelles elle a pris part.

Art. 301 Sauf stipulation contraire des statuts, le mandat d'administrateur peut être cumulé avec un contrat de travail, si ce contrat correspond à un emploi effectif.

Art. 302 La désignation des administrateurs doit être publiée au Registre des Sociétés Coopératives.

La désignation du représentant permanent d'une personne morale est soumise aux mêmes formalités de publicité que s'il était administrateur en son nom propre.

Art. 303 Les délibérations prises par un conseil d'administration irrégulièrement constitué sont nulles.

Paragraphe V • VACANCE DE SIEGE D'ADMINISTRATEUR

Art. 304 Nonobstant les dispositions de l'article 294 ci-dessus, le conseil d'administration peut, en cas de vacance d'un ou de plusieurs sièges d'administrateur entre deux assemblées, coopter de nouveaux administrateurs. Ceux-ci sont désignés à titre provisoire, jusqu'à la réunion de la prochaine assemblée générale.

Lorsque le nombre des administrateurs est devenu inférieur au minimum statutaire, le conseil d'administration doit, dans le délai de trois mois à compter du jour où se produit la vacance, coopter de nouveaux administrateurs en vue de compléter son effectif. Les délibérations du conseil prises durant ce délai demeurent valables.

Lorsque le nombre des administrateurs est devenu inférieur au minimum légal, les administrateurs restants doivent convoquer immédiatement l'assemblée générale ordinaire en vue de compléter l'effectif du conseil d'administration.

Lorsque le conseil ne procède pas aux nominations requises ou ne convoque pas l'assemblée générale à cet effet, tout intéressé peut demander, par requête adressée au président de la juridiction compétente, la désignation d'un mandataire chargé de convoquer l'assemblée générale ordinaire, à l'effet de procéder aux nominations prévues au présent article ou de les confirmer.

La vacance et les nominations de nouveaux administrateurs ne prennent effet qu'à l'issue de la session du conseil d'administration tenue à cet effet.

Les nominations par le conseil d'administration de nouveaux administrateurs sont soumises à la confirmation de la plus prochaine réunion ordinaire de l'assemblée générale.

En cas de refus par l'assemblée générale d'entériner les nouvelles nominations, les décisions prises par le conseil d'administration n'en demeurent pas moins valables pour la période courue et produisent tous leurs effets.

Paragraphe VI • REMBOURSEMENT DES FRAIS

Art. 305 Les fonctions d'administrateur sont gratuites.

Toutefois, les administrateurs ont droit au remboursement des frais de déplacement et des frais occasionnels de missions ou de mandats qui peuvent leur être confiés par le conseil d'administration dans l'intérêt de la société coopérative. Ces frais doivent être justifiés.

Paragraphe VII • FIN DE MANDAT D'ADMINISTRATEUR

Art. 306 Le mandat des administrateurs prend fin par :
- la démission ;
- la révocation ;
- le décès ;
- la perte de la qualité de coopérateur ;
- la fin de l'assemblée générale ordinaire ayant statué sur les comptes de l'exercice tenue dans l'année au cours de laquelle expire leur mandat.

Art. 307 Les administrateurs peuvent être révoqués à tout moment par l'assemblée générale.

La démission ou la révocation d'un administrateur doit être publiée au Registre des Sociétés Coopératives.

Sous-section II • ATTRIBUTIONS DU CONSEIL D'ADMINISTRATION

Paragraphe I • ETENDUE DES POUVOIRS

Art. 308 Le conseil d'administration est investi des pouvoirs les plus étendus pour agir en toutes circonstances au nom de la société coopérative avec conseil d'administration.

Il les exerce dans la limite de l'objet social et sous réserve de ceux expressément attribués par le présent Acte uniforme aux assemblées de coopérateurs.

Le conseil d'administration est chargé notamment de :
- préciser les objectifs de la société coopérative avec conseil d'administration et l'orientation qui doit être donnée à son administration ;
- arrêter les comptes de chaque coopérateur ;
- veiller à l'application des principes coopératifs dans la gestion de la société coopérative et dans la répartition des résultats de l'entreprise ;
- arrêter le programme de formation et d'éducation des membres ;
- établir le rapport financier et moral de la société coopérative avec conseil d'administration.

Les clauses des statuts ou les décisions de l'assemblée générale limitant les pouvoirs du conseil d'administration sont inopposables aux personnes autres que les coopérateurs qui sont de bonne foi.

Art. 309 Dans ses rapports avec les personnes autres que les coopérateurs, la société coopérative avec conseil d'administration est engagée même par les actes du conseil d'administration qui ne relèvent pas de l'objet social, à moins qu'elle ne prouve que celles-ci savaient que l'acte dépassait cet objet ou qu'elles ne pouvaient l'ignorer compte tenu des circonstances, étant exclus que la seule publication des statuts suffise à constituer cette preuve.

Art. 310 Le conseil d'administration peut conférer à un ou à plusieurs de ses membres, tous mandats spéciaux pour un ou plusieurs objets déterminés.

Paragraphe II • CONVENTIONS REGLEMENTEES

Art. 311 Toute convention entre une société coopérative avec conseil d'administration et l'un de ses administrateurs ou employé est soumise au-delà d'un seuil déterminé par les statuts, à l'approbation de l'assemblée générale dans des conditions de quorum et de majorité déterminées par les statuts.

Paragraphe III • CAUTIONS, AVALS ET AUTRES GARANTIES

Art. 312 Sous réserve des dispositions légales ou réglementaires spécifiques aux activités exercées, les cautions, avals et garanties, souscrits par la société coopérative avec conseil d'administration pour des engagements pris par des tiers font l'objet d'une autorisation préalable du conseil d'administration.

Lorsque la société coopérative avec conseil d'administration exploite un établissement bancaire ou financier, ou mène à titre principal ses activités dans le domaine de l'épargne et du crédit, cette restriction ne s'applique pas aux opérations courantes conclues à des conditions normales.

Paragraphe IV • CONVENTIONS INTERDITES

Art. 313 A peine de nullité de la convention, il est interdit aux administrateurs et aux employés ainsi qu'à leurs conjoints, ascendants ou descendants et aux autres personnes interposées, de contracter, sous quelque forme que ce soit, des emprunts auprès de la société coopérative avec conseil d'administration, de se faire consentir par elle un découvert en compte courant ou autrement, ainsi que de faire cautionner, avaliser ou garantir par elle leurs engagements envers d'autres personnes.

Cette interdiction ne s'applique pas aux personnes morales membres du conseil d'administration. Toutefois, leur représentant permanent, lorsqu'il agit à titre personnel, est également soumis aux dispositions de l'alinéa 1er du présent article.

Lorsque la société coopérative avec conseil d'administration exploite un établissement bancaire ou financier ou mène à titre principal ses activités dans le domaine de l'épargne et du crédit, cette interdiction ne s'applique pas aux opérations courantes conclues à des conditions normales.

Paragraphe V • AUTRES POUVOIRS DU CONSEIL D'ADMINISTRATION

Art. 314 Le conseil d'administration peut proposer à l'assemblée générale extraordinaire qui décide, le déplacement du siège de la société coopérative. L'assemblée générale modifie les statuts en conséquence.

En cas de déplacement du siège social, de nouvelles formalités de publicité doivent alors être accomplies pour informer les personnes autres que les coopérateurs de ce fait. La modification est par ailleurs publiée au Registre des Sociétés Coopératives. Le conseil d'administration informe par écrit l'autorité nationale chargée des sociétés coopératives de ce changement de siège.

Sous-section III • FONCTIONNEMENT DU CONSEIL D'ADMINISTRATION

Paragraphe I • CONVOCATION ET DELIBERATION DU CONSEIL D'ADMINISTRATION

Art. 315 Sous réserve des dispositions du présent Acte uniforme, les statuts déterminent les règles relatives à la convocation et aux délibérations du conseil d'administration.

Le conseil d'administration, sur convocation de son président, se réunit aussi souvent que nécessaire et au minimum une fois par trimestre.

Toutefois, les administrateurs constituant le tiers au moins des membres du conseil d'administration, peuvent, en indiquant l'ordre du jour de la séance, convoquer le conseil d'administration, si celui-ci ne s'est pas réuni depuis plus de deux trimestres.

Le conseil d'administration ne délibère valablement que si tous ses membres ont été régulièrement convoqués.

En cas de dysfonctionnement grave du conseil d'administration et pour y remédier, le conseil de surveillance peut soumettre cette situation à l'assemblée générale ordinaire qu'il convoque spécialement à cet effet.

Art. 316 Le conseil d'administration ne délibère valablement que si la moitié au moins de ses membres sont présents. Toute clause contraire est réputée non écrite.

Les décisions du conseil d'administration sont prises à la majorité simple des membres présents ou représentés, à moins que les statuts ne prévoient une majorité plus forte. En cas de partage des voix, la voix du président de séance est prépondérante, sauf dispositions contraires des statuts.

Toute décision prise en violation des dispositions du présent article est nulle.

Art. 317 Les administrateurs ainsi que toute personne appelée à participer aux réunions du conseil d'administration sont tenus à la discrétion à l'égard des informations présentant un caractère confidentiel et données comme telles par le président de séance.

Art. 318 Sauf clause contraire des statuts, un administrateur peut donner, par lettre, télex ou télécopie ou tout procédé laissant trace écrite, mandat à un autre administrateur de le représenter à une séance du conseil d'administration.

Chaque administrateur ne peut disposer, au cours d'une même séance, que d'une procuration.

Les dispositions du présent article sont applicables aux représentants permanents des personnes morales.

Art. 319 Les séances du conseil d'administration sont présidées par le président du conseil d'administration.

En cas d'empêchement du président du conseil d'administration et le cas échéant du vice-président, les administrateurs présents élisent parmi eux un président de séance.

Paragraphe II • PROCES-VERBAL DU CONSEIL D'ADMINISTRATION

Art. 320 Les délibérations du conseil d'administration sont constatées par des procès-verbaux établis sur un registre spécial tenu au siège social, coté et paraphé par le juge de la juridiction compétente.

Toute addition, suppression, substitution ou interversion de feuilles est interdite.

Les procès-verbaux mentionnent la date et le lieu de la réunion du conseil d'administration et indiquent les noms des administrateurs présents, représentés ou absents non représentés.

Ils font également état de la présence ou de l'absence des personnes convoquées à la réunion du conseil d'administration en vertu d'une disposition légale et de la présence de toute autre personne ayant assisté à tout ou partie de la réunion.

Art. 321 Les procès-verbaux du conseil d'administration sont certifiés sincères par le président de séance et par au moins un administrateur.

En cas d'empêchement du président de séance, ils sont signés par deux administrateurs au moins.

Art. 322 Les copies ou extraits des procès-verbaux des délibérations du conseil d'administration sont valablement certifiés par le président du conseil d'administration.

Au cours de la liquidation de la société coopérative avec conseil d'administration, les copies ou extraits des procès-verbaux sont valablement certifiés par le liquidateur.

Art. 323 Les procès-verbaux des délibérations du conseil d'administration font foi jusqu'à preuve contraire.

Sous-section IV • PRESIDENT DU CONSEIL D'ADMINISTRATION ET RESPONSABLE CHARGE DE DIRECTION

Paragraphe I • NOMINATION ET DUREE DU MANDAT DU PRESIDENT DU CONSEIL D'ADMINISTRATION

Art. 324 L'assemblée générale élit parmi les membres du conseil d'administration un président et, le cas échéant, un vice-président qui, dans tous les cas, doivent être des personnes physiques.

Art. 325 La durée du mandat du président du conseil d'administration est fixée par les statuts.

Art. 326 Nul ne peut exercer simultanément plus d'un mandat de président du conseil d'administration de sociétés coopératives avec conseil d'administration ou de président du comité de gestion de société coopérative simplifiée ayant leur siège social sur le territoire d'un même État partie.

De même, nul ne peut exercer simultanément un mandat de président de conseil d'administration de société coopérative avec conseil d'administration et un mandat de président de comité de gestion de société coopérative simplifiée ayant leur siège social sur le territoire d'un même État partie.

Le mandat de président du conseil d'administration n'est pas cumulable avec les fonctions de responsable chargé de direction d'une société coopérative.

Les dispositions de l'article 300 du présent Acte uniforme relatives au cumul du mandat d'administrateur sont applicables au président du conseil d'administration.

Paragraphe II • ATTRIBUTIONS DU PRESIDENT DU CONSEIL D'ADMINISTRATION

Art. 327 Le président du conseil d'administration préside les réunions du conseil d'administration et les assemblées générales.

Il veille à ce que le conseil d'administration assume pleinement ses obligations et ses responsabilités.

A toute époque de l'année, le président du conseil d'administration opère les vérifications qu'il juge opportunes et peut se faire communiquer tous les documents qu'il estime utiles à l'accomplissement de sa mission.

Art. 328 Le président du conseil d'administration ne peut pas être lié à la société coopérative avec conseil d'administration par un contrat de travail.

Paragraphe III • NOMINATION ET DUREE DU MANDAT DU RESPONSABLE CHARGE DE DIRECTION

Art. 329 Le conseil d'administration peut, après consultation du conseil de surveillance, recruter et nommer, en dehors de ses membres, un directeur ou un directeur général qui doit être une personne physique.

Art. 330 Le conseil d'administration détermine la durée des fonctions du responsable chargé de direction, conformément à la législation de travail de l'État partie.

Ses fonctions prennent fin dans les mêmes conditions.

Paragraphe IV • ATTRIBUTIONS ET REMUNERATION DU RESPONSABLE CHARGE DE DIRECTION

Art. 331 Le conseil d'administration détermine, à travers le contrat de travail qui lie le responsable chargé de direction à la société coopérative, l'étendue des pouvoirs de gestion qui lui sont délégués.

Le responsable chargé de direction peut assister aux réunions du conseil d'administration avec voix consultative.

Art. 332 Dans ses rapports avec les tiers de bonne foi, la société coopérative avec conseil d'administration est engagée, même par les actes du responsable chargé de direction qui ne relèvent pas de l'objet social.

Le conseil d'administration peut autoriser, sous sa responsabilité, le responsable chargé de direction à engager la société coopérative avec conseil d'administration à l'égard des personnes autres que les coopérateurs. Cette autorisation fait l'objet de publication au registre des sociétés coopératives.

Art. 333 Les modalités et le montant de la rémunération du responsable chargé de direction sont fixés par le conseil d'administration.

Le cas échéant, les avantages en nature qui lui sont attribués sont fixés de la même manière que sa rémunération.

Section II • CONSEIL DE SURVEILLANCE

Art. 334 Le conseil de surveillance est l'organe de contrôle de la société coopérative avec conseil d'administration. Il agit dans le seul intérêt des membres de celle-ci.

Art. 335 Le conseil de surveillance est composé de trois à cinq personnes physiques élues par l'assemblée générale parmi les coopérateurs.

Ne peuvent être membres du conseil de surveillance :

1. les membres des organes d'administration et de gestion et les personnes qui leur sont liées ;
2. les personnes recevant, sous une forme quelconque, un salaire ou une rémunération de la société coopérative avec conseil d'administration ou de ses organisations faîtières.

Art. 336 Sont considérées comme personnes liées à un membre des organes d'administration ou de gestion, aux termes du présent article :

1. le conjoint, les parents au premier degré ou les parents au premier degré du conjoint ;

2. la personne physique à laquelle il est associé ou la société de personnes dans laquelle il est associé ;

3. la personne morale qui est contrôlée, individuellement ou collectivement, par lui, par son conjoint ou par leurs parents au premier degré ;

4. la personne morale dont il détient au moins dix pour cent des droits de vote attachés aux actions qu'elle a émises ou au moins dix pour cent de ces actions.

Art. 337 Les statuts organisent l'élection des membres du conseil de surveillance et déterminent la durée de leur mandat.

Art. 338 Le conseil de surveillance se réunit en tant que de besoin ou à la demande d'au moins deux de ses membres.

Art. 339 Les décisions du conseil de surveillance sont prises à la majorité simple de ses membres.

Art. 340 Le conseil de surveillance peut vérifier ou faire vérifier à tout moment la gestion des dirigeants de la société coopérative avec conseil d'administration.

Il informe la faîtière, s'il en existe, de toute irrégularité qu'il a constatée ou convoque une assemblée générale qui statue sur les mesures à prendre.

Art. 341 Les fonctions de membre du conseil de surveillance ne sont pas rémunérées. L'assemblée générale peut, toutefois, prévoir le remboursement des frais exposés dans l'exercice de ces fonctions.

Chapitre III
ASSEMBLEE GENERALE

Section I • REGLES COMMUNES A TOUTES LES ASSEMBLEES DE COOPERATEURS

Sous-section I • CONVOCATION DE L'ASSEMBLEE

Art. 342 L'assemblée des coopérateurs est convoquée par le conseil d'administration.

A défaut, elle peut être convoquée :

– par le conseil de surveillance ou par l'organisation faîtière, après qu'ils ont vainement requis la convocation du conseil d'administration, par lettre au porteur contre récépissé ou par tout procédé laissant trace écrite. Lorsqu'ils procèdent à cette convocation, ils fixent l'ordre du jour et peuvent, pour des motifs déterminants, choisir un lieu de réunion autre que celui éventuellement prévu par les statuts. Ils exposent les motifs de la convocation dans un rapport lu à l'assemblée ;

– en cas d'urgence, par l'autorité administrative compétente, à la demande du quart des coopérateurs ;

– par le liquidateur.

Art. 343 Sauf clause contraire des statuts, l'assemblée générale se réunit au siège social ou en tout autre lieu du territoire de l'État partie où se situe le siège social.

Art. 344 Sous réserve des dispositions du présent article, les statuts de la société coopérative avec conseil d'administration fixent les règles de convocation des assemblées de coopérateurs.

La convocation des assemblées est faite par avis de convocation qui est inséré dans un journal habilité à recevoir les annonces légales et affiché au siège de la société coopérative.

L'insertion prévue à l'alinéa précédent peut être remplacée par une convocation faite aux frais de la société coopérative par lettre au porteur contre récépissé ou par tout procédé laissant trace écrite, portant mention de l'ordre du jour.

Art. 345 L'avis de convocation indique la dénomination de la société coopérative, suivie, le cas échéant, de son sigle, la forme de la société coopérative, le montant du capital social, l'adresse du siège social, le numéro d'immatriculation au Registre des Sociétés Coopératives, les jour, heure et lieu de l'assemblée, ainsi que sa nature ordinaire ou extraordinaire et son ordre du jour.

Toute assemblée irrégulièrement convoquée peut être annulée. Toutefois, l'action en nullité n'est pas recevable lorsque tous les coopérateurs étaient présents.

Art. 346 L'ordre du jour de l'assemblée est arrêté par l'auteur de la convocation.

Toutefois, lorsque l'assemblée est convoquée par un mandataire de justice, l'ordre du jour est fixé par le président de la juridiction compétente qui l'a désigné.

De même, les coopérateurs, en se constituant en groupe, ont la faculté de requérir l'inscription, à l'ordre du jour de l'assemblée générale, d'un projet de résolution lorsqu'ils représentent la moitié au moins du nombre des coopérateurs de la société coopérative avec conseil d'administration.

La demande est accompagnée :

– du projet de résolution auquel il est joint un bref exposé des motifs ;

– d'un document comportant les noms, prénoms, adresses et la signature des coopérateurs à l'origine du projet de résolution ;

Lorsque le projet de résolution porte sur la présentation d'un candidat au poste d'administrateur, les renseignements requis à l'article 349 ci-après sont exigés.

JURISPRUDENCE OHADA

Irrecevabilité du moyen ambigu visant la violation de l'article 346

Sont irrecevables, car ambiguës et n'indiquant pas la partie de la décision concernée par les griefs, les branches d'un moyen de cassation qui invoquent la violation des articles 9 et 10 du Traité OHADA, ainsi que l'article 346 de l'AUSC et l'article 48 du Code de procédure civile malien, en soutenant, d'une part, l'absence de caractère contraignant des argumentaires des ministres fondés sur les résultats des assises nationales organisées par la Confédération des sociétés coopératives des producteurs de coton et, d'autre part, la mauvaise transposition de l'article 160-1 et suivants de l'AUSCGIE dans l'ordonnance n° 32 rendue le 1er septembre 2021 par un juge des référés (CCJA, 2e ch., n° 274/2024, 31-10-2024).

Art. 347 Le projet de résolution est adressé au siège social, par lettre au porteur contre récépissé, par télex ou par télécopie, ou par tout procédé laissant trace écrite, dix jours au moins avant la tenue de l'assemblée générale pour pouvoir être soumis au vote de l'assemblée.

Les délibérations de l'assemblée générale sont nulles si les projets de résolution envoyés conformément aux dispositions du présent article ne sont pas soumis au vote de l'assemblée.

Art. 348 L'assemblée générale ne peut délibérer sur une question qui n'est pas inscrite à son ordre du jour.

Néanmoins, elle peut, lorsqu'elle est réunie ordinairement, révoquer un ou plusieurs membres du conseil d'administration et procéder à leur remplacement.

Art. 349 Lorsque l'ordre du jour de l'assemblée générale porte sur la présentation de candidats au poste d'administrateur, il doit être fait mention de leur identité, de leurs références professionnelles et de leurs activités professionnelles au cours des cinq dernières années.

Art. 350 L'ordre du jour de l'assemblée générale ne peut être modifié sur deuxième convocation.

Sous-section II • COMMUNICATION DE DOCUMENTS

Art. 351 En ce qui concerne l'assemblée générale ordinaire annuelle, tout coopérateur a le droit de prendre connaissance au siège social :

– de l'inventaire, des états financiers de synthèse et de la liste des administrateurs ;

– des rapports du commissaire aux comptes et du conseil d'administration qui sont soumis à l'assemblée ;

– le cas échéant, du texte de l'exposé des motifs, des résolutions proposées, ainsi que des renseignements concernant les candidats au conseil d'administration ;

– de la liste des coopérateurs ;

– du montant global des rémunérations versées aux dix ou cinq dirigeants sociaux et salariés les mieux rémunérés selon que l'effectif de la société coopérative avec conseil d'administration excède ou non deux cents salariés.

Sauf en ce qui concerne l'inventaire, le droit pour le coopérateur de prendre connaissance comporte celui de prendre copie à ses frais. Le droit de prendre connaissance s'exerce durant les trente jours qui précèdent la tenue de l'assemblée générale.

En ce qui concerne les assemblées autres que l'assemblée générale ordinaire annuelle, le droit de prendre connaissance porte sur le texte des résolutions proposées, le rapport du conseil d'administration et, le cas échéant, le rapport du conseil de surveillance, du commissaire aux comptes ou de l'organisation faîtière.

Art. 352 Tout coopérateur peut, en outre, à toute époque prendre connaissance et copie, à ses frais :

– des documents sociaux visés à l'article précédent concernant les trois derniers exercices ;

– des procès-verbaux et des feuilles de présence des assemblées tenues au cours de ces trois derniers exercices ;

– de tous autres documents, si les statuts le prévoient.

Art. 353 Si la société coopérative refuse de communiquer tout ou partie des documents visés aux articles 351 et 352 ci-dessus, il est statué sur ce refus, à la demande de l'associé, par le président de la juridiction compétente statuant à bref délai.

Le président de la juridiction compétente peut ordonner à la société coopérative avec conseil d'administration, sous astreinte, de communiquer les documents à l'associé coopérateur dans les conditions fixées aux articles 351 et 352 du présent Acte uniforme.

Sous-section III • TENUE DE L'ASSEMBLEE GENERALE

Art. 354 La réunion de l'assemblée générale est présidée par le président du conseil d'administration. En cas d'empêchement de celui-ci et sauf clause contraire des statuts, l'assemblée élit parmi les membres du conseil d'administration présents le président de séance.

Art. 355 Deux associés coopérateurs sont élus par l'assemblée, à la majorité simple des membres présents, en qualité de scrutateurs.

Art. 356 Un secrétaire est nommé par l'assemblée pour établir le procès-verbal des débats. Il peut être choisi parmi le personnel salarié de la coopérative avec conseil d'administration.

Art. 357 A chaque assemblée, il est tenu une feuille de présence contenant les indications portant sur les noms, prénom et domicile de chaque coopérateur présent.

Art. 358 La feuille de présence est émargée par les coopérateurs présents au moment de l'entrée en séance.

Art. 359 La feuille de présence est certifiée sincère et véritable, sous leur responsabilité, par les scrutateurs.

Art. 360 Le procès-verbal des délibérations de l'assemblée indique la date et le lieu de réunion, la nature de l'assemblée, le mode de convocation, l'ordre du jour, la composition du bureau de séance, le quorum, le texte des résolutions soumises au vote de l'assemblée et le résultat des votes pour chaque résolution, les documents et rapports présentés à l'assemblée et un résumé des débats.

Le procès-verbal est signé par les membres du bureau de séance et archivé au siège social avec la feuille de présence et ses annexes.

Art. 361 Les copies ou extraits des procès-verbaux des assemblées sont valablement certifiés par le président du conseil d'administration ou par toute personne dûment mandatée à cet effet.

En cas de liquidation, ils sont certifiés par un seul liquidateur.

Art. 362 Peuvent participer aux assemblées générales :

– les coopérateurs dans les conditions définies au présent Acte uniforme et par les statuts ;

– toute personne habilitée à cet effet par une disposition légale ou par une stipulation des statuts de la société.

Il en est de même des personnes étrangères à la société coopérative avec conseil d'administration lorsqu'elles y ont été autorisées, soit par le président de la juridiction compétente, soit par décision du bureau de l'assemblée, soit par l'assemblée elle-même.

Section II • ASSEMBLEE GENERALE ORDINAIRE

Sous-section I • ATTRIBUTIONS

Art. 363 L'assemblée générale ordinaire prend toutes les décisions autres que celles qui sont expressément réservées par l'article 366 ci-après, pour les assemblées générales extraordinaires.

Elle est notamment compétente pour :

– statuer sur les états financiers de synthèse de l'exercice ;

– décider de l'affectation du résultat ;

– nommer les membres du conseil d'administration ainsi qu'éventuellement le commissaire aux comptes ;

– approuver ou refuser d'approuver les conventions conclues entre les dirigeants sociaux et la société coopérative avec conseil d'administration ;

– autoriser, lorsque les statuts le prévoient, l'émission de parts de soutien ;

– nommer les membres du conseil de surveillance.

Sous-section II • REUNION, QUORUM ET MAJORITE

Art. 364 L'assemblée générale ordinaire se réunit au moins une fois par an, dans les six mois de la clôture de l'exercice, sous réserve de la prorogation de ce délai par décision de justice.

L'assemblée générale ordinaire ne délibère valablement, sur première convocation, que si la moitié des coopérateurs de la société coopérative avec conseil d'administration sont présents ; sur deuxième convocation, la présence d'un quart au moins de ces associés suffit.

Par dérogation aux dispositions de l'alinéa précédent, les statuts des sociétés coopératives regroupant plus de mille associés peuvent prévoir un quorum moins important.

Art. 365 L'assemblée générale ordinaire statue à la majorité des voix exprimées. Dans les cas où il est procédé à un scrutin, il n'est pas tenu compte des bulletins blancs.

Section III • ASSEMBLEE GENERALE EXTRAORDINAIRE

Sous-section I • ATTRIBUTIONS

Art. 366 L'assemblée générale extraordinaire est seule habilitée à modifier les statuts dans toutes leurs dispositions. Toute clause contraire est réputée non écrite.

L'assemblée générale extraordinaire est également compétente pour :

– autoriser les fusions, scissions, transformations et apports partiels d'actif ;

– transférer le siège social en toute autre ville de l'État partie où il est situé, ou sur le territoire d'un autre État partie ;

– dissoudre par anticipation la société coopérative avec conseil d'administration ou en proroger la durée.

Sous-section II • REUNION, QUORUM ET MAJORITE

Art. 367 L'assemblée générale extraordinaire ne délibère valablement que si les deux tiers des coopérateurs de la société coopérative avec conseil d'administration sont présents ou représentés.

Lorsque le quorum n'est pas réuni, l'assemblée peut être convoquée une deuxième fois dans un délai qui ne peut excéder deux mois à compter de la date fixée par la première convocation ; dans ce cas, elle peut valablement délibérer avec la moitié au moins des coopérateurs présents ou représentés.

Art. 368 L'assemblée générale extraordinaire statue à la majorité des deux tiers des voix exprimées.

Lorsqu'il est procédé à un scrutin, il n'est pas tenu compte des bulletins blancs. Dans le cas de transfert du siège de la société sur le territoire d'un autre État, la décision est prise à l'unanimité des membres présents ou représentés.

• Chapitre IV •

DISSOLUTION DES SOCIETES COOPERATIVES AVEC CONSEIL D'ADMINISTRATION

Art. 369 Sous réserve des dispositions spécifiques de l'Acte uniforme portant organisation des procédures collectives d'apurement du passif, la société coopérative avec conseil d'administration est dissoute pour les causes communes à toutes les sociétés coopératives dans les conditions et sous les effets prévus aux articles 177 à 179 ci-dessus.

Art. 370 Les coopérateurs peuvent prononcer la dissolution anticipée de la société coopérative avec conseil d'administration.

La décision est prise en assemblée générale extraordinaire.

• Chapitre V •

RESPONSABILITE

Section I • RESPONSABILITE DES COOPERATEURS

Art. 371 La responsabilité des coopérateurs est au minimum égale au montant des parts sociales souscrites. Néanmoins, les statuts peuvent prévoir une responsabilité plus étendue qui ne peut excéder cinq fois le montant des parts sociales souscrites.

Section II • RESPONSABILITE DES INITIATEURS

Art. 372 Les initiateurs de la société coopérative avec conseil d'administration auxquels la nullité est imputable et les administrateurs en fonction au moment où elle a été encourue peuvent être déclarés solidairement responsables du dommage résultant, pour les coopérateurs ou pour les tiers, de l'annulation de la société coopérative avec conseil d'administration.

La même solidarité peut être retenue à l'égard des coopérateurs dont les apports n'ont pas été vérifiés et approuvés.

Art. 373 L'action en responsabilité fondée sur l'annulation de la société coopérative avec conseil d'administration se prescrit par trois ans à compter du fait dommageable ou, s'il a été dissimulé, à partir de sa révélation. Toutefois, lorsque le fait est qualifié de crime, l'action se prescrit par dix ans.

Section III • RESPONSABILITE DES ADMINISTRATEURS

Art. 374 Les administrateurs sont responsables individuellement ou solidairement, selon le cas, envers la société ou envers les tiers, des infractions aux dispositions législatives ou réglementaires applicables aux sociétés coopératives avec conseil d'administration, des violations des dispositions des statuts et des fautes commises dans leur gestion.

Si plusieurs administrateurs ont coopéré aux mêmes faits, la juridiction compétente détermine la part contributive de chacun dans la réparation du dommage.

Art. 375 Outre l'action en réparation du préjudice subi personnellement, les coopérateurs peuvent, individuellement ou en se groupant, intenter l'action sociale en responsabilité contre les administrateurs.

S'ils représentent au moins la moitié des coopérateurs de la société coopérative avec Conseil d'administration, les coopérateurs peuvent, dans un intérêt commun, charger à leurs frais un ou plusieurs d'entre eux de les représenter pour soutenir, tant en demande qu'en défense, l'action sociale.

Le retrait en cours de procès d'un ou de plusieurs desdits associés est sans effet sur la poursuite de ladite action en responsabilité.

Les demandeurs sont habilités à poursuivre la réparation de l'entier préjudice subi par la société à laquelle, le cas échéant, les dommages et intérêts sont alloués.

• Chapitre VI •

DISPOSITIONS RELATIVES AUX PARTS SOCIALES

Section I • DIFFERENTES FORMES DE PARTS SOCIALES

Art. 376 Les parts sociales revêtent la forme de titres nominatifs qu'elles soient émises en contrepartie d'apports en nature ou d'apports en numéraire.

Art. 377 Les parts sociales de numéraire sont celles dont le montant est libéré en espèces ou par compensation de créances certaines, liquides et exigibles sur la société coopérative, celles qui sont émises par suite d'une incorporation au capital de réserves libres d'affectation, et celles dont le montant résulte pour partie d'une incorporation de réserves, libres d'affectation et pour partie d'une libération en espèces. Ces dernières doivent être intégralement libérées lors de la souscription.

Les parts sociales d'apport sont celles émises en contrepartie d'un apport en nature.

L'émission de parts bénéficiaires ou de parts d'initiateurs est interdite.

Section II • DROITS ATTACHES AUX PARTS SOCIALES

Art. 378 Chaque coopérateur a droit à une voix, quel que soit le nombre de parts sociales dont il dispose.

Art. 379 Les parts sociales ne sont pas négociables. Elles sont insaisissables et ne peuvent faire l'objet d'un nantissement.

Art. 380 La transmission des parts sociales n'est possible que dans les conditions ci-après :

– les statuts peuvent prévoir la transmission de parts sociales à un tiers étranger à la société coopérative avec conseil d'administration, soit à titre gratuit, soit à titre onéreux, à condition que ce tiers partage le lien commun sur la base duquel les coopérateurs se sont réunis. Cette transmission est soumise à l'agrément de l'assemblée générale ordinaire des coopérateurs ;

– la transmission des parts sociales ne peut s'opérer en cas de succession, de liquidation de communauté de biens entre époux, ou de cession soit à un conjoint, soit à un ascendant ou un descendant, que lorsque le bénéficiaire des parts sociales partage le lien commun sur la base duquel les coopérateurs se sont réunis. A défaut, les parts sociales sont remboursées aux personnes concernées, au prorata de leur valeur nominale.

Art. 381 Lorsque l'assemblée générale délibère pour l'agrément, le cédant ne prend pas part au vote et sa voix est déduite pour le calcul du quorum et de la majorité.

Art. 382 Le cédant joint à sa demande d'agrément adressée à la société coopérative avec conseil d'administration, par lettre au porteur contre récépissé ou par tout procédé laissant trace écrite, par télex ou par télécopie, les nom, prénoms, qualité et adresse du cessionnaire proposé, le nombre de parts sociales dont la transmission est envisagée.

Art. 383 L'agrément résulte de la notification dudit agrément ou du défaut de réponse dans le délai de trois mois à compter de la demande.

Section III • DEFAUT DE LIBERATION DES PARTS SOCIALES – EFFETS

Art. 384 Le montant des parts sociales doit être entièrement libéré lors de la souscription.

Toutefois, les statuts d'une société coopérative peuvent autoriser le versement du quart lors de la souscription, le solde étant payable au fur et à mesure des besoins de la société dans les proportions et les délais fixés par le conseil d'administration.

Ces délais ne peuvent excéder trois ans à compter de la date à laquelle la souscription est devenue définitive.

L'assemblée générale ordinaire a la faculté de renoncer à poursuivre le recouvrement des sommes exigibles, au titre de la libération des parts, à l'égard d'un membre. En ce cas, le coopérateur est exclu de plein droit après mise en demeure par tout procédé laissant trace écrite et à défaut de paiement dans les trois mois de la date de réception de ladite lettre.

Seuls les coopérateurs à jour de leurs versements ont droit de vote dans les assemblées générales et peuvent faire partie du conseil d'administration.

Section IV • REMBOURSEMENT DES PARTS SOCIALES

Art. 385 L'amortissement des parts sociales par voie de tirage au sort est interdit.

• Partie III •

DISPOSITIONS PENALES

Art. 386 Encourt une sanction pénale toute personne qui, sans y être habilitée conformément aux dispositions légales et réglementaires applicables à ce type de groupements, aura indûment utilisé les expressions de sociétés coopératives, union de sociétés coopératives, fédération de sociétés coopératives ou de confédération de sociétés coopératives, accompagnées d'un qualificatif quelconque, ainsi que toutes les dénominations de nature à laisser entendre qu'il s'agit d'un des groupements cités dans le présent article.

Art. 387 Sous réserve des dispositions spécifiques prévues à l'article 386 ci-dessus, sont applicables aux sociétés coopératives ainsi qu'à leurs unions, fédérations et confédérations, les dispositions non contraires des articles 886 à 905 de l'Acte uniforme relatif au droit des sociétés commerciales et du groupement d'intérêt économique.

• Partie IV •

DISPOSITIONS DIVERSES, TRANSITOIRES ET FINALES

Art. 388 Le franc CFA, au sens du présent Acte uniforme, constitue la monnaie de base. Pour les États parties qui n'ont pas comme unité monétaire le franc CFA, la contre-valeur en monnaie nationale est initialement celle qui est déterminée par application de la parité en vigueur entre le franc CFA et la monnaie nationale desdits États parties le jour de l'adoption du présent Acte uniforme. Cette contre-valeur est arrondie à l'unité supérieure lorsque la conversion fait apparaître un nombre décimal.

Le Conseil des ministres des États parties au Traité relatif à l'harmonisation du droit des affaires en Afrique, sur proposition des ministres des finances des États parties, procède, en tant que de besoin, à l'examen et le cas échéant, à la révision des montants du présent Acte uniforme exprimés en franc CFA, en fonction de l'évolution économique et monétaire dans lesdits États parties. La contre-valeur en monnaie nationale est, le cas échéant, celle qui est déterminée par l'application de la parité en vigueur entre le franc CFA et la monnaie nationale desdits États parties le jour de l'adoption des montants révisés du présent Acte uniforme.

Art. 389 Le présent Acte uniforme est applicable aux sociétés coopératives, unions de sociétés coopératives, fédérations de sociétés coopératives, confédérations de sociétés coopératives et leurs réseaux qui seront constitués sur le territoire de l'un des États parties à compter de son entrée en vigueur dans l'État partie concerné. Toutefois, les formalités constitutives accomplies antérieurement n'auront pas à être renouvelées.

Art. 390 Les sociétés coopératives, les unions de sociétés coopératives, les fédérations de sociétés coopératives, les confédérations de sociétés coopératives et leurs réseaux constitués antérieurement à l'entrée en vigueur du présent Acte uniforme sont, sauf dispositions contraires, soumis à ces dispositions. Elles sont tenues de mettre leurs statuts en harmonie avec les dispositions du présent Acte uniforme dans un délai de deux ans à compter de son entrée en vigueur.

JURISPRUDENCE OHADA

Modalités d'application de l'article 63 à la mise en harmonie des statuts

L'article 63 de l'AUSC ne peut servir de fondement à la régularisation nécessitée par le défaut de mise en harmonie des clauses statutaires prévue par l'article 390 que si l'action intervient dans la période des deux (2) ans prescrite pour la mise en harmonie des statuts. Les dispositions de l'AUSC étant d'ordre public, l'article 247 de l'AUSCGIE ne peut pas servir de fondement à une régularisation juridique nécessitée par un défaut de mise en harmonie des statuts sociaux d'une société coopérative (CCJA, ass. plén., avis n° 002, 23-6-2015 ; demande d'avis n° 255/SP/DAJ/OHADA/2015 du 21 avril 2015 : République Démocratique du Congo, Ohadata J-16-208).

Art. 391 La mise en harmonie a pour objet d'abroger, de modifier et de remplacer, le cas échéant, les dispositions statutaires contraires aux dispositions impératives du présent Acte uniforme et de leur apporter les compléments que le présent Acte uniforme rend obligatoires.

Art. 392 La mise en harmonie peut être accomplie par voie d'amendement aux statuts anciens ou par l'adoption de statuts rédigés à nouveau en toutes leurs dispositions. Elle peut être décidée par l'assemblée générale des coopérateurs statuant aux conditions de validité des décisions ordinaires, nonobstant toutes dispositions légales ou statutaires contraires, à la condition de ne modifier, quant au fond, que les clauses incompatibles avec le présent Acte uniforme.

Art. 393 Si, pour une raison quelconque, l'assemblée générale des coopérateurs n'a pu statuer régulièrement, le projet de mise en harmonie des statuts sera soumis à l'homologation du président de la juridiction compétente statuant sur requête des représentants légaux de la société coopérative.

Art. 394 Si aucune mise en harmonie n'est nécessaire, il en est pris acte par l'assemblée générale des associés coopérateurs dont la délibération fait l'objet de la même publicité que la décision modifiant les statuts.

Art. 395 A défaut de mise en harmonie des statuts avec les dispositions du présent Acte uniforme dans le délai de deux ans à compter de son entrée en vigueur, les clauses statutaires contraires à ces dispositions seront réputées non écrites.

Jurisprudence OHADA

Mise en conformité n'entraînant pas la dissolution

A donné une base légale à sa décision la cour d'appel qui a jugé que la modification de dénomination d'une coopérative « CORS » en « SARL SCORS-SCOOPS » vise sa conformité à l'AUSC qui lui impose cette nouvelle forme et n'entraîne pas sa dissolution ; le moyen visant la violation des articles 395 et 396 de l'AUSC n'est donc pas fondé et le pourvoi sera rejeté (CCJA, 2e ch., no 342/2020, 26-11-2020 : Guissou T. Hilaire c/ Coopérative Référence de la Sangoué).

Art. 396 Sont abrogées, toutes dispositions légales contraires aux dispositions du présent Acte uniforme, sous réserve de leur application transitoire pendant une période de deux ans à compter de la date d'entrée en vigueur du présent Acte uniforme, aux sociétés coopératives, leurs unions, fédérations, confédérations et réseaux n'ayant pas procédé à la mise en harmonie de leurs statuts avec les dispositions du présent Acte uniforme.

Art. 397 Le présent Acte uniforme sera publié au journal officiel de l'OHADA dans un délai de soixante jours à compter de la date de son adoption. Il sera également publié dans les États parties, au journal officiel ou par tout moyen approprié. Il sera applicable quatre-vingt-dix jours à compter de la date de sa publication au Journal officiel de l'OHADA, conformément à l'article 9 du Traité relatif à l'harmonisation du droit des affaires en Afrique, signé à Port Louis le 17 octobre 1993, tel que révisé à Québec le 17 octobre 2008.

Jurisprudence OHADA

I. Application dans le temps

L'AUSC est applicable à tout acte postérieur à son entrée en vigueur (High Court of Mezam (Bamenda, Cameroun), Suit no HCB/287M/2012 of 15 October 2012 : Tangi Simon Tacho & Ors (Suing as Board of Directors (Bod) Members of Azire Cooperative Credit Union Ltd Aziccul)) v. Bih Judith Tabifor (Sued as President of Board of Directors (Bod) of Azire Cooperative Credit Union Ltd (Aziccul)).

II. Interprétation des lois

Interprétation finaliste. Les dispositions de l'article 397 rendent nécessaire une étude exégétique de leur construction, qui consiste à voir au-delà du texte en essayant de déterminer l'intention des législateurs (High Court of Mezam (Bamenda, Cameroun), Suit n° HCB/287M/2012 of 15 October 2012 : Tangi Simon Tacho & Ors (Suing as Board of Directors (Bod) Members of Azire Cooperative Credit Union Ltd (Aziccul)) v. Bih Judith Tabifor (Sued as President of Board of Directors (Bod) of Azire Cooperative Credit Union Ltd (Aziccul)).

Obs. : cette décision de common law du Cameroun donne une remarquable illustration de la méthode d'interprétation finaliste.

AUSYCEBNL

Acte uniforme relatif au système comptable des entités à but non lucratif

Le Conseil des Ministres de l'Organisation pour l'Harmonisation en Afrique du Droit des Affaires (OHADA),

Vu le Traité relatif à l'harmonisation du droit des affaires en Afrique, signé à Port-Louis le 17 octobre 1993, tel que révisé à Québec le 17 octobre 2008 ;

Vu l'Acte uniforme relatif au droit comptable et à l'information financière du 26 janvier 2017 ;

Vu le Rapport du Secrétariat Permanent et les observations des États Parties ;

Vu l'Avis n° 001/2022/AC en date du 06/09/2022 de la Cour Commune de Justice et d'Arbitrage ;

Après en avoir délibéré, adopte à l'unanimité des États Parties présents et votants, l'Acte uniforme dont la teneur suit :

Chapitre I
DISPOSITIONS GENERALES

Art. 1 Il est institué un système comptable unique, commun à tous les États parties, dénommé Système comptable des entités à but non lucratif, en abrégé SYCEBNL, annexé au présent Acte uniforme.

Toute entité à but non lucratif au sens de l'article 2 ci-dessous, qui a son siège dans l'un des États parties au Traité relatif à l'harmonisation du droit des affaires en Afrique ou qui exerce ses activités sur le territoire dudit État, est soumise aux dispositions du présent Acte uniforme.

Art. 2 L'entité à but non lucratif s'entend de toute organisation, poursuivant un but désintéressé, et dont les ressources éventuellement générées par l'activité servent au fonctionnement et à la réalisation de son objet social.

Constituent, notamment, des entités à but non lucratif :

1) les associations et les ordres professionnels ;

2) les entités ayant pour objet la gestion ou l'administration de projets de développement financés en général par les bailleurs bilatéraux, multilatéraux, privés ou étatiques.

Les entités visées ci-dessus, lorsqu'elles ne sont pas soumises au système de la comptabilité publique, au système de comptabilité soumis à un régime particulier, ou à des dispositions nationales spécifiques, sont tenues de mettre en place une comptabilité, dite comptabilité financière, conformément aux règles applicables au Système comptable des entités à but non lucratif et prévues par les dispositions ci-après.

Art. 3 Les dispositions de l'Acte uniforme relatif au droit comptable et à l'information financière sont applicables aux entités visées à l'article 2 ci-dessus, à l'exception des articles 5, 8, 10 à 13, 17 alinéas 7 et 8, 18, 19 quatrième tiret, 21, 25 à 34, 49, 69, 70, 71, 73 à 113.

Chapitre 2
ÉTATS FINANCIERS ANNUELS

Art. 4 Un jeu complet d'états financiers annuels comprend :

1) pour les associations et les ordres professionnels, le Bilan, le Compte de résultat, le Tableau des flux de trésorerie ainsi que les Notes annexes ;

2) pour les projets de développement, le Tableau emplois-ressources, le Tableau d'exécution budgétaire, le Tableau de réconciliation de trésorerie, le Bilan, le Compte d'exploitation, et les Notes annexes.

Les états financiers forment un tout indissociable et décrivent de façon régulière et sincère les événements, opérations et situations de l'exercice pour donner une image fidèle du patrimoine et de la situation financière de l'entité.

Les états financiers sont établis et présentés conformément aux modèles du Système comptable des entités à but non lucratif.

Toute entité qui applique correctement le Système comptable des entités à but non lucratif est réputée donner, dans ses états financiers, une image fidèle de sa situation et de ses opérations.

Lorsque l'application d'une prescription comptable se révèle insuffisante ou inadaptée pour donner l'image fidèle, des informations complémentaires ou des justifications nécessaires sont obligatoirement fournies dans les Notes annexes.

Art. 5 Les états financiers annuels visés à l'article 4 sont rendus obligatoires, en tout ou en partie, en fonction de la taille des entités appréciée selon des critères mentionnés à l'article 6 ci-après.

Les présentations des états financiers annuels et la tenue des comptes admises sont le Système normal et le Système minimal de trésorerie, selon le cas.

Toute entité est, sauf exception liée à sa taille, soumise au Système normal de présentation des états financiers et de tenue des comptes.

Le régime juridique du dépôt des états financiers est soumis à la législation interne de chaque État partie.

Art. 6 Les petites entités sont assujetties, sauf option, au Système minimal de trésorerie en abrégé SMT.

Sont éligibles au Système minimal de trésorerie, les entités dont les ressources annuelles sont inférieures ou égales aux seuils suivants :

1) subventions : trente millions (30.000.000) de francs CFA ou l'équivalent dans l'unité monétaire ayant cours légal dans l'État partie ;

2) cotisations et autres revenus: trente millions (30.000.000) de francs CFA ou l'équivalent dans l'unité monétaire ayant cours légal dans l'État partie ;

3) dons et/ou legs : trente millions (30.000.000) de francs CFA ou l'équivalent dans l'unité monétaire ayant cours légal dans l'État partie ;

4) ressources du projet de développement : trente millions (30.000.000) de francs CFA ou l'équivalent dans l'unité monétaire ayant cours légal dans l'État partie ;

5) autres ressources : trente millions (30.000.000) de francs CFA ou l'équivalent dans l'unité monétaire ayant cours légal dans l'État partie.

Si l'une des ressources citées ci-dessus est supérieure aux seuils susmentionnés ou si, de manière cumulée sur deux exercices, les ressources dépassent trente millions (30.000.000) de francs CFA ou l'équivalent dans l'unité monétaire ayant cours légal dans l'État partie, l'entité est éligible au Système normal.

Art. 7 Le Bilan décrit séparément les éléments d'actif et les éléments de passif constituant le patrimoine de l'entité. Il fait apparaître de façon distincte les fonds propres de l'entité.

Le Compte de résultat des associations et ordres professionnels récapitule en liste, les produits et les charges qui font apparaître l'excédent net ou le déficit net de l'exercice.

Il doit être procédé, dans l'exercice, à tous amortissements, dépréciations et provisions nécessaires pour tenir compte des consommations d'avantages économiques, des pertes de valeurs, des risques et des charges probables, même en cas d'absence ou d'insuffisance d'excédent.

Il doit être tenu compte des risques, charges et produits intervenus au cours de l'exercice ou d'un exercice antérieur, même s'ils sont connus seulement entre la date de clôture de l'exercice et celle de l'arrêté des comptes.

Le Compte d'exploitation des projets de développement et entités assimilées récapitule en liste, les charges sans amortissement, ni dépréciation et une quotité des ressources équivalant aux charges pour que le solde des opérations de l'exercice soit nul.

Le Tableau des flux de trésorerie retrace les mouvements « entrées » et « sorties » de liquidités de l'exercice.

Le Tableau emplois-ressources récapitule tous les emplois, immobilisations et charges, sans amortissement ni dépréciation ainsi que les fonds reçus des bailleurs ;

Le Tableau d'exécution budgétaire, fait apparaître le budget de l'exercice et les réalisations de l'exercice ;

Le Tableau de réconciliation de trésorerie retrace les mouvements de trésorerie du début à la fin de l'exercice ;

Les Notes annexes complètent et précisent l'information donnée par les autres états financiers annuels.

Art. 8 Le Bilan de l'exercice fait apparaître de façon distincte :

1) à l'actif : l'actif immobilisé, l'actif circulant, la trésorerie-actif et l'écart de conversion-actif ;

2) au passif : les ressources stables, le passif circulant, la trésorerie-passif et l'écart de conversion-passif.

Art. 9 Le Compte de résultat de l'exercice fait apparaître au crédit les produits et, au débit, les charges, distingués selon leur nature.

Pour les projets de développement, le Compte d'exploitation fait apparaître au débit les charges sans amortissement ni dépréciation et, au crédit, une quotité des ressources équivalant au total des charges pour obtenir un solde de l'exercice nul.

Art. 10 Le Tableau des flux de trésorerie de l'exercice fait apparaître la trésorerie nette en début d'exercice, les flux de trésorerie provenant des activités opérationnelles, les flux de trésorerie provenant des opérations d'investissement, les flux de trésorerie provenant des fonds propres, les flux de trésorerie provenant des fonds extérieurs et la trésorerie nette en fin d'exercice.

Art. 11 Le Tableau emplois-ressources, fait apparaître les emplois (immobilisations et charges) sans amortissement ni dépréciation, les fonds reçus, l'excédent ou le déficit des fonds reçus sur les emplois, le montant de l'encaisse disponible.

Art. 12 Le Tableau d'exécution budgétaire fait apparaître le budget de l'exercice, les décaissements, les engagements non encore payés, les réalisations, le crédit disponible du budget et l'exécution du budget en valeur relative.

Art. 13 Le Tableau de réconciliation de trésorerie retrace la trésorerie de début d'exercice, les transferts de fonds reçus des bailleurs, les emplois de l'exercice, la trésorerie de fin d'exercice et les paiements en instance.

Art. 14 Le livre d'inventaire est un document obligatoire sur lequel sont transcrits :

1) pour les associations et les ordres professionnels, le Bilan, le Compte de résultat et le Tableau des flux de trésorerie de chaque exercice ainsi que le résumé de l'opération d'inventaire ;

2) pour les entités ayant pour objet la gestion ou l'administration de projets de développement, le Tableau emplois-ressources, le Tableau d'exécution budgétaire, le Tableau de réconciliation de trésorerie, le Bilan, le Compte d'exploitation de chaque exercice ainsi que le résumé de l'opération d'inventaire.

Art. 15 Les états financiers annuels, décrits aux articles 7 à 13, sont accompagnés de Notes annexes, organisées par une référence croisée avec l'information liée.

Les Notes annexes contiennent des informations complémentaires à celles qui sont présentées dans le Bilan, le Compte de résultat, le Compte d'exploitation, le Tableau des flux de trésorerie, le Tableau emplois-ressources, le Tableau d'exécution budgétaire, le Tableau de réconciliation de trésorerie. Les Notes annexes fournissent des descriptions narratives ou des décompositions d'éléments présentés dans les autres états financiers, ainsi que des informations relatives aux éléments qui ne répondent pas aux critères de comptabilisation dans les autres états financiers.

Les Notes annexes comportent tous les éléments à caractère significatif qui ne sont pas mis en évidence dans les autres états financiers et sont susceptibles d'influencer le jugement que les utilisateurs des documents peuvent porter sur le patrimoine, la situation financière et la performance de l'entité. Il en est ainsi notamment pour le montant des engagements donnés et reçus dont le suivi doit être assuré par l'entité dans le cadre de son organisation comptable.

Toute modification dans la présentation des états financiers annuels ou dans les méthodes d'évaluation doit être signalée dans les Notes annexes.

Art. 16 Les états financiers annuels de chaque entité respectent les dispositions ci-dessous :

1) le recours, pour la tenue de la comptabilité de l'entité, à un plan de comptes normalisé dont la liste figure dans le Système comptable des entités à but non lucratif ;

2) la tenue obligatoire de livres ou autres supports autorisés ainsi que la mise en place de procédures nécessaires à une organisation comptable permettant un contrôle interne fiable et le contrôle externe par l'intermédiaire, le cas échéant, de l'auditeur, de la réalité des opérations ainsi que de la qualité des comptes, tout en favorisant la collecte des informations ;

3) A la clôture de chaque exercice, les organes d'administration ou de direction, selon le cas, dressent l'inventaire et les états financiers conformément aux dispositions de l'Acte uniforme et établissent un rapport d'activité ; le rapport d'activité expose la situation de l'entité durant l'exercice écoulé, ses perspectives de développement ou son évolution prévisible et l'évolution de la situation de trésorerie ; les

événements importants, survenus entre la date de clôture de l'exercice et la date à laquelle il est établi, doivent également y être mentionnés ;

4) le Bilan d'ouverture d'un exercice doit correspondre au Bilan de clôture de l'exercice précédent ;

5) toute compensation, non juridiquement fondée, entre postes d'actif et postes de passif dans le Bilan et entre postes de charges et postes de produits dans le Compte de résultat est interdite ;

6) la présentation des états financiers est identique d'un exercice à l'autre ;

7) chacun des postes des états financiers comporte l'indication du chiffre relatif au poste correspondant de l'exercice précédent.

Lorsque l'un des postes chiffrés d'un état financier n'est pas comparable à celui de l'exercice précédent, c'est ce dernier qui doit être adapté. L'absence de comparabilité ou l'adaptation des chiffres est signalée dans les Notes annexes.

Pour la première année d'application, l'entité n'a l'obligation de renseigner que la colonne N-1 du Bilan.

• Chapitre 3 •

MOYENS DE CONTROLE

Art. 17 Il est établi pour chaque entité à but non lucratif un registre des donateurs pour tous les dons, donations et legs reçus par l'entité.

Le registre des donateurs est coté, paraphé et numéroté de façon continue par la juridiction compétente de chaque État partie concerné.

Le registre des donateurs contient :

1) la date de l'opération ;

2) les nom et prénoms, le domicile et l'adresse électronique des personnes physiques donatrices ;

3) la dénomination, le numéro d'immatriculation, le numéro d'identification fiscale, l'adresse du siège social et l'adresse électronique des personnes morales donatrices ;

4) le montant et le mode de libération du don/legs mis à la disposition de l'entité à but non lucratif en espèces, par chèque, par virement ou en nature.

Toutes les écritures contenues dans ce registre doivent être signées par le représentant légal de l'entité à but non lucratif.

Ce registre peut être tenu en version physique reliée, brochée ou en version électronique.

Art. 18 L'entité tient à jour le registre des donateurs.

S'il existe un auditeur, ce dernier soumet, à l'assemblée générale ou l'instance qui en tient lieu, aux membres ou au bailleur de fonds du projet, un rapport qui constate l'existence du registre des donateurs et donne son avis sur sa tenue conforme.

S'il n'existe pas d'auditeur, une déclaration des dirigeants attestant de la tenue conforme du registre des donateurs est annexée audit rapport ou soumise à l'assemblée générale ou l'instance qui en tient lieu.

Art. 19 Toute entité à but non lucratif est tenue de désigner au moins un auditeur lorsqu'elle remplit, à la clôture de l'exercice, l'un des trois critères suivants :

1) un total du bilan supérieur à cent millions (100.000.000) de francs CFA ou l'équivalent dans l'unité monétaire ayant cours légal dans l'État partie ;

2) des ressources annuelles supérieures à deux cent millions (200.000.000) de francs CFA ou l'équivalent dans l'unité monétaire ayant cours légal dans l'État partie ;

3) un effectif permanent supérieur à vingt (20) personnes ;

L'entité n'est plus tenue de désigner un auditeur dès lors qu'elle ne remplit plus aucun des trois (3) critères fixés ci-dessus pendant les deux (2) exercices qui précèdent l'expiration du mandat de l'auditeur.

Pour les autres entités à but non lucratif ne remplissant pas ces critères, la nomination de l'auditeur est facultative. Elle peut toutefois être demandée en justice par au moins dix-pour-cent (10%) des membres de l'entité.

Les états financiers et le rapport de gestion annuels sont transmis à l'auditeur s'il en a été désigné, quarante-cinq (45) jours au moins avant la date de l'assemblée générale ordinaire ou de l'instance qui en tient lieu de l'association et l'ordre professionnel, ou la date de transmission du rapport de l'auditeur aux bailleurs de fonds et/ou à l'État bénéficiaire du Projet de développement.

Dans les entités qui désignent, volontairement ou obligatoirement, un auditeur, ce dernier :

1) soit, émet une opinion indiquant que les états financiers sont réguliers et sincères et donnent une image fidèle du résultat des opérations de l'exercice écoulé ainsi que de la situation financière et du patrimoine à la fin de cet exercice ;

2) soit, exprime, en la motivant, une opinion avec réserve ou défavorable, ou indique qu'il est dans l'impossibilité d'exprimer une opinion.

L'auditeur se prononce sur la sincérité et la concordance des informations données dans le rapport d'activité avec les états financiers.

Art. 20 L'auditeur est choisi par les membres de l'entité à but non lucratif parmi les experts-comptables inscrits au tableau de l'ordre des experts-comptables ou de l'organe qui en tient lieu dans chaque État partie.

Art. 21 L'auditeur est nommé pour trois (3) exercices renouvelables une fois. Toutefois, si l'entité a une existence inférieure à trois exercices, son mandat est ramené à cette durée.

L'auditeur est nommé par l'assemblée générale de l'entité ou l'instance qui en tient lieu à la majorité de ses membres représentant au moins plus de la moitié des membres présents ou représentés, ou par le bailleur de fonds et/ou l'État partie bénéficiaire du Projet de développement.

Si la majorité ci-dessus n'est pas obtenue et sauf clause contraire des statuts, l'assemblée générale de l'entité ou l'instance qui en tient lieu réunie sur deuxième convocation peut valablement désigner l'auditeur lorsque le quorum d'un dixième (1/10) des membres présents ou représentés est atteint.

Si le quorum ci-dessus n'est pas atteint sur deuxième convocation ou lorsque l'assemblée générale de l'entité ou l'instance qui en tient lieu ne procède pas à la nomination d'un auditeur, tout membre peut demander à la juridiction compétente la désignation d'un auditeur.

Art. 22 Si l'assemblée ou l'instance qui en tient lieu ne procède pas au renouvellement du mandat de l'auditeur ou à son remplacement à l'expiration de son mandat, la mission de l'auditeur est prorogée, sauf refus exprès de sa part.

La prorogation de la mission de l'auditeur prévue à l'alinéa 1er du présent article s'opère jusqu'à la plus prochaine assemblée générale ou à la prochaine réunion de l'instance qui en tient lieu statuant sur les comptes de l'entité, ou à la prochaine approbation des comptes du projet par le bailleur de fonds ou l'État partie.

Art. 23 Il est procédé régulièrement, par voie de Décision du Conseil des ministres de l'OHADA, à la mise à jour du Système comptable des entités à but non lucratif, sur recommandation de la Commission de normalisation pour la profession comptable conformément au Règlement portant création, organisation et fonctionnement de ladite Commission.

Chapitre 4
DISPOSITIONS PENALES

Art. 24 Encourent une sanction pénale les dirigeants des entités à but non lucratif qui :

- n'ont pas, pour un exercice, dressé l'inventaire et établi les états financiers annuels, ainsi que le rapport d'activité ;
- ont sciemment établi et communiqué des états financiers qui ne donnent pas une image fidèle du patrimoine, de la situation financière et du résultat de l'exercice ;
- n'ont pas tenu et mis à jour le registre des donateurs.

Art. 25 Encourent une sanction pénale, les dirigeants d'entités à but non lucratif qui n'ont pas provoqué la désignation de l'auditeur de l'entité ou ne l'ont pas convoqué à l'assemblée générale ou à la réunion de l'instance qui en tient lieu statuant sur les comptes de l'entité.

Art. 26 Encourent une sanction pénale, les dirigeants d'entités à but non lucratif ou toute personne au service de l'entité qui, sciemment, ont fait obstacle aux vérifications ou au contrôle de l'auditeur, ou qui ont refusé la communication sur place de toutes les pièces utiles à l'exercice de sa mission, notamment les contrats, livres, documents comptables et registres.

Art. 27 Les infractions prévues par le présent Acte uniforme sont punies conformément aux dispositions du droit pénal en vigueur dans chaque État partie.

Chapitre 5
DISPOSITIONS FINALES

Art. 28 Le présent Acte uniforme, auquel est annexé le système comptable des entités à but non lucratif, sera publié au Journal Officiel de l'OHADA dans un délai de soixante (60) jours à compter de la date de son adoption. Il sera également publié dans les États parties au Journal Officiel ou par tout autre moyen approprié.

Le présent Acte uniforme est applicable à compter du 1er janvier 2024.

Fait à Niamey, le 22 décembre 2022.

AUS

Acte Uniforme portant organisation des Sûretés

Le Conseil des ministres de l'Organisation pour l'harmonisation en Afrique du droit des affaires (OHADA) AUCTMR,

– Vu le traité relatif à l'harmonisation du droit des affaires en Afrique, signé à Port Louis le 17 octobre 1993, tel que révisé à Québec le 17 octobre 2008, notamment en ses articles 2, 5 à 10 et 12 ;

– Vu le rapport du secrétariat permanent et les observations des États parties ;

– Vu l'avis n° 002/2010 en date du 3 août 2010 de la Cour commune de justice et d'arbitrage ;

Après en avoir délibéré, adopte à l'unanimité des États parties présents et votants l'Acte uniforme dont la teneur suit :

Titre Préliminaire

DÉFINITIONS ET DOMAINE D'APPLICATION DES SÛRETÉS – AGENT DES SÛRETÉS

Chapitre I

DÉFINITIONS ET DOMAINE D'APPLICATION DES SÛRETÉS

Art. 1 [anc. art. 1 mod.] Une sûreté est l'affectation au bénéfice d'un créancier d'un bien, d'un ensemble de biens ou d'un patrimoine afin de garantir l'exécution d'une obligation ou d'un ensemble d'obligations, quelle que soit la nature juridique de celles-ci et notamment qu'elles soient présentes ou futures, déterminées ou déterminables, conditionnelles ou inconditionnelles, et que leur montant soit fixe ou fluctuant.

JURISPRUDENCE OHADA

Défaut de qualification de garantie d'un chèque

Le tireur d'un chèque ne peut valablement invoquer le fait que les chèques émis ne devaient servir que de garantie de paiement de sa créance, dès lors que selon la législation nationale relative aux instruments de paiement qui est d'ordre public, le chèque est un instrument de paiement payable à vue et toute mention contraire est réputée non écrite. Le premier jugement qui a rejeté l'opposition doit être confirmé (CA Abidjan, n° 324, 16-3-2001 : C. L. c/ A. H. R. : Ecodroit, n° 12, juin 2002, p. 34, Ohadata J-02-183).

Obs. : en l'espèce, il a été fait application de l'article 39 de la loi n° 97-518 du 4 septembre 1997 relative aux instruments de paiement en Côte d'Ivoire. Mais le principe est transposable à tout État ayant une législation similaire en matière de règlement par chèque.

JURISPRUDENCE COMPARÉE

I. États-Unis

A. Qualification de « sûreté »

1° Critère de la qualification de « sûreté » selon le Code de commerce uniforme (UCC)

a. Intention des parties

Sont soumises à la section 9 du Code de commerce uniforme toutes les conventions, quelle que soit leur forme, qui ont pour objet de donner en garantie des biens (quelle que soit la nature de ces derniers). Pour déterminer si l'on est en présence d'un contrat de sûreté, les juges doivent rechercher si les parties avaient l'intention de créer une garantie (Superior Packing, Inc v. Worldwide Leasing & Fin., Inc, 880 S.W.2d 67).

b. Réalité économique de l'opération : différence entre un contrat de bail sur des biens mobiliers et une sûreté

Economie de l'acte litigieux, critère déterminant de la nature juridique de l'acte. Conformément au Code de commerce uniforme de l'État de New York, la question de savoir si un contrat est un contrat de bail ou une sûreté doit être résolue au cas par cas en prenant en considération les faits propres à chaque espèce. Le Code de commerce uniforme prévoit néanmoins trois cas pour lesquels le contrat doit être considéré comme une sûreté et non comme un contrat de bail. Les juges considèrent toutefois que ces trois cas ne sont pas exhaustifs ; lorsqu'ils ne se rencontrent pas dans une espèce, les juges doivent rechercher la réalité économique de la convention en cause afin de déterminer sa nature (Duke Energy Royal LLC. v. Pillowtex, Inc., 349F.3d 711 (2003)).

2° Application de la qualification de sûreté sous couvert de bail

Le Code de commerce uniforme de l'État du Texas prévoit trois cas permettant de différencier le contrat de bail du contrat de sûreté. Un contrat devra notamment être qualifié de contrat de sûreté lorsque le preneur ne peut pas retourner les biens avant le terme du bail et qu'il a la possibilité d'acheter les biens, à la fin du bail, pour une somme symbolique. Si le preneur n'a pas d'autre option raisonnable que d'acheter les biens à la fin du bail afin de continuer son exploitation, la somme demandée pour l'achat des biens doit être considérée comme symbolique. Il en sera ainsi lorsque, à la fin du bail, le preneur peut soit acheter les biens pour 10 000 $, soit renouveler le bail et verser un loyer mensuel de 3 190 $, soit ne pas renouveler le bail et racheter (ou relouer) sur le marché des biens équivalents (d'une valeur de 100 000 $) soit enfin ne pas renouveler le contrat et arrêter son exploitation. Ce contrat étant alors un contrat de sûreté, il est soumis aux règles s'appliquant à ces derniers (Triplex Marine Maintenance Inc. 258 B.R. 659 (2000)).

B. Charge de la preuve

Celui qui invoque la sûreté doit la prouver. Selon le droit écrit de New York, lorsqu'une partie estime que le contrat en cause est un contrat de sûreté, la charge de la preuve pèse sur elle (Owen, 221 B.R. 56 (Bankr. N.D.N.Y. 1998)).

II. France

A. Qualification

Sur la non-assimilation du droit de rétention au gage pour défaut de droit du créancier à se faire payer par préférence, voir sous art. 67.

B. Liberté de constituer des sûretés

Utilisation légitime. Le créancier peut se munir de sûretés qu'offre la loi dès lors qu'il jouit d'un intérêt légitime et manifesté (Cass. civ. 7-2-1938 : DH 1938.161 : inscription légitime d'une hypothèque judiciaire ; Cass. civ. 4-4-1962 : Bull. civ. II p. 265 : inscription d'hypothèque légitime en dépit d'une assignation, par le même créancier, du débiteur en validité de saisie-arrêt, sa créance étant supérieure au montant de la saisie ; Cass. req. 22-8-1882 : DP 1883.1.296 et T. civ. Lyon 13-6-1939 : DP 1940.2.30, rejetant l'action paulienne contre un acte constitutif de sûreté reconnu légitime).

C. Mise en œuvre de ses sûretés par le créancier

1° Liberté de ne pas recourir à la sûreté

Le créancier qui jouit d'une sûreté n'est pas tenu de la mettre en œuvre (Cass. com. 22-5-2001 : RJDA 11/01 n° 1154 : faculté pour le créancier de ne pas compenser sa créance avec un gage-espèces et de poursuivre son débiteur en paiement).

2° Liberté de choix en cas de pluralité de sûretés de celle à mettre en œuvre

Le créancier qui bénéficie de plusieurs sûretés (cf. notamment CA Aix 30-11-1979 : JCP CI 1981.10109 chr. Mouly : cas d'une banque qui disposait, en garantie de sa créance, d'un privilège de vendeur de meubles, d'un privilège de vendeur d'immeuble, d'un nantissement sur fonds de commerce et d'un cautionnement assorti d'une mise en gage par la caution de valeurs mobilières lui appartenant !), peut choisir celle d'entre elles dont il entend se prévaloir (Cass. req. 28-2-1912 : DP 1913.1.361 ; Cass. com. 10-11-1981 : D. 1982.417 note Agostini ; Cass. com. 2-6-2004 n° 860 : RJDA 11/04 n° 1263). Mais cette faculté ne saurait être exercée frauduleusement (Cass. civ. 7-2-1949 : S. 1949.144 ; Cass. civ. 15-2-1972 : D. 1972.463 note Frank) ou abusivement (cf. Cass. com. 2-6-2004 n° 860, précité).

3° Contrôle de la mise en œuvre des sûretés

La mise en œuvre des sûretés par le créancier garanti ne doit être ni frauduleuse ni abusive (cf. Cass. com. 2-6-2004 n° 860 : RJDA 11/04 n° 1263 ; pour des applications : Cass. civ. 7-2-1949 : S. 1949.144 ; Cass. civ. 15-2-1972 : D. 1972.463 note Frank).

La sûreté est annulée en cas d'abus (Cass. req. 12-2-1849 : DP 1849.1.127 : hypothèque constituée au profit d'un créancier – enfant du débiteur – qui avait poursuivi avec d'autres le débiteur et lui avait consenti avec eux un délai de huitaine, mis en fait à profit pour obtenir une sûreté au détriment des autres).

III. Suède

Existence d'une garantie

Une garantie est un contrat par lequel le garant s'engage à certaines obligations envers un créancier, peu important que la garantie, conformément au droit applicable, donne ou non-lieu à des obligations à la fois pour le garant et pour le créancier, par exemple une obligation d'informer le garant de certaines circonstances (Cour suprême de Suède 13-6-1997 : JDI 2006.731 obs. M. Borgman et K. Hobér).

Art. 2 Sauf disposition contraire du présent Acte uniforme, les sûretés qu'il régit sont accessoires de l'obligation dont elles garantissent l'exécution.

JURISPRUDENCE OHADA

I. Inapplication des dispositions relatives au cautionnement à une hypothèque

C'est à tort qu'il est reproché à une cour d'appel d'avoir violé les articles 2, 3, 4 et 12 de l'AUS, dès lors que celle-ci a confirmé le jugement ayant validé une inscription provisoire d'hypothèque régulièrement autorisée par la juridiction compétente ; il s'ensuit que les griefs articulés par le moyen, tous relatifs au cautionnement, sont étrangers à la cause qui porte sur une hypothèque et la cour d'appel n'avait donc pas à se prononcer sur cette question (CCJA, 1e ch., nº 009/2020, 23-1-2020 : Ayvivor Bakou Georges c/ Maître Abbey Gagnon Guy).

II. Caractère accessoire du cautionnement : incidence sur la prescription de l'obligation principale

Il résulte des articles 2 de l'AUS et 16 de l'AUDCG que les sûretés régies par l'AUS sont, sauf disposition contraire de l'Acte uniforme, accessoires de l'obligation dont elles garantissent l'exécution ; de même, les obligations nées à l'occasion de leur commerce entre commerçants, ou entre commerçants et non-commerçants, sont soumises à une prescription quinquennale. En l'espèce, la demanderesse, en sa qualité d'imprimeur, a obtenu un crédit de renforcement de fonds de roulement, dont le défendeur, opérateur économique, s'est porté caution. En payant intégralement le créancier, la caution se trouve subrogée dans tous les droits et garantie du créancier poursuivant pour tout ce qu'elle a payé à ce dernier. L'action du créancier, qui est en l'espèce un organisme de crédit, contre le débiteur étant soumise au délai de prescription de cinq ans prévu par l'article 16 de l'AUDCG, l'action de la caution contre le débiteur principal, suit le même sort et est soumise à la même prescription quinquennale en raison du caractère accessoire de la caution. C'est donc à tort, que la cour d'appel, tout en relevant que c'est à la date du 18 juillet 2011 que la caution a fini de payer en lieu et place du débiteur principal et que l'assignation servie à celle-ci date du 19 septembre 2017, a rejeté la fin de non-recevoir tirée de la prescription de l'action, exposant son arrêt à la cassation (CCJA, 3e ch., nº 225/2020, 25-6-2020 : Ngogny Kane c/ Ousmane Faty Sow).

Art. 3 Est considéré comme débiteur professionnel au sens du présent Acte uniforme, tout débiteur dont la dette est née dans l'exercice de sa profession ou se trouve en rapport direct avec l'une de ses activités professionnelles, même si celle-ci n'est pas principale.

JURISPRUDENCE COMPARÉE

France

A. Qualité de professionnel

Est un créancier professionnel celui dont la créance est née dans l'exercice de sa profession ou se trouve en rapport direct avec l'une de ses activités professionnelles (Cass. com. 10-1-2012 nº 10-26.630 : RJDA 4/12 nº 433 ; Cass. com. 2-10-2012 nº 11-28.331 : D. 2012.som.2380 obs. Avena-Robardet), même si celle-ci n'est pas principale (Cass. 1e civ. 9-7-2009 nº 08-15.910 : RJDA 1/10 nº 76 ; CA Nîmes 7-7-2011 nº 09/3054 : RJDA 11/11 nº 959) et même si l'intéressé n'est pas commerçant (Cass. 3e civ. 9-3-2011 nº 10-11.011 : RJDA 11/11 nº 958, visant les articles L 341-1 s. du Code de la consommation qui se rapportent tous au créancier professionnel).

B. Non-professionnel

N'est pas professionnel :
– le vendeur du fonds de commerce faisant crédit à son acheteur (Cass. com. 13-11-2007 nº 06-12.284 : RJDA 3/08 nº 325) ;
– la SARL, ayant pour objet social l'activité d'entreprise générale de bâtiment et de marchand de biens, n'avait pas pour activité professionnelle même accessoire, la location de locaux ; le fait que la location de locaux appartenant à la société entrait dans les pouvoirs statutaires de son gérant et que la SARL ait d'autres locataires dans la partie de ses locaux qu'elle n'utilisait pas ne faisait pas pour autant de celle-ci un bailleur professionnel même à titre accessoire (CA Paris 14-2-2013 nº 12/02595, ch. 5-9, SARL A. Axe Bâtiment c/ C : RJDA 6/13 nº 547 : validité du cautionnement donné par un associé des loyers dus par la société locataire bien que ce cautionnement ne comportât pas les mentions requises en cas de caution donnée à un créancier professionnel).

Art. 4 [anc. art. 2 mod.] Les sûretés personnelles, au sens du présent Acte uniforme, consistent en l'engagement d'une personne de répondre de l'obligation du débiteur principal en cas de défaillance de celui-ci ou à première demande du bénéficiaire de la garantie.

Sauf disposition contraire du présent Acte uniforme, les seules sûretés réelles valablement constituées sont celles qui sont régies par cet Acte. Elles consistent soit dans le droit du créancier de se faire payer par préférence sur le prix de réalisation d'un bien affecté à la garantie de l'obligation de son débiteur, soit dans le droit de recouvrer la libre disposition d'un bien dont il est propriétaire à titre de garantie de cette obligation.

Les sûretés réelles peuvent être constituées par le débiteur lui-même ou un tiers en garantie de l'obligation sous réserve des dispositions particulières du présent Acte uniforme.

Les sûretés propres au droit fluvial, maritime et aérien, les sûretés légales autres que celles régies par le présent Acte uniforme, ainsi que les sûretés garantissant l'exécution de contrats conclus exclusivement entre établissements de financement, peuvent faire l'objet de législations particulières.

JURISPRUDENCE OHADA

I. Caractère limitatif des sûretés prévues par l'AUS

A. Nantissement bancaire

Une sûreté réelle reconnaît au créancier un droit de préférence selon l'article 2 [devenu 4] de l'AUS. En l'espèce, la sûreté invoquée est un dépôt à terme (DAT), soit un nantissement bancaire. L'article 63 de l'AUS du 17 avril 1997 énumère des biens qui peuvent être nantis, sans dépossession du débiteur ; il s'agit : des droits d'associés et valeurs mobilières, du fonds de commerce, du matériel professionnel, des véhicules automobiles et des stocks de matières premières et de marchandises. Le nantissement bancaire ne figurant pas sur cette liste qui est limitative, le moyen reprochant à l'arrêt attaqué d'avoir violé l'article 2 de l'AUS ancien en ce qu'il a considéré que le nantissement sur le DAT n'étant pas réglementé par cet Acte uniforme ne confère à son bénéficiaire aucun droit de préférence alors, selon le moyen, qu'une sûreté réelle fait naître au profit du créancier un droit de préférence, doit être rejeté (CCJA, 3e ch., nº 133, 7-7-2016 : Boa Sénégal c/ BSIC Sénégal SA, La Sté Atex Commodities SA, Ohadata J-17-74).

Obs. : décision rendue sur le fondement de l'article 63 de l'AUS ancien qui ne prévoyait pas de nantissement bancaire. Depuis la réforme de l'AUS, le nantissement bancaire est autorisé par l'article 126 de cet acte. L'intérêt actuel de cet arrêt est de rappeler qu'il faut distinguer lorsque la loi distingue et il faut désormais ne retenir de cet arrêt que le principe qu'il consacre, à savoir la non-validité de sûretés non prévues par l'AUS en vigueur.

B. Dation en paiement

Conformément à l'article 10 du Traité de l'OHADA, c'est en violation par refus d'application de l'article 4 de l'AUS qu'une cour d'appel a appliqué des dispositions de droit interne instituant la dation en paiement sous condition suspensive portant sur un immeuble (en sûreté réelle susceptible de garantir le paiement d'une créance) alors qu'une telle sûreté, nullement prévue par l'AUS selon son article 4, al. 2, ne peut être valablement constituée. Sur l'évocation et pour les mêmes motifs que ceux ayant entraîné la cassation, il y a lieu de restituer à l'ordonnance de référés ayant rétracté l'ordonnance à pied de requête en cause son plein et entier effet (CCJA, 1e ch., nº 041, 22-2-2018 : Gagou Kossivi Setiwu c/ Ecobank Togo SA).

C. Refus de sûretés non prévues par l'AUS

A violé l'article 4 de l'AUS la cour d'appel qui a retenu « qu'à la lecture des actes d'engagement de la demanderesse, l'on peut voir dans le fond, [qu']elle a entendu souscrire une sûreté personnelle en s'engageant à répondre de l'obligation de la société [X.] en cas de défaillance de celle-ci », puis « que même si […] dans la forme ses engagements n'ont la valeur ni de garantie autonome ni d'une autre sûreté prévue par l'Acte uniforme, il n'en demeure pas moins que ces actes sont constitutifs d'engagements librement consentis en faveur [du défendeur] et gardent leur force juridique », et ajouté, s'agissant des sûretés personnelles, que l'AUS « n'interdit point l'existence de sûretés autres que celles qu'elle prévoit [...] ». En effet, en l'espèce les parties avaient constitué des cautionnements et les sûretés personnelles régies par l'AUS sont le cautionnement et la garantie autonome, (CCJA, 3e ch., no 211/2021, 25-11-2021 : Bank of Africa-Burkina Faso c/ Iddi Ango Ibrahim).

II. Distinction du cautionnement et de l'hypothèque

Il résulte d'une convention stipulant que : « Par les présentes, Monsieur [X.] déclare se rendre et constituer caution simplement hypothécaire du bénéficiaire envers la banque [...], étant expressément convenu que par le cautionnement qui précède, la caution ne contracte aucun engagement personnel de sorte que les droits et actions de la banque contre la caution consisteront uniquement dans le bénéfice de l'hypothèque qui va lui être conférée, sans qu'elle puisse exercer aucune poursuite ni aucun recours personnel contre la caution », que c'est une hypothèque et non un cautionnement qui a été consentie en la cause. Dès lors, a privé sa décision de base légale la cour d'appel qui, saisi d'un litige relatif à cette convention, a fondé sa décision sur les dispositions de l'article 4 de l'AUS, relatif au cautionnement, alors que le juge doit trancher les litiges conformément au droit qui leur est applicable, au-delà des terminologies utilisées par les parties ; Sur l'évocation, il n'y a pas lieu de confondre le cautionnement, sûreté engageant personnellement la caution, et l'hypothèque, sûreté réelle conférant un droit de suite sur le bien spécialement affecté à la garantie d'une obligation ; pour les mêmes motifs que ceux justifiant la cassation de l'arrêt déféré, substitués aux motifs retenus par les premiers juges, il échet de dire l'appel mal fondé et de confirmer le jugement ayant débouté le défendeur de ses prétentions (CCJA, 1e ch., no 142/2019, 25-4-2019 : Société Guaranty Trust Bank Côte d'Ivoire c/ Dramera Hassana).

Chapitre II

AGENT DES SÛRETÉS

Art. 5 Toute sûreté ou autre garantie de l'exécution d'une obligation peut être constituée, inscrite, gérée et réalisée par une institution financière ou un établissement de crédit, national ou étranger, agissant, en son nom et en qualité d'agent des sûretés, au profit des créanciers de la ou des obligations garanties l'ayant désigné à cette fin.

Art. 6 L'acte désignant l'agent des sûretés mentionne, à peine de nullité :

1o) la ou les obligations garanties ou, si elles sont futures, les éléments de nature à permettre leur individualisation, tels que l'indication de leur débiteur, de leur lieu de paiement, de leur montant ou l'évaluation de ce dernier, et de leur échéance ;

2o) l'identité, au jour de la désignation de l'agent des sûretés, des créanciers de la ou des obligations garanties ;

3o) l'identité et le siège social de l'agent des sûretés ;

4o) la durée de sa mission et l'étendue de ses pouvoirs d'administration et de disposition ;

5o) les conditions dans lesquelles l'agent des sûretés rend compte de sa mission aux créanciers de la ou des obligations garanties.

Art. 7 Lorsque l'agent des sûretés agit au profit des créanciers de la ou des obligations garanties, il doit en faire expressément mention et toute inscription d'une sûreté effectuée à l'occasion de sa mission doit mentionner son nom et sa qualité d'agent des sûretés.

Art. 8 Sauf stipulation contraire et pour tout ce qui a trait aux obligations garanties, les créanciers sont représentés par l'agent des sûretés dans leurs relations avec leurs débiteurs, leurs garants, ainsi que les personnes ayant affecté ou cédé un bien en garantie de ces obligations, et les tiers.

Dans la limite des pouvoirs qui lui ont été conférés par les créanciers de la ou des obligations garanties, l'agent des sûretés peut intenter toutes actions pour défendre leurs intérêts, y compris en justice, la seule indication qu'il intervient en sa qualité d'agent des sûretés étant suffisante.

Art. 9 Lorsque la constitution ou la réalisation d'une sûreté entraîne un transfert de propriété au profit de l'agent des sûretés, le ou les biens transférés forment un patrimoine affecté à sa mission et doivent être tenus séparés de son patrimoine propre par l'agent des sûretés. Il en va de même des paiements reçus par l'agent des sûretés à l'occasion de l'accomplissement de sa mission.

Sous réserve de l'exercice éventuel d'un droit de suite sur ces biens et hors les cas de fraude, ils ne peuvent alors être saisis que par les titulaires de créances nées de la conservation et de la gestion de ces biens, y compris en cas d'ouverture d'une procédure collective d'apurement du passif à l'encontre de l'agent des sûretés.

Art. 10 L'acte désignant l'agent des sûretés peut prévoir les conditions dans lesquelles l'agent des sûretés peut, sous sa responsabilité, se substituer un tiers pour accomplir sa mission. En ce cas, les créanciers de la ou des obligations garanties peuvent agir directement contre la personne que l'agent des sûretés s'est substituée.

Cet acte peut également prévoir les conditions de remplacement de l'agent des sûretés si celui-ci manque à ses devoirs ou met en péril les intérêts qui lui sont confiés ou encore s'il fait l'objet de l'ouverture d'une procédure collective d'apurement du passif. En l'absence de dispositions contractuelles en ce sens, les créanciers de l'obligation garantie peuvent, dans les hypothèses précitées, demander à la juridiction compétente, statuant à bref délai, la nomination d'un agent des sûretés provisoire ou solliciter le remplacement de l'agent des sûretés.

En cas de remplacement de l'agent des sûretés, qu'il soit de source contractuelle ou judiciaire, tous les droits et toutes les actions que celui-ci détient dans l'intérêt des créanciers de la ou des obligations garanties sont transmis de plein droit et sans autre formalité au nouvel agent des sûretés.

Art. 11 A défaut de disposition contraire dans l'acte le désignant, la responsabilité de l'agent des sûretés à l'égard des créanciers de la ou des obligations garanties s'apprécie comme celle d'un mandataire salarié.

• Titre I •

SÛRETÉS PERSONNELLES

Art. 12 Les sûretés personnelles régies par le présent Acte uniforme sont le cautionnement et la garantie autonome.

• Chapitre I •

CAUTIONNEMENT

Art. 13 [anc. art. 3 mod.]

Le cautionnement est un contrat par lequel la caution s'engage, envers le créancier qui accepte, à exécuter une obligation présente ou future contractée par le débiteur, si celui-ci n'y satisfait pas lui-même.

Cet engagement peut être contracté sans ordre du débiteur.

JURISPRUDENCE OHADA

Caution non tenue en l'absence d'une défaillance caractérisée du débiteur : effet d'un cas de force majeure.

C'est à tort qu'il est reproché à un arrêt d'avoir violé les dispositions de l'article 13 de l'AUS, en ce qu'il n'a pas fait supporter par les cautions personnelles et solidaires les frais et agios générés par l'opération sur le compte du groupement d'entreprises, alors que, selon le moyen, celles-ci se sont engagées envers la banque à exécuter toute obligation qui naîtrait à la charge du groupement d'entreprises dans l'opération de donneur de garantie de bonne fin assurée par la demanderesse. Il en est ainsi dès lors que selon l'article 13 précité, la caution n'est tenue envers le créancier que si le débiteur est défaillant, d'une part, et si la créance est fondée, d'autre part. En l'espèce, il est établi que le débiteur n'a pas failli à ses obligations, en raison de la totale réalisation des travaux de réhabilitation des infrastructures sanitaires tels que spécifiés dans le contrat de marché ; par ailleurs, la prise du pouvoir par l'armée guinéenne, ayant eu pour conséquences le gel du financement des travaux confiés au groupement d'entreprises par l'Union européenne et leur suspension entre 2008 et 2012, constitue un cas de force majeure, une cause d'exonération de responsabilité, ayant pour conséquence, entre autres, de suspendre les effets du contrat liant les parties. Conséquemment, tout prélèvement de frais de tenue de compte et d'agios opéré pendant cette période étant dépourvu de fondement, les cautions ne peuvent être appelées, au sens de l'article 13 susvisé, à réaliser leurs garanties au bénéfice de la banque et, en statuant comme il l'a fait, l'arrêt attaqué n'a en rien violé l'article visé au moyen (CCJA, 2e ch., n° 141/2023, 29-6-2023).

JURISPRUDENCE COMPARÉE

I. Canada

A. Dol commis par le créancier envers la caution

Le contrat de cautionnement encourt la nullité lorsque le créancier a obtenu le consentement de la caution à la suite de manœuvres dolosives (cf. Cour suprême du Canada, n° 22194, 24-9-1992, JURICAF, décision rendue sous l'empire de la common law, sur pourvoi contre une décision de la cour d'appel de la Colombie-Britannique).

B. Qualification du cautionnement

Garantie donnée par une partie appelée « caution » mais en fait codébitrice en raison d'une clause du contrat de garantie. Libération de cette partie pour modification substantielle de l'engagement garanti (renouvellement de cet engagement expiré et modification du taux d'intérêt de la créance garantie) sans son accord.

Dans un cas où une épouse avait souscrit un engagement hypothécaire pour sûreté d'un prêt consenti par une banque à un taux d'intérêt et pour une durée déterminés, son conjoint, qui s'était porté personnellement, sous l'appellation de « caution », garant envers la banque de cet engagement hypothécaire, a été libéré de son obligation dont la banque lui demandait l'exécution, au motif que l'engagement hypothécaire avait été modifié substantiellement par renouvellement de l'hypothèque et majoration du taux d'intérêt du prêt, aux termes d'un accord entre son épouse et la banque sans qu'il en fût avisé compte tenu des termes de son propre engagement ; en effet, une clause du contrat d'hypothèque prévoyant que les « cautions » étaient responsables « à titre de débiteurs principaux et non de cautions » et que le « cautionnement » devait demeurer valide « nonobstant l'attribution d'un délai de paiement [...] ou la modification des conditions de paiement », il était lié par un engagement principal et non accessoire ; son obligation ne pouvait donc pas être modifiée sans son consentement.

En common law, la modification substantielle du contrat principal effectuée sans le consentement de la caution libère celle-ci de sa responsabilité, excepté dans le cas où la caution ratifie ultérieurement la modification.

Toutefois, la caution s'étant engagée inconditionnellement n'est pas libérée de son engagement ; c'est le cas lorsque la convention de renouvellement du cautionnement stipule que les cautions sont responsables « à titre de débiteurs principaux et non de cautions » et que le cautionnement demeure valable « nonobstant l'attribution d'un délai de paiement... ou la modification des conditions de paiement » et ce, en dépit de l'absence de signature de la convention de renouvellement par la caution (Cour suprême du Canada n° 24499, 31-10-1996, Juricaf).

II. États-Unis

A. Interprétation d'un contrat de caution solidaire

Les contrats de caution étant avant tout des contrats, ils doivent être interprétés selon les règles générales d'interprétation des contrats (Castés Constr. Inc. v. Talbot Partners, 21 Cal. 4th 28, 86 Cal. Rptr.2d 855, 980 P.2d 407 (1999)).

B. Différence entre contrats de caution et contrats d'assurance

Les contrats de caution et les contrats d'assurance sont conceptuellement et légalement différents (Airlines Reporting Corp. V. U.S. Fid. & Guar. Co., 31 Cal.App. 4th 1458 (1995)).

Pour savoir si on est en présence d'un contrat d'assurance ou d'un contrat de caution, il convient de s'attacher au contenu du contrat et non à sa forme (Castés Constr. Inc. v. Talbot Partners, 21 Cal. 4th 28, 86 Cal. Rptr.2d 855, 980 P.2d 407 (1999)).

L'existence d'un contrat de caution dépend du rôle respectif de chaque partie ainsi que de la nature de leurs obligations (Chem. Bank v. Meltzer, 93 N.Y.2d 296 (1999)).

Un contrat de caution est un contrat tri-partite comprenant un créancier, un débiteur principal et un débiteur secondaire qui a accepté de répondre de l'obligation du débiteur principal (Cruz-Mendez v. ISU/Ins. Servs., 722 A.2d 515 (1999)).

III. France

A. Existence du cautionnement

Engagement de payer l'obligation du débiteur principal. Le cautionnement est l'engagement de payer l'obligation même dont le débiteur principal est tenu et qu'il n'a pas exécutée (Cass. com. 21-12-1987 : D. 1989.112 note Brill).

B. Absence de cautionnement

Il n'y a pas cautionnement :

– si la dette garantie n'est pas valable ou n'existe pas (Cass. com. 17-3-1992 : RJDA 5/92 n° 492 ; CA Paris 18-3-1994 : BRDA 10/94 p. 8) ;

– lorsque l'engagement est uniquement un « cautionnement hypothécaire » et sans solidarité, limité à un immeuble appartenant à l'intéressé, sans autre engagement sur ses revenus ; celui-ci constitue une sûreté réelle consentie pour garantir la dette d'un tiers n'impliquant aucun engagement personnel à satisfaire l'obligation d'autrui (Cass. 1e civ. 7-5-2008 : RJDA 5/09 n° 475).

Section I • FORMATION DU CAUTIONNEMENT

Art. 14 [anc. art. 4 mod.] Le cautionnement ne se présume pas, quelle que soit la nature de l'obligation garantie. Il se prouve par un acte comportant la signature de la caution et du créancier ainsi que la mention, écrite de la main de la caution, en toutes lettres et en chiffres, de la somme maximale garantie couvrant le principal, les intérêts et autres accessoires. En cas de différence, le cautionnement vaut pour la somme exprimée en lettres.

La caution qui ne sait ou ne peut écrire doit se faire assister de deux témoins qui certifient, dans l'acte de cautionnement son identité et sa présence et attestent, en outre, que la nature et les effets de l'acte lui ont été précisés. La présence des témoins certificateurs dispense la caution de l'accomplissement des formalités prévues par l'alinéa précédent.

Les dispositions du présent article s'appliquent également au cautionnement exigé par la loi de chaque État partie ou par une décision de justice.

JURISPRUDENCE OHADA

I. Inapplication de l'article 4 à une sûreté réelle

L'article 14 de l'AUS, qui traite de la formation du cautionnement, sûreté personnelle, est inapplicable à une sûreté réelle. C'est donc à tort que sa violation a été invoquée en l'espèce et le moyen doit donc être rejeté (CCJA, 3e ch., no 119/2019, 11-4-2019 : Fowe Michel c/ la Bicec).

II. Consentement du créancier et de la caution

Pour que le cautionnement soit valable, le créancier doit accepter l'engagement de la caution par l'apposition de sa signature sur l'acte qui doit être un écrit, et l'absence de la signature du créancier sur l'acte de cautionnement entraîne la nullité dudit acte (TPI Abidjan, no 31, 22-3-2001 : CSSPA c/ Sté Afrocom, Ecobank et Baci : Revue Ecodroit, no 1, juill.-août 2001, p. 39, Ohadata J-02-22 ; CA Ouagadougou, ch. civ. et com., no 32, 18-4-2003 : Banque Commerciale du Burkina c/ Air Ivoire, Ohadata J-09-10).

Obs. : la décision du TPI d'Abidjan a été citée par la cour d'appel de Ouagadougou dans le corps de sa décision.

III. Appréciation souveraine des conditions de formation par les juges du fond

A. Signature

C'est à tort qu'il est reproché à un arrêt d'avoir violé les articles 3 et 4 de l'AUS du 17 avril 1997 en déclarant valable un acte de cautionnement qui ne comportait pas la signature de la créancière ; dès lors dans leur appréciation souveraine des faits, qui échappe au contrôle du juge de cassation, les juges du fond ont pu déduire de l'acte de cautionnement que, « en outre, la signature de [la créancière] apparaît bien sur l'acte de cautionnement querellé, ... » (CCJA, 3e ch., no 139, 8-6-2017 : Fédas-CI c/ Douanes de Côte d'Ivoire, Receveur principal des douanes, État de Côte d'Ivoire).

B. Mention manuscrite

C'est par une appréciation souveraine des faits, échappant au contrôle du juge de cassation, qu'une cour d'appel a retenu, pour confirmer le jugement attaqué, « qu'à la lecture de ces textes, il est évident que les actes dont se prévaut la [banque] à titre de cautionnement ont été formalisés en violation de l'[AUS] ; que pour s'en convaincre, il est incontestable que le sieur [X.], indiqué comme caution en l'espèce, est un analphabète qui ne sait ni lire ni écrire ; que plus est, la mention manuscrite sur l'acte litigieux n'est pas de sa main ; que mieux, conformément aux textes précités, le sieur [X.] n'étant pas lettré, il devait être assisté de deux (2) témoins attestant leurs identités et présences, et confirmer en outre que la nature et les effets des actes lui ont été bien précisés avant de les signer ». Les juges du fond, appréciant les conditions de la formation du cautionnement contesté, ayant ainsi relevé – souverainement, sur la base des éléments de preuve qui leur ont été soumis et notamment de l'acte de cautionnement – que monsieur [X.], illettré de son état, n'a pu bénéficier de la protection prévue par l'article visé au moyen, la cour d'appel n'a en rien violé l'article 14 de l'AUS (CCJA, 2e ch., no 158/2024, 30-5-2024).

Au sens de l'article 14, alinéa 1er de l'AUS, la signature seule de la caution ne suffit pas à valider son engagement, si la mention manuscrite n'est pas conforme aux prescriptions légales. En l'espèce, monsieur [X.] reconnaissant avoir signé le contrat de cautionnement, mais contestant la validité de son engagement pour défaut de mention manuscrite en se basant sur la différence des écritures portées, d'une part, sur ledit contrat et, d'autre part, sur la fiche patrimoniale, c'est par une appréciation souveraine que la cour d'appel a retenu que « le premier juge a assis sa décision sur des bases légales et que c'est à tort que [X.] a interjeté appel contre cette décision », pour conclure à la condamnation solidaire de la caution au paiement (CCJA, 1e ch., no 372/2024, 12-12-2024).

IV. Cautionnements valables

Le cautionnement a été reconnu valable :

– dès lors que la caution s'est engagée sans contrainte physique ni morale et a délibérément signé les différents actes sous seing privé et notariés à plusieurs mois d'intervalle et après son entrée dans le capital de la société pour laquelle il a donné sa caution (C. Sup. Côte d'Ivoire, ch. jud., no 243/02, 14-3-2002, Actualités juridiques no 37/2003, p. 12, Ohadata J-04-62) ;

– lorsqu'il ressort des pièces produites que la caution a elle-même signé les actes de cautionnement, l'esprit de l'article 4, al. 2 [devenu 14 al. 1] de l'AUS – édicté pour éviter les contentieux qui pourraient s'élever à l'occasion du cautionnement dans les pays où l'illettrisme et l'ignorance sont répandus – ayant été respecté, la caution, demanderesse, étant de surcroît une personne instruite. Elle doit donc être déboutée de sa demande en annulation des cautionnements consentis (TGI Bobo-Dioulasso (Burkina Faso), no 074, 15-3-2006 : S. J. C. c/ Banque Commerciale du Burkina, Ohadata J-09-86) ;

– lorsque les mentions requises ressortent des pièces du dossier, que la caution ne conteste pas sa signature et ne prouve pas que la mention manuscrite concernant la somme maximale garantie n'émane pas d'elle. Il en est de même lorsque la caution invoque le fait qu'une copie du contrat ne lui aurait pas été remise pour mesurer l'ampleur de son engagement, sans justifier avoir demandé une copie qui lui aurait été refusée (TGI Bobo-Dioulasso (Burkina Faso), n° 106, 18-4-2007 : Bank of Africa c/ B. L., Ohadata J-09-98).

Référence à l'engagement. C'est à tort qu'il est reproché à l'arrêt attaqué d'avoir violé les articles 4 [devenu 14] de l'AUS et 77 de l'AUPCAP, en condamnant la gérante d'une société qui s'est portée caution solidaire de ladite société à payer à la banque les intérêts de droit à compter du jour de la demande sans autre référence au maximum de son engagement, dès lors qu'il résulte de la stipulation contractuelle des parties que, « jusqu'à la clôture du compte, les intérêts et commissions dus à la banque y seront portés et en deviendront des articles ; après clôture du compte, les intérêts courront sur solde et sur tous les accessoires, aux derniers taux appliqués lors de la clôture majorés de trois points. Ils seront exigibles à tout instant et si, par suite de retard de paiement, ils sont dus pour une année entière, ils produiront eux-mêmes des intérêts au taux majoré conformément à l'article 1154 du Code civil Burkinabé ». Ce moyen ne peut prospérer dès lors que la condamnation judiciaire prononcée n'excède pas les montants maximums pour lesquels la caution s'est engagée (CCJA, ass. plén., n° 065, 25-4-2014 : Koné née Ouedraogo Azéta c/ 1) Banque internationale pour le Commerce, l'Industrie et l'Agriculture du Burkina Faso dite Bicia-B, 2) Sté Madoua SARL, 3) Ouedraogo Joseph, Ohadata J-15-156).

– lorsque la caution ne s'est engagée, par une stipulation expresse dans le contrat, que pour les dettes nées au cours d'une période déterminée, aucun texte ne l'interdisant (CCJA, 3e ch., n° 130, 7-7-2016 : CBAO Groupe Attijariwafa Bank Sénégal SA ex-BST c/ Maurice Coulibaly Ohadata J-17-71, précisant en l'espèce que la caution est libérée par la survenance du terme fixé comme limite à son engagement pour les dettes du débiteur principal nées après l'arrivée du terme). Par conséquent n'a pas mal interprété la loi et ne viole pas la loi la cour d'appel qui, appréciant souverainement les faits soumis à sa censure, retient que « le cautionnement fixé pour une durée déterminée, les dettes nées avant le début de cette période ou après le terme ne sont pas garanties par le cautionnement » et a infirmé le jugement entrepris.

Le cautionnement souscrit étant conforme aux prescriptions légales des article 3 et 4 de l'AUS de 1997, qui précèdent, le premier juge a inexactement appliqué la loi en l'annulant au motif que l'intéressé aurait subi une pression jamais démontrée, alors que l'intimé n'est ni illettré ni dépourvu de capacités mentales ; le jugement sera donc infirmé sur ce point et le demandeur débouté de cette demande. La demande en dommages-intérêts pour procédure abusive et de 23 675 000 FCFA au titre de la dette principale pour laquelle la garantie avait été donnée est fondée, la procédure revêtant effectivement un caractère abusif ; il y a lieu de faire droit à la demande à hauteur de 2 000 000 FCFA. En revanche, il ressort du dossier que la créance principale de 23 675 000 FCFA a déjà fait l'objet d'une condamnation solidaire des demandeurs à la cassation devant les juridictions correctionnelles ; il échet dans ces conditions de déclarer ladite demande irrecevable en l'état (CCJA, 1e ch., n° 54, 14-3-2019 : Souley Adamou Galadima, Dame Ouattara Saratou Traoré c/ Chaibou Seydou Maïga).

V. Cautionnements non valables

Il résulte des dispositions combinées des articles 3, 4 et 15 [devenus 13, 14 et 26] de l'AUS que doivent être annulés pour violation de l'article 4, les actes de cautionnement ne comportant ni la signature du bénéficiaire ni la mention écrite de la main de la somme maximale garantie. En annulant l'acte qui n'avait pas été signé par la bénéficiaire et ne comportait pas la mention manuscrite de la somme maximale garantie en chiffres et en lettres, la cour d'appel n'a pas violé les textes précités (CCJA, ass. plén., n° 077, 25-4-2014 : Sté de Patrimoine des Eaux du Niger (SPEN) c/ Banque Atlantique du Niger dite Ban, Ohadata J-15-168).

Le cautionnement n'est pas valable :

– lorsqu'il ne comporte ni la signature du bénéficiaire ni la mention écrite de la main de la somme maximale garantie (CCJA, n° 18/2003, 19-10-2003 : Sté Afrocom c/ CSSPPA, Juris-Ohada, n° 4/2003, p. 10, note Brou Kouakou Mathurin.- Rec. jur. Ohada, n° 2, juill.-déc. 2003, p. 30, Ohadata J-04-119 ; TPI Yaoundé, ord. n° 794/C, 8-7-2004 : T. H., Kamche amche c/ Mme C. A., S. E. M., Ohadata J-04-418) ; dans le même sens, par une juridiction du Cameroun anglophone (High Court of Mezam (Bamenda, Cameroun), Suit n° HCB/05S/2012 of 19 November 2012 : Ntarikon Cooperative Union Ltd v. Pamela Sirri Longtcha and Fon Festus, Ohadata J-13-219) ;

– lorsque l'acte de cautionnement ne comporte que la signature d'une seule partie (CA Ouagadougou, ch. civ. et com., n° 099, 5-5-2006 : B. B. S. c/ BOA, Ohadata J-09-19) ;

– lorsqu'un jugement a condamné une personne en tant que caution sans preuve de cette qualité (CA Abidjan [Côte d'Ivoire], n° 550, 27-5-2005 : Novaplast CI c/ Biao-CI, Ohadata J-09-196) ;

– lorsqu'il a été signé par la caution qui ne sait ni lire ni écrire et que la mention manuscrite a été inscrite sur l'acte par une autre personne ; annulation du cautionnement et mainlevée de l'hypothèque judiciaire prise sur la base de ce cautionnement (CA Bobo-Dioulasso (Burkina Faso), n° 67, 18-8-2008 : EL Hadji B. L. c/ BOA, Ohadata J-10-123) ;

– lorsque l'engagement contenu dans un protocole d'accord n'est pas conforme aux exigences formelles de l'article 4 [devenu 14] de l'AUS et que la volonté de payer n'a pas été expressément exprimée par le demandeur qui, de surcroît, n'a pas écrit de sa main le montant ; il en résulte que la créance n'ayant pas une cause contractuelle ne pouvait faire l'objet d'une injonction de payer et que l'ordonnance d'injonction rendue doit être annulée (TPI Daloa (Côte d'Ivoire), n° 53, 28-5-2006 : I. K. c/ K. A., Ohadata J-08-40) ;

– lorsqu'un contrat de prêt mentionne qu'une personne s'est portée caution personnelle, solidaire et indivisible à l'égard de la banque, mais qu'il ne ressort nullement dudit contrat un engagement à titre de caution de l'intéressé conforme aux exigences des dispositions de l'article 14 de l'AUS (CCJA, 2e ch., n° 224/2024, 11-7-2024).

VI. Preuve du contrat

Absence de preuve. À peine de nullité, le cautionnement doit être convenu de façon expresse entre la caution et le créancier ; en l'absence de preuve du contrat de cautionnement défaut, les prétentions du demandeur sont mal fondées et doivent être rejetées. Il en est ainsi lorsque l'engagement de payer résulte d'un procès-verbal d'audition dans lequel une personne s'est engagée verbalement à régler la dette du débiteur en cas de défaillance de ce dernier (TPI Gagnoa, n° 79, 4-6-2003 : O. c/ V., Juris-Ohada, n° 3/2004, juill.-oct. 2004, p. 41, note anonyme, Ohadata J-04-388).

> **Obs. :** dans cette espèce, le débiteur a été mis sous mandat de dépôt à la suite d'un dépôt de plainte pour abus de confiance par le créancier. La belle-fille du débiteur se serait engagée verbalement, devant témoins, à payer personnellement 500 000 FCFA tous les cinq mois au créancier en cas de défaillance du débiteur et si le créancier acceptait de retirer sa plainte. Le débiteur ayant disparu après sa mise en liberté provisoire, le créancier s'était tourné vers la belle-fille qui avait soutenu alors ne pas avoir pris un engagement personnel d'apurer la dette. Le créancier produisit un procès-verbal d'audition confirmant l'engagement verbal de la belle-fille du débiteur. Mais le tribunal a estimé qu'il n'y avait pas de convention expresse de caution entre les parties.

Pour être valable, le cautionnement, qui ne se présume pas, doit découler d'un acte écrit et signé par la caution (TGI Ouagadougou, n° 424/2005, 28-9-2005 : L'Entreprise Dibgolongo B. c/ N. M. et N. R., Ohadata J-07-106).

VII. Champ d'application

L'article 4 de l'AUS [devenu 14] s'applique au cautionnement lors de sa formation et non à l'hypothèque conventionnelle qui, elle, est régie par les articles 126 [devenu 203] et suivants du même Acte uniforme (CCJA, 1e ch., n° 43, 1-7-2010 : 1) Ets Unimarche, 2) M. P. c/ UBC PLC, Juris-Ohada n° 1/2011, janv.-mars 2011, p. 2, Ohadata J-12-91). De même, c'est à tort qu'il est reproché à un jugement la violation de l'article 4 de l'AUS, en ce que « sieur [X.] est poursuivi comme saisi dans la présente affaire en raison de sa qualité de caution selon la convention avec affectation hypothécaire du 18 novembre 2011, passée par-devant [...] notaire intérimaire [...] ; que cette convention est nulle de plein droit », [X.] n'ayant pas porté de sa main l'écriture de la somme maximale garantie figurant sur ladite convention, comme le prescrit ce texte, dès lors que l'article 4 précité, visé au moyen, est relatif au cautionnement. Cette disposition ne concernant ni l'hypothèque ni la saisie immobilière qui ont été mises en œuvre en la cause, le moyen mérite le rejet comme étant spécieux (CCJA, 1e ch., n° 293, 27-12-2018 : Etablissements Kouagne c/ Bisec SA).

VIII. Absence de violation de l'article 4 [devenu 14] pour une affectation hypothécaire

Une convention de compte courant établie par acte notarié ne peut être remise en cause par de simples allégations du requérant. En l'espèce, la branche du moyen qui reproche à l'arrêt critiqué la violation de l'article 77 du régime général des obligations, en ce qu'il a retenu que l'affectation hypothécaire concerne la convention de compte courant, alors qu'elle a été consentie pour garantir uniquement l'exécution du marché relatif à la fourniture de complexe coton doit être rejetée. La branche d'un moyen qui reproche à un arrêt la violation de l'article 4, al. 3 de l'AUS, au motif qu'en confirmant un acte notarié vicié parce que n'ayant pas respecté les dispositions dudit article selon lesquelles, étant illettré, il aurait dû être assisté de deux témoins dans la rédaction de l'acte de cautionnement et que, de ce fait, l'arrêt querellé encourt la cassation, est mal fondée et doit être rejetée, car la disposition dont la violation est invoquée traite de la formation du cautionnement, sûreté personnelle, alors qu'en l'espèce la sûreté dont la réalisation est entreprise est une sûreté réelle à laquelle la disposition invoquée est inapplicable (CCJA, 3e ch., n° 156, 27-10-2016 : Abdoulaye Halidou Cisse c/ Somapre SARL, Ohadata J-17-96).

JURISPRUDENCE COMPARÉE

I. Canada

Rejet de l'action en nullité de la caution pour erreur

Erreur inexcusable de la caution qui s'est engagée sans lire le contrat. Il est de jurisprudence constante que le fait pour une caution de ne pas avoir lu le contrat de cautionnement constitue une erreur inexcusable ne donnant pas ouverture à la nullité du contrat ; la défenderesse prétend qu'elle n'a jamais lu le cautionnement avant de le signer en raison de la confiance en l'intégrité de la représentante de la banque qui lui aurait fait valoir qu'elle ne serait plus responsable des dettes de son mari après le divorce alors qu'au moment de la signature du cautionnement par la défenderesse, le couple était séparé depuis près d'un an (Cour supérieure Québec 5-3-2010, Banque de Montréal c/ Calder, QCCS 874 (CanLII)).

II. France

A. Consentement entre le créancier et la caution

1° Existence du cautionnement

a. Consentement formel

Le cautionnement suppose un accord entre le créancier et la caution ; il peut résulter d'une promesse formulée par une lettre d'intention (CA Paris 12-1-1996 : GP 1996.som.342 note Vray), du jugement arrêtant le plan de continuation d'un débiteur en redressement judiciaire (Cass. com. 26-4-2000 : RJDA 9-10/00 n° 913, transposable au plan de sauvegarde) ou d'un engagement pris par la caution devant le tribunal (Cass. com. 11-2-2004 : Bull. Joly 2004.647 note Scholer : engagement de caution du gérant d'une SARL mise en redressement judiciaire, qui s'est engagé en parfaite connaissance de cause devant le tribunal pour le cas où le plan de redressement ne serait pas exécuté).

b. Manifestation non équivoque et éclairée de la volonté

Il est admis que :

– l'expression « pour aval », même employée en dehors d'une lettre de change ou d'un billet à ordre, vaut cautionnement (Cass. soc. 1-7-1971 : Bull. civ. V p. 427 ; Cass. com. 22-2-1971 : D. 1971.som.194) ;

– le cautionnement est établi, même en l'absence de l'utilisation des expressions « caution » ou « cautionnement », dès l'instant que la volonté de se porter caution résulte sans équivoque des termes de l'engagement, par exemple du fait qu'un associé certifie couvrir intégralement l'engagement social (CA Paris 10-12-1971 : GP 1972.1.218) ou lorsqu'il est spécifié que telle personne se substituera au débiteur si celui-ci n'exécute pas (Cass. com. 21-12-1987 : D. 1989.112 note Brill ; CA Paris 1-7-1986 : D. 1988.som.243 obs. Vasseur).

2° Absence de consentement

a. Exclusion du consentement implicite.

Les juges ne peuvent pas déduire le consentement de la caution :

– du fait pour un notaire de prendre ses repas avec son clerc dans un restaurant où il avait payé les repas d'un clerc antérieurement (Cass. civ. 10-5-1909 : DP 1911.1.493) ;

– de la présence à l'acte de cautionnement d'une tierce personne aux côtés des parties contractantes (Cass. civ. 24-4-1968 : D. 1968.358 note Voulet) ;

– de l'aveu de « garantie morale » exprimé par une personne qui, en l'absence de tout lien contractuel, a accepté de jouer le rôle d'intermédiaire entre un entrepreneur et des clients (Cass. soc. 18-2-1970 : Bull. civ. V p. 97) ;

– de la seule signature par un tiers (Cass. com. 23-10-1990 : Bull. civ. IV p. 180) ou par un gérant de société ès qualités (Cass. 1e civ. 21-1-1976 : Bull. civ. I p. 20) ;

– de la promesse de faire tous ses efforts pour que le débiteur remplisse ses engagements (CA Paris 10-3-1989 : D. 1989.IR.143) ;

– de sa signature sur le bail à l'emplacement réservé à la caution en l'absence de mention manuscrite « bon pour caution solidaire pour le paiement des loyers et charges » exprimant de façon explicite et non équivoque la connaissance et l'étendue de l'obligation contractée (CA Paris, 6e ch. A, 16-4-1996 : Loyers 1996 n° 297) ;

– en présence d'un bail commercial prévoyant qu'en cas de cession du bail à une société à responsabilité limitée, le ou les gérants de ladite société seraient conjointement et solidairement responsables avec la société et tous les cessionnaires successifs du paiement des loyers et de l'exécution du bail à compter de la cession, la personne qui avait acquis les parts de la société à laquelle ce bail avait été cédé avant l'acquisition des parts et qui en était devenue gérante, car n'ayant pas été partie à l'acte de cession du bail et l'acte de cession des parts n'ayant comporté aucune allusion au droit au bail, la preuve que cette personne avait pris un engagement exprès de caution n'était pas rapportée, peu important le caractère commercial du cautionnement (Cass. com. 3-10-2000 : RJDA 1/01 n° 84).

b. Exclusion de la garantie donnée à un autre qu'au créancier

Dès lors que l'engagement de garantir des dettes ne lie pas le créancier et la caution, il ne constitue pas un cautionnement ; tel est le cas de l'engagement pris par un tiers :

– de rembourser une caution dans le cas où celle-ci aurait été amenée à payer pour le débiteur (Cass. 1e civ. 2-2-1972 : Bull. civ. I p. 34) ;
– de rembourser au débiteur ce que ce dernier aura payé au créancier, cet engagement constituant une garantie conditionnelle (CA Rennes 16-11-1993 : JCP (éd. E) 1993.pan.170) ;
– de cautionner les dettes d'une société en formation, prises par son futur gérant ; néanmoins, les créanciers de la société ont ici été autorisés à se prévaloir de l'engagement du gérant qui a été considéré comme une promesse de cautionner des dettes éventuelles futures et une stipulation au profit des créanciers (Cass. com. 25-5-1965 : Bull. civ. III no 332) ;
– de participer au règlement de 60 % des sommes qui peuvent être réclamées au gérant d'une société du fait de sa garantie personnelle donnée aux banques quant au règlement des dettes de la société, cette promesse constituant une reconnaissance de dettes éventuelles futures puisqu'elle n'ouvre pas d'action aux banques créancières contre le promettant qui demeure ignoré de celles-ci mais donne la faculté au gérant débiteur d'exercer contre celui-ci un recours en remboursement des sommes dont le paiement lui a été réclamé (CA Bordeaux 24-11-2003 no 01/1917 : RJDA 2/04 no 224 som.).

B. Forme et preuve du cautionnement

1° Écrit valant cautionnement

a. Imprimé incomplet

Si le cautionnement est constitué par un imprimé incomplet, les juges ne peuvent pas le rejeter, dès lors qu'il comporte la mention manuscrite requise, sans rechercher si les omissions ne peuvent pas être complétées à l'aide des documents joints (Cass. com. 14-5-1996 : RJDA 10/96 no 1234).

b. Contrat unilatéral

Le cautionnement étant un contrat unilatéral, il n'y a pas lieu d'établir autant d'exemplaires de l'acte qu'il y a de parties (CA Versailles 11-1-1979 : GP 1979.506).

c. Mention de la caution non commerçante

1. Mention requise

Lorsque la caution n'agit pas en qualité de commerçant, elle n'est engagée que si elle a signé l'acte et a porté elle-même sur l'acte de cautionnement le montant de la somme ou de la quantité en toutes lettres et en chiffres des obligations cautionnées (C. civ. art. 1326 ; Cass. 1e civ. 2-7-1996 : RJDA 1/97 no 98).

Cette mention est requise dès lors que la caution n'est pas commerçante, même si l'acte de cautionnement constitue un acte de commerce (Cass. com. 21-6-1988 : JCP (éd. G) 1989.II.21170 note Delebecque ; Cass. com. 11-1-1994 : Bull. civ. IV no 16) et alors même qu'elle est commerçante et qu'elle s'est engagée au profit d'un autre commerçant si le cautionnement est étranger à l'exercice de son commerce (CA Paris 22-1-1991 : D. 1991.IR.64).

2. Mention non requise

La mention n'est pas requise :
– dès lors que la caution a porté au verso de l'acte la mention manuscrite requise, le fait que l'acte indique au recto le débiteur garanti dans une écriture différente de celle des autres mentions n'entraîne pas la nullité du cautionnement (CA Paris 19-4-1988 : D. 1988.IR.146) ;
– lorsque la caution a participé à l'acte donnant naissance à la dette garantie (CA Paris 5-5-1983 : BRDA 18/83 p. 21) ;
– en cas de souscription par une même personne de plusieurs cautionnements successifs, pour la validité de la clause figurant dans chacun des actes et stipulant le cumul des cautionnements (Cass. com. 3-1-1989 : Bull. civ. IV p. 1) ;
– lorsque l'engagement est souscrit dans un acte authentique (Cass. com. 24-1-1995 : RJDA 5/95 no 619 ; Cass. civ. 4-2-1997 : RJDA 10/97 no 1239) ;
– pour l'indication du nom du débiteur, de celui du créancier, de la nature de la dette cautionnée (Cass. com. 29-10-1991 : RJDA 1/92 no 75 ; Cass. 1e civ. 9-5-1996 : RJDA 8-9/96 no 1089 : dispense pour la nature de la dette) ou de la solidarité (Cass. com. 7-1-1992 : RJDA 2/92 no 180, 3e esp.) ;
– pour le consentement donné par un époux au cautionnement souscrit par son conjoint (Cass. 1e civ. 13-11-1996, Bull. civ. I p. 274).

d. Cautionnement donné par un commerçant

1. Preuve par tous moyens

Le cautionnement peut être établi par tous moyens seulement s'il est un acte de commerce et s'il est souscrit par un commerçant (Cass. 1e civ. 18-5-2004 no 785 : JCP (éd. G) 2004.IV.2407 ; cf. Cass. com. 12-5-1998 : D. 1998.IR.143).

2. Insuffisance de la seule signature

La seule signature de l'acte par un commerçant ne fait pas preuve : le créancier doit prouver qu'il s'est expressément engagé à garantir l'obligation dont il lui demande l'exécution (CA Paris 4-7-1996 : RJDA 1/97 no 99).

2° Écrit valant commencement de preuve par écrit

Si la mention requise n'est pas portée sur l'acte ou si elle est insuffisante, celui-ci peut valoir comme commencement de preuve par écrit (Cass. com. 11-1-1972 : Bull. civ. IV p. 13 ; Cass. 1e civ. 20-10-1993 : Bull. civ. I p. 202).

a. Mention insuffisante

Est notamment insuffisante la mention de la somme garantie seulement en lettres (Cass. 1e civ. 15-11-1989 : Bull. 1989.I no 348 p. 235 ; Cass. 1e civ. 25-5-2005 no 842 : RJDA 10/05 no 1150) ou qui ne porte pas le montant de l'obligation lorsque celle-ci est déterminable au moment de l'engagement (Cass. civ. 10-12-1996 : RJDA 3/97 n° 392). La caution, pour se prévaloir de ces irrégularités formelles, doit contester le montant même de son engagement (Cass. civ. 23-2-1999 : D. 1999.411, 1e esp. note Ancel).

b. Complément de preuve du commencement de preuve par écrit

1. Eléments extrinsèques

L'acte doit, pour faire preuve, être complété par des éléments extrinsèques à l'acte lui-même établissant que la caution avait une parfaite connaissance de la portée de son engagement, ce qui est souverainement apprécié par les juges du fond (Cass. 1e civ. 15-1-2002 : RJDA 6/02 n° 692 ; Cass. com. 11-6-2003 n° 975 : RJDA 12/03 n° 1245).

Les éléments extrinsèques ne peuvent pas être puisés dans les autres éléments de l'acte (Cass. 1e civ. 5-5-2004 n° 682 : RJDA 11/04 n° 1264).

2. Signature donnée en qualité de dirigeant

Le dirigeant d'une société ne pouvait pas contester l'existence de son engagement de caution des dettes sociales dès lors que : sa signature au bas de l'acte définissant précisément les engagements de la société qu'il ne déniait pas et qu'il avait donnés en qualité de dirigeant impliqué dans la gestion de ladite société, constituait l'élément extrinsèque de nature à compléter le commencement de preuve par écrit constitué par l'acte de cautionnement prétendument incomplet ; le dirigeant n'apportait pas la preuve qu'en signant ce document, il en avait ignoré la portée, notamment en raison de la dissimulation d'informations sur la situation de la société, pas plus qu'il ne démontrait l'existence d'actions concertées de son épouse et de la banque (CA Paris 26-6-2008 n° 06/17644 : RJDA 12/08 n° 1310).

C. Mandat

1° Mention manuscrite

a. Obligation de mention manuscrite sur la procuration sous seing privé

Le mandat sous seing privé de donner caution doit comporter la mention manuscrite même si le cautionnement doit être donné dans un acte authentique, lorsque l'obligation cautionnée est déterminable au jour du cautionnement (Cass. civ. 2-7-1996 : RJDA 12/96 n° 1511 ; Cass. civ. 4-3-1997 : DA 1997.411, 2e esp.) ; à défaut, le cautionnement donné dans l'acte authentique subséquent est lui-même irrégulier (Cass. civ. 6-3-2001 : RJDA 7/01 n° 814), l'annexion du mandat ne le purgeant pas du défaut de la mention requise (Cass. 1e civ. 7-11-2000 : Bull. civ. I n° 277).

b. Dispense de mention manuscrite sur la procuration authentique et sur une lettre complémentaire

Le mandat notarié de se rendre caution contenant le montant et les limites de la garantie ainsi que la lettre complémentaire qui avait seulement pour objet de répartir le montant de la caution entre deux créanciers ne sont pas soumis à l'exigence de la mention manuscrite (Cass. 1e civ. 13-2-1996 : Bull. civ. I n° 79).

Il en est de même du mandat notarié par lequel la caution s'est engagée par une procuration qui indique le montant et la durée du prêt qu'elle garantit, le taux d'intérêt et le nombre d'échéances devant être payées, peu important que le terme prévu pour le remboursement du prêt ait été ou non précisé dans le mandat (Cass. 1e civ. 12-3-2002 : RJDA 7/02 n° 809).

Les obligations professionnelles d'un notaire ne pouvant s'apprécier qu'au regard du droit positif existant à l'époque de son intervention, sans qu'on puisse lui imputer à faute de n'avoir pas prévu une évolution ultérieure du droit, un notaire doit être exonéré de sa responsabilité dans l'établissement d'un acte de caution passé en vertu d'un mandat sous seing privé annulé par la suite en raison d'un revirement de jurisprudence, car il ne peut lui être reproché de n'avoir pas prévu ce revirement (Cass. 1e civ. 25-11-1997 : D. 1998.IR.7).

2° Complément de preuve de la mention manuscrite incomplète portée sur la procuration

Recherche nécessaire par les juges. Dès lors que les juges ont constaté que la procuration donnée par la caution comportait la formule « lu et approuvé, bon pour cautionnement solidaire », ce dont il résulte que l'acte constituait un commencement de preuve par écrit du cautionnement, ils doivent rechercher si cette mention incomplète n'a pas été portée par la caution au pied d'un acte définissant l'engagement du débiteur et contenant toutes les précisions sur la portée, la nature et les modalités de remboursement de l'obligation cautionnée (Cass. com. 1-10-2002 : RJDA 1/03 n° 73).

Art. 15 [anc. art. 5] Lorsque le débiteur est tenu, par la convention, la loi de chaque État partie ou la décision de justice, de fournir une caution, celle-ci doit être domiciliée ou faire élection de domicile dans le ressort territorial de la juridiction où elle doit être fournie, sauf dispense du créancier ou de la juridiction compétente.

La caution doit présenter des garanties de solvabilité appréciées en tenant compte de tous les éléments de son patrimoine.

Le débiteur qui ne peut trouver une caution pourra la remplacer par toute sûreté réelle donnant les mêmes garanties au créancier.

Jurisprudence comparée

France

A. Validité de l'engagement de la caution

1° Renonciation du créancier aux conditions légales que doit remplir la caution

Protectrices des seuls intérêts du créancier, il est loisible à celui-ci d'accepter une caution ne remplissant pas ces conditions (Cass. com. 4-2-1984 : GP 1984.2.pan.163 obs. A.P.).

La caution doit alors assumer son engagement sans pouvoir invoquer le défaut de respect desdites conditions (Cass. 1e civ. 7-6-1988 : Bull. civ. I n° 173).

2° Disproportion de l'engagement

Obligation de la caution. La caution ne peut se soustraire à l'engagement qu'elle a librement souscrit, peu important la disproportion entre la dette garantie et les facultés de la caution et la dureté des conséquences de l'engagement (CA Paris 27-1-1987 : D. 1987.IR.33, cette solution ne s'appliquant plus à la caution personne physique d'un créancier professionnel).

B. Domicile de la caution

Seul le créancier peut contester la condition relative au domicile de la caution (CA Paris 13-3-1987 : GP 1988.som.195 ; CA Rouen 19-12-1990 : GP 1994.som.27).

Art. 16 [anc. art. 6 mod.] Lorsque la caution reçue par le créancier, volontairement ou en justice, est devenue ensuite insolvable, le débiteur doit en fournir une autre ou fournir une sûreté réelle donnant les mêmes garanties au créancier.

Cette règle ne reçoit exception que lorsque le créancier a subordonné son consentement au contrat principal à l'engagement, à son égard, d'une caution nommément désignée.

Jurisprudence comparée

France

Remplacement de la caution désignée au cours d'une procédure collective

Dès lors que la caution solidaire dont le choix n'a pas été imposé par le créancier a été mise en règlement judiciaire (aujourd'hui redressement judiciaire ou procédure de sauvegarde) postérieurement à l'acte de cautionnement, le débiteur cautionné est tenu de fournir une autre caution ; le cas échéant, il encourt la déchéance du terme stipulé pour le remboursement de sa dette (Cass. civ. 4-1-1983 : GP 1983.pan.113 note Piedelièvre).

Art. 17 [anc. art. 7 mod.] Le cautionnement ne peut exister que si l'obligation principale garantie est valablement constituée. Toutefois, il est possible de cautionner, en parfaite connaissance de cause, les engagements d'un incapable. La confirmation, par le débiteur, d'une obligation entachée de nullité relative, ne lie pas la caution, sauf renonciation expresse, par la caution, à cette nullité.

Le défaut de pouvoir du représentant pour engager la personne morale débitrice principale ne peut être invoqué par la caution de celle-ci que si l'obligation principale n'est pas valablement constituée, sauf lorsque la personne morale débitrice principale a confirmé cette obligation et que la caution a expressément renoncé à se prévaloir de la nullité de ladite obligation.

L'engagement de la caution ne peut être contracté à des conditions plus onéreuses que l'obligation principale, sous peine de réduction à concurrence de celle-ci, ni excéder ce qui est dû par le débiteur principal au moment des poursuites.

Le débiteur principal ne peut aggraver l'engagement de la caution par une convention postérieure au cautionnement.

JURISPRUDENCE OHADA

Défaut d'habilitation des collaborateurs du représentant légal pour engager la personne morale débitrice

Les collaborateurs du président directeur général et du directeur général d'une société anonyme ne sont investis des pouvoirs de représentation que s'ils y sont expressément investis par ces derniers par acte authentique. En l'absence de preuve de l'existence de cette délégation de pouvoir, les actes et la signature d'une personne autre que le PDG et le DG ne sauraient valablement engager la société défenderesse. C'est donc à tort que les premiers Juges ont déclaré que ladite société était fondée à recouvrer sa créance sur le fondement de la procédure d'injonction de payer qui exige la certitude, la liquidité et l'exigibilité de la créance, dès lors que le cautionnement signé par une personne non habilitée n'était pas valable. La décision doit être réformée sur ce point (CA Abidjan (Côte d'Ivoire), 1e ch. civ. et com., nº 364, 24-12-2010 : 1. D. épse K., 2. M. D. c/ Bicici, Juris-Ohada, nº 3/2011, juill.-sept. 2011, p. 34, Ohadata J-12-160).

JURISPRUDENCE COMPARÉE

I. France

A. Obligation principale garantie

1º Validité du cautionnement

a. Cautionnement d'une obligation à venir

Peut être cautionnée une ouverture de crédit qui est appelée à donner naissance à des dettes au fur et à mesure de l'utilisation du crédit consenti (Cass. civ. 20-12-1994 : RJDA 5/95 nº 620), à condition que la dette future soit identifiée expressément (Cass. com. 19-11-1962 : Bull. civ. III p. 380), mais il importe peu que son montant ne soit pas chiffré à la date de la souscription du cautionnement (Cass. com. 22-2-1994 : RJDA 7/94 nº 837).

b. Cautionnement de l'obligation d'un incapable

Est valable :

– le cautionnement donné par le curateur d'un mineur pour garantir la vente d'un immeuble consentie par ce mineur malgré l'annulation de la vente (Cass. req. 30-11-1812 : S. 1816.1.40) ;

– le cautionnement fourni à un mineur émancipé, au moyen d'un aval, pour l'achat d'un fonds de commerce (CA Paris 20-1-1904 : DP 1906.2.25) ;

– le cautionnement des dettes contractées par un prodigue ou faible d'esprit, sans l'assistance requise (CA Paris 20-3-1956 : JCP (éd. G) 1956.II.9401 note Mazeaud).

c. Cautionnement des suites d'un délit

Le cautionnement garantissant le paiement à la victime de créances nées d'un délit ou d'un quasi-délit (Cass. civ. 8-10-1996 : RJDA 3/97 nº 393 ; Cass. 1e civ. 13-5-1998 : Bull. civ. I nº 173).

Obs. : sur le cautionnement d'une obligation principale subsistante, voir ci-dessous.

2º Nullité du cautionnement

a. Annulation de l'obligation principale

La caution est libérée si l'obligation principale est nulle ; tel est le cas de l'annulation de l'engagement garanti contracté au nom d'une société par un directeur sans pouvoir, ce défaut de pouvoir n'étant pas une exception purement personnelle à la caution qu'elle peut en conséquence invoquer (Cass. civ. 20-10-1987 : BRDA 24/87 p. 18) ainsi que de celle des billets à ordre garantis (Cass. com. 24-1-1989 : Bull. civ. IV p. 19).

b. Obligation conditionnelle

Condition non réalisée. Lorsque la condition qui affecte l'obligation garantie n'est pas réalisée, même si le créancier et le débiteur ont renoncé au bénéfice de cette condition, le cautionnement n'est plus valable, car une telle renonciation est inopposable à la caution (Cass. civ. 29-4-1997 : RJDA 10/97 nº 1241).

c. Obligation illicite

Est nul le cautionnement :

– d'une obligation principale nulle pour fausse cause (Cass. civ. 6-11-1912 : S. 1914.1.126) ou pour une cause immorale ou illicite (T. civ. Seine 28-6-1926 : GP 1926.2.615) ;

– d'une dette de jeu (Cass. civ. 19-6-1855 : D. 1855.1.292) ;

– d'une convention par laquelle un failli consent un avantage particulier à l'un de ses créanciers (Cass. req. 10-1-1883 : D. 1883.1.358, transposable aujourd'hui au débiteur en redressement ou liquidation judiciaire) ;

– d'une obligation subordonnée à une condition impossible, illicite ou immorale, si la condition était déterminante pour le débiteur (CA Pau 29-6-1892 : S. 1893.2.123).

d. Absence de nullité de l'obligation principale

Le cautionnement subsiste :

– si la caution ne parvient pas à prouver que le contrat garanti avait la même cause que le contrat annulé auquel elle prétendait le rattacher (CA Paris 3-12-1987 : BRDA 6/88 p. 23 : cautionnement par un fournisseur d'un prêt consenti à sa demande par une banque à un distributeur qui lui était lié par un contrat d'approvisionnement exclusif nul ; dans le même sens, Cass. com. 13-6-1989 : Bull. civ. IV p. 121) ;

– en cas d'annulation d'un contrat à exécution successive à l'égard des obligations qui demeurent,

telle celle de payer les livraisons effectuées (Cass. civ. 18-3-1997 : RJDA 7/97 n° 875) ainsi qu'à l'égard de l'obligation de restituer inhérente au contrat de prêt annulé, laquelle demeure valable (Cass. civ. 1-7-1997 : RJDA 12/97 n° 1511) ;
– en cas de cessation des paiements du débiteur principal, la nullité de l'obligation garantie par le cautionnement ne pouvant être déduite de cet état (Cass. com. 29-10-2002 n° 1738 : RJDA 3/03 n° 315).

Est licite, en revanche, le cautionnement garantissant le paiement à la victime de créances nées d'un délit ou d'un quasi-délit (Cass. civ. 8-10-1996 : RJDA 3/97 n° 393 ; Cass. 1e civ. 13-5-1998 : Bull. civ. I n° 173).

B. Désignation du débiteur de l'obligation principale garantie

1° Obligation de désigner le débiteur

Un acte de cautionnement doit comporter l'indication du nom du débiteur au moment de l'engagement de la caution (Cass. civ. 27-2-1996 : RJDA 8-9/96 n° 1088) ; cette indication peut être faite au crayon (Cass. com. 8-10-1996 : RJDA 1/97 n° 96).

La caution n'est pas tenue de rembourser la dette d'une personne autre que le débiteur mentionné dans l'acte de cautionnement (Cass. civ. 5-5-1998 : RJDA 10/98 n° 1125 ; Cass. 1e civ. 2-10-2002 n° 1405 : RJDA 1/03 n° 56) ; ainsi le cautionnement donné à une banque pour garantir les dettes d'une société en participation à l'égard de cette banque ne peut fonder la condamnation de la caution à garantir la dette d'une personne autre que le débiteur désigné dans l'acte de cautionnement notamment l'associé représentant la société, seul engagé à l'égard des tiers (Cass. com. 6-7-2010 n° 09-68.778 : RJDA 1/11 n° 82).

Il n'en résulte pas que le consentement du débiteur cautionné est nécessaire à l'existence du cautionnement (Cass. 1e civ. 4-12-2001 : Bull. civ. I n° 306) ni que ce débiteur est partie au contrat de cautionnement, lequel ne lie que la caution et le créancier bénéficiaire même si la caution s'est engagée à la demande dudit débiteur (Cass. com. 26-1-1988 : Bull. civ. IV p. 35).

2° Possibilité d'identification du débiteur dont le nom n'est pas expressément mentionné dans l'acte

L'engagement de la caution est valable dès lors que les documents contractuels permettent d'identifier le débiteur ; il en est ainsi :
– lorsque le débiteur principal est seulement désigné dans le contrat par une enseigne car il peut néanmoins être identifié (Cass. com. 16-1-1978 : Bull. IV n° 21) ;
– lorsque la caution a reconnu dans ses conclusions en réponse à la demande en paiement du créancier qu'elle s'était portée caution d'une société bien précise, cet acte constituant un commencement de preuve par écrit qui a pu être complété en tenant compte de la qualité de la caution qui était directeur technique de ladite société et du fait qu'elle entretenait des relations de concubinage avec la gérante de la société et avait reconnu que le véhicule, objet du crédit-bail garanti, était destiné à son usage professionnel (Cass. 1e civ. 13-11-1997 : RJDA 2/98 n° 217) ;
– lorsque le débiteur garanti était identifiable dès lors que les références du contrat garanti figuraient en tête de l'acte de cautionnement et qu'en sa qualité de directeur général de la société garantie, la caution ne pouvait pas valablement soutenir qu'elle ne connaissait pas le débiteur principal (Cass. com. 20-1-1998 : RJDA 10/98 n° 1155).

3° Validité de la désignation d'un seul débiteur en cas de pluralité de débiteurs

L'acte de cautionnement d'un prêt consenti à deux époux est valable même s'il ne désigne comme débiteur que l'un de ces époux, en l'espèce le fils de la caution (Cass. 1e civ. 6-1-1998 : RJDA 4/98 n° 509).

4° Nullité du cautionnement pour défaut d'indication du débiteur et de l'obligation garantie

a. Défaut d'indication du nom du débiteur

Le nom du débiteur fait défaut :
– lorsqu'il a été laissé en blanc dans l'acte de cautionnement (Cass. com. 22-1-1985 : Bull. IV n° 29, décidant que l'acte de cautionnement n'était pas valable même si la caution était le gérant de la société cautionnée) ;
– lorsque l'acte de cautionnement présente les caractéristiques suivantes :
– les rubriques « débiteur » et « objet du financement » sont restées en blanc ;
– les cases pour l'indication du numéro du contrat principal ne sont pas remplies ;
– le créancier n'est pas indiqué ;
– huit sociétés sont indiquées en bas de page sans qu'aucun nom ne soit rayé
– (CA Paris 11-6-1996 : DA 1996.896) ;
– le cautionnement souscrit en faveur d'une association non déclarée, donc sans personnalité juridique, car il ne peut être considéré comme couvrant une personne physique, même si celle-ci est tenue de rembourser le prêt visé par le cautionnement (Cass. 1e civ. 5-5-1998 : Bull. civ. I n° 159).

b. Effet du cautionnement annulé

Ce cautionnement peut valoir comme commencement de preuve par écrit (Cass. civ. 27-2-1996 : RJDA 8-9/96 n° 1088).

....

II. États-Unis

Engagement de la caution d'un locataire commercial

Le bailleur ne peut pas demander à la caution plus que ce qu'il aurait pu demander au locataire (Merchants Nat'l Bank v. Stone, 296 Mass. 243 ; 5 N.E.2d 430 (1936)).

Art. 18 [anc. art. 8 mod.] Sauf clause contraire, le cautionnement d'une obligation s'étend, outre le principal, et dans la limite de la somme maximale garantie, aux accessoires de la dette et aux frais de recouvrement de la créance, y compris ceux postérieurs à la dénonciation qui est faite à la caution.

A la demande de la caution, l'acte constitutif de l'obligation principale est annexé à la convention de cautionnement.

Le cautionnement peut également être contracté pour une partie seulement de la dette et sous des conditions moins onéreuses.

JURISPRUDENCE OHADA

La caution qui a failli aux engagements auxquels elle était tenue par une convention d'ouverture de crédit ne peut pas se prévaloir de sa propre défaillance. C'est donc à tort qu'elle a reproché à une cour d'appel la violation de l'article 18, al. 2 de l'AUS, dès lors qu'elle n'a pas spécifié la faute de la banque ayant pu rendre impossible son droit de subrogation, l'application du texte visé ne pouvant se faire à son profit (CCJA, 1e ch., n° 274/2019, 28-11-2019 : SCI La Balance Immobilière c/ Société Bank of Africa Côte d'Ivoire).

JURISPRUDENCE COMPARÉE

France

A. Cautionnement du principal

Engagement de la caution pour une partie de la dette. L'engagement de la caution pour une partie de la dette peut être formulé de différentes façons : il peut être limité à une somme chiffrée d'une dette déterminée (Cass. com. 5-11-1968 : D. 1969.314) ou à une valeur déterminable (Cass. com. 13-2-1957 : Bull. civ. III p. 44 : limitation à un maximum chiffré et au montant total des intérêts des cautions dans la société sous forme de parts sociales et de comptes courants créditeurs sur la société).

B. Obligation de la caution aux accessoires

1° Cautionnement des accessoires

a. Non-exigence de la mention manuscrite relative aux accessoires de la dette

La caution est obligée aux accessoires de la dette, même si elle ne les a pas promis par une mention manuscrite, celle-ci n'étant pas requise :

– si elle s'est engagée à garantir une somme chiffrée dès lors que l'acte de cautionnement contient aussi l'indication qu'elle garantit le paiement de toutes les sommes que le débiteur peut ou pourra devoir au créancier en principal, intérêts, commissions, frais et accessoires et qu'il n'existe aucune contradiction entre les termes de l'acte et la mention manuscrite (Cass. com. 4-2-2003 n° 227 : RJDA 7/03 n° 777) ; dans le même sens tenant pour un accessoire de l'obligation principale la clause pénale sanctionnant le manquement à cette obligation (Cass. com. 3-4-2002 : Bull. civ. IV n° 64) ;

– si la caution a souscrit un cautionnement dit « omnibus » garantissant la totalité des sommes dues ou qui pourraient être dues par le débiteur (Cass. com. 17-7-2001 : RJDA 1/02 n° 98).

b. Contenu des accessoires

Les accessoires comprennent :

1. Les intérêts

La caution doit les intérêts pour le même temps que ceux-ci sont dus par le débiteur, indépendamment du moment où le créancier les lui réclame (Cass. com. 4-2-1992 : RJDA 3/92 n° 276).

Le taux conventionnel ne peut pas être appliqué lorsque la caution n'en a pas eu connaissance au moment de son engagement (Cass. civ. 10-4-1996 : RJDA 7/96 n° 955), sauf si le cautionnement porte sur des dettes futures (Cass. 1e civ. 9-3-2004 n° 409 : RJDA 8-9/04 n° 1042).

La caution doit les intérêts au taux légal à compter du jour où elle a été mise en demeure, même si le montant exact de la dette en capital n'a pu être fixé qu'ultérieurement (Cass. com. 17-3-1992 : RJDA 6/92 n° 626).

2. Les frais de justice

La caution est tenue des frais de la mise en demeure que doit adresser au débiteur tout créancier qui n'est pas payé à l'échéance et des frais de dénonciation à la caution de l'insuccès de cette mise en demeure (Cass. com. 3-4-2002 : Bull. civ. IV n° 65).

3. Les dommages et intérêts

Le cautionnement donné à un cocontractant pour garantir en termes généraux l'exécution du contrat couvre en principe les dommages et intérêts dus en raison de l'inexécution du contrat (Cass. req. 20-3-1922 : DP 1923.1.21).

Cet engagement oblige aussi la caution à payer, le cas échéant, le montant de la clause pénale (Cass. com.

3-4-2002 : Bull. civ. IV n° 64), ainsi que celui de l'indemnité conventionnelle de résiliation du contrat garanti (Cass. com. 3-4-2001 : RJDA 8-9/01 n° 910 ; contra Cass. civ. 10-7-2001 : RJDA 1/02 n° 96). Cependant, aucune autre indication du contrat ne doit être en sens contraire : une indemnité de résiliation en cas de non-paiement des loyers prévue dans un contrat de location de matériel n'est pas garantie par le cautionnement relatif aux « obligations de caractère locatif stricto sensu » (Cass. civ. 21-7-1970 : D. 1970.671) ni par celui portant sur les sommes dues « en exécution du présent bail » (CA Versailles 5-1-1989 : BRDA 19/89 p. 14).

4. D'autres débours

L'obligation de la caution a aussi été étendue à diverses prestations dues par le contractant dont l'engagement était garanti, par exemple aux frais de transport et d'assurance (Cass. req. 26-1-1926 : S. 1926.1.353).

2° Exclusion des accessoires

Lorsque la caution s'est seulement obligée pour une somme déterminée en principal, son engagement ne s'étend pas aux intérêts et accessoires (Cass. 1e civ. 9-12-1986 : Bull. civ. I n° 287).

Art. 19 [anc. art. 9] **Le cautionnement général des dettes du débiteur principal, sous la forme d'un cautionnement de tous engagements, du solde débiteur d'un compte courant ou sous toute autre forme, ne s'entend, sauf clause contraire expresse, que de la garantie des dettes contractuelles directes. Il doit être conclu, sous peine de nullité, pour une somme maximale librement déterminée entre les parties, incluant le principal, les intérêts et autres accessoires.**

Le cautionnement général peut être renouvelé lorsque la somme maximale est atteinte. Le renouvellement doit être exprès ; toute clause contraire est réputée non écrite.

Il peut être révoqué, à tout moment, par la caution avant que la somme maximale garantie ait été atteinte. Tous les engagements du débiteur garanti nés avant la révocation restent garantis par la caution.

Sauf clause contraire, le cautionnement général ne garantit pas les dettes du débiteur principal antérieures à la date du cautionnement.

JURISPRUDENCE OHADA

I. Garantie des dettes antérieures au cautionnement

La caution qui s'est engagée, en déclarant connaître la situation financière du cautionné à la date de signature de l'acte de cautionnement pour l'avoir personnellement vérifiée, a entendu garantir les dettes antérieures du débiteur par cette déclaration. Elle est donc mal venue à contester la certitude de la créance en faisant valoir que, par son cautionnement, elle ne garantit pas les dettes du débiteur principal antérieures à la date de signature de l'acte de cautionnement (CA Ouagadougou (Burkina Faso), ch. com., n° 062, 4-6-2010 : Sté Graphi-Service, B. A. P. R. c/ SGBB, Ohadata J-12-190).

C'est à tort qu'il est reproché à une cour d'appel d'avoir violé l'article 9 de l'AUS en étendant un cautionnement donné suivant acte du 18 janvier 2002, à un prêt octroyé par acte sous seing privé du 9 janvier 2002, soit antérieurement à la constitution dudit cautionnement, dès lors qu'il est établi que l'acte de cautionnement a été signé par les parties le 18 janvier 2002, que la caution a déclaré « se porter caution pure et simple et répondant solidaire du [débiteur] titulaire du compte n° 107022 dans les livres de la [banque créancière] à l'égard de la [banque créancière], pour le remboursement de toutes les sommes en principal, intérêts et accessoires, pouvant lui être dues par le [débiteur] pour quelque cause que ce soit, dans l'une quelconque de ses agences » ; que par ces stipulations, la caution s'est portée garante pour l'ensemble des dettes du débiteur envers la créancière. Il est également constant que la créance dont le recouvrement est poursuivi constitue les impayés du prêt du 9 janvier 2002, mais également le solde du compte courant ouvert dans les livres de [la créancière] au nom du [débiteur], arrêté au 31 mars 2004, soit postérieurement à la constitution du cautionnement ; qu'il résulte des mentions de la convention de crédit signée par les parties le 21 juillet 2004 qu'en vue du règlement dudit reliquat la Banque a accordé au débiteur un prêt à moyen terme de 6 449 858 FCFA en principal, pour une durée de 30 mois, payable conformément au tableau d'amortissement convenu entre les parties et que c'est le reliquat de ce dernier prêt qui est l'objet des poursuites en paiement ; c'est donc à tort que l'antériorité de la créance est invoquée (CCJA, 1e ch., 192, 25-10-2018 : Diarra Boubacar c/ dite BOA-CI).

II. Nullité du cautionnement n'indiquant pas le montant maximal garanti

A. Décision ayant retenu la nullité

Est nul, le cautionnement comportant la mention manuscrite de la caution « Bon pour caution solidaire ci-dessus, à hauteur d'un montant global en principal, hors intérêts, frais accessoires ou indemnités de résiliation », sans précision d'un montant maximal garanti, ni en chiffres ni en lettres et excluant les intérêts et accessoires, car il s'agit d'un cautionnement général du solde débiteur d'un compte courant qui rentre dans les cas prévus à l'article 19 de l'AUS. Il s'ensuit qu'en condamnant la caution à payer, solidairement avec le débiteur principal, les sommes dues dans le cadre d'une « convention de compte courant », le jugement n'a pas fait une bonne application de la loi ; Il convient donc de l'infirmer en toutes ses dispositions, et d'annuler, par voie de conséquence, l'ordonnance d'injonction de payer subséquente (CCJA, 2e ch., no 145/2020, 30-4-2020 : Abou Hassanein Import Export c/ Société Générale Tchad).

B. Décision n'ayant pas retenu la nullité

L'acte de cautionnement stipulant que « le présent cautionnement est consenti pour la somme maximale de 10 000 000 000 FCFA (dix milliards) en principal, intérêts, frais et accessoires » est conforme aux exigences de l'article 19, alinéa 1er de l'AUS quant à la souscription d'un montant maximal déterminé à l'avance et en en prenant acte pour confirmer le jugement ayant condamné solidairement la caution à payer une somme totale de 7 966 279 900 FCFA au créancier, la cour d'appel n'a en rien violé l'article 19 de l'AUS (CCJA, 1e ch., no 372/2024, 12-12-2024).

Jurisprudence comparée

I. France

Dettes exclues de la garantie

a. Dettes nées de documents faux

Ne relevaient pas de la garantie de lettres de change et de leur escompte, les dettes résultant de lettres constituant des faux (Cass. com. 19-1-1981 : Bull. civ. IV no 31 ; dans le même sens, Cass. com. 26-6-2001 : Bull. civ. IV no 125).

b. Dettes nées d'une ouverture de crédit tacitement reconduit

La tacite reconduction n'entraînant pas prorogation du contrat primitif, mais donnant naissance à un nouveau contrat, le cautionnement donné pour le contrat initial est caduc (Cass. com. 11-2-1997 : Bull. civ. IV no 46).

II. Irak

Cautionnement bancaire : étendue de l'engagement de la caution

En matière de cautionnement bancaire, la caution garantit toutes les dettes grevant le patrimoine du débiteur, qu'elles soient actuelles ou futures. Ainsi, la caution s'engage à payer toutes les dettes actuelles et futures du débiteur dès lors que le cautionnement n'est pas limité à une lettre de change déterminée mais garantit toutes les dettes contractées par le débiteur et les lettres de changes escomptées auprès de la banque dans la limite de 4 millions de dinars (ID) (Cass. féd. 13-8-2008, pourvoi 573, http://qanoun.iraqja.iq/view.1184/).

Section II • MODALITÉS DU CAUTIONNEMENT

Art. 20 [anc. art. 10] **Le cautionnement est réputé solidaire.**

Il est simple lorsqu'il en est ainsi décidé, expressément, par la loi de chaque État partie ou la convention des parties.

Jurisprudence comparée

I. France

Solidarité

Dès lors que le cautionnement est commercial, il est solidaire (Cass. com. 28-4-1966 : Bull. civ. III p. 187).

II. Irak

Cautionnement solidaire

La caution en vertu d'un cautionnement solidaire s'engage au même titre que le débiteur principal à l'égard de la dette. Le créancier a le choix de poursuivre l'un ou l'autre d'entre eux. La caution solidaire ne peut requérir le bénéfice de discussion. Il en est notamment ainsi lorsque le cautionnement garantit le paiement d'un chèque (Cass. féd. 16-9-2008, pourvoi 797, http://qanoun.iraqja.iq/view.945/).

Art. 21 [anc. art. 11] La caution peut, elle-même, se faire cautionner par un certificateur désigné comme tel dans le contrat.

Sauf stipulation contraire, le ou les certificateurs sont cautions simples de la caution certifiée.

Jurisprudence comparée

France

A. Distinction du certificateur de caution et de la sous-caution

La sous-caution garantit la créance de la caution à l'égard du débiteur principal pour le cas où elle aurait à payer la dette de celui-ci ; elle ne garantit pas la créance du créancier initial à l'égard de ce débiteur comme la garantit le certificateur de caution qui en quelque sorte double la caution envers le créancier ; en conséquence, la sous-caution ne peut pas se prévaloir des exceptions inhérentes à la dette du débiteur principal à l'égard de ce créancier, sauf à rechercher la responsabilité de la caution pour avoir fautivement omis d'invoquer lesdites exceptions ; par suite, dans un cas où une banque avait cautionné les dettes d'une société de construction à l'égard du maître de l'ouvrage et bénéficiait elle-même de la garantie d'une sous-caution, cette dernière, poursuivie en exécution de son engagement par la banque qui avait dû payer le maître de l'ouvrage à la suite du redressement judiciaire de la société, ne pouvait pas se prévaloir de l'existence d'une créance de la société à l'égard du maître de l'ouvrage (Cass. com. 27-5-2008 : RJDA 11/08 n° 1178).

B. Obligation du certificateur de caution

L'obligation de la caution tient lieu, à l'égard du certificateur, d'obligation principale ; en conséquence :

– si l'engagement de la caution fait défaut, celui du certificateur de caution est sans cause et sans objet (Cass. com. 25-11-1980 : Bull. civ. IV n° 394 ; Cass. com. 19-1-1981 : Bull. civ. IV n° 30) ;

– si la caution et le certificateur sont solidaires, chacun n'est tenu envers l'autre que dans la limite de son engagement et peut exercer son recours contre l'autre sans que l'empêchement de poursuivre le débiteur principal, résultant notamment de sa mise sous procédure collective, puisse lui être opposé (Cass. com. 6-2-1985 : Bull. civ. IV n° 50) ;

– la dette mise à la charge du certificateur peut être différente de celle obligeant la caution (Cass. com. 10-3-1981 : Bull. civ. IV n° 127).

C. Recours du certificateur de caution

Le certificateur qui a été tenu d'assumer son engagement envers le créancier peut, étant subrogé au créancier, agir contre le débiteur principal (CA Paris 12-7-1952 : RTD com.1953.155 obs. Schlogel) ou contre la caution principale, même s'il a payé sans l'avertir préalablement (Cass. req. 18-3-1941 : S. 1941.1.117).

Mais la caution a été admise à lui opposer la perte de sa subrogation dans les droits du créancier en raison de son fait (T. com. Seine 24-7-1950 : Banque 1952.713 obs. Marin ; T. civ. Vesoul 23-6-1953 : Banque 1953. 728 obs. Marin).

Art. 22 [anc. art. 12] La caution peut garantir son engagement en consentant une sûreté réelle sur un ou plusieurs de ses biens.

Elle peut également limiter son engagement à la valeur de réalisation du ou des biens sur lesquels elle a consenti une telle sûreté.

Jurisprudence OHADA

Validité du cautionnement consenti par une société par affectation hypothécaire de son immeuble

Lorsqu'une société n'est intervenue dans la conclusion de conventions de financement dont l'exécution est poursuivie qu'en qualité de caution, en cantonnant sa garantie à l'affectation en hypothèque de premier rang de son immeuble et objet du titre foncier, la cour d'appel qui, faisant application dudit article 12 de l'AUS du 17 avril 1997, a qualifié lesdits actes de cautionnement n'a violé en rien la loi. C'est donc à tort qu'il lui est reproché d'avoir mal interprété l'article 449 de l'AUSCGIE, au regard des dispositions de l'article 465 dudit Acte uniforme, en assimilant les sûretés consenties par la société, par affectation de droits réels immobiliers, à des cautionnements en violation de l'article 449, en déniant au président-directeur général de ladite société anonyme le pouvoir de direction générale de la société et de représentation de celle-ci dans ses rapports avec les tiers en violation de l'article 465 de l'AUSCGIE (CCJA, 3e ch., n° 076, 30-3-2017 : Boa-CI c/ Toricaf-SA).

Obs. : voir sous l'art. 449 de l'AUSCGIE.

Jurisprudence comparée

France

A. Engagement de caution

1° Dispense de mention manuscrite

La caution n'est pas tenue de préciser par une mention manuscrite la somme pour laquelle elle s'engage, car le cautionnement réel n'est assorti d'aucun engagement personnel de la caution (Cass. civ. 13-5-1998 : RJDA 10/98 n° 1157).

2° Durée de l'engagement de la caution

Lorsque le cautionnement hypothécaire est à durée déterminée, le créancier ne peut poursuivre la caution au-delà de cette durée, plus aucun bien ne garantissant alors l'engagement de la caution (Cass. com. 12-5-1998 : RJDA 10/98 n° 1158) ; il en est de même s'il a omis de renouveler son hypothèque (CA Grenoble 4-1-2005 : JCP (éd. E) 2005.pan.1622).

Il peut se prévaloir de la déchéance du terme dont bénéficiait la dette garantie (Cass. civ. 4-5-1999 : RJDA 7/99 n° 846).

3° Montant de l'engagement de la caution

La caution ne peut se prévaloir des remises accordées par le créancier au débiteur (CA Nancy 1-3-1932 : DP 1933.2.1 note Voirin).

4° Application de l'interdiction de se faire cautionner par la société aux dirigeants sociaux

L'interdiction faite aux gérants et associés de sociétés à responsabilité limitée et administrateurs de sociétés anonymes de se faire cautionner par la société, s'applique tant pour le cautionnement réel que pour le cautionnement personnel (CA Montpellier 7-1-1980 : GP 1980.362 note de Fontbressin).

B. Subrogation de la caution

La caution réelle est subrogée dans les droits du créancier qu'elle a dû désintéresser (Cass. req. 27-4-1942 : S. 1942.1.114 ; cf. Cass. civ. 6-3-2002 : RJDA 5/02 n° 555) et elle est déchargée si elle ne peut pas être subrogée (Cass. civ. 23-11-1954 : Bull. civ. I n° 331 ; Cass. civ. 6-3-1979 : JCP (éd. N) 1980.I.75).

C. Déclaration aux procédures collectives

Le créancier, bénéficiaire d'un cautionnement réel, dispose à l'égard de la caution d'un droit de créance, en cas de défaillance du débiteur principal, ce droit étant limité aux biens affectés à la garantie de l'engagement ; dès lors, le créancier bénéficiaire d'un cautionnement réel a l'obligation de déclarer la créance au passif de la caution soumise à une procédure collective (Cass. com. 27-10-1998 : Bull. civ. IV n° 260).

Section III • EFFETS DU CAUTIONNEMENT

Art. 23 [anc. art. 13 mod.] La caution n'est tenue de payer la dette qu'en cas de non-paiement du débiteur principal.

Le créancier ne peut entreprendre de poursuites contre la caution qu'après une mise en demeure de payer adressée au débiteur principal et restée sans effet.

La prorogation du terme accordée au débiteur principal par le créancier doit être notifiée par ce dernier à la caution. Celle-ci est en droit de refuser le bénéfice de cette prorogation et de poursuivre le débiteur pour le forcer au paiement ou obtenir une garantie ou une mesure conservatoire.

Nonobstant toute clause contraire, la déchéance du terme accordé au débiteur principal ne s'étend pas automatiquement à la caution qui ne peut être requise de payer qu'à l'échéance fixée à l'époque où la caution a été fournie. Toutefois, la caution encourt la déchéance du terme si, après mise en demeure, elle ne satisfait pas à ses propres obligations à l'échéance fixée.

Jurisprudence OHADA

I. Caractère subsidiaire de la caution

L'engagement de la caution revêt un caractère subsidiaire car celle-ci ne peut être poursuivie qu'en cas de défaillance avérée du débiteur principal (CA Ouagadougou, ch. civ. et com., n° 32, 18-4-2003, Banque commerciale du Burkina c/ Air Ivoire, Ohadata J-09-10 ; TRHC Dakar, n° 2377, 24-12-2003 : FPE c/ D. N. et Me I. N., Ohadata J-04-279).

II. Défaillance du débiteur principal

A. Engagement de la caution subordonné à la défaillance du débiteur principal

L'engagement de la caution revêt un caractère subsidiaire car celle-ci ne peut être poursuivie qu'en cas de défaillance avérée du débiteur principal (CA Ouagadougou, ch. civ. et com., n° 32, 18-4-2003 : Banque commerciale du Burkina c/ Air Ivoire, Ohadata J-09-10).

B. Existence de la défaillance du débiteur principal

1. Insolvabilité du débiteur principal au vu et su de la caution

Lorsqu'une mise en demeure a été adressée en vain au débiteur principal, l'opposant à l'injonction de payer adressée à ce débiteur, qui se savait caution personnelle du débiteur, et qui avait vu ce dernier organiser son insolvabilité alors qu'il aurait pu lui-même prendre des précautions, est malvenu pour soutenir qu'il aurait passivement assisté à l'organisation de l'insolvabilité du débiteur principal et son opposition doit être rejetée (TGI Ouagadougou, n° 470/2005, 23-11-2005 : S. M. c/ La Prodia, Ohadata J-07-109).

2 Non-assimilation de la défaillance du débiteur à son insolvabilité

C'est en violation des articles 13 et 15 de l'AUS du 17 avril 1997 qu'une cour d'appel a retenu que la caution réelle ne peut être enjointe de payer que lorsque l'insolvabilité du débiteur principal est avérée et que la procédure en paiement ne peut être engagée à la fois contre les deux. Il en est ainsi dès lors qu'il ressort de la sommation de payer adressée au débiteur principal et aux cautions que ces dernières ont été avisées de ce que le débiteur principal n'a pas honoré ses engagements malgré plusieurs démarches amiables et, qu'en tant que cautions, elles doivent assumer leur responsabilité plutôt que de se soustraire à leurs obligations dont elles ont délibérément pris connaissance. En décidant comme elle l'a fait, alors que les dispositions des articles 13 et 15 précitées, qui prescrivent le paiement de la dette par la caution en cas de non- paiement par le débiteur principal et la poursuite par le créancier de la caution simple ou solidaire en appelant en cause le débiteur principal, ont été bien appliquées, la cour d'appel a exposé son arrêt à la cassation sans qu'il soit nécessaire d'examiner le premier moyen et la première branche du second moyen. Sur l'évocation, c'est à juste titre que le juge a accédé à la demande en paiement à travers la procédure d'injonction de payer de la somme de 5 508 692 FCFA, dès lors que la créance résulte d'une convention de prêt et que sa certitude, sa liquidité et son exigibilité ne sont pas contestées (CCJA, 1e ch., n° 038, 22-2-2018 : Acep Cameroun SA c/ Ayants droit de feu Tameken Jean Elvain).

3. La mise en demeure infructueuse établit la défaillance du débiteur

Il se déduit de l'article 23 de l'AUS que la seule mise en demeure de payer infructueuse suffit à établir la preuve du défaut de paiement du débiteur cautionné. A manifestement violé cet article, exposant son arrêt à la cassation, la cour d'appel qui a retenu que « la défaillance du débiteur principal n'est prouvée que par protêt faute de paiement ». Sur l'évocation, c'est à juste titre que le jugement attaqué a retenu qu'il n'y a pas lieu de poursuivre la caution dès lors qu'en l'espèce, il ne ressort nulle part des pièces du dossier de la procédure que la créancière a adressé au débiteur une mise en demeure restée infructueuse avant sa requête aux fins d'injonction de payer ; l'ordonnance ayant débouté le créancier de sa demande de paiement doit donc être confirmé (CCJA, 3e ch., n° 161/2019, 9-5-2019 : Sté Alios Finance Mali c/ Djiby Yattassaye).

C. Absence de défaillance établie du débiteur principal

Le créancier ne peut pas invoquer la défaillance du débiteur principal lorsque le créancier invoque, pour l'établir, qu'il a notifié à la caution l'ordonnance d'injonction de payer enjointe au débiteur, cette notification équivalant à informer la caution de la défaillance du débiteur principal, car l'ordonnance d'injonction de payer condamne déjà la caution au paiement de la dette ; cette ordonnance doit donc être annulée pour violation de l'article 13 [devenu 23] de l'AUS (TGI Ouagadougou (Burkina Faso), n° 061/08, 26-3-2008 : S. W. A. & G. S. c/ Bicia-B, Ohadata J-09-379. Confirmée par CA Ouagadougou (Burkina Faso), ch. com., n° 053, 4-12-2009 : Bicia-B c/ G. S. et S. W. A., Ohadata J-12-172).

....

III. Caractère impératif de la mise en demeure préalable

Il découle de l'article 23, al. 2 de l'AUS que la mise en demeure préalable du débiteur principal constitue une étape incontournable avant d'attraire la caution en justice et que ces dispositions ne font aucune distinction des situations présentées par le débiteur principal, peu important que celui-ci soit par exemple en redressement judiciaire ou non. En l'espèce, la preuve n'étant pas formellement rapportée que la débitrice principale a été au préalable mise en demeure, les jugements querellés seront infirmés en toutes leurs dispositions et, statuant à nouveau, l'action intentée à l'encontre de la caution sera déclarée irrecevable (CCJA, 1e ch., no 125/2021, 24-6-2021 : SGCI c/ Kuyo-Kessie Marvin).

La mise en cause prévue à l'article 13, al. 2 de l'AUS de 1997 [devenu art.23, al. 2] peut prendre la forme d'une mise en demeure de payer ou d'une assignation en justice ; lorsque ces formalités sont acquises, le créancier est fondé à poursuivre la caution personnelle et solidaire, celle-ci ayant perdu le bénéfice de la discussion, tel qu'il ressort des deux actes de cautionnement en cause en l'espèce. En confirmant le jugement ayant condamné la caution personnelle et solidaire seule, la cour d'appel n'a donc en rien violé les dispositions visées au moyen, qui est infondé (CCJA, 1e ch., no 273/2020, 30-7-2020 : Guissou Dominique c/ Ecobank-Burkina).

Obs. : l'arrêt semble avoir assimilé la mise en demeure prévue par l'article 13, al. 2 de l'AUS de 1997, qui intervient en principe avant une action en justice, à une mise en cause, qui intervient en principe à l'occasion de l'action déjà engagée. Or, la mise en demeure semble être une formalité préalable, à l'issue de laquelle le débiteur peut être amené à honorer son engagement. La mise en cause directe de la caution, par laquelle le débiteur et la caution solidaire sont concomitamment attraits en justice, sans mise en demeure préalable du débiteur comme prévu à l'article 13, al. 2 précité, peut sembler préjudiciable à la caution solidaire qui aura été privée de la possibilité de voir le débiteur payer avant d'être appelé à honorer l'engagement. Cependant, il convient de noter qu'en l'espèce, le débiteur était en redressement judiciaire, ce qui, à notre avis, rendait sans objet une mise en demeure préalable du débiteur, qui n'aurais eu aucun effet.

C'est à tort qu'il est reproché à une cour d'appel :

– d'avoir violé l'article 23, alinéa 2 de l'AUS en rejetant le moyen tiré du défaut de mise en demeure préalable de la débitrice, alors, selon le moyen, qu'il n'y a pas eu de mise en demeure préalable de la débitrice dont monsieur [X.] est la caution à la date du 17 juillet 2018 ; il en est ainsi car en raison de l'irrecevabilité de l'appel de monsieur [X.], la cour d'appel n'a pas eu à statuer sur le moyen tiré de l'article 23 de l'AUS et n'a donc pu le violer (CCJA, 1e ch., no 163/2023, 13-7-2023) ;

– d'avoir confirmé la condamnation solidaire d'une société avec sieur [X.] « en sa qualité de caution personnelle », en violation de l'article 23 de l'AUS, dès lors qu'il ressort des constatations d'un arrêt avant-dire-droit rendu dans la cause que la société en cause, débitrice principale, a été vainement mise en demeure de payer les sommes dues, par exploit reçu par son directeur général, sieur [X.] ; et que la défaillance de la débitrice ainsi constatée était également dénoncée à sieur [X.], en sa qualité de caution, par acte d'huissier (CCJA, 3e ch., no 140/2022, 27-10-2022).

IV. Vente par expropriation forcée sur l'immeuble appartenant à la caution hypothécaire

Il résulte de la lecture des articles 13 et 15 [respectivement devenus art. 23 et 26] de l'AUS, que dès qu'il y a défaillance du débiteur principal, la caution est tenue de payer, et est ainsi débitrice de l'obligation de payer, au sens de l'article 246 de l'AUPSRVE ; la distinction que tentent d'introduire les disants, selon que l'immeuble saisi appartient au débiteur principal ou à la caution, pour prétendre à une dualité de procédure, est inopérante et impertinente ; cet argument doit être rejeté et c'est donc à bon droit que la Banque a initié la procédure de vente par expropriation forcée sur l'immeuble appartenant à la caution hypothécaire, dès lors que la créance n'est pas payée (TRHC Dakar, no 131, 2-2-1999 : Banque Islamique du Sénégal c/ EGBEP, C. T. N. et A. N., Ohadata J-05-81).

V. Condamnation solidaire de la caution et du débiteur

Le débiteur et la caution doivent être solidairement condamnés au paiement de la dette lorsque la défaillance du débiteur a été établie et portée à la connaissance de la caution (TRHC Dakar, no 2377, 24-12-2003 : FPE c/ D. N. et Me I. N., Ohadata J-04-279).

VI. Dispense de mise en demeure de la caution elle-même

L'article 13 [devenu 23] de l'AUS impose simplement au créancier d'aviser la caution de toute défaillance du débiteur. L'argument de la caution selon lequel le créancier aurait dû lui adresser une mise en demeure préalable n'est pas fondé (TGI du Wouri (Cameroun), no 287, 3-2-2005 : SRC c/ N. T. J., Ohadata J-12-216). Dans le même sens, retenant que le défaut de mise en demeure à la caution ne peut avoir pour effet de rendre inexigible la créance de la banque à l'égard des cautions (CA Ouagadougou (Burkina Faso), ch. com., no 83, 3-12-2010 : Sté Rawani International, B. B. S., A. F. c/ Bicia-B, Ohadata J-12-189).

Jurisprudence comparée

I. France

A. Obligation de la caution au paiement de la dette principale

1° Carence du débiteur

Le débiteur principal n'a pas payé sa dette lorsqu'il a payé en une monnaie et en un lieu différents de ceux prévus au contrat de prêt (Cass. com. 18-4-1989 : Bull. IV n° 116).

2° Refus de paiement par la caution irrecevables

a. Griefs de la caution à l'encontre du débiteur garanti

La caution est obligée de s'exécuter dès que le débiteur n'a pas payé, quels que soient les griefs qu'elle pourrait avoir à son encontre ; ainsi, l'employeur qui s'était porté caution pour le paiement des loyers de son salarié reste tenu bien que celui-ci ait commis une faute dans l'exécution de son contrat de travail (Cass. soc. 4-7-1973 : JCP (éd. G) 1973.IV.316).

b. Paiement prématuré

Le paiement spontanément effectué par la caution à l'échéance peut engager sa responsabilité, en particulier si le débiteur principal l'avait mise en garde contre un tel paiement, en raison d'une contestation existant entre lui et le créancier au sujet de la dette cautionnée (Cass. com. 19-10-1970 : Bull. civ. IV p. 235 ; Cass. 1e civ. 16-11-1971 : Bull. civ. I p. 246).

B. Incidence de l'ouverture d'une procédure collective sur le paiement dû par la caution

1° A l'encontre du débiteur principal

En cas de redressement judiciaire du débiteur, le créancier peut poursuivre et obtenir condamnation de la caution devant le juge du cautionnement avant toute déclaration de créance ou, si la déclaration a été faite, avant toute admission, en établissant l'existence et le montant de sa créance selon les règles du droit commun (Cass. com. 5-11-2003 n° 1490 : RJDA 3/04 n° 365, transposable aux autres procédures collectives).

2° A l'encontre de la caution

Si la caution est elle-même soumise à la procédure collective, les poursuites sont suspendues lorsqu'elles tendent au paiement pour une cause antérieure au jugement d'ouverture (Cass. com. 19-1-1993 : RJDA 6/93 n° 558 ; n° 4131-2).

C. Incidence de la prorogation du terme de la dette principale

1° Prorogation accordée par le créancier au débiteur

Liberté du créancier de proroger le terme. Le créancier peut accorder plusieurs prorogations du terme sans perdre son recours contre la caution dès lors que celle-ci n'établit pas que, de ce fait, elle a perdu le bénéfice de la subrogation (Cass. civ. 16-2-1970 : D. 1970.428).

La caution peut toutefois interdire la prorogation du terme, sans son accord, sous peine pour le créancier de perdre tout recours contre elle ; dans ce cas, elle est déchargée si la prorogation est accordée même tacitement (Cass. 1e civ. 1-12-1993 : Bull. civ. I p. 246).

2° Non-extension à la caution de la stipulation de prorogation au profit du débiteur principal

La caution ne peut pas se prévaloir de la simple prorogation du terme consentie par le créancier au débiteur principal (Cass. com. 5-11-1971 : Bull. civ. IV p. 247 ; Cass. com. 27-5-2003 n° 871 : RJDA 1/04 n° 100 ; contra, CA Versailles 23-1-1991 : RJDA 3/91 n° 238, s'appuyant sur les circonstances de l'espèce), sauf convention contraire explicite (Cass 1e civ. 14-3-1979 : Bull. civ. I n° 92 ; cf. Cass. com. 27-5-2003 n° 871 : RJDA 1/04 n° 100).

3° Déchéance du terme à l'encontre du débiteur principal

La déchéance du terme encourue par le débiteur n'est pas opposable à la caution qui n'est tenue de payer qu'à l'échéance initialement prévue, sauf si celle-ci a étendu contractuellement son engagement au cas de déchéance du terme (Cass. 1e civ. 30-10-1984 : Bull. civ. I n° 290). Il en est ainsi même lorsque cette déchéance, sauf clause contraire, résulte du prononcé de la liquidation judiciaire du débiteur (Cass. com. 18-1-2000 : RJDA 4/00 n° 477).

D. Renonciation par la caution au bénéfice du terme

La renonciation de la caution au bénéfice du terme peut être tacite et déduite des circonstances qui ont entouré son engagement (Cass. com. 11-7-1988 : GP 1989.375 note Bey ; Cass. com. 13-5-2003 n° 807 : RJDA 12/03 n° 1247) ou des stipulations contractuelles (Cass. com. 29-2-2000 : RJDA 6/00 n° 716). Mais elle ne saurait se déduire du fait que la caution s'est engagée à garantir non seulement le remboursement d'un prêt, mais aussi l'exécution de ses charges et conditions (Cass. civ. 20-12-1976 : Bull. civ. I n° 415, cassant l'arrêt qui avait déduit de cet engagement qu'il avait permis à la caution d'envisager l'éventualité de l'exigibilité immédiate de la créance).

E. Caution dispensée du paiement de la dette principale

Poursuite tardive de la caution. Le créancier est fautif s'il poursuit la caution plus de treize ans après la date d'exigibilité des sommes dues (Cass. com. 20-5-2006 : Rev. dr. banc. 2006 nº 130 obs. D. Legeais).

II. Hong Kong

Refus de reconnaître l'autorité de la chose jugée par une sentence arbitrale condamnant le débiteur garanti

Une caution n'a pas été tenue d'assumer la garantie de bonne exécution d'un contrat alors que le débiteur principal avait été condamné pour exécution défectueuse du contrat par une sentence arbitrale, au motif que l'arbitrage ne lie que les parties à la convention d'arbitrage et ne lie pas les tiers ; en conséquence, le bénéficiaire de la garantie est dans l'obligation d'introduire une action contre la caution et d'établir à nouveau les fautes du débiteur principal et le préjudice qu'il a subi de ce fait (Weltime Hong Kong Ltd c/ Cosmic Insurance Corp Ltd : GP 2004.2061).

Art. 24 [anc. art. 14 mod.] **Dans le mois de la mise en demeure de payer adressée au débiteur principal et restée sans effet, le créancier doit informer la caution de la défaillance du débiteur principal en lui indiquant le montant restant dû par ce dernier en principal, intérêts et autres accessoires à la date de cet incident de paiement.**

A défaut, la caution ne saurait être tenue au paiement des pénalités ou intérêts de retard échus entre la date de cet incident et la date à laquelle elle en a été informée.

Toute clause contraire aux dispositions du présent article est réputée non écrite.

JURISPRUDENCE OHADA

Absence de déchéance

A. Somme garantie déterminée

C'est à tort qu'il est reproché à un arrêt d'avoir violé les dispositions des articles 9 et 14 de l'AUS du 17 avril 1997, en rejetant la déchéance des intérêts de la dette au motif que le demandeur s'est porté caution pour une somme déterminée, ce qui dispense la banque de l'obligation périodique d'information, alors qu'il ressort de la convention de prêt que le cautionnement fourni est général et que la caution ne connaissait pas l'étendue de la somme garantie, dès lors que, contrairement aux allégations du moyen, la caution s'est engagée auprès de la banque à garantir, à hauteur de 50 000 000 FCFA, le remboursement du crédit d'un même montant consenti à la société dont il était le gérant. La cour d'appel, en retenant que le bénéficiaire d'un tel cautionnement qui ne porte pas sur une somme indéterminée au moment de la conclusion du contrat n'est pas assujetti à l'obligation d'information prescrite par l'article 14 susmentionné, n'a en rien violé les textes visés au moyen (CCJA, 3ᵉ ch., nº 155, 18-10-2018 : Sté Cogeglace, André Héraud c/ Banque Le Crédit du Sénégal).

Obs. : sur la dispense de mise en demeure de la caution elle-même, voir sous l'art. 23.

B. Conditions remplies par le créancier

Au sens de l'article 24 de l'AUS, pour prétendre aux intérêts et pénalités échus entre la date de l'échéance et celle à laquelle la défaillance du débiteur est constatée, le créancier doit, dans le mois de la survenance de cet incident, en informer la caution. En l'espèce, la banque ayant adressé à la société débitrice une mise en demeure restée vaine, puis informé la caution par courrier de la défaillance du débiteur principal, y faisant effectivement état du montant de la créance restant due, des agios et taxes en souffrance, a satisfait à son devoir d'information et en faisant droit à sa demande d'obtenir une somme correspondant aux intérêts de retard, la cour d'appel n'a en rien violé l'article 24 de l'AUS visé au moyen qui doit être rejeté (CCJA, 1ᵉ ch., nº 372/2024, 12-12-2024).

JURISPRUDENCE COMPARÉE

France

A. Obligation d'information d'ordre public

La caution ne peut pas dispenser le créancier de son obligation d'information (Cass. com. 14-12-1993 : RJDA 5/94 nº 560 ; CA Paris 3-11-1994 : RJDA 2/95 nº 192).

B. Existence de l'obligation d'information

Le créancier doit informer la caution même si le cautionnement a été conclu par acte authentique (CA Versailles 22-6-1995 : RJDA 12/95 nº 1423).

En cas de pluralité de cautions solidaires, chaque caution doit être informée personnellement jusqu'à extinction de la dette (Cass. com. 17-5-1994 : RJDA 11/94 n° 1188).

C. Absence de l'obligation d'information

L'obligation d'information ne s'applique pas au cautionnement réel, cette garantie étant une sûreté réelle et non un cautionnement personnel (Cass. civ. 1-2-2000 : RJDA 5/00 n° 596).

D. Contenu de l'obligation d'information

Dispense de mention de la durée du cautionnement. N'est pas tenue par l'obligation légale de rappeler dans la lettre d'information la faculté de révocation des cautions dont l'engagement est à durée indéterminée la banque ayant consenti une ouverture de crédit remboursable en 84 mensualités à compter de son utilisation totale, ce dont il résultait l'existence d'un terme et un engagement de la caution à durée déterminée (Cass. com. 3-2-2009 n° 08-10.203 : RJDA 6/09 n° 570).

E. Durée de l'obligation d'information

La caution ne peut pas dispenser le créancier de son obligation d'information (Cass. com. 14-12-1993 : RJDA 5/94 n° 560 ; CA Paris 3-11-1994 : RJDA 2/95 n° 192).

Elle est due jusqu'à l'extinction de la dette, même après assignation de la caution en paiement (Cass. civ. 6-11-2001 : RJDA 3/02 n° 310) ou après la mise en demeure (Cass. com. 25-4-2001 : RJDA 8-9/01 n° 912), et ce, même lorsque la caution est un dirigeant de la société cautionnée connaissant parfaitement la situation de celle-ci (Cass. com. 25-6-2002 n° 1249 : RJDA 12/02 n° 1319). Il importe peu encore que le débiteur principal ait été mis en redressement judiciaire (Cass. com. 21-1-2003 n° 152 : RJDA 6/03 n° 641, transposable par analogie aux autres procédures collectives). Mais l'obligation cesse dès lors que la caution a été condamnée à payer les dettes garanties (Cass. 1e civ. 13-12-2005 n° 1711 : RJDA 6/06 n° 702).

F. Défaut de preuve de l'exécution de l'obligation

C'est dans l'exercice de son pouvoir souverain d'appréciation qu'une cour d'appel a, sans inverser la charge de la preuve, retenu que la banque produisant la copie de la lettre d'information de la caution ne justifiait pas de son envoi et n'établissait donc pas avoir accompli son obligation d'information pour l'année concernée (Cass. com. 28-10-2008 n° 06-17.145 : RJDA 2/09 n° 138).

G. Sanction du défaut d'information

Dispense des intérêts. La dispense des intérêts joue en cas de garantie du solde d'un compte courant, à l'égard des intérêts inscrits en compte courant, peu importont la position du compte pendant la période au cours de laquelle l'obligation n'a pas été respectée, et pas pour les seuls intérêts courus depuis le dernier solde créditeur du compte (Cass. com. 28-1-2004 n° 187 : RJDA 6/04 n° 756).

En tout état de cause, la caution doit les intérêts au taux légal, auxquels elle est tenue à titre personnel, à compter de la première mise en demeure qu'elle a reçue (Cass. civ. 12-3-2002 : RJDA 7/02 n° 809 ; rappr. Cass. com. 14-5-2002 : RJDA 10/02 n° 1069) et reste tenue des autres sommes dues en vertu du cautionnement (Cass. com. 31-3-1998 : RJDA 7/98 n° 911).

H. Réparation du préjudice pouvant résulter du défaut d'information en cas de dol ou faute lourde

En plus de la déchéance des intérêts, la caution ne peut pas demander réparation du préjudice que l'omission de la banque lui a causé (Cass. civ. 6-11-2001 : RJDA 3/02 n° 311), sauf dol ou faute lourde de la banque (Cass. 1e civ. 10-12-2002 n° 1767 : RJDA 5/03 n° 542 ; Cass. 1e civ. 4-2-2003 n° 169 : JCP (éd. G) 2003.II.10152 note de Gentili-Picard).

Art. 25 [anc. art. 14] Le créancier est tenu, dans le mois qui suit le terme de chaque semestre civil à compter de la signature du contrat de cautionnement, de communiquer à la caution un état des dettes du débiteur principal précisant leurs causes, leurs échéances et leurs montants en principal, intérêts, et autres accessoires restant dus à la fin du semestre écoulé, en lui rappelant la faculté de révocation par reproduction littérale des dispositions de l'article 19 du présent Acte uniforme.

A défaut d'accomplissement des formalités prévues au présent article, le créancier est déchu, vis-à-vis de la caution, des intérêts contractuels échus depuis la date de la précédente information jusqu'à la date de communication de la nouvelle information, sans préjudice des dispositions de l'article 29 du présent Acte uniforme.

Toute clause contraire aux dispositions du présent article est réputée non écrite.

JURISPRUDENCE OHADA

I. Inapplication des articles 24 et 25 de l'AUS à une hypothèque

L'invocation par les saisis des dispositions des articles 24 et 25 de l'AUS, relatifs au cautionnement, sûreté personnelle, se révèle aussi bien inopportune qu'inopérante comme moyen soutenant une demande de nullité d'une saisie immobilière initiée en réalisation d'une hypothèque qui constitue plutôt une sûreté réelle (CCJA, 1e ch., nº 125/2020, 9-4-2020 : Agbati Kodjo Djodjivi c/ Bia-Togo).

C'est à tort qu'il est reproché à un arrêt d'avoir violé les articles 22 à 25 de l'AUS en ce qu'il a confirmé l'annulation d'une dation en paiement sur la base de ces dispositions alors que celles-ci régissent le cautionnement et non l'hypothèque. Il résulte de la combinaison des articles 246 et 247 de l'AUPSRVE que la réalisation de l'hypothèque se fait par le biais de la saisie immobilière dont le caractère d'ordre public des dispositions la régissant s'oppose à toute convention contraire ; les seules dérogations autorisées en cette matière sont prévues par les articles 198 et 199 AUS qui consacrent l'attribution judiciaire de l'immeuble en paiement et le pacte commissoire. Plus précisément, les seules modalités de dation en paiement ayant pour objet un immeuble hypothéqué et admises par ces textes sont l'attribution judiciaire de l'immeuble et le pacte commissoire. L'article 199 AUS n'autorise la clause dite « pacte commissoire » ou attribution conventionnelle que lorsqu'elle est insérée dans la convention d'hypothèque ; cette disposition exige aussi, pour la validité de la clause, d'une part, que le constituant soit une personne morale ou une personne physique dûment immatriculée au RCCM et, d'autre part, que l'immeuble hypothéqué ne soit pas à usage d'habitation ; elle prévoit par ailleurs, en combinaison avec l'article 200 du même Acte uniforme, une procédure de transfert de propriété, adossée à une expertise, pour déterminer la valeur de l'immeuble de manière à garantir au débiteur le versement du surplus éventuel si la valeur de l'immeuble excède le montant de la créance garantie. En l'espèce, il est établi que les parties ont, postérieurement à la convention d'hypothèque, convenu, par acte notarié, une dation en paiement devant permettre au créancier de s'attribuer la propriété de l'immeuble à titre de paiement ; à l'analyse, cette attribution conventionnelle, simple variété de dation en paiement, n'est pas insérée, conformément à la loi, dans la convention d'hypothèque mais plutôt dans un acte séparé et postérieur à cette convention ; par ailleurs, contrairement aux prescriptions de la loi, il n'est ni établi que l'immeuble hypothéqué n'est pas un immeuble à usage d'habitation ni que le constituant personne physique, bien que déclaré commerçant, est dûment immatriculé au RCCM. Enfin, pour s'attribuer l'immeuble hypothéqué, la demanderesse a omis de mettre en œuvre la procédure de transfert de propriété prévue par la loi, laquelle exige une expertise pour déterminer la valeur de l'immeuble par rapport au montant de la créance garantie ; il résulte de ce qui précède que la dation en paiement querellée a été conclue et mise en œuvre en violation des dispositions susvisées de l'AUPSRVE et de l'AUS. Par ce motif de pur droit substitué, l'arrêt attaqué, qui confirme le premier juge qui avait annulé ladite dation, se trouve légalement justifié (CCJA, 2e ch., nº 168/2021, 28-10-2021 : Bank of Africa Mali S.A c/ Sté Cisse et Frères SARL).

II. Manquement au devoir d'information non sanctionné à défaut de précision de la période concernée

C'est à tort qu'il est reproché à un arrêt d'avoir confirmé la condamnation solidaire, au motif que le créancier a manqué à son devoir d'information semestrielle de la caution sur l'état de la dette et du rappel qu'il doit faire à la caution, en application de l'article 25 de l'AUS ; et que la cour d'appel n'ayant pas sanctionné tous ces manquements commis par la créancière dans sa quête de recouvrement par la déchéance de la réclamation de toute créance à l'égard de la caution, sa décision mérite la cassation. Il en est ainsi dès lors que le moyen ne précise pas la période durant laquelle la banque a failli à son obligation d'information dont la sanction, prévue à l'alinéa 2 de l'article 25 susvisé, est seulement la déchéance, vis-à-vis de la caution, des intérêts contractuels échus depuis la date de la précédente information… et non la déchéance « de la réclamation de toute créance ». Il en résulte qu'en condamnant la caution à payer le montant de son engagement, la cour d'appel n'a en rien commis les griefs allégués (CCJA, 3e ch., nº 140/2022, 27-10-2022).

JURISPRUDENCE COMPARÉE

France

Sur l'obligation d'information d'ordre public et ses implications, voir sous l'article 24.

Art. 26 [anc. art. 15] La caution est tenue de la même façon que le débiteur principal. La caution solidaire est tenue de l'exécution de l'obligation principale dans les mêmes conditions qu'un débiteur solidaire sous réserve des dispositions particulières du présent Acte uniforme.

Toutefois, le créancier ne peut poursuivre la caution simple ou solidaire qu'en appelant en cause le débiteur principal.

JURISPRUDENCE OHADA

I. Obligation de paiement de la caution

Le président directeur général d'une société qui a offert « sa caution personnelle, solidaire et indivisible à [une] Banque [...] sur l'ensemble [de ses] biens meubles et immeubles de façon générale et spécifiquement sur ses actions visées à l'article 2 du présent contrat » pour « garantir le paiement ou le remboursement de toutes les sommes que le débiteur cautionné » pourrait devoir à la banque « au titre des obligations précitées dans les limites de USD 4 000 000 et GNF 6 500 000 000, le tout cumulé en principal, intérêts, commissions, frais et accessoires » a manqué à son devoir de caution dès lors qu'informé de la défaillance de la société cautionnée il s'est abstenu de régler la créance mais a préféré réclamer la restitution de la valeur de ses actions pourtant gagées au profit de la créancière de la société. C'est en violation des articles 3, 4, 13, 14, 15, 64, 65, 67 et 68 de l'AUS qu'une cour d'appel a retenu « qu'il n'est pas contesté que [M. X.] en se portant caution personnelle et solidaire de la [société débitrice] et en payant la somme de 2 000 000 dollars USD a honoré ses obligations contractuelles », alors que les USD 2 000 000 invoqués sont la valeur nominale des actions souscrites par la caution au capital social de la société mère de la banque créancière, souscription dont la validité n'affecte en rien celle du nantissement consenti. Sur l'évocation, M. X. doit être condamné, ès qualités de caution personnelle et solidaire, à payer à la banque créancière la créance avec intérêts de droit depuis la signification de la sommation de payer (CCJA, 1e ch., no 54, 21-4-2016 : Sté Ecobank-Guinée c/ El Hadj Mamadou Sylla, Ohadata J-17-02).

La personne qui s'était portée caution personnelle, solidaire et indivisible d'une société pour garantir le paiement de la dette de celle-ci, et s'est engagée à rembourser à la banque le solde débiteur du compte courant à hauteur d'un certain montant, doit, en application de l'article 26 de l'AUS, garantir le paiement de la dette de ladite société ; mais celle qui ne s'est pas portée caution en vue de garantir les dettes de la société concernée doit être mise hors de cause (CCJA, 2e ch., no 224/2024, 11-7-2024).

II. Saisie des biens de la caution

La saisie conservatoire pratiquée contre la caution solidaire d'un débiteur défaillant, conformément à l'article 54 de l'AUPSRVE peut être convertie en saisie-vente (TGI Mfoundi, no 481, 2-5-2000 : SCB-CL c/ T. M., Ohadata J-04-214).

Obs. : pour les conditions de validité de la saisie conservatoire, voir sous les art. 54 et suivants de l'AUPSRVE.

III. Appel en cause du débiteur principal

Le créancier qui a engagé des poursuites contre des cautions, sans appeler en la cause la débitrice principale a vicié la procédure de recouvrement simplifiée de créance. Le tribunal saisi de l'opposition formée par les cautions dans ces conditions doit mettre à néant l'ordonnance d'injonction de payer condamnant desdites cautions. À défaut, l'appel des cautions est recevable, le jugement entrepris doit être réformé et l'ordonnance d'injonction de payer rendue doit être annulée (CA Abidjan, no 1070, 27-7-2001 : T. G. et T. A. c/ BICICI, Ecodroit, no 13-14, juill.-août 2002, p. 57, Ohadata J-02-194).

Obs. : la décision indique que l'ordonnance d'injonction de payer irrégulière doit être « mise à néant ».

L'article 15 [devenu 26] de l'AUS ne précisant pas les formes dans lesquelles le débiteur doit être mis en cause :

– le fait pour la créancière de signifier l'acte d'assignation en vertu duquel elle a demandé la condamnation de la caution à lui payer le montant de la créance est une mise en cause valable, dès lors que la mise en cause ne signifie pas exercer des poursuites. Il convient donc de déclarer recevable la requête de la créancière (CA Bobo-Dioulasso (Burkina Faso), ch. com., 13-1-2010 : K./O. A. c/ Bicia-B, Sté Madoua, O. J. (syndic), Ohadata J-12-118) ;

– c'est à tort qu'il est reproché à un arrêt attaqué d'avoir violé l'article 15 [devenu 26] de l'AUS en ce que le débiteur principal, la société en liquidation, n'avait pas été mis en cause, dès lors qu'il ressort des pièces du dossier que la créancière a signifié au débiteur principal l'acte d'assignation en paiement par lequel elle sollicitait la condamnation de la caution et que, répondant à cette assignation en paiement, la société débitrice en redressement judiciaire et son syndic, représentant légal, ont par le biais de leur conseil, conclu au bénéfice de l'article 75 de l'AUPCAP qui interdit ou suspend toutes poursuites contre tout débiteur en redressement judiciaire (CCJA, ass. plén., n° 065, 25-4-2014 : Kone née Ouedraogo Azéta c/ 1) Banque Internationale pour le Commerce, l'Industrie et l'Agriculture du Burkina Faso dite BICIA-B, 2) La Société Madoua SARL, 3) Ouedraogo Joseph, Ohadata J-15-156) ;

– le recours en nullité de l'acte de cautionnement initié par la caution, laquelle a assigné aussi bien les défendeurs que le débiteur principal également partie à l'instance devant la cour d'appel, n'a en rien violé l'article 15 [devenu 26] de l'AUS, le débiteur principal ayant ainsi été mis en cause par la caution dans son recours en annulation. En conséquence, la cour d'appel qui a condamné, à titre reconventionnel, la caution à payer le montant de la dette à la créancière et une somme additionnelle à titre de dommages et intérêts pour résistance abusive n'a en rien commis le grief allégué et cette branche du moyen doit être rejetée (CCJA, 3e ch., n° 139, 8-6-2017 : Fédas-CI c/ Douanes de Côte d'Ivoire, Receveur principal des douanes, État de Côte d'Ivoire).

Conformément à l'article 227 de l'AUS révisé du 15 décembre 2010 qui énonce expressément que « [...] Les sûretés consenties ou constituées antérieurement au présent Acte uniforme et conformément à la législation en vigueur restent soumises à cette législation jusqu'à leur extinction », l'AUS du 17 avril 1997 restait applicable au cautionnement consenti sous son empire le 21 août 2008. Au demeurant, les dispositions de l'article 15 de cet Acte uniforme ayant été textuellement reprises à l'article 26, al. 2 de l'AUS révisé du 15 décembre 2010, c'est en violation des articles 23 et 26 de l'AUS qu'une cour d'appel a refusé d'appliquer ces dispositions comme l'y invitait l'appelant, aux motifs, inexacts, que celles-ci étaient abrogées, exposant sa décision à la cassation (CCJA, 2e ch., n° 082/2021, 29-4-2021 : Ahmed Fernand Bangoura c/ SGBG SA).

Jurisprudence comparée

I. États-Unis

A. Cautions tenues au-delà de ce que doit effectivement le débiteur

Irrecevabilité des cautions garantissant un créancier bénéficiaire aussi d'un contrat de fiducie-sûreté à invoquer la limitation de l'engagement du débiteur envers ce créancier stipulée dans le contrat de fiducie.

Engagement spécifique des cautions en vertu du contrat de cautionnement. Selon les termes d'un acte de fiducie, la coentreprise (joint venture) Northpark donna en garantie des biens qu'elle détenait dans l'État du Mississippi et les personnes physiques formant la coentreprise se portèrent caution pour toutes les dettes que Northpark Joint Venture a ou viendrait à devoir à ses créanciers jusqu'à un montant maximum de 3 202 500 $.

Nothpark ne payant plus, son créancier a fait vendre les biens donnés en garantie. Mais le prix de vente n'a pas couvert le montant dû. Selon les termes du contrat de fiducie, une fois les biens vendus, le créancier ne pouvait plus poursuivre Northpark en paiement des sommes restant dues. Le créancier poursuivit donc les cautions. Ces dernières considérèrent qu'elles ne devaient pas payer des sommes dont le débiteur principal n'était pas redevable. Après avoir indiqué qu'en principe la caution est tenue de la même façon que le débiteur principal, les juges précisent que cela n'est pas le cas lorsque la caution a accepté une responsabilité plus grande que celle du débiteur principal. En l'espèce, les juges considèrent que, conformément au terme du contrat de caution, les cautions ont garanti l'endettement du débiteur principal et pas seulement les sommes que ce dernier serait dans l'obligation juridique de payer. En conséquence, les cautions doivent payer le créancier à hauteur de leur garantie (Resolution Trust Corp. v. Northpark Joint Venture, 958 F2d 1313, 1320 (5th Cir.1992)).

B. Obligation de la caution

La caution ne peut être engagée que si le débiteur principal l'est également (U.S. leasing Corp. V. DuPont, 69 Cal.2d 275, 70 Cal.Rptr. 393, P.2d 65 (1968)).

Le droit de l'État de Californie autorise la caution à renoncer à son droit de limiter sa responsabilité à celle du débiteur principal (Bloom v. Bender, 48 Cal.2d 793, 313 P.2d 568 (1957)).

II. France

A. Dispense de poursuite préalable du débiteur principal

Le créancier peut poursuivre la caution alors même qu'il n'a pas fait diligence auprès du débiteur principal (Cass. com. 12-3-1996 : DA 1996.680).

Absence de bénéfice de division : poursuite de chaque caution pour le tout sans division. Les cautions solidaires d'un même débiteur, pour une même dette, ne peuvent pas, sauf convention contraire, opposer au créancier qui les poursuit en paiement le bénéfice de division : ainsi, quand deux personnes se sont portées cautions solidaires des dettes d'une société envers une banque à concurrence de 120 000 FCFA, chacune d'elles peut être poursuivie pour le tout et pas seulement à concurrence de 60 000 FCFA (Cass. civ. 27-6-1984 : BRDA 23/84 p. 13).

B. Représentation mutuelle entre le débiteur principal et la caution solidaire

1° Actes opposables

Sont opposables :

– le jugement rendu entre le créancier et le débiteur principal est opposable aux cautions solidaires (Cass. com. 16-3-1970 : Bull. civ. IV p. 94 ; CA Paris 14-10-1993 : Clunet 1994.446 note Loquin) ;

– le jugement rendu à l'égard d'une des cautions est opposable aux autres cautions solidaires et au débiteur principal (Cass. req. 3-1-1938 : GP 1938.1.396 ; CA Paris 26-3-1969 : D. 1969.som.61) ;

– le jugement rendu à propos de la dette principale entre le créancier et la caution est opposable au créancier par le débiteur (Cass. com. 18-12-1972 : Bull. civ. IV p. 308) ;

– le paiement d'une partie de la dette par la caution interrompt la prescription à l'égard du débiteur principal (Cass. req. 23-7-1929 : DP 1931.1.73 note Holleaux).

2° Indépendance entre les cautions solidaires quant à la résiliation du cautionnement

La faculté de résiliation du cautionnement est propre à chaque caution, la résiliation décidée par l'une ne profitant pas aux autres (Cass. civ. 7-12-1999 : RJDA 3/00 n° 341).

C. Extinction de l'engagement de la caution solidaire

Une caution ne peut pas opposer la compensation de ce que le créancier doit à son cofidéjusseur, mais elle peut se prévaloir de l'extinction totale ou partielle, par compensation, de la dette garantie (Cass. com. 13-12-2005 n° 1633 : D. 2006.som.300. obs. Delpech).

III. Irak

Cautionnement solidaire : étendue de responsabilité

La caution en vertu d'un cautionnement solidaire s'engage au même titre que le débiteur principal concernant la dette. Le créancier est en droit de poursuivre quiconque d'entre eux. Ainsi, lorsque le défendeur atteste expressément dans le titre produit être caution solidaire de l'obligation du débiteur pour le montant du chèque tiré par ce dernier, il sera solidairement engagé au côté de celui-ci. Aux termes de l'article 1301 du Code civil, le créancier a alors le choix de poursuivre n'importe lequel d'entre eux (Cour de cassation fédérale 16-9-2008, pourvoi n° 797).

Art. 27 [anc. art. 16] **La caution judiciaire et la caution solidaire ne disposent pas du bénéfice de discussion. La caution simple, à moins qu'elle ait expressément renoncé à ce bénéfice, peut, sur premières poursuites dirigées contre elle, exiger la discussion du débiteur principal, en indiquant les biens de ce dernier susceptibles d'être saisis immédiatement sur le territoire national et de produire des deniers suffisants pour le paiement intégral de la dette. Elle doit, en outre, avancer les frais de discussion ou consigner la somme nécessaire arbitrée par la juridiction compétente à cet effet.**

Lorsque la caution a fait l'indication des biens et fourni les deniers suffisants pour la discussion, le créancier est, jusqu'à concurrence des biens indiqués, responsable, à l'égard de la caution, de l'insolvabilité du débiteur principal survenue par le défaut de poursuites.

JURISPRUDENCE OHADA

Absence de bénéfice de discussion pour la caution solidaire

Entend faire jouer le bénéfice de discussion, sans en disposer, la caution solidaire qui soutient que la preuve de l'insolvabilité du débiteur principal n'est pas faite, en application de l'article 16 [devenu art. 27] de l'AUS. En décidant qu'elle est tenue solidairement au paiement des sommes dues, le tribunal a légalement justifié sa condamnation (CA Daloa, n° 32, 5-2-2003 : M. et F. c/ Afric-Auto, Juris-Ohada n° 4/2004, oct.-déc. 2004, p. 36, note Brou Kouakou Mathurin, Ohadata J-05-174).

JURISPRUDENCE COMPARÉE

France

A. Mise en œuvre du bénéfice de discussion

Un créancier de la caution peut invoquer le bénéfice de discussion par la voie de l'action oblique (cf. Cass. civ. 10-11-1958 : Bull. civ. I p. 391).

Le bénéfice de discussion doit être invoqué dès les premières poursuites (C. civ. art. 2022 ; Cass. civ. 15-7-1999 : RJDA 11/99 n° 1250 : irrecevabilité du bénéfice invoqué en appel) ; en cas de saisine du juge des référés, la caution doit le faire lors de cette instance car c'est elle qui constitue la première poursuite (TGI Paris 1-6-1984 : JCP (éd. G) 1985.IV.214).

B. Renonciation de la caution au bénéfice de discussion

La caution a renoncé au bénéfice de discussion lorsqu'elle a :

– acquiescé au jugement ordonnant une saisie à son encontre (cf. Cass. civ. 10-11-1958 : Bull. civ. I p. 391) ;

– reconnu, dès les premières poursuites, la validité du cautionnement et sollicité des délais de grâce pour se libérer (T. civ. Alpes-Maritimes 10-1-1929 : DH 1930.som.18).

C. Insolvabilité établie du débiteur principal

La caution ne peut pas invoquer le bénéfice de discussion lorsque :

– le débiteur est insolvable, ce qui est établi dès lors que la différence entre l'actif et le passif est telle que, de toute manière, le créancier ne sera pas satisfait (Cass. com. 17-3-1969 : Bull. civ. IV p. 97) ;

– les biens du débiteur sont grevés de sûretés au profit d'autres créanciers que celui bénéficiant du cautionnement, pour la totalité de la valeur de ces biens (CA Paris 5-2-1892 : DP 1892.2.497) ;

– le créancier a obtenu plusieurs jugements de condamnation du débiteur et un procès-verbal de carence (Cass. civ. 21-12-1897 : DP 1898.1.262).

Art. 28 [anc. art. 17] S'il existe plusieurs cautions pour un même débiteur et une même dette, sauf stipulation de solidarité entre elles ou renonciation par elles à ce bénéfice, chacune d'elles peut, sur premières poursuites du créancier, demander la division de la dette entre les cautions solvables au jour où l'exception est invoquée.

La caution ne répond pas des insolvabilités des autres cautions survenues après la division.

Le créancier qui divise volontairement son action ne peut revenir sur cette division et supporte l'insolvabilité des cautions poursuivies sans pouvoir la reporter sur les autres cautions.

JURISPRUDENCE OHADA

Existence de cautions différentes pour des dettes distinctes

Les effets de la subrogation conventionnelle ou légale ne peuvent être invoqués qu'à l'encontre de personnes obligées à la dette. En présence de cautionnements donnés par des personnes différentes et pour des dettes différentes, le créancier ne peut saisir indifféremment l'une des deux cautions, mais seulement celle qui s'est obligée à la dette dont il reste un reliquat à payer. Les dettes et les garanties consenties étant différentes, la caution qui a payé le créancier ne peut se retourner contre la caution de la seconde dette garantie car il n'y a pas eu de subrogation (CA Dakar, n° 340, 15-6-2001 : Sénégal Construction International, S. G. et A. d. BA c/ M. W., Me B. W. et le greffier en chef du TRHC de Dakar, Ohadata J-05-96).

JURISPRUDENCE COMPARÉE

France

Application du bénéfice de division

Le montant total des condamnations mises à la charge des cautions ne peut excéder celui des dettes du débiteur principal (Cass. civ. 18-2-1997 : RJDA 8-9/97 n° 1082).

Art. 29 [anc. art. 18] Toute caution ou tout certificateur de caution peut opposer au créancier toutes les exceptions inhérentes à la dette qui appartiennent au débiteur principal et tendent à réduire, éteindre ou différer la dette sous réserve des dispositions des articles 17 et 23, al. 3 et 4 du présent Acte uniforme et des dispositions particulières de l'Acte uniforme portant organisation des procédures collectives d'apurement du passif.

La caution simple ou solidaire est déchargée quand la subrogation aux droits et garanties du créancier ne peut plus s'opérer, en sa faveur, par le fait du créancier. Toute clause contraire est réputée non écrite.

Si le fait reproché au créancier limite seulement cette subrogation, la caution est déchargée à concurrence de l'insuffisance de la garantie conservée.

Jurisprudence OHADA

I. Inopposabilité de la prorogation légale du terme par la caution au créancier

Il résulte des termes de l'article 18 [devenu art. 29] de l'AUS que les exceptions inhérentes à la dette qui appartiennent au débiteur et tendent à la réduire, l'éteindre ou la différer sont opposables au créancier par la caution. Tel n'est pas le cas lorsque la prorogation du terme a une source légale du fait de l'ouverture d'une procédure collective, la suspension des poursuites ne profitant pas dans ce cas aux créanciers (CCJA, 2e ch., n° 020, 2-4-2015 : Bicici c/ 1) Donwahi Alain Richard Ahipaud, 2) Donwahi épouse Koffi Illa Ginette, Ohadata J-16-20).

S'il est vrai que l'article 18 de l'AUS de 1997 [devenu art. 29] énonce que « toute caution ou certificateur de caution peut opposer au créancier toutes les exceptions inhérentes à la dette qui appartiennent au débiteur principal et tendent à réduire, éteindre ou différer la dette sous réserves des dispositions des articles 7 [devenu 17] et 13, al. 3 et 4 [devenu 23, al. 3 et 4] et des remises consenties au débiteur dans le cadre des procédures collectives d'apurement du passif », l'article 18, al. 3 de l'AUPCAP prévoit, quant à lui, que les cautions du débiteur ne peuvent pas se prévaloir des délais et remises du concordat préventif. Ainsi, en confirmant que la caution pouvait être poursuivie pour le paiement de la dette en cause, en dépit de l'ordonnance de suspension des poursuites individuelles, les juges d'appel n'ont en rien violé l'article 18 précité (CCJA, 3e ch., n° 031/2020, 30-1-2020 : Zouhair Michel Fadoul El Achkar c/ SDV Cameroun S.A., devenue Bolloré Africa Logistics Cameroun S.A.).

II. Faute du créancier susceptible de décharger la caution

Aux termes de l'article 18 [devenu 29], al. 2 de l'AUS du 17 avril 1997, la caution n'est déchargée que si la faute du créancier est prouvée à travers un acte positif de sa part ayant contribué à empêcher la caution de se subroger dans ses droits et garanties. C'est donc par mauvaise application de l'article 18 précité qu'une cour d'appel a retenu que « les poursuites engagées contre la caution vont à l'encontre des dispositions de l'article 18 [devenu 29], al. 2 de l'AUS, ce d'autant plus que le débiteur a disposé des biens nantis sans aucune réaction de la créancière qui était pourtant informée de la vente », pour décharger la caution de ses obligations sans rapporter une quelconque faute de la créancière, exposant ainsi leur arrêt à la cassation. Sur évocation, il y a lieu de juger que la créance, qui résulte d'un contrat de prêt non contesté et non remboursé remplit les conditions de certitude, de liquidité et d'exigibilité ; c'est donc à juste titre que face à la défaillance du débiteur, le créancier l'a actionné en justice avec sa caution qui avait préalablement été avertie du non-paiement de la dette (CCJA, 1re ch., n° 035, 22-2-2018 : ACEP Cameroun SA c/ Che Zamzang Célestine).

Mais c'est à tort qu'il est reproché à un arrêt de n'avoir pas retenu l'exception de subrogation pour décharger la caution, en violation de l'article 18, al. 2 [devenu 29] de l'AUS, alors qu'à la date du 9 février 2012 la banque n'avait pas renouvelé l'inscription du nantissement qu'il avait pris sur le matériel professionnel du débiteur conformément à l'article 95 dudit Acte uniforme, rendant ainsi impossible la subrogation de la caution à ses droits et garanties, dès lors qu'il est établi que, l'inscription étant prise le 1er février 2007, « la date du renouvellement n'était pas encore advenue au moment où la banque faisait jouer la déchéance du terme [...] le 20 juillet 2007 » et obtenait la condamnation de la caution au paiement de la dette par le jugement du 20 juillet 2011. C'est donc à bon droit que la cour d'appel a rejeté l'exception de subrogation (CCJA, 3e ch., n° 155, 18-10-2018 : Sté Cogéglace, André Héraud c/ Banque Le Crédit du Sénégal).

Jurisprudence comparée

I. Belgique

Les vices de consentement et la faute précontractuelle qui y est assimilée dans la convention principale ne constituent pas une exception purement personnelle au débiteur mais une exception inhérente à la dette (Cour de cassation de Belgique 10-10-2013, C.12.0379.N ; Juricaf).

II. France

A. Exceptions inhérentes à la dette

1° Existence

Constitue une exception inhérente à la dette, le moyen sollicitant la suppression ou la réduction d'une clause prévoyant une indemnité de retard comme manifestement excessive (CA Lyon, 8e ch. civ., 14-9-2004 n° 02/04534 : Bull. inf. C. cass. 2005 n° 432).

2° Absence

Ne constitue pas une exception inhérente à la dette principale :
– la nomination d'un administrateur provisoire (Cass. soc. 12-10-1961 : Bull. civ. IV p. 674) ;
– l'annulation du nantissement garantissant un prêt consenti par une banque invoquée par la caution qui a garanti envers la même banque deux autres prêts accordés par cette banque (Cass. com. 17-12-2003 : RJDA 5/04 n° 621).

B. Perte du bénéfice de la subrogation

1° Actes qui n'entraînent pas la perte d'un droit

Tel est le cas :
– lorsque le créancier a consenti une prorogation du terme au débiteur principal (n° 4732), à moins que cette prorogation du terme n'entraîne la perte d'une sûreté (Cass. civ. 25-5-1938 : DH 1938.385) ;
– lorsque le débiteur est insolvable bien que le créancier ait été négligent (Cass. civ. 4-1-1973 : Bull. civ. I p. 1) ;
– lorsque le créancier a négligé de renseigner la caution sur la situation du débiteur dès lors qu'une clause de l'acte précise que le créancier ne prend aucun engagement envers la caution (Cass. com. 24-6-1969 : JCP (éd. G) 1970.II.16221 note Prieur) ;
– lorsque le créancier (une banque) a supprimé ses concours au débiteur (Cass. com. 10-5-1994 : RJDA 10/94 n° 1060) ;
– lorsque le créancier a conclu un arrangement ou une transaction en prenant toutes les précautions pour ne pas réduire les chances de la caution de bénéficier de la subrogation (Cass. civ. 31-7-1900 : DP 1901.1.275) ;
– lorsque le créancier n'inscrit pas son gage, dès lors que, d'une part, la caution a expressément affirmé dans l'acte ne pas subordonner son engagement à l'existence d'un gage et que, d'autre part, le contrat prévoyait seulement la faculté et non l'obligation d'inscription du gage (CA Paris 2-3-1988 : D. 1988.IR.97).

2° Fait du créancier

La caution ne peut invoquer le bénéfice de l'article 2314 du Code civil pour la perte de droits préférentiels qu'elle a elle-même consentis ; ainsi, le gérant d'une SARL qui s'était porté caution d'un prêt accordé par une banque à la société et avait en même temps consenti une hypothèque sur ses propres biens ne pouvait pas utilement invoquer la négligence du créancier, qui s'était abstenu de renouveler l'inscription hypothécaire, pour demander à être déchargé du cautionnement (Cass. com. 11-5-2010 n° 09-13.308 : RJDA 11/10 n° 1105).

C. Perte de sûretés

La caution peut invoquer les faits suivants.

1° Disparition de la sûreté elle-même

Tel est le cas des sûretés suivantes :
– hypothèques (Cass. req. 4-11-1896 : DP 1897.1.569 note Guénée) ;
– gage automobile (Cass. com. 24-4-1972 : Bull. civ. IV p. 117) ;
– nantissements de fonds de commerce (Cass. civ. 26-4-2000 : RJDA 9-10/00 n° 918), de marchandises (CA Paris 20-12-1966 : J. agréés 1967.530), de titres (Cass. civ. 3-12-1941 : DA 1942.49) ; notamment, dans le cas d'un prêt destiné à l'acquisition d'un droit au bail et au financement de travaux en vue de la création d'un fonds de commerce garanti par le cautionnement solidaire des emprunteurs et par un nantissement sur fonds de commerce, sont déchargées de leur obligation les cautions solidaires dès lors que la banque a renoncé au bénéfice de son gage en n'engageant pas la procédure de purge du nantissement et en ne procédant pas au renouvellement de son inscription après avoir accepté un paiement partiel lors de la cession amiable du fonds de commerce grevé (Cass. com. 11-12-2007 : RJDA 4/08 n° 453).
– gage commercial (Cass. com. 1-3-1971 : JCP (éd. G) 1971.IV.98) ;
– privilège du vendeur d'immeuble (Cass. req. 18-3-1901 : DP 1903.1.345) ;
– droit de rétention (Cass. com. 25-11-1997 : RJDA 4/98 n° 516) ;
– autre cautionnement (Cass. civ. 13-6-1939 : DH 1939.417) ;
– clause de réserve de propriété (Cass. com. 31-5-1994 : RJDA 11/94 n° 1194) ;
– action directe du sous-traitant contre le maître d'ouvrage (CA Paris 29-9-1999 : JCP (éd. G) 2000.I.259 obs. Simler et Delebecque).

2° Perte d'efficacité de la sûreté

Il en est ainsi par exemple :
– en cas de dégradation de l'objet de la sûreté, dégradation imputable à une trop longue inaction du créancier (Cass. civ. 6-10-1971 : D. 1973.316 note Ivainer) ;
– en cas de perte du rang de la sûreté en considération duquel la caution s'était engagée (CA Aix 12-3-1984 : Bull. Cour d'Aix 1984/1 p. 40 : défaut de renouvellement à temps d'une hypothèque conventionnelle) ;
– en cas de non-inscription des sûretés qui étaient stipulées dans l'acte de vente d'un fonds de commerce (Cass. com. 7-10-1968 : Bull. civ. IV p. 225).

D. Perte des actions

Il en est ainsi lorsque la caution perd le bénéfice :
– d'une action résolutoire (Cass. civ. 12-11-1974 : JCP (éd. G) 1976.II.18250 ; Cass. com. 23-3-1993 : RJDA 5/93 n° 431) ;
– d'un recours contre un cofidéjusseur (Cass. civ. 13-6-1939 : DH 1939.417) ;
– du droit d'obtenir la remise des effets impayés dont elle avait acquitté le montant (Cass. req. 27-4-1942 : S. 1942.1.114) ;
– des avantages résultant des saisies-exécutions opérées par le créancier et dont il a ensuite donné mainlevée (Cass. civ. 27-11-1973 : D. 1974.IR.37) ;
– des actions en revendication du bien objet d'un crédit-bail en cas de procédure collective du crédit-preneur (Cass. com. 20-5-1997 : RJDA 10/97 n° 1244 : forclusion du crédit-bailleur pour exercice hors délai de l'action) ou du bien vendu avec clause de réserve de propriété (Cass. com. 11-7-1988 : Bull. civ. IV p. 163 et CA Rouen 30-1-1992 : RJDA 6/92 n° 628 : forclusion du vendeur pour le même motif) ;
– de l'action directe du sous-traitant contre le maître d'ouvrage (Cass. com. 14-1-2004 n° 78 : RJDA 5/04 n° 625).

E. Conditions à remplir par la caution

La caution doit invoquer :
– soit des droits ou sûretés existant au moment du cautionnement (Cass. civ. 17-10-1995 : RJDA 1/96 n° 109) ;
– soit une sûreté que le créancier, alors qu'il avait pris l'engagement expressément ou tacitement de le faire, a négligé de constituer (cf. Cass. com. 7-10-1968 : Bull. civ. IV p. 225 ; Cass. com. 21-2-1977 : D. 1977.IR.468) ou qu'il a laissé disparaître après l'avoir acquise (Cass. req. 27-4-1942 : S. 1942.1.114) ;
– soit des sûretés qui sont attachées par la loi au contrat intervenu entre le débiteur et le créancier, même si elles sont apparues postérieurement au contrat de cautionnement ; ainsi la caution est déchargée si le créancier :

• n'a pas fait valoir un droit de rétention « qui existait potentiellement dès la conclusion du cautionnement » (Cass. civ. 8-7-1913 : DP 1914.1.241) ;

• a donné mainlevée de saisies qu'il lui était prescrit de faire (en sa qualité d'administration fiscale) et qui constituaient pour la caution un avantage dont elle pouvait compter tirer profit dès l'origine de son engagement (Cass. com. 4-12-1950 : S. 1951.1.176) ;

• a omis, alors qu'il bénéficiait d'un privilège légal sur des marchandises, de vérifier l'existence même des stocks avant de consentir les avances garanties par la caution, celle-ci ayant pu croire qu'il s'assurerait de l'efficacité de son privilège (Cass. civ. 9-2-1970 : GP 1970.1.201).

F. Simples facultés reconnues au créancier

Sont de simples facultés que le créancier n'est pas tenu d'exercer :
– le droit de l'administration de retenir, jusqu'à la réception définitive, un douzième du montant des marchés de travaux publics (CE 27-11-1946 : D. 1947.som.5 ; dans le même sens, Cass. com. 9-2-1971 : Bull. civ. IV p. 39) ;
– le droit du créancier d'inscrire sa sûreté dès lors que le contrat ayant donné naissance à la créance susceptible d'être garantie ne lui impose pas de procéder à cette inscription (Cass. civ. 13-5-1997 : RJDA 11/97 n° 1383).

G. Faute du créancier

1° Faute positive

Le créancier commet une faute positive en accordant la mainlevée d'une hypothèque ou d'une autre sûreté inscrite (Cass. com. 24-4-1972 : Bull. civ. IV p. 117), en se dessaisissant du gage à un prix dérisoire (Cass. com. 1-6-1999 : RJDA 10/99 n° 1134), en déchargeant une autre caution (Cass. com. 13-3-1968 : Bull. civ. IV p. 92), en consentant à la mainlevée des saisies-exécutions (Cass. civ. 27-11-1973 : D. 1974.IR.37), en dispensant le notaire d'inscrire les sûretés constituées par le débiteur (Cass. com. 7-10-1968 : Bull. civ. IV p. 225), en constituant une sûreté entachée d'un vice (CA Paris 20-12-1966 : J. agréés 1967.530) ou en abandonnant ses sûretés (Cass. com. 31-1-1989 : Bull. civ. IV p. 25).

2° Négligence

Le créancier commet une négligence en :
– n'exerçant pas en temps utile, en sa qualité de bailleur, l'action résolutoire contre le preneur (Cass. civ. 17-2-1993 : RJDA 3/93 n° 246 ; CA Paris 7-6-1995 : D. 1995.IR.167) ;
– s'abstenant de :

• faire inscrire une sûreté : un gage (Cass. com. 31-1-1967 : Bull. civ. III p. 48) ; un nantissement de fonds de commerce (Cass. civ. 9-5-1994 : RJDA 1/95 n° 60) ; un nantissement sur le matériel (CA Rouen 30-1-1992 : RJDA 6/92 n° 628) ;

• revendiquer le bénéfice des sûretés portant sur des biens, au moment de la vente de ces biens (Cass. civ. 6-10-1971 : D. 1973.316 note Ivainer) ;

• vérifier l'existence du stock de marchandises, objet de son privilège (Cass. civ. 9-2-1970 : GP 1970.1.201) ;

• s'opposer à la cession des biens gagés à son profit (Cass. com. 17-3-1992 : RJDA 6/92 n° 629) ;

• faire les démarches auprès de son assureur pour sauvegarder les droits préférentiels sur le montant de l'indemnité d'assurance (Cass. com. 5-12-1995 : RJDA 2/96 n° 257).

H. Absence de faute du créancier

Ne commet pas de faute, en cas de prêt bancaire consenti à une société garanti par un nantissement sur le fonds de commerce et une caution solidaire du dirigeant, la banque qui ne fait pas valoir sa faculté, réservée dans le contrat de prêt, de prononcer la déchéance du terme du prêt au seul constat de la résiliation amiable du bail dans lequel est exploité le fonds de commerce alors que le débiteur principal continuait de payer les échéances du prêt (Cass. com. 22-1-2008 n° 06-18.651 : RJDA 4/08 n° 451).

Art. 30 [anc. art. 19] La caution doit aviser le débiteur principal ou le mettre en cause avant de payer la dette au créancier poursuivant.

Si la caution a payé sans avoir averti ou mis en cause le débiteur principal, elle perd son recours contre lui si, au moment du paiement par elle ou postérieurement à ce paiement, le débiteur avait le moyen de faire déclarer la dette éteinte ou s'il avait payé dans l'ignorance du paiement de la caution. Néanmoins, la caution conserve son action en répétition contre le créancier.

JURISPRUDENCE OHADA

I. Défaut d'information du débiteur imputable à ce dernier

Le débiteur défaillant qui n'a pas mis la caution en mesure de l'aviser avant paiement (en refusant de rencontrer la caution malgré ses diligences répétées, au motif qu'il ne lui doit plus rien) ne peut se fonder sur l'article 19 (devenu art. 30) de l'AUS pour rejeter le recours de la caution qui a payé la dette au créancier poursuivant (CA Ouagadougou, ch. civ. et com., n° 84, 7-4-2006 : T. H. c/ O. S. J., Ohadata J-09-23).

II. Défaut d'information du débiteur ne faisant pas grief à ce dernier

En relevant que le simple fait pour la caution de ne pas avertir ou mettre en cause le débiteur avant de payer ne suffit pas pour autant à la priver de son droit de recours contre celui-ci, à moins que le débiteur ne rapporte la preuve qu'au moment du paiement ou postérieurement au paiement, il avait le moyen de faire déclarer la dette éteinte, ou qu'il avait payé dans l'ignorance du paiement de la caution, les premiers juges méritent d'être soutenus en cette motivation. N'ayant pas rapporté cette preuve, le débiteur n'est pas fondé à invoquer la violation de l'article 19 [devenu art. 30] de l'AUS (CA Ouagadougou (Burkina Faso), ch. com., n° 102, 18-5-2007 : S. M. c/ SGBB, Ohadata J-09-51).

JURISPRUDENCE COMPARÉE

France

A. Survivance du recours

Obligation de payer résultant d'une clause du cautionnement. Ne perd pas son recours la caution qui paie, bien que le débiteur principal lui ait demandé de ne pas le faire, lorsque le cautionnement l'obligeait à payer « dans le mois qui suivra la date de la notification de la décision du directeur des impôts » (Cass. com. 14-1-1963 : Banque 1963.199 note Marin).

B. Responsabilité de la caution avertie

A défaut d'une obligation de payer rigoureusement déterminée comme dans le cas précédent, la caution engagerait sa responsabilité en procédant, avant toute poursuite, au paiement d'une dette échue alors que le débiteur principal l'aurait avertie du caractère contesté de la créance (Cass. com. 19-10-1970 : Bull. civ. IV p. 235 ; Cass. civ. 16-11-1971 : Bull. civ. I p. 246).

Art. 31 [anc. art. 20] La caution est subrogée dans tous les droits et garanties du créancier poursuivant pour tout ce qu'elle a payé à ce dernier.

S'il y a plusieurs débiteurs principaux solidaires d'une même dette, la caution est subrogée contre chacun d'eux pour tout ce qu'elle a payé, même si elle n'en a cautionné qu'un. Si les débiteurs sont conjoints, elle doit diviser ses recours.

JURISPRUDENCE OHADA

Application de la subrogation en cas de pluralité de cautions

Est mal fondée et sera rejetée la fin de non-recevoir soulevée au motif qu'une seconde caution a procédé à l'apurement total de la créance litigieuse, ce paiement ayant libéré le demandeur. L'arrêt attaqué de même que le recours exercé contre la caution sont devenus sans objet, dès lors qu'en vertu des dispositions de l'article 20 de l'AUS la caution ayant payé l'obligation garantie est subrogée dans les droits et actions du créancier poursuivant. C'est donc à tort qu'il est soutenu que le paiement invoqué est libérateur pour le demandeur, l'intérêt de ce dernier au jugement du présent recours apparaît certain (CCJA, 1e ch., n° 192, 25-10-2018 : Diarra Boubacar c/ dite Boa-CI).

JURISPRUDENCE COMPARÉE

France

Existence du recours subrogatoire

La caution peut exercer son recours contre :

– les codébiteurs solidaires non cautionnés (Cass. civ. 12-12-1960 : Bull. civ. I p. 439 ; Cass. com. 19-3-1962 : D. 1962.505), même si celui qu'elle a cautionné a perdu tout moyen de recourir contre ses codébiteurs (Cass. civ. 6-7-1896 : DP 1896.1.455) ;

– le tiers détenteur de l'immeuble hypothéqué à la garantie de la dette cautionnée (CA Paris 27-9-1996 : DA 1996.1351).

La caution, quoique subrogée dans les droits du créancier désintéressé par elle, n'a pas de recours contre le certificateur de caution (Cass. com. 18-4-1989 : Bull. civ. IV p. 76). Réciproquement, celui-ci, s'il a acquitté la dette, ne peut pas prétendre se retourner par la voie de la subrogation contre la caution (Cass. req. 16-3-1938 : DP 1939.1.41 note Voirin).

Art. 32 [anc. art. 21] La caution qui a payé a, également, un recours personnel contre le débiteur principal pour ce qu'elle a payé en principal, en intérêts de cette somme et en frais engagés depuis qu'elle a dénoncé au débiteur principal les poursuites dirigées contre elle. Elle peut, en outre, réclamer des dommages-intérêts pour réparation du préjudice subi du fait des poursuites du créancier.

S'il y a eu cautionnement partiel, le créancier ne peut, pour le reliquat, être préféré à la caution qui a payé et agi en vertu de son recours personnel. Toute clause contraire est réputée non écrite.

JURISPRUDENCE OHADA

Preuve nécessaire d'un dommage

S'il est établi que la caution a un recours personnel contre le débiteur principal en ce qui concerne le principal, intérêts et frais payés par elle, et qu'elle peut également réclamer des dommages-intérêts pour le préjudice par elle subi du fait des poursuites engagées contre elle, la preuve de ce préjudice doit être rapportée. À défaut, la demande de dommages-intérêts doit être rejetée (CA Ouagadougou (Burkina Faso), ch. com., n° 102, 18-5-2007 : S. M. c/ SGBB, Ohadata J-09-51).

JURISPRUDENCE COMPARÉE

France

A. Droit de la caution aux intérêts

Les intérêts courent de plein droit du jour du paiement au créancier, car ces intérêts sont attribués de plein droit par la loi (Cass. civ. 26-4-1977 : Bull. civ. I p. 147) ; ils courent au taux légal, sauf convention contraire conclue par la caution avec le débiteur et fixant un taux d'intérêt différent (Cass. civ. 22-5-2002 : RJDA 10/02 n° 1083).

B. Droit de la caution à des dommages-intérêts

La caution a droit à des dommages et intérêts lorsque le paiement du créancier lui a causé un préjudice, distinct du seul fait d'avoir eu à payer, tel par exemple celui tenant à la perte de temps, aux frais occasionnés par les démarches et aux soucis, en raison du refus injustifié opposé par le débiteur de réaliser une affectation hypothécaire promise (CA Paris 3-7-1956 : GP 1957.1.92 ; CA Paris 21-5-1957 : GP 1957.2.100).

Art. 33 [anc. art. 22] Les recours du certificateur de caution contre la caution certifiée sont soumis aux dispositions des articles 30, 31 et 32 du présent Acte uniforme.

JURISPRUDENCE COMPARÉE

France

Recours du certificateur

Le certificateur qui a été tenu d'assumer son engagement envers le créancier dispose des recours suivants :

– il peut, étant subrogé au créancier, agir contre le débiteur principal (CA Paris 12-7-1952 : RTD com. 1953.155 obs. Schlogel) ou contre la caution principale, même s'il a payé sans l'avertir préalablement (Cass. req. 18-3-1941 : S. 1941.1.117) ;

– il peut aussi agir contre la caution qu'il a garantie, celle-ci ayant été admise à lui opposer la perte de sa subrogation dans les droits du créancier en raison de son fait (T. com. Seine 24-7-1950 : Banque 1952.713 obs. Marin ; T. civ. Vesoul 23-6-1953 : Banque 1953. 728 obs. Marin) ;

– si d'autres cautions ont garanti le débiteur principal, il ne peut agir contre ces dernières sur le fondement du recours entre cofidéjusseurs, car leurs engagements respectifs ne sont pas conjoints, ni sur le fondement de la subrogation dans les droits du créancier, car cette subrogation ne lui ouvre ces droits que contre le débiteur principal (Cass. com. 28-1-1992 : Bull civ. IV n° 30).

Art. 34 [anc. art. 23] Lorsqu'il existe plusieurs cautions simples ou solidaires pour une même dette, si l'une des cautions a utilement acquitté la dette, elle a un recours contre les autres cautions, chacune pour sa part et portion.

JURISPRUDENCE COMPARÉE

France

A. Recours entre cofidéjusseurs

Droit au remboursement de celui qui a payé plus que sa part. Celui qui a contre-garanti avec d'autres (ses cofidéjusseurs) la caution ne peut pas demander aux autres cautions contre-garantes le remboursement de la dette principale qu'il a acquittée, car la subrogation accordée à la caution qui a payé n'opère que pour les droits du créancier contre le débiteur, mais seulement pour ce qu'il a payé en plus de sa part (Cass. civ. 4-12-2001 : RJDA 4/02 n° 436). Néanmoins, les cofidéjusseurs peuvent convenir entre eux que l'un d'eux sera intégralement remboursé, l'article 2033 du Code civil n'étant pas d'ordre public (Cass. com. 11-6-1991 : RJDA 7/91 n° 633).

B. Recours de la caution réelle

La loi ne faisant aucune distinction entre les cautions, le recours existe au profit de la caution réelle contre ses cofidéjusseurs, cautions personnelles (CA Paris 13-1-1995 : D. 1995.IR.61). Le recours existe même lorsqu'une caution solidaire a renoncé à son recours contre le débiteur principal (Cass. civ. 21-11-1973 : D. 1974.IR.28). Mais la caution réelle peut s'opposer à l'action en paiement des cofidéjusseurs, le cautionnement réel, à défaut d'engagement personnel du constituant, n'ouvrant droit qu'à la saisie de l'immeuble donné en garantie (CA Rennes 20-12-2002 : JCP (éd. G) 2003.IV.2755).

C. Exception que peut invoquer une caution poursuivie

Dans les rapports des cautions entre elles, l'une d'elles peut demander l'annulation de son cautionnement en invoquant le dol émanant de son cofidéjusseur (Cass. com. 29-5-2001 : RJDA 11/01 n° 1150).

Art. 35 [anc. art. 24] La caution peut agir en paiement contre le débiteur principal ou demander la conservation de ses droits dans le patrimoine de celui-ci, avant même d'avoir payé le créancier :

– dès qu'elle est poursuivie ;

– lorsque le débiteur est en état de cessation des paiements ou en déconfiture ;
– lorsque le débiteur ne l'a pas déchargée dans le délai convenu ;
– lorsque la dette est devenue exigible par l'échéance du terme sous lequel elle avait été contractée.

JURISPRUDENCE OHADA

Action de la caution contre le débiteur. Lorsque la caution a commencé et continue de payer les sommes dues par le débiteur principal, ce dernier peut être condamné à rembourser à la caution les sommes payées (CA Daloa, n° 115, 28-7-2005 : DBY c/ GVC WADAMA, Juris-Ohada n° 1, 2006, p. 39, Ohadata J-07-04. TPI Bouaflé (Côte d'Ivoire), n° 113, 28-7-2005 : A. Y. C. c/ GVC Wadama, Ohadata J-09-204).

JURISPRUDENCE COMPARÉE

France

A. Ouverture du recours en cas de procédure collective

Lorsque le débiteur est en redressement ou liquidation judiciaire, la caution ne peut agir qu'autant qu'elle ne se prévaut pas de la subrogation dans les droits du créancier qui a omis de déclarer sa créance (Cass. com. 4-10-1972 : GP 1973.1.143, 1e esp. note Martin).

B. Absence de recours contre la caution du débiteur

Le recours de la caution n'est ouvert que contre le débiteur par elle-même cautionné et non contre la caution solidaire de celui-ci (Cass. com. 11-12-2001 : RJDA 4/02 n° 437).

C. Versement du montant encaissé au créancier

La caution qui a versé au créancier les sommes reçues du débiteur à la suite du recours préventif se trouve ainsi avoir exécuté son obligation de garantie envers le créancier dans la mesure de ce paiement, qui doit donc venir en déduction du montant de son engagement de caution (Cass. civ. 2-2-1982 : JCP (éd. G) 1982.II.19825 note Simler).

Section IV • EXTINCTION DU CAUTIONNEMENT

Art. 36 [anc. art. 25] L'extinction partielle ou totale de l'obligation principale entraîne, dans la même mesure, celle de l'engagement de la caution.

La dation en paiement libère définitivement la caution, même si le créancier est ensuite évincé de la chose acceptée par lui. Toute clause contraire est réputée non écrite.

La novation de l'obligation principale par changement d'objet ou de cause, la modification des modalités ou sûretés dont elle était assortie libère la caution à moins qu'elle n'accepte de reporter sa garantie sur la nouvelle dette. Toute clause contraire stipulée avant la novation est réputée non écrite.

Les engagements de la caution simple ou solidaire passent à ses héritiers uniquement pour les dettes nées antérieurement au décès de la caution.

JURISPRUDENCE OHADA

I. Obligation de la caution en dépit de sa mise hors de cause par le débiteur

L'obligation pour la caution de payer la dette en cas de non-paiement du débiteur principal subsiste, dès lors que la dation en paiement alléguée n'a pas été acceptée par le créancier et que la mise hors cause de la caution par le débiteur ne figure pas dans les causes d'extinction du cautionnement. C'est donc à juste titre que le créancier, qui a entrepris des poursuites contre la caution après une mise en demeure adressée au débiteur principal et restée vaine, sollicite la condamnation solidaire de la caution et du débiteur au paiement de sa créance (Section de Tribunal de Sassandra, n° 14, 29-1-2003 : A. c/ S. et N., Juris-Ohada, n° 2/2004, juin-août 2004, p. 69, note Brou Kouakou Mathurin, Ohadata J-04-306).

II. Novation

En substituant à l'insu de la caution, la convention de compte courant par un crédit à moyen terme avec un régime de calcul d'intérêts différent, une nouvelle obligation est née entre la banque créancière et la débitrice. N'en ayant pas été informée et n'y ayant pas participé, la caution y est étrangère et s'en trouve déchargée comme caution. Il en est ainsi dès lors que la caution ne saurait être obligée au-delà de ses engagements de garantir le remboursement d'un découvert de 3 millions de FCFA, sans en avoir été sommée à l'échéance et que le solde débiteur de 9 074 303 FCFA présenté par le débiteur dans les livres de la liquidation de la banque créancière résulte du non-respect d'une deuxième obligation inopposable à la caution (CA Centre (Cameroun), n° 139/CIV/06-07, 7-2-2007 : K. P. E. c/ Liquidation Crédit Agricole (SRC), Obs. J. Issa-Sayegh, Ohadata J-12-07).

Obs. : cette décision ne vise pas expressément l'article 25 [devenu 36] de l'AUS.

La novation ne se présume pas. C'est à tort qu'il est reproché à un arrêt d'avoir violé l'article 25 de l'AUS, pour n'avoir pas tiré les conséquences de la convention de crédit signée entre les parties le 21 juillet 2004 qui aurait opéré la novation de la créance réclamée, et en conséquence, entraîné l'extinction de l'engagement de la caution, dès lors que la novation ne se présume pas et doit résulter clairement des stipulations contractuelles ; le simple réaménagement de la dette et de ses modalités de remboursement résultant de la convention de crédit du 21 juillet 2004, ne suffisent pas à caractériser une novation au sens des dispositions de l'article 25 de l'AUS (CCJA, 1e ch., 192, 25-10-2018 : Diarra Boubacar c/ dite Boa-CI).

La cour d'appel qui, appréciant les éléments qui lui étaient soumis, a pertinemment estimé que « toutes les opérations pour lesquelles des comptes distincts et spécifiques ont été ouverts doivent être retenues comme des articles du seul compte courant ouvert au nom de [la débitrice] ; que toutes les cautions souscrites pour la garantie du remboursement de chacune de ces opérations se complètent et ne sauraient s'exclure mutuellement ; que [la caution] reconnait […] que ces cautionnements n'ont pas été donnés en même temps, mais constituent un cumul d'actes de cautionnements qu'il a souscrit à la suite de diverses opérations de crédits ayant nécessité l'ouverture d'autres comptes que le compte courant susmentionné ». Ayant ainsi très justement apprécié la commune volonté des parties au regard des divers concours bancaires accordés à la société débitrice, des sous-comptes ouverts au nom de cette dernière pour une meilleure lisibilité et des garanties offertes, elle a ainsi pu confirmer la décision du premier juge en concluant que le second cautionnement ne venait pas remplacer et éteindre le premier mais plutôt le compléter. Par suite, la créance principale n'était pas encore éteinte et le cautionnement de 500 000 000 FCFA était actuel (CCJA, 1e ch., n° 273/2020, 30-7-2020 : Guissou Dominique c/ Ecobank-Burkina).

JURISPRUDENCE COMPARÉE

France

Extinction du cautionnement

Le cautionnement est éteint dans les cas suivants.

1° Inexécution de l'obligation principale

La caution peut opposer au créancier l'exception d'inexécution s'il n'a pas rempli son propre engagement par rapport au débiteur principal (T. com. Le Havre 14-11-1921 : DP 1923.2.137, 1e esp. note Chéron) ou demander la résolution du contrat (Cass. civ. 20-12-1988 : D.1989.166, note Aynès).

2° Caducité de l'obligation principale

La caution est libérée si la convention principale est caduque, conformément à l'une de ses clauses (Cass. civ. 12-6-1990 : Bull. civ. I p. 112 ; Cass. civ. 29-4-1997 : RJDA 10/97 n° 1241).

3° Tacite reconduction

Le cautionnement est éteint lorsque la dette principale résulte d'un contrat tacitement reconduit (Cass. com. 11-2-1997 : RJDA 6/97 n° 814 : extinction du cautionnement d'une ouverture de crédit tacitement reconduite) ; mais la caution reste tenue si elle a eu connaissance de la clause de reconduction (Cass. com. 4-11-1986 : Bull. civ. IV p. 171 ; Cass. com. 11-6-2003 n° 974 : Bull. civ. IV n° 94).

4° Dation en paiement

La dation en paiement libère la caution dans les conditions suivantes :

– le tirage par le créancier lui-même d'une traite acceptée par le débiteur principal pour le montant de la dette ne constitue pas la dation d'un effet en paiement (Cass. com. 5-11-1971 : Bull. civ. IV p. 247) ;

– il faut que le bien soit remis avec l'intention d'en transférer la propriété et non pas à titre de gage (Cass. com. 20-10-1965 : D. 1966.353 note Cabrillac, retenant l'existence d'un gage ; Cass. civ. 13-6-1979 : Bull. civ. I p. 144, reconnaissant le transfert de propriété) ;

– le créancier qui se porte adjudicataire d'un immeuble du débiteur ne peut pas être considéré comme ayant accepté totalement cet immeuble en paiement (Cass. civ. 19-1-1863 : DP 1863.1.86) ;

– le bien remis doit avoir une valeur permettant d'éteindre la créance : tel n'est pas le cas de la remise d'une créance irrécouvrable, le débiteur de cette créance étant en faillite et tout dividende étant exclu pour les créanciers chirographaires (Cass. com. 28-11-1972 : Bull. civ. IV p. 289, transposable à la liquidation judiciaire) ;
– la caution est déchargée à concurrence de la partie de la dette éteinte par la dation en paiement (cf. Cass. civ. 27-2-1973 : Bull. civ. I p. 69).
Il appartient à la caution qui se prétend déchargée de son obligation d'établir que les conditions de la dation en paiement étaient réunies (Cass. com. 28-1-1997 : RJDA 5/97 nº 690).

5º Novation

a. Extinction de la dette ancienne

Si la caution accepte de cautionner la nouvelle dette, expressément ou tacitement, elle ne peut plus alors invoquer les exceptions qui étaient attachées à la dette primitive (Cass. civ. 16-11-1971 : JCP (éd. G) 1971.II.17035 note Spitéri).

b. Existence d'une novation de la dette garantie

La novation existe lorsque :
– la caution a accepté de cautionner la nouvelle dette, expressément ou tacitement ; elle ne peut plus alors invoquer les exceptions qui étaient attachées à la dette primitive (Cass. civ. 16-11-1971 : JCP (éd. G) 1971.II.17035 note Spitéri) ;
– la dette primitive a été remplacée par une dette d'une autre nature (CA Limoges 12-1-1994 : JCP (éd. G) 1995.IV.826) ou d'un autre montant (Cass. com. 19-10-1993 : RJDA 3/94 nº 325) ;
– le créancier a accepté de recevoir en paiement des valeurs souscrites par des débiteurs autres que ceux qui étaient cautionnés (CA Limoges 21-1-1889 : DP 1890.2.11, 2e esp.) ;
– une créance certaine fixée de façon transactionnelle à une somme forfaitaire est substituée à une créance discutable (Cass. civ. 16-2-1959 : Bull. civ. I p. 78).
Le cautionnement s'éteint aussi par novation lorsque l'engagement de cautionnement est lui-même nové, notamment lorsque la caution accepte de lui substituer un engagement personnel (Cass. civ. 14-2-1973 : Bull. civ. I p. 54).

c. Absence de novation

Ne constituent pas une novation :
– les modifications apportées dans les rapports entre le débiteur principal et le créancier, telles que : l'émission ou le renouvellement d'effets de commerce, une telle opération constituant un mode de paiement de la dette cautionnée et non la source d'une dette nouvelle (Cass. com. 6-11-1962 : Bull. civ. III p. 362) ; la conversion de la dette en une monnaie autre que celle fixée au contrat primitif (Cass. civ. 17-12-1928 : DH 1929.49) ; le rééchelonnement d'une dette sur une période prolongée avec un taux global se substituant aux divers taux jusqu'alors pratiqués (CA Paris 2-2-1995 : D. 1995.IR.110) ou une simple modification du taux d'intérêt dans les rapports du créancier et du débiteur (Cass. com. 8-6-1999 : RJDA 8-9/99 nº 1007) ; la dénonciation de la convention de compte courant et de découvert, dès lors que la caution garantit toutes sommes dues à quelque titre que ce soit (Cass. civ. 18-1-2000 : RJDA 4/00 nº 479) ;
– la cession ou l'apport en société de créance ou de dette (Cass. req. 21-12-1925 : S. 1926.1.99) ;
– la délégation imparfaite de la créance cautionnée (Cass. civ. 6-1-1959 : Bull. civ. I p. 7) ;
– le changement de la situation juridique intervenant dans les rapports de la caution et du débiteur garanti : par exemple, il n'y a pas de novation par changement de cause lorsque le divorce intervient entre deux époux dont l'un s'était porté caution de l'autre (Cass. com. 24-6-1969 : JCP (éd. G) 1970.II.16221 note Prieur).

d. Preuve de la novation

La caution, qui l'invoque, doit prouver la novation (Cass. com. 26-6-1972 : Bull. civ. IV p. 195).

Art. 37 [anc. art. 26] **L'engagement de la caution disparaît indépendamment de l'obligation principale :**

– lorsque, sur poursuites dirigées contre elle, la caution excipe de la compensation pour une créance personnelle ;

– lorsque le créancier a consenti une remise de dette à la seule caution ;

– lorsque la confusion s'opère entre la personne du créancier et de la caution.

JURISPRUDENCE OHADA

Suspension des poursuites inapplicables à la caution. La caution qui garantit la créance due par un débiteur principal sous procédure de redressement judiciaire ne bénéficie pas du principe de suspension des créances, le créancier pouvant directement demander à la caution la totalité de ladite créance (CCJA, 1e ch., nº 273/2020, 30-7-2020 : Guissou Dominique c/ Ecobank-Burkina).

Jurisprudence comparée

I. Canada

Non-libération des cautions pour faute du créancier à défaut de préjudice

Les cautions ne peuvent être libérées de leur engagement en l'absence de préjudice causé à leurs intérêts. Une banque avait financé l'achat des actions d'une société par la société de portefeuille des personnes physiques qui s'étaient portées cautions du contrat de prêt et des prêts d'exploitation consentis à la suite de cette opération. La banque s'étant ensuite inquiétée de la santé financière de la société avait alors envisagé de demander le remboursement des emprunts et la nomination d'un séquestre ; au préalable, elle avait fait examiner les affaires de la société par un cabinet comptable. En réalité, selon le représentant de la banque, cette démarche visait à faciliter les relations entre celle-ci et la société. Or la banque avait demandé le remboursement des emprunts et la désignation d'un séquestre avant d'obtenir le rapport final du cabinet comptable tout en ignorant que la société honorant l'emprunt était alors insolvable. La banque pourtant informée que seule l'insolvabilité de la société emprunteuse pouvait justifier une demande de remboursement de l'emprunt, avait également demandé à la société de consentir à une mise sous séquestre et, pour inciter les administrateurs de la société à donner leur consentement, la banque avait menacé ceux-ci qu'elle « engagerait des procédures le lendemain » en cas de refus de leur part. Le lendemain de leur consentement, la banque a signifié une demande de remboursement des prêts et obtenu ensuite la mise sous séquestre de la société.

La banque a alors été poursuivie pour mise sous séquestre injustifiée de la société et a demandé reconventionnellement le solde des prêts et des cautionnements personnels.

Selon la Cour suprême, certes, le fait de ne pas divulguer, au moment où le cautionnement a été consenti, des faits susceptibles de causer un préjudice à la caution équivaut à une déclaration inexacte et en entraîne les conséquences. Or en l'espèce, la caution prétextait avoir consenti à souscrire le cautionnement tout en étant victime d'une dissimulation frauduleuse, ce qui avait pour effet de la libérer de ses engagements. Les juges appliquent le principe général selon lequel une caution est libérée si le contrat principal qu'elle a consenti à cautionner est modifié sans son consentement ou si les conditions du contrat de cautionnement entre le créancier et la caution sont violées par le créancier.

Or ici, la question portait uniquement sur la prise injustifiée de garantie par le créancier et il n'était pas établi que le fait de prendre une garantie était une condition de la garantie alors que la caution ne peut être libérée au-delà de la garantie qu'elle a perdue.

En principe, la caution ne peut être libérée que dans deux cas :

– lorsque le créancier a modifié, par sa conduite ou ses actes, le risque de défaut de la part du débiteur ;

– lorsque le créancier viole une condition du contrat de cautionnement.

Et selon la Cour suprême, la caution ne peut être libérée que dans la mesure du préjudice réellement subi. Par suite dans cette affaire, la caution n'est pas libérée de ses engagements puisque le créancier a violé le contrat principal en n'accordant pas au débiteur un délai suffisant pour répondre à sa demande mais n'a causé aucun préjudice à la caution de ce fait (Cour suprême du Canada, n° 22194, 24-9-1992, Juricaf, décision rendue sous l'empire de la common law, sur pourvoi contre une décision de la cour d'appel de la Colombie-Britannique).

II. France

A. Remise de dettes à l'une des cautions solidaires

Lorsque les cautions se sont engagées par actes séparés sans stipulation de solidarité entre elles, la décharge consentie par le créancier à l'une des cautions, sauf convention contraire, ne libère pas l'autre, qui reste tenue sans déduction de la part de la caution déchargée (Cass. civ. 23-6-1992 : RJDA 12/92 n° 1164).

Mais la décharge doit profiter à l'autre caution si les cautions se sont engagées ensemble (cf. Cass. civ. 11-7-1984 : Bull. civ. I p. 193).

B. Confusion entre la dette principale et celle de caution

La caution qui vient à être obligée personnellement au paiement de la dette principale (par exemple mise à la charge d'un administrateur caution d'une société de la dette de celle-ci à la suite d'une extension de la « faillite sociale » de ladite société) n'est plus alors tenue en tant que caution (Cass. com. 28-4-1964 : Bull. civ. III p. 182).

Art. 38 [anc. art. 27] **Toutefois, la confusion qui s'opère dans la personne du débiteur principal et de sa caution lorsque l'une devient héritière de l'autre, n'éteint pas l'action du créancier contre le certificateur de la caution.**

Chapitre II

GARANTIE ET CONTRE-GARANTIE AUTONOMES

Art. 39 [anc. art. 28 mod.] La garantie autonome est l'engagement par lequel le garant s'oblige, en considération d'une obligation souscrite par le donneur d'ordre et sur instructions de ce donneur d'ordre, à payer une somme déterminée au bénéficiaire, soit sur première demande de la part de ce dernier, soit selon des modalités convenues.

La contre-garantie autonome est l'engagement par lequel le contre-garant s'oblige, en considération d'une obligation souscrite par le donneur d'ordre et sur instructions de ce donneur d'ordre, à payer une somme déterminée au garant, soit sur première demande de la part de ce dernier, soit selon des modalités convenues.

JURISPRUDENCE OHADA

I. Qualification de garantie autonome

L'acte unilatéralement établi par une société A., et qui indique que « [la Sté. A. s'est portée caution solidaire en faveur de la société B. pour le compte de la société C. ; [que la société A.] s'est aussi engagée à régler à première demande écrite, toute somme jusqu'à concurrence de son cautionnement contre remise par le bénéficiaire d'une lettre spécifiant que la société C. n'a pas respecté ses engagements [...] » constitue une lettre de garantie prévue par l'article 28 [devenu art. 39] de l'AUS et non un cautionnement au sens des articles 3 [devenu art. 13] et suivants du même Acte uniforme (CA Abidjan, n° 184, 21-2-2003 : Sib c/ Sté Coréca, Ohadata J-05-126, note Kassia Bi Oula ; Ohadata J-03-230, obs. J. Issa-Sayegh).

Obs. : décision rendue en application de la version antérieure de l'AUS (art. 28) mais transposable.

II. Protection du donneur d'ordre dans le respect de l'indépendance de la garantie

Il s'induit des dispositions de l'article 39, al. 1 de l'AUS, selon lequel « le garant s'oblige, en considération d'une obligation souscrite par le donneur d'ordre et sur instructions de ce donneur d'ordre, à payer une somme déterminée au bénéficiaire, soit sur première demande de la part de ce dernier, soit selon des modalités convenues » et de l'article 47, al. 1 du même Acte uniforme qui dispose que « le donneur d'ordre ne peut faire défense de payer au garant que si la demande de paiement du bénéficiaire est manifestement abusive ou frauduleuse », que la volonté du législateur de l'OHADA est de protéger le donneur d'ordre contre un abus ou une fraude éventuelle, tout en respectant le caractère indépendant de la garantie (CCJA, 3e ch., n° 36, 31-1-2019 : BNI c/ Sté Internationale Malo).

Obs. : sur les modalités de la preuve de l'abus ou de la fraude pouvant faire obstacle au paiement de la garantie, voir la suite du même arrêt sous l'art. 47.

JURISPRUDENCE COMPARÉE

I. France

A. Qualification de la garantie principale

1° Principe

Pour que la garantie soit à première demande, elle doit comporter un engagement autonome et distinct des obligations garanties ; c'est le critère de l'objet de l'obligation du garant qui est déterminant : quels que soient les termes employés, si cette obligation n'a pas pour objet la dette du débiteur garanti, mais par exemple le « risque de l'opération », la garantie est à première demande (Cass. com. 11-6-2002 n° 1170 : RJDA 11/02 n° 1187) ; si elle a pour objet la propre dette du débiteur principal, la garantie est un cautionnement (Cass. com. 11-3-1997 : RJDA 7/97 n° 930).

2° Applications

a. Existence d'une garantie à première demande

La garantie est une garantie à première demande :
– si l'engagement pris par une banque est de payer irrévocablement à un maître d'ouvrage toute somme jusqu'à concurrence d'un montant de 5 % de la commande immédiatement à première demande,

sans pouvoir différer le paiement ou soulever de contestation (Cass. 3e civ. 27-9-2000 : RJDA 2/01 no 233) ;

– si elle comporte de simples références au contrat de base qui n'impliquent aucune appréciation des modalités d'exécution de celui-ci pour évaluer les montants garantis ou déterminer la durée de validité de la garantie (Cass. com. 30-1-2001 : RJDA 5/01 no 642) ;

– si la demande doit être « justifiée », si cette condition ne confère pas au garant une quelconque faculté d'en discuter le bien-fondé (Cass. com. 12-7-2005 no 1082 : RJDA 11/05 no 1286, 2e esp.) ;

– si l'engagement est de payer à première demande inconditionnellement, la seule référence, dans l'acte de garantie, à l'engagement du garant de payer les sommes dont la société garantie serait débitrice n'étant pas de nature à disqualifier le contrat (Cass. com. 7-6-2006 : Rev. dr. banc. 2006 no 159 obs. A. Cerles).

b. Existence d'un cautionnement

Constitue un cautionnement :

– un engagement souscrit par une société mère à l'occasion de la conclusion d'un contrat de sous-traitance par l'une de ses filiales au profit du maître de l'ouvrage, dès lors qu'il était ainsi libellé : « le garant se porte caution irrévocablement et inconditionnellement... pour toutes les garanties, engagements et obligations et responsabilités que la filiale doit exécuter, fournir ou observer dans le cadre du contrat ou en relation avec celui-ci », cet engagement ayant en effet pour objet la propre dette de la filiale (Cass. com. 16-6-2004 : RJDA 12/04 no 1378) ;

– un acte de garantie par lequel une banque s'était engagée à payer toutes sommes dues par une société en cas de défaillance de celle-ci, car cet engagement avait pour objet la propre dette du débiteur principal (Cass. com. 16-6-2004 : RJDA 12/04 no 1378) ;

– l'acte qui s'affirme comme une garantie autonome mais dont une clause, titrée « portée de l'engagement », fait expressément référence à la dette garantie (Cass. 1e civ. 6-7-2004 : RJDA 1/05 no 76) ;

– la lettre de garantie mentionnant que la garantie devra être mise en œuvre « au titre des importations de fruits et légumes pendant la période allant du 1er décembre 2003 au 30 juin 2004 », car l'engagement de garantie est lié au contrat principal d'importation et a pour objet de garantir la dette née de ce contrat (CA Aix-en-Provence : Bull. d'Aix 2006 p. 101).

B. Qualification de la contre-garantie

Une contre-garantie qui comporte un engagement inconditionnel est à première demande, indépendamment de la garantie de premier rang (CA Paris 18-11-1986 : D. 1988.som.247 obs. Vasseur).

C. Incompétence du juge des référés pour qualifier

L'appréciation de l'existence d'un engagement inconditionnel ou non constitue une contestation sérieuse qui ne peut pas être tranchée par le juge des référés (CA Paris 10-1-1986 : D. 1986.IR.154 obs. Vasseur ; CA Paris 10-4-1986 : D. 1988.som.244 obs. Vasseur).

....

II. Royaume-Uni

« Performance bond » inconditionnel

Un acte dit « performance bond », inconditionnel, est traité comme une garantie à première demande (Court of Appeal Londres 20-7-1977 : Lloyds Law Reports 1978.vol.I.166).

....

III. Suisse

Distinction de la garantie à première demande par rapport à l'engagement au titre d'un crédit documentaire et de cautionnement

Absence de documents et caractère international de l'engagement garanti. Constitue une garantie à première demande la garantie ainsi conçue : « ... nous nous engageons à vous remettre le connaissement original et à vous couvrir ainsi qu'à vous dédommager pour toute réclamation qui pourrait être présentée contre... vous... aux termes du connaissement... ainsi que pour toute perte, frais (y compris des frais entre avocats et entre avocat et client), dommages et dépenses que vous (vous verriez) imposer en rapport direct avec ladite modification de destination d'Abidjan à Douala » ; cette garantie n'est pas une garantie documentaire car elle ne fait pas mention des documents à la présentation desquels sa mise en œuvre serait liée, ni un cautionnement, bien que les déclarations de garantie faites par des particuliers doivent plutôt être considérées comme des cautionnements, mais se trouve être une garantie indépendante car il convient d'admettre qu'il en est ainsi lorsque la garantie est émise par un établissement bancaire dans le cadre d'un contrat international ; cet engagement apparaît dès lors comme une garantie bancaire sui generis dont les conditions découlent de la seule volonté des parties (Tribunal fédéral suisse 13-4-1993 : D. 1995.som.12 obs. M. Vasseur).

Section I • FORMATION DES GARANTIE ET CONTRE-GARANTIE AUTONOMES

Art. 40 [anc. art. 29] Les garantie et contre-garantie autonomes ne peuvent être souscrites par les personnes physiques sous peine de nullité.

Elles créent des engagements autonomes, distincts des conventions, actes et faits susceptibles d'en constituer la base.

JURISPRUDENCE COMPARÉE

I. Belgique

Engagement unilatéral

L'engagement du garant est unilatéral (CA Bruxelles 15-10-1987 : D. 1988.som.244 obs. Vasseur).

II. France

A. Habilitation à cautionner ne vaut pas habilitation à garantir à première demande

Une mutuelle soumise au Code de la mutualité, habilitée à fournir des cautionnements ne peut pas, de ce fait, émettre des garanties indépendantes, car cette dernière implique une aggravation de l'engagement du garant (Cass. 1e civ. 1-10-1996 : Rev. dr. banc. 1996.239).

Représentant légal d'une société : absence de pouvoir. La garantie à première demande souscrite au profit d'une banque par le président d'une société a été annulée au motif que le président avait été autorisé à donner un cautionnement au nom de la société et non une telle garantie (Cass. 1e civ. 1-3-2005 : RJDA 7/05 n° 837).

B. Formulation de la garantie

L'engagement du garant doit être exprès (Cass. com. 26-1-1993 : RJDA 5/93 n° 433).

Une banque étrangère peut être engagée comme garante en vertu du mandat apparent de ses employés (CA Versailles 9-6-1994 : D.1995.som.15 obs. Vasseur).

C. Engagement unilatéral

L'engagement du garant est unilatéral (Cass. civ. 18-11-1992 : D. 1995.som.14 obs. Vasseur).

D. Obligation du garant de payer indépendamment du sort des obligations garanties

1° Existence de l'obligation

Le garant ne peut pas refuser de payer en invoquant :
- une exigence pour le bénéficiaire de justifier le bien-fondé de sa demande (TGI Paris réf. 13-5-1980 : JCP 1981.II.19550 obs. Vasseur) ;
- un rapport d'expertise faisant le point sur l'exécution du contrat (T. com. Nantes 22-9-1983 : D. 1984.IR.202 note Vasseur) ;
- une quelconque exception tirée du contrat garanti (Cass. com. 20-12-1982, 1e esp. : D. 1983.365 note Vasseur : inexécution ; CA Riom 14-5-1980 : D. 1981.336 note Vasseur : exécution défectueuse ; CA Bordeaux 9-3-1983 : D. 1983.IR.300 note Vasseur : contestation des sommes dues ; Cass. com. 30-1-2001 : Bull. civ. IV n° 25 : défaut de déclaration de la créance garantie ; CA Nancy 22-9-1998 : JCP (éd. E) 1998.pan.967 : défaut de déclaration de la créance garantie, défaut d'information par le bénéficiaire et faute du bénéficiaire qui a empêché la subrogation du garant dans les droits et sûretés du bénéficiaire ; T. com. Paris réf. 12-4-1991 : D. 1992.som.239 obs. Vasseur : compensation) ;
- l'exécution du contrat garanti (Cass. com. 21-5-1985 : GP 1985.770 note Piedelièvre) ;
- la nullité éventuelle du contrat garanti (Cass. com. 20-12-1982 : D. 1983.365, 2e esp. note Vasseur ; CA Versailles 28-2-1992 : BRDA 11/92 p. 5 ; contra CA Paris 14-1-1993 : JCP (éd. G) 1993.II.22069 note Dumesnil-Rossi), sa résiliation (CA Paris 19-5-1988 : D. 1989.som.146 obs. Vasseur) ou la faute du bénéficiaire (CA Paris 17-1-1983 : D. 1983.IR.303 obs. Vasseur) ;
- les difficultés, notamment politiques, que le donneur d'ordre risque de rencontrer pour exercer un recours efficace contre le bénéficiaire (CA Riom 14-5-1980 : D. 1981.336 note Vasseur ; CA Paris 1-2-1984 : D. 1984.265 note Vasseur) ;
- le défaut d'accord du donneur d'ordre (CA Paris 22-6-1978 : D. 1979.259 note Vasseur) ;
- le lourd dommage que le paiement ferait subir au donneur d'ordre par privation de capitaux importants (Cass. com. 5-5-1988 : D. 1988.430 note Vasseur) ;
- un protocole prévoyant le paiement direct du bénéficiaire par le contre-garant (Cass. com. 9-10-2001 : RJDA 2/02 n° 203).

2° Conséquences du refus de paiement

Si le garant refuse de payer, il peut y être condamné par décision de justice (CA Paris 24-11-1981 : D. 1982.296 note Vasseur) et il peut, en outre, être condamné à des dommages et intérêts à l'égard du bénéficiaire en cas de refus de mauvaise foi (Cass. com. 20-12-1982, 1e esp. : D. 1983.365 obs. Vasseur).

E. Obligation du contre-garant de payer : indépendance des contre-garanties

1° Par rapport à la garantie principale

Les contre-garanties sont indépendantes des garanties et elles peuvent être invoquées aux conditions qui leur sont propres (Cass. com. 8-11-1994 : RJDA 3/95 n° 338 ; Cass. com. 7-3-1995 : RJDA 8-9/95 n° 1023 ; Cass. com. 26-11-1996 : RJDA 3/97 n° 397 ; CA Paris 17-9-1991 : RJDA 11/91 n° 952).

La clause compromissoire figurant dans le contrat garanti ne joue pas dans les rapports de la banque contre-garante et de la banque garante de premier rang (CA Paris 14-12-1987 : Rev. arb. 1989.240 note Vasseur) ni dans ceux du donneur d'ordre et de la banque contre-garante (CA Paris 25-2-1988 : D. 1989.som.150 obs. Vasseur). Celle figurant dans la contre-garantie ne peut pas, quant à elle, être invoquée par le donneur d'ordre (CA Paris 14-12-1987, précité).

2° Par rapport au contrat de base

Les contre-garanties sont indépendantes du contrat de base (Cass. com. 29-4-1986 : Bull. civ. IV p. 64).

III. Suisse

Refus de paiement non justifié

Le garant ne peut refuser de payer en invoquant les difficultés politiques que le donneur d'ordre risque de rencontrer pour exercer un recours efficace contre le bénéficiaire (Cour de justice de Genève 24-6-1983 : D. 1983.IR.486 note Vasseur).

Art. 41 [anc. art. 30] Les garantie et contre-garantie autonomes ne se présument pas. Elles doivent être constatées par un écrit mentionnant, à peine de nullité :

- la dénomination de garantie ou de contre-garantie autonome ;
- le nom du donneur d'ordre ;
- le nom du bénéficiaire ;
- le nom du garant ou du contre-garant ;
- la convention de base, l'acte ou le fait, en considération desquels la garantie ou la contre-garantie autonome est émise ;
- le montant maximum de la garantie ou de la contre-garantie autonome ;
- la date ou le fait entraînant l'expiration de la garantie ;
- les conditions de la demande de paiement, s'il y a lieu ;
- l'impossibilité, pour le garant ou le contre-garant, de bénéficier des exceptions de la caution.

Jurisprudence OHADA

Nullité pour défaut de la mention « lettre de garantie », exigence d'ordre public

La garantie à première demande qui a été intitulée à tort « caution de paiement fournisseur » doit être annulée pour violation de l'article 30 [devenu 41] de l'AUS, qui est une disposition d'ordre public (CA Abidjan, n° 184, 21-2-2003 : SIB c/ Sté Coréca, Ohadata J-05-126, note Kassia Bi Oula ; Ohadata J-03-230, obs. J. Issa-Sayegh).

Obs. : décision rendue sur le fondement de la version antérieure de l'AUS (art. 30) qui prévoyait la mention de « lettre de garantie ou de contre-garantie à première demande », mais transposable à la version révisée de l'AUS qui retient à son article 41 la mention de « garantie autonome ou contre-garantie autonome ». Pour un refus de la qualification de cautionnement pour un acte qui remplissait les conditions d'une garantie autonome, voir sous l'art. 39.

En vertu de l'article 30 [devenu 41] de l'AUS, qui disposait que « les conventions de garantie et de contre-garantie ne se présument pas. Elles doivent être constatées par un écrit mentionnant, à peine de nullité : la dénomination de lettre de garantie ou de contre-garantie à première demande ; le nom du donneur d'ordre ; le nom du bénéficiaire ; le nom du garant ou du contre-garant ; la convention de base, l'action ou le fait, la cause de l'émission de la garantie ; le montant maximum de la somme garantie ; la date d'expiration ou le fait entraînant l'expiration de la garantie ; les conditions de la demande de paiement ; l'impossibilité pour le garant ou le contregarant, de bénéficier des exceptions de la caution », c'est à tort qu'une cour d'appel a qualifié une sûreté de garantie à première demande alors qu'elle n'est pas conforme aux dispositions des articles 3, 4 et 30 de l'AUS et qu'elle n'est conforme à aucune autre sûreté prévue par ledit Acte uniforme ; l'arrêt attaqué encourt cassation. Sur l'évocation et pour les mêmes motifs que ceux ayant entraîné la cassation, il y a lieu d'infirmer le jugement du tribunal de première instance en ce qu'il a solidairement condamné le bénéficiaire de la caution ainsi que la caution personnelle à payer à la société débitrice la somme de 81 976 938 FCFA. Statuant à nouveau, le cautionnement litigieux doit être annulé et la caution mise hors de cause (CCJA, 3e ch., no 076, 28-4-2016 : Boa-CI c/ Sté ERC, Ohadata J-17-42).

La cour d'appel qui a retenu que la mention de l'article 30 de l'AUS ancien (de 1997) relative à « […] un écrit mentionnant, à peine de nullité : […] la convention de base, l'action ou le fait, cause de l'émission de la garantie… » n'est pas d'ordre public pour valider une garantie à première demande, alors que la rédaction péremptoire sur la nullité ne laisse place à aucun doute sur le formalisme de la constitution de la lettre de garantie, pendant nécessaire à la rigueur de l'exécution de cette sûreté, a méconnu les dispositions de l'article 30 précité, exposant l'arrêt attaqué à la cassation et l'évocation, sans qu'il soit nécessaire d'analyser les autres moyens. Sur l'évocation et pour les mêmes motifs que ceux ayant entraîné la cassation, la lettre de garantie, qui ne mentionne pas « la convention de base, l'action ou le fait, cause de son émission », outre la confusion sur l'identité du bénéficiaire, est nulle et le jugement qui l'a validé doit être infirmé en conséquence, les moyens relatifs au contredit seront sans objet (CCJA, 3e ch., no 078/2018, 29-3-2018 : Boa Mali c/ CBAO Groupe Attijariwafa Bank, Sénégalaise de Commerce et de Services).

Nullité pour défaut de la « dénomination garantie autonome »

Aux termes de l'article 41 de l'AUS, la garantie autonome ne se présume pas et doit être constatée par écrit comportant, à peine de nullité, certaines mentions limitativement énumérées par cet article. En l'espèce, les deux actes intitulés « Caution d'avance de démarrage no … » et « Caution de bonne fin exécution no … » ne comportant pas la dénomination de garantie autonome, c'est à tort que le premier juge a retenu la qualification de garantie autonome (CCJA, 3e ch., no 211/2021, 25-11-2021 : Bank of Africa-Burkina Faso c/ Iddi Ango Ibrahim).

L'acte intitulé « garantie de demande de remboursement de paiement » et qui ne comporte pas la dénomination « garantie autonome », prescrite à peine de nullité par l'article 41 de l'AUS et qui, au sens de ce texte, ne se présume pas, ne saurait être considéré comme constatant une garantie autonome telle que définie par l'article 39 de l'AUS. C'est en violation de l'article 41 qu'une cour d'appel a confirmé le jugement ayant rejeté la demande de nullité d'un tel acte, exposant son arrêt à la cassation. Sur l'évocation, et pour les mêmes que ceux ayant entraîné la cassation de l'arrêt attaqué, il y a lieu d'infirmer le jugement entrepris et de déclarer nul l'acte constatant la garantie et dénommé « garantie de demande de remboursement du paiement ». L'annulation d'une convention ayant pour effet en principe, de tout remettre dans le même état que si elle n'avait jamais été conclue, sauf le cas échéant des restitutions en cas d'exécution partielle au totale, la demande de restitution du reliquat de la garantie est infondée, l'acte constatant la garantie ayant été déclaré nul (CCJA, 3e ch., no 159/2020, 30-4-2020 : Sonibank SA c/ Bolloré Africa Logistics Niger SA).

Jurisprudence comparée

I. Belgique

Libération de plein droit par l'exécution de l'obligation

La garantie peut être libérée automatiquement à la réception d'une construction (T. com. Bruxelles 12-12-1992, 2 esp. : D. 1995.som.18 obs. Vasseur).

II. France

A. Expiration de la garantie

La garantie peut être libérée automatiquement au fur et à mesure des livraisons (Cass. com. 3-3-1980 : Bull. civ. IV p. 84) ou – au cas de garantie de restitution d'acompte – lorsque le montant des travaux réalisés sur le chantier dépassera celui de l'acompte et que l'accord de la société bénéficiaire sera exprimé sur les travaux réalisés (CA Paris 14-10-1983 : D. 1984.IR.202 obs. Vasseur ; T. com. Versailles 17-12-1981 : D. 1982.IR.496 obs. Vasseur ; T. com. Nanterre 22-9-1983 : D. 1984.IR.202 obs. Vasseur) ou – au cas de garantie de restitution d'acompte ou de bonne fin – lorsque le rapport établi par l'entreprise française chargée d'un marché d'étude aura reçu l'approbation du maître de l'ouvrage (T. com. Paris 8-7-1983 : D. 1984.IR.92 obs. Vasseur) ou lorsque le rapport établi par l'entreprise française chargée d'un marché d'étude aura reçu l'approbation du maître de l'ouvrage (T. com. Paris 8-7-1983 : D. 1984.IR.92 obs. Vasseur).

En Syrie, la date d'expiration des garanties est purement indicative et correspond seulement à la date probable à laquelle les obligations de la personne garantie auront été exécutées, car l'extinction de la garantie est liée, aux termes d'une clause du contrat de garantie, à la restitution du document de garantie (pour un exemple, CA Paris 26-4-1983 : D. 1983.IR.485 obs. Vasseur).

B. Prorogation de la garantie

Clause « prorogation ou paiement » (« extend or pay »). Aux termes de cette clause, à défaut pour

le garant de consentir la prolongation, le bénéficiaire peut exiger le versement de la garantie (pour des exemples, CA Paris 2-4-1987 : D. 1988.som.248 obs. Vasseur ; T. com. Paris 8-7-1983 : D. 1984.IR.92 obs. Vasseur).
La demande « prolongation ou paiement » constitue une sollicitation d'un délai et non un appel ferme et non équivoque de la mise en jeu immédiate de la garantie (Cass. com. 24-1-1989 : JCP (éd. G) 1990.II.21425 note Mattaut et Prüm ; CA Paris 2-4-1987 : D. 1988.som.248 obs. Vasseur), sauf demande précise de paiement à défaut de prorogation (CA Paris 9-1-1991 : D. 1991.som.196 obs. Vasseur).

C. Caducité de la garantie

La garantie est caduque si elle n'a pas été demandée ou prorogée avant sa date d'expiration (Cass. civ. 24-2-1998 : Clunet 1998.963 note Jacquemont, en déduisant que le gage qui en est l'accessoire devient privé de cause).

Section II • EFFETS DES GARANTIE ET CONTRE-GARANTIE AUTONOMES

Art. 42 [anc. art. 31 mod.] Sauf clause ou convention contraire expresse, le droit à garantie du bénéficiaire n'est pas cessible. Toutefois, l'incessibilité du droit à garantie n'affecte pas le droit du bénéficiaire de céder tout montant auquel il aurait droit à la suite de la présentation d'une demande conforme au titre de la garantie.

JURISPRUDENCE COMPARÉE

États-Unis

Cessibilité d'une promesse irrévocable de payer et inopposabilité des exceptions au cessionnaire

Une promesse irrévocable de payer qui précise le montant de la somme à payer, la date du paiement et le bénéficiaire, sans contenir aucune autre promesse, est cessible. Les moyens de défense issus du contrat pour lequel la promesse irrévocable de payer avait été faite ne peuvent pas être opposés au cessionnaire de bonne foi (Al TRade Finance Inc v. Laminaciones de Lesaca, S.A., 41F.3d 830 (1994)).

Art. 43 [anc. art. 32 mod.] Les garantie et contre-garantie autonomes prennent effet à la date où elles sont émises sauf stipulation d'une prise d'effet à une date ultérieure.

Les instructions du donneur d'ordre, la garantie et la contre-garantie autonomes sont irrévocables dans le cas d'une garantie ou d'une contre-garantie autonome à durée déterminée.

Les garanties ou contre-garanties autonomes à durée indéterminée peuvent être révoquées par le garant ou le contre-garant respectivement.

Art. 44 [anc. art. 33 mod.] Le garant et le contre-garant ne sont obligés qu'à concurrence de la somme stipulée dans la garantie ou la contre-garantie autonome sous déduction des paiements antérieurs faits respectivement par le garant ou le contre-garant conformément aux termes de leur engagement.

Les garantie et contre-garantie autonomes peuvent stipuler que le montant de l'engagement sera réduit d'un montant déterminé ou déterminable à des dates précisées ou contre présentation au garant ou au contre-garant de documents indiqués à cette fin dans l'engagement.

Art. 45 [anc. art. 34 mod.] La demande de paiement au titre de la garantie autonome doit résulter d'un écrit du bénéficiaire accompagné de tout autre document prévu dans la garantie. Cette demande doit indiquer le manquement reproché au donneur d'ordre dans l'exécution de l'obligation en considération de laquelle la garantie a été souscrite.

La demande de paiement au titre de la contre-garantie autonome doit résulter d'un écrit du garant mentionnant que le garant a reçu une demande de paiement émanant du bénéficiaire et conforme aux stipulations de la garantie.

Toute demande de paiement doit être conforme aux termes de la garantie ou de la contre-garantie autonome au titre de laquelle elle est effectuée et doit, sauf clause contraire, être présentée au lieu d'émission de la garantie autonome ou, en cas de contre-garantie, au lieu d'émission de la contre-garantie autonome.

JURISPRUDENCE OHADA

Contrôle préalable incombant au garant

C'est à tort qu'il est reproché à l'arrêt attaqué la violation de l'article 45 de l'AUS en ce qu'il a imputé au garant de vérifier le manquement des obligations du donneur d'ordre, dès lors que le troisième alinéa du même article, selon lequel « toute demande de paiement doit être conforme aux termes de la garantie [...] au titre de laquelle elle est effectuée... », induit nécessairement un contrôle de la part du garant pour déceler toutes les irrégularités de forme ou de fond pouvant motiver un éventuel rejet de l'appel (CCJA, 2e ch., no 153, 29-6-2017 : SGBS c/ Modou Cheikh Babou).

JURISPRUDENCE COMPARÉE

I. Belgique

Certitude de l'appel de la garantie

L'appel de la garantie doit être certain : tel n'est pas le cas d'un télex qui ne demande pas à la banque de s'exécuter, mais se borne à lui notifier l'état des engagements couverts par la garantie (CA Bruxelles 17-11-1988 : D. 1989.som.147 obs. Vasseur).

II. États-Unis

Irrecevabilité de la demande de paiement non conforme à la lettre de crédit

Si la demande de paiement n'est pas conforme aux termes de la lettre de crédit, le garant doit en informer le bénéficiaire et lui laisser un délai raisonnable pour régulariser. À défaut de régularisation, le garant peut refuser de payer (Philadelphia Gear Corporation v. Central Bank, 717 F2d 230 (1983)).

Art. 46 [anc. art. 35 mod.] Le garant et le contre-garant disposent chacun de cinq jours ouvrés pour examiner la conformité de la demande en paiement aux termes de la garantie ou de la contre-garantie autonome. Ils ne peuvent rejeter la demande qu'à la condition de notifier au bénéficiaire ou, en cas de contre-garantie, au garant, au plus tard à l'expiration de ce délai, l'ensemble des irrégularités qui motivent ce rejet.

Le garant doit transmettre une copie de la demande du bénéficiaire et tous documents accompagnant celle-ci au donneur d'ordre ou, en cas de contre-garantie, au contre-garant, à charge pour ce dernier de les transmettre au donneur d'ordre.

Le garant doit aviser le donneur d'ordre ou, en cas de contre-garantie, le contre-garant, qui en avisera le donneur d'ordre, de toute réduction du montant de la garantie et de tout acte ou événement mettant fin à celle-ci autre qu'une date de fin de validité.

JURISPRUDENCE OHADA

I. Paiement irrégulier devant être remboursé

Il résulte de l'article 35 [devenu 46] de l'AUS que le garant qui a remis les fonds au bénéficiaire immédiatement après la réception de sa lettre de dénonciation de ses relations avec le débiteur, sans même en aviser ce dernier, a effectué un mauvais paiement et les sommes payées doivent être remboursées (CA Abidjan, no 184, 21-2-2003 : SIB c/ Sté Coréca, Ohadata J-05-126, note Kassia Bi Oula ; Ohadata J-03-230, obs. J. Issa-Sayegh).

II. Sanction de la non-production des documents requis par le garant

C'est à tort qu'une cour d'appel a retenu une faute d'imprudence et de négligence contre une banque (garante), en ce qu'elle a donné suite à l'appel d'une garantie sans avoir pris l'avis préalable du donneur d'ordre, alors que la demande en paiement « n'a pas été authentifiée » par ce dernier, et qu'à la date du paiement, la période de validité de la lettre de garantie lui servant de fondement avait expiré, pour confirmer le jugement et rejeter la demande en paiement de la garante. Il en est ainsi dès lors : qu'aucune disposition de la lettre de garantie litigieuse, qui constitue la loi des parties, ne subordonne le paiement par le garant ou le contre-garant à l'avis préalable du donneur d'ordre ou à l'« authentification » de la demande de paiement par ces derniers ; et que l'appel de la garantie a été fait dans le délai prévu par les parties dans leur convention. La cour d'appel n'a pas donné de base légale à sa décision, qui encourt la cassation. Sur l'évocation, il résulte de l'article 35 al. 2 (ancien) de l'AUS qu'« avant tout paiement, le garant doit transmettre, sans retard, la demande du bénéficiaire et tous documents accompagnant celle-ci au donneur d'ordre pour information ou, le cas échéant, au contre-garant pour transmission au donneur d'ordre aux mêmes fins ». Le garant qui n'a prouvé ni même soutenu dans ses diverses écritures, devant le tribunal, en appel et devant la CCJA, avoir procédé à la transmission prescrite par les dispositions susvisées a privé, par l'omission de cette formalité imposée par la loi, le donneur d'ordre de la protection qui lui est offerte par l'article 36 [devenu 47] du même Acte uniforme, lui permettant de s'opposer directement au paiement en cas d'abus ou de fraude. Il convient donc de dire que le paiement litigieux n'est pas libératoire et de confirmer le jugement (CCJA, 3e ch., n° 031, 9-3-2017 : Boa-CI SA c/ Sté Ami-CI, Ohadata J-17-165).

Art. 47 [anc. art. 36 mod.] **Le donneur d'ordre ne peut faire défense de payer au garant que si la demande de paiement du bénéficiaire est manifestement abusive ou frauduleuse. Le contre-garant dispose à l'encontre du garant de la même faculté dans les mêmes conditions.**

Le donneur d'ordre ne peut faire défense de payer au contre-garant que si le garant savait ou aurait dû savoir que la demande de paiement du bénéficiaire avait un caractère manifestement abusif ou frauduleux.

Jurisprudence OHADA

I. Défense de payer irrégulière

C'est à tort qu'il est reproché à l'arrêt attaqué d'avoir retenu la responsabilité de la banque au motif qu'elle a procédé à la réalisation de la garantie au mépris de l'ordonnance à pied de requête autorisant l'assignation aux fins de mainlevée de ladite garantie, dès lors qu'il ressort des éléments non contestés du dossier que, réagissant à une mise en demeure de payer la somme de 26 000 000 FCFA, le débiteur a effectué, le 1er août 2011, trois versements d'un montant total de 26 140 400 FCFA au crédit du créancier dans un compte tenu dans les livres de la banque ; que le 10 août 2011, en réaction à l'appel de la garantie, le débiteur fournissait à la banque les bordereaux desdits versements, à titre de preuve de l'apurement de ses dettes vis-à-vis du bénéficiaire. La banque ne pouvant ignorer ces paiements effectués dans ses propres livres, l'appel de la garantie tendant à un deuxième paiement était manifestement frauduleux, justifiant la défense qui en a été faite (CCJA, 2e ch., n° 153, 29-6-2017 : SGBS c/ Modou Cheikh Babou).

II. Paiement régulier

La partie qui a invoqué la fraude ou l'abus n'en ayant pas administré la preuve instantanée et irréfutable qui ferait ressortir le caractère manifeste exigé par l'Acte uniforme, c'est donc à bon droit que la banque a fait le choix, au regard du caractère autonome de la garantie, de payer celle-ci à la bénéficiaire ; en décidant du contraire, le premier juge a erré et expose son ordonnance à l'infirmation. Statuant à nouveau et sur le fondement des articles 39 et 47 de l'AUS, il échet de dire que, faute de preuve irréfutable d'abus ou de fraude manifeste, il n'y a lieu à mainlevée de la garantie autonome et de débouter la demanderesse de ses demandes, fins et conclusions (CCJA, 3e ch., n° 36, 31-1-2019 : BNI c/ Sté Internationale Malo).

Obs. : sur l'objectif général du législateur relativement à la garantie autonome, voir la suite du même arrêt sous l'art. 39.

JURISPRUDENCE COMPARÉE

I. Belgique

A. Existence d'une fraude

Il y a fraude lorsque, dès avant l'appel aux garanties, le donneur d'ordre avait reçu copie d'une attestation de l'ingénieur-conseil du maître d'ouvrage, certifiant que le donneur d'ordre avait exécuté toutes les obligations contractuelles (T. com. Bruxelles réf. 19-12-1980 : D. 1982.504 note Vasseur).

B. Existence d'un abus manifeste

Il y a abus manifeste lorsque l'appel de la garantie a pour but de remettre en cause une transaction intervenue (T. com. Bruxelles réf. 15-4-1991 : D. 1992.som.242 obs. Vasseur) ou lorsque la garantie appelée a été donnée pour une société qui est absolument étrangère au différend ayant surgi entre une autre société et le bénéficiaire de la garantie, à propos d'un autre contrat (T. com. Bruxelles 21-10-1986 : D. 1988.som.246 obs. Vasseur).

II. États-Unis

Conditions du non-paiement d'une lettre de crédit considérée comme frauduleuse

Pour qu'un juge interdise en référé le paiement d'une lettre de crédit considérée comme frauduleuse par le donneur d'ordre, il est nécessaire que ce dernier démontre (1) qu'il souffrirait d'un dommage irréparable si sa demande n'était pas accueillie, (2) que ce dommage est plus important que le dommage que subira le défendant si la demande du demandeur est accueillie, (3) que sa demande a toutes les chances d'aboutir sur le fond, et (4) que l'injonction ne portera pas atteinte à l'intérêt public (805 F2d 34 Foxboro Company v. Arabian American Oil Company Foxboro Company (1986)).

III. Finlande

L'appel est manifestement abusif lorsqu'il porte sur une garantie qui ne peut être exécutée en raison d'un cas de force majeure, tel que celui provoqué par la révolution islamique en Iran (Cour suprême Finlande 25-10-1992 : D. 1995.som.22 obs. Vasseur : à propos d'une contre-garantie mais transposable).

IV. France

A. Interdiction de payer adressée au garant

1° En cas de fraude

La demande d'exécution du bénéficiaire doit constituer une fraude (Cass. com. 18-12-1990 : RJDA 3/91 n° 239), et pas simplement un risque de fraude (Cass. com. 5-2-1991 : RJDA 6/91 n° 523).

a. Existence

Il y a fraude :

– si le bénéficiaire fait appel à la garantie sachant que rien ne lui est dû (Cass. com. 12-1-1993 : RJDA 5/93 n° 432 ; CA Paris 21-9-1988 : D. 1989.som.158 obs. Vasseur) ;

– lorsque les motifs invoqués par le bénéficiaire de la garantie pour faire appel à celle-ci reposent manifestement sur une contre-vérité, les fournitures ayant été livrées quelques jours avant le terme contractuellement prévu au bénéficiaire-acheteur, qui a payé l'intégralité du prix au moyen d'un crédit documentaire, mais qui tente d'obtenir une réfaction de 10 % du prix, montant de la contre-garantie, en invoquant un retard de livraison manifestement contraire à la vérité (CA Paris 18-11-1986 : D. 1988.som.247 obs. Vasseur) ;

– lorsque le bénéficiaire d'une garantie non transférable signe au profit de sa banque une lettre d'appel de cette garantie par anticipation (CA Paris 23-9-1988 : D. 1989.som.156 obs. Vasseur).

b. Absence

La fraude n'est pas établie lorsque les faits énoncés par le donneur d'ordre ne sont ni le résultat ni la preuve d'une collusion de la banque libyenne de premier rang avec l'administration des douanes libyennes qui a exigé la garantie fournie ou avec les autorités libyennes (CA Paris 3-12-1984 : D. 1985.IR.240 obs. Vasseur) ni pour la seule raison qu'existe une tension entre deux états (CA Paris 31-5-1988, deux arrêts : D. 1989.som.153 obs. Vasseur).

2° En cas d'abus manifeste

L'abus manifeste est une exception distincte de celle de la fraude et n'a pas à revêtir les caractéristiques de la fraude, pour faire obstacle à l'exécution de la garantie (Cass. com. 20-1-1987 : Bull. civ. IV p. 13).

a. Existence

Il y a abus manifeste, par exemple :

– lorsque le contrat fondamental était déjà rompu par l'appelant faute de délivrance de la garantie en temps voulu et qu'un tiers avait engagé une action en revendication de la propriété des marchandises vendues (T. com. Paris 15-3-1985 : Banque 1985.524) ;

– lorsque la somme due par le bénéficiaire est largement supérieure au montant de la garantie (CA Paris 17-6-1987 : D. 1988.som.245 obs. Vasseur) ;

– lorsque le bénéficiaire a refusé d'exécuter le contrat (CA Paris 27-6-1988 : D. 1989.som.151 obs. Vasseur ; CA Versailles 1-12-1988 : D. 1989.som.155 obs. Vasseur) ;

– lorsque l'appel de la garantie est fondé sur une modification de la garantie qui ne peut être établie (T. com. Nanterre 24-5-1991 : D. 1992.som.243 obs. Vasseur).

b. Absence

L'appel n'est pas manifestement abusif :

– lorsqu'il est opposé que le solde débiteur qu'il est destiné à garantir est dû à la négligence grave des préposés de la banque bénéficiaire qui ont encaissé des chèques falsifiés (Cass. com. 28-11-1995 : RJDA 2/96 n° 258) ;

– lorsque les affirmations tendant à contester sa mise en œuvre pour défaut d'accomplissement des conditions de la garantie, telles que dépassement du montant et inexactitude de l'attestation fournie par le bénéficiaire, sont impropres à établir que le garant a eu connaissance de la réalité d'un abus (Cass. com. 12-12-1995 RJDA 3/96 n° 367) ;

– lorsqu'il porte sur une garantie d'exécution, s'il n'est pas établi avec certitude que l'exécution a eu lieu (TGI Paris 10-11-1987 : D. 1988.som.246 obs. Vasseur).

3° Défaut de motivation par le juge de la fraude ou de l'abus manifeste

Les juges qui rejettent l'appel de la garantie au motif que le contrat a été exécuté ne caractérisent pas, ce faisant, l'existence d'une fraude ou d'un abus manifeste de l'appel litigieux (Cass. com. 7-6-1994 : RJDA 12/94 n° 1348).

B. Interdiction de payer adressée au contre-garant

L'interdiction de payer la contre-garantie ne peut être faite au contre-garant que s'il est prouvé qu'il connaissait, au moment de l'appel de la contre-garantie, l'existence d'un concert frauduleux entre le bénéficiaire de la garantie et la banque garante de premier rang, pour déclencher la contre-garantie (Cass. com. 11-12-1985 : D.1986.213 note Vasseur ; Cass. com. 10-1-1989 : Bull. civ. IV p. 5 ; CA Grenoble 12-11-1987 : D. 1988. som.247 obs. Vasseur).

Il appartient au contre-garant d'apprécier si l'appel de la garantie de premier rang est abusif ou non (T. com. Paris réf. 6-3-1987 : D. 1988.som.249 obs. Vasseur).

Le caractère abusif de l'appel à la garantie de premier rang ne rend pas, par répercussion, automatiquement abusif ou frauduleux l'appel à la contre-garantie auquel procéderait la banque de premier rang (Cass. com. 7-6-1994 : RJDA 11/94 n° 1195).

V. Luxembourg

Absence de lien automatique entre l'appel abusif de la garantie principale et l'appel de la contre-garantie

Le caractère abusif de l'appel à la garantie de premier rang ne rend pas, par répercussion, automatiquement abusif ou frauduleux l'appel à la contre-garantie auquel procéderait la banque de premier rang (cour d'appel de Luxembourg 16-3-1983 : D. 1983.IR.299 obs. Vasseur).

VI. Suisse

Existence d'une fraude

Il y a fraude si le bénéficiaire fait appel à la garantie alors qu'une décision juridictionnelle définitive constate que l'exportateur a exécuté toutes ses obligations (Cour de justice de Genève 29-9-1983 : D. 1984.IR.93 obs. Vasseur).

Art. 48 [anc. art. 37 mod.] Le garant ou le contre-garant qui a fait un paiement conformément aux termes de la garantie ou de la contre-garantie autonome dispose des mêmes recours que la caution contre le donneur d'ordre.

JURISPRUDENCE COMPARÉE

France

A. Remboursement du garant qui a payé

Le garant, qui a exécuté la garantie, peut débiter d'office le compte du donneur d'ordre (TGI Paris 4-5-1981 : D. 1981.395 cité obs. Vasseur). Le donneur d'ordre s'engage habituellement dans la lettre d'ordre à rembourser au garant à première demande toute somme que celui-ci aura été amené à payer (CA Riom 14-5-1980 : D. 1981.336 note Vasseur). Le recours du garant demeure fondé, alors même qu'après le paiement de la garantie il serait établi que l'appel à la garantie par le bénéficiaire n'était pas justifié (TGI Paris 26-1-1983 : D. 1983.IR.297 obs. Vasseur).

B. Réparation due au garant par le donneur d'ordre qui l'a privé de recevoir paiement du contre-garant

Le garant peut aussi agir en réparation contre le donneur d'ordre qui a empêché, par une saisie conservatoire de la contre-garantie jugée non fondée, qu'il reçoive paiement de la banque contre-garante (T. com. Paris 15-2-1984 : D. 1984.som.205 obs. Vasseur).

Art. 49 [anc. art. 38 mod.] La garantie ou la contre-garantie autonome cesse :

– soit au jour calendaire spécifié ou à l'expiration du délai prévu ;

– soit à la présentation au garant ou au contre-garant des documents libératoires spécifiés dans la garantie ou la contre-garantie autonome ;

– soit sur déclaration écrite du bénéficiaire libérant le garant de son obligation au titre de la garantie autonome ou déclaration écrite du garant libérant le contre-garant de son obligation au titre de la contre-garantie autonome.

• Titre II •

SÛRETÉS MOBILIÈRES

Art. 50 [anc. art. 39 mod.] Les sûretés mobilières sont : le droit de rétention, la propriété retenue ou cédée à titre de garantie, le gage de meubles corporels, le nantissement de meubles incorporels et les privilèges.

Sauf disposition contraire, les sûretés mobilières soumises à publicité font l'objet d'une inscription au Registre du Commerce et du Crédit Mobilier conformément aux dispositions du chapitre 1 du présent titre.

JURISPRUDENCE OHADA

Sur la nécessité de faire enregistrer un gage, voir sous l'article 97.

JURISPRUDENCE COMPARÉE

États-Unis

A. Délai d'inscription de la sûreté

Primauté du délai fédéral sur celui des États. Selon le titre 11 de l'US Code (droit fédéral), une garantie mobilière n'est parfaite que si toutes les formalités requises ont été accomplies dans un délai de 20 jours (30 jours depuis 2007) à compter du jour où le débiteur a pris possession du bien sur lequel la garantie est prise. Le droit des États fédérés ne peut en aucun cas allonger ce délai (FIDELITY FINANCIAL SERVICES, INC. v. FINK 102 F3d 334 (1998)).

Obs. : l'US Code est une compilation du droit fédéral qui ne se confond pas avec le code de commerce uniforme (UCC) ; il est en principe refondu tous les six ans et révisé tous les ans.

B. Qualification du contrat de sûreté mobilière par rapport au contrat de vente : détermination par la recherche de l'intention des parties

Pour déterminer si l'on est en présence d'un contrat de sûreté portant sur un meuble ou d'un simple contrat de vente, il faut rechercher l'intention des parties et en particulier s'interroger sur le fait de savoir si les parties ont utilisé le bien pour garantir l'exécution d'une obligation ou s'il s'agissait d'un transfert contre le paiement d'un prix (Webbank v. American General Annuity Service Corp. 54 P.3d 1139 (2002)).

C. Vente avec clause de réserve de propriété et sûreté mobilière

Mise en œuvre de la reprise du bien subordonnée à l'avertissement du débiteur. Une vente avec une clause de réserve de propriété doit respecter les dispositions du Code de Commerce Uniforme sur les sûretés mobilières. En particulier, le créancier doit informer le débiteur avant de saisir et de vendre le bien donné en sûreté et ce même si ce dernier a volontairement délaissé le bien (en l'espèce un mobil-home) (E.P Brockbank v. Best Capitol Corp. 534 S.E.2d 688 (2000)).

D. Pas d'inscription particulière pour les garanties prises sur des brevets

Conformément à la section 9 du code de commerce de l'État de Californie, il est possible de prendre une sûreté sur un brevet. Afin de rendre cette dernière parfaite, les juges ont considéré que le créancier n'avait pas besoin de l'enregistrer auprès de l'office fédéral des brevets, mais seulement auprès de l'État de Californie, conformément aux formalités requises pour rendre parfaites également les autres garanties (Cybernetic Services Inc. v. Matsco Inc., 252F.3d 1039 (2001)).

E. Les contrats de sûreté doivent être enregistrés afin de devenir parfaits

Des parties avaient qualifié leur contrat de contrat de bail. Par la suite, les juges ont requalifié le contrat en contrat de sûreté mobilière. La sûreté ainsi prise n'est toutefois pas parfaite faute pour le contrat d'avoir été enregistré (Triplex Marine Maintenance Inc. 258 B.R. 659 (2000)).

Chapitre I

INSCRIPTION DES SÛRETÉS MOBILIÈRES AU REGISTRE DU COMMERCE ET DU CRÉDIT MOBILIER

Art. 51 L'inscription des sûretés mobilières est faite à la requête du créancier, de l'agent des sûretés ou du constituant.

L'inscription des privilèges généraux du Trésor, de l'Administration des douanes et des institutions de Sécurité Sociale est effectuée à la diligence du comptable public de l'administration créancière.

Art. 52 L'inscription a lieu au Registre du Commerce et du Crédit Mobilier dans le respect des règles de compétence territoriale ci-après :

le Registre du Commerce et du Crédit Mobilier compétent pour recevoir l'inscription des sûretés mobilières est celui dans le ressort duquel est immatriculé le constituant de la sûreté ou, s'il n'est pas soumis à l'obligation d'immatriculation, celui dans le ressort duquel est situé, selon le cas, le siège ou le domicile du constituant ;

le Registre du Commerce et du Crédit Mobilier compétent pour recevoir l'inscription des nantissements de créance ou des cessions de créance à titre de garantie est celui dans le ressort duquel est immatriculé le débiteur de cette créance ou, s'il n'est pas soumis à l'obligation d'immatriculation, celui dans le ressort duquel est situé, selon le cas, le siège ou le domicile de ce débiteur ;

le Registre du Commerce et du Crédit Mobilier compétent pour recevoir l'inscription du nantissement des droits d'associés et des valeurs mobilières d'une société commerciale ou d'une personne morale assujettie à l'immatriculation est celui dans le ressort duquel est immatriculée cette société ou cette personne morale ;

le Registre du Commerce et du Crédit Mobilier compétent pour recevoir l'inscription du nantissement de fonds de commerce et du privilège du vendeur de fonds de commerce est celui dans le ressort duquel est immatriculée la personne physique ou morale propriétaire du fonds ;

le Registre du Commerce et du Crédit Mobilier compétent pour recevoir l'inscription des privilèges généraux du Trésor, de l'Administration des douanes et des Institutions de Sécurité Sociale est celui dans le ressort duquel est immatriculé le redevable ou, s'il n'est pas soumis à l'obligation d'immatriculation, celui dans le ressort duquel est situé, selon le cas, le siège ou le domicile du redevable.

Les règles de compétence relatives à l'inscription des sûretés concernant l'entreprenant sont les mêmes que celles applicables à l'assujetti à l'immatriculation.

JURISPRUDENCE OHADA

Inscription d'une clause de réserve de propriété au RCCM du siège de la débitrice. En application de l'article 52 de l'AUS, le Registre du commerce et du crédit mobilier de Lomé est compétent pour recevoir l'inscription d'une clause de réserve de propriété dès lors que le siège de la société débitrice de l'obligation est à Lomé, lieu de livraison des marchandises vendues (CCJA, 1e ch., n° 272/2019, 28-11-2019 : Société Inno-Wangsa Oils et Fast SDN BHD c/ Abasse Nassirou).

Art. 53 Aux fins d'inscription, le créancier, l'agent des sûretés, le constituant ou le cas échéant le comptable public, présente au Greffe chargé de la tenue du Registre du Commerce et du Crédit Mobilier, ou à l'organe compétent dans l'État partie, un formulaire d'inscription portant mention :

a) des nom, prénom, dénomination sociale, domicile ou siège social et s'il y a lieu, les coordonnées électroniques et le numéro d'immatriculation ou de déclaration d'activité, du créancier ou de l'agent des sûretés, du débiteur de la créance garantie et du constituant s'il n'est pas ce débiteur ;

b) de la nature et de la date du titre générateur de la sûreté ;

c) le cas échéant, de la durée de l'inscription convenue par les parties ;

d) du montant maximum de la créance garantie comprenant le principal, les intérêts et autres accessoires, de la date de son exigibilité et de l'existence d'un pacte commissoire. Pour les créances futures, le formulaire mentionne les éléments permettant de les déterminer ;

e) le cas échéant, de la faculté pour le constituant d'aliéner les biens fongibles grevés par la sûreté dans les conditions prévues par l'article 102 du présent Acte uniforme ;

f) de la désignation du bien grevé avec l'indication des éléments permettant de l'identifier, notamment sa nature, son lieu de situation et, le cas échéant, sa marque ou son numéro de série, ou, lorsqu'il s'agit d'un ensemble de biens présents ou futurs, leur nature, qualité, quantité ou valeur.

Lorsque la sûreté a pour objet une créance ou un ensemble de créances, actuelles ou futures, la désignation du ou des biens grevés requiert l'indication des éléments de nature à permettre l'individualisation de cette ou de ces créances, tels que l'indication du débiteur, le lieu de paiement, le montant des créances ou leur évaluation et leur échéance.

En cas de nantissement des droits d'associés et valeurs mobilières d'une société commerciale et ceux cessibles de toute autre personne morale, le formulaire porte, en outre, mention du numéro d'immatriculation de la société dont les droits d'associés et valeurs mobilières font l'objet de ce nantissement.

En cas de nantissement ou de vente d'un fonds de commerce, le formulaire requérant l'inscription du nantissement ou du privilège du vendeur porte, en outre, mention du numéro d'immatriculation ou de déclaration d'activité de la personne physique ou morale propriétaire ou exploitant du fonds sur lequel est requis l'inscription du nantissement ou du privilège du vendeur.

Jurisprudence comparée

États-Unis

Caducité de la garantie : changement d'identité du débiteur non suivie d'une nouvelle inscription sous la nouvelle identité

Selon le droit californien, en cas de changement de nom d'une personne physique ou du changement de nom, d'identité ou de structure d'une personne morale, une garantie prise avant le changement ne reste parfaite que pendant les quatre mois qui suivent le changement. Au-delà, il est nécessaire de reprendre une nouvelle garantie (Bank of West v. Commercial Credit Financial Services Inc., 852 F2d 1162 (Court of appeal 9th Circuit 1988)).

Art. 54 Après avoir vérifié que le formulaire d'inscription comporte bien les mentions obligatoires exigées par l'article 53 du présent Acte uniforme, le greffier de la juridiction chargée de la tenue du Registre du Commerce et du Crédit Mobilier, ou le responsable de l'organe compétent dans l'État partie, procède immédiatement à l'inscription sur un registre chronologique des dépôts. Il délivre immédiatement au requérant un accusé d'inscription avec mention de la date, de la désignation de la formalité effectuée et du numéro d'ordre porté au registre chronologique des dépôts. L'inscription ou le refus d'inscription est également notifié par le Greffe, ou par l'organe compétent dans l'État partie, au débiteur ou au constituant de la sûreté s'il n'est pas le débiteur. Cette inscription ou ce refus d'inscription peut, dans un délai de huit jours à compter de sa notification, faire l'objet d'un recours du débiteur ou du constituant selon le cas, devant la juridiction compétente, ou devant l'autorité compétente dans l'État partie, statuant à bref délai.

En cas d'irrégularité du formulaire, le greffier, ou le responsable de l'organe compétent dans l'État partie, rejette l'inscription. Le rejet doit être motivé. Il est immédiatement notifié par le Greffe, ou par l'organe compétent dans l'État partie, au requérant et porté en marge de l'inscription au registre chronologique des dépôts. Le rejet peut, dans un délai de huit jours à compter de sa notification, faire l'objet d'un recours de la personne qui a requis l'inscription devant la juridiction compétente, ou devant l'autorité compétente dans l'État partie, statuant à bref délai.

La décision rendue en application des alinéas 1 et 2 du présent article est susceptible de recours, dans un délai de quinze jours à compter de sa notification, devant la juridiction de recours compétente statuant à bref délai.

Art. 55 A défaut de notification du rejet au requérant, le greffier, ou le responsable de l'organe compétent dans l'État partie, doit sans délai :

1°) faire mention de l'inscription au dossier individuel ouvert au nom de la personne physique ou morale contre laquelle est prise l'inscription ;

2°) classer audit dossier le formulaire de la déclaration, avec mention de la date d'inscription et de son numéro d'ordre ;

3°) notifier l'inscription au Fichier national du Registre du Commerce et du Crédit Mobilier en lui transmettant une copie du formulaire d'inscription et un extrait du dossier individuel ouvert au nom de la personne contre laquelle est prise l'inscription.

Art. 56 Dans le cas d'un nantissement des droits d'associés et valeurs mobilières d'une société commerciale et ceux cessibles de toute autre personne morale, le greffier, ou le responsable de l'organe compétent dans l'État partie, doit, en outre, faire mention de l'inscription au dossier individuel ouvert au nom de la société ou de la personne morale dont les droits d'associés et valeurs mobilières sont concernés par l'inscription de nantissement.

Art. 57 L'inscription régulièrement prise d'une sûreté mobilière soumise à publicité est opposable aux tiers à la date de son inscription au registre chronologique des dépôts du Registre du Commerce et du Crédit Mobilier.

Si les inscriptions de sûretés concurrentes grevant un même bien sont requises le même jour, celle qui est requise en vertu du titre dont la date est la plus ancienne est réputée avoir été inscrite en premier, quel que soit l'ordre du registre susvisé.

Si les inscriptions de sûretés concurrentes grevant un même bien sont requises le même jour en vertu de titres ayant la même date, les sûretés sont réputées de même rang à l'exception des cessions à titre de garantie et réserves de propriété qui sont alors réputées inscrites avant les autres sûretés dont l'inscription a été requise le même jour, quel que soit l'ordre du registre susvisé.

Si les inscriptions d'une réserve de propriété et d'une cession à titre de garantie ayant pour objet un même bien sont requises le même jour, la réserve de propriété est réputée avoir été inscrite en premier, quel que soit l'ordre du registre susvisé.

Si les inscriptions de cessions à titre de garantie ayant pour objet un même bien sont requises le même jour en vertu de titres ayant la même date, ce bien sera réputé appartenir à ces créanciers à proportion du montant de leur créance, quel que soit l'ordre du registre susvisé.

JURISPRUDENCE OHADA

Effets d'une inscription

Validité, entre les parties, d'un nantissement non inscrit. La cour d'appel qui a retenu « qu'en omettant de respecter les termes de la convention qu'elle a librement choisi de signer, [la demanderesse] a non seulement violé l'article 3, al. 1 de la loi du 18 janvier 1951 relative au nantissement de l'outillage et du matériel d'équipement, mais a aussi violé l'article 7, al. 5 de la convention signée le 22 juin 2001 avec [la défenderesse] », pour annuler le nantissement et infirmer l'ordonnance entreprise, a violé les articles 10 du Traité OHADA, 95 et 150 [anciens] de l'AUS, notamment en se référant dans l'arrêt querellé aux dispositions d'une loi nationale antérieure et contraires à celles de l'AUS. Son arrêt encourt la cassation. Les Actes uniformes sont directement applicables et obligatoires dans les États parties nonobstant toute disposition contraire de droit interne, antérieure ou postérieure. Leur application dans les matières qu'ils régissent n'est donc pas une faculté mais une obligation qui s'impose dans leur application aux juridictions nationales. Le nantissement du matériel professionnel et des véhicules automobiles est bel et bien régi par l'AUS et ne produit effet que s'il est inscrit au Registre du commerce et du crédit mobilier. L'inscription du nantissement n'est enfermée dans aucun délai dont le non-respect annulerait le nantissement convenu. Il s'ensuit que le nantissement conclu entre les parties est parfaitement valide et, en statuant comme il l'a fait, le juge du contentieux de l'exécution a fait une bonne appréciation des faits et une saine application de la loi ; son ordonnance doit être confirmée (CCJA, ass. plén., n° 106, 4-11-2014 : Amity Bank Cameroon c/ Ets Satra Express Voyage, Ohadata J-15-197).

Obs. : cet arrêt a été rendu sur le fondement des anciens articles 95 et 150 de l'AUS, mais la solution relative aux effets de l'inscription et à la validité du nantissement entre les parties demeure transposable.

Art. 58 L'inscription des privilèges généraux du Trésor, de l'Administration des douanes et des Institutions de Sécurité Sociale conserve les droits du créancier pendant une durée de trois ans à compter de sa date.

Pour les autres sûretés mobilières soumises à publicité, les parties peuvent convenir de la durée de validité de l'inscription au Registre du Commerce et du Crédit Mobilier dans l'acte constitutif de ladite sûreté mobilière sans que cette durée puisse dépasser dix années à compter de l'inscription.

Si l'inscription n'a pas été renouvelée avant l'expiration du délai pendant lequel elle produit effet, elle est alors périmée et radiée d'office par le Greffe ou par l'organe compétent dans l'État partie.

L'inscription garantit, au même rang que le principal, deux années d'intérêt.

Art. 59 Le renouvellement d'une inscription s'effectue dans les mêmes conditions que l'inscription initiale.

Le renouvellement, valablement effectué, est opposable aux tiers à compter de la date de son inscription sur le registre chronologique des dépôts du Registre du Commerce et du Crédit Mobilier. Intervenu avant l'expiration du délai pendant lequel l'inscription initiale produit effet, il permet au requérant de conserver le bénéfice de celle-ci.

Un certificat de renouvellement mentionnant la date de son inscription et son numéro d'ordre sur le registre chronologique des dépôts du Registre du Commerce et du Crédit Mobilier est immédiatement transmis au requérant.

Art. 60 [anc. art. 80 mod.] Toute modification de l'inscription initiale au Registre du Commerce et du Crédit Mobilier par subrogation conventionnelle dans le bénéfice de la sûreté ou cession d'antériorité n'a d'effet que si elle est inscrite en marge de l'inscription initiale.

Toute modification conventionnelle ou judiciaire de l'assiette de la sûreté ou de la créance garantie fait l'objet d'une inscription modificative dans les conditions et formes prévues pour l'inscription initiale.

Art. 61 La personne physique ou morale contre laquelle ont été prises une ou plusieurs inscriptions énoncées au présent Titre peut, à tout moment, saisir la juridiction compétente, ou l'autorité compétente dans l'État partie, d'une demande visant à obtenir la mainlevée, la modification ou le cantonnement de l'inscription.

La juridiction compétente, ou l'autorité compétente dans l'État partie, peut, en tout état de cause et avant même d'avoir statué au fond, donner mainlevée totale ou partielle de l'inscription si le requérant justifie de motifs sérieux et légitimes.

Art. 62 [anc. art. 82 mod.] Toute radiation partielle ou totale de l'inscription au Registre du Commerce et du Crédit Mobilier n'a d'effet que si elle est inscrite en marge de l'inscription initiale.

Art. 63 [anc. art. 82 mod.] La radiation judiciaire d'une inscription est ordonnée par la juridiction compétente ou par l'autorité compétente dans l'État partie.

Art. 64 [anc. art. 82 mod.] La radiation conventionnelle ne peut être opérée que sur dépôt ou transmission électronique d'un acte authentique ou sous seing privé de consentement à la radiation, donné par le créancier ou son cessionnaire régulièrement subrogé et justifiant de ses droits, ainsi que d'un formulaire portant mention :

1°) des nom, prénom, dénomination sociale, domicile ou siège social, ainsi que, le cas échéant, le numéro d'immatriculation de la personne physique ou morale contre laquelle avait été requise l'inscription, ou en cas d'inscription portant sur des droits d'associés et valeurs mobilières, le numéro d'immatriculation de la personne morale dont les droits d'associés et valeurs mobilières font l'objet de cette inscription ;

2°) de la nature et de la date du ou des actes déposés.

La radiation sera inscrite au Registre du Commerce et du Crédit Mobilier, après vérification de la conformité du formulaire avec l'acte présenté.

Il sera délivré un certificat de radiation à toute personne qui en fera la demande.

Art. 65 Toute inscription de sûreté mobilière, effectuée par fraude, ou portant des inscriptions inexactes données de mauvaise foi, est punie des peines prévues par la loi pénale nationale.

La juridiction compétente, ou l'autorité compétente dans l'État partie, en prononçant la condamnation, peut ordonner la rectification de la mention inexacte dans les termes qu'elle détermine.

Art. 66 Toute demande d'information doit être établie sur un formulaire mis à disposition à cet effet par le Registre du Commerce et du Crédit Mobilier.

A toute demande d'information formulée en application de l'alinéa précédent, le greffier, ou le responsable de l'organe compétent dans l'État partie, doit répondre immédiatement, ou au plus tard dans un délai de deux jours ouvrés à compter de la réception de la demande au Registre du Commerce et du Crédit Mobilier, en délivrant au demandeur soit un certificat attestant qu'aucune inscription n'a été prise, soit un état général des inscriptions existantes avec leurs mentions marginales, soit un ou des états particuliers lorsque la demande ne concerne qu'un bien ou une catégorie de biens appartenant au débiteur ou au constituant.

Toute inscription, modification ou radiation non conforme aux prescriptions de la loi ainsi que toute délivrance d'extraits incomplets ou erronés engagent, selon le cas, la responsabilité du greffier ou du responsable de l'organe compétent dans l'État partie.

• Chapitre II •

DROIT DE RÉTENTION

Art. 67 [anc. art. 41 mod.] **Le créancier qui détient légitimement un bien mobilier de son débiteur peut le retenir jusqu'au complet paiement de ce qui lui est dû, indépendamment de toute autre sûreté, sous réserve de l'application de l'article 107, al. 2 du présent Acte uniforme.**

Jurisprudence OHADA

I. Droit de rétention : distinction avec le droit de propriété

C'est dans leur appréciation souveraine que des juges du fond ont estimé que le droit de rétention n'équivaut pas à un droit de propriété (CCJA, 1e ch., no 002/2013, 7-3-2013 : pourvoi no 112/2007/PC du 27-12-2007 : Sté Central Industrie c/ 1) Sté Rayane, 2) M. Hassan Kamel Ftouni, 3) M. Omais Toufic 4) Sté Cafcaci, Rec. de jurisprudence no 20, vol. 2, janv.-déc. 2013, pp. 11-14, Ohadata J-15-02).

II. Biens pouvant faire l'objet d'une rétention

Titre de propriété immobilière. C'est à tort qu'une cour d'appel a retenu que la créance en vertu de laquelle la rétention est exercée sur un certificat de propriété foncière n'est ni certaine ni liquide et exigible du fait de l'opposition dont l'ordonnance de taxe, son support, est frappée, alors que la rétention remplit toutes les conditions de l'article 68 de l'AUS, notamment en ce que la créance est matérialisée par une ordonnance de taxe no 249 du président du Tribunal de première instance d'Abidjan dont la grosse a été levée, que le certificat de propriété est la source de la réclamation et qu'aucune saisie n'a précédé la rétention. L'arrêt doit être cassé. Sur l'évocation, l'appréciation de la validité d'une rétention, qui est une sûreté, échappe à la procédure d'urgence. C'est donc par une bonne appréciation des faits et une saine application de la loi, que le juge des référés s'est déclaré incompétent ; confirmation de l'ordonnance entreprise (CCJA, 2e ch., no 182, 8-12-2016 : Allou Monique c/ Fonds de Prévoyance Militaire, Ohadata J-17-122).

III. Détention

A. Détention légitime

Pour des exemples de détention légitime, voir sous l'article 68. Et sur le caractère légitime de la détention d'un conteneur de marchandises par un acconier manutentionnaire lorsqu'il existe une relation établie entre l'acconier et la société ayant commandé les marchandises et que la société d'acconage dispose d'une créance antérieure non réglée et attestée par un titre exécutoire contre la société propriétaire des marchandises, voir sous l'article 69 (Ohadata J-09-29 et J-09-318).

B. Détention illégitime

1o Rétention en l'absence d'une créance valide

La rétention pratiquée en l'absence d'une créance certaine et exigible et sur un bien illégitimement détenu est irrégulière et entraîne un préjudice qui doit être réparé (CA Ouagadougou, ch. civ. et com., no 101, 5-11-2004 : N. A. c/ Sté DTP/CSE, Ohadata J-09-12).

2o Saisie en dehors de toute procédure judiciaire

Dans un cas où un hôtel avait retenu des effets personnels d'une cliente la soupçonnant de vouloir quitter l'établissement sans payer, c'est à tort qu'il est reproché à un arrêt d'avoir ordonné la restitution sous astreinte de ces effets personnels à la cliente, alors, selon le moyen, que la créance de l'hôtel n'était pas contestable, au sens de l'article 67 de l'AUS. En effet, la rétention avait été exercée en toute illégitimité puisqu'il s'induisait de décisions rendues en matière correctionnelle que la cliente avait été relaxée des faits d'escroquerie et de filouterie qui lui étaient imputés et avait pu obtenir la condamnation de l'hôtel à lui payer la somme de 50 000 000 FCFA à titre de dommages-intérêts pour dénonciation calomnieuse (CCJA, 3e ch., no 120/2019, 11-4-2019 : Dame Billie Mbaye c/ L'Hôtel King Fadh Palace).

En observation de l'article 67 de l'AUS, les conditions d'exercice du droit de rétention sont clairement déterminées : le créancier doit être reconnu comme tel et détenir légitimement le bien qu'il s'autorise à retenir, ce qui exclut toute voie de fait ou de fraude. En l'espèce, lorsque le requérant ne détenait pas le véhicule en cause mais l'a plutôt saisi, en dehors de toute procédure judiciaire et au prétexte de garantir le paiement de dommages résultant de la détérioration de ses marchandises, la cour d'appel n'a en rien violé l'article 67 précité en ordonnant la restitution du camion en retenant que cette rétention n'a pas été autorisée par une autorité habilitée et que pareille action procédait d'un abus de droit (CCJA, 2e ch., no 153/2024, 30-5-2024).

C. Obstacle au droit de rétention en cas d'admission du débiteur à un règlement préventif

La rétention d'un bien n'appartenant pas au débiteur n'est pas légitime. Même si le bien appartenait au débiteur, le règlement préventif dont fait l'objet ce dernier fait obstacle à la rétention (CA Abidjan, n° 92, 31-1-2003 : Dame G. F. M. ND c/ Sté Alliance Auto, Ohadata J-03-226, obs. J. Issa-Sayegh).

Obs. : on est en droit de se demander sur quel élément la cour s'est fondée pour retenir cette solution, car l'exercice du droit de rétention n'est pas l'exercice d'une poursuite.

IV. Abus du droit de rétention

La rétention effectuée par un transitaire sur les quittances de douane des marchandises de son mandataire après la naissance d'une contestation entre eux est illégitime. Le dommage causé par cette rétention du fait du blocage des comptes du mandant doit être réparé par la condamnation du rétenteur (TPI Cotonou, n° 034/, 1e ch. com, 21-10-2002 : Akpaca SARL c/ Trans-Omar, Ohadata J-04-404 ; Ohadata J-04-291 ; obs. J. Issa-Sayegh).

JURISPRUDENCE COMPARÉE

France

Non-assimilation du droit de rétention au gage

Absence de droit de préférence. Le droit de rétention permet au créancier qui détient un bien que lui a remis son débiteur de retenir ce bien jusqu'à complet paiement de sa créance ; mais il ne lui permet pas, n'étant pas une sûreté assimilable au gage, de se faire payer par préférence s'il demande en justice la vente forcée du bien qu'il détient (Cass. com. 20-5-1997 : RJDA 10/97 n° 1263) ni de se faire attribuer en pleine propriété ce bien (Cass. com. 9-6-1998 : RJDA 10/98 n° 1141 ; CA Rennes 4-7-2001 : BTL 2001.584).

Art. 68 [anc. art. 42 mod.] Le droit de rétention ne peut s'exercer que :

– si la créance du rétenteur est certaine, liquide et exigible ;

– s'il existe un lien de connexité entre la naissance de la créance et la détention de la chose retenue ;

– et si le bien n'a pas été saisi avant d'être détenu par le rétenteur.

JURISPRUDENCE OHADA

I. Créance

A. Nécessité d'une créance

La personne qui ne justifie d'aucun titre de créance ne peut valablement exercer un droit de rétention sur un bien du prétendu débiteur (CA Abidjan, n° 1164, 24-10-2003 : K. A. J. c/ K. F., Ohadata J-03-337).

B. Existence d'une créance remplissant les conditions prévues par l'article 68

Se prévaut d'une créance :

– le tiers qui a détenu une marchandise vendue dans le cadre d'un contrat de tierce détention et qui n'a pas été payé des honoraires dus pour son intervention ; *il n'encourt pas de responsabilité pour leur dépréciation* (CA Conakry, n° 75, 1-4-2003 : Bureau Veritas c/ Rustal Trading Guinée, Ohadata J-03-105) ;

– le vendeur d'un véhicule qui n'a pas reçu paiement du prix de vente de ce véhicule (CA Abidjan, n° 141, 14-2-2003 : Sté Comafrique Entreprises c/ M. O. Z. F., Ohadata J-03-299. Dans le même sens, TGI Ouagadougou, n° 105/06, 22-2-2006 : Y. N. A. c/ T. A., Ohadata J-07-104).

C'est à tort qu'une cour d'appel a retenu que la créance en vertu de laquelle la rétention est exercée sur un certificat de propriété foncière n'est ni certaine ni liquide et exigible du fait de l'opposition dont l'ordonnance de taxe, son support, est frappée, alors que la rétention remplit toutes les conditions de l'article 68 de l'AUS, notamment en ce que la créance est matérialisée par une ordonnance de taxe n° 249 du président du Tribunal de première instance d'Abidjan dont la grosse a été levée, que le certificat de propriété est la source de la réclamation et qu'aucune saisie n'a précédé la rétention. L'arrêt doit être cassé. Sur l'évocation, l'appréciation de la validité d'une rétention, qui est une sûreté, échappe à la procédure d'urgence. C'est donc par une bonne appréciation des faits et une saine application de la loi, que le juge des référés s'est déclaré incompétent ; confirmation de l'ordonnance entreprise (CCJA, 2e ch., n° 182, 8-12-2016 : Allou Monique c/ Fonds de Prévoyance Militaire, Ohadata J-17-122).

C. Inexistence d'une créance remplissant les conditions prévues par l'article 68

Ne dispose pas d'une créance celui qui ne justifie d'aucun titre de créance pour réaliser son droit de rétention (CCJA, n° 022/2007, 31-5-2007 : 1) K. A. J. ; 2) Me T. B. A. M. c/ K. F., Rec. jur. CCJA n° 9, janv.-juin 2007, p. 49, Ohadata J-08-224).

Les articles 41 et 42 de l'AUS du 17 avril 1997 [respectivement devenus 67 et 68] ne peuvent trouver application dès lors que la demanderesse ne fait état d'aucune créance certaine et se contente d'une facture établie unilatéralement. La société qui s'est déclarée créancière d'une autre, sans apporter les pièces justificatives dont doit s'induire la contestation sérieuse ou l'exercice du droit de rétention prétendu ne peut reprocher aucune violation de la disposition nationale relative à la compétence du juge des référés (CCJA, 2e ch., n° 013, 27-2-2014 : Sté Mediterranean Shipping Compagny Sénégal dite MSC Sénégal c/ Sté Socomaf SA, Ohadata J-15-104).

II. Connexité

Il résulte des articles 67 et 68 de l'AUS que celui qui exerce un droit de rétention sur un bien déterminé doit prouver, d'une part, que la créance qui fonde celui-ci est certaine, liquide et exigible et, d'autre part, l'existence d'un lien de connexité entre cette créance et le bien retenu. Lorsque les documents produits n'indiquent pas avec précision les opérations établissant le lien entre la créance et le véhicule litigieux susceptible de conférer au créancier un droit de rétention sur ce véhicule, les déclarations du créancier étant contradictoires quant au montant de la créance qu'il invoque (chiffrée tantôt à 60 607 102 FCFA, tantôt à 42 518 122 FCFA), et qu'au demeurant la créance est contestée par le présumé débiteur (qui soutient ne rien devoir au rétenteur, en relevant notamment qu'aucune des factures produites au dossier par ce dernier n'a été déchargée par lui), c'est en violation des textes précités qu'une cour d'appel a infirmé l'ordonnance ayant ordonné la remise du véhicule retenu, sans spécifier les éléments justifiant l'existence d'une créance certaine, liquide et exigible, ainsi que le lien entre les factures versées au dossier et le véhicule litigieux (CCJA, 1e ch., n° 007/2020, 23-1-2020 : Société Cerises Auto Co Ltd c/ Société Transimex SA).

JURISPRUDENCE COMPARÉE

France

A. Caractères de la créance

1° Créance incertaine

N'est pas certaine la créance du garagiste qui ne s'est pas mis d'accord avec son client sur le montant des réparations à faire sur un véhicule (Cass. civ. 3-5-1966 : D. 1966.649 note Mazeaud).

2° Créance liquide

Le caractère liquide de la créance peut résulter de la décision de justice qui la constate et qui la rend liquide et exigible (Cass. civ. 23-4-1974 : JCP (éd. G) 1975.II.18170 note Thuillier).

B. Créance sur celui auquel la rétention est opposée

La créance invoquée par le rétenteur doit exister sur la personne même à laquelle il oppose sa rétention (CA Paris 20-5-1988 : BT 1988.547).

Art. 69 [anc. art. 42 mod.] La connexité est réputée établie :

1°) lorsque la chose retenue a été remise jusqu'au complet paiement de la créance du rétenteur ;

2°) lorsque la créance impayée résulte du contrat qui oblige le rétenteur à livrer la chose retenue ;

3°) lorsque la créance impayée est née à l'occasion de la détention de la chose retenue.

JURISPRUDENCE OHADA

Lien de connexité établi par les relations d'affaires

Le lien de connexité exigé par l'article 42 [devenu 68 et 69] de l'AUS a été reconnu :

– entre la créance du titulaire d'un compte dans une banque et la créance éventuelle de cette banque sur ce client qui s'est personnellement porté caution, envers la banque, de la dette de la société dont elle est le gérant et qui est débitrice de la banque, dont ladite société est également cliente. Cette banque pouvait donc, sur la base des relations d'affaires unissant ces trois personnes (la banque créancière, la société débitrice et son gérant qui s'est porté caution pour elle), refuser d'honorer un chèque émis par la caution sur un de ses comptes personnels gérés par la banque (CA Abidjan, n° 321, 7-3-2000 : D.D c/ SGBCI, Bulletin Juris-Ohada, n° 1/2002, janv.-mars 2002, p. 35, Ohadata J-02-130, note anonyme ; J-02-21, obs. J. Issa-Sayegh) ;

– pour une créance antérieure non réglée d'une société d'acconage et de manutention envers une société ayant fait appel à ses services (CCJA, 1e ch., n° 006, 28-2-2008 : Envol Transit Côte d'Ivoire SARL c/ 1. –SDV-CI / 2.- Sté IED / 3.- Administration des Douanes ; Juris-Ohada n° 2 avr.-juin 2008, p. 13 ; Rec. jur. CCJA, n° 11, janv.-juin 2008, p. 35, Ohadata J-09-29 ; J-09-318, retenant que la détention d'un conteneur de marchandises par un acconier manutentionnaire est légitime lorsqu'il existe une relation établie entre l'acconier et la société ayant commandé les marchandises et que la société d'acconage dispose d'une créance antérieure non réglée et attestée par un titre exécutoire contre la société propriétaire des marchandises. Il en est ainsi même si le transitaire qui a personnellement réglé les frais de douane n'a pas été encore payé).

Jurisprudence comparée

I. Belgique

Opposabilité au propriétaire de la chose retenue pour toutes créances du rétenteur de bonne foi afférentes aux marchandises à lui confier par application d'une clause d'extension

L'appréciation de l'existence de ce lien incombe aux juges du fond. Des marchandises vendues avec réserve de propriété avaient été réceptionnées au port d'Anvers par l'acheteur qui les avait confiées pour entreposage et traitement à une entreprise portuaire. Cette dernière n'ayant pas été réglée de ces frais par l'acheteur, son donneur d'ordre, avait retenu les marchandises et avait opposé son droit de rétention au vendeur qui le contestait en invoquant qu'il lui était inopposable car il était resté propriétaire de la marchandise. Fondée à faire valoir son droit envers le propriétaire car il n'est pas contesté qu'elle était de bonne foi, l'entreprise portuaire a pu, dès lors, invoquer la clause du contrat d'entreposage, conclue avec son donneur d'ordre, lui reconnaissant un droit de rétention sur toutes les marchandises remises par le maître de l'ouvrage « en paiement complet et au comptant de toutes les sommes dues, sans qu'elles doivent concerner directement les marchandises retenues » (Cour de cassation de Belgique, 1e ch. civ. et com., n° C 04. 0478N du 27-4-2008, JURICAF).

II. France

A. Lien de connexité

La créance doit avoir « pris naissance à l'occasion de la chose retenue » (Cass. civ. 23-4-1974 : JCP (éd. G) 1975.II.18170 note Thuillier).

B. Applications

1° Existence de la connexité

La connexité a été admise :

– entre le remboursement des sommes qu'un acheteur a versées sur le prix et la créance en restitution de la chose achetée, après annulation de la vente (T. civ. Seine 12-10-1932 : GP 1932.2.940) ;

– entre les choses remises à un mandataire et ce qui peut lui être dû en exécution de son mandat, même après révocation de celui-ci (T. civ. Parthenay 21-6-1935 : DH 1935.567) ;

– entre les frais de garde et de conservation du mobilier confié à un séquestre et la créance en restitution dudit mobilier (Cass. civ. 22-5-1962 : GP 1962.2.130) ;

– entre toutes les créances résultant d'un contrat unique alors même que l'exécution de ce contrat s'est déroulée en plusieurs phases et qu'un acte distinct a été conclu pour une phase déterminée (Cass. com. 1-2-1983 : GP 1983.pan.178) ;

– entre les impenses dues au possesseur d'un terrain pour les améliorations apportées par lui à ce terrain (Cass. civ. 12-3-1985 : Bull. civ. III p. 50) ;

– entre les pièces administratives relatives à des véhicules remises au prêteur des deniers utilisés à leur acquisition et la créance du fabricant qui a consenti le prêt pour l'acquisition des véhicules correspondants (Cass. com. 31-5-1994 : RJDA 11/94 n° 1197, 2e esp.).

2° Défaut de connexité

Le droit de rétention doit être refusé, faute de connexité entre la créance et l'objet retenu, lorsque :

– la créance du rétenteur concerne un tiers étranger au contrat invoqué pour justifier le droit de rétention (Cass. com. 13-12-1983 : Bull. civ. IV p. 30 : commissionnaire en douane voulant retenir la marchandise qu'il a accepté de dédouaner à la demande d'une banque pour une créance qu'il a sur un tiers) ;

– le rétenteur détient l'objet pour une cause qui est sans rapport avec la créance invoquée ; par exemple : le

gérant d'une société ne peut retenir, pour obtenir paiement de sa rémunération, les livres comptables de la société (Cass. civ. 29-11-1871 : S. 1871.1.225) ;
– le propriétaire de meubles se trouvant dans un immeuble ne peut refuser de remettre les clés de l'immeuble à l'acheteur de cet immeuble au motif d'un solde relatif à un élagage d'arbres sur la propriété acquise (Cass. civ. 16-7-1969 : Bull. civ. III p. 444) ;
– la chose retenue n'est pas celle sur laquelle a été effectué le travail non réglé (Cass. com. 29-1-1974 : D. 1974.245) ;
– la rétention est exercée pour couvrir un crédit bancaire sur des bons de caisse qui n'indiquent pas la cause de leur remise (Cass. com. 11-7-1983 : D. 1984.IR.82 obs. Vasseur) ;
– la créance du rétenteur concerne un tiers étranger au contrat invoqué pour justifier le droit de rétention (Cass. com. 13-12-1983 : Bull. civ. IV p. 30 : commissionnaire en douane voulant retenir la marchandise qu'il a accepté de dédouaner à la demande d'une banque pour une créance qu'il a sur un tiers.

Art. 70 Le créancier a l'obligation de conserver le bien retenu en bon état.

Par dérogation à l'alinéa précédent, il peut faire procéder, sur autorisation de la juridiction compétente statuant à bref délai, à la vente de ce bien si l'état ou la nature périssable de ce dernier le justifie ou si les frais occasionnés par sa garde sont hors de proportion avec sa valeur. Dans ce cas, le droit de rétention se reporte sur le prix de vente qui doit être consigné.

JURISPRUDENCE OHADA

Incompétence du juge des référés

Le juge des référés est incompétent en matière de droit de rétention dès lors que le différend soumis soulève des contestations sérieuses. Il y a contestation sérieuse dès l'instant où le juge des référés ne peut ordonner la mesure requise sans se prononcer sur les questions relevant en principe du juge du fond, c'est-à-dire sans préjudicier sur le principal. En l'espèce, une société important des voitures invoquait, pour s'opposer de remettre un véhicule à un acheteur, un droit de rétention assis sur une créance dont elle se prévalait non pas contre l'acheteur, mais contre la société l'ayant importé. Il est évident que si le juge des référés ordonnait la remise du véhicule dans ce contexte, il écarterait la garantie ainsi invoquée et, inversement, la consacrerait en déboutant l'acheteur de sa demande. Il s'ensuit que dans l'un et l'autre cas, il se dresse un obstacle que la juridiction des référés ne peut pas surmonter ; elle doit donc se déclarer incompétente. (CCJA, 1e ch., nº 007/2020, 23-1-2020 : Société Cerises Auto Co Ltd c/ Société Transimex SA).

Chapitre III

PROPRIÉTÉ RETENUE OU CÉDÉE À TITRE DE GARANTIE

Art. 71 La propriété d'un bien mobilier peut être retenue en garantie d'une obligation par l'effet d'une clause de réserve de propriété.

Elle peut aussi être cédée en garantie d'une obligation aux conditions prévues par le présent chapitre.

Section I • RÉSERVE DE PROPRIÉTÉ

Art. 72 La propriété d'un bien mobilier peut être retenue en garantie par l'effet d'une clause de réserve de propriété qui suspend l'effet translatif d'un contrat jusqu'au complet paiement de l'obligation qui en constitue la contrepartie.

JURISPRUDENCE OHADA

Clause de réserve de propriété

A. Vente sous condition suspensive

La clause de réserve de propriété caractérise une vente sous condition suspensive. L'absence de toute vente commerciale exclut même l'existence de cette clause et toute obligation de paiement de prix de vente. C'est donc à tort qu'il est reproché à un arrêt attaqué d'avoir violé l'article 72 de l'AUS au motif que la cour d'appel a retenu que « la [demanderesse] qui reste propriétaire des produits ne peut faire obligation à la [défenderesse] d'en payer le prix » alors que, par l'effet d'une clause de réserve de propriété, la propriété d'un bien mobilier peut être retenue en garantie jusqu'au complet paiement. Il en est ainsi dès lors que les juges du fond ont souverainement conclu qu'il n'y a pas eu vente commerciale entre les parties (CCJA, 3e ch., no 084, 28-4-2016 : Sté Siemens c/ Saritel, Ohadata J-17-32).

B. Appréciation de la propriété de biens saisis par vendeur bénéficiant d'une telle clause au moment de la saisie

Il ressort des dispositions combinées des articles 141 de l'AUPSRVE, 276 de l'AUDCG et 72 de l'AUS que l'action en distraction appartient au tiers propriétaire des biens saisis. C'est en violation de ces dispositions qu'une cour d'appel s'est fondée sur le paiement intégral de marchandises assorties d'une clause de réserve de propriété, intervenu avant la mise en délibéré du dossier en première instance mais après la réalisation de saisies conservatoires sur lesdites marchandises, pour considérer que l'acheteur avait, par le paiement intégral intervenu, régularisé son titre de propriété, lui reconnaître la propriété des marchandises saisies et ordonner leur distraction, alors que la revendication de la propriété d'un bien litigieux doit s'apprécier au moment où les saisies sont pratiquées, et non lors de l'instance en contestation. Sur l'évocation et pour les mêmes motifs que ceux ayant entraîné la cassation, il y a lieu de dire que les marchandises en cause n'étaient pas la propriété de l'acheteur au moment de la saisie pratiquée, à cause de l'existence de la clause de réserve de propriété stipulant que les marchandises demeuraient la propriété du vendeur jusqu'à ce qu'elles soient entièrement payées. Ainsi, à la date de la saisie, les conteneurs saisis étaient encore la propriété de la société venderesse, le paiement intégral n'étant intervenu qu'au cours de l'instance en contestation ; cette dernière société n'étant nullement débitrice de la société qui avait pratiqué les saisies conservatoires, il échet de confirmer l'ordonnance attaquée, et, y ajoutant, de constater que les biens saisis appartiennent à un tiers, la venderesse, et non à la débitrice de la société qui avait pratiqué les saisies conservatoires, dont la mainlevée doit être ordonnée, sans qu'il y ait lieu à examen des autres arguments soulevés par les parties (CCJA, 1e ch., no 015/2023, 16-2-2023).

Jurisprudence comparée

France

A. Application de la clause par subrogation

La subrogation conventionnelle dans la créance du prix de vente emporte subrogation dans la clause (Cass. com. 8-1-2002 : RJDA 5/02 no 549).

B. Vente parfaite dès sa conclusion

La clause n'a pas d'effet sur la conclusion de la vente, laquelle est parfaite dès le jour de sa conclusion, seul le transfert de la propriété étant retardé (Cass. com. 24-9-2002 no 98-22.280 : RJDA 6/03 no 602).

Art. 73 A peine de nullité, la réserve de propriété est convenue par écrit au plus tard au jour de la livraison du bien. Elle peut l'être dans un écrit régissant un ensemble d'opérations présentes ou à venir entre les parties.

Art. 74 La réserve de propriété n'est opposable aux tiers que si celle-ci a été régulièrement publiée au Registre du Commerce et du Crédit Mobilier, conformément aux dispositions des articles 51 à 66 du présent Acte uniforme.

Art. 75 La propriété réservée d'un bien fongible peut s'exercer, à concurrence de la créance restant due, sur des biens de même espèce et de même qualité détenus par le débiteur ou pour son compte.

Art. 76 L'incorporation d'un meuble faisant l'objet d'une réserve de propriété à un autre bien ne fait pas obstacle aux droits du créancier lorsque ces biens peuvent être séparés sans subir de dommage.

A défaut, le tout appartient au propriétaire de la chose qui forme la partie principale, à charge pour lui de payer à l'autre la valeur, estimée à la date du paiement, de la chose qui y a été unie.

Art. 77 A défaut de complet paiement à l'échéance, le créancier peut demander la restitution du bien afin de recouvrer le droit d'en disposer.

La valeur du bien repris est imputée, à titre de paiement, sur le solde de la créance garantie.

Lorsque la valeur du bien repris excède le montant de ce solde, le créancier doit au débiteur une somme égale à la différence.

Toute clause contraire aux alinéas 2 et 3 du présent article est réputée non écrite.

Art. 78 Lorsque le bien est vendu ou détruit, le droit de propriété se reporte, selon le cas, sur la créance du débiteur à l'égard du sous-acquéreur ou sur l'indemnité d'assurance subrogée au bien.

JURISPRUDENCE OHADA

Incidence d'une clause de réserve de propriété non publiée

Ne doit pas être censuré l'arrêt qui, pour juger que la clause de réserve de propriété prévue dans un contrat de vente n'était pas opposable au tiers acquéreur, a retenu, au visa de l'article 1184, al. 3 [devenu art. 1227 et 1228] du Code civil et de l'article 78 de l'AUS, que cette clause n'avait jamais été publiée au Registre du commerce et du crédit mobilier (CCJA, 1e ch., no 272/2019, 28-11-2019 : Société Inno-Wangsa Oils et Fast SDN BHD c/ Abasse Nassirou).

JURISPRUDENCE COMPARÉE

France

Perte du bien

En dépit de la livraison du bien vendu et d'une clause de la vente prévoyant que dès la prise en charge le vendeur serait exonéré des dégâts subis par le bien, les risques de perte de ce bien restent à la charge du vendeur, toujours propriétaire en application de la clause de réserve de propriété (Cass. com. 19-10-1982 no 81-10.220 : Bull. civ. IV no 321 : bien incendié). Néanmoins, l'acheteur est tenu, par une obligation de moyens, d'assurer la conservation de ce bien (Cass. com. 26-5-2010 no 09-66.344 : RJDA 10/10 no 939 : bien volé).

Section II • PROPRIÉTÉ CÉDÉE À TITRE DE GARANTIE

Art. 79 La propriété d'un bien, actuel ou futur, ou d'un ensemble de biens, peut être cédée en garantie du paiement d'une dette, actuelle ou future, ou d'un ensemble de dettes aux conditions prévues par la présente section.

Sous-section I • CESSION DE CRÉANCE À TITRE DE GARANTIE

Art. 80 Une créance détenue sur un tiers peut être cédée à titre de garantie de tout crédit consenti par une personne morale nationale ou étrangère, faisant à titre de profession habituelle et pour son compte des opérations de banque ou de crédit.

L'incessibilité de la créance ne peut être opposée au cessionnaire par le débiteur cédé lorsqu'elle est de source conventionnelle et que la créance est née en raison de l'exercice de la profession du débiteur cédé ou se trouve en rapport direct avec l'une de ses activités professionnelles, même si celle-ci n'est pas principale.

Art. 81 La cession de créance à titre de garantie doit être constatée dans un écrit comportant, à peine de nullité, les énonciations suivantes :

1°) le nom ou la dénomination sociale du cédant et du cessionnaire ;

2°) la date de la cession ;

3°) et la désignation des créances garanties et des créances cédées.

Si ces créances sont futures, l'acte doit permettre leur individualisation ou contenir des éléments permettant celle-ci tels que l'indication du débiteur, le lieu de paiement, le montant des créances ou leur évaluation et, s'il y a lieu, leur échéance.

Art. 82 A la date de sa conclusion, le contrat de cession d'une créance, présente ou future, à titre de garantie, prend immédiatement effet entre les parties, quelle que soit la date de naissance, d'échéance ou d'exigibilité de la créance cédée et devient opposable aux tiers à compter de son inscription au Registre du Commerce et du Crédit Mobilier et ce, quelles que soient la loi applicable à la créance et la loi du pays de résidence de son débiteur.

A compter de la date de la cession, le cédant ne peut, sans l'accord du cessionnaire, modifier l'étendue des droits attachés à la créance cédée.

Art. 83 A moins que les parties n'en conviennent autrement, la cession s'étend aux accessoires de la créance et entraîne de plein droit leur transfert et son opposabilité aux tiers sans autre formalité que celle énoncée à l'article précédent.

Art. 84 Pour être opposable au débiteur de la créance cédée, la cession de créance doit lui être notifiée ou ce dernier doit intervenir à l'acte.

A défaut, le cédant reçoit valablement paiement de la créance.

Art. 85 Lorsque le débiteur de la créance cédée est un débiteur professionnel au sens de l'article 3 du présent Acte uniforme, celui-ci peut, à la demande du cessionnaire, s'engager à le payer directement en acceptant la cession.

Dans ce cas, le débiteur ne peut opposer au cessionnaire les exceptions fondées sur ses rapports personnels avec le cédant, à moins que le cessionnaire, en acquérant ou en recevant la créance, n'ait agi sciemment au détriment du débiteur. À peine de nullité, cet engagement est constaté par un écrit intitulé « Acte d'acceptation d'une cession de créance à titre de garantie » et reproduisant en caractères suffisamment apparents les dispositions du présent article.

Art. 86 Les sommes payées au cessionnaire au titre de la créance cédée s'imputent sur la créance garantie lorsqu'elle est échue. Le surplus s'il y a lieu est restitué au cédant. Toute clause contraire est réputée non écrite.

Sous-section II • TRANSFERT FIDUCIAIRE D'UNE SOMME D'ARGENT

Art. 87 Le transfert fiduciaire d'une somme d'argent est la convention par laquelle un constituant cède des fonds en garantie de l'exécution d'une obligation.

Ces fonds doivent être inscrits sur un compte bloqué, ouvert au nom du créancier de cette obligation, dans les livres d'un établissement de crédit habilité à les recevoir.

Art. 88 A peine de nullité, la convention détermine la ou les créances garanties, ainsi que le montant des fonds cédés à titre de garantie, et identifie le compte bloqué.

Art. 89 Le transfert fiduciaire devient opposable aux tiers à la date de sa notification à l'établissement teneur du compte, pourvu que les fonds soient inscrits sur le compte bloqué.

Art. 90 Si les fonds cédés produisent intérêts, ces derniers sont portés au crédit du compte, sauf convention contraire.

Art. 91 A l'échéance et en cas de complet paiement de la créance garantie, les fonds inscrits sur le compte sont restitués au constituant.

En cas de défaillance du débiteur et huit jours après que le constituant en ait été dûment averti, le créancier peut se faire remettre les fonds cédés dans la limite du montant des créances garanties demeurant impayées.

Toute clause contraire au présent article est réputée non écrite.

JURISPRUDENCE OHADA

Existence d'un transfert fiduciaire

Lorsqu'il est établi que les parties étaient liées par un contrat faisant expressément référence aux dispositions de l'article 91 de l'AUS ; qu'il en résulte l'existence, entre elles, d'un transfert fiduciaire de somme d'argent, en vertu duquel, le constituant, une société A, a cédé des fonds en garantie de l'exécution de son obligation de rembourser les sommes susceptibles d'être avancées par une banque dans le cadre du paiement de la traite émise au profit d'une société B ; qu'ainsi, au-delà des termes dudit contrat, il s'agit d'une inscription de fonds sur un compte bloqué au profit de la banque ; que pour payer la traite ayant justifié ladite convention, la banque a utilisé les fonds déposés à son profit, sans se référer à la société A qui n'y a élevé aucune objection ; que, de plus, après avoir effectué un remboursement partiel, la société A est mal venue à contester les avances de devises alléguées par la requérante ; la société A n'ayant pas constitué une provision suffisante, la banque qui a avancé des fonds pour le paiement de la traite a droit au remboursement. À cet égard, l'argument du défaut de la sommation préalable prévue au contrat est inopérant, cette formalité n'affectant en rien la réalité du paiement fait par la banque et qui lui confère le droit au remboursement. Ayant avalisé l'effet émis par la société A, la banque en est devenue codébitrice et, en cette qualité, était tenue à son paiement sans un avis préalable de la société A. En tout état de cause, la banque ayant versé au dossier des relevés établissant clairement que le 7 décembre 2012, le compte dédié au transfert fiduciaire des sommes d'argent devant garantir les engagements de la société A présentait un débit de 209 302,55 USD, il y a lieu de condamner ladite société à payer cette somme (CCJA, 3e ch., no 140, 7-6-2018 : Ecobank Guinée SA c/ Sté Thiallou).

Chapitre IV

GAGE DES MEUBLES CORPORELS

Art. 92 [anc. art. 44 mod.] Le gage est le contrat par lequel le constituant accorde à un créancier le droit de se faire payer par préférence sur un bien meuble corporel ou un ensemble de biens meubles corporels, présents ou futurs.

JURISPRUDENCE OHADA

Impossibilité de gager les immeubles

Le gage consenti dans l'espace géographique de l'OHADA après l'entrée en vigueur de l'AUS du 17 avril 1997 sur un permis d'habiter est soumis exclusivement aux dispositions dudit Acte uniforme, conformément à l'article 10 du traité relatif à l'OHADA. Cet Acte uniforme n'ayant pas prévu dans ses dispositions le gage d'une parcelle objet d'un permis d'habiter, contrairement à la loi nationale invoquée en l'espèce, la procédure d'adjudication initiée sur la base du gage consenti sur les constructions érigées sur la parcelle objet du permis d'habiter gagé est nulle et le jugement attaqué doit être cassé. Il en est ainsi dès lors que cette vente porte en réalité sur des constructions ou impenses érigées sur la parcelle qui ne sont autres qu'un immeuble seulement susceptible d'être hypothéqué et que l'AUS précité n'a pas prévu de gage immobilier, selon son article 46 (CCJA, 3e ch., no 022, 25-2-2016 : Boa-Bénin c/ Bramaf SARL, Zakariyaou Séfou, Ohadata J-16-224).

Il résulte de l'application combinée des articles 44 [devenu 92] et 117 [devenu 190] de l'AUS, et 246 de l'AUPSRVE, que la vente forcée d'un immeuble ou bien immobilier, lequel ne saurait faire l'objet d'un gage, mais plutôt d'une hypothèque, ne peut être entreprise et poursuivie qu'en observant les prescriptions d'ordre public des articles 246 et suivants de l'AUPSRVE consacrés à la saisie immobilière, et seuls applicables en la matière. La violation de ces dispositions impératives entraîne l'annulation de la poursuite et de tous les actes subséquents. Il échet, en substituant ce moyen de pur droit au motif susvisé, de rejeter les moyens allégués (CCJA, 1e ch., no 371/2024, 12-12-2024).

JURISPRUDENCE COMPARÉE

I. États-Unis

Mise en gage d'une marque

Enregistrement nécessaire au registre des marques et des garanties. Une garantie sur une marque doit être enregistrée pour être parfaite. Il est possible de donner en garantie les redevances provenant d'une marque. Toutefois, afin que cette dernière devienne parfaite, il est nécessaire de l'enregistrer auprès de l'administration en charge des garanties, l'enregistrement auprès de l'administration responsable des brevets et des marques n'étant pas suffisant (Re Together Development Corp. 227 B.R. 439 (1998).

II. France

A. Exclusion des immeubles

Le gage ne peut porter que sur un meuble (CA Grenoble 3-3-1903 : S. 1905.2.230). En aucun cas, un immeuble, soit par nature soit par destination, ne peut être l'objet d'un gage (Cass. crim. 26-10-1960 : Bull. crim. p. 947).

B. Choses consomptibles

Lorsque l'objet engagé est consomptible, le créancier gagiste peut en disposer ; mais, s'il le fait, il doit restituer au débiteur, à l'expiration du gage, la valeur de cet objet ; cette valeur s'apprécie au jour de l'extinction du gage, c'est-à-dire, le plus souvent, au jour où le débiteur a payé le créancier (Cass. com. 3-12-1957 : GP 1958.1.244).

C. Espèces

La convention, même non écrite, par laquelle une partie remet à une banque une certaine somme destinée à garantir la bonne fin des opérations d'un tiers avec cette banque représente un gage-espèces et non un cautionnement (CA Orléans 4-10-2001 : JCP (éd. G) 2002 I 162 obs. Ph. Delebecque).

Section I • CONSTITUTION DU GAGE

Art. 93 [anc. art. 45 mod.] Le gage peut être constitué en garantie d'une ou de plusieurs créances présentes ou futures, à condition que celles-ci soient déterminées ou déterminables.

Art. 94 [anc. art. 46 mod.] Les parties peuvent convenir de la subrogation, en cours d'exécution du contrat, de la chose gagée par une autre chose.

Le gage peut également porter sur des sommes ou des valeurs déposées à titre de consignation par les fonctionnaires, les officiers ministériels ou toute autre personne pour garantir les abus dont ils pourraient être responsables et les prêts consentis pour la constitution de cette consignation.

JURISPRUDENCE COMPARÉE

France

Maintien du gage en cas de substitution des objets gagés

N'est pas assimilée à un dessaisissement du créancier gagiste :

– la substitution de marchandises gagées par d'autres semblables pour cause de vente due au vieillissement et prévue par le contrat (Cass. req. 10-3-1915 : S. 1916.1.5) ;

– la substitution des marchandises remises, au fur et à mesure de leur traitement, à un façonnier, malgré la clause de réserve de propriété portant sur elles (CA Angers 26-3-1985 : D. 1986.537 note Contamine-Raynaud) ;

– une dépossession momentanée du créancier gagiste qui a confié momentanément les polices d'assurance gagées au fils du débiteur en vue du règlement de l'indemnité à débattre avec la compagnie d'assurances pour faciliter ce règlement, et ce dans son intérêt même aussi bien que de celui du débiteur, car il n'en résulte pas qu'il a par-là réintégré le débiteur dans la possession des polices (Cass. req. 18-10-1898, S.1899.I.172) ou en vue de la transformation d'un paddy en riz décortiqué, en accord avec le débiteur (Cass. req. 11-4-1933 : GP 1933.2.172).

Art. 95 [anc. art. 47 mod.] Le constituant d'un gage de biens présents doit être propriétaire de la chose gagée. S'il ne l'est pas, le créancier gagiste peut s'opposer à la revendication du propriétaire dans les conditions prévues pour le possesseur de bonne foi.

Jurisprudence OHADA

Propriété de la chose gagée

Celui qui donne un bien en gage doit être propriétaire. Il s'ensuit que la demande de réalisation du gage n'est pas fondée et doit être rejetée lorsque le débiteur n'est pas propriétaire du bien en cause (TRHC Dakar 5-6-2000 : SFE c/ D. S., Ohadata J-03-54, obs. Alioune Ndiaye).

Jurisprudence comparée

France

A. Mandat de mise en gage

Lorsque le gage est constitué par un mandataire, celui-ci doit être muni d'un pouvoir spécial (Cass. com. 14-6-1948 : JCP (éd. G) 1948.II.4534).

L'acceptation tacite du mandat de recevoir une chose en gage ne peut résulter, à défaut d'écrit ou de commencement de preuve par écrit, que de son exécution (Cass. civ. 24-11-1976 : Bull. civ. I p. 290).

B. Opposabilité au véritable propriétaire du gage par le créancier gagiste de bonne foi

La possession de bonne foi du créancier gagiste vaut titre de gage et lui permet de repousser l'action en revendication du véritable propriétaire (Cass. civ. 19-6-1928 : S. 1932.1.15 ; Cass. com. 14-11-1989 : Bull. civ. IV p. 196 : bonne foi du gagiste qui a ignoré l'existence d'une clause de réserve de propriété).

Celui qui a reçu des titres au porteur sans accomplissement des formalités de mise en gage n'est pas un possesseur de bonne foi (Cass. civ. 28-3-1888 : DP 1888.1.253).

Art. 96 [anc. art. 49 mod.] A peine de nullité, le contrat de gage doit être constaté dans un écrit contenant la désignation de la dette garantie, la quantité des biens donnés en gage ainsi que leur espèce ou leur nature.

Lorsque le gage porte sur un bien ou un ensemble de biens futurs, le droit du créancier s'exerce sur le bien gagé aussitôt que le constituant en acquiert la propriété, sauf convention contraire.

Art. 97 Le contrat de gage est opposable aux tiers, soit par l'inscription au Registre du Commerce et du Crédit Mobilier, soit par la remise du bien gagé entre les mains du créancier gagiste ou d'un tiers convenu entre les parties.

Lorsque le gage a été régulièrement publié, les ayants cause à titre particulier du constituant ne peuvent être regardés comme des possesseurs de bonne foi et le créancier gagiste peut exercer son droit de suite à leur encontre.

JURISPRUDENCE OHADA

Inopposabilité aux tiers du gage non enregistré

Le contrat de gage n'est opposable aux tiers que s'il est constaté par un écrit et dûment enregistré. La convention de gage qui n'a pas été enregistrée dans les conditions de l'article 39 [devenu 50] de l'AUS ne peut produire des effets et est inopposable au créancier poursuivant. Il s'ensuit que l'ordonnance attaquée doit être infirmée et la continuation des poursuites ordonnée (CA Abidjan, nº 895, 12-7-2002 : C. A. c/ P. F., Ohadata J-03-15).

Obs. : cette décision a été rendue sur le fondement des articles 39 et 47 [respectivement devenus 50 et 95 mod.] de l'AUS ; mais l'opposabilité du gage est régie par les article 39 [devenu 50] et 49 [devenu 96 et 97] de l'AUS.

JURISPRUDENCE COMPARÉE

I. États-Unis

Déplacement de l'objet gagé de l'État fédéré où il a été constitué dans un autre État fédéré

Opposabilité de l'enregistrement du gage fait au domicile du constituant tant que celui-ci n'a pas changé d'adresse, peu important que l'objet gagé soit déplacé. La société NBS, qui est installée dans le Minnesota, achète un yacht à la société TBY qui lui fait crédit contre une garantie sur ce yacht. La société TBY donne alors sa garantie sur le yacht à la société Richfield Bank. Deux ans plus tard, la société NBS revend son yacht. Afin de pouvoir acheter le yacht, le nouvel acheteur, qui réside dans l'Iowa, le donne en garantie à sa banque. Il transfère alors le yacht dans l'Iowa. TBY ayant des problèmes financiers, elle ne rembourse plus le prêt que lui a consenti la société Richfield Bank. Cette dernière souhaite donc faire jouer la garantie qu'elle possède sur le yacht, ce à quoi s'opposent le nouvel acheteur et sa banque.

En principe, le créancier prioritaire est le créancier qui a été le premier à enregistrer sa garantie. Un problème particulier se pose en l'espèce parce que le bien a été transféré dans un autre État. Les juges ont considéré que le yacht étant un bien mobile, le créancier ne devait accomplir de nouvelles formalités que si son débiteur déménageait dans un autre État. La société TBY n'ayant pas déménagé, la société Richfield Bank est le créancier prioritaire (792 F2d 710 National Business Systems, Inc. and Richfield Bank & Trustco., Appellees, v. Borg-warner Acceptance Corporation, and Thomas W. Ichelson (1986)).

II. France

Validité du gage non enregistré entre les parties

L'acte est valable dans les rapports du constituant et du créancier gagiste (cf. Cass. civ. 25-5-1976 : Bull. civ. I p. 161).

Art. 98 Sauf clause contraire, le constituant ne peut exiger la radiation de l'inscription ou la restitution du bien gagé qu'après paiement intégral de la dette garantie en principal, intérêts et autres accessoires.

Section II • EFFETS DU GAGE

Art. 99 Lorsque le gage est constitué avec dépossession, le créancier gagiste peut, sous réserve de l'application de l'article 107, al. 2 du présent Acte uniforme, opposer son droit de rétention sur le bien gagé, directement ou par l'intermédiaire du tiers convenu, jusqu'au paiement intégral en principal, intérêts et autres accessoires, de la dette garantie.

Art. 100 [anc. art. 55] S'il a été dessaisi contre sa volonté, le créancier peut revendiquer la chose gagée comme un possesseur de bonne foi.

Art. 101 Lorsque le gage avec dépossession a pour objet des choses fongibles, le créancier doit, sauf clause contraire, les tenir ou les faire tenir séparées des choses de même nature détenues par lui ou le tiers convenu. A défaut, le constituant peut réclamer la restitution du bien gagé, sans préjudice de dommages-intérêts.

Lorsque la convention dispense le créancier de cette obligation, il acquiert la propriété des choses gagées à charge de restituer la même quantité de choses équivalentes. En cas d'entiercement, la propriété ainsi acquise par le créancier peut s'exercer sur des biens de même espèce et de même qualité détenus par le tiers convenu.

Art. 102 Lorsque le gage sans dépossession a pour objet des choses fongibles, le contrat de gage peut permettre au constituant de les aliéner à charge de les remplacer par la même quantité de choses équivalentes. Cette autorisation donnée au constituant vaut renonciation par le créancier à l'exercice de son droit de suite à l'encontre du tiers acquéreur de ces biens.

Art. 103 [anc. art. 58 mod.] Sauf stipulation contraire, le créancier gagiste ne peut user de la chose gagée ni en percevoir les fruits. S'il est autorisé à percevoir les fruits, il doit les imputer sur ce qui lui est dû en intérêts ou, à défaut, sur le capital de la dette.

Art. 104 [anc. art. 56 mod.] Faute de paiement à l'échéance, le créancier gagiste muni d'un titre exécutoire peut faire procéder à la vente forcée de la chose gagée, huit jours après une sommation faite au débiteur et, s'il y a lieu, au tiers constituant du gage dans les conditions prévues par les dispositions organisant les voies d'exécution auxquelles le contrat de gage ne peut déroger. Dans ce cas, il exerce son droit de préférence sur le prix de la chose vendue, dans les conditions de l'article 226 du présent Acte uniforme.

Le créancier peut aussi faire ordonner par la juridiction compétente que le bien gagé lui sera attribué en paiement jusqu'à due concurrence du solde de sa créance et d'après estimation suivant les cours ou à dire d'expert.

Si le bien gagé est une somme d'argent ou un bien dont la valeur fait l'objet d'une cotation officielle, les parties peuvent convenir que la propriété du bien gagé sera attribuée au créancier gagiste en cas de défaut de paiement. Il en va de même pour les autres meubles corporels lorsque le débiteur de la dette garantie est un débiteur professionnel. En ce cas, le bien gagé doit être estimé au jour du transfert par un expert désigné à l'amiable ou judiciairement, toute clause contraire étant réputée non écrite.

Jurisprudence OHADA

I. Champ d'application

Il résulte de l'article 56.1 de l'AUS [devenu 104 al. 1] que cette disposition s'applique au gage arrivé à son terme et pour la réalisation duquel le créancier gagiste entreprend une procédure de vente ou d'attribution après dire d'expert. En l'espèce, le gage était encore en cours et le créancier gagiste a décidé d'y mettre fin par une mainlevée ; cette hypothèse n'entrant pas dans le cadre de l'article 56.1 de l'AUS [devenu 104 al. 1], c'est à tort que l'arrêt querellé y a fait application, s'exposant à la cassation. Sur l'évocation, il résulte de la stipulation contractuelle des parties selon laquelle « […] le bénéficiaire autorise le constituant […] à conclure des contrats de vente relativement aux marchandises gagées mais avec la condition que le constituant ne pourra effectuer aucune livraison de tout ou partie des marchandises gagées sans mainlevée préalable […]. Les produits de ces ventes seront directement versés dans le compte séquestre ouvert dans les livres de la Banque […] » que les ventes n'ont eu lieu qu'après mainlevée expresse du créancier. La chose ayant été volontairement restituée au débiteur « le gage disparaît indépendamment de l'obligation garantie » conformément à l'article 62 [devenu 117] de l'AUS ; il n'y a donc aucune violation de l'article 56.1 précité et pour les mêmes motifs que ceux ayant conduit à la cassation, il échet de rejeter la demande d'annulation de l'article 4 du contrat de gage et subséquemment celle de l'article 3 de la convention de compte séquestre (CCJA, 2e ch., n° 125, 23-6-2016 : Ascot Commodities c/ Bocar Samba Dieye, Ohadata J-17-66).

II. Distinction entre l'enlèvement des biens gagés et leur vente

Monsieur [X.], qui a agi lors de la signature d'une convention de gage en qualité de gérant d'une société [B.], engage de ce fait ladite société à l'égard de la société [C.] ; d'autre part, l'enlèvement et la rétention des objets gagés ne peuvent s'assimiler à une réalisation du gage qui se traduit par la vente du bien, l'attribution judiciaire du bien gagé ou la mise en œuvre du pacte commissoire, conformément à l'article 104 de l'AUS. Or, en l'espèce, il ne s'agit pas encore de la vente desdits biens mais plutôt de leur enlèvement et leur rétention pour garantir le recouvrement de la créance impayée. Par conséquent, en déboutant la société [A.] de ses demandes en restitution des biens ci-dessus énumérés et en dommages-intérêts, la cour d'appel ne viole aucune des dispositions visées à la branche du moyen, qui doit être rejetée comme infondée (CCJA, 3e ch., n° 214/2024, 4-7-2024).

III. Paiement sur le prix de la vente forcée

Il résulte de l'article 56 [devenu 104] de l'AUS qu'à défaut de paiement à l'échéance, la vente forcée du bien gagé et le paiement du créancier à concurrence de sa créance doivent être ordonnés lorsque le créancier gagiste est muni d'un titre exécutoire (TRHC Dakar, n° 1970, 2-12-2003 : SFE c/ M. D., Ohadata J-04-265, retenant en l'espèce que le défaut du débiteur à l'audience met en péril le recouvrement et l'exécution provisoire doit être ordonnée. TRHC Dakar, n° 1971, 2-12-2003 : SFE ex Sogéca c/ S. S., Ohadata J-04-273).

Sur une décision ayant condamné solidairement le débiteur et le garant au paiement et ordonné la réalisation du gage au profit du créancier poursuivant, voir : TRHC Dakar, n° 1975, 2-12-2003 : SFE ex-SOGEGA c/ M. S., A. D. B. D., Ohadata J-04-274).

IV. Estimation des titres admis en bourse

Les dispositions de l'article 56 [devenu 104] de l'AUS ne prévoient l'évaluation à dire d'expert que comme une alternative et non comme une obligation ou une nécessité. Par conséquent, l'attribution de titres admis en bourse peut se faire d'après l'estimation suivant les cours du marché (CA Abidjan, n° 875, 9-7-2002 : Sté Vansco Air Freight Import Export, J. M. G. K. c/ Ecobank, SGBCI, SGBCI, Ohadata J-03-31).

V. Réparation du préjudice résultant du défaut de paiement non justifié

Le débiteur qui, malgré une mise en demeure de payer, ne s'est pas exécuté et n'a fait valoir aucun motif pour le non-paiement doit être condamné à réparer le préjudice causé au créancier par sa résistance abusive (TRHC Dakar, n° 1971, 2-12-2003 : SFE ex-Sogéca c/ S. S., Ohadata J-04-273).

Obs. : voir aussi sous l'art. 98.

VI. Attribution du gage

Valeur insuffisante pour couvrir la créance : débiteur tenu du solde. L'attribution du gage peut être accordée au créancier poursuivant, à sa demande, et à concurrence de la dette en principal, frais et intérêts de droit. Lorsque la valeur du bien gagé ne couvre pas la totalité de la dette, le débiteur reste devoir la différence au paiement de laquelle il peut être condamné (TPI Gagnoa (Côte d'Ivoire), n° 154, 5-5-2005 : Sidacc c/ S., Juris-Ohada n° 2/2007, p. 27, Ohadata J-08-77).

Obs. : cette décision ne précise pas toutefois si les formalités impératives de l'article 56 [devenu 104] de l'AUS ont été accomplies. Il s'agit notamment de l'obtention d'un titre exécutoire et de la sommation de payer adressée au débiteur. Sans ces formalités, la procédure n'aurait pas été valable.

VII. Rejet de la demande de distraction

Il résulte de l'article 104 de l'AUS que faute de paiement à l'échéance, le créancier gagiste muni d'un titre exécutoire peut faire procéder à la vente forcée de la chose gagée, faire ordonner par la juridiction compétente que le bien gagé lui sera attribué en paiement jusqu'à due concurrence du solde de sa créance et d'après estimation suivant les cours ou à dire d'expert ou encore, si le bien gagé est une somme d'argent ou un bien dont la valeur fait l'objet d'une cotation officielle, convenir avec le débiteur que la propriété du bien gagé lui sera attribuée en cas de défaut de paiement. La cour d'appel qui, pour confirmer l'ordonnance du juge de l'exécution qui a rejeté la demande de distraction, a souverainement constaté, à la suite du premier juge, que l'appelante n'avait ni rapporté la preuve du pacte commissoire en exécution duquel les biens saisis étaient devenus sa propriété, ni justifier d'un titre exécutoire lui permettant d'acquérir les biens par le biais d'une vente forcée ou de les obtenir en paiement et qu'en conséquence les biens saisis étaient encore dans le patrimoine d'une autre personne, a suffisamment motivé sa décision, dépourvue de toute violation de l'article 104 de l'AUS (CCJA, 1e ch., n° 173/2023, 13-7-2023).

JURISPRUDENCE COMPARÉE

France

A. Imputation de la réalisation du gage garantissant partiellement une dette

Lorsqu'un gage garantit partiellement une dette, le versement résultant de sa réalisation s'impute sur le montant pour lequel la sûreté a été consentie. Par conséquent, ne commet pas de faute de nature à engager sa responsabilité envers le créancier gagiste, le commissaire-priseur, tiers convenu, qui, après paiement intégral du montant garanti de la dette par le produit de la réalisation partielle des objets remis en gage pour la garantie des sommes dues au titre d'une autorisation de découvert consentie par une banque – remboursable au jour de la vente et stipulée utilisable dans la limite d'un certain montant, sauf acceptation exceptionnelle par la banque d'un dépassement –, restitue à leur propriétaire les objets non vendus, le gage étant devenu sans objet, peu important que ce dernier reste débiteur du solde de la dette ayant dépassé le découvert autorisé (Cass. ass. plén. 6-11-2009 n° 08-17.095 : RJDA 8-9/10 n° 877).

B. Perte du droit à être payé avant tout autre créancier

Ayant entrepris lui-même les poursuites, le créancier gagiste est censé avoir renoncé à son droit de rétention ; il est alors primé par les créanciers privilégiés (Cass. com. 15-1-1957 : JCP (éd. G) 1957.II.10006 note Becqué, trois arrêts).

C. Demande d'attribution du gage

1° Faculté

Le droit de demander l'attribution du gage demeure une simple faculté pour le créancier gagiste (Cass. com. 3-11-1983 : JCP (éd. G) 1984.II.20234). Mais lorsqu'une décision définitive a prononcé l'attribution du gage sur la base de la valeur estimée, le créancier gagiste ne peut plus demander à opter pour la vente aux enchères (CA Lyon 16-10-1980 : JCP (éd. G) 1981.IV.376).

2° Créancier pouvant présenter la demande

Sauf disposition contraire, tout créancier gagiste peut demander l'attribution du gage ; tel est le cas du créancier muni d'un gage avec droit de rétention (Cass. com. 6-3-1990 : Bull. civ. IV p. 46) ou d'un nantissement n'emportant pas droit de rétention à son profit (Cass. ass. plén. 26-10-1984 : D. 1985.33 concl. Cabannes note Derrida : nantissement du matériel et de l'outillage ; Cass. com. 5-3-1985 : GP 1985.pan.266 : nantissement d'un marché de travaux privés).

3° Compétence pour statuer sur la demande

Pour l'exercice de la demande d'attribution du gage, toute clause attributive de compétence est valable, même si la créance doit être produite au passif de la liquidation des biens (CA Lyon 4-12-1980 : GP 1981.som.243, transposable à la liquidation judiciaire). Le juge des référés ne peut pas attribuer le gage s'il existe une contestation sérieuse sur la valeur de l'objet engagé (CA Paris 12-3-1993 : JCP (éd. G) 1993.IV.1828), mais le peut dans le cas inverse (Cass. com. 19-1-1988 : Bull. civ. IV p. 30).

4° Estimation du gage

La valeur d'attribution par l'estimation d'expert ne lie pas le juge qui peut retenir une estimation différente, s'il possède des éléments d'appréciation suffisants (CA Lyon 16-10-1980 : JCP (éd. G) 1981.IV.376) ; l'évaluation par expert n'est pas requise lorsque les parties sont d'accord sur la valeur (Cass. com. 15-11-2005 n° 1418 : RJDA 4/06 n° 434).

D. Effets de l'attribution du gage

1° Elimination des créanciers privilégiés

L'attribution en justice de la propriété du bien gagé a pour effet de mettre le créancier nanti à l'abri du concours d'autres créanciers privilégiés (Cass. com. 14-1-1963 : GP 1963.1.364).

2° Opposabilité aux tiers en cas d'avertissement des intéressés

Le créancier nanti sur du matériel qui a autorisé la location de celui-ci peut opposer la décision d'attribution du gage au locataire dès lors qu'il s'était réservé un droit de suite en apposant sur ce matériel une plaque indiquant son nantissement et qu'il avait appelé en cause le locataire (Cass. com. 28-1-1997 : RJDA 5/97 n° 710).

3° Exclusion de la procédure d'ordre

L'attribution du gage est indépendante des règles concernant l'ordre dans lequel s'exercent sur le prix les divers privilèges en cas de vente du bien nanti (Cass. com. 31-1-1983 : Bull. civ. IV n° 43).

4° Interdiction de la clause de voie parée

La clause par laquelle un créancier se réserve le droit, à défaut de paiement, de disposer du gage sans l'intervention du juge, est nulle, d'ordre public (Cass. civ. 4-3-1902 : DP 1903.1.215). Le débiteur ne peut renoncer à exiger la signification requise qu'après la conclusion du contrat de gage (Cass. com. 12-1-1965 : GP 1965.1.372).

E. Responsabilité du créancier gagiste intempestif dans la réalisation du gage

Le créancier gagiste engage sa responsabilité :

– s'il fait vendre l'objet gagé à une date à laquelle il a reçu paiement des sommes qu'il pouvait exiger (CA Aix 5-11-1987 : GP 1988.709, déchargeant le débiteur, pour le dédommager, du solde de sa dette) ;

– si, bénéficiaire d'un nantissement irrégulier et inopposable aux vendeurs des marchandises, il fait vendre précipitamment celles-ci aux enchères privant les vendeurs de la possibilité de faire valoir leurs droits de vendeurs (Cass. com. 13-12-1994 : RJDA 3/95 n° 339).

Mais il n'est pas tenu de demander la réalisation de son gage à l'échéance (Cass. com. 10-10-2000 : RJDA 1/01 n° 37).

F. Droit du créancier d'une rente viagère gagée

Droit aux arrérages. Lorsque le gage porte sur une rente, le créancier gagiste a droit d'en toucher les arrérages bien que ceux-ci représentent une part du capital (Cass. req. 28-11-1894 : DP 1895.1.243).

Art. 105 En cas d'attribution judiciaire ou conventionnelle, lorsque la valeur du bien excède le montant qui lui est dû, le créancier gagiste doit consigner une somme égale à la différence s'il existe d'autres créanciers bénéficiant d'un gage sur le même bien ou, à défaut, verser cette somme au constituant. Toute clause contraire est réputée non écrite.

Art. 106 [anc. art. 57 mod.] En cas de perte ou de détérioration totale ou partielle de la chose gagée qui ne serait pas de son fait, le créancier gagiste exerce son droit de préférence sur l'indemnité d'assurance, s'il y a lieu, pour le montant de la créance garantie en principal, intérêts et autres accessoires, dans le respect des dispositions de l'article 226 du présent Acte uniforme.

JURISPRUDENCE COMPARÉE

France

Concours avec d'autres créanciers gagistes

En cas de concours avec d'autres créanciers gagistes, sur la même chose – ce qui peut se produire lorsque le gage est constitué dans les mains d'un tiers –, l'ordre des remboursements dépend de la date du contrat de gage (CA Grenoble 12-10-1960 : GP 1961.1.157).

Art. 107 Lorsqu'un même bien fait l'objet de plusieurs gages successifs sans dépossession, le rang des créanciers est déterminé par l'ordre de leur inscription.

Lorsqu'un bien donné en gage sans dépossession fait ultérieurement l'objet d'un gage avec dépossession, le droit de préférence du créancier gagiste antérieur est opposable au créancier gagiste postérieur lorsqu'il a été régulièrement publié et nonobstant le droit de rétention de ce dernier.

Lorsqu'un bien donné en gage avec dépossession fait ultérieurement l'objet d'un gage sans dépossession, le droit de rétention du créancier gagiste antérieur est opposable au créancier postérieur qui ne pourra prétendre exercer ses droits sur le bien, tant que le créancier antérieur n'aura pas été entièrement payé.

JURISPRUDENCE COMPARÉE

États-Unis

Pool de prêteurs : paiement préférentiel du créancier premier pour la totalité de sa créance sur le débiteur

Priorité de ce créancier sur le second inscrit, même pour les sommes que lui ont avancé des participants à un pool après la prise d'inscription par le second inscrit. En 1982 la société CIT et la société Autostyle concluent en contrat de facilité de crédit à long terme. Pour garantir cette facilité de crédit, la société Autostyle donne tous ses biens en gage sans dépossession. En 1987 et 1988, la société CIT s'allie,

sous la forme d'un accord en participation (participation agreements ou pool de créanciers), avec différentes sociétés pour prêter de l'argent à la société Autostyle.
En 1988, la société Autosytle donne en nantissement ses machines et ses équipements à la société Bayer, cette dernière étant alors, en toute connaissance de cause, seconde en priorité c'est-à-dire venant après la société CIT.
En 1996, une procédure collective est ouverte à l'encontre de la société Autostyle. La société Bayer considère qu'elle doit être payée après la société CIT mais avant les sociétés parties à l'accord en participation, ce que contestent ces sociétés.
Cette prétention de la société Bayer a été rejetée. L'accord de participation entre la société CIT, qui la primait, et les autres participants qui lui avaient consenti des avances, ne constituait pas un prêt entre ces participants et la société Autostyle, car ces participants étaient des tiers à l'égard de cette dernière ; n'ayant conclu aucun prêt avec elle, ils n'avaient aucun droit contre elle ; seule la société CIT était liée à elle et seule elle avait un droit de préférence pour les sommes prêtées, lesquelles comprenaient celles que les participants lui avaient fournies (269 F3d 726 (2001) Autostyle Plastic Inc.).

Art. 108 **Lorsque le gage est constitué avec dépossession, le créancier gagiste ou le tiers convenu doit veiller sur la chose et en assurer la conservation comme le doit un dépositaire rémunéré.**

De même, lorsque le constituant est resté en possession du bien gagé, il doit le conserver en bon père de famille et, notamment, l'assurer contre les risques de perte et de détérioration totale ou partielle.

Jurisprudence OHADA

Inapplication des articles 108 et 117 de l'AUS en cas de liquidation judiciaire du constituant

Les articles 108 et 117 de l'AUS sont relatifs respectivement à l'obligation de conservation qui pèse sur le détenteur du bien objet d'un gage avec dépossession et à l'extinction du gage et ne régissent pas le sort du bien gagé avec dépossession lorsqu'on est en présence de la liquidation judiciaire du constituant, que le gage n'est ni réalisé ni restitué au débiteur et que la preuve de la destruction ou de la perte du gage n'est pas rapportée. Lorsque le constituant du gage est en liquidation des biens, les dispositions de l'AUS doivent être combinées avec celles des procédures collectives ; à ce titre, la suspension des poursuites individuelles, prescrite par l'article 75 de l'AUPCAP, interdit toute réalisation de sûreté, ce qui oblige les créanciers munis de sûretés à produire leurs créances au niveau du syndic. Cela implique que les biens meubles grevés de sûretés avec dépossession soient encore détenus par le créancier et que le syndic et le juge-commissaire, avant d'admettre la créance, soient bien fondés à exiger la preuve de l'intégrité du bien gagé. L'article 109 de l'AUS prévoit d'ailleurs que le constituant peut, sans préjudice des dommages-intérêts, réclamer la restitution du gage si le créancier ou le tiers détenteur ne satisfait pas à son obligation de conservation ; en l'espèce, il résulte des propres constatations du premier juge « qu'il n'est pas contesté que les cinq lettres de tierces détention justifiant le nantissement (gage) de 204 lots de cacao ne correspondent pas aux stocks de marchandises disponibles et qui ont été évalués à 115 lots après inventaire ; […] que la demanderesse qui ne conteste pas cet écart des produits en possession d'un tiers détenteur qui est son agent, se contente de soutenir qu'il ne fait pas la preuve d'un encaissement pa[r] lui ». En contestant dans ces conditions le rejet partiel de sa créance, il appartient à la demanderesse d'apporter la preuve de la disponibilité des lots entre les mains du tiers détenteur ou de représenter lesdits lots au débiteur constituant ou encore d'apporter la preuve de la destruction ou de la perte du bien gagé, et même dans ce dernier cas, l'article 106 de l'AUS lui prescrit d'exercer son droit de préférence sur l'indemnité d'assurance, dans le respect des dispositions de l'article 226 du même Acte uniforme relatives à la distribution des deniers provenant de la réalisation des biens meubles ; en ne le faisant pas, elle ne met pas les organes de la procédure collective de liquidation des biens, à savoir le syndic et le juge commissaire, et par suite la juridiction compétente pour connaître de son opposition, en mesure d'apprécier la certitude de cette partie de la créance à lui payer. Dès lors, en confirmant le jugement de première instance qui avait décidé d'imputer à la demanderesse la valeur des lots manquants et de la déduire de la créance totale réclamée, la cour d'appel n'a ni violé les articles 108 et 117 de l'AUPCAP, ni commis un défaut, une insuffisance ou une contrariété de motifs (CCJA, 1e ch., nº 086/2023, 27-4-2023).

JURISPRUDENCE COMPARÉE

I. États-Unis

Obligation de conservation du bien donné en garantie

Créancier non responsable de la perte de valeur de la chose gagée. Un créancier n'est pas responsable de la perte de valeur des actions données en garantie lorsque celle-ci ne lui est pas imputable. Tel est le cas lorsqu'un créancier n'a pas pu vendre les biens donnés en garantie avant qu'ils perdent toute valeur faute de temps raisonnable pour le faire. Des actions avaient été données en garantie d'un prêt. Le débiteur ne payant pas sa dette, le créancier avait voulu les vendre mais il n'avait pas eu le temps de le faire parce que la société avait été dissoute un mois après le défaut de paiement du débiteur (Snyder v. Bank One Kentucky, Na 113 F3d 774 (1997)).

II. France

Usage et disposition

Le créancier gagiste ne peut pas s'opposer, sauf clause contraire, à ce que le souscripteur de polices d'assurance-vie remises en gage exerce le droit, que ces polices lui accordaient, de choisir la répartition de ses versements entre les différents supports financiers proposés (Cass. com. 12-7-2005 n° 1244 : D. 2005.2143 obs. Delpech).

Art. 109 Lorsque le gage est constitué avec dépossession, le constituant peut réclamer la restitution du bien gagé, sans préjudice de dommages-intérêts, si le créancier ou le tiers convenu ne satisfait pas à son obligation de conservation du bien gagé.

Lorsque le gage est constitué sans dépossession, le créancier peut se prévaloir de la déchéance du terme de la dette garantie ou solliciter un complément de gage si le constituant ne satisfait pas à son obligation de conservation du gage.

Art. 110 Si le gage, quelles qu'en soient les modalités, a pour objet un ensemble de biens fongibles, le créancier peut exiger du constituant, à peine de déchéance du terme, qu'il en maintienne la valeur.

Le créancier peut, à tout moment et aux frais du débiteur, obtenir du constituant ou du tiers convenu un état de l'ensemble des biens gagés ainsi que la comptabilité de toutes les opérations le concernant. Si la constitution de la sûreté a donné lieu à l'émission d'un bordereau de gage de stocks, l'établissement domiciliataire du bordereau a également ce pouvoir.

Est considéré comme établissement domiciliataire au sens du présent Acte uniforme, tout établissement habilité à recevoir des dépôts du public.

Art. 111 Lorsqu'un bien objet d'un gage avec dépossession menace de périr, le créancier gagiste ou le tiers convenu peut faire vendre, sous sa responsabilité, le bien gagé sur autorisation notifiée au constituant de la juridiction compétente saisie sur simple requête. Les effets du gage sont alors reportés sur le prix.

Art. 112 Le tiers convenu et, s'il y a lieu, l'acquéreur de mauvaise foi de la chose donnée en gage répondent, solidairement avec le créancier gagiste, de l'inexécution des obligations mentionnées aux articles 103, 108, al. 1 et 111 du présent Acte uniforme.

Art. 113 [anc. art. 59 mod.] Lorsqu'il est entièrement payé du capital, des intérêts et autres accessoires, le créancier gagiste restitue la chose avec tous ses accessoires. Le constituant doit alors rembourser au créancier gagiste ou au tiers convenu, les dépenses utiles ou nécessaires que celui-ci a faites pour la conservation du gage.

JURISPRUDENCE COMPARÉE

France

Restitution

Le débiteur bénéficie de la plus-value acquise par le bien gagé depuis la constitution du gage (Cass. crim. 16-6-1938 : GP 1938.2.343 : à propos d'une bague en platine avec brillant).

S'agissant de choses fongibles ou de denrées périssables, le créancier gagiste, s'il ne peut restituer le gage en nature, doit en régler la valeur au débiteur au jour du paiement (Cass. com. 3-12-1957 : GP 1958.1.244).

Art. 114 [anc. art. 60] Le gage est indivisible nonobstant la divisibilité de la dette envers les héritiers du débiteur ou ceux du créancier.

L'héritier du débiteur qui a payé sa part de la dette ne peut demander la restitution de sa portion dans le gage, celui-ci fût-il divisible par nature, tant que la dette n'est pas entièrement acquittée.

L'héritier du créancier qui a reçu sa part de la créance ne peut remettre le gage, celui-ci fut-il divisible, au préjudice des cohéritiers qui ne sont pas payés.

Art. 115 [anc. art. 52 mod.] La mise en gage de marchandises dont le débiteur peut disposer par bordereau de gage de stocks, connaissement, récépissé de transport ou de douane, est constituée suivant les dispositions propres à chacun de ces titres ou documents.

Section III • EXTINCTION DU GAGE

Art. 116 [anc. art. 61 mod.] Le gage prend fin lorsque l'obligation qu'il garantit est entièrement éteinte, tant en capital, qu'en intérêts et autres accessoires.

JURISPRUDENCE COMPARÉE

France

Effet de la résiliation du contrat générateur de la créance du créancier gagiste

La résiliation, même convenue d'un commun accord entre le créancier et le débiteur, du contrat dont le gage garantissait l'exécution laisse subsister ce gage s'il est établi qu'il a pour cause l'inexécution du contrat par le débiteur, le gage restant alors affecté au paiement des dommages-intérêts (Cass. req. 9-5-1881 : D. 1882.1.13).

Art. 117 [anc. art. 62 mod.] Le gage avec dépossession disparaît indépendamment de l'obligation garantie si la chose est volontairement restituée au constituant, si elle est perdue par le fait du créancier gagiste, ou lorsque la juridiction compétente en ordonne la restitution pour faute du créancier gagiste, sauf désignation d'un séquestre qui aura la mission d'un tiers convenu.

JURISPRUDENCE OHADA

Inapplication des articles 108 et 117 de l'AUS en cas de liquidation judiciaire du constituant.

Obs. : voir sous l'art. 108.

Section IV • DISPOSITIONS PARTICULIÈRES À CERTAINS GAGES

Sous-section I • GAGE DU MATÉRIEL PROFESSIONNEL ET DES VÉHICULES AUTOMOBILES

Art. 118 [anc. art. 91 mod.] Sans préjudice des dispositions de la présente sous-section, le matériel professionnel et les véhicules automobiles, assujettis ou non à une déclaration de mise en circulation et à immatriculation administrative, peuvent faire l'objet d'un gage en application des dispositions des articles 92 à 117 du présent Acte uniforme.

Le matériel professionnel faisant partie d'un fonds de commerce peut être nanti en même temps que les autres éléments du fonds, conformément aux dispositions des articles 162 à 165 du présent Acte uniforme.

JURISPRUDENCE COMPARÉE

I. États-Unis

A. Qualification du nantissement de matériel sur le fondement des obligations voulues par les parties

Requalification d'un crédit-bail en un contrat de nantissement de matériel, déduite de l'obligation d'entretien du matériel. Un contrat qualifié de contrat de crédit-bail par les parties peut être qualifié de contrat de nantissement de matériel par les juges si les obligations des parties relèvent de ce dernier plutôt que du contrat de location. Il en sera notamment ainsi si le crédit-preneur doit payer les impôts, s'il supporte les risques de perte du matériel et s'il doit l'assurer et le réparer. Le fait que la liste du matériel compris dans le contrat de location comprend tous les biens présents et à venir du crédit-preneur, suggère également que le contrat est un contrat de nantissement et non un contrat de crédit-bail (North Dakota Supreme Court 537 N.W.2d 559 Estate of Bernard F. Zubicki v. Gary Rutherford and Leisure Industries, Inc (1995)).

B. Interdiction de réaliser le gage sans avertir le constituant du gage

La section 9 du Code de commerce Texan est d'ordre public. En conséquence, les parties ne peuvent pas limiter dans leur convention les droits de l'emprunteur et, notamment, permettre au prêteur de saisir le bien donné en garantie sans en avertir préalablement l'emprunteur (Morgan Buildings & Spas v. Turn-Key Leasing, 97 S.W. 3d 871 (2003)).

II. France

A. Droit du prêteur

Le prêteur jouit du gage même s'il remet directement les fonds à l'acheteur et non au vendeur (CA Paris 29-4-1977 : Rev. jur. com. 1978.206 note Chartier ; CA Caen 9-4-1987 : GP 1987.som.385).

B. Absence d'effet du défaut de publicité dans les rapports entre le créancier gagiste et le débiteur

Le débiteur ne peut invoquer le défaut de publicité pour échapper à des poursuites pour détournement de gage (Cass. crim. 10-3-1976 : GP 1976.2.460) ou pour s'opposer à une demande d'appréhension du véhicule par le créancier (Cass. civ. 10-7-1996 : PA 1996 n° 120 p. 23 note Pinon et Gérard).

Mais la non-inscription délibérée peut s'analyser en une renonciation au gage, privant le créancier d'agir contre le débiteur en restitution du véhicule (TGI Périgueux 22-3-1994 : D. 1994.som.345 obs. Julien).

Art. 119 [anc. art. 96 mod.] En ce qui concerne les véhicules automobiles assujettis à une déclaration de mise en circulation et à immatriculation administrative, le gage doit être mentionné sur le titre administratif portant autorisation de circuler et immatriculation. L'absence de cette mention ne remet pas en cause la validité ou l'opposabilité du gage dûment inscrit au Registre du Commerce et du Crédit Mobilier.

Sous-section II • GAGE DE STOCKS

Art. 120 [anc. art. 100 mod.] Sans préjudice des dispositions de la présente sous-section, les matières premières, les produits d'une exploitation agricole ou industrielle, les marchandises peuvent faire l'objet d'un gage en application des dispositions des articles 92 à 117 du présent Acte uniforme.

Jurisprudence comparée

I. États-Unis

A. Validité du nantissement de matières premières sur remise par le constituant de certificats affirmant au créancier nanti son droit de propriété sur ces matières

La société Amoco, qui louait du plutonium à la société DBL Trading, a émis des certificats selon lesquels elle déclarait détenir du plutonium pour le compte de la société DBL Trading. Cette dernière donna ces certificats pour garantir un prêt à la banque BNY. La société DBL Trading ne remboursant plus ses mensualités, la banque demanda à la société Amoco de lui remettre le plutonium. La société Amoco refusa en considérant que les certificats ne constituaient pas un titre de propriété. Selon les juges de la cour d'appel du second Circuit, il est très courant que les banques acceptent des certificats à titre de sûreté. Lorsque les certificats indiquent clairement le nom du dépositaire ainsi que les biens en cause, ces derniers sont valablement donnés en garantie et le locataire doit remettre les biens au créancier de son bailleur défaillant (The Bank of New York v. Amoco Oil Company 35 f.3d 643 (1994)).

B. Limites des garanties prises sur des produits agricoles

Droit de l'Iowa. Un éleveur avait donné en sûreté ses porcs. Il a fait vendre ses derniers par un agent qui ne connaissait pas l'existence de la sûreté. L'agent vendit les porcs et remit l'argent obtenu à l'éleveur. Le créancier demanda à l'agent de lui remettre la valeur des porcs, ce dernier refusa. Les juges lui donnèrent raison parce que, selon le Code de commerce uniforme de l'Iowa, une personne qui achète des produits agricoles les prend libres de toutes sûretés et ce, même si la sûreté est parfaite (United States of America v. Progressive Farmers Marketing Agency, 788 F2d 1327 (1986)).

C. « Droits sur le bien donné en garantie » appartenant au constituant

Selon le Code de commerce uniforme, pour qu'une garantie donnée sur un bien soit valide, il est notamment nécessaire que le débiteur ait des droits sur ce bien ; a des « droits sur le bien donné en garantie » le constituant :

– qui a une promesse d'achat sur le bien donné en garantie car il n'est pas nécessaire qu'il en soit propriétaire (United States v. Ables 739 F.Supp. 1439, 1444 (1990)) ;

– qui supporte les risques de perte de ce bien (Kinetics Tech. Int'l Corp. V. Fourth Nat'l Bank, 705 F2d 396 (1983)) ;

– qui en est propriétaire, mais dont un tiers a la possession (Kunel v. Sprague National Bank, 128 F3d 636 (1997)).

II. France

Les parties, dont l'une est un établissement de crédit, ne peuvent pas soumettre leur contrat au droit commun du gage de meubles sans dépossession (Cass. com. 19-2-2013 n° 11-21.763 : RJDA 5/13 n° 454).

Art. 121 La constitution d'un gage de stocks sans dépossession peut donner lieu à l'émission par le greffier, ou par le responsable de l'organe compétent dans l'État partie, d'un bordereau de gage de stocks.

Dans ce cas, l'acte constitutif du gage doit comporter, à peine de nullité, outre les mentions prévues par l'article 96 du présent Acte uniforme, le nom de l'assureur qui couvre les stocks gagés contre les risques de vol, d'incendie et de détérioration totale ou partielle ainsi que la désignation de l'établissement domiciliataire du bordereau de gage de stocks.

Art. 122 [anc. art. 103 mod.] Le bordereau remis au débiteur après inscription porte, de façon apparente :

– la mention « gage de stocks » ;

– la date de sa délivrance qui correspond à celle de l'inscription au Registre du Commerce et du Crédit Mobilier ;

– le numéro d'inscription au registre chronologique des dépôts ;

– la signature du débiteur.

Il est remis par le débiteur au créancier par voie d'endossement signé et daté.

Le bordereau peut être endossé et avalisé dans les mêmes conditions qu'un billet à ordre avec les mêmes effets.

A défaut de convention contraire, la durée de validité du bordereau est de cinq ans à compter de la date de son émission, sauf renouvellement.

Art. 123 L'endossement confère au porteur du bordereau la qualité et les droits d'un créancier gagiste.

Art. 124 [anc. art. 104 mod.] Le débiteur émetteur du bordereau de gage de stocks conserve le droit de vendre les stocks gagés.

Il ne peut livrer les biens vendus qu'après consignation du prix auprès de l'établissement domiciliataire.

• Chapitre V •

NANTISSEMENT DE MEUBLES INCORPORELS

Art. 125 Le nantissement est l'affectation d'un bien meuble incorporel ou d'un ensemble de biens meubles incorporels, présents ou futurs, en garantie d'une ou plusieurs créances, présentes ou futures, à condition que celles-ci soient déterminées ou déterminables.

Il est conventionnel ou judiciaire.

Jurisprudence comparée

France

A. Nantissement d'un bien indisponible

Le nantissement d'un bien temporairement indisponible est possible (Cass. com. 30-9-2008 n° 07-12.768 : RJDA 12/08 n° 1311 : à propos de valeurs mobilières mais transposable à tout autre bien momentanément indisponible).

B. Mandat de nantir

Le mandat de conclure un nantissement doit être exprès (CA Versailles 24-6-1988 : D. 1988.IR.241).

Art. 126 Peuvent notamment être nantis :

- les créances ;
- le compte bancaire ;
- les droits d'associés, les valeurs mobilières et le compte de titres financiers ;
- le fonds de commerce ;
- les droits de propriété intellectuelle.

Section I • NANTISSEMENT DE CRÉANCE

Art. 127 A peine de nullité, le nantissement de créance doit être constaté dans un écrit contenant la désignation des créances garanties et des créances nanties ou, si elles sont futures, les éléments de nature à permettre leur individualisation, tels que l'indication du débiteur, le lieu de paiement, le montant des créances ou leur évaluation et leur échéance.

Jurisprudence OHADA

I. Incidence de la non-inscription d'un nantissement dans un écrit

Il résulte de la combinaison des articles 127 et 136 de l'AUS que le nantissement de compte bancaire doit, à peine de nullité, être constaté dans un écrit contenant la désignation des créances garanties et des créances nanties ou, si elles sont futures, les éléments de nature à permettre leur individualisation. Il ne peut pas être reproché à une cour d'appel d'avoir débouté la demande d'une cliente tendant à voir la responsabilité de sa banque engagée pour avoir procédé à la saisie des sommes placées sur son compte bancaire alors que, selon cette cliente, ces sommes étaient indisponibles car nanties. En effet, aucune faute ne saurait être imputée à la banque, dès lors qu'au moment de la saisie-attribution, le nantissement sollicité par la cliente n'avait pas encore été « constaté dans un écrit » (CCJA, 2e ch., nº 278/2020, 30-7-2020 : Société Groupe Industrie & Distribution c/ SGCI).

II. Limitation des effets du nantissement à hauteur de l'obligation principale du débiteur

Il résulte de la combinaison des articles 127 et 128 de l'AUS que l'identification de la créance à nantir a pour conséquence de faire naître sur celle-ci des droits au profit du créancier. Toutefois, il est constant que le nantissement ne peut générer plus d'obligations que le contrat principal. Par conséquent, même si le nantissement du marché public a été consenti, en l'espèce, les droits du créancier nanti ne peuvent être supérieurs à ceux que doit supporter le débiteur lorsqu'une partie de la créance n'est pas fondée et est contestée, comme le sont les prélèvements de frais de tenue et agios durant la période de gel du financement et de la suspension des travaux ; les agios et frais de tenue de compte étant tributaires des paiements du bailleur de fonds, il va s'en dire que si ces paiements sont arrêtés, en raison de la survenance d'un cas de force majeure, les comptes le sont aussi. Sur cette base, le prélèvement des frais de tenue et agios ne devait pas être maintenu ; il s'ensuit qu'en refusant d'appliquer l'article 1er de l'acte de nantissement de marché public, la cour d'appel n'a aucunement violé les dispositions précitées (CCJA, 2e ch., nº 141/2023, 29-6-2023).

JURISPRUDENCE COMPARÉE

France

Constitue un nantissement de créance l'acte par lequel un débiteur cède et transporte à un créancier, à titre de garantie, tous ses droits sur des créances (Cass. com. 19-12-2006 nº 1500 : RJDA 5/07 nº 474) ; dès lors que la signification en est faite conformément à l'article 1690 du Code civil, le cessionnaire a la qualité de créancier nanti et a droit au paiement préférentiel (Cass. com. 26-5-2010 nº 09-13.388 : RJDA 10/10 nº 945).

Art. 128 Lorsque le nantissement a pour objet une créance future, le créancier nanti acquiert un droit sur la créance dès la naissance de celle-ci.

JURISPRUDENCE COMPARÉE

France

Peuvent être mises en gage les sommes versées à une association sportive en cas de transfert de joueurs professionnels car il s'agit d'une créance future de l'association sur les clubs au profit desquels le transfert a lieu (CA Rennes 7-2-1996 : JCP (éd. E) 1996.pan.901, rejetant le grief d'illicéité du gage au motif qu'un tel gage aurait été constitué sur des personnes physiques).

Art. 129 Le nantissement de créance peut porter sur une fraction de créance, sauf si elle est indivisible.

Art. 130 Le nantissement s'étend aux accessoires de la créance nantie, à moins que les parties n'en conviennent autrement.

Art. 131 A la date de sa conclusion, le nantissement d'une créance, présente ou future, prend effet entre les parties, quelle que soit la date de naissance, d'échéance ou d'exigibilité de la créance nantie et devient opposable aux tiers à compter de son inscription au Registre du Commerce et du Crédit Mobilier, et ce, quelles que soient la loi applicable à la créance et la loi du pays de résidence de son débiteur.

JURISPRUDENCE COMPARÉE

États-Unis

Les droits du tiers porteur d'un chèque endossé à son ordre sont supérieurs à ceux des créanciers ayant une garantie sur les comptes bancaires de leur débiteur endosseur du chèque.

La société Allstate avance de l'argent à la société Kane. Elle prend une sûreté sur les comptes clients de cette dernière. Conformément aux dispositions du Code de commerce uniforme, la société Allstate a enregistré cette sûreté. Par la suite, la société Kane endosse deux chèques au profit de la société Financorp. La société Allstate réclame les deux chèques en vertu de sa garantie sur les comptes clients de la société Kane. Les juges estiment qu'un tiers porteur de bonne foi a un droit supérieur à un créancier ayant une garantie, même si cette dernière est antérieure et légalement prise (Allstate Financial Corporation v. Financorp Incorporated, 934 F2d 55 (1991)).

Art. 132 Pour être opposable au débiteur de la créance nantie, le nantissement de créance doit lui être notifié par écrit ou ce dernier doit intervenir à l'acte.

A défaut, seul le constituant reçoit valablement paiement de la créance, à charge d'en verser le montant au créancier nanti, sauf stipulation contraire et sous réserve du respect des dispositions de l'article 134 du présent Acte uniforme.

Art. 133 Après notification ou intervention à l'acte du débiteur de la créance nantie, seul le créancier nanti reçoit valablement paiement de cette créance tant en capital qu'en intérêts et autres accessoires, même lorsque le paiement n'a pas été poursuivi par lui.

Art. 134 Si l'échéance de la créance nantie est antérieure à l'échéance de la créance garantie, le créancier nanti conserve les sommes à titre de garantie sur un compte ouvert auprès d'un établissement habilité à les recevoir, à charge pour lui de les restituer au constituant si l'obligation garantie est exécutée. En cas de défaillance du débiteur de la créance garantie et huit jours après une mise en demeure restée sans effet, le créancier nanti affecte les fonds au remboursement de sa créance, dans la limite des sommes impayées.

Si l'échéance de la créance garantie est antérieure à l'échéance de la créance nantie, le créancier peut se faire attribuer, par la juridiction compétente ou dans les conditions prévues par la convention, la créance nantie ainsi que tous les droits qui s'y rattachent. Le créancier nanti peut également attendre l'échéance de la créance nantie.

Sauf convention contraire, le créancier nanti perçoit en outre les intérêts en les imputant sur ce qui lui est dû en capital, intérêts et autres accessoires.

Art. 135 S'il a été payé au créancier nanti une somme supérieure à la dette garantie, il répond du surplus perçu en qualité de mandataire du constituant. Toute clause contraire est réputée non écrite.

JURISPRUDENCE COMPARÉE

France

Responsabilité de l'affactureur du débiteur qui paye la créance nantie à un autre que le créancier nanti

Point de départ de l'action en responsabilité du créancier nanti contre l'affactureur au jour de la connaissance du paiement fautif. Le créancier qui a perdu son gage par le fait d'un tiers doit agir en responsabilité contre ce tiers fautif du jour où il a eu connaissance du paiement incriminé, son action se prescrivant à compter de cette date. Tel est le cas du créancier d'un débiteur qui détenait lui-même une créance nantie contre son affactureur, lequel avait payé les sommes lui revenant à d'autres créanciers, en l'occurrence au liquidateur judiciaire du débiteur (Cass. com. 12-5-2009 n° 07-20.461 : JCP (éd. G) 2009 n° 48 492 p° 48 obs. P. Delebecque).

Section II • NANTISSEMENT DE COMPTE BANCAIRE

Art. 136 Le nantissement de compte bancaire est un nantissement de créance. Les règles qui régissent celui-ci lui sont applicables, sous réserve des dispositions de la présente section.

JURISPRUDENCE COMPARÉE

France

Loi applicable au nantissement d'un compte bancaire

La loi applicable au nantissement d'un compte bancaire est la loi du lieu de situation de la créance qui forme l'objet de la sûreté (CA Paris, 15e ch. B, 10-5-2007 : JCP éd. E 2008.1036 no 21 obs. P. Delebecque).

Art. 137 Lorsque le nantissement porte sur un compte bancaire, la créance nantie s'entend du solde créditeur, provisoire ou définitif, au jour de la réalisation de la sûreté, sous réserve de la régularisation des opérations en cours, selon les modalités prévues par l'Acte uniforme portant organisation des procédures simplifiées de recouvrement et des voies d'exécution en matière de saisie-attribution des créances pratiquée entre les mains d'un établissement de crédit.

Sous cette même réserve, en cas d'ouverture d'une procédure collective à l'encontre du débiteur de la créance garantie, les droits du créancier nanti portent sur le solde créditeur du compte au jour de cette ouverture.

JURISPRUDENCE OHADA

Dénaturation d'un acte de nantissement.

La dénaturation des pièces, telle que prévue à l'article 28 bis du Règlement de procédure de la CCJA, s'entend de l'altération par le juge du fond du sens clair et précis d'un écrit. En l'espèce, la cour d'appel qui, pour condamner un tiers-saisi à des dommages-intérêts, a retenu que celui-ci a déclaré dans les procès-verbaux de saisie que « tous les comptes sont nantis alors qu'il ressort du contrat de nantissement qu'un seul des comptes est nanti, fait donc preuve d'un comportement fautif qui de toute évidence a pour objectif de faire obstacle à l'exécution » ; puis « qu'il ressort du contrat de nantissement qu'un seul des comptes est nanti », alors que, d'une part, le tiers-saisi a précisé dans le procès-verbal de saisie que « les sommes ci-dessus sont nanties au profit [du tiers-saisi] à hauteur de 15.516.44.890 » et que, d'autre part, l'acte de nantissement est clairement intitulé « nantissement de créances issues de l'exécution d'un marché », a dénaturé tant les déclarations claires et précises contenues dans les procès-verbaux de saisie que l'acte de nantissement lui-même, exposant son arrêt à la cassation (CCJA, 3e ch., no 171/2024, 6-6-2024).

Art. 138 Les parties peuvent convenir des conditions dans lesquelles le constituant pourra continuer à disposer des sommes inscrites sur le compte nanti.

Art. 139 Même après réalisation, le nantissement de compte bancaire subsiste tant que le compte n'a pas été clôturé et que la créance garantie n'a pas été intégralement payée.

JURISPRUDENCE OHADA

Cassation de l'arrêt qui a ordonné à tort la mainlevée

En présence d'un contrat de nantissement de compte bancaire qui, au sens de l'article 139 de l'AUS subsiste tant que le compte n'a pas été clôturé et que la créance garantie n'a pas été intégralement payée, a privé sa décision de base légale la cour d'appel qui s'est fondée sur les articles 36 et 37 de l'AUS et 1234 du Code civil pour ordonner la mainlevée du nantissement sans rechercher les causes d'extinction de ce contrat telles que prévues par l'AUS. Par suite, cette décision mérite cassation (CCJA, 3e ch., no 202/2020, 28-5-2020 : BNI c/ La Loyale Assurances SA).

Section III • NANTISSEMENT DES DROITS D'ASSOCIÉS, VALEURS MOBILIÈRES ET COMPTES DE TITRES FINANCIERS

Sous-section I • NANTISSEMENT DES DROITS D'ASSOCIÉS ET VALEURS MOBILIÈRES

Art. 140 [anc. art. 64 mod.] Les droits d'associés et valeurs mobilières des sociétés commerciales et ceux cessibles de toute autre personne morale assujettie à l'immatriculation au Registre du Commerce et du Crédit Mobilier peuvent faire l'objet d'un nantissement conventionnel ou judiciaire.

Art. 141 [anc. art. 65 mod.] A peine de nullité, le nantissement des droits d'associés et des valeurs mobilières doit être constaté dans un écrit contenant les mentions suivantes :

1°) la désignation du créancier, du débiteur et du constituant du nantissement si celui-ci n'est pas le débiteur ;

2°) le siège social et le numéro d'immatriculation au Registre du Commerce et du Crédit Mobilier de la personne morale émettrice des droits d'associés et valeurs mobilières ;

3°) le nombre ou le moyen de déterminer celui-ci et, le cas échéant, les numéros des titres nantis ;

4°) les éléments permettant l'individualisation de la créance garantie tels que son montant ou son évaluation, sa durée et son échéance.

JURISPRUDENCE OHADA

I. Rejet de la demande de nullité

La demande en nullité d'une ouverture de crédit assortie d'un nantissement d'actions doit être rejetée dès lors que, contrairement aux allégations du demandeur, les formalités requises par l'article 65 [devenu 141] de l'AUS ont été accomplies. Il en est ainsi lorsque le siège social du créancier, le taux d'intérêt et les conditions d'exigibilité de la créance ont été mentionnés dans l'acte (CA Littoral (Cameroun), no 111/Créance, 1-9-2008 : M. B. A. J. c/ Commercial Bank of Cameroon, Ohadata J-09-128).

II. Nullité pour omission de l'échéance de la créance garantie dans l'acte de nantissement

L'échéance prévue à l'article 141, al. 4 de l'AUS s'entend de l'arrivée du terme prévu pour l'exécution d'une obligation ou, encore, de la date à laquelle celle-ci devient exigible ; elle ne saurait être confondue avec la durée qui est l'espace temporel pendant lequel une chose dure. Tel est la distinction faite entre ces deux notions dans le libellé de l'article 141. C'est donc en violation de l'article 141 précité, qu'en présence d'une « Convention de crédit avec nantissement d'actions » qui ne comportait nulle part l'indication de l'échéance dudit crédit, mais la simple mention, dans sa partie introductive, la durée de « 1 an », qu'une cour d'appel a confirmé l'ordonnance qui faisait abstraction de l'absence d'indication de l'échéance dans l'acte de nantissement, exposant ainsi sa décision à la cassation. Sur l'évocation et pour les mêmes motifs que ceux ayant entraîné la cassation, il y a lieu d'infirmer en toutes ses dispositions l'ordonnance attaquée et, statuant à nouveau, de dire nul l'acte de nantissement de crédit (CCJA, 3e ch., no 267, 27-12-2018 : Rémy Bаysset, Sté Tchadienne d'Exploitation Hôtelière c/ Commercial Bank Tchad).

Art. 142 [anc. art. 66 mod.] La juridiction compétente peut autoriser le créancier à prendre une inscription de nantissement sur les droits d'associés et valeurs mobilières. Le nantissement judiciaire est régi par les dispositions relatives à la saisie conservatoire des titres sociaux réglementée par les dispositions de l'Acte uniforme portant organisation des procédures simplifiées de recouvrement et des voies d'exécution.

La décision de justice doit comporter les mentions prévues par l'article précédent.

Art. 143 [anc. art. 67 mod.] Sous réserve des dispositions spéciales relatives au droit des sociétés commerciales et des personnes morales concernées, le nantissement conventionnel ou judiciaire n'est opposable aux tiers dans la mesure et selon les conditions prévues par les articles 51 à 66 du présent Acte uniforme que s'il est inscrit au Registre du Commerce et du Crédit Mobilier.

L'inscription provisoire et l'inscription définitive doivent être prises, respectivement, après la décision autorisant le nantissement et la décision de validation passée en force de chose jugée.

Outre l'inscription prévue ci-dessus, le nantissement conventionnel ou judiciaire peut être signifié ou notifié à la société commerciale ou à la personne morale émettrice des droits d'associés et valeurs mobilières ou des titres constatant les droits des associés.

JURISPRUDENCE COMPARÉE

France

Obligation du notaire rédacteur de l'acte

Lorsque l'acte de nantissement est rédigé par un notaire, ce dernier doit accomplir les formalités de publicité, sauf dispense expresse des parties à l'acte (Cass. 1e civ. 16-10-2008 no 07-14.695 : RJDA 7/09 no 679).

Art. 144 [anc. art. 68 mod.] Le nantissement des droits d'associés et des valeurs mobilières confère au créancier :

– un droit de suite qu'il exerce conformément aux dispositions de l'article 97, al. 2 du présent Acte uniforme ;

– un droit de réalisation qu'il exerce conformément aux dispositions des articles 104 et 105 du présent Acte uniforme ;

– un droit de préférence qu'il exerce conformément aux dispositions de l'article 226 du présent Acte uniforme ;

– le droit de percevoir les fruits des droits sociaux et des valeurs mobilières nanties si les parties en sont convenues.

JURISPRUDENCE COMPARÉE

États-Unis

A. Exclusion des dividendes de l'assiette de la garantie jusqu'à l'acquisition de la propriété de titres donnés en garantie

Une banque avait pris une garantie sur des parts sociales détenues par son débiteur. N'ayant pas mis ces dernières au nom de la banque, le débiteur continua de toucher les dividendes attachés aux parts sociales données en garantie. Le débiteur les donna alors en garantie et les transféra à un autre créancier. Le débiteur ayant des problèmes financiers, la banque réclama les dividendes attachés aux parts sociales sur lesquelles elle avait une garantie. Pour les juges du 5e Circuit, un créancier ne possède pas une garantie exécutoire sur les dividendes de parts sociales si ces dernières ne lui ont pas été transférées. En conséquence, en l'espèce, la banque n'est pas un créancier privilégié parce qu'elle n'a jamais été en possession des parts sociales (864 F2d 371 FDIC v. Meyer & Associates Inc (1989)).

B. Nantissements de droits sociaux

Garantie limitée au montant de la créance du débiteur constituant du nantissement sur la société. Des avocats détenaient des parts sociales de la société de deux de leurs clients afin de garantir le montant des honoraires dus personnellement par ces derniers, soit 67 000 $. Une procédure collective fut ouverte à l'encontre de la société. Une fois toutes les dettes payées, l'administrateur ordonna la distribution du surplus aux associés au prorata des parts sociales qu'ils détenaient, déduction faite des sommes que ces derniers devaient à la société. Les deux associés, clients des avocats, devant plus d'argent à la société que l'argent que leur devait cette dernière, ils ne reçurent rien. Les avocats réclamèrent alors l'argent qui aurait dû être versé à leurs clients. Les juges rejetèrent leur demande au motif que les créanciers ne peuvent pas avoir plus de droit que leur débiteur (United States Court of Appeals, Ninth Circuit. – 607 F2d 1237, Southwest Restaurant Systems, Inc., Anarizona Corporation V. Stockton & Hing (1979)).

Art. 145 **En dehors des avances sur titres soumises aux règles du gage, les institutions financières et les établissements de crédit peuvent, s'ils y sont autorisés par la réglementation applicable, consentir des prêts à trois mois sur valeurs mobilières cotées que le créancier gagiste peut, à défaut de remboursement, faire exécuter en bourse, sans formalité, le lendemain de l'échéance.**

Sous-section II • NANTISSEMENT DE COMPTES DE TITRES FINANCIERS

Art. 146 Le nantissement d'un compte de titres financiers est la convention par laquelle le constituant affecte en garantie d'une obligation l'ensemble des valeurs mobilières et autres titres financiers figurant dans ce compte.

Art. 147 Le nantissement de comptes de titres financiers est constitué, tant entre les parties qu'à l'égard de la personne morale émettrice et des tiers, par une déclaration datée et signée par le titulaire du compte.

La déclaration constitutive du nantissement comporte, à peine de nullité, les mentions suivantes :

1°) la désignation du créancier, du débiteur et du constituant du nantissement ;

2°) le nombre et la nature des titres financiers formant l'assiette initiale du nantissement ;

3°) les éléments permettant l'individualisation de la créance garantie tels que son montant ou son évaluation, sa durée et son échéance ;

4°) les éléments d'identification du compte spécial nanti.

JURISPRUDENCE COMPARÉE

France

A. Interprétation de l'acte de nantissement quant à la créance garantie

Dans un cas où le découvert en compte d'une société avait été garanti par un nantissement de valeurs mobilières donné pour « le temps nécessaire au retour du découvert dans la limite autorisée », une cour d'appel a légalement justifié sa décision de déclarer fondée la demande d'exécution de l'acte de nantissement introduite par la banque après la mise en redressement judiciaire de la société dès lors qu'elle a constaté que cet acte ne comportait aucune limitation de durée, qu'il garantissait le dépassement de l'autorisation de découvert accordée à la société et que, depuis la conclusion du nantissement, le découvert de la société avait, sauf à des moments ponctuels, excédé en permanence l'autorisation de découvert accordée par la banque (Cass. com. 26-11-2003 n° 00-18.155 : RJDA 7/04 n° 906).

B. Validité du nantissement de titres momentanément indisponibles

L'indisponibilité d'une valeur mobilière ne fait pas obstacle à son affectation en nantissement lorsqu'elle est simplement temporaire (Cass. com. 30-9-2008 n° 07-12.768 : RJDA 12/08 n° 1311 ; Rev. sociétés 2009 p. 131 obs. A. Reygrobellet).

Art. 148 **Les titres financiers figurant initialement au crédit du compte nanti, ceux qui leur sont substitués ou les complètent de quelque manière que ce soit ainsi que leurs fruits et produits sont compris dans l'assiette du nantissement.**

Les titres financiers et les sommes en toute monnaie inscrites au crédit du compte nanti postérieurement à la date de la déclaration constitutive du nantissement sont réputés avoir été remis à la date de ladite déclaration.

Sur simple demande, le créancier nanti peut obtenir du teneur de compte nanti, une attestation de nantissement de comptes de titres financiers comportant l'inventaire des titres financiers et sommes en toute monnaie inscrites à la date de délivrance de ladite attestation.

JURISPRUDENCE COMPARÉE

France

Titres nantis : actions nouvelles consécutives à une augmentation de capital

1° Substitution admise

Les actions nouvelles attribuées à la suite de l'augmentation de capital consécutive à la réduction du capital à zéro sont substituées aux actions anciennes si elles ont été souscrites, par le titulaire des actions nanties, en vertu de son droit préférentiel de souscription ; dans ce cas, en effet, les actions nouvelles sont le produit de l'« exercice d'un droit attaché aux actions anciennes » (Cass. com. 10-1-1995 : RJDA 4/95 n° 443).

2° Substitution refusée

Lorsque des actions grevées d'un nantissement ont été cédées à un repreneur puis annulées à la suite d'une réduction du capital à zéro, les actions nouvelles souscrites par le repreneur lors d'une augmentation de capital destinée à reconstituer le capital à un montant au moins égal au minimum légal ne peuvent pas être considérées de plein droit comme l'accessoire des actions anciennes et ne se substituent donc pas à ces actions dans l'assiette du nantissement (Cass. com. 10-1-1995, précité).

Art. 149 Le compte nanti prend la forme d'un compte spécial ouvert au nom du titulaire et tenu par la personne morale émettrice ou l'intermédiaire financier.

Art. 150 Lorsque le compte est tenu par une personne non autorisée à recevoir des fonds du public, les fruits et produits mentionnés à l'article 148 du présent Acte uniforme sont inscrits au crédit d'un compte spécial ouvert au nom du titulaire du compte nanti dans les livres d'un établissement habilité à recevoir ces fonds.

Ce compte spécial est réputé faire partie intégrante du compte nanti à la date de la déclaration de nantissement.

Le créancier nanti peut obtenir, sur simple demande au teneur du compte spécial, une attestation comportant l'inventaire des sommes en toute monnaie inscrites au crédit de ce compte à cette date.

Art. 151 Le créancier nanti définit avec le titulaire du compte nanti les conditions dans lesquelles ce dernier peut disposer des titres financiers et des sommes en toute monnaie figurant dans ce compte. Le créancier nanti bénéficie en toute hypothèse d'un droit de rétention sur les titres financiers et sommes en toute monnaie figurant au compte nanti.

Lorsque, n'étant pas le teneur du compte nanti, le créancier nanti a autorisé le titulaire du compte à disposer des valeurs mobilières et des sommes en toute monnaie figurant dans le compte nanti, le titulaire du compte et le créancier nanti informent par écrit le teneur de compte des conditions de cette disposition. Le teneur de compte ne peut déroger aux instructions reçues sans l'accord du créancier nanti.

Art. 152 Le créancier nanti titulaire d'une créance certaine, liquide et exigible peut, pour les titres financiers ainsi que pour les sommes en toute monnaie figurant sur le compte nanti, réaliser le nantissement huit jours ou à l'échéance de tout autre délai préalablement convenu avec le titulaire du compte après mise en demeure du débiteur remise en mains propres ou adressée par courrier recommandé. Cette mise en demeure du débiteur est également notifiée au constituant du nantissement lorsqu'il n'est pas le débiteur ainsi qu'au teneur de compte lorsque ce dernier n'est pas le créancier nanti.

JURISPRUDENCE COMPARÉE

France

Nantissement des titres d'une société garantissant la dette d'une autre société, toutes deux sous procédure collective

Droit du créancier nanti à réaliser son gage après mise en demeure des deux sociétés. Dans un cas où une banque avait obtenu, en garantie d'avances consenties à une société, qu'une autre société constitue en sa faveur un nantissement de titres et où la société débitrice avait été mise en liquidation judiciaire tandis que la société constituante du gage avait obtenu un plan de cession, elle a été admise, alors qu'elle avait déclaré sa créance dans les deux procédures, à bénéficier du droit de réaliser son nantissement à son profit exclusif, sous la condition d'adresser une mise en demeure à la société débitrice, représentée par son liquidateur judiciaire, ainsi qu'à la société ayant constitué le nantissement. Cette dernière ayant été dissoute à la suite du plan de cession, la mise en demeure devait être adressée au commissaire à l'exécution du plan dans la mesure où le jugement arrêtant le plan avait désigné celui-ci en qualité « d'administrateur provisoire » pour représenter la société (CA Orléans 7-10-2004 n° 03-2264 : RJDA 8-9/05 n° 989).

Art. 153 La mise en demeure prévue à l'article précédent contient, à peine de nullité, la reproduction intégrale des mentions suivantes :

1°) « Faute de paiement, le nantissement pourra être réalisé par le créancier dans les huit jours ou à l'échéance de tout autre délai préalablement convenu avec le titulaire du compte nanti » ;

2°) « Le titulaire du compte nanti peut, jusqu'à l'expiration du délai mentionné ci-dessus, faire connaître au teneur de compte l'ordre dans lequel les sommes ou titres financiers devront être attribués en pleine propriété ou vendues, au choix du créancier ».

JURISPRUDENCE COMPARÉE

France

Le prononcé de la nullité de la mise en demeure n'est pas subordonné à la preuve d'un grief causé par l'irrégularité (Cass. com. 28-3-2006 n° 04-19.181 : RJDA 8-9/06 n° 915).

Le défaut de mise en demeure fait obstacle à la réalisation du nantissement, de sorte que le créancier nanti doit restituer au débiteur l'intégralité du portefeuille de titres indûment réalisés (Cass. com. 18-11-2008 n° 07-21.975 : RJDA 3/09 n° 232).

Art. 154 Dans la limite du montant de la créance garantie et, le cas échéant, dans le respect de l'ordre indiqué par le titulaire du compte nanti, la réalisation du nantissement de ce compte intervient :

1°) pour les sommes en toute monnaie figurant dans le compte nanti, directement par transfert en pleine propriété au créancier nanti ;

2°) pour les titres financiers admis aux négociations sur un marché réglementé que le titulaire du compte nanti ou, à défaut, le créancier nanti a désignés, par vente sur un marché réglementé ou attribution en propriété de la quantité déterminée par le créancier nanti. Cette quantité est établie, par le créancier nanti, sur la base du dernier cours de clôture disponible sur un marché réglementé.

Le titulaire du compte nanti supporte tous les frais résultant de la réalisation du nantissement. Ces frais sont imputés sur le montant résultant de cette réalisation.

Jurisprudence comparée

France

Attribution du gage

1° Valeur des actions attribuées

Lorsqu'une juridiction, quelle qu'elle soit, attribue à un créancier nanti des actions cotées sur lesquelles porte son nantissement, la valeur de ces actions ne peut être que celle du marché à la date de la transmission forcée de leur propriété, même si cette juridiction ne le précise pas (CA Rennes 21-6-2000 n° 00-534 : Bull. inf. C. cass. 15-3-2001 n° 324).

2° Liquidation judiciaire

En cas de liquidation judiciaire du débiteur, le créancier nanti peut demander l'attribution judiciaire des titres même si sa créance n'a pas encore été admise par le juge-commissaire (CA Aix 2-4-1992 : Dr. sociétés 1992 n° 262 ; voir aussi Cass. com. 14-10-1997 n° 95-10.423 : RJDA 1/98 n° 78).

Art. 155 Lorsque, n'étant pas le teneur du compte nanti, le créancier nanti estime réunies les conditions de la réalisation du nantissement, il demande par écrit au teneur de compte de procéder à cette réalisation comme prévu à l'article 154 ci-dessus.

Section IV • NANTISSEMENT DES DROITS DE PROPRIÉTÉ INTELLECTUELLE

Art. 156 Le nantissement des droits de propriété intellectuelle est la convention par laquelle le constituant affecte en garantie d'une obligation tout ou partie de ses droits de propriété intellectuelle existants ou futurs, tels que des brevets d'invention, des marques de fabrique et de commerce, des dessins et modèles.

Le nantissement des droits de propriété intellectuelle peut être conventionnel ou judiciaire.

Art. 157 A peine de nullité, le nantissement des droits de propriété intellectuelle doit être constaté dans un écrit contenant les mentions suivantes :

1°) la désignation du créancier, du débiteur et du constituant du nantissement si celui-ci n'est pas le débiteur ;

2°) les éléments identifiant ou permettant de déterminer les droits apportés en garantie ;

3°) les éléments permettant l'individualisation de la créance garantie tels que son montant ou son évaluation, sa durée et son échéance.

Jurisprudence comparée

France

Nantissement d'une marque

Le nantissement de la marque n'est pas soumis aux dispositions relatives au nantissement du fonds de commerce car la marque n'est qu'un élément du fonds et non le fonds lui-même (TGI Paris 27-4-1994 : RDPI 1995 n° 59 p. 44).

Art. 158 La juridiction compétente peut autoriser le créancier à prendre une inscription de nantissement sur les droits de propriété intellectuelle. Le nantissement judiciaire est régi par les dispositions relatives à la saisie conservatoire des titres sociaux réglementée par les dispositions de l'Acte uniforme portant organisation des procédures simplifiées de recouvrement et des voies d'exécution.

La décision de justice doit comporter les mentions prévues par l'article précédent.

Art. 159 Le nantissement de droits de propriété intellectuelle ne s'étend pas, sauf convention contraire des parties, aux accessoires et aux fruits résultants de l'exploitation du droit de propriété intellectuelle objet du nantissement.

Art. 160 Le nantissement conventionnel ou judiciaire n'est opposable aux tiers dans la mesure et selon les conditions prévues par les articles 51 à 66 du présent Acte uniforme que s'il est inscrit au Registre du Commerce et du Crédit Mobilier.

L'inscription provisoire et l'inscription définitive doivent être prises, respectivement, après la décision autorisant le nantissement et la décision de validation passée en force de chose jugée.

Si le nantissement a pour objet un droit inscrit sur l'un des registres régis par la réglementation applicable en matière de propriété intellectuelle, il doit, en outre, être satisfait aux règles de publicité prévues par cette règlementation.

Art. 161 Le nantissement des droits de propriété intellectuelle confère au créancier :
– un droit de suite qu'il exerce conformément aux dispositions de l'article 97, al. 2 du présent Acte uniforme ;
– un droit de réalisation qu'il exerce conformément aux dispositions des articles 104 et 105 du présent Acte uniforme ;
– un droit de préférence qu'il exerce conformément aux dispositions de l'article 226 du présent Acte uniforme.

Section V • NANTISSEMENT DU FONDS DE COMMERCE ET PRIVILÈGE DU VENDEUR DE FONDS DE COMMERCE

Sous-section I • NANTISSEMENT DU FONDS DE COMMERCE

Art. 162 [anc. art. 69 mod.] Le nantissement du fonds de commerce est la convention par laquelle le constituant affecte en garantie d'une obligation, les éléments incorporels constitutifs du fonds de commerce à savoir la clientèle et l'enseigne ou le nom commercial.

Le nantissement peut aussi porter sur les autres éléments incorporels du fonds de commerce tels que le droit au bail commercial, les licences d'exploitation, les brevets d'invention, marques de fabrique et de commerce, dessins et modèles et autres droits de la propriété intellectuelle. Il peut également être étendu au matériel professionnel.

Cette extension du nantissement doit faire l'objet d'une clause spéciale désignant les éléments engagés et d'une mention particulière au Registre du Commerce et du Crédit Mobilier. Cette clause n'a d'effet que si la publicité prévue par l'article 160 du présent Acte uniforme a été satisfaite.

Le nantissement ne peut porter sur les droits réels immobiliers conférés ou constatés par des baux ou des conventions soumises à inscription au registre de la publicité immobilière.

Si le nantissement porte sur un fonds de commerce et ses succursales, celles-ci doivent être désignées par l'indication précise de leur siège.

JURISPRUDENCE COMPARÉE

France

A. Droit de nantir le fonds

Le propriétaire du fonds ayant le droit de nantir le fonds, est nul le nantissement consenti par le locataire-gérant (CA Paris 24-6-1929 : DP 1931.2.15 note Chéron) ou par l'ancien propriétaire du fonds (Cass. com. 8-7-1974 : Bull. civ. IV p. 179), sauf si le créancier gagiste a légitimement pu croire que le

constituant était le propriétaire (Cass. com. 13-12-1994 : RJDA 4/95 nº 435 : constituant locataire-gérant), ainsi que celui conclu par une société en formation qui, faute d'immatriculation, ne peut pas être la propriétaire du fonds à défaut de personnalité morale (Cass. 1e civ. 5-7-1989 ; G. P. 1989. 2. 634 note Hatoux).
La nullité est couverte lorsque, avant toute action en nullité, le constituant devient propriétaire du fonds (Cass. com. 5-11-2002 nº 1812 : RJDA 3/03 nº 322).

B. Assiette du nantissement

1º Fonds futur

La promesse de nantir un fonds de commerce futur est valable ; l'inscription, toutefois, ne peut être prise qu'après la création du fonds, car l'assiette de la sûreté doit exister au moment de sa création (CA Paris 27-9-1996 : RJDA 2/97 nº 254).

2º Droit au bail

a. Au profit du propriétaire du fonds et de l'immeuble

Lorsque le propriétaire du fonds a nanti celui-ci alors qu'il n'était que locataire des locaux, le fait qu'il achète par la suite l'immeuble dans lequel le fonds est exploité ne fait pas disparaître le droit au bail de l'assiette du nantissement (Cass. civ. 12-7-1933 : DH 1933.441).

b. Sur les locaux accessoires

Lorsque le fonds comprend des locaux accessoires, le nantissement s'étend aux éléments attachés à ces locaux, par exemple au droit au bail portant sur ces derniers (Cass. com. 14-10-1965 : Bull. civ. III p. 450).

c. Nouveau bail résultant du déplacement du fonds

Le nantissement porte sur le nouveau droit au bail en cas de déplacement du fonds ou de renouvellement du bail (CA Paris 19-6-1924 : DP 1924.2.129 note Lalou).

3º Matériel

Il n'est pas nécessaire de faire un inventaire détaillé pour satisfaire à l'exigence légale de désignation du matériel (cf. CA Orléans 5-12-1919 et CA Montpellier 5-6-1920 : DP 1921.2.67) ni d'accomplir les formalités de publicité requises pour le nantissement spécial du matériel (Cass. com. 23-11-1999 : RJDA 1/00 nº 98).

4º Eléments non inclus dans l'assiette du nantissement

Ne sont pas comprises dans le nantissement les pertes d'exploitation qui ne constituent pas un élément du fonds de commerce (Cass. 1e civ. 9-11-1999 : D. 2000.AJ.1, GP 2000.jur.1532, refusant au bénéficiaire du nantissement sur le fonds de commerce détruit par un incendie d'exercer l'action directe, en tant que créancier privilégié, sur le solde de l'indemnité dû par l'assureur, en alléguant que le nantissement couvrait automatiquement la perte d'exploitation).

C. Créances garanties

La créance garantie par le nantissement peut être future, conditionnelle ou même éventuelle (Cass. civ. 21-7-1931 : DP 1932.1.49 note Hamel).

Art. 163 [anc. art. 70 mod.] A peine de nullité, le nantissement du fonds de commerce doit être constaté dans un écrit contenant les mentions suivantes :

1º) la désignation du créancier, du débiteur et du constituant du nantissement si celui-ci n'est pas le débiteur ;

2º) la désignation précise et le siège du fonds et, s'il y a lieu, de ses succursales ;

3º) les éléments du fonds nanti ;

4º) les éléments permettant l'individualisation de la créance garantie tels que son montant ou son évaluation, sa durée et son échéance.

JURISPRUDENCE OHADA

Validité d'une convention de crédit annexée à un nantissement

C'est à tort qu'il est reproché à un arrêt d'avoir violé l'article 163 de l'AUS en déclarant régulier un acte de nantissement de fonds de commerce étendu au matériel professionnel, qui ne contenait pas la durée et l'échéance de la créance garantie, dès lors que les éléments suivants sont établis : la convention de crédit, qui constitue une annexe à l'acte de nantissement, fait partie intégrante de cet acte, que les deux documents ont été signés par les parties et enregistrés, que la convention de crédit, en son article 1 sur les caractéristiques de la ligne accordée, indique sa durée et son échéance et qu'il résulte des stipulations de l'article 14 de l'acte de nantissement que « le préambule et les annexes ci-jointes ont la même valeur juridique que le présent acte de nantissement dont ils font partie intégrante » (CCJA, 3e ch., nº 140/2021, 24-6-2021 : Société Olhéol Industries Côte d'Ivoire c/ Banque Atlantique de Côte d'Ivoire).

Jurisprudence comparée

France

A. Acte écrit

1° Enregistrement

a. Nullité

La formalité de l'enregistrement est nécessaire non seulement pour donner date certaine à l'acte sous seing privé mais aussi pour procéder à l'inscription du nantissement (cf. T. com. Versailles 28-6-1950 : D. 1950.518, selon lequel, faute d'être enregistré, l'acte sous seing privé constatant un nantissement est nul).

b. Responsabilité du rédacteur de l'acte

Un notaire, rédacteur de l'acte, a été tenu responsable de ne pas avoir signalé à une banque qui acceptait un nantissement sur un fonds les risques qu'elle courait du fait de l'immatriculation non encore réalisée de la société, car à défaut d'immatriculation de la société l'inscription du nantissement ne pouvait être prise, la circonstance que le fonds ait pu exister comme déjà exploité étant inopérante à cet égard (Cass. 1ᵉ civ. 5-7-1989 : GP 1989.634 note B. Hatoux).

2° Mentions

Désignation du débiteur. L'erreur sur la désignation du débiteur dans l'inscription du nantissement entraîne l'inopposabilité aux tiers de ce privilège sans que celui qui s'en prévaut ait à justifier d'un préjudice du fait de l'erreur invoquée (Cass. com. 19-5-1998 : RJDA 10/98 n° 1160 ; CA Orléans 23-3-2006 n° 04-1648 : RJDA 6/06 n° 675).

B. Lieu du siège du fonds

Le lieu d'exploitation s'entend de celui où le fonds est matériellement ouvert et non de celui où est exercée la direction intellectuelle de l'entreprise (Cass. com. 13-11-2003 n° 1520 : RJDA 5/04 n° 629).

Art. 164 [anc. art. 71 mod.] La juridiction compétente peut autoriser le créancier à prendre une inscription de nantissement sur le fonds de commerce de son débiteur. Le nantissement judiciaire est régi par les dispositions relatives à la saisie conservatoire des titres sociaux réglementée par les dispositions de l'Acte uniforme portant organisation des procédures simplifiées de recouvrement et des voies d'exécution.

La décision judiciaire doit comporter toutes les mentions prévues par l'article précédent.

Jurisprudence comparée

France

A. Droit du créancier

Le créancier titulaire d'une inscription provisoire peut, en cas de saisie-exécution pratiquée par un tiers sur des biens faisant partie du fonds, demander, à titre conservatoire, car il ne peut poursuivre l'exécution en l'état, la vente globale du fonds (T. com. Paris 8-10-1991 : RJDA 11/91 n° 956).

B. Radiation de l'inscription

L'inscription peut être radiée si l'ordonnance l'ayant autorisée est rétractée ; mais si cette dernière est infirmée, le créancier ne peut pas rétablir son inscription à sa date primitive (Cass. com. 9-5-1995 : RJDA 11/95 n° 1283).

C. Publicité définitive

L'inscription définitive du nantissement n'est pas valable si elle a été prise avant la décision confirmative de l'inscription provisoire, ce qui entraîne la perte du rang acquis par cette inscription (CA Orléans, ch. com. éco. et fin., 23-11-2006 n° 04-3170 : RJDA 3/07 n° 291).

Art. 165 [anc. art. 72 mod.] Le nantissement conventionnel ou judiciaire n'est opposable aux tiers dans la mesure et selon les conditions prévues par les articles 51 à 66 du présent Acte uniforme que s'il est inscrit au Registre du Commerce et du Crédit Mobilier.

L'inscription provisoire et l'inscription définitive doivent être prises, respectivement, après la décision autorisant le nantissement et la décision de validation passée en force de chose jugée.

JURISPRUDENCE OHADA

Nullité de l'inscription non renouvelée dans le délai imparti

Il s'infère de la combinaison de l'article 83 de l'AUS du 17 avril 1997 et de l'alinéa 3 de l'article 8 d'une convention de nantissement de fonds de commerce qui prévoit que « si le compte courant n'est pas clôturé trois (3) mois avant la date d'expiration de la durée légale de validité de l'inscription qui est de cinq (5) ans, soit le 27 juin 2011, la banque procédera à son renouvellement », que l'inscription du nantissement de 2006 à la date du 21 août 2014 au greffe du tribunal compétent obligeait la banque créancière à le renouveler avant le terme du 21 août 2019 pour que son effet soit conservé ; les pièces du dossier renseignant clairement que c'est à la date du 30 août 2019 que la créancière a visé pour la première fois et notifié le nantissement en cause, son utilisation envers et contre un tiers et non signataire du contrat à titre personnel est nulle et de nul effet. De ce fait, aucun renouvellement de l'inscription du nantissement de 2006 n'ayant été opéré avant la date d'échéance du 21 août 2019, toute réalisation de ladite convention pour des opérations de vente de fonds de commerce est nulle et de nul effet (CCJA, 2e ch., no 061/2023, 30-3-2023).

Obs. : décision rendue en application de l'article 83 de l'AUS du 17 avril 1997 (disposant que « L'inscription conserve les droits du créancier pendant cinq années à compter de sa date ; son effet cesse si elle n'a pas été renouvelée avant l'expiration de ce délai ») et qui n'a pas été reprise en l'état dans la version actuellement en vigueur ; cependant le principe résultant de cet arrêt demeure transposable à notre avis.

JURISPRUDENCE COMPARÉE

France

Inscription du nantissement conventionnel

Date d'inscription convenue par les parties : formulation insuffisante pour recevoir application. Dans un cas où l'acte de prêt stipulait que l'inscription du nantissement devait intervenir dans les quinze jours du début de l'exploitation du fonds, sans spécifier que ce début correspondait à la date mentionnée lors de l'immatriculation de la société emprunteuse au registre du commerce et des sociétés, la demande en nullité du nantissement a pu être rejetée au motif qu'il n'y avait pas lieu de se référer à cette date (Cass. com. 9-6-2004 no 905, SCI Le Moulin c/ Sté Camefi : RJDA 12/04 no 1391).

Sous-section II • PRIVILÈGE DU VENDEUR DE FONDS DE COMMERCE

Art. 166 [anc. art. 73 mod.] Pour produire son effet translatif et être opposable aux tiers, la vente doit être inscrite au Registre du Commerce et du Crédit Mobilier à la demande de l'acquéreur immatriculé et dans le respect des conditions prévues par l'Acte uniforme relatif au droit commercial général.

OBSERVATIONS Voir les art. 152 et 153 de l'AUDCG.

Art. 167 [anc. art. 74] Sous réserve des dispositions de l'article précédent, le vendeur du fonds de commerce, pour bénéficier de son privilège et de l'action résolutoire prévus par les dispositions relatives à la vente du fonds de commerce, doit faire inscrire la vente et son privilège au Registre du Commerce et du Crédit Mobilier.

JURISPRUDENCE COMPARÉE

France

Action résolutoire

1o Extinction à défaut de renouvellement de l'inscription

L'action résolutoire ne peut plus être exercée si le vendeur a omis de procéder au renouvellement de l'inscription (Cass. req. 16-4-1942 : GP 1942.2.15).

2o Régime de l'action dans les rapports des parties

Dans « les rapports entre le vendeur et l'acquéreur du fonds, les conditions de l'action résolutoire ne présentent aucune particularité par rapport au droit commun et l'exercice de l'action n'est pas subordonné dans ce cas à l'existence du privilège » (Cass. com. 10-2-1958 : JCP (éd. G) 1959.II.10993 note Cohen ; cf. Cass. com. 3-10-1977 : D. 1978. IR.180 obs. Honorat).

Art. 168 [anc. art. 75] Toute demande tendant à la résolution amiable, judiciaire ou de plein droit de la vente du fonds de commerce doit faire l'objet d'une prénotation au Registre du Commerce et du Crédit Mobilier à l'initiative du vendeur.

Cette prénotation est autorisée par la juridiction compétente du lieu où la vente a été inscrite, par décision sur requête, à charge de lui en référer.

La prénotation faite, la validité des inscriptions ultérieures est subordonnée à la décision à intervenir sur la résolution de la vente.

JURISPRUDENCE COMPARÉE

France

Droit d'agir en résolution de la vente

1° Pluralité de vendeurs

Lorsqu'il y a plusieurs vendeurs ou plusieurs héritiers en cas de décès du vendeur, l'action en résolution de la vente doit être exercée par tous car elle est indivisible (Cass. civ. 24-5-1966 : JCP (éd. G) 1966.II.14825 obs. Patarin).

2° Notification de la demande

S'il existe des créanciers inscrits, le vendeur doit leur notifier la demande en résolution, sous peine d'irrecevabilité (T. com. Seine 30-12-1909 : DP 1910.2.315).

Art. 169 [anc. art. 76] Lorsque la vente a été résolue à l'amiable, judiciairement ou en vertu d'une clause résolutoire de plein droit, la résolution doit être publiée au Registre du Commerce et du Crédit Mobilier.

Sous-section III • RÈGLES DE PUBLICITE COMMUNES AU NANTISSEMENT DU FONDS DE COMMERCE ET AU PRIVILÈGE DU VENDEUR

Art. 170 [anc. art. 77] Lorsque le nantissement conventionnel ou judiciaire ou le privilège du vendeur du fonds de commerce porte sur des brevets d'invention, marques de fabrique, de service et de commerce, des dessins et modèles et autres droits de la propriété intellectuelle ainsi que sur le matériel professionnel, il doit, en dehors de l'inscription de la sûreté du créancier au Registre du Commerce et du Crédit Mobilier, être satisfait aux règles de publicité prévues pour les actes affectant la propriété des droits de propriété intellectuelle et aux règles du présent Acte uniforme relatives au nantissement du matériel faisant partie d'un fonds de commerce.

Art. 171 [anc. art. 78 mod.] Si le fonds faisant l'objet d'un nantissement ou d'un privilège comprend une ou des succursales, les inscriptions prévues aux articles 164 à 167 du présent Acte uniforme doivent être prises au Registre du Commerce et du Crédit Mobilier où est principalement immatriculé le fonds.

Art. 172 [anc. art. 81 mod.] Le bailleur de l'immeuble dans lequel est exploité le fonds doit recevoir notification du bordereau d'inscription ou de la modification de l'inscription initiale. À défaut, le créancier nanti ne peut se prévaloir des dispositions de l'article 176 du présent Acte uniforme.

JURISPRUDENCE OHADA

Défaut d'inscription

Les obligations commerciales qui pèsent sur le commerçant et ses partenaires doivent faire l'objet d'une interprétation systémique tenant compte de l'ensemble des règles en cause. Si le fonds de commerce est protégé par la protection commerciale à l'égard du bailleur, ce dernier, par son droit de propriété sur ses locaux et ses privilèges, et les créanciers inscrits sur le fonds de commerce, par les privilèges et les formalités prévues par les règles sur les sûretés, l'on ne peut exiger l'exécution des obligations de chacun que dans le cadre de l'équilibre dégagé par le système de protection mis en place. Ainsi, la notification par le bailleur de sa demande de résiliation aux créanciers inscrits, prévue par l'article 101 [devenu 133] de l'AUDCG, va de pair avec l'obligation faite aux créanciers inscrits, de notifier au bailleur de l'immeuble, le bordereau d'inscription. C'est donc à bon droit que le bailleur plaide que la dénonciation du commandement tendant à l'expulsion du [preneur] aux créanciers, ne se conçoit que s'il est établi que les créanciers ont signifié leur privilège au bailleur, et cela d'autant plus que l'article 81 [devenu 172] de l'AUS prévoit qu'à défaut de cette signification, le créancier nanti ne peut se prévaloir des dispositions de l'article 87 [devenu 176] du même Acte uniforme. Il s'en déduit que le preneur dont l'inscription au registre du commerce n'est pas établie, ne peut invoquer plus de droit que n'en a le créancier nanti ; il y a lieu, dès lors, d'infirmer le jugement entrepris, et statuant à nouveau, prononcer la résiliation du bail pour inexécution par le preneur, de son obligation de paiement des loyers (CA Dakar, n° 38, 18-1-2002 : Indivision P., M. et R. L., représentés par l'Agence Immobilière Jean Claude Hélou c/ I. D., Ohadata J-05-72, voir Ohadata J-05-67 ; voir sous l'art. 87 [devenu 176]).

Obs. : la « protection commerciale à l'égard du bailleur » que mentionne cette décision doit s'entendre de la « propriété commerciale », dont résulte le droit au renouvellement que le preneur peut imposer au bailleur.

Art. 173 [anc. art. 84] Toute vente amiable ou judiciaire de fonds de commerce ou de l'un de ses éléments ne peut avoir lieu sans production par le vendeur ou l'auxiliaire de justice chargé de la vente, d'un état des inscriptions prises sur le fonds.

Sous-section IV • EFFETS DES INSCRIPTIONS

Art. 174 [anc. art. 85 mod.] En cas de vente ou de réalisation du fonds, les créanciers chirographaires peuvent obtenir en justice la déchéance du terme de leurs créances pour concourir à la distribution du prix.

Art. 175 [anc. art. 86 mod.] En cas de déplacement du fonds, le propriétaire doit, quinze jours au moins à l'avance, notifier aux créanciers inscrits, par acte extrajudiciaire, son intention de déplacer le fonds en indiquant le nouvel emplacement qu'il entend lui fixer.

Le déplacement opéré, sans notification régulière, entraîne déchéance du terme pour le débiteur.

Le créancier inscrit qui refuse de consentir au déplacement peut, dans le délai de quinze jours suivant la notification, demander la déchéance du terme s'il y a diminution de sa sûreté.

Le créancier inscrit qui a consenti au déplacement conserve sa sûreté s'il fait mentionner son accord, dans le même délai, en marge de l'inscription initiale.

Si le fonds est transféré dans un autre État partie, l'inscription initiale, à la demande du créancier inscrit, est reportée sur le Registre du Commerce et du Crédit Mobilier où est transféré le fonds.

JURISPRUDENCE COMPARÉE

France

A. Déplacement du fonds

Inclusion du nouveau droit au bail dans l'assiette du nantissement du fonds. Le nantissement porte sur le nouveau droit au bail en cas de déplacement du fonds ou de renouvellement du bail (CA Paris 19-6-1924 : DP 1924.2.129 note Lalou).

B. Défaut de régularisation de l'inscription

Lorsque le créancier n'a pas fait régulariser l'inscription, la perte du privilège peut être prononcée si le défaut de régularisation a causé un préjudice aux tiers induits en erreur sur l'état des inscriptions grevant le fonds (Cass. req. 19-10-1943 : DC 1944.112 note Chéron).

C. Ignorance par le créancier inscrit du déplacement du fonds

Le créancier qui n'a pas eu connaissance du déplacement du fonds et n'a pas, pour ce motif, procédé à la modification de son inscription au nouveau lieu d'exploitation ne saurait être sanctionné par la déchéance de son privilège (Cass. com. 26-3-2002 : RJDA 8-9/02 n° 943). La connaissance du déplacement du fonds ne peut se déduire ni de la connaissance par le créancier du changement d'adresse du propriétaire du fonds, le déplacement du siège social d'une société propriétaire d'un fonds n'emportant pas nécessairement transfert de ce fonds, ni de la seule mention du déplacement du fonds au registre du commerce (Cass. com. 7-12-2004 n° 1802 : RJDA 4/05 n° 467).

Art. 176 [anc. art. 87] **Le bailleur qui entend poursuivre la résiliation du bail de l'immeuble dans lequel est exploité un fonds de commerce grevé d'inscription doit notifier sa demande aux créanciers inscrits par acte extrajudiciaire.**

La décision judiciaire de résiliation ne peut intervenir, ni la résiliation amiable ou en vertu d'une clause résolutoire de plein droit produire effet, qu'après l'expiration du délai de deux mois suivant la notification.

JURISPRUDENCE OHADA

Notification du bailleur subordonnée à la signification à ce dernier de leur privilège par les créanciers inscrits

Si le fonds de commerce bénéficie de la propriété commerciale à l'égard du bailleur, ce dernier, par son droit de propriété sur ses locaux et ses privilèges, et les créanciers inscrits sur le fonds de commerce, par les privilèges et les formalités prévues par les règles sur les sûretés, l'on ne saurait exiger l'exécution des obligations de chacun que dans le cadre de l'équilibre dégagé par le système de protection mis en place. Ainsi, la notification de sa demande de résiliation aux créanciers inscrits, prévue par l'article 101 [devenu 133] de l'AUDCG va de pair avec l'obligation faite aux créanciers inscrits, de notifier au bailleur de l'immeuble, le bordereau d'inscription. C'est donc à bon droit qu'un bailleur plaide que la dénonciation du commandement tendant à l'expulsion du preneur aux créanciers, ne se conçoit que s'il est établi que les créanciers ont signifié leur privilège au bailleur, et cela d'autant plus que l'article 81 [devenu 172] de l'AUS prévoit qu'à défaut de cette signification, le créancier nanti ne peut se prévaloir des dispositions de l'article 87 [devenu 176] du même Acte uniforme (CA Dakar, n° 38, 18-1-2002 : Indivision P., M. et R. L., représentés par Agence Immobilière Jean Claude Hélou c/ I. D., Ohadata J-05-72, voir Ohadata J-05-67 ; voir sous art. 81 [devenu 172] ci-dessus).

JURISPRUDENCE COMPARÉE

France

A. Obligation de notifier

La notification doit être faite par le bailleur qui poursuit la résiliation du bail en cas de résiliation de plein droit en exécution d'une clause du bail (Cass. civ. 27-6-1990 : Bull. civ. III p. 89).

1° Destinataires de la notification

La notification doit être faite aussi bien au locataire qu'à son cessionnaire, même si les différentes cessions intervenues n'ont pas été notifiées au bailleur (Cass. civ. 8-12-1993 : RJDA 3/94 n° 271).

2° Objet de la notification

La notification requise est celle :

– soit de la demande en justice en vue d'obtenir l'expulsion ou celle de l'accord des parties pour l'évacuation amiable des lieux et non celle du commandement ou de la mise en demeure (Cass. civ. 13-11-1969 : Rev. loyers 1970.142 ; Cass. civ. 21-7-1975 : JCP (éd. G) 1977.II.18545 note Boccara ; TGI Paris 27-5-1992 : GP.1992.som.509) ;

– soit de l'assignation en référé afin de faire constater le jeu de la clause résolutoire, cette assignation dispensant de la notification, en outre, de l'ordonnance de référé rendue sur cette assignation (Cass. civ. 4-3-1998 : RJDA 5/98 n° 571, 2e esp.) ;

– soit de l'ordonnance, si elle est faite, vaut aussi notification (Cass. com. 4-3-1998 : RJDA 5/98 n° 591, 1e esp.).

3° Créanciers inscrits

N'est pas un créancier inscrit le titulaire d'une inscription provisoire qui n'a pas renouvelé celle-ci dans le délai imparti (Cass. civ. 6-12-1995 : RJDA 2/96 n° 191).

4° Créanciers visés

Lorsque la résiliation opère de plein droit par l'effet d'une clause, la date de référence à considérer pour déterminer si un créancier est inscrit, est le jour où la résiliation est acquise, notamment à l'expiration du délai d'un mois après commandement de payer ou mise en demeure (Cass. civ. 13-5-1980 : JCP (éd. G) 1981.II.19618 note Boccara).

5° Lieu de la notification

La notification doit être faite aux créanciers au domicile élu par eux dans leur inscription (Cass. com. 3-3-1992 : RJDA 7/92 n° 690), à la date de la demande en justice, même lorsque le bailleur veut faire constater l'acquisition de la clause résolutoire du bail (Cass. 3e civ. 22-3-2006 n° 385 : RJDA 6/06 n° 628).

6° Effets de la notification

Les créanciers inscrits qui ont reçu notification peuvent exécuter eux-mêmes, dans le délai d'un mois, l'obligation dont la violation constitue la cause de la demande de résiliation (Cass. com. 27-5-1972 : Bull. civ. IV. p. 154), mais il ne s'agit là que d'une faculté qu'on (notamment la caution du locataire) ne saurait reprocher au créancier de ne pas avoir exercée (Cass. com. 30-10-2000 : RJDA 2/01 n° 230).

B. Défaut de notification

1° Conséquences à l'égard des créanciers inscrits

a. Inopposabilité de la résiliation même envers le créancier informé

La résiliation est, de plein droit, inopposable aux créanciers inscrits (Cass. 3e civ. 12-7-2006 n° 854 : RJDA 11/06 n° 1119, censurant le rejet de la demande d'inopposabilité au motif que le créancier inscrit avait pu faire valoir son point de vue en temps utile).

b. Droit de poursuivre la vente forcée du fonds

Les créanciers inscrits peuvent poursuivre la vente forcée du fonds, y compris le droit au bail (CA Paris 23-3-1937 : D.H. 1937.274).

c. Droit d'agir en rétractation de la résiliation judiciaire

Les créanciers inscrits peuvent aussi obtenir rétractation de la décision judiciaire de résiliation par tierce opposition (Cass. civ. 22-3-1989 : Bull. civ. III p. 38) ; les juges qui prononcent la rétractation ne peuvent pas, à cette occasion, se livrer à un nouvel examen en droit et en fait de la situation, car cela revient à suppléer ultérieurement au défaut de notification au créancier inscrit (Cass. civ. 6-12-1995 : RJDA 2/96 n° 191).

d. Droit de mettre en cause la responsabilité du bailleur

Les créanciers inscrits peuvent demander des dommages-intérêts au bailleur (Cass. com. 13-11-1969 : Bull. civ. IV p. 311, condamnant le bailleur à rembourser au créancier nanti le montant impayé de la créance ; dans le même sens, CA Paris 12-1-1993 : D. 1993.IR.109).

Le bailleur n'est pas exonéré par le fait que, en raison de l'utilisation d'une dénomination sociale incomplète pour désigner le créancier inscrit, le greffe du tribunal de commerce a délivré un état ne mentionnant pas le nantissement ni par l'erreur commune, le créancier ayant à certaines reprises utilisé la dénomination incomplète, car il est tenu, ainsi que ses conseils, à des investigations sérieuses tant au registre du commerce qu'au registre de nantissements ; et ce d'autant plus que le bail était au nom d'une société dont la dénomination était différente et que l'examen nécessaire des pièces comptables établissait l'existence d'un prêt souscrit un an à peine avant la résiliation (CA Paris 5-1-1996 : GP 1996.som.486 note P. H. Brault, condamnant le bailleur au montant de la créance du créancier sur le locataire).

Les juges du fond ne peuvent pas refuser d'indemniser le créancier inscrit en invoquant la situation financière très obérée du locataire sans rechercher si le fonds, gage du créancier, n'avait pas conservé son existence et sa valeur (Cass. com. 11-7-2006 n° 917 : RJDA 1/07 n° 21).

2° Conséquences à l'égard du preneur

a. Refus du droit d'invoquer le défaut de notification

La notification est exigée dans l'intérêt des créanciers et le preneur ne peut pas se prévaloir de son inobservation (Cass. civ. 17-4-1974 : Bull. civ. III p. 110 ; Cass. civ. 4-11-1987 : Bull. civ. III n° 178).

b. Droit du nouveau locataire de demander la résiliation de son bail

La résolution de son bail peut être demandée par le locataire qui court le risque d'être évincé du local loué au motif que les créanciers inscrits sur le fonds exploité dans ce local par de précédents locataires n'ont pas reçu notification de la résiliation amiable du bail convenue par ces derniers et le bailleur et peuvent donc à tout moment faire réaliser leur gage et donc faire vendre le fonds et le droit au bail qui y est inclus (Cass. 3e civ. 10-5-1990 : Bull. III n° 111).

c. Droit du bailleur d'invoquer envers son locataire la clause résolutoire

Bien qu'il n'ait pas notifié la résiliation aux créanciers inscrits, le bailleur peut invoquer à l'encontre du preneur défaillant le jeu de la clause résolutoire, car ce défaut de notification n'a d'autre sanction que l'inopposabilité de la résiliation à celui des créanciers inscrits à qui la résiliation n'aurait pas été notifiée (CA Paris, 14e ch. A, 14-10-1998, Sté UMHS c/ SARL Dôme Distribution : DA 1999.113).

Art. 177 [anc. art. 88] Les créanciers inscrits ont un droit de surenchère qu'ils exercent conformément aux dispositions prévues pour la vente du fonds de commerce.

Art. 178 [anc. art. 89 mod.] Les créanciers inscrits bénéficient :
– d'un droit de suite qu'ils exercent conformément aux dispositions de l'article 97, al. 2 du présent Acte uniforme ;
– d'un droit de réalisation qu'ils exercent conformément aux dispositions de l'article 104, al. 1 du présent Acte uniforme ;
– d'un droit de préférence qu'ils exercent conformément aux dispositions de l'article 226 du présent Acte uniforme.

JURISPRUDENCE OHADA

I. Nullité de la vente forcée intervenue en dehors de l'AUPSRVE auquel renvoyait expressément l'article 89 ancien de l'AUS

Pour la réalisation du nantissement, l'article 89 de l'AUS du 17 avril 1997 renvoie à l'article 56-1 du même Acte uniforme qui dispose que le créancier nanti procède à la vente « dans les conditions prévues par les dispositions organisant les voies d'exécution ». En l'espèce, la créancière ayant réalisé la vente forcée par voie d'huissier, en dehors de toute juridiction compétente et en invoquant une saisie-vente qui n'a jamais été effectuée, ladite vente aux enchères publiques du 3 octobre 2019 doit être annulée (CCJA, 2e ch., no 061/2023, 30-3-2023).

Obs. : décision rendue en application de l'article 89 de l'AUS ancien, qui renvoyait expressément à l'AUPSRVE.

II. Conséquences de la nullité de la vente forcée

A. Restitution

Aucun renouvellement de l'inscription n'ayant été fait dans le délai requis, et la vente du 3 octobre 2019 ayant été annulée, rien ne s'oppose à la restitution à leurs légitimes propriétaires du matériel qui figure sur le procès-verbal d'inventaire du 19 juillet 2019 et le procès-verbal de vente du 3 octobre 2019 ; est également concerné par cette restitution le matériel que la créancière a illégitimement retenu, parce que non inventorié comme il ressort des constatations de la gendarmerie. À défaut de restitution, la créancière sera condamnée au paiement de sommes d'argent transcrites dans le dispositif (CCJA, 2e ch., no 061/2023, 30-3-2023).

B. Réparation des préjudices subis par le débiteur

La vente forcée du 3 octobre 2019 ayant été assortie d'irrégularités et de fraudes diverses à la procédure qui ont causé d'énormes préjudices à la débitrice, et à son dirigeant ; le fonds de commerce étendu au matériel de la clinique étant évalué à 6 000 000 000 FCFA ; le tiers-acquéreur, en ayant interdit l'accès à la débitrice du jour de la vente jusqu'à la date du prononcé du présent arrêt, ce qui a fait perdre à celle-ci la totalité de sa clientèle, ce à quoi s'ajoute le matériel non inventorié n'ayant pas fait l'objet de la vente décriée et retrouvé auprès de tiers, ces différentes situations appellent à une indemnisation de plein droit. Ainsi, la demande des requérants, recevable en la forme en raison du préjudice général par eux subi pendant plus de 3 ans, est néanmoins exagérée en son montant, qu'il convient de ramener souverainement, au regard des circonstances de la cause et des pièces du dossier, au quantum de 7 500 000 000 FCFA, toutes causes de préjudices confondues, et de débouter les parties du surplus de leur demande (CCJA, 2e ch., no 061/2023, 30-3-2023).

JURISPRUDENCE COMPARÉE

France

A. Opposabilité des droits des créanciers inscrits à tout acquéreur ou détenteur

Les privilèges du vendeur et du créancier gagiste suivent le fonds en quelques mains qu'il passe (Cass. com. 6-6-2000 : RJDA 11/00 no 1051).

B. Exercice du droit de suite

1o Vente de la totalité du fonds

Le droit de suite des créanciers inscrits ne peut pas s'exercer contre l'acquéreur d'éléments isolés du fonds (Cass. req. 22-4-1913 : DP 1913.1.225 note Feuilloley ; Cass. com. 5-11-1963 : Bull. civ. III p. 386 ; CA Douai 18-11-1993 : GP 1994.som.813), sauf en cas de vente d'un brevet, d'une marque, d'un dessin ou d'un modèle sur lequel le créancier a inscrit son droit à l'Institut national de la propriété industrielle (Cass. req. 22-4-1913, précité).

2° Dispense d'opposition et de déclaration au passif de l'acquéreur

Le bénéficiaire du nantissement n'a pas à faire opposition au paiement du prix de cession du fonds de commerce pour exercer son droit de suite (Cass. com. 25-1-2000 : RJDA 4/00 n° 482) ni à déclarer sa créance au passif de l'acquéreur du fonds dès lors qu'ayant consenti le prêt garanti par le nantissement au vendeur dudit fonds, il n'est pas le créancier de l'acquéreur en redressement judiciaire (Cass. com. 17-12-2002, n° 2142 : RJDA 5/03 n° 515).

C. Maintien du privilège même en cas de paiement accepté par le créancier inscrit

Le créancier qui a accepté, même sans réserve, des sommes que lui a versées le séquestre du prix de vente du fonds n'a pas par là même renoncé à son gage et, partant, à l'exercice de son droit de suite, et n'a pas accepté le caractère libératoire à son égard de la consignation de l'acquéreur (Cass. com. 18-2-1997 : RJDA 6/97 n° 821).

D. Exercice du droit de préférence

Le droit de préférence des créanciers nantis s'exerce indivisiblement sur le prix correspondant aux éléments du fonds qui sont grevés et non sur un élément isolé (Cass. com. 19-12-2006 n° 1431 : RJDA 7/07 n° 779).

Chapitre VI
PRIVILÈGES

Section I • PRIVILÈGES GENERAUX

Art. 179 [anc. art. 106 mod.] Les privilèges généraux confèrent un droit de préférence exercé par leurs titulaires selon les dispositions prévues par les articles 225 et 226 du présent Acte uniforme.

Les textes spéciaux créant des privilèges généraux doivent préciser le rang de ceux-ci en le déterminant par rapport aux dispositions de l'article 180 du présent Acte uniforme. À défaut, le rang de ces privilèges est le dernier de celui établi par ledit article 180.

Art. 180 [anc. art. 107 mod.] Sont privilégiés, sans publicité et dans l'ordre qui suit :

1°) les frais d'inhumation, les frais de la dernière maladie du débiteur ayant précédé la saisie des biens ;

2°) les fournitures de subsistance faites au débiteur pendant la dernière année ayant précédé son décès, la saisie des biens ou la décision judiciaire d'ouverture d'une procédure collective ;

3°) les sommes dues aux travailleurs et apprentis pour exécution et résiliation de leur contrat durant la dernière année ayant précédé le décès du débiteur, la saisie des biens ou la décision judiciaire d'ouverture d'une procédure collective ;

4°) les sommes dues aux auteurs d'œuvres intellectuelles, littéraires et artistiques pour les trois dernières années ayant précédé le décès du débiteur, la saisie des biens ou la décision judiciaire d'ouverture d'une procédure collective ;

5°) dans la limite de la somme fixée légalement pour l'exécution provisoire des décisions judiciaires, les sommes dues aux organismes de sécurité et de prévoyance sociales ;

6°) dans la limite de la somme fixée légalement pour l'exécution provisoire des décisions judiciaires, les sommes dont le débiteur est redevable au titre des créances fiscales et douanières.

JURISPRUDENCE COMPARÉE

France

Privilège des auteurs

Transmission aux ayants cause de l'auteur. Bénéficient du privilège, les ayants cause de l'auteur (Cass. 1e civ. 28-5-1991 no 89-19.015 : Bull. civ. I no 171 : sociétés d'auteurs chargées du recouvrement des redevances leur revenant ; Cass. 1e civ. 11-4-1995 no 93-11.931 : Bull. civ. I no 166 : distributeurs de films pour le recouvrement des droits dus aux producteurs).

Art. 181 [anc. art. 108 mod.] Sont privilégiées au-delà du montant fixé par l'article 180, 5o) et 6o) du présent Acte uniforme, les créances fiscales, douanières et des organismes de sécurité et de prévoyance sociales.

Ces privilèges n'ont d'effet que s'ils sont inscrits, dans les six mois de l'exigibilité de ces créances, au Registre du Commerce et du Crédit Mobilier. Toutefois, s'il y a eu infraction à la législation fiscale, douanière ou sociale, le délai ne commence à courir qu'à compter de la notification de la contrainte ou du titre de perception ou de tout autre titre de mise en recouvrement.

L'inscription conserve le privilège du Trésor public, de l'Administration des douanes et des organismes de sécurité et de prévoyance sociales pendant trois ans à compter du jour où elle a été prise ; son effet cesse sauf renouvellement demandé avant l'expiration de ce délai.

JURISPRUDENCE COMPARÉE

États-Unis

Privilège du Trésor public pour créance fiscale refusé à une agence fédérale ne recouvrant pas l'impôt

Une agence fédérale ne recouvrant pas l'impôt ne peut pas invoquer à son profit le super privilège de l'État fédéral pour le recouvrement de l'impôt. La SBA agence créée par le congrès américain pour aider les petites entreprises, était créancière d'une société. Cette dernière ayant également un autre créancier, la SBA considérait que son statut d'agence fédérale lui conférait la priorité dans le recouvrement des créances. Les juges de l'État du Texas rejetèrent cette demande au motif que le super privilège de l'État fédéral ne s'applique qu'aux organes recouvrant l'impôt. La SBA ayant été créée pour aider les petites entreprises, notamment en garantissant les prêts de ces dernières, elle ne pouvait pas en bénéficier (Kimbell Foods, Inc. v. Republic Nat. Bank of Dallas, 557 F2d 491 (Court of appeal 5th Circuit 1977)).

Section II • PRIVILÈGES SPECIAUX

Art. 182 [anc. art.109 mod.] Les créanciers titulaires de privilèges spéciaux ont, sur les meubles qui leur sont affectés comme assiette par la loi, un droit de préférence qu'ils exercent, après saisie, selon les dispositions prévues par l'article 226 du présent Acte uniforme.

Le droit de préférence s'exerce aussi, par subrogation, sur l'indemnité d'assurance du meuble qui a péri ou disparu, tant qu'elle n'est pas payée.

JURISPRUDENCE COMPARÉE

France

A. Subrogation sur l'indemnité d'assurance

Droit d'ordre public. Les parties ne peuvent déroger au texte (C. ass. L 121-13) prévoyant la subrogation de l'indemnité d'assurance au bien assuré, en augmentant ou en restreignant sa portée (Cass. civ. 25-5-1943 : DC 1944. 25 note Besson).

B. Bénéficiaires

1o Détermination

La préférence n'est accordée qu'à la condition que les créanciers privilégiés soient titulaires d'une créance certaine, liquide et exigible (Cass. civ. 22-5-2002 : Bull. civ. I n° 133).

En bénéficient, par exemple :

– les créanciers titulaires d'un privilège général, tels les salariés (TGI Castres 12-3-1998 : Petites Affiches 1999 n° 131 p. 20 note Devéza), ou spécial, tel le bailleur d'immeuble sur les meubles garnissant les lieux loués (Cass. civ. 17-7-1911 : DP 1912.1.81) ;

– le fisc sur les biens confisqués (Cass. civ. 13-11-1940 : JCP (éd. G) 1941.II.1614) ;

– le créancier gagiste sur un véhicule vendu à crédit (Cass. civ. 11-7-1966 : JCP (éd. G) 1966.IV.129).

En est exclu le propriétaire d'un meuble donné en location sur l'indemnité due au locataire qui a contracté dans son intérêt exclusif une assurance des dommages de la chose louée (Cass. civ. 25-5-1943 : DC 1944.25 note Besson).

2° Exercice du droit

Il n'est qu'une faculté dont l'exercice, ou le non-exercice, n'est pas, en lui-même, constitutif d'une faute (Cass. civ. 22-5-2002 : Bull. civ. I n° 133).

Art. 183 [anc. art. 110] Le vendeur a, sur le meuble vendu, un privilège pour garantie du paiement du prix non payé, s'il est encore en la possession du débiteur ou sur le prix encore dû par le sous-acquéreur.

JURISPRUDENCE COMPARÉE

États-Unis

Aménagement conventionnel de la garantie du vendeur d'un bien mobilier

Obligation du vendeur d'informer l'acheteur de l'extinction de la dette par reprise du bien. Selon le droit de l'Illinois, un contrat peut légitimement prévoir que le vendeur pourra reprendre le bien vendu, si l'acheteur ne respecte pas ses obligations, et notamment si l'acheteur d'une voiture ne maintient pas le contrat d'assurance. Toutefois, lorsque le créancier reprend possession du bien, il doit informer par écrit le débiteur que cette reprise éteint la dette. Une lettre indiquant au débiteur qu'il peut récupérer le bien vendu s'il prouve qu'il a assuré le véhicule et qu'à défaut d'une telle preuve le bien sera revendu ne répond pas à cette condition. En effet, les termes de la lettre doivent être suffisamment clairs et explicites pour informer le débiteur que la saisie du bien éteint l'obligation, c'est-à-dire que l'écrit doit notamment préciser qu'aucune nouvelle somme ne lui sera demandée (Patrick v. Wix Auto Comany Inc, 288 Ill.App.3d 846, 681 N.E.2d 98, 224).

Obs. : à la lecture de cette décision, on peut se demander pourquoi un vendeur exige le maintien du contrat d'assurance de la chose vendue. Les juges ont simplement reconnu la liberté contractuelle des parties ; aucune justification n'a été demandée au créancier concernant l'intérêt d'une telle assurance. La question ne se posait même pas dans l'arrêt, qui s'est tenu à l'application stricte des obligations contractuelles et à leur sanction.

Art. 184 [anc. art. 111] Le bailleur d'immeuble a un privilège sur les meubles garnissant les lieux loués.

Ce privilège garantit, outre les dommages-intérêts qui pourraient lui être alloués, les créances du bailleur contre le preneur pour les douze mois échus précédant la saisie et pour les douze mois à échoir après celle-ci.

Le preneur ou toute personne qui, par des manœuvres frauduleuses, prive le bailleur de son privilège totalement ou partiellement, commet une infraction pénale réprimée par la loi nationale de chaque État partie.

En cas de déplacement des meubles sans son consentement, le bailleur peut encore procéder à leur saisie et conserve son privilège sur eux s'il en a fait la déclaration de revendication dans l'acte de saisie.

Jurisprudence OHADA

I. Exercice du privilège du bailleur par la saisie

S'il résulte des articles 182 et 184 de l'AUS que tout bailleur d'immeuble dispose d'un privilège sur les meubles garnissant les lieux loués qui garantit, entre autres, ses créances de loyers, il reste que cette sûreté s'exerce par la saisie. Cette formalité n'ayant pas été réalisée en l'espèce, l'ordonnance querellée n'a pas été rendue en matière de saisies et dans ces conditions, l'appel ne pouvait relever des dispositions de l'article 49, al. 2 et 3 de l'AUPSRVE visé au moyen, mais de celles de l'article 228 du Code ivoirien de procédure civile, commerciale et administrative, comme l'a, à bon droit, retenu l'arrêt attaqué (CCJA, 2e ch., n° 047, 23-3-2017 : SCI IMMO-LYS c/ Entreprise Akissi Construction, Ohadata J-17-194).

II. Insaisissabilité des biens du tiers à un bail pour payer la créance du bailleur

C'est à tort qu'il est reproché à un arrêt d'avoir violé l'article 184 de l'AUS en retenant que le bailleur n'avait aucun lien juridique avec le défendeur, ce dernier étant un tiers au contrat de bail, et que les biens de ce dernier ne pouvaient donc pas être saisis, alors, selon le bailleur, qu'une opération de cession des éléments du fonds de commerce était intervenue entre le locataire et le défendeur, au mépris du droit du bailleur sur les meubles garnissant les lieux loués. Il en est ainsi dès lors que l'article 184 précité vise le privilège du bailleur sur les meubles garnissant les lieux loués et appartenant au locataire (CCJA, 1e ch., n° 168/2019, 23-5-2019 : Siduc c/ Moukouri Daniel).

Jurisprudence comparée

France

A. Droit du bailleur sur les meubles garnissant les lieux loués

1° Opposabilité du droit du bailleur aux tiers

Pour se payer des créances privilégiées, le bailleur peut saisir les meubles qui garnissent les lieux loués, alors même que ces meubles appartiendraient à des tiers, ou seraient susceptibles de leur appartenir, par exemple des marchandises vendues avec réserve de propriété (Cass. com. 16-11-2010 n° 09-70.765 : RJDA 2/11 n° 114), dès lors que ces derniers n'apportent pas la preuve que le bailleur connaissait l'origine de ces meubles, au moment de leur introduction dans les lieux (Cass. civ. 12-5-1969 : D. 1970.43 note Malinvaud ; Cass. com. 16-11-2010 n° 09-70.765 : RJDA 2/11 n° 114) ; sa connaissance ultérieure du droit des tiers ne fait pas obstacle à l'exercice de son privilège (Cass. civ. 4-2-1976 : D. 1976.IR.123).

En cas de sous-location irrégulière, le privilège s'exerce, pour toutes les sommes dues par le locataire principal, tant sur les meubles de celui-ci que sur ceux du sous-locataire (Cass. req. 11-4-1892 : DP 1892.1.345 rapport Louchers note de Loynes).

2° Droit de l'acquéreur de l'immeuble à invoquer le privilège du bailleur

En cas de résolution de la vente de l'immeuble sur lequel l'acquéreur, aussitôt après l'achat, a consenti un bail commercial, la qualité de bailleur doit être reconnue à cet acquéreur car le bail, qui n'est pas un acte de disposition, a été, malgré la résolution, maintenu, la mauvaise foi du locataire n'étant pas établie ; en cette qualité, l'acquéreur est fondé à se prévaloir du privilège du bailleur qui a lieu « pour toute créance résultant au profit du propriétaire ou bailleur de l'occupation des lieux à quelque titre que ce soit » (CA Besançon 25-10-2000 : JCP (éd. E) 2001.1090 n° 21 obs. Ph. Simler et Ph. Delebecque).

3° Meubles soumis au privilège du bailleur

Aménagements intérieurs du local loué. Le privilège du bailleur s'exerce sur les aménagements intérieurs d'un local commercial loué, lorsque ceux-ci, n'étant ni des meubles meublants ni des meubles professionnels, ne peuvent pas non plus, du fait de leur cession séparée, être considérés comme immeubles par destination ; en conséquence, le prix de cession de ces aménagements doit être soumis au privilège du bailleur (CA Grenoble 17-10-1994 : JCP 1995.IV.479).

4° Droit du bailleur sur l'indemnité d'assurance des risques locatifs

Dans un cas où l'immeuble loué et assuré par le locataire avait subi un incendie, le bailleur a bénéficié, en tant que créancier privilégié, d'un droit personnel sur l'indemnité d'assurance, qui ne tombe pas dans le patrimoine du débiteur (CA Besançon 25-10-2000 : JCP (éd. E) 2001.1090 n° 21 obs. Ph. Simler et Ph. Delebecque).

B. Créances garanties

Le pas-de-porte n'est pas garanti par le privilège du bailleur (CA Paris 19-7-1983 : BRDA 20/83 p. 23, transposable sous le régime actuel).

Art. 185 [anc. art. 112] Le transporteur terrestre a un privilège sur la chose transportée, pour tout ce qui lui est dû à condition qu'il y ait un lien de connexité entre la chose transportée et la créance.

JURISPRUDENCE COMPARÉE

France

Assiette du privilège

Le privilège peut être exercé sur les marchandises remises au transporteur après l'ouverture d'une procédure collective à l'encontre du débiteur du prix du transport (CA Besançon 8-3-2000 : BTL 2000.527 : exercice du droit de rétention ; contra CA Rouen 14-11-2006 : Transidit 2007 n° 51 § 8) ou sur les chèques remis au transporteur à l'ordre de son débiteur, car il s'exerce sur tout document constitutif de droit au profit du débiteur (CA Paris 10-9-2003 : BTL 2003.688 : chèques remis en contre-remboursement des marchandises livrées).

Art. 186 [anc. art. 113] Le travailleur d'un exécutant d'ouvrage à domicile a un privilège sur les sommes dues par le donneur d'ouvrage pour garantir les créances nées du contrat de travail si celles-ci sont nées de l'exécution de l'ouvrage.

Art. 187 [anc. art. 114] Les travailleurs et fournisseurs des entreprises de travaux ont un privilège sur les sommes restant dues à celles-ci pour les travaux exécutés, en garantie des créances nées à leur profit à l'occasion de l'exécution de ces travaux.

Les salaires dus aux travailleurs sont payés par préférence aux sommes dues aux fournisseurs.

JURISPRUDENCE COMPARÉE

France

Créances garanties

Le privilège des fournisseurs et ouvriers de travaux réserve le droit préférentiel à l'égard du maître d'ouvrage à des créances salariales ou de fourniture de matériaux et objets ayant servi directement à la réalisation du chantier, ce qui exclut qu'il joue au profit de créances correspondant à des créances immatérielles (Cass. com. 19-12-2000 : RJDA 3/01 n° 307, 1e esp.) ou à l'exécution d'un contrat de louage (Cass. com. 19-12-2000 : RJDA 3/01 n° 307).

Art. 188 [anc. art. 115] Le commissionnaire a sur les marchandises qu'il détient pour le compte du commettant un privilège pour garantir ses créances nées du contrat de commission.

JURISPRUDENCE COMPARÉE

France

A. Qualité de commissionnaire

Ne peut pas invoquer le privilège celui qui se prévaut d'une licence de commissionnaire de transport et de deux factures de transport qui ne permettent pas d'établir qu'il a agi en organisateur du transport (CA Montpellier 15-5-1997 : DMF 1997.885 note Tassel), ni le « freight forwarder » qui n'apporte pas la preuve qu'il assumait les obligations d'un commissionnaire de transport au sens de la législation française ni que son mandat de droit anglo-saxon était assorti d'un droit général de rétention (CA Paris 24-2-1994 : BTL 1994.260), ni celui qui a cessé d'agir en qualité de commissionnaire, notamment lorsqu'il a remis la marchandise à son client et l'a reprise à titre de dépositaire dans l'attente d'une revente (Cass. com. 19-12-1995 : BTL 1996.55).

B. Bonne foi du commissionnaire

Le commissionnaire doit ignorer de bonne foi que les marchandises qu'il retient appartiennent à un tiers et non à son donneur d'ordre (Cass. com. 5-2-1980 : BT 1980.223). Ainsi, le commissionnaire est de bonne foi lorsque la facture sur laquelle apparaissait le nom du véritable propriétaire – acheteur de la marchandise – ne lui a été communiquée par son client que postérieurement à la prise de possession de ladite marchandise ; cette communication ne pouvait suffire à remettre en cause la bonne foi du commissionnaire lors de la prise de possession (CA Paris 27-3-1997 : BTL 1997.293).

La bonne foi s'apprécie au moment de la remise des marchandises entre ses mains et elle ne saurait être remise en cause par une modification ultérieure de la situation juridique de la marchandise, ignorée au moment de sa prise en charge (CA Chambéry 29-3-1983 : BT 1984.35 ; T. com. Lyon 8-8-1978 : BT 1978.471).

Le droit de rétention du commissionnaire n'est pas remis en cause par la résolution de la vente des marchandises postérieurement à leur remise au commissionnaire (CA Aix 9-1-1985 : BT 1986.106).

C. Assiette du privilège

Marchandises dans les mains du commissionnaire. Le commissionnaire perd la possession si la marchandise est dans un local dont il n'est plus le locataire (CA Paris 7-4-1993 : BTL 1993.460).

D. Opposabilité du privilège

Le privilège est opposable à tous et notamment :

– au destinataire de la marchandise, même s'il justifie en être le propriétaire (Cass. com. 19-6-1978 : BT 1978.406) ;

– au vendeur impayé (Cass. com. 8-7-1981 : BT 1981.444) ; la clause de réserve de propriété est inopposable au commissionnaire qui n'en a pas eu connaissance au moment de sa prise de possession des marchandises (Cass. com. 3-10-1989 : BT 1989.671 ; CA Paris 17-9-2003 n° 01-21272 : RJDA 3/04 n° 306) ; mais elle est opposable au commissionnaire qui a eu connaissance des conditions de vente : dans ce cas, le commissionnaire qui retient néanmoins la marchandise s'oblige à réparer le préjudice qui peut en résulter pour le vendeur (CA Paris 4-2-2000 : RJDA 9-10/00 n° 894) ;

– aux créanciers du commettant du commissionnaire et à ce commettant lui-même (CA Paris 25-6-1991 : BTL 1991.489) ; en cas d'ouverture d'une procédure collective à l'encontre du commettant, le privilège doit être déclaré sous peine d'extinction et, ainsi, d'impossibilité d'exercice par le commissionnaire de son droit de rétention (Cass. com. 8-6-1999 : RJDA 8-9/99 n° 931).

E. Renonciation au privilège par le commissionnaire

Le commissionnaire a renoncé à exercer son privilège lorsqu'il s'est engagé à expédier la marchandise contre le paiement des seuls frais de l'opération en cours (Cass. com. 6-7-1983 : JCP (éd. G) 1983.IV.296).

Art. 189 [anc. art. 116] Celui qui a exposé des frais ou fourni des prestations pour éviter la disparition d'une chose ou sauvegarder l'usage auquel elle est destinée a un privilège sur ce meuble.

Jurisprudence comparée

France

Privilège de conservation

Biens susceptibles de conservation. Le privilège de conservation porte sur des meubles déterminés qu'il frappe individuellement ; faute de tout élément précis de détermination, tel n'est pas le cas de l'ensemble des animaux possédés à un moment donné par un éleveur de porcs dont le cheptel, comme en l'espèce, peut très rapidement s'accroître ou au contraire, diminuer (CA Rouen, 2e ch. civ., 11-12-1997, inédit, admettant en conséquence la créance invoquée à titre chirographaire).

• Titre III •

HYPOTHEQUES

• Chapitre I •

DISPOSITIONS GÉNÉRALES

Art. 190 [anc. art. 117 mod.] L'hypothèque est l'affectation d'un immeuble déterminé ou déterminable appartenant au constituant en garantie d'une ou plusieurs créances, présentes ou futures à condition qu'elles soient déterminées ou déterminables.

Elle est légale, conventionnelle ou judiciaire.

JURISPRUDENCE OHADA

I. Exigence préalable d'une créance certaine, liquide et exigible

Il ressort de l'esprit des articles 190 et 193 de l'AUS que si l'identification du bien hypothéqué est nécessaire, la réalisation de l'hypothèque est conditionnée par la défaillance du débiteur, laquelle est caractérisée par le non-règlement d'une créance qui existe, c'est-à-dire qui est certaine, liquide et exigible. Contrairement à cette condition commune à toutes les voies de réalisation de l'hypothèque, en l'espèce, la créance des agios réclamée étant contestée par le débiteur dans son fondement et, de ce fait, équivalant à une créance qui n'existe pas, ne peut entraîner la réalisation des hypothèques consenties. C'est donc par une correcte application des textes visés au moyen que la cour d'appel a refusé d'ordonner la réalisation des hypothèques consenties (CCJA, 2e ch., no 141/2023, 29-6-2023).

II. Validité du jugement s'étant fondé sur l'étendue de l'engagement pris par une caution réelle pour rejeter la demande de nullité d'une hypothèque

Le jugement qui s'est fondé sur l'étendue de l'engagement pris par la caution réelle pour rejeter la demande de nullité de l'hypothèque n'a aucunement violé les articles 190 et 205 de l'AUS. C'est donc à tort qu'il lui est reproché d'avoir rejeté la demande de nullité de l'hypothèque consentie sur les immeubles saisis au motif que le requérant s'est porté caution réelle pour le remboursement du solde débiteur du compte courant entretenu par la débitrice principale dans les livres de la banque, alors, selon la branche du moyen, que la créance garantie par l'hypothèque est éteinte et que la banque n'a jamais informé la caution réelle de la mise en place d'un nouveau crédit au profit de la débitrice (CCJA, 2e ch., no 354/2024, 12-12-2024).

III. Impossibilité de gager un immeuble

Obs. : voir sous l'art. 92.

Art. 191 [anc. art. 118] Sauf disposition contraire, les règles applicables aux hypothèques conventionnelles s'appliquent également aux hypothèques forcées.

Art. 192 [anc. art. 119 mod.] Sauf disposition contraire, seuls les immeubles présents et immatriculés peuvent faire l'objet d'une hypothèque.

Peuvent faire l'objet d'une hypothèque :

1o) les fonds bâtis ou non bâtis et leurs améliorations ou constructions survenues, à l'exclusion des meubles qui en constituent l'accessoire ;

2o) les droits réels immobiliers régulièrement inscrits selon les règles de l'État partie.

France

A. Hypothèque des immeubles par destination

1° Application de l'hypothèque aux meubles immobilisés

L'hypothèque porte aussi sur les meubles réputés immeubles par destination, même si ces meubles n'existaient pas au moment de la constitution de l'hypothèque et en dépit du privilège qu'a sur eux le vendeur (CA Paris 13-5-1936 : DH 1936.384).

2° Identité de propriétaire

Seul celui qui est propriétaire à la fois des objets mobiliers et de l'immeuble au service ou à l'exploitation duquel il les a placés peut conférer à des objets mobiliers le caractère d'immeubles par destination (Cass. civ. 5-3-1980 : Bull. civ. III p. 37).

Le fait qu'un bien soit vendu avec clause de réserve de propriété n'empêche pas en soi le jeu du mécanisme de l'immobilisation car la nature immobilière ou mobilière d'un bien est définie par la loi ; la convention des parties (notamment la stipulation de la réserve de propriété) ne peut donc pas avoir d'incidence à cet égard (Cass. civ. 26-6-1991 : RJDA 10/91 n° 838). Par exemple, le vendeur ne peut pas revendiquer le séchoir qui avait été rattaché à des éléments immobiliers de l'usine de l'acquéreur précisément édifiée pour le recevoir (Cass. com. 6-1-1987 : D. 1987.242 note Prévault) ; mais il peut reprendre les meubles affectés à l'immeuble dès lors qu'ils n'ont pas été scellés (CA Paris 2-12-1986 : BRDA 5/87 p. 13). Si les biens sont indivis, il faut l'accord de tous les indivisaires pour procéder à l'immobilisation (cf. C. civ. art. 815-3 ; Cass. req. 15-7-1867 : DP 1868.1.269).

3° Utilité du meuble pour l'exploitation de l'immeuble

Affectation au service d'une exploitation. Le meuble peut être affecté au service d'une exploitation agricole, industrielle ou commerciale à condition que le propriétaire ait voulu cette affectation (Cass. civ. 3-7-1968 : D. 1969.161).

Tel est le cas, par exemple, de l'outillage installé dans un immeuble spécialement aménagé à cet effet et dans lequel est exercée une industrie (Cass. civ. 27-6-1944 : DC 1944.93 ; Cass. com. 5-2-2002 n° 329 : Rev. proc. coll. 2003.306 obs. Monsérié-Bon ; CA Agen 1-12-1988 : Defrénois 1989.1213 note Vialard), des serres, même mobiles, affectées à l'exploitation (Cass. civ. 6-1-1972 : D. 1972.398), de la terre de bruyère placée par un horticulteur dans des serres (Cass. civ. 5-5-1981 : Bull. civ. III p. 65), du matériel de séchage annexé à une usine de marais salants (Cass. civ. 11-6-1965 : JCP (éd. G) 1965.IV.101), des meubles garnissant un hôtel (Cass. civ. 29-10-1984 : Bull. civ. III p. 138), d'une installation frigorifique installée dans un fonds de commerce (Cass. 1e civ. 4-6-1962 : Bull. civ. I p. 251) ou d'une bibliothèque aux dimensions exactes de la pièce (Cass. 1e civ. 5-3-1991 : Bull. civ. I p. 53).

En revanche, ne sont pas indispensables :

– à une exploitation agricole : un stock de cognac destiné à être vendu (Cass. civ. 1-12-1976 : JCP (éd. G) 1977.II.18735 concl. Gulphe) ;

– à l'exploitation d'un fonds de commerce appartenant aussi au propriétaire de l'immeuble : les marchandises destinées à être vendues (CA Lyon 17-11-1900 : DP 1903.2.249 note Valéry) ou les meubles de luxe placés dans un hôtel modeste (CA Nancy 4-12-1936 : DH 1937.123) ;

– à l'exploitation d'une usine : les fûts et bouteilles d'une brasserie facturés à un acheteur (Cass. civ. 8-2-1926 : DH 1926.162) ou les sacs utilisés par une usine de fabrication de ciments uniquement pour la livraison aux clients du ciment dont la fabrication est entièrement achevée (CA Lyon 17-11-1900, précité).

4° Fixation définitive à un immeuble

Sont fixés à l'immeuble :

– une bibliothèque dont les juges du fond ont relevé qu'elle était un important meuble en L, qui masquait entièrement les murs sur lesquels il était appuyé et qui avait été construit aux dimensions exactes de la pièce dont il épousait les particularités et dont ils ont souverainement estimé que les propriétaires avaient ainsi manifesté leur volonté de faire de l'agencement de cette bibliothèque un accessoire de l'immeuble auquel elle était fixée et dont elle ne pouvait être détachée sans en altérer la substance (Cass. 1e civ. 5-3-1991 : Bull. I n° 81) ;

– l'insert d'une cheminée qui ne peut être retiré sans dommage pour l'ancienne cheminée puisqu'il aurait fallu, pour cela, casser l'ébrasement dudit insert et enlever les deux gaines d'aération des locaux contigus, ce qui aurait entraîné des dégâts importants de maçonnerie de l'immeuble en raison de l'incorporation de l'insert au gros œuvre (CA Rennes 11-5-1994 : JCP 1995.IV.1151) ;

– une cuisine intégrée à un local d'habitation dont la plupart des éléments, réalisés aux dimensions exactes de la pièce et scellés au mur, ne peuvent être détachés de leur support sans dégradation (CA Grenoble 22-11-1994 : Bull. inf. C. cass. 1995 n° 723 p. 21) ;

– les boiseries commandées par un propriétaire pour son appartement, dès lors qu'elles ont été ajustées pour être exactement adaptées à la pièce, masquant les murs et permettant de faire passer derrière tous les conduits et câbles nécessaires de sorte que leur

enlèvement détruirait l'harmonie de l'ensemble (CA Paris 16-4-1996 : D. 1997.som.18 obs. A. Robert) ;
– des serres fixées au sol par des dés de béton, assurant leur immobilité, et assimilables à des fondations (Cass. com. 9-6-2004 : Bull. civ. IV n° 119 ; D.2004.som.2405 obs. N. Reboul-Maupin, l'arrêt tenant même ces serres pour des immeubles par nature) ;
– un SPA (CA Toulouse 7-12-2010 : JCP (éd. G) 2011 n° 8-200 p. 368 obs. Beaussonie).

Ne sont pas fixés à l'immeuble :
– des boiseries n'adhérant pas au mur et qui peuvent être retirées sans dommage pour elles ni pour l'immeuble (Cass. civ. 5-4-1965 : D. 1966.som.13) ;
– des radiateurs électriques simplement vissés et reliés à l'installation par des dominos (Cass. civ. 7-7-1981 : GP 1982.pan.351 obs. Piedelièvre) ;
– deux bas-reliefs en marbre placés au-dessus des portes d'accès au grand salon d'un château car :
• ils n'étaient pas encastrés mais accolés au mur par de simples patins de plâtre à l'envers des bas-reliefs et retenus pas des pattes métalliques ;
• des parcloses en bois vissées dans le mur masquaient la solution de continuité entre les bas-reliefs et la maçonnerie ;
• les bas-reliefs étaient posés sur les poutres faisant linteau des portes d'accès et n'étaient donc pas intimement incorporés aux murs du grand salon (TA Versailles, 3e ch., 4-7-1996, Sté Transurba c/ ministre de la Culture : D. 1997.33 concl. J.-P. Demouveaux) ;
– une véranda (TI Pau 3-10-1996 : Bull. inf. C. cass. 1997 n° 447 p. 32 ; les locataires qui avaient fait construire la véranda pouvaient donc l'enlever avant leur départ même s'ils avaient sollicité l'accord des propriétaires pour cette construction car cela ne signifie pas qu'ils aient voulu, de façon claire et irrévocable, en transférer la propriété) ;
– une peinture sur toile, située au-dessus d'une cheminée à l'intérieur de boiseries, qui était simplement accrochée dans l'encadrement par des pattes en fer et non collées et dont la dépose ne devait pas nuire aux boiseries (Cass. 1e civ. 13-4-1999 : Droit et Patrimoine Hebdo 1999 n° 293 p. 2) ;
– une cabine de sauna qui est démontable (CA Toulouse 7-12-2010 : JCP (éd. G) 2011 n° 8-200 p. 368 obs. Beaussonie).

5° Lien entre l'immobilisation et la fixation

Les immeubles par destination conservent leur qualité tant que l'immobilisation persiste ; tel est le cas :
– lorsque l'immeuble a été loué tel qu'il était sans qu'aucun changement ne fût apporté à son mode d'exploitation (Cass. com. 16-6-1965 : Bull. civ. III p. 348) ou apporté en société (CA Paris 3-4-1875 : DP 1876.2.239).
– tant qu'ils n'ont pas été détachés du fonds (Cass. civ. 4-6-1962 : Bull. civ. I p. 251), la seule volonté du propriétaire de les vendre séparément du fonds ne peut leur faire perdre cette qualité, laquelle, en l'absence d'enlèvement effectivement réalisé, ne disparaît qu'après la vente (Cass. civ. 7-4-1998 : RJDA 6/98 n° 696).

L'acte de séparation doit être le fait du propriétaire et non du locataire ou d'un seul indivisaire (Cass. req. 17-3-1931 : DH 1931.233 ; CA Montpellier 18-12-1984 : D. 1985.208 note Maury).

L'immobilisation cesse quand le bien n'est plus utile à l'exploitation du fonds, par exemple en cas d'usure (cf. Cass. civ. 18-2-1971 : Bull. civ. III p. 89).

B. Hypothèque des accessoires de l'immeuble

L'hypothèque porte sur :
– les produits de l'immeuble mais non sur les fruits de celui-ci dont la perception correspond à un acte d'utilisation de la chose qui n'affecte pas sa valeur ; ainsi, ne constitue pas un produit la prime d'arrachage de vignes car elle n'est pas la représentation de la valeur de la vigne détruite et elle ne constitue pas le prix des produits de celle-ci (Cass. civ. 12-10-1994 : RJDA 1/95 n° 61) ;
– les améliorations dont l'immeuble hypothéqué a bénéficié, sans qu'il y ait lieu de distinguer si elles constituent des immeubles par nature ou par destination ni si le propriétaire qui en est l'auteur est le débiteur principal ou un tiers détenteur (Cass. req. 2-7-1901 : DP 1909.1.342 ; Cass. civ. 1-5-1906 : DP 1909.1.345).

Art. 193 [anc. art. 120 mod.] **L'hypothèque est indivisible par nature et subsiste totalement sur les immeubles affectés jusqu'à complet paiement et malgré la survenance d'une succession.**

JURISPRUDENCE OHADA

Obs. : sur l'exigence préalable d'une créance certaine, liquide et exigible, voir sous l'art. 190.

Art. 194 [anc. art. 121 mod.] **Ceux qui n'ont sur l'immeuble qu'un droit soumis à condition, résolution, ou rescision régulièrement publiées ne peuvent consentir qu'une hypothèque soumise aux mêmes conditions, résolutions ou rescisions.**

L'hypothèque d'un immeuble indivis conserve son effet quel que soit le résultat du partage, si elle a été consentie par tous les indivisaires. Dans le cas contraire, elle ne conserve son effet que dans la mesure où l'indivisaire qui l'a consentie est, lors du partage, alloti de l'immeuble indivis ou, lorsque l'immeuble est licité à un tiers, si cet indivisaire est alloti du prix de la licitation.

L'hypothèque d'une quote-part dans un ou plusieurs immeubles indivis ne conserve son effet que dans la mesure où l'indivisaire qui l'a consentie est, lors du partage, alloti du ou de ces immeubles indivis ; elle le conserve alors dans toute la mesure de cet allotissement, sans être limitée à la quote-part qui appartenait à l'indivisaire qui l'a consentie ; lorsque l'immeuble est licité à un tiers, elle le conserve également si cet indivisaire est alloti du prix de la licitation.

JURISPRUDENCE OHADA

Irrecevabilité du moyen relatif à l'indivision soulevé pour la première fois en cassation

Il ne peut pas être reproché à une cour d'appel d'avoir violé l'article 194, al. 2 de l'AUS en validant la réalisation d'une hypothèque consentie par seul époux sur un immeuble alors que, selon le moyen, cet immeuble constituait un bien commun, de sorte que la réalisation de l'hypothèque ne pouvait pas intervenir sans liquidation préalable de la communauté. En effet, que la cour d'appel n'avait pas été appelée par le demandeur au pourvoi à se prononcer sur le caractère indivis de l'immeuble hypothéqué ; s'agissant dès lors d'un moyen nouveau, il y a lieu de le déclarer irrecevable comme étant mélangé de fait et de droit (CCJA, 3e ch., no 303/2020, 22-10-2020 : Gombo David c/ Express-Union Finances SA).

JURISPRUDENCE COMPARÉE

France

A. Hypothèque d'un immeuble indivis

1o Hypothèque constituée par un des coïndivisaires sur sa part indivise

Part indivise grevée attribuée à l'indivisaire constituant sur sa part. Si les lots attribués à l'indivisaire qui a hypothéqué sa part indivise correspondent exactement à la part indivise grevée, le créancier hypothécaire conserve ses droits sans avoir à procéder à la constitution d'une nouvelle hypothèque ou à la réitération de son inscription si l'assiette de l'hypothèque n'ayant subi aucune modification (Cass. civ. 21-10-1980 no 79-11.163 : Bull. civ. III no 160). Corrélativement, l'hypothèque inscrite sur la part indivise ne peut, en vertu de l'inscription initiale, couvrir la totalité de l'immeuble si celui-ci est attribué en son entier au coïndivisaire qui avait hypothéqué sa part : il faut pour qu'il en soit ainsi une nouvelle hypothèque et une nouvelle inscription (CA Paris 18-12-1978 : D. 1979.IR.224 obs. Puech).

2o Hypothèque constituée par un seul copropriétaire sur sa part indivise

Part indivise grevée attribuée à un autre indivisaire que celui qui l'a grevée. Si l'immeuble hypothéqué est attribué à un autre coïndivisaire que le constituant, les hypothèques inscrites sur la quote-part indivise de ce dernier deviennent caduques et le créancier hypothécaire ne peut même pas faire valoir ses droits sur le prix de l'immeuble adjugé à un tiers, dans le cas où ce prix est ultérieurement attribué, à titre de lot dans le partage, à un indivisaire dont la part indivise n'était pas grevée d'hypothèque (Cass. civ. 26-4-1955 : Bull. civ. I p. 146 ; Cass. civ. 26-10-1976 : Bull. civ. I p. 246). L'attributaire peut exiger la radiation des hypothèques consenties par un autre indivisaire (Cass. civ. 7-5-1986 : GP 1986.pan.170) et ce, sans frais pour lui (Cass. req. 12-1-1881 : DP 1881.1.254).

3o Suspension des opérations de partage

Le sort définitif de l'hypothèque dépendant du partage, la procédure d'ordre est suspendue jusqu'à ce que l'allotissement de l'immeuble grevé soit définitif (Cass. civ. 26-10-1976 : Bull. civ. I p. 246).

B. Hypothèque constituée par l'ensemble des coïndivisaires

Lorsque l'hypothèque est constituée par l'ensemble des coïndivisaires, elle est immédiatement et définitivement valable, indépendamment du résultat de la licitation ou du partage (Cass. civ. 14-6-2000 : RJDA 3/01 no 385, appliquant la solution au profit des créanciers hypothécaires exerçant un recours contre l'indivisaire caution solidaire de son coïndivisaire en redressement judiciaire, les poursuites n'étant pas suspendues contre une telle caution).

Art. 195 [anc. art. 122 mod.] Tout acte conventionnel ou judiciaire constitutif d'hypothèque doit être inscrit conformément aux règles de publicité édictées par l'État partie où est situé le bien grevé et prévues à cet effet.

L'hypothèque régulièrement publiée prend rang du jour de l'inscription.

Lorsque le droit réel immobilier, objet de l'hypothèque, consiste en un démembrement du droit de propriété tel que l'usufruit, le droit de superficie, le bail emphytéotique ou le bail à construction, l'inscription de l'hypothèque doit également être notifiée, par acte extrajudiciaire, au propriétaire, au tréfoncier ou au bailleur.

Jurisprudence OHADA

I. Maintien de l'ordre chronologique des inscriptions hypothécaires

Lorsqu'il résulte d'un acte notarié que le créancier a accepté le bénéfice du 2e rang, ce dernier ne peut ultérieurement prendre une inscription hypothécaire de premier rang. C'est donc par une saine application de la loi que les premiers juges ont annulé l'inscription hypothécaire (CA Ouagadougou (Burkina Faso), ch. com., no 100, 18-6-2009 : SGBB c/ N. B., Ohadata J-10-208).

Obs. : il n'est pas indiqué dans la décision comment un créancier a pu prendre une inscription hypothécaire de 1er rang sur un immeuble du débiteur alors que cet immeuble faisait déjà l'objet d'une autre inscription hypothécaire au 1er rang et que le second créancier qui en avait été informé avait accepté le principe du second rang. Cela souligne peut-être la nécessité d'un fichier commun pour les inscriptions hypothécaires (sauf s'il en existait déjà un au Burkina Faso au moment des faits). L'annulation de cette inscription vraisemblablement frauduleuse doit être approuvée car elle a dû permettre de rétablir l'ordre des inscriptions. Enfin, cette décision a été rendue sur le fondement de l'article 127 (ancien de l'AUS) mais l'article 122 [devenu 19] de l'AUS était applicable dans l'espèce.

II. Inopposabilité de l'inscription non notifiée au bailleur

L'article 195 de l'AUS a institué, aux fins d'opposabilité de l'hypothèque, outre son inscription conformément aux règles de publicité édictées par l'État partie où est situé le bien grevé, l'obligation pour le créancier hypothécaire de notifier cette inscription au bailleur lorsque le droit réel immobilier, objet de l'hypothèque, consiste en un démembrement du droit de propriété, tel que le bail à construction. Cette notification est une publicité additionnelle qui conditionne l'opposabilité de l'hypothèque au bailleur. En infirmant partiellement le jugement annulant la procédure de saisie immobilière initiée par une banque à l'encontre d'un bailleur qui n'avait jamais reçu notification de l'inscription hypothécaire, au motif qu'« aucune sanction n'est attachée par le législateur communautaire à ce manquement », l'arrêt a violé, par fausse application, le texte précité et encourt cassation. Sur l'évocation et pour les mêmes motifs que ceux ayant entraîné la cassation, il y a lieu de confirmer le jugement initial en toutes ses dispositions (CCJA, 2e ch., no 097/2020, 9-4-2020 : SCI Roxane c/ NSIA Banque Côte d'ivoire).

III. Possibilité d'affecter en garantie d'une créance un immeuble dont les droits ne sont pas encore transcrits au livre foncier

Au sens de l'article 127, al. 1 de l'AUS de 1997, le constituant d'une hypothèque conventionnelle doit être titulaire du droit réel immobilier et être capable d'en disposer. Il résulte de la combinaison des articles 122 et 129 du même Acte uniforme, devenus articles 195 et 206 de l'AUS de 2010, que l'hypothèque non inscrite au livre foncier est une promesse synallagmatique d'hypothèque parfaitement valable qui oblige les parties à procéder à la publicité. On ne peut parler d'hypothèque qu'après la formalité de publication ; aucun texte n'interdit que cette perfection soit faite le même jour et immédiatement après la mutation d'immeuble au nom du constituant. Dès lors, en analysant la mutation future de titres de propriété au nom du constituant comme une condition suspensive qui, une fois réalisée, devrait permettre à la garantie consentie d'opérer rétroactivement à la date de sa conclusion, le tribunal a justement jugé qu'un immeuble acquis mais dont les droits réels ne sont pas encore transcrits au livre foncier peut valablement être affecté en garantie d'une créance. Il y a lieu, pour la CCJA, de confirmer le jugement entrepris sur ce point et, statuant à nouveau, de confirmer en toutes ses dispositions le jugement rendu initial (CCJA, 2e ch., no 206/2020, 25-6-2020 : Société Warda Sénégal c/ Banque de l'Habitat du Sénégal).

Jurisprudence comparée

I. France

A. Absence de délai pour prendre inscription

La loi ne fixant aucun délai pour inscrire l'hypothèque, et dès lors que la convention d'hypothèque n'en fixe pas, l'inscription peut être prise dès la constitution de l'hypothèque jusqu'à l'extinction de la créance (Cass. civ. 10-7-2002 n° 1237 : RJDA 11/02 n° 1201).

B. Opposabilité de l'hypothèque aux acquéreurs de l'immeuble postérieurs à son inscription

L'hypothèque régulièrement inscrite est opposable, à compter de sa date, aux acquéreurs postérieurs d'un droit réel sur l'immeuble (Cass. 1e civ. 1-2-2005 n° 237 : RJDA 6/05 n° 761), sauf si l'acquéreur bénéficie de l'effet déclaratif du partage (Cass. 1e civ. 5-4-2005 n° 651 : RJDA 8-9/05 n° 1054).

II. Irak

Enregistrement de l'hypothèque

L'hypothèque portant sur un immeuble ne peut être conclue qu'en respectant les formes prévues par *la Loi sur la publicité foncière*. L'acte non transcrit sur le registre foncier est nul et ne produit aucun effet (Cass. féd. 14-10-2008, pourvoi 2297, http://qanoun.iraqja.iq/view.756/).

Ainsi, lorsque l'acte d'hypothèque permettant au créancier hypothécaire d'occuper l'immeuble pendant cinq ans en contrepartie de la créance se révèle nul car non enregistré, le débiteur est fondé à intenter l'action en réintégrande pour recouvrer la possession de son bien (Cass. féd. 29-1-2009, pourvoi 369, http://qanoun.iraqja.iq/view.1009/).

Art. 196 [anc. art. 123 mod.] L'inscription a une durée déterminée et conserve le droit du créancier jusqu'à une date devant être fixée par la convention ou la décision de justice dans la limite de trente ans au jour de la formalité, sauf disposition contraire d'une loi nationale. Son effet cesse si elle n'est pas renouvelée, avant l'expiration de ce délai, pour une durée déterminée.

Il en va de même lorsque l'hypothèque a été constituée pour une durée indéterminée.

Jurisprudence OHADA

I. Absence de renouvellement

Perte de la sûreté par un événement entraînant l'arrêt du cours des inscriptions. Le juge des référés est compétent pour faire injonction au bénéficiaire d'une hypothèque éteinte d'en donner main levée ou à tout le moins, pour la réduire ou la radier à la condition qu'il y ait urgence. Conformément à l'article 2154 du Code civil du Cameroun, l'inscription conserve l'hypothèque pendant 10 ans à compter de sa date ; son effet cesse si elle n'a pas été renouvelée avant l'expiration de ce délai et le défaut de renouvellement en temps utile n'entraîne que la péremption de l'inscription sans anéantir le droit hypothécaire. Il s'ensuit que le créancier qui n'a pas renoncé à son droit peut prendre une nouvelle inscription tant que l'immeuble est encore entre les mains du débiteur, dès lors qu'une jurisprudence séculaire a décidé que le défaut de renouvellement [et ou le renouvellement] tardif ne peut faire perdre au créancier son hypothèque que si avant le renouvellement tardif est intervenu l'un des événements arrêtant le cours des inscriptions hypothécaires (Cass. civ. 2-12-1863 : D.P. 64, 1, 105). La demande de mainlevée de l'hypothèque doit être rejetée (TPI Yaoundé, ord. n° 632/C, 2-6-2002 : A. T. née E. Z. M. c/ Crédit Foncier du Cameroun, Me P. F. X. M. O., ès qual. de conservateur de la propriété foncière du Centre, Ohadata J-04-413, obs. Joseph Issa Sayegh).

Obs. : la jurisprudence de la Cour de cassation française a été citée dans la décision.

II. Nécessité de respecter la durée de la garantie hypothécaire convenue

Il s'induit de la combinaison des dispositions de l'article 123 [devenu 196] de l'AUS et de la convention des parties que la garantie hypothécaire consentie par la caution couvre systématiquement la période allant jusqu'au remboursement complet de toutes les sommes dues à la banque créancière en principal, intérêts et accessoires. La cour d'appel, qui a méconnu la volonté des parties de faire jouer la garantie hypothécaire couvrant le solde à la clôture du compte courant, a procédé à une mauvaise interprétation des dispositions sus énoncées et exposé son arrêt à la cassation (CCJA, ass. plén., n° 059, 23-4-2014 : Banque Atlantique Togo SA c/ Ets Akama et Fils, Assani-Bentho Mounirou, Ohadata J-15-150).

III. Conséquence d'une inscription hors délai : perte du rang

Il se déduit de l'article 123 [devenu 196] de l'AUS que même une inscription faite hors délai, donc tardive, n'entraîne pas la perte du droit du créancier, lequel ne perd que son rang de créancier privilégié. Il ne ressort nulle part des pièces du dossier de la procédure qu'une autre inscription hypothécaire sur l'immeuble litigieux ait été faite par un autre créancier. Suivant la convention des parties, l'inscription hypothécaire est maintenue jusqu'au complet paiement du solde du compte qui était débiteur de 117 931 684 FCFA. En prononçant l'annulation du commandement valant saisie, la radiation de l'inscription hypothécaire et en ordonnant la restitution du titre foncier hypothéqué alors que la dette n'a pas été payée, le premier juge a non seulement méconnu la volonté des parties, mais a surtout procédé à une mauvaise interprétation des articles 123 et 130 anciens de l'AUS. Il y a lieu, outre les motifs ci-dessus sur le fondement desquels l'arrêt déféré devant la Cour de céans a été cassé, d'invalider l'ordonnance de référé querellée, de déclarer valable le commandement valant saisie immobilière et d'ordonner l'inscription dudit commandement sur le titre foncier (CCJA, ass. plén., n° 059, 23-4-2014 : Banque Atlantique Togo SA c/ Ets Akama et Fils, Assani-Bentho Mounirou, Ohadata J-15-150).

Il résulte de l'article 196 de l'AUS que l'effet de l'inscription, qui est de fixer le rang du créancier, cesse si celle-ci n'a pas été renouvelée avant l'expiration de sa durée, l'hypothèque continuant cependant à exister vis-à-vis du débiteur par l'effet du contrat (CCJA, 3e ch., n° 179/2024, 6-6-2024).

IV. Impossibilité de violer l'article 123 pour une hypothèque non régie par l'AUS en raison de son antériorité

Voir sous l'art. 227 ci-après (CCJA, 2e ch., n° 151/2024, 30-5-2024).

JURISPRUDENCE COMPARÉE

France

La péremption n'a pas pour conséquence d'éteindre l'hypothèque, de sorte que son titulaire peut procéder à une nouvelle inscription sans l'accord du débiteur (Cass. 3e civ. 25-4-2007 n° 06-11.524 : RJDA 10/07 n° 1014 citée dans la décision du TPI de Yaoundé ci-dessus).

Art. 197 [anc. art. 117 mod.] L'hypothèque confère à son titulaire un droit de suite et un droit de préférence.

Le droit de préférence s'exerce selon les dispositions de l'article 225 du présent Acte uniforme pour garantir le principal, les frais et trois ans d'intérêts au même rang, sauf à prendre des inscriptions particulières portant hypothèques à compter de leurs dates pour les intérêts autres que ceux conservés par l'inscription initiale.

Le droit de préférence s'exerce également, par subrogation, sur l'indemnité d'assurance de l'immeuble sinistré.

JURISPRUDENCE OHADA

Sur l'exercice du droit de suite selon les modalités de la saisie immobilière, notamment l'exigence d'un titre exécutoire, voir sous l'article 198 avec les obs.

JURISPRUDENCE COMPARÉE

France

A. Droit de préférence limité au montant de la somme garantie inscrite

Le créancier peut faire valoir son droit de préférence seulement pour la somme inscrite et non sur ce qui lui reste dû le cas échéant (Cass. civ. 3-2-1937 : DH 1937.177 : montant inscrit et non pas montant du solde du compte courant garanti au jour de l'exercice de l'hypothèque).

B. Libre choix du créancier de l'immeuble à saisir en cas de pluralité d'immeubles hypothéqués

Le créancier titulaire d'une hypothèque inscrite sur plusieurs immeubles d'un même débiteur peut choisir celui sur lequel il va exercer ses poursuites ; toutefois, il doit invoquer un intérêt légitime et agir sans intention de nuire (Cass. civ. 18-7-1893 : DP 1894.1.113 ; Cass. civ. 9-5-1905 : DP 1909.1.225 note de Loynes ; Cass. civ. 15-2-1972 : D. 1972.463).

Art. 198 [anc. art. 117 mod.] A moins qu'il ne poursuive la vente du bien hypothéqué selon les modalités prévues par les règles de la saisie immobilière, auxquelles la convention d'hypothèque ne peut déroger, le créancier hypothécaire impayé peut demander en justice que l'immeuble lui demeure en paiement.

Cette faculté ne lui est toutefois pas offerte si l'immeuble constitue la résidence principale du constituant.

JURISPRUDENCE OHADA

I. Vente de l'immeuble par acte séparé

Le mandat à fin d'une vente de gré à gré donné postérieurement à la naissance de la dette, de surcroît dans un acte séparé du contrat, n'est pas une clause de voie parée, dès lors qu'il a été stipulé alors que le demandeur a reçu le montant du prêt garanti par l'immeuble en cause et qu'il n'était pas sous la pression de son banquier. Il s'ensuit que ce pouvoir de vente de gré à gré est parfaitement valable et les règles de la saisie immobilière sont inapplicables (TR Niamey, n° 261, 31-7-2002 : A. B. B. c/ Binci et G.S., Juris-Ohada n° 4/2003, p. 65, note Brou Kouakou Mathurin, Ohadata J-04-132 ; voir Ohadata J-04-130, Ohadata J-04-131, et Ohadata J-04-134).

Obs. : voir cependant les articles 246 et suivants de l'AUPSRVE.

II. Droit de suite exercé selon les modalités de la saisie immobilière

Il résulte de l'article 117 [devenu 198 pour le droit de suite] que pour poursuivre la vente forcée d'un immeuble, il faut au préalable un titre exécutoire constatant une créance liquide et exigible (art. 247 de l'AUPSRVE). Pour établir la créance, il faut appeler la ou les parties concernées afin qu'elles soient avisées et il est normal que la caution hypothécaire soit appelée à la cause et que la créance soit établie avant toute procédure de saisie immobilière. La caution hypothécaire a donc aussi qualité en tant que destinataire de l'acte et son argument selon lequel elle a été personnellement poursuivie alors que c'est son immeuble qui a été hypothéqué est inopérant et le jugement doit être confirmé sur ce point (CA Ouagadougou (Burkina Faso), ch. com., n° 029 bis, 3-6-2011 : I. D. c/ Boa et S. I., Ohadata J-12-191).

Obs. : ce jugement a été rendu en application de la version antérieure de l'AUS (art. 117) qui prévoyait que « l'hypothèque est une sûreté réelle immobilière conventionnelle ou forcée. Elle confère à son titulaire un droit de suite et un droit de préférence. Le droit de suite s'exerce selon les règles de la saisie immobilière ... ». Cette disposition a été démembrée et se retrouve aux articles 190, 197 et 198 de la version actuellement en vigueur. La question tranchée nous semble transposable, même si selon l'article 198, l'exercice du droit de suite n'est plus la seule voie ouverte au créancier hypothécaire, qui peut désormais « demander en justice que l'immeuble lui demeure en paiement ».

JURISPRUDENCE COMPARÉE

France

Interdiction de soustraire la vente forcée de l'immeuble hypothéqué à la procédure de saisie immobilière

Interdiction levée au regard de la vente après échéance de la dette. Après l'échéance de la dette, le débiteur peut donner mandat à son créancier de faire vendre son immeuble sans observer les formalités de la saisie immobilière (CA Bordeaux 27-4-1885 : DP 1886.2.263). Les héritiers peuvent aussi céder les immeubles successoraux aux créanciers inscrits en autorisant ces derniers à les faire vendre (Cass. civ. 25-3-1903 : DP 1904.1.273 note Guénée).

Art. 199 A condition que le constituant soit une personne morale ou une personne physique dûment immatriculée au Registre du Commerce et du Crédit Mobilier et que l'immeuble hypothéqué ne soit pas à usage d'habitation, il peut être convenu dans la convention d'hypothèque que le créancier deviendra propriétaire de l'immeuble hypothéqué.

A l'issue d'un délai de trente jours suivant une mise en demeure de payer par acte extra-judiciaire demeurée sans effet, le créancier pourra faire constater le transfert de propriété dans un acte établi selon les formes requises par chaque État partie en matière de transfert d'immeuble.

Art. 200 Dans les cas prévus aux deux articles précédents, l'immeuble doit être estimé par expert désigné amiablement ou judiciairement.

Si sa valeur excède le montant de la créance garantie, le créancier doit au constituant une somme égale à la différence. S'il existe d'autres créanciers hypothécaires, il la consigne. Toute clause contraire est réputée non écrite.

Art. 201 [anc. art. 124] Tout acte relatif à une hypothèque et portant transmission, changement de rang, subrogation, renonciation, extinction, est établi, selon la loi nationale du lieu de situation de l'immeuble, par acte notarié ou par acte sous seing privé suivant un modèle conforme aux règles de l'État partie concerné et publié comme l'acte par lequel cette hypothèque est consentie ou constituée.

L'extinction de l'hypothèque conventionnelle ou judiciaire résulte :
– de l'extinction de l'obligation principale ;
– de la renonciation du créancier à l'hypothèque ;
– de la péremption de l'inscription attestée, sous sa responsabilité, par le conservateur du registre de la publicité immobilière, cette attestation devant mentionner qu'aucune prorogation ou nouvelle inscription n'affecte la péremption ;
– de la purge des hypothèques résultant du procès-verbal de l'adjudication sur expropriation forcée et du paiement ou de la consignation de l'indemnité définitive d'expropriation pour cause d'utilité publique.

Jurisprudence OHADA

I. Validité de l'hypothèque remplissant les conditions requises

C'est à tort que la violation de l'article 201 de l'AUS est invoquée, dès lors qu'il ressort de la lecture de la convention des parties qu'elle a été régulièrement conclue, en ce que dame [X.] était régulièrement assistée par un interprète-traducteur assermenté près la cour d'appel de Lomé lors de la constitution de l'hypothèque, et qu'elle a déclaré se rendre et se constituer caution hypothécaire de la société [débitrice] envers la banque créancière, et que ladite convention couvre le solde débiteur du compte courant ouvert, selon ce que les parties ont voulu, si bien que l'hypothèque consentie était bien valable au moment de la clôture du compte (CCJA, 1e ch., nº 086/2022, 9-6-2022).

II. Remboursement par le débiteur des frais exposés par le créancier

Même s'il est constant que le débiteur s'est acquitté de la totalité de la créance garantie, les frais exposés par le créancier du fait de la mauvaise exécution de la convention par le débiteur doivent être supportés par ce dernier et entrent dans le champ de garantie de l'hypothèque consentie au créancier. Il en est ainsi notamment lorsqu'il ressort de la convention de compte courant conclu entre les parties que l'hypothèque a été consentie en garantie non seulement du remboursement des sommes dues en principal mais aussi des intérêts, frais et accessoires et plus généralement à la sûreté et garantie de la bonne fin de la convention de compte courant et de l'exécution de toutes ses charges et conditions (CA Bobo-Dioulasso (Burkina Faso), ch. com., nº 07/08, 9-4-2008 : C. A. c/ Bank Of Africa, Ohadata J-10-119).

III. Absence d'extinction de l'hypothèque

Le débiteur qui ne prouve pas s'être acquitté de ses obligations pécuniaires à l'égard du créancier poursuivant ne peut obtenir une ordonnance (« Restraining order ») interdisant au créancier de réaliser l'hypothèque (Azangue Tchouala Mathieu v. 1) Afriland First Bank, 2) The Registrar of Lands Mezam, 3) Beumo Feuzeu Calvin (Sheriff Bailiff), High Court of Mezam Division Holden in Bamenda, Suit nº HCB/325M11 of 28 November 2011, in Anne Afong, The Uniform Act on Securities : Mortgages Under the OHADA Uniform Act. A Common Law Practitionner's Guide to the Application of the OHADA Uniform Acts, pp. 191-194).

IV. Conséquences du non-renouvellement de l'inscription hypothécaire dans le délai : simple péremption entraînant l'extinction de l'hypothèque et devant être établie par une attestation du conservateur

Il résulte de l'article 201, alinéa 2 de l'AUS que l'extinction de l'hypothèque pour cause de péremption de l'inscription est subordonnée à l'attestation délivrée par le conservateur du registre de la publicité immobilière, et indiquant sous sa responsabilité qu'aucune prorogation ou nouvelle inscription n'affecte la péremption. En retenant, pour confirmer la décision d'instance prononçant la mainlevée d'une hypothèque, pour cause de péremption de l'inscription, que « cette hypothèque ayant été inscrite le 22 février 2016 pour quatre ans, elle venait à expiration le 23 février 2020, […] que partant, aucune hypothèque conventionnelle ne liant plus les parties depuis le 24 février 2020, l'inscription effectuée le 27 juillet 2020 n'a pas pu valablement renouveler cette hypothèque conventionnelle et maintenir au profit de l'appelant un droit qu'elle a laissé périr par son inertie », alors d'une part, que le non renouvellement de l'inscription hypothécaire avant l'expiration du délai fixé par la convention ou la décision de justice entraine simplement sa péremption et prive l'inscription de son effet sans faire disparaître l'hypothèque, et d'autre part, que cette péremption, qui entraîne l'extinction de l'hypothèque, doit être établie par une attestation du conservateur du registre de la publicité immobilière mentionnant sous sa responsabilité, qu'aucune prorogation ou nouvelle inscription n'affecte la péremption, la cour d'appel, qui n'a pas fondé sa décision sur ladite attestation, a violé les articles 196 et 201, alinéa 2 de l'AUS, exposant son arrêt à la cassation. Sur l'évocation, et pour les mêmes motifs que ceux ayant justifié la cassation, il y a lieu d'infirmer le jugement initial et de débouter les époux [X.] de leur demande de mainlevée d'hypothèque qu'ils ont consentie, ainsi que de celle visant des dommages-intérêts, aucune faute ne pouvant être mise à la charge du conservateur de la propriété foncière et des hypothèques, la demande de mainlevée d'hypothèque ayant été rejetée (CCJA, 3e ch., no 179/2024, 6-6-2024).

JURISPRUDENCE COMPARÉE

I. États-Unis

A. Reconnaissance de l'absence d'hypothèque par le propriétaire du bien concerné

Un titre de propriété indiquant que le bien est franc de toute hypothèque, éteint toutes les garanties que le vendeur pouvait avoir sur le bien vendu. En conséquence, le vendeur ne peut pas demander la saisie du bien vendu si l'acheteur ne paie pas la totalité du prix convenu (Fuller v. Gabert, Court of Appeal State of Wisconsin, 2007CV32 (2008)).

B. Renonciation par erreur du créancier hypothécaire à son hypothèque

Indemnisation du créancier au titre de l'enrichissement sans cause. Lorsqu'une hypothèque a été levée par erreur, le prêteur hypothécaire peut agir sur le fondement de l'enrichissement sans cause lorsque le propriétaire du bien qui devait être hypothéqué l'a vendu et s'est ainsi injustement enrichi au détriment du prêteur. Tel est le cas d'une société qui a acheté une maison sur laquelle il y avait une hypothèque et qui l'a revendue alors que l'hypothèque avait été levée par erreur et que, de ce fait, le prêteur initial ne pouvait plus recouvrer sa créance en faisant vendre la maison (First national Saving v. Perry 11 Cal. App. 4th 1657 (1992)).

C. Annulation de la renonciation

Les juges de l'État de Californie ont estimé que, lorsqu'une hypothèque conventionnelle a été levée par erreur, cette dernière doit être annulée afin de remettre les parties dans l'état où elles se trouvaient avant cette levée (Duley v. Westinghouse Electric Corp 97 Cal. App. 3d 430 (1979)).

II. France

A. Transfert de l'hypothèque par stipulation pour autrui

L'hypothèque peut être acquise par une stipulation pour autrui. Un prêteur qui consent une ouverture de crédit peut obtenir une hypothèque pour lui-même et pour toute personne qu'il pourrait se substituer dans l'exécution de sa promesse de crédit (TGI Bordeaux 13-2-1969 : D. 1969.334 note Ghestin). Des sociétés civiles immobilières peuvent s'engager envers une société commerciale à hypothéquer leurs immeubles au profit des futurs porteurs des obligations qu'émettra cette société, la souscription valant pour les intéressés acceptation de la stipulation (TGI Evry-Corbeil 26-4-1972 : GP 1972.2.732).

B. Cession d'antériorité

1° Existence

Est une cession d'antériorité, et non une renonciation pure et simple à hypothèque, la clause par laquelle des créanciers hypothécaires du premier vendeur confèrent au créancier hypothécaire du second vendeur le droit de se faire colloquer, dans tous ordres et contributions ayant pour objet la distribution du prix des immeubles hypothéqués, jusqu'à concurrence d'une somme déterminée, par préférence et antériorité auxdits créanciers (Cass. req. 9-1-1893 : DP 1895.1.105).

Il est aussi possible, pour le cédant, de conclure une « stipulation de concurrence » par laquelle il promet un rang égal au sien à un créancier moins bien placé (cf. TGI Bordeaux 13-2-1969 : D. 1969.334 note Ghestin).

2° Date de la cession

La cession d'antériorité peut être antérieure à la constitution de l'hypothèque qui doit bénéficier de ce rang (Cass. civ. 19-6-1979 : Bull. civ. III p. 101).

3° Effet

La cession d'antériorité met le cessionnaire au lieu et place qu'aurait occupés, dans l'ordre, la créance du cédant ; il s'ensuit que :

– le cessionnaire de la priorité ne peut pas se prévaloir du rang hypothécaire cédé si la créance garantie par l'hypothèque est éteinte ou a elle-même perdu son rang hypothécaire (Cass. req. 25-1-1853 : S. 1853.1.423) ;

– seul le cessionnaire peut se prévaloir au regard du cédant du rang qui lui a été transmis ; pour tous les autres créanciers hypothécaires intermédiaires le cédant conserve son rang, la cession de priorité ne valant pas renonciation du cédant à son hypothèque (Cass. req. 9-1-1893 : DP 1895.1.105 note de Loynes) ;

– le cessionnaire ne peut primer les créanciers intermédiaires qu'à concurrence de la créance la plus faible (Cass. civ. 23-1-1973 : D. 1973.427 note Frank).

C. Extinction de l'hypothèque

1° Extinction de la créance

L'hypothèque disparaît :

– avec l'extinction de la créance garantie et seulement lorsque celle-ci est éteinte (Cass. civ. 25-5-1987 : Bull. civ. II p. 66 : nonobstant la publication du jugement d'adjudication, le créancier hypothécaire n'est pas tenu de rapporter son inscription tant qu'il n'y a pas eu paiement ou consignation) ;

– si l'acte constitutif d'hypothèque est annulé ou résolu (pour un exemple de résolution, Cass. civ. 7-5-1986 : JCP (éd. G) 1987.II.20737 note Dagot).

2° Non-extinction de la créance

Les fautes commises par le créancier hypothécaire ne sont pas une cause d'extinction de l'hypothèque. On ne saurait retirer, au motif que le créancier aurait commis des négligences causant un préjudice à la masse des créanciers, leur garantie hypothécaire à des créances à concurrence du préjudice subi par la masse, car, parmi les causes d'extinction des hypothèques, la loi ne fait pas figurer les fautes commises par le créancier hypothécaire (Cass. com. 2-6-1980 : Bull. civ. IV p. 186).

3° Subrogation

La subrogation est soumise aux conditions suivantes :

– la créance doit être cessible (Cass. civ. 20-3-1907 : DP 1909.1.217) ;

– la subrogation est opposable aux tiers, et notamment à un autre créancier, même si sa publication est postérieure au jugement d'adjudication, dès lors qu'elle n'aggrave pas la situation du débiteur puisqu'elle investit le subrogé de la créance primitive (Cass. civ. 16-7-1987 : Bull. civ. III p. 85 ; CA Orléans 22-6-2000 : RJDA 1/01 n° 81), ou même si elle n'a pas été publiée (Cass. civ. 20-12-1989 : Bull. civ. III p. 134) ;

– l'extinction de la créance du subrogeant entraîne celle de l'hypothèque (Cass. req. 25-1-1853 : S. 1853.1.423).

Art. 202 [anc. art. 125 mod.] **L'hypothèque est radiée selon les règles de publicité de l'État partie où est situé le bien grevé.**

En cas de refus du créancier d'y consentir ou du conservateur de procéder à la radiation de l'hypothèque, le débiteur ou l'ayant-droit de celui-ci peut obtenir mainlevée judiciaire de cette sûreté. La décision judiciaire de mainlevée prononcée contre le créancier ou ses ayants-droit et passée en force de chose jugée oblige le conservateur à procéder à la radiation.

JURISPRUDENCE OHADA

Radiation d'une hypothèque pour omission de formalités prescrites par la législation nationale

L'inscription définitive d'une hypothèque n'ayant pas été faite, comme prévu par la loi nationale applicable en l'espèce, le jugement condamnant les débiteurs au paiement et validant les inscriptions hypothécaires prises sur leurs immeubles est devenu définitif. L'inscription initiale de ladite hypothèque en date du 22 mai 1996 est devenue rétroactivement sans effet et ne pouvait plus servir de fondement à une procédure de saisie immobilière. En conséquence, le jugement rendu le 26 juillet 2010 par le tribunal de première instance doit être infirmé en toutes ses dispositions et, statuant à nouveau, il y a lieu de déclarer sans effet la première inscription, de dire que sa validation n'a pas été valablement faite le 3 mai 2001, d'ordonner la distraction du titre foncier en cause et de faire injonction au président du tribunal de première instance à l'effet de procéder à la radiation de l'inscription (CCJA, 2e ch., no 001, 21-1-2016 : Bicici S.A. c/ Ndiaye Bassirou, Ohadata J-16-210).

Obs. : cet arrêt n'a pas expressément visé l'article 202, qui est cependant applicable.

Jurisprudence comparée

I. Belgique

Incompétence du conservateur des hypothèques pour procéder à l'interprétation du mandat donné pour faire opérer la radiation

Le mandat à l'effet de rayer ou de réduire une inscription hypothécaire doit ressortir sans équivoque du texte de l'acte ou du jugement produit, le conservateur des hypothèques ne pouvant procéder à la moindre interprétation ni apprécier s'il est satisfait à la condition dont la radiation ou la réduction est assortie ; ainsi, le jugement doit ordonner explicitement la radiation de l'inscription. (Cour de cassation de Belgique, 1e ch. civ. et com., no C 04-0388N, 30-3-2006 : Juricaf).

II. France

A. Radiation convenue par le créancier et le débiteur

L'octroi de la mainlevée suppose, chez le créancier, la capacité soit de recevoir paiement, lorsque la mainlevée est accordée après celui-ci, soit de disposer d'un droit réel immobilier, lorsque la mainlevée est accordée sans paiement (Cass. civ. 16-7-1975 : D. 1975.593 note Frank).

B. Radiation judiciaire ou forcée

La radiation ne peut être ordonnée que si la décision du tribunal est définitive (C. civ. art. 2440 ; Cass. civ. 19-10-1988 : GP 1989.386 note Piedelièvre).

La radiation d'une hypothèque ne peut pas être ordonnée en justice sur la foi d'une lettre autorisant la mainlevée de l'hypothèque (Cass. 3e civ. 29-1-2003 : RJDA 4/03 no 446).

C. Annulation de la radiation

Le tiers acquéreur d'un immeuble grevé d'une inscription hypothécaire, dont le titre a été transcrit entre la radiation de cette inscription et la décision qui annule l'ordonnance ayant prononcé cette radiation, ne peut se voir opposer les effets de l'inscription rétablie (Cass. 3e civ. 4-2-1998 : RJDA 4/98 no 519) ou de la réinscription de l'hypothèque (Cass. civ. 4-11-1980 : Bull. civ. III p. 126).

Chapitre II

HYPOTHÈQUES CONVENTIONNELLES

Art. 203 [anc. art. 127 et 120 mod.] L'hypothèque conventionnelle ne peut être consentie que par celui qui est titulaire du droit réel immobilier régulièrement inscrit et capable d'en disposer.

Par exception à l'alinéa précédent, l'hypothèque peut être consentie sur des immeubles à venir dans les cas et conditions ci-après :

1o) celui qui ne possède pas d'immeubles présents et libres ou qui n'en possède pas en quantité suffisante pour la sûreté de la créance peut consentir que chacun de ceux qu'il acquerra par la suite sera affecté au paiement de celle-ci au fur et à mesure de leur acquisition ;

2o) celui dont l'immeuble présent assujetti à l'hypothèque a péri ou subi des dégradations telles qu'il est devenu insuffisant pour la sûreté de la créance le peut pareillement, sans préjudice du droit pour le créancier de poursuivre dès à présent son remboursement ;

3o) celui qui possède un droit réel lui permettant de construire à son profit sur le fonds d'autrui, sur le domaine public ou sur le domaine national peut hypothéquer les bâtiments et ouvrages dont la construction est commencée ou simplement projetée ; en cas de destruction de ceux-ci, l'hypothèque est reportée de plein droit sur les nouvelles constructions édifiées au même emplacement.

JURISPRUDENCE OHADA

I. Titularité du droit réel immobilier et capacité d'en disposer

A. Détermination du titulaire du droit réel par référence au droit national

Il résulte de l'article 127, al. 1 [devenu 203, al. 1] de l'AUS que le constituant d'une hypothèque doit être titulaire du droit réel sur lequel doit porter l'hypothèque et qu'il doit être capable d'en disposer. L'AUS ne détermine pas ce qu'il entend par titulaire du droit réel, mais en laisse le soin au droit national. C'est par une application erronée de l'article 127 [devenu 203] de l'AUS que la cour d'appel de Dakar a annulé une hypothèque aux motifs que « le transfert de propriété de l'immeuble au nom de [du directeur général d'une société débitrice qui s'est porté caution hypothécaire de cette dernière] est intervenu après les conventions d'hypothèque » et son arrêt encourt la cassation. Il en est ainsi, car s'il est vrai qu'aux termes de l'article 381 du Code des Obligations Civiles et Commerciales du Sénégal, invoqué par les défendeurs, l'acquisition du droit réel résulte de la mention au titre foncier du nom du nouveau titulaire du droit, il est aussi vrai que ledit code n'interdit pas expressément au titulaire de droit précaire de consentir une hypothèque en connaissance de cause sur un droit réel en cours de distraction par voie de morcellement du titre foncier n° 14.628/DG des communes de Dakar et Gorée dont la propriété lui est indiscutablement acquise suivant attestation versée au dossier depuis le 13 décembre 2001. Au demeurant, ledit Code des Obligations en son article 382 prévoit la promesse synallagmatique de contrat qu'elle définit comme l'acte par lequel les parties s'engagent, l'une à céder, l'autre à acquérir un droit sur l'immeuble et qui oblige les parties à parfaire leur contrat en faisant procéder à l'inscription du transfert du droit à la conservation de la propriété foncière. Cette promesse synallagmatique de contrat peut s'analyser comme la promesse synallagmatique d'hypothèque prévue par l'article 129 [devenu 206] dudit Acte uniforme aux termes duquel « Tant que l'inscription n'est pas faite, l'acte d'hypothèque est inopposable aux tiers et constitue, entre les parties, une promesse synallagmatique qui les oblige à procéder à la publicité ». En l'espèce, cette publicité a été parfaite par les parties, notamment par l'inscription des droits de [la caution hypothécaire] au livre foncier et conséquemment par l'inscription définitive de l'hypothèque consentie à la conservation de la propriété foncière du bureau de Grand Dakar. Au surplus, l'article 119 [devenu 192] de l'AUS prévoit la possibilité de consentir une hypothèque sur un droit réel en cours d'immatriculation, la doctrine reconnaît quasi unanimement que « l'hypothèque est soumise aux modalités qui affectent le droit de propriété de sorte qu'elle est conditionnelle, si la propriété est conditionnelle », et la jurisprudence de la Cour de céans admet que la procédure de saisie immobilière peut être poursuivie jusqu'à l'adjudication qui, elle, doit être différée jusqu'à l'obtention du titre foncier. Nul ne peut contester le droit de propriété originel de [la caution hypothécaire] au moment de la conclusion du contrat en la forme notariée de prêt ; les parties audit contrat ont par la suite régularisé la condition suspensive en procédant à la constatation des droits réels immobiliers de la caution hypothécaire au livre foncier de Grand Dakar et à la suite à l'inscription de l'hypothèque qu'il a librement consentie (CCJA, 1e ch., n° 054, 13-6-2013 : Fédération des Caisses du Crédit Mutuel du Sénégal c/ 1) Sté Sénégal Construction International S.A., 2) Serigne Gaye, Ohadata J-15-54).

B. Incidence de la non-revendication de propriété par le débiteur

C'est à bon droit qu'une cour d'appel a rejeté la contestation d'une saisie-immobilière par le débiteur pour les raisons suivantes : l'hypothèque conventionnelle n'est pas nécessairement souscrite par un propriétaire ; le propriétaire de l'immeuble au jour de la constitution de l'hypothèque n'avait pas revendiqué la propriété qui lui était imputée ; le débiteur ne saurait, sans se contredire et se prévaloir d'une turpitude personnelle, contester la saisie pratiquée en réalisation de la garantie offerte par lui-même, après avoir affecté en hypothèque un immeuble qui devait devenir sa propriété (CCJA, 1e ch., n° 256/2020, 16-7-2020 : Ibrahim Zakari c/ Bicec).

C. Assimilation erronée d'un immeuble déterminé à un immeuble susceptible d'être acheté à l'avenir

Au sens de l'article 203, al. 2 de l'AUS de 2010, l'hypothèque sur l'immeuble à venir est prévue comme une exception à la règle qui voudrait que l'hypothèque conventionnelle ne puisse être consentie que par celui qui est titulaire du droit réel immobilier régulièrement inscrit et capable d'en disposer. L'immeuble à venir est un immeuble non déterminé, qui n'a pas encore été acquis et n'a pas d'existence dans le patrimoine du constituant. En l'espèce, les immeubles litigieux étant déterminés et dans le patrimoine de la société demanderesse au moment de la conclusion des conventions d'hypothèque querellées, ils ne sauraient être considérés comme ceux susceptibles d'être achetés dans l'avenir ; c'est donc en violation de l'article 203 précité qu'une cour d'appel a jugé le contraire, exposant son arrêt à la cassation partielle sur ce point (CCJA, 2e ch., n° 206/2020, 25-6-2020 : Société Warda Sénégal c/ Banque de l'Habitat du Sénégal).

D. Hypothèque valablement constituée conformément à la convention des parties malgré la non-comparution du promettant devant le notaire

C'est à tort qu'il est reproché à un jugement d'avoir violé l'article 203 de l'AUS en déboutant les requérants de leurs dires et observations, donnant ainsi foi à une hypothèque prétendument conventionnelle puisque consentie par un tiers aux lieu et place du propriétaire, dès lors qu'après avoir exposé l'article de la convention de promesse d'hypothèque prévoyant que la réalisation de cette promesse se fera soit par la comparution du promettant par devant le notaire instrumentaire à la première demande de la banque, soit par la banque après une sommation restée infructueuse de comparaître devant le notaire, le jugement attaqué a souverainement tiré de l'analyse des faits que le promettant ne s'étant présenté devant le notaire après ladite sommation, la banque a procédé, dans les termes de la convention qui lie les parties, à la réalisation de la promesse d'hypothèque devant le notaire instrumentaire sans le concours du promettant (CCJA, 1e ch., n° 145/2022, 3-11-2022).

E. Nullité de l'hypothèque conventionnelle consentie par un non-propriétaire

1° Mineurs incapables

C'est à tort que des enfants, donataires d'un immeuble de leur père, ont été reçus comme « constituants » dans une convention d'ouverture de crédit avec affectation hypothécaire, alors que conformément à la loi nationale, ces enfants qui n'avaient pas expressément accepté ladite donation et dont certains étaient mineurs incapables, n'étaient pas devenus propriétaires de l'immeuble hypothéqué. Ce défaut de qualité et de capacité de ces enfants rend ladite convention nulle et de nul effet, de même que le commandement aux fins de saisie immobilière ainsi que tous les actes subséquents, notamment la procédure d'expropriation forcée de l'immeuble qui s'en est suivie (CA Littoral (Cameroun), n° 086/CC, 7-7-2008 : T. N. c/ Afriland First Bank SA, obs. Yvette Kalieu Elongo, Ohadata J-10-260).

Sur une application de l'article 127 [devenu 203] par une juridiction de Common Law au Cameroun, voir : Mukala Daniel Mbu & Nsoh Jonas Mukala v. 1) Daniel Ndefru Mukala, 2) Azire Cooperative Credit Union 3) Land Registrar Mezam, High Court of Mezam Division Holden in Bamenda, Suit n° HCB/246M/2011 of 28 January 2012, in Anne Afong, The Uniform Act on Securities : Mortgages Under the OHADA Uniform Act. A Common Law Practitionner's Guide to the Application of the OHADA Uniform Acts, pp. 195-199, exigeant la signature de tous les coïndivisaires d'une succession sur l'acte constitutif de l'hypothèque. À défaut, interdiction doit être faite au coïndivisaire qui a seul signé l'acte notarié, de grever le bien immobilier.

2° Parent administrateur des biens d'un mineur incapable

Il ressort de l'examen combiné de l'article 127 [devenu 203] de l'AUS et de l'article 400 du Code civil guinéen, selon lequel « le père est, du vivant des époux, l'administrateur légal des biens de leurs enfants mineurs non émancipés », que le pouvoir d'administration des parents sur les biens de leur enfant mineur ou celui du tuteur sur les biens de son pupille, ne s'analyse qu'en un acte de conservation, c'est-à-dire du maintien du patrimoine dans l'état où il se trouve et en un acte d'administration, qui a pour but de faire fructifier le patrimoine dans l'intérêt du mineur pour lui en rendre compte à sa majorité, mais ne s'analyse pas en un pouvoir de disposition qui fait sortir un bien du patrimoine et l'appauvrit. En l'espèce, cette hypothèque conventionnelle qui porte sur la chose d'autrui doit être frappée de nullité absolue comme ayant été consentie par un non-propriétaire ; en validant ladite hypothèque qui ne remplit pas les conditions légales de forme et de fond indispensables à sa validité, l'arrêt attaqué a méconnu la rigueur des dispositions impératives susvisées et encourt de ce fait la cassation sans qu'il soit besoin d'examiner les autres moyens du recours. Sur l'évocation, c'est à tort que le tribunal a considéré que l'immatriculation de l'immeuble faite par [X.] au profit de son fils mineur [Y.] l'a été en fraude aux droits d'un créancier qui n'existait ni au moment de l'achat de l'immeuble, ni à la date de son immatriculation à la Conservation Foncière. L'action en réalisation de l'hypothèque consentie par [X.] avec le consentement de son épouse sur l'immeuble immatriculé au nom de son fils ne peut prospérer car une telle hypothèque, consentie sur le bien d'autrui, est nulle (CCJA, 1e ch., n° 228, 14-12-2017 : Mamadi Koulibaly et Oumar Koulibaly c/ Mamadou Dem).

II. Caractère bilatéral de l'hypothèque

Il résulte de l'article 127, al. 1 [devenu 203, al. 1] de l'AUS qu'une hypothèque est une convention bilatérale et non tripartite. Elle peut être conclue soit entre le débiteur et le créancier, soit entre le créancier et le/ou les garant(s) (High Court of Mezam (Bamenda, Cameroun), Suit n° HCB/3S/05-06 of 12 June 2012 : Union Bank of Cameroon Plc v. Protion Livestock and Atongfac Elias, Ohadata J-13-215).

III. Inapplication des dispositions relatives au cautionnement à l'hypothèque conventionnelle

Sur l'inapplication des dispositions relatives à la formation du cautionnement à une hypothèque conventionnelle, voir sous l'article 14.

Jurisprudence comparée

Belgique

Interprétation de la portée d'un mandat donné par le débiteur au créancier de constituer hypothèque

Aux termes de l'article 1134, al. 3 du Code civil belge, les conventions doivent être exécutées de bonne foi. Le juge peut interpréter le contrat et en déterminer les effets à la lumière de l'obligation d'exécution de bonne foi sans toutefois imposer aux parties des obligations inconciliables avec la nature et l'économie de la convention.

Le créancier au profit de qui un mandant donne à un tiers une procuration hypothécaire irrévocable pour constituer une hypothèque en son nom sur un ou plusieurs de ses biens immeubles peut déterminer lui-même quand il souhaite exercer ce mandat hypothécaire, sous réserve de la faculté pour le juge d'examiner ensuite la conformité de cette exécution aux dispositions contractuelles et si celle-ci ne constitue pas un abus de droit. En cas de silence de la convention sur le moment d'exécution du mandat, celle-ci ne peut pas être subordonnée à une notification préalable au mandant de l'intention de constituer une hypothèque. Par suite, doit être censuré pour violation de l'article 1134, al. 3 l'arrêt qui considère que le mandant doit être informé de l'exécution de la procuration hypothécaire (Cour de cassation de Belgique, 1e ch. civ. et com., n° C.03. 0626.N 23-3-2006 : JURICAF).

Obs. : l'arrêt souligne que la notification préalable, qui ne résulte pas des dispositions légales en matière de mandat imposant au créancier d'avertir au préalable le débiteur de son intention d'utiliser le mandat car cette exigence va à l'encontre de l'essence du mandat hypothécaire, qui consiste précisément à rencontrer l'intérêt du débiteur de ne pas constituer immédiatement l'hypothèque, mais de fournir suffisamment de garanties au créancier en lui permettant d'établir l'hypothèque sans information et justification préalables.

Art. 204 [anc. art. 127 mod.] L'hypothèque conventionnelle doit être consentie pour une somme déterminée ou au moins déterminable en principal et portée à la connaissance des tiers par l'inscription de l'acte. Le débiteur aura droit, s'il y a lieu, par la suite, de requérir la réduction de cette somme en se conformant aux règles de la publicité foncière prévues à cet effet.

Art. 205 [anc. art. 128] L'hypothèque conventionnelle est consentie, selon la loi nationale du lieu de situation de l'immeuble :

– par acte authentique établi par le notaire territorialement compétent ou l'autorité administrative ou judiciaire habilitée à faire de tels actes ;

– ou par acte sous seing privé dressé suivant un modèle agréé par la conservation de la propriété foncière.

La procuration donnée à un tiers pour constituer une hypothèque en la forme notariée doit être établie en la même forme.

Jurisprudence OHADA

I. Conditions de l'authenticité

Depuis l'entrée en vigueur de l'AUS, qui dispose en son article 128 [devenu 205] que l'hypothèque conventionnelle est consentie « par acte authentique établi par le notaire territorialement compétent [...] », la présence de deux témoins n'est plus nécessaire pour la validité de l'acte. La demande d'annulation d'une hypothèque pour violation de l'article 2127 du Code civil doit être rejetée dès lors que les dispositions de l'AUS sont plus récentes que celles de l'ordonnance 74/L du 6 juillet 1974 fixant le régime foncier et qui prévoit que « les actes constitutifs ou extinctifs de droits réels immobiliers doivent, à peine de nullité, être établis en la forme notariée » (TGI Mfoundi, n° 179, 23-1-2002 : Y. A. c/ Standard Chartered Bank, Ohadata J-04-423).

Il résulte de l'article 205 (ancien art. 128) de l'AUS que cet article définit les formes dans lesquelles l'acte constitutif d'hypothèque doit être constaté et renvoie à la loi nationale pour la détermination de l'autorité habilitée à faire cet acte et de la forme authentique ou sous signature privée dans laquelle il doit être fait. Par ailleurs, il ressort de l'article 8 de l'ordonnance 74/01 du 6 juillet 1974 fixant le régime foncier au Cameroun et de l'article 1er de la loi 61/20 du 27 juin 1960 relative aux actes notariés au Cameroun que, dans ce pays, les actes constitutifs, translatifs, extinctifs ou déclaratifs d'hypothèque conventionnelle doivent, à peine de nullité être établis en la forme notariée. L'acte notarié se définit comme un écrit constatant la volonté des parties, établi par un notaire, officier ministériel, dont les affirmations font foi jusqu'à inscription de faux. En l'espèce, il est, d'une part, sans conteste que l'application des lois internes du Cameroun à la constitution de l'hypothèque conventionnelle ne saurait se concevoir sans le renvoi qui en est fait par l'article 205 de l'AUS ; d'autre part, la cour d'appel qui, pour déclarer nul un acte établi par un notaire camerounais, a retenu que la Cour Suprême du Cameroun a clairement jugé dans son arrêt de principe n° 66-CC du 6 mai 1999 que « l'établissement s'entend de la confection, la rédaction et la proposition de l'acte projeté par le notaire requis et qu'il appartient au notaire requis de rédiger ou de confectionner l'acte translatif de droits réels aux privilèges immobiliers pour que celui-ci soit réputé régulier au sens de la loi ». Ces motifs n'indiquant pas que la convention n'avait pas été dressée par le notaire ni que l'acte comportait des irrégularités de nature à le vicier, l'arrêt de la cour d'appel doit être censuré pour violation des textes précités (CCJA, 3e ch., n° 222/2020, 25-6-2020 : UBC PLC c/ Pack Industry SA).

II. Validité de l'hypothèque conventionnelle consentie par procuration authentique

La procuration est un pouvoir qu'une personne donne à une autre d'agir en son nom. Il ressort de l'article 128 [devenu 205] de l'AUS que l'hypothèque conventionnelle peut être donnée par procuration. Un immeuble ayant été donné en garantie par le titulaire d'un droit réel immobilier, l'hypothèque ayant été constituée par acte authentique, établi par un notaire, est régulière et n'est entachée d'aucune cause de nullité, dès lors qu'elle a été librement consentie par le propriétaire en toute connaissance de cause. Il était en effet expressément mentionné dans la procuration rédigée par un acte authentique que ce propriétaire reconnaît avoir été informé qu'en cas d'inexécution par la débitrice de ses obligations, il devra purger l'hypothèque ou se laisser exproprier (TGI Ouagadougou (Burkina Faso), n° 122/2007, 5-12-2007 : K. N. c/ K. A. & la BCB, Ohadata J-09-386).

III. Appréciation souveraine, par le juge du fond, de la validité formelle de la procuration en l'absence de sanction prévue par l'AUS

L'article 205 de l'AUS n'ayant prévu aucune sanction formelle ou expresse pour le cas où la procuration visée ne revêtirait pas la forme notariée, il faut en déduire que la nullité éventuellement encourue par l'acte relève tout simplement de l'appréciation souveraine des juridictions du fond. C'est donc dans l'exercice de son pouvoir souverain d'appréciation qu'une cour d'appel a validé les actes contestés en l'espèce, et le moyen selon lequel l'article 205 précité dispose que « la procuration donnée à un tiers pour constituer une hypothèque en la forme notariée doit être établie en la même forme », ce qui n'était pas le cas en l'espèce, est donc irrecevable (CCJA, 1e ch., n° 056/2022, 3-3-2022).

Jurisprudence comparée

France

Promesse d'hypothèque

Les promesses d'hypothèque échappent au formalisme. Toutefois, si elles sont sous seing privé, elles ne permettent pas au bénéficiaire de prendre une inscription d'hypothèque, car l'acte constitutif d'hypothèque ne peut être passé que devant notaire. Elles n'ouvrent droit qu'à dommages-intérêts (Cass. civ. 7-4-1993 : RJDA 7/93 n° 645 ; rappr. Cass. civ. 12-3-2002 : RJDA 7/02 n° 810 ; Cass. civ. 29-5-2002 : RJDA 10/02 n° 1086).

Art. 206 [anc. art. 129] **Tant que l'inscription n'est pas faite, l'acte d'hypothèque est inopposable aux tiers et constitue, entre les parties, une promesse synallagmatique qui les oblige à procéder à la publicité.**

Jurisprudence OHADA

Promesse synallagmatique d'hypothèque

La promesse synallagmatique de contrat (prévue par le Code des obligations du Sénégal) peut s'analyser comme la promesse synallagmatique d'hypothèque prévue par l'article 129 [devenu 206] dudit Acte uniforme aux termes duquel « Tant que l'inscription n'est pas faite, l'acte d'hypothèque est inopposable aux tiers et constitue, entre les parties, une promesse synallagmatique qui les oblige à procéder à la publicité » (CCJA, 1e ch., n° 054, 13-6-2013 : Fédération des Caisses du Crédit Mutuel du Sénégal c/ 1) Société Sénégal Construction International S.A., 2) Serigne Gaye, Ohadata J-15-54).

Jurisprudence comparée

Irak

Inopposabilité des mentions non inscrites

D'après l'article 1324 du Code civil irakien, le défaut d'enregistrement dans le registre foncier entraîne la nullité de l'hypothèque portant sur un immeuble. Dès lors, la stipulation contractuelle, selon laquelle le créancier hypothécaire est autorisé à occuper l'immeuble pendant 5 ans, est nulle conformément à l'article 138 du Code civil qui prévoit que « le contrat nul n'est pas conclu et ne produit aucun effet » (Cour de cassation fédérale 29-1-2009, pourvoi 369).

Art. 207 [anc. art. 130] La publication de l'hypothèque conventionnelle garantissant un prêt à court terme peut être différée pendant un délai maximum de quatre-vingt-dix jours sans que le créancier perde le rang qui lui est acquis.

Pour cela, le créancier devra se conformer aux dispositions spécialement édictées à cet effet par les règles de publicité concernant les hypothèques garantissant les prêts à court terme prévues par la loi nationale du lieu de situation de l'immeuble.

Art. 208 [anc. art. 131] L'hypothèque consentie pour sûreté d'une ouverture de crédit à concurrence d'une somme déterminée à fournir prend rang à la date de sa publication sans égard aux dates successives de l'exécution des engagements pris par le fournisseur du crédit.

• Chapitre III •
HYPOTHÈQUES FORCÉES

Art. 209 [anc. art. 132 mod.] L'hypothèque forcée est celle qui est conférée, sans le consentement du débiteur, soit par la loi, soit par une décision de justice.

Les hypothèques forcées autres que celles prévues par le présent Acte uniforme sont régies par les dispositions particulières de la loi nationale de chaque État partie.

Section I • HYPOTHÈQUES FORCÉES LÉGALES

Art. 210 [anc. art. 133] L'hypothèque légale de la masse des créanciers prévue par l'Acte uniforme portant organisation des procédures collectives d'apurement du passif est inscrite dans le délai de dix jours à compter de la décision judiciaire d'ouverture de la procédure collective à la requête du greffier ou du syndic.

Art. 211 [anc. art. 134] Le vendeur, l'échangiste ou le copartageant peut exiger de l'autre partie à l'acte une hypothèque sur les immeubles vendus, échangés ou partagés pour garantir le paiement total ou partiel du prix, de la soulte de l'échange ou des créances résultant du partage. À défaut de stipulation d'hypothèque conventionnelle, le vendeur, l'échangiste ou le copartageant peuvent, en vertu d'une décision de la juridiction compétente, obtenir l'hypothèque forcée sur lesdits immeubles.

L'action en résolution de l'acte de vente, d'échange ou de partage pour défaut de paiement du prix ou de la soulte appartient au vendeur, à l'échangiste, ou au copartageant titulaire d'une hypothèque conventionnelle ou forcée régulièrement publiée du fait même de l'obtention de cette garantie et concurremment avec elle.

Celui qui fournit les deniers pour l'acquisition d'un immeuble vendu, échangé ou partagé, peut obtenir une hypothèque conventionnelle ou forcée dans les mêmes conditions que le vendeur, l'échangiste ou le copartageant dès lors qu'il est authentiquement constaté par l'acte d'emprunt que la somme était destinée à cet emploi et, par la quittance du vendeur, de l'échangiste ou du copartageant, que le paiement a été fait des deniers empruntés.

Art. 212 [anc. art. 135] Les architectes, entrepreneurs et autres personnes employées pour édifier, réparer ou reconstruire des bâtiments peuvent, avant le commencement des travaux, se faire consentir une hypothèque conventionnelle ou obtenir, par décision judiciaire, une hypothèque forcée sur l'immeuble ayant fait l'objet des travaux.

L'hypothèque est inscrite provisoirement pour le montant de la somme qui sera estimée due. Cette inscription prend rang à sa date mais pour une période n'excédant pas un mois après l'achèvement des travaux constaté par huissier. L'hypothèque conserve sa date si, dans le même délai, par accord des parties ou par décision judiciaire, l'inscription devient définitive, pour le tout ou partie seulement de la somme estimée due.

Celui qui fournit les deniers pour payer ou rembourser les architectes, entrepreneurs et autres personnes employées pour édifier, réparer ou reconstruire des bâtiments peut obtenir une hypothèque conventionnelle ou forcée dans les mêmes conditions que ces créanciers dès lors qu'il est formellement constaté dans l'acte d'emprunt que la somme était destinée à cet emploi et, par la quittance des architectes, entrepreneurs et autres personnes, que le paiement a été fait des deniers empruntés.

Section II • HYPOTHÈQUES FORCÉES JUDICIAIRES

Art. 213 [anc. art. 136] Pour sûreté de sa créance, en dehors des cas prévus par les articles 210 à 212 du présent Acte uniforme, le créancier peut être autorisé à prendre inscription provisoire d'hypothèque sur les immeubles de son débiteur en vertu d'une décision de la juridiction compétente du domicile du débiteur ou du ressort dans lequel sont situés les immeubles à saisir.

La décision rendue indique la somme pour laquelle l'hypothèque est autorisée.

Elle fixe au créancier un délai dans lequel il doit, à peine de caducité de l'autorisation, former devant la juridiction compétente l'action en validité d'hypothèque conservatoire ou la demande au fond, même présentée sous forme de requête à fin d'injonction de payer. Elle fixe, en outre, le délai pendant lequel le créancier ne peut saisir la juridiction du fond.

Si le créancier enfreint les dispositions de l'alinéa précédent, la décision peut être rétractée par la juridiction qui a autorisé l'hypothèque.

JURISPRUDENCE OHADA

I. Caractère impératif de l'AUS dans l'appréciation de la validité d'une hypothèque consentie après son entrée en vigueur

En application de l'article 10 du Traité OHADA, la validité de la sûreté constituée le 14 juillet 2004 pour garantir le paiement d'une créance doit s'apprécier au regard des dispositions de l'AUS en vigueur à sa date de constitution. En se fondant sur des dispositions nationales fixant le régime foncier, fussent-elles d'ordre public, pour infirmer le jugement entrepris et ordonner la mainlevée de l'hypothèque provisoire, la cour d'appel a violé l'article 10 précité, exposant son arrêt à la cassation. Sur l'évocation, il résulte de l'article 136 (devenu art. 213) de l'AUS uniforme portant organisation des sûretés que l'hypothèque judiciaire forcée ne peut être autorisée que sur les biens d'un débiteur. En l'espèce, aucune créance n'ayant été établie à l'encontre du propriétaire du titre hypothéqué par le demandeur, c'est à tort que l'inscription contestée a été autorisée ; le jugement entrepris doit être infirmé et la mainlevée de l'hypothèque ordonnée. Le demandeur doit en outre être condamné à restituer le titre foncier qui lui a été remis sous astreinte de 10 000 FCFA par jour de retard (CCJA, 2e ch., no 192/2019, 27-6-2019 : Pierre H. Bisseck c/ Education Technology SARL).

II. Confirmation d'une hypothèque forcée légale dont les conditions sont remplies

Lorsqu'une créancière a dû recourir à l'hypothèque légale forcée en obtenant de la juridiction compétente une inscription provisoire d'hypothèque sur le bien immobilier appartenant à la caution, faute pour la requérante et la débitrice principale d'avoir effectué les formalités d'inscription de l'hypothèque au livre foncier conformément au contrat liant les parties, la cour d'appel qui, au terme de son appréciation souveraine, a confirmé la décision ordonnant l'inscription définitive de cette hypothèque n'a en rien violé l'article 136 (devenu art. 213) de l'AUS (CCJA, 1e ch., no 274/2019, 28-11-2019 : SCI La Balance Immobilière c/ Société Bank of Africa Côte d'Ivoire).

III. Confirmation de la validation d'une inscription hypothécaire

C'est à tort qu'il est reproché à un arrêt d'avoir violé l'article 136 (devenu art. 213) de l'AUS en validant une inscription hypothécaire au profit d'un prêteur sur un titre foncier dès lors que : l'emprunteur ayant, pour rembourser le prêt consenti par le prêteur, remis à ce dernier un chèque revenu impayé, c'est pour recouvrir cette créance que le prêteur avait obtenu du président du tribunal une ordonnance portant injonction de payer ; l'emprunteur s'étant révélé insolvable, le prêteur avait ensuite obtenu une ordonnance autorisant le conservateur de la propriété foncière à inscrire à son profit une hypothèque légale sur le titre foncier que son propriétaire avait, par procuration, autorisé l'emprunteur à hypothéquer en garantie de tout prêt qui lui serait accordé (CCJA, 1e ch., no 009/2020, 23-1-2020 : Ayvivor Bakou Georges c/ Maître Abbey Gagnon Guy).

IV. Conséquence de la rétractation encourue mais non sollicitée

Si le créancier enfreint la procédure décrite à l'article 213 de l'AUS, il appartient au débiteur ou à ses héritiers, le cas échéant, de solliciter la rétractation de l'ordonnance d'autorisation devant la juridiction qui a autorisé l'inscription provisoire d'hypothèque ; ne l'ayant pas fait, c'est à tort qu'ils reprochent à la cour d'appel d'avoir confirmé le jugement ayant ordonné la mutation judiciaire du titre foncier sans se prononcer expressément sur la demande de validation de l'hypothèque dont le premier juge était saisi (CCJA, 3e ch., no 016/2024, 25-1-2024).

Il ressort de l'article 213 de l'AUS que la sanction de la caducité de l'autorisation est la rétractation de l'ordonnance par la juridiction qui a rendu ladite ordonnance. En l'espèce, le demandeur de la caducité qui n'a pas sollicité la rétractation de l'ordonnance en cause est malfondé (CCJA, 2e ch., no 327/2024, 28-11-2024).

V. Finalité de la demande d'inscription provisoire

La finalité de l'hypothèque provisoire obtenue par un créancier est la sauvegarde de ses droits en vue du recouvrement de sa créance contre son débiteur qui n'a pas garanti son engagement par une sûreté réelle. Il s'agit d'une mesure pour contraindre la débitrice à s'exécuter ; par conséquent, les conditions pour y recourir doivent être soumises à l'AUPSRVE. Les articles 213, 218, 219 et 221 de l'AUS visés au moyen ne pourraient s'appliquer à la rétractation de cette inscription d'hypothèque provisoire qui, dans le cas précis, est prise en violation des dispositions de l'article 28 de l'AUPSRVE. C'est donc à tort qu'il est reproché à un arrêt d'avoir ordonné la rétractation de l'ordonnance autorisant l'inscription provisoire de l'hypothèque sur l'immeuble appartenant à la débitrice et donné mainlevée de ladite hypothèque, en marge des cas prévus par les dispositions des articles 213, 218, 219 et 221 de l'AUS (CCJA, 2e ch., no 146/2023, 29-6-2023).

VI. Recevabilité de la demande d'inscription provisoire

A. Exclusion des dispositions relatives à la procédure saisie immobilière

Titre exécutoire non requis. Les articles 247 et suivants de l'AUPSRVE sont relatifs aux conditions de la saisie immobilière. Lorsque la créancière a saisi le tribunal d'une demande en validation d'hypothèque conservatoire, procédure prévue par les articles 136 [devenu 213] et suivants de l'AUS, la cour d'appel qui a rejeté la demande du créancier au motif que, selon les articles 247 et suivants de l'AUPSRVE, « il y a lieu d'avoir un titre exécutoire avant de vendre un immeuble » a violé, par fausse application l'article 247 précité et, par refus d'application, l'article 136 susvisé, et son arrêt encourt la cassation. Sur évocation, il échet de condamner le débiteur au paiement de la créance des intimés dès lors que l'article 136 précité permet au créancier de former devant la juridiction compétente l'action en validité d'hypothèque conservatoire ou la demande au fond, même sous forme de requête à fin d'injonction de payer. Le débiteur doit être condamné au paiement de dommages et intérêts, dès lors qu'il est établi que par son retard de paiement et sa mauvaise foi, il a causé un préjudice particulier indépendant de ce retard aux créanciers, lesquels, sur sa proposition de règlement, avaient pourtant consenti la remise d'une bonne partie de la dette (CCJA, 1e ch., n° 003, 4-2-2010 : K. c/ T., Juris-Ohada, n° 2/2010, avr.-juin 2010, p. 6, Ohadata J-11-47, J-12-40).

B. Juridiction compétente et type de décision

1° Incompétence du juge de l'audience éventuelle

Le juge de l'audience éventuelle ne peut connaître des contestations relatives à la violation de l'article 136 [devenu 213] de l'AUS qui relèvent de la juridiction ayant autorisé l'hypothèque provisoire (TGI Menoua, n° 30/CIV, 12-9-2005 : COFINEST c/ B. J. R. alias K., Ohadata J-07-47).

2° Autorisation par ordonnance susceptible d'opposition

Il résulte de l'article 213 de l'AUS que la juridiction compétente, saisie sur requête, peut autoriser, par ordonnance, une inscription provisoire d'hypothèque, à charge pour le créancier, dans le délai fixé par l'ordonnance, à peine de caducité de l'autorisation, de saisir la juridiction de fond d'une demande en validité d'hypothèque conservatoire ou de la demande au fond. En l'espèce, l'arrêt attaqué doit être cassé dès lors que l'ordonnance critiquée a bien été rendue par la juridiction compétente statuant sur requête en application des dispositions de l'article 213, dont elle a scrupuleusement respecté les conditions et qui se suffisent à elles-mêmes et n'ont point besoin de l'appoint d'un texte de droit interne sur le pouvoir du juge des référés, inapplicables en l'espèce ; et que, du reste, la créancière a saisi le juge du fond d'une action en validité de l'hypothèque conservatoire, lequel a validé ladite hypothèque. Sur l'évocation, jugé qu'il est constant qu'une ordonnance rendue sur requête ne peut faire l'objet d'un appel directement, elle ne peut faire l'objet que d'une opposition et c'est la décision contradictoire rendue sur opposition qui est susceptible d'appel ; en l'espèce, l'appel litigieux, qui a été relevé contre une ordonnance sur requête insusceptible d'appel, doit être déclaré irrecevable et la continuation des poursuites devant le juge de l'exécution ordonnée (CCJA, 2e ch., n° 134, 7-6-2018 : Ecobank c/ Sté Centrafricaine d'Automobile et de Représentation).

C. Demande devenue sans objet

La demande de conversion de l'hypothèque provisoire en hypothèque définitive est sans fondement et doit être rejetée dès lors que le demandeur n'a plus de créance à l'encontre du prétendu débiteur en raison de l'annulation du contrat de vente entre les parties qui sont réputées n'avoir jamais pris d'engagement (CA de l'Ouest (Cameroun), n° 70/CIV, 24-8-2011 : M. F. c/ S. M., Ohadata J-12-67).

D. Immeuble susceptible d'hypothèque

Demande portant sur un immeuble propriété du débiteur. La nouvelle demande d'inscription d'hypothèque judiciaire formée par un créancier doit être rejetée lorsqu'une précédente demande portant sur le même objet, et entre les mêmes parties avait été rejetée au motif que l'immeuble en cause n'appartenait pas au débiteur poursuivi et que cette décision a acquis l'autorité de chose jugée (TGI Ouagadougou, n° 325, 25-6-2003 : BICIA-B c/ L. P. G., Ohadata J-04-314).

L'inscription hypothécaire qui a été prise sur un bien appartenant à un tiers sans que ce dernier ait été préalablement condamné solidairement à titre de caution, à payer une quelconque somme d'argent au créancier doit être infirmée, dès lors que l'ordonnance d'injonction de payer qui a servi de base aux poursuites a été rendue contre le débiteur (CA Lomé (Togo), n° 092/2010, 24-6-2010 : Ayivor Y. B. c/ Me A. A. G. G., Ohadata J-11-104).

E. Décisions relatives à la créance invoquée par le demandeur de l'inscription

1° Décisions permettant d'autoriser l'inscription provisoire

La « décision » permettant d'autoriser le créancier à prendre inscription provisoire d'hypothèque peut s'entendre :

– du jugement qui a ordonné la réalisation d'une promesse de vente. En présence d'une telle décision, l'hypothèque provisoire du créancier bénéficiaire de cette promesse qui porte sur les impenses doit être validée et prendre date à compter de son inscription. L'urgence justifie que l'exécution provisoire soit ordonnée (TR Thiès 20-6-2002 : L. C. c/ M. S., Ohadata J-03-39, obs. de J. Issa-Sayegh) ;

> **Obs.** : cette décision a retenu l'expression « peines et soins », qui équivaut aux impenses immobilières. Pour une illustration, voir : TRHC Dakar, n° 132, 2-2-1999 : I. S. c/ Crédit Sénégalais, Ohadata J-04-474, note anonyme sous l'article 254 de l'AUPSRVE.

– d'une sentence arbitrale définitive : c'est à tort qu'un débiteur soutient que l'hypothèque consentie ne peut être validée parce que la sentence arbitrale intervenue entre les parties n'est pas définitive, alors qu'il résulte de l'attestation d'exequatur délivrée par le secrétaire général par intérim de la CCJA que l'ordonnance accordant l'exequatur à la sentence arbitrale est devenue définitive en l'absence d'opposition dans le délai de 15 jours à compter de la notification. Par conséquent, l'hypothèque conservatoire pratiquée et inscrite sur la parcelle du débiteur doit être validée. Mais l'exécution provisoire demandée par le créancier doit être refusée en l'absence de l'urgence et de la mauvaise foi manifeste du défendeur alléguées (TGI Ouagadougou (Burkina Faso), n° 045, 27-2-2008 : T. B. c/ S. F., K. R. J., Ohadata J-09-382).

2° Décisions ne permettant pas d'autoriser l'hypothèque conservatoire

Ne peuvent permettre d'autoriser une hypothèque conservatoire :

– une astreinte comminatoire non liquidée (CA Centre (Cameroun), n° 102, 8-4-2011 : N. G. J. Privat c/ A. L. N. M., Ohadata J-12-68) ;

– une note d'honoraires établie unilatéralement et des factures de débours et impenses contestées par le supposé débiteur, qui ne remplit pas les conditions prévues aux articles 55 et suivants du Règlement 05/CM/UEMOA relatif à l'harmonisation des règles régissant la profession d'avocat dans l'espace UEMOA (CCJA, 3e ch., n° 124/2022, 30-6-2022).

....

VII. Demande en validation d'hypothèque conservatoire

A. Délai de l'action

1° Indication du délai dans l'ordonnance autorisant l'inscription provisoire

L'ordonnance de référé ayant autorisé l'inscription d'une hypothèque conservatoire sans indiquer le délai dans lequel le créancier doit, à peine de caducité de l'autorisation, former l'action en validité d'hypothèque devant la juridiction compétente ainsi que délai pendant lequel le créancier ne peut saisir la juridiction au fond (art. 150 [devenu 227] de l'AUS – articles 438 et 865 du Code gabonais de procédure civile), doit être rétractée pour violation de l'article 136 [devenu 213] de l'AUS. Par voie de conséquence, la radiation d'hypothèque prise sur cette base doit être ordonnée (TPI Port-Gentil, ord. réf., n° 21/98-99, 27-11-1998, SCI Les Bougainvillées c/ BGFI, Ohadata J-02-149, obs. J. Issa-Sayegh).

2° Sanction du défaut d'indication du délai

Les dispositions des articles 134 [devenu 211], al. 4 et 136 [devenu 213], al. 3 de l'AUS sanctionnent le non-respect, par le créancier, des délais prévus par ces textes et non leur omission par le juge. Il s'ensuit que, si seul le délai pour servir une assignation au fond a été fixé par l'ordonnance et si ce délai a été respecté par le créancier, cette décision n'est pas caduque (TRHC Dakar, n° 1602, 28-8-2001 : SGBS c/ Financo S.A., Ohadata J-02-199 ; voir obs. J. Issa-Sayegh).

3° Point de départ du délai

Le délai pour saisir au fond le juge en vue d'une inscription définitive (prévu par l'art. 136 devenu 213 de l'AUS) court à compter de la notification de l'inscription provisoire au débiteur (TPI Nkongsamba (Cameroun), ord. n° 05/REF 18-3-2009 : F. R. c/ Sté SCB SA, Ohadata J-10-136).

4° Respect du délai

Lorsque le délai pour saisir au fond (prévu par l'art. 136 devenu 213 de l'AUS) a été respecté, il y a lieu de valider l'inscription provisoire (TGI Ouagadougou (Burkina Faso), n° 129, 14-4-2004 : SOBCA c/ T. D. et T. S., Ohadata J-05-223 ; TPI Bafoussam, n° 48/Civ., 24-2-2006 : N. P. c/ T. A., Ohadata J-07-69).

5° Date de l'acte introductif d'instance

Il est de jurisprudence constante que c'est la date de l'assignation et non de l'enrôlement, qui doit être retenue comme date de l'acte introductif d'instance. La cour d'appel, qui a retenu que a simple assignation ne peut être assimilée à une saisine de la juridiction qui requiert en plus l'accomplissement de certaines formalités et prononcé en conséquence la mainlevée d'une hypothèque pour cause de caducité de l'ordonnance l'ayant autorisée, a violé les dispositions de l'article 136 [devenu 213] de l'AUS et exposé son arrêt à la cassation sans qu'il soit besoin d'examiner les autres moyens. Sur évocation, pour les mêmes motifs que ceux ayant entraîné la cassation de l'arrêt, il convient d'infirmer le jugement querellé et d'ordonner la validation de l'hypothèque (CCJA, 1e ch., n° 071, 14-11-2013 : Adnan Attieh c/ Sté Financo S.A, Rec. jur. CCJA n° 20, vol. 1, janv.-déc. 2013, p. 19-23, Ohadata J-15-71).

B. Sanction de l'inobservation du délai

1° Rétractation de l'autorisation provisoire

Il a été jugé qu'il résulte de l'article 136 [devenu 213] de l'AUS, en ses alinéas 2 et 3, que la sanction de l'inobservation du délai prescrit au créancier pour saisir la juridiction du fond est la rétractation éventuelle de la décision ayant autorisé l'inscription provisoire de l'hypothèque par la juridiction qui l'a ordonnée. Dans le cas où le délai de 15 jours prescrit à la créancière n'aurait pas été respecté, l'ordonnance serait exposée à la rétractation par la juridiction présidentielle du TPI d'Abidjan qui l'a rendue. Il s'ensuit que l'arrêt critiqué, quand bien même il se méprendrait dans sa motivation en retenant l'enrôlement comme acte introductif d'instance au lieu de l'assignation, ne viole en rien les dispositions énoncées ci-dessus et cette branche du moyen au pourvoi doit être rejetées (CCJA, 2e ch., n° 07, 30-3-2006 : SCGL c/ American Ivoirian Investment Corporation dite A21C, Juris-Ohada, n° 3/2006, p. 23, Ohadata J-07-14).

Obs. : on peut se demander quel est le lien entre la sanction de rétractation et la reconnaissance de l'enrôlement comme acte introductif d'instance. La cour d'appel avait retenu « […] que la date de l'exploit d'assignation… n'est pas celle de la saisine du tribunal qui n'est effective que du jour de l'enrôlement de la procédure… ». La CCJA rappelle simplement que cette erreur de la juridiction d'appel n'a causé aucune violation de la disposition en cause (art. 136 de l'AUS) susceptible d'entraîner la cassation.

A violé l'article 213 de l'AUS par fausse application de ce texte la cour d'appel qui, pour valider l'ordonnance ayant autorisé une inscription provisoire d'hypothèque, a énoncé péremptoirement que, s'il est constant que le juge qui a rendu cette décision a effectivement omis d'indiquer le deuxième délai pendant lequel la société intimée ne peut saisir la juridiction du fond, il n'en demeure pas moins qu'aucun texte de loi ne sanctionne une telle omission par l'irrecevabilité de l'action tendant à obtenir un titre exécutoire et la validation des hypothèques ». En effet, elle aurait dû rechercher si les conditions de recevabilité de la demande au fond de la défenderesse étaient réunies compte tenu des délais exigés par l'article 213 précité (CCJA, 1e ch., n° 096/2021, 27-5-2021 : Saar Vie – Sénégal c/ Postefinances SA, Sagef SA).

2° Caducité

Il résulte de l'alinéa 3 de l'article 213 de l'AUS du 15 décembre 2010 que la caducité frappe le non-respect par le créancier du délai dans lequel il doit former devant le juge du fond son action en validité de l'hypothèque conservatoire et sa demande en paiement. En l'espèce, l'ordonnance qui autorise l'inscription provisoire d'hypothèque énonce que la créancière devait assigner ses débitrices en validation et former sa demande au fond dans le délai de trente jours à compter de l'inscription et au plus tard pour l'audience du tribunal du mois de février 2014 ; il est constant que le délai qui lui était ainsi imparti par le juge, ayant été observé, cette décision n'encourt aucunement la caducité. Par ailleurs, l'alinéa 3, in fine, de l'article 213 de l'Acte uniforme précité, selon lequel la décision « fixe en outre le délai pendant lequel le créancier ne peut saisir la juridiction du fond », n'impose aucune forme précise pour la formulation du délai considéré. L'autorisation ayant énoncé que la créancière devait attraire ses débitrices devant le juge du fond dans le délai de trente jours à compter de l'inscription et au plus tard pour l'audience du tribunal du mois de février 2014, il en résulte que la défenderesse ne pouvait pas saisir le juge du fond dans le délai compris entre la date de la prise effective de l'inscription provisoire d'hypothèque et la date du 31 décembre 2013 à laquelle la juridiction du fond a été saisie. L'article 213 de l'AUS n'interdisant pas une telle formulation du délai dans lequel le juge du fond ne peut être saisi, il y a lieu de dire et juger qu'en déclarant l'action de la défenderesse recevable, le premier juge a très justement appliqué la loi et sa décision sur ce point doit être confirmée (CCJA, 1e ch., n° 096/2021, 27-5-2021 : Saar Vie – Sénégal c/ Postefinances SA, Sagef SA).

C. Juridiction compétente pour la validation de l'hypothèque

Il appartient à la juridiction qui a ordonné une mesure conservatoire de statuer sur l'action au fond. Le tribunal de commerce de Pointe-Noire est incompétent pour la validation d'une hypothèque provisoire dont l'inscription a été autorisée par le Président du TGI de Pointe-Noire statuant sur requête (T. com. Pointe-Noire (Congo), n° 484, 10-11-2010 : Sté SAGA Congo c/ Sté Le Cèdre, Ohadata J-13-117).

Obs. : en l'espèce, la mesure conservatoire a été ordonnée par le président du TGI et l'action au fond a été initiée devant le tribunal de commerce de la même ville (Pointe-Noire, Congo). La juridiction commerciale rappelle à juste titre que l'action au fond aurait dû être initiée devant le TGI (ou son président) et non devant le tribunal de commerce.

D. Nécessité d'établir la qualité de créancier

Il n'y a pas lieu de surseoir à statuer, dès lors que la procédure ayant donné lieu au jugement confirmé par l'arrêt faisant l'objet du pourvoi est relative à une demande de validation d'une inscription hypothécaire provisoire ordonnée par la juridiction présidentielle, procédure distincte de toute autre procédure intentée devant les juridictions répressives nationales. La cour d'appel qui, pour refuser la validation d'une inscription hypothécaire provisoire, a énoncé que « l'hypothèque est une sûreté réservée au créancier », « qu'il ne figure au dossier aucune convention de prêt indiquant la hauteur des engagements pris de part et d'autre » et, « qu'au stade actuel, la certitude et l'exigibilité de la créance de la [demanderesse] ne sont pas prouvées », alors que, suivant l'article 68 de l'AUHCE, « la comptabilité régulièrement tenue peut être admise en justice pour servir de preuve entre les entreprises pour faits de commerce ou autres… », a violé les dispositions de l'article susvisé et exposé sa décision à la cassation. Sur l'évocation, l'inscription hypothécaire définitive prévue aux articles 136 [devenu 213] et suivants de l'AUS suppose que le demandeur établisse sa qualité de créancier certain à l'égard du débiteur. Pour les mêmes motifs que ceux développés lors de l'examen du moyen de cassation, tiré de la méconnaissance de l'article 68 de l'AUHCE, il y a lieu d'infirmer le jugement rendu en toutes ses dispositions et, statuant à nouveau, de constater que, au vu des extraits de la comptabilité de la demanderesse, la défenderesse reste lui devoir la somme de 5 654 216 799 FCFA et de dire qu'il y a lieu à la validation de l'inscription provisoire d'hypothèque ordonnée par le président du tribunal (CCJA, ass. plén., n° 038, 27-4-2015 : Banque de l'Habitat du Mali (BHM SA) c/ Société West African Investment (WAIC SA), Ohadata J-16-38).

Un juge, appelé à valider des inscriptions provisoires d'hypothèques en application des articles 213 et suivants de l'AUS, peut valablement choisir de rejeter cette demande en excipant de l'autorité de la chose jugée attachée à une précédente décision qu'il avait rendue en qualité de juge de l'exécution de l'article 49 de l'AUPSRVE, dès lors que ces procédures s'imbriquent en ce qu'elles concernent les mêmes parties et, surtout, ont pour fondement un même acte notarié (CCJA, 2e ch., n° 075/2021, 29-4-2021 : Banque Populaire de Côte d'Ivoire, c/ Niamoutié Kouao).

E. Sanction de l'inobservation des formalités prévues

La cour d'appel qui a confirmé l'ordonnance autorisant l'inscription provisoire d'une hypothèque alors que la créancière n'a entrepris aucune des deux actions prescrites par l'article 136 [devenu 213], al. 3 de l'AUS (introduire la demande en validité ou la demande au fond) dans le délai imparti par l'ordonnance, n'a pas fait une bonne application de l'article 136 susmentionné, exposant ainsi son arrêt à la cassation (CCJA, 2e ch., n° 010, 21-1-2016 : Demba Moussa c/ Sté Générale de Banque en Côte d'Ivoire (SGBCI), Ohadata J-16-219).

VIII. Annulation de l'inscription prise en violation de l'AUS après son entrée en vigueur

L'inscription provisoire d'hypothèque qui a été prise sur la base de dispositions nationales antérieures à l'AUS alors que cet acte uniforme était déjà applicable doit être annulée et radiée (CA Littoral (Cameroun), n° 125/REF, 9-7-2008 : D. A. c/ H. A., Ohadata J-10-262).

IX. Absence de violation de l'article 136 devenu 213 en cas de publication tardive du droit de propriété

La violation alléguée de l'article 136 [devenu 213] de l'AUS n'est pas fondée, lorsque le demandeur au pourvoi n'a publié son droit de propriété que le 28 mars 2006 et que l'hypothèque conservatoire de Madame X., tiers à la vente, a été inscrite sur ledit livre foncier le 24 mars 2014. En application de l'article 21 du décret du 26 juillet 1932 portant réorganisation du régime de la propriété foncière en Afrique-Occidentale française, la propriété des biens immeubles ne produit d'effet à l'égard des tiers qu'autant qu'elle a été rendue publique dans les formes légales ; dès lors, Madame X., tiers audit contrat de vente, ne pouvait se voir opposer cette vente qu'à partir de sa publication au livre foncier soit le 28 mars 2006. En conséquence, la cour d'appel n'a en rien enfreint les articles dont la violation est alléguée en constatant « qu'ainsi [Madame X.] en faisant inscrire son hypothèque conservatoire le 24 mars 2006, l'a fait en toute régularité, la vente intervenue entre [Y. et Z.] ne lui étant pas, à cette date, opposable » (CCJA, 3e ch., n° 085, 28-4-2016 : Zorkot Nabil c/ Sidibe Salimata épse Fabre et un autre, Ohadata J-17-33).

JURISPRUDENCE COMPARÉE

France

A. Créances à garantir

Le créancier doit se prévaloir d'une créance à garantir et il lui appartient de justifier de l'existence de celle-ci (Cass. civ. 28-4-1971 : Bull. civ. III p. 191).

Il importe peu que la créance invoquée concerne un débiteur qui se trouve en indivision (Cass. civ. 2-11-1983 : Bull. civ. III p. 162), un créancier étranger (Cass. civ. 31-1-1984 : JCP (éd. G) 1985.II.20632) ou que le débiteur soit domicilié à l'étranger et que la créance fasse même l'objet d'une instance en cours devant une juridiction étrangère (Cass. civ. 6-12-1989 : Rev. crit. 1990.545 note Couchez).

B. Créances garanties

La garantie est attachée aux seules créances visées par le juge dans l'autorisation initiale (Cass. 2e civ. 20-2-1991 : Bull. civ. II p. 32).

Art. 214 [anc. art. 137] **La décision peut obliger le créancier à justifier, préalablement, de sa solvabilité suffisante ou, à défaut, à donner caution par acte déposé au Greffe ou entre les mains d'un séquestre avec ou sans obligation d'observer les règles concernant la réception des cautions.**

Art. 215 [anc. art. 138] **La juridiction compétente ne statue qu'à charge de lui en référer en cas de difficulté. Sa décision est exécutoire sur minute, nonobstant opposition ou appel.**

JURISPRUDENCE OHADA

I. Incompétence du juge des référés

Le juge des référés est incompétent pour ordonner la rétractation d'une ordonnance ayant autorisé l'inscription d'une hypothèque conservatoire, lorsque le tribunal a déjà été saisi en validation de l'hypothèque conservatoire prise en vertu de l'ordonnance querellée (CA Abidjan (Côte d'Ivoire) 23-3-2004, Sté Afridrag c/ SCICCT, Ohadata J-05-255).

II. Compétence du juge des référés

Le juge des référés est compétent pour la demande de mainlevée de l'inscription provisoire d'hypothèque qu'il a autorisée (TPI Nkongsamba (Cameroun), ord. n° 05/REF, 18-3-2009 : F. R. c/ Sté SCB SA, Ohadata J-10-136).

Art. 216 [anc. art. 139] Le créancier est autorisé à prendre une inscription provisoire d'hypothèque sur présentation de la décision contenant :

1°) la désignation du créancier, son élection de domicile, le nom du débiteur ;

2°) la date de la décision ;

3°) la cause et le montant de la créance garantie en principal, intérêts et frais ;

4°) la désignation, par le numéro du titre foncier, de chacun des immeubles sur lesquels l'inscription a été ordonnée ; à défaut de titre foncier, sous réserve de l'application de l'article 192 du présent Acte uniforme, la désignation des immeubles non immatriculés est faite conformément aux dispositions des législations nationales spécialement prévues à cet effet.

Les dispositions du présent article n'excluent pas les formalités de publicité prévues par la législation foncière.

JURISPRUDENCE OHADA

Caractère non impératif des formalités requises

Les formalités prescrites aux articles 139 et 140 [devenus respectivement 216 et 217] de l'AUS, notamment l'indication de l'élection de domicile du créancier et le défaut de notification dans la quinzaine de l'inscription hypothécaire ne sont pas d'ordre public au regard dudit Acte uniforme et ne sauraient donc être relevées d'office par le juge, ni justifier de plein droit une mainlevée de l'inscription de l'hypothèque autorisée (CCJA, 2e ch., n° 07, 30-3-2006 : SCGL c/ American Ivoirian Investment Corporation dite A21C, Juris-Ohada, n° 3/2006, p. 23, Ohadata J-07-14).

Art. 217 [anc. art. 140] Le créancier doit notifier la décision ordonnant l'hypothèque judiciaire en délivrant l'assignation en vue de l'instance en validité ou de l'instance au fond. Il doit également notifier l'inscription dans la quinzaine de cette formalité.

Il doit élire domicile dans le ressort de la juridiction compétente ou de la conservation foncière.

JURISPRUDENCE OHADA

I. Caractère non impératif des formalités requises

Sur un arrêt de la CCJA ayant retenu le caractère non impératif des formalités prescrites à l'article 140 [devenu 217] de l'AUS, voir sous l'article 216.

Le fait pour le créancier, qui n'a pas agi dans le délai imparti pour introduire l'action au fond, de notifier l'ordonnance autorisant l'inscription provisoire d'hypothèque judiciaire en même temps que l'inscription provisoire et l'assignation en validité de celle-ci au débiteur emporte la rétractation de l'ordonnance et la mainlevée de l'hypothèque provisoire inscrite. Il en est de même lorsque l'action en validité de l'hypothèque judiciaire conservatoire a été engagée antérieurement à la demande au fond (TPI Nkongsamba (Cameroun), ord. n° 05/REF 18-3-2009 : F. R. c/ Sté SCB SA, Ohadata J-10-136).

II. Sursis à statuer en cas de contestation pendante

Conformément aux dispositions des articles 140, 141 et 144 [devenus 217, 218 et 221] de l'AUS, lorsque la créance est contestée, il convient d'ordonner le sursis à statuer en attendant l'issue de la procédure découlant de l'appel interjeté contre le jugement qui a ordonné l'inscription hypothécaire (CA du Littoral (Cameroun), n° 013/CC/ADD, 18-1-2013 : BICEC SA c/ K. E., Ohadata J-14-17).

III. Possibilité d'effectuer la notification dans un acte séparé de l'assignation

L'article 217 de l'AUS qui prescrit au créancier de notifier la décision ordonnant l'hypothèque judiciaire en délivrant l'assignation en vue de l'instance au fond ou en validité d'hypothèque n'exige pas que la formalité de notification et celle de l'assignation soient contenues dans le même acte ; en jugeant donc qu'aucune disposition de la loi ne sanctionne de l'irrecevabilité le fait pour un plaideur de disjoindre ces deux actes et les servir en des moments différents, l'arrêt attaqué est justifié (CCJA, 3e ch., n° 049/2022, 24-2-2022 : Khady Gueye c/ Bruno Nouatin).
Dans le même sens, précisant que l'arrêt qui a jugé qu'aucune disposition de la loi ne sanctionne de l'irrecevabilité le fait pour un plaideur de disjoindre ces deux actes et de les servir en des moments différents n'a en rien violé l'article 217 de l'AUS (CCJA, 3e ch., n° 049/2022, 24-2-2022).

JURISPRUDENCE COMPARÉE

France

Action au fond (en vue de l'obtention d'un titre exécutoire)

Obligation d'introduire une action au fond en vue de l'obtention d'un titre exécutoire

Autorisation donnée au créancier de saisir une caution garantissant un débiteur soumis à procédure collective. En cas d'autorisation accordée à un créancier de saisir une caution le garantissant des défaillances de son débiteur, une procédure doit être engagée ou les formalités nécessaires à l'obtention d'un titre exécutoire doivent être accomplies, même si ce débiteur a été mis en redressement judiciaire, l'instance ainsi engagée étant suspendue jusqu'au jugement dressant le plan de redressement ou prononçant la liquidation judiciaire (Cass. com. 24-5-2005 n° 788 : RJDA 10/05 n° 1154, 1e esp. ; D. 2005.1632 obs. A. Lienhard).

Obs. : pour les modalités de l'action au fond, voir la jurisprudence comparée (française) sous l'article 61 de l'AUPSRVE.

Art. 218 [anc. art. 141] Mainlevée ou réduction de l'hypothèque peut être obtenue de la juridiction compétente qui l'a autorisée, statuant à bref délai, contre consignation, entre les mains d'un séquestre par lui désigné, des sommes en principal, intérêts et frais, avec affectation spéciale à la créance. La mainlevée ou la réduction de l'hypothèque doit être demandée dans le mois de la notification de l'assignation en validité ou de l'instance au fond.

Lorsque la créance litigieuse a fait l'objet d'une décision passée en force de chose jugée, les sommes séquestrées sont spécialement affectées, par privilège sur tous autres, au paiement de la créance du poursuivant. Elles se trouvent frappées de saisie conservatoire pendant la durée de la procédure.

JURISPRUDENCE OHADA

I. Assimilation des impenses du créancier relatives à l'immatriculation aux frais de la créance

La cour d'appel qui, après avoir rappelé que la demanderesse n'avait pas honoré sa promesse de constituer au bénéfice de la défenderesse une hypothèque pour garantir sa créance en principal, intérêts et frais et après avoir constaté que la défenderesse avait dû procéder à ses frais, conformément à l'article 119, al. 1 de l'AUS, à l'immatriculation de l'immeuble en cause pour parvenir à l'inscription hypothécaire querellée, a retenu que de telles impenses sont les frais de la créance dont le recouvrement est poursuivi, n'a en rien violé les dispositions de l'article 218 de l'AUS (CCJA, 2e ch., n° 160/2021, 28-10-2021 : Sté Matranci, SA c/ Société NSIA Finance).

II. Finalité de l'hypothèque provisoire

Obs. : sur la finalité de l'hypothèque provisoire et de la nécessité de se conformer aux dispositions de l'AUPSRVE pour sa mise en œuvre, voir sous l'art. 213 (CCJA, 2e ch., n° 146/2023, 29-6-2023).

JURISPRUDENCE COMPARÉE

France

A. Mainlevée de l'inscription

Le créancier doit prouver que ces conditions de la mainlevée de l'inscription sont réunies (Cass. 2e civ. 6-10-2005 no 1431 : RJDA 2/06 no 191).

B. Rétractation de l'ordonnance ayant autorisé l'inscription

Le juge qui a autorisé l'inscription est seul compétent pour rétracter son autorisation (Cass. civ. 14-1-1985 : D. 1987.IR.19)

Art. 219 [anc. art. 142] La juridiction saisie peut, en tout état de cause, avant même d'avoir statué sur le fond, ordonner une main levée totale ou partielle de l'hypothèque si le débiteur justifie de motifs sérieux et légitimes.

Dans le cas de péremption d'instance, de désistement d'instance ou d'action, la mainlevée non consentie de l'inscription provisoire est donnée par la juridiction qui a autorisé ladite inscription et la radiation est faite sur dépôt de sa décision passée en force de chose jugée.

JURISPRUDENCE OHADA

I. Finalité de l'hypothèque provisoire

Obs. : sur la finalité de l'hypothèque provisoire et de la nécessité de se conformer aux dispositions de l'AUPSRVE pour sa mise en œuvre, voir sous l'art. 213 (CCJA, 2e ch., no 146/2023, 29-6-2023).

II. Existence de motifs sérieux

Le débiteur justifie de motifs sérieux et légitimes pouvant justifier la mainlevée et la radiation du nantissement aux frais du créancier par le juge des référés lorsqu'il démontre que : les dispositions de l'article 71 [devenu 164] de l'AUS n'ont pas été respectées en ce que l'ordonnance ne comporte pas la désignation du débiteur. Les dispositions de l'article 140 [devenu 217] de l'AUS n'ont pas été respectées car, après avoir obtenu l'autorisation d'inscrire le nantissement, aucune formalité n'a été accomplie pour donner suite à cette mesure de sûreté de sorte qu'il n'y a eu aucune procédure au fond qui pourrait aboutir à une décision autorisant l'inscription définitive du nantissement (T. com. Pointe-Noire (Congo), ord. réf., no 030, 19-3-2008 : SAC SARL c/ Sté SDV-CONGO, Ohadata J-13-118).

III. Absence de motifs sérieux

La demande de mainlevée de l'hypothèque doit être rejetée lorsque le débiteur invoque à tort la nullité du cautionnement ayant servi de fondement à l'hypothèque, aucun motif sérieux ne pouvant être retenu en l'espèce (TGI Bobo-Dioulasso (Burkina Faso), no 106, 18-4-2007 : B.O.A. c/ B. L., Ohadata J-09-98).

JURISPRUDENCE COMPARÉE

France

Mainlevée de l'inscription

Le créancier doit prouver les conditions de la mainlevée de l'inscription sont réunies (Cass. 2e civ. 6-10-2005 no 1431 : RJDA 2/06 no 191).

Art. 220 [anc. art. 143] Lorsqu'il est justifié que la valeur des immeubles est double du montant des sommes inscrites, le débiteur peut faire limiter les effets de la première inscription sur les immeubles qu'il indique à cette fin.

Art. 221 [Anc. art. 144 mod.] Si la créance est reconnue, la décision statuant sur le fond maintient en totalité ou en partie l'hypothèque déjà inscrite ou octroie une hypothèque définitive.

Dans les six mois suivant le jour où cette décision a acquis l'autorité de la chose jugée, l'inscription de l'hypothèque qui en résulte est requise conformément à la législation de l'État partie où est situé le bien grevé. Ce qui a été maintenu prend rang à la date de l'inscription provisoire ; l'hypothèque prend rang à la date de l'inscription définitive.

Faute d'inscription définitive dans le délai fixé ci-dessus, ou si la créance n'est pas reconnue par une décision passée en force de chose jugée, la première inscription devient rétroactivement sans effet et sa radiation peut être demandée par toute personne intéressée, aux frais de l'inscrivant, à la juridiction qui a autorisé ladite inscription.

Jurisprudence OHADA

I. Finalité de l'hypothèque provisoire

Obs. : sur la finalité de l'hypothèque provisoire et de la nécessité de se conformer aux dispositions de l'AUPSRVE pour sa mise en œuvre, voir sous l'art. 213 (CCJA, 2e ch., no 146/2023, 29-6-2023).

II. Reconnaissance de la créance

A. Condition impérative préalable pour la validation de l'hypothèque

Il ressort des dispositions combinées des articles 213 et 221 de l'AUS que la validation de l'hypothèque suppose que le demandeur établisse sa qualité de créancier certain à l'égard du débiteur. Ainsi, le créancier d'une inscription hypothécaire provisoire qui ne dispose pas de titre exécutoire constatant sa créance doit, en assignant son débiteur en validation de ladite inscription, justifier par la même occasion du bienfondé de sa créance en obtenant la reconnaissance de celle-ci par la condamnation du débiteur au paiement, le défaut de reconnaissance de la créance rendant sans effet l'inscription provisoire dont la radiation peut être demandée devant la juridiction qui l'a autorisée ; c'est pourquoi il ressort de l'article 221 susvisé, d'une part, que le maintien de l'hypothèque déjà inscrite ou l'octroi d'une hypothèque définitive sont subordonnés à la reconnaissance de la créance et, d'autre part, et a contrario, que si la créance n'est pas reconnue par une décision passée en force de chose jugée, la première inscription devient rétroactivement sans effet et sa radiation peut alors être demandée. En revanche, un créancier qui dispose déjà d'un titre exécutoire justifiant sa créance n'a pas besoin, pour valider l'hypothèque conservatoire, de former une demande au fond. C'est donc en violation des articles 213 et 221 précités qu'une cour d'appel a confirmé le jugement qui a validé une hypothèque provisoire sans se prononcer sur la demande additionnelle de la banque tendant à la condamnation de la débitrice au paiement du montant de la créance, au motif que cette demande est nouvelle, alors que ladite banque ne dispose pas d'un titre exécutoire constatant sa créance, exposant l'arrêt attaqué à la cassation. Il en est ainsi d'autant plus que ledit jugement n'indique pas la somme pour le paiement de laquelle l'hypothèque est validée. Sur l'évocation et pour les mêmes motifs que ceux ayant justifié la cassation, il y a lieu d'infirmer le jugement entrepris qui a validé l'hypothèque sans se prononcer sur le bien-fondé de la demande additionnelle de la banque tenant à la reconnaissance de la créance de celle-ci à l'égard de la société débitrice ; la banque qui, sans former appel incident à l'effet de voir examiner sa demande aux fins de condamnation de ladite société au paiement de sa créance de 3 915 508,64 FCFA, s'étant contentée de solliciter la confirmation du jugement entrepris, il y a lieu de rejeter sa demande de validité de l'hypothèque conservatoire pour défaut de titre exécutoire constatant ladite créance (CCJA, 3e ch., no 211/2023, 30-11-2023).

L'inscription hypothécaire définitive prévue aux articles 213 et suivants de l'AUS suppose que le demandeur établisse sa qualité de créancier certain à l'égard du débiteur. En l'espèce, ladite qualité ne peut résulter d'une note d'honoraires établie unilatéralement et des factures de débours et impenses contestées par le supposé débiteur. En retenant qu'une telle créance, qui n'est pas non plus reconnue par une décision devenue définitive, conformément aux dispositions des articles 55 et suivants du Règlement 05/CM/UEMOA relatif à l'harmonisation des règles régissant la profession d'avocat dans l'espace UEMOA, ne peut fonder la demande en validation d'une hypothèque conservatoire, la cour d'appel n'a en rien violé les articles 213 et 221 de l'AUS (CCJA, 3e ch., no 124/2022, 30-6-2022).

B. Appréciation souveraine des juges du fond

Il résulte de l'article 221, alinéa 1 de l'AUS que le maintien de l'hypothèque déjà inscrite ou l'octroi de l'hypothèque définitive est subordonné à la reconnaissance de la créance par le juge statuant sur le fond. En l'espèce, que c'est par une appréciation souveraine des faits de la cause qu'une cour d'appel a retenu, d'une part, que « lors de l'enquête sur les montants des chèques découverts après le jugement correctionnel, dont le procès-verbal a été produit, [X.] a reconnu avoir détourné ces montants », et, d'autre part, « qu'il ressort de la procédure qu'en sus de la somme de 56 000 000 FCFA objet du jugement correctionnel, la créance a été reconnue pour un montant de 55 036 314 FCFA, soit un montant total de 111 036 314 FCFA » ; par ces constations, la cour d'appel a reconnu la créance des sociétés défenderesses au pourvoi à l'égard du sieur [X.] pour la somme de 111 036 314 FCFA. En maintenant l'hypothèque inscrite à hauteur de ce montant, la cour d'appel n'a en rien violé la disposition visée au moyen qui doit, en conséquence, être rejeté (CCJA, 2e ch., no 212/2024, 4-7-2024).

C. Illustration

C'est à tort qu'il est reproché à une cour d'appel, d'une part, d'avoir, violé l'article 9 du code des obligations civiles et commerciales du Sénégal et 144 de l'AUS du 17 avril 1997 en retenant l'existence d'une créance sur la foi d'une « simple lettre », alors que la plainte versée au dossier ainsi que les procès-verbaux de la gendarmerie démontrent à suffisance le caractère frauduleux des documents produits par la prétendue créancière pour justifier sa créance ; et d'autre part, d'avoir permis qu'une telle créance contestée serve de fondement à une hypothèque sur l'immeuble du requérant, dès lors qu'il ressort des énonciations de l'arrêt que le débiteur n'a pas contesté avoir signé les documents dont se prévaut l'intimée mais a invoqué, sans l'établir, qu'il était dans un état d'inconscience et sous la menace d'une arme blanche au moment de la signature desdits documents. En considérant, pour retenir la réalité de la créance et valider l'inscription hypothécaire, que « ces contestations ne procèdent que de simples allégations », la cour d'appel n'a pas commis les griefs formulés aux moyens, qui seront rejetés, de même que le pourvoi (CCJA, 3e ch., no 104, 26-4-2018 : Assane Cisse c/ Bintou Faye Drame).

III. Maintien en totalité de l'hypothèque

Conformément à l'article 144 [devenu 221] de l'AUS, lorsque la promesse d'hypothèque consentie par le débiteur au créancier couvre toutes les obligations que le débiteur pourrait avoir à l'égard du créancier, et que ce dernier a été autorisé à inscrire provisoirement une hypothèque conservatoire sur l'immeuble appartenant au débiteur, il y a lieu de maintenir en totalité l'hypothèque provisoire inscrite sur l'immeuble en cause. L'exécution provisoire a été ordonnée par le tribunal ayant retenu que l'attitude du défendeur qui n'a formulé aucune proposition de règlement est de nature à mettre en péril la créance (TRHC Dakar, no 2375, 24-12-2003 : B.S.T c/ A. B., Ohadata J-04-280). Dans le même sens : TPI Cotonou, 1e ch. civ. Moderne, 21-5-2003 : B. T. M. c/ M. A. A., Ohadata J-05-298) ; (TGI Ouagadougou (Burkina Faso), no 70/08, 9-4-2008 : Bicia-B c/ B. B. S. et Plast Afric, Ohadata J-09-377, retenant que le débiteur qui, lors de la mise en état, avait demandé le renvoi du dossier pour transaction aurait dû contester la créance si elle n'était pas certaine ; en agissant ainsi, l'intéressé reconnaît la créance et l'inscription d'une hypothèque définitive doit être ordonnée).

Lorsque le débiteur ne conteste la créance, ni dans son principe ni dans son quantum, l'hypothèque provisoire peut être déclarée bonne et valable (TGI Bobo-Dioulasso (Burkina Faso), no 368, 20-12-2006 : Banque Internationale du Burkina c/ B. H., Ohadata J-09-95).

Lorsque, pour garantir sa créance, la défenderesse a obtenu, par ordonnance du président du tribunal, l'autorisation d'inscrire une hypothèque provisoire conservatoire sur les immeubles formant des titres fonciers de la société demanderesse et sur un immeuble appartenant à l'une des défenderesses, que par exploit, elle a signifié cette ordonnance au conservateur de la propriété foncière et qu'il est versé au dossier la preuve des états de droit réel attestant que les inscriptions ont été effectuées sur les titres fonciers concernés, c'est à bon droit que le premier juge a validé les inscriptions provisoires d'hypothèque effectuées et a procédé à leur transformation en hypothèques définitives ; le jugement entrepris doit être confirmé sur ce point (CCJA, 1e ch., no 096/2021, 27-5-2021 : Saar Vie – Sénégal c/ Postefinances SA, Sagef SA).

Chapitre IV
EFFETS DES HYPOTHÈQUES

Art. 222 [anc. art. 145] **Dans le cas où l'immeuble hypothéqué devient insuffisant pour garantir sa créance, par suite de destruction ou de dégradation, le créancier peut poursuivre le paiement de sa créance avant le terme ou obtenir une autre hypothèque.**

JURISPRUDENCE COMPARÉE

I. États-Unis

A. Défaut d'entretien de l'immeuble hypothéqué par le débiteur

Condamnation à dommages-intérêts. Selon le droit californien, les débiteurs, ici des emprunteurs, ne doivent pas agir de manière à faire perdre substantiellement de la valeur au bien hypothéqué. Si la baisse de valeur est imputable à leur mauvais comportement, ils peuvent être condamnés à des dommages-intérêts. Cela est le cas notamment lorsqu'ils n'ont pas entretenu le bien alors qu'ils avaient les moyens financiers de le faire. Cette obligation s'applique à tous les propriétaires successifs du bien (Cornelison v. Kornbluth 15 Cal. 3d 590 (1975)).

B. Droit de poursuivre d'autres biens

Un créancier qui avait accepté de se payer uniquement sur le prix de vente de l'immeuble que l'emprunteur lui avait donné en hypothèque, c'est-à-dire qui avait renoncé à exercer toute autre action à sa disposition en cas de non-paiement par l'emprunteur, a été autorisé à poursuivre ce dernier pour défaut de respect de règles non contractuelles (Travelers Ins. Co. v. 633 Third Assocs., 973 F2d 82 (2d Cir.1992)).

II. France

A. Actes inopposables au créancier hypothécaire

Aliénations du propriétaire, postérieures à l'inscription de l'hypothèque, dépassant le cadre de l'administration courante et qui diminuent la valeur de l'immeuble. Sont inopposables au créancier hypothécaire :

– la vente des bois d'une forêt (Cass. civ. 16-7-1974 : Bull. civ. I p. 199, qui vise des coupes « importantes »), mais non celle des arbres, plantes et arbustes d'une pépinière (Cass. civ. 5-7-1880 : DP 1880.1.321) ;

– la vente d'immeubles par destination tel que du matériel d'exploitation d'une usine (Cass. req. 20-12-1875 : DP 1876.1.343) ;

– la vente d'un meuble qui n'a pas encore été détaché de l'immeuble alors que le créancier a procédé à la saisie de l'immeuble ; celle-ci peut englober ce meuble, la vente ne pouvant être opposée à l'adjudicataire qui en devient acquéreur (Cass. req. 18-1-1933 : DP 1933.1.193 note Fréjaville).

B. Actes opposables au créancier hypothécaire

Si les meubles vendus à tort ont été détachés et acquis de bonne foi, l'acheteur qui les a de bonne foi en sa possession peut invoquer le bénéfice de cette possession (Cass. civ. 1-5-1906 : DP 1909.1.345).

Le créancier hypothécaire ne peut qu'invoquer la déchéance du terme pour diminution de la sûreté (n° 13518) et s'opposer au paiement du prix entre les mains du débiteur, en exerçant son droit de préférence (CA Nîmes 27-11-1957 : JCP (éd. G) 1958.II. 10689 note Becqué).

Art. 223 [anc. art. 146 mod.] Le droit de suite s'exerce contre tout tiers détenteur de l'immeuble dont le titre est publié postérieurement à l'hypothèque.

Bien que le tiers détenteur ne soit pas personnellement obligé à la dette, il peut désintéresser le créancier poursuivant du montant intégral de sa créance, en capital, intérêts et autres accessoires, en se subrogeant à lui.

JURISPRUDENCE OHADA

Exercice du droit de suite

Un créancier jouissant d'une inscription hypothécaire de premier rang et sans concurrence sur des immeubles litigieux, dont la radiation n'est pas rapportée, peut, en vertu du droit de suite de l'article 223 de l'AUS, poursuivre ses droits sur les biens grevés en quelques mains qu'ils se trouvent. C'est donc en violation de ce droit de suite qu'une cour d'appel a justifié le transfert des biens en faveur d'un tiers par le simple paiement du prix sans se référer à la publicité requise en cette matière, exposant ainsi son arrêt à la cassation sans besoin d'examiner les autres moyens (CCJA, 2e ch., n° 17, 23-2-2017 : Ecobank-Mali c/ Office Malien de l'Habitat, La Société Immobilière Franco-Africaine, Ohadata J-17-177).

JURISPRUDENCE COMPARÉE

I. États-Unis

A. Perte par le débiteur défaillant du droit de racheter l'immeuble vendu sur saisie immobilière

Selon le droit de l'Alabama, l'exécution d'une saisie immobilière éteint le droit du débiteur défaillant de racheter l'immeuble hypothéqué (Federal Deposit Insurance Corporation v. P Morrison, 747 F2d 610 (United States Court of Appeals, Eleventh Circuit 1984)).

B. Droit du créancier hypothécaire, sauf dispositions contraires, de faire vendre le bien hypothéqué : les juges ne peuvent pas lui imposer une autre solution

Lorsque les termes contractuels ne e prévoient pas, les juges ne peuvent pas imposer au prêteur d'accepter un accord avec l'emprunteur plutôt que la vente du bien hypothéqué. Par conséquent, lorsque l'emprunteur ne rembourse plus ses mensualités, le prêteur est en droit de vendre le bien donné en garantie (Federal deposit insurance corporation v. Prince George Corporation, 58 F3d 1041 (1995)).

C. Le droit de suite n'oblige pas personnellement le détenteur du bien hypothéqué au paiement de la dette du précédent propriétaire de ce bien, sauf engagement de sa part

Le nouveau propriétaire d'un immeuble donné en hypothèque par l'ancien propriétaire n'est pas personnellement responsable de la dette de ce dernier à moins qu'il y ait expressément consenti par écrit dans l'acte de vente (Cornelison v. Kornbluth 15 Cal. 3d 590 (1975)).

II. France

A. Droit de suite

Droit du créancier hypothécaire. Le créancier hypothécaire ne peut se prévaloir, à l'encontre du tiers détenteur, que des droits qu'il a contre le débiteur : ainsi, le tiers détenteur bénéficie des termes et délais accordés au débiteur et des exceptions que le débiteur aurait pu invoquer contre le créancier (Cass. com. 22-1-2008 n° 07-10.221 : RJDA 5/08 n° 550 : arrêt du cours des intérêts).

B. Situation du tiers acquéreur

Le tiers acquéreur, indépendamment de sa bonne ou mauvaise foi, ne peut s'opposer à la saisie immobilière engagée par le créancier hypothécaire (Cass. 3e civ. 6-11-2002 n° 1600 : RJDA 2/03 n° 193).

Le tiers acquéreur de l'immeuble hypothéqué ne doit jamais verser le prix de la vente au vendeur, sous peine d'être obligé de le reverser aux créanciers inscrits exerçant leur droit de suite (CA Aix 13-1-1982 : Bull. Cour d'Aix 1982/1 p. 51), a fortiori si l'acte de vente prévoit le versement auprès du notaire ou des créanciers inscrits (Cass. civ. 10-11-1999 : RJDA 1/00 n° 99).

Il peut obtenir du vendeur la restitution du prix et des frais, des dommages-intérêts et le remboursement de la plus-value acquise par l'immeuble entre la vente et l'éviction si le vendeur s'est engagé dans l'acte de vente à faire radier, dans les six mois de l'acte, les inscriptions hypothécaires grevant l'immeuble vendu (CA Aix 13-1-1982, précité).

Titre IV

DISTRIBUTION DES DENIERS ET CLASSEMENT DES SURETES

Art. 224 [anc. art. 147] La procédure de distribution du prix sur saisie est fixée par les règles régissant les voies d'exécution sous réserve des dispositions qui suivent concernant l'ordre de distribution.

Art. 225 [anc. art. 148 mod.] Les deniers provenant de la réalisation des immeubles sont distribués dans l'ordre suivant :

1°) aux créanciers des frais de justice engagés pour parvenir à la réalisation du bien vendu et à la distribution elle-même du prix ;

2°) aux créanciers de salaires superprivilégiés ;

3°) aux créanciers titulaires d'une hypothèque conventionnelle ou forcée et aux créanciers séparatistes inscrits dans le délai légal, chacun selon le rang de son inscription au registre de la publicité immobilière ;

4°) aux créanciers munis d'un privilège général soumis à publicité chacun selon le rang de son inscription au Registre du Commerce et du Crédit Mobilier ;

5°) aux créanciers munis d'un privilège général non soumis à publicité selon l'ordre établi par l'article 180 du présent Acte uniforme ;

6°) aux créanciers chirographaires munis d'un titre exécutoire lorsqu'ils sont intervenus par voie de saisie ou d'opposition à la procédure.

En cas d'insuffisance de deniers pour désintéresser les créanciers désignés aux 1°), 2°), 5°) et 6°) du présent article venant à rang égal, ceux-ci concourent à la distribution dans la proportion de leurs créances totales, au marc le franc.

JURISPRUDENCE OHADA

Priorité du créancier hypothécaire sur les autres créanciers privilégiés de rang inférieur

La créance produite et qui est garantie par une hypothèque conventionnelle régulièrement inscrite n'étant pas contestée, le prix de l'adjudication doit être versé au créancier hypothécaire après prélèvement des frais de greffe. L'exécution provisoire sollicitée doit être ordonnée, compte tenu de l'ancienneté du litige et de l'urgence qui caractérise le contentieux de la distribution (TRHC Dakar, ord. n° 319, 15-3-2001 : SGBS c/ S.N.R. et L. F., Ohadata J-03-266, obs. Ndiaw Diouf). Il s'induit de l'article 148 [devenu 225] de l'AUS que le créancier hypothécaire doit recevoir complet paiement avant tout autre créancier privilégié de rang inférieur, celui-ci ne pouvant être désintéressé que dans les conditions établies par le dernier alinéa de l'article 225 nouveau susvisé. En l'espèce, la créance de la créancière validée par les premiers juges étant supérieure, à la fois, à la valeur de l'hypothèque garantissant sa créance et à l'intégralité du prix d'adjudication des immeubles objets des titres fonciers susvisés, c'est à bon droit que la cour d'appel a affecté à la créancière l'intégralité du produit de la vente des immeubles ; et c'est à tort que le moyen a visé l'article 190 qui n'énonce que la définition de l'hypothèque, mais pas les conditions de distribution des prix d'adjudication d'un bien hypothéqué fixées par l'article 225 nouveau du même Acte uniforme (CCJA, 1e ch., n° 097, 26-4-2018 : Oumou Salamata Tall c/ CBAO Groupe Attijariwafa Bank, Sté Icotaf).

Art. 226 [anc. art. 149] Sans préjudice de l'exercice d'un éventuel droit de rétention ou d'un droit exclusif au paiement, les deniers provenant de la réalisation des meubles sont distribués dans l'ordre suivant :

1°) aux créanciers des frais de justice engagés pour parvenir à la réalisation du bien vendu et à la distribution elle-même du prix ;

2°) aux créanciers de frais engagés pour la conservation du bien du débiteur dans l'intérêt des créanciers dont le titre est antérieur en date ;

3°) aux créanciers de salaires superprivilégiés ;

4°) aux créanciers garantis par un privilège général soumis à publicité, un gage, ou un nantissement, chacun à la date de son opposabilité aux tiers ;

5°) aux créanciers munis d'un privilège spécial, chacun suivant le meuble sur lequel porte le privilège ; en cas de conflit entre créances assorties d'un privilège spécial sur le même meuble, la préférence est donnée au premier saisissant ;

6°) aux créanciers munis d'un privilège général non soumis à publicité selon l'ordre établi par l'article 180 du présent Acte uniforme ;

7°) aux créanciers chirographaires munis d'un titre exécutoire lorsqu'ils sont intervenus par voie de saisie ou d'opposition à la procédure de distribution.

En cas d'insuffisance de deniers pour désintéresser les créanciers désignés aux 1°), 2°), 3°), 6°) et 7°) du présent article venant à rang égal, ceux-ci concourent à la distribution dans la proportion de leurs créances totales, au marc le franc.

Jurisprudence OHADA

Voir sous l'article 227, distribution du prix.

Jurisprudence comparée

États-Unis

A. Application de la règle « premier inscrit, premier payé »

Une société avait deux créanciers ayant tous les deux une sûreté sur tous ses biens présents et à venir. Le premier créancier avait enregistré sa créance en 1968 et le deuxième en 1969. La société débitrice ne payant plus ses dettes, ses actifs furent vendus pour une somme inférieure au montant total de ses dettes. Les deux créanciers considéraient que leurs créances étaient prioritaires. Selon la loi de l'État du Texas, le créancier prioritaire est celui qui a accompli les formalités le premier. En conséquence, le créancier ayant accompli les formalités en 1968 devait être payé avant celui les ayant accomplies en 1969 (Kimbell Foods, Inc. v. Republic Nat. Bank of Dallas, 557 F2d 491 (Cour of appeal 5th Circuit 1977)).

B. Exception à la règle « premier inscrit, premier payé »

1° Droit du Kansas

Priorité du créancier en possession du bien sur le créancier premier inscrit. Conformément aux dispositions du Code de commerce uniforme du Kansas, le créancier ayant enregistré le premier sa garantie ne sera pas le créancier prioritaire lorsqu'un créancier postérieur a la possession de ce bien. Pour que cette exception s'applique, le créancier gagiste doit informer les autres créanciers dans les 5 ans de sa prise de possession du bien donné en garantie (Kunel v. Sprague National Bank, 128 F3d 636 (1997)).

2° Droit de Californie

Inopposabilité du transfert du bien sur lequel porte une inscription, sans l'autorisation du titulaire, au créancier premier inscrit. En cas de transfert d'un bien mis en garantie sans l'autorisation du créancier premier inscrit sur ce bien, le créancier qui a inscrit sa garantie sur tous les biens présents et à venir de son débiteur devenu acquéreur de ce bien ne peut pas se prévaloir de cette inscription, le transfert du bien garanti étant inopposable au créancier inscrit sur celui-ci. En 1982, une banque fait un prêt à la société Allied Canners & Packers Inc, filiale de la société Boles World Trade Corporation (BWTC). Elle prend alors une garantie sur tous les biens présents et à venir de la société Allied. En 1984, la société Boles & Co., Inc (BCI), autre filiale de BWTC, donne en garantie tous ses biens présents et à venir à la société CCFS. Le 1er juillet 1984, une partie de l'actif de la société BCI est transférée à la société Allied. La question qui se pose est donc de savoir qui de la banque ou de la société CCFS est prioritaire sur l'actif transféré. Selon le droit californien, lorsque les biens garantis sont transférés sans l'accord du créancier, ils restent le gage de ce dernier. Par conséquent, CCFS pouvait légitimement revendiquer le paiement sur l'actif transféré. De plus, toujours selon le code de commerce uniforme de Californie, en cas de pluralité de créancier le premier inscrit est le premier payé. En l'espèce, la garantie de la banque, sur l'actif de la société Allied, date de 1982 alors que celle de la CCFS date de 1984. La banque, qui avait inscrit sa garantie sur les biens présents et à venir de la société Allied, aurait dû être, à la lettre de la règle, le créancier prioritaire. Les juges refusent cependant d'appliquer cette disposition au motif que la banque n'a obtenu une garantie sur l'actif transféré que parce que la société BCI a transféré, sans autorisation, le gage de la société CCFS. En conséquence, la société CCFS doit être considérée comme le créancier prioritaire puisque ce transfert lui est inopposable (Bank of West v. Commercial Credit Financial Services Inc., 852 F2d 1162 (Court of appeal 9th Circuit 1988)).

• Titre V •

DISPOSITIONS TRANSITOIRES ET FINALES

Art. 227 [anc. art. 150 mod.] Le présent Acte uniforme, qui abroge l'Acte uniforme portant organisation des sûretés du 17 avril 1997, n'est applicable qu'aux sûretés consenties ou constituées après son entrée en vigueur.

Les sûretés consenties ou constituées antérieurement au présent Acte uniforme et conformément à la législation alors en vigueur restent soumises à cette législation jusqu'à leur extinction.

JURISPRUDENCE OHADA

Application dans le temps

A. Application de la législation en vigueur à la conclusion de la sûreté

La convention de prêt hypothécaire conclue avant l'entrée en vigueur de l'AUS demeure régie par les dispositions nationales antérieurement applicables. La saisie immobilière pratiquée en vue de la réalisation d'une telle hypothèque aurait dû être opérée en application des dispositions des articles 390 et suivants du Code de procédure civile du Cameroun, comme le stipulait la convention des parties. C'est donc à tort que la saisie immobilière a été réalisée sur le fondement des dispositions de l'AUPSRVE ; le jugement entrepris doit être infirmé et statuant à nouveau, la saisie immobilière doit être annulée (CA Centre, n° 414/ Civ, 2-7-2003 : Sté Cérac SARL c/ Sté des Recouvrements des Créances du Cameroun (SRC), Ohadata J-04-202).

En d'autres termes, les sûretés consenties avant l'entrée en vigueur de l'AUS sont régies par les dispositions nationales antérieures (CA Abidjan, n° 106, 23-1-2004 : la Shac c/ la Baci, Ohadata J-04-487 ; CCJA, 2e ch., n° 001, 21-1-2016 : Bicici S.A. c/ Ndiaye Bassirou, Ohadata J-16-210, au sujet de l'AUS du 17 avril 1997 mais transposable). Dans le même sens :

– l'obligation d'information de la caution prévue par l'AUS est inapplicable à un cautionnement antérieur à son entrée en vigueur, lequel reste régi, jusqu'à son extinction, par la législation en vigueur au moment de sa constitution (CCJA, n° 29, 15-7-2004 : Mlle F. c/ Boa-CI, Juris-Ohada, n° 3/2004, juill.-oct. 2004, p. 35, note Brou Kouakou Mathurin, Ohadata J-04-387) ;

– l'inapplication de l'AUS aux sûretés consenties avant son entrée en vigueur implique que soit écartée l'application de l'AUPSRVE aux saisies immobilières réalisées sur la base de ces sûretés antérieures à l'AUS. Il en résulte que la saisie immobilière ayant abouti à l'adjudication forcée d'un immeuble, bien qu'engagée par un commandement postérieur à l'entrée en vigueur de l'AUPSRVE relève du droit national antérieur à l'AUS puisque les hypothèques à l'origine de l'adjudication ont été consenties antérieurement à l'entrée en vigueur de cet acte uniforme (CA Centre (Cameroun), n° 286/civ, 5-8-2009 : Succession S. représentée par S. E. c/ Bicec, CSI Saving, Ohadata J-10-251 ; J-10-135). Dans le même sens, c'est à tort qu'il est reproché à un arrêt d'avoir violé l'article 123 de l'AUS, dès lors que l'hypothèque portant sur l'immeuble en cause ayant été constituée antérieurement à l'entrée en vigueur de l'AUS, et étant, de ce fait, régie tant dans sa constitution que son extinction par la législation nationale en la matière en vigueur à l'époque de la constitution suivant l'article 227 du même Acte uniforme, c'est en vain que le requérant se prévaut d'une disposition qui n'est pas applicable à la cause et son moyen est irrecevable (CCJA, 2e ch., n° 151/2024, 30-5-2024) ;

– le grief fondé sur la violation de l'article 4 [devenu 14] de l'AUS ne peut prospérer dans la mesure où les dispositions de l'article précité, qui sont entrées en vigueur postérieurement à l'acte de cautionnement querellé, ne pouvaient lui être applicables, selon l'article 150 [devenu 227] de l'AUS (TGI de la Mifi (Cameroun), n° 20/civ, 1-6-2010 : K. D. c/ T. S., Y. M. G., Ohadata J-12-11 ; et au sujet d'un cautionnement conclu le 2-2-1980, (TGI Wouri (Cameroun), n° 587, 16-5-2011 : K. S. c/ SGBC S.A ET SRC S.A, Ohadata J-12-213) ;

– conformément à ses articles 61 [devenu 116] et 150 [devenu 227], l'AUS est inapplicable à un gage constitué le 16 octobre 1984 en vertu d'une loi nationale. Par conséquent, la CCJA doit se déclarer incompétente et renvoyer les parties à mieux se pourvoir (CCJA, 2e ch., n° 045, 15-7-2010 : C.R.A.B.E. c/ K., Juris-Ohada n° 1/2011, janv.-mars 2011, p. 14, Ohadata J-12-93) ;

– l'AUS de 1997 demeure applicable aux sûretés constituées avant l'entrée en vigueur de l'AUS de 2010 (High Court of Mezam (Bamenda, Cameroun), Suit n° HCB/05S/2012 of 19 November 2012, : Ntarikon Cooperative Union Ltd v. Pamela Sirri Longtcha and Fon Festus, Ohadata J-13-219). Voir aussi (High Court of

Mezam (Bamenda, Cameroon), Suit n° HCB/3S/05-06 of 12 June 2012 : Union Bank of Cameroon Plc v. Protion Livestock and Atongfac Elias, Ohadata J-13-215, sur l'applicabilité de l'AUS de 2010 aux sûretés consenties après son entrée en vigueur) ;

– une sûreté consentie sous l'égide de l'AUS du 17 avril 1997 doit continuer à être régie par cet Acte uniforme jusqu'à son extinction. Doit donc être cassé l'arrêt qui a fait application de l'AUS révisé à une sûreté consentie avant son entrée en vigueur. Sur l'évocation et en application des dispositions de l'article 63 de l'AUS du 17 avril 1997 qui détermine de manière exhaustive les biens susceptibles d'être nantis, dont sont exclues les impenses immobilières, le contrat de nantissement et la procédure de recouvrement initiée doivent être annulés dès lors que l'article 150 dudit Acte uniforme a abrogé toutes les dispositions antérieures contraires (CCJA, ass. plén., n° 073, 25-4-2014 : Mandonou Oswald Attin c/ Banque of Africa (Boa-Bénin), Ohadata J-15-164) ;

– il résulte expressément de l'article 150 de l'AUS dans sa rédaction du 1er avril 1997 que les lois nationales en vigueur au moment de la constitution des sûretés antérieures à cet Acte uniforme doivent gouverner la procédure devant en résulter jusqu'à complet paiement. C'est donc en faisant une bonne application de ces dispositions qu'une cour d'appel s'est référée aux dispositions nationales applicables, notamment le Code de procédure civile commerciale et sociale du Cameroun. Il n'y a donc aucune violation des dispositions visées au moyen qui doit être rejeté (CCJA, ass. plén., n° 116, 4-11-2014 : Banque Internationale du Cameroun pour l'Epargne et le Crédit dite Bicec c/ Succession de Sungo Justin, Ohadata J-15-207) ;

– conformément à l'article 150, al. 2 de l'AUS du 17 avril 1997, cet Acte uniforme est inapplicable à des sûretés consenties avant son entrée en vigueur, celles-ci restant soumises à la loi nationale alors en vigueur. Il s'ensuit que la CCJA n'est pas compétente pour une telle affaire (CCJA, ass. plén., n° 042, 27-4-2015 : Sib c/ Rambaud Fernand, Ohadata J-16-42). Voir aussi : CCJA, 2e ch., n° 002, 26-1-2017 : Tetti Avit Pierre c/ Edi René, Liquidateur de la société SCI Perspective 2000, Ohadata J-17-148 ; CCJA, 3e ch., n° 078/2018, 29-3-2018 : Boa Mali c/ CBAO Groupe Attijariwafa Bank, Sénégalaise de Commerce et de Services.

C'est à tort que les articles 162, al. 2 et 3 et 163-3 de l'AUS du 15 décembre 2010 sont invoqués pour un nantissement conclu le 5 février 2008, un tel nantissement restant soumis, en application de l'article 227 de l'AUS du 15 décembre 2010, à la législation en vigueur à l'époque de sa constitution, en l'occurrence aux dispositions de l'article 69-1 de l'AUS du 17 avril 1997 qui inclut le droit au bail commercial dans le fonds du commerce (CCJA, 2e ch., n° 095/2020, 9-4-2020 : Coopec Ave c/ BSIC-Togo).

La CCJA est incompétente pour statuer sur un litige relatif à une hypothèque consentie antérieurement à l'entrée en vigueur de l'AUS, conformément à l'article 227 de cet Acte uniforme (CCJA, 3e ch., n° 172/2021, 28-10-2021 : Noubissi Boniface c/ SRC). Dans le même sens, et relevant d'office son incompétence :

– pour connaître du pourvoi en cassation formé contre un arrêt rendu à la suite d'un jugement d'annulation d'une adjudication intervenue par jugement du 7 mai 1996, en application de dispositions du Code de procédure civile d'un État partie à l'OHADA, pour une créance revendiquée en vertu d'une grosse notariée revêtue de la formule exécutoire et antérieure à l'entrée en vigueur de l'AUS du 17 avril 1997, qui précisait, en son article 150, n'être applicable qu'aux suretés consenties ou constituées après son entrée en vigueur (CCJA, 1e ch., n° 146/2022, 3-11-2022) ;

– pour une sûreté été conclue avant l'entrée en vigueur de l'AUS du 17 avril 1997, et dont la nullité a été prononcée sur le fondement de dispositions nationales, notamment le Code civil camerounais et le décret 60-172 du 20 septembre 1960 réglementant le statut de notaire, qui n'appelle pas l'application des Actes uniformes (CCJA, 1e ch., n° 254/2024, 24-10-2024 ; CCJA, 1e ch., n° 255/2024, 24-10-2024).

Conformément à l'article 227 de l'AUS révisé du 15 décembre 2010 qui énonce expressément que les sûretés consenties ou constituées antérieurement au présent Acte uniforme et conformément à la législation en vigueur restent soumises à cette législation jusqu'à leur extinction, l'AUS du 17 avril 1997 restait applicable au cautionnement consenti sous son empire le 21 août 2008 (CCJA, 2e ch., n° 082/2021, 29-4-2021 : Ahmed Fernand Bangoura c/ SGBG SA).

B. Caractère impératif de l'AUS à compter de son entrée en vigueur

L'AUS étant applicable aux sûretés consenties après son entrée en vigueur, c'est en violation de ses articles 4 et 150 [respectivement devenus 14 et 227] qu'une cour d'appel a apprécié la validité d'un acte de cautionnement au seul regard d'une norme de droit interne, au motif que les parties, en n'exigeant « pas les mentions prescrites par l'OHADA, ont entendu renoncer aux dispositions dudit Traité », alors que celles-ci sont d'application directe et obligatoire, selon l'article 10 du Traité OHADA. La décision attaquée doit être cassée ; sur l'évocation, l'acte de cautionnement qui ne remplit pas les conditions requises par l'AUS doit être annulé (CCJA, n° 18/2003, 19-10-2003 : Sté Afrocom c/ CSSPPA, Juris-Ohada, n° 4/2003, p. 10, note Brou Kouakou Mathurin.- Rec. jur. Ohada, n° 2, juill.-déc. 2003, p. 30, Ohadata J-04-119).

En raison de l'abrogation des dispositions nationales régissant les hypothèques par l'AUS, seul cet Acte uniforme est désormais applicable pour la détermination de la validité d'une hypothèque. La demande de nullité d'une hypothèque fondée sur une disposition de droit national doit être rejetée, les prescriptions de l'AUS relatives aux hypothèques ayant été respectées (TGI Bobo-Dioulasso (Burkina Faso), n° 074, 15-3-2006 : S. J. C. c/ Banque Commerciale du Burkina, Ohadata J-09-86).

Sur une décision ayant appliqué l'AUS à un cautionnement des exportateurs de café-cacao (établi après l'entrée en vigueur de l'AUS) en retenant que, si le décret 95-637 du 23 août 1995 (Côte d'Ivoire) crée une obligation de constituer caution à la charge des exportateurs de café-cacao, il n'en précise pas les formes qui demeurent soumises à la loi, qui est en l'espèce l'AUS, voir : TPI Abidjan, n° 31, 22-3-2001 : CSSPA c/ Sté Afrocom, Ecobank et BACI, Revue Ecodroit n° 1, juill. 2001, p. 39 ; Ohadata J-02-22, obs. J. Issa-Sayegh.

Distribution du prix. La distribution du prix de la réalisation d'une hypothèque est régie par les dispositions de l'AUPSRVE. Il s'ensuit que la procédure de distribution du prix engagée sur le fondement des dispositions nationales (art. 538 et s. du Code de procédure civile du Sénégal) est irrecevable (TRHC Dakar, ord., n° 329, 1-3-2000 : E.G.C.A.P c/ El Hadji M. M., Ohadata J-05-48).

Obs. : il convient aussi de tenir compte des dispositions spécifiques de l'AUS (art. 224-226) qui complètent les dispositions générales de l'AUPSRVE relatives à la distribution du prix.

C'est en violation de l'article 227 de l'AUS qu'une cour d'appel a confirmé le jugement qui a validé une inscription hypothécaire fondée sur un texte de loi abrogée, exposant ainsi son arrêt à la cassation. Sur l'évocation, s'il est constant et non contesté, que par une procuration la demanderesse a donné mandat au défendeur pour « [...] la représenter et poursuivre la localisation et l'identification de tous les bâtiments [lui] appartenant [...] et procéder à leur possession et mise en valeur », il n'est cependant produit au dossier de la cause aucune pièce justifiant les dépenses ainsi que les dommages-intérêts évalués à 26 000 000 FCFA par le premier juge. Ainsi, aucune créance n'étant établie en l'espèce à l'encontre de la demanderesse, il y a lieu de juger que c'est à tort que l'inscription d'hypothèque contestée a été autorisée. Surabondamment, en fondant la décision de validation d'hypothèque sur les dispositions de l'article 136 de l'AUS du 17 avril 1997, le premier juge a méconnu les articles 227, 213, 216, 210 et 212 de l'AUS actuellement en vigueur. En conséquence, le jugement entrepris doit être infirmé et la mainlevée de l'hypothèque ordonnée (CCJA, 3e ch., n° 231/2019, 10-10-2019 : dite S.A.E.M. R. Cattin & Cie c/ Abdelkader Youssouf).

Art. 228 Le présent Acte uniforme sera publié au Journal Officiel de l'OHADA dans un délai de soixante jours à compter de la date de son adoption. Il sera également publié dans les États parties, au Journal Officiel ou par tout moyen approprié. Il sera applicable quatre-vingt-dix jours à compter de la date de sa publication au Journal officiel de l'OHADA conformément à l'article 9 du Traité OHADA relatif à l'harmonisation du droit des affaires en Afrique, signé à Port Louis le 17 octobre 1993, tel que révisé à Québec le 17 octobre 2008.

Fait à Lomé, le 15 décembre 2010.

AUCTMR

Acte uniforme relatif aux contrats de transport de marchandises par route

Préambule

Le Conseil des ministres de l'Organisation pour l'harmonisation en Afrique du droit des affaires (OHADA),

– Vu le traité relatif à l'harmonisation du droit des affaires en Afrique notamment en ses articles 2, 5 à 10 ;

– Vu le rapport du secrétaire permanent et les observations des États parties ;

– Vu l'avis en date du 17 décembre 2003 de la Cour commune de justice et d'arbitrage ;

Après en avoir délibéré, adopte à l'unanimité des États parties présents et votants l'acte uniforme dont la teneur suit :

Chapitre I

CHAMP D'APPLICATION ET DEFINITIONS

Champ d'application

Art. 1 1 – Le présent Acte uniforme s'applique à tout contrat de transport de marchandises par route lorsque le lieu de prise en charge de la marchandise et le lieu prévu pour la livraison, tels qu'ils sont indiqués au contrat, sont situés soit sur le territoire d'un État membre de l'OHADA, soit sur le territoire de deux États différents dont l'un au moins est membre de l'OHADA. L'Acte uniforme s'applique quels que soient le domicile et la nationalité des parties au contrat de transport.

2 – L'Acte uniforme ne s'applique pas aux transports de marchandises dangereuses, aux transports funéraires, aux transports de déménagement ou aux transports effectués en vertu de conventions postales internationales.

Jurisprudence OHADA

Inapplication du droit national

En présence d'un contrat de transport devant s'effectuer sur le territoire d'un État partie au Traité OHADA, c'est en violation de l'article 1,1 de l'AUCTMR qu'une cour d'appel a fondé sa décision sur des dispositions du droit interne (camerounais) pour déterminer la responsabilité d'un transporteur routier, en lieu et place de l'Acte uniforme précité qui seul a vocation à s'appliquer à un tel contrat (CCJA, 3e ch., no 062/2020, 27-2-2020 : Chanas Assurances S.A. c/ La Société Transport Radjoulene).

Définitions

Art. 2 Pour l'application du présent Acte uniforme, on entend par :

a) « avis » : un avis oral ou écrit, à moins qu'une disposition du présent Acte uniforme n'exige l'écrit ou que les personnes concernées n'en disposent autrement ;

b) « contrat de transport de marchandises » : tout contrat par lequel une personne physique ou morale, le transporteur, s'engage principalement et moyennant rémunération, à déplacer par route, d'un lieu à un autre et par le moyen d'un véhicule, la marchandise qui lui est remise par une autre personne appelée l'expéditeur ;

c) « écrit » : une suite de lettres, de caractères, de chiffres ou de tous autres signes ou symboles dotés d'une signification intelligible et mis sur papier ou sur un support faisant appel aux technologies de l'information.

A moins que les personnes concernées n'en disposent autrement, l'exigence d'un écrit est satisfaite quels que soient le support et les modalités de transmission, pour autant que l'intégrité, la stabilité et la pérennité de l'écrit soient assurées ;

d) la lettre de voiture est l'écrit qui constate le contrat de transport de marchandises.

e) « marchandise » : tout bien mobilier ;

f) « marchandise dangereuse » : une marchandise qui, de façon générale, par sa composition ou son état, présente un risque pour l'environnement, la sécurité ou l'intégrité des personnes ou des biens ;

g) « transport de déménagement » : le transport de biens mobiliers usagés en provenance et à destination d'un local d'habitation ou d'un local à usages professionnel, commercial, industriel, artisanal ou administratif, lorsque le conditionnement est assuré par le transporteur et que le déplacement ne constitue pas la prestation principale ;

h) « transport funéraire » : le transport du corps d'une personne décédée ;

i) « transport successif » : le transport dans lequel plusieurs transporteurs routiers se succèdent pour exécuter un unique contrat de transport par route ;

j) « transport superposé » : le transport dans lequel, en vue de l'exécution d'un unique contrat de transport routier, un véhicule routier contenant des marchandises est transporté, sans rupture de charge, sur ou dans un véhicule non routier sur une partie du parcours ;

k) « transporteur » : une personne physique ou morale qui prend la responsabilité d'acheminer la marchandise du lieu de départ au lieu de destination au moyen d'un véhicule routier ;

l) « véhicule » : tout véhicule routier à moteur ou toute remorque ou semi-remorque sur essieu arrière dont l'avant repose sur le véhicule tracteur, conçu pour être attelé à un tel véhicule.

....

JURISPRUDENCE COMPAREE

France

Qualification du contrat de transport. Dans le silence de la loi, les décisions de justice tiennent pour contrat de transport celui en vertu duquel la marchandise expédiée est prise en charge par l'exécutant du déplacement à condition que celui-ci ait la maîtrise complète des opérations nécessaires à l'accomplissement dudit déplacement.

L'application de ce critère conduit aux solutions suivantes.

a. Le déplacement d'une marchandise par un non-professionnel, comme par exemple le vendeur de la marchandise, donne lieu à un contrat de transport dès lors qu'il n'est pas l'accessoire de l'obligation de délivrance du vendeur (CA Paris 24-11-1970 : BT 1970.394). Ainsi, dans la vente franco-départ ou franco-destination, le vendeur qui accepte de transporter la marchandise pour son client est considéré comme ayant envers ce dernier la qualité de transporteur (Cass. com. 3-4-1968 : BT 1968.215).

De même, le ramassage des animaux chez un négociant en bestiaux, leur transport à la gare, leur embarquement en wagon et leur expédition par chemin de fer, par un courtier pour le commerce du bétail, constituent des actes matériels de transport (Cass. civ. 5-1-1980 : BT 1980.117 ; contra CA Amiens 22-12-1976 : JCP G 1978.IV.72).

En revanche, le transport effectué à titre bénévole n'est pas un contrat de transport soumis aux dispositions du Code de commerce (Cass. com. 14-12-1993 : RJDA 5/94 n° 520, appliquant les règles du droit commun).

b. Le déplacement d'une marchandise à l'occasion duquel l'entreprise qui s'en charge fournit en outre des opérations de conditionnement, de manutention, d'étiquetage et d'entreposage, dites de logistique, donne naissance à un contrat de transport lorsque celui-ci correspond, dans la commune intention des parties, à la prestation déterminante de leur accord. Il en est ainsi, notamment :

– de l'entreposage des marchandises en vue d'un transport (Cass. com. 28-11-2000 : RJDA 3/01 n° 309) ; inversement, le contrat est de dépôt lorsque l'entreposage est la prestation principale, comme par exemple : entreposage de deux ans précédé et suivi d'un camionnage (Cass. com. 5-3-1973 : BT 1973.230), d'un an suivi d'un camionnage (CA Paris 21-5-1976 : BT 1976.284), de plusieurs mois, suivi d'un transport de quelques centaines de mètres (CA Paris 4-11-1985 : BT 1986.124), de onze jours suivi d'un transport d'un jour (CA Aix 3-1-2005 : BTL 2005.219), demande expresse de dépôt de la marchandise faite par l'expéditeur ou le destinataire auprès du transporteur (Cass. com. 4-7-1977 : BT 1977.401), conservation temporaire des palettes du transporteur par le client (CA Paris 1-4-1993 : BTL 1993.510 ; CA Lyon 5-5-2003 : BTL 2003.390) ; mais il y a deux contrats distincts de transport et de dépôt lorsque les opérations de déplacement et celles d'entreposage peuvent être nettement dissociées (Cass. com.

20-7-1970 : BT 1970.311 ; Cass. com. 21-2-1995 : D. 1995.IR.104 ; CA Paris 6-10-1994 : BTL 1995.90 ; CA Paris 7-1-2000 : BTL 2000.169) ;
– de la manutention de la marchandise lorsqu'il ressort des documents qu'aucune individualisation, indépendante du transport, n'a été faite des frais de main-d'œuvre et des opérations de chargement et de déchargement qui s'y attachent (CA Paris 21-11-1986 : BT 1987.44) ou lorsqu'un seul document couvre l'ensemble des opérations et qu'un prix global est convenu (CA Paris 23-2-1983 : BT 1983.407) ; toutefois, une entreprise chargée par son client d'effectuer le déplacement, le conditionnement, le chargement, l'arrimage et le calage de la marchandise dans un fourgon suivant un calendrier précis s'étalant sur quatre jours exécute non pas un contrat de transport mais un louage d'ouvrage (CA Paris 13-3-1986 : BT 1986.423 ; rappr. CA Reims 14-1-2008 : BTL 2008.635) ;
– d'une « prestation de plate-forme logistique » qui porte essentiellement sur des acheminements (Cass. com. 7-9-2010 n° 09-14.936 : BTL 2010.543).
c. Le retour de la marchandise endommagée en cours de transport au point de départ, chez le constructeur ou chez le fabricant aux fins de remise en état, puis sa réexpédition au destinataire ne font pas l'objet d'un nouveau contrat de transport différent de celui qui, n'ayant pas été exécuté à défaut de délivrance à destination, restait en cours (CA Lyon 30-5-1974 : BT 1974.299). Il importe peu qu'une seconde lettre de voiture ait été remise pour la seconde expédition (Cass. com. 16-10-1967 : BT 1968.28). Un nouveau contrat de transport pourrait naître si le destinataire retournait la marchandise après avoir accepté la livraison dans un premier temps (cf. CA Orléans 25-9-2003 : BTL 2003.654).
d. Le déplacement de la marchandise par un autre transporteur que l'entreprise chargée du transport par son donneur d'ordre s'est substitué n'empêche pas cette dernière d'être qualifiée de transporteur lorsqu'elle a facturé un « forfait traction... », le terme « traction » étant utilisé pour celui de transport (CA Paris 20-10-1981 : BT 1982.38 ; pour d'autres exemples d'assimilation de la traction d'une semi-remorque à un transport : CA Poitiers 15-4-1994 : JCP G 1994.IV.2522 ; CA Montpellier 4-7-2001 : BTL 2001.608).
e. Le remorquage d'un véhicule est un contrat de transport dès lors qu'il est réalisé par une entreprise qui en fait le métier et qui a conservé la maîtrise complète de l'opération (CA Montpellier 25-6-1998 : BTL 1998.588).
f. Le déménagement est soumis aux dispositions relatives au voiturier (C. com. art. L 133-1 à L 133-8 ; MDC n° 24430 s.), dès lors que la prestation objet du contrat de déménagement comprend pour partie une prestation de transport (C. com. art. L 133-9 résultant de la loi 2009-1503 du 8-12-2009 qui a mis un terme aux incertitudes résultant de la qualification de contrat d'entreprise appliquée par la Cour de cassation au contrat de déménagement – Cass. com. 11-6-2002 : RJDA 11/02 n° 1135 – et les dispositions de la loi 82-1153 du 30-12-1982 art. 5, 8, 9 et 12 qui assimilent les opérations de déménagement à des transports).
Sur le délai de forclusion et l'action directe du transporteur contre ses donneurs d'ordre, applicables au contrat de déménagement, MDC n°s 24436 et 24455. Par ailleurs, est un contrat de transport celui par lequel une entreprise se charge de l'emballage d'une marchandise en vue de son transport (Cass. com. 10-3-2004 : RJDA 7/04 n° 813).
g. Le déplacement d'une marchandise dans un véhicule loué avec chauffeur est considéré fait sous l'empire d'un contrat de transport si la conduite des opérations d'acheminement est l'œuvre du loueur de ce véhicule (Cass. com. 20-12-1982 : BT 1983.180).
h. Le déplacement est effectué en vertu d'un contrat de travail lorsque celui qui l'assume agit dans un état de subordination juridique par rapport à son donneur d'ordre (Cass. soc. 25-4-2001 : BTL 2001.358 ; Cass. soc. 8-7-2003 n° 1811 : RJDA 1/04 n° 40 ; CA Paris 7-4-1998 : BTL 1998.626 ; CA Rennes 5-5-1998 : BTL 1999.39 ; CA Montpellier 20-11-2002 : BTL 2003.214).

Chapitre II

CONTRAT ET DOCUMENTS DE TRANSPORT – FORMATION DU CONTRAT DE TRANSPORT

Art. 3 Le contrat de transport de marchandise existe dès que le donneur d'ordre et le transporteur sont d'accord pour le déplacement d'une marchandise moyennant un prix convenu.

Lettre de voiture

Art. 4 1 – La lettre de voiture doit contenir :
a) les lieu et date de son établissement ;

b) le nom et l'adresse du transporteur ;

c) les noms et adresses de l'expéditeur et du destinataire ;

d) les lieu et date de la prise en charge de la marchandise et le lieu prévu pour la livraison ;

e) la dénomination courante de la nature de la marchandise et le mode d'emballage et, pour les marchandises dangereuses, leur dénomination généralement reconnue ;

f) le nombre de colis, leurs marques particulières et leurs numéros ;

g) le poids brut ou la quantité autrement exprimée de la marchandise ;

h) les instructions requises pour les formalités de douane et autres ;

i) les frais afférents au transport (prix de transport, frais accessoires, droits de douane et autres frais survenant à partir de la conclusion du contrat jusqu'à la livraison) ;

2 – Le cas échéant, la lettre de voiture peut contenir :

a) l'interdiction de transbordement ;

b) les frais que l'expéditeur prend à sa charge ;

c) le montant du remboursement à percevoir lors de la livraison de la marchandise ;

d) la déclaration par l'expéditeur, contre paiement d'un supplément de prix convenu, de la valeur de la marchandise ou d'un montant représentant un intérêt spécial à la livraison ;

e) les instructions de l'expéditeur au transporteur en ce qui concerne l'assurance de la marchandise ;

f) le délai convenu dans lequel le transport doit être effectué.

g) Le délai de franchise pour le paiement des frais d'immobilisation du véhicule ;

3 – Les contractants peuvent porter sur la lettre de voiture toute autre mention qu'ils jugent utile.

4 – L'absence ou l'irrégularité de la lettre de voiture ou des mentions prévues aux alinéas 1 ou 2 du présent article, de même que la perte de la lettre de voiture n'affecte ni l'existence, ni la validité du contrat de transport qui reste soumis aux dispositions du présent Acte uniforme.

h) La liste des documents remis au transporteur.

JURISPRUDENCE OHADA

Incidence de l'inexistence du contrat

Si à l'évidence, l'absence, l'irrégularité ou la perte de la lettre de voiture n'affecte ni l'existence ni la validité du contrat de transport au sens de l'AUCTMR, il n'en demeure pas moins et surtout, en ce qu'elle constitue la preuve de l'existence d'un contrat de transport, que la carence de la lettre de voiture doit être suppléée par d'autres éléments de preuve à même d'établir l'existence du contrat en cas de contestation sur son existence. En l'espèce, la défenderesse contestant l'existence d'un contrat de transport entre elle et le requérant, il appartenait à ce dernier, face à la carence d'une lettre de voiture dressée à l'occasion, d'apporter d'autres éléments de preuve pour attester de l'existence de ce contrat ; cette preuve n'ayant malheureusement pas pu être rapportée, c'est à bon droit que le tribunal a statué comme il l'a fait, en déclarant l'action irrecevable, dès lors qu'aucun élément ne permet de retenir qu'au-delà d'être un simple destinataire, la défenderesse est aussi le donneur d'ordre ou l'expéditeur de la marchandise transportée (CCJA, 1e ch., no 195/2024, 27-6-2024).

JURISPRUDENCE COMPAREE

I. Allemagne

La lettre de voiture est inopposable à la personne désignée comme expéditeur si elle est établie par le transporteur (Bundesgerichtshof 16-10-1986 : DET 1987.56).

II. Belgique

La lettre de voiture établie par un transporteur est inopposable à un autre transporteur, sauf s'il l'a acceptée (T. com. Bruxelles 11-5-1987 : DET 1988.720).

III. France

Faculté pour l'expéditeur ou le transporteur d'établir des lettres de voiture distinctes par véhicules ou par lots. L'expéditeur disposant de la faculté d'établir autant de lettres de voiture qu'il existe de lots à transporter (art. 5-2), il ne peut se plaindre de l'établissement d'une lettre de voiture unique couvrant tous les lots à transporter et les soumettant de ce fait en totalité au régime de la CMR (CA Versailles 12-1-2010, 12e ch. sect. 1, Asa Corporate c/ SAS Becofrance : BTL 2010.44).

IV. Pays-Bas

N'équivaut pas à une lettre de voiture un document douanier (Amsterdam 4 janvier 1985, Ship and Shade 1985.som.123).

Force probante de la lettre de voiture

Art. 5 1 – La lettre de voiture fait foi, jusqu'à preuve du contraire, des conditions du contrat de transport et de la prise en charge de la marchandise par le transporteur.

2 – La lettre de voiture est établie en un original et au moins en deux copies, le nombre de copies devant être spécifié. L'original est remis à l'expéditeur, une copie est conservée par le transporteur et une autre accompagne la marchandise à destination.

Jurisprudence comparee

I. Allemagne

Une lettre de voiture signée par une seule partie peut se voir attribuer la force probante d'un acte sous seing privé, conformément au droit judiciaire (Bundesgerichtshof 17-4-1997 : DET 1998.427).

II. France

La lettre de voiture ne fait foi que jusqu'à preuve contraire des conditions du contrat et de la réception de la marchandise par le transporteur (Cass. com. 29-10-1991 : RJDA 1/92 no 40) ainsi que de sa qualité de transporteur et non de commissionnaire (CA Paris 23-11-1995 : BTL 1996.257) et de l'engagement de l'expéditeur (CA Paris 8-11-1995 : BTL 1996.132).

A. Preuve par la lettre de voiture CMR établie

Lorsque, à l'issue d'un premier trajet réalisé par un voiturier français, un autre transporteur, italien en l'espèce, appose le numéro de sa remorque et sa signature sur les CMR originelles, il accepte par là d'adhérer à la CMR, d'où l'exclusion du droit local (Cass. com. 16-10-2012 no 11-14.435 F-D).

B. Preuve par la lettre de voiture CMR non établie

L'absence de lettre de voiture signée entre le transporteur qui prétend avoir fait un transport et le donneur d'ordre prétendu n'est pas suffisante pour écarter la conclusion d'un contrat de transport car la lettre de voiture ne fait foi que jusqu'à preuve contraire de l'existence et des conditions du contrat de transport (Cass. com. 27-3-2007, Sté Boissier c/Stés IPP Logipal et Get : BTL 2007.269).

III. Italie

Absence de lettre de voiture : existence et validité du contrat de transport. L'absence de lettre de voiture n'affecte ni la validité ni l'efficacité du contrat de transport ; dans un tel cas, on peut rapporter la preuve du contrat par tous les moyens normalement consentis pour tous ses éléments, y compris celui relatif au choix de la loi applicable (Cour de cassation d'Italie 28-11-1975, Messageria Emiliana s.n.c. c/ Arden Italiana : Revue de droit uniforme 1976-1.247).

IV. Portugal

Existence et validité du contrat de transport. Le contrat de transport routier international est un contrat consensuel et peu importe l'absence ou l'irrégularité de la lettre de voiture ; toutefois, lorsqu'une lettre de voiture internationale est établie, elle doit, pour être valable, contenir les signatures de l'expéditeur et du transporteur (Supremo Tribunal de justiça 20-5-1997, Industrias Malaflex c/ A. J. Gonçalves de Maraes : Transidit 2006 no 48 § 43).

V. Royaume-Uni

La présomption attachée à la lettre de voiture est aussi reconnue au Royaume-Uni (Queen's Bench Division Royaume-Uni 8-6-1990 : DET 1991.671).

Documents de douane

Art. 6 1 – Dans les transports inter-États, en vue de l'accomplissement des formalités de douane et autres formalités à remplir avant la livraison de la marchandise, l'expéditeur doit joindre à la lettre de voiture ou mettre à la disposition du transporteur les documents nécessaires et lui fournir tous renseignements utiles.

2 – Le transporteur n'est pas tenu d'examiner si les documents visés à l'alinéa précédent sont exacts ou suffisants. L'expéditeur est responsable envers le transporteur de tous dommages qui pourraient résulter de l'absence, de l'insuffisance ou de l'irrégularité de ces documents et renseignements, sauf en cas de faute du transporteur.

3 – Le transporteur est responsable, au même titre qu'un mandataire, des conséquences de la perte ou de l'utilisation inexacte des documents mentionnés sur la lettre de voiture et qui accompagnent celle-ci ou qui sont déposés entre ses mains ; dans ce cas, l'indemnité à sa charge ne dépassera pas celle qui serait due en cas de perte de la marchandise.

JURISPRUDENCE OHADA

Irresponsabilité du destinataire des marchandises

C'est à tort qu'il est reproché à un arrêt d'avoir violé des dispositions de droit interne (notamment les articles 1er et 2 de l'arrêté interministériel n° 78-06/MFC-MT-TP du 6 janvier 1978 portant fixation des droits d'immobilisation et de retard des transports routiers de marchandises et produits) en déclarant sa demande de paiement de frais d'immobilisation irrecevable sans le moindre examen au fond, alors, selon le moyen, que compte tenu des soixante-douze heures réservées à l'expéditeur ou au destinataire pour le dédouanement de sa marchandise, la défenderesse devrait, en application de l'arrêté susvisé, être condamnée à lui payer la somme de 1 450 000 FCFA en contrepartie de cinquante-huit jours d'immobilisation de son véhicule. Il en est ainsi dès lors que le paiement des frais d'immobilisation au taux fixé par l'arrêté ci-dessus visé suppose, au sens de l'article 6 de l'AUCTMR, que l'expéditeur soit reconnu responsable du dommage résultant de l'absence, de l'insuffisance, ou de l'irrégularité des documents requis pour l'accomplissement des formalités douanières ; qu'en l'espèce, la SOTAMALI SA n'étant pas expéditeur de la marchandise mais plutôt destinataire, et ne pouvant, de ce fait, être responsable de l'accomplissement des formalités douanières, le tribunal n'a pu violer les dispositions de l'arrêté susvisé, en déclarant l'action en paiement des frais d'immobilisation initié contre celle-ci irrecevable (CCJA, 1e ch., n° 195/2024, 27-6-2024).

Chapitre III

EXECUTION DU CONTRAT DE TRANSPORT

Emballage des marchandises

Art. 7 1 – À moins que le contrat ou les usages ne prévoient le contraire, l'expéditeur doit emballer la marchandise de manière adéquate. Il est responsable envers le transporteur et toute autre personne aux services de laquelle ce dernier recourt pour l'exécution du contrat de transport des dommages aux personnes, au matériel ou à d'autres marchandises, ainsi que des frais encourus en raison de la défectuosité de l'emballage de la marchandise, à moins que, la défectuosité étant apparente ou connue du transporteur au moment de la prise en charge, celui-ci n'ait pas fait de réserves à son sujet.

2 – Lorsqu'au moment de la prise en charge, un défaut d'emballage apparent ou connu du transporteur présente un risque évident pour la sécurité ou l'intégrité des personnes ou des marchandises, le transporteur doit en aviser la personne responsable

de l'emballage et l'inviter à y remédier. Le transporteur n'est pas tenu de transporter la marchandise si, après l'avis, il n'est pas remédié à ce défaut d'emballage dans un délai raisonnable compte tenu des circonstances de fait.

3 – S'il y a bris d'emballage en cours du transport, le transporteur prend les mesures qui lui paraissent les meilleures dans l'intérêt de l'ayant droit à la marchandise et en avise ce dernier. Si l'emballage brisé ou la marchandise qu'il contient présente un risque pour la sécurité ou l'intégrité des personnes ou des marchandises, le transporteur peut, de manière adéquate, décharger immédiatement la marchandise pour le compte de l'ayant droit et en aviser ce dernier. Après ce déchargement, le transport est réputé terminé. Dans ce cas, le transporteur assume la garde de la marchandise ; toutefois il peut la confier à un tiers et n'est alors responsable que du choix de ce tiers. La marchandise reste alors grevée des créances résultant de la lettre de voiture et de tous autres frais.

Déclarations et responsabilité de l'expéditeur

Art. 8 1 – L'expéditeur fournit au transporteur les informations et les instructions prévues à l'article 4, al. 1 de c) à h) ci-dessus et, le cas échéant, celles prévues à l'alinéa 2 du même article.

2 – L'expéditeur est tenu de réparer le préjudice subi par le transporteur ou toute autre personne aux services de laquelle ce dernier recourt pour l'exécution du contrat de transport, lorsque ce préjudice a pour origine soit le vice propre de la marchandise, soit l'omission, l'insuffisance ou l'inexactitude de ses déclarations ou instructions relativement à la marchandise transportée.

3 – L'expéditeur qui remet au transporteur une marchandise dangereuse, sans en avoir fait connaître au préalable la nature exacte, est responsable de tout préjudice subi en raison du transport de cette marchandise. Il doit notamment acquitter les frais d'entreposage et les dépenses occasionnées par cette marchandise et en assumer les risques. Le transporteur peut, de manière adéquate, décharger, détruire ou rendre inoffensives les marchandises dangereuses qu'il n'aurait pas consenti à prendre en charge s'il avait connu leur nature ou leur caractère, et ce sans aucune indemnité.

4 – L'expéditeur qui remet au transporteur des documents, des espèces ou des marchandises de grande valeur, sans en avoir fait connaître au préalable la nature ou la valeur, est responsable de tout préjudice subi en raison de leur transport. Le transporteur n'est pas tenu de transporter des documents, des espèces ou des marchandises de grande valeur. S'il transporte ce type de marchandises, il n'est responsable de la perte que dans le cas où la nature ou la valeur du bien lui a été déclarée. La déclaration mensongère qui trompe sur la nature ou la valeur du bien exonère le transporteur de toute responsabilité.

JURISPRUDENCE OHADA

Marchandises transportées sous la responsabilité directe du propriétaire

Il a été jugé que c'est en violation de l'article 68 de l'AUDCIF et des articles 8, 9, 11, 12 de l'AUCTMR qu'une cour d'appel s'est fondée sur un rapport d'expertise erroné pour en déduire le bien-fondé de la contestation de la clôture du compte courant d'une société, qui dégageait un solde débiteur à sa charge, dès lors que la créance réclamée par la banque est établie, résultant d'une comptabilité régulièrement tenue, et que les marchandises non livrées, objet du financement, étaient transportées sous la responsabilité directe de la société, qui en était l'ultime propriétaire, nonobstant la tierce détention, exposant son arrêt à la cassation (CCJA, 1re ch., n° 184/2023, 26-10-2023).

Jurisprudence comparee

I. Allemagne

Obligation de l'expéditeur exécutant le chargement. L'expéditeur qui accomplit le chargement doit intervenir dans les opérations d'arrimage exécutées par le transporteur ; il y a lieu, en effet, dans le cadre de la division de la responsabilité en vertu de l'article 17-2 en combinaison avec l'article 17-5 CMR de mettre une contribution à la charge de l'expéditeur (Bundesgerichtshof 25-1-2007 : DET 2007.766).

II. Belgique

A. Non-obligation de chargement du transporteur

A défaut de disposition déterminant à qui incombent le chargement et le déchargement des marchandises, le transporteur n'assume pas la responsabilité du dommage subi par un colis lors de ces opérations dans la mesure où il a été uniquement chargé du transport au moyen d'un camion élévateur muni de sangles de fixation sans avoir à accomplir les opérations de chargement/déchargement du matériel transporté (Cour de cassation de Belgique 19-5-2000 : Rev. dr. unif. 2000-4 p. 855).

B. Arrimage adéquat

L'arrimage de la marchandise doit être adéquat et pouvoir résister à une manœuvre de freinage, celle-ci devant être considérée comme normale et pouvant survenir au cours d'un transport routier (T. com. Anvers 1-2-1996 : Tr. Jaco c/ NV Dirk Callant Transport : DET 1996.579).

C. Responsabilité de l'expéditeur

Il revient à l'expéditeur-fabricant qui connaît les spécificités de son produit de procéder à l'arrimage, car il a plus de compétence au regard de ces spécificités qu'un chauffeur de poids lourd et ce, d'autant plus qu'il aurait dû être incité à effectuer l'arrimage convenable dès lors que le transporteur lui avait adressé une remarque, quoique concise, selon laquelle le chargement était asymétrique et déséquilibré (Hof Van Beroep Te Gent 16-1-1999, NV Cigna Insurance Company of Europe c/ NV Intercargo : DET 1999.264).

D. Responsabilité du transporteur

Le transporteur routier qui, en vertu d'un contrat particulier joint à une lettre de voiture CMR signée par lui, accepte la responsabilité de l'arrimage de la marchandise, même lorsque celui-ci a été effectué par l'expéditeur, et qui n'a fait aucune réserve lors de la prise en charge, est responsable des dommages à la marchandise consécutifs à un arrimage défectueux (Rechtbank Van Koophandel Te Mechelen 18-11-1999, Pauwels International nv c/ Alva Transport Salters nv et Alva Transport Salters nv c/ Salters International Ltd : DET 2000.432).

E. Responsabilité partagée entre l'expéditeur et le transporteur

La responsabilité pour cause d'arrimage défectueux doit être partagée entre l'expéditeur et le transporteur, lorsque ce dernier n'a pas vérifié la manière dont l'arrimage a été effectué par l'expéditeur ; cette obligation de vérification lui incombe, non pas en vertu de la convention CMR, mais en vertu du principe juridique général de la bonne foi (Rechtbank Van Koophandel Te Brugge 12-10-1999, N.D. Belgium c/ D.D. Trans nv : DET 2000.552).

III. France

A. Qualité d'expéditeur

Absence. N'a pas la qualité d'expéditeur, partie au contrat de transport :

– celui dont le nom est simplement mentionné sur la feuille de route d'un transporteur, sauf preuve contraire ; de même, aucune présomption ne peut être tirée de la coïncidence du lieu d'enlèvement – les ateliers de l'expéditeur – dès lors que les marchandises s'y trouvent nécessairement entreposées pour l'exécution de la prestation commandée (CA Versailles, 12e ch. 2e sect., 2-10-1997, Sté Transports la loi SARL c/ Sté Ausserdat Rey SA : GP 1998.som.102) ;

– le maître d'ouvrage qui a commandé des travaux de terrassement à un entrepreneur qui a fait enlever les déblais par un transporteur, cet entrepreneur ne pouvant être considéré comme un commissionnaire de transport ; il n'était pas un professionnel du transport et l'opération de transport qu'il avait demandée au transporteur n'était qu'une prestation accessoire à celle de terrassement, les remblais transportés résultant de sa propre activité et n'ayant pas été remis au transporteur par le maître d'ouvrage (CA Paris, 5e ch. A, 26-6-2002, Sté Langlois c/ Sté Colas Ile-de-France Normandie : BTL 2002.16, refusant au transporteur le droit d'invoquer l'action directe en paiement du prix du transport contre le maître d'ouvrage) ;

– le remettant de la marchandise dès lors que ce n'est pas lui qui a donné l'ordre de transport au voiturier (CA Bordeaux 20-9-2011 no 08-7540, TNT Express International c/ GIE Gestion est services groupe Cofinoga : BTL 2011.557).

B. Défaut d'emballage imputable à l'expéditeur

L'expéditeur est responsable :

– lorsqu'il emballe deux ailes d'avion d'un « papier bulle », d'une feuille de plastique et d'un « carton un pli », même si la mention « fragile » a été portée sur le colis, celle-ci ne pouvant en aucun cas compenser un emballage insuffisant (T. com. Bayonne 11-5-1993, Sté Aéro Cellule c/ SCAC : BTL 1993.438, rejetant la demande en dédommagement pour immobilisation de son matériel par le destinataire qui, « bien au fait de la fragilité des colis, aurait dû exiger plus de soins dans l'expédition car il savait qu'en cas d'avaries, l'immobilisation de son appareil serait très allongée ») ;

– lorsque, malgré la fragilité et la valeur du matériel à transporter, il exclut expressément un conditionnement en caisse à claire-voie pourtant nécessaire (CA Paris 19-10-1993, GIE La Réunion européenne c/ Bursped France : BTL 1993.792, partageant la responsabilité pour moitié avec les emballeurs professionnels pour manquement à leur obligation de conseil envers le donneur d'ordre) ;

– lorsqu'il ne prévoit aucun dispositif de nature à assurer la stabilité d'une machine de poids dont le piétement, rapporté à la hauteur, est de nature à favoriser le renversement ; il s'ensuit qu'un conditionnement était nécessaire et que cette machine ne pouvait pas être transportée « à nu » (CA Grenoble 20-1-1999, Sté française de Transports Gondrand Frères c/ Sté MTTM : BTL 1999.236) ;

– lorsqu'il n'immobilise pas les éléments mobiles de l'engin transporté, cette opération relevant de la préparation de celui-ci au transport et non de son arrimage (CA Orléans 30-10-2008 n° 08-1979, ch. com. : Bull. inf. C. cass. 2009 n° 1442).

C. Chargement par l'expéditeur

1° Obligation de l'expéditeur

L'obligation de procéder au chargement a été mise à la charge de l'expéditeur :

– sans justification (CA Paris, 5e ch. A, 30-6-2004, CNA Maritime c/ SARL Carm : BTL 2004.555) ;

– par application du contrat type intérieur qui pour les envois de 3 tonnes et plus désigne le donneur d'ordre, en l'espèce l'expéditeur (CA Paris 3-2-2011 n° 07-01407, ch. 5-5, SARL Carrières de la Belle Dame c/ Axa France : BTL 2011.126).

2° Faute de l'expéditeur

Chargement en dépit de la panne frigorifique constatée. L'expéditeur commet une faute exonérant le transporteur lorsque, malgré la panne du groupe frigorifique du véhicule constatée dès le début des opérations de chargement, il passe outre les instructions du commissionnaire de faire procéder au déchargement du véhicule et poursuit le chargement de celui-ci (CA Grenoble 4-12-1996, Europagro c/ Sté Ir' trans : BT 1997.120).

3° Non-implication de l'expéditeur

L'expéditeur, qui est aussi le vendeur des marchandises expédiées, ne peut être tenu d'un quelconque manquement à l'obligation de surveiller le chargement, dès lors qu'il a vendu ces marchandises « Ex Works », c'est-à-dire mises à disposition à l'usine, non chargées (CA Versailles 27-10-2005, Sté Compagnie suisse d'assurances Helvetia c/ SA Moulinex : RJDA 5/06 n° 530).

D. Désignation incertaine du destinataire

Il est recommandé à l'expéditeur de s'assurer de l'existence du destinataire auquel il adresse la marchandise ; il ne peut reprocher au transporteur d'avoir livré à un faux destinataire dès lors que celui-ci a exécuté ses instructions (TGI Strasbourg 24-11-2006, SA Dreyfus International c/ SAS Schenker : BTL 2007.127).

Période de transport

Art. 9 **Le transport de marchandise couvre la période qui s'étend de la prise en charge de la marchandise par le transporteur en vue de son déplacement, jusqu'à la livraison de ladite marchandise.**

JURISPRUDENCE OHADA

I. Détermination de la période de transport

La période de transport prévue à l'article 9 de l'AUCTMR « s'étend de la prise en charge de la marchandise » jusqu'à la remise, c'est-à-dire jusqu'à la réception de la marchandise par le destinataire pour tous ses contrôles sur l'état de ladite marchandise ; la livraison va donc bien au-delà de l'arrivée sur les lieux. En conséquence, il y a lieu d'observer qu'en l'espèce il n'a pu exister qu'un seul contrat et que le juge d'appel, en relevant que la stipulation dégageant la responsabilité du transporteur en cas d'avarie au moment du déchargement est nulle conformément à l'article 28 de l'Acte uniforme susvisé, n'a en rien violé les articles 9, 13, 16 et 28 de l'AUCTMR. C'est donc à tort qu'il est reproché à l'arrêt attaqué d'avoir fait un amalgame entre la livraison de la marchandise au lieu prévu par le contrat, à la charge du transporteur, et l'enlèvement à la charge du client, d'avoir prorogé la période de transport en l'étendant au déchargement, et qu'en l'espèce une distinction nette devait être faite entre les deux contrats : le transport et la location pour le déchargement (CCJA, 2e ch., no 179, 8-12-2016 : Sté SAGA-CI devenue SDV SAGA puis Bolloré Africa Logistics-CI c/ Sté Petroleum Technical Industry dite PTI, Ohadata J-17-119).

II. Point de départ du transport et preuve de la remise de la marchandise

Il ressort de l'article 9 de l'AUCTMR, malgré les dispositions de l'article 1 du même Acte uniforme, que le transport ne commence qu'à partir de la remise effective de la marchandise par l'expéditeur au transporteur dans les conditions prévues aux articles 4 et 10 de cet Acte. En l'espèce, les parties étant opposées quant à la prise en charge des tôles par le transporteur, condition sine qua non de la responsabilité de celui-ci, il incombe au destinateur, donneur d'ordre, de rapporter, en relation avec l'expéditeur, la preuve que la remise de la marchandise a été faite au transporteur en personne ou à son mandataire. Une telle preuve peut aisément être fournie par l'expéditeur au destinataire au regard des dispositions des articles 4, 7, 8 et 10 de l'AUCTMR. En l'absence d'une telle preuve, aucune faute ne peut être reprochée au transporteur et les demandes de l'appelant doivent être rejetées comme étant mal fondées (CCJA, 3e ch., no 175/2021, 28-10-2021 : Karafe Mumbere Machozi c/ Ndakola Gustave).

III. Impossibilité de prendre en compte un usage non établi entre les parties

La cour d'appel qui a relevé d'une part, que « l'usage conventionnel résulte de comportements répétés et généralisés entre des parties ou dans une branche d'activités qui ont une force contraignante ; [...] il correspond à des règles habituellement suivies par les parties au contrat ; [...] que la règle invoquée comme usage conventionnel doit être générale, ancienne et constante, de sorte qu'une règle, qui n'a reçu qu'une seule application, ne peut être qualifiée d'usage » et, d'autre part, que « la société [X.] ne rapporte que la preuve d'un seul paiement effectué en 2016 par la société [Y.] [...], alors que l'usage ne se déduit pas d'un seul précédent, mais plutôt d'une pratique constante et réitérée dans les rapports entre les parties contractantes [...] » et que le montant de 16 700 000 FCFA payé ne correspond pas au nombre de jours de stationnement nécessaire au chargement et au déchargement des camions, mais plutôt au titre de frais d'immobilisation de trois camions bloqués au Nigéria, pour infirmer le jugement qui lui était déféré, n'a en rien violé l'article 9 de l'AUCTMR (CCJA, 1e ch., no 365/2024, 12-12-2024).

Prise en charge de la marchandise

Art. 10 1 – Lors de la prise en charge de la marchandise, le transporteur est tenu de vérifier :

a) l'exactitude des mentions de la lettre de voiture relatives au nombre de colis, à leurs marques ainsi qu'à leurs numéros ;

b) l'état apparent de la marchandise et de son emballage.

2 – Si le transporteur n'a pas les moyens raisonnables de vérifier l'exactitude des mentions visées à l'alinéa 1 a) du présent article, il inscrit sur la lettre de voiture des réserves qui doivent être motivées. Il doit de même motiver toutes les réserves qu'il fait au sujet de l'état apparent de la marchandise et de son emballage. Ces réserves n'engagent l'expéditeur que si celui-ci les a expressément acceptées sur la lettre de voiture.

3 – L'expéditeur a le droit d'exiger la vérification par le transporteur du poids brut ou de la quantité autrement exprimée de la marchandise. Il peut aussi exiger la vérification du contenu du colis. Le transporteur peut réclamer à l'expéditeur le paiement des frais de vérification. Le résultat des vérifications est consigné sur la lettre de voiture.

4 – En l'absence de réserves motivées du transporteur inscrites sur la lettre de voiture, il y a présomption que la marchandise et son emballage étaient en bon état apparent au moment de la prise en charge et que le nombre de colis, à leurs marques et à leurs numéros, était conformes aux mentions de la lettre de voiture.

JURISPRUDENCE COMPAREE

France

A. Vérification des mentions de la lettre de voiture par le transporteur

1° Impossibilité de vérification

Le transporteur doit spécifier sur la lettre de voiture qu'il n'a pas eu les moyens raisonnables de vérifier (CA Paris 5-4-1990 : BTL 1991.223) ; à défaut, il est tenu pour responsable des pertes constatées à l'arrivée, même s'il n'est pas établi ni allégué que le plomb apposé sur la remorque a été brisé ou changé entre le chargement et le déchargement de la remorque (CA Grenoble 27-2-2002 : BTL 2002.202). Il ne peut davantage dégager sa responsabilité en mentionnant dans la lettre de voiture qu'en cas de transport par remorque plombée il n'est pas responsable de la quantité et de la qualité de la marchandise car les clauses exonératoires de la responsabilité sont nulles en vertu de la CMR (CA Grenoble 27-2-2002, précité).

2° Refus de la marchandise

Le transporteur peut aussi refuser la prise en charge de ladite marchandise lorsqu'il estime qu'elle ne pourra pas supporter le voyage (Cass. com. 15-2-1982 : BT 1982.182).

B. Réserves du transporteur

Réserves imprécises. Ne constitue pas une réserve suffisamment précise la mention portée sur la lettre de voiture dans les termes suivants :
– not examined by carrier ;
– right number of packages on pallets ;
– Real Contents of packages ;
– quality and condition of the goods
(CA Paris, 5e ch. B, 18-10-2007 n° 05-01698, SA Groupama Transoport c/ SARL Jean's Dalton : inédit).

Droit de disposer de la marchandise en cours de route

Art. 11 1 – L'expéditeur a le droit de disposer de la marchandise en cours de route, notamment en demandant au transporteur d'arrêter le transport, de modifier le lieu prévu pour la livraison ou de livrer la marchandise à un destinataire différent de celui indiqué sur la lettre de voiture.

2 – Le droit de disposition appartient toutefois au destinataire dès l'établissement de la lettre de voiture si une mention dans ce sens y est faite par l'expéditeur.

3 – L'exercice du droit de disposition est subordonné aux conditions suivantes :

a) l'expéditeur ou, dans le cas visé à l'alinéa 2 du présent article, le destinataire qui veut exercer ce droit, doit présenter l'original de la lettre de voiture sur lequel doivent être inscrites les nouvelles instructions données au transporteur et dédommager le transporteur des frais et du préjudice qu'entraîne l'exécution de ces instructions ;

b) cette exécution doit être possible au moment où les instructions parviennent à la personne qui doit les exécuter et ne doit ni entraver l'exploitation normale de l'entreprise du transporteur, ni porter préjudice aux expéditeurs ou destinataires d'autres envois ;

c) les instructions ne doivent jamais avoir pour effet de diviser l'envoi.

4 – Lorsque, en raison des dispositions prévues à l'alinéa 3, b) ci-dessus du présent article, le transporteur ne peut exécuter les instructions qu'il reçoit, il doit en aviser immédiatement la personne dont émanent ces instructions.

5 – Le transporteur qui n'aura pas exécuté les instructions données dans les conditions prévues au présent article ou qui se sera conformé à de telles instructions sans avoir exigé la présentation de l'original de la lettre de voiture sera responsable envers l'ayant droit du préjudice causé par ce fait.

Empêchement au transport et à la livraison

Art. 12 1 – Le transporteur doit sans délai aviser et demander des instructions :

a) à l'ayant droit à la marchandise si, avant l'arrivée de la marchandise au lieu prévu pour la livraison, l'exécution du contrat dans les conditions prévues à la lettre de voiture est ou devient impossible ;

b) à l'expéditeur si, après l'arrivée de la marchandise au lieu de destination, pour un motif quelconque et sans qu'il y ait faute de la part du transporteur, il ne peut effectuer la livraison.

2 – Dans le cas prévu à l'alinéa 1, a) ci-dessus, lorsque les circonstances permettent l'exécution du contrat dans des conditions différentes de celles prévues à la lettre de voiture et que le transporteur n'a pu obtenir en temps utile des instructions de l'ayant droit à la marchandise, il prend les mesures qui lui paraissent les meilleures dans l'intérêt de cette personne.

3 – Lorsque la livraison n'a pu être effectuée parce que le destinataire a négligé ou refusé de prendre livraison de la marchandise, celui-ci peut toujours en prendre livraison tant que le transporteur n'a pas reçu d'instructions contraires.

4 – Le transporteur a droit au remboursement des frais que lui causent sa demande d'instructions et l'exécution des instructions, sauf si ces frais sont la conséquence de sa faute.

5 – À compter de l'avis de l'alinéa 1 du présent article, le transporteur peut décharger la marchandise pour le compte de l'ayant droit. Après ce déchargement, le transport est réputé terminé. Le transporteur assume alors la garde de la marchandise et il a droit à une rémunération raisonnable pour la conservation ou l'entreposage de la marchandise. Le transporteur peut toutefois confier la marchandise à un tiers et il n'est alors responsable que du choix judicieux de ce tiers. La marchandise reste grevée des créances résultant de la lettre de voiture et de tous autres frais.

6 – Le transporteur peut faire procéder à la vente de la marchandise sans attendre d'instructions si l'état ou la nature périssable de la marchandise le justifie ou si les frais de garde sont hors de proportion avec la valeur de la marchandise. Dans les autres cas, il peut faire procéder à la vente s'il n'a pas reçu d'instructions dans les quinze jours suivant l'avis. La façon de procéder en cas de vente est déterminée par la loi ou les usages du lieu où se trouve la marchandise. Le produit de la vente est mis à la disposition de l'ayant droit, déduction faite des frais grevant la marchandise. Si ces frais dépassent le produit de la vente, le transporteur a le droit à la différence.

Livraison de la marchandise

Art. 13 1 – Le transporteur est tenu de livrer la marchandise au destinataire au lieu prévu pour la livraison et de lui remettre la copie de la lettre de voiture qui accompagne la marchandise, le tout contre décharge. La livraison doit être faite dans le délai convenu ou, à défaut de délai convenu, dans le délai qu'il est raisonnable d'accorder à un transporteur diligent, compte tenu des circonstances de fait.

2 – Après l'arrivée de la marchandise au lieu prévu pour la livraison, le transporteur est tenu d'aviser le destinataire de l'arrivée de la marchandise et du délai imparti pour son enlèvement, à moins que la livraison de la marchandise ne s'effectue à la résidence ou à l'établissement du destinataire.

3 – Avant de prendre livraison de la marchandise, le destinataire est tenu de payer le montant des créances résultant de la lettre de voiture. En cas de contestation à ce sujet, le transporteur n'est obligé de livrer la marchandise que si une caution lui est fournie par le destinataire.

4 – Sous réserve des droits et obligations de l'expéditeur, le destinataire, par son acceptation expresse ou tacite de la marchandise ou du contrat de transport, acquiert les droits résultant du contrat de transport et peut les faire valoir en son propre nom vis-à-vis du transporteur. Le transporteur ne peut cependant pas être tenu à une double indemnisation vis-à-vis de l'expéditeur et du destinataire pour un même dommage.

JURISPRUDENCE COMPAREE

I. Allemagne

Absence de livraison en cas de remise à un préposé du destinataire non mandaté. La livraison n'a pas pour effet d'achever la période de responsabilité CMR lorsqu'elle est faite à un préposé du destinataire qui n'est pas mandaté pour prendre livraison (Oberster Gerichtshof-Osterreich 12-9-2002 : DET 2004.674).

II. Belgique

A. Faute du transporteur : remise imprudente

Est fautivement négligent et ne peut se prévaloir de la limitation de responsabilité le transporteur qui livre les marchandises sans se soucier de la qualité et de l'identité de la personne à qui il les remet et qui ne peut même pas indiquer l'endroit exact où il les a livrées, tandis qu'il ne peut pas prouver que la description donnée dans la note d'envoi, telle qu'elle est reprise dans la lettre de voiture, était inexacte ou insuffisante pour lui permettre de rechercher l'identité du destinataire (Hof Van Beroep TE Antwerpen 9-3-1998, Jugetra International nv, Jugetra bvba v. Europese Goederen en Reisbagage Verzekerings-maatschappij nv : DET 1998.707).

B. Portée de la signature du destinataire

La signature de la lettre de voiture par le destinataire n'est pas essentielle pour la livraison des marchandises par le transporteur routier (Rechtbank Van Koophandel TC Autwerpen 29-4-1999 : DET 1999.851.

III. Danemark

Absence de faute du transporteur : livraison en Russie. N'est pas responsable d'une délivrance fautive, même si la lettre de voiture mentionne également une autre adresse de livraison (notify), le transporteur qui, étant donné les problèmes fréquents lors de transports internationaux à destination de la Russie, délivre les marchandises conformément aux instructions des préposés du destinataire mentionné dans la lettre de voiture (The Maritime and Commercial Court of Copenhagen, 16-9-1996, Vesta Forsikring c/ J.N. Spedition A/A : DET 1998.70).

IV. France

A. Destinataire

Livraison à un faux destinataire : responsabilité du transporteur. Un transporteur, spécialiste des pays de l'Est, a été tenu pour responsable du dommage consécutif à la saisie de son véhicule, à l'arrivée à la frontière, pour dédouanement irrégulier de la marchandise qu'il avait livrée à Moscou, dès lors que le chauffeur s'était dessaisi des documents sans vérification ou examen bien que le représentant du destinataire ait eu une attitude suspecte, que figurait sur la lettre de voiture CMR l'indication que la vente des marchandises était CIP dans laquelle le dédouanement import incombe à l'acheteur-destinataire et que le transporteur n'avait pris aucun contact avec son donneur d'ordre malgré sa connaissance des risques inhérents aux transports vers l'Est (CA Paris, 5e ch. A, 29-11-2000, SA Adnet c/ Sté Sté Service Trans Europe : BTL 2000.880).

B. Preuve de la livraison

La preuve que la marchandise transportée a été livrée à son destinataire ne résulte pas d'un document qui se borne à constater qu'elle est arrivée en Grande-Bretagne sans autre précision de lieu (CA Versailles 12-11-2009, 12e ch. sect. 2, Sté HDI Gerling c/ SAS Exapaq : BTL 2010.96).

V. Ghana

Preuve de la livraison. Le seul fait que le conducteur n'ait pas signé le bon de commande alors que cette pratique était usuelle entre les parties, bien qu'elle ne soit pas stipulée dans le contrat, ne permet pas à l'acheteur de se libérer de son obligation de payer dès lors que la réalité de la livraison est attestée (Oppong Banahene v. Shell Ghana Limited, Superior Court of judicature in the Supreme Court, civil appeal no. j4/34/2016, 06/04/2017).

VI. Turquie

Responsabilité du transporteur routier au-delà de la remise des marchandises à la douane. En l'absence de disposition en droit turc ou de clause particulière dans le contrat de transport précisant que la responsabilité du transporteur prendrait fin au moment de la livraison des marchandises en douane, la responsabilité du transporteur routier ne prend pas fin avec la livraison des marchandises soumises à dédouanement dans un entrepôt de douane (Cour Suprême de Turquie 4-3-1996 : DET 1997.227).

État de la marchandise et retard à la livraison

Art. 14 1 – Lorsque le transporteur et le destinataire s'entendent sur l'état de la marchandise à la livraison, ils peuvent faire une constatation commune écrite. Dans ce cas, la preuve contraire au résultat de cette constatation ne peut être faite que s'il s'agit de pertes ou avaries non apparentes et si le destinataire a adressé au transporteur un avis écrit indiquant la nature des pertes ou avaries dans les sept jours suivant cette constatation commune, dimanche et jours fériés non compris.

2 – Lorsqu'il n'y a pas de constatation commune écrite de l'état de la marchandise à la livraison, le destinataire doit adresser au transporteur un avis écrit indiquant la nature des pertes ou avaries :

a) au plus tard le premier jour ouvrable qui suit la date de la livraison, en cas de pertes ou avaries apparentes ;

b) dans les sept jours suivant la date de la livraison, dimanche et jours fériés non compris, en cas de pertes ou avaries non apparentes.

3 – À défaut d'avis dans ces délais, la marchandise est présumée reçue dans l'état décrit à la lettre de voiture. Une mention écrite de la perte ou de l'avarie faite sur la lettre de voiture ou sur tout autre document de transport au moment de la livraison satisfait aux exigences d'avis de cet alinéa.

4 – Un retard à la livraison ne peut donner lieu à une indemnité que si un avis écrit est adressé au transporteur dans les vingt et un jours suivant la date de l'avis d'arrivée de la marchandise au lieu prévu pour la livraison ou, le cas échéant, celle de l'arrivée de la marchandise à la résidence ou à l'établissement du destinataire lorsque la livraison doit y être effectuée.

Paiement des créances résultant de la lettre de voiture

Art. 15 1 – Les créances résultant de la lettre de voiture sont payables par le donneur d'ordre avant la livraison, sauf stipulation contraire sur la lettre de voiture.

2 – Si la marchandise n'est pas de la même nature que celle décrite au contrat ou si sa valeur est supérieure au montant déclaré, le transporteur peut réclamer le prix qu'il aurait pu exiger pour ce transport.

3 – Conformément à l'article 13, al. 3 ci-dessus, le transporteur a le droit de retenir la marchandise transportée jusqu'au paiement des créances résultant de la lettre de voiture. Si selon la lettre de voiture, ces sommes sont dues par le destinataire, le transporteur qui n'en exige pas l'exécution avant la livraison perd son droit de les réclamer au donneur d'ordre. En cas de refus de paiement par le destinataire, le transporteur doit en aviser le donneur d'ordre et lui demander des instructions.

4 – Le transporteur a un privilège sur la marchandise transportée pour tout ce qui lui est dû à condition qu'il y ait un lien de connexité entre la marchandise transportée et la créance.

Jurisprudence OHADA

Fausse déclaration non imputable à un tiers au contrat de transport

La preuve de la qualité d'expéditeur de la défenderesse n'étant pas établie, c'est à tort que le requérant lui impute les faits de fausse déclaration du poids de marchandises transportées, alors qu'il est tiers au contrat litigieux ; en déclarant irrecevable l'action en paiement de dommages et intérêts initiée contre la défenderesse, le tribunal n'a pas pu violer l'article 15-2 (CCJA, 1e ch., no 195/2024, 27-6-2024).

Chapitre IV
RESPONSABILITE DU TRANSPORTEUR

Fondement de la responsabilité

Art. 16 1 – Le transporteur est tenu de livrer la marchandise à destination. Il est responsable de l'avarie, de la perte totale ou partielle qui se produit pendant la période de transport, ainsi que du retard à la livraison.

2 – Il y a retard à la livraison lorsque la marchandise n'a pas été livrée dans le délai convenu ou, à défaut de délai convenu, dans le délai qu'il serait raisonnable d'accorder à un transporteur diligent, compte tenu des circonstances de fait.

3 – L'ayant droit peut, sans avoir à fournir d'autres preuves, considérer la marchandise comme perdue en totalité ou en partie, suivant le cas, lorsqu'elle n'a pas été livrée ou n'a été que partiellement livrée trente jours après l'expiration du délai de livraison convenu ou, s'il n'a pas été convenu de délai de livraison, soixante jours après la prise en charge de la marchandise par le transporteur.

4 – Le transporteur est responsable, comme de ses propres actes ou omissions, des actes ou omissions de ses préposés ou mandataires agissant dans l'exercice de leurs fonctions et de ceux de toute autre personne aux services desquels il recourt pour l'exécution du contrat de transport, lorsque cette personne agit aux fins de l'exécution du contrat.

JURISPRUDENCE OHADA

I. Responsabilité du transporteur

A. Application exclusive de l'AUCTMR

C'est à tort qu'une partie qui entend mettre en jeu la responsabilité d'une autre sur le fondement de la mauvaise exécution d'un contrat de transport de marchandises par route, exclusivement régie par l'AUCTMR, se prévaut de la violation du droit interne (notamment les articles 125 et 116 du Régime général des obligations du Mali) (CCJA, 1e ch., n° 195/2024, 27-6-2024).

B. Présomption de responsabilité

Les dispositions des articles 16 et suivants de l'AUCTMR font peser sur le transporteur une présomption de responsabilité dont il ne peut s'exonérer que dans les conditions posées par les articles 17 et suivants du même Acte uniforme. En l'espèce, aucune cause d'exonération de sa responsabilité n'étant invoquée par le second affréteur en transport, il échet de le déclarer responsable du sinistre et de le condamner à en réparer les conséquences dommageables. La demanderesse ayant soutenu sans être démentie que les transformateurs endommagés au cours du transport ont été déclarés hors d'usage, les sommes qu'elle sollicite au titre de ses débours, des frais d'expertise, et à titre de dommage-intérêts doivent lui être allouées, dès lors que les montants réclamés n'ont pas été discutés. Il échet donc de condamner le second affréteur en transport à payer à l'assureur des marchandises transportées la somme de 90 326 969 francs, et de la débouter du surplus de ses prétentions, aucun dommage supplémentaire justifiant l'allocation de dommages et intérêts n'ayant été démontré (CCJA, 3e ch., n° 032, 9-3-2017 : Cie des assurances Colina-Mali SA c/ Sté SCAC Delmas Vieljeux-Mali, dite SDV-Mali, devenue Bolloré Africa Logistics-Mali SA, en abrégé BAL Mali SA, Ohadata J-17-166).

Obs. : sur l'assimilation de l'affréteur en transport au transporteur, voir sous l'art. 23.

L'article 16, al. 1 et 4, de l'AUCTMR fait peser sur le transporteur une présomption de responsabilité dont il ne peut s'exonérer que dans les conditions posées par les articles 17 et suivants du même Acte uniforme. En l'espèce, aucune cause d'exonération de la responsabilité du transporteur et de son préposé ne peut être retenue, dès lors qu'il ressort du procès-verbal d'accident établi par la brigade territoriale de gendarmerie, qui fait foi jusqu'à inscription de faux, de la matérialité des faits constatés, que l'accident résulte d'un excès de vitesse de la part du préposé du transporteur. Il s'ensuit que c'est à bon droit que le tribunal a jugé que la responsabilité du transporteur et de son préposé est engagée de plein droit (CCJA, 3e ch., n° 062/2020, 27-2-2020 : Chanas Assurances S.A. c/ La Société Transport Radjoulene).

C. Appréciation souveraine du juge du fond

Dans un cas où la cour d'appel avait été saisie d'une action en responsabilité contractuelle d'un transporteur d'huile pour perte de marchandises, la cour d'appel a fait une appréciation souveraine des faits qui échappe au contrôle de la CCJA en déduisant des éléments suivants que les raisons des pertes subies n'étaient pas rapportées : « sur un total de [...] 83 camions qui avaient transporté l'huile [...], seuls cinq avaient leurs scellés endommagés ; [...] toutefois, la fluctuation de leurs contenus en terme de manquants était sensiblement égale à celle des camions dont les scellés n'avaient pas été endommagés ; la [demanderesse] n'a émis aucune réserve quant à l'endommagement de cinq scellés ; le remplissage et le dépotage des camions se faisaient de façon contradictoire en présence des deux parties conformément aux clauses contractuelles. En conséquence, le moyen fondé sur la violation de l'article 16 de l'AUCTMR est irrecevable » (CCJA, 3e ch., no 111/2019, 11-4-2019 : Faso Huilerie SARL c/ Ouedraogo Hamado).

II. Responsabilité solidaire du transporteur et de ses préposés ou mandataires

Le transporteur ayant eu pour tâche de transporter à bon port le matériel électrique en cause au destinataire et ayant délégué cette mission à la société de déchargement ; le rapport d'expertise ayant établi sans ambiguïté que la chute du transformateur transporté a occasionné des dommages le rendant impropre à l'utilisation à laquelle il était destiné, cette chute ayant été provoquée par la rupture d'un câble en acier vétuste de la grue de la société qui procédait au déchargement, la responsabilité de ces deux sociétés à l'égard de celle qui leur a confié le transport doit être conséquemment retenue (CCJA, 1e ch., no 131/2020, 30-4-2020 : Saham Assurance-CI c/ Sté GTG-CI).

III. Action en responsabilité

A. Irrecevabilité pour défaut de preuve

L'action en responsabilité exercée contre le transporteur ne peut pas prospérer en l'absence du contrat de transport de marchandises liant le transporteur et l'expéditeur, de la lettre de voiture au sens des articles 2, 3 et 16, al. 4 de l'AUCTMR et du reçu de paiement des frais de transport des marchandises endommagées (TPI Bafoussam (Cameroun), no 9, 1-2-2008 : T. J. c/ L. J., Ohadata J-08-155).

B. Absence de cumul des fondements de l'action

C'est à tort qu'il est reproché à une partie d'avoir invoqué, au soutien de sa demande « deux fondements totalement différents et opposés dans leur régime et non cumulables, à savoir les fondements contractuel et délictuel des dispositions des articles 1147 et 1382 du Code civil (désormais art. 1231-1 et 1240) », violant ainsi la règle de non-cumul des responsabilités ; son action doit de ce fait être déclarée irrecevable, dès lors que, tirant les conséquences de la décision du tribunal ayant retenu l'existence d'un contrat de transport par route entre les parties, la demanderesse a finalement sollicité en appel que soient retenues, comme fondement légal de ses prétentions, les dispositions de l'article 16 de l'AUCTMR ; le grief n'est donc plus actuel et sera déclaré inopérant (CCJA, 1e ch., no 131/2020, 30-4-2020 : Saham Assurance-CI c/ Sté GTG-CI).

IV. Réparation du préjudice

A. Éléments entrant dans la condamnation du transporteur

Sur la réparation, il sera fait droit à la demande de condamnation de la transporteuse à payer le prix d'achat d'un nouveau transformateur afin de remplacer un transformateur indubitablement endommagé ; la somme relative aux frais d'huissiers n'est pas de mise, ceux-ci devant être liquidés dans les dépens ; s'agissant du paiement des honoraires d'expertise, l'expert n'ayant mentionné à la fin de son rapport ni les frais qu'il a exposés, ni ses honoraires, la cour ne peut pas en évaluer le montant et rejette cette demande en l'état. Enfin, il apparaît judicieux pour la cour de regrouper les réclamations faites au titre du retard dans la livraison et du préjudice moral sous les dommages-intérêts ; au regard des éléments en sa possession, la cour fixera souverainement ceux-ci à la somme de 70 000 000 FCFA (CCJA, 1e ch., no 131/2020, 30-4-2020 : Saham Assurance-CI c/ Sté GTG-CI).

B. Condamnation de la société d'assurance du transporteur

Les conventions légalement formées tenant lieu de loi à ceux qui les ont faites, la société d'assurance sera, conformément au contrat la liant à la société transporteuse, tenue à garantie à hauteur de son engagement (CCJA, 1e ch., no 131/2020, 30-4-2020 : Saham Assurance-CI c/ Sté GTG-CI).

JURISPRUDENCE COMPAREE

I. Allemagne

Détermination de l'avarie. Est une avarie au sens de l'article 17, 1 de la CMR une contamination entraînant une diminution de matière (Oberster Gerichtshof-Osterreich 28-2-2001 : DET 2003.131).

II. France

Détermination de l'avarie

Existence : dommage causé par une température dirigée inférieure aux prescriptions. Constitue une avarie, la dépréciation de la marchandise transportée imputable au transporteur ; tel est le cas d'une viande transportée sous température dirigée de France au Maroc et refusée par les services marocains au motif que la température constatée par eux était de – 11,6° alors qu'elle aurait dû être, selon la réglementation applicable, de –18° (CA Paris, 5e ch. B, 2-10-2003, Sté Transports José Carrillo c/ Sté CNA Maritime Insurance Cy Ltd : BTL 2003.814, mettant à la charge du transporteur la différence entre le prix de vente facturé et le prix récupéré à la suite d'une deuxième vente autorisée en Afrique, augmentée du coût du transport).

Exonérations

Art. 17 1 – Le transporteur est exonéré de responsabilité s'il prouve que la perte, l'avarie ou le retard a eu pour cause une faute ou un ordre de l'ayant droit, un vice propre de la marchandise ou des circonstances que le transporteur ne pouvait pas éviter et aux conséquences desquelles il ne pouvait remédier.

2 – Le transporteur est exonéré de responsabilité lorsque la perte ou l'avarie résulte des risques particuliers inhérents à l'un ou à plusieurs des faits suivants :

a) emploi de véhicules ouverts et non bâchés, lorsque cet emploi a été convenu d'une manière expresse et mentionné à la lettre de voiture ;

b) absence ou défectuosité de l'emballage pour les marchandises exposées par leur nature à des déchets ou avaries quand elles sont mal emballées ou pas emballées ;

c) manutention, chargement, arrimage ou déchargement de la marchandise par l'expéditeur ou le destinataire ou des personnes agissant pour le compte de l'expéditeur ou du destinataire ;

d) nature de certaines marchandises exposées, par des causes inhérentes à cette nature même, soit à la perte totale ou partielle, soit à l'avarie, notamment par bris, détérioration spontanée, dessiccation, coulage ou déchet normal ;

e) insuffisance ou imperfection des marques ou des numéros de colis ;

f) transport d'animaux vivants.

3 – Le transporteur ne peut s'exonérer de sa responsabilité en invoquant les défectuosités du véhicule utilisé pour effectuer le transport.

4 – Lorsque le transporteur prouve que, eu égard aux circonstances de fait, la perte ou l'avarie a pu résulter d'un ou de plusieurs de ces risques particuliers, il y a présomption qu'elle en résulte. L'ayant droit peut toutefois faire la preuve que le dommage n'a pas eu l'un de ces risques pour cause totale ou partielle. Dans le cas visé à l'alinéa 2 ci-dessus, la présomption ne s'applique pas s'il y a manquant d'une importance anormale ou perte de colis.

5 – Si le transport est effectué au moyen d'un véhicule aménagé en vue de soustraire les marchandises à l'influence de la chaleur, du froid, des variations de température ou de l'humidité de l'air, le transporteur ne peut invoquer le bénéfice de l'exonération prévu à l'alinéa 3 d) que s'il prouve que toutes les mesures lui incombant, compte tenu des circonstances, ont été prises en ce qui concerne le choix, l'entretien et l'emploi de ces aménagements et qu'il s'est conformé aux instructions spéciales qui ont pu lui être données.

6 – Le transporteur ne peut invoquer le bénéfice de l'alinéa 2 f) du présent article, que s'il prouve que toutes les mesures lui incombant normalement, compte tenu des circonstances, ont été prises et qu'il s'est conformé aux instructions spéciales qui ont pu lui être données.

7 – Si le transporteur ne répond pas de certains des facteurs qui ont causé le dommage, sa responsabilité reste engagée dans la proportion où les facteurs dont il répond ont contribué au dommage.

Jurisprudence OHADA

I. Présomption d'exonération

En application de l'article 17, al. 2-d) de l'AUCTMR, et sous réserve des prescriptions de l'alinéa 4 in fine du même article, la constatation de l'un des faits énumérés à cet alinéa 2-d) emporte présomption d'exonération. En l'espèce, n'a pas méconnu les prescriptions de cet article par le biais de l'insuffisance de motifs la cour d'appel qui, pour illustrer son appréciation souveraine des faits, a indiqué que le premier juge avait pertinemment relevé que « cet état de fait [les pertes d'huile transportée] ne peut s'expliquer que par les lois de la physique eu égard à la nature du produit qui peut subir notamment l'action du soleil ou du temps au cours de son transport », et s'est ensuite fondée sur l'article 17, al. 2-d de l'Acte uniforme précité, pour conclure à l'exonération du transporteur (CCJA, 3e ch., no 111/2019, 11-4-2019 : Faso Huilerie SARL c/ Ouedraogo Hamado).

II. Application exclusive de l'AUCTMR aux exonérations

Sur l'application exclusive de l'AUCTMR relativement aux exonérations de responsabilité, voir (CCJA, 2e ch., no 179, 8-12-2016 : Sté SAGA-CI devenue SDV SAGA puis Bolloré Africa Logistics-CI c/ Sté Petroleum Technical Industry dite PTI, Ohadata J-17-119, jugeant que le motif erroné invoqué par la première branche est devenu surabondant du fait que le paragraphe suivant a aussitôt renvoyé à l'AUCTMR, excluant ipso facto la référence au Code civil. Quant à l'article 1134 (devenu art. 1103) du Code civil, il ne trouve application que si « la convention est légalement formée » alors que l'arrêt déféré a justement retenu que « la clause exclusive de responsabilité contenue dans le contrat de la location annexé au contrat de transport liant les parties dérogeant nécessairement à la responsabilité du transporteur prévue » par l'Acte uniforme est nulle. Doit donc être rejetée la première branche du moyen reprochant à l'arrêt déféré d'avoir violé l'article 1109 (devenu art. 1130) du Code civil en ce qu'il a retenu la responsabilité du transporteur au motif que PTI n'aurait pas eu connaissance de la clause exclusive de responsabilité figurant sur la fiche de location car n'ayant pas apposé la mention « lu est approuvée » avant de signer).

III. Circonstances imprévisibles ou aux conséquences irrémédiables pouvant exonérer le transporteur

L'article 17, al. 1 de l'AUCTMR dont la violation est arguée ne se réfère pas seulement à des « circonstances que le transporteur ne pouvait pas éviter » mais y ajoute « aux conséquences desquelles il ne pouvait remédier » ; sans nul doute ces notions combinées intègrent le caractère imprévisible de l'événement. En l'espèce, les juges du fond ayant écarté la force majeure pour l'ensemble de l'affaire, n'avaient plus obligation à cet égard de distinguer entre le retard et l'avarie. Par rapport à la crise ivoirienne, les juges du fond ont motivé que « … le retard a été consommé par la demanderesse avant même l'explosion de la crise ivoirienne… ». C'est donc à tort qu'il est fait grief à l'arrêt déféré d'avoir condamné la demanderesse à payer diverses indemnités au motif que l'existence d'un événement de force majeure devait être écartée, alors que d'abord au sens de l'article 17, la force majeure est caractérisée dès lors que le dommage ne peut être évité sans qu'il soit besoin que l'événement à l'origine du dommage soit imprévisible ; qu'ensuite deux dommages étant en cause, les juges du fond devaient examiner de façon distincte l'incidence de la force majeure sur le retard et sur l'avarie ; qu'enfin les prétendus manquements s'étant échelonnés tout au long du transport, il était exclu que les juges du fond tiennent la crise ivoirienne ayant débuté le 28 novembre 2010 pour étrangère au dommage. Rejet du moyen (CCJA, 2e ch., no 124, 23-6-2016 : Sté SAGA France anciennement SAGA Trans c/ Sté SOPAM SA, Ohadata J-17-65).

Jurisprudence comparee

I. Allemagne

A. Absence de faute de l'expéditeur

Ne constitue pas une faute de l'expéditeur la non-observation d'une demande unilatérale du transporteur tendant à obtenir la coopération de l'expéditeur dans l'exécution de son obligation de livraison en bonne et due forme (Bundesgerichtshof 13-7-2000 : DET 2000.678).

B. Faute de l'expéditeur

Le transporteur peut objecter à l'expéditeur d'avoir négligé, lors de la conclusion du contrat, d'attirer son attention sur le danger d'un risque de dommage particulièrement élevé (Bundesgerichtshof 20-1-2005 : DET 2005.867).

1o Refus de l'exonération du transporteur

Ne peut se prévaloir de l'exonération de responsabilité prévue à l'article 17 § 2 de la CMR le transporteur qui a négligé :

– nonobstant le fait qu'il est au courant ou supposé être au courant des risques liés à un transport en territoire italien, de programmer son itinéraire de manière à pouvoir utiliser pour les périodes de repos légales des endroits de stationnement protégés et surveillés (Bundesgerichtshof 17-4-1997 : DET 1998.60) ;

– d'engager un second chauffeur afin de ne pas devoir s'arrêter ; même dans le cas où il y aurait le long de l'itinéraire planifié en Italie des aires de stationnement suffisamment protégées et surveillées et qu'en conséquence l'engagement d'un second chauffeur ne serait pas nécessaire (Bundesgerichtshof 28-5-1998 : DET 1999.109) ;

2° Exonération du transporteur

Le transporteur a été exonéré en cas de vol des marchandises alors qu'il se déplaçait en Italie et qu'il avait continué à rouler pendant la nuit sans s'arrêter dans un parking surveillé, car même dans des parkings surveillés, vols et attaques à main armée se produisent fréquemment et il est communément admis qu'il faut davantage d'énergie criminelle pour arrêter un camion en marche et le dévaliser (Bundesgerichtshof 13-11-1997 : DET 1998.829).

Portée de l'exonération du transporteur pour faute de l'expéditeur : nettoyage du véhicule, à sa demande, par l'expéditeur. L'étendue de l'exonération résultant de l'ordre de l'ayant droit (l'expéditeur) ne se limite pas au transport terrestre proprement dit, mais couvre également toutes les instructions obligatoires d'un contrat valablement conclu, pour autant qu'il n'est pas illégal. Dès lors qu'il ne s'est pas seulement réservé le droit de décider de la manière de nettoyer le véhicule, mais aussi le droit de désigner la personne qui doit exécuter le nettoyage, l'ayant-droit est tenu de répondre d'une défectuosité du véhicule qui en résulte. En l'occurrence, il s'agit d'un véhicule de l'ayant droit pour lequel la responsabilité du transporteur énoncée à l'article 17-3 de la CMR ne s'applique pas et sur lequel le transporteur n'avait pas de pouvoir de disposition (Oberster Gerichtshof-Osterreich 28-2-2001 : DET 2003.131).

II. Autriche

Exonération du transporteur. Une attaque à main armée sur l'autoroute constitue un événement inéluctable dans la mesure où un transporteur particulièrement consciencieux n'aurait pas pu empêcher concrètement l'événement de se produire (OHG de Vienne, mai 1995 : Journ. transp. intern. 26-5-1995, 17).

III. Belgique

A. Distinction du vice de la chose et de la nature de la chose

Un vice est une caractéristique non inhérente à la chose, un attribut spécifique anormal, la nature propre de la chose étant précisément son état naturel et normal. Aux termes de l'article 17-2 de la CMR, le transporteur est tenu de prouver sans équivoque l'existence du vice et le fait que ce vice est la cause du dommage. Pour invoquer le bénéfice de l'article 17-4, d de la CMR (MDC n° 25184), il suffit que le transporteur prouve que le dommage a pu être la conséquence de la nature même de la marchandise (Hof Van Beroep Te Gent 10-4-2006, NV Philips Innovative Applicatojns c/ NV Transport de Sauter : DET 2006.829).

B. Faits insurmontables

N'a pu se prévaloir d'événements insurmontables :

– le transporteur qui, sur un trajet dangereux et avec un chargement à risques, s'est arrêté le long de la route en un lieu pas ou peu surveillé (Rechtbank Van Koophandel Te Turnhout 30-6-1997, NV Belgamr e.a. c/ NV Amvrogio : DET 1998.139) ;

– le transporteur qui a créé un risque supplémentaire de vol en prenant en charge, avant le week-end, les marchandises pour les déposer dans son parking dont la porte d'entrée n'était apparemment pas fermée de façon satisfaisante (Hof Van Beroep Te Antwerpen 20-12-1999, Ahlers Bridge NV c/ Tokyo Marine & Fire Insurance Ltd : DET 2000.687).

C. Non-exonération du transporteur

N'a pu se prévaloir d'événements insurmontables :

– le transporteur qui circulait sans raison explicable la nuit sur les routes italiennes et qui s'exposait à un danger imminent en s'arrêtant en cours de route (Rechtbank Van Koophandel Te Gent 11-2-1997, La Réunion Européenne e.a. c/ SA Degrande Burette : DET 1998.121). Dans le même sens, Hof Van Beroep Te Antwerpen 7-11-1995, NV Ziegler c/ NV Deko : DET 1998.114 ;

– le transporteur qui, sur un trajet dangereux et avec un chargement à risques, s'est arrêté le long de la route en un lieu pas ou peu surveillé (Rechtbank Van Koophandel Te Turnhout 30-6-1997, NV Belgamr e.a. c/ NV Amvrogio : DET 1998.139) ;

– le transporteur qui a créé un risque supplémentaire de vol en prenant en charge, avant le week-end, les marchandises pour les déposer dans son parking dont la porte d'entrée n'était apparemment pas fermée de façon satisfaisante (Hof Van Beroep Te Antwerpen 20-12-1999, Ahlers Bridge NV c/ Tokyo Marine & Fire Insurance Ltd : DET 2000.687).

D. Exonération du transporteur

A pu se prévaloir d'événements insurmontables le transporteur dont les marchandises ont été endommagées par un accident de la circulation dû à l'écart soudain vers la gauche d'un véhicule venant en sens inverse (Rechtbank Van Koophandel Te Antwerpen 31-10-1997, Ceca SA v. Apers-Van Schoote BVBA : DET 1998.835).

E. Preuve de l'existence d'une cause exonératoire présumée

Le transporteur peut invoquer la cause exonératoire écartant la présomption de responsabilité qui pèse sur lui en apportant la preuve du fait constitutif de cette cause, mais cette preuve ne doit pas consister nécessairement en une réserve faite par le transporteur au moment de la prise en charge de la marchandise (Cour de cassation de Belgique 9-12-1999, Van Asten bvba c/ Mercator nv : DET 2000.386).

IV. Danemark

Non-exonération du transporteur. Le transporteur ne peut pas invoquer, pour s'exonérer de sa responsabilité, le caractère insurmontable du vol à main armée dont son véhicule a été l'objet en Italie alors qu'il a négligé, bien qu'il fût au courant – ou qu'il aurait dû l'être – des risques liés à un transport routier international à destination de l'Italie, de planifier son itinéraire de manière à pouvoir utiliser des endroits de stationnement dûment protégés et surveillés (Danish Supreme Court 24-6-1997, Foroya Sjovatrygging c/ PK Transport : DET 1998.52).

V. France

A. Événements non insurmontables n'exonérant pas le transporteur

Ne constituent pas un événement insurmontable :

– l'agression d'un chauffeur en Italie ligoté et bâillonné dans sa cabine alors qu'il dormait car, compte tenu de la fréquence des vols dans ce pays, le conducteur aurait dû faire stationner son véhicule sur un parking gardé (T. com. Paris, 10-11-1993, Allianz c/ Calberson : BTL 1994.320). Dans le même sens, Cass. com. 29-2-2000, SARL Spanghero Viandes Abattoir c/ Cie Assurances Générales de France : RJDA 4/00 n° 414 ;

– le vol du véhicule dès lors que le stationnement de celui-ci dans un lieu clôturé par un grillage sans aucune surveillance efficace ne suffit pas à libérer le transporteur auquel il appartenait, surtout lors du long week-end du 15 août, de prendre les précautions nécessaires pour éviter un tel vol (T. com. Paris 23-2-1994, Firestone France c/ Sté Sogetra : BTL 1994.304) ;

– le vol de marchandise tandis que le véhicule était en stationnement en dehors d'un parking surveillé, sur une route italienne où l'avait laissé le chauffeur en quête de secours pour réparer une panne (Cass. com. 25-10-1994, Cie Le Continent c/ La Concorde : BTL 1994.827) ;

– le vol d'un véhicule par des malfaiteurs même si le chauffeur s'est trouvé dans l'obligation imprévisible d'abandonner son véhicule quelques instants sans pouvoir le placer sous une surveillance adéquate, cette absence ayant duré suffisamment longtemps pour permettre aux malfaiteurs de reconnaître le chargement en découpant la bâche de la remorque, de fracturer l'une des portes, de neutraliser le dispositif antivol et de disparaître avec le semi-remorque (CA Paris 20-2-1996, Plaisance c/ Axa Assurances : BTL 1996.658) ;

– un accident de la route qui a provoqué la détérioration de la marchandise transportée (un châssis d'autobus) ; à supposer que la collision mette en cause la responsabilité d'un tiers, elle est dépourvue de tout caractère exonératoire de la garantie pesant de plein droit sur le transporteur dans le cadre des rapports nés du contrat de transport (Cass. com. 3-3-1998, Helvétia c/ Sté Moncassin : BTL 1998.212) ;

– la disparition de la marchandise dont le chargeur n'a jamais reçu paiement faute de livraison à son réel destinataire, le doute devant profiter au donneur d'ordre, lorsqu'il résulte du rapport de l'enquête effectuée sur place et des informations données que les tampons et sceaux de cette entreprise apposés à l'arrivée sur la lettre de voiture étaient faux, que de faux cachets des services douaniers de Saint-Pétersbourg ont été apposés sur les documents et que la marchandise n'a pas été dédouanée par ces services (CA Paris, 5e ch. B, 2-4-1998, Sté Aig Europe c/ Sté Willi Betz France : BTL 1998.399, 2e esp.) ;

– le fait qu'au cours d'un transport venant de Marrakech et transitant par Casablanca et Cadix, suivant un itinéraire notoirement exposé aux réseaux clandestins d'immigration, des passagers ayant causé des dommages à la marchandise transportée se soient introduits dans le semi-remorque plombé par le toit en polyester, même si les conditions d'introduction étaient peu prévisibles et difficilement envisageables (CA Limoges, ch. civ., 30-11-2000, Sté Limousine de transports Internationaux (SLTI) c/ Gan : BTL 2000.875) ;

– le fait pour le chauffeur qui s'était présenté au lieu prévu pour le dédouanement et la livraison de la marchandise où il avait déposé ses documents à la demande de deux personnes qu'il a estimé être les représentants du destinataire, l'une étant munie du passeport de ce dernier, d'avoir accepté de modifier le lieu de livraison sans que lui soit précisée la localisation du nouveau lieu, puis de prendre les intéressés à bord de son véhicule ; le chauffeur ne pouvait invoquer qu'il avait ainsi suivi les instructions données par le « destinataire » avant le vol des marchandises, alors qu'il ne rapportait pas la preuve d'une mention en ce sens figurant sur la lettre de voiture ou que le deuxième exemplaire du document avait été régulièrement remis au « destinataire » ou qu'après l'arrivée de la marchandise au lieu prévu pour la livraison, celui-ci avait demandé à qui de droit que ledit exemplaire lui soit remis et que la marchandise lui soit livrée, le tout contre décharge

(CA Paris, 5e ch. A, 19-9-2001, SARL Sogeca c/ Balalaev : BTL 2001.712) ;
– la livraison par le chauffeur à un faux destinataire dont il n'a pas vérifié le numéro de passeport alors que les instructions reçues du donneur d'ordre lui en faisant expressément l'obligation (CA Reims 17-1-2001, Sté Zlinska Dopravni c/ Axa Glogal Risks : BTL 2002.90) ;
– la perturbation du fonctionnement de l'entreprise ; ainsi, ne rentre pas dans le cas d'un événement insurmontable le vol commis par une attaque à main armée sur une aire de stationnement non gardée, car les aires gardées étant soit trop près soit trop loin, le transporteur n'avait pas prescrit au chauffeur, dans ses directives, l'arrêt dans les aires gardées pour éviter de sacrifier la majeure partie d'une journée de travail (Cass. com. 2-6-2004, Sté Helvetia c/ SA Transports Nicolas Brioude : RJDA 11/04 n° 1214). Dans le même sens, Cass. com. 5-7-2005, Sté Massa Pneus c/ Cie Axa : BTL 2005.507 ;
– le piège tendu par de faux policiers à l'occasion de la traversée de la Pologne, pays connu pour l'insécurité du trafic routier, un samedi, jour où la circulation était interdite aux poids lourds, dès lors que cela interdisait au chauffeur de pouvoir compter sur l'aide d'autres chauffeurs en roulant en convoi comme il est recommandé, et que le chauffeur a aggravé ce risque en déclarant, pour justifier sa présence sur les routes en dépit de l'interdiction, qu'il transportait du chocolat, transport autorisé le samedi, alors que cette denrée est particulièrement prisée des voleurs en raison de son importante valeur commerciale (CA Rouen, 2e ch., 15-4-2004, Sté Belgruzavtorans c/ Sté Nestlé World Trade Corporation : BTL 2004.770) ;
– le vol de marchandises à bord d'un véhicule arrêté sur un parking sécurisé, mais facilité par le fait que le véhicule était garé près du grillage d'accès du site, par lequel les voleurs s'étaient introduits en le découpant, et que les portes arrière faisaient face au grillage permettant ainsi la rapidité du vol (CA Orléans, ch. com., 28-2-2008 n° 06-03378 : Bull. inf. C. cass. 2008 n° 800) ;
– des vents violents dont il n'est pas établi qu'ils se sont produits au moment où le camion s'est renversé (CA Lyon, 3e ch., 6-3-2008, Sté Frieght Management Ltd c/ Sté Groupama transport : BTL 2008.590) ;
– le vol commis par le chauffeur, avec deux autres comparses, le comportement malveillant d'un subordonné salarié ne constituant pas un événement extérieur (CA Versailles 3-7-2008, 12e ch. set. 1, SAS SITS c/ SNC Lanson International Diffusion : BTL 2009.614) ;
– le vol d'une remorque et de son contenu dès lors que, bien que la remorque bâchée ait été stationnée dans un parking clos, le stationnement a perduré pendant tout un week-end, ce parking n'était ni « gardienné » ni équipé de dispositifs particuliers, la remorque n'étant pas elle-même munie d'une béquille antivol, que le voiturier estimait lui-même la valeur de la marchandise à 32 000 € et que la clôture du parking était « fermée par une porte en acier et un câble en acier tout autour » et qu'il avait suffi de « sectionner le câble pour donner accès au parking » (CA Lyon 3-11-2009, Cie Onderlinge c/ Generali France : BTL 2009.694) ;
– la perte de la marchandise remise à un transporteur qui s'est substitué de faux transporteurs, lesquels ont disparu avec la cargaison, peu important que le transporteur requis ait procédé à la vérification de la copie de la licence et de la police du substitué (CA Versailles 12-6-2002 n° 10/07667, ch. 12, Cotrama Logistique c/ SA International Insurance cy : BTRL 2012.455) ;
– le vol à main armée de marchandises sensibles survenu alors que, au mépris des consignes de sécurité, le transporteur avait emprunté une route secondaire avec un véhicule dépourvu de GPS (CA Reims 16-10-2012 n° 11/00965, SA Aviva c/ Moët et Chandon : BTL 2012.712).

B. Événements insurmontables exonérant le transporteur

1° Justifications insuffisantes

Sont impropres à établir le caractère insurmontable de l'incendie survenu à la cargaison les motifs qui relèvent que l'aire de stationnement sur laquelle le véhicule du transporteur était arrêté est habituellement utilisée par les poids lourds ou qu'il n'est pas établi que le préposé du transporteur pouvait arrêter son véhicule sur une aire sécurisée ou gardée, que l'utilisation d'un parcours hors réseau autoroutier ne constitue pas une faute et que le sinistre n'a pas pour cause une défectuosité du véhicule servant au transport (Cass. com. 13-9-2011 n° 10-16.747 F-D : RJDA 1/12 n° 50.som.).

2° Applications

Le transporteur a été exonéré de sa responsabilité :
– lorsque le vol du camion et de son chargement sont survenus pendant que les préposés de l'expéditeur chargeaient les marchandises à l'intérieur du camion du transporteur, l'expéditeur ayant un pouvoir de contrôle, de direction et de surveillance sur ce véhicule ainsi que sur son contenu et assumant la garde de celui-ci (Cass. com. 20-1-1998, Sté Gan assurances c/ Sté Transports Foissin et Cie : RJDA 5/98 n° 593) ;
– lorsque le vol du camion et de sa cargaison a été effectué dans les circonstances suivantes, établies par divers documents : le chauffeur se trouvant au volant de son camion a été arrêté le 23 juillet 1996 sur la route de Minsk, de jour, vers 11 h, à 70 km de Moscou, par deux inconnus en uniforme d'officiers

appartenant à la police de la route en tenue, se tenant auprès d'un véhicule équipé d'un gyrophare et ne pouvant qu'obtempérer, alors qu'il n'avait commis aucune imprudence, roulant de jour sur une route importante ; il ne pouvait donc éviter les circonstances de cette arrestation ; qu'après cette arrestation, le chauffeur a été invité à rentrer dans le véhicule des miliciens dans lequel se trouvait un individu se présentant comme le représentant de la douane et où sont venus le rejoindre deux autres individus qui, « tout en le menaçant, lui ont bandé les yeux, l'ont entraîné dans la forêt, l'ont obligé à boire de la vodka puis l'ont roué de coups lui infligeant des lésions corporelles de gravité moyenne » ; à la suite de ces coups, le chauffeur s'est évanoui et quand il a repris connaissance, il faisait nuit, il était ligoté et recouvert de branchages ; en conséquence, seul contre trois, le chauffeur ne pouvait se défendre contre l'agression violente à laquelle il a été soumis et aucune faute, imprudence ou manque de courage ne pouvaient lui être reprochés (T. com. Nanterre 3-4-1998, Sté Fralib c/ Sté Albingia : BTL 1998.399, 1e esp.). Dans le même sens, lorsque :

– le chauffeur a été menacé d'armes à feu et retrouvé menotté dans sa cabine, l'itinéraire qu'il avait emprunté – défini par l'ordinateur de la société – ayant été retenu comme le plus court, CA Reims 27-6-2001, Sté Axa Corporaate c/ Sté SCAC : BTL 2002.186 ; le chauffeur s'est vu intimer l'ordre de s'arrêter par les occupants d'un véhicule bleu à gyrophare car il a pu légitimement croire à l'existence d'un contrôle routier par de vrais policiers le contraignant à s'arrêter, CA Amiens 24-5-2012 nº 10/01782, ch. économique, SAS Coulée c/ Euro France : BTL 2012.390.

– lorsque le véhicule a été volé alors que le chauffeur l'avait quitté, en laissant les clés sur le tableau de bord, afin de consulter un plan détaillé d'une ZAC dans laquelle se trouvait l'entreprise destinataire de la marchandise transportée, attendu que l'agression du chauffeur a eu lieu à 8 heures du matin, à un moment d'affluence, que les zones artisanales ou industrielles sont des endroits où l'on peut facilement s'égarer, raison pour laquelle il existe des plans des lieux que les visiteurs peuvent consulter ; que rien ne démontre que la détermination des agresseurs aurait diminué si le chauffeur avait retiré les clés du tableau de bord ; qu'une ZAC n'est pas une zone de non-droit et qu'il n'appartient pas à ce tribunal de décider que le fait de quitter son véhicule pour consulter un plan, en France, constitue « une circonstance que l'on pouvait éviter » (T. com. Paris, 1e ch., 26-1-1998, Cie Uni Europe c/ SA Groupeco : GP 1999.som.635) ;

– lorsque le véhicule qui roulait, en Russie, sur une route mouillée dans des conditions météorologiques difficiles, avec une visibilité limitée à 35 m, en feux de croisement, a été heurté dans son couloir de circulation par un autre véhicule non éclairé, tracté par un autre véhicule et qui s'était décroché de son attelage (CA Paris, 5e ch. A, 16-1-2002, Cie Royal et Sun Alliance c/ SA Edouard Dubois et Fils : BTL 2002.168) ;

– lorsque l'incendie qui s'était déclaré au niveau de l'essieu arrière de la semi-remorque et qui avait endommagé les marchandises était dû à un caillou qui s'était logé entre les pneus arrière, ce qui avait provoqué leur échauffement et l'incendie (T. com. Nanterre 12-12-2008, Sté Snecma moteurs c/ SDV Logistique : BTL 2009.45, confirmé en appel CA Versailles 8-4-2010, Sté Snecma Moteurs c/ SDV Logistique : BTL 2010.255 et, sur pourvoi, Cass. com. 28-6-2011 nº 10-18.982 : BTL 2011.443).

3º Faute de l'expéditeur

Constituent une faute de l'expéditeur :

– l'absence de renseignement sur la hauteur inusitée du centre de gravité d'une machine (Cass. com. 5-7-1977 : BT 1977.402) ;

– l'absence d'un document nécessaire au dédouanement (nº 25071) ; mais le transporteur n'est pas exonéré par la faute de l'expéditeur consistant dans le retard de transmission d'un document douanier dès lors qu'il n'a pas pris toutes les mesures nécessaires pour abriter les marchandises pendant la période d'attente (CA Paris 3-11-1977 : BT 1978.14) ;

– le défaut de remise des documents nécessaires à un transport international de marchandises dangereuses (CA Colmar 12-12-1993 : BTL 1995.793) ; mais il n'est pas fautif de ne pas avoir suffisamment explicité sur la lettre de voiture le caractère dangereux des marchandises dès lors que le transporteur a pu en connaître la nature par d'autres moyens (Cass. com. 16-10-1990 : BT 1990.797) ;

– les instructions qui ne permettent pas au transporteur de prendre les mesures adéquates pour assurer la sécurité des marchandises, telles qu'absence de mention du caractère sensible de la marchandise, de l'existence d'un précédent vol de marchandises dans les mêmes circonstances, l'ordre de respecter un horaire de livraison après la fermeture de la partie sécurisée de l'enceinte portuaire désignée (CA Douai, ch. 2 sect. 1, 15-3-2007, SAS Maersk Legitics France c/ SA MMA IARD : BTL 2007.258).

4º Absence de faute de l'ayant droit

L'ayant droit à la marchandise n'a pas commis de faute :

– lorsqu'il a refusé de payer le prix du transport au motif que la marchandise présentée par le transporteur ne comportait pas le marquage attendu, dès lors que ce défaut était imputable au transporteur qui, s'étant présenté trop tôt chez le logisticien devant procéder à l'étiquetage, a livré la marchan-

dise telle quelle (CA Montpellier 25-1-2011 n° 09-08548, SAS Sofrice c/ Sté Agragent : BTL 2011.94) ;
– lorsqu'il a remis la marchandise sans l'étiquetage prévu au contrat dès lors que ce défaut, qui a conduit le destinataire à refuser la livraison de la marchandise non étiquetée, a été imputé au transporteur qui, devant se présenter chez l'expéditeur entre 18 et 20 heures afin de permettre cette opération, s'est présenté en début d'après-midi.

5° Absence de vice propre exonératoire

N'apporte pas la preuve d'un vice propre :
– le transporteur qui invoque la proximité de la date limite de consommation dès lors que la marchandise (légumes surgelés) a été achetée non pour être vendue au consommateur mais pour être transformée par dessèchement, ce dernier étant parfaitement compatible avec cette péremption (CA Paris 19-6-1997 : BTL 1997.643) ;
– le transporteur qui a effectué un transport au moyen d'un véhicule aménagé en vu de soustraire les marchandises à l'influence de la chaleur, du froid, des variations de température ou de l'humidité de l'air et qui ne fournit pas la preuve que toutes les mesures lui incombant compte tenu des circonstances ont été prises en ce qui concerne le choix, l'entretien et l'emploi de ces aménagements et qu'il s'est conformé aux instructions spéciales qui ont pu lui être données (Cass. com. 8-12-1998, Sté FIT c/ Sté Socavia : BTL 1999.352).

VI. Ghana

Preuve de la livraison

Le seul fait que le conducteur n'ait pas signé le bon de commande alors que cette pratique était usuelle entre les parties, bien qu'elle ne soit pas stipulée dans le contrat, ne permet pas à l'acheteur de se libérer de son obligation de payer dès lors que la réalité de la livraison est attestée (Oppong Banahene v. Shell Ghana Limited, Superior Court of judicature in the Supreme Court, civil appeal n°. j4/34/2016, 06/04/2017).

VII. Irak

Exonération pour force majeure

Le transporteur est exonéré lorsqu'il prouve que la perte des marchandises est due à une cause étrangère indépendante de sa volonté. Il en est ainsi lorsque le camion transportant les biens a été pillé avant l'arrivée à destination. Le procès-verbal enregistré auprès du commissariat de police atteste du pillage du camion et de l'agression du chauffeur par un groupe armé qui s'est emparé du véhicule (Cass. féd. 10-2-2011, pourvoi 84, http://qanoun.iraqja.iq/view.1550/).

VIII. Pays-Bas

Non-exonération du transporteur. N'est pas admis à invoquer :
– une cause exonératoire, le transporteur qui ne prouve pas qu'il a pris, dans les circonstances données, toutes les mesures qu'on est en droit d'attendre raisonnablement de la part d'un transporteur diligent – en ce compris les personnes qui l'assistent dans l'exécution du contrat. Le transporteur n'a en effet pas démontré suffisamment avoir satisfait à cette exigence de diligence : à son arrivée le soir, il a garé son camion devant la grille fermée d'un terrain industriel éclairé et n'a pas parcouru 50 à 60 km de plus afin de trouver une aire de stationnement protégée. N'étant pas établi qu'en dérogeant ainsi aux réglementations concernant les temps de roulage, il eût mis la sécurité de la circulation en danger, la cour a estimé qu'il ne s'agissait que d'une dérogation limitée et donc fondée (Hoge Raad Der Nederlanden 17-4-1998, Gebr. Oegema B.V. c/ Amev Schadeverzekering NV : DET 1999.82) ;
– le vol perpétré par des personnes déguisées en agents de police qui obligent le chauffeur à s'arrêter, le transporteur qui a fait véhiculer des marchandises susceptibles d'être volées par un seul chauffeur n'ayant jamais auparavant voyagé sur la destination prévue et transportant ces marchandises pendant les heures creuses de la circulation et qui n'a pas fait effectuer le transport en convoi (Hoge Raad der Nederland 24-4-2009 : DEF 2009.707).

Limites de responsabilité

Art. 18 **1 – L'indemnité pour avarie ou pour perte totale ou partielle de la marchandise est calculée d'après la valeur de la marchandise et ne peut excéder 5 000 FCFA par kilogramme de poids brut de la marchandise. Toutefois, lorsque l'expéditeur a fait à la lettre de voiture une déclaration de valeur ou une déclaration d'intérêt spécial à la livraison, l'indemnité pour le préjudice subi ne peut excéder le montant indiqué dans la déclaration.**

2 – Dans le cas d'une déclaration d'intérêt spécial à la livraison, il peut être réclamé, indépendamment de l'indemnité prévue à l'alinéa 1, et à concurrence du

montant de l'intérêt spécial, une indemnité égale au dommage supplémentaire dont la preuve est apportée.

3 – En cas de retard, indépendamment de l'indemnité prévue à l'alinéa 1 du présent article pour l'avarie ou la perte de la marchandise, si l'ayant droit prouve qu'un dommage supplémentaire a résulté du retard, le transporteur est tenu de payer pour ce préjudice une indemnité qui ne peut dépasser le prix du transport.

JURISPRUDENCE OHADA

Condamnation du transporteur

En présence d'une déclaration de valeur, le transporteur doit être déclaré responsable des pertes et condamné au paiement de la somme totale représentant la valeur déclarée des marchandises perdues et non celle de leur valeur réelle (CA Zinder (Niger), n° 24, 27-4-2006 : A. O. dit Abani, c/ O. S., Ohadata J-10-289).

Obs. : dans le cas d'espèce, l'expéditeur a déclaré une valeur différente (et moindre par rapport à la valeur réelle) afin de se soustraire au paiement de frais exorbitants de douane. À la réception de ses marchandises, l'expéditeur a voulu être indemnisé sur la base de la valeur réelle des sept cartons manquants. En faisant application de l'article 18 de l'AUCTMR, les premiers juges tiennent compte de la valeur déclarée, et la cour d'appel confirme cette décision qui procède d'une application juste de l'article 18. Cet arrêt fait œuvre éducatrice, car il sensibilise les expéditeurs à réfléchir aux conséquences de la déclaration d'une valeur différente de celle des biens à transporter dans la lettre de voiture. Ainsi, il convient de choisir entre la déclaration de la valeur réelle avec pour conséquence des frais de douane élevés mais une couverture plus étendue en cas d'avarie ou de perte des objets et la déclaration d'une valeur réduite impliquant, comme ce fut le cas en l'espèce, une réparation a minima en cas de perte ou d'avarie.

JURISPRUDENCE COMPAREE

Royaume-Uni

Réparation des préjudices autres que ceux inhérents aux pertes et avaries. La responsabilité du transporteur peut être retenue pour la perte de produits chimiques et la perte de production qui résultent de la prise en charge par erreur d'une mauvaise citerne et la livraison à la raffinerie du mauvais chargement (Queen's Bench Division, commercial court 29-10-1992, Shell Chemicals UK LTD c/ P & O Roadways Ltd : DET 1993.276).

Calcul de l'indemnité

Art. 19 1 – La valeur de la marchandise est déterminée d'après le prix courant sur le marché des marchandises de même nature et qualité au lieu et au moment de la prise en charge. Pour le calcul de l'indemnité, la valeur de la marchandise comprend également le prix du transport, les droits de douane et les autres frais encourus à l'occasion du transport de la marchandise, en totalité en cas de perte totale, et au prorata en cas de perte partielle ou d'avarie.

2 – En cas d'avarie, le transporteur paie le montant de la dépréciation calculé d'après la valeur de la marchandise. Toutefois, l'indemnité pour avarie ne peut dépasser :

a) le montant qu'elle aurait atteint en cas de perte totale, si la totalité de l'expédition est dépréciée par l'avarie ;

b) le montant qu'elle aurait atteint en cas de perte de la partie dépréciée, si une partie seulement de l'expédition est dépréciée par l'avarie.

3 – L'ayant droit peut demander les intérêts de l'indemnité. Ces intérêts, calculés à raison de cinq pour cent l'an, courent du jour de la réclamation adressée par écrit au transporteur ou, s'il n'y a pas eu de réclamation, du jour de la demande en justice ou de la demande d'arbitrage.

4 – En cas de transport inter-États, lorsque les éléments qui servent de base au calcul de l'indemnité ne sont pas exprimés en FCFA, la conversion est faite d'après le cours du jour et du lieu de paiement de l'indemnité ou, le cas échéant, à la date du jugement ou de la sentence.

JURISPRUDENCE COMPAREE

I. Allemagne

A. Évaluation de la marchandise

1° Valeur abstraite

La réparation dûe par le transporteur est calculée à partir de la valeur abstraite des marchandises sans tenir compte des possibilités réelles de vente (Bundesgerichtshof 15-10-1992 : DET 1993.740).

2° Prix de revente

En cas de revente, le prix de vente du revendeur est en principe déterminant, lorsque la marchandise a déjà été revendue avant réception par le transporteur ; le prix de la facture n'est qu'une indication pour la valeur du marché ou la valeur habituelle (Oberster Gerichtshof 8-7-2004 : DET 2005.734).

B. Dépréciation totale ou partielle de la marchandise transportée

Il faut partir d'une analyse économique basée sur des critères objectifs pour apprécier si les dommages survenus à des pièces séparées lors d'une expédition, entraînent une dépréciation de valeur de la totalité de l'envoi, au sens de l'article 25, al. 2 a de la CMR ; il ne peut, en principe, être question de perte de la valeur totale lorsque l'acquisition d'une pièce de rechange ou la réparation de la pièce endommagée en temps utile est possible et permet une réparation complète de la chose dans son ensemble (Bundesgerichtshof 6-2-1997 : DET 1998.701).

II. France

A. Évaluation du préjudice

A défaut de rapporter la preuve d'un préjudice plus important, celui-ci doit être fixé au montant de la remise en état ; s'agissant d'avaries légères (chocs) à des compresseurs de réfrigérateurs, l'ayant droit ne peut prétendre à une indemnité pour perte totale selon le cours de bourse ou la valeur usuelle sans prouver ce préjudice (Cass. com. 25-11-1997, Transports Lesage c/ Sté Tr. Fromilhague : BTL 1997.852 ; DET 1999.248).

B. Estimation de la marchandise

La marchandise doit être évaluée :

– à la valeur qu'elle a pour le destinataire et non à celle qu'elle présente pour l'expéditeur, c'est-à-dire à la valeur pour laquelle n'importe qui se trouvant dans la situation du destinataire peut se procurer ladite marchandise (T. com. Paris 3-12-1996, Cie Black Sea et Baltic c/ Huhne et Nagel : BTL 1997.182) ;

– s'agissant de marchandises d'exportation temporaire, à leur valeur au jour de leur départ provisoire de France (CA Chambéry 24-6-1997, Sté Europe Moyen-Orient Collomb Moret c/ Cie Allianz : BTL 1997.667).

Responsabilité extracontractuelle

Art. 20 1 – Les exonérations et limites de responsabilité prévues par le présent Acte uniforme sont applicables dans toute action contre le transporteur pour préjudice résultant de pertes ou dommages subis par la marchandise ou pour retard à la livraison, que l'action soit fondée sur la responsabilité contractuelle ou extracontractuelle.

2 – Lorsqu'une action pour perte, avarie ou retard est intentée contre une personne dont le transporteur répond aux termes de l'article 16, al. 4 ci-dessus, cette personne peut se prévaloir des exonérations et des limites de responsabilité prévues pour le transporteur dans le présent Acte uniforme.

Déchéance du droit à l'exonération et à la limitation de responsabilité

Art. 21 1 – Le transporteur n'est pas admis au régime de l'exonération de la limitation de responsabilité prévue au présent Acte uniforme, ni à celui de la prescription prévu à l'article 25 ci-après, s'il est prouvé que la perte, l'avarie ou le retard à la livraison résulte d'un acte ou d'une omission qu'il a commis, soit avec l'intention de provoquer cette perte, cette avarie ou ce retard, soit témérairement et en sachant que cette perte, cette avarie ou ce retard en résulterait probablement.

2 – Nonobstant les dispositions de l'alinéa 2 de l'article 20 ci-dessus, un préposé ou un mandataire du transporteur ou une autre personne aux services desquels il recourt pour l'exécution du contrat de transport, n'est pas admis au bénéfice de l'exonération de responsabilité et de la limitation de l'indemnisation prévue dans le présent Acte uniforme, ni à celui de la prescription prévue à l'article 25, s'il est prouvé que la perte, l'avarie ou le retard à la livraison résulte d'un acte ou d'une omission qu'il a commis dans l'exercice de ses fonctions, soit avec l'intention de provoquer cette perte, cette avarie ou ce retard, soit témérairement et en sachant que cette perte, cette avarie ou ce retard en résulterait probablement.

Jurisprudence OHADA

I. Conditions de l'exclusion du transporteur du régime de la limitation de responsabilité

Il résulte de l'article 21 de l'AUCTMR que pour exclure le transporteur du régime de la limitation de responsabilité, la preuve de deux éléments est exigée : d'une part, un acte ou une omission du transporteur et, d'autre part, son intention de causer le préjudice ou sa connaissance de la probabilité de réalisation du préjudice du fait de la témérité de son acte ou omission. En l'espèce, la cour d'appel, qui a considéré la mention figurant au rapport d'expertise selon laquelle le camion-remorque ayant servi au transport de la marchandise n'est pas adapté pour ce type de marchandises classé hors gabarit, pour retenir que la société [X.], qui a la qualité de professionnelle du transport de marchandises de ce genre, s'est contentée de confier la réalisation effective du transport à la société [Y.], sans vérifier que celle-ci disposait des moyens nécessaires pour effectuer un transport de marchandises de ce type, a caractérisé toutes les conditions nécessaires à l'application de l'article 21 qui n'a été aucunement violé (CCJA, 2e ch., no 227/2024, 11-7-2024).

II. Perte de l'exonération

La cour d'appel qui a affirmé que l'application de l'article 21 de l'AUCTMR soumet l'exclusion de la limitation de responsabilité du transporteur « à la recherche délibérée par le responsable de la faute, du résultat qui est le dommage » et à sa volonté « de vouloir provoquer ce résultat qu'est l'accident » a violé les dispositions de ce texte en restreignant ses conditions d'application, exposant ainsi son arrêt à la cassation sans qu'il soit nécessaire d'examiner les moyens présentés par les autres requérantes (CCJA, 2e ch., no 292/2019, 28-11-2019 : Société Helvetia Assurances et Société Saham Assurance c/ Printec et Société Medlog Côte d'Ivoire c/ Printec).

C'est à juste titre que, pour retenir la responsabilité d'un transporteur dans le dommage survenu, le tribunal a retenu que le transporteur avait bien connaissance du poids de la marchandise indiqué dans le connaissement […] ; qu'en utilisant un véhicule de 30,980 tonnes pour le transport de marchandises de 36,865 tonnes, le transporteur a utilisé un moyen de transport inadapté et est donc responsable de l'accident qui a causé le dommage à l'ensemble industriel litigieux ; le jugement entrepris mérite confirmation sur ce point. Au sens de l'article 21 de l'AUCTMR, le transporteur n'est pas admis au régime de l'exonération de la limitation de responsabilité prévue par l'article 18 du même Acte uniforme si le préjudice causé résulte d'un acte ou omission commis « soit avec l'intention de provoquer cette perte, cette avarie ou ce retard, soit témérairement et en sachant que cette perte, cette avarie ou ce retard en résulterait probablement ». En l'espèce, l'utilisation d'un véhicule inadapté au poids des marchandises transportées résulte d'une faute intentionnelle et d'un comportement téméraire du transporteur professionnel qui entraînent la déchéance du bénéfice de la limitation de responsabilité et la réparation intégrale du préjudice sur la base des règles de droit commun. Dès lors, il échet d'homologuer l'expertise établie à la demande du tribunal, de condamner le transporteur, sous la garantie des sociétés d'assurances en cause, au remboursement du préjudice matériel sur la base de ce rapport d'expertise à la somme de 314 347 000 FCFA, et de dire que le jugement sera infirmé sur ce point (CCJA, 2e ch., no 292/2019, 28-11-2019 : Société Helvetia Assurances et Société Saham Assurance c/ Printec et Société Medlog Côte d'Ivoire c/ Printec).

C'est à tort que des appelants sollicitent l'infirmation d'un jugement aux motifs que le juge les a condamnés au paiement en violation de l'article 18 de l'AUCTMR, et sur la base d'une expertise non contradictoire. En effet, d'une part, en application de l'article 21 de l'AUCTMR, le transporteur, ses préposés ou toute autre personne dont il répond ne sont pas couverts par les régimes de l'exonération de limitation de responsabilité en cas de faute inexcusable, comme c'est le cas en l'espèce et, d'autre part, la lettre de notification de réserve suite à l'accident de circulation, adressée aux appelants et à laquelle ils n'ont jamais donné suite, atteste qu'ils ont été priés de se faire représenter, s'ils le jugeaient utile, à l'expertise qui aurait lieu sur la base de Dibi à Ngaoundéré (CCJA, 3e ch., no 062/2020, 27-2-2020 : ChanasAssurances S.A. c/ La Société Transport Radjoulene).

III. Caractérisation de la faute téméraire du transporteur

A. Faute téméraire

La cour d'appel, qui ne s'est pas bornée aux « agissements déloyaux » ou à « la négligence caractérisée », mais a affermi sa motivation de la faute relative à la témérité en relevant notamment le défaut d'étude sérieuse du trajet, le manque de rigueur professionnelle, des agissements sans rapport avec l'obligation de résultat, la défectuosité de la remorque destinée à embarquer le moteur depuis Abidjan, le report du délai du 20 décembre 2010 que la demanderesse elle-même a fixé faute de diligences nécessaires à la réparation ou au remplacement de la remorque pour conclure à une faute téméraire, c'est-à-dire une faute délibérée et inexcusable du transporteur, n'a en rien violé les articles 21 et 25 de l'AUCTMR. Subséquemment, le défaut de motifs n'est pas avéré. Ensuite l'énumération des faits étant conforme aux pièces produites, aucune dénaturation ne peut être retenue (CCJA, 2e ch., no 124, 23-6-2016 : Sté Saga France anciennement Saga Trans c/ Sté Sopam SA, Ohadata J-17-65).

B. Faute inexcusable ne permettant pas de bénéficier de la limitation de responsabilité

La cour d'appel qui, pour retenir la responsabilité d'un transporteur, a d'abord considéré que ce professionnel de transport devrait faire une étude du trajet choisi pour la livraison, s'assurer que son camion pouvait passer sous le pont sans causer de dommage à la marchandise transportée et changer de trajectoire en cas de difficulté ; puis retenu ensuite « qu'en empruntant ce chemin sans prendre de précaution [...], le transporteur a nécessairement eu conscience, d'une part, du risque qu'il a pris de passer sous le pont dont la hauteur ne permettait pas le passage du chargement que le camion transportait et, d'autre part, qu'un dommage résulterait probablement de son comportement », et en a déduit que l'attitude du transporteur est constitutive d'une faute inexcusable ne lui permettant pas de bénéficier du droit de la limitation de la responsabilité prévu par l'article 21 de l'AUCTMR a fait une bonne application de la loi et c'est à tort qu'il lui est reproché d'avoir violé l'article 21 précité (CCJA, 1e ch., no 026/2024, 1-2-2024 ; CCJA, 1e ch., no 081/2023, 27-4-2023).

Responsabilité en cas de transport superposé

Art. 22 Le présent Acte uniforme s'applique à l'ensemble du transport superposé. Cependant, lorsque sans faute du transporteur routier, une perte, une avarie ou un retard se produit pendant la partie non routière du transport, la responsabilité du transporteur routier est déterminée conformément aux règles impératives de la loi qui régissent cet autre mode de transport. En l'absence de telles règles, la responsabilité du transporteur routier demeure régie par le présent Acte uniforme.

Responsabilité en cas de transport successif

Art. 23 1 – Dans un transport successif, en acceptant la marchandise et la lettre de voiture, chaque transporteur devient partie au contrat.

2 – Dans un tel transport, l'action en responsabilité pour perte, avarie ou retard ne peut être exercée que contre le premier transporteur, le transporteur qui exécutait la partie du transport au cours de laquelle s'est produit le fait à l'origine du dommage ou le dernier transporteur. L'action peut être dirigée contre plusieurs de ces transporteurs, leur responsabilité étant solidaire.

3 – Lorsqu'il y a perte ou avarie apparente, le transporteur intermédiaire doit inscrire sur la lettre de voiture présentée par l'autre transporteur une réserve analogue à celle prévue à l'article 10, al. 2 ci-dessus. Il doit aviser immédiatement l'expéditeur et le transporteur émetteur de la lettre de voiture de la réserve qu'il inscrit.

4 – Les dispositions des articles 4, 5, al. 2 et 10, al. 4 ci-dessus s'appliquent entre transporteurs successifs.

JURISPRUDENCE OHADA

Assimilation d'un affréteur en transport au transporteur dont la responsabilité peut être retenue

Le défaut de la qualité de partie au contrat de transport de l'assureur de marchandises transportées, même avéré, ne pourrait avoir pour effet de rendre irrecevable le recours formé par l'assureur. Il résulte des dispositions des articles 23, al. 1 et 2 et 16, al. 1 de l'AUCTMR que dans un transport successif, en acceptant la marchandise et la lettre de voiture, chaque transporteur devient partie au contrat ; dans un tel transport, l'action en responsabilité peut être dirigée contre le premier transporteur, le transporteur qui exécutait la partie du transport au cours de laquelle s'est produit le fait dommageable ou le dernier transporteur. L'application des dispositions dont la violation est invoquée suppose un contrat de transport successif, impliquant un certain nombre de parties responsables de l'ensemble de l'opération de transport, la relation contractuelle étant formalisée successivement, chaque transporteur y adhérant par l'acceptation de la marchandise et du contrat de transport. L'action peut être dirigée contre le transporteur subséquent lorsque ce dernier a signé le contrat de transport comme un transporteur et a exécuté le contrat sans réserves. En l'espèce, le second affréteur en transport, qui a porté sa signature ainsi que son cachet au dos du connaissement et procédé à l'acheminement de la marchandise du lieu de l'accident jusqu'au point d'arrivée, sans aucune réserve, a adhéré au contrat de transport. C'est donc en violation des dispositions précités que le juge d'appel a dénié la qualité de transporteur à la société défenderesse au motif qu'elle n'est pas signataire des différents contrats de transport et notamment de la lettre de voiture conclue entre le premier affréteur en transport et la BFAT-LOGISTIC, et son arrêt doit être cassé. Pour les mêmes motifs que ceux ayant entraîné la cassation de l'arrêt, il échet d'infirmer le jugement et de déclarer l'action recevable en la forme (CCJA, 3e ch., n° 032, 9-3-2017 : Compagnie des Assurances Colina-Mali SA c/ Sté SCAC Delmas Vieljeux-Mali, dite SDV-Mali, devenue Bolloré Africa Logistics-Mali SA, en abrégé BAL Mali SA, Ohadata J-17-166).

Obs. : conformément à l'article 23, al. 4 de l'AUCTMR, qui dispose que : « Le transporteur est responsable, comme de ses propres actes ou omissions, des actes ou omissions de ses préposés ou mandataires agissant dans l'exercice de leurs fonctions et de ceux de toute autre personne aux services desquels il recourt pour l'exécution du contrat de transport, lorsque cette personne agit aux fins de l'exécution du contrat », la CCJA a implicitement assimilé l'affréteur en transport terrestre au transporteur lui-même et a retenu sa responsabilité comme transporteur en application des textes visés aux moyen.

Sur la présomption de responsabilité du transporteur, voir sous l'art. 16.

• Chapitre V •
CONTENTIEUX

Recours entre transporteurs

Art. 24 1 – Le transporteur qui a payé une indemnité en vertu du présent Acte uniforme a le droit d'exercer un recours en principal, intérêts et frais contre les transporteurs qui ont participé à l'exécution du contrat de transport, conformément aux dispositions suivantes :

a) lorsque le dommage a été causé par le fait de deux ou plusieurs transporteurs, chacun d'eux doit payer un montant proportionnel à sa part de responsabilité ; si l'évaluation des parts de responsabilité est impossible, chacun d'eux est responsable proportionnellement à la part de rémunération du transport qui lui revient ;

b) le transporteur par le fait duquel le dommage a été causé doit seul supporter l'indemnité, qu'il l'ait payée lui-même ou qu'elle ait été payée par un autre transporteur ;

c) lorsqu'il ne peut être établi à quel transporteur la responsabilité est imputable, la charge de l'indemnité est répartie entre tous les transporteurs dans la proportion fixée à l'alinéa 1 b) du présent article ;

2 – Si l'un des transporteurs est insolvable, la part lui incombant et qu'il n'a pas payée est répartie entre tous les autres transporteurs proportionnellement à leur rémunération.

3 – Les transporteurs sont libres de convenir entre eux de clauses dérogeant au présent article.

Délai de réclamation et de prescription

Art. 25 1 – Toute action découlant d'un transport régi par le présent Acte uniforme se prescrit par un an à compter de la date de livraison ou, à défaut de livraison, de la date à laquelle la marchandise aurait dû être livrée. Toutefois, dans le cas de dol ou de faute équivalente au dol, cette prescription est de trois ans.

2 – L'action n'est recevable que si une réclamation écrite a été préalablement faite au premier transporteur ou au dernier transporteur au plus tard soixante (60) jours après la date de la livraison de la marchandise ou, à défaut de livraison, au plus tard six (6) mois après la prise en charge de la marchandise.

Jurisprudence OHADA

I. Prescription : notion d'action découlant d'un transport régi par l'AUCTMR

C'est à tort qu'il est reproché à un arrêt d'avoir déclaré une action prescrite, sur le fondement de l'article 25-1 de l'AUCTMR, au motif qu'elle découlait du contrat de transport qui a lié les parties, alors que, selon le moyen, l'action ne découlait nullement de l'opération de transport terminée, mais plutôt d'une faute distincte qu'aurait commise le transporteur postérieurement au transport, dès lors qu'il n'est pas contesté que le différend opposant les parties se rapporte directement au contrat de transport du tracteur vendu. En application de l'article 12, al. 6, à défaut de prouver l'existence d'une convention par laquelle les parties auraient prévu une prestation distincte dudit transport, le demandeur ne peut valablement se prévaloir d'une quelconque violation de l'article 25-1 de l'AUCTMR à la cour d'appel qui y a fondé sa motivation pour décider que son action était prescrite (CCJA, 3e ch., no 151/2018, 7-6-2018 : Marcos Elie Assad c/ Sté Abidjanaise de Dépannage dite SOAD).

II. Notion de faute équivalente au dol

La faute contractuelle est équivalente au dol quand elle résulte de l'attitude d'une personne qui, par malveillance, imprudence ou négligence, ne respecte pas ses engagements. Tel est le cas lorsqu'il résulte du rapport d'expertise qu'une société transporteuse n'était pas outillée pour accepter la mission qui lui a pourtant été confiée à la lumière de son objet social ; présente sur les lieux du déchargement, elle aurait dû exiger de la société de déchargement un changement de grue et prendre des mesures pour assurer un déchargement en toute sécurité des trois transformateurs. En ne le faisant pas, elle n'a pas su mesurer les conséquences néfastes auxquelles sa légèreté pouvait aboutir, faisant ainsi preuve d'une attitude indigne d'un professionnel en la matière et constitutive d'une faute équivalente au dol, au sens de l'article 25 de l'AUCTMR. Ainsi, la prescription de l'action encourue est triennale et non annale comme l'ont cru les intimées. C'est à tort que la transporteuse et la société de déchargement ont aussi soutenu que la partie qui a pris livraison des équipements le 10 décembre 2016 avait jusqu'au 8 février 2017 pour faire une réclamation écrite à la société transporteuse, et que pour avoir omis de le faire, son courrier de nomination d'un expert ne constituant pas en soi une « réclamation écrite », son action devait être déclarée irrecevable. Il est ainsi dès lors que le législateur OHADA n'exige aucune forme particulière relativement à la réclamation évoquée ; la lettre adressée à la société transporteuse le 18 janvier 2017, soit moins de soixante (60) jours après le sinistre survenu le 10 décembre 2016, et visant à voir désigner un expert amiable en vue de déterminer si des pannes avaient été occasionnées à son transformateur, de même que les divers mails échangés pour la circonstance par les parties entre les mois de janvier et de février de la même année, constituent bien la réclamation exigée à l'article 25, al. 2 de l'AUCTMR. En définitive, l'action contre la transporteuse n'est pas prescrite et c'est par une mauvaise application de l'article 25 précité que les premiers juges ont retenu le contraire, exposant leur décision à l'infirmation de ce chef (CCJA, 1e ch., no 131/2020, 30-4-2020 : Saham Assurance-CI c/ Sté GTG-CI).

III. Notification de la réclamation

A. Caractère obligatoire de la notification écrite préalable

Il ressort de l'article 25 de l'AUCTMR qu'une réclamation écrite doit, préalablement à l'action découlant d'un contrat de transport de marchandises par route, être faite au transporteur dans les délais prévus à l'alinéa 2 sous peine d'irrecevabilité de l'action. En l'espèce, l'action ayant été introduite sans avoir été précédée d'une réclamation écrite, c'est en violation du texte précité que la cour d'appel a retenu que la date de l'assignation sera considérée comme celle des réclamations, pour recevoir ladite action, exposant son arrêt à la cassation. Il en est ainsi car si en droit, l'assignation a pour effets entre autres d'interrompre la prescription, elle ne peut être substituée à une formalité dont l'accomplissement préside à la recevabilité de l'action qu'elle porte (CCJA, 3e ch., n° 175/2021, 28-10-2021 : Karafe Mumbere Machozi c/ Ndakola Gustave).

B. Forme de la notification préalable

L'article 25, alinéa 2, de l'AUCTMR n'exigeant aucune forme particulière relative à la réclamation exigée :

– c'est par une juste application de la loi qu'une cour d'appel a retenu, au vu d'un courrier, qu'une expertise a été sollicitée « pour déterminer la cause du sinistre et l'étendue des pertes occasionnées à son matériel en vue de son indemnisation », avant d'en déduire que ledit courrier constitue une réclamation écrite faite dans le délai qu'impose l'article 25 précité (CCJA, 1e ch., n° 026/2024, 1-2-2024) ;

– c'est à tort qu'il est reproché à un arrêt d'avoir violé l'article 25 de l'AUCTMR, en considérant qu'une lettre adressée par une société mandante à son transporteur constituait une réclamation écrite aux fins d'indemnisation, alors, selon le moyen, que cette lettre n'avait pour seule finalité qu'une expertise conventionnelle avec demande de désignation d'un expert formulée de façon conjointe par les parties, et ne peut nullement constituer une réclamation écrite aux fins d'indemnisation au sens de la disposition précitée. En l'espèce, c'est par une juste application de l'article 25 précité qu'une cour d'appel a retenu, au vu du courrier querellé, que l'expertise a été sollicitée par la société mandante « pour déterminer la cause du sinistre et l'étendue des pertes occasionnées à son matériel en vue de son indemnisation », pour en déduire que ce courrier constitue une réclamation écrite faite dans le délai de *l'article 25 précité* (CCJA, 1e ch., n° 081/2023, 27-4-2023).

C. Charge de la preuve de la notification

L'article 25 de l'AUCTMR ne précisant pas le moyen par lequel la réclamation doit être notifiée au transporteur, la charge de la preuve de cette notification incombe à celui qui s'en prévaut. Lorsque la preuve n'a pas été rapportée avant la date de l'assignation en responsabilité civile et en paiement, c'est cette dernière date qui doit être considérée comme celle à laquelle le transporteur a eu connaissance des réclamations. Plus de six mois s'étant écoulés entre la date de prise en charge et la réclamation, l'action en réclamation est irrecevable (TGI Bobo-Dioulasso (Burkina Faso), n° 195, 14-6-2006 : Sté AGF TOGO Assurances c/ F. A. M., Ohadata J-09-88).

Obs. : les parties peuvent procéder autrement afin d'éviter l'irrecevabilité décidée dans cette espèce. Elles disposent de deux moyens pour y arriver :

1) – L'AUCTMR n'ayant pas prévu le contraire, les dispositions de droit national régissant les notifications sont applicables ; ainsi on pourra réaliser cette notification soit par voie d'huissier, soit par lettre recommandée, etc., selon la législation de chaque État membre.

2) – Les parties peuvent également prévoir cette notification en insérant une clause spécifique dans la lettre de voiture. En effet, aux termes de l'article 4-3° de l'AUCTMR, « Les contractants peuvent porter sur la lettre de voiture toute autre mention qu'ils jugent utile ». Les parties peuvent soit inclure le moyen de notification dans les instructions relatives à l'assurance de la marchandise (al. 4-2°) soit prévoir une clause spécifique qui rentrerait dans la catégorie « toute autre mention qu'ils jugent utile » (art. 4-3°).

D. Notification tardive souverainement retenue par les juges du fond

Au sens de l'article 25, al. 2 de l'AUCTMR, l'action découlant d'un transport n'est recevable que si une réclamation écrite a été faite au transporteur, à défaut de livraison, au plus tard six mois après la prise en charge de la marchandise. En l'espèce, il est établi par la procédure que la demanderesse n'a jamais invoqué devant les juges du fond les échanges de correspondances qui contiendraient la réclamation requise par l'article 25 précité ; elle a plutôt plaidé devant les juges d'appel la nullité du jugement attaqué pour violation du principe du contradictoire et a réclamé le paiement de la somme de 350 000 000 FCFA à titre de dommages-intérêts pour toutes causes de préjudices confondues résultant de la non-livraison de 35 kg d'engrais urée perlée. Dans ces conditions, la cour d'appel qui, après appréciation souveraine des faits qui lui étaient soumis, considère que la demanderesse a fait sa première réclamation dans ses conclusions écrites dans le cadre de l'assignation en paiement initiée par la défenderesse, soit plus de six mois après la date de prise en charge de la marchandise, a justifié sa décision (CCJA, 2e ch., n° 194/2020, 28-5-2020 : I Cotoni Del Firello Côte d'Ivoire c/ Global Commodities Trading).

Jurisprudence comparee

I. Allemagne

A. Conditions à remplir par la réclamation

Une réclamation au sens de l'article 32 de la CMR suppose que le transporteur ait été informé clairement et de façon non ambiguë par l'ayant droit que celui-ci demandait une indemnisation pour les dommages subis par la marchandise transportée (Oberster Gerichtshof-Osterreich 29-8-1994 : DET 1995.211).

B. Dispense de restitution des pièces jointes à la réclamation lorsque l'ayant droit n'a adressé que des photocopies

Le transporteur peut déroger aux dispositions de l'article 32 § 2 de la CMR qui exigent de restituer les pièces jointes à la réclamation écrite, lorsque l'intéressé à la marchandise est resté en possession des originaux dont il n'avait joint que des photocopies lors de sa réclamation (BGH 21-11-1996 : DET 1997.442).

C. Droit de former réclamation subordonné à l'intérêt à agir du réclamant

Seule la partie qui, au moment de sa demande en dommages-intérêts a le droit d'agir, peut former une réclamation valable entraînant la suspension de la prescription (Bundesgerichtshof 8-7-2004 : DET 2005.262).

II. Belgique

A. Absence de réclamation

N'emporte pas réclamation :

– le simple fait qu'il soit demandé d'insister auprès de l'assureur (T. com. Gand 14-10-2003, Sté Van Heyghen Staal c/ SA SAMA : BTL 2003.793, précisant aussi que le fait pour le transporteur d'avoir tenu pour responsable le sous-entrepreneur ou les assureurs ou d'avoir informé ceux-ci ne constitue pas une reconnaissance de responsabilité) ;

– la lettre qui ne contenait la réclamation d'aucune indemnisation justifiant de la part du transporteur une prise de position, peu important qu'il ait su que sa responsabilité était mise en cause (CA Bruxelles 20-9-1995, The British and Foreign marine insurance c/ Sté Morin : BTL 1995.794).

B. Absence de rejet de la réclamation écrite

N'a pas repoussé la réclamation une lettre par laquelle le transporteur refuse la réclamation mais qui en même temps informe avoir communiqué la réclamation à son assureur pour traitement ultérieur, car elle ne prend pas clairement position (Hof Van Beroep Te Antwerpen 2-6-2003, NV Optitrade c/ NV Cat Benelux : DET 2004.407).

C. Validité de la réclamation écrite

N'est pas une condition de validité de la réclamation écrite pour suspendre la prescription :

– l'envoi de pièces justificatives ; l'article 32-2 de la CMR n'imposant pas que soient annexées à celle-ci les pièces justificatives. Il importe dès lors peu que le destinataire n'ait, par l'intermédiaire de son conseil, adressé les pièces justificatives que dix mois après la réclamation écrite envoyée par télex (CA Bruxelles 27-2-1996, Tr. Cremer c/ Van de Casteele et Cie : DET 1996.833) ;

– le chiffrage du montant de la réparation demandé. Il suffit que les données reprises dans la réclamation et ses annexes permettent au transporteur de se former une opinion sur la nature et l'ampleur du dommage afin qu'il puisse réagir de façon appropriée (HOF VAN Cassatie Van België 10-6-2010 : DET 2010.623).

D. Exclusion des actions intentées par le transporteur

La possibilité de suspendre la prescription conformément à l'article 32-2 de la CMR (réclamation écrite) ne s'applique pas aux actions émanant du transporteur contre l'expéditeur (HOF VAN Cassatie Van België 7 janvier 2000, Van Vlierden L c/ Engelen V : DET 2000.671 ; toutefois, application à la réclamation du transporteur contre le sous-transporteur, Rechtbank Van Koophandel Te Antwerpen 16-5-2003, Betramij bvba v. Marcel Joosen bvba : DET 2003.360).

E. Rejet de la réclamation in extremis

Introduite la veille du jour où la prescription se met à courir, la réclamation écrite n'a pas d'effet interruptif (Rechtbank Van Koophandel Te Antwerpen 16-5-2003, Betramij bvba v. Marcel Joosen bvba : DET 2003.360).

F. Restitution des pièces

Visant la restitution des « pièces », l'article 32 de la CMR ne permet pas de faire une distinction entre les pièces, suivant leur nature ou leur contenu (Cour de cassation 27-9-1984 : Transidit 2006 n° 48 § 54).

III. France

A. Réclamation écrite adressée au transporteur

1° Existence d'une réclamation écrite

Constitue une réclamation écrite :

– la lettre du réclamant attribuant la responsabilité de la perte de la remorque et des marchandises et décrivant les éléments du préjudice en mentionnant le poids et la valeur des colis volés (CA Nancy, 2e ch., 29-11-1994, Ets Lavaux c/ Mat Transport NV : BTL 1995.17) ;

– la lettre par laquelle l'expéditeur indique au transporteur que la responsabilité de l'avarie survenue lui est imputable, et l'invite à faire le nécessaire auprès de son assureur pour le règlement du litige (CA Versailles, 12e ch., 1e sect., 10-9-1998, Sté Italexpress Transport c/ Cie Helvetia) ;

– la lettre adressée par l'expert de l'assureur du transporteur, rien n'interdisant de charger un mandataire de répondre (Cass. com. 11-10-2011 n° 10-21.913 : RJDA 1/12 n° 49).

2° Absence de réclamation écrite

Ne constitue pas une réclamation écrite :

– la demande du destinataire qui n'a jamais mis en cause la responsabilité du transporteur ni formulé la moindre demande chiffrée (CA Aix 17-2-1990, Pomona Import c/ Transport Esin : Scapel 1991 p. 79) ;

– la réclamation écrite entre assureurs, celle-ci ne pouvant avoir effet suspensif de la prescription (TGI Montbéliard 2-9-1992, AGF c/ Transports Buffa : BTL 1993.118) ;

– une mention apposée sur la lettre de voiture CMR indiquant l'existence de trous dans le tableau livré par le transporteur (CA Bruxelles 6-11-1995, Engels c/ Sté Ziegler : BTL 1996.258) ;

– la lettre qui ne contient aucune demande d'indemnisation et qui est adressée à l'assureur et non pas au transporteur responsable (Cass. com. 12-7-1994 : RJDA 2/95 n° 146) ;

– l'envoi de deux lettres recommandées adressées au transporteur dès lors que la première, envoyée par le client, se limite à faire état de réserves et que la seconde envoyée par le commissionnaire de transport, constitue une réclamation en paiement de sa propre facture ; le commissionnaire qui n'avait pas encore indemnisé son donneur d'ordre n'était pas légalement subrogé dans ses droits et n'avait donc pas qualité pour adresser une réclamation au transporteur (CA Paris 18-6-1997, AGF c/ Navigation et Transports : BTL 1997.523) ;

– la lettre adressée par l'expéditeur au transporteur lui annonçant qu'il lui ferait connaître ultérieurement le montant du préjudice, car ce courrier ne contient pas de demande d'indemnisation permettant au transporteur de chiffrer le dommage et justifiant de sa part une prise de position, en ayant été à même de se faire une idée de la somme en jeu (CA Riom 15-9-1999, Sté Michelin c/ Transports Perrot : BTL 1999.746) ;

– la télécopie adressée au transporteur engageant expressément sa responsabilité, car elle ne contient aucune demande d'indemnisation justifiant une prise de position de sa part (Cass. com. 15-5-2001, Sté Norbert Dentressangle c/ Sté Alexander Stenhouse UK Ltd : RJDA 11/01 n° 1107) ;

– la réclamation qui n'est pas faite au transporteur mais au commissionnaire ainsi que la demande de paiement formée par le transporteur contre son donneur d'ordre (CA Rouen 17-6-2004, SDV Logistique c/ Sté Transnoli : BTL 2004.773) ;

– la lettre qui ne mentionne qu'une confirmation de réserves et ne contient ni estimation ni demande de remboursement du préjudice, se bornant à prendre acte d'une expertise (CA Paris, 5e ch. A, 17-11-2004, Sté Axa France c/ SAS Manutention : BTL 2005.86).

B. Auteur de la réclamation écrite

1° Réclamation par un mandataire

a. Apériteur mandataire des coassureurs

Lorsque la réclamation écrite a été faite par un ayant droit, à la fois coassureur et apériteur, elle profite aux coassureurs qui ont été représentés par l'apériteur qui est leur mandataire. Dès lors que l'apériteur au moment où il a procédé à la réclamation était subrogé dans les droits de l'assuré qu'il avait indemnisé pour le compte commun des coassureurs, ces derniers bénéficient aussi de la subrogation et peuvent donc agir contre le tiers responsable (CA Poitiers, 1e ch. civ., 20-3-2001, Sté Uni Trans c/ Sté Uni Europe Axa Mat : BTL 2001.267).

b. Indication de la qualité de mandataire

Le mandataire doit indiquer le nom de son mandant, même si ce dernier est une filiale du déclarant (CA Dijon 26-6-2008, Sté BVBA c/ Sté Chivas : BTL 2008.501)

2° Réclamation par un subrogé

a. Irrecevabilité de la réclamation par l'assureur non subrogé

La réclamation est sans effet si elle a été faite par un assureur non encore subrogé dans les droits de son assuré, notamment parce que, au moment où il a émis la réclamation, il n'avait pas indemnisé l'ayant droit à la réparation (CA Metz 10-3-2004, Sté Da Soler Transports et a c/ Sté Nordstern : BTL 2004.265 ; CA Versailles, 12e ch., 24-6-2004, Cie Helvetia Assurances c/ Cie Groupama Transports : BTL 2004.595).

b. Impossibilité de régularisation du défaut de qualité

Le défaut de qualité de l'auteur de la réclamation ne peut pas être régularisé sur le fondement de l'article 126 du Code de procédure civile, qui permet d'écarter la fin de non-recevoir tirée du défaut de qualité si la cause a disparu au moment où le juge statue, car ce texte est inapplicable au défaut de qualité du demandeur non subrogé pour formuler la réclamation écrite de l'article 32, 2 (Cass. com. 6-6-2000 nº 1267, Groupe Concorde c/ Denis).

C. Validité de la réclamation écrite

Absence de pièces écrites jointes. Il ne peut être déduit de ce que l'article 32-2 prévoit que le transporteur doit restituer les pièces qu'il a reçues à l'appui de la réclamation que celle-ci doit nécessairement être accompagnée de pièces (CA Grenoble, ch. com., 3-10-2001, Sté Mazet c/ Sté Testud : BTL 2001.711).
Dans le même sens, CA Paris 27-2-1980, BT 1980.384 ; CA Poitiers, 1e ch., 17-2-2004, SA Generali France Assurances c/ Fleury : BTL 2004.738.

D. Rejet de la réclamation écrite

1º Validité du rejet par mandataire

L'assureur du transporteur qui agit en qualité de mandataire de ce dernier peut valablement repousser une réclamation écrite adressée au transporteur. Tel est le cas lorsqu'il précise au destinataire dans son courrier : « nous classons en ce qui nous concerne ce dossier et vous prions de trouver ci-joint en retour l'ensemble des pièces de réclamation que vous nous avez transmises » (CA Aix en Provence 14-12-1995, Stifmo c/ Champurney : BTL 1996.521).
Dans le même sens, CA Grenoble 4-12-1996, Europagro c/ Sté Ir trans : BTL 1997.120 ; CA Paris, 5e ch. A, 31-3-2004, Sté Zurich International France c/ Sté Le Continent lard : BTL 2004.297 ; CA Orléans 10-6-2010, Sté Jousselin-Mandeira c/ Sté Pauvin : BTL 2010.513, validant le refus exprimé par l'expert de l'assureur du transporteur agissant en vertu d'un mandat tacite.
Mais le rejet de la réclamation ne peut résulter d'une réponse de l'assureur qui n'a pas agi en qualité de mandataire. Il en est ainsi lorsque la lettre de l'assureur du transporteur commence en ces termes : « nous agissons, sous toutes réserves de garanties et de responsabilité, en tant qu'assureurs de la responsabilité contractuelle du transporteur… » (CA Limoges 18-9-1995, Militzer et Munch c/ Legrand).

2º Absence de rejet de la réclamation écrite

N'a pas rejeté la réclamation écrite, le transporteur qui, au lieu de rejeter par écrit la réclamation du destinataire l'a seulement transmise à son assureur, ce dernier ayant avisé son mandataire que le dossier d'indemnisation était en cours, qu'il serait clôturé lorsque le préjudice subi par le lésé serait établi et qui a, à cet effet, chargé un expert de l'apprécier. Il n'a nullement mis fin à la suspension du délai de prescription dans les formes de la CMR (CA Lyon 27-10-1995, Helvetia c/ Sté Moncassin : BTL 1996.761 et sur pourvoi Cass. com. 8-3-1998, Helvetia c/ Sté Moncassin : BTL 1998.212).

E. Effet suspensif de la réclamation écrite

Durée et bénéficiaire de la suspension. L'effet suspensif de la réclamation écrite dure jusqu'à la restitution par le transporteur des pièces jointes à la réclamation, même si celui-ci a repoussé la réclamation et n'a d'effet qu'à l'égard de celui qui a accompli la réclamation (CA Rouen, 2e ch., 13-1-2005, SA Marqueset France c/ Axa Corporate Solutions : Transidit 2004 nº 43 § 161).

IV. Royaume-Uni

Absence de rejet de la réclamation écrite. Ne constitue pas un rejet valable de la réclamation l'avis que la réclamation a été transmise aux assureurs pour suites éventuelles et que, dans l'attente de leur réaction, la responsabilité est repoussée au vu des informations disponibles (Queen's Bench Division 14-3-1991 : DET 1992.118).

Arbitrage

Art. 26 Tout litige résultant d'un contrat de transport soumis au présent Acte uniforme peut être réglé par voie d'arbitrage.

Juridiction compétente en matière de transport inter-États

Art. 27 1 – Pour tout litige auquel donne lieu un transport inter-États soumis au présent Acte uniforme, si les parties n'ont pas attribué compétence à une juridiction arbitrale ou étatique déterminée, le demandeur peut saisir les juridictions du pays sur le territoire duquel :

– le défendeur a sa résidence habituelle, son siège principal ou la succursale ou l'agence par l'intermédiaire de laquelle le contrat de transport a été conclu ;

– la prise en charge de la marchandise a eu lieu ou les juridictions du pays sur le territoire duquel la livraison est prévue.

2 – Lorsqu'une action est pendante devant une juridiction compétente ou lorsqu'un jugement a été prononcé par une telle juridiction, il ne peut être intenté aucune nouvelle action pour la même cause entre les mêmes parties à moins que la décision de la première juridiction saisie ne soit pas susceptible d'être exécutée dans le pays où la nouvelle action est intentée.

3 – Lorsqu'un jugement rendu par une juridiction d'un État partie est devenu exécutoire dans cet État partie, il devient également exécutoire dans chacun des autres pays membres aussitôt après accomplissement des formalités prescrites à cet effet dans l'État intéressé. Ces formalités ne peuvent comporter aucune révision de l'affaire.

4 – Les dispositions de l'alinéa 3 du présent article s'appliquent aux jugements contradictoires, aux jugements par défaut et aux transactions judiciaires. Elles ne s'appliquent ni aux jugements qui ne sont exécutoires que par provision, ni aux condamnations en dommages et intérêts qui seraient prononcées en sus des dépens contre un demandeur en raison du rejet total ou partiel de sa demande.

Chapitre VI

DISPOSITIONS DIVERSES

Nullité des stipulations contraires à l'Acte uniforme

Art. 28 1 – Sous réserve des dispositions des articles 2 c), 15, al. 1, 24, al. 3 et 27 ci-dessus, est nulle et de nul effet toute stipulation qui, directement ou indirectement, dérogerait aux dispositions du présent Acte uniforme. La nullité de telles stipulations n'entraîne pas la nullité des autres dispositions du contrat.

2 – En particulier, sont nulles toutes clauses par lesquelles le transporteur se fait céder le bénéfice de l'assurance de la marchandise ou toute autre clause analogue, ainsi que toute clause déplaçant la charge de la preuve.

Conversion monétaire

Art. 29 Pour les États hors zone CFA, les montants mentionnés à l'article 18 ci-dessus sont convertis dans la monnaie nationale suivant le taux de change à la date du jugement ou de la sentence arbitrale ou à une date convenue par les parties.

Chapitre VII

DISPOSITIONS TRANSITOIRES ET FINALES

Art. 30 Les contrats de transport de marchandises par route conclus avant l'entrée en vigueur du présent Acte Uniforme demeurent régis par les législations applicables au moment de leur formation.

Jurisprudence OHADA

Inapplicabilité de l'AUCTMR aux contrats antérieurs

L'AUCTMR étant inapplicable aux contrats de transport de marchandises par route conclus avant son entrée en vigueur, le délai de prescription prévu à son article 25 est inapplicable à l'action relative à une expédition de marchandises intervenue en décembre 2003. C'est alors la prescription prévue par l'article 18 [devenu 16] de l'AUDCG qui doit s'appliquer (CA Bobo-Dioulasso (Burkina Faso), ch. com., n° 04/09, 28-1-2009 : K. R. c/ SNTB, Ohadata J-10-108)

SOMMAIRE ANALYTIQUE

Partie I : TRAITÉ, RÉGLEMENTS ET DÉCISIONS

Certifié PEFC

Ce produit est issu de forêts gérées durablement et de sources contrôlées

PEFC

PEFC/04-31-0658

www.pefc.de

36893-638 (I) – Thi 31 g – NC (LCO)
Achevé d´imprimer en octobre 2025 sur les presses de C.H.BECK
Dépôt légal : novembre 2025
Imprimé en Allemagne

Composition réalisée par NORD COMPO